Zählbarkeit von Nomina, soweit sie sich vom deutschen Gebrauch unterscheidet

heat·ing /ˈhiːtɪŋ/ *Nomen* [U] (*bes BrE*) Heizung ◇ *a gas heating system* eine Gasheizung

Wort, das auch im übertragenen Sinne verwendet werden kann

Stichwort mit allen behandelten Wortarten

einzelne Wortarten

Feste Form des Stichwortes

thread /θred/ *Nomen, Verb*
▸ ***Nomen*** **1** Faden (*auch fig*) ◇ *I lost the thread of the argument.* Ich habe den Faden verloren. **2** (*Licht-, Wasser- etc.*) feiner Strahl **3** (*einer Schraube*) Gewinde **4** **threads** [Pl] (*AmE, Slang, veraltet*) Klamotten **5** (*bei E-Mails etc.*) Thread IDM → HANG *und* PICK
▸ ***Verb*** **1** einfädeln, einführen **2** sich schlängeln **3** auffädeln, aufreihen ◇ *Thread the cubes of meat onto metal skewers.* Das gewürfelte Fleisch auf Metallspieße stecken. **4** (*meist passiv*) durchziehen ◇ *a robe threaded with gold and silver* eine mit Gold- und Silberfäden durchzogene Robe

Geografische und stilistische Zuordnung

Verweis auf Redewendungen in anderen Einträgen

Homonyme mit Wortarten

pasty[1] /ˈpæsti/ *Nomen* (*Pl* **-ies**) (*BrE*) Pastete mit Fleisch- oder Gemüsefüllung → *Siehe auch* CORNISH PASTY

pasty[2] /ˈpeɪsti/ *Adj* blass, käsig

Verweis auf Zusammensetzungen, die einen eigenen Eintrag haben

Unregelmäßige Formen von Nomina, Verben und Adjektiven

muddy /ˈmʌdi/ *Adj, Verb*
▸ ***Adj*** (**mud·dier**, **mud·di·est**) **1** schlammig, matschig, schmutzig **2** trüb
▸ ***Verb*** (**mud·dies**, **muddy·ing**, **mud·died**, **mud·died**) schmutzig machen IDM **muddy the ˈwaters, issue, etc.** (*abwert*) ein(e) Situation, Angelegenheit etc. noch verworrener machen

HR /ˌeɪtʃ ˈɑː(r)/ *Abk* = HUMAN RESOURCES

Verweis auf den Eintrag, wo man die Übersetzung findet

sy·phon = SIPHON

Unregelmäßiges Verb, das im *present participle*, *simple past* und *past participle* den Konsonanten verdoppelt

Zuordnung zu Fachgebieten

under·pin /ˌʌndəˈpɪn; *AmE* -dərˈ-/ *Verb* (**-nn-**) **1** (TECH) abstützen **2** (*fig*) stützen, untermauern ◇ *Objectivity underpins good journalism.* Objektivität ist die Grundlage des guten Journalismus.

Der Schlüssel zum deutsch – englischen Teil des Wörterbuchs steht hinten.

Lukas Budde

Oxford
Klausur-Wörterbuch

Englisch–Deutsch | Deutsch–Englisch

OXFORD
UNIVERSITY PRESS

OXFORD
UNIVERSITY PRESS

Great Clarendon Street, Oxford, OX2 6DP,
United Kingdom

Oxford University Press is a department of the University of Oxford. It furthers the University's objective of excellence in research, scholarship, and education by publishing worldwide. Oxford is a registered trade mark of Oxford University Press in the UK and in certain other countries

Second edition 2018
2023 2022 2021 2020 2019
11 10 9 8 7 6 5 4 3

This dictionary includes some words which have or are asserted to have proprietary status as trade marks or otherwise. Their inclusion does not imply that they have acquired for legal purposes a non-proprietary or general significance nor any other judgement concerning their legal status. In cases where the editorial staff have some evidence that a word has proprietary status this is indicated in the entry for that word but no judgement concerning the legal status of such words is made or implied thereby

OXFORD UNIVERSITY PRESS
ISBN: 978 0 19 4396929 (book in pack)
ISBN: 978 0 19 4396943 (app in pack)
ISBN: 978 0 19 4396912 (pack)

Typeset by Data Standards Limited

Printed in China

ACKNOWLEDGEMENTS

Cover images: 123RF (Oxford); iStock (textiles, fern).

Although every effort has been made to trace and contact copyright holders before publication, this has not been possible in some cases. We apologise for any apparent infringement of copyright and, if notified, the publisher will be pleased to rectify any errors or omissions at the earliest possible opportunity.

Inhalt

Umschlag vorne Schlüssel zu den Einträgen Englisch - Deutsch

1-868 **Wörterbuch Englisch - Deutsch**

870–7 Geografische Namen

879-1588 **Wörterbuch Deutsch - Englisch**

1591-3 Unregelmäßige Verben

1594-5 Aussprache

1595 Im Wörterbuch verwendete Abkürzungen

1597 Oxford Klausur-Wörterbuch App

Umschlag hinten Schlüssel zu den Einträgen Deutsch-Englisch

A a

A, a /eɪ/ *Nomen, Abk*

▸ ***Nomen*** (*Pl* **As, A's, a's**) **1** (*Buchstabe*) A, a ◇ *'Ann' begins with (an) 'A'.* „Ann" fängt mit (einem) A an. **2** (*Note*) ≈ gut, sehr gut → *Siehe auch* A LEVEL *und* A-ROAD IDM **from A to B** von A nach B **from A to Z** von A bis Z

▸ ***Abk* 1 A** = in Großbritannien vor einer Straßennummer gebraucht, die etwa einer Bundesstraße entspricht **2 A** (*BrE*) (*Papierformat*) ◇ *a sheet of A4 paper* ein DIN-A4-Blatt **3 A** = AMP

a /ə, *betont* eɪ/ (*auch* **an**) *Artikel* **1** ein(e) **2** pro ◇ *They cost 50 cents a kilo.* Sie kosten 50 Cent das Kilo. ◇ *50 miles an hour* 50 Meilen in der Stunde

a- /eɪ/ *Vorsilbe* (*mit Nomina, Adjektiven und Adverbien verwendet*) nicht, ohne ◇ *atheist* Atheist ◇ *atypical* untypisch

AA /ˌeɪ ˈeɪ/ *Kurzform von* **Automobile Association** = britischer Automobilklub

AAA /ˌeɪ eɪ ˈeɪ/ *Kurzform von* **American Automobile Association** = amerikanischer Automobilklub

A & E /ˌeɪ ənd ˈiː/ *Abk* = ACCIDENT AND EMERGENCY

aard·vark /ˈɑːdvɑːk; *AmE* ˈɑːrdvɑːrk/ *Nomen* Erdferkel

aback /əˈbæk/ *Adv* IDM **be taken a'back (by sb/sth)** erstaunt sein (über jdn/etw); verblüfft sein (über jdn/etw) → *Siehe auch* TAKE

aba·cus /ˈæbəkəs/ *Nomen* (*Pl* **aba·cuses** /-kəsɪz/) Abakus

aban·don /əˈbændən/ *Verb, Nomen*

▸ ***Verb* 1** verlassen, im Stich lassen ◇ *They abandoned their car at the roadside.* Sie ließen das Auto einfach am Straßenrand stehen. ◇ *Abandon ship!* Alle Mann von Bord! **2** (*Versuch, Hoffnung, Plan*) aufgeben; (*Spiel, Suche*) abbrechen **3 ~ sb/sth to sb/sth** jdn/etw jdm/etw überlassen **4 ~ yourself to sth** sich einer Sache überlassen, sich einer Sache hingeben

▸ ***Nomen*** Unbekümmertheit, Selbstvergessenheit, Hingabe ◇ *with wild abandon* völlig hemmungslos

aban·doned /əˈbændənd/ *Adj* **1** verlassen ◇ *an abandoned factory* eine stillgelegte Fabrik ◇ *an abandoned car* ein einfach stehen gelassenes Auto **2** selbstvergessen, hemmungslos; (*Musik, Tanz etc.*) wild

aban·don·ment /əˈbændənmənt/ *Nomen* **1** Verlassen(werden) **2** Verzicht, Aufgeben ◇ *They criticized the government's abandonment of its economic policy.* Sie kritisierten das Abrücken der Regierung von ihrer Wirtschaftspolitik. **3** Unbekümmertheit, Hingabe

abase /əˈbeɪs/ *Verb* **~ yourself** (*gehoben*) sich erniedrigen

abase·ment /əˈbeɪsmənt/ *Nomen* Erniedrigung

abashed /əˈbæʃt/ *Adj* [nicht vor Nomen] beschämt

abate /əˈbeɪt/ *Verb* **1** nachlassen **2** reduzieren

abate·ment /əˈbeɪtmənt/ *Nomen* Nachlassen, Reduzierung

ab·at·toir /ˈæbətwɑː(r)/ *Nomen* (*BrE*) Schlachthof

ab·bess /ˈæbes/ *Nomen* Äbtissin

abbey /ˈæbi/ *Nomen* Abtei

abbot /ˈæbət/ *Nomen* Abt

ab·bre·vi·ate /əˈbriːvieɪt/ *Verb* **1 ~ sth (to sth)** etw (zu etw) abkürzen **2** (*Bericht etc.*) kürzen ◇ *I gave him an abbreviated account.* Ich berichtete ihm nur das Wichtigste.

ab·bre·vi·ation /əˌbriːviˈeɪʃn/ *Nomen* **1** Abkürzung **2** (Ab)kürzen

ABC /ˌeɪ biː ˈsiː/ *Nomen* [Sing] (*AmE* **ABCs** [Pl]) **1** ABC **2** (*Grundkenntnisse*) Einmaleins IDM → EASY

ab·di·cate /ˈæbdɪkeɪt/ *Verb* **1** abdanken **2** (*gehoben*) **~ responsibility/your responsibilities** sich der/seiner Verantwortung entziehen

ab·di·ca·tion /ˌæbdɪˈkeɪʃn/ *Nomen* Abdankung

ab·do·men /ˈæbdəmən/ *Nomen* **1** Abdomen, Bauch, Unterleib **2** (*von Insekten etc.*) Hinterleib

ab·dom·inal /æbˈdɒmɪnl; *AmE* æbˈdɑːm-/ *Adj* abdominal, Bauch-

ab·dom·in·als /æbˈdɒmɪnlz; *AmE* æbˈdɑːm-/ *Nomen* [Pl] (*umgs* **abs**) (ANAT) Bauchmuskeln

ab·duct /æbˈdʌkt/ *Verb* entführen

ab·duc·tion /æbˈdʌkʃn/ *Nomen* Entführung

ab·duct·or /æbˈdʌktə(r)/ *Nomen* Entführer(in)

Aber·do·nian /ˌæbəˈdəʊniən; *AmE* -bərˈdoʊ-/ *Nomen, Adj*

▸ ***Nomen*** Aberdeener(in)

▸ ***Adj*** Aberdeener

ab·er·rant /æˈberənt/ *Adj* (*gehoben*) (von der Norm) abweichend, abnorm

ab·er·ra·tion /ˌæbəˈreɪʃn/ *Nomen* **1** Abweichung, Anomalie **2** (geistige) Verwirrung

abet /əˈbet/ *Verb* (**-tt-**) **~ sb (in sth)** jdm (bei etw) helfen, jdn (zu etw) anstiften IDM → AID

abey·ance /əˈbeɪəns/ *Nomen* IDM **in abeyance** (*gehoben*) zeitweilig nicht wirksam; zeitweilig außer Kraft

ab·hor /əbˈhɔː(r)/ *Verb* (**-rr-**) verabscheuen

ab·hor·rence /əbˈhɒrəns; *AmE* əbˈhɔːrəns/ *Nomen* (*gehoben*) Abscheu

ab·hor·rent /əbˈhɒrənt; *AmE* əbˈhɔːrənt/ *Adj* (*gehoben*) abscheulich

abide /əˈbaɪd/ *Verb* **1** (**abided, abided**) (*meist verneint*) ausstehen, ertragen **2 abided, abided** *oder* **abode, abode** /əˈbəʊd; *AmE* əˈboʊd/) (*veraltet oder gehoben*) bleiben, verweilen PHR V **a'bide by sth** sich an etw halten

abid·ing /əˈbaɪdɪŋ/ *Adj* (*Erinnerung etc.*) anhaltend, bleibend

abil·ity /əˈbɪləti/ *Nomen* **1** Fähigkeit ◇ *The system has the ability to run several programs at once.* Das System kann mehr als ein Programm zur gleichen Zeit laufen lassen. **2** Fähigkeit, Können, Talent ◇ *He was a man of extraordinary abilities.* Er war ein außergewöhnlich begabter Mann. ◇ *I try to do my job to the best of my ability.* Ich versuche meine Arbeit so gut wie ich kann zu verrichten.

ab·ject /ˈæbdʒekt/ *Adj* (*Adv* **ab·ject·ly**) **1** erbärmlich ◇ *abject poverty* bittere Armut ◇ *abject misery* tiefste Verzweiflung ◇ *The plan was an abject failure.* Der Plan scheiterte kläglich **2** demütig, unterwürfig

ab·jure /əbˈdʒʊə(r); *AmE* əbˈdʒʊr/ *Verb* (*gehoben*) abschwören

ablaze /əˈbleɪz/ *Adj* [nicht vor Nomen] **1** in Flammen ◇ *set sth ablaze* etw in Brand stecken **2 be ~** leuchten; (*Augen*) funkeln ◇ *The house was ablaze with lights.* Das Haus war hell erleuchtet. ◇ *The trees were ablaze with autumn colours.* Die Bäume erstrahlten in herbstlicher Farbenpracht.

able /ˈeɪbl/ *Adj* **1 be ~ to do sth** etw tun können ◇ *Were you able to speak to him?* Hast du mit ihm sprechen können? ◇ *They were able to save two of the boys.* Zwei Jungen konnten gerettet werden. ◇ *He's been able to swim for a year.* Er kann schon seit einem Jahr schwimmen. ◇ *We hadn't been able to warn him.* Wir hatten ihn nicht warnen können. ◇ *One day you'll be able to laugh about it.* Eines Tages wirst du darüber lachen können. ◇ *I didn't feel able to disagree with him.* Ich konnte ihm nicht widersprechen. **2** fähig, in der Lage **3** (**abler** /ˈeɪblə(r)/, **ablest** /ˈeɪblɪst/) fähig, tüchtig ◇ *the ablest students in the class* die besten Schüler in der Klasse

ˌable-ˈbodied *Adj* gesund; (MIL) tauglich

ˌable ˈseaman *Nomen* Vollmatrose

ab·lu·tions /əˈbluːʃnz/ *Nomen* [Pl] (*gehoben oder hum*) Waschung

ably /ˈeɪbli/ *Adv* geschickt, gekonnt

ab·nor·mal /æbˈnɔːml; *AmE* æbˈnɔːrml/ *Adj* (*Adv* **ab·normal·ly** /-məli/) abnorm, ungewöhnlich

ab·nor·mal·ity /ˌæbnɔːˈmæləti; *AmE* -nɔːrˈ-/ *Nomen* Anomalie, Abnormität, Missbildung

aboard /əˈbɔːd; *AmE* əˈbɔːrd/ *Adv, Präp* an Bord ◇ *All aboard!* Alles einsteigen! ◇ *He was already aboard the bus.* Er war schon im Bus.

abode /əˈbəʊd; *AmE* əˈboʊd/ *Nomen* [meist Sing] (*gehoben oder hum*) Wohnsitz, Bleibe → *Siehe auch* ABIDE

abol·ish /əˈbɒlɪʃ; *AmE* əˈbɑːlɪʃ/ *Verb* abschaffen

abo·li·tion /ˌæbəˈlɪʃn/ *Nomen* Abschaffung

abo·li·tion·ist /ˌæbəˈlɪʃənɪst/ *Nomen* Abolitionist(in)

abom·in·able /əˈbɒmɪnəbl; *AmE* əˈbɑːm-/ *Adj* (*Adv* **abomin·ably**) /-bli/ abscheulich, niederträchtig, grässlich

Aˌbominable ˈSnowman *Nomen* Schneemensch, Yeti

abom·in·ate /əˈbɒmɪneɪt; *AmE* əˈbɑːm-/ *Verb* (*nicht in der Verlaufsform*) (*gehoben*) verabscheuen

abom·in·ation /əˌbɒmɪˈneɪʃn; *AmE* əˌbɑːm-/ *Nomen* Scheußlichkeit

abo·ri·ginal /ˌæbəˈrɪdʒənl/ *Adj* **1** (*meist* **Aboriginal**) (*bezüglich der Ureinwohner Australiens*) Aborigine- ◇ *Aboriginal land rights* Landrechte der Aborigines **2** einheimisch, eingeboren ◇ *the aboriginal peoples of Canada* die Ureinwohner Kanadas

abo·ri·gine /ˌæbəˈrɪdʒəni/ *Nomen* (*meist* **Aborigine**) Ureinwohner(in); (*Ureinwohner Australiens*) Aborigine

abort /əˈbɔːt; *AmE* əˈbɔːrt/ *Verb* **1** (MED) abtreiben ◇ *abort a pregnancy* eine Schwangerschaftsunterbrechung durchführen **2** (MED) eine Fehlgeburt haben **3** (*meist passiv*) (*Gespräche etc.*) abbrechen ◇ *If no password is given, the program aborts.* Wenn kein Passwort eingegeben wird, wird das Programm abgebrochen.

abor·tion /əˈbɔːʃn; *AmE* əˈbɔːrʃn/ *Nomen* Abtreibung, Schwangerschaftsabbruch ◇ *She decided to have an abortion.* Sie beschloss, das Kind abtreiben zu lassen.

abor·tion·ist /əˈbɔːʃənɪst; *AmE* əˈbɔːrʃə-/ *Nomen* Abtreiber(in)

abort·ive /əˈbɔːtɪv; *AmE* əˈbɔːrtɪv/ *Adj* (*gehoben*) gescheitert, erfolglos

abound /əˈbaʊnd/ *Verb* (*gehoben*) reichlich vorhanden sein ◇ *Stories about his travels abound.* Über seine Reisen kursieren viele Geschichten. ◇ *Confusion abounds.* Es herrscht große Verwirrung. PHR V **aˈbound with/in sth** an etw reich sein

about /əˈbaʊt/ *Adv, Präp, Adj*

▸ ***Adv*** **1** ungefähr ◇ *He arrived (at) about ten.* Er kam gegen zehn. **2** fast ◇ *This is about the best we can hope for.* Das ist wohl das Beste, was wir uns erhoffen können. **3** (*bes BrE*) herum ◇ *Her books were lying about on the floor.* Ihre Bücher waren überall auf dem Boden verstreut. **4** (*bes BrE*) da, hier ◇ *There's a lot of flu about.* Im Moment geht die Grippe um. **5** (*Fachspr oder gehoben*) (anders)herum ◇ *He brought the ship about.* Er wendete das Schiff. IDM **that's about ˈall; that's about ˈit** das ist so ziemlich alles → *Siehe auch* JUST *und* OUT ⓘ Für Verben mit **about** siehe die Einträge für die entsprechenden Verben. **Bring sth about** z.B. steht unter **bring**.

▸ ***Präp*** **1** über ◇ *a book about flowers* ein Buch über Blumen ◇ *There's something strange about him.* Er hat etwas Merkwürdiges an sich. ◇ *I don't know what you're on about.* Ich weiß nicht, wovon du redest. ◇ *There's nothing you can do about it now.* Jetzt kannst du nichts mehr daran ändern. ◇ *What's it all about?* Worum geht es eigentlich? ◇ *Movies are all about making money these days.* In der Filmwelt geht es heutzutage nur ums Geschäft. **2** bei ◇ *And while you're about it …* Und wenn du schon dabei bist … ◇ *Everywhere people were going about their daily business.* Überall gingen die Leute ihrer täglichen Arbeit nach. **3** (*bes BrE*) um … (herum), in … (herum) ◇ *He looked about the room.* Er sah sich im Zimmer um. ◇ *The papers were strewn about the room.* Die Papiere waren im ganzen Zimmer verstreut. ◇ *She's somewhere about the office.* Sie ist hier irgendwo im Büro. **4** (*gehoben*) um ◇ *She wore a shawl about her shoulders.* Sie trug ein Tuch um die Schultern. IDM **how/what about …?** **1** wie ist es mit …? ◇ *I'm having fish. What about you?* Ich nehme Fisch. Und du? **2** wie wäre es mit …?

▸ ***Adj*** IDM **be about to do sth** im Begriff sein etw zu tun ◇ *I was just about to ask you the same thing.* Ich wollte dich gerade das Gleiche fragen. **not be about to do sth** nicht vorhaben etw zu tun ◇ *I've never done any cooking and I'm not about to start now.* Ich habe nie gekocht und ich habe nicht vor, jetzt damit anzufangen.

aˌbout-ˈface (*BrE auch* **aˌbout-ˈturn**) *Nomen* [Sing] Kehrtwendung

above /əˈbʌv/ *Präp, Adv, Adj, Nomen*

▸ ***Präp*** **1** über ◇ *the apartment above mine* die Wohnung über mir ◇ *inflation above 10%* eine Inflationsrate von mehr als 10% ◇ *All this maths is above me.* Diese ganze Mathematik ist mir zu hoch. ◇ *I rate her above the others.* Ich halte sie für besser als die anderen. **2** erhaben über ◇ *She's not above lying when it suits her.* Wenn es ihr zum Vorteil gereicht, ist sie sich für eine Lüge nicht zu schade. **3** oberhalb IDM **above ˈall** vor allem **aˈbove yourself** größenwahnsinnig → *Siehe auch* OVER

▸ ***Adv*** **1** oben, darüber ◇ *seen from above* von oben gesehen ◇ *Put it on the shelf above.* Stell es auf das Brett darüber. **2** darüber, mehr ◇ *children aged 11 and above* Kinder ab 11 Jahren

▸ ***Adj*** oben genannt, obig

▸ ***Nomen*** **the ~** das Obige, der/die oben Genannte, die oben Genannten

aˌbove-ˈmentioned *Adj* [nur vor Nomen] (*gehoben*) oben genannt, oben erwähnt

aˌbove-the-ˈline *Adj* **1** (FINANZ) über dem Strich ◇ *Raw materials are recorded as above-the-line costs.* Rohstoffe zählen zu den Kosten über dem Strich. **2** (*Werbung*) konventionell ◇ *above-the-line promotion* klassische Werbemaßnahmen

abra·ca·dabra /ˌæbrəkəˈdæbrə/ *Ausruf* Abrakadabra

ab·rade /əˈbreɪd/ *Verb* (*Fachspr*) **1** abschaben, abschürfen **2** (GEOL) abtragen

ab·ra·sion /əˈbreɪʒn/ *Nomen* **1** Hautabschürfung, Schürfwunde **2** Abschabung, Abschleifen ◇ *Diamonds have extreme resistance to abrasion.* Diamanten sind extrem kratzfest. **3** (GEOL) Abtragung

abra·sive /əˈbreɪsɪv/ *Adj, Nomen*

▸ ***Adj*** **1** scheuernd ◇ *abrasive cleaners* Scheuermittel ◇ *abrasive paper* Schleifpapier **2** (*Adv* **abra·sive·ly**) (*Person*) aggressiv, barsch; (*Benehmen, Text*) herausfordernd; (*Stimme, Bemerkung*) schneidend

▸ ***Nomen*** Scheuermittel, Schleifmittel

abra·sive·ness /əˈbreɪsɪvnəs/ *Nomen* **1** (*von Scheuermittel*) Schärfe **2** (*von Person*) Aggressivität

abreast /əˈbrest/ *Adv* **~ (of sb/sth)** auf gleicher Höhe (mit jdm/etw) ◇ *two abreast* je zwei und zwei nebeneinander ◇ *A police car drew abreast of us.* Ein Polizeiauto kam auf gleiche Höhe mit uns. IDM **keep abreast of sth** sich über etw auf dem Laufenden halten

abridge /əˈbrɪdʒ/ *Verb* (*Buch etc.*) kürzen

abroad 0-ᴡ /əˈbrɔːd/ *Adv* (*bes BrE*) **1** im/ins Ausland ◇ *go abroad* ins Ausland gehen/fahren ◇ *from abroad* aus dem Ausland **2** (*gehoben*) überall verbreitet ◇ *There is news abroad that …* Es geht die Nachricht um, dass … **3** (*veraltet*) draußen

ab·ro·gate /ˈæbrəɡeɪt/ *Verb* (*Fachspr*) annullieren, aufheben

ab·rupt /əˈbrʌpt/ *Adj* (*Adv* **ab·rupt·ly**) **1** abrupt, plötzlich, jäh **2** schroff, brüsk

ab·rupt·ness /əˈbrʌptnəs/ *Nomen* **1** Plötzlichkeit **2** (*Person, Ton*) Schroffheit

ABS /ˌeɪ biː ˈes/ *Kurzform von* **anti-lock braking system** (*Bremsen*) Antiblockiersystem

abs /æbz/ *Nomen* [Pl] (*umgs*) = ABDOMINALS

ab·scess /ˈæbses/ *Nomen* Abszess

ab·scond /əbˈskɒnd; *AmE* əbˈskɑːnd/ *Verb* **1 ~ (from sth)** (aus etw) weglaufen **2 ~ (with sth)** (mit etw) verschwinden, (mit etw) türmen

ab·seil /ˈæbseɪl/ *Verb, Nomen*
▸ ***Verb*** (*BrE*) (SPORT) (sich) abseilen
▸ ***Nomen*** (*BrE*) (SPORT) Abstieg (am Seil), Abseilen

ab·seil·ing /ˈæbseɪlɪŋ/ *Nomen* (*BrE*) (SPORT) Abseilen

ab·sence 0-ᴡ /ˈæbsəns/ *Nomen* **1** Abwesenheit ◇ *absence from work* Fernbleiben von der Arbeit **2** Fehlen, Mangel ◇ *in the absence of any definite proof* in Ermangelung eindeutiger Beweise ◇ *the absence of women on the board* die mangelnde Präsenz von Frauen im Vorstand IDM → CONSPICUOUS

ab·sent 0-ᴡ *Adj, Verb*
▸ ***Adj*** /ˈæbsənt/ **1** abwesend ◇ *be absent from work* nicht zur Arbeit erscheinen ◇ *be absent from school* dem Unterricht fernbleiben ◇ *Love was totally absent from his life.* Es fehlte ihm an jeglicher Liebe. **2** (*Adv* **ab·sent·ly**) geistesabwesend, zerstreut
▸ ***Verb*** /æbˈsent/ **~ yourself (from sth)** (*gehoben*) (einer Sache) fernbleiben

ab·sen·tee /ˌæbsənˈtiː/ *Nomen* Abwesende(r), Fehlende(r)

ˌabsentee ˈballot *Nomen* (*AmE*) Briefwahl(stimme)

ab·sen·tee·ism /ˌæbsənˈtiːɪzəm/ *Nomen* häufiges (unentschuldigtes) Fehlen, Schwänzen

ˌabsentee ˈlandlord *Nomen* = nicht am Ort wohnender Haus-/Grundbesitzer

ab·sen·tia /æbˈsenʃiə/ → IN ABSENTIA

ˌabsent-ˈminded *Adj* (*Adv* **ˌabsent-ˈmindedly**) geistesabwesend, zerstreut

ˌabsent-ˈminded·ness *Nomen* Geistesabwesenheit, Zerstreutheit

ab·so·lute 0-ᴡ /ˈæbsəluːt/ *Adj, Nomen*
▸ ***Adj*** **1** absolut ◇ *absolute beginners* blutige Anfänger ◇ *absolute confidence* volles Vertrauen ◇ *absolute power* uneingeschränkte Macht ◇ *There was no absolute proof.* Es gab keine eindeutigen Beweise. ◇ *Although prices are falling in absolute terms, energy is still expensive.* Obwohl die Preise tatsächlich fallen, sind Energiekosten relativ gesehen immer noch hoch. **2** [nur vor Nomen] ausgesprochen, ausgemacht ◇ *He must earn an absolute fortune.* Er muss ein wahres Vermögen verdienen. **3** (*Scheidung*) rechtskräftig → *Siehe auch* DECREE ABSOLUTE
▸ ***Nomen*** absolute Größe, absolutes Prinzip

ab·so·lute·ly 0-ᴡ /ˈæbsəluːtli/ *Adv* **1** (*vor Adjektiven*) absolut, vollkommen, völlig ◇ *Is it absolutely necessary?* Ist es unbedingt nötig? ◇ *I'm absolutely convinced that …* Ich bin fest überzeugt, dass … ◇ *I'm absolutely freezing.* Mir ist schrecklich kalt. **2** (*vor Verben und Nomina*) geradezu, regelrecht ◇ *It took absolutely ages.* Es dauerte unheimlich lange. ◇ *He absolutely hated the book.* Er fand das Buch furchtbar. ◇ *He absolutely refuses to take it back.* Er weigert sich entschieden, es zurückzunehmen. ◇ *Absolutely anything could happen.* Es könnte alles Mögliche passieren. **3 ~ no** überhaupt kein(e); **~ nothing** überhaupt nichts ◇ *I have absolutely no idea.* Ich habe nicht die leiseste Ahnung. **4** /ˌæbsəˈluːtli/ (*als Zustimmung etc.*) absolut, genau, auf jeden Fall ◇ *'Can we leave a little early?' 'Absolutely!'* „Können wir etwas eher weggehen?" „Natürlich!" **5 ~ not** auf keinen Fall ◇ *'Was it any good?' 'Absolutely not!'* „War es gut?" „Ganz im Gegenteil!"

ˌabsolute maˈjority *Nomen* absolute Mehrheit

ˌabsolute ˈzero *Nomen* absoluter Nullpunkt

ab·so·lu·tion /ˌæbsəˈluːʃn/ *Nomen* (REL) Absolution, Lossprechung

ab·so·lut·ism /ˈæbsəluːtɪzəm/ *Nomen* Absolutismus

ab·so·lut·ist /ˈæbsəluːtɪst/ *Nomen, Adj*
▸ ***Nomen*** Absolutist(in)
▸ ***Adj*** absolutistisch

ab·solve /əbˈzɒlv; *AmE* əbˈzɑːlv/ *Verb* **1** (*gehoben*) freisprechen **2** (REL) lossprechen

ab·sorb 0-ᴡ /əbˈzɔːb, əbˈsɔːb; *AmE* əbˈzɔːrb, əbˈsɔːrb/ *Verb* **1** aufnehmen; (*Licht, Wärme etc.*) absorbieren (*auch fig*); (*Flüssigkeit*) aufsaugen; (BIOL) assimilieren; (MED) resorbieren ◇ *The surrounding towns have been absorbed into the city.* Die umliegenden Städte sind von der Großstadt verschluckt worden. ◇ *The cream is easily absorbed into the skin.* Die Creme zieht leicht in die Haut ein. **2** (*Wissen, Informationen*) in sich aufnehmen, verarbeiten **3** völlig in Anspruch nehmen ◇ *This work has absorbed him for several years.* Seit Jahren geht er ganz in dieser Arbeit auf. → *Siehe auch* ABSORBED **4** abschwächen; (*Schlag, Stoß, Erschütterungen*) auffangen; (*Schall, Ton*) dämpfen → *Siehe auch* SHOCK ABSORBER **5** (*Geld etc.*) verschlingen; (*Zeit*) kosten **6** (*Verlust, Änderung etc.*) verkraften

ab·sorbed /əbˈzɔːbd, əbˈsɔːbd; *AmE* əbˈzɔːrbd, əbˈsɔːrbd/ *Adj* vertieft, versunken ◇ *She was totally absorbed in her book.* Sie war völlig in ihr Buch vertieft.

ab·sorb·ency /əbˈzɔːbənsi, əbˈsɔː-; *AmE* əbˈzɔːrb-, əbˈsɔːr-/ *Nomen* Saugfähigkeit

ab·sorb·ent /əbˈzɔːbənt, əbˈsɔː-; *AmE* əbˈzɔːrbənt, əbˈsɔːr-/ *Adj* saugfähig, absorbierend

ab·sorb·ing /əbˈzɔːbɪŋ, əbˈsɔː-; *AmE* əbˈzɔːrbɪŋ, əbˈsɔːr-/ *Adj* packend, fesselnd

ab·sorp·tion /əbˈsɔːpʃn, əbˈzɔːp-; *AmE* əbˈsɔːrp-, əbˈzɔːrp-/ *Nomen* **1** Aufnahme, Absorption; (BIOL) Assimilation; (MED) Resorption **2** (*von Wissen, Informationen*) Verarbeitung **3** Integration **4** Abschwächung, Dämpfung **5 ~ in/with sth** Aufgehen in etw → *Siehe auch* SELF-ABSORPTION

ab·stain /əbˈsteɪn/ *Verb* **1 ~ (from voting)** sich der Stimme enthalten **2 ~ (from sth)** (*gehoben oder hum*) sich (einer Sache) enthalten ◇ *abstain from alcohol* keinen Alkohol trinken ◇ *abstain from sex* sexuell enthaltsam sein

ab·stain·er /əbˈsteɪnə(r)/ *Nomen* **1** = jd, der sich der Stimme enthält **2** Abstinenzler(in)

ab·ste·mi·ous /əbˈstiːmiəs/ *Adj* (*gehoben*) enthaltsam

ab·sten·tion /əbˈstenʃn/ *Nomen* **1** (Stimm)enthaltung **2** (*gehoben*) Enthaltsamkeit

ab·stin·ence /ˈæbstɪnəns/ *Nomen* (*gehoben*) Abstinenz, Enthaltsamkeit

ab·stract *Adj, Nomen, Verb*
▸ ***Adj*** /ˈæbstrækt/ (*Adv* **ab·stract·ly**) abstrakt ◇ *think in abstract terms* abstrakt denken ◇ *Beauty is abstract.*

Schönheit ist ein abstrakter Begriff.
▸ ***Nomen*** /ˈæbstrækt/ **1** abstraktes Bild **2** Zusammenfassung IDM **in the ˈabstract** rein theoretisch; abstrakt
▸ ***Verb*** /æbˈstrækt/ **1** entnehmen, entfernen **2** (*Buch, Artikel etc.*) zusammenfassen

ab·stract·ed /æbˈstræktɪd/ *Adj* (*Adv* **ab·stract·ed·ly**) (*gehoben*) (geistes)abwesend, entrückt

ab·strac·tion /æbˈstrækʃn/ *Nomen* **1** (*gehoben*) Abstraktion **2** (*gehoben*) Geistesabwesenheit **3** (*Fachspr*) Entnahme

abstract ˈnoun *Nomen* (LING) Abstraktum

ab·struse /əbˈstru:s, æbˈ-/ *Adj* (*gehoben*) abstrus

ab·surd /əbˈsɜ:d; *AmE* əbˈsɜ:rd/ *Nomen, Adj*
▸ ***Adj*** absurd, lächerlich ◇ *Don't be absurd!* Du spinnst wohl!
▸ ***Nomen*** **the absurd** [Sing] das Absurde

ab·surd·ity /əbˈsɜ:dəti; *AmE* əbˈsɜ:rd-/ *Nomen* Absurdität

ab·surd·ly /əbˈsɜ:dli; *AmE* əbˈsɜ:rd-/ *Adv* **1** lächerlich **2** (*verstärkend*) unglaublich **3** absurderweise

abun·dance /əˈbʌndəns/ *Nomen* (*gehoben*) Fülle IDM **in abundance** in Hülle und Fülle

abun·dant /əˈbʌndənt/ *Adj* (*gehoben*) reich, reichlich (vorhanden)

abun·dant·ly /əˈbʌndəntli/ *Adv* **1** reichlich **2** ~ **clear** mehr als klar

abuse 🔑 *Nomen, Verb*
▸ ***Nomen*** /əˈbju:s/ **1** Missbrauch ◇ *The system is open to abuse.* Das System kann missbraucht werden. **2** [U] Misshandlung(en); (*sexuell*) Missbrauch **3** [U] Beschimpfung ◇ *a term of abuse* ein Schimpfwort
▸ ***Verb*** /əˈbju:z/ **1** missbrauchen ◇ *He systematically abused his body with heroin.* Er trieb jahrelang Raubbau an seiner Gesundheit mit Heroin. **2** misshandeln; (*sexuell*) missbrauchen **3** beschimpfen

ab·user /əˈbju:zə(r)/ *Nomen* = jd, der jdn/etw missbraucht ◇ *child abusers* Kinderschänder

abu·sive /əˈbju:sɪv/ *Adj* **1** beleidigend, ausfallend ◇ *abusive language* Beschimpfungen **2** gewalttätig

abut /əˈbʌt/ *Verb* (**-tt-**) ~ **on/onto sth** (*gehoben*) an etw (an)grenzen

abys·mal /əˈbɪzməl/ *Adj* (*Adv* **abys·mal·ly** /-məli/) fürchterlich, miserabel

abyss /əˈbɪs/ *Nomen* [meist Sing] (*gehoben*) Abgrund ◇ *an abyss of loneliness* abgrundtiefe Einsamkeit

AC /ˌeɪ ˈsi:/ *Abk* **1** = AIR CONDITIONING **2** = ALTERNATING CURRENT

a/c *Abk* **1** = ACCOUNT **2** (*auch* **ac**) (*bes AmE*) = AIR CONDITIONING

aca·cia /əˈkeɪʃə/ (*auch* **aˈcacia tree**) *Nomen* Akazie

aca·demia /ˌækəˈdi:miə/ (*gehoben oder hum* **aca·deme** /ˈækədi:m/) *Nomen* [U] die akademische Welt

aca·dem·ic 🔑 /ˌækəˈdemɪk/ *Adj, Nomen*
▸ ***Adj*** (*Adv* **aca·dem·ic·al·ly** /-kli/) **1** Schul-; (*Universität*) akademisch, wissenschaftlich ◇ *academic qualifications* Schul- oder Studienabschluss ◇ *You have to do well academically to get into medical school.* Fürs Medizinstudium braucht man gute Noten. **2** geistig begabt **3** hypothetisch
▸ ***Nomen*** Akademiker(in), Wissenschaftler(in), Universitätslehrkraft

acad·em·ician /əˌkædəˈmɪʃn; *AmE* ˌækəd-/ *Nomen* Akademiemitglied

acad·emy /əˈkædəmi/ *Nomen* **1** (Fach)hochschule, Akademie **2** (*meist* **Academy**) Akademie, wissenschaftliche Gesellschaft **3** (*in Schottland*) weiterführende Schule **4** (*AmE*) Privatschule **5** = von der Kommunalverwaltung unabhängige, direkt vom Staat finanzierte Schule in England

açai /æˈsaɪ:, ˌæsaɪˈi:/ *Nomen* (*Pl* **açai**) Acai-Palme

ac·cede /əkˈsi:d/ *Verb* ~ (**to sth**) (*gehoben*) **1** (in etw) einwilligen **2** ~ **to the throne** den Thron besteigen

ac·cel·er·ate /əkˈseləreɪt/ *Verb* **1** beschleunigen **2** schneller fahren, Gas geben ◇ *The runners accelerated.* Die Läufer liefen schneller. ◇ *He accelerated away from the traffic lights.* Er gab Gas und fuhr von der Ampel weg.

ac·cel·er·ation /əkˌseləˈreɪʃn/ *Nomen* Beschleunigung ◇ *an acceleration in the rate of economic growth* ein verstärktes wirtschaftliches Wachstum

ac·cel·er·ator /əkˈseləreɪtə(r)/ *Nomen* **1** Gaspedal **2** (PHYSIK) Beschleuniger

ac·cent 🔑 *Nomen, Verb*
▸ ***Nomen*** /ˈæksent, -sənt/ **1** Akzent ◇ *a strong/broad Scottish accent* ein starker schottischer Akzent **2** Betonung **3** Akzentzeichen
▸ ***Verb*** /ækˈsent/ betonen

ac·cent·ed /ˈæksentɪd/ *Adj* **1** ◇ *He spoke heavily accented English.* Er sprach Englisch mit starkem ausländischem Akzent. **2** (*Fachspr*) (*Silbe*) betont **3** (*Fachspr*) mit einem Akzentzeichen

ac·cen·tu·ate /əkˈsentʃueɪt/ *Verb* betonen, akzentuieren

ac·cept 🔑 /əkˈsept/ *Verb* **1** annehmen ◇ *He asked me to marry him and I accepted.* Er hat mir einen Antrag gemacht, und ich habe ja gesagt. ◇ *Please accept our sincere apologies.* Wir bitten vielmals um Entschuldigung. **2** (an)nehmen ◇ *Will you accept a cheque?* Nehmen Sie einen Scheck? **3** ~ (**sb/sth as sth**) (jdn/etw als etw) akzeptieren ◇ *Can we accept his account as the true version?* Können wir davon ausgehen, dass seine Darstellung wahr ist? ◇ *I accept that it won't be easy.* Ich bin mir bewusst, dass es nicht einfach sein wird. ◇ *The agricultural industry here is generally accepted to be the most efficient in Europe.* Die hiesige Landwirtschaft gilt als die leistungsfähigste in Europa. ◇ *He was willing to accept us as tenants.* Er war mit uns als Mietern einverstanden. **4** (*Verantwortung*) übernehmen ◇ *You have to accept the consequences of your actions.* Du musst aus deinem Handeln die Konsequenzen ziehen. **5** hinnehmen ◇ *You just have to accept the fact.* Du wirst dich damit abfinden müssen. **6** ~ **sb** jdn aufnehmen ◇ *She was accepted to study music.* Man hat sie zum Musikstudium zugelassen.

ac·cept·abil·ity /əkˌseptəˈbɪləti/ *Nomen* Annehmbarkeit

ac·cept·able 🔑 /əkˈseptəbl/ *Adj* (*Adv* **ac·cept·ably** /-bli/) **1** akzeptabel, zulässig ◇ *Age discrimination is not acceptable.* Diskriminierung aufgrund des Alters darf nicht hingenommen werden. **2** ~ (**to sb**) (für jdn) annehmbar **3** ausreichend

ac·cept·ance /əkˈseptəns/ *Nomen* **1** Annahme, Zusage ◇ *Please confirm your acceptance of this offer.* Bitte teilen Sie uns mit, ob Sie das Angebot annehmen. ◇ *the President's acceptance speech* die Antrittsrede des Präsidenten **2** Zustimmung, Anerkennung **3** Aufnahme, Akzeptanz **4** Hinnahme, Sichabfinden

ac·cess 🔑 /ˈækses/ *Nomen, Verb*
▸ ***Nomen*** ~ (**to sb/sth**) Zugang (zu jdm/etw) ◇ *There is good wheelchair access to the facilities.* Die Einrichtungen sind für Rollstuhlbenutzer gut zugänglich. ◇ *gain access* sich Zutritt verschaffen ◇ *a flat with easy access to the centre* eine Wohnung, von der man das Zentrum schnell erreichen kann ◇ *gain/get access to the computer system* in das Computersystem reinkommen ◇ *deny sb access to their children* jdm das Besuchsrecht für seine Kinder verweigern
▸ ***Verb*** **1** (COMP) (*Datei*) öffnen; (*Informationen*) zugreifen auf **2** (*gehoben*) erreichen ◇ *The loft can be ac-*

cessed by ladder. Der Dachboden ist über eine Leiter zugänglich.

'access course *Nomen* (*in GB*) = Kurs, der (über den zweiten Bildungsweg) ohne die üblichen Abschlüsse zur Hochschulreife führt

ac·ces·si·bil·ity /əkˌsesəˈbɪləti/ *Nomen* Zugänglichkeit

ac·cess·ible /əkˈsesəbl/ *Adj* zugänglich

ac·ces·sion /ækˈseʃn/ *Nomen* **1** Thronbesteigung; (*Amts-*) Antritt; (*Macht-*) Übernahme **2** Beitritt **3** (*Fachspr*) Neuerwerbung

ac·ces·sory /əkˈsesəri/ *Nomen* **1** [meist Pl] Zubehör **2** [meist Pl] Accessoire **3** ~ (**to sth**) (RECHT) Mitschuldige(r) (an etw) ◇ *He was charged with being an accessory to murder.* Er wurde wegen Mittäterschaft an dem Mord angeklagt.

'access road *Nomen* **1** (Autobahn)zubringer **2** Zufahrtsstraße

ac·ci·dent 0-π /ˈæksɪdənt/ *Nomen* **1** (*BrE*) Unfall ◇ *a road accident* ein Verkehrsunfall ◇ *Sorry, it was an accident.* Entschuldige, das ist aus Versehen passiert. **2** Zufall ◇ *an accident of fate* eine Laune des Schicksals IDM **ˌaccidents ˌwill ˈhappen** das kommt vor **by accident** zufällig → *Siehe auch* WAIT

ac·ci·den·tal 0-π /ˌæksɪˈdentl/ *Adj* (*Adv* **ac·ci·den·tal·ly** /-təli/) **1** Unfall-, aus Versehen ◇ *a verdict of accidental death* ein Urteil, das auf Tod durch Unfall lautet **2** zufällig

ˌaccident and eˈmergency (*Abk* **A & E**) *Nomen* [U] (*auch* **ˌaccident and eˈmergency department**) (*BrE*) Notfallstation

ˈaccident-prone *Adj* unfallgefährdet, vom Pech verfolgt

ac·claim /əˈkleɪm/ *Verb, Nomen*

▸ ***Verb*** (*meist passiv*) loben, feiern

▸ ***Nomen*** Anerkennung

ac·cli·mate /ˈækləmeɪt/ *Verb* (*bes AmE*) ~ (**yourself**) sich eingewöhnen; ~ **sb/sth/yourself** (**to sth**) jdn/etw/sich (an etw) gewöhnen

ac·cli·ma·tion /ˌækləˈmeɪʃn/ *Nomen* (*bes AmE*) Eingewöhnung

ac·cli·ma·tiz·ation (*BrE auch* **-is·ation**) /əˌklaɪmətaɪˈzeɪʃn; *AmE* -təˈ-/ *Nomen* Eingewöhnung

ac·cli·ma·tize (*BrE auch* **-ise**) /əˈklaɪmətaɪz/ *Verb* ~ (**yourself**) sich eingewöhnen; ~ (**yourself**) **to sth** sich an etw gewöhnen

ac·col·ade /ˈækəleɪd, ˌækəˈleɪd/ *Nomen* (*gehoben*) Auszeichnung

ac·com·mo·date /əˈkɒmədeɪt; *AmE* əˈkɑːm-/ *Verb* **1** unterbringen, beherbergen **2** Platz bieten für ◇ *The whole opera can be accommodated on a CD.* Die ganze Oper findet auf einer CD Platz. **3** (*gehoben*) berücksichtigen ◇ *This theory fails to accommodate all the facts.* Diese Theorie kann nicht alle Fakten in Einklang bringen. **4** ~ **sb** (**with sth**) (*gehoben*) jdm (mit etw) entgegenkommen **5** (*gehoben*) ~ (**yourself**) **to sth** sich an etw anpassen; ~ **sth to sth** etw an etw anpassen

ac·com·mo·dat·ing /əˈkɒmədeɪtɪŋ; *AmE* əˈkɑːm-/ *Adj* entgegenkommend

ac·com·mo·da·tion 0-π /əˌkɒməˈdeɪʃn; *AmE* əˌkɑːm-/ *Nomen* **1** [U] (*BrE*) Unterkunft, Wohnung, Zimmer ◇ *rented accommodation* eine Mietwohnung ◇ *furnished accommodation* eine möblierte Wohnung/ein möbliertes Zimmer ◇ *Hotel accommodation is included.* Übernachtung im Hotel ist inbegriffen. ◇ *office accommodation* Büroräume **2 accommodations** [Pl] (*AmE*) Unterkunft ◇ *bed and breakfast accommodations in private homes* Übernachtung mit Frühstück in Privatunterkünften **3** (*gehoben*) Übereinkommen

ac·com·pani·ment /əˈkʌmpənimənt/ *Nomen* **1** Begleitung ◇ *She made her speech to the accompaniment of loud laughter.* Ihre Rede wurde von lautem Gelächter begleitet. **2** Beilage ◇ *These wines make a good accompaniment to fish dishes.* Diese Weine passen gut zu Fischgerichten. **3** (*gehoben*) Begleiterscheinung

ac·com·pan·ist /əˈkʌmpənɪst/ *Nomen* Begleiter(in)

ac·com·pany 0-π /əˈkʌmpəni/ *Verb* begleiten ◇ *strong winds accompanied by heavy rain* starker Wind mit schweren Regenfällen ◇ *the accompanying text* der Begleittext

ac·com·plice /əˈkʌmplɪs; *AmE* əˈkɑːm-/ *Nomen* Komplize, Komplizin

ac·com·plish /əˈkʌmplɪʃ; *AmE* əˈkɑːm-/ *Verb* erreichen, ausführen

ac·com·plished /əˈkʌmplɪʃt; *AmE* əˈkɑːm-/ *Adj* fähig, begabt, erfahren

ac·com·plish·ment /əˈkʌmplɪʃmənt; *AmE* əˈkɑːm-/ *Nomen* **1** Leistung **2** Fertigkeit **3** (*gehoben*) Bewältigung

ac·cord /əˈkɔːd; *AmE* əˈkɔːrd/ *Nomen, Verb*

▸ ***Nomen*** Abkommen IDM **in accord** (**with sth/sb**) (*gehoben*) (mit etw/jdm) im Einklang **of your own acˈcord** aus freien Stücken; freiwillig; von selbst **with ˌone acˈcord** (*BrE, gehoben*) gemeinsam; gleichzeitig

▸ ***Verb*** **1** (*gehoben*) ~ **sth to sb/sth**; ~ **sb/sth sth** jdm/einer Sache etw beimessen **2** ~ (**with sth**) (mit etw) übereinstimmen

ac·cord·ance /əˈkɔːdns; *AmE* əˈkɔːrdns/ *Nomen* IDM **in accordance with** (*gehoben*) gemäß; entsprechend ◇ *The decision was in accordance with the guidelines.* Die Entscheidung entsprach den Richtlinien.

ac·cord·ing·ly /əˈkɔːdɪŋli; *AmE* əˈkɔːrd-/ *Adv* **1** (dem) entsprechend **2** folglich

ac·cord·ing to 0-π /əˈkɔːdɪŋ tə, *vor Vokalen* tu; *AmE* əˈkɔːrdɪŋ/ *Präp* **1** zufolge laut **2** nach, entsprechend ◇ *Everything went according to plan.* Alles ging nach Plan.

ac·cor·dion /əˈkɔːdiən; *AmE* əˈkɔːrd-/ (*BrE auch* **piˌano acˈcordion**) *Nomen* Akkordeon

ac·cost /əˈkɒst; *AmE* əˈkɔːst/ *Verb* (*gehoben*) ansprechen

ac·count 0-π /əˈkaʊnt/ *Nomen, Verb*

▸ ***Nomen*** **1** (*Abk* **a/c**) Konto ◇ *a savings account* ein Sparkonto **2** [meist Pl] (Geschäfts)bücher ◇ *do the accounts* die Buchführung machen ◇ *the accounts department* die Buchhaltung **3** Kreditkonto ◇ *We have accounts with most of our suppliers.* Bei den meisten unserer Lieferanten haben wir Kredit. **4** (WIRTSCH) (Stamm)kunde **5** Bericht, Beschreibung ◇ *Marco Polo's account of his travels in China* Marco Polos Aufzeichnungen seiner Reise durch China IDM **by/from all accounts** nach allem, was man hört **by your own account** nach eigenen Angaben; nach eigener Darstellung **give a good/poor acˈcount of yourself** (*BrE*) sich gut/nicht gut schlagen **of no/little acˈcount** (*gehoben*) ohne Bedeutung **on account** auf Rechnung **on my, his, her etc. account** meinet-/seinet-/ihretwegen etc. **on account of sth** wegen einer Sache ◇ *on account of ill health* aus Gesundheitsgründen **on no account; not on any account** auf (gar) keinen Fall **on your own acˈcount** **1** für sich (selbst); allein ◇ *He set up in business on his own account.* Er gründete sein eigenes Geschäft. **2** aus eigenem Antrieb **on this/that account** deshalb; deswegen **take account of sth; take sth into account** etw in Betracht ziehen; etw berücksichtigen **put/turn sth to good acˈcount** etw gut nutzen

▸ ***Verb*** (*meist passiv*) (*gehoben*) ansehen als, halten für IDM **there's no accounting for ˈtaste** über Geschmack lässt sich nicht streiten PHR V **acˈcount**

for sth **1** der Grund für etw sein, etw erklären **2** sich etw erklären **3** etw ausmachen **ac'count for sb/sth** **1** (*umgs*) wissen, wo jd/etw ist, den Verbleib von jdm/etw klären ◇ *Three files cannot be accounted for.* Drei Akten sind verschwunden. **2** jdn/etw vernichten **ac'count for sth (to sb)** (jdm) über etw Rechenschaft ablegen

ac·count·abil·ity /əˌkaʊntəˈbɪləti/ *Nomen* Verantwortlichkeit

ac·count·able /əˈkaʊntəbl/ *Adj* **1** ~ **(to sb)** (jdm) verantwortlich **2** **hold sb ~ (for sth)** jdn (für etw) zur Rechenschaft ziehen

ac·count·ancy /əˈkaʊntənsi/ *Nomen* [U] **1** Buchhaltung **2** Steuerberatung

ac·count·ant /əˈkaʊntənt/ *Nomen* **1** Buchhalter(in) **2** Steuerberater(in)

ac·credit /əˈkredɪt/ *Verb* (*gehoben*) **1** ~ **sth to sb**; ~ **sb with sth** (*meist passiv*) jdm etw zuschreiben **2** ~ **sb to …** (*meist passiv*) (*Botschafter etc.*) jdn bei … akkreditieren

ac·credi·tation /əˌkredɪˈteɪʃn/ *Nomen* [U] Anerkennung, Zulassung ◇ *a letter of accreditation* ein Beglaubigungsschreiben

ac·credit·ed /əˈkredɪtɪd/ *Adj* **1** bevollmächtigt, akkreditiert **2** zugelassen, anerkannt

ac·cre·tion /əˈkriːʃn/ *Nomen* (*Fachspr oder gehoben*) Ablagerung

ac·crue /əˈkruː/ *Verb* (*gehoben*) **1** ~ **(to sb) (from sth)** (jdm) (aus etw) erwachsen **2** (*Zinsen etc.*) auflaufen (lassen)

ac·cu·mu·late /əˈkjuːmjəleɪt/ *Verb* **1** (an)sammeln ◇ *My savings are accumulating interest.* Meine Ersparnisse bringen Zinsen ein. **2** sich ansammeln, anwachsen

ac·cu·mu·la·tion /əˌkjuːmjəˈleɪʃn/ *Nomen* Anhäufung, Ansammlung

ac·cur·acy /ˈækjərəsi/ *Nomen* Genauigkeit **IDM** → PINPOINT

ac·cur·ate 0‑π /ˈækjərət/ *Adj* (*Adv* **ac·cur·ate·ly**) **1** genau ◇ *My watch is not very accurate.* Meine Uhr geht nicht sehr genau. **2** treffsicher; (*Schuss etc.*) platziert

ac·cur·sed /əˈkɜːsɪd; *AmE* əˈkɜːrsɪd/ *Adj* (*veraltet*) verflucht, unselig

ac·cus·ation /ˌækjuˈzeɪʃn/ *Nomen* Anschuldigung, Vorwurf

ac·cusa·tive /əˈkjuːzətɪv/ *Nomen, Adj*

▸ ***Nomen*** Akkusativ

▸ ***Adj*** Akkusativ- ◇ *the accusative form* der Akkusativ

ac·cusa·tory /əˈkjuːzətəri, ˌækjuˈzeɪtəri; *AmE* -tɔːri/ *Adj* (*gehoben*) anklagend

ac·cuse 0‑π /əˈkjuːz/ *Verb* ~ **sb (of sth)** jdn (wegen einer Sache) anklagen ◇ *They stand accused of murder.* Sie sind des Mordes angeklagt. ◇ *She accused him of lying.* Sie bezichtigte ihn der Lüge.

the ac·cused /ði əˈkjuːzd/ *Nomen* (*Pl* **the ac·cused**) der/die Angeklagte, die Angeklagten

ac·cuser /əˈkjuːzə(r)/ *Nomen* Ankläger(in)

ac·cus·ing /əˈkjuːzɪŋ/ *Adj* (*Adv* **ac·cus·ing·ly**) anklagend, vorwurfsvoll

ac·cus·tom /əˈkʌstəm/ *Verb* **PHRV** **ac'custom yourself/sb to sth** sich/jdn an etw gewöhnen

ac·cus·tomed /əˈkʌstəmd/ *Adj* **1** ~ **to sth** an etw gewöhnt; ~ **to doing sth** gewöhnt etw zu tun ◇ *grow accustomed to sth* sich an etw gewöhnen **2** (*gehoben*) gewohnt

ace /eɪs/ *Nomen, Adj*

▸ ***Nomen*** Ass **IDM** **an ace up your sleeve** (*AmE* **an ace in the hole**) ein Trumpf in der Hand **come/be within an ace of doing sth** etw um ein Haar tun **hold all the aces** alle Trümpfe in der Hand haben **play your 'ace** seinen Trumpf ausspielen **within an ace of sth** um Haaresbreite an etw vorbei

▸ ***Adj*** (*umgs*) spitze

acerb·ic /əˈsɜːbɪk; *AmE* əˈsɜːrbɪk/ *Adj* (*gehoben*) scharf, bissig

acet·ate /ˈæsɪteɪt/ *Nomen* **1** Azetat **2** Azetatseide **3** (*beim Overheadprojektor*) Folie

acet·ic acid /əˌsiːtɪk ˈæsɪd/ *Nomen* Essigsäure

acet·one /ˈæsɪtəʊn; *AmE* -toʊn/ *Nomen* Azeton

acetyl·ene /əˈsetəliːn/ *Nomen* Azetylen

ache /eɪk/ *Verb, Nomen*

▸ ***Verb*** **1** wehtun ◇ *I'm aching all over.* Mir tut alles weh. **2** ~ **for sb/sth** sich nach jdm/etw sehnen; ~ **to do sth** sich danach sehnen, etw zu tun

▸ ***Nomen*** (*oft in Zusammensetzungen*) Schmerz ◇ *a tummy ache* Bauchschmerzen ◇ *He complained about his aches and pains.* Er klagte über seine Wehwehchen.

achiev·able /əˈtʃiːvəbl/ *Adj* erreichbar, realisierbar

achieve 0‑π /əˈtʃiːv/ *Verb* **1** erzielen ◇ *The threats achieved their aim.* Die Drohungen erfüllten ihren Zweck. ◇ *achieve peace of mind* innere Ruhe finden ◇ *achieve notoriety* zu trauriger Berühmtheit gelangen **2** erreichen, schaffen ◇ *I haven't achieved very much today.* Ich habe heute nicht viel geschafft. **3** etwas leisten, es zu etwas bringen

achieve·ment 0‑π /əˈtʃiːvmənt/ *Nomen* Leistung, Errungenschaft ◇ *a sense of achievement* ein Erfolgsgefühl

Achil·les heel /əˌkɪliːz ˈhiːl/ *Nomen* [Sing] Achillesferse

Aˌchil·les 'tendon *Nomen* Achillessehne

achy /ˈeɪki/ *Adj* (*umgs*) schmerzend ◇ *I felt achy all over.* Mir tat alles weh.

acid 0‑π /ˈæsɪd/ *Nomen, Adj*

▸ ***Nomen*** **1** Säure **2** (*Slang*) (*LSD*) Acid

▸ ***Adj*** **1** sauer **2** (*Adv* **acid·ly**) (*fig*) bissig, ätzend

'acid house *Nomen* Acid-Haus

acid·ic /əˈsɪdɪk/ *Adj* sauer

acid·ifi·ca·tion /əˌsɪdɪfɪˈkeɪʃn/ *Nomen* Versauerung

acid·ify /əˈsɪdɪfaɪ/ *Verb* (*Fachspr*) versauern

acid·ity /əˈsɪdəti/ *Nomen* Säure(gehalt)

acid·ly /ˈæsɪdli/ *Adv* → ACID

ˌacid 'rain *Nomen* saurer Regen

ˌacid 'test *Nomen* [Sing] Feuerprobe, Prüfstein

ac·know·ledge 0‑π /əkˈnɒlɪdʒ; *AmE* əkˈnɑːlɪdʒ/ *Verb* **1** anerkennen, zugeben ◇ *It is generally acknowledged to be true.* Man hält das allgemein für wahr. ◇ *He is generally acknowledged as the best player in the world.* Er gilt allgemein als der weltbeste Spieler. **2** (den Empfang einer Sache) bestätigen **3** grüßen **4** dankbar sein für, (dankbar) anerkennen **5** (*Quelle*) angeben

ac·know·ledge·ment (*auch* **ac·know·ledg·ment**) /əkˈnɒlɪdʒmənt; *AmE* əkˈnɑːlɪdʒ-/ *Nomen* **1** Anerkennung, Eingeständnis ◇ *She gave me a smile of acknowledgement.* Sie grüßte mich mit einem Lächeln. **2** Dank, Anerkennung **3** (Empfangs)bestätigung **4** [meist Pl] Danksagung

acme /ˈækmi/ *Nomen* (*gehoben*) Gipfel, Inbegriff

acne /ˈækni/ *Nomen* Akne

aco·lyte /ˈækəlaɪt/ *Nomen* **1** (*gehoben*) Gefolgsmann, Anhänger(in) **2** (*Fachspr*) Ministrant(in), Messdiener(in)

acon·ite /ˈækənaɪt/ *Nomen* (BOT) Eisenhut

acorn /ˈeɪkɔːn; *AmE* -kɔːrn/ *Nomen* Eichel

acous·tic /əˈkuːstɪk/ *Adj* (*AmE auch* **acous·tic·al** /-stɪkl/) (*Adv* **acous·tic·al·ly** /-kli/) akustisch

acous·tics /əˈkuːstɪks/ *Nomen* **1** [Pl] (*auch* **acous·tic** [Sing]) (*eines Saals etc.*) Akustik **2** [U] (*Wissenschaft*) Akustik

ac·quaint /əˈkweɪnt/ *Verb* **~ sb/yourself with sth** (*gehoben*) jdn/sich mit etw vertraut machen, jdn/sich mit etw bekannt machen

ac·quaint·ance /əˈkweɪntəns/ *Nomen* **1** Bekannte(r) ◇ *He's just a business acquaintance.* Wir kennen uns nur geschäftlich. **2 ~ (with sb)** (*gehoben*) Bekanntschaft (mit jdm) **3 ~ with sth** (*gehoben*) Vertrautheit mit etw, Kenntnis einer Sache IDM **make sb's acquaintance; make the acquaintance of sb** (*gehoben*) jds Bekanntschaft machen **of your acˈquaintance** (*gehoben*) ◇ *No one else of my acquaintance was as rich.* Kein anderer meiner Bekannten war so reich. **on first acˈquaintance** (*gehoben*) beim ersten Zusammentreffen → *Siehe auch* NOD

ac·quaint·ance·ship /əˈkweɪntənsʃɪp/ *Nomen* [meist Sing] (*gehoben*) Bekanntschaft

ac·quaint·ed /əˈkweɪntɪd/ *Adj* [nicht vor Nomen] **1 be ~ with sth** (*gehoben*) mit etw vertraut sein **2 be ~ with sb** jdn kennen, mit jdm bekannt sein; **be ~** sich kennen ◇ *get/become acquainted* sich kennenlernen

ac·qui·esce /ˌækwiˈes/ *Verb* **~ (in sth)** (*gehoben*) (in etw) einwilligen, sich (in etw) fügen

ac·qui·es·cence /ˌækwiˈesns/ *Nomen* (*gehoben*) Einwilligung, Zustimmung

ac·qui·es·cent /ˌækwiˈesnt/ *Adj* fügsam, zustimmend

ac·quire 0‑ /əˈkwaɪə(r)/ *Verb* (*gehoben*) erwerben ◇ *He has acquired a reputation for dishonesty.* Er ist in den Ruf der Unehrlichkeit gekommen. ◇ *I have recently acquired a taste for olives.* In letzter Zeit habe ich Geschmack an Oliven gefunden. ◇ *I've suddenly acquired a stepbrother.* Ich habe plötzlich einen Stiefbruder bekommen. IDM **an acquired ˈtaste** etwas für Kenner ◇ *Abstract art is an acquired taste.* An abstrakte Kunst muss man sich erst gewöhnen.

ac·qui·si·tion /ˌækwɪˈzɪʃn/ *Nomen* Erwerb, Kauf, Anschaffung ◇ *mergers and acquisitions* Fusionen und Übernahmen

ac·quisi·tive /əˈkwɪzətɪv/ *Adj* (*gehoben, abwert*) besitzgierig, raffgierig

ac·quisi·tive·ness /əˈkwɪzətɪvnəs/ *Nomen* Erwerbsstreben, Raffgier

ac·quit /əˈkwɪt/ *Verb* (**-tt-**) **1 ~ sb (of sth)** (RECHT) jdn (von etw) freisprechen **2 ~ yourself well, badly, etc** (*gehoben*) seine Sache gut, schlecht etc. machen ◇ *He acquitted himself splendidly in the exams.* Er hat bei den Prüfungen hervorragend abgeschnitten.

ac·quit·tal /əˈkwɪtl/ *Nomen* (RECHT) Freispruch

acre /ˈeɪkə(r)/ *Nomen* = Flächenmaß, entspricht 0,405 Hektar ◇ *Each house has acres of space around it.* Jedes Haus steht auf einem großen Grundstück.

acre·age /ˈeɪkərɪdʒ/ *Nomen* Land, (Anbau)fläche

acrid /ˈækrɪd/ *Adj* (*Geschmack*) bitter; (*Geruch*) beißend, stechend

acri·mo·ni·ous /ˌækrɪˈməʊniəs; *AmE* -ˈmoʊ-/ *Adj* (*Adv* **acri·mo·ni·ous·ly**) (*gehoben*) (*Streit etc.*) erbittert; (*Artikel, Diskussion*) polemisch; (*Worte, Brief*) scharf

acri·mony /ˈækrɪməni; *AmE* -moʊni/ *Nomen* (*gehoben*) Aggressivität, Bitterkeit

acro·bat /ˈækrəbæt/ *Nomen* Akrobat(in)

acro·bat·ic /ˌækrəˈbætɪk/ *Adj* akrobatisch

acro·bat·ics /ˌækrəˈbætɪks/ *Nomen* [Pl] Akrobatik (*auch fig*) ◇ *vocal acrobatics* Stimmakrobatik

acro·nym /ˈækrənɪm/ *Nomen* Akronym

across 0‑ /əˈkrɒs; *AmE* əˈkrɔːs/ *Adv, Präp* ℹ Für Verben mit **across** siehe die Einträge für die Verben. **Come across** z.B. steht unter **come**.

▸ ***Adv*** **1** hinüber, herüber ◇ *Can we swim across?* Können wir hinüberschwimmen? **2** drüben ◇ *When everyone was safely across, they stopped for a rest.* Als alle sicher drüben waren, machten sie Rast. **3** (quer) durch, im Durchmesser, breit **4 across from** gegenüber von ◇ *There's a school just across from our house.* Gegenüber von unserem Haus ist eine Schule. **5** hinüber ◇ *He reached across and picked up the bottle.* Er streckte den Arm aus und hob die Flasche auf. **6** (*in Kreuzworträtseln*) waagerecht

▸ ***Präp*** **1** über ◇ *walk across the street* über die Straße gehen **2** auf der anderen Seite von ◇ *across the street* auf der anderen Straßenseite **3** (quer) über, (quer) durch ◇ *a bridge across the river* eine Brücke über den Fluss ◇ *He sat with his arms across his chest.* Er hatte die Arme auf der Brust verschränkt. **4** in ◇ *He hit him across the face.* Er schlug ihn ins Gesicht. ◇ *It's too tight across the back.* Im Rücken ist es zu eng. **5** ◇ *We need someone who is across all the issues.* Wir brauchen jemand, der sich in allen Gebieten gut auskennt. **6** ◇ *Radio 8 will be across events as they unfold.* Radio 8 wird über die Ereignisse und die neuesten Entwicklungen berichten.

ac·ros·tic /əˈkrɒstɪk; *AmE* əˈkrɔːstɪk/ *Nomen* Akrostichon

acryl·ic /əˈkrɪlɪk/ *Nomen, Adj*

▸ ***Nomen*** **1** [U] Acryl **2** [meist Pl] Acrylfarbe

▸ ***Adj*** Acryl- ◇ *acrylic paints* Acrylfarben ◇ *an acrylic sweater* ein Pullover aus Acrylfasern

ACT™ /ˌeɪ siː ˈtiː/ *Kurzform von* **American College Test** = an manchen amerikanischen Universitäten erforderliche Aufnahmeprüfung

act 0‑ /ækt/ *Nomen, Verb*

▸ ***Nomen*** **1** Tat, Akt ◇ *an act of war* eine kriegerische Handlung ◇ *a serious criminal act* ein schweres Verbrechen **2** Gesetz ◇ *an Act of Congress* ein vom Kongress verabschiedetes Gesetz **3** [Sing] (*Vortäuschung*) Theater, Schau ◇ *Don't take her seriously—it's all an act.* Nimm sie nicht ernst—sie tut nur so. ◇ *She's just putting on an act.* Sie spielt bloß Theater. **4** (THEAT) Akt **5** (*in einer Show etc.*) Nummer **6** (*Sänger, Komiker etc.*) Künstler IDM **ˌact of ˈGod** (RECHT) höhere Gewalt **be in the act (of doing sth)** gerade dabei sein (etw zu tun) **be/get in on the act** (*umgs*) mitmischen; mit von der Partie sein **catch sb in the act (of doing sth)** jdn auf frischer Tat (bei etw) ertappen **do, perform, stage a disapˈpearing/ˈvanishing act** (*umgs*) sich verdrücken **get your ˈact together** (*umgs*) sich zusammenreißen ◇ *She's finally got her act together.* Endlich hat sie die Sache im Griff. **a hard/tough act to follow** ◇ *She'll be a hard act to follow.* Sie war so gut, dass ihr Nachfolger es schwer haben wird. → *Siehe auch* CLEAN *und* READ

▸ ***Verb*** **1** handeln ◇ *We must act at once.* Wir müssen sofort etwas unternehmen. **2** sich benehmen, sich verhalten ◇ *John's been acting very strangely lately.* John ist in letzter Zeit sehr sonderbar. ◇ *Don't act like a fool!* Sei kein Dummkopf! **3** spielen, so tun (als ob) ◇ *I decided to act dumb.* Ich beschloss, mich dumm zu stellen. **4** (Theater) spielen ◇ *Have you ever acted?* Hast du schon mal Theater gespielt? ◇ *The play was well acted.* Das Stück war gut gespielt. ◇ *Most of the cast act well.* Die meisten sind gute Schauspieler. **5 ~ as/like sth** als etw wirken, wie etw funktionieren; (*Mensch*) als etw fungieren ◇ *act as a deterrent* abschreckend wirken **6 ~ (on sth)** (auf etw) wirken ◇ *Alcohol acts quickly on the brain.* Alkohol hat eine schnell spürbare Wirkung auf das Gehirn. IDM → AGE *und* FOOL PHR V **ˈact for/on behalf of sb** jdn vertreten, in jds Auftrag handeln **ˈact on/upon sth** auf etw hin handeln; (*Rat, Befehl etc.*) befolgen ◇ *Acting on information received, the police raided the club.* Auf einen Tipp hin führte die Polizei eine Razzia in dem Klub durch. **ˌact sth ˈout** etw (vor-/durch)spielen ◇ *The rit-*

ual of the party conference is acted out in the same way every year. Das Ritual des Parteitages wird jedes Jahr gleich inszeniert. ◇ *The children started to act out the whole incident.* Die Kinder begannen, den ganzen Vorfall vorzuspielen. **ˌact ˈup** verrücktspielen ◇ *The car's acting up again.* Das Auto spielt wieder mal verrückt.

act·ing /ˈæktɪŋ/ *Nomen, Adj*
▸ ***Nomen*** Schauspielerei ◇ *I've done some acting at school.* Ich habe in der Schule ein bisschen Theater gespielt. ◇ *her acting career* ihre Schauspielkarriere
▸ ***Adj*** [nur vor Nomen] stellvertretend

ac·tion 0‑ /ˈækʃn/ *Nomen, Verb*
▸ ***Nomen* 1** Handeln ◇ *We must take action immediately.* Wir müssen sofort Schritte unternehmen. ◇ *What is the best course of action in the circumstances?* Wie soll man unter diesen Umständen am Besten vorgehen? → *Siehe auch* DIRECT ACTION *und* INDUSTRIAL ACTION **2** Tat, Handlung **3** (RECHT) Klage ◇ *A libel action is being brought against the magazine.* Die Zeitschrift wird wegen Verleumdung verklagt. ◇ *He is considering taking legal action against the hospital.* Er denkt daran das Krankenhaus zu verklagen. **4** [U] (MIL) Aktion, Einsatz, Kampf ◇ *military action* Militäraktionen ◇ *He was killed in action.* Er ist im Krieg gefallen. **5** (*einer Geschichte etc.*) Handlung ◇ *The action takes place in France.* Die Handlung spielt in Frankreich. **6** Action ◇ *If you want to know where all the action is around here, just ask Jo.* Wenn du wissen willst, wo hier was los ist, frag Jo. **7 ~ of sth** (**on sth**) Auswirkung einer Sache (auf etw) **8** (*Fachspr*) (*eines Organs etc.*) Funktion **9** [Sing] (*einer Maschine, Vorrichtung etc.*) Mechanismus, Mechanik, Arbeitsweise IDM **actions speak louder than ˈwords** Taten wiegen schwerer als Worte **in ˈaction** in Aktion **out of ˈaction** außer Betrieb; (*Mensch*) außer Gefecht **a piece/slice of the ˈaction** (*umgs*) ein Stück/eine Scheibe von dem Kuchen ◇ *If you want a slice of the action, book early.* Wenn ihr mit dabei sein wollt, müsst ihr euch rechtzeitig anmelden. **put sth into ˈaction** etw in die Tat umsetzen → *Siehe auch* EVASIVE, SPRING *und* SWING
▸ ***Verb*** erledigen, in die Wege leiten; (*Zahlung*) veranlassen

ac·tion·able /ˈækʃənəbl/ *Adj* klagbar

ˈaction group *Nomen* Aktionsgruppe

ˈaction-packed *Adj* aktionsgeladen ◇ *It was an action-packed weekend.* Es war ein Wochenende, an dem viel los war.

ˌaction ˈreplay *Nomen* (*BrE*) Wiederholung (*meist in Zeitlupe*)

ˈaction stations *Nomen* [Pl] (MIL) Stellung

ac·ti·vate /ˈæktɪveɪt/ *Verb* aktivieren; (*Vorrichtung, Mechanismus etc.*) auslösen; (*Maschine*) in Gang setzen

ac·ti·vation /ˌæktɪˈveɪʃn/ *Nomen* Aktivierung, Auslösung

ac·tive 0‑ /ˈæktɪv/ *Adj, Nomen*
▸ ***Adj* 1** aktiv **2** tatkräftig, energisch ◇ *active support* tatkräftige Unterstützung **3** lebhaft ◇ *an active imagination* eine lebhafte Fantasie **4** (LING) aktiv(isch) **5** (*Vulkan*) tätig
▸ ***Nomen*** (*auch* **ˌactive ˈvoice**) (LING) Aktiv

ac·tiv·ism /ˈæktɪvɪzəm/ *Nomen* Aktivismus

ac·tiv·ist /ˈæktɪvɪst/ *Nomen* Aktivist(in)

ac·tiv·ity 0‑ /ækˈtɪvəti/ *Nomen* **1** Aktivität, Treiben **2** [meist Pl] Aktivität, Beschäftigung

acˈtivity tracker *Nomen* Fitnessarmband

actor 0‑ /ˈæktə(r)/ *Nomen* Schauspieler(in)

ac·tress 0‑ /ˈæktrəs/ *Nomen* Schauspielerin

ac·tual 0‑ /ˈæktʃuəl/ *Adj* tatsächlich, eigentlich, genau ◇ *The preparations take weeks though the actual ceremony lasts less than an hour.* Die Vorbereitungen nehmen Wochen in Anspruch, obwohl die eigentliche Feier nicht einmal eine Stunde dauert. ◇ *What were his actual words?* Was hat er genau gesagt? ◇ *He looks younger than his wife, but in actual fact he's older.* Er sieht jünger aus als seine Frau, aber in Wirklichkeit ist er älter.

ac·tu·al·ity /ˌæktʃuˈæləti/ *Nomen* (*gehoben*) **1** Wirklichkeit **2** [meist Pl] Realität

ac·tu·al·ly 0‑ /ˈæktʃuəli/ *Adv* eigentlich, wirklich

ac·tu·ary /ˈæktʃuəri; *AmE* -tʃueri/ *Nomen* Versicherungsmathematiker(in)

acu·men /ˈækjəmən, əˈkjuːmən/ *Nomen* Scharfsinn ◇ *business acumen* Geschäftssinn

acu·punc·ture /ˈækjupʌŋktʃə(r)/ *Nomen* Akupunktur

acute /əˈkjuːt/ *Adj* **1** akut ◇ *The scandal was an acute embarrassment for him.* Der Skandal war ihm äußerst peinlich. **2** (*Sinn*) ausgeprägt ◇ *an acute sense of smell* ein feiner Geruchssinn **3** scharfsinnig ◇ *He is an acute observer of the social scene.* Er ist ein scharfsinniger Beobachter des gesellschaftlichen Lebens. **4** (*Winkel*) spitz ◇ *an acute angle* ein spitzer Winkel

acute·ly /əˈkjuːtli/ *Adv* äußerst ◇ *be acutely aware/conscious of sth* sich einer Sache genau bewusst sein

AD (*AmE* **A.D.**) /ˌeɪ ˈdiː/ *Abk* n. Chr. ℹ *Latein*: Anno Domini

ad 0‑ /æd/ *Nomen* (*umgs*) = ADVERTISEMENT

adage /ˈædɪdʒ/ *Nomen* Sprichwort

Adam /ˈædəm/ *Nomen* IDM → KNOW

ad·am·ant /ˈædəmənt/ *Adj* (*Adv* **ad·am·ant·ly**) hartnäckig ◇ *Eva was adamant that she would not come.* Eva bestand darauf, nicht zu kommen.

ˌAdam's ˈapple *Nomen* Adamsapfel

adapt 0‑ /əˈdæpt/ *Verb* **1 ~ sth** (**to sth**) etw (einer Sache) anpassen ◇ *adapted to the individual needs* den individuellen Bedürfnissen angepasst **2** umrüsten, umbauen **3 ~ sth** (**for sth**) etw (für etw) bearbeiten ◇ *The film is adapted from a novel by Virginia Woolf.* Der Film basiert auf einem Roman von Virginia Woolf. **4 ~** (**to sth**); **~ yourself** (**to sth**) sich (an etw) gewöhnen, sich (an etw) anpassen

adapt·abil·ity /əˌdæptəˈbɪləti/ *Nomen* Anpassungsfähigkeit, Flexibilität

adapt·able /əˈdæptəbl/ *Adj* anpassungsfähig, flexibel

adap·ta·tion /ˌædæpˈteɪʃn/ (*seltener* **adap·tion** /əˈdæpʃn/) *Nomen* **1** Bearbeitung, Adaption **2** Anpassung, Umstellung; (*von Gebäuden*) Umbau; (*von Maschinen*) Umrüstung

adap·tor (*auch* **adapt·er**) /əˈdæptə(r)/ *Nomen* **1** Adapter **2** Mehrfachstecker

ˈad blocker *Nomen* Werbeblocker

ADD /ˌeɪ diː ˈdiː/ *Abk* = ATTENTION DEFICIT DISORDER

add 0‑ /æd/ *Verb* **1 ~ A to B**; **~ A and B** (**together**) A und B addieren, A und B zusammenrechnen **2 ~ sth** (**to sth**) etw (zu etw) dazugeben, etw (zu etw) hinzufügen ◇ *Add the flour.* Das Mehl dazugeben. ◇ *This was an added disappointment.* Dies war eine weitere Enttäuschung. IDM **add ˌfuel to the ˈflames** Öl ins Feuer gießen **add ˌinsult to ˈinjury** das Ganze noch schlimmer machen PHR V **ˌadd sth ˈin** etw mitzählen; (*Zutaten*) etw dazugeben **ˌadd sth ˈon** (**to sth**) etw (zu etw) dazurechnen **ˈadd to sth** zu etw beitragen, etw vergrößern **ˌadd ˈup 1** rechnen ◇ *The waiter can't add up.* Der Kellner kann nicht rechnen. **2** einen Sinn ergeben ◇ *His story just doesn't add up.* Seine Geschichte ergibt einfach keinen Sinn. **ˌadd sth ˈup** etw zusammenrechnen **ˌadd ˈup** (**to sth**) sich (auf etw) summieren **ˌadd ˈup to sth 1** etw ergeben ◇

The numbers add up to exactly 100. Die Zahlen ergeben genau 100. **2** (*umgs*) etw ergeben ◇ *These clues don't really add up to very much.* Diese Hinweise bringen eigentlich nicht viel. ◇ *It all adds up to the fact that …* Es läuft darauf hinaus, dass …

adder /ˈædə(r)/ *Nomen* Kreuzotter

ad·dict /ˈædɪkt/ *Nomen* Abhängige(r), Süchtige(r)

ad·dic·ted /əˈdɪktɪd/ *Adj* [nicht vor Nomen] **be ~ (to sth)** **1** süchtig (nach etw) sein, abhängig (von etw) sein **2** einer Sache verfallen sein

ad·dic·tion /əˈdɪkʃn/ *Nomen* Sucht

ad·dict·ive /əˈdɪktɪv/ *Adj* **be ~** süchtig machen ◇ *I found jogging very addictive.* Ich fand, dass Jogging schnell zur Sucht wurde. ◇ *Some people have an addictive personality.* Manche Menschen werden leicht süchtig.

add·ition 0→ /əˈdɪʃn/ *Nomen* **1** Addieren **2** Zusatz, Ergänzung ◇ *the latest addition to our range of cars* der neuste Wagen in unserem Angebot ◇ *an addition to the family* Familienzuwachs **3** [U] Zusatz, Hinzufügen IDM **in addition (to sb/sth)** zusätzlich (zu jdm/etw)

add·ition·al 0→ /əˈdɪʃənl/ *Adj* zusätzlich

add·ition·al·ly /əˈdɪʃənəli/ *Adv* (*gehoben*) außerdem

addi·tive /ˈædətɪv/ *Nomen* Zusatz(stoff)

ad·dress 0→ *Nomen, Verb*

▸ ***Nomen*** /əˈdres; *AmE auch* ˈædres/ **1** Adresse ◇ *Please note my change of address.* Bitte beachten Sie meine neue Adresse. ◇ *Police found him at an address in London.* Die Polizei fand ihn in einer Londoner Wohnung. **2** Ansprache **3 form/mode of address** (*Titel*) Anrede

▸ /əˈdres/ ***Verb*** **1 ~ sth (to sb/sth)** etw (an jdn/etw) adressieren ◇ *a stamped addressed envelope* ein frankierter Rückumschlag **2** sprechen zu ◇ *She was invited to address the rally.* Sie wurde eingeladen, auf der Kundgebung zu sprechen. **3 ~ sth to sb/sth** (*gehoben*) etw an jdn/etw richten **4 ~ sb** jdn ansprechen ◇ *I was surprised when he addressed me in English.* Ich war überrascht, als er mich auf Englisch ansprach. **5 ~ sb as sth** jdn mit etw anreden ◇ *You have to address the judge as 'Your Honour'.* Du musst den Richter mit „Euer Ehren" anreden. **6 ~ (yourself to) sth** (*gehoben*) sich mit etw befassen, sich einer Sache widmen ◇ *Her statement did not address the real problems.* Ihre Erklärung befasste sich nicht mit den wirklichen Problemen.

adˈdress bar *Nomen* Adressleiste

ad·dress·ee /ˌædreˈsiː/ *Nomen* Adressat(in)

ad·en·oids /ˈædənɔɪdz/ *Nomen* [Pl] (ANAT) (*im Rachen*) Polypen

adept /əˈdept/ *Adj* (*Adv* **adept·ly**) (*gehoben*) geschickt, gut

ad·equacy /ˈædɪkwəsi/ *Nomen* Adäquatheit ◇ *The adequacy of the security arrangements has been questioned.* Es wurde infrage gestellt, ob die Sicherheitsvorkehrungen gut genug waren.

ad·equate 0→ /ˈædɪkwət/ *Adj* (*Adv* **ad·equate·ly**) ausreichend, angemessen ◇ *The room was small but adequate.* Das Zimmer war klein, aber gut genug. ◇ *There is a lack of adequate provision for disabled students.* Für behinderte Studenten stehen keine adäquaten Einrichtungen zur Verfügung. ◇ *training that is adequate to meet the future needs of industry* eine Ausbildung, die den zukünftigen Bedürfnissen der Industrie gerecht wird

ADHD /ˌeɪ diː eɪtʃ ˈdiː/ *Abk* = ATTENTION DEFICIT DISORDER

ad·here /ədˈhɪə(r); *AmE* ədˈhɪr/ *Verb* (*gehoben*) **~ (to sth)** (an etw) haften, (an etw) kleben PHR V **adˈhere to sth** an etw festhalten, sich an etw halten

ad·her·ence /ədˈhɪərəns; *AmE* ədˈhɪrəns/ *Nomen* Festhalten, Befolgung

ad·her·ent /ədˈhɪərənt; *AmE* ədˈhɪrənt/ *Nomen* (*gehoben*) Anhänger(in)

ad·he·sive /ədˈhiːsɪv, ədˈhiːzɪv/ *Nomen, Adj*

▸ ***Nomen*** Klebstoff

▸ ***Adj*** haftend, klebend ◇ *adhesive tape* Klebstreifen

ad hoc /ˌæd ˈhɒk; *AmE* ˈhɑːk/ *Adj, Adv*

▸ ***Adj*** Ad-hoc- ◇ *The meetings will be held on an ad hoc basis.* Die Besprechungen werden ad hoc abgehalten.

▸ ***Adv*** ad hoc

ad in·fin·itum /ˌæd ˌɪnfɪˈnaɪtəm/ *Adv* ad infinitum, für immer

ad·ja·cent /əˈdʒeɪsnt/ *Adj* angrenzend, daneben/nebeneinander liegend **~ to** neben; **be ~ to sth** an etw angrenzen

ad·jec·tival /ˌædʒekˈtaɪvl/ *Adj* (*Adv* **ad·jec·tival·ly** /-vəli/) adjektivisch

ad·jec·tive /ˈædʒɪktɪv/ *Nomen* Adjektiv

ad·join /əˈdʒɔɪn/ *Verb* (*gehoben*) grenzen an ◇ *A barn adjoins the farmhouse.* An das Bauernhaus schließt sich eine Scheune an.

ad·join·ing /əˈdʒɔɪnɪŋ/ *Adj* nebeneinander/daneben liegend, angrenzend, Neben-

ad·journ /əˈdʒɜːn; *AmE* əˈdʒɜːrn/ *Verb* **1** (*oft passiv*) (*Prozess, Besprechung*) vertagen, unterbrechen **2** sich vertagen ◇ *The court adjourned for lunch.* Das Gericht zog sich zur Mittagspause zurück. PHR V **adˈjourn to …** (*gehoben oder hum*) sich in … begeben

ad·journ·ment /əˈdʒɜːnmənt; *AmE* əˈdʒɜːrn-/ *Nomen* Vertagung, Unterbrechung

ad·judge /əˈdʒʌdʒ/ *Verb* (*gehoben*) erklären für ◇ *The reforms were generally adjudged to have failed.* Die Reformen galten allgemein als gescheitert.

ad·ju·di·cate /əˈdʒuːdɪkeɪt/ *Verb* **1** entscheiden **2** Preisrichter(in) sein

ad·ju·di·ca·tion /əˌdʒuːdɪˈkeɪʃn/ *Nomen* Entscheidung, Urteil

ad·ju·di·ca·tor /əˈdʒuːdɪkeɪtə(r)/ *Nomen* **1** (RECHT) Schiedsrichter(in) **2** Preisrichter(in)

ad·junct /ˈædʒʌŋkt/ *Nomen* **1** (LING) = in einem Satz zusätzliche Informationen gebendes Adverb bzw. adverbiale Bestimmung **2** (*gehoben*) Zusatz, Hilfsmittel

ad·just 0→ /əˈdʒʌst/ *Verb* **1 ~ sth (to sth)** etw (auf etw) einstellen, etw (an etw) anpassen **2 ~ (yourself) (to sth)** sich (auf etw) einstellen, sich (an etw) gewöhnen **3** verstellen ◇ *You can adjust the height of your screen.* Die Höhe des Bildschirms lässt sich verstellen. **4** (*Krawatte, Brille etc.*) zurechtrücken **5** ◇ *Taste and adjust the seasoning.* Abschmecken und nachwürzen.

ad·just·able /əˈdʒʌstəbl/ *Adj* verstellbar, regulierbar

ad·just·ment /əˈdʒʌstmənt/ *Nomen* **1** Änderung, Einstellung, Ausrichtung **2** Anpassung **3** (*in der Statistik*) Bereinigung

ad·ju·tant /ˈædʒʊtənt/ *Nomen* Adjutant(in)

ad lib /ˌæd ˈlɪb/ *Verb, Adj, Adv, Nomen*

▸ ***Verb*** **(-bb-)** (*umgs*) improvisieren ◇ *I lost my notes and had to ad lib the whole speech.* Ich hatte meine Unterlagen verloren und musste die ganze Rede aus dem Stegreif halten.

▸ ***Adj*** (*umgs*) improvisiert

▸ ***Adv*** (*umgs*) aus dem Stegreif

▸ ***Nomen*** (*umgs*) Improvisation ◇ *The speech was full of ad libs and witty asides.* Die Rede war mit plötzlichen Einfällen und witzigen Bemerkungen gespickt.

admin /ˈædmɪn/ *Nomen* (*BrE, umgs*) = ADMINISTRATION

ad·min·is·ter /ədˈmɪnɪstə(r)/ *Verb* **1** *(oft passiv)* verwalten **2** ausführen; *(Recht)* sprechen ◇ *administer justice/the law* Recht sprechen **3** *(gehoben)* *(Medikament, Dosis etc.)* geben, verabreichen; *(Erste Hilfe)* leisten; *(Eid)* abnehmen; *(Test)* durchführen ◇ *administer a punch to sb* jdm einen Schlag versetzen ◇ *He has the authority to administer punishment.* Er darf Strafen verhängen.

ad·min·is·tra·tion /ədˌmɪnɪˈstreɪʃn/ *Nomen* **1** *(umgs* **admin***)* Verwaltung ◇ *She works in admin.* Sie arbeitet in der Verwaltung. **2** *(Gesetz)* Umsetzung ◇ *the administration of justice* die Rechtsprechung **3** *(oft* **Administration***)* Regierung ◇ *during the Nixon Administration* während der Amtszeit Nixons **4** *(gehoben)* Verabreichung

ad·min·is·tra·tive /ədˈmɪnɪstrətɪv; *AmE* -streɪtɪv/ *Adj* Verwaltungs- ◇ *an administrative error* ein verwaltungstechnischer Fehler

ad·min·is·tra·tive·ly /ədˈmɪnɪstrətɪvli; *AmE* -streɪt-/ *Adv* verwaltungstechnisch

ad·min·is·tra·tor /ədˈmɪnɪstreɪtə(r)/ *Nomen* Verwalter(in), Verwaltungsangestellte(r)

ad·mir·able /ˈædmərəbl/ *Adj* *(Adv* **ad·mir·ably** /-bli/*)* *(gehoben)* bewundernswert

ad·miral /ˈædmərəl/ *Nomen* Admiral

ˌAdmiral of the ˈFleet *Nomen* Flottenadmiral

ad·mir·ation 0‑m /ˌædməˈreɪʃn/ *Nomen* Bewunderung ◇ *I have great admiration for her as a writer.* Ich schätze sie sehr als Schriftstellerin. ◇ *They watched in admiration.* Sie schauten bewundernd zu.

ad·mire 0‑m /ədˈmaɪə(r)/ *Verb* bewundern, schätzen ◇ *I admire her for sticking to her principles.* Ich bewundere an ihr, wie sie zu ihren Prinzipien steht. ◇ *They stopped to admire the view.* Sie hielten an, um die Aussicht zu genießen.

ad·mirer /ədˈmaɪərə(r)/ *Nomen* Verehrer(in), Bewunderer(in)

ad·mir·ing /ədˈmaɪərɪŋ/ *Adj* *(Adv* **ad·mir·ing·ly***)* bewundernd

ad·mis·si·bil·ity /ədˌmɪsəˈbɪləti/ *Nomen* Zulässigkeit

ad·mis·sible /ədˈmɪsəbl/ *Adj* zulässig ◇ *admissible evidence* zulässiges Beweismaterial

ad·mis·sion /ədˈmɪʃn/ *Nomen* **1** Zulassung; *(ins Krankenhaus)* Einlieferung ◇ *countries applying for admission to the European Union* Länder, die sich um Beitritt in die Europäische Union bemühen ◇ *Last admissions are at 3 p.m.* Letzter Einlass ist um 15 Uhr. ◇ *They were refused admission.* Der Zutritt wurde ihnen verwehrt. **2** Eingeständnis ◇ *an admission of guilt* ein Schuldeingeständnis **3** Eintritt(spreis)

admit 0‑m /ədˈmɪt/ *Verb* **(-tt-) 1** zugeben; **~ (to) sth** etw zugeben ◇ *She admitted to having stolen the car.* Sie gab zu, dass sie das Auto gestohlen hatte. ◇ *She admitted theft.* Sie hat den Diebstahl zugegeben. ◇ *admit defeat* sich geschlagen geben ◇ *It was generally admitted that …* Es herrschte allgemeines Einverständnis, dass … **2 ~ sb/sth (to/into sth)** jdn/etw (in etw) einlassen ◇ *Each ticket admits two adults.* Mit dieser Karte haben zwei Erwachsene Zutritt. **3 ~ sb (to/into sth)** jdn (in etw) aufnehmen **4** *(oft passiv)* *(ins Krankenhaus etc.)* einliefern PHR V **adˈmit of sth** *(gehoben)* etw zulassen

ad·mit·tance /ədˈmɪtns/ *Nomen* *(gehoben)* Zutritt, Einreise

ad·mit·ted·ly /ədˈmɪtɪdli/ *Adv* zugegeben(ermaßen)

ad·mon·ish /ədˈmɒnɪʃ; *AmE* ədˈmɑːnɪʃ/ *Verb* *(gehoben)* **~ sb (for sth)** jdn (wegen einer Sache) ermahnen

ad·mon·ition /ˌædməˈnɪʃn/ *(seltener* **ad·mon·ish·ment** /ədˈmɒnɪʃmənt; *AmE* ədˈmɑːn-/*)* *Nomen* *(gehoben)* Ermahnung

ad nau·seam /ˌæd ˈnɔːziæm/ *Adv* bis zum Überdruss

ado /əˈduː/ *Nomen* IDM **without further/more ado** *(veraltet)* ohne weitere Umstände; ohne viel Aufhebens

adobe /əˈdəʊbi; *AmE* əˈdoʊ-/ *Nomen* Lehmziegel

ado·les·cence /ˌædəˈlesns/ *Nomen* Jugend, Pubertät

ado·les·cent /ˌædəˈlesnt/ *Nomen, Adj*
- ▸ ***Nomen*** Jugendliche(r), Heranwachsende(r)
- ▸ ***Adj*** heranwachsend, jugendlich

adopt 0‑m /əˈdɒpt; *AmE* əˈdɑːpt/ *Verb* **1** adoptieren ◇ *She was forced to have her baby adopted.* Sie wurde gezwungen, ihr Kind zur Adoption freizugeben. **2** *(Beschluss, Namen)* annehmen **3** *(Standpunkt)* einnehmen **4** *(Brauch, Sprache)* übernehmen **5** *(Methode, Maßnahmen)* anwenden ◇ *All three adopted different approaches to the problem.* Alle drei sind anders an das Problem herangegangen. **6** *(gehoben)* ◇ *He adopted an air of indifference.* Er gab sich gleichgültig. ◇ *She adopted a patronizing tone.* Sie gab ihrer Stimme einen herablassenden Ton. **7 ~ sb (as sth)** *(BrE)* (POL) sich für jdn (als etw) entscheiden, jdn (als etw) nominieren

adopt·ed /əˈdɒptɪd; *AmE* əˈdɑːp-/ *Adj* **1** adoptiert, Adoptiv- **2** Wahl- ◇ *her adopted home* ihre Wahlheimat

adop·tion /əˈdɒpʃn; *AmE* əˈdɑːp-/ *Nomen* **1** Adoption ◇ *She put the baby up for adoption.* Sie gab das Baby zur Adoption frei. **2** Übernahme, Annahme ◇ *the adoption of a single currency* die Einführung einer gemeinsamen Währung **3** *(BrE)* (POL) Nominierung

adop·tive /əˈdɒptɪv; *AmE* əˈdɑːp-/ *Adj* Adoptiv- ◇ *his adoptive father* sein Adoptivvater

ador·able /əˈdɔːrəbl/ *Adj* bezaubernd, süß

ad·or·ation /ˌædəˈreɪʃn/ *Nomen* Verehrung, Anbetung

adore /əˈdɔː(r)/ *Verb* *(nicht in der Verlaufsform)* **1** anbeten, abgöttisch lieben **2** *(umgs)* lieben ◇ *I simply adore his music!* Ich liebe seine Musik!

ador·ing /əˈdɔːrɪŋ/ *Adj* *(Adv* **ador·ing·ly***)* bewundernd ◇ *his adoring grandmother* seine Großmutter, die ihn abgöttisch liebt ◇ *adoring fans* schmachtende Fans

adorn /əˈdɔːn; *AmE* əˈdɔːrn/ *Verb* **~ sth/sb/yourself (with sth)** etw/jdn/sich (mit etw) schmücken, (mit etw) verzieren

ad·rena·lin /əˈdrenəlɪn/ *Nomen* Adrenalin ◇ *a rush/surge of adrenalin* ein plötzliches Ansteigen des Adrenalinspiegels

adrift /əˈdrɪft/ *Adj* [nicht vor Nomen] **1** *(auf dem Meer)* (umher)treibend **2** *(BrE)* verloren ◇ *adrift in a strange city* ziellos und allein in einer fremden Stadt **3** (los) gelöst, abgeschnitten ◇ *She had been cut adrift from everything she had known.* Sie war von allem, was ihr vertraut war, abgeschnitten worden. **4** fehlgegangen ◇ *The policy had gone adrift.* Die Politik war fehlgeschlagen. **5 be ~ (of sb/sth)** *(BrE)* (SPORT) (hinter jdm/etw) zurückliegen IDM **cast/set sb adrift** *(meist passiv)* jdn aussetzen ◇ *Without language human beings are cast adrift.* Ohne Sprache treibt der Mensch hilflos umher.

adroit /əˈdrɔɪt/ *Adj* *(Adv* **adroit·ly***)* geschickt, gewandt

adu·la·tion /ˌædjuˈleɪʃn; *AmE* -dʒəˈ-/ *Nomen* Vergötterung

adult 0‑m /ˈædʌlt, əˈdʌlt/ *Nomen, Adj*
- ▸ ***Nomen*** **1** Erwachsene(r) **2** ausgewachsenes Tier
- ▸ ***Adj*** **1** erwachsen ◇ *preparing students for adult life* Schüler auf das Leben als Erwachsene vorbereiten **2** *(Tiere)* ausgewachsen **3** vernünftig, reif ◇ *Let's be adult about this.* Lass uns wie erwachsene Leute darüber reden. **4** [nur vor Nomen] (nur) für Erwachsene geeignet ◇ *an adult movie* ein nicht jugendfreier Film

ˌadult eduˈcation *Nomen* Erwachsenenbildung

adul·ter·ate /əˈdʌltəreɪt/ *Verb* (*meist passiv*) panschen, verfälschen

adul·ter·ous /əˈdʌltərəs/ *Adj* ehebrecherisch

adul·tery /əˈdʌltəri/ *Nomen* [U] Ehebruch

adult·hood /ˈædʌlthʊd, əˈdʌlthʊd/ *Nomen* Erwachsenenalter ◇ *reach adulthood* erwachsen werden

ad·vance 🗝 /ədˈvɑːns; *AmE* ədˈvæns/ *Nomen, Verb, Adj*

▸ ***Nomen*** **1** (MIL) Vormarsch, Vorrücken **2** Fortschritt **3** [meist Sing] Vorschuss **4** **advances** [Pl] (sexuelle) Annäherungsversuche **5** Zuwachs ◇ *an advance in knowledge* ein Zuwachs an Erkenntnis **6** (*bei Auktionen*) ◇ *Any advance on 500?* Bietet jemand mehr als 500? IDM **in advance** im Voraus ◇ *a week in advance* eine Woche im Voraus **in advance of sth** **1** vor etw ◇ *Tax cuts were promised in advance of the election.* Vor der Wahl wurden Steuersenkungen versprochen. **2** einer Sache voraus ◇ *Galileo was well in advance of his time.* Galileo war seiner Zeit weit voraus.

▸ ***Verb*** **1** ~ **(on/towards sb/sth)** (gegen jdn/etw) vorrücken, (auf jdn/etw) zugehen ◇ *The order came to advance.* Wir erhielten Befehl, vorzurücken. ◇ *They advanced on/towards us shouting angrily.* Sie kamen mit wütenden Schreien auf uns zu. **2** Fortschritte machen ◇ *advance in your career* beruflich aufsteigen **3** (*Wissen etc.*) erweitern **4** fördern ◇ *advance the cause of democracy* die Demokratie fördern **5** **~ sth to sb; ~ sb sth** jdm etw vorschießen **6** (*gehoben*) (*Theorie etc.*) vorbringen **7** (*gehoben*) (*Termin, Veranstaltung etc.*) vorverlegen **8** vorspulen **9** (*Inflation, Aktien etc.*) ansteigen

▸ ***Adj*** [nur vor Nomen] Voraus- ◇ *advance booking* Vorausbuchung ◇ *Please give us advance notice of any changes.* Bitte setzen Sie uns von etwaigen Änderungen im Voraus in Kenntnis.

ad·vanced 🗝 /ədˈvɑːnst; *AmE* ədˈvænst/ *Adj* **1** fortschrittlich, hoch entwickelt **2** fortgeschritten ◇ *an advanced course* ein Kurs für Fortgeschrittene IDM **sb's advanced ˈage** jds hohes Alter **of advanced ˈyears** im fortgeschrittenen Alter

Adˈvanced Level *Nomen* = A LEVEL

ad·vance·ment /ədˈvɑːnsmənt; *AmE* ədˈvæn-/ *Nomen* **1** [U] Förderung **2** [U] Beförderung, Aufstieg **3** Fortschritt

adˌvance ˈparty (*auch* **adˌvance ˈteam**) *Nomen* Vorhut

ad·van·tage 🗝 /ədˈvɑːntɪdʒ; *AmE* ədˈvæn-/ *Nomen, Verb*

▸ ***Nomen*** **1** Vorteil ◇ *He had an advantage over everyone else.* Er hatte einen Vorteil gegenüber den anderen. ◇ *put sb at an advantage* jdm einen Vorteil verschaffen ◇ *be at an advantage* im Vorteil sein ◇ *Is there any advantage in getting there early?* Bringt es was, früh da zu sein? **2** Vorzug IDM **be/work to sb's adˈvantage** für jdn von Vorteil sein **take adˈvantage of sb** jdn ausnutzen **take adˈvantage of sth** (*im positiven Sinn*) sich etw zunutzemachen; (*im negativen Sinn*) etw ausnutzen **to (good/best) adˈvantage** im besten Licht **turn sth to (your) adˈvantage** ◇ *turn a defeat/disappointment to your advantage* sich eine Niederlage/Enttäuschung zunutzemachen

▸ ***Verb*** (*gehoben*) begünstigen

ad·van·taged /ədˈvɑːntɪdʒd; *AmE* ədˈvæn-/ *Adj* begünstigt

ad·van·ta·geous /ˌædvənˈteɪdʒəs/ *Adj* ~ **(to sb)** (für jdn) von Vorteil, vorteilhaft (für jdn)

ad·vent /ˈædvent/ *Nomen* [Sing] **1 the ~ of sb** die Ankunft einer Person; **the ~ of sth** der Beginn einer Sache ◇ *the advent of digital TV* der Einzug des digitalen Fernsehens **2 Advent** Advent

ad·ven·ture 🗝 /ədˈventʃə(r)/ *Nomen* Abenteuer ◇ *Where's your spirit of adventure?* Wo bleibt deine Abenteuerlust?

ad·ven·turer /ədˈventʃərə(r)/ *Nomen* **1** Abenteurer(in) **2** (*abwert*) Abenteurer(in), Spekulant(in)

ad·ven·tur·ous /ədˈventʃərəs/ *Adj* **1** (*AmE auch* **ad·ven·ture·some** /-tʃəsəm; *AmE* -tʃərsəm/) (*Mensch*) abenteuerlustig **2** (*Idee, Methode etc.*) ausgefallen, gewagt **3** (*gefährlich*) abenteuerlich ◇ *an adventurous journey* eine abenteuerliche Reise

ad·verb /ˈædvɜːb; *AmE* -vɜːrb/ *Nomen* Adverb

ad·ver·bial /ædˈvɜːbiəl; *AmE* ædˈvɜːrb-/ *Adj* adverbial

adˌverbial ˈparticle *Nomen* = Adverb, das mit einem Verb in einer festen Verbindung steht, z.B. **back** in „come back" oder **down** in „come down"

ad·ver·sar·ial /ˌædvəˈseəriəl; *AmE* -vərˈser-/ *Adj* (*gehoben*) = beschreibt ein politisches oder rechtliches System wie das britische, in dem sich zwei Parteien (Anklage und Verteidigung, Regierung und Opposition) als Kontrahenten gegenüberstehen

ad·ver·sary /ˈædvəsəri; *AmE* -vərseri/ *Nomen* (*gehoben*) Gegner(in), Widersacher(in)

ad·verse /ˈædvɜːs, ədˈvɜːs; *AmE* -vɜːrs/ *Adj* (*Adv* **ad·versely**) negativ, widrig

ad·ver·sity /ədˈvɜːsəti; *AmE* ədˈvɜːrsə-/ *Nomen* Not(lage)

ad·vert 🗝 /ˈædvɜːt; *AmE* -vɜːrt/ (*BrE, umgs*) = ADVERTISEMENT

ad·ver·tise 🗝 /ˈædvətaɪz; *AmE* -vərtaɪz/ *Verb* **1** Werbung machen (für) ◇ *advertise on TV* im Fernsehen werben ◇ *advertise cars* für Autos Werbung machen ◇ *The cruise was advertised as a 'unique experience'.* Die Kreuzfahrt wurde in der Werbung als „einmalige Erfahrung" angepriesen. **2** zum Verkauf anbieten **3** inserieren; ~ **for sb/sth** jdn/etw per Inserat suchen **4** (*Stelle*) ausschreiben **5** (*Veranstaltung*) bekannt geben **6** aufmerksam machen auf ◇ *I wouldn't advertise the fact that you don't have a work permit.* Du solltest es lieber für dich behalten, dass du keine Arbeitserlaubnis hast.

ad·ver·tise·ment 🗝 /ədˈvɜːtɪsmənt; *AmE* ˌædvərˈtaɪzmənt/ *Nomen* **1** (*umgs* **ad**; *BrE auch* **ad·vert**) Anzeige, Inserat; (*im Fernsehen*) Werbespot **2** (*auch* **ad·vert**) Aushängeschild

ad·ver·tiser /ˈædvətaɪzə(r); *AmE* -vərt-/ *Nomen* Inserent(in), Auftraggeber(in) in der Werbung

ad·ver·tis·ing 🗝 /ˈædvətaɪzɪŋ; *AmE* -vərt-/ *Nomen* Werbung ◇ *an advertising campaign* eine Werbekampagne

ad·vice 🗝 /ədˈvaɪs/ *Nomen* [U] Rat ◇ *ask sb's advice* jdn um Rat fragen ◇ *take sb's advice* auf jds Rat hören ◇ *Let me give you a piece/word of advice.* Ich möchte dir einen guten Rat geben. ◇ *advice on road safety* Ratschläge zur Verkehrssicherheit ◇ *seek legal advice* sich juristisch beraten lassen

adˈvice column *Nomen* (*AmE*) Kummerkasten

adˈvice columnist *Nomen* (*AmE*) Kummerkastentante

ad·vis·ab·il·ity /ədˌvaɪzəˈbɪləti/ *Nomen* Ratsamkeit

ad·vis·able /ədˈvaɪzəbl/ *Adj* ratsam

ad·vise 🗝 /ədˈvaɪz/ *Verb* **1** ~ **sb (on sth)** jdn (in etw) beraten **2** ~ **sb to do sth** jdm raten, etw zu tun ◇ *You would be well advised to stay indoors.* Du würdest gut daran tun, drinnenzubleiben. **3** ~ **sth** zu etw raten ◇ *I'd advise taking a different approach.* Ich rate dazu, einen anderen Ansatz zu nehmen. **4** ~ **(sb) against sth** (jdm) von etw abraten ◇ *I advised her against leaving school.* Ich habe ihr davon abgeraten, von der Schule abzugehen. **5** *(offiz)* ~ **sb** (**of sth**) jdn (von etw) unterrichten

ad·vised·ly /əd'vaɪzədli/ *Adv (gehoben)* bewusst

ad·viser /əd'vaɪzə(r)/ *(seltener* **ad·visor**) *Nomen* Berater(in)

ad·vis·ory /əd'vaɪzəri/ *Adj, Nomen*

▸ ***Adj*** Beratungs-, beratend ◇ *the Careers Advisory Service* die Berufsberatung

▸ ***Nomen*** *(AmE)* Warnung ◇ *a tornado advisory* eine Sturmwarnung vor einem Tornado

ad·vo·cacy /'ædvəkəsi/ *Nomen* ~ (**of sth**) Eintreten (für etw), Befürwortung (einer Sache)

ad·vo·cate *Verb, Nomen*

▸ ***Verb*** /'ædvəkeɪt/ *(gehoben)* befürworten

▸ ***Nomen*** /'ædvəkət/ **1** Befürworter(in), Fürsprecher (in) ◇ *staunch advocates of free speech* unerschütterliche Verfechter der Redefreiheit **2** Rechtsanwalt, -anwältin

ad·ware /'ædweə(r); *AmE* -wer/ *Nomen (BrE)* Adware

aegis /'i:dʒɪs/ *Nomen* IDM **under the aegis of sb/sth** *(gehoben)* unter der Ägide von jdm/etw; unter der Schirmherrschaft von jdm/etw

aeon *(BrE)* = EON

aer·ate /'eəreɪt; *AmE* 'ereɪt/ *Verb* **1** *(Boden)* auflockern **2** *(Flüssigkeit)* mit Kohlendioxyd anreichern

aer·ial /'eəriəl; *AmE* 'er-/ *Nomen, Adj*

▸ ***Nomen*** *(BrE)* Antenne

▸ ***Adj*** Luft- ◇ *an aerial view* eine Luftaufnahme

aero·bat·ics /ˌeərə'bætɪks; *AmE* ˌer-/ *Nomen* [Pl] Kunstflug

aer·obic /eə'rəʊbɪk; *AmE* e'roʊ-/ *Adj* aerob ◇ *aerobic exercises* Fitnessübungen

aer·obics /eə'rəʊbɪks; *AmE* e'roʊ-/ *Nomen* [U] Aerobic

aero·drome /'eərədrəʊm; *AmE* 'erədroʊm/ *Nomen (bes BrE, veraltet)* Flugplatz

aero·dy·na·mic /ˌeərəʊdaɪ'næmɪk; *AmE* ˌeroʊ-/ *Adj (Adv* **aero·dy·na·mic·al·ly** /-kli/) aerodynamisch

aero·dy·nam·ics /ˌeərəʊdaɪ'næmɪks; *AmE* ˌeroʊ-/ *Nomen* Aerodynamik

aero·gramme *(AmE* **aero·gram**) /'eərəgræm; *AmE* 'er-/ *Nomen* Aerogramm

aero·naut·ic /ˌeərə'nɔ:tɪk; *AmE* ˌer-/ *(auch* **aero·naut·ical** /-tɪkl/) *Adj* Luftfahrt-, Flug- ◇ *aeronautical engineering* Luftfahrttechnik

aero·naut·ics /ˌeərə'nɔ:tɪks; *AmE* ˌer-/ *Nomen* [U] Flugtechnik

aero·plane /'eərəpleɪn; *AmE* 'er-/ *Nomen* Flugzeug

aero·sol /'eərəsɒl; *AmE* 'erəsɑ:l/ *Nomen* Spray(dose)

aero·space /'eərəʊspeɪs; *AmE* 'eroʊ-/ *Nomen* [U] Raumfahrt(industrie)

aes·thete *(AmE auch* **es·thete**) /'esθi:t; *BrE auch* 'i:s-/ *Nomen* Ästhet(in)

aes·thet·ic *(AmE auch* **es·thet·ic**) /es'θetɪk; *BrE auch* i:s'-/ *Adj, Nomen*

▸ ***Adj*** *(Adv* **aes·thet·ical·ly**; *AmE auch* **es·thet·ic·al·ly** /-kli/) ästhetisch

▸ ***Nomen*** **1** *(Eigenschaften)* Ästhetik **2** **aesthetics** [U] *(Wissenschaft)* Ästhetik

aes·theti·cism *(AmE auch* **es·theti·cism**) /es'θetɪsɪzəm; *BrE auch* i:s'-/ *Nomen* Ästhetizismus

AFAIK *Kurzform von* **as far as I know** *(Netzjargon)* soweit ich weiß

afar /ə'fɑ:(r)/ *Adv* IDM **from a'far** *(gehoben)* von weitem; aus der Ferne

af·fable /'æfəbl/ *Adj (Adv* **af·fably** /-bli/) umgänglich, freundlich

af·fair 0‑ /ə'feə(r); *AmE* ə'fer/ *Nomen* **1** **affairs** [Pl] Angelegenheiten ◇ *affairs of state* Staatsgeschäfte **2** [meist Sing] Affäre **3** Verhältnis **4** [Sing] Sache ◇ *That's my affair.* Das ist meine Sache. **5** *(umgs) (mit einem Adjektiv)* Ding, Angelegenheit IDM → STATE

af·fect 0‑ /ə'fekt/ *Verb* **1** ~ **sb/sth** jdn/etw betreffen, sich auf jdn/etw auswirken ◇ *That will not affect my decision.* Das wird meine Entscheidung nicht beeinflussen. **2** befallen, betreffen ◇ *Cancer had affected his lungs.* Der Krebs hatte seine Lunge befallen. **3** treffen ◇ *We were deeply affected by the news of her death.* Die Nachricht von ihrem Tod hat uns sehr getroffen. **4** *(gehoben)* vortäuschen

af·fect·ation /ˌæfek'teɪʃn/ *Nomen* Affektiertheit, affektierte Angewohnheit

af·fected /ə'fektɪd/ *Adj* affektiert

af·fec·tion 0‑ /ə'fekʃn/ *Nomen* **1** Zuneigung ◇ *She was held in deep affection by her students.* Bei ihren Studenten war sie sehr beliebt. ◇ *I have a great affection for New York.* Von New York bin ich sehr angetan. **2** **affections** [Pl] Liebe ◇ *Who was the object of her affections?* Wem galt ihre Liebe?

af·fec·tion·ate /ə'fekʃənət/ *Adj (Adv* **af·fec·tion·ate·ly**) liebevoll, anhänglich

af·fi·da·vit /ˌæfə'deɪvɪt/ *Nomen* (RECHT) eidesstattliche Erklärung

af·fili·ate *Verb, Nomen*

▸ ***Verb*** /ə'fɪlieɪt/ **1** ~ **sb/sth** (**with/to sb/sth**) *(meist passiv)* jdn/etw (an jdn/etw) angliedern **2** ~ (**yourself**) (**with sb/sth**) sich (jdm/etw) anschließen

▸ ***Nomen*** /ə'fɪliət/ Schwesterorganisation

af·fili·ation /əˌfɪli'eɪʃn/ *Nomen (gehoben)* **1** Zugehörigkeit **2** Angliederung

af·fin·ity /ə'fɪnəti/ *Nomen* **1** [Sing] Verbundenheit, Affinität **2** *(gehoben)* Verwandtschaft

af·firm /ə'fɜ:m; *AmE* ə'fɜ:rm/ *Verb (gehoben)* bekräftigen

af·firm·ation /ˌæfə'meɪʃn; *AmE* -fər'-/ *Nomen* **1** Bestätigung, Bekräftigung ◇ *She nodded in affirmation.* Sie nickte zustimmend. **2** (RECHT) eidesstattliche Erklärung

affirma·tive /ə'fɜ:mətɪv; *AmE* ə'fɜ:rm-/ *Adj, Nomen*

▸ ***Adj*** *(Adv* **af·firma·tive·ly**) *(gehoben)* positiv, bejahend

▸ ***Nomen*** IDM **in the af'firmative** positiv; bejahend ◇ *an answer in the affirmative* eine positive Antwort

af'firmative 'action *Nomen (bes AmE)* Bevorzugung

affix *Verb, Nomen*

▸ ***Verb*** /ə'fɪks/ *(offiz)* anbringen

▸ ***Nomen*** /'æfɪks/ *(Fachspr)* Affix, Vor-/Nachsilbe

af·flict /ə'flɪkt/ *Verb (meist passiv)* plagen

af·flic·tion /ə'flɪkʃn/ *Nomen (gehoben)* Leiden

af·flu·ence /'æfluəns/ *Nomen* Überfluss, Wohlstand

af·flu·ent /'æfluənt/ *Adj* reich, wohlhabend ◇ *the affluent society* die Wohlstandsgesellschaft

af·ford 0‑ /ə'fɔ:d; *AmE* ə'fɔ:rd/ *Verb* **1** **be able to ~ sth** sich etw leisten können **2** *(gehoben)* gewähren

af·ford·able /ə'fɔ:dəbl; *AmE* ə'fɔ:rd-/ *Adj* erschwinglich

af·for·est /ə'fɒrɪst; *AmE* ə'fɔ:rɪst/ *Verb (meist passiv)* aufforsten

af·for·est·ation /əˌfɒrɪ'steɪʃn; *AmE* əˌfɔ:r-/ *Nomen* Aufforstung

af·fray /ə'freɪ/ *Nomen* [meist Sing/U] (RECHT) Schlägerei

af·front /ə'frʌnt/ *Nomen, Verb*

▸ ***Nomen*** [meist Sing] Beleidigung

▸ ***Verb*** beleidigen

af·fronted /ə'frʌntɪd/ *Adj* beleidigt, gekränkt

Af·ghan hound /ˌæfgæn 'haʊnd/ *Nomen (Hund)* Afghane

afi·cion·ado /əˌfɪʃə'nɑ:dəʊ; *AmE* -doʊ/ *Nomen (Pl* **-os**) Kenner(in)

afield /əˈfiːld/ *Adv* **far ~** weit weg; **farther/further ~** weiter weg ◇ *Journalists came from as far afield as China.* Journalisten kamen sogar aus China. ◇ *Do you want to explore further afield?* Wollen Sie die weitere Umgebung erkunden?

afloat /əˈfləʊt; *AmE* əˈfloʊt/ *Adj* [nicht vor Nomen] über Wasser (*auch fig*) ◇ *keep/stay afloat* sich über Wasser halten

afoot /əˈfʊt/ *Adj* [nicht vor Nomen] im Gange

afore·men·tioned /əˌfɔːˈmenʃənd; *AmE* əˌfɔːrˈ-/ *Adj* [nur vor Nomen] (*offiz*) oben genannt

afore·thought /əˈfɔːθɔːt; *AmE* əˈfɔːrθɔːt/ *Adj* IDM → MALICE

afraid /əˈfreɪd/ *Adj* [nicht vor Nomen] **1 be ~ (of sb/sth)** (vor jdm/etw) Angst haben; **be ~ of doing sth** Angst haben, etw zu tun; **be ~ to do sth** davor Angst haben, etw zu tun ◇ *Don't be afraid to ask if you don't understand.* Fragen Sie nur, wenn Sie etwas nicht verstehen. ◇ *I was afraid you would ask that.* Diese Frage habe ich befürchtet. **2 be ~ for sb/sth** Angst um jdn/etw haben, sich um jdn/etw Sorgen machen IDM **I'm afraid** leider ◇ *'Is there any coffee left?' 'I'm afraid not.'* „Ist noch Kaffee übrig?" „Leider nicht."

afresh /əˈfreʃ/ *Adv* von Neuem ◇ *start afresh* neu anfangen

Af·ri·can /ˈæfrɪkən/ *Nomen, Adj*
- ▸ ***Nomen*** Afrikaner(in)
- ▸ ***Adj*** afrikanisch

African A'merican *Nomen, Adj*
- ▸ ***Nomen*** Afroamerikaner(in)
- ▸ ***Adj*** afroamerikanisch

Af·ri·kaans /ˌæfrɪˈkɑːns/ *Nomen* Afrikaans

Af·ri·kaner /ˌæfrɪˈkɑːnə(r)/ *Nomen* = Südafrikaner(in) niederländischer Abstammung

Afro /ˈæfrəʊ; *AmE* ˈæfroʊ/ *Nomen* (*Pl* **-os**) Afrolook

Afro- /ˈæfrəʊ; *AmE* ˈæfroʊ/ Afro-

aft /ɑːft; *AmE* æft/ *Adv* (NAUT, AERO) (nach) achtern

after /ˈɑːftə(r); *AmE* ˈæf-/ *Adv, Präp, Konj*
- ▸ ***Adv* 1** danach ◇ *The day after, he left the country.* Am folgenden Tag verließ er das Land. ◇ *They lived happily ever after.* Wenn sie nicht gestorben sind, dann leben sie noch heute. **2** hinterher ◇ *She followed on after.* Sie kam hinterher.
- ▸ ***Präp* 1** nach ◇ *the day after tomorrow* übermorgen ◇ *the week after next* übernächste Woche ◇ (*AmE*) *ten after seven* zehn nach sieben ◇ *We've named the baby after you.* Wir haben das Baby nach dir benannt. **2** ◇ *day after day* Tag für Tag ◇ *time after time* immer wieder ◇ *He fired shot after shot.* Er gab Schuss um Schuss ab. **3** hinter, hinterher ◇ *Shut the door after you.* Mach die Tür hinter dir zu. ◇ *I'm always having to clear up after them.* Ich muss ihnen immer hinterherräumen. ◇ *The police are after him.* Die Polizei ist hinter ihm her. **4 be ~ sth** (*umgs*) auf etw aus sein IDM **ˌafter ˈall 1** doch **2** schließlich; immerhin
- ▸ ***Konj*** nachdem ◇ *I arrived after he (had) started.* Ich kam erst, nachdem er begonnen hatte. ◇ *We'll arrive after you've left.* Wir werden erst ankommen, wenn du schon weg bist.

after·birth /ˈɑːftəbɜːθ; *AmE* ˈæftərbɜːrθ/ *Nomen* [Sing] Nachgeburt

after·care /ˈɑːftəkeə(r); *AmE* ˈæftərker/ *Nomen* **1** (*nach einem Krankenhausaufenthalt*) Nachbehandlung; (*nach einem Gefängnisaufenthalt*) Resozialisierungshilfe **2** (*BrE*) Kundendienst

ˈafter-effect *Nomen* [meist Pl] Nachwirkung

after·life /ˈɑːftəlaɪf; *AmE* ˈæftərlaɪf/ *Nomen* [Sing] Leben nach dem Tod

after·math /ˈɑːftəmæθ, -mɑːθ; *AmE* ˈæftərmæθ/ *Nomen* [meist Sing] Folgezeit, Nachwirkungen

after·noon /ˌɑːftəˈnuːn; *AmE* ˌæftərˈ-/ *Nomen* Nachmittag → *Beispiele bei* MORNING

after·noons /ˌɑːftəˈnuːnz; *AmE* ˌæftərˈ-/ *Adv* (*bes AmE*) nachmittags

af·ters /ˈɑːftəz; *AmE* ˈæftərz/ *Nomen* [U] (*BrE, umgs*) Nachtisch

after·shave /ˈɑːftəʃeɪv; *AmE* ˈæftərʃeɪv/ *Nomen* Aftershave, Rasierwasser

after·shock /ˈɑːftəʃɒk; *AmE* ˈæftərʃɑːk/ *Nomen* Nachbeben

after·taste /ˈɑːftəteɪst; *AmE* ˈæftərteɪst/ *Nomen* [Sing] Nachgeschmack

after·thought /ˈɑːftəθɔːt; *AmE* ˈæftərθɔːt/ *Nomen* [meist Sing] nachträglicher Einfall ◇ *'Why don't you come, too?' she added as an afterthought.* „Warum kommst du nicht auch?", fügte sie hinzu.

after·wards /ˈɑːftəwədz; *AmE* ˈæftərwərdz/ (*AmE meist* **after·ward**) *Adv* nachher, danach ◇ *shortly afterwards* kurz danach

again /əˈgen, əˈgeɪn/ *Adv* **1** wieder, nochmals ◇ *Could you say that again, please?* Könnten Sie das bitte wiederholen? ◇ *once again* wieder einmal ◇ *I'll have to write it all over again.* Ich werde es noch mal von vorn schreiben müssen. **2** noch einmal ◇ *half as much again* anderthalbmal so viel **3** ebenfalls ◇ *And again, we must think of the cost.* Auch hier müssen wir an die Kosten denken. **4 then/there again** andererseits **5** noch mal ◇ *What was the name again?* Wie war noch mal der Name? IDM → NOW, SAME *und* TIME

against /əˈgenst, əˈgeɪnst/ *Präp* ℹ Für Verben mit **against** siehe die Einträge für die Verben. **Count against sb** z.B. steht unter **count**. **1** gegen ◇ *We're playing against the champions.* Wir spielen gegen die Meister. ◇ *She is against seeing him.* Sie will ihn nicht sehen. ◇ *I'd advise you against doing that.* Ich würde dir davon abraten. ◇ *His age is against him.* Sein Alter wirkt sich nachteilig aus. ◇ *protect plants against frost* Pflanzen vor Frost schützen ◇ *against a background of the civil war* vor dem Hintergrund des Bürgerkrieges **2** an, gegen ◇ *He was leaning against a tree.* Er lehnte an einem Baum. **3** gegenüber, gegen ◇ *You must weigh the benefits against the cost.* Man muss Vorteile und Kosten gegeneinander abwägen. ◇ *Check your receipts against the statement.* Vergleichen Sie Ihre Quittungen mit dem Kontoauszug. IDM → AS *und* STACKED

agate /ˈægət/ *Nomen* Achat

age /eɪdʒ/ *Nomen, Verb*
- ▸ ***Nomen* 1** Alter ◇ *at the age of 18* mit 18 Jahren ◇ *She has no friends of her own age.* Sie hat keine gleichaltrigen Freunde. ◇ *children from 5 to 10 years of age* Kinder im Alter von fünf bis zehn Jahren ◇ *boys and girls of all ages* Jungen und Mädchen aller Altersgruppen ◇ *When I was your age I was already married.* In deinem Alter war ich schon verheiratet. ◇ *He started playing the piano at/from an early age.* Er begann schon früh mit dem Klavierspiel. ◇ *He died of old age.* Er starb an Altersschwäche. ◇ *The jacket was showing signs of age.* Die Jacke sah schon ziemlich alt aus. **2** Zeitalter **3 ages** [Pl] (*auch* **an age** [Sing]) (*bes BrE, umgs*) eine Ewigkeit ◇ *I waited for ages.* Ich habe ewig gewartet. ◇ *It'll take ages to get there.* Es wird ewig dauern, bis wir da sind. IDM **ˌbe/ˌact your ˈage** sich seinem Alter gemäß benehmen ◇ *Isn't it time you started acting your age?* Wann wirst du endlich erwachsen? **ˌcome of ˈage 1** volljährig werden **2** (*Idee, Fach, Bewegung etc.*) allgemein akzeptiert werden **ˌlook your ˈage** so alt aussehen, wie man ist **ˌunder ˈage** minderjährig ◇ *under-age driving/drinking* Autofahren/Alkoholgenuss von Minderjährigen ◇ *under-age sex* Sex zwischen Minderjährigen → *Siehe auch* DAY *und* FEEL

▸ ***Verb*** (**age·ing** *oder* **ag·ing, aged, aged**) **1** alt werden, altern ◇ *an ageing population* eine überalterte Bevölkerung ◇ *As he aged, his memory got worse.* Mit zunehmendem Alter ließ sein Gedächtnis nach. **2** altern (lassen) ◇ *The illness has aged him terribly.* Die Krankheit hat ihn schrecklich gealtert. **3** reifen (lassen) ◇ *The cheese is left to age for at least a year.* Man lässt den Käse mindestens ein Jahr lang reifen. ◇ *age brandy in casks* Weinbrand in Fässern reifen lassen

aged 0-π *Adj, Nomen*

▸ ***Adj*** **1** /eɪdʒd/ [nicht vor Nomen] im Alter von ◇ *volunteers aged between 25 and 40* Freiwillige im Alter von 25 bis 40 ◇ *Mr Wood, aged 62* Herr Wood (62) **2** /ˈeɪdʒɪd/ (*gehoben*) betagt, bejahrt

▸ ***Nomen*** [Pl] **the aged** /ˈeɪdʒɪd/ alte Menschen

ˈage group (*seltener* **ˈage bracket**) *Nomen* (*BrE*) Altersgruppe ◇ *men in the older age group* Männer älterer Jahrgänge

age·ing (*BrE*) = AGING

age·ism (*AmE auch* **agism**) /ˈeɪdʒɪzəm/ *Nomen* Altersdiskriminierung

age·ist /ˈeɪdʒɪst/ *Adj* altersdiskriminierend ◇ *ageist remarks* Bemerkungen, die sich gegen Ältere richten

ˈage limit *Nomen* Altersgrenze

agency 0-π /ˈeɪdʒənsi/ *Nomen* **1** Agentur, Vertretung ◇ *an employment agency* ein privater Arbeitsvermittler ◇ *international aid agencies* internationale Hilfsorganisationen **2** (*bes AmE*) Sonderorganisation, Behörde ◇ *the Central Intelligence Agency* der amerikanische Geheimdienst IDM **through the agency of** (*gehoben*) durch die Vermittlung von; mithilfe von

agenda /əˈdʒendə/ *Nomen* **1** Tagesordnung ◇ *In our company, quality is high on the agenda.* In unserer Firma spielt Qualität eine vorrangige Rolle. ◇ *His views on psychology set the agenda for the century.* Seine Ansichten zur Psychologie waren für das Jahrhundert richtungsweisend. **2** (*fig*) Pläne

agent 0-π /ˈeɪdʒənt/ *Nomen* **1** Vertreter(in) ◇ *He's a travel agent.* Er ist Reisebürokaufmann. **2** (*Literatur-, Theater- etc.*) Agent(in) **3** = SECRET AGENT **4** Instrument ◇ *The charity has been an agent for social change.* Diese Organisation hat einen gesellschaftlichen Wandel herbeigeführt. **5** (*Fachspr*) (*Substanz*) Mittel ◇ *a raising agent* ein Treibmittel

agent pro·voca·teur /ˌæʒɒ̃ prəˌvɒkəˈtɜː(r); *AmE* ˌɑːʒɑ̃ː proʊˌvɑːk-/ (*auch* **pro·voca·teur**) *Nomen* (*Pl* **agents pro·voca·teurs** /ˌæʒɒ̃ prəˌvɒkəˈtɜː(r); *AmE* ˌɑːʒɑ̃ː proʊˌvɑːk-/) Agent provocateur, Lockspitzel

ˌage of conˈsent *Nomen* [Sing] Schutzalter

ˌage-ˈold *Adj* uralt

ag·grand·ize·ment (*BrE auch* **-ise·ment**) /əˈɡrændɪzmənt/ *Nomen* [U] (*gehoben, abwert*) Aufstieg, Emporkommen ◇ *Her sole aim is personal aggrandizement.* Sie ist nur darauf bedacht, sich hervorzutun.

ag·gra·vate /ˈæɡrəveɪt/ *Verb* **1** verschlimmern, erschweren ◇ *He aggravated his injury during the game.* Durch das Spiel hat er seine Verletzung noch schlimmer gemacht. **2** (*umgs*) ärgern, reizen

ag·gra·vat·ing /ˈæɡrəveɪtɪŋ/ *Adj* **1** (*umgs*) ärgerlich, lästig **2** (RECHT) erschwerend

ag·gra·va·tion /ˌæɡrəˈveɪʃn/ *Nomen* **1** Verschlimmerung **2** Ärger, Ärgernis

ag·gre·gate *Nomen, Adj, Verb*

▸ ***Nomen*** /ˈæɡrɪɡət/ **1** Gesamtmenge, Gesamtsumme **2** (*Beton-*) Zuschlag IDM **in (the) ˈaggregate** (*gehoben*) insgesamt **on ˈaggregate** (*BrE*) (SPORT) im Gesamtergebnis

▸ ***Adj*** /ˈæɡrɪɡət/ [nur vor Nomen] (WIRTSCH, SPORT) Gesamt- ◇ *aggregate demand* der Gesamtbedarf ◇ *an aggregate win* ein Sieg nach dem Rückspiel

▸ ***Verb*** /ˈæɡrɪɡeɪt/ (*meist passiv*) **be aggregated (with sth)** (*gehoben oder Fachspr*) (zu etw) dazugezählt werden

ag·gres·sion /əˈɡreʃn/ *Nomen* [U] **1** Aggression ◇ *Do computer games cause aggression?* Lösen Computerspiele Aggressionen aus? **2** (MIL) Angriff

ag·gres·sive 0-π /əˈɡresɪv/ *Adj* (*Adv* **ag·gres·sive·ly**) aggressiv

ag·gres·sive·ness /əˈɡresɪvnəs/ *Nomen* Aggressivität

ag·gres·sor /əˈɡresə(r)/ *Nomen* Angreifer(in), Aggressor(in)

ag·grieved /əˈɡriːvd/ *Adj* **1** gekränkt, verärgert ◇ *He felt aggrieved at the suggestion that he had lied.* Er fühlte sich verletzt durch die Unterstellung, er hätte gelogen. **2** (RECHT) geschädigt

aggro /ˈæɡrəʊ; *AmE* ˈæɡroʊ/ *Nomen* (*BrE, umgs*) **1** Gewalt **2** Ärger

aghast /əˈɡɑːst; *AmE* əˈɡæst/ *Adj* [nicht vor Nomen] ~ **(at sth)** (von etw) entsetzt, (über etw) entgeistert

agile /ˈædʒaɪl; *AmE* ˈædʒl/ *Adj* **1** beweglich; (*Hände*) flink ◇ *agile in body and mind* geistig und körperlich agil **2** (*Projektmanagement etc.*) agil ◇ *agile software development* agile Softwareentwicklung

agil·ity /əˈdʒɪləti/ *Nomen* Beweglichkeit

ag·ing /ˈeɪdʒɪŋ/ *Nomen, Adj*

▸ ***Nomen*** (*AmE*) (*BrE auch* **age·ing**) Altern, Alterung

▸ ***Adj*** (*AmE*) (*BrE auch* **age·ing**) alternd

agism (*AmE*) = AGEISM

agi·tate /ˈædʒɪteɪt/ *Verb* **1** ~ **(for/against sth)** (für/gegen etw) agitieren ◇ *political groups agitating for social reform* politische Gruppen, die sich für Sozialreformen starkmachen **2** beunruhigen, in Aufregung versetzen **3** (*Fachspr*) aufrühren, schütteln

agi·tated /ˈædʒɪteɪtɪd/ *Adj* aufgeregt, nervös

agi·ta·tion /ˌædʒɪˈteɪʃn/ *Nomen* **1** Aufregung, Unruhe ◇ *She arrived in a state of great agitation.* Sie war völlig aufgelöst, als sie ankam. **2** (POL) Agitation **3** (*Fachspr*) Aufrühren, Schütteln

agi·ta·tor /ˈædʒɪteɪtə(r)/ *Nomen* (*abwert*) Agitator(in), Aufrührer(in)

AGM /ˌeɪ dʒiː ˈem/ (*bes BrE*) *Kurzform von* **annual general meeting** Jahreshauptversammlung

ag·nos·tic /æɡˈnɒstɪk; *AmE* æɡˈnɑːstɪk/ *Nomen, Adj*

▸ ***Nomen*** Agnostiker(in)

▸ ***Adj*** agnostizistisch, agnostisch

ag·nos·ti·cism /æɡˈnɒstɪsɪzəm; *AmE* æɡˈnɑːstɪ-/ *Nomen* Agnostizismus

ago 0-π /əˈɡəʊ; *AmE* əˈɡoʊ/ *Adv* vor ◇ *a short/long time ago* vor kurzer/langer Zeit ◇ *not long ago* vor kurzem ◇ *He was here just a minute ago.* Er war gerade erst hier. ◇ *How long ago was it?* Wie lange war das her?

agog /əˈɡɒɡ; *AmE* əˈɡɑːɡ/ *Adj* gespannt ◇ *We were all agog with curiosity.* Wir platzten alle fast vor Neugier.

ag·on·ize (*BrE auch* **-ise**) /ˈæɡənaɪz/ *Verb* ~ **(over/about sth)** sich (über etw) den Kopf zerbrechen

ag·on·ized (*BrE auch* **-ised**) /ˈæɡənaɪzd/ *Adj* gequält, verzweifelt

ag·on·iz·ing (*BrE auch* **-is·ing**) /ˈæɡənaɪzɪŋ/ *Adj* (*Adv* **ag·on·iz·ing·ly**; *BrE auch* **-is·ing·ly**) qualvoll, quälend ◇ *the most agonizing decision of her life* die schwerste Entscheidung ihres Lebens ◇ *They were agonizingly close to victory.* Schade, der Sieg war für sie zum Greifen nah.

agony /ˈæɡəni/ *Nomen* Qual, heftiger Schmerz ◇ *Jack collapsed in agony.* Jack brach unter heftigen Schmerzen zusammen. ◇ *She waited in an agony of suspense.* Sie wartete in qualvoller Spannung. IDM → PILE

ˈagony aunt *Nomen* (*BrE*) Kummerkastentante

ˈagony column *Nomen* (*BrE*) Kummerkasten

agora·pho·bia /ˌæɡərəˈfəʊbiə; *AmE* -ˈfoʊ-/ *Nomen* (*Fachspr*) Platzangst, Agoraphobie

agora·pho·bic /ˌæɡərəˈfəʊbɪk; *AmE* -ˈfoʊ-/ (*Fachspr*) *Nomen, Adj*

▸ ***Nomen*** Agoraphobiker(in)

▸ ***Adj*** agoraphobisch ◇ *be agoraphobic* unter Platzangst leiden

agrar·ian /əˈɡreəriən; *AmE* əˈɡrer-/ *Adj* (*Fachspr*) Agrar-, agrarisch

agree 🔑 /əˈɡriː/ *Verb* **1 ~ (with sb) (about/on sth)** (mit jdm) (über etw) gleicher Meinung sein; **~ with sb** jdm zustimmen; **~ with sth** mit etw übereinstimmen; **be agreed (on/about sth)** sich (über etw) einig sein ◇ *I couldn't agree more!* Da bin ich ganz Ihrer Meinung! ◇ *I don't agree (with you).* Da bin ich anderer Meinung. ◇ *We all agreed that …* Wir waren uns alle einig, dass … **2 be agreed (that …)** vereinbart sein/werden, dass … **3 ~ (to sth)** (in etw) einwilligen, (mit etw) einverstanden sein **4 ~ (on) sth** sich auf etw einigen, etw vereinbaren ◇ *at the agreed time* zur vereinbarten Zeit **5** (*annehmen*) verabschieden **6 ~ (with sth)** (*Bericht, Zahlen etc.*) (mit etw) übereinstimmen **7 ~ (with sth)** (LING) (mit etw) übereinstimmen IDM **aˌgree to ˈdiffer** sich darauf einigen, dass es verschiedene Standpunkte gibt PHRV **aˈgree with sb** jdm bekommen ◇ *The climate didn't agree with him.* Er vertrug das Klima nicht.

agree·able /əˈɡriːəbl/ *Adj* (*gehoben*) **1** (*Adv* **agree·ably** /-bli/) angenehm **2** [nicht vor Nomen] **~ (to sth)** (mit etw) einverstanden **3 ~ (to sb)** (für jdn) akzeptabel

agree·ment 🔑 /əˈɡriːmənt/ *Nomen* **1** Abkommen, Vertrag, Vereinbarung, Abmachung ◇ *They had an agreement never to talk about it.* Sie hatten vereinbart, nie darüber zu sprechen. → *Siehe auch* GENTLEMAN'S AGREEMENT **2** [U] Einigung ◇ *Are we in agreement about the price?* Sind wir uns über den Preis einig? ◇ *by mutual agreement* im gegenseitigen Einverständnis **3** Zustimmung, Einwilligung **4** [U] (LING) Übereinstimmung

agri·cul·tural /ˌæɡrɪˈkʌltʃərəl/ *Adj* landwirtschaftlich, Agrar-, Land-

agri·cul·ture /ˈæɡrɪkʌltʃə(r)/ *Nomen* Landwirtschaft

agro- /ˈæɡrəʊ; *AmE* ˈæɡroʊ/ (*auch* **agri-** /ˈæɡrɪ/) (*in Zusammensetzungen*) agrar-, Agrar-

aground /əˈɡraʊnd/ *Adv, Adj* ◇ *run/go aground* auf Grund laufen ◇ *be aground* gestrandet sein

ah /ɑː/ *Ausruf* (*um Überraschung, Freude, Mitleid oder Verständnis auszudrücken oder am Anfang eines Ausdrucks anderer Meinung*) ◇ *ah, good* ach, schön ◇ *Ah, there you are.* Ach, da bist du! ◇ *Ah, what a lovely baby!* Oh, ist das nicht ein süßes Baby! ◇ *Ah, I see.* Ah, ich verstehe. ◇ *Ah, that tastes good.* Hm, das schmeckt gut. ◇ *ah well* naja ◇ *Ah, but that may not be true.* Hm, das stimmt aber vielleicht nicht.

aha /ɑːˈhɑː/ *Ausruf* aha

ah·choo /ɑːˈtʃuː, əˈ-/ *Ausruf* hatschi

ahead 🔑 /əˈhed/ *Adv* ℹ Für Verben mit **ahead** siehe die Einträge für die Verben. **Press ahead (with sth)** z.B. steht unter **press**. **1** voraus ◇ *the road ahead* die Straße vor uns ◇ *look straight ahead* geradeaus schauen ◇ *200 metres ahead* 200 Meter weiter vorn ◇ *in the months ahead* in den nächsten Monaten **2** im Voraus **3** vorn ◇ *be ahead by six points* einen Vorsprung von sechs Punkten haben

aˈhead of *Präp* **1** vor **2** voraus ◇ *He was way ahead of his time.* Er war seiner Zeit weit voraus.

ahem /əˈhem, əˈhəm/ *Ausruf* hm

ahoy /əˈhɔɪ/ *Ausruf* ahoi ◇ *Ahoy there!* Ahoi!

AI /ˌeɪ ˈaɪ/ *Abk* **1** = ARTIFICIAL INSEMINATION **2** = ARTIFICIAL INTELLIGENCE

aid 🔑 /eɪd/ *Nomen, Verb*

▸ ***Nomen*** **1** Hilfe ◇ *foreign aid* Entwicklungshilfe ◇ *aid agencies* Hilfsorganisationen ◇ *He was breathing only with the aid of a ventilator.* Er musste künstlich beatmet werden. **2** Hilfsmittel ◇ *teaching aids* Lehrmittel ◇ *a hearing aid* ein Hörgerät IDM **in aid of sth/sb** (*BrE*) zugunsten von etw/jdm ◇ *collect money in aid of charity* für wohltätige Zwecke sammeln **what's … in aid of?** (*BrE, umgs*) ◇ *What's all this crying in aid of?* Wozu die Tränen?

▸ ***Verb*** (*gehoben*) helfen ◇ *The test should aid in the early detection of the disease.* Mithilfe des Tests müsste es leichter sein, die Krankheit frühzeitig zu erkennen. ◇ *They were accused of aiding his escape.* Sie wurden beschuldigt, ihm Fluchthilfe geleistet zu haben. IDM **ˌaid and aˈbet** (RECHT) Beihilfe leisten

aide /eɪd/ *Nomen* Berater(in)

aide-de-camp /ˌeɪd də ˈkɒ̃; *AmE* ˌeɪd də ˈkæmp/ *Nomen* (*Pl* **aides-de-camp** /ˌeɪd də ˈkɒ̃; *AmE* ˌeɪd də ˈkæmp/) (*Abk* **ADC**) Adjutant(in)

AIDS (*BrE auch* **Aids**) /eɪdz/ *Kurzform von* **Acquired Immune Deficiency Syndrome** Aids

ail·eron /ˈeɪlərɒn; *AmE* -rɑːn/ *Nomen* (AERO) (*Fachspr*) Querruder

ail·ing /ˈeɪlɪŋ/ *Adj* (*gehoben*) kränkelnd

ail·ment /ˈeɪlmənt/ *Nomen* Krankheit, Leiden ◇ *minor ailments* leichte Beschwerden

aim 🔑 /eɪm/ *Nomen, Verb*

▸ ***Nomen*** **1** Ziel, Absicht **2** [U] ◇ *Her aim was good.* Sie zielte gut. ◇ *He took aim and fired.* Er zielte und schoss. IDM **take ˈaim at sb/sth** (*AmE*) (*kritisieren*) jdn/etw aufs Korn nehmen

▸ ***Verb*** **1 ~ (at/for sth)** (etw) beabsichtigen, (etw) anstreben ◇ *He has always aimed high.* Er hat sich schon immer hohe Ziele gesteckt. ◇ *She's aiming at a scholarship.* Sie hofft ein Stipendium zu bekommen. ◇ *aim at increasing exports* sich die Steigerung des Exports zum Ziel setzen ◇ *We aim to be there at six.* Wir wollen um sechs Uhr dort sein. **2 be aimed at sth** ◇ *The measures are aimed at preventing theft.* Diese Maßnahmen sollen Diebstähle verhindern. **3 ~ (sth) (at sb/sth)** (mit etw) (auf jdn/etw) zielen ◇ *He aimed at the target and fired.* Er legte auf das Ziel an und schoss. ◇ *The gun was aimed at her head.* Die Pistole war auf ihren Kopf gerichtet. **4** (*meist passiv*) **~ sth at sb** etw gegen/an jdn richten

aim·less /ˈeɪmləs/ *Adj* (*Adv* **aim·less·ly**) ziellos, planlos

aim·less·ness /ˈeɪmləsnəs/ *Nomen* Ziellosigkeit, Planlosigkeit

ain't /eɪnt/ (*umgs oder hum*) **1** *Kurzform von* **am not/is not/are not** **2** *Kurzform von* **has not/have not**

air 🔑 /eə(r); *AmE* er/ *Nomen, Verb*

▸ ***Nomen*** **1** Luft ◇ *put some air in the tyres* die Reifen aufpumpen ◇ *whales coming up for air* Wale, die auftauchen um zu atmen ◇ *in the open air* im Freien **2** ◇ *by air* mit dem Flugzeug ◇ *air fares* Flugpreise **3** [Sing] ◇ *have an air of luxury* luxuriös wirken ◇ *with a defiant air* herausfordernd ◇ *There was an air of complete confidence about her.* Sie strahlte vollkommenes Selbstvertrauen aus. **4** (*veraltet*) (*Melodie*) Air, Weise **5 airs** [Pl] (*abwert*) Allüren ◇ *put on airs* sehr vornehm tun IDM **ˌairs and ˈgraces** (*BrE, abwert*) Allüren **be in the ˈair** in der Luft liegen **float/walk on ˈair** wie auf Wolken gehen **ˌoff (the) ˈair** nicht auf Sendung ◇ *The programme was taken off the air.* Die Sendung wurde nicht mehr übertragen. **ˌon (the) ˈair** auf Sendung ◇ *go on air* gesendet werden **up in the ˈair** in der Schwebe → *Siehe auch* BREATH, CASTLE, CLEAR, NOSE, PLUCK *und* THIN

▸ ***Verb*** **1** (*Kleider, Raum etc.*) (aus)lüften **2** (*bes BrE*) = Wäsche nach dem Bügeln an einem warmen Ort aufhängen, damit sie ganz trocknet **3** (öffentlich) zum

Ausdruck bringen ◇ *air your grievances* seine Beschwerden äußern **4** (*bes AmE*) (*senden*) übertragen (werden) PHR V ,**air sth 'out** (*AmE*) etw (aus)lüften

'air ambulance *Nomen* (*bes BrE*) Rettungshubschrauber, Sanitätsflugzeug

air·bag /'eəbæg; *AmE* 'erbæg/ *Nomen* Airbag

air·base /'eəbeɪs; *AmE* 'erbeɪs/ *Nomen* Luftwaffenstützpunkt

'air bed *Nomen* (*BrE*) Luftmatratze

air·borne /'eəbɔːn; *AmE* 'erbɔːrn/ *Adj* **1** [nicht vor Nomen] (*Flugzeug*) in der Luft **2** [nur vor Nomen] in der Luft (befindlich) ◇ *airborne seeds* durch den Wind übertragene Samen **3** [nur vor Nomen] (MIL) Luftlande-

air·brush /'eəbrʌʃ; *AmE* 'erbrʌʃ/ *Nomen, Verb*

▸ ***Nomen*** Spritzpistole

▸ ***Verb*** **1** (*Kunstwerk etc.*) mit der Spritzpistole anfertigen **2** mit der Spritzpistole bearbeiten ◇ *He had been airbrushed out of the picture.* Er war auf dem Bild mit der Spritzpistole übersprüht worden.

,air chief 'marshal *Nomen* (*in der britischen Luftwaffe*) General(in)

,air 'commodore *Nomen* (*in der britischen Luftwaffe*) Brigadegeneral(in)

'air-conditioned *Adj* klimatisiert

'air conditioner *Nomen* Klimaanlage, Klimagerät

'air conditioning (*Abk* **AC, a/c, ac**) *Nomen* [U] Klimaanlage, Klimatisierung

air·craft 🔑 /'eəkrɑːft; *AmE* 'erkræft/ *Nomen* (*Pl* **aircraft**) Flugzeug, Maschine

'aircraft carrier *Nomen* Flugzeugträger

air·craft·man /'eəkrɑːftmən; *AmE* 'erkræft-/ *Nomen* (*Pl* **-men** /-mən/) (*in der britischen Luftwaffe*) Flieger

air·craft·woman /'eəkrɑːftwʊmən; *AmE* 'erkræft-/ *Nomen* (*Pl* **-wo·men** /-wɪmɪn/) (*in der britischen Luftwaffe*) Fliegerin

air·crew /'eəkruː; *AmE* 'erkruː/ *Nomen* [mit Verb im Sing/Pl] (*bes bei Militärflugzeugen*) Besatzung

air·drome /'eədrəʊm; *AmE* 'erdroʊm/ *Nomen* (*AmE, veraltet*) Flugplatz

air·field /'eəfiːld; *AmE* 'erfiːld/ *Nomen* Landeplatz, Flugplatz

'air force *Nomen* [mit Verb im Sing/Pl] Luftwaffe

air·gun /'eəgʌn; *AmE* 'ergʌn/ *Nomen* Luftgewehr

air·head /'eəhed; *AmE* 'erhed/ *Nomen* (*umgs, abwert*) Dummkopf ◇ *He's a total airhead!* Er hat überhaupt nichts im Kopf!

'air hostess *Nomen* Stewardess

air·ily /'eərəli; *AmE* 'er-/ *Adv* (*gehoben*) nonchalant, lässig, einfach so

air·ing /'eərɪŋ; *AmE* 'erɪŋ/ *Nomen* [Sing] **1 give sth an ~** etw auslüften; (*Haus*) durchlüften **2** (*fig*) ◇ *give your views an airing* sich (öffentlich) äußern ◇ *It got a thorough airing in the press.* Das wurde in der Presse gründlich erörtert.

'airing cupboard *Nomen* (*BrE*) = Schrank, in dem sich der Warmwassertank befindet und wo man die Wäsche nach dem Bügeln ganz trocknen lässt

'air kiss *Nomen* Küsschen links und rechts

air·less /'eələs; *AmE* 'erləs/ *Adj* stickig ◇ *The night was hot and airless.* Die Nacht war heiß und windstill.

'air letter *Nomen* Aerogramm

air·lift /'eəlɪft; *AmE* 'erlɪft/ *Nomen, Verb*

▸ ***Nomen*** Luftbrücke

▸ ***Verb*** **1** über eine Luftbrücke transportieren **2** ◇ *He was airlifted to hospital.* Er wurde per Hubschrauber ins Krankenhaus gebracht.

air·line /'eəlaɪn; *AmE* 'erlaɪn/ *Nomen* [mit Verb im Sing/Pl] Fluggesellschaft ◇ *He trained as an airline pilot.* Er machte eine zivile Flugausbildung.

air·liner /'eəlaɪnə(r); *AmE* 'erlaɪ-/ *Nomen* Verkehrsflugzeug

air·lock /'eəlɒk; *AmE* 'erlɑːk/ *Nomen* **1** Luftblase **2** (*bei U-Booten etc.*) Luftschleuse

air·mail /'eəmeɪl; *AmE* 'ermeɪl/ *Nomen, Verb*

▸ ***Nomen*** Luftpost

▸ ***Verb*** per Luftpost schicken

air·man /'eəmən; *AmE* 'ermən/ *Nomen* (*Pl* **air·men** /-mən/) **1** (*in der britischen Luftwaffe*) Flieger **2** (*in der US-Luftwaffe*) Gefreiter

'air marshal *Nomen* (*in der britischen Luftwaffe*) Generalleutnant

'air mattress *Nomen* (*bes AmE*) Luftmatratze

air·plane /'eəpleɪn; *AmE* 'erpleɪn/ *Nomen* (*AmE*) Flugzeug

'air pocket *Nomen* **1** Luftblase **2** Luftloch

air·port 🔑 /'eəpɔːt; *AmE* 'erpɔːrt/ *Nomen* Flughafen

'air pump *Nomen* Luftpumpe

'air quotes *Nomen* = mit den Fingern angedeutete Anführungszeichen

'air raid *Nomen* Luftangriff ◇ *an air-raid shelter* ein Luftschutzbunker

'air rifle *Nomen* Luftgewehr

,air-sea 'rescue *Nomen* (*bes BrE*) Seenotrettung aus der Luft

air·ship /'eəʃɪp; *AmE* 'erʃɪp/ *Nomen* Luftschiff

air·space /'eəspeɪs; *AmE* 'erspeɪs/ *Nomen* Luftraum

air·speed /'eəspiːd; *AmE* 'erspiːd/ *Nomen* Eigengeschwindigkeit, Fluggeschwindigkeit

air·strip /'eəstrɪp; *AmE* 'erstrɪp/ *Nomen* Rollbahn, Piste

air·tight /'eətaɪt; *AmE* 'ertaɪt/ *Adj* **1** luftdicht **2** (*fig*) wasserdicht, hieb- und stichfest

air·time /'eətaɪm; *AmE* 'ertaɪm/ *Nomen* **1** Sendezeit **2** (*beim Handy*) Sprechzeit

,air traffic con'trol *Nomen* Flugsicherung

,air traffic con'troller *Nomen* Fluglotse, -lotsin

,air vice-'marshal *Nomen* (*in der britischen Luftwaffe*) Generalmajor

air·waves /'eəweɪvz; *AmE* 'erweɪvz/ *Nomen* [Pl] Äther ◇ *A well-known voice came over the airwaves.* Im Radio hörte man eine bekannte Stimme.

air·way /'eəweɪ; *AmE* 'erweɪ/ *Nomen* **1** (MED) Luftröhre **2** Flugroute **3** Fluggesellschaft

air·worthi·ness /'eəwɜːðinəs; *AmE* 'erwɜːrð-/ *Nomen* Flugtüchtigkeit

air·worthy /'eəwɜːði; *AmE* 'erwɜːrði/ *Adj* flugtüchtig

airy /'eəri; *AmE* 'eri/ *Adj* **1** geräumig, luftig **2** (*gehoben*) lässig **3** (*gehoben, abwert*) vage

,airy-'fairy *Adj* (*BrE, umgs, abwert*) versponnen, unausgegoren

aisle /aɪl/ *Nomen* Gang IDM **go/walk down the 'aisle** (*umgs*) vor den Traualtar treten → *Siehe auch* ROLL

aitch /eɪtʃ/ *Nomen* = der Buchstabe H ◇ *He spoke with a cockney accent and dropped his aitches.* Er sprach Cockney-Dialekt und verschluckte immer das H.

ajar /ə'dʒɑː(r)/ *Adj* [nicht vor Nomen] angelehnt ◇ *I'll leave the door ajar.* Ich lasse die Tür einen Spalt offen.

aka /,eɪ keɪ 'eɪ/ *Kurzform von* **also known as** alias, auch bekannt als

akimbo /ə'kɪmbəʊ; *AmE* -boʊ/ *Adv* IDM **(with) arms a'kimbo** die Arme in die Hüften gestemmt

akin /ə'kɪn/ *Adj* **~ to sth** (*gehoben*) mit etw verwandt, einer Sache ähnlich ◇ *What he felt was more akin to pity than love.* Was er fühlte, war mehr Mitleid als Liebe.

à la /'ɑː lɑː/ *Präp* (in der Art) wie

ala·bas·ter /ˈæləbɑːstə(r); *AmE* -bæstər/ *Nomen* Alabaster

à la carte /ˌɑː lɑː ˈkɑːt; *AmE* ˈkɑːrt/ *Adj, Adv* à la carte, nach der (Speise)karte

alac·rity /əˈlækrəti/ *Nomen* (*gehoben*) Eifer, Bereitwilligkeit

à la mode /ˌɑː lɑː ˈməʊd; *AmE* ˈmoʊd/ *Adj* [nicht vor Nomen], *Adv* **1** (*veraltet*) modisch **2** (*AmE*) mit Eis

alarm /əˈlɑːm; *AmE* əˈlɑːrm/ *Nomen, Verb*
▸ ***Nomen*** **1** [U] Sorge, Besorgnis, Angst ◇ *There is no cause for alarm.* Es besteht kein Grund zur Besorgnis. **2** [meist Sing] Alarm ◇ *raise/sound the alarm* Alarm schlagen **3** Alarmanlage ◇ *a smoke alarm* ein Rauchmelder **4** (*auch* **aˈlarm clock**) Wecker IDM **aˈlarm bells ring/start ringing** die Alarmglocken schrillen/fangen an zu schrillen
▸ ***Verb*** **1** beunruhigen, erschrecken **2** mit einer Alarmanlage versehen

alarmed /əˈlɑːmd; *AmE* əˈlɑːrmd/ *Adj* [nicht vor Nomen] beunruhigt

alarm·ing /əˈlɑːmɪŋ; *AmE* əˈlɑːrmɪŋ/ *Adj* (*Adv* **alarm·ing·ly**) beunruhigend, erschreckend, alarmierend

alarm·ist /əˈlɑːmɪst; *AmE* əˈlɑːrmɪst/ *Adj, Nomen*
▸ ***Adj*** Unheil prophezeiend, schwarzmalend ◇ *The programme was alarmist.* Die Sendung war reine Panikmache.
▸ ***Nomen*** Panikmacher(in)

alas /əˈlæs/ *Ausruf* (*veraltet oder gehoben*) leider

al·ba·tross /ˈælbətrɒs; *AmE* -trɑːs/ *Nomen* **1** Albatros **2** [meist Sing] (*gehoben*) ◇ *The national debt is an albatross around the president's neck.* Die Staatsverschuldung ist ein Dauerproblem für den Präsidenten.

al·beit /ɔːlˈbiːɪt/ *Konj* (*gehoben*) wenn auch, obgleich

al·bino /ælˈbiːnəʊ; *AmE* ælˈbaɪnoʊ/ *Nomen, Adj*
▸ ***Nomen*** (*Pl* **-os**) Albino
▸ ***Adj*** Albino-

album /ˈælbəm/ *Nomen* Album

al·bu·men /ˈælbjumɪn; *AmE* ælˈbjuːmən/ *Nomen* (*Fachspr*) Albumen, Eiklar

al·chem·ist /ˈælkəmɪst/ *Nomen* Alchemist(in)

al·chemy /ˈælkəmi/ *Nomen* Alchemie

al·co·hol /ˈælkəhɒl; *AmE* -hɔːl/ *Nomen* Alkohol ◇ *driving with excess alcohol* Trunkenheit am Steuer

al·co·hol·ic /ˌælkəˈhɒlɪk; *AmE* -ˈhɑːlɪk/ *Adj, Nomen*
▸ ***Adj*** alkoholisch
▸ ***Nomen*** Alkoholiker(in)

al·co·hol·ism /ˈælkəhɒlɪzəm; *AmE* -hɑːlɪ-/ *Nomen* Alkoholismus, Trunksucht

al·co·pop /ˈælkəʊpɒp; *AmE* -koʊpɑːp/ *Nomen* (*BrE*) = alkoholhaltige Limonade etc.

al·cove /ˈælkəʊv; *AmE* -koʊv/ *Nomen* Nische

alder /ˈɔːldə(r)/ *Nomen* Erle

al·der·man /ˈɔːldəmən; *AmE* -dərmən/ *Nomen* (*Pl* **-men** /-mən/) **1** = nicht gewähltes Ratsmitglied **2** = gewähltes Mitglied einer Stadtverwaltung in den USA, Kanada und Australien

ale /eɪl/ *Nomen* **1** Ale, (obergäriges) Bier ◇ *brown ale* Dunkelbier → *Siehe auch* GINGER ALE *und* REAL ALE **2** (*veraltet*) Bier

alec /ˈælɪk/ → SMART ALEC

ale·house /ˈeɪlhaʊs/ *Nomen* (*BrE, veraltet*) Wirtshaus

alert /əˈlɜːt; *AmE* əˈlɜːrt/ *Adj, Verb, Nomen*
▸ ***Adj*** (*BrE*) (*Adv* **alert·ly**) **1** aufmerksam, aufgeweckt, munter ◇ *an alert mind* ein scharfer Verstand ◇ *mentally alert* geistig rege **2 be ~ to sth** sich einer Sache bewusst sein
▸ ***Verb*** **1** alarmieren, warnen **2 ~ sb to sth** jdn vor etw warnen, jdn auf etw aufmerksam machen
▸ ***Nomen*** **1** [Sing] Alarmbereitschaft; **be on the ~ (for sth)** (vor etw) auf der Hut sein **2** Alarm, Warnung ◇ *a bomb/fire alert* ein Bomben-/Feueralarm

alert·ness /əˈlɜːtnəs; *AmE* əˈlɜːrt-/ *Nomen* Aufmerksamkeit, Wachsamkeit, Munterkeit

A level /ˈeɪ levl/ (*auch* **adˈvanced level**) *Nomen* ≈ Abitur

al·fal·fa /ælˈfælfə/ *Nomen* Alfalfa, Luzerne

al fresco /æl ˈfreskəʊ; *AmE* -skoʊ/ *Adj, Adv* im Freien

algae /ˈældʒiː, ˈælgiː/ *Nomen* [Pl] Algen

algal /ˈælgəl/ *Adj* [nur vor Nomen] Algen-

al·ge·bra /ˈældʒɪbrə/ *Nomen* Algebra

al·geb·ra·ic /ˌældʒɪˈbreɪɪk/ *Adj* algebraisch

al·go·rithm /ˈælgərɪðəm/ *Nomen* Algorithmus

alias /ˈeɪliəs/ *Adv, Nomen*
▸ ***Adv*** alias
▸ ***Nomen*** Deckname

alibi /ˈæləbaɪ/ *Nomen* Alibi

alien /ˈeɪliən/ *Adj, Nomen*
▸ ***Adj*** **1 ~ (to sb/sth)** (jdm/einer Sache) fremd **2** außerirdisch
▸ ***Nomen*** **1** (*offiz*) Ausländer(in) **2** Außerirdische(r)

alien·ate /ˈeɪliəneɪt/ *Verb* **1** befremden ◇ *His comments have alienated a lot of young voters.* Mit seinen Bemerkungen hat er sich die Sympathien vieler junger Wähler verscherzt. **2** entfremden

alien·ation /ˌeɪliəˈneɪʃn/ *Nomen* Entfremdung, Abwendung

alight /əˈlaɪt/ *Adj, Verb*
▸ ***Adj*** [nicht vor Nomen] **1 be ~** brennen; **set sth ~** etw in Brand setzen ◇ *Her dress caught alight in the fire.* In den Flammen fing ihr Kleid Feuer. **2 be ~** (*Gesicht, Augen*) leuchten IDM → WORLD
▸ ***Verb*** (*gehoben*) **1** (*Vogel, Insekt*) sich niederlassen, landen **2 ~ (from sth)** (aus etw) aussteigen PHRV **aˈlight on/upon sth** auf etw stoßen; (*Blick*) auf etw fallen

align /əˈlaɪn/ *Verb* **1** ausrichten **2** auf einer Linie/Höhe etc. sein; **~ sth (with sth)** etw (mit etw) auf eine Linie/Höhe etc. bringen **3 ~ sth (with/to sth)** etw (an etw) anpassen PHRV **align yourself with sb/sth** sich an jdm/etw ausrichten

align·ment /əˈlaɪnmənt/ *Nomen* **1** Ausrichtung (*auch fig*) ◇ *Japan's alignment with the West* Japans Ausrichtung auf den Westen ◇ *alignments in the Middle East* Gruppierungen im Nahen Osten **2** Anordnung in einer Linie ◇ *A bone in my spine was out of alignment.* Ein Wirbel in meiner Wirbelsäule hatte sich verschoben.

alike /əˈlaɪk/ *Adj, Adv*
▸ ***Adj*** gleich ◇ *My sister and I do not look alike.* Meine Schwester und ich sehen uns nicht ähnlich.
▸ ***Adv*** in gleicher Weise, sowohl ... als auch ◇ *It benefits employers and employees alike.* Es kommt den Arbeitgebern wie den Arbeitnehmern zugute. IDM → SHARE

ali·men·tary canal /ˌælɪmentəri kəˈnæl/ *Nomen* Verdauungskanal

ali·mony /ˈælɪməni; *AmE* -moʊni/ *Nomen* [U] (*bes AmE*) Unterhalt(szahlung)

ˈA-list *Adj* A-Liste ◇ *He only invited A-list celebrities to his party.* Er lud nur Prominente der A-Liste zu seiner Party ein.

ˈA-lister *Nomen* A-Promi

alive /əˈlaɪv/ *Adj* [nicht vor Nomen] **1** lebendig; **be ~** leben ◇ *Doctors kept the baby alive for six weeks.* Die Ärzte hielten den Säugling sechs Wochen lang am Leben. ◇ *He's alive and well.* Er ist gesund und munter. **2 be ~ with sth** von etw erfüllt sein; (*von Fischen, Ameisen etc.*) wimmeln ◇ *The streets were alive with people.* Die Straßen waren voll von Menschen. **3 keep**

sth ~ etw bewahren ◇ *keep a memory alive* eine Erinnerung wachhalten ◇ *keep hope alive* nicht die Hoffnung aufgeben **4 be ~ to sth** sich einer Sache bewusst sein IDM **a,live and 'kicking** gesund und munter **bring sth a'live** etw lebendig werden lassen; (*Buch etc.*) etw lebendig gestalten **come a'live** lebendig werden; aufleben ◇ *The match came alive in the second half.* In der zweiten Hälfte kam Leben in das Spiel. ➔ *Siehe auch* EAT

al·kali /'ælkəlaɪ/ *Nomen* (NATURW) Base, Alkali

al·ka·line /'ælkəlaɪn/ *Adj* alkalisch, Alkali-, basisch

all 0-π /ɔːl/ *Adj, Pron, Adv*

▸ ***Adj*** **1** alle ◇ *from all directions* aus allen Richtungen **2** ganze(r,s), alle(r,s) ◇ *She was unemployed for all that time.* Sie war die ganze Zeit über arbeitslos. **3** ◇ *with all speed* so schnell wie möglich ◇ *In all honesty, I can't agree.* Da kann ich nicht zustimmen, ganz ehrlich gesagt. **4** voller ◇ *The magazine was all adverts.* Die Zeitschrift bestand nur aus Anzeigen. ◇ *She was all smiles.* Sie strahlte über das ganze Gesicht. IDM **and all 'that (jazz, rubbish, etc.)** (*umgs*) und so weiter; und der ganze Kram **not all that good, well, etc.** nicht besonders gut etc. ◇ *He doesn't sing all that well.* Er singt nicht besonders gut. **not as bad(ly), etc. as all 'that** so schlimm etc. (auch wieder) nicht ◇ *They're not as rich as all that.* So reich sind sie dann auch nicht. **of 'all people, things, etc.** ausgerechnet; gerade ◇ *You of all people should know better.* Gerade du solltest es eigentlich besser wissen. **of 'all the …** (*verwendet, um Ärger auszudrücken*) (*umgs*) ◇ *I've locked myself out! Of all the stupid things to do!* Ich habe mich ausgesperrt! So was Blödes! ➔ *Siehe auch* FOR

▸ ***Pron*** alle(s), der/die/das ganze ◇ *They've eaten all of it./They've eaten it all.* Sie haben alles gegessen. ◇ *All I want is peace and quiet.* Ich will doch einfach nur meine Ruhe. ➔ *Siehe auch* YOU-ALL IDM **all in 'all** alles in allem **all in 'one** (alles) in einem ◇ *It's a corkscrew and bottle-opener all in one.* Das ist ein Korkenzieher und Flaschenöffner in einem. **all or 'nothing** alles oder nichts **and 'all 1** und so weiter ◇ *She jumped into the river, clothes and all.* Sie sprang in den Fluss, mit ihren Kleidern und allem. **2** (*umgs*) auch **(not) at all** überhaupt (nicht) ◇ *I didn't enjoy it at all.* Es hat mir gar keinen Spaß gemacht. **in all** insgesamt **,not at 'all** gern geschehen **your 'all** alles ◇ *Despite his injury, he gave his all for 90 minutes.* Trotz seiner Verletzung gab er 90 Minuten lang alles. ◇ *They gave their all in the war.* Sie gaben im Krieg ihr Leben.

▸ ***Adv*** **1** ganz ◇ *all alone/all by yourself* ganz allein ◇ *all through the night* die ganze Nacht durch **2** (*umgs*) sehr, total ◇ *She was all excited.* Sie war total aufgeregt. **3** (nur) allzu **4** (SPORT) … beide ◇ *four all* vier beide IDM **all a'long** die ganze Zeit über; von Anfang an **all a'round** (*AmE*) **1** in jeder Hinsicht; in jeder Beziehung **2** für alle **all the better, harder, etc** umso besser, schwerer etc. **all but 1** fast ◇ *The party was all but over when we arrived.* Die Party war fast vorbei, als wir ankamen. **2** alle(s) … bis auf ◇ *all but one of the plates* alle Teller bis auf einen **all 'in 1** (völlig) erledigt ◇ *He felt all in.* Er war völlig erledigt. **2** (*BrE*) alles inklusive **all of sth** (*oft iron*) ganze(r,s) ◇ *It must be all of 100 metres to the car!* Es sind ganze 100 Meter bis zum Auto! **all 'over 1** überall **2** ganz; typisch ◇ *That sounds like my sister all over.* Das klingt ganz wie meine Schwester. **all 'round** (*BrE*) **1** in jeder Hinsicht; in jeder Beziehung ◇ *a good idea all round* in jeder Hinsicht eine gute Idee ◇ *cut costs all round* überall Kosten sparen **2** für alle **,all 'there** (*Mensch*) voll da **be all about sb/sth** sich um etw/von etw handeln ◇ (*umgs*) *What's this all about?* Worum geht es denn hier? **be all for sth** sehr/ganz für etw sein ◇ *They're all for saving money.* Sie sind ganz dafür Geld zu sparen. **be all 'over sb** (*umgs*) ein Theater um jdn machen ◇ *He was all over her at the party.* Er konnte bei der Party seine Finger nicht von ihr lassen. ◇ *They were all over him with advice.* Er konnte sich vor ihren Ratschlägen kaum retten. **be all up (with sb)** (*veraltet, umgs*) (mit jdm) aus sein

all- /ɔːl/ **1** ◇ *an all-American show* eine durch und durch amerikanische Show **2** überaus ◇ *all-powerful* allmächtig

Allah /'ælə/ *Nomen* Allah

,all-a'round (*AmE*) *Adj* [nur vor Nomen] **1** vielseitig ◇ *a good all-around education* eine gute Allgemeinbildung **2** vielseitig begabt

al·lay /ə'leɪ/ *Verb* (*gehoben*) (*Ängste etc.*) zerstreuen

,all-'clear *Nomen* **the all-clear** [Sing] **1** Entwarnung **2** ◇ *The doctor gave me the all-clear.* Der Arzt hat mich für gesund erklärt. **3** Erlaubnis, grünes Licht

al·le·ga·tion /,ælə'geɪʃn/ *Nomen* Beschuldigung, Anschuldigung, Vorwurf ◇ *She made allegations of dishonesty against him.* Sie bezichtigte ihn der Unaufrichtigkeit.

al·lege /ə'ledʒ/ *Verb* (*offiz*) behaupten ◇ *It is alleged that he mistreated the prisoners./He is alleged to have mistreated the prisoners.* Er hat angeblich die Gefangenen misshandelt. ◇ *cases where dishonesty has been alleged* Fälle, in denen der Vorwurf der Unehrlichkeit erhoben wurde

al·leged /ə'ledʒd/ *Adj* [nur vor Nomen] (*Adv* **al·leged·ly** /ə'ledʒɪdli/) (*gehoben*) angeblich, mutmaßlich

al·le·giance /ə'liːdʒəns/ *Nomen* ~ **(to sb/sth)** Treue (zu jdm/etw), Loyalität (gegenüber jdm/etw) ◇ *They changed their allegiance from Conservative to Labour.* Sie wechselten von den Konservativen zu Labour über. ◇ *people of various party allegiances* Anhänger verschiedener politischer Parteien

alle·gor·ic·al /,ælə'gɒrɪkl; *AmE* -'gɔːr-/ *Adj* (*Adv* **al·le·gor·ic·al·ly** /-kli/) allegorisch

al·le·gory /'æləgəri; *AmE* -gɔːri/ *Nomen* Allegorie

al·legro /ə'legrəʊ; *AmE* -groʊ/ *Adj, Adv, Nomen*

▸ ***Adj, Adv*** (MUS) allegro

▸ ***Nomen*** (*Pl* **-os**) Allegro

al·le·luia /,ælɪ'luːjə/ *Nomen, Ausruf* = HALLELUJAH

,all-em'bracing *Adj* allumfassend

Allen key™ /'ælən kiː/ (*BrE*) *Nomen* Inbusschlüssel®

Allen screw™ /'ælən skruː/ *Nomen* Inbusschraube®

al·ler·gen /'ælədʒən; *AmE* 'ælərdʒən/ *Nomen* Allergen

al·ler·gen·ic /,ælə'dʒenɪk; *AmE* -lər'-/ *Adj* allergen

al·ler·gic /ə'lɜːdʒɪk; *AmE* ə'lɜːrdʒɪk/ *Adj* ~ **(to sth)** allergisch (gegen etw)

al·lergy /'ælədʒi; *AmE* 'ælərdʒi/ *Nomen* Allergie ◇ *I have an allergy to animal hair.* Ich bin gegen Tierhaare allergisch.

al·le·vi·ate /ə'liːvieɪt/ *Verb* (*gehoben*) lindern, mildern

al·le·vi·ation /ə,liːvi'eɪʃn/ *Nomen* [U] Linderung, Milderung

alley /'æli/ *Nomen* (*umgs* **al·ley·way** /-weɪ/) Gasse ➔ *Siehe auch* BLIND ALLEY *und* BOWLING ALLEY IDM **(right) up sb's 'alley** (*AmE*) (genau) jds Fall

al·li·ance /ə'laɪəns/ *Nomen* Bündnis, Allianz ◇ *The party is in alliance with the communists.* Die Partei ist ein Bündnis mit den Kommunisten eingegangen.

al·lied 0-π /ə'laɪd, 'ælaɪd/ *Adj* **1** (*meist* **Allied**) [nur vor Nomen] alliiert ◇ *Allied bombing* die Bombenangriffe der Alliierten ◇ *the allied powers* die Alliierten **2** ~ **(to/with sth)** verbunden (mit etw) ◇ *nursing and other allied professions* Krankenpflege und andere verwandte Berufe ➔ *Siehe auch* ALLY

al·li·ga·tor /'ælɪgeɪtə(r)/ *Nomen* Alligator

,all-im'portant *Adj* äußerst wichtig

ˌall-ˈin *Adj* [nur vor Nomen] (*BrE*) alles inklusive

al·lit·er·ation /əˌlɪtəˈreɪʃn/ *Nomen* [U] (*Fachspr*) Alliteration

al·lit·era·tive /əˈlɪtrətɪv; *AmE* -təreɪtɪv/ *Adj* alliterierend

ˌall-ˈnight *Adj* [nur vor Nomen] **1** nachts durchgehend geöffnet **2** die ganze Nacht dauernd

al·lo·cate /ˈæləkeɪt/ *Verb* **~ sth (for sth)** etw (für etw) bestimmen; **~ sth (to sb/sth)**; **~ (sb/sth) sth** (jdm/einer Sache) etw zuteilen, (jdm/einer Sache) etw zuweisen ◇ *More resources are being allocated to the department.* Der Abteilung werden mehr Mittel zur Verfügung gestellt.

al·lo·ca·tion /ˌæləˈkeɪʃn/ *Nomen* **1** Budget **2** Zuweisung, Zuwendung, Zuteilung

al·lot /əˈlɒt; *AmE* əˈlɑːt/ *Verb* **(-tt-)** **~ sth (to sb/sth)**; **~ (sb/sth) sth** (jdm) etw zuteilen ◇ *in the time allotted* innerhalb der vorgesehenen Zeit ◇ *How much money has been allotted to us?/How much money have we been allotted?* Wie viel Geld ist uns zugeteilt worden?

al·lot·ment /əˈlɒtmənt; *AmE* əˈlɑːt-/ *Nomen* **1** (*BrE*) Schrebergarten **2** (*gehoben*) Zuteilung

ˌall-ˈout *Adj* [nur vor Nomen] total ◇ *all-out war* der totale Krieg ◇ *an all-out attack on the opposition* ein massiver Angriff auf die Opposition ◇ *make an all-out effort to win* alles daransetzen zu gewinnen

ˌall ˈout *Adv* ◇ *We're going all out to win.* Wir setzen alles dran zu gewinnen.

allow 🔑 /əˈlaʊ/ *Verb* **1 ~ sb/sth to do sth** jdm/etw erlauben, etw zu tun ◇ *He is not allowed to stay out late.* Er darf nicht spät nach Hause kommen. ◇ *They shouldn't be allowed to get away with it.* Damit dürften sie nicht durchkommen. ◇ *She won't allow herself to be dictated to.* Sie lässt sich nichts vorschreiben. ◇ *He allowed his mind to wander.* Er ließ seine Gedanken schweifen. **2** gestatten ◇ *No dogs allowed.* Hunde müssen draußenbleiben. ◇ *Are the prisoners allowed out of their cells?* Dürfen die Häftlinge aus ihren Zellen raus? ◇ *The crowd parted to allow him through.* Die Menge teilte sich um ihn durchzulassen. **3 ~ sb sth** jdm etw bewilligen ◇ *You're allowed half an hour to complete the test.* Sie haben eine halbe Stunde für den Test. ◇ *I'm not allowed visitors.* Ich darf keinen Besuch bekommen. **4** ermöglichen **5 ~ sth (for sb/sth)** etw (für jdn/etw) einkalkulieren **6** (*gehoben*) stattgeben, zugestehen, eingestehen ◇ *The judge allowed my claim.* Der Richter gab meiner Forderung statt. ◇ *She was very friendly — I'll allow you that.* Sie war sehr freundlich, das gebe ich zu. **IDM** **alˈlow ˈme** gestatten Sie → *Siehe auch* REIN[2] **PHR V** **alˈlow for sb/sth** jdn/etw einkalkulieren, jdn/etw berücksichtigen ◇ *It will take about an hour to get there, allowing for traffic delays.* Es wird ungefähr eine Stunde dauern, wenn man den Verkehr einberechnet. **alˈlow of sth** (*gehoben*) etw zulassen

al·low·able /əˈlaʊəbl/ *Adj* **1** zulässig **2** (*BrE*) (*steuerlich*) absetzbar

al·low·ance /əˈlaʊəns/ *Nomen* **1** = finanzielle Unterstützung ◇ *a travel allowance* ein Fahrkostenzuschuss **2** erlaubte Menge ◇ *a baggage allowance of 20 kilos* 20 Kilo Freigepäck **3** (*BrE*) (*Steuer-*) Freibetrag **4** (*bes AmE*) Taschengeld **IDM** **make allowance(s) for sth** etw berücksichtigen; etw einkalkulieren **make allowances (for sb)** (jdm) Zugeständnisse machen; (für jdn) Verständnis haben ◇ *You have to make allowances for him because he's tired.* Du musst Verständnis für ihn haben; er ist müde.

alloy /ˈælɔɪ/ *Nomen* Legierung ◇ *alloy wheels* Alufelgen

ˌall-points ˈbulletin *Nomen* (*Abk* **APB**) (*AmE*) = Fahndungsaufruf an die gesamte Polizeieinheit mit Angaben zu einer gesuchten Person

ˌall-ˈpurpose *Adj* [nur vor Nomen] Universal-, Allzweck-

all ˈright 🔑 *Ausruf, Adj, Adv* **1** in Ordnung, okay **2** okay, gut ◇ *'Can you do it?' 'Oh, all right.'* „Kannst du das machen?" „Na gut." **3** bitte, das macht nichts ◇ *'I'm sorry.' 'That's all right.'* „Tut mir leid." „Macht nichts." **4** also ◇ *All right children, settle down.* Also Kinder, jetzt Ruhe, bitte.

ˌall-ˈround *Adj* [nur vor Nomen] (*BrE*) **1** vielseitig ◇ *an all-round education* eine gute Allgemeinbildung **2** (*Person*) Allround- ◇ *She's a good all-round player.* Sie ist eine gute Allroundspielerin

all-ˈrounder *Nomen* (*BrE*) Allrounder(in), Allroundtalent

all-ˌsinging, all-ˈdancing *Adj* [nur vor Nomen] (*BrE, umgs*) mit allen Schikanen

all·spice /ˈɔːlspaɪs/ *Nomen* Piment

all-terrain ˈvehicle *Nomen* = ATV

ˈall-time *Adj* [nur vor Nomen] aller Zeiten ◇ *my all-time favourite song* mein absolutes Lieblingslied ◇ *an all-time high/low* ein Höchst-/Tiefststand

al·lude /əˈluːd/ *Verb* **PHR V** **alˈlude to sb/sth** (*gehoben*) auf jdn/etw anspielen ◇ *The problem had been alluded to briefly.* Das Problem war kurz angedeutet worden.

al·lure /əˈlʊə(r); *AmE* əˈlʊr/ *Nomen* (*gehoben*) Reiz, Anziehungskraft

al·lur·ing /əˈlʊərɪŋ; *AmE* əˈlʊrɪŋ/ *Adj* (*Adv* **al·lur·ing·ly**) verführerisch

al·lu·sion /əˈluːʒn/ *Nomen* **~ (to sb/sth)** Anspielung (auf jdn/etw) ◇ *Her poetry is full of literary allusion.* Ihre Gedichte sind voll von literarischen Anspielungen.

ally 🔑 /ˈælaɪ/ *Nomen, Verb*

▸ ***Nomen*** **1** Verbündete(r) **2 the Allies** [Pl] die Alliierten

▸ ***Verb*** **~ (yourself) with sb/sth** (*gehoben*) sich mit jdm/etw verbünden

al·manac (*auch* **al·man·ack**) /ˈɔːlmənæk, ˈæl-/ *Nomen* Jahrbuch

al·mighty /ɔːlˈmaɪti/ *Adj, Nomen*

▸ ***Adj*** **1** allmächtig **2** [nur vor Nomen] (*umgs*) riesig **3 Christ/God Almighty** (*als Ausdruck von Staunen oder Zorn*) Gottverdammt!

▸ ***Nomen*** **the Almighty** der Allmächtige

al·mond /ˈɑːmənd/ *Nomen* Mandel ◇ *almond paste* Marzipanrohmasse

al·most 🔑 /ˈɔːlməʊst; *AmE* -moʊst/ *Adv* fast, beinahe ◇ *The story is almost certainly false.* Die Geschichte ist mit großer Wahrscheinlichkeit falsch. ◇ *Almost no one believed him.* Kaum einer hat ihm geglaubt.

alms /ɑːmz/ *Nomen* [Pl] (*veraltet*) Almosen

alms·house /ˈɑːmzhaʊs/ *Nomen* Armenhaus

aloe /ˈæləʊ; *AmE* ˈæloʊ/ *Nomen* Aloe

aloft /əˈlɒft; *AmE* əˈlɔːft/ *Adv* (*gehoben*) empor, hoch (in die/der Luft)

alone 🔑 /əˈləʊn; *AmE* əˈloʊn/ *Adj* [nicht vor Nomen], *Adv* **1** allein ◇ *Tom is not alone in wanting changes.* Tom ist nicht der Einzige, der sich Veränderungen wünscht. **2** allein, einsam ◇ *Carol felt all alone in the world.* Carol fühlte sich ganz allein auf der Welt. **IDM** **go it aˈlone** etw im Alleingang tun **leave/let sb/sth alone** jdn/etw in Ruhe lassen ◇ *Leave that alone!* Lass die Finger davon **let alone** geschweige denn **stand aˈlone** **1** allein (da)stehen; isoliert sein **2** für sich allein stehen → *Siehe auch* TIME

along 🔑 /əˈlɒŋ; *AmE* əˈlɔːŋ/ *Adv, Präp*

▸ ***Adv*** ⓘ Für Verben mit **along** siehe die Einträge für die Verben. **Get along with sb** z.B. steht unter **get**. **1** vorwärts, weiter- ◇ *The policeman told them to move* *along*. Der Polizist befahl ihnen weiterzugehen. ◇ *I was just walking along singing to myself*. Ich kam vor mich hin singend daher. ◇ *Come along*. Komm schon. ◇ *The book's coming along nicely*. Mit dem Buch geht es gut voran. **2** (*umgs*) mit ◇ *Bring some friends along*. Bring ein paar Freunde mit. ◇ *I'll be along in a few minutes*. Ich komme in ein paar Minuten nach. IDM **along with sb/sth** neben jdm/etw; (zusammen) mit jdm/etw ◇ *Tobacco is heavily taxed, along with alcohol*. Neben Alkohol wird auch Tabak hoch besteuert.

▸ ***Präp*** entlang ◇ *walk along the street* die Straße entlanggehen ◇ *His office is just along the corridor*. Wenn Sie den Flur entlanggehen, ist sein Büro gleich dort.

along·side /əˌlɒŋˈsaɪd; *AmE* əˌlɔːŋ-/ *Präp, Adv*

▸ ***Präp*** **1** neben, längs ◇ *A police car pulled up alongside us*. Ein Polizeiwagen hielt neben uns. **2** neben ◇ *The new system will be introduced alongside the existing one*. Das neue System wird neben dem bestehenden eingeführt.

▸ ***Adv*** daneben, nebenher

aloof /əˈluːf/ *Adj* distanziert IDM **keep/hold (yourself)/remain/stand aloof** sich abseits-/fernhalten

aloud /əˈlaʊd/ *Adv* laut ◇ *read sth aloud* etw vorlesen IDM → THINK

al·paca /ælˈpækə/ *Nomen* Alpaka

al·pha·bet /ˈælfəbet/ *Nomen* Alphabet

al·pha·bet·ic·al /ˌælfəˈbetɪkl/ *Adj* (*Adv* **al·pha·bet·ic·al·ly** /-kli/) alphabetisch

alpha version /ˈælfə vɜːʃn, -fə vɜːʒn; *AmE* vɜːrʒn/ *Nomen* [meist Sing] (*auch* **alpha**) Alphaversion

al·pine /ˈælpaɪn/ *Adj, Nomen*

▸ ***Adj*** Alpen-, alpin, Gebirgs-

▸ ***Nomen*** Alpenpflanze, Alpenblume

al·ready /ɔːlˈredi/ *Adv* schon, bereits ◇ *I'm already late*. Ich bin schon spät dran. ◇ *You're not leaving already, are you?* Du gehst doch nicht schon, oder?

al·right (*umgs*) = ALL RIGHT

Al·sa·tian /ælˈseɪʃn/ *Nomen* (Deutscher) Schäferhund

also /ˈɔːlsəʊ; *AmE* -soʊ/ *Adv* (*nicht mit verneinten Verben gebraucht*) auch, außerdem ◇ *also known as …* auch bekannt als … ◇ (*umgs*) *I didn't like it that much. Also, it was much too expensive*. Es hat mir nicht so gut gefallen. Und außerdem war es viel zu teuer.

ˈalso-ran *Nomen* = jd, der unter „ferner liefen" kommt

al·tar /ˈɔːltə(r)/ *Nomen* Altar

alter /ˈɔːltə(r)/ *Verb* **1** sich verändern **2** (ver)ändern ◇ *It doesn't alter the way I feel about him*. Das ändert nichts an meinen Gefühlen für ihn. **3** (*Kleidung*) (ab)ändern

al·ter·ation /ˌɔːltəˈreɪʃn/ *Nomen* **1** (Ver)änderung ◇ *They are making some alterations to the house*. Sie lassen das Haus etwas umbauen. **2** (*bei Kleidung*) (Ab)änderung

al·ter·ca·tion /ˌɔːltəˈkeɪʃn; *AmE* -tərˈ-/ *Nomen* (*gehoben*) Streit, Auseinandersetzung

alter ego /ˌæltər ˈiːɡəʊ, ˌɔːl-; *AmE* -ɡoʊ/ *Nomen* (*Pl* **alter egos**) Alter Ego

al·ter·nate *Adj, Verb, Nomen*

▸ ***Adj*** /ɔːlˈtɜːnət; *AmE* ˈɔːltərnət/ **1** abwechselnd **2** jede(r,s) zweite ◇ (*on*) *alternate Sundays* jeden zweiten Sonntag **3** (*bes AmE*) alternativ

▸ ***Verb*** /ˈɔːltəneɪt; *AmE* -tərneɪt/ **1** ~ **A and B**; ~ **A with B** A und B/A mit B abwechseln lassen ◇ *Alternate cubes of meat and slices of pepper*. Abwechselnd Fleischwürfel und Paprikascheiben aufstecken. **2** ~ **(with sth)** (sich) (mit etw) abwechseln ◇ *alternating dark and pale stripes* sich abwechselnde dunkle und helle Streifen **3** ~ **between A and B** zwischen A und B schwanken, zwischen A und B wechseln ◇ *Her mood alternated between happiness and despair*. Ihre Laune schwankte zwischen Glück und Verzweiflung.

▸ ***Nomen*** /ɔːlˈtɜːnət; *AmE* ˈɔːltərnət/ (*AmE*) Stellvertreter(in), Reservespieler(in)

al·ter·nate·ly /ɔːlˈtɜːnətli; *AmE* ˈɔːltərnətli/ *Adv* abwechselnd

ˌalternating ˈcurrent *Nomen* (*Abk* **AC**) Wechselstrom

al·ter·na·tion /ˌɔːltəˈneɪʃn; *AmE* -tərˈ-/ *Nomen* Wechsel

al·ter·na·tive /ɔːlˈtɜːnətɪv; *AmE* -ˈtɜːrn-/ *Nomen, Adj*

▸ ***Nomen*** Alternative ◇ *These are the two alternatives*. Das sind die beiden Möglichkeiten. ◇ *There is a vegetarian alternative*. Es gibt ein vegetarisches Gericht zur Auswahl.

▸ ***Adj*** [nur vor Nomen] alternativ, Alternativ- ◇ *We had to make alternative arrangements*. Wir mussten uns etwas anderes ausdenken. ◇ *alternative medicine* Alternativmedizin

al·ter·na·tive·ly /ɔːlˈtɜːnətɪvli; *AmE* -ˈtɜːrn-/ *Adv* oder aber (auch)

al·ter·na·tor /ˈɔːltəneɪtə(r); *AmE* -tərn-/ *Nomen* Lichtmaschine, Wechselstromgenerator

al·though (*AmE auch, umgs* **altho**) /ɔːlˈðəʊ; *AmE* -ˈðoʊ/ *Konj* **1** obwohl **2** jedoch, aber

al·tim·eter /ˈæltɪmiːtə(r); *AmE* ælˈtɪmətər/ *Nomen* Höhenmesser

al·ti·tude /ˈæltɪtjuːd; *AmE* -tuːd/ *Nomen* **1** [meist Sing/U] Höhe (über dem Meeresspiegel) ◇ *fly at altitude* in großer Höhe fliegen **2** [meist Pl/U] Höhenlage ◇ *At altitude, sunburn can seriously damage your skin*. In Höhenlagen kann Sonnenbrand zu ernsthaften Hautschäden führen.

alto /ˈæltəʊ; *AmE* -toʊ/ *Nomen, Adj*

▸ ***Nomen*** (*Pl* **-os**) **1** (MUS) Alt **2** Altstimme

▸ ***Adj*** [nur vor Nomen] Alt- ◇ *an alto saxophone* ein Altsaxofon

al·together /ˌɔːltəˈɡeðə(r)/ *Adv* **1** völlig, ganz und gar ◇ *I don't altogether agree*. Da bin ich nicht ganz deiner Meinung. **2** insgesamt ◇ *You owe me a hundred altogether*. Du schuldest mir insgesamt einhundert. **3** alles in allem

al·tru·ism /ˈæltruɪzəm/ *Nomen* (*gehoben*) Altruismus, Uneigennützigkeit

al·tru·is·tic /ˌæltruˈɪstɪk/ *Adj* (*gehoben*) altruistisch, uneigennützig

alu·min·ium /ˌæljəˈmɪniəm, ˌælə-/ (*AmE* **alu·mi·num** /əˈluːmɪnəm/) *Nomen* Aluminium

alumni /əˈlʌmnaɪ/ *Nomen* [Pl] (*bes AmE*) = ehemalige Studentinnen und Studenten/Schülerinnen und Schüler

al·ways /ˈɔːlweɪz/ *Adv* **1** immer **2** schon immer ◇ *This is the way we've always done it*. So haben wir's schon immer gemacht. **3** ständig, (an)dauernd ◇ *She's always criticizing me*. Sie kritisiert mich ständig. **4 can/could always …, there's always …** (*verwendet, um eine mögliche Vorgangsweise vorzuschlagen*) ◇ *If it doesn't fit, you can always take it back*. Wenn es nicht passt, dann kannst du es immer noch zurückbringen. ◇ *If he can't help, there's always John*. Wenn er nicht helfen kann, dann gibt's immer noch John. IDM **as ˈalways** wie immer → *Siehe auch* ONCE

ˌalways-ˈon *Adj* [nur vor Nomen] ◇ *an always-on Internet connection* eine ständige Internetverbindung ◇ *an always-on device* ein Gerät, das ständig und überall mit dem Internet verbunden ist ◇ *always-on people* Menschen, die immer einsatzbereit sind

Alz·heim·er's dis·ease /ˈæltshaɪməz dɪziːz; *AmE* -mərz/ (*auch* **Alz·heim·er's**) *Nomen* Alzheimer(krankheit)

AM /ˌeɪ ˈem/ **1** *Kurzform von* **amplitude modulation** (RADIO) AM, Amplitudenmodulation **2** *Kurzform von* **Assembly Member** = Mitglied des walisischen oder nordirischen Parlaments oder des Londoner Stadtrats

am /əm, *betont* æm/ *Form von* BE

a.m. 0‑╖ (*AmE auch* **A.M.**) /ˌeɪ ˈem/ *Abk* (*Latein: ante meridiem*) morgens, vormittags ◇ *It starts at 10 a.m.* Es beginnt um 10 Uhr morgens.

amal·gam /əˈmælgəm/ *Nomen* **1** [meist Sing] (*gehoben*) Gemisch, Mischung ◇ *The film script is an amalgam of all three books.* Das Filmdrehbuch ist eine Melange aus den drei Büchern. **2** (*Fachspr*) Amalgam

amal·gam·ate /əˈmælgəmeɪt/ *Verb* **1** ~ **(with sb/sth)** sich (mit jdm/etw) zusammenschließen **2** ~ **sth (with sth)** etw (mit etw) kombinieren; ~ **sth (into sth)** etw (zu etw) zusammenschließen ◇ *The two schools were amalgamated.* Die beiden Schulen wurden zusammengelegt.

amal·gam·ation /əˌmælgəˈmeɪʃn/ *Nomen* Vereinigung, Zusammenschluss

amass /əˈmæs/ *Verb* anhäufen, zusammentragen

ama·teur /ˈæmətə(r), -tʃə(r)/ *Nomen, Adj*

▸ ***Nomen*** **1** Amateur(in) **2** (*meist abwert*) Dilettant(in)

▸ ***Adj*** **1** Amateur-, Laien- **2** (*abwert*) dilettantisch, laienhaft

ˌamateur draˈmatics *Nomen* [U] (*BrE*) Laientheater, Laienspiel

ama·teur·ish /ˈæmətərɪʃ, -tʃə-/ *Adj* (*meist abwert*) dilettantisch

ama·teur·ism /ˈæmətərɪzəm, -tʃə-/ *Nomen* **1** Amateursport **2** Dilettantismus

amaze 0‑╖ /əˈmeɪz/ *Verb* erstaunen, verblüffen

amazed 0‑╖ /əˈmeɪzd/ *Adj* ~ **(at sb/sth)** erstaunt (über jdn/etw), verwundert (über jdn/etw) ◇ *He was amazed to find himself on a plane to Bali.* Zu seiner Verwunderung fand er sich in einem Flugzeug nach Bali.

amaze·ment /əˈmeɪzmənt/ *Nomen* Erstaunen, Verwunderung ◇ *He looked at me in amazement.* Er sah mich erstaunt an.

amaz·ing 0‑╖ /əˈmeɪzɪŋ/ *Adj* erstaunlich

amaz·ing·ly /əˈmeɪzɪŋli/ *Adv* erstaunlich, erstaunlicherweise ◇ *amazingly cheap* unglaublich billig

amazon /ˈæməzən; *AmE auch* -zɑːn/ *Nomen* Amazone

am·bas·sador /æmˈbæsədə(r)/ *Nomen* Botschafter(in) ◇ *the British Ambassador to Italy* der Botschafter Großbritanniens in Italien

amber /ˈæmbə(r)/ *Nomen, Adj*

▸ ***Nomen*** Bernstein

▸ ***Adj*** bernsteinfarben; (*Ampel*) gelb

ambi·dex·trous /ˌæmbiˈdekstrəs/ *Adj* beidhändig, mit beiden Händen gleich geschickt

am·bi·ence (*auch* **am·bi·ance**) /ˈæmbiəns/ *Nomen* [Sing] Atmosphäre, Ambiente

am·bi·ent /ˈæmbiənt/ *Adj* **1** [nur vor Nomen] (TECH) Umgebungs- ◇ *ambient temperature* Umgebungstemperatur **2** (MUS) ambient

am·bi·gu·ity /ˌæmbɪˈgjuːəti/ *Nomen* Zweideutigkeit, Doppeldeutigkeit, Mehrdeutigkeit ◇ *the inconsistencies and ambiguities in her speech* die Widersprüche und Unklarheiten in ihrer Rede

am·bigu·ous /æmˈbɪgjuəs/ *Adj* (*Adv* **am·bigu·ously**) **1** mehrdeutig, zweideutig **2** unklar

am·bi·tion 0‑╖ /æmˈbɪʃn/ *Nomen* **1** Ambition, Wunsch **2** [U] Ehrgeiz

am·bi·tious /æmˈbɪʃəs/ *Adj* (*Adv* **am·bi·tious·ly**) ehrgeizig, ambitioniert ◇ *They were very ambitious for their children.* Sie hatten sehr ehrgeizige Pläne für ihre Kinder.

am·biva·lence /æmˈbɪvələns/ *Nomen* [U/Sing] ~ **(about/towards sb/sth)** Ambivalenz (gegenüber jdm/etw) ◇ *I feel some ambivalence towards television.* Ich habe ein ambivalentes Verhältnis zum Fernsehen.

am·biva·lent /æmˈbɪvələnt/ *Adj* ambivalent, zwiespältig ◇ *They feel ambivalent about advertising.* Sie haben ein ambivalentes Verhältnis zur Werbung.

amble /ˈæmbl/ *Verb* schlendern

am·bu·lance 0‑╖ /ˈæmbjələns/ *Nomen* Krankenwagen

ˈambulance worker *Nomen* (*BrE*) Sanitäter(in)

am·bush /ˈæmbʊʃ/ *Nomen, Verb*

▸ ***Nomen*** Hinterhalt ◇ *Two soldiers were killed in an ambush.* Zwei Soldaten wurden aus dem Hinterhalt getötet. ◇ *lie in ambush* im Hinterhalt lauern

▸ ***Verb*** aus dem Hinterhalt überfallen ◇ *His car was ambushed by guerrillas.* Sein Wagen wurde von Guerillakämpfern aus dem Hinterhalt überfallen. ◇ (*fig*) *She was ambushed by reporters and cameramen.* Reporter und Kameraleute lauerten ihr auf.

ameba (*AmE*) = AMOEBA

amen (*auch* **Amen**) /ɑːˈmen, eɪˈ-/ *Ausruf, Nomen* amen, Amen ◇ *Amen to that.* Dem kann ich nur zustimmen.

amen·able /əˈmiːnəbl/ *Adj* **1** ~ **(to sth)** (einer Sache gegenüber) aufgeschlossen **2** angenehm ◇ *She was most amenable to work with.* Es war sehr angenehm, mit ihr zu arbeiten. **3** ~ **to sth** (*gehoben*) für etw geeignet

amend /əˈmend/ *Verb* (ab)ändern

amend·ment /əˈmendmənt/ *Nomen* **1** ~ **(to sth)** Abänderung (einer Sache), Änderung (einer Sache) ◇ *table an amendment* einen Änderungsantrag vorlegen **2 Amendment** Verfassungszusatz (*zur amerikanischen Verfassung*)

amends /əˈmendz/ *Nomen* [Pl] **make ~** es wiedergutmachen ◇ *make amends for sth* etw wieder gutmachen ◇ *make amends to sb (for sth)* jdn (für etw) entschädigen

amen·ity /əˈmiːnəti; *AmE* əˈmen-/ *Nomen* [meist Pl] Einrichtung, Annehmlichkeit ◇ *recreational amenities* Freizeiteinrichtungen ◇ *Many of the houses lacked even basic amenities.* Viele der Häuser boten nicht einmal den primitivsten Komfort.

Ameri·can /əˈmerɪkən/ *Adj, Nomen*

▸ ***Adj*** amerikanisch ◇ *an American car* ein amerikanischer Wagen ◇ *He's American.* Er ist Amerikaner. **IDM** **as Aˌmerican as appleˈpie** typisch amerikanisch

▸ ***Nomen*** **1** Amerikaner(in) **2** (*auch* **American English**) amerikanisches Englisch

Aˌmerican ˈfootball *Nomen* American Football

Aˌmerican ˈIndian *Nomen* (*veraltet*) Indianer(in)

Ameri·can·ism /əˈmerɪkənɪzəm/ *Nomen* (*BrE*) Amerikanismus

Aˌmerican ˈplan *Nomen* [U] (*AmE*) Vollpension

ameth·yst /ˈæməθɪst/ *Nomen* Amethyst

ami·able /ˈeɪmiəbl/ *Adj* (*Adv* **ami·ably** /-bli/) freundlich, liebenswürdig

am·ic·able /ˈæmɪkəbl/ *Adj* (*Adv* **am·ic·ably** /-bli/) (*Verhältnis*) freundschaftlich; (*Einigung*) gütlich ◇ *They were chatting amicably.* Sie unterhielten sich freundlich.

amid /əˈmɪd/ (*auch* **mid**; **amidst** /əˈmɪdst/) *Präp* (*gehoben*) **1** unter ◇ *He finished his speech amid tremendous applause.* Er beendete seine Rede unter tosendem Applaus. ◇ *He resigned amid allegations of corruption.* Sein Rücktritt war von Korruptionsvorwürfen begleitet. **2** inmitten ◇ *The hotel was set amid* lemon groves. Das Hotel lag inmitten von Zitronenhainen.

the Amish /ði ˈɑːmɪʃ; *BrE auch* ˈæmɪʃ/ *Nomen* [Pl] die Amischen

amiss /əˈmɪs/ *Adj, Adv*

▸ ***Adj*** [nicht vor Nomen] verkehrt, falsch ◇ *She sensed something was amiss.* Sie spürte, dass etwas nicht stimmte.

▸ ***Adv*** IDM **not come/go aˈmiss** (*BrE*) gelegen kommen ◇ *A little luck wouldn't go amiss right now!* Ein bisschen Glück könnte jetzt nicht schaden! **take sth aˈmiss** (*BrE*) etw übel nehmen

am·mo·nia /əˈməʊniə; *AmE* əˈmoʊ-/ *Nomen* Ammoniak

am·mo·nium /əˈməʊniəm; *AmE* əˈmoʊ-/ *Nomen* Ammonium

am·mu·ni·tion /ˌæmjuˈnɪʃn/ *Nomen* [U] Munition (*auch fig*) ◇ *120 rounds of ammunition* 120 Schuss Munition

am·nesia /æmˈniːziə; *AmE* æmˈniːʒə/ *Nomen* Amnesie, Gedächtnisschwund

am·nesty /ˈæmnəsti/ *Nomen* Amnestie

amoeba (*AmE auch* **ameba**) /əˈmiːbə/ *Nomen* (*Pl* **amoebas** *oder* **amoe·bae** /-biː/) Amöbe

amok /əˈmɒk; *AmE* əˈmɑːk/ *Adv* IDM **run amok** Amok laufen

among 0-╖ /əˈmʌŋ/ (*auch* **amongst** /əˈmʌŋst/) *Präp* **1** zwischen, unter, inmitten ◇ *a shady spot among the trees* ein schattiges Plätzchen zwischen den Bäumen **2** unter ◇ *among other things* unter anderem ◇ *I was among the last to leave.* Ich war einer der Letzten, die gingen. ◇ *He divided the chocolate among the four of us.* Er teilte die Schokolade unter uns vieren auf. ◇ *They are arguing amongst themselves.* Sie streiten untereinander. ◇ *an attitude that is common among teenagers* eine Haltung, die bei Teenagern verbreitet ist ◇ *Florida is among the most popular destinations.* Florida gehört zu den beliebtesten Reisezielen.

amoral /ˌeɪˈmɒrəl; *AmE* -ˈmɔːrəl/ *Adj* amoralisch

am·or·ous /ˈæmərəs/ *Adj* amourös ◇ *Mary rejected Tony's amorous advances.* Mary wies Tonys Annäherungsversuche ab.

amorph·ous /əˈmɔːfəs; *AmE* əˈmɔːrfəs/ *Adj* amorph, strukturlos

amount 0-╖ /əˈmaʊnt/ *Nomen, Verb*

▸ ***Nomen*** **1** Betrag ◇ *a bill for the full amount* eine Rechnung über den Gesamtbetrag **2** Menge ◇ *huge amounts of data* riesige Datenmengen ◇ *a considerable amount of money* eine beträchtliche Geldsumme IDM **any amount of sth** jede Menge **no amount of sth** ◇ *No amount of pleading would make her change her mind.* Wir konnten noch so viel betteln—sie wollte ihre Meinung nicht ändern. ◇ *No amount of washing will get that stain out.* Du kannst noch so viel waschen, der Fleck wird nicht rausgehen.

▸ ***Verb*** PHR V **aˈmount to sth** **1** sich auf etw belaufen ◇ *Our information doesn't amount to much.* Unsere Informationen sind nicht sehr umfangreich. **2** einer Sache gleichkommen ◇ *What you say amounts to a serious accusation.* Was Sie sagen, kommt einer schweren Anschuldigung gleich.

amp /æmp/ *Nomen* **1** (*auch* **am·pere** /ˈæmpeə(r); *AmE* -pɪr, -per/; **A**) Ampere **2** (*umgs*) = AMPLIFIER

am·per·sand /ˈæmpəsænd; *AmE* -pərsænd/ *Nomen* (*Abk* **&**) Et-Zeichen

am·phib·ian /æmˈfɪbiən/ *Nomen* Amphibie

am·phibi·ous /æmˈfɪbiəs/ *Adj* amphibisch

amphi·theatre (*AmE* **amphi·theater**) /ˈæmfɪθɪətə(r); *AmE* -θiːətər/ *Nomen* **1** Amphitheater **2** Hörsaal

ample /ˈæmpl/ *Adj* **1** (*Adv* **amply** /-pli/) reichlich ◇ *amply demonstrated* zur Genüge bewiesen **2** (*Körperbau*) rund; (*Busen*) üppig

amp·li·fi·ca·tion /ˌæmplɪfɪˈkeɪʃn/ *Nomen* **1** Verstärkung **2** Erläuterung

amp·li·fier /ˈæmplɪfaɪə(r)/ (*umgs* **amp**) *Nomen* Verstärker

amp·lify /ˈæmplɪfaɪ/ *Verb* **1** (*Gitarre, Strom, Signal*) verstärken **2** (*Aussage etc.*) näher erläutern

amp·li·tude /ˈæmplɪtjuːd; *AmE* -tuːd/ *Nomen* (PHYSIK) Amplitude

amply *Adv* → AMPLE

am·poule (*AmE auch* **am·pule**) /ˈæmpuːl; *AmE auch* -pjuːl/ *Nomen* Ampulle

am·pu·tate /ˈæmpjuteɪt/ *Verb* amputieren, abnehmen ◇ *have a leg amputated* ein Bein amputiert bekommen

am·pu·ta·tion /ˌæmpjuˈteɪʃn/ *Nomen* Amputation

amuse 0-╖ /əˈmjuːz/ *Verb* **1** (*meist passiv*) belustigen ◇ *Everyone was amused by the story.* Alle fanden die Geschichte lustig. ◇ *My drawing amused the kids.* Meine Zeichnung brachte die Kinder zum Lachen. **2** ~ **yourself/sb** sich/jdm die Zeit vertreiben

amused 0-╖ /əˈmjuːzd/ *Adj* ~ **(at/by sth)** (über etw) amüsiert ◇ *There was an amused look on his face.* Er sah vergnügt aus. ◇ *Jane was not amused.* Jane fand das gar nicht komisch. IDM **keep sb aˈmused** jdn beschäftigen ◇ *Playing with water can keep young children amused for hours.* Kleine Kinder können stundenlang mit Wasser spielen.

amuse·ment /əˈmjuːzmənt/ *Nomen* **1** Belustigung, Vergnügung **2** [meist Pl] Unterhaltung, (Freizeit) beschäftigung

aˈmusement arcade *Nomen* (*BrE*) Spielsalon

aˈmusement park *Nomen* Vergnügungspark

amus·ing 0-╖ /əˈmjuːzɪŋ/ *Adj* (*Adv* **amus·ing·ly**) lustig

an 0-╖ /ən, *betont* æn/ → A

ana·bol·ic ster·oid /ˌænəbɒlɪk ˈsterɔɪd, ˈstɪərɔɪd; *AmE* ˌænəbɑːlɪk ˈsterɔɪd, ˈstɪrɔɪd/ *Nomen* Anabolikum

an·achron·ism /əˈnækrənɪzəm/ *Nomen* Anachronismus

ana·chron·is·tic /əˌnækrəˈnɪstɪk/ *Adj* anachronistisch

an·aemia (*AmE* **an·e·mia**) /əˈniːmiə/ *Nomen* (MED) Anämie, Blutarmut

an·aemic (*AmE* **an·emic**) /əˈniːmɪk/ *Adj* **1** blutarm, anämisch **2** farblos, blass

an·aer·obic /ˌæneəˈrəʊbɪk; *AmE* -neˈroʊ-/ *Adj* (*Fachspr*) anaerob

an·aes·the·sia (*AmE* **an·es·the·sia**) /ˌænəsˈθiːziə/ *Nomen* Narkose, Betäubung

an·aes·thet·ic (*AmE* **an·es·thet·ic**) /ˌænəsˈθetɪk/ *Nomen, Adj*

▸ ***Nomen*** Narkose(mittel) ◇ *give sb a general anaesthetic* jdm eine Vollnarkose geben

▸ ***Adj*** [nur vor Nomen] betäubend, Narkose-

an·aes·the·tist (*AmE* **an·es·the·tist**) /əˈniːsθətɪst/ *Nomen* Anästhesist(in)

an·aes·the·tize (*BrE auch* **-ise**) (*AmE meist* **an·es·the·tize**) /əˈniːsθətaɪz/ *Verb* betäuben

ana·gram /ˈænəgræm/ *Nomen* Anagramm

anal /ˈeɪnl/ *Adj* (*Adv* **anal·ly** /-nəli/) **1** anal **2** = ANAL-RETENTIVE

an·al·gesic /ˌænəlˈdʒiːzɪk/ *Nomen, Adj*

▸ ***Nomen*** (MED) Analgetikum, schmerzstillendes Mittel

▸ ***Adj*** schmerzstillend

analo·gous /əˈnæləgəs/ *Adj* (*gehoben*) vergleichbar; **be ~ to/with sth** einer Sache entsprechen

ana·logue (*bes AmE* **ana·log**) /ˈænəlɒg; *AmE* -lɔːg/ *Adj, Nomen*

▸ ***Adj*** analog, Analog-
▸ ***Nomen*** (TECH) Gegenstück

ana·logy /əˈnælədʒi/ *Nomen* Analogie, Vergleich ◇ *He drew an analogy between the heart and a pump.* Er verglich das Herz mit einer Pumpe. ◇ *There are no analogies with any previous legal cases.* Es gibt keine Parallelen mit irgend einem vorherigen Fall. ◇ *learning by analogy* durch Analogschlüsse lernen

ˌanal-reˈtentive *(auch* **anal***) Adj* anal, pingelig

ana·lyse ⚷ *(AmE* **ana·lyze***)* /ˈænəlaɪz/ *Verb* analysieren; *(Daten)* auswerten; *(Gedicht)* interpretieren; *(Satz)* zergliedern

an·aly·sis ⚷ /əˈnæləsɪs/ *Nomen (Pl* **an·aly·ses** /-siːz/*)* **1** Analyse, Untersuchung; *(von Daten)* Auswertung **2** psychoanalytische Behandlung IDM **in the ˌfinal/last aˈnalysis** letzten Endes

ana·lyst /ˈænəlɪst/ *Nomen* **1** Experte, Expertin **2** Psychoanalytiker(in)

ana·lyt·ic·al /ˌænəˈlɪtɪkl/ *(auch* **ana·lyt·ic** /-tɪk/*) Adj (Adv* **ana·lyt·ic·al·ly** /-kli/*)* analytisch

anaph·ora /əˈnæfərə/ *Nomen* [U] Anapher

anaphylactic /ˌænəfɪˈlæktɪk/ *Adj* anaphylaktisch

ana·phyl·axis /ˌænəfɪˈlæksɪs/ *Nomen (Pl* **ana·phyl·axes** /-siːz/*)* (MED) Anaphylaxie

an·arch·ic /əˈnɑːkɪk; *AmE* əˈnɑːrkɪk/ *(auch* **an·arch·ic·al** /əˈnɑːkɪkl; *AmE* əˈnɑːrk-/*) Adj* anarchistisch, anarchisch

an·arch·ist /ˈænəkɪst; *AmE* ˈænərkɪst/ *Nomen* Anarchist(in)

an·archy /ˈænəki; *AmE* ˈænərki/ *Nomen* Anarchie

anath·ema /əˈnæθəmə/ *Nomen* [meist Sing] Greuel ◇ *Racial prejudice is (an) anathema to her.* Rassenvorurteile sind ihr zutiefst zuwider.

ana·tom·ical /ˌænəˈtɒmɪkl; *AmE* -ˈtɑːm-/ *Adj (Adv* **ana·tom·ical·ly** /-kli/*)* anatomisch

anat·omy /əˈnætəmi/ *Nomen* **1** Anatomie **2** *(hum)* Körper **3** Analyse

an·ces·tor /ˈænsestə(r)/ *Nomen* **1** Vorfahr(in) **2** Vorläufer

an·ces·tral /ænˈsestrəl/ *Adj* von jds Ahnen ◇ *her ancestral home* ihr Familiensitz

an·ces·try /ˈænsestri/ *Nomen* [meist Sing] Abstammung

an·chor /ˈæŋkə(r)/ *Nomen, Verb*
▸ ***Nomen*** **1** Anker ◇ *We weighed anchor.* Wir lichteten den Anker. **2** Stütze, Rettungsanker **3** *(bes AmE)* = ANCHORMAN *und* ANCHORWOMAN
▸ ***Verb*** **1** ankern, vor Anker gehen **2** absichern, verankern **3 be anchored in/to sth** in etw begründet sein, auf etw basieren **4** *(AmE)* moderieren

an·chor·age /ˈæŋkərɪdʒ/ *Nomen* **1** Ankerplatz **2** Verankerung, Befestigungsvorrichtung

an·chor·man /ˈæŋkəmæn; *AmE* -kərmæn/ *(Pl* **-men** /-men/*) (bes AmE* **an·chor***) Nomen* Moderator

an·chor·woman /ˈæŋkəwʊmən; *AmE* -kərwʊ-/ *(Pl* **-women** /-wɪmɪn/*) (bes AmE* **an·chor***) Nomen* Moderatorin

an·chovy /ˈæntʃəvi; *AmE* -tʃoʊvi/ *Nomen* Sardelle, Anschovis

an·cient ⚷ /ˈeɪnʃənt/ *Adj, Nomen*
▸ ***Adj*** **1** alt ◇ *ancient Greek* Altgriechisch ◇ *ancient Greece* das antike Griechenland ◇ *in ancient times* im Altertum ◇ *the ancient world* das Altertum **2** uralt ◇ *ancient monuments* historische Denkmäler
▸ ***Nomen*** **the ancients** [Pl] die Menschen des Altertums

an·cil·lary /ænˈsɪləri; *AmE* ˈænsəleri/ *Adj* **1** Hilfs- ◇ *ancillary staff* Hilfskräfte **2** Neben-, untergeordnet ◇ *ancillary industries* Zulieferbetriebe

and ⚷ /ənd, ən, *betont* ænd/ *Konj* **1** und ◇ *nice and warm* schön warm ◇ *one and a half* eineinhalb **2** ◇ *talk for hours and hours* stundenlang reden ◇ *He tried and tried.* Er versuchte es immer wieder. ◇ *The pain is getting worse and worse.* Der Schmerz wird immer schlimmer. **3** solche und solche ◇ *I like city life but there are cities and cities.* Ich mag das Stadtleben, aber es gibt solche und solche Städte. IDM **and all 1** und so weiter **2** ◇ *He ate it, bones and all.* Er aß es mitsamt der Knochen.

an·dante /ænˈdænteɪ/ *Adj, Adv* (MUS) andante

an·drogy·nous /ænˈdrɒdʒənəs; *AmE* ænˈdrɑːdʒə-/ *Adj* androgyn

an·droid /ˈændrɔɪd/ *Nomen* Androide

an·ec·dotal /ˌænɪkˈdəʊtl; *AmE* -ˈdoʊ-/ *Adj* ◇ *Anecdotal evidence suggests that …* Es gibt Hinweise dafür, dass …

an·ec·dote /ˈænɪkdəʊt; *AmE* -doʊt/ *Nomen* **1** Anekdote **2** persönlicher Bericht ◇ *be based on anecdotes* auf Hörensagen basieren

an·emia, **an·emic** = ANAEMIA *und* ANAEMIC

anem·one /əˈneməni/ *Nomen* **1** Anemone **2 wood ~** Buschwindröschen

an·es·the·sia = ANAESTHESIA

an·es·the·sio·logist /ˌænəsˌθiːziˈɒlədʒɪst; *AmE* -ˈɑːlə-/ *Nomen (AmE)* Anästhesist(in)

an·es·thet·ic = ANAESTHETIC

anew /əˈnjuː; *AmE* əˈnuː/ *Adv (gehoben)* aufs Neue

angel /ˈeɪndʒl/ *Nomen* Engel ◇ *Be an angel and close the door.* Sei doch so lieb und mach die Tür zu.

an·gel·ic /ænˈdʒelɪk/ *Adj* engelhaft, engelsgleich

an·gel·ica /ænˈdʒelɪkə/ *Nomen* Angelika, Engelwurz

anger ⚷ /ˈæŋgə(r)/ *Nomen, Verb*
▸ ***Nomen*** Zorn, Wut ◇ *Jan slammed the door in anger.* Jan knallte vor Wut die Tür zu.
▸ ***Verb*** *(meist passiv)* (ver)ärgern

an·gina /ænˈdʒaɪnə/ *Nomen* [U] (MED) Angina pectoris, Herzschmerzen

angle ⚷ /ˈæŋgl/ *Nomen, Verb*
▸ ***Nomen*** **1** Winkel ◇ *The lamppost was leaning at an angle.* Die Laterne stand schief. ◇ *His hair was sticking up at all angles.* Sein Haar stand in alle Richtungen ab. **2** Perspektive, Blickwinkel ◇ *You can look at the issue from many different angles.* Du kannst die Sache von vielen verschiedenen Seiten betrachten.
▸ ***Verb*** **1** ausrichten **2** *(meist* **go angling***)* angeln PHR V **ˈangle for sth** auf etw aus sein; *(Komplimente)* nach etw fischen ◇ *She was angling for sympathy.* Sie wollte Mitleid erregen.

ˈangle bracket *Nomen* [meist Pl] spitze Klammer

ang·ler /ˈæŋglə(r)/ *Nomen* Angler(in)

An·gli·can /ˈæŋglɪkən/ *Nomen, Adj*
▸ ***Nomen*** Anglikaner(in)
▸ ***Adj*** anglikanisch

An·gli·cism /ˈæŋglɪsɪzəm/ *Nomen* Anglizismus

an·gli·cize *(auch* **-ise***)* /ˈæŋglɪsaɪz/ *Verb* [+ Obj] (LING) anglisieren ◇ *Gutmann anglicized his name to Goodman.* Gutmann hat seinen Namen zu Goodman anglisiert.

an·gling /ˈæŋglɪŋ/ *Nomen (BrE)* Angeln

Anglo- /ˈæŋgləʊ; *AmE* -gloʊ/ *Vorsilbe (mit Nomina und Adjektiven verwendet)* englisch-, britisch- ◇ *anglophone* englischsprachig ◇ *Anglo-American* angloamerikanisch/Angloamerikaner(in)

ˌAnglo-ˈCatholic *Nomen* = der katholischen Kirche nahestehende(r) Anglikaner(in)

Anglo·phile /ˈæŋgləʊfaɪl; *AmE* -gloʊ-/ *Nomen* Anglophile(r), Englandfreund(in)

ˌAnglo-ˈSaxon *Nomen, Adj*
▸ ***Nomen*** **1** Angelsachse, Angelsächsin **2** Angelsäch-

sisch, Altenglisch
▸ ***Adj*** angelsächsisch

an·gora /æŋˈɡɔːrə/ *Nomen* **1** Angorawolle, Angoragewebe **2** Angorakatze/-ziege/-kaninchen

an·grily /ˈæŋɡrəli/ *Adv* wütend, verärgert

angry /ˈæŋɡri/ *Adj* (**an·grier**, **an·gri·est**) (**More angry** *und* **most angry** *sind auch möglich.*) **1** böse, wütend, ungehalten ◇ *Please don't be angry with me.* Bitte sei nicht böse auf mich. ◇ *angry demonstrators* aufgebrachte Demonstranten ◇ *It really made me angry.* Es hat mich sehr geärgert. **2** (*Himmel*) finster, bedrohlich; (*Meer*) aufgewühlt; (*Wunde*) entzündet

angst /æŋst/ *Nomen* [U] Existenzangst

an·guish /ˈæŋɡwɪʃ/ *Nomen* [U] (*gehoben*) Qual

an·guished /ˈæŋɡwɪʃt/ *Adj* qualvoll, gequält

an·gu·lar /ˈæŋɡjələ(r)/ *Adj* **1** (*Gesicht*) kantig; (*Mensch*) knochig **2** (*Form*) eckig

ani·mal /ˈænɪml/ *Nomen, Adj*
▸ ***Nomen*** **1** (Säuge)tier ◇ *insects and small animals* Insekten und kleine Säugetiere ◇ *domestic animals* Haustiere ◇ *the animal kingdom* das Tierreich ◇ *animal rights activists* militante Tierschützer **2** Lebewesen **3** Bestie, Tier **4** Wesen, Mensch ◇ *He's a regular party animal.* Er ist richtig partywütig. ◇ *It's a very different animal.* Das ist etwas ganz anderes.
▸ ***Adj*** [nur vor Nomen] **1** tierisch ◇ *animal fats* tierische Fette **2** körperlich, animalisch

ˌanimal ˈhusbandry *Nomen* (*Fachspr*) Viehzucht

an·im·ate *Verb, Adj*
▸ ***Verb*** /ˈænɪmeɪt/ **1** beleben **2** (*meist passiv*) (FILM) animieren
▸ ***Adj*** /ˈænɪmət/ (*gehoben*) lebend, belebt ◇ *animate beings* Lebewesen

ani·mated /ˈænɪmeɪtɪd/ *Adj* **1** (*Adv* **ani·mated·ly**) angeregt, lebhaft **2** Animations- ◇ *animated cartoons* Animationsfilme, Zeichentrickfilme

ani·ma·tion /ˌænɪˈmeɪʃn/ *Nomen* **1** Animation ◇ *computer animation* Computeranimation **2** Lebhaftigkeit ◇ *with animation* lebhaft → *Siehe auch* SUSPENDED ANIMATION

ani·ma·tor /ˈænɪmeɪtə(r)/ *Nomen* Animator(in)

anima·tron·ics /ˌænɪməˈtrɒnɪks; *AmE* -ˈtrɑːnɪks/ *Nomen* Animatronik

anime /ˈænɪmeɪ/ *Nomen* [U] Anime

ani·mos·ity /ˌænɪˈmɒsəti; *AmE* -ˈmɑːsə-/ *Nomen* Feindseligkeit

anise /ˈænɪs/ *Nomen* Anis

ani·seed /ˈænəsiːd/ *Nomen* [U] Anis(samen)

ankle /ˈæŋkl/ *Nomen* (Fuss)knöchel ◇ *sprain your ankle* sich den Knöchel verstauchen ◇ *ankle socks* Söckchen ◇ *ankle boots* Stiefeletten

ank·let /ˈæŋklət/ *Nomen* Fußkettchen

an·nals /ˈænlz/ *Nomen* [Pl] Annalen

annex *Nomen, Verb*
▸ ***Nomen*** (*BrE auch* **an·nexe**) /ˈæneks/ **1** Anbau, Nebengebäude **2** (*offiz*) Anhang, Nachtrag
▸ ***Verb*** /əˈneks/ annektieren

an·nex·ation /ˌænekˈseɪʃn/ *Nomen* Annexion

an·ni·hi·late /əˈnaɪəleɪt/ *Verb* **1** vernichten **2** vernichtend schlagen

an·ni·hi·la·tion /əˌnaɪəˈleɪʃn/ *Nomen* Vernichtung

an·ni·ver·sary /ˌænɪˈvɜːsəri; *AmE* -ˈvɜːrsə-/ *Nomen* Jahrestag ◇ *their wedding anniversary* ihr Hochzeitstag ◇ *on the anniversary of his wife's death* am Todestag seiner Frau

an·no·tate /ˈænəteɪt/ *Verb* kommentieren, mit Anmerkungen versehen

an·nounce /əˈnaʊns/ *Verb* **1** bekannt geben, ankündigen ◇ *A spokesman announced to the press that …* Ein Sprecher teilte der Presse mit, dass … **2** ansagen, durchsagen **3** verkünden, erklären **4** ~ **yourself/sb** seine/jds Ankunft bekannt geben

an·nounce·ment /əˈnaʊnsmənt/ *Nomen* **1** Bekanntgabe, Ankündigung **2** Anzeige ◇ *announcements of births* Geburtsanzeigen **3** Ansage, Durchsage **4** [U] Verkündung, Erklärung ◇ *the announcement of the verdict* die Urteilsverkündung

an·noun·cer /əˈnaʊnsə(r)/ *Nomen* Ansager(in), Sprecher(in)

annoy /əˈnɔɪ/ *Verb* **1** ärgern **2** stören

an·noy·ance /əˈnɔɪəns/ *Nomen* **1** [U] Ärger, Verärgerung ◇ *with/in annoyance* verärgert **2** Ärgernis

annoy·ed /əˈnɔɪd/ *Adj* verärgert; **get/be ~ (with sb) (at/about sth)** sich (über jdn) (über etw) ärgern ◇ *I was annoyed that they hadn't turned up.* Ich habe mich darüber geärgert, dass sie nicht gekommen sind.

annoy·ing /əˈnɔɪɪŋ/ *Adj* ärgerlich, lästig ◇ *a most annoying habit* eine äußerst unangenehme Angewohnheit

an·noy·ing·ly /əˈnɔɪɪŋli/ *Adv* **1** ärgerlicherweise **2** aufreizend, unangenehm ◇ *her annoyingly effortless chic* ihre beneidenswert ungezwungene Eleganz

an·nual /ˈænjuəl/ *Adj, Nomen*
▸ ***Adj*** **1** (all)jährlich **2** Jahres-, jährlich
▸ ***Nomen*** **1** Jahrbuch (*für Kinder*) **2** einjährige Pflanze

an·nu·al·ized (*BrE auch* **-ised**) /ˈænjuəlaɪzd/ *Adj* (FINANZ) auf Jahresbasis umgerechnet

an·nu·al·ly /ˈænjuəli/ *Adv* (all)jährlich, jedes Jahr

an·nu·ity /əˈnjuːəti; *AmE* əˈnuː-/ *Nomen* **1** (Leib)rente, Jahresrente **2** Rentenversicherung

annul /əˈnʌl/ *Verb* (**-ll-**) auflösen, annullieren, für ungültig erklären

an·nul·ment /əˈnʌlmənt/ *Nomen* Auflösung, Annullierung, Nichtigkeitserklärung

an·nun·ci·ation /əˌnʌnsiˈeɪʃn/ *Nomen* **the Annunciation** (REL) Mariä Verkündigung

anode /ˈænəʊd; *AmE* ˈænoʊd/ *Nomen* (TECH) Anode

ano·dyne /ˈænədaɪn/ *Adj* (*gehoben*) nichtssagend, farblos

anoint /əˈnɔɪnt/ *Verb* salben

anom·al·ous /əˈnɒmələs; *AmE* əˈnɑːm-/ *Adj* (*Adv* **anom·al·ous·ly**) (*gehoben*) ungewöhnlich, anomal

anom·aly /əˈnɒməli; *AmE* əˈnɑːm-/ *Nomen* Ausnahme, Anomalie

anon /əˈnɒn; *AmE* əˈnɑːn/ *Adv* (*gehoben oder veraltet*) bald → *Siehe auch* ANONYMOUS

ano·nym·ity /ˌænəˈnɪməti/ *Nomen* Anonymität

an·onym·ous /əˈnɒnɪməs; *AmE* əˈnɑːn-/ *Adj* (*Adv* **an·onym·ous·ly**) **1** (*Abk* **anon.**) anonym **2** (*fig*) eintönig

ano·rak /ˈænəræk/ *Nomen* (*bes BrE*) **1** Anorak **2** (*BrE, umgs*) Langweiler

an·or·exia /ˌænəˈreksiə/ (*auch* **an·or·exia ner·vosa** /ˌænəˌreksiə nɜːˈvəʊsə; *AmE* nɜːrˈvoʊ-/) *Nomen* (MED) Anorexie, Magersucht

an·or·exic /ˌænəˈreksɪk/ *Nomen, Adj*
▸ ***Nomen*** Magersüchtige(r)
▸ ***Adj*** magersüchtig

an·other /əˈnʌðə(r)/ *Adj, Pron* **1** noch ein/eine(r)/eins, noch (weitere) ◇ *Would you like another drink?* Möchten Sie noch etwas trinken? ◇ *another three questions* noch drei Fragen **2** ein anderer/eine andere/ein anderes ◇ *We can try that—but whether it'll work is another matter.* Wir können es probieren —aber ob es klappt, ist eine andere Frage. **3** ein zweiter/eine zweite/ein zweites ◇ *another Einstein* ein zweiter Einstein ◇ *There'll never be another like* *him.* Er ist einmalig. **IDM** **of one kind, sort, etc. or a'nother** irgendwelche; aller Art → *Siehe auch* ONE

A. N. Other /ˌeɪ en ˈʌðə(r)/ *Nomen* [Sing] N.N.

an·swer 🔑 /ˈɑːnsə(r); *AmE* ˈæn-/ *Nomen, Verb*

▸ ***Nomen*** **1** Antwort ◇ *I can't easily give an answer to your question.* Ihre Frage lässt sich nicht leicht beantworten. ◇ *I rang the bell but there was no answer.* Ich klingelte, aber niemand kam. **2** Lösung ◇ *The obvious answer would be to cancel the party.* Die beste Lösung wäre, die Party abzublasen. **IDM** **have/know all the 'answers** immer alles besser wissen → *Siehe auch* NO

▸ ***Verb*** **1** antworten, beantworten ◇ *answer the phone* ans Telefon gehen ◇ *answer the door* aufmachen ◇ *My prayers have been answered.* Meine Gebete sind erhört worden. ◇ *He refused to answer the allegations against him.* Er weigerte sich, sich zu den Beschuldigungen zu äußern. ◇ *He answered me with a smile.* Als Antwort lächelte er mich an. **2** (*gehoben*) **~ sth** einer Sache genügen ◇ *Does this answer your requirements?* Entspricht das Ihren Wünschen? **IDM** **answer to the name of ...** auf den Namen ... hören → *Siehe auch* DESCRIPTION **PHR V** **ˌanswer 'back** sich verteidigen **ˌanswer (sb) 'back** (jdm) widersprechen, (jdm) freche Antworten geben **'answer for sb** (*meist in verneinten Sätzen*) für jdn sprechen **'answer for sth** **1** die Verantwortung für etw übernehmen ◇ *They have a lot to answer for.* Sie haben eine Menge auf dem Gewissen. **2** für etw bürgen **'answer to sb (for sth)** jdm (für etw) verantwortlich sein

an·swer·able /ˈɑːnsərəbl; *AmE* ˈæn-/ *Adj* **1** [nicht vor Nomen] verantwortlich ◇ *I'm answerable to no one for my behaviour.* Für mein Handeln bin ich niemandem Rechenschaft schuldig. **2** (*Frage*) beantwortbar

'answering machine (*BrE auch* **an·swer·phone** /ˈɑːnsəfəʊn; *AmE* ˈænsərfoʊn/) *Nomen* Anrufbeantworter

ant /ænt/ *Nomen* Ameise

an·tag·on·ism /ænˈtæɡənɪzəm/ *Nomen* **~ (to/toward(s) sb/sth)** Feindseligkeit (gegenüber jdm/etw)

an·tag·on·ist /ænˈtæɡənɪst/ *Nomen* Gegner(in), Kontrahent(in)

an·tag·on·is·tic /ænˌtæɡəˈnɪstɪk/ *Adj* **1 ~ (to/toward(s) sb/sth)** feindselig (gegenüber jdm/etw) **2** gegensätzlich ◇ *ideas that are antagonistic to the rights of women* Ideen, die den Rechten der Frauen entgegen stehen

an·tag·on·ize (*BrE auch* **-ise**) /ænˈtæɡənaɪz/ *Verb* reizen, gegen sich aufbringen

Ant·arc·tic /ænˈtɑːktɪk; *AmE* ænˈtɑːrk-/ *Nomen, Adj*

▸ ***Nomen*** **the Antarctic** die Antarktis

▸ ***Adj*** [nur vor Nomen] antarktisch ◇ *the Antarctic Ocean* das Südliche Eismeer

the Anˌtarctic 'Circle *Nomen* der südliche Polarkreis

ante /ˈænti/ *Nomen* [Sing] **IDM** **raise/up the 'ante** den Einsatz erhöhen

ante- /ˈænti/ *Vorsilbe* (*mit Adjektiven, Nomina und Verben verwendet*) vor- ◇ *antepenultimate* drittletzte(r,s)

ant·eat·er /ˈæntiːtə(r)/ *Nomen* Ameisenbär

ante·ce·dent /ˌæntɪˈsiːdnt/ *Nomen* **1** (*gehoben*) vorangegangenes Ereignis, Vorläufer **2 antecedents** [Pl] Ahnen, Abstammung **3** (LING) Bezugswort

ante·lope /ˈæntɪləʊp; *AmE* -loʊp/ *Nomen* (*Pl* **ante·lope** *oder* **ante·lopes**) Antilope

ante·natal /ˌæntiˈneɪtl/ *Adj* [nur vor Nomen] (*BrE*) Schwangerschafts- ◇ *antenatal classes* Geburtsvorbereitungskurse ◇ *an antenatal clinic* eine Schwangerensprechstunde

an·tenna /ænˈtenə/ *Nomen* **1** (*Pl* **an·ten·nae** /-niː/) Fühler ◇ (*fig*) *the minister's acute political antennae* das ausgeprägte politische Gespür der Ministerin **2** (*Pl* **an·ten·nas** *oder* **an·ten·nae**) (*bes AmE*) (RADIO) Antenne

ante·room /ˈæntiruːm, -rʊm/ *Nomen* Vorzimmer

an·them /ˈænθəm/ *Nomen* Hymne; (*Kirche*) Chorgesang

an·thol·ogy /ænˈθɒlədʒi; *AmE* ænˈθɑːlə-/ *Nomen* Anthologie ◇ *an anthology of poems* eine Gedichtsammlung

an·thrax /ˈænθræks/ *Nomen* Milzbrand, Anthrax

an·thro·po·logic·al /ˌænθrəpəˈlɒdʒɪkl; *AmE* -ˈlɑːdʒɪ-/ *Adj* anthropologisch

an·thro·polo·gist /ˌænθrəˈpɒlədʒɪst; *AmE* -ˈpɑːlə-/ *Nomen* Anthropologe, Anthropologin

an·thro·pol·ogy /ˌænθrəˈpɒlədʒi; *AmE* -ˈpɑːlə-/ *Nomen* Anthropologie

anti /ˈænti/ *Präp* (*umgs*) gegen

anti- 🔑 /ˈænti/ *Vorsilbe* (*mit Adjektiven und Nomina verwendet*) gegen ◇ *anti-nuclear protests* Demonstrationen gegen Atomkraft ◇ *an anti-abortionist* ein(e) Abtreibungsgegner(in)

ˌanti-'aircraft *Adj* [nur vor Nomen] Flugabwehr- ◇ *anti-aircraft guns* Flak

anti·bi·ot·ic /ˌæntibaɪˈɒtɪk; *AmE* -ˈɑːtɪk/ *Nomen, Adj*

▸ ***Nomen*** Antibiotikum

▸ ***Adj*** antibiotisch

anti·body /ˈæntibɒdi; *AmE* -bɑːdi/ *Nomen* Antikörper

an·tici·pate 🔑 /ænˈtɪsɪpeɪt/ *Verb* **1** rechnen mit, erwarten ◇ *Do you anticipate (meeting) any trouble?* Rechnen Sie mit Schwierigkeiten? **2** vorhersehen **3 ~ sth eagerly, keenly etc.** sich auf etw freuen ◇ *We eagerly anticipated the day we would leave school.* Wir sahen dem letzten Schultag mit Freude entgegen. **4** (*gehoben*) **~ sb/sth** jdm/etw zuvorkommen

an·tici·pa·tion /ænˌtɪsɪˈpeɪʃn/ *Nomen* **1** Erwartung, Vorausahnung ◇ *in anticipation of an attack* in Erwartung eines Angriffs **2** Spannung, Vorfreude

anti·cli·max /ˌæntiˈklaɪmæks/ *Nomen* Enttäuschung, Ernüchterung

anti·clock·wise /ˌæntiˈklɒkwaɪz; *AmE* -ˈklɑːkwaɪz/ *Adv, Adj* (*BrE*) gegen den Uhrzeigersinn

antics /ˈæntɪks/ *Nomen* [Pl] Mätzchen, Streiche

anti·cyc·lone /ˌæntiˈsaɪkləʊn; *AmE* -kloʊn/ *Nomen* Hoch(druckgebiet)

anti·dote /ˈæntidəʊt; *AmE* -doʊt/ *Nomen* **~ (to sth)** Gegenmittel (gegen etw), Gegengift (gegen etw)

anti·freeze /ˈæntifriːz/ *Nomen* [U] Frostschutzmittel

anti·gen /ˈæntɪdʒən/ *Nomen* (MED) Antigen

anti·his·ta·mine /ˌæntiˈhɪstəmiːn/ *Nomen* (MED) Antihistamin(ikum)

anti·oxi·dant /ˌæntiˈɒksɪdənt; *AmE* -ˈɑːk-/ *Nomen* (BIOL, CHEM) Antioxidans

an·tip·athy /ænˈtɪpəθi/ *Nomen* [meist Sing] (*gehoben*) Antipathie; **~ (to/toward(s) sb/sth)** Abneigung (gegen jdn/etw)

ˌanti-personˈnel *Adj* gegen Menschen gerichtet ◇ *anti-personnel mines* Anti-Personen-Minen ◇ *anti-personnel bombs* Splitterbomben

anti·per·spir·ant /ˌæntiˈpɜːspərənt; *AmE* -ˈpɜːrspə-/ *Nomen* Antitranspirant

An·tipo·dean /ˌæntɪpəˈdiːən/ *Adj* (*BrE, oft hum*) = aus Australien oder Neuseeland

An·tipo·des /ænˈtɪpədiːz/ **the Antipodes** *Nomen* [Pl] (*BrE, oft hum*) = Australien und Neuseeland

anti·quar·ian /ˌæntɪˈkweəriən; *AmE* -ˈkwer-/ *Adj* antiquarisch

anti·quated /ˈæntɪkweɪtɪd/ *Adj* (*meist abwert*) antiquiert, überholt

an·tique /æn'ti:k/ *Nomen, Adj*
▸ ***Nomen*** Antiquität
▸ ***Adj*** antik

an·tiquity /æn'tɪkwəti/ *Nomen* **1** [U] Antike, Altertum ◇ *in classical antiquity* in der klassischen Antike **2** [U] Alter ◇ *monuments of great antiquity* sehr alte Denkmäler **3 antiquities** [Pl] Altertümer

anti-Semitic /ˌænti sə'mɪtɪk/ *Adj* antisemitisch

anti-Semitism /ˌænti 'semətɪzəm/ *Nomen* Antisemitismus

anti·sep·tic /ˌænti'septɪk/ *Adj, Nomen*
▸ ***Adj*** **1** antiseptisch **2** keimfrei
▸ ***Nomen*** Antiseptikum

anti·social /ˌænti'səʊʃl; *AmE* -'soʊ-/ *Adj* **1** asozial **2** ungesellig

an·tith·esis /æn'tɪθəsɪs/ *Nomen* (*Pl* **an·tith·eses** /-si:z/) (*gehoben*) **1** Gegenteil **2** Gegensatz, Widerspruch

anti·virus /'æntivaɪrəs/ *Adj* (COMP) Antiviren-

ant·ler /'æntlə(r)/ *Nomen* [meist Pl] Geweihsprosse ◇ *antlers* Geweih ◇ *a pair of antlers* ein Geweih

ant·onym /'æntənɪm/ *Nomen* (*gehoben*) Antonym, Gegenteil

antsy /'æntsi/ *Adj* (*AmE, umgs*) zappelig, nervös

anus /'eɪnəs/ *Nomen* (*Pl* **anuses**) (ANAT) After, Anus

anvil /'ænvɪl/ *Nomen* Amboss

anx·iety /æŋ'zaɪəti/ *Nomen* **1** [U] ~ (**about/over sth**) Angst (wegen einer Sache) ◇ *high levels of anxiety* starke Angstgefühle **2** Sorge **3** [U] ~ **to do sth** Eifer, etw zu tun, Bestreben, etw zu tun; ~ **for sth** Verlangen nach etw ◇ *In his anxiety to be first he tripped and fell.* In seinem Eifer, Erster zu werden, stolperte er und fiel.

anx·ious /'æŋkʃəs/ *Adj* **1** (*Adv* **anx·ious·ly**) besorgt, beunruhigt; (*Blick, Gesichtsausdruck*) ängstlich ◇ *He seemed anxious about the meeting.* Das Meeting schien ihm Sorgen zu machen. ◇ *They are anxiously awaiting a decision.* Sie warten gespannt auf eine Entscheidung. **2** bang, Besorgnis erregend **3 be ~ to do sth** etw unbedingt tun wollen ◇ *She was anxious to leave.* Sie wollte unbedingt fort. **4 be ~ for sb to do sth; be ~ that ...** ◇ *The nurses were anxious for us to leave.* Die Schwestern wollten, dass wir gehen. ◇ *She was anxious that he should meet her father.* Ihr lag viel daran, dass er ihren Vater kennenlernen sollte. **5 be ~ for sth** etw unbedingt haben wollen ◇ *graduates anxious for work* Studienabgänger, die dringend Arbeit suchen

any /'eni/ *Adj, Pron, Adv*
▸ ***Adj*** **1** (*in verneinten Sätzen oder Fragen und nach bestimmten Verben, oft nicht übersetzt*) ◇ *Have you got any money?* Hast du Geld? ◇ *I didn't eat any meat.* Ich habe kein Fleisch gegessen. ◇ *There's hardly any coffee.* Es ist kaum Kaffee da. ◇ *To prevent any more accidents ...* Um weitere Unfälle zu verhindern ... **2** irgendein(e) ◇ *Take any book you like.* Suchen Sie sich irgendein Buch aus. ◇ *I doubt whether any company could have succeeded.* Ich bezweifle, ob es überhaupt eine Firma gibt, die das geschafft hätte. **3** jede(r,s), jede(r,s) beliebige ◇ *Any doctor would say the same.* Jeder Arzt würde das Gleiche sagen. ◇ *The change cannot be attributed to any one factor.* Die Änderung lässt sich nicht auf einen einzelnen Faktor zurückführen.
▸ ***Pron*** **1** welche(r,s); **not ~** keine(r,s) ◇ *I need some stamps. Have you got any?* Ich brauche Briefmarken. Haben Sie welche? ◇ *We need some more paint; there isn't any left.* Wir brauchen noch Farbe; es ist keine mehr da. ◇ *What punishment, if any, should they be given?* Wie sollen sie bestraft werden, wenn überhaupt? ◇ *She spent hardly any of the money.* Sie hat kaum etwas von dem Geld ausgegeben. **2** irgendeine(r,s) ◇ *'Which colour do you want?' 'Any of them will do.'* „Welche Farbe möchten Sie?" „Irgendeine." ◇ *I'll take any you don't want.* Ich nehme alle, die du nicht willst. IDM **sb isn't having any (of it)** (*umgs*) jd will nichts davon wissen
▸ ***Adv*** **1** (*vor Adjektiven oder Adverbien in verneinten Sätzen oder Fragen, oft nicht übersetzt*) ◇ *I can't run any faster.* Ich kann nicht schneller laufen. ◇ *He wasn't any good at French.* Er war nicht gut in Französisch. ◇ *I don't want any more.* Ich möchte nichts mehr. **2** (*AmE, umgs*) überhaupt ◇ *That won't hurt you any.* Das tut überhaupt nicht weh.

any·body /'enibɒdi; *AmE* -bɑ:di, -bʌdi/ *Pron* **1** (irgend)jemand **2** jede(r) → *Beispiele bei* ANYONE

any·how /'enihaʊ/ *Adv* **1** sowieso → *Beispiele bei* ANYWAY **2** trotzdem → *Beispiele bei* ANYWAY **3** also, wie dem auch sei → *Beispiele bei* ANYWAY **4** irgendwie, durcheinander

ˌany 'more (*bes AmE* **any·more**) *Adv* **not ~** nicht mehr ◇ *She doesn't live here any more.* Sie wohnt nicht mehr hier.

any·one /'eniwʌn/ (*auch* **any·body**) *Pron* **1** (irgend) jemand ◇ *Did anyone see you?* Hat dich jemand gesehen? ◇ *Hardly anyone came.* Kaum jemand kam. ◇ *I forbid anyone to touch that.* Niemand darf das anfassen! **2** jede(r) ◇ *Anybody can see that.* Das kann doch jeder sehen. **3** ◇ *She wasn't anybody before she got that job.* Sie war ein Niemand, bevor sie diese Stelle bekam.

any·place /'enipleɪs/ *Adv* (*AmE*) **1** irgendwo(hin) **2** überall(hin) → *Beispiele bei* ANYWHERE

any·thing /'eniθɪŋ/ *Pron* (irgend)etwas ◇ *Would you like anything else?* Möchten Sie sonst noch etwas? ◇ *There's never anything worth watching on TV.* Es kommt nie etwas Sehenswertes im Fernsehen. ◇ *Is there anything in these rumours?* Ist an diesen Gerüchten etwas dran? ◇ *I'm not fussy—I'll eat anything.* Ich bin nicht wählerisch—ich esse alles. IDM **anything but** alles andere als ◇ *It wasn't cheap. Anything but.* Es war nicht billig. Im Gegenteil! **as happy, quick, etc. as anything** (*umgs*) unheimlich glücklich, schnell etc. ◇ *I felt as pleased as anything.* Ich habe mich unheimlich gefreut. **like 'anything** (*BrE, umgs*) wie nur was; wie verrückt **not anything like** bei weitem nicht ◇ *The book wasn't anything like as good as her first one.* Das Buch war bei weitem nicht so gut wir ihr erstes. **not anything like sb/sth** (*umgs*) ganz anders als jd/etw **not for 'anything** (*umgs*) auf keinen Fall; um keinen Preis **or anything** (*umgs*) oder so was

ˌany time (*bes AmE* **any·time**) *Adv* jederzeit IDM **any·time 'soon** (*AmE*) (*in Fragen und verneinten Sätzen*) demnächst; bald

Any·town /'enitaʊn/ *Nomen* [U] (*AmE*) = Platzhalter für eine beliebige, typische (Klein)stadt in den USA ◇ *The situations in the book are relevant to anyone in Anytown, USA.* Die Situationen, die in dem Buch beschrieben werden, sind für alle, die irgendwo in irgendeiner amerikanischen Kleinstadt leben, relevant.

any·way /'eniweɪ/ (*auch* **any·how**) *Adv* **1** sowieso ◇ *It's too late now, anyway.* Es ist jetzt sowieso zu spät. **2** trotzdem ◇ *The water was cold but I took a shower anyway.* Das Wasser war kalt, aber ich habe trotzdem geduscht. **3** also, wie dem auch sei ◇ *Anyway, as I was saying ...* Also, wie ich gerade sagte, ... **4** jedenfalls ◇ *They're all coming. Most of them, anyway.* Sie kommen alle, jedenfalls die meisten.

any·where /'eniweə(r); *AmE* -wer/ *Adv, Pron* (*AmE auch, umgs* **any·place**) **1** (*in Fragen und verneinten Sätzen*) irgendwo(hin); **not ~** nirgends, nirgendwohin ◇ *Have you seen my keys anywhere?* Hast du meine Schlüssel irgendwo gesehen? ◇ *I can't see them any-*

where. Ich kann sie nirgends sehen. ◇ *Do you know anywhere (where) I can buy a map?* Wissen Sie, wo ich eine Karte kaufen könnte? **2** irgendwo(hin), wo (auch) immer ◇ *Put the box down anywhere.* Stell die Kiste irgendwohin. ◇ *Sit anywhere you like.* Setz dich hin, wo du willst. **3** überall(hin) ◇ *An accident can happen anywhere.* Ein Unfall kann überall passieren.

AOB /ˌeɪ əʊ ˈbiː; *AmE* oʊ/ *Kurzform von* **any other business** (*letzter Tagesordnungspunkt*) Sonstiges

aorta /eɪˈɔːtə; *AmE* eɪˈɔːrtə/ *Nomen* Aorta

apace /əˈpeɪs/ *Adv* (*gehoben*) rasch, schnell

apart 🔑 /əˈpɑːt; *AmE* əˈpɑːrt/ *Adv* **1** auseinander ◇ *Their birthdays are only three days apart.* Ihre Geburtstage sind nur drei Tage auseinander. ◇ *I can't tell the twins apart.* Ich kann die Zwillinge nicht auseinanderhalten. ◇ *The two sides in the negotiation are still a long way apart.* Die beiden Verhandlungspartner haben sich noch nicht angenähert. **2** getrennt ◇ *We're living apart now.* Wir leben jetzt getrennt. ◇ *She keeps herself apart from other people.* Sie hält sich von anderen Leuten fern. **3** abgesehen von, bis auf ◇ *Colin apart, not one of them seems suitable.* Bis auf Colin scheint keiner von ihnen geeignet zu sein. IDM → JOKE, POLE, RIP *und* WORLD

a'part from 🔑 *Präp* **1** abgesehen von, bis auf ◇ *I've finished apart from the last question.* Bis auf die letzte Frage bin ich fertig. **2** außer ◇ *Apart from their house here, they also have a villa in Spain.* Außer dem Haus hier haben sie auch noch ein Ferienhaus in Spanien. ◇ *It was a difficult time. Apart from anything else, we had financial problems.* Es war eine schwere Zeit. Unter anderem hatten wir auch finanzielle Probleme. ◇ *You've got to help. Apart from anything else you're my brother.* Du musst mir helfen. Schließlich bist du mein Bruder.

apart·heid /əˈpɑːtaɪt, -teɪt; *AmE* əˈpɑːrtaɪt, -teɪt/ *Nomen* Apartheid

apart·ment 🔑 /əˈpɑːtmənt; *AmE* əˈpɑːrt-/ *Nomen* **1** (*bes AmE*) Wohnung **2** Appartement **3** [meist Pl] (*BrE*) (*in Herrenhäusern etc.*) Raum

a'partment block (*AmE* **a'partment building**) *Nomen* Wohnblock

a'partment house *Nomen* (*AmE*) (kleinerer) Wohnblock

apa·thet·ic /ˌæpəˈθetɪk/ *Adj* (*Adv* **apa·thet·ic·al·ly** /-kli/) apathisch, teilnahmslos

ap·athy /ˈæpəθi/ *Nomen* Apathie, Teilnahmslosigkeit

APB /ˌeɪ piː ˈbiː/ *Abk* (*AmE*) = ALL-POINTS BULLETIN

ape /eɪp/ *Nomen, Verb*

▸ ***Nomen*** Affe ◇ *the great apes* die Menschenaffen IDM **go 'ape/'apeshit** (*bes AmE, Slang*) ausrasten; durchdrehen

▸ ***Verb*** **1** (*BrE, abwert*) imitieren **2** (*bes AmE*) nachäffen, nachahmen

aperi·tif /əˌperəˈtiːf/ *Nomen* (*bes BrE*) Aperitif

aper·ture /ˈæpətʃə(r); *AmE* ˈæpərtʃər, -tʃʊr/ *Nomen* **1** (*gehoben*) Öffnung **2** (FOTO) Blende

ape·shit /ˈeɪpʃɪt/ *Nomen* IDM → APE

Apex (*auch* **APEX**) /ˈeɪpeks/ *Kurzform von* **Advanced Purchase Excursion** (*BrE*) = System für im Voraus gekaufte und deshalb billigere Flugtickets

apex /ˈeɪpeks/ *Nomen* (*Pl* **apexes**) [meist Sing] Spitze; (*fig*) Höhepunkt

aphid /ˈeɪfɪd/ *Nomen* Blattlaus

aph·or·ism /ˈæfərɪzəm/ *Nomen* (*gehoben*) Aphorismus

aph·or·is·tic /ˌæfəˈrɪstɪk/ *Adj* aphoristisch

aph·ro·dis·iac /ˌæfrəˈdɪziæk/ *Nomen, Adj*

▸ ***Nomen*** Aphrodisiakum

▸ ***Adj*** aphrodisisch

apiece /əˈpiːs/ *Adv* je, das Stück

aplenty /əˈplenti/ *Adv, Adj* [nicht vor Nomen] (*gehoben*) in Hülle und Fülle

aplomb /əˈplɒm; *AmE* əˈplɑːm/ *Nomen* Selbstsicherheit

apoca·lypse /əˈpɒkəlɪps; *AmE* əˈpɑːk-/ *Nomen* **1** Apokalypse ◇ *on the brink of apocalypse* am Rande des Abgrunds **2 the Apocalypse** der Weltuntergang **3** [Sing] Katastrophe

apoca·lyp·tic /əˌpɒkəˈlɪptɪk; *AmE* əˌpɑːk-/ *Adj* apokalyptisch

apoc·ryph·al /əˈpɒkrɪfl *AmE* əˈpɑːk-/ *Adj* (*Geschichte*) unwahr

apo·gee /ˈæpədʒiː/ *Nomen* [Sing] **1** (*gehoben*) Höhepunkt **2** (ASTRON) Erdferne, Apogäum

apol·it·ical /ˌeɪpəˈlɪtɪkl/ *Adj* unpolitisch

apolo·get·ic /əˌpɒləˈdʒetɪk; *AmE* əˌpɑːləˈ-/ *Adj* (*Adv* **apologet·ic·al·ly** /-kli/) entschuldigend, bedauernd; **be ~ about/for sth** sich für etw entschuldigen

apolo·gist /əˈpɒlədʒɪst; *AmE* əˈpɑːlə-/ *Nomen* Verteidiger(in), Befürworter(in) ◇ *an apologist for the government* eine Verteidigerin der Regierung

apolo·gize 🔑 (*BrE auch* **-ise**) /əˈpɒlədʒaɪz; *AmE* əˈpɑːlə-/ *Verb* **~ (to sb) (for sth)** sich (bei jdm) (für etw) entschuldigen

apol·ogy /əˈpɒlədʒi; *AmE* əˈpɑːlə-/ *Nomen* Entschuldigung ◇ *make an apology* sich entschuldigen ◇ *You owe him an apology!* Du solltest dich bei ihm entschuldigen! ◇ *The mayor sent his apologies.* Der Bürgermeister ließ sich entschuldigen. IDM **make no a'pology/a'pologies for sth** vor etw nicht zurückschrecken; sich wegen einer Sache nicht schämen

apo·plec·tic /ˌæpəˈplektɪk/ *Adj* **1** (*gehoben*) rasend ◇ *He was apoplectic with rage at the decision.* Er raste vor Wut über die Entscheidung. **2** (*veraltet*) ◇ *an apoplectic attack/fit* ein Schlaganfall

apo·plexy /ˈæpəpleksi/ *Nomen* [U] (*veraltet*) Schlaganfall

apos·tate /əˈpɒsteɪt; *AmE* əˈpɑːsteɪt/ *Nomen* (*gehoben*) Apostat, Abtrünnige(r)

apos·tle /əˈpɒsl; *AmE* əˈpɑːsl/ *Nomen* **1 Apostle** Apostel **2** (*fig*) Apostel, Befürworter(in)

apos·tolic /ˌæpəˈstɒlɪk; *AmE* -ˈstɑːlɪk/ *Adj* apostolisch

apos·tro·phe /əˈpɒstrəfi; *AmE* əˈpɑːstrə-/ *Nomen* Apostroph, Auslassungszeichen

apoth·ecary /əˈpɒθəkəri; *AmE* əˈpɑːθəkeri/ *Nomen* (*veraltet*) Apotheker(in)

apothe·osis /əˌpɒθiˈəʊsɪs; *AmE* əˌpɑːθiˈoʊ-/ *Nomen* (*Pl* **apothe·oses** /-siːz/) [meist Sing] (*gehoben*) **1** Ideal **2** Gipfelpunkt **3** Apotheose, Vergöttlichung

app /æp/ *Nomen* App ◇ *to download an app* ein App runterladen

appal (*AmE* **ap·pall**) /əˈpɔːl/ *Verb* (**-ll-**) entsetzen

ap·palled /əˈpɔːld/ *Adj* entsetzt

ap·pal·ling /əˈpɔːlɪŋ/ *Adj* (*Adv* **ap·pal·ling·ly**) entsetzlich, schrecklich ◇ *The essay was appallingly written.* Der Aufsatz war schrecklich schlecht geschrieben.

ap·par·at·chik /ˌæpəˈrætʃɪk/ *Nomen* (*abwert oder hum*) Apparatschik

ap·par·atus /ˌæpəˈreɪtəs; *AmE* -ˈrætəs/ *Nomen* (*Pl* **ap·par·atuses**) **1** [U] Gerät, Ausrüstung ◇ *a piece of laboratory apparatus* ein Laborgerät ◇ *breathing apparatus* Atemschutzgeräte **2** [meist Sing] Apparat ◇ *the state apparatus* der Staatsapparat

ap·parel /əˈpærəl/ *Nomen* **1** (*bes AmE*) Bekleidung **2** (*gehoben, veraltet*) Kleidung, Gewänder

ap·par·ent 🔑 /əˈpærənt/ *Adj* **1** [nicht vor Nomen] offensichtlich, klar ◇ *for no apparent reason* ohne ersichtlichen Grund **2** scheinbar

ap·par·ent·ly 🔑 /əˈpærəntli/ *Adv* anscheinend, offensichtlich

ap·par·ition /ˌæpəˈrɪʃn/ *Nomen* Erscheinung

ap·peal 🔑 /əˈpiːl/ *Nomen, Verb*

▸ ***Nomen*** **1** Einspruch, Berufung ➔ *Siehe auch* COURT OF APPEAL **2** Anziehungskraft, Reiz ◇ *His paintings had popular appeal.* Seine Gemälde sprachen die Massen an. **3** Appell, Aufruf ◇ *The police made an appeal to the public to remain calm.* Die Polizei rief die Öffentlichkeit zur Ruhe auf.

▸ ***Verb*** **1** ~ **(to sb/sth) (against sth)**; (*AmE auch*) ~ **sth (to sb/sth)** (bei jdm/etw) (gegen etw) Berufung einlegen, (bei jdm/etw) (gegen etw) Einspruch erheben **2** gefallen; ~ **to sb** jdn reizen, jdn ansprechen ◇ *The prospect of a long wait in the rain did not appeal.* Die Aussicht, lange im Regen zu warten, reizte uns nicht. **3** ~ **(to sb) (for sth)** (jdn) (um etw) bitten; ~ **(to sb) for sth** (jdn) zu etw aufrufen ◇ *They appealed for calm.* Sie riefen zur Ruhe auf. ◇ *I am appealing on behalf of the famine victims.* Ich rufe Sie zu einer Spende für die Opfer der Hungersnot auf. **4** ~ **(to sth)** (an etw) appellieren

ap·peal·ing /əˈpiːlɪŋ/ *Adj* (*Adv* **ap·peal·ing·ly**) **1** attraktiv, reizvoll **2** flehend

ap·pear 🔑 /əˈpɪə(r); *AmE* əˈpɪr/ *Verb* **1** (zu sein) scheinen ◇ *He appears a perfectly normal person.* Er scheint ein ganz normaler Mensch zu sein. ◇ *There appears to have been a mistake./It appears there has been a mistake.* Da scheint ein Irrtum vorzuliegen. ◇ *It would appear that this was a major problem.* Anscheinend war dies ein größeres Problem. **2** erscheinen ◇ *appear in court* vor Gericht erscheinen ◇ *She appeared on six charges of murder.* Sie stand wegen sechsfachen Mordes vor Gericht. ◇ *Her name did not appear in the book.* Ihr Name wurde im Buch nicht erwähnt. **3** auftreten ◇ *appear as a witness* als Zeuge auftreten ◇ *When did mammals appear on the earth?* Wann gab es die ersten Säugetiere auf der Erde? **4** ~ **for/on behalf of sb** jdn (vor Gericht) vertreten

ap·pear·ance 🔑 /əˈpɪərəns; *AmE* əˈpɪrəns/ *Nomen* **1** Aussehen, (äußere) Erscheinung, (An)schein ◇ *to all appearances* allem Anschein nach ◇ *Judging by appearances can be misleading.* Der Schein trügt oft. ◇ *keep up appearances* den Schein wahren ◇ *He gave every appearance of enjoying himself.* Er schien sehr vergnügt zu sein. **2** [meist Sing] Auftauchen, Erscheinen; (*von Symptomen*) Auftreten ◇ *I suppose I'd better put in an appearance.* Ich sollte mich vielleicht sehen lassen. **3** Auftritt ◇ *He was making his first appearance for Liverpool.* Er gab sein Debüt für Liverpool. ◇ *his appearance in court* seine Vorführung bei Gericht **4** [meist Sing] Veröffentlichung, Erscheinen

ap·pease /əˈpiːz/ *Verb* **1** beschwichtigen **2** (POL) Zugeständnisse machen

ap·pease·ment /əˈpiːzmənt/ *Nomen* Beschwichtigung

ap·pel·lant /əˈpelənt/ *Nomen* (RECHT) Berufungskläger(in)

ap·pel·late court /əˈpelət kɔːt; *AmE* kɔːrt/ *Nomen* (RECHT) Berufungsgericht

ap·pel·la·tion /ˌæpəˈleɪʃn/ *Nomen* (*gehoben*) Bezeichnung

ap·pend /əˈpend/ *Verb* ~ **sth (to sth)** (*gehoben*) (einer Sache) etw anfügen ◇ *append your signature (to a document)* seine Unterschrift unter ein Dokument setzen

ap·pend·age /əˈpendɪdʒ/ *Nomen* Anhängsel

ap·pend·ec·tomy /ˌæpenˈdektəmi/ *Nomen* (MED) Blinddarmoperation

ap·pen·di·citis /əˌpendəˈsaɪtɪs/ *Nomen* [U] Blinddarmentzündung

ap·pen·dix /əˈpendɪks/ *Nomen* (*Pl* **ap·pen·di·ces** /-dɪsiːz/) **1** Blinddarm **2** (*am Ende eines Buches etc.*) Anhang

ap·per·tain /ˌæpəˈteɪn; *AmE* -pərˈ-/ *Verb* PHRV **appertain to sb/sth** zu jdm/etw gehören, sich auf jdn/etw beziehen

ap·pe·tite /ˈæpɪtaɪt/ *Nomen* **1** Appetit ◇ *loss of appetite* Appetitlosigkeit ◇ *The walk has given me a good appetite.* Der Spaziergang hat mich hungrig gemacht. **2** ~ **(for sth)** Verlangen (nach etw) ◇ *sexual appetites* sexuelle Bedürfnisse

ap·pet·izer (*BrE auch* **-iser**) /ˈæpɪtaɪzə(r)/ *Nomen* Appetithappen

ap·pe·tiz·ing (*BrE auch* **-is·ing**) /ˈæpɪtaɪzɪŋ/ *Adj* appetitanregend, appetitlich

ap·plaud /əˈplɔːd/ *Verb* **1** applaudieren, (Beifall) klatschen ◇ *She was applauded as she came on stage.* Als sie auf die Bühne trat, wurde geklatscht. **2** loben; (*Entscheidung etc.*) begrüßen ◇ *Their efforts are to be applauded.* Ihre Bemühungen sind lobenswert. ◇ *I applaud her for having the courage to refuse.* Ich rechne es ihr hoch an, dass sie sich weigert, das zu tun.

ap·plause /əˈplɔːz/ *Nomen* Beifall ◇ *They gave her a big round of applause.* Sie bekam viel Applaus. ◇ *The audience broke/burst into rapturous applause.* Das Publikum klatschte begeistert Beifall.

apple 🔑 /ˈæpl/ *Nomen* Apfel ◇ *an apple pie* ein (gedeckter) Apfelkuchen ◇ *apple sauce* Apfelmus ➔ *Siehe auch* CRAB APPLE IDM **the ˌapple of sb's ˈeye** jds Liebling ➔ *Siehe auch* AMERICAN

ˈapple cart *Nomen* IDM ➔ UPSET

ap·plet /ˈæplət/ *Nomen* (COMP) Applet

ap·pli·ance /əˈplaɪəns/ *Nomen* Gerät

ap·plic·abil·ity /əˌplɪkəˈbɪləti, ˌæplɪ-/ *Nomen* Anwendbarkeit

ap·plic·able /əˈplɪkəbl, ˈæplɪkəbl/ *Adj* [nicht vor Nomen] **1** ~ **(to sb)** (auf jdn) zutreffend **2** ~ **(to sth)** (auf etw) anwendbar, (auf etw) zutreffend ◇ *Delete where applicable.* Nichtzutreffendes streichen.

ap·pli·cant /ˈæplɪkənt/ *Nomen* Bewerber(in)

ap·pli·ca·tion 🔑 /ˌæplɪˈkeɪʃn/ *Nomen* **1** ~ **(for sth)** Antrag (auf etw); (*um eine Stelle, einen Studienplatz etc.*) Bewerbung (um etw) ◇ *a passport application* ein Antrag auf Ausstellung eines Reisepasses ◇ *His application to the court for bail has been refused.* Sein Gesuch um Kaution wurde vom Gericht zurückgewiesen. ◇ *Further information is available on application.* Weitere Informationen sind auf Anfrage erhältlich. **2** Anwendung, Einsatz ◇ *The invention has a wide range of applications.* Die Erfindung hat eine Reihe von Anwendungsmöglichkeiten. **3** Applikation, Auftragen ◇ *It took three applications of paint to cover the graffiti.* Erst nach dem dritten Streichen waren die Graffiti nicht mehr zu sehen. **4** (COMP) (Anwender)programm **5** Fleiß, Beharrlichkeit

ap·plied /əˈplaɪd/ *Adj* [nicht vor Nomen] angewandt ➔ *Siehe auch* PURE

ap·pli·qué /əˈpliːkeɪ; *AmE* ˌæpləˈkeɪ/ *Nomen* Applikationsstickerei

ap·pli·quéd /əˈpliːkeɪd; *AmE* ˌæpləˈkeɪd/ *Adj* mit Applikationen bestickt

ap·ply 🔑 /əˈplaɪ/ *Verb* **1** ~ **(to sb) (for sth)** sich (bei jdm) (um/für etw) bewerben; (*Genehmigung, Visum etc.*) (bei jdm) beantragen ◇ *apply for political asylum* einen Asylantrag stellen **2** ~ **sth (to sth)** etw (auf etw) anwenden ◇ *The new technology was applied to farming.* Die neue Technologie wurde in der Landwirtschaft eingesetzt. ◇ *apply political pressure* politischen Druck ausüben ◇ *apply economic sanctions* wirtschaftliche Sanktionen verhängen ◇ *apply* *force to the lever* den Hebel mit Gewalt betätigen **3** ~ **sth (to sth)** (*Salbe, Kleber etc.*) (auf etw) auftragen **4** ~ **(to sb/sth)** (*nicht in der Verlaufsform*) (auf jdn/etw) zutreffen, jdn/etw betreffen; (*Regeln, Bedingungen*) (für jdn/etw) gelten ◇ *Special conditions apply if you are under 18.* Für Jugendliche unter 18 Jahren gelten besondere Regeln. **5** ~ **yourself/your mind** sich anstrengen, sich Mühe geben **6** ◇ *apply the brakes* bremsen

ap·point /əˈpɔɪnt/ *Verb* **1** ~ **sb (to sth)** jdn (zu etw) ernennen; ~ **sb (as) sth** jdn als etw einstellen ◇ *She has been appointed to the committee.* Sie wurde in den Ausschuss berufen. ◇ *They appointed him (as) captain.* Sie haben ihn zum Kapitän gewählt. ◇ *A lawyer was appointed to represent the boy.* Ein Rechtsanwalt wurde zur Verteidigung des Jungen bestellt. **2** (*gehoben*) festsetzen; (*Termin*) ausmachen ◇ *at the appointed time* zur verabredeten Zeit

ap·point·ee /əˌpɔɪnˈtiː/ *Nomen* Ernannte(r) ◇ *He is a government appointee.* Er wurde von der Regierung ernannt.

ap·point·ment /əˈpɔɪntmənt/ *Nomen* **1** ~ **(with sb)** Termin (bei jdm) ◇ *She made an appointment to see the doctor* Sie meldete sich beim Arzt an. ◇ *Viewing is by appointment only.* Besichtigung nur nach Vereinbarung. **2** Ernennung **3** (*bes BrE*) Stelle, Anstellung

ap·por·tion /əˈpɔːʃn; *AmE* əˈpɔːrʃn/ *Verb* (*gehoben*) ~ **sth (among/between sb)** etw (an jdn) (gleichmäßig) verteilen, jdm etw zuteilen ◇ *The programme does not apportion blame.* Die Sendung beschuldigt niemanden.

ap·po·site /ˈæpəzɪt/ *Adj* (*gehoben*) angemessen; (*Bemerkung etc.*) treffend

ap·pos·ition /ˌæpəˈzɪʃn/ *Nomen* (LING) Apposition

ap·prais·al /əˈpreɪzl/ *Nomen* **1** Beurteilung **2** (*BrE*) Mitarbeitergespräch

ap·praise /əˈpreɪz/ *Verb* **1** (*gehoben*) beurteilen, abschätzen ◇ *an appraising glance/look* ein prüfender Blick **2** ~ **sb** = die Leistung eines Angestellten in einem Mitarbeitergespräch beurteilen

ap·pre·ciable /əˈpriːʃəbl/ *Adj* (*Adv* **ap·pre·ciably** /-bli/) nennenswert; (*Veränderung, Wirkung*) spürbar; (*Betrag, Summe etc.*) beträchtlich

ap·preci·ate /əˈpriːʃieɪt/ *Verb* **1** (*nicht in der Verlaufsform*) schätzen, zu schätzen wissen **2** (*nicht in der Verlaufsform*) dankbar sein für ◇ *I'd appreciate some help.* Du könntest mir helfen. ◇ (*umgs*) *Thanks for coming. I appreciate it.* Danke, dass du gekommen bist. Das ist nett von dir. **3** ~ **sth** (*nicht in der Verlaufsform*) etw verstehen, sich einer Sache bewusst sein ◇ *I don't think you appreciate how expensive it will be.* Bist du dir überhaupt bewusst, wie teuer das ist? **4** im Wert steigen

ap·pre·ci·ation /əˌpriːʃiˈeɪʃn/ *Nomen* **1** Anerkennung ◇ *The crowd murmured in appreciation.* Die Menge murmelte anerkennend. **2** [U/Sing] ~ **of sth** Verständnis für etw, Sinn für etw ◇ *She shows little appreciation of good music.* Sie hat wenig Sinn für gute Musik. **3** ~ **(for/of sth)** Dankbarkeit (für etw) **4** Wertsteigerung **5** (*gehoben*) (*eines Kunstwerks etc.*) Würdigung, Kritik

ap·pre·cia·tive /əˈpriːʃətɪv/ *Adj* **1** (*Adv* **ap·pre·cia·tive·ly**) anerkennend; (*Publikum*) dankbar **2 be** ~ **of sth** etw zu schätzen wissen, für etw dankbar sein

ap·pre·hend /ˌæprɪˈhend/ *Verb* **1** (*gehoben*) festnehmen **2** (*veraltet*) begreifen

ap·pre·hen·sion /ˌæprɪˈhenʃn/ *Nomen* **1** Besorgnis, Befürchtung ◇ *filled with apprehension* sehr besorgt ◇ *They shivered with apprehension.* Sie zitterten vor Angst. **2** (*gehoben*) Festnahme

ap·pre·hen·sive /ˌæprɪˈhensɪv/ *Adj* **1** (*Adv* **ap·pre·hensive·ly**) besorgt **2 be** ~ **(of sth)** Angst haben (vor etw) **3 be** ~ **that ...** befürchten, dass ..., Angst haben, dass ...

ap·pren·tice /əˈprentɪs/ *Nomen, Verb*

▸ ***Nomen*** Auszubildende(r), Lehrling ◇ *an apprentice electrician* ein Elektrikerlehrling

▸ ***Verb*** ~ **sb (to sb)** jdn (bei/zu jdm) in die Lehre geben ◇ *He is apprenticed to a carpenter.* Er ist/geht bei einem Schreiner in die Lehre.

ap·pren·tice·ship /əˈprentɪʃɪp/ *Nomen* Lehre, Ausbildung(splatz) ◇ *He had served his apprenticeship as a plumber.* Er hatte eine Lehre als Klempner absolviert.

ap·prise /əˈpraɪz/ *Verb* ~ **sb of sth** (*gehoben*) jdn von etw in Kenntnis setzen

ap·proach /əˈprəʊtʃ; *AmE* əˈproʊtʃ/ *Verb, Nomen*

▸ ***Verb*** **1** sich nähern, näher kommen ◇ *As you approach the town, you'll see the school on the left.* Wenn Sie in die Nähe der Stadt kommen, sehen Sie die Schule auf der linken Seite. ◇ *We are now approaching Heathrow.* Wir befinden uns jetzt im Anflug auf Heathrow. ◇ *Winter is approaching.* Der Winter kommt bald. ◇ *The time is fast approaching when we shall have to make a decision.* Wir werden bald eine Entscheidung treffen müssen. **2** ~ **sb (about/for sth)** sich an jdn (um etw/wegen einer Sache) wenden ◇ *She approached the bank for a loan.* Sie bat die Bank um einen Kredit. ◇ *We have been approached by a number of companies that are interested in our product.* Mehrere Firmen haben an unserem Produkt Interesse gezeigt und sind an uns herangetreten. ◇ *I find him difficult to approach.* Er ist nicht leicht ansprechbar. **3** nahe kommen ◇ *profits approaching $30 million* Gewinne von nahezu $30 Millionen ◇ *Few writers even begin to approach Shakespeare's greatness.* Wenige Schriftsteller reichen auch nur von fern an Shakespeares Größe heran. **4** (*Aufgabe, Problem etc.*) angehen

▸ ***Nomen*** **1** Ansatz ◇ *the government's new approach to training* der neue Regierungsansatz in Sachen Ausbildung ◇ *adopt a different approach to discipline* die Disziplinfrage anders anpacken ◇ *She took the wrong approach in her dealings with them.* Sie hat sie nicht richtig behandelt. **2** [Sing] Herankommen ◇ *He hadn't heard her approach.* Er hatte sie nicht kommen hören. **3** Kontaktaufnahme ◇ *The company has made an approach to us for financial assistance.* Die Firma ist mit der Bitte um finanzielle Hilfe an uns herangetreten. ◇ *She resented his persistent approaches.* Seine dauernden Annäherungsversuche ärgerten sie. **4** Zugang, Zufahrt(sstraße) **5** Landeanflug **6** Annäherung ◇ *That's the nearest approach to an apology you'll get from him.* Das war beinahe eine Entschuldigung. Mehr wirst du von ihm nicht kriegen.

IDM → CARROT

ap·proach·able /əˈprəʊtʃəbl; *AmE* əˈproʊ-/ *Adj* umgänglich

ap·pro·ba·tion /ˌæprəˈbeɪʃn/ *Nomen* (*gehoben*) Zustimmung

ap·pro·pri·ate *Adj, Verb*

▸ ***Adj*** /əˈprəʊpriət; *AmE* əˈproʊ-/ geeignet, passend, entsprechend; (*Bemerkung*) treffend; (*Behörde*) zuständig ◇ *Delete as appropriate.* Nichtzutreffendes streichen.

▸ ***Verb*** /əˈprəʊprieɪt; *AmE* əˈproʊ-/ (*gehoben*) **1** sich aneignen **2** ~ **sth for sth** (*Geld etc.*) etw für etw bestimmen

ap·pro·pri·ate·ly /əˈprəʊpriətli; *AmE* əˈproʊ-/ *Adv* **1** entsprechend, passend, adäquat, angemessen **2** treffenderweise, sinnigerweise, passenderweise

ap·pro·pri·ate·ness /əˈprəʊpriətnəs; *AmE* əˈproʊ-/ *Nomen* **1** Angemessenheit **2** Eignung

ap·pro·pri·ation /əˌprəʊpri'eɪʃn; *AmE* əˌproʊ-/ *Nomen* **1** (*gehoben oder offiz*) Aneignung **2** (*von Geldern etc.*) Bereitstellung, Bestimmung

ap·prov·al /ə'pru:vl/ *Nomen* **1** Anerkennung, Zustimmung ◇ *She desperately wanted to win her father's approval.* Verzweifelt suchte sie die Anerkennung ihres Vaters. ◇ *Do the plans meet with your approval?* Finden die Pläne Ihre Zustimmung? ◇ *Several people nodded in approval.* Etliche Leute nickten zustimmend. **2** Zustimmung, Genehmigung ◇ *parliamentary approval* Billigung durch das Parlament IDM **on ap'proval** zur Probe; zur Ansicht

ap·prove /ə'pru:v/ *Verb* **1** ~ **(of sb/sth)** (mit jdm/etw) einverstanden sein ◇ *Her parents don't approve of her new boyfriend.* Ihre Eltern lehnen ihren neuen Freund ab. ◇ *I approve of your trying to earn some money.* Ich finde es gut, dass du dir etwas Geld verdienen willst. **2** billigen, genehmigen **3** anerkennen ◇ *a course approved by the Department of Education* ein vom Kultusministerium anerkannter Lehrgang

ap·prov·ing /ə'pru:vɪŋ/ *Adj* (*Adv* **ap·prov·ing·ly**) beifällig, zustimmend ◇ *He gave me an approving nod.* Er nickte mir beifällig zu.

ap·proxi·mate *Adj, Verb*

▸ ***Adj*** /ə'prɒksɪmət; *AmE* ə'prɑ:k-/ (*Adv* **approxi·mate·ly, approx**) ungefähr ◇ *This figure is only approximate.* Es handelt sich um einen ungefähren Wert.

▸ ***Verb*** /ə'prɒksɪmeɪt; *AmE* ə'prɑ:k-/ ~ **(to) sth** einer Sache nahe kommen ◇ *Your story approximates to the facts we already know.* Ihre Aussage entspricht in etwa den Fakten, die uns bereits bekannt sind.

ap·proxi·ma·tion /əˌprɒksɪ'meɪʃn; *AmE* əˌprɑ:k-/ *Nomen* **1** Annäherungswert **2** ~ **(of/to sth)** Annäherung (an etw)

APR /ˌeɪ pi: 'ɑ:(r)/ *Kurzform von* **annual percentage rate** Jahreszinssatz

apri·cot /'eɪprɪkɒt; *AmE* 'æprɪkɑ:t/ *Nomen, Adj*

▸ ***Nomen*** **1** Aprikose **2** Aprikosenbaum

▸ ***Adj*** aprikosenfarben

April /'eɪprəl/ *Nomen* (*Abk* **Apr**) April → *Beispiele bei* JANUAR

ˌApril 'Fool *Nomen* **1** Aprilscherz **2** Aprilnarr ◇ *April Fool!* April, April!

ap·ron /'eɪprən/ *Nomen* **1** Schürze **2** (AERO) Vorfeld **3** (*auch* **'apron stage**) (THEAT) Vorbühne IDM **be tied to your mother's, wife's, etc. apron strings** der Mutter, Frau etc. am Schürzenzipfel hängen

apro·pos /ˌæprə'pəʊ; *AmE* -'poʊ/ (*auch* **apro·pos of**) *Präp* in Bezug auf

apse /æps/ *Nomen* Apsis

apt /æpt/ *Adj* **1** (*Adv* **aptly**) passend ◇ *the aptly named Grand Hotel* das Grand Hotel, das diesen Namen zu Recht führt **2** [nicht vor Nomen] **be ~ to do sth** dazu neigen, etw zu tun

ap·ti·tude /'æptɪtju:d; *AmE* -tu:d/ *Nomen* ~ **(for sth)** Begabung (für etw) ◇ *his aptitude for dealing with children* seine Begabung im Umgang mit Kindern ◇ *an aptitude test* ein Eignungstest

aqua·culture /'ækwəkʌltʃə(r)/ *Nomen* Aquakultur

aqua·plane /'ækwəpleɪn/ *Verb* (*BrE*) **1** auf regennasser Straße ins Schleudern geraten **2** monowasserskifahren

Aquar·ian /ə'kweəriən; *AmE* ə'kwer-/ *Nomen, Adj*

▸ ***Nomen*** Wassermann

▸ ***Adj*** Wassermann-

aquar·ium /ə'kweəriəm; *AmE* ə'kwer-/ *Nomen* (*Pl* **aquar·iums** *oder* **aqua·ria** /-riə/) Aquarium

Aquar·ius /ə'kweəriəs; *AmE* ə'kwer-/ *Nomen* (*Sternzeichen, Mensch*) Wassermann

aqua·tic /ə'kwætɪk/ *Adj* Wasser- ◇ *aquatic plants* Wasserpflanzen ◇ *aquatic creatures* im Wasser lebende Tiere

aque·duct /'ækwɪdʌkt/ *Nomen* Aquädukt

Arab /'ærəb/ *Nomen, Adj*

▸ ***Nomen*** **1** Araber(in) **2** (*Pferd*) Araber

▸ ***Adj*** arabisch

Ara·bian /ə'reɪbiən/ *Adj* arabisch ◇ *tales of the Arabian Nights* Märchen aus Tausendundeiner Nacht

Arab·ic /'ærəbɪk/ *Adj, Nomen*

▸ ***Adj*** arabisch ◇ *Arabic numerals* arabische Ziffern

▸ ***Nomen*** Arabisch

ar·able /'ærəbl/ *Adj* Acker- ◇ *arable farming* Ackerbau ◇ *arable land* Acker(land) ◇ *arable crops* Getreide

ar·bi·ter /'ɑ:bɪtə(r); *AmE* 'ɑ:rb-/ *Nomen* Instanz ◇ *Who will be the final arbiter?* Wer ist in dieser Sache die letzte Instanz? ◇ *Box office receipts are the ultimate arbiter of a film's success.* Letztlich entscheidet die Zahl der Kinobesucher über den Erfolg eines Films. ◇ *an arbiter of fashion* ein Modeguru

ar·bi·trari·ness /'ɑ:bɪtrərinəs, -trinəs; *AmE* 'ɑ:rbətrerinəs/ *Nomen* Willkür

ar·bi·trary /'ɑ:bɪtrəri, -tri; *AmE* 'ɑ:rbətreri/ *Adj* (*Adv* **ar·bit·rar·ily** /ˌɑ:bɪ'trerəli, 'ɑ:bɪtrəli; *AmE* ˌɑ:rbə'trerəli/) willkürlich

ar·bi·trate /'ɑ:bɪtreɪt; *AmE* 'ɑ:rb-/ *Verb* vermitteln, schlichten

ar·bi·tra·tion /ˌɑ:bɪ'treɪʃn; *AmE* ˌɑ:rb-/ *Nomen* Schlichtung ◇ *go to arbitration* vor ein Schiedsgericht gehen

ar·bi·tra·tor /'ɑ:bɪtreɪtə(r); *AmE* 'ɑ:rb-/ *Nomen* Vermittler(in), Schlichter(in)

ar·bour (*AmE* **arbor**) /'ɑ:bə(r); *AmE* 'ɑ:rbər/ *Nomen* Laube

arc /ɑ:k; *AmE* ɑ:rk/ *Nomen* Bogen

ar·cade /ɑ:'keɪd; *AmE* ɑ:r'-/ *Nomen* **1** Arkade **2** Passage **3** (*BrE*) = SHOPPING ARCADE **4** Spielhalle ◇ *arcade game* Videospiel

ar·cane /ɑ:'keɪn; *AmE* ɑ:r'-/ *Adj* (*gehoben*) undurchschaubar

arch /ɑ:tʃ; *AmE* ɑ:rtʃ/ *Nomen, Verb, Adj*

▸ ***Nomen*** **1** Bogen **2** Wölbung (*der Fußsohle*)

▸ ***Verb*** **1** wölben ◇ *He arched his eyebrows.* Er zog die Brauen hoch. ◇ *arch your back* ins Hohlkreuz gehen ◇ *The cat arched its back.* Die Katze machte einen Buckel. **2** ~ **across/over sth** sich über etw wölben

▸ ***Adj*** (*Adv* **arch·ly**) schelmisch

arch·aeo·logic·al (*AmE auch* **arch·eo·logic·al**) /ˌɑ:kiə'lɒdʒɪkl; *AmE* ˌɑ:rkiə'lɑ:dʒɪ-/ *Adj* archäologisch

archae·olo·gist (*AmE auch* **arche·ologist**) /ˌɑ:ki'ɒlədʒɪst; *AmE* ˌɑ:rki'ɑ:lə-/ *Nomen* Archäologe, Archäologin

archae·ology (*AmE auch* **arche·ology**) /ˌɑ:ki'ɒlədʒi; *AmE* ˌɑ:rki'ɑ:lə-/ *Nomen* Archäologie

ar·chaic /ɑ:'keɪɪk; *AmE* ɑ:r'-/ *Adj* veraltet, archaisch

arch·an·gel /'ɑ:keɪndʒl; *AmE* 'ɑ:rk-/ *Nomen* Erzengel

arch·bishop /ˌɑ:tʃ'bɪʃəp; *AmE* ˌɑ:rtʃ-/ *Nomen* Erzbischof

arch·deacon /ˌɑ:tʃ'di:kən; *AmE* ˌɑ:rtʃ-/ *Nomen* Archidiakon(in)

arch·duch·ess /ˌɑ:tʃ'dʌtʃəs; *AmE* ˌɑ:rtʃ-/ *Nomen* Erzherzogin

arch·duke /ˌɑ:tʃ'dju:k; *AmE* ˌɑ:rtʃ'du:k/ *Nomen* Erzherzog

ˌarch-'enemy *Nomen* Erzfeind(in)

arch·eo·logic·al, arche·ologist, arche·ology (*AmE*) = ARCHAEOLOGICAL, ARCHAEOLOGIST *und* ARCHAEOLOGY

arch·er /'ɑ:tʃə(r); *AmE* 'ɑ:rtʃər/ *Nomen* Bogenschütze, -schützin

arch·ery /'ɑ:tʃəri; *AmE* 'ɑ:rtʃə-/ *Nomen* Bogenschießen

arche·typal /ˌɑːkiˈtaɪpl; *AmE* ˌɑːrk-/ *Adj* typisch, archetypisch ◇ *The Beatles were the archetypal pop group.* Die Beatles waren das Urbild einer Popgruppe.

arche·type /ˈɑːkitaɪp; *AmE* ˈɑːrk-/ *Nomen* **1** Inbegriff, Urform **2** (PSYCH) Archetyp(us)

archi·pel·ago /ˌɑːkɪˈpeləgəʊ; *AmE* ˌɑːrkɪˈpelәgoʊ/ *Nomen* (*Pl* **-os** *oder* **-oes**) Archipel, Inselgruppe

archi·tect /ˈɑːkɪtekt; *AmE* ˈɑːrk-/ *Nomen* **1** Architekt(in) **2** (*fig*) Urheber(in) ◇ *He was one of the principal architects of the revolution.* Er war einer der führenden Köpfe der Revolution.

archi·tec·tural /ˌɑːkɪˈtektʃərəl; *AmE* ˌɑːrk-/ *Adj* (*Adv* **archi·tec·tur·al·ly** /-rəli/) architektonisch

archi·tec·ture /ˈɑːkɪtektʃə(r); *AmE* ˈɑːrk-/ *Nomen* Architektur

arch·ive /ˈɑːkaɪv; *AmE* ˈɑːrkaɪv/ *Nomen, Verb*

▸ ***Nomen*** (*auch* **arch·ives** [Pl]) Archiv

▸ ***Verb*** archivieren

arch·iv·ist /ˈɑːkɪvɪst; *AmE* ˈɑːrk-/ *Nomen* Archivar(in)

arch·ly *Adv* → ARCH

ˌarch-ˈrival *Nomen* Erzrivale, Erzrivalin

arch·way /ˈɑːtʃweɪ; *AmE* ˈɑːrtʃ-/ *Nomen* Torbogen

ˈarc lamp *Nomen* Scheinwerfer; (PHYSIK) Bogenlampe

Arc·tic /ˈɑːktɪk; *AmE* ˈɑːrk-/ *Adj, Nomen*

▸ ***Adj*** **1** [nur vor Nomen] arktisch, Polar- **2** **arctic** arktisch ◇ *arctic conditions* arktische Bedingungen

▸ ***Nomen*** **the Arctic** die Arktis

the ˌArctic ˈCircle *Nomen* der nördliche Polarkreis

ar·dent /ˈɑːdnt; *AmE* ˈɑːrdnt/ *Adj* (*Adv* **ar·dent·ly**) [nur vor Nomen] leidenschaftlich

ar·dour (*AmE* **ardor**) /ˈɑːdə(r); *AmE* ˈɑːrdər/ *Nomen* Leidenschaft ◇ *revolutionary ardour* revolutionärer Elan

ar·du·ous /ˈɑːdjuəs, -dʒu-; *AmE* ˈɑːrdʒuəs/ *Adj* beschwerlich

are[1] /ə(r), *betont* ɑː(r)/ *Form von* BE

are[2] /ɑː(r); *BrE auch* eə(r); *AmE auch* er/ *Nomen* Ar

area 🗝 /ˈeəriə; *AmE* ˈer-/ *Nomen* **1** Gebiet, Gegend ◇ *the London area* der Londoner Raum **2** Bereich ◇ *a play area* eine Spielecke **3** Stelle ◇ *Move the cursor to a blank area of the screen.* Setzen Sie den Cursor auf eine leere Stelle auf dem Bildschirm. **4** Bereich, Gebiet ◇ *a growth area* ein Zuwachsbereich **5** Fläche ◇ *The room is 12 square metres in area.* Das Zimmer hat eine Fläche von 12 Quadratmetern. **6** = PENALTY AREA

ˈarea code *Nomen* (*bes AmE*) Vorwahl, Ortskennzahl

arena /əˈriːnə/ *Nomen* **1** Arena **2** Schauplatz, Arena

aren't /ɑːnt; *AmE* ɑːrnt/ = ARE NOT

ar·gu·able /ˈɑːgjuəbl; *AmE* ˈɑːrgju-/ *Adj* (*gehoben*) **1** vertretbar ◇ *It is arguable that too many details are confusing.* Man kann den Standpunkt vertreten, dass zu viele Einzelheiten verwirrend sind. **2** fraglich

ar·gu·ably /ˈɑːgjuəbli; *AmE* ˈɑːrgju-/ *Adv* (*oft vor der Komparativ- oder Superlativform eines Adjektivs gebraucht*) möglicherweise ◇ *Brad Pitt is arguably the best actor of his generation.* Brad Pitt dürfte der beste Schauspieler seiner Generation sein.

argue 🗝 /ˈɑːgjuː; *AmE* ˈɑːrgjuː/ *Verb* **1** ~ **(with sb)** **(about/over sth)** (sich) (mit jdm) (über etw) streiten, (jdm) (in Bezug auf etw) widersprechen ◇ *I don't want to argue with you—just do it!* Ich will keine langen Diskussionen—tu, was ich sage! **2** argumentieren, behaupten; ~ **for sth** für etw eintreten; ~ **against sth** sich gegen etw aussprechen, gegen etw einen Einwand vorbringen ◇ *She argued the case for bringing back the death penalty.* Sie sprach sich dafür aus, die Todesstrafe wieder einzuführen. ◇ *He was too tired to argue the point.* Er war zu müde, darüber zu diskutieren. ◇ *a well-argued article* ein Artikel mit guten Argumenten **3** (*gehoben*) zeugen von **IDM** **ˌargue the ˈtoss** (*ErE, umgs*) sich (herum)streiten **PHR V** **argue sb into/out of doing sth** jdm etw ein-/ausreden ◇ *They argued him into withdrawing his complaint.* Sie haben ihn dazu überredet, seine Klage zurückzunehmen. **ˈargue with sth** (*meist in verneinten Sätzen*) (*umgs*) etw abstreiten ◇ *Six weeks' holiday?—You can't argue with that.* Sechs Wochen Urlaub?—Da kann man nichts sagen!

ar·gu·ment 🗝 /ˈɑːgjumənt; *AmE* ˈɑːrgju-/ *Nomen* **1** Streit, Auseinandersetzung ◇ *have an argument* sich streiten ◇ *She got into an argument with the teacher.* Sie hatte eine Auseinandersetzung mit dem Lehrer. ◇ *After some heated argument a decision was finally taken.* Nach einer hitzigen Diskussion wurde schließlich eine Entscheidung getroffen. **2** Argument **3** ~ **(about sth)** Einwand (gegen etw) ◇ *We agreed on the policy without (further) argument.* Wir einigten uns über die Taktik ohne weitere Einwände. ◇ *Let's assume for the sake of argument that we can't start till March.* Nehmen wir einmal rein theoretisch an, dass wir erst im März anfangen können.

ar·gu·men·ta·tive /ˌɑːgjuˈmentətɪv; *AmE* ˌɑːrgju-/ *Adj* streitsüchtig

aria /ˈɑːriə/ *Nomen* Arie

arid /ˈærɪd/ *Adj* **1** trocken, dürr **2** (*gehoben*) (*Diskussion etc.*) öde

arid·ity /əˈrɪdəti/ *Nomen* Trockenheit, Dürre

Aries /ˈeəriːz; *AmE* ˈeriːz/ *Nomen* (*Sternzeichen, Mensch*) Widder

aright /əˈraɪt/ *Adv* (*veraltet*) recht

arise 🗝 /əˈraɪz/ *Verb* (**arose** /əˈrəʊz; *AmE* əˈroʊz/, **arisen** /əˈrɪzn/) **1** entstehen, aufkommen, sich erheben ◇ *A new crisis has arisen.* Es ist erneut zu einer Krise gekommen. ◇ *when the need arises* wenn nötig **2** sich ergeben; ~ **out of/from sth** sich aus etw ergeben, von etw herrühren, auf etw zurückzuführen sein ◇ *Are there any matters arising from the minutes of the last meeting?* Ergeben sich aus dem Protokoll der letzten Sitzung noch Fragen? **3** (*veraltet oder gehoben*) aufstehen **4** (*veraltet*) sich auflehnen

ar·is·toc·racy /ˌærɪˈstɒkrəsi; *AmE* -ˈstɑːk-/ *Nomen* [mit Verb im Sing/Pl] (*Pl* **-ies**) Aristokratie, Adel

ar·is·to·crat /ˈærɪstəkræt; *AmE* əˈrɪstəkræt/ *Nomen* Aristokrat(in), Adlige(r)

ar·is·to·crat·ic /ˌærɪstəˈkrætɪk; *AmE* əˌrɪ-/ *Adj* aristokratisch, adlig

arith·met·ic /əˈrɪθmətɪk/ *Nomen* Arithmetik, Rechnen ◇ *I did some quick mental arithmetic to work out which was cheaper.* Ich rechnete schnell im Kopf aus, was billiger war. ◇ *There's something wrong with the arithmetic—we can't possibly have sold that many copies.* Irgendetwas stimmt nicht mit diesen Zahlen—so viele Exemplare können wir unmöglich verkauft haben.

arith·met·ic·al /ˌærɪθˈmetɪkl/ (*auch* **arith·met·ic**) *Adj* (*Adv* **arith·met·ic·al·ly** /-kli/) arithmetisch

ark /ɑːk; *AmE* ɑːrk/ **the ark**, **ˌNoah's ˈark** *Nomen* [Sing] Arche (Noah) **IDM** **sth went out with the ˈark** (*BrE, umgs*) etw ist völlig veraltet

arm 🗝 /ɑːm; *AmE* ɑːrm/ *Nomen, Verb*

▸ ***Nomen*** **1** Arm ◇ *She threw her arms around him.* Sie umarmte ihn. ◇ *He held the dirty rag at arm's length.* Er hielt den schmutzigen Lappen weit von sich. ◇ *They fell asleep in each other's arms.* Eng umschlungen schliefen sie ein. ◇ *He walked in with a tall blonde on his arm.* Er kam mit einer großen Blondine am Arm rein. → *Siehe auch* ARMS **2** Ärmel **3** Armlehne **4** [meist Sing] (*einer Firma oder Organisation*) Zweig **IDM** **cost/pay an ˌarm and a ˈleg** (*umgs*) ein Vermögen kosten/ausgeben **keep sb at arm's length** jdn auf Distanz halten → *Siehe auch* AKIMBO, BABE, CHANCE, FOLD, LONG, RIGHT, SHOT *und* TWIST

▸ ***Verb*** **1** bewaffnen **2** sich rüsten, aufrüsten **3** (*fig*) sich wappnen **4** (*Bombe etc.*) scharf machen **IDM** ˌ**armed to the ˈteeth** (*gehoben*) bis an die Zähne bewaffnet

ar·mada /ɑːˈmɑːdə; *AmE* ɑːrˈ-/ *Nomen* Armada (*auch fig*)

ar·ma·dillo /ˌɑːməˈdɪləʊ; *AmE* ˌɑːrməˈdɪloʊ/ *Nomen* (*Pl* **-os**) Gürteltier

Ar·ma·ged·don /ˌɑːməˈgedn; *AmE* ˌɑːrm-/ *Nomen* [Sing] Armageddon, weltweite (kriegerische) Katastrophe ◇ *nuclear Armageddon* atomarer Weltuntergang

ar·ma·ment /ˈɑːməmənt; *AmE* ˈɑːrm-/ *Nomen* **1** [meist Pl] Rüstung **2** Aufrüstung

arm·band /ˈɑːmbænd; *AmE* ˈɑːrm-/ *Nomen* **1** Armbinde **2** Schwimmflügel

arm·chair /ˈɑːmtʃeə(r); *AmE* ˈɑːrmtʃer/ *Nomen, Adj*

▸ ***Nomen*** Sessel, Lehnstuhl

▸ ***Adj*** [nur vor Nomen] ◇ *He's an armchair traveller.* Er reist nur mit dem Finger auf der Landkarte. ◇ *armchair athletes* Fernsehsessel-Sportler

armed 0→ /ɑːmd; *AmE* ɑːrmd/ *Adj* **1** bewaffnet **2** ~ **(with sth)** (mit etw) ausgerüstet ◇ *I was armed with the facts.* Ich hatte die Fakten parat.

the ˌ**armed ˈforces** (*BrE auch* **the** ˌ**armed ˈservices**) *Nomen* [Pl] die Streitkräfte

arm·ful /ˈɑːmfʊl; *AmE* ˈɑːrm-/ *Nomen* Arm voll

arm·hole /ˈɑːmhəʊl; *AmE* ˈɑːrmhoʊl/ *Nomen* Armloch

ar·mis·tice /ˈɑːmɪstɪs; *AmE* ˈɑːrm-/ *Nomen* [Sing] Waffenstillstand

ar·mour (*AmE* **armor**) /ˈɑːmə(r); *AmE* ˈɑːrmər/ *Nomen* [U] **1** Rüstung ◇ *a suit of armour* eine Rüstung ◇ (*fig*) *armadillos with their protective armour* Armadillos mit ihrem Schutzpanzer **2** Panzerplatten **3** (*Fachspr*) Panzerfahrzeuge, Panzertruppen **IDM** → CHINK *und* KNIGHT

ar·moured (*AmE* **ar·mored**) /ˈɑːməd; *AmE* ˈɑːrmərd/ *Adj* **1** (*Fahrzeug*) gepanzert **2** Panzer-

ˌ**armour-ˈplated** (*AmE* ˌ**armor-ˈplated**) *Adj* (*Fahrzeug*) gepanzert

ar·moury (*AmE* **ar·mory**) /ˈɑːməri; *AmE* ˈɑːrm-/ *Nomen* **1** Arsenal (*auch fig*) **2** (*AmE*) Hauptquartier der National Guard oder einer Reservisteneinheit

arm·pit /ˈɑːmpɪt; *AmE* ˈɑːrm-/ (*AmE auch, umgs* **pit**) *Nomen* Achselhöhle

arm·rest /ˈɑːmrest; *AmE* ˈɑːrm-/ *Nomen* Armlehne

arms 0→ /ɑːmz; *AmE* ɑːrmz/ *Nomen* [Pl] **1** (*gehoben*) Waffen **2** (*in Namen von Lokalen*) Wappen ◇ *the King's Arms* „Zum königlichen Wappen" → *Siehe auch* COAT OF ARMS **IDM** **be under arms** unter Waffen stehen **lay down your ˈarms** die Waffen niederlegen **take up arms (against sb)** (gegen jdn) zu den Waffen greifen **(be) up in ˈarms (about/over sth)** (*umgs*) (über etw) empört (sein) → *Siehe auch* PRESENT

ˈarms race *Nomen* [Sing] Wettrüsten

army 0→ /ˈɑːmi; *AmE* ˈɑːrmi/ *Nomen* **1** [mit Verb im Sing/Pl] Armee, Heer (*auch fig*) **2** [mit Verb im Sing/Pl] **the army** Militär ◇ *Mike went into the army.* Mike ging zum Militär.

ˈA-road *Nomen* ≈ Bundesstraße

aroma /əˈrəʊmə; *AmE* əˈroʊ-/ *Nomen* Duft, Aroma

aroma·ther·ap·ist /əˌrəʊməˈθerəpɪst; *AmE* əˌroʊ-/ *Nomen* Aromatherapeut(in)

aroma·ther·apy /əˌrəʊməˈθerəpi; *AmE* əˌroʊ-/ *Nomen* Aromatherapie

aro·mat·ic /ˌærəˈmætɪk/ *Adj* aromatisch, wohlriechend

arose *Form von* ARISE

around 0→ /əˈraʊnd/ *Adv, Präp*

▸ ***Adv*** ⓘ Für Verben mit **around** siehe die Einträge für die Verben. **Come around to sth** z.B. steht unter **come**. **1** ungefähr, etwa ◇ *around Christmas* um Weihnachten herum ◇ *around five o'clock* gegen fünf Uhr **2** überall, ringsherum ◇ *I could hear laughter all around.* Ich hörte Gelächter von allen Seiten. **3** (*bes AmE*) (*BrE auch* **round**) herum ◇ *How do you make the wheels go around?* Wie bringt man die Räder dazu, sich zu drehen? ◇ *The lake is 72 miles around.* Der See hat einen Umfang von 72 Meilen. ◇ *She turned the car around and drove off.* Sie wendete und fuhr davon. ◇ *They looked around when he called.* Sie drehten sich um, als er rief. **4** herum ◇ *There were papers lying around all over the floor.* Auf dem ganzen Boden lagen Zeitungen herum. ◇ *sit around* herumsitzen **5** vorhanden, da ◇ *There was more money around in those days.* Damals hatten die Leute mehr Geld. ◇ *Digital television has been around for some time now.* Digitalfernsehen gibt es schon seit längerer Zeit. ◇ *a new tennis champion who could be around for a long time* ein neuer Tennismeister, der noch lange in der Tennisszene mitmischen könnte **IDM** **have been around** sich auskennen

▸ ***Präp*** (*bes AmE*) (*BrE auch* **round**) **1** um (… herum) ◇ *He put his arms around her.* Er umarmte sie. ◇ *There must be a way around the problem.* Es muss doch möglich sein, das Problem zu umgehen. **2** in … herum ◇ *I saw him around the office this morning.* Heute Morgen habe ich ihn im Büro gesehen. ◇ *millions of people around the world* Millionen Menschen in der ganzen Welt ◇ *It's around here somewhere.* Es muss hier irgendwo sein.

aˌ**round-the-ˈclock** *Adj* rund-um-die-Uhr-

arousal /əˈraʊzl/ *Nomen* Erregung

arouse /əˈraʊz/ *Verb* **1** wecken; (*Wut, Verdacht*) erregen ◇ *arouse controversy* eine Kontroverse auslösen **2** (*sexuell*) erregen **3** wachrütteln **4** ~ **sb (from sth)** (*gehoben*) jdn (aus etw) aufwecken

arr. *Abk* **1** = ARRIVAL, ARRIVE(D) *und* ARRIVE **2** (MUS) *Kurzform von* **arranged by** bearbeitet von

ar·raign /əˈreɪn/ *Verb* (*meist passiv*) ~ **sb (for sth)** jdm (wegen einer Sache) die Anklage eröffnen (und seine Einlassung entgegennehmen)

ar·raign·ment /əˈreɪnmənt/ *Nomen* Verlesung der Anklageschrift und Entgegennehmen der Einlassung

ar·range 0→ /əˈreɪndʒ/ *Verb* **1** planen, arrangieren, festlegen **2** vereinbaren, absprechen, ausmachen ◇ *as arranged* wie vereinbart ◇ *I've arranged that we can borrow their car.* Ich habe mit ihnen ausgemacht, dass wir ihr Auto leihen können. ◇ *arrange an appointment* einen Termin machen ◇ *We've still got to arrange how to get to the airport.* Wir müssen noch klären, wie wir zum Flughafen kommen. ◇ *Have you arranged to meet him?* Hast du dich mit ihm verabredet? **3** ~ **for sth** für etw sorgen, (sich) etw besorgen; ~ **for sb to do sth** dafür sorgen, dass jd etw macht ◇ *We arranged for a car to collect us from the airport.* Wir haben einen Wagen bestellt, der uns vom Flughafen abholt. ◇ *She arranged a loan with the bank.* Sie nahm einen Kredit bei der Bank auf. **4** ordnen; (*Blumen*) arrangieren **5** regeln ◇ *I must arrange my financial affairs.* Ich muss meine finanziellen Angelegenheiten regeln. **6** (MUS) bearbeiten

arˌ**ranged ˈmarriage** *Nomen* arrangierte Ehe

ar·range·ment 0→ /əˈreɪndʒmənt/ *Nomen* **1** [meist Pl] Vorbereitungen ◇ *I'll make arrangements for you to be met at the airport.* Ich werde veranlassen, dass Sie vom Flughafen abgeholt werden. **2 arrangements** [Pl] Regelung ◇ *special arrangements* Sonderregelungen **3** Vereinbarung ◇ *We can come to an arrangement over the price.* Wir können uns sicher auf einen Preis einigen. ◇ *by prior arrangement with the bank* nach vorheriger Absprache mit der Bank **4** Anordnung; (*Blumen-*) Gesteck ◇ *the seating arrangements* die Sitzordnung **5** Bearbeitung

ar·ran·ger /əˈreɪndʒə(r)/ *Nomen* **1** (MUS) Arrangeur(in) **2** Organisator(in)

ar·rant /ˈærənt/ *Adj* [nur vor Nomen] (*veraltet*) pur, schier

ar·ray /əˈreɪ/ *Nomen, Verb*
▸ ***Nomen*** **1** Ansammlung, (stattliche) Menge ◇ *a dazzling array of colours* eine beeindruckende Farbenpracht **2** (COMP, MATH) Array
▸ ***Verb*** aufstellen

array·ed /əˈreɪd/ *Adj* [nicht vor Nomen] (*festlich*) gekleidet

ar·rears /əˈrɪəz; *AmE* əˈrɪrz/ *Nomen* [Pl] Rückstände ◇ *tax arrears* Steuerschulden ◇ *get/fall into arrears* in Rückstand kommen ◇ *be paid in arrears* rückwirkend bezahlt werden

ar·rest 0━ /əˈrest/ *Verb, Nomen*
▸ ***Verb*** **1** ~ **sb (for sth)** jdn (wegen einer Sache) festnehmen, jdn (wegen einer Sache) verhaften **2** (*gehoben*) (*Entwicklung etc.*) aufhalten **3** (*gehoben*) faszinieren; (*Aufmerksamkeit etc.*) erregen **4** einen Herzstillstand erleiden
▸ ***Nomen*** **1** Festnahme, Verhaftung ◇ *a citizen's arrest* eine Festnahme durch eine Zivilperson ◇ *The police made several arrests.* Die Polizei nahm mehrere Personen fest. ◇ *She was under arrest on suspicion of murder.* Sie wurde wegen Morderverdachts verhaftet. **2** (MED) Stillstand ◇ *go into arrest* einen Herzstillstand erleiden

ar·rest·ing /əˈrestɪŋ/ *Adj* faszinierend

ar·rival 0━ /əˈraɪvl/ *Nomen* **1** (*Abk* **arr.**) Ankunft, Eintreffen **2** Ankömmling ◇ *We're expecting a new arrival in the family soon.* Wir erwarten bald Familienzuwachs. **3** (*von neuen Ideen etc.*) Einführung, Kommen

ar·rive 0━ /əˈraɪv/ *Verb* (*Abk* **arr.**) (an)kommen ◇ *They arrived home safely.* Sie sind gut nach Hause gekommen. ◇ *We didn't arrive back at the hotel until very late.* Wir kamen erst sehr spät zum Hotel zurück. IDM **sb has arˈrived** (*umgs*) jd hat es geschafft PHRV **arˈrive at sth** (*Schlussfolgerung, Einigung etc.*) zu etw kommen ◇ *arrive at the truth* die Wahrheit herausbekommen

ar·ro·gance /ˈærəgəns/ *Nomen* Arroganz, Überheblichkeit

ar·ro·gant /ˈærəgənt/ *Adj* (*Adv* **ar·ro·gant·ly**) arrogant, überheblich

arrow 0━ /ˈærəʊ; *AmE* ˈæroʊ/ *Nomen* Pfeil ◇ *a bow and arrow* Pfeil und Bogen ◇ *the arrow keys* die Pfeiltasten

ar·row·head /ˈærəʊhed; *AmE* -roʊ-/ *Nomen* Pfeilspitze

ar·row·root /ˈærəʊruːt; *AmE* -roʊ-/ *Nomen* **1** Pfeilwurz **2** Arrowroot

arse /ɑːs; *AmE* ɑːrs/ *Nomen, Verb*
▸ ***Nomen*** (*BrE, vulg, Slang*) **1** Arsch ◇ *Get off your arse!* Sei nicht so lahmarschig! **2** (*Dummkopf*) Armleuchter IDM **my arse!** du willst mich wohl verarschen! **work your ˈarse off** sich totarbeiten → *Siehe auch* KISS, KNOW, LICK *und* PAIN
▸ ***Verb*** IDM **can't be ˈarsed (to do sth)** (*BrE, vulg, Slang*) keinen Bock haben (etw zu tun) PHRV **ˌarse aˈbout/aˈround** (*BrE, vulg, Slang*) rumblödeln

arse·hole /ˈɑːshəʊl; *AmE* ˈɑːrshoʊl/ *Nomen* (*BrE, vulg, Slang*) Arschloch

ar·senal /ˈɑːsənl; *AmE* ˈɑːrsə-/ *Nomen* **1** (Waffen)arsenal **2** Munitionsfabrik, Waffenlager

ar·senic /ˈɑːsnɪk; *AmE* ˈɑːrs-/ *Nomen* Arsen

arson /ˈɑːsn; *AmE* ˈɑːrsn/ *Nomen* Brandstiftung ◇ *carry out an arson attack* einen Brandanschlag verüben

ar·son·ist /ˈɑːsənɪst; *AmE* ˈɑːrsə-/ *Nomen* Brandstifter(in)

art 0━ /ɑːt; *AmE* ɑːrt/ *Nomen, Verb*
▸ ***Nomen*** **1** Kunst ◇ *an art form* eine Kunstgattung ◇ *Her performance displayed great art.* Ihre Darstellung war künstlerisch hoch stehend. **2 the arts** [Pl] Kunst, Kultur ◇ *lottery funding for the arts* Lotteriegelder für kulturelle Projekte **3** [meist Pl] Geisteswissenschaft IDM → FINE
▸ ***Verb*** **thou art** (*veraltet*) du bist

art deco (*auch* **Art Deco**) /ˌɑːt ˈdekəʊ; *AmE* ˌɑːrt ˈdekoʊ/ *Nomen* Art déco

arte·fact (*bes AmE* **ar·ti·fact**) /ˈɑːtɪfækt; *AmE* ˈɑːrt-/ *Nomen* Artefakt

ar·ter·ial /ɑːˈtɪəriəl; *AmE* ɑːrˈtɪr-/ *Adj* arteriell, Arterien- ◇ *an arterial road* eine Verkehrsader

ar·terio·scler·osis /ɑːˌtɪəriəʊskləˈrəʊsɪs; *AmE* ɑːrˌtɪrioʊskləˈroʊsɪs/ *Nomen* Arteriosklerose, Arterienverkalkung

ar·tery /ˈɑːtəri; *AmE* ˈɑːrt-/ *Nomen* **1** Arterie, Schlagader **2** Verkehrsader

ar·te·sian well /ɑːˌtiːziən ˈwel; *AmE* ɑːrˌtiːʒn ˈwel/ *Nomen* artesischer Brunnen

art·ful /ˈɑːtfl; *AmE* ˈɑːrt-/ *Adj* (*Adv* **art·ful·ly** /-fəli/) **1** (*abwert*) schlau, gerissen **2** raffiniert

ˈart gallery (*auch* **gal·lery**) *Nomen* Kunstgalerie

ˈart-house *Adj* Arthaus- ◇ *an art-house cinema* ein Programmkino

arth·ri·tic /ɑːˈθrɪtɪk; *AmE* ɑːrˈ-/ *Adj* arthritisch

arth·ritis /ɑːˈθraɪtɪs; *AmE* ɑːrˈ-/ *Nomen* Arthritis, Gelenkentzündung

ar·ti·choke /ˈɑːtɪtʃəʊk; *AmE* ˈɑːrtɪtʃoʊk/ *Nomen* **1** = GLOBE ARTICHOKE **2** (*BrE*) = JERUSALEM ARTICHOKE

art·icle 0━ /ˈɑːtɪkl; *AmE* ˈɑːrt-/ *Nomen* **1** Artikel **2** (RECHT) Artikel; (*in Verträgen*) Paragraf **3** (*gehoben*) Gegenstand ◇ *articles of clothing* Kleidungsstücke ◇ *toilet articles* Toilettenartikel

art·icled /ˈɑːtɪkld; *AmE* ˈɑːrt-/ *Adj* (*BrE*) ◇ *an articled clerk* ein(e) Rechtsreferendar(in) ◇ *She was articled to a firm of solicitors.* Sie war Referendarin in einem Anwaltsbüro.

ˌarticle of ˈfaith *Nomen* (*Pl* **art·icles of faith**) Glaubenssatz

ar·ticu·late *Verb, Adj*
▸ ***Verb*** /ɑːˈtɪkjuleɪt; *AmE* ɑːrˈ-/ **1** (*gehoben*) in Worte fassen, darlegen **2** artikulieren ◇ *He was too drunk to articulate properly.* Er war zu betrunken, um deutlich zu sprechen. **3** ~ **(with sth)** (*gehoben*) (mit etw) zusammenhängen **4** (*Fachspr*) ~ **(with sth)** (mit etw) durch ein Gelenk verbunden sein **5** (*Fachspr*) ~ **sth** etw durch ein Gelenk verbinden ◇ *a robot with articulated limbs* ein Roboter mit Gelenken
▸ ***Adj*** /ɑːˈtɪkjələt; *AmE* ɑːrˈ-/ **1** redegewandt ◇ *He was unusually articulate for a ten-year-old.* Für einen Zehnjährigen konnte er sich ungewöhnlich gut ausdrücken. **2** deutlich (artikuliert), verständlich

ar·ticu·lated /ɑːˈtɪkjuleɪtɪd; *AmE* ɑːrˈ-/ *Adj* (*BrE*) (*Fahrzeug*) Gelenk- ◇ *an articulated lorry* ein Sattelschlepper

ar·ticu·la·tion /ɑːˌtɪkjuˈleɪʃn; *AmE* ɑːrˌ-/ *Nomen* **1** (*gehoben*) Formulierung **2** (*gehoben*) Artikulation ◇ *As he drank more wine, his articulation suffered.* Je mehr Wein er trank, desto undeutlicher sprach er. **3** (*Fachspr*) Gelenk(verbindung)

ar·ti·fact (*bes AmE*) = ARTEFACT

ar·ti·fice /ˈɑːtɪfɪs; *AmE* ˈɑːrt-/ *Nomen* Trick, List

ar·ti·fi·cial 0-π /ˌɑːtɪˈfɪʃl; *AmE* ˌɑːrt-/ *Adj* (*Adv* **ar·ti·fi·cial·ly** /-ʃəli/) **1** künstlich, Kunst- ◇ *an artificial limb* eine Prothese ◇ *artificial sweetener* Süßstoff **2** künstlich, artifiziell ◇ *A job interview is a very artificial situation.* Ein Vorstellungsgespräch ist eine sehr unnatürliche Situation. **3** unecht

ˌartificial inˌsemiˈnation *Nomen* (*Abk* **AI**) künstliche Befruchtung

ˌartificial inˈtelligence *Nomen* (*Abk* **AI**) (COMP) künstliche Intelligenz

ar·ti·fi·ci·al·ity /ˌɑːtɪˌfɪʃiˈæləti; *AmE* ˌɑːrt-/ *Nomen* Künstlichkeit

ˌartificial respiˈration (*BrE auch* **ˌartificial ventiˈlation**) *Nomen* künstliche Beatmung

ar·til·lery /ɑːˈtɪləri; *AmE* ɑːrˈt-/ *Nomen* Artillerie

ar·ti·san /ˌɑːtɪˈzæn; *AmE* ˈɑːrtəzn/ *Nomen* (*gehoben*) Handwerker(in)

art·ist 0-π /ˈɑːtɪst; *AmE* ˈɑːrtɪst/ *Nomen* **1** Künstler(in) ◇ *a graphic artist* ein Grafiker ◇ *make-up artists* Maskenbildner ◇ *an artist's impression of the attacker* eine Zeichnung des Angreifers ◇ (*fig*) *Whoever made this cake is a real artist.* Wer diesen Kuchen gebacken hat, ist ein echter Könner. **2** (Unterhaltungs)künstler (in), Musiker(in)

ar·tiste /ɑːˈtiːst; *AmE* ɑːrˈt-/ *Nomen* (*bes BrE*) (Unterhaltungs)künstler(in), Artist(in) ◇ *a mime artiste* ein Pantomime

ar·tis·tic 0-π /ɑːˈtɪstɪk; *AmE* ɑːrˈt-/ *Adj* (*Adv* **ar·tis·tic·al·ly** /-kli/) **1** künstlerisch ◇ *the artistic works of the period* die Kunstwerke der Epoche ◇ *She's very artistic.* Sie ist künstlerisch sehr begabt. **2** kunstvoll ◇ *The decor inside the house was very artistic.* Die Inneneinrichtung war sehr geschmackvoll. IDM → LICENCE

art·is·try /ˈɑːtɪstri; *AmE* ˈɑːrt-/ *Nomen* künstlerische Leistung ◇ *He played the piece with effortless artistry.* Er spielte das Stück mit müheloser künstlerischer Vollendung.

art·less /ˈɑːtləs; *AmE* ˈɑːrt-/ *Adj* **1** arglos, ungekünstelt **2** schlicht, schmucklos

art nou·veau /ˌɑːt nuːˈvəʊ, ˌɑː nuːˈ-; *AmE* ˌɑːrt nuːˈvoʊ, ˌɑːr nuːˈ-/ *Nomen* Jugendstil

ˌarts and ˈcrafts *Nomen* [Pl] Kunsthandwerk, Kunstgewerbe

artsy /ˈɑːtsi; *AmE* ˈɑːrt-/ *Adj* (*AmE*, *umgs*, *meist abwert*) gewollt künstlerisch

art·work /ˈɑːtwɜːk; *AmE* ˈɑːrtwɜːrk/ *Nomen* **1** Bildmaterial, Illustrationen **2** Kunstwerk

arty /ˈɑːti; *AmE* ˈɑːrti/ *Adj* (*umgs*, *meist abwert*) Künstler-, (gewollt) künstlerisch ◇ *arty types* Künstlertypen ◇ *boring, arty films* langweilige, auf Kunst gemachte Filme

aru·gula /æˈruːgjʊlə; *AmE* æˈruːgələ/ *Nomen* (*AmE*) Rucola

ˌA'S (level) *Nomen* = Prüfung, die Schüler in England, Wales und Nordirland mit etwa 17 Jahren machen

as 0-π /əz, *betont* æz/ *Präp*, *Adv*, *Konj*

▸ ***Präp*** als ◇ *He works as a gardener.* Er arbeitet als Gärtner. ◇ *They treated me as a friend.* Sie haben mich wie einen Freund behandelt.

▸ ***Adv*** **1 as … as …** (*in Vergleichen*) so … wie … ◇ *You're as tall as your father.* Du bist so groß wie dein Vater. ◇ *He was as white as a sheet.* Er war kreidebleich. ◇ *Run as fast as you can.* Lauf so schnell du kannst. **2** wie ◇ *As always, he said little.* Wie üblich sagte er wenig.

▸ ***Konj*** **1** als, während ◇ *He watched her as she got ready.* Er sah zu, wie sie sich fertig machte. ◇ *As she grew older she gained in confidence.* Mit zunehmendem Alter wurde sie selbstbewusster. **2** (so) wie ◇ *Leave the papers as they are.* Lass die Unterlagen so, wie sie sind. ◇ *They did as I had asked.* Sie folgten meiner Bitte. **3** da, weil ◇ *As you were out, I left a message.* Da du nicht da warst, habe ich eine Nachricht hinterlassen. **4** (*gehoben*) ◇ *Happy as they were, there was something missing.* So glücklich sie auch waren, es fehlte doch etwas. IDM **as against sth** im Gegensatz zu etw; verglichen mit etw **ˌas and ˈwhen** (dann) … wenn ◇ *We'll decide on the team as and when we qualify.* Wir werden das Team dann auswählen, wenn wir uns qualifiziert haben. ◇ *I'll tell you more as and when.* Sobald ich mehr weiß, erzähle ich es dir. **as for sb/sth** was jdn/etw betrifft; was jdn/etw angeht **as from … /as of …** ab …; von … an ◇ *Our fax number is changing as from May 12.* Vom 12. Mai an haben wir eine neue Faxnummer. **as if/as though** als ob ◇ *'Don't say anything.' 'As if I would!'* „Du darfst nichts sagen." „Als ob ich etwas sagen würde!" **ˌas it ˈis** wie es aussieht; wie die Dinge liegen ◇ *I can't help—I've got too much to do as it is.* Ich kann euch nicht helfen—ich habe sowieso schon genug zu tun. **as it ˈwere** sozusagen **as to sth**; **as regards sth** was etw betrifft; was etw angeht **as you ˈdo** wie man das so macht → *Siehe auch* WELL *und* YET

ASA /ˌeɪ es ˈeɪ/ **1** *Kurzform von* **Advertising Standards Authority** = für Werbung zuständige Aufsichtsbehörde in Großbritannien **2** *Kurzform von* **American Standards Association** (*Einheit für die Lichtempfindlichkeit von Filmen*) ASA

asap /ˌeɪ es eɪ ˈpiː/ *Kurzform von* **as soon as possible** so bald wie möglich

as·bes·tos /æsˈbestəs/ *Nomen* Asbest

ASBO /ˈæzbəʊ; *AmE* -boʊ/ *Nomen* (*BrE*) *Kurzform von* **antisocial behaviour order** (RECHT) Verwarnung wegen asozialen Verhaltens

as·cend /əˈsend/ *Verb* (*gehoben*) ansteigen, aufsteigen ◇ *in ascending order* in aufsteigender Reihenfolge ◇ *He ascended to the peak of sporting achievement.* Er erreichte sportliche Höchstleistungen. ◇ *ascend the throne* den Thron besteigen

as·cend·ancy (*auch* **as·cend·ency**) /əˈsendənsi/ *Nomen* (*gehoben*) **1** Vormachtstellung **2 in the ~** im Kommen

as·cend·ant (*auch* **as·cend·ent**) /əˈsendənt/ *Nomen* IDM **in the ascendant** im Kommen

as·cen·sion /əˈsenʃn/ *Nomen* [Sing] **1 the Ascension** Christi Himmelfahrt **2** (*gehoben*) Aufstieg ◇ *her ascension to the throne* ihre Thronbesteigung

Asˈcension Day *Nomen* Christi Himmelfahrt

as·cent /əˈsent/ *Nomen* **1** Aufstieg **2** [meist Sing] Steigung **3** Entwicklung, Evolution

as·cer·tain /ˌæsəˈteɪn; *AmE* -sərˈ-/ *Verb* (*gehoben*) feststellen, ermitteln

as·cet·ic /əˈsetɪk/ *Adj*, *Nomen*

▸ ***Adj*** asketisch

▸ ***Nomen*** Asket(in)

ASCII /ˈæski/ *Kurzform von* **American Standard Code for Information Interchange** ASCII

ascribe /əˈskraɪb/ *Verb* PHR V **ascribe sth to sb/sth 1** etw jdm/etw zuschreiben, etw auf jdn/etw zurückführen **2** (*Bedeutung, Stellenwert*) jdm/einer Sache etw beimessen

ASEAN /ˈæsiæn/ *Kurzform von* **Association of South East Asian Nations** ASEAN

asep·tic /ˌeɪˈseptɪk/ *Adj* (MED) aseptisch

asex·ual /ˌeɪˈsekʃuəl/ *Adj* (*Adv* **asexu·al·ly** /-ʃəli/) **1** ungeschlechtlich, geschlechtslos **2** asexuell

ash /æʃ/ *Nomen* **1** Asche **2 ashes** [Pl] Asche **3** Esche IDM → SACKCLOTH

ashamed 0-π /əˈʃeɪmd/ *Adj* [nicht vor Nomen] **1** beschämt; **be ~ (of yourself)** sich schämen ◇ *I'm ashamed to admit that I forgot.* Ich muss zu meiner

Schande gestehen, dass ich es vergessen habe. **2 be ~ of sb/sth** sich jds/einer Sache schämen

ashen /ˈæʃn/ *Adj* aschfahl, kreidebleich

ashore /əˈʃɔː(r)/ *Adv* an Land ◇ *go ashore* an Land gehen

ash·ram /ˈæʃrəm/ *Nomen* Aschram

ash·tray /ˈæʃtreɪ/ *Nomen* Aschenbecher

ˌAsh ˈWednesday *Nomen* Aschermittwoch

Asian /ˈeɪʃn, ˈeɪʒn/ *Adj, Nomen*

▸ ***Adj*** asiatisch

▸ ***Nomen*** Asiat(in)

ˌAsian Aˈmerican *Nomen* Amerikaner(in) asiatischer Herkunft

Asi·at·ic /ˌeɪʃiˈætɪk, ˌeɪʒi-/ *Adj* (*Fachspr*) asiatisch

aside ⚷ /əˈsaɪd/ *Adv, Nomen*

▸ ***Adv*** zur Seite, beiseite ◇ *Stand/Step aside.* Treten Sie zur Seite. ◇ *Leaving aside the cost …* Von den Kosten ganz abgesehen … ◇ *These problems aside …* Von diesen Problemen abgesehen …

▸ ***Nomen*** **1** (THEAT) = an das Publikum adressierte Worte **2** Seitenbemerkung ◇ *I mention it only as an aside.* Ich erwähne das nur am Rande.

aˈside from ⚷ *Präp* (*bes AmE*) außer

ask ⚷ /ɑːsk; *AmE* æsk/ *Verb, Nomen*

▸ ***Verb*** **1** fragen ◇ *He asked her about her family.* Er fragte sie nach ihrer Familie. ◇ *She asked them their names.* Sie fragte sie nach ihren Namen. ◇ *I often get asked that.* Ich werde oft danach gefragt. ◇ *if you don't mind me/my asking* wenn man fragen darf ◇ *ask a question* eine Frage stellen **2** bitten ◇ *She asked to be kept informed.* Sie bat darum, auf dem Laufenden gehalten zu werden. ◇ *ask sb's advice* jdn um Rat bitten **3 ~ (for sb/sth)** jdn/etw verlangen ◇ *Ring and ask for Mrs Smith.* Rufen Sie an und verlangen Sie Mrs Smith. ◇ *That's asking too much.* Das ist zu viel verlangt. ◇ *I asked to see the manager.* Ich verlangte den Geschäftsführer. **4 ~ sb (to sth)** jdn (zu etw) einladen ◇ *Shall we ask the neighbours round?* Sollen wir die Nachbarn zu uns einladen? ◇ *I didn't ask them in.* Ich habe sie nicht hereingebeten. ◇ *He's asked me out.* Er hat mich gefragt, ob ich mit ihm ausgehe. **5 ~ sth (for sth)** etw (für etw) verlangen ◇ *How much are they asking for it?* Wie viel verlangen sie dafür? IDM **ˈask for it** (*umgs*) es verdienen; es so wollen **be ˈasking for trouble** sich Ärger einhandeln (wollen) ◇ *It's asking for trouble.* Das bringt doch nur Ärger. **ˌdon't ˈask** (*umgs*) frag lieber nicht **ˌdon't ask ˈme** (*umgs*) weiß ich nicht **for the ˈasking** mühelos zu haben ◇ *The job is yours for the asking.* Die Stelle kannst du haben, du brauchst nur zu fragen. **I ˈask you!** also wirklich! **if you ask ˈme** wenn du mich fragst PHR V **ˈask after sb** (*BrE*) nach jdm fragen **ˌask aˈround** herumfragen **ˌask sb ˈback** (*bes BrE*) **1** jdn noch zu sich einladen **2** jdn wieder einladen

▸ ***Nomen*** IDM **be a big ˈask** (*umgs*) ziemlich viel verlangt sein ◇ *Beating the world champions is a big ask.* Die Weltmeister zu schlagen ist ziemlich viel verlangt.

askance /əˈskæns/ *Adv* IDM **look askance (at sb/sth)**; **look (at sb/sth) askance** jdn/etw missbilligend zur Kenntnis nehmen ◇ *She looked askance at him.* Sie sah ihn schief an.

askew /əˈskjuː/ *Adv, Adj* [nicht vor Nomen] schief

ˈasking price *Nomen* = geforderter Preis ◇ *The asking price for the house is $2m.* Das Haus wird für $2m angeboten.

asleep ⚷ /əˈsliːp/ *Adj* [nicht vor Nomen] schlafend ◇ *The baby was fast/sound asleep.* Das Baby schlief fest. ◇ *fall asleep* einschlafen

as·para·gus /əˈspærəgəs/ *Nomen* Spargel

as·pect ⚷ /ˈæspekt/ *Nomen* Aspekt, Seite

aspen /ˈæspən/ *Nomen* Espe

Asperger's syndrome /ˈæspɜːgəz sɪndrəʊm; *AmE* ˈæspərgərz sɪndroʊm/ *Nomen* Asperger-Syndrom

as·per·sions /əˈspɜːʃnz; *AmE* əˈspɜːrʒnz/ *Nomen* [Pl] (*gehoben*) IDM **cast aspersions on sb/sth** jdn/etw verunglimpfen ◇ *I wouldn't want to cast aspersions on your honesty.* Ich ziehe Ihre Ehrlichkeit nicht in Zweifel.

as·phalt /ˈæsfælt; *AmE* -fɔːlt/ *Nomen* Asphalt

as·phyxi·ate /əsˈfɪksieɪt/ *Verb* (*meist passiv*) ersticken ◇ *He was asphyxiated by the smoke.* Er erstickte im Rauch.

as·phyxi·ation /əsˌfɪksiˈeɪʃn/ *Nomen* Ersticken

aspic /ˈæspɪk/ *Nomen* Aspik

as·pir·ant /əˈspaɪərənt, ˈæspərənt/ *Nomen, Adj*

▸ ***Nomen*** **~ (to/for sth)** (*gehoben*) Aspirant(in) (auf etw), Anwärter(in) (auf etw)

▸ ***Adj*** (*nur vor Nomen*) aufstrebend

as·pir·ate /ˈæspərət/ *Nomen* (LING) Hauchlaut, behauchter Laut

as·pir·ation /ˌæspəˈreɪʃn/ *Nomen* **1** Ambition, Bestreben **2** (LING) Aspiration, Behauchung

as·pire /əˈspaɪə(r)/ *Verb* **~ to sth** etw anstreben; **~ to do sth** danach streben, etw zu tun

as·pirin /ˈæsprɪn, ˈæspərɪn/ *Nomen* Aspirin®

as·pir·ing /əˈspaɪərɪŋ/ *Adj* [nur vor Nomen] angehend, aufstrebend ◇ *aspiring musicians* angehende Musiker

ass /æs/ *Nomen* **1** (*AmE, vulg*) Arsch **2** (*BrE, umgs, veraltet*) Idiot, Esel ◇ *I made an ass of myself at the meeting.* Ich hab mich auf der Versammlung fürchterlich blamiert. **3** (*veraltet*) Esel IDM → KICK, KISS *und* PAIN

as·sail /əˈseɪl/ *Verb* **~ sb (with sth)** (*gehoben*) jdn (mit etw) überfallen ◇ *Panic assailed him.* Panik überfiel ihn. ◇ *be assailed by doubts* von Zweifeln geplagt sein

as·sail·ant /əˈseɪlənt/ *Nomen* (*offiz*) Angreifer(in)

as·sas·sin /əˈsæsɪn; *AmE* -sn/ *Nomen* Mörder(in), Attentäter(in)

as·sas·sin·ate /əˈsæsɪneɪt; *AmE* -səneɪt/ *Verb* (*oft passiv*) ermorden

as·sas·sin·ation /əˌsæsɪˈneɪʃn; *AmE* -səˈ-/ *Nomen* Ermordung, (geglücktes) Attentat ◇ *The president was wounded in an assassination attempt.* Der Präsident wurde bei einem Attentat verletzt.

as·sault /əˈsɔːlt/ *Nomen, Verb*

▸ ***Nomen*** **1** Angriff, Überfall ◇ *indecent/sexual assaults on women* sexuelle Übergriffe auf Frauen **2** [U] (RECHT) Körperverletzung ◇ *be charged with assault* wegen Körperverletzung angeklagt sein **3** (*auch fig*) Angriff ◇ *a new assault on unemployment* eine neue Initiative gegen die Arbeitslosigkeit

▸ ***Verb*** angreifen ◇ *They had been sexually assaulted.* Sie waren sexuell genötigt worden.

asˌsault and ˈbattery *Nomen* (RECHT) tätlicher Angriff

asˈsault course *Nomen* (*BrE*) Übungsgelände, Hindernisparcours

assay /əˈseɪ/ *Nomen, Verb*

▸ ***Nomen*** (NATURW) Analyse

▸ ***Verb*** analysieren, prüfen

as·sem·blage /əˈsemblɪdʒ/ *Nomen* (*gehoben oder Fachspr*) Ansammlung

as·sem·ble /əˈsembl/ *Verb* **1** zusammenkommen, sich versammeln ◇ *the assembled company* alle Anwesenden **2** zusammentragen **3** montieren, zusammenbauen

as·sem·bly /əˈsembli/ *Nomen* **1** (*auch* **As·sem·bly**) Versammlung, Parlament → *Siehe auch* AM **2** Versammlung ◇ *freedom of assembly* die Versammlungsfreiheit ◇ *an assembly point* ein Sammelpunkt **3** = morgendliche Versammlung in der Schule **4** Montage

as'sembly line (*auch* **line**) *Nomen* Fließband, Montageband

as·sem·bly·man, **assemblywoman** *Nomen* (*Pl* **-men, -women**) (POL) = Abgeordnete(r) im Parlament eines amerikanischen Bundesstaats

as·sent /ə'sent/ *Nomen, Verb*
▸ ***Nomen*** (*gehoben*) Zustimmung ◇ *He nodded (his) assent.* Er nickte zustimmend. ◇ *by common assent* nach allgemeiner Auffassung
▸ ***Verb*** **~ to sth** einer Sache zustimmen

as·sert /ə'sɜːt; *AmE* ə'sɜːrt/ *Verb* **1** behaupten, beteuern **2 ~ yourself** sich durchsetzen **3** geltend machen ◇ *assert your rights* seine Rechte geltend machen

as·ser·tion /ə'sɜːʃn; *AmE* ə'sɜːrʃn/ *Nomen* **1** Behauptung **2** Durchsetzung

as·sert·ive /ə'sɜːtɪv; *AmE* ə'sɜːrtɪv/ *Adj* (*Adv* **as·sert·ive·ly**) /-tɪvli/ selbstsicher, energisch

as·sert·ive·ness /ə'sɜːtɪvnəs; *AmE* ə'sɜːrt-/ *Nomen* Durchsetzungsvermögen, Selbstsicherheit

as·sess /ə'ses/ *Verb* **1 ~ sb/sth (as sth)** jdn/etw (als etw) einschätzen ◇ *It's difficult to assess the effects of these changes.* Es ist schwer abzuschätzen, welche Auswirkung die Veränderungen haben werden. **2 ~ sth (at sth)** etw (auf etw) festsetzen

as·sess·ment /ə'sesmənt/ *Nomen* **1** Einschätzung, Beurteilung **2** [U] Bewertung ◇ *exams and other forms of assessment* Prüfungen und andere Arten von Leistungsnachweis **3** Steuerschuld

as·ses·sor /ə'sesə(r)/ *Nomen* **1** Sachverständige(r), Gutachter(in) **2** (*Schule, Uni etc.*) Prüfer(in)

asset /'æset/ *Nomen* **1 be an ~ (to sb/sth)** (für jdn/etw) von Wert sein ◇ *I'm sure she'll be an asset to the team.* Ich bin sicher, dass sie eine Stütze für die Mannschaft sein wird. ◇ *Being able to speak a foreign language is a major asset.* Es ist von großem Vorteil, eine Fremdsprache zu beherrschen. **2** [meist Pl] Vermögen, Vermögenswert

'asset-stripping *Nomen* (WIRTSCH) (*meist abwert*) = Ausschlachtung von Unternehmen durch den Verkauf von Teilbereichen

ass·hole /'æshəʊl; *AmE* -hoʊl/ *Nomen* (*AmE, vulg, Slang*) Arschloch

as·sidu·ous /ə'sɪdjuəs; *AmE* -dʒu-/ *Adj* (*Adv* **as·sidu·ous·ly**) (*gehoben*) fleißig, gewissenhaft

as·sign /ə'saɪn/ *Verb* **1 ~ sth to sb; ~ sb sth** jdm etw zuteilen **2 ~ sb (to sth)** jdn (mit etw) beauftragen **3 ~ sb (as sth)** jdn (zu etw) bestimmen **4 ~ sb to sb/sth** jdn jdm/etw zuteilen **5 ~ sth to sth** einer Sache etw zuweisen, einer Sache etw zuschreiben ◇ *Assign a different colour to each group.* Weisen Sie jeder Gruppe eine unterschiedliche Farbe zu. **6 ~ sth to sb** (RECHT) jdm etw übertragen

as·sign·ment /ə'saɪnmənt/ *Nomen* **1** (Haus)arbeit, Referat **2** Aufgabe, Auftrag ◇ *a reporter on assignment in China* ein Journalist im Auslandseinsatz in China **3** Zuteilung **4** Zuordnung ◇ *the assignment of insects to a particular class* die Zuordnung von Insekten in eine Klasse **5** (RECHT) Übertragen ◇ *a written assignment of copyright* eine schriftliche Übertragung des Urheberechts

as·simi·late /ə'sɪməleɪt/ *Verb* **1** (*Informationen, Ideen etc.*) aufnehmen **2** sich assimilieren, sich anpassen **3 ~ sb** (*Einwanderer*) integrieren **4 ~ sth into/to sth** (*meist passiv*) etw in etw aufnehmen

as·simi·la·tion /əˌsɪmə'leɪʃn/ *Nomen* **1** (*kulturell*) Assimilation, Integration **2** (*von Wissen*) Aufnahme **3** (LING) Assimilation

as·sist 🔑 /ə'sɪst/ *Verb* **1 ~ (sb) (in/with sth)** (*gehoben*) (jdm) (bei etw) behilflich sein **2** unterstützen ◇ *measures that will assist the decision-making process* Maßnahmen, die den Entscheidungsprozess unterstützen

as·sist·ance 🔑 /ə'sɪstəns/ *Nomen* (*gehoben*) Hilfe, Unterstützung ◇ *How can I be of assistance?* Wie kann ich Ihnen helfen?

as·sist·ant 🔑 /ə'sɪstənt/ *Nomen, Adj*
▸ ***Nomen*** **1** Assistent(in), Helfer(in) ◇ *She's a care assistant.* Sie ist Pflegehelferin. ◇ *a clerical assistant* eine Bürohilfe **2** (*BrE*) = SHOP ASSISTANT **3** (*BrE*) Fremdsprachenassistent(in)
▸ ***Adj*** [nur vor Nomen] (*Abk* **Asst**) (*oft in Berufsbezeichnungen*) stellvertretend, Vize-

asˌsisted 'suicide *Nomen* [U] assistierter Selbstmord

Assoc. *Abk* **1** = ASSOCIATE **2** = ASSOCIATION

as·so·ci·ate 🔑 *Verb, Adj, Nomen*
▸ ***Verb*** /ə'səʊʃieɪt, ə'səʊsi-; *AmE* ə'soʊʃi-, ə'soʊsi-/ **1 ~ sb/sth (with sb/sth)** jdn/etw mit jdm/etw in Verbindung bringen ◇ *You wouldn't normally associate these two writers.* Normalerweise würde man diese beiden Autoren nicht miteinander in Verbindung bringen. ◇ *I always associate the smell of fresh bread with my childhood.* Der Geruch von frischem Brot ist bei mir immer mit meiner Kindheit verknüpft. ◇ *the risks associated with drugs* die mit Drogen verbundenen Risiken **2 ~ with sb** mit jdm verkehren **3 ~ yourself with sth** sich einer Sache anschließen
▸ ***Adj*** /ə'səʊʃiət, ə'səʊsi-; *AmE* ə'soʊʃi-, ə'soʊsi-/ [nur vor Nomen] **1** (*oft in Berufsbezeichnungen*) stellvertretend **2** assoziiert **3** (WIRTSCH) ◇ *an associate company* eine Beteiligungsgesellschaft
▸ ***Nomen*** /ə'səʊʃiət; *AmE* ə'soʊ-/ **1** ◇ *business associates* Geschäftspartner ◇ *She's a close political associate of the minister.* Sie ist eine enge politische Verbündete des Ministers. ◇ *He was known to be one of the convicted man's associates.* Man wusste, dass er mit dem Verurteilten in Verbindung stand. **2** (*Abk* **Assoc.**) assoziiertes Mitglied

as·so·ci·ation 🔑 /əˌsəʊʃi'eɪʃn, əˌsəʊsi-; *AmE* əˌsoʊʃi-, əˌsoʊsi-/ *Nomen* **1** [mit Verb im Sing/Pl] (*Abk* **Assoc.**) Verband, Vereinigung ◇ *a professional association* ein Berufsverband **2** Verbindung, Kontakt **3** [meist Pl] Assoziation, Verbindung ◇ *The kitten soon made the association between humans and food.* Das Kätzchen stellte bald die Verbindung zwischen Menschen und Fressen her.

as·son·ance /'æsənəns/ *Nomen* Assonanz

as·sort·ed /ə'sɔːtɪd; *AmE* ə'sɔːrtəd/ *Adj* gemischt, verschieden

as·sort·ment /ə'sɔːtmənt; *AmE* ə'sɔːrt-/ *Nomen* [meist Sing] Auswahl, (An)sammlung

Asst (*bes AmE* **Asst.**) *Abk* = ASSISTANT

as·sume 🔑 /ə'sjuːm; *AmE* ə'suːm/ *Verb* **1** ausgehen von, annehmen ◇ *We can safely assume that ...* Wir können ohne Weiteres davon ausgehen, dass ... **2** (*Amt*) antreten; (*Macht, Verantwortung, Rolle*) übernehmen **3** (*Ausdruck, Ausmaß*) annehmen

asˌsumed 'name *Nomen* Deckname

as·sum·ing /ə'sjuːmɪŋ; *AmE* ə'suː-/ *Konj* **~ (that) 1** vorausgesetzt ◇ *assuming I pass the exam* vorausgesetzt, ich bestehe die Prüfung **2** angenommen

as·sump·tion /ə'sʌmpʃn/ *Nomen* **1** Annahme, Voraussetzung ◇ *It's dangerous to make assumptions about their motives.* Es ist gefährlich, Vermutungen über ihre Motive anzustellen. **2** [meist Pl] Wertvorstellung **3** Übernahme ◇ *their assumption of power* ihre Machtübernahme **4 the Assumption** Mariä Himmelfahrt

as·sur·ance /ə'ʃʊərəns, ə'ʃɔːrəns; *AmE* ə'ʃʊrəns/ *Nomen* **1** Zusicherung **2** Selbstsicherheit, Selbstvertrauen **3** *(BrE) (Lebens-)* Versicherung

as·sure /ə'ʃʊə(r), ə'ʃɔː(r); *AmE* ə'ʃʊr/ *Verb* **1** versichern ◇ *They assured him of their willingness to work hard.* Sie versicherten ihm, dass sie gewillt waren, hart zu arbeiten. **2 ~ yourself (of sth)** sich (von etw) überzeugen **3** *(oft passiv)* sichern, gewährleisten **4** *(BrE) (Leben)* versichern

as·sured /ə'ʃʊəd, ə'ʃɔːd; *AmE* ə'ʃʊrd/ *Adj* **1** selbstsicher **2** gesichert, gewährleistet **3 be ~ of sth** einer Sache sicher sein IDM → REST

as·sured·ly /ə'ʃʊərədli, ə'ʃɔːr-; *AmE* ə'ʃʊr-/ *Adv (gehoben)* gewiss, mit Sicherheit

aster /'æstə(r)/ *Nomen* Aster

as·ter·isk /'æstərɪsk/ *Nomen* Sternchen

as·ter·oid /'æstərɔɪd/ *Nomen* Asteroid

asthma /'æsmə; *AmE* 'æzmə/ *Nomen* Asthma

asth·mat·ic /æs'mætɪk; *AmE* æz'-/ *Adj, Nomen*
- ▸ ***Adj*** asthmatisch ◇ *an asthmatic child* ein asthmakrankes Kind ◇ *She is asthmatic.* Sie ist Asthmatikerin.
- ▸ ***Nomen*** Asthmatiker(in)

as·ton·ish /ə'stɒnɪʃ; *AmE* ə'stɑːnɪʃ/ *Verb* überraschen, erstaunen

as·ton·ished /ə'stɒnɪʃt; *AmE* ə'stɑːnɪʃt/ *Adj* **~ (at/by sth/sb)** (über etw/jdn) erstaunt ◇ *He was astonished to learn he'd won.* Er hörte mit Erstaunen, dass er gewonnen hatte. ◇ *She looked astonished.* Sie sah sehr überrascht aus.

as·ton·ish·ing /ə'stɒnɪʃɪŋ; *AmE* ə'stɑːn-/ *Adj* erstaunlich

as·ton·ish·ing·ly /ə'stɒnɪʃɪŋli; *AmE* ə'stɑːn-/ *Adv* erstaunlich(erweise)

as·ton·ish·ment /ə'stɒnɪʃmənt; *AmE* ə'stɑːn-/ *Nomen* Erstaunen ◇ *He stared in astonishment at the stranger.* Er starrte den Fremden erstaunt an.

as·tound /ə'staʊnd/ *Verb* verblüffen, erstaunen

as·tound·ed /ə'staʊndɪd/ *Adj* verblüfft, erstaunt

as·tound·ing /ə'staʊndɪŋ/ *Adj (Adv* **as·tound·ing·ly***)* verblüffend, erstaunlich

astray /ə'streɪ/ *Adv* IDM **go a'stray** verloren gehen; abhandenkommen; *(Menschen)* sich verirren ◇ *The shot went astray.* Der Schuss verfehlte sein Ziel.

astride /ə'straɪd/ *Präp, Adv*
- ▸ ***Präp*** rittlings ◇ *He was sitting astride a pony.* Er saß auf einem Pony. ◇ *(fig) a town astride the river* eine Stadt zu beiden Seiten des Flusses
- ▸ ***Adv*** breitbeinig, mit gespreizten Beinen

astrin·gent /ə'strɪndʒənt/ *Adj* **1** *(Lotion, Creme)* adstringierend **2** *(Humor, Kritik, Geruch)* beißend

as·trol·oger /ə'strɒlədʒə(r); *AmE* ə'strɑːlə-/ *Nomen* Astrologe, Astrologin

astro·logic·al /ˌæstrə'lɒdʒɪkl; *AmE* -'lɑːdʒɪ-/ *Adj* astrologisch

as·trol·ogy /ə'strɒlədʒi; *AmE* ə'strɑːlə-/ *Nomen* Astrologie

astro·naut /'æstrənɔːt/ *Nomen* Astronaut(in)

as·tron·omer /ə'strɒnəmə(r); *AmE* ə'strɑːn-/ *Nomen* Astronom(in)

astro·nom·ic·al /ˌæstrə'nɒmɪkl; *AmE* -'nɑːm-/ *Adj* **1** astronomisch **2** *(auch* **astro·nom·ic***) (umgs)* astronomisch, gewaltig

as·tron·omy /ə'strɒnəmi; *AmE* ə'strɑːn-/ *Nomen* Astronomie

astro·phys·ics /ˌæstrəʊ'fɪzɪks; *AmE* -stroʊ-/ *Nomen* [U] Astrophysik

as·tute /ə'stjuːt; *AmE* ə'stuːt/ *Adj (Adv* **as·tute·ly***)* geschickt, klug; *(Beobachter)* scharfsinnig ◇ *an astute move* ein geschickter Schachzug

asy·lum /ə'saɪləm/ *Nomen* **1** *(gehoben* **po,litical a'sylum***)* Asyl ◇ *seek asylum* um Asyl bitten/nachsuchen **2** *(veraltet)* Irrenanstalt

a'sylum seeker *Nomen* Asylbewerber(in)

asym·met·ric /ˌeɪsɪ'metrɪk/ *(auch* **asym·met·ric·al** /-trɪkl/*) Adj (Adv* **asym·met·ric·al·ly** /-kli/*)* asymmetrisch ◇ *asymmetric bars* Stufenbarren

asym·met·ry /ˌeɪ'sɪmətri/ *Nomen* Asymmetrie

at /ət, betont æt/ *Präp*

• **Ort, Richtung, Entfernung** **1** *(in Ortsangaben)* an, in, bei ◇ *at the corner of the street* an der Straßenecke ◇ *We changed at Crewe.* Wir stiegen in Crewe um. ◇ *She's at Yale.* Sie studiert in Yale. ◇ *How many people were there at the concert?* Wie viele Leute waren bei dem Konzert? ◇ *She's at Tom's.* Sie ist bei Tom. ◇ *at home* zu Hause **2** *(zeigt die Richtung einer Handlung/eines Geschehens an)* auf ◇ *He pointed a gun at her.* Er zielte mit einer Pistole auf sie. ◇ *He rushed at her with a knife.* Er stürzte mit einem Messer in der Hand auf sie zu. ◇ *Look at me!* Sieh mich an! ◇ *wave at sb* jdm zuwinken **3** *(gibt die Entfernung von etw an)* auf ◇ *I held it at arm's length.* Ich hielt es auf Armeslänge entfernt. ◇ *Can you read a car number plate at fifty metres?* Kannst du ein Nummernschild auf fünfzig Meter Entfernung lesen?

• **Zeit, Alter** **4** *(in Zeitangaben)* um, an, zu ◇ *at 2 o'clock* um zwei Uhr ◇ *(BrE) at the weekend* am Wochenende ◇ *at dawn* im Morgengrauen ◇ *at Christmas* zu Weihnachten ◇ *at night* nachts ◇ *I didn't know at the time of writing.* Als ich das schrieb, habe ich es nicht gewusst. **5** *(in Altersangaben)* mit ◇ *She died at 25.* Sie starb mit 25.

• **Zustand oder andauernde Handlung** **6** ◇ *The country is now at war.* Das Land befindet sich jetzt im Kriegszustand. ◇ *I felt at a disadvantage.* Ich fühlte mich im Nachteil. ◇ *Mr Harris is at lunch.* Herr Harris ist beim Mittagessen. ◇ *put sb at risk* jdn in Gefahr bringen ◇ *She's at work in the garden.* Sie arbeitet im Garten.

• **Preis, Rate, Geschwindigkeit** **7** ◇ *They sold it at a higher price.* Sie haben es teurer verkauft. ◇ *at two-minute intervals* in einem Abstand von zwei Minuten ◇ *House prices rose at a higher rate than inflation.* Der Preisanstieg bei Immobilien war höher als die Inflationsrate. ◇ *He was driving at 70 mph.* Er fuhr (mit einer Geschwindigkeit von) 70 Meilen pro Stunde.

• **andere Ausdrücke** **8** *(zeigt an, dass eine Handlung erfolglos ausgeführt oder nicht zu Ende geführt wird)* ◇ *He clutched wildly at the rope as he fell.* Im Herunterfallen griff er wie wild nach dem Seil. ◇ *She nibbled at a sandwich.* Sie knabberte an einem Butterbrot. **9 ~ sb's/sth's best/worst etc.** ◇ *This was Konta at her best* Heute hat Konta gezeigt, wie gut sie sein kann. ◇ *The garden's at its most beautiful in June.* Im Juni ist der Garten am schönsten. **10** *(nach Adjektiven, die angeben, wie gut jemand etwas kann)* ◇ *I'm good at French.* Ich bin gut in Französisch. ◇ *She's hopeless at managing her time.* Sie kann ihre Zeit nicht gut einteilen. **11** *(nach bestimmten Adjektiven gebraucht, um die Ursache einer Empfindung, eines Zustands etc. anzugeben)* über ◇ *She was delighted at the result* Sie war hocherfreut über das Ergebnis. ◇ *his anger at being beaten* seine Wut über seine Niederlage **12** *(gehoben)* auf ... (hin) ◇ *at my request* auf meine Bitte hin

IDM **at that** noch dazu ◇ *He managed to buy a car after all—and rather a nice one, at that.* Er schaffte es trotz allem, ein Auto zu kaufen—noch dazu ein sehr schönes. **ˌwhere it's 'at** ◇ *He knows where it's at musically.* Er weiß, was in der Musikszene hip ist. ◇ *Today,*

Silverstone's where it's at. Heute geht die Post in Silverstone ab.

at·av·is·tic /ˌætəˈvɪstɪk/ *Adj (gehoben)* atavistisch

ate *Form von* EAT

athe·ism /ˈeɪθiɪzəm/ *Nomen* Atheismus

athe·ist /ˈeɪθiɪst/ *Nomen* Atheist(in)

athe·is·tic /ˌeɪθiˈɪstɪk/ *Adj* atheistisch

ath·lete /ˈæθliːt/ *Nomen* **1** Sportler(in), Athlet(in) **2** *(BrE)* Leichtathlet(in)

ˌathlete's ˈfoot *Nomen* Fußpilz

ath·let·ic /æθˈletɪk/ *Adj* **1** *(Adv* **ath·let·ical·ly** /-kli/) sportlich, athletisch **2** [nur vor Nomen] *(BrE)* Leichtathletik- ◇ *an athletic club* ein Leichtathletikverein

ath·leti·cism /æθˈletɪsɪzəm/ *Nomen* Athletentum, Sportlichkeit ◇ *She moved with great athleticism.* Ihre Bewegungen waren sehr athletisch.

ath·let·ics /æθˈletɪks/ *Nomen* [U] **1** *(BrE)* Leichtathletik **2** *(AmE)* Sport

athˈletic shoe *Nomen (AmE)* Sportschuh, Turnschuh

athˌletic supˈporter *Nomen (bes AmE)* Suspensorium

atish·oo /əˈtɪʃuː/ *Ausruf (BrE)* hatschi

At·lan·tic /ətˈlæntɪk/ *Nomen, Adj*

▸ ***Nomen*** **the Atlantic (Ocean)** der Atlantik

▸ ***Adj*** atlantisch

the Atlantic Ocean /ði ətˌlæntɪk ˈəʊʃn; *AmE* ˈoʊ-/ *Nomen (auch* **the Atlantic**) der Atlantische Ozean, der Atlantik

atlas /ˈætləs/ *Nomen* Atlas

ATM /ˌeɪ tiː ˈem/ *Kurzform von* **automated teller machine** Geldautomat

at·mos·phere 0‑ᴛ /ˈætməsfɪə(r); *AmE* -fɪr/ *Nomen* **1** (ASTRON) die Atmosphäre ◇ *the upper atmosphere* die Atmosphäre **2** Luft ◇ *These plants love warm, humid atmospheres.* Diese Pflanzen lieben warme, feuchte Luft. **3** Stimmung, Atmosphäre IDM → HEAVY

at·mos·pher·ic /ˌætməsˈferɪk/ *Adj* **1** [nur vor Nomen] atmosphärisch, Luft- ◇ *atmospheric pressure* Luftdruck **2** stimmungsvoll

atoll /ˈætɒl; *AmE* ˈætɔːl/ *Nomen* Atoll

atom 0‑ᴛ /ˈætəm/ *Nomen* Atom ◇ *the splitting of the atom* die Kernspaltung

atom·ic /əˈtɒmɪk; *AmE* əˈtɑːmɪk/ *Adj* Atom-, Kern-, atomar

aˌtomic ˈnumber *Nomen* Ordnungszahl

atom·ize *(BrE auch* **-ise**) /ˈætəmaɪz/ *Verb* atomisieren, zerstäuben

atonal /eɪˈtəʊnl; *AmE* eɪˈtoʊ-/ *Adj* atonal

atone /əˈtəʊn; *AmE* əˈtoʊn/ *Verb (gehoben)* ~ **(for sth)** (etw) büßen ◇ *a desire to atone* der Wunsch nach Sühne

atone·ment /əˈtəʊnmənt; *AmE* əˈtoʊn-/ *Nomen* Sühne, Buße ◇ *make atonement for your sins* für seine Sünden büßen ◇ *Yom Kippur, the Jewish day of atonement* Jom Kippur, der jüdische Tag der Versöhnung

atop /əˈtɒp; *AmE* əˈtɑːp/ *Präp (bes AmE oder BrE, veraltet)* oben, auf ◇ *a flag high atop a pole* eine Flagge hoch oben an einem Mast

ˌat-ˈrisk *Adj* [nur vor Nomen] *(Person)* gefährdet ◇ *at-risk children* gefährdete Kinder

at·rium /ˈeɪtriəm/ *Nomen (Pl* **atria** /-triə/) **1** glasüberdachter Innenhof **2** (ANAT) Vorhof

atro·cious /əˈtrəʊʃəs; *AmE* əˈtroʊ-/ *Adj (Adv* **atro·ciously**) grauenhaft, schrecklich

atro·city /əˈtrɒsəti; *AmE* əˈtrɑːsə-/ *Nomen* [meist Pl] Gräueltat

at·ro·phied /ˈætrəfid/ *Adj* (MED) atrophiert, verkümmert *(auch fig)*

at·ro·phy /ˈætrəfi/ *Nomen, Verb*

▸ ***Nomen*** (MED) Atrophie, Verkümmerung *(auch fig)* ◇ *muscular atrophy* Muskelschwund ◇ *The cultural life of the country sank into atrophy.* Das kulturelle Leben des Landes verkümmerte.

▸ ***Verb*** (MED) atrophieren, verkümmern *(auch fig)*

at·tach 0‑ᴛ /əˈtætʃ/ *Verb* **1** ~ **sth (to sth)** etw (an etw) befestigen, etw (an etw) heften; (COMP) etw (an etw) anhängen ◇ *a house with a garage attached* ein Haus mit angebauter Garage ◇ *(fig) They have attached a number of conditions to the agreement.* Sie haben eine Reihe von Bedingungen an das Abkommen geknüpft. **2** ~ **importance, significance, value, weight etc. to sth** einer Sache Wichtigkeit, Bedeutung, Wert, Gewicht etc. beimessen **3** ~ **yourself to sb** sich jdm anschließen **4** ~ **to sb/sth** *(gehoben)* jdm/etw anhaften, mit jdm/etw verbunden sein ◇ *No blame attaches to you.* Dich trifft keine Schuld. IDM → STRING

at·taché /əˈtæʃeɪ; *AmE* ˌætəˈʃeɪ/ *Nomen* Attaché

atˈtaché case *Nomen* Aktenkoffer, Diplomatenkoffer

at·tached 0‑ᴛ /əˈtætʃt/ *Adj* **1 be ~ (to sb/sth)** (an jdm/etw) hängen ◇ *We've grown very attached to this house.* Wir haben dieses Haus sehr lieb gewonnen. **2 be ~ to sth** einer Sache angegliedert sein **3** ~ **(to sth)** (einer Sache) beigeheftet

at·tach·ment /əˈtætʃmənt/ *Nomen* **1** Bindung, Anhänglichkeit **2** Glaube ◇ *her attachment to conventional values* ihr Glaube an bürgerliche Werte **3** Zubehör(teil), Zusatzgerät **4** Befestigung; *(von Bedingungen etc.)* Hinzufügung **5** *(BrE) (vorübergehende Versetzung)* Abstellung **6** (COMP) Anhang, Attachment

at·tack 0‑ᴛ /əˈtæk/ *Nomen, Verb*

▸ ***Nomen*** **1** ~ **(on sb/sth)** Angriff (auf jdn/etw), Überfall (auf jdn/etw) ◇ *The rebel forces launched an attack on the capital.* Die Rebellen griffen die Hauptstadt an. ◇ *a series of racist attacks* eine Reihe rassistischer Gewalttaten ◇ *The patrol came under attack from all sides.* Die Patrouille wurde von allen Seiten angegriffen. **2** ~ **(on sb/sth)** *(Kritik)* Attacke (gegen jdn/etw) ◇ *The organization has come under renewed attack.* Die Organisation wurde erneut angegriffen. **3** ~ **(on sth)** Kampf (gegen etw) ◇ *launch an all-out attack on poverty* das Problem der Armut energisch in Angriff nehmen **4** Anfall ◇ *an acute attack of food poisoning* eine akute Lebensmittelvergiftung ◇ *(fig) an attack of nerves* Nervenflattern → *Siehe auch* HEART ATTACK **5** *(mit Schädlingen etc.)* Befall **6** [Sing] *(BrE) (Angriffsspieler)* Sturm **7** (SPORT) Angriff

▸ ***Verb*** **1** angreifen, überfallen *(oft passiv)* **2** ~ **sb/sth (for sth)** jdn (wegen einer Sache) angreifen, jdn (wegen einer Sache) attackieren ◇ *She has been attacked for not having done enough.* Man warf ihr vor, nicht genug getan zu haben. **3** *(beschädigen, zersetzen)* befallen, angreifen **4** *(Aufgabe, Problem etc.)* in Angriff nehmen **5** (SPORT) offensiv spielen, angreifen

at·tack·er /əˈtækə(r)/ *Nomen* Angreifer(in)

at·tain /əˈteɪn/ *Verb (gehoben) (Ziel, Position, Alter)* erreichen; *(Ambitionen)* verwirklichen

at·tain·able /əˈteɪnəbl/ *Adj* erreichbar, realisierbar

at·tain·ment /əˈteɪnmənt/ *Nomen (gehoben)* **1** [meist Pl] *(BrE) (Schul-)* Leistung **2** *(eines Ziels etc.)* Realisierung

at·tempt 0‑ᴛ /əˈtempt/ *Nomen, Verb*

▸ ***Nomen*** **1** Versuch ◇ *an attempt on the world record* ein Versuch, den Weltrekord zu brechen ◇ *their third attempt on the peak* ihr dritter Versuch, den Gipfel zu bezwingen **2** ~ **(on sb/sb's life)** Mordanschlag (auf jdn), Attentat (auf jdn)

▸ ***Verb*** versuchen

at·tempted 0-π /ə'temptɪd/ *Adj* [nur vor Nomen] versucht ◇ *his attempted suicide* sein Selbstmordversuch

at·tend 0-π /ə'tend/ *Verb* **1** ~ **sth** in/zu etw gehen, (bei etw) anwesend sein ◇ *attend a course* an einem Kurs teilnehmen ◇ *The meeting was well attended.* Die Versammlung war gut besucht. **2** (*gehoben*) ~ (**to sth**) (bei etw) aufpassen **3** ~ **sth** (*gehoben*) mit etw einhergehen **4** (*gehoben*) betreuen PHR V **at'tend to sb/sth** sich um jdn/etw kümmern ◇ *I have some urgent business to attend to.* Ich habe etwas Dringendes zu erledigen. ◇ (*BrE, gehoben*) *Are you being attended to, Sir?* Werden Sie schon bedient?

at·tend·ance /ə'tendəns/ *Nomen* **1** Anwesenheit ◇ *a record of students' attendances* eine Anwesenheitsliste **2** Teilnehmerzahl ◇ *There was an attendance of 42 at the meeting.* 42 Personen waren bei der Versammlung anwesend. ◇ *Cinema attendances have risen again recently.* Die Zahl der Kinobesucher ist in letzter Zeit wieder gestiegen. IDM **be in at'tendance** (*gehoben*) anwesend sein **be in at'tendance (on sb)** (*gehoben*) (jdn) begleiten ◇ *He always has at least two bodyguards in attendance.* Er wird immer von mindestens zwei Leibwächtern begleitet. **take attendance** (*AmE*) die Anwesenheit überprüfen → *Siehe auch* DANCE

at·tend·ant /ə'tendənt/ *Nomen, Adj*

▸ ***Nomen*** **1** Aufseher(in) ◇ *the cloakroom attendant* die Garderobenaufsicht **2** [meist Pl] Begleiter(in) ◇ *the Queen's attendants* das Gefolge der Königin

▸ ***Adj*** ~ (**upon sth**) (*gehoben*) (mit etw) verbunden ◇ *surgical procedures and their attendant risks* chirurgische Eingriffe und die damit verbundenen Risiken ◇ *attendant circumstances* Begleitumstände

at·tend·er /ə'tendə(r)/ (*AmE meist* **at·tend·ee** /ˌæten'diː/) *Nomen* Anwesende(r) ◇ *She's a regular attender at evening classes.* Sie geht regelmäßig zum Abendkurs.

at·ten·tion 0-π /ə'tenʃn/ *Nomen, Ausruf*

▸ ***Nomen*** **1** Aufmerksamkeit ◇ *He called (their) attention to the fact that …* Er machte sie darauf aufmerksam, dass … ◇ *Two articles caught my attention.* Zwei Zeitungsartikel fielen mir ins Auge. ◇ *Try not to draw attention to yourself.* Versuche, nicht aufzufallen. ◇ *Small children have a short attention span.* Kleine Kinder können sich nicht lange konzentrieren. ◇ *It has come/been brought to my attention that …* Ich habe gehört, dass … ◇ *Please pay attention to what I am saying.* Hör mir bitte zu. ◇ *Don't pay any attention to what they say.* Hör nicht auf sie. ◇ *I was impressed by her attention to detail.* Ihre Genauigkeit beeindruckte mich. ◇ *give close attention to sth* sich mit etw genau befassen **2** Beachtung ◇ *Films with big stars always attract great attention.* Filme mit großen Stars finden immer viel Beachtung. ◇ *an issue which has become the focus of media attention* ein Thema, das in den Blickpunkt der Medien gerückt ist ◇ *As the youngest child, she was always the centre of attention.* Als jüngstes Kind stand sie immer im Mittelpunkt. **3** Behandlung ◇ *She was in need of medical attention.* Sie brauchte ärztliche Hilfe. ◇ *The roof needs attention.* Das Dach muss ausgebessert werden. ◇ *for the attention of …* zu Händen (von) … **4** [meist Pl] Annäherungsversuch, Interesse ◇ *She felt flattered by his attentions.* Sie fühlte sich geschmeichelt von dem Interesse, das er ihr bewies. **5** (MIL) Grundstellung, Habt-Acht-stellung ◇ *stand at/to attention* stillstehen

▸ ***Ausruf*** **1** Achtung! **2** (MIL) Stillgestanden!

atˌtention 'deficit disorder (*Abk* **ADD**) (*auch* **aˌttention ˌdeficit hyperac'tivity disorder**) (*Abk* **ADHD**) *Nomen* Aufmerksamkeitsdefizitsyndrom, Aufmerksamkeitsdefizit-/Hyperaktivitätsstörung

at·ten·tive /ə'tentɪv/ *Adj* (*Adv* **at·ten·tive·ly**) aufmerksam

at·ten·tive·ness /ə'tentɪvnəs/ *Nomen* [U] Aufmerksamkeit

at·tenu·ate /ə'tenjueɪt/ *Verb* (*gehoben*) abschwächen

at·test /ə'test/ *Verb* (*gehoben*) **1** ~ (**to sth**) (etw) bezeugen **2** beglaubigen

at·tic /'ætɪk/ *Nomen* Dachboden ◇ *an attic bedroom* ein Mansardenzimmer

at·tire /ə'taɪə(r)/ *Nomen* (*gehoben*) Kleidung

at·tired /ə'taɪəd; *AmE* -ərd/ *Adj* [nicht vor Nomen] (*gehoben*) gekleidet

at·ti·tude 0-π /'ætɪtjuːd; *AmE* -tuːd/ *Nomen* **1** Einstellung ◇ *Youth is simply an attitude of mind.* Jungsein ist nur eine Geisteshaltung. **2** aggressive Einstellung ◇ *a band with attitude* eine Band mit Pep **3** (*gehoben*) Haltung, Stellung IDM → STRIKE

at·ti·tu·din·al /ˌætɪ'tjuːdɪnl; *AmE* -'tuː-/ *Adj* (*gehoben*) die Einstellung betreffend ◇ *attitudinal changes in society* veränderte Einstellungen in der Gesellschaft

attn *Kurzform von* **for the attention of** (WIRTSCH) zu Händen, z. Hd.

at·tor·ney 0-π /ə'tɜːni; *AmE* ə'tɜːrni/ *Nomen* **1** (*bes AmE*) (Rechts)anwalt, -anwältin **2** Bevollmächtigte(r) → *Siehe auch* POWER OF ATTORNEY

atˌtorney 'general *Nomen* (*Pl* **attorneys general** *oder* **attorney generals**) **1** oberster Justizbeamter, oberste Justizbeamtin **2** **the Attorney General** (*in den USA*) der/die Justizminister(in)

at·tract 0-π /ə'trækt/ *Verb* **1** anziehen, reizen; ~ **sb to sb/sth** jdn zu jdm/etw hinziehen **2** (*Insekten, Besucher etc.*) anlocken, anziehen **3** (*Interesse, Kritik etc.*) auf sich ziehen

at·trac·tion 0-π /ə'trækʃn/ *Nomen* **1** [U/Sing] Anziehungskraft ◇ *She felt an immediate attraction for him.* Sie fühlte sich sofort von ihm angezogen. **2** Attraktion **3** Reiz

at·tract·ive 0-π /ə'træktɪv/ *Adj* (*Adv* **at·tract·ive·ly**) **1** attraktiv ◇ *an attractive idea* eine verlockende Idee **2** reizvoll ◇ *Your new glasses are very attractive.* Deine neue Brille sieht sehr gut aus.

at·tract·ive·ness /ə'træktɪvnəs/ *Nomen* Attraktivität, Reiz

at·trib·ut·able /ə'trɪbjətəbl/ *Adj* [nicht vor Nomen] **be ~ to sb/sth** jdm/etw zuzuschreiben sein, auf jdn/etw zurückzuführen sein

at·tri·bute *Verb, Nomen*

▸ ***Verb*** /ə'trɪbjuːt/ **1** ~ **sth to sth** etw auf etw zurückführen **2** ~ **sth to sb** jdm etw zuschreiben ◇ *attribute blame* Schuld zuweisen

▸ ***Nomen*** /'ætrɪbjuːt/ Eigenschaft, Merkmal

at·tri·bu·tion /ˌætrɪ'bjuːʃn/ *Nomen* Zuordnung ◇ *The attribution of this painting to Rembrandt has never been questioned.* Es ist nie infrage gestellt worden, dass dieses Gemälde Rembrandt zuzuschreiben ist.

at·tribu·tive /ə'trɪbjətɪv/ *Adj* (*Adv* **at·tribu·tive·ly**) (LING) attributiv, vor dem Nomen gebraucht

at·tri·tion /ə'trɪʃn/ *Nomen* (*gehoben*) **1** Zermürbung ◇ *a war of attrition* ein Zermürbungskrieg **2** (*bes AmE*) (Stellenabbau durch) natürliche Fluktuation

at·tuned /ə'tjuːnd; *AmE* ə'tuːnd/ *Adj* ~ (**to sb/sth**) (auf jdn/etw) eingestellt

ATV /ˌeɪ tiː 'viː/ *Kurzform von* **all-terrain vehicle** (*bes AmE*) Geländefahrzeug

atyp·ical /ˌeɪ'tɪpɪkl/ *Adj* untypisch

au·ber·gine /'əʊbəʒiːn; *AmE* 'oʊbərʒiːn/ *Nomen* Aubergine

au·burn /'ɔːbən; *AmE* 'ɔːbərn/ *Adj* (*Haare*) rotbraun

auc·tion /'ɔːkʃn; *BrE auch* 'ɒk-/ *Nomen, Verb*

▸ ***Nomen*** Versteigerung, Auktion ◇ *The house is up for*

auction. Das Haus soll versteigert werden.
▸ ***Verb*** ~ **sth (off)** etw versteigern

auc·tion·eer /ˌɔːkʃəˈnɪə(r), ˌɒk-; *AmE* ˌɔːkʃəˈnɪr/ *Nomen* Auktionator(in)

au·da·cious /ɔːˈdeɪʃəs/ *Adj* (*Adv* **au·da·cious·ly**) wagemutig, kühn, provokativ

au·da·city /ɔːˈdæsəti/ *Nomen* **1** Dreistigkeit **2** Verwegenheit

audi·bil·ity /ˌɔːdəˈbɪləti/ *Nomen* Hörbarkeit

aud·ible /ˈɔːdəbl/ *Adj* (*Adv* **aud·ibly** /-bli/) hörbar

audi·ence 0➡ /ˈɔːdiəns/ *Nomen* **1** [mit Verb im Sing/Pl] Publikum, Zuschauer, Zuhörer, Leserschaft ◇ *an audience of millions* Millionen von Zuschauern ◇ *cinema/movie audiences* Kinobesucher **2** Audienz

audio /ˈɔːdiəʊ; *AmE* ˈɔːdioʊ/ *Adj, Nomen*
▸ ***Adj*** [nur vor Nomen] Audio- ◇ *an audio recording* eine Tonaufnahme
▸ ***Nomen*** Ton ◇ *digital audio* Digitalton

audio- /ˈɔːdiəʊ; *AmE* ˈɔːdioʊ/ audio- ◇ *an audiobook* ein Hörbuch

audiovisual /ˌɔːdiəʊˈvɪʒuəl; *AmE* -dioʊ-/ *Adj* (*Abk* **AV**) audiovisuell

audit /ˈɔːdɪt/ *Nomen, Verb*
▸ ***Nomen*** **1** Rechnungsprüfung, Revision ◇ *a tax audit* eine Steuerprüfung **2** Untersuchung ◇ *an environmental audit* ein Öko-Audit
▸ ***Verb*** **1** (die Bücher) prüfen **2** (*AmE*) Gasthörer(in) sein bei

au·di·tion /ɔːˈdɪʃn/ *Nomen, Verb*
▸ ***Nomen*** Vorsprechen, Vorsingen, Vorspiel
▸ ***Verb*** **1** vorsprechen, vorsingen, vorspielen **2** ~ **sb (for sth)** jdn (für etw) vorsprechen/vorsingen/vorspielen lassen

au·dit·or /ˈɔːdɪtə(r)/ *Nomen* **1** Rechnungsprüfer(in) **2** (*AmE*) Gasthörer(in)

audi·tor·ium /ˌɔːdɪˈtɔːriəm/ (*Pl* **audi·tor·iums** *oder* **audi·toria** /-riə/) *Nomen* **1** Zuschauerraum, Zuhörersaal **2** (*AmE*) Vortragssaal, Saalbau

audi·tory /ˈɔːdətri; *AmE* -tɔːri/ *Adj* (*Fachspr*) Gehör-, auditiv

au fait /ˌəʊ ˈfeɪ; *AmE* ˌoʊ/ *Adj* [nicht vor Nomen] ~ **(with sth)** vertraut (mit etw)

aught /ɔːt/ *Pron* (*veraltet*) irgendetwas

aug·ment /ɔːgˈment/ *Verb* (*gehoben*) vergrößern

aug·men·ta·tion /ˌɔːgmenˈteɪʃn/ *Nomen* Vergrößerung

augur /ˈɔːgə(r)/ *Verb* ~ **well/badly** (*gehoben*) Gutes/nichts Gutes verheißen

au·gury /ˈɔːgjʊri/ *Nomen* (*gehoben*) Omen, Vorzeichen

Au·gust 0➡ /ˈɔːgəst/ *Nomen* (*Abk* **Aug.**) August ➔ *Beispiele bei* JANUAR

au·gust 0➡ /ɔːˈgʌst/ *Adj* (*gehoben*) ehrwürdig, illuster

auk /ɔːk/ *Nomen* Alk

aunt 0➡ /ɑːnt; *AmE* ænt/ *Nomen* Tante

aun·tie (*auch* **aunty**) /ˈɑːnti; *AmE* ˈæn-/ *Nomen* (*umgs*) Tante

au pair /ˌəʊ ˈpeə(r); *AmE* ˌoʊ ˈper/ *Nomen* (*BrE*) Au-pair(-Mädchen)

aura /ˈɔːrə/ *Nomen* Aura

aural /ˈɔːrəl/ *Adj* (*Adv* **aur·al·ly** /-rəli/) akustisch, Gehör- ◇ *aural comprehension tests* Hörverständnistests

aur·icle /ˈɔːrɪkl/ *Nomen* **1** (ANAT) Vorhof, Atrium **2** Ohrmuschel

aur·ora bor·ealis /ɔːˌrɔːrə ˌbɔːriˈeɪlɪs/ *Nomen* [Sing] Nordlicht

aus·pices /ˈɔːspɪsɪz/ *Nomen* [Pl] IDM **under the auspices of sb/sth** unter der Schirmherrschaft von jdm/etw

aus·pi·cious /ɔːˈspɪʃəs/ *Adj* (*gehoben*) viel versprechend ◇ *an auspicious date* ein günstiger Zeitpunkt

Aus·sie /ˈɒzi; *AmE* ˈɔːzi/ *Nomen, Adj*
▸ ***Nomen*** (*umgs*) Australier(in)
▸ ***Adj*** australisch

aus·tere /ɒˈstɪə(r), ɔːˈ-; *AmE* ɔːˈstɪr/ *Adj* (*Adv* **aus·tere·ly**) **1** karg, schmucklos, schlicht **2** (*Mensch*) streng **3** asketisch

aus·ter·ity /ɔːˈsterəti; *BrE auch* ɒˈ-/ *Nomen* **1** wirtschaftliche Einschränkung, Entbehrung ◇ *the austerities of wartime Europe* die Entbehrungen während der Kriegsjahre in Europa **2** [U] Strenge, Schmucklosigkeit, Schlichtheit ◇ *the austerity of the monks' life* die Entsagungen des mönchischen Lebens

Australian Rules /ɒˌstreɪliən ˈruːlz; *AmE* ɔːˌ-/ *Nomen* (*rugbyähnliches Mannschaftsspiel*) Australian Rules Football

au·then·tic /ɔːˈθentɪk/ *Adj* (*Adv* **au·then·tic·al·ly** /-kli/) **1** echt, unverfälscht ◇ *authentically flavoured Mexican dishes* echt mexikanisch schmeckende Gerichte **2** authentisch **3** originalgetreu

au·then·ti·cate /ɔːˈθentɪkeɪt/ *Verb* (die Echtheit einer Sache) bestätigen

au·then·ti·ca·tion /ɔːˌθentɪˈkeɪʃn/ *Nomen* [U] Bestätigung der Echtheit

au·then·ti·city /ˌɔːθenˈtɪsəti/ *Nomen* Echtheit, Authentizität

author 0➡ /ˈɔːθə(r)/ *Nomen, Verb*
▸ ***Nomen*** **1** Autor(in), Schriftsteller(in), Verfasser(in) **2** Initiator(in), Urheber(in)
▸ ***Verb*** (*gehoben*) verfassen

author·ess /ˈɔːθəres/ *Nomen* (*veraltet*) Autorin, Schriftstellerin, Verfasserin

au·thor·ial /ɔːˈθɔːriəl/ *Adj* (*Fachspr*) des Autors/der Autorin

author·ing /ˈɔːθərɪŋ/ *Nomen* (COMP) Authoring

au·thori·tar·ian /ɔːˌθɒrɪˈteəriən; *AmE* əˌθɔːrəˈter-/ *Adj, Nomen*
▸ ***Adj*** autoritär
▸ ***Nomen*** autoritäre Person ◇ *My father was a strict authoritarian.* Mein Vater war sehr autoritär.

au·thori·tar·ian·ism /ɔːˌθɒrɪˈteəriənɪzəm; *AmE* əˌθɔːrəˈter-/ *Nomen* Autoritarismus

au·thori·ta·tive /ɔːˈθɒrətətɪv; *AmE* əˈθɔːrəteɪtɪv/ *Adj* (*Adv* **au·thori·ta·tive·ly**) **1** bestimmt ◇ *an authoritative tone of voice* ein bestimmter Ton **2** (*Buch etc.*) zuverlässig

au·thor·ity 0➡ /ɔːˈθɒrəti; *AmE* əˈθɔːr-/ *Nomen* **1** Autorität ◇ *We need more women in positions of authority.* Wir brauchen mehr Frauen in verantwortlicher Position. ◇ *She now has authority over the people who used to be her bosses.* Sie steht nun über ihren früheren Chefs. ◇ *No one in authority takes the matter seriously.* Keiner der Verantwortlichen nimmt die Angelegenheit ernst. **2** Vollmacht, Befugnis **3** [U] Ermächtigung, Erlaubnis **4** (*BrE*) [meist Pl] Behörde(n) ◇ *the health authorities* die Gesundheitsbehörde **5** Kompetenz ◇ *He spoke with authority on the topic.* Er sprach mit Sachkunde über das Thema. **6** ~ **(on sth)** Experte/Expertin (für etw) IDM **have sth on good au'thority** etw aus zuverlässiger Quelle wissen

au·thor·iza·tion (*BrE auch* **-isa·tion**) /ˌɔːθəraɪˈzeɪʃn; *AmE* -rəˈ-/ *Nomen* Genehmigung

au·thor·ize (*BrE auch* **-ise**) /ˈɔːθəraɪz/ *Verb* **1** ~ **sb to do sth** jdn bevollmächtigen, etw zu tun ◇ *The police were authorized to use firearms.* Die Polizei hatte Feuererlaubnis. **2** ~ **sth** etw genehmigen ◇ *an authorized biography* eine autorisierte Biografie

author·ship /ˈɔːθəʃɪp; *AmE* ˈɔːθərʃɪp/ *Nomen* Autorschaft

aut·ism /ˈɔːtɪzəm/ *Nomen* Autismus

aut·is·tic /ɔːˈtɪstɪk/ *Adj* autistisch

auto /ˈɔːtəʊ; *AmE* ˈɔːtoʊ/ *Nomen* (*Pl* **-os**) (*AmE*) Pkw

auto·bio·graph·ic·al /ˌɔːtəˌbaɪəˈɡræfɪkl/ *Adj* autobiografisch

auto·biog·raphy /ˌɔːtəbaɪˈɒɡrəfi; *AmE* -ˈɑːɡ-/ *Nomen* Autobiografie

autocomplete /ˌɔːtəʊkəmˈpliːt; *AmE* -toʊ-/ *Verb* automatisch vervollständigen

au·toc·racy /ɔːˈtɒkrəsi; *AmE* ɔːˈtɑːk-/ *Nomen* Autokratie

auto·crat /ˈɔːtəkræt/ *Nomen* Autokrat(in)

auto·crat·ic /ˌɔːtəˈkrætɪk/ *Adj* autokratisch

Auto·cue™ /ˈɔːtəʊkjuː; *AmE* -toʊ-/ *Nomen* (*BrE*) Teleprompter

auto·graph /ˈɔːtəɡrɑːf; *AmE* -ɡræf/ *Nomen, Verb*
- ***Nomen*** Autogramm
- ***Verb*** signieren

auto·immune /ˌɔːtəʊɪˈmjuːn; *AmE* -toʊ-/ *Adj* [nur vor Nomen] (MED) Autoimmun-

auto·mate /ˈɔːtəmeɪt/ *Verb* (*meist passiv*) automatisieren

auto·mat·ic 0‑π /ˌɔːtəˈmætɪk/ *Adj, Nomen*
- ***Adj*** (*Adv* **au·to·mat·ic·al·ly** /-kli/) automatisch
- ***Nomen*** **1** automatische Waffe **2** (*BrE*) Wagen mit Automatik

ˌautomatic ˈpilot *Nomen* Autopilot IDM **be on automatic pilot** automatisch handeln ◇ *I got up and dressed on automatic pilot.* Ich stand auf und zog mich völlig automatisch an.

ˌautomatic transˈmission *Nomen* Automatikgetriebe

auto·ma·tion /ˌɔːtəˈmeɪʃn/ *Nomen* Automatisierung

au·toma·ton /ɔːˈtɒmətən; *AmE* ɔːˈtɑːm-/ *Nomen* (*Pl* **au·to·ma·tons** *oder* **au·tom·ata** /-tə/) Roboter (*auch fig*)

auto·mo·bile /ˈɔːtəməbiːl/ *Nomen* (*AmE, gehoben*) Auto(mobil)

auto·mo·tive /ˌɔːtəˈməʊtɪv; *AmE* -ˈmoʊ-/ *Adj* (*gehoben*) Automobil-, Kraftfahrzeug-

au·tono·mous /ɔːˈtɒnəməs; *AmE* ɔːˈtɑːn-/ *Adj* autonom, unabhängig

au·ton·omy /ɔːˈtɒnəmi; *AmE* ɔːˈtɑːn-/ *Nomen* Autonomie, Unabhängigkeit

aut·opsy /ˈɔːtɒpsi; *AmE* -tɑːp-/ *Nomen* Autopsie, Obduktion

auto·tune /ˈɔːtəʊtjuːn; *AmE* ˈɔːtoʊtuːn/ *Nomen, Verb*
- ***Nomen*** (*AmE auch* **Auto-Tune™**) [U] AutoTune
- ***Verb*** **1** automatisch durchsuchen ◇ *This radio can autotune stations.* Dieses Radio kann einen automatischen Sendersuchlauf durchführen. **2** (*Stimme, Instrument*) mit AutoTune verändern

au·tumn 0‑π /ˈɔːtəm/ *Nomen* (*bes BrE*) Herbst → *Beispiele bei* SOMMER

au·tum·nal /ɔːˈtʌmnəl/ *Adj* herbstlich

aux·il·iary /ɔːɡˈzɪliəri/ *Adj, Nomen*
- ***Adj*** Hilfs- ◇ *auxiliary workers* Hilfskräfte ◇ *an auxiliary nurse* ein(e) Pflegehelfer(in) ◇ *an auxiliary pump* eine Reservepumpe ◇ *auxiliary power* Notstrom
- ***Nomen*** **1** (*auch* **auˌxiliary ˈverb**) Hilfsverb **2** Hilfskraft

Av. *Abk* (*AmE*) = AVENUE

avail /əˈveɪl/ *Nomen, Verb*
- ***Nomen*** IDM **of little aˈvail** wenig nützlich **of no aˈvail** nutzlos **to little aˈvail** mit geringem Erfolg **to no aˈvail** vergeblich
- ***Verb*** (*veraltet*) **~ sb** jdm nützlich sein PHR V **aˈvail yourself of sth** (*gehoben*) von etw Gebrauch machen

avail·abil·ity /əˌveɪləˈbɪləti/ *Nomen* Vorhandensein, Verfügbarkeit ◇ *enquire about the availability of cheap flights* sich erkundigen, ob es billige Flüge gibt ◇ (*BrE*) *Offer subject to availability.* Solange der Vorrat reicht.

avail·able 0‑π /əˈveɪləbl/ *Adj* **1** erhältlich ◇ *available on request* auf Anfrage erhältlich ◇ *the next available flight* der nächstmögliche Flug ◇ *the best available dictionary/the best dictionary available* das beste Wörterbuch, das es gibt **2** verfügbar ◇ *The report will not be made available to the general public.* Der Bericht wird nicht veröffentlicht werden. **3** frei ◇ *Will she be available this afternoon?* Wird sie heute Nachmittag zu sprechen sein? ◇ *He was not available for comment.* Er stand nicht für einen Kommentar zur Verfügung.

ava·lanche /ˈævəlɑːnʃ; *AmE* -læntʃ/ *Nomen* Lawine (*auch fig*) ◇ *We received an avalanche of letters.* Wir erhielten eine wahre Flut von Briefen.

avant-garde /ˌævɒ̃ ˈɡɑːd; *AmE* -vɑ̃ː ˈɡɑːrd/ *Nomen, Adj*
- ***Nomen*** [mit Verb im Sing/Pl] Avantgarde
- ***Adj*** avantgardistisch

avar·ice /ˈævərɪs/ *Nomen* (*gehoben*) Habgier, Habsucht

avar·icious /ˌævəˈrɪʃəs/ *Adj* (*gehoben*) habgierig, habsüchtig

Ave. (*AmE auch* **Av.**) *Abk* = AVENUE

avenge /əˈvendʒ/ *Verb* (*gehoben*) **~ yourself on sb** sich an jdm rächen; **~ sth** etw rächen

av·enue /ˈævənjuː; *AmE* -nuː/ *Nomen* **1 Avenue, Ave.** (*AmE auch*) (*Abk* **Av.**) = Bestandteil von Straßennamen **2** (*BrE*) Allee **3** (*Möglichkeit*) Weg ◇ *Several avenues are open to us.* Uns stehen mehrere Wege offen.

aver·age 0‑π /ˈævərɪdʒ/ *Adj, Nomen, Verb*
- ***Adj*** durchschnittlich, Durchschnitts- ◇ *children of above average intelligence* Kinder mit überdurchschnittlicher Intelligenz
- ***Nomen*** Durchschnitt ◇ *on average* im Durchschnitt ◇ *I spend an average of $30 a week.* Ich gebe durchschnittlich $30 die Woche aus.
- ***Verb*** **1** (*kein Passiv*) **~ sth** durchschnittlich … erreichen ◇ *This car averages 40 miles to the gallon.* Dieser Wagen hat einen durchschnittlichen Benzinverbrauch von 40 Meilen pro Gallone. **2 ~ sth** den Durchschnitt von etw ermitteln ◇ *average sth over the year* etw im Jahresdurchschnitt berechnen PHR V **ˌaverage ˈout** sich ausgleichen **ˌaverage ˈout at sth** im Durchschnitt … betragen **ˌaverage sth ˈout** den Durchschnitt von etw ermitteln

averse /əˈvɜːs; *AmE* əˈvɜːrs/ *Adj* [nicht vor Nomen] (*gehoben*) **~ to sth** einer Sache abgeneigt; **~ to doing sth** abgeneigt, etw zu tun ◇ *She wasn't averse to the idea.* Sie war nicht abgeneigt.

aver·sion /əˈvɜːʃn; *AmE* əˈvɜːrʒn/ *Nomen* **~ (to sb/sth)** Abneigung (gegen jdn/etw)

avert /əˈvɜːt; *AmE* əˈvɜːrt/ *Verb* (*gehoben*) **1** abwenden, verhindern; (*Verdacht*) ablenken **2 ~ sth (from sth)** (*Augen, Gesicht, Blick*) etw (von etw) abwenden

avian flu /ˈeɪviən fluː/ *Nomen* (*Fachspr*) Vogelgrippe

avi·ary /ˈeɪviəri; *AmE* -vieri/ *Nomen* Vogelhaus

avi·ation /ˌeɪviˈeɪʃn/ *Nomen* Luftfahrt

avi·ator /ˈeɪvieɪtə(r)/ *Nomen* (*veraltet*) Flieger(in)

avid /ˈævɪd/ *Adj* **1** (*Adv* **avid·ly**) begeistert, leidenschaftlich ◇ *She reads avidly.* Sie liest leidenschaftlich gern. **2 ~ for sth** ◇ *He was avid for more information.* Er wollte unbedingt mehr darüber hören.

avo·cado /ˌævəˈkɑːdəʊ; *AmE* -doʊ/ (*Pl* **-os**) (*BrE auch* **ˌavocado ˈpear**) *Nomen* Avocado

avoid 0‑π /əˈvɔɪd/ *Verb* **1** vermeiden ◇ *narrowly avoid defeat* eine Niederlage gerade noch abwenden **2** ausweichen ◇ *I've been avoiding getting down to work all day.* Ich schiebe die Arbeit schon den ganzen Tag vor mir her. IDM **avoid sb/sth like the 'plague** (*umgs*) jdn/etw wie die Pest meiden

avoid·able /ə'vɔɪdəbl/ *Adj* vermeidbar

avoid·ance /ə'vɔɪdəns/ *Nomen* Vermeiden

avowed /ə'vaʊd/ *Adj* [nur vor Nomen] (*gehoben*) erklärt ◇ *She's an avowed anti-communist.* Sie ist eine erklärte Antikommunistin.

avun·cu·lar /ə'vʌŋkjələ(r)/ *Adj* (*gehoben*) onkelhaft

await /ə'weɪt/ *Verb* (*gehoben*) erwarten ◇ *eagerly awaited* mit Spannung erwartet ◇ *be held in custody awaiting trial* bis zur Verhandlung in Untersuchungshaft bleiben

awake 🔑 /ə'weɪks/ *Verb, Adj*

▸ ***Verb*** (**awoke** /ə'wəʊk; *AmE* ə'woʊk/, **awoken** /ə'wəʊkən; *AmE* ə'woʊ-/) (*gehoben*) **1 ~ (from sth)** (aus etw) erwachen ◇ *He awoke to find her gone.* Als er erwachte, war sie nicht mehr da. **2 ~ sb (from sth)** jdn (aus etw) wecken **3 ~ sth** etw erwecken ◇ *The letter awoke old fears.* Der Brief weckte alte Ängste. PHR V **a'wake to sth** sich einer Sache bewusst werden

▸ ***Adj*** [nicht vor Nomen] wach ◇ *wide awake* hellwach ◇ *She was awake during the operation.* Während der Operation war sie bei vollem Bewusstsein.

awaken /ə'weɪkən/ *Verb* (*gehoben*) **1 ~ (from sth)** (aus etw) erwachen ◇ *We awakened to find the others gone.* Als wir erwachten, waren die anderen schon fort. **2** (*meist passiv*) **~ sb (from sth)** jdn (aus etw) wecken **3** erwecken ◇ *The film awakened terrible memories.* Der Film weckte schreckliche Erinnerungen. PHR V **a'waken to sth** sich einer Sache bewusst werden ◇ *I gradually awakened to the fact that …* Es dämmerte mir allmählich, dass … **a'waken sb to sth** jdm etw bewusst machen

awaken·ing /ə'weɪkənɪŋ/ *Nomen* Erwachen ◇ *a rude awakening* ein böses Erwachen

award 🔑 /ə'wɔːd; *AmE* ə'wɔːrd/ *Nomen, Verb*

▸ ***Nomen*** **1** Preis, Auszeichnung **2** ◇ *a pay award* eine Lohn-/Gehaltserhöhung **3** Entschädigung(ssumme) **4** (*von Schadensersatz etc.*) Zuerkennung **5** (*von Diplom etc.*) Verleihung **6** (*BrE*) Stipendium

▸ ***Verb*** zusprechen, zuerkennen, verleihen ◇ *The contract was awarded to an Italian company.* Der Vertrag wurde an eine italienische Firma vergeben. ◇ *The referee awarded a penalty.* Der Schiedsrichter entschied auf Elfmeter.

a'ward-winning *Adj* preisgekrönt

aware 🔑 /ə'weə(r); *AmE* ə'wer/ *Adj* **1** [nicht vor Nomen] **~ (of sb/sth)** (jds/einer Sache) bewusst; **be ~ that …** wissen, dass …, merken, dass … ◇ *As far as I'm aware, …* Soviel ich weiß, … ◇ *Everybody should be made aware of the risks involved.* Jeder sollte über die Risiken informiert werden. **2** (*mit Adverbien*) -bewusst ◇ *environmentally aware* umweltbewusst

aware·ness /ə'weənəs; *AmE* ə'wernəs/ *Nomen* [U/Sing] Bewusstsein ◇ *There was a lack of awareness of the issues involved.* Niemand war sich der damit verbundenen Probleme bewusst.

awash /ə'wɒʃ; *AmE* ə'wɔːʃ/ *Adj* [nicht vor Nomen] **1 ~ (with water)** überflutet ◇ *The road was awash.* Die Straße stand unter Wasser. **2 ~ with sth** (*fig*) von etw überschwemmt

away 🔑 /ə'weɪ/ *Adv* **1** entfernt ◇ *Christmas is still months away.* Bis Weihnachten dauert es noch Monate. **2** weg ◇ *Put your toys away now.* Räum jetzt deine Spielsachen weg. **3 be ~** fehlen, nicht da sein ◇ *There were ten children away yesterday.* Gestern haben zehn Kinder gefehlt. **4** (*mit Verben*) drauflos ◇ *They were soon chatting away like old friends.* Bald redeten sie drauflos wie alte Freunde. **5** (SPORT) ◇ *play away* auswärts spielen IDM **away with …** weg mit … → *Siehe auch* COBWEB, DANCE, FAR, RIGHT *und* STRAIGHT

awe /ɔː/ *Nomen, Verb*

▸ ***Nomen*** Ehrfurcht IDM **be/stand in 'awe of sb/sth** Ehrfurcht vor jdm/etw haben

▸ ***Verb*** (*meist passiv*) (*gehoben*) überwältigen, Ehrfurcht einflößen

awed /ɔːd/ *Adj* ehrfürchtig

'awe-inspiring *Adj* Ehrfurcht gebietend, beeindruckend

awe·some /'ɔːsəm/ *Adj* (*Adv* **awe·some·ly**) **1** überwältigend, Furcht einflößend ◇ *They had an awesome task ahead.* Die Aufgabe, die vor ihnen lag, war gewaltig. **2** (*AmE, umgs*) irre (gut), stark ◇ *Wow! That's totally awesome!* Mensch! Das ist megastark!

awe·struck /'ɔːstrʌk/ *Adj* (*gehoben*) (von Staunen/Ehrfurcht) ergriffen

awful 🔑 /'ɔːfl/ *Adj, Adv*

▸ ***Adj*** **1** (*umgs*) schrecklich, fürchterlich ◇ *I feel awful about forgetting her birthday.* Ich komme mir ganz schlecht vor, dass ich ihren Geburtstag vergessen habe. **2** (*Adv* **aw·ful·ly** /'ɔːfli/) (*umgs*) (*verstärkend*) ◇ *an awful lot of money* furchtbar viel Geld ◇ *I feel an awful lot better than I did yesterday.* Mir geht es schon viel besser als gestern. ◇ (*BrE*) *I had an awful job persuading him to come.* Es war sehr schwer, ihn zum Kommen zu überreden. ◇ *I'm awfully sorry.* Es tut mir schrecklich leid. ◇ *That name sounds awfully familiar.* Der Name klingt sehr bekannt. **3** furchtbar

▸ ***Adv*** (*bes AmE, umgs*) sehr

aw·ful·ness /'ɔːfəlnəs/ *Nomen* Schrecklichkeit, Furchtbarkeit

awhile /ə'waɪl/ *Adv* (*gehoben*) eine Weile

awk·ward 🔑 /'ɔːkwəd; *AmE* 'ɔːkwərd/ *Adj* **1** peinlich ◇ *an awkward silence* ein betretenes Schweigen **2** schwierig ◇ *Don't ask awkward questions.* Stell keine unangenehmen Fragen. ◇ *Please don't be awkward.* Bitte mach keine Schwierigkeiten. **3** ungünstig ◇ *Have I come at an awkward time?* Komme ich ungelegen? **4** unhandlich ◇ *This box is very awkward for one person to carry.* Diese Kiste ist für eine Person schlecht zu tragen. **5** unbeholfen **6** ◇ *I must have slept in an awkward position.* Ich muss wohl nachts schlecht gelegen haben.

awk·ward·ly 🔑 /'ɔːkwədli; *AmE* -kwərd-/ *Adv* **1** ungeschickt **2** verlegen **3** ungünstig ◇ *an awkwardly shaped room* ein Zimmer mit einem ungünstigen Grundriss

awk·ward·ness /'ɔːkwədnəs; *AmE* -kwərd-/ *Nomen* **1** Ungeschicklichkeit **2** Verlegenheit **3** Peinlichkeit

'awkward squad *Nomen* = Gruppe von Leuten, die immer irgendetwas einzuwenden haben ◇ *A member of the awkward squad, he has voted against his own party 148 times.* Er gehört zu denen, die immer irgendwie Ärger machen und so hat er auch schon 148 Mal gegen seine eigene Partei gestimmt.

awn·ing /'ɔːnɪŋ/ *Nomen* Markise

awoke, awoken *Form von* AWAKE

AWOL /'eɪwɒl; *AmE* -wɔːl/ *Kurzform von* **absent without leave** ◇ *He went AWOL from his base.* Er hat sich unerlaubt von seinem Standort entfernt. ◇ *The guitarist went AWOL in the middle of the concert.* Der Gitarrist haute mitten im Konzert ab.

awry /ə'raɪ/ *Adv* **1** schief, unordentlich **2 go ~** schief gehen

axe (*AmE meist* **ax**) /æks/ *Nomen, Verb*

▸ ***Nomen*** **1** Axt, Beil **2 the axe** [Sing] (*umgs*) ◇ *Our project got the axe.* Unser Projekt wurde gestrichen. ◇ *300 workers are facing the axe.* 300 Arbeiter stehen vor der Entlassung. ◇ *The hospital has been saved from the axe.* Das Krankenhaus wird nun doch nicht

geschlossen. IDM ˌhave an ˈaxe to grind ein persönliches Interesse (an der Sache) haben
▸ **Verb** (*meist passiv*) **1** schließen, einstellen, streichen **2** entlassen **3** mit einer Axt erschlagen

axe·man (*AmE meist* **axman**) /ˈæksmən/ *Nomen* (*Pl* **-men** /-mən/) (*umgs*) Axtmörder

axiom /ˈæksiəm/ *Nomen* (*gehoben*) Axiom

axio·mat·ic /ˌæksiəˈmætɪk/ *Adj* (*gehoben*) (*Adv* **axio·matically** /-kli/) axiomatisch

axis /ˈæksɪs/ *Nomen* (*Pl* **axes** /-siːz/) Achse

axle /ˈæksl/ *Nomen* Achse

aya·tol·lah /ˌaɪəˈtɒlə; *AmE* -ˈtoʊlə/ *Nomen* Ajatollah

aye (*auch* **ay**) /aɪ/ *Ausruf* (*veraltet oder Dialekt*) ja

ayes /aɪz/ *Nomen* [Pl] Jastimmen ◇ *The ayes have it.* Die Mehrheit ist dafür.

aza·lea /əˈzeɪliə/ *Nomen* Azalee

azi·muth /ˈæzɪməθ/ *Nomen* (ASTRON) Azimut

azure /ˈæʒə(r); *BrE auch* ˈæzjʊə(r)/ *Adj* (*gehoben*) azurblau

B b

B, b /biː/ *Nomen, Abk*
▸ **Nomen** **1** (*Pl* **Bs**, **B's**, **b's**) (*Buchstabe*) B, b → *Beispiele bei* A, A **2 B** (MUS) H ◇ *B flat major* B-Dur **3** (*Note*) ≈ befriedigend IDM → A, A
▸ **Abk** **1 B** (*BrE*) (*in Großbritannien vor einer Straßennummer für Landstraßen gebraucht*) → *Siehe auch* B-ROAD **2 b** = BORN

B2B /ˌbiː tə ˈbiː/ *Abk* = BUSINESS-TO-BUSINESS

BA /ˌbiː ˈeɪ/ *Kurzform von* **Bachelor of Arts**; *AmE* **B. A.** = niedrigster akademischer Grad in Großbritannien und den USA

baa /bɑː/ *Nomen, Verb*
▸ **Nomen** Bäh, Mäh
▸ **Verb** (**baa·ing**, **baaed** *oder* **baa'd**) blöken, mähen

bab·ble /ˈbæbl/ *Nomen, Verb*
▸ **Nomen** **1** Stimmengewirr ◇ *a babble of voices* ein Stimmengewirr **2** Geschwätz, Geplapper **3** (*von Babys*) Brabbeln
▸ **Verb** **1** ~ (**away/on**) schnattern, plappern **2** (*Bach etc.*) plätschern

babby /ˈbæbi/ *Nomen* (*BrE, Dialekt*) Baby

babe /beɪb/ *Nomen* **1** (*veraltet*) Baby **2** (*Slang*) (*als Anrede*) Schätzchen **3** (*Mädchen*) Puppe IDM **a ˌbabe in ˈarms** (*veraltet*) ein Säugling

ba·boon /bəˈbuːn; *AmE* bæˈ-/ *Nomen* Pavian

baby 0‒ /ˈbeɪbi/ *Nomen, Adj, Verb*
▸ **Nomen** **1** Baby ◇ *She's had a baby girl.* Sie hat eine Tochter bekommen. **2** (*umgs*) Nesthäkchen, Küken (der Familie/Mannschaft) **3** (*abwert*) Kindskopf ◇ *Stop crying and don't be such a baby.* Hör auf zu weinen und stell dich nicht so an. **4** (*bes AmE, Slang*) (*als Anrede*) Schätzchen IDM **be sb's baby** (*umgs*) jds Sache sein ◇ *But the project was his baby!* Aber es war doch sein Projekt! **it's your, his, etc. baby** (*umgs*) das ist dein, sein etc. Problem **leave sb holding the ˈbaby** jdn eine Sache ausbaden lassen **throw the baby out with the ˈbathwater** das Kind mit dem Bade ausschütten → *Siehe auch* SLEEP
▸ **Adj** [nur vor Nomen] (*Karotten etc.*) jung
▸ **Verb** wie ein kleines Kind behandeln

ˈbaby boom *Nomen* Babyboom

ˈbaby boomer (*AmE auch* **boom·er**) *Nomen* = während eines Babybooms (besonders nach dem zweiten Weltkrieg) geborener Mensch

ˈbaby buggy *Nomen* **1** (*auch* **buggy**) (*BrE*) zusammenfaltbarer Sportwagen, Buggy **2** (*AmE, veraltet*) Kinderwagen

ˈbaby carriage *Nomen* (*AmE*) Kinderwagen

ˈbaby fat *Nomen* (*AmE*) Babyspeck

Baby·gro™ /ˈbeɪbigrəʊ; *AmE* -groʊ/ *Nomen* (*Pl* **-os**) (*BrE*) Strampelanzug

ba·by·hood /ˈbeɪbihʊd/ *Nomen* [Sing] Säuglingsalter, frühe Kindheit

baby·ish /ˈbeɪbiɪʃ/ *Adj* (*abwert*) kindisch, kindlich

baby·sit /ˈbeɪbisɪt/ *Verb* (**-sit·ting**, **-sat**, **-sat**) (*auch* **sit**) babysitten

baby·sit·ter /ˈbeɪbisɪtə(r)/ (*bes AmE* **sit·ter**) *Nomen* Babysitter(in)

baby·sit·ting /ˈbeɪbisɪtɪŋ/ *Nomen* Babysitten

ˈbaby talk *Nomen* Babysprache

ˈbaby tooth *Nomen* (*Pl* **teeth**) Milchzahn

ˈbaby walker (*AmE* **walk·er**) *Nomen* Laufstuhl

bac·ca·laur·eate /ˌbækəˈlɔːriət/ *Nomen* Bakkalaureat

baccy /ˈbæki/ *Nomen* (*BrE, umgs*) Tabak

bach·elor /ˈbætʃələ(r)/ *Nomen* **1** Junggeselle **2** Bachelor, Bakkalaureus

bach·elor·hood /ˈbætʃələhʊd; *AmE* -lərhʊd/ *Nomen* Junggesellentum

ˈbachelor party *Nomen* (*AmE*) Junggesellenabschied (des Bräutigams)

ba·cil·lus /bəˈsɪləs/ *Nomen* (*Pl* **ba·cilli** /-laɪ/) Bazillus

back 0‒ /bæk/ *Nomen, Adj, Adv, Verb*
▸ **Nomen** **1** Rücken ◇ *He put his back out.* Er hat sich den Rücken verrenkt. **2** Wirbelsäule **3** Hinterseite, Rückseite; **at the ~** hinten ◇ *If you'd like to come round the back, I'll show you the garden.* Kommen Sie doch bitte nach hinten, ich zeige Ihnen den Garten. ◇ *He was shot in the back of the knee.* Er wurde in die Kniekehle geschossen. ◇ *There's room for three in the back.* Auf dem Rücksitz haben drei Personen Platz. → *Siehe auch* BACK-TO-BACK *und* SHORT BACK AND SIDES **4** Rücken(lehne) ◇ *a high-backed sofa* ein Sofa mit hoher Rückenlehne **5** (SPORT) Verteidiger(in) IDM **at/in the back of your mind** im Hinterkopf **the ˌback of beˈyond** (*umgs*) das Ende der Welt **ˌback to ˈback** **1** Rücken an Rücken **2** hintereinander **be (flat) on your back** (*umgs*) auf der Nase liegen; krank sein **ˌback to ˈfront** verkehrt herum **be glad, etc. to see the back of sb/sth** froh sein, jdn/etw endlich los zu sein **behind sb's ˈback** hinter jds Rücken **be on sb's ˈback** (*umgs*) auf jdm rumhacken **break the ˈback of sth** das Schlimmste hinter sich bringen; den größten Teil von etw schaffen **get/put sb's ˈback up** (*umgs*) jdn ärgern **get off sb's ˈback** jdn in Ruhe lassen **have sb on your ˈback** jdn am Hals haben **have your ˌback to the ˈwall** (*umgs*) mit dem Rücken zur Wand stehen **off the ˌback of a ˈlorry** (*BrE, umgs, hum*) ◇ *I bet those stereos fell off the back of a lorry.* Ich wette, die Stereoanlagen sind geklaut. **on the back of sth** als Folge einer Sache **put your ˈback into sth** bei etw viel Einsatz zeigen **turn your back** sich umdrehen **turn your back on sb/sth** **1** jdm/etw den Rücken zudrehen **2** (*fig*) sich von jdm/etw abwenden → *Siehe auch* EYE, KNOW, PAT, PUSH, ROD, SCRATCH, SHIRT, STAB, STRAW *und* WATER
▸ **Adj** [nur vor Nomen] **1** Hinter- ◇ *the back door* die Hintertür ◇ *Put your bag on the back seat.* Leg deine Tasche auf den Rücksitz ◇ *back teeth* Backenzähne ◇ *sit in the back row* in der letzten Reihe sitzen ◇ *the back page of a newspaper* die letzte Seite einer Zeitung **2** früher, älter ◇ *back issues of a magazine* alte Ausgaben einer Zeitschrift **3** rückständig, ausstehend IDM **by/through the back door** durch die

Hintertür **put sth on the back 'burner** (*umgs*) etw auf ein Nebengleis stellen

▸ ***Adv*** ℹ Für Verben mit **back** siehe die Einträge für die Verben. **Pay sb back** z.B. steht unter **pay**. **1** zurück ◇ *Sit back and relax.* Lehn dich zurück und entspann dich. ◇ *It takes me an hour to walk there and back.* Für den Hin- und Rückweg brauche ich eine Stunde. ◇ *She went back to sleep.* Sie schlief wieder ein. ◇ *Back at home, her parents were worried.* Zu Hause sorgten sich währenddessen ihre Eltern. **2** schon ◇ *She left back in November.* Sie ging schon im November. ◇ *We should have turned left five kilometres back.* Wir hätten schon vor fünf Kilometern links abbiegen müssen. IDM **,back and 'forth** hin und her **back of sth** (*AmE, umgs*) hinter einer Sache → *Siehe auch* EARTH

▸ ***Verb*** **1** rückwärtsgehen; (*im Auto*) zurücksetzen ◇ *He backed against the wall, terrified.* Voller Angst wich er gegen die Wand zurück. ◇ *back out of a parking space* rückwärts aus einer Parklücke setzen **2** unterstützen **3** (*Pferd*) wetten auf, setzen auf **4** (MUS) begleiten **5 ~ sth (with sth)** etw hinten (mit etw) verstärken, etw hinten (mit etw) beziehen **6** (*BrE*) ◇ *The house is backed by fields.* Hinter dem Haus sind Felder. IDM **,back the wrong 'horse** aufs falsche Pferd setzen PHR V **,back a'way (from sb/sth)** (vor jdm/etw) zurückweichen **,back 'down (on/from sth)** (in/bei etw) nachgeben **,back 'off** **1** sich zurückhalten ◇ *Back off! There's no need to yell at me.* Lass mich in Ruhe! Du brauchst mich nicht so anzuschreien. **2** (*AmE*) nachgeben **,back 'off from sth** von etw Abstand nehmen **,back 'onto sth** hinten an etw angrenzen **,back 'out (of sth)** (aus etw) aussteigen **,back sb 'up** jdn unterstützen ◇ *If they don't believe you, I'll back you up.* Wenn sie dir nicht glauben, werde ich es bestätigen. **,back sth 'up** **1** (COMP) eine Sicherungskopie einer Sache anlegen **2** etw untermauern **,back (sth) 'up** (*im Auto*) (etw) zurücksetzen

back·ache /'bækeɪk/ *Nomen* Rückenschmerzen

back·bench·er /,bæk'bentʃə(r)/ *Nomen* = (*in GB*) Parlamentsabgeordnete(r) ohne offizielles Amt

,back 'benches *Nomen* [Pl] = (*in GB*) hintere Sitzreihen für Unterhausabgeordnete, die kein offizielles Amt in der Regierung oder den anderen Parteien innehaben

back·bit·ing /'bækbaɪtɪŋ/ *Nomen* [U] Hinterhältigkeit, Gemeinheiten, Lästern

back·bone /'bækbəʊn; *AmE* -boʊn/ *Nomen* Rückgrat (*auch fig*)

'back-breaking *Adj* äußerst anstrengend

'back button *Nomen* Zurückbutton

back·chat /'bæktʃæt/ *Nomen* (*BrE, umgs*) Widerrede

back·cloth /'bækklɒθ; *AmE* -klɔːθ/ *Nomen* (*BrE*) Prospekt, Hintergrund (*auch fig*)

back·comb /'bækkəʊm; *AmE* -koʊm/ *Verb* (*BrE*) toupieren

'back copy *Nomen* (*BrE*) alte Ausgabe

back·date /,bæk'deɪt/ *Verb* rückdatieren ◇ *They got a 5% pay rise, backdated to February.* Sie erhielten eine Lohnerhöhung von 5%, rückwirkend ab Februar.

,back-'door *Adj* [nur vor Nomen] heimlich, verdeckt ◇ *They achieved it by back-door methods.* Sie schafften es schließlich durchs Hintertürchen.

back·drop /'bækdrɒp; *AmE* -drɑːp/ *Nomen* Prospekt, Hintergrund (*auch fig*)

back·er /'bækə(r)/ *Nomen* Geldgeber(in)

back·fire /,bæk'faɪə(r)/ *Verb* **1** daneben gehen ◇ *The plan backfired on us.* Mit dem Plan schnitten wir uns ins eigene Fleisch. **2** eine Fehlzündung haben

backflip /'bækflɪp/ *Nomen* Rückwärtssalto ◇ *to do a backflip* einen Rückwärtssalto machen

back·gam·mon /'bækgæmən, ,bæk'gæmən/ *Nomen* Backgammon

back·ground 🔑 /'bækgraʊnd/ *Nomen* **1** Herkunft ◇ *educational background* Ausbildung ◇ *The job would suit someone with a business background.* Für die Stelle wäre jemand mit Erfahrung in der Wirtschaft geeignet. **2** Hintergrund ◇ *background music* Musikuntermalung ◇ *There was a lot of background noise.* Um uns herum war ziemlich viel Lärm. **3** [meist Sing] (*für Malerei, Zeichnung etc.*) Untergrund IDM → MERGE

back·hand /'bækhænd/ *Nomen* [meist Sing] Rückhand, Backhand

back·han·ded /,bæk'hændɪd/ *Adj* IDM → COMPLIMENT

back·hand·er /'bækhændə(r)/ *Nomen* (*BrE, umgs*) Schmiergeld

back·ing /'bækɪŋ/ *Nomen* **1** Unterstützung **2** Untergrund, Verstärkung ◇ *Fabric wallcoverings come with a paper backing.* Textiltapeten haben einen Papierträger. **3** [meist Sing] (MUS) Begleitung ◇ *a backing singer* ein(e) Begleitsänger(in)

'back issue *Nomen* alte Ausgabe

back·lash /'bæklæʃ/ *Nomen* [Sing] **~ (against sth)** Gegenreaktion (auf etw)

back·less /'bækləs/ *Adj* rückenfrei

back·log /'bæklɒg; *AmE* -lɔːg/ *Nomen* Rückstand ◇ *a tremendous backlog of paperwork* ein Berg von unerledigten Schreibarbeiten

'back number *Nomen* (*BrE*) alte Ausgabe

'back order *Nomen* ◇ *Those items are on back order.* Diese Artikel sind im Moment nicht lieferbar. ◇ *You may either place a back order or choose an alternative product.* Sie können den Artikel jetzt bestellen und warten, bis er wieder lieferbar ist oder alternativ ein anderes Produkt bestellen.

'back-order *Verb* **~ sth** etw bestellen, das sich derzeit im Lieferrückstand befindet

back·pack /'bækpæk/ *Nomen, Verb*

▸ ***Nomen*** (*bes AmE*) Rucksack

▸ ***Verb*** (*meist* **go backpacking**) als Rucksacktourist(in) unterwegs sein

back·pack·er /'bækpækə(r)/ *Nomen* Rucksacktourist(in)

,back-'pedal *Verb* (**-ll-**, *AmE* **-l-**) **1 ~ (on sth)** einen Rückzieher machen (in Bezug auf/bei etw) **2** (*Fahrrad*) rückwärts treten

,back-'room *Adj* ◇ *back-room staff* Personal im Hintergrund ◇ *back-room deals* geheime Abmachungen

back·scratch·ing /'bækskrætʃɪŋ/ *Nomen* [U] (*umgs, meist abwert*) Klüngelei ◇ *mutual backscratching* gegenseitige Begünstigung

,back 'seat *Nomen* Rücksitz IDM **a ,back-seat 'driver** ein Beifahrer, der dem Fahrer ständig dreinredet **take a back seat** **1** in den Hintergrund treten **2** sich raushalten; sich im Hintergrund halten

back·side /'bæksaɪd/ *Nomen* (*umgs*) Hintern IDM → PAIN

back·slap·ping /'bækslæpɪŋ/ *Nomen, Adj*

▸ ***Nomen*** (*oft abwert*) gegenseitiges Schulterklopfen, Lobhudelei

▸ ***Adj*** [nur vor Nomen] plump-vertraulich

back·slash /'bækslæʃ/ *Nomen* (COMP) Backslash, umgekehrter Schrägstrich

back·slid·ing /'bækslaɪdɪŋ/ *Nomen* [U] Rückfall

back·space /'bækspeɪs/ *Nomen, Verb*

▸ ***Nomen*** Rücktaste

▸ ***Verb*** die Rücktaste betätigen

back·stage /,bæk'steɪdʒ/ *Adv, Adj* **1** hinter die/der Bühne **2** hinter den Kulissen ◇ *backstage deals* geheime Abmachungen

back·stop /ˈbækstɒp; *AmE* -stɑːp/ *Nomen* **1** (SPORT) = Netz oder andere Schutzvorrichtung hinter einem Spielfeld **2** (*beim Baseball und bei ähnlichen Spielen*) Fänger(in) **3** Sicherheitsnetz

back·story /ˈbækstɔːri/ *Nomen* (*Pl* **-ies**) Hintergrundgeschichte

back·street /ˈbækstriːt/ *Nomen, Adj*

▸ ***Nomen*** kleine Seitenstraße ◇ *He was born in the backstreets of Leeds.* Er wurde in einem ärmlichen Viertel in Leeds geboren.

▸ ***Adj*** [nur vor Nomen] dubios ◇ *a backstreet abortion* eine illegale Abtreibung

back·stroke /ˈbækstrəʊk; *AmE* -stroʊk/ *Nomen* [U/Sing] Rückenschwimmen

back·swing /ˈbækswɪŋ/ *Nomen* (SPORT) Durchschwung

back talk *Nomen* (*AmE, umgs*) Widerrede

back-to-ˈback *Nomen* (*BrE*) = Reihenhaus, dessen Rückseite an ein anderes Reihenhaus grenzt

back·track /ˈbæktræk/ *Verb* **1** wieder zurückgehen **2** einen Rückzieher machen

back·up /ˈbækʌp/ *Nomen* **1** Unterstützung ◇ *The police had backup from the army.* Die Polizei erhielt Verstärkung von der Armee. **2** Reserve, Ersatz ◇ *We can use him as a backup if one of the other players drops out.* Er könnte Reservespieler sein, wenn einer der anderen Spieler ausfällt. **3** (COMP) Sicherungskopie, Backup

backup light *Nomen* (*AmE*) Rückfahrscheinwerfer

back·ward 0→ /ˈbækwəd; *AmE* -wərd/ *Adj* **1** [nur vor Nomen] zurück ◇ *a backward step* ein Schritt zurück ◇ *She strode past him without a backward glance.* Sie ging an ihm vorbei, ohne zurückzublicken. **2** rückständig, unterentwickelt ◇ (*umgs*) *She's not backward in coming forward.* Sie ist nicht gerade zurückhaltend.

back·ward·ness /ˈbækwədnəs; *AmE* -wərd-/ *Nomen* Rückständigkeit

back·wards 0→ /ˈbækwədz; *AmE* -wərdz/ (*bes AmE* **back·ward**) *Adv* **1** zurück, nach hinten, rückwärts ◇ *I fell backwards.* Ich fiel hintenüber. **2** von hinten nach vorn, falsch herum IDM **ˌbackward(s) and ˈforward(s)** hin und her **bend/lean over ˈbackwards (to do sth)** alles Menschenmögliche tun (etw zu tun) → *Siehe auch* KNOW

back·wash /ˈbækwɒʃ; *AmE* -wɔːʃ/ *Nomen* [Sing] **1** (*gehoben*) Auswirkungen **2** Rückströmung

back·water /ˈbækwɔːtə(r)/ *Nomen* **1** Seitenarm, totes Wasser **2** (*abwert*) Provinznest

back·woods /ˈbækwʊdz/ *Nomen* [Pl] hinterste Provinz

back·yard /ˌbækˈjɑːd; *AmE* -ˈjɑːrd/ *Nomen* **1** (*BrE*) Hinterhof **2** (*AmE*) Garten hinter dem Haus IDM **in your (own) backyard** direkt vor der Haustür

bacon /ˈbeɪkən/ *Nomen* Speck IDM → SAVE

bac·teria 0→ /bækˈtɪəriə; *AmE* -ˈtɪr-/ *Nomen* [Pl] Bakterien

bac·ter·ial /bækˈtɪəriəl; *AmE* -ˈtɪr-/ *Adj* bakteriell, Bakterien-

bac·terio·logic·al /bækˌtɪəriəˈlɒdʒɪkl; *AmE* -ˌtɪriəˈlɑːdʒɪ-/ *Adj* bakteriologisch

bac·teri·olo·gist /bækˌtɪəriˈɒlədʒɪst; *AmE* -ˌtɪriˈɑːlə-/ *Nomen* Bakteriologe, Bakteriologin

bac·teri·ology /bækˌtɪəriˈɒlədʒi; *AmE* -ˌtɪriˈɑːlə-/ *Nomen* Bakteriologie

bad 0→ /bæd/ *Adj, Nomen, Adv*

▸ ***Adj*** (**worse** /wɜːs; *AmE* wɜːrs/, **worst** /wɜːst; *AmE* wɜːrst/) **1** schlecht ◇ *in a bad mood* schlecht gelaunt ◇ *bad breath* Mundgeruch ◇ *'Can we discuss it now?' 'No, this is a bad time.'* „Können wir jetzt darüber sprechen?" „Nein, jetzt passt es mir nicht." **2 be ~ at sth/at doing sth** schlecht in etw sein, etw nicht gut können ◇ *She is so bad at keeping secrets.* Sie kann nichts für sich behalten ◇ *I'm really bad at getting up early.* Mir fällt es sehr schwer, früh aufzustehen. **3** schwer, schlimm ◇ *a bad headache* starke Kopfschmerzen ◇ *He had a bad back for years.* Er hat schon seit Jahren Rückenprobleme. **4** schlecht, böse **5** (*Kinder*) böse, ungehorsam **6 feel ~ about sth** bei etw ein schlechtes Gefühl haben, bei etw ein schlechtes Gewissen haben **7 feel ~** sich nicht wohl fühlen; **look ~** schlecht aussehen **8** (**bad·der, bad·dest**) (*bes AmE, Slang*) gut, klasse IDM **can't be bad** (*umgs*) nicht schlecht **not ˈbad** (*umgs*) nicht schlecht **too bad** (*umgs*) **1** (*iron*) Pech (gehabt) **2** schade ℹ Für andere Redewendungen mit **bad** siehe die Einträge für die Nomina, Verben etc. **Be bad news (for sb/sth)** z.B. steht unter **news**.

▸ ***Nomen*** **the bad** das Schlechte, das Böse; (*Menschen*) die Bösen IDM **take the ˌbad with the ˈgood** auch die schlechten Seiten in Kauf nehmen **to the ˈbad** (*BrE*) ◇ *After the sale they were 300 euros to the bad.* Nach dem Verkauf hatten sie ein Defizit von 300 Euro.

▸ ***Adv*** (*AmE, umgs*) sehr, unbedingt ◇ *Are you hurt bad?* Bist du schwer verletzt?

bad ˈdebt *Nomen* uneinbringliche Forderung

baddy /ˈbædi/ *Nomen* (*Pl* **-ies**) (*BrE, umgs*) Bösewicht

bade *Form von* BID²

badge /bædʒ/ *Nomen* **1** (*BrE*) Abzeichen, Plakette; (*aus Metall*) Button ◇ *a name badge* ein Namensschild **2** Dienstmarke **3** (*gehoben*) Symbol **4** (*bes AmE*) Applikation

badger /ˈbædʒə(r)/ *Nomen, Verb*

▸ ***Nomen*** Dachs

▸ ***Verb*** **1 ~ sb (into doing sth)** jdm keine Ruhe lassen (, bis er etw tut) **2 ~ sb ˈabout sth)** jdn (über etw) ausfragen

badlands /ˈbædlændz/ *Nomen* [Pl] Ödland

bad ˈlanguage *Nomen* [U] Kraftausdrücke

badly 0→ /ˈbædli/ *Adv* (**worse** /wɜːs; *AmE* wɜːrs/, **worst** /wɜːst; *AmE* wɜːrst/) **1** schlecht ◇ *I did badly in my exams.* Ich habe im Examen schlecht abgeschnitten. ◇ *The children took the dog's death very badly.* Den Kindern hat der Tod des Hundes schwer zu schaffen gemacht. **2** sehr ◇ *The building is badly in need of repair.* Das Gebäude muss dringend repariert werden. ◇ *They wanted to win so badly.* Sie wollten unbedingt gewinnen. **3** schwer ◇ *be badly affected by sth* von etw stark betroffen werden ◇ *Everything's gone badly wrong.* Alles ist völlig daneben gegangen. IDM **be badly ˈoff** **1** wenig Geld haben **2** schlecht dran sein **be badly ˈoff for sth** (*BrE*) von etw nur wenig haben

bad·min·ton /ˈbædmɪntən/ *Nomen* Federball, Badminton

bad-mouth *Verb* (*umgs*) **~ sb** jdn schlecht machen

bad·ness /ˈbædnəs/ *Nomen* Schlechtigkeit

bad-ˈtempered 0→ *Adj* schlecht gelaunt

bae /beɪ/ *Nomen* (*AmE, umgs*) (*jds Freund bzw Freundin*) Bae

baf·fle /ˈbæfl/ *Verb, Nomen*

▸ ***Verb*** verblüffen; **~ sb** jdm unverständlich sein ◇ *Police are baffled.* Die Polizei steht vor einem Rätsel.

▸ ***Nomen*** (*Fachspr*) Filter; (*für Geräusche*) Schallwand

baffle·ment /ˈbæflmənt/ *Nomen* Verblüffung

baf·fling /ˈbæflɪŋ/ *Adj* rätselhaft

bag 0→ /bæg/ *Nomen, Verb*

▸ ***Nomen*** **1** Tüte ◇ *a laundry/mail bag* ein Wäsche-/Postsack **2** Tasche, Reisetasche, Beutel ◇ *Do you have a lot of bags?* Haben Sie viel Gepäck? → *Siehe auch* AIRBAG *und* MIXED BAG **3 bags (of sth)** [Pl] (*BrE, umgs*) jede Menge **4 bags** [Pl] Tränensäcke, Augenringe **5** (*bes BrE, umgs*) ◇ *Stupid old bag!*

Blöde Ziege! **6** Jagdbeute IDM **ˌbag and ˈbaggage** Sack und Pack **be a ˌbag of ˈbones** *(umgs)* nur Haut und Knochen sein **be in the ˈbag** *(umgs)* unter Dach und Fach sein ◇ *His promotion is in the bag.* Er hat seine Beförderung in der Tasche. **not sb's ˈbag** *(umgs)* nicht jds Sache → *Siehe auch* CAT, NERVE, PACK *und* TRICK

▸ ***Verb*** **(-gg-)** **1 ~ sth (up)** etw in Tüten, Beutel etc. füllen, etw abpacken **2** *(umgs)* *(Tiere)* erlegen, fangen **3** *(umgs)* (SPORT) erzielen; *(Tor)* schießen **4** *(BrE, umgs)* (sich) schnappen **5** [+ Obj] *(AmE, umgs)* ◇ *They decided to bag the trip because they were short of cash.* Sie entschieden sich, die Reise sein zu lassen, weil sie nicht genügend Geld hatten.

bagel /ˈbeɪgl/ *Nomen* = ringförmiges Brötchen

bag·gage 0‑━ /ˈbægɪdʒ/ *Nomen* **1** *(bes AmE)* Gepäck ◇ *excess baggage* Übergepäck **2** *(fig)* Ballast IDM → BAG

ˈbaggage car *Nomen (AmE)* Gepäckwagen

ˈbaggage reclaim *(AmE* **ˈbaggage claim***)* *Nomen* Gepäckausgabe

baggy /ˈbægi/ *Adj* weit (geschnitten)

ˈbag lady *Nomen* = obdachlose Frau, die ihre Sachen in Plastiktüten mit sich trägt

ˈbag lunch *Nomen (AmE)* Lunchpaket

bag·pipe /ˈbægpaɪp/ *Adj* Dudelsack-

bag·pipes /ˈbægpaɪps/ *(auch* **pipes***)* *Nomen* [Pl] Dudelsack

bah /bɑː/ *Ausruf* pah

bail /beɪl/ *Nomen, Verb*

▸ ***Nomen*** **1** Kaution ◇ *put up bail for sb* Kaution für jdn leisten ◇ *refuse sb bail* es ablehnen, jdn gegen Kaution freizulassen ◇ *She jumped/skipped bail.* Sie erschien nach Freilassung auf Kaution nicht zur Gerichtsverhandlung. **2** [meist Pl] *(beim Kricket)* Querholz

▸ ***Verb*** *(BrE auch* **bale***)* gegen Kaution freilassen PHRV **ˌbail ˈout (of sth)** *(aus Flugzeug)* aussteigen **ˌbail ˈout** Wasser ausschöpfen **ˌbail sth ˈout** Wasser aus etw schöpfen **ˌbail sb ˈout** **1** für jdn die Kaution stellen **2** jdm aus der Patsche helfen **ˌbail sb ˈout of sth** jdm aus etw helfen

bai·ley /ˈbeɪli/ *Nomen* Burghof

bail·iff /ˈbeɪlɪf/ *Nomen* **1** *(BrE)* Gerichtsvollzieher(in) **2** *(BrE)* Gutsverwalter(in) **3** *(AmE)* Gerichtsdiener(in)

baili·wick /ˈbeɪliwɪk/ *Nomen (gehoben)* Zuständigkeitsbereich; Steckenpferd

bairn /beən; *AmE* bern/ *Nomen (SchotE, Dialekt)* Kind

bait /beɪt/ *Nomen, Verb*

▸ ***Nomen*** Köder *(auch fig)*, Lockvogel

▸ ***Verb*** **1** mit einem Köder versehen **2** provozieren, reizen

bait·ing /ˈbeɪtɪŋ/ *Nomen (meist in Zusammensetzungen)* Hetzjagd ◇ *bear-baiting* Bärenhatz

baize /beɪz/ *Nomen* Filz

bake 0‑━ /beɪk/ *Verb* **1** backen ◇ *baked potatoes* in der Schale gebackene Kartoffeln ◇ *The bread is baking.* Das Brot ist im Backofen. **2** ausdörren; *(Ziegel, Keramik)* brennen **3** *(umgs)* ◇ *We sat baking in the sun.* Wir saßen und schmorten in der Sonne.

baked ˈbeans *Nomen* [Pl] weiße Bohnen in Tomatensoße

Bake·lite™ /ˈbeɪkəlaɪt; *AmE auch* ˈbeɪklaɪt/ *Nomen* Bakelit®

baker /ˈbeɪkə(r)/ *Nomen* Bäcker(in) IDM **a baker's ˈdozen** *(veraltet)* dreizehn

bakery /ˈbeɪkəri/ *Nomen (Pl* **-ies***)* *(AmE auch* **ˈbake shop***)* Bäckerei

bak·ing /ˈbeɪkɪŋ/ *Nomen, Adj*

▸ ***Nomen*** **1** Backen **2** *(oft in Zusammensetzungen)* Back- ◇ *a baking tin* eine Backform ◇ *a baking dish* eine feuerfeste Form ◇ *a baking sheet* ein Backblech

▸ ***Adj*** *(auch* **ˌbaking ˈhot***)* brennend ◇ *I'm baking.* Mir ist schrecklich heiß.

ˈbaking flour *Nomen (AmE)* = Mehl, dem bereits Backpulver beigemischt ist

ˈbaking powder *Nomen* Backpulver

ˈbaking soda *Nomen* Natron

ˈbaking tray *Nomen* Backblech

bala·clava /ˌbæləˈklɑːvə/ *(auch* **ˌBalaclava ˈhelmet***)* *Nomen (bes BrE)* Balaklava, Gesichtsmaske

bal·ance 0‑━ /ˈbæləns/ *Nomen, Verb*

▸ ***Nomen*** **1** Gleichgewicht ◇ *This newspaper maintains a good balance in its presentation of different opinions.* In dieser Zeitung werden unterschiedliche Standpunkte recht ausgewogen dargestellt. **2** [meist Sing] Bilanz ◇ *check your bank balance* den Kontostand überprüfen **3** [meist Sing] Restbetrag **4** Waage IDM **catch, throw, etc. sb off ˈbalance** jdn aus dem Gleichgewicht bringen **(be/hang) in the ˈbalance** in der Schwebe sein **on ˈbalance** alles in allem → *Siehe auch* REDRESS, STRIKE, SWING *und* TIP

▸ ***Verb*** **1** balancieren **2 ~ (out)** sich ausgleichen, sich die Waage halten; **~ sth (out)** etw ausgleichen, etw aufwiegen **3 ~ A with/and B** A und B auf einen Nenner bringen, A mit B ausbalancieren **4 ~ A against B** A gegen B abwägen **5** (FINANZ) ausgleichen; *(Konto)* abrechnen ◇ *balance the books* die Bilanz machen ◇ *The accounts don't balance.* Die Abrechnung stimmt nicht. ◇ *measures to balance the budget* Maßnahmen zur Deckung des Haushaltsdefizits

the ˈbalance beam *Nomen (bes AmE)* der (Schwebe) balken

bal·anced /ˈbælənst/ *Adj* ausgeglichen, ausgewogen ◇ *a balanced decision* eine wohl überlegte Entscheidung

ˌbalance of ˈpayments *Nomen* [Sing] Zahlungsbilanz

ˌbalance of ˈpower *Nomen* [Sing] **1** Gleichgewicht der Kräfte **2** (POL) ◇ *They now hold the balance of power.* Sie sind jetzt das Zünglein an der Waage.

ˌbalance of ˈtrade *Nomen* [Sing] Handelsbilanz

ˈbalance sheet *Nomen* Bilanz

ˈbal·an·cing act *Nomen* Balanceakt

bal·cony /ˈbælkəni/ *Nomen (Pl* **-ies***)* Balkon; *(im Theater etc. auch)* Rang → *Siehe auch* FIRST BALCONY

bald /bɔːld/ *Adj* **1** kahl, glatzköpfig; *(Reifen)* abgefahren ◇ *go bald* eine Glatze bekommen **2** *(Adv* **bald·ly***)* *(Feststellung, Stil etc.)* nüchtern, unverblümt, trocken

ˌbald ˈeagle *Nomen* Weißkopf-Seeadler

bal·der·dash /ˈbɔːldədæʃ; *AmE* -dərdæʃ/ *Nomen (veraltet)* Unsinn

ˌbald-ˈfaced *Adj (bes AmE, abwert)* unverfroren

bald·ing /ˈbɔːldɪŋ/ *Adj* mit beginnender Glatze

bald·ness /ˈbɔːldnəs/ *Nomen* [U] Kahlheit, Glatze

bale /beɪl/ *Nomen, Verb*

▸ ***Nomen*** Ballen ◇ *bales of hay* Heuballen

▸ ***Verb*** **1** bündeln **2** *(BrE)* = BAIL

bale·ful /ˈbeɪlfl/ *Adj (Adv* **bale·ful·ly** /-fəli/*)* *(gehoben)* unheilvoll, böse

balk = BAULK

balky /ˈbɔːlki, ˈbɔːki/ *Adj (AmE)* **1** störrisch **2** defekt

ball 0‑━ /bɔːl/ *Nomen, Verb*

▸ ***Nomen*** **1** Ball **2** Kugel ◇ *a ball of wool* ein Wollknäuel **3** *(beim Tennis, Golf)* Schlag; *(beim Kricket)* Wurf; *(beim Fußball)* Schuss **4** *(Baseball)* Fehlwurf **5 ~ of the foot** Fußballen; **~ of the hand/thumb** Handballen **6** [meist Pl] *(umgs, vulg)* *(Hoden)* Ei IDM **a ˌball and ˈchain** *(BrE)* eine Last **the ball is in sb's ˈcourt** jd ist

am Zug/Ball **get/set/start the ball 'rolling** den Stein ins Rollen bringen **have a 'ball** (*umgs*) sich riesig amüsieren **have something/a lot on the 'ball** (*AmE, umgs*) etwas/viel drauf haben **(be) on the 'ball** auf Zack (sein) **play 'ball (with sb)** (mit jdm) zusammenarbeiten
▸ ***Verb* 1** sich ballen **2** (*AmE, vulg, Slang*) ficken

bal·lad /ˈbæləd/ *Nomen* **1** Ballade **2** Lied

bal·last /ˈbæləst/ *Nomen* **1** Ballast **2** (Bettungs)schotter

ˌball 'bearing *Nomen* **1** Kugellager **2** Kugellagerkugel

ball·boy /ˈbɔːlbɔɪ/ *Nomen* (*Tennis*) Balljunge

ball·cock /ˈbɔːlkɒk; *AmE* -kɑːk/ *Nomen* Schwimmer(ventil)

bal·ler·ina /ˌbæləˈriːnə/ *Nomen* Ballerina

bal·let /ˈbæleɪ; *AmE* bæˈleɪ/ *Nomen* Ballett

'ball game *Nomen* **1** Ballspiel **2** (*AmE*) Baseballspiel IDM **a (whole) different/new 'ball game** (*umgs*) eine ganz andere Sache

ball·girl /ˈbɔːlɡɜːl; *AmE* -ɡɜːrl/ *Nomen* (*Tennis*) Ballmädchen

bal·listic /bəˈlɪstɪk/ *Adj* ballistisch IDM **go bal'listic** (*umgs*) ausrasten; explodieren

balˌlistic 'missile *Nomen* ballistische Rakete

bal·lis·tics /bəˈlɪstɪks/ *Nomen* [U] Ballistik

bal·loon /bəˈluːn/ *Nomen, Verb*
▸ ***Nomen* 1** Luftballon **2** = HOT-AIR BALLOON **3** Sprechblase IDM **when the bal'loon goes up** wenn es losgeht ➔ *Siehe auch* LEAD²
▸ ***Verb* 1** ~ **(out/up)** sich blähen; (*fig*) ansteigen **2** (*meist* **go ballooning**) im Ballon fliegen, eine Ballonfahrt machen

bal·loon·ist /bəˈluːnɪst/ *Nomen* Ballonfahrer(in)

bal·lot /ˈbælət/ *Nomen, Verb*
▸ ***Nomen* 1** Abstimmung ◇ *We should put it to a ballot.* Wir sollten darüber abstimmen. **2** (*BrE auch* **'ballot paper**) Stimmzettel, Wahlzettel ◇ *cast your ballot* seine Stimme abgeben **3 the ballot** [Sing] die (abgegebenen) Stimmen
▸ ***Verb* 1** ~ **sb (on sth)** jdn (über etw) abstimmen lassen **2** (in geheimer Wahl) abstimmen

'ballot box *Nomen* Wahlurne ◇ *through the ballot box* mit demokratischen Mitteln

'ballot paper *Nomen* = BALLOT

ball·park /ˈbɔːlpɑːk; *AmE* -pɑːrk/ *Nomen* **1** (*AmE*) Baseballfeld **2** [Sing] (*umgs*) Größenordnung ◇ *If you said five million you'd be in the ballpark.* Mit fünf Millionen würdest du ungefähr richtigliegen. ◇ *a ballpark figure* eine grobe Schätzung

ball·point /ˈbɔːlpɔɪnt/ (*auch* **ˌballpoint 'pen**) *Nomen* Kugelschreiber

ball·room /ˈbɔːlruːm, -rʊm/ *Nomen* Ballsaal

ˌballroom 'dancing *Nomen* [U] Standardtanz

balls /bɔːlz/ *Nomen, Verb*
▸ ***Nomen*** (*vulg, Slang*) **1** [U] (*BrE*) Quatsch **2** [Pl] Mut
▸ ***Verb*** PHR V **ˌballs sth 'up** (*BrE, vulg, Slang*) etw vermasseln

'balls-up *Nomen* (*bes BrE, vulg, Slang*) Mist ◇ *I made a balls-up of the exam.* Ich hab bei der Prüfung Scheiße gebaut.

bally·hoo /ˌbæliˈhuː; *AmE* ˈbælihuː/ *Nomen* (*umgs, abwert*) Geschrei, Trara

balm /bɑːm/ *Nomen* Balsam (*auch fig*)

balmy /ˈbɑːmi/ *Adj* (*Luft etc.*) lau

ba·lo·ney /bəˈləʊni; *AmE* bəˈloʊ-/ *Nomen* **1** (*bes AmE, umgs*) Quatsch **2** (*AmE*) Mortadella

balsa /ˈbɔːlsə/ (*auch* **'balsa wood**) *Nomen* Balsaholz

bal·sam /ˈbɔːlsəm/ *Nomen* **1** Balsam **2** Balsampflanze

bal·sam·ic vin·egar /bɔːlˌsæmɪk ˈvɪnɪɡə(r)/ *Nomen* Balsamikoessig

bal·us·trade /ˌbæləˈstreɪd/ *Nomen* Balustrade, Brüstung

bam·boo /ˌbæmˈbuː/ *Nomen* (*Pl* **-oos**) Bambus

BAME /ˌbiː eɪ em ˈiː/ *Kurzform von* **black, Asian and minority ethnic** (*BrE*) = (*in GB*) Bezeichnung für Menschen mit nicht-weißer Hautfarbe (Schwarze, Asiaten und Menschen, die einer ethnischen Minderheit angehören)

ban 🔑 /bæn/ *Verb, Nomen*
▸ ***Verb*** **(-nn-)** verbieten; (*Sportler*) sperren ◇ *He was banned from the meeting.* Er durfte bei der Besprechung nicht anwesend sein. ◇ *He's been banned from the pub.* Er hat Lokalverbot. ◇ *She's been banned from leaving Greece.* Sie darf Griechenland nicht verlassen. ◇ (*BrE*) *He was banned from driving for six months.* Er erhielt sechs Monate Fahrverbot. ◇ *They were banned from entering the country.* Die Einreise wurde ihnen verweigert.
▸ ***Nomen*** Verbot; (WIRTSCH) Embargo; (*Sport*) Sperre ◇ *There is a total ban on smoking in the office.* Rauchen ist im Büro verboten. ◇ *put a ban on the import of alcohol* die Einfuhr von Alkohol verbieten

banal /bəˈnɑːl; *AmE auch* ˈbeɪnl/ *Adj* (*abwert*) banal

ban·al·ity /bəˈnæləti/ *Nomen* (*Pl* **-ies**) (*abwert*) Banalität

ba·nana /bəˈnɑːnə; *AmE* bəˈnænə/ *Nomen* Banane IDM **be/go ba'nanas** (*Slang*) ausflippen; durchdrehen

baˌnana re'public *Nomen* (*abwert, beleidigend*) Bananenrepublik

band 🔑 /bænd/ *Nomen, Verb*
▸ ***Nomen* 1** [mit Verb im Sing/Pl] Band, Musikkapelle ◇ *a military band* eine Militärkapelle ➔ *Siehe auch* BRASS BAND *und* ONE-MAN BAND **2** [mit Verb im Sing/Pl] Gruppe, Bande, Schar **3** Band, Riemen ◇ *She wore a simple band of gold on her finger.* Sie trug einen einfachen goldenen Ring am Finger. ➔ *Siehe auch* RUBBER BAND **4** Streifen ◇ *a plate with a blue band around the edge* ein Teller mit einer blauen Einfassung **5** = WAVEBAND **6** (*Steuer-, Preis-*) Klasse ◇ *income bands* Gehaltsstufen ◇ *the 25-35 age band* die Gruppe der 25-35-Jährigen
▸ ***Verb* 1** mit einem Band/Bändern versehen ◇ *The insects are banded black and yellow.* Die Insekten sind schwarz und gelb gestreift. **2** (*BrE*) (*in Klassen, Gruppen etc.*) einteilen ◇ *Tax is banded according to income.* Die Steuerklassen sind nach dem Einkommen gestaffelt. PHR V **ˌband to'gether** sich zusammenschließen

ban·dage 🔑 /ˈbændɪdʒ/ *Nomen, Verb*
▸ ***Nomen*** Verband, Bandage
▸ ***Verb*** ~ **sth (up)** (*Wunde etc.*) etw verbinden; (*Gelenk etc.*) etw bandagieren

'Band-Aid™ *Nomen* (*bes AmE*) **1** Heftpflaster **2** (*abwert*) ◇ *a Band-Aid solution* eine behelfsmäßige Lösung

ban·danna /bænˈdænə/ *Nomen* Halstuch, Kopftuch

B and B (*auch* **b and b**) /ˌbiː ən ˈbiː/ *Abk* = BED AND BREAKFAST

ban·dit /ˈbændɪt/ *Nomen* Bandit

ban·dit·ry /ˈbændɪtri/ *Nomen* (*gehoben*) Banditentum

ban·do·lier (*auch* **ban·do·leer**) /ˌbændəˈlɪə(r); *AmE* -ˈlɪr/ *Nomen* Schulterpatronengurt

bands·man /ˈbændzmən/ *Nomen* (*Pl* **-men** /-mən/) Mitglied einer Musikkapelle

band·stand /ˈbændstænd/ *Nomen* Musikpavillon

band·wagon /ˈbændwæɡən/ *Nomen* Rummel IDM **climb/jump on the 'bandwagon** (*umgs, abwert*) auf den fahrenden Zug aufspringen ◇ *They are just jumping on the bandwagon.* Sie sind bloß Trittbrettfahrer.

band·width /ˈbændwɪdθ/ *Nomen* Bandbreite

ban·dy /ˈbændi/ *Adj, Verb*

▸ ***Adj*** (*Beine*) krumm; (*Person*) o-beinig

▸ ***Verb*** (**ban·dies, bandy·ing, ban·died, ban·died**) PHR V **ˌbandy sth aˈbout/aˈround** etw herumerzählen, etw verbreiten

ˈbandy-legged *Adj* o-beinig

bane /beɪn/ *Nomen* [Sing] ◇ *Those children are the bane of my life.* Diese Kinder sind ein Nagel zu meinem Sarg. ◇ *The poor train service has been the bane of commuters for years.* Die schlechten Zugverbindungen machen den Pendlern schon seit Jahren das Leben schwer.

bang /bæŋ/ *Verb, Nomen, Adv, Ausruf*

▸ ***Verb*** **1 ~ (on) sth** auf etw schlagen ◇ *She banged on the door angrily.* Sie hämmerte wütend an die Tür. ◇ *I banged the box down on the floor.* Ich knallte die Schachtel auf den Boden. **2** (zu)schlagen, (zu)knallen ◇ *The door banged shut.* Die Tür schlug mit einem Knall zu. ◇ *A window was banging somewhere.* Irgendwo schlug ein Fenster. ◇ *She banged saucepans around irritably.* Sie klapperte gereizt mit den Töpfen. **3 ~ sth on/against sth** sich etw an etw anschlagen **4** (*vulg, Slang*) **~ sb** mit jdm bumsen, jdn ficken IDM → BRICK *und* DRUM PHR V **ˌbang aˈbout/aˈround** herumpoltern **ˌbang ˈinto sth** gegen etw stoßen **ˌbang ˈon about sth** (*BrE, umgs*) endlos von etw schwafeln

▸ ***Nomen*** **1** Knall → *Siehe auch* BIG BANG **2** Schlag ◇ *He got a bang on the head.* Er schlug sich den Kopf an. **3 bangs** [Pl] (*AmE*) Pony(fransen) IDM **go with a ˈbang** ein Bombenerfolg sein **with a ˈbang** mit einem Schlag; mit einem Knalleffekt → *Siehe auch* EARTH

▸ ***Adv*** (*bes BrE, umgs*) genau ◇ *bang up to date* auf dem allerneuesten Stand ◇ *bang on time* pünktlich auf die Minute → *Siehe auch* SLAP IDM **bang goes sth** ◇ *Bang went my hopes of promotion.* Aus war's mit meinen Hoffnungen auf Beförderung. **be bang ˈon** genau richtig sein **go ˈbang** (*umgs*) knallen; (*Luftballon etc.*) zerplatzen

▸ ***Ausruf*** peng

bang·er /ˈbæŋə(r)/ *Nomen* (*BrE, umgs*) **1** Würstchen **2** (*Fahrzeug*) Klapperkiste **3** Knallkörper

ban·gle /ˈbæŋgl/ *Nomen* Armreifen, Fußreifen

ˈbang-up *Adj* (*AmE, umgs*) prima

ban·ish /ˈbænɪʃ/ *Verb* **1 ~ sb (from ...) (to ...)** jdn (aus ...) (nach ...) verbannen **2** verscheuchen ◇ *She banished all thoughts of a restful afternoon (from her mind).* Sie gab jeden Gedanken an einen geruhsamen Nachmittag auf.

ban·ish·ment /ˈbænɪʃmənt/ *Nomen* Verbannung

ban·is·ter (*auch* **ban·nis·ter**) /ˈbænɪstə(r)/ *Nomen* (*bes BrE* **ban·is·ters** [Pl]) Treppengeländer

banjo /ˈbændʒəʊ; *AmE* -dʒoʊ/ *Nomen* (*Pl* **-os**) Banjo

bank 0‑ᴺ /bæŋk/ *Nomen, Verb*

▸ ***Nomen*** **1** Bank ◇ *My salary is paid directly into my bank.* Mein Gehalt wird direkt auf mein Bankkonto überwiesen. **2** Vorrat ◇ *a blood bank* eine Blutbank ◇ *a bank of knowledge* ein Wissensschatz → *Siehe auch* BOTTLE BANK **3** Ufer ◇ *on the banks of the Severn* am Ufer des Severn **4** Wall, Böschung **5** Kurvenüberhöhung **6** (*Wolken-, Nebel-*) Wand, Bank ◇ *a bank of snow* eine Schneeverwehung **7** (*von Geräten, Schaltern etc.*) Reihe IDM **not ˌbreak the ˈbank** (*umgs, hum*) kein Vermögen kosten → *Siehe auch* LAUGH

▸ ***Verb*** **1** zur Bank bringen ◇ *She is believed to have banked 10 million dollars.* Sie soll 10 Millionen Dollar bekommen haben. **2 ~ (with/at ...)** ein Konto haben (bei ...) **3** (*Flugzeug*) sich in die Kurve legen **4 ~ sth (up)** (*Erde etc.*) aufschütten **5 ~ sth (up)** (*Feuer*) Kohlen auf etw schichten PHR V **ˈbank on sb/sth** mit jdm/etw rechnen ◇ *I was banking on getting something to eat on the train.* Ich rechnete damit, dass ich im Zug etwas zu essen kriegen würde. **ˌbank ˈup** sich anhäufen, sich aufschichten

bank·able /ˈbæŋkəbl/ *Adj* (*umgs*) gewinnbringend ◇ *The film made her one of the world's most bankable stars.* Der Film hat sie zu einem Kassenfüller gemacht.

ˈbank balance *Nomen* Kontostand, Bankguthaben

ˈbank card *Nomen* **1** (*auch* **bank·er's card**) (*BrE*) Scheckkarte **2** (*AmE*) Kreditkarte

ˈbank draft (*auch* **ˈbanker's draft**) *Nomen* Bankwechsel, Banktratte

ˌbanker's ˈorder *Nomen* (*BrE*) Bankanweisung, Zahlungsauftrag → *Siehe auch* STANDING ORDER

bank·er /ˈbæŋkə(r)/ *Nomen* **1** Banker(in), Bankfachmann, Bankfachfrau **2** (*bei Glücksspielen*) Bankhalter(in)

ˌbank ˈholiday *Nomen* (*BrE*) öffentlicher Feiertag ◇ *a bank holiday weekend* ein langes Wochenende

bank·ing /ˈbæŋkɪŋ/ *Nomen* Bankwesen ◇ *She's thinking about a career in banking.* Sie möchte vielleicht ins Bankfach gehen.

bank·note /ˈbæŋknəʊt; *AmE* -noʊt/ *Nomen* (*bes BrE*) Banknote, Geldschein

ˈbank rate *Nomen* Diskontsatz

bank·roll /ˈbæŋkrəʊl; *AmE* -roʊl/ *Verb* (*bes AmE, umgs*) finanzieren

bank·rupt /ˈbæŋkrʌpt/ *Adj, Nomen, Verb*

▸ ***Adj*** **1** bankrott (*auch fig*) ◇ *go bankrupt* Bankrott machen **2 ~ of sth** (*gehoben, abwert*) ◇ *a government bankrupt of new ideas* eine Regierung ohne jegliche neue Ideen

▸ ***Nomen*** Bankrotteur(in)

▸ ***Verb*** in den Konkurs treiben; (*fig*) ruinieren

bank·rupt·cy /ˈbæŋkrʌptsi/ *Nomen* (*Pl* **-ies**) Konkurs, Bankrott (*auch fig*) ◇ *file for bankruptcy* Konkurs anmelden

ˈbank statement (*auch* **state·ment**) *Nomen* Kontoauszug

ban·ner /ˈbænə(r)/ *Nomen* Transparent, Spruchband IDM **under the banner (of sth)** (*gehoben*) **1** unter dem Motto (von etw) **2** unter der Schirmherrschaft (von etw)

banner ˈheadline *Nomen* Balkenüberschrift

banner ˈyear *Nomen* (*AmE*) Rekordjahr

ban·nis·ter = BANISTER

banns /bænz/ *Nomen* [Pl] (*vor Eheschließungen*) Aufgebot

ban·quet /ˈbæŋkwɪt/ *Nomen* **1** Bankett, Festessen **2** üppiges Mahl

ban·quet·ing /ˈbæŋkwɪtɪŋ/ *Adj* Bankett- ◇ *a banqueting hall* ein Bankettsaal

ban·shee /bænˈʃiː, ˈbænʃiː/ *Nomen* = weibliche Figur aus der irischen Mythologie, die durch gespenstisches Heulen den Tod ankündigt

ban·tam·weight /ˈbæntəmweɪt/ *Nomen* Bantamgewicht

ban·ter /ˈbæntə(r)/ *Nomen, Verb*

▸ ***Nomen*** scherzhaftes Geplauder, Neckerei

▸ ***Verb*** scherzen

bap /bæp/ *Nomen* (*BrE*) = flaches weiches Brötchen

bap·tism /ˈbæptɪzəm/ *Nomen* Taufe IDM **a ˌbaptism of ˈfire** eine Feuertaufe

bap·tis·mal /bæpˈtɪzməl/ *Adj* [nur vor Nomen] Tauf-

Bap·tist /ˈbæptɪst/ *Nomen, Adj*

▸ ***Nomen*** Baptist(in)

▸ ***Adj*** Baptisten-

bap·tize (*BrE auch* **-ise**) /bæp'taɪz/ *Verb* (*meist passiv*) taufen ◇ *She was baptized Mary.* Sie wurde auf den Namen Mary getauft.

bar /bɑː(r)/ *Nomen, Verb, Präp*
▸ ***Nomen*** **1** Bar ◇ *a licensed bar* ein Lokal mit Alkoholausschank → *Siehe auch* LOUNGE BAR, PUBLIC BAR *und* SALOON **2** Theke **3** Stange ◇ *an iron bar* eine Eisenstange **4** (*Gold*) Barren; (*Schokolade*) Tafel; (*Seife*) Stück **5** Gitter ◇ *They fitted bars to their windows to stop burglars getting in.* Sie brachten Gitter an ihren Fenstern an, um Diebe fernzuhalten. **6** Heizstab **7** Taktstrich ◇ *Hum the opening bars of your favourite tune.* Summ die Eröffnungstakte deiner Lieblingsmelodie. **8 ~ (to sth)** Barriere (für etw) ◇ *Poor health may be a bar to success in life.* Eine schwache Gesundheit kann dem Erfolg im Leben hinderlich sein. **9 the Bar** (*AmE*) die Anwaltschaft **10 the Bar** (*BrE*) = Oberbegriff für den Beruf des „Barrister" ◇ *be called to the bar* als Barrister zugelassen werden IDM **be,hind 'bars** hinter Gittern
▸ ***Verb*** **(-rr-)** **1** verriegeln, vergittern ◇ *barred windows* vergitterte Fenster **2** versperren **3 ~ sb (from sth)** jdn (aus etw) ausschließen; **~ sb from doing sth** jdm verbieten, etw zu tun ◇ *He was barred from the pub.* Er hatte Lokalverbot. IDM → HOLD
▸ ***Präp*** abgesehen von ◇ *That's the best ice cream I've ever tasted, bar none.* Das ist das allerbeste Eis, das ich jemals gegessen habe.

barb /bɑːb; *AmE* bɑːrb/ *Nomen* **1** Widerhaken **2** Gehässigkeit, spitze Bemerkung

bar·bar·ian /bɑː'beəriən; *AmE* bɑːr'ber-/ *Nomen* Barbar(in)

bar·bar·ic /bɑː'bærɪk; *AmE* bɑːr'-/ *Adj* **1** barbarisch, unmenschlich **2** Barbaren-

bar·bar·ism /'bɑːbərɪzəm; *AmE* 'bɑːrb-/ *Nomen* (*gehoben*) **1** Kulturlosigkeit **2** Barbarei, Unmenschlichkeit

bar·bar·ity /bɑː'bærəti; *AmE* bɑːr'-/ *Nomen* (*Pl* **-ies**) Unmenschlichkeit

bar·bar·ous /'bɑːbərəs; *AmE* 'bɑːrb-/ *Adj* (*Adv* **bar·bar·ous·ly**) (*gehoben*) **1** unmenschlich **2** unzivilisiert

bar·be·cue /'bɑːbɪkjuː; *AmE* 'bɑːrb-/ *Nomen, Verb*
▸ ***Nomen*** (*Abk* **BBQ**; *AusE, BrE auch, umgs* **bar·bie**) **1** Grill **2** Grillfest ◇ *They're having a barbecue next door.* Nebenan grillen sie.
▸ ***Verb*** grillen

barbed /bɑːbd; *AmE* bɑːrbd/ *Adj* **1** mit Widerhaken **2** (*Bemerkung*) bissig

,barbed 'wire *Nomen* Stacheldraht

bar·bell /'bɑːbel; *AmE* 'bɑːrbel/ *Nomen* (Scheiben)hantel

bar·ber /'bɑːbə(r); *AmE* 'bɑːrbər/ *Nomen* (Herren)frisör

bar·ber·shop /'bɑːbəʃɒp; *AmE* 'bɑːrbərʃɑːp/ *Nomen* **1** (*bes AmE*) (*Laden*) (Herren)frisör **2** (MUS) Barbershop

bar·bie /'bɑːbi; *AmE* 'bɑːrbi/ (*BrE, AusE, umgs*) = BARBECUE

'bar chart *Nomen* Stabdiagramm

bar·code /'bɑːkəʊd; *AmE* 'bɑːrkoʊd/ *Nomen* Strichkode

bard /bɑːd; *AmE* bɑːrd/ *Nomen* (*gehoben*) Barde

bare /beə(r); *AmE* ber/ *Adj, Verb*
▸ ***Adj*** **1** nackt, bloß ◇ *in bare feet* barfuß **2** (*Draht, Boden, Holz*) blank **3** (*Landschaft, Baum, Wand*) kahl **4** (*Zimmer, Regal etc.*) leer **5** [nur vor Nomen] knapp ◇ *the bare necessities* das Nötigste ◇ *He did the bare minimum of work.* Er machte nur das absolute Minimum. ◇ *the bare facts* die nackten Tatsachen ◇ *It was the barest hint of a smile.* Es war nur die Andeutung eines Lächelns. IDM **the bare 'bones (of sth)** die wichtigsten Tatsachen (von etw) ◇ *I gave him the bare bones of what had happened.* Ich erzählte ihm, was passiert war, ohne in Einzelheiten zu gehen. **lay sth 'bare** etw bloßlegen → *Siehe auch* CUPBOARD
▸ ***Verb*** entblößen IDM **bare your 'soul (to sb)** (jdm) sein Herz ausschütten **bare your 'teeth** die Zähne fletschen; die Zähne blecken

bare·back /'beəbæk; *AmE* 'berbæk/ *Adv, Adj*
▸ ***Adv*** ohne Sattel
▸ ***Adj*** auf ungesatteltem Pferd

bare·faced /'beəfeɪst; *AmE* 'berfeɪst/ *Adj* [nur vor Nomen] (*abwert*) schamlos; (*Frechheit*) grenzenlos

bare·foot /'beəfʊt; *AmE* 'berfʊt/ (*seltener* **bare·foot·ed** /ˌbeə'fʊtɪd; *AmE* ˌber'-/) *Adj, Adv* barfuß

bare·head·ed /ˌbeə'hedɪd; *AmE* ˌber'-/ *Adj, Adv* ohne Kopfbedeckung, barhäuptig

bare·ly /'beəli; *AmE* 'berli/ *Adv* kaum; (*mit Zahlen-/Zeitangaben auch*) knapp ◇ *The music was barely audible.* Die Musik war kaum zu hören. ◇ *barely 50% of the population* knapp 50% der Bevölkerung

barf /bɑːf; *AmE* bɑːrf/ *Verb, Nomen*
▸ ***Verb*** (*AmE, umgs*) kotzen
▸ ***Nomen*** (*AmE, umgs*) Kotzen

bar·gain /'bɑːgən; *AmE* 'bɑːrgən/ *Nomen, Verb*
▸ ***Nomen*** **1** Schnäppchen ◇ *bargain prices* Sonderpreise ◇ *They've got lots of bargains.* Sie haben viele günstige Angebote. ◇ *The car was a bargain at that price.* Das Auto war wirklich günstig für den Preis. **2** Abmachung ◇ *You must keep your side of the bargain.* Du musst dich an die Abmachung halten. ◇ *I'll make a bargain with you, you cook and I'll wash the dishes.* Ich mache dir ein Angebot, du kochst und ich wasche ab. IDM **into the 'bargain** (*AmE* **in the 'bargain**) obendrein → *Siehe auch* HARD *und* STRIKE
▸ ***Verb*** handeln, verhandeln ◇ *I'm not prepared to bargain.* Ich lasse nicht mit mir handeln. PHR V **ˌbargain sth a'way** sich etw abhandeln lassen **'bargain for/on sth** (*meist in verneinten Sätzen*) etw erwarten, mit etw rechnen ◇ *He got more than he bargained for.* Damit hat er nicht gerechnet!

ˌbargain 'basement *Nomen* Sonderverkaufsfläche im Untergeschoss

'bargain hunter *Nomen* Schnäppchenjäger

'bargain hunting *Nomen* Schnäppchenjagd

bar·gain·ing /'bɑːgənɪŋ; *AmE* 'bɑːrg-/ *Nomen* Handeln, Verhandlung ◇ *wage bargaining* Lohnverhandlungen

'bargaining counter (*AmE* **'bargaining chip**) *Nomen* taktisches Druckmittel

'bargaining power *Nomen* Verhandlungsmacht

barge /bɑːdʒ; *AmE* bɑːrdʒ/ *Nomen, Verb*
▸ ***Nomen*** **1** (Schlepp)kahn **2** (*veraltet*) Barkasse
▸ ***Verb*** ◇ *barge into sb* jdn anrempeln ◇ *He barged past me.* Er drängelte sich an mir vorbei. ◇ *They barged their way through the crowd.* Sie drängten sich durch die Menge. PHR V **ˌbarge 'in** hereinplatzen; (*Gespräch*) unterbrechen ◇ *She barged in on our meeting.* Sie platzte einfach in unsere Besprechung hinein.

barge·pole /'bɑːdʒpəʊl; *AmE* 'bɑːrdʒpoʊl/ *Nomen* IDM → TOUCH

'bar graph *Nomen* (*AmE*) Stabdiagramm

baris·ta /bə'riːstə, bə'rɪstə/ *Nomen* Barista, Kaffeezubereiter(in) in einer Kaffeebar

bari·tone /'bærɪtəʊn; *AmE* -toʊn/ *Nomen* **1** Bariton **2** Baritonstimme

bar·ium /'beəriəm; *AmE* 'ber-/ *Nomen* Barium

bark /bɑːk; *AmE* bɑːrk/ *Nomen, Verb*
▸ ***Nomen*** **1** Rinde **2** Bellen IDM **sb's bark is worse than their bite** (*umgs*) Hunde, die bellen, beißen nicht
▸ ***Verb*** **1 ~ (at sb/sth)** jdn/etw anbellen **2 ~ (out) sth**

etw brüllen **3** (*bes BrE*) aufschürfen IDM **be barking up the wrong 'tree** (*umgs*) auf dem Holzweg sein

ˌbark·ing 'mad (*auch* **bark·ing**) *Adj* (*BrE, umgs*) völlig verrückt

bar·ley /'bɑːli; *AmE* 'bɑːrli/ *Nomen* Gerste

bar·maid /'bɑːmeɪd; *AmE* 'bɑːrmeɪd/ *Nomen* (*BrE*) = weibliche Bedienung an der Theke

bar·man /'bɑːmən; *AmE* 'bɑːrmən/ (*Pl* **-men** /-mən/) *Nomen* (*bes BrE*) Barkeeper

bar mitz·vah /ˌbɑː 'mɪtsvə; *AmE* ˌbɑːr '-/ *Nomen* Bar Mizwa

barmy /'bɑːmi; *AmE* 'bɑːrmi/ *Adj* (*BrE, umgs*) bescheuert ◇ *go barmy* durchdrehen ◇ *The music is driving me barmy.* Die Musik macht mich verrückt.

barn /bɑːn; *AmE* bɑːrn/ *Nomen* **1** Scheune ◇ *a hay barn* ein Heuschober **2** (*fig*) hässlicher Schuppen **3** (*AmE*) Depot IDM **close, etc. the barn door after the horse has e'scaped** (*AmE*) den Brunnen zudecken, wenn das Kind hineingefallen ist

bar·nacle /'bɑːnəkl; *AmE* 'bɑːrn-/ *Nomen* Rankenfüßer

'barn dance *Nomen* = Tanzveranstaltung mit Volkstänzen

'barn owl *Nomen* Schleiereule

barn·storm /'bɑːnstɔːm; *AmE* 'bɑːrnstɔːrm/ *Verb* (*AmE*) durch die Provinz tingeln ◇ *He'll barnstorm (through) the southern states in an attempt to woo voters.* Er wird durch die Südstaaten ziehen, um Wählerstimmen zu gewinnen.

barn·storm·ing /'bɑːnstɔːmɪŋ; *AmE* 'bɑːrnstɔːrmɪŋ/ *Adj* [nur vor Nomen] mitreißend

barn·yard /'bɑːnjɑːd; *AmE* 'bɑːrnjɑːrd/ *Nomen* (Bauern)hof

bar·om·eter /bə'rɒmɪtə(r); *AmE* bə'rɑːm-/ *Nomen* Barometer (*auch fig*)

baro·metric /ˌbærə'metrɪk/ *Adj* barometrisch ◇ *barometric pressure* Luftdruck

baron /'bærən/ *Nomen* **1** Freiherr, Baron **2** Magnat ◇ *drug barons* Drogenbosse ◇ *a media baron* ein Medienzar

bar·on·ess /'bærənəs; *AmE* ˌbærə'nes/ *Nomen* Freifrau, Baronin

bar·onet /'bærənət/ *Nomen* (*Abk* **Bart**) (*BrE*) Baronet

bar·on·et·cy /'bærənətsi/ *Nomen* (*Pl* **-ies**) = Rang eines „baronet"

bar·on·ial /bə'rəʊniəl; *AmE* bə'roʊ-/ *Adj* Barons-, freiherrlich

bar·ony /'bærəni/ *Nomen* (*Pl* **-ies**) Baronie

bar·oque /bə'rɒk; *AmE* bə'roʊk/ *Adj, Nomen*

▸ ***Adj*** barock, Barock-

▸ ***Nomen*** Barock

bar·rack /'bærək/ *Verb, Adj*

▸ ***Verb*** **1** (*BrE*) auspfeifen, ausbuhen **2** (*AusE*) (lautstark) anfeuern

▸ ***Adj*** Kasernen-

bar·rack·ing /'bærəkɪŋ/ *Nomen* (*BrE*) [U] Buhrufe ◇ *give sb a barracking* jdn auspfeifen

bar·racks /'bærəks/ *Nomen* [mit Verb im Sing/Pl] (*Pl* **bar·racks**) Kaserne (*auch fig*)

bar·ra·cuda /ˌbærə'kjuːdə; *AmE* -'kuː-/ *Nomen* Barrakuda

bar·rage /'bærɑːʒ; *AmE* bə'rɑːʒ/ *Nomen* **1** (MIL) Sperrfeuer **2** [Sing] (*von Anklagen, Beschwerden etc.*) Hagel ◇ *He faced a barrage of criticism.* Er geriet ins Kreuzfeuer der Kritik. **3** *AmE* /'bɑːrɪdʒ/ Wehr, Staudamm

bar·rel /'bærəl/ *Nomen, Verb*

▸ ***Nomen*** **1** Fass, Tonne **2** (*Hohlmaß für Erdöl*) Barrel **3** (*Gewehr-*) Lauf; (*Geschütz-*) Rohr IDM **a barrel of 'laughs** ◇ *Life hasn't exactly been a barrel of laughs lately.* In der letzten Zeit haben wir nichts zu lachen gehabt. **(get/have sb) over a barrel** (*umgs*) ◇ *Since we need them to lend us money, they've got us over a barrel.* Da wir sie brauchen, um uns Geld zu leihen, haben sie uns in der Zange. → *Siehe auch* LOCK *und* SCRAPE

▸ ***Verb*** (**-ll-**) (*AmE, umgs*) sausen, preschen

'barrel bomb *Nomen* Fassbombe

'barrel organ *Nomen* Drehorgel, Leierkasten

bar·ren /'bærən/ *Adj* **1** unfruchtbar ◇ *a barren landscape* eine öde Landschaft **2** unproduktiv

bar·ren·ness /'bærənnəs/ *Nomen* Unfruchtbarkeit, Unproduktivität

bar·rette /bæ'ret/ *Nomen* (*AmE*) Haarspange

bar·ri·cade /ˌbærɪ'keɪd/ *Nomen, Verb*

▸ ***Nomen*** Barrikade

▸ ***Verb*** verbarrikadieren PHRV **barricade yourself/sb in/inside (sth)** sich/jdn (in etw) verbarrikadieren

bar·rier 0‑ⁿ /'bæriə(r)/ *Nomen* **1** Barriere, Schranke (*auch fig*), Absperrung, Sperre ◇ *the language barrier* die Sprachbarriere ◇ *the removal of trade barriers* der Abbau von Handelsschranken ◇ *The car crashed into the safety barrier.* Der Wagen prallte gegen die Leitplanke. → *Siehe auch* CRASH BARRIER **2** Grenze (*auch fig*) **3** ~ **(against sth)** Schutz (gegen etw) ◇ *Ozone is the earth's barrier against ultra-violet radiation.* Die Ozonschicht ist die Schutzhülle der Erde gegen ultraviolette Strahlung. **4** ~ **(to sth)** Hindernis (für etw)

barrier 'reef *Nomen* Barrier Riff

bar·ring /'bɑːrɪŋ/ *Präp* abgesehen von, ausgenommen ◇ *Barring accidents, we should arrive on time.* Falls nichts dazwischenkommt, müssten wir rechtzeitig ankommen.

bar·ris·ter /'bærɪstə(r)/ *Nomen* (*besonders bei höheren Gerichten*) Rechtsanwalt, -anwältin

bar·row /'bærəʊ; *AmE* -roʊ/ *Nomen* **1** (*BrE*) (*Obst-, Gemüse- etc.*) Karren **2** = WHEELBARROW **3** Hügelgrab

Bart /bɑːt; *AmE* bɑːrt/ *Abk* = BARONET

bar·tend·er /'bɑːtendə(r); *AmE* 'bɑːrt-/ *Nomen* (*bes AmE*) Barkeeper

bar·ter /'bɑːtə(r); *AmE* 'bɑːrtər/ *Verb, Nomen*

▸ ***Verb*** **1** ~ **sth (for sth)** etw (gegen etw) (ein)tauschen **2** ~ **(with sb) (for sth)** (mit jdm) (um etw) handeln

▸ ***Nomen*** Tauschhandel

bas·alt /'bæsɔːlt; *AmE* bə'sɔːlt/ *Nomen* Basalt

base 0‑ⁿ /beɪs/ *Nomen, Verb, Adj*

▸ ***Nomen*** **1** [meist Sing] Sockel, Fuß ◇ *the base of the spine* das Steißbein **2** Ausgangspunkt **3** Basis, Grundlage ◇ *These policies have a broad base of support.* Diese Politik wird auf breiter Basis unterstützt. ◇ *We need to build up our customer base.* Wir müssen unseren Kundenkreis erweitern. ◇ *His arguments have a sound economic base.* Seine Argumentation ist ökonomisch fundiert. **4** [meist Sing] Hauptbestandteil; (*Make-up*) Foundation ◇ *a drink with a rum base* ein Getränk, das hauptsächlich Rum enthält ◇ *Some paints have an oil base.* Manche Farben sind aus Ölen gemischt. **5** Sitz, Standort **6** (MIL) Stützpunkt, Basis ◇ *a naval base* ein Marinestützpunkt ◇ *a base camp* ein Basislager **7** (CHEM) Base, Lauge **8** (MATH) Basis, Grundzahl **9** (*in der Geometrie*) Basis, Grundlinie, Grundfläche **10** (*im Baseball*) Mal, Base IDM **be off base** (*AmE, umgs*) falsch liegen ◇ *Your interpretation is way off base.* Mit deiner Interpretation liegst du völlig falsch. → *Siehe auch* FIRST BASE *und* TOUCH

▸ ***Verb*** stationieren ◇ *They decided to base the new company in York.* Als Standort für die neue Firma wählten sie York. ◇ *We're going to base ourselves in Tokyo and make trips from there.* Wir werden in Tokio wohnen und Ausflüge von dort machen. PHRV **'base**

sth on/upon sth etw auf etw gründen → *Siehe auch* BASED
▸ ***Adj*** (*Adv* **base·ly**) (*gehoben*) gemein, niederträchtig
base·ball /ˈbeɪsbɔːl/ *Nomen* Baseball
ˈbaseball cap *Nomen* Baseballmütze
base·board /ˈbeɪsbɔːd; *AmE* -bɔːrd/ *Nomen* (*AmE*) Fußleiste
based 🔑 /beɪst/ *Adj* **1 be ~ on sth** auf etw basieren ◇ *The movie is based on a real-life incident.* Der Film basiert auf einer wahren Geschichte. ◇ *The prosecution case was based on the evidence of two witnesses.* Die Anklage stützte sich auf Aussagen von zwei Zeugen. **2** (*auch in zusammengesetzten Adjektiven*) ◇ *We're based in Chicago.* Wir wohnen in Chicago. ◇ *a Chicago-based company* eine Firma mit Sitz in Chicago **3 -based** (*in Zusammensetzungen*) ◇ *lead-based paints* bleihaltige Farben ◇ *a class-based society* eine Klassengesellschaft → *Siehe auch* BROAD-BASED
ˈbase jumping (*auch* **ˈBASE jumping**) *Nomen* Objektspringen, Basejumping
base·less /ˈbeɪsləs/ *Adj* unbegründet; (*Verdächtigungen, Gerüchte etc.*) bar jeder Grundlage, aus der Luft gegriffen
base·line /ˈbeɪslaɪn/ *Nomen* [meist Sing] **1** (SPORT) Grundlinie **2** (*Fachspr*) Basis, Ausgangspunkt
base·ment /ˈbeɪsmənt/ *Nomen* Kellergeschoss, Souterrain; (*im Kaufhaus*) Untergeschoss ◇ *a basement car park* eine Tiefgarage
ˌbase ˈmetal *Nomen* unedles Metall
ˈbase rate *Nomen* (FINANZ) Leitzins, Diskontsatz
bases 1 *Form von* BASIS **2** *Form von* BASE
bash /bæʃ/ *Verb, Nomen*
▸ ***Verb*** (*umgs*) **1** schlagen ◇ *He bashed her over the head with a hammer.* Er schlug ihr mit einem Hammer auf den Kopf. **2 ~ into sb/sth** gegen jdn/etw prallen ◇ *I braked too late and bashed into the car in front.* Ich bremste zu spät und fuhr auf das Auto vor mir auf. **3 ~ sth against sth** mit etw an/gegen etw prallen **4** (*kritisieren*) attackieren, anfeinden ◇ *Bashing politicians is normal practice in the press.* Die Politiker niederzumachen ist eine Lieblingsbeschäftigung der Presse. → *Siehe auch* BASHING **PHR V** **ˌbash aˈway (on/at sth)** (*BrE*) (an etw) hart arbeiten ◇ *He sat bashing away at his essay all day.* Er arbeitete den ganzen Tag an seinem Aufsatz. **ˌbash sth ˈdown/ˈin** etw einschlagen **ˌbash ˈon (with sth)** (*BrE*) (mit etw) weitermachen ◇ *We'd better bash on.* Machen wir weiter. **ˌbash sth ˈout** etw runterhauen ◇ *She bashed out about four books a year.* Sie haute etwa vier Bücher pro Jahr runter. **ˌbash sb ˈup** (*BrE, umgs*) jdn zusammenschlagen, jdn verprügeln
▸ ***Nomen*** (*umgs*) **1** Schlag ◇ *He gave Mike a bash on the nose.* Er gab Mike eins auf die Nase. **2** Party, Feier **IDM** **have a bash (at sth)** (*BrE, umgs*) (etw) versuchen
bash·ful /ˈbæʃfl/ *Adj* (*Adv* **bash·ful·ly** /-fəli/) schüchtern, verlegen, verschämt
bash·ful·ness /ˈbæʃflnəs/ *Nomen* Schüchternheit, Verlegenheit
bash·ing /ˈbæʃɪŋ/ *Nomen* (*oft in Zusammensetzungen*) **1** (*Pressejargon*) Heruntermachen ◇ *union-bashing* scharfe Kritik an den Gewerkschaften **2** Überfälle ◇ *gay bashing* Überfälle auf Schwule ◇ *give sb a bashing* jdn verprügeln
BASIC /ˈbeɪsɪk/ *Nomen* (*Programmiersprache*) Basic
basic 🔑 /ˈbeɪsɪk/ *Adj* **1** Grund-, Haupt-, grundlegend, grundsätzlich, wesentlich ◇ *The basic idea is simple.* Der Grundgedanke ist einfach. ◇ *Drums are basic to African music.* Trommeln sind ein Wesenszug der afrikanischen Musik. ◇ *the basic rate of tax* die niedrigste Steuerklasse **2** Grund-, einfach, elementar ◇ *basic computer skills* Grundkenntnisse in EDV ◇ *The system in its most basic form costs €200.* In der einfachsten Ausführung kostet das System €200. ◇ *The campsite provided only basic facilities.* Der Campingplatz war nur mit dem Nötigsten ausgestattet. **3** [nur vor Nomen] fundamental, Grund-, elementar ◇ *a basic human right* ein elementares Recht des Menschen
ba·sic·ally 🔑 /ˈbeɪsɪkli/ *Adv* **1** im Prinzip, im Grunde, grundsätzlich **2** (*zur Verstärkung*) ◇ *He basically just sits there and does nothing all day.* Er sitzt nur da und macht den ganzen Tag nichts. ◇ *And that's it, basically.* Das wär's im Wesentlichen.
ba·sics /ˈbeɪsɪks/ *Nomen* [Pl] **1** Grundkenntnisse, Grundlagen **2** das Wesentliche ◇ *Some schools lack money for basics like books and pencils.* In einigen Schulen fehlt es an Geld für wesentliche Dinge wie Bücher und Bleistifte. **IDM** **go/get back to ˈbasics** sich auf das Wesentliche besinnen
basil /ˈbæzl; *AmE auch* beɪzl/ *Nomen* Basilikum
ba·sil·ica /bəˈzɪlɪkə/ *Nomen* Basilika
basi·lisk /ˈbæzɪlɪsk/ *Nomen* Basilisk
basin /ˈbeɪsn/ *Nomen* **1** (*bes BrE*) = WASHBASIN **2** Schüssel **3** (GEOL) Becken, (Tal)kessel **4** Hafen(becken)
basis 🔑 /ˈbeɪsɪs/ *Nomen* (*Pl* **bases** /-siːz/) **1** [Sing] Grund ◇ *She was chosen on the basis of her qualifications.* Man gab ihr die Stelle aufgrund ihrer Qualifikationen. ◇ *Some videos have been banned on the basis that they contain too much violence.* Manche Videos wurden verboten, weil sie zu viel Gewaltszenen enthalten. **2** [Sing] Basis ◇ *on a daily basis* jeden Tag ◇ *He was employed on a permanent basis.* Er war fest angestellt. **3** Grundlage ◇ *This theory seems to have no/little basis in fact.* Diese Theorie scheint sich nicht auf Fakten zu stützen.
bask /bɑːsk; *AmE* bæsk/ *Verb* sich sonnen, sich aalen (*auch fig*) ◇ *He basked in his wife's reflected glory.* Er sonnte sich im Ruhm seiner Frau.
bas·ket /ˈbɑːskɪt; *AmE* ˈbæskɪt/ *Nomen* (*auch im Basketball*) Korb ◇ *a clothes basket* ein Wäschekorb ◇ *make/shoot a basket* einen Korb schießen/erzielen ◇ *a basket of currencies* ein Währungskorb **IDM** → EGG
bas·ket·ball /ˈbɑːskɪtbɔːl; *AmE* ˈbæskɪt-/ *Nomen* Basketball
ˈbasket case *Nomen* (*umgs*) **1** Spinner(in) ◇ *He's a complete basket case.* Er spinnt total. **2** ◇ *a corporate basket case* eine vom Bankrott bedrohte Firma
bas mitzvah /ˌbæs ˈmɪtsvə/ *Nomen* Bat Mizwa
basque /bæsk; *BrE auch* bɑːsk/ *Nomen* Bustier
bass /beɪs/ *Nomen, Adj*
▸ ***Nomen*** **1** Bass **2** Bassstimme **3** Bassist **4** (*auch* **ˌbass guiˈtar**) Bassgitarre ◇ *a bass player* ein Bassist **5** = DOUBLE BASS
▸ ***Adj*** Bass- ◇ *a ˌbass ˈdrum* eine grosse Trommel
bas·sinet /ˌbæsɪˈnet/ *Nomen* Babykorb
bass·ist /ˈbeɪsɪst/ *Nomen* Bassist(in)
bas·soon /bəˈsuːn/ *Nomen* Fagott ◇ *He plays the bassoon.* Er spielt Fagott.
bas·tard /ˈbɑːstəd, ˈbæstəd; *AmE* ˈbæstərd/ *Nomen* **1** (*vulg, Slang*) Mistkerl, Arschloch **2** (*BrE, Slang*) (*Mensch, Mann*) Schwein ◇ *You poor bastard!* Du armes Schwein! **3** (*BrE umgs*) Scheißding ◇ *It's a bastard of a problem.* Es ist ein verdammt schwieriges Problem. **4** (*veraltet, abwert*) uneheliches Kind
bas·tard·ize (*BrE auch* **-ise**) /ˈbɑːstədaɪz, ˈbæstə-; *AmE* ˈbæstərdaɪz/ *Verb* verhunzen, verfälschen
baste /beɪst/ *Verb* **1** = mit Fett/Bratensaft begießen **2** (*Stoff*) heften
bas·tion /ˈbæstiən/ *Nomen* Bastion, Bollwerk (*auch fig*)

bat /bæt/ *Nomen, Verb*
▸ ***Nomen*** **1** (SPORT) Schläger **2** Fledermaus → *Siehe auch* VAMPIRE BAT IDM **like a bat out of 'hell** (*umgs*) wie verrückt **off your own 'bat** (*BrE, umgs*) auf eigene Faust **(right) off the 'bat** (*bes AmE, umgs*) sofort; auf Anhieb → *Siehe auch* BLIND
▸ ***Verb*** (-tt-) (*beim Kricket, Baseball*) schlagen, am Schlagen sein IDM **ˌbat your 'eyes/'eyelashes** mit den Wimpern klimpern **bat a 'thousand** (*AmE, umgs*) erfolgreich sein; obenauf schwimmen **go to 'bat for sb** (*AmE, umgs*) sich für jdn einsetzen **not bat an 'eyelid** (*AmE* **not bat an 'eye**) (*umgs*) nicht mit der Wimper zucken PHR V **ˌbat sth a'round** (*umgs*) etw bekakeln

batch /bætʃ/ *Nomen* **1** Gruppe, Schwung, Trupp **2** (*Brote etc.*) Schub; (*Waren*) Sendung, Ladung; (*Briefe, Bücher etc.*) Stapel, Stoß **3** (COMP) Stapel, Batch

bated /'beɪtɪd/ *Adj* IDM **with bated 'breath** (*gehoben*) mit angehaltenem Atem

bath 0‑ /bɑːθ; *AmE* bæθ/ *Nomen, Verb*
▸ ***Nomen*** (*Pl* **baths** /bɑːðz; *AmE* bæðz/) **1** (*BrE*) Badewanne **2** (*BrE*) Badewasser ◇ *run a bath* das Badewasser einlassen **3** Bad ◇ *have a bath* baden ◇ (*bes AmE*) *take a bath* baden ◇ *an acid bath* ein Säurebad **4 baths** [Pl] (*BrE, veraltet*) Badeanstalt IDM **take a 'bath** (*AmE*) (FINANZ) baden gehen
▸ ***Verb*** (*BrE*) baden ◇ *bath the baby* das Baby baden

bathe /beɪð/ *Verb, Nomen*
▸ ***Verb*** (*veraltet*) baden ◇ *We often went bathing in the river.* Wir gingen oft im Fluss baden.
▸ ***Nomen*** [Sing] (*BrE, gehoben*) Bad (*im Meer etc.*) ◇ *go for a bathe* baden gehen

bathed /beɪðd/ *Adj* **1** (*gehoben*) ◇ *bathed in light* von Licht überflutet **2** ◇ *bathed in sweat* schweißgebadet ◇ *bathed in tears* tränenüberströmt

bather /'beɪðə(r)/ *Nomen* **1** (*BrE*) Badende(r) **2 bathers** [Pl] (*AusE*) Badehose

bath·ing /'beɪðɪŋ/ *Nomen* (*BrE*) Baden, Bade- ◇ *bathing beaches* Badestrände

'bathing cap *Nomen* (*bes AmE*) Badekappe

'bathing costume *Nomen* (*BrE, veraltet*) Badeanzug

'bathing suit *Nomen* (*AmE, veraltet oder BrE*) Badeanzug

'bath mat *Nomen* Badematte

bathos /'beɪθɒs; *AmE* -θɑːs/ *Nomen* (LIT) = (gewollter) Umschlag ins Lächerliche

bath·robe /'bɑːθrəʊb; *AmE* 'bæθroʊb/ (*auch* **robe**) *Nomen* **1** Bademantel **2** (*AmE*) Morgenmantel

bath·room 0‑ /'bɑːθruːm, -rʊm; *AmE* 'bæθ-/ *Nomen* **1** Badezimmer **2** (*AmE*) Toilette ◇ *go to the bathroom* auf die Toilette gehen

bath·tub /'bɑːθtʌb; *AmE* 'bæθ-/ *Nomen* (*bes AmE*) Badewanne

bath·water /'bɑːθwɔːtə(r); *AmE* 'bæθ-/ *Nomen* Badewasser IDM → BABY

batik /bə'tiːk/ *Nomen* Batik

bat mitzvah /ˌbæt 'mɪtsvə/ *Nomen* Bat Mizwa

baton /'bætɒn, 'bætõ; *AmE* bə'tɑːn/ *Nomen* **1** (*bes BrE*) Schlagstock ◇ *a baton charge* ein Schlagstockeinsatz **2** Taktstock **3** (Staffel)stab ◇ (*fig*) *The President handed over the baton to his successor.* Der Präsident gab das Ruder an seinen Nachfolger ab.

bats·man /'bætsmən/ *Nomen* (*Pl* **-men** /-mən/) (*beim Kricket*) Schlagmann

bat·tal·ion /bə'tæliən/ *Nomen* **1** (*BrE*) Bataillon **2** (*fig*) Heer

bat·ten /'bætn/ *Nomen, Verb*
▸ ***Nomen*** Latte, Leiste
▸ ***Verb*** IDM **ˌbatten down the 'hatches** (die Luken) dichtmachen PHR V **ˌbatten sth 'down** etw verrammeln, etw festzurren **'batten on sb** (*BrE, abwert, gehoben*) jdn ausnutzen

bat·ter /'bætə(r)/ *Verb, Nomen*
▸ ***Verb*** **~ sb/sth** auf jdn/etw einschlagen ◇ *She battered at the door with her fists.* Sie hämmerte mit den Fäusten gegen die Tür. ◇ *He had been badly battered about the head.* Er hatte schwere Schläge am Kopf abbekommen. ◇ *batter sb to death* jdn zu Tode prügeln PHR V **ˌbatter sth 'down** etw einschlagen
▸ ***Nomen*** **1** Bierteig, Eierkuchenteig **2** (*AmE*) Kuchenteig **3** (*AmE*) (*Baseball*) Schlagmann, Schlagfrau

bat·tered /'bætəd; *AmE* -tərd/ *Adj* **1** mitgenommen, ramponiert **2** übel zugerichtet, beschädigt; (*Frau, Kind*) geprügelt, misshandelt

bat·ter·ing /'bætərɪŋ/ *Nomen* [U/Sing] Schläge, Prügel; (*durch Bomben, Sturm*) schwere Beschädigung ◇ *take a battering* etw einstecken müssen

'battering ram *Nomen* Rammbock

bat·tery 0‑ /'bætəri; *BrE auch* -tri/ *Nomen* (*Pl* **-ies**) **1** Batterie, Akku **2 a ~ of sth** eine Reihe von etw **3** (*BrE*) Legebatterie ◇ *battery farming* Batteriehaltung **4** (RECHT) tätlicher Angriff IDM → RECHARGE

bat·tle 0‑ /'bætl/ *Nomen, Verb*
▸ ***Nomen*** **1** Schlacht ◇ *a gun battle* eine Schießerei **2** **~ (with sb) (for sth)** Kampf (mit jdm) (um etw) ◇ *a legal battle for compensation* ein Rechtsstreit um Entschädigung ◇ *a battle for survival* ein Kampf ums Überleben ◇ *a battle of wills* eine Kraftprobe ◇ *a battle of wits* ein intellektueller Schlagabtausch IDM **do 'battle (with sb) (over sth)** sich (mit jdm) (um etw) streiten **half the 'battle** die halbe Miete → *Siehe auch* JOIN
▸ ***Verb*** ringen, kämpfen ◇ *They are battling for control.* Sie ringen um die Herrschaft. ◇ *battle against sth* gegen etw ankämpfen

battle·axe (*AmE* **battle·ax**) /'bætlæks/ *Nomen* **1** (*umgs, abwert*) (*Frau*) Drachen **2** Streitaxt

'battle cry *Nomen* Schlachtruf (*auch fig*)

battle·field /'bætlfiːld/ (*auch* **battle·ground** /'bætlgraʊnd/) *Nomen* Schlachtfeld (*auch fig*)

battle·ments /'bætlmənts/ *Nomen* [Pl] Zinnen

'battle-scarred *Adj* vom Krieg gezeichnet

battle·ship /'bætlʃɪp/ *Nomen* **1** Schlachtschiff **2 battleships** (*Spiel*) Schiffeversenken

batty /'bæti/ *Adj* (*bes BrE, umgs*) spinnert, versponnen

bau·ble /'bɔːbl/ *Nomen* **1** Flitterkram **2** (*BrE*) Christbaumkugel

baulk (*AmE meist* **balk**) /bɔːk/ *Verb* **1 ~ (at sth)** sich (vor etw) sträuben **2 ~ (at sth)** (*Pferd*) (vor etw) scheuen **3 ~ sb of sth** jdn um etw bringen

baux·ite /'bɔːksaɪt/ *Nomen* Bauxit

bawdy /'bɔːdi/ *Adj* (**bawd·ier**, **bawd·iest**) (*veraltet*) derb

bawl /bɔːl/ *Verb* **1 ~ (sth) (out)** (etw) brüllen; **~ at sb** jdn anbrüllen **2 ~ sth at sb** jdm etw zubrüllen PHR V **ˌbawl sb 'out** (*bes AmE, umgs*) jdn zusammenstauchen

bay 0‑ /beɪ/ *Nomen, Verb, Adj*
▸ ***Nomen*** **1** Bucht, Golf **2** Abstellfläche ◇ *a parking bay* eine Parkbucht ◇ *the loading bay* die Ladezone **3** Erker **4** (*Pferd*) Braune(r) **5** Gebell IDM **be at 'bay** (*Hirsch etc.*) gestellt sein **hold/keep sb/sth at 'bay** jdn/etw abhalten
▸ ***Verb*** **1** heulen, jaulen ◇ *a baying mob* eine johlende Menge **2 ~ (for sth)** (nach etw) schreien
▸ ***Adj*** (*Pferd*) braun

'bay leaf *Nomen* (*Pl* **leaves**) Lorbeerblatt

bay·onet *Nomen, Verb*
▸ ***Nomen*** /'beɪənət/ Bajonett
▸ ***Verb*** /'beɪənət, ˌbeɪə'net/ mit dem Bajonett verwunden/erstechen

bayou /'baɪuː/ *Nomen* = kleiner, langsam fließender Fluss im Sumpfland im Süden der USA

'bay tree *Nomen* Lorbeerbaum

ˌbay 'window *Nomen* Erkerfenster

ba·zaar /bəˈzɑː(r)/ *Nomen* **1** Basar **2** Wohltätigkeitsbasar

ba·zooka /bəˈzuːkə/ *Nomen* Bazooka

BBC /ˌbiː biː ˈsiː/ *Kurzform von* **British Broadcasting Corporation** BBC

BBQ *Abk* = BARBECUE

BC (*AmE* **B.C.**) /ˌbiː ˈsiː/ *Kurzform von* **before Christ** vor Christus ◇ *in (the year) 2000 BC* (im Jahr) 2000 v. Chr.

BCE (*AmE* **B.C.E.**) /ˌbiː siː ˈiː/ *Kurzform von* **before the Common Era** vor unserer Zeitrechnung

be 0-ᴛ /bi, *betont* biː/ *Verb, Hilfsvb* (**is** /ɪz/, **was** /wəz; *betont* wɒz; *AmE betont* wʌz/, **been** /bɪn; *BrE auch* biːn/)

▸ ***Verb*** **1** sein ◇ *A rose is a flower.* Eine Rose ist eine Blume. ◇ *I've never been to Spain.* Ich bin noch nie in Spanien gewesen. ◇ *She's from Italy.* Sie kommt aus Italien. **2** stattfinden ◇ *The concert is in the school hall.* Das Konzert findet in der Aula statt. **3** (*gesundheitlich*) ◇ *'How are you?' 'I'm fine.'* „Wie geht es Ihnen?" „Mir geht es gut." **4 there is/are** es gibt ◇ *There are no easy answers.* Es gibt keine einfachen Lösungen. ◇ *There was nobody there.* Es war niemand da. **5** werden ◇ *I always wanted to be a painter.* Ich wollte immer Maler werden. **6** kosten ◇ *How much is that shirt?* Wie viel kostet das Hemd? IDM **... as/that was** ◇ *Jill Davies that was* die damalige Jill Davies ◇ *the Soviet Union, as was* die damalige Sowjetunion **the ˌbe-all and 'end-all** (*umgs*) das Ein und Alles ◇ *Golf is the be-all and end-all of her existence.* Golf ist ihr Ein und Alles. **(he, she, etc. has) been and 'done sth** (*umgs*) ◇ *Someone's been and parked in front of the entrance!* Da hat doch jemand direkt vorm Eingang geparkt! **ˌbe that as it 'may** (*gehoben*) wie dem auch sei **be your'self** sich ganz natürlich geben ◇ *Don't act sophisticated—just be yourself.* Tu nicht so fein—benimm dich ganz natürlich. **if it wasn't/weren't for ...** ◇ *If it weren't for you, I wouldn't be alive today.* Ohne dich wäre ich heute nicht am Leben. **ˌleave/ˌlet sb/sth 'be** jdn/etw in Ruhe lassen **-to-'be** zukünftig ◇ *his bride-to-be* seine zukünftige Frau ◇ *mothers-to-be* werdende Mütter

▸ ***Hilfsvb*** **1** (*in Verbindung mit dem present participle, um die Verlaufsform von Verben zu bilden*) ◇ *I am studying Chinese.* Ich lerne Chinesisch. ◇ *I'm reading it at the moment.* Ich lese es gerade. ◇ *What have you been doing today?* Was hast du heute gemacht? ◇ *I'm always being criticized.* Ich werde immer kritisiert. **2** (*in Verbindung mit dem past participle, um das Passiv zu bilden*) werden ◇ *The roof was damaged.* Das Dach wurde beschädigt. ◇ *Where are they made?* Wo werden sie hergestellt? ◇ *The house is being built.* Das Haus ist im Bau. **3 ~ to do sth** etw tun sollen ◇ *I am to phone them when I get there.* Ich soll sie anrufen, wenn ich angekommen bin. ◇ *They are to be married in June.* Sie werden im Juni heiraten. ◇ *He was to regret it for the rest of his life.* Er sollte es sein Leben lang bereuen. **4** (*gehoben*) (*in Konditionalsätzen, um eine Bedingung auszudrücken*) ◇ *If it were to rain/Were it to rain, we would have to cancel the match tomorrow.* Sollte es regnen, müssten wir das Spiel morgen absagen.

beach 0-ᴛ /biːtʃ/ *Nomen, Verb*

▸ ***Nomen*** Strand ◇ *on the beach* am Strand

▸ ***Verb*** an Land ziehen ◇ *a beached whale* ein gestrandeter Wal

bea·con /ˈbiːkən/ *Nomen* **1** Leuchtfeuer ◇ (*fig*) *a beacon of hope* ein Hoffnungsträger **2** Leuchtbake **3** Funkfeuer

bead /biːd/ *Nomen* **1** Perle ◇ *beads of blood* Bluttropfen **2 beads** [Pl] Perlenkette

bead·ed /ˈbiːdɪd/ *Adj* **1** perlenbesetzt **2 ~ with sweat** schweißbedeckt

beady /ˈbiːdi/ *Adj* (*BrE*) **1** ◇ *beady eyes* Knopfaugen **2** ◇ *keep a beady eye on sth* ein wachsames Auge auf etw haben

bea·gle /ˈbiːgl/ *Nomen* Beagle

beak 0-ᴛ /biːk/ *Nomen* Schnabel

bea·ker /ˈbiːkə(r)/ *Nomen* **1** Becher **2** (*im Labor*) Becherglas

beam /biːm/ *Nomen, Verb*

▸ ***Nomen*** **1** Strahl **2** (*Auto*) ◇ *with headlights on full beam* mit eingeschaltetem Fernlicht **3** Balken; (*Stahl*) Träger **4 the beam** (*bes BrE*) (Schwebe)balken **5** (*Lächeln*) Strahlen

▸ ***Verb*** **1** strahlen ◇ *beam with pleasure* vor Freude strahlen ◇ *The sun's rays beamed down on us.* Die Sonne strahlte auf uns herab. **2 ~ at sb** jdn anstrahlen **3 ~ sth at sb** jdm etw zuwerfen ◇ *He beamed a warm smile at her.* Er warf ihr ein strahlendes Lächeln zu. **4** (*Radio, Fernsehen*) ausstrahlen

beam·er /ˈbiːmə(r)/ *Nomen* Beamer

bean /biːn/ *Nomen* Bohne IDM **full of 'beans** voller Energie **not have a 'bean** kein Geld haben → *Siehe auch* HILL *und* SPILL

bean·pole /ˈbiːnpəʊl; *AmE* -poʊl/ *Nomen* Bohnenstange

'bean sprouts *Nomen* [Pl] Sojakeimlinge

bear 0-ᴛ /beə(r); *AmE* ber/ *Verb, Nomen*

▸ ***Verb*** (**bore** /bɔː(r)/, **borne** /bɔːn; *AmE* bɔːrn/) **1** tragen; (*Ähnlichkeit, Bezug*) aufweisen ◇ *The ice is too thin to bear your weight.* Das Eis ist zu dünn, um dich zu tragen. ◇ *bear arms* Waffen tragen ◇ *bear fruit* Früchte tragen **2** ertragen, aushalten ◇ *How can you bear to eat that stuff?* Wie kannst du nur so was essen? **3** (*gehoben*) gebären **4 not ~ sth** einer Sache nicht standhalten ◇ *Modern paintings don't bear comparison with the old masters.* Moderne Gemälde halten dem Vergleich mit alten Meistern nicht stand. ◇ *The joke doesn't bear repeating.* Den Witz kann man nicht weitererzählen. ◇ *It doesn't bear thinking about.* Man darf gar nicht daran denken. **5 ~ sth (against/towards sb)**; **~ sb sth** etw gegen jdn hegen **6** (*gehoben*) überbringen **7 ~ (to the) left, north, etc.** sich nach links, Norden etc. halten **8 ~ yourself well, etc** sich gut, etc. halten IDM **bear 'hard, 'heavily, se'verely, etc. on sb** (*gehoben*) hart, schwer etc. auf jdm lasten **bear in 'mind (that) ...** daran denken, dass ...; nicht vergessen, dass ... **bring sth to bear (on sb/sth)** (*gehoben*) etw (auf jdn/etw) ausüben; etw (auf jdn/etw) aufbieten → *Siehe auch* BRUNT, GRIN, MIND *und* WITNESS PHR V **ˌbear 'down on sb/sth** **1** (*bes BrE*) auf jdn/etw zukommen **2** (*bes AmE*) auf jdn/etw drücken **'bear on sth** etw betreffen **bear sb/sth 'out** jdn/etw bestätigen ◇ *The witnesses will bear me out.* Die Zeugen werden mir zustimmen. **ˌbear 'up (against/under sth)** etw mit Fassung tragen ◇ *Bear up!* Kopf hoch! **'bear with sb/sth** mit jdm/etw Geduld haben

▸ ***Nomen*** Bär

bear·able /ˈbeərəbl; *AmE* ˈber-/ *Adj* erträglich

beard 0-ᴛ /bɪəd; *AmE* bɪrd/ *Nomen, Verb*

▸ ***Nomen*** Bart ◇ *three days' growth of beard* ein Dreitagebart

▸ ***Verb*** IDM **beard the lion in his 'den** sich in die Höhle des Löwen wagen

bear·ded /ˈbɪədɪd; *AmE* ˈbɪrdɪd/ *Adj* bärtig

beardy /ˈbɪədi; *AmE* ˈbɪrdi/ *Adj, Nomen*

▸ ***Adj*** (**beard·ier, beardi·est**) (*bes BrE, umgs, abwert*) bärtig, mit Bart

▸ ***Nomen*** (*auch* **beardie**) (*Pl* **beardies**) (*BrE, umgs, abwert*) Bartträger, Mann mit Bart

bear·er /ˈbeərə(r); *AmE* ˈberər/ *Nomen* **1** Träger(in) **2** Überbringer(in) **3** (*gehoben*) Inhaber(in)

bear·ing /ˈbeərɪŋ; *AmE* ˈberɪŋ/ *Nomen* **1** [U/Sing] **~ on sth** Auswirkung auf etw, Bezug zu etw ◇ *It had no bearing on the decision.* Es hatte keinen Einfluss auf die Entscheidung. **2** [Sing] Haltung **3** (*Fachspr*) Position ◇ *take compass bearings on sth* etw anpeilen **4** (TECH) (Rad)lager IDM **get/find/take your ˈbearings** sich zurechtfinden **lose your bearings** die Orientierung verlieren

beast /biːst/ *Nomen* **1** (*veraltet oder gehoben*) Tier ◇ *mythical beasts* Fabelwesen **2** Bestie **3** (*umgs, oft hum*) ◇ *The exam was a real beast.* Die Prüfung war fies. ◇ *You beast!* Du bist gemein!

beast·ly /ˈbiːstli/ *Adj* (*BrE, veraltet, umgs*) hässlich, gemein

ˌbeast of ˈburden *Nomen* Lasttier

beat 0-π /biːt/ *Verb, Nomen, Adj*

▸ ***Verb*** (**beat, beaten** /ˈbiːtn/) **1** schlagen ◇ *beat sb to death* jdn totschlagen ◇ *Hailstones beat against the window.* Hagelkörner prasselten ans Fenster. ◇ *He beats me at chess.* Er schlägt mich im Schach. ◇ *The bird was beating its wings.* Der Vogel schlug mit den Flügeln. ◇ *beat the carpet* den Teppich klopfen **2 ~ sth** etw in den Griff bekommen **3 ~ sb** jdm ein Rätsel sein **4** übertreffen **5 ~ sth** etw umgehen ◇ *try to beat the system* versuchen, das System zu umgehen **6** verrühren; (*Eier etc.*) schlagen ◇ *beat the milk and eggs together* Milch und Eier verrühren **7** (TECH) hämmern ◇ *beaten silver* gehämmertes Silber **8 ~ sth (through/to sth)** etw (durch/zu etw) bahnen ◇ *a well-beaten track* ein Trampelpfad IDM **beat about the ˈbush** (*AmE* **beat around the ˈbush**) um den heißen Brei herumreden **beat sb at their own ˈgame** jdn mit seinen eigenen Waffen schlagen **beat sb's brains out** jdm den Schädel einschlagen **beat your ˈbrains out** (*bes AmE, umgs*) sich den Kopf zerbrechen **beat the ˈclock** rechtzeitig fertig sein **beat the ˈdrum (for sb/sth)** die Trommel (für jdn/etw) rühren **ˈbeat it** (*Slang*) abhauen ◇ *Beat it!* Hau ab! **beat a path to sb's ˈdoor** jdm die Tür einrennen **beat a (hasty) reˈtreat** sich aus dem Staub machen **beat ˈtime (to sth)** den Takt (zu etw) schlagen **Can you beat that/it!** Ist denn das zu fassen! **If you can't beat them, ˈjoin them.** Wenn man seine Gegner nicht schlagen kann, sollte man sich ihnen anschließen. **ˌoff the ˌbeaten ˈtrack** abgelegen ◇ *holidays off the beaten track* Urlaub fernab der Touristenströme **a rod/stick to ˈbeat sb with** eine Waffe gegen jdn **take some ˈbeating** nicht leicht zu überbieten sein → *Siehe auch* BLACK, DAYLIGHTS *und* HELL PHR V **ˌbeat sth ˈdown 1** etw einschlagen **2** etw niederdrücken **ˌbeat ˈdown (on sb/sth)** (auf jdn/etw) herunterbrennen **ˌbeat sb/sth ˈdown (to sth)** jdn/etw (auf etw) herunterhandeln **ˌbeat sb/sth ˈoff** jdn/etw zurückschlagen **ˌbeat sth ˈout 1** (*Melodie*) trommeln **2** (*Feuer*) ausschlagen **3** (*Delle*) aushämmern **ˈbeat sb out of sth** (*AmE, Slang*) jdn um etw betrügen **ˈbeat sb to sth** ◇ *She beat me to the top of the hill.* Sie war vor mir auf dem Berg. **ˌbeat sb ˈto it** jdm zuvorkommen ◇ *I wanted the last biscuit but he beat me to it.* Ich wollte den letzten Keks haben, aber er war schneller. **ˌbeat sb ˈup** jdn zusammenschlagen **ˌbeat ˈup on sb** (*AmE*) jdn verprügeln **ˌbeat yourself ˈup** (*bes AmE, umgs*) sich Vorwürfe machen

▸ ***Nomen*** **1** (*Trommel-, Herz-*) Schlag, Schlagen ◇ *His heart missed a beat when he saw her.* Ihm stockte das Herz, als er sie sah. → *Siehe auch* HEARTBEAT **2** (MUS) (Takt)schlag, Rhythmus, Beat ◇ *This music has a strong beat.* Diese Musik hat einen harten Beat. ◇ *four beats to the bar* Vier Schläge pro Takt **3** (*eines Polizisten*) Runde, Streife ◇ *police officers on the beat* Polizisten auf Streife

▸ ***Adj*** (*umgs*) = DEAD BEAT

beat·box /ˈbiːtbɒks; *AmE* -bɑːks/ *Nomen* **1** Beat Box, elektronisches Schlagzeug **2** (*umgs*) (*Radio etc*) Gettoblaster

ˌbeaten-ˈup *Adj* = BEAT-UP

beat·er /ˈbiːtə(r)/ *Nomen* **1** (*oft in Zusammensetzungen*) (*Rühr-*) Besen; (*Teppich-*) Klopfer ◇ *an egg beater* ein Schneebesen **2** (*Jagd*) Treiber(in) **3** (*AmE, umgs*) Klapperkiste

be·ati·fi·ca·tion /biˌætɪfɪˈkeɪʃn/ *Nomen* Seligsprechung

be·atify /biˈætɪfaɪ/ *Verb* (**-fies, -fy·ing, -fied, -fied**) seligsprechen

beat·ing /ˈbiːtɪŋ/ *Nomen* **1** [U] Schläge, Prügel ◇ *give sb a beating* jdm eine Tracht Prügel verpassen **2** (*umgs*) Niederlage ◇ *The team has taken a few beatings this season.* Die Mannschaft hat in dieser Saison einige Schlappen einstecken müssen. **3** Schlag(en) ◇ *He could hear the beating of his own heart.* Er konnte sein Herz schlagen hören. IDM **take some ˈbeating** (*BrE*) nicht leicht zu übertreffen sein

beat·nik /ˈbiːtnɪk/ *Nomen* Beatnik

ˌbeat-ˈup (*auch* **ˌbeaten-ˈup**) *Adj* (*umgs*) ramponiert, zerbeult

beau /bəʊ; *AmE* boʊ/ *Nomen* (*Pl* **beaux** *oder* **beaus** /bəʊz; *AmE* boʊz/) (*veraltet*) Galan, Liebhaber

beaut /bjuːt/ *Nomen, Adj, Ausruf*

▸ ***Nomen*** (*AmE, AusE, umgs*) Prachtexemplar; (*Person*) Schönheit

▸ ***Adj, Ausruf*** (*AusE, umgs*) klasse

beaut·ician /bjuːˈtɪʃn/ *Nomen* Kosmetiker(in)

beau·ti·ful 0-π /ˈbjuːtɪfl/ *Adj* (*Adv* **beau·ti·ful·ly** /-fli/) **1** (wunder)schön ◇ *a beautiful baby* ein süßes Baby **2** herrlich, wunderbar ◇ *What beautiful timing!* Was für ein perfektes Timing! ◇ *It's all working out beautifully.* Es läuft alles prima.

beaut·ify /ˈbjuːtɪfaɪ/ *Verb* (**-fies, -fy·ing, -fied, -fied**) verschönern

beauty 0-π /ˈbjuːti/ *Nomen* (*Pl* **-ies**) **1** Schönheit ◇ *She had been a beauty in her day.* Sie war einmal eine Schönheit. ◇ *beauty treatment* kosmetische Behandlungen **2** Prachtstück, Prachtexemplar **3 the ~ of sth** das Schöne/Schönste an etw ◇ *One of the beauties of living here is that it's so peaceful.* Das Schöne am Leben hier ist, dass es so ruhig ist. IDM **beauty is in the eye of the ˈbeholder** Schönheit ist Geschmackssache **beauty is only skin-ˈdeep** man kann nicht nach dem Äußeren urteilen

ˈbeauty contest *Nomen* (*BrE*) Schönheitswettbewerb

ˈbeauty mark *Nomen* (*AmE*) Schönheitsfleck

ˈbeauty parlour /ˈbjuːti pɑːlə(r); *AmE* pɑːrlər/ (*auch* **ˈbeauty salon** *AmE auch*; **ˈbeauty shop**) *Nomen* Kosmetiksalon, Schönheitssalon

ˈbeauty queen *Nomen* Schönheitskönigin

ˈbeauty spot *Nomen* **1** (*BrE*) schönes Fleckchen Erde **2** Schönheitsfleck

beaux *Form von* BEAU

bea·ver /ˈbiːvə(r)/ *Nomen, Verb*

▸ ***Nomen*** **1** Biber → *Siehe auch* EAGER BEAVER **2** Biberpelz

▸ ***Verb*** PHR V **ˌbeaver aˈway (at sth)** (*umgs*) (an etw) schuften, (an etw) (eifrig) arbeiten

bebop /ˈbiːbɒp; *AmE* -bɑːp/ (*auch* **bop**) *Nomen* Bebop

be·calmed /bɪˈkɑːmd/ *Adj* in einer Flaute

be·came *Form von* BECOME

be·cause 0-π /bɪˈkʌz; *BrE auch* bɪˈkɒz; *AmE auch* bɪˈkɔːz/ *Konj, Präp*

▸ ***Konj*** weil

▸ ***Präp* ~ of** wegen ◇ *They are here because of you.* Sie sind deinetwegen hier. ◇ *Because of his wife('s) being there, I said nothing about it.* Weil seine Frau da war, sagte ich nichts.

beck /bek/ *Nomen* (*BrE, Dialekt*) Bach IDM **be at sb's ˌbeck and ˈcall** jdm voll und ganz zur Verfügung stehen ◇ *She is constantly at the beck and call of her invalid father.* Sie steht ständig auf Abruf für ihren kranken Vater bereit. ◇ *Don't expect to have me at your beck and call.* Erwarte nicht, dass ich nach deiner Pfeife tanze.

beckon /ˈbekən/ *Verb* **1** ~ **to sb** (**to do sth**) jdm ein Zeichen geben, (etw zu tun), jdm winken, (etw zu tun) ◇ *He beckoned her over.* Er winkte sie zu sich herüber. **2** locken, winken **3** warten

be·come 0‑ᴡ /bɪˈkʌm/ *Verb* (**be·came** /bɪˈkeɪm/, **be·come**) **1** werden ◇ *It's becoming a problem.* Es wird langsam zum Problem. ◇ *He wants to become a footballer.* Er will Fußballer werden. ◇ *become interested in sth* anfangen, sich für etw zu interessieren ◇ *I became involved in politics in 1995.* 1995 fing ich an, mich politisch zu engagieren. **2** (*nicht in der Verlaufsform*) (*gehoben*) ~ **sb** jdm (gut) stehen (*auch fig*) IDM **what became of sb/sth?** **1** was wurde aus jdm/etw? **2** (*auch* **what has become of sb/sth?**) was ist aus jdm/etw geworden? **3** (*auch* **what will become of sb/sth?**) was wird aus jdm/etw werden?

be·com·ing /bɪˈkʌmɪŋ/ *Adj* (*gehoben*) **1** (*Frisur, Kleidung etc.*) vorteilhaft, kleidsam **2** angemessen, geziemend

bec·que·rel /ˈbekərel/ *Nomen* (PHYSIK) Becquerel

BEd (*bes AmE* **B.Ed.**) /ˌbiː ˈed/ *Kurzform von* **Bachelor of Education** = Hochschulabschluss in Erziehungswissenschaften, der zum Unterrichten an Grund- und Hauptschulen berechtigt

bed 0‑ᴡ /bed/ *Nomen, Verb*

▸ ***Nomen*** **1** Bett ◇ *I'm going to bed.* Ich geh ins Bett. ◇ *I'll just put the kids to bed.* Ich bringe bloß die Kinder ins Bett. ◇ *He has been confined to bed with flu.* Er liegt mit Grippe im Bett. ◇ *get into bed* sich ins Bett legen ◇ *in bed* im Bett ◇ *get out of bed* aufstehen ◇ *It's time for bed.* Es ist Zeit zum Schlafengehen ◇ *He likes to have a cup of tea before bed.* Er trinkt gern eine Tasse Tee, bevor er schlafen geht. ◇ *Could you give me a bed for the night?* Kann ich bei dir übernachten? → *Siehe auch* AIR BED, CAMP BED *und* TWIN BED **2** (*Meeres-*) Boden, Grund; (*Fluss-*) Bett ◇ *oyster beds* Austernbänke **3** Beet **4** Unterlage; (*für die Bahn etc.*) Unterbau; (*für Maschinen*) Bett **5** (GEOL) Schicht IDM **(not) a bed of ˈroses** (k)ein reines Vergnügen ◇ *Their life together hasn't been a bed of roses.* Ihr Zusammenleben ist nicht ohne Schwierigkeiten gewesen. **get out of bed on the wrong side** (*AmE* **get up on the wrong side of the bed**) mit dem linken Fuß zuerst aufstehen **go to bed with sb** (*umgs*) mit jdm ins Bett gehen **take to your ˈbed** sich krank ins Bett legen **you've made your bed and you must ˈlie on it** wie man sich bettet, so liegt man → *Siehe auch* DIE *und* WET

▸ ***Verb*** (**-dd-**) **1** ~ **sth** (**in sth**) etw (in etw) einbetten **2** (*veraltet*) ~ **sb** mit jdm ins Bett gehen PHRV **ˌbed ˈdown** sein Lager aufschlagen, schlafen

ˌbed and ˈboard *Nomen* (*BrE*) Unterkunft und Verpflegung

ˌbed and ˈbreakfast (*Abk* **B and B**) *Nomen* **1** (*BrE*) Zimmer mit Frühstück ◇ *Do you do bed and breakfast?* Haben Sie Fremdenzimmer? **2** Frühstückspension

bed·bug /ˈbedbʌɡ/ *Nomen* Wanze

bed·cham·ber /ˈbedtʃeɪmbə(r)/ *Nomen* (*veraltet*) Schlafgemach

bed·clothes /ˈbedkləʊðz; *AmE* -kloʊðz/ *Nomen* [Pl] Bettzeug

bed·cover /ˈbedkʌvə(r)/ *Nomen* (*BrE*) **1** Bettdecke **2** **bed·covers** [Pl] Bettzeug

bed·ding /ˈbedɪŋ/ *Nomen* **1** Bettzeug **2** (*für Tiere*) Streu

ˈbedding plant *Nomen* Setzling

be·deck /bɪˈdek/ *Verb* (*meist passiv*) (*gehoben*) ~ **sb/sth** (**with sth**) jdn/etw (mit etw) schmücken

be·devil /bɪˈdevl/ *Verb* (**-ll-**, *AmE* **-l-**) (*gehoben*) plagen

bed·fel·low /ˈbedfeləʊ; *AmE* -loʊ/ *Nomen* Bettgenosse, Bettgenossin ◇ (*fig*) *Rugby and art may seem strange bedfellows.* Rugby und Kunst sind auf den ersten Blick eine merkwürdige Kombination.

bed·head /ˈbedhed/ *Nomen* Kopfteil (des Bettes)

bed·lam /ˈbedləm/ *Nomen* Chaos ◇ *It was bedlam at our house on the morning of the wedding.* Am Morgen der Hochzeit ging es bei uns wie im Irrenhaus zu.

ˈbed linen *Nomen* [U] Bettwäsche

Bed·ouin /ˈbeduɪn/ *Nomen* (*Pl* **Bed·ouin**) Beduine, Beduinin

bed·pan /ˈbedpæn/ *Nomen* Bettschüssel, Bettpfanne

bed·post /ˈbedpəʊst; *AmE* -poʊst/ *Nomen* Bettpfosten

be·drag·gled /bɪˈdræɡld/ *Adj* triefnass, verschmutzt

bed·rid·den /ˈbedrɪdn/ *Adj* bettlägerig

bed·rock /ˈbedrɒk; *AmE* -drɑːk/ *Nomen* **1** [Sing] Basis, Grundlage **2** (GEOL) Grundgestein

bed·room 0‑ᴡ /ˈbedruːm, -rʊm/ *Nomen* Schlafzimmer ◇ *the spare bedroom* das Gästezimmer

ˈbedroom community (*auch* **ˈbedroom suburb**) *Nomen* (*AmE*) Schlafstadt

-bedroomed /ˈbedruːmd, -rʊmd/ mit … Schlafzimmern ◇ *a three-bedroomed house* ein Haus mit drei Schlafzimmern

bed·side /ˈbedsaɪd/ *Nomen* ◇ *a bedside lamp* eine Nachttischlampe ◇ *His mother has been at his bedside throughout his illness.* Seine Mutter ist während seiner Krankheit nicht von seinem Bett gewichen.

ˌbedside ˈmanner *Nomen* (*eines Arztes*) Art, mit Kranken umzugehen

ˌbedside ˈtable *Nomen* (*bes BrE*) Nachttisch

bed·sit /ˈbedsɪt/ (*auch* **bed·sit·ter** /ˈbedsɪtə(r)/ *gehoben*; **bedsitting room** /ˌbedˈsɪtɪŋ ruːm, rʊm; *AmE* ˈbedsɪtɪŋ/) *Nomen* (*BrE*) möbliertes Zimmer

bed·sore /ˈbedsɔː(r)/ *Nomen* wund gelegene Stelle

bed·spread /ˈbedspred/ (*AmE auch* **spread**) *Nomen* Tagesdecke

bed·stead /ˈbedsted/ *Nomen* Bettgestell

bed·time /ˈbedtaɪm/ *Nomen* Schlafenszeit ◇ *It's way past your bedtime.* Du müsstest schon längst im Bett sein. ◇ *a bedtime story* eine Gutenachtgeschichte

ˈbed-wetting *Nomen* Bettnässen

bee /biː/ *Nomen* **1** Biene **2** (*AmE*) Kränzchen ◇ *a sewing bee* ein Nähkränzchen ◇ *a spelling bee* ein Rechtschreibewettbewerb IDM **the ˌbee's ˈknees** (*umgs*) die/der Größte **have a ˈbee in your bonnet (about sth)** (*umgs*) (von etw) besessen sein → *Siehe auch* BIRD *und* BUSY

beech /biːtʃ/ (*auch* **ˈbeech tree**) *Nomen* Buche

beef 0‑ᴡ /biːf/ *Nomen, Verb*

▸ ***Nomen*** **1** Rindfleisch ◇ *roast/minced beef* Rinderbraten/Rinderhackfleisch ◇ *beef and dairy cattle* Mastrinder und Milchkühe **2** (*umgs*) Meckerei ◇ *What's his latest beef?* Was meckert er jetzt wieder?

▸ ***Verb*** ~ (**about sb/sth**) (*umgs*) (über jdn/etw) meckern PHRV **ˌbeef sth ˈup** etw aufmöbeln, etw ankurbeln, etw stärken

beef·bur·ger /ˈbiːfbɜːɡə(r); *AmE* -bɜːrɡər/ *Nomen* (*BrE*) Beefburger, Hamburger

beef·cake /ˈbiːfkeɪk/ *Nomen* (*Slang*) Muskelprotz

beefy /ˈbiːfi/ *Adj* (**beef·ier**, **beef·iest**) (*umgs*) fleischig, muskulös

bee·hive /ˈbiːhaɪv/ *Nomen* **1** Bienenstock, Bienenkorb **2** toupierte Hochfrisur

bee·line /ˈbiːlaɪn/ *Nomen* IDM **make a ˈbeeline for sb/sth** (*umgs*) sich auf jdn/etw stürzen ◇ *We made a beeline for the exit.* Wir gingen schnurstracks auf den Ausgang zu.

been *Form von* BE

beep /biːp/ *Nomen, Verb*

▸ ***Nomen*** Piepton ◇ *The taxi gave a beep.* Das Taxi hupte.

▸ ***Verb*** **1** piepen **2** hupen ◇ *He beeped his horn at the cyclist.* Er hupte den Radfahrer an. **3** (*AmE*) anpiepsen

beep·er /ˈbiːpə(r)/ *Nomen* (*bes AmE*) Piepser

beer 0-ᴋ /bɪə(r); *AmE* bɪr/ *Nomen* Bier

ˈ**beer belly** (*auch* ˈ**beer gut**) *Nomen* (*umgs*) Bierbauch

ˈ**beer mat** *Nomen* (*BrE*) Bierdeckel

beery /ˈbɪəri; *AmE* ˈbɪri/ *Adj* **1** nach Bier riechend ◇ *his stale beery breath* seine Bierfahne **2** bierselig

bees·wax /ˈbiːzwæks/ *Nomen* Bienenwachs

beet /biːt/ *Nomen* **1** (*BrE*) Rübe **2** (*AmE*) Rote Bete

bee·tle /ˈbiːtl/ *Nomen, Verb*

▸ ***Nomen*** Käfer

▸ ***Verb*** (*umgs*) pesen ◇ *beetle around* herumlaufen ◇ *He beetled off to go shopping.* Er schwirrte ab und ging Einkaufen.

beet·root /ˈbiːtruːt/ *Nomen* Rote Bete

be·fall /bɪˈfɔːl/ *Verb* (**be·fell** /bɪˈfel/, **be·fallen** /bɪˈfɔːlən/) (*nur in der 3. Person*) (*gehoben*) geschehen, widerfahren

befit /bɪˈfɪt/ *Verb* (**-tt-**) (*nur in der 3. Person*) (*gehoben*) **~ sb** sich für jdn gehören; **~ sth** einer Sache angemessen sein

be·fore 0-ᴋ /bɪˈfɔː(r)/ *Präp, Konj, Adv*

▸ ***Präp*** vor ◇ *the day before yesterday* vorgestern ◇ *the year before last* vorletztes Jahr ◇ *Something ought to have been done before now.* Man hätte vorher schon etwas machen sollen. ◇ *We'll know before long.* Wir werden es bald wissen. ◇ *She puts her work before everything.* Ihre Arbeit geht ihr über alles andere. ◇ *He was brought before the judge.* Er wurde dem Richter vorgeführt.

▸ ***Konj*** **1** bevor ◇ *Do it before you forget.* Mach's, bevor du es vergisst. ◇ *Put that away before it gets broken.* Tu das weg, sonst geht es noch kaputt. **2** bis ◇ *It may be years before the situation improves.* Es könnte noch Jahre dauern, bis sich die Lage bessert. **3** (*gehoben*) ◇ *I'd die before I apologized to them!* Eher würde ich sterben als mich bei ihnen entschuldigen.

▸ ***Adv*** davor, vorher ◇ *You should have told me so before.* Du hättest es mir vorher sagen sollen. ◇ *I think we've met before.* Ich glaube, wir kennen uns schon.

be·fore·hand /bɪˈfɔːhænd; *AmE* bɪˈfɔːrhænd/ *Adv* vorher, im Voraus ◇ *two weeks beforehand* zwei Wochen vorher

be·friend /bɪˈfrend/ *Verb* **~ sb** sich mit jdm anfreunden (und ihm helfen)

be·fud·dled /bɪˈfʌdld/ *Adj* durcheinander, benebelt

beg /beg/ *Verb* (**-gg-**) **1 ~ (sb) (for sth)**; **~ (sth) (of/from sb)** (jdn) (um etw) bitten ◇ *She begged permission to leave.* Sie bat darum, gehen zu dürfen. ◇ *Can I beg a favour of you?* Kann ich Sie um einen Gefallen bitten? ◇ (*gehoben*) *Don't leave me here, I beg of you!* Lass mich nicht hier, ich flehe dich an! **2 ~ (for sth) (from sb)** (bei jdm) (um etw) betteln; **~ sth (from sb)** sich (bei jdm) etw erbetteln **3** (*Hund*) Männchen machen IDM **beg ˈleave to do sth** um Erlaubnis bitten etw zu tun **be going ˈbegging** (*BrE, umgs*) keine Abnehmer finden **beg sb's ˈpardon** (*bes BrE, gehoben*) jdn um Verzeihung bitten **beg the ˈquestion 1** die Frage aufwerfen **2** von etw ausgehen **I beg to differ** ich bin (darüber) anderer Meinung **I beg your pardon 1** entschuldigen Sie bitte **2** wie bitte? **3** erlauben Sie mal! PHR V ˌ**beg ˈoff** absagen

began *Form von* BEGIN

beget /bɪˈget/ *Verb* **1** (**be·get·ting**, **begat** /bɪˈgæt/, **be·got·ten** /bɪˈgɒtn; *AmE* bɪˈgɑːtn/) (*veraltet*) zeugen **2** (**be·get·ting**, **begot**, **begot** /bɪˈgɒt; *AmE* bɪˈgɑːt/) (*veraltet oder gehoben*) erzeugen ◇ *Violence begets violence.* Gewalt erzeugt Gewalt.

be·get·ter /bɪˈgetə(r)/ *Nomen* Urheber

beg·gar /ˈbegə(r)/ *Nomen, Verb*

▸ ***Nomen*** **1** Bettler(in) **2** (*BrE, umgs*) ◇ *You lazy beggar!* Du Faulpelz! ◇ *Lucky little beggar!* So ein Glückspilz! IDM ˌ**beggars can't be ˈchoosers** man kann es sich (eben) nicht immer aussuchen

▸ ***Verb*** (finanziell) ruinieren IDM **beggar beˈlief/deˈscription** nicht zu fassen sein

begin 0-ᴋ /bɪˈgɪn/ *Verb* (**be·gin·ning**, **began** /bɪˈgæn/, **begun** /bɪˈgʌn/) **1** beginnen (mit), anfangen ◇ *We began work on the project in May.* Wir haben in Mai mit der Arbeit an dem Projekt begonnen. ◇ *When does the concert begin?* Wann fängt das Konzert an? ◇ *I began to feel dizzy.* Mir wurde langsam schwindelig. ◇ *At last the guests began to arrive.* Endlich kamen die ersten Gäste. ◇ *I was beginning to think you'd never come.* Ich dachte schon, du würdest gar nicht kommen. **2** gründen ◇ *He began a new magazine.* Er gründete eine neue Zeitschrift. **3** gegründet werden ◇ *The school began in 1920, with only ten pupils.* Die Schule wurde 1920 mit nur zehn Schülern gegründet. **4 not ~ to do sth** etw überhaupt nicht tun ◇ *I can't begin to thank you enough.* Ich weiß nicht, wie ich Ihnen danken soll. IDM **to beˈgin with 1** anfangs **2** erstens → *Siehe auch* CHARITY

be·gin·ner /bɪˈgɪnə(r)/ *Nomen* Anfänger(in) IDM **beginner's ˈluck** Anfängerglück

be·gin·ning 0-ᴋ /bɪˈgɪnɪŋ/ *Nomen* **1** [Sing] Anfang ◇ *at the beginning of July* Anfang Juli ◇ *Let's start again from the beginning.* Lasst uns wieder von vorn anfangen. **2 beginnings** [Pl] Ursprung, Anfänge ◇ *She never forgot her humble beginnings.* Sie vergaß nie ihre bescheidene Herkunft.

be·gone /bɪˈgɒn; *AmE* bɪˈgɔːn/ *Ausruf* (*veraltet*) fort!

be·go·nia /bɪˈgəʊniə; *AmE* bɪˈgoʊ-/ *Nomen* Begonie

begot, **be·got·ten** *Form von* BEGET

be·grudge /bɪˈgrʌdʒ/ *Verb* (*oft in verneinten Sätzen*) **1 ~ sb sth** jdm etw missgönnen **2 ~ doing sth** etw ungern tun **3** ◇ *I begrudge every second I spent with him.* Es tut mir leid um jede Sekunde, die ich mit ihm verbracht habe.

be·grudg·ing·ly /bɪˈgrʌdʒɪŋli/ *Adv* (*selten*) widerwillig, unwillig

be·guile /bɪˈgaɪl/ *Verb* (*gehoben*) **1** verführen; **~ sb into doing sth** jdn dazu bringen, etw zu tun **2** bezaubern ◇ *He was beguiled by her beauty.* Ihre Schönheit betörte ihn. **3** sich vertreiben ◇ *They sang songs to beguile the long winter evenings.* Sie sangen Lieder, um sich die langen Winterabende zu vertreiben.

be·guil·ing /bɪˈgaɪlɪŋ/ *Adj* (*Adv* **be·guil·ing·ly**) verführerisch, betörend

begum /ˈbeɪgəm/ *Nomen* = Anrede für muslimische Frauen

begun *Form von* BEGIN

be·half 0-ᴋ /bɪˈhɑːf; *AmE* bɪˈhæf/ *Nomen* IDM **in behalf of sb**; **in sb's behalf** (*AmE*) zugunsten von jdm; für jdn **on behalf of sb**; **on sb's behalf 1** im Namen von jdm; für jdn **2** meinetwegen/seinetwegen etc. **3** für jdn ◇ *They campaigned on behalf of asylum seekers.* Sie setzten sich für Asylsuchende ein.

be·have 0-ᴋ /bɪˈheɪv/ *Verb* **1** sich verhalten ◇ *They behaved very badly towards their guests.* Sie haben ihre Gäste sehr schlecht behandelt. ◇ *He behaved as if/though nothing had happened.* Er tat so, als ob nichts vorgefallen sei. **2 ~ (yourself)** sich (gut) benehmen **3 -behaved** *(in Adjektiven)* ◇ *well-/badly behaved children* artige/unartige Kinder

be·hav·iour (*AmE* **be·hav·ior**) /bɪˈheɪvjə(r)/ *Nomen* **1** Verhalten ◇ *(Fachspr) learned behaviours and attitudes* anerzogene Verhaltensweisen und Einstellungen **2** Benehmen IDM **be on your best beˈhaviour** sich von seiner besten Seite zeigen; sich so gut wie möglich benehmen

be·hav·iour·al (*AmE* **be·hav·ior·al**) /bɪˈheɪvjərəl/ *Adj* Verhaltens- ◇ *behavioural science* Verhaltensforschung

be·hav·iour·ism (*AmE* **be·hav·ior·ism**) /bɪˈheɪvjərɪzəm/ *Nomen* Behaviorismus

be·hav·iour·ist (*AmE* **be·hav·ior·ist**) /bɪˈheɪvjərɪst/ *Nomen* Behaviorist(in)

be·head /bɪˈhed/ *Verb* enthaupten, köpfen

be·held *Form von* BEHOLD

be·hest /bɪˈhest/ *Nomen* [Sing] IDM **at sb's beˈhest** *(veraltet oder gehoben)* auf jds Geheiß

be·hind /bɪˈhaɪnd/ *Präp, Adv, Nomen*
▸ ***Präp*** **1** hinter ◇ *She glanced behind her.* Sie blickte sich um. **2 be ~ sb/sth** hinter jdm/etw zurückliegen ◇ *We're behind schedule.* Wir sind im Verzug. **3 be ~ sb/sth** hinter jdm/etw stehen **4 be ~ sth** hinter etw stecken, für etw verantwortlich sein
▸ ***Adv*** ⓘ Für Verben mit **behind** siehe die Einträge für die Verben. **Leave behind** z.B. steht unter **leave**. **1** hinten, dahinter ◇ *He was shot from behind.* Er wurde von hinten angeschossen. ◇ *She cycled off down the road with the dog running behind.* Sie radelte die Straße entlang und der Hund rannte hinterher. ◇ *The others are a long way behind.* Die anderen sind sehr weit zurück. **2 ~ (with/in sth)** (mit etw) im Rückstand
▸ ***Nomen*** *(umgs)* Hintern, Po

be·hold /bɪˈhəʊld; *AmE* bɪˈhoʊld/ *Verb* (**be·held, be·held** /bɪˈheld/) *(veraltet oder gehoben)* erblicken, sehen ◇ *The children's faces were a joy to behold.* Es war eine Freude die Gesichter der Kinder zu sehen. IDM → LO

be·holden /bɪˈhəʊldən; *AmE* bɪˈhoʊl-/ *Adj* **be ~ to sb (for sth)** *(gehoben)* jdm (wegen einer Sache) verpflichtet sein

be·hold·er /bɪˈhəʊldə(r); *AmE* bɪˈhoʊl-/ *Nomen* IDM → BEAUTY

be·hove /bɪˈhəʊv; *AmE* bɪˈhoʊv/ (*AmE* **be·hoove** /bɪˈhuːv/) *Verb* *(gehoben)* **it behoves sb to do sth** es ist richtig, dass jd etw tut ◇ *It behoves us to study these findings carefully.* Wir müssen diese Ergebnisse sorgfältig untersuchen.

beige /beɪʒ/ *Adj* beige

being /ˈbiːɪŋ/ *Nomen* **1** Dasein, Existenz ◇ *The Irish Free State came into being in 1922.* Der Irische Freistaat entstand 1922. ◇ *A new era was brought into being by the fall of Communism.* Ein neues Zeitalter brach durch den Niedergang des Kommunismus an. **2** (Lebe)wesen ◇ *human beings* Menschen **3** *(gehoben)* ◇ *I hated him with my whole being.* Ich hasste ihn aus meinem tiefsten Inneren heraus. → *Siehe auch* BE

be·jew·elled (*AmE* **be·jew·eled**) /bɪˈdʒuːəld/ *Adj* juwelengeschmückt

be·lated /bɪˈleɪtɪd/ *Adj* (*Adv* **be·lated·ly**) verspätet

belay /ˈbiːleɪ, bɪˈleɪ/ *Verb* *(Fachspr)* (mit einem Seil) sichern

belch /beltʃ/ *Verb, Nomen*
▸ ***Verb*** **1** rülpsen **2 ~ (out/forth) (sth)** (etw) (aus)speien
▸ ***Nomen*** Rülpser

be·lea·guered /bɪˈliːɡəd; *AmE* -ɡərd/ *Adj* **1** *(gehoben)* heftig kritisiert **2** belagert

bel·fry /ˈbelfri/ *Nomen* (*Pl* **-ies**) Glockenturm

belie /bɪˈlaɪ/ *Verb* (**-lies, -ly·ing, -lied**) **1** hinwegtäuschen über **2** widerlegen, Lügen strafen

be·lief /bɪˈliːf/ *Nomen* **1** Glaube **2** [Sing] Überzeugung ◇ *There is a general belief that things will soon get better.* Man glaubt allgemein, dass die Lage sich bald bessern wird. IDM **beyond beˈlief** unglaublich → *Siehe auch* BEGGAR *und* BEST

be·liev·able /bɪˈliːvəbl/ *Adj* glaubhaft

be·lieve /bɪˈliːv/ *Verb* *(nicht in der Verlaufsform)* **1** glauben ◇ *I don't believe you!* Das glaube ich dir nicht! ◇ *'Does he still work there?' 'I believe so/not.'* „Arbeitet er noch immer da?" „Ich glaube schon/nicht." ◇ *Don't believe a word of it!* Davon stimmt kein Wort! **2** vermuten ◇ *Three sailors are missing, believed drowned.* Drei Seeleute sind vermisst, vermutlich ertrunken. ◇ *Police believe (that) the man may be armed.* Die Polizei geht davon aus, dass der Mann bewaffnet ist. **3 ~ (that ...)** der Überzeugung sein, dass ... **4 don't/can't ~ sth** etw nicht fassen können ◇ *I can't believe how much better I feel.* Es ist kaum zu glauben, wie viel besser ich mich fühle. ◇ *I don't believe I'm doing this!* Warum mache ich das nur! IDM **believe it or ˈnot** *(umgs)* ob du es glaubst oder nicht **believe (you) ˈme** *(umgs)* das kannst du mir glauben **don't you beˈlieve it!** *(umgs)* wer's glaubt, wird selig! ◇ *'She wouldn't do a thing like that.' 'Don't you believe it!'* „So etwas würde sie nicht tun." „Da wäre ich mir nicht so sicher." **I don't beˈlieve it!** *(umgs)* das kann ja wohl nicht wahr sein! **if you believe that, you'll believe ˈanything** *(umgs)* da lachen ja die Hühner! **make believe (that ...)** so tun (, als ob ...) **not believe your ˈears/ˈeyes** *(umgs)* seinen Ohren/Augen nicht trauen **seeing is beˈlieving** ◇ *If you're still not convinced, seeing is believing.* Wenn Sie immer noch nicht überzeugt sind, schauen Sie es sich doch mit eigenen Augen an! **Would you beˈlieve (it)?** *(umgs)* Stell dir (das) mal vor! **You/You'd better beˈlieve it!** *(umgs)* Das kannst du mir glauben! → *Siehe auch* GIVE PHR V **beˈlieve in sb** **1** an jdn glauben **2** jdm vertrauen **beˈlieve in sth** **1** an etw glauben **2** etw für richtig halten, für etw sein **beˈlieve sth of sb** jdm etw zutrauen

be·liever /bɪˈliːvə(r)/ *Nomen* Gläubige(r) IDM **be a (great/firm) believer in sth** viel von etw halten; (sehr) für etw sein

Be·li·sha bea·con /bəˌliːʃə ˈbiːkən/ *Nomen* *(BrE)* = gelbes Blinklicht an einem Zebrastreifen

be·lit·tle /bɪˈlɪtl/ *Verb* herabsetzen, schlecht machen

bell /bel/ *Nomen* **1** Glocke ◇ *as clear as a bell* laut und deutlich **2** Klingel ◇ *Ring the bell to see if they're in.* Klingel mal, um zu sehen, ob sie da sind. ◇ *The bell went for the end of the lesson.* Es klingelte, als die Stunde zu Ende war. IDM **give sb a ˈbell** *(BrE, umgs)* jdn anrufen → *Siehe auch* ALARM, PULL, RING² *und* SOUND

bella·donna /ˌbeləˈdɒnə; *AmE* -ˈdɑːnə/ *Nomen* **1** Tollkirsche **2** Belladonna

ˈbell-bottoms *Nomen* [Pl] Schlaghose

bell·boy /ˈbelbɔɪ/ *Nomen* *(bes AmE)* Hotelpage

belle /bel/ *Nomen* *(veraltet)* Schönheit, Schöne ◇ *the belle of the ball* die Ballkönigin

bell·hop /ˈbelhɒp; *AmE* -hɑːp/ *Nomen* *(AmE)* Hotelpage

bel·li·cose /ˈbelɪkəʊs, -kəʊz; *AmE* -koʊs, -koʊz/ *Adj* *(gehoben)* kriegerisch, streitsüchtig

bel·li·cos·ity /ˌbelɪˈkɒsəti; *AmE* -ˈkɑːsə-/ *Nomen* Kriegslust, Streitsucht

bel·liger·ence /bəˈlɪdʒərəns/ *Nomen* Aggressivität, Streitsucht

bel·liger·ent /bəˈlɪdʒərənt/ *Adj, Nomen*
▸ ***Adj*** (*Adv* **bel·liger·ent·ly**) **1** aggressiv, streitlustig **2** [nur vor Nomen] (*gehoben*) (*Land*) Krieg führend
▸ ***Nomen*** (*gehoben*) Krieg führendes Land

bel·low /ˈbeləʊ; *AmE* -loʊ/ *Verb, Nomen*
▸ ***Verb*** brüllen
▸ ***Nomen*** Brüllen ◇ *let out a bellow of rage/pain* vor Wut/Schmerzen aufbrüllen

bel·lows /ˈbeləʊz; *AmE* -loʊz/ *Nomen* [mit Verb im Sing/Pl] (*Pl* **bel·lows**) Blasebalg ◇ *a pair of bellows* ein Blasebalg

ˈ**bell pepper** *Nomen* (*AmE*) Paprika(schote)

ˈ**bell push** *Nomen* (*BrE*) Klingel

ˈ**bell-ringer** (*auch* **ringer**) *Nomen* = jd, der als Hobby Kirchenglocken läutet

ˈ**bell-ringing** *Nomen* Glockenläuten

ˌ**bells and ˈwhistles** *Nomen* [Pl] Extras

belly /ˈbeli/ *Nomen, Verb*
▸ ***Nomen*** (*Pl* **-ies**) Bauch
▸ ***Verb*** (**bel·lies**, **belly·ing**, **bel·lied**, **bel·lied**) ~ **(out)** (*Segel*) sich blähen

belly·ache /ˈbelieɪk/ *Nomen, Verb*
▸ ***Nomen*** (*umgs*) Bauchweh
▸ ***Verb*** (*umgs*) meckern, jammern

bellyboarding /ˈbelibɔːdɪŋ; *AmE* -bɔːrdɪŋ/ *Nomen* = Sportart, bei der man auf einem kleinem Surfbrett flach auf dem Bauch liegend surft

ˈ**belly button** *Nomen* (*umgs*) Bauchnabel

ˈ**belly dance** *Nomen* Bauchtanz

ˈ**belly dancer** *Nomen* Bauchtänzerin

belly·flop /ˈbeliflɒp; *AmE* -flɑːp/ *Nomen* (*umgs*) Bauchklatscher

belly·ful /ˈbelifʊl/ *Nomen* IDM **have had a ˈbellyful of sb/sth** (*umgs*) die Nase voll von jdm/etw haben

be·long 🔑 /bɪˈlɒŋ; *AmE* bɪˈlɔːŋ/ *Verb* (*nicht in der Verlaufsform*) gehören ◇ *I don't feel as if I belong here.* Ich habe nicht das Gefühl, dass ich hier hingehöre. ◇ *A person like that does not belong in teaching.* So jemand eignet sich nicht zum Lehrer. PHR V **beˈlong to sb** jdm gehören **beˈlong to sth 1** einer Sache angehören, Mitglied in etw sein **2** zu etw gehören ◇ *The island belongs to Spain.* Die Insel gehört zu Spanien.

be·long·ing /bɪˈlɒŋɪŋ; *AmE* bɪˈlɔːŋ-/ *Nomen* Zusammengehörigkeit, Zugehörigkeit ◇ *feel a sense of belonging* das Gefühl haben, dazuzugehören

be·long·ings /bɪˈlɒŋɪŋz; *AmE* bɪˈlɔːŋ-/ *Nomen* [Pl] Sachen, Besitz ◇ *personal belongings* persönliches Eigentum

be·loved *Adj, Nomen*
▸ ***Adj*** /bɪˈlʌvd/ geliebt ◇ *a landscape beloved by artists* eine Landschaft, die die Künstler so lieben
▸ ***Nomen*** /bɪˈlʌvɪd/ (*veraltet oder gehoben*) Geliebte(r)

below 🔑 /bɪˈləʊ; *AmE* bɪˈloʊ/ *Präp, Adv*
▸ ***Präp*** unter, unterhalb ◇ *below average* unter dem Durchschnitt ◇ *Skirts will be worn below the knee.* Die Röcke müssen das Knie bedecken.
▸ ***Adv*** **1** unten ◇ *They live on the floor below.* Sie wohnen ein Stockwerk tiefer. ◇ *The passengers stayed below.* Die Passagiere blieben unter Deck. **2** unter Null **3** ◇ *the ranks of Inspector and below* die Ränge vom Inspektor abwärts

beˌlow-the-ˈline *Adj* **1** (FINANZ) unter dem Strich **2** (WIRTSCH) (*Werbung*) unkonventionell ◇ *below-the-line promotion* nicht klassische Werbemaßnahmen

belt 🔑 /belt/ *Nomen, Verb*
▸ ***Nomen*** **1** Gürtel **2** (*zum Transport*) Band; (*bei Motoren, Maschinen*) Riemen **3** Gebiet, Gürtel ◇ *the country's corn belt* das Getreideanbaugebiet des Landes ◇ *Slough is in the commuter belt of London.* Von Slough aus pendeln viele Leute zur Arbeit nach London. ◇ *a belt of rain* eine Regenfront **4** (*umgs*) (harter) Schlag ◇ *She gave the ball a terrific belt.* Sie schlug den Ball mit aller Kraft. IDM **below the ˈbelt** unter der/die Gürtellinie ◇ *That was distinctly below the belt!* Das war ein klarer Schlag unter die Gürtellinie! ˌ**belt and ˈbraces** (*umgs*) doppelt gesichert ◇ *a belt-and-braces policy* eine Politik, die auf Nummer Sicher geht. **have sth under your ˈbelt** (*umgs*) etw in der Tasche haben → *Siehe auch* TIGHTEN
▸ ***Verb*** **1** (*umgs*) (*schlagen*) knallen **2** (*bes BrE, umgs*) rasen ◇ *A truck came belting up behind us.* Ein Lastwagen kam hinter uns angerast. **3** gürten ◇ *The dress was belted at the waist.* Das Kleid hatte einen Gürtel in der Taille. PHR V ˌ**belt sth ˈout** (*umgs*) etw schmettern ˌ**belt ˈup** (*BrE, umgs*) **1** sich anschnallen **2** die Klappe halten

belt·way /ˈbeltweɪ/ *Nomen* (*AmE*) Ringstraße

be·moan /bɪˈməʊn; *AmE* bɪˈmoʊn/ *Verb* (*gehoben*) beklagen

be·mused /bɪˈmjuːzd/ *Adj* (*Adv* **be·mus·ed·ly**) verwirrt, ratlos

bench /bentʃ/ *Nomen* **1** Bank ◇ *the substitutes' bench* die Ersatzbank **2 the bench** [Sing] (RECHT) die Richter(bank) ◇ *She has recently been appointed to the bench.* Sie ist kürzlich zur Richterin bestellt worden. **3** = Sitzreihe im britischen Parlament ◇ *There was cheering from the opposition benches.* Aus den Reihen der Opposition kamen Beifallsrufe. **4** = WORKBENCH

bench·mark /ˈbentʃmɑːk; *AmE* -mɑːrk/ *Nomen* Maßstab

bend 🔑 /bend/ *Verb, Nomen*
▸ ***Verb*** (**bent**, **bent** /bent/) **1** sich bücken, sich beugen ◇ *She bent forward to pick up the newspaper.* Sie beugte sich vor, um die Zeitung aufzuheben. **2** beugen ◇ *She was bent over her desk.* Sie war über ihren Schreibtisch gebeugt. **3** (ver)biegen ◇ *The knives were bent out of shape.* Die Messer waren ganz verbogen. ◇ *He bent the wire into the shape of a square.* Er bog den Draht zu einem Quadrat. **4** (*Fluss etc.*) eine Biegung machen ◇ *The road bent sharply to the right.* Die Straße machte eine scharfe Rechtskurve. IDM **bend sb's ˈear (about sth)** (*umgs*) jdm (über etw) die Ohren voll reden **bend your ˈmind/ˈefforts to sth** (*gehoben*) sich auf etw konzentrieren **bend the ˈtruth** es mit der Wahrheit nicht so genau nehmen **on bended ˈknee(s)** auf den Knien → *Siehe auch* BACKWARDS *und* RULE PHR V ˌ**bend ˈdown** sich nach unten bücken, sich niederbeugen ◇ *She bent down to pick up the bucket.* Sie bückte sich, um den Eimer aufzuheben. ˈ**bend sb to sth** (*gehoben*) jdm etw aufzwingen
▸ ***Nomen*** **1** Biegung, Kurve **2 the bends** [Pl] die Taucherkrankheit IDM **drive sb round the bend/twist** (*bes BrE, umgs*) jdn verrückt machen **go round the bend/twist** (*bes BrE, umgs*) verrückt werden

bend·er /ˈbendə(r)/ *Nomen* (*Slang*) ◇ *go on a bender* sich besaufen

bendy /ˈbendi/ *Adj* (*BrE, umgs*) **1** biegsam **2** gewunden

ˈ**bendy bus** *Nomen* (*BrE, umgs*) Gelenkbus

be·neath 🔑 /bɪˈniːθ/ *Präp, Adv*
▸ ***Präp*** (*gehoben*) unter ◇ *The boat sank beneath the waves.* Das Boot versank in den Wellen. ◇ *He considers such jobs beneath him.* Solche Arbeiten findet er unter seiner Würde. ◇ *They thought she had married beneath her.* Sie fanden, sie hatte nicht standesgemäß geheiratet.
▸ ***Adv*** darunter

Bene·dic·tine /ˌbenɪˈdɪktɪn/ *Nomen, Adj*
▸ ***Nomen*** Benediktiner(in)
▸ ***Adj*** Benediktiner- ◇ *a Benedictine monastery* ein Benediktinerkloster

bene·dic·tion /ˌbenɪˈdɪkʃn/ *Nomen* (*gehoben*) Segen, Segnung

bene·fac·tor /ˈbenɪfæktə(r)/ *Nomen (gehoben)* Wohltäter(in), Gönner(in)

bene·fice /ˈbenɪfɪs/ *Nomen* Benefizium

be·nefi·cent /bɪˈnefɪsnt/ *Adj (gehoben)* gütig, wohltätig

bene·fi·cial /ˌbenɪˈfɪʃl/ *Adj* nützlich, vorteilhaft, günstig ◇ *A good diet is beneficial to health.* Eine gute Ernährung fördert die Gesundheit.

bene·fi·ciary /ˌbenɪˈfɪʃəri; *AmE* -ʃieri/ *Nomen (Pl* **-ies***)* **1** Nutznießer(in) ◇ *Who will be the main beneficiary of the tax cuts?* Wer wird von der Steuersenkung am meisten profitieren? **2** Erbe, Erbin

bene·fit 🔑 /ˈbenɪfɪt/ *Nomen, Verb*

▸ ***Nomen*** **1** Vorteil, Nutzen ◇ *He couldn't see the benefit of arguing any longer.* Er fand es sinnlos, weiter zu streiten. ◇ *She was finally reaping the benefits of all her hard work.* Endlich erntete sie die Früchte ihrer harten Arbeit. **2** *(BrE)* Beihilfe, Unterstützung ◇ *unemployment benefit* Arbeitslosenunterstützung ◇ *child benefit* Kindergeld → *Siehe auch* HOUSING BENEFIT *und* SICKNESS BENEFIT **3** [meist Pl] = zusätzliche Leistung (des Arbeitgebers) **4** [meist Pl] Versicherungsleistung **5** Benefizveranstaltung IDM **for sb's benefit** für jdn ◇ *Don't go to any trouble for my benefit!* Mach dir meinetwegen keine Mühe! **give sb the ˌbenefit of the ˈdoubt** im Zweifelsfall zu jds Gunsten entscheiden

▸ ***Verb*** (**-t-** *oder* **-tt-**) **1** ~ **sb** jdm nützen, jdm zugutekommen **2** ~ **(from/by sth)** (von etw) profitieren ◇ *You might benefit by talking about it.* Es hilft Ihnen vielleicht, wenn Sie darüber sprechen.

be·nevo·lence /bəˈnevələns/ *Nomen (gehoben)* Wohlwollen, Güte

be·nevo·lent /bəˈnevələnt/ *Adj (Adv* **be·nevo·lent·ly***)* **1** *(gehoben)* wohlwollend, gütig **2** Wohltätigkeits-

Ben·gali /beŋˈgɔːli; *AmE* -ˈgɑː-/ *Nomen, Adj*

▸ ***Nomen*** **1** Bengale, Bengalin **2** Bengali

▸ ***Adj*** bengalisch

be·night·ed /bɪˈnaɪtɪd/ *Adj (gehoben, veraltet)* rückständig; *(Mensch auch)* unbedarft

be·nign /bɪˈnaɪn/ *Adj (gehoben)* **1** *(Adv* **be·nign·ly***)* gütig **2** *(Tumor)* gutartig

bent 🔑 /bent/ *Adj, Nomen*

▸ ***Adj*** **1** gebogen, verbogen **2** gebeugt ◇ *He was bent double with laughter.* Er krümmte sich vor Lachen. **3** *(BrE, umgs)* korrupt **4** *(abwert)* schwul IDM **be ˈbent on (doing) sth** auf etw aus sein; etw unbedingt (tun) wollen → *Siehe auch* BEND *und* HELL-BENT

▸ ***Nomen*** [meist Sing] Veranlagung; ~ **for sth** Neigung zu etw

ben·zene /ˈbenziːn/ *Nomen* Benzol

be·queath /bɪˈkwiːð/ *Verb (gehoben)* **1** vererben **2** ~ **sth to sb;** ~ **sb sth** jdm etw vermachen

be·quest /bɪˈkwest/ *Nomen (gehoben)* Vermächtnis, Legat ◇ *He left a bequest to each of his grandchildren.* Er bedachte alle seine Enkel in seinem Testament.

be·rate /bɪˈreɪt/ *Verb (gehoben)* (aus)schelten

be·reave /bɪˈriːv/ *Verb* **be bereaved** ◇ *a ceremony for people who have been recently bereaved* eine Feier für all, die in der letzten Zeit jemanden verloren haben ◇ *He had been bereaved of his wife.* Er hatte seine Frau verloren.

be·reaved /bɪˈriːvd/ *Adj, Nomen*

▸ ***Adj*** *(gehoben)* Leid tragend ◇ *recently bereaved families* Familien, die vor kurzem jemanden verloren haben

▸ ***Nomen*** **the bereaved** *(Pl* **the bereaved***)* der/die Hinterbliebene

be·reave·ment /bɪˈriːvmənt/ *Nomen* **1** [U] (schmerzlicher) Verlust **2** Trauerfall ◇ *She had suffered three bereavements in quick succession.* Drei ihr nahestehende Personen waren kurz nacheinander gestorben.

be·reft /bɪˈreft/ *Adj* [nicht vor Nomen] *(gehoben)* **1** ~ **of sth** einer Sache beraubt ◇ *bereft of ideas* völlig einfallslos **2** verlassen ◇ *He was utterly bereft when his wife died.* Er kam sich völlig verloren vor nach dem Tod seiner Frau.

beret /ˈbereɪ; *AmE* bəˈreɪ/ *Nomen* Baskenmütze

berk /bɜːk; *AmE* bɜːrk/ *Nomen (BrE, Slang, veraltet, abwert)* Schwachkopf

berry /ˈberi/ *Nomen (Pl* **-ies***)* Beere

ber·serk /bəˈzɜːk, bəˈsɜːk; *AmE* bərˈzɜːrk, -ˈsɜːrk/ *Adj* **go ~** durchdrehen

berth /bɜːθ; *AmE* bɜːrθ/ *Nomen, Verb*

▸ ***Nomen*** **1** Koje, Schlafwagenplatz **2** *(für Schiff)* Liegeplatz IDM → WIDE

▸ ***Verb*** **1** anlegen **2 be berthed** liegen

be·seech /bɪˈsiːtʃ/ *Verb* (**be·sought, be·sought** /bɪˈsɔːt/ *oder* **be·seeched, be·seeched**) *(gehoben)* anflehen

be·seech·ing /bɪˈsiːtʃɪŋ/ *Adj (Adv* **be·seech·ing·ly***)* [nur vor Nomen] *(gehoben)* flehend

beset /bɪˈset/ *Verb* (**be·set·ting, beset, beset**) *(meist passiv) (gehoben)* plagen, befallen ◇ *be beset by problems* von Problemen verfolgt sein ◇ *The voyage was beset with dangers.* Die Reise war voller Gefahren.

be·side 🔑 /bɪˈsaɪd/ *Präp* **1** neben, an **2** verglichen mit, neben IDM **be beˈside yourself (with sth)** außer sich sein (vor etw)

be·sides /bɪˈsaɪdz/ *Präp Adv*

▸ ***Präp*** außer ◇ *Besides working as a doctor, he also writes novels.* Er ist Arzt und nebenbei schreibt er Romane.

▸ ***Adv*** **1** außerdem **2 (much) more ~** ◇ *I can very well afford it, and more besides.* Das kann ich mir sehr wohl leisten, und noch viel mehr.

be·siege /bɪˈsiːdʒ/ *Verb* **1** belagern **2** ~ **sb with sth** jdn mit etw überschütten

be·smirch /bɪˈsmɜːtʃ; *AmE* bɪˈsmɜːrtʃ/ *Verb (gehoben)* beschmutzen

be·sot·ted /bɪˈsɒtɪd; *AmE* bɪˈsɑːtɪd/ *Adj* ~ **(by/with sb/sth)** vernarrt (in jdn/etw)

be·sought *Form von* BESEECH

be·spec·tacled /bɪˈspektəkld/ *Adj (gehoben)* bebrillt

be·spoke /bɪˈspəʊk; *AmE* bɪˈspoʊk/ *Adj (bes BrE, gehoben)* **1** nach Maß, maßgeschneidert **2** Maß- ◇ *a bespoke tailor* ein Maßschneider

best 🔑 /best/ *Adj, Adv, Nomen, Verb*

▸ ***Adj*** *(Superlativ von* **good***)* beste(r,s) ◇ *What's the best way to cook steak?* Wie bereitet man Steak am besten zu? ◇ *The best thing to do would be to apologize.* Das Beste wäre, sich zu entschuldigen. ◇ *He's the best man for the job.* Er ist dafür am besten geeignet. ◇ *They've been best friends since they were children.* Sie sind seit der Kindheit eng befreundet. ℹ Für Redewendungen mit **best** siehe die Einträge für die Nomina, Adjektive etc. **On your best behaviour** z.B. steht unter **behaviour**

▸ ***Adv*** *(Superlativ von* **well***)* am besten ◇ *Best of all, there are very few tourists.* Am allerbesten ist, dass es kaum Touristen gibt. ◇ *the best-dressed woman* die bestgekleidete Frau ◇ *her best-known poem* ihr bekanntestes Gedicht ◇ *Do as you think best.* Tun Sie, was Sie für richtig halten. ◇ *You know best.* Sie müssen es wissen. IDM **as ˌbest you ˈcan** so gut man kann

▸ ***Nomen*** *(meist* **the best***)* **1** der/die/das Beste ◇ *They only buy the best.* Sie kaufen nur vom Besten. ◇ *We're the best of friends.* Wir sind sehr gut befreundet. **2** das Beste ◇ *Do your best.* Tu dein Möglichstes/Bestes. ◇ *The town looks its best in the spring.* Im Frühling sieht die Stadt am besten aus. ◇ *I just don't know what to do for the best.* Ich weiß einfach nicht, was ich tun soll. ◇ *I don't really feel at my best today.* Ich bin heute nicht gerade in Topform. ◇ *Fifty euros is the best I can offer you.* Mehr als fünfzig Euro kann ich Ihnen nicht bieten. ◇ *The roses are past their best now.* Die Rosen sind am Verblühen. **3** (SPORT) Bestleistung IDM **all the ˈbest** (*umgs*) alles Gute **at ˈbest** bestenfalls ◇ *We can't arrive before Friday at best.* Wir können frühestens Freitag kommen. **be (all) for the ˈbest** nur zum Guten sein **(the) best of ˈthree, ˈfive, etc.** ◇ *Shall we play best of three?* Spielen wir auf zwei gewonnene Sätze/Spiele? ◇ *Let's toss a coin. Best of three!* Werfen wir die Münze dreimal. **do, etc. sth for the ˈbest** etw in bester Absicht tun ◇ *I meant it for the best.* Ich habe es gut gemeint. **have/get the ˈbest of sth** am besten bei etw wegkommen **make the best of sth/it/things/a bad job** das Beste aus etw machen **to the best of my ˈknowledge/beˈlief** soviel ich weiß; meines Wissens **with the ˈbest (of them)** wie alle andern auch ➔ *Siehe auch* BUNCH, HOPE, LUCK *und* SUNDAY

▸ ***Verb*** (*meist passiv*) (*gehoben*) schlagen

ˌbest-beˈfore date *Nomen* Haltbarkeitsdatum

bes·tial /ˈbestiəl; *AmE* ˈbestʃəl/ *Adj* (*gehoben*) tierisch, bestialisch

bes·ti·al·ity /ˌbestiˈæləti; *AmE* ˌbestʃi-/ *Nomen* **1** (*Fachspr*) Sodomie **2** (*gehoben*) Bestialität

ˌbest ˈman *Nomen* [Sing] Trauzeuge (des Bräutigams)

be·stow /bɪˈstəʊ; *AmE* bɪˈstoʊ/ *Verb* ~ **sth (on/upon sb)** (*gehoben*) (jdm) etw schenken; (*Titel, Macht etc.*) (jdm) etw verleihen; (*Vorteil*) (jdm) etw gewähren

best·seller /ˌbestˈselə(r)/ *Nomen* Bestseller, Verkaufsschlager

best·selling /ˌbestˈselɪŋ/ *Adj* meistverkauft ◇ *a bestselling novel* ein Bestseller ◇ *a bestselling author* ein Erfolgsautor

bet 0‑ᴛ /bet/ *Verb, Nomen*

▸ ***Verb*** (**bet·ting, bet, bet**) wetten ◇ *I bet (that) we're too late.* Wetten, dass wir zu spät kommen? ◇ *She bet me 20 euros that I wouldn't do it.* Sie wettete mit mir um 20 Euro, dass ich es nicht machen würde. ◇ *He bet $2 000 on the final score of the game.* Er setzte $2 000 auf den Ausgang des Spiels. IDM **I/I'll bet!** (*umgs*) **1** das glaube ich **2** (*ironisch*) das glaubst du doch wohl selbst nicht! **I wouldn't ˈbet on it; don't ˈbet on it** (*umgs*) darauf würde ich mich nicht verlassen **ˌyou ˈbet!** (*umgs*) und ob **you can bet your ˈlife/your bottom ˈdollar on sth/that …** (*umgs*) du kannst Gift darauf nehmen, dass …

▸ ***Nomen*** Wette ◇ *I did it for a bet.* Ich habe es wegen einer Wette gemacht. ◇ *He had a bet on the horses.* Er hatte eine Pferdewette abgeschlossen. ◇ *We've got a bet on who's going to arrive first.* Wir haben gewettet, wer zuerst ankommen wird. ◇ *My bet is that they've been held up in traffic.* Ich wette, sie stecken im Stau. IDM **be the/your best bet** (*umgs*) am besten sein **a ˌgood ˈbet** ein guter Tipp **a ˌsafe ˈbet** **1** ein sicherer Tipp **2** ◇ *It's a safe bet that he won't come.* Man kann mit einiger Sicherheit annehmen, dass er nicht kommt. ➔ *Siehe auch* HEDGE

beta /ˈbiːtə; *AmE* ˈbeɪtə/ *Nomen* Beta

betcha /ˈbetʃə/ (*umgs*) (*Schreibweise, die die umgangssprachliche Aussprache von „I bet you" wiedergibt*) ◇ *Betcha didn't know that!* Wetten, dass du das nicht wusstest! IDM **you betcha** (*umgs*) (*Schreibweise, die die umgangssprachliche Aussprache von you bet wiedergibt*) ja, klar ◇ *'Are you going to the game this weekend?' 'You betcha!'* „Gehst du am Wochenende zum Spiel?" „Da kannst du aber Gift drauf nehmen!"

be·tide /bɪˈtaɪd/ *Verb* IDM ➔ WOE

be·token /bɪˈtəʊkən; *AmE* bɪˈtoʊ-/ *Verb* (*gehoben*) hindeuten auf

be·tray /bɪˈtreɪ/ *Verb* **1** ~ **sb/sth (to sb)** jdn/etw (an jdn) verraten **2** (*Vertrauen*) missbrauchen ◇ *feel betrayed* sich betrogen vorkommen **3** (*Prinzipien, Idealen etc.*) untreu werden

be·tray·al /bɪˈtreɪəl/ *Nomen* Verrat ◇ *an act of betrayal* ein Verrat ◇ *a betrayal of trust* ein Vertrauensbruch

be·troth·al /bɪˈtrəʊðl; *AmE* bɪˈtroʊ-/ *Nomen* (*gehoben oder veraltet*) ~ **(to sb)** Verlobung (mit jdm)

be·trothed /bɪˈtrəʊðd; *AmE* bɪˈtroʊðd/ *Adj, Nomen* (*gehoben oder veraltet*)

▸ ***Adj*** ~ **(to sb)** verlobt (mit jdm)

▸ ***Nomen*** [Sing] Verlobte(r)

bet·ter 0‑ᴛ /ˈbetə(r)/ *Adj, Adv, Nomen, Verb*

▸ ***Adj*** (*Komparativ von* **good**) besser ◇ *Her English is getting better and better.* Ihr Englisch wird immer besser. ◇ *You'd be better going by bus.* Nimm lieber den Bus. IDM **the ˌbigger, ˌsmaller, ˌfaster, ˌslower, etc. the ˈbetter** je größer, kleiner, schneller, langsamer etc., desto besser **little/no better than** kaum besser als **that's (much) ˈbetter** **1** (*zum Trost gesagt*) es wird gleich wieder gut **2** so ist's gut ℹ Für andere Redewendungen mit **better** siehe die Einträge für die Nomina etc. **Better luck next time** z.B. steht unter **luck**.

▸ ***Adv*** (*Komparativ von* **well**) besser ◇ *People are better educated now.* Heutzutage ist der Bildungsstand höher. ◇ *I like him better than her.* Er ist mir sympathischer als sie. ◇ *The money would be better spent on schools.* Das Geld sollte lieber für Schulen ausgegeben werden. ◇ *You'd do better to tell her everything before she finds out.* Du solltest ihr alles sagen, bevor sie es herausfindet. IDM **be better ˈoff** **1** besser dran sein **2** mehr Geld haben ◇ *Families will now be better off.* Familien wird es jetzt finanziell besser gehen. **be better off doing sth** etw besser tun ◇ *The weather was so bad that we'd have been better off staying at home.* Das Wetter war so schlecht, wir wären besser zu Hause geblieben. **you had better/best** man sollte lieber ◇ *We'd better leave now or we'll miss the bus.* Wir sollten jetzt gehen, sonst verpassen wir noch den Bus. ◇ *'I'll pay you back tomorrow.' 'You'd better!'* „Ich zahle es morgen zurück." „Das will ich dir auch geraten haben!" ℹ Für andere Redewendungen mit **better** siehe die Einträge für die Nomina, Adjektive etc. **Better the devil you know** z.B. steht unter **devil**.

▸ ***Nomen*** **1** Bessere(s) **2 your betters** [Pl] (*veraltet*) Leute, die über einem stehen, Leute, die einem überlegen sind IDM **for ˌbetter or (for) ˈworse** egal, was passiert **get the better of sb/sth** jdn/etw unterkriegen; jdn/etw besiegen ◇ *No one can get the better of her in an argument./She always gets the better of an argument.* In einer Diskussion ist sie immer überlegen. ◇ *His curiosity got the better of him.* Seine Neugier gewann die Oberhand. **so much the ˈbetter/ˈworse (for sb/sth)** umso besser/schlechter (für jdn/etw) ➔ *Siehe auch* CHANGE, ELDER *und* THINK

▸ ***Verb*** **1** (*oft passiv*) übertreffen **2** ~ **yourself** (*gesellschaftlich, beruflich etc.*) sich verbessern, vorwärtskommen

bet·ter·ment /ˈbetəmənt; *AmE* -tərmənt/ *Nomen* (*gehoben*) Verbesserung

bet·ting 0‑ᴛ /ˈbetɪŋ/ *Nomen* Wetten ◇ *illegal betting* illegales Wetten IDM **what's the betting … ?** (*umgs*) wetten, dass … ? ◇ *What's the betting that he gets/will get his way?* Wetten, dass er seinen Willen bekommt? **the betting is that …** (*umgs*) es sieht so aus, als ob …

ˈbetting shop *Nomen* (*BrE*) Wettannahme, Wettbüro

be·tween 0‑ᴛ /bɪˈtwiːn/ *Präp, Adv*

▸ ***Präp*** **1** zwischen ◇ *My job is somewhere between a secretary and a personal assistant.* Meine Stelle ist ein Zwischending zwischen einer Schreibkraft und einer Chefsekretärin. ◇ *We fly between Rome and Paris twice daily.* Wir fliegen zweimal täglich von Rom nach Paris. ◇ *There's nothing between us.* Wir haben nichts miteinander. **2** unter, zwischen ◇ *This is just between you and me/between ourselves.* Das bleibt unter uns. ◇ *Between you and me ...* Unter uns gesagt ... **3** zusammen ◇ *Between the three of us, we managed it.* Zu dritt haben wir es geschafft. ◇ *We drank a bottle of wine between us.* Wir haben uns eine Flasche Wein geteilt. **4 ~ doing sth** neben etw ◇ *Between working and taking care of the kids, he didn't have much time for hobbies.* Neben Arbeit und Familie blieb ihm nicht viel Zeit für Hobbys.

▸ ***Adv*** (*auch* **in between**) dazwischen, zwischendurch IDM → BETWIXT

be·twixt /bɪˈtwɪkst/ *Präp, Adv* (*gehoben oder veraltet*) (da)zwischen IDM **beˌtwixt and beˈtween** (*veraltet*) dazwischen

bevel /ˈbevl/ *Nomen* **1** Schräge, Abschrägung **2** Schrägmaß, Stellwinkel

bev·er·age /ˈbevərɪdʒ/ *Nomen* (*offiz*) Getränk

bevy /ˈbevi/ *Nomen* [Sing] (*umgs*) Schar, Schwarm

be·wail /bɪˈweɪl/ *Verb* (*gehoben oder hum*) beklagen, bejammern

be·ware /bɪˈweə(r); *AmE* bɪˈwer/ *Verb* **1 ~ (of sb/sth)** sich (vor jdm/etw) in Acht nehmen; **~ of doing sth** sich davor hüten, etw zu tun **2** (*nur im Infinitiv oder Imperativ*) ◇ *Beware of saying anything that might reveal where you live.* Sei vorsichtig und sag nichts, woraus man schließen könnte, wo du wohnst. ◇ *Beware of the dog!* Vorsicht bissiger Hund!

be·wil·der /bɪˈwɪldə(r)/ *Verb* (*meist passiv*) verwirren, verwundern ◇ *She was totally bewildered by his sudden change of mood.* Sie konnte seinen plötzlichen Stimmungsumschwung einfach nicht verstehen.

be·wil·der·ing /bɪˈwɪldərɪŋ/ *Adj* (*Adv* **be·wil·der·ing·ly**) verwirrend

be·wil·der·ment /bɪˈwɪldəmənt; *AmE* -dərmənt/ *Nomen* [U] Verwirrung ◇ *stare in bewilderment* verwirrt starren

be·witch /bɪˈwɪtʃ/ *Verb* **1** (*oft passiv*) (*gehoben*) bezaubern **2** verhexen, verzaubern

be·witch·ing /bɪˈwɪtʃɪŋ/ *Adj* (*gehoben*) bezaubernd, hinreißend

be·yond 🔑 /bɪˈjɒnd; *AmE* bɪˈjɑːnd/ *Präp, Adv*

▸ ***Präp*** **1** jenseits, hinter ◇ *beyond the Alps* jenseits der Alpen ◇ *Does the motorway continue beyond Birmingham?* Geht die Autobahn hinter Birmingham noch weiter? **2** (*zeitlich*) nach, über ... hinaus ◇ *It won't go on beyond midnight.* Es wird nicht länger als bis Mitternacht dauern. ◇ *We're planning for the year 2012 and beyond.* Wir planen für das Jahr 2012 und danach. **3** über (... hinaus) ◇ *It was beyond our expectations.* Es überstieg alle unsere Erwartungen. ◇ *The city has changed beyond recognition.* Die Stadt ist nicht mehr wieder zu erkennen. ◇ *The bicycle was beyond repair.* Das Fahrrad war nicht mehr zu reparieren. ◇ *It's beyond belief.* Es ist einfach unglaublich. ◇ *That's (going) beyond a joke.* Da hört der Spaß auf. **4** außer, abgesehen von **5** außerhalb ◇ *beyond my reach* außerhalb meiner Reichweite ◇ *The exercise was beyond our abilities.* Die Übung war für uns zu schwer. IDM **sth is beyond sb** (*umgs*) **1** jd begreift etw nicht ◇ *It's beyond me why she wants to marry Jeff.* Es geht über meinen Verstand, warum sie Jeff heiraten will. **2** etw ist für jdn zu schwer; jd schafft etw nicht

▸ ***Adv*** dahinter; (*zeitlich*) danach IDM → BACK *und* DOUBT

bezzie /ˈbezi/ *Nomen* beste Freundin, bester Freund

BF (*auch* **bf**) /ˌbiː ˈef/ *Nomen* (*Netzjargon*) **1** Freund **2** beste Freundin, bester Freund

BFF /ˌbiː ef ˈef/ (*umgs*) *Kurzform von* **best friend forever** (*Netzjargon*) beste Freundin/bester Freund

BFN /ˌbiː ef ˈen/ (*umgs*) *Kurzform von* **bye for now** (*Netzjargon*) tschüss erstmal

bi- /baɪ/ *Vorsilbe* (*mit Nomina und Adjektiven verbunden*) zwei-, zweimal pro, jede(n,s) zweite(n) ◇ *bilingual* zweisprachig ◇ *bicentenary* Zweihundertjahrfeier → *Siehe auch* BIANNUAL

bi·an·nual /baɪˈænjuəl/ *Adj* [nur vor Nomen] halbjährlich, zweimal jährlich

bias /ˈbaɪəs/ *Nomen, Verb*

▸ ***Nomen*** **1** [U/Sing] Vorurteil ◇ *without bias* ohne Vorurteile ◇ *Some institutions still have a strong bias against women.* Es gibt immer noch Institutionen, die gegen Frauen eingestellt sind. **2** Einseitigkeit, (einseitige) Ausrichtung ◇ *The course has a strong practical bias.* Der Lehrgang hat eine stark praktische Ausrichtung. ◇ *political bias in news programmes* tendenziöse Berichterstattung in Nachrichtensendungen **3** Schrägschnitt ◇ *cut on the bias* schräg zum Fadenlauf geschnitten

▸ ***Verb*** (**-s-** *oder* **-ss-**) **1 ~ sb/sth** jdn/etw beeinflussen **2 ~ sb/sth against sb/sth** jdn/etw gegen jdn/etw einnehmen **3 ~ sb/sth towards/in favour of sb/sth** jdn/etw für jdn/etw einnehmen **4** verfälschen ◇ *These errors may bias the statistics.* Diese Fehler können die Statistiken verfälschen.

biased (*auch* **biassed**) /ˈbaɪəst/ *Adj* **1** einseitig, voreingenommen; (RECHT) befangen ◇ *be biased in favour of sb/sth* jdn/etw bevorzugen ◇ *biased press reports* tendenziöse Presseberichte **2 ~ toward(s) sth** auf etw ausgerichtet; **~ toward(s) sb** auf jdn zugeschnitten ◇ *a school biased towards music and art* eine Schule mit Schwerpunkt auf Musik und Kunst

bi·ath·lon /baɪˈæθlən/ *Nomen* Biathlon

bib /bɪb/ *Nomen* **1** Lätzchen **2** (*bes BrE*) Latz

bible /ˈbaɪbl/ *Nomen* Bibel (*auch fig*)

bib·lical (*auch* **Bib·lical**) /ˈbɪblɪkl/ *Adj* biblisch, Bibel-

bibli·og·raph·er /ˌbɪbliˈɒgrəfə(r); *AmE* -ˈɑːg-/ *Nomen* Bibliograf(in)

bib·lio·graph·ic·al /ˌbɪbliəˈgræfɪkl/ *Adj* bibliografisch

bibli·og·raphy /ˌbɪbliˈɒgrəfi; *AmE* -ˈɑːg-/ *Nomen* (*Pl* **-ies**) **1** Bibliografie **2** Bücherkunde

bib·lio·phile /ˈbɪbliəfaɪl/ *Nomen* (*gehoben*) Bibliophile(r), Büchernarr, Büchernärrin

bib overalls *Nomen* [Pl] (*AmE*) Latzhose

bi·cam·eral /ˌbaɪˈkæmərəl/ *Adj* (*Fachspr*) (POL) Zweikammer-

bi·car·bon·ate /ˌbaɪˈkɑːbənət; *AmE* -ˈkɑːrb-/ *Nomen* Bikarbonat

biˌcarbonate of ˈsoda (*umgs* **bi·carb** /ˈbaɪkɑːb; *AmE* -kɑːrb/) *Nomen* doppeltkohlensaures Natrium, Natron

bi·cen·ten·ary /ˌbaɪsenˈtiːnəri; *AmE* -ˈten-/ *Nomen* (*Pl* **-ies**) (*AmE* **bi·cen·ten·nial** /-ˈteniəl/) zweihundertjähriges Jubiläum, Zweihundertjahrfeier

bi·ceps /ˈbaɪseps/ *Nomen* (*Pl* **bi·ceps**) Bizeps

bicker /ˈbɪkə(r)/ *Verb* **~ (over/about sth)** (sich) (um etw) streiten, (sich) (um etw) zanken

bi·cycle 🔑 /ˈbaɪsɪkl/ *Nomen, Verb*

▸ ***Nomen*** Fahrrad ◇ *ride a bicycle* Rad fahren

▸ ***Verb*** (*veraltet*) Rad fahren

bicycle clip *Nomen* Hosenklammer

bicycle lane (*umgs* **ˈbike lane**) *Nomen* (*AmE*) Radweg

bi·cyc·list /ˈbaɪsɪklɪst/ *Nomen* (*veraltet oder AmE, gehoben*) Radfahrer(in)

bid[1] 🔑 /bɪd/ *Nomen, Verb*

▸ ***Nomen*** **1** Angebot; (*bei einer Auktion etc.*) Gebot ◇ *Granada mounted a takeover bid for Forte.* Granada hat Forte ein Übernahmeangebot gemacht. ◇ *Two companies submitted a bid for the contract.* Zwei Firmen bewarben sich um den Auftrag. **2** (*besonders Pressejargon*) Versuch ◇ *a desperate bid to escape from his*

attackers ein verzweifelter Versuch seinen Angreifern zu entkommen ◇ *make a bid for power* nach der Macht greifen
▸ ***Verb*** (**bid·ding, bid, bid**) **1** (*bei einer Auktion*) bieten **2** (WIRTSCH) ein Angebot machen **3** **~ for sth**; (*AmE*) **~ on sth** (*Vertrag etc.*) sich um etw bewerben **4** (*besonders Pressejargon*) einen Versuch machen **5** (*im Kartenspiel*) bieten, reizen IDM **What am I 'bid?** (*bei einer Auktion*) Was wird geboten?

bid[2] /bɪd/ *Verb* (**bid·ding, bade** /beɪd/, **bid·den** /ˈbɪdn/ *oder* **bid·ding, bid, bid**) **1** (*gehoben*) (*guten Morgen etc.*) wünschen ◇ *I bade them all farewell.* Ich verabschiedete mich von allen. **2** (*veraltet oder gehoben*) **~ sb do sth** jdn auffordern, etw zu tun

bid·der /ˈbɪdə(r)/ *Nomen* **1** Bieter(in) ◇ *The house went to the highest bidder.* Das Haus wurde an den Höchstbietenden verkauft. **2** (WIRTSCH) Anbieter

bid·ding /ˈbɪdɪŋ/ *Nomen* **1** Bieten ◇ *Several companies remained in the bidding.* Mehrere Firmen blieben weiter im Rennen um den Auftrag. **2** (*veraltet oder gehoben*) Geheiß ◇ *do sb's bidding* tun, was einem jd befiehlt

bide /baɪd/ *Verb* (*veraltet*) bleiben, verweilen IDM **bide your 'time** den richtigen Augenblick abwarten

bidet /ˈbiːdeɪ; *AmE* bɪˈdeɪ/ *Nomen* Bidet

bi·en·nial /baɪˈeniəl/ *Adj, Nomen*
▸ ***Adj*** (*Adv* **bi·en·ni·al·ly** /-əli/) zweijährlich; (*Pflanze*) zweijährig
▸ ***Nomen*** zweijährige Pflanze

bier /bɪə(r); *AmE* bɪr/ *Nomen* Totenbahre

biff /bɪf/ *Verb* (*umgs, veraltet*) hauen

bi·focals /ˌbaɪˈfəʊklz; *AmE* -ˈfoʊ-/ *Nomen* [Pl] Bifokalbrille

big 0-ᴛ /bɪg/ *Adj, Adv*
▸ ***Adj*** (**big·ger, big·gest**) **1** groß ◇ *a big man* ein großer, schwerer Mann ◇ *a big meal* ein ausgiebiges Essen ◇ *a big seller* ein Verkaufsschlager ◇ *a big blow* ein harter Schlag ◇ *a big income* ein hohes Einkommen ◇ *a big engine* ein starker Motor ◇ *He had this great big grin on his face.* Er grinste übers ganze Gesicht. ◇ *He uses a lot of big words.* Er benutzt viele hochgestochene Worte. **2** wichtig, groß ◇ *a big decision* eine wichtige Entscheidung ◇ (*umgs*) *the big boys* die Großen **3** (*umgs*) groß, ehrgeizig **4** (*umgs*) beliebt, bekannt ◇ *the big names in their team* die bekannten Spieler in ihrer Mannschaft ◇ *The band's very big in Japan.* Die Band ist ein großer Hit in Japan. **5** ◇ *He's a big eater.* Er isst viel. ◇ *She's a big spender.* Sie gibt viel Geld aus. **6** (*hum*) nobel, großzügig IDM **be/get too big for your 'boots** größenwahnsinnig sein/werden **a ˌbig 'cheese** (*umgs, hum*) ein hohes Tier **ˌbig 'deal** (*umgs*) ◇ *So he earns more than me. Big deal!* Er verdient mehr als ich. Na und? ◇ *Don't make such a big deal about it!* Mach nicht so ein Drama daraus! ◇ *I've grown up with it and it's no big deal.* Ich bin damit aufgewachsen und es ist nichts Besonderes für mich. **the big enchi'lada** (*AmE, umgs, hum*) der Boss; das große Ding, Ereignis etc. **a big fish (in a small pond)** ein großer Fisch (im Dorfteich) **a big 'hand** viel Applaus ◇ *Ladies and gentlemen, give a big hand to our special guest …* Und nun meine Damen und Herren, großen Beifall für unseren Gast … **a big noise/shot/name** ein hohes Tier **the big 'picture** (*bes AmE, umgs*) das Ganze; der Gesamtzusammenhang **the big stick** (*umgs*) Einschüchterungstaktik; Drohungen **have/be a big mouth** **1** nichts für sich behalten können **2** eine große Klappe haben; die große Klappe schwingen **me and my big 'mouth** (*umgs*) meine große Klappe → *Siehe auch* EYE, FISH, THING *und* WAY
▸ ***Adv*** ◇ *We need to think big.* Wir müssen im großen Stil planen. ◇ *He likes to talk big.* Er gibt gern an. ◇ *make it big* erfolgreich sein

big·amy /ˈbɪgəmi/ *Nomen* Bigamie

Big 'Bang *Nomen* Urknall

ˌbig 'business *Nomen* [U] **1** Großunternehmertum, Großkapital **2** Bombengeschäft

ˌbig 'dipper *Nomen* **1** (*BrE, veraltet*) Achterbahn **2** **the Big Dipper** (*AmE*) (ASTRON) der Große Wagen

ˌbig 'game *Nomen* Großwild

big·gie /ˈbɪgi/ *Nomen* (*umgs*) = Ding, Person oder Ereignis von Wichtigkeit

'big-head *Nomen* (*umgs, abwert*) Angeber(in), eingebildeter Typ

ˌbig-'headed *Adj* (*umgs, abwert*) eingebildet

ˌbig-'hearted *Adj* gütig, großzügig

bigot /ˈbɪgət/ *Nomen* bigotter Mensch, Fanatiker(in)

big·ot·ed /ˈbɪgətɪd/ *Adj* bigott, fanatisch

big·ot·ry /ˈbɪgətri/ *Nomen* Bigotterie, Fanatismus

the ˌbig 'screen *Nomen* [Sing] das Kino, die Kinoleinwand

'big-ticket *Adj* (*AmE*) [nur vor Nomen] kostspielig

ˌbig time *Nomen, Adv*
▸ ***Nomen*** **the big time** (*umgs*) ◇ *actors who finally made/hit the big time* Schauspieler, die schließlich den Durchbruch schafften
▸ ***Adv*** (*umgs*) (ganz) groß, (so) richtig ◇ *They've messed up big time!* Sie haben ganz großen Mist gebaut.

ˌbig 'top (*meist* **the big top**) *Nomen* das Zirkuszelt

ˌbig 'wheel *Nomen* **1** (*meist* **the Big Wheel**) (*BrE*) das Riesenrad **2** (*AmE, umgs*) hohes Tier

big·wig /ˈbɪgwɪg/ *Nomen* (*umgs*) hohes Tier

bijou /ˈbiːʒuː/ *Adj* [nur vor Nomen] (*BrE, oft iron*) klein aber fein ◇ *The house was described as a bijou residence.* Das Haus wurde als ein Schmuckstück beschrieben.

bike 0-ᴛ /baɪk/ *Nomen, Verb*
▸ ***Nomen*** (*umgs*) **1** (Fahr)rad **2** Motorrad IDM **on your bike!** (*BrE, umgs*) zieh Leine!; zieh ab!
▸ ***Verb*** (*umgs*) **1** mit dem Rad fahren, mit dem Motorrad fahren **2** per Motorradkurier schicken

biker /ˈbaɪkə(r)/ *Nomen* **1** Motorradfahrer(in) **2** Mountainbiker(in), Radfahrer(in)

bik·ing /ˈbaɪkɪŋ/ *Nomen* Motorradfahren, Radfahren

bi·kini /bɪˈkiːni/ *Nomen* Bikini

bi·la·bial /ˌbaɪˈleɪbiəl/ *Nomen, Adj*
▸ ***Nomen*** (LING) Bilabial, bilabialer Laut
▸ ***Adj*** bilabial, mit beiden Lippen gebildet

bi·lat·eral /ˌbaɪˈlætərəl/ *Adj* (*Adv* **bi·lat·eral·ly** /-rəli/) **1** bilateral **2** (MED) beidseitig

bil·berry /ˈbɪlbəri; *AmE* -beri/ (*Pl* **-ies**) *Nomen* (*BrE*) Blaubeere, Heidelbeere

bile /baɪl/ *Nomen* **1** Galle **2** (*gehoben*) Bösartigkeit, Hass ◇ *Her review was just a paragraph of bile.* Ihre Rezension war ein einziger bitterböser Zerriss.

bilge /bɪldʒ/ *Nomen* **1** (*auch* **bilges** [Pl]) Bilge, Kielraum **2** (*auch* **'bilge water**) Bilgewasser, Leckwasser

bi·lin·gual /ˌbaɪˈlɪŋgwəl/ *Adj, Nomen*
▸ ***Adj*** (*Adv* **bi·lin·gual·ly** /-gwəli/) zweisprachig
▸ ***Nomen*** zweisprachiger Mensch

bili·ous /ˈbɪliəs/ *Adj* **1** Gallen-, gallig ◇ *I feel a little bilious.* Mir ist ein bisschen schlecht. **2** (*Farbe*) grässlich ◇ *bilious green* kotzgrün **3** (*gehoben*) (*fig*) reizbar, gallig

bilk /bɪlk/ *Verb* (*bes AmE, umgs*) **~ sb (out of sth)** jdn (um etw) betrügen; **~ sth (from sb)** etw (von jdm) erschwindeln ◇ *He bilked investors out of millions.* Er brachte Investoren um Millionen.

bill 0-ᴛ /bɪl/ *Nomen, Verb*
▸ ***Nomen*** **1** Rechnung **2** (*AmE*) Banknote ◇ *a ten-dollar bill* ein Zehn-Dollar-Schein **3** Gesetzentwurf, Geset-

zesvorlage **4** Aufführung, Programm ◇ *a horror double bill* zwei Horrorfilme hintereinander ◇ *head/top the bill* die Hauptattraktion sein **5** Plakat, Anschlag ◇ *Post no bills.* Plakatieren verboten. **6** Schnabel **7** (*AmE*) (*Mützen-*) Schirm ➔ *Siehe auch* OLD BILL IDM **fill/fit the 'bill** der/die/das Richtige sein ➔ *Siehe auch* CLEAN *und* FOOT

▸ ***Verb*** **1** ~ **sb** (**for sth**) jdm (für etw) die Rechnung schicken ◇ *You will be billed monthly for the service.* Der Service wird Ihnen monatlich berechnet. **2** (*meist passiv*) ankündigen ◇ *He was billed as the new Tom Cruise.* Er wurde als der neue Tom Cruise herausgestellt. IDM **bill and 'coo** (*umgs, veraltet*) miteinander turteln

bill·board /ˈbɪlbɔːd; *AmE* -bɔːrd/ *Nomen* (*bes AmE*) Reklametafel

bil·let /ˈbɪlɪt/ *Nomen, Verb*

▸ ***Nomen*** Quartier

▸ ***Verb*** einquartieren

bill·fold /ˈbɪlfəʊld; *AmE* -foʊld/ *Nomen* (*AmE*) Brieftasche

bill·hook /ˈbɪlhʊk/ *Nomen* Hippe

bil·liard /ˈbɪliəd; *AmE* ˈbɪljərd/ *Adj* Billard-

bil·liards /ˈbɪliədz; *AmE* ˈbɪljərdz/ *Nomen* [U] Billard

bill·ing /ˈbɪlɪŋ/ *Nomen* **1** [U] Ankündigung, Ruf ◇ *have top/star billing* als Star angekündigt werden **2** [U] Abrechnung, Rechnungsausstellung **3** [meist Pl] Umsatz

bil·lion 0-w /ˈbɪljən/ *Zahl* **1** (*Abk* **bn**) Milliarde **2** (*BrE, veraltet*) Billion ➔ *Beispiele bei* HUNDRED

bil·lion·aire /ˌbɪljəˈneə(r); *AmE* -ˈner/ *Nomen* Milliardär(-in)

ˌbill of exˈchange *Nomen* (*Pl* **bills of ex·change**) (FINANZ) Wechsel

bill of lad·ing /ˌbɪl əv ˈleɪdɪŋ/ *Nomen* (*Pl* **bills of lad·ing**) (WIRTSCH) Frachtbrief

ˌbill of ˈrights *Nomen* [Sing] Staatsgrundgesetz

ˌbill of ˈsale *Nomen* (*Pl* **bills of sale**) (WIRTSCH) Verkaufsurkunde

bil·low /ˈbɪləʊ; *AmE* -loʊ/ *Verb, Nomen*

▸ ***Verb*** **1** sich aufblähen, sich aufbauschen **2** (*Rauch, Dampf*) aufsteigen

▸ ***Nomen*** Schwade, Wolke

billy /ˈbɪli/ *Nomen* (*Pl* **-ies**) (*auch* **billy·can** /-kæn/) (*BrE*) Kochgeschirr

ˈbilly club *Nomen* (*AmE*) = kurzer Schlagstock

ˈbilly goat *Nomen* Ziegenbock

bimbo /ˈbɪmbəʊ; *AmE* -boʊ/ *Nomen* (*Pl* **-os**) (*umgs, hum*) Betthäschen

bin 0-w /bɪn/ *Nomen, Verb*

▸ ***Nomen*** **1** (*BrE*) Tonne ➔ *Siehe auch* DUSTBIN **2** Kasten, Behälter

▸ ***Verb*** (**-nn-**) (*BrE, umgs*) wegwerfen

bin·ary /ˈbaɪnəri; *AmE auch* -neri/ *Adj, Nomen*

▸ ***Adj*** (COMP, MATH) binär, Binär- ◇ *the binary system* das Dualsystem

▸ ***Nomen*** [U] Binärcode

bind /baɪnd/ *Verb, Nomen*

▸ ***Verb*** (**bound, bound** /baʊnd/) **1** ~ **sb/sth** (**to sth**) jdn/etw (an etw) fesseln, jdn/etw (an etw) binden; ~ **sb/sth together** jdn/etw zusammenbinden ◇ *They bound his hands together.* Sie fesselten ihm die Hände. ◇ (*fig*) *Organizations such as schools and clubs bind a community together.* Einrichtungen wie Schulen und Vereine halten eine Gemeinschaft zusammen. **2** ~ **sth** (**up**) etw verbinden ◇ *She bound up his wounds.* Sie verband ihm die Wunden. **3** ~ **A and B** (**together**) A und B (miteinander) verbinden; ~ **A to B** A und B verbinden **4** (*meist passiv*) ~ **sb** (**to sth**) jdn (zu etw) verpflichten ◇ *He had been bound to secrecy.* Er war zu Stillschweigen verpflichtet. ➔ *Siehe auch* BINDING *und* BOUND **5** ~ (**together**) (GASTRON) sich binden; ~ **sth** (**together**) (GASTRON) etw binden **6** (*meist passiv*) (*Buch*) binden **7** (*oft passiv*) ~ **sth** (**with sth**) etw (mit etw) versäumen IDM ➔ HAND PHR V ˌ**bind sb 'over** (*meist passiv*) **1** (RECHT) (*AmE*) jdn auf Kaution freilassen **2** (*BrE*) jdn verwarnen

▸ ***Nomen*** [Sing] (*BrE, umgs*) Ärgernis ➔ *Siehe auch* DOUBLE BIND IDM **in a 'bind** (*AmE*) in der Klemme

bind·er /ˈbaɪndə(r)/ *Nomen* **1** Ordner, Hefter ➔ *Siehe auch* RING BINDER **2** Buchbinder(in) **3** Bindemaschine **4** Bindemittel **5** Mähbinder

bind·ing /ˈbaɪndɪŋ/ *Adj, Nomen*

▸ ***Adj*** ~ (**on/upon sb**) verbindlich (für jdn) ◇ *legally binding* rechtsverbindlich

▸ ***Nomen*** **1** Einband **2** Borte, Nahtband ◇ *bias binding* Schrägband **3** (Ski)bindung

bind·weed /ˈbaɪndwiːd/ *Nomen* (BOT) Winde

binge /bɪndʒ/ *Nomen, Verb*

▸ ***Nomen*** (*umgs*) Sauforgie, Fressorgie ◇ *go on a binge* auf eine Fress-/Sauftour gehen ◇ *binge drinking* Komasaufen ◇ *a shopping binge* eine Einkaufsorgie

▸ ***Verb*** (**binge·ing** *oder* **bing·ing, binged, binged**) ~ (**on sth**) sich (mit etw) volllaufen lassen, sich (mit etw) vollstopfen

bingo /ˈbɪŋɡəʊ; *AmE* -ɡoʊ/ *Nomen, Ausruf*

▸ ***Nomen*** Bingo

▸ ***Ausruf*** Volltreffer

ˈbin liner *Nomen* (*BrE*) Mülltüte, Müllsack

bin·man /ˈbɪnmæn/ *Nomen* (*Pl* **-men** /-men/) (*BrE, umgs*) Müllmann

bin·ocu·lars /bɪˈnɒkjələz; *AmE* bɪˈnɑːkjələrz/ *Nomen* [Pl] Fernglas

bi·no·mial /baɪˈnəʊmiəl; *AmE* -ˈnoʊ-/ *Nomen, Adj*

▸ ***Nomen*** (MATH) Binom

▸ ***Adj*** binomisch

bio·chem·ical /ˌbaɪəʊˈkemɪkl; *AmE* ˌbaɪoʊ-/ *Adj* biochemisch

bio·chem·ist /ˌbaɪəʊˈkemɪst; *AmE* ˌbaɪoʊ-/ *Nomen* Biochemiker(in)

bio·chem·is·try /ˌbaɪəʊˈkemɪstri; *AmE* ˌbaɪoʊ-/ *Nomen* Biochemie

bio·degrad·able /ˌbaɪəʊdɪˈɡreɪdəbl; *AmE* ˌbaɪoʊ-/ *Adj* biologisch abbaubar

bio·di·ver·sity /ˌbaɪəʊdaɪˈvɜːsəti; *AmE* ˌbaɪoʊdaɪˈvɜːrsə-/ *Nomen* Artenvielfalt

biofuel /ˈbaɪəʊfjuːəl; *AmE* ˈbaɪoʊ-/ *Nomen* (BIOL) Biokraftstoff

biog·raph·er /baɪˈɒɡrəfə(r); *AmE* -ˈɑːɡ-/ *Nomen* Biograf(in)

bio·graph·ic·al /ˌbaɪəˈɡræfɪkl/ *Adj* biografisch

biog·raphy /baɪˈɒɡrəfi; *AmE* -ˈɑːɡ-/ *Nomen* (*Pl* **-ies**) Biografie

bio·logic·al /ˌbaɪəˈlɒdʒɪkl; *AmE* -ˈlɑːdʒɪ-/ *Adj* (*Adv* **bio·logic·al·ly** /-kli/) biologisch ◇ *the biological parents* die leiblichen Eltern ◇ *biological powders* enzymhaltige Waschpulver

biolo·gist /baɪˈɒlədʒɪst; *AmE* -ˈɑːlə-/ *Nomen* Biologe, Biologin

biol·ogy 0-w /baɪˈɒlədʒi; *AmE* -ˈɑːlə-/ *Nomen* Biologie

bio·mass /ˈbaɪəʊmæs; *AmE* ˈbaɪoʊ-/ *Nomen* (*Fachspr*) Biomasse

bio·metric /ˌbaɪəʊˈmetrɪk; *AmE* ˌbaɪoʊ-/ *Adj* (BIOL) biometrisch

bio·met·rics /ˌbaɪəʊˈmetrɪks; *AmE* ˌbaɪoʊ-/ *Nomen* [U] Biometrik

bio·phys·ics /ˌbaɪəʊˈfɪzɪks; *AmE* ˌbaɪoʊ-/ *Nomen* Biophysik

bio·pic /ˈbaɪəʊpɪk; *AmE* ˈbaɪoʊ-/ *Nomen* (*umgs*) Filmbiografie

bi·opsy /ˈbaɪɒpsi; *AmE* ˈbaɪɑːp-/ *Nomen* (*Pl* **-ies**) Biopsie

bio·se·cur·ity /ˌbaɪəʊsɪˈkjʊərəti; *AmE* ˌbaɪoʊsəˈkjʊr-/ *Nomen* [U] Biosicherheit, biologische Sicherheitsvorkehrungen

bio·sphere /ˈbaɪəʊsfɪə(r); *AmE* ˈbaɪoʊsfɪr/ *Nomen* [Sing] (*Fachspr*) Biosphäre

bio·tech·nol·ogy /ˌbaɪəʊtekˈnɒlədʒi; *AmE* ˌbaɪoʊtekˈnɑːlə-/ *Nomen* Biotechnik, Biotechnologie

biotope /ˈbaɪətəʊp; *AmE* -toʊp/ *Nomen* (*Fachspr*) Biotop

biped /ˈbaɪped/ *Nomen* Zweibeiner

bi·plane /ˈbaɪpleɪn/ *Nomen* (*Flugzeug*) Doppeldecker

birch /bɜːtʃ; *AmE* bɜːrtʃ/ *Nomen* **1** (*auch* **ˈbirch tree**) Birke **2 the birch** [Sing] die Prügelstrafe

bird 0➝ /bɜːd; *AmE* bɜːrd/ *Nomen* **1** Vogel ◇ *a wealth of bird life* ein Vogelreichtum ➔ *Siehe auch* GAME BIRD *und* SONGBIRD **2** (*BrE, Slang, oft beleidigend*) Mädel, Biene **3** (*umgs*) (seltener) Vogel ◇ *a wise old bird* ein weiser alter Knabe ◇ *She is that rare bird: a politician with a social conscience.* Sie ist eine Seltenheit: eine Politikerin mit sozialem Gewissen. IDM **be (strictly) for the birds** (*umgs*) Zeitverschwendung sein **the bird has ˈflown** der Vogel ist ausgeflogen **a bird in the ˈhand is worth two in the ˈbush** der Spatz in der Hand ist besser als die Taube auf dem Dach **the birds and the ˈbees** (*hum*) ◇ *tell a child about the birds and the bees* ein Kind sexuell aufklären **a ˌbird's-eye ˈview (of sth)** die Vogelperspektive (von etw) ◇ *From the plane we had a bird's-eye view of Manhattan.* Vom Flugzeug aus sahen wir Manhattan aus der Vogelperspektive. **birds of a ˈfeather** vom gleichen Schlag ◇ *Birds of a feather flock together.* Gleich und Gleich gesellt sich gern. **get the ˈbird 1** ausgepfiffen werden **2** (*AmE*) den Stinkefinger gezeigt bekommen **give sb the ˈbird 1** jdn auspfeifen **2** (*AmE*) jdm den Stinkefinger zeigen ➔ *Siehe auch* EARLY *und* KILL

bird·brain /ˈbɜːdbreɪn; *AmE* ˈbɜːrd-/ *Nomen* (*bes AmE*) Spatzenhirn

bir·die /ˈbɜːdi; *AmE* ˈbɜːrdi/ *Nomen* **1** (*umgs, Kinderspr*) Vögelchen **2** (*Golf*) Birdie **3** (*AmE*) Federball

ˌbird of ˈpassage *Nomen* (*Pl* **birds of pas·sage**) Zugvogel (*auch fig*)

ˌbird of ˈprey *Nomen* (*Pl* **birds of prey**) Raubvogel

ˈbird table *Nomen* (*BrE*) Futterstelle für Vögel

bird·watch·er /ˈbɜːdwɒtʃə(r); *AmE* ˈbɜːrdwɑːtʃər/ *Nomen* Vogelbeobachter(in)

bird·watch·ing /ˈbɜːdwɒtʃɪŋ; *AmE* ˈbɜːrdwɑːtʃɪŋ/ *Nomen* Vogelbeobachten

Biro™ /ˈbaɪrəʊ; *AmE* -roʊ/ *Nomen* (*Pl* **-os**) (*BrE*) Kugelschreiber

birth 0➝ /bɜːθ; *AmE* bɜːrθ/ *Nomen* **1** Geburt ◇ *blind from birth* von Geburt an blind ◇ *date of birth* Geburtsdatum **2** [Sing] (*fig*) Entstehung, Gründung, Geburt **3** Abstammung ◇ *Anne was French by birth.* Anne war gebürtige Französin. IDM **give ˈbirth 1** entbinden; (*Tier*) werfen; jungen **2** (*auch* **give ˈbirth to sb/sth**) jdn gebären; (*Tier*) etw werfen ◇ *She died shortly after giving birth.* Sie starb kurz nach der Entbindung. ◇ (*fig*) *The study of history gave birth to the social sciences.* Die Sozialwissenschaften entstanden aus dem Studium der Geschichte.

ˈbirth certificate *Nomen* Geburtsurkunde

ˈbirth control *Nomen* Geburtenkontrolle

birth·day 0➝ /ˈbɜːθdeɪ; *AmE* ˈbɜːrθ-/ *Nomen* Geburtstag ◇ *Happy Birthday!* Alles Gute zum Geburtstag! IDM **in your ˈbirthday suit** (*hum*) nackt

birth·ing /ˈbɜːθɪŋ; *AmE* ˈbɜːrθɪŋ/ *Nomen* Geburts-, Entbindungs- ◇ *a birthing pool* eine Entbindungswanne

birth·mark /ˈbɜːθmɑːk; *AmE* ˈbɜːrθmɑːrk/ *Nomen* Muttermal

ˌbirth ˈmother *Nomen* leibliche Mutter, biologische Mutter

birth·place /ˈbɜːθpleɪs; *AmE* ˈbɜːrθ-/ *Nomen* [meist Sing] Geburtsort (*auch fig*)

birth·right /ˈbɜːθraɪt; *AmE* ˈbɜːrθraɪt/ *Nomen* Geburtsrecht ◇ *The property is the birthright of the eldest child.* Durch das Erstgeborenenrecht gehört der Besitz dem ältesten Kind. ◇ *Education is every child's birthright.* Jedes Kind hat ein Anrecht auf Schulbildung.

bis·cuit 0➝ /ˈbɪskɪt/ *Nomen* **1** (*BrE*) Keks; (*herzhaft*) Cracker ◇ *cheese biscuits* Käsecracker ➔ *Siehe auch* DOG BISCUIT **2** (*AmE*) (weiches) Brötchen **3** Beige IDM **take the ˈbiscuit** (*umgs*) dem Fass den Boden ausschlagen

bi·sect /baɪˈsekt/ *Verb* **1** halbieren, in zwei Teile teilen **2** sich teilen

bi·sex·ual /ˌbaɪˈsekʃuəl/ *Adj, Nomen*
▸ ***Adj* 1** bisexuell **2** (BIOL) zwittrig
▸ ***Nomen*** Bisexuelle(r)

bi·sexu·al·ity /ˌbaɪˌsekʃuˈæləti/ *Nomen* Bisexualität

bishop /ˈbɪʃəp/ *Nomen* **1** Bischof **2** (*beim Schach*) Läufer

bish·op·ric /ˈbɪʃəprɪk/ *Nomen* **1** Bischofsamt, Bischofswürde **2** Bistum

bison /ˈbaɪsn/ *Nomen* (*Pl* **bison**) (*in Nordamerika*) Bison; (*in Europa*) (europäischer) Wisent

bis·tro /ˈbiːstrəʊ; *AmE* -stroʊ/ *Nomen* (*Pl* **-os**) Bistro

bit 0➝ /bɪt/ *Nomen* **1 a bit** [Sing] (*bes BrE*) ein bisschen, ein wenig ◇ *Can you move up a bit?* Kannst du ein bisschen rücken? ◇ *The new system will take a bit of getting used to.* Es wird eine Weile dauern, bis man sich an das neue System gewöhnt hat. **2** (*bes BrE*) Stück(chen) ◇ *a bit of cake* ein Stückchen Kuchen ◇ *I've got a bit of shopping to do.* Ich muss ein paar Sachen einkaufen. ◇ *bits of paper* Papierschnipsel **3** (*bes BrE*) Weilchen ◇ *I'll wait a bit.* Ich warte ein bisschen. **4** (*bes BrE*) Teil ◇ *The audience laughed at all the funny bits.* Das Publikum lachte an allen lustigen Stellen. **5 quite a bit** [Sing] (*bes BrE, umgs*) ziemlich viel ◇ *'How much does he earn?' 'Quite a bit!'* „Wie viel verdient er?" „Nicht gerade wenig!" ◇ *It took quite a bit of effort to paint the house.* Es war ganz schön anstrengend, das Haus zu streichen. **6** (COMP) Bit **7** (*beim Zaumzeug*) Gebiss(stange), Kandare **8** Bohrer, Bohraufsatz **9** (*AmE, umgs*) = Geldbetrag, der 12½ Cents entspricht IDM **be in ˈbits** (*umgs*) total fertig sein ◇ *I'm in bits about making the right decision.* Ich bin total fertig, weil ich die richtige Entscheidung treffen will. **the (whole) … bit** (*umgs, abwert*) das ganze … Gehabe **bit by ˈbit** Stück für Stück; nach und nach **a bit ˈmuch** (*umgs*) zu viel ◇ *It's a bit much calling me at three in the morning.* Es ist eine Zumutung, mich um drei Uhr morgens anzurufen. **a bit of a …** (*bes BrE, umgs*) ein(e) ziemliche(r,s) ◇ *The rail strike is a bit of a pain.* Der Eisenbahnstreik nervt ziemlich. **a bit of all ˈright** (*BrE, Slang*) ein toller Typ; eine flotte Biene **a bit of ˈrough** (*BrE, Slang*) = männlicher Sexualpartner, dessen Anziehungskraft aus seiner rauen Männlichkeit und Unkultiviertheit besteht **a bit on the ˈside** (*BrE, Slang*) Geliebte(r); Verhältnis **ˌbits and ˈbobs** (*BrE, umgs*) Kram; Krimskrams **ˌbits and ˈpieces** (*BrE, umgs*) **1** Kram; Krimskrams **2** ◇ *bits and pieces of information* Informationsschnipsel ◇ *bits and pieces of bone* Knochensplitter ◇ *The vase was in bits and pieces.* Die Vase war in tausend Stücke zerbrochen. **do your ˈbit** (*umgs*) seinen Teil (dazu) beitragen; das Seine tun **every bit as good, bad, etc. (as sb/sth)** genauso gut, schlecht etc. (wie jd/etw) **get the bit**

between your teeth (*umgs*) sich ins Zeug legen **not a 'bit; not one (little) 'bit** überhaupt nicht; nicht im Geringsten ◇ *It's not a bit of use complaining.* Sich zu beklagen hat gar keinen Sinn. **not a 'bit of it!** (*BrE, umgs*) keine Spur; ganz im Gegenteil **to bits 1** in Stücke; in Einzelteile ◇ *The book fell to bits.* Das Buch ging kaputt. ◇ *She took the engine to bits.* Sie nahm den Motor auseinander. **2** (*umgs*) wahnsinnig ◇ *I love my kids to bits.* Ich liebe meine Kinder von ganzem Herzen. → *Siehe auch* BLIND *und* CHAMP → *Siehe auch* BITE

bitch /bɪtʃ/ *Nomen, Verb*

▸ ***Nomen*** **1** Hündin, Weibchen **2** (*Slang, abwert*) Miststück, Schlampe ◇ *You stupid little bitch!* Du dumme Kuh! ◇ *She can be a real bitch.* Sie kann richtig gehässig sein. **3** (*Slang*) Scheißding ◇ *Life's a bitch.* Das Leben ist scheiße.

▸ ***Verb*** ~ **(about sb/sth)** (*umgs*) (über jdn/etw) herziehen, gehässig (über jdn/etw) sprechen

bitchi·ness /ˈbɪtʃinəs/ *Nomen* [U] Gehässigkeit, Gemeinheit

bitchy /ˈbɪtʃi/ *Adj* (*umgs*) gehässig, gemein

bite 🔑 /baɪt/ *Verb, Nomen*

▸ ***Verb*** (**bit** /bɪt/, **bit·ten** /ˈbɪtn/) **1** beißen ◇ *He bit off a large chunk of bread.* Er biss einen großen Bissen Brot ab. ◇ *Stop biting your nails!* Hör auf an deinen Nägel zu kauen. **2** (*Insekten*) stechen **3** (*Fische*) anbeißen **4** (*fig*) ◇ *The recession is beginning to bite.* Die Rezession macht sich bemerkbar. ◇ *What's biting you?* Was bedrückt dich? IDM **be bitten by sth** von etw gepackt werden **bite the 'bullet** (*umgs*) die Zähne zusammenbeißen **bite the 'dust** (*umgs*) **1** (*hum*) (*sterben*) ins Gras beißen **2** dran glauben müssen; zugrunde gehen **bite the hand that 'feeds you** die Hand, die einen füttert, beißen; sich jdm gegenüber undankbar zeigen **bite your 'lip** sich auf die Zunge/Lippen beißen **bite off more than you can 'chew** sich zu viel zumuten; sich übernehmen **bite your 'tongue** sich auf die Zunge beißen **I, etc. could have bitten my, etc. 'tongue out/off** Ich etc. hätte mir etc. die Zunge abbeißen können → *Siehe auch* HEAD *und* ONCE PHRV **,bite 'back (at sb/sth)** zurückschlagen, es jdm/etw zeigen **,bite sth 'back** etw hinunterschlucken, etw unterdrücken **,bite 'into sth** in etw eindringen, sich in etw hineinbohren

▸ ***Nomen*** **1** Biss ◇ *The dog gave me a playful bite.* Der Hund schnappte spielerisch nach mir. **2** Bissen ◇ *She took a couple of bites of the sandwich.* Sie aß einige Bissen von dem Sandwich. **3 a** ~ **(to eat)** [Sing] (*umgs*) eine Kleinigkeit (zu essen), einen Happen (zu essen) **4** Bisswunde; (*Insekten-*) Stich **5** (*von Essen*) Würze, Schärfe **6** [Sing] (*von Wind etc.*) beißende Kälte **7** (*fig*) Biss, Schärfe ◇ *The performance had no bite to it.* Der Vorstellung fehlte der Biss. **8** (*eines Fisches*) (An)beißen ◇ *He hadn't had a single bite.* Es hatte kein einziger Fisch bei ihm angebissen. → *Siehe auch* FROSTBITE, LOVE BITE *und* SOUND BITE IDM **a bite at/of the 'cherry** (*BrE*) eine Chance → *Siehe auch* BARK

'bite-sized (*auch* **'bite-size**) *Adj* mundgerecht

bit·ing /ˈbaɪtɪŋ/ *Adj* (*Adv* **bit·ing·ly**) beißend (*auch fig*) ◇ *His voice was bitingly sarcastic.* Seine Stimme war voll beißendem Sarkasmus.

bit·map /ˈbɪtmæp/ *Nomen* (COMP) [U] Bitmap

bit·mapped /ˈbɪtmæpt/ *Adj* (COMP) Bitmap- ◇ *bitmapped graphics* Bitmap-Grafik

'bit part *Nomen* kleine Nebenrolle

bit·ten *Form von* BITE

bit·ter 🔑 /ˈbɪtə(r)/ *Adj, Nomen*

▸ ***Adj*** **1** erbittert ◇ *a long and bitter dispute* ein langer, erbitterter Streit **2** verbittert **3** bitter (*auch fig*) ◇ *It's really bitter out today.* Draußen ist es heute bitterkalt. ◇ *a bitter wind* ein schneidender Wind ◇ *bitter criticism* scharfe Kritik IDM **a bitter 'pill (for sb) (to swallow)** eine bittere Pille (für jdn) **to/until the bitter 'end** bis zum bitteren Ende

▸ ***Nomen*** (*BrE*) **1** = halbdunkles, stark gehopftes Ale vom Fass **2** [mit Verb im Sing/Pl] **bitters** Bitterlikör, Magenbitter

bit·ter·ly 🔑 /ˈbɪtəli; *AmE* -tərli/ *Adv* **1** bitterlich **2** erbittert, bitter ◇ *complain bitterly* sich bitter beklagen ◇ *bitterly cold* bitterkalt **3** sehr, heftig

bit·ter·ness /ˈbɪtənəs; *AmE* -tərnəs/ *Nomen* **1** Bitterkeit **2** Verbittertheit ◇ *The pay cut caused bitterness among the staff.* Die Gehaltskürzungen verbitterten das Personal. ◇ *There was a bitterness to his voice.* Seine Stimme klang bitter. **3** Erbittertheit, Heftigkeit

bitter·sweet /ˌbɪtəˈswiːt; *AmE* -tərˈ-/ *Adj* (*BrE*) bittersüß (*auch fig*)

bitty /ˈbɪti/ *Adj* (*BrE, umgs*) zusammengestückelt

bitu·men /ˈbɪtʃəmən; *AmE* bəˈtuːmən, bəˈtjuː-/ *Nomen* Bitumen

bi·valve /ˈbaɪvælv/ *Nomen* (*Fachspr*) zweischalige Muschel

biv·ouac /ˈbɪvuæk/ *Nomen, Verb*

▸ ***Nomen*** Biwak

▸ ***Verb*** (**-ck-**) biwakieren

bi·zarre /bɪˈzɑː(r)/ *Adj* (*Adv* **bi·zarre·ly**) bizarr ◇ *bizarrely dressed* exzentrisch gekleidet

blab /blæb/ *Verb* (**-bb-**) ~ **(to sb) (about sth)** (*umgs*) etw (gegenüber jdm) ausplaudern

blab·ber /ˈblæbə(r)/ *Verb* ~ **(on) (about sth)** (*umgs*) (über etw) quatschen ◇ *What was she blabbering on about this time?* Was hat sie da schon wieder gequasselt?

black 🔑 /blæk/ *Adj, Nomen, Verb*

▸ ***Adj*** **1** schwarz ◇ *a black night* eine dunkle Nacht ◇ *Two black teas, please.* Zwei Tee ohne Milch, bitte. ◇ *black people* Schwarze ◇ *black culture* Kultur der Schwarzen **2** (*fig*) ◇ *Rory shot her a black look.* Rory warf ihr einen finsteren Blick zu. ◇ *be in a black mood* übel gelaunt sein ◇ *The future looks pretty black, I'm afraid.* Die Zukunft sieht leider düster aus. ◇ *black despair* tiefste Verzweiflung ◇ *a black deed/lie* eine böse Tat/Lüge IDM **(beat sb) black and 'blue** (jdn) grün und blau (schlagen) **not as black as it is/you are 'painted** nicht so schlimm, wie sein Ruf → *Siehe auch* POT

▸ ***Nomen*** **1** Schwarz ◇ *the black of the night sky* die Schwärze des Nachthimmels **2** (*auch* **Black**) [meist Pl] Schwarze(r) IDM **be in the 'black** schwarze Zahlen schreiben; im Plus sein **(in) black and white** schwarzweiß ◇ *This is not a black-and-white decision.* Eine klare Entscheidung fällt hier schwer. **in black and white** schwarz auf weiß

▸ ***Verb*** **1** (*BrE*) bestreiken, boykottieren **2** (*selten*) schwärzen PHRV **,black 'out** ohnmächtig werden **,black sth 'out 1** etw verdunkeln ◇ *A power failure blacked out the city last night.* Durch einen Stromausfall lag die Stadt gestern Nacht im Dunkeln. **2** (*Dokument, Film*) schwärzen

the ,black 'arts *Nomen* [Pl] schwarze Magie

black·ball /ˈblækbɔːl/ *Verb* ~ **sb** gegen jds Aufnahme in einen Klub stimmen

,black 'belt *Nomen* **1** (SPORT) schwarzer Gürtel **2** Träger(in) des schwarzen Gürtels

black·berry /ˈblækbəri; *AmE* -beri/ *Nomen* (*Pl* **-ies**) Brombeere

black·berry·ing /ˈblækbərɪŋ; *AmE* -ber-/ *Nomen* **go ~** Brombeeren pflücken

black·bird /ˈblækbɜːd; *AmE* -bɜːrd/ *Nomen* Amsel

black·board /ˈblækbɔːd; *AmE* -bɔːrd/ *Nomen* (*Wand-*) Tafel

ˌblack ˈbox *Nomen* **1** Flugschreiber **2** (TECH) Blackbox

black·cur·rant /ˌblækˈkʌrənt, ˈblækkʌrənt; *AmE* -kɜːr-/ *Nomen* Schwarze Johannisbeere

the ˌblack eˈconomy *Nomen* [Sing] (*BrE*) die Schattenwirtschaft

black·en /ˈblækən/ *Verb* **1** schwärzen; (*fig*) diffamieren ◇ *blacken a person's name* jdn diffamieren **2** schwarz werden, sich verfinstern

ˌblack ˈeye *Nomen* blaues Auge

black·guard /ˈblægɑːd; *AmE* ˈblækgɑːrd/ *Nomen* (*BrE, veraltet*) Schurke

black·head /ˈblækhed/ *Nomen* Mitesser

ˌblack ˈhole *Nomen* (ASTRON) schwarzes Loch (*auch fig*) ◇ *a financial black hole* ein Fass ohne Boden

ˌblack ˈice *Nomen* Glatteis

black·jack /ˈblækdʒæk/ *Nomen* **1** (*Kartenspiel*) Siebzehnundvier **2** (*bes AmE*) Totschläger

black·leg /ˈblækleg/ *Nomen* (*BrE, abwert*) Streikbrecher(in)

black·list /ˈblæklɪst/ *Nomen, Verb*
▸ ***Nomen*** schwarze Liste
▸ ***Verb*** auf die schwarze Liste setzen

ˌblack ˈmagic *Nomen* schwarze Magie

black·mail /ˈblækmeɪl/ *Nomen, Verb*
▸ ***Nomen*** Erpressung
▸ ***Verb*** erpressen ◇ *be blackmailed into doing sth* durch Erpressung gezwungen werden, etw zu tun

black·mail·er /ˈblækmeɪlə(r)/ *Nomen* Erpresser(in)

ˌblack ˈmark *Nomen* (*BrE*) Verweis ◇ *The public scandal was a black mark against him.* Er ist aus dem Skandal mit schmutziger Weste hervorgegangen.

ˌblack ˈmarket *Nomen* [meist Sing] Schwarzmarkt

ˌblack markeˈteer *Nomen* Schwarzhändler(in)

black·ness /ˈblæknəs/ *Nomen* Schwärze

black·out /ˈblækaʊt/ *Nomen* **1** Stromausfall **2** Nachrichtensperre **3** (*bes BrE*) Verdunklung, Blackout **4** Ohnmachtsanfall, Blackout ◇ *She had a blackout and couldn't remember anything.* Sie verlor das Bewusstsein und konnte sich an nichts erinnern.

ˌblack ˈpudding *Nomen* (*BrE*) Blutwurst

black·smith /ˈblæksmɪθ/ (*auch* **smith**) *Nomen* Schmied(in)

ˈblack spot *Nomen* (*BrE*) Gefahrenstelle ◇ *an environmental black spot* ein besonders umweltgeschädigtes Gebiet

ˌblack ˈtie **1** *Nomen* (*zur Smokingjacke getragen*) schwarze Fliege **2** *Adj* ◇ *a black-tie dinner* ein Abendessen mit Smokingzwang

black·top /ˈblæktɒp; *AmE* -tɑːp/ *Nomen, Verb*
▸ ***Nomen*** (*AmE*) Asphalt
▸ ***Verb*** (**-pp-**) asphaltieren

blad·der /ˈblædə(r)/ *Nomen* Blase

blad·dered /ˈblædəd; *AmE* -dərd/ *Adj* (*bes BrE, Slang*) besoffen

blade 0‑w /bleɪd/ *Nomen* **1** Klinge → *Siehe auch* RAZOR BLADE **2** (*von Sägen, Scheibenwischern, Rudern*) Blatt; (*von Propellern auch*) Flügel; (*von Turbinen*) Schaufel ◇ *rotor blades* Drehflügel **3** (*von Gras, Getreide etc.*) Halm

blag /blæg/ (**-gg-**) (*BrE, abwert*) ◇ *We blagged our way into the reception by saying that we were from the press.* Wir mogelten uns in den Empfang, indem wir sagten, wir seien von der Presse. ◇ *I blagged some tickets for the game.* Ich habe ihnen Karten für das Spiel abgeschwatzt.

blah /blɑː/ *Nomen, Adj*
▸ ***Nomen*** (*umgs*) (*Geschwafel*) Blabla
▸ ***Adj*** (*AmE, umgs*) **1** uninteressant **2** schlapp

blame 0‑w /bleɪm/ *Verb, Nomen*
▸ ***Verb*** **~ sb/sth (for sth)** jdm/etw (an etw) die Schuld geben; **~ sth on sb/sth** jdm/etw an etw die Schuld geben, jdn/etw für etw verantwortlich machen ◇ *Police are blaming the accident on dangerous driving.* Die Polizei gibt rücksichtsloses Fahren als Unfallsursache an. IDM **be to blame (for sth)** schuld (an etw) sein ◇ *Which driver was to blame for the accident?* Welcher Fahrer hat den Unfall verursacht? **don't blame ˈme** (*umgs*) beklag dich nicht bei mir **I don't ˈblame you, her, etc.** (*umgs*) das kann ich gut verstehen **only have yourself to ˈblame** ◇ *If you lose your job, you'll only have yourself to blame.* Wenn du die Stelle verlierst, hast du dir das nur selbst zuzuschreiben.
▸ ***Nomen*** **~ (for sth)** Schuld (an etw) ◇ *lay/put the blame for sth on sb* jdm an etw die Schuld geben ◇ *Why do I always get the blame for everything?* Warum ist alles immer meine Schuld? ◇ *I won't take the blame.* Ich bin nicht bereit, die Schuld auf mich zu nehmen.

blame·less /ˈbleɪmləs/ *Adj* (*Adv* **blame·less·ly**) (*gehoben*) **1** schuldlos, unschuldig **2** untadelig

blame·worthy /ˈbleɪmwɜːði; *AmE* -wɜːrði/ *Adj* (*gehoben*) **1** schuldig **2** tadelnswert

blanch /blɑːntʃ; *AmE* blæntʃ/ *Verb* **1** **~ (at sth)** (*gehoben*) erbleichen (bei etw) **2** (*Gemüse etc.*) blanchieren, überbrühen

blanc·mange /bləˈmɒnʒ; *AmE* -ˈmɑːnʒ/ *Nomen* (*BrE*) Pudding

bland /blænd/ *Adj* (*Adv* **bland·ly**) **1** (*uninteressant*) farblos **2** (*Nahrung, Diät etc.*) fade (schmeckend) **3** (*Äußerung, Erklärung etc.*) nichtssagend; (*Blick, Gesichtsausdruck etc.*) ausdruckslos

bland·ish·ments /ˈblændɪʃmənts/ *Nomen* [Pl] (*gehoben*) Überredungskünste, Verlockungen

bland·ness /ˈblændnəs/ *Nomen* **1** Farblosigkeit **2** fader Geschmack **3** Ausdruckslosigkeit

blank 0‑w /blæŋk/ *Adj, Nomen, Verb*
▸ ***Adj*** **1** leer, unbeschrieben; (*Kassette*) unbespielt ◇ *Sign your name in the blank space below.* Unterschreiben Sie in dem freien Feld unten. **2** (*Wand*) kahl ◇ *Then the screen went blank.* Dann wurde der Bildschirm schwarz. ◇ *Suddenly my mind went blank.* Plötzlich hatte ich Mattscheibe. **3** (*Adv* **blank·ly**) ausdruckslos, verständnislos **4** [nur vor Nomen] ◇ *The request was met with blank refusal.* Die Bitte wurde rundweg abgeschlagen. → *Siehe auch* POINT-BLANK
▸ ***Nomen*** **1** (*auf Formular etc.*) freie Stelle, freies Feld **2** [Sing] ◇ *My mind was a blank.* Ich hatte Mattscheibe. ◇ *The time in hospital is a complete blank for her.* Sie kann sich an die Zeit im Krankenhaus überhaupt nicht erinnern. **3** (*auch* **ˌblank ˈcartridge**) Platzpatrone IDM → DRAW
▸ ***Verb*** **1** (*BrE, umgs*) **~ sb** jdn schneiden; jdn ignorieren **2** (*AmE*) Mattscheibe haben PHR V **ˌblank ˈout** ◇ *The screen blanked out.* Der Bildschirm wurde plötzlich schwarz. **ˌblank sth ˈout** **1** etw verdecken ◇ *All the names had been blanked out.* Alle Namen waren geschwärzt. **2** etw aus dem Gedächtnis löschen

ˌblank ˈcheque (*AmE* **ˌblank ˈcheck**) *Nomen* Blankoscheck (*auch fig*)

blan·ket /ˈblæŋkɪt/ *Nomen, Adj, Verb*
▸ ***Nomen*** Decke ◇ (*fig*) *The trial was conducted under a blanket of secrecy.* Der Prozess fand unter strengster Geheimhaltung statt. → *Siehe auch* WET BLANKET
▸ ***Adj*** [nur vor Nomen] umfassend, generell, Pauschal- ◇ *a blanket clause* eine Generalklausel ◇ *a blanket term* ein Sammelbegriff
▸ ***Verb*** (*oft passiv*) (*gehoben*) bedecken, zudecken

blank·ness /ˈblæŋknəs/ *Nomen* **1** Leere **2** Ausdruckslosigkeit, Verständnislosigkeit

ˌblank ˈverse *Nomen* [U] *(Fachspr)* Blankvers(e)

blare /bleə(r); *AmE* bler/ *Verb, Nomen*

▸ ***Verb*** ~ **(sth) (out)** (etw) (heraus) plärren ◇ *police cars with sirens blaring* Streifenwagen mit gellenden Sirenen ◇ *Car horns blared.* Die Fahrer hupten wild. ◇ *The trumpets blared out.* Die Trompeten schmetterten.

▸ ***Nomen*** [Sing] Plärren, Geplärr; *(von Trompeten)* Schmettern ◇ *the blare of car horns* das laute Hupen

blar·ney /ˈblɑːni; *AmE* ˈblɑːrni/ *Nomen (umgs)* Gerede, Schmus

blasé /ˈblɑːzeɪ; *AmE* blɑːˈzeɪ/ *Adj* ~ **(about sth)** unempfindlich (gegen etw), gleichgültig (gegen etw)

blas·pheme /blæsˈfiːm/ *Verb* lästern ◇ *blaspheme (against) the name of God* Gott lästern

blas·phemer /blæsˈfiːmə(r)/ *Nomen* Gotteslästerer, Gotteslästerin

blas·phem·ous /ˈblæsfəməs/ *Adj (Adv* **blas·phem·ous·ly**) gotteslästerlich, blasphemisch

blas·phemy /ˈblæsfəmi/ *Nomen (Pl* **-ies**) Gotteslästerung, Blasphemie

blast /blɑːst; *AmE* blæst/ *Nomen, Verb, Ausruf*

▸ ***Nomen*** **1** Explosion, Druckwelle **2** Windstoß **3** Tuten ◇ *He gave a single blast on the trumpet.* Er blies einmal in die Trompete. ◇ *three short blasts on the ship's siren* drei kurze Töne aus der Schiffssirene **4** *(im Pressejargon)* scharfe Kritik **5** [Sing] *(AmE)* ◇ *The party was a blast./We had a blast at the party.* Die Fete war supercool. **IDM** **(at) full ˈblast** auf Hochtouren ◇ *She had the car stereo on at full blast.* Sie hatte das Autoradio voll aufgedreht.

▸ ***Verb*** **1** sprengen ◇ *All the windows were blasted inwards with the force of the explosion.* Durch die Wucht der Explosion wurden alle Fenster eingedrückt. ◇ *The plane was blasted out of the sky.* Das Flugzeug explodierte und zerschellte in tausend Teile. ◇ *The village was blasted by enemy bombs.* Das Dorf wurde von feindlichen Bomben zerstört. **2** ~ **(sth) (out)** (etw) (heraus)plärren ◇ *I blasted my horn.* Ich hupte laut. **3** ~ **sb/sth (for sth)** *(umgs)* jdn/etw (wegen einer Sache) verreißen **4** *(umgs)* schlagen; *(Ball)* schmettern **5** beschießen ◇ *Police blasted the demonstrators with water cannons.* Die Polizei setzte Wasserwerfer gegen die Demonstranten ein. **6** *(meist passiv) (Ernte)* vernichten **PHR V** **ˌblast aˈway** drauflosballern **ˌblast ˈoff** *(Rakete)* abheben, starten → *Siehe auch* BLAST-OFF

▸ ***Ausruf*** *(umgs)* verdammt!

blast·ed /ˈblɑːstɪd; *AmE* ˈblæstɪd/ *Adj* [nur vor Nomen] *(umgs)* verflucht, verdammt

ˈblast furnace *Nomen* Hochofen

ˈblast-off *Nomen* [U] *(einer Rakete)* Start, Abschuss

bla·tant /ˈbleɪtnt/ *Adj (Adv* **bla·tant·ly**) *(abwert)* eklatant, unverhohlen, offen ◇ *a blatant lie* eine glatte Lüge

blather /ˈblæðə(r)/ *Verb, Nomen*

▸ ***Verb*** *(bes BrE, umgs)* ~ **(on) (about sth)** (von etw) schwafeln ◇ *What are you blathering on about now?* Was schwafelst du da?

▸ ***Nomen*** Geschwafel

blaze /bleɪz/ *Verb, Nomen*

▸ ***Verb*** **1** brennen, lodern ◇ *The whole building was blazing.* Das ganze Gebäude stand in Flammen. **2** strahlen; *(Sonne)* brennen ◇ *The garden blazed with colour.* Der Garten funkelte in seiner Farbenpracht. **3** ~ **(with sth)** *(gehoben) (Augen)* (vor etw) glühen **4** ◇ *The story was blazed all over the daily papers.* Der Fall machte Schlagzeilen in allen Zeitungen. **5** ~ **(away)** drauflosfeuern ◇ *In the distance machine guns were blazing.* In der Ferne war das Knattern der Maschinengewehre zu hören. **IDM** **blaze a ˈtrail** Pionierarbeit leisten **PHR V** **ˌblaze ˈup** **1** auflodern **2** *(vor Zorn etc.)* aufbrausen

▸ ***Nomen*** **1** Feuer, Brand ◇ *Dry wood makes a good blaze.* Trockenes Holz brennt gut. **2** Glanz; *(Sonnen-)* Schein; *(von Farben, Lichtern etc.)* Meer ◇ *in a blaze of glory* mit Glanz und Gloria ◇ *the bright blaze of the sun* der pralle Sonnenschein ◇ *They got married in a blaze of publicity.* Ihre Hochzeit war ein Medienereignis. **3** Anfall, Ausbruch ◇ *a blaze of anger* ein Wutanfall **IDM** **what/where/who the ˈblazes ...?** *(umgs, veraltet)* was/wo/wer zum Teufel ...? **like blazes** *(umgs, veraltet)* wie verrückt

blazer /ˈbleɪzə(r)/ *Nomen* Blazer

blaz·ing /ˈbleɪzɪŋ/ *Adj* [nur vor Nomen] **1** brennend, glühend *(auch fig)* ◇ *a blazing hot day* ein glühend heißer Tag **2** *(Streit)* heftig

blazon /ˈbleɪzn/ *Verb (meist passiv)* ~ **sth on/across/over sth** etw auf etw aufdrucken ◇ *He had the word 'Cool' blazoned across his chest.* Auf seiner Brust prangte das Wort „Cool". ◇ *The news was blazoned across the media.* Die Nachricht machte in allen Medien Schlagzeilen.

bleach /bliːtʃ/ *Verb, Nomen*

▸ ***Verb*** (aus)bleichen

▸ ***Nomen*** **1** Bleichmittel **2** ≈ Abfluss-/WC-Reiniger

bleach·ers /ˈbliːtʃəz; *AmE* -tʃərz/ *Nomen* [Pl] *(AmE)* nicht überdachte Zuschauertribüne

bleah /bleə/ *Ausruf (AmE, umgs)* bäh

bleak /bliːk/ *Adj (Adv* **bleak·ly**) **1** düster, trüb, trostlos; *(Stimmung)* niedergeschlagen **2** *(Landschaft etc.)* öde

bleak·ness /ˈbliːknəs/ *Nomen* Öde, Trostlosigkeit

bleary /ˈblɪəri; *AmE* ˈblɪri/ *Adj (Adv* **bleari·ly** /-rəli/) verschlafen

ˌbleary-ˈeyed *Adj* mit verschlafenen Augen

bleat /bliːt/ *Verb, Nomen*

▸ ***Verb*** **1** blöken **2** ~ **(about sth)** über etw jammern

▸ ***Nomen*** *(auch* **bleat·ing** /ˈbliːtɪŋ/) Blöken

blech /blex/ *Ausruf (umgs)* bäh

bleed /bliːd/ *Verb* (**bled**, **bled** /bled/) **1** bluten ◇ *bleed to death* verbluten **2** *(umgs)* bluten lassen, schröpfen **3** *(Heizung etc.)* entlüften **4** *(Farben)* ineinanderlaufen **5** zur Ader lassen **IDM** **bleed sb ˈdry** jdn völlig ausnehmen → *Siehe auch* HEART

bleed·er /ˈbliːdə(r)/ *Nomen (BrE, umgs, veraltet) (Mensch)* Schwein

bleed·ing /ˈbliːdɪŋ/ *Adj, Nomen*

▸ ***Adj*** [nur vor Nomen] *(BrE, Slang)* verdammt

▸ ***Nomen*** [U] Blutung

bleep /bliːp/ *Nomen, Verb*

▸ ***Nomen*** Piepton

▸ ***Verb*** **1** piepsen **2** *(BrE)* anpiepsen

bleep·er /ˈbliːpə(r)/ *Nomen (BrE)* Piepser

blem·ish /ˈblemɪʃ/ *Nomen, Verb*

▸ ***Nomen*** Makel, Unreinheit

▸ ***Verb*** verunstalten, beeinträchtigen ◇ *blemished skin* unreine Haut

blench /blentʃ/ *Verb (BrE, gehoben)* erbleichen, zurückschrecken

blend /blend/ *Verb, Nomen*

▸ ***Verb*** **1** ~ **A with B**/~ **A and B (together)** A mit B verrühren, A mit B vermischen **2** ~ **(with sth)** sich (mit etw) vermischen lassen **3** ~ **(with sth)** (mit etw) harmonieren **4** mischen ◇ *blended teas* Teemischungen ◇ *Their music blends traditional and modern styles.* Ihre Musik verbindet traditionelle und moderne Stilrichtungen miteinander. **PHR V** **ˌblend ˈin (with sth/sb)** (mit etw/jdm) harmonieren **ˌblend sth ˈin** (GASTRON) etw einrühren **ˌblend into ˈsth** in etw ver-

schwinden
▸ ***Nomen*** Mischung

ˌblended ˈlearning *Nomen* [U] (SCHULE) Blended Learning, integriertes Lernen

blend·er /ˈblendə(r)/ *Nomen* Mixer

bless /bles/ *Verb* (**blessed, blessed** /blest/) **1** segnen **2** (REL) preisen **3** (*umgs, veraltet*) (*in Ausrufen der Überraschung*) ◇ *Bless my soul!* Ach, du liebe Zeit! ◇ *I'm blessed if I know!* Keine Ahnung. IDM **be blessed with sth/sb** mit etw/jdm gesegnet sein **ˈbless you, her, him, etc.** (*umgs*) ◇ *Sarah, bless her, had made a cup of tea.* Sarah, die Gute, hatte Tee gekocht. **ˈbless you** (*umgs*) Gesundheit!

blessed /ˈblesɪd/ *Adj* **1** (REL) heilig, selig **2** (*Adv* **blessed·ly**) himmlisch **3** [nur vor Nomen] (*umgs, veraltet*) verflixt

bless·ing /ˈblesɪŋ/ *Nomen* Segen ◇ *The government gave its blessing to the new plans.* Die Regierung hat die neuen Pläne abgesegnet. IDM **a blessing in disguise** ◇ *It was a blessing in disguise.* Es stellte sich im Nachhinein als gut heraus. → *Siehe auch* COUNT

bleurgh (*auch* **bleugh**) /blʊə(r), blʊəx; *AmE* blɜr, blɜrx/ *Ausruf* bäh

blew *Form von* BLOW

blight /blaɪt/ *Verb, Nomen*
▸ ***Verb*** ruinieren, verschandeln
▸ ***Nomen*** **1** (*Pflanzenkrankheit*) Fäule, Brand **2** Schande ◇ *Bad weather was a blight on/cast a blight over our holiday.* Das schlechte Wetter hat unseren Urlaub verdorben. ◇ *urban blight* verwahrloste Stadtteile

bli·mey /ˈblaɪmi/ (*auch* **ˌcor ˈblimey**) *Ausruf* (*BrE, Slang*) Mensch!

blimp /blɪmp/ *Nomen* **1** kleines Luftschiff **2** = COLONEL BLIMP

blind 0‑ /blaɪnd/ *Adj, Verb, Nomen, Adv*
▸ ***Adj*** (*Adv* **blind·ly**) **1** blind ◇ *a blind man* ein Blinder ◇ *She is blind to his faults.* Sie ist blind gegenüber seinen Fehlern. ◇ *go blind* erblinden ◇ *blind panic* kopflose Panik **2** (*Ecke, Kurve etc.*) nicht einsehbar IDM **(as) blind as a ˈbat** (*hum*) stockblind **not a blind bit of …** (*BrE, umgs*) überhaupt kein … **turn a blind ˈeye (to sth)** (bei etw) ein Auge zudrücken
▸ ***Verb*** **1** blenden ◇ *She was blinded in the explosion.* Bei der Explosion verlor sie das Augenlicht. **2 ~ sb (to sth)** jdn (für etw) blind machen IDM **blind sb with science** jdn mit Fachjargon beeindrucken oder verwirren
▸ ***Nomen*** **1** Rollladen, Jalousie **2 the blind** [Pl] die Blinden IDM **it's (a case of) the blind leading the ˈblind** das ist, wie wenn ein Blinder einen Lahmen führt
▸ ***Adv*** blind ◇ *fly blind* im Blindflug fliegen IDM **blind ˈdrunk** völlig betrunken → *Siehe auch* SWEAR

ˌblind ˈalley *Nomen* (*Irrweg*) Sackgasse

ˌblind ˈdate *Nomen* = Rendezvous mit einem/einer Unbekannten

blind·er /ˈblaɪndə(r)/ *Nomen* **1** (SPORT) Spitzenleistung ◇ *play, run, etc. a blinder* eine Spitzenleistung bieten **2 blinders** [Pl] (*AmE*) Scheuklappen (*auch fig*)

blind·fold /ˈblaɪndfəʊld; *AmE* -foʊld/ *Nomen, Verb, Adj, Adv*
▸ ***Nomen*** Augenbinde
▸ ***Verb*** die Augen verbinden
▸ ***Adj, Adv*** (*AmE* **ˈblindfolded**) mit verbundenen Augen

blind·ing /ˈblaɪndɪŋ/ *Adj* grell, blendend ◇ *a blinding headache* rasende Kopfschmerzen

blind·ing·ly /ˈblaɪndɪŋli/ *Adv* extrem ◇ *The reason is blindingly obvious.* Der Grund liegt doch auf der Hand.

ˌblind man's ˈbuff *Nomen* (*AmE* **ˌblind man's ˈbluff**) Blindekuh

blind·ness /ˈblaɪndnəs/ *Nomen* Blindheit ◇ *partial blindness* Sehbehinderung

ˈblind spot *Nomen* **1** toter Winkel **2** schwacher Punkt ◇ *I have a blind spot where maths is concerned.* Mathe ist mein Schwachpunkt. **3** (MED) blinder Fleck

bling /blɪŋ/ (*auch* **ˌbling-ˈbling**) *Adj, Nomen* (*umgs*)
▸ ***Adj*** (*Schmuck*) auffällig, protzig; (*Kleidung*) modisch-extravagant; (*Person*) aufgetakelt, goldbehängt
▸ ***Nomen*** [U] Klunker

blink /blɪŋk/ *Verb, Nomen*
▸ ***Verb*** **1** blinzeln ◇ *I'll be back before you can blink.* Ehe du dich versiehst, bin ich wieder zurück. **2** (*Licht*) (auf)blinken PHR V **ˌblink aˈway/ˈback the tears** die Tränen zurückhalten
▸ ***Nomen*** Blinzeln IDM **in the blink of an ˈeye** in einem Augenblick **on the ˈblink** (*umgs*) kaputt

blink·er /ˈblɪŋkə(r)/ *Nomen* **1** Blinker **2 blinkers** [Pl] Scheuklappen (*auch fig*)

blink·ered /ˈblɪŋkəd; *AmE* -kərd/ *Adj* engstirnig

blink·ing /ˈblɪŋkɪŋ/ *Adj, Adv* (*BrE, umgs, veraltet*) verflixt

blip /blɪp/ *Nomen* **1** Leuchtpunkt **2** Störung ◇ *This is just a temporary blip.* Dies ist nur ein kurzfristiger Einbruch.

bliss /blɪs/ *Nomen* Glück(seligkeit), Wonne

bliss·ful /ˈblɪsfl/ *Adj* (*Adv* **bliss·ful·ly**) /-fəli/ glückselig ◇ *blissful ignorance* selige Unwissenheit

ˈB-list *Adj, Nomen*
▸ ***Adj*** der zweiten Garde, zweitklassig
▸ ***Nomen*** zweite Garde

blis·ter /ˈblɪstə(r)/ *Nomen, Verb*
▸ ***Nomen*** (*auf der Haut, im Anstrich*) Blase
▸ ***Verb*** Blasen bekommen, Blasen werfen ◇ *cracked and blistered skin* Haut mit Rissen und Blasen ◇ *The hot sun blistered the paint.* Durch die heiße Sonne warf die Farbe Blasen.

blis·ter·ing /ˈblɪstərɪŋ/ *Adj* **1** (*Tempo*) rasant **2** (*Hitze*) glühend **3** (*Kritik, Attacke*) heftig

blithe /blaɪð/ *Adj* (*Adv* **blithe·ly**) **1** (*abwert*) ungeniert ◇ *He drove with blithe disregard for the rules of the road.* Er missachtete die Verkehrsregeln ganz ungeniert. **2** (*gehoben*) heiter, unbekümmert

blitz /blɪts/ *Nomen, Verb*
▸ ***Nomen*** **1** [meist Sing] Großaktion ◇ *an advertising blitz* eine Werbegroßaktion ◇ *I've had a blitz on the house.* Ich habe im Haus eine Putzaktion veranstaltet. **2** [meist Sing] Angriff **3 the Blitz** [Sing] = die deutschen Luftangriffe auf Großbritannien im Jahre 1940
▸ ***Verb*** bombardieren

bliz·zard /ˈblɪzəd; *AmE* -zərd/ *Nomen* **1** Schneesturm ◇ *blizzard conditions* schlechte Wetterbedingungen mit Schneestürmen **2** (*gehoben*) (*von Beschwerden, Briefen etc.*) Flut, Lawine

bloat /bləʊt; *AmE* bloʊt/ *Verb* aufschwemmen, sich aufblähen

bloat·ed /ˈbləʊtɪd; *AmE* ˈbloʊ-/ *Adj* aufgedunsen ◇ (*fig*) *a bloated organization* eine personell aufgeblähte Organisation ◇ *I felt bloated.* Ich war zum Platzen voll.

blob /blɒb; *AmE* blɑːb/ *Nomen* Klecks; (*Farb-*) Tupfer

bloc /blɒk; *AmE* blɑːk/ *Nomen* (POL) Block → *Siehe auch* EN BLOC

block 0‑ /blɒk; *AmE* blɑːk/ *Nomen, Verb*
▸ ***Nomen*** **1** Block, Klotz ◇ *a block of ice* ein Eisblock ◇ *a chopping block* ein Hackklotz → *Siehe auch* BUILDING BLOCK *und* CINDER BLOCK **2 the block** der Richtblock **3** (*meist in Zusammensetzungen*) (*BrE*) Block; (*in Universität, Krankenhaus etc.*) Trakt ◇ *a tower block* ein Hochhaus ◇ *an office block* ein Bürohaus **4** Häuserblock ◇ *I went for a walk around the block.* Ich machte einen Spaziergang um den Häuserblock. **5**

(*AmE*) Block ◇ *His apartment is three blocks away from the police station.* Seine Wohnung ist drei Blocks von der Polizeiwache entfernt. **6** Abschnitt, Block ◇ *a block of text* ein Textabschnitt ◇ *a block of shares* ein Aktienpaket ◇ (*BrE*) *block bookings* Gruppenbuchungen **7** [meist Sing] Sperre, Hindernis ◇ *writer's block* eine Schreibblockade → *Siehe auch* STUMBLING BLOCK **8** (SPORT) Blockade **9 the blocks, the starting blocks** [Pl] Startblöcke IDM **go on the 'block** versteigert werden **put/lay your head/neck on the block** Kopf und Kragen riskieren → *Siehe auch* CHIP *und* KNOCK

▸ ***Verb*** **1** blockieren, verstopfen, (ver)sperren ◇ *Many roads are blocked by snow.* Viele Straßen sind wegen der starken Schneefälle unpassierbar. ◇ *One of the guards moved to block her path.* Einer der Wächter stellte sich ihr in den Weg. **2** (*Abkommen, Reform, Bewerbung etc.*) blockieren **3** (SPORT) abwehren, stoppen PHR V **ˌblock sb/sth 'in** jdn/etw einkeilen **ˌblock sth 'in** etw skizzieren **ˌblock sth 'off** (*Straße etc.*) absperren, abriegeln **ˌblock sth 'out 1** (*Licht, Lärm*) verdecken, abschirmen **2** (*Erinnerungen etc.*) verdrängen **ˌblock sth 'up** etw verstopfen; (*Tür, Fenster etc.*) zumauern

block·ade /blɒ'keɪd; *AmE* blɑː'-/ *Nomen, Verb*

▸ ***Nomen*** **1** Blockade **2** (*Straßen-*) Sperre

▸ ***Verb*** blockieren, sperren

block·age /'blɒkɪdʒ; *AmE* 'blɑːkɪdʒ/ *Nomen* Verstopfung ◇ *There was a blockage in the pipe.* Das Rohr war verstopft.

ˌblock and 'tackle *Nomen* Flaschenzug

block·bust·er /'blɒkbʌstə(r); *AmE* 'blɑːk-/ *Nomen* (*umgs*) Knüller, Filmhit

block·bust·ing /'blɒkbʌstɪŋ; *AmE* 'blɑːk-/ *Adj* ◇ *a blockbusting performance* eine Glanzleistung ◇ *a blockbusting book* ein Knüller

ˌblock 'capitals (*auch* **ˌblock 'letters**) *Nomen* [Pl] Blockbuchstaben, Blockschrift

block·head /'blɒkhed; *AmE* 'blɑːk-/ *Nomen* (*umgs*) Dummkopf

ˌblock 'vote *Nomen* = Stimmenabgabe im Paket

blog /blɒg; *AmE* blɑːg/ *Nomen, Verb*

▸ ***Nomen*** (COMP) Blog

▸ ***Verb*** [ohne Obj] (**-gg-**) bloggen, ein Internet-Tagebuch schreiben

blog·ger /'blɒgə(r); *AmE* 'blɑːgər/ *Nomen* Blogger(in), Autor(in) eines Internet-Tagebuchs

blogo·sphere /'blɒgəsfɪə(r); *AmE* 'blɑːgəsfɪr/ *Nomen* (*meist* **the blogosphere**) [Sing] (*umgs*) Blogosphäre, Blogwelt

'blog post *Nomen* Blogbeitrag

bloke /bləʊk; *AmE* bloʊk/ *Nomen* (*BrE, umgs*) Kerl, Typ

blonde 0‑ /blɒnd; *AmE* blɑːnd/ *Adj, Nomen*

▸ ***Adj*** (*auch* **blond**) blond, hell

▸ ***Nomen*** Blondine

blood 0‑ /blʌd/ *Nomen* **1** Blut ◇ *give blood* Blut spenden ◇ *The dog bit me, drawing blood.* Der Hund biss mich, so dass ich blutete. **2** (*gehoben*) Geblüt, Abstammung, Blut IDM **bad 'blood** böses Blut ◇ *There is a lot of bad blood between them.* Sie haben ein sehr gespanntes Verhältnis. **be after / out for sb's 'blood** (*umgs, oft hum*) jdn an den Kragen wollen; es auf jdn abgesehen haben **be/run in your 'blood** jdm im Blut liegen **be like getting blood out of/from a 'stone** fast ein Ding der Unmöglichkeit sein; ein hartes Stück Arbeit sein **sb's 'blood is up** (*BrE*) jdm kocht das Blut in den Adern **sb has sb's 'blood on his, her, etc. hands** jdm klebt jds Blut an den Händen **make sb's 'blood boil** jdn rasend machen **make sb's blood run cold** jdm das Blut in den Adern erstarren lassen **new/fresh 'blood** frisches Blut → *Siehe auch* COLD, FLESH, FREEZE, SPILL *und* SWEAT

'blood bank *Nomen* Blutbank

blood·bath /'blʌdbɑːθ; *AmE* -bæθ/ *Nomen* Blutbad

'blood brother *Nomen* Blutsbruder

'blood clot (*auch* **clot**) *Nomen* Blutgerinnsel

'blood count *Nomen* (MED) Blutbild

'blood-curdling *Adj* Grauen erregend

'blood donor *Nomen* Blutspender(in)

'blood drive *Nomen* (*bes AmE*) Blutspendeaktion

-blooded /'blʌdɪd/ (*in Adjektiven*) -blütig ◇ *cold-blooded animals* Kaltblüter

'blood group *Nomen* Blutgruppe

'blood heat *Nomen* Körpertemperatur

blood·hound /'blʌdhaʊnd/ *Nomen* Bluthund

blood·ied /'blʌdid/ *Adj* blutig

blood·ily *Adv* → BLOODY[2]

blood·less /'blʌdləs/ *Adj* **1** unblutig **2** bleich, blutleer **3** gefühllos

blood·let·ting /'blʌdletɪŋ/ *Nomen* **1** Blutvergießen **2** Aderlass

blood·lust /'blʌdlʌst/ *Nomen* Blutrünstigkeit

'blood money *Nomen* **1** Mordlohn **2** Blutgeld

'blood orange *Nomen* Blutorange

'blood poisoning *Nomen* Blutvergiftung

'blood pressure *Nomen* [U] Blutdruck ◇ *take sb's blood pressure* jdm den Blutdruck messen

ˌblood-'red *Adj* blutrot

'blood relation (*auch* **'blood relative**) *Nomen* Blutsverwandte(r)

'blood sausage *Nomen* (*AmE*) Blutwurst

blood·shed /'blʌdʃed/ *Nomen* Blutvergießen

blood·shot /'blʌdʃɒt; *AmE* -ʃɑːt/ *Adj* blutunterlaufen

'blood sport *Nomen* [meist Pl] Hetzjagd

blood·stain /'blʌdsteɪn/ *Nomen* Blutfleck

blood·stained /'blʌdsteɪnd/ *Adj* blutbefleckt

blood·stock /'blʌdstɒk; *AmE* -stɑːk/ *Nomen* [U] Vollblut(pferde)

blood·stream /'blʌdstriːm/ *Nomen* Blutbahn, Blutkreislauf

'blood test *Nomen* Blutprobe, Blutuntersuchung

blood·thirsty /'blʌdθɜːsti; *AmE* -θɜːrsti/ *Adj* **1** blutdürstig **2** blutrünstig

'blood transfusion (*auch* **trans·fu·sion**) *Nomen* Bluttransfusion

'blood type *Nomen* (*bes AmE*) Blutgruppe

'blood vessel *Nomen* Blutgefäß

bloody[1] /'blʌdi/ *Adj, Adv* (*BrE, vulg, umgs*)

▸ ***Adj*** [nur vor Nomen] verdammt, Scheiß- ◇ *What the bloody hell do you think you're doing?* Was zum Teufel machst du da?

▸ ***Adv*** verdammt ◇ *That was a bloody good meal!* Das war ein verdammt gutes Essen. ◇ *I don't bloody care.* Das ist mir scheißegal. IDM **bloody well** (*BrE, beleidigend, umgs*) ◇ *You can bloody well keep your job!* Sie können sich Ihren verdammten Job an den Hut stecken! ◇ *'I'm not coming.' 'Yes, you bloody well are!'* „Ich komme nicht mit!" „Oh doch, verdammt noch mal!"

bloody[2] /'blʌdi/ *Adj* (**blood·ier, bloodi·est**) (*Adv* **blood·ily** /-dɪli/) blutig ◇ *give sb a bloody nose* jdm eins auf die Nase geben

ˌbloody-'minded *Adj* (*BrE, umgs*) stur

ˌbloody-'minded·ness *Nomen* (*BrE, umgs*) Sturheit

bloom /bluːm/ *Nomen, Verb*

▸ ***Nomen*** (*gehoben oder Fachspr*) Blüte (*auch fig*) ◇ *There was a healthy bloom on her cheeks.* Ihre Wangen waren rosig frisch. ◇ *The roses are coming into bloom.* Die Rosen beginnen zu blühen. ◇ *daffodils in*

bloom blühende Osterglocken
▸ ***Verb*** blühen (*auch fig*) ◇ *The children had bloomed during their stay on the farm.* Die Kinder waren in den Ferien am Bauernhof aufgeblüht. ◇ *She was blooming with good health.* Sie sah blühend aus.

bloom·er /ˈbluːmə(r)/ *Nomen (BrE, umgs, veraltet) (Fehltritt)* Schnitzer, Ausrutscher

bloom·ers /ˈbluːməz; *AmE* -mərz/ *Nomen* [Pl] **1** (*umgs*) = Damenunterhose mit knielangem Bein **2** Pumphose

bloom·ing /ˈbluːmɪŋ, ˈblʊmɪŋ/ *Adj, Adv (BrE, umgs)* verflixt, Mist- ◇ *What blooming (awful) weather!* So ein Mistwetter!

blos·som /ˈblɒsəm; *AmE* ˈblɑːsəm/ *Nomen, Verb*
▸ ***Nomen*** Blüte ◇ *The trees are in blossom.* Die Bäume blühen.
▸ ***Verb*** **1** blühen **2 ~ into sth** zu etw werden, zu etw erblühen ◇ *Their friendship blossomed into love.* Aus ihrer Freundschaft wurde Liebe. **3** (*fig*) aufblühen ◇ *She has blossomed over the last few months.* In den letzten paar Monaten ist sie aufgeblüht.

blot /blɒt; *AmE* blɑːt/ *Verb, Nomen*
▸ ***Verb*** (**-tt-**) **1** abtupfen; (*Tinte*) ablöschen **2** beklecksen, verklecksen IDM **blot your ˈcopybook** (*umgs, veraltet*) sich seinen guten Ruf/seine Chancen kaputtmachen PHR V **ˌblot sth ˈout 1** etw verdecken **2** (*Erinnerung etc.*) auslöschen
▸ ***Nomen*** **1** Fleck, Klecks **2** Makel IDM **a blot on the ˈlandscape** ein Schandfleck in der Landschaft

blotch /blɒtʃ; *AmE* blɑːtʃ/ *Nomen* Fleck

blotchy /ˈblɒtʃi; *AmE* ˈblɑːtʃi/ (*BrE auch* **blotched**) *Adj (Gesicht, Haut)* fleckig

blot·ter /ˈblɒtə(r); *AmE* ˈblɑːtər/ *Nomen* **1** Schreibunterlage **2** (*AmE*) Polizeiregister

ˈblotting paper *Nomen* Löschpapier

blouse /blaʊz; *AmE* blaʊs/ *Nomen* Bluse

blow 0-π /bləʊ; *AmE* bloʊ/ *Verb, Nomen, Ausruf*
▸ ***Verb*** (**blew** /bluː/, **blown** /bləʊn; *AmE* bloʊn/) ℹ In Bedeutung 9 ist das Partizip **blowed** /bləʊd/, *AmE* /bloʊd/. **1** pusten, blasen **2** wehen ◇ *It was blowing a gale.* Es stürmte. ◇ *The ship was blown onto the rocks.* Das Schiff wurde vom Wind auf die Felsen getrieben. ◇ *The bomb blast blew him across the street.* Die Explosion schleuderte ihn über die Straße. **3** (*Pfeife, Hupe, etc.*) ◇ *I heard the whistle blow.* Ich hörte den Pfiff. ◇ *drivers blowing their horns* hupende Autofahrer **4** (*Sicherung*) durchbrennen (lassen) **5** (auf)sprengen **6** (*umgs*) (*Geheimnis etc.*) aufdecken ◇ *The spy's cover was blown.* Der Spion wurde enttarnt. **7 ~ sth (on sth)** (*umgs*) etw (für etw) verpulvern **8** (*umgs*) verpatzen ◇ *I've blown it.* Ich habe alles vermasselt. **9** (*umgs*) (*verwendet, um Ärger, Verblüffung etc. auszudrücken*) ◇ *Blow it! We've missed the bus.* So ein Mist! Wir haben den Bus verpasst. ◇ *Well, blow me down!* Menschenskind! ◇ *I'm blowed if I'm going to put up with it.* Ich denke nicht daran, mir das gefallen zu lassen. ◇ *Let's take a taxi and blow the expense.* Lass uns ein Taxi nehmen, egal, was es kostet. **10** (*AmE, Slang*) abhauen ◇ *Let's blow this joint.* Lasst uns aus dem Laden hier abziehen. IDM **blow your/sb's ˈbrains out** sich/jdm eine Kugel durch den Kopf jagen **blow hot and ˈcold (about sth)** (*umgs*) dauernd seine Meinung (über etw) ändern **blow sb a ˈkiss** jdm eine Kusshand zuwerfen **blow your ˈmind** (*umgs*) ◇ *The sound just blows your mind.* Der Sound haut einen einfach um! **blow your ˈnose** sich die Nase putzen **blow your own ˈtrumpet** (*umgs*) sein eigenes Lob singen **blow sb/sth to kingdom come** (*umgs*) jdn/etw in die Luft jagen **blow your ˈtop** (*AmE* **blow your ˈstack**) (*umgs*) in die Luft gehen **blow the ˈwhistle on sb/sth** (*umgs*) jdn/etw auffliegen lassen → *Siehe auch* HORN, PUFF *und* WIND¹ PHR V **ˌblow sb aˈway** (*bes AmE, umgs*) **1** jdn abknallen **2** jdn total umhauen **ˌblow ˈin** (*umgs*) hereinschneien **ˌblow sb ˈoff** (*AmE, umgs*) jdn sitzen lassen **ˌblow ˈout 1** (*Flamme*) ausgehen **2** (*Erdöl, Gas*) ausbrechen, einen Blow-out haben **ˌblow itself ˈout** (*Wind, Sturm*) sich legen **ˌblow sb ˈout** (*AmE, umgs*) jdn vernichtend schlagen **ˌblow sth ˈout** etw auspusten **ˌblow ˈover** (*Sturm, Skandal etc.*) sich verziehen **ˌblow ˈup 1** explodieren **2** losbrechen **3** (*umgs*) (*Mensch*) in die Luft gehen **ˌblow sth ˈup 1** etw (in die Luft) sprengen **2** etw aufblasen, etw aufpumpen **3** (*Foto*) etw vergrößern **4** (*umgs*) etw aufbauschen, etw hochspielen **ˌblow ˈup at sb** (*umgs*) jdn (wütend) anfahren
▸ ***Nomen*** **1** Schlag, Hieb ◇ *a severe blow to the head* ein heftiger Schlag auf den Kopf ◇ *exchange blows* aufeinander einschlagen **2 ~ (to sb/sth)** (Schicksals)schlag (für jdn/etw) **3** ◇ *Give your nose a good blow.* Putz dir mal ordentlich die Nase. ◇ *put the candles out in one blow* die Kerzen mit einem Mal auspusten ◇ *give three blows on the whistle* dreimal pfeifen IDM **a ˌblow-by-ˌblow acˈcount, deˈscription, etc.** (*umgs, abwert*) ein ausführlicher Bericht **come to ˈblows (over sth)** sich (wegen einer Sache) in die Wolle kriegen **soften/cushion the ˈblow** den Schock mildern; den Schlag abfangen → *Siehe auch* DEAL *und* STRIKE
▸ ***Ausruf*** (*BrE, veraltet*) ach je!

ˈblow-dry *Verb, Nomen*
▸ ***Verb*** (**-dries, -drying, -dried, -dried**) föhnen
▸ ***Nomen*** Föhnen

blow·hole /ˈbləʊhəʊl; *AmE* ˈbloʊhoʊl/ *Nomen* **1** (*Wal etc.*) Atemloch **2** (*im Eis*) (Luft)loch

ˈblow job *Nomen (vulg, Slang)* ◇ *give sb a blow job* jdm einen blasen

blow·lamp /ˈbləʊlæmp; *AmE* ˈbloʊ-/ *Nomen (BrE)* Heißluftföhn

blown *Form von* BLOW

blow·out /ˈbləʊaʊt; *AmE* ˈbloʊ-/ *Nomen* **1** ◇ *He had a blowout.* Ihm ist ein Reifen geplatzt. **2** [meist Sing] (*umgs*) Gelage, Schlemmerei **3** (*AmE*) große Party **4** (*AmE*) leichter Sieg, Spaziergang **5** (*Erdöl, Gas*) Ausbruch, Blow-out

blow·torch /ˈbləʊtɔːtʃ; *AmE* ˈbloʊtɔːrtʃ/ *Nomen (AmE)* Heißluftföhn

ˈblow-up *Nomen* **1** (*Foto*) Vergrößerung **2** (*AmE*) Wutausbruch

blub·ber /ˈblʌbə(r)/ *Nomen, Verb*
▸ ***Nomen*** Tran
▸ ***Verb*** (*umgs, abwert*) flennen

bludg·eon /ˈblʌdʒən/ *Verb* **1** prügeln, niederknüppeln **2 ~ sb (into sth)** jdn (zu etw) zwingen

blue 0-π /bluː/ *Adj, Nomen*
▸ ***Adj*** **1** blau **2** (*bes AmE, umgs*) melancholisch, deprimiert ◇ *He's feeling blue.* Er ist ziemlich down. **3** unanständig; (*Film, Bild*) pornografisch ◇ *a blue joke* ein schlüpfriger Witz IDM **sb's ˌblue-eyed ˈboy** (*BrE, umgs, oft abwert*) ◇ *the manager's blue-eyed boy* der Liebling des Chefs **till you are blue in the ˈface** bis du schwarz wirst → *Siehe auch* BLACK, DEVIL, ONCE *und* SCREAM
▸ ***Nomen*** **1** Blau, Blauton **2** (*BrE*) = Titel für Studenten, die die Universität Oxford bzw. Cambridge bei bestimmten Sportwettkämpfen vertreten IDM **out of the ˈblue** völlig unerwartet; aus heiterem Himmel → *Siehe auch* BOLT *und* BOY

ˌblue ˈbaby *Nomen* = Baby mit angeborenem Herzfehler

blue·bell /ˈbluːbel/ *Nomen* **1** Sternhyazinthe **2** (*in Schottland*) (rundblättrige) Glockenblume

blue·berry /ˈbluːbəri; *AmE* -beri/ *Nomen* (*Pl* **-ies**) Heidelbeere, Blaubeere

ˌblue ˈblood *Nomen* blaues Blut

ˌblue-ˈblooded *Adj* blaublütig
blue·bot·tle /ˈbluːbɒtl; *AmE* -bɑːtl/ *Nomen* Schmeißfliege
ˌblue ˈcheese *Nomen* (Blau)schimmelkäse
ˌblue-ˈchip *Adj* [nur vor Nomen] (FINANZ) erstklassig
ˌblue-ˈcollar *Adj* [nur vor Nomen] Arbeiter- ◇ *blue-collar workers* die Arbeiter(klasse)
ˌblue ˈfunk → FUNK
blue·grass /ˈbluːgrɑːs; *AmE* -græs/ *Nomen* = Country-music mit Gitarren und Banjos
blue·ish = BLUISH
blue·ness /ˈbluːnəs/ *Nomen* Bläue
blue·print /ˈbluːprɪnt/ *Nomen* **1** Blaupause ◇ *the genetic blueprint* der genetische Bauplan **2** Modell, Muster
blues /bluːz/ *Nomen* **1** (*meist* **the blues**) Blues ◇ *sing the blues* Blues singen **2 the blues** [Pl] (*umgs*) Depressionen
ˈblue tit *Nomen* Blaumeise
bluff /blʌf/ *Verb, Nomen, Adj*
▸ ***Verb*** bluffen PHR V **ˈbluff sb into doing sth** jdn durch einen Trick dazu bringen, etw zu tun **ˌbluff it ˈout** bluffen **ˌbluff your way ˈin(to sth)** sich (in etw) hineinmogeln **ˌbluff your way ˈout (of sth)** sich (aus etw) herausmogeln **ˌbluff your way ˈthrough (sth)** sich (durch etw) hindurchmogeln
▸ ***Nomen*** **1** Bluff **2** Kliff, Felsen IDM → CALL
▸ ***Adj*** rau aber herzlich
blu·ish (*auch* **blue·ish**) /ˈbluːɪʃ/ *Adj* bläulich
blun·der /ˈblʌndə(r)/ *Nomen, Verb*
▸ ***Nomen*** grober Schnitzer
▸ ***Verb*** einen groben Fehler machen PHR V **ˌblunder aˈbout, aˈround, etc.** umher-, herumtappen etc. **ˌblunder ˈinto sth** **1** gegen etw stoßen **2** ◇ *blunder into a trap* in eine Falle tappen
blunt /blʌnt/ *Adj, Verb*
▸ ***Adj*** (*Adv* **blunt·ly**) **1** stumpf **2** unverblümt; (*Person*) direkt ◇ *To be blunt, …* Offen gesagt, …
▸ ***Verb*** **1** abschwächen, abmildern **2** stumpf machen
blunt·ness /ˈblʌntnəs/ *Nomen* Direktheit
blur /blɜː(r)/ *Nomen, Verb*
▸ ***Nomen*** [meist Sing] **1** schemenhafter Umriss, Kontur ◇ *Everything is a blur without my glasses.* Ohne Brille verschwimmt mir alles vor den Augen. **2** Schleier **3** verschwommener Eindruck, bruchstückhafte Erinnerung
▸ ***Verb*** (-rr-) **1** verschwimmen (lassen) **2** ◇ *His eyes blurred with tears.* Tränen stiegen ihm in die Augen. **3** (sich) verwischen
blurb /blɜːb; *AmE* blɜːrb/ *Nomen* Klappentext, Waschzettel
blurred /blɜːd; *AmE* blɜːrd/ *Adj* verschwommen, verwischt; (*Erinnerungen*) vage
blurry /ˈblɜːri/ *Adj* (*umgs*) verschwommen
blurt /blɜːt; *AmE* blɜːrt/ *Verb* **~ sth (out)** mit etw herausplatzen
blush /blʌʃ/ *Verb, Nomen*
▸ ***Verb*** **1 ~ (with sth) (at sth)** (beim Gedanken an etw) rot werden (vor etw) **2 ~ to do sth** sich schämen, etw zu tun
▸ ***Nomen*** **1** Erröten ◇ *She felt a warm blush rise to her cheeks.* Sie fühlte, wie ihr eine warme Röte ins Gesicht stieg. **2** (*AmE*) (Puder)rouge
▸ IDM → SPARE
blush·er /ˈblʌʃə(r)/ *Nomen* (Puder)rouge
blus·ter /ˈblʌstə(r)/ *Verb, Nomen*
▸ ***Verb*** toben, wettern
▸ ***Nomen*** lautes Geschrei, leere Drohungen
blus·tery /ˈblʌstəri/ *Adj* stürmisch
Blvd. *Abk* = BOULEVARD

BME /ˌbiː em ˈiː/ *Kurzform von* **black and minority ethnic** (*BrE*) = (*in GB*) Bezeichnung für Menschen mit nichtweißer Hautfarbe (Schwarze und Menschen, die einer ethnischen Minderheit angehören)
BMI /ˌbiː em ˈaɪ/ *Abk* = BODY MASS INDEX
bn *Abk* = BILLION
BO /ˌbiː ˈəʊ; *AmE* ˈoʊ/ *Abk* = BODY ODOUR
boa /ˈbəʊə; *AmE* ˈboʊə/ *Nomen* (*Pl* **boas**) **1** (*auch* **ˈboa constrictor**) Boa constrictor **2** Federboa
boar /bɔː(r)/ *Nomen* (*Pl* **boar** *oder* **boars**) **1** Keiler **2** Eber
board 0‑ᵣ /bɔːd; *AmE* bɔːrd/ *Nomen, Verb*
▸ ***Nomen*** **1** Brett; (*Fußboden-*) Diele ◇ *a bulletin board* ein schwarzes Brett ◇ *The exam results went up on the board.* Die Prüfungsergebnisse wurden am schwarzen Brett ausgehängt. ◇ *a diving board* ein Sprungbrett ◇ *I'll write it up on the board.* Ich schreib es an die Tafel. → *Siehe auch* BLACKBOARD, CHIPBOARD, FLOORBOARD, HARDBOARD, NOTICEBOARD, SAILBOARD, SKIRTING BOARD *und* SURFBOARD **2** [mit Verb im Sing/Pl] Vorstand, Aufsichtsrat; (*an einer Universität*) Rat ◇ *She has a seat on the board of directors.* Sie ist Vorstandsmitglied. **3** [mit Verb im Sing/Pl] Gremium, Kommission, Amt ◇ *the Welsh Tourist Board* das walisische Fremdenverkehrsamt ◇ *the Cambridge Examination Board* die Cambridge Prüfungskommission ◇ (*AmE*) *the Board of Education* die Schulbehörde **4** [U] Verpflegung **5 boards** [Pl] (*AmE, veraltet*) = Universitätsaufnahmeprüfung **6 the boards** [Pl] (*umgs, veraltet*) die Bühne ◇ *She's treading the boards.* Sie ist Schauspielerin. IDM **(be) above ˈboard** (*Geschäft etc.*) korrekt (sein); legal (sein) **aˌcross the ˈboard** allgemein ◇ *The industry needs more investment across the board.* Die ganze Industrie braucht mehr Investitionen. **ˌgo by the ˈboard** (*BrE*) unter den Tisch fallen; (*Plan etc.*) ins Wasser fallen **on ˈboard** an Bord ◇ (*fig*) *It's good to have you on board for this project.* Es ist gut, dass Sie mit dabei sind. **take sth on ˈboard** (*Vorschlag, Empfehlung*) etw annehmen; (*Rat, Kritik*) sich etw zu Herzen nehmen → *Siehe auch* SWEEP
▸ ***Verb*** **1 ~ (sth)** (in etw) einsteigen, an Bord (einer Sache) gehen **2 be boarding** ◇ *Flight BA193 for Paris is now boarding at Gate 37.* Passagiere des Fluges BA193 nach Paris bitte zum Flugsteig 37. **3 ~ at … /with sb** bei jdm in Pension wohnen **4** im Internat sein, Internatsschüler(in) sein PHR V **ˌboard sb ˈout** (*veraltet*) jdn in Pflege geben **ˌboard sth ˈup** etw mit Brettern verkleiden/vernageln
board·er /ˈbɔːdə(r); *AmE* ˈbɔːrdər/ *Nomen* (*bes BrE*) **1** Internatsschüler(in) **2** Pensionsgast
ˈboard game *Nomen* Brettspiel
board·ing /ˈbɔːdɪŋ; *AmE* ˈbɔːrdɪŋ/ *Nomen* **1** (*BrE*) Holzverschalung; (*Fußboden-*) Dielen **2** Internatsunterbringung ◇ *boarding fees* Internatskosten
ˈboarding house *Nomen* Pension
ˈboarding kennel *Nomen* [meist Pl] (*BrE*) Hundeheim
ˈboarding pass (*BrE auch* **ˈboarding card**) *Nomen* Bordkarte
ˈboarding school *Nomen* Internat
board·room /ˈbɔːdruːm, -rʊm; *AmE* ˈbɔːrd-/ *Nomen* Sitzungssaal ◇ *a boardroom row* Differenzen in der Geschäftsführung
ˈboard shorts *Nomen* [Pl] Boardshorts
board·walk /ˈbɔːdwɔːk; *AmE* ˈbɔːrd-/ *Nomen* (*bes AmE*) Holzsteg
boast /bəʊst; *AmE* boʊst/ *Verb, Nomen*
▸ ***Verb*** **1 ~ (about/of sth)** (mit etw) prahlen, (mit etw) angeben **2 ~ sth** (*nicht in der Verlaufsform*) (*gehoben*) sich einer Sache rühmen, etw aufzuweisen haben
▸ ***Nomen*** (*oft abwert*) Prahlerei ◇ *The company's boast*

of being the market leader is simply not true. Die Behauptung der Firma, marktführend zu sein, stimmt einfach nicht.

boast·ful /ˈbəʊstfl; *AmE* ˈboʊst-/ *Adj (abwert)* prahlerisch

boat /bəʊt; *AmE* boʊt/ *Nomen* **1** Boot ◇ *take a boat trip* eine Bootsfahrt machen **2** *(umgs)* Schiff, Fähre → *Siehe auch* GRAVYBOAT *und* SAUCEBOAT IDM **be in the same ˈboat** im gleichen Boot sitzen → *Siehe auch* BURN, MISS, PUSH *und* ROCK

boat·er /ˈbəʊtə(r); *AmE* ˈboʊ-/ *Nomen* (steifer) Strohhut

boat·hook /ˈbəʊthʊk; *AmE* ˈboʊt-/ *Nomen* Bootshaken

boat·house /ˈbəʊthaʊs; *AmE* ˈboʊt-/ *Nomen* Bootshaus

boat·ing /ˈbəʊtɪŋ; *AmE* ˈboʊ-/ *Nomen* ◇ *go boating* eine Bootsfahrt machen ◇ *Local activities include walking, boating and golf.* Unter den Freizeitmöglichkeiten sind z.B. Wandern, Bootfahren und Golf zu nennen.

boat·man /ˈbəʊtmən; *AmE* ˈboʊt-/ *Nomen (Pl* **-men** */-mən/)* Bootsverleiher, Bootsführer

ˈboat people *Nomen* [Pl] Bootsflüchtlinge

boat·yard /ˈbəʊtjɑːd; *AmE* ˈboʊtjɑːrd/ *Nomen* Bootswerft, Bootswerkstatt

Bob /bɒb; *AmE* bɑːb/ *Nomen* IDM **Bob's your ˈuncle** *(BrE, umgs)* ◇ *Press here and Bob's your uncle! It's disappeared.* Drück bloß da drauf und fertig ist der Lack! Es ist weg.

bob /bɒb; *AmE* bɑːb/ *Verb, Nomen*

▸ ***Verb*** **(-bb-) 1 ~ (up and down)** sich auf und ab bewegen ◇ *boats bobbing (up and down) on the waves* auf den Wellen tanzende Boote **2 ~ sth** ◇ *She bobbed her head nervously.* Sie nickte nervös mit dem Kopf. ◇ *bob a curtsy* einen Knicks machen PHRV **ˌbob ˈup** auftauchen *(auch fig)*

▸ ***Nomen*** **1** ◇ *a bob of the head* ein Kopfnicken **2** Bubikopf ◇ *She wears her hair in a bob.* Sie hat einen Bubikopf. **3** *(Pl* **bob***) (umgs) (alte britische Münze)* Shilling ◇ *That'll cost a few bob.* Das wird eine Stange Geld kosten. **4** = BOBSLEIGH IDM → BIT

bobbed /bɒbd; *AmE* bɑːbd/ *Adj* ◇ *a woman with bobbed blonde hair* eine Frau mit einem blonden Bubikopf

bob·bin /ˈbɒbɪn; *AmE* ˈbɑːbɪn/ *Nomen* Spule

bob·ble /ˈbɒbl; *AmE* ˈbɑːbl/ *Nomen (BrE)* Pompon

bobby /ˈbɒbi; *AmE* ˈbɑːbi/ *Nomen (Pl* **-ies***) (BrE, umgs, veraltet) (Polizist)* Bobby

ˈbobby pin *Nomen (AmE)* Haarklemme

bob·cat /ˈbɒbkæt; *AmE* ˈbɑːb-/ *Nomen* Luchs

bobs /bɒbz; *AmE* bɑːbz/ *Nomen* [Pl] IDM → BIT

bob·sleigh /ˈbɒbsleɪ; *AmE* ˈbɑːb-/ *(auch* **bob***; AmE auch* **bob·sled** /ˈbɒbsled; *AmE* ˈbɑːb-/*) Nomen* Bob ◇ *a two-man bobsleigh* ein Zweierbob

bod /bɒd; *AmE* bɑːd/ *Nomen (umgs)* **1** *(BrE)* Mensch ◇ *an odd bod* ein komischer Typ **2** Körper ◇ *He's got a great bod.* Er hat eine gute Figur.

bode /bəʊd; *AmE* boʊd/ *Verb* IDM **bode ˈwell/ˈill (for sb/sth)** ein gutes/schlechtes Zeichen (für jdn/etw) sein

bodge /bɒdʒ; *AmE* bɑːdʒ/ *Verb (BrE, umgs)* **~ sth (up)** etw verpfuschen; **~ sth together** etw zusammenpfuschen

bod·ice /ˈbɒdɪs; *AmE* ˈbɑːdɪs/ *Nomen* Mieder, Oberteil

-bodied /ˈbɒdid; *AmE* ˈbɑːdid/ ◇ *full-bodied red wines* vollmundige Rotweine ◇ *soft-bodied insects* Insekten mit weichem Körper → *Siehe auch* ABLE-BODIED

bod·ily /ˈbɒdɪli; *AmE* ˈbɑːd-/ *Adj, Adv*

▸ ***Adj*** [nur vor Nomen] körperlich ◇ *bodily harm* Körperverletzung

▸ ***Adv*** gewaltsam

body /ˈbɒdi; *AmE* ˈbɑːdi/ *Nomen (Pl* **-ies***)* **1** Körper ◇ *parts of the body* Körperteile ◇ *He's got a good body.* Er hat eine gute Figur. **2** Rumpf **3** Leiche; *(Tier-)* Kadaver ◇ *a dead body* eine Leiche **4** *(von einem Buch, Bericht etc.)* Hauptteil; *(vom Flugzeug, Schiff etc.)* Rumpf **5** [mit Verb im Sing/Pl] Gruppe, Behörde, Gremium, Körperschaft ◇ *a regulatory body* eine Regulierungsbehörde ◇ *a review body* ein Untersuchungsausschuss ◇ *representatives of the student body* Vertreter der Studentenschaft ◇ *The protesters marched in a body to the White House.* Die Demonstranten marschierten geschlossen zum Weißen Haus. **6** Masse, Sammlung ◇ *a vast body of evidence* umfangreiches Beweismaterial ◇ *large bodies of water* ausgedehnte Gewässer **7** (PHYSIK) *(gehoben)* Körper ◇ *heavenly bodies* Himmelskörper **8** [U] Substanz, Festigkeit ◇ *a wine with plenty of body* ein Wein mit Körper **9** *(BrE)* Bodysuit → *Siehe auch* -BODIED IDM **body and ˈsoul** mit Leib und Seele **keep body and ˈsoul together** Leib und Seele zusammenhalten → *Siehe auch* DEAD

ˈbody armour *Nomen* Panzerweste

ˈbody bag *Nomen* Leichensack

ˈbody blow *Nomen* Körpertreffer; *(fig)* schwerer Schlag

bodyboarding /ˈbɒdibɔːdɪŋ; *AmE* ˈbɑːdibɔːrdɪŋ/ *Nomen* Bodyboarding

body·build·ing /ˈbɒdibɪldɪŋ; *AmE* ˈbɑːd-/ *Nomen* Bodybuilding, Muskeltraining

ˈbody clock *Nomen* innere Uhr

ˈbody double *Nomen (beim Film)* Double

body·guard /ˈbɒdigɑːd; *AmE* ˈbɑːdigɑːrd/ *Nomen* **1** Leibwächter **2** [mit Verb im Sing/Pl] Leibwache

ˈbody language *Nomen* Körpersprache

ˈbody mass index *Nomen (Pl* **body mass indices***) (Abk* **BMI***)* Body-Mass-Index

ˈbody odour *Nomen (Abk* **BO***)* Körpergeruch

ˈbody piercing *Nomen* Bodypiercing

the ˌbody ˈpolitic *Nomen (gehoben)* der Staat, das Staatswesen

ˈbody scanner *Nomen (am Flughafen)* Körperscanner

ˈbody search *Nomen* Leibesvisitation

ˈbody shop *Nomen* Karosseriewerkstatt

ˈbody stocking *Nomen* Body(stocking)

body·suit /ˈbɒdisuːt, -sjuːt; *AmE* ˈbɑːdisuːt/ *Nomen (AmE)* Bodysuit

body·work /ˈbɒdiwɜːk; *AmE* ˈbɑːdiwɜːrk/ *Nomen* Karosserie

Boer /bɔː(r)/ *Nomen* Bure, Burin

bof·fin /ˈbɒfɪn; *AmE* ˈbɑːfən/ *Nomen (BrE, umgs)* Intelligenzler(in), Experte, Expertin

bog /bɒg; *AmE* bɑːg/ *Nomen, Verb*

▸ ***Nomen*** **1** Moor **2** *(BrE, Slang)* Klo

▸ ***Verb*** **(-gg-)** PHRV **be/become/get ˌbogged ˈdown 1** stecken bleiben **2** *(Gespräche, Verhandlungen etc.)* sich festfahren ◇ *We mustn't get bogged down in details.* Wir dürfen uns nicht mit Einzelheiten verzetteln.

bogey *(auch* **bogy***)* /ˈbəʊgi; *AmE* ˈboʊ-/ *Nomen* **1** Schreckgespenst **2** *(BrE, umgs)* Popel **3** *(BrE)* = BOGEYMAN **4** *(Golf)* ein Schlag über Par, Bogey

bo·gey·man *(auch* **bogy·man***)* /ˈbəʊgimæn; *AmE* ˈboʊ-/ *Nomen (Pl* **-men** */-men/) (BrE auch* **bogey**; **bogy***)* Butzemann, Buhmann

bog·gle /ˈbɒgl; *AmE* ˈbɑːgl/ *Verb* **~ (at sth)** *(umgs)* (vor etw) zurückschrecken IDM **sth boggles the ˈmind; the mind ˈboggles** *(umgs)* der Gedanke an etw macht einen schwindlig ◇ *The vastness of space really boggles the mind.* Die unermessliche Weite des Weltraums übersteigt die Vorstellungskraft.

boggy /ˈbɒgi; *AmE* ˈbɑːgi/ *Adj* sumpfig, morastig

BOGOF /ˈbɒgɒf; *AmE* ˈbɑːgɑːf/ *Kurzform von* **buy one, get one free** (*BrE, umgs*) Zwei-zum-Preis-von-einem- ◇ *a BOGOF offer* ein Angebot, bei dem man zwei Produkte zum Preis von einem bekommt

ˌbog-ˈstandard *Adj* (*BrE, umgs*) stinknormal

bo·gus /ˈbəʊgəs; *AmE* ˈboʊ-/ *Adj* **1** falsch; (*Dokument*) gefälscht ◇ *bogus asylum seekers* Scheinasylanten **2** (*AmE, Slang*) ultraschlecht

bogy, bogy·man = BOGEY *und* BOGEYMAN

bo·he·mian /bəʊˈhiːmiən; *AmE* boʊˈ-/ *Nomen, Adj*
▸ ***Nomen*** Bohemien
▸ ***Adj*** unkonventionell, unbürgerlich

boil 🔑 /bɔɪl/ *Verb, Nomen*
▸ ***Verb*** **1** kochen, sieden ◇ *Boil two litres of water.* Bringen Sie zwei Liter Wasser zum Kochen. ◇ *I'll boil the kettle and make some tea.* Ich setze Wasser auf und mache uns Tee. ◇ (*BrE*) *The kettle's boiling.* Das Wasser kocht. ◇ *She put some potatoes on to boil.* Sie setzte einen Topf mit Kartoffeln auf. ◇ *boiled potatoes* Salzkartoffeln ◇ *The pan's boiled dry.* Das Wasser im Topf ist verkocht. **2** (*gehoben*) (*fig*) kochen, schäumen ◇ *He was boiling with rage.* Er kochte vor Wut. **IDM** → BLOOD **PHR V** **ˌboil ˈaway** verkochen **ˌboil (sth) ˈdown** (etw) einkochen **ˌboil sth ˈdown (to sth)** etw (auf etw) kürzen **ˌboil ˈdown to sth** (*nicht in der Verlaufsform*) auf etw hinauslaufen **ˌboil ˈover** überkochen (*auch fig*) **ˌboil ˈup** (*Wut etc.*) aufsteigen; (*Lage etc.*) sich zuspitzen **ˌboil sth ˈup** etw kochen
▸ ***Nomen*** **1** Kochen ◇ *come to the boil* zu kochen anfangen ◇ *Bring the soup to the boil.* Lassen Sie die Suppe aufkochen. **2** Furunkel **IDM** **off the ˈboil** (*BrE*) nicht mehr so gut; schwächer ◇ *The second series really went off the boil.* Die zweite Serie war nicht mehr so gut. **on the ˈboil** im Gange ◇ *We have several projects all on the boil at once.* Wir arbeiten gleichzeitig an mehreren Projekten.

ˌboiled ˈsweet *Nomen* (*BrE*) (Frucht)bonbon

boil·er /ˈbɔɪlə(r)/ *Nomen* Boiler, Heißwasserbereiter; (*in einer Dampfmaschine*) Kessel

ˈboiler suit *Nomen* (*bes BrE*) Overall

boil·ing /ˈbɔɪlɪŋ/ (*auch* **ˌboiling ˈhot**) *Adj* kochend heiß ◇ *You must be boiling in that sweater!* In dem Pulli musst du ja ganz schön schwitzen!

ˈboiling point *Nomen* Siedepunkt (*auch fig*)

bois·ter·ous /ˈbɔɪstərəs/ *Adj* (*Adv* **bois·ter·ous·ly**) ausgelassen, übermütig; (*Begrüßung*) stürmisch

bok choy /ˌbɒk ˈtʃɔɪ; *AmE* ˌbɑːk/ *Nomen* (*AmE*) Pak Choi, chinesischer Senfkohl

bold /bəʊld; *AmE* boʊld/ *Adj* **1** (*Adv* **bold·ly**) kühn, mutig **2** (*Adv* **bold·ly**) forsch, herausfordernd **3** (*Adv* **bold·ly**) (*Farbe, Strich etc.*) kräftig; (*Muster*) auffallend ◇ *the bold outline of a mountain* die markante Silhouette eines Berges **4** (*Fachspr*) fett gedruckt ◇ *Highlight the important words in bold (type).* Markieren Sie die Schlüsselwörter durch Fettdruck. **IDM** **be/make so bold (as to do sth)** (*gehoben*) sich erlauben dürfen (etw zu tun) ◇ *If I might be so bold as to ask …* Wenn ich mir die Frage erlauben darf … **(as) bold as ˈbrass** (*BrE, umgs*) unverfroren

bold·ness /ˈbəʊldnəs; *AmE* ˈboʊld-/ *Nomen* **1** Kühnheit, Mut **2** Unverfrorenheit **3** Kräftigkeit ◇ *I like the boldness of the colours.* Ich mag die kräftigen Farben.

bol·ero /bəˈleərəʊ; *AmE* bəˈleroʊ/ *Nomen* (*Pl* **-os**) Bolero

boll /bəʊl; *AmE* boʊl/ *Nomen* (*bei Baumwolle*) Samenkapsel

bol·lard /ˈbɒlɑːd; *AmE* ˈbɑːlərd/ *Nomen* Poller

bol·lock·ing /ˈbɒləkɪŋ; *AmE* ˈbɑːlə-/ *Nomen* (*BrE, vulg*) Anschiss

bol·locks /ˈbɒləks; *AmE* ˈbɑːləks/ *Nomen* (*BrE, vulg, Slang*) **1** Quatsch ◇ *You're talking a load of bollocks!* Du redest einen Scheiß daher! **2** [Pl] (*Hoden*) Eier

bol·ogna /bəˈləʊnjə, bəˈlɒnjə; *AmE* bəˈloʊnjə/ *Nomen* (*AmE*) Mortadella

bol·shie (*auch* **bol·shy**) /ˈbɒlʃi; *AmE* ˈboʊl-/ *Adj* (*BrE, umgs, abwert*) aufsässig, rotzig

bol·ster /ˈbəʊlstə(r); *AmE* ˈboʊl-/ *Verb, Nomen*
▸ ***Verb*** **~ sb/sth (up)** jdm/etw Auftrieb geben ◇ *bolster sb's morale* jdn aufbauen ◇ *bolster sb's confidence* jds Selbstvertrauen heben ◇ *bolster sb's courage* jdm Mut machen
▸ ***Nomen*** Nackenrolle

bolt /bəʊlt; *AmE* boʊlt/ *Nomen, Verb, Adv*
▸ ***Nomen*** **1** Riegel **2** Schraube (*ohne Spitze*) **3** **bolt of lightning** Blitzstrahl **4** Bolzen **5** (Stoff)ballen **IDM** **a ˌbolt from the ˈblue** ein Blitz aus heiterem Himmel **make a ˈbolt for sth** ◇ *She made a bolt for the door.* Sie machte einen Satz zur Tür. ◇ *make a bolt for freedom* einen Fluchtversuch machen **make a ˈbolt for it** Reißaus nehmen → *Siehe auch* NUT
▸ ***Verb*** **1** verriegeln, sich verriegeln lassen **2** **~ A to B** A an B schrauben; **~ A and B (together)** A und B verschrauben **3** (*Pferd*) durchgehen **4** (weg)rennen **5** **~ sth (down)** etw hinunterschlingen **6** (*AmE*) sich lossagen von ◇ *Many Democrats bolted the party.* Viele Demokraten sagten sich von der Partei los. **7** (*Gemüse*) schießen **IDM** → STABLE
▸ ***Adv*** **IDM** **sit/stand bolt ˈupright** kerzengerade sitzen/stehen

bolt·hole /ˈbəʊlthəʊl; *AmE* ˈboʊlthoʊl/ *Nomen* (*BrE*) Schlupfwinkel

bomb 🔑 /bɒm; *AmE* bɑːm/ *Nomen, Verb*
▸ ***Nomen*** **1** Bombe **2** **the bomb** [Sing] die Atombombe **3** **a bomb** [Sing] (*BrE, umgs*) ein Bombengeld, ein Haufen Geld **4** **a bomb** [Sing] (*AmE, umgs*) (*Misserfolg*) ein Reinfall **IDM** **go down a ˈbomb**; **go (like) a ˈbomb** (*BrE*) ein Bombenerfolg sein **go like a ˈbomb** (*BrE*) (*Wagen*) abgehen wie eine Rakete
▸ ***Verb*** **1** bombardieren einen Bombenanschlag verüben auf **2** (*BrE, umgs*) rasen **3** **~ sth** (*AmE, umgs*) (*Prüfung etc.*) bei etw durchfallen **4** (*umgs*) (*Theaterstück etc.*) durchfallen **PHR V** **be ˌbombed ˈout** **1** **be bombed out (of sth)** (aus etw) ausgebombt werden **2** zerbombt werden

ˈbomb alert *Nomen* (*BrE*) Bombenalarm

bom·bard /bɒmˈbɑːd; *AmE* bɑːmˈbɑːrd/ *Verb* **~ sb/sth (with sth)** jdn/etw (mit etw) bombardieren (*auch fig*), jdn/etw (mit etw) beschießen (*auch fig*)

bom·bard·ier /ˌbɒmbəˈdɪə(r); *AmE* ˌbɑːmbərˈdɪr/ *Nomen* **1** (*BrE*) Artillerieunteroffizier **2** (*AmE*) Bombenschütze

bom·bard·ment /bɒmˈbɑːdmənt; *AmE* bɑːmˈbɑːrd-/ *Nomen* Bombardierung, Bombardement

bom·bast /ˈbɒmbæst; *AmE* ˈbɑːm-/ *Nomen* (*gehoben*) Schwulst

bom·bas·tic /bɒmˈbæstɪk; *AmE* bɑːmˈ-/ *Adj* schwülstig

ˈbomb disposal *Nomen* Bombenentschärfung

bomb·er /ˈbɒmə(r); *AmE* ˈbɑːmər/ *Nomen* **1** (*Flugzeug*) Bomber **2** Bombenattentäter(in)

bomb·ing /ˈbɒmɪŋ; *AmE* ˈbɑːmɪŋ/ *Nomen* **1** Bombenangriff **2** [U] Bombardierung

ˈbomb scare (*bes AmE* **ˈbomb threat**) *Nomen* Bombenalarm

bomb·shell /ˈbɒmʃel; *AmE* ˈbɑːm-/ *Nomen* [meist Sing] (*umgs*) **1** Sensation ◇ *The news came as a bombshell.* Die Nachricht schlug wie eine Bombe ein. ◇ *drop a bombshell* eine Bombe platzen lassen **2** **a blond(e) bombshell** eine Superblondine

'bomb site *Nomen* Trümmergrundstück, Trümmerfeld

bona fide /ˌbəʊnə ˈfaɪdi; *AmE* ˌboʊ-/ *Adj* bona fide, echt, rechtmäßig

bon·anza /bəˈnænzə/ *Nomen* [Sing] **1** Boom **2** Fülle

bon·bon /ˈbɒnbɒn; *AmE* ˈbɑːnbɑːn/ *Nomen* Bonbon

bonce /bɒns; *AmE* bɑːns/ *Nomen* (*BrE, umgs*) (*Kopf*) Birne

bond /bɒnd; *AmE* bɑːnd/ *Nomen, Verb*

▸ ***Nomen*** **1** Bindung ◇ *The agreement strengthened the bonds between the two countries.* Das Abkommen stärkte die Bande zwischen den beiden Ländern. **2** Obligation, (festverzinsliches) Wertpapier, Pfandbrief ◇ *government bonds* Staatsanleihen → *Siehe auch* JUNK BOND **3** [U] (*bes AmE*) (RECHT) Kaution ◇ *He was released on $5 000 bond.* Er kam gegen eine Kaution von $5 000 frei. **4 bonds** [Pl] (*gehoben*) Fesseln (*auch fig*) **5** (*gehoben*) (rechtlich gültiges) Übereinkommen **6** Verbindung, Verband **7** (CHEM) Bindung IDM → WORD

▸ ***Verb*** **1** kleben **2** haften **3** (CHEM) binden, sich zusammenschließen **4** ~ **(with sb)** eine Bindung (zu jdm) aufbauen ◇ *mothers who fail to bond with their children* Frauen, die keine emotionale Bindung zu ihrem Kind entwickeln

bond·age /ˈbɒndɪdʒ; *AmE* ˈbɑːn-/ *Nomen* **1** (*veraltet oder gehoben*) Sklaverei (*auch fig*) **2** (*sexuelle Praktik*) Fesseln

bond·ing /ˈbɒndɪŋ; *AmE* ˈbɑːn-/ *Nomen* [Sing] **1** Bindung, Beziehung ◇ *male bonding* Freundschaft zwischen Männern **2** (CHEM) Bindung

bone 🔑 /bəʊn; *AmE* boʊn/ *Nomen, Verb*

▸ ***Nomen*** **1** Knochen, Gräte **2** [U] Bein ◇ *knives with bone handles* Messer mit beinernen Griffen IDM **a bone of conˈtention** ein Zankapfel **close to the ˈbone** (*BrE, umgs*) ziemlich gewagt; hart an der Schmerzgrenze **cut, pare, etc. sth to the ˈbone** etw auf ein Minimum reduzieren **have a ˈbone to pick with sb** (*umgs*) mit jdm ein Hühnchen zu rupfen haben **make no bones about (doing) sth** kein Hehl aus etw machen; sich nicht scheuen etw zu tun **to the bone** im Innersten; (bis) ins Innerste → *Siehe auch* BAG, BARE, FEEL, FINGER, FLESH *und* SKIN

▸ ***Verb*** entbeinen, entgräten PHRV **ˌbone ˈup on sth** (*umgs*) sich über etw (gründlich) informieren

-boned /bəʊnd; *AmE* boʊnd/ (*in Zusammensetzungen*) -knochig ◇ *big-boned* grobknochig

ˌbone ˈdry *Adj* staubtrocken

ˈbone marrow (*auch* **mar·row**) *Nomen* Knochenmark

bone·meal /ˈbəʊnmiːl; *AmE* ˈboʊn-/ *Nomen* Knochenmehl

bon·fire /ˈbɒnfaɪə(r); *AmE* ˈbɑːn-/ *Nomen* (Freuden)feuer

ˈBonfire Night *Nomen* (*in GB*) = Abend des 5.November, Guy Fawkes Night

bongo /ˈbɒŋgəʊ; *AmE* ˈbɑːŋgoʊ/ (*Pl* **-os**) (*auch* **ˈbongo drum**) *Nomen* Bongo(trommel)

bon·homie /ˈbɒnəmi; *AmE* ˌbɑːnəˈmiː/ *Nomen* (*gehoben*) Jovialität

bonk /bɒŋk; *AmE* bɑːŋk/ *Nomen, Verb*

▸ ***Nomen*** (*BrE, umgs*) **1** [Sing] (*Sex*) Bumsen ◇ *a quick bonk* eine schnelle Nummer **2** Schlag ◇ *I got a bonk on the head.* Ich habe mir den Kopf gestoßen. **3** (*Geräusch*) Bums

▸ ***Verb*** (*BrE, umgs*) **1** (*Sex*) bumsen **2** ~ **sb** jdn schlagen; ~ **sth** sich etw stoßen

bon·net /ˈbɒnɪt; *AmE* ˈbɑːnət/ *Nomen* **1** Haube; (*Baby-*)Mützchen **2** (*BrE*) Motorhaube IDM → BEE

bonny /ˈbɒni; *AmE* ˈbɑːni/ *Adj* (**bon·nier**, **bon·ni·est**) (*Dialekt, SchotE*) hübsch

bonus /ˈbəʊnəs; *AmE* ˈboʊ-/ *Nomen* (*Pl* **-es**) **1** Prämie, Bonus ◇ *a Christmas bonus* Weihnachtsgeld **2** Plus, Vorteil

bony /ˈbəʊni; *AmE* ˈboʊ-/ *Adj* **1** knochig **2** (*Fisch*) grätig **3** knöchern

boo /buː/ *Ausruf, Nomen, Verb*

▸ ***Ausruf, Nomen*** Buh, Buhruf IDM → SAY

▸ ***Verb*** buhen ◇ *They were booed off the stage.* Sie wurden ausgebuht.

boob /buːb/ *Nomen, Verb*

▸ ***Nomen*** **1** [meist Pl] (*Slang*) Brust **2** (*BrE, umgs*) Dummheit ◇ *make a boob* Mist bauen **3** (*AmE*) Trottel

▸ ***Verb*** (*umgs*) Mist bauen

boo-boo /ˈbuː buː/ *Nomen* (*umgs*) Dummheit ◇ *make a boo-boo* Mist bauen

ˈboob tube *Nomen* **1** (*BrE, umgs*) trägerloses Oberteil **2** (*AmE, umgs*) Glotze

booby prize /ˈbuːbi praɪz/ *Nomen* = Scherzpreis für den schlechtesten Teilnehmer

ˈbooby trap *Nomen* **1** versteckter Sprengsatz **2** = als Streich gedachte Falle

ˈbooby-trap *Verb* (**-pp-**) ~ **sth** einen Sprengsatz an etw anbringen ◇ *a booby-trapped parcel* ein mit einem Sprengsatz versehenes Paket

boo·ger /ˈbuːgə(r)/ *Nomen* (*AmE*) Popel

boo·gey·man /ˈbuːgimæn/ *Nomen* (*AmE*) Butzemann, Buhmann

boo·hoo /ˈbuːhuː, ˌbuːˈhuː/ *Ausruf* huuh huuh

book 🔑 /bʊk/ *Nomen, Verb*

▸ ***Nomen*** **1** Buch ◇ *reference books* Nachschlagewerke **2** Heft ◇ *an exercise book* ein Schreibheft ◇ *a book of tickets* ein Fahrscheinblock **3 books** [Pl] Bücher ◇ *do the books* die Bücher führen IDM **be in sb's good/bad ˈbooks** (*umgs*) bei jdm gut/schlecht angeschrieben sein **be on sb's ˈbooks** bei jdm auf der Liste stehen **bring sb to ˈbook (for sth)** (*bes BrE, gehoben*) jdn (für etw) zur Rechenschaft ziehen **by the ˈbook** streng nach Vorschrift ◇ *She does everything by the book.* Sie hält sich bei allem streng an die Regeln. **in ˈmy book** (*umgs*) meiner Ansicht nach **throw the ˈbook at sb** (*umgs*) mit aller Schärfe gegen jdn vorgehen → *Siehe auch* CLOSED, COOK, LEAF, READ, SUIT, TRICK *und* TURN-UP

▸ ***Verb*** **1** buchen, bestellen ◇ *The performance is fully booked.* Die Vorführung ist ausverkauft. ◇ *booked up* ausgebucht ◇ *I've booked you on the 10 o'clock flight.* Ich habe für Sie ein Ticket für den 10-Uhr-Flug gebucht. **2** ~ **sb (for sth)** jdn (für etw) engagieren **3** (*BrE, umgs*) ~ **sb** jdn verwarnen, jdm die Gelbe Karte geben ◇ *He was booked for foul play.* Er wurde wegen eines Fouls verwarnt. PHRV **ˌbook ˈin** sich anmelden **ˌbook ˈinto sth** ◇ *book into a cheap hotel* sich ein billiges Hotelzimmer nehmen **ˌbook sb ˈin** jdn anmelden ◇ *I've booked you in at the Ritz.* Ich haben Ihnen ein Zimmer im Ritz bestellt.

book·able /ˈbʊkəbl/ *Adj* **1** im Vorverkauf erhältlich **2** (*BrE*) mit einer gelben Karte belegbar **3** (*AmE*) strafbar

book·bind·er /ˈbʊkbaɪndə(r)/ *Nomen* Buchbinder(in)

book·case /ˈbʊkkeɪs/ *Nomen* Bücherregal, Bücherschrank

ˈbook club *Nomen* Buchklub

book·end /ˈbʊkend/ *Nomen* Buchstütze

bookie /ˈbʊki/ *Nomen* (*umgs*) Buchmacher(in)

book·ing /ˈbʊkɪŋ/ *Nomen* **1** (*bes BrE*) Buchung, Bestellung ◇ *a booking form* ein Bestellformular ◇ *a booking hall* eine Schalterhalle ◇ *We can't take any more bookings.* Wir können keine weiteren Anmeldungen annehmen. **2** Engagement **3** *(BrE)* (SPORT) Verwarnung

ˈbook·ing of·fice *Nomen* Schalter, Kasse

book·ish /ˈbʊkɪʃ/ *Adj (abwert)* gelehrt ◇ *be bookish* ein Bücherwurm sein

book·keep·er /ˈbʊkkiːpə(r)/ *Nomen* Buchhalter(in)

book·keep·ing /ˈbʊkkiːpɪŋ/ *Nomen* Buchhaltung

book·let /ˈbʊklət/ *Nomen* Broschüre

book·maker /ˈbʊkmeɪkə(r)/ *Nomen* Buchmacher(in)

book·mark /ˈbʊkmɑːk; *AmE* -mɑːrk/ *Nomen, Verb*

▸ ***Nomen*** **1** Lesezeichen **2** (COMP) Bookmark, Lesezeichen

▸ ***Verb*** (COMP) ein Lesezeichen setzen auf

book·mobile /ˈbʊkməbiːl/ *Nomen (AmE)* Bücherbus

book·plate /ˈbʊkpleɪt/ *Nomen* Exlibris

ˈbook review *Nomen* Rezension

book·sel·ler /ˈbʊkselə(r)/ *Nomen* Buchhändler(in)

book·shop /ˈbʊkʃɒp; *AmE* -ʃɑːp/ (*AmE auch* **book·store** /ˈbʊkstɔː(r)/) *Nomen* Buchhandlung

book·stall /ˈbʊkstɔːl/ *Nomen (BrE)* Zeitungsstand

book·worm /ˈbʊkwɜːm; *AmE* -kwɜːrm/ *Nomen* Leseratte

boom /buːm/ *Nomen, Verb*

▸ ***Nomen*** **1** ~ **(in sth)** Boom, Aufschwung, Hochkonjunktur ◇ *a boom in car sales* ein Boom im Autohandel ◇ *a period of boom and bust* eine Zeit des wirtschaftlichen Auf und Ab **2** *(beim Boot)* Baum **3** [meist Sing] *(Geräusch)* Donnern **4** = schwimmende Absperrung

▸ ***Verb*** **1** dröhnen, donnern ◇ *His voice boomed (out) across the playground.* Seine Stimme dröhnte über den Schulhof. **2** *(Wirtschaft, Geschäft)* blühen

boom·er /ˈbuːmə(r)/ → BABY BOOMER

boom·er·ang /ˈbuːməræŋ/ *Nomen, Verb*

▸ ***Nomen*** Bumerang

▸ ***Verb*** sich als Bumerang erweisen

boon /buːn/ *Nomen* Segen

boon·docks /ˈbuːndɒks; *AmE* -dɑːks/ (*auch* **boon·ies** /ˈbuːniz/) *Nomen* [Pl] *(AmE, umgs, abwert)* Pampa

boor /bʊə(r), bɔː(r); *AmE* bʊr/ *Nomen (veraltet)* Rüpel

boor·ish /ˈbʊərɪʃ, ˈbɔːrɪʃ; *AmE* ˈbʊrɪʃ/ *Adj* rüpelhaft, ungehobelt

boost /buːst/ *Verb, Nomen*

▸ ***Verb*** **1** steigern, stärken ◇ *boost sb's morale* jdm Auftrieb geben **2** *(AmE)* hochheben

▸ ***Nomen*** [meist Sing] **1** Auftrieb **2** Steigerung ◇ *a cash boost* eine Finanzspritze **3** *(AmE)* ◇ *give sb a boost over the fence* jdn über den Zaun heben

boost·er /ˈbuːstə(r)/ *Nomen* **1** (*auch* **ˈbooster rocket**) Startrakete **2** Verstärker **3** *(Impfung)* Auffrischung **4** ◇ *It was a tremendous morale booster.* Das hat uns tüchtig Auftrieb gegeben. **5** *(bes AmE)* Anhänger(in)

ˈbooster seat *Nomen* Kindersitz

boot 🔑 /buːt/ *Nomen, Verb*

▸ ***Nomen*** **1** Stiefel **2** *(BrE)* Kofferraum **3** [meist Sing] *(umgs)* Tritt **4** *(AmE)* Parkkralle IDM **be given/get the ˈboot** *(umgs)* rausgeschmissen werden **the boot is on the other ˈfoot** *(BrE)* die Rollen sind vertauscht **put/stick the ˈboot in** *(BrE, umgs)* **1** jdn mit Fußtritten traktieren **2** ◇ *The press put the boot in.* Die Medien sind darüber hergefallen. **to ˈboot** *(veraltet oder hum)* obendrein → *Siehe auch* BIG, FILL, LICK *und* TOUGH

▸ ***Verb*** **1** treten; *(Fußball)* kicken ◇ *boot sb in the face* jdn ins Gesicht treten **2** ~ **(sth) (up)** (COMP) etw booten **3** *(AmE, umgs)* **be/get booted** mit einer Parkkralle belegt werden PHR V **ˌboot sb ˈout (of sth)** *(umgs)* jdn (aus etw) rausschmeißen

ˈboot camp *Nomen* **1** Ausbildungslager **2** = Strafkolonie für Jugendliche

bootee (*auch* **bootie**) /buːˈtiː/ *Nomen* **1** gestrickter Babyschuh **2** Stiefelette

booth /buːð; *AmE* buːθ/ *Nomen* **1** Kabine, Zelle ◇ *a polling booth* eine Wahlkabine **2** Stand, Bude **3** *(im Restaurant)* Nische

boot·leg /ˈbuːtleg/ *Adj, Nomen, Verb*

▸ ***Adj*** [nur vor Nomen] schwarz hergestellt; *(Alkohol)* schwarz gebrannt

▸ ***Nomen*** Bootleg, Raubpressung eines illegalen Konzertmitschnitts

▸ ***Verb*** (-gg-) schwarz brennen

booty /ˈbuːti/ *Nomen* [U] Beute

boo-yah (*auch* **booyah**) /ˈbuː jɑː; *BrE auch* jə/ *Ausruf* hurra

booze /buːz/ *Nomen, Verb*

▸ ***Nomen*** *(umgs)* Alkohol

▸ ***Verb*** *(meist in der Verlaufsform) (umgs)* saufen

boozer /ˈbuːzə(r)/ *Nomen (umgs)* **1** *(BrE)* Kneipe **2** Säufer(in)

ˈbooze-up *Nomen (BrE, umgs)* Saufgelage

boozy /ˈbuːzi/ *Adj (umgs)* versoffen ◇ *The party was a boozy affair.* Bei der Party floss reichlich Alkohol.

bop /bɒp; *AmE* bɑːp/ *Nomen, Verb*

▸ ***Nomen*** **1** *(BrE, umgs)* Tanz **2** = BEBOP

▸ ***Verb*** (-pp-) **1** *(BrE, umgs)* tanzen **2** hauen

bor·age /ˈbɒrɪdʒ; *AmE* bɔːrɪdʒ/ *Nomen* Borretsch

bor·dello /bɔːˈdeləʊ; *AmE* bɔːrˈdeloʊ/ *Nomen (Pl* **-os)** *(bes AmE)* Bordell

bor·der 🔑 /ˈbɔːdə(r); *AmE* ˈbɔːrdər/ *Nomen, Verb*

▸ ***Nomen*** **1** Grenze, Grenzgebiet **2** Rand, Einrahmung, Bordüre **3** *(in Gärten)* Rabatte

▸ ***Verb*** **1** grenzen an **2** *(gehoben)* begrenzen, säumen PHR V **ˈborder on sth** an etw grenzen

bor·der·land /ˈbɔːdəlænd; *AmE* ˈbɔːrdərlænd/ *Nomen* **1** Grenzgebiet **2** *(fig)* Grenzbereich

bor·der·line /ˈbɔːdəlaɪn; *AmE* ˈbɔːrdərlaɪn/ *Adj, Nomen*

▸ ***Adj*** Grenz- ◇ *be a borderline pass in an exam* bei einer Prüfung gerade noch durchkommen

▸ ***Nomen*** Grenze

bore 🔑 /bɔː(r)/ *Verb, Nomen* → *Siehe auch* BEAR

▸ ***Verb*** **1** langweilen **2** bohren, durchbohren **3** ~ **into sb/sth** jdn/etw mit Blicken durchbohren

▸ ***Nomen*** **1** Langweiler **2** [Sing] ◇ *I think Bach's a bore.* Ich finde Bach langweilig. **3** ◇ *It's such a bore having to stay late tonight.* Heute Abend länger bleiben zu müssen ist mir richtig lästig. **4** *(meist in Zusammensetzungen) (von Röhren, Gewehren etc.)* Durchmesser, Kaliber **5** Flutwelle **6** Bohrloch

bored 🔑 /bɔːd; *AmE* bɔːrd/ *Adj* gelangweilt; **be/get** ~ sich langweilen ◇ *She's bored with him.* Er langweilt sie. ◇ *Soon he was bored with travelling.* Er hatte das Reisen schnell über. IDM **bored ˈstiff; bored to ˈdeath/ˈtears; bored out of your ˈmind** zu Tode gelangweilt → *Siehe auch* WITLESS

bore·dom /ˈbɔːdəm; *AmE* ˈbɔːrdəm/ *Nomen* **1** Langeweile ◇ *He has a low boredom threshold.* Er langweilt sich leicht. **2** Eintönigkeit

bore·hole /ˈbɔːhəʊl; *AmE* ˈbɔːrhoʊl/ *Nomen* Bohrloch

bor·ing 🔑 /ˈbɔːrɪŋ/ *Adj (Adv* **bor·ing·ly)** langweilig

born 🔑 /bɔːn; *AmE* bɔːrn/ *Verb, Adj*

▸ ***Verb*** **1** *(Abk* **b.)** **be** ~ geboren werden ◇ *He was born of/to German parents.* Er kam als Kind deutscher Eltern zur Welt. ◇ *Her brother was born blind.* Ihr Bruder war von Geburt an blind. ◇ *John Wayne was born Marion Morrison.* John Waynes Geburtsname lautete Marion Morrison. **2** entstehen, ins Leben gerufen werden ◇ *Her courage was born (out) of desperation.* Ihr Mut entsprang der Verzweiflung. **3 -born** *(in Zusammensetzungen)* ◇ *nobly-born* adliger Herkunft ◇ *the French-born singer* der Sänger, ein gebürtiger Franzose IDM **be ˈborn to be/do sth** zu

etw geboren sein ◇ *Nureyev was born to dance.* Nurejew war ein geborener Tänzer. **ˌborn and ˈbred** (wasch)echt ◇ *I'm a Londoner, born and bred.* Ich bin Londoner, durch und durch. **born with a silver ˈspoon in your mouth** aus reichem Haus **in all my born ˈdays** (*umgs, veraltet*) in meinem ganzen Leben **not be born ˈyesterday** (*umgs*) nicht von gestern sein **there's one born every ˈminute** die Dummen sterben nie aus → *Siehe auch* KNOW *und* WAY
▸ ***Adj*** geboren ◇ *a born loser* ein ewiger Versager

born-aˈgain *Adj* wieder geboren (*auch fig*)

borne /bɔːn; *AmE* bɔːrn/ **1** *Form von* BEAR **2 -borne** (*in Zusammensetzungen*) ◇ *water-borne diseases* durch Wasser übertragene Krankheiten

bor·ough /ˈbʌrə; *AmE* ˈbɜːroʊ/ *Nomen* ≈ Bezirk ◇ *a borough council* ein Stadtrat

bor·row 🔑 /ˈbɒrəʊ; *AmE* ˈbɔːroʊ/ *Verb* **1** (sich) leihen, (sich) borgen, (sich) ausleihen, einen Kredit aufnehmen ◇ *I don't like to borrow from friends.* Ich leihe nicht gern Geld von Freunden. **2** (*Text, Idee etc.*) übernehmen ◇ *The author borrows heavily from Dante.* Der Autor macht viele Anleihen bei Dante. ◇ *Some terms are borrowed from Italian.* Einige Fachwörter sind aus dem Italienischen entlehnt. IDM **be (living) on borrowed ˈtime** **1** am Rande des Todes leben **2** in den letzten Zügen liegen

bor·row·er /ˈbɒrəʊə(r); *AmE* ˈbɔːroʊ-/ *Nomen* Kreditnehmer(in)

bor·row·ing /ˈbɒrəʊɪŋ; *AmE* ˈbɔːroʊ-/ *Nomen* **1** Darlehen, Anleihe **2** Kreditaufnahme **3** (*Text, Idee, Wort etc.*) Übernahme, Entlehnung

bosom /ˈbʊzəm/ *Nomen* **1** Busen, Brust **2** ◇ *live in the bosom of your family* im Schoß der Familie leben ◇ *in the bosom of the Arab world* mitten in der arabischen Welt

ˌbosom ˈfriend *Nomen* Busenfreund(in)

boss 🔑 /bɒs; *AmE* bɔːs/ *Nomen, Verb, Adj*
▸ ***Nomen*** Chef(in), Vorgesetzte(r), Boss ◇ *I like being my own boss.* Ich bin gern mein eigener Herr. ◇ *Who's the boss in this house?* Wer hat hier im Haus das Sagen? IDM → SHOW
▸ ***Verb*** **~ sb about/around** jdn herumkommandieren
▸ ***Adj*** (*bes BrE, Slang*) spitze, toll

bossi·ness /ˈbɒsinəs; *AmE* ˈbɔːsi-/ *Nomen* gebieterische Art

bossy /ˈbɒsi; *AmE* ˈbɔːsi/ *Adj* (*Adv* **boss·ily** /-səli/) (*abwert*) herrisch

bo·tan·ic·al /bəˈtænɪkl/ *Adj* botanisch

boˌtanical ˈgarden (*auch* **boˌtanic ˈgarden**) *Nomen* [meist Pl] botanischer Garten

bot·an·ist /ˈbɒtənɪst; *AmE* ˈbɑːt-/ *Nomen* Botaniker(in)

bot·any /ˈbɒtəni; *AmE* ˈbɑːt-/ *Nomen* Botanik

botch /bɒtʃ; *AmE* bɑːtʃ/ *Verb, Nomen*
▸ ***Verb*** **~ sth (up)** etw verpfuschen, verpatzen, vermasseln ◇ *a botched job* Pfusch
▸ ***Nomen*** (*auch* **ˈbotch-up**) (*BrE, umgs*) Pfusch ◇ *I've made a real botch of things.* Ich habe alles vermasselt.

both 🔑 /bəʊθ; *AmE* boʊθ/ *Pron, Adv*
▸ ***Pron*** beide IDM → WAY
▸ ***Adv*** **both … and …** sowohl … als auch …

bother 🔑 /ˈbɒðə(r); *AmE* ˈbɑːðər/ *Verb, Nomen, Ausruf*
▸ ***Verb*** **1** (*meist in verneinten Sätzen*) **~ (with/about sth)** sich (um etw) kümmern ◇ *'Shall I wait?' 'No, don't bother.'* „Soll ich warten?" „Nein, nicht nötig." ◇ *I don't know why I bother!* Ich weiß nicht, warum ich mir die Mühe mache! ◇ *I don't know why you bother with that crowd.* Ich verstehe nicht, warum du dich mit denen überhaupt abgibst. ◇ *He didn't even bother to let me know he was going.* Er hat mir nicht einmal gesagt, dass er geht. **2 ~ sb (about/with sth)** jdn (mit etw/wegen einer Sache) belästigen ◇ *The thing that bothers me is …* Was mir Sorgen macht, ist … ◇ *You don't seem too bothered about it.* Es scheint dir nicht allzu viel auszumachen. ◇ *That sprained ankle is still bothering her.* Der verstauchte Knöchel macht ihr noch immer zu schaffen. ◇ *It bothers me to think of her alone in the house.* Der Gedanke, dass sie ganz allein im Haus ist, lässt mir keine Ruhe. **3** stören, belästigen ◇ *Sorry to bother you.* Entschuldigen Sie die Störung. IDM **be bothered (about sb/sth)** (*bes BrE*) (*meist in verneinten Sätzen*) sich (wegen jds/einer Sache) Gedanken machen ◇ *I'm not bothered about what he thinks.* Es ist mir egal, was er denkt. **can't be bothered (to do sth)** keine Lust haben (etw zu tun) ◇ *You couldn't even be bothered to give me the message.* Du hast es nicht einmal für nötig gehalten, es mir auszurichten. **not bother yourself/your head with/about sth** (*bes BrE*) sich über etw nicht den Kopf zerbrechen → *Siehe auch* HOT
▸ ***Nomen*** **1** Schwierigkeiten, Ärger, Schererei ◇ *You seem to have got yourself into a spot of bother.* Du bist anscheinend in Schwierigkeiten. ◇ *Why did I go to the bother of cooking?* Warum habe ich mir die Mühe gemacht zu kochen? ◇ *Call them and save yourself the bother of going round.* Ruf sie doch an, dann brauchst du nicht hinzugehen. **2 a bother** (*BrE*) etwas Ärgerliches, ein Ärgernis ◇ *I hope I haven't been a bother.* Ich hoffe, ich habe Ihnen keine Umstände gemacht.
▸ ***Ausruf*** (*BrE*) Mist ◇ *Oh, bother him!* Zum Teufel mit ihm!

both·er·some /ˈbɒðəsəm; *AmE* ˈbɑːðərsəm/ *Adj* (*veraltet*) ärgerlich

bothy /ˈbɒθi; *AmE* ˈbɔːθi/ *Nomen* (*Pl* **-ies**) (*in Schottland*) Schutzhütte

bot·tle 🔑 /ˈbɒtl; *AmE* ˈbɑːtl/ *Nomen, Verb*
▸ ***Nomen*** **1** Flasche **2 the bottle** (*umgs*) Alkohol ◇ *He hit the bottle.* Er fing zu trinken an. **3** (*BrE, umgs*) Mumm
▸ ***Verb*** **1** in Flaschen abfüllen **2** (*Obst, Gemüse*) einmachen **3** (*oft passiv*) **~ sb** jdn mit einer Flasche schlagen IDM **ˈbottle it** (*BrE, umgs*) Schiss bekommen PHR V **ˌbottle ˈout (of sth/doing sth)** (*BrE, umgs*) Angst bekommen (etw zu tun), (vor etw) kneifen **ˌbottle sth ˈup** etw unterdrücken; (*Ärger*) etw in sich hineinfressen

ˈbottle bank *Nomen* (*BrE*) Altglascontainer

ˈbottle-feed *Verb* (**-fed, -fed**) mit der Flasche füttern

ˌbottle ˈgreen *Nomen* Flaschengrün

bottle·neck /ˈbɒtlnek; *AmE* ˈbɑːt-/ *Nomen* Engpass

ˈbottle opener *Nomen* Flaschenöffner

bot·tom 🔑 /ˈbɒtəm; *AmE* ˈbɑːtəm/ *Nomen, Adj, Verb*
▸ ***Nomen*** **1** [meist Sing] unteres Ende; (*von einem Berg, einer Treppe etc.*) Fuß ◇ *at the bottom of the page* unten auf der Seite ◇ *be at the bottom of the league* am Tabellenende liegen ◇ *I'm prepared to start at the bottom.* Ich bin bereit, ganz unten anzufangen. ◇ *The book is right at the bottom.* Das Buch liegt ganz zuunterst. ◇ *in the bottom of the valley* in der Talsohle ◇ *at the bottom of my bag* ganz unten in meiner Tasche **2** [meist Sing] (*von Tassen, Dosen etc.*) Unterseite **3** (*von Gewässern*) Grund, Boden **4 at the ~ (of sth)** (*bes BrE*) am Ende (von etw) ◇ *at the bottom of the garden* hinten im Garten **5 be ~ (of sth)** (*Schüler, Mannschaft etc.*) der/die Schlechteste (von etw) sein ◇ *I was bottom of the class in maths.* Ich war die Schlechteste in Mathe. **6** (*bes BrE*) Hintern **7** [meist Pl] (*Kleidung*) ◇ *a bikini bottom* ein Bikiniunterteil ◇ *a pair of pyjama bottoms* eine Schlafanzughose **8** Schiffsboden → *Siehe auch* ROCK-BOTTOM IDM **at bottom** im Grunde (genommen) **be/lie at the bottom of sth** hinter etw stecken **the bottom drops/falls out (of sth)** (*Markt*) etw bricht

zusammen **bottoms 'up!** (*umgs*) ex! **get to the bottom of sth** einer Sache auf den Grund gehen; etw klären → *Siehe auch* HEAP, HEART, PILE, SCRAPE, TOP *und* TOUCH

▸ ***Adj*** [nur vor Nomen] untere(r,s), unterste(r,s) ◇ *the bottom lip* die Unterlippe ◇ *the bottom right-hand corner* rechts unten ◇ *in bottom gear* im ersten Gang IDM → BET

▸ ***Verb*** PHR V **ˌbottom 'out** auf den Tiefpunkt angekommen sein ◇ *The recession is showing signs of bottoming out.* Es gibt Anzeichen dafür, dass die Rezession aus der Talsohle herauskommt.

-bottomed (*in Zusammensetzungen*) mit ... Boden

bot·tom·less /ˈbɒtəmləs; *AmE* ˈbɑːt-/ *Adj* (*gehoben*) **1** unendlich, unerschöpflich **2** unendlich tief, abgrundtief IDM **a bottomless 'pit 1** ein Fass ohne Boden **2** ein unerschöpflicher Vorrat ◇ *the bottomless pit of his sorrow* sein abgrundtiefes Leid

ˌbottom 'line *Nomen* [Sing] **1 the bottom line** das Fazit, das Entscheidende **2** (WIRTSCH) Saldo **3** letztes Angebot

bou·doir /ˈbuːdwɑː(r)/ *Nomen* (*veraltet*) Boudoir

bouf·fant /ˈbuːfɒ̃; *AmE* buːˈfɑːnt/ *Adj* hochtoupiert

bough /baʊ/ *Nomen* (*gehoben*) Ast

bought *Form von* BUY

bouil·lon /ˈbuːjɒn, ˈbuːjɒ̃; *AmE* ˈbuːjɑːn/ *Nomen* klare Brühe

boul·der /ˈbəʊldə(r); *AmE* ˈboʊl-/ *Nomen* Felsbrocken

boule·vard /ˈbuːləvɑːd; *AmE* ˈbʊləvɑːrd/ *Nomen* (*Abk* **Blvd.**) Boulevard

bounce /baʊns/ *Verb, Nomen*

▸ ***Verb*** **1** (*Ball etc.*) springen, aufspringen ◇ *bounce off sth* von etw abprallen **2** aufspringen lassen, prellen, federn (lassen) **3** hüpfen **4** (*Fahrzeuge*) holpern **5** ◇ *She came bouncing in.* Sie kam hereingesprungen. ◇ *He bounced across to greet them.* Freudig ging er auf sie zu, um sie zu begrüßen. **6** (*umgs*) (*Scheck*) platzen (lassen) **7 ~ ideas** (**around**) Ideen testen ◇ *He bounced ideas off colleagues.* Er fragte Kollegen, was sie von seinen Ideen hielten. **8 ~** (**back**) (*E-Mail*) nicht erfolgreich gesendet werden können, zurückgeschickt werden; **~ sth** (**back**) etw zurückschicken PHR V **ˌbounce 'back** sich erholen, wieder auf die Beine kommen, wieder hochkommen **ˌbounce sb 'into sth** (*BrE*) jdn zu etw drängen

▸ ***Nomen*** **1** Aufprall, Aufsprung **2** Anstieg ◇ (*AmE*) *a bounce in popularity* ein Popularitätsgewinn **3** Sprungkraft, Elastizität **4** Schwung, Elan **5** (*von Haaren*) Spannkraft

boun·cer /ˈbaʊnsə(r)/ *Nomen* **1** Rausschmeißer(in) **2** (*beim Kricket*) = hoch aufspringender Ball

boun·cing /ˈbaʊnsɪŋ/ *Adj* ◇ *be bouncing with energy* sprühen vor Energie ◇ *bouncing babies* stramme Babys

bouncy /ˈbaʊnsi/ *Adj* **1** federnd ◇ *a very bouncy ball* ein gut springender Ball ◇ (*BrE*) *a bouncy castle* eine Hüpfburg **2** (putz)munter, voller Lebensfreude

bound 0-w /baʊnd/ *Adj, Verb, Nomen* → *Siehe auch* BIND

▸ ***Adj*** [nicht vor Nomen] **1 ~ to be ...** ◇ *There are bound to be changes.* Es wird sicher Veränderungen geben. ◇ *You're bound to be nervous.* Es ist zu erwarten, dass du aufgeregt sein wirst. **2 be ~ to do sth** etw bestimmt tun ◇ *It was bound to happen sooner or later.* Früher oder später musste es ja so kommen. ◇ *He's bound to go far.* Er wird sicher seinen Weg machen. **3 ~** (**by sth**) (an etw) gebunden; **be ~** (**by sth**)(**to do sth**) (durch etw) verpflichtet sein (etw zu tun) ◇ (*BrE, gehoben*) *I am bound to say I disagree with you.* Ich muss schon sagen, dass ich mit Ihnen nicht übereinstimme. **4 ~ for ...** unterwegs nach ... ◇ *homeward bound* auf der Heimreise IDM **be bound to'gether by sth** durch etw miteinander verbunden sein **be bound to'gether in sth** in etw vereint sein; zu etw miteinander verbunden sein **be bound 'up in sth** mit etw beschäftigt sein; in etw vertieft sein **bound 'up with sth** mit etw verbunden **'I'll be bound** (*BrE, veraltet, umgs*) ich bin sicher → *Siehe auch* HONOUR

▸ ***Verb*** **1** springen, eilen **2** (*meist passiv*) (*gehoben*) begrenzen

▸ ***Nomen*** (*gehoben*) Sprung, Satz → *Siehe auch* BOUNDS

-bound /baʊnd/ (*in Zusammensetzungen*) **1** ◇ *wheelchair-bound* an einen Rollstuhl gebunden ◇ *culture-bound* kulturspezifisch → *Siehe auch* DUTY-BOUND, FOGBOUND, NORTHBOUND, HOUSEBOUND *und* STRIKE-BOUND **2** nach ... unterwegs, Richtung ... ◇ *Paris-bound* auf dem Weg nach Paris

bound·ary /ˈbaʊndri/ *Nomen* (*Pl* **-ies**) **1** Grenze **2** (*Kricket*) = Schlag über die Spielfeldgrenze

bound·en /ˈbaʊndən/ *Adj* IDM **a/your bounden 'duty** (*gehoben, veraltet*) Pflicht und Schuldigkeit

bound·less /ˈbaʊndləs/ *Adj* (*gehoben*) grenzenlos, unendlich

bounds /baʊndz/ *Nomen* [Pl] Grenzen ◇ *It was not beyond the bounds of possibility.* Es lag durchaus im Bereich des Möglichen. IDM **out of 'bounds 1** (*bes BrE*) verboten **2** (SPORT) außerhalb des Spielfelds **3** (*AmE*) unangemessen; unangebracht; nicht in Ordnung → *Siehe auch* LEAP

boun·ti·ful /ˈbaʊntɪfl/ *Adj* (*gehoben*) **1** reichlich, reich **2** großzügig, gütig

bounty /ˈbaʊnti/ *Nomen* (*Pl* **-ies**) **1** (*gehoben*) Freigebigkeit **2** (*gehoben*) Fülle, reiche Gaben **3** Belohnung ◇ *a bounty hunter* ein Kopfgeldjäger

bou·quet /buˈkeɪ/ *Nomen* **1** (Blumen)strauß, Bukett **2** (*von Wein*) Bukett, Blume

bou·quet garni /ˌbuːkeɪ gɑːˈniː; *AmE* gɑːrˈ-, boʊˌkeɪ/ *Nomen* (*Pl* **bou·quets gar·nis** /ˌbuːkeɪ gɑːˈniː; *AmE* gɑːrˈ-, boʊˌkeɪ/) (GASTRON) = Kräutermischung (im Beutel)

bour·bon /ˈbɜːbən; *AmE* ˈbɜːrbən/ *Nomen* Bourbon

bour·geois /ˈbʊəʒwɑː, ˌbʊəˈʒwɑː; *AmE* ˌbʊrˈʒwɑː, ˈbʊrʒwɑː/ *Adj, Nomen*

▸ ***Adj*** **1** bürgerlich → *Siehe auch* PETIT BOURGEOIS **2** (*abwert*) kleinbürgerlich, spießig, konventionell **3** (POL) bourgeois ◇ *bourgeois ideology* die Ideologie der Bourgeoisie

▸ ***Nomen*** (*Pl* **bour·geois**) **1** Bürger(in) **2** Kleinbürger(in) **3** (POL) Bourgeois

bour·geoisie /ˌbʊəʒwɑːˈziː; *AmE* ˌbʊrʒ-/ *Nomen* [Sing] **the bourgeoisie 1** das Bürgertum **2** [mit Verb im Sing/Pl] (POL) die Bourgeoisie

bout /baʊt/ *Nomen* **1** ◇ *a bout of coughing* ein Hustenanfall ◇ *a drinking bout* eine Sauftour **2 ~** (**of sth**); (*AmE auch*) **~** (**with sth**) Anfall (von etw) ◇ *He suffered occasional bouts of depression.* Periodisch litt er unter Depressionen. **3** (SPORT) Box-/Ringkampf

bou·tique /buːˈtiːk/ *Nomen, Adj*

▸ ***Nomen*** Boutique

▸ ***Adj*** [nur vor Nomen] exklusiv

bou·ton·nière /ˌbuːtɒnˈjeə(r); *AmE* -tnˈɪr, -tənˈjer/ *Nomen* (*AmE*) Knopflochblume

bo·vine /ˈbəʊvaɪn; *AmE* ˈboʊ-/ *Adj* **1** (*Fachspr*) Rinder- → *Siehe auch* BSE **2** (*gehoben, abwert*) blöd

bow[1] /baʊ/ *Verb, Nomen*

▸ ***Verb*** **1 ~** (**down**) (**to/before sb/sth**) sich (vor jdm/etw) verbeugen, sich verneigen **2** (*Kopf*) senken **3** (sich) biegen IDM **ˌbow and 'scrape** (*abwert*) katzbuckeln PHR V **ˌbow 'down to sb/sth** (*abwert*) sich jdm/etw beugen **ˌbow 'out** (**of sth**) sich (aus etw) zurückziehen **'bow to sth** sich einer Sache beugen ◇ *She bowed to the inevitable.* Sie fügte sich in das Unvermeidliche.

▸ ***Nomen*** **1** Verbeugung, Verneigung **2** (*auch* **bows** [Pl]) Bug IDM **take a/your 'bow** (*Schauspieler etc.*) sich verbeugen → *Siehe auch* SHOT

bow² /baʊ; *AmE* boʊ/ *Nomen, Verb*
▸ ***Nomen*** **1** Bogen ◇ *with a bow and arrow* mit Pfeil und Bogen **2** (MUS) Bogen **3** Schleife IDM → STRING
▸ ***Verb*** (MUS) den Bogen führen

bowd·ler·ize (*BrE auch* **-ise**) /ˈbaʊdləraɪz/ *Verb* (*meist abwert*) = aus einem Buch oder Theaterstück die anstößigen Stellen streichen

bowel /ˈbaʊəl/ *Nomen* **1** [meist Pl] Darm ◇ *empty/move/open your bowels* Stuhlgang haben **2 the bowels of sth** [Pl] (*gehoben*) das Innere von etw

ˈ**bowel movement** (*auch* **move·ment**) *Nomen* (MED) Stuhl(gang)

bower /ˈbaʊə(r)/ *Nomen* (*gehoben*) **1** Platz im Schatten **2** Laube

bowl 0→ /bəʊl; *AmE* boʊl/ *Nomen, Verb*
▸ ***Nomen*** **1** Schüssel, Schale ◇ *a sugar bowl* eine Zuckerdose ◇ *the bowl of a spoon* der Schöpfteil eines Löffels ◇ *the bowl of a pipe* ein Pfeifenkopf **2** (*bes AmE*) (*in Namen*) Arena (*für Konzerte etc.*) **3** (*Rasenbowling*) Kugel **4 bowls** Rasenbowling **5** (*AmE*) (*in Namen*) = Pokalspiel zwischen den Tabellenführern im Football
▸ ***Verb*** **1** (*Kugel beim Bowling*) rollen lassen **2** (*Ball beim Kricket*) werfen **3 ~ sb (out)** (*Kricket*) jdn ausschlagen **4** (*BrE, gehoben*) rollen, rauschen PHRV **bowl sb ˈover** jdn umwerfen (*auch fig*) ◇ *I wasn't bowled over by the performance.* Ich fand die Vorstellung nicht gerade umwerfend.

ˌ**bow-ˈlegged** *Adj* o-beinig

bow legs /ˌbəʊ ˈlegz; *AmE* ˌboʊ/ *Nomen* [Pl] O-Beine

bowl·er /ˈbəʊlə(r); *AmE* ˈboʊ-/ *Nomen* **1** (*Kricket*) Werfer(in) **2** (*bes BrE*) (*auch* ˌ**bowler ˈhat**) Melone

bowl·ful /ˈbəʊlfʊl; *AmE* ˈboʊl-/ *Nomen* Schüssel, Teller

bowl·ing /ˈbəʊlɪŋ; *AmE* ˈboʊ-/ *Nomen* [U] Kegeln, Bowling

ˈ**bowling alley** *Nomen* Kegelbahn

ˈ**bowling green** *Nomen* = Rasenfläche für Bowling

bow·man /ˈbəʊmən; *AmE* ˈboʊ-/ *Nomen* (*Pl* **-men** /-mən/) (*veraltet*) Bogenschütze

bow tie /ˌbəʊ ˈtaɪ; *AmE* ˌboʊ/ *Nomen* (*Krawatte*) Fliege

bow-wow /ˈbaʊ waʊ/ *Nomen* (*Kinderspr*) Wauwau

box 0→ /bɒks; *AmE* bɑːks/ *Nomen, Verb*
▸ ***Nomen*** **1** Kiste, Kasten, Schachtel ◇ *a money box* eine Sparbüchse ◇ *cardboard boxes* Kartons **2** (*im Theater*) Loge **3** (*im Gerichtssaal*) ◇ *the witness box* der Zeugenstand ◇ *the jury box* die Geschworenenbank **4** Häuschen ◇ *a sentry box* ein Wachhäuschen ◇ (*BrE*) *a phone box* eine Telefonzelle ◇ *a signal box* ein Stellwerk **5** Kästchen **6 the box** [Sing] (*umgs*) (*Fernsehen*) die Glotze **7** = BOX JUNCTION **8** (SPORT) Strafraum **9** = BOX NUMBER → *Siehe auch* PO BOX **10** (*BrE*) (*beim Kricket etc.*) Suspensorium **11** Buchsbaum **12** = BOXWOOD IDM **give sb a box on the ˈears** (*veraltet*) jdm eine Ohrfeige geben → *Siehe auch* TRICK
▸ ***Verb*** **1** boxen **2 ~ sth (up)** etw (in einer Kiste/Schachtel) verpacken IDM **box sb's ˈears** (*veraltet*) jdm eine Ohrfeige geben PHRV ˌ**box sb/sth ˈin** **1** jdn/etw einklemmen, jdn/etw einparken **2** (*meist passiv*) jdn/etw einengen

box·car /ˈbɒkskɑː(r); *AmE* ˈbɑːk-/ *Nomen* (*AmE*) (EISENB) (geschlossener) Güterwagen

boxed /bɒkst; *AmE* bɑːkst/ *Adj* (original)verpackt ◇ *a six-CD boxed set* sechs CDs im Schuber

boxer /ˈbɒksə(r); *AmE* ˈbɑːk-/ *Nomen* **1** Boxer(in) **2** (*Hund*) Boxer

ˈ**boxer shorts** (*auch* **boxers** /ˈbɒksəz; *AmE* ˈbɑːksərz/ *AmE*; **shorts**) *Nomen* [Pl] Boxershorts

box·ing /ˈbɒksɪŋ; *AmE* ˈbɑːk-/ *Nomen* Boxen ◇ *a boxing match* ein Boxkampf

ˈ**Box·ing Day** *Nomen* (*BrE*) zweiter Weihnachts(feier)tag

ˈ**box junction** (*auch* **box**) *Nomen* (*BrE*) = gelb markierter Kreuzungsbereich, auf dem man nicht halten darf

ˈ**box lunch** *Nomen* (*AmE*) Lunchpaket

ˈ**box number** (*auch* **box**) *Nomen* Chiffre, Postfach(nummer)

ˈ**box office** *Nomen* (*Theater-, Kino-*) Kasse ◇ *a box-office success* ein Kassenschlager

ˈ**box room** *Nomen* (*BrE*) Abstellraum

ˈ**box set** (*auch* ˈ**boxed set**) *Nomen* (*DVDs etc.*) Boxset

box·wood /ˈbɒkswʊd; *AmE* ˈbɑːks-/ (*auch* **box**) *Nomen* Buchsbaum(holz)

boy 0→ /bɔɪ/ *Nomen, Ausruf*
▸ ***Nomen*** **1** Junge ◇ *a delivery boy* ein Austräger ◇ *Be a good boy.* Sei lieb. ◇ *our boys* unsere Jungs ◇ *He's a local boy.* Er ist von hier. **2** Sohn **3 the boys** [Pl] (*umgs*) seine, meine etc. Kumpels ◇ *a night out with the boys* ein Abend mit meinen Kumpels **4** (*AmE*) = beleidigende Anrede für einen Schwarzen IDM **the boys in ˈblue** (*umgs*) die Polizei **boys ˌwill be ˈboys** so sind Jungen/Männer nun mal → *Siehe auch* BLUE, JOB *und* MAN
▸ ***Ausruf*** (*bes AmE, umgs*) Mensch!, Mann!

boy·cott /ˈbɔɪkɒt; *AmE* -kɑːt/ *Verb, Nomen*
▸ ***Verb*** boykottieren
▸ ***Nomen*** Boykott

boy·friend 0→ /ˈbɔɪfrend/ *Nomen* Freund

boy·hood /ˈbɔɪhʊd/ *Nomen* (*veraltend*) Kindheit, Jugendzeit ◇ *boyhood friends* Jugendfreunde

boy·ish /ˈbɔɪɪʃ/ *Adj* (*Adv* **boy·ish·ly**) jungenhaft ◇ *her boyish figure* ihre knabenhafte Figur

Boy ˈScout *Nomen* (*BrE, veraltet oder AmE*) Pfadfinder

bozo /ˈbəʊzəʊ; *AmE* ˈboʊzoʊ/ *Nomen* (*Pl* **-os**) (*bes AmE, umgs*) Idiot(in)

bps /ˌbiː piː ˈes/ *Abk Kurzform von* **bits per second** (COMP) bps, Bits pro Sekunde

Br. *Abk* = BRITISH

bra /brɑː/ *Nomen* BH

brace /breɪs/ *Nomen, Verb*
▸ ***Nomen*** **1** Klammer, Stütze **2** (*AmE* **braces** [Pl]) Zahnspange **3 braces** [Pl] (*BrE*) Hosenträger ◇ *a pair of braces* (ein Paar) Hosenträger **4** [meist Pl] (*AmE*) Beinschiene **5** geschweifte Klammer **6** (*Pl* **brace**) (*Wild*) Paar ◇ *a brace of partridge(s)* zwei Rebhühner IDM → BELT
▸ ***Verb*** **1 ~ sb/yourself (for sth)** jdn/sich (auf etw) vorbereiten **2 ~ sth/yourself (against sth)** etw/sich (gegen etw) stemmen **3** (sich) anspannen **4** (TECH) stützen

brace·let /ˈbreɪslət/ *Nomen* Armband, Armreifen

brac·ing /ˈbreɪsɪŋ/ *Adj* (*Wetter, Luft*) belebend ◇ *a bracing climate* ein Reizklima

bracken /ˈbrækən/ *Nomen* (Adler)farn

bracket /ˈbrækɪt/ *Nomen, Verb*
▸ ***Nomen*** **1** [meist Pl] (*BrE*) (runde) Klammer **2** [meist Pl] (*AmE*) eckige Klammer **3** Gruppe ◇ *the 20–30 age bracket* die Gruppe der 20–30-Jährigen ◇ *the medium price bracket* die mittlere Preislage **4** (*für Regale etc.*) Halter, Träger
▸ ***Verb*** **1** (*Wörter etc.*) einklammern **2 ~ A and B (together); ~ A (together) with B** (*oft passiv*) A und B auf gleiche Stufe stellen, A und B über einen Kamm scheren

brack·ish /ˈbrækɪʃ/ *Adj* brackig

brae /breɪ/ *Nomen* (*oft in schottischen Ortsnamen*) (Ab)hang

brag /bræg/ *Verb* (**-gg-**) **~ (to sb) (about/of sth)** (*abwert*) (bei jdm) (mit etw) angeben

brag·gart /ˈbræɡət; *AmE* -ɡərt/ *Nomen (veraltet)* Angeber(in)

Brah·man /ˈbrɑːmən/ *(auch* **Brah·min** /-mɪn/*) Nomen (Hindu)* Brahmane

braid /breɪd/ *Nomen, Verb*

▸ ***Nomen*** **1** Litze, Borte ◇ *The uniform was trimmed with gold braid.* Die Uniform war mit Goldtressen besetzt. **2** *(bes AmE)* Zopf

▸ ***Verb*** *(bes AmE) (Haare)* flechten

Braille *(auch* **braille***)* /breɪl/ *Nomen* Blindenschrift

brain 0‑▪ /breɪn/ *Nomen, Verb*

▸ ***Nomen*** **1** Gehirn ◇ *damage to the brain* ein Gehirnschaden ◇ *a brain tumour* ein Hirntumor **2 brains** [Pl] *(als Gericht)* Hirn **3** [meist Pl] Verstand, Intelligenz ◇ *You need brains as well as brawn to do this job.* Für diese Arbeit braucht man Köpfchen und Muskeln. **4** [meist Pl] *(umgs)* ◇ *one of the leading brains in the company* einer der klügsten Köpfe in der Firma ◇ *the best scientific brains in the country* die besten Wissenschaftler des Landes **5 the brains** [Sing] *(umgs)* ◇ *He's always been the brains of the family.* Er war schon immer der Intelligenteste in der Familie. ◇ *the brains behind the operation* der Drahtzieher IDM **have sth on the brain** *(umgs)* nur etw im Kopf haben ◇ *I've had this tune on the brain all day.* Den ganzen Tag ist mir diese Melodie nicht aus dem Kopf gegangen. ➔ *Siehe auch* BEAT, BLOW, PICK *und* RACK

▸ ***Verb*** *(umgs)* **~ sb** jdm den Schädel einschlagen

brain·child /ˈbreɪntʃaɪld/ *Nomen* [Sing] Geistesprodukt

ˈ**brain damage** *Nomen* [U] Gehirnschaden

ˈ**brain-damaged** *Adj* hirngeschädigt

ˈ**brain-dead** *Adj* **1** hirntot **2** *(hum)* strohdumm ◇ *I was becoming brain-dead.* Ich verblödete.

ˈ**brain death** *Nomen* Hirntod

ˈ**brain drain** *Nomen* [Sing] *(umgs)* = Abwanderung von Wissenschaftlern etc. ins Ausland

ˈ**brain freeze** *Nomen (umgs)* **1** Blackout ◇ *He suffered (a) brain freeze on last night's TV debate.* Er hatte gestern Abend während der TV-Debatte ein Blackout. **2** [U] Hirnfrost

brain·less /ˈbreɪnləs/ *Adj* hirnlos, dumm

brain·storm /ˈbreɪnstɔːm; *AmE* -stɔːrm/ *Nomen, Verb*

▸ ***Nomen*** [Sing] **1** *(BrE)* plötzliche geistige Verwirrung ◇ *She had a brainstorm in the exam.* Sie war während der Prüfung plötzlich geistig weggetreten. **2** *(AmE)* Geistesblitz

▸ ***Verb*** gemeinsam erarbeiten ◇ *Brainstorm as many ideas as possible.* Lassen Sie sich so viele Ideen wie möglich einfallen.

brain·storm·ing /ˈbreɪnstɔːmɪŋ; *AmE* -stɔːrmɪŋ/ *Nomen* [U] Brainstorming

ˈ**brain-teaser** *Nomen* Denksportaufgabe

brain·wash /ˈbreɪnwɒʃ; *AmE* -wɔːʃ/ *Verb* einer Gehirnwäsche unterziehen; **~ sb into doing sth** jdm einreden, dass er etw tun muss

brain·wash·ing /ˈbreɪnwɒʃɪŋ; *AmE* -wɔːʃɪŋ/ *Nomen* [U] Gehirnwäsche

brain·wave /ˈbreɪnweɪv/ *Nomen* **1** *(bes BrE)* Geistesblitz, guter Einfall **2 brainwaves** [Pl] Gehirnströme

brainy /ˈbreɪni/ *Adj (umgs, veraltet)* gescheit

braise /breɪz/ *Verb* schmoren, dünsten ◇ *braising steak* Schmorfleisch

brake /breɪk/ *Nomen, Verb*

▸ ***Nomen*** Bremse ◇ *slam on the brakes* plötzlich/scharf bremsen IDM ➔ JAM

▸ ***Verb*** bremsen

ˈ**brake light** *Nomen* Bremslicht

bram·ble /ˈbræmbl/ *Nomen* **1** *(bes BrE)* Brombeerstrauch **2** *(BrE)* Brombeere

bran /bræn/ *Nomen* Kleie

branch 0‑▪ /brɑːntʃ; *AmE* bræntʃ/ *Nomen, Verb*

▸ ***Nomen*** **1** Ast, Zweig **2** Zweigstelle, Filiale, Geschäftsstelle **3** Dienst, Abteilung ◇ *the anti-terrorist branch* der Terrorbekämpfungsdienst ➔ *Siehe auch* SPECIAL BRANCH **4** Zweig ◇ *a branch of computer science* ein Zweig der Informatik **5** (Neben)arm ◇ *a branch line* eine Nebenlinie IDM ➔ ROOT

▸ ***Verb*** sich gabeln PHR V ˌ**branch ˈoff** *(Straße)* abzweigen; *(Auto)* abbiegen ˌ**branch ˈout (into sth)** ◇ *The company has now branched out into selling insurance.* Die Firma verkauft jetzt auch Versicherungen. ◇ *I've decided to branch out on my own.* Ich will mich selbstständig machen.

brand 0‑▪ /brænd/ *Nomen, Verb*

▸ ***Nomen*** **1** Marke ◇ *a brand of toothpaste* eine Zahnpastamarke ◇ *brand loyalty* Markentreue ➔ *Siehe auch* OWN-BRAND **2** Sorte ◇ *his unorthodox brand of humour* sein unkonventioneller Humor **3** Brandzeichen

▸ ***Verb*** *(oft passiv)* **1 ~ sb (as) sth** jdn als etw brandmarken **2** *(Tier)* mit einem Brandzeichen versehen

ˈ**brand ambassador** *Nomen* Markenbotschafter(in)

bran·dish /ˈbrændɪʃ/ *Verb (gehoben)* (drohend) schwingen

ˌ**brand ˈnew** *Adj* nagelneu

brandy /ˈbrændi/ *Nomen (Pl* **-ies***)* Weinbrand

ˈ**brandy snap** *Nomen (bes BrE)* = (meist gefüllte) Knusperwaffel mit Ingwergeschmack

brash /bræʃ/ *Adj (abwert)* **1** *(Adv* **brash·ly***)* forsch **2** *(BrE) (geschmacklos)* laut, aufdringlich

brass /brɑːs; *AmE* bræs/ *Nomen* **1** Messing ◇ *a brass plate* ein Firmen-/Praxisschild **2** [mit Verb im Sing/Pl] Blechbläser **3** *(BrE)* Zaumzeugbeschlag **4** *(bes BrE)* Gedenktafel/Grabplatte aus Messing **5** [mit Verb im Sing/Pl] *(bes AmE) (wichtige Leute)* hohe Tiere **6** *(BrE, umgs, veraltet) (Geld)* Kies, Moos IDM ˌ**brass ˈmonkeys**; ˌ**brass ˈmonkey weather** *(BrE, Slang)* saukalt ˌ**brass ˈneck/ˈnerve** *(BrE, umgs)* Unverfrorenheit **get down to brass ˈtacks** *(umgs)* zur Sache kommen ➔ *Siehe auch* BOLD *und* MUCK

ˌ**brass ˈband** *Nomen* [mit Verb im Sing/Pl] Blaskapelle

ˌ**brassed ˈoff** *Adj (BrE, Slang)* stinksauer

brass·ière /ˈbræziə(r); *AmE* brəˈzɪr/ *Nomen (gehoben)* Büstenhalter

ˌ**brass ˈknuckles** *Nomen* [Pl] *(AmE)* Schlagring

ˈ**brass rubbing** *Nomen* = Frottage von Messing-Grabplatten

brassy /ˈbrɑːsi; *AmE* ˈbræsi/ *Adj* **1** (MUS) *(oft abwert)* blechern **2** *(umgs, abwert) (Frau)* aufgetakelt **3** messingfarben, grell **4** *(AmE, umgs)* freimütig

brat /bræt/ *Nomen (umgs, abwert)* Balg, Gör

bra·vado /brəˈvɑːdəʊ; *AmE* -doʊ/ *Nomen* Wagemut, gespielte Selbstsicherheit ◇ *an act of sheer bravado* eine waghalsige Tat ◇ *It was just bravado.* Der Mut war nur vorgetäuscht.

brave 0‑▪ /breɪv/ *Adj, Verb*

▸ ***Adj*** **(-r, -st)** *(Adv* **brave·ly***)* mutig, tapfer IDM **(a)** ˌ**brave new ˈworld** (eine) schöne neue Welt **put on a brave ˈface; put a brave ˈface on sth** sich etw nicht anmerken lassen ◇ *She put a brave face on her illness.* Sie ließ sich ihre Krankheit nicht anmerken.

▸ ***Verb*** **~ sb/sth** jdm/etw trotzen, jdm/etw mutig gegenübertreten ◇ *The firemen braved the flames to rescue the family.* Die Feuerwehrleute wagten sich in die Flammen, um die Familie zu retten.

bravery /ˈbreɪvəri/ *Nomen* Mut, Tapferkeit

bravo /ˌbrɑːˈvəʊ; *AmE* -ˈvoʊ/ *Ausruf (veraltet)* bravo

brawl /brɔːl/ *Nomen, Verb*
▸ ***Nomen*** Schlägerei
▸ ***Verb*** sich schlagen

brawn /brɔːn/ *Nomen* [U] Muskeln

brawny /ˈbrɔːni/ *Adj (umgs)* muskulös, kräftig

bray /breɪ/ *Verb, Nomen*
▸ ***Verb*** *(Esel)* schreien; *(fig)* wiehern
▸ ***Nomen*** (Esels)schrei; *(fig)* Wiehern

bra·zen /ˈbreɪzn/ *Adj, Verb*
▸ ***Adj*** schamlos, dreist
▸ ***Verb*** PHR V **ˌbrazen it ˈout** tun, als ob nichts wäre, etw aussitzen

bra·zier /ˈbreɪziə(r)/ *Nomen* Kohlenbecken

braˈzil nut /brəˈzɪl nʌt/ *Nomen* Paranuss

BRB *Kurzform von* **be right back** *(Netzjargon)* bin gleich wieder da

breach /briːtʃ/ *Nomen, Verb*
▸ ***Nomen*** **1** *(BrE)* Bruch, Verstoß ◇ *a breach of confidence* ein Vertrauensbruch ◇ *They are in breach of Article 119.* Sie haben gegen Artikel 119 verstoßen. ◇ *a breach of copyright* eine Verletzung des Urheberrechts ◇ *(a) breach of the peace* öffentliche Ruhestörung **2** Bresche, Lücke IDM → STEP
▸ ***Verb*** **1** verstoßen gegen **2** *(Mauer, Damm, Front etc.)* durchbrechen

bread 0→ /bred/ *Nomen* Brot IDM → KNOW

ˌbread and ˈbutter *Nomen* **1** Brot mit Butter ◇ *a piece of bread and butter* ein Butterbrot **2** *(umgs) (Einkommensquelle)* tägliches Brot

ˌbread-and-ˈbutter *Adj* [nur vor Nomen] grundlegend, Haupt- ◇ *the bread-and-butter issues of politics* die Grundanliegen der Politik

bread·bas·ket /ˈbredbɑːskɪt; *AmE* -bæskɪt/ *Nomen* [Sing] *(bes AmE)* Kornkammer

ˈbread bin *Nomen (AmE* **ˈbread box***)* Brotkasten

bread·crumbs /ˈbredkrʌmz/ *Nomen* [Pl] Brotkrümel, Paniermehl, Semmelbrösel

bread·line /ˈbredlaɪn/ *Nomen (BrE)* **the breadline** [Sing] das Existenzminimum IDM **be/live on the ˈbreadline** *(BrE)* am Rande des Existenzminimums leben

breadth /bredθ/ *Nomen* **1** Breite **2** Vielseitigkeit ◇ *her breadth of experience* ihr großer Erfahrungsschatz ◇ *his breadth of knowledge* sein umfassendes Wissen IDM → LENGTH

bread·winner /ˈbredwɪnə(r)/ *Nomen* Brotverdiener(in) ◇ *the sole breadwinner in the family* der einzige Verdiener der Familie

break 0→ /breɪk/ *Verb, Nomen*
▸ ***Verb*** (**broke** /brəʊk; *AmE* broʊk/, **broken** /ˈbrəʊkən; *AmE* ˈbroʊ-/) **1** (zer)brechen, kaputtgehen, (zer)reißen ◇ *She dropped the plate and it broke into pieces/in two.* Sie ließ den Teller fallen, und er zerbrach/brach entzwei. ◇ *My watch has broken.* Meine Uhr ist kaputt. **2** kaputtmachen, (zer)brechen ◇ *She broke her arm.* Sie brach sich den Arm. ◇ *break sth in two/into two pieces* etw in zwei Teile brechen ◇ *The case had been broken open.* Der Koffer war aufgebrochen worden. **3** *(Haut)* verletzen **4** brechen, verstoßen gegen; *(Versprechen)* nicht halten ◇ *break an appointment* eine Verabredung nicht einhalten ◇ *break the speed limit* zu schnell fahren **5** Pause machen ◇ *break for lunch* Mittagspause machen **6** unterbrechen ◇ *We broke our journey at Oxford.* Wir haben unsere Fahrt in Oxford unterbrochen. ◇ *a broken night's sleep* eine gestörte Nachtruhe ◇ *A hedge broke his fall.* Eine Hecke federte seinen Aufprall ab. **7** abbrechen ◇ *He broke all links with the party.* Er hat alle Verbindungen mit der Partei abgebrochen. **8** zusammenbrechen, aufgeben ◇ *He broke under questioning and confessed.* Während des Verhörs brach er zusammen und gab alles zu. ◇ *Throughout the ordeal her spirit never broke.* Die ganze schwere Zeit hindurch verließ sie ihr Lebensmut nie. **9** seelisch brechen, erledigen; *(Mut)* nehmen ◇ *The scandal broke him.* Der Skandal hat ihn erledigt. **10** *(Wetter)* umschlagen **11** *(Wolkendecke)* aufreißen **12** *(Tag)* anbrechen; *(Gewitter)* losbrechen **13** *(Nachricht)* bekannt werden **14 sb's voice breaks** *(Junge)* jd kommt in den Stimmbruch **15** *(Stimme)* brechen ◇ *Her voice broke as she read out the letter.* Mit stockender Stimme las sie den Brief vor. **16** *(Wellen)* sich brechen **17** *(Kode)* entschlüsseln **18** *(bes AmE) (Geldschein)* wechseln **19** *(Schallmauer)* durchbrechen **20** *(Aufschlag beim Tennis etc.)* abnehmen, durchbrechen ℹ Für Redewendungen mit **break** siehe die Einträge für die Nomina, Adjektive etc. **Break sb's heart** z.B. steht unter **heart**. PHR V **ˌbreak aˈway (from sb/sth)** sich (von jdm/etw) losreißen, sich (von jdm/etw) trennen, sich (von jdm/etw) abspalten ◇ *She broke away from the pack and opened up a two-second lead.* Sie hängte das Feld ab und gewann einen Vorsprung von zwei Sekunden. **ˌbreak ˈdown 1** zusammenbrechen; *(Auto, Maschine)* eine Panne haben; *(Ehe, Verhandlungen)* scheitern **2** sich aufschlüsseln ◇ *Expenditure on the project breaks down as follows …* Die Ausgaben für das Projekt schlüsseln sich wie folgt auf: … **ˌbreak sth ˈdown 1** etw niederreißen; *(Tür)* einschlagen; *(Widerstand)* brechen **2** etw aufschlüsseln, etw aufgliedern ◇ *Each chapter is broken down into several units.* Jedes Kapitel ist in mehrere Einheiten unterteilt. **3** (NATURW) etw aufspalten **ˈbreak for sth** zu etw stürzen, auf etw zustürzen **ˌbreak ˈin** einbrechen **ˌbreak sb ˈin** jdn einarbeiten ◇ *break in new recruits* neue Rekruten schleifen ◇ *We'll have to break him in gently these first few days.* Wir müssen ihn in den ersten Tagen langsam an die Aufgaben heranführen. **ˌbreak sth ˈin 1** *(Pferd)* zureiten **2** *(Schuhe)* einlaufen **ˌbreak ˈin (on sth)** *(Gespräch)* unterbrechen **ˌbreak ˈinto sth 1** in etw einbrechen ◇ *We had our car broken into last week.* Unser Auto ist letzte Woche aufgebrochen worden. **2** in etw ausbrechen ◇ *The guests broke into spontaneous applause.* Die Gäste fingen spontan an zu klatschen. **3** ◇ *The horse broke into a trot.* Das Pferd fiel in Trab. ◇ *He broke into a run when he saw the police.* Er fing an zu rennen, als er die Polizei sah. **4** *(BrE) (Geldschein, Vorräte)* anbrechen; *(Ersparnisse)* angreifen **5** in etw vordringen ◇ *break into new markets* in neue Märkte vordringen **ˌbreak ˈoff 1** abbrechen **2** abbrechen, unterbrechen ◇ *He broke off in the middle of a sentence.* Er brach mitten im Satz ab. **ˌbreak sth ˈoff** etw abbrechen; *(Faden)* abreißen ◇ *They've broken off their engagement.* Sie haben die Verlobung gelöst. **ˌbreak ˈout** ausbrechen ◇ *Rioting broke out.* Es kam zu Krawallen. **ˌbreak ˈout in sth** ◇ *He broke out in a cold sweat.* Er brach in Angstschweiß aus. **ˌbreak ˈthrough 1** einen Durchbruch schaffen ◇ *Scientists think they are beginning to break through in the fight against cancer.* Wissenschaftler glauben, dass sie im Kampf gegen den Krebs einem Durchbruch nahe sind. **2** *(Sonne, Mond)* durchbrechen; *(Wut, Leidenschaft)* herausbrechen ◇ *The sun broke through at last.* Die Sonne brach endlich durch. **ˌbreak ˈthrough sth 1** etw durchbrechen ◇ *Demonstrators broke through the police cordon.* Demonstranten durchbrachen den Polizeikordon. **2** *(Sonne, Mond)* hinter etw hervorkommen **3** etw überwinden, etw durchbrechen ◇ *He had finally managed to break through her reserve.* Es war ihm endlich gelungen, sie aus ihrer Reserve zu locken. **ˌbreak ˈup 1** zerbrechen, zerschellen **2** *(Beziehung)* in die Brüche gehen **3** *(Versammlung etc.)* sich auflösen **4** *(BrE)* Ferien bekommen; *(Schule)* aufhören ◇ *When do you break up for Christmas?* Wann fangen die Weihnachts-

ferien an? **5** (*BrE*) (*Telefonverbindung*) zusammenbrechen ◇ *I can't hear what you're saying. You're breaking up.* Ich kann dich nicht mehr hören. Das Netz geht weg. **6** (*AmE*) sich kaputtlachen **ˌbreak sth ˈup 1** etw zerkleinern, etw zerstückeln, etw zerbrechen; (*Besitz*) aufteilen ◇ *The ship was broken up for scrap metal.* Das Schiff wurde abgewrackt. ◇ *Sentences can be broken up into clauses.* Sätze können in Satzteile zerlegt werden. **2** etw auflösen; (*Ehe, Freundschaft*) zerstören ◇ *break up a fight* die Kämpfenden trennen **3** etw auflockern **ˌbreak ˈup (with sb)** sich (von jdm) trennen ◇ *She's just broken up with her boyfriend.* Sie hat gerade mit ihrem Freund Schluss gemacht. **ˈbreak with sth** mit etw brechen ◇ *He broke with the party over the issue.* Er distanzierte sich in diesem Punkt von der Partei.

▸ ***Nomen* 1** Pause, Unterbrechung ◇ *take a break* eine Pause machen ◇ *I really need a break from work.* Ich brauche wirklich mal Abstand von der Arbeit. **2** (*auch* **ˈbreak time**) [U] (*BrE*) (SCHULE) Pause ◇ *Come and see me at break.* Melde dich in der Pause bei mir. **3** Kurzurlaub **4** Werbepause **5** [Sing] **a ~ (with sb/sth)** Bruch (mit jdm/etw) ◇ *He needed to make a complete break with the past.* Er musste ganz und gar mit der Vergangenheit brechen. **6** [Sing] Unterbrechung, Abwechslung; (*Wetter-*) Umschlag ◇ *a break in diplomatic relations* ein Abbruch der diplomatischen Beziehungen **7** Lücke, Riss ◇ *a break in the clouds* ein Riss in der Wolkendecke **8** (*umgs*) Chance ◇ *This role was her big break.* Diese Rolle war ihre große Chance. ◇ *a bad break* Pech **9** (*Knochen-*) Bruch IDM **break of ˈday/ˈdawn** (*gehoben*) Tagesanbruch **give me a ˈbreak!** (*umgs*) Hör doch auf! **give sb a ˈbreak** jdm eine Chance geben; mit jdm Nachsicht haben ◇ *Give the lad a break — it's only his second day on the job.* Sei nicht so hart mit dem Jungen — es ist erst sein zweiter Tag. **make a ˈbreak for it** abhauen **make a ˈbreak for sth** auf etw zustürzen ◇ *He suddenly leapt up and made a break for the door.* Er sprang plötzlich auf und stürzte zur Tür. ➜ *Siehe auch* CLEAN

break·able /ˈbreɪkəbl/ *Adj* zerbrechlich

break·age /ˈbreɪkɪdʒ/ *Nomen* Bruch, Schaden ◇ *When we moved house there were a few breakages.* Beim Umzug ist einiges zu Bruch gegangen.

break·away /ˈbreɪkəweɪ/ *Adj, Nomen*

▸ ***Adj*** [nur vor Nomen] abtrünnig, Splitter- ◇ *a breakaway group* eine Splittergruppe

▸ ***Nomen*** [Sing] Absplitterung

break·down /ˈbreɪkdaʊn/ *Nomen* **1** Panne, Störung ◇ *a breakdown recovery service* ein Pannendienst **2** Scheitern, Zusammenbruch ◇ *the breakdown of a marriage* das Scheitern einer Ehe ◇ *This misunderstanding is due to a breakdown in communications.* Dieses Missverständnis beruht auf mangelhafter Kommunikation. **3** [meist Sing] Aufschlüsselung **4** (NATURW) Aufspaltung **5** = NERVOUS BREAKDOWN

ˈbreakdown lane *Nomen* (*AmE*) Standspur

ˈbreakdown truck *Nomen* (*BrE*) Abschleppwagen

break·er /ˈbreɪkə(r)/ *Nomen* (*Welle*) Brecher

break·fast 0┳ /ˈbrekfəst/ *Nomen, Verb*

▸ ***Nomen*** Frühstück ◇ *They were having breakfast when I arrived.* Sie frühstückten gerade, als ich ankam. ◇ *She doesn't eat much breakfast.* Sie isst nicht viel zum Frühstück. IDM ➜ DOG

▸ ***Verb*** (*gehoben*) frühstücken

ˈbreak-in *Nomen* Einbruch

ˌbreaking and ˈentering *Nomen* (*BrE, veraltet oder AmE*) Einbruch

ˈbreaking point *Nomen* Grenze der Belastbarkeit ◇ *Nerves were stretched to breaking point.* Die Nerven waren bis zum Äußersten gespannt.

break·neck /ˈbreɪknek/ *Adj* [nur vor Nomen] halsbrecherisch

break·out /ˈbreɪkaʊt/ *Nomen* Ausbruch

break·through /ˈbreɪkθruː/ *Nomen* Durchbruch

ˈbreak-up (*bes AmE* **break·up** /ˈbreɪkʌp/) *Nomen* **1** Zerrüttung, Scheitern ◇ *her break-up with Ian* ihre Trennung von Ian **2** Auflösung ◇ *the break-up of Yugoslavia* der Zerfall Jugoslawiens

break·water /ˈbreɪkwɔːtə(r)/ *Nomen* Wellenbrecher

bream /briːm/ *Nomen* (*Pl* **bream**) Brasse, Brachse

breast 0┳ /brest/ *Nomen, Verb*

▸ ***Nomen*** Brust IDM ➜ CLEAN

▸ ***Verb* 1** (*Gipfel, Kuppe*) erreichen **2** ◇ *breast the waves* gegen die Wellen ankämpfen

breast·bone /ˈbrestbəʊn; *AmE* -boʊn/ *Nomen* Brustbein

breast·feed /ˈbrestfiːd/ *Verb* (**-fed, -fed** /-fed/) stillen

ˌbreast ˈpocket *Nomen* Brusttasche ◇ *the inside breast pocket of the jacket* die Jackeninnentasche

breast·stroke /ˈbreststrəʊk; *AmE* -stroʊk/ *Nomen* [U/Sing] Brustschwimmen ◇ *swim breaststroke* brustschwimmen

breath 0┳ /breθ/ *Nomen* **1** Atem ◇ *bad breath* Mundgeruch ◇ *We had to stop for breath.* Wir mussten erstmal verschnaufen. **2** Atemzug ◇ *take a deep breath* tief Luft holen ◇ *He recited the whole poem in one breath.* Er trug das ganze Gedicht vor ohne Luft zu holen. **3 a ~ of air, wind** (*gehoben*) [Sing] ein Lufthauch ◇ *not a breath of air* kein leises Lüftchen **4** (*gehoben*) Spur, Hauch IDM **be a breath of fresh ˈair** frischen Wind bringen **a breath of (fresh) ˈair** frische Luft ◇ *get/have a breath of (fresh) air* frische Luft schnappen gehen **don't hold your ˈbreath** (*umgs*) da fließt noch viel Wasser die Elbe runter ◇ *She said she'd do it this week but don't hold your breath.* Sie hat zwar gesagt, sie würde es diese Woche tun, aber ich würde mich nicht drauf verlassen. **get your ˈbreath (again/back)** (*BrE*) wieder zu Atem kommen **hold your ˈbreath 1** die Luft anhalten **2** den Atem anhalten **in the same breath** im gleichen Atemzug **his/her last/dying ˈbreath** sein/ihr letzter Atemzug **out of ˈbreath** außer Atem **short of ˈbreath** kurzatmig **say sth, speak, etc. under your ˈbreath** etw leise vor sich hin sagen, murmeln etc. ◇ *He cursed under his breath.* Er fluchte vor sich hin. **take sb's ˈbreath away** jdm den Atem verschlagen ➜ *Siehe auch* BATED, CATCH, DRAW, SAVE *und* WASTE

breath·alyse (*AmE* **breath·alyze**) /ˈbreθəlaɪz/ *Verb* einen Alkoholtest machen lassen ◇ *He was breathalysed.* Er musste ins Röhrchen blasen.

Breath·alyzer™ /ˈbreθəlaɪzə(r)/ *Nomen* Atemalkoholprüfgerät, Röhrchen

breathe 0┳ /briːð/ *Verb* **1** atmen ◇ *breathe a sigh of relief* erleichtert aufatmen **2** hauchen **3** ausströmen IDM **breathe (easily/freely) again** wieder Luft haben **breathe down sb's ˈneck** jdm über die Schulter schauen **breathe your ˈlast** (*gehoben*) den letzten Atemzug tun **ˌbreathe (new) ˈlife into sth** einer Sache (neues) Leben einhauchen **not breathe a ˈword (of/about sth) (to sb)** (jdm) kein Sterbenswörtchen (über etw) sagen ➜ *Siehe auch* LIVE[1] PHRV **ˌbreathe ˈin** einatmen **ˌbreathe sth ˈin** etw einatmen **ˌbreathe ˈout** ausatmen **ˌbreathe sth ˈout** etw ausatmen

breather /ˈbriːðə(r)/ *Nomen* (*umgs*) Verschnaufpause

breath·ing 0┳ /ˈbriːðɪŋ/ *Nomen* Atmen, Atmung ◇ *breathing exercises* Atemübungen

ˈbreathing space *Nomen* Pause

breath·less /ˈbreθləs/ *Adj* (*Adv* **breath·less·ly**) **1** atemlos, außer Atem ◇ *They were breathless with excitement.* Sie waren ganz außer sich vor Aufregung. **2** (*sehr schnell*) atemberaubend **3** schwül, stickig

breath·less·ness /ˈbreθləsnəs/ *Nomen* Atemlosigkeit, Kurzatmigkeit

breath·tak·ing /ˈbreθteɪkɪŋ/ *Adj* (*Adv* **breath·tak·ing·ly**) atemberaubend, hinreißend ◇ *breathtaking arrogance* eine Arroganz, die einem die Sprache verschlägt

ˈbreath test *Nomen* Alkoholtest ◇ *If you fail a breath test you will lose your licence.* Wenn der Alkoholtest positiv ausfällt, wird der Führerschein entzogen.

breathy /ˈbreθi/ *Adj* hauchig

bred *Form von* BREED

breech birth /ˈbriːtʃ bɜːθ; *AmE* bɜːrθ/ (*auch* **ˌbreech delivery**) *Nomen* Steißgeburt

breeches /ˈbrɪtʃɪz/ *Nomen* [Pl] Kniehose ◇ *a pair of riding breeches* eine Reithose

breed /briːd/ *Verb, Nomen*

▸ ***Verb*** (**bred, bred** /bred/) **1** brüten, Junge bekommen, sich vermehren **2** züchten **3** hervorrufen ◇ *Unemployment breeds social unrest.* Arbeitslosigkeit führt zu gesellschaftlichen Unruhen. **4 ~ sth into sb** jdm etw anerziehen ◇ *Fear of failure was bred into him at an early stage.* Die Angst zu versagen wurde ihm schon in die Wiege gelegt. IDM → BORN *und* FAMILIARITY

▸ ***Nomen*** **1** Rasse, Züchtung **2** Menschenschlag ◇ *He represents a new breed of politician.* Er repräsentiert einen neuen Politikertyp. ◇ *I don't like journalists as a breed.* Ich mag die Journalisten als solche nicht. ◇ *Players like him are a rare breed.* Spieler wie er sind eine Seltenheit.

breed·er /ˈbriːdə(r)/ *Nomen* Züchter(in)

breed·ing /ˈbriːdɪŋ/ *Nomen* **1** Zucht ◇ *the breeding of horses* die Pferdezucht **2** Fortpflanzung ◇ *the breeding population* die gebärfähige Population **3** (gute) Erziehung

ˈbreeding ground *Nomen* **1** [meist Pl] Brutstätte **2** [meist Sing] (*fig*) Nährboden

breeze /briːz/ *Nomen, Verb*

▸ ***Nomen*** **1** Brise, leichter Wind **2** [Sing] (*umgs*) Klacks, Kinderspiel IDM → SHOOT

▸ ***Verb*** **~ in** hereinschneien; **~ past** vorbeisegeln PHR V **ˌbreeze ˈthrough sth** etw spielend schaffen

breezy /ˈbriːzi/ *Adj* (*Adv* **breez·ily** /-zɪli/) **1** windig **2** unbeschwert ◇ *You're very bright and breezy today!* Du bist heute gut drauf!

breth·ren /ˈbreðrən/ *Nomen* [Pl] (*veraltet*) Brüder

brev·ity /ˈbrevəti/ *Nomen* (*gehoben*) Kürze ◇ *For the sake of brevity ...* Um es kurz zu machen, ...

brew /bruː/ *Verb, Nomen*

▸ ***Verb*** **1** brauen **2** brühen, kochen **3** (*Tee etc.*) ziehen **4 ~ (up)** sich zusammenbrauen PHR V **ˌbrew (sth) ˈup** Tee/Kaffee kochen ◇ *Whose turn is it to brew up?* Wer ist dran mit Teekochen?

▸ ***Nomen*** **1** Biersorte, Bräu ◇ *home brew* selbst gebrautes Bier **2** [meist Sing] (*BrE, umgs*) Tee ◇ *I'll make a fresh brew.* Ich koche noch mal Tee. **3** [meist Sing] (*fig*) Mischung

brew·er /ˈbruːə(r)/ *Nomen* **1** Brauer **2** Brauerei

brew·ery /ˈbruːəri/ *Nomen* (*Pl* **-ies**) Brauerei

ˈbrew-up *Nomen* (*BrE, umgs*) ◇ *We have a brew-up at 11.* Um 11 gibt's Tee.

Brexit /ˈbreksɪt, ˈbregzɪt/ *Nomen* [Sing/U] Brexit

Brexiteer /ˌbreksɪˈtɪə(r); *AmE* -ˈtɪr/ *Nomen* (*BrE, umgs*) = jd, der den Austritt des Vereinigten Königreichs aus der EU befürwortet

briar (*auch* **brier**) /ˈbraɪə(r)/ *Nomen* **1** Dornenbusch, wilde Rose **2** Bruyereholz

bribe /braɪb/ *Nomen, Verb*

▸ ***Nomen*** Bestechungsgeld

▸ ***Verb*** **~ sb (with sth)** jdn (mit etw) bestechen; **~ sb (into doing sth)** jdn bestechen, etw zu tun ◇ *He managed to bribe his way onto the ship.* Es gelang ihm, durch Bestechung an Bord zu kommen.

brib·ery /ˈbraɪbəri/ *Nomen* Bestechung

bric-a-brac /ˈbrɪk ə bræk/ *Nomen* Trödel, Krimskrams

brick /brɪk/ *Nomen, Verb*

▸ ***Nomen*** **1** Ziegelstein, Backstein **2** Bauklotz IDM **be banging, etc. your head against a brick ˈwall** auf Granit beißen **be/come up against a brick ˈwall** gegen eine Wand anrennen **bricks and ˈmortar** **1** Immobilien **2** Gebäude ◇ *The gardens disappeared under bricks and mortar.* Die Gärten wurden zugebaut. → *Siehe auch* CAT, DROP *und* TON

▸ ***Verb*** PHR V **ˌbrick sth ˈin/ˈup** etw zumauern

brick·bat /ˈbrɪkbæt/ *Nomen* [meist Pl] schwere Beleidigung, heftige Kritik

brick·lay·er /ˈbrɪkleɪə(r)/ *Nomen* Maurer(in)

brick·work /ˈbrɪkwɜːk; *AmE* -wɜːrk/ *Nomen* **1** Mauerwerk **2** Mauerarbeiten ◇ *There was a lot of external brickwork to be done.* An den Außenmauern musste noch viel gemacht werden. **3 brick·works** (*Pl* **brick·works**) (*BrE*) Ziegelei

bri·dal /ˈbraɪdl/ *Adj* [nur vor Nomen] Braut-, Hochzeits- ◇ *the bridal party* die Familie und Freunde der Braut ◇ *a bridal shop* ein Hochzeitsausstatter ◇ (*AmE*) *a bridal shower* eine vor der Hochzeit stattfindende Party für die Braut, bei der ihr Geschenke überreicht werden

bride /braɪd/ *Nomen* Braut

bride·groom /ˈbraɪdgruːm/ (*auch* **groom**) *Nomen* Bräutigam

brides·maid /ˈbraɪdzmeɪd/ *Nomen* Brautjungfer

bridge /brɪdʒ/ *Nomen, Verb*

▸ ***Nomen*** **1** Brücke (*auch fig*) ◇ *build bridges between nations* Brücken zu anderen Nationen schlagen **2** Kommandobrücke **3** Bridge **4 the ~ of sb's nose** [Sing] das Nasenbein **5** (*von Brillen, Saiteninstrumenten*) Steg IDM → BURN, CROSS *und* WATER

▸ ***Verb*** **~ sth** eine Brücke über etw bauen, als Brücke über etw dienen ◇ *A plank of wood bridged the stream.* Ein Holzbalken diente als Brücke über den Bach. IDM **bridge the ˈgap/ˈgulf/diˈvide** die Lücke/Kluft überbrücken

bridle /ˈbraɪdl/ *Nomen, Verb*

▸ ***Nomen*** Zaum

▸ ***Verb*** **1** aufzäumen **2** (*Gefühle*) zügeln, im Zaum halten **3 ~ (at sth)** sich entrüstet (gegen etw) wehren

ˈbridle path (*BrE auch* **bridle·way** /ˈbraɪdlweɪ/) *Nomen* Reitweg

brief /briːf/ *Adj, Nomen, Verb*

▸ ***Adj*** (*Adv* **brief·ly**) kurz ◇ *Please be brief.* Bitte fassen Sie sich kurz. ◇ *Briefly, the argument is as follows ...* Im Wesentlichen lautet die Argumentation folgendermaßen ... IDM **in brief** kurz (gesagt) ◇ *the news in brief* Nachrichten im Überblick

▸ ***Nomen*** **1** (*BrE*) Aufgabe ◇ *It wasn't part of his brief to speak to the press.* Es gehörte nicht zu seinen Aufgaben, zur Presse zu sprechen. **2** (*BrE*) Anweisungen **3** (*BrE*) Dossier **4** (*BrE*) (RECHT) Mandat **5** (*BrE, umgs*) Rechtsanwalt **6** (*AmE*) (RECHT) Schriftsatz IDM **hold no brief for sb/sth** (*BrE, gehoben*) jdn/etw nicht unterstützen

▸ ***Verb*** **1 ~ sb (on sth)** jdn (über etw) informieren, jdn (zu etw) instruieren **2** (RECHT) einen Fall übergeben ◇ *The company has briefed a top lawyer to defend it.* Das Unternehmen hat einen Spitzenanwalt mit seiner Verteidigung beauftragt.

brief·case /ˈbriːfkeɪs/ *Nomen* Aktentasche

brief·ing /ˈbriːfɪŋ/ *Nomen* **1** (Einsatz)besprechung ◇ *call a press briefing* die Presse zusammenrufen, um eine Erklärung abzugeben **2** Informationen, Instruktionen ◇ *He gave his men a full briefing.* Er gab seinen Männern ausführliche Instruktionen. ◇ *a briefing paper* ein Bericht

brief·ly ⚷ *Adv* → BRIEF

briefs /bri:fs/ *Nomen* [Pl] Slip

brier = BRIAR

brig /brɪg/ *Nomen* **1** Brigg **2** (*AmE*) Gefängnis, Arrestzelle, Bau

Brig. *Abk* = BRIGADIER

bri·gade /brɪˈgeɪd/ *Nomen* **1** (MIL) Brigade **2** (*abwert*) = in Verbindung mit einem Nomen oder einer Wortgruppe gebraucht, um eine Gruppe von Menschen mit ähnlichen Auffassungen zu bezeichnen ◇ *the anti-smoking brigade* die Tabakgegner ◇ *the designer handbag brigade* der Designer-Handtaschen-Verein IDM → HEAVY

briga·dier /ˌbrɪgəˈdɪə(r); *AmE* -ˈdɪr/ *Nomen* (*Abk* **Brig.**) (*BrE*) Brigadegeneral

brigadier ˈgeneral *Nomen* (*AmE*) Brigadegeneral

bright ⚷ /braɪt/ *Adj, Adv*

▸ ***Adj*** (*Adv* **bright·ly**) **1** hell, strahlend ◇ *Her eyes were bright with tears.* In ihren Augen schimmerten Tränen. **2** (*Farbe*) leuchtend ◇ *Jack's face turned bright red.* Jack wurde knallrot. ◇ *a bright flower bed* ein farbenfrohes Blumenbeet **3** vergnügt, fröhlich ◇ *She gave me a bright smile.* Sie strahlte mich an. ◇ *'Hi!' she called brightly.* „Hallo!" rief sie munter. **4** intelligent, aufgeweckt ◇ *Do you have any bright ideas?* Hast du vielleicht eine gute Idee? **5** viel versprechend, glänzend IDM **bright and ˈearly** in aller Herrgottsfrühe ◇ *You're up bright and early today!* Du bist heute ja sehr früh auf! **(as) bright as a ˈbutton** (*BrE*) aufgeweckt **the bright ˈlights** das Großstadtleben **a bright ˈspark** (*BrE, umgs, oft iron*) ein heller Kopf ◇ *Some bright spark left the tap running all night.* Irgendein Schlauberger hat den Wasserhahn die ganze Nacht laufen lassen. **a/one/the ˈbright spot** ein/der Lichtblick **look on the ˈbright side** es positiv sehen ◇ *Look on the bright side!* Sieh's doch mal positiv!

▸ ***Adv*** (*gehoben*) (*meist mit den Verben 'burn' und 'shine'*) hell

bright·en /ˈbraɪtn/ *Verb* **1** ~ **(up)** sich aufhellen, heller werden, freundlicher werden ◇ *His eyes brightened at the thought.* Der Gedanke ließ seine Augen aufleuchten. **2** ~ **sth (up)** etw aufhellen, etw freundlicher gestalten ◇ *A smile brightened her face.* Ein Lächeln erhellte ihr Gesicht. ◇ *brighten up sb's day* jdn aufheitern

bright·ly ⚷ *Adv* → BRIGHT

bright·ness /ˈbraɪtnəs/ *Nomen* **1** Helligkeit, Strahlen, Glanz **2** Fröhlichkeit

bril·liance /ˈbrɪliəns/ *Nomen* **1** Brillanz, Genialität **2** Leuchten, Helligkeit, Glanz

bril·liant ⚷ /ˈbrɪliənt/ *Adj* (*Adv* **bril·li·ant·ly**) **1** genial, glänzend **2** (*Farbe, Licht, Lächeln*) strahlend **3** (*BrE auch, umgs* **brill**) super, toll

brim /brɪm/ *Nomen, Verb*

▸ ***Nomen*** **1** Rand ◇ *filled to the brim* randvoll **2** Krempe

▸ ***Verb*** **(-mm-)** ~ **(with sth)** (mit etw) voll sein ◇ *Her eyes were brimming with tears.* Tränen standen ihr in den Augen. ◇ *The team were brimming with confidence.* Die Mannschaft strotzte vor Zuversicht. PHR V **ˌbrim ˈover (with sth)** (vor etw) überquellen, überschäumen

-brimmed /brɪmd/ (*in Adjektiven*) ◇ *a wide-brimmed hat* ein Hut mit breiter Krempe

brin·dle /ˈbrɪndl/ (*auch* **brin·dled** /-dld/) *Adj* (*Tier*) getigert, gestromt

brine /braɪn/ *Nomen* Lake, Salzwasser

bring ⚷ /brɪŋ/ *Verb* (**brought, brought** /brɔ:t/) **1** bringen, mitbringen **2** ~ **sb/sth sth** jdm/einer Sache etw einbringen; ~ **sth to sth** etw in etw einbringen ◇ *His writing brings him $10 000 a year.* Seine Bücher bringen ihm $10 000 im Jahr ein. **3** mit sich bringen **4** führen ◇ *What brings you here?* Was führt dich denn her? ◇ *Her cries brought the neighbours running.* Die Nachbarn kamen angerannt, als sie ihre Schreie hörten. ◇ *The judge brought his hammer down on the table.* Der Richter schlug mit dem Hammer auf den Tisch. **5** ~ **sth (against sb)** (*Klage*) gegen jdn) vorbringen ◇ *bring a legal action against sb* jdn verklagen **6** ~ **yourself to do sth** sich überwinden, etw zu tun ◇ *She could not bring herself to tell him.* Sie konnte es nicht über sich bringen, es ihm zu sagen. IDM **ˌbring it ˈon!; ˈbring it!** (*umgs*) packen wir's an!; dann meinetwegen gerne! ◇ *We've trained hard and we're ready. Bring it on!* Wir haben hart trainiert und sind bereit. Also, los geht's! ℹ Für andere Redewendungen mit **bring** siehe die Einträge für die Nomina, Adjektive etc. **Bring sb to book** z.B. steht unter **book**. PHR V **ˌbring sth aˈbout** etw bewirken, etw herbeiführen

ˌbring sb/sth aˈlong jdn/etw mitbringen

ˌbring sb aˈround (*AmE*) BRING SB ROUND **ˌbring sth aˈround** (*AmE*) BRING STH ROUND

ˌbring sb/sth ˈback jdn/etw zurückbringen **ˌbring sth ˈback** **1** (*Erinnerungen*) wecken, wachrufen **2** (*Strafe etc.*) wieder einführen **ˌbring sb sth ˈback; ˌbring sth ˈback (for sb)** jdm etw mitbringen ◇ *I brought a T-shirt back for Mark.* Ich habe Mark ein T-Shirt mitgebracht. **ˈbring sb before sb/sth** jdn vor jdn/etw stellen ◇ *He was brought before the court.* Er wurde vor Gericht gestellt. ◇ *She was brought before the committee.* Sie musste sich vor dem Untersuchungsausschuss verantworten. **ˈbring sth before sb** jdm etw vorlegen ◇ *The matter will be brought before the committee.* Die Sache wird dem Ausschluss vorgelegt.

ˌbring sb ˈdown jdn niederstrecken (*auch fig*), jdn zu Fall bringen **ˌbring sth ˈdown** **1** (*Preis etc.*) senken **2** etw landen **3** etw abschießen **4** (*Tier*) niederstrecken

ˌbring sth ˈforward **1** etw vorverlegen **2** (*Angelegenheit*) zur Diskussion stellen **3** (*Summe etc.*) übertragen

ˌbring sb ˈin **1** jdn hereinholen **2** jdn hinzuziehen, jdn einsetzen **3** jdn (vorübergehend) festnehmen **ˌbring sth ˈin** **1** etw hereinbringen **2** (*Gesetz*) verabschieden; (*Maßnahmen, Reformen etc.*) einführen **3** (*Ernte*) einbringen **4** (*Urteil*) fällen ◇ *The jury brought in a verdict of not guilty.* Die Geschworenen erkannten auf Freispruch. **ˌbring (sb) ˈin sth** (jdm) etw einbringen ◇ *The cake sale brought in about £100.* Der Kuchenverkauf brachte etwa £100.

ˌbring sb ˈoff (*aus Seenot*) jdn retten **ˌbring sth ˈoff** etw vollbringen ◇ *It was a difficult task, but we brought it off.* Es war eine schwierige Aufgabe, aber es ist uns gelungen.

ˌbring sb ˈon **1** jdn auftreten lassen; (*Spieler*) einsetzen **2** jdn fördern **ˌbring sth ˈon** etw verursachen **ˈbring sth on yourself/sb** ◇ *You brought it all on yourself.* Das hast du dir selbst zuzuschreiben. ◇ *He has brought shame and disgrace on the whole family.* Er hat Schimpf und Schande über die ganze Familie gebracht.

ˌbring sb ˈout (*BrE*) jdn zum Streik aufrufen **ˌbring sb ˈout of himself, herself, etc.** jdm helfen aus sich herauszugehen **ˌbring sth ˈout** **1** etw herausholen ◇ *She brought out the best in them.* Sie hat das Beste aus ihnen herausgeholt. ◇ *He put his hand in his pocket and brought out a handkerchief.* Er griff in die Tasche und zog ein Taschentuch hervor. **2** etw hervorheben ◇ *That blouse really brings out the colour of her eyes.* Die Bluse lässt ihre Augenfarbe zur Geltung kommen. **3** (*Buch, CD etc.*) herausbringen **ˌbring sb ˈout in sth** (*Ausschlag*) bei jdm verursachen

bring sb 'round (*auch* **bring sb 'to** *AmE*; **bring sb a'round**) jdn wieder zu Bewusstsein bringen **bring sb 'round (to ...)** (*AmE* **bring sb a'round**) jdn (zu ...) mitbringen ◇ *Bring the family round one evening.* Bring deine Familie mal mit. **bring sb 'round (to sth)** (*AmE* **bring sb a'round**) jdn überreden ◇ *He was sceptical at first, but we managed to bring him round.* Zuerst war er sehr skeptisch, aber wir konnten ihn umstimmen. **bring sth 'round to sth** (*AmE* **bring sth a'round to sth**) (*Gespräch*) auf etw lenken
bring sb 'to = BRING SB ROUND
bring A and B to'gether A und B versöhnen
bring sb 'up 1 (*meist passiv*) jdn großziehen, jdn erziehen ◇ *He was brought up by his aunt.* Er ist bei seiner Tante aufgewachsen. ◇ *a well/badly brought up child* ein gut/schlecht erzogenes Kind **2** (RECHT) jdn vor Gericht stellen ◇ *He was brought up on a charge of drunken driving.* Er wurde wegen Trunkenheit am Steuer vor Gericht gestellt. **bring sth 'up 1** etw zur Sprache bringen, etw erwähnen ◇ *Bring it up at the meeting.* Sprich das doch mal in der Versammlung an. ◇ *Did you have to bring that up again?* Musstest du damit wieder anfangen? **2** (*BrE*) etw erbrechen **3** etw auf den Bildschirm holen **bring sb 'up against sth** jdm etw vor Augen führen

bring-and-'buy sale *Nomen* (*BrE*) Wohltätigkeitsbasar

brink /brɪŋk/ *Nomen* [Sing] Rand ◇ *They were on the brink of a new discovery.* Sie standen kurz vor einer Entdeckung. ◇ *He pulled the company back from the brink.* Er rettete die Firma, die kurz vor dem Abgrund stand. IDM → TEETER

brink·man·ship /ˈbrɪŋkmənʃɪp/ (*AmE auch* **brinks·man·ship** /ˈbrɪŋksm-/) *Nomen* Politik des (äußersten) Risikos, Taktik, bei der man alles riskiert

brio /ˈbriːəʊ; *AmE* ˈbriːoʊ/ *Nomen* (*gehoben*) Lebendigkeit

brisk /brɪsk/ *Adj* (*Adv* **brisk·ly**) **1** flott; (*Handel etc.*) rege **2** (*Mensch, Tonfall*) forsch, energisch **3** (*Wind, Wetter*) frisch

bris·ket /ˈbrɪskɪt/ *Nomen* (*Rind-*) Brust(stück)

bris·tle /ˈbrɪsl/ *Nomen, Verb*
▸ ***Nomen* 1** Stoppel **2** Borste
▸ ***Verb* 1 ~ (at sth)** (über etw) zornig werden **2** (*Fell*) sich sträuben PHR V **'bristle with sth** (*gehoben*) vor etw strotzen, vor etw wimmeln

brist·ly /ˈbrɪsli/ *Adj* stoppelig, borstig

Brit /brɪt/ *Nomen* (*umgs*) Brite, Britin

Brit·ain /ˈbrɪtn/ *Nomen* **1** = GREAT BRITAIN **2** (GESCH) Britannien

Brit·ish /ˈbrɪtɪʃ/ *Adj, Nomen*
▸ ***Adj*** (*Abk* **Br.**) britisch ◇ *British-made* in Großbritannien hergestellt
▸ ***Nomen* the British** [Pl] die Briten

Brit·ish·er /ˈbrɪtɪʃə(r)/ *Nomen* (*AmE, umgs*) Brite, Britin

the ˌBritish 'Isles *Nomen* die britischen Inseln

Brit·ish·ness /ˈbrɪtɪʃnəs/ *Nomen* das Britische ◇ *He's the personification of Britishness.* Er ist ein Brite wie er im Buche steht.

Briton /ˈbrɪtn/ *Nomen* (*gehoben*) Brite, Britin

brit·tle /ˈbrɪtl/ *Adj* **1** spröde, brüchig **2** empfindlich, labil ◇ *brittle confidence* ein leicht zu erschütterndes Selbstvertrauen ◇ *brittle gaiety* eine leicht gereizte Fröhlichkeit ◇ *a brittle temperament* ein reizbares Temperament **3** (*Stimme, Lachen*) schrill

bro /brəʊ; *AmE* broʊ/ *Nomen* (*Pl* **bros**) (*umgs*) **1** Bruder **2** (*bes AmE*) Kumpel

broach /brəʊtʃ; *AmE* broʊtʃ/ *Verb* ansprechen; (*Thema*) anschneiden; **~ sth to/with sb** etw bei jdm zur Sprache bringen

'B-road *Nomen* (*BrE*) Landstraße

broad 0‑▬ /brɔːd/ *Adj, Nomen*
▸ ***Adj* 1** breit (*auch fig*) ◇ *He is tall and broad.* Er ist groß und breitschultrig. ◇ *a broad curriculum* ein breit gefächerter Lehrplan ◇ *a broad spectrum of interests* vielseitige Interessen **2** [nur vor Nomen] grob, allgemein ◇ *in broad terms* grob gesagt ◇ *in the broadest sense of the word* im weitesten Sinne des Wortes ◇ *They were in broad agreement on the issue.* Bei diesem Punkt waren sie sich im Großen und Ganzen einig. ◇ *a broad interpretation* eine großzügige Auslegung **3** (*gehoben*) (*Land, Gewässer*) ausgedehnt, weit **4** (*Akzent, Dialekt*) stark **5 a ~ hint** ein Wink mit dem Zaunpfahl IDM **a broad 'church** (*BrE*) eine liberale Organisation ◇ *At that time the Labour party was a broad church.* Damals waren in der Labour Partei noch die unterschiedlichsten Richtungen vertreten. **in broad 'daylight** am helllichten Tag **it's as ˌbroad as it's 'long** (*BrE, umgs*) das ist Jacke wie Hose; das ist gehüpft wie gesprungen → *Siehe auch* PAINT
▸ ***Nomen*** (*AmE, Slang, veraltet*) Weib(sbild)

broad·band /ˈbrɔːdbænd/ *Nomen* Breitband, DSL ◇ *a broadband connection* ein DSL-Anschluss

broad-'based *Adj* breit, breit gefächert

broad 'bean *Nomen* (*BrE*) Saubohne, dicke Bohne

broad-'brush *Adj* [nur vor Nomen] allgemein, breit

broad·cast 0‑▬ /ˈbrɔːdkɑːst; *AmE* -kæst/ *Verb, Nomen*
▸ ***Verb* (-cast, -cast) 1** (RADIO, TV) senden; (*Sendung*) ausstrahlen, übertragen **2** (*Neuigkeiten etc.*) herumerzählen, verbreiten
▸ ***Nomen*** (RADIO, TV) Sendung, Übertragung

broad·cast·er /ˈbrɔːdkɑːstə(r); *AmE* -kæstər/ *Nomen* **1** (RADIO, TV) Moderator(in) ◇ *He's a well-known broadcaster.* Er ist bekannt durch seine Sendungen. **2** Sender

broad·cast·ing /ˈbrɔːdkɑːstɪŋ; *AmE* -kæstɪŋ/ *Nomen* [U] Rundfunk, Fernsehen

broad·en /ˈbrɔːdn/ *Verb* **1** breiter werden **2** (*fig*) ausweiten **3** (*Wissen etc.*) erweitern PHR V **ˌbroaden 'out** (*Straße, Fluss etc.*) breiter werden

the 'broad jump *Nomen* [Sing] (*AmE*) der Weitsprung

broad·leaved /ˈbrɔːdliːvd/ (*seltener* **broad·leaf** /-liːf/) *Adj* (BOT) breitblättrig

broad·ly 0‑▬ /ˈbrɔːdli/ *Adv* **1** allgemein, weitgehend ◇ *Broadly speaking, ...* Ganz allgemein gesprochen ... **2** (*lächeln*) breit

broadly-'based *Adj* breit, breit gefächert

broad-'minded *Adj* tolerant, offen, aufgeschlossen

broad-'minded·ness *Nomen* Toleranz, Offenheit, Aufgeschlossenheit

broad·sheet /ˈbrɔːdʃiːt/ *Nomen* **1** großformatige Tageszeitung **2** großformatiges Flugblatt

broad·side /ˈbrɔːdsaɪd/ *Nomen, Adv, Verb*
▸ ***Nomen*** Breitseite, (Verbal)attacke
▸ ***Adv*** mit der Breitseite, seitlich ◇ (*BrE*) *broadside on to the current* mit der Breitseite in der Strömung
▸ ***Verb*** (*AmE*) **~ sth** einer Sache in die Seite fahren, etw seitlich rammen

bro·cade /brəˈkeɪd/ *Nomen* Brokat(stoff)

broc·coli /ˈbrɒkəli; *AmE* ˈbrɑːk-/ *Nomen* [U] Brokkoli

bro·chure /ˈbrəʊʃə(r); *AmE* broʊˈʃʊr/ *Nomen* Broschüre, Prospekt

brogue /brəʊg; *AmE* broʊg/ *Nomen* **1** = fester Lederschuh mit perforierter Kappe **2** [meist Sing] (*besonders irischer, schottischer*) Akzent

broil /brɔɪl/ *Verb* **1** (*AmE*) grillen **2** (*in der Sonne*) schmoren

broil·er /ˈbrɔɪlə(r)/ *Nomen* **1** (*auch* **ˈbroiler chicken**) (*bes AmE*) Brathühnchen **2** (*AmE*) Backofengrill

broke /brəʊk; *AmE* broʊk/ *Adj* [nicht vor Nomen] (*umgs*) pleite ◇ *flat/stony broke* völlig pleite IDM **go for ˈbroke** (*umgs*) alles riskieren; alles auf eine Karte setzen → *Siehe auch* BREAK

broken 🔑 /ˈbrəʊkən; *AmE* ˈbroʊ-/ *Adj* **1** zerbrochen, kaputt; (*Haut*) verletzt ◇ *broken glass* Glasscherben ◇ *broken veins* erweiterte Äderchen ◇ *a broken thread* ein gerissener Faden **2** gebrochen (*auch fig*) ◇ *broken English* gebrochenes Englisch ◇ *a broken engagement* eine aufgelöste Verlobung **3** (*Ehe, Familie*) zerrüttet **4** unterbrochen ◇ *a broken line* eine gestrichelte Linie ◇ *a night of broken sleep* eine unruhige Nacht **5** (*Oberfläche*) uneben → *Siehe auch* BREAK

ˌbroken-ˈdown *Adj* kaputt, heruntergekommen ◇ *a broken-down horse* ein ausgemergeltes Pferd

ˌbroken-ˈhearted *Adj* untröstlich

broken·ly /ˈbrəʊkənli; *AmE* ˈbroʊ-/ *Adv* (*gehoben*) abgehackt, mit gebrochener Stimme

broker /ˈbrəʊkə(r); *AmE* ˈbroʊ-/ *Nomen, Verb*

▸ ***Nomen*** **1** Makler(in) → *Siehe auch* HONEST BROKER, PAWNBROKER *und* POWER BROKER **2** = STOCKBROKER

▸ ***Verb*** aushandeln

broker·age /ˈbrəʊkərɪdʒ; *AmE* ˈbroʊ-/ *Nomen* [U] **1** Maklergeschäft **2** Maklergebühr(en)

brolly /ˈbrɒli; *AmE* ˈbrɑːli/ *Nomen* (*Pl* **-ies**) (*BrE, umgs*) Regenschirm

brom·ide /ˈbrəʊmaɪd; *AmE* ˈbroʊ-/ *Nomen* (CHEM) Bromid

bron·chial /ˈbrɒŋkiəl; *AmE* ˈbrɑːŋ-/ *Adj* (MED) bronchial, Bronchial- ◇ *bronchial tubes* Bronchien

bron·chitis /brɒŋˈkaɪtɪs; *AmE* brɑːŋˈ-/ *Nomen* Bronchitis

bronco /ˈbrɒŋkəʊ; *AmE* ˈbrɑːŋkoʊ/ *Nomen* (*Pl* **-os**) (*im amerikanischen Westen*) = wildes oder halbwildes Pferd

bron·to·saurus /ˌbrɒntəˈsɔːrəs; *AmE* ˌbrɑːn-/ *Nomen* Brontosaurus

Bronx cheer /ˌbrɒŋks ˈtʃɪə(r); *AmE* ˌbrɑːŋks ˈtʃɪr/ *Nomen* (*AmE, umgs*) ◇ *send sb a Bronx cheer* jdn ausbuhen ◇ *blow a Bronx cheer at sb* jdm die Zunge herausstrecken und verächtlich prusten

bronze /brɒnz; *AmE* brɑːnz/ *Nomen, Adj*

▸ ***Nomen*** **1** (*Metall, Farbe*) Bronze **2** = BRONZE MEDAL

▸ ***Adj*** **1** Bronze-, aus Bronze **2** bronzefarben

the ˈBronze Age *Nomen* [Sing] die Bronzezeit

bronzed /brɒnzd; *AmE* brɑːnzd/ *Adj* (sonnen)gebräunt

ˌbronze ˈmedal (*auch* **bronze**) *Nomen* Bronzemedaille

ˌbronze ˈmedallist (*AmE* **ˌbronze ˈmedalist**) *Nomen* Bronzemedaillengewinner(in)

brooch /brəʊtʃ; *AmE* broʊtʃ/ *Nomen* (*bes BrE*) Brosche

brood /bruːd/ *Verb, Nomen*

▸ ***Verb*** **1** brüten **2** (*Eier*) ausbrüten **3** (*fig*) ~ **(over/on/about sth)** (über etw) brüten

▸ ***Nomen*** [mit Verb im Sing/Pl] Brut (*auch fig*) ◇ *a lively brood of brothers and sisters* eine aufgeweckte Geschwisterschar

brood·ing /ˈbruːdɪŋ/ *Adj* **1** schwermütig **2** unheilvoll

broody /ˈbruːdi/ *Adj* **1 be ~** Muttergefühle haben ◇ *She felt broody.* Sie wollte ein Kind. **2** brütig **3** grüblerisch

brook /brʊk/ *Nomen, Verb*

▸ ***Nomen*** Bach

▸ ***Verb*** (*in verneinten Sätzen*) (*gehoben*) dulden ◇ *brook no argument* keinen Widerspruch dulden

broom *Nomen* /bruːm/ **1** Besen **2** Ginster

broom·stick /ˈbruːmstɪk/ *Nomen* Besen(stiel)

Bros /brɒs; *AmE* brɔːs/ (*in Firmennamen*) *Kurzform von* **Brothers** Gebr.

broth /brɒθ; *AmE* brɔːθ/ *Nomen* **1** Suppe **2** Brühe IDM → COOK

brothel /ˈbrɒθl; *AmE* ˈbrɑːθl/ *Nomen* Bordell

brother 🔑 /ˈbrʌðə(r)/ *Nomen* **1** Bruder ◇ *Does she have any brothers or sisters?* Hat sie noch Geschwister? **2** (*oft als Anrede*) Kollege, Kamerad ◇ *his brother officers* seine Offizierskameraden ◇ *Solidarity, brothers!* Solidarität, Genossen! **3** (*Pl* **breth·ren** /ˈbreðrən/ *oder* **brothers**) (REL) Bruder ◇ *Brother Luke* Bruder Luke **4** (*AmE*) = Bezeichnung unter Afroamerikanern für einen schwarzen Mann **5** = Mitglied einer studentischen Verbindung an amerikanischen Universitäten **6** (*bes AmE, veraltet*) (*als Ausruf*) Junge! IDM **brothers in ˈarms** Waffenbrüder

brother·hood /ˈbrʌðəhʊd; *AmE* -ðərhʊd/ *Nomen* **1** Brüderlichkeit **2** [mit Verb im Sing/Pl] Bruderschaft

ˈbrother-in-law (*Pl* **brothers-in-law**) *Nomen* Schwager

brother·ly /ˈbrʌðəli; *AmE* -ðərli/ *Adj* brüderlich ◇ *brotherly love* Bruderliebe

brought *Form von* BRING

brow /braʊ/ *Nomen* **1** Stirn **2** [meist Pl] = EYEBROW **3** [meist Sing] (Berg)kuppe IDM → KNIT

brow·beat /ˈbraʊbiːt/ *Verb* (**brow·beat**, **brow·beat·en** /-biːtn/) **~ sb** jdn einschüchtern; **~ sb into doing sth** jdn unter Druck setzen etw zu tun

brown 🔑 /braʊn/ *Adj, Nomen, Verb*

▸ ***Adj*** braun ◇ (*bes BrE*) *I don't go brown very easily.* Ich werde nicht sehr leicht braun. → *Beispiele bei* BLAU

▸ ***Nomen*** Braun

▸ ***Verb*** **1** bräunen, anbraten **2** braun werden

brown bread *Nomen* (*BrE*) ≈ Mischbrot

brown·field /ˈbraʊnfiːld/ *Adj* [nur vor Nomen] (*BrE*) ◇ *a brownfield site* ein zur Nutzung freigegebenes ehemaliges Industriegelände

brownie /ˈbraʊni/ *Nomen* **1** = weicher, flacher Schokoladenkuchen, oft mit Nüssen **2 Brownie**, **ˈBrownie Guide** junge Pfadfinderin ◇ *be in the Brownies* Mitglied bei den jungen Pfadfinderinnen sein

ˈbrownie point *Nomen* [meist Pl] (*umgs*) Pluspunkt

brown·ish /ˈbraʊnɪʃ/ *Adj* bräunlich

ˌbrown ˈpaper *Nomen* Packpapier

brown·stone /ˈbraʊnstəʊn; *AmE* -stoʊn/ *Nomen* (*AmE*) = (für New York typisches) Haus aus rotbraunem Sandstein

ˌbrown ˈsugar *Nomen* brauner Zucker

browse /braʊz/ *Verb, Nomen*

▸ ***Verb*** **1** sich umsehen, stöbern **2** durchsehen ◇ *She browsed the shelves for something interesting to read.* Sie suchte auf den Regalen nach etwas Interessantem zum Lesen. **3 ~ (through sth)** (etw) durchblättern **4** (COMP) = Internetseiten aufrufen **5** fressen; **~ (on sth)** (auf etw) grasen

▸ ***Nomen*** [Sing] Stöbern ◇ *have a browse* sich umsehen

browser /ˈbraʊzə(r)/ *Nomen* **1** (COMP) Browser **2** = Kunde, der sich nur umsieht

bruise /bruːz/ *Verb, Nomen*

▸ ***Verb*** **1 ~ sth** sich etw prellen **2** blaue Flecken bekommen ◇ *I bruise easily.* Ich bekomme leicht blaue Flecken. **3** (*Obst*) Druckstellen bekommen **4 be bruised** angeschlagen sein

▸ ***Nomen*** **1** blauer Fleck, Prellung **2** Druckstelle

bruiser /ˈbruːzə(r)/ *Nomen* (*umgs*) Schlägertyp

bruis·ing /ˈbruːzɪŋ/ *Adj, Nomen*

▸ ***Adj*** aufreibend

▸ ***Nomen*** [U] Prellungen

Brum·mie /ˈbrʌmi/ *Adj* (*BrE, umgs*) = aus oder typisch für Birmingham

brunch /brʌntʃ/ *Nomen* (*umgs*) Brunch

bru·nette /bruːˈnet/ *Nomen* Brünette

brunt /brʌnt/ *Nomen* IDM **bear, take, etc. the ˈbrunt of sth** die Hauptlast einer Sache tragen ◇ *The opera house bore the brunt of the damage.* Das Opernhaus trug die schlimmsten Schäden davon. ◇ *His secretary has to bear the brunt of his bad temper.* Seine Sekretärin bekommt seine schlechte Laune am meisten zu spüren.

brush 🗝 /brʌʃ/ *Nomen, Verb*

▸ ***Nomen*** **1** Bürste, Pinsel, Besen ◇ *a dustpan and brush* ein Handfeger und eine Schaufel ◇ *a paintbrush* ein Pinsel **2** [Sing] ◇ *give your hair a good brush* sich die Haare gründlich bürsten **3** [Sing] leichte Berührung **4 have a ~ with sb/sth** mit jdm/etw in Konflikt geraten ◇ *She had a nasty brush with her boss.* Sie ist mit ihrem Chef fürchterlich aneinandergeraten. ◇ *He's had frequent brushes with death.* Er hat schon mehrmals dem Tod ins Auge gesehen. **5** Unterholz **6** (*Gebiet*) Busch **7** Lunte IDM → DAFT, PAINT *und* TAR

▸ ***Verb*** **1** bürsten, fegen; (*Zähne*) putzen **2 ~ A with B; ~ B over A** A mit B bestreichen **3 ~ (against/by/past) sb/sth** jdn/etw streifen ◇ *She brushed past him.* Sie streifte ihn im Vorbeigehen. PHRV **ˌbrush sb/sth aˈside** jdn/etw abtun ◇ *He brushed aside my fears.* Er fegte meine Befürchtungen vom Tisch. **ˌbrush sth aˈway** etw abbürsten, etw wegwischen ◇ *She brushed the fly away.* Sie verscheuchte die Fliege mit einer Handbewegung. **ˌbrush sth ˈdown** etw abbürsten **ˌbrush ˈoff** sich abbürsten lassen **ˌbrush sb ˈoff** jdn abblitzen lassen **ˌbrush yourself ˈoff** (*BrE auch* **ˌbrush yourself ˈdown**) sich den Schmutz abklopfen **ˌbrush sth ˈup/ˌbrush ˈup on sth** etw auffrischen ◇ *I must brush up on my Spanish.* Ich muss mein Spanisch auffrischen.

ˈbrush-off *Nomen* [Sing] (*umgs*) Abfuhr ◇ *She gave him the brush-off.* Sie ließ ihn abblitzen.

brush·wood /ˈbrʌʃwʊd/ *Nomen* Reisig

brusque /bruːsk, brʊsk; *AmE* brʌsk/ *Adj* (*Adv* **brusque·ly**) schroff

Brus·sels sprout /ˌbrʌslz ˈspraʊt/ (*auch* **Brus·sel sprout**, **sprout**) *Nomen* [meist Pl] Rosenkohl

bru·tal /ˈbruːtl/ *Adj* (*Adv* **bru·tal·ly** /-təli/) brutal

bru·tal·ity /bruːˈtæləti/ *Nomen* (*Pl* **-ies**) Brutalität

bru·tal·ize (*BrE auch* **-ise**) /ˈbruːtəlaɪz/ *Verb* **1** (*meist passiv*) verrohen (lassen) ◇ *soldiers brutalized by war* durch den Krieg verrohte Soldaten **2** brutal behandeln

brute /bruːt/ *Nomen, Adj*

▸ ***Nomen*** Bestie, Ungeheuer

▸ ***Adj*** [nur vor Nomen] ◇ *brute force* Brachialgewalt ◇ *the brute facts* die nackten Tatsachen

bru·tish /ˈbruːtɪʃ/ *Adj* brutal

BS (*AmE* **B.S.**) /ˌbiː ˈes/ *Abk* **1** (*AmE*) *Kurzform von* **Bachelor of Science** ≈ Diplom in den Naturwissenschaften **2** (*BrE*) *Kurzform von* **Bachelor of Surgery** ≈ Facharzt für Chirurgie **3** *Kurzform von* **British Standard** = Britische Norm **4** (*AmE, vulg, Slang*) *Kurzform von* **bullshit** Scheiße ◇ *That guy's full of BS.* Der Kerl redet nur Scheiße.

BSc /ˌbiː es ˈsiː/ (*BrE*) *Kurzform von* **Bachelor of Science** ≈ Diplom in den Naturwissenschaften

BSE /ˌbiː es ˈiː/ *Kurzform von* **bovine spongiform encephalopathy** Rinderwahnsinn, BSE

BST /ˌbiː es ˈtiː/ *Kurzform von* **British Summer Time** Britische Sommerzeit

BTW *Kurzform von* **by the way** übrigens

bub·ble 🗝 /ˈbʌbl/ *Nomen, Verb*

▸ ***Nomen*** **1** Blase, Bläschen ◇ *champagne bubbles* Champagnerperlen **2** Seifenblase **3** Hauch, Anflug ◇ *A bubble of laughter rose to her lips.* Ein Lachen stieg in ihr auf. IDM **the bubble has ˈburst** der Traum ist aus → *Siehe auch* BURST

▸ ***Verb*** **1** sprudeln, Blasen bilden, brodeln; (*Bad*) schäumen **2** blubbern, plätschern **3 ~ (over) (with sth)** (vor etw) überschäumen **4** aufkommen ◇ *Laughter bubbled up inside him.* Lachen kam in ihm auf. PHRV **ˌbubble aˈlong** vor sich hin plätschern **ˌbubble ˈout** hervorsprudeln **ˌbubble ˈup** aufwallen

ˈbubble bath *Nomen* Schaumbad

bubble·gum /ˈbʌblgʌm/ *Nomen* Bubblegum, Ballonkaugummi

bubb·ly /ˈbʌbli/ *Adj, Nomen*

▸ ***Adj*** **1** sprudelnd, perlend, schäumend **2** (*Mensch*) quirlig

▸ ***Nomen*** (*umgs*) Schampus

buck /bʌk/ *Nomen, Verb*

▸ ***Nomen*** **1** (*bes AmE, umgs*) Dollar ◇ *We're talking big bucks here.* Hier geht es um eine Menge Kohle. **2** (*Reh-*) Bock; (*Hase*) Rammler **3** (*Turngerät*) Bock IDM **the buck stops ˈhere/with ˈme** die Verantwortung liegt bei mir **make a fast/quick buck** (*umgs, oft abwert*) schnelles Geld machen

▸ ***Verb*** bocken ◇ *The shotgun bucked in his hands.* Das Gewehr riss ihm den Arm hoch. IDM **buck the ˈsystem** (*umgs*) sich gegen das System stellen **buck the ˈtrend** ◇ *Scotland bucked the trend with a rise in sales.* Entgegen dem allgemeinen Trend konnte Schottland steigende Verkaufszahlen aufweisen. **buck your iˈdeas up** (*BrE, umgs*) sich zusammenreißen PHRV **ˌbuck ˈup** (*umgs*) **1** munter werden **2** (*veraltet*) sich beeilen **ˌbuck sb ˈup** (*BrE, umgs*) jdn aufmuntern

bucket /ˈbʌkɪt/ *Nomen, Verb*

▸ ***Nomen*** **1** Eimer **2** (*auch* **bucket·ful** /ˈbʌkɪtfʊl/) (*Menge*) Eimer (voll) ◇ *They drink tea by the bucketful.* Sie trinken kannenweise Tee. **3 buckets** [Pl] (*umgs*) eine Unmenge IDM → DROP *und* KICK

▸ ***Verb*** PHRV **ˌbucket ˈdown** (*BrE, umgs*) (*regnen*) in Strömen gießen

buckle /ˈbʌkl/ *Verb, Nomen*

▸ ***Verb*** **1** sich zuschnallen lassen ◇ *These shoes buckle at the side.* Diese Schuhe werden an der Seite zugeschnallt. **2 ~ sth (up)** etw zuschnallen **3 ~ (sth on)** etw umschnallen **4** (sich) verziehen ◇ (*fig*) *Others would have buckled under the pressure.* Andere wären unter dem Druck zusammengebrochen. **5** (*Knie, Beine*) nachgeben **6 ~ at the knees** weiche Knie bekommen PHRV **ˌbuckle ˈdown to sth** (*umgs*) sich an etw machen **ˌbuckle ˈup** (*AmE*) sich anschnallen

▸ ***Nomen*** Schnalle

buck·wheat /ˈbʌkwiːt/ *Nomen* Buchweizen

bud /bʌd/ *Nomen* **1** Knospe ◇ *The roses are in bud.* Die Rosen treiben Knospen. **2** = BUDDY IDM → NIP

Bud·dhism /ˈbʊdɪzəm/ *Nomen* Buddhismus

Bud·dhist /ˈbʊdɪst/ *Nomen, Adj*

▸ ***Nomen*** Buddhist(in)

▸ ***Adj*** buddhistisch

bud·ding /ˈbʌdɪŋ/ *Adj* [nur vor Nomen] angehend

buddy /ˈbʌdi/ *Nomen, Verb*

▸ ***Nomen*** (*Pl* **-ies**) **1** (*auch* **bud**) (*umgs*) Freund(in), Kumpel **2** (*bes AmE*) Partner(in)

▸ ***Verb*** (**bud·dies, buddy·ing, bud·died, bud·died**) PHRV **ˌbuddy ˈup (to/with sb)** (*AmE*) **1** sich (mit jdm) anfreunden **2** sich (bei jdm) anbiedern

budge /bʌdʒ/ *Verb* (*meist in verneinten Sätzen*) **1** sich bewegen, nachgeben (*auch fig*) ◇ *The dog refused to budge.* Der Hund rührte sich nicht von der Stelle. ◇ *He won't budge an inch on the issue.* In der Angelegenheit gibt er keinen Fingerbreit nach. **2 ~ sb** jdn umstimmen PHRV **ˌbudge ˈup** (*BrE, umgs*) aufrücken

budg·eri·gar /ˈbʌdʒərigɑː(r)/ *Nomen* (*umgs* **budgie**) (*BrE*) Wellensittich

budget 🗝 /ˈbʌdʒɪt/ *Nomen, Verb, Adj*
▸ ***Nomen*** **1** Etat, Budget ◇ *within budget* ohne den Etat zu überschreiten ◇ *be over budget* die vorgesehenen Kosten überschreiten ◇ *We decorated the house on a tight budget.* Wir renovierten das Haus mit wenig Geld. **2** (*BrE auch* **Budget**) (POL) Haushalt(splan)
▸ ***Verb*** **1** Haus halten **2** einplanen ◇ *I've budgeted for two new members of staff.* Ich habe zwei neue Mitarbeiter im Etat eingeplant. **3** veranschlagen
▸ ***Adj*** [nur vor Nomen] preisgünstig, Billig-

ˈ**budget account** *Nomen (BrE)* Kundenkonto

budget·ary /ˈbʌdʒɪtəri; *AmE* -teri/ *Adj* Haushalts-

budget·ing /ˈbʌdʒɪtɪŋ/ *Nomen* Finanzplanung, Aufstellung eines Haushaltsplans

budgie /ˈbʌdʒi/ *Nomen (BrE, umgs)* = BUDGERIGAR

buff /bʌf/ *Nomen, Adj, Verb*
▸ ***Nomen*** **1** (*in Zusammensetzungen*) Fan ◇ *an opera buff* ein Opernliebhaber ◇ *a wine buff* ein Weinkenner **2** Gelbbraun **3** Büffelleder, Rindsleder → *Siehe auch* BLIND MAN'S BUFF IDM **in the ˈbuff** (*umgs*) im Adamskostüm; im Evaskostüm
▸ ***Adj*** **1** gelbbraun **2** (*Slang*) durchtrainiert und muskulös
▸ ***Verb*** ~ **sth (up)** etw polieren

buf·falo /ˈbʌfələʊ; *AmE* -loʊ/ *Nomen (Pl* **buf·falo** *oder* **buf·faloes**) **1** Büffel **2** Bison

buf·fer /ˈbʌfə(r)/ *Nomen, Verb*
▸ ***Nomen*** **1** Puffer **2** (*BrE*) (*am Zug*) Puffer; (*am Gleis*) Prellbock IDM → HIT
▸ ***Verb*** **1** dämpfen **2** (COMP) puffern **3** ~ **sb (against sth)** jdn (vor etw) schützen; ~ **yourself (against sth)** sich (gegen etw) absichern

buf·fet[1] /ˈbʊfeɪ, ˈbʌfeɪ; *AmE* bəˈfeɪ/ *Nomen* **1** Büfett ◇ *a buffet lunch* ein Mittagsbüfett **2** Imbissstand **3** = BUFFET CAR **4** (*bes AmE*) Büfett, Anrichte

buf·fet[2] /ˈbʌfɪt/ *Verb* hin und her schütteln, erschüttern ◇ *buffeted by the wind* vom Wind hin und her gerüttelt

buf·fet car /ˈbʊfeɪ kɑː(r), ˈbʌfeɪ; *AmE* bəˈfeɪ kɑːr/ (*auch* **buf·fet**) *Nomen (BrE)* Büfettwagen, Bordrestaurant

buf·fet·ing /ˈbʌfɪtɪŋ/ *Nomen* Rütteln, Geschaukel

buf·foon /bəˈfuːn/ *Nomen (veraltet)* Hanswurst

buf·foon·ery /bəˈfuːnəri/ *Nomen (veraltet)* Possen(reißerei)

bug /bʌg/ *Nomen, Verb*
▸ ***Nomen*** **1** (*bes AmE*) Insekt, Käfer **2** (*umgs*) Infektion, Virus ◇ *There's a stomach bug going round.* Zurzeit geht eine Magenerkrankung um. ◇ *I picked up a bug in the office.* Ich habe mir im Büro was weggeholt. **3** (*meist* **the ... bug**) [Sing] (*umgs*) Leidenschaft, Fimmel ◇ *the travel bug* die Reiselust ◇ *She was never interested in fitness before but now she's got the bug.* Sie war früher nie an Fitness interessiert, aber jetzt hat sie's gepackt. **4** (*umgs*) (*zum Abhören*) Wanze **5** (COMP) (Programm)fehler
▸ ***Verb*** (**-gg-**) **1** Wanzen installieren **2** (*Telefongespräche*) abhören ◇ *a bugging device* eine Wanze **3** (*umgs*) nerven, beunruhigen IDM **bug ˈoff!** (*AmE, umgs*) hau ab!

bug·bear /ˈbʌgbeə(r); *AmE* -ber/ *Nomen (bes BrE)* Schreckgespenst

ˈ**bug-eyed** *Adj (umgs)* mit Froschaugen

bug·ger /ˈbʌgə(r)/ *Nomen, Verb*
▸ ***Nomen*** (*BrE, vulg, Slang*) **1** Kerl, Bursche **2** Scheißkerl **3** Scheißding ◇ *This door's a bugger to open.* Diese Scheißtür geht immer so schwer auf. ◇ *Question 6 is a real bugger.* Frage 6 ist vielleicht eine Scheißfrage!
▸ ***Verb*** **1** (*BrE, vulg, Slang*) ◇ *Bugger!* Verdammte Scheiße! ◇ *Bugger it! I've burnt the toast.* So'n Scheiß! Der Toast ist angebrannt. ◇ *Oh, bugger the cost!* Oh, scheiß aufs Geld! **2** (*BrE, Slang, Slang*) kaputt machen, verpfuschen **3** anal verkehren mit IDM ˌ**bugger ˈme** (*BrE, vulg, Slang*) ach du Scheiße! PHR V ˌ**bugger aˈbout/aˈround** (*BrE, vulg, Slang*) rumblödeln ˌ**bugger sb aˈbout/aˈround** (*BrE, vulg, Slang*) jdn an der Nase herumführen ˌ**bugger ˈoff** (*BrE, vulg, Slang*) abhauen ˌ**bugger ˈup** (*BrE, vulg, Slang*) es vermasseln ˌ**bugger sth ˈup** (*BrE, vulg, Slang*) etw versauen, etw verhauen

ˌ**bugger ˈall** *Nomen (BrE, vulg, Slang)* rein gar nichts

bug·gered /ˈbʌgəd; *AmE* -gərd/ *Adj (BrE, vulg, Slang)* [nicht vor Nomen] **1** völlig fertig **2** kaputt IDM **I'll be buggered** (*BrE, beleidigend, umgs*) liebe Scheiße! **I'm ˈbuggered if ...** (*BrE, beleidigend, umgs*) ich denk nicht dran ... ◇ *'What's this all about?' 'I'm buggered if I know.'* „Worum geht's?" „Ich hab keinen Schimmer".

bug·gery /ˈbʌgəri/ *Nomen (BrE, vulg, Slang oder Fachspr)* Analverkehr

buggy /ˈbʌgi/ *Nomen, Adj*
▸ ***Nomen*** (*Pl* **-ies**) **1** (*BrE*) Buggy **2** = BABY BUGGY **3** leichter Einspänner **4** Golfwagen
▸ ***Adj*** (*umgs*) **1** (*Computersystem oder -programm*) fehlerhaft ◇ *The software is buggy and slow.* Die Software steckt voller Bugs und ist langsam. **2** voller Insekten ◇ *It was a hot, buggy summer.* Es war ein heißer Sommer, in dem es vor Insekten nur so wimmelte. **3** (*AmE*) verrückt **4** (*AmE*) (*Augen*) (übernatürlich) groß und hervortretend ◇ *My eyes went buggy just looking at them.* Ich habe schon vom Hinschauen Stielaugen bekommen.

bugle /ˈbjuːgl/ *Nomen* Bügelhorn

bu·gler /ˈbjuːglə(r)/ *Nomen* Bügelhornspieler(in)

build 🗝 /bɪld/ *Verb, Nomen*
▸ ***Verb*** (**built, built** /bɪlt/) **1** bauen ◇ *a house built of wood* ein Holzhaus **2** aufbauen **3** sich steigern, zunehmen IDM → CASTLE *und* ROME PHR V ˌ**build sth aˈround sth** (*meist passiv*) etw um etw herum aufbauen ˌ**build sth ˈin** etw einbauen ˌ**build sth ˈinto sth** (*meist passiv*) **1** etw in etw einbauen, etw in etw integrieren **2** etw in etw einplanen ˈ**build on sth** auf etw aufbauen, an etw anknüpfen ˈ**build sth on sth** (*meist passiv*) etw auf etw gründen ◇ *an argument built on sound logic* ein Argument, das auf vernünftiger Logik beruht ˌ**build sth ˈon** anbauen ◇ *They've built an extension on.* Sie haben noch angebaut. ˌ**build sth ˈonto sth** etw an etw anbauen ˌ**build ˈup (to sth)** **1** sich (zu etw) steigern, zunehmen **2** sich (zu etw) ansammeln ˌ**build (yourself) ˈup to sth** sich für/auf etw vorbereiten; (*Sport*) für etw trainieren ˌ**build sb/sth ˈup** (*meist passiv*) etw/jdn groß herausstellen ˌ**build yourself ˈup** sich stärken ˌ**build sth ˈup** **1** etw aufbauen ◇ *build up false hopes* falsche Hoffnungen wecken ◇ *build up a reputation* sich einen Namen machen **2** etw verstärken, etw erhöhen
▸ ***Nomen*** **1** [meist Sing] Körperbau ◇ *a man of average build* ein Mann mit einer Durchschnittsfigur **2** [Sing] (*eines Hauses*) Bau; (*einer Software*) Entwicklung **3** = Versionsstand bei einer Softwareentwicklung ◇ *the alpha build* der Alphabuild **4** [Sing] Fertigung ◇ *excellent build quality* ausgezeichnete Fertigungsqualität **5** [Sing] = Entwicklung zum Höhepunkt hin ◇ *Readers will enjoy the slow build of the plot.* Den Lesern wird gefallen, wie die Handlung langsam auf den Höhepunkt zuläuft.

build·er /ˈbɪldə(r)/ *Nomen* **1** Bauunternehmer(in), Bauarbeiter(in), Bauunternehmen **2** (*meist in Zusammensetzungen*) -bauer, Erbauer ◇ *a shipbuilder* ein Schiffbauer

build·ing 🗝 /ˈbɪldɪŋ/ *Nomen* **1** Gebäude **2** Bau

ˈ**building block** *Nomen* **1** Bauklotz **2** **building blocks** [Pl] Bausteine

ˈ**building site** *Nomen (bes BrE)* Baustelle

ˈ**building society** *Nomen (BrE)* ≈ Bausparkasse

ˈbuild-up *Nomen* **1** Zunahme; (*von Verkehr*) Verdichtung **2** [meist Sing] ~ (**to sth**) Vorbereitungen (für etw) **3** [meist Sing] Werbung ◇ *The media has given the show a huge build-up.* Die Presse hat kräftig die Reklametrommel für die Show gerührt.

built (*in Zusammensetzungen*) ◇ *a newly built station* ein neu gebauter Bahnhof ◇ *American-built cars* in Amerika hergestellte Autos → *Siehe auch* PURPOSE-BUILT *und* WELL BUILT

ˌbuilt-ˈin *Adj* [nur vor Nomen] **1** eingebaut, Einbau-, integriert **2** natürlich, automatisch

ˌbuilt-ˈup *Adj* (*bes BrE*) bebaut ◇ *built-up areas* geschlossene Ortschaften

bulb /bʌlb/ *Nomen* **1** = LIGHT BULB **2** Zwiebel

bulb·ous /ˈbʌlbəs/ *Adj* (*gehoben*) zwiebelförmig

bulge /bʌldʒ/ *Verb, Nomen*

▸ ***Verb*** **1** ~ (**with sth**) (*meist in der Verlaufsform*) prall gefüllt sein (mit etw) ◇ *a bulging briefcase* eine vollgestopfte Aktentasche **2** hervortreten **IDM** → SEAM

▸ ***Nomen*** **1** Ausbeulung ◇ *She could see the bulge of a gun in his pocket.* Sie sah, dass sich in seiner Tasche die Form eines Revolvers abzeichnete. **2** (*umgs*) Fettpolster, Speckrollen **3** plötzlicher Anstieg

bu·limia /buˈlɪmiə, buˈliːm-; *BrE auch* bjuˈ-/ (*auch* **bulimia nervosa** /nɜːˈvəʊsə; *AmE* nɜːrˈvoʊ-/) *Nomen* Bulimie

bu·lim·ic /buˈlɪmɪk, buˈliːmɪk; *BrE auch* bjuˈ-/ *Adj, Nomen*

▸ ***Adj*** bulimisch

▸ ***Nomen*** Bulimiker(in)

bulk /bʌlk/ *Nomen, Verb*

▸ ***Nomen*** **1 the ~ (of sth)** der Großteil (von etw), der Hauptteil (von etw) **2** Größe, Masse ◇ *a bulk order* eine Großbestellung ◇ *It's cheaper to buy in bulk.* Es ist billiger, en gros zu kaufen. **3** [Sing] (Körper)fülle ◇ *She heaved her bulk out of the chair.* Sie hievte ihren massigen Körper aus dem Sessel.

▸ ***Verb*** **IDM** **bulk ˈlarge** (*BrE, gehoben*) eine wichtige Rolle spielen **PHR V** **ˌbulk sth ˈout/up** etw ausweiten, etw auspolstern ◇ *Sausages are often bulked out with bread.* Würstchen werden oft mit Brot gestreckt.

bulk·head /ˈbʌlkhed/ *Nomen* (NAUT, AERO) Schott

bulky /ˈbʌlki/ *Adj* (**bulk·ier, bulki·est**) **1** sperrig ◇ *bulky items* Sperrgut **2** (*Mensch*) massig

bull /bʊl/ *Nomen* **1** Stier, Bulle **2** (*Elefanten-, Wal- etc.*) Bulle **3** (FINANZ) Haussespekulant(in) ◇ *a bull market* eine Hausse **4** ◇ *a papal bull* eine päpstliche Bulle **5** = BULLSHIT **6** = BULLSEYE **IDM** **a bull in a ˈchina shop** ein Elefant im Porzellanladen **take the bull by the ˈhorns** den Stier bei den Hörnern packen → *Siehe auch* RED *und* SHOOT

bull·dog /ˈbʊldɒg; *AmE* -dɔːg/ *Nomen* Bulldogge

ˈBulldog clip™ *Nomen* (*BrE*) Briefklemmer

bull·doze /ˈbʊldəʊz; *AmE* -doʊz/ *Verb* **1** planieren, mit einem Bulldozer räumen ◇ *The makeshift dwellings were bulldozed into the ground.* Die Behelfsunterkünfte wurden dem Boden gleichgemacht. **2** sich durchboxen ◇ *Andy bulldozed through to score.* Andy stürmte durch die Verteidigung und schoss ein Tor. **3** (*Gesetz etc.*) durchpeitschen **4 ~ sb (into doing sth)** jdn (dazu) zwingen (etw zu tun)

bull·dozer /ˈbʊldəʊzə(r); *AmE* -doʊ-/ *Nomen* Planierraupe

bul·let 0-w /ˈbʊlɪt/ *Nomen* Kugel ◇ *bullet wounds* Schusswunden ◇ *bullet holes* Einschusslöcher ◇ *a bullet in the head* ein Kopfschuss **IDM** → BITE

bul·letin /ˈbʊlətɪn/ *Nomen* **1** Meldung, Kurznachrichten **2** amtliche Bekanntmachung, Bulletin

ˈbulletin board *Nomen* Anschlagtafel

bul·let·proof /ˈbʊlɪtpruːf/ *Adj* kugelsicher

bull·fight /ˈbʊlfaɪt/ *Nomen* Stierkampf

bull·fight·er /ˈbʊlfaɪtə(r)/ *Nomen* Stierkämpfer(in)

bull·finch /ˈbʊlfɪntʃ/ *Nomen* Dompfaff

bull·frog /ˈbʊlfrɒg; *AmE* -frɔːg/ *Nomen* Ochsenfrosch

bull·horn /ˈbʊlhɔːn; *AmE* -hɔːrn/ *Nomen* (*AmE*) Megafon

bul·lion /ˈbʊliən/ *Nomen* [U] Barren ◇ *gold bullion* ungemünztes Gold

bull·ish /ˈbʊlɪʃ/ *Adj* **1** zuversichtlich **2** (FINANZ) haussierend ◇ *a bullish market* ein Markt in Haussestimmung

bul·lock /ˈbʊlək/ *Nomen* Ochse

bull·ring /ˈbʊlrɪŋ/ *Nomen* Stierkampfarena

ˈbull session *Nomen* (*AmE, umgs*) informelle Gesprächsrunde

bulls·eye /ˈbʊlzaɪ/ (*auch* **bull**) *Nomen* [meist Sing] **1** das Schwarze ◇ *He scored a bullseye.* Er traf ins Schwarze. **2** Volltreffer

bull·shit /ˈbʊlʃɪt/ *Nomen, Verb*

▸ ***Nomen*** (*vulg, Slang*) (*umgs* **bull**) Scheiße, Quatsch

▸ ***Verb*** (**-tt-**) (*beleidigend, Slang*) an der Nase herumführen ◇ *She's just bullshitting.* Sie quatscht nur blöd daher. ◇ *Don't try to bullshit me!* Erzähl mir keinen Scheiß!

ˌbull ˈterrier *Nomen* Bullterrier

bully /ˈbʊli/ *Nomen, Verb, Ausruf*

▸ ***Nomen*** Mobber(in) ◇ *the school bully* der Schultyrann

▸ ***Verb*** (**bul·lies, bully·ing, bul·lied, bul·lied**) tyrannisieren, einschüchtern, mobben

▸ ***Ausruf*** **IDM** **bully for you, etc.** (*umgs*) na wenn schon

ˈbully boy *Nomen* (*BrE, umgs*) Schläger ◇ *bully-boy tactics* eine Einschüchterungstaktik

bully·ing /ˈbʊliɪŋ/ *Nomen* Tyrannisieren, Einschüchterung, Mobbing ◇ *He refused to give in to bullying.* Er weigerte sich, sich durch Schikanen einschüchtern zu lassen.

bul·rush /ˈbʊlrʌʃ/ *Nomen* Rohrkolben

bul·wark /ˈbʊlwək; *AmE* -wɜːrk/ *Nomen* **1** Wall, Bollwerk (*auch fig*) **2** [meist Pl] (NAUT) Schanzkleid

bum /bʌm/ *Nomen, Verb, Adj*

▸ ***Nomen*** (*umgs*) **1** (*BrE*) Hintern **2** (*bes AmE*) Penner(in), Tramp **3** Nichtsnutz, fauler Strick **IDM** **bums on ˈseats** (*BrE, umgs*) (*im Theater etc.*) ◇ *He will put bums on seats.* Er wird ein großes Publikum anlocken.

▸ ***Verb*** (**-mm-**) **1 ~ sth (off sb)** (*umgs*) etw (von jdm) schnorren **2 ~ sb (out)** (*AmE, umgs*) jdn deprimieren **PHR V** **ˌbum aˈround/aˈbout** (*umgs*) **1** herumgammeln **2** sich herumtreiben

▸ ***Adj*** [nur vor Nomen] (*umgs*) mies, falsch

bum·bag /ˈbʌmbæg/ *Nomen* (*BrE, umgs*) Gürteltasche

bum·ble /ˈbʌmbl/ *Verb* herumwandern, herumwursteln

bumble·bee /ˈbʌmblbiː/ *Nomen* Hummel

bumf (*auch* **bumph**) /bʌmf/ *Nomen* (*BrE, umgs*) Papierkram

bum·mer /ˈbʌmə(r)/ *Nomen* **a bummer** (*umgs*) Mist ◇ *It's a real bummer that she can't come.* Zu blöd, dass sie nicht kommen kann.

bump /bʌmp/ *Verb, Nomen*

▸ ***Verb*** **1** (an)stoßen ◇ *bump into a car* ein Auto anfahren **2** rumpeln ◇ *The jeep bumped along the dirt track.* Der Jeep rumpelte die Piste entlang. **PHR V** **ˌbump ˈinto sb** (*umgs*) jdn zufällig treffen **ˌbump sb ˈoff** (*umgs*) jdn umlegen **ˌbump sth ˈup** (*umgs*) etw erhöhen

▸ ***Nomen*** **1** Bums **2** Beule **3** Unebenheit ◇ *There were lots of bumps in the road.* Die Straße war holprig. **4** leichter Autounfall **IDM** → EARTH *und* THING

bump·er /ˈbʌmpə(r)/ *Nomen, Adj*
▸ ***Nomen*** Stoßstange
▸ ***Adj*** [nur vor Nomen] **1** Rekord- **2** Riesen- ◇ *a bumper issue* eine Sonderausgabe

ˈbumper car *Nomen (bes AmE)* Autoskooter

bumph = BUMF

bump·kin /ˈbʌmpkɪn/ *Nomen* = COUNTRY BUMPKIN

bump·tious /ˈbʌmpʃəs/ *Adj (abwert)* überheblich, wichtigtuerisch

bumpy /ˈbʌmpi/ *Adj* (**bump·ier, bumpi·est**) holprig, uneben ◇ *a bumpy flight* ein unruhiger Flug ◇ *We had a bumpy ride in the truck.* Wir wurden ganz schön durchgeschüttelt in dem Lkw. IDM **have a bumpy ˈride** es schwer haben **give sb a bumpy ˈride** es jdm schwer machen

bun /bʌn/ *Nomen* **1** *(BrE)* = (süßes) Brötchen ➔ *Siehe auch* HOT CROSS BUN **2** (Haar)knoten **3 buns** [Pl] *(bes AmE, Slang)* Pobacken IDM **have a ˈbun in the oven** *(umgs, hum)* schwanger sein

bunch O→ /bʌntʃ/ *Nomen, Verb*
▸ ***Nomen*** **1** Bund, Büschel; *(von Blumen)* Strauß ◇ *a bunch of grapes* eine Weintraube **2** [Sing] *(AmE, umgs)* Menge **3** [Sing] *(umgs) (von Menschen)* Gruppe, Haufen **4 bunches** [Pl] *(BrE)* Rattenschwänze IDM **the best/pick of the ˈbunch** die Besten von allen; *(Sachen)* das Beste
▸ ***Verb*** **1 ~ sth (up)** etw (zusammen)raffen **2 ~ (up)** sich zusammenziehen; *(von Stoff)* sich bauschen PHR V **ˌbunch ˈup/toˈgether** eine Gruppe bilden, sich zusammendrängen **ˌbunch sb ˈup/toˈgether** jdn zusammenpferchen **ˌbunch sth ˈup/toˈgether** etw zusammenfassen

bun·dle /ˈbʌndl/ *Nomen, Verb*
▸ ***Nomen*** **1** Bündel **2** Anzahl ◇ *a bundle of ideas* ein Haufen Ideen ◇ *a bundle of graphics packages* ein Software-Paket mit Computergrafik **3** [Sing] **a ~ of laughs, fun, etc.** *(umgs)* ein Spaß; *(Mensch)* eine Frohnatur **4 a bundle** [Sing] *(umgs)* eine Stange Geld IDM **not go a bundle on sb/sth** *(BrE, umgs)* auf jdn/etw nicht gerade versessen sein ➔ *Siehe auch* NERVE
▸ ***Verb*** **1** packen, verfrachten ◇ *He was bundled off to boarding school.* Er wurde in ein Internat gesteckt. **2** (alle) miteinander laufen ◇ *We bundled out onto the street.* Wir zogen auf die Straße. **3 bundled (with sth)** (COMP) (in etw) enthalten PHR V **ˌbundle sth ˈup**; **ˌbundle sth toˈgether** etw (zu Bündeln) zusammenbinden, etw bündeln **ˌbundle sb ˈup (in sth)** jdn (in etw) einhüllen

bung /bʌŋ/ *Verb, Nomen*
▸ ***Verb*** *(BrE, umgs)* schmeißen PHR V **ˌbung sth ˈup (with sth)** *(meist passiv)* etw (mit etw) verstopfen
▸ ***Nomen*** **1** Spund **2** *(BrE, umgs)* Schmiergeld

bun·ga·low /ˈbʌŋɡələʊ; *AmE* -loʊ/ *Nomen (BrE)* Bungalow

bun·gee jump·ing /ˈbʌndʒi dʒʌmpɪŋ/ *Nomen* Bungeejumping

bun·gle /ˈbʌŋɡl/ *Verb, Nomen*
▸ ***Verb*** (ver)pfuschen ◇ *a bungled robbery* ein gescheiterter Raubüberfall
▸ ***Nomen*** Pfusch, Stümperei

bun·gler /ˈbʌŋɡlə(r)/ *Nomen* Pfuscher(in)

bun·gling /ˈbʌŋɡlɪŋ/ *Adj* inkompetent, stümperhaft ◇ *bungling incompetence* absolute Inkompetenz

bun·ion /ˈbʌnjən/ *Nomen* Ballenzeh, Hallux valgus

bunk /bʌŋk/ *Nomen, Verb*
▸ ***Nomen*** **1** *(auf Schiff)* Koje **2** *(auch* **ˈbunk bed***)* Etagenbett **3** *(umgs, veraltet)* Quatsch IDM **do a ˈbunk** *(BrE, umgs)* sich davonmachen
▸ ***Verb*** PHR V **ˌbunk ˈoff**; **ˌbunk off ˈschool/ˈwork** *(BrE, umgs)* schwänzen, blaumachen

bun·ker /ˈbʌŋkə(r)/ *Nomen* Bunker

bunk·house /ˈbʌŋkhaʊs/ *Nomen* Arbeiterwohnheim

bunny /ˈbʌni/ *Nomen (Pl* **-ies***) (auch* **ˈbunny rabbit***) (Kinderspr)* Häschen

ˈbunny slope *Nomen (AmE)* Anfängerhügel

Bun·sen burn·er /ˌbʌnsn ˈbɜːnə(r); *AmE* ˈbɜːrnər/ *Nomen* Bunsenbrenner

bunt·ing /ˈbʌntɪŋ/ *Nomen* **1** [U] bunte Fähnchen **2** Ammer

buoy /bɔɪ; *AmE auch* ˈbuːi/ *Nomen, Verb*
▸ ***Nomen*** Boje
▸ ***Verb*** *(meist passiv)* **1 ~ sb (up)** jdm Auftrieb geben **2 ~ sb/sth (up)** jdn/etw über Wasser halten **3 ~ sth (up)** etw Auftrieb geben; *(Preise etc.)* stabil halten; *(Markt etc.)* beleben

buoy·ancy /ˈbɔɪənsi; *AmE auch* ˈbuːjən-/ *Nomen* **1** Aufwärtstendenz **2** Lebhaftigkeit **3** Auftrieb; *(von Flüssigkeiten)* Tragkraft ◇ *a buoyancy aid* eine Schwimmhilfe

buoy·ant /ˈbɔɪənt; *AmE auch* ˈbuːjənt/ *Adj* **1** (WIRTSCH) lebhaft, steigend; *(Preise etc.)* fest; *(Nachfrage)* rege **2** munter **3** schwimmend; *(von Flüssigkeiten)* tragend ◇ *Salt water is more buoyant than fresh water.* Salzwasser trägt besser als Süßwasser.

bur = BURR

bur·ble /ˈbɜːbl; *AmE* ˈbɜːrbl/ *Verb* **1** *(BrE, abwert)* babbeln, quasseln **2** plätschern

burbs /bɜːbz; *AmE* bɜːrbz/ *Nomen* [Pl] **the burbs** *(AmE, umgs)* Vorstädte

bur·den /ˈbɜːdn; *AmE* ˈbɜːrdn/ *Nomen, Verb*
▸ ***Nomen*** Last, Belastung ◇ *become a burden to sb* jdm zur Last fallen
▸ ***Verb*** belasten; **~ sb/yourself with sth** jdm/sich etw aufbürden ◇ *be burdened by high taxation* eine hohe Steuerlast tragen ◇ *She was burdened with two heavy suitcases.* Sie schleppte zwei schwere Koffer.

the ˌburden of ˈproof *Nomen* (RECHT) die Beweislast

bur·den·some /ˈbɜːdnsəm; *AmE* ˈbɜːrd-/ *Adj (gehoben)* mühsam, lästig

bur·eau /ˈbjʊərəʊ; *AmE* ˈbjʊroʊ/ *Nomen (Pl* **bur·eaux** *oder* **bur·eaus** */-z/)* **1** *(BrE)* Sekretär **2** *(AmE)* Kommode **3** Büro ◇ *an employment bureau* eine Stellenvermittlung ◇ *a bureau de change* eine Wechselstube **4** *(in den USA)* Behörde

bur·eau·cracy /bjʊəˈrɒkrəsi; *AmE* bjʊˈrɑːk-/ *Nomen (Pl* **-ies***) (oft abwert)* Bürokratie

bur·eau·crat /ˈbjʊərəkræt; *AmE* ˈbjʊr-/ *Nomen (oft abwert)* Bürokrat(in)

bur·eau·crat·ic /ˌbjʊərəˈkrætɪk; *AmE* ˌbjʊr-/ *Adj (Adv* **bur·eau·crat·ic·al·ly** */-kli/) (oft abwert)* bürokratisch

bur·ette *(AmE auch* **buret***)* /bjuˈret/ *Nomen* Bürette

bur·geon·ing /ˈbɜːdʒənɪŋ; *AmE* ˈbɜːrdʒə-/ *Adj (gehoben) (Industrie, Markt, Handel)* boomend, schnell wachsend ◇ *a burgeoning career* eine verheißungsvolle Karriere

bur·ger /ˈbɜːɡə(r); *AmE* ˈbɜːrɡər/ *Nomen (umgs)* **1** = HAMBURGER **2 -burger** *(meist in Zusammensetzungen)* Bratling ◇ *a fishburger* eine Fischfrikadelle

bur·gher /ˈbɜːɡə(r); *AmE* ˈbɜːrɡər/ *Nomen (veraltet oder hum)* Bürger(in)

burg·lar /ˈbɜːɡlə(r); *AmE* ˈbɜːrɡlər/ *Nomen* Einbrecher(in)

ˈburglar alarm *Nomen* Alarmanlage

burg·lar·ize /ˈbɜːɡləraɪz; *AmE* ˈbɜːrɡ-/ *Verb (AmE)* einbrechen in

burg·lary /ˈbɜːɡləri; *AmE* ˈbɜːrɡ-/ *Nomen (Pl* **-ies***)* Einbruch

bur·gle /ˈbɜːɡl; *AmE* ˈbɜːrɡl/ *Verb (BrE)* einbrechen in ◇ *We were burgled twice.* Bei uns wurde zweimal eingebrochen.

bur·gundy /ˈbɜːɡəndi; *AmE* ˈbɜːrɡ-/ *Nomen, Adj*
▸ ***Nomen*** **1 Burgundy** (*Pl* **-ies**) Burgunder **2** Burgunderrot
▸ ***Adj*** burgunderrot

bur·ial /ˈberiəl/ *Nomen* Beerdigung, Bestattung, Begräbnis ◇ *a burial site* eine Grabstätte ◇ *a burial ground* eine Begräbnisstätte

burka (*auch* **burkha**) /ˈbʊəkə, ˈbɜːkə; *AmE* ˈbɜːrkə/ *Nomen* Burka, Ganzkörperschleier

bur·lesque /bɜːˈlesk; *AmE* bɜːrˈ-/ *Nomen, Adj*
▸ ***Nomen*** **1** Burleske, Persiflage, Parodie **2** (*AmE*) Varieté
▸ ***Adj*** burlesk, parodistisch

burly /ˈbɜːli; *AmE* ˈbɜːrli/ *Adj* stämmig, kräftig

burn 0-ꞁ /bɜːn; *AmE* bɜːrn/ *Verb, Nomen*
▸ ***Verb*** (**burnt, burnt** /bɜːnt; *AmE* bɜːrnt/ *oder* **burned, burned** /bɜːnd; *AmE* bɜːrnd/) **1** brennen ◇ *There was a light burning upstairs.* Oben brannte ein Licht. **2** verbrennen ◇ *All the books were burnt in the fire.* Alle Bücher verbrannten. ◇ *I burned myself on the stove.* Ich habe mich am Ofen verbrannt. ◇ *The house burned to the ground.* Das Haus brannte völlig nieder. ◇ *Ten people burned to death in the hotel fire.* Zehn Menschen kamen bei dem Hotelbrand ums Leben. **3** (*Brennstoff*) (ver)brennen ◇ *a stove that burns coke* ein Ofen, der mit Koks geheizt wird **4** (*Essen*) anbrennen (lassen) **5** einen Sonnenbrand bekommen **6** (*Säure*) ätzen **7** glühen, heiß sein **8 ~ (with sth)** (*gehoben*) (vor etw) glühen, (vor etw) kochen ◇ *be burning with rage* kochen vor Wut **9 ~ to do sth** (*gehoben*) darauf brennen, etw zu tun IDM **burn your ˈbridges** (*BrE auch* **burn your ˈboats**) alle Brücken hinter sich abbrechen **burn the candle at both ˈends** sich zu viel aufladen **burn your ˈfingers; get your ˈfingers burnt** sich die Finger verbrennen **burn a ˈhole in your pocket** ◇ *Money tends to burn a hole in his pocket.* Ihm rinnt das Geld durch die Finger. **burn the midnight ˈoil** bis tief in die Nacht arbeiten **burn sth to a ˈcinder/ˈcrisp** etw total verbrennen ◇ *The meat was burnt to a crisp.* Das Fleisch war völlig verkohlt. → *Siehe auch* EAR *und* MONEY PHR V **ˌburn a ˈway** herunterbrennen **ˌburn sth aˈway** etw verbrennen **ˌburn ˈdown** herunterbrennen **ˌburn (sth) ˈdown** (etw) abbrennen, (etw) niederbrennen **ˌburn sth ˈoff 1** (*Farbe etc.*) abbrennen **2** (*Kalorien*) verbrauchen ◇ *Can you burn off fat with exercise?* Kann man durch Sport abnehmen? **ˌburn ˈout** ausbrennen **ˌburn (itself) ˈout** (sich) ausbrennen **ˌburn (sth) ˈout** (etw) durchbrennen; (*Kupplung etc.*) verschleißen **ˌburn (yourself) ˈout** sich völlig verausgaben, sich kaputtmachen **ˌburn sb ˈout** ◇ *They were burnt out during the riots.* Ihr Haus wurde bei den Ausschreitungen niedergebrannt. **ˌburn ˈup 1** verbrennen; (*Raumschiff*) verglühen **2** (*meist in der Verlaufsform*) (*umgs*) hohes Fieber haben **3** (*Feuer*) auflodern **ˌburn sb ˈup** (*AmE, umgs*) jdn zur Weißglut bringen **ˌburn sth ˈup** etw verbrennen, etw abbrennen; (*Kalorien*) verbrauchen ◇ *The fire burned up 1 500 acres of farmland.* Das Feuer zerstörte 1 500 Morgen Ackerland.
▸ ***Nomen*** **1** Verbrennung, Brandfleck ◇ *burn marks* Brandflecken ◇ *a specialist burns unit* eine Verbrennungsintensivstation **2** (*SchotE*) Bach IDM → SLOW

burn·er /ˈbɜːnə(r); *AmE* ˈbɜːrnər/ *Nomen* **1** Brenner **2** Ofen → *Siehe auch* BUNSEN BURNER IDM → BACK

burn·ing /ˈbɜːnɪŋ; *AmE* ˈbɜːrnɪŋ/ *Adj, Adv*
▸ ***Adj*** [nur vor Nomen] brennend (*auch fig*); (*Sonne, Gesicht*) glühend; (*Augen*) stechend
▸ ***Adv*** **burning hot** glühheiß

bur·nish /ˈbɜːnɪʃ; *AmE* ˈbɜːrnɪʃ/ *Verb* (*gehoben*) (*Metall*) polieren

burn·out /ˈbɜːnaʊt; *AmE* ˈbɜːrnaʊt/ *Nomen* **1** Ausgebranntsein, Burnout **2** (*einer Rakete*) Brennschluss

burnt 0-ꞁ /bɜːnt; *AmE* bɜːrnt/ *Adj* verbrannt

burp /bɜːp; *AmE* bɜːrp/ *Verb, Nomen*
▸ ***Verb*** **1** rülpsen, Bäuerchen machen **2** (*Baby*) aufstoßen lassen
▸ ***Nomen*** Rülpser, Bäuerchen

burr /bɜː(r)/ *Nomen* **1** [meist Sing] (*Aussprache*) Akzent ◇ *She speaks with a soft West Country burr.* Sie hat einen weichen westenglischen Akzent. **2** (*einer Maschine*) Summen **3** (*auch* **bur**) (BOT) Klette

bur·row /ˈbʌrəʊ; *AmE* ˈbɜːroʊ/ *Verb, Nomen*
▸ ***Verb*** **1** graben, wühlen, buddeln **2** (sich) vergraben **3** (herum)wühlen (*auch fig*)
▸ ***Nomen*** (*Kaninchen- etc.*) Bau

bur·sar /ˈbɜːsə(r); *AmE* ˈbɜːrsər/ *Nomen* (*bes BrE*) (*einer Schule, Universität*) = Finanzverwalter(in)

bur·sary /ˈbɜːsəri; *AmE* ˈbɜːrsə-/ *Nomen* (*Pl* **-ies**) (*BrE*) Stipendium

burst 0-ꞁ /bɜːst; *AmE* bɜːrst/ *Verb, Nomen*
▸ ***Verb*** (**burst, burst**) **1** platzen, zum Platzen bringen ◇ *The dam burst.* Der Damm brach. ◇ *Shells were bursting all around us.* Überall um uns herum explodierten Granaten. ◇ *a burst pipe* ein Rohrbruch ◇ *The river burst its banks.* Der Fluss trat über die Ufer. **2** platzen, brechen ◇ *He burst into the room without knocking.* Er platzte ohne anzuklopfen ins Zimmer. ◇ *The sun burst through the clouds.* Die Sonne brach durch die Wolken. **3 be bursting (with sth)** voll sein (von etw) ◇ *be bursting with excitement* vor Aufregung ganz außer sich sein ◇ *be bursting with ideas* vor Ideen sprühen ◇ *be bursting with pride* vor Stolz platzen ◇ *The hall was full to bursting.* Die Halle war zum Bersten voll. ◇ (*umgs*) *I'm bursting (for a pee)!* Ich muss dringend pinkeln! IDM **be bursting to do sth** darauf brennen etw zu tun **ˌburst sb's ˈbubble** jdn auf den Boden der Tatsachen zurückbringen **ˌburst ˈopen** aufspringen; aufbrechen; aufplatzen **ˌburst sth ˈopen** etw aufbrechen → *Siehe auch* BUBBLE *und* SEAM PHR V **ˌburst ˈin** hinein-/hereinstürzen **ˌburst ˈin on sb** bei jdm hereinplatzen **ˌburst ˈin on sth** in etw platzen **ˈburst into sth** in etw ausbrechen ◇ *burst into flames* in Flammen aufgehen **ˌburst into a ˈroom, ˈbuilding, etc.** in ein Zimmer, Gebäude etc. platzen, stürzen **ˈburst on/onto sth** sich an/auf etw katapultieren **ˌburst ˈout 1** (*ausrufen*) herausplatzen **2** ◇ *burst out crying/laughing* in Tränen/Gelächter ausbrechen
▸ ***Nomen*** **1** Anfall ◇ *Her breath was coming in short bursts.* Ihr Atem kam stoßweise. ◇ *I tend to work in bursts.* Ich arbeite meist schubweise. ◇ *spontaneous bursts of applause* spontane Beifallsstürme **2** Bruch **3** (*Gewehr-, Lach-*) Salve

bury 0-ꞁ /ˈberi/ *Verb* (**bur·ies, bury·ing, bur·ied, bur·ied**) **1** begraben (*auch fig*), bestatten, beisetzen ◇ *He is buried in Ely.* Er liegt in Ely begraben. **2** vergraben (*auch fig*) ◇ *She always has her head buried in a book.* Sie hat immer die Nase in einem Buch. **3** (*oft passiv*) verschütten **4** verbergen IDM **ˌbury the ˈhatchet; ˌbury your ˈdifferences** das Kriegsbeil begraben **bury the ˈlede/ˈlead** (*AmE*) = einen Artikel mit nebensächlichen Informationen beginnen und erst am Ende zum eigentlich wichtigen Punkt kommen → *Siehe auch* SAND PHR V **ˈbury yourself in sth** sich in etw vergraben

bus 0-ꞁ /bʌs/ *Nomen, Verb*
▸ ***Nomen*** (*Pl* **buses**, *AmE auch* **bus·ses**) Bus ◇ *Shall we go by bus?* Fahren wir mit dem Bus? ◇ *a regular bus service* eine gute Busverbindung
▸ ***Verb*** (**-s-** *oder* **-ss-**) **1** mit dem Bus befördern ◇ *We were bussed to our hotel.* Wir wurden mit dem Bus zum Hotel gebracht. **2** (*AmE*) = als Rassenintegrationsmaßnahme Schulkinder mit dem Bus in andere Bezirke befördern **3** (*AmE*) = die Tische in einem

Lokal abräumen ◇ *He buses tables to help pay his tuition.* Er räumt in einem Lokal die Tische ab, um seine Studiengebühren bezahlen zu können.

bus·boy /ˈbʌsbɔɪ/ *Nomen (AmE)* = jd, der in einem Lokal die Tische abräumt

busby /ˈbʌzbi/ *Nomen (eines Soldaten)* hohe Pelzmütze

bush /bʊʃ/ *Nomen* **1** Busch, Strauch ◇ *thick bushes* dichtes Gebüsch **2** (Haar)schopf **3** (*oft* **the bush**) Busch, Urwald IDM → BEAT *und* BIRD

bushed /bʊʃt/ *Adj* [nicht vor Nomen] (*umgs*) erschöpft, erledigt

bushel /ˈbʊʃl/ *Nomen* **1** Scheffel **2 bushels** [Pl] (*AmE, umgs*) eine Menge IDM → HIDE

bush tucker /ˈbʊʃ tʌkə(r)/ *Nomen (AusE, NeusE, umgs)* = Nahrung aus dem australischen Busch, bestehend aus einheimischen Tieren oder Pflanzen, die meist roh verzehrt werden

bushy /ˈbʊʃi/ *Adj* buschig

busily /ˈbɪzɪli/ *Adv* eifrig

busi·ness /ˈbɪznəs/ *Nomen* **1** [U] Geschäft ◇ *Business was bad.* Die Geschäfte gingen schlecht. ◇ *She has set up in business as a hairdresser.* Sie hat einen Frisiersalon aufgemacht. ◇ *She works in the computer business.* Sie arbeitet in der Computerbranche. ◇ *He's away on business.* Er ist geschäftlich unterwegs. → *Siehe auch* BIG BUSINESS **2** Betrieb, Firma ◇ *start your own business* sich selbstständig machen **3** [U] Sache, Angelegenheit, Aufgabe ◇ *My private life is none of your business.* Mein Privatleben geht dich nichts an. ◇ *I shall make it my business to find out.* Ich werde mich bemühen, es herauszufinden. ◇ *the main business of the meeting* das Hauptthema der Besprechung **4** (*bes AmE*) Kundschaft ◇ *Her job was to drum up business.* Ihr Job war, neue Kunden zu finden. IDM **any other ˈbusiness** (*als Punkt auf der Tagesordnung*) Sonstiges **be in ˈbusiness** (*umgs*) ◇ *All we need is a car and we'll be in business.* Wir brauchen nur noch ein Auto und dann kann's losgehen. **business as ˈusual** alles wie gewohnt ◇ *Business as usual during refit.* Während des Umbaus bleibt das Geschäft geöffnet. **ˌbusiness is ˈbusiness** Geschäft ist Geschäft **get down to ˈbusiness** zur Sache kommen; an die Arbeit gehen ◇ *Let's get down to business right away.* Fangen wir gleich an. **go about your ˈbusiness** seinen Geschäften nachgehen **have no business doing sth/to do sth** kein Recht haben etw zu tun **like ˈnobody's business** (*BrE, umgs*) wie verrückt **not be in the business of doing sth** nicht gewohnt sein etw zu tun **out of ˈbusiness** ◇ *put sb out of business* jdn in den Bankrott treiben ◇ *go out of business* Pleite machen → *Siehe auch* MEAN, MIND *und* PLY

ˈbusiness card (*auch* **card**) *Nomen* Geschäftskarte

ˈbusiness hours *Nomen* [Pl] Geschäftsstunden, Geschäftszeit

busi·ness·like /ˈbɪznəslaɪk/ *Adj* geschäftsmäßig, sachlich, nüchtern

busi·ness·man /ˈbɪznəsmæn, -mən/ *Nomen* (*Pl* **-men** /-men, -mən/) Geschäftsmann ◇ *I'm not much of a businessman.* Ich bin nicht sehr geschäftstüchtig.

ˈbusiness park *Nomen* Gewerbepark

ˈbusiness person (*bes AmE*) (*auch* **busi·ness·per·son** /ˈbɪznəspɜːsn; *AmE* -pɜːrsn/) *Nomen* (*Pl* **busi·ness people**) **1** (WIRTSCH) Geschäftsperson ◇ *business people* Geschäftsleute **2** guter Geschäftsmann, gute Geschäftsfrau

ˈbusiness studies *Nomen* [mit Verb im Sing/Pl] (Betriebs)wirtschaftslehre

business-to-ˈbusiness *Adj* (*Abk* **B2B**) Business-to-Business-

busi·ness·woman /ˈbɪznəswʊmən/ *Nomen* (*Pl* **-women** /-wɪmɪn/) Geschäftsfrau

busk /bʌsk/ *Verb* (*BrE, umgs*) = Straßenmusik machen

busk·er /ˈbʌskə(r)/ *Nomen* (*bes BrE, umgs*) Straßenmusiker(in)

ˈbus lane *Nomen* Busspur

bus·load /ˈbʌsləʊd; *AmE* -loʊd/ *Nomen* Busladung

bus·man's holi·day /ˌbʌsmənz ˈhɒlədeɪ, -di; *AmE* ˈhɑːlɪ-/ *Nomen* = Urlaub, in dem man dasselbe wie im Berufsalltag tut

ˈbus shelter *Nomen* Wartehäuschen

ˈbus station *Nomen* Busbahnhof

ˈbus stop *Nomen* Bushaltestelle

bust /bʌst/ *Verb, Nomen, Adj*

▸ ***Verb*** (**bust, bust** *oder* **bust·ed, bust·ed**) (*umgs*) **1** kaputtmachen ◇ *The lights are busted.* Die Lampen sind kaputt. ◇ *Come out, or I'll bust the door down!* Komm raus oder ich breche die Tür auf! **2 ~ sb (for sth)** jdn (wegen einer Sache) schnappen, jdn (wegen einer Sache) festnehmen **3 ~ sth** eine Razzia auf etw machen **4** (*bes AmE*) degradieren IDM **bust a ˈgut (doing sth/to do sth)** (*umgs*) sich ein Bein ausreißen (um etw zu tun) **... or ˈbust** (*umgs*) ◇ *For Black it's the Olympics or bust.* Für Black gibt es nur ein Ziel: die Qualifikation für die Olympiade. PHR V **ˌbust ˈup** (*umgs*) sich trennen **ˌbust sth ˈup** (*umgs*) etw kaputtmachen

▸ ***Nomen*** **1** Büste **2** [Sing] Oberweite, Busen **3** (*umgs*) Razzia

▸ ***Adj*** [nicht vor Nomen] (*umgs*) **1** (*BrE*) kaputt **2** pleite ◇ *The company went bust.* Die Firma ging Pleite.

bus·ter /ˈbʌstə(r)/ *Nomen* **1** (*AmE, umgs*) (*drohend als Anrede*) Freundchen **2** (*oft in Zusammensetzungen*) ◇ *crime-busters* Verbrechensbekämpfer

bus·tle /ˈbʌsl/ *Verb, Nomen*

▸ ***Verb*** **1** (geschäftig) herumlaufen **2** treiben ◇ *The nurse bustled us out of the room.* Die Schwester scheuchte uns aus dem Zimmer.

▸ ***Nomen*** **1** (geschäftiges) Treiben, Geschäftigkeit **2** Turnüre

bust·ling /ˈbʌslɪŋ/ *Adj* (*Straße etc.*) belebt ◇ *a bustling city* eine Stadt voller Leben ◇ *The market was bustling with life.* Auf dem Markt herrschte reges Treiben.

ˈbust-up *Nomen* (*bes BrE, umgs*) **1** Streit, Krach **2** (*einer Beziehung*) Bruch

busty /ˈbʌsti/ *Adj* (*umgs*) vollbusig

busy /ˈbɪzi/ *Adj, Verb*

▸ ***Adj*** (**busier, busi·est**) **1** beschäftigt ◇ *She leads a very busy life.* Sie ist immer sehr beschäftigt. ◇ *Are you busy?* Hast du gerade viel zu tun? ◇ *Katie's busy with her homework.* Katie macht ihre Hausaufgaben. ◇ *This is one of the busiest times of the year for us.* Zu dieser Zeit ist bei uns immer viel los. **2** (*Straße etc.*) belebt, stark befahren ◇ *The roads were really busy.* Der Verkehr war unheimlich stark. **3** (*bes AmE*) (*Telefonanschluss*) besetzt **4** (*Muster*) unruhig, aufdringlich IDM **as busy as a ˈbee** bienenfleißig **keep yourself ˈbusy** sich beschäftigen

▸ ***Verb*** (**busies, busy·ing, busied, busied**) **~ yourself (with sth)** sich (mit etw) beschäftigen; **~ yourself (in/with) doing sth** sich (damit) beschäftigen (etw zu tun)

busy·body /ˈbɪzibɒdi; *AmE* -bɑːdi/ *Nomen* (*Pl* **-ies**) (*abwert*) Wichtigtuer(in) ◇ *He's an interfering old busybody!* Er mischt sich in alles ein!

busy Liz·zie /ˌbɪzi ˈlɪzi/ *Nomen* (BOT) Fleißiges Lieschen

busy·work /ˈbɪziwɜːk; *AmE* -wɜːrk/ *Nomen* (*AmE, umgs*) Beschäftigungstherapie, unproduktive Arbeit

but /bət, *betont* bʌt/ *Konj, Präp, Adv, Nomen*

▸ ***Konj*** **1** aber ◇ *He doesn't like music but his wife does.* Er mag keine Musik, aber seine Frau schon. **2** (*nach verneinten Aussagen*) sondern ◇ *It wasn't the red one but the blue one.* Es war nicht das rote, sondern das blaue. **3** *(verwendet, um Erstaunen, Ärger etc. auszudrücken)* aber ... doch ◇ *But that's not possible!* Aber das ist doch nicht möglich! **4** außer, als ◇ *I had no choice but to sign the contract.* Mir blieb nichts anderes übrig, als den Vertrag zu unterzeichnen. **5** aber auch wirklich ◇ *Nothing, but nothing would make him change his mind.* Nichts, aber auch wirklich nichts würde ihn umstimmen. **6** *(veraltet oder gehoben)* *(nach verneinten Aussagen)* ohne dass ◇ *I never pass the lake but I think of the accident.* Ich komme nie an dem See vorbei, ohne dass ich an den Unfall denke. IDM **but then (again)** **1** aber dafür; vielleicht aber auch **2** aber ... ja ◇ *She speaks very good Italian. But then she did live in Rome for a year.* Sie spricht sehr gut Italienisch, aber sie hat ja auch ein Jahr lang in Rom gelebt. **you cannot/could not but ...** *(gehoben)* man muss/musste einfach ... ◇ *What could he do but forgive her?* Was blieb ihm anderes übrig, als ihr zu verzeihen?

▸ ***Präp*** **1** außer ◇ *Nobody but you could be so selfish.* Nur du kannst so egoistisch sein. ◇ *(the) last but one/two* der/die/das Vorletzte/Vorvorletzte ◇ *(the) next but one* der/die/das Übernächste **2** **anything ~** alles andere als; **nothing ~** nichts als ◇ *Nothing but trouble will come of this plan.* Dieser Plan wird nichts als Ärger bringen. IDM **but for sb/sth** ohne jdn/etw ◇ *But for the rain we would have had a nice holiday.* Wenn es nicht dauernd geregnet hätte, hätten wir schöne Ferien gehabt.

▸ ***Adv*** *(veraltet oder gehoben)* nur ◇ *He's but a boy.* Er ist nur ein Junge. ◇ *We can but try.* Wir können es immerhin versuchen.

▸ ***Nomen*** [meist Pl] Aber ◇ *no ifs and buts* kein Wenn und Aber

bu·tane /ˈbjuːteɪn/ *Nomen* Butan

butch /bʊtʃ/ *Adj* *(umgs)* **1** betont maskulin **2** machohaft

butcher /ˈbʊtʃə(r)/ *Nomen, Verb*

▸ ***Nomen*** **1** Fleischer(in), Metzger(in), Schlachter(in) **2** *(fig)* Schlächter(in) IDM **have/take a ˈbutcher's** *(BrE, Slang)* mal gucken

▸ ***Verb*** **1** *(abwert)* niedermetzeln **2** schlachten **3** *(bes AmE, abwert)* verhunzen

butch·ery /ˈbʊtʃəri/ *Nomen* **1** Gemetzel **2** Fleischerhandwerk

but·ler /ˈbʌtlə(r)/ *Nomen* Butler

butt /bʌt/ *Verb, Nomen*

▸ ***Verb*** **1** (mit dem Kopf) stoßen **2** (mit den Hörnern) stoßen IDM **ˌbutt ˈout!** *(bes AmE, umgs)* halt dich da raus! PHR V **ˌbutt ˈin (on sb)** *(umgs)* (jdm) dazwischenreden **ˌbutt ˈin (on sth)** *(umgs)* sich (in etw) einmischen

▸ ***Nomen*** **1** dickes Ende; *(Gewehr-)* Kolben; *(Speer-)* Schaft **2** *(Zigaretten-)* Stummel **3** *(BrE)* Fass, Tonne ◇ *a water butt* eine Regentonne **4** *(bes AmE, umgs)* Hintern ◇ *Get off your butt and do some work!* Lüfte mal deinen Hintern und arbeite was! **5** (Kopf)stoß IDM **be the butt of sth** die Zielscheibe von etw sein → *Siehe auch* PAIN

but·ter 0-w /ˈbʌtə(r)/ *Nomen, Verb*

▸ ***Nomen*** Butter IDM **butter wouldn't melt in sb's ˈmouth** *(umgs)* jd sieht aus, als ob er kein Wässerchen trüben könnte → *Siehe auch* KNIFE

▸ ***Verb*** mit Butter bestreichen IDM → KNOW PHR V **ˌbutter sb ˈup** *(umgs)* jdm Honig um den Mund schmieren

ˈbutter bean *Nomen* *(BrE)* Limabohne

but·ter·cup /ˈbʌtəkʌp; *AmE* -tərkʌp/ *Nomen* Hahnenfuß

but·ter·fin·gers /ˈbʌtəfɪŋgəz; *AmE* -tərfɪŋgərz/ *Nomen* [Sing] *(umgs)* Tollpatsch

but·ter·fly /ˈbʌtəflaɪ; *AmE* -tərflaɪ/ *Nomen* (*Pl* **-ies**) **1** Schmetterling ◇ *(fig) She's a social butterfly.* Sie flattert von Party zu Party. **2** [U/Sing] (SPORT) Delphinstil ◇ *She was third in the 200m butterfly.* Sie belegte den dritten Platz über 200m Delphin. IDM **have ˈbutterflies (in your stomach)** *(umgs)* ein flaues Gefühl im Magen haben; sehr nervös sein

but·ter·milk /ˈbʌtəmɪlk; *AmE* -tərmɪlk/ *Nomen* Buttermilch

but·ter·scotch /ˈbʌtəskɒtʃ; *AmE* -tərskɑːtʃ/ *Nomen* **1** Karamell(bonbon) **2** *(bes AmE)* Karamellsoße

but·tery /ˈbʌtəri/ *Adj* butterig

but·tock /ˈbʌtək/ *Nomen* [meist Pl] Hinterbacke

but·ton 0-w /ˈbʌtn/ *Nomen, Verb*

▸ ***Nomen*** **1** Knopf **2** Taste, Knopf ◇ *at the touch of a button* auf Knopfdruck → *Siehe auch* BELLY BUTTON *und* PUSH-BUTTON **3** *(bes AmE)* Abzeichen, Plakette IDM → BRIGHT

▸ ***Verb*** **1** **~ sth (up)** etw zuknöpfen **2** **~ (up)** zugeknöpft werden ◇ *The dress buttons (up) at the back.* Das Kleid wird hinten geknöpft. IDM **ˈButton it!** *(BrE, umgs)* Halt den Mund!

ˌbutton-ˈdown *Adj* = Button-down-

but·ton·hole /ˈbʌtnhəʊl; *AmE* -hoʊl/ *Nomen, Verb*

▸ ***Nomen*** **1** Knopfloch **2** *(BrE)* Blume im Knopfloch

▸ ***Verb*** *(umgs)* jdn zu fassen kriegen (und auf ihn oder sie einreden) ◇ *He buttonholed me just as I was going home.* Gerade als ich nach Hause gehen wollte, hat er mich erwischt und angeschwatzt.

ˌbutton ˈmushroom *Nomen* junger Champignon

but·tress /ˈbʌtrəs/ *Nomen, Verb*

▸ ***Nomen*** Strebepfeiler

▸ ***Verb*** *(gehoben)* stützen *(auch fig)*

butty /ˈbʌti/ *Nomen* (*Pl* **-ies**) *(BrE, umgs)* Butterbrot

buxom /ˈbʌksəm/ *Adj* drall

buy 0-w /baɪ/ *Verb, Nomen*

▸ ***Verb*** (**bought, bought** /bɔːt/) **1** kaufen ◇ *Money can't buy happiness.* Glück kann man nicht kaufen. ◇ *Can I buy you a coffee?* Kann ich Sie zu einer Tasse Kaffee einladen? ◇ *A dollar doesn't buy much nowadays.* Für einen Dollar bekommt man heutzutage nicht viel. **2** bestechen, kaufen ◇ *He cannot be bought.* Er ist nicht käuflich. **3** *(meist passiv)* *(gehoben)* erkaufen ◇ *His fame was bought at the expense of his marriage.* Sein Ruhm war auf Kosten seiner Ehe erkauft. **4** *(umgs)* *(glauben)* abkaufen, abnehmen IDM **(have) ˈbought it** *(BrE, umgs)* umgekommen sein ◇ *Joe bought it in a plane crash in Tunisia.* Bei einem Flugzeugunglück in Tunesien hat es Joe schließlich erwischt. **buy ˈtime** Zeit gewinnen → *Siehe auch* PIG PHR V **ˌbuy sth ˈin** *(BrE)* sich mit etw eindecken **ˌbuy ˈinto sth** **1** sich in etw einkaufen **2** *(umgs)* (an) etw glauben, etw akzeptieren **ˌbuy sb ˈoff** jdn kaufen **ˌbuy sb ˈout** **1** jdn auszahlen **2** jdn loskaufen **ˌbuy sth ˈup** etw aufkaufen

▸ ***Nomen*** Kauf ◇ *Best buys this week are carrots and cabbages.* Möhren und Kohl sind diese Woche am preiswertesten. ◇ *Computer games are always a popular buy.* Computerspiele werden immer gern gekauft.

buyer 0-w /ˈbaɪə(r)/ *Nomen* **1** Käufer(in) **2** Einkäufer(in) IDM **a ˌbuyer's ˈmarket** ein Käufermarkt

ˈbuy-in *Nomen* [U] Akzeptanz, Zustimmung

buy·out /ˈbaɪaʊt/ *Nomen* Aufkauf

buzz /bʌz/ *Verb, Nomen*

▸ ***Verb*** **1** summen ◇ *(fig) My ears were buzzing.* Mir dröhnten die Ohren. **2** schwirren ◇ *The place was buzzing with journalists.* Überall schwirrten Journalisten herum. ◇ *My head was buzzing.* Mir schwirrte der Kopf. ◇ *New York buzzes from dawn to dusk.* In New York ist von Morgen bis Abend was los. **3** **~ (for sb/sth)** (jdn/etw) (mit dem Summer) rufen **4** *(umgs)* (bedrohlich) dicht an etw vorbeifliegen PHR V **ˌbuzz**

aˈbout/aˈround herumsausen ˌ**buzz ˈoff** abschwirren
▸ ***Nomen*** **1** (*auch* **buzz·ing**) Summen **2** [Sing] Stimmengewirr, Gemurmel **3** [Sing] (*umgs*) Kitzel ◇ *Flying gives me a real buzz.* Fliegen finde ich wirklich aufregend. ◇ *There was a buzz of excitement all round the room.* Man konnte die Aufregung im ganzen Raum spüren. **4 the buzz** (*umgs*) das Gerücht ◇ *The buzz is that Matt is in Scotland.* Es wird gemunkelt, dass Matt in Schottland ist. IDM **give sb a ˈbuzz** (*umgs*) jdn anrufen

buz·zard /ˈbʌzəd; *AmE* -zərd/ *Nomen* **1** (*BrE*) Bussard **2** (*AmE*) Truthahngeier

buzz·er /ˈbʌzə(r)/ *Nomen* Summer

buzz·word /ˈbʌzwɜːd; *AmE* -wɜːrd/ *Nomen* Modewort, Schlagwort

by 🔑 /baɪ/ *Präp, Adv* ℹ Für Verben mit **by** siehe die Einträge für die entsprechenden Verben. **Put by** z.B. steht unter **put**.
▸ ***Präp*** **1** an, neben ◇ *a house by the river* ein Haus am Fluss ◇ *Come and sit by me.* Setz dich neben mich. **2** von ◇ *He was knocked down by a bus.* Er wurde von einem Bus angefahren. ◇ *Who's that book by?* Von wem ist das Buch? ◇ *He's German by birth.* Er ist von Geburt Deutscher. **3** mit ◇ *The house is heated by gas.* Das Haus wird mit Gas beheizt. ◇ *May I pay by cheque?* Kann ich mit Scheck bezahlen? ◇ *travel by boat/bus/car* mit dem Schiff/Bus/Auto fahren ◇ *travel by plane* fliegen ◇ *travel by air/land/sea* auf dem Luft-/Land-/Seeweg reisen ◇ *by letter* brieflich ◇ *Switch it on by pressing this button.* Um es einzuschalten, drücken Sie auf diesen Knopf. **4** durch ◇ *by chance* durch Zufall ◇ *by mistake* aus Versehen **5** bis ◇ *Can you finish the work by five?* Können Sie diese Arbeit bis 5 Uhr fertig machen? ◇ *He ought to have arrived by now/by this time.* Er müsste jetzt eigentlich schon da sein. ◇ *By the time (that) this letter reaches you I will have left the country.* Wenn du diesen Brief bekommst, bin ich schon im Ausland. **6** vorbei ◇ *He walked by me without speaking.* Er ging wortlos an mir vorbei. **7** bei ◇ *by candlelight* bei Kerzenlicht ◇ *I swear by Almighty God ...* Ich schwöre beim allmächtigen Gott ... ◇ *by day* tagsüber ◇ *by night* nachts **8** um ◇ *The bullet missed him by inches.* Die Kugel hat ihm um Zentimeter verfehlt. ◇ *better by far* viel besser **9** nach ◇ *By my watch it is two o'clock.* Nach meiner Uhr ist es zwei Uhr. ◇ *I could tell by the look on her face that something terrible had happened.* Es stand ihr im Gesicht geschrieben, dass etwas Schreckliches passiert war. ◇ *By law, you are a child until you are 18.* Rechtlich gesehen bleibt man bis 18 ein Kind. **10** an ◇ *I took him by the hand.* Ich nahm ihn bei der Hand. ◇ *Pick it up by the handle!* Hebe es am Griff hoch! **11** -weise ◇ *paid by the hour* stundenweise bezahlt ◇ *by the metre* meterweise **12** ◇ *They're improving day by day.* Sie werden jeden Tag besser. ◇ *We'll do it bit by bit.* Wir machen es nach und nach. ◇ *The children came in two by two.* Die Kinder kamen immer zwei und zwei herein. **13** (*bei Messungen*) mal ◇ *The room measures five metres by six.* Der Raum ist fünf mal sechs Meter groß. **14** (MATH) ◇ *6 multiplied by 2 equals 12.* 6 mal 2 ist 12. ◇ *6 divided by 2 equals 3.* 6 geteilt durch 2 ist 3. IDM **by the ˈby/ˈbye** übrigens
▸ ***Adv*** vorbei ◇ *I'll come by this evening.* Ich komme heute Abend vorbei. IDM **by and ˈby** (*veraltet*) bald; nach einer Weile

bye 🔑 /baɪ/ *Ausruf, Nomen*
▸ ***Ausruf*** (*auch* ˌ**bye-ˈbye**, ˈ**bye-bye**) (*umgs*) tschüs ◇ *She waved bye-bye.* Sie winkte zum Abschied. ◇ *Bye for now!* Bis bald!
▸ ***Nomen*** (SPORT) = spielfreier Aufstieg in die nächste Runde IDM → BY

ˈ**bye-law** = BY-LAW

ˈ**by-election** *Nomen* (*BrE*) Nachwahl

by·gone /ˈbaɪɡɒn; *AmE* -ɡɔːn/ *Adj* [nur vor Nomen] längst vergangen

by·gones /ˈbaɪɡɒnz; *AmE* -ɡɔːnz/ *Nomen* [Pl] IDM **let** ˌ**bygones be ˈbygones** die Vergangenheit ruhen lassen

ˈ**by-law** (*auch* ˈ**bye-law**) *Nomen* **1** (*BrE*) (Gemeinde)verordnung **2** (*AmE*) Satzung

by·line /ˈbaɪlaɪn/ *Nomen* = Zeile mit Angabe des Verfassers eines Zeitungsartikels

by·pass /ˈbaɪpɑːs; *AmE* -pæs/ *Nomen, Verb*
▸ ***Nomen*** **1** (*bes BrE*) Umgehungsstraße **2** (MED) Bypass
▸ ***Verb*** **1** umgehen ◇ *A new road now bypasses the town.* Die Stadt hat eine neue Umgehungsstraße. **2** (*fig*) übergehen, überspringen ◇ *They let him bypass the usual university admissions procedure.* Sie gaben ihm ohne das übliche Zulassungsverfahren einen Studienplatz.

ˈ**by-product** *Nomen* **1** Nebenprodukt **2** Begleiterscheinung

byre /ˈbaɪə(r)/ *Nomen* (*BrE, veraltet*) Kuhstall

by·stand·er /ˈbaɪstændə(r)/ *Nomen* Zuschauer(in)

byte /baɪt/ *Nomen* (COMP) Byte

byway /ˈbaɪweɪ/ *Nomen* **1** Nebenstraße **2 byways** [Pl] Nebenaspekte

by·word /ˈbaɪwɜːd; *AmE* -wɜːrd/ *Nomen* [meist Sing] **1 a ~ for sth** der Inbegriff einer Sache **2** (*bes AmE*) Schlagwort

By·zan·tine /baɪˈzæntaɪn, bɪˈ-, -tiːn; *AmE* ˈbɪzəntiːn/ *Adj* **1** byzantinisch **2** (*auch* **byzantine**) (*gehoben*) verworren, verwickelt

C c

C, c /siː/ *Nomen, Abk*
▸ ***Nomen*** (*Pl* **Cs, C's, c's**) **1** (*Buchstabe*) C, c **2** (*Note*) ≈ ausreichend → *Beispiele bei* A, A
▸ ***Abk*** **1 C** = CAPE **2 C** = CELSIUS **3** (*auch* ©) (*AmE* **C.**) = COPYRIGHT **4 c.** (*BrE auch* **c**) = CENT **5** (*auch* **C**) = CENTURY **6** (*auch* **ca**) = CIRCA **7** (*AmE*) = CUP

cab /kæb/ *Nomen* **1** Taxi **2** Fahrerkabine

cabal /kəˈbæl; *AmE auch* kəˈbɑːl/ *Nomen* (*gehoben, meist abwert*) Clique (*von politischen Intriganten*)

caba·ret /ˈkæbəreɪ; *AmE* ˌkæbəˈreɪ/ *Nomen* **1** Varieté **2** Kabarett **3** = Nachtklub oder Restaurant mit Varieteeprogramm

cab·bage /ˈkæbɪdʒ/ *Nomen* **1** Kohl(kopf) **2** (*BrE*) = jd, der nur vor sich hin vegetiert

cabby (*auch* **cab·bie**) /ˈkæbi/ *Nomen* (*Pl* **-ies**) (*umgs*) Taxifahrer(in)

caber /ˈkeɪbə(r)/ *Nomen* Baumstamm ◇ *tossing the caber* Baumstammwerfen

cabin /ˈkæbɪn/ *Nomen* **1** (*auf Schiffen*) Kabine **2** (*bei Flugzeugen*) Passagierraum **3** Hütte ◇ *a log cabin* eine Blockhütte

ˈ**cabin boy** *Nomen* Kabinensteward, Schiffsjunge

ˈ**cabin crew** *Nomen* [mit Verb im Sing/Pl] Flugbegleitpersonal

ˈ**cabin cruiser** (*auch* **cruiser**) *Nomen* Kajütboot

cab·inet 🔑 /ˈkæbɪnət/ *Nomen* **1** [mit Verb im Sing/Pl] (*meist* **the Cabinet**) das Kabinett **2** Schrank ◇ *a glass cabinet* eine Vitrine → *Siehe auch* FILING CABINET

cab·inet·maker /ˈkæbɪnətmeɪkə(r)/ *Nomen* Möbeltischler(in), Möbelschreiner(in)

cable 0ᵯ /ˈkeɪbl/ *Nomen, Verb*
▸ ***Nomen*** **1** (Draht)seil **2** Kabel **3** = CABLE TELEVISION **4** (*veraltet*) Überseetelegramm
▸ ***Verb*** (*veraltet*) kabeln

ˈcable car *Nomen* **1** (Draht)seilbahn **2** (*bes AmE*) (gezogene) Straßenbahn

ˌcable ˈtelevision (*auch* **cable**, **cable TV**) *Nomen* Kabelfernsehen

cab·ling /ˈkeɪblɪŋ/ *Nomen* [U] Verkabelung, Kabel

ca·boo·dle /kəˈbuːdl/ *Nomen* IDM **the whole (kit and) caˈboodle** der ganze Kram

ca·boose /kəˈbuːs/ *Nomen* (*AmE*) (EISENB) Dienstwagen

cache /kæʃ/ *Nomen* **1** geheimes Lager, Versteck **2** (COMP) Zwischenspeicher, Cachespeicher

cachet /ˈkæʃeɪ; *AmE* kæˈʃeɪ/ *Nomen* [U/Sing] (*gehoben*) Ansehen, Prestige

cack-handed /ˌkæk ˈhændɪd/ *Adj* (*BrE, umgs, abwert*) tollpatschig, ungeschickt

cackle /ˈkækl/ *Verb, Nomen*
▸ ***Verb*** **1** schnattern, gackern **2** (*Mensch*) (meckernd) lachen
▸ ***Nomen*** **1** Schnattern, Gackern **2** (meckerndes) Lachen

cac·oph·ony /kəˈkɒfəni; *AmE* kəˈkɑːfə-/ *Nomen* [U/Sing] Kakofonie, Missklang

cac·tus /ˈkæktəs/ *Nomen* (*Pl* **cac·tuses**, **cacti** /-taɪ/) Kaktus

CAD /kæd, ˌsiː eɪ ˈdiː/ *Kurzform von* **computer-aided design** CAD

cad /kæd/ *Nomen* (*veraltet*) Schuft

ca·da·ver /kəˈdævə(r)/ *Nomen* (*Fachspr*) Leiche

ca·da·ver·ous /kəˈdævərəs/ *Adj* (*gehoben*) ausgemergelt, leichenhaft (blass)

cad·die /ˈkædi/ *Nomen, Verb*
▸ ***Nomen*** (*auch* **caddy**) (*Pl* **-ies**) Caddie
▸ ***Verb*** (*auch* **caddy**) (**cad·dies**, **caddy·ing**, **cad·died**, **cad·died**) Caddie sein

caddy /ˈkædi/ (*Pl* **-ies**) *Nomen* **1** = TEACADDY **2** (*AmE*) Tasche, Behälter **3** = CADDIE

ca·dence /ˈkeɪdns/ *Nomen* **1** (*gehoben*) Sprachmelodie **2** (MUS) Kadenz

ca·denza /kəˈdenzə/ *Nomen* (MUS) (*Solisten-*) Kadenz

cadet /kəˈdet/ *Nomen* Kadett

cadge /kædʒ/ *Verb* **~ (sth) (from/off sb)** (*BrE, umgs*) (etw) (bei/von jdm) schnorren

cad·mium /ˈkædmiəm/ *Nomen* Kadmium

cadre /ˈkɑːdə(r); *AmE* ˈkædri/ *Nomen* [mit Verb im Sing/Pl] Kader

cae·sar·ean /sɪˈzeəriən; *AmE* sɪˈzer-/ (*auch* **cae·sar·ian**, **caeˌsarean ˈsection**, **caeˌsarian ˈsection**; *AmE auch* **ce·sar·ean**, **ce·sar·ian**, **C-section**) *Nomen* Kaiserschnitt

cae·sium (*AmE* **ces·ium**) /ˈsiːziəm/ *Nomen* Cäsium

caes·ura /sɪˈzjʊərə; *AmE* sɪˈzjʊrə/ *Nomen* (*Fachspr*) Zäsur

cafe (*auch* **café**) /ˈkæfeɪ; *AmE* kæˈfeɪ/ *Nomen* Café

cafe·teria /ˌkæfəˈtɪəriə; *AmE* -ˈtɪr-/ *Nomen* Cafeteria, Selbstbedienungsrestaurant

cafe·tière /ˌkæfəˈtjeə(r); *AmE* -ˈtjer/ *Nomen* Cafetière, Stempelkanne

caff /kæf/ *Nomen* (*BrE, umgs*) Imbissstube

caf·feine /ˈkæfiːn/ *Nomen* Koffein

caffè latte /ˌkæfeɪ ˈlɑːteɪ/ (*auch* **latte**) *Nomen* Milchkaffee

caf·tan = KAFTAN

cage /keɪdʒ/ *Nomen, Verb*
▸ ***Nomen*** Käfig
▸ ***Verb*** **~ sth (up)** etw (in einen Käfig) einsperren

cagey /ˈkeɪdʒi/ *Adj* (**cagi·er**, **cagi·est**) (*umgs*) zugeknöpft, ausweichend ◇ *Tony is very cagey about his family.* Tony redet nicht gern über seine Familie.

ca·goule /kəˈguːl/ *Nomen* Regenjacke

ca·hoots /kəˈhuːts/ *Nomen* IDM **be in cahoots (with sb)** (*umgs*) (mit jdm) unter einer Decke stecken

cai·man = CAYMAN

cairn /keən; *AmE* kern/ *Nomen* Steinhaufen (*als Grabhügel oder oben auf einem Berg*)

ca·jole /kəˈdʒəʊl; *AmE* kəˈdʒoʊl/ *Verb* **1 ~ sb (into doing sth)** jdn (dazu) überreden (etw zu tun) **2 ~ sth out of sb** jdm etw entlocken

Cajun /ˈkeɪdʒn/ *Nomen, Adj*
▸ ***Nomen*** Cajun
▸ ***Adj*** Cajun-

cake 0ᵯ /keɪk/ *Nomen, Verb*
▸ ***Nomen*** **1** Kuchen **2** Bratling ◇ *potato cakes* Kartoffelplätzchen ➔ *Siehe auch* FISHCAKE IDM **have your cake and ˈeat it too** (*BrE auch* **have your cake and ˈeat it**) das eine wollen, ohne das andere zu lassen ◇ *You can't have your cake and eat it.* Beides auf einmal geht nicht. **a slice/share of the ˈcake** (*BrE*) jds Teil ◇ *get a slice/share of the cake* sein Teil bekommen **take the ˈcake** (*bes AmE*) alles übertreffen ➔ *Siehe auch* HOT, ICING *und* PIECE
▸ ***Verb*** **1** (*meist passiv*) dick beschmieren, verkrusten **2** fest trocknen, hart werden, klumpen

CAL /kæl/ *Kurzform von* **computer assisted learning** computergestütztes Lernen

cala·mine /ˈkæləmaɪn/ (*auch* **ˈcalamine lotion**) *Nomen* Galmei(lotion)

ca·lami·t·ous /kəˈlæmɪtəs/ *Adj* (*gehoben*) katastrophal, verheerend

ca·lam·ity /kəˈlæməti/ *Nomen* (*Pl* **-ies**) Unheil, Katastrophe

cal·cify /ˈkælsɪfaɪ/ *Verb* (**-fies**, **-fy·ing**, **-fied**, **-fied**) (*Fachspr*) verkalken (lassen)

cal·cium /ˈkælsiəm/ *Nomen* Kalzium

cal·cul·able /ˈkælkjələbl/ *Adj* berechenbar; (*Risiko etc.*) kalkulierbar

cal·cu·late 0ᵯ /ˈkælkjuleɪt/ *Verb* **1** berechnen, ausrechnen **2** ermitteln **3** schätzen, vermuten

cal·cu·lated /ˈkælkjuleɪtɪd/ *Adj* berechnet, beabsichtigt, geplant ◇ *a calculated insult* eine bewusste Beleidigung ◇ *a calculated risk* ein kalkuliertes Risiko ◇ *calculated charm* berechnender Charme IDM **be calculated to do sth** auf etw abzielen ◇ *This sort of life is not calculated to appeal to a 20-year-old.* Solch ein Leben wird einem 20-Jährigen wohl kaum gefallen.

cal·cu·lat·ing /ˈkælkjuleɪtɪŋ/ *Adj* (*abwert*) berechnend

cal·cu·la·tion 0ᵯ /ˌkælkjuˈleɪʃn/ *Nomen* **1** Berechnung (*auch fig*) ◇ *by my calculation(s)* nach meiner Rechnung ◇ *He did a rough calculation.* Er überschlug die Summe. **2** Schätzung, Überlegung

cal·cu·la·tor /ˈkælkjuleɪtə(r)/ *Nomen* Rechenmaschine ◇ *a pocket calculator* ein Taschenrechner

cal·cu·lus /ˈkælkjələs/ *Nomen* [U] (MATH) ◇ *integral/differential calculus* Integral-/Differentialrechnung

cal·dron (*AmE*) = CAULDRON

cal·en·dar /ˈkælɪndə(r)/ *Nomen* **1** Kalender **2** (*AmE*) Terminkalender **3** [meist Sing] Jahr ◇ *the biggest week in the racing calendar* die wichtigste Woche der Rennsportsaison

calf /kɑːf; *AmE* kæf/ *Nomen* (*Pl* **calves**) /kɑːvz; *AmE* kævz/ **1** (ANAT) Wade **2** Kalb; (*Wal- etc.*) Junge **3** (*auch* **ˈcalf·skin**) Kalbsleder IDM **in/with ˈcalf** trächtig

cali·brate /ˈkælɪbreɪt/ *Verb* kalibrieren, eichen

cali·bra·tion /ˌkælɪˈbreɪʃn/ *Nomen (Fachspr)* **1** Kalibrierung, Eichen **2** Eichstrich

cali·bre *(AmE meist* **cali·ber***)* /ˈkælɪbə(r)/ *Nomen* Kaliber *(auch fig)*

cal·ico /ˈkælɪkəʊ; *AmE* -koʊ/ *Nomen* [U] **1** *(bes BrE)* Kattun, (roh)weißer Baumwollstoff **2** *(bes AmE)* bedruckter Baumwollstoff

ˈcalico cat *Nomen (AmE)* Schildpattkatze

cali·for·nium /ˌkælɪˈfɔːniəm; *AmE* -ˈfɔːrn-/ *Nomen* (CHEM) Californium

cali·per *(BrE auch* **calli·per***)* /ˈkælɪpə(r)/ *Nomen* **1 calipers** [Pl] Tastzirkel **2** *(BrE)* [meist Pl] (MED) Beinschiene

ca·liph /ˈkeɪlɪf/ *Nomen* Kalif

ca·liph·ate /ˈkeɪlɪfeɪt; *BrE auch* ˈkælɪ-/ *Nomen* Kalifat

cal·is·then·ics *(AmE)* = CALLISTHENICS

CALL /kɔːl/ *Kurzform von* **computer assisted language learning** computergestütztes Sprachenlernen

call 0-▬ /kɔːl/ *Verb, Nomen*

▸ ***Verb*** **1** nennen; **be called ...** ... heißen ◇ *What do they call that?* Wie nennt man das? ◇ *I don't know anyone called Scott.* Ich kenne niemanden namens Scott. ◇ *That's ten dollars forty you owe me. Let's call it ten dollars.* Du schuldest mir noch zehn Dollar und vierzig Cent. Sagen wir zehn Dollar. **2 ~ (sth) (out)** (etw) rufen; **~ (out) to sb** jdm zurufen ◇ *call for help* um Hilfe rufen ◇ *He called out the names of the winners.* Er rief die Namen der Gewinner auf. ◇ *The injured called out in pain.* Die Verwundeten schrien vor Schmerzen. **3 ~ sb/sth** jdn/etw (herbei) rufen ◇ *Will you call the kids in for lunch?* Rufst du die Kinder zum Essen? **4** anrufen ◇ *I called the office.* Ich rief im Büro an. ◇ *Who's calling?* Wer ist am Apparat? **5** *(meist passiv) (gehoben)* ◇ *She was called for interview.* Sie wurde zum Vorstellungsgespräch eingeladen. ◇ *The ambassador was called back to London.* Der Botschafter wurde zurück nach London beordert. ◇ *He felt called to the priesthood.* Er fühlte sich zum Priester berufen. **6** *(bes BrE)* vorbeischauen, vorbeigehen ◇ *I'll call round and see you.* Ich werde bei dir vorbeikommen. **7** *(Sitzung, Wahl)* einberufen; *(Streik)* ausrufen **8** *(Vogel)* schreien **9** *(beim Werfen einer Münze)* ◇ *You call. Heads or tails.* Kopf oder Zahl? **IDM** **call sb's ˈbluff** es darauf ankommen lassen **call sth into ˈplay** *(gehoben)* etw einsetzen ◇ *a game that calls into play all your powers of concentration* ein Spiel, bei dem man sich voll konzentrieren muss **call sth into ˈquestion** etw infrage stellen **call it a ˈday** *(umgs)* Feierabend machen; das Ganze beenden **call it ˈquits** *(umgs)* **1** ◇ *Take this and we'll call it quits.* Nimm das und dann sind wir quitt. **2** es auf sich beruhen lassen ◇ *He decided to call it quits after three years at the helm.* Er beschloss, nach drei Jahren an der Führung einen Schlussstrich zu ziehen. **call sb ˈnames** jdn beschimpfen **call the ˈshots/ˈtune** *(umgs)* den Ton angeben **call a spade a ˈspade** das Kind beim (rechten) Namen nennen; kein Blatt vor den Mund nehmen **call ˈtime (on sth)** *(BrE)* etw beenden; etw zum Abschluss bringen **call sb to acˈcount (for/over sth)** jdn (wegen einer Sache) zur Rechenschaft ziehen **call sb/sth to ˈorder** jdn/etw zur Ordnung rufen → *Siehe auch* CARPET, MIND, PAY, POT *und* WHAT **PHR V** **ˈcall at ...** *(BrE) (Zug etc.)* in ... halten ◇ *the train for London calling at Didcot* der Zug nach London über Didcot **ˌcall sb aˈway** jdn wegrufen ◇ *She was called away from the meeting.* Sie wurde aus der Sitzung geholt. **ˌcall (sb) ˈback** **1** (jdn) zurückrufen **2** noch mal (bei jdm) anrufen **ˈcall for sb** *(bes BrE)* jdn abholen **ˈcall for sth** **1** etw erfordern ◇ *'This calls for a celebration!'* „Das muss gefeiert werden!" **2** etw fordern, etw verlangen **ˌcall sth ˈforth** *(gehoben)* etw hervorrufen **ˌcall ˈin** **1** vorbeischauen **2** (am Arbeitsplatz) anrufen ◇ *He's called in sick.* Er hat sich krank gemeldet. **ˌcall sb ˈin** jdn zurate ziehen **ˌcall sth ˈin** *(Kredit, Geld etc.)* zurückfordern; *(Produktion)* zurückrufen **ˌcall sb/sth ˈoff** jdn/etw zurückrufen, jdn/etw zurückpfeifen **ˌcall sth ˈoff** etw absagen, etw abblasen; *(Verlobung)* (auf)lösen **ˈcall on sb** bei jdm vorbeigehen **ˈcall on/upon sb** *(gehoben)* an jdn herantreten ◇ *call on sb to do sth* jdn auffordern etw zu tun ◇ *There are 15 translators she can call upon.* Es gibt 15 Übersetzer, an die sie sich wenden kann. ◇ *I felt called upon to warn him.* Ich fühlte mich verpflichtet, ihn zu warnen. **ˌcall sb ˈout** **1** *(Feuerwehr, Arzt etc.)* rufen **2** *(Arbeiter etc.)* zum Streik aufrufen **ˌcall sb ˈout (on sth)**; **ˈcall sb on sth** *(AmE)* jdn wegen einer Sache rügen **ˌcall sb ˈup** **1** *(bes AmE)* jdn anrufen **2** (MIL) jdn einberufen **3** (SPORT) jdn berufen, jdn aufstellen **ˌcall sth ˈup** **1** etw wachrufen, etw zurückbringen **2** etw hervorholen ◇ *She called up her last reserves of strength.* Sie mobilisierte ihre letzten Reserven. ◇ *I called his address up on the computer.* Ich holte mir seine Adresse aus dem Computer.

▸ ***Nomen*** **1** Schrei, Ruf *(auch fig)* ◇ *a call for help* ein Hilferuf ◇ *calls for national unity* Rufe nach nationaler Einheit ◇ *He felt the call of the priesthood.* Er fühlte sich zum Priester berufen. ◇ *the last call for flight 199 to Rome* der letzte Aufruf für den Flug 199 nach Rom ◇ *calls for the minister to resign* Aufforderungen an den Minister zurückzutreten → *Siehe auch* CURTAIN CALL **2** = PHONE CALL **3** Besuch ◇ *(veraltet) pay a call on sb* jdm einen Besuch abstatten **4 ~ for sth** Nachfrage (nach etw) **5** Anlass, Grund **6** Beanspruchung, Belastung ◇ *He has many calls on his time.* Er ist zeitlich sehr in Anspruch genommen. **7** *(umgs)* Entscheidung **8** *(beim Tennis)* Schiedsrichterentscheidung **9** *(beim Kartenspiel)* Ansage **IDM** **the call of ˈnature** *(hum)* ein menschliches Bedürfnis ◇ *The driver had stopped to answer a call of nature.* Der Fahrer hielt an, weil er mal musste. **have first ˈcall (on sb/sth)** (bei jdm/etw) an erster Stelle stehen **on ˈcall** in/auf Bereitschaft ◇ *be on call* Bereitschaftsdienst haben → *Siehe auch* BECK *und* CLOSE²

ˈcall box *Nomen* **1** *(BrE)* Telefonzelle **2** *(AmE)* Notrufsäule

ˈcall centre *(AmE* **ˈcall center***)* *Nomen* Callcenter

call·er /ˈkɔːlə(r)/ *Nomen* **1** Anrufer(in) **2** Besucher(in)

ˌcaller ˈID *(BrE auch* **ˌcaller diˈsplay***)* *Nomen* [U] Rufnummernanzeige

ˈcall girl *Nomen* Callgirl

cal·lig·raph·er /kəˈlɪɡrəfə(r)/ *Nomen* Kalligraf(in)

cal·lig·raphy /kəˈlɪɡrəfi/ *Nomen* Kalligrafie

ˈcall-in *Nomen (AmE)* = Sendung, bei der die Hörer/Zuschauer anrufen können

call·ing /ˈkɔːlɪŋ/ *Nomen* **1** Berufung **2** *(gehoben)* Beruf

ˈcalling card *Nomen (AmE)* Visitenkarte

cal·li·per *(BrE)* = CALIPER

cal·lis·then·ics *(AmE* **cal·is·then·ics***)* /ˌkælɪsˈθenɪks/ *Nomen* [mit Verb im Sing/Pl] leichte Gymnastik

ˈcall letters *Nomen* [Pl] *(AmE)* = Buchstabenbezeichnung eines Radiosenders

cal·lous /ˈkæləs/ *Adj (Adv* **cal·lous·ly***)* gefühllos, herzlos, abgebrüht

cal·loused /ˈkæləst/ *Adj* schwielig, kallös

cal·lous·ness /ˈkæləsnəs/ *Nomen* Gefühllosigkeit, Herzlosigkeit, Abgebrühtheit

ˈcall-out *Nomen* Einsatz ◇ *ambulance call-outs* Krankenwageneinsätze ◇ *There is no call-out charge.* Sie berechnen keine Anfahrtskosten.

cal·low /ˈkæləʊ; *AmE* -loʊ/ *Adj (gehoben, abwert)* unreif

ˈcall sign *Nomen (Funk-)* Rufzeichen

ˈ**call-up** *Nomen* **1** (MIL) Einberufung ◇ *receive your call-up papers* seinen Einberufungsbescheid erhalten ◇ *be liable for call-up* militärdienstpflichtig sein ◇ *men of call-up age* Männer im wehrpflichtigen Alter **2** (SPORT) Berufung, Aufstellung

cal·lus /ˈkæləs/ *Nomen* Schwiele

calm 0→ /kɑːm/ *Adj, Verb, Nomen*

▸ ***Adj*** (*Adv* **calm·ly**) **1** ruhig ◇ *You're taking it very calmly.* Du reagierst sehr gelassen. **2** windstill

▸ ***Verb*** (sich) beruhigen **PHR V** ˌ**calm ˈdown** sich beruhigen ˌ**calm sb/sth ˈdown** jdn/etw beruhigen

▸ ***Nomen*** Ruhe ◇ *Alex spoke with studied calm.* Alex sprach betont ruhig. **IDM** **the calm before the storm** die Ruhe vor dem Sturm

calm·ness /ˈkɑːmnəs/ *Nomen* Ruhe, Gelassenheit

Calor gas™ /ˈkælə gæs; *AmE* -lər gæs/ *Nomen* Butangas

cal·orie /ˈkæləri/ *Nomen* Kalorie ◇ *low in calories* kalorienarm ◇ *No sugar, thanks—I'm counting my calories.* Danke, kein Zucker—ich bin auf Diät.

cal·or·if·ic /ˌkæləˈrɪfɪk/ *Adj* wärmeerzeugend ◇ *calorific value* Brennwert

calve /kɑːv; *AmE* kæv/ *Verb* kalben

calves *Form von* CALF

Cal·vin·ism /ˈkælvɪnɪzəm/ *Nomen* Kalvinismus

Cal·vin·ist /ˈkælvɪnɪst/ *Adj, Nomen*

▸ ***Adj*** (*auch* **Cal·vin·is·tic**) kalvinistisch

▸ ***Nomen*** Kalvinist(in)

calyx /ˈkeɪlɪks/ *Nomen* (*Pl* **ca·lyxes**, **ca·ly·ces** /-lɪsiːz/) (BOT) Blütenkelch

cam /kæm/ *Nomen* **1** Nocken **2** (*umgs*) (*besonders in Zusammensetzungen*) Kamera ◇ *a video/digital/traffic cam* eine Video-/Digital-/Verkehrskamera → *Siehe auch* DASHCAM *und* WEBCAM

cama·rad·erie /ˌkæməˈrɑːdəri; *AmE* ˌkɑːm-/ *Nomen* [U] Kameradschaft

cam·ber /ˈkæmbə(r)/ *Nomen* (*einer Straße*) Quergefälle

cam·bric /ˈkæmbrɪk/ *Nomen* (*Stoff*) Kambrik

cam·cord·er /ˈkæmkɔːdə(r); *AmE* -kɔːrdər/ *Nomen* Camcorder

came *Form von* COME

camel /ˈkæml/ *Nomen* Kamel **IDM** → STRAW

cam·el·lia /kəˈmiːliə/ *Nomen* Kamelie

cameo /ˈkæmiəʊ; *AmE* -mioʊ/ *Nomen* (*Pl* **-os**) **1** = Kurzauftritt in einem Film etc. (oft von einem bekannten Schauspieler/einer bekannten Schauspielerin) **2** (*Beschreibung, Bild etc.*) Miniatur **3** Kamee

cam·era 0→ /ˈkæmərə/ *Nomen* Fotoapparat, Kamera ◇ *The thieves were caught on camera.* Die Diebe wurden von einer Überwachungskamera gefilmt. **IDM** **in ˈcamera** (RECHT) unter Ausschluss der Öffentlichkeit **on ˈcamera** vor der Kamera

cam·era·man /ˈkæmrəmæn/ *Nomen* (*Pl* **-men** /-men/) Kameramann

cam·era·woman /ˈkæmrəwʊmən/ *Nomen* (*Pl* **-women** /-wɪmɪn/) Kamerafrau

cam·era·work /ˈkæmrəwɜːk; *AmE* -wɜːrk/ *Nomen* Kameraführung

camo·mile (*auch* **chamo·mile**) /ˈkæməmaɪl/ *Nomen* [U] Kamille

cam·ou·flage /ˈkæməflɑːʒ/ *Nomen, Verb*

▸ ***Nomen*** Tarnung (*auch fig*) ◇ *troops dressed in camouflage* Truppen in Tarnanzügen

▸ ***Verb*** tarnen, verdecken

camp 0→ /kæmp/ *Nomen, Verb, Adj*

▸ ***Nomen*** **1** Lager ◇ *pitch/make camp* sein Lager aufschlagen ◇ *break camp* die Zelte abbrechen **2** Ferienlager, Camp **IDM** → FOOT

▸ ***Verb*** **1** zelten ◇ *They go camping in France every year.* Sie fahren jedes Jahr nach Frankreich zelten. **2** ~ (**out**) vorübergehend wohnen ◇ *I'm camping (out) at a friend's.* Ich bin bei einem Freund untergekommen. **PHR V** ˌ**camp ˈout** lagern ◇ *Reporters camped out on her doorstep.* Reporter lagerten vor ihrer Tür. ˌ**camp it ˈup** (*BrE, umgs*) zu dick auftragen

▸ ***Adj*** **1** (*BrE*) tuntenhaft **2** übertrieben

cam·paign 0→ /kæmˈpeɪn/ *Nomen, Verb*

▸ ***Nomen*** **1** Aktion ◇ *the election campaign* der Wahlkampf **2** Feldzug

▸ ***Verb*** **1** Wahlkampf machen **2** ~ **for/against sb/sth** sich für/gegen jdn/etw einsetzen, für/gegen jdn/etw kämpfen

cam·paign·er /kæmˈpeɪnə(r)/ *Nomen* **1** Aktivist(in), Kämpfer(in) ◇ *anti-nuclear campaigners* Atomkraftgegner ◇ *animal rights campaigners* Tierschützer **2** Wahlkampfhelfer(in)

ˈ**camp bed** *Nomen* (*BrE*) Campingliege, Feldbett

camp·er *Nomen* /ˈkæmpə(r)/ **1** Camper(in) **2** (*auch* ˈ**camper van**) Wohnmobil, Camper **3** (*AmE*) Wohnwagen

camp·fire /ˈkæmpfaɪə(r)/ *Nomen* Lagerfeuer

camp·ing 0→ /ˈkæmpɪŋ/ *Nomen* Camping, Zelten

camp·site /ˈkæmpsaɪt/ *Nomen* **1** (*auch* ˈ**camping site**; *AmE* ˈ**campground**) Campingplatz **2** (*AmE*) Stellplatz

cam·pus /ˈkæmpəs/ *Nomen* (*Pl* **cam·puses**) Campus, Unigelände ◇ *on campus* auf dem Campus

cam·shaft /ˈkæmʃɑːft; *AmE* -ʃæft/ *Nomen* Nockenwelle

can[1] 0→ /kæn/ *Modalvb* (**could**) **1** können ◇ *Can you ride a bike?* Kannst du Rad fahren? ◇ *Can you help me?* Kannst du mir helfen? ◇ *I can't do it.* Das kann ich nicht machen. ◇ *He could speak six languages.* Er konnte sechs Sprachen sprechen. ◇ *I couldn't understand him.* Ich konnte ihn nicht verstehen. ◇ *Could you open the door, please?* Könnten Sie bitte die Tür aufmachen? ◇ *I could do more for her.* Ich könnte mehr für sie tun. ◇ *I could have done more for her.* Ich hätte mehr für sie tun können. ◇ *There is nothing that can be done at present.* Im Moment lässt sich nichts machen. ◇ *It can happen at any time.* Es kann jederzeit passieren. ◇ *He could be right.* Er könnte Recht haben. ◇ *Couldn't you come earlier?* Könntest du nicht früher kommen? ◇ *You could have left it on the bus.* Du könntest es im Bus vergessen haben. ◇ *You can't be hungry already!* Du kannst noch keinen Hunger haben! ◇ *She couldn't have known that.* Sie hätte das gar nicht wissen können. ◇ *I can hear music.* Ich höre Musik. **2** dürfen, können ◇ *Can I go now, please?* Darf ich jetzt bitten gehen? ◇ *You can't go swimming today.* Du darfst heute nicht schwimmen gehen. ◇ *Could I possibly borrow your car?* Könnte ich eventuell dein Auto ausleihen? **IDM** **I, etc. can't be doing with sth** (*umgs*) ich etc. kann etw nicht haben ◇ *I can't be doing with people who complain all the time.* Ich kann solche Leute nicht ausstehen, die sich immer beschweren.

can[2] 0→ /kæn/ *Nomen, Verb*

▸ ***Nomen*** **1** Dose, Büchse ◇ *a beer can* eine Bierdose ◇ *a can of beer* eine Dose Bier **2** Kanister, Kanne **3** **the can** [Sing] (*AmE, Slang*) der Knast **4** **the can** [Sing] (*AmE, Slang*) das Klo **IDM** **in the ˈcan** (*Bild, Szene*) im Kasten **open a can of ˈworms** (*umgs*) in ein Wespennest stechen → *Siehe auch* CARRY

▸ ***Verb*** (**-nn-**) in Dosen konservieren ◇ *canned fruit* Dosenobst ◇ *a canning factory* eine Konservenfabrik

canal /kəˈnæl/ *Nomen* **1** Kanal **2** (ANAT, BOT) Kanal, Röhre

caˈnal boat *Nomen* = langes, schmales (Haus)boot, das für Kanalfahrten benutzt wird

can·al·iza·tion (*BrE auch* **-isa·tion**) /ˌkænəlaɪˈzeɪʃn; *AmE* -ləˈ-/ *Nomen* (*eines Flusses*) Kanalisierung

can·al·ize (*BrE auch* **-ise**) /ˈkænəlaɪz/ *Verb* **1** (*Fluss*) kanalisieren **2** (*fig*) in bestimmte Bahnen lenken

can·apé /ˈkænəpeɪ; *AmE* ˌkænəˈpeɪ/ *Nomen* [meist Pl] Appetithäppchen, Kanapee

can·ard /kæˈnɑːd, ˈkænɑːd; *AmE* -nɑːrd/ *Nomen* (*gehoben*) (Zeitungs)ente

can·ary /kəˈneəri; *AmE* kəˈneri/ *Nomen* (*Pl* **-ries**) Kanarienvogel

can·cel 0-w /ˈkænsl/ *Verb* (**-ll-**, *AmE* **-l-**) **1** absagen, streichen **2** kündigen, stornieren, abbestellen **3** (*Schulden*) erlassen **4** (*Fahrkarte*) entwerten; (*Briefmarke*) abstempeln PHRV ˌ**cancel ˈout** sich (gegenseitig) aufheben ˌ**cancel sth ˈout** (etw) aufheben

can·cel·la·tion /ˌkænsəˈleɪʃn/ (*AmE auch* **can·cel·ation**) *Nomen* **1** Absage, Streichung, Stornierung ◇ *Are there any cancellations for this evening?* Gibt es für heute Abend zurückgegebene Karten? **2** Aufhebung, Entwertung

Can·cer /ˈkænsə(r)/ *Nomen* (*Sternzeichen, Mensch*) Krebs

can·cer 0-w /ˈkænsə(r)/ *Nomen* **1** Krebs **2** (*gehoben, fig*) Krebsgeschwür

Can·cer·ian /kænˈsɪəriən; *AmE* -ˈsɪr-/ *Nomen, Adj*
▸ ***Nomen*** (*unter dem Sternzeichen geborene Mensch*) Krebs
▸ ***Adj*** (*bezüglich des Sternzeichens*) Krebs-

can·cer·ous /ˈkænsərəs/ *Adj* Krebs-, krebsartig

can·de·la·bra /ˌkændəˈlɑːbrə/ *Nomen* (*seltener* **can·de·la·brum**) (*Pl* **can·de·la·bra, can·de·la·bras**, *AmE auch* **can·de·la·brums**) Leuchter, Kandelaber

can·did /ˈkændɪd/ *Adj* **1** (*Adv* **can·did·ly**) ehrlich, offen **2** (*Foto*) ungestellt

can·di·dacy /ˈkændɪdəsi/ (*bes BrE* **can·di·da·ture** /ˈkændɪdətʃə(r)/) *Nomen* (*Pl* **-ies**) Kandidatur

can·di·date 0-w /ˈkændɪdət, -deɪt/ *Nomen* **1** Bewerber(in), Kandidat(in) ◇ (*BrE*) *He stood as a candidate in the local elections.* Er kandidierte für die Kommunalwahlen. **2** (*BrE*) Prüfungskandidat(in) **3** Anwärter(in) ◇ *Our team is a candidate for relegation.* Unsere Mannschaft ist Anwärter für den Abstieg.

can·died /ˈkændid/ *Adj* [nur vor Nomen] kandiert ◇ *candied peel* Orangeat

can·dle /ˈkændl/ *Nomen* Kerze IDM **sb/sth cannot hold a candle to sb/sth** jd/etw ist mit jdm/etw nicht zu vergleichen → *Siehe auch* BURN

candle·light /ˈkændllaɪt/ *Nomen* Kerzenlicht, Kerzenschein

candle·lit /ˈkændllɪt/ *Adj* [nur vor Nomen] bei Kerzenschein

candle·stick /ˈkændlstɪk/ *Nomen* Kerzenständer

cand·our (*AmE* **can·dor**) /ˈkændə(r)/ *Nomen* Ehrlichkeit, Offenheit

C & W *Abk* = COUNTRY AND WESTERN

candy 0-w /ˈkændi/ *Nomen* (*Pl* **-ies**) (*AmE*) Bonbon, Praline ◇ *a box of candy* eine Schachtel Pralinen ◇ *I don't eat candy.* Ich esse keine Süßigkeiten. ◇ *a candy bar* ein Schokoriegel

candy·floss /ˈkændiflɒs; *AmE* -flɔːs/ *Nomen* (*BrE*) Zuckerwatte

cane /keɪn/ *Nomen, Verb*
▸ ***Nomen*** **1** (*Bambus-, Zucker-*) Rohr **2** Korb ◇ *a cane chair* ein Korbstuhl **3** Stock **4 the cane** [Sing] die Prügelstrafe
▸ ***Verb*** mit dem Stock schlagen, prügeln

ca·nine /ˈkeɪnaɪn/ *Adj, Nomen*
▸ ***Adj*** Hunde-
▸ ***Nomen*** **1** (*auch* ˈ**canine tooth**) Eckzahn **2** (*gehoben*) Hund

can·ing /ˈkeɪnɪŋ/ *Nomen* Schläge (mit dem Stock) ◇ *the abolition of caning in schools* die Abschaffung der Prügelstrafe in Schulen ◇ (*fig*) *Their batsmen were giving us a caning.* Ihre Schlagmänner haben uns fertiggemacht.

can·is·ter /ˈkænɪstə(r)/ *Nomen* **1** Dose **2** Kanister

can·ker /ˈkæŋkə(r)/ *Nomen* **1** (*bei Pflanzen*) Brand **2** (*bei Tieren*) Ohrräude **3** (*gehoben*) (*fig*) (Krebs)geschwür

ˈ**canker sore** *Nomen* (*AmE*) Mundgeschwür

can·na·bis /ˈkænəbɪs/ *Nomen* Cannabis

canned /kænd/ *Adj* **1** Dosen- **2** (*fig*) **~ laughter** Gelächter vom Band; **~ music** Musikkonserven

can·nery /ˈkænəri/ *Nomen* (*Pl* **-ies**) Konservenfabrik

can·ni·bal /ˈkænɪbl/ *Nomen* **1** Kannibale, Kannibalin **2** = Tier, das seine Artgenossen frisst

can·ni·bal·ism /ˈkænɪbəlɪzəm/ *Nomen* Kannibalismus

can·ni·bal·is·tic /ˌkænɪbəˈlɪstɪk/ *Adj* kannibalisch

can·ni·bal·ize (*BrE auch* **-ise**) /ˈkænɪbəlaɪz/ *Verb* (*Gerät, Auto etc.*) ausschlachten

can·non /ˈkænən/ *Nomen, Verb*
▸ ***Nomen*** (*Pl* **can·non** *oder* **can·nons**) **1** Kanone, Geschütz ◇ *cannon fodder* Kanonenfutter → *Siehe auch* LOOSE CANNON *und* WATER CANNON **2** (*an Militärflugzeugen*) Maschinengewehr
▸ ***Verb*** **~ into sb/sth** mit jdm/etw zusammenprallen

can·non·ade /ˌkænəˈneɪd/ *Nomen* Kanonade

can·non·ball /ˈkænənbɔːl/ *Nomen* Kanonenkugel

can·not 0-w /ˈkænɒt; *AmE* -nɑːt/ = CAN NOT

canny /ˈkæni/ *Adj* schlau, clever

canoe /kəˈnuː/ *Nomen, Verb*
▸ ***Nomen*** Paddelboot; (SPORT) Kanu
▸ ***Verb*** (**ca·noe·ing, ca·noed, ca·noed**) paddeln; (SPORT) Kanu fahren

ca·noe·ing /kəˈnuːɪŋ/ *Nomen* Paddeln; (SPORT) Kanusport ◇ *go canoeing* Kanufahren gehen

ca·noe·ist /kəˈnuːɪst/ *Nomen* Paddelbootfahrer(in); (SPORT) Kanufahrer(in)

canola™ /kəˈnəʊlə; *AmE* kəˈnoʊ-/ *Nomen* (*AmE*) Raps

canon /ˈkænən/ *Nomen* **1** Kanoniker(in) **2** (*gehoben*) Grundregel, Grundprinzip **3** (LIT, MUS) Kanon

ca·non·ic·al /kəˈnɒnɪkl; *AmE* kəˈnɑːn-/ *Adj* kanonisch

can·on·iza·tion (*BrE auch* **-isa·tion**) /ˌkænənaɪˈzeɪʃn; *AmE* -nəˈ-/ *Nomen* Heiligsprechung, Kanonisierung

can·on·ize (*BrE auch* **-ise**) /ˈkænənaɪz/ *Verb* (*meist passiv*) heiligsprechen, kanonisieren

ˌ**canon ˈlaw** *Nomen* kanonisches Recht

ca·noo·dle /kəˈnuːdl/ *Verb* (*BrE, umgs, veraltet*) knutschen, schmusen

ˈ**can opener** *Nomen* (*bes AmE*) Dosenöffner

can·opy /ˈkænəpi/ *Nomen* (*Pl* **-ies**) **1** Baldachin **2** (*fig*) Zelt, Dach **3** (*bei Flugzeugen*) Kanzeldach

cant /kænt/ *Nomen* scheinheiliges Gerede, Heuchelei

can't /kɑːnt; *AmE* kænt/ = CAN NOT

Cantab /ˈkæntæb/ *Abk* der Universität Cambridge

can·tan·ker·ous /kænˈtæŋkərəs/ *Adj* mürrisch, störrisch

can·tata /kænˈtɑːtə/ *Nomen* Kantate

can·teen /kænˈtiːn/ *Nomen* **1** (*bes BrE*) Kantine **2** Feldflasche **3 ~ of cutlery** *BrE*) Besteckkasten

can·ter /ˈkæntə(r)/ *Nomen, Verb*
▸ ***Nomen*** [meist Sing] Kanter, Handgalopp
▸ ***Verb*** kantern, leicht galoppieren

can·ticle /ˈkæntɪkl/ *Nomen* Lobgesang

can·ti·lever /ˈkæntɪliːvə(r)/ *Nomen* Kragträger, Ausleger

canto /ˈkæntəʊ; *AmE* -toʊ/ *Nomen* (*Pl* **-os**) (LIT) Gesang, Canto

can·ton /ˈkæntɒn; *AmE* -tən, -tɑːn/ *Nomen* Kanton

can·ton·al /ˈkæntənl/ *Adj* kantonal

can·vas /ˈkænvəs/ *Nomen* **1** Segeltuch **2** Leinwand **3** (Öl)gemälde IDM **under ˈcanvas** im Zelt

can·vass /ˈkænvəs/ *Verb, Nomen*
▸ ***Verb* 1** (POL) ~ **(for sth)** um etw werben; ~ **sb** um jds Stimme werben ◇ *He spent the whole month canvassing (for votes).* Er verbrachte den ganzen Monat damit um Stimmen zu werben. ◇ *They were canvassing local residents.* Sie haben bei den Ortsansässigen um ihre Stimmen geworben. **2** *(Meinung)* erforschen; *(Person)* befragen **3** ~ **support** Unterstützung zu gewinnen versuchen **4** *(Vorschlag etc.)* zur Diskussion stellen
▸ ***Nomen* 1** Wahlwerbung **2** (Meinungs)umfrage

can·vass·er /ˈkænvəsə(r)/ *Nomen* Wahlhelfer(in)

can·yon /ˈkænjən/ *Nomen* Cañon

can·yon·ing /ˈkænjənɪŋ/ (*AmE auch* **can·yon·eer·ing** /ˌkænjəˈnɪərɪŋ; *AmE* -ˈnɪrɪŋ/) *Nomen* Canyoning

CAP /ˌsiː eɪ ˈpiː/ *Kurzform von* **Common Agricultural Policy** gemeinsame Agrarpolitik (der EU), GAP

cap 🔑 /kæp/ *Nomen, Verb*
▸ ***Nomen* 1** Schirmmütze → *Siehe auch* BASEBALL CAP *und* CLOTH CAP **2** *(meist in Zusammensetzungen)* Mütze, Haube, Kappe → *Siehe auch* MOB CAP *und* THINKING CAP **3** Barett **4** *(BrE)* (SPORT) = Mütze als Zeichen der Aufstellung für eine Nationalmannschaft ◇ *He won his first cap for England against France.* Beim Spiel England gegen Frankreich wurde er zum ersten Mal für die Nationalmannschaft aufgestellt. **5** *(BrE)* (SPORT) Nationalspieler(in) **6** Deckel, Verschluss ◇ *a lens cap* ein Objektivdeckel **7** *(bei Ausgaben, Krediten etc.)* Obergrenze ◇ *The government has placed a cap on local council spending.* Die Regierung hat einen Höchstsatz für Kommunalausgaben festgelegt. **8** Zündplättchen **9** *(BrE)* Pessar IDM **come/go cap in ˈhand** *(BrE)* demütig bitten ◇ *He went cap in hand to his brother.* Er bat seinen Bruder demütig um Geld. **if the cap fits(, wear it)** *(umgs)* wem die Jacke passt(, der soll sie sich anziehen) → *Siehe auch* FEATHER
▸ ***Verb*** **(-pp-)** **1** *(meist passiv)* ~ **sth (with sth)** etw (mit etw) bedecken ◇ *snow-capped mountains* schneebedeckte Berge **2** *(bes BrE)* *(oft passiv)* ~ **sth** einen Höchstsatz /eine Obergrenze für etw festlegen ◇ *a capped mortgage* eine Hypothek mit Zinsobergrenze **3** *(bes BrE)* überbieten **4** *(meist passiv)* *(Zahn)* überkronen **5** *(meist passiv)* *(bes BrE)* (SPORT) (für die Nationalmannschaft etc.) aufstellen IDM **to cap/top it ˈall** *(umgs)* zu allem Unglück

cap·abil·ity /ˌkeɪpəˈbɪləti/ *Nomen (Pl* **-ies***)* **1** Fähigkeit ◇ *within the capabilities of current technology* innerhalb der Möglichkeiten der gegenwärtigen Technologie **2** (MIL) Potenzial

cap·able 🔑 /ˈkeɪpəbl/ *Adj* **1** ~ **of sth** zu etw fähig, zu etw imstande **2** *(Adv* **cap·ably** /-bli/*)* fähig, kompetent

cap·acious /kəˈpeɪʃəs/ *Adj (gehoben)* geräumig, groß

cap·aci·tance /kəˈpæsɪtəns/ *Nomen* (ELEK) Kapazität

cap·acity 🔑 /kəˈpæsəti/ *Nomen (Pl* **-ies***)* **1** [meist Sing] Fassungsvermögen ◇ *The theatre has a seating capacity of 2 000.* Das Theater hat 2 000 Sitzplätze. ◇ *The hall was filled to capacity.* Der Saal war bis auf den letzten Platz besetzt. ◇ *They played to a capacity crowd.* Sie spielten vor einem vollen Haus. **2** (COMP) Speicherkapazität **3** [meist Sing] Fähigkeit ◇ *She has an enormous capacity for hard work.* Sie kann unglaublich hart arbeiten. **4** [meist Sing] Funktion, Eigenschaft ◇ *in her capacity as manager* in ihrer Eigenschaft als Leiterin **5** [Sing] *(einer Fabrik etc.)* Kapazität **6** *(eines Motors)* Hubraum

cape /keɪp/ *Nomen* **1** Cape, Umhang **2** *(Abk* **C.***)* Kap

caper /ˈkeɪpə(r)/ *Nomen, Verb*
▸ ***Nomen* 1** Kaper **2** *(umgs)* Eskapade **3** Luftsprung ◇ *He broke into a little celebratory caper.* Er machte vor Freude Luftsprünge.
▸ ***Verb*** *(gehoben)* Luftsprünge machen

ca·pil·lary /kəˈpɪləri; *AmE* ˈkæpəleri/ *Nomen (Pl* **-ies***)* Kapillare, Haargefäß

cap·ital 🔑 /ˈkæpɪtl/ *Nomen, Adj*
▸ ***Nomen* 1** *(auch* **ˌcapital ˈcity***)* Hauptstadt **2** [Sing] Kapital **3** *(auch* **ˌcapital ˈletter***)* Großbuchstabe ◇ *Please write in capitals.* Bitte schreiben Sie in Blockschrift. **4** (ARCHIT) Kapitell IDM **make capital (out) of sth** Kapital aus etw schlagen
▸ ***Adj* 1** [nur vor Nomen] Kapital- ◇ *a capital offence* ein Kapitalverbrechen **2** [nur vor Nomen] *(Buchstabe)* groß **3** *(BrE, veraltet)* prächtig IDM **with a capital A, B, etc.** im wahrsten Sinne des Wortes ◇ *He was romantic with a capital R.* Er war ein echter Romantiker.

ˌcapital ˈgains *Nomen* [Pl] Kapitalertrag

ˌcapital goods *Nomen* [Pl] Investitionsgüter

cap·it·al·ism /ˈkæpɪtəlɪzəm/ *Nomen* Kapitalismus

cap·it·al·ist /ˈkæpɪtəlɪst/ *Nomen, Adj*
▸ ***Nomen*** Kapitalist(in)
▸ ***Adj*** *(seltener* **cap·it·al·is·tic** /ˌkæpɪtəˈlɪstɪk/*)* kapitalistisch

cap·it·al·ize *(BrE auch* **-ise***)* /ˈkæpɪtəlaɪz/ *Verb* **1** großschreiben, in Großbuchstaben schreiben **2** *(meist passiv)* (WIRTSCH) kapitalisieren **3** *(meist passiv)* (WIRTSCH) einen Kapitalwert haben PHR V **ˈcapitalize on/upon sth** aus etw Kapital schlagen, von etw profitieren

ˌcapital ˈpunishment *Nomen* Todesstrafe

ˌcapital ˈsum *Nomen* Kapital(betrag)

capi·ta·tion /ˌkæpɪˈteɪʃn/ *Nomen* **1** Pro-Kopf-Summe **2** Kopfsteuer

ca·pitu·late /kəˈpɪtʃuleɪt/ *Verb* ~ **(to sb/sth)** **1** (jdm/etw) nachgeben **2** (vor jdm/etw) kapitulieren

ca·pitu·la·tion /kəˌpɪtʃuˈleɪʃn/ *Nomen* Nachgeben, Kapitulation

capon /ˈkeɪpɒn, -pən; *AmE* -pɑːn/ *Nomen* Kapaun

cap·puc·cino /ˌkæpuˈtʃiːnəʊ; *AmE* -noʊ/ *Nomen (Pl* **-os***)* Cappuccino

ca·price /kəˈpriːs/ *Nomen (gehoben)* Laune

ca·pri·cious /kəˈprɪʃəs/ *Adj (gehoben)* launisch, wechselhaft

Cap·ri·corn /ˈkæprɪkɔːn; *AmE* -kɔːrn/ *Nomen (Sternzeichen, Mensch)* Steinbock

cap·size /kæpˈsaɪz; *AmE* ˈkæpsaɪz/ *Verb* kentern, zum Kentern bringen

cap·sule /ˈkæpsjuːl; *AmE* -sl, -suːl/ *Nomen* **1** Kapsel **2** Raumkapsel

cap·tain 🔑 /ˈkæptɪn/ *Nomen, Verb*
▸ ***Nomen*** *(Abk* **Capt.***)* **1** Kapitän **2** (MIL) *(bei der Marine)* Kapitän zur See; *(beim Heer, in der US-Luftwaffe)* Hauptmann **3** (Mannschafts)kapitän(in), Spielführer(in) **4** *(AmE)* ≈ Hauptkommissar(in) **5** *(AmE)* ≈ Brandmeister(in), Brandinspektor(in)
▸ ***Verb*** anführen

cap·tain·cy /ˈkæptənsi/ *Nomen (Pl* **-ies***)* [meist Sing/U] Führung

cap·tion /ˈkæpʃn/ *Nomen, Verb*
▸ ***Nomen*** Bildunterschrift, Überschrift
▸ ***Verb*** *(meist passiv)* mit einer Bildunterschrift versehen

cap·tiv·ate /ˈkæptɪveɪt/ *Verb (gehoben)* *(oft passiv)* fesseln, faszinieren

cap·tiv·at·ing /ˈkæptɪveɪtɪŋ/ *Adj (gehoben)* bezaubernd, faszinierend

cap·tive /ˈkæptɪv/ *Adj, Nomen*
▸ ***Adj* 1** gefangen ◇ *captive animals* in Gefangenschaft gehaltene Tiere ◇ *captive breeding* die Züchtung wilder Tiere in der Gefangenschaft **2** ◇ *a captive*

audience ein unfreiwilliges Publikum
▸ ***Nomen*** Gefangene(r)

cap·tiv·ity /kæpˈtɪvəti/ *Nomen* Gefangenschaft

cap·tor /ˈkæptə(r)/ *Nomen* = jd, der einen Menschen gefangen nimmt, Geiselnehmer(in)

cap·ture 0‑‑ /ˈkæptʃə(r)/ *Verb, Nomen*
▸ ***Verb*** **1** *(Person)* festnehmen, gefangen nehmen; *(Tier)* (ein)fangen **2** *(Stadt, Festung)* (WIRTSCH) einnehmen, erobern; *(Schiff)* kapern **3** *(Aufmerksamkeit)* erregen; *(Fantasie)* beflügeln **4** *(Atmosphäre etc.)* einfangen **5** *(oft passiv) (Film, Tonband)* bannen **6** *(Daten)* erfassen **7 ~ sb's heart** jds Herz gewinnen
▸ ***Nomen*** Festnahme, Gefangennahme; *(eines Tiers)* Einfangen; *(einer Stadt, Festung)* Einnahme, Eroberung; *(eines Schiffs)* Kaperung

car 0‑‑ /kɑː(r)/ *Nomen* **1** *(auch* **ˈmotor car**) Auto **2** *(AmE)* (Eisenbahn)wagen **3** *(BrE) (in Zusammensetzungen)* -wagen ◇ *a dining car* ein Speisewagen

ca·rafe /kəˈræf/ *Nomen* Karaffe

cara·mel /ˈkærəmel/ *Nomen* **1** Karamellbonbon, Karamelle **2** Karamell **3** Karamellfarbe

cara·mel·ize *(BrE auch* **-ise**) /ˈkærəməlaɪz/ *Verb* karamellisieren

cara·pace /ˈkærəpeɪs/ *Nomen (Fachspr)* Panzer, Schild, Schale

carat /ˈkærət/ *Nomen (Abk* **ct**) **1** *(BrE) (Juwelengewicht)* Karat **2** *(AmE* **karat**) *(Goldfeingehalt)* Karat

cara·van /ˈkærəvæn/ *Nomen* **1** *(BrE)* Wohnwagen ◇ *a caravan park/site* ein Campingplatz für Wohnwagen **2** Karawane

cara·way /ˈkærəweɪ/ *Nomen* Kümmel

carbo·hy·drate /ˌkɑːbəʊˈhaɪdreɪt; *AmE* ˌkɑːrboʊ-/ *Nomen* Kohlenhydrat

car·bon /ˈkɑːbən; *AmE* ˈkɑːrbən/ *Nomen* **1** Kohlenstoff **2** = CARBON COPY **3** Kohlepapier

ˌcarbon ˈcopy *Nomen* **1** *(auch* **car·bon**) Durchschlag **2** *(Person)* Ebenbild; *(Ereignis etc.)* genaue Wiederholung

ˌcarbon ˈdating *Nomen* Radiokarbonmethode

ˌcarbon diˈoxide *Nomen* Kohlendioxid

ˌcarbon ˈfootprint *Nomen* CO2-Bilanz

car·bon·ifer·ous /ˌkɑːbəˈnɪfərəs; *AmE* ˌkɑːrb-/ *Adj* **1** kohlehaltig, Karbon- **2 Carboniferous** Karbon- ◇ *the Carboniferous period* die Karbonformation

ˌcarbon monˈoxide /ˌkɑːbən mənˈɒksaɪd; *AmE* ˌkɑːrbən mənˈɑːk-/ *Nomen* Kohlenmonoxid

ˌcarbon ˈneutral /ˌkɑːbən ˈnjuːtrəl; *AmE* ˌkɑːrbən ˈnuː-/ *Adj* CO2-neutral, kohlenstoffneutral

ˈcarbon ˈoffset *Nomen* CO2-Ausgleich ◇ *carbon offset initiatives for air travellers* CO2-Ausgleichsprogramme für Flugpassagiere

ˈcarbon paper *Nomen* Kohlepapier

ˈcarbon trading *Nomen* CO2-Handel, Emissionshandel

ˌcar ˈboot sale *Nomen (BrE)* = Trödelmarkt, bei dem man Waren aus dem Kofferraum seines Autos heraus verkaufen kann

car·bun·cle /ˈkɑːbʌŋkl; *AmE* ˈkɑːrb-/ *Nomen* **1** (MED) Karbunkel **2** *(Edelstein)* Karfunkel

car·bur·et·tor /ˌkɑːbəˈretə(r); *AmE* ˈkɑːrbəreɪtər/ *(AmE* **car·bur·etor**) *Nomen* Vergaser

car·cass *(BrE, seltener* **car·case**) /ˈkɑːkəs; *AmE* ˈkɑːrkəs/ *Nomen* Kadaver, Gerippe, Rumpf

car·cino·gen /kɑːˈsɪnədʒən; *AmE* kɑːrˈ-/ *Nomen* Krebserreger

car·cino·gen·ic /ˌkɑːsɪnəˈdʒenɪk; *AmE* ˌkɑːrsɪ-/ *Adj* Krebs erregend

card 0‑‑ /kɑːd; *AmE* kɑːrd/ *Nomen* **1** Karte **2** Ausweis **3** Postkarte **4** Kreditkarte, Kundenkarte ◇ *I put the meal on my card.* Ich habe das Essen mit meiner Kreditkarte bezahlt. **5** = BUSINESS CARD **6** *(auch* **play·ing card**) Spielkarte ◇ *(BrE, a pack/deck of cards* ein Satz Spielkarten **7 cards** [P] Kartenspiel, Kartenspielen **8** *(BrE)* Pappe **9** *(veraltet, umgs)* seltsamer Kauz, lustiger Vogel **10** *(Pferderennen)* Programm IDM **sb's best/strongest/winning ˈcard** jds stärkster Trumpf **have a card up your ˈsleeve** einen Trumpf im Ärmel haben **get your ˈcards** *(BrE, umgs)* entlassen werden **give sb their ˈcards** *(BrE, umgs)* jdn entlassen **hold all the cards** *(umgs)* alle Trümpfe in der Hand haben **hold/keep/play your cards close to your ˈchest** sich bedeckt halten **lay/put your cards on the ˈtable** seine Karten offen auf den Tisch legen **on the ˈcards** *(AmE* **in the cards**) *(umgs)* zu erwarten; möglich **play your ˈcards right** geschickt vorgehen; geschickt taktieren → *Siehe auch* SHOW *und* STACKED

car·da·mom /ˈkɑːdəmən; *AmE* ˈkɑːrd-/ *Nomen* Kardamom

card·board 0‑‑ /ˈkɑːdbɔːd; *AmE* ˈkɑːrdbɔːrd/ *Nomen* **1** Pappe, Karton ◇ *a cardboard box* ein Pappkarton **2** [nur vor Nomen] klischeehaft, schablonenhaft

ˌcardboard ˈcity *Nomen* Obdachlosensiedlung *(aus Pappkartons)*

ˈcard catalog *Nomen (AmE)* Kartei

ˈcard game *Nomen* Kartenspiel

card·hold·er /ˈkɑːdhəʊldə(r); *AmE* ˈkɑːrdhoʊl-/ *Nomen* Inhaber(in) einer Kreditkarte

car·diac /ˈkɑːdiæk; *AmE* ˈkɑːrd-/ *Adj* [nur vor Nomen] (MED) Herz- ◇ *cardiac arrest* Herzstillstand

car·di·gan /ˈkɑːdɪgən; *AmE* ˈkɑːrd-/ *Nomen* Strickjacke

car·din·al /ˈkɑːdɪnl; *AmE* ˈkɑːrd-/ *Nomen, Adj*
▸ ***Nomen*** **1** (REL, ZOOL) Kardinal **2** *(auch* **ˌcardinal ˈnumber**) Grundzahl, Kardinalzahl
▸ ***Adj*** [nur vor Nomen] grundlegend, Grund-

ˌcardinal ˈpoints *Nomen* [Pl] (die vier) Himmelsrichtungen

ˌcardinal ˈsin *Nomen (oft hum)* Todsünde

ˈcard index *(auch* **index**) *Nomen (BrE)* Kartei

car·di·olo·gist /ˌkɑːdiˈɒlədʒɪst; *AmE* ˌkɑːrdiˈɑːlə-/ *Nomen* Kardiologe, Kardiologin, Herzspezialist(in)

car·di·ology /ˌkɑːdiˈɒlədʒi; *AmE* ˌkɑːrdiˈɑːlə-/ *Nomen* Kardiologie

ˈcard table *Nomen* Kartentisch

care 0‑‑ /keə(r); *AmE* ker/ *Verb, Nomen*
▸ ***Verb*** *(nicht in der Verlaufsform)* **1 sb cares about sth** jdm liegt etw am Herzen; **sb doesn't ~ about sth** jdm ist etw egal ◇ *He threatened to fire me, as if I cared!* Er drohte mir mit Entlassung, als ob mir das was ausmachen würde! **2 ~ (about sb)** jdn mögen **3** ◇ *I've done this job more times than I care to remember.* Ich möchte nicht wissen, wie oft ich diese Arbeit schon getan habe. IDM **I couldn't care ˈless** *(umgs)* es ist mir völlig egal **for all you, I, they, etc. care** *(umgs)* was dich, mich, sie etc. angeht ◇ *I could be dead for all he cares!* Was ihn angeht, so könnte ich genauso gut tot sein! **What do I, you, etc. care?** *(umgs)* Was kümmert's mich, dich etc? **Who ˈcares?** *(umgs)* Was soll's? ◇ *Who cares what she thinks?* Wer fragt nach ihrer Meinung? **would you care for ... ?**, **would you care to ... ?** *(gehoben)* möchten Sie ... ◇ *Would you care for a drink?* Darf ich Ihnen etwas zu trinken anbieten? ◇ *If you'd care to follow me ...* Wenn Sie bitte mitkommen wollen ... → *Siehe auch* FIG, FUCK *und* HOOT PHR V **ˈcare for sb** **1** jdn pflegen, jdn betreuen **2** jdn mögen ◇ *He cared for her more than she realized.* Sie bedeutete ihm mehr, als ihr bewusst war. **ˈcare for sth** *(Umwelt etc.)* schützen; *(Haut, Haare)* pflegen **not care for sb/sth** *(gehoben)* eine Abneigung gegen jdn/etw haben
▸ ***Nomen*** **1** Versorgung, Betreuung; *(Kranke, Zähne, Haut)* Pflege **2** Sorgfalt, Vorsicht ◇ *She chose her*

words with care. Sie wählte ihre Worte mit Bedacht. **3** *(gehoben)* Sorge IDM **'care of sb** *(AmE* **in care of sb**; **c/o**) bei ◇ *Write to him care of his lawyer.* Schreiben Sie ihm per Adresse seines Rechtsanwalts. **in 'care** *(BrE)* in staatlicher Fürsorge **in the care of sb/in sb's care** in jds Obhut **take care** *(umgs)* aufpassen ◇ *Bye! Take care!* Tschüs! Mach's gut! **take care of sb** sich um jdn kümmern **take care of sth** **1** sich um etw kümmern; etw erledigen ◇ *Don't worry about the hotel. It's being taken care of.* Machen Sie sich wegen des Hotels keine Gedanken. Das ist alles geregelt. **2** sorgfältig mit etw umgehen **take care of yourself** sich schonen; auf sich aufpassen **under the care of sb** **1** in jds Obhut **2** bei jdm in Behandlung

'care assistant *Nomen (BrE)* Betreuer(in)

ca·reer /kə'rɪə(r); *AmE* kə'rɪr/ *Nomen, Verb*

▸ ***Nomen*** **1** Beruf ◇ *I would have loved a career in television.* Ich wäre gern zum Fernsehen gegangen. ◇ *career prospects* Aufstiegsmöglichkeiten **2** (berufliche) Laufbahn ◇ *throughout his school career* während seiner ganzen Schulzeit **3** Karriere

▸ ***Verb*** rasen ◇ *The car careered across the road and hit a pedestrian.* Das Auto geriet außer Kontrolle und fuhr einen Fußgänger an.

ca'reer break *Nomen* Berufsunterbrechung

ca·reer·ist /kə'rɪərɪst; *AmE* kə'rɪrɪst/ *Nomen (oft abwert)* Karrierist(in)

ca'reer woman *(Pl* **women**) *Nomen* Karrierefrau

care·free /'keəfriː; *AmE* 'kerfriː/ *Adj* unbekümmert; *(Leben)* sorgenfrei

care·ful /'keəfl; *AmE* 'kerfl/ *Adj (Adv* **care·ful·ly** /-fəli/) **1** [nicht vor Nomen] vorsichtig ◇ *Careful! You'll hurt her.* Vorsicht! Du tust ihr weh. ◇ *Be careful you don't bump your head.* Pass auf, dass du dir nicht den Kopf stößt. ◇ *He was careful to keep out of sight.* Er achtete darauf, nicht gesehen zu werden. ◇ *be careful of sb* sich vor jdm in Acht nehmen **2** sorgfältig, gründlich; *(Arbeiter)* gewissenhaft ◇ *Please listen carefully.* Hör mir bitte gut zu. ◇ *after careful consideration* nach reiflicher Überlegung IDM **careful with money** sparsam; nicht verschwenderisch **you can't be too 'careful** *(umgs)* man kann nicht vorsichtig genug sein

care·giver /'keəgɪvə(r); *AmE* 'kerg-/ *Nomen (AmE)* **1** pflegende(r) Angehörige(r) **2** Betreuer(in)

'care home *Nomen (BrE)* Heim, Pflegeheim ◇ *a care home for the elderly* ein Altenpflegeheim

care·less /'keələs; *AmE* 'kerləs/ *Adj* **1** nachlässig; *(Arbeit etc.)* schlampig ◇ *a careless mistake/error* ein Flüchtigkeitsfehler **2** unvorsichtig, leichtsinnig; *(Bemerkung)* gedankenlos ◇ *careless handling of chemicals* fahrlässiger Umgang mit Chemikalien **3** **be ~ of sth** *(gehoben)* sich keine Sorgen machen um etw **4** unbekümmert

care·less·ly /'keələsli; *AmE* 'kerlə-/ *Adv* **1** unvorsichtig(erweise) **2** unbekümmert, leichtsinnig(erweise) **3** lässig, gleichgültig

care·less·ness /'keələsnəs; *AmE* 'kerləs-/ *Nomen* **1** Unvorsichtigkeit **2** Schlampigkeit **3** Nachlässigkeit, Unbekümmertheit

carer /'keərə(r); *AmE* 'kerər/ *Nomen (BrE)* **1** pflegende(r) Angehörige(r) **2** Betreuer(in)

ca·ress /kə'res/ *Verb, Nomen*

▸ ***Verb*** streicheln, liebkosen

▸ ***Nomen*** Liebkosung, Zärtlichkeit

care·taker /'keəteɪkə(r); *AmE* 'kert-/ *Nomen, Adj*

▸ ***Nomen*** **1** *(BrE)* Hausmeister(in) **2** *(bes AmE)* = jd, der während der Abwesenheit des Besitzers auf dessen Haus aufpasst **3** *(bes AmE)* Betreuer(in)

▸ ***Adj*** [nur vor Nomen] Übergangs- ◇ *a caretaker government* eine Übergangsregierung

'care worker *Nomen (BrE)* Betreuer(in)

care·worn /'keəwɔːn; *AmE* 'kerwɔːrn/ *Adj (gehoben)* abgehärmt, von Sorgen gezeichnet

cargo /'kɑːgəʊ; *AmE* 'kɑːrgoʊ/ *Nomen (Pl* **-oes**, *AmE auch* **-os**) Fracht, Ladung

cari·bou /'kærɪbuː/ *Nomen (Pl* **cari·bou**) Karibu

cari·ca·ture /'kærɪkətʃʊə(r); *AmE* -tʃər, -tʃʊr/ *Nomen, Verb*

▸ ***Nomen*** **1** Karikatur **2** Verzerrung

▸ ***Verb*** *(oft passiv)* **~ sb/sth (as sth)** jdn/etw (als etw) karikieren

car·ing /'keərɪŋ; *AmE* 'kerɪŋ/ *Adj* **1** warmherzig, liebevoll ◇ *caring parents* liebevolle Eltern **2** Sozial- ◇ *a caring profession* ein Sozialberuf

car·jack /'kɑːdʒæk; *AmE* 'kɑːrdʒæk/ *Verb (bes AmE)* *(einem Autofahrer)* unter Androhung von Gewalt das Auto stehlen; *(Auto)* unter Androhung von Gewalt stehlen

car·jack·ing /'kɑːdʒækɪŋ; *AmE* 'kɑːrdʒæ-/ *Nomen (bes AmE)* = Autoraub unter Androhung von Gewalt

carn·age /'kɑːnɪdʒ; *AmE* 'kɑːrnɪdʒ/ *Nomen* [U] Gemetzel, Blutbad ◇ *a scene of carnage* ein Schlachtfeld

car·nal /'kɑːnl; *AmE* 'kɑːrnl/ *Adj* **1** *(gehoben)* körperlich, sinnlich **2** (RECHT) ◇ *carnal knowledge/relations* Geschlechtsverkehr

car·na·tion /kɑː'neɪʃn; *AmE* kɑːr'-/ *Nomen* Nelke

car·ni·val /'kɑːnɪvl; *AmE* 'kɑːrn-/ *Nomen* **1** Karneval **2** *(AmE)* Jahrmarkt **3** *(AmE)* = meist von der Kirche oder Verbänden organisierte Wohltätigkeitsveranstaltung mit Flohmarkt, Imbissständen, Spielen etc. **4** [Sing] Fülle ◇ *this summer's carnival of sport* die Vielzahl der Sportveranstaltungen in diesem Sommer

car·ni·vore /'kɑːnɪvɔː(r); *AmE* 'kɑːrn-/ *Nomen* Fleischfresser(in)

car·niv·or·ous /kɑː'nɪvərəs; *AmE* kɑːr'-/ *Adj* Fleisch fressend

carob /'kærəb/ *Nomen* **1** Johannisbrot **2** *(auch* **'carob tree**) Johannisbrotbaum

carol /'kærəl/ *Nomen, Verb*

▸ ***Nomen*** = CHRISTMAS CAROL

▸ ***Verb*** **(-ll-**, *AmE* **-l-**) *(gehoben)* fröhlich singen

'carol singer *Nomen* = Mitglied einer Gruppe, die Weihnachtslieder singend durch die Straßen zieht

ca·rouse /kə'raʊz/ *Verb (gehoben)* zechen

car·ou·sel /ˌkærə'sel/ *Nomen* **1** *(AmE)* Karussell **2** *(für Gepäck am Flughafen)* Förderband

carp /kɑːp; *AmE* kɑːrp/ *Nomen, Verb*

▸ ***Nomen*** *(Pl* **carp**) Karpfen

▸ ***Verb*** **~ (at sb)** (an jdm) herumnörgeln

'car park *Nomen (BrE)* Parkplatz, Parkhaus

car·pen·ter /'kɑːpəntə(r); *AmE* 'kɑːrp-/ *Nomen* Tischler(in)

car·pen·try /'kɑːpəntri; *AmE* 'kɑːrp-/ *Nomen* **1** Tischlerhandwerk, Tischlerei **2** Tischlerarbeit

car·pet /'kɑːpɪt; *AmE* 'kɑːrpɪt/ *Nomen, Verb*

▸ ***Nomen*** Teppich *(auch fig)* ◇ *(BrE) fitted carpets* Teppichböden IDM **(be/get called) on the 'carpet** *(bes AmE, umgs)* einen Anpfiff bekommen → *Siehe auch* SWEEP

▸ ***Verb*** *(meist passiv)* **1** mit einem Teppich(boden) auslegen **2** **~ sth (with/in sth)** *(gehoben)* etw (mit etw) bedecken **3** **~ sb** *(bes BrE, umgs)* jdm einen Anpfiff verpassen

car·pet·bag·ger /'kɑːpɪtbægə(r); *AmE* 'kɑːrp-/ *Nomen* **1** *(abwert)* (politischer) Karrierist(in), Opportunist(in), Händler **2** = Politiker aus dem Norden der USA, der nach dem Sezessionskrieg in die Südstaaten ging, um dort zu Geld zu kommen oder Karriere zu machen

car·pet·ing /ˈkɑːpɪtɪŋ; *AmE* ˈkɑːrp-/ *Nomen* **1** [U] Teppich(boden) **2** (*BrE, umgs*) Anpfiff

ˈcarpet slipper *Nomen* [meist Pl] (*BrE, veraltet*) Pantoffel

ˈcarpet sweeper *Nomen* Teppichkehrer

car·pool /ˈkɑːpuːl; *AmE* ˈkɑːrpuːl/ *Nomen* **1** Fahrgemeinschaft **2** Fahrzeugpark

car·port /ˈkɑːpɔːt; *AmE* ˈkɑːrpɔːrt/ *Nomen* Einstellplatz

car·rel /ˈkærəl/ *Nomen* (*in einer Bibliothek*) (abgeteilter) Arbeitsplatz

car·riage /ˈkærɪdʒ/ *Nomen* **1** (Eisenbahn)wagen **2** Kutsche **3** (*BrE*) [Sing] (*gehoben*) Fracht(kosten), Versand(kosten), Beförderung(skosten) **4** (*einer Schreibmaschine etc.*) Wagen **5** [Sing] (*veraltet*) (*Körper-*) Haltung ➔ *Siehe auch* BABY CARRIAGE

car·riage·way /ˈkærɪdʒweɪ/ *Nomen* (*BrE*) Fahrbahn ➔ *Siehe auch* DUAL CARRIAGEWAY

car·rier /ˈkæriə(r)/ *Nomen* **1** Transportunternehmen, Fluggesellschaft **2** (MIL) Transporter ➔ *Siehe auch* AIRCRAFT CARRIER *und* PEOPLE CARRIER **3** (*einer Krankheit*) Überträger(in) **4** (*am Fahrrad*) Gepäckträger **5** (*Person*) Träger(in) **6** (*BrE*) = CARRIER BAG

ˈcarrier bag (*auch* **car·rier**) *Nomen* (*BrE*) Tragetasche, Tragetüte

ˈcarrier pigeon *Nomen* Brieftaube

car·rion /ˈkæriən/ *Nomen* Aas

car·rot 0➔ /ˈkærət/ *Nomen* **1** Karotte, Möhre **2** (*fig*) Köder IDM **the carrot and (the) stick (approach)** (die) Zuckerbrot und Peitsche (-Methode)

car·roty /ˈkærəti/ *Adj* (*oft abwert*) rot(blond)

carry 0➔ /ˈkæri/ *Verb* (**car·ries, carry·ing, car·ried, car·ried**) **1** tragen ◇ *I never carry much money on me.* Ich habe nie viel Geld bei mir. ◇ *She was arrested at the airport for carrying drugs.* Sie wurde auf dem Flughafen wegen Drogenbesitzes verhaftet. ◇ *He is carrying the department.* Er trägt die ganze Abteilung auf seinen Schultern. ◇ *a voice that carries (well)* eine tragende Stimme **2** befördern, transportieren **3** (*Krankheitserreger*) übertragen, in sich tragen **4** **~ sth in your head/mind** etw im Kopf haben, etw im Kopf behalten **5** haben ◇ *The bike carries a ten-year guarantee.* Das Fahrrad hat eine zehnjährige Garantie. ◇ *Her speech carried the ring of authority.* Ihre Rede klang sehr überzeugend. **6** **~ sth (with it)** (*Risiko etc.*) mit sich bringen **7** ◇ *Crimes of violence carry heavy penalties.* Auf Gewaltverbrechen stehen hohe Strafen. **8** (*Ball etc.*) fliegen **9** **~ sth to/into sth** etw zu/in etw bringen, etw zu/in etw tragen ◇ *Her abilities carried her to the top of her profession.* Ihre Fähigkeiten brachten sie an die Spitze ihres Berufes. ◇ *He carries modesty to extremes.* Er treibt die Bescheidenheit zu weit. **10** (*meist passiv*) (*Gesetzesvorlage, Antrag etc.*) durchbringen ◇ *The resolution was carried by 340 votes to 210.* Der Antrag wurde mit 340 gegen 210 Stimmen angenommen. **11** überzeugen ◇ *He saw he had carried his point.* Er wusste, dass er sie überzeugt hatte. **12** (*Etikett*) haben; (*Aufschrift*) tragen **13** (*Zeitungsartikel etc.*) bringen **14** (*Ware etc.*) führen **15** **be carrying sb** (*veraltet oder gehoben*) ◇ *She was carrying twins.* Sie erwartete Zwillinge. **16** **~ yourself** ◇ *She carries herself well.* Sie hat eine gute Haltung. IDM **be/get carried aˈway** sich nicht mehr bremsen können; sich vergessen ◇ *He was carried away by the excitement.* Er ließ sich von der allgemeinen Begeisterung mitreißen. **carry all/everything beˈfore you** (*gehoben*) vollen Erfolg haben **carry the ˈcan** (*BrE, umgs*) es ausbaden; den Buckel hinhalten ◇ *I had to carry the can for all his mistakes.* Ich musste die Folgen seiner Fehlentscheidungen ausbaden. **carry a torch for sb** jdn verehren; in jdn verliebt sein ➔ *Siehe auch* DAY, FAR, FAST *und* FETCH PHR V **ˌcarry sb ˈback (to sth)** jdn (in etw) zurückversetzen **ˌcarry sth ˈforward** **1** etw vorantreiben **2** (*auch* **ˌcarry sth ˈover**) (*in der Buchhaltung*) etw vortragen **ˌcarry sb/sth ˈoff** jdn/etw wegtragen ◇ *They were carried off to hospital.* Sie wurden ins Krankenhaus gebracht. **ˌcarry sth ˈoff** **1** (*Preis etc.*) gewinnen **2** etw hinkriegen ◇ *She's had her hair cut really short, but she can carry it off.* Sie hat sich die Haare ganz kurz schneiden lassen, aber sie kann es sich leisten. **ˌcarry ˈon** **1** (*bes BrE*) weitergehen, weiterfahren **2** (*umgs*) ein (großes) Theater machen ➔ *Siehe auch* CARRY-ON **ˌcarry ˈon (with sth)** (mit etw) weitermachen ◇ *They carried on talking.* Sie redeten weiter. **ˌcarry ˈon (with sb)** (*veraltet*) (mit jdm) ein Verhältnis haben **ˌcarry sth ˈon** etw (fort)führen ◇ *Carry on the good work!* Macht nur so weiter! **ˌcarry sth ˈout** (*Arbeit, Befehl, Plan*) ausführen; (*Versprechen*) erfüllen; (*Drohung*) wahr machen; (*Untersuchung*) durchführen **ˌcarry ˈover** sich fortsetzen ◇ *Attitudes learned at home carry over into the playground.* Zu Hause gelernte Verhaltensweisen treten dann auf dem Spielplatz in Erscheinung. **ˌcarry sth ˈover** **1** etw übernehmen **2** etw verschieben, etw vertagen **3** = CARRY STH FORWARD **ˌcarry sb ˈthrough** jdm durchhelfen **ˌcarry sb ˈthrough sth** jdm durch etw helfen **ˌcarry sth ˈthrough** etw zu Ende führen, etw durchführen **ˌcarry ˈthrough on/with sth** (*AmE*) etw ausführen, etw wahr machen, ein Versprechen erfüllen ◇ *He has proved he can carry through on his promises.* Er hat gezeigt, dass er seine Versprechen erfüllen kann.

carry·cot /ˈkærikɒt; *AmE* -kɑːt/ *Nomen* (*BrE*) Babytragetasche

ˈcarry-on *Nomen* **1** (*bes BrE, umgs*) Getue, (Affen)theater **2** (*AmE*) Stück Handgepäck ◇ *Only one carry-on is allowed.* Nur ein Stück Handgepäck ist erlaubt. ◇ *carry-on luggage* Handgepäck

ˈcarry-out *Nomen* (*AmE*) = Essen/Getränke zum Mitnehmen ◇ *Let's get a carry-out from the restaurant across the street.* Holen wir uns doch etwas vom Restaurant gegenüber.

ˈcar seat *Nomen* **1** Kindersitz **2** Autositz

car·sick /ˈkɑːsɪk; *AmE* ˈkɑːrsɪk/ *Adj* ◇ *Do you get carsick?* Wird dir beim Autofahren schlecht?

car·sick·ness /ˈkɑːsɪknəs; *AmE* ˈkɑːrsɪk-/ *Nomen* Übelkeit beim Autofahren

cart /kɑːt; *AmE* kɑːrt/ *Nomen, Verb*

▸ ***Nomen*** **1** Karren ◇ *a horse and cart* ein Pferdewagen **2** = HANDCART **3** (*AmE*) (*Einkaufs-, Servier-, Golf-*) Wagen IDM **put the cart before the ˈhorse** das Pferd beim Schwanz aufzäumen

▸ ***Verb*** **1** karren, fahren ◇ *cart sth away* etw wegbringen **2** (*umgs*) schleppen

carte blanche /ˌkɑːt ˈblɑːnʃ; *AmE* ˌkɑːrt/ *Nomen* freie Hand

car·tel /kɑːˈtel; *AmE* kɑːr-/ *Nomen* [mit Verb im Sing/Pl] Kartell

cart·horse /ˈkɑːthɔːs; *AmE* ˈkɑːrthɔːrs/ *Nomen* Zugpferd

car·til·age /ˈkɑːtɪlɪdʒ; *AmE* ˈkɑːrt-/ *Nomen* Knorpel

car·tog·raphy /kɑːˈtɒɡrəfi; *AmE* kɑːrˈtɑːɡ-/ *Nomen* Kartografie

car·ton /ˈkɑːtn; *AmE* ˈkɑːrtn/ *Nomen* **1** (Papp)karton, Tetrapak®; (*für Joghurt etc.*) Becher **2** (*AmE*) Karton; (*Zigaretten-*) Stange

car·toon /kɑːˈtuːn; *AmE* kɑːrˈ-/ *Nomen* **1** Karikatur **2** Comic(strip) **3** (Zeichen)trickfilm **4** (KUNST) Karton

car·toon·ist /kɑːˈtuːnɪst; *AmE* kɑːrˈ-/ *Nomen* **1** Karikaturist(in) **2** Künstler, der Comicstrips zeichnet

cart·ridge /ˈkɑːtrɪdʒ; *AmE* ˈkɑːrtrɪdʒ/ *Nomen* **1** Patrone **2** (*Film-*) Kassette

cart·wheel /ˈkɑːtwiːl; *AmE* ˈkɑːrt-/ *Nomen, Verb*

▸ ***Nomen*** **1** (SPORT) Rad ◇ *do/turn a cartwheel* ein Rad

schlagen **2** Wagenrad
▸ ***Verb*** Rad schlagen

carve /kɑːv; *AmE* kɑːrv/ *Verb* **1** meißeln, schnitzen, hauen ◇ *The piece of wood had been carved into the shape of a flower.* Aus dem Stück Holz war eine Blume geschnitzt worden. ◇ *(fig) Melting snow had carved valleys in the landscape.* Der schmelzende Schnee hatte Täler in die Landschaft geschnitten. ◇ *She carves in both stone and wood.* Als Bildhauerin arbeitet sie mit Stein und Holz. **2** einritzen **3** tranchieren, zerteilen **4 ~ sth (out) (for yourself)** sich etw aufbauen ◇ *He has carved a place for himself in the fashion world.* Er hat sich fest in der Modewelt etabliert. PHR V ˌ**carve sth ˈup** *(abwert)* etw aufteilen, etw zerstückeln

carv·ing /ˈkɑːvɪŋ; *AmE* ˈkɑːrvɪŋ/ *Nomen* **1** Schnitzerei, Skulptur, Relief **2** Schnitzen, Meißeln

ˈ**carving knife** *Nomen* Tranchiermesser

ˈ**car wash** *Nomen* Autowaschanlage

cas·cade /kæˈskeɪd/ *Nomen, Verb*
▸ ***Nomen*** Kaskade *(auch fig)*
▸ ***Verb*** in Kaskaden herabfallen *(auch fig)*

case 0-w /keɪs/ *Nomen, Verb*
▸ ***Nomen*** **1** Fall ◇ *It is simply not the case that prison conditions are improving.* Es stimmt einfach nicht, dass die Bedingungen in den Gefängnissen besser geworden sind. ◇ *I cannot make an exception in your case.* Ich kann für Sie keine Ausnahme machen. ◇ *the accusative case* der Akkusativ **2** (RECHT) Prozess, Fall ◇ *The case will be heard next week.* Der Fall wird nächste Woche verhandelt. ➔ *Siehe auch* TEST CASE **3** (RECHT) ◇ *the case for the defence/prosecution* die Verteidigung/Anklage ◇ *Our lawyer didn't think we had a case.* Unser Anwalt meinte, wir hätten nicht genug Belastungsmaterial, um vor Gericht zu gehen. **4 ~ (for/against sth)** Gründe für/gegen etw, Argumente für/gegen etw ◇ *The report makes out a strong case for fox-hunting.* Der Bericht führt überzeugende Argumente für die Fuchsjagd an. **5** *(oft in Zusammensetzungen)* Behälter, Etui, Kasten; *(Wein-)* Kiste; *(von Uhren)* Gehäuse ◇ *a pencil case* ein Federmäppchen ◇ *a packing case* eine Kiste ◇ *the glass cases in the museum* die Vitrinen im Museum **6** = SUITCASE IDM **as the ˌcase may ˈbe** je nachdem **be on sb's ˈcase** *(umgs)* auf jdm herumhacken ◇ *She's always on my case about cleaning my room.* Sie meckert dauernd, weil ich mein Zimmer nicht putze. **be on the ˈcase** sich mit einem Fall beschäftigen **get off my ˈcase** *(umgs)* hör auf, auf mir herumzuhacken **a case in ˈpoint** ein gutes Beispiel **in ˈany case** sowieso **(just) in case (…)** für den Fall (, dass …) ◇ *Take my number, just in case.* Schreib für alle Fälle meine Nummer auf. ◇ *In case you're wondering why …* Falls ihr euch fragt, warum … **in case of sth** *(offiz)* im Fall von ◇ *In case of fire, activate the alarm.* Im Brandfall Alarm auslösen. **in ˈthat case** in dem Fall; wenn das so ist ➔ *Siehe auch* REST
▸ ***Verb*** IDM **case the joint** *(umgs)* den Laden ausspionieren

ˌ**case ˈhistory** *Nomen* Krankengeschichte, Vorgeschichte

ˈ**case law** *Nomen* (RECHT) Fallrecht ➔ *Siehe auch* COMMON LAW

case·load /ˈkeɪsləʊd; *AmE* -loʊd/ *Nomen* ◇ *lawyers with a heavy caseload* Anwälte, die ein großes Pensum an Fällen bewältigen müssen ◇ *Doctors' caseloads are mounting.* Die Ärzte müssen immer mehr Patienten betreuen.

case·ment /ˈkeɪsmənt/ *(auch* ˌ**casement ˈwindow**) *Nomen* Flügelfenster

ˈ**case study** *Nomen* Fallstudie

case·work /ˈkeɪswɜːk; *AmE* -wɜːrk/ *Nomen* soziale Einzelhilfe

case·work·er /ˈkeɪswɜːkə(r); *AmE* -wɜːrkər/ *Nomen* *(bes AmE)* = in der Einzelhilfe tätige(r) Sozialarbeiter(in)

cash 0-w /kæʃ/ *Nomen, Verb*
▸ ***Nomen*** **1** Bargeld ◇ *pay cash* bar bezahlen ➔ *Siehe auch* PETTY CASH **2** *(umgs)* Geld ◇ *I'm short of cash/strapped for cash right now.* Ich bin im Moment knapp bei Kasse. IDM ˌ**cash up ˈfront** *(BrE auch* **cash ˈdown**) Sofortzahlung ◇ *pay for sth cash down* für etw bar/sofort zahlen ˌ**cash in ˈhand** *(BrE, umgs)* bar auf die Hand ˌ**cash on deˈlivery; COD** per Nachnahme
▸ ***Verb*** *(Scheck)* einlösen PHR V ˌ**cash ˈin (on sth)** *(abwert)* (aus etw) Kapital schlagen ˌ**cash sth ˈin** *(Lebensversicherung etc.)* sich etw auszahlen lassen ˌ**cash ˈup** *(AmE* ˌ**cash ˈout**) Kasse machen

ˌ**cash and ˈcarry** *Nomen* Abholmarkt *(für Gewerbetreibende)*

cash·back /ˈkæʃbæk/ *Nomen* **~ (on sth) 1** = die Möglichkeit bei Zahlung mit einer Debitkarte in einem Geschäft gleichzeitig Bargeld abzuheben **2** = Barauszahlung beim Kauf bestimmter Waren

ˈ**cash card** *Nomen* *(BrE)* Geldautomatenkarte

ˈ**cash cow** *Nomen* (WIRTSCH) Milchkuh

ˈ**cash crop** *Nomen* = zum Verkauf bestimmtes Agrarprodukt

ˈ**cash desk** *Nomen* *(BrE)* Kasse *(im Laden)*

ˈ**cash dispenser** *Nomen* *(BrE)* Geldautomat

cashew /ˈkæʃuː, kæˈʃuː/ *Nomen* *(auch* ˈ**cashew nut**) Cashewnuss

ˈ**cash flow** *Nomen* Cashflow ◇ *cash-flow problems* Liquiditätsprobleme

cash·ier /kæˈʃɪə(r); *AmE* kæˈʃɪr/ *Nomen, Verb*
▸ ***Nomen*** Kassierer(in)
▸ ***Verb*** *(meist passiv)* unehrenhaft entlassen

cash·less /ˈkæʃləs/ *Adj* bargeldlos

ˈ**cash machine** *(auch* **Cashpoint™**) *Nomen* Geldautomat

cash·mere /ˈkæʃmɪə(r), ˌkæʃˈmɪə(r); *AmE* ˈkæʒmɪr, ˈkæʃmɪr/ *Nomen* Kaschmir ◇ *The scarf is 70% cashmere.* Der Schal hat einen Kaschmiranteil von 70%.

ˈ**cash register** *(AmE auch* **regis·ter**) *Nomen* Kasse

ˌ**cash-ˈrich** *Adj* kapitalkräftig ◇ *cash-rich companies* Firmen, die über einen hohen Bargeldbestand verfügen

ˈ**cash-starved** *Adj* [nur vor Nomen] unterfinanziert

cas·ing /ˈkeɪsɪŋ/ *Nomen* Gehäuse

ca·sino /kəˈsiːnəʊ; *AmE* -noʊ/ *Nomen* *(Pl* **-os**) (Spiel)kasino

cask /kɑːsk; *AmE* kæsk/ *Nomen* Fass

cas·ket /ˈkɑːskɪt; *AmE* ˈkæskɪt/ *Nomen* **1** Schatulle **2** *(AmE)* Sarg

cas·sava /kəˈsɑːvə/ *Nomen* **1** Maniok **2** Tapioka

cas·ser·ole /ˈkæsərəʊl; *AmE* -roʊl/ *Nomen, Verb*
▸ ***Nomen*** **1** *(Gericht)* Schmortopf **2** *(auch* ˈ**casserole dish**) *(Behälter)* Bräter, Schmortopf
▸ ***Verb*** schmoren

cas·sette /kəˈset/ *Nomen* Kassette ◇ *a cassette recorder* ein Kassettenrecorder

cas·sock /ˈkæsək/ *Nomen* Soutane

cast 0-w /kɑːst; *AmE* kæst/ *Verb, Nomen*
▸ ***Verb*** **(cast, cast) 1** werfen ◇ *She cast a welcoming smile in his direction.* Sie lächelte ihm freundlich zu. **2 ~ aspersions** kritisieren; **~ doubts on/upon sth** etw in Zweifel ziehen ◇ *This latest evidence casts serious doubt on his version of events.* Dieses neue Beweismaterial lässt seine Version der Geschichte sehr zweifelhaft erscheinen. **3** *(Angelschnur, Anker etc.)* auswerfen **4** die Angel auswerfen **5** ◇ *The*

snake casts its skin. Die Schlange häutet sich. **6** (*Hufeisen*) verlieren **7 ~ sb** (THEAT, FILM) jdm eine Rolle geben ◇ *He has cast her as an ambitious lawyer in his latest movie.* In seinem neuesten Film hat er ihr die Rolle einer ehrgeizigen Rechtsanwältin gegeben. **8** (*bei Theaterstücken etc.*) die Rollen verteilen **9 ~ sb as sth** jdn als etw darstellen **10 ~ sth (in sth)** (*Statue etc.*) (in etw) gießen ◇ (*fig*) *an artist cast in the mould of Miró* ein Künstler, dessen Werk dem von Miró sehr ähnlich ist **11** (*Stimme*) abgeben IDM **cast your mind back (to sth)** (an etw) zurückdenken **cast your net wide** überall seine Netze auswerfen **cast a 'spell (on sb/sth)** jdn/etw verzaubern → *Siehe auch* ADRIFT, CAUTION, DIE, EYE, LIGHT *und* LOT PHR V **,cast a'bout/a'round for sth** (*gehoben*) nach etw suchen **,cast sb a'side** jdn fallen lassen **,cast sth a'side** (*gehoben*) etw aufgeben, etw ablegen, etw hinwerfen; (*Decke*) zurückschlagen ◇ *Casting modesty aside, she outlined the reason for her success.* Ohne jede Bescheidenheit legte sie die Gründe für ihren Erfolg dar. ◇ *He cast the newspaper aside impatiently.* Ungeduldig legte er die Zeitung beiseite. **be ,cast a'way** gestrandet sein **be ,cast 'down (by sth)** (*gehoben*) (über etw) niedergeschlagen sein **,cast (sth) 'off** **1** (NAUT) (etw) losmachen **2** (*beim Stricken*) (etw) abketten **,cast sth 'off** (*gehoben*) etw ablegen, sich von etw befreien **,cast (sth) 'on** (*beim Stricken*) (etw) anschlagen **,cast sb/sth 'out** (*gehoben*) jdn/etw vertreiben; (*Dämonen*) austreiben

▸ ***Nomen*** **1** [mit Verb im Sing/Pl] (THEAT) Besetzung ◇ *members of the cast* Mitwirkende ◇ *the supporting cast* die Nebendarsteller **2** Abguss, Abdruck **3** Gussform → *Siehe auch* OPENCAST **4** = PLASTER CAST

cas·ta·nets /ˌkæstəˈnets/ *Nomen* [Pl] Kastagnetten

cast·away /ˈkɑːstəweɪ; *AmE* ˈkæstə-/ *Nomen* Schiffbrüchige(r)

caste /kɑːst; *AmE* kæst/ *Nomen* **1** Kaste ◇ *high-caste Brahmins* die einer hohen Kaste angehörenden Brahmanen **2** (*fig*) Gesellschaftsklasse **3** Kastenwesen

cas·tel·lated /ˈkæstəleɪtɪd/ *Adj* mit Zinnen bewehrt

cas·ter (*AmE*) = CASTOR

,caster 'sugar (*auch* **,castor 'sugar**) *Nomen* (*BrE*) Feinkristallzucker

cas·ti·gate /ˈkæstɪɡeɪt/ *Verb* (*gehoben*) **~ sb/sth (for sth)** (*kritisieren*) jdn/etw (wegen einer Sache) geißeln

cast·ing /ˈkɑːstɪŋ; *AmE* ˈkæstɪŋ/ *Nomen* **1** Rollenbesetzung **2** (KUNST) Abguss

,casting 'vote *Nomen* [meist Sing] ausschlaggebende Stimme

,cast 'iron *Nomen* Gusseisen

,cast-'iron *Adj* **1** gusseisern **2** (*fig*) eisern; (*Garantie*) hundertprozentig; (*Alibi*) hieb- und stichfest; (*Ausrede*) einleuchtend

cas·tle 0→ /ˈkɑːsl; *AmE* ˈkæsl/ *Nomen* **1** Burg, Schloss **2** (*im Schach*) Turm IDM **(build) castles in the 'air** (*BrE*) Luftschlösser (bauen) → *Siehe auch* HOME

'cast-off *Nomen* [meist Pl] (*BrE*) abgelegtes Kleidungsstück

cas·tor (*AmE* **cas·ter**) /ˈkɑːstə(r); *AmE* ˈkæstər/ *Nomen* (*an Stühlen etc.*) Rolle

,castor 'oil *Nomen* Rizinusöl

,castor 'sugar = CASTER SUGAR

cas·trate /kæˈstreɪt; *AmE* ˈkæstreɪt/ *Verb* kastrieren

cas·tra·tion /kæˈstreɪʃn/ *Nomen* Kastration

cas·ual /ˈkæʒuəl/ *Adj, Nomen*

▸ ***Adj*** **1** lässig, unbekümmert; (*Bemerkung*) beiläufig ◇ *He tried to sound casual, but I knew he was worried.* Er versuchte, sich nichts anmerken zu lassen, aber ich wusste, dass er sich Sorgen machte. ◇ *They have a casual attitude towards safety.* Sie nehmen die Sicherheit auf die leichte Schulter. **2** (*Blick, Betrachter, Bekanntschaft*) flüchtig; (*Freundschaft*) oberflächlich ◇ *have casual sex* Sex ohne feste Bindung haben **3** zwanglos ◇ *We're not allowed to wear casual clothes in the office.* Wir dürfen im Büro nicht leger gekleidet sein. **4** (*BrE*) Gelegenheits- ◇ *casual workers* Gelegenheitsarbeiter **5** [nur vor Nomen] zufällig ◇ *a casual passer-by* ein zufällig vorbeikommender Passant

▸ ***Nomen*** (*BrE*) **1 casuals** [Pl] Freizeitkleidung **2 casuals** [Pl] bequeme Schuhe **3** Gelegenheitsarbeiter(in), Aushilfe

casu·al·ly /ˈkæʒuəli/ *Adv* **1** (*bemerken*) beiläufig; (*anschauen*) flüchtig; (*schlendern etc.*) lässig **2** zwanglos; (*sich kleiden*) leger

cas·ual·ness /ˈkæʒuəlnəs/ *Adv* Lässigkeit, Flüchtigkeit, Beiläufigkeit

casu·alty /ˈkæʒuəlti/ *Nomen* (*Pl* **-ies**) **1** Verletzte(r), Tote(r), Opfer (*auch fig*) ◇ *road casualties* Verkehrsopfer ◇ *The crew returned with one minor casualty.* Die Mannschaft kam mit einem leicht Verletzten zurück. ◇ *battle casualties* Kriegsverwundete ◇ *civilian casualties* Verluste unter der Zivilbevölkerung ◇ *Small shops have been a casualty of the recession.* Kleine Läden sind der Rezession zum Opfer gefallen. **2** (*BrE*) [U] (*auch* **'casualty department**) Unfallstation

cat 0→ /kæt/ *Nomen* Katze, Raubkatze → *Siehe auch* FAT CAT IDM **be the cat's 'whiskers/py'jamas** (*umgs*) was Besonderes sein **be like a ,cat on hot 'bricks** (*BrE*) wie auf glühenden Kohlen sitzen **let the 'cat out of the bag** die Katze aus dem Sack lassen **like a cat that's got/stolen the 'cream** sehr zufrieden mit sich selbst **look like sth the 'cat brought/dragged in** (*umgs*) aussehen wie unter die Räuber gefallen **not have/stand a cat in 'hell's chance (of doing sth)** nicht die geringste Chance haben (etw zu tun) **play (a game of) ,cat and 'mouse with sb**; **play a cat-and-'mouse game with sb** Katz und Maus mit jdm spielen; ein Katz-und-Maus-Spiel mit jdm treiben **put/set the cat among the 'pigeons** (*BrE*) für Aufregung sorgen **when the cat's a'way(, the mice will 'play)** wenn die Katze aus dem Haus ist(, tanzen die Mäuse) → *Siehe auch* RAIN *und* ROOM

cata·clysm /ˈkætəklɪzəm/ *Nomen* (*gehoben*) (erdgeschichtliche) Katastrophe; (*fig*) gewaltige Umwälzung

cata·clys·mic /ˌkætəˈklɪzmɪk/ *Adj* katastrophal, verheerend

cata·combs /ˈkætəkuːmz; *AmE* -koʊmz/ *Nomen* [Pl] Katakomben

cata·logue (*AmE* **cata·log**) /ˈkætəlɒɡ; *AmE* -lɔːɡ/ *Nomen, Verb*

▸ ***Nomen*** Katalog

▸ ***Verb*** **1** katalogisieren **2** dokumentieren

cata·lyse (*AmE* **cata·lyze**) /ˈkætəlaɪz/ *Verb* katalysieren

cata·lyst /ˈkætəlɪst/ *Nomen* Katalysator (*auch fig*)

cata·lyt·ic con·vert·er /ˌkætəˌlɪtɪk kənˈvɜːtə(r); *AmE* -ˈvɜːrtər/ *Nomen* (*am Auto*) Katalysator

cata·ma·ran /ˌkætəməˈræn/ *Nomen* Katamaran

cata·pult /ˈkætəpʌlt/ *Nomen, Verb*

▸ ***Nomen*** **1** (*BrE*) (Stein)schleuder **2** Wurfmaschine **3** Katapult

▸ ***Verb*** **1** katapultieren, schleudern ◇ *The movie catapulted him to international stardom.* Der Film machte ihn über Nacht zum internationalen Star. **2** sich katapultieren, katapultiert werden

cat·ar·act /ˈkætərækt/ *Nomen* **1** grauer Star **2** (*gehoben*) Wasserfall

ca·tarrh /kəˈtɑː(r)/ *Nomen* Katarrh

ca·tas·trophe /kəˈtæstrəfi/ *Nomen* Katastrophe

cata·stroph·ic /ˌkætəˈstrɒfɪk; *AmE* -ˈstrɑːfɪk/ *Adj* (*Adv* **catastroph·ic·al·ly** /-kli/) katastrophal, verhängnisvoll

cata·ton·ic /ˌkætəˈtɒnɪk; *AmE* -ˈtɑːnɪk/ *Adj* (MED) katatonisch

ˈcat burglar *Nomen* Fassadenkletterer, -kletterin

cat·call /ˈkætkɔːl/ *Nomen* [meist Pl] Buhruf, Pfiff

catch /kætʃ/ *Verb, Nomen*

▸ ***Verb*** (**caught**, **caught** /kɔːt/) **1** (auf)fangen ◇ *The murderer was never caught.* Der Mörder wurde nie gefasst. **2** packen, fassen ◇ *He caught hold of her arm.* Er packte sie am Arm. **3 ~ sb (doing sth)** jdn (bei etw) erwischen, jdn (bei etw) ertappen ◇ *I caught him stealing apples.* Ich erwischte ihn dabei, wie er Äpfel klaute. ◇ *You won't catch me working on a Sunday!* Sonntags arbeite ich grundsätzlich nicht! ◇ *Mark walked in and caught them at it.* Mark ging ins Zimmer und erwischte sie dabei. ◇ *thieves caught in the act* Diebe, die auf frischer Tat ertappt wurden **4** erreichen, erwischen ◇ *The illness can be treated successfully provided it's caught early enough.* Die Krankheit kann bei Früherkennung erfolgreich behandelt werden. ◇ (*BrE*) *I must catch the post.* Ich muss die Briefe einwerfen, bevor der Briefkasten geleert wird. ◇ (*BrE, umgs*) *Bye for now! I'll catch you later.* Tschüs! Bis später! **5** (*Zug, Bus etc.*) nehmen ◇ *I must go—I have a train to catch.* Ich muss gehen—sonst verpasse ich den Zug. ◇ *Can we still catch the 12:15 bus?* Schaffen wir den Bus um 12:15 noch? **6** überraschen ◇ *She got caught in a thunderstorm.* Sie wurde von einem Gewitter überrascht. ◇ *His arrival caught me by surprise.* Ich hatte ihn nicht erwartet. **7** (*bes AmE, umgs*) (*Film, Ausstellung, Show*) sehen; (*Konzert*) hören, sehen ◇ *Maybe we could catch a movie later.* Wir könnten vielleicht später ins Kino gehen. **8** (*Krankheit etc.*) bekommen ◇ *catch cold* sich erkälten **9** hängen bleiben; (*im Verkehr*) stecken bleiben ◇ *Her dress caught on a nail.* Sie blieb mit dem Kleid an einem Nagel hängen. **10 ~ (sth) (in sth)** sich (etw) (in etw) einklemmen **11** (*schlagen*) treffen ◇ *The stone caught him on the side of the head.* Der Stein traf ihn seitlich am Kopf. ◇ *She caught him a blow on the chin.* Sie verpasste ihm einen Kinnhaken. **12** (flüchtig) wahrnehmen, erhaschen ◇ *catch sight of sth* etw erblicken ◇ *He caught a glimpse of himself in the mirror.* Er sah sich kurz im Spiegel. ◇ *I caught a look of surprise on her face.* Ich sah Überraschung in ihren Augen aufblitzen. **13** hören, verstehen ◇ *Sorry, I didn't quite catch what you said.* Entschuldigung, ich habe nicht gehört, was Sie gesagt haben. **14** (*Aufmerksamkeit*) erregen; (*Interesse*) wecken **15** (*Stimmung etc.*) einfangen **16** spiegeln ◇ *The knife gleamed as it caught the light.* Das Messer spiegelte im Licht. **17** (*umgs*) (*Sonne*) abbekommen **18** anbrennen ◇ *The wooden rafters caught fire.* Die Holzbalken fingen Feuer. **19** (*Kricket*) durch Fangen des Balles aus dem Spiel bringen IDM **catch your ˈbreath 1** ◇ *He caught his breath in surprise.* Ihm stockte vor Überraschung der Atem. **2** Luft holen **catch your ˈdeath (of ˈcold)** (*umgs, veraltet*) sich den Tod holen **catch sb's ˈeye** jdn auf sich aufmerksam machen ◇ *Can you catch the waiter's eye?* Kannst du dem Kellner winken? **ˈcatch it** (*AmE* **catch ˈhell**) (*umgs*) etw erleben können ◇ *If your dad finds out you'll really catch it!* Wenn es dein Vater herausfindet, kannst du was erleben! **catch sb ˈnapping** (*BrE*) jdn überrumpeln **catch sb on the ˈhop** jdn überraschen; jdn überrumpeln **catch sb red-ˈhanded** jdn auf frischer Tat ertappen **catch sb with their ˈpants down** (*BrE auch* **catch sb with their ˈtrousers down**) (*umgs*) jdn überrumpeln; jdn unvorbereitet treffen → *Siehe auch* BALANCE, CLEFT, FANCY, ROCK *und* SHORT PHRV **ˈcatch at sth** nach etw greifen **ˌcatch ˈon** (*populär werden*) sich durchsetzen **ˌcatch ˈon (to sth)** (etw) kapieren **ˌcatch sb ˈout 1** jdn überrumpeln **2** jdn hereinlegen **be/get ˌcaught ˈup in sth** in etw hineingezogen werden, in etw verwickelt werden **ˌcatch ˈup** aufholen **ˌcatch ˈup on sth 1** etw nachholen ◇ *I've got a lot of work to catch up on.* Ich muss noch viel Arbeit nachholen. **2** (*Neuigkeiten*) austauschen **ˌcatch ˈup with sb 1** (*BrE auch* **ˌcatch sb ˈup**) (*Distanz*) jdn einholen ◇ *After ten minutes, I'd caught up with them.* Nach zehn Minuten hatte ich sie eingeholt. **2** (*fig*) jdn erwischen, jdn einholen ◇ *The law caught up with him years later when he had moved to Spain.* Jahre später, nachdem er nach Spanien gezogen war, erwischte ihn die Polizei doch noch.

▸ ***Nomen*** **1** Fang **2** Riegel, Verschluss **3** (*verborgene Schwierigkeit*) Haken **4** (*Spiel*) Fangen **5** [Sing] (*veraltet*) Fang, Partie IDM **(a) catch-22; a catch-22 situation** (*umgs*) ein Teufelskreis; eine Zwickmühle

ˈcatch-all *Nomen, Adj*

▸ ***Nomen*** **1** (*bes AmE*) Schublade, Schrank etc. für alles Mögliche **2** Sammelbezeichnung

▸ ***Adj*** allgemein (*bes AmE*) ◇ *a catch-all drawer* eine Schublade für alles Mögliche ◇ *a catch-all term/phrase* eine Sammelbezeichnung

catch·er /ˈkætʃə(r)/ *Nomen* Fänger(in)

catch·ing /ˈkætʃɪŋ/ *Adj* [nicht vor Nomen] ansteckend (*auch fig*)

catch·ment area /ˈkætʃmənt eəriə; *AmE* er-/ *Nomen* **1** (*BrE*) Einzugsbereich **2** (*auch* **catch·ment**) (*Fachspr*) (GEOL) Einzugsgebiet

catch·phrase /ˈkætʃfreɪz/ *Nomen* Schlagwort, Slogan

catch-up /ˈkætʃ ʌp/ *Nomen* **1** [U] ◇ *China's economic catch-up* Chinas wirtschaftlicher Aufholprozess ◇ *I've got some catch-up to do.* Ich muss einiges aufholen. **2** [Sing] = Treffen, bei dem man sich wieder auf den neuesten Stand bringt **3** [U] System, mit dem Sendungen von verschiedenen Sendern unabhängig vom Sendetermin angeschaut werden können IDM **play catch-up** den Rückstand aufholen ◇ *After our bad start to the season we were always playing catch-up.* Nach einem schlechten Start in die Saison waren wir die ganze Zeit nur damit beschäftigt, unseren Rückstand wieder aufzuholen.

catchy /ˈkætʃi/ *Adj* (*umgs*) (**-ier, -iest**) (*Schlager, Slogan*) eingängig

ˈcat door *Nomen* (*AmE*) Katzenklappe

cat·ech·ism /ˈkætəkɪzəm/ *Nomen* [meist Sing] Katechismus

cat·egor·ic·al /ˌkætəˈɡɒrɪkl; *AmE* -ˈɡɔːr-/ *Adj* (*Adv* **cat·egor·ic·al·ly** /-kli/) (*gehoben*) kategorisch, entschieden

cat·egor·ize (*BrE auch* **-ise**) /ˈkætəɡəraɪz/ *Verb* **~ sb/sth (as sth)** jdn/etw (als etw) kategorisieren ◇ *Participants were categorized according to age and sex.* Teilnehmer wurden nach Alter und Geschlecht eingeteilt.

cat·egory /ˈkætəɡəri; *AmE* -ɡɔːri/ *Nomen* (*Pl* **-ies**) Kategorie, Klasse, Gruppe

cater /ˈkeɪtə(r)/ *Verb* Speisen und Getränke liefern PHRV **cater for sb/sth** jdm/etw gerecht werden, auf jdn/etw eingestellt sein **cater to sb/sth** auf jdn/etw ausgerichtet sein

cater·er /ˈkeɪtərə(r)/ *Nomen* Lieferant(in) von Speisen und Getränken, Partyservice

cater·ing /ˈkeɪtərɪŋ/ *Nomen* **1** Partyservice, Catering ◇ *Who did the catering?* Wer hat das Essen geliefert? **2** Gastronomie ◇ *the catering industry* das Gaststättengewerbe

cat·er·pil·lar /ˈkætəpɪlə(r); *AmE* -tərp-/ *Nomen* Raupe

cat·er·waul /ˈkætəwɔːl; *AmE* -tərwɔːl/ *Verb* jaulen

cat·fish /ˈkætfɪʃ/ *Nomen* (*Pl* **cat·fish**) Wels

ˈcat flap *Nomen* (*BrE*) Katzenklappe

cat·gut /ˈkætɡʌt/ (*auch* **gut**) *Nomen* (MUS) Darmsaite

cath·ar·sis /kəˈθɑːsɪs; *AmE* kəˈθɑːrsɪs/ *Nomen* (*Pl* **cath·ar·ses** /-siːz/) Katharsis

cath·ar·tic /kəˈθɑːtɪk; *AmE* kəˈθɑːrtɪk/ *Adj* kathartisch

cath·edral /kəˈθiːdrəl/ *Nomen* Kathedrale, Dom

Cath·er·ine wheel /ˈkæθrɪn wiːl/ *Nomen (Feuerwerk)* Sonne

cath·eter /ˈkæθɪtə(r)/ *Nomen* Katheter

cath·ode /ˈkæθəʊd; *AmE* -θoʊd/ *Nomen* (TECH) Kathode

ˌcathode ˈray tube *Nomen* (TECH) Kathodenstrahlröhre

Cath·olic /ˈkæθlɪk/ *Nomen* Katholik(in) ◇ *They're Catholics.* Sie sind katholisch.

cath·olic /ˈkæθlɪk/ *Adj* **1 Catholic** katholisch **2** (*oft* **Catholic**) christlich **3** (*gehoben*) eklektisch, vielseitig

Cath·oli·cism /kəˈθɒləsɪzəm; *AmE* kəˈθɑːlə-/ *Nomen* Katholizismus

cat·kin /ˈkætkɪn/ *Nomen* (BOT) Kätzchen

cat·nap /ˈkætnæp/ *Nomen, Verb*

▸ ***Nomen*** Nickerchen

▸ ***Verb*** (**-pp-**) ein Nickerchen machen

ˌcat's ˈcradle *Nomen* Fadenspiel, Abheben

Cats·eye™ /ˈkætsaɪ/ *Nomen* Katzenauge

cat·suit /ˈkætsuːt; *BrE auch* -sjuːt/ *Nomen* = einteiliger enger Hosenanzug

cat·tery /ˈkætəri/ *Nomen* (*Pl* **-ies**) Katzenpension

cat·tle /ˈkætl/ *Nomen* [Pl] Vieh, Rinder ◇ *a herd of cattle* eine Viehherde ◇ *twenty head of cattle* zwanzig Stück Vieh ◇ *beef cattle* Schlachtrinder ◇ *dairy cattle* Milchkühe

ˈcattle grid (*AmE* **ˈcattle guard**) *Nomen* = Gitterrost im Boden für Vieh

catty /ˈkæti/ *Adj* (*umgs*) (**-ier, -iest**) gehässig

ˈcatty-corner(ed) *Adj, Adv* (*AmE, umgs*) schräg gegenüber, diagonal

cat·walk /ˈkætwɔːk/ *Nomen* **1** Laufsteg ◇ *a catwalk show* eine Modenschau **2** Laufplanke

Cau·ca·sian /kɔːˈkeɪziən, -ˈkeɪʒn/ *Nomen, Adj*

▸ ***Nomen*** Weiße(r)

▸ ***Adj*** (*Hautfarbe*) weiß

cau·cus /ˈkɔːkəs/ *Nomen* **1** (*bes AmE*) Parteitag **2** [U] (*bes AmE*) Parteimitglieder, Parteiführung **3** Ausschuss

caught *Form von* CATCH

caul·dron (*AmE auch* **cal·dron**) /ˈkɔːldrən/ *Nomen* Kessel

cauli·flower /ˈkɒliflaʊə(r); *AmE* ˈkɑːli-/ *Nomen* Blumenkohl

ˌcauliflower ˈcheese (*AmE* **ˌcauliflower with ˈcheese**) *Nomen* mit Käse überbackener Blumenkohl

ˌcauliflower ˈear *Nomen* Boxerohr

caulk /kɔːk/ *Verb* kalfatern

causal /ˈkɔːzl/ *Adj* kausal, Kausal-

caus·al·ity /kɔːˈzæləti/ *Nomen* (*gehoben*) Kausalität

caus·ation /kɔːˈzeɪʃn/ *Nomen* (*gehoben*) **1** Kausalität **2** Ursache

causa·tive /ˈkɔːzətɪv/ *Adj* **1** (*gehoben*) verursachend, kausal **2** (LING) kausativ

cause O‑ /kɔːz/ *Nomen, Verb*

▸ ***Nomen*** **1** Ursache, Verursacher(in) **2 ~ (for sth)** Grund (zu etw), Anlass (zu etw) ◇ *without good cause* ohne triftigen Grund **3** Anliegen, Sache ◇ *fight for the Republican cause* für die Republikaner kämpfen ◇ *a good/worthy cause* ein guter Zweck → *Siehe auch* LOST CAUSE **4** (RECHT) Fall IDM **be for/in a good ˈcause** für eine gute Sache sein → *Siehe auch* COMMON

▸ ***Verb*** verursachen ◇ *Are you causing trouble again?* Machst du wieder Ärger? ◇ *Does it cause you pain?* Bereitet es Ihnen Schmerzen? ◇ *The poor harvest caused prices to rise sharply.* Die schlechte Ernte ließ die Preise stark ansteigen. ◇ *Her condition is causing some concern.* Ihr Zustand gibt Anlass zur Besorgnis.

cause·way /ˈkɔːzweɪ/ *Nomen* Damm

caus·tic /ˈkɔːstɪk/ *Adj* **1** ätzend **2** (*Adv* **caus·tic·al·ly** /-kli/) (*fig*) beißend, bissig, sarkastisch

ˌcaustic ˈsoda *Nomen* Ätzsoda

caut·er·ize (*BrE auch* **-ise**) /ˈkɔːtəraɪz/ *Verb* kauterisieren

cau·tion /ˈkɔːʃn/ *Nomen, Verb*

▸ ***Nomen*** **1** Vorsicht **2** Verwarnung **3** (*gehoben*) Warnung ◇ *a word of caution* ein guter Rat IDM **throw/cast caution to the ˈwind(s)** alle Vorsicht über Bord werfen

▸ ***Verb*** **1** warnen ◇ *I would caution against getting too involved.* Ich würde vor einem weiteren Engagement warnen. **2** (*BrE*) (RECHT) Rechtsmittelbelehrung erteilen **3** (*meist passiv*) **~ sb (for sth)** jdn (für etw) verwarnen

cau·tion·ary /ˈkɔːʃənəri; *AmE* -neri/ *Adj* warnend, ermahnend ◇ *a cautionary tale* eine Geschichte zur Warnung

cau·tious /ˈkɔːʃəs/ *Adj* (*Adv* **cau·tious·ly**) vorsichtig; **~ about sth** (auf etw) bedacht ◇ *The government has been cautious in its response to the report.* Die Regierung hat auf den Bericht zurückhaltend reagiert. ◇ *They've taken a very cautious approach.* Sie sind sehr behutsam vorgegangen.

cau·tious·ness /ˈkɔːʃəsnəs/ *Nomen* Vorsicht

cav·al·cade /ˌkævlˈkeɪd/ *Nomen* Kavalkade

cava·lier /ˌkævəˈlɪə(r); *AmE* -ˈlɪr/ *Adj* unbekümmert, arrogant ◇ *The government takes a cavalier attitude to the problem.* Die Regierung nimmt die Sache nicht ernst.

cav·alry /ˈkævlri/ *Nomen* [mit Verb im Sing/Pl] **1** (*meist* **the cavalry**) Kavallerie **2** Panzertruppe

cave /keɪv/ *Nomen, Verb*

▸ ***Nomen*** Höhle ◇ *the mouth of the cave* der Höhleneingang → *Siehe auch* CAVING

▸ ***Verb*** PHRV **ˌcave ˈin (on sb/sth)** (über jdm/etw) einstürzen **ˌcave ˈin (to sth)** (etw) nachgeben

cav·eat /ˈkæviæt/ *Nomen* (RECHT) (*gehoben*) Vorbehalt

cav·eat emp·tor /ˌkæviæt ˈemptɔː(r)/ *Nomen* Mängelausschluss

ˈcave-in *Nomen* Einsturz

cave·man /ˈkeɪvmæn/ *Nomen* (*Pl* **-men** /-men/) **1** Höhlenmensch **2** (*umgs*) aggressiver Macho

caver /ˈkeɪvə(r)/ *Nomen* Höhlenforscher(in)

cav·ern /ˈkævən; *AmE* -vərn/ *Nomen* Höhle

cav·ern·ous /ˈkævənəs; *AmE* -vərnəs/ *Adj* **1** riesig ◇ *the vast, cavernous space of the empty hall* die gähnende Leere in der riesigen Halle **2** höhlenartig ◇ *cavernous eyes* tief liegende Augen

cav·iar (*auch* **cavi·are**) /ˈkæviɑː(r)/ *Nomen* Kaviar

cavil /ˈkævl/ *Verb* (**-ll-**, *AmE* **-l-**) **~ (at sth)** (*gehoben, selten*) (an etw) nörgeln, etw bemängeln

cav·ing /ˈkeɪvɪŋ/ *Nomen* ◇ *go caving* auf Höhlenexpeditionen gehen

cav·ity /ˈkævəti/ *Nomen* (*Pl* **-ies**) **1** Hohlraum; (ANAT) Höhle **2** (*im Zahn*) Loch

ˌcavity ˈwall *Nomen* Hohlwand

ca·vort /kəˈvɔːt; *AmE* kəˈvɔːrt/ *Verb* herumtollen

caw /kɔː/ *Verb* krächzen

cay·enne /keɪˈen/ (*auch* **ˌcayenne ˈpepper**) *Nomen* Cayennepfeffer

cay·man (*auch* **cai·man**) /ˈkeɪmən/ *Nomen* (*Pl* **-mans**) Kaiman

CB /ˌsiː ˈbiː/ *Kurzform von* **Citizens' Band** CB ◇ *CB radio* CB-Funk

CBE /ˌsiː biː ˈiː/ *Kurzform von* **Commander of the Order of the British Empire** = von der britischen Königin verliehene Auszeichnung für besondere Verdienste

CBI /ˌsiː biː ˈaɪ/ *Kurzform von* **Confederation of British Industry** = britischer Unternehmerverband

CBT /ˌsiː biː ˈtiː/ *Kurzform von* **cognitive behavioural therapy**; *AmE* **cognitive behavioral therapy** (*auch* **cognitive therapy**) *Nomen* [U] KVT, kognitive Verhaltenstherapie

cc /ˌsiː ˈsiː/ *Abk* **1** *Kurzform von* **carbon copy** (WIRTSCH) Kopie an **2** *Kurzform von* **cubic centimetre(s)** cm^3

CCTV /ˌsiː siː tiː ˈviː/ *Kurzform von* **closed-circuit television** Überwachungskamera

CD 0➡ /ˌsiː ˈdiː/ *Kurzform von* **compact disc** (*auch* **disc**) CD

Cdr (*bes AmE* **Cdr.**) *Abk* = COMMANDER

CD-ROM (*AmE* **CD/ROM**) /ˌsiː diː ˈrɒm; *AmE* ˈrɑːm/ *Nomen* CD-ROM

CE /ˌsiː ˈiː/ *Abk* **1** = CHURCH OF ENGLAND **2** (*bes AmE* **C. E.**) n. Chr.

cease 0➡ /siːs/ *Verb* (*gehoben*) **1** aufhören, eingestellt werden ◇ *You never cease to amaze me!* Du versetzt mich immer wieder in Erstaunen! **2** einstellen ◇ *The company ceased trading in June.* Die Firma hat seit Juni ihre Geschäftstätigkeit eingestellt. IDM ➜ WONDER

cease·fire /ˈsiːsfaɪə(r)/ *Nomen* Waffenruhe ◇ *a permanent ceasefire* ein Waffenstillstand

cease·less /ˈsiːsləs/ *Adj* (*Adv* **cease·less·ly**) (*gehoben*) endlos, unaufhörlich

cedar /ˈsiːdə(r)/ *Nomen* **1** Zeder **2** (*auch* **cedar·wood**) Zedernholz

cede /siːd/ *Verb* ~ **sth** (**to sb**) (*gehoben*) etw (an jdn) abtreten

ce·dilla /sɪˈdɪlə/ *Nomen* Cedille

cei·lidh /ˈkeɪli/ *Nomen* = informelle Veranstaltung mit Musik und Tanz, vor allem in Schottland und Irland

ceil·ing 0➡ /ˈsiːlɪŋ/ *Nomen* **1** Decke **2** Höchstgrenze ◇ *price ceilings* oberste Preisgrenze **3** (TECH) (*eines Flugzeugs*) Gipfelhöhe ➜ *Siehe auch* GLASS CEILING IDM ➜ HIT

celeb /səˈleb/ *Nomen* (*umgs*) = CELEBRITY

cele·brant /ˈselɪbrənt/ *Nomen* **1** (REL) Zelebrant **2** (*AmE*) Feiernde(r)

cele·brate 0➡ /ˈselɪbreɪt/ *Verb* **1** feiern, begehen **2** (REL) zelebrieren; (*Messe*) lesen **3** (*gehoben*) preisen ◇ *a movie celebrating the life of Martin Luther King* ein Film zum Gedenken an Martin Luther King

cele·brated /ˈselɪbreɪtɪd/ *Adj* gefeiert, bekannt

cele·bra·tion 0➡ /ˌselɪˈbreɪʃn/ *Nomen* **1** Feier ◇ *The service was a celebration of his life.* Der Gottesdienst war eine Gedenkfeier für ihn. ◇ *wedding celebrations* Hochzeitsfeierlichkeiten **2** Feiern ◇ *a cause for celebration* ein Grund zum Feiern

cele·bra·tory /ˌseləˈbreɪtəri; *AmE* ˈseləbrətɔːri/ *Adj* feierlich, Fest-

ce·leb·rity /səˈlebrəti/ *Nomen* (*Pl* **-ies**) **1** (*umgs* **celeb**) berühmte Persönlichkeit, Prominente(r) ◇ *TV celebrities* Fernsehgrößen **2** Berühmtheit

cel·eri·ac /səˈleriæk/ *Nomen* (Knollen)sellerie

cel·ery /ˈseləri/ *Nomen* Bleichsellerie

ce·les·tial /səˈlestiəl; *AmE* səˈlestʃl/ *Adj* (*gehoben*) himmlisch, Himmels-

celi·bacy /ˈselɪbəsi/ *Nomen* Zölibat, Keuschheit

celi·bate /ˈselɪbət/ *Adj* **1** zölibatär ◇ *celibate priests* an den Zölibat gebundene Priester **2** enthaltsam

cell 0➡ /sel/ *Nomen* **1** Zelle ◇ *red blood cells* rote Blutkörperchen ➜ *Siehe auch* PADDED CELL **2** Fach **3** (*AmE, umgs*) Handy, Mobiltelefon

cel·lar /ˈselə(r)/ *Nomen* **1** Keller **2** Weinkeller ➜ *Siehe auch* SALT CELLAR

cell·ist /ˈtʃelɪst/ *Nomen* Cellist(in)

cello /ˈtʃeləʊ; *AmE* -loʊ/ *Nomen* (*Pl* **-os**) (Violon)cello

Cel·lo·phane™ /ˈseləfeɪn/ *Nomen* Zellophan

ˈcell phone 0➡ *Nomen* (*bes AmE*) Handy, Funktelefon

cel·lu·lar 0➡ /ˈseljələ(r)/ *Adj* **1** zellular, Zell- **2** Mobil-

ˌcellular ˈphone *Nomen* (*bes AmE*) Handy, Funktelefon

cel·lu·lite /ˈseljulaɪt/ *Nomen* Zellulitis

cel·lu·loid /ˈseljulɔɪd/ *Nomen* **1** Zelluloid **2** (*veraltet*) Film-, Kino- ◇ *on celluloid* in Filmen

cel·lu·lose /ˈseljuləʊs; *AmE* -loʊs/ *Nomen* Zellstoff, Zellulose

Cel·sius /ˈselsiəs/ *Adj, Nomen* (*Abk* **C**) Celsius

Celt /kelt/ *Nomen* Kelte, Keltin

Cel·tic /ˈkeltɪk/ *Adj* keltisch

ce·ment /sɪˈment/ *Nomen, Verb*

▸ ***Nomen*** **1** Zement **2** Klebstoff, Kitt ◇ *These values are the cement of society.* Diese Werte halten die Gesellschaft zusammen.

▸ ***Verb*** **1** (*meist passiv*) ~ **A and B** (**together**) A und B (mit Zement) zusammenfügen, A und B zusammenkleben **2** (*fig*) festigen, stärken, zementieren

ceˈment mixer *Nomen* Betonmischmaschine

cem·et·ery /ˈsemətri; *AmE* -teri/ *Nomen* (*Pl* **-ies**) Friedhof

ceno·taph /ˈsenətɑːf; *AmE* -tæf/ *Nomen* Ehrenmal

cen·sor /ˈsensə(r)/ *Nomen, Verb*

▸ ***Nomen*** Zensor

▸ ***Verb*** zensieren

cen·sori·ous /senˈsɔːriəs/ *Adj* (*gehoben*) (übertrieben) kritisch

cen·sor·ship /ˈsensəʃɪp; *AmE* -sərʃɪp/ *Nomen* Zensur

cen·sure /ˈsenʃə(r)/ *Nomen, Verb*

▸ ***Nomen*** (*gehoben*) Tadel

▸ ***Verb*** (*gehoben*) tadeln

cen·sus /ˈsensəs/ *Nomen* (*Pl* **cen·suses**) (Volks)zählung, Zensus, Verkehrszählung

cent 0➡ /sent/ *Nomen* (*Abk* **c**, **ct**) Cent ➜ *Siehe auch* RED CENT

cent. = CENTURY

cen·taur /ˈsentɔː(r)/ *Nomen* Zentaur

cen·ten·ar·ian /ˌsentɪˈneəriən; *AmE* -ˈner-/ *Nomen* Hundertjährige(r)

cen·ten·nial /senˈteniəl/ (*BrE auch* **cen·ten·ary** /-ˈtiːnəri; *AmE* -ˈten-/ (*Pl* **-ies**)) *Nomen* Hundertjahrfeier, hundertster Geburtstag ◇ *The club is celebrating its centenary.* Der Verein feiert sein hundertjähriges Bestehen. ◇ *the centenary of Beethoven's death* der hundertste Jahrestag von Beethovens Tod

cen·ter 0➡ (*AmE*) = CENTRE

centi·grade /ˈsentɪgreɪd/ *Adj, Nomen* (*Abk* **C**) Celsius

centi·gram (*auch* **centi·gramme**) /ˈsentɪgræm/ *Nomen* Zentigramm

centi·litre (*AmE* **centi·liter**) /ˈsentɪliːtə(r)/ *Nomen* (*Abk* **cl**) Zentiliter

centi·metre 0➡ (*AmE* **centi·meter**) /ˈsentɪmiːtə(r)/ *Nomen* (*Abk* **cm**) Zentimeter

centi·pede /ˈsentɪpiːd/ *Nomen* Tausendfüßler

cen·tral 0➡ /ˈsentrəl/ *Adj* **1** Haupt-, zentral, Zentral- ◇ *She has been a central figure in the campaign.* Ihr fiel in der Kampagne eine zentrale Rolle zu. ◇ *Taxation is central to economic policy.* Steuern sind für die Wirtschaftspolitik von zentraler Bedeutung. ◇ *a central office* eine Zentrale ◇ *The car has a central* *locking system.* Das Auto hat Zentralverriegelung. **2** Mittel- ◇ *central London* das Zentrum von London ◇ *Central Asia* Zentralasien **3** zentral gelegen

ˌcentral ˈbank *Nomen* Zentralbank

ˌcentral ˈgovernment *Nomen* Zentralregierung

ˌcentral ˈheating *Nomen* Zentralheizung

the ˌCentral Inˈtelligence Agency = CIA

cen·tral·ism /ˈsentrəlɪzəm/ *Nomen* Zentralismus

cen·tral·ist /ˈsentrəlɪst/ *Adj* zentralistisch

cen·tral·iza·tion (*BrE auch* **-isa·tion**) /ˌsentrəlaɪˈzeɪʃn; *AmE* -ləˈ-/ *Nomen* [U] Zentralisierung

cen·tral·ize (*BrE auch* **-ise**) /ˈsentrəlaɪz/ *Verb* zentralisieren

cen·tral·ly /ˈsentrəli/ *Adv* zentral ◇ *Is the house centrally heated?* Hat das Haus Zentralheizung?

ˌcentral ˈnervous system *Nomen* Zentralnervensystem

ˌcentral ˈprocessing unit *Nomen* (*Abk* **CPU**) (COMP) Zentraleinheit

ˌcentral reserˈvation *Nomen* (*BrE*) Mittelstreifen

centre 🔑 (*AmE* **cen·ter**) /ˈsentə(r)/ *Nomen, Verb*

▸ ***Nomen*** **1** (*bes BrE*) Zentrum ◇ *the job centre* das Arbeitsamt ◇ *Hull is a major population centre.* Hull ist eine größere Stadt. ◇ *It is a regional centre of excellence for teacher training.* Es ist eine regional führende Ausbildungsstätte für Lehrer. **2** Mitte ◇ *chocolates with soft centres* Pralinen mit einer weichen Füllung **3** (*meist* **the centre**) [Sing] (POL) Mitte ◇ *Her views are to the right of centre.* Sie steht rechts der Mitte. **4** [meist Sing] Mittelpunkt ◇ *Children like to be the centre of attention.* Kinder möchten immer im Mittelpunkt stehen. **5** = CENTRE FORWARD IDM ➔ LEFT

▸ ***Verb*** zentrieren, in die Mitte platzieren PHR V **ˈcentre around/on/round/upon sb/sth** sich um jdn/etw drehen ◇ *State occasions always centred around the king.* Bei offiziellen Anlässen stand der König immer im Mittelpunkt. **ˈcentre sth around/on/round/upon sb/sth** etw auf jdn/etw konzentrieren ◇ *Discussions were centred on Eastern Europe.* Im Mittelpunkt der Diskussionen stand Osteuropa. **be centred in …** … zum Mittelpunkt haben, sich in … abspielen

ˌcentre ˈback *Nomen* (*AmE* **cen·ter back**) (SPORT) zentraler Verteidiger(in)

centre·board (*AmE* **center·board**) /ˈsentəbɔːd; *AmE* -tərbɔːrd/ *Nomen* (*in Segelbooten*) (Kiel)schwert

-centred /ˈsentəd; *AmE* -tərd/ (*in Zusammensetzungen*) ◇ *a child-centred approach to teaching* eine am Kind orientierte Unterrichtsmethode ➔ *Siehe auch* SELF-CENTRED

ˌcentre ˈforward (*auch* **centre**; *AmE* **ˌcenter ˈforward, cen·ter**) *Nomen* (SPORT) Mittelstürmer(in)

ˌcentre ˈhalf (*AmE* **ˌcenter ˈhalf**) *Nomen* (SPORT) Vorstopper(in)

ˌcentre of ˈgravity *Nomen* (*Pl* **centres of gravity**) Schwerpunkt

centre·piece (*AmE* **cen·ter·piece**) /ˈsentəpiːs; *AmE* -tərpiːs/ *Nomen* **1** [Sing] Kern, Glanzstück **2** = Tafelschmuck für die Mitte der Tafel

ˌcentre ˈspread *Nomen* = Doppelseite in der Mitte einer Zeitung oder Zeitschrift

ˌcentre ˈstage (*AmE* **ˌcenter ˈstage**) *Nomen, Adv*

▸ ***Nomen*** ◇ *occupy centre stage* im Rampenlicht stehen

▸ ***Adv*** **put sth ~** etw in den Mittelpunkt rücken, im Rampenlicht ◇ *We are putting full employment centre stage.* Wir konzentrieren uns auf Vollbeschäftigung.

cen·tri·fu·gal /ˌsentrɪˈfjuːgl, senˈtrɪfjəgl/ *Adj* (*Fachspr*) zentrifugal

cenˌtrifugal ˈforce *Nomen* (PHYSIK) Zentrifugalkraft

cen·tri·fuge /ˈsentrɪfjuːdʒ/ *Nomen* Zentrifuge

cen·tur·ion /senˈtjʊəriən; *AmE* -ˈtʃʊr-/ *Nomen* (GESCH) Zenturio

cen·tury 🔑 /ˈsentʃəri/ *Nomen* (*Pl* **-ies**) **1** (*Abk* **c**, **cent.**) Jahrhundert **2** (*im Kricket*) = hundert Läufe IDM ➔ TURN

CEO /ˌsiː iː ˈəʊ; *AmE* ˈoʊ/ *Kurzform von* **chief executive officer** Generaldirektor(in)

cep /sep/ *Nomen* Steinpilz

cer·am·ic /səˈræmɪk/ *Nomen, Adj*

▸ ***Nomen*** [meist Pl] Keramik

▸ ***Adj*** keramisch, Keramik-

cer·eal /ˈsɪəriəl; *AmE* ˈsɪr-/ *Nomen* **1** Getreide(art) **2** Flakes, Cerealien ◇ *breakfast cereals* Frühstücksflocken

ce·re·bel·lum /ˌserəˈbeləm/ *Nomen* (*Pl* **ce·re·bel·lums** *oder* **cere·bella** /-lə/) (ANAT) Kleinhirn

cere·bral /ˈserəbrəl; *AmE* səˈriːbrəl/ *Adj* **1** zerebral, Gehirn- **2** (*gehoben*) intellektuell

ˌcerebral ˈpalsy *Nomen* [U] Zerebralparese, spastische Lähmung

cere·brum /səˈriːbrəm, ˈserəbrəm/ *Nomen* (*Pl* **ce·re·bra** /səˈriːbrə, ˈserəbrə/) (ANAT) Großhirn

cere·mo·nial /ˌserɪˈməʊniəl; *AmE* -ˈmoʊ-/ *Adj, Nomen*

▸ ***Adj*** (*Adv* **ceremo·nial·ly** /-əli/) zeremoniell, feierlich

▸ ***Nomen*** Zeremoniell

cere·mo·ni·ous /ˌserəˈməʊniəs; *AmE* -ˈmoʊ-/ *Adj* (*Adv* **cere·mo·ni·ous·ly**) (*gehoben*) feierlich

cere·mony 🔑 /ˈserəməni; *AmE* -moʊni/ *Nomen* (*Pl* **-ies**) **1** Feier, Zeremonie **2** Zeremoniell IDM **stand on ˈceremony** (*BrE*) förmlich sein **without ˈceremony** ohne Umstände; ohne viel Federlesens

cer·ise /səˈriːz, səˈriːs/ *Adj* cerise, kirschrot

cert /sɜːt; *AmE* sɜːrt/ *Nomen* (*BrE, umgs*) **1** sicherer Tipp **2** todsichere Sache

cert. /sɜːt; *AmE* sɜːrt/ *Abk* **1** = CERTIFICATE **2** = CERTIFY

cer·tain 🔑 /ˈsɜːtn; *AmE* ˈsɜːrtn/ *Adj, Pron*

▸ ***Adj*** **1** sicher ◇ *It is certain that they will agree/They are certain to agree.* Sie werden sicher zustimmen. ◇ *She looks certain to win an Oscar.* Wie es aussieht, wird sie sicher einen Oscar gewinnen. ◇ *I want to be certain of getting a ticket.* Ich will auf jeden Fall eine Karte bekommen. ◇ *To my certain knowledge he was somewhere else at the time.* Ich weiß ganz sicher, dass er zu dem Zeitpunkt woanders war. **2** bestimmt **3** gewiss (*gehoben*) ◇ *a certain Dr Davis* ein gewisser Dr. Davis ➔ *Siehe auch* EXTENT IDM **for ˈcertain** ganz genau; ganz sicher **make certain (that …)** **1** sich vergewissern (dass …) **2** dafür sorgen (dass …) **make certain of sth** für etw sorgen

▸ ***Pron*** (*gehoben*) einige ◇ *certain of those present* einige der Anwesenden

cer·tain·ly 🔑 /ˈsɜːtnli; *AmE* ˈsɜːrt-/ *Adv* bestimmt, sicher(lich) ◇ *'Certainly not!'* „Auf gar keinen Fall!"

cer·tainty /ˈsɜːtnti; *AmE* ˈsɜːrt-/ *Nomen* (*Pl* **-ies**) **1** Gewissheit ◇ *Her return to the team now seems a certainty.* Ihre Rückkehr in die Mannschaft scheint jetzt gewiss. **2** Sicherheit, Überzeugung ◇ *I can't say with any certainty where I'll be.* Ich kann nicht mit Sicherheit sagen, wo ich sein werde. ◇ *his certainty that his actions are right* seine Überzeugung, dass er richtig handelt

cer·ti·fi·able /ˈsɜːtɪfaɪəbl; *AmE* ˈsɜːrt-/ *Adj* **1** (*BrE*) unzurechnungsfähig ◇ (*umgs*) *He's certifiable.* Er ist verrückt. **2** (*bes AmE*) (amtlich) zugelassen

cer·tifi·cate 🔑 *Nomen, Verb*

▸ /səˈtɪfɪkət; *AmE* sərˈ-/ ***Nomen*** (*Abk* **cert.**) **1** Urkunde, Bescheinigung ◇ *a birth certificate* eine Geburtsur-

kunde ◇ *a medical certificate* ein ärztliches Attest **2** Zeugnis
▸ /sə'tɪfɪkeɪt; *AmE* sər'-/ ***Verb*** (*BrE*) **1** zulassen, anerkennen **2 be certificated** einen Schein/ein Zeugnis bekommen

cer·tifi·cated /sə'tɪfɪkeɪtɪd; *AmE* sər'-/ *Adj* (*BrE*) qualifiziert

cer·ti·fi·ca·tion /ˌsɜːtɪfɪ'keɪʃn; *AmE* ˌsɜːrt-/ *Nomen* (*Fachspr*) **1** Bestätigung, Zulassung; (*Film*) Klassifizierung **2** (*von Kursen, Qualifikationen*) Anerkennung

ˌcertified 'cheque (*AmE* **ˌcertified 'check**) *Nomen* beglaubigter Scheck

ˌcertified 'mail *Nomen* (*AmE*) Einschreiben

ˌcertified ˌpublic ac'countant *Nomen* (*AmE*) Wirtschaftsprüfer(in)

cer·tify /'sɜːtɪfaɪ; *AmE* 'sɜːrt-/ *Verb* (**-fies, -fy·ing, -fied, -fied**) **1** bescheinigen, bestätigen ◇ *He was certified dead on arrival at hospital.* Bei seiner Ankunft im Krankenhaus konnte nur noch der Tod festgestellt werden. **2** (*meist passiv*) **~ sb (as sth)** jdn (als etw) anerkennen **3** (*meist passiv*) (RECHT) jdn für unzurechnungsfähig erklären

cer·ti·tude /'sɜːtɪtjuːd; *AmE* 'sɜːrtɪtuːd/ *Nomen* Gewissheit

cer·vical /'sɜːvɪkl, sə'vaɪkl; *AmE* 'sɜːrvɪkl/ *Adj* [nur vor Nomen] **1** Gebärmutterhals- ◇ *a cervical smear* ein Gebärmutterhalsabstrich **2** Hals-

cer·vix /'sɜːvɪks; *AmE* 'sɜːrvɪks/ *Nomen* (*Pl* **cer·vi·ces** /-vɪsiːz/ *oder* **cer·vixes** /-vɪksɪz/) Gebärmutterhals

ce·sar·ean, ce·sar·ian (*AmE*) = CAESAREAN

ces·ium (*AmE*) = CAESIUM

ces·sa·tion /se'seɪʃn/ *Nomen* (*gehoben*) Ende, Einstellung

ces·sion /'seʃn/ *Nomen* Abtretung

cess·pit /'sespɪt/ (*auch* **cess·pool** /'sespuːl/) *Nomen* **1** Senkgrube **2** (*fig*) Sumpf, Sündenpfuhl

cf. *Abk* vgl.

CFC /ˌsiː ef 'siː/ *Kurzform von* **chlorofluorocarbon** Fluorchlorkohlenwasserstoff, FCKW

CGI /ˌsiː dʒiː 'aɪ/ *Abk Kurzform von* **computer-generated imagery** CGI, Computeranimation (in Filmen) ◇ *The movie is full of stunts and has some amazing CGI special effects.* In dem Film gibt es viele Stunts und einige erstaunliche CGI-Spezialeffekte.

ch. *Abk* = CHAPTER

cha-cha /'tʃɑː tʃɑː/ (*auch* **cha-cha-cha**) *Nomen* Cha-Cha-Cha

cha-ching /tʃə'tʃɪŋ/ *Ausruf* (*AmE, umgs*) die Kasse klingelt

cha·dor /'tʃɑːdɔː(r)/ *Nomen* Tschador

chafe /tʃeɪf/ *Verb* **1** wund scheuern ◇ *The collar chafed her neck.* Der Kragen scheuerte sie am Hals. **2** wund (gescheuert) sein **3 ~ (at/under sth)** (*gehoben*) sich (über etw) ärgern

chaff /tʃɑːf; *AmE* tʃæf/ *Nomen, Verb*
▸ ***Nomen*** **1** Spreu **2** Häcksel IDM → WHEAT
▸ ***Verb*** (*veraltet oder gehoben*) **1** aufziehen **2** flachsen

chaf·finch /'tʃæfɪntʃ/ *Nomen* Buchfink

chag·rin /'ʃægrɪn; *AmE* ʃə'grɪn/ *Nomen* (*gehoben*) Ärger, Verdruss

chain 🔑 /tʃeɪn/ *Nomen, Verb*
▸ ***Nomen*** Kette (*auch fig*) ◇ *a human chain* eine Menschenkette IDM → BALL, LINK *und* WEAK
▸ ***Verb*** (*meist passiv*) **~ sb/sth (to sb/sth)** jdn/etw (an jdn/etw) ketten; **~ sb/sth (up)** jdn/etw anketten ◇ *The doors were always locked and chained.* Die Türen waren immer abgesperrt und die Kette vorgelegt. ◇ (*fig*) *I've been chained to my desk all week.* Ich war die ganze Woche an meinen Schreibtisch gefesselt.

'chain gang *Nomen* Sträflingskolonne

'chain mail (*auch* **mail**) *Nomen* Kettenpanzer

ˌchain re'action *Nomen* Kettenreaktion (*auch fig*)

'chain·saw /'tʃeɪnsɔː/ *Nomen* Kettensäge

'chain-smoke *Verb* kettenrauchen

'chain-smoker *Nomen* Kettenraucher(in)

'chain store *Nomen* Kettenladen

chair 🔑 /tʃeə(r); *AmE* tʃer/ *Nomen, Verb*
▸ ***Nomen*** **1** Stuhl → *Siehe auch* EASY CHAIR, HIGH CHAIR *und* MUSICAL CHAIRS **2 the chair** [Sing] der Vorsitz, der/die Vorsitzende ◇ *She takes the chair in all our meetings.* Sie führt in allen unseren Sitzungen den Vorsitz. ◇ *Who is in the chair today?* Wer führt heute den Vorsitz? ◇ *He was elected chair.* Er wurde zum Vorsitzenden gewählt. **3** Lehrstuhl **4 the chair** (*AmE, umgs*) = ELECTRIC CHAIR
▸ ***Verb*** **~ sth** bei etw den Vorsitz führen

chair·lift /'tʃeəlɪft; *AmE* 'tʃerlɪft/ *Nomen* Sessellift

chair·man 🔑 /'tʃeəmən; *AmE* 'tʃermən/ *Nomen* (*Pl* **-men** /-mən/) **1** Vorsitzende(r) ◇ *act as chairman* den Vorsitz übernehmen **2** (*eines Konzerns etc.*) Präsident

chair·man·ship /'tʃeəmənʃɪp; *AmE* 'tʃerm-/ *Nomen* Vorsitz

chair·per·son /'tʃeəpɜːsn; *AmE* 'tʃerpɜːrsn/ *Nomen* (*Pl* **-per·sons**) Vorsitzende(r)

chair·woman 🔑 /'tʃeəwʊmən; *AmE* 'tʃerwʊ-/ *Nomen* (*Pl* **-women** /-wɪmɪn/) Vorsitzende

chaise longue /ˌʃeɪz 'lɒŋ; *AmE* 'lɔːŋ/ *Nomen* (*Pl* **chaises longues** /ˌʃeɪz 'lɒŋ; *AmE* 'lɔːŋ/) **1** Chaiselongue **2** (*AmE*) (*umgs* **chaise lounge**) Gartenliege

cha·let /'ʃæleɪ; *AmE* ʃæ'leɪ/ *Nomen* **1** Chalet, Sennhütte **2** (*BrE*) Ferienhäuschen

chal·ice /'tʃælɪs/ *Nomen* (REL) Kelch IDM → POISON

chalk /tʃɔːk/ *Nomen, Verb*
▸ ***Nomen*** **1** Kalkstein ◇ *the chalk cliffs of southern England* die Kreidefelsen in Südengland **2** Kreide IDM **ˌchalk and 'cheese** (*BrE*) (so verschieden wie) Tag und Nacht → *Siehe auch* LONG
▸ ***Verb*** **~ sth (up) (on sth)** etw mit Kreide (auf etw) schreiben IDM **chalk it up to ex'perience** (*bes AmE, umgs*) es (einfach) abhaken; eine Lehre daraus ziehen PHR V **ˌchalk sth 'up** (*umgs*) etw verbuchen ◇ *They have chalked up their tenth win.* Sie konnten ihren zehnten Sieg verbuchen. **ˌchalk sth 'up to sth** (*AmE, umgs*) etw einer Sache verdanken

chalk·board /'tʃɔːkbɔːd; *AmE* -bɔːrd/ *Nomen* (*bes AmE*) Tafel

chalky /'tʃɔːki/ *Adj* kalkig, kalkhaltig, kalkartig

chal·lenge 🔑 /'tʃælɪndʒ/ *Nomen, Verb*
▸ ***Nomen*** **1** Herausforderung ◇ *mount a challenge to sb* jdn herausfordern ◇ *meet the challenge of new technology* den Anforderungen der neuen Technologie gerecht werden **2** (*zum Duell etc.*) Forderung **3 ~ (to sth)** Infragestellung (einer Sache) **4 ~ (to sth)** Anfechtung (einer Sache) ◇ *a legal challenge* eine Anfechtungsklage
▸ ***Verb*** **1** infrage stellen, anzweifeln; (*vor Gericht*) anfechten **2 ~ sb (to sth)** jdn (zu etw) herausfordern **3** fordern ◇ *The job doesn't really challenge her.* Die Arbeit fordert sie nicht genügend. **4** anhalten ◇ *We were challenged by police at the border.* An der Grenze wurden wir von der Polizei angehalten.

chal·lenged /'tʃælɪndʒd/ *Adj* (*bes AmE*) (*mit einem Adverb gebraucht, um verhüllend eine Behinderung auszudrücken*) ◇ *a competition for physically challenged athletes* ein Wettkampf für körperbehinderte Sportler. ◇ (*hum*) *I'm financially challenged at the moment.* Ich bin im Moment knapp bei Kasse.

chal·len·ger /'tʃælɪndʒə(r)/ *Nomen* (SPORT) Herausforderer, Herausforderin

chal·len·ging /ˈtʃælɪndʒɪŋ/ *Adj* **1** fordend ◇ *challenging work* Arbeit, die einen fordert **2** (*Blick etc.*) herausfordernd

cham·ber 🔑 /ˈtʃeɪmbə(r)/ *Nomen* **1** (Sitzungs)saal **2** [mit Verb im Sing/Pl] (*im Parlament*) Kammer ◇ *the Lower/Upper Chamber* das Unter-/Oberhaus **3** (*oft in Zusammensetzungen*) Kammer ◇ *a burial chamber* eine Grabkammer ◇ *the chamber of a gun* die Patronenkammer eines Gewehrs **4** Höhle ◇ *a vast underground chamber* eine riesige unterirdische Höhle **5** (*veraltet*) Gemach **6 chambers** [Pl] (*Anwalts-*) Kanzlei; (*eines Richters*) Amtszimmer

cham·ber·lain /ˈtʃeɪmbəlɪn; *AmE* -bərlɪn/ *Nomen* Kammerherr

cham·ber·maid /ˈtʃeɪmbəmeɪd; *AmE* -bərmeɪd/ *Nomen* Zimmermädchen

ˈchamber music *Nomen* Kammermusik

ˌChamber of ˈCommerce *Nomen* Handelskammer

ˈchamber orchestra *Nomen* [mit Verb im Sing/Pl] Kammerorchester

ˈchamber pot *Nomen* Nachttopf

cha·meleon /kəˈmiːliən/ *Nomen* Chamäleon (*auch fig*)

cham·ois *Nomen* (*Pl* **cham·ois**) **1** /ˈʃæmwɑː; *AmE* ˈʃæmi/ Gämse **2** /ˈʃæmi/ (*BrE auch* **ˌchamois ˈleather**) Chamoisleder, Gämsleder; (*Tuch*) Fensterleder **3** /ˈʃæmi/ (*AmE*) Baumwollflanell

chamo·mile = CAMOMILE

champ /tʃæmp/ *Verb, Nomen*

▸ ***Verb*** geräuschvoll kauen **IDM** **be ˌchamping at the ˈbit** vor Ungeduld fiebern ◇ *They're champing at the bit to get started.* Sie brennen darauf anzufangen.

▸ ***Nomen*** (*umgs*) (*besonders Pressejargon*) = CHAMPION

cham·pagne /ʃæmˈpeɪn/ *Nomen* Champagner

cham·pers /ˈʃæmpəz; *AmE* -pərz/ *Nomen* (*BrE, umgs*) Champagner

cham·pion /ˈtʃæmpiən/ *Nomen, Verb*

▸ ***Nomen*** **1** (*umgs* **champ**) (SPORT) Meister(in) ◇ *the world basketball champions* die Weltmeister im Basketball ◇ *a champion bull* ein preisgekrönter Bulle ◇ *the reigning champions* die Titelinhaber **2** (*Fürsprecher*) Anwalt, Verfechter(in) ◇ *He was a champion of the poor all his life.* Er war sein Leben lang ein Anwalt der Armen.

▸ ***Verb*** **~ sb/sth** für jdn/etw eintreten, sich für jdn/etw einsetzen

cham·pion·ship /ˈtʃæmpiənʃɪp/ *Nomen* Meisterschaft

chance 🔑 /tʃɑːns; *AmE* tʃæns/ *Nomen, Verb, Adj*

▸ ***Nomen*** **1** Chance, Möglichkeit, Aussicht ◇ *Is there any chance of getting tickets for tonight?* Besteht eine Aussicht, Karten für heute Abend zu bekommen? ◇ *She has only a slight/slim chance of passing the exam.* Sie hat nur geringe Aussichten, die Prüfung zu bestehen. ◇ *an outside chance* nur eine geringe Chance. **2** Gelegenheit, Chance ◇ *There will be a chance for you to look around.* Sie werden Gelegenheit haben, sich umzuschauen. **3** Risiko ◇ *I don't want to take any chances.* Ich will auf Nummer sicher gehen. ◇ *That's a chance we'll have to take.* Das müssen wir eben riskieren. **4** Zufall ◇ *I met her by chance.* Ich habe sie zufällig getroffen. ◇ *Chess is not a game of chance.* Schach ist kein Glücksspiel. **IDM** **as ˌchance would ˈhave it** wie der Zufall es wollte; zufällig **by ˈany chance** zufällig ◇ *Are you in love with him, by any chance?* Bist du etwa in ihn verliebt? **the chances ˈare (that) …** (*umgs*) Es ist wahrscheinlich, dass … ◇ *The chances are (that) you won't have to pay.* Sie brauchen wahrscheinlich nicht zu zahlen. **ˈchance would be a fine thing** (*BrE, umgs*) schön wär's **give sb half a ˈchance** jdm die Gelegenheit geben **ˈno chance** (*umgs*) unmöglich; nie im Leben **stand a ˈchance (of doing sth)** gute Aussichten haben (etw zu tun) **take a ˈchance (on sth)** es (mit etw) drauf ankommen lassen **take your ˈchances** es riskieren; es drauf ankommen lassen **take your ˈchances on/with sth** es (auf gut Glück) mit etw versuchen ➜ *Siehe auch* EVEN, EYE, FAT, FIGHT, HELL *und* OFF CHANCE

▸ ***Verb*** **1 ~ sth** (*umgs*) etw riskieren ◇ *I stayed hidden under the desk; I couldn't chance coming out.* Ich blieb im meinen Versteck unter dem Schreibtisch; ich konnte es nicht riskieren, rauszukommen. ◇ *She was chancing her luck driving without a licence.* Es war wirklich riskant von ihr, ohne Führerschein zu fahren. **2 ~ to do sth** (*gehoben*) zufällig etw tun ◇ *They chanced to be staying at the same hotel./It chanced that they were staying at the same hotel.* Sie wohnten zufällig im gleichen Hotel. **IDM** **ˌchance your ˈarm** (*BrE, umgs*) es riskieren **PHR V** **ˈchance on/upon sb/sth** (*gehoben*) zufällig auf jdn/etw stoßen

▸ ***Adj*** [nur vor Nomen] zufällig, Zufalls-

chan·cel /ˈtʃɑːnsl; *AmE* ˈtʃæn-/ *Nomen* Altarraum, Chor

chan·cel·lery /ˈtʃɑːnsələri; *AmE* ˈtʃæn-/ *Nomen* (*Pl* **-ies**) [meist Sing] Kanzleramt

chan·cel·lor (*auch* **Chan·cel·lor**) /ˈtʃɑːnsələ(r); *AmE* ˈtʃæn-/ *Nomen* **1** Bundeskanzler(in) **2** (*einer Uni*) Kanzler(in) **3** (*BrE* **ˌChancellor of the Exˈchequer**) Schatzkanzler, Finanzminister

chan·cery /ˈtʃɑːnsəri; *AmE* ˈtʃæn-/ *Nomen* [Sing] **1 Chancery** (*BrE*) = Abteilung des hohen Gerichts **2** (*bes BrE*) Zentralarchiv **3** (*auch* **ˈchancery court**) (*AmE*) = Gerichtshof, in dem Fälle nach dem Billigkeitsrecht verhandelt werden **4** (*bes BrE*) = Teil einer Botschaft oder eines Konsulats

chancy /ˈtʃɑːnsi; *AmE* ˈtʃæn-/ *Adj* (*umgs*) riskant

chan·de·lier /ˌʃændəˈlɪə(r); *AmE* -ˈlɪr/ *Nomen* Kronleuchter, Lüster

chand·ler /ˈtʃɑːndlə(r); *AmE* ˈtʃænd-/ *Nomen* = SHIP'S CHANDLER

change 🔑 /tʃeɪndʒ/ *Verb, Nomen*

▸ ***Verb***

• **einen Zustand verändern** **1** sich (ver)ändern ◇ *changing attitudes towards education* sich wandelnde Ansichten über das Bildungswesen ◇ *The weather can change rapidly in the mountains.* In den Bergen kann das Wetter schnell umschlagen. **2 ~ sb/sth** jdn/etw (ver)ändern ◇ *Information technology has changed the way people work.* Die Informationstechnik hat Veränderungen in der Arbeitsweise der Menschen bewirkt. **3 ~ sth (to sth)** etw (zu etw) ändern ◇ *She changed her name to his.* Sie nahm seinen Namen an. **4 ~ sb/sth (from A) (to/into B)** jdn/etw (aus A) (in B) verwandeln **5 ~ (from A) (to/into B)** sich (aus A) (in B) verwandeln ◇ *Caterpillars change into butterflies.* Raupen verwandeln sich in Schmetterlinge. ◇ *We're changing to a new system.* Wir steigen auf ein anderes System um. ◇ *Wait for the traffic lights to change.* Warte, bis die Ampel umspringt.

• **etw ersetzen** **6** wechseln; (*Glühbirne etc.*) auswechseln ◇ *At half-time the teams change ends.* Zur Halbzeit wechseln die Mannschaft die Seiten. ◇ *Our ship changed course.* Unser Schiff hat den Kurs gewechselt. ◇ *Leaves change colour in autumn.* Das Laub verfärbt sich im Herbst. ◇ *The wind has changed direction.* Der Wind hat sich gedreht. **7 ~ sb/sth (for sb/sth)** jdn/etw (gegen jdn/etw) tauschen, jdn/etw (gegen jdn/etw) eintauschen ◇ *We changed our car for a bigger one.* Wir haben unser Auto gegen ein größeres eingetauscht. **8 ~ sth (for sth)** (*BrE*) etw (gegen etw) umtauschen **9 ~ sth (with sb)** etw (mit jdm) tauschen ◇ *Can we change seats?/Can I change seats with you?* Können wir die Plätze tauschen? **10** (*Geld*) umtauschen, (ein)wechseln ◇ *change a dollar* *bill for four quarters* einen Dollarschein in vier Vierteldollar einwechseln **11** umsteigen ◇ *Where do I have to change (trains)?* Wo muss ich umsteigen? ◇ *All change, please!* Alles aussteigen!

• **Kleidung etc. 12** sich umziehen; **~ into sth** sich etw anziehen; **~ out of sth** sich etw ausziehen **13** *(Baby)* frisch wickeln, trockenlegen **14** *(Bett)* frisch beziehen

IDM **change 'hands** den Besitzer wechseln **change horses in mid'stream** plötzlich einen anderen Kurs einschlagen **change sb's mind** jdn umstimmen **change your 'mind** seine Meinung ändern; es sich anders überlegen ◇ *Nothing will make me change my mind.* Nichts kann mich dazu bewegen, meine Meinung zu ändern. **change the 'subject** das Thema wechseln **change your 'tune** *(umgs)* seine Ansicht ändern; sein Verhalten ändern **change your 'ways** sich wandeln → *Siehe auch* CHOP, LEOPARD *und* PLACE

PHR V **ˌchange 'back (into sb/sth)** sich (in jdn/etw) zurückverwandeln **ˌchange 'back (into sth)** sich wieder umziehen (und etw anziehen) ◇ *She changed back into her work clothes.* Sie zog ihre Arbeitskluft wieder an. **ˌchange sth 'back (into sth)** *(Geld)* wieder (in etw) zurücktauschen **ˌchange 'down** *(BrE)* herunterschalten, zurückschalten, einen niedrigeren Gang einlegen **ˌchange 'over (from sth) (to sth)** (von etw) (zu etw) übergehen **ˌchange 'up** *(BrE)* hochschalten, einen höheren Gang einlegen

▸ ***Nomen* 1** Veränderung, Änderung ◇ *changes to the system* Änderungen des Systems ◇ *There was no change in the patient's condition.* Der Zustand des Patienten war unverändert. ◇ *social change* ein Wandel in der Gesellschaft ◇ *a change in the weather* ein Wetterumschwung ◇ *They notified the bank of their change of address.* Sie teilten der Bank ihre neue Adresse mit. **2** [Sing] Abwechslung ◇ *Can you just listen for a change?* Kannst du ausnahmsweise mal zuhören? ◇ *That makes a change.* Das ist mal was Neues. **3** Wechsel ◇ *There will be a crew change in Dubai.* In Dubai wird die Besatzung ausgewechselt. ◇ *(BrE) a change of scene* ein Tapetenwechsel ◇ *a change of clothes* Kleidung zum Wechseln ◇ *The journey involved three changes.* Auf der Fahrt musste man dreimal umsteigen. **4** Wechselgeld ◇ *That's 40 cents change.* Da sind 40 Cent zurück. **5** Kleingeld ◇ *a dollar in change* ein Dollar in Münzen ◇ *loose/small change* Kleingeld ◇ *Could you give me change for a ten-dollar note?* Könnten Sie mir einen Zehn-Dollar-Schein wechseln? IDM **a change for the 'better/'worse** eine Verbesserung/Verschlechterung **a ˌchange of 'heart** ◇ *He's had a change of heart.* Er hat es sich anders überlegt. **the ˌchange of 'life** *(umgs)* die Wechseljahre **a ˌchange of 'mind** eine Meinungsänderung **get no change out of sb** *(BrE, umgs)* kein Glück bei jdm haben → *Siehe auch* RING[2] *und* WIND[1]

change·able /ˈtʃeɪndʒəbl/ *Adj* **1** wechselhaft, unbeständig ◇ *changeable moods* Stimmungsschwankungen **2** austauschbar, veränderbar

changed /tʃeɪndʒd/ *Adj* [nur vor Nomen] völlig anders, verändert, neu ◇ *She's a changed woman.* Sie hat sich völlig verändert.

change·ling /ˈtʃeɪndʒlɪŋ/ *Nomen* Wechselbalg

change·over /ˈtʃeɪndʒəʊvə(r); *AmE* -dʒoʊ-/ *Nomen* Übergang, Umstellung

'change purse *Nomen (AmE)* Portmonee, Geldbeutel

'changing room *Nomen* **1** Umkleideraum **2** Anprobe

chan·nel 🔑 /ˈtʃænl/ *Nomen, Verb*

▸ ***Nomen* 1** Kanal, Sender ◇ *switch channels* auf ein anderes Programm umschalten **2** *(auch* **chan·nels** [Pl]) Weg, Kanal ◇ *Complaints must be made through the proper channels.* Beschwerden müssen den Dienstweg gehen. ◇ *a useful channel of communication* ein nützliches Kommunikationsmittel **3** Medium **4** Kanal, Flussbett **5** Fahrrinne **6 the Channel** = ENGLISH CHANNEL

▸ ***Verb*** (**-ll-**, *AmE* **-l-**) **1 ~ sth (into sth)** etw in etw leiten, etw in etw stecken, etw auf etw richten **2 ~ sth through sth** etw durch etw leiten; *(Geld etc.)* etw über etw laufen lassen **3** übermitteln, lenken

chant /tʃɑːnt; *AmE* tʃænt/ *Nomen, Verb*

▸ ***Nomen* 1** Sprechchor ◇ *The crowd broke into chants of 'Out! Out!'* Die Menge rief im Sprechchor „Raus! Raus!" **2** (liturgischer) Gesang

▸ ***Verb* 1 ~ sth** etw skandieren, etw im Sprechchor rufen **2** Sprechchöre anstimmen **3** (REL) singen

chan·ter·elle /ˈʃɑːntərel, ˌʃɑːntəˈrel/ *Nomen* Pfifferling

chant·ing /ˈtʃɑːntɪŋ; *AmE* ˈtʃæn-/ *Nomen* [U] **1** Sprechchöre **2** (REL) Singen, Gesang, Ritualgesang

chanty *(auch* **chantey)** *(AmE)* = SEA SHANTY

Cha·nuk·ah, Cha·nuk·kah = HANUKKAH

chaos /ˈkeɪɒs; *AmE* ˈkeɪɑːs/ *Nomen* Chaos ◇ *The house was in chaos.* Im Haus herrschte totales Chaos.

'chaos theory *Nomen* (MATH) Chaostheorie

cha·ot·ic /keɪˈɒtɪk; *AmE* -ˈɑːtɪk/ *Adj (Adv* **cha·ot·ic·al·ly** /-kli/) chaotisch

chap /tʃæp/ *Nomen (BrE, umgs, veraltend)* Kerl ◇ *Come on, chaps!* Kommt Jungs!

chap. *Abk* = CHAPTER

chap·ar·ral /ˌʃæpəˈræl/ *Nomen (AmE)* [U] Steppe

cha·patti *(auch* **cha·pati)** /tʃəˈpæti, -ˈpɑːti/ *Nomen* = indisches Fladenbrot

chapel /ˈtʃæpl/ *Nomen* **1** Kapelle **2** [U] *(BrE) (für einige protestantische Kirchengemeinden)* Kirche **3 ~ of rest** Leichenhalle, Leichenkammer

chap·er·one *(BrE auch* **chap·eron)** /ˈʃæpərəʊn; *AmE* -roʊn/ *Nomen, Verb*

▸ ***Nomen* 1** Anstandsdame **2** *(für Kinder)* Begleitperson

▸ ***Verb* ~ sb** jdn begleiten (bes als Anstandsdame)

chap·lain /ˈtʃæplɪn/ *Nomen (Gefängnis, Krankenhaus etc.)* Geistliche(r)

chap·lain·cy /ˈtʃæplɪnsi/ *Nomen (Pl* **-ies)** = Amt/Amtsräume eines Universitäts-, Gefängnisgeistlichen

chapped /tʃæpt/ *Adj (Lippen)* spröde; *(Haut)* rissig

chaps /tʃæps/ *Nomen* [Pl] = von Cowboys etc. getragene lederne Reithosen

chap·ter 🔑 /ˈtʃæptə(r)/ *Nomen* **1** *(Abk* **chap.)** Kapitel *(auch fig)* ◇ *a difficult chapter in sb's life* ein schwieriger Lebensabschnitt **2** [mit Verb im Sing/Pl] *(Dom-, Abtei-)* Kapitel **3** *(bes AmE) (eines Klubs etc.)* Ortsgruppe IDM **ˌchapter and 'verse** genaue (Quellen)angaben

'chapter house *Nomen* Domkapitel, Kapitelsaal

char /tʃɑː(r)/ *Verb, Nomen*

▸ ***Verb*** (**-rr-**) **1** verkohlen → *Siehe auch* CHARRED **2** *(BrE, veraltet)* als Putzfrau arbeiten

▸ ***Nomen*** *(BrE, veraltet) (umgs)* Tee

char·ac·ter 🔑 /ˈkærəktə(r)/ *Nomen* **1** [meist Sing] Charakter, Persönlichkeit ◇ *a character witness in court* ein Leumundszeuge ◇ *a character reference* ein Leumundszeugnis ◇ *a face with a lot of character* ein Gesicht mit stark ausgeprägten Zügen **2** Wesen(sart), Beschaffenheit ◇ *the illegal character of the protest action* die Illegalität der Protestaktion ◇ *buildings that are very simple in character* in einem schlichten Stil errichtete Gebäude **3** Charakter(stärke), Willenskraft **4** *(umgs) (nach einem Adjektiv)* Gestalt, Typ ◇ *a strange character* ein sonderbarer Typ **5** *(umgs) (Person)* Original **6** Ruf ◇ *character assassination* Rufmord **7** Figur, Person; *(Film- auch)* Rolle **8** Buchstabe, Anschlag, (Schrift)zeichen IDM **in 'character** typisch **in 'character (with sth)**

passend (zu etw) ◇ *be in character with sth* zu etw passen **out of character** untypisch

ˈcharacter actor *Nomen* Chargenspieler(in)

char·ac·ter·ful /ˈkærəktəfl; *AmE* -tərfl/ *Adj (gehoben)* **1** ungewöhnlich, ausgeprägt **2** *(Unterkunft etc.)* mit Charakter, stilvoll

char·ac·ter·is·tic /ˌkærəktəˈrɪstɪk/ *Adj, Nomen*

▸ ***Adj*** **~ (of sth/sb)** typisch (für etw/jdn), charakteristisch (für etw/jdn) ◇ *She spoke with characteristic enthusiasm.* Sie sprach mit dem für sie typischen Enthusiasmus.

▸ ***Nomen*** (charakteristisches) Merkmal, Charakteristikum, Eigenschaft

char·ac·ter·is·tic·al·ly /ˌkærəktəˈrɪstɪkli/ *Adv* typisch, bezeichnenderweise ◇ *Characteristically, Helen paid for everyone.* Es war typisch Helen, dass sie für alle bezahlte.

char·ac·ter·iza·tion *(BrE auch* **-isa·tion**) /ˌkærəktəraɪˈzeɪʃn; *AmE* -rəˈ-/ *Nomen* **1** Charakterisierung **2** *(gehoben)* Kennzeichnung, Definition

char·ac·ter·ize *(BrE auch* **-ise**) /ˈkærəktəraɪz/ *Verb (gehoben)* **1 ~ sth** charakteristisch sein (für etw) **2** charakterisieren, kennzeichnen, prägen **3 ~ sb/sth (as sth)** jdn/etw (als etw) beschreiben, jdn/etw (als etw) definieren

cha·rade /ʃəˈrɑːd; *AmE* ʃəˈreɪd/ *Nomen* **1** *(fig)* Theater **2 charades** Scharade

char·coal /ˈtʃɑːkəʊl; *AmE* ˈtʃɑːrkoʊl/ *Nomen* **1** Holzkohle, Kohlestift ◇ *a charcoal drawing* eine Kohlezeichnung **2** *(auch* **ˌcharcoal ˈgrey**) anthrazitgrau

chard /tʃɑːd; *AmE* tʃɑːrd/ *Nomen* = SWISS CHARD

charge /tʃɑːdʒ; *AmE* tʃɑːrdʒ/ *Nomen, Verb*

▸ ***Nomen*** **1** Gebühr ◇ *admission charges* Eintrittspreise ◇ *free of charge* kostenlos ◇ *There is an extra charge for coffee.* Der Kaffee wird zusätzlich berechnet. ◇ *Delivery is free of charge.* Die Lieferung ist frei Haus. **2** *(AmE, umgs)* Kundenkreditkonto ◇ *Would you like to put that on your charge?* Geht das auf Ihr Konto? **3** (RECHT) Strafanzeige; *(durch Polizei)* Beschuldigung; *(vor Gericht)* Anklage(punkt) ◇ *a murder charge* eine Anklage wegen Mordes ◇ *He faces a charge of armed robbery.* Er muss sich wegen bewaffneten Raubüberfalls vor Gericht verantworten. ◇ *She was released without charge.* Es wurde keine Anklage gegen sie erhoben und sie wurde freigelassen. **4** Beschuldigung ◇ *He left himself open to charges of political bias.* Man hat ihn der politischen Befangenheit beschuldigt. **5** Verantwortung ◇ *She has charge of the restaurant.* Sie ist für das Restaurant verantwortlich. ◇ *They left the au pair in charge of the children.* Sie ließen die Kinder in der Obhut des Au-pair-Mädchens. ◇ *He took charge of the farm after his father's death.* Nach dem Tod seines Vaters übernahm er den Hof. ◇ *I'm leaving the school in your charge.* Ich übertrage Ihnen die Leitung der Schule. **6** *(gehoben oder hum)* Schützling **7** (ELEK) Ladung ◇ *put on charge* aufladen **8** Angriff **9** *(eines Gewehrs)* Ladung; *(einer Bombe)* Sprengladung **10** Kraft, Spannung **IDM** **bring/press/prefer ˈcharges against sb** (RECHT) gegen jdn Anzeige erstatten **get a ˈcharge out of sth** *(AmE)* Spaß an etw haben

▸ ***Verb*** **1** berechnen, verlangen ◇ *What did they charge for the repairs?* Was hat die Reparatur gekostet? ◇ *We won't charge you for delivery.* Die Lieferung kostet Sie nichts. ◇ *Calls are charged at 36 cents per minute.* Ein Anruf kostet 36 Cent pro Minute. ◇ *Should museums charge for admission?* Sollen Museen Eintritt verlangen? **2 ~ sth to sth** etw auf etw setzen, etw mit etw belasten ◇ *They charged it to their credit account.* Es ging auf ihr Kreditkonto. ◇ *(AmE) I'll charge it.* Ich zahle es mit meiner Karte. **3** (RECHT) **~ sb (with sth)** jdn (wegen einer Sache) anklagen **4** *(gehoben)* **~ sb with sth** jdn einer Sache beschuldigen, jdm etw vorwerfen **5** angreifen ◇ *We charged at the enemy.* Wir griffen den Gegner an. ◇ *The bull charged at him.* Der Stier ging auf ihn los. **6** stürmen ◇ *The children charged down the stairs.* Die Kinder stürmten die Treppe hinunter. ◇ *He came charging into my room.* Er platzte in mein Zimmer. **7** *(meist passiv)* **~ sb with sth** *(gehoben)* jdn mit etw beauftragen ◇ *He is charged with managing the school within its budget.* Er ist angewiesen, die Schule ohne Überschreitung des Etats zu führen. **8** (ELEK) (auf)laden **9** *(meist passiv)* **~ sth (with sth)** *(gehoben) (fig)* etw (mit etw) füllen ◇ *The room was charged with hatred.* Im ganzen Raum war Hass zu spüren. ◇ *a highly charged atmosphere* eine geladene Stimmung **10** *(BrE, gehoben) (Glas)* füllen **11** *(veraltet) (Gewehr)* laden

charge·able /ˈtʃɑːdʒəbl *AmE* ˈtʃɑːrdʒə-/ *Adj* **1** anrechenbar; **be ~ (to sb/sth)** auf jds Kosten gehen **2** steuerpflichtig

ˈcharge account *Nomen (AmE)* (Kunden)kreditkonto

ˈcharge card *Nomen* Kundenkarte

charged /tʃɑːdʒd; *AmE* tʃɑːrdʒd/ *Adj* geladen, brisant, explosiv ◇ *The dialogue is charged with menace.* Der Dialog ist mit drohenden Untertönen geladen. ◇ *a politically charged issue* ein politisch brisantes Thema

chargé d'af·faires /ˌʃɑːʒeɪ dæˈfeə(r); *AmE* ˌʃɑːrʒeɪ dæˈfer/ *Nomen (Pl* **chargés d'af·faires** /ˌʃɑːʒeɪ dæˈfeə(r); *AmE* ʃɑːrʒeɪ dæˈfer/) **1** (diplomatische(r)) Geschäftsträger(in) **2** Konsul(in)

ˈcharge nurse *Nomen (BrE)* Stationsleiter(in)

char·ger /ˈtʃɑːdʒə(r); *AmE* ˈtʃɑːrdʒər/ *Nomen* **1** (ELEK) Ladegerät **2** *(veraltet)* Ross

ˈcharge sheet *Nomen (BrE)* = Aktenblatt der Polizei über Beschuldigte

char·iot /ˈtʃæriət/ *Nomen* Streitwagen

cha·risma /kəˈrɪzmə/ *Nomen* Charisma

cha·ris·mat·ic /ˌkærɪzˈmætɪk/ *Adj* charismatisch

char·it·able /ˈtʃærətəbl/ *Adj* **1** Wohltätigkeits- ◇ *a charitable donation/gift* eine Spende ◇ *(BrE) have charitable status* als gemeinnützig anerkannt sein **2** karitativ, gemeinnützig **3** großmütig, nachsichtig

char·it·ably /ˈtʃærətəbli/ *Adv* großmütig, nachsichtig ◇ *Try to think about him a little more charitably.* Versuch doch, ihm mehr Verständnis entgegenzubringen.

char·ity /ˈtʃærəti/ *Nomen (Pl* **-ies**) **1** Wohlfahrtsorganisation **2** Wohltätigkeit ◇ *raise money for charity* Geld für wohltätige Zwecke sammeln ◇ *Do you give much to charity?* Spenden Sie viel? ◇ *live on/off charity* von Almosen leben **3** *(gehoben)* Großmut, Nachsicht **IDM** **charity begins at ˈhome** Nächstenliebe beginnt zu Hause

ˈcharity shop *Nomen (BrE)* = Laden, der gespendete Sachen für eine Wohlfahrtsorganisation verkauft

char·la·tan /ˈʃɑːlətən; *AmE* ˈʃɑːrlə-/ *Nomen* Scharlatan

char·lie /ˈtʃɑːli; *AmE* ˈtʃɑːrli/ *Nomen* **1** *(Slang)* Kokain **2** *(BrE, veraltet, umgs)* Blödmann

charm /tʃɑːm; *AmE* tʃɑːrm/ *Nomen, Verb*

▸ ***Nomen*** **1** Charme **2** Reiz ◇ *her physical charms* ihre weiblichen Reize **3** Amulett ◇ *a lucky charm* ein Glücksbringer **4** Anhänger ◇ *a charm bracelet* ein Armband mit Anhängern **5** Zauberformel **IDM** **ˌwork like a ˈcharm** Wunder wirken

▸ ***Verb*** **1** bezaubern ◇ *Her words had lost their power to charm.* Ihre Überredungskünste wirkten nicht mehr. **2** verzaubern ◇ *He has led a charmed life.* Er ist sein ganzes Leben lang ein Glückskind gewesen. **PHR V** **ˌcharm sth ˈout of sb** jdm etw abschmeicheln

charm·er /ˈtʃɑːmə(r); *AmE* ˈtʃɑːrmər/ *Nomen* bezaubernder Mensch, Charmeur → *Siehe auch* SNAKE CHARMER

charm·ing /ˈtʃɑːmɪŋ/; *AmE* ˈtʃɑːrmɪŋ/ *Adj* (*Adv* **charm·ing·ly**) charmant, bezaubernd, reizend

charm·less /ˈtʃɑːmləs; *AmE* ˈtʃɑːrm-/ *Adj* (*gehoben*) öde, unsympathisch

char·nel house /ˈtʃɑːnl haʊs; *AmE* ˈtʃɑːrnl/ *Nomen* Leichenhalle, Beinhaus

charred /tʃɑːd; *AmE* tʃɑːrd/ *Adj* verkohlt

chart 0-ᴛ /tʃɑːt; *AmE* tʃɑːrt/ *Nomen, Verb*
▸ ***Nomen*** **1** Tabelle, Schaubild ◇ *a sales chart* eine Tabelle der Verkaufsziffern **2** Karte ◇ *a naval chart* eine Seekarte **3 the charts** [Pl] (MUS) Charts, Hitliste ◇ *top the charts* Nummer 1 in der Hitliste sein
▸ ***Verb*** **1** aufzeichnen, darstellen **2** planen ◇ *She had carefully charted her route to the top.* Sie hatte ihren Werdegang zur Spitze genau geplant. **3** kartografieren **4** in die Charts kommen

char·ter /ˈtʃɑːtə(r); *AmE* ˈtʃɑːrtər/ *Nomen, Verb*
▸ ***Nomen*** **1** Urkunde, Charta **2** Satzung **3** (*von Organisationen, Städten, Universitäten*) Gründungsurkunde ◇ *The College received its charter as a university in 1967.* Das College erhielt 1967 Universitätsstatus. ◇ *Royal Charter* königliche Konzession **4** [Sing] (*BrE*) Freibrief **5** Chartern
▸ ***Verb*** **1** chartern **2** gründen, Rechte verbriefen

char·tered /ˈtʃɑːtəd; *AmE* ˈtʃɑːrtərd/ *Adj* [nur vor Nomen] **1** (*BrE*) staatlich geprüft, amtlich zugelassen ◇ *a chartered surveyor* durch einen Berufsverband zugelassene(r) Baugutachter(in) ◇ *chartered accountants* amtlich zugelassene Wirtschaftsprüfer/Steuerberater **2** gechartert

ˈcharter flight *Nomen* Charterflug

chase 0-ᴛ /tʃeɪs/ *Verb, Nomen*
▸ ***Verb*** **1 ~ (after) sb/sth** jdn/etw jagen, jdn/etw verfolgen ◇ *He chased (after) the burglar.* Er rannte hinter dem Einbrecher her. **2** (*umgs*) (*fig*) nachjagen; **~ sb/sth** hinter jdm/etw her sein, jdm/etw nachlaufen **3** (*umgs*) **~ sb** jdn antreiben **4** herumhetzen **5** (*Metall*) ziselieren PHR V **ˌchase sb/sth aˈway, ˈoff, ˈout, etc.** jdn/etw vertreiben, jdn/etw verjagen **ˌchase sb ˈup** jdn antreiben, jdm Dampf machen **ˌchase sth ˈup** (*AmE* **ˌchase sth ˈdown**) einer Sache nachgehen, etw ausfindig machen
▸ ***Nomen*** **1** Verfolgungsjagd **2** [Sing] Verfolgung, Jagd (*auch fig*) **3** = STEEPLECHASE IDM **give ˈchase** die Verfolgung aufnehmen

chasm /ˈkæzəm/ *Nomen* (*gehoben*) Abgrund, Kluft (*auch fig*)

chas·sis /ˈʃæsi/ *Nomen* (*Pl* **chas·sis**) Chassis, Fahrgestell

chaste /tʃeɪst/ *Adj* (*Adv* **chaste·ly**) **1** (*gehoben oder veraltet*) keusch **2** (*gehoben*) (*Stil etc.*) schlicht

chas·ten /ˈtʃeɪsn/ *Verb* (*meist passiv*) (*gehoben*) zur Einsicht bringen ◇ *He felt suitably chastened.* Er war zerknirscht. ◇ *She gave them a chastening lecture.* Sie hielt ihnen eine wirkungsvolle Standpauke.

chas·tise /tʃæˈstaɪz/ *Verb* **1 ~ sb (for sth)** (*gehoben*) jdn (wegen einer Sache) tadeln, jdn (wegen einer Sache) kritisieren **2** (*veraltet*) züchtigen

chas·tise·ment /tʃæˈstaɪzmənt, ˈtʃæstɪzmənt/ *Nomen* [U] **1** (*gehoben*) Tadel, Schelte **2** (*veraltet*) Züchtigung

chas·tity /ˈtʃæstəti/ *Nomen* Keuschheit

chat 0-ᴛ /tʃæt/ *Verb, Nomen*
▸ ***Verb*** **(-tt-) ~ (away) (to/with sb)** (mit jdm) plaudern, sich (mit jdm) unterhalten PHR V **ˌchat sb ˈup** (*BrE, umgs*) jdn anquatschen, jdn anbaggern
▸ ***Nomen*** **1** (*bes BrE*) Unterhaltung, Schwatz **2** [U] Geplauder ◇ *have a chat* ein Schwätzchen halten **3** [U] Chat ◇ *children's chat* Chat für Kinder

cha·teau (*auch* **châ·teau**) /ˈʃætəʊ; *AmE* ʃæˈtoʊ/ *Nomen* (*Pl* **cha·teaux** *oder* **cha·teaus** /ˈʃætəʊz; *AmE* ʃæˈtoʊz/) Chateau, Schloss, Landhaus

chat·line /ˈtʃætlaɪn/ *Nomen* Chatline

ˈchat room *Nomen* (COMP) Chatroom

ˈchat show *Nomen* (*BrE*) Talkshow ◇ *a chat-show host* ein(e) Talkmaster(in)

chat·tel /ˈtʃætl/ *Nomen* (*Fachspr oder veraltet*) (bewegliches) Eigentum

chat·ter /ˈtʃætə(r)/ *Verb, Nomen*
▸ ***Verb*** **1** plappern; **~ (away/on) (to sb)** (mit jdm) schwatzen, (mit jdm) schwätzen **2** (*Zähne*) klappern **3** (*Affen*) kreischen; (*Vögel*) zwitschern IDM **the ˈchattering classes** (*BrE*) liberal denkende Bildungsbürger, die zu allem ihre Meinung abgeben
▸ ***Nomen*** **1** Geschwätz, Geplapper **2** (*von Vögeln*) Gezwitscher; (*von Affen*) Gekreische **3** (*Zähne-, Maschinen- etc.*) Klappern **4** (COMP) Chatter(in)

chat·ter·box /ˈtʃætəbɒks; *AmE* -tərbɑːks/ *Nomen* (*umgs*) Plappermaul, Quasselstrippe

chatty /ˈtʃæti/ *Adj* (*bes BrE, umgs*) **(-ier, -iest) 1** gesprächig, geschwätzig **2** (*Stil etc.*) im Plauderton

chauf·feur /ˈʃəʊfə(r); *AmE* ʃoʊˈfɜːr/ *Nomen, Verb*
▸ ***Nomen*** Chauffeur(in), Fahrer(in)
▸ ***Verb*** chauffieren, fahren ◇ *a chauffeured limousine* eine Limousine mit Chauffeur

chau·vin·ism /ˈʃəʊvɪnɪzəm; *AmE* ˈʃoʊ-/ *Nomen* (*abwert*) Chauvinismus

chau·vin·ist /ˈʃəʊvɪnɪst; *AmE* ˈʃoʊ-/ *Nomen* Chauvinist(in)

chau·vin·is·tic /ˌʃəʊvɪˈnɪstɪk; *AmE* ˌʃoʊ-/ (*seltener* **chau·vin·ist**) *Adj* (*Adv* **chau·vin·is·tic·al·ly** /-kli/) chauvinistisch

chav /tʃæv/ *Nomen* (*BrE, Slang*) Chav, Prolet

ChB /ˌsiː eɪtʃ ˈbiː/ (*BrE*) *Kurzform von* **Bachelor of Surgery** = Universitätsabschluss einer medizinischen Fakultät in Großbritannien

cheap 0-ᴛ /tʃiːp/ *Adj, Adv*
▸ ***Adj*** **1** (*Adv* **cheap·ly**) billig, preiswert → *Siehe auch* DIRT CHEAP **2** (*Adv* **cheap·ly**) (*abwert*) (*fig*) billig, minderwertig ◇ *She looks cheap in that dress.* In diesem Kleid sieht sie ordinär aus. ◇ *He's just a cheap crook.* Er ist nichts als ein gemeiner Gauner. ◇ *It made her feel cheap.* Sie fand es entwürdigend. **3** (*AmE, umgs, abwert*) knickerig, knauserig IDM **cheap at the ˈprice** (*AmE* **cheap at ˈtwice the price**) (sehr) preiswert **on the ˈcheap** sehr billig; auf die billige Tour → *Siehe auch* LIFE
▸ ***Adv*** (*ohne Superlativ*) (*umgs*) billig IDM **be ˌgoing ˈcheap** billig verkauft werden; billig zu haben sein **sth does not come ˈcheap** etw ist nicht billig

cheap·en /ˈtʃiːpən/ *Verb* **1** herabsetzen, erniedrigen **2** billiger machen, verbilligen; (*Preis*) herabsetzen

cheapo /ˈtʃiːpəʊ; *AmE* -poʊ/ *Adj* [nur vor Nomen] (*umgs, abwert*) billig, Billig-

cheap·skate /ˈtʃiːpskeɪt/ *Nomen* (*umgs, abwert*) Geizkragen

cheat 0-ᴛ /tʃiːt/ *Verb, Nomen*
▸ ***Verb*** **1** betrügen ◇ *He cheated on his wife.* Er hat seine Frau betrogen. ◇ *She is accused of attempting to cheat the taxman.* Sie wird der Steuerhinterziehung beschuldigt. ◇ *He cheated his way into the job.* Er hat sich die Stelle erschwindelt. **2 ~ (at sth)** (bei etw) mogeln, (bei etw) schummeln ◇ *That's cheating!* Das ist gemogelt! IDM **cheat ˈdeath** dem Tod ein Schnippchen schlagen PHR V **ˈcheat sb (ˈout) of sth** jdn um etw betrügen
▸ ***Nomen*** **1** (*bes AmE* **cheat·er**) Betrüger(in), Schwindler(in); (*beim Kartenspiel*) Falschspieler(in) ◇ *crack down on tax cheats* bei Steuerhinterziehung hart durchgreifen **2** [Sing] Betrug, Schwindel, Mogelei

check 🔑 /tʃek/ *Verb, Nomen, Ausruf*
▸ ***Verb*** **1** überprüfen, kontrollieren **2** nachsehen; ~ **(with sb)** (bei jdm) nachfragen, sich (bei jdm) erkundigen → *Siehe auch* CROSS-CHECK *und* DOUBLE-CHECK **3** unter Kontrolle halten, aufhalten **4** (*Zorn, Tränen etc.*) unterdrücken; ~ **yourself** sich beherrschen **5** (*AmE*) (*Garderobe*) abgeben; (*Gepäck*) aufgeben; (*Fluggepäck*) einchecken **6** (*AmE*) ankreuzen PHR V **ˌcheck ˈin (at …)**; **ˈcheck into …** (*am Flughafen, im Hotel*) einchecken **ˌcheck sth ˈin** (*Gepäck*) aufgeben; (*Fluggepäck*) einchecken **ˌcheck sb/sth ˈoff** (*AmE*) jdn/etw abhaken **ˈcheck on sb/sth** nach jdm/etw schauen **ˌcheck ˈout (of …)** (aus …) auschecken; (*aus einem Hotel*) (aus …) abreisen **ˌcheck sth ˈout 1** etw überprüfen, etw nachprüfen **2** (*umgs*) (sich) etw anschauen **3** (*aus einer Bibliothek etc.*) (sich) etw ausleihen **ˌcheck ˈover/ˈthrough sth** etw überprüfen, etw durchsehen ◇ *Check over your work for mistakes.* Prüfen Sie Ihre Arbeit auf Fehler. **ˌcheck ˈup on sb** jdn kontrollieren **ˌcheck ˈup on sth** etw überprüfen, etw nachsehen
▸ ***Nomen*** **1** ~ **(on sth)** Überprüfung (von etw), Kontrolle (von etw) ◇ *The police ran a check on the car.* Die Polizei überprüfte das Fahrzeug. ◇ *Could you give the tyres a check?* Können Sie die Reifen kontrollieren? ◇ *a health check* ein Gesundheitscheck ◇ *Keep a check on your speed!* Achten Sie auf Ihre Geschwindigkeit! **2** ~ **(on/to sth)** (*gehoben*) Hemmnis (für etw), Erschwernis (für etw), Hindernis (für etw) **3** Karo (muster) ◇ *a yellow and red check skirt* ein rot-gelb karierter Rock **4** (*AmE*) Scheck **5** (*AmE*) Rechnung **6** (*AmE*) **coat** ~ Garderobe **7** (*AmE*) Garderobenmarke **8** (*Schachstellung*) Schach ◇ *You're in check.* Du stehst im Schach. **9** (*AmE*) = CHECK MARK IDM **hold/keep sth in ˈcheck** etw unter Kontrolle halten → *Siehe auch* RAIN CHECK
▸ ***Ausruf*** gebongt, klar, abgehakt

check·book (*AmE*) = CHEQUEBOOK

checked /tʃekt/ *Adj* kariert, Karo-

check·er /ˈtʃekə(r)/ *Nomen* **1** (*AmE*) (*im Supermarkt*) Kassierer(in) **2** (*in Zusammensetzungen*) (COMP) Prüfprogramm ◇ *a spelling checker* eine Rechtschreibprüfung

check·er·board /ˈtʃekəbɔːd; *AmE* -kərbɔːrd/ *Nomen* (*AmE*) Damebrett

check·ered (*BrE auch* **che·quered**) /ˈtʃekəd; *AmE* -kərd/ *Adj* **1** (*Geschichte etc.*) bewegt **2** kariert

the ˌcheck·ered ˈflag (*BrE auch* **chequered flag**) *Nomen* die Zielflagge

check·ers /ˈtʃekəz; *AmE* -kərz/ *Nomen* [U] (*AmE*) (*Brettspiel*) Dame

ˈcheck-in *Nomen* **1** Abfertigung, Einchecken ◇ *Do you know your check-in time?* Weißt du, wann du einchecken musst? **2** Abfertigungsschalter, Check-In-Schalter

ˈchecking account *Nomen* (*AmE*) Girokonto, laufendes Konto

check·list /ˈtʃeklɪst/ *Nomen* Checkliste

ˈcheck mark (*auch* **check**) *Nomen* (*AmE*) Kreuz(chen), Haken

check·mate /ˌtʃekˈmeɪt, ˈtʃekmeɪt/ *Nomen, Verb*
▸ ***Nomen*** **1** (*auch* **mate**) Schachmatt **2** (*fig*) Niederlage
▸ (*auch* **mate**) ***Verb*** (schach)mattsetzen (*auch fig*)

check·out /ˈtʃekaʊt/ *Nomen* **1** (*Supermarkt-*) Kasse ◇ *a checkout assistant/operator* ein(e) Kassierer(in) **2** (*aus dem Hotel*) Abreise, Auschecken

check·point /ˈtʃekpɔɪnt/ *Nomen* Kontrollpunkt; (*zwischen Ländern*) Grenzübergang ◇ *a roadside checkpoint* eine Straßenkontrolle

check·room /ˈtʃekruːm, -rʊm/ *Nomen* (*AmE*) Garderobe

ˈcheck-up *Nomen* Untersuchung ◇ *go for/have a check-up* sich untersuchen lassen

Ched·dar /ˈtʃedə(r)/ (*auch* **ˌCheddar ˈcheese**) *Nomen* Cheddar(käse)

cheek 🔑 /tʃiːk/ *Nomen, Verb*
▸ ***Nomen*** **1** Wange, Backe **2** (*umgs*) Hinterbacke **3** [U/Sing] (*BrE*) Frechheit, Dreistigkeit, Unverschämtheit ◇ *They've got a cheek making you pay to park the car.* Dass man hier für das Parken zahlen soll, ist wirklich unverschämt. IDM **ˌcheek by ˈjowl** nah beieinander; direkt nebeneinander **of all the cheek!** (*BrE*) so eine Frechheit! **turn the other ˈcheek** die andere Wange hinhalten → *Siehe auch* ROSE *und* TONGUE
▸ ***Verb*** (*BrE, umgs*) ~ **sb** zu jdm frech sein

cheek·bone /ˈtʃiːkbəʊn *AmE* -boʊn/ *Nomen* Wangenknochen, Backenknochen

-cheeked /tʃiːkt/ (*in Adjektiven*) -wangig ◇ *chubby-cheeked* pausbäckig

cheeki·ness /ˈtʃiːkinəs/ *Nomen* Frechheit, Dreistheit

cheeky /ˈtʃiːki/ *Adj* (**cheek·ier**, **cheeki·est**) (*Adv* **cheek·ily** /-kɪli/) (*BrE*) frech, dreist ◇ *You cheeky monkey!* Du Frechdachs!

cheep /tʃiːp/ *Verb, Nomen*
▸ ***Verb*** piepen
▸ ***Nomen*** Pieps(er), Piep

cheer /tʃɪə(r); *AmE* tʃɪr/ *Nomen, Verb*
▸ ***Nomen*** **1** Beifallsruf, Hurra(geschrei), Hoch(ruf) → *Siehe auch* CHEERS **2** (*AmE*) = Lied oder Gedicht, das vor einem Sportereignis von Stimmungsmacherinnen vorgetragen wird. **3** (*gehoben*) Fröhlichkeit
▸ ***Verb*** **1** jubeln; ~ **sb** jdm zujubeln **2** (*meist passiv*) aufmuntern, aufheitern PHR V **ˌcheer sb ˈon** jdn anfeuern **ˌcheer ˈup** ◇ *She immediately cheered up.* Sofort verbesserte sich ihre Laune. ◇ *Cheer up!* Lass den Kopf nicht hängen! **cheer sb/sth ˈup** jdn/etw aufheitern ◇ *He needs cheering up.* Er braucht etwas Aufheiterung.

cheer·ful 🔑 /ˈtʃɪəfl; *AmE* ˈtʃɪrfl/ *Adj* **1** (*Adv* **cheer·ful·ly** /-fəli/) fröhlich, vergnügt, gut gelaunt ◇ *a cheerful voice* eine muntere Stimme ◇ *I could cheerfully have killed him.* Ich hätte ihn am liebsten umgebracht. ◇ *She cheerfully admitted that she had no experience at all.* Völlig unbekümmert gab sie zu, dass sie überhaupt keine Erfahrung hatte. **2** freundlich, heiter

cheer·ful·ness /ˈtʃɪəfəlnəs; *AmE* ˈtʃɪrfəl-/ *Nomen* Fröhlichkeit, gute Laune

cheer·ily *Adv* → CHEERY

cheer·ing /ˈtʃɪərɪŋ; *AmE* tʃɪrɪŋ/ *Nomen, Adj*
▸ ***Nomen*** Jubel, Hurrageschrei
▸ ***Adj*** **1** (*Ergebnis etc.*) ermutigend **2** (*Menge*) jubelnd

cheerio /ˌtʃɪəriˈəʊ; *AmE* ˌtʃɪriˈoʊ/ *Ausruf* (*BrE, umgs*) tschüs

cheer·lead·er /ˈtʃɪəliːdə(r); *AmE* ˈtʃɪrliː-/ *Nomen* **1** (*in den USA*) = Stimmungsmacherin vor einem Sportereignis **2** Befürworter(in)

cheer·less /ˈtʃɪələs; *AmE* ˈtʃɪrləs/ *Adj* (*gehoben*) trüb, düster, trostlos

cheers /tʃɪəz; *AmE* tʃɪrz/ *Ausruf* **1** prost **2** (*BrE, umgs*) tschüs **3** (*BrE, umgs*) danke

cheery /ˈtʃɪəri; *AmE* ˈtʃɪri/ *Adj* (**cheer·ier**, **cheeri·est**) (*Adv* **cheer·ily** /-rəli/) fröhlich, vergnügt

cheese 🔑 /tʃiːz/ *Nomen* **1** Käse → *Siehe auch* BLUE CHEESE, CAULIFLOWER CHEESE, COTTAGE CHEESE *und* CREAM CHEESE **2** (*beim Fotografieren*) ◇ *Say cheese!* Bitte recht freundlich! IDM → BIG, CHALK *und* HARD

cheese·cake /ˈtʃiːzkeɪk/ *Nomen* Käsekuchen

cheese·cloth /ˈtʃiːzklɒθ; *AmE* -klɔːθ/ *Nomen* indische Baumwolle

ˌcheesed ˈoff *Adj* [nicht vor Nomen] (*BrE, umgs*) (*verärgert*) sauer ◇ *He's cheesed off with his job.* Der Job ödet ihn an.

cheesy /ˈtʃiːzi/ *Adj* **1** (*bes AmE, Slang*) mies **2** käsig

chee·tah /ˈtʃiːtə/ *Nomen* Gepard

chef /ʃef/ *Nomen* (*als Beruf*) Koch, Köchin

chef-d'oeuvre /ˌʃeɪ ˈdɜːvrə; *AmE auch* ˈduːv-/ *Nomen* (*Pl* **chefs-d'oeuvre** /ˌʃeɪ ˈdɜːvrə; *AmE auch* ˈduːv-/) (*gehoben*) Meisterwerk

Chelsea tractor /ˌtʃelsi ˈtræktə(r)/ *Nomen* (*BrE, umgs, abwert*) Luxusgeländewagen

chem·ical 0-ᴡ /ˈkemɪkl/ *Adj, Nomen*
▸ ***Adj*** **1** (*Adv* **chem·ic·al·ly** /-kli/) chemisch **2** Chemie-
▸ ***Nomen*** Chemikalie

chem·ist 0-ᴡ /ˈkemɪst/ *Nomen* **1** (*BrE*) Apotheker(in) **2** Chemiker(in)

chem·is·try 0-ᴡ /ˈkemɪstri/ *Nomen* **1** Chemie ◇ *a chemistry set* ein Chemiebaukasten **2** (*Fachspr*) chemische Zusammensetzung **3** (sexuelle) Anziehung ◇ *The chemistry just wasn't right.* Die Chemie stimmte einfach nicht.

chemo·ther·apy /ˌkiːməʊˈθerəpi; *AmE* -moʊ-/ *Nomen* [U] Chemotherapie

cheque 0-ᴡ (*AmE* **check**) /tʃek/ *Nomen* Scheck → *Siehe auch* BLANK CHEQUE *und* TRAVELLER'S CHEQUE

cheque·book (*AmE* **ˈcheck·book**) /ˈtʃekbʊk/ *Nomen* Scheckbuch

ˈcheque card (*auch* **ˌcheque guaranˈtee card**) *Nomen* (*BrE*) Scheckkarte

che·quered (*BrE*) = CHECKERED

cher·ish /ˈtʃerɪʃ/ *Verb* (*gehoben*) **1** liebevoll sorgen für **2** in Ehren halten ◇ *I still cherish the memory.* Ich werde es nie vergessen. **3** (*Hoffnung*) hegen

che·root /ʃəˈruːt/ *Nomen* Stumpen

cherry /ˈtʃeri/ *Nomen* (*Pl* **-ies**) **1** Kirsche **2** (*auch* **ˈcherry tree**) Kirschbaum **3** (*auch* **cherry·wood** /-wʊd/) Kirschbaumholz **4** (*auch* **ˌcherry ˈred**) Kirschrot IDM → BITE

ˈcherry-pick *Verb* (die Besten) auswählen

cherub /ˈtʃerəb/ *Nomen* **1** Cherub, Engel (*auch fig*) **2** (KUNST) Putte

cher·ub·ic /tʃəˈruːbɪk/ *Adj* (*gehoben*) pausbäckig, engelhaft

cher·vil /ˈtʃɜːvɪl; *AmE* ˈtʃɜːrvɪl/ *Nomen* Kerbel

chess /tʃes/ *Nomen* Schach

chess·board /ˈtʃesbɔːd; *AmE* -bɔːrd/ *Nomen* Schachbrett

chess·man /ˈtʃesmæn/ *Nomen* (*Pl* **-men** /-men/) Schachfigur

chest 0-ᴡ /tʃest/ *Nomen* **1** Brust(korb) ◇ *a chest infection* ein Lungeninfekt **2** Truhe, Kiste → *Siehe auch* CHEST OF DRAWERS, TEA CHEST *und* WAR CHEST IDM **ˌget sth off your ˈchest** sich etw von der Seele reden → *Siehe auch* CARD

-chest·ed /ˈtʃestɪd/ *Adj* (*in Zusammensetzungen*) -brüstig ◇ *broad-chested* mit einem breiten Brustkorb

chest·nut /ˈtʃesnʌt/ *Nomen* **1** (*auch* **ˈchestnut tree**) Kastanie → *Siehe auch* HORSE CHESTNUT **2** Edelkastanie → *Siehe auch* WATER CHESTNUT **3** Kastanienbraun **4** (*Pferd*) Fuchs **5** (*umgs*) alte Kamelle

ˌchest of ˈdrawers *Nomen* (*Pl* **chests of drawers**) Kommode

chev·ron /ˈʃevrən/ *Nomen* (*Abzeichen*) Winkel ◇ *a chevron pattern* ein Fischgrätenmuster

chew 0-ᴡ /tʃuː/ *Verb, Nomen*
▸ ***Verb*** **1** kauen ◇ *chew your nails* an den Nägeln kauen **2 ~ through sth** etw durchnagen **3 ~ sth (up)** etw zerkauen IDM **ˌchew the ˈfat** (*umgs*) tratschen → *Siehe auch* BITE PHRV **ˌchew sb ˈout** (*AmE, umgs*) jdn ausschimpfen, jdn anmachen ◇ *The coach used to chew us out every day.* Der Trainer hat uns früher jeden Tag ausgeschimpft. **ˌchew sth ˈover** sich etw überlegen
▸ ***Nomen*** **1** Kauen **2** Kaubonbon **3** Priem

ˈchewing gum (*auch* **gum**) *Nomen* [U] Kaugummi

chewy /ˈtʃuːi/ *Adj* (*Fleisch*) zäh; (*Brot etc.*) kleistrig ◇ *chewy sweets* Kaubonbons

chia /ˈtʃiːə/ *Nomen* Chia ◇ *chia seeds* Chiasamen

chic /ʃiːk/ *Adj, Nomen*
▸ ***Adj*** schick
▸ ***Nomen*** Schick

chi·cane /ʃɪˈkeɪn/ *Nomen* (*BrE*) (*Kurve*) Schikane

Chi·cano /tʃɪˈkɑːnəʊ, ʃɪ-; *AmE* -noʊ/ *Nomen* (*Pl* **-os**) (*bes AmE*) = Einwohner der USA von mexikanischer Abkunft

chick /tʃɪk/ *Nomen* **1** Küken **2** (*veraltet*) (*junge Frau*) Biene

chicka·dee /ˈtʃɪkədiː, ˌtʃɪkəˈdiː/ *Nomen* amerikanische Meise

chick·en 0-ᴡ /ˈtʃɪkɪn/ *Nomen, Verb, Adj*
▸ ***Nomen*** Huhn ◇ *chicken stock* Hühnerbrühe → *Siehe auch* SPRING CHICKEN IDM **a chicken-and-egg situation/problem, etc.** eine Huhn-Ei-Frage; ein Teufelskreis **(the) chickens come home to ˈroost** das wird sich rächen → *Siehe auch* COUNT *und* HEADLESS
▸ ***Verb*** (*umgs*) PHRV **ˌchicken ˈout** kneifen **ˌchicken ˈout of sth** sich vor etw drücken
▸ ***Adj*** [nicht vor Nomen] (*umgs*) feig(e)

ˈchicken feed *Nomen* **1** Hühnerfutter **2** (*umgs*) (*lächerliche Summe*) Pappenstiel

chick·en·pox /ˈtʃɪkɪnpɒks; *AmE* -pɑːks/ *Nomen* [U] Windpocken

chick·en·shit /ˈtʃɪkɪnʃɪt/ *Nomen, Adj*
▸ ***Nomen*** (*AmE, Slang*) Unsinn
▸ ***Adj*** (*AmE, Slang*) (*Mensch*) feig(e)

ˈchick lit *Nomen* [U] (*umgs*) Chick-Lit, Trivialliteratur des Genres "Freche Frauen"

chick·pea /ˈtʃɪkpiː/ *Nomen* (*bes BrE*) Kichererbse

chic·ory /ˈtʃɪkəri/ *Nomen* **1** (*BrE*) Chicorée **2** (*AmE*) Endivie

chide /tʃaɪd/ *Verb* (*gehoben*) schelten, rügen

chief 0-ᴡ /tʃiːf/ *Adj, Nomen*
▸ ***Adj*** [nur vor Nomen] Haupt- ◇ *the commander-in-chief* der/die Oberbefehlshaber(in)
▸ ***Nomen*** **1** Leiter(in), Chef(in) **2** Häuptling IDM **too many chiefs and not enough Indians** (*BrE, umgs*) zu viele Leute, die Befehle austeilen und nicht genug Leute, die die Arbeit machen

ˌchief ˈconstable *Nomen* (*BrE*) Polizeidirektor(in)

ˌchief eˈxecutive *Nomen* **1** Generaldirektor(in) **2** **Chief Executive** Präsident der USA

ˌchief eˌxecutive ˈofficer *Nomen* = CEO

ˌchief inˈspector *Nomen* (*BrE*) Hauptkommissar(in)

ˌchief ˈjustice (*auch* **Chief Justice**) *Nomen* Oberrichter(in); (*in den USA*) oberste(r) Bundesrichter(in)

chief·ly /ˈtʃiːfli/ *Adv* hauptsächlich, vor allem, in erster Linie

ˌchief of ˈstaff *Nomen* (*Pl* **chiefs of staff**) Generalstabschef → *Siehe auch* JOINT CHIEFS OF STAFF

ˌchief superinˈtendent *Nomen* (*BrE*) Polizeioberrat, -oberrätin

chief·tain /ˈtʃiːftən/ *Nomen* Oberhaupt (*eines schottischen Clans*)

chif·fon /ˈʃɪfɒn; *AmE* ʃɪˈfɑːn/ *Nomen* Chiffon

chi·gnon /ˈʃiːnjɒn; *AmE* -njɑːn/ *Nomen* (Haar)knoten

chi·hua·hua /tʃɪˈwɑːwə; *AmE* -wɑː/ *Nomen* Chihuahua

chil·blain /ˈtʃɪlbleɪn/ *Nomen* Frostbeule

child 0-ᴡ /tʃaɪld/ *Nomen* (*Pl* **chil·dren** /ˈtʃɪldrən/) Kind → *Siehe auch* LOVE CHILD *und* ONLY CHILD IDM **be**

ˈ**child's play** (*umgs*) ein Kinderspiel sein **be with ˈchild** (*veraltet*) schwanger sein

ˈ**child abuse** *Nomen* [U] Kindesmisshandlung

child·bear·ing /ˈtʃaɪldbeərɪŋ; *AmE* -berɪŋ/ *Nomen* Kinderkriegen ◇ *women of childbearing age* Frauen im gebärfähigen Alter

ˌ**child ˈbene·fit** *Nomen* Kindergeld

child·birth /ˈtʃaɪldbɜːθ; *AmE* -bɜːrθ/ *Nomen* [U] Gebären, Geburt

child·care /ˈtʃaɪldkeə(r); *AmE* -ker/ *Nomen* Kinderbetreuung

child·hood /ˈtʃaɪldhʊd/ *Nomen* Kindheit ◇ *childhood cancer* Krebs im Kindesalter ◇ *He married his childhood sweetheart.* Er heiratete seine Sandkastenfreundin.

child·ish /ˈtʃaɪldɪʃ/ *Adj* (*Adv* **child·ish·ly**) **1** kindlich **2** (*abwert*) kindisch

child·ish·ness /ˈtʃaɪldɪʃnəs/ *Nomen* **1** Kindlichkeit **2** (*abwert*) kindisches Benehmen

child·less /ˈtʃaɪldləs/ *Adj* kinderlos

child·like /ˈtʃaɪldlaɪk/ *Adj* kindlich

child·mind·er /ˈtʃaɪldmaɪndə(r)/ *Nomen* (*BrE*) Tagesmutter

child·proof /ˈtʃaɪldpruːf/ *Adj* kindersicher

children *Form von* CHILD

chili /ˈtʃɪli/ *Nomen* (*AmE*) = CHILLI

chill /tʃɪl/ *Nomen, Verb, Adj*

▸ ***Nomen*** **1** [Sing] Kühle, Kälte ◇ *A small fire was burning to take the chill off the room.* Ein kleines Feuer brannte, um das Zimmer ein wenig zu erwärmen. **2** Erkältung **3** (*fig*) ◇ *His words sent a chill down her spine.* Seine Worte ließen sie erschaudern.

▸ ***Verb*** **1** (*meist passiv*) ◇ *They were chilled by the icy wind.* Der eisige Wind ließ sie frösteln. ◇ *chilled to the bone/marrow* völlig durchgefroren **2** kühlen ◇ *Let the pudding chill for an hour until set.* Stellen Sie den Nachtisch eine Stunde kalt, damit er fest wird. **3** (*meist passiv*) (*gehoben*) ängstigen, erschaudern lassen ◇ *What he saw chilled his blood.* Was er sah, ließ sein Blut in den Adern gefrieren. PHR V ˌ**chill ˈout** (*umgs*) sich entspannen, relaxen

▸ ***Adj*** (*gehoben*) kalt, frostig

chiller /ˈtʃɪlə(r)/ (*auch* ˈ**chiller cabinet**) *Nomen* Kühlregal

chilli (*AmE* **chili**) /ˈtʃɪli/ *Nomen* (*Pl* **chil·lies**, *AmE* **chilies**) (*AmE auch* ˈ**chili pepper**) Chili

chill·ing /ˈtʃɪlɪŋ/ *Adj* Schauder erregend, schrecklich

chilly /ˈtʃɪli/ *Adj* (**-ier, -iest**) **1** kühl, kalt **2** (*fig*) frostig, kühl

chime /tʃaɪm/ *Verb, Nomen*

▸ ***Verb*** (*Glocken*) läuten; (*Uhr*) schlagen PHR V ˌ**chime ˈin (with sth)** sich (bei etw) einschalten **chime (in) with sth** (*gehoben*) mit etw in Einklang stehen

▸ ***Nomen*** Geläute, Läuten

chi·mera (*auch* **chi·maera**) /kaɪˈmɪərə; *AmE* -ˈmɪrə/ *Nomen* **1** Chimära **2** (*gehoben*) Schimäre

chim·ney /ˈtʃɪmni/ *Nomen* **1** Schornstein, Schlot **2** (*beim Bergsteigen*) Kamin

ˈ**chim·ney breast** *Nomen* (*BrE*) Kaminmantel

ˈ**chim·ney piece** *Nomen* (*BrE*) Kaminsims

ˈ**chim·ney pot** *Nomen* (*BrE*) Schornsteinkopf

ˈ**chim·ney stack** *Nomen* (*BrE*) Schornstein, Schlot

ˈ**chimney sweep** (*auch* **sweep**) *Nomen* Schornsteinfeger(in)

chim·pan·zee /ˌtʃɪmpænˈziː/ (*umgs* **chimp**) *Nomen* Schimpanse

chin 0‐m /tʃɪn/ *Nomen* Kinn IDM **(keep your) ˈchin up** (*umgs*) Kopf hoch; halt die Ohren steif **take sth on the ˈchin** (*umgs*) etw mit Fassung tragen → *Siehe auch* CHUCK

china /ˈtʃaɪnə/ *Nomen* Porzellan IDM → BULL *und* TEA

Chinese cabbage /ˌtʃaɪniːz ˈkæbɪdʒ/ *Nomen* (*BrE auch* ˌ**Chinese ˈleaf**; ˌ**Chinese ˈleaves** [Pl]) Chinakohl

Chinese chequers /ˌtʃaɪniːz ˈtʃekəz; *AmE* -kərz/ *Nomen* (*AmE* ˌ**Chinese ˈcheckers**) (Stern)halma

Chinese lantern /ˌtʃaɪniːz ˈlæntən; *AmE* -tərn/ *Nomen* Lampion

Chinese whispers /ˌtʃaɪniːz ˈwɪspəz; *AmE* -spərz/ *Nomen* stille Post

Chink /tʃɪŋk/ *Nomen* (*Slang, beleidigend*) Chinese, Chinesin

chink /tʃɪŋk/ *Nomen, Verb*

▸ ***Nomen*** **1** Spalt, Ritze ◇ *a chink of light* ein Lichtspalt **2** Klirren IDM **a chink in sb's ˈarmour** jds schwache Stelle

▸ ***Verb*** ~ (**sth**) (mit etw) klirren; (*Münzen*) (mit etw) klimpern ◇ *We chinked glasses.* Wir ließen die Gläser klingen.

chinos /ˈtʃiːnəʊz; *AmE* -noʊz/ *Nomen* [Pl] = helle Baumwollhose

chintz /tʃɪnts/ *Nomen* Chintz, glänzender Baumwollstoff

chintzy /ˈtʃɪntsi/ *Adj* **1** (*BrE*) aus Chintz; (*Sofa etc.*) mit Chintz bezogen **2** (*AmE, umgs*) billig, kitschig **3** (*AmE, hum*) knauserig, geizig

ˈ**chin-up** *Nomen* (*bes AmE*) (SPORT) Klimmzug

chip 0‐m /tʃɪp/ *Nomen, Verb*

▸ ***Nomen*** **1** angeschlagene Stelle **2** Splitter, Stückchen **3** (*BrE*) [meist Pl] Fritte ◇ *chips* Pommes frites **4** (*AmE*) Kartoffelchip **5** = MICROCHIP **6** Spielmarke, Chip **7** (*beim Golf*) = kurzer Annäherungsschlag auf das Grün IDM **a ˌchip off the old ˈblock** (*umgs*) ganz die Mutter/der Vater **have a ˈchip on your shoulder (about sth)** (*umgs*) einen Komplex (wegen einer Sache) haben **have had your ˈchips** (*BrE, umgs*) erledigt sein **when the chips are ˈdown** (*umgs*) wenn es darauf ankommt

▸ ***Verb*** (**-pp-**) **1** abschlagen, beschädigen ◇ *a badly chipped saucer* eine stark angeschlagene Untertasse ◇ *She chipped one of her front teeth.* Ein Stück von ihrem Schneidezahn ist abgesplittert. **2** ◇ *These plates chip easily.* Diese Teller schlagen leicht an. **3** (weg)schlagen, (weg)hauen **4** (*beim Golf*) chippen; (*beim Fußball*) = den Ball anheben **5** ~ **potatoes** (*BrE*) Pommes frites machen PHR V ˌ**chip aˈway at sth** auf etw herumschlagen, an etw herummeißeln ◇ (*fig*) *They chipped away at the power of the government.* Sie haben allmählich die Regierung unterminiert. ˌ**chip ˈin** (*umgs*) **1** sich einmischen **2** dazuzahlen ˌ**chip ˈin with sth** (*umgs*) **1** etw einwerfen **2** (*auch* ˌ**chip ˈin sth**) (*Geld*) beisteuern ˌ**chip ˈoff** absplittern, abplatzen; (*Farbe*) abblättern ˌ**chip sth ˈoff** etw abschlagen, etw wegschlagen

chip·board /ˈtʃɪpbɔːd; *AmE* -bɔːrd/ *Nomen* [U] Spanholz

chip·munk /ˈtʃɪpmʌŋk/ *Nomen* Streifenhörnchen

chipo·lata /ˌtʃɪpəˈlɑːtə/ *Nomen* (*bes BrE*) = kleine gewürzte Wurst

chip·pings /ˈtʃɪpɪŋz/ *Nomen* [Pl] (*BrE*) Splitter, Späne; (*Straßen-*) Splitt

chip·py /ˈtʃɪpi/ *Nomen, Adj*

▸ ***Nomen*** (*auch* **chip·pie**) (*Pl* **-ies**) (*BrE, umgs*) **1** (*auch* ˈ**chip shop**) ≈ Frittenbude **2** Tischler(in)

▸ ***Adj*** (*umgs*) (*Mensch*) (über)empfindlich, gereizt

chir·opo·dist /kɪˈrɒpədɪst; *AmE* kɪˈrɑːp-/ *Nomen* (*bes BrE*) Fußpfleger(in)

chir·opody /kɪˈrɒpədi; *AmE* kɪˈrɑːp-/ *Nomen* (*bes BrE*) Fußpflege, Pediküre

chiro·prac·tor /ˈkaɪərəʊpræktə(r); *AmE* -roʊ-/ *Nomen* Chiropraktiker(in)

chirp /tʃɜːp; *AmE* tʃɜːrp/ *Verb, Nomen*
▸ ***Verb*** zwitschern, zirpen
▸ ***Nomen*** Zwitschern, Zirpen

chirpy /ˈtʃɜːpi; *AmE* ˈtʃɜːrpi/ *Adj* (*Adv* **chirp·ily** /-pɪli/) (*umgs*) vergnügt, munter

chisel /ˈtʃɪzl/ *Nomen, Verb*
▸ ***Nomen*** Meißel, Stemmeisen
▸ ***Verb*** (**-ll-**, *AmE meist* **-l-**) meißeln; (*in Holz*) schlagen

chis·elled (*AmE* **chis·eled**) /ˈtʃɪzld/ *Adj* (*Gesichtszüge*) fein (gemeißelt)

chit /tʃɪt/ *Nomen* (*BrE*) **1** Zettel, Notiz ◇ *Do I need to sign a chit for these drinks?* Muss ich für diese Getränke unterschreiben? **2** (*veraltet, abwert*) Gör

ˈchit-chat *Nomen* [U] (*umgs*) Plauderei

chiv·al·rous /ˈʃɪvəlrəs/ *Adj* (*Adv* **chival·rous·ly**) galant, ritterlich

chiv·alry /ˈʃɪvəlri/ *Nomen* **1** Ritterlichkeit **2** Rittertum ◇ *the age of chivalry* die Ritterzeit

chive /tʃaɪv/ *Adj* [nur vor Nomen] Schnittlauch-

chives /tʃaɪvz/ *Nomen* [Pl] Schnittlauch

chivvy /ˈtʃɪvi/ *Verb* (**chiv·vies, chivvy·ing, chiv·vied, chiv·vied**) **~ sb** jdn hetzen; **~ sb into sth** jdn in etw (hinein)scheuchen; **~ sb along** jdn antreiben

chlor·ide /ˈklɔːraɪd/ *Nomen* (CHEM) Chlorid

chlor·in·ate /ˈklɔːrɪneɪt/ *Verb* chloren

chlor·in·ation /ˌklɔːrɪˈneɪʃn/ *Nomen* Chloren

chlor·ine /ˈklɔːriːn/ *Nomen* Chlor

chloro·fluoro·car·bon /ˌklɔːrəʊˈflʊərəʊkɑːbən; *AmE* -roʊˈflʊroʊkɑːrbən/ *Nomen* Chlorfluorkohlenwasserstoff

chloro·form /ˈklɒrəfɔːm; *AmE* ˈklɔːrəfɔːrm/ *Nomen* Chloroform

chloro·phyll /ˈklɒrəfɪl; *AmE* ˈklɔːr-/ *Nomen* Chlorophyll

choc /tʃɒk; *AmE* tʃɑːk/ *Nomen* (*BrE, umgs*) (Schoko)praline

ˈchoc ice *Nomen* (*BrE*) ≈ Eiscreme mit Schokoladenüberzug

chock /tʃɒk; *AmE* tʃɑːk/ *Nomen* Bremskeil

chock-a-block /ˌtʃɒk ə ˈblɒk; *AmE* ˌtʃɑːk ə ˈblɑːk/ *Adj* [nicht vor Nomen] (*BrE, umgs*) vollgepfropft, gerammelt voll

chock-full /ˌtʃɒk ˈfʊl; *AmE* ˌtʃɑːk/ *Adj* [nicht vor Nomen] **~ (of sb/sth)** (*umgs*) gerammelt voll (mit jdm/etw)

choc·olate 🔑 /ˈtʃɒklət; *AmE* ˈtʃɔːklət/ *Nomen* **1** [U] Schokolade **2** Praline **3** (*BrE*) = HOT CHOCOLATE **4** Schokoladenbraun

ˈchocolate-box *Adj* [nur vor Nomen] (*BrE*) Bilderbuch-

choice 🔑 /tʃɔɪs/ *Nomen, Adj*
▸ ***Nomen*** **1** Entscheidung ◇ *make a choice* eine Entscheidung treffen **2** Wahl ◇ *She was the obvious choice.* Es lag nahe, dass die Wahl auf sie fallen würde. ◇ *He wouldn't be my choice as team leader.* Ich würde ihn nicht als Teamleiter wählen. ◇ *I don't like his choice of friends.* Ich mag die Freunde nicht, die er sich aussucht. ◇ *Hawaii is a popular choice for travel.* Hawaii ist ein beliebtes Reiseziel. ◇ *This government is committed to extending parental choice.* Diese Regierung will das Mitspracherecht der Eltern ausweiten. **3** [Sing] Auswahl IDM **by ˈchoice** freiwillig **of ˈchoice** (*dem Nomen nachgestellt*) Lieblings-; meist gefragte(r,s) → *Siehe auch* SPOILED
▸ ***Adj*** [nur vor Nomen] **1** erstklassig, erlesen **2** (*AmE*) (*bei der Fleischqualität*) = Güteklasse 2 **3** (*Worte*) gewählt ◇ (*hum*) *He used some pretty choice language.* Seine Worte waren ziemlich rüde.

choir /ˈkwaɪə(r)/ *Nomen* **1** [mit Verb im Sing/Pl] Chor **2** Chorraum

choir·boy /ˈkwaɪəbɔɪ; *AmE* -ərbɔɪ/ *Nomen* Chorknabe

choir·girl /ˈkwaɪəgɜːl; *AmE* -ərgɜːrl/ *Nomen* Chormädchen

choir·mas·ter /ˈkwaɪəmɑːstə(r); *AmE* -ərmæstər/ *Nomen* Chorleiter(in)

choke /tʃəʊk; *AmE* tʃoʊk/ *Verb, Nomen*
▸ ***Verb*** **1** keine Luft mehr bekommen, ersticken; **~ on sth** an etw (fast) ersticken, sich an etw verschlucken **2 ~ sb** ◇ *It can choke a baby.* Ein Baby kann daran ersticken. **3 ~ sb** jdn erdrosseln **4 ~ (with sth)** (vor etw) keinen Ton herausbringen ◇ *in a choked voice* mit erstickter Stimme ◇ *His voice was choked with tears.* Seine Stimme war tränenerstickt. ◇ *I was too choked with emotion.* Ich war zutiefst bewegt. **5 ~ sth (up) (with sth)** etw (mit etw) verstopfen ◇ *The roads are choked (up) with traffic.* Die Straßen sind verstopft. **6** (*AmE*) (SPORT) (*umgs*) versagen
PHRV **ˌchoke sth ˈback** etw unterdrücken, etw zurückhalten **ˌchoke sth ˈdown** etw hinunterschlucken **ˌchoke sth ˈoff 1** etw dämpfen, etw verhindern **2** etw unterbrechen, etw stoppen **ˌchoke ˈout sth** etw herauspressen **ˌchoke ˈup** (*AmE*) ◇ *She choked up when she began to talk about him.* Ihre Stimme versagte, als sie vom ihm zu sprechen begann.
▸ ***Nomen*** **1** Choke, Kaltstarthilfe **2** ◇ *a choke of laughter* ein ersticktes Lachen

choked /tʃəʊkt; *AmE* tʃoʊkt/ *Adj* [nicht vor Nomen] **be ~ up (about sth)**; (*BrE auch*) **be ~ (about sth)** (*umgs*) (über etw) aufgebracht sein; (*verärgert*) (von etw) die Nase voll haben

choker /ˈtʃəʊkə(r); *AmE* ˈtʃoʊ-/ *Nomen* eng anliegendes Collier, Kropfband

chol·era /ˈkɒlərə; *AmE* ˈkɑːlə-/ *Nomen* Cholera

chol·er·ic /ˈkɒlərɪk; *AmE* ˈkɑːlə-/ *Adj* (*gehoben, selten*) cholerisch

chol·es·terol /kəˈlestərɒl; *AmE* -rɔːl/ *Nomen* Cholesterin

chomp /tʃɒmp; *AmE* tʃɑːmp/ *Verb* **~ (on sth)** (etw) mampfen; **~ through sth** etw in sich hineinmampfen

choose 🔑 /tʃuːz/ *Verb* (**chose** /tʃəʊz; *AmE* tʃoʊz/, **chosen** /ˈtʃəʊzn; *AmE* ˈtʃoʊ-/) **1** wählen; **~ (A) (from B)** (A) (aus/unter B) auswählen ◇ *You'll have to choose whether to buy it or not.* Du musst dich entscheiden, ob du es kaufen willst oder nicht. **2** mögen, wollen IDM **there is nothing/not much/little to choose between A and B** A und B unterscheiden sich in nichts/nicht sehr/nur wenig voneinander → *Siehe auch* PICK

chooser /ˈtʃuːzə(r)/ *Nomen* IDM → BEGGAR

choosy /ˈtʃuːzi/ *Adj* (*umgs*) wählerisch

chop 🔑 /tʃɒp; *AmE* tʃɑːp/ *Verb, Nomen*
▸ ***Verb*** (**-pp-**) **1 ~ sth (up)** etw (zer)hacken, etw klein schneiden ◇ (*fig*) *The country was chopped up into small administrative areas.* Das Land wurde in kleine Verwaltungskreise aufgeteilt. **2** (*meist passiv*) (*umgs*) senken, kürzen, reduzieren **3** (*meist passiv*) (*umgs*) (*Arbeitsstelle, Kurs etc.*) streichen **4** (*Ball*) (an)schneiden IDM **ˌchop and ˈchange** (*BrE, umgs*) (*Meinung, Verhalten etc.*) ständig ändern PHRV **ˈchop (away) at sth** auf etw einhacken, auf etw einstechen **ˌchop sth ˈdown** etw fällen **ˌchop sth ˈoff (sth)** etw (von etw) abschlagen, etw (von etw) abhacken
▸ ***Nomen*** **1** Kotelett **2** Schlag, Hieb **3 give sth a ~** etw klein schneiden **4 chops** [Pl] (*umgs*) Mundpartie; (*beim Tier*) Lefzen IDM **be for the ˈchop** (*BrE, umgs*) auf der Abschussliste stehen **get/be given the ˈchop** (*BrE, umgs*) **1** rausfliegen **2** (*Plan, Projekt etc.*) gestrichen werden

ˌchop-ˈchop *Ausruf* (*BrE, umgs*) hopp hopp, mach schon

chop·per /ˈtʃɒpə(r); *AmE* ˈtʃɑːpər/ *Nomen* **1** (*umgs*) Hubschrauber **2** (Hack)beil **3** (*AmE*) (*Motorrad*) Chopper

ˈ**chopping board** *Nomen* Schneidebrett, Hackbrett

choppy /ˈtʃɒpi; *AmE* ˈtʃɑːpi/ *Adj* **1** (*Meer etc.*) kabbelig **2** (*AmE, abwert*) (*Schreibstil*) abgehackt

chop·stick /ˈtʃɒpstɪk; *AmE* ˈtʃɑːp-/ *Nomen* Essstäbchen

choral /ˈkɔːrəl/ *Adj* Chor-

chor·ale /kɒˈrɑːl; *AmE* kəˈræl, kəˈrɑːl/ *Nomen* **1** Choral **2** (*bes AmE*) Chor

chord /kɔːd; *AmE* kɔːrd/ *Nomen* **1** (MUS) Akkord **2** (MATH) Sehne IDM **strike/touch a ˈchord (with sb)** (bei jdm) Anklang finden; (bei jdm) den richtigen Ton treffen

chore /tʃɔː(r)/ *Nomen* **1** (Routine)arbeit ◇ *household chores* Hausarbeit **2** lästige Pflicht

choreo·graph /ˈkɒriəgrɑːf, -græf; *AmE* ˈkɔːriəgræf/ *Verb* choreografieren ◇ (*fig*) *carefully choreographed flag-waving* sorgfältig einstudiertes Fahnenschwenken

chore·og·rapher /ˌkɒriˈɒgrəfə(r); *AmE* ˌkɔːriˈɑːg-/ *Nomen* Choreograf(in)

choreo·graph·ic /ˌkɒriəˈgræfɪk; *AmE* ˌkɔːr-/ *Adj* choreografisch

chore·og·raphy /ˌkɒriˈɒgrəfi; *AmE* ˌkɔːriˈɑːg-/ *Nomen* Choreografie

chor·is·ter /ˈkɒrɪstə(r); *AmE* ˈkɔːr-/ *Nomen* Chorsänger (in), Chorknabe, Chormädchen

chor·tle /ˈtʃɔːtl; *AmE* ˈtʃɔːrtl/ *Verb, Nomen*
▸ ***Verb*** glucksend lachen
▸ ***Nomen*** gluckendes Lachen

chorus /ˈkɔːrəs/ *Nomen, Verb*
▸ ***Nomen*** **1** Refrain **2** (*Musikstück*) Chor **3** [mit Verb im Sing/Pl] (*oft in Namen*) Chor; (*Tänzer*) Sing- und Tanzgruppe, Ballett ◇ *the chorus line* die (Sänger und) Tänzer **4 a ~ of sth** [Sing] ◇ *a chorus of praise* Lobpreisungen ◇ *a chorus of complaint* Beschwerderufe ◇ *a chorus of voices calling for her resignation* Stimmen, die ihren Rücktritt forderten **5** [mit Verb im Sing/Pl] (*im antiken Drama*) Chor **6** [Sing] = (besonders im Drama des 16. Jahrhunderts) Sprecher des Prologs und Epilogs IDM **in chorus** im Chor
▸ ***Verb*** **~ sth** etw im Chor sagen

ˈ**chorus girl** *Nomen* Revuetänzerin

chose, chosen *Form von* CHOOSE

chow /tʃaʊ/ *Nomen* **1** [U] (*Slang*) Essen, Futter **2** (*Hund*) Chow-Chow

chow·der /ˈtʃaʊdə(r)/ *Nomen* = Eintopf meist aus Fisch oder Meeresfrüchten

Christ /kraɪst/ *Nomen* Christus

chris·ten /ˈkrɪsn/ *Verb* **1** taufen ◇ *She was christened Mary.* Sie wurde auf den Namen Mary getauft. ◇ *This area has been christened 'the last wilderness'.* Diese Gegend nennt man „die letzte Wildnis". **2** (*umgs*) (*zum ersten Mal benutzen*) einweihen

Chris·ten·dom /ˈkrɪsndəm/ *Nomen* (*veraltet*) die (ganze) Christenheit

chris·ten·ing /ˈkrɪsnɪŋ/ *Nomen* Taufe

Chris·tian /ˈkrɪstʃən/ *Nomen, Adj*
▸ ***Nomen*** Christ(in)
▸ ***Adj*** christlich

Chris·tian·ity /ˌkrɪstiˈænəti/ *Nomen* Christentum

ˈ**Christian name** *Nomen* (*BrE*) Vorname ◇ *We're on Christian name terms.* Wir nennen uns beim Vornamen.

Christ·mas /ˈkrɪsməs/ *Nomen* **1** Weihnachten ◇ *Christmas dinner* das Weihnachtsessen **2** = CHRISTMAS DAY

ˈ**Christmas box** *Nomen* (*BrE, veraltet*) (*für Postboten etc.*) = Trinkgeld oder Geschenk zu Weihnachten

ˈ**Christmas cake** *Nomen* (*an Weihnachten*) = Früchtekuchen mit Zuckerguss und Marzipan

ˌ**Christmas ˈcarol** (*auch* **carol**) *Nomen* Weihnachtslied

ˌ**Christmas ˈcracker** (*auch* **crack·er**) *Nomen* ≈ Knallbonbon

ˌ**Christmas ˈDay** (*auch* **Christ·mas**) *Nomen* erster Weihnachtsfeiertag

ˌ**Christmas ˈEve** *Nomen* Heiligabend

ˌ**Christmas ˈpudding** *Nomen* (*an Weihnachten*) = aus Rosinen, Orangen, Nüssen, Nierenfett etc. zubereiteter Nachtisch, der zu Weihnachten heiß mit einer Soße serviert wird

ˌ**Christmas ˈstocking** (*auch* **stock·ing**) *Nomen* = Strumpf, der am Heiligabend von Kindern aufgehängt wird und in den Weihnachtsgeschenke gefüllt werden

Christ·massy /ˈkrɪsməsi/ *Adj* (*umgs*) weihnachtlich

Christ·mas·time /ˈkrɪsməstaɪm/ *Nomen* Weihnachten

chro·mat·ic /krəˈmætɪk/ *Adj* (MUS) chromatisch

chrome /krəʊm; *AmE* kroʊm/ *Nomen* Chrom

chro·mium /ˈkrəʊmiəm; *AmE* ˈkroʊ-/ *Nomen* Chrom ◇ *chromium-plated steel* verchromter Stahl

chromo·somal /ˌkrəʊməˈsəʊməl; *AmE* ˌkroʊməˈsoʊ-/ *Adj* Chromosomen-

chromo·some /ˈkrəʊməsəʊm; *AmE* ˈkroʊməsoʊm/ *Nomen* Chromosom

chron·ic /ˈkrɒnɪk; *AmE* ˈkrɑːnɪk/ *Adj* **1** (*Adv* **chron·ic·al·ly** /-kli/) chronisch ◇ *the chronically ill* Langzeitkranke **2** (*BrE, umgs*) miserabel, furchtbar schlecht

ˌ**chronic faˈtigue syndrome** *Nomen* chronisches Erschöpfungssyndrom

chron·icle /ˈkrɒnɪkl; *AmE* ˈkrɑːn-/ *Nomen, Verb*
▸ ***Nomen*** **1** Chronik **2** Schilderung
▸ ***Verb*** (*gehoben*) aufzeichnen, erfassen

chron·ic·ler /ˈkrɒnɪklə(r); *AmE* ˈkrɑːn-/ *Nomen* Chronist(in)

chrono·logic·al /ˌkrɒnəˈlɒdʒɪkl; *AmE* ˌkrɑːnəˈlɑːdʒɪ-/ *Adj* (*Adv* **chrono·logic·al·ly** /-kli/) chronologisch

chron·ology /krəˈnɒlədʒi; *AmE* -ˈnɑːlə-/ *Nomen* (*Pl* **-ies**) Chronologie, zeitliche Abfolge

chron·om·eter /krəˈnɒmɪtə(r); *AmE* -ˈnɑːm-/ *Nomen* Chronometer

chrys·alis /ˈkrɪsəlɪs/ *Nomen* (*auch* **chrys·alid** /-lɪd/) (ZOOL) Puppe

chrys·an·the·mum /krɪˈsænθəməm, -ˈzæn-/ *Nomen* Chrysantheme

chub /tʃʌb/ *Nomen* (*Pl* **chub**) (ZOOL) Döbel

chubby /ˈtʃʌbi/ *Adj* (**-ier, -iest**) pummelig ◇ *chubby cheeks* Pausbacken ◇ *chubby fingers* dicke Finger

chuck /tʃʌk/ *Verb, Nomen*
▸ ***Verb*** (*umgs*) **1** (*bes BrE*) schmeißen, werfen **2** (*umgs*) wegschmeißen **3 ~ sth (in/up)** (*umgs*) (*Job etc.*) hinschmeißen **4** (*BrE*) **~ sb** mit jdm Schluss machen IDM **chuck sb under the chin** (*BrE, veraltet*) jdm (freundlich/herablassend) unters Kinn fassen **it's ˈchucking it down** (*BrE, umgs*) es gießt in Strömen PHR V ˌ**chuck sth aˈway/out** etw wegschmeißen ˌ**chuck sb ˈoff (sth)**; ˌ**chuck sb ˈout (of sth)** jdn (aus etw) rausschmeißen
▸ ***Nomen*** **1** Spannfutter, Bohrfutter **2** [Sing] (*Dialekt*) Schätzchen **3** = CHUCK STEAK

chuckle /ˈtʃʌkl/ *Verb, Nomen*
▸ ***Verb*** leise (vor sich hin) lachen, glucksen
▸ ***Nomen*** leises Lachen

ˌ**chuck ˈsteak** (*auch* **chuck**) *Nomen* [U] (*vom Rind*) Schulter(stück)

chuffed /tʃʌft/ *Adj* [nicht vor Nomen] (*BrE, umgs*) sehr zufrieden ◇ *I was really chuffed.* Ich freute mich riesig.

chug /tʃʌg/ *Verb, Nomen*

▸ ***Verb*** (**-gg-**) **1** tuckern **2** (*AmE, Slang*) in einem Zug leer trinken

▸ ***Nomen*** Tuckern

chum /tʃʌm/ *Nomen* (*umgs, veraltet*) Freund(in)

chummy /ˈtʃʌmi/ *Adj* (*Adv* **chum·mily** /-məli/) (*umgs, veraltet*) freundlich, kameradschaftlich ◇ *be chummy with sb* mit jdm befreundet sein

chun·der /ˈtʃʌndə(r)/ *Verb, Nomen*

▸ ***Verb*** (*AusE, umgs*) kotzen

▸ ***Nomen*** (*AusE, umgs*) Kotze

chunk /tʃʌŋk/ *Nomen* dickes Stück, Batzen (*auch fig*)

chunky /ˈtʃʌŋki/ *Adj* **1** dick, klobig **2** untersetzt, stämmig **3** mit ganzen Stücken

church 🔑 /tʃɜːtʃ; *AmE* tʃɜːrtʃ/ *Nomen* Kirche ◇ *church services* Gottesdienste ◇ *go to church* in die Kirche gehen ◇ *go into the Church* Geistliche(r) werden IDM → BROAD

church·goer /ˈtʃɜːtʃgəʊə(r); *AmE* ˈtʃɜːrtʃgoʊ-/ *Nomen* Kirchgänger(in)

church·going /ˈtʃɜːtʃgəʊɪŋ; *AmE* ˈtʃɜːrtʃgoʊ-/ *Nomen* ◇ *Churchgoing is in decline.* Es gehen immer weniger Leute in die Kirche.

church·man /ˈtʃɜːtʃmən; *AmE* ˈtʃɜːrtʃ-/ *Nomen* (*Pl* **-men** /-mən/) Geistlicher

the ˌChurch of ˈEngland *Nomen* (*Abk* **CE**, **C of E**) die (anglikanische) Staatskirche Englands

church·woman /ˈtʃɜːtʃwʊmən; *AmE* ˈtʃɜːrtʃ-/ *Nomen* (*Pl* **-women** /-wɪmɪn/) Geistliche

church·yard /ˈtʃɜːtʃjɑːd; *AmE* ˈtʃɜːrtʃjɑːrd/ *Nomen* Friedhof

churl·ish /ˈtʃɜːlɪʃ; *AmE* ˈtʃɜːrlɪʃ/ *Adj* (*gehoben*) ungehobelt, ungehörig

churn /tʃɜːn; *AmE* tʃɜːrn/ *Verb, Nomen*

▸ ***Verb*** **1** aufgewühlt werden, strudeln; **~ sth (up)** etw aufwühlen **2** ◇ *My stomach churned.* Mir drehte sich der Magen um. **3 ~ sb (up)** jdn aufwühlen **4** buttern PHR V **ˌchurn sth ˈout** etw am laufenden Band produzieren

▸ ***Nomen*** **1** Butterfass **2** (*BrE*) große Milchkanne

chute /ʃuːt/ *Nomen* **1** Rutsche ◇ *a rubbish chute* ein Müllschlucker **2** (*umgs*) Fallschirm

ˌChutes and ˈLadders™ *Nomen* (*AmE*) (*Brettspiel mit Würfeln für Kinder*) Schlangen und Leitern

chut·ney /ˈtʃʌtni/ *Nomen* Chutney

CIA /ˌsiː aɪ ˈeɪ/ *Kurzform von* **Central Intelligence Agency** CIA

ci·cada /sɪˈkɑːdə; *AmE* sɪˈkeɪdə/ *Nomen* Zikade

CID /ˌsiː aɪ ˈdiː/ *Kurzform von* **Criminal Investigation Department** (*BrE*) Kripo

cider /ˈsaɪdə(r)/ *Nomen* **1** Apfelwein, Cidre **2** (*AmE*) Apfelsaft

cigar /sɪˈgɑː(r)/ *Nomen* Zigarre

cig·ar·ette 🔑 /ˌsɪgəˈret; *AmE* ˈsɪgəret/ *Nomen* Zigarette

cigaˈrette butt (*BrE auch* **cigaˈrette end**) *Nomen* Zigarettenstummel

cigaˈrette holder *Nomen* Zigarettenspitze

cigaˈrette lighter *Nomen* Feuerzeug; (*im Auto*) Zigarettenanzünder

cigaˈrette paper *Nomen* Zigarettenpapier

ci·lan·tro /sɪˈlæntrəʊ; *AmE* -troʊ/ *Nomen* (*AmE*) frischer Koriander

C.-in-C. /ˌsiː ɪn ˈsiː/ *Abk* = COMMANDER-IN-CHIEF

cinch /sɪntʃ/ *Nomen* (*umgs*) **1** Kinderspiel **2** (*bes AmE*) todsichere Sache ◇ *He's a cinch to win.* Er gewinnt todsicher.

cin·der /ˈsɪndə(r)/ *Nomen* [meist Pl] Asche IDM → BURN

ˈcinder block *Nomen* (*AmE*) Leichtbaustein

cine /ˈsɪni/ *Adj* (*BrE*) Schmalfilm-

cin·ema 🔑 /ˈsɪnəmə/ *Nomen* Kino ◇ *one of the great successes of British cinema* einer der großen Erfolge des britischen Films

ˈcinema-goer *Nomen* (*BrE*) Kinogänger(in)

cine·mat·ic /ˌsɪnəˈmætɪk/ *Adj* filmisch, Film-

cin·na·mon /ˈsɪnəmən/ *Nomen* Zimt

ci·pher (*auch* **cy·pher**) /ˈsaɪfə(r)/ *Nomen* **1** Kode, Geheimschrift **2** (*gehoben, abwert*) Nummer **3** (*BrE*) Monogramm

circa /ˈsɜːkə; *AmE* ˈsɜːrkə/ *Präp* (*Abk* **c**) zirka

cir·cle 🔑 /ˈsɜːkl; *AmE* ˈsɜːrkl/ *Nomen, Verb*

▸ ***Nomen*** **1** Kreis ◇ *stand in a circle* im Kreis stehen **2** (*BrE*) Rang, Balkon IDM **come, turn, etc. full ˈcircle** zum Ausgangspunkt zurückkehren **go round in ˈcircles** sich im Kreis drehen **run round in circles** (*umgs*) herumrennen und nicht viel erreichen

▸ ***Verb*** **1 ~ (around) (above/over sb/sth)** (über jdm/etw) kreisen **2 ~ sth** einen Kringel um etw machen

cir·cuit /ˈsɜːkɪt; *AmE* ˈsɜːrkɪt/ *Nomen* **1** Rundgang ◇ *The earth takes a year to make a circuit of the sun.* Die Erde braucht ein Jahr um die Sonne zu umrunden. **2** Stromkreis ◇ *a circuit diagram* ein Schaltplan **3** (SPORT) Reihe von Turnieren **4** Rennbahn **5** Rundreise eines Richters; (*Orte*) Gerichtsbezirk ◇ *a circuit judge* ein Richter an einem Bezirksgericht **6** Reihe

ˈcircuit board *Nomen* Platine

ˈcircuit breaker *Nomen* Stromausschalter

cir·cu·it·ous /səˈkjuːɪtəs; *AmE* sərˈ-/ *Adj* (*Adv* **cir·cu·it·ous·ly**) (*gehoben*) umständlich ◇ *He took us on a circuitous route to the hotel.* Er brachte uns auf Umwegen zum Hotel.

cir·cuit·ry /ˈsɜːkɪtri; *AmE* ˈsɜːrk-/ *Nomen* Schaltung

ˈcircuit training *Nomen* Zirkeltraining

cir·cu·lar /ˈsɜːkjələ(r); *AmE* ˈsɜːrk-/ *Adj, Nomen*

▸ ***Adj*** **1** rund, Rund-, kreisförmig ◇ *a circular saw* eine Kreissäge **2** ◇ *a circular argument* ein Zirkelschluss

▸ ***Nomen*** Rundbrief, Wurfsendung

cir·cu·late /ˈsɜːkjəleɪt; *AmE* ˈsɜːrk-/ *Verb* **1** zirkulieren (lassen); (*Blut*) fließen **2** (sich) verbreiten, kursieren **3** herumreichen; **~ sth to sb** etw an jdn weiterreichen ◇ *The documents will be circulated to all members.* Die Unterlagen werden an alle Mitglieder weitergereicht werden. **4** (*bei einer Feier*) ◇ *I must circulate.* Ich misch mich mal ein bisschen unter die Gäste.

cir·cu·la·tion /ˌsɜːkjəˈleɪʃn; *AmE* ˌsɜːrk-/ *Nomen* **1** Kreislauf **2** Umlauf, Verbreitung ◇ *take sth out of circulation* etw aus dem Verkehr ziehen ◇ (*fig*) *I was out of circulation for months.* Ich bin monatelang nicht unter Leute gekommen. **3** [meist Sing] Auflage **4** Zirkulation

cir·cu·la·tory /ˌsɜːkjəˈleɪtəri; *AmE* ˈsɜːrkjələtɔːri/ *Adj* Kreislauf-

cir·cum·cise /ˈsɜːkəmsaɪz; *AmE* ˈsɜːrk-/ *Verb* beschneiden

cir·cum·ci·sion /ˌsɜːkəmˈsɪʒn; *AmE* ˌsɜːrk-/ *Nomen* Beschneidung

cir·cum·fer·ence /səˈkʌmfərəns; *AmE* sərˈ-/ *Nomen* Umfang

cir·cum·flex /ˈsɜːkəmfleks; *AmE* ˈsɜːrk-/ (*auch* **ˌcircumflex ˈaccent**) *Nomen* Zirkumflex

cir·cum·navi·gate /ˌsɜːkəmˈnævɪgeɪt; *AmE* ˌsɜːrk-/ *Verb* (*gehoben*) umsegeln

cir·cum·scribe /ˈsɜːkəmskraɪb; *AmE* ˈsɜːrk-/ *Verb* **1** (*meist passiv*) (*gehoben*) einschränken **2** (MATH) umschreiben

cir·cum·spect /ˈsɜːkəmspekt; *AmE* ˈsɜːrk-/ *Adj* (*gehoben*) umsichtig

cir·cum·stance /ˈsɜːkəmstəns, -stɑːns, -stæns; *AmE* ˈsɜːrkəmstæns/ *Nomen* **1** [meist Pl] Umstand ◇ *in certain circumstances* unter Umständen **2 circumstances** Verhältnisse IDM **in/under the ˈcircumstances** unter diesen Umständen **in/under no ˈcircumstances** unter gar keinen Umständen → *Siehe auch* POMP *und* REDUCE

cir·cum·stan·tial /ˌsɜːkəmˈstænʃl; *AmE* ˌsɜːrk-/ *Adj* auf Indizien beruhend ◇ *circumstantial evidence* Indizienbeweise

cir·cum·vent /ˌsɜːkəmˈvent; *AmE* ˌsɜːrk-/ *Verb* (*gehoben*) umgehen

cir·cus /ˈsɜːkəs; *AmE* ˈsɜːrkəs/ *Nomen* **1** Zirkus (*fig*) ◇ *the media circus* der Medienrummel **2** (*BrE*) runder Platz **3** Arena

cir·rho·sis /səˈrəʊsɪs; *AmE* səˈroʊ-/ *Nomen* [U] Leberzirrhose

cir·rus /ˈsɪrəs/ *Nomen* Zirruswolke

cissy (*BrE*) = SISSY

cis·tern /ˈsɪstən; *AmE* -stərn/ *Nomen* (*BrE*) **1** Spülkasten **2** Wassertank

cita·del /ˈsɪtədəl, -del/ *Nomen* Hochburg

cit·ation /saɪˈteɪʃn/ *Nomen* **1** Zitat, Zitieren **2** (*bei einer Auszeichnung, Preisverleihung*) Begründung **3** (*AmE*) Vorladung

cite /saɪt/ *Verb* (*gehoben*) **1 ~ sth (as sth)** etw (als etw) anführen ◇ *His state of health was cited as the reason.* Als Grund wurde sein Gesundheitszustand angeführt. **2** zitieren **3** (RECHT) vorladen; (*bei einem Scheidungsverfahren*) als Mitangeklagte(n) nennen **4 ~ sth (for sth)** jdn (wegen einer Sache) lobend erwähnen

citi·zen /ˈsɪtɪzn/ *Nomen* **1** Staatsangehörige(r), Staatsbürger(in) **2** Bürger(in)

ˌcitizen ˈjournalism *Nomen* Bürgerjournalismus

ˌcitizen ˈjournalist *Nomen* Bürgerjournalist

citi·zen·ry /ˈsɪtɪzənri/ *Nomen* [mit Verb im Sing/Pl] (*gehoben*) Bürgerschaft

ˈCitizens' Band = CB

citi·zen·ship /ˈsɪtɪzənʃɪp/ *Nomen* **1** Staatsbürgerschaft **2** (*Schulfach*) Staatsbürgerkunde

cit·ric acid /ˌsɪtrɪk ˈæsɪd/ *Nomen* Zitronensäure

cit·rus /ˈsɪtrəs/ *Nomen* Zitruspflanze ◇ *citrus fruit* Zitrusfrüchte

city /ˈsɪti/ *Nomen* (*Pl* **-ies**) **1** (Groß)stadt ◇ *the city of York* (die Stadt) York → *Siehe auch* INNER CITY **2 the City** [Sing] (*BrE*) (*Börsen- und Bankenviertel*) die Londoner City **3** (*umgs*) ◇ *It's not exactly fun city here is it?* Hier ist es nicht gerade lustig. ◇ *cardboard city* die Schachtelstadt, wo viele Obdachlose in Pappkartons wohnen IDM → FREEDOM

ˈcity desk *Nomen* **1** (*BrE*) Finanz- und Wirtschaftsredaktion **2** (*AmE*) Lokalredaktion

ˈcity editor *Nomen* **1** (*BrE*) Wirtschaftsredakteur(in) **2** (*AmE*) Lokalredakteur(in)

ˌcity ˈhall *Nomen* (*AmE*) Rathaus

ˌcity ˈslicker *Nomen* (*umgs, oft abwert*) Großstadttyp

ˌcity ˈstate *Nomen* Stadtstaat

civet /ˈsɪvɪt/ *Nomen* **1** Zibetkatze **2** Zibet

civic /ˈsɪvɪk/ *Adj* **1** städtisch ◇ *a sense of civic pride* Stolz auf die eigene Stadt **2** staatsbürgerlich, Bürger-

ˌcivic ˈcentre *Nomen* **1** (*BrE*) Verwaltungszentrum der Stadt **2 civic center** (*AmE*) ≈ Bürgerhaus

civ·ics /ˈsɪvɪks/ *Nomen* (*bes AmE*) Staatsbürgerkunde

civil /ˈsɪvl/ *Adj* **1** [nur vor Nomen] staatlich, (staats)bürgerlich ◇ *civil unrest* Unruhen in der Bevölkerung ◇ *a civil marriage ceremony* eine standesamtliche Trauung **2** [nur vor Nomen] zivil, Zivil- **3** [nur vor Nomen] zivilrechtlich **4** (*Adv* **civ·il·ly** /-vəli/) höflich

ˌcivil deˈfence (*AmE* **civil deˈfense**) *Nomen* Zivilschutz

ˌcivil disoˈbedience *Nomen* ziviler Ungehorsam

ˌcivil engiˈneer *Nomen* Bauingenieur(in)

ˌcivil engiˈneering *Nomen* Hoch- und Tiefbau

ci·vil·ian /səˈvɪliən/ *Nomen, Adj*

▸ ***Nomen*** Zivilist(in)

▸ ***Adj*** Zivil-, zivil ◇ *civilian casualties* Verluste unter der Zivilbevölkerung

ci·vil·ity /səˈvɪləti/ *Nomen* (*gehoben*) Höflichkeit(sfloskel)

civ·il·iza·tion (*BrE auch* **-isa·tion**) /ˌsɪvəlaɪˈzeɪʃn; *AmE* -ləˈ-/ *Nomen* **1** [U] Zivilisation **2** Kultur

civ·il·ize (*BrE auch* **-ise**) /ˈsɪvəlaɪz/ *Verb* zivilisieren

civ·il·ized (*BrE auch* **-ised**) /ˈsɪvəlaɪzd/ *Adj* **1** zivilisiert ◇ *civilized peoples* Kulturvölker **2** kultiviert, gepflegt

ˌcivil ˈlaw *Nomen* Zivilrecht

ˌcivil ˈliberty *Nomen* [meist Pl] bürgerliche Freiheit, Bürgerrecht

the ˈCivil List *Nomen* (*für den britischen Monarchen bestimmter Betrag im Staatshaushalt*) die Zivilliste

civ·il·ly *Adv* → CIVIL

ˌcivil ˈpartnership *Nomen* (*BrE*) (eingetragene) Lebenspartnerschaft

ˌcivil ˈrights *Nomen* [Pl] Bürgerrechte

ˌcivil ˈservant *Nomen* (*bes BrE*) (Staats)beamte, -beamtin

the ˌcivil ˈservice *Nomen* [Sing] Staatsdienst, öffentlicher Dienst

ˌcivil ˈunion *Nomen* (*AmE*) (eingetragene) Lebenspartnerschaft

ˌcivil ˈwar *Nomen* Bürgerkrieg

civ·vies /ˈsɪviz/ *Nomen* [Pl] (*Slang*) Zivil(kleidung)

Civvy Street /ˈsɪvi striːt/ *Nomen* (*BrE, Slang, veraltet*) Zivilleben

CJD /ˌsiː dʒeɪ ˈdiː/ *Abk* = CREUTZFELDT-JAKOB DISEASE

cl *Abk* (*Pl* **cl** *oder* **cls**) → CENTILITRE

clack /klæk/ *Verb, Nomen*

▸ ***Verb*** klappern

▸ ***Nomen*** Klappern

clad /klæd/ *Adj* (*gehoben*) **1** gekleidet **2** bedeckt; (*mit Stahlplatten etc.*) verkleidet; (*mit Pflanzen*) bewachsen

clad·ding /ˈklædɪŋ/ *Nomen* [U] (*Abdeckung*) Verkleidung

claim /kleɪm/ *Verb, Nomen*

▸ ***Verb*** **1** behaupten ◇ *claim responsibility for sth* sich für etw verantwortlich erklären ◇ *Researchers are claiming a major breakthrough in the fight against AIDS.* Ein Forschungsteam verkündet einen Durchbruch im Kampf gegen Aids. **2** Anspruch erheben auf, fordern; (*Sozialhilfe, Asyl*) beantragen; (*Fundsache*) abholen ◇ *claim expenses* Spesen abrechnen ◇ *You can claim the cost from your insurance.* Sie können sich die Kosten von der Versicherung zurückerstatten lassen. ◇ *You can claim on your insurance for that coat.* Für den Mantel können Sie bei Ihrer Versicherung Schadenersatz fordern. **3** in Anspruch nehmen ◇ *She's been claiming social security.* Sie bekommt Sozialhilfe. **4 ~ sth** (*gehoben*) sich etw sichern PHR V **ˌclaim sth ˈback** (*Mehrwertsteuer etc.*) sich etw zurückerstatten lassen

▸ ***Nomen*** **1** Behauptung **2 ~ (on/to sth)** Anspruch (auf etw) ◇ *his claim to his parents' farm* sein (Erb)anspruch auf den Bauernhof seiner Eltern ◇ *She has* *more claim to the book's success than anybody.* Der Erfolg des Buchs ist in erster Linie ihr zu verdanken. **3** (*Geld-*) Forderung ◇ *You can make a claim on your insurance policy.* Sie können von der Versicherung Schadenersatz verlangen. ◇ *put in a claim for an allowance* Beihilfe beantragen ◇ *a claim form* ein Antragsformular IDM **ˌclaim to ˈfame** (*oft hum*) Anspruch auf Ruhm ◇ *The town's only claim to fame is the castle.* Außer dem Schloss hat die Stadt nicht viel vorzuweisen. **have a claim on sb** ◇ *You have no claim on me any more.* Ich bin dir nichts mehr schuldig. **lay claim to sth** Anspruch auf etw erheben **make no claim** ◇ *They make no claim to have discovered new material.* Sie behaupten nicht, neues Material entdeckt zu haben. → *Siehe auch* STAKE

claim·ant /ˈkleɪmənt/ *Nomen* **1** (*auf einen Titel, den Thron etc.*) Anwärter(in) **2** Anspruchsteller(in) **3** (*BrE*) Antragsteller(in) ◇ *sickness benefit claimants* Personen, die Krankengeld bekommen

clair·voy·ant /kleəˈvɔɪənt; *AmE* klerˈ-/ *Nomen, Adj*
▸ ***Nomen*** Hellseher(in)
▸ ***Adj*** hellseherisch ◇ *be clairvoyant* ein(e) Hellseher (in) sein

clam /klæm/ *Nomen, Verb*
▸ ***Nomen*** Klaffmuschel
▸ ***Verb*** **(-mm-)** PHR V **ˌclam ˈup** (*umgs*) den Mund nicht aufmachen, nichts sagen

clam·bake /ˈklæmbeɪk/ *Nomen* (*AmE*) = Picknick am Strand, bei dem Muscheln etc. gekocht werden

clam·ber /ˈklæmbə(r)/ *Verb* klettern

clammy /ˈklæmi/ *Adj* feucht; (*Hände*) schweißig

clam·or·ous /ˈklæmərəs/ *Adj* lärmend, lautstark

clam·our (*AmE* **clamor**) /ˈklæmə(r)/ *Verb, Nomen*
▸ ***Verb*** **1** schreien **2 ~ for sth** (*gehoben*) etw lautstark fordern
▸ ***Nomen*** [Sing] (*gehoben*) **1** Geschrei **2 ~ (for sth)** Forderung (nach etw)

clamp /klæmp/ *Verb, Nomen*
▸ ***Verb*** **1** (ver)klammern, (ein)spannen ◇ *Clamp the two halves together.* Klammern Sie die beiden Hälften zusammen. **2** klemmen ◇ *I clamped a hand on his shoulder.* Ich umklammerte seine Schulter mit meiner Hand. ◇ *Her lips clamped tightly together.* Ihre Lippen pressten sich fest zusammen. **3** (*oft passiv*) (*BrE*) mit einer Parkkralle blockieren ◇ *His car/He had been clamped.* Sein Auto war mit einer Parkkralle blockiert. PHR V **ˌclamp ˈdown** hart durchgreifen **ˈclamp down on sb/sth** gegen jdn/etw rigoros vorgehen **ˈclamp sth on sb** (*bes AmE*) (*Strafe, Ausgangssperre etc.*) über jdn verhängen
▸ ***Nomen*** **1** Klammer **2** = WHEEL CLAMP

clamp·down /ˈklæmpdaʊn/ *Nomen* [meist Sing] **~ (on sth)** hartes Durchgreifen (gegen etw)

clan /klæn/ *Nomen* [mit Verb im Sing/Pl] Clan, Sippe (*auch fig*)

clan·des·tine /klænˈdestɪn, ˈklændəstaɪn/ *Adj* (*gehoben*) geheim, heimlich

clang /klæŋ/ *Verb, Nomen*
▸ ***Verb*** klingen (lassen), klirren (lassen), läuten (lassen) ◇ *clang shut* sich klirrend schließen
▸ ***Nomen*** (*auch* **clang·ing**) [meist Sing] Klingen, Klirren, Dröhnen, Läuten

clang·er /ˈklæŋə(r)/ *Nomen* (*BrE, umgs*) Schnitzer, Fauxpas IDM → DROP

clank /klæŋk/ *Verb, Nomen*
▸ ***Verb*** klirren (mit); (*Ketten*) rasseln (mit) ◇ *clank shut* klirrend zufallen
▸ ***Nomen*** (*auch* **clank·ing**) [meist Sing] Klirren; (*von Ketten*) Rasseln

clan·nish /ˈklænɪʃ/ *Adj* (*oft abwert*) cliquenhaft

clans·man /ˈklænzmən/ *Nomen* (*Pl* **-men** /-mən/) Clanmitglied

clap 0→ /klæp/ *Verb, Nomen*
▸ ***Verb*** **(-pp-) 1 ~ (your hands)** (in die Hände) klatschen **2 ~ sb** jdm Beifall klatschen **3 ~ sb on the back/shoulder** jdm auf den Rücken/die Schulter klopfen **4** ◇ *'Oh dear!' she cried, clapping a hand over her mouth.* „Oh je!" rief sie und hielt sich mit der Hand den Mund zu. ◇ *clap sb in irons* jdn in Ketten legen ◇ *clap sb in jail* jdn ins Gefängnis stecken IDM → EYE
▸ ***Nomen*** **1** [Sing] Klatschen ◇ *Give him a clap!* Das verdient Applaus! **2 ~ of thunder** Donnerschlag **3** (*oft* **the clap**) (*Slang*) der Tripper

clap·board /ˈklæpbɔːd; *AmE* ˈklæbərd/ *Nomen* [U] (*bes AmE*) Schindel

ˌclapped ˈout *Adj* (*BrE, umgs*) (*Fahrzeug*) klapprig

clap·per /ˈklæpə(r)/ *Nomen* Klöppel IDM **like the ˈclappers** (*BrE, umgs*) mit einem Affenzahn

clap·per·board /ˈklæpəbɔːd; *AmE* -pərbɔːrd/ *Nomen* (*bei Dreharbeiten*) (Synchron)klappe

clap·trap /ˈklæptræp/ *Nomen* (*umgs*) Geschwafel

claret /ˈklærət/ *Nomen* **1** roter Bordeaux **2** Weinrot

clari·fi·ca·tion /ˌklærəfɪˈkeɪʃn/ *Nomen* (*gehoben*) Klärung, Klarstellung, Erläuterung

clar·ify /ˈklærəfaɪ/ *Verb* **(-fies, -fy·ing, -fied) 1** (*gehoben*) klären, klarstellen, (näher) erläutern **2** reinigen; (*Butter*) auslassen

clari·net /ˌklærəˈnet/ *Nomen* Klarinette

cla·ri·net·tist (*auch* **cla·ri·net·ist**) /ˌklærəˈnetɪst/ *Nomen* Klarinettist(in)

clar·ion call /ˈklæriən kɔːl/ *Nomen* [Sing] (*gehoben*) Aufruf, Appell

clar·ity /ˈklærəti/ *Nomen* Klarheit ◇ *the clarity of the sound* die Klangreinheit

clash /klæʃ/ *Nomen, Verb*
▸ ***Nomen*** **1** Zusammenstoß, Auseinandersetzung, Konflikt ◇ *a clash of interests* ein Interessengegensatz ◇ *a clash of opinions* ein Meinungsstreit **2** Unverträglichkeit, Verschiedenheit ◇ *Try to avoid a clash of colours.* Vermeiden Sie Farben, die sich beißen. ◇ *There was a personality clash between the two.* Die Charaktere der beiden waren unvereinbar, was dauernd zu Auseinandersetzungen führte. **3** (*Termin*) Überschneidung **4** Scheppern, Klirren **5** (*im Sportjournalismus*) Duell
▸ ***Verb*** **1** aufeinanderstoßen; (SPORT) aufeinandertreffen ◇ *Demonstrators clashed with police.* Es kam zu Auseinandersetzungen zwischen Demonstranten und der Polizei. **2 ~ (with sb) (on/over sth)** (mit jdm) (über etw) eine Auseinandersetzung haben **3** kollidieren, nicht zusammenpassen; (*Termine, Ereignisse etc.*) sich überschneiden; (*Farben*) sich beißen **4 ~ (sth) (together)** (*Metallgegenstände*) (klirrend) aneinander schlagen

clasp /klɑːsp; *AmE* klæsp/ *Verb, Nomen*
▸ ***Verb*** **1** umklammern ◇ *She clasped her hands together.* Sie verschränkte ihre Hände ineinander. **2** in die Arme schließen ◇ *He clasped her to him.* Er drückte sie fest an sich. **3** (*mit einer Schließe*) befestigen
▸ ***Nomen*** **1** Verschluss, Schließe **2** [Sing] Umarmung, Griff

class 0→ /klɑːs; *AmE* klæs/ *Nomen, Verb, Adj*
▸ ***Nomen*** **1** [mit Verb im Sing/Pl] (*Schul-*) Klasse ◇ *He came top of the class.* Er war Klassenbester. **2** Unterricht, (Unterrichts)stunde; (*Universität*) Übung ◇ *after class* nach der Stunde **3 classes** [Pl] Kurs ◇ *an evening class* ein Abendkurs **4** [mit Verb im Sing/Pl] (*bes AmE*) (*Schul-, Universitäts-*) Jahrgang **5** [mit Verb im Sing/Pl] (*Gesellschafts-*) Klasse, Schicht ◇ *the middle class* der Mittelstand ◇ *the professional classes* Leute in gehobenen Berufen **6** [U] gesellschaftliche Stellung, (soziale) Herkunft ◇ *the class system* die

Klassengesellschaft **7** Klasse, Kategorie, Gattung ◇ *As a jazz singer she's in a class of her own.* Als Jazzsängerin ist sie eine Klasse für sich. **8** Klasse, Format, Stil ◇ *There's a real touch of class about this team.* Das ist eine Mannschaft erster Klasse. **9** *(BrE)* *(meist in Zusammensetzungen)* *(bei Universitätsabschlüssen)* Prädikat IDM → CHATTER
▸ ***Verb*** *(oft passiv)* **~ sb/sth (as sth)** jdn/etw (als etw) einstufen
▸ ***Adj*** [nur vor Nomen] *(gehoben)* erstklassig

ˌclass ˈaction *Nomen (AmE)* (RECHT) Gemeinschaftsklage

ˈclass-conscious *Adj* klassenbewusst

ˈclass-consciousness *Nomen* Klassenbewusstsein

clas·sic /ˈklæsɪk/ *Adj, Nomen*
▸ ***Adj*** klassisch ◇ *a classic novel* ein literarischer Klassiker IDM **that's classic!** **1** *(umgs, hum)* köstlich! **2** *(abwert)* typisch!
▸ ***Nomen*** **1** Klassiker ◇ *The match was a classic.* Das war ein Klassespiel. **2 Classics** [U] Altphilologie

clas·sic·al /ˈklæsɪkl/ *Adj (Adv* **clas·sic·al·ly** */-kli/)* klassisch ◇ *classical antiquity* die Antike ◇ *a classical education* eine humanistische Erziehung ◇ *classical scholars* Altphilologen ◇ *classical Arabic* Altarabisch

clas·si·cism /ˈklæsɪsɪzəm/ *Nomen* **1** Klassizismus **2** klassischer Stil ◇ *Weimar Classicism* die Weimarer Klassik

clas·si·cist /ˈklæsɪsɪst/ *Nomen* **1** Altphilologe, -philologin, Humanist(in) **2** Klassiker(in), klassizistische(r) Maler(in), Bildhauer(in) etc.

clas·si·fi·able /ˈklæsɪfaɪəbl/ *Adj* klassifizierbar

clas·si·fi·ca·tion /ˌklæsɪfɪˈkeɪʃn/ *Nomen* **1** Klassifizierung, Klassifikation **2 ~ as sth** Einstufung als etw

clas·si·fied /ˈklæsɪfaɪd/ *Adj, Nomen*
▸ ***Adj*** **1** geheim ◇ *classified material* eine Geheimsache **2** nach Fachgebieten angeordnet
▸ **classifieds, ˌclassified adˈvertisements, ˌclassified ˈads** ***Nomen*** [Pl] Kleinanzeigen, Kleinanzeigenteil *(der Zeitung)*

clas·sify /ˈklæsɪfaɪ/ *Verb* **(-fies, -fy·ing, -fied, -fied)** **1** klassifizieren, einteilen ◇ *classified by/according to subject* nach Fachgebieten geordnet **2 ~ sb/sth (as sth)** jdn/etw (als etw) einstufen

class·less /ˈklɑːsləs; *AmE* ˈklæsləs/ *Adj* klassenlos

class·mate /ˈklɑːsmeɪt; *AmE* ˈklæs-/ *Nomen* Klassenkamerad(in)

class·room /ˈklɑːsruːm, -rʊm; *AmE* ˈklæs-/ *Nomen* Klassenzimmer

ˌclass ˈstruggle *(auch* **ˌclass ˈwar**) *Nomen* [U/Sing] (POL) Klassenkampf

classy /ˈklɑːsi; *AmE* ˈklæsi/ *Adj* **(class·ier, classi·est)** **1** *(umgs)* nobel, erstklassig **2** rassig, exklusiv

clat·ter /ˈklætə(r)/ *Verb, Nomen*
▸ ***Verb*** **1** klappern, scheppern ◇ *The knife clattered on the floor.* Das Messer fiel klappernd auf den Boden. **2** poltern ◇ *She heard him clattering around downstairs.* Sie hörte ihn unten herumpoltern.
▸ ***Nomen*** *(auch* **clat·ter·ing**) [Sing] Klappern, Geklapper, Getrappel

clause /klɔːz/ *Nomen* **1** (LING) Satz ◇ *subordinate clauses* Nebensätze **2** Klausel

claus·tro·pho·bia /ˌklɔːstrəˈfəʊbiə; *AmE* -ˈfoʊ-/ *Nomen* Klaustrophobie, Platzangst

claus·tro·pho·bic /ˌklɔːstrəˈfəʊbɪk; *AmE* -ˈfoʊ-/ *Adj* klaustrophobisch

clav·icle /ˈklævɪkl/ *Nomen* (ANAT) Schlüsselbein

claw /klɔː/ *Nomen, Verb*
▸ ***Nomen*** **1** Kralle, Klaue; *(beim Krebs etc.)* Schere **2** Greifer; *(eines Hammers etc.)* Klaue IDM **get your claws into sb** **1** jdn in seine Klauen bekommen **2** jdn verreißen
▸ ***Verb*** (zer)kratzen ◇ *The cat was clawing at the chair.* Die Katze kratzte am Stuhl. ◇ *She had clawed him across the face.* Sie hatte ihm das Gesicht zerkratzt. ◇ *(fig) Branches clawed at her hair.* Zweige zerrten an ihren Haaren. IDM **claw your way into sth, out of sth, etc.** sich in, aus etc. etw wühlen ◇ *She clawed her way to the top of her profession.* Sie boxte sich an die Spitze durch. PHR V **ˌclaw sth ˈback** sich etw zurückholen ◇ *Newcastle managed to claw a goal back.* Newcastle schaffte es ein Tor wettzumachen.

clay /kleɪ/ *Nomen* Lehm, Ton IDM → FOOT

ˈclay court *Nomen (im Tennis)* Sandplatz

ˌclay ˈpigeon shooting *Nomen (BrE)* Tontaubenschießen

clean /kliːn/ *Adj, Verb, Adv, Nomen*
▸ ***Adj*** **1** sauber *(auch fig)* ◇ *clean towels* frische Handtücher **2** anständig; *(Witz)* salonfähig; *(Image)* sauber ◇ *good clean fun for the whole family* eine nette, harmlose Unterhaltung für die ganze Familie **3** unbescholten ◇ *have a clean police record* keine Vorstrafen haben ◇ *a clean driving licence* ein Führerschein ohne Strafpunkte **4** *(Spiel etc.)* fair **5** *(Linie)* klar; *(Schnitt)* glatt **6** *(Geschmack, Geruch)* frisch IDM **as clean as a ˈwhistle** *(umgs)* blitzsauber **a clean bill of ˈhealth** ein Gesundheitsattest ◇ *The building was given a clean bill of health by the surveyor.* Der Gutachter bestätigte, dass das Haus keine Defekte aufwies. **a clean ˈbreak** **1** ein Schlussstrich ◇ *She wanted to make a clean break with the past.* Sie wollte einen Schlussstrich unter ihre Vergangenheit ziehen und von vorn anfangen. **2** ein einfacher (Knochen)bruch **a clean ˈsheet** ◇ *The goalkeeper kept a clean sheet.* Der Torwart hielt den Kasten sauber. **a clean ˈsheet/ˈslate** ein neuer Beginn; ein unbeschriebenes Blatt **make a clean ˈbreast of sth** etw gestehen **make a clean sweep (of sth)** **1** *(in einer Firma, Abteilung etc.)* gründlich aufräumen **2** (bei etw) alles gewinnen ◇ *China made a clean sweep of the medals.* China gewann alle Medaillen. ◇ *a clean sweep for the Democrats* ein klarer Sieg für die Demokraten. → *Siehe auch* NOSE *und* WIPE
▸ ***Verb*** **1** putzen, reinigen, sauber machen, säubern ◇ *clean the floor* den Fußboden aufwischen → *Siehe auch* DRY-CLEAN *und* SPRING-CLEAN **2** sich reinigen lassen **3** = DRY-CLEAN **4** *(Fisch, Huhn etc.)* ausnehmen IDM **clean ˈhouse** *(AmE)* **1** eine Umstrukturierung/Umorganisation vornehmen **2** den Hausputz machen **clean up your ˈact** *(umgs)* sich wandeln PHR V **ˌclean sth ˈdown** etw (gründlich) reinigen **ˈclean sth off** etw abwaschen/-wischen/-spülen/-putzen **ˈclean sth off/from sth** etw von etw abwaschen/-wischen **ˌclean sth ˈout** **1** etw (gründlich) reinigen **2** etw ausräumen **ˌclean sb ˈout** *(umgs)* **1** ◇ *Paying for all those drinks has cleaned me out.* Ich habe alle Getränke bezahlt und jetzt bin ich völlig blank. **2** *(stehlen)* jds Haus/Wohnung etc. ausräumen **ˌclean ˈup** **1** aufräumen, sauber machen ◇ *He expects me to clean up after him.* Er erwartet, dass ich ihm nachräume. **2** *(umgs)* absahnen, abkassieren ◇ *The film should clean up at the box office.* Der Film wird bestimmt ein Kassenschlager. **ˌclean (yourself) ˈup** *(umgs)* sich waschen **ˌclean sth ˈup** etw sauber machen, etw reinigen, etw aufräumen, etw säubern *(auch fig)* ◇ *The mayor is determined to clean up the city.* Der Bürgermeister ist fest entschlossen, die Stadt von kriminellen Elementen zu säubern. ◇ *Soccer needs to clean up its image.* Der Fußballsport muss sein Image aufbessern.
▸ ***Adv*** *(umgs)* völlig ◇ *The thief got clean away.* Der Dieb ist entkommen. IDM **come clean (with sb)** (jdm) alles gestehen **come clean about sth** etw gestehen; etw auf den Tisch legen

▸ ***Nomen*** ◇ *The house needs a good clean.* Das Haus muss gründlich gereinigt werden.

ˌclean-ˈcut *Adj* (*Erscheinung*) gepflegt; (*Image*) sauber ◇ *his clean-cut good looks* seine klaren, attraktiven Gesichtszüge

clean·er /ˈkliːnə(r)/ *Nomen* **1** Raumpfleger(in), Putzfrau ◇ *a window cleaner* ein Fensterputzer **2** Reiniger, Reinigungsmittel ◇ *kitchen cleaner* Haushaltsreiniger ◇ *a vacuum cleaner* ein Staubsauger **3 cleaner's** = DRY-CLEANER'S IDM **take sb to the ˈcleaners/ˈcleaner's 1** jdn bis aufs Hemd ausziehen **2** jdn in die Pfanne hauen

clean·ing /ˈkliːnɪŋ/ *Nomen* [U] Reinigung, Putzen

ˈcleaning lady (*auch* **ˈcleaning woman**) *Nomen* Putzfrau

clean·li·ness /ˈklenlinəs/ *Nomen* Sauberkeit, Reinlichkeit

clean·ly /ˈkliːnli/ *Adv* sauber (*auch fig*)

cleanse /klenz/ *Verb* **1** (*Haut, Wunde etc.*) reinigen ◇ *cleansing cream* Reinigungscreme **2 ~ sb (of/from sth)** (*gehoben*) (*von Sünden, Schuld*) jdn befreien ➔ *Siehe auch* ETHNIC

cleans·er /ˈklenzə(r)/ *Nomen* **1** Reinigungsmilch, Reinigungscreme **2** Reinigungsmittel

ˌclean-ˈshaven *Adj* glatt rasiert

ˈclean-up *Nomen* [meist Sing] Säuberung

clear 0-π /klɪə(r); *AmE* klɪr/ *Adj, Verb, Adv*

▸ ***Adj*** **1** klar, deutlich, eindeutig ◇ *Do I make myself clear?* Habe ich mich klar genug ausgedrückt? ◇ *I'm still not clear what the job involves.* Es ist mir immer noch nicht klar, worin die Arbeit besteht. **2 be ~ about sth** sich über etw im Klaren sein ◇ *They weren't clear about what they wanted.* Sie wussten nicht genau, was sie wollten. **3** klar, durchsichtig; (*Foto etc.*) scharf; (*Haut, Gewissen*) rein ◇ *on a clear day* bei klarem Wetter **4 ~ (of sth)** frei (von etw) ◇ *clear of debt* schuldenfrei ◇ *We had a clear view of the stage.* Wir hatten eine unbehinderte Sicht auf die Bühne. **5** [nicht vor Nomen] **~ (of sb/sth)** (von jdm/etw) entfernt ◇ *The plane was clear of the clouds.* Das Flugzeug war über den Wolken. ◇ *Make sure you park your car clear of the entrance.* Parken Sie nicht vor dem Eingang. **6** [nur vor Nomen] voll ◇ *three clear days* drei volle Tage **7** [nur vor Nomen] Netto- ◇ *a clear profit* ein Reingewinn IDM **(as) clear as ˈday** sonnenklar **(as) clear as ˈmud** (*umgs, iron*) überhaupt nicht klar **in the ˈclear 1** frei von jedem Verdacht **2** über den Berg ➔ *Siehe auch* COAST, FIELD, HEAD, LOUD *und* SAILING

▸ ***Verb*** **1** räumen ◇ *I cleared my desk of papers.* Ich räumte die Papiere vom Schreibtisch. ◇ *clear the table* den Tisch abräumen ◇ *She cleared a space on the sofa for him to sit down.* Sie machte einen Platz auf dem Sofa frei, so dass er sich hinsetzen konnte. ◇ *I went for a walk to clear my head.* Ich machte einen Spaziergang, um einen klaren Kopf zu bekommen. ➔ *Siehe auch* CLEAR AWAY **2** nicht mehr blockiert sein **3** (*Verkehr*) sich auflösen **4** (*Flüssigkeit etc.*) sich klären; (*Himmel, Wetter*) aufklaren; (*Kopf, Gedanken*) klar werden; (*Gesichtsausdruck*) sich beruhigen **5 ~ (away)** (*Nebel*) sich lichten; (*Rauch*) abziehen; (*Staub*) sich legen; (*Regen*) aufhören **6 ~ sb (of sth)** jdn (von etw) freisprechen **7** genehmigen ◇ *The plane had been cleared for take-off.* Das Flugzeug war zum Start freigegeben worden. **8 ~ customs** vom Zoll abgefertigt werden, sich vom Zoll abfertigen lassen; **~ sth through customs** etw zollamtlich abfertigen (lassen) **9 ~ sth with sb/sth** etw mit jdm abklären **10 ~ sb** jdn für politisch unbedenklich erklären ◇ *She hasn't been cleared by security.* Sie hat noch keine Unbedenklichkeitsbescheinigung bekommen. **11** (*Scheck*) gutgeschrieben werden; **~ sth** etw gutschreiben **12** verdienen; (*Gewinn etc.*) machen **13** (*Schuld*) begleichen, zurückzahlen **14** nicht berühren ◇ *The horse cleared the fence easily.* Das Pferd nahm das Hindernis mit Leichtigkeit. ◇ *The car only just cleared the wall.* Der Wagen fuhr ganz knapp an der Mauer vorbei. **15** (SPORT) (*Ball*) geklärt werden; **~ sth** etw klären IDM **clear the ˈair** die Luft reinigen; die Atmosphäre entgiften **clear the ˈdecks (for sth)** die Bahn (für etw) frei machen ◇ *clear the decks for action* alles startklar machen **clear your name** seinen Namen reinwaschen **clear sb's name** jds Unschuld beweisen **clear your ˈthroat** sich räuspern **clear the way (for sth/for sth to happen)** den Weg frei machen (für etw/sodass etw geschehen kann) ➔ *Siehe auch* COBWEB PHR V **ˌclear aˈway** (den Tisch) abräumen **ˌclear sth aˈway** etw wegräumen **ˌclear ˈoff** (*umgs*) abhauen, verschwinden **ˌclear ˈout 1** (*umgs*) verschwinden **2** aufräumen **ˌclear sth ˈout 1** etw ausräumen, etw aufräumen **2** (*alte Sachen*) wegwerfen **ˌclear ˈup 1** aufklaren **2** (*Entzündung, Symptome etc.*) zurückgehen **ˌclear (sth) ˈup** (etw) aufräumen ◇ *clear up after sb* jdm nachräumen **ˌclear sth ˈup** etw (auf)klären, etw lösen

▸ ***Adv*** **1 ~ (of sth)** (von etw) entfernt ◇ *The driver managed to jump clear.* Der Fahrer konnte aus dem Auto springen. ◇ *He was two metres clear of the rest of the runners.* Er hatte zwei Meter Vorsprung vor den restlichen Läufern. ◇ (*BrE*) *Stand clear of the doors.* Bitte zurücktreten! **2** (*bes AmE*) bis ◇ *She could see clear down the highway into the town.* Sie konnte die ganze Straße entlang bis in die Stadt sehen. IDM **keep/stay/steer clear (of sb/sth)** einen Bogen (um jdn/etw) machen; jdm/etw aus dem Weg gehen ➔ *Siehe auch* WAY

clear·ance /ˈklɪərəns; *AmE* ˈklɪrəns/ *Nomen* **1** Räumung; (*Wald*) Abholzung ◇ *slum clearance* der Abriss von Slums **2** Spielraum **3** Genehmigung, (politische) Unbedenklichkeitsbescheinigung ◇ *I'm waiting for clearance from headquarters.* Ich warte auf grünes Licht von der Zentrale. **4** Landerlaubnis, Startfreigabe, Ein-/Ausreisegenehmigung; (*von Gütern*) (Zoll)abfertigung ◇ *The pilot was waiting for clearance for take-off.* Der Pilot wartete auf die Startfreigabe. **5** (*von einem Scheck*) ◇ *Clearance will take seven days.* Es dauert sieben Tage, bis der Scheck gutgeschrieben wird. **6** (SPORT) Klärung (*eines Balles*)

ˌclear-ˈcut *Adj* klar, eindeutig

ˌclear-ˈheaded *Adj* besonnen, klar denkend

clear·ing /ˈklɪərɪŋ; *AmE* ˈklɪrɪŋ/ *Nomen* **1** Lichtung **2** [U] Clearing-Verfahren, Vergabe der letzten noch freien Studienplätze

ˈclearing bank *Nomen* (*BrE*) Clearingbank

ˈclearing house *Nomen* **1** (*im Bankwesen*) Abrechungsstelle **2** Zentralstelle, Clearingstelle

clear·ly 0-π /ˈklɪəli; *AmE* ˈklɪrli/ *Adv* **1** klar, deutlich **2** ohne Frage, zweifellos, natürlich

clear·ness /ˈklɪənəs; *AmE* ˈklɪrnəs/ *Nomen* **1** Klarheit **2** (*Haut*) Reinheit

ˈclear-out *Nomen* [meist Sing] (*bes BrE, umgs*) Entrümpelung, Aufräumaktion ◇ *have a good clear-out* gründlich aufräumen und alte Sachen wegwerfen ◇ *a staff clear-out* Entlassungen

ˌclear-ˈsighted *Adj* klar blickend

clear·way /ˈklɪəweɪ; *AmE* ˈklɪrweɪ/ *Nomen* (*BrE*) Straße mit Halteverbot

cleat /kliːt/ *Nomen* **1** (*für Taue*) Klampe **2** (*am Schuh*) Stollen **3 cleats** [Pl] (*AmE*) (*Schuhe*) Spikes

cleav·age /ˈkliːvɪdʒ/ *Nomen* **1** Dekolletee, Busen **2** (*gehoben*) Kluft, Spaltung

cleave /kliːv/ *Verb* (**cleaved**, **cleaved** *oder seltener* **cleft**, **cleft** /kleft/, **clove** /kləʊv; *AmE* kloʊv/, **cleft**)

1 (*gehoben oder veraltet*) spalten (*fig*) ◇ *His skin was cleft with deep lines.* Seine Haut war von tiefen Falten zerfurcht. **2** ~ **(through) sth** (*gehoben oder veraltet*) (*Wasser etc.*) durchschneiden ◇ *cleave a path through the traffic* sich einen Weg durch den Verkehr bahnen **3** ~ **to sb/sth** (*gehoben*) an jdm/etw kleben **4** (**cleaved, cleaved**) ~ **to sth** (*gehoben*) an etw festhalten IDM → CLEFT

cleav·er /ˈkliːvə(r)/ *Nomen* Hackbeil

clef /klef/ *Nomen* (MUS) Notenschlüssel ◇ *the treble clef* der Violinschlüssel

cleft /kleft/ *Nomen, Adj*
▸ ***Nomen*** Spalte, Kluft → *Siehe auch* CLEAVE
▸ ***Adj*** IDM **be (caught) in a cleft ˈstick** in der Zwickmühle stecken

ˌcleft ˈlip *Nomen* Hasenscharte

ˌcleft ˈpalate *Nomen* Gaumenspalte, Wolfsrachen

clem·ency /ˈklemənsi/ *Nomen* (*gehoben*) Milde, Nachsicht

clem·en·tine /ˈkleməntiːn/ *Nomen* Klementine

clench /klentʃ/ *Verb* **1** (sich) zusammenpressen; (*Faust*) (sich) ballen **2** umklammern, packen **3** ~ **sth in/between sth** etw in/zwischen etw klemmen

clergy /ˈklɜːdʒi; *AmE* ˈklɜːrdʒi/ *Nomen* [Pl] Klerus, Geistlichkeit ◇ *all the local clergy* alle Geistlichen des Orts

cler·gy·man /ˈklɜːdʒimən; *AmE* ˈklɜːrdʒi-/ *Nomen* (*Pl* **-men** /-mən/) Geistlicher, Pfarrer, Pastor

cler·gy·wo·man /ˈklɜːdʒiwʊmən; *AmE* ˈklɜːrdʒi-/ *Nomen* (*Pl* **-women** /-wɪmɪn/) Geistliche, Pastorin, Pfarrerin

cler·ic /ˈklerɪk/ *Nomen* (*gehoben oder veraltet*) Geistlicher, Kleriker

cler·ic·al /ˈklerɪkl/ *Adj* **1** Büro- ◇ *a clerical error* ein Schreibfehler **2** geistlich ◇ *a clerical collar* ein Kollar

clerk 🔑 /klɑːk; *AmE* klɜːrk/ *Nomen, Verb*
▸ ***Nomen*** **1** Büroangestellte(r) → *Siehe auch* FILING CLERK **2** Schriftführer(in); (*bei Gericht*) Protokollführer(in) → *Siehe auch* CLERK OF WORKS **3** (*AmE*) = SALES CLERK **4** = DESK CLERK
▸ ***Verb*** (*AmE*) als Verkäufer(in)/Büroangestellte(r) arbeiten

ˌclerk of ˈworks *Nomen* (*BrE*) Bauleiter(in)

clever 🔑 /ˈklevə(r)/ *Adj* (*Adv* **clev·er·ly**) **1** klug, gescheit; (*Gerät*) raffiniert **2** ~ **(at sth)** (*bes BrE*) geschickt (in etw), begabt (in etw) ◇ *He's very clever with his hands.* Er ist handwerklich sehr geschickt. **3** (*BrE, umgs, abwert*) schlau

ˈclever Dick (*auch* **ˈclever clogs**) *Nomen* (*BrE, umgs, abwert*) Schlaumeier

clev·er·ness /ˈklevənəs; *AmE* -vərnəs/ *Nomen* **1** Klugheit, Schlauheit, Raffiniertheit **2** Geschicktheit, Begabung **3** (*BrE, umgs, abwert*) Schläue

cli·ché (*auch* **cliche**) /ˈkliːʃeɪ; *AmE* kliːˈʃeɪ/ *Nomen* (*abwert*) Klischee ◇ *cliché-ridden* voller Klischees

cli·chéd (*auch* **cli·ché'd, cli·ched**) /ˈkliːʃeɪd; *AmE* kliːˈʃeɪd/ *Adj* klischeehaft

click 🔑 /klɪk/ *Verb, Nomen*
▸ ***Verb*** **1** klicken (lassen) ◇ *The bolt clicked into place.* Der Bolzen klickte ein. ◇ *The door clicked shut.* Die Tür schnappte zu. ◇ *He clicked a pair of handcuffs around my wrists.* Er ließ die Handschellen um meine Handgelenke zuschnappen. **2** (*Finger*) schnippen mit; (*Zunge*) schnalzen mit; (*Hacken*) zusammenschlagen **3** ~ **(on sth)** (COMP) (etw) (an)klicken **4** (*umgs*) plötzlich klar werden ◇ *It all clicked into place.* Plötzlich wurde alles klar. ◇ *Then it clicked.* Dann fiel der Groschen. **5** (*umgs*) sich (auf Anhieb) gut verstehen ◇ *We met at a party and clicked immediately.* Wir trafen uns auf einer Party und es funkte gleich. **6** (*umgs*) ~ **(together)** miteinander gut auskommen ◇ *The team don't seem to have clicked yet.* Das Team scheint noch nicht aufeinander eingespielt zu sein.
▸ ***Nomen*** Klicken ◇ *a mouse click* ein Mausklick

click·able /ˈklɪkəbl/ *Adj* (COMP) anklickbar

click·bait /ˈklɪkbeɪt/ *Nomen* [U] (*umgs, abwert*) Clickbait, Klickköder

cli·ent 🔑 /ˈklaɪənt/ *Nomen* **1** Klient(in), Mandant(in), Auftraggeber(in), Kunde, Kundin **2** (COMP) Client

cli·en·tele /ˌkliːənˈtel; *AmE* ˌklaɪənˈ-/ *Nomen* [mit Verb im Sing/Pl] Klientel, Kundschaft

ˌclient ˈstate *Nomen* Satellitenstaat

cliff /klɪf/ *Nomen* Kliff, Felsen, Klippe ◇ *the cliffs* die Steilküste

cliff·hang·er /ˈklɪfhæŋə(r)/ *Nomen* ◇ *The first episode was a real cliffhanger.* Der erste Teil endete im spannendsten Moment. ◇ *The vote threatens to be a cliffhanger.* Die Abstimmung wird äußerst spannend.

cliff·top /ˈklɪftɒp; *AmE* -tɑːp/ *Nomen* ◇ *on the clifftop* oben auf den Felsen ◇ *a clifftop path* ein Weg, der oben am Rand der Steilküste entlang führt

cli·mac·tic /klaɪˈmæktɪk/ *Adj* den Höhepunkt bildend

cli·mate 🔑 /ˈklaɪmət/ *Nomen* Klima (*auch fig*) ◇ *move to a warmer climate* in eine wärmere Gegend ziehen ◇ *climate change* der Klimawandel ◇ *the climate of opinion* die öffentliche Meinung

cli·mat·ic /klaɪˈmætɪk/ *Adj* [nur vor Nomen] (*Adv* **cli·mat·ical·ly** /-kli/) klimatisch, Klima-

cli·mat·olo·gist /ˌklaɪməˈtɒlədʒɪst; *AmE* -ˈtɑːlə-/ *Nomen* Klimaforscher(in)

cli·mat·ology /ˌklaɪməˈtɒlədʒi; *AmE* -ˈtɑːlə-/ *Nomen* Klimatologie, Klimaforschung

cli·max /ˈklaɪmæks/ *Nomen, Verb*
▸ ***Nomen*** **1** Höhepunkt **2** Orgasmus
▸ ***Verb*** (*gehoben*) **1** ~ **with/in sth** mit etw seinen Höhepunkt erreichen **2** (*bes AmE*) krönen **3** einen Orgasmus haben

climb 🔑 /klaɪm/ *Verb, Nomen*
▸ ***Verb*** **1** klettern, steigen ◇ *I climbed through the window.* Ich kletterte durchs Fenster. ◇ *The sun climbed higher in the sky.* Die Sonne stieg höher. **2** ~ **(up) sth** auf etw klettern, auf etw steigen ◇ *climb a rope* an einem Seil hochklettern ◇ *climb a mountain* einen Berg besteigen ◇ *The car slowly climbed the hill.* Das Auto fuhr langsam den Berg hoch. ◇ *She climbed the stairs.* Sie stieg die Treppe hinauf. **3 go climbing** bergsteigen gehen **4** (*Weg etc.*) ansteigen ◇ (*fig*) *The paper's circulation continues to climb.* Die Auflage der Zeitung steigt weiterhin an. IDM → BANDWAGON PHR V **ˌclimb ˈdown (over sth)** nachgeben (in Bezug auf etw) ◇ *The government was forced to climb down.* Die Regierung sah sich gezwungen, einen Rückzieher zu machen
▸ ***Nomen*** **1** Aufstieg, Klettertour **2** Kletterpartie ◇ *The south face is an easier climb.* Die Südwand ist leichter zu besteigen. **3** [meist Sing] Anstieg **4** [meist Sing] Aufstieg ◇ *the slow climb out of the recession* der mühsame Weg aus der Rezession heraus

climb·down /ˈklaɪmdaʊn/ *Nomen* Rückzieher

climb·er /ˈklaɪmə(r)/ *Nomen* **1** Bergsteiger(in) ◇ *Monkeys are efficient climbers.* Affen können gut klettern. **2** Kletterpflanze → *Siehe auch* SOCIAL CLIMBER

climb·ing 🔑 /ˈklaɪmɪŋ/ *Nomen* Bergsteigen, Klettern ◇ *a climbing wall* eine Kletterwand

ˈclimbing frame *Nomen* (*BrE*) Klettergerüst

clime /klaɪm/ *Nomen* [meist Pl] (*gehoben oder hum*) Gefilde

clinch /klɪntʃ/ *Verb, Nomen*
▸ ***Verb*** **1** (*Sieg etc.*) erringen; (*Geschäft*) abschließen ◇

clinch an argument einen Streit für sich entscheiden **2** entscheiden, den Ausschlag geben ◇ *Okay, that clinches it.* Okay, das entscheidet die Sache.
▸ ***Nomen*** **1** (*umgs*) (enge) Umarmung **2** (*im Boxsport*) Clinch (*auch fig*)

clinch·er /ˈklɪntʃə(r)/ *Nomen* [meist Sing] (*umgs*) entscheidender Faktor, ausschlaggebender Punkt

cling /klɪŋ/ *Verb* (**clung, clung** /klʌŋ/) **1 ~ (on) to sb/sth** sich an jdn/etw klammern (*auch fig*), jdn/etw umklammern ◇ *He had one last hope to cling on to.* Ihm blieb eine letzte Hoffnung. **2 ~ on** sich festhalten **3 ~ together** sich aneinander klammern **4 ~ (to sth)** haften (an etw), kleben (an etw) ◇ *a dress that clings* ein eng anliegendes Kleid

ˈcling film *Nomen* [U] Klarsichtfolie, Frischhaltefolie

cling·ing /ˈklɪŋɪŋ/ (*auch* **clingy** /ˈklɪŋi/) *Adj* **1** eng anliegend, hauteng **2** (*abwert*) (zu) anhänglich ◇ *He's very clingy.* Er ist wie eine Klette.

clin·ic /ˈklɪnɪk/ *Nomen* **1** Klinik ◇ *a family planning clinic* ein Familienplanungszentrum ◇ *a rehabilitation clinic* eine Entziehungsanstalt **2** (*bes BrE*) Sprechstunde ◇ *The antenatal clinic is on Wednesdays.* Die Schwangerschaftsberatung findet mittwochs statt. **3** (*AmE*) Poliklinik, Ambulanz **4** klinischer Unterricht **5** Fachkurs ◇ *a coaching clinic for young tennis players* Trainingskurse für junge Tennisspieler

clin·ic·al /ˈklɪnɪkl/ *Adj* (*Adv* **clin·ic·al·ly** /-kli/) **1** [nur vor Nomen] klinisch ◇ *clinical training* Klinikum **2** (*abwert*) unpersönlich, kühl **3** (*abwert*) (*Gebäude etc.*) nüchtern, steril

clin·ician /klɪˈnɪʃn/ *Nomen* Kliniker(in)

clink /klɪŋk/ *Verb, Nomen*
▸ ***Verb*** klimpern (mit), klirren (lassen) ◇ *They clinked glasses.* Sie stießen an.
▸ ***Nomen*** [Sing] **1** (*auch* **clink·ing**) Klirren **2** (*veraltet, Slang*) Knast

clink·er /ˈklɪŋkə(r)/ *Nomen* **1** Schlacke **2** [Sing] (*AmE*) falscher Ton

clip /klɪp/ *Nomen, Verb*
▸ ***Nomen*** **1** Klammer ◇ *toe clips on a bicycle* Rennbügel an einem Fahrrad ◇ *a diamond clip* eine Diamantbrosche → *Siehe auch* BICYCLE CLIP *und* PAPER CLIP **2** [Sing] ◇ *The hedge needs a clip.* Die Hecke muss geschnitten werden. **3** (Film)ausschnitt **4** (*BrE, umgs*) Schlag ◇ *a clip round the ear* eine Ohrfeige **5** (*Gewehr*) Magazin IDM **at a fast, good, etc. clip** (*bes AmE*) schnell ◇ *Prices will rise at a steady clip.* Die Preise steigen kontinuierlich.
▸ ***Verb*** (**-pp-**) **1** anklammern, anstecken, anheften ◇ *Clip the pages together.* Heften Sie die Seiten zusammen. **2** angeklammert werden, angesteckt werden ◇ *Do those earrings clip on?* Sind das Ohrclips? **3** schneiden, trimmen, scheren **4 ~ sth (off/from sth)** etw (von etw) abschneiden ◇ *She clipped two seconds off her best time.* Sie unterbot ihre Bestzeit um zwei Sekunden. **5** streifen ◇ *He clipped the ball into the net.* Er tippte den Ball ins Netz. **6 ~ sth (out of/from sth)** etw (aus etw) ausschneiden IDM **clip sb's ˈwings** jdm die Flügel stutzen

ˈclip art *Nomen* [U] (COMP) Clip-Art

clip·board /ˈklɪpbɔːd; *AmE* -bɔːrd/ *Nomen* **1** Klemmbrett **2** (COMP) Zwischenablage

clip-clop /ˈklɪp klɒp; *AmE* klɑːp/ *Nomen* (Huf)geklapper

ˈclip-on *Adj* [nur vor Nomen] zum Anstecken ◇ *clip-on earrings* Ohrclips

clipped /klɪpt/ *Adj* (*Sprechweise etc.*) abgehackt

clip·per /ˈklɪpə(r)/ *Nomen* **1 clippers** [Pl] Schere ◇ *nail clippers* eine Nagelzange **2** Klipper

clip·ping /ˈklɪpɪŋ/ *Nomen* **1** [meist Pl] Schnipsel **2** (*bes AmE*) (Zeitungs)ausschnitt

clique /kliːk/ *Nomen* [mit Verb im Sing/Pl] (*oft abwert*) Clique

clit·oris /ˈklɪtərɪs/ *Nomen* Klitoris, Kitzler

Cllr *Abk* (*BrE*) = COUNCILLOR

cloak /kləʊk; *AmE* kloʊk/ *Nomen, Verb*
▸ ***Nomen*** **1** Umhang **2** [Sing] (*gehoben*) (*fig*) (Deck)mantel ◇ *under the cloak of darkness* im Schutz der Dunkelheit
▸ ***Verb*** (*oft passiv*) (*gehoben*) **~ sth (in sth)** etw (in etw) hüllen

cloak-and-ˈdagger *Adj* [nur vor Nomen] geheim

cloak·room /ˈkləʊkruːm, -rʊm; *AmE* ˈkloʊk-/ *Nomen* **1** (*bes BrE*) Garderobe **2** (*BrE*) Toilette

clob·ber /ˈklɒbə(r); *AmE* ˈklɑːbər/ *Verb, Nomen*
▸ ***Verb*** **1** (*umgs*) zusammenschlagen, hauen **2** (*oft passiv*) **~ sb/sth with sth** jdm/einer Sache etw aufbrummen **3** (*meist passiv*) in die Pfanne hauen
▸ ***Nomen*** [U] (*BrE, umgs*) Klamotten, Kram

clock O━ /klɒk; *AmE* klɑːk/ *Nomen, Verb*
▸ ***Nomen*** **1** Uhr ◇ *the clock face* das Zifferblatt → *Siehe auch* O'CLOCK *und* TIME CLOCK **2 the clock** [Sing] (*umgs*) der Tacho ◇ *a car with 20 000 miles on the clock* ein Wagen mit einem Tachostand von 20 000 Meilen IDM **against the ˈclock** gegen die Uhr **around/round the ˈclock** rund um die Uhr **the clocks go forward/back** die Uhren werden vor-/zurückgestellt **put the clocks forward/back** (*AmE* **set/move the clocks ahead/back**) die Uhren vor-/zurückstellen **put/turn the ˈclock back** **1** die Uhr/das Rad zurückdrehen **2** (*abwert*) die Uhren/Zeit zurückdrehen **run out the clock** (*AmE*) auf Zeit spielen → *Siehe auch* BEAT, RACE, STOP *und* WATCH
▸ ***Verb*** **1** (SPORT) (*eine bestimmte Zeit*) laufen/fahren ◇ *He clocked 10.09 seconds in the 100 metres.* Er lief den 100-Meter-Lauf in 10,09 Sekunden. **2 ~ sb/sth (at sth)** (*Geschwindigkeit messen*) jdn/etw (mit etw) stoppen ◇ *Wind gusts were clocked at 80 m.p.h. in Rapid City.* In Rapid City wurden Windböen von 80 Meilen pro Stunde verzeichnet. ◇ *The police clocked him doing over 100 miles an hour.* Die Polizei registrierte eine Geschwindigkeit von über 100 Meilen pro Stunde bei ihm. **3** (*BrE, umgs*) sehen ◇ *I clocked her in the driving mirror.* Ich sah sie im Rückspiegel. PHR V **ˌclock ˈin/ˈon** (*BrE*) (die Uhr) stechen ◇ *I clock on at 8 a.m.* Ich fange morgens um 8 Uhr an. **ˌclock ˈout/ˈoff** (*BrE*) (die Uhr) stechen, Feierabend machen **ˌclock ˈup sth** (*BrE*) etw verzeichnen ◇ *He clocked up more than 25 years on the committee.* Er war mehr als 25 Jahre lang Mitglied im Komitee. ◇ *On the trip we clocked up over 1 800 miles.* Wir sind auf der Reise über 1 800 Meilen gefahren.

ˌclock ˈradio *Nomen* Radiowecker

clock·wise /ˈklɒkwaɪz; *AmE* ˈklɑːkwaɪz/ *Adv, Adj* im Uhrzeigersinn

clock·work /ˈklɒkwɜːk; *AmE* ˈklɑːkwɜːrk/ *Nomen* Uhrwerk ◇ *clockwork toys* Aufziehspielzeug ◇ *He is in the pub by six o'clock, regular as clockwork.* Er kommt regelmäßig um Punkt sechs Uhr in die Kneipe. IDM **go/run like ˈclockwork** wie am Schnürchen laufen/klappen

clod /klɒd; *AmE* klɑːd/ *Nomen* **1** [meist Pl] Klumpen **2** (*umgs*) Trottel

clog /klɒg; *AmE* klɑːg/ *Verb, Nomen*
▸ ***Verb*** (**-gg-**) verstopfen ◇ *The streets were clogged (up) with traffic.* Die Straßen waren von Autos verstopft.
▸ ***Nomen*** Holzschuh IDM → POP

clois·ter /ˈklɔɪstə(r)/ *Nomen* **1** [meist Pl] Kreuzgang **2** Klosterleben

clois·tered /ˈklɔɪstəd; *AmE* -stərd/ *Adj* weltabgeschieden ◇ *the cloistered world of the university* der Elfenbeinturm des Universitätslebens

clone /kləʊn; *AmE* kloʊn/ *Nomen, Verb*
▸ ***Nomen*** (BIOL, COMP) Klon; (*Mensch auch*) Kopie
▸ ***Verb*** klonen

close[1] 🔑 /kləʊz; *AmE* kloʊz/ *Verb, Nomen*
▸ ***Verb*** **1** schließen, zumachen ◇ *We close for lunch.* Wir sind über Mittag geschlossen. ◇ *The road was closed to traffic.* Die Straße war für den Verkehr gesperrt. ◇ *The shares closed at $2.* Bei Börsenschluss standen die Aktien auf $2. ◇ *closing prices* Schlussnotierung ◇ *The play closed after three nights.* Das Stück wurde nach drei Aufführungen abgesetzt. **2** sich schließen, zugehen **3** abschließen, beenden; (*Konto*) auflösen **4** aufhören, enden ◇ *The offer closes tomorrow.* Das Angebot gilt bis morgen. **5** (*Abstand etc.*) (sich) verringern **6** ~ (**sth**) **about/around/over sth** etw (mit etw) umschließen **IDM** **close the book on 'sth** über etw die Akten schließen **ˌclose its 'doors** (*Geschäft, Kino etc.*) zumachen **close your 'mind to sth** von etw nichts wissen wollen **close 'ranks** die Reihen schließen → *Siehe auch* DOOR, EAR *und* EYE
PHRV **ˌclose 'down** **1** (*Geschäft, Kino etc.*) zumachen, zugemacht werden **2** (*BrE*) Sendeschluss haben **ˌclose sth 'down** etw schließen; (*Fabrik*) stilllegen **ˌclose 'in** **1** (*Tage*) kürzer werden **2** (*Wetter, Nacht*) hereinbrechen **ˌclose 'in (on sb/sth)** jdn/etw umzingeln, (bedrohlich) auf jdn/etw zukommen ◇ *I felt danger closing in on me.* Ich fühlte, wie die Gefahr immer näher rückte. **ˌclose sth 'off** etw absperren **ˌclose sth 'out** (*AmE*) **1** (*Waren*) abstoßen **2** (*Veranstaltung etc.*) abschließen **ˌclose 'over sb/sth** (*Wellen*) über jdm/etw zusammenschlagen **ˌclose 'up** **1** sich schließen ◇ *When he tried to speak, his throat closed up with fear.* Als er zu sprechen versuchte, schnürte es ihm vor Angst die Kehle zu. **2** zumachen **3** zusammenrücken **ˌclose sth 'up** etw abschließen; (*Laden*) zumachen
▸ ***Nomen*** [Sing] (*gehoben*) Ende ◇ *His career was drawing to a close.* Seine Karriere näherte sich dem Ende. ◇ *Can we bring this meeting to a close?* Können wir diese Sitzung zum Abschluss bringen? ◇ *by the close of London trading* bei Börsenschluss in London

close[2] 🔑 /kləʊs; *AmE* kloʊs/ *Adj, Adv, Nomen*
▸ ***Adj*** **1** ~ (**to sb/sth**) in der Nähe (von jdm/etw); ~ (**together**) nahe (beisammen) ◇ *be in close proximity* in unmittelbarer Nähe sein ◇ *This supermarket is our closest.* Dieser Supermarkt ist für uns am nächsten. ◇ *This is the closest we can get to the beach by car.* Näher kommen wir mit dem Auto nicht an den Strand. ◇ *They work in close proximity.* Sie arbeiten auf engem Raum zusammen. ◇ *at close range* aus kurzer Entfernung ◇ *We are close to signing the agreement.* Wir stehen kurz vor der Unterzeichnung des Abkommens. ◇ *There's a close resemblance.* Es besteht eine große Ähnlichkeit. **2** ~ (**to sb**) gut befreundet (mit jdm); **be ~ to sb** jdm nahestehen ◇ *a close friend* ein(e) gute(r) Freund(in) ◇ *We're a very close family.* Wir haben viel Familiensinn. **3** eng; (*Verwandte(r)*) nah ◇ *We keep in close touch with them.* Wir halten engen Kontakt zu ihnen. **4** ~ (**to sth**) einer Sache sehr ähnlich ◇ *His feeling for her was close to hatred.* Seine Gefühle für sie grenzten an Hass. ◇ *The total was close to 20%.* Insgesamt lag es bei beinahe 20%. **5** [nur vor Nomen] eingehend, genau ◇ *pay close attention to sth* auf etw genau achten **6** knapp ◇ *a close election* eine Wahl mit knappem Ausgang ◇ *The result is going to be too close to call.* Der Ausgang lässt sich nicht vorhersagen. **7** eng, dicht ◇ *pages of close print* eng bedruckte Seiten ◇ *The soldiers advanced in close formation.* Die Soldaten rückten in Marschordnung vor. **8** ◇ *a close shave* eine glatte Rasur ◇ *a close haircut* ganz kurz geschnittene Haare **9** [nur vor Nomen] streng ◇ *in close confinement* in strengem Gewahrsam ◇ *be (kept) under close arrest* verschärften Arrest bekommen ◇ *keep sth a close secret* etw streng geheim halten **10** schwül; (*Zimmer etc.*) stickig **11** [nicht vor Nomen] ~ (**about sth**) verschwiegen (in Bezug auf etw) **12** [nicht vor Nomen] (*BrE*) knauserig **13** (LING) (*Vokal*) geschlossen **IDM** **at/from ˌclose 'quarters** aus unmittelbarer Nähe ◇ *fighting at close quarters* Nahkampf **a ˌclose 'call/'shave** (*umgs*) ein knappes Entrinnen ◇ *It was a close call.* Es war knapp. **a close 'thing** ◇ *I got out in the end but it was a close thing.* Ich bin gerade noch rausgekommen. **close to 'home** **1** zutreffend ◇ *The remark was embarassingly close to home.* Die Bemerkung traf leider genau ins Schwarze. **2** nahe liegend **keep a close 'eye/'watch on sb/sth** jdn/etw genau beobachten; auf jdn/etw scharf aufpassen → *Siehe auch* HEART
▸ ***Adv*** nahe, dicht ◇ *She held him close.* Sie hielt ihn ganz fest. **IDM** **close at 'hand** in der Nähe **close 'by (sb/sth)** in der Nähe (von jdm/etw) **close on …**; **close to …** fast … ◇ *It's close on midnight.* Es ist kurz vor Mitternacht. **a close run 'thing** eine knappe Sache **close 'to**; **close up** aus der Nähe **close up to sb/sth** dicht an jdn/etw; nahe an jdm/etw **come close to sth** an etw dicht herankommen ◇ *He'd come close to death.* Er wäre beinahe gestorben. ◇ *They came close to victory.* Sie waren dem Sieg nahe. **come close to doing sth** beinahe etw tun **run sb/sth 'close** (*BrE*) jdm/etw fast gleichkommen → *Siehe auch* CARD, MARK *und* SAIL
▸ ***Nomen*** **1** (*BrE*) (*besonders in Straßennamen*) Sackgasse **2** (Dom)hof

close-cropped /ˌkləʊs 'krɒpt; *AmE* ˌkloʊs 'krɑːpt/ *Adj* kurz geschoren

closed 🔑 /kləʊzd; *AmE* kloʊzd/ *Adj* geschlossen ◇ *closed to traffic* für den Verkehr gesperrt ◇ *He has a closed mind.* Er ist engstirnig. ◇ *a closed session* eine Sitzung unter Ausschluss der Öffentlichkeit **IDM** **behind closed doors** hinter verschlossenen Türen **a closed 'book (to sb)** ein Buch mit sieben Siegeln (für jdn)

ˌclosed-'captioned *Adj* (*AmE*) mit zuschaltbaren Untertiteln

ˌclosed-ˌcircuit 'television *Nomen* [U] (*Abk* **CCTV**) Überwachungskamera(s)

close-down /'kləʊz daʊn; *AmE* 'kloʊz/ *Nomen* **1** [U/Sing] Schließung, Stilllegung **2** (*BrE*) Sendeschluss

ˌclosed season *Nomen* [Sing] Schonzeit

ˌclosed 'shop *Nomen* Betrieb mit Gewerkschaftszwang

close-fitting /ˌkləʊs 'fɪtɪŋ; *AmE* ˌkloʊs/ *Adj* eng anliegend, eng geschnitten

close-knit /ˌkləʊs 'nɪt; *AmE* ˌkloʊs/ (*seltener* **ˌclosely-'knit**) *Adj* untereinander eng verbunden

close·ly 🔑 /'kləʊsli; *AmE* 'kloʊ-/ *Adv* **1** eng **2** genau ◇ *a closely guarded secret* ein streng gehütetes Geheimnis **3** dicht **4** stark ◇ *closely contested* hart umkämpft

close·ness /'kləʊsnəs; *AmE* 'kloʊs-/ *Nomen* **1** Nähe **2** knapper Ausgang ◇ *the closeness of the result* das knappe Ergebnis **3** (*von Gewebe etc.*) Dichte

close·out /'kləʊzaʊt; *AmE* 'kloʊ-/ *Nomen* (*AmE*) Ausverkauf

close-range /ˌkləʊs 'reɪndʒ; *AmE* ˌkloʊs/ *Adj* [nur vor Nomen] Nah-, aus nächster Nähe

close-run /ˌkləʊs 'rʌn *AmE* ˌkloʊs/ *Adj* knapp, mit knappem Ausgang

close sea·son /'kləʊz siːzn; *AmE* 'kloʊz/ *Nomen* (*BrE*) **1** Schonzeit **2** Saisonpause

close-set /ˌkləʊs 'set; *AmE* ˌkloʊs/ *Adj* (*Augen*) eng zusammenstehend

closet 🔑 /'klɒzɪt; *AmE* 'klɑːzət/ *Nomen, Adj, Verb*
▸ ***Nomen*** (*bes AmE*) Wandschrank ◇ *a walk-in closet* ein

begehbarer Schrank IDM **come out of the closet** sich outen → *Siehe auch* SKELETON
▸ ***Adj*** [nur vor Nomen] heimlich ◇ *Maybe he's a closet fascist.* Vielleicht ist er insgeheim Faschist.
▸ ***Verb*** ◇ *He was closeted with the President all day.* Er verbrachte den ganzen Tag mit dem Präsidenten hinter verschlossenen Türen. ◇ *She closeted herself away in her room.* Sie schloss sich in ihr Zimmer ein.

close-up /ˈkləʊs ʌp; *AmE* ˈkloʊs/ *Nomen* Nahaufnahme ◇ *in close-up on the screen* in Großaufnahme auf der Leinwand

clos·ing /ˈkləʊzɪŋ; *AmE* ˈkloʊ-/ *Adj, Nomen*
▸ ***Adj*** [nur vor Nomen] abschließend
▸ ***Nomen*** [U] Schließung

ˈclosing date *Nomen* Einsendeschluss, letzter Termin

ˌclosing-ˈdown sale *Nomen* Räumungsverkauf

ˈclosing time *Nomen* **1** Geschäftsschluss **2** Polizeistunde

clos·ure /ˈkləʊʒə(r); *AmE* ˈkloʊ-/ *Nomen* **1** Schließung, Stilllegung **2** (*von Straße*) Sperrung **3** [U] (PSYCH) Abschluss ◇ *The conviction of their son's murderer helped to give them a sense of closure.* Die Verurteilung des Mörders ihres Sohnes half ihnen, die Vergangenheit hinter sich zu lassen.

clot /klɒt; *AmE* klɑːt/ *Nomen, Verb*
▸ ***Nomen*** **1** = BLOOD CLOT **2** (*BrE, umgs, veraltet*) Trottel
▸ ***Verb*** (**-tt-**) gerinnen → *Siehe auch* CLOTTED CREAM

cloth 0-w /klɒθ; *AmE* klɔːθ/ *Nomen* (*Pl* **cloths** /klɒθs; *AmE* klɔːðz/) **1** [U] Stoff **2** Tuch ◇ *a floor cloth* ein Scheuerlappen → *Siehe auch* DISHCLOTH *und* TABLECLOTH **3 the cloth** [Sing] (*gehoben*) die Geistlichkeit ◇ *a man of the cloth* ein Geistlicher IDM → COAT

ˌcloth ˈcap *Nomen* (*BrE*) Schiebermütze

clothe /kləʊð; *AmE* kloʊð/ *Verb* **1** (*gehoben*) kleiden (*fig*) ◇ *Ivy clothed the walls.* Die Mauern waren mit Efeu bedeckt. **2** einkleiden

clothes 0-w /kləʊðz, kləʊz; *AmE* kloʊðz, kloʊz/ *Nomen* [Pl] Kleider, Kleidung ◇ *take off your clothes* sich ausziehen ◇ *Bring a change of clothes.* Bring Kleider zum Wechseln mit.

ˈclothes brush *Nomen* (*BrE*) Kleiderbürste

ˈclothes hanger (*auch* **hanger**) *Nomen* Kleiderbügel

ˈclothes horse *Nomen* **1** (*BrE*) Wäscheständer **2** (*abwert*) Modepuppe

ˈclothes line *Nomen* (*BrE*) Wäscheleine

ˈclothes peg (*auch* **peg**; *AmE* **clothes·pin** /ˈkləʊðzpɪn, ˈkləʊz-; *AmE* ˈkloʊ-/) *Nomen* Wäscheklammer

cloth·ing 0-w /ˈkləʊðɪŋ; *AmE* ˈkloʊ-/ *Nomen* Kleidung ◇ *protective clothing* Schutzkleidung IDM → WOLF

ˌclot·ted ˈcream *Nomen* = besonders dicke Sahne, aus erhitzter Milch hergestellt

cloud 0-w /klaʊd/ *Nomen, Verb*
▸ ***Nomen*** **1** Wolke(n), Bewölkung **2** (*von Insekten*) Schwarm **3** (*fig*) Schatten ◇ *It cast a cloud over her wedding day.* Es überschattete ihre Hochzeit. ◇ *He still has a cloud of suspicion hanging over him.* Über ihm schwebt noch immer ein Verdacht. **4 the cloud** (COMP) die Cloud IDM **every cloud has a silver ˈlining** jedes Unglück hat auch sein Gutes **have your head in the ˈclouds** **1** tagträumen **2** unrealistische Vorstellungen haben **be on cloud ˈnine** (*umgs, veraltet*) im siebten Himmel schweben **under a ˈcloud** **1** in Ungnade; unter Verdacht **2** ungewiss
▸ ***Verb*** **1** trüben, beeinträchtigen **2** (*Flüssigkeit*) (sich) trüben; (*Glas*) (sich) beschlagen **3 ~ (over)** (*gehoben*) sich verdüstern **4 ~ the issue** die Sache verunklaren **5 ~ (over)** sich bewölken

cloud·burst /ˈklaʊdbɜːst; *AmE* -bɜːrst/ *Nomen* Wolkenbruch

ˈcloud computing *Nomen* [U] Cloud Computing, Rechnerwolke

ˌcloud ˈcuckoo land (*AmE* **cloud·land**) *Nomen* (*umgs, abwert*) Wolkenkuckucksheim

cloudi·ness /ˈklaʊdinəs/ *Nomen* **1** Trübheit **2** Bewölkung

cloud·less /ˈklaʊdləs/ *Adj* (*gehoben*) wolkenlos

cloudy /ˈklaʊdi/ *Adj* (**-ier**, **-iest**) **1** bewölkt **2** (*Flüssigkeit*) trüb

clout /klaʊt/ *Nomen, Verb*
▸ ***Nomen*** **1** Macht, Schlagkraft ◇ *political clout* politischer Einfluss **2** [meist Sing] (*BrE, umgs*) Schlag ◇ *a clout round the ear* eine Ohrfeige
▸ ***Verb*** (*umgs*) hauen

clove /kləʊv; *AmE* kloʊv/ *Nomen* **1** Gewürznelke **2** ◇ *a clove of garlic/a garlic clove* eine Knoblauchzehe → *Siehe auch* CLEAVE

clo·ven *Form von* CLEAVE

ˌcloven ˈhoof *Nomen* **1** Huf der Paarhufer **2** (*vom Teufel*) Pferdefuß

clo·ver /ˈkləʊvə(r); *AmE* ˈkloʊ-/ *Nomen* Klee IDM **be/live in clover** (*umgs*) wie die Made im Speck leben

clown /klaʊn/ *Nomen, Verb*
▸ ***Nomen*** **1** Clown(in) **2** (*abwert*) Dummkopf
▸ ***Verb*** **~ (around)** (*oft abwert*) den Clown spielen, herumkaspern

cloy·ing /ˈklɔɪɪŋ/ *Adj* **1** widerlich süß **2** gefühlsduselig

cloze test /ˈkləʊz test; *AmE* ˈkloʊz/ *Nomen* Ergänzungstest

club 0-w /klʌb/ *Nomen, Verb*
▸ ***Nomen*** **1** [mit Verb im Sing/Pl] Klub **2** Keule, Knüppel **3** Golfschläger **4 clubs** [Pl/U] (*Spielkartenfarbe*) Kreuz **5** (*Spielkarte*) Kreuz **6** Disko IDM **be in the club** (*BrE, umgs*) schwanger sein → *Siehe auch* JOIN
▸ ***Verb*** (**-bb-**) **1** knüppeln **2 go clubbing** (*BrE, umgs*) in die Disko gehen PHR V **ˌclub toˈgether** (*BrE*) zusammenlegen

club·ber /ˈklʌbə(r)/ *Nomen* Diskobesucher(in)

club·bing /ˈklʌbɪŋ/ *Nomen* Clubbing, das Besuchen von Diskos

ˌclub ˈfoot *Nomen* Klumpfuß

club·land /ˈklʌblænd/ *Nomen* [U] (*BrE*) **1** Klubszene **2** Vergnügungsviertel

ˌclub ˈsandwich *Nomen* Doppeldecker-Sandwich

cluck /klʌk/ *Verb, Nomen*
▸ ***Verb*** **1** glucken **2** na, na! sagen
▸ ***Nomen*** Glucken

clue /kluː/ *Nomen, Verb*
▸ ***Nomen*** **1 ~ (to sth)** Hinweis (auf etw), Anhaltspunkt (für etw) **2 ~ (to sth)** (*Ursache*) Schlüssel (zu etw) **3** (*bei Rätseln*) Frage, Tipp IDM **not have a ˈclue** (*umgs*) keine Ahnung haben
▸ ***Verb*** PHR V **ˌclue sb ˈin (on sth)** (*umgs*) jdn ins Bild setzen

ˌclued-ˈup (*AmE* **ˌclued-ˈin**) *Adj* (*umgs*) **~ (on sth)** (*umgs*) (über etw) gut informiert, (über etw) im Bilde

clue·less /ˈkluːləs/ *Adj* (*umgs, abwert*) unbedarft ◇ *He's completely clueless about computers.* Er hat keine Ahnung von Computern.

clump /klʌmp/ *Nomen, Verb*
▸ ***Nomen*** **1** Gruppe; (*von Gras, Haar*) Büschel **2** Trampeln
▸ ***Verb*** **1** (*bes BrE*) trampeln **2** (sich) gruppieren

clumpy /ˈklʌmpi/ *Adj* (*BrE*) klobig

clum·si·ness /ˈklʌmzinəs/ *Nomen* **1** Ungeschicklichkeit **2** Unhandlichkeit **3** Umständlichkeit

clumsy /ˈklʌmzi/ *Adj* (**clum·sier**, **clum·si·est**) **1** (*Adv* **clum·si·ly** /-zɪli/) ungeschickt **2** unhandlich **3** umständlich

clung *Form von* CLING

clunk /klʌŋk/ *Nomen, Verb*

▸ ***Nomen*** dumpfer Schlag, dumpfes Geräusch

▸ ***Verb*** ein dumpfes Geräusch machen ◇ *clunk shut* mit einem dumpfen Schlag zufallen

clunk·er /ˈklʌŋkə(r)/ *Nomen (AmE, umgs)* **1** *(Auto)* alte Mühle **2** Riesenfehler, schlimmer Schnitzer

clunky /ˈklʌŋki/ *Adj (bes AmE, umgs)* klobig

clus·ter /ˈklʌstə(r)/ *Nomen, Verb*

▸ ***Nomen*** Gruppe, Häufung, Traube; *(Blüten)* Dolde ◇ *a cluster of stars* ein Sternhaufen ◇ *a consonant cluster* ein Konsonantencluster

▸ ***Verb*** ~ **(together)** sich (zusammen)scharen, sich (zusammen)drängen

ˈcluster bomb *Nomen* Kassettenbombe, Clusterbombe

clutch /klʌtʃ/ *Verb, Nomen*

▸ ***Verb*** **1** umklammern, sich klammern an ◇ *He clutched the child to him.* Er drückte das Kind fest an sich. ◇ *She stood there, the flowers still clutched in her hand.* Sie stand da, die Blumen immer noch fest in der Hand. **2** ~ **(at) sb/sth** jdn/etw ergreifen ◇ *He clutched his stomach.* Er hielt sich den Bauch. **IDM** → STRAW **PHR V** **ˈclutch at sth/sb** nach etw/jdm greifen

▸ ***Nomen*** **1** Kupplung(spedal) **2** [Sing] *(BrE)* Anzahl, Reihe **3 clutches** [Pl] *(umgs)* Gewalt **4** [meist Sing] Umklammerung *(fig)* ◇ *She felt the sudden clutch of fear.* Sie wurde von plötzlicher Furcht gepackt. **5** Gelege; *(Vögel)* Brut **6 ˈclutch bag**; *AmE* **clutch** Unterarmtasche

clut·ter /ˈklʌtə(r)/ *Verb, Nomen*

▸ ***Verb*** ~ **sth (up) (with sth/sb)** etw (mit etw) überladen ◇ *I don't want all these files cluttering up my desk.* Ich will nicht alle diese Akten auf meinem Schreibtisch herumliegen haben.

▸ ***Nomen*** *(abwert)* Kram, Durcheinander

clut·tered /ˈklʌtəd; *AmE* -tərd/ *Adj* unordentlich; ~ **(up) with sth** mit etw übersät

cm ⚿ *Abk* (**cm** *oder* **cms**) = CENTIMETRE

CMS /ˌsiː em ˈes/ *Kurzform von* **Content Management System** CMS

CO /ˌsiː ˈəʊ; *AmE* ˈoʊ/ *Kurzform von* **Commanding Officer** befehlshabender Offizier

Co. /kəʊ; *AmE* koʊ/ *Abk* **1** = COMPANY **2** = COUNTY **3 and co.** *(BrE, umgs)* und die andern

co- /kəʊ; *AmE* koʊ/ *Vorsilbe (mit Nomina, Verben, Adjektiven und Adverbien verwendet)* mit- ◇ *co-author* Mitautor(in) ◇ *co-produced* koproduziert ◇ *cooperatively* kooperativ ◇ *coexist* koexistieren

c/o *Kurzform von* **care of** bei, c/o

coach ⚿ /kəʊtʃ; *AmE* koʊtʃ/ *Nomen, Verb*

▸ ***Nomen*** **1** Trainer(in), Coach **2** *(BrE)* Nachhilfelehrer (in) **3** *(BrE)* Reisebus ◇ *a coach tour* eine Busreise **4** *(BrE)* (Eisenbahn)wagen **5** Kutsche **6** *(AmE) (Luftreiseverkehr)* Economyklasse

▸ ***Verb*** **1** ~ **sb (in/for sth)** jdm (in etw) Unterricht geben; *(Sport)* jdn (in/für etw) trainieren, jdn (in/für etw) schulen ◇ *He coaches basketball and soccer.* Er ist Trainer für Basketball und Fußball. **2** *(bes BrE)* Nachhilfeunterricht geben **3** ~ **sb (in/on sth)** jdm (etw) einschärfen

ˈcoach house *Nomen* Remise

coach·ing /ˈkəʊtʃɪŋ; *AmE* ˈkoʊ-/ *Nomen* [U] **1** Training, Schulung **2** *(bes BrE)* Nachhilfe

coach·load /ˈkəʊtʃləʊd; *AmE* ˈkoʊtʃloʊd/ *Nomen (BrE)* Bus (voller Leute), Busladung ◇ *Tourists were arriving by the coachload.* Die Touristen kamen busweise.

coach·man /ˈkəʊtʃmən; *AmE* ˈkoʊtʃ-/ *Nomen (Pl* **-men** /-mən/*)* Kutscher

ˈcoach station *Nomen (BrE)* Busbahnhof

co·agu·late /kəʊˈægjuleɪt; *AmE* koʊˈ-/ *Verb* gerinnen (lassen)

coal ⚿ /kəʊl; *AmE* koʊl/ *Nomen* (Stück) Kohle **IDM** **carry, take, etc. coals to ˈNewcastle** *(BrE)* Eulen nach Athen tragen **haul sb over the ˈcoals** *(AmE* **rake sb over the ˈcoals***)* jdm die Leviten lesen

ˌcoal-ˈblack *Adj* kohlrabenschwarz

co·alesce /ˌkəʊəˈles; *AmE* ˌkoʊ-/ *Verb* ~ **(into/with sth)** *(gehoben)* sich (zu/mit etw) verbinden, sich (zu/mit etw) vereinigen

coal·face /ˈkəʊlfeɪs; *AmE* ˈkoʊl-/ *(auch* **face***) Nomen* Streb **IDM** **at the coalface** *(BrE)* vor Ort; an vorderster Front

coal·field /ˈkəʊlfiːld; *AmE* ˈkoʊl-/ *Nomen* Kohlenrevier

ˌcoal-ˈfired *Adj* Kohle- ◇ *coal-fired power stations* Kohlekraftwerke

ˈcoal gas *Nomen* Stadtgas

co·ali·tion /ˌkəʊəˈlɪʃn; *AmE* ˌkoʊ-/ *Nomen* **1** [mit Verb im Sing/Pl] Koalition, Bündnis **2** [U] Zusammenschluss

ˈcoal mine *Nomen* Kohlenbergwerk

ˈcoal miner *Nomen* Bergarbeiter

ˈcoal scuttle *(auch* **scut·tle***) Nomen* Kohlenschütte

coarse /kɔːs; *AmE* kɔːrs/ *Adj (Adv* **coarse·ly***)* **1** grob, grobkörnig **2** rau **3** derb ◇ *coarse manners* ungehobelte Manieren ◇ *coarse laughter* vulgäres Lachen

ˌcoarse ˈfish *Nomen (Pl* **coarse fish***) (BrE) (Angeln)* Süßwasserfisch (außer Lachs und Forelle)

ˌcoarse ˈfishing *Nomen* Angeln nach Süßwasserfischen (außer Lachs und Forelle)

coars·en /ˈkɔːsn; *AmE* ˈkɔːrsn/ *Verb* **1** gröber werden **2** vergröbern ◇ *his features, coarsened by the weather* sein vom Wetter gegerbtes Gesicht **3** verrohen (lassen)

coarse·ness /ˈkɔːsnəs; *AmE* ˈkɔːrs-/ *Nomen* **1** Grobheit **2** Rauheit **3** Derbheit

coast ⚿ /kəʊst; *AmE* koʊst/ *Nomen, Verb*

▸ ***Nomen*** Küste ◇ *be on the coast* am Meer liegen **IDM** **the ˌcoast is ˈclear** *(umgs)* die Luft ist rein

▸ ***Verb*** **1** im Freilauf fahren, im Leerlauf fahren **2** dahinrollen ◇ *We coasted along the country lanes.* Wir fuhren zügig über die Landsträßchen. **3** ~ **(through/to sth)** ◇ *He coasted through his final exams.* Er schaffte seine Abschlussprüfung spielend. ◇ *Our horse coasted home by three lengths.* Unser Pferd siegte mühelos mit drei Längen Vorsprung. **4** ~ **(along)** *(abwert)* nur das Nötigste tun, eine ruhige Kugel schieben **5** *(Schiff)* an der Küste entlangfahren

coast·al /ˈkəʊstl; *AmE* ˈkoʊs-/ *Adj* Küsten-

coast·er /ˈkəʊstə(r); *AmE* ˈkoʊ-/ *Nomen* **1** Untersetzer **2** Küstendampfer → *Siehe auch* ROLLER COASTER

coast·guard /ˈkəʊstgɑːd; *AmE* ˈkoʊstgɑːrd/ *Nomen* **1** Küstenwache **2** *(AmE meist* **coast·guards·man** *(Pl* **-men***))* Küstenwächter

coast·line /ˈkəʊstlaɪn; *AmE* ˈkoʊst-/ *Nomen* Küste

coat ⚿ /kəʊt; *AmE* koʊt/ *Nomen, Verb*

▸ ***Nomen*** **1** Mantel; *(Arzt- etc.)* Kittel → *Siehe auch* HOUSECOAT *und* PETTICOAT **2** *(AmE)* Jackett, Anzugjacke → *Siehe auch* FROCK COAT, MORNING COAT, TAILCOAT *und* WAISTCOAT **3** Fell **4** Schicht ◇ *give the walls a second coat of paint* die Wände ein zweites Mal streichen → *Siehe auch* TOPCOAT, TURNCOAT *und* UNDERCOAT **IDM** **ˌcut your ˈcoat acˌcording to your ˈcloth** sich nach der Decke strecken

▸ ***Verb*** *(oft passiv)* ~ **sth (with/in sth)** etw (mit etw) überziehen, etw (mit etw) beschichten ◇ *coated with egg and breadcrumbs* paniert ◇ *His tongue was coated.* Seine Zunge war belegt.

ˈcoat check *Nomen (AmE)* Garderobe

ˈcoat hanger *(auch* **hanger***) Nomen* Kleiderbügel

coat·ing /ˈkəʊtɪŋ; *AmE* ˈkoʊ-/ *Nomen* Schicht, Überzug, Beschichtung

ˌcoat of ˈarms *Nomen (Pl* **coats of arms***) (auch* **arms** [Pl]) Wappen

coax /kəʊks; *AmE* koʊks/ *Verb* überreden; **~ sb into doing sth** jdn zu etw überreden, jdm dazu bringen, etw zu tun ◇ *He was coaxed out of retirement.* Man überredete ihn, aus dem Ruhestand zurückzukehren. ◇ *'Nearly there,' she coaxed.* „Wir haben's gleich geschafft", sagte sie aufmunternd. PHR V **coax sth out of/from sb** jdm etw entlocken, etw aus jdm herausholen

coax·ing /ˈkəʊksɪŋ; *AmE* ˈkoʊk-/ *Nomen, Adj*
▸ ***Nomen*** (gutes) Zureden ◇ *A little coaxing was all it took to get her to come with us.* Es war nur ein bisschen Überredungskunst notwendig, um sie zum Mitkommen zu bewegen. ◇ *My car needs a lot of coaxing to start in the winter.* Im Winter muss ich meinem Auto erst gut zureden, damit es anspringt.
▸ ***Adj*** *(Adv* **coax·ing·ly***)* aufmunternd

cob /kɒb; *AmE* kɑːb/ *Nomen* **1** *(bes BrE* **corn cob***)* Maiskolben **2** kleines, stämmiges Pferd **3** *(BrE)* runder Laib Brot

co·balt /ˈkəʊbɔːlt; *AmE* ˈkoʊ-/ *Nomen* **1** (CHEM) Kobalt **2** *(auch* **ˌcobalt ˈblue***)* Kobaltblau

cob·ber /ˈkɒbə(r); *AmE* ˈkɑːbər/ *Nomen (AusE, umgs)* Kumpel

cob·ble /ˈkɒbl; *AmE* ˈkɑːbl/ *Verb (veraltet)* schustern, (Schuhe) flicken PHR V **cobble sth together** etw zusammenschustern

cob·bled /ˈkɒbld; *AmE* ˈkɑːbld/ *Adj* gepflastert ◇ *a cobbled lane* eine Gasse mit Kopfsteinpflaster

cob·bler /ˈkɒblə(r); *AmE* ˈkɑːblər/ *Nomen* **1** *(bes AmE)* = warmer Nachtisch aus gekochten Früchten mit Teigbällchen darüber **2** *(veraltet)* Schuster **3 cobblers** *(BrE, umgs)* Mist, Quatsch

cob·bles /ˈkɒblz; *AmE* ˈkɑːblz/ *(auch* **cobble·stones***) Nomen* [Pl] Kopfsteinpflaster

cobble·stone /ˈkɒblstəʊn; *AmE* ˈkɑːblstoʊn/ *Adj* gepflastert, Kopfstein-

cobra /ˈkəʊbrə; *AmE* ˈkoʊ-/ *Nomen* Kobra

cob·web /ˈkɒbweb; *AmE* ˈkɑːb-/ *Nomen* Spinnwebe, Spinnennetz IDM **blow/clear the ˈcobwebs away** für einen klaren Kopf sorgen

co·caine /kəʊˈkeɪn; *AmE* koʊˈ-/ *(umgs* **coke***) Nomen* Kokain

coc·cyx /ˈkɒksɪks; *AmE* ˈkɑːk-/ *Nomen (Pl* **coc·cyxes** *oder* **coc·cy·ges** /-sɪdʒiːz/*)* (ANAT) Steißbein

coch·in·eal /ˌkɒtʃɪˈniːl; *AmE* ˈkɑːtʃəniːl/ *Nomen* Koschenille

cock /kɒk; *AmE* kɑːk/ *Nomen, Verb*
▸ ***Nomen*** **1** *(BrE)* Hahn **2** *(meist in Zusammensetzungen)* Vogelmännchen ◇ *a cock pheasant* ein Fasanenmännchen **3** *(vulg, Slang) (Penis)* Schwanz **4** = STOPCOCK → *Siehe auch* BALLCOCK **5** [Sing] *(BrE, Slang, veraltet)* Kumpel → *Siehe auch* HALF-COCK
▸ ***Verb*** **1** *(Ohren)* spitzen; *(Brauen)* hochziehen; *(Kopf)* schief legen; *(Bein)* heben ◇ *He cocked an inquisitive eyebrow at her.* Mit hochgezogenen Augenbrauen sah er sie forschend an. **2 ~ a gun** den Hahn einer Waffe spannen IDM **cock an ear/eye** ◇ *He cocked an ear to the garden.* Er lauschte in Richtung Garten. ◇ *She cocked a sleepy eye at him.* Sie warf ihm einen müden Blick zu. **cock a snook at sb/sth** *(BrE)* jdm/etw eine lange Nase machen PHR V **ˌcock sth ˈup** *(BrE, Slang)* etw vermasseln

cock-a-doodle-doo /ˌkɒk ə ˌduːdl ˈduː; *AmE* ˌkɑːk/ *Nomen* Kikeriki

ˌcock-a-ˈhoop *Adj* [nicht vor Nomen] **be ~ (about/at/over sth)** *(umgs)* (über etw) ganz aus dem Häuschen sein

cock·ama·mie *(auch* **cock·ama·my***)* /ˈkɒkəmeɪmi; *AmE* ˈkɑːk-/ *Adj (AmE, umgs)* unglaubwürdig, spinnert

ˌcock and ˈbull story *Nomen* Lügengeschichte

cocka·too /ˌkɒkəˈtuː; *AmE* ˈkɑːkətuː/ *Nomen (Pl* **-oos***)* Kakadu

cock·erel /ˈkɒkərəl; *AmE* ˈkɑːk-/ *Nomen* junger Hahn

cockeyed /ˈkɒkaɪd; *AmE* ˈkɑːkaɪd/ *Adj (umgs)* **1** schief **2** *(fig)* unsinnig

cock·fight /ˈkɒkfaɪt; *AmE* ˈkɑːk-/ *Nomen* Hahnenkampf

cock·fight·ing /ˈkɒkfaɪtɪŋ; *AmE* ˈkɑːk-/ *Nomen* Hahnenkampf

cocki·ness /ˈkɒkinəs; *AmE* ˈkɑːk-/ *Nomen* Großspurigkeit, Anmaßung

cockle /ˈkɒkl; *AmE* ˈkɑːkl/ *Nomen* Herzmuschel IDM → WARM

cock·ney /ˈkɒkni; *AmE* ˈkɑːk-/ *Nomen* Cockney

cock·pit /ˈkɒkpɪt; *AmE* ˈkɑːk-/ *Nomen* Cockpit

cock·roach /ˈkɒkrəʊtʃ; *AmE* ˈkɑːkroʊtʃ/ *(AmE auch, umgs* **roach***) Nomen* Küchenschabe, Kakerlak

cock·sure /ˌkɒkˈʃʊə(r), -ˈʃɔː(r); *AmE* ˌkɑːkˈʃʊr/ *Adj* sehr (von sich selbst) überzeugt

cock·tail /ˈkɒkteɪl; *AmE* ˈkɑːk-/ *Nomen* Cocktail ◇ *a cocktail cabinet* eine Hausbar

ˈcocktail stick *Nomen* Cocktailspieß(chen)

ˈcock-up *Nomen (BrE, umgs)* Mist ◇ *There's been a bit of a cock-up over the travel arrangements.* Bei den Reisevorbereitungen ist einiges schief gelaufen. ◇ *I made a right cock-up of it.* Ich habe es vermasselt.

cocky /ˈkɒki; *AmE* ˈkɑːki/ *Adj (umgs)* großspurig, anmaßend

cocoa /ˈkəʊkəʊ; *AmE* ˈkoʊkoʊ/ *Nomen* Kakao

ˈcocoa butter *Nomen* Kakaobutter

co·co·nut /ˈkəʊkənʌt; *AmE* ˈkoʊ-/ *Nomen* **1** Kokosnuss **2** Kokos

ˌcoconut ˈmatting *Nomen* [U] *(BrE)* Kokosteppich

ˈcoconut shy *Nomen (Pl* **co·co·nut shies***) (BrE)* Wurfbude

co·coon /kəˈkuːn/ *Nomen, Verb*
▸ ***Nomen*** Kokon ◇ *(fig) You can't live in a cocoon.* Du kannst dich nicht so abkapseln.
▸ ***Verb*** *(meist passiv)* einhüllen ◇ *I was always cocooned from the world by my parents.* Meine Eltern hatten mich immer von der Außenwelt abgeschirmt.

COD /ˌsiː əʊ ˈdiː; *AmE* oʊ/ *(BrE) Kurzform von* **cash on delivery** *(AmE) Kurzform von* **collect on delivery** per Nachnahme

cod /kɒd; *AmE* kɑːd/ *Nomen (Pl* **cod***)* Kabeljau, Dorsch

cod·dle /ˈkɒdl; *AmE* ˈkɑːdl/ *Verb* **1** *(oft abwert)* verhätscheln, verzärteln **2** *(Eier)* pochieren

code /kəʊd; *AmE* koʊd/ *Nomen, Verb*
▸ ***Nomen*** **1** *(oft in Zusammensetzungen)* Kode, Code, Chiffre → *Siehe auch* AREA CODE, MACHINE CODE, POSTCODE *und* ZIP CODE **2** *(Telefon)* = DIALLING CODE **3** Kodex, Regeln ◇ *a strict code of conduct* strenge Verhaltensregeln ◇ *the dress code* die Kleiderordnung **4** (RECHT) Gesetzbuch, Kodex ◇ *the penal code* das Strafgesetzbuch → *Siehe auch* HIGHWAY CODE
▸ ***Verb*** **1** kennzeichnen **2** verschlüsseln, chiffrieren **3** (COMP) kodieren

coded /ˈkəʊdɪd; *AmE* ˈkoʊ-/ *Adj* [nur vor Nomen] **1** verschlüsselt **2** *(fig)* versteckt, indirekt

co·deine /ˈkəʊdiːn; *AmE* ˈkoʊ-/ *Nomen* Kodein

ˈcode name *Nomen* Deckname, Codename

ˌcode-named *Adj* [nicht vor Nomen] mit dem Decknamen

ˌcode of ˈpractice *Nomen* (*Pl* **codes of prac·tice**) Verfahrensregeln

cod·ger /ˈkɒdʒə(r); *AmE* ˈkɑːdʒər/ *Nomen* (*umgs*) **old codger** alter Knacker

co·di·cil /ˈkəʊdɪsɪl; *AmE* ˈkɑːdəsl/ *Nomen* (RECHT) Kodizill

co·dify /ˈkəʊdɪfaɪ; *AmE* ˈkɑːd-/ *Verb* (**-fies**, **-fy·ing**, **-fied**, **-fied**) (*Fachspr*) kodifizieren

ˌcod liver ˈoil *Nomen* Lebertran

cods·wal·lop /ˈkɒdzwɒləp; *AmE* ˈkɑːdzwɑːləp/ *Nomen* (*BrE*, *umgs*, *veraltet*) Stuss, Quatsch

coed /ˌkəʊˈed; *AmE* ˌkoʊ-/ *Nomen* (*AmE*, *veraltet*) = Schülerin/Studentin einer gemischten Schule

ˌco-eduˈcation *Nomen* gemischte Schulen, Koedukation

ˌco-eduˈcational (*umgs* **coed**) *Adj* koedukativ; (*Schulen etc.*) gemischt

co·ef·fi·cient /ˌkəʊɪˈfɪʃnt; *AmE* ˌkoʊ-/ *Nomen* (MATH, PHYSIK) Koeffizient

co·erce /kəʊˈɜːs; *AmE* koʊˈɜːrs/ *Verb* zwingen, nötigen

co·er·cion /kəʊˈɜːʃn; *AmE* koʊˈɜːrʒn/ *Nomen* (*gehoben*) Zwang, Nötigung

co·er·cive /kəʊˈɜːsɪv; *AmE* koʊˈɜːrsɪv/ *Adj* (*gehoben*) Zwangs-

co·ex·ist /ˌkəʊɪɡˈzɪst; *AmE* ˌkoʊ-/ *Verb* (*gehoben*) nebeneinander existieren, koexistieren ◇ *The illness frequently coexists with other diseases.* Die Krankheit geht oftmals mit anderen Krankheiten einher.

co·ex·ist·ence /ˌkəʊɪɡˈzɪstəns; *AmE* ˌkoʊ-/ *Nomen* Koexistenz

C of E /ˌsiː əv ˈiː/ = CHURCH OF ENGLAND

cof·fee 🔑 /ˈkɒfi; *AmE* ˈkɔːfi/ *Nomen* **1** Kaffee ◇ *real coffee* Bohnenkaffee ◇ *coffee ice-cream* Mokkaeis **2** (*Farbe*) Kaffeebraun

ˈcoffee bar *Nomen* **1** (*BrE*) Cafeteria **2** (*AmE*) Café

ˈcoffee break *Nomen* Kaffeepause

ˈcoffee morning *Nomen* (*BrE*) = (kleine) Wohltätigkeitsveranstaltung, bei der Kaffee getrunken wird (und Geld für einen guten Zweck gesammelt wird)

ˈcoffee shop *Nomen* (*bes AmE*) Cafeteria

ˈcoffee table *Nomen* Couchtisch, Beistelltisch

ˈcoffee-table book *Nomen* Bildband

cof·fer /ˈkɒfə(r); *AmE* ˈkɔːfər/ *Nomen* **1** Truhe **2** **coffers** [Pl] (*gehoben*) (*Staats- etc.*) Säckel

cof·fin /ˈkɒfɪn; *AmE* ˈkɔːfɪn/ *Nomen* (*bes BrE*) Sarg **IDM** → NAIL

cog /kɒɡ; *AmE* kɑːɡ/ *Nomen* **1** (*eines Zahnrads*) Zahn **2** = COGWHEEL **IDM** **a cog in the maˈchine/ˈwheel** (*umgs*) ein Rädchen im Getriebe

co·gent /ˈkəʊdʒənt; *AmE* ˈkoʊ-/ (*Adv* **co·gent·ly**) *Adj* (*gehoben*) stichhaltig

cogi·tate /ˈkɒdʒɪteɪt; *AmE* ˈkɑːdʒɪ-/ *Verb* ~ (**about/on sth**) (*gehoben*) (über etw) nachsinnen, (über etw) nachdenken

cogi·ta·tion /ˌkɒdʒɪˈteɪʃn; *AmE* ˌkɑːdʒɪˈ-/ *Nomen* Nachsinnen, Nachdenken

co·gnac /ˈkɒnjæk; *AmE* ˈkoʊnjæk/ *Nomen* Cognac®

cog·nate /ˈkɒɡneɪt; *AmE* ˈkɑːɡ-/ *Adj*, *Nomen*

▸ ***Adj*** verwandt

▸ ***Nomen*** (LING) verwandtes Wort

cog·ni·tion /kɒɡˈnɪʃn; *AmE* kɑːɡˈ-/ *Nomen* (PSYCH) Erkenntnis

cog·ni·tive /ˈkɒɡnətɪv; *AmE* ˈkɑːɡ-/ *Adj* kognitiv ◇ *cognitive psychology* Erkenntnispsychologie

cog·ni·zance (*BrE auch* **-i·sance**) /ˈkɒɡnɪzəns; *AmE* ˈkɑːɡ-/ *Nomen* (*gehoben*) Kenntnis **IDM** **take cognizance of sth** etw zur Kenntnis nehmen

cog·wheel /ˈkɒɡwiːl; *AmE* ˈkɑːɡ-/ (*auch* **cog**) *Nomen* Zahnrad

co·habit /kəʊˈhæbɪt; *AmE* koʊˈ-/ *Verb* (*gehoben*) (in eheähnlicher Gemeinschaft) zusammenleben

co·hab·it·ation /ˌkəʊˌhæbɪˈteɪʃn; *AmE* ˌkoʊ-/ *Nomen* [U] Zusammenleben, eheähnliche Gemeinschaft

co·here /kəʊˈhɪə(r); *AmE* koʊˈhɪr/ *Verb* (*gehoben*) **1** in sich kohärent sein; ~ **with sth** zu etw passen **2** eine Einheit bilden

co·her·ence /kəʊˈhɪərəns; *AmE* koʊˈhɪrəns/ *Nomen* Kohärenz, Geschlossenheit, Schlüssigkeit ◇ *The essay lacks coherence.* Der Aufsatz wirkt unzusammenhängend.

co·her·ent /kəʊˈhɪərənt; *AmE* koʊˈhɪrənt/ *Adj* (*Adv* **co·herent·ly**) schlüssig, zusammenhängend, klar ◇ *She only became coherent again two hours afterwards.* Erst zwei Stunden danach konnte sie wieder zusammenhängend sprechen. ◇ *a coherent foreign policy* eine kohärente Außenpolitik

co·he·sion /kəʊˈhiːʒn; *AmE* koʊˈ-/ *Nomen* **1** (*gehoben*) Zusammenhalt, Geschlossenheit **2** (PHYSIK, CHEM) Kohäsion

co·he·sive /kəʊˈhiːsɪv; *AmE* koʊˈ-/ *Adj* (*gehoben*) **1** kohäsiv ◇ *a cohesive group* eine in sich geschlossene Gruppe **2** verbindend, gemeinschaftsstiftend

co·he·sive·ness /kəʊˈhiːsɪvnəs; *AmE* koʊˈ-/ *Nomen* Zusammenhalt, Bindekraft

co·hort /ˈkəʊhɔːt; *AmE* ˈkoʊhɔːrt/ *Nomen* [mit Verb im Sing/Pl] Kohorte

coif·fure /kwɑːˈfjʊə(r); *AmE* -ˈfjʊr/ *Nomen* (*gehoben oder hum*) Frisur

coil /kɔɪl/ *Verb*, *Nomen*

▸ ***Verb*** **1** ~ **sth up** etw aufrollen, etw aufwickeln; ~ **sth round, around, etc. sth** etw um etw wickeln, etw mit etw umwickeln ◇ *Her hair was coiled on top of her head.* Ihr Haar war zu einem Knoten aufgesteckt. ◇ *a coiled spring* eine Sprungfeder **2** ~ **up** sich zusammenrollen; ~ **round, around, etc. sth** sich um etw wickeln

▸ ***Nomen*** **1** Rolle **2** (ELEK) Spule **3** Windung **4** (*Verhütungsmittel*) Spirale

coin 🔑 /kɔɪn/ *Nomen*, *Verb*

▸ ***Nomen*** **1** Münze **2** [U] Münzgeld ◇ *notes and coin* Scheine und Münzgeld **IDM** → SIDE *und* TWO

▸ ***Verb*** prägen **IDM** **be ˈcoining it (in)**; **ˌbe coining ˈmoney** (*BrE*, *umgs*) Geld scheffeln **to coin a ˈphrase** wie man so schön sagt

coin·age /ˈkɔɪnɪdʒ/ *Nomen* **1** [U] Münzen **2** [U] Währung **3** Prägung ◇ *new coinages* Neuprägungen

co·in·cide /ˌkəʊɪnˈsaɪd; *AmE* ˌkoʊ-/ *Verb* **1** zusammenfallen ◇ *It's a pity our trips to Oslo don't coincide.* Es ist schade, dass unsere Reisen nach Oslo nicht zur gleichen Zeit stattfinden. **2** (*Meinungen, Interessen, Aussagen*) übereinstimmen **3** (*gehoben*) sich decken

co·in·ci·dence /kəʊˈɪnsɪdəns; *AmE* koʊˈ-/ *Nomen* **1** Zufall ◇ *by (pure/sheer) coincidence* (rein) zufällig **2** (*gehoben*) (*zeitlich*) Zusammentreffen **3** (*gehoben*) (*von Meinungen, Interessen*) Übereinstimmung

co·in·ci·dent·al /kəʊˌɪnsɪˈdentl; *AmE* koʊ-/ *Adj* zufällig

co·in·ci·den·tal·ly /kəʊˌɪnsɪˈdentəli; *AmE* koʊ-/ *Adv* zufälligerweise

coir /ˈkɔɪə(r)/ *Nomen* [U] Kokosfaser

co·itus /ˈkɔɪtəs, ˈkəʊɪtəs; *AmE* ˈkoʊ-/ *Nomen* (*Fachspr oder gehoben*) Koitus, Geschlechtsverkehr

co·itus inter·rup·tus /ˌkɔɪtəs ɪntəˈrʌptəs, ˌkəʊɪtəs; *AmE* ˌkoʊ-/ *Nomen* Koitus interruptus

coke /kəʊk; *AmE* koʊk/ *Nomen* **1** Koks **2** (*umgs*) Kokain

Col. *Abk* = COLONEL
col. *Abk* = COLUMN
cola /ˈkəʊlə; *AmE* ˈkoʊ-/ *Nomen* Cola
col·an·der *Nomen* /ˈkʌləndə(r); *AmE* ˈkɑːlən-/ Durchschlag
cold /kəʊld; *AmE* koʊld/ *Adj, Nomen, Adv*
▸ ***Adj*** **1** kalt ◇ *I'm cold.* Mir ist kalt. ◇ *It's freezing cold.* Es ist eiskalt. ◇ *Your tea has gone cold.* Jetzt ist dein Tee kalt. ◇ *feel cold* frieren ◇ *She looks cold.* Sie scheint zu frieren. **2** (*Adv* **cold·ly**) kühl, unfreundlich ◇ *He stared at her with cold eyes.* Er starrte sie kalt an. **3** (*Spur*) kalt ◇ *Then the trail went cold.* Dann verlief sich die Spur. **4 out ~** [nicht vor Nomen] (*umgs*) k.o., bewusstlos **5 the ~ facts/truth** die nackten Tatsachen, die ungeschminkte Wahrheit IDM **a cold ˈfish** ein kalter Fisch **get/have cold ˈfeet** kalte Füße bekommen **give sb the cold ˈshoulder** (*umgs*) jdm die kalte Schulter zeigen **in cold ˈblood** kaltblütig **leave sb ˈcold** jdn kaltlassen **pour/throw cold ˈwater on sth** einer Sache einen Dämpfer aufsetzen → *Siehe auch* BLOOD, BLOW *und* HOT
▸ ***Nomen*** **1** Kälte ◇ *She feels the cold.* Sie friert sehr leicht. ◇ *You'll catch your death of cold.* Bei dieser Kälte holst du dir noch den Tod. **2** (*seltener* **the ˌcommon ˈcold**) Erkältung ◇ *catch a cold* sich erkälten IDM **come in from the ˈcold** nicht mehr links liegen gelassen werden **leave sb ˌout in the ˈcold** jdn links liegen lassen
▸ ***Adv*** **1** (*AmE*) unvermittelt **2** unvorbereitet
ˌcold-ˈblooded *Adj* **1** (*Adv* **ˌcold-ˈbloodedly**) kaltblütig **2** (BIOL) wechselwarm, kaltblütig
ˌcold-ˈcalling *Nomen* [U] = Verkaufsmethode, bei der Kunden unaufgefordert angerufen werden
ˌcold ˈcash *Nomen* (*AmE*) Bargeld
ˌcold ˈcomfort *Nomen* (ein) schwacher Trost
ˈcold cream *Nomen* Coldcreme
ˈcold cuts *Nomen* [Pl] (*bes AmE*) (kalter) Aufschnitt
ˈcold frame (*auch* **frame**) *Nomen* Frühbeet(kasten)
ˌcold-ˈhearted *Adj* kaltherzig
cold·ly *Adv* → COLD
cold·ness /ˈkəʊldnəs; *AmE* ˈkoʊld-/ *Nomen* Kälte (*auch fig*)
ˌcold-ˈshoulder *Verb* **~ sb** jdm die kalte Schulter zeigen
ˈcold snap *Nomen* (*umgs*) plötzliche Kältewelle
ˈcold sore *Nomen* Herpesbläschen, Fieberbläschen
ˈcold spell *Nomen* Kälteperiode
ˌcold ˈstorage *Nomen* [U] **1** Kühllagerung **2 put sth into ~** (*Pläne etc.*) auf Eis legen
ˈcold store *Nomen* Kühlhaus
ˌcold ˈsweat *Nomen* kalter Schweiß ◇ *I woke up in a cold sweat.* Ich wachte schweißgebadet auf.
ˌcold ˈturkey *Nomen, Adv*
▸ ***Nomen*** [U] **1** Totalentzug, Cold Turkey **2** = Entzugserscheinungen beim Totalentzug
▸ ***Adv*** (*Drogen etc.*) ◇ *go cold turkey* radikal aufhören ◇ *I quit smoking cold turkey.* Ich hörte von einem Tag auf den anderen mit dem Rauchen auf.
cole·slaw /ˈkəʊlslɔː; *AmE* ˈkoʊls-/ *Nomen* = Krautsalat mit Mayonnaise
coley /ˈkəʊli; *AmE* ˈkoʊ-/ *Nomen* Seelachs
colic /ˈkɒlɪk; *AmE* ˈkɑːlɪk/ *Nomen* [U] Kolik
col·icky /ˈkɒlɪki; *AmE* ˈkɑːlɪ-/ *Adj* **1** kolikartig **2** ◇ *a colicky baby* ein Baby, das öfter Koliken hat
col·lab·or·ate /kəˈlæbəreɪt/ *Verb* **1 ~ (on/in sth)** (an/bei etw) zusammenarbeiten, (an/bei etw) mitarbeiten **2** (*abwert*) kollaborieren
col·lab·or·ation /kəˌlæbəˈreɪʃn/ *Nomen* **1** Zusammenarbeit **2** Gemeinschaftsprodukt(ion) **3** (*abwert*) Kollaboration
col·lab·ora·tive /kəˈlæbərətɪv; *AmE* -reɪtɪv/ *Adj* [nur vor Nomen] (*gehoben*) gemeinschaftlich, Gemeinschafts-
col·lab·ora·tive·ly /kəˈlæbərətɪvli; *AmE* -reɪt-/ *Adv* (*gehoben*) gemeinsam ◇ *work collaboratively* zusammenarbeiten
col·lab·or·ator /kəˈlæbəreɪtə(r)/ *Nomen* **1** Mitarbeiter(in) **2** (*abwert*) Kollaborateur(in)
col·lage /ˈkɒlɑːʒ; *AmE* kəˈlɑːʒ/ *Nomen* Collage
col·lapse /kəˈlæps/ *Verb, Nomen*
▸ ***Verb*** **1** zusammenbrechen, kollabieren; (*Gebäude auch*) einstürzen **2** (*Verhandlung etc.*) scheitern **3** (*Firma etc.*) pleitegehen **4** (*Preis, Aktie etc.*) in den Keller fallen **5** (*umgs*) (*aufs Sofa etc.*) sich fallen lassen **6** (*Möbel etc.*) (sich) zusammenklappen (lassen), (sich) zusammenfalten (lassen) **7** (MED) (*Blutgefäß*) kollabieren (lassen); (*Lunge*) zusammenfallen (lassen)
▸ ***Nomen*** **1** Zusammenbruch; (*von Verhandlungen etc.*) Scheitern **2** (*von Gebäuden*) Einsturz **3** (MED) Kollaps, Zusammenbruch **4** [meist Sing] (*von Preisen, Aktien*) Einbruch, Verfall
col·laps·ible /kəˈlæpsəbl/ *Adj* zusammenklappbar, zusammenfaltbar ◇ *a collapsible boat* ein Faltboot
col·lar /ˈkɒlə(r); *AmE* ˈkɑːlər/ *Nomen, Verb*
▸ ***Nomen*** **1** Kragen → *Siehe auch* BLUE-COLLAR, WHITE-COLLAR *und* WING COLLAR **2** (*Hunde-*) Halsband **3** (*an Rohren etc.*) Muffe, Manschette IDM → HOT
▸ ***Verb*** (*umgs*) **1** am Kragen packen, schnappen **2** abfangen, aufhalten
col·lar·bone /ˈkɒləbəʊn; *AmE* ˈkɑːlərboʊn/ *Nomen* Schlüsselbein
col·late /kəˈleɪt/ *Verb* **1** (*Informationen, Stoff etc.*) zusammentragen **2** (*Fachspr*) (*Buch*) kollationieren, zusammenstellen
col·lat·eral /kəˈlætərəl/ *Nomen, Adj*
▸ ***Nomen*** [U] (FINANZ) Sicherheit
▸ ***Adj*** (*gehoben*) **1** zusätzlich ◇ *collateral damage* Kollateralschaden **2** (*Fachspr*) ◇ *collateral relatives* Verwandte einer Seitenlinie
col·la·tion /kəˈleɪʃn/ *Nomen* [U] Zusammentragen (*von Information*)
col·league /ˈkɒliːg; *AmE* ˈkɑːliːg/ *Nomen* Kollege, Kollegin
col·lect /kəˈlekt/ *Verb, Adj, Adv*
▸ ***Verb*** **1** sammeln ◇ *Samples were collected from over 200 patients.* Von über 200 Patienten wurden Proben genommen. ◇ *He collected the glasses.* Er sammelte die Gläser ein. **2** sich versammeln **3** (*umgs*) (sich) ansammeln ◇ *That guitar's been sitting collecting dust for years now.* Die Gitarre ist schon seit Jahren nicht mehr gespielt worden. **4** abholen ◇ *What day do they collect the rubbish?* An welchem Tag wird der Müll abgeholt? **5** (*Schulden, Steuern etc.*) eintreiben; (*Miete*) kassieren **6** erhalten; (*Preis, Medaille etc.*) gewinnen ◇ *She collected £25 000 in compensation.* Sie erhielt £25 000 Entschädigung. IDM **collect yourself/your thoughts** sich/seine Gedanken sammeln PHR V **collect sth ˈup** etw einsammeln
▸ ***Adj, Adv*** (*AmE*) vom Empfänger bezahlt ◇ *make a collect call* ein R-Gespräch führen ◇ *call sb collect* mit jdm ein R-Gespräch führen
col·lect·able (*auch* **col·lect·ible**) /kəˈlektəbl/ *Adj, Nomen*
▸ ***Adj*** für Sammler von Wert
▸ ***Nomen*** [meist Pl] Sammlerobjekt
col·lect·ed /kəˈlektɪd/ *Adj* [nicht vor Nomen] **1** gelassen **2** (*Werke etc.*) gesammelt
col·lec·tion /kəˈlekʃn/ *Nomen* **1** Sammlung **2** Ansammlung **3** Abholung; (*Briefkasten-*) Leerung ◇

refuse/garbage collection Müllabfuhr **4** (Spenden)sammlung; (*beim Gottesdienst*) Kollekte **5** (*Mode-*) Kollektion

col·lect·ive /kəˈlektɪv/ *Adj, Nomen*
▸ ***Adj*** **1** kollektiv, gemeinsam **2** Sammel- ◇ *a collective name* ein Sammelbegriff
▸ ***Nomen*** Kollektiv

colˌlective ˈbargaining *Nomen* [U] Tarifverhandlungen

colˌlective ˈfarm *Nomen* landwirtschaftliche Produktionsgenossenschaft

col·lect·ive·ly /kəˈlektɪvli/ *Adv* gemeinsam, kollektiv, zusammen ◇ *rain, snow and hail, collectively known as 'precipitation'* Regen, Schnee und Hagel, unter dem Sammelbegriff „Niederschlag" zusammengefasst

colˌlective ˈnoun *Nomen* (LING) Kollektivum, Sammelbegriff

col·lect·iv·ism /kəˈlektɪvɪzəm/ *Nomen* Kollektivwirtschaft

col·lect·iv·ist /kəˈlektɪvɪst/ *Adj* kollektivistisch

col·lect·iv·iza·tion (*BrE auch* **-isa·tion**) /kəˌlektɪvaɪˈzeɪʃn; *AmE* -vəˈ-/ *Nomen* Kollektivierung

col·lect·or /kəˈlektə(r)/ *Nomen* (*meist in Zusammensetzungen*) **1** (*Kunst-, Briefmarken-, etc.*) Sammler(in) **2** ◇ *ticket collectors* Schaffner ◇ *tax collectors* Steuereinnehmer ◇ *debt collectors* Schuldeneintreiber

colˈlector's item *Nomen* Sammlerstück

col·leen /kɒˈliːn; *AmE* kɑːˈ-/ *Nomen* **1** (*IrE*) Mädchen **2** irisches Mädchen

col·lege 0-w /ˈkɒlɪdʒ; *AmE* ˈkɑːlɪdʒ/ *Nomen* **1** (*BrE*) (*oft in Namen*) ≈ Hochschule ◇ *the Royal College of Art* die Königliche Kunstakademie ➔ *Siehe auch* COMMUNITY COLLEGE *und* SIXTH-FORM COLLEGE **2** (*BrE*) ≈ Berufsschule ◇ *a college of further education* eine Berufsschule ◇ *a technical college* eine technische Fachschule **3** (*in den USA*) Universität ◇ *She's away at college in California.* Sie studiert in Kalifornien. ➔ *Siehe auch* COMMUNITY COLLEGE **4** = selbstständige Institution innerhalb der älteren britischen Universitäten, wie z.B. Oxford oder Cambridge, College **5** (*in den USA*) Fakultät **6** [mit Verb im Sing/Pl] = Lehrkörper und/oder Studentenschaft eines College **7** (private) Schule **8** (*gehoben*) (*meist in Namen*) Kammer, Bund

col·le·gi·ate /kəˈliːdʒiət/ *Adj* College- ◇ *collegiate universities* nach dem Collegesystem aufgebaute Universitäten

col·lide /kəˈlaɪd/ *Verb* **1** ~ (**with sb/sth**) (mit jdm/etw) zusammenstoßen **2** ~ **with sth** auf/gegen etw prallen **3** ~ (**with sb**) (**over sth**) (mit jdm) (bei etw/wegen einer Sache) aneinandergeraten

col·lie /ˈkɒli; *AmE* ˈkɑːli/ *Nomen* Collie

col·lier /ˈkɒliə(r); *AmE* ˈkɑːli-/ *Nomen* **1** (*bes BrE, veraltet*) Bergmann **2** Kohlenschiff

col·liery /ˈkɒliəri; *AmE* ˈkɑːli-/ *Nomen* (*Pl* **-ies**) (*BrE*) (Kohlen)grube, (Kohlen)zeche

col·li·sion /kəˈlɪʒn/ *Nomen* **1** Zusammenstoß, Kollision ◇ *a head-on collision* ein Frontalzusammenstoß ◇ *His car was in collision with a motorbike.* Sein Wagen stieß mit einem Motorrad zusammen. **2** (*gehoben*) (*fig*) Konfrontation, Konflikt ◇ *In his work we see the collision of two different traditions.* In seiner Arbeit prallen zwei verschiedene Traditionen aufeinander. IDM **be on a colˈlision course** auf Kollisionskurs sein (*auch fig*)

col·lo·cate *Verb, Nomen*
▸ ***Verb*** /ˈkɒləkeɪt; *AmE* ˈkɑːlə-/ ~ (**with sth**) (LING) (mit etw) kollokieren
▸ ***Nomen*** /ˈkɒləkət; *AmE* ˈkɑːlə-/ (LING) Kollokation

col·lo·ca·tion /ˌkɒləˈkeɪʃn; *AmE* ˌkɑːləˈ-/ *Nomen* (LING) Kollokation

col·lo·quial /kəˈləʊkwiəl; *AmE* kəˈloʊ-/ *Adj* (*Adv* **col·lo·quial·ly** /-əli/) umgangssprachlich

col·lo·qui·al·ism /kəˈləʊkwiəlɪzəm; *AmE* kəˈloʊ-/ *Nomen* umgangssprachlicher Ausdruck

col·lude /kəˈluːd/ *Verb* (*gehoben, abwert*) ~ **with sb** mit jdm zusammenarbeiten; ~ **in** (**doing**) **sth/to do sth** bei etw mitmachen ◇ *Several people had colluded in the murder.* Mehrere Leute waren in den Mord verwickelt. ◇ *They had colluded in suppressing information.* Sie waren an der Unterschlagung von Informationen beteiligt.

col·lu·sion /kəˈluːʒn/ *Nomen* [U] (*gehoben, abwert*) Absprache; (RECHT) Kollusion ◇ *The drug dealers were operating in collusion with/with the collusion of the police.* Die Drogenhändler steckten mit der Polizei unter einer Decke.

co·logne /kəˈləʊn; *AmE* kəˈloʊn/ *Nomen* = EAU DE COLOGNE

colon /ˈkəʊlən; *AmE* ˈkoʊ-/ *Nomen* **1** Doppelpunkt **2** (ANAT) Dickdarm

col·onel /ˈkɜːnl; *AmE* ˈkɜːrnl/ *Nomen* (*Abk* **Col.**) Oberst

ˌColonel ˈBlimp (*auch* **blimp**) *Nomen* (*BrE, veraltet, abwert*) = älterer Mensch, oft ein Offizier, mit sehr konservativen Anschauungen

co·lo·nial /kəˈləʊniəl; *AmE* kəˈloʊ-/ *Adj, Nomen*
▸ ***Adj*** Kolonial-, kolonial
▸ ***Nomen*** = Staatsangehörige(r) einer Kolonialmacht, die/der in einer Kolonie lebt

co·lo·ni·al·ism /kəˈləʊniəlɪzəm; *AmE* kəˈloʊ-/ *Nomen* Kolonialismus

co·lo·ni·al·ist /kəˈləʊniəlɪst; *AmE* kəˈloʊ-/ *Adj, Nomen*
▸ ***Adj*** kolonialistisch
▸ ***Nomen*** Kolonialist(in)

co·lo·nic /kəˈlɒnɪk; *AmE* kəˈlɑːnɪk/ *Adj* Dickdarm- ◇ *colonic irrigation* Darmspülung

col·on·ist /ˈkɒlənɪst; *AmE* ˈkɑːlə-/ *Nomen* Kolonist(in), Siedler(in)

col·on·iza·tion (*BrE auch* **-isa·tion**) /ˌkɒlənaɪˈzeɪʃn; *AmE* ˌkɑːlənəˈ-/ *Nomen* Kolonisation

col·on·ize (*BrE auch* **-ise**) /ˈkɒlənaɪz; *AmE* ˈkɑːlə-/ *Verb* **1** kolonisieren **2** (*Tiere Pflanzen*) besiedeln

col·on·izer (*BrE auch* **-iser**) /ˈkɒlənaɪzə(r); *AmE* ˈkɑːlə-/ *Nomen* Kolonisator(in)

col·on·nade /ˌkɒləˈneɪd; *AmE* ˌkɑːləˈ-/ *Nomen* Kolonnade, Säulengang

col·ony /ˈkɒləni; *AmE* ˈkɑːlə-/ *Nomen* (*Pl* **-ies**) Kolonie ◇ *a colony of ants* ein Ameisenstaat

color 0-w (*AmE*) = COLOUR ℹ Für andere Wörter, die mit **color-** anfangen, siehe die Schreibweise **colour-**

col·or·ation (*BrE auch* **col·our·ation**) /ˌkʌləˈreɪʃn/ *Nomen* [U] (*Fachspr*) Färbung

col·ora·tura /ˌkɒlərəˈtʊərə; *AmE* ˌkʌlərəˈtʊrə/ *Nomen* [U] (MUS) Koloratur

col·or·ist (*AmE*) = COLOURIST

col·or·ize (*BrE auch* **col·our·ize**) /ˈkʌləraɪz/ *Verb* (*Fachspr*) (*Film*) einfärben

ˈcolor line *Nomen* (*AmE*) [meist Sing] Rassentrennung

col·os·sal /kəˈlɒsl; *AmE* kəˈlɑːsl/ *Adj* kolossal, riesig, gigantisch ◇ *a colossal amount of money* Unmengen von Geld

col·os·sus /kəˈlɒsəs; *AmE* kəˈlɑːsəs/ *Nomen* **1** [Sing] (*gehoben*) Koloss, Riese, Titan **2** (*Pl* **co·lossi** /-saɪ/) (*Riesenstandbild*) Koloss

col·our 0-w (*AmE* **color**) /ˈkʌlə(r)/ *Nomen, Verb*
▸ ***Nomen*** **1** Farbe ◇ *The garden was a mass of colour.* Der Garten war ein Farbenmeer. ◇ *Her hair is a reddish brown colour.* Sie hat rötlich-braune Haare. ◇ *Colour flooded her face when she remembered it.* Sie

wurde ganz rot, als sie daran dachte. ◇ *His face was drained of colour.* Er sah sehr blass aus. ◇ (*fig*) *people of different political colours* Leute aus verschiedenen politischen Lagern **2** Hautfarbe ◇ (*bes AmE*) *a person of colour* ein(e) Farbige(r) **3** Tönung → *Siehe auch* WATERCOLOUR **4** [U] Farbe, Kolorit, Atmosphäre → *Siehe auch* LOCAL COLOUR **5 colours** [Pl] (*bes BrE*) Flagge IDM **off 'colour** [nicht vor Nomen] (*umgs*) **1** (*BrE*) ◇ *Jo seems a little off colour today.* Jo scheint sich heute nicht so ganz gut zu fühlen. **2** (*bes AmE*) (*Witz*) schlüpfrig **see the colour of sb's 'money** (*umgs*) ◇ *I want to see the colour of his money first.* Ich will erst mal sein Geld sehen. → *Siehe auch* FLYING, NAIL *und* TRUE

▸ ***Verb*** **1** (aus)malen, färben ◇ *He drew a monster and coloured it red.* Er zeichnete ein Ungeheuer und malte es rot an. **2 ~ (at sth)** (über etw) erröten **3** beeinflussen PHR V **,colour sth 'in** (*mit Farbe ausfüllen*) etw ausmalen

col·our·ant (*AmE* **col·or·ant**) /ˈkʌlərənt/ *Nomen* Farbstoff; (*für Haare*) Coloration

col·our·ation (*BrE*) = COLORATION

'colour bar (*AmE* **'color bar**) *Nomen* [meist Sing] Rassentrennung

'colour-blind (*AmE* **'color-blind**) *Adj* **1** farbenblind **2** ohne Ansehen der Hautfarbe ◇ *As far as selecting the players is concerned I am colour-blind.* Bei der Auswahl der Spieler ist mir ihre Hautfarbe egal.

'colour code (*AmE* **'color code**) *Nomen* Farbkennzeichnung

'colour-coded (*AmE* **'color-coded**) *Adj* farbig gekennzeichnet

col·oured 0‒ (*AmE* **col·ored**) /ˈkʌləd; *AmE* -lərd/ *Adj, Nomen*

▸ ***Adj*** **1** (*oft in Zusammensetzungen*) farbig, bunt ◇ *brightly coloured balloons* bunte Luftballons ◇ *coloured paper* Buntpapier ◇ *a cream-coloured suit* ein cremefarbenes Kostüm **2** (*veraltet oder beleidigend*) (*Mensch*) farbig **3 Coloured** (*in Südafrika*) gemischtrassisch

▸ ***Nomen*** **1** (*veraltet oder beleidigend*) Farbige(r) **2 Coloured** (*in Südafrika*) Mischling

'colour fast (*AmE* **color fast**) *Adj* farbecht

col·our·ful (*AmE* **col·or·ful**) /ˈkʌləfl; *AmE* -lərfl/ *Adj* **1** bunt, farbenfroh, farbenprächtig **2** (*fig*) farbig, lebhaft; (*Persönlichkeit etc.*) interessant ◇ *He had a colourful past.* Er hatte eine bewegte Vergangenheit.

col·our·ing (*AmE* **col·or·ing**) /ˈkʌlərɪŋ/ *Nomen* **1** Farbstoff **2** [U] (Haar-, Augen- und) Gesichtsfarbe ◇ *Blue suits your fair colouring.* Blau passt zu deinem hellen Teint. **3** [U] Farbe(n); (*von Pflanzen und Tieren*) Zeichnung **4** [U] Malen ◇ *a colouring book* ein Malbuch

col·our·ist (*AmE* **col·or·ist**) /ˈkʌlərɪst/ *Nomen* **1** (*Friseur*) Colorist(in) **2** (*Maler*) Kolorist(in)

col·our·ize (*BrE*) = COLORIZE

col·our·less (*AmE* **col·or·less**) /ˈkʌlələs; *AmE* -lərləs/ *Adj* **1** farblos; (*Haut*) blass **2** (*fig*) farblos, langweilig

'colour scheme (*AmE* **'color scheme**) *Nomen* Farbzusammenstellung

col·our·way /ˈkʌləweɪ; *AmE* -lərweɪ/ *Nomen* (*BrE*) Farbe, Farbkombination

colt /kəʊlt; *AmE* koʊlt/ *Nomen* **1** (Hengst)fohlen **2** (*BrE*) (SPORT) Fohlen

col·umn 0‒ /ˈkɒləm; *AmE* ˈkɑːləm/ *Nomen* **1** Säule ◇ *a column of smoke* eine Rauchsäule **2** (*Abk* **col.**) (*Seiteneinteilung*) Spalte, Kolonne ◇ *a column of figures* eine Zahlenkolonne ◇ *It filled a lot of column inches in the papers.* Die Zeitungen haben ausführlichst darüber berichtet. **3** (*Artikel*) Kolumne ◇ *a gossip column* eine Klatschspalte → *Siehe auch* AGONY COLUMN *und* PERSONAL COLUMN **4** (*von Fahrzeugen, Truppen etc.*) Kolonne → *Siehe auch* FIFTH COLUMN

col·um·nist /ˈkɒləmnɪst; *AmE* ˈkɑːləm-/ *Nomen* Kolumnist(in)

coma /ˈkəʊmə; *AmE* ˈkoʊ-/ *Nomen* Koma

co·ma·tose /ˈkəʊmətəʊs; *AmE* ˈkoʊmətoʊs/ *Adj* **1** (MED) komatös **2** (*hum*) wie bewusstlos, völlig erschöpft

comb /kəʊm; *AmE* koʊm/ *Nomen, Verb*

▸ ***Nomen*** **1** Kamm **2** ◇ *give your hair a quick comb* sich schnell die Haare kämmen **3** = HONEYCOMB IDM → FINE-TOOTH COMB

▸ ***Verb*** **1** kämmen ◇ *comb your hair* sich (die Haare) kämmen **2 ~ (through) sth** etw durchgehen; (*Gelände*) durchkämmen PHR V **,comb sth 'out** etw auskämmen

com·bat /ˈkɒmbæt; *AmE* ˈkɑːm-/ *Nomen, Verb*

▸ ***Nomen*** Kampf ◇ *combat troops* Kampftruppen → *Siehe auch* SINGLE COMBAT

▸ ***Verb*** (**-t-** *oder* **-tt-**) **1** (*Verbrechen, Krankheiten etc.*) bekämpfen **2** (*gehoben*) kämpfen gegen

com·bat·ant /ˈkɒmbətənt; *AmE* kəmˈbætnt/ *Nomen* Kombattant → *Siehe auch* NON-COMBATANT

com·bat·ive /ˈkɒmbətɪv; *AmE* kəmˈbætɪv/ *Adj* kämpferisch

com·bin·ation 0‒ /ˌkɒmbɪˈneɪʃn; *AmE* ˌkɑːm-/ *Nomen* **1** Kombination, Verbindung ◇ *in combination* zusammen ◇ *a combination of factors* verschiedene Faktoren, die zusammenkommen **2** [U] (Zahlen)kombination **3 combinations** (*BrE*) [Pl] (*veraltet*) Hemdhose, Kombination

combi'nation lock *Nomen* Kombinationsschloss

com·bine 0‒ *Verb, Nomen*

▸ ***Verb*** /kəmˈbaɪn/ **1** verbinden, kombinieren ◇ *Combine all the ingredients in a bowl.* Vermischen Sie alle Zutaten in einer Schüssel. ◇ *The team scored a combined total of 652 points.* Die Mannschaft erzielte in der Gesamtwertung 652 Punkte. ◇ *This model combines a telephone and a fax machine.* Dieses Modell ist eine Kombination aus Telefon und Fax. ◇ *a kitchen and dining-room combined* Küche und Esszimmer in einem ◇ *someone who combines all the necessary qualities* jemand, der alle nötigen Eigenschaften in sich vereinigt **2 ~ (with sth)** sich (mit etw) verbinden ◇ *Several factors had combined to ruin our plans.* Das Zusammentreffen verschiedener Faktoren machte unsere Pläne zunichte. **3** sich zusammenschließen ◇ *the combined efforts of the press and the public* die gemeinsamen Bemühungen von Presse und Öffentlichkeit

▸ ***Nomen*** /ˈkɒmbaɪn; *AmE* ˈkɑːm-/ **1** (*BrE auch* **,combine 'harvester**) Mähdrescher **2** (Groß)konzern, Kombinat

com'bining form *Nomen* (LING) Wortbildungselement

combo /ˈkɒmbəʊ; *AmE* ˈkɑːmboʊ/ *Nomen* (*Pl* **-os**) (*umgs*) **1** (*Band*) Combo **2** (*AmE, umgs*) gemischte Platte

com·bust·ible /kəmˈbʌstəbl/ *Adj* brennbar

com·bus·tion /kəmˈbʌstʃən/ *Nomen* (TECH) Verbrennung

come 0‒ /kʌm/ *Verb, Nomen*

▸ ***Verb*** (**came** /keɪm/, **come**) **1** kommen ◇ *Why don't you come ice skating tonight?* Komm doch heute Abend eislaufen. ◇ *The children came running into the room.* Die Kinder kamen ins Zimmer gerannt. ◇ *There's a storm coming.* Ein Gewitter zieht auf. ◇ *The time has come to act.* Es ist an der Zeit zu handeln. ◇ *It was nice to see you. Thanks for coming.* Es war schön Sie zu sehen. Danke für Ihren Besuch. ◇ *Who are you coming with?* Wen bringst du mit? **2 ~ and do sth**; (*AmE auch*) **~ do sth** ◇ *When did she last come and see you?* Wann hat sie dich zuletzt besucht? ◇ (*AmE*)

Come have your dinner. Komm zum Essen. **3** (*Entfernung*) zurücklegen ◊ (*fig*) *The company has come a long way in five years.* Die Firma hat in fünf Jahren große Fortschritte gemacht. **4** (*nicht in der Verlaufsform*) (*in einer Rangfolge*) stehen ◊ *His family comes first.* Seine Familie steht an erster Stelle. ◊ *She came second in the exam.* Sie war in der Prüfung die Zweitbeste. **5** (*geschehen*) kommen ◊ *Her resignation came as a surprise.* Ihr Rücktritt kam überraschend. ◊ *The agreement came after several hours of negotiations.* Nach stundenlangen Verhandlungen gab es eine Einigung. ◊ *Her death came as a terrible shock to us.* Ihr Tod war für uns ein furchtbarer Schock. **6 ~ (in sth)** (*nicht in der Verlaufsform*) (in etw) erhältlich sein ◊ *This dress comes in black and red.* Dieses Kleid gibt es in Schwarz und Rot. ◊ *The CD comes complete with all words of the songs.* Der CD liegen alle Texte bei. ◊ *New cars don't come cheap.* Neuwagen sind nicht billig. **7** werden ◊ *The trees are coming into leaf.* Die Bäume werden grün. ◊ *This came to be known as the Oriental style.* Das wurde als orientalischer Stil bekannt. ◊ *The buttons had come undone.* Die Knöpfe waren aufgegangen. ◊ *The handle came loose.* Der Griff ging ab. ◊ *Everything will come right in the end.* Es wird schon alles gut gehen. ◊ *At last winter came to an end.* Endlich ging der Winter zu Ende. **8 ~ to do sth** schließlich etw tun ◊ *She had come to see the problem in a new light.* Schließlich hat sie das Problem in einem neuen Licht gesehen. ◊ *In time she came to love him.* Mit der Zeit gewann sie ihn lieb. ◊ *I've come to expect this kind of behaviour from him.* Mittlerweile bin ich so ein Benehmen von ihm schon gewöhnt. **9** (*in Fragen*) ◊ *How did he come to break his leg?* Wie hat er sich denn das Bein gebrochen? ◊ *How do you come to be so late?* Wieso kommst du denn so spät? **10** (*umgs, veraltet*) (*in Zeitangaben*) ◊ *They would have been married forty years come June.* Diesen Juni wären sie vierzig Jahre verheiratet gewesen. **11 come now** (*veraltet*) komm schon; (*ungläubig*) na hör mal **IDM** **be as ˌclever, ˌstupid, etc. as they ˈcome** (*umgs*) unheimlich schlau, dumm etc. sein **Come aˈgain?** (*umgs*) Wie bitte?; Was? **ˌcome and ˈgo** kommen und gehen **come ˈeasily to sb** jdm leicht fallen **sb ˌcomes over (all) ˈfaint, ˈdizzy, ˈgiddy, etc** (*BrE, umgs, veraltet*) jdm wird (ganz) schwarz vor Augen/schwindlig **come to ˈnothing; not ˈcome to anything** ◊ *All his work came to ˈnothing.* Seine ganze Arbeit war umsonst. ◊ *Her plans didn't ˈcome to anything.* Aus ihren Plänen wurde nichts. **come to ˈthat; if it comes to ˈthat** (*bes BrE, umgs*) übrigens ◊ *I don't really trust him—nor his wife, come to that.* Ich traue ihm nicht—und seiner Frau übrigens auch nicht. **ˌcome what ˈmay** ganz gleich, was geschieht **have got it/that coming to you** es verdient haben **How come (...)?** (*umgs*) Wieso (...)?; Warum (...)? **not ˈcome to much** ◊ *He'll never come to much.* Aus ihm wird nie etwas. ◊ *I don't think the idea ever came to much.* Ich glaube, aus der Idee ist nicht viel geworden. **to ˈcome** ◊ *for some time to come* noch für einige Zeit ◊ *They may well regret it in years to come.* Später werden sie das wahrscheinlich bereuen. ◊ *This was to preoccupy her for years to come.* Das sollte sie noch viele Jahre beschäftigen. **when it comes to sth** wenn es um etw geht ◊ *She's a good cook except when it comes to (making) puddings.* Sie kann gut kochen, außer wenn es um Nachspeisen geht. **where sb is ˈcoming from** (*umgs*) warum jd das sagt/tut ◊ *I see where you're coming from.* Ich verstehe, warum Sie das sagen. ⓘ Für andere Redewendungen mit **come** siehe die Einträge für die Nomina, Adjektive etc. **Come a cropper** z.B. steht unter **cropper**. **PHR V** **ˌcome aˈbout (that ...)** passieren (, dass ...) ◊ *How did it come about that ...?* Wie kam es, dass ...?

ˌcome aˈcross; ˌcome ˈover 1 herüberkommen **2** verstanden werden ◊ *His meaning didn't really come across.* Es kam nicht so recht rüber, was er meinte. **3** wirken ◊ *He came over as a nice person.* Er wirkte sympathisch. ◊ *She comes across well in interviews.* Sie macht bei Bewerbungsgesprächen einen guten Eindruck. **ˈcome across sb/sth** (*kein Passiv*) jdn/etw (zufällig) treffen, jdn/etw finden ◊ *She came across them in a drawer.* Sie fand sie in einer Schublade. **ˌcome ˈacross with sth** (*kein Passiv*) (mit) etw herausrücken

ˈcome after sb (*kein Passiv*) hinter jdm herkommen

ˌcome aˈlong 1 kommen ◊ *when the right opportunity comes along* wenn sich die richtige Gelegenheit bietet **2** mitkommen **3** sich machen, Fortschritte machen ◊ *Your French has come along a lot recently.* Dein Französisch hat sich in letzter Zeit enorm verbessert. **4** (*antreibend, aufmunternd*) ◊ *Come along!* Beeil dich! ◊ *Come along! It's easy!* Nun komm schon! Es ist doch nicht schwer!

ˌcome aˈpart auseinanderfallen ◊ (*fig*) *My whole life had come apart at the seams.* Mein ganzes Leben war aus den Fugen geraten.

ˌcome aˈround/ˈround 1 (*auch* **come ˈto**) wieder zu sich kommen **2** kommen ◊ *My birthday seems to come around quicker every year.* Mein Geburtstag scheint jedes Jahr schneller zu kommen. **3** es sich anders überlegen ◊ *She'll come round eventually.* Sie wird es sich schon noch anders überlegen. **ˌcome aˈround/ˈround (to ...)** (bei ...) vorbeikommen **ˌcome aˈround/ˈround to sth** ◊ *I've come round to thinking that it's not such a bad idea.* Ich bin zu der Überzeugung gekommen, dass es doch keine schlechte Idee ist. ◊ *He'll never come round to our way of thinking.* Er wird immer anderer Meinung sein als wir.

ˈcome at sb (*kein Passiv*) auf jdn losgehen ◊ (*fig*) *The noise came at us from all sides.* Der Lärm drang von allen Seiten auf uns ein. **ˈcome at sth** (*Problem*) angehen; (*Wahrheit*) herausfinden

ˌcome aˈway (from sth) 1 (von etw) weggehen **2** (von etw) abgehen, sich (von etw) lösen **ˌcome aˈway with sth** (*kein Passiv*) mit etw gehen ◊ *We came away with the impression that all was not well.* Beim Weggehen hatten wir den Eindruck, dass etwas nicht stimmte.

ˌcome ˈback 1 zurückkommen ◊ *The colour is coming back to her cheeks.* Sie bekommt wieder Farbe. ◊ *United came back from being 2 goals down to win 3-2.* United lag bereits mit 2 Toren im Rückstand, holte jedoch auf und gewann schließlich 3:2. **2** wieder in Mode kommen; (*Künstler, Sportler*) ein Come-back erleben **ˌcome ˈback (at sb) (with sth)** (*als Antwort*) (jdn) (mit etw) angreifen **ˌcome ˈback (to sb)** jdm wieder einfallen ◊ *Your French will soon come back.* Sie werden schnell wieder ins Französische reinkommen. **ˌcome ˈback to sth** (*kein Passiv*) auf etw zurückkommen ◊ *It all comes back to a question of money.* Letzten Endes läuft alles aufs Geld hinaus. **ˈcome before sb/sth** (*kein Passiv*) **1** vor jdm/etw kommen **2** wichtiger als jd/etw sein

ˈcome between sb and sb (*kein Passiv*) zwischen jdn und jdn treten ◊ *I'd hate anything to come between us.* Ich möchte unter keinen Umständen, dass etwas zwischen uns kommt.

ˌcome ˈby (*AmE*) vorbeikommen ◊ *She came by the house.* Sie kam bei mir zu Hause vorbei. **ˈcome by sth 1** an etw kommen ◊ *Jobs are hard to come by.* Es ist schwer, an einen Job zu kommen. **2** etw bekommen ◊ *How did you come by that scratch?* Wo hast du dir den Kratzer geholt?

ˌcome ˈdown 1 herunterkommen **2** (*Decke etc.*) einstürzen **3** (*Schnee, Vorhang etc.*) fallen ◊ *The rain came down in torrents* Es regnete in Strömen. **4** (*Flugzeug etc.*) (not)landen, abstürzen **5** (*Preis, Temperatur etc.*) fallen, sinken ◊ *Petrol is coming down in price.* Die Benzinpreise sinken. **6** entscheiden ◊ *The committee came down in support of his application.* Der

Ausschuss entschied zugunsten seines Antrags. **7** (*BrE, gehoben*) = die Universität (besonders Oxford und Cambridge) am Ende des Semesters oder des Studiums verlassen **ˌcome ˈdown (from …) (to …)** (*Richtung Süden*) (von …) (nach …) herunterkommen; (*aufs Land*) von … nach … herausfahren **ˌcome ˈdown on sb** (*kein Passiv*) (*umgs*) **1** jdn fertigmachen ◇ *Don't come down too hard on her.* Sei nicht zu streng mit ihr. **2** jdn bestrafen **ˌcome ˈdown (to sb)** (jdm) überliefert werden **ˌcome ˈdown to sth** (*kein Passiv*) **1** bis zu/an etw reichen ◇ *Her hair comes down to her waist.* Die Haare gehen ihr bis zur Taille. **2** auf etw hinauslaufen ◇ *What it comes down to is, either I get more money or I leave.* Es läuft darauf hinaus: Entweder kriege ich mehr Geld oder ich gehe. **ˌcome ˈdown with sth** (*kein Passiv*) (*Krankheit*) bekommen
ˌcome ˈforward sich melden ◇ *Several people came forward with information.* Mehrere Personen haben Informationen gegeben.
ˈcome from … aus … kommen **ˈcome from sb** ◇ *'She doesn't try hard enough.'—'That's rich, coming from you!'* „Sie gibt sich nicht genug Mühe."—„Das musst du gerade sagen." **ˈcome from sth** **1** von etw kommen **2** = come of/from sth
ˌcome ˈin **1** hereinkommen; (*Zug*) einfahren **2** (*Flut, Wasser*) kommen ◇ *The tide was coming in fast.* Die Flut kam schnell. **3** durchs Ziel gehen ◇ *My horse came in last.* Mein Pferd wurde Letzter. **4** in Mode kommen **5** eintreffen **6** (*Geld, Summe*) hereinkommen ◇ *She has three thousand a month coming in.* Sie hat ein monatliches Einkommen von dreitausend. **7** ◇ *I understand the plan, but I can't see where I come in.* Ich verstehe den Plan, aber nicht, welche Rolle ich dabei spielen soll. **8** (*Nachricht, Meldung etc.*) eingehen **9** (*in einer Diskussion*) sich einschalten **10** (*Gesetz*) in Kraft treten; (*Regelung*) eingeführt werden **ˌcome ˈin for sth** (*kein Passiv*) etw abbekommen ◇ *come in for a lot of criticism* heftig kritisiert werden **ˌcome ˈin (on sth)** (bei etw) mitmachen
ˌcome ˈinto sth (*kein Passiv*) **1** (*Geld etc.*) erben **2** bei etw eine Rolle spielen ◇ *Luck doesn't come into it.* Das hat mit Glück nichts zu tun.
ˈcome of/from sth von etw kommen ◇ *Nothing came of it.* Es ist nichts draus geworden. ◇ *That comes of eating too much.* Das kommt davon, wenn man zu viel isst.
ˌcome ˈoff **1** abgehen, sich abnehmen lassen; (*Fleck*) rausgehen **2** (*umgs*) stattfinden ◇ *Did the trip to Rome ever come off?* Ist aus der Reise nach Rom jemals etwas geworden? **3** (*umgs*) (*Vorhaben*) klappen ◇ *The plan didn't come off.* Der Plan fiel ins Wasser. **4** **~ well, badly, etc.** (*umgs*) gut, schlecht etc. abschneiden **ˌcome ˈoff (sth)** **1** (von etw) fallen **2** (*Knopf, Henkel etc.*) (von etw) abgehen **ˌcome ˈoff it** (*umgs*) hör bloß auf! **ˌcome ˈoff sth** (*kein Passiv*) (*Medikament*) absetzen; (*Drogen etc.*) mit etw aufhören
ˌcome ˈon **1** (*Schauspieler*) auftreten **2** (*Spieler*) eingewechselt werden **3** (*Projekt etc.*) Fortschritte machen **4** **Come on!** (*antreibend*) Mach schon!; (*ermutigend*) Komm schon!; (*abweisend*) Komm!, Hör mal! ◇ *Oh come on—you know that isn't true.* Ach komm, du weißt doch, dass das nicht stimmt. **5** (*meist in der Verlaufsform*) anfangen ◇ *I can feel a cold coming on.* Ich bekomme eine Erkältung. ◇ *There's rain coming on.* Es fängt an zu regnen. **6** (*Sendung*) kommen **7** (*Licht, Heizung etc.*) angehen **ˈcome on/upon sb/sth** (*kein Passiv*) (*gehoben*) auf jdn/etw treffen **come ˈon to sb** (*kein Passiv*) jdn anmachen **ˌcome ˈon to sth** (*kein Passiv*) (*Thema etc.*) zu etw kommen
ˌcome ˈout **1** herauskommen; (*Blumen*) blühen ◇ *The words wouldn't come out.* Ich brachte kein Wort über die Lippen. **2** (*Foto*) etwas werden **3** sich zeigen ◇ *Her best qualities come out in a crisis.* In einer Krisensituation zeigen sich ihre besten Eigenschaften. **4** ◇ *come out in favour of/against sth* sich für/gegen etw aussprechen **5** (*BrE*) in den Streik treten **6** sich outen **7** (*veraltet*) (*junge Frau*) der Gesellschaft vorgestellt werden **ˌcome ˈout (of sth)** **1** (aus etw) herauskommen **2** (*Schmutz, Flecken*) (aus etw) rausgehen **ˌcome ˈout at sth** (*kein Passiv*) (*Rechnung, Kosten etc.*) sich auf etw belaufen **ˌcome ˈout in sth** (*kein Passiv*) (*Pickel, Ausschlag etc.*) bekommen **ˌcome ˈout of yourself** aus sich herausgehen **ˌcome ˈout of sth** (*kein Passiv*) in etw seinen Ursprung haben ◇ *The book came out of his experiences in India.* Das Buch beruhte auf seinen Erlebnissen in Indien. **ˌcome ˈout with sth** (*kein Passiv*) (*Kommentar etc.*) loslassen
ˌcome ˈover **1** (*BrE, umgs*) ◇ *She came over all shy.* Sie wurde ganz schüchtern **2** = COME ACROSS **ˌcome ˈover (to …)** (bei …) vorbeikommen **ˌcome ˈover (to …) (from …)** (von …) (nach …) (herüber)kommen **ˌcome ˈover (to sth)** (zu etw) überwechseln, (zu etw) übertreten **ˌcome ˈover sb** (*kein Passiv*) (*Gefühl*) jdn überkommen ◇ *A fit of dizziness came over her.* Ihr wurde auf einmal schwindlig. ◇ *I can't think what came over me.* Ich weiß nicht, was über mich kam.
ˌcome ˈround; **ˌcome ˈround (to sth)** COME AROUND/ROUND (TO …)
ˌcome ˈthrough **1** durchkommen, durch sein **2** überleben **ˌcome ˈthrough sth** etw überstehen, etw überleben
ˌcome ˈto = come around/round (1) **ˌcome to yourˈself** (*veraltet*) sich fangen **ˈcome to sb** (*kein Passiv*) (*Idee*) jdm kommen ◇ *It suddenly came to her that …* Ihr ging plötzlich auf, dass … **ˈcome to sth** (*kein Passiv*) **1** (*Rechnung etc.*) auf etw kommen **2** zu etw kommen ◇ *It may not come to that.* Vielleicht kommt es gar nicht so weit.
ˌcome toˈgether zusammenkommen, sich zusammenschließen
ˈcome under sth (*kein Passiv*) **1** unter etw kommen, unter etw fallen **2** ◇ *The head teacher came under a lot of criticism from the parents.* Der Rektor wurde von den Eltern stark kritisiert. **3** (*Einfluss etc.*) unter etw geraten
ˌcome ˈup **1** nach oben kommen **2** (*Pflanze*) rauskommen **3** (*Sonne*) aufgehen **4** (*eintreten*) ◇ *I'm afraid something urgent has come up.* Leider ist etwas Dringendes dazwischengekommen. ◇ *We'll let you know if any vacancies come up.* Wir teilen Ihnen mit, wenn eine Stelle frei wird. **5** (*Frage*) aufkommen; (*Thema*) angeschnitten werden; (*Name*) fallen **6** (*Ereignis, Fest etc.*) bevorstehen **7** (*Fall*) verhandelt werden ◇ *The case comes up next month.* Der Prozess beginnt nächsten Monat. **8** (*Los, Zahl*) gewinnen, gezogen werden **9** (*umgs*) (*meist in der Verlaufsform*) kommen ◇ *'Is lunch ready?'—'Coming up!'* „Ist das Essen fertig?" „Kommt sofort!" **10** (*BrE, gehoben*) = am Anfang des Semesters oder des Studiums mit der Universität (besonders Oxford oder Cambridge) beginnen **ˌcome ˈup (to …) (from …)** (von …) (nach …) kommen; (*Richtung Norden*) (von …) (nach …) raufkommen **ˌcome ˈup (to sb)** auf jdn zukommen ◇ *He came up (to me) and asked for a light.* Er kam auf mich zu und bat um Feuer. **ˌcome ˈup against sb/sth** (*kein Passiv*) auf jdn/etw stoßen **ˌcome ˈup for sth** (*kein Passiv*) zu etw kommen ◇ *come up for sale* zum Verkauf kommen ◇ *Her contract is coming up for renewal.* Ihr Vertrag muss bald verlängert werden. ◇ *She comes up for re-election next year.* Sie muss sich nächstes Jahr zur Wiederwahl stellen. **ˌcome ˈup to sth** (*kein Passiv*) **1** bis an etw reichen ◇ *The water came up to my neck.* Das Wasser ging mir bis zum Hals. **2** (*Niveau*) an etw heranreichen; (*Erwartungen etc.*) einer Sache entsprechen **ˌcome ˈup with sth** (*kein Passiv*) **1** sich etw einfallen lassen; (*Idee, Antwort*) haben; (*Plan*) sich ausdenken; (*Lösung*) kommen auf; (*Vorschlag*) machen **2** (*Geld*) aufbringen
ˈcome upon sb/sth = COME ON/UPON SB/STH
▸ ***Nomen*** (*auch* **cum**) (*Slang*) (*Sperma*) Soße

come·back /ˈkʌmbæk/ *Nomen* **1** [meist Sing] Comeback **2** ◇ *make a comeback* wieder in Mode kommen

3 *(umgs)* (schlagfertige) Antwort **4** Anspruch auf Schadenersatz

com·edian /kəˈmiːdiən/ *Nomen* Komiker(in) ◇ *a stand-up comedian* ein(e) Alleinunterhalter(in)

com·edi·enne /kəˌmiːdiˈen/ *Nomen* *(veraltet)* Komikerin

come·down /ˈkʌmdaʊn/ *Nomen* [meist Sing] *(umgs)* *(Prestigeverlust)* Abstieg

com·edy /ˈkɒmədi; *AmE* ˈkɑːm-/ *(Pl* **-ies***)* *Nomen* **1** Komödie, Lustspiel → *Siehe auch* SITCOM **2** Komik, Humor

come·ly /ˈkʌmli/ *Adj* *(gehoben)* hübsch

ˈcome-on *Nomen* [meist Sing] *(umgs)* Köder ◇ *give sb the come-on* jdn anmachen

comer /ˈkʌmə(r)/ *Nomen* **1 all comers** [Pl] Interessenten ◇ *open to all comers* allgemein zugänglich **2** Ankömmling → *Siehe auch* LATECOMER *und* NEWCOMER **3** *(AmE)* **be a ~** *(umgs)* im Kommen sein

comet /ˈkɒmɪt; *AmE* ˈkɑːmət/ *Nomen* Komet

come·up·pance /kʌmˈʌpəns/ *Nomen* *(umgs)* ◇ *He got his comeuppance.* Er kriegte die Quittung.

com·fort /ˈkʌmfət; *AmE* -fərt/ *Nomen, Verb*

▸ ***Nomen*** **1** [U] Bequemlichkeit, Behaglichkeit, Komfort ◇ *live in comfort* komfortabel leben **2** Trost ◇ *He can draw comfort from the fact that …* Er kann sich damit trösten, dass … ◇ *too close for comfort* bedrohlich nah ◇ *comfort food* Essen, das aufgrund seiner Kindheitsassoziationen eine stressmindernde Wirkung hat → *Siehe auch* COLD COMFORT **3** [meist Pl] Komfort ◇ *life's little comforts* die kleinen Annehmlichkeiten des Lebens → *Siehe auch* CREATURE COMFORTS

▸ ***Verb*** trösten, beruhigen

com·fort·able /ˈkʌmftəbl; *BrE auch* ˈkʌmfətəbl; *AmE auch* -fərt-/ *Adj* **1** bequem; *(Hotel, Wohnung, Wagen)* komfortabel; *(Temperatur)* angenehm ◇ *The patient is comfortable after his operation.* Dem Patienten geht es nach der Operation den Umständen entsprechend gut. **2** [nicht vor Nomen] ◇ *I never feel very comfortable in her presence.* Ich fühle mich in ihrer Gesellschaft nie sehr wohl. ◇ *He's more comfortable with computers than with people.* Er kann mit Computern besser umgehen als mit Menschen. ◇ *They were comfortable with her decision.* Sie hatten nichts gegen ihre Entscheidung. **3** wohlhabend ◇ *He makes a comfortable living.* Er verdient recht gut. **4** *(Vorsprung, Mehrheit)* komfortabel; *(Sieg)* überlegen

com·fort·ably /ˈkʌmftəbli; *BrE auch* ˈkʌmfətəbli; *AmE auch* -fərt-/ *Adv* **1** bequem; *(eingerichtet)* komfortabel **2** leicht; *(führen, gewinnen)* überlegen ◇ *They are comfortably ahead in the opinion polls.* Sie sind in den Meinungsumfragen weit vorne. IDM **be ˌcomfortably ˈoff** genug Geld haben, um komfortabel leben zu können

ˈcomfort break *Nomen* Toilettenpause

com·fort·er /ˈkʌmfətə(r); *AmE* -fərtər/ *Nomen* **1** *(Mensch)* Tröster(in) **2** Trost **3** *(AmE)* Steppdecke

com·fort·ing /ˈkʌmfətɪŋ; *AmE* -fərtɪŋ/ *Adj* *(Adv* **com·fort·ing·ly***)* tröstlich, tröstend, beruhigend

com·fort·less /ˈkʌmfətləs; *AmE* -fərt-/ *Adj* *(gehoben)* ohne Komfort, ungemütlich, trostlos

ˈcomfort zone *Nomen* Komfortzone, Bereich, in dem man sich sicher oder wohlfühlt ◇ *The trip is an attempt to take the students out of their comfort zone.* Die Reise ist ein Versuch, die Studenten aus ihrer Komfortzone zu holen.

comfy /ˈkʌmfi/ *Adj* (**com·fier**, **com·fi·est**) *(umgs)* bequem

comic /ˈkɒmɪk; *AmE* ˈkɑːmɪk/ *Adj, Nomen*

▸ ***Adj*** **1** witzig, komisch, lustig **2** [nur vor Nomen] komisch, komödiantisch, humoristisch ◇ *a comic actor* ein Komödiant

▸ ***Nomen*** **1** Komiker(in) **2** *(AmE* **ˈcomic book***)* Comic(heft) **3 the comics** [Pl] *(AmE)* *(in der Zeitung)* die Comicstrips

com·ic·al /ˈkɒmɪkl; *AmE* ˈkɑːm-/ *Adj* *(Adv* **com·ic·al·ly** /-kli/*)* *(veraltet)* komisch

ˈcomic strip *(AmE auch* **strip***)* *Nomen* Comic(strip)

com·ing /ˈkʌmɪŋ/ *Nomen, Adj*

▸ ***Nomen*** [Sing] Einführung, Ankunft, Kommen, Beginn IDM **ˌcomings and ˈgoings** *(umgs)* Kommen und Gehen

▸ ***Adj*** [nur vor Nomen] kommend ◇ *this coming Sunday* am kommenden Sonntag

comix /ˈkɒmɪks; *AmE* ˈkɑːmɪks/ *Nomen* [Pl] = Comichefte (vor allem für Erwachsene)

comma /ˈkɒmə; *AmE* ˈkɑːmə/ *Nomen* Komma → *Siehe auch* INVERTED COMMAS

com·mand /kəˈmɑːnd; *AmE* kəˈmænd/ *Nomen, Verb*

▸ ***Nomen*** **1** Befehl, Kommando ◇ *command keys* Befehlstasten **2** (MIL) Befehlsgewalt, Kommando ◇ *be in command of sth* etw befehligen ◇ *Who is in command?* Wer hat das Kommando? → *Siehe auch* SECOND IN COMMAND **3** Leitung, Kontrolle ◇ *The home team took command after the break.* Nach der Halbzeit dominierte die Heimmannschaft. ◇ *He looked totally in command of himself.* Er sah vollkommen beherrscht aus. **4 Command** ◇ *Bomber Command* das Bomberkommando ◇ *Allied Command* die Allierte Kommandatura **5** Beherrschung ◇ *have (a) good command of English* die englische Sprache gut beherrschen IDM **at your comˈmand** zu seiner Verfügung **be at sb's comˈmand** *(gehoben)* zu jds Verfügung stehen → *Siehe auch* WISH

▸ ***Verb*** **1** anordnen ◇ *He commanded his men to retreat.* Er befahl seinen Leuten den Rückzug. **2** (MIL) befehligen, Befehlsgewalt haben über **3** *(kein Passiv)* *(nicht in der Verlaufsform)* verdienen ◇ *The headlines commanded her attention.* Ihr Blick fiel auf die Schlagzeilen. ◇ *The position commands an excellent salary.* Die Stelle ist sehr gut bezahlt. **4** *(kein Passiv)* *(nicht in der Verlaufsform)* *(gehoben)* beherrschen ◇ *The house commands a fine view.* Das Haus hat eine schöne Aussicht. **5** *(gehoben)* *(kein Passiv)* *(nicht in der Verlaufsform)* verfügen über; *(Mehrheit)* haben

com·mand·ant /ˈkɒməndænt; *AmE* ˈkɑːm-/ *Nomen* *(einer Festung, eines Lagers)* Kommandant(in)

com·man·deer /ˌkɒmənˈdɪə(r); *AmE* ˌkɑːmənˈdɪr/ *Verb* requirieren, beschlagnahmen

com·mand·er /kəˈmɑːndə(r); *AmE* kəˈmæn-/ *Nomen* **1** Befehlshaber(in), Führer(in), Leiter(in); *(einer Flotte, eines Panzers)* Kommandant(in) → *Siehe auch* WING COMMANDER **2** *(Abk* **Cdr***)* Fregattenkapitän **3** *(Abk* **Cdr***)* *(BrE)* = Leiter(in) der Polizei in einem Stadtteil von London

comˌmander-in-ˈchief *Nomen* *(Pl* **commanders-in-chief***)* *(Abk* **C-in-C***)* Oberbefehlshaber(in)

com·mand·ing /kəˈmɑːndɪŋ; *AmE* kəˈmæn-/ *Adj* **1** [nur vor Nomen] Befehls-, befehlshabend **2** *(Position)* führend; *(Vorsprung)* deutlich **3** *(Persönlichkeit)* imposant; *(Stimme, Ton)* gebieterisch **4** *(Lage)* beherrschend

com·mand·ment /kəˈmɑːndmənt; *AmE* kəˈmænd-/ *Nomen* (REL) Gebot ◇ *the Ten Commandments* die zehn Gebote

com·mando /kəˈmɑːndəʊ; *AmE* kəˈmændoʊ/ *(Pl* **-os***)* *Nomen* Kommando(trupp)

comˌmand perˈformance *Nomen* Galavorstellung für ein Staatsoberhaupt

com·mem·or·ate /kəˈmeməreɪt/ *Verb* **~ sb/sth** jds/einer Sache gedenken ◇ *A plaque commemorates the battle.* Eine Tafel erinnert an die Schlacht.

com·mem·or·ation /kəˌmeməˈreɪʃn/ *Nomen* Gedenken ◇ *a commemoration service* ein Gedenkgottesdienst

com·mem·ora·tive /kəˈmemərətɪv; *AmE* -reɪtɪv/ *Adj* Gedenk- ◇ *commemorative stamps* Gedenkmarken

com·mence /kəˈmens/ *Verb* (*gehoben*) beginnen ◇ *the week commencing 15 May* die Woche vom 15. Mai

com·mence·ment /kəˈmensmənt/ *Nomen* [meist Sing] **1** (*gehoben*) Anfang **2** (*AmE*) (*an einer Universität zur Verleihung des Diploms*) Abschlussfeier

com·mend /kəˈmend/ *Verb* **1 ~ sb (for/on sth)** jdn (wegen einer Sache/für etw) loben **2 ~ sb/sth (to sb)** (*gehoben*) (jdm) jdn/etw empfehlen **3** (*gehoben*) ◇ *His outspoken behaviour did not commend itself to his colleagues.* Seine direkte Art wurde von seinen Kollegen nicht geschätzt. **4 ~ sb/sth to sb** (*gehoben*) jdn/etw jdm anvertrauen

com·mend·able /kəˈmendəbl/ *Adj* (*gehoben*) lobenswert

com·mend·ably /kəˈmendəbli/ *Adv* beachtlich (erweise)

com·men·da·tion /ˌkɒmenˈdeɪʃn; *AmE* ˌkɑːm-/ *Nomen* **1** (*gehoben*) Lob **2 ~ (for sth)** Auszeichnung (für etw)

com·men·sur·ate /kəˈmenʃərət/ *Adj* **~ (with sth)** (*offiz*) (einer Sache) entsprechend, (einer Sache) angemessen

com·ment 🔑 /ˈkɒment; *AmE* ˈkɑːment/ *Nomen, Verb*

▸ ***Nomen*** **1 ~ (about/on sth)** Bemerkung (über/zu etw), Kommentar (zu etw) ◇ *He was not available for comment.* Er war für eine Stellungnahme nicht verfügbar. **2** Kritik IDM **ˌno ˈcomment** kein Kommentar

▸ ***Verb*** **1 ~ (on/upon sth)** sich (über/zu etw) äußern, (zu etw) einen Kommentar abgeben **2** bemerken, sagen

com·men·tary /ˈkɒməntri; *AmE* ˈkɑːmənteri/ *Nomen* (*Pl* **-ies**) **1** Reportage ◇ *They will give a running commentary on the election results as they are announced.* Sie werden die Wahlergebnisse live kommentieren. **2** Kommentar, Kritik ◇ *social commentary* Gesellschaftskritik

com·men·tate /ˈkɒmənteɪt; *AmE* ˈkɑːm-/ *Verb* **~ (on sth)** (*im Fernsehen, Radio etc.*) (etw) kommentieren

com·men·ta·tor /ˈkɒmənteɪtə(r); *AmE* ˈkɑːm-/ *Nomen* Kommentator(in)

com·merce /ˈkɒmɜːs; *AmE* ˈkɑːmɜːrs/ *Nomen* Handel

com·mer·cial 🔑 /kəˈmɜːʃl; *AmE* kəˈmɜːrʃl/ *Adj, Nomen*

▸ ***Adj*** **1** Handels-, Geschäfts-; (*Ausbildung*) kaufmännisch ◇ *a commercial vehicle* ein Nutzfahrzeug ◇ *commercial baby foods* Babyfertignahrung **2** kommerziell

▸ ***Nomen*** Werbespot ◇ *in commercial breaks* während der Werbung

com·mer·cial·ism /kəˈmɜːʃəlɪzəm; *AmE* kəˈmɜːrʃə-/ *Nomen* (*abwert*) Kommerzialisierung, Kommerz

com·mer·cial·iza·tion (*BrE auch* **-isa·tion**) /kəˌmɜːʃəlaɪˈzeɪʃn; *AmE* kəˌmɜːrʃələˈ-/ *Nomen* Kommerzialisierung

com·mer·cial·ize (*BrE auch* **-ise**) /kəˈmɜːʃəlaɪz; *AmE* kəˈmɜːrʃə-/ *Verb* (*oft passiv*) kommerzialisieren ◇ *Their music has become very commercialized.* Ihre Musik ist sehr kommerziell geworden.

com·mer·cial·ly /kəˈmɜːʃəli; *AmE* kəˈmɜːrʃə-/ *Adv* kommerziell ◇ *His invention was not commercially successful.* Seine Erfindung war kein kommerzieller Erfolg. ◇ *commercially available* im Handel erhältlich

comˌmercial ˈtraveller *Nomen* (*BrE, veraltet*) Handelsvertreter(in)

com·mie /ˈkɒmi; *AmE* ˈkɑːmi/ *Nomen* (*bes AmE, beleidigend*) (*Kommunist*) Rote(r)

com·mis·er·ate /kəˈmɪzəreɪt/ *Verb* **~ (with sb)** (jdm) sein Mitgefühl ausdrücken

com·mis·er·ation /kəˌmɪzəˈreɪʃn/ *Nomen* (*gehoben*) Mitgefühl ◇ *Commiserations to the losing team.* Den Verlierern unser Mitgefühl.

com·mis·sary /ˈkɒmɪsəri; *AmE* ˈkɑːmɪseri/ *Nomen* (*Pl* **-ies**) (*AmE*) **1** = Lebensmittelladen in einem Militärstützpunkt, Gefängnis etc. **2** (*besonders bei Filmstudios*) Kantine

com·mis·sion 🔑 /kəˈmɪʃn/ *Nomen, Verb*

▸ ***Nomen*** **1 Commission** Kommission, Ausschuss **2** Provision ◇ *He works on commission.* Er arbeitet auf Provisionsbasis. **3** Auftrag **4** (MIL) Offizierspatent ◇ *He has resigned his commission.* Er hat den Dienst quittiert. **5** (*gehoben*) Begehen (*eines Verbrechens*) IDM **in/out of comˈmission** in/außer Betrieb

▸ ***Verb*** **1** beauftragen, in Auftrag geben **2** (MIL) (*meist passiv*) **~ sb** jdn zum Offizier ernennen; **~ sb as sth** jdn zu etw ernennen

com·mis·sion·aire /kəˌmɪʃəˈneə(r); *AmE* -ˈner/ *Nomen* (*bes BrE, veraltend*) Portier

comˌmissioned ˈofficer *Nomen* (*durch Patent bestallter*) Offizier(in)

com·mis·sion·er /kəˈmɪʃənə(r)/ *Nomen* **1** (*meist* **Commissioner**) Ausschussmitglied, Kommissionsmitglied ◇ *European Commissioners* EU-Kommissare **2** (*bes AmE* **poˈlice commissioner**) Polizeipräsident (in) **3** Beauftragte(r) → *Siehe auch* HIGH COMMISSIONER **4** (*in den USA*) Präsident(in) eines Sportverbands

com·mit 🔑 /kəˈmɪt/ *Verb* **(-tt-)** **1** (*Verbrechen etc.*) begehen **2** (*oft passiv*) **~ sb/yourself (to sth)** jdn/sich (zu etw) verpflichten ◇ *You should think carefully before committing yourself to taking out a loan.* Man sollte es sich gründlich überlegen, bevor man sich zu einem Kredit verpflichtet. ◇ *I've committed myself to going with them.* Ich habe ihnen versprochen mitzukommen. ◇ *The President is committed to reforming health care.* Der Präsident ist fest entschlossen, das Gesundheitswesen zu reformieren. **3 ~ yourself to sth** sich für etw engagieren, sich zu etw bekennen **4 ~ yourself (to sth)** sich (auf etw) festlegen **5 ~ (to sb/sth)** sich (an jdn/etw) binden ◇ *Why are so many men scared to commit?* Warum haben so viele Männer Angst vor einer festen Beziehung? **6** investieren ◇ *The council has committed large amounts of money to housing projects.* Die Stadt hat große Summen für Wohnbauprojekte bereitgestellt. **7** (*oft passiv*) **~ sb to sth** (*in eine Anstalt*) jdn in etw einliefern; (*ins Gefängnis*) jdn in etw bringen **8** ◇ *commit sb for trial* jdm dem Gericht überstellen **9** ◇ *commit sth to memory* etw auswendig lernen **10** ◇ *commit sth to paper/writing* etw aufschreiben

com·mit·ment 🔑 /kəˈmɪtmənt/ *Nomen* **1 ~ to sb/sth** Bekenntnis zu jdm/etw ◇ *the government's commitment to Europe* das Bekenntnis der Regierung zu Europa ◇ *This shows our commitment to quality.* Das zeigt, dass wir es mit der Qualität ernst meinen. **2 ~ to doing sth** Verpflichtung, etw zu tun, Entschlossenheit, etw zu tun **3 make a ~ to do sth** sich verpflichten, etw zu tun **4 ~ (to sth)** Engagement (für etw), Einsatz (für etw) **5 ~ (to sb)** Bindung (an jdn) ◇ *She doesn't want to make a big emotional commitment to Steve at the moment.* Im Augenblick will sie keine feste Beziehung mit Steve. **6** Verpflichtung **7** Bereitstellung, Aufwand

com·mit·tal /kəˈmɪtl/ *Nomen* Einweisung ◇ *He was released on bail pending committal proceedings.* Während der gerichtlichen Voruntersuchung wurde er auf Kaution freigelassen.

com·mit·ted /kəˈmɪtɪd/ *Adj* engagiert ◇ *committed Christians* bekennende Christen → *Siehe auch* COMMIT

com·mit·tee 🔑 /kəˈmɪti/ *Nomen* [mit Verb im Sing/Pl] Ausschuss, Komitee ◇ *the disciplinary committee* die Disziplinarkommission

com·mode /kəˈməʊd; *AmE* kəˈmoʊd/ *Nomen* **1** Nachtstuhl **2** Kommode

com·modi·ous /kəˈməʊdiəs; *AmE* kəˈmoʊ-/ *Adj* (*gehoben*) geräumig

com·mod·ity /kəˈmɒdəti; *AmE* kəˈmɑːd-/ *Nomen* (*Pl* **-ies**) (WIRTSCH) (*an der Börse gehandelte*) Ware, Rohstoff, landwirtschaftliches Erzeugnis, Grundbedarfsgut ◇ (*fig*) *Politeness has become a rare commodity these days.* Höflichkeit ist heute etwas Seltenes geworden.

com·mo·dore /ˈkɒmədɔː(r); *AmE* ˈkɑːm-/ *Nomen* (*Abk* **Cdre**) Flottenadmiral

com·mon 🔑 /ˈkɒmən; *AmE* ˈkɑːmən/ *Adj, Nomen*

▸ ***Adj*** **1** häufig, weit verbreitet ◇ *Nowadays it is much more common for people to go abroad.* Heutzutage fahren viel mehr Leute ins Ausland. **2** gemeinsam, allgemein ◇ *They share a common interest in photography.* Sie interessieren sich beide für Fotografie. ◇ *features which are common to all languages* Merkmale, die allen Sprachen gemeinsam sind ◇ *the common good* das Gemeinwohl ◇ *by common consent* nach allgemeiner Auffassung **3** [nur vor Nomen] gewöhnlich, einfach; (NATURW) gemein ◇ *It's common courtesy to speak to the owner first.* Es gehört sich einfach, dass man zuerst mit dem Besitzer spricht. **4** (*BrE, abwert*) ordinär IDM **ˌcommon or ˈgarden** (*BrE, umgs*) ganz gewöhnlich **the ˌcommon ˈtouch** = die Fähigkeit, mit einfachen Menschen gut umgehen zu können **make common ˈcause with sb** (*gehoben*) mit jdm zusammenarbeiten; sich mit jdm zusammentun → *Siehe auch* KNOWLEDGE

▸ ***Nomen*** **1** Gemeindewiese, Gemeindeland **2 commons** [Sing] (*AmE*) ≈Mensa IDM **have sth in common (with sb/sth)** etw (mit jdm/etw) gemeinsam haben **in common with sb/sth** (*gehoben*) ebenso wie jd/etw

the ˌcommon ˈcold *Nomen* Erkältung

ˌcommon deˈnominator *Nomen* (MATH) gemeinsamer Nenner (*auch fig*)

com·mon·er /ˈkɒmənə(r); *AmE* ˈkɑːm-/ *Nomen* Bürgerliche(r)

ˌcommon ˈground *Nomen* gemeinsame Basis, Übereinstimmung

ˈcommon land *Nomen* (*BrE*) Gemeindeland, Allmende

ˌcommon ˈlaw *Nomen* ≈Gewohnheitsrecht

ˌcommon-law ˈhusband *Nomen* Lebensgefährte

ˌcommon-law ˈwife *Nomen* Lebensgefährtin

com·mon·ly 🔑 /ˈkɒmənli; *AmE* ˈkɑːm-/ *Adv* **1** häufig **2** gewöhnlich, im Allgemeinen, gemeinhin ◇ *commonly held opinions* weitverbreitete Ansichten

ˌcommon ˈnoun *Nomen* (LING) (konkretes) Hauptwort, Gattungsbezeichnung

com·mon·place /ˈkɒmənpleɪs; *AmE* ˈkɑːm-/ *Adj, Nomen*

▸ ***Adj*** alltäglich, gewöhnlich

▸ ***Nomen*** **1** Gemeinplatz **2** [meist Sing] alltägliches Ereignis

ˈcommon room *Nomen* (*BrE*) Aufenthaltsraum, Lehrerzimmer, Dozentenzimmer

Com·mons /ˈkɒmənz; *AmE* ˈkɑːmənz/ **the Commons** = HOUSE OF COMMONS

ˌcommon ˈsense *Nomen* gesunder Menschenverstand ◇ *Most people take a common-sense approach to diet.* Die meisten Leute benutzen ihren Hausverstand, wenn es um Ernährung geht.

com·mon·wealth /ˈkɒmənwelθ; *AmE* ˈkɑːm-/ *Nomen* [Sing] **1 the Commonwealth** (*Gemeinschaft der Länder des ehemaligen Britischen Weltreichs*) Commonwealth **2** (*meist* **the Commonwealth**) (*in den USA*) Bundesstaat ◇ *the Commonwealth of Virginia* der Bundesstaat Virginia **3** (*AmE*) Mitglied des Bundes ◇ *Puerto Rico remains a US commonwealth, not a state.* Puerto Rico bleibt ein Mitglied des Staatenbundes, ist aber kein Staat der USA. **4** (*meist* **Commonwealth**) ◇ *the Commonwealth of Independent States (CIS)* die Gemeinschaft Unabhängiger Staaten (GUS)

com·mo·tion /kəˈməʊʃn; *AmE* kəˈmoʊ-/ *Nomen* [meist Sing] Lärm, Tumult

com·mu·nal /kəˈmjuːnl; *BrE auch* ˈkɒmjənl/ *Adj* **1** Gemeinschafts- ◇ *As a student he tried communal living.* Als Student hatte er versucht, in einer Wohngemeinschaft zu leben. **2** (*Gewalt etc.*) zwischen Volksgruppen, kommunal

com·mune *Nomen, Verb*

▸ ***Nomen*** [mit Verb im Sing/Pl] /ˈkɒmjuːn; *AmE* ˈkɑːm-/ **1** Kommune, Wohngemeinschaft **2** Gemeinde

▸ ***Verb*** /kəˈmjuːn/ PHR V **commune with sb/sth** (*gehoben*) mit jdm/etw Zwiesprache halten

com·mu·nic·able /kəˈmjuːnɪkəbl/ *Adj* (*gehoben*) vermittelbar, kommunizierbar; (*Krankheit*) übertragbar

com·mu·ni·cant /kəˈmjuːnɪkənt/ *Nomen* Kommunikant(in)

com·mu·ni·cate 🔑 /kəˈmjuːnɪkeɪt/ *Verb* **1 ~ (with sb)** sich (mit jdm) verständigen, (mit jdm) kommunizieren ◇ *We only communicate by email.* Wir verkehren nur per E-Mail. **2 ~ sth (to sb)** (*Wissen, Information, Gefühle etc.*) (jdm) etw vermitteln; (*Nachricht etc.*) (jdm) etw übermitteln **3** (*meist passiv*) (*Krankheit*) übertragen **4 ~ (with sth)** verbunden sein (mit etw) ◇ *communicating rooms* durch eine Tür verbundene Zimmer

com·mu·ni·ca·tion 🔑 /kəˌmjuːnɪˈkeɪʃn/ *Nomen* **1** Kommunikation, Verständigung ◇ *We are in regular communication by letter.* Wir sind in ständigem brieflichen Kontakt. **2** (*von Wissen*) Vermittlung; (*von Informationen*) Übermittlung **3** (*auch* **com·mu·ni·ca·tions** [Pl]) Verbindung(en), Kommunikationsnetz **4** (*gehoben*) Mitteilung

com·mu·ni·ca·tive /kəˈmjuːnɪkətɪv; *AmE* -keɪtɪv/ *Adj* **1** gesprächig, mitteilsam **2** kommunikativ ◇ *communicative skills* Kommunikationsfähigkeit

com·mu·ni·ca·tor /kəˈmjuːnɪkeɪtə(r)/ *Nomen* Kommunikator(in)

com·mu·nion /kəˈmjuːniən/ *Nomen* **1** (*auch* **Communion**) = HOLY COMMUNION **2** (*gehoben*) Verbundenheit **3** (*Fachspr*) Religionsgemeinschaft

com·mu·ni·qué /kəˈmjuːnɪkeɪ; *AmE* kəˌmjuːnəˈkeɪ/ *Nomen* Kommuniqué

com·mun·ism /ˈkɒmjunɪzəm; *AmE* ˈkɑːm-/ *Nomen* Kommunismus

com·mun·ist /ˈkɒmjənɪst; *AmE* ˈkɑːm-/ *Nomen, Adj*

▸ ***Nomen*** Kommunist(in)

▸ ***Adj*** kommunistisch

the ˈCommunist Party *Nomen* die Kommunistische Partei

com·mu·nity 🔑 /kəˈmjuːnəti/ *Nomen* (*Pl* **-ies**) **1** Gemeinschaft ◇ *The local community was delighted.* Die Einheimischen waren begeistert. ◇ *good community relations with the police* gute Beziehungen zwischen den Einwohnern und der Polizei ◇ *community care* ambulante Pflege ◇ *community spirit* Zusammengehörigkeitsgefühl **2** [mit Verb im Sing/Pl] Gemeinde ◇ *the Polish community in London* die Polen in London ◇ *ethnic communities* ethnische Gruppen ◇ *the farming community* die Bauern ◇ *the business community* die Geschäftswelt **3** (*AmE*)

◇ *community parks, libraries, etc.* öffentliche Parks, Bibliotheken etc.

com'munity centre (*AmE* **com'munity center**) *Nomen* Begegnungsstätte

com'munity college *Nomen* **1** (*auch* **com'munity school**) = in Großbritannien: höhere Schule, an die auch ortsansässige Erwachsene gehen können **2** = in den USA: College, das ein Zweijahresstudium anbietet, hauptsächlich für Studenten aus der Gegend

com,munity 'service *Nomen* gemeinnützige Arbeit

com·mute /kə'mju:t/ *Verb, Nomen*
▸ ***Verb*** **1** pendeln **2** (RECHT, FINANZ) umwandeln ◇ *She was given a commuted sentence.* Das Urteil wurde umgewandelt. ◇ *commute an annuity into a lump sum* sich eine Rente ablösen lassen
▸ ***Nomen*** (*bes AmE*) Fahrt zur Arbeit

com·muter /kə'mju:tə(r)/ *Nomen* Pendler(in) ◇ (*BrE*) *the commuter belt* der Einzugsbereich einer Großstadt

com·pact *Adj, Nomen, Verb*
▸ ***Adj*** /kəm'pækt, 'kɒmpækt; *AmE* 'kɑ:m-/ **1** kompakt, klein **2** dicht, fest ◇ *a compact mass of earth* fest zusammengepresste Erde **3** gedrungen
▸ ***Nomen*** /'kɒmpækt; *AmE* 'kɑ:m-/ **1** (*AmE*) Kompaktauto **2** Puderdose **3** (*gehoben*) Vertrag, Pakt
▸ ***Verb*** /kəm'pækt/ (*meist passiv*) zusammenpressen ◇ *compacted snow* festgetretener Schnee

,compact 'disc = CD

com·pan·ion /kəm'pæniən/ *Nomen* **1** Begleiter(in), Gefährte, Gefährtin ◇ *my travelling companions* meine Reisegefährten ◇ *drinking companions* Zechbrüder **2** Freund(in), Kumpel **3** Gesellschafter(in) **4** Gegenstück, Pendant ◇ *A companion volume is soon to be published.* Der Begleitband wird bald veröffentlicht. **5** (*Buch*) Handbuch, Führer

com·pan·ion·able /kəm'pæniənəbl/ *Adj* (*Adv* **com·panion·ably** /-bli/) (*gehoben*) freundschaftlich, gemütlich

com'panion animal *Nomen* Heimtier

com·pan·ion·ship /kəm'pæniənʃɪp/ *Nomen* **1** Gesellschaft, Geselligkeit **2** Freundschaft, Kameradschaft

com·pan·ion·way /kəm'pæniənweɪ/ *Nomen* (*Fachspr*) (*im Schiff*) Niedergang

com·pany 🗝 /'kʌmpəni/ *Nomen* (*Pl* **-ies**) **1** [mit Verb im Sing/Pl] (*Abk* **Co.**) Gesellschaft, Firma ◇ *a company car* ein Firmenwagen **2** [mit Verb im Sing/Pl] (THEAT) Truppe, Ensemble ◇ *a dance company* eine Balletttruppe **3** [U] Gesellschaft ◇ *I enjoy her company.* Ich bin gern mit ihr zusammen. ◇ *She enjoys her own company.* Sie ist gern allein. ◇ *I'm not very good company today.* Mit mir ist heute nicht viel anzufangen. **4** [U] (*gehoben*) Besuch **5** [mit Verb im Sing/Pl] (MIL) Kompanie IDM **the 'company sb keeps** die Leute, mit denen jd verkehrt **get into/ keep bad 'company** in schlechte Gesellschaft geraten **in company with sb/sth** (*gehoben*) zusammen mit jdm/ etw **in good 'company** in guter Gesellschaft **keep sb 'company** jdm Gesellschaft leisten → *Siehe auch* PART, PRESENT *und* TWO

com·par·abil·ity /,kɒmpərə'bɪləti; *AmE* ,kɑ:m-/ *Nomen* Vergleichbarkeit

com·par·able /'kɒmpərəbl; *AmE* 'kɑ:m-/ *Adj* ~ (**to/ with sb/sth**) vergleichbar (mit jdm/etw)

com·para·tive /kəm'pærətɪv/ *Adj, Nomen*
▸ ***Adj*** **1** vergleichend **2** (*Adv* **com·para·tive·ly**) relativ, verhältnismäßig **3** (LING) komparativ, Komparativ-
▸ ***Nomen*** (LING) Komparativ

com·pare 🗝 /kəm'peə(r); *AmE* -'per/ *Verb, Nomen*
▸ ***Verb*** **1** (*Abk* **cf., cp.**) (miteinander) vergleichen **2** ~ **with/to sb/sth** sich mit jdm/etw vergleichen lassen ◇ *This house doesn't compare with our previous one.* Dieses Haus ist kein Vergleich zu unserem alten. ◇ *Our prices compare favourably with theirs.* Unsere Preise sind günstiger als ihre. IDM **compare 'notes (with sb)** (mit jdm) Meinungen/Erfahrungen austauschen
▸ ***Nomen*** IDM **beyond/without com'pare** (*gehoben*) unvergleichlich

com·pari·son 🗝 /kəm'pærɪsn/ *Nomen* Vergleich ◇ *You can draw comparisons with the situation in Ireland.* Man könnte die Situation mit der in Irland vergleichen. IDM **bear/stand comparison (with/to sb/ sth)** einen Vergleich (mit jdm/etw) aushalten **by comparison** (*gehoben*) (*besonders am Satzbeginn*) vergleichsweise **by/in comparison (with sb/sth)** im Vergleich (mit/zu jdm/etw) ◇ *Our house looks positively tiny in comparison.* Daneben wirkt unser Haus geradezu winzig. **there's no com'parison** das ist gar kein Vergleich

com·part·ment /kəm'pɑ:tmənt; *AmE* -'pɑ:rt-/ *Nomen* **1** Abteil **2** Fach ◇ *a secret compartment* ein Geheimfach

com·part·men·tal·ize (*BrE auch* **-ise**) /,kɒmpɑ:t'mentəlaɪz; *AmE* kəm,pɑ:rt-/ *Verb* (*fig*) aufsplittern, streng aufteilen

com·pass /'kʌmpəs/ *Nomen* **1** Kompass **2** (*auch* **compasses** [Pl]) Zirkel **3** Umfang, Bereich ◇ *beyond the compass of the human mind* jenseits des menschlichen Begriffsvermögens

com·pas·sion /kəm'pæʃn/ *Nomen* ~ (**for sb**) Mitleid (mit jdm) ◇ *show compassion* Mitgefühl zeigen

com·pas·sion·ate /kəm'pæʃənət/ *Adj* (*Adv* **com·passion·ate·ly**) mitfühlend, mitleidig ◇ *He was allowed to go home on compassionate grounds.* Aufgrund persönlicher Umstände bekam er Heimaturlaub.

com,passionate 'leave *Nomen* (*BrE*) Sonderurlaub (*aus familiären Gründen*)

com·pati·bil·ity /kəm,pætə'bɪləti/ *Nomen* Kompatibilität, Einvernehmen, Verträglichkeit

com·pat·ible /kəm'pætəbl/ *Adj* **1** kompatibel, vereinbar, verträglich **2 be ~ with sth** mit etw übereinstimmen **3** (*Menschen*) zu jdm/zueinander passend

com·pat·riot /kəm'pætriət; *AmE* -'peɪt-/ *Nomen* Landsmann, Landsmännin

com·pel /kəm'pel/ *Verb* (**-ll-**) (*gehoben*) **1** zwingen ◇ *I felt compelled to resign.* Ich sah mich gezwungen zurückzutreten. **2** erzwingen, abnötigen

com·pel·ling /kəm'pelɪŋ/ *Adj* **1** spannend, mitreißend, unwiderstehlich **2** zwingend, überzeugend

com·pen·dium /kəm'pendiəm/ *Nomen* (*Pl* **com·pendia** /-diə/ *oder* **com·pen·diums**) Handbuch

com·pen·sate /'kɒmpenseɪt; *AmE* 'kɑ:m-/ *Verb* **1** kompensieren; ~ **for sth** etw ausgleichen, als Ausgleich für etw dienen **2** entschädigen ◇ *She was compensated for her injuries.* Sie erhielt Schadenersatz für ihre Verletzungen.

com·pen·sa·tion /,kɒmpen'seɪʃn; *AmE* ,kɑ:m-/ *Nomen* **1** Schadenersatz, Entschädigung ◇ *receive millions in compensation* Millionen Abfindung erhalten **2** [meist Pl] Vorteil ◇ *It has its compensations.* Das hat auch seine Vorteile. **3** (PSYCH) Kompensation

com·pen·sa·tory /,kɒmpen'seɪtəri; *AmE* kəm'pensətɔ:ri/ *Adj* **1** entschädigend, Entschädigungs- **2** (*Faktoren etc.*) ausgleichend

com·père /'kɒmpeə(r); *AmE* 'kɑ:mper/ *Nomen, Verb*
▸ ***Nomen*** (*BrE*) Conférencier, Ansager(in)
▸ ***Verb*** (*BrE*) ~ (**sth**) (bei etw) Conférencier sein

com·pete 🗝 /kəm'pi:t/ *Verb* **1** Konkurrenz machen; ~ (**with/against sb**) (**for sth**) (mit jdm) (um etw) konkurrieren, (mit jdm) (um etw) kämpfen ◇ *We can't compete in the face of cheap foreign imports.* Wir sind billigen Auslandsimporten gegenüber nicht konkurrenzfähig. **2 ~ (in sth)** (an etw) teilnehmen; ~ **against sb/for sth** gegen jdn/um etw kämpfen

com·pe·tence /ˈkɒmpɪtəns; *AmE* ˈkɑːm-/ *Nomen* **1** (*seltener* **com·pe·ten·cy**) Kompetenz, Fähigkeit, Geschick ◇ *gain a high level of competence in English* ein hohes Niveau im Englischen erreichen **2** (RECHT) Zuständigkeit

com·pe·tent /ˈkɒmpɪtənt; *AmE* ˈkɑːm-/ *Adj* **1** (*Adv* **compe·tent·ly**) kompetent, fähig **2** zuständig

com·pe·ti·tion /ˌkɒmpəˈtɪʃn; *AmE* ˌkɑːm-/ *Nomen* **1** ~ **(for sth)** Konkurrenz (um etw) ◇ *We are in competition with them for the contract.* Wir konkurrieren mit ihnen um diesen Auftrag. **2** Wettbewerb, Preisausschreiben **3** [mit Verb im Sing/Pl] **the competition** die Konkurrenz

com·peti·tive /kəmˈpetətɪv/ *Adj* **1** Wettbewerbs-, Wettkampf-, wettbewerbsorientiert ◇ *competitive sport* der Leistungssport **2** ~ **(with sb/sth)** konkurrenzfähig (gegenüber jdm/etw) ◇ *competitive prices* günstige Preise **3** ehrgeizig, leistungsorientiert

com·peti·tive·ly /kəmˈpetətɪvli/ *Adv* **1** ◇ *competitively priced* zu günstigen Preisen **2** (SPORT) in Wettkämpfen

com·peti·tive·ness /kəmˈpetətɪvnəs/ *Nomen* **1** Wettbewerbsfähigkeit **2** Leistungsorientierung

com·peti·tor /kəmˈpetɪtə(r)/ *Nomen* **1** Konkurrent(in) **2** (Wettbewerbs)teilnehmer(in) ◇ *200 competitors entered the race.* 200 Sportler nahmen an dem Rennen teil.

com·pil·ation /ˌkɒmpɪˈleɪʃn; *AmE* ˌkɑːm-/ *Nomen* Zusammenstellung, Kompilation ◇ *a compilation CD* eine Compilation-CD

com·pile /kəmˈpaɪl/ *Verb* erstellen, zusammenstellen, kompilieren

com·piler /kəmˈpaɪlə(r)/ *Nomen* **1** Verfasser(in) **2** (COMP) Compiler

com·pla·cency /kəmˈpleɪsnsi/ *Nomen* (*meist abwert*) **1** Unbekümmertheit, Gleichgültigkeit, Untätigkeit ◇ *Despite the improvement in the economy, there is no room for complacency.* Obwohl es einen Aufschwung der Wirtschaft gibt, wäre Unbekümmertheit fehl am Platz. ◇ *shock people out of their complacency* die Menschen wachrütteln ◇ *The government was accused of complacency over BSE.* Der Regierung wurde vorgeworfen, zu wenig gegen BSE unternommen zu haben. **2** Zufriedenheit, Selbstgefälligkeit, Überheblichkeit

com·pla·cent /kəmˈpleɪsnt/ *Adj* (*meist abwert*) **1** gleichgültig, unvorsichtig ◇ *They cannot afford to be complacent about this development.* Sie können es sich nicht leisten, dieser Entwicklung untätig zuzusehen. ◇ *We shouldn't be complacent about security.* Wir dürfen Sicherheitsfragen nicht ignorieren. ◇ *I am not in any way complacent about the future.* Ich sehe keineswegs unbesorgt in die Zukunft. **2** selbstzufrieden, selbstgefällig

com·pla·cent·ly /kəmˈpleɪsntli/ *Adv* **1** selbstzufrieden **2** unvorsichtig(erweise)

com·plain /kəmˈpleɪn/ *Verb* sich beklagen, sich beschweren, Beschwerde einlegen PHR V **comˈplain of sth** über etw klagen

com·plain·ant /kəmˈpleɪnənt/ *Nomen* (*BrE*) (RECHT) Kläger(in)

com·plaint /kəmˈpleɪnt/ *Nomen* **1** Beschwerde ◇ *make a complaint* sich beschweren ◇ *file/log a complaint* Klage einlegen **2** Leiden

com·plect·ed /kəmˈplektɪd/ *Adj* (*AmE, umgs*) ◇ *fair/dark complected* mit hellem/dunklem Teint

com·ple·ment *Verb, Nomen*

▸ ***Verb*** /ˈkɒmplɪment; *AmE* ˈkɑːm-/ ergänzen, vervollkommnen; (*Farben etc.*) hervorheben

▸ ***Nomen*** /ˈkɒmplɪmənt; *AmE* ˈkɑːm-/ **1** ~ **(to sth)** Ergänzung (von etw), Vervollständigung (von etw) **2** volle Zahl, volle Stärke

com·ple·men·tary /ˌkɒmplɪˈmentri; *AmE* ˌkɑːm-/ *Adj* **1** sich/einander ergänzend **2** (*Farbe-, Medizin*) Komplementär-

ˌ**complementary ˈangle** *Nomen* (*Geometrie*) Komplementwinkel

com·plete /kəmˈpliːt/ *Adj, Verb*

▸ ***Adj*** (*Adv* **com·plete·ly**) **1** völlig, absolut, total **2** vollständig, komplett ◇ *the complete works of Tolstoy* Tolstois Gesamtwerk ◇ *each complete day that you work* jeder volle Tag, an dem man arbeitet **3** ~ **with sth** [nicht vor Nomen] komplett mit etw ◇ *The book, complete with cassette, costs €35.* Das Buch kostet inklusiv Kassette 35€. **4** [nicht vor Nomen] fertig, abgeschlossen

▸ ***Verb*** **1** (*oft passiv*) abschließen, beenden **2** ausfüllen **3** vervollständigen

com·plete·ness /kəmˈpliːtnəs/ *Nomen* Vollständigkeit

com·ple·tion /kəmˈpliːʃn/ *Nomen* **1** Beendigung, Abschluss, Fertigstellung ◇ *The project is due for completion in the spring.* Das Projekt soll im Frühjahr abgeschlossen sein. **2** (*BrE*) (*bei Immobilienkauf*) = Erfüllung des Kaufvertrages

com·plex *Adj, Nomen*

▸ ***Adj*** /ˈkɒmpleks; *AmE* kəmˈpleks, ˈkɑːmpleks/ **1** komplex **2** kompliziert **3** (LING) zusammengesetzt ◇ *a complex sentence* ein Satzgefüge

▸ ***Nomen*** /ˈkɒmpleks; *AmE* ˈkɑːm-/ Komplex ◇ *an apartment complex* eine Appartmentanlage

com·plex·ion /kəmˈplekʃn/ *Nomen* **1** Gesichtsfarbe, Teint **2** [meist Sing] Charakter, Färbung IDM **put a new/different comˈplexion on sth** etw in einem anderen Licht erscheinen lassen

com·plex·ity /kəmˈpleksəti/ *Nomen* **1** Komplexität **2** Kompliziertheit **3 complexities** [Pl] Kompliziertheit, Vielschichtigkeit, Schwierigkeiten

com·pli·ance /kəmˈplaɪəns/ *Nomen* ~ **(with sth)** (*gehoben*) Befolgung (von etw) ◇ *to ensure full compliance with the law* um sicher zu stellen, dass dem Gesetz Genüge getan wird ◇ *in compliance with paragraph 6* gemäß Paragraph 6

com·pli·ant /kəmˈplaɪənt/ *Adj* (*gehoben*) **1** (*meist abwert*) gefügig, folgsam **2** kompatibel

com·pli·cate /ˈkɒmplɪkeɪt; *AmE* ˈkɑːm-/ *Verb* komplizieren

com·pli·ca·tion /ˌkɒmplɪˈkeɪʃn; *AmE* ˌkɑːm-/ *Nomen* Komplikation

com·pli·city /kəmˈplɪsəti/ *Nomen* (*gehoben*) Komplizenschaft; ~ **in sth** Mittäterschaft bei etw

com·pli·ment *Nomen, Verb*

▸ ***Nomen*** /ˈkɒmplɪmənt; *AmE* ˈkɑːm-/ **1** Kompliment ◇ *return the compliment* sich revanchieren **2 compliments** [Pl] (*gehoben*) Grüße (*BrE*) ◇ *Compliments of the season!* Frohes Fest! ◇ *a bottle of champagne with the compliments of the management* eine Flasche Champagner mit den besten Empfehlungen der Geschäftsführung IDM **a ˌbackhanded ˈcompliment** (*AmE auch* **a ˌleft-handed ˈcompliment**) ein zweifelhaftes Kompliment

▸ ***Verb*** /ˈkɒmplɪment; *AmE* ˈkɑːm-/ ~ **sb (on sth)** jdm (zu/wegen einer Sache) ein Kompliment machen ◇ *I complimented her on her English.* Ich lobte ihr Englisch.

com·pli·men·tary /ˌkɒmplɪˈmentri; *AmE* ˌkɑːm-/ *Adj* **1** Frei- ◇ *complimentary tickets* Freikarten **2** lobend ◇ *She was extremely complimentary about his work.* Sie lobte seine Arbeit sehr.

ˈ**compliments slip** *Nomen* Kurzmitteilung, Empfehlungszettel

com·ply /kəmˈplaɪ/ *Verb* (**-plies**, **-ply·ing**, **-plied**, **-plied**) gehorchen; **~ with sth** etw befolgen, einer Sache nachkommen

com·pon·ent /kəmˈpəʊnənt; *AmE* -ˈpoʊ-/ *Nomen, Adj*

▸ ***Nomen*** Bestandteil, Komponente ◇ *the car component industry* die Zulieferungsindustrie für die Kraftfahrzeugbranche

▸ ***Adj*** [nur vor Nomen] ◇ *break sth down into its component parts* etw in seine Einzelteile zerlegen ◇ *guarantee supply of component parts* die Versorgung mit Teilen garantieren ◇ *split the molecule into its component elements* das Molekül in seine einzelnen Bestandteile zerlegen

com·pose /kəmˈpəʊz; *AmE* -ˈpoʊz/ *Verb* **1** (*kein Passiv*) (*nicht in der Verlaufsform*) (*gehoben*) bilden → *Siehe auch* COMPOSED **2** komponieren **3** abfassen; (*Gedicht*) verfassen **4** (*kein Passiv*) (*gehoben*) ◇ *compose yourself* sich zusammennehmen ◇ *I could hardly compose my thoughts.* Ich konnte kaum einen klaren Gedanken fassen.

com·posed /kəmˈpəʊzd; *AmE* -ˈpoʊzd/ *Adj* **1** **be composed of sth** aus etw zusammengesetzt sein, aus etw bestehen **2** gefasst

com·poser /kəmˈpəʊzə(r); *AmE* -ˈpoʊ-/ *Nomen* Komponist(in)

com·pos·ite /ˈkɒmpəzɪt; *AmE* kəmˈpɑːzət/ *Adj, Nomen*

▸ ***Adj*** [nur vor Nomen] zusammengesetzt ◇ *a composite image* eine Bildmontage ◇ *composite materials* Verbundmaterialien

▸ ***Nomen*** **1** Kombination, Mischung **2** (*AmE*) Phantombild

com·pos·ition /ˌkɒmpəˈzɪʃn; *AmE* ˌkɑːm-/ *Nomen* **1** [U] Zusammensetzung **2** (*Werk*) Komposition **3** Komponieren, Komposition **4** [U] Kompositionslehre **5** Aufsatz **6** (KUNST) Aufbau

com·pos men·tis /ˌkɒmpəs ˈmentɪs; *AmE* ˌkɑːm-/ *Adj* [nicht vor Nomen] (*gehoben oder hum*) bei klarem Verstand

com·post /ˈkɒmpɒst; *AmE* ˈkɑːmpoʊst/ *Nomen, Verb*

▸ ***Nomen*** Kompost ◇ *potting compost* Blumenerde

▸ ***Verb*** kompostieren

com·pos·ure /kəmˈpəʊʒə(r); *AmE* -ˈpoʊ-/ *Nomen* Fassung ◇ *with perfect composure* gelassen

com·pound *Nomen, Adj, Verb*

▸ ***Nomen*** /ˈkɒmpaʊnd; *AmE* ˈkɑːm-/ **1** Kombination, Mischung, Verbindung **2** (CHEM) Verbindung **3** (LING) Kompositum, zusammengesetztes Wort **4** (eingezäuntes) Gelände, Anwesen

▸ ***Adj*** /ˈkɒmpaʊnd; *AmE* ˈkɑːm-/ [nur vor Nomen] (*Fachspr*) **1** zusammengesetzt ◇ *a compound sentence* ein Satzgefüge **2** ◇ *a compound eye* ein Facettenauge

▸ ***Verb*** /kəmˈpaʊnd/ **1** (*oft passiv*) (*gehoben*) verschlimmern **2** **be compounded of/from sth** (*gehoben*) sich aus etw zusammensetzen, aus etw bestehen **3** (*oft passiv*) (*gehoben oder Fachspr*) verbinden, mischen **4** (FINANZ) aufzinsen, Zinseszinsen berechnen

ˌcompound ˈfracture *Nomen* offener Bruch

ˌcompound ˈinterest *Nomen* [U] Zinseszins

com·pre·hend /ˌkɒmprɪˈhend; *AmE* ˌkɑːm-/ *Verb* (*gehoben*) (*oft in verneinten Sätzen*) begreifen, verstehen ◇ *He stared at the body, unable to comprehend.* Er starrte fassungslos die Leiche an.

com·pre·hen·sib·il·ity /ˌkɒmprɪˌhensəˈbɪləti; *AmE* ˌkɑːm-/ *Nomen* Verständlichkeit

com·pre·hen·sible /ˌkɒmprɪˈhensəbl; *AmE* ˌkɑːm-/ *Adj* (*gehoben*) **~ (to sb)** verständlich (für jdn)

com·pre·hen·sion /ˌkɒmprɪˈhenʃn; *AmE* ˌkɑːm-/ *Nomen* **1** (*gehoben*) Verständnis ◇ *It was beyond comprehension.* Es war unbegreiflich. **2** = Übung zum Textverständnis ◇ *listening comprehension* Übung zum Hörverständnis

com·pre·hen·sive /ˌkɒmprɪˈhensɪv; *AmE* ˌkɑːm-/ *Adj, Nomen*

▸ ***Adj*** (*Adv* **com·pre·hen·sive·ly**) **1** umfassend, erschöpfend ◇ *comprehensive insurance* Vollkaskoversicherung **2** (*BrE*) Gesamtschul- ◇ *the introduction of comprehensive education* die Einführung von Gesamtschulen

▸ ***Nomen*** (*auch* **compreˈhensive school**) (*BrE*) Gesamtschule

com·pre·hen·sive·ness /ˌkɒmprɪˈhensɪvnəs; *AmE* ˌkɑːm-/ *Nomen* **1** Vollständigkeit, Ausführlichkeit **2** Umfang

com·press *Verb, Nomen*

▸ ***Verb*** /kəmˈpres/ **1** komprimieren, (sich) verdichten; **~ sth (into sth)** etw (zu etw) zusammenpressen ◇ *compressed air* Pressluft **2** **~ sth (into sth)** etw (zu etw) zusammenfassen

▸ ***Nomen*** /ˈkɒmpres; *AmE* ˈkɑːm-/ Kompresse

com·pres·sion /kəmˈpreʃn/ *Nomen* Verdichtung, Kompression ◇ *data compression* Datenkomprimierung

com·pres·sor /kəmˈpresə(r)/ *Nomen* Kompressor

com·prise /kəmˈpraɪz/ *Verb* (*nicht in der Verlaufsform*) **1** (**be comprised of**) umfassen, bestehen aus **2** ausmachen

com·prom·ise /ˈkɒmprəmaɪz; *AmE* ˈkɑːm-/ *Nomen, Verb*

▸ ***Nomen*** Kompromiss

▸ ***Verb*** **1** **~ (with sb) (on sth)** (mit jdm) (zu/über etw) einen Kompromiss/Kompromisse schließen, sich (mit jdm) (auf etw) einigen ◇ *We are not prepared to compromise on safety standards.* Wir sind nicht dazu bereit, bei den Sicherheitsbestimmungen Abstriche zu machen. **2** **~ sth** etw beeinträchtigen ◇ *I refuse to compromise my principles.* Ich weigere mich gegen meine Prinzipien zu handeln. ◇ *With this article he compromised his reputation.* Mit diesem Artikel hat er seinem Ruf geschadet. **3** **~ sb/sth/yourself** jdn/etw/sich kompromittieren

com·prom·is·ing /ˈkɒmprəmaɪzɪŋ; *AmE* ˈkɑːm-/ *Adj* kompromittierend

comp·trol·ler = CONTROLLER

com·pul·sion /kəmˈpʌlʃn/ *Nomen* **1** Zwang **2** innerer Zwang

com·pul·sive /kəmˈpʌlsɪv/ *Adj* (*Adv* **com·pul·sive·ly**) **1** zwanghaft ◇ *compulsive gambling* Spielsucht ◇ *a compulsive drinker* ein Trunksüchtiger **2** fesselnd, packend

com·pul·sor·ily /kəmˈpʌlsərəli/ *Adv* zwangsweise

com·pul·sory /kəmˈpʌlsəri/ *Adj* obligatorisch, Pflicht-, Zwangs- ◇ *compulsory schooling* Schulpflicht

com·punc·tion /kəmˈpʌŋkʃn/ *Nomen* [U] (*gehoben*) Schuldgefühl, Bedenken ◇ *He had lied to her without compunction.* Er hatte sie bedenkenlos belogen.

com·pu·ta·tion /ˌkɒmpjuˈteɪʃn; *AmE* ˌkɑːm-/ *Nomen* (*gehoben*) Berechnung

com·pu·ta·tion·al /ˌkɒmpjuˈteɪʃənl; *AmE* ˌkɑːm-/ *Adj* **1** Computer- ◇ *computational linguistics* Computerlinguistik **2** Rechen- ◇ *computational methods* Rechenmethoden

com·pute /kəmˈpjuːt/ *Verb* (*gehoben*) berechnen

com·puter **0‑π** /kəmˈpjuːtə(r)/ *Nomen* Computer ◇ *processed by computer* elektronisch verarbeitet ◇ *computer skills* EDV-Kenntnisse → *Siehe auch* PERSONAL COMPUTER

com·pu·ter·iza·tion (*BrE auch* **-isa·tion**) /kəmˌpjuːtəraɪˈzeɪʃn; *AmE* -rəˈ-/ *Nomen* Computerisierung

com·pu·ter·ize (*BrE auch* **-ise**) /kəmˈpjuːtəraɪz/ *Verb* **1** auf Computer umstellen **2** computerisieren

com̩puter ˈliteracy *Nomen* [U] Computerkenntnisse

com̩puter-ˈliterate *Adj* mit Computerkenntnissen

com̩puter ˈscience *Nomen* Computerwissenschaft, Informatik

com·put·ing /kəmˈpjuːtɪŋ/ *Nomen* **1** Informatik, Computerwesen ◇ *He's working in computing.* Er arbeitet als Informatiker. ◇ *educational computing* Computergebrauch für pädagogische Zwecke **2** Berechnung ◇ *computing power* Rechnerleistung

com·rade /ˈkɒmreɪd; *AmE* ˈkɑːmræd/ *Nomen* **1** Genosse, Genossin **2** (*BrE auch* **̩comrade-in-ˈarms**) (*veraltet*) Kamerad(in), Waffenbruder

com·rade·ly /ˈkɒmreɪdli; *AmE* ˈkɑːmræd-/ *Adj* kameradschaftlich

com·rade·ship /ˈkɒmreɪdʃɪp; *AmE* ˈkɑːmræd-/ *Nomen* Kameradschaft

Con. *Abk* = CONSERVATIVE

con /kɒn; *AmE* kɑːn/ *Nomen, Verb*

▸ ***Nomen*** (*umgs*) **1** (*BrE auch, gehoben* **ˈconfidence trick**; *AmE auch, gehoben* **ˈconfidence game**) [Sing] Schwindel, Hochstapelei ◇ *a con trick* eine Hochstapelei ◇ *a con artist* ein(e) Hochstapler(in) **2** Sträfling → *Siehe auch* CONMAN *und* MOD CONS IDM → PRO

▸ ***Verb*** (**-nn-**) **1** **~ sb** (**into doing sth**) jdn beschwatzen, (etw zu tun) ◇ *He conned his way into the job.* Er hat sich die Stelle erschwindelt. **2** **~ sb** (**out of sth**) jdn (um etw) betrügen

con·cave /kɒnˈkeɪv; *AmE* kɑːn-ˈ, ˈkɑːnkeɪv/ *Adj* konkav ◇ *a concave mirror* ein Hohlspiegel

con·ceal /kənˈsiːl/ *Verb* (*gehoben*) **~ sth/sb** (**from sb/sth**) etw/jdn (vor jdm/etw) verbergen, etw (vor jdm) verheimlichen

con·ceal·ment /kənˈsiːlmənt/ *Nomen* (*gehoben*) Verbergen, Verheimlichung

con·cede /kənˈsiːd/ *Verb* **1** zugeben, zugestehen ◇ *He reluctantly conceded the point to me.* Widerstrebend gab er mir in diesem Punkt recht. **2** abtreten, überlassen ◇ *England conceded a goal immediately after half-time.* England musste gleich nach der Halbzeit ein Tor einstecken. ◇ *Women were only conceded full voting rights in 1950.* Frauen wurde das volle Wahlrecht erst 1950 eingeräumt. **3** **~** (**defeat**) aufgeben, seine Niederlage eingestehen

con·ceit /kənˈsiːt/ *Nomen* **1** Eingebildetheit, Selbstgefälligkeit **2** Kunstgriff **3** (*Fachspr*) Sinnbild, Metapher

con·ceit·ed /kənˈsiːtɪd/ *Adj* (*Adv* **con·ceit·ed·ly**) eingebildet, selbstgefällig

con·ceiv·able /kənˈsiːvəbl/ *Adj* vorstellbar, denkbar

con·ceiv·ably /kənˈsiːvəbli/ *Adv* möglicherweise ◇ *He couldn't conceivably have intended this to happen.* Es ist unvorstellbar, dass er dies beabsichtigt hat.

con·ceive /kənˈsiːv/ *Verb* **1** (*gehoben*) **~** (**of**) **sth** (*Plan, Idee*) auf etw kommen **2** **~** (**of**) **sth** (**as sth**) (*gehoben*) sich etw (als etw) vorstellen ◇ *The book was originally conceived as a novel.* Das Buch wurde ursprünglich als Roman geplant. **3** empfangen, schwanger werden

con·cen·trate 0‑w /ˈkɒnsntreɪt; *AmE* ˈkɑːn-/ *Verb, Nomen*

▸ ***Verb*** (sich) konzentrieren ◇ *concentrate sb's mind on sth* jds Aufmerksamkeit auf etw richten ◇ *concentrate the mind* zu denken geben

▸ ***Nomen*** Konzentrat

con·cen·trated /ˈkɒnsntreɪtɪd; *AmE* ˈkɑːn-/ *Adj* **1** ◇ *concentrated orange juice* Orangensaftkonzentrat **2** konzentriert, geballt ◇ *concentrated gunfire* massives Geschützfeuer ◇ *make a concentrated effort* energische Anstrengungen machen

con·cen·tra·tion 0‑w /̩kɒnsnˈtreɪʃn; *AmE* ̩kɑːnsn-/ *Nomen* **1** Konzentration ◇ *the powers of concentration* das Konzentrationsvermögen **2** Ballung, Ansammlung

concenˈtration camp *Nomen* Konzentrationslager, KZ

con·cen·tric /kənˈsentrɪk/ *Adj* konzentrisch

con·cept 0‑w /ˈkɒnsept; *AmE* ˈkɑːn-/ *Nomen* **1** Vorstellung, Begriff **2** Konzept

con·cep·tion /kənˈsepʃn/ *Nomen* **1** Entwurf, Konzept (ion) ◇ *The plan was brilliant in its conception.* Der Plan war genial konzipiert. **2** Vorstellung, Begriff **3** Empfängnis

con·cep·tual /kənˈseptʃuəl/ *Adj* (*Adv* **con·cep·tual·ly** /-əli/) (*gehoben*) konzeptuell ◇ *a conceptual model* ein Konzeptionsmodell

con·cep·tu·al·ize (*BrE auch* **-ise**) /kənˈseptʃuəlaɪz/ *Verb* (*gehoben*) konzeptualisieren

con·cern 0‑w /kənˈsɜːn; *AmE* -ˈsɜːrn/ *Verb, Nomen*

▸ ***Verb*** **1** betreffen, angehen ◇ *The loss was a tragedy for all concerned.* Dieser Verlust war für alle Betroffenen eine Tragödie. ◇ *Where our children's education is concerned, we can make no compromise.* Bei der Ausbildung unserer Kinder können wir keine Kompromisse machen. ◇ *the individuals concerned* die betreffenden Personen ◇ *Many thanks to all concerned.* Vielen Dank an alle, die mitgeholfen haben. **2** (*auch* **be concerned with**) handeln von ◇ *a report that concerns drug abuse* ein Bericht über Drogenmissbrauch ◇ *The book is primarily concerned with the Cold War.* Das Buch handelt in erster Linie vom Kalten Krieg. **3** beunruhigen, bekümmern **4** **~ yourself with/about sth** sich mit etw befassen, sich um etw kümmern **5** **be concerned to do sth** darum besorgt sein, etw zu tun IDM **to whom it may concern** = schriftliche Anrede, wenn der Name des Adressaten unbekannt ist

▸ ***Nomen*** **1** [U] Sorge, Beunruhigung ◇ *There is concern for her safety.* Man fürchtet um ihre Sicherheit. ◇ *In the meeting, voters raised concerns about the tax reform.* Auf der Versammlung sprachen Wähler ihre Besorgnisse über die Steuerreform aus. ◇ *I appreciate everyone's concern at this difficult time.* Ich danke allen für ihre Anteilnahme in dieser schweren Zeit. ◇ *Stress at work is a matter of concern to staff.* Stress am Arbeitsplatz ist ein Thema, das für die Belegschaft von Belang ist. **2** Anliegen ◇ *What are your main concerns as a writer?* Worum geht es Ihnen als Schriftsteller? **3** (*gehoben*) Angelegenheit, Sache ◇ *How much money I make is none of your concern.* Wie viel Geld ich verdiene, geht Sie nichts an. **4** Unternehmen, Konzern ◇ *a publishing concern* ein Verlag

con·cerned 0‑w /kənˈsɜːnd; *AmE* -ˈsɜːrnd/ *Adj* **~** (**about/for sth**) besorgt (um etw)

con·cern·ing 0‑w /kənˈsɜːnɪŋ; *AmE* -ˈsɜːrnɪŋ/ *Präp* (*gehoben*) bezüglich, hinsichtlich ◇ *All cases concerning children are dealt with here.* Alle Fälle, die Kinder betreffen, werden hier verhandelt.

con·cert 0‑w /ˈkɒnsət; *AmE* ˈkɑːnsərt/ *Nomen* Konzert ◇ *Oasis are in concert at Wembley Arena.* Es gibt ein Oasis-Konzert in der Wembley Arena. IDM **act/work in concert with sb/sth** (*gehoben*) mit jdm/etw zusammenarbeiten

con·cert·ed /kənˈsɜːtɪd; *AmE* -ˈsɜːrtɪd/ *Adj* [nur vor Nomen] vereint, gemeinsam ◇ *She is making a concerted effort to find a job.* Sie gibt sich alle Mühe eine Stelle zu finden.

concertgoer /ˈkɒnsətgəʊə(r); *AmE* ˈkɑːnsərtgoʊ-/ *Nomen* Konzertbesucher(in)

con·cer·tina /̩kɒnsəˈtiːnə; *AmE* ̩kɑːnsərˈ-/ *Nomen, Verb*

▸ ***Nomen*** Konzertina

▸ ***Verb*** (**con·cer·tina·ing, con·cer·tinaed, con·cer·tinaed**) (*BrE*) = sich wie eine Ziehharmonika zusammenschieben/zusammengeschoben werden

con·cert·mas·ter /ˈkɒnsətmɑːstə(r); *AmE* ˈkɑːnsərtmæstər/ *Nomen* (*bes AmE*) Konzertmeister(in)

con·certo /kənˈtʃɜːtəʊ; *AmE* -ˈtʃɜːrtoʊ/ *Nomen* (*Pl* **-os**) (*Musikstück*) Konzert

con·ces·sion /kənˈseʃn/ *Nomen* **1** Zugeständnis, Konzession ◇ *She made no concession to his age.* Sie nahm keine Rücksicht auf sein Alter. **2** Gewährung; (*eines Rechts*) Bewilligung ◇ *Gore's concession speech* die Rede Gores, in der er seine Wahlniederlage akzeptierte **3** [meist Pl] (*BrE*) Ermäßigung ◇ *tax concessions* Steuerermäßigungen **4** (WIRTSCH) Konzession **5** (*in einem Kaufhaus, Stadion etc.*) Stand

con·ces·sion·ary /kənˈseʃənəri; *AmE* -neri/ *Adj* ermäßigt

conch /kɒntʃ; *AmE* kɑːntʃ/ *Nomen* Meeresschnecke, Tritonshorn

con·cili·ate /kənˈsilieɪt/ *Verb* (*gehoben*) beschwichtigen

con·cili·ation /kənˌsɪliˈeɪʃn/ *Nomen* Schlichtung, Aussöhnung ◇ *a conciliation service* eine Schlichtungsstelle

con·cili·ator /kənˈsɪlieɪtə(r)/ *Nomen* Schlichter(in)

con·cili·atory /kənˈsɪliətəri; *AmE* -tɔːri/ *Adj* versöhnlich, beschwichtigend

con·cise /kənˈsaɪs/ *Adj* **1** (*Adv* **con·cise·ly**) prägnant, knapp **2** [nur vor Nomen] gekürzt ◇ *a concise dictionary* ein Handwörterbuch

con·clave /ˈkɒŋkleɪv; *AmE* ˈkɑːŋk-/ *Nomen* (*gehoben*) Klausurtagung; (*von Kardinälen*) Konklave

con·clude 0‑ꟷ /kənˈkluːd/ *Verb* **1** (*nicht in der Verlaufsform*) **~ sth (from sth)** etw (aus etw) schließen; **~ that …** zu dem Schluss kommen, dass … **2** (*gehoben*) schließen, enden; **~ sth** etw beschließen, etw beenden ◇ *a few concluding remarks* ein paar abschließende Bemerkungen ◇ *He concluded by saying that …* Zum Abschluss sagte er, dass … **3** (*Vertrag*) schließen; (*Geschäft*) abschließen

con·clu·sion 0‑ꟷ /kənˈkluːʒn/ *Nomen* **1** Schluss, Schlussfolgerung **2** Schluss ◇ *In conclusion I'd like to say that …* Zum Schluss möchte ich sagen, dass … **3** (*eines Abkommens etc.*) Abschluss IDM **jump/leap to conˈclusions** voreilige Schlüsse ziehen **jump/leap to the conclusion that …** den voreiligen Schluss ziehen, dass … → *Siehe auch* FOREGONE

con·clu·sive /kənˈkluːsɪv/ *Adj* (*Adv* **con·clu·sive·ly**) eindeutig, schlüssig, überzeugend

con·coct /kənˈkɒkt; *AmE* -ˈkɑːkt/ *Verb* **1** zusammenstellen, zusammenbrauen **2** (*Ausrede, Plan etc.*) sich ausdenken

con·coc·tion /kənˈkɒkʃn; *AmE* -ˈkɑːk-/ *Nomen* Gebräu, Mischung, Zusammenstellung

con·comi·tant /kənˈkɒmɪtənt; *AmE* -ˈkɑːm-/ *Adj* (*gehoben*) damit verbunden, gleichzeitig

con·cord /ˈkɒŋkɔːd; *AmE* ˈkɑːŋkɔːrd/ *Nomen* **1** (*gehoben*) Eintracht, Harmonie **2** (LING) Kongruenz

con·cord·ance /kənˈkɔːdəns; *AmE* -ˈkɔːrdəns/ *Nomen* **1** Konkordanz **2** (*gehoben*) Übereinstimmung

con·course /ˈkɒŋkɔːs; *AmE* ˈkɑːŋkɔːrs/ *Nomen* Halle

con·crete 0‑ꟷ /ˈkɒŋkriːt; *AmE* ˈkɑːŋk-/ *Adj, Nomen, Verb*

▸ ***Adj*** **1** Beton- **2** (*Adv* **con·crete·ly**) konkret **3** gegenständlich, greifbar

▸ ***Nomen*** Beton

▸ ***Verb*** **~ sth (over)** etw betonieren

con·cur /kənˈkɜː(r)/ *Verb* (**-rr-**) (*gehoben*) **~ (with sb/sth)** (mit jdm/etw) übereinstimmen, (jdm/etw) beipflichten ◇ *He concurred with the decision.* Er bestätigte die Entscheidung.

con·cur·rence /kənˈkʌrəns; *AmE* -ˈkɜːrəns/ *Nomen* (*gehoben*) **1** [U/Sing] Zustimmung, Einverständnis **2** [Sing] (*von Ereignissen etc.*) Zusammentreffen

con·cur·rent /kənˈkʌrənt; *AmE* -ˈkɜːrənt/ *Adj* (*Adv* **con·current·ly**) gleichzeitig; (*Strafe*) gleichzeitig vollziehbar

con·cuss /kənˈkʌs/ *Verb* (*meist passiv*) **~ sb** bei jdm eine Gehirnerschütterung verursachen ◇ *She was concussed.* Sie erlitt eine Gehirnerschütterung.

con·cus·sion /kənˈkʌʃn/ *Nomen* Gehirnerschütterung (*BrE*) ◇ *He was taken to hospital with concussion.* Er musste mit einer Gehirnerschütterung ins Krankenhaus.

con·demn /kənˈdem/ *Verb* **1** **~ sb/sth** jdn/etw verurteilen ◇ *He issued a statement condemning the killings.* In einer Erklärung verurteilte er die Morde. **2** (*meist passiv*) **~ sb (to sth)** jdn (zu etw) verurteilen **3** (*meist passiv*) **~ sb to sth** (*fig*) jdn zu etw verdammen, jdn zu etw verurteilen **4** (*meist passiv*) **~ sth (as sth)** (*offiz*) ◇ *The meat was condemned as unfit to eat.* Das Fleisch wurde für den Verzehr ungeeignet erklärt. ◇ *a condemned building* ein abbruchreifes Gebäude

con·dem·na·tion /ˌkɒndemˈneɪʃn; *AmE* ˌkɑːn-/ *Nomen* Verurteilung, Verdammung ◇ *There was widespread condemnation of the attack.* Der Angriff wurde allgemein verurteilt.

conˌdemned ˈcell *Nomen* (*BrE*) Todeszelle

con·den·sa·tion /ˌkɒndenˈseɪʃn; *AmE* ˌkɑːn-/ *Nomen* Kondensation, Kondenswasser ◇ *windows steamed up with condensation* beschlagene Fenster

con·dense /kənˈdens/ *Verb* **1** kondensieren **2** eindicken (lassen) **3** (*Text etc.*) zusammenfassen, kürzen

conˌdensed ˈmilk *Nomen* [U] gesüßte Kondensmilch

con·dens·er /kənˈdensə(r)/ *Nomen* (PHYSIK, ELEK) Kondensator

con·des·cend /ˌkɒndɪˈsend; *AmE* ˌkɑːn-/ *Verb* **1** (*oft abwert*) **~ to do sth** sich zu etw herablassen **2** **~ to sb** jdn von oben herab behandeln

con·des·cend·ing /ˌkɒndɪˈsendɪŋ; *AmE* ˌkɑːn-/ *Adj* (*Adv* **con·des·cend·ing·ly**) herablassend

con·des·cen·sion /ˌkɒndɪˈsenʃn; *AmE* ˌkɑːn-/ *Nomen* Herablassung, herablassende Art

con·di·ment /ˈkɒndɪmənt; *AmE* ˈkɑːn-/ *Nomen* [meist Pl] **1** (*BrE*) (*bes Salz oder Pfeffer*) Gewürz **2** (*bes AmE*) Gewürz(soße)

con·di·tion 0‑ꟷ /kənˈdɪʃn/ *Nomen, Verb*

▸ ***Nomen*** **1** Zustand **2** Verfassung; (*Fitness*) Kondition ◇ *He's out of condition.* Er hat keine Kondition. **3** (MED) Leiden, Beschwerden ◇ *He suffers from a serious heart condition.* Er ist schwer herzkrank. **4** **conditions** [Pl] Verhältnisse, Bedingungen ◇ *treacherous driving conditions* Witterungsverhältnisse, die für Autofahrer sehr tückisch sind **5** Bedingung ◇ *the terms and conditions of employment* die Bedingungen des Arbeitsvertrags ◇ *on condition that …* unter der Bedingung, dass … **6** Voraussetzung **7** [Sing] (*gehoben*) Lage, Situation ◇ *Work is basic to the human condition.* Arbeit ist eine bestimmende Tatsache menschlichen Lebens. IDM **on ˈno condition** (*AmE auch* **under ˈno condition**) (*gehoben*) unter keinen Umständen → *Siehe auch* MINT

▸ ***Verb*** **1** (*meist passiv*) **~ sb/sth (to sth)** jdn/etw (auf etw) konditionieren ◇ *We have been conditioned to believe what we read in books.* Durch unsere Erziehung sind wir darauf programmiert, alles zu glauben, was wir lesen. ◇ *We've been conditioned by our upbringing.* Wir sind durch unsere Erziehung geprägt. **2** bedingen, bestimmen **3** (*Haar, Leder etc.*) pflegen

con·di·tion·al /kənˈdɪʃənl/ *Adj, Nomen*

▸ ***Adj*** **1** bedingt, unter Vorbehalt; **~ on/upon sth** von

etw abhängig ◇ *be given a conditional discharge* auf Bewährung entlassen werden **2** [nur vor Nomen] (LING) konditional, Bedingungs-
▸ ***Nomen*** (LING) **1** einen Konditionalsatz einleitende Konjunktion **2 the conditional** der Konditional ◇ *the first conditional* Konditional I

con·di·tion·al·ly /kən'dɪʃənəli/ *Adv* mit/unter Vorbehalt

con·di·tion·er /kən'dɪʃənə(r)/ *Nomen* **1** (*fürs Haar*) (Pflege)spülung **2** (**fabric**) ~ Weichspüler

con·di·tion·ing /kən'dɪʃənɪŋ/ *Nomen* Konditionierung ◇ *overcome your conditioning* anerzogene Verhaltensweisen überwinden ➔ *Siehe auch* AIR CONDITIONING

condo /'kɒndəʊ; *AmE* 'kɑːndoʊ/ *Nomen* (*Pl* **-os**) (*AmE, umgs*) = CONDOMINIUM

con·dol·ence /kən'dəʊləns; *AmE* -'doʊ-/ *Nomen* [meist Pl] Beileid, Kondolenz ◇ *offer your condolences* sein Beileid ausdrücken

con·dom /'kɒndɒm; *AmE* 'kɑːndəm/ *Nomen* **1** Kondom, Präservativ **2 female condom** Frauenkondom

con·do·min·ium /ˌkɒndə'mɪniəm; *AmE* ˌkɑːn-/ (*umgs* **condo**) *Nomen* (*bes AmE*) Eigentumswohnung, Wohnblock mit Eigentumswohnungen

con·done /kən'dəʊn; *AmE* -'doʊn/ *Verb* ~ **sth** etw billigen, etw dulden

con·du·cive /kən'djuːsɪv; *AmE* -'duː-/ *Adj* ~ **to sth** (*gehoben*) einer Sache förderlich

con·duct 0-m *Verb, Nomen*
▸ ***Verb*** /kən'dʌkt/ **1** durchführen; (*Verhandlungen, Geschäfte etc.*) führen; (*Sitzung etc.*) leiten ◇ *conduct a love affair* ein Verhältnis haben **2** (MUS) dirigieren **3** führen ◇ *a conducted tour of Athens* eine Führung durch Athen **4** ~ **yourself** (*gehoben*) sich benehmen, sich betragen, sich verhalten ◇ *How did the prisoner conduct himself?* Wie war die Führung des Gefangenen? **5** (PHYSIK) leiten
▸ ***Nomen*** /'kɒndʌkt; *AmE* 'kɑːn-/ (*gehoben*) **1** Verhalten, Benehmen **2** Führung, Durchführung, Leitung ➔ *Siehe auch* SAFE CONDUCT

con·duc·tion /kən'dʌkʃn/ *Nomen* (PHYSIK) Leitung

con·duct·ive /kən'dʌktɪv/ *Adj* (PHYSIK) leitend, leitfähig

con·duct·iv·ity /ˌkɒndʌk'tɪvəti; *AmE* ˌkɑːn-/ *Nomen* (PHYSIK) Leitfähigkeit

con·duct·or /kən'dʌktə(r)/ *Nomen* **1** Dirigent(in) **2** (*bes AmE*) Zugbegleiter(in) **3** (*BrE*) (*Bus-*) Schaffner(in) **4** (PHYSIK) Leiter ➔ *Siehe auch* LIGHTNING CONDUCTOR

con·duc·tress /kən'dʌktrəs/ *Nomen* (*BrE, veraltet*) (*Bus-*) Schaffnerin

con·duit /'kɒndjuɪt; *AmE* 'kɑːndu-/ *Nomen* (TECH) (Leitungs)rohr, Kanal (*auch fig*) ◇ *The firm had acted as a conduit for money from the arms industry.* Durch die Firma flossen Gelder aus der Rüstungsindustrie.

cone /kəʊn; *AmE* koʊn/ *Nomen, Verb*
▸ ***Nomen*** **1** Kegel; (*Tüte*) Spitztüte ◇ *the cone of the volcano* der Vulkankegel **2** Leitkegel, Verkehrshütchen **3** Eistüte **4** (BOT) Zapfen
▸ ***Verb*** PHRV ˌ**cone sth 'off** etw mit Leitkegeln absperren

con·fec·tion /kən'fekʃn/ *Nomen* (*gehoben*) **1** Konfekt, Zuckerwerk **2** (*Mode etc.*) Kreation

con·fec·tion·er /kən'fekʃənə(r)/ *Nomen* Konditor(in), Zuckerbäcker(in)

con'fectioner's sugar *Nomen* (*AmE*) Puderzucker

con·fec·tion·ery /kən'fekʃənəri; *AmE* -neri/ *Nomen* [U] (*gehoben*) **1** Süßwaren **2** Süßwarenindustrie

con·fed·er·acy /kən'fedərəsi/ *Nomen* [Sing] Bund, Bündnis; (POL) Konföderation

con·fed·er·ate /kən'fedərət/ *Nomen, Adj*
▸ ***Nomen*** Verbündete(r), Komplize, Komplizin
▸ ***Adj*** verbündet; (POL) konföderiert

con·fed·er·ation /kənˌfedə'reɪʃn/ *Nomen* Bund, Bündnis; (POL) Konföderation

con·fer /kən'fɜː(r)/ *Verb* (**-rr-**) (*gehoben*) **1** ~ (**with sb**) (**on/about sth**) sich (mit jdm) (über etw/wegen einer Sache) beraten **2** ~ **sth** (**on/upon sb**) (jdm) etw verleihen

con·fer·ence 0-m /'kɒnfərəns; *AmE* 'kɑːn-/ *Nomen* **1** Kongress, Tagung, Konferenz ◇ *the Party's annual conference* der jährliche Parteitag **2** Besprechung ◇ *He was in conference with his lawyers.* Er konferierte mit seinen Rechtsanwälten. **3** (*bes AmE*) (SPORT) ≈ Liga

'conference call *Nomen* (*Telefon-*) Konferenzgespräch, Konferenzschaltung

con·fer·ment /kən'fɜːmənt; *AmE* -'fɜːrmənt/ *Nomen* (*gehoben*) Verleihung (*einer Auszeichnung etc.*)

con·fess /kən'fes/ *Verb* **1** ~ (**to sth**) (etw) gestehen ◇ *She confessed to the murder.* Sie gestand den Mord. **2** ~ (**to sth**) etw zugeben, etw gestehen ◇ *I confess myself bewildered by their explanation.* Ich muss gestehen, dass mich ihre Erklärung verblüfft. ➔ *Siehe auch* SELF-CONFESSED **3** (REL) beichten, bekennen **4** (REL) ~ **sb** jdm die Beichte abnehmen

con·fes·sion /kən'feʃn/ *Nomen* **1** Geständnis ◇ *make a confession* ein Geständnis ablegen **2** Beichte, Sündenbekenntnis ◇ *hear sb's confession* jdm die Beichte abnehmen **3** (*gehoben*) (Glaubens)bekenntnis

con·fes·sion·al /kən'feʃənl/ *Nomen* Beichtstuhl

con·fes·sor /kən'fesə(r)/ *Nomen* Beichtvater

con·fetti /kən'feti/ *Nomen* Konfetti

con·fi·dant (**confidante**) /'kɒnfɪdænt, ˌkɒnfɪ'dɑːnt; *AmE* 'kɑːnfɪdænt/ *Nomen* Vertraute(r)

con·fide /kən'faɪd/ *Verb* ~ **sth to sb** jdm etw anvertrauen; ~ **sth** etw im Vertrauen sagen PHRV **con'fide in sb** sich jdm anvertrauen

con·fi·dence 0-m /'kɒnfɪdəns; *AmE* 'kɑːn-/ *Nomen* **1** Vertrauen ◇ *The players all have confidence in their manager.* Der Trainer besitzt das volle Vertrauen der Mannschaft. ◇ *I have every confidence in her.* Ich habe volles Vertrauen in ihre Fähigkeiten. **2** Selbstvertrauen, Selbstsicherheit ◇ *He answered the questions with confidence.* Er beantwortete die Fragen mit großer Sicherheit. **3** Gewissheit, Zuversicht **4** (*gehoben*) vertrauliche Mitteilung, Geheimnis ◇ *I could never forgive Mike for betraying a confidence.* Ich könnte Mike nie verzeihen, wenn er etwas, das ich ihm im Vertrauen gesagt habe, ausplaudern würde. IDM **be in sb's confidence** jds Vertrauen genießen **take sb into your confidence** jdn ins Vertrauen ziehen

'confidence trick (*AmE* **'confidence game**) *Nomen* (*gehoben*) = CON

con·fi·dent 0-m /'kɒnfɪdənt; *AmE* 'kɑːn-/ *Adj* (*Adv* **con·fi·dently**) **1** selbstbewusst ➔ *Siehe auch* SELF-CONFIDENT **2** (selbst)sicher ◇ *They don't feel confident about using computers.* Sie fühlen sich nicht sicher im Umgang mit Computern. ◇ *He was confident about his ability to cope with it.* Er traute sich zu, damit fertig zu werden. **3** zuversichtlich, sicher ◇ *She was in a relaxed, confident mood.* Sie war in entspannter und positiver Stimmung.

con·fi·den·tial /ˌkɒnfɪ'denʃl; *AmE* ˌkɑːn-/ *Adj* **1** vertraulich ◇ *keep sth confidential* etw als vertraulich behandeln **2** [nur vor Nomen] Privat-, persönlich

con·fi·den·tial·ity /ˌkɒnfɪˌdenʃi'æləti; *AmE* ˌkɑːn-/ *Nomen* Vertraulichkeit ◇ *a confidentiality clause/agreement* eine Geheimhaltungsklausel

con·fi·den·tial·ly /ˌkɒnfɪˈdenʃəli; *AmE* ˌkɑːn-/ *Adv* im Vertrauen, vertraulich

con·fid·ing /kənˈfaɪdɪŋ/ *Adj* (*Adv* **con·fid·ing·ly**) vertrauensvoll

con·fig·ur·ation /kənˌfɪɡəˈreɪʃn; *AmE* -ˌfɪɡjə-/ *Nomen* (*gehoben oder Fachspr*) Konfiguration, Anordnung, Form

con·fig·ure /kənˈfɪɡə(r); *AmE* -ˈfɪɡjər/ *Verb* konfigurieren

con·fine /kənˈfaɪn/ *Verb* **1 ~ sb/sth to sth** (*oft passiv*) jdn/etw auf etw beschränken **2** (*meist passiv*) **~ sb/sth (in sth)** jdn/etw (in etw) (ein)sperren ◇ *Here the river is confined in a narrow channel.* Hier ist der Fluss in ein enges Bett gezwängt. **3** ◇ *He was confined to a wheelchair.* Er war an den Rollstuhl gefesselt. ◇ *She was confined to bed with the flu.* Sie lag mit Grippe im Bett. ◇ *The soldiers were confined to barracks.* Die Soldaten hatten Ausgangssperre.

con·fined /kənˈfaɪnd/ *Adj* beschränkt

con·fine·ment /kənˈfaɪnmənt/ *Nomen* **1** Haft, Eingesperrtsein **2** Beschränkung **3** (*gehoben oder veraltet*) Entbindung, Niederkunft

con·fines /ˈkɒnfaɪnz; *AmE* ˈkɑːn-/ *Nomen* [Pl] (*gehoben*) Grenzen ◇ *the confines of family life* die Fesseln des Familienlebens

con·firm /kənˈfɜːm; *AmE* -ˈfɜːrm/ *Verb* **1** bestätigen **2 ~ sth** etw bestärken; **~ sb (in sth)** jdn (in etw) bestärken **3** (*meist passiv*) konfirmieren, firmen

con·firm·ation /ˌkɒnfəˈmeɪʃn; *AmE* ˌkɑːnfərˈ-/ *Nomen* **1** Bestätigung **2** Konfirmation, Firmung

con·firmed /kənˈfɜːmd; *AmE* -ˈfɜːrmd/ *Adj* [nur vor Nomen] überzeugt; (*Junggeselle*) eingefleischt

con·fis·cate /ˈkɒnfɪskeɪt; *AmE* ˈkɑːn-/ *Verb* beschlagnahmen, konfiszieren ◇ *The teacher confiscated Ian's mobile.* Die Lehrerin nahm Ian das Handy weg.

con·fis·ca·tion /ˌkɒnfɪˈskeɪʃn; *AmE* ˌkɑːn-/ *Nomen* Beschlagnahme, Konfiszierung

con·flag·ra·tion /ˌkɒnfləˈɡreɪʃn; *AmE* ˌkɑːn-/ *Nomen* (*gehoben*) Feuersbrunst, Großbrand

con·flate /kənˈfleɪt/ *Verb* (*gehoben*) verschmelzen; (*zu einem größeren Ganzen*) zusammenfassen

con·flict *Nomen, Verb*

▸ ***Nomen*** /ˈkɒnflɪkt; *AmE* ˈkɑːn-/ **1** Konflikt, Auseinandersetzung, Streit ◇ *They wanted to avoid armed conflict.* Sie wollten einen bewaffneten Konflikt vermeiden. ◇ *John often comes into conflict with his boss.* John hat oft Auseinandersetzungen mit seinem Chef. **2** Konflikt, Zwiespalt ◇ *Many of these ideas appear to be in conflict with each other.* Viele dieser Ideen scheinen miteinander im Widerspruch zu stehen. IDM **conflict of ˈinterest(s)** Interessenkonflikt

▸ ***Verb*** /kənˈflɪkt/ **1** sich widersprechen **2 ~ with sth** einer Sache widersprechen, mit etw im Widerspruch stehen

conflicted /kənˈflɪktɪd/ *Adj* hin- und hergerissen ◇ *He remains a little conflicted about Marlene.* Er weiß noch immer nicht so recht, was er von Marlene halten soll. ◇ *He is a conflicted character and not merely the villain.* Seine Figur hat sehr unterschiedliche Seiten, er ist nicht einfach nur der Bösewicht. ◇ *She has a conflicted relationship with her mother.* Sie hat eine sehr widersprüchliche Beziehung zu ihrer Mutter.

con·flict·ing /kənˈflɪktɪŋ/ *Adj* widersprüchlich, gegensätzlich

con·flu·ence /ˈkɒnfluəns; *AmE* ˈkɑːn-/ *Nomen* [meist Sing] **1** (*Fachspr*) Zusammenfluss (*von zwei Flüssen*) **2** (*gehoben*) Zusammenkommen (*fig*)

con·form /kənˈfɔːm; *AmE* -ˈfɔːrm/ *Verb* **1 ~ (to sth)** sich (einer Sache/an etw) anpassen **2 ~ to/with sth** (*Vorschriften etc.*) entsprechen **3 ~ to sth** (*einem Muster, Bild etc.*) entsprechen

con·form·ist /kənˈfɔːmɪst; *AmE* -ˈfɔːrmɪst/ *Nomen, Adj*

▸ ***Nomen*** (*oft abwert*) Konformist(in)

▸ ***Adj*** (*oft abwert*) angepasst, konformistisch

con·form·ity /kənˈfɔːməti; *AmE* -ˈfɔːrm-/ *Nomen* **~ (to/with sth)** (*gehoben*) Anpassung (an etw) IDM **in conˈformity with sth** in Übereinstimmung mit etw

con·found /kənˈfaʊnd/ *Verb* (*gehoben*) **1** verblüffen **2** (*gehoben*) widerlegen ◇ *His success confounded all our expectations.* Sein Erfolg kam für uns völlig unerwartet. ◇ *She confounded her critics and proved she could do the job.* Sie hat es ihren Kritikern gezeigt und ihre Fähigkeit bewiesen. **3** (*veraltet*) vereiteln; (*Feind*) vernichten IDM **conˈfound it/you!** (*veraltet*) verdammt noch mal!

con·found·ed /kənˈfaʊndɪd/ *Adj* [nur vor Nomen] (*veraltet*) verflixt

con·front /kənˈfrʌnt/ *Verb* **1 sth confronts sb/sth** (*ein Problem etc.*) stellt sich jdm/etw ◇ *the economic problems confronting the country* die wirtschaftlichen Probleme, mit denen das Land konfrontiert ist **2 ~ sth** sich mit etw auseinandersetzen, einer Sache ins Gesicht sehen **3 ~ sb** jdm gegenüberstehen, sich jdm gegenübersehen **4 ~ sb with sb/sth** jdn mit jdm/etw konfrontieren ◇ *He confronted her with a choice between her career or their relationship.* Er zwang sie, zwischen ihrer Karriere und ihrer Beziehung zu wählen. **5 be confronted with sb/sth** sich jdm/etw gegenübersehen

con·fron·ta·tion /ˌkɒnfrʌnˈteɪʃn; *AmE* ˌkɑːnfrən-/ *Nomen* Konfrontation, Auseinandersetzung

con·fuse /kənˈfjuːz/ *Verb* **1** verwirren, durcheinanderbringen **2** verwechseln **3** unklar machen ◇ *His comments only served to confuse the issue further.* Seine Ausführungen machten die Sache nur noch unklarer.

con·fused /kənˈfjuːzd/ *Adj* (*Adv* **con·fused·ly** /-ˈfjuːzədli/) **1** verwirrt ◇ *People are confused about the different labels on food.* Die Leute finden die verschiedenen Etikette auf Lebensmitteln verwirrend. **2** verworren

con·fus·ing /kənˈfjuːzɪŋ/ *Adj* (*Adv* **con·fus·ing·ly**) verwirrend

con·fu·sion /kənˈfjuːʒn/ *Nomen* **1** Unklarheit ◇ *There was some confusion as to what people wanted.* Es war nicht ganz klar, was die Leute wollten. **2** Verwechslung **3** Verwirrung, Verlegenheit ◇ *He looked at me in confusion.* Er sah mich verwirrt an. **4** Durcheinander ◇ *Her unexpected arrival threw us into total confusion.* Ihre unerwartete Ankunft brachte uns völlig durcheinander.

conga /ˈkɒŋɡə; *AmE* ˈkɑːŋ-/ *Nomen* Conga

con·geal /kənˈdʒiːl/ *Verb* hart werden, erstarren; (*Blut*) gerinnen

con·gen·ial /kənˈdʒiːniəl/ *Adj* (*gehoben*) **1** geistesverwandt, sympathisch **2** (*Atmosphäre etc.*) angenehm **3 ~ (to sth)** (*gehoben*) (einer Sache) zuträglich

con·geni·tal /kənˈdʒenɪtl/ *Adj* **1** angeboren **2** [nur vor Nomen] (*fig*) unverbesserlich, eingefleischt

con·gest·ed /kənˈdʒestɪd/ *Adj* überfüllt; (*Straße, Nase*) verstopft

con·ges·tion /kənˈdʒestʃən/ *Nomen* **1** Stauung, Stau **2** ◇ *a spray to relieve nasal congestion* ein Spray, das bei einer verstopften Nase Erleichterung schafft

conˈgestion charge *Nomen* (*BrE*) City-Maut

con·glom·er·ate /kənˈɡlɒmərət; *AmE* -ˈɡlɑːm-/ *Nomen* **1** (WIRTSCH) Konzern **2** Gemisch **3** (GEOL) Konglomerat

con·glom·er·ation /kənˌɡlɒməˈreɪʃn; *AmE* -ˌɡlɑːm-/ *Nomen* [meist Sing] (*gehoben*) Anhäufung, Ansammlung

con·gratu·late /kən'grætʃuleɪt/ *Verb* **~ sb/yourself (on sth)** jdm/sich (zu etw) gratulieren

con·gratu·la·tion 0-w /kənˌgrætʃu'leɪʃn/ *Nomen* **1 congratulations** [Pl] Glückwünsche ◇ *offer your congratulations to sb* jdm gratulieren **2 Congratulations!** Herzlichen Glückwunsch! **3** Gratulation

con·gratu·la·tory /kənˌgrætʃu'leɪtəri; *AmE* kən'grætʃələtɔːri/ *Adj* Glückwunsch-

con·gre·gate /'kɒŋgrɪgeɪt; *AmE* 'kɑːŋ-/ *Verb* sich versammeln

con·gre·ga·tion /ˌkɒŋgrɪ'geɪʃn; *AmE* ˌkɑːŋ-/ *Nomen* [mit Verb im Sing/Pl] (REL) Gemeinde

con·gre·ga·tion·al /ˌkɒŋgrɪ'geɪʃənl; *AmE* ˌkɑːŋ-/ *Adj* (REL) **1** Gemeinde- **2 Con·gre·ga·tion·al** kongregationalistisch

Con·gre·ga·tion·al·ism /ˌkɒŋgrɪ'geɪʃnəlɪzəm; *AmE* ˌkɑːŋ-/ *Nomen* Kongregationalismus

Con·gre·ga·tion·al·ist /ˌkɒŋgrɪ'geɪʃnəlɪst; *AmE* ˌkɑːŋ-/ *Nomen* Kongregationalist(in)

con·gress 0-w /'kɒŋgres; *AmE* 'kɑːŋgrəs/ *Nomen* **1** Kongress, Tagung **2 Congress** (*Parlament der USA*) Kongress ◇ *Congress will vote on it tomorrow.* Der Kongress stimmt morgen darüber ab. **3** [mit Verb im Sing/Pl] (*in Namen politischer Parteien*) Kongress

con·gres·sion·al /kən'greʃənl/ *Adj* [nur vor Nomen] Kongress- ◇ *a congressional committee* ein Kongressausschuss

Con·gress·man /'kɒŋgresmən; *AmE* 'kɑːŋgrəs-/ *Nomen* (*Pl* **-men** /-mən/) Kongressabgeordneter

Con·gress·person /'kɒŋgrespɜːsn; *AmE* 'kɑːŋgrəspɜːrsn/ *Nomen* Kongressabgeordnete(r)

Con·gress·woman /'kɒŋgreswʊmən; *AmE* 'kɑːŋgrəs-/ *Nomen* (*Pl* **-women** /-wɪmɪn/) Kongressabgeordnete

con·gru·ence /'kɒŋgruəns; *AmE* 'kɑːŋ-/ *Nomen* [U] **1** (MATH) Kongruenz, Deckungsgleichheit **2** (*gehoben*) Übereinstimmung

con·gru·ent /'kɒŋgruənt; *AmE* 'kɑːŋ-/ *Adj* **1** (MATH) kongruent **2 be ~ (with sth)** (*gehoben*) sich (mit etw) decken, (mit etw) übereinstimmen, (mit etw) vereinbar sein

con·ic·al /'kɒnɪkl; *AmE* 'kɑːn-/ *Adj* kegelförmig, konisch

con·ifer /'kɒnɪfə(r), 'kəʊn-; *AmE* 'kɑːn-, 'koʊn-/ *Nomen* Nadelbaum, Konifere

con·ifer·ous /kə'nɪfərəs/ *Adj* (BOT) Nadel-

con·jec·ture /kən'dʒektʃə(r)/ *Nomen, Verb*
▸ ***Nomen*** (*gehoben*) Vermutung, Mutmaßung
▸ ***Verb*** (*gehoben*) vermuten, mutmaßen, Mutmaßungen anstellen

con·join /kən'dʒɔɪn/ *Verb* (*gehoben*) (sich) verbinden

conˌjoined 'twin *Nomen* (*Fachspr*) siamesischer Zwilling

con·ju·gal /'kɒndʒəgl; *AmE* 'kɑːn-/ *Adj* [nur vor Nomen] (*gehoben*) ehelich ◇ *a conjugal visit* ein Besuch, bei dem ein Häftling eine bestimmte Zeit ungestört mit seinem Ehepartner verbringen darf

con·ju·gate /'kɒndʒəgeɪt; *AmE* 'kɑːn-/ *Verb* **1** (LING) konjugieren **2** sich konjugieren lassen ◇ *How does this verb conjugate?* Wie konjugiert man dieses Verb?

con·ju·ga·tion /ˌkɒndʒu'geɪʃn; *AmE* ˌkɑːndʒə'-/ *Nomen* (LING) Konjugation

con·junc·tion /kən'dʒʌŋkʃn/ *Nomen* **1** (LING) Konjunktion, Bindewort **2** (*gehoben*) Zusammentreffen **3** (ASTRON) Konjunktion IDM **in con'junction with** (*gehoben*) zusammen mit; in Verbindung mit; in Zusammenarbeit mit

con·junc·tiva /ˌkɒndʒʌŋk'taɪvə; *AmE* ˌkɑːn-/ *Nomen* Bindehaut

con·junc·tiv·itis /kənˌdʒʌŋktɪ'vaɪtɪs/ *Nomen* Bindehautentzündung

con·jure /'kʌndʒə(r)/ *Verb* zaubern PHR V **ˌconjure sth 'up 1** etw heraufbeschwören **2** (*Geister etc.*) beschwören **conjure sth from/out of sth** etw aus etw zaubern

con·jur·ing /'kʌndʒərɪŋ/ *Nomen* Zaubern, Zauberei ◇ *a conjuring trick* ein Zaubertrick

con·juror (*auch* **con·jurer**) /'kʌndʒərə(r)/ *Nomen* Zauberkünstler(in), Zauberer, Zauberin

conk /kɒŋk; *AmE* kɑːŋk/ *Verb, Nomen*
▸ ***Verb*** (*bes AmE, umgs*) (*auf den Kopf*) schlagen IDM **ˌconk 'out** (*umgs*) **1** (*Maschine etc.*) den Geist aufgeben; schlappmachen **2** (*bes AmE*) (*vor Müdigkeit*) zusammenbrechen; einschlafen
▸ ***Nomen*** (*BrE, Slang*) (*Nase*) Zinken

conk·er /'kɒŋkə(r); *AmE* 'kɑːŋ-/ *Nomen* (*bes BrE, umgs*) **1** (Ross)kastanie **2 conkers** [U] (*BrE*) = Kinderspiel, bei dem die beiden Spieler versuchen, mit der eigenen an einem Faden befestigten Kastanie die des Gegners zu treffen und kaputtzuschlagen

conman /'kɒnmæn; *AmE* 'kɑːn-/ *Nomen* (*umgs*) Schwindler, Trickbetrüger

con·nect 0-w /kə'nekt/ *Verb* **1** (miteinander) verbunden sein **2 ~ A to/with B** A mit B verbinden ◇ *The towns are connected by train and bus services.* Zwischen den Städten gibt es Zug- und Busverbindungen. **3 ~ sth (to sth)** etw (an etw) anschließen **4 ~ sb/sth** jdn/etw miteinander in Verbindung bringen; **~ sb/sth with sb/sth** jdn/etw mit jdm/etw in Verbindung bringen **5** (*meist passiv*) **be connected (with sb/sth)** (mit jdm/etw) verwandt sein (*auch fig*) ◇ *jobs connected with the environment* Berufe, die mit der Umwelt zu tun haben → *Siehe auch* WELL CONNECTED **6 ~ (with sth)** (*Flug, Zug etc.*) Anschluss (an etw) haben ◇ *These two planes connect.* Diese beiden Flüge haben Anschluss aneinander. ◇ *a connecting flight* ein Anschlussflug **7 ~ (with sb)** (*bes AmE*) sich (mit jdm) verstehen **8** (*bes AmE*) **~ (with sb/sth)** (*umgs*) (*Schlag etc.*) ◇ *The blow connected and she felt a surge of pain.* Der Schlag traf sie und sie fühlte einen plötzlichen Schmerz. ◇ *Her fist connected with his jawbone.* Sie landete einen Haken an seinem Kinn. PHR V **conˌnect sth 'up (to sth)** etw (an etw) anschließen **conˌnect 'up (to sth)** (an etw) angeschlossen sein

con·nec·tion 0-w (*BrE auch, seltener* **con·nex·ion**) /kə'nekʃn/ *Nomen* **1** Verbindung, Zusammenhang ◇ *His resignation must have some connection with the scandal.* Sein Rücktritt muss in Zusammenhang mit dem Skandal stehen. ◇ *How did you make the connection?* Wie hast du diese Zusammenhänge hergestellt? ◇ *What is your connection with the school?* Was haben Sie mit der Schule zu tun? **2** Anschluss ◇ *a loose connection* ein Wackelkontakt **3** [meist Pl] (*Bus- Zug- etc.*) Verbindung ◇ *We arrived in good time for the connection to Paris.* Wir kamen rechtzeitig an, um den Anschlusszug nach Paris zu erreichen. **4** [meist Pl] Beziehung ◇ *One of my business connections gave them my name.* Jemand, mit dem ich geschäftlich verkehre, gab ihnen meinen Namen. **5 connections** [Pl] (entfernte) Verwandte IDM **in connection with sb/sth** (*gehoben*) in Zusammenhang mit jdm/etw ◇ *I am writing to you in connection with your application.* Ich schreibe Ihnen bezüglich Ihrer Bewerbung. **in this/that connection** (*gehoben*) in diesem Zusammenhang

con·nect·ive /kə'nektɪv/ *Adj, Nomen*
▸ ***Adj*** verbindend, Binde-
▸ ***Nomen*** (LING) Bindewort

con·niv·ance /kə'naɪvəns/ *Nomen* [U] (*abwert*) stillschweigende Duldung

con·nive /kə'naɪv/ *Verb* **1** (*abwert*) **~ at/in sth** etw stillschweigend dulden **2 ~ (with sb)** sich (mit jdm) zusammentun

con·niv·ing /kə'naɪvɪŋ/ *Adj* (*abwert*) intrigant, raffiniert

con·nois·seur /ˌkɒnə'sɜː(r); *AmE* ˌkɑːn-, -'sʊr/ *Nomen* Kenner(in)

con·no·ta·tion /ˌkɒnə'teɪʃn; *AmE* ˌkɑːn-/ *Nomen* Konnotation, Assoziation

con·note /kə'nəʊt; *AmE* kə'noʊt/ *Verb* (*gehoben*) suggerieren

con·quer /'kɒŋkə(r); *AmE* 'kɑːŋ-/ *Verb* **1** erobern (*auch fig*) **2** besiegen ◇ *conquering heroes* siegreiche Helden **3** bezwingen ◇ *conquer a fear* eine Angst überwinden

con·queror /'kɒŋkərə(r); *AmE* 'kɑːŋ-/ *Nomen* Eroberer, Eroberin, Sieger(in)

con·quest /'kɒŋkwest; *AmE* 'kɑːŋ-/ *Nomen* **1** Eroberung ◇ *the Spanish conquests in South America* die von den Spaniern eroberten Gebiete in Südamerika **2** Sieg, Bezwingung (*auch fig*)

Cons *Abk* = CONSERVATIVE

con·science /'kɒnʃəns; *AmE* 'kɑːn-/ *Nomen* Gewissen ◇ *He won't let it trouble his conscience.* Er wird sich deswegen kein Gewissen machen. ◇ *She was seized by a sudden pang of conscience.* Sie hatte plötzlich Gewissensbisse. → *Siehe auch* PRISONER OF CONSCIENCE **IDM** **in (all/good) conscience** (*gehoben*) guten Gewissens **be on sb's 'conscience** auf jds Gewissen lasten **have sth on your 'conscience** wegen einer Sache ein schlechtes Gewissen haben

'conscience-stricken *Adj* schuldbewusst

con·scien·tious /ˌkɒnʃi'enʃəs; *AmE* ˌkɑːn-/ *Adj* (*Adv* **conscien·tious·ly**) gewissenhaft

con·scien·tious·ness /ˌkɒnʃi'enʃəsnəs; *AmE* ˌkɑːn-/ *Nomen* Gewissenhaftigkeit

ˌconscientious ob'jector *Nomen* Wehrdienstverweigerer, Kriegsdienstverweigerer

con·scious 0-π /'kɒnʃəs; *AmE* 'kɑːn-/ *Adj* **1** bewusst; **~ of sth** sich einer Sache bewusst ◇ *I was vaguely conscious that I was being watched.* Ich spürte irgendwie, dass mich jemand beobachtete. **2** bei Bewusstsein

con·scious·ly /'kɒnʃəsli; *AmE* 'kɑːn-/ *Adv* bewusst, absichtlich

con·scious·ness /'kɒnʃəsnəs; *AmE* 'kɑːn-/ *Nomen* Bewusstsein → *Siehe auch* STREAM OF CONSCIOUSNESS

'consciousness-raising *Nomen* [U] Bewusstmachung ◇ *Ecological consciousness-raising is important.* Es ist wichtig, dass man auf ökologische Probleme aufmerksam macht.

con·script *Verb, Nomen*

▸ ***Verb*** /kən'skrɪpt/ (*meist passiv*) (MIL) **~ sb (into sth)** jdn (in etw) einberufen, jdn (in/zu etw) einziehen

▸ ***Nomen*** /'kɒnskrɪpt; *AmE* 'kɑːn-/ (MIL) Einberufene(r) ◇ *young army conscripts* junge Rekruten

con·scrip·tion /kən'skrɪpʃn/ *Nomen* [U] (MIL) Einberufung

con·se·crate /'kɒnsɪkreɪt; *AmE* 'kɑːn-/ *Verb* weihen ◇ *He was consecrated (as) bishop last year.* Er wurde letztes Jahr zum Bischof geweiht.

con·se·cra·tion /ˌkɒnsɪ'kreɪʃn; *AmE* ˌkɑːn-/ *Nomen* Weihe, Weihung

con·secu·tive /kən'sekjətɪv/ *Adj* aufeinanderfolgend, hintereinander

con·secu·tive·ly /kən'sekjətɪvli/ *Adv* nacheinander, hintereinander; (*Zahlen*) fortlaufend

con·sen·su·al /kən'senʃuəl/ *Adj* (*gehoben*) gemeinsam ◇ *consensual sex* Sex, in den beide Partner einwilligen

con·sen·sus /kən'sensəs/ *Nomen* [Sing] Übereinstimmung, Einigung, Konsens ◇ *There is a growing consensus of opinion on this issue.* Über dieses Thema scheint mehr und mehr Einigkeit zu herrschen. ◇ *There is a general consensus among teachers that …* Unter den Lehrern herrscht allgemein die Meinung, dass …

con·sent /kən'sent/ *Nomen, Verb*

▸ ***Nomen*** **1** [U] Einwilligung, Zustimmung ◇ *by mutual consent* in gegenseitigem Einverständnis ◇ *She was chosen as leader by common consent.* Sie wurde einstimmig zur Vorsitzenden gewählt. → *Siehe auch* AGE OF CONSENT **2** Genehmigung

▸ ***Verb*** (*meist gehoben*) zustimmen, einwilligen ◇ *She wouldn't consent to him/his staying out late.* Sie wollte ihm nicht erlauben so lange auszubleiben.

conˌsenting 'adult *Nomen* ◇ *sex between consenting adults* Sex zwischen Erwachsenen im gegenseitigen Einvernehmen

con·se·quence 0-π /'kɒnsɪkwəns; *AmE* 'kɑːnsəkwens/ *Nomen* **1** Folge, Konsequenz **2** [U] (*gehoben*) Wichtigkeit, Bedeutung ◇ *It's of no consequence.* Es ist nicht wichtig. **IDM** **in consequence** (*gehoben*) folglich; infolgedessen **in consequence of sth** (*gehoben*) infolge einer Sache

con·se·quent /'kɒnsɪkwənt; *AmE* 'kɑːnsəkwənt/ *Adj* (*gehoben*) daraus folgend, sich daraus ergebend

con·se·quen·tial /ˌkɒnsɪ'kwenʃl; *AmE* ˌkɑːnsə'-/ *Adj* (*gehoben*) **1** daraus folgend, sich daraus ergebend **2** wichtig, bedeutsam, folgenreich

con·se·quent·ly /'kɒnsɪkwəntli; *AmE* 'kɑːnsəkwent-/ *Adv* (*gehoben*) folglich, deshalb

con·ser·vancy /kən'sɜːvənsi; *AmE* -'sɜːrv-/ *Nomen* **1** [mit Verb im Sing/Pl] **Conservancy** = Behörde, der der Natur- und Gewässerschutz untersteht **2** [U] (*gehoben*) Erhaltung, Schutz

con·ser·va·tion /ˌkɒnsə'veɪʃn; *AmE* ˌkɑːnsər'-/ *Nomen* Erhaltung, Schutz ◇ *wildlife conservation* die Erhaltung der Tierwelt ◇ *a conservation programme* ein Naturschutzprojekt

conser'vation area *Nomen* (*BrE*) Naturschutzgebiet, unter Denkmalschutz stehendes Gebiet

con·ser·va·tion·ist /ˌkɒnsə'veɪʃənɪst; *AmE* ˌkɑːnsər'-/ *Nomen* Umweltschützer(in), Naturschützer(in)

con·ser·va·tism /kən'sɜːvətɪzəm; *AmE* -'sɜːrv-/ *Nomen* (*auch* **Con·ser·va·tism**) Konservatismus

con·ser·va·tive 0-π /kən'sɜːvətɪv; *AmE* -'sɜːrv-/ *Adj, Nomen*

▸ ***Adj*** **1** konservativ **2** **Conservative** (POL) ◇ *Conservative Members* Abgeordnete der Konservativen Partei **3** (*Schätzung etc.*) vorsichtig

▸ ***Nomen*** **1** **Conservative**, **Con** (POL) Konservative(r), Mitglied/Anhänger(in) der Konservativen Partei **2** ◇ *He's a conservative in outlook.* Er hat konservative Ansichten.

con·ser·va·tive·ly /kən'sɜːvətɪvli; *AmE* -'sɜːrv-/ *Adv* konservativ, vorsichtig

the Con'servative Party *Nomen* [mit Verb im Sing/Pl] die Konservative Partei

con·ser·va·tory /kən'sɜːvətri; *AmE* -'sɜːrvətɔːri/ (*Pl* **-ies**) *Nomen* **1** Wintergarten **2** (*bes AmE*) Konservatorium

con·serve *Verb, Nomen*

▸ ***Verb*** /kən'sɜːv; *AmE* -'sɜːrv/ **1** schonen; (*Energie*) sparen **2** schützen; (*Gebäude*) erhalten

▸ ***Nomen*** /'kɒnsɜːv; *AmE* 'kɑːnsɜːrv/ Konfitüre

con·sider 0-π /kən'sɪdə(r)/ *Verb* **1** (sich) überlegen, nachdenken über ◇ *She considered her options.* Sie wog ihre Alternativen ab. ◇ *a carefully considered response* eine sorgfältig durchdachte Antwort ◇ *I'd like some time to consider.* Ich hätte gern etwas Bedenkzeit. **2** **~ doing sth** erwägen, etw zu tun, daran denken, etw zu tun ◇ *We're considering buying a car.* Wir tragen uns mit dem Gedanken, ein Auto zu kaufen. **3**

~ sb/sth (for/as sth) jdn/etw (für/als etw) in Erwägung ziehen **4** halten für, ansehen als ◇ *He's generally considered to be the finest tenor in the country.* Er wird allgemein als der beste Tenor im Land angesehen. ◇ *Who do you consider (to be) responsible?* Wer ist Ihrer Meinung nach schuld? ◇ *Consider yourself lucky you weren't fired!* Du kannst von Glück reden, dass du nicht gefeuert worden bist! **5** Rücksicht nehmen auf, denken an **6** berücksichtigen **7** (*gehoben*) etw/jdn betrachten IDM **your conˌsidered oˈpinion** ◇ *It is my considered opinion that …* Nach reiflicher Überlegung bin ich zu dem Schluss gekommen, dass …

con·sid·er·able /kənˈsɪdərəbl/ *Adj* (*Adv* **con·sid·er·ably** /-bli/) (*gehoben*) erheblich, beträchtlich

con·sid·er·ate /kənˈsɪdərət/ *Adj* (*Adv* **con·sid·er·ate·ly**) **~ (towards sb)** rücksichtsvoll (jdm gegenüber/gegen jdn)

con·sid·er·ation /kənˌsɪdəˈreɪʃn/ *Nomen* **1** (*gehoben*) Überlegung, Erwägung ◇ *Careful consideration should be given to safety.* Die Sicherheitsaspekte müssen sorgfältig überlegt werden. ◇ *The proposals are under consideration.* Die Vorschläge werden zur Zeit geprüft. ◇ *After a moment's consideration, he began to speak.* Nach kurzem Nachdenken begann er zu sprechen. **2** Überlegung, Faktor **3 ~ (for sb/sth)** Rücksicht (auf jdn/etw) **4** (*gehoben*) Entgelt IDM **in consideration of sth** (*gehoben*) als Entgelt für etw ◇ *a small sum in consideration of your services* eine kleine Summe in Anerkennung Ihrer Dienste **take sth into consideration** etw berücksichtigen ◇ *Taking everything into consideration …* Alles in allem …

con·sider·ing /kənˈsɪdərɪŋ/ *Präp, Konj* wenn man bedenkt ◇ *You've done very well, considering.* Eigentlich hast du es sehr gut gemacht.

con·sign /kənˈsaɪn/ *Verb* (*gehoben*) **1** übergeben, anvertrauen ◇ *I don't want to see my mother consigned to an old people's home.* Ich will nicht, dass meine Mutter in einem Altersheim landet. **2** (ver)senden

con·sign·ment /kənˈsaɪnmənt/ *Nomen* **1** (*von Waren*) Sendung ◇ *a consignment note* ein Frachtbrief **2** (*Transport*) Versendung

conˈsignment store *Nomen* (*AmE*) = Gebrauchtwarenladen, der Waren in Kommission nimmt

con·sist /kənˈsɪst/ *Verb* PHRV **consist in sth** bestehen in etw **consist of sth** bestehen aus etw

con·sist·ency /kənˈsɪstənsi/ *Nomen* (*Pl* **-ies**) **1** Konsequenz, Beständigkeit ◇ *She has played with great consistency.* Sie hat beständige Leistungen gezeigt. ◇ *We need to ensure our consistency of service.* Wir müssen einen gleichbleibend guten Kundendienst gewährleisten. **2** Konsistenz ◇ *Beat the ingredients together to a creamy consistency.* Verrühren Sie die Zutaten zu einer dickflüssigen Creme.

con·sist·ent /kənˈsɪstənt/ *Adj* **1** konsequent, beständig **2** (be)ständig, kontinuierlich **3 ~ with sth** vereinbar mit etw ◇ *The results are consistent with our research.* Die Ergebnisse stimmen mit unseren Forschungen überein. ◇ *injuries consistent with a fall* Verletzungen, wie sie ein Fall verursachen würde **4** stimmig, folgerichtig

con·sist·ent·ly /kənˈsɪstəntli/ *Adv* **1** konsequent; (*leugnen etc.*) hartnäckig **2** durchweg, immer (wieder)

con·sola·tion /ˌkɒnsəˈleɪʃn; *AmE* ˌkɑːn-/ *Nomen* Trost ◇ *a few words of consolation* ein paar tröstende Worte

con·sole¹ /kənˈsəʊl; *AmE* -ˈsoʊl/ *Verb* **~ sb/yourself (with sth)** jdn/sich (mit etw) trösten

con·sole² /ˈkɒnsəʊl; *AmE* ˈkɑːnsoʊl/ *Nomen* Schaltpult, Konsole

con·soli·date /kənˈsɒlɪdeɪt; *AmE* -ˈsɑːlɪ-/ *Verb* **1** festigen, konsolidieren **2** (WIRTSCH) (sich) zusammenlegen, (sich) zusammenschließen; (*Schulden etc.*) konsolidieren

con·soli·da·tion /kənˌsɒlɪˈdeɪʃn; *AmE* -ˌsɑːlɪ-/ *Nomen* **1** Festigung, Konsolidierung **2** (WIRTSCH) Zusammenschluss, Zusammenlegung, Konsolidierung

con·son·ance /ˈkɒnsənəns; *AmE* ˈkɑːn-/ *Nomen* **1** (*gehoben*) Einklang, Übereinstimmung, Harmonie **2** (MUS) Konsonanz

con·son·ant /ˈkɒnsənənt; *AmE* ˈkɑːn-/ *Nomen, Adj*
▸ ***Nomen*** Konsonant, Mitlaut
▸ ***Adj*** **1 ~ with sth** (*gehoben*) im Einklang mit etw **2** (MUS) konsonant

con·sort *Nomen, Verb*
▸ ***Nomen*** /ˈkɒnsɔːt; *AmE* ˈkɑːnsɔːrt/ **1** Gemahlin des Herrschers, Gemahl der Herrscherin **2** = Kammermusikensemble (für alte Musik)
▸ ***Verb*** /kənˈsɔːt; *AmE* -ˈsɔːrt/ **~ with sb** (*gehoben*) mit jdm verkehren

con·sor·tium /kənˈsɔːtɪəm; *AmE* -ˈsɔːrt-/ *Nomen* (*Pl* **consor·tiums** *oder* **con·sor·tia** /kənˈsɔːtiə, -ˈsɔːʃə; *AmE* -tiə, -ˈsɔːrʃə/) Konsortium

con·spicu·ous /kənˈspɪkjuəs/ *Adj* (*Adv* **con·spicu·ous·ly**) auffällig, auffallend; (*Schild etc.*) deutlich sichtbar ◇ *Mary's red hair made her conspicuous.* Durch ihr rotes Haar fiel Mary auf. ◇ *I felt very conspicuous in my new car.* Ich fühlte mich sehr exponiert in meinem neuen Wagen. ◇ *The advertisements were posted in a conspicuous place.* Die Werbung war so platziert, dass man sie gut sehen konnte. ◇ *a conspicuous success* ein Riesenerfolg ◇ *conspicuous consumption* Luxuskonsum IDM **be conˌspicuous by your ˈabsence** durch Abwesenheit glänzen

con·spir·acy /kənˈspɪrəsi/ *Nomen* (*Pl* **-ies**) Verschwörung, Komplott ◇ *a conspiracy of silence* ein verabredetes Stillschweigen

con·spir·ator /kənˈspɪrətə(r)/ *Nomen* Verschwörer(in)

con·spira·tor·ial /kənˌspɪrəˈtɔːriəl/ *Adj* verschwörerisch

con·spire /kənˈspaɪə(r)/ *Verb* sich verschwören (*auch fig*), (heimlich) planen

con·stable /ˈkʌnstəbl; *AmE* ˈkɑːn-/ *Nomen* Wachtmeister(in) → *Siehe auch* CHIEF CONSTABLE

con·stabu·lary /kənˈstæbjələri; *AmE* -leri/ *Nomen* [mit Verb im Sing/Pl] (*Pl* **-ies**) Polizei(einheit)

con·stancy /ˈkɒnstənsi; *AmE* ˈkɑːn-/ *Nomen* (*gehoben*) **1** Beständigkeit, Gleichmäßigkeit **2** Treue

con·stant /ˈkɒnstənt; *AmE* ˈkɑːn-/ *Adj, Nomen*
▸ ***Adj*** **1** (*Adv* **con·stantly**) dauernd, ständig, anhaltend ◇ *This entrance is in constant use.* Diese Einfahrt wird ständig benutzt. **2** gleichbleibend, konstant **3** treu
▸ ***Nomen*** Konstante, konstante Größe

con·stel·la·tion /ˌkɒnstəˈleɪʃn; *AmE* ˌkɑːn-/ *Nomen* Sternbild, Konstellation (*auch fig*)

con·ster·na·tion /ˌkɒnstəˈneɪʃn; *AmE* ˌkɑːnstərˈ-/ *Nomen* Bestürzung

con·sti·pated /ˈkɒnstɪpeɪtɪd; *AmE* ˈkɑːn-/ *Adj* verstopft

con·sti·pa·tion /ˌkɒnstɪˈpeɪʃn; *AmE* ˌkɑːn-/ *Nomen* Verstopfung

con·stitu·ency /kənˈstɪtjuənsi; *AmE* -tʃu-/ (*Pl* **-ies**) *Nomen* **1** (*bes BrE*) Wahlkreis **2** [mit Verb im Sing/Pl] Wählerschaft ◇ *constituency opinion* die Wählermeinung

con·stitu·ent /kənˈstɪtjuənt; *AmE* -tʃu-/ *Nomen, Adj*
▸ ***Nomen*** **1** Wähler(in) **2** Bestandteil
▸ ***Adj*** [nur vor Nomen] (*gehoben*) (*Teil, Element etc.*) einzeln

conˌstituent asˈsembly *Nomen* [mit Verb im Sing/Pl] verfassunggebende Versammlung

con·sti·tute /ˈkɒnstɪtjuːt; *AmE* ˈkɑːnstətuːt/ *Verb* (*gehoben*) **1** (*nicht in der Verlaufsform*) darstellen, sein **2**

(*nicht in der Verlaufsform*) ausmachen, bilden **3** (*meist passiv*) gründen; (*von Ausschüssen etc.*) einsetzen

con·sti·tu·tion /ˌkɒnstɪˈtjuːʃn; *AmE* ˌkɑːnstəˈtuː-/ *Nomen* **1** (POL) Verfassung ◇ *your right to vote under the constitution* Ihr in der Verfassung festgelegtes Wahlrecht **2** Konstitution, körperliche Verfassung **3** (*gehoben*) Zusammensetzung, Aufbau, Struktur **4** (*gehoben*) Gründung; (*von Ausschüssen etc.*) Einsetzung

con·sti·tu·tion·al /ˌkɒnstɪˈtjuːʃənl; *AmE* ˌkɑːnstəˈtuː-/ *Adj* **1** [nur vor Nomen] Verfassungs-, verfassungsmäßig; (*Monarchie*) konstitutionell **2** verfassungsgemäß, verfassungskonform **3** angeboren, körperlich (bedingt), konstitutionell

con·sti·tu·tion·al·ism /ˌkɒnstɪˈtjuːʃənəlɪzəm; *AmE* ˌkɑːnstəˈtuː-/ *Nomen* Konstitutionalismus

con·sti·tu·tion·al·ity /ˌkɒnstɪˌtjuːʃəˈnæləti; *AmE* ˌkɑːnstəˌtuː-/ *Nomen* (*Fachspr*) Verfassungsmäßigkeit, Verfassungskonformität

con·sti·tu·tion·al·ly /ˌkɒnstɪˈtjuːʃənəli; *AmE* ˌkɑːnstəˈtuː-/ *Adv* **1** laut Verfassung, verfassungsmäßig **2** körperlich (bedingt); (*fig*) von Natur aus

con·strain /kənˈstreɪn/ *Verb* (*gehoben*) **1** (*meist passiv*) zwingen **2** (*oft passiv*) einengen, einschränken ◇ *Men and women are becoming less constrained by stereotyped roles.* Der Druck von Rollenklischees auf Männer und Frauen nimmt allmählich ab. ◇ *Research is constrained by a lack of funds.* Die Forschung wird durch fehlende Gelder behindert. ◇ *They had been constrained from discussing it.* Sie durften nicht darüber reden.

con·strained /kənˈstreɪnd/ *Adj* (*gehoben*) verkrampft, befangen, steif; (*Gefühle*) unterdrückt

con·straint /kənˈstreɪnt/ *Nomen* **1** Beschränkung, Einschränkung ◇ *a constraint (up)on liberty* eine Einschränkung der Freiheiten ◇ *constraints of space* Platzmangel ◇ *the constraints of her upbringing* die Fesseln ihrer Erziehung **2** Zwang **3** Befangenheit, Gezwungenheit ◇ *without constraint* unbefangen

con·strict /kənˈstrɪkt/ *Verb* **1** verengen, einengen ◇ *She felt tears constrict her throat.* Die Tränen schnürten ihr die Kehle ab. **2** enger werden, sich verengen; (*Muskeln*) sich zusammenziehen ◇ *Her throat constricted.* Es schnürte ihr die Luft ab. **3** (*fig*) behindern, einschränken

con·strict·ed /kənˈstrɪktɪd/ *Adj* **1** zugeschnürt, verengt **2** (*fig*) beschränkt, eingeschränkt

con·stric·tion /kənˈstrɪkʃn/ *Nomen* **1** Beengtheit, Einschnürung ◇ *a feeling of constriction in the chest* ein Gefühl der Beklemmung in der Brust **2** Einschränkung, Behinderung

con·struct 🗝 *Verb, Nomen*

▸ ***Verb*** /kənˈstrʌkt/ **1** (*oft passiv*) bauen, errichten **2** entwickeln, ausarbeiten ◇ *a well-constructed novel* ein gut aufgebauter Roman **3** (MATH) konstruieren

▸ ***Nomen*** /ˈkɒnstrʌkt; *AmE* ˈkɑːn-/ (*gehoben*) **1** Konstruktion **2** Konstrukt

con·struc·tion 🗝 /kənˈstrʌkʃn/ *Nomen* **1** Bau ◇ *be under construction* sich im Bau befinden ◇ *the construction of a new database* die Entwicklung einer neuen Datenbank **2** [U] Bauweise, Konstruktion ◇ *ships of steel construction* aus Stahl gebaute Schiffe **3** (*gehoben*) Bauwerk, Konstruktion **4** (LING) Konstruktion **5** Erstellung, Entwicklung, Ausarbeitung **6** (*gehoben*) Deutung ◇ *What construction do you put on this letter?* Wie interpretierst du diesen Brief?

con·struc·tion·al /kənˈstrʌkʃənl/ *Adj* Bau- ◇ *constructional details* Details der Bauweise ◇ *constructional toys* Konstruktionsspielzeug

con·struct·ive /kənˈstrʌktɪv/ *Adj* (*Adv* **con·struct·ive·ly**) konstruktiv

con·struct·or /kənˈstrʌktə(r)/ *Nomen* Konstrukteur (in), Bauer(in) ◇ *constructors of boats* Bootsbauer

con·strue /kənˈstruː/ *Verb* (*oft passiv*) (*gehoben*) auffassen, deuten

con·sul /ˈkɒnsl; *AmE* ˈkɑːn-/ *Nomen* Konsul(in)

con·su·lar /ˈkɒnsjələ(r); *AmE* ˈkɑːnsə-/ *Adj* Konsular-, konsularisch

con·sul·ate /ˈkɒnsjələt; *AmE* ˈkɑːnsə-/ *Nomen* Konsulat

con·sult 🗝 /kənˈsʌlt/ *Verb* **1** fragen, konsultieren ◇ *a consulting engineer* ein beratender Ingenieur **2** ~ **(with) sb** sich mit jdm beraten **3** ~ **sth** in etw nachsehen, in etw nachlesen ◇ *He consulted his watch.* Er sah auf die Uhr.

con·sult·ancy /kənˈsʌltənsi/ *Nomen* (*Pl* **-ies**) **1** Beratungsbüro, Beraterfirma ◇ *a management consultancy* eine Unternehmensberatung **2** [U] Beratung

con·sult·ant /kənˈsʌltənt/ *Nomen* **1** ~ **(on sth)** Berater(in) (für/bei etw) ◇ *a firm of management consultants* eine Unternehmensberatungsfirma **2** ~ **(in sth)** (*BrE*) Chefarzt/-ärztin (für etw) ◇ *a consultant surgeon* ein Chefarzt für Chirurgie

con·sult·ation /ˌkɒnslˈteɪʃn; *AmE* ˌkɑːnsl-/ *Nomen* **1** [U] Beratung, Besprechung, Konsultation ◇ *in consultation with other firms* in Absprache mit anderen Firmen ◇ *after consultation with local residents* nach Rücksprache mit den Anwohnern **2** Beratungsgespräch; (*beim Arzt*) Sprechstunde **3** Nachsehen, Nachlesen, Konsultieren

con·sulta·tive /kənˈsʌltətɪv/ *Adj* beratend, konsultativ

con'sulting room *Nomen* (*beim Arzt*) Sprechzimmer

con·sume /kənˈsjuːm; *AmE* -ˈsuːm/ *Verb* (*gehoben*) **1** verbrauchen **2** konsumieren, zu sich nehmen, verzehren **3 be consumed with sth** mit etw erfüllt sein ◇ *Rage consumed her.* Sie kochte vor Wut. **4** (*Feuer*) vernichten ➜ *Siehe auch* CONSUMING

con·sumer 🗝 /kənˈsjuːmə(r); *AmE* -ˈsuː-/ *Nomen* Verbraucher(in), Konsument(in) ◇ *a consumer society* eine Konsumgesellschaft ◇ *consumer goods* Konsumgüter ◇ *boost consumer confidence* die Kaufwilligkeit steigern

conˌsumer ˈdurables *Nomen* [Pl] (WIRTSCH) langlebige Konsumgüter

con·sumer·ism /kənˈsjuːmərɪzəm; *AmE* -ˈsuː-/ *Nomen* Konsumismus, Konsumdenken

con·sumer·ist /kənˈsjuːmərɪst; *AmE* -ˈsuː-/ *Adj* konsumorientiert

consumer ˈprice index *Nomen* (*AmE*) [Sing] (*Abk* **CPI**) Verbraucherpreisindex

con·sum·ing /kənˈsjuːmɪŋ; *AmE* -ˈsuː-/ *Adj* [nur vor Nomen] (*Interesse, Leidenschaft etc.*) brennend ➜ *Siehe auch* TIME-CONSUMING

con·sum·mate¹ /kənˈsʌmət, ˈkɒnsəmət; *AmE* ˈkɑːn-/ *Adj* (*Adv* **con·sum·mate·ly**) (*gehoben*) vollendet, unübertrefflich ◇ (*abwert*) *a consummate liar* ein(e) ausgemachte(r) Lügner(in)

con·sum·mate² /ˈkɒnsəmeɪt; *AmE* ˈkɑːn-/ *Verb* (*gehoben*) (*Ehe, Fusion etc.*) vollziehen

con·sum·ma·tion /ˌkɒnsəˈmeɪʃn; *AmE* ˌkɑːn-/ *Nomen* **1** (*einer Ehe*) Vollzug **2** Vollendung, Krönung

con·sump·tion /kənˈsʌmpʃn/ *Nomen* **1** Verbrauch ◇ (*fig*) *It was not intended for public consumption.* Es war nicht für die Ohren der Öffentlichkeit bestimmt. **2** Verzehr **3** Konsum ◇ *consumption patterns* Konsumverhalten **4** (*veraltet*) Schwindsucht

con·sump·tive /kənˈsʌmptɪv/ *Nomen, Adj* (*veraltet*)

▸ ***Nomen*** Schwindsüchtige(r)

▸ ***Adj*** schwindsüchtig

cont. (*auch* **contd**, **continued**) Fortsetzung, weiter ◊ *cont. on p 74* Fortsetzung auf S. 74

con·tact /ˈkɒntækt; *AmE* ˈkɑːn-/ *Nomen, Verb*

▸ ***Nomen*** **1** [U] Kontakt, Verbindung ◊ *Have you kept in contact?* Habt ihr Kontakt gehalten? ◊ *eye contact* Blickkontakt ◊ *I finally made contact with her.* Schließlich konnte ich mit ihr Verbindung aufnehmen. ◊ *Have you got a contact number for her?* Wie ist die Telefonnummer, unter der man sie erreichen kann? **2** [U] Berührung, Kontakt ◊ *This pesticide kills insects on contact.* Dieses Pestizid tötet Insekten, sobald diese damit in Berührung kommen. ◊ *She often comes into contact with lawyers.* Sie hat oft mit Anwälten zu tun. **3** Kontakt(person) ◊ *We have good contacts with the local community.* Wir pflegen sehr guten Kontakt mit der Gemeinde. ◊ *trade contacts* Handelsbeziehungen **4** (MED) Kontaktperson **5** (ELEK) Kontakt **6 contacts** [Pl] (*umgs*) Kontaktlinsen IDM → POINT

▸ ***Verb*** **~ sb/sth** jdn/etw kontaktieren, sich mit jdm/etw in Verbindung setzen

ˈcontact lens *Nomen* (*umgs* **con·tact**) Kontaktlinse

contactless /ˈkɒntæktləs; *AmE* ˈkɑːn-/ *Adj* kontaktlos ◊ *contactless cards* kontaktlose Karten

con·ta·gion /kənˈteɪdʒən/ *Nomen* **1** Ansteckung **2** (*veraltet*) ansteckende Krankheit, Seuche **3** (*gehoben*) (*fig*) negativer Einfluss

con·ta·gious /kənˈteɪdʒəs/ *Adj* **1** ansteckend (*auch fig*) **2** (*Mensch*) ◊ *She is not contagious.* Ihre Krankheit ist nicht ansteckend.

con·tain /kənˈteɪn/ *Verb* (*nicht in der Verlaufsform*) **1** enthalten ◊ *The bottle contains two litres.* Die Flasche fasst zwei Liter. **2** (*gehoben*) (*Wut, Aufregung etc.*) unterdrücken, zurückhalten ◊ *I couldn't contain myself.* Ich konnte mich nicht beherrschen. **3** (*gehoben*) (*Epidemie, Aufstand etc.*) aufhalten, unter Kontrolle bringen

con·tain·er /kənˈteɪnə(r)/ *Nomen* **1** Behälter, Gefäß **2** Container

con·tain·ment /kənˈteɪnmənt/ *Nomen* [U] (*gehoben*) **1** Kontrolle, Aufhalten **2** Eindämmung

con·tam·in·ant /kənˈtæmɪnənt/ *Nomen* (*Fachspr*) verunreinigende Substanz

con·tam·in·ate /kənˈtæmɪneɪt/ *Verb* **1** verunreinigen, verseuchen **2** (*gehoben*) (*fig*) verderben

con·tam·in·ation /kənˌtæmɪˈneɪʃn/ *Nomen* [U] Verunreinigung, Verseuchung, Kontaminierung

contd *Abk* = CONT.

con·tem·plate /ˈkɒntəmpleɪt; *AmE* ˈkɑːn-/ *Verb* **1** erwägen, in Betracht ziehen **2 ~ sth** sich etw vorstellen ◊ *The alternative is too awful to contemplate.* An die Alternative mag man gar nicht denken. **3** (*gehoben*) **~ (sth)** (über etw) nachdenken **4** (*gehoben*) betrachten

con·tem·pla·tion /ˌkɒntəmˈpleɪʃn; *AmE* ˌkɑːn-/ *Nomen* [U] (*gehoben*) **1** Nachdenken, Nachsinnen, Kontemplation ◊ *He sat there deep in contemplation.* Er saß tief in Gedanken versunken da. ◊ *a moment of quiet contemplation* ein Moment der stillen Besinnung **2** Betrachtung IDM **be in contemˈplation** (*gehoben*) erwogen werden

con·tem·pla·tive /kənˈtemplətɪv/ *Adj* **1** nachdenklich **2** besinnlich, kontemplativ

con·tem·por·an·eous /kənˌtempəˈreɪniəs/ *Adj* (*gehoben*) gleichzeitig; **~ with sth** zur gleichen Zeit wie etw stattfindend, aus der gleichen Zeit wie etw stammend

con·tem·por·an·eous·ly /kənˌtempəˈreɪniəsli/ *Adv* zur gleichen Zeit, gleichzeitig

con·tem·por·ary /kənˈtemprəri; *AmE* -pəreri/ *Adj, Nomen*

▸ ***Adj*** **1** zeitgenössisch; **~ with sb** zur gleichen Zeit wie jd lebend; **~ with sth** zur gleichen Zeit wie etw stattfindend, aus der gleichen Zeit wie etw stammend ◊ *He was contemporary with Shakespeare.* Er war ein Zeitgenosse Shakespeares. **2** heutig, modern ◊ *contemporary history* Zeitgeschichte

▸ ***Nomen*** (*Pl* **-ies**) **1** Zeitgenosse, -genossin **2** Altersgenosse, -genossin **3** (*an der Uni*) Kommilitone, Kommilitonin

con·tempt /kənˈtempt/ *Nomen* **1** Verachtung ◊ *hold sb/sth in contempt* jdn/etw verachten ◊ *His behaviour was beneath contempt.* Sein Verhalten war unter aller Kritik. **2 ~ for sth** Missachtung von etw ◊ *They showed a contempt for their own safety.* Sie kümmerten sich nicht um die eigene Sicherheit. **3** (*auch* **conˌtempt of ˈcourt**) (RECHT) Missachtung des Gerichts, Ungebühr vor Gericht IDM → FAMILIARITY

con·tempt·ible /kənˈtemptəbl/ *Adj* verachtenswert

con·temp·tu·ous /kənˈtemptʃuəs/ *Adj* (*Adv* **con·temp·tu·ous·ly**) verächtlich, geringschätzig; **be ~ of sb/sth** jdn/etw verachten

con·tend /kənˈtend/ *Verb* (*gehoben*) **1** behaupten **2 ~ (for sth)** (um etw) kämpfen PHR V **conˈtend with sth/sb** mit etw/jdm fertig werden, sich mit etw/jdm herumschlagen müssen

con·tend·er /kənˈtendə(r)/ *Nomen* Kandidat(in), Anwärter(in)

con·tent¹ /ˈkɒntent; *AmE* ˈkɑːn-/ *Nomen* **1 contents** [Pl] Inhalt ◊ *a table of contents* ein Inhaltsverzeichnis ◊ *the contents of the flat* alles, was in der Wohnung ist/war ◊ *building and contents insurance* Gebäude- und Hausratversicherung **2** [Sing] Inhalt **3** [Sing] (*nach einem anderen Nomen*) Gehalt ◊ *a high fat content* ein hoher Fettgehalt

con·tent² /kənˈtent/ *Adj, Verb, Nomen*

▸ ***Adj*** [nicht vor Nomen] **1** zufrieden ◊ *Not content with* … Nicht genug damit, dass … **2 ~ to do sth** bereit, etw zu tun

▸ ***Verb*** **1 ~ yourself with sth** sich mit etw zufrieden geben, sich mit etw begnügen **2 ~ sb** (*gehoben*) jdn zufrieden stellen, jdn befriedigen

▸ ***Nomen*** (*selten*) Zufriedenheit IDM → HEART

con·tent·ed /kənˈtentɪd/ *Adj* (*Adv* **con·tent·ed·ly**) zufrieden

con·ten·tion /kənˈtenʃn/ *Nomen* (*gehoben*) **1** [U] Streit, Auseinandersetzung ◊ *a point of contention* ein strittiger Punkt **2** Behauptung ◊ *It is our client's contention that the fire was an accident.* Unser Klient behauptet, dass der Brand versehentlich ausgelöst wurde. IDM **be in conˈtention (for sth)** (für etw) im Rennen liegen **be out of conˈtention (for sth)** nicht mehr im Rennen (für etw) liegen ◊ *slip/drop out of contention* aus dem Rennen ausscheiden → *Siehe auch* BONE

con·ten·tious /kənˈtenʃəs/ *Adj* (*gehoben*) **1** kontrovers, umstritten ◊ *a contentious issue* ein strittiges Thema **2** (*Debatte etc.*) hitzig; (*Person*) streitlustig

con·tent·ment /kənˈtentmənt/ *Nomen* Zufriedenheit

con·test *Nomen, Verb*

▸ ***Nomen*** /ˈkɒntest; *AmE* ˈkɑːn-/ **1** Wettbewerb, Wettkampf **2 ~ (for sth)** Kampf (um etw) IDM **be ˌno ˈcontest** ◊ *She tried hard against Williams, but it really was no contest.* Sie kämpfte hart gegen Williams, hatte jedoch keine Chance.

▸ ***Verb*** /kənˈtest/ **1** kämpfen um; (*bei Wahl*) sich bewerben um ◊ *a fiercely contested game* ein Spiel, in dem es heiß herging **2** bestreiten; (RECHT) anfechten

con·test·ant /kənˈtestənt/ *Nomen* Teilnehmer(in); (*bei Wahl*) Bewerber(in), Kandidat(in)

con·text /ˈkɒntekst; *AmE* ˈkɑːn-/ *Nomen* Kontext, Zusammenhang

con·text·ual /kən'tekstʃuəl/ *Adj* (*Adv* **con·text·ual·ly** /-əli/) (*gehoben*) kontextuell

con·text·ual·ize (*BrE auch* **-ise**) /kən'tekstʃuəlaɪz/ *Verb* (*gehoben*) in einen Kontext einordnen

con·tigu·ity /ˌkɒntɪ'gjuːəti; *AmE* ˌkɑːn-/ *Nomen* Nähe, (unmittelbare) Nachbarschaft

con·tigu·ous /kən'tɪgjuəs/ *Adj* ~ **(with/to sth)** (*gehoben oder Fachspr*) angrenzend (an etw) ◇ *The two countries are contiguous.* Die beiden Länder grenzen aneinander. ◇ *contiguous circles* sich berührende Kreise

con·tin·ence /'kɒntɪnəns; *AmE* 'kɑːn-/ *Nomen* **1** (*gehoben*) (sexuelle) Enthaltsamkeit **2** (MED) Kontinenz

con·tin·ent 🔑 /'kɒntɪnənt; *AmE* 'kɑːn-/ *Nomen, Adj*
▸ ***Nomen*** **1** Kontinent, Erdteil **2 the Continent** (*BrE*) [Sing] das europäische Festland
▸ ***Adj*** **1** (MED) **be ~** Harn und Stuhl zurückhalten können **2** (*gehoben*) (sexuell) enthaltsam

con·tin·en·tal /ˌkɒntɪ'nentl; *AmE* ˌkɑːn-/ *Adj, Nomen*
▸ ***Adj*** **1** (*BrE*) [nur vor Nomen] kontinental(europäisch) **2** (GEOGR) kontinental, Festlands- ◇ *continental Asia* das asiatische Festland ◇ *continental drift* Kontinentaldrift ◇ *continental shelf* Festlandsockel
▸ ***Nomen*** (*BrE*) (*manchmal abwertend*) Kontinentaleuropäer(in)

ˌcontinental 'breakfast *Nomen* kleines Frühstück

ˌcontinental 'quilt *Nomen* (*BrE*) Steppbett

con·tin·gency /kən'tɪndʒənsi/ *Nomen* (*Pl* **-ies**) Eventualität ◇ *make contingency plans* Alternativpläne machen ◇ *a contingency fund* ein Fonds für unvorhergesehene Ausgaben

con'tingency fee *Nomen* (*AmE*) (RECHT) Erfolgshonorar

con·tin·gent /kən'tɪndʒənt/ *Nomen, Adj*
▸ ***Nomen*** [mit Verb im Sing/Pl] **1** Kontingent, Gruppe **2** (MIL) Truppenkontingent
▸ ***Adj*** ~ **(on/upon sth)** (*gehoben*) (von etw) abhängig

con·tin·ual /kən'tɪnjuəl/ *Adj* (*Adv* **con·tinu·al·ly** /-əli/) ständig, dauernd ◇ *Her daughter was a continual source of delight to her.* Ihre Tochter war für sie eine stete Freude.

con·tinu·ance /kən'tɪnjuəns/ *Nomen* (*gehoben*) Fortbestand, Fortdauer

con·tinu·ation /kənˌtɪnju'eɪʃn/ *Nomen* **1** [Sing] Fortführung, Fortbestand ◇ *This year saw a continuation in the upward trend in sales.* Die steigende Tendenz der Verkaufszahlen hielt auch in diesem Jahr an. **2** Fortsetzung **3** (*einer Straße etc.*) Erweiterung, Verlängerung

con·tinue 🔑 /kən'tɪnjuː/ *Verb* **1** weitergehen; (*Regen, Hitze, Schmerz*) anhalten ◇ *The trial is expected to continue for three months.* Der Prozess wird voraussichtlich noch drei Monate dauern. **2** (*Straße etc.*) weiterführen; (*Fahrzeug, Passagier*) weiterfahren ◇ *He continued on his way.* Er setzte seinen Weg fort. **3 ~ sth** etw fortsetzen; **~ with sth** mit etw weitermachen **4 ~ doing/to do sth** etw weiter(hin) tun ◇ *She wanted to continue working after she was married.* Sie wollte nach ihrer Heirat weiterarbeiten. **5 ~ (as sth)** (etw) (weiterhin) bleiben **6** (*Geschichte etc.*) weitergehen ◇ *To be continued.* Fortsetzung folgt. **7** (*im Gespräch*) fortfahren

con·tinued /kən'tɪnjuːd/ (*auch* **con·tinu·ing**) *Adj* [nur vor Nomen] fortgesetzt, anhaltend, kontinuierlich

conˌtinuing eduˈcation *Nomen* Erwachsenenbildung

con·tinu·ity /ˌkɒntɪ'njuːəti; *AmE* ˌkɑːntə'nuː-/ *Nomen* (*Pl* **-ies**) **1** Kontinuität, Fortdauer ◇ *We try to provide continuity of fuel supplies.* Wir bemühen uns, die laufende Versorgung mit Brennstoffvorräten sicherzustellen. **2** (*in Filmen etc.*) Konsistenz **3** (logischer) Zusammenhang

con·tinu·ous 🔑 /kən'tɪnjuəs/ *Adj* (*Adv* **con·tinu·ous·ly**) fortlaufend, ununterbrochen, stetig, dauernd ◇ *continuous employment* durchgehend beschäftigt

conˌtinuous asˈsessment *Nomen* (*BrE*) = Beurteilung von Schülern oder Studenten aufgrund der während des ganzen Schuljahrs oder Studiums erbrachten Leistungen

con'tinuous tense *Nomen* (LING) Verlaufsform

con·tinuum /kən'tɪnjuəm/ *Nomen* (*Pl* **con·tinua** /-njuə/) Kontinuum

con·tort /kən'tɔːt; *AmE* -'tɔːrt/ *Verb* sich verziehen; (*Gesicht*) sich verzerren; (*Körper*) verrenken

con·tort·ed /kən'tɔːtɪd; *AmE* -'tɔːrtɪd/ *Adj* **1** verzerrt; (*Körper*) verrenkt **2** (*fig*) verdreht, verzerrt

con·tor·tion /kən'tɔːʃn; *AmE* -'tɔːrʃn/ *Nomen* Verzerrung; (*Glied, Körper*) Verrenkung ◇ *His facial contortions amused the children.* Seine Grimassen erheiterten die Kinder.

con·tor·tion·ist /kən'tɔːʃənɪst; *AmE* -'tɔːrʃə-/ *Nomen* Schlangenmensch

con·tour /'kɒntʊə(r); *AmE* 'kɑːntʊr/ *Nomen* **1** Kontur, Umriss ◇ *The road follows the natural contours of the coastline.* Die Straße folgt dem natürlichen Verlauf der Küste. **2** (*auch* **'contour line**) Höhenlinie

con·toured /'kɒntʊəd; *AmE* 'kɑːntʊrd/ *Adj* **1** geformt, formgerecht (gestylt) **2** (GEOGR) ◇ *contoured maps* Höhenlinienkarten

con·tra·band /'kɒntrəbænd; *AmE* 'kɑːn-/ *Nomen* Schmuggelware ◇ *contraband goods* geschmuggelte Waren

con·tra·cep·tion /ˌkɒntrə'sepʃn; *AmE* ˌkɑːn-/ *Nomen* Empfängnisverhütung

con·tra·cep·tive /ˌkɒntrə'septɪv; *AmE* ˌkɑːn-/ *Nomen, Adj*
▸ ***Nomen*** Verhütungsmittel
▸ ***Adj*** [nur vor Nomen] empfängnisverhütend ◇ *a contraceptive pill* eine Antibabypille ◇ *contraceptive advice* Beratung über Empfängnisverhütung

con·tract 🔑 *Nomen, Verb*
▸ ***Nomen*** /'kɒntrækt; *AmE* 'kɑːn-/ **1** Vertrag ◇ *She is under contract to a computer firm.* Sie steht bei einer Computerfirma unter Vertrag. ◇ *a contract worker* ein Arbeiter mit Zeitvertrag ◇ *subject to contract* vorbehaltlich vertraglicher Übereinkunft ◇ *a research contract* ein Forschungsauftrag ◇ *contract work* Auftragsarbeit **2 ~ (on sb)** (*umgs*) Mordauftrag (an/für jdn) ◇ *take out a contract on sb* einen Killer für jdn anheuern
▸ ***Verb*** /kən'trækt/ **1** (sich) zusammenziehen, schrumpfen; (*Pupille*) (sich) verengen **2 ~ sth** etw zusammenziehen **3** (*gehoben*) (*Krankheit, Virus*) sich zuziehen, erkranken an **4 ~ sb (to sth)** jdn (zu etw) vertraglich verpflichten **5** sich vertraglich verpflichten **6** (*gehoben*) **~ a marriage/an alliance (with sb)** eine Ehe/ein Bündnis (mit jdm) eingehen **PHR V** **ˌcontract 'in (to sth)** (*BrE*) sich (an etw) beteiligen; (*Versicherung*) (etw) beitreten **ˌcontract 'out (of sth)** (*BrE*) (aus etw) austreten, (etw) nicht beitreten **ˌcontract sth 'out** etw außer Haus machen lassen **ˌcontract sth 'out (to sb)** etw (an jdn/einen Subunternehmer) vergeben

con·trac·tion /kən'trækʃn/ *Nomen* **1** Zusammenziehung, Schrumpfung; (*der Pupille*) Verengung; (MED, PHYSIK, LING) Kontraktion **2 contractions** [Pl] Wehen

con·tract·or /kən'træktə(r)/ *Nomen* Unternehmer(in) ◇ *a building/haulage contractor* ein Bau-/Fuhrunternehmer ◇ *an outside contractor* ein externer Dienstleister

con·tract·ual /kən'træktʃuəl/ *Adj* vertraglich

con·tra·dict /ˌkɒntrəˈdɪkt; *AmE* ˌkɑːn-/ *Verb* ~ **(your-self)** (sich) widersprechen ◇ *He contradicted everything she said.* Er hat ihr bei allem, was sie sagte, widersprochen. ◇ *The two stories contradict each other.* Die beiden Schilderungen stehen im Widerspruch zueinander.

con·tra·dic·tion /ˌkɒntrəˈdɪkʃn; *AmE* ˌkɑːn-/ *Nomen* Widerspruch ◇ *It's a contradiction of your last statement.* Das widerspricht Ihrer vorigen Aussage. ◇ *I can say, without fear of contradiction, that…* Ich kann wohl sagen, ohne dass mir einer widersprechen könnte, dass… **IDM** **a ˌcontradiction in ˈterms** ein Widerspruch in sich selbst

con·tra·dict·ory /ˌkɒntrəˈdɪktəri; *AmE* ˌkɑːn-/ *Adj* widersprüchlich ◇ *two contradictory statements* zwei sich widersprechende Aussagen

con·tra·flow /ˈkɒntrəfləʊ; *AmE* ˈkɑːntrəfloʊ/ *Nomen* (*BrE*) = Umleitung des Verkehrs auf die Gegenfahrbahn ◇ *'Contraflow in operation.'* „Achtung, Gegenverkehr."

con·tra·indi·ca·tion /ˌkɒntrəˌɪndɪˈkeɪʃn; *AmE* ˌkɑːn-/ *Nomen* (MED) Gegenanzeige

con·tralto /kənˈtræltəʊ; *AmE* -toʊ/ *Nomen* (*Pl* **-os**) **1** (MUS) Alt **2** Altistin

con·trap·tion /kənˈtræpʃn/ *Nomen* **1** (seltsamer) Apparat, komisches Ding **2** Vehikel

con·tra·pun·tal /ˌkɒntrəˈpʌntl; *AmE* ˌkɑːn-/ *Adj* (MUS) kontrapunktisch

con·trary¹ /ˈkɒntrəri; *AmE* ˈkɑːntreri/ *Adj, Nomen*

▸ ***Adj*** **1** **~ to sth** einer Sache entgegen(gesetzt), im Gegensatz zu etw ◇ *This is contrary to popular opinion.* Dies steht im Widerspruch zur öffentlichen Meinung. ◇ *It would be contrary to the public interest.* Das wäre nicht im Interesse der Öffentlichkeit. ◇ *contrary to expectations* wider Erwarten **2** [nur vor Nomen] gegensätzlich, widersprüchlich

▸ ***Nomen*** **the contrary** [Sing] das Gegenteil **IDM** **on the ˈcontrary** im Gegenteil; vielmehr **ˌquite the ˈcontrary** ganz im Gegenteil **to the ˈcontrary** Gegen-; gegensätzlich ◇ *evidence to the contrary* ein Gegenbeweis ◇ *nothing to the contrary* nichts Gegenteiliges ◇ *reports to the contrary* anders lautende Meldungen

con·trary² /kənˈtreəri; *AmE* -ˈtreri/ *Adj* (*gehoben, abwert*) widerspenstig, aufsässig

con·trast 🔑 *Nomen, Verb*

▸ ***Nomen*** /ˈkɒntrɑːst; *AmE* ˈkɑːntræst/ **1** **~ (to/with sb/sth)** Gegensatz (zu jdm/etw) ◇ *by/in contrast with this system* verglichen mit diesem System ◇ *be in marked contrast to sth* in krassem Widerspruch zu etw stehen ◇ *This work is quite a contrast to what you did before.* Diese Arbeit ist grundverschieden von dem, was du früher gemacht hast. ◇ *They, by contrast, have done nothing.* Sie hingegen haben gar nichts getan. **2** Kontrast

▸ ***Verb*** /kənˈtrɑːst; *AmE* -ˈtræst/ **1** **~ A and/with B** A und B einander gegenüberstellen, A mit B vergleichen **2** **~ (with sth)** (zu etw) im Gegensatz stehen, sich von etw abheben

con·trast·ing 🔑 /kənˈtrɑːstɪŋ; *AmE* -ˈtræstɪŋ/ *Adj* gegensätzlich, kontrastierend

con·tra·vene /ˌkɒntrəˈviːn; *AmE* ˌkɑːn-/ *Verb* (*gehoben*) **~ sth** einer Sache zuwiderhandeln, gegen etw verstoßen

con·tra·ven·tion /ˌkɒntrəˈvenʃn; *AmE* ˌkɑːn-/ *Nomen* Verstoß ◇ *in contravention of the regulations* entgegen den Vorschriften

con·tre·temps /ˈkɒntrətɒ̃; *AmE* ˈkɑːntrətɑ̃ː/ *Nomen* (*Pl* **con·tre·temps**) (*gehoben oder hum*) Auseinandersetzung, Streit

con·trib·ute 🔑 /kənˈtrɪbjuːt; *BrE auch* ˈkɒntrɪbjuːt/ *Verb* **1** **~ (sth) (to/towards sth)** (etw) (für etw) spenden ◇ *Do you wish to contribute?* Möchten Sie etwas spenden? **2** einen Beitrag leisten, beitragen, beisteuern ◇ *It may have been a contributing factor.* Das könnte seinen Teil beigetragen haben. ◇ *He contributes regularly to 'New Scientist'.* Er schreibt regelmäßige Beiträge für den „New Scientist".

con·tri·bu·tion 🔑 /ˌkɒntrɪˈbjuːʃn; *AmE* ˌkɑːn-/ *Nomen* **1** Beitrag **2** **~ (to/toward(s) sth)** Spende (für etw)

con·tribu·tor /kənˈtrɪbjətə(r)/ *Nomen* **1** Mitarbeiter(in), Beiträger(in) **2** Beitragsleistende(r), Geldgeber(in) ◇ *the largest net contributor to EU funds* das Land, das die höchsten Nettobeiträge zu den EU-Fonds zahlt **3** Mitverursacher, Faktor ◇ *Whisky is a major contributor to the trade balance.* Whisky nimmt einen wichtigen Platz ein in der Handelsbilanz.

con·tribu·tory /kənˈtrɪbjətəri; *AmE* -tɔːri/ *Adj* **1** ◇ *be a contributory factor in sth* zu etw beitragen ◇ *Smoking is a contributory cause of many diseases.* Rauchen ist für viele Krankheiten ein mitverursachender Faktor. ◇ (*BrE*) *the concept of contributory negligence* das Konzept des Mitverschuldens **2** (*Rentenversicherung etc.*) beitragspflichtig

con·trite /kənˈtraɪt; *BrE auch* ˈkɒntraɪt/ *Adj* (*Adv* **con·trite·ly**) (*gehoben*) zerknirscht, reuevoll

con·triv·ance /kənˈtraɪvəns/ *Nomen* (*gehoben*) **1** Erfindung **2** (*meist abwert*) Künstlichkeit **3** Vorrichtung, Gerät **4** Kunstgriff, List

con·trive /kənˈtraɪv/ *Verb* (*gehoben*) **1** bewerkstelligen ◇ *contrive to do sth* es fertigbringen, etw zu tun ◇ *They contrived a meeting where they were unobserved.* Sie haben ein Treffen so arrangiert, dass sie unbeobachtet blieben. **2** (*Plan*) aushecken

con·trived /kənˈtraɪvd/ *Adj* (*abwert*) gestellt, gekünstelt

con·trol 🔑 /kənˈtrəʊl; *AmE* -ˈtroʊl/ *Nomen, Verb*

▸ ***Nomen*** **1** **~ (of/over sb/sth)** Gewalt (über jdn/etw), Herrschaft (über jdn/etw) ◇ *under enemy control* in der Gewalt des Feindes ◇ *A military junta took control.* Eine Militärjunta riss die Herrschaft an sich. ◇ *The party gained control of the council.* Die Partei hat die Mehrheit im Stadtrat gewonnen. **2** **~ (of/over sb/sth)** Macht (über jdn/etw), Kontrolle (über jdn/etw), Beherrschung (von jdm/etw); (*von Firmen etc.*) Aufsicht (über etw) ◇ *He lost control (of himself).* Er verlor die Beherrschung. ◇ *owing to circumstances beyond our control* wegen unvorhersehbarer Umstände ◇ *ball control* Ballführung **3** **~ (of/on sth)** (*oft in Zusammensetzungen*) Regelung (einer Sache), Kontrolle (von etw) ◇ *pest control* Schädlingsbekämpfung ➔ *Siehe auch* BIRTH CONTROL **4** [meist Pl] Kontrollinstrumente, Regler ◇ *the controls of an aircraft* die Flugzeugsteuerung ◇ *a control panel* eine Schalttafel ◇ *The co-pilot was at the controls.* Der Kopilot war am Kontrollpult. ➔ *Siehe auch* REMOTE CONTROL **5** (*Fachspr*) Kontrollperson, Kontrollgruppe **6** [Sing] Kontrollpunkt, Kontrollstelle ◇ *This is Mission Control calling space shuttle Discovery.* Kontrollzentrum ruft Raumfähre Discovery. **7** (*auch* **conˈtrol key**) (COMP) Steuerung(staste) **IDM** **be in control** alles im Griff haben; das Sagen haben **be in control (of sth)** etw unter Kontrolle haben; etw im Griff haben; (*Firma etc.*) leiten ◇ *be in control (of your life)* sich in der Hand haben **be/get/run/etc. out of conˈtrol** außer Kontrolle sein/geraten ◇ *The children are completely out of control.* Die Kinder sind außer Rand und Band. **be under conˈtrol** unter Kontrolle sein **bring/get/keep sth under conˈtrol** etw unter Kontrolle bringen/halten

▸ ***Verb*** **(-ll-)** **1** kontrollieren, leiten, beherrschen ◇ *The territory is controlled by the army.* Das Gebiet ist in der Hand der Armee. ◇ *Can't you control your children?* Können Sie nicht besser auf Ihre Kinder aufpassen? ◇ *Parents should control what their kids watch on television.* Die Eltern sollten die Kontrolle darüber haben, was ihre Kinder im Fernsehen sehen. **2** beschränken **3** regeln, regulieren **4** unter Kontrolle bekommen ◇ *He found it difficult to control his feelings.* Er fand es schwierig, seine Gefühle zu bezwingen.

con'trol freak *Nomen (umgs, abwert)* Kontrollfreak

con·trol·lable /kən'trəʊləbl; *AmE* -'troʊ-/ *Adj* kontrollierbar, regulierbar

con·trolled 0‑ᵣ /kən'trəʊld; *AmE* -'troʊld/ *Adj* **1** kontrolliert, geregelt; *(Luftraum)* überwacht **2 -controlled** *(in Zusammensetzungen)* -gesteuert, -geregelt ◇ *a British-controlled company* eine Firma unter britischer Leitung **3** beherrscht

con,trolled 'substance *Nomen (offiz)* Rauschgift, illegale Droge

con·trol·ler /kən'trəʊlə(r); *AmE* -'troʊ-/ *Nomen* **1** Leiter(in); *(eines Senders)* Intendant(in) → *Siehe auch* AIR TRAFFIC CONTROLLER **2** (TECH) Regler **3** *(auch* **comptrol·ler***)* (FINANZ) Controller(in)

con,trolling 'interest *Nomen* (FINANZ) Mehrheitsbeteiligung

con·tro·ver·sial /ˌkɒntrə'vɜːʃl; *AmE* ˌkɑːntrə'vɜːrʃl/ *Adj* umstritten, kontrovers

con·tro·ver·sial·ly /ˌkɒntrə'vɜːʃəli; *AmE* ˌkɑːntrə'vɜːrʃə-/ *Adv* **1** umstrittenerweise **2** ◇ *More controversially, they claim that …* Noch umstrittener ist ihre Behauptung, dass … ◇ *Controversially, he has suggested sending in troops.* Sein Vorschlag, Truppen zu entsenden, ist auf Kritik gestoßen.

con·tro·versy /'kɒntrəvɜːsi, kən'trɒvəsi; *AmE* 'kɑːntrəvɜːrsi/ *Nomen (Pl* **-ies***)* Auseinandersetzung, Kontroversen ◇ *cause controversy* für Polemik sorgen

con·tu·sion /kən'tjuːʒn; *AmE* -'tuː-/ *Nomen* (MED) Prellung(en)

con·un·drum /kə'nʌndrəm/ *Nomen (Pl* **con·un·drums***)* Rätsel, Problem

con·ur·ba·tion /ˌkɒnɜː'beɪʃn; *AmE* ˌkɑːnɜːr'-/ *Nomen (bes BrE, offiz)* Ballungsraum

con·va·lesce /ˌkɒnvə'les; *AmE* ˌkɑːn-/ *Verb* gesund werden, sich erholen

con·va·les·cence /ˌkɒnvə'lesns; *AmE* ˌkɑːn-/ *Nomen* [Sing] Genesung(szeit), Rekonvaleszenz

con·va·les·cent /ˌkɒnvə'lesnt; *AmE* ˌkɑːn-/ *Adj, Nomen*
▸ ***Adj*** genesend ◇ *a convalescent home* ein Pflegeheim
▸ ***Nomen*** Rekonvaleszent(in)

con·vec·tion /kən'vekʃn/ *Nomen (Fachspr)* Konvektion

con·vect·or /kən'vektə(r)/ *(auch* **con,vector 'heater***)* *Nomen* Konvektor(heizung)

con·vene /kən'viːn/ *Verb (gehoben)* **1** *(Sitzung etc.)* einberufen; *(Leute)* zusammenrufen **2** sich versammeln, zusammentreten

con·vener *(auch* **con·venor***)* /kən'viːnə(r)/ *Nomen* **1** = jd, der Versammlungen und Sitzungen einberuft/leitet **2** *(BrE)* Gewerkschaftsvertreter(in)

con·veni·ence /kən'viːniəns/ *Nomen* **1** Annehmlichkeit ◇ *It was a great convenience to have the school so near.* Es war sehr günstig, dass die Schule so nah war. ◇ *The house had all the modern conveniences.* Das Haus verfügte über jeglichen modernen Komfort. ◇ *We have provided seats for the convenience of our customers.* Für unsere Kunden haben wir Sitzgelegenheiten zur Verfügung gestellt. ◇ *for convenience* aus praktischen Gründen → *Siehe auch* FLAG OF CONVENIENCE, MARRIAGE OF CONVENIENCE *und* PUBLIC CONVENIENCE **2** ◇ *The position of the house combines quietness and convenience.* Das Haus ist sowohl ruhig als auch günstig gelegen. IDM **at sb's convenience** *(gehoben)* wann es jdm passt → *Siehe auch* EARLY

con'venience foods *Nomen* [Pl] Fertiggerichte

con'venience store *Nomen (bes AmE)* = Laden (oft auch Tankstellenshop), der länger geöffnet hat

con·veni·ent 0‑ᵣ /kən'viːniənt/ *Adj* **1** bequem, praktisch, günstig ◇ *It isn't convenient at the moment.* Es passt gerade nicht. ◇ *What day is convenient for you?* Welcher Tag passt dir? **2** günstig (gelegen) ◇ *The house is very convenient for the shops.* Vom Haus aus sind die Geschäfte bequem zu erreichen.

con·veni·ent·ly /kən'viːniəntli/ *Adv* **1** praktisch, vorteilhaft ◇ *The report can be conveniently divided into three main sections.* Den Bericht kann man sehr gut in drei Teile unterteilen. **2** günstig, bequem ◇ *be conveniently located* günstig liegen **3** *(iron)* praktischerweise ◇ *The papers conveniently disappeared.* Ganz zufällig waren die Dokumente plötzlich verschwunden.

con·venor = CONVENER

con·vent /'kɒnvənt; *AmE* 'kɑːnvent, -vənt/ *Nomen* **1** *(Nonnen-)* Kloster **2** *(auch* **'convent school***)* Klosterschule

con·ven·tion 0‑ᵣ /kən'venʃn/ *Nomen* **1** Konvention, Brauch, Sitte ◇ *By convention the monarch decides.* Es ist üblich, dass der Herrscher entscheidet. **2** Tagung, Konferenz ◇ *the Democratic Party Convention* der Parteitag der Demokraten **3** Vertrag, Abkommen ◇ *the Geneva Convention* die Genfer Konvention

con·ven·tion·al 0‑ᵣ /kən'venʃənl/ *Adj (Adv* **con·ven·tion·ally** /-nəli/*)* **1** *(oft abwert)* konventionell **2** herkömmlich, traditionell, üblich IDM → WISDOM

con·ven·tion·al·ity /kənˌvenʃə'næləti/ *Nomen* Konventionalität, Herkömmlichkeit

con·verge /kən'vɜːdʒ; *AmE* -'vɜːrdʒ/ *Verb* **1** zusammenströmen ◇ *Thousands of supporters converged on London.* Tausende von Anhängern strömten nach London. **2** *(Wege etc.)* zusammenlaufen **3** (MATH) konvergieren **4** *(fig)* sich (einander) annähern

con·ver·gence /kən'vɜːdʒəns; *AmE* -'vɜːrdʒəns/ *Nomen* **1** Zusammenströmen **2** Zusammenlaufen **3** (MATH) Konvergenz **4** *(fig)* Annäherung

con·ver·gent /kən'vɜːdʒənt; *AmE* -'vɜːrdʒənt/ *Adj* **1** zusammenströmend **2** zusammenlaufend **3** (MATH) konvergierend **4** *(fig)* sich (einander) annähernd

con·ver·sant /kən'vɜːsnt; *AmE* -'vɜːrsnt/ *Adj (gehoben)* **~ with sth** mit etw vertraut

con·ver·sa·tion 0‑ᵣ /ˌkɒnvə'seɪʃn; *AmE* ˌkɑːnvər'-/ *Nomen* Gespräch, Unterhaltung, Konversation ◇ *get into (a) conversation with sb* mit jdm ins Gespräch kommen ◇ *the main topic of conversation* das Hauptgesprächsthema ◇ *The conversation turned to work.* Wir kamen auf die Arbeit zu sprechen.

con·ver·sa·tion·al /ˌkɒnvə'seɪʃənl; *AmE* ˌkɑːnvər'-/ *Adj* [nur vor Nomen] Unterhaltungs-, Konversations- ◇ *conversational Spanish* gesprochenes Spanisch ◇ *a casual and conversational tone* ein lockerer Plauderton

con·ver·sa·tion·al·ist /ˌkɒnvə'seɪʃənəlɪst; *AmE* ˌkɑːnvər'-/ *Nomen* gute(r) Unterhalter(in) ◇ *He was a notable conversationalist.* Er war ein Konversationsgenie.

con·ver·sa·tion·al·ly /ˌkɒnvə'seɪʃənli; *AmE* ˌkɑːnvər'-/ *Adv* im (lockeren) Plauderton

con·verse[1] /kən'vɜːs; *AmE* -'vɜːrs/ *Verb (gehoben)* **~ (on sth)** sich (über etw) unterhalten

con·verse[2] /'kɒnvɜːs; *AmE* 'kɑːnvɜːrs/ *Nomen, Adj*
▸ ***Nomen*** **the converse** [Sing] *(gehoben)* das Gegenteil
▸ ***Adj*** *(Adv* **converse·ly***)* *(gehoben)* umgekehrt

con·ver·sion /kən'vɜːʃn; *AmE* -'vɜːrʒn, -'vɜːrʃn/ *Nomen* **1** Umwandlung, Konvertierung **2** *(von Gebäuden etc.)* Umbau, Ausbau ◇ *a loft conversion* ein ausgebauter Dachboden **3** Umrechnung ◇ *a metric conversion* *table* eine Umrechnungstabelle für metrische Einheiten **4** Umstellung ◇ *Conversion to gas central heating will save you a lot of money.* Durch die Umstellung auf Gaszentralheizung werden Sie viel Geld sparen. **5** (REL) Bekehrung (*auch fig*), Konversion **6** (*beim Rugby*) = Verwandlung von Extrapunkten nach einem Touchdown

con'version van *Nomen (AmE)* = Kleinbus, Van oder Transporter mit einer wohnmobilähnlichen Ausstattung

con·vert *Verb, Nomen*
▸ ***Verb*** /kən'vɜːt; *AmE* -'vɜːrt/ **1** umwandeln, verwandeln, konvertieren **2** sich verwandeln lassen, sich umbauen lassen **3** (*Gebäude etc.*) umbauen, ausbauen **4** umrechnen ◇ *I've converted my dollars into euros.* Ich habe meine Dollars in Euro umgetauscht. **5** umstellen **6** (REL) konvertieren, bekehrt werden (*auch fig*) **7 ~ sb** (REL) jdn bekehren (*auch fig*) **8 ~ a try** (*beim Rugby*) = einen Versuch verwandeln **IDM** → PREACH
▸ ***Nomen*** /'kɒnvɜːt; *AmE* 'kɑːnvɜːrt/ Konvertit(in), Bekehrte(r) (*auch fig*) ◇ *win/gain converts to the cause* Anhänger für die Sache gewinnen

con·vert·er (*auch* **con·ver·tor**) /kən'vɜːtə(r); *AmE* -'vɜːrtər/ *Nomen* **1** Wandler → *Siehe auch* CATALYTIC CONVERTER **2** (*Fachspr*) Konverter **3** (ELEK) Stromgleichrichter, Umformer

con·vert·ibil·ity /kənˌvɜːtə'bɪləti; *AmE* -ˌvɜːrt-/ *Nomen* Konvertierbarkeit, Konvertibilität, Umwandelbarkeit

con·vert·ible /kən'vɜːtəbl; *AmE* -'vɜːrt-/ *Adj, Nomen*
▸ ***Adj*** verwandelbar, konvertierbar ◇ *The bonds are convertible into ordinary shares.* Die Anleihen lassen sich in Stammaktien umwandeln.
▸ ***Nomen*** Kabrio(lett)

con·vex /'kɒnveks; *AmE* 'kɑːn-/ *Adj* konvex, Konvex-

con·vex·ity /kɒn'veksəti; *AmE* kɑːn'-/ *Nomen* Konvexität

con·vey /kən'veɪ/ *Verb* **1 ~ sth (to sb)** (jdm) etw vermitteln, (jdm) etw klarmachen; (*Glückwünsche etc.*) (jdm) etw übermitteln **2** (*gehoben*) transportieren; (*Wasser etc.*) leiten

con·vey·ance /kən'veɪəns/ *Nomen* **1** (*gehoben*) Transport, Beförderung **2** (*gehoben*) Transportmittel ◇ *horse-drawn conveyances* Pferdefuhrwerke **3** (RECHT) Übertragungsurkunde

con·vey·an·cer /kən'veɪənsə(r)/ *Nomen* = auf Eigentumsübertragung spezialisierte(r) Notar(in) oder Anwalt/Anwältin

con·vey·an·cing /kən'veɪənsɪŋ/ *Nomen* [U] (RECHT) Eigentumsübertragung

con·vey·or /kən'veɪə(r)/ *Nomen* **1** (*auch* **con'veyor belt**) Fließband, Förderband **2** (*auch* **con·vey·er**) (*gehoben*) Überbringer(in), Übermittler(in); (*von Krankheiten etc.*) Überträger(in)

con·vict *Verb, Nomen*
▸ ***Verb*** /kən'vɪkt/ (*oft passiv*) **~ sb (of sth)** jdn (wegen einer Sache) für schuldig befinden, jdn (wegen einer Sache) verurteilen
▸ ***Nomen*** /'kɒnvɪkt; *AmE* 'kɑːn-/ (*umgs* **con**) Sträfling, Strafgefangene(r)

con·vic·tion /kən'vɪkʃn/ *Nomen* **1 ~ (for sth)** Verurteilung (wegen einer Sache) ◇ *a previous conviction* eine Vorstrafe **2** Überzeugung ◇ *His speech didn't carry much conviction.* Seine Rede war nicht sehr überzeugend. ◇ *moral convictions* moralische Gesinnungen **IDM** → COURAGE

con·vince /kən'vɪns/ *Verb* **~ sb/yourself (of sth)** jdn/sich (von etw) überzeugen

con·vinced /kən'vɪnst/ *Adj* [nicht vor Nomen] überzeugt

con·vin·cing /kən'vɪnsɪŋ/ *Adj* (*Adv* **con·vin·cing·ly**) überzeugend

con·viv·ial /kən'vɪviəl/ *Adj* (*meist gehoben*) heiter, fröhlich

con·vo·ca·tion /ˌkɒnvə'keɪʃn; *AmE* ˌkɑːn-/ *Nomen* (*gehoben*) **1** Versammlung **2** (*AmE*) Diplomfeier, Promotionsfeier

con·vo·luted /'kɒnvəluːtɪd; *AmE* 'kɑːn-/ *Adj* (*gehoben*) **1** (*fig*) verwickelt, kompliziert **2** gewunden

con·vo·lu·tion /ˌkɒnvə'luːʃn; *AmE* ˌkɑːn-/ *Nomen* [meist Pl] (*gehoben*) **1** (*fig*) Verschlungenheit, Kompliziertheit **2** Windung

con·voy /'kɒnvɔɪ; *AmE* 'kɑːn-/ *Nomen* Konvoi ◇ *an aid convoy* ein Hilfskonvoi **IDM** **in 'convoy** im Konvoi

con·vulse /kən'vʌls/ *Verb* **1 ~ (with sth)** sich (vor etw) krümmen, sich (vor etw) zusammenziehen **2 ~ sb/sth** jdn/etw erzittern lassen ◇ *A violent shiver convulsed him.* Ein krampfhaftes Zittern durchfuhr ihn. ◇ *She was convulsed with anger.* Sie bebte vor Wut. ◇ *We were convulsed with laughter.* Wir krümmten uns vor Lachen.

con·vul·sion /kən'vʌlʃn/ *Nomen* [meist Pl] **1** (MED) (Schüttel)krampf **2** (*fig*) Erschütterung

con·vul·sive /kən'vʌlsɪv/ *Adj* (*Adv* **con·vul·sive·ly**) konvulsiv(isch), krampfartig

coo /kuː/ *Verb, Nomen, Ausruf*
▸ ***Verb*** (**coo·ing, cooed, cooed**) gurren (*auch fig*) **IDM** → BILL
▸ ***Nomen*** Gurren
▸ ***Ausruf*** (*BrE, umgs*) ui, oh

cook /kʊk/ *Verb, Nomen*
▸ ***Verb*** **1** kochen, zubereiten ◇ *These potatoes aren't properly cooked.* Diese Kartoffeln sind nicht gar. ◇ *a cooked breakfast* ein Frühstück mit Eiern, Speck und Würstchen **2** kochen, braten, garen, backen **3 be cooking** (*umgs*) im Busch sein **IDM** **cook the 'books** (*umgs*) die Bücher frisieren; die Abrechnungen fälschen **cook sb's 'goose** (*umgs*) jdm die Suppe versalzen **be cooking with 'gas** (*AmE, umgs*) zur Höchstform auflaufen **PHRV** **ˌcook sth 'up** sich etw ausdenken, etw erfinden
▸ ***Nomen*** Koch, Köchin **IDM** **too many cooks spoil the 'broth** zu viele Köche verderben den Brei

cook·book /'kʊkbʊk/ (*BrE auch* **'cookery book**) *Nomen* Kochbuch

cook·er /'kʊkə(r)/ *Nomen (BrE)* Herd ◇ *an electric cooker* ein Elektroherd → *Siehe auch* PRESSURE COOKER

cook·ery /'kʊkəri/ *Nomen* Kochen ◇ *a cookery course* ein Kochkurs ◇ *Italian cookery* die italienische Küche

cook·house /'kʊkhaʊs/ *Nomen* Feldküche

cookie /'kʊki/ *Nomen* (*Pl* **-ies**) (*bes AmE*) **1** Keks, Plätzchen **2** (*umgs*) Typ ◇ *She's a tough cookie.* Sie ist eine harte Nuss. ◇ *He's a smart cookie.* Er ist ein schlauer Bursche. **3** (COMP) Cookie **IDM** **that's the way the cookie 'crumbles** (*umgs*) da kann man nichts machen; so ist es eben

cook·ing /'kʊkɪŋ/ *Nomen, Adj*
▸ ***Nomen*** **1** Kochen ◇ *My husband does all the cooking.* Mein Mann kocht immer. ◇ *a book on Indian cooking* ein Buch über die indische Küche **2** Essen ◇ *traditional home cooking* traditionelle Hausmannskost
▸ ***Adj*** [nur vor Nomen] Koch- ◇ *cooking sherry* Sherry zum Kochen

'cooking apple *Nomen (BrE)* Kochapfel

'cooking gas *Nomen (AmE)* Butangas

cook·out /'kʊkaʊt/ *Nomen (AmE, umgs)* Grillparty

cook·ware /ˈkʊkweə(r); *AmE* -kwer/ *Nomen* [U] Kochgeschirr

cool /kuːl/ *Adj, Verb, Nomen*
▸ ***Adj*** **1** (*Adv* **cool·ly**) kühl (*auch fig*) ◇ *Let's sit in the shade and keep cool.* Setzen wir uns in den Schatten, da ist es kühl. ◇ *a cool breeze* eine frische Brise **2** (*Adv* **cool·ly**) gelassen, besonnen, cool ◇ *She tried to remain cool, calm and collected.* Sie versuchte, einen kühlen Kopf zu behalten. **3** (*umgs*) cool **4** (*umgs*) unverfroren, frech ◇ *She picked up the phone, cool as you please.* Sie nahm seelenruhig den Hörer ab. **5** (*zur Verstärkung einer Geldsumme*) ◇ *The car cost a cool thirty thousand.* Der Wagen hat die Kleinigkeit von dreißigtausend gekostet. **6** okay ◇ *'Can you come tomorrow?' 'That's cool.'* „Kannst du morgen kommen?" „Okay." ◇ (*bes AmE, umgs*) *I was surprised by her promotion, but I'm cool with it.* Ihre Beförderung hat mich überrascht, aber für mich ist das kein Problem. IDM **(as) ˌcool as a ˈcucumber** seelenruhig **play it ˈcool** (*umgs*) sich cool geben
▸ ***Verb*** **1** (ab)kühlen **2** (*Gefühle etc.*) sich abkühlen ◇ *Wait until tempers have cooled.* Warte, bis sich alle wieder beruhigt haben. IDM **ˈcool it** (*umgs*) reg dich ab! **ˌcool your ˈheels** (*umgs*) warten PHR V **ˌcool ˈdown/ˈoff** **1** sich abkühlen **2** sich abregen, sich beruhigen **ˌcool sb ˈdown/ˈoff** **1** jdn abkühlen **2** jdn beruhigen **ˌcool sth ˈdown/ˈoff** etw abkühlen **ˌcool ˈout** (*umgs*) sich entspannen, runterkommen ◇ *We've got to cool out and slow down.* Wir müssen runterkommen und langsamer machen. ◇ *She was cooling out in her hotel after her concert.* Sie entspannte sich in ihrem Hotel nach ihrem Konzert.
▸ ***Nomen*** **the cool** [Sing] die Kühle IDM **keep your cool** (*umgs*) die Fassung bewahren **lose your cool** (*umgs*) ausrasten

cool·ant /ˈkuːlənt/ *Nomen* Kühlmittel

ˈcool bag *Nomen* (*BrE*) Kühltasche

ˌcool ˈbeans *Ausruf* (*AmE, umgs*) cool, geil

ˈcool box *Nomen* (*BrE*) Kühlbox

cool·er /ˈkuːlə(r)/ *Nomen* **1** Kühlapparat, Kühler **2** (*bes AmE*) Kühlbox **3** (*AmE*) = eisgekühlter Fruchtsaft mit Soda und Wein

ˌcool-ˈheaded *Adj* kühl, besonnen, nüchtern

coolie /ˈkuːli/ *Nomen* (*veraltet, beleidigend*) Kuli

ˌcooling-ˈoff period *Nomen* **1** = (gesetzlich festgelegte) Frist für Schlichtungsverhandlungen **2** Rücktrittsfrist

ˈcooling tower *Nomen* Kühlturm

cool·ly *Adv* → COOL

cool·ness /ˈkuːlnəs/ *Nomen* **1** Kühle **2** Gelassenheit, Besonnenheit

coon /kuːn/ *Nomen* (*Slang, beleidigend*) Nigger

coop /kuːp/ *Nomen, Verb*
▸ ***Nomen*** Käfig, Hühnerstall IDM → FLY
▸ ***Verb*** PHR V **ˌcoop sb/sth ˈup (in sth)** jdn/etw (in etw) einsperren

ˈco-op *Nomen* (*umgs*) Genossenschaft, Kooperativ(e), Konsum

coop·er /ˈkuːpə(r)/ *Nomen* Böttcher

co·oper·ate (*BrE auch* **co-operate**) /kəʊˈɒpəreɪt; *AmE* koʊˈɑːp-/ *Verb* **1** ~ **(with sb) (in/on sth)** (mit jdm) (bei/an etw) zusammenarbeiten **2** kooperieren, mitmachen

co·oper·ation (*BrE auch* **co-operation**) /kəʊˌɒpəˈreɪʃn; *AmE* koʊˌɑːp-/ *Nomen* **1** Zusammenarbeit, Kooperation **2** Mitwirkung, Hilfsbereitschaft

co·opera·tive (*BrE auch* **co-operative**) /kəʊˈɒpərətɪv; *AmE* koʊˈɑːp-/ *Adj, Nomen*
▸ ***Adj*** **1** (WIRTSCH) Genossenschafts-, genossenschaftlich **2** kooperativ, hilfsbereit **3** (*Adv* **co·operative·ly**) (*Vorgehen, Bemühungen*) gemeinsam
▸ ***Nomen*** Genossenschaft, Kooperativ(e), Konsum ◇ *a workers' cooperative* eine Produktionsgenossenschaft

ˌco-ˈopt *Verb* ~ **sb onto/into sth** **1** jdn in etw (hinzu) wählen **2** jdn in etw hineinziehen

co·ord·in·ate *Verb, Nomen*
▸ ***Verb*** (*BrE auch* **co-ordinate**) /kəʊˈɔːdɪneɪt; *AmE* koʊˈɔːrd-/ **1** koordinieren **2** ~ **(with sth)** (*Farben, Kleidung etc.*) (mit etw) zusammenpassen **3** ~ **sth** (*Farben, Kleidung etc.*) aufeinander abstimmen; ~ **sth with sth** etw mit etw abstimmen
▸ ***Nomen*** (*BrE auch* **co-ordinate**) /kəʊˈɔːdɪnət; *AmE* koʊˈɔːrd-/ **1** Koordinate **2 coordinates** [Pl] Kombimode

coˌordinate ˈclause *Nomen* (LING) nebengeordneter Satz

co·ord·in·ation (*BrE auch* **co-ordination**) /kəʊˌɔːdɪˈneɪʃn; *AmE* koʊˌɔːrd-/ *Nomen* Koordinierung, Koordination ◇ *colour coordination* farbliche Abstimmung

co·ord·in·ator /kəʊˈɔːdɪneɪtə(r); *AmE* koʊˈɔːrd-/ (*BrE auch* **co-ordinator**) *Nomen* Koordinator(in)

coot /kuːt/ *Nomen* **1** Wasserhuhn **2 old coot** (*AmE, umgs*) dummes Huhn

cop /kɒp; *AmE* kɑːp/ *Nomen, Verb*
▸ ***Nomen*** (*umgs*) (*Polizist*) Polyp, Bulle ◇ *play cops and robbers* Räuber und Gendarm spielen ◇ *a TV cop show* eine Detektivserie IDM **not much ˈcop** (*BrE, Slang*) nichts Besonderes
▸ ***Verb*** (**-pp-**) **1** (*BrE*) abkriegen **2** (*BrE*) ◇ *Cop a load of this!* Sieh dir das mal an! IDM **cop a ˈplea** (*AmE, umgs*) ein Geständnis für ein weniger schweres Verbrechen ablegen in der Hoffnung, eine mildere Strafe zu bekommen. **ˈcop it** (*BrE, Slang*) **1** dran sein **2** dran glauben müssen PHR V **ˌcop ˈoff with sb** (*BrE, Slang*) jdn aufreißen **ˌcop ˈout (of sth)** (*Slang*) (aus etw) aussteigen, sich (vor etw) drücken

cope /kəʊp; *AmE* koʊp/ *Verb, Nomen*
▸ ***Verb*** **1** zurechtkommen **2** ~ **with sth** mit etw fertig werden
▸ ***Nomen*** Pluviale

copier /ˈkɒpiə(r); *AmE* ˈkɑːp-/ (*bes AmE*) = PHOTOCOPIER

ˈco-pilot *Nomen* Kopilot(in)

co·pi·ous /ˈkəʊpiəs; *AmE* ˈkoʊ-/ *Adj* reichlich, zahlreich, umfassend

co·pi·ous·ly /ˈkəʊpiəsli; *AmE* ˈkoʊ-/ *Adv* reichlich ◇ *The wound was bleeding copiously.* Die Wunde blutete stark. ◇ *She was weeping copiously.* Sie vergoss Ströme von Tränen.

ˈcop-out *Nomen* (*umgs, abwert*) Vorwand, Ausflucht

cop·per /ˈkɒpə(r); *AmE* ˈkɑːpər/ *Nomen* **1** Kupfer ◇ *copper-coloured hair* kupferfarbenes Haar **2 coppers** [Pl] (*BrE*) Kupfermünze, Kleingeld ◇ *I only paid a few coppers for it.* Ich habe nur ein paar Pfennige dafür bezahlt. **3** (*BrE, umgs*) (*Polizist*) Bulle, Polyp

ˌcopper ˈbeech *Nomen* Blutbuche

cop·per·plate /ˈkɒpəpleɪt; *AmE* ˈkɑːpərpleɪt/ *Nomen* Schönschrift

cop·pery /ˈkɒpəri; *AmE* ˈkɑːp-/ *Adj* kupfern, kupferfarben

cop·pice /ˈkɒpɪs; *AmE* ˈkɑːpɪs/ *Verb* (*Bäume*) beschneiden

copra /ˈkɒprə; *AmE* ˈkɑːprə/ *Nomen* Kopra

copse /kɒps; *AmE* kɑːps/ *Nomen* Wäldchen, Gehölz

cop·ter /ˈkɒptə(r); *AmE* ˈkɑːp-/ (*umgs*) = HELICOPTER

copu·late /ˈkɒpjuleɪt; *AmE* ˈkɑːp-/ *Verb* (*gehoben*) koitieren; (ZOOL) kopulieren, (sich) paaren

copu·la·tion /ˌkɒpjuˈleɪʃn; *AmE* ˌkɑːp-/ *Nomen* Koitus; (ZOOL) Kopulation, Begattung

copy /ˈkɒpi; *AmE* ˈkɑːpi/ *Nomen, Verb*
▸ ***Nomen*** (*Pl* **-ies**) **1** Kopie **2** Exemplar; (*Zeitung, Zeitschrift*) Ausgabe → *Siehe auch* BACK COPY **3** [U] Stoff, Material, Manuskript → *Siehe auch* HARD COPY
▸ ***Verb*** (**cop·ies, copy·ing, cop·ied, cop·ied**) **1 ~ (from/off sb)** (von jdm) abschreiben **2 ~ sth (down/out)** (sich) etw abschreiben, sich etw herausschreiben **3 ~ sth into/onto sth** etw in etw schreiben **4** (foto)kopieren **5** nachahmen, nachmachen, kopieren

copy·book /ˈkɒpibʊk; *AmE* ˈkɑːp-/ *Nomen* Schönschreibheft IDM → BLOT

copy·cat /ˈkɒpikæt; *AmE* ˈkɑːp-/ *Nomen, Adj*
▸ ***Nomen*** (*umgs*) ◇ *He's a right copycat!* Er macht mir immer alles nach!
▸ ***Adj*** [nur vor Nomen] Nachahmungs- ◇ *a copycat crime* eine Nachahmungstat

ˈcopy-edit *Verb* redigieren

ˈcopy editor *Nomen* Redakteur(in), Manuskriptbearbeiter(in)

copy·ist /ˈkɒpiɪst; *AmE* ˈkɑːp-/ *Nomen* Kopist(in)

copy·right /ˈkɒpiraɪt; *AmE* ˈkɑːp-/ *Nomen, Adj, Verb*
▸ ***Nomen*** **~ (in/on sth)** Copyright (für etw), Urheberrecht(e) (an etw)
▸ ***Adj*** (*Abk* **C**) urheberrechtlich geschützt
▸ ***Verb*** urheberrechtlich schützen (lassen)

copy·writer /ˈkɒpiraɪtə(r); *AmE* ˈkɑːp-/ *Nomen* Werbetexter(in)

co·quet·tish /kɒˈketɪʃ; *AmE* koʊˈ-/ *Adj* (*Adv* **co·quet·tish·ly**) kokett

cor /kɔː(r)/ (*auch* **cor bli·mey**) *Ausruf* (*BrE, umgs*) Mensch!

coral /ˈkɒrəl; *AmE* ˈkɔːrəl/ *Nomen, Adj*
▸ ***Nomen*** **1** [U] Koralle **2** Koralle(ntier)
▸ ***Adj*** korallenrot

cor ang·lais /ˌkɔːr ˈɒŋgleɪ; *AmE* ɔːŋˈgleɪ/ (*Pl* **cors ang·lais** /ˌkɔːr ˈɒŋgleɪ; *AmE* ɔːŋˈgleɪ/) *Nomen* (*bes BrE*) Englischhorn

cord /kɔːd; *AmE* kɔːrd/ *Nomen* **1** Schnur, Kordel, Strick → *Siehe auch* VOCAL CORDS **2** (*bes AmE*) Kabel **3** = CORDUROY **4 cords** (*veraltet* **cor·du·roys**) [Pl] Kordhose

cord·ed /ˈkɔːdɪd; *AmE* ˈkɔːrdɪd/ *Adj* **1** gerippt **2** (*Muskel*) angespannt **3** mit Schnur

cor·dial /ˈkɔːdiəl; *AmE* ˈkɔːrdʒəl/ *Adj, Nomen*
▸ ***Adj*** (*gehoben*) freundschaftlich, herzlich, freundlich
▸ ***Nomen*** **1** (Frucht)saft **2** (*AmE*) Likör

cor·di·al·ly /ˈkɔːdiəli; *AmE* ˈkɔːrdʒəli/ *Adv* (*gehoben*) **1** herzlich **2** (*hassen*) zutiefst

cord·ite /ˈkɔːdaɪt; *AmE* ˈkɔːrdaɪt/ *Nomen* Kordit

cord·less /ˈkɔːdləs; *AmE* ˈkɔːrd-/ *Adj* kabellos; (*Telefon*) schnurlos ◇ *a cordless drill* eine Akkubohrmaschine ◇ *a cordless mouse* eine Funkmaus

cor·don /ˈkɔːdn; *AmE* ˈkɔːrdn/ *Nomen, Verb*
▸ ***Nomen*** Kordon
▸ ***Verb*** PHR V **ˌcordon sth ˈoff** etw abriegeln, etw absperren

cor·don bleu /ˌkɔːdɒ̃ ˈblɜː; *AmE* ˌkɔːrdɔ̃ː ˈ-/ *Adj* (*Koch*) Meister-; (*Küche*) fein

cor·du·roy /ˈkɔːdərɔɪ; *AmE* ˈkɔːrd-/ *Nomen* **1** (*auch* **cord**) Kord(samt) **2 cor·du·roys** (*veraltet*) = CORD

core /kɔː(r)/ *Nomen, Verb*
▸ ***Nomen*** **1** Kerngehäuse **2** Kern (*auch fig*) ◇ *Concern for the environment is at the core of our policies.* Der Umweltschutz ist das zentrale Anliegen unserer Politik. ◇ *core subjects* Pflichtfächer ◇ *the core curriculum* der Grundlehrplan ◇ *the core of the argument* der Kern des Arguments **3** (*Gruppe*) Kreis → *Siehe auch* HARD CORE IDM **to the ˈcore** durch und durch; zutiefst
▸ ***Verb*** entkernen

cori·an·der /ˌkɒriˈændə(r); *AmE* ˌkɔːr-/ *Nomen* Koriander

cork /kɔːk; *AmE* kɔːrk/ *Nomen, Verb*
▸ ***Nomen*** **1** Kork **2** Korken
▸ ***Verb*** **~ sth (up)** etw verkorken, etw zukorken PHR V **ˌcork sth ˈup** (*Gefühle etc.*) unterdrücken

corked /kɔːkt; *AmE* kɔːrkt/ *Adj* (*Wein*) korkig

cork·screw /ˈkɔːkskruː; *AmE* ˈkɔːrk-/ *Nomen* Korkenzieher

corm /kɔːm; *AmE* kɔːrm/ *Nomen* (BOT) Knolle

cor·mor·ant /ˈkɔːmərənt; *AmE* ˈkɔːrm-/ *Nomen* Kormoran

corn /kɔːn; *AmE* kɔːrn/ *Nomen* **1** (*BrE*) Korn, Getreide **2** (*AmE*) Mais → *Siehe auch* CORN ON THE COB **3** Hühnerauge

ˈcorn circle *Nomen* = kreisförmige Stelle in einem Feld, auf der das Getreide aus scheinbar unerklärlichen Gründen flach gedrückt ist; Kornkreis

corncob /ˈkɔːnkɒb; *AmE* ˈkɔːrnkɑːb/ (*bes BrE*) = COB

cor·nea /ˈkɔːniə; *AmE* ˈkɔːrn-/ *Nomen* (*am Auge*) Hornhaut

corned beef /ˌkɔːnd ˈbiːf; *AmE* ˌkɔːrnd/ *Nomen* Cornedbeef

cor·ner /ˈkɔːnə(r); *AmE* ˈkɔːrnər/ *Nomen, Verb*
▸ ***Nomen*** **1** Ecke; (*Mund-, Augen-*) Winkel ◇ *in the far corner of the room* in der hinteren Zimmerecke ◇ *on/at the corner* an der Ecke ◇ *As I turned the corner …* Als ich um die Ecke bog, … ◇ *I hit my knee on the corner of the table.* Ich habe mir das Knie an der Tischkante gestoßen. **2** (*Straßen-*) Kurve **3** (*Gegend*) Winkel ◇ *students from the four corners of the world* Studenten aus aller Welt **4** [meist Sing] (*schwierige Situation*) Enge ◇ *force sb into a corner* jdn in die Enge treiben ◇ *He was used to talking his way out of tight corners.* Er verstand es, sich immer aus allem herauszureden. **5** (*auch* **ˈcorner kick**) Eckball, Eckstoß IDM **(just) around/round the ˈcorner** (gleich) um die Ecke ◇ (*fig*) *There were good times around the corner.* Bessere Zeiten standen vor der Tür. **cut ˈcorners (on sth)** (*abwert*) es (mit etw) nicht so genau nehmen **cut the ˈcorner** (*bes BrE* **cut off the ˈcorner**) den Weg abschneiden **see sth out of the corner of your ˈeye** etw aus den Augenwinkeln sehen **turn the ˈcorner** über den Berg sein
▸ ***Verb*** **1** in die Enge treiben **2** (*zum Stehenbleiben zwingen*) stellen **3 ~ the market** den Markt monopolisieren **4** (*BrE*) die Kurve(n) nehmen ◇ *The car corners well.* Das Auto hat eine gute Kurvenlage.

-cornered /ˈkɔːnəd; *AmE* ˈkɔːrnərd/ (*in Zusammensetzungen*) -eckig ◇ *a three-cornered hat* ein Dreispitz

ˈcorner shop *Nomen* (*BrE*) Tante-Emma-Laden

cor·ner·stone /ˈkɔːnəstəʊn; *AmE* ˈkɔːrnərstoʊn/ *Nomen* Eckstein, Grundstein (*auch fig*)

cor·net /ˈkɔːnɪt; *AmE* ˈkɔːrnɪt/ *Nomen* **1** (MUS) Kornett **2** (*BrE, veraltet*) (Eis)tüte

ˈcorn exchange *Nomen* (*BrE*) Getreidebörse

corn·flakes /ˈkɔːnfleɪks; *AmE* ˈkɔːrn-/ *Nomen* [Pl] Cornflakes

corn·flour /ˈkɔːnflaʊə(r); *AmE* ˈkɔːrn-/ *Nomen* (*BrE*) Stärkemehl

corn·flower /ˈkɔːnflaʊə(r); *AmE* ˈkɔːrn-/ *Nomen* Kornblume

cor·nice /ˈkɔːnɪs; *AmE* ˈkɔːrnɪs/ *Nomen* Gesims, Fries

Corn·ish /ˈkɔːnɪʃ; *AmE* ˈkɔːrnɪʃ/ *Adj* aus Cornwall

ˌCornish ˈpasty *Nomen* = mit Fleisch und Gemüse gefülltes Gebäck

corn·meal /ˈkɔːnmiːl; *AmE* ˈkɔːrn-/ *Nomen* Maismehl

ˌcorn on the ˈcob *Nomen* [U] (*gekochter*) Maiskolben

ˈcorn pone (*auch* **pone**) *Nomen* [U] (*AmE*) Maisfladen, Maisbrot

corn·rows /ˈkɔːnrəuz; *AmE* ˈkɔːrnrouz/ *Nomen* [Pl] = eingeflochtene Zöpfchen, die direkt am Kopf liegen
corn·starch /ˈkɔːnstɑːtʃ; *AmE* ˈkɔːrnstɑːrtʃ/ *Nomen* (*AmE*) Stärkemehl
ˌ**corn ˈsyrup** *Nomen* Maissirup
cor·nu·co·pia /ˌkɔːnjuˈkəupiə; *AmE* ˌkɔːrnjuˈkou-/ *Nomen* **1** Füllhorn (*auch fig*) **2** (*gehoben*) Fülle
corny /ˈkɔːni; *AmE* ˈkɔːrni/ *Adj* (**corn·ier, corn·iest**) (*umgs*) kitschig, abgedroschen, schmalzig
cor·ol·lary /kəˈrɒləri; *AmE* ˈkɔːrəleri/ *Nomen* (*Pl* **-ies**) ~ (**of/to sth**) (*gehoben oder Fachspr*) (Schluss)folgerung (aus etw), logische Folge (einer Sache)
cor·ona /kəˈrəunə; *AmE* kəˈrou-/ *Nomen* (*Pl* **cor·onas** /-nəz/ *oder* **co·ro·nae** /-niː/) (ASTRON) Hof, Korona
cor·on·ary /ˈkɒrənri; *AmE* ˈkɔːrəneri/ *Nomen, Adj*
▸ ***Nomen*** (*Pl* **-ies**) (*umgs*) (*auch* ˌ**coronary thromˈbosis** (*Pl* **throm·boses**)) Herzinfarkt, Koronarembolie
▸ ***Adj*** (MED) koronar, Koronar-, Herz- ◇ *coronary artery* Herzkranzgefäß ◇ *coronary heart disease* Erkrankung der Herzkranzgefäße
cor·on·ation /ˌkɒrəˈneɪʃn; *AmE* ˌkɔːr-/ *Nomen* Krönung
cor·on·er /ˈkɒrənə(r); *AmE* ˈkɔːr-/ *Nomen* = Beamte/Beamtin, der/die einen ungeklärten Todesfall untersucht
cor·onet /ˈkɒrənet; *AmE* ˌkɔːrəˈnet/ *Nomen* Krönchen, Krone
Corp. *Abk* = CORPORATION (1)
cor·poral /ˈkɔːpərəl; *AmE* ˈkɔːrp-/ *Nomen* (*Abk* **Cpl**) (*AmE*) (*Abk* **Cpl.**) ≈ Hauptgefreiter
ˌ**corporal ˈpunishment** *Nomen* [U] körperliche Züchtigung
cor·por·ate /ˈkɔːpərət; *AmE* ˈkɔːrp-/ *Adj* [nur vor Nomen] **1** Unternehmens-, Firmen- ◇ *corporate hospitality* die Unterhaltung und Bewirtung von Kunden **2** (*Fachspr*) körperschaftlich ◇ *a corporate body* eine Körperschaft **3** gemeinsam, kollektiv
cor·por·ation /ˌkɔːpəˈreɪʃn; *AmE* ˌkɔːrp-/ *Nomen* **1** (*Abk* **Corp.**) Konzern, (Handels)gesellschaft **2** (RECHT) Körperschaft **3** (*BrE*) (Stadt)verwaltung
ˌ**corpoˈration tax** *Nomen* [U] (*BrE*) Körperschaftssteuer
cor·por·at·ism /ˈkɔːpərətɪzəm; *AmE* ˈkɔːrp-/ *Nomen* Korporatismus
corps /kɔː(r)/ *Nomen* [mit Verb im Sing/Pl] (*Pl* **corps** /kɔːz; *AmE* kɔːrz/) Korps, Truppe
corpse /kɔːps; *AmE* kɔːrps/ *Nomen* Leiche, Leichnam
cor·pu·lent /ˈkɔːpjələnt; *AmE* ˈkɔːrp-/ *Adj* (*gehoben*) korpulent
cor·pus /ˈkɔːpəs; *AmE* ˈkɔːrpəs/ *Nomen* (*Pl* **cor·pora** /ˈkɔːpərə; *AmE* ˈkɔːrp-/ *oder* **cor·puses** /-pəsɪz/) (*Fachspr*) (Text)sammlung, Korpus → *Siehe auch* HABEAS CORPUS
cor·puscle /ˈkɔːpʌsl; *AmE* ˈkɔːrp-/ *Nomen* (ANAT) Blutkörperchen
cor·ral /kəˈrɑːl; *AmE* kəˈræl/ *Nomen, Verb*
▸ ***Nomen*** Korral, Pferch
▸ ***Verb*** (**-ll-**, *AmE auch* **-l-**) in einen Pferch treiben, einpferchen
cor·rect 0-w /kəˈrekt/ *Adj, Verb*
▸ ***Adj*** **1** richtig ◇ *Do you have the correct time?* Haben Sie die genaue Uhrzeit? ◇ *Am I correct in saying that …?* Gehe ich recht in der Annahme, dass …? **2** korrekt → *Siehe auch* POLITICALLY CORRECT
▸ ***Verb*** korrigieren; (*Meldung etc.*) berichtigen ◇ *Correct me if I'm wrong, but …?* Ich kann mich natürlich irren, aber …? ◇ *Yes, you're right—I stand corrected.* Ja, Sie haben recht—ich habe mich geirrt.
cor·rec·tion /kəˈrekʃn/ *Nomen, Ausruf*
▸ ***Nomen*** **1** Korrektur; (*einer Meldung etc.*) Richtigstellung **2** Berichtigung **3** (*veraltet*) Bestrafung
▸ ***Ausruf*** (*umgs*) ◇ *I don't know. Correction—I do know, but I'm not telling.* Ich weiß es nicht. Stimmt nicht—ich weiß es schon, aber ich sag es nicht.
cor·rec·tion·al /kəˈrekʃənl/ *Adj* [nur vor Nomen] (*bes AmE*) Straf- ◇ *a correctional center* eine Strafanstalt
corˈrection fluid *Nomen* Korrekturflüssigkeit
cor·rect·ive /kəˈrektɪv/ *Adj, Nomen*
▸ ***Adj*** korrigierend ◇ *take corrective action* korrigierend eingreifen
▸ ***Nomen*** (*gehoben*) Berichtigung, Richtigstellung
cor·rect·ly 0-w /kəˈrektli/ *Adv* **1** richtig(erweise) **2** korrekt
cor·rect·ness /kəˈrektnəs/ *Nomen* **1** Richtigkeit **2** Korrektheit → *Siehe auch* POLITICAL CORRECTNESS
cor·rel·ate /ˈkɒrəleɪt; *AmE* ˈkɔːr-/ *Verb, Nomen*
▸ ***Verb*** **1** (miteinander) in Beziehung stehen, korrelieren ◇ *The figures do not seem to correlate.* Es scheint keine Korrelation zwischen den Zahlen zu bestehen. ◇ *Smoking correlates with a greater risk of heart disease.* Rauchen vermehrt das Risiko, herzkrank zu werden. **2** (miteinander) in Beziehung setzen, korrelieren
▸ ***Nomen*** Korrelat
cor·rel·ation /ˌkɒrəˈleɪʃn; *AmE* ˌkɔːr-/ *Nomen* Zusammenhang, Wechselbeziehung; (MATH) Korrelation
cor·rela·tive /kəˈrelətɪv/ *Nomen* (*gehoben*) Korrelat
cor·res·pond /ˌkɒrəˈspɒnd; *AmE* ˌkɔːrəˈspɑːnd/ *Verb* **1** ~ (**to/with sth**) (mit etw) übereinstimmen **2** sich entsprechen; ~ **to sth** einer Sache entsprechen **3** (*gehoben*) ~ (**with sb**) (mit jdm) korrespondieren
cor·res·pond·ence /ˌkɒrəˈspɒndəns; *AmE* ˌkɔːrəˈspɑːn-/ *Nomen* **1** Korrespondenz, Briefwechsel ◇ *We welcome correspondence from readers.* Wir begrüßen Leserbriefe. **2** Übereinstimmung, Ähnlichkeit
correˈspondence course *Nomen* Fernkurs
cor·res·pond·ent /ˌkɒrəˈspɒndənt; *AmE* ˌkɔːrəˈspɑːn-/ *Nomen* **1** Korrespondent(in), Berichterstatter(in) ◇ *sports correspondents* Sportjournalisten **2** Briefschreiber(in) ◇ *be a poor correspondent* schreibfaul sein
cor·res·pond·ing /ˌkɒrəˈspɒndɪŋ; *AmE* ˌkɔːrəˈspɑːn-/ *Adj* entsprechend
cor·res·pond·ing·ly /ˌkɒrəˈspɒndɪŋli; *AmE* ˌkɔːrəˈspɑːn-/ *Adv* (dem)entsprechend
cor·ri·dor /ˈkɒrɪdɔː(r); *AmE* ˈkɔːr-/ *Nomen* Gang, Korridor IDM **the corridors of ˈpower** die Schaltstellen der Macht
cor·rie /ˈkɒri; *AmE* ˈkɔːri/ *Nomen* (GEOL) Kar
cor·rob·or·ate /kəˈrɒbəreɪt; *AmE* kəˈrɑːb-/ *Verb* (*oft passiv*) bestätigen, bekräftigen, erhärten
cor·rob·or·ation /kəˌrɒbəˈreɪʃn; *AmE* kəˌrɑːb-/ *Nomen* Bestätigung, Bekräftigung, Erhärtung
cor·rob·ora·tive /kəˈrɒbərətɪv; *AmE* kəˈrɑːbəreɪtɪv/ *Adj* (*gehoben*) erhärtend, bekräftigend ◇ *Is there any corroborative evidence for this theory?* Gibt es für diese Theorie irgendwelche Beweise?
cor·rode /kəˈrəud; *AmE* kəˈroud/ *Verb* **1** (*Metall*) zerfressen **2** korrodieren **3** (*Vertrauen etc.*) zerstören
cor·ro·sion /kəˈrəuʒn; *AmE* kəˈrou-/ *Nomen* Korrosion, Rost(fraß)
cor·ro·sive /kəˈrəusɪv; *AmE* kəˈrou-/ *Adj* **1** ätzend, zerfressend, korrosiv **2** (*gehoben*) (*fig*) zerstörerisch
cor·ru·gated /ˈkɒrəgeɪtɪd; *AmE* ˈkɔːr-/ *Adj* gewellt ◇ *corrugated iron/cardboard* Wellblech/-pappe
cor·rupt /kəˈrʌpt/ *Adj, Verb*
▸ ***Adj*** **1** korrupt, bestechlich **2** (moralisch) verkommen; (*Mittel, Methoden, Praktiken*) unlauter **3** beschä-

digt; (*Text etc.*) korrumpiert
▸ ***Verb*** **1** verderben, korrumpieren **2** (*oft passiv*) (COMP) beschädigen

cor·rupt·ible /kəˈrʌptəbl/ *Adj* korrumpierbar, bestechlich

cor·rup·tion /kəˈrʌpʃn/ *Nomen* **1** Korruption **2** Korrumpierung, moralischer Verfall **3** [meist Sing] (*eines Wortes etc.*) Entstellung, Verballhornung

cor·rupt·ly /kəˈrʌptli/ *Adv* korrupt, in korrupter Weise

cor·sage /kɔːˈsɑːʒ; *AmE* kɔːrˈ-/ *Nomen* Ansteckstrāuß-chen

cor·set /ˈkɔːsɪt; *AmE* ˈkɔːrsɪt/ *Nomen* Korsett; (MED) Stützkorsett

cor·tège (*bes AmE* **cor·tege**) /kɔːˈteʒ, -ˈteɪʒ; *AmE* kɔːrˈteʒ/ *Nomen* Trauerzug

cor·tex /ˈkɔːteks; *AmE* ˈkɔːrteks/ *Nomen* (*Pl* **cor·ti·ces** /-tɪsiːz/) (ANAT) Rinde, Kortex

cor·tic·al /ˈkɔːtɪkl; *AmE* ˈkɔːrt-/ *Adj* (ANAT) kortikal

cor·ti·sone /ˈkɔːtɪzəʊn; *AmE* ˈkɔːrtəzoʊn/ *Nomen* (MED) Kortison

cor·vette /kɔːˈvet; *AmE* kɔːrˈ-/ *Nomen* (*Schiff*) Korvette

cos[1] (*auch* **'cos**) /kəz; *BrE auch* kɒz/ *Konj* (*BrE, umgs*) weil

cos[2] *Abk* = COSINE

cosh /kɒʃ; *AmE* kɑːʃ/ *Nomen, Verb*
▸ ***Nomen*** (*bes BrE*) Totschläger
▸ ***Verb*** (*bes BrE*) niederknüppeln

co-ˈsignatory *Nomen* (*Pl* **-ies**) Mitunterzeichner(in)

cosi·ly (*AmE* **cozi·ly**) /ˈkəʊzɪli; *AmE* ˈkoʊ-/ *Adv* behaglich, gemütlich

co·sine /ˈkəʊsaɪn; *AmE* ˈkoʊ-/ *Nomen* (*Abk* **cos**) (MATH) Kosinus

cosi·ness (*AmE* **cozi·ness**) /ˈkəʊzinəs; *AmE* ˈkoʊ-/ *Nomen* Behaglichkeit, Gemütlichkeit

cos let·tuce /ˌkɒs ˈletɪs, ˌkɒz ˈ-; *AmE* ˌkɑːs/ *Nomen* (*BrE*) römischer Salat, Romana-Salat

cos·met·ic /kɒzˈmetɪk; *AmE* kɑːzˈ-/ *Nomen, Adj*
▸ ***Nomen*** [meist Pl] Kosmetikum ◇ *the cosmetics industry* die Kosmetikindustrie
▸ ***Adj*** (*Adv* **cos·met·ical·ly** /-kli/) kosmetisch (*auch fig*) ◇ *cosmetic surgery* Schönheitschirurgie

cos·mic /ˈkɒzmɪk; *AmE* ˈkɑːz-/ *Adj* **1** kosmisch **2** gigantisch

cosmic ˈrays *Nomen* [Pl] kosmische Strahlung

cosmo·logic·al /ˌkɒzməˈlɒdʒɪkl; *AmE* ˌkɑːzməˈlɑːdʒɪ-/ *Adj* kosmologisch

cos·mol·ogy /kɒzˈmɒlədʒi; *AmE* kɑːzˈmɑːlə-/ *Nomen* Kosmologie

cosmo·naut /ˈkɒzmənɔːt; *AmE* ˈkɑːz-/ *Nomen* Kosmonaut(in)

cosmo·pol·itan /ˌkɒzməˈpɒlɪtən; *AmE* ˌkɑːzməˈpɑːlɪ-/ *Adj, Nomen*
▸ ***Adj*** kosmopolitisch
▸ ***Nomen*** Kosmopolit(in)

cos·mos /ˈkɒzmɒs; *AmE* ˈkɑːzmoʊs, -məs/ **the cosmos** *Nomen* [Sing] der Kosmos

cos·set /ˈkɒsɪt; *AmE* ˈkɑːsɪt/ *Verb* (*oft abwert*) verhätscheln

cost 🔑 /kɒst; *AmE* kɔːst/ *Nomen, Verb*
▸ ***Nomen*** **1** Preis, Kosten (*auch fig*) ◇ *The cost of petrol has gone up.* Die Benzinpreise sind gestiegen. ◇ *at a cost of $80 000* zum Preis von 80 000$ ◇ *the environmental cost of nuclear power* die Umweltbelastung durch Atomenergie ◇ *whatever the cost* koste es, was es wolle **2 costs** [Pl] die Kosten ◇ *cut costs* die Kosten reduzieren **3 costs** [Pl] (*bes BrE*) (RECHT) Gerichtskosten **IDM** **at ˈall cost/costs** um jeden Preis **at ˈany cost** um jeden Preis **at ˈcost** zum Selbstkostenpreis **know/find/learn sth to your ˈcost** etw aus bitterer Erfahrung wissen/lernen **learn/discover/find sth to your ˈcost** etw zu seinem Schaden herausfinden
▸ ***Verb*** **1** (**cost, cost**) kosten (*auch fig*) ◇ *The hospital will cost an estimated £2 million to build.* Der Bau des Krankenhauses wird schätzungsweise zwei Millionen Pfund kosten. ◇ *That one mistake almost cost him his life.* Dieser eine Fehler kostete ihn beinahe das Leben. ◇ *It costs too much.* Es ist zu teuer. **2** (**cost·ed, cost·ed**) (*meist passiv*) **~ sth (out)** die Kosten für etw veranschlagen, die Kosten für etw kalkulieren ◇ *They have costed the project at $8.1 million.* Sie haben das Projekt mit $8,1 Millionen veranschlagt. **IDM** **cost sb ˈdear** jdn teuer zu stehen kommen **it will ˈcost you** (*umgs*) das wird dich/Sie nicht billig kommen ➔ *Siehe auch* ARM

ˈcost accounting *Nomen* [U] Kostenrechnung

ˈco-star *Nomen, Verb*
▸ ***Nomen*** eine(r) der Hauptdarsteller(innen)
▸ ***Verb*** (**-rr-**) **1** eine der Hauptrollen spielen ◇ *a movie in which Johnny Depp co-stars with Winona Ryder* ein Film, in dem Johnny Depp und Winona Ryder die Hauptrollen spielen **2** ◇ *a film co-starring Johnny Depp and Winona Ryder* ein Film mit Johnny Depp und Winona Ryder in den Hauptrollen

ˌcost-ˈbenefit *Nomen* (WIRTSCH) Kosten-Nutzen-Verhältnis ◇ *cost-benefit analysis* Kosten-Nutzen-Analyse

ˈcost-cutting *Nomen* [U] Kostendämpfung ◇ *cost-cutting measures* Kosten sparende Maßnahmen

ˌcost-efˈfective *Adj* rentabel, (kosten)effizient, kostenwirksam

ˌcost-efˈfectiveness *Nomen* Rentabilität

cost·ing /ˈkɒstɪŋ; *AmE* ˈkɔːstɪŋ/ *Nomen* Kostenberechnung, Kalkulation

cost·ly /ˈkɒstli; *AmE* ˈkɔːst-/ *Adj* (**cost·lier, cost·li·est**) (**More costly** *und* **most costly** *sind auch möglich.*) **1** kostspielig, teuer **2** teuer erkauft; (*Fehler*) folgenschwer ◇ *Such floods can be costly in terms of loss of life.* Solche Überschwemmungen können viele Menschenleben kosten.

the ˌcost of ˈliving *Nomen* [Sing] die Lebenshaltungskosten

ˌcost ˈprice *Nomen* Selbstkostenpreis

cos·tume /ˈkɒstjuːm; *AmE* ˈkɑːstuːm/ *Nomen* **1** Tracht ◇ *national costume* Nationaltracht **2** (Bühnen)kostüm ◇ *He was in a rabbit costume.* Er war als Kaninchen verkleidet. **3** (*BrE*) = SWIMMING COSTUME

cos·tumed /ˈkɒstjuːmd; *AmE* ˈkɑːstuːmd/ *Adj* kostümiert

ˈcostume drama *Nomen* Kostümstück/-film

ˈcostume jewellery *Nomen* Modeschmuck

cosy (*AmE* **cozy**) /ˈkəʊzi; *AmE* ˈkoʊ-/ *Adj* (**cosi·er, cosi·est**) **1** gemütlich, behaglich ◇ *I felt warm and cosy sitting by the fire.* Am Feuer war es warm und ich fühlte mich wohl. **2** (*oft abwert*) (allzu) bequem ➔ *Siehe auch* COSILY

cot /kɒt; *AmE* kɑːt/ *Nomen* **1** Kinderbett **2** (*AmE*) Feldbett

ˈcot death *Nomen* (*BrE*) plötzlicher Kindstod

co·terie /ˈkəʊtəri; *AmE* ˈkoʊ-/ *Nomen* [mit Verb im Sing/Pl] (*oft abwert*) Clique; (*Freundes-, Künstler- etc.*) Kreis

cot·tage 🔑 /ˈkɒtɪdʒ; *AmE* ˈkɑːtɪdʒ/ *Nomen* Häuschen, Cottage ◇ (*BrE*) *a holiday cottage* ein Ferienhaus

ˌcottage ˈcheese *Nomen* [U] Hüttenkäse

ˌcot·tage ˈin·dus·try *Nomen* (*Pl* **-ies**) Heimindustrie

ˌcottage ˈpie *Nomen* = Auflauf aus Hackfleisch mit einer Schicht Kartoffelbrei darüber

cot·tager /ˈkɒtɪdʒə(r); *AmE* ˈkɑːt-/ *Nomen* (*BrE*) (GESCH) Häusler(in)

cot·ta·ging /ˈkɒtɪdʒɪŋ; *AmE* ˈkɑːt-/ *Nomen* (*von schwulen Männern*) = Kontaktaufnahme in öffentlichen Toiletten

cot·ton 0-ᴡ /ˈkɒtn; *AmE* ˈkɑːtn/ *Nomen, Verb*

▸ ***Nomen*** **1** Baumwolle, Baumwollstoff ◇ *a cotton shirt* ein Baumwollhemd **2** (*bes BrE*) (Baumwoll)garn ◇ *a cotton reel* eine Garnspule **3** (*AmE*) Watte ◇ *a cotton ball* ein Wattebausch

▸ ***Verb*** PHRV **ˌcotton ˈon (to sth)** (*umgs*) (etw) kapieren **ˈcotton (up) to sb/sth** (*AmE, umgs*) sich mit jdm/etw anfreunden

ˈcotton bud *Nomen* (*BrE*) Wattestäbchen

ˌcotton ˈcandy *Nomen* (*AmE*) Zuckerwatte

ˌcotton ˈwool *Nomen* (*BrE*) Watte

couch /kaʊtʃ/ *Nomen, Verb*

▸ ***Nomen*** **1** Couch, Sofa **2** (*beim Arzt*) Untersuchungsliege

▸ ***Verb*** (*meist passiv*) (*gehoben*) formulieren ◇ *be couched in over-technical language* sehr technisch formuliert sein

couch·ette /kuːˈʃet/ *Nomen* (*im Zug*) Liegewagenplatz

ˈcouch potato *Nomen* (*Pl* **-oes**) (*umgs, abwert*) = jd, der immer nur vor dem Fernseher sitzt

cou·gar /ˈkuːɡə(r)/ *Nomen* (*bes AmE*) Puma

cough 0-ᴡ /kɒf; *AmE* kɔːf/ *Verb, Nomen*

▸ ***Verb*** **1** husten ◇ *cough discreetly* diskret hüsteln **2** ~ **sth** (**up**) etw (aus)husten **3** (*Motor*) stottern PHRV **ˌcough (sth) ˈup** (*fig, umgs*) etw herausrücken

▸ ***Nomen*** Husten ◇ *She gave a polite cough.* Sie hüstelte höflich.

cough·ing 0-ᴡ /ˈkɒfɪŋ; *AmE* ˈkɔːfɪŋ/ *Nomen* [U] Husten ◇ *a fit of coughing* ein Hustenanfall

ˈcough syrup (*auch* **ˈcough medicine** *BrE auch*; **ˈcough mixture**) *Nomen* [U] Hustensaft, Hustenmittel

could 0-ᴡ /kəd, *betont* kʊd/ *Modalvb* (*verneint* **could not**, *Kurzform* **couldn't** /ˈkʊdnt/) (*Vergangenheit von* **can** *und in der indirekten Rede*) ◇ *He said he could wait.* Er sagte, er könne warten. ➜ *Beispiele bei* CAN[1] IDM **could do with sth** (*umgs*) ◇ *I could do with a drink!* Ich könnte etwas trinken. ◇ *We could have done with your help this morning.* Wir hätten deine Hilfe heute Morgen gebraucht.

coun·cil 0-ᴡ /ˈkaʊnsl/ *Nomen* **1** (*Stadt-, Bezirks- etc.*) Rat ◇ *She's on the district council.* Sie ist im Bezirksrat. ◇ (*BrE*) *He's a council worker.* Er arbeitet bei der Stadt. ◇ *council services* kommunale Versorgungseinrichtungen **2** Ausschuss, Rat **3** [mit Verb im Sing/Pl] (*gehoben*) Ratsversammlung ◇ *hold council* Rat halten ➜ *Siehe auch* PRIVY COUNCIL

ˈcouncil chamber *Nomen* (*BrE*) Sitzungssaal (*des Rats, Stadtrats etc.*)

ˈcouncil estate *Nomen* (*BrE*) Siedlung des sozialen Wohnungsbaus

ˈcouncil house, **ˈcouncil flat** *Nomen* (*BrE*) Sozialwohnung

coun·cil·lor (*AmE* **coun·cil·or**) /ˈkaʊnsələ(r)/ *Nomen* (*Abk* **Cllr**) Ratsmitglied; (*Stadt-, Bezirks- etc.*) Rat, Rätin

coun·cil·man /ˈkaʊnslmən/ *Nomen* (*Pl* **-men** /-mən/) (*AmE*) Ratsmitglied; (*Stadt-, Gemeinde- etc.*) Rat

ˌcouncil of ˈwar *Nomen* (*Pl* **coun·cils of war**) (*BrE*) Kriegsrat (*auch fig*)

ˈcouncil tax *Nomen* [U] Gemeindesteuer

coun·cil·woman /ˈkaʊnslwʊmən/ *Nomen* (*Pl* **-women** /-wɪmɪn/) (*AmE*) Ratsmitglied; (*Stadt- etc.*) Rätin

coun·sel /ˈkaʊnsl/ *Nomen, Verb*

▸ ***Nomen*** **1** (*gehoben*) Rat(schlag) **2** (RECHT) Rechtsanwalt/-anwältin, Rechtsbeistand ◇ *defence counsel/counsel for the defence* Verteidiger(in) ➜ *Siehe auch* KC *und* QC IDM **keep your own ˈcounsel** (*gehoben*) seine Meinung für sich behalten

▸ ***Verb*** (**-ll-**, *AmE* **-l-**) beraten, raten ◇ *counsel caution* zur Vorsicht raten

coun·sel·ling (*AmE* **coun·sel·ing**) /ˈkaʊnsəlɪŋ/ *Nomen* [U] Beratung

coun·sel·lor (*AmE meist* **coun·sel·or**) /ˈkaʊnsələ(r)/ *Nomen* **1** Berater(in) ◇ *a marriage guidance counsellor* ein Eheberater **2** (*AmE, IrE*) Rechtsanwalt/-anwältin **3** (*AmE*) (*in einem Sommercamp*) Betreuer(in)

count 0-ᴡ /kaʊnt/ *Verb, Nomen*

▸ ***Verb*** **1** ~ (**from sth**) (**to/up to sth**) (von etw) (bis etw) zählen ◇ *There are 12 weeks to go, counting from today.* Es sind noch 12 Wochen, von heute an gerechnet. **2** ~ **sth up** etw (zusammen)zählen **3** mitzählen, mitrechnen **4** ~ (**for sth**) (*nicht in der Verlaufsform*) ins Gewicht fallen ◇ *It's the thought that counts.* Der gute Wille zählt. **5** ~ (**as sth**) (als etw) zählen, (als etw) gelten ◇ *That throw doesn't count.* Dieser Wurf gilt nicht. ◇ *You count as part of the family.* Du zählst zur Familie. ◇ *I count him among my closest friends.* Ich zähle ihn zu meinen engsten Freunden. ◇ *I count myself lucky to have known him.* Ich schätze mich glücklich, dass ich ihn gekannt habe. IDM **be able to count sth on (the fingers of) one hand** etw an einer Hand/fünf Fingern abzählen können **count your ˈblessings** sich glücklich schätzen können **count the cost (of sth)** den Preis (für etw) zahlen müssen **count ˈsheep** Schäfchen zählen **don't count your ˈchickens (before they are ˈhatched)** man soll den Tag nicht vor dem Abend loben **stand up and be ˈcounted** sich zu seinen Überzeugungen bekennen **who's counting?** (*umgs*) wen interessiert's? PHRV **ˌcount aˈgainst sb** gegen jdn sprechen **ˌcount ˈdown (to …)** die Tage (bis …) zählen **ˌcount sb ˈin** jdn mitzählen, jdn einplanen ◇ *Count me in!* Ich bin dabei! **ˈcount on sb/sth** sich auf jdn/etw verlassen, mit jdm/etw rechnen **ˌcount sb ˈout** ◇ *If you're going out tonight you'll have to count me out.* Wenn ihr heute Abend ausgehen wollt, da kann ich leider nicht. ◇ *If it's illegal then you can count me out!* Wenn das illegal ist, dann ohne mich! **ˌcount sth ˈout** etw abzählen **ˌcount toˈward(s) sth** auf etw angerechnet werden

▸ ***Nomen*** **1** Graf **2** Zählen, Zählung; (*von Wahlstimmen*) Auszählen, Auszählung ◇ *a low sperm count* eine niedrige Spermienzahl ◇ *She did a quick count of the chairs.* Sie zählte schnell die Stühle. ◇ *On the count of three, take one pace forward.* Bei „drei" treten Sie einen Schritt vor. ➜ *Siehe auch* BLOOD COUNT *und* POLLEN COUNT **3** [meist Sing] (*beim Boxen*) Auszählen ◇ *He went down for a count of eight.* Er wurde bis acht ausgezählt. **4** (RECHT) Anklagepunkt **5** [meist Pl] (*Diskussions- etc.*) Punkt ◇ *They appear to disagree on all counts.* Sie scheinen in keinem Punkt übereinzustimmen. IDM **at the last ˈcount** nach/bei der letzten Zählung ◇ *She'd applied for 30 jobs at the last count.* Als sie das letzte Mal gezählt hat, waren es 30 Stellen, um die sie sich beworben hatte. **be ˌout for the ˈcount** (*AmE* **be ˌdown for the ˈcount**) **1** (*beim Boxen*) ausgezählt werden **2** tief und fest schlafen **keep (a) count (of sth)** die Übersicht (bei etw) behalten; (bei etw) mitzählen **lose count (of sth)** **1** sich (bei etw) verzählen **2** die Übersicht (über etw) verlieren ◇ *She had lost count of the number of times she'd told him.* Sie wusste nicht mehr, wie oft sie ihm das schon gesagt hatte.

count·able /ˈkaʊntəbl/ *Adj* (LING) zählbar ◇ *countable nouns* zählbare Nomina

count·down /ˈkaʊntdaʊn/ *Nomen* [Sing] Countdown (*auch fig*)

coun·ten·ance /ˈkaʊntənəns/ *Nomen, Verb*

▸ ***Nomen*** (*gehoben*) **1** Gesichtsausdruck, Miene **2** Antlitz

▸ ***Verb*** unterstützen, gutheißen

coun·ter 0-ᴡ /ˈkaʊntə(r)/ *Nomen, Verb, Adv*

▸ ***Nomen*** **1** Ladentisch, Theke; (*Post- etc.*) Schalter **2** (*bes AmE*) Arbeitsfläche **3** Spielstein, Spielmarke → *Siehe auch* BARGAINING COUNTER **4** (*meist in Zusammensetzungen*) (*Gerät*) Zähler ◇ *a rev counter* ein Drehzahlmesser **5** [meist Sing] ~ (**to sb/sth**) (*gehoben*) Antwort (auf jdn/etw) (*auch fig*) **6** [meist Sing] ~ (**to sb/sth**) (*gehoben*) Gegengewicht (zu jdm/etw) IDM **over the 'counter** über den Ladentisch ◇ *These tablets are available over the counter.* Diese Tabletten sind rezeptfrei erhältlich. **under the 'counter** unter dem Ladentisch

▸ **Verb 1** ~ (**sb/sth**) (**with sth**) (jdm/etw) (mit etw) kontern ◇ *Such arguments are not easily countered.* Solche Argumente lassen sich nicht leicht widerlegen. **2** entgegenwirken

▸ **Adv** ~ **to sth** ◇ *The plans run counter to European policy.* Die Pläne stehen im Widerspruch zu der politischen Linie Europas.

counter- /ˈkaʊntə(r)/ (*in Zusammensetzungen*) Gegen-, gegen ◇ *a counter-argument* ein Gegenargument

coun·ter·act /ˌkaʊntərˈækt/ *Verb* entgegenwirken

ˈcounter-attack *Nomen, Verb*

▸ **Nomen** Gegenangriff

▸ **Verb 1** zurückschlagen, kontern **2** ~ **sb** gegen jdn einen Gegenangriff richten

coun·ter·bal·ance *Verb, Nomen*

▸ **Verb** /ˈkaʊntəbæləns; *AmE* -tərb-/ (*gehoben*) ausgleichen, ein Gegengewicht bilden zu

▸ **Nomen** /ˌkaʊntəˈbæləns; *AmE* -tərˈ-/ [meist Sing] Gegengewicht

coun·ter·claim /ˈkaʊntəkleɪm; *AmE* -tərkleɪm/ *Nomen* Gegenbehauptung

coun·ter·clock·wise /ˌkaʊntəˈklɒkwaɪz; *AmE* -tərˈklɑːkwaɪz/ *Adv, Adj* (*AmE*) gegen den Uhrzeigersinn

coun·ter·cul·ture /ˈkaʊntəkʌltʃə(r); *AmE* -tərk-/ *Nomen* Gegenbewegung

ˌcounter-ˈespionage *Nomen* [U] Spionageabwehr

coun·ter·feit /ˈkaʊntəfɪt; *AmE* -tərfɪt/ *Adj, Nomen, Verb*

▸ **Adj** gefälscht, falsch ◇ *counterfeit currency* Falschgeld

▸ **Nomen** Fälschung

▸ **Verb** fälschen

coun·ter·feit·er /ˈkaʊntəfɪtə(r); *AmE* -tərfɪ-/ *Nomen* Fälscher(in)

coun·ter·foil /ˈkaʊntəfɔɪl; *AmE* -tərfɔɪl/ *Nomen* (*BrE*) Kontrollabschnitt

ˌcounter-inˈsurgency *Nomen* [U] Gegenmaßnahmen gegen Aufständische

ˌcounter-inˈtelligence *Nomen* [U] Spionageabwehr

coun·ter·mand /ˌkaʊntəˈmɑːnd; *AmE* ˈkaʊntərmænd/ *Verb* (*gehoben*) widerrufen, rückgängig machen

coun·ter·meas·ure /ˈkaʊntəmeʒə(r); *AmE* -tərm-/ *Nomen* [meist Pl] Gegenmaßnahme

coun·ter·of·fen·sive /ˈkaʊntərəfensɪv/ *Nomen* Gegenoffensive

coun·ter·pane /ˈkaʊntəpeɪn; *AmE* -tərpeɪn/ *Nomen* (*BrE, veraltet*) Tagesdecke

coun·ter·part /ˈkaʊntəpɑːt; *AmE* -tərpɑːrt/ *Nomen* Gegenüber, Pendant, Gegenstück

coun·ter·point /ˈkaʊntəpɔɪnt; *AmE* -tərpɔɪnt/ *Nomen* **1** (MUS) [U] Kontrapunkt (*auch fig*) **2** Gegenstimme

coun·ter·pro·duct·ive /ˌkaʊntəprəˈdʌktɪv; *AmE* -tərp-/ *Adj* kontraproduktiv ◇ *Criticizing him too much could be counter-productive.* Ihn dauernd zu kritisieren könnte die gegenteilige Wirkung haben.

ˌcounter-ˌrevoˈlution *Nomen* Gegenrevolution

ˌcounter-ˌrevoˈlutionary *Nomen, Adj*

▸ **Nomen** (*Pl* **-ies**) Gegenrevolutionär(in)

▸ **Adj** gegenrevolutionär

coun·ter·sign /ˈkaʊntəsaɪn; *AmE* -tərsaɪn/ *Verb* gegenzeichnen

coun·ter·tenor /ˈkaʊntətenə(r), ˌkaʊntəˈtenə(r); *AmE* ˈkaʊntərtenər/ *Nomen* **1** Kontratenor **2** (*Partie*) Contratenor

coun·ter·ter·ror·ism /ˌkaʊntəˈterərɪzəm; *AmE* -tərˈ-/ *Nomen* Terrorismusbekämpfung

coun·ter·ter·ror·ist /ˌkaʊntəˈterərɪst; *AmE* -tərˈ-/ *Adj* Terrorismusbekämpfungs-

coun·ter·weight /ˈkaʊntəweɪt; *AmE* -tərweɪt/ *Nomen* [meist Sing] Gegengewicht

count·ess /ˈkaʊntəs, -tes/ *Nomen* Gräfin

count·less /ˈkaʊntləs/ *Adj* zahllos, unzählig

ˈcount noun *Nomen* (LING) zählbares Nomen

coun·try ⚷ /ˈkʌntri/ *Nomen* (*Pl* **-ies**) **1** Land ◇ *life in a foreign country* das Leben im Ausland **2** [U] Gegend, Land, Gelände ◇ *It is superb walking country.* Es ist eine herrliche Wandergegend. ◇ *open country* unbebautes Land **3 the country** [Sing] die Bevölkerung, das Land → *Siehe auch* MOTHER COUNTRY *und* OLD COUNTRY **4 the country** [Sing] das Land ◇ *live in the country* auf dem Land wohnen **5** = COUNTRY AND WESTERN IDM **across country** über Land ◇ *ride across country* über die Felder reiten → *Siehe auch* CROSS-COUNTRY **go to the ˈcountry** (*BrE*) Neuwahlen ausschreiben

ˌcountry and ˈwestern *Nomen* (*auch* **coun·try**, **country music**, **C & W**) Countrymusic

ˌcountry ˈbumpkin *Nomen* (*auch* **bump·kin**) (*abwert*) Bauer(ntölpel), Bauerntrampel

ˈcountry club *Nomen* = Klub am Stadtrand oder auf dem Land für sportliche Aktivitäten und gesellschaftliche Anlässe

ˌcountry ˈdance *Nomen* (*bes BrE*) Volkstanz

ˌcountry ˈhouse *Nomen* (*BrE*) Landhaus, Landsitz

coun·try·man /ˈkʌntrimən/ *Nomen* (*Pl* **-men** /-mən/) **1** Landsmann **2** Landbewohner, Bauer

ˌcountry ˈmile *Nomen* Riesendistanz ◇ *He won the race by a country mile.* Er gewann das Rennen mit großem Vorsprung. ◇ *We missed the target by more than the proverbial country mile.* Wir haben das Ziel um Längen verfehlt.

ˈcountry music = COUNTRY AND WESTERN

ˌcountry ˈseat *Nomen* Landsitz

coun·try·side ⚷ /ˈkʌntrisaɪd/ *Nomen* [U] Land(schaft), Natur ◇ *The surrounding countryside is idyllic.* Die Umgebung ist idyllisch

coun·try·wide /ˌkʌntriˈwaɪd/ *Adj, Adv* landesweit

coun·try·woman /ˈkʌntriwʊmən/ *Nomen* (*Pl* **-women** /-wɪmɪn/) **1** Landbewohnerin **2** (*selten*) Landsmännin

county ⚷ /ˈkaʊnti/ *Nomen, Adj*

▸ **Nomen** (*Pl* **-ies**) (*Abk* **Co.**) ≈ Verwaltungsbezirk, Regierungsbezirk, Landkreis; (*in GB*) Grafschaft → *Siehe auch* HOME COUNTIES

▸ **Adj** (*BrE, meist abwert*) = typisch für den englischen Landadel

ˌcounty ˈcouncil *Nomen* [mit Verb im Sing/Pl] ≈ Bezirksverwaltung, Bezirksregierung, Landkreistag

ˌcounty ˈcouncillor *Nomen* ≈ Kreistagsabgeordnete(r), Bezirksverordnete(r)

ˌcounty ˈcourt *Nomen* = Gericht in einer Kreisstadt, das in Großbritannien nur Zivilsachen behandelt, in den USA jedoch sowohl Zivil- als auch Strafgericht ist

ˌcounty ˈtown (*AmE* **ˌcounty ˈseat**) *Nomen* ≈ Bezirkshauptstadt, Kreisstadt

coup /kuː/ *Nomen* (*Pl* **coups** /kuːz/) **1** (*auch* **coup d'état** /ˌkuː deɪˈtɑː/ (*Pl* **coups d'état** /ˌkuː deɪˈtɑː/)) Putsch, Staatsstreich **2** Coup

coup de grâce /ˌku: də ˈgrɑ:s/ *Nomen* [Sing] (*gehoben*) Gnadenstoß (*auch fig*)

coupé /ˈku:peɪ; *AmE* ku:ˈpeɪ/ (*AmE auch* **coupe** /ku:p/) *Nomen* (*Auto*) Coupé

couple 0-ᵀ /ˈkʌpl/ *Nomen, Pron, Verb*

▸ ***Nomen*** **1** [mit Verb im Sing/Pl] ~ (**of sth**) zwei ◇ *I saw a couple of men get out.* Ich sah, wie zwei Männer ausstiegen. **2** [mit Verb im Sing/Pl] ~ (**of sth**) (ein) paar, einige ◇ *the last/past couple of years* die letzten paar Jahre **3** Paar ◇ *married couples* Ehepaare ◇ *a young couple* ein junges Pärchen IDM → SHAKE

▸ **a couple** ***Pron*** ein paar

▸ ***Verb*** **1** (*meist passiv*) koppeln, verbinden **2** (*gehoben*) sich paaren

coup·let /ˈkʌplət/ *Nomen* Verspaar ◇ *rhyming couplets* Reimpaare → *Siehe auch* HEROIC COUPLET

coup·ling /ˈkʌplɪŋ/ *Nomen* **1** [meist Sing] Verbindung, Zusammenstellung **2** (*gehoben*) Paarung **3** (TECH) Kopplung, Kupplung

cou·pon /ˈku:pɒn; *AmE* ˈku:pɑ:n, ˈkju:-/ *Nomen* **1** Gutschein, Marke **2** Coupon, Bestellschein ◇ *an international reply coupon* ein internationaler Antwortschein

cour·age 0-ᵀ /ˈkʌrɪdʒ; *AmE* ˈkɜ:rɪdʒ/ *Nomen* Mut, Tapferkeit, Unerschrockenheit ◇ *moral courage* Zivilcourage ◇ *physical courage* Tapferkeit IDM **have/lack the courage of your conˈvictions** Zivilcourage/keine Zivilcourage haben **take courage (from sth)** (aus etw) Mut schöpfen **take your ˌcourage in both ˈhands** all seinen Mut zusammennehmen → *Siehe auch* SCREW

cour·age·ous /kəˈreɪdʒəs/ *Adj* (*Adv* **cour·age·ous·ly**) mutig, tapfer

cour·gette /kʊəˈʒet, kɔ:ˈ-; *AmE* kʊrˈ-/ *Nomen* (*BrE*) Zucchini

cour·ier /ˈkʊriə(r)/ *Nomen* **1** Eilbote, Eilbotin, Kurier **2** (*BrE*) Reiseleiter(in)

course 0-ᵀ /kɔ:s; *AmE* kɔ:rs/ *Nomen, Verb*

▸ ***Nomen*** **1** (*Unterrichtsstunden*) Kurs(us), Lehrgang ◇ *take/do a course in art and design* einen Kursus in Kunst und Design absolvieren ◇ *go on a management training course* einen Schulungskurs für Betriebsleitung besuchen ◇ *a course of lectures* eine Vorlesungsreihe → *Siehe auch* CORRESPONDENCE COURSE, CRASH COURSE, FOUNDATION COURSE, REFRESHER COURSE *und* SANDWICH COURSE **2** (*bes BrE*) Studium, Studiengang ◇ *a degree course* ein Studium ◇ *a two-year postgraduate course* ein weiterführender zweijähriger Studiengang **3** (*Richtung*) Kurs (*auch fig*); (*eines Flusses*) Lauf ◇ *The plane was on/off course.* Das Flugzeug war auf Kurs/vom Kurs abgekommen. ◇ *They set a course for the islands.* Sie nahmen Kurs auf die Inseln. **4** (*auch* **ˌcourse of ˈaction** (*Pl* **courses of ac·tion**)) Vorgehensweise ◇ *There are various courses open to us.* Wir haben verschiedene Möglichkeiten. ◇ *What course of action would you recommend?* Wie würden Sie vorgehen? **5** [Sing] ~ **of sth** (*Entwicklung*) (Ver)lauf einer Sache ◇ *the course of history* der Lauf der Geschichte ◇ *the unexpected course of events* der unerwartete Gang der Ereignisse **6** (*eines Menüs*) Gang ◇ *the main course* das Hauptgericht **7** = GOLF COURSE **8** Rennstrecke, Kurs → *Siehe auch* ASSAULT COURSE *und* RACECOURSE **9** ~ (**of sth**) Behandlung (mit etw) ◇ *You must finish the course of antibiotics.* Sie dürfen die Antibiotikakur nicht vorzeitig abbrechen. **10** (*in einer Mauer*) Schicht IDM **in course of sth** (*gehoben*) ◇ *The new textbook is in course of preparation.* Das neue Lehrbuch ist gerade in Vorbereitung. **in/over the course of sth** im Laufe einer Sache; während einer Sache **in the course of ˈtime** im Laufe der Zeit **in the ordinary, normal, etc. course of events, things, etc.** normalerweise; unter normalen Umständen **let sth run/take its ˈcourse** einer Sache ihren Lauf/freien Lauf lassen **of course** (*umgs* **course**) natürlich; selbstverständlich ◇ *Ben, of course, was the last to arrive.* Ben kam natürlich als Letzter. **on ˈcourse** auf Kurs ◇ *They are still on course for victory.* Sie haben noch gute Aussichten auf einen Sieg. ◇ *The economy is on course for recession.* Die Wirtschaft steuert auf eine Rezession zu. **run/take its ˈcourse** seinen Lauf nehmen → *Siehe auch* COLLISION, DUE, HORSE, MATTER, MIDDLE, PAR, PERVERT *und* STAY

▸ ***Verb*** (*gehoben*) fließen, strömen

course·book /ˈkɔ:sbʊk; *AmE* ˈkɔ:rs-/ *Nomen* (*BrE*) Lehrbuch

course·work /ˈkɔ:swɜ:k; *AmE* ˈkɔ:rswɜ:rk/ *Nomen* [U] = eingereichte Arbeiten für einen Kursus

court 0-ᵀ /kɔ:t; *AmE* kɔ:rt/ *Nomen, Verb*

▸ ***Nomen*** **1** Gericht, Gerichtssaal ◇ *the European Court of Justice* der Europäische Gerichtshof ◇ *take sb to court* jdn verklagen ◇ *by order of the court* auf Beschluss des Richters ◇ *He won the court case.* Er gewann den Prozess. ◇ *The case was settled out of court.* Es kam zu einem außergerichtlichen Vergleich. → *Siehe auch* CONTEMPT **2** (*Tennis etc.*) Platz **3** Hof ◇ *at court* bei Hofe **4** = COURTYARD **5** (*Abk* **Ct.**) (*als Bestandteil von Namen von Wohnhäusern und Straßen verwendet*) **6** Halle, (überdachter) Innenhof IDM **hold ˈcourt** Hof halten **rule/throw sth out of ˈcourt** etw verwerfen ◇ *The suit was thrown out of court.* Die Klage wurde abgewiesen. → *Siehe auch* BALL, LAUGH *und* PAY

▸ ***Verb*** **1** umwerben **2** sich bemühen um **3** (*gehoben*) herausfordern ◇ *court danger* mit dem Feuer spielen ◇ *He often courted controversy.* Er hat oft Anlass zu Kontroversen gegeben. **4** ~ **sb** (*veraltet*) jdm den Hof machen **5 be courting** (*veraltet*) ein Liebespaar sein, miteinander gehen

ˈcourt card *Nomen* (*BrE*) (*Kartenspiel*) Figurenkarte

ˈcourt costs *Nomen* (*AmE*) (Gerichts)kosten

cour·te·ous /ˈkɜ:tiəs; *AmE* ˈkɜ:rt-/ *Adj* (*Adv* **cour·te·ous·ly**) höflich

cour·tesy /ˈkɜ:təsi; *AmE* ˈkɜ:rt-/ *Nomen, Adj*

▸ ***Nomen*** (*Pl* **-ies**) **1** [U] Höflichkeit ◇ *It's only common courtesy to tell them in advance.* Wir sollten so rücksichtsvoll sein, es ihnen im Voraus zu sagen. **2** [meist Pl] Höflichkeitsfloskel ◇ *exchange the usual courtesies* Höflichkeiten austauschen **3** (**by**) ~ **of sb/sth** mit freundlicher Genehmigung von jdm/etw **4** ~ **of sb/sth** von jdm/etw zur Verfügung gestellt ◇ *a weekend in Rome, courtesy of Fiat* ein Wochenende in Rom, auf Kosten von Fiat **5** ~ **of sth** (*gehoben*) mittels von etw, dank einer Sache IDM **do sb the ˈcourtesy of doing sth** jdm den Gefallen tun und etw tun **have the ˈcourtesy to do sth** die Höflichkeit haben, etw zu tun

▸ ***Adj*** [nur vor Nomen] (*Bus, Wagen etc.*) gebührenfrei ◇ *The garage provided me with a courtesy car.* Die Werkstatt stellte mir kostenlos einen Wagen zur Verfügung.

ˈcourtesy call (*auch* **ˈcourtesy visit**) *Nomen* Höflichkeitsbesuch

ˈcourtesy title *Nomen* Ehrentitel

court·house /ˈkɔ:thaʊs; *AmE* ˈkɔ:rt-/ *Nomen* **1** (*bes AmE*) Gericht(sgebäude) **2** Verwaltungsgebäude eines Verwaltungsbezirks in den USA (mit Bezirksgefängnis)

court·ier /ˈkɔ:tiə(r); *AmE* ˈkɔ:rt-/ *Nomen* Höfling

court·ly /ˈkɔ:tli; *AmE* ˈkɔ:rt-/ *Adj* **1** höfisch, bei Hofe **2** (*gehoben*) höflich **3** (LIT) ◇ *courtly love* Minne

ˌcourt ˈmartial *Nomen* (*Pl* **courts mar·tial**) Militärgericht, Kriegsgericht

ˌcourt-ˈmar·tial *Verb* (**-ll-**, *AmE* **-l-**) **~ sb (for sth)** *(meist passiv)* jdn (wegen einer Sache) vor ein Militärgericht stellen

ˌcourt of apˈpeal (*Pl* **courts of ap·peal**) (*AmE* **ˌcourt of apˈpeals** (*Pl* **courts of appeals**)) *Nomen* Berufungsgericht

ˌcourt of enˈquiry (*auch* **ˌcourt of inˈquiry**) *Nomen* (*Pl* **courts of enquiry/inquiry**) (*BrE*) Untersuchungskommission

ˌcourt of ˈlaw *Nomen* (*Pl* **courts of law**) (*gehoben*) Gericht

ˌcourt ˈorder *Nomen* gerichtliche Verfügung

court·room /ˈkɔːtruːm, -rʊm; *AmE* ˈkɔːrt-/ *Nomen* Gerichtssaal

court·ship /ˈkɔːtʃɪp; *AmE* ˈkɔːrtʃɪp/ *Nomen* **1** (*veraltet oder fig*) **~ (of sb/sth)** Werben (um jdn/etw) **2** (ZOOL) Paarungsverhalten, Balz

ˈcourt shoe *Nomen* Pump

court·yard /ˈkɔːtjɑːd; *AmE* ˈkɔːrtjɑːrd/ (*auch* **court**) *Nomen* Hof

cousin 0→ /ˈkʌzn/ *Nomen* **1** Cousin, Kusine ◇ *She's a distant cousin of mine.* Sie ist mit mir entfernt verwandt. → *Siehe auch* FIRST COUSIN *und* SECOND COUSIN **2** [meist Pl] (*fig*) Bruder

cove /kəʊv; *AmE* koʊv/ *Nomen* (kleine) Bucht

coven /ˈkʌvn/ *Nomen* **1** Hexenzirkel **2** Hexensabbat

cov·en·ant /ˈkʌvənənt/ *Nomen, Verb*

▸ ***Nomen*** **1** Vertrag, (vertragliche) Verpflichtung **2** (REL) Bund

▸ ***Verb*** **~ to do sth** sich (vertraglich) verpflichten etw zu tun ◇ *All profits are covenanted to a charity.* Der Gesamtgewinn wird laut vertraglicher Vereinbarung einer Wohlfahrtsorganisation gespendet.

Cov·en·try /ˈkɒvəntri; *AmE* ˈkɑːv-/ *Nomen* IDM **send sb to ˈCoventry** (*BrE*) jdn schneiden

cover 0→ /ˈkʌvə(r)/ *Verb, Nomen*

▸ ***Verb*** **1** bedecken, zudecken ◇ *She covered her face with her hands.* Sie hielt die Hände vors Gesicht. ◇ *a sofa covered in velvet* ein mit Samt bezogenes Sofa ◇ *Snow covered the ground.* Der Boden war schneebedeckt. ◇ *Flood water covered the fields.* Die Felder waren überflutet. ◇ *covered by forest* bewaldet ◇ *He was covered in/with mud.* Er war über und über mit Schlamm bespritzt. **2** erfassen; (*Thema*) behandeln ◇ *the salesman covering the north* der Vertreter, der für den Norden zuständig ist ◇ *Do the rules cover a case like this?* Gelten die Regeln in so einem Fall? **3** (FINANZ) decken ◇ *They will have to cover your tuition fees.* Sie müssen für die Unterrichtskosten aufkommen. **4** zurücklegen **5** sich erstrecken über **6** (*als Journalist*) berichten über **7 ~ for sb** für jdn einspringen **8 ~ for sb** jdn decken **9 ~ yourself (against sth)** sich (gegen etw) absichern **10 ~ sb/sth (against/for sth)** jdn/etw (gegen/für etw) versichern **11 ~ sb** jdm Deckung geben **12** (*Gelände, Straße*) sichern **13** im Schussfeld haben ◇ *I've got you covered.* Ich habe meine Waffe auf Sie gerichtet. **14** (*Song*) neu interpretieren IDM **cover your ˈtracks** alle Spuren verwischen → *Siehe auch* MULTITUDE PHR V **ˌcover sth ˈin** etw überdachen **ˌcover sth ˈover** etw abdecken, etw zudecken ◇ *The ruins are now covered over by buildings.* Die Ruinen sind jetzt unter Gebäuden begraben. **ˌcover (yourself) ˈup** sich anziehen, sich zudecken ◇ *Cover yourself up, it's cold.* Zieh dich warm an, es ist kalt. **ˌcover sth ˈup 1** etw zudecken, etw abdecken **2** (*abwert*) etw vertuschen

▸ ***Nomen*** **1** Decke, (Schutz)hülle, Bezug, Abdeckung → *Siehe auch* DUST COVER **2** (*von Büchern, Zeitschriften etc.*) Einband, Umschlag ◇ *the front cover* der vordere Buchdeckel ◇ *on the cover of the magazine* auf der Titelseite der Zeitschrift ◇ *from cover to cover* von vorn bis hinten **3** (*BrE*) [U] Versicherung(sschutz) ◇ *We have accident cover.* Wir haben eine Unfallversicherung. **4** Schutz, Deckung ◇ *take cover* Schutz suchen ◇ *After the explosion people were running for cover.* Nach der Explosion gingen alle schnell in Deckung. ◇ *Everyone ran for cover when it started to rain.* Als es zu regnen begann, rannten alle und stellten sich unter. **5** (MIL) Feuerschutz ◇ *air cover* Luftsicherung **6** [U] (*Pflanzen-, Wolken-, Schnee-*) Decke ◇ *The total forest cover of the earth is decreasing.* Es gibt immer weniger bewaldete Gebiete auf der Erde. ◇ *low cloud cover* tief hängende Wolken **7 the covers** [Pl] das Bettzeug, die Decke **8** = COVER VERSION **9** [meist Sing] Tarnung ◇ *blow sb's cover* jdn enttarnen **10** Vertretung ◇ *Ambulance drivers provided only emergency cover during the dispute.* Während des Streiks der Krankenwagenfahrer gab es nur einen Notdienst. IDM **break ˈcover** aus der Deckung herauskommen **under ˈcover 1** getarnt ◇ *police officers working under cover* verdeckte Ermittler **2** unter einer Überdachung/Abdeckung **under (the) cover of sth** im Schutz von etw **under separate ˈcover** mit getrennter Post → *Siehe auch* JUDGE

cov·er·age /ˈkʌvərɪdʒ/ *Nomen* [U] **1** Berichterstattung ◇ *live coverage of the match* die Liveübertragung des Spiels **2** (*eines Themas etc.*) Behandlung ◇ *magazines with extensive coverage of health topics* Zeitschriften, die sich intensiv mit Gesundheitsthemen befassen **3** Abdeckung ◇ *Immunization coverage has increased to 99%.* Es ist gelungen, 99% der Bevölkerung zu immunisieren. **4** (*AmE*) ◇ *insurance coverage* Versicherung(sschutz) ◇ *health coverage* (eine) Krankenversicherung

cov·er·alls /ˈkʌvərɔːlz/ *Nomen* [Pl] (*AmE*) Overall

ˈcover charge *Nomen* [meist Sing] (Preis für ein) Gedeck

covered 0→ /ˈkʌvəd; *AmE* -vərd/ *Adj* **1 ~ in/with sth** mit etw bedeckt ◇ *covered in bruises* voller blauer Flecke ◇ *covered in sweat* schweißüberströmt ◇ *covered with dust* verstaubt ◇ *land covered with water* unter Wasser stehendes Land ◇ *His hands were covered with mosquito bites.* Seine Hände waren übersät mit Mückenstichen. **2** überdacht

ˌcovered ˈwagon *Nomen* Planwagen

cov·er·ing 0→ /ˈkʌvərɪŋ/ *Nomen* **1** Decke ◇ *a thick covering of snow* eine dicke Schneedecke **2** ◇ *floor coverings* Bodenbeläge ◇ *wall coverings* Tapeten **3** Hülle

ˌcovering ˈletter (*AmE* **ˈcover letter**) *Nomen* Begleitbrief

cov·er·let /ˈkʌvələt; *AmE* -vərlət/ *Nomen* (*veraltet*) Tagesdecke

ˈcover story *Nomen* (*Pl* **-ies**) **1** Titelgeschichte **2** zur Tarnung erfundene Geschichte

cov·ert *Adj, Nomen*

▸ ***Adj*** /ˈkʌvət, ˈkəʊvɜːt; *AmE* ˈkoʊvɜːrt/ (*gehoben*) Geheim-, geheim, verdeckt

▸ ***Nomen*** /ˈkʌvət; *AmE* -vərt/ Dickicht

cov·ert·ly /ˈkʌvətli, ˈkəʊvɜːt-; *AmE* ˈkoʊvɜːrt-/ *Adv* (*gehoben*) heimlich, im Geheimen, verstohlen

ˈcover-up *Nomen* [meist Sing] Vertuschung

ˈcover version (*auch* **cover**) *Nomen* (*Song*) Cover-Version

covet /ˈkʌvət/ *Verb* (*gehoben*) begehren, sich wünschen

cov·et·ous /ˈkʌvətəs/ *Adj* (*gehoben*) begehrlich, habgierig

cow 0→ /kaʊ/ *Nomen, Verb*

▸ ***Nomen*** Kuh → *Siehe auch* CASH COW IDM **till the ˈcows come home** (*umgs*) für immer ◇ *You can talk till the cows come home—you'll never make me change my mind.* Da kannst du reden, bis du schwarz wirst—

ich lasse mich nicht umstimmen.
▸ ***Verb*** (*meist passiv*) einschüchtern
cow·ard /ˈkaʊəd; *AmE* -ərd/ *Nomen* Feigling
cow·ard·ice /ˈkaʊədɪs; *AmE* -ərdɪs/ *Nomen* Feigheit
cow·ard·ly /ˈkaʊədli; *AmE* -ərd-/ *Adj* feige
cow·boy /ˈkaʊbɔɪ/ *Nomen* **1** Cowboy **2** (*BrE, umgs, abwert*) = unreeller und inkompetenter Handwerker oder Betrieb ◇ *The builders turned out to be real cowboys.* Die Handwerker erwiesen sich als richtige Gauner. IDM **play ˌcowboys and ˈIndians** Indianer spielen
cowed /kaʊd/ *Adj* eingeschüchtert
cower /ˈkaʊə(r)/ *Verb* sich ducken, niederkauern
cow·girl /ˈkaʊɡɜːl; *AmE* -ɡɜːrl/ *Nomen* Cowgirl
cow·hand /ˈkaʊhænd/ *Nomen* Cowboy(gehilfe)
cowl /kaʊl/ *Nomen* **1** Kapuze (an einer Mönchskutte) **2** Schornsteinaufsatz
cowl·ing /ˈkaʊlɪŋ/ *Nomen* (AERO) (*Fachspr*) Motorhaube
ˈco-worker *Nomen* Kollege, Kollegin
cow·pat /ˈkaʊpæt/ *Nomen* (*BrE*) Kuhfladen
cow·shed /ˈkaʊʃed/ *Nomen* (*BrE*) Kuhstall
cow·slip /ˈkaʊslɪp/ *Nomen* Schlüsselblume; (*in den USA*) Sumpfdotterblume
cox /kɒks; *AmE* kɑːks/ *Verb* **1** steuern **2** Steuermann einer Mannschaft sein
cox·swain /ˈkɒksn; *AmE* ˈkɑːk-/ *Nomen* **1** (*auch* **cox**) (*im Rudersport*) Steuermann **2** (*eines Rettungsboots*) Bootsführer
coy /kɔɪ/ *Adj* (*Adv* **coyly**) **1** schüchtern, verschämt ◇ *Don't be so coy!* Zier dich nicht so! **2** zurückhaltend, verschwiegen ◇ *She was a little coy about how much her dress cost.* Sie wollte nicht sagen, wie teuer ihr Kleid war.
coy·ote /kaɪˈəʊti, kɔɪˈ-; *AmE* kaɪˈoʊti, ˈkaɪoʊt/ *Nomen* Kojote
cozy (*AmE*) = COSY
cp. *Kurzform von* **compare** vgl.
CPI /ˌsiː piː ˈaɪ/ *Abk* = CONSUMER PRICE INDEX
Cpl (*AmE* **Cpl.**) *Abk* = CORPORAL
CPU /ˌsiː piː ˈjuː/ *Abk* = CENTRAL PROCESSING UNIT
crab /kræb/ *Nomen* **1** Krabbe, Taschenkrebs **2** Krabbenfleisch **3 crabs** (*umgs*) Filzlausbefall
ˈcrab apple *Nomen* Holzapfel
crack 0▬ /kræk/ *Verb, Nomen, Adj*
▸ ***Verb*** **1** springen, einen Sprung/Sprünge bekommen ◇ *Her lips were cracked.* Ihre Lippen waren aufgesprungen. **2** zum Springen bringen; (*Knochen*) anbrechen **3** aufbrechen, aufschlagen ◇ *She cracked an egg into the pan.* Sie schlug ein Ei in die Pfanne. ◇ *crack a nut* eine Nuss knacken **4** schlagen ◇ *I cracked my head on the ceiling.* Ich bin mit dem Kopf gegen die Decke gestoßen. **5** knallen; (*Schuss*) krachen **6** (*Stimme*) versagen **7** (*unter Druck*) zusammenbrechen **8** (*Problem etc.*) lösen, knacken ◇ *After a week of practising I think I've got it cracked!* Nach einer Woche Üben hab ich's jetzt raus! **9** (*Verbrecherring etc.*) auffliegen lassen **10** (*umgs*) ◇ *crack open a bottle* eine Flasche köpfen **11** (*umgs*) ◇ *crack a joke* einen Witz reißen IDM **get ˈcracking** (*umgs*) sich daranmachen **not all, everything, etc. sb's/sth's cracked ˈup to be** (*umgs*) nicht so gut wie erwartet → *Siehe auch* SLEDGEHAMMER PHR V **ˌcrack ˈdown (on sb/sth)** hart (gegen jdn/etw) durchgreifen **ˌcrack ˈon** (*BrE, umgs*) **1** sich ranhalten **2** (*Zeit*) wie im Flug vergehen **ˌcrack ˈon with sth** (*BrE, umgs*) sich hinter etw klemmen **ˌcrack ˈup** (*umgs*) **1** zusammenbrechen, einen Nervenzusammenbruch bekommen **2** in Gelächter ausbrechen **ˌcrack sb ˈup** (*umgs*) jdn zum Lachen bringen
▸ ***Nomen*** **1** Sprung, Riss **2** Spalt, Schlitz **3** Knall, Krachen **4** Schlag ◇ *She got a nasty crack on the head.* Sie hat sich empfindlich den Kopf gestoßen. **5 have a ~ at (doing) sth** (*umgs*) etw versuchen, etw in Angriff nehmen **6** (*auch* **ˌcrack coˈcaine**) Crack **7** (*umgs*) (geschmackloser) Witz **8** (*auch* **craic**) [U/Sing] (*IrE, umgs*) Spaß ◇ *What's the crack?* Was ist los? IDM **at the crack of ˈdawn** (*umgs*) im Morgengrauen
▸ ***Adj*** [nur vor Nomen] erstklassig ◇ *crack troops* Elitetruppen ◇ *a crack shot* ein Meisterschütze
crack·down /ˈkrækdaʊn/ *Nomen* ~ **(on sb/sth)** scharfes Vorgehen (gegen jdn/etw)
cracked 0▬ /krækt/ *Adj* **1** gesprungen; (*Rippe*) angebrochen; (*Lippen*) aufgesprungen ◇ *This plate's cracked.* Dieser Teller hat einen Sprung. **2** (*Stimme*) brüchig **3** [nicht vor Nomen] (*umgs*) verrückt
crack·er /ˈkrækə(r)/ *Nomen* **1** Cracker **2** (*auch* **ˌChristmas ˈcracker**) (*vor allem in Großbritannien populär zu Weihnachten*) Knallbonbon **3** (*BrE, umgs*) Sensation ◇ *It was a cracker of a goal!* Das Tor war einfach Spitze! **4** (*BrE, umgs, veraltet*) Schönheit **5** (*AmE, Slang*) = weißes Gesindel (aus den Südstaaten Amerikas)
crack·ers /ˈkrækəz; *AmE* -kərz/ *Adj* [nicht vor Nomen] (*BrE, umgs*) verrückt
crack·ing /ˈkrækɪŋ/ *Nomen, Adj*
▸ ***Nomen*** [U] **1** Risse **2** (*von Donner etc.*) Krachen; (*von Ästen etc.*) Knacken
▸ ***Adj*** (*BrE, umgs*) toll ◇ *at a cracking pace* mit einer Mordsgeschwindigkeit
crackle /ˈkrækl/ *Verb, Nomen*
▸ ***Verb*** knistern, knacken
▸ ***Nomen*** Knistern, Knacken, Knattern
crack·ling /ˈkræklɪŋ/ *Nomen* **1** Knistern, Knacken **2** [U] (*AmE* **crack·lings** [Pl]) Kruste am Schweinebraten
crack·ly /ˈkrækli/ *Adj* ◇ *The line was crackly.* Es rauschte und knackte in der Leitung. ◇ *She heard a crackly voice.* Durch das Rauschen hörte sie eine undeutliche Stimme.
crack·pot /ˈkrækpɒt; *AmE* -pɑːt/ *Nomen, Adj*
▸ ***Nomen*** (*umgs*) Spinner(in)
▸ ***Adj*** (*umgs*) [nur vor Nomen] irrsinnig, verrückt
cra·dle /ˈkreɪdl/ *Nomen, Verb*
▸ ***Nomen*** **1** Wiege (*auch fig*) **2** (*BrE*) Hängegerüst **3** (*von Telefon*) Gabel IDM **from the ˌcradle to the ˈgrave** von der Wiege bis zur Bahre
▸ ***Verb*** festhalten, wiegen
craft 0▬ /krɑːft; *AmE* kræft/ *Nomen, Verb*
▸ ***Nomen*** **1** Kunsthandwerk, Kunstgewerbe → *Siehe auch* ARTS AND CRAFTS **2** [Sing] Handwerk ◇ *craft skills* handwerkliches Können **3** Können, Kunst ◇ *the writer's craft* die Kunst des Schriftstellers **4** (*gehoben, abwert*) List **5** (*Pl* **craft**) Boot **6** (*Pl* **craft**) Flugzeug, Raumfahrzeug
▸ ***Verb*** (*meist passiv*) herstellen ◇ *a carefully crafted speech* eine ausgefeilte Rede ◇ *beautifully crafted works of art* wunderbar gearbeitete Kunstwerke
craft·ily *Adv* → CRAFTY
ˈcraft knife *Nomen* (*BrE*) Federmesser
crafts·man /ˈkrɑːftsmən; *AmE* ˈkræfts-/ *Nomen* (*Pl* **-men** /-mən/) Handwerker(in), Kunsthandwerker(in)
crafts·man·ship /ˈkrɑːftsmənʃɪp; *AmE* ˈkræfts-/ *Nomen* **1** Handwerkskunst, handwerkliche Qualität ◇ *good craftsmanship* gute handwerkliche Arbeit **2** Können, Expertise, Kunstfertigkeit
crafts·person /ˈkrɑːftspɜːsn; *AmE* ˈkræftspɜːrsn/ *Nomen* (*Pl* **-people** /-piːpl/) Handwerker(in), Kunsthandwerker(in)
craftswoman /ˈkrɑːftswʊmən; *AmE* ˈkræfts-/ *Nomen* (*Pl* **craftswomen** /-wɪmɪn/) Kunsthandwerkerin

crafty /ˈkrɑːfti; *AmE* ˈkræf-/ *Adj* (**craft·ier, crafti·est**) (*Adv* **craft·ily** /-tɪli/) (*meist abwert*) listig, schlau, raffiniert

crag /kræg/ *Nomen* Fels

craggy /ˈkrægi/ *Adj* felsig, zerklüftet (*auch fig*)

craic = CRACK

cram /kræm/ *Verb* (**-mm-**) **1** (hinein)stopfen, vollstopfen **2** sich hineindrängen, sich hineinzwängen ◇ *We all managed to cram into his car.* Wir schafften es, uns alle in sein Auto zu zwängen. ◇ *Supporters crammed the streets.* Die Straßen waren gerammelt voll von Fans. **3** (*veraltend*) pauken

crammed /kræmd/ *Adj* **1** vollgestopft, vollgestellt **2** [nicht vor Nomen] zusammengepfercht

cramp /kræmp/ *Nomen, Verb*

▸ ***Nomen*** **1** Krampf **2** **cramps** [Pl] Magenkrämpfe

▸ ***Verb*** bremsen, lähmen IDM **cramp sb's 'style** (*umgs*) jdn hemmen

cramped /kræmpt/ *Adj* **1** beengt, eng **2** verkrampft

cram·pon /ˈkræmpɒn; *AmE* -pɑːn/ *Nomen* Steigeisen

cran·berry /ˈkrænbəri; *AmE* -beri/ *Nomen* (*Pl* **-ies**) Preiselbeere

crane /kreɪn/ *Nomen, Verb*

▸ ***Nomen*** **1** Kran **2** Kranich

▸ ***Verb*** (den Hals) recken

ˈcrane fly *Nomen* Schnake

crank /kræŋk/ *Nomen, Verb*

▸ ***Nomen*** **1** (*abwert*) Spinner(in) **2** (*AmE*) Griesgram **3** Kurbel

▸ ***Verb*** **~ sth (up)** etw ankurbeln ◇ (*fig*) *He has limited time to crank the reforms into action.* Er hat nur wenig Zeit, um die Reformen in Gang zu setzen. PHRV **crank sth 'out** (*AmE, umgs*) etw am laufenden Band produzieren **crank sth 'up** (*umgs*) **1** etw ankurbeln **2** etw lauter machen

crank·shaft /ˈkræŋkʃɑːft; *AmE* -ʃæft/ *Nomen* (TECH) Kurbelwelle

cranky /ˈkræŋki/ *Adj* **1** (*BrE, umgs*) schrullig, verrückt **2** (*bes AmE*) griesgrämig, quengelig

cranny /ˈkræni/ *Nomen* (*Pl* **-ies**) Ritze IDM → NOOK

crap /kræp/ *Nomen, Adj, Adv, Verb*

▸ ***Nomen*** (*vulg, Slang*) Scheiße ◇ *have a crap* scheißen ◇ *The programme was crap.* Die Sendung war Mist.

▸ ***Adj, Adv*** (*BrE, vulg, Slang*) beschissen

▸ ***Verb*** (**-pp-**) (*vulg, Slang*) scheißen

crappy /ˈkræpi/ *Adj* (*Slang*) beschissen

craps /kræps/ *Nomen* (*AmE*) (*Würfelspiel*) Craps ◇ *shoot craps* Craps spielen

crash 0‑ /kræʃ/ *Nomen, Verb*

▸ ***Nomen*** **1** Unfall ◇ *a plane crash* ein Flugzeugabsturz **2** [meist Sing] Krachen ◇ *a crash of thunder* ein Donnerschlag **3** (*fig*) Zusammenbruch ◇ *the 1987 stock market crash* der Börsenkrach 1987 ◇ *a systems crash* ein Systemabsturz

▸ ***Verb*** **1** einen Unfall haben; (*Flugzeug*) abstürzen ◇ *A truck crashed into the back of a bus.* Ein Lkw knallte in das Heck eines Busses. **2** **~ sth** einen Unfall mit etw haben ◇ *He crashed his plane.* Er ist mit seinem Flugzeug abgestürzt. ◇ *I crashed my car into a wall.* Ich bin mit meinem Auto gegen eine Mauer gefahren. **3** (*mit Adverbien, Präpositionen*) krachen ◇ *Thunder crashed overhead.* Donner krachte über uns. **4** (*Preise*) stürzen; (*Firma, Markt etc.*) zusammenbrechen **5** (COMP) abstürzen (lassen) **6** (*umgs*) uneingeladen erscheinen (bei) **7** (SPORT) (*bes BrE*) haushoch verlieren ◇ *The team crashed to their worst defeat this season.* Die Mannschaft musste ihre schlimmste Niederlage der Saison einstecken. **8** **~ (out)** (*umgs*) (ein)pennen ◇ *Can I crash on your floor for a couple of nights?* Kann ich ein paar Nächte bei dir auf dem Fußboden pennen? **9** (MED) einen Herzstillstand haben

ˈcrash barrier *Nomen* (*BrE*) Leitplanke

ˈcrash course *Nomen* Intensivkurs

ˈcrash diet *Nomen* Blitzdiät

ˈcrash helmet *Nomen* Sturzhelm

ˈcrash-land *Verb* bruchlanden

crass /kræs/ *Adj* **1** haarsträubend **2** vulgär

crate /kreɪt/ *Nomen, Verb*

▸ ***Nomen*** **1** Kiste **2** (*für Getränke*) Kasten

▸ ***Verb*** **~ sth (up)** etw in eine Kiste packen

crater /ˈkreɪtə(r)/ *Nomen* Krater

cra·vat /krəˈvæt/ *Nomen* Halstuch

crave /kreɪv/ *Verb* **1** (*gehoben*) **~ (for) sth** sich nach etw sehnen **2** (*BrE, veraltet*) bitten um

cra·ven /ˈkreɪvn/ *Adj* (*Adv* **craven·ly**) (*gehoben, abwert*) feige

crav·ing /ˈkreɪvɪŋ/ *Nomen* Verlangen

craw /krɔː/ *Nomen* Kropf IDM → STICK

craw·fish /ˈkrɔːfɪʃ/ *Nomen* (*bes AmE*) (*Pl* **craw·fish**) **1** Flusskrebs **2** Languste

crawl /krɔːl/ *Verb, Nomen*

▸ ***Verb*** **1** krabbeln, kriechen ◇ *The traffic was crawling along.* Der Verkehr bewegte sich im Schneckentempo. ◇ *The weeks crawled by.* Die Wochen zogen sich dahin. **2** **~ (to sb)** (*umgs, abwert*) (vor jdm) kriechen IDM → SKIN *und* WOODWORK PHRV **be 'crawling with sth** (*umgs*) von etw wimmeln ◇ *Her hair was crawling with lice.* Ihr Haar war voller Läuse.

▸ ***Nomen*** **1** Schneckentempo → *Siehe auch* PUB CRAWL **2** (*meist* **the crawl**) Kraulen

crawl·er /ˈkrɔːlə(r)/ *Nomen* (*BrE, umgs, abwert*) Kriecher(in)

cray·fish /ˈkreɪfɪʃ/ *Nomen* (*Pl* **cray·fish**) (*bes BrE*) **1** Flusskrebs **2** Languste

crayon /ˈkreɪən/ *Nomen, Verb*

▸ ***Nomen*** Buntstift ◇ *wax crayons* Wachsmalstifte

▸ ***Verb*** mit Bunt-/Wachsmalstiften malen

craze /kreɪz/ *Nomen* Mode, Fimmel

crazed /kreɪzd/ *Adj* (*gehoben*) **~ (with sth)** wahnsinnig (vor etw)

crazy 0‑ /ˈkreɪzi/ *Adj, Nomen*

▸ ***Adj*** (**cra·zier, crazi·est**) (*Adv* **crazi·ly** /-zɪli/) (*umgs*) verrückt ◇ *That noise is driving me crazy.* Dieser Lärm macht mich wahnsinnig. ◇ *He went crazy and smashed the room up.* Er drehte durch und schlug alles im Zimmer kurz und klein. ◇ *I'm not crazy about Chinese food.* Ich bin nicht so wild auf chinesisches Essen. ◇ *The crowd went crazy when the band came on stage.* Die Menge wurde ganz wild, als die Band auf die Bühne kam. IDM **like 'crazy/'mad** (*umgs*) wie verrückt

▸ ***Nomen*** (*Pl* **-ies**) (*bes AmE, umgs*) Verrückte(r)

crazy 'paving *Nomen* (*BrE*) Mosaikpflaster

creak /kriːk/ *Verb, Nomen*

▸ ***Verb*** knarren, quietschen ◇ *The door creaked open.* Die Tür öffnete sich knarrend. IDM **,creak under the 'strain** überlastet sein

▸ ***Nomen*** (*auch* **creak·ing**) Knarren, Quietschen

creaky /ˈkriːki/ *Adj* knarrend, quietschend

cream 0‑ /kriːm/ *Nomen, Adj, Verb*

▸ ***Nomen*** **1** Sahne ◇ *whipped cream* Schlagsahne → *Siehe auch* ICE CREAM *und* SALAD CREAM **2** (*in Zusammensetzungen*) = Bonbon mit weicher Füllung ◇ *a peppermint cream* ein Pfefferminzbonbon **3** Creme → *Siehe auch* COLD CREAM **4** Creme(farbe) **5** **the ~** die Elite ◇ *the cream of New York society* die Creme der Gesellschaft in New York ◇ *the cream of the crop of this season's movies* die besten Filme dieser Saison IDM → CAT

▸ ***Adj*** cremefarben

▸ ***Verb*** **1** cremig rühren **2** (*AmE, umgs*) (*besiegen*) in die

Pfanne hauen PHRV ˌ**cream sb/sth ˈoff** jdn/etw wegschnappen

ˌ**cream ˈcheese** *Nomen* Frischkäse

ˌ**cream ˈcracker** *Nomen* (*BrE*) Cracker

cream·er /ˈkriːmə(r)/ *Nomen* Kaffeeweißer

cream·ery /ˈkriːməri/ *Nomen* (*Pl* **-ies**) Molkerei

ˌ**cream ˈsoda** *Nomen* (*bes AmE*) Sodawasser mit Vanillegeschmack

ˌ**cream ˈtea** *Nomen* (*BrE*) = Tee mit *scones*, Marmelade und Sahne

creamy /ˈkriːmi/ *Adj* (**cream·ier**, **creami·est**) **1** cremig, sahnig **2** cremefarben

crease /kriːs/ *Nomen, Verb*

▸ ***Nomen*** **1** Falte ◇ *crease-resistant material* knitterfreies Material **2** Bügelfalte **3** (*Kricket*) Linie

▸ ***Verb*** **1** knittern **2** ◇ *A frown creased her forehead.* Sie runzelte die Stirn. PHRV ˌ**crease ˈup** (*BrE, umgs*) sich kaputtlachen ˌ**crease sb ˈup** (*BrE, umgs*) jdn zum Lachen bringen

creased /kriːst/ *Adj* zerknittert

cre·ate 0→ /kriˈeɪt/ *Verb* **1** schaffen ◇ *Did God create the universe?* Hat Gott das Universum erschaffen? ◇ *This dish was created by our head chef.* Dieses Gericht wurde von unserem Chefkoch kreiert. ◇ *create confusion* Verwirrung stiften **2** (COMP) erstellen **3** ◇ *Eight new peers were created.* Acht Personen wurden in den Adelsstand erhoben. ◇ *He was created a baronet in 1715.* Er wurde 1715 zum Baronet erhoben.

cre·ation /kriˈeɪʃn/ *Nomen* **1** Schaffung → *Siehe auch* JOB CREATION **2** (COMP) Erstellung **3** (*oft hum*) Kreation, Werk **4** (*meist* **Creation**) [Sing] Schöpfung ◇ *all God's creation* alle Geschöpfe Gottes

cre·ative /kriˈeɪtɪv/ *Adj* [nur vor Nomen] (*Adv* **cre·ative·ly**) kreativ, schöpferisch ◇ *the creative and performing arts* die gestaltenden und darstellenden Künste

creˌative acˈcounting *Nomen* (*abwert*) kreative Buchführung

cre·ativ·ity /ˌkriːeɪˈtɪvəti/ *Nomen* Kreativität

cre·ator /kriˈeɪtə(r)/ *Nomen* Schöpfer(in)

crea·ture 0→ /ˈkriːtʃə(r)/ *Nomen* Geschöpf, Lebewesen ◇ *a creature of habit* ein Gewohnheitstier IDM **a/the creature of sb; sb's creature** (*gehoben, abwert*) jds Kreatur; jds Werkzeug

ˌ**creature ˈcomforts** *Nomen* [Pl] Komfort, leibliches Wohl

crèche (*auch* **creche**) /kreʃ/ *Nomen* **1** (*BrE*) (Kinder)krippe **2** (*AmE*) (Weihnachts)krippe

cred /kred/ (*umgs*) = STREET CRED

cre·dence /ˈkriːdns/ *Nomen* (*gehoben*) **1** Glaubwürdigkeit ◇ *This gives credence to his theory.* Das macht seine Theorie glaubwürdig. **2** Glaube ◇ *They could give no credence to the findings of the survey.* Sie konnten den Umfrageergebnissen keinen Glauben schenken.

cre·den·tials /krəˈdenʃlz/ *Nomen* [Pl] **1** Qualifikationen ◇ *She has all the credentials for the job.* Sie hat alle Voraussetzungen für den Job. ◇ *He will have to establish his leadership credentials.* Er wird seine Führungsqualitäten beweisen müssen. **2** Zeugnisse, Papiere, Referenzen

cred·ibil·ity /ˌkredəˈbɪləti/ *Nomen* Glaubwürdigkeit → *Siehe auch* STREET CRED

cred·ible /ˈkredəbl/ *Adj* (*Adv* **cred·ibly** /-bli/) **1** glaubhaft, glaubwürdig **2** überzeugend, ernst zu nehmend

credit 0→ /ˈkredɪt/ *Nomen, Verb*

▸ ***Nomen*** **1** [U] Kredit ◇ *give sb a further month's credit* jdm einen Monat Zahlungsaufschub geben ◇ *He's a bad credit risk.* Er ist nicht kreditwürdig. **2** Darlehen, Kredit ◇ *The bank refused further credit to the company.* Die Bank hat der Gesellschaft weitere Kredite verweigert. **3** [U] Kreditwürdigkeit **4 be in ~** (*Konto*) im Haben sein, nicht überzogen sein; (*Mensch*) Geld auf dem Konto haben **5** Einzahlung, Gutschrift ◇ *You'll be paid by direct credit into your bank account.* Sie werden durch Banküberweisung auf Ihr Konto bezahlt. → *Siehe auch* LETTER OF CREDIT **6** Rückerstattung ◇ *a tax credit* ein Steuerfreibetrag **7** Anerkennung, Verdienst ◇ *Credit will be given for good spelling.* Die Rechtschreibung wird in die Benotung einbezogen. ◇ *At least give him credit for trying.* Er hat es wenigstens versucht, das muss man ihm lassen. **8 be a ~ to sb/sth** jdm/einer Sache Ehre machen **9** (*im Film*) ◇ *the credits* der Vor-/Nachspann ◇ *She was given a programme credit for the costumes.* Sie wurde als Kostümbildnerin im Programm erwähnt. **10** Schein (*AmE*) ◇ *My math class is worth three credits.* Mein Mathekurs ist drei Scheine wert. IDM **do sb credit; do credit to sb/sth** jdm/einer Sache Ehre machen **have sth to your credit** etw vorzuweisen haben **on the ˈcredit side** auf der Plusseite **to sb's credit** zu jds Ehre

▸ ***Verb*** (*nicht in der Verlaufsform*) **1** gutschreiben **2** (*meist passiv*) **~ sb/sth with sth; ~ sth to sb/sth** jdm/einer Sache etw zuschreiben **3 ~ sb (as sth)** jdn (als etw) nennen **4 ~ sb with sth** jdm etw zugutehalten ◇ *I credited you with a little more sense.* Ich hatte dir ein bisschen mehr Verstand zugetraut. ◇ *Credit me with some intelligence.* So dumm bin ich nun doch nicht. **5** (*meist passiv*) **~ sb/sth as sth** jdn/etw für etw halten **6** (*BrE*) (*meist in Fragen oder verneinten Sätzen*) glauben ◇ *Would you credit it?* Ist das zu glauben?

cred·it·able /ˈkredɪtəbl/ *Adj* anerkennenswert, achtbar

ˈ**credit card** 0→ *Nomen* Kreditkarte

ˈ**credit crunch** Kreditklemme

ˈ**credit note** *Nomen* (*BrE*) Gutschein, Gutschrift

cred·it·or /ˈkredɪtə(r)/ *Nomen* Gläubiger(in)

ˈ**credit rating** *Nomen* Einschätzung der Kreditwürdigkeit, Bonitätsbeurteilung

ˈ**credit transfer** *Nomen* (*BrE*) Banküberweisung

ˈ**credit union** *Nomen* Kreditgenossenschaft

credit·worthi·ness /ˈkredɪtwɜːðinəs; *AmE* -wɜːrð-/ *Nomen* Kreditwürdigkeit, Bonität

credit·worthy /ˈkredɪtwɜːði; *AmE* -wɜːrði/ *Adj* kreditwürdig

cre·du·lity /krɪˈdjuːləti; *AmE* -ˈduː-/ *Nomen* (*gehoben*) Leichtgläubigkeit ◇ *The plot of the film strains credulity to the limit.* Die Handlung des Films ist äußerst unglaubhaft.

credu·lous /ˈkredjələs; *AmE* -dʒə-/ *Adj* (*gehoben*) leichtgläubig

creed /kriːd/ *Nomen* Glaubensbekenntnis, Kredo (*auch fig*) ◇ *people of all creeds* Menschen aller Konfessionen

creek /kriːk/ *Nomen* **1** (*BrE*) Meeresarm, schmale Bucht **2** (*AmE, AusE*) Bach IDM **up the ˈcreek (without a ˈpaddle)** (*umgs*) in der Klemme

creep /kriːp/ *Verb, Nomen*

▸ ***Verb*** (**crept**, **crept** /krept/) **1** schleichen **2** (*Pflanze*) sich ranken, klettern **3 ~ (to sb)** (*BrE*) (vor jdm) kriechen IDM → FLESH PHRV ˌ**creep ˈin(to sth)** (*Fehler etc.*) sich (in etw) einschleichen ˌ**creep ˈup** (*Preise etc.*) langsam ansteigen ˌ**creep ˈup on sb** **1** sich an jdn heranschleichen **2** (*Zeit, Alter*) langsam auf jdn zukommen ◇ *Tiredness can easily creep up on you.* Es passiert leicht, dass einen die Müdigkeit überkommt.

▸ ***Nomen*** (*umgs*) **1** fieser Typ, Widerling **2** (*BrE*) Kriecher(in) IDM **give sb the ˈcreeps** (*umgs*) jdm nicht ganz geheuer sein ◇ *She gave me the creeps.* Sie war mir unheimlich.

creep·er /ˈkriːpə(r)/ *Nomen* Kriechpflanze, Kletterpflanze

creepy /ˈkriːpi/ *Adj* (**creep·ier**, **creepi·est**) (*umgs*) unheimlich; (*Geschichte, Film etc.*) gruselig

creepy-crawly /ˌkriːpi ˈkrɔːli/ *Nomen* (*Pl* **-ies**) (*umgs*) Krabbeltier

cre·mate /krəˈmeɪt/ *Verb* (*oft passiv*) einäschern

cre·ma·tion /krəˈmeɪʃn/ *Nomen* Einäscherung

cre·ma·tor·ium /ˌkreməˈtɔːriəm/ *Nomen* (*Pl* **crema·toria** /-riə/ *oder* **crema·tor·iums**) (*AmE auch* **crema·tory** /ˈkriːmətɔːri, ˈkrem-/ (*Pl* **-ies**)) Krematorium

Cre·ole (*auch* **cre·ole**) /ˈkriːəʊl; *AmE* ˈkriːoʊl/ *Nomen* **1** Mulatte, Mulattin **2** Kreole, Kreolin **3** Kreolisch

creo·sote /ˈkriːəsəʊt; *AmE* -soʊt/ *Nomen* (*Holzschutzmittel*) Kreosot

crêpe (*auch* **crepe**) /kreɪp/ *Nomen* **1** Krepp ◇ *a crêpe bandage* eine elastische Binde **2** Kreppgummi **3** dünner Pfannkuchen

crept *Form von* CREEP

cres·cendo /krəˈʃendəʊ; *AmE* -doʊ/ *Nomen* (*Pl* **-os**) **1** (MUS) Crescendo **2** Anschwellen ◇ *Voices rose in a crescendo.* Die Stimmen schwollen mehr und mehr an. **3** [meist Sing] (*umgs*) Höhepunkt

cres·cent /ˈkresnt; *BrE auch* ˈkreznt/ *Nomen* **1** (*Figur, Form*) Halbmond ◇ *the crescent moon* die Mondsichel → *Siehe auch* RED CRESCENT **2** (*als Bestandteil von Straßennamen verwendet*)

cress /kres/ *Nomen* Kresse → *Siehe auch* WATERCRESS

crest /krest/ *Nomen, Verb*

▸ ***Nomen*** **1** [meist Sing] ~ **(of sth)** (*von Bergen, Wellen*) Kamm ◇ *surfers riding the crest of the wave* Surfer, die sich von der Welle tragen lassen **2** Wappen, Helmzierde **3** (Feder)schopf IDM **on the crest of a/the ˈwave** auf dem Gipfel ◇ *They've been on the crest of the wave ever since their election victory.* Seit ihrem Wahlsieg schwimmen sie ganz oben.

▸ ***Verb*** **1** (*gehoben*) den höchsten Punkt erreichen von ◇ *He crested the ridge.* Er erreichte den Bergkamm. **2** (*AmE*) einen Höhepunkt/Höchststand erreichen

crest·fall·en /ˈkrestfɔːlən/ *Adj* niedergeschlagen

cre·tin /ˈkretɪn; *AmE* ˈkriːtn/ *Nomen* (*umgs, beleidigend*) Idiot

Creutzfeldt-Jakob disease /ˌkrɔɪtsfelt ˈjækɒb dɪziːz; *AmE* -kɔːb-/ *Nomen* (*Abk* **CJD**) Creutzfeldt-Jakob-Krankheit

cre·vasse /krəˈvæs/ *Nomen* (Gletscher)spalte

crev·ice /ˈkrevɪs/ *Nomen* (Fels)spalte, Riss

crew /kruː/ *Nomen, Verb*

▸ ***Nomen*** **1** [mit Verb im Sing/Pl] Besatzung **2** [mit Verb im Sing/Pl] (*Schiffs-*) Mannschaft **3** [mit Verb im Sing/Pl] Team ◇ *a film crew* ein Filmteam → *Siehe auch* GROUND CREW **4** [Sing] (*meist abwert*) (*von Leuten*) Haufen, Bande **5** [mit Verb im Sing/Pl] Rudermannschaft, Crew **6** [U] (*AmE*) Mannschaftsrudern

▸ ***Verb*** ~ **(sth)** Besatzungsmitglied (einer Sache) sein

ˈcrew cut *Nomen* Bürstenschnitt

ˈcrew-cut *Adj* mit Bürstenschnitt

crew·man /ˈkruːmən/ *Nomen* (*Pl* **-men** /-mən/) Besatzungsmitglied

crew ˈneck *Nomen* runder Halsausschnitt

crib /krɪb/ *Nomen, Verb*

▸ ***Nomen*** **1** (*AmE*) Kinderbett **2** Krippe **3** (*umgs*) Spickzettel ◇ *a crib sheet* ein Spickzettel **4** Cribbage

▸ ***Verb*** (**-bb-**) (*BrE, veraltet*) abschreiben, spicken

crib·bage /ˈkrɪbɪdʒ/ *Nomen* Cribbage

ˈcrib death *Nomen* (*AmE*) plötzlicher Kindstod

crick /krɪk/ *Nomen* [Sing] ◇ *a crick in the neck* ein steifer Nacken

cricket /ˈkrɪkɪt/ *Nomen* **1** Kricket **2** Grille IDM **not ˈcricket** (*BrE, umgs, veraltet*) nicht fair

crick·et·er /ˈkrɪkɪtə(r)/ *Nomen* Kricketspieler(in)

cricket·ing /ˈkrɪkɪtɪŋ/ *Adj* [nur vor Nomen] Kricket- ◇ *cricketing nations* Länder, in denen Kricket gespielt wird

cried *Form von* CRY

crier /ˈkraɪə(r)/ = TOWN CRIER

cri·key /ˈkraɪki/ *Ausruf* (*BrE, umgs, veraltet*) Mensch!

crime 🔑 /kraɪm/ *Nomen* **1** Kriminalität ◇ *petty crime* kleinere Vergehen ◇ *He turned to crime.* Er wurde kriminell. ◇ *crime fiction* Kriminalromane **2** Verbrechen, Straftat, Vergehen ◇ *at the scene of the crime* am Tatort **3** [Sing] (*fig*) Sünde

crim·inal 🔑 /ˈkrɪmɪnl/ *Nomen, Adj*

▸ ***Nomen*** Verbrecher(in), Kriminelle(r), Straftäter(in)

▸ ***Adj*** **1** kriminell, strafbar ◇ *criminal negligence* grobe Fahrlässigkeit ◇ *face criminal charges* eines Verbrechens angeklagt sein ◇ *criminal damage* Sachbeschädigung **2** [nur vor Nomen] Kriminal-, Straf- ◇ *a criminal lawyer* ein Anwalt für Strafsachen **3** (*fig*) sträflich, kriminell

crim·in·al·ity /ˌkrɪmɪˈnæləti/ *Nomen* Kriminalität

crim·in·al·ize (*BrE auch* **-ise**) /ˈkrɪmɪnəlaɪz/ *Verb* kriminalisieren

crim·in·al·ly /ˈkrɪmɪnəli/ *Adv* **1** strafrechtlich; (*verbrecherisch*) kriminell ◇ *criminally insane* wegen Geisteskrankheit schuldunfähig ◇ *criminally negligent* grob fahrlässig ◇ *be held criminally liable* strafrechtlich zur Verantwortung gezogen werden **2** sträflich

ˌcriminal ˈrecord (*auch* **re·cord**) *Nomen* Strafregister ◇ *have a criminal record* vorbestraft sein ◇ *with no criminal record* unbescholten

crim·in·ology /ˌkrɪmɪˈnɒlədʒi; *AmE* -ˈnɑːlə-/ *Nomen* Kriminologie

crimp /krɪmp/ *Verb* kräuseln

crim·son /ˈkrɪmzn/ *Adj, Nomen*

▸ ***Adj*** purpurrot

▸ ***Nomen*** Purpurrot

cringe /krɪndʒ/ *Verb* **1** (*fig*) schaudern, zurückschrecken **2** sich unbehaglich fühlen ◇ *I cringe when I think of the poems I wrote then.* Ich darf gar nicht daran denken, was ich damals für Gedichte geschrieben habe.

crin·kle /ˈkrɪŋkl/ *Verb, Nomen*

▸ ***Verb*** (zer)knittern ◇ *He smiled, his eyes crinkling.* Er lächelte und bekam Lachfältchen um die Augen.

▸ ***Nomen*** Knitterfalte; (*der Haut*) Fältchen

crin·kly /ˈkrɪŋkli/ *Adj* **1** zerknittert; (*Haut*) faltig **2** (*Haar*) kringelig, gekräuselt

crip·ple /ˈkrɪpl/ *Verb, Nomen*

▸ ***Verb*** (*meist passiv*) **1** lähmen (*auch fig*) **2** schwer schädigen

▸ ***Nomen*** (*veraltet oder beleidigend*) Krüppel (*auch fig*)

crip·pling /ˈkrɪplɪŋ/ *Adj* lähmend (*auch fig*); (*Schulden, Kosten etc.*) erdrückend; (*Schlag*) vernichtend ◇ *a crippling disease* eine Krankheit, die einen bewegungsunfähig macht

cri·sis 🔑 /ˈkraɪsɪs/ *Nomen* (*Pl* **cri·ses** /-siːz/) **1** Krise ◇ *reach crisis proportions* katastrophale Ausmaße annehmen ◇ *be in crisis* sich in einer Notlage befinden **2** kritischer Punkt ◇ *The fever has passed its crisis.* Das Fieber ist gebrochen.

crisp 🔑 /krɪsp/ *Adj, Nomen, Verb*

▸ ***Adj*** (*Adv* **crisp·ly**) **1** knusprig **2** knackig **3** (*Luft*) frisch; (*Stoff*) frisch gebügelt **4** (*Schnee*) verharscht; (*Blätter*) raschelnd **5** (*Umriss, Züge etc.*) scharf; (*Ton*) klar **6** (*oft abwert*) (*Antwort etc.*) knapp, kurz angebunden **7** (*Gang etc.*) flott

▸ ***Nomen*** (*BrE*) = POTATO CRISP IDM → BURN

▸ ***Verb*** knusprig backen/braten

crisp·bread /ˈkrɪspbred/ *Nomen* Knäckebrot

crisp·ly *Adv* → CRISP

crisp·ness /ˈkrɪspnəs/ *Nomen* **1** Knusprigkeit **2** Knackigkeit **3** Frische **4** (*von Umrissen, Zügen etc.*) Schärfe; (*eines Tons*) Klarheit **5** (*oft abwert*) (*einer Antwort etc.*) Knappheit

crispy /ˈkrɪspi/ *Adj* (**-ier**, **-iest**) **1** knusprig **2** knackig

criss-cross /ˈkrɪs krɒs; *AmE* krɔːs/ *Adj, Verb*
▸ ***Adj*** Kreuz-
▸ ***Verb*** **1 ~ sth** etw kreuz und quer durchziehen, kreuz und quer durch etw fahren **2** kreuz und quer verlaufen

cri·ter·ion 🔑 /kraɪˈtɪəriən; *AmE* -ˈtɪr-/ *Nomen* (*Pl* **criteria** /-riə/) Kriterium

crit·ic /ˈkrɪtɪk/ *Nomen* Kritiker(in)

crit·ic·al 🔑 /ˈkrɪtɪkl/ *Adj* (*Adv* **crit·ic·al·ly** /-kli/) **1 ~ (of sb/sth)** kritisch (jdm/etw gegenüber) ◇ *They were highly critical of the school.* Sie standen der Schule äußerst kritisch gegenüber. ◇ *He is critically ill.* Sein Zustand ist kritisch. **2** ◇ *the film director's greatest critical success* der Film des Regisseurs, der die besten Kritiken erhielt ◇ *The album was released to critical acclaim.* Das neue Album fand bei den Kritikern großen Anklang. **3** entscheidend

ˌcritical ˈmass *Nomen* (PHYSIK) kritische Masse

ˌcritical ˈpath *Nomen* (*Fachspr*) kritischer Pfad

criti·cism 🔑 /ˈkrɪtɪsɪzəm/ *Nomen* **~ (of sb/sth)** Kritik (an jdm/etw) ◇ *My only criticism of the house is …* Das einzige, was ich gegen das Haus habe, ist …

criti·cize 🔑 (*BrE auch* **-ise**) /ˈkrɪtɪsaɪz/ *Verb* **1** kritisieren ◇ *They were criticized for ignoring the problem.* Man hat sie dafür kritisiert, dass sie das Problem ignoriert haben. **2** (*BrE*) (*Gedicht, Kunstwerk etc.*) kritisch beurteilen

cri·tique /krɪˈtiːk/ *Nomen, Verb*
▸ ***Nomen*** (*Abhandlung etc.*) Kritik
▸ ***Verb*** kritisch beurteilen

crit·ter /ˈkrɪtə(r)/ *Nomen* (*AmE, umgs*) Geschöpf ◇ *wild critters* wilde Kreaturen ◇ *the old critter* der alte Kerl

croak /krəʊk; *AmE* kroʊk/ *Verb, Nomen*
▸ ***Verb*** **1** quaken **2** (*Mensch*) krächzen **3** (*Slang*) (*sterben*) abkratzen
▸ ***Nomen*** Quaken; (*eines Menschen*) Krächzen

cro·chet /ˈkrəʊʃeɪ; *AmE* kroʊˈʃeɪ/ *Nomen, Verb*
▸ ***Nomen*** Häkeln, Häkelei
▸ ***Verb*** (**cro·chet·ing**, **cro·cheted**, **cro·cheted**) häkeln

crock /krɒk; *AmE* krɑːk/ *Nomen* **1 crocks** [Pl] (*veraltet*) (Steingut)geschirr **2** (*veraltet*) Steinguttopf **3** (*BrE, umgs*) (*Person*) Alte(r) **4** (*BrE, umgs*) (*Auto*) Klapperkiste IDM **a ˌcrock of ˈshit** (*bes AmE, vulg, Slang*) ein Haufen Scheiße → *Siehe auch* GOLD

crocked /krɒkt; *AmE* krɑːkt/ *Adj* [nicht vor Nomen] (*AmE, Slang*) besoffen

crock·ery /ˈkrɒkəri; *AmE* ˈkrɑːk-/ *Nomen* Geschirr

croco·dile /ˈkrɒkədaɪl; *AmE* ˈkrɑːk-/ *Nomen* **1** Krokodil **2** Krokodilleder **3** (*BrE*) ◇ *children walking in crocodile* Schulkinder, die paarweise hintereinander gehen IDM **ˈcrocodile tears** Krokodilstränen

cro·cus /ˈkrəʊkəs; *AmE* ˈkroʊ-/ *Nomen* Krokus

croft /krɒft; *AmE* krɔːft/ *Nomen* (*BrE*) (*besonders in Schottland*) kleiner Bauernhof

croft·er /ˈkrɒftə(r); *AmE* ˈkrɔːf-/ *Nomen* (*BrE*) (*besonders in Schottland*) Kleinbauer/-bäuerin, Kleinpächter(in)

crois·sant /ˈkrwæsɒ̃; *AmE* krwɑːˈsɑ̃ː, krəˈsɑːnt/ *Nomen* Croissant, Hörnchen

crone /krəʊn; *AmE* kroʊn/ *Nomen* (*gehoben, abwert*) altes Weib

crony /ˈkrəʊni; *AmE* ˈkroʊ-/ *Nomen* (*Pl* **-ies**) [meist Pl] (*oft abwert*) Kumpel, Kumpan, Freund(in)

cro·ny·ism /ˈkrəʊniɪzəm; *AmE* ˈkroʊ-/ *Nomen* (*abwert*) Günstlingswirtschaft

crook /krʊk/ *Nomen, Verb, Adj*
▸ ***Nomen*** **1** (*umgs*) Gauner(in), Kriminelle(r) **2 ~ of your arm/elbow** Armbeuge **3** Hirtenstab IDM → HOOK
▸ ***Verb*** (*Finger*) krümmen; (*Arm*) beugen ◇ *She crooked a finger at him.* Sie winkte ihn mit dem Finger heran.
▸ ***Adj*** (*AusE, umgs*) krank

crooked /ˈkrʊkɪd/ *Adj* **1** (*Adv* **crook·ed·ly**) krumm, schief **2** unehrlich, korrupt

croon /kruːn/ *Verb* leise/sanft singen; (*Popstar etc.*) schmachtend singen

crop 🔑 /krɒp; *AmE* krɑːp/ *Nomen, Verb*
▸ ***Nomen*** **1** Feldfrucht ◇ *crop rotation* Fruchtwechsel → *Siehe auch* CASH CROP **2** Ernte **3** [Sing] **a ~ of sth** eine Gruppe von etw ◇ *a crop of disasters* eine Reihe von Katastrophen **4** (**riding**) **~** Reitpeitsche **5** Kurzhaarschnitt **6** [Sing] **a ~ of dark, fair, etc. hair/curls** ein dunkler, blonder, etc. Haar-/Lockenschopf **7** (*Fachspr*) (*eines Vogels*) Kropf
▸ ***Verb*** (**-pp-**) **1** (*Haar*) kurz schneiden, stutzen **2** (*Fachspr*) (*Fotos*) zuschneiden **3** (*Gras etc.*) abfressen **4** (Ernte) tragen ◇ *The potatoes cropped well this year.* Die Kartoffelernte war dieses Jahr gut. **5** (*Felder etc.*) bebauen PHRV **ˌcrop ˈup** (*fig*) auftauchen ◇ *His name cropped up in the conversation.* Sein Name fiel zufällig während des Gesprächs. ◇ *I'm afraid something's cropped up at the office.* Leider ist im Büro etwas dazwischengekommen.

ˈcrop circle *Nomen* = kreisförmige Stelle in einem Feld, auf der das Getreide aus scheinbar unerklärlichen Gründen flach gedrückt ist; Kornkreis

crop·per /ˈkrɒpə(r); *AmE* ˈkrɑːpər/ *Nomen* IDM **come a ˈcropper** (*BrE, umgs*) hinfallen; (*fig*) auf die Nase fallen

ˈcrop rotation *Nomen* Fruchtwechsel

ˈcrop top *Nomen* bauchfreies Top

cro·quet /ˈkrəʊkeɪ; *AmE* kroʊˈkeɪ/ *Nomen* [U] Krocket

cro·quette /krəʊˈket; *AmE* kroʊˈ-/ *Nomen* Krokette

cro·sier (*auch* **croz·ier**) /ˈkrəʊziə(r); *AmE* ˈkroʊʒər/ *Nomen* Bischofsstab

cross 🔑 /krɒs; *AmE* krɔːs/ *Nomen, Verb, Adj*
▸ ***Nomen*** **1** Kreuz, Kreuzchen **2 the Cross** [Sing] das Kreuz (Christi) **3** [meist Sing] Mischung; (*Tier, Pflanze*) Kreuzung **4** (SPORT) Querpass IDM **have a (heavy) ˈcross to bear** ein (schweres) Kreuz zu tragen haben
▸ ***Verb*** **1 ~ (over)** hinübergehen/-fahren ◇ *She crossed over.* Sie überquerte die Straße. ◇ *We crossed from Dover to Calais.* Wir setzten von Dover nach Calais über. ◇ *cross into China* nach China einreisen **2 ~ (over) sth** etw überqueren, etw durchqueren ◇ *cross the sea to Ireland* nach Irland übersetzen ◇ *The bridge crosses the Dee.* Die Brücke führt über den Dee. ◇ *cross a bridge* über eine Brücke fahren ◇ *A look of annoyance crossed her face.* Ein ärgerlicher Blick zog sich über ihr Gesicht. ◇ *cross the finishing line* ins Ziel einlaufen ◇ (*fig*) *cross all social barriers* alle gesellschaftlichen Grenzen überschreiten **3** sich kreuzen; (*Linien*) sich schneiden ◇ *We seem to have a crossed line.* Da ist scheinbar jemand in der Leitung. **4** kreuzen; (*Arme*) verschränken; (*Beine*) übereinanderschlagen ◇ *She sat with her legs crossed.* Sie saß mit übereinandergeschlagenen Beinen da. **5 ~ sb** jdm widersprechen, jdm in die Quere kommen, jds Pläne durchkreuzen ◇ (*gehoben*) *He had been crossed in love.* Er war in der Liebe enttäuscht worden. **6** (*Pflanzen, Tiere*) (miteinander) kreuzen **7 ~ (to sb)** (SPORT) einen Querpass (zu jdm) spielen **8** ◇ *cross a 't'* bei einem „t" den Querstrich machen ◇ (*BrE*) *cross a cheque* einen Scheck zur Verrechnung ausstellen **9 ~ yourself** sich bekreuzigen IDM **ˌcross your bridges when you ˈcome to them** Probleme/etw auf sich zukommen lassen **cross your ˈfingers** die Daumen

drücken/halten ◇ *I'm crossing my fingers that my proposal will be accepted.* Ich hoffe sehr, dass mein Vorschlag angenommen wird. **cross my 'heart (and hope to die)** (*umgs*) Ehrenwort **cross your 'mind** einem in den Sinn kommen **ˌcross sb's ˌpalm with 'silver** (*einer Wahrsagerin etc.*) Geld geben **ˌcross sb's 'path** jds Weg kreuzen ◇ *Our paths never crossed again.* Unsere Wege haben sich nie mehr gekreuzt. **cross 'swords (with sb)** (mit jdm) die Klingen kreuzen; sich (mit jdm) streiten → *Siehe auch* DOT *und* WIRE **PHR V** **ˌcross sb/sth 'off (sth)** jdn/etw (von etw) streichen **ˌcross sth 'out/'through** etw durchstreichen **ˌcross 'over (to/into sth)** ◇ *reggae crossing over into soul* Reggae, der Soul-Elemente enthält ◇ *a cult movie that has crossed over to mass appeal* ein Kultfilm, der inzwischen ein breites Publikum anspricht

▸ ***Adj*** (*Adv* **cross·ly**) (*bes BrE*) verärgert, böse; **~ with sb** sauer auf jdn

cross·bar /ˈkrɒsbɑː(r); *AmE* ˈkrɔːs-/ *Nomen* **1** (*beim Fußballtor*) Querlatte **2** (*beim Fahrrad*) Stange

cross·bones /ˈkrɒsbəʊnz; *AmE* ˈkrɔːsboʊnz/ *Nomen* [Pl] → SKULL AND CROSSBONES

ˌcross-border *Adj* [nur vor Nomen] grenzüberschreitend, Grenz- ◇ *cross-border raids* Grenzüberfälle

cross·bow /ˈkrɒsbəʊ; *AmE* ˈkrɔːsboʊ/ *Nomen* Armbrust

ˈcross-breed *Verb, Nomen*

▸ ***Verb*** **(-bred, -bred** /bred/**)** (*Tiere, Pflanzen*) kreuzen

▸ ***Nomen*** (*Tiere, Pflanzen*) Kreuzung

ˌcross-ˈbreeding *Nomen* [U] (*Tiere, Pflanzen*) Kreuzen

cross-check *Verb, Nomen*

▸ /ˌkrɒs ˈtʃek; *AmE* ˌkrɔːs/ ***Verb*** **1** die Gegenprobe machen ◇ *I'll cross-check.* Ich werde das noch mal überprüfen. **2 ~ sth** etw nachprüfen; **~ sth against sth** etw mit etw (zur Kontrolle) vergleichen

▸ /ˈkrɒs tʃek; *AmE* ˈkrɔːs/ ***Nomen*** Gegenprobe

ˌcross-ˈcountry *Adj, Adv, Nomen*

▸ ***Adj*** **1** Querfeldein- ◇ *cross-country running* Querfeldeinlauf ◇ *cross-country skiing* Langlauf **2** Überland-

▸ ***Adv*** querfeldein ◇ *ski cross-country* Langlauf machen

▸ ***Nomen*** **1** Querfeldeinrennen **2** (Ski)langlauf

ˌcross-ˈcultural *Adj* interkulturell

ˈcross-current *Nomen* Gegenströmung (*auch fig*)

ˌcross-curˈricular *Adj* (*BrE*) fächerübergreifend

ˌcross-disciˈplinary *Adj* interdisziplinär, fachübergreifend

ˌcross-ˈdresser *Nomen* Transvestit(in)

ˌcross-ˈdressing *Nomen* Transvestismus

ˌcross-eˌxamiˈnation *Nomen* Kreuzverhör

ˌcross-eˈxamine *Verb* ins Kreuzverhör nehmen

ˌcross-ˈeyed *Adj* schielend; **be ~** schielen

ˌcross-ˌfertil·iˈza·tion (*BrE auch* **-iˈsa·tion**) *Nomen* **1** [U/Sing] (BIOL) Kreuzbestäubung **2** (*fig*) gegenseitige Befruchtung

ˌcross-ˈfertil·ize (*BrE auch* **-ise**) *Verb* **1** (BIOL) kreuzbestäuben **2** (*fig*) (gegenseitig) befruchten

cross·fire /ˈkrɒsfaɪə(r); *AmE* ˈkrɔːs-/ *Nomen* Kreuzfeuer (*auch fig*)

ˈcross hairs *Nomen* [Pl] Fadenkreuz **IDM** **(caught) in the ˈcross hairs** im Visier ◇ *to get caught in the cross hairs* ins Visier geraten

ˈcross-hatch *Verb* kreuzweise schraffieren

cross·ing /ˈkrɒsɪŋ; *AmE* ˈkrɔːsɪŋ/ *Nomen* **1** (*Fußgänger-, Grenz- etc.*) Übergang, Überweg ◇ *The next crossing point is a long way downstream.* Die nächste Stelle, wo man den Fluss überqueren kann, ist ziemlich weit flussabwärts. → *Siehe auch* LEVEL CROSSING, PELICAN CROSSING *und* ZEBRA CROSSING **2** Kreuzung **3** Überfahrt **4** Überquerung ◇ *attempted crossings of the border* Versuche, über die Grenze zu kommen

ˌcross-ˈlegged *Adv, Adj* im Schneidersitz

cross·ly *Adv* → CROSS

cross·over /ˈkrɒsəʊvə(r); *AmE* ˈkrɔːsoʊ-/ *Nomen* Mischung, Cross-over

ˌcross ˈpurposes *Nomen* **1 be at ~** sich widersprechen **2 be talking at ~** aneinander vorbeireden

ˌcross-ˈquestion *Verb* ins Kreuzverhör nehmen

ˌcross-ˈrefer *Verb* **1** (*meist passiv*) **~ sth (to/with sth)** etw mit Querverweisen (zu etw) versehen **2 ~ sth to sth** von etw auf etw verweisen

ˌcross ˈreference *Nomen* **~ (to sth)** Querverweis (auf etw)

cross·roads /ˈkrɒsrəʊdz; *AmE* ˈkrɔːsroʊdz/ *Nomen* (*Pl* **cross·roads**) (*Straßen-*) Kreuzung; (*fig*) Scheideweg

ˌcross section *Nomen* Querschnitt (*auch fig*) ◇ *a wide cross section of the population* ein repräsentativer Querschnitt durch die Bevölkerung

ˈcross stitch *Nomen* Kreuzstich

ˈcross street *Nomen* (*AmE*) Querstraße

cross·town /ˌkrɒsˈtaʊn; *AmE* ˌkrɔːs-/ *Adj* (*AmE*) ◇ *a crosstown bus/route* ein Bus/eine Route, der/die die Stadt durchquert

ˈcross-training *Nomen* [U] Cross-Training

cross·walk /ˈkrɒswɔːk *AmE* ˈkrɔːs-/ *Nomen* (*AmE*) Fußgängerüberweg

cross·wind /ˈkrɒswɪnd; *AmE* ˈkrɔːs-/ *Nomen* Seitenwind

cross·word /ˈkrɒswɜːd; *AmE* ˈkrɔːswɜːrd/ (*auch* **ˈcrossword puzzle**) *Nomen* Kreuzworträtsel

crotch /krɒtʃ; *AmE* krɑːtʃ/ *Nomen* Unterleib; (*Teil der Hose*) Schritt ◇ *He was scratching his crotch.* Er kratzte sich zwischen den Beinen.

crot·chet /ˈkrɒtʃɪt; *AmE* ˈkrɑːtʃɪt/ *Nomen* (*BrE*) (MUS) Viertelnote

crot·chety /ˈkrɒtʃəti; *AmE* ˈkrɑːtʃə-/ *Adj* (*umgs*) gereizt, mürrisch

crouch /kraʊtʃ/ *Verb, Nomen*

▸ ***Verb*** (sich) hocken, kauern, sich niederkauern **PHR V** **ˈcrouch over sb/sth** sich über jdn/etw beugen

▸ ***Nomen*** [Sing] Hockstellung

crouched /kraʊtʃt/ *Adj* zusammengekauert

croup /kruːp/ *Nomen* (MED) Kehlkopfdiphterie, Krupp

croup·ier /ˈkruːpieɪ; *AmE auch* ˈkruːpiər/ *Nomen* Croupier, Croupière

crou·ton /ˈkruːtɒn; *AmE* -tɑːn/ *Nomen* Croûton

crow /krəʊ; *AmE* kroʊ/ *Nomen, Verb*

▸ ***Nomen*** **1** Krähe **2** Krähen, Jauchzen **IDM** **as the ˈcrow flies** Luftlinie

▸ ***Verb*** **1** krähen **2 ~ (about/over sth)** (*abwert*) (mit etw) protzen **3** (*BrE*) (*Baby*) (vor Freude) quietschen

crow·bar /ˈkrəʊbɑː(r); *AmE* ˈkroʊ-/ *Nomen* Brecheisen

crowd 0‑ /kraʊd/ *Nomen, Verb*

▸ ***Nomen*** **1** [mit Verb im Sing/Pl] (Menschen)menge, Menschenmasse ◇ *crowd control* Ordnungsdienst bei Massenveranstaltungen ◇ *There was crowd trouble before the match.* Vor dem Spiel kam es zu Krawallen. ◇ *The match attracted a capacity crowd.* Das Stadion war ausverkauft. ◇ *The goal brought the crowd to their feet.* Beim Tor sprangen die Zuschauer von den Sitzen. ◇ *A whole crowd of us are going.* Eine ganze Gruppe von uns geht. **2** [mit Verb im Sing/Pl] (*umgs, oft abwert*) Clique **3 the crowd** [Sing] (*oft abwert*) die (breite) Masse ◇ *stand out from the crowd* aus der Menge herausragen ◇ *He prefers to be one of the crowd.* Er geht lieber in der Menge unter. ◇ *follow the crowd* im Strom mitschwimmen **IDM** → TWO

▸ ***Verb*** **1** füllen, sich drängen ◇ *Memories crowded his* *mind.* Seine Gedanken wurden von Erinnerungen beherrscht. **2** (*umgs*) drängeln, (be)drängen (*auch fig*) PHR V ˌ**crowd ˈaround/ˈround** sich drängen ˌ**crowd ˈaround/ˈround sb/sth** sich um jdn/etw (herum)drängen ˌ**crowd ˈin** **1** hereinströmen, hineinströmen **2** sich zusammendrängen ˌ**crowd ˈin (on sb)** auf jdn einstürmen ˌ**crowd ˈinto sth** sich in etw drängen ˌ**crowd ˈonto sth** sich auf etw drängen ˌ**crowd sb/sth ˈin** jdn/etw in etw stopfen, jdn/etw in etw pferchen ˌ**crowd sb/sth ˈout** (*BrE*) jdn/etw verdrängen

crowd·ed 🗝 /ˈkraʊdɪd/ *Adj* **1** überfüllt ◇ *In the spring the place is crowded with skiers.* Im Frühling ist der Ort voller Skiläufer. **2** vollgestopft ◇ *We have a very crowded schedule.* Wir haben ein sehr volles Programm.

crowd·fund /ˈkraʊdfʌnd/ *Verb* über Crowdfunding finanzieren

crowd·fund·ing /ˈkraʊdfʌndɪŋ/ *Nomen* [U] Crowdfunding, Schwarmfinanzierung

ˈ**crowd-pleaser** *Nomen* (*umgs*) Publikumserfolg, Publikumsliebling

ˈ**crowd-puller** *Nomen* (*umgs*) Publikumsmagnet

crown 🗝 /kraʊn/ *Nomen, Verb*

▸ ***Nomen*** **1** Krone (*auch fig*) ◇ *his claim to the French crown* sein Anspruch auf den französischen Thron **2** **the Crown** die Krone, der Staat **3** (Sieger)kranz **4** (SPORT) (*umgs*) Titel **5** [Sing] Scheitel; (*eines Huts*) Kopfteil **6** höchster Punkt ◇ *the crown of a hill* die Kuppe eines Hügels **7** (*alte britische Münze*) Fünfschillingstück IDM → JEWEL

▸ ***Verb*** **1** krönen **2** (*Zahn*) überkronen IDM **to crown it ˈall** (*BrE*) zu allem Überfluss; als Krönung des Ganzen

ˌ**Crown ˈColony** *Nomen* Kronkolonie

ˌ**Crown ˈCourt** *Nomen* = höheres Gericht für Strafsachen in England und Wales

crown·ing /ˈkraʊnɪŋ/ *Adj* [nur vor Nomen] krönend ◇ *The roof garden is the hotel's crowning glory.* Das Highlight des Hotels ist der Dachgarten. ◇ *the crowning achievement of his career* die Krönung seiner Laufbahn

ˌ**crown ˈjewels** *Nomen* [Pl] Kronjuwelen

ˌ**crown ˈprince** *Nomen* Kronprinz

ˌ**crown prinˈcess** *Nomen* Kronprinzessin

ˈ**crow's feet** *Nomen* [Pl] Krähenfüße

ˈ**crow's nest** *Nomen* (NAUT) Ausguck

croz·ier = CROSIER

cru·cial 🗝 /ˈkruːʃl/ *Adj* äußerst wichtig; ~ **(to/for sth)** entscheidend (für etw) ◇ *topics of crucial importance for education* Themen, die für das Schulwesen von entscheidender Bedeutung sind ◇ *The next few weeks are going to be crucial.* Die nächsten paar Wochen werden den Ausschlag geben.

cru·cial·ly /ˈkruːʃəli/ *Adv* **1** entscheidend **2** äußerst **3** vor allem; (*am Satzbeginn auch*) von großer Bedeutung ist ◇ *Crucially, neither side had mentioned this.* Von großer Bedeutung ist, dass dies von keiner Partei erwähnt worden war.

cru·cible /ˈkruːsɪbl/ *Nomen* Schmelztiegel

cru·ci·fix /ˈkruːsəfɪks/ *Nomen* Kruzifix

cru·ci·fix·ion /ˌkruːsəˈfɪkʃn/ *Nomen* Kreuzigung

cru·cify /ˈkruːsɪfaɪ/ *Verb* **(-fies, -fy·ing, -fied, -fied)** **1** kreuzigen **2** (*umgs*) (*fig*) fertigmachen, martern

crude /kruːd/ *Adj, Nomen*

▸ ***Adj*** **1** (*Adv* **crude·ly**) grob, simpel, primitiv ◇ *In crude terms, …* Grob gesagt, … ◇ *a crude drawing of a face* eine grob angefertigte Zeichnung eines Gesichts **2** (*Adv* **crude·ly**) derb, ordinär, ungehobelt **3** roh, Roh-, unbearbeitet

▸ ***Nomen*** (*auch* ˌ**crude ˈoil**) Rohöl

cru·dity /ˈkruːdəti/ *Nomen* (*Pl* **-ies**) (*gehoben*) **1** Primitivität ◇ *the novel's structural crudities* die primitive Struktur des Romans **2** (KUNST) schlechte Ausführung, Ungeschliffenheit **3** Derbheit, Grobheit

cruel 🗝 /ˈkruːəl/ *Adj* **(cruel·ler, cruel·lest)** grausam ◇ *people who are cruel to animals* Leute, die Tiere quälen ◇ *a cruel blow* ein harter Schlag ◇ *Sometimes you have to be cruel to be kind.* Manchmal ist es besser, wenn man hart bleibt.

cruel·ly /ˈkruːəli/ *Adv* grausam, auf grausame Art ◇ *I was cruelly deceived.* Ich wurde bitter enttäuscht.

cruelty /ˈkruːəlti/ *Nomen* **1** Grausamkeit ◇ *cruelty to animals* Tierquälerei **2** [meist Pl] Grausamkeit, Gräueltat ◇ *Frightening cruelties were often inflicted on the slaves.* Die Sklaven wurden oft übel misshandelt. **3** Härte ◇ *the cruelties of life* die Härte des Lebens

cruet /ˈkruːɪt/ *Nomen* Salz-Pfeffer-Set, Essig-Öl-Ständer

cruise /kruːz/ *Nomen, Verb*

▸ ***Nomen*** Kreuzfahrt ◇ *a luxury cruise ship* ein Luxuskreuzer

▸ ***Verb*** **1** ~ **(sth)** eine Kreuzfahrt/Schiffsreise (durch/in etw) machen **2** mit gleichbleibender Geschwindigkeit fliegen/fahren ◇ (*fig*) *He's just cruising along at school.* Er tut nur das Nötigste in der Schule. **3** herumfahren (in) ◇ *Taxis cruised the streets, looking for fares.* Taxis auf Fahrgastsuche fuhren durch die Straßen. **4** ◇ *The home team cruised to victory.* Die Heimmannschaft gewann locker. **5** (*Slang*) = in Parks etc. nach einen Sexpartner suchen

ˌ**cruise ˈmissile** *Nomen* Marschflugkörper

cruiser /ˈkruːzə(r)/ *Nomen* **1** Kreuzer **2** (*auch* ˈ**cabin cruiser**) Kajütboot **3** (*AmE*) Streifenwagen

crumb /krʌm/ *Nomen* **1** Krümel **2** Brocken ◇ *a few crumbs of useful information* einige nützliche Informationsbrocken ◇ *a crumb of comfort* ein kleiner Trost

crum·ble /ˈkrʌmbl/ *Verb, Nomen*

▸ ***Verb*** **1** (zer)krümeln, (zer)bröckeln **2** zerfallen, zerbröckeln ◇ *crumbling stonework* abbröckelndes Mauerwerk ◇ *The cliff is gradually crumbling away.* Die Klippe bröckelt mehr und mehr ab. **3** ~ **(away)** sich auflösen; **crumble (into/to sth)** (zu etw) zerfallen ◇ *All his hopes began to crumble away.* Alle seine Hoffnungen begannen zu schwinden. IDM → COOKIE

▸ ***Nomen*** (*BrE*) = mit Streusel bestreutes und im Ofen gegartes Obst-Dessert

crum·bly /ˈkrʌmbli/ *Adj* krümelig, bröckelig, bröselig

crumbs /krʌmz/ *Ausruf* (*BrE, umgs, veraltet*) Mensch

crummy /ˈkrʌmi/ *Adj* (*umgs*) lausig, mies

crum·pet /ˈkrʌmpɪt/ *Nomen* (*BrE*) **1** = rundes Hefeküchlein, das getoastet wird **2** [U] (*Slang, beleidigend*) Miezen ◇ *She was a tasty bit of crumpet.* Sie war eine süße Mieze.

crum·ple /ˈkrʌmpl/ *Verb* **1** ~ **sth (up)** etw zerknüllen, etw zerknittern ◇ *She crumpled the letter up into a ball.* Sie zerknüllte den Brief. **2** knittern **3** ~ **(up)** (*Gesicht*) sich zum Weinen verziehen **4** ~ **(up)** zusammenbrechen, zusammensinken ◇ *He crumpled up in agony.* Er sank vor Schmerz zusammen.

crum·pled /ˈkrʌmpld/ *Adj* **1** zerknüllt, zerknittert **2** (*Mensch*) zusammengebrochen

crunch /krʌntʃ/ *Nomen, Verb, Adj*

▸ ***Nomen*** **1** [meist Sing] Knirschen **2** **the crunch** [Sing] der kritische Moment, der Knackpunkt ◇ *when it comes to the crunch* wenn es drauf ankommt **3** [meist Sing] (*bes AmE*) Krise ◇ *an energy crunch* eine Energiekrise

▸ ***Verb*** **1** ~ **(on sth)** (an etw) geräuschvoll kauen ◇ *She crunched her apple noisily.* Sie biss knackend in ihren Apfel. **2** knirschen **3** mit knirschenden Schritten

gehen **4** (COMP) verarbeiten → *Siehe auch* NUMBER CRUNCHING PHR V **ˌcrunch sth ˈup** etw zusammenknüllen
▸ ***Adj*** [nur vor Nomen] (*umgs*) entscheidend

crunchy /ˈkrʌntʃi/ *Adj* knackig, knusprig

cru·sade /kruːˈseɪd/ *Nomen, Verb*
▸ ***Nomen*** Kreuzzug (*auch fig*)
▸ ***Verb*** zu Felde ziehen, einen Kreuzzug führen

cru·sader /kruːˈseɪdə(r)/ *Nomen* Kreuzfahrer(in) ◇ *moral crusaders* Moralapostel

crush 0-w /krʌʃ/ *Verb, Nomen*
▸ ***Verb*** **1** zusammendrücken, (zer)quetschen, zermalmen **2** zerstoßen, zerdrücken **3** (*Oliven etc.*) auspressen **4** (zer)knittern **5** (*Aufstand etc.*) niederwerfen **6** (*Hoffnungen etc.*) vernichten ◇ *She felt completely crushed by the teacher's criticism.* Sie war von der Kritik des Lehrers völlig niedergeschmettert.
▸ ***Nomen*** **1** [meist Sing] Gedränge, Gewühl **2** ~ (**on sb**) Schwärmerei (für jdn) ◇ *I had a huge crush on her.* Ich war mächtig in sie verknallt. **3** Fruchtsaftgetränk

crush·er /ˈkrʌʃə(r)/ *Nomen* (*oft in Zusammensetzungen*) (*für Obst, Schrott etc.*) Presse

crush·ing /ˈkrʌʃɪŋ/ *Adj* (*Adv* **crush·ing·ly**) vernichtend, niederschmetternd

crust /krʌst/ *Nomen* Kruste, Rinde; (*einer Pastete*) Teigdeckel → *Siehe auch* UPPER CRUST IDM → EARN

crust·acean /krʌˈsteɪʃn/ *Nomen* Schalentier

crust·ed /ˈkrʌstɪd/ *Adj* verkrustet, hart

crusty /ˈkrʌsti/ *Adj* (**-ier**, **-iest**) **1** knusprig **2** (*umgs, abwert*) barsch

crutch /krʌtʃ/ *Nomen* **1** Krücke (*auch fig*) **2** Unterleib; (*Teil der Hose*) Schritt

crux /krʌks/ *Nomen* [Sing] Kern ◇ *Now we come to the crux of the matter.* Jetzt kommen wir zum springenden Punkt.

cry 0-w /kraɪ/ *Verb, Nomen*
▸ ***Verb*** (**cries**, **cry·ing**, **cried**, **cried**) **1** weinen, heulen; (*Baby*) schreien ◇ *The baby was crying for its mother.* Das Baby schrie nach seiner Mutter. **2** schreien, rufen ◇ *cry for help* um Hilfe schreien **3** (*Tier, Vogel*) schreien IDM **ˌcry ˈfoul** (*umgs*) sich über ungerechte Behandlung beschweren **cry over spilt ˈmilk** (*AmE* **cry over spilled ˈmilk**) ◇ *It's no use crying over spilt milk!* Was passiert ist, ist passiert! **cry ˈwolf** blinden Alarm schlagen **for ˌcrying out ˈloud** (*umgs*) das darf doch nicht wahr sein; um Himmels willen → *Siehe auch* LAUGH *und* SHOULDER PHR V **ˌcry ˈoff** (*BrE*) absagen **ˌcry ˈout** (auf)schreien **ˌcry ˈout sth** etw rufen **ˌcry ˈout for sth** **1** um etw rufen **2** (*meist in der Verlaufsform*) (*fig*) etw dringend brauchen ◇ *The company is crying out for fresh new talent.* Die Firma braucht dringend neue Talente.
▸ ***Nomen*** (*Pl* **cries**) **1** Schrei, Ruf ◇ *give a cry of terror* einen Schreckensschrei ausstoßen **2** [Sing] ◇ *have a good cry* sich ausweinen ◇ *have a little cry* ein bisschen weinen **3** Ruf ◇ *a cry for help* ein Hilferuf ◇ *a rallying cry* ein Ruf zu den Waffen IDM **in full ˈcry** voll in Aktion → *Siehe auch* FAR *und* HUE

cry·baby /ˈkraɪbeɪbi/ (*Pl* **-ies**) *Nomen* (*umgs, abwert*) Heulsuse

cry·ing /ˈkraɪɪŋ/ *Adj* IDM **be a crying ˈshame** (*umgs*) jammerschade sein **a crying ˈneed (for sth)** ein dringender Bedarf (nach etw)

cryo·gen·ic /ˌkraɪəˈdʒenɪk/ *Adj* (PHYSIK) Tieftemperatur-

cryo·gen·ics /ˌkraɪəˈdʒenɪks/ *Nomen* [U] (PHYSIK) Tieftemperaturphysik

cry·on·ics /kraɪˈɒnɪks; *AmE* -ˈɑːnɪks/ *Nomen* [U] (MED) Kryotechnik

crypt /krɪpt/ *Nomen* Gruft, Krypta

cryp·tic /ˈkrɪptɪk/ *Adj* (*Adv* **cryp·tic·al·ly** /-kli/) rätselhaft, kryptisch; (*Kreuzworträtsel*) verschlüsselt; (*Lächeln*) hintergründig

crypto- /ˈkrɪptəʊ; *AmE* -toʊ/ (*in Zusammensetzungen*) Krypto-, geheim

crys·tal /ˈkrɪstl/ *Nomen* **1** Kristall **2** Bergkristall **3** [U] Kristallglas **4** (*AmE*) Uhrglas **5** = METH

ˌcrystal ˈball *Nomen* Kristallkugel

ˌcrystal ˈclear *Adj* kristallklar, glasklar (*auch fig*)

crys·tal·line /ˈkrɪstəlaɪn/ *Adj* **1** (GEOL) kristallin **2** (*gehoben*) kristallen, Kristall-

crys·tal·lize (*BrE auch* **-ise**) /ˈkrɪstəlaɪz/ *Verb* **1** feste Form(en) annehmen, sich herauskristallisieren **2** ~ **sth** einer Sache feste Form geben, etw klarmachen **3** (CHEM) (aus)kristallisieren

crys·tal·lized (*BrE auch* **-ised**) /ˈkrɪstəlaɪzd/ *Adj* (*Früchte etc.*) kandiert

ˌcrystal ˈmeth (*auch* **crys·tal**) *Nomen* [U] (*umgs*) = METHAMPHETAMINE

C-section (*AmE*) = CAESAREAN

CS gas /ˌsiː es ˈɡæs/ *Nomen* Tränengas

Ct (*bes AmE* **Ct.**) *Abk* = COURT

ct 0-w (*bes AmE* **ct.**) *Abk* **1** = CARAT **2** = CENT

cu. *Abk* = CUBIC

cub /kʌb/ *Nomen* **1** (*Löwen-, Bären- etc.*) Junges **2** **Cub**, **ˈCub Scout** (*junger Pfadfinder*) Wölfling

cub·by·hole /ˈkʌbihəʊl; *AmE* -hoʊl/ *Nomen* Kämmerchen

cube /kjuːb/ *Nomen, Verb*
▸ ***Nomen*** **1** Würfel **2** (MATH) dritte Potenz
▸ ***Verb*** **1** (*meist passiv*) (MATH) in die dritte Potenz erheben ◇ *10 cubed is 1 000.* 10 hoch 3 ist 1 000. **2** in Würfel schneiden

ˌcube ˈroot *Nomen* (MATH) Kubikwurzel

cubic /ˈkjuːbɪk/ *Adj* **1** (*Abk* **cu.**) [nur vor Nomen] Kubik- **2** Raum- ◇ *cubic capacity* Fassungsvermögen ◇ *the cubic capacity of the engine* der Hubraum des Motors **3** würfelförmig

cu·bicle /ˈkjuːbɪkl/ *Nomen* Kabine ◇ (*bes AmE*) *an office cubicle* ein abgeteilter Arbeitsplatz in einem Großraumbüro

cu·bism (*auch* **Cu·bism**) /ˈkjuːbɪzəm/ *Nomen* Kubismus

cu·bist (*auch* **Cu·bist**) /ˈkjuːbɪst/ *Nomen, Adj*
▸ ***Nomen*** Kubist(in)
▸ ***Adj*** kubistisch

cu·boid /ˈkjuːbɔɪd/ *Nomen, Adj*
▸ ***Nomen*** (MATH) Quader
▸ ***Adj*** quaderförmig

cub reˈporter *Nomen* junge(r) Reporter(in)

cuck·old /ˈkʌkəʊld; *AmE* -koʊld/ *Nomen, Verb*
▸ ***Nomen*** (*veraltet, abwert*) gehörnter Ehemann
▸ ***Verb*** (*veraltet*) ~ **sb** jdm Hörner aufsetzen

cuckoo /ˈkʊkuː/ *Nomen* (*Pl* **-oos**) Kuckuck

ˈcuckoo clock *Nomen* Kuckucksuhr

cu·cum·ber /ˈkjuːkʌmbə(r)/ *Nomen* (Salat)gurke IDM → COOL

cud /kʌd/ *Nomen* wiedergekäutes Futter ◇ *cows chewing the cud* wiederkäuende Kühe

cud·dle /ˈkʌdl/ *Verb, Nomen*
▸ ***Verb*** **1** schmusen **2** ~ **sb/sth** jdn/etw an sich drücken PHR V **cuddle up to/against sb/sth** sich an jdn/etw kuscheln **cuddle up (together)** sich aneinander kuscheln
▸ ***Nomen*** [meist Sing] Umarmung

cud·dly /ˈkʌdli/ *Adj* (*umgs*) kuschelig ◇ *a cuddly toy* ein Plüschtier

cudgel /ˈkʌdʒl/ *Nomen, Verb*
▸ ***Nomen*** Knüppel IDM **take up (the) cudgels for/on**

behalf of sb/sth (*gehoben, veraltet*) für jdn/etw eine Lanze brechen
▸ ***Verb*** (-**ll**-, *AmE auch* -**l**-) (nieder)knüppeln

cue /kju:/ *Nomen, Verb*
▸ ***Nomen*** **1** (*im Theater etc.*) Stichwort; (*fig*) Signal, Anlass **2** Billardstock, Queue IDM **(right) on cue** wie gerufen **take your 'cue from sb/sth** sich nach jdm/etw richten
▸ ***Verb*** (**cue·ing, cued, cued**) **~ sb** das Stichwort geben, ein Zeichen geben

cuff /kʌf/ *Nomen, Verb*
▸ ***Nomen*** **1** Manschette **2 cuffs** [Pl] (*umgs*) Handschellen **3** (*AmE*) Hosenaufschlag **4** Klaps IDM **,off the 'cuff** aus dem Handgelenk; aus dem Stegreif ◊ *an off-the-cuff remark* eine spontane Äußerung
▸ ***Verb*** einen Klaps geben

cuff·link /'kʌflɪŋk/ *Nomen* [meist Pl] Manschettenknopf

cuis·ine /kwɪ'zi:n/ *Nomen* (*Kochkunst*) Küche

cul-de-sac /'kʌl də sæk/ *Nomen* (*Pl* **cul-de-sacs** *oder* **culs-de-sac**) Sackgasse

cu·lin·ary /'kʌlɪnəri; *AmE* -neri/ *Adj* [nur vor Nomen] (*gehoben*) kulinarisch ◊ *culinary skills* Kochkünste

cull /kʌl/ *Verb, Nomen*
▸ ***Verb*** **1** erlegen; (*Herde*) keulen, ausmerzen **2** auswählen ◊ *paintings culled from several galleries* Gemälde, die aus verschiedenen Gallerien zusammengetragen wurden
▸ ***Nomen*** Auslese

cul·min·ate /'kʌlmɪneɪt/ *Verb* (*gehoben*) einen Höhepunkt erreichen; **~ in/with sth** in etw gipfeln, mit etw enden

cul·min·ation /ˌkʌlmɪ'neɪʃn/ *Nomen* [Sing] Höhepunkt

culp·abil·ity /ˌkʌlpə'bɪləti/ *Nomen* Schuld

culp·able /'kʌlpəbl/ *Adj* (*gehoben*) schuldig, schuldhaft

cul·prit /'kʌlprɪt/ *Nomen* Täter(in), Schuldige(r), Übeltäter(in) ◊ *The main culprit is modern farming techniques.* Hauptübeltäter sind die modernen Anbaumethoden.

cult /kʌlt/ *Nomen* Kult

cul·ti·vate /'kʌltɪveɪt/ *Verb* kultivieren; (*Getreide, Gemüse auch*) anbauen ◊ *She cultivated an American accent.* Sie kultivierte einen amerikanischen Akzent. ◊ *He tried to cultivate good relations with the press.* Er bemühte sich um gute Beziehungen zur Presse.

cul·ti·vated /'kʌltɪveɪtɪd/ *Adj* **1** (*Mensch, Boden*) kultiviert **2** (*Pflanzen*) Zucht- ◊ *cultivated mushrooms* Zuchtpilze

cul·ti·va·tion /ˌkʌltɪ'veɪʃn/ *Nomen* **1** (*Felder, Boden*) landwirtschaftliche Nutzung **2** (*Getreide, Gemüse etc.*) Anbau **3** (*Beziehungen*) Pflege

cul·ti·va·tor /'kʌltɪveɪtə(r)/ *Nomen* **1** Ackerbauer, Ackerbäuerin **2** (*Maschine*) Kultivator

cul·tural 🔑 /'kʌltʃərəl/ *Adj* (*Adv* **cul·tur·al·ly** /-rəli/) kulturell

cul·ture 🔑 /'kʌltʃə(r)/ *Nomen, Verb*
▸ ***Nomen*** **1** Kultur **2** Zucht
▸ ***Verb*** (*Zellen*) züchten

cul·tured /'kʌltʃəd; *AmE* -tʃərd/ *Adj* **1** (*Mensch*) gebildet **2** (*Zellen*) kultiviert **3** (*Perlen*) Zucht-

'culture shock *Nomen* Kulturschock

cum /kʌm/ *Präp, Nomen*
▸ ***Präp*** und ... in einem ◊ *a bedroom-cum-study* Schlaf- und Arbeitszimmer in einem
▸ ***Nomen*** (*Slang*) (*Sperma*) Soße

cum·ber·some /'kʌmbəsəm; *AmE* -bərsəm/ *Adj* **1** sperrig, unhandlich **2** aufwendig, umständlich; (*Verfahren*) langwierig

cumin /'kju:mɪn, 'kʌmɪn/ *Nomen* Kreuzkümmel

cu·mu·la·tive /'kju:mjələtɪv; *AmE* -leɪtɪv/ *Adj* (*Adv* **cu·mula·tive·ly**) kumulativ, Gesamt- ◊ *the cumulative effect* die Gesamtwirkung

cun·ning /'kʌnɪŋ/ *Adj, Nomen*
▸ ***Adj*** (*Adv* **cun·ning·ly**) **1** (*abwert*) (*Mensch*) gerissen, schlau **2** (*Plan etc.*) geschickt, clever
▸ ***Nomen*** Gerissenheit, Schläue

cunt /kʌnt/ *Nomen* (*vulg*) **1** Möse **2** (*abwert*) (*Mensch*) Fotze, Arsch(loch)

cup 🔑 /kʌp/ *Nomen, Verb*
▸ ***Nomen*** **1** Tasse **2** (*in Zusammensetzungen*) -becher ◊ *a paper cup* ein Pappbecher ◊ *an egg cup* ein Eierbecher **3** Pokal **4** (*am BH*) Körbchen **5** Bowle IDM **(not) sb's cup of 'tea** (nicht) jds Fall
▸ ***Verb*** (-**pp**-) **1 ~ your hand(s)** die Hände wölben **2 ~ sth (in your hands)** etw (in der Hand) halten ◊ *He cupped her face in his hands.* Er umfasste ihr Gesicht mit beiden Händen.

cup·board 🔑 /'kʌbəd; *AmE* -bərd/ *Nomen* **1** Schrank **2** (*BrE*) Wandschrank IDM **the ˌcupboard is 'bare** (*BrE*) die Kasse ist leer → *Siehe auch* SKELETON

cup·cake /'kʌpkeɪk/ *Nomen* (*bes AmE*) = kleiner runder Kuchen

'cup final (*auch* **'Cup Final**) *Nomen* (*BrE*) Pokalfinale

cup·ful /'kʌpfʊl/ *Nomen* (*Maß*) Tasse

Cupid /'kju:pɪd/ *Nomen* **1** Amor, Cupido **2 cupid** Amorette IDM **play 'Cupid** Amor spielen

cu·pola /'kju:pələ/ *Nomen* Kuppel

cuppa /'kʌpə/ *Nomen* (*BrE, umgs*) Tasse Tee

'cup tie *Nomen* (*BrE*) Pokalspiel

cur·able /'kjʊərəbl; *AmE* 'kjʊr-/ *Adj* heilbar

cur·ate /'kjʊərət; *AmE* 'kjʊrət/ *Nomen* = Vertreter(in) eines Pfarrers/einer Pfarrerin in der anglikanischen Kirche IDM **the ˌcurate's 'egg** (*BrE*) etwas, das gute und schlechte Seiten hat

cura·tive /'kjʊərətɪv; *AmE* 'kjʊr-/ *Adj* (*gehoben*) heilend

cur·ator /kjʊə'reɪtə(r); *AmE* kjʊ'-/ *Nomen* Museumsdirektor(in)

curb 🔑 /kɜ:b; *AmE* kɜ:rb/ *Verb, Nomen*
▸ ***Verb*** begrenzen, einschränken
▸ ***Nomen*** **1 ~ (on sth)** Eindämmung (einer Sache), Begrenzung (einer Sache) **2** (*AmE*) Bordstein

curd /kɜ:d; *AmE* kɜ:rd/ *Nomen* (*auch* **curds**) = fetthaltige Masse, die übrig bleibt, nachdem die Molke von der geronnenen Milch abgegossen worden ist, und die zur Käseproduktion verwendet wird

cur·dle /'kɜ:dl; *AmE* 'kɜ:rdl/ *Verb* gerinnen (lassen)

cure 🔑 /kjʊə(r); *AmE* kjʊr/ *Verb, Nomen*
▸ ***Verb*** **1** heilen **2** abhelfen ◊ *I finally managed to cure the rattle in my car.* Ich habe es endlich geschafft, dem Rattern in meinem Auto beizukommen. **3 ~ sb of sth** jdm etw austreiben **4** (*Fisch*) räuchern; (*Fleisch auch*) pökeln; (*Tabak*) trocknen
▸ ***Nomen*** **1** Heilmittel; (*fig*) Mittel ◊ *a cure for poverty* ein Mittel gegen Armut **2** Heilung IDM → PREVENTION

cur·few /'kɜ:fju:; *AmE* 'kɜ:rfju:/ *Nomen* **1** Ausgangssperre **2** (*AmE*) = Zeit, zu der Kinder spätestens zu Hause sein müssen ◊ *I have a 10 o'clock curfew.* Ich muss um 10 Uhr zu Hause sein.

curio /'kjʊəriəʊ; *AmE* 'kjʊrioʊ/ *Nomen* (*Pl* **-os**) Kuriosität

curi·os·ity /ˌkjʊəri'ɒsəti; *AmE* ˌkjʊri'ɑ:sə-/ *Nomen* **1** Neugier **2** Kuriosität

curi·ous 🔑 /'kjʊəriəs; *AmE* 'kjʊr-/ *Adj* (*Adv* **curi·ous·ly**) **1** neugierig ◊ *Everyone was curious as to why Mark was leaving.* Jeder wollte wissen, warum Mark wegging. **2** merkwürdig, seltsam ◇ *Curiously (enough), exactly the same thing happened again.* Merkwürdigerweise passierte genau das Gleiche noch einmal.

curl /kɜːl; *AmE* kɜːrl/ *Verb, Nomen*
▸ ***Verb*** **1** *(Haar)* sich locken; *(Lippen)* sich kräuseln ◇ *His hair curls naturally.* Sein Haar ist natürlich gelockt. **2** *(Lippe)* kräuseln; *(Ball)* schlenzen **3** ~ **(up)** sich zusammenrollen **4** sich winden ◇ *The smoke curled steadily upwards.* Rauchkringel stiegen auf. IDM → TOE
▸ ***Nomen*** **1** Locke **2** Kringel ◇ *a contemptuous curl of the lip* ein verächtliches Kräuseln der Lippe

curl·er /ˈkɜːlə(r); *AmE* ˈkɜːrlər/ *Nomen* Lockenwickler

cur·lew /ˈkɜːljuː; *AmE* ˈkɜːrl-/ *Nomen* Brachvogel

curl·ing /ˈkɜːlɪŋ; *AmE* ˈkɜːrlɪŋ/ *Nomen* Eisstockschießen, Curling

curly /ˈkɜːli; *AmE* ˈkɜːrli/ *Adj* (**curl·ier, curli·est**) lockig, kraus ◇ *a curly-headed boy* ein Junge mit einem Lockenkopf ◇ *a pig with a curly tail* ein Schwein mit Ringelschwanz

cur·mudg·eon·ly /kɜːˈmʌdʒənli; *AmE* kɜːrˈ-/ *Adj* grantig

cur·rant /ˈkʌrənt; *AmE* ˈkɜːrənt/ *Nomen* **1** Korinthe **2** *(meist in Zusammensetzungen)* (BOT) Johannisbeere

cur·rency /ˈkʌrənsi; *AmE* ˈkɜːr-/ *Nomen* (*Pl* **-ies**) **1** Währung ◇ *the local currency* die Landeswährung ◇ *foreign currencies* Devisen **2** Verbreitung, Gebräuchlichkeit ◇ *The qualification has gained currency all over the world.* Der Abschluss ist inzwischen weltweit anerkannt.

cur·rent /ˈkʌrənt; *AmE* ˈkɜːrənt/ *Adj, Nomen*
▸ ***Adj*** **1** [nur vor Nomen] gegenwärtig, derzeitig, aktuell ◇ *the current year* das laufende Jahr **2** gebräuchlich
▸ ***Nomen*** **1** Strömung, Strom **2** (ELEK) Strom ◇ *a 15 amp electrical current* 15 Ampere Stromstärke **3** *(fig)* Tendenz, Trend(welle)

ˈ**current account** *Nomen* *(BrE)* Girokonto

ˌ**current afˈfairs** *Nomen* [Pl] Tagespolitik, aktuelle Ereignisse

cur·rent·ly /ˈkʌrəntli; *AmE* ˈkɜːr-/ *Adv* derzeit, zurzeit, momentan

cur·ricu·lar /kəˈrɪkjələ(r)/ *Adj* lehrplanmäßig, Lehrplan-

cur·ricu·lum /kəˈrɪkjələm/ *Nomen* (*Pl* **cur·ric·ula** /-lə/ *oder* **cur·ricu·lums**) Lehrplan *(BrE)* ◇ *Spanish is on the curriculum.* Spanisch steht auf dem Lehrplan.

cur·ricu·lum vitae /kəˌrɪkjələm ˈviːtaɪ/ *Nomen* **1** *(BrE)* = CV **2** *(AmE)* akademischer Lebenslauf

cur·ried /ˈkʌrid; *AmE* ˈkɜːrid/ *Adj* [nur vor Nomen] mit Curry gewürzt, Curry- ◇ *curried chicken* Hähnchencurry

curry /ˈkʌri; *AmE* ˈkɜːri/ *Nomen, Verb*
▸ ***Nomen*** Curry(gericht)
▸ ***Verb*** (**cur·ries, curry·ing, cur·ried, cur·ried**) mit Curry zubereiten IDM **curry ˈfavour (with sb)** *(abwert)* sich (bei jdm) anbiedern; sich (bei jdm) einschmeicheln

curse /kɜːs; *AmE* kɜːrs/ *Nomen, Verb*
▸ ***Nomen*** **1** Fluch *(auch fig)* ◇ *He muttered a curse at the driver.* Er fluchte über den Fahrer. **2 the curse** [Sing] *(umgs, veraltet)* *(Menstruation)* die Tage
▸ ***Verb*** **1** fluchen **2** ~ **(sb/sth) (for sth)** (jdn/etw) (wegen einer Sache) verfluchen **3** mit einem Fluch belegen PHR V **be ˈcursed with sth** von etw verfolgt sein, mit etw geschlagen sein

cursed *Adj* **1** /kɜːst; *AmE* kɜːrst/ verwünscht, verflucht **2** /ˈkɜːsɪd; *AmE* ˈkɜːrsɪd/ [nur vor Nomen] *(veraltet)* verdammt, verflucht

cur·sive /ˈkɜːsɪv; *AmE* ˈkɜːrsɪv/ *Adj* Schreibschrift- ◇ *cursive script recognition* Schreibschrifterkennung

cur·sor /ˈkɜːsə(r); *AmE* ˈkɜːrsər/ *Nomen* (COMP) Cursor

curs·ory /ˈkɜːsəri; *AmE* ˈkɜːrsə-/ *Adj* (*Adv* **cur·sor·ily** /-rəli/) *(oft abwert)* flüchtig, oberflächlich

curt /kɜːt; *AmE* kɜːrt/ *Adj* (*Adv* **curt·ly**) schroff, kurz angebunden

cur·tail /kɜːˈteɪl; *AmE* kɜːrˈ-/ *Verb* *(gehoben)* (ver)kürzen; *(Urlaub)* abbrechen; *(Rechte)* beschneiden

cur·tail·ment /kɜːˈteɪlmənt; *AmE* kɜːrˈ-/ *Nomen* *(gehoben)* Kürzung, Einschränkung; *(von Rechten)* Beschneidung ◇ *the curtailment of the holiday due to illness* das Abbrechen des Urlaubs wegen Krankheit

cur·tain /ˈkɜːtn; *AmE* ˈkɜːrtn/ *Nomen, Verb*
▸ ***Nomen*** **1** Vorhang ◇ *We left just before the final curtain.* Wir verließen das Theater kurz vor Ende des Stücks. ◇ *(fig) It was the final curtain for the old cinema.* Das war das Aus für das alte Kino. **2** *(AmE)* Gardine, Store **3** [meist Sing] *(fig)* Schleier, Wand ◇ *a curtain of smoke* ein Rauchschleier IDM **be curtains (for sb)** *(umgs)* das Ende (für jdn) sein **bring down the ˈcurtain on sth**; **bring the ˈcurtain down on sth** etw beenden; den Vorhang über etw senken
▸ ***Verb*** mit Vorhängen versehen PHR V ˌ**curtain sth ˈoff** etw durch einen Vorhang abtrennen

ˈ**curtain call** *Nomen* (THEAT) Vorhang ◇ *The actors had to take ten curtain calls.* Die Schauspieler mussten zehn Mal vor den Vorhang treten.

ˈ**curtain-raiser** *Nomen* **1** *(fig)* Auftakt, Vorspiel **2** (THEAT) (kurzes) Vorspiel

curt·ly *Adv* → CURT

curtsy /ˈkɜːtsi; *AmE* ˈkɜːrt-/ *Nomen, Verb*
▸ ***Nomen*** *(auch* **curt·sey***)* (*Pl* **-ies** *oder* **-eys**) Knicks
▸ ***Verb*** (**curt·sies, curt·sying, curt·sied, curt·sied**) *(auch* **curt·sey***)* knicksen ◇ *She curtsied to the Queen.* Sie machte einen Hofknicks vor der Königin.

curv·aceous /kɜːˈveɪʃəs; *AmE* kɜːrˈ-/ *Adj* *(umgs)* kurvenreich, üppig

curv·ature /ˈkɜːvətʃə(r); *AmE* ˈkɜːrv-/ *Nomen* *(Fachspr)* Krümmung

curve /kɜːv; *AmE* kɜːrv/ *Nomen, Verb*
▸ ***Nomen*** **1** Kurve, Bogen → *Siehe auch* LEARNING CURVE **2** Rundung **3** *(auch* ˈ**curve ball***)* *(beim Baseball)* = angeschnittener Ball, der eine bogenförmige Flugbahn beschreibt ◇ *(fig) The journalist threw the senator a curve.* Der Journalist überrumpelte den Senator mit einer Frage.
▸ ***Verb*** **1** einen Bogen machen, sich krümmen, sich wölben ◇ *The road curves around the bay.* Die Straße verläuft in einem Bogen um die Bucht herum. ◇ *His lips curved in a smile.* Seine Lippen verzogen sich zu einem Lächeln. **2** biegen, krümmen

curved /kɜːvd; *AmE* kɜːrvd/ *Adj* gebogen, geschwungen, gekrümmt ◇ *a curved roof* ein gewölbtes Dach

curvy /ˈkɜːvi; *AmE* ˈkɜːrvi/ *Adj* *(umgs)* kurvenreich ◇ *curvy lines* geschwungene Linien

cush·ion /ˈkʊʃn/ *Nomen, Verb*
▸ ***Nomen*** **1** Kissen ◇ *scatter cushions* Sofakissen **2** *(fig)* Polster **3** *(beim Billard)* Bande
▸ ***Verb*** **1** abfangen, dämpfen **2** ~ **sb/sth (against/from sth)** jdn/etw (gegen/vor etw) schützen, jdn/etw (gegen etw) abschirmen ◇ *The South has been cushioned from the recession.* Der Süden ist von der Rezession verschont geblieben. **3** *(meist passiv)* (aus)polstern

cushy /ˈkʊʃi/ *Adj* (**cush·ier, cush·iest**) *(umgs, oft abwert)* bequem, angenehm IDM **a cushy ˈnumber** *(BrE)* **1** ein gemütlicher Job **2** *(Situation)* ◇ *He's got a very cushy number.* Er hat's wirklich gut.

cusp /kʌsp/ *Nomen* **1** *(Fachspr)* Scheitelpunkt, Spitze **2** (ASTRON) = Übergang zwischen zwei Sternbildern ◇

(*fig*) *He was on the cusp of fame.* Er befand sich an der Schwelle zum Ruhm.

cuss /kʌs/ *Verb, Nomen*

▸ ***Verb*** (*umgs, veraltet*) **1** fluchen **2** verfluchen, beschimpfen

▸ ***Nomen*** (*umgs, veraltet*) **1** ◇ *an awkward cuss* ein komischer Kauz **2** Fluch ◇ *cuss words* Schimpfwörter

cus·tard /ˈkʌstəd; *AmE* -stərd/ *Nomen* **1** (*AmE meist* ˌ**custard ˈsauce**) Vanillesoße **2** Vanilleauflauf

ˌ**custard ˈpie** *Nomen* = Torte mit Vanillefüllung, die sich Komödianten etc. gegenseitig ins Gesicht werfen

cus·to·dial /kʌˈstəʊdiəl; *AmE* kʌˈstoʊ-/ *Adj* **1** (RECHT) Haft- ◇ *a custodial sentence* eine Freiheitsstrafe **2** Vormundschafts-, Fürsorge- ◇ *Who is the custodial parent?* Wer hat das Sorgerecht?

cus·to·dian /kʌˈstəʊdiən; *AmE* kʌˈstoʊ-/ *Nomen* **1** Aufseher(in), Wächter(in), Hüter(in) **2** (*AmE*) Hausmeister(in)

cus·tody /ˈkʌstədi/ *Nomen* **1** Obhut **2** (*von Kindern*) Sorgerecht **3** Haft ◇ *take sb into police custody* jdn verhaften ◇ (*BrE*) *He was remanded in custody.* Er musste in Untersuchungshaft bleiben.

cus·tom 0➔ /ˈkʌstəm/ *Nomen, Adj*

▸ ***Nomen*** **1** Brauch, Sitte **2** [Sing] (*gehoben*) (An)gewohnheit ◇ *As was his custom, he knocked three times.* Wie immer klopfte er dreimal. **3** (*BrE, gehoben*) Kundschaft ◇ *Thank you for your custom.* Vielen Dank für Ihren Einkauf. ➔ *Siehe auch* CUSTOMS

▸ ***Adj*** [nur vor Nomen] (*bes AmE*) = CUSTOM-BUILT *und* CUSTOM-MADE

cus·tom·ar·ily /ˈkʌstəmərəli; *AmE* ˌkʌstəˈmerəli/ *Adv* in der Regel, normalerweise

cus·tom·ary /ˈkʌstəməri; *AmE* -meri/ *Adj* **1** üblich **2** gewohnt

ˌ**custom-ˈbuilt** (*bes AmE* **cus·tom**) *Adj* speziell angefertigt, maßgeschneidert

cus·tom·er 0➔ /ˈkʌstəmə(r)/ *Nomen* **1** Kunde, Kundin ◇ *a regular customer* ein Stammkunde ◇ *The firm has excellent customer relations.* Die Firma hat eine ausgezeichnete Kundenbetreuung. **2** (*umgs, veraltet*) Person, Kerl ◇ *an awkward customer* eine schwierige Person ◇ *an ugly customer* ein gewalttätiger Kerl

ˈ**customer-facing** *Adj* [nur vor Nomen] (WIRTSCH) mit direktem Kundenkontakt ◇ *customer-facing operations such as call centres* Unternehmen mit direktem Kundenkontakt wie etwa Callcenter

cus·tom·ize (*BrE auch* **-ise**) /ˈkʌstəmaɪz/ *Verb* individuell gestalten

cus·tom·ized /ˈkʌstəmaɪzd/ *Adj* individuell zugeschnitten ◇ *a customized car* ein Auto mit einer besonderen Ausstattung

ˌ**custom-ˈmade** (*bes AmE* **cus·tom**) *Adj* speziell angefertigt, maßgeschneidert

cus·toms 0➔ /ˈkʌstəmz/ *Nomen* [Pl] **1** (*meist* **Customs**; *BrE auch* **Revenue and Customs**; *AmE auch* **US. Customs and Border Protection**) Zoll(behörde) ◇ *customs officers* Zollbeamte **2** Zoll(abfertigung) **3** Zoll (abgabe) ◇ *customs duty* Zoll(abgabe)

cut 0➔ /kʌt/ *Verb, Nomen*

▸ ***Verb*** (**cut·ting, cut, cut**) **1** schneiden ◇ *He cut his face shaving.* Er hat sich beim Rasieren geschnitten. ◇ *He's had his hair cut really short.* Er hat sich die Haare sehr kurz schneiden lassen. ◇ *The swimsuit was cut high in the leg.* Der Badeanzug war am Bein weit ausgeschnitten. ◇ *cut the grass* den Rasen mähen ◇ *The bus was cut in two by the train.* Der Bus wurde vom Zug in zwei Teile gerissen. ◇ *She had fallen and cut her head open.* Sie war hingefallen und hatte sich den Kopf aufgeschlagen. ◇ *Two survivors were cut free.* Zwei Überlebende wurden mit der Rettungsschere aus dem Wrack befreit. ◇ *The canoe quickly cut through the water.* Das Kanu zog schnell durch das Wasser. **2** abschneiden ◇ *I cut them all a piece of cake.* Ich schnitt jedem ein Stück Kuchen ab. ◇ *cut flowers* Schnittblumen **3** schlagen, hauen, schnitzen ◇ *The climbers cut steps in the ice.* Die Bergsteiger schlugen Stufen in das Eis. **4** sich schneiden lassen ◇ *Sandstone cuts easily.* Sandstein läßt sich leicht schneiden. **5** kürzen, reduzieren; (*Produktion etc.*) verringern; (*Preise, Kosten*) senken **6** abbrechen, kappen ◇ *His oxygen supply was cut.* Seine Sauerstoffzufuhr wurde unterbrochen. **7** (*aus einem Film, Text etc.*) herausschneiden, streichen **8** (*beim Filmen etc.*) **Cut!** Schnitt! **9** (*Filmszene*) überblenden **10** (COMP) ausschneiden **11** (*umgs*) aufhören mit **12** (*bes AmE, umgs*) (*Unterricht*) schwänzen **13** (*Diamanten*) schleifen **14** (*Schlüssel*) anfertigen **15** (*gehoben*) (*Gefühle*) verletzen, treffen **16** (*Karten*) abheben ◇ *Let's cut for dealer.* Wir heben ab, um zu bestimmen, wer geben soll. **17** (*Zahn*) bekommen **18** (*CD, Platte*) aufnehmen, pressen **19** (*Drogen*) verschneiden

IDM **cut and ˈrun** (*BrE, umgs*) abhauen; verschwinden

ⓘ Für andere Redewendungen mit **cut** siehe die Einträge für die Nomina und Adjektive. **Cut your losses** z.B. steht unter **loss**.

PHR V ˌ**cut aˈcross sth** **1** etw durchbrechen ◇ *lessons which cut across traditional subject boundaries* fächerübergreifender Unterricht ◇ *Sports cut across age and class distinctions.* Sport kennt keine Alters- und Klassenunterschiede. **2** einer Sache widersprechen **3** (*auch* ˌ**cut ˈthrough sth**) etw durchqueren ◇ *I usually cut across the park.* Ich nehme meist die Abkürzung durch den Park. ˌ**cut sth aˈway (from sth)** etw (von etw) wegschneiden, etw (von etw) entfernen ˌ**cut sth ˈback** **1** (*auch* ˌ**cut ˈback (on sth)**) (bei) etw zurückschrauben, etw verringern ◇ *cut back on spending* die Ausgaben kürzen **2** (*Pflanzen*) zurückschneiden ˌ**cut sb ˈdown** (*gehoben*) jdn töten, jdn dahinraffen ˌ**cut sth ˈdown** etw (zurück) schneiden; (*Baum etc.*) fällen ˌ**cut ˈdown (on sth)** sich (bei etw) einschränken ◇ *I won't have a cigarette, thanks—I'm trying to cut down.* Keine Zigarette, danke. Ich versuche weniger zu rauchen. ˌ**cut sth ˈdown (to sth)** etw (auf etw) reduzieren; (*Text etc.*) auf etw kürzen ˌ**cut ˈin** **1** (*Motor etc.*) anspringen, sich einschalten **2** (*AmE*) sich vordrängeln **3** ~ **ˈin (on sb/sth)** (etw/jdn) unterbrechen ◇ *She kept cutting in on our conversation.* Sie fiel uns dauernd ins Wort. **4** (*auch* ˌ**cut sb ˈup**) (*Auto*) jdn schneiden, sich vor ein anderes Auto hineindrängen ˌ**cut sb ˈin (on sth)** (*umgs*) jdn (an etw) beteiligen ˌ**cut sb ˈoff** jdn enterben ˌ**cut sb/sth ˈoff** **1** jdn/etw unterbrechen **2** (*oft passiv*) (jdm) etw abstellen ◇ *They were cut off for not paying their phone bill.* Weil sie die Rechnung nicht bezahlt hatten, stellte man ihnen das Telefon ab. ◇ *Her father cut off her allowance.* Ihr Vater hat ihr alle finanzielle Unterstützung gestrichen. ◇ *They cut off the supply of oil to the North.* Sie haben die Ölzufuhr zum Norden abgeschnitten. ◇ *They threatened to cut off the aid programme.* Sie drohten das Hilfsprogramm zu stoppen. ˌ**cut sth ˈoff** **1** etw abschneiden, etw abhacken, etw abschlagen **2** (*Weg, Sicht etc.*) versperren ◇ *They cut off the enemy's retreat.* Sie schnitten dem Feind den Rückzug ab. ˌ**cut sth ˈoff sth** etw von etw abschneiden, etw von etw abhacken, etw von etw abschlagen ◇ (*fig*) *The winner cut ten seconds off the world record.* Der Gewinner verbesserte den Weltrekord um zehn Sekunden. ˌ**cut sb/sth ˈoff (from sb/sth)** (*oft passiv*) jdn/etw (von etw) abschneiden ◇ *He cut himself off from all human contact.* Er zog sich von den Menschen zurück. ˌ**cut ˈout** (*Motor etc.*) aussetzen ˌ**cut sb ˈout of sth** jdn aus etw streichen ˌ**cut sth ˈout** **1** (*Kleid etc.*) etw zuschneiden ◇ (*fig*) *He's cut out a niche for himself in journalism.* Er hat eine journalistische Nische für sich geschaffen. **2** (*umgs*) mit etw aufhören **3** etw auslassen, etw weglassen **4** (*Licht*) wegnehmen, abschirmen ◇ *Thick branches cut out the sunlight.* Die großen Zweige ließen das Licht nicht herein. **ˌcut sth ˈout (of sth) 1** etw (aus etw) ausschneiden **2** etw (bei etw) weglassen, (bei etw) auf etw verzichten **be ˌcut ˈout for sth; be ˌcut ˈout to be sth** (*umgs*) für etw geschaffen sein, für etw geeignet sein **ˌcut ˈthrough sth 1** = CUT ACROSS STH **2** sich einen Weg durch etw bahnen **ˌcut sth ˈthrough sth** ◇ *The prisoners cut their way through the barbed wire.* Die Gefangenen zerschnitten den Stacheldraht und bahnten sich so einen Weg nach draußen. ◇ *They are planning to cut a road through the wood.* Sie planen eine Straße durch den Wald zu bauen. **ˌcut sb ˈup** (*umgs*) **1** (*in einer Schlägerei etc.*) jdn zurichten **2** (*meist passiv*) jdn mitnehmen ◇ *She was pretty cut up about them leaving.* Sie war durch ihre Abreise sehr mitgenommen. **3** = CUT IN (4) **ˌcut sth ˈup** etw aufschneiden, etw klein schneiden

▸ ***Nomen*** **1** Schnittwunde **2** Schnitt ◇ *Make a small cut in the material.* Machen Sie einen kleinen Einschnitt in den Stoff. **3** (Ver)kürzung ◇ *price cuts* Preissenkungen **4** (Haar)schnitt, Schneiden ◇ *Your hair could do with a cut.* Deine Haare müssten mal wieder geschnitten werden. **5** (*von Edelsteinen*) Schliff **6** (*Gewinn-*) Anteil **7** (*Fleisch-*) Stück → *Siehe auch* COLD CUTS IDM **a cut aˈbove sb/sth** jdm/etw überlegen **the cut and ˈthrust (of sth)** (*BrE*) ◇ *the cut and thrust of political debate* der animierte Schlagabtausch der politischen Debatte ◇ *the cut and thrust of the business world* der Konkurrenzkampf im Geschäftsleben

ˌcut and ˈdried (*auch* **ˌcut-and-ˈdried**) *Adj* eindeutig ◇ *Things aren't as cut and dried as you think.* Das ist nicht so einfach, wie du denkst.

cut·back /ˈkʌtbæk/ *Nomen* [meist Pl] ~ (**in sth**) Kürzung (einer Sache) ◇ *staff cutbacks* Personalabbau

cute /kjuːt/ *Adj* **1** niedlich, süß **2** (*bes AmE, umgs*) sexy **3** (*bes AmE, umgs*) schlau, clever ◇ *Don't get cute with me!* Komm mir nicht auf die schlaue Art!

cut·icle /ˈkjuːtɪkl/ *Nomen* Nagelhaut

cutie /ˈkjuːti/ *Nomen* (*umgs*) niedliches Ding ◇ *He's a real cutie.* Er ist ein wirklich lieber Kerl.

ˈcut-in *Nomen* (FILM) eingeschnittene Szene

cut·lass /ˈkʌtləs/ *Nomen* Entermesser

cut·lery /ˈkʌtləri/ *Nomen* **1** (*BrE*) Besteck **2** (*AmE*) Messer

cut·let /ˈkʌtlət/ *Nomen* **1** Kotelett, Schnitzel **2** (*in Zusammensetzungen*) = Hackfleisch oder andere Zutaten, die in Form eines Koteletts zubereitet werden ◇ *nut cutlets* Nussbrätlinge

ˈcut-off *Nomen, Adj*

▸ ***Nomen*** **1** Grenze, Endpunkt ◇ *Is there a cut-off point between childhood and adulthood?* Gibt es eine klare Trennlinie zwischen der Kindheit und dem Erwachsensein? **2** Abbruch **3 cut-offs** [Pl] abgeschnittene Hose

▸ ***Adj*** (*Hosen*) abgeschnitten

ˈcut-out *Nomen* **1** Ausschneidemodell ◇ *a cardboard cut-out* ein Ausschneidemodell aus Pappe **2** (ELEK) Unterbrecher

ˌcut-ˈprice *Adj* [nur vor Nomen] (*AmE meist* **ˌcut-ˈrate**) Billig- ◇ *cut-price goods* Billigwaren

cut·ter /ˈkʌtə(r)/ *Nomen* **1** (*meist in Zusammensetzungen*) Schneidewerkzeug ◇ *a biscuit cutter* eine Ausstechform **2** (*meist in Zusammensetzungen*) ◇ *a glass cutter* ein(e) Glasschneider(in) ◇ *sugar-cane cutters* Zuckerrohrarbeiter **3 cutters** [Pl] Schere ◇ *a pair of wire cutters* eine Drahtschere **4** Kutter

ˈcut-throat *Adj* halsabschneiderisch; (*Wettbewerb etc.*) gnadenlos

cut·ting /ˈkʌtɪŋ/ *Nomen, Adj*

▸ ***Nomen*** **1** (*auch* **ˈpress cutting**) (*BrE*) Zeitungsausschnitt **2** (BOT) Ableger **3** (*BrE*) (*für Straßen etc.*) Durchstich

▸ ***Adj*** **1** kränkend ◇ *cutting remarks* spitze Bemerkungen **2** (*Wind*) schneidend

ˈcutting board *Nomen* (*AmE*) Schneidebrett

ˌcutting ˈedge *Nomen* [Sing] **1 the cutting edge (of sth)** die vorderste Front (einer Sache) ◇ *working at the cutting edge of computer technology* an der neuesten Informationstechnologie arbeiten **2** Überlegenheit

ˌcutting-ˈedge *Adj* modern, Hightech- ◇ *cutting-edge technology* modernste Technologie

ˈcutting room *Nomen* Schneideraum

cuttle·fish /ˈkʌtlfɪʃ/ *Nomen* (*Pl* **cuttle·fish**) Tintenfisch

cutup /ˈkʌtʌp/ *Nomen* (*AmE, umgs*) Witzbold

CV /ˌsiː ˈviː/ *Kurzform vor* **curriculum vitae** Lebenslauf

cwt *Abk* (*Pl* **cwt**) = HUNDREDWEIGHT

cy·an·ide /ˈsaɪənaɪd/ *Nomen* Zyanid

cyber- /ˈsaɪbə(r)/ *Vorsilbe* (*in Nomina und Adjektiven verwendet*) (*auf elektronische Kommunikationsnetze, besonders das Internet bezogen*) Kyber-, Internet- ◇ *cybernetics* Kybernetik ◇ *cyberspace* Cyberspace

cyber·attack /ˈsaɪbərətæk/ *Nomen* Cyberangriff

cyber·bully·ing /ˈsaɪbəbʊliŋ; *AmE* -bərb-/ *Nomen* [U] Cybermobbing

cyc·la·men /ˈsɪkləmən; *AmE* ˈsaɪk-/ *Nomen* (*Pl* **cyc·la·men** *oder* **cyc·la·mens**) Alpenveilchen

cycle 0‑ /ˈsaɪkl/ *Nomen, Verb*

▸ ***Nomen*** **1** Fahrrad, Motorrad ◇ *We went for a cycle ride.* Wir haben eine Fahrradtour gemacht. **2** Zyklus, Turnus, Kreislauf ◇ *the rinse cycle* der Spülgang → *Siehe auch* LIFE CYCLE **3** Schwingung

▸ ***Verb*** (*bes BrE*) (mit dem) Rad fahren

ˈcycle lane *Nomen* (*BrE*) Radweg

cyc·lic /ˈsaɪklɪk, ˈsɪk-/ *Adj* (*auch* **cyc·lic·al** /-lɪkl/; **cyc·lic·al·ly** /-kli/ zyklisch

cyc·ling 0‑ /ˈsaɪklɪŋ/ *Nomen* Radfahren ◇ *Do you like cycling?* Fährst du gern Rad? ◇ *cycling shorts* Radlerhosen

cyc·list /ˈsaɪklɪst/ *Nomen* Radfahrer(in)

cyc·lone /ˈsaɪkləʊn; *AmE* -kloʊn/ *Nomen* Zyklon

cyg·net /ˈsɪɡnət/ *Nomen* junger Schwan

cy·lin·der /ˈsɪlɪndə(r)/ *Nomen* Zylinder, Rolle; (*Revolver-*) Trommel ◇ *a gas cylinder* eine Gasflasche IDM **working/firing on all ˈcylinders** auf vollen Touren laufen

cy·lin·dric·al /səˈlɪndrɪkl/ *Adj* zylindrisch

cym·bal /ˈsɪmbl/ *Nomen* [meist Pl] (MUS) Becken

cynic /ˈsɪnɪk/ *Nomen* Zyniker(in)

cyn·ic·al /ˈsɪnɪkl/ *Adj* (*Adv* **cyn·ic·al·ly** /-kli/) zynisch

cyni·cism /ˈsɪnɪsɪzəm/ *Nomen* Zynismus

cy·pher = CIPHER

cy·press /ˈsaɪprəs/ *Nomen* Zypresse

cyst /sɪst/ *Nomen* Zyste

cys·tic fi·bro·sis /ˌsɪstɪk faɪˈbrəʊsɪs; *AmE* -ˈbroʊ-/ *Nomen* [U] Mukoviszidose

cyst·itis /sɪˈstaɪtɪs/ *Nomen* [U] Blasenentzündung

czar, czar·ina, czar·ist = TSAR, TSARINA *und* TSARIST

D d

D, d /diː/ *Nomen, Abk*

▸ ***Nomen*** (*Pl* **Ds, D's, d's**) (*Buchstabe*) D, d → *Beispiele bei* A, A

▸ ***Abk*** **1 D** = DEMOCRAT **2 d** = DIE **3 d** *(bei der britischen Währung bis 1971)* penny, pence

DA *(AmE* **D.A.**) /ˌdiː ˈeɪ/ *Abk* = DISTRICT ATTORNEY

dab /dæb/ *Verb, Nomen*

▸ ***Verb*** **(-bb-) 1 ~ (at) sth** etw abtupfen, etw betupfen **2** tupfen

▸ ***Nomen*** **1** Tupfer, Klecks, Tropfen **2** Tupfen ◇ *He gave the cut a quick dab with the towel.* Er betupfte die Schnittwunde kurz mit dem Handtuch. **3** Kliesche

dab·ble /ˈdæbl/ *Verb* **1 ~ (in/with sth)** sich (mit etw) oberflächlich befassen **2 ~ sth (in sth)** mit etw (in etw) plantschen ◇ *She dabbled her toes in the stream.* Sie plantschte mit den Zehen im Bach.

ˌdab ˈhand *Nomen (BrE, umgs) (Könner)* Ass

dachs·hund /ˈdæksnd; *AmE* ˈdɑːkshʊnd/ *Nomen* Dackel

dac·tyl /ˈdæktɪl/ *Nomen (Fachspr)* (LIT) Daktylus

dad 0-w /dæd/ *Nomen (Kinderspr* **daddy** /ˈdædi/) *(umgs)* Papa, Vati, Vater

ˌdaddy-ˈlong-legs *Nomen (Pl* **daddy-long-legs**) *(umgs)* **1** *(BrE)* Schnake **2** *(AmE)* Weberknecht

daf·fo·dil /ˈdæfədɪl/ *Nomen* Osterglocke, Narzisse

daft /dɑːft; *AmE* dæft/ *Adj (BrE, umgs)* doof, blöd IDM **ˌdaft as a ˈbrush** strohdumm

dag·ger /ˈdægə(r)/ *Nomen* Dolch IDM **be at daggers ˈdrawn** *(BrE)* auf Kriegsfuß stehen **look ˈdaggers at sb** jdn wütend ansehen

dago /ˈdeɪgəʊ; *AmE* -goʊ/ *Nomen (Pl* **-os** *oder* **-oes**) *(Slang, beleidigend)* = Mensch aus Italien, Spanien oder Portugal

dah·lia /ˈdeɪliə; *AmE* ˈdæliə/ *Nomen* Dahlie

daily 0-w /ˈdeɪli/ *Adj, Adv, Nomen*

▸ ***Adj*** **1** täglich, Tages- ◇ *our daily lives* unser Alltag ◇ *Invoices are signed on a daily basis.* Rechnungen werden täglich unterzeichnet. **2** tageweise ◇ *a daily rate* ein Tagestarif

▸ ***Adv*** täglich

▸ ***Nomen*** *(Pl* **-ies**) **1** Tageszeitung **2** *(auch* **ˌdaily ˈhelp**) *(BrE, veraltet)* Putzhilfe

dainty /ˈdeɪnti/ *Adj* **(dain·tier, dain·ti·est)** *(Adv* **dain·tily** /-tɪli/) zierlich, graziös, fein

dai·quiri /ˈdaɪkɪri, ˈdæk-/ *Nomen* = Getränk aus Rum mit Fruchtsaft, Zucker etc.

dairy /ˈdeəri; *AmE* ˈderi/ *Nomen, Adj*

▸ ***Nomen*** *(Pl* **-ies**) **1** Molkerei **2** Milchgeschäft

▸ ***Adj*** [nur vor Nomen] Milch-, Molkerei- ◇ *the dairy industry* die Milchwirtschaft

dairy·man /ˈdeərimən; *AmE* ˈder-/ *Nomen (Pl* **-men** /-mən/) **1** Molkereiangestellter **2** Molkereibesitzer

dais /ˈdeɪɪs/ *Nomen* Podium

daisy /ˈdeɪzi/ *Nomen (Pl* **-ies**) **1** Gänseblümchen **2** Margerite IDM → PUSH

dale /deɪl/ *Nomen (gehoben oder Dialekt)* Tal

dal·li·ance /ˈdæliəns/ *Nomen (veraltet oder hum)* Tändelei, Flirt *(auch fig)*

dally /ˈdæli/ *Verb* **(dal·lies, dally·ing, dal·lied, dal·lied)** *(veraltet)* trödeln PHR V **ˈdally with sb/sth** *(veraltet) (leichtfertig umgehen)* mit jdm/etw spielen

Dal·ma·tian /dælˈmeɪʃn/ *Nomen (Hund)* Dalmatiner

dam /dæm/ *Nomen, Verb*

▸ ***Nomen*** (Stau)damm

▸ ***Verb*** **(-mm-) ~ sth (up)** etw stauen

dam·age 0-w /ˈdæmɪdʒ/ *Nomen, Verb*

▸ ***Nomen*** **1** [U] Schaden, (Be)schädigung ◇ *the damage to the house* der Schaden am Haus ◇ *smoke damage* vom Rauch verursachter Schaden ◇ *There was no damage to the car.* Das Auto wurde nicht beschädigt. ◇ *It did a lot of damage to her reputation.* Es hat ihrem Ruf sehr geschadet. ◇ *This could cause serious damage to the country's economy.* Das könnte die Wirtschaft des Landes ernsthaft schädigen. **2 damages** [Pl] Schadenersatz IDM **what's the ˈdamage?** *(umgs)* Was kostet der Spaß?

▸ ***Verb*** **1** beschädigen ◇ *The fire badly damaged the town hall.* Das Feuer richtete im Rathaus großen Schaden an. **2** schädigen ◇ *Smoking seriously damages your health.* Rauchen ist sehr gesundheitsschädlich. ◇ *The allegations are likely to damage his political career.* Die Beschuldigungen schaden wahrscheinlich seiner politischen Laufbahn.

ˌdamage limiˈtation *Nomen (bes AmE* **ˌdamage conˈtrol**) Schadensbegrenzung

dam·aging /ˈdæmɪdʒɪŋ/ *Adj* **~ (to sb/sth)** schädlich (für jdn/etw)

dam·ask /ˈdæməsk/ *Nomen* Damast

dame /deɪm/ *Nomen* **1 Dame** = Titel der Trägerin eines Ritterordens in Großbritannien **2** *(AmE, umgs, veraltet)* Frau **3** = Rolle einer alten Frau, die in einem weihnachtlichen Märchenspiel von einem Mann gespielt wird

damn /dæm/ *Ausruf, Adj, Verb, Adv, Nomen*

▸ ***Ausruf*** *(veraltet* **dam·mit** /ˈdæmɪt/; **damn it**) *(umgs)* verdammt

▸ ***Adj*** *(auch* **damned**) [nur vor Nomen] *(umgs)* verdammt ◇ *It doesn't mean a damn thing.* Das hat überhaupt nichts zu sagen. IDM → THING

▸ ***Verb*** **1** *(veraltet) (Schimpfwort)* ◇ *Damn you!* Hol dich der Teufel! ◇ *Damn this machine!* Dieses Scheißgerät! **2** verdammen **3** *(kritisieren)* verurteilen IDM **damn the consequences, expense, etc.** die Folgen, Kosten etc. vergessen ◇ *Let's celebrate and damn the expense.* Lasst uns feiern, egal was es kostet. **damn sb/sth with faint ˈpraise** jdm/etw ein schwaches Lob spenden (und damit seine Kritik zum Ausdruck bringen) **I'll be damned!** *(umgs, veraltet)* Donnerwetter! **I'm damned if …** *(umgs) (zur Verstärkung)* ◇ *I'm damned if I'll apologize!* Ich denke nicht daran, mich zu entschuldigen! ◇ *I'm damned if I know who he is.* Weiß der Teufel, wer das ist. → *Siehe auch* NEAR

▸ ***Adv*** *(auch* **damned**) *(umgs)* verdammt

▸ ***Nomen*** IDM **not give a ˈdamn (about sb/sth)** *(umgs)* sich einen Dreck scheren (um jdn/etw)

dam·nable /ˈdæmnəbl/ *Adj (Adv* **dam·nably** /-bli/) *(veraltet)* fürchterlich, grässlich

dam·na·tion /dæmˈneɪʃn/ *Nomen* Verdammung ◇ *eternal damnation* ewige Verdammnis

damned /dæmd/ *Adj, Adv, Nomen*

▸ ***Adj*** = DAMN

▸ ***Adv*** = DAMN

▸ ***Nomen*** **the damned** [Pl] die Verdammten

damn·ing /ˈdæmɪŋ/ *Adj (Kritik, Urteil etc.)* vernichtend; *(Bericht)* negativ; *(Beweis)* belastend

damp 0-w /dæmp/ *Adj, Nomen, Verb*

▸ ***Adj*** *(Adv* **damp·ly**) feucht IDM **a damp ˈsquib** *(BrE, umgs)* ein Reinfall

▸ ***Nomen*** *(BrE)* Feuchtigkeit ◇ *The old house smells of damp.* Das alte Haus riecht feucht.

▸ ***Verb*** befeuchten PHR V **ˌdamp sth ˈdown 1** *(Begeisterung etc.)* dämpfen **2** *(Feuer)* ersticken

ˈdamp course *(auch* **ˈdamp-proof course**) *Nomen (BrE)* = Sperrschicht gegen aufsteigende Bodenfeuchtigkeit

damp·en /ˈdæmpən/ *Verb* **1** anfeuchten, befeuchten **2** *(Begeisterung, Laune etc.)* dämpfen

damp·er /ˈdæmpə(r)/ *Nomen* **1** *(im Kamin)* Luftklappe **2** *(am Klavier)* Dämpfer IDM **put a ˈdamper on sth** *(umgs)* einer Sache einen Dämpfer aufsetzen

damp·ly *Adv* → DAMP

damp·ness /ˈdæmpnəs/ *Nomen* Feuchtigkeit

ˈdamp-proof course *Nomen* = DAMP COURSE

dam·sel /ˈdæmzl/ *Nomen* (*veraltet*) Maid IDM **a ˈdamsel in distress** (*hum*) eine hilflose junge Dame

dam·son /ˈdæmzn/ *Nomen* Haferpflaume

dance /dɑːns; *AmE* dæns/ *Nomen, Verb*

▸ ***Nomen*** **1** Tanz ◇ *Let's have a dance.* Komm, tanzen wir. **2** Tanzveranstaltung IDM → LEAD¹ *und* SONG

▸ ***Verb*** tanzen (*auch fig*) ◇ *dance the tango* Tango tanzen ◇ *He asked me to dance.* Er forderte mich zum Tanz auf. IDM **ˌdance atˈtendance on/upon sb** (*BrE, gehoben*) jdn vorn und hinten bedienen **ˌdance the ˈnight away** die Nacht durchtanzen **dance to sb's ˈtune** (*BrE*) nach jds Pfeife tanzen

ˈdance floor *Nomen* Tanzboden, Tanzfläche

ˈdance hall *Nomen* Tanzsaal

dan·cer /ˈdɑːnsə(r); *AmE* ˈdæn-/ *Nomen* Tänzer(in)

dan·cing /ˈdɑːnsɪŋ; *AmE* ˈdæn-/ *Nomen* Tanzen ◇ *dancing shoes* Tanzschuhe

dan·delion /ˈdændɪlaɪən/ *Nomen* Löwenzahn

dan·druff /ˈdændrʌf/ *Nomen* (*Kopf-*) Schuppen

dandy /ˈdændi/ *Nomen, Adj*

▸ ***Nomen*** (*Pl* **-ies**) (*veraltet*) Dandy, Stutzer

▸ ***Adj*** (*bes AmE, veraltet*) prima

dang /dæŋ/ *Adj, Ausruf* (*AmE, umgs*) verdammt

dan·ger /ˈdeɪndʒə(r)/ *Nomen* Gefahr ◇ *The building is in danger of collapsing.* Das Gebäude ist einsturzgefährdet. ◇ *animals in danger of extinction* Tiere, die vom Aussterben bedroht sind ◇ *Smoking is a serious danger to health.* Rauchen ist sehr gesundheitsschädlich. IDM **be on/off the ˈdanger list** (*BrE*) in/außer Lebensgefahr sein

ˈdanger money (*AmE* **ˈdanger pay**) *Nomen* [U] Gefahrenzulage

dan·ger·ous /ˈdeɪndʒərəs/ *Adj* (*Adv* **dan·ger·ous·ly**) gefährlich ◇ *dangerous driving* rücksichtsloses Fahren IDM **dangerous ˈground** gefährlicher Boden

dan·gle /ˈdæŋgl/ *Verb* baumeln (lassen) ◇ *She dangled her keys.* Sie baumelte mit ihren Schlüsseln. PHR V **dangle sth before/in front of sb** jdm etw (verlockend) in Aussicht stellen

dank /dæŋk/ *Adj* feucht

dap·per /ˈdæpə(r)/ *Adj* gepflegt, geschniegelt

dap·pled /ˈdæpld/ *Adj* gesprenkelt, gefleckt ◇ *dappled shade* Halbschatten

dare /deə(r); *AmE* der/ *Verb, Nomen*

▸ ***Verb*** **1** (*selten in der Verlaufsform*) (es) wagen, sich trauen ◇ *She said it as loudly as she dared.* Sie sagte es so laut sie es wagte. ◇ *He didn't dare (to) say what he thought.* Er traute sich nicht zu sagen, was er dachte. **2** **~ sb (to do sth)** jdn herausfordern (etw zu tun) ◇ *Some of the older boys had dared him to do it.* Einige der älteren Jungen hatten ihn dazu aufgestachelt. ◇ *Go on! Take it! I dare you.* Mach schon! Nimm es! Du traust dich doch nicht. IDM **Don't you dare!** (*umgs*) Untersteh dich! **How ˈdare you, etc.** Wie kannst du/können Sie etc. es wagen ◇ *How dare she say that I was lying?* Wie kann sie es wagen, zu sagen, dass ich gelogen habe? **I dare say** (*bes BrE* **I daresay**) ich nehme an ◇ *I dare say you know about it already.* Du weißt es wahrscheinlich schon.

▸ ***Nomen*** [meist Sing] Mutprobe ◇ *He did it for a dare.* Er hat es als Mutprobe gemacht.

dare·devil /ˈdeədevl; *AmE* ˈderd-/ *Nomen, Adj*

▸ ***Nomen*** Draufgänger(in)

▸ ***Adj*** [nur vor Nomen] waghalsig, halsbrecherisch

dar·ing /ˈdeərɪŋ; *AmE* ˈderɪŋ/ *Adj, Nomen*

▸ ***Adj*** (*Adv* **dar·ing·ly**) **1** (toll)kühn, verwegen, waghalsig **2** gewagt

▸ ***Nomen*** Kühnheit, Wagemut

dark /dɑːk; *AmE* dɑːrk/ *Adj, Nomen*

▸ ***Adj*** dunkel ◇ *It was getting dark.* Es wurde dunkel. ◇ *a dark handsome stranger* ein dunkelhaariger gut aussehender Fremder ◇ (*fig*) *The film is a dark vision of the future.* Der Film ist eine düstere Zukunftsvision. IDM **a dark ˈhorse** **1** (*BrE*) (*Mensch*) ein stilles Wasser **2** (SPORT) ein(e) Außenseiter(in) **keep sth ˈdark** (*BrE, umgs*) etw geheim halten

▸ ***Nomen*** **1 the ~** [Sing] die Dunkelheit **2** Dunkel ◇ *patterns of light and dark* Muster aus Licht und Dunkel IDM **after/before dark** nach/vor Einbruch der Dunkelheit **in the ˈdark (about sth)** (über etw) im Dunkeln **a shot/stab in the ˈdark** ein Schuss ins Blaue → *Siehe auch* LEAP

the ˈdark ages *Nomen* [Pl] **1 the Dark Ages** = Periode der europäischen Geschichte zwischen 500 und 1100 n. Chr. **2** (*fig, oft hum*) das finstere Mittelalter

ˌdark ˈchocolate *Nomen* (*bes AmE*) Bitterschokolade

dark·en /ˈdɑːkən; *AmE* ˈdɑːrkən/ *Verb* **1** dunkel werden, sich verfinstern (*auch fig*) **2** verdunkeln ◇ *the darkened streets* die dunklen Straßen ◇ *It was a tragedy that darkened his later life.* Es war eine Tragödie, die einen Schatten über sein späteres Leben warf. IDM **never darken my ˈdoor again** (*veraltet, hum*) lass dich/lassen Sie sich hier nie wieder blicken

ˌdark ˈglasses *Nomen* [Pl] dunkle Brille

dark·ly /ˈdɑːkli; *AmE* ˈdɑːrkli/ *Adv* (*gehoben*) **1** düster, finster **2** ominös, geheimnisvoll **3** dunkel

dark·ness /ˈdɑːknəs; *AmE* ˈdɑːrk-/ *Nomen* **1** Dunkelheit, Finsternis, Dunkel ◇ *The house was plunged into total darkness.* Plötzlich wurde es im Haus stockfinster. ◇ *Darkness fell.* Es wurde dunkel. ◇ *The house was in darkness* Das Haus war dunkel. **2** das Böse

dark·room /ˈdɑːkruːm, -rʊm; *AmE* ˈdɑːrk-/ *Nomen* Dunkelkammer

the ˌDark ˈWeb *Nomen* das Dark Web

dar·ling /ˈdɑːlɪŋ; *AmE* ˈdɑːrlɪŋ/ *Nomen, Adj*

▸ ***Nomen*** Liebling, Schatz

▸ ***Adj*** [nur vor Nomen] (*umgs*) lieb

darn /dɑːn; *AmE* dɑːrn/ *Verb, Nomen, Adj, Adv*

▸ ***Verb*** stopfen IDM **ˈdarn it!** (*bes AmE, umgs*) verflixt! **I'll be ˈdarned!** (*bes AmE, umgs*) na so was! ◇ *I'll be darned if I can find it.* Weiß der Teufel, wo es ist.

▸ ***Nomen*** gestopfte Stelle

▸ ***Adj, Adv*** (*auch* **darned** /dɑːnd; *AmE* dɑːrnd/) (*umgs*) verdammt, verflixt

dart /dɑːt; *AmE* dɑːrt/ *Nomen, Verb*

▸ ***Nomen*** **1** Pfeil, Wurfpfeil ◇ *a poisoned dart* ein Giftpfeil **2 darts** [U] Darts, Pfeilwurfspiel **3** [Sing] (*schnelle Bewegung*) Satz **4** (*gehoben*) Attacke ◇ *She felt a dart of panic.* Ein panischer Schrecken durchzuckte sie. **5** Abnäher

▸ ***Verb*** **1** flitzen, schießen ◇ *Her eyes darted around the room, looking for Greg.* Ihr Blick schoss im Zimmer hin und her auf der Suche nach Greg. **2 ~ a glance/look (at sb)**; **~ sb a glance/look** (jdm) einen Blick zuwerfen

dart·board /ˈdɑːtbɔːd; *AmE* ˈdɑːrtbɔːrd/ *Nomen* Dartscheibe

dash /dæʃ/ *Nomen, Verb*

▸ ***Nomen*** **1** (*schnelle Bewegung*) Satz, Sprint ◇ *I made a dash for the door.* Ich machte einen Satz zur Tür. ◇ *He made a dash for the nearest bar.* Er stürzte in die nächste Bar. ◇ *We made a dash for it.* Wir ergriffen die Flucht. **2** Ansturm, Wettlauf **3** Hetzerei **4 ~ (of sth)** Schuss, Spritzer, Prise; (*fig*) Spur **5** (Gedanken)strich **6** (*bes AmE*) (SPORT) Sprint **7** (*veraltet*) Schwung **8** (*bes AmE, umgs*) = DASHBOARD IDM **cut a ˈdash** (*BrE*) eine gute Figur machen

▸ ***Verb*** **1** (los)stürzen, stürmen ◇ *I must dash, I'm late.* Ich muss los, ich bin spät dran. ◇ *She dashed off.* Sie raste davon. **2** schleudern, schmettern **3** (*Wellen, Regen etc.*) peitschen IDM **dash sb's ˈhopes** jds Hoffnungen zunichtemachen **dash (it)!**; **dash it all!** (*BrE, veraltet*) so ein Mist! PHRV **ˌdash sth ˈoff** etw schnell schreiben, etw hinwerfen

dash·board /ˈdæʃbɔːd; *AmE* -bɔːrd/ (*bes AmE, umgs* **dash**) *Nomen* Armaturenbrett

dashcam /ˈdæʃ kæm/ *Nomen* Dashcam, Armaturenbrettkamera

dash·ing /ˈdæʃɪŋ/ *Adj* (*gehoben*) flott, schneidig

das·tard·ly /ˈdæstədli; *AmE* -stərd-/ *Adj* (*veraltet*) niederträchtig

data 0-ᴋ /ˈdeɪtə; *BrE auch* ˈdɑːtə; *AmE auch* ˈdætə/ *Nomen* Daten

data·base /ˈdeɪtəbeɪs; *AmE auch* ˈdæt-/ (*auch* **data·bank** /-bæŋk/) *Nomen* Datenbank

ˈdata-driven *Adj* datengetrieben

ˈdata mining *Nomen* [U] (COMP) Datenschürfen, computergestützte Datengewinnung

ˌdata ˈprocessing *Nomen* Datenverarbeitung

ˈdata projector (*auch* **projector**) *Nomen* Datenprojektor, Beamer

ˌdata proˈtection *Nomen* Datenschutz

date 0-ᴋ /deɪt/ *Nomen, Verb*

▸ ***Nomen*** **1** Datum ◇ *today's date* das heutige Datum ◇ *'What's the date today?'* „Der Wievielte ist heute?" ◇ *I can't come on that date.* An dem Tag kann ich nicht kommen. **2** Termin, Verabredung ◇ *Make a date in your diaries now.* Schreibt euch das Datum in den Kalender. ◇ *We made a date to go fishing on Saturday.* Wir machten aus, am Samstag angeln zu gehen. **3** [Sing/U] Zeitpunkt ◇ *at a later/future date* zu einem späteren Zeitpunkt **4** Verabredung, Date → *Siehe auch* BLIND DATE **5** (*bes AmE*) = Frau/Mann, mit der/dem man verabredet ist ◇ *My date didn't show up.* Wir waren verabredet, aber sie hat mich versetzt. **6** Dattel → *Siehe auch* OUT OF DATE *und* UP TO DATE IDM **to ˈdate** bis heute; bisher

▸ ***Verb*** **1** datieren ◇ *Thank you for your letter dated 24th March.* Vielen Dank für Ihren Brief vom 24. März. **2** aus der Mode kommen **3 sth dates sb** etw verrät jds Alter **4** (*AmE, veraltet*) gehen mit ◇ *She's been dating Ron for months.* Sie geht schon seit Monaten mit Ron. PHRV **date back ...** ... alt sein ◇ *The custom dates back hundreds of years.* Die Sitte existiert schon seit Hunderten von Jahren. **date back to ...**; **date from ...** stammen aus

date·book /ˈdeɪtbʊk/ *Nomen* (*AmE*) (Termin)kalender

dated /ˈdeɪtɪd/ *Adj* altmodisch, überholt

ˈDate Line = INTERNATIONAL DATE LINE

ˈdate rape *Nomen* = Vergewaltigung durch jdn, mit dem man verabredet war

ˈdating agency (*auch* **ˈdating service**) *Nomen* Partnervermittlung

dat·ive /ˈdeɪtɪv/ *Nomen* Dativ

datum /ˈdeɪtəm/ *Nomen* (*Pl* **data**) (*Fachspr*) Faktum, Datum

daub /dɔːb/ *Verb, Nomen*

▸ ***Verb*** ~ **A on, etc. B** A auf B schmieren; ~ **B with A** B mit A beschmieren

▸ ***Nomen*** **1** (GESCH) (*angeworfener Mauerputz*) Bewurf → *Siehe auch* WATTLE **2** Klecks **3** (*Gemälde*) Schmiererei

daugh·ter 0-ᴋ /ˈdɔːtə(r)/ *Nomen* Tochter

ˈdaughter-in-law *Nomen* (*Pl* **daughters-in-law**) Schwiegertochter

daunt /dɔːnt/ *Verb* (*meist passiv*) mit Schrecken erfüllen, entmutigen IDM **nothing ˈdaunted** (*BrE, gehoben*) unverzagt

daunt·ing /ˈdɔːntɪŋ/ *Adj* (*Adv* **daunt·ing·ly**) beängstigend, beunruhigend ◇ *a daunting task* eine schwierige Aufgabe

daw·dle /ˈdɔːdl/ *Verb* trödeln, bummeln

dawn /dɔːn/ *Nomen, Verb*

▸ ***Nomen*** **1** Morgendämmerung, Tagesanbruch ◇ *at dawn* bei Tagesanbruch ◇ *We arrived in Sydney as dawn broke.* Als wir in Sydney ankamen, wurde es gerade Tag. ◇ *from dawn till dusk* von morgens bis abends **2** [Sing] Beginn ◇ *the dawn of civilization* das Erwachen der Zivilisation IDM → CRACK

▸ ***Verb*** (*gehoben*) (*Tag etc.*) anbrechen, dämmern ◇ *Then the truth dawned. Everyone knew something I didn't.* Dann dämmerte es mir: Alle wussten etwas, nur ich nicht. PHRV **ˈdawn on sb** jdm klar werden

day 0-ᴋ /deɪ/ *Nomen* **1** Tag ◇ *What day is it today?* Was für ein Tag ist heute? ◇ *in a few days/in a few days' time* in ein paar Tagen ◇ *the day before yesterday* vorgestern ◇ *the day after tomorrow* übermorgen ◇ *three times a day* dreimal täglich ◇ *all day long* den ganzen Tag ◇ *during the day* tagsüber ◇ (*AmE*) *Have a nice day!* Einen schönen Tag noch! → *Siehe auch* DAY-TO-DAY, FIELD DAY, OPEN DAY *und* SPEECH DAY **2** [meist Pl] Zeit, Zeiten ◇ *in the early days of computers* als der Computer noch in den Kinderschuhen steckte ◇ *in those days* damals ◇ (*umgs*) *in the old days* früher IDM **all in a day's ˈwork** ganz normal **any day (now)** (*umgs*) (*bald*) jeden Tag ◇ *The letter should arrive any day now.* Der Brief müsste jeden Tag kommen. **carry/win the ˈday** (*gehoben*) den Sieg davontragen **day after ˈday** tagtäglich; Tag um Tag **day by ˈday** von Tag zu Tag; täglich **day ˈin, day ˈout** tagaus, tagein **day of ˈreckoning** Tag der Abrechnung **sb's/sth's days are ˈnumbered** jds Tage/die Tage einer Sache sind gezählt **from day ˈone** (*umgs*) von Anfang an **from day to ˈday** **1** ◇ *We were living from day to day, not knowing where the next meal was coming from.* Wir lebten von der Hand in den Mund. ◇ *During the war they lived from day to day.* Im Krieg nahm man jeden Tag wie er kam, ohne an die Zukunft zu denken. **2** von einem Tag auf den anderen **from one ˌday to the ˈnext** von einem Tag auf den anderen **have had your ˈday** seine beste Zeit hinter sich haben **if he's, she's, etc. a ˈday** (*umgs*) ◇ *He must be 70 if he's a day!* Er muss mindestens 70 sein! **in sb's ˈday** **1** zu jds Zeit **2** einmal ◇ *She was a great dancer in her day.* Sie war einmal eine große Tänzerin. **in ˈthis day and age** heutzutage **it's not sb's ˈday** (*umgs*) jd hat einen schlechten Tag **make sb's ˈday** jdm den Tag verschönern ◇ *The phone call from Michael really made my day.* Der Anruf von Michael hat mich wirklich gefreut. **make a day of it** (*umgs*) sich einen Tag dafür nehmen ◇ *Bring a picnic and make a day of it.* Bringt ein Picknick mit und bleibt den ganzen Tag. **not have all ˈday** nicht den ganzen Tag Zeit haben **of sb's ˈday** ◇ *the best writer of his day* der beste Schriftsteller seiner Zeit **ˈone day** eines Tages **ˈone of these days** irgendwann **one of those ˈdays** (*umgs*) ein Pechtag ◇ *It's been one of those days!* Das war vielleicht ein Tag! **ˈsome day** eines Tages **take it/things one ˌday at a ˈtime** (*umgs*) jeden Tag nehmen, wie er kommt ◇ *I don't know if he'll get better. We're just taking it one day at a time.* Ich weiß nicht, ob er wieder gesund wird. Wir planen nicht weiter als bis zum nächsten Tag. **ˈthat'll be the day** (*umgs*) Das möchte ich sehen ◇ *Paul? Apologize? That'll be the day!* Paul? Sich entschuldigen? Das möchte ich sehen! **ˈthese days** (*umgs*) heutzutage **ˈthose were the days** (*umgs*) das waren noch Zeiten **to the ˈday** auf den Tag (genau) **to this ˈday** bis heute → *Siehe auch* BORN, BREAK, CALL, CLEAR, DOG, EARLY, END, HIGH, LATE, NIGHT, OLD, ORDER, OTHER, RAINY, ROME, SALAD *und* SAVE

ˈday boy *Nomen* (*BrE*) Tagesschüler

day·break /ˈdeɪbreɪk/ *Nomen* Tagesanbruch

ˈ**day care** *Nomen* Tagesbetreuung ◇ *a day care centre* eine Tagesstätte

ˈ**day centre** *Nomen* (*BrE*) Tagesstätte

day·dream /ˈdeɪdriːm/ *Nomen, Verb*

▸ ***Nomen*** Tagtraum, Träumerei ◇ *She stared out of the window, lost in a daydream.* Sie starrte traumverloren aus dem Fenster.

▸ ***Verb*** mit offenen Augen träumen, Tagträumen nachhängen

ˈ**day girl** *Nomen* (*BrE*) Tagesschülerin

ˈ**day job** *Nomen* Job IDM **don't give up the ˈday job** (*umgs, hum*) Schuster bleib bei deinen Leisten

day·light /ˈdeɪlaɪt/ *Nomen* Tageslicht ◇ *They left before daylight.* Sie brachen vor Tagesanbruch auf. IDM **ˌdaylight ˈrobbery** (*umgs*) der reinste Wucher → *Siehe auch* BROAD

day·lights /ˈdeɪlaɪts/ *Nomen* [Pl] IDM **beat/knock the (living) ˈdaylights out of sb** (*umgs*) jdn windelweich schlagen **frighten/scare the (living) ˈdaylights out of sb** (*umgs*) jdn zu Tode erschrecken

ˌ**daylight ˈsaving time** (*auch* ˈ**daylight time**) *Nomen* (*Abk* **DST**) (*AmE*) (offizielle) Sommerzeit

day·long /ˈdeɪlɒŋ; *AmE* -lɔːŋ/ *Adj* [nur vor Nomen] (*bes AmE*) ganztägig

ˈ**day nursery** (*auch* **nur·sery**) *Nomen* (*BrE*) Kindertagesstätte

ˌ**day ˈoff** *Nomen* (*Pl* **days off**) freier Tag

the ˌDay of ˈJudgement *Nomen* der Jüngste Tag

ˌ**day ˈout** *Nomen* (*Pl* **days out**) (Tages)ausflug

ˈ**day pupil** *Nomen* (*BrE*) Tagesschüler(in)

ˌ**day reˈlease** *Nomen* (*BrE*) tageweise Freistellung von Berufsschülern/-schülerinnen zur praktischen Ausbildung

ˌ**day reˈturn** *Nomen* (*BrE*) Tagesrückfahrkarte

ˈ**day room** *Nomen* Aufenthaltsraum, Tagesraum

ˈ**day school** *Nomen* **1** (*veraltet*) Privatschule (für externe Schüler(innen)) **2** (*BrE*) eintägiger Kurs

ˈ**day student** *Nomen* (*AmE*) Tagesschüler(in)

day·time /ˈdeɪtaɪm/ *Nomen* [U] Tag ◇ *in (the) daytime* am Tage ◇ *daytime temperatures* die Tagestemperaturen ◇ *my daytime phone number* die Telefonnummer, unter der ich tagsüber zu erreichen bin ◇ *daytime television* Vormittags- und Nachmittagsprogramm im Fernsehen

ˌ**day-to-ˈday** *Adj* [nur vor Nomen] **1** tageweise **2** alltäglich

ˈ**day trip** *Nomen* Tagesausflug

ˈ**day tripper** *Nomen* (*BrE*) Tagesausflügler(in)

daze /deɪz/ *Nomen* IDM **in a daze** (wie) benommen

dazed /deɪzd/ *Adj* benommen

daz·zle /ˈdæzl/ *Verb, Nomen*

▸ ***Verb*** **1** blenden **2** überwältigen

▸ ***Nomen*** blendende Helligkeit

daz·zling /ˈdæzlɪŋ/ *Adj* (*Adv* **daz·zlingly**) **1** glänzend **2** überwältigend

d.b.a. /ˌdiː biː ˈeɪ/ (*AmE*) *Kurzform von* **doing business as** firmierend als/unter

DC /ˌdiː ˈsiː/ **1** = DIRECT CURRENT **2** *Kurzform von* **District of Columbia** D.C.

ˈ**D-Day** *Nomen* **1** = der Tag, an dem die Alliierten 1944 in der Normandie landeten **2** der Tag X

DDT /ˌdiː diː ˈtiː/ *Abk* DDT

de- /diː/ *Vorsilbe* (*in Verben und den damit verbundenen Nomina, Adjektiven und Adverbien verwendet*) (*Umkehrung, Entfernen*) ent- ◇ *decolonialize* entkolonialisieren ◇ *desalination* Meerwasserentsalzung

dea·con /ˈdiːkən/ *Nomen* Diakon

dea·con·ess /ˌdiːkəˈnes; *AmE* ˈdiːkənəs/ *Nomen* Diakonin

dead 🗝 /ded/ *Adj, Nomen, Adv*

▸ ***Adj*** **1** tot ◇ *a dead body* eine Leiche ◇ *He dropped dead last week.* Er ist letzte Woche ganz plötzlich gestorben. ◇ *She felt dead on her feet.* Sie war zum Umfallen müde. ◇ *a dead engine* ein Motor, der nicht anspringt ◇ *The phone went dead.* Die Leitung war tot. **2** [nicht vor Nomen] gestorben ◇ *Unfortunately racism is not yet dead.* Leider ist der Rassismus noch nicht ausgerottet. **3** (*umgs*) aufgebraucht; (*Flasche, Glas*) leer; (*Glühbirne*) ausgebrannt; (*Feuer*) aus **4** (*Stadt, Straße*) ausgestorben **5** [nicht vor Nomen] (*Arm etc.*) taub ◇ *My left arm had gone dead.* Mein linker Arm war eingeschlafen. **6 ~ to sth** einer Sache nicht zugänglich ◇ *He was dead to all feelings of pity.* Er kannte kein Mitleid. **7** ausdruckslos **8** [nur vor Nomen] völlig, total ◇ *a dead silence* Totenstille ◇ *the dead centre of the target* genau die Mitte der Zielscheibe ◇ *The car gave a jerk and came to a dead stop.* Das Auto machte einen Ruck und blieb plötzlich stehen. ◇ *This horse is a dead cert for the race.* Dieses Pferd ist ein todsicherer Tip für das Rennen. ◇ *She crumpled to the floor in a dead faint.* Sie sank ohnmächtig zu Boden. IDM **be dead ˈmeat** (*umgs*) geliefert sein ◇ *If they find out, you're dead meat.* Wenn sie es rausfinden, bist du geliefert. **be a dead ˈringer for sb** (*umgs*) jdm aufs Haar gleichen **(as) ˌdead as a/the ˈdodo** (*BrE, umgs*) mausetot; (*Idee etc.*) längst überholt **(as) ˌdead as a ˈdoornail** (*umgs*) mausetot **a ˌdead ˈduck** (*umgs*) (*Plan, Idee etc.*) ein tot geborenes Kind **be dead and ˈgone** (*umgs*) tot sein **be ˌdead in the ˈwater** zum Scheitern verurteilt sein **be ˌdead to the ˈworld** tief und fest schlafen **the dead hand of sth** das Joch von etw **over ˌmy dead ˈbody** (*umgs*) nur über meine Leiche **sb wouldn't be seen/caught ˈdead ...** (*umgs*) jd würde etw um nichts in der Welt tun → *Siehe auch* FLOG *und* KNOCK

▸ ***Nomen*** **the dead** **1** [Pl] die Toten **2** [Sing] Tod IDM **in the ˌdead of ˈnight**; **at ˌdead of ˈnight** mitten in der Nacht **in the ˌdead of ˈwinter** mitten im Winter

▸ ***Adv*** **1** völlig, genau ◇ *You're dead right!* Du hast völlig recht. ◇ *a dead straight road* eine schnurgerade Straße ◇ *dead on time* auf die Minute pünktlich ◇ *Dead slow!* Schritt fahren! ◇ *He stopped dead in his tracks.* Er blieb abrupt stehen. ◇ *She's dead set on getting this job.* Sie will unbedingt diese Stelle haben. **2** (*BrE, umgs*) sehr, total ◇ *dead easy* kinderleicht ◇ *You were dead lucky.* Du hast wahnsinnig Glück gehabt. ◇ *a dead good film* ein klasse Film IDM **cut sb ˈdead** (*BrE*) (*nicht beachten*) jdn schneiden

ˌ**dead ˈbeat** (*auch* **beat**) *Adj* [nicht vor Nomen] (*umgs*) todmüde, total erschlagen

dead·beat /ˈdedbiːt/ *Nomen* (*umgs*) **1** (*bes AmE*) Nichtstuer(in) **2** (*AmE*) Schuldenmacher(in)

dead·bolt /ˈdedbəʊlt; *AmE* -boʊlt/ *Nomen* (*bes AmE*) Schloss mit Riegel

dead·en /ˈdedn/ *Verb* abschwächen, dämpfen

ˌ**dead ˈend** *Nomen* Sackgasse ◇ *a dead-end job* eine Stellung ohne Aufstiegsmöglichkeiten

ˌ**dead ˈheat** *Nomen* **1** (*bes BrE*) totes Rennen **2** (*AmE*) Kopf-an-Kopf-Rennen ◇ *The two candidates are in a dead heat in the polls.* Laut Umfragen liegen die beiden Kandidaten Kopf an Kopf.

dead·line /ˈdedlaɪn/ *Nomen* (letzter) Termin ◇ *I prefer to work to a deadline.* Ich arbeite am liebsten unter Termindruck. ◇ *We won't meet the deadline.* Wir werden den Termin nicht einhalten. ◇ *the deadline for applications* der Abgabetermin für Bewerbungen

dead·lock /ˈdedlɒk; *AmE* -lɑːk/ *Nomen* **1** festgefahrene Situation ◇ *The strike has reached deadlock.* Der Streik ist ausweglos festgefahren. **2** (*BrE*) Schloss mit Riegel

dead·locked /ˈdedlɒkt; *AmE* -lɑːkt/ *Adj* [nicht vor Nomen] festgefahren

ˌdead ˈloss *Nomen* (*BrE, umgs*) Versager(in); (*Sache*) Reinfall

dead·ly /ˈdedli/ *Adj, Adv*

▸ ***Adj*** (**dead·lier**, **dead·li·est**) (**More deadly** *und* **most deadly** *sind auch möglich.*) **1** tödlich ◇ *the seven deadly sins* die sieben Todsünden ◇ *I'm in deadly earnest.* Es ist mir todernst damit. ◇ *We sat in deadly silence.* Wir saßen da und sagten kein Wort. ◇ *His aim is deadly.* Er trifft mit tödlicher Sicherheit. **2** (*BrE, umgs*) todlangweilig

▸ ***Adv*** **1** (*umgs*) äußerst, tod- ◇ *deadly serious* todernst **2** (*selten*) toten- ◇ *deadly pale* totenblass

deadly night·shade /ˌdedli ˈnaɪtʃeɪd/ *Nomen* Tollkirsche

dead·pan /ˈdedpæn/ *Adj* unbewegt ◇ *deadpan humour* trockener Humor ◇ *His reply was deadpan.* Er antwortete mit unbewegter Miene.

ˌdead ˈweight *Nomen* **1** Gewicht **2** schwere Last

ˌdead ˈwood *Nomen* **1** totes Holz, Totholz **2** (*fig*) Ballast, überflüssige Mitarbeiter

deaf 0-ᴛ /def/ *Adj, Nomen*

▸ ***Adj*** taub (*auch fig*) ◇ *He was deaf to my requests.* Er blieb gegenüber meinen Bitten taub. IDM **fall on deaf ˈears** kein Gehör finden **turn a deaf ˈear (to sb/sth)** sich (gegenüber jdm/etw) taub stellen → *Siehe auch* STONE DEAF *und* TONE-DEAF

▸ ***Nomen*** **the deaf** [Pl] die Tauben, die Gehörlosen

deaf·en /ˈdefn/ *Verb* **1** betäuben ◇ *The noise of the siren almost deafened her.* Sie war vom Lärm der Sirene wie betäubt. **2** taub machen

deaf·en·ing /ˈdefnɪŋ/ *Adj* **1** (*Adv* **deaf·en·ing·ly**) ohrenbetäubend **2** ~ **silence** Totenstille ◇ *The answer was a deafening silence.* Es kam keine Antwort.

ˌdeaf ˈmute *Nomen* Taubstumme(r)

deaf·ness /ˈdefnəs/ *Nomen* Taubheit

deal 0-ᴛ /diːl/ *Verb, Nomen*

▸ ***Verb*** (**dealt**, **dealt** /delt/) **1** (*Karten*) geben; ~ **sth (out) (to sb)** (jdm) etw geben ◇ *Whose turn is it to deal?* Wer gibt? **2** mit Rauschgift handeln IDM **deal sb/sth a ˈblow**; **deal a ˈblow to sb/sth** (*gehoben*) jdm/etw einen Schlag versetzen; jdn/etw hart treffen → *Siehe auch* WHEEL PHR V **ˈdeal in sth** **1** mit etw handeln **2** sich mit etw befassen ◇ *We don't deal in rumours.* Wir geben uns nicht mit Gerüchten ab. **ˌdeal sth ˈout** **1** etw verteilen **2** (*Strafe*) verhängen ◇ *judges who deal out harsh sentences to burglars* Richter, die Einbrecher zu harten Strafen verurteilen **ˈdeal with sb** mit jdm zu tun haben, mit jdm umgehen **ˈdeal with sb/sth** mit jdm/etw Geschäfte machen **ˈdeal with sth** **1** etw erledigen, für etw zuständig sein **2** mit etw fertig werden ◇ *He's good at dealing with pressure.* Er wird gut mit Stress fertig. **3** von etw handeln ◇ *His poems often deal with death.* Seine Gedichte haben oft den Tod zum Thema.

▸ ***Nomen*** **1** Geschäft, Vereinbarung, Abkommen ◇ (*umgs*) *Did you cut a deal?* Hast du einen Deal gemacht? ◇ *the pay deal* der Tarifabschluss ◇ *A deal was struck after lengthy negotiations.* Nach langwierigen Verhandlungen einigte man sich. ◇ *I got a good deal on the car.* Mit dem Wagen habe ich ein gutes Geschäft gemacht. ◇ *It's a deal!* Abgemacht! ◇ *Listen. This is the deal …* Hör zu. Wir machen's so … **2** [meist Sing] Bedingungen ◇ *The party has promised a new deal for teachers.* Die Partei hat den Lehrern bessere Bedingungen versprochen. ◇ *They were given a raw/rough deal.* Man hat sie ungerecht behandelt. ◇ *It was a square deal for everyone.* Allen war Gerechtigheit widerfahren. **3** [Sing] **a good/great** ~ eine Menge, viel ◇ *I'm feeling a good deal better.* Ich fühle mich viel besser. ◇ *It took a great deal of time.* Es dauerte sehr lange. ◇ *We see them a great deal.* Wir sehen sie oft. **4** [meist Sing] (*beim Kartenspiel*) ◇ *It's your deal.* Du gibst. **5** (*bes BrE*) Tannenholz, Kiefernholz IDM → BIG *und* STRIKE

deal·er /ˈdiːlə(r)/ *Nomen* **1** Händler(in) → *Siehe auch* WHEELER-DEALER **2** (*Rauschgift-*) Dealer(in) **3** (*beim Kartenspiel*) Geber(in)

deal·er·ship /ˈdiːləʃɪp; *AmE* -lərʃɪp/ *Nomen* Vertretung ◇ *a Ford dealership* ein Fordhändler

deal·ing /ˈdiːlɪŋ/ *Nomen* **1 dealings** [Pl] (Geschäfts) beziehungen ◇ *Have you had any previous dealings with this company?* Haben Sie schon früher einmal mit dieser Firma zu tun gehabt? ◇ *I knew nothing of his business dealings.* Ich wusste nichts von seinen Geschäften. ◇ *She was always very polite in her dealings with me.* Mir gegenüber war sie immer sehr höflich. **2** Geschäftsgebaren **3** Handel

dealt *Form von* DEAL

dean /diːn/ *Nomen* **1** (*in der Kirche oder an der Universität*) Dekan **2** (*an manchen Universitäten, vor allem in Oxford und Cambridge*) Fellow mit Aufsichtsfunktion **3** (*AmE*) Doyen

dear 0-ᴛ /dɪə(r); *AmE* dɪr/ *Adj, Ausruf, Nomen, Adv*

▸ ***Adj*** **1** ~ **(to sb)** (jdm) lieb ◇ *He's one of my dearest friends.* Er ist einer meiner liebsten Freunde. ◇ *Her daughter is very dear to her.* Sie liebt ihre Tochter über alles. **2 Dear** (*in Briefen*) Liebe(r), Sehr geehrte(r) ◇ *Dear Sir or Madam* Sehr geehrte Damen und Herren **3** (*BrE*) teuer **4 dear old/little …** (*BrE*) ◇ *Dear old Sue!* Die gute alte Sue! ◇ *Their baby's a dear little thing.* Ihr Baby ist ein süßes Kind. IDM **hold sb/sth ˈdear** (*gehoben*) jdn/etw sehr schätzen → *Siehe auch* HEART, LIFE *und* NEAR

▸ ***Ausruf*** du liebe Güte ◇ *Oh dear! What a shame.* Oje! Wie schade. ◇ *Dear me! What a mess!* Ach du liebe Zeit! Was für ein Schlamassel!

▸ ***Nomen*** **1** (*BrE, umgs*) Schatz **2** (*freundliche Anrede*) mein Lieber, meine Liebe ◇ *What's your name, dear?* Wie heißt du, mein Kleiner?

▸ ***Adv*** (*BrE*) teuer IDM → COST

dear·est /ˈdɪərɪst; *AmE* ˈdɪrɪst/ *Adj, Nomen*

▸ ***Adj*** (*veraltet*) **1** (*in Briefen*) ◇ *Dearest Nina* Liebste Nina **2** sehnlichste(r)

▸ ***Nomen*** (*veraltet*) (*Anrede*) Liebste(r) IDM → NEAR

dearie /ˈdɪəri; *AmE* ˈdɪri/ *Nomen* (*BrE, veraltet*) (*freundliche Anrede*) Kleine(r)

dear·ly /ˈdɪəli; *AmE* ˈdɪrli/ *Adv* **1** von ganzem Herzen, liebend gern ◇ *I would dearly like to know what he was thinking.* Ich würde für mein Leben gern wissen, was er dachte. **2** teuer ◇ *Success has cost him dearly.* Der Erfolg ist ihn teuer zu stehen gekommen.

dearth /dɜːθ; *AmE* dɜːrθ/ *Nomen* [Sing] ~ **(of sth)** Mangel (an etw)

death 0-ᴛ /deθ/ *Nomen* **1** Tod ◇ *the anniversary of his wife's death* der Todestag seiner Frau ◇ *Two children were burnt to death.* Zwei Kinder kamen in dem Feuer um. ◇ *a death camp* ein Vernichtungslager **2** Todesfall **3** Ende **4** (*auch* **Death**) der Tod → *Siehe auch* SUDDEN DEATH IDM **at death's ˈdoor** (*oft hum*) an der Schwelle des Todes; todkrank; sterbenskrank **be the ˈdeath of sb** (*fig*) jdn ins Grab bringen **ˌdo sth to ˈdeath** etw zu Tode reiten **frighten/scare sb to ˈdeath** jdn zu Tode erschrecken **look/feel like death warmed ˈup** (*AmE* **like death warmed ˈover**) (*umgs*) wie eine Leiche auf Urlaub aussehen; sich wie eine Leiche auf Urlaub fühlen **put sb to death** jdn hinrichten **to death** zu Tode ◇ *I'm sick to death of your endless criticism.* Ich hab die Nase voll von deiner ständigen Kritik. **to the death** auf Leben und Tod → *Siehe auch* CATCH, CHEAT, DICE, DIE, FATE, FIGHT, FLOG, GRIM, KISS *und* MATTER

death·bed /ˈdeθbed/ *Nomen* Sterbebett
ˈ**death blow** *Nomen* Todesstoß
ˈ**death certificate** *Nomen* Totenschein
ˈ**death duty** *Nomen* (*BrE*, *veraltet*) Erbschaftssteuer
ˈ**death knell** *Nomen* (*auch* **knell**) [Sing] ◇ *sound the death knell for sth* das Ende von etw bedeuten
death·ly /ˈdeθli/ *Adv*, *Adj*
▸ ***Adv*** toten-, Toten- ◇ *Her face was deathly pale.* Ihr Gesicht war leichenblass.
▸ ***Adj*** (**death·lier**, **death·li·est**) ◇ *There was a deathly hush.* Es herrschte Totenstille.
ˈ**death mask** *Nomen* Totenmaske
the ˈ**death penalty** *Nomen* die Todesstrafe
ˈ**death rate** *Nomen* **1** Sterblichkeitsziffer **2** Anzahl der Todesfälle
death row /ˌdeθ ˈrəʊ; *AmE* ˈroʊ/ *Nomen* Todeszellen ◇ *the prisoners on death row* die Häftlinge in den Todeszellen
ˈ**death sentence** *Nomen* Todesurteil ◇ *be given/receive the death sentence* zum Tode verurteilt werden
ˈ**death toll** *Nomen* Zahl der Todesopfer
ˈ**death warrant** *Nomen* Befehl zur Vollstreckung der Todesstrafe; (*fig*) Todesurteil
ˈ**death wish** *Nomen* Todeswunsch
deb /deb/ *Nomen* (*umgs*) = DEBUTANTE
de·bacle /deɪˈbɑːkl, dɪˈ-/ *Nomen* Debakel
debar /dɪˈbɑː(r)/ *Verb* (**-rr-**) (*meist passiv*) ~ **sb** (**from sth**) (*gehoben*) jdn (aus etw) ausschließen, jdm etw verbieten ◇ *He was debarred from holding public office.* Er kann nie wieder ein öffentliches Amt bekleiden.
de·base /dɪˈbeɪs/ *Verb* herabsetzen, entwerten, verderben ◇ *debased behaviour* degeneriertes Benehmen
de·base·ment /dɪˈbeɪsmənt/ *Nomen* Herabsetzung, Entwertung, Verdorbenheit
de·bat·able /dɪˈbeɪtəbl/ *Adj* fraglich
de·bate 🔑 /dɪˈbeɪt/ *Nomen*, *Verb*
▸ ***Nomen*** Debatte ◇ *There has been much debate on this issue.* Es ist viel über dieses Thema debattiert worden. ◇ *Whether he deserves this is open to debate.* Man kann darüber streiten, ob er das verdient hat.
▸ ***Verb*** **1** debattieren (über) ◇ *Politicians will debate the bill later this week.* Die Parlamentsdebatte über die Gesetzesvorlage findet diese Woche statt. **2** ~ (**with yourself**) hin und her überlegen
de·bauched /dɪˈbɔːtʃt/ *Adj* ausschweifend, (sittlich) verdorben
de·bauch·ery /dɪˈbɔːtʃəri/ *Nomen* [U] Ausschweifung
de·ben·ture /dɪˈbentʃə(r)/ *Nomen* (*BrE*) (FINANZ) Schuldschein
de·bili·tate /dɪˈbɪlɪteɪt/ *Verb* (*gehoben*) schwächen ◇ *a debilitating disease* eine auszehrende Krankheit ◇ *a debilitating recession* eine zermürbende Rezession
de·bil·ity /dɪˈbɪləti/ *Nomen* (*gehoben*) Schwäche
debit /ˈdebɪt/ *Nomen*, *Verb*
▸ ***Nomen*** **1** Soll, Debet ◇ *on the debit side of an account* auf der Sollseite eines Kontos ◇ (*fig*) *On the debit side the new shopping centre will increase traffic.* Ein Minuspunkt des neuen Einkaufszentrums wird ein Zuwachs an Verkehr sein. **2** Belastung, Debetposten ➔ *Siehe auch* DIRECT DEBIT
▸ ***Verb*** (FINANZ) belasten ◇ *The money will be debited from your account each month.* Das Geld wird jeden Monat von Ihrem Konto abgebucht.
ˈ**debit card** *Nomen* Debitkarte
de·bon·air /ˌdebəˈneə(r); *AmE* -ˈner/ *Adj* (*veraltet*) elegant, flott
de·brief /ˌdiːˈbriːf/ *Verb* (MIL) (*nach einem Einsatz etc.*) befragen
de·brief·ing /ˌdiːˈbriːfɪŋ/ *Nomen* (MIL) Besprechung (*nach einem Einsatz*)

deb·ris /ˈdebriː, ˈdeɪbriː; *AmE* dəˈbriː/ *Nomen* [U] **1** Schutt, Trümmer **2** (*gehoben*) Abfall
debt 🔑 /det/ *Nomen* **1** Schuld ◇ *run up debts* Schulden machen ◇ *The club is four million in debt.* Der Klub ist mit vier Millionen verschuldet. ◇ *get into debt* sich verschulden ◇ *stay out of debt* schuldenfrei bleiben ➔ *Siehe auch* BAD DEBT **2** [meist Sing] ◇ *owe a debt of gratitude to sb* jdm Dank schulden ◇ *I would like to acknowledge my debt to my teachers.* Ich bin meinen Lehrern zu großem Dank verpflichtet.
IDM **be in sb's** ˈ**debt** (*gehoben*) in jds Schuld stehen
debt·or /ˈdetə(r)/ *Nomen* Schuldner(in)
debug /ˌdiːˈbʌg/ *Verb* (**-gg-**) (COMP) Fehler suchen und beseitigen
de·bunk /ˌdiːˈbʌŋk/ *Verb* (*Mythos*) zerstören; (*Theorie*) widerlegen; (*Idol*) vom Sockel stoßen
debut (*auch* **début**) /ˈdeɪbjuː, ˈdeb-; *AmE* deɪˈbjuː/ *Nomen* Debüt
debu·tante (*auch* **débu·tante**) /ˈdebjutɑːnt/ (*umgs* **deb**) *Nomen* Debütantin
dec·ade 🔑 /ˈdekeɪd, dɪˈkeɪd/ *Nomen* Jahrzehnt
deca·dence /ˈdekədəns/ *Nomen* (*abwert*) Dekadenz
deca·dent /ˈdekədənt/ *Adj* (*abwert*) dekadent
de·caf·fein·ated /ˌdiːˈkæfɪneɪtɪd/ (*umgs*, *BrE auch* **de·caff**; *AmE* **Decaf** /ˈdiːkæf/) *Adj*, *Nomen*
▸ ***Adj*** koffeinfrei
▸ ***Nomen*** koffeinfreier Kaffee/Tee
decal /ˈdiːkæl/ *Nomen* (*AmE*) Abziehbild
de·camp /dɪˈkæmp/ *Verb* verschwinden; (MIL) das Lager abbrechen
de·cant /dɪˈkænt/ *Verb* (*in eine Karaffe*) umfüllen
de·cant·er /dɪˈkæntə(r)/ *Nomen* Karaffe
de·capi·tate /dɪˈkæpɪteɪt/ *Verb* enthaupten, köpfen
de·capi·ta·tion /dɪˌkæpɪˈteɪʃn/ *Nomen* Enthauptung
decarbonize (*BrE auch* **decarbonise**) /ˌdiːˈkɑːbənaɪz; *AmE* -ˈkɑːrb-/ *Verb* [+ Obj] dekarbonisieren ◇ *We need to decarbonize our economy.* Unsere Wirtschaft darf nicht länger auf fossilen Brennstoffen basieren.
dec·ath·lete /dɪˈkæθliːt/ *Nomen* Zehnkämpfer(in)
dec·ath·lon /dɪˈkæθlən/ *Nomen* Zehnkampf
decay 🔑 /dɪˈkeɪ/ *Nomen*, *Verb*
▸ ***Nomen*** **1** Fäulnis, Zersetzung, Verwesung; (PHYSIK) Zerfall ◇ *tooth decay* Karies **2** Verfall ◇ *They had let the building fall into decay.* Man hatte das Gebäude verfallen lassen. ◇ *economic decay* wirtschaftlicher Abstieg ◇ *urban decay* Verödung der Innenstädte
▸ ***Verb*** **1** (ver)faulen, verwesen; (PHYSIK) zerfallen **2** verfallen, verkümmern ◇ *decaying inner city areas* verödende Innenstadtbereiche
de·ceased /dɪˈsiːst/ *Adj*, *Nomen* (*offiz*)
▸ ***Adj*** verstorben
▸ ***Nomen*** **the deceased** (*Pl* **the deceased**) der/die Verstorbene
de·ceit /dɪˈsiːt/ *Nomen* Betrug, Täuschung
de·ceit·ful /dɪˈsiːtfl/ *Adj* (*Adv* **de·ceit·ful·ly** /-fəli/) betrügerisch, falsch, hinterlistig
de·ceive /dɪˈsiːv/ *Verb* **1** täuschen, (be)trügen ◇ *She deceived him into handing over all his savings.* Sie brachte ihn durch einen Trick dazu, ihr seine ganzen Ersparnisse auszuhändigen. **2** ~ **yourself** sich etw vormachen
de·ceiver /dɪˈsiːvə(r)/ *Nomen* Betrüger(in)
de·cel·er·ate /ˌdiːˈseləreɪt/ *Verb* (*gehoben*) **1** die Fahrt verlangsamen, das Tempo drosseln **2** sich verlangsamen **3** verlangsamen, drosseln
de·cel·er·ation /ˌdiːseləˈreɪʃn/ *Nomen* **1** Herabsetzung der Geschwindigkeit **2** Verlangsamung

De·cem·ber 🔑 /dɪˈsembə(r)/ *Nomen* (*Abk* **Dec.**) Dezember → *Beispiele bei* JANUAR

de·cency /ˈdiːsnsi/ *Nomen* **1** Anstand, Anständigkeit **2 the decencies** [Pl] (*gehoben*) Anstandsregeln

de·cent /ˈdiːsnt/ *Adj* (*Adv* **de·cent·ly**) **1** anständig ◇ (*umgs*) *a decent job* ein ordentlicher Job ◇ (*umgs*) *I need a decent night's sleep.* Ich muss mal richtig schlafen. **2** schicklich ◇ *She ought to have waited for a decent interval before getting married again.* Sie hätte schicklicherweise länger warten sollen, ehe sie wieder heiratete. ◇ *I escaped from the wedding as soon as was decently possible.* Ich blieb nur gerade so lang auf der Hochzeitsfeier, dass es nicht unhöflich war. ◇ *That dress isn't decent.* Das Kleid ist zu gewagt. ◇ (*umgs*) *I can't go to the door—I'm not decent.* Ich kann die Tür nicht aufmachen—ich habe nichts an. IDM **do the decent ˈthing** das einzig Richtige tun

de·cen·tral·iza·tion (*BrE auch* **-isa·tion**) /ˌdiːˌsentrəlaɪˈzeɪʃn; *AmE* -ləˈ-/ *Nomen* [U/Sing] Dezentralisierung

de·cen·tral·ize (*BrE auch* **-ise**) /ˌdiːˈsentrəlaɪz/ *Verb* dezentralisieren

de·cep·tion /dɪˈsepʃn/ *Nomen* **1** Betrug **2** Täuschung

de·cep·tive /dɪˈseptɪv/ *Adj* (*Adv* **de·cep·tive·ly**) täuschend, trügerisch, irreführend ◇ *a deceptively simple idea* eine scheinbar einfache Idee

deci- /ˈdesɪ/ (*in Zusammensetzungen*) Zehntel-, Dezi-

deci·bel /ˈdesɪbel/ *Nomen* Dezibel

de·cide 🔑 /dɪˈsaɪd/ *Verb* **1** (sich) entscheiden ◇ *It's up to you to decide.* Die Entscheidung liegt bei dir. ◇ *I can't decide what to wear.* Ich weiß nicht, was ich anziehen soll. ◇ *She couldn't decide whether he was telling the truth or not.* Sie war sich nicht klar, ob er die Wahrheit sagte oder nicht. **2** beschließen ◇ *Why did you decide to look for a new job?* Was hat Sie bewogen, sich nach einer neuen Stelle umzusehen? **3** (RECHT) **~ (for/against sb)** (für/gegen jdn) entscheiden **4 ~ sth** etw entscheiden, etw bestimmen; (*Schicksal*) besiegeln **5 ~ sb** für jdn den Ausschlag geben PHR V **deˈcide on/upon sth** sich für etw entscheiden ◇ *I can't decide on who to invite.* Ich kann mich nicht entscheiden, wen ich einladen soll.

de·cided /dɪˈsaɪdɪd/ *Adj* [nur vor Nomen] eindeutig, deutlich

de·cided·ly /dɪˈsaɪdɪdli/ *Adv* **1** entschieden, eindeutig, ausgesprochen ◇ *decidedly odd* ausgesprochen seltsam **2** (*BrE*) mit Bestimmtheit

de·cider /dɪˈsaɪdə(r)/ *Nomen* [meist Sing] **1** Entscheidungsspiel, Entscheidungsrennen **2** entscheidendes Tor etc.

de·cidu·ous /dɪˈsɪdʒuəs, -dju-/ *Adj* = jedes Jahr die Blätter verlierend ◇ *a deciduous tree/forest* ein Laubbaum/-wald

deci·litre (*AmE* **deci·liter**) /ˈdesɪliːtə(r)/ *Nomen* Deziliter

deci·mal /ˈdesɪml/ *Adj, Nomen*

▸ ***Adj*** Dezimal- ◇ *accurate to two decimal places* auf zwei Dezimalstellen genau

▸ ***Nomen*** (*auch* **ˌdecimal ˈfraction**) Dezimalzahl, Dezimalbruch

ˌdecimal ˈpoint *Nomen* Komma

deci·mate /ˈdesɪmeɪt/ *Verb* (*meist passiv*) dezimieren ◇ *Cheap imports decimated the British cycle industry.* Billige Importe trafen die britische Fahrradindustrie hart.

de·cipher /dɪˈsaɪfə(r)/ *Verb* entziffern, entschlüsseln

de·ci·sion 🔑 /dɪˈsɪʒn/ *Nomen* **1 ~ (on/about sth)** Entscheidung (über etw) ◇ *take a decision* eine Entscheidung treffen ◇ *reach a decision* zu einer Entscheidung kommen ◇ *We must come to a decision about what to do by tomorrow.* Bis morgen müssen wir uns entscheiden, was wir tun werden. ◇ *The decision is yours.* Die Entscheidung liegt bei dir. ◇ *Mary is the decision-maker in the house.* In der Familie bestimmt Mary. ◇ *her decision to go abroad* ihr Entschluss ins Ausland zu gehen **2** Entschlusskraft, Entschlossenheit

deˈcision-making *Nomen* Entscheidungsfindung ◇ *decision-making power* Entscheidungsgewalt ◇ *a decision-making body* ein entscheidungsfindendes Organ

de·cisive /dɪˈsaɪsɪv/ *Adj* **1** entscheidend **2** (*Adv* **de·cisive·ly**) entschlossen, energisch, resolut ◇ *take decisive action* energische Maßnahmen ergreifen

de·cisive·ness /dɪˈsaɪsɪvnəs/ *Nomen* Entschlusskraft, Entschlossenheit

deck /dek/ *Nomen, Verb*

▸ ***Nomen*** **1** Deck ◇ *on deck* an Deck ◇ *below deck(s)* unter Deck **2** (*bes AmE*) (*auch* **ˌdeck of ˈcards**) Spiel Karten **3** Holzterrasse **4** (*Teil einer Hi-Fi-Anlage*) Plattenspieler, Tapedeck IDM → CLEAR *und* HIT

▸ ***Verb*** **1** (*oft passiv*) **~ sb/sth (out) (in/with sth)** jdn/etw (mit etw) schmücken, jdn/etw (mit etw) herausputzen **2** (*Slang*) niederschlagen

deck·chair /ˈdektʃeə(r); *AmE* -tʃer/ *Nomen* Liegestuhl

deck·hand /ˈdekhænd/ *Nomen* (*ungelernter Matrose*) Decksmann

ˈdeck shoe *Nomen* Segeltuchschuh

de·claim /dɪˈkleɪm/ *Verb* (*gehoben*) deklamieren

dec·lam·ation /ˌdekləˈmeɪʃn/ *Nomen* (*gehoben*) Deklamation

dec·lar·ation /ˌdekləˈreɪʃn/ *Nomen* Erklärung ◇ *a declaration of faith/guilt* ein Glaubens-/Schuldbekenntnis

de·clare 🔑 /dɪˈkleə(r); *AmE* dɪˈkler/ *Verb* **1** erklären ◇ *The area has been declared a national park.* Das Gebiet wurde zum Nationalpark erklärt. ◇ *The government has declared war on corruption.* Die Regierung hat der Korruption den Kampf angesagt. ◇ *The contract was declared void.* Der Vertrag wurde für nichtig erklärt. ◇ *declare a state of emergency* den Notstand ausrufen ◇ *The court declared that strike action was illegal.* Das Gericht entschied, dass eine Streikaktion gesetzwidrig wäre. **2** bekannt geben, verkünden, sagen ◇ *Few people dared to declare their opposition.* Nur wenige wagten es, ihren Widerstand zu äußern. ◇ *She declared herself satisfied.* Sie sagte, sie sei zufrieden. **3** (*Einkommen*) angeben, versteuern **4** (*Ware am Zoll*) deklarieren ◇ *Do you have anything to declare?* Haben Sie etwas zu verzollen? **5** (*Kricket*) = die Runde für beendet erklären, weil man glaubt, die eigene Mannschaft hat genug Punkte PHR V **deˌclare aˈgainst/ˈfor sb/sth** (*BrE, offiz*) sich gegen/für jdn/etw aussprechen

de·clared /dɪˈkleəd; *AmE* dɪˈklerd/ *Adj* [nur vor Nomen] erklärt ◇ *their declared intention* ihr erklärtes Ziel

de·clas·sify /ˌdiːˈklæsɪfaɪ/ *Verb* (**-fies, -fy·ing, -fied, -fied**) (*Informationen, Akten etc.*) freigeben

de·clen·sion /dɪˈklenʃn/ *Nomen* Deklination

de·cline 🔑 /dɪˈklaɪn/ *Nomen, Verb*

▸ ***Nomen*** [meist Sing] **1 ~ (in sth)** Rückgang (einer Sache) **2** Niedergang, Verfall

▸ ***Verb*** **1** zurückgehen, abnehmen ◇ *Her health was declining rapidly.* Ihr Gesundheitszustand verschlechterte sich zusehends. **2** (*gehoben*) ablehnen **3** (LING) deklinieren **4** (LING) dekliniert werden IDM **sb's declining years** (*gehoben*) jds letzte Jahre

declutter (*auch* **de-clutter**) /diːˈklʌtə(r)/ *Verb* entrümpeln, entmüllen

de·code /ˌdiːˈkəʊd; *AmE* -ˈkoʊd/ *Verb* **1** dechiffrieren, entschlüsseln **2** (TV) decodieren

de·coder /ˌdiːˈkəʊdə(r); *AmE* -ˈkoʊ-/ *Nomen* (TV) Decoder

dé·col·leté /deɪˈkɒlteɪ; *AmE* ˌdeɪkɑːlˈteɪ/ *Nomen, Adj*
▸ ***Nomen*** Dekolletee
▸ ***Adj*** dekolletiert

de·col·on·iza·tion (*BrE auch* **-isa·tion**) /diːˌkɒlənaɪˈzeɪʃn; *AmE* -ˌkɑːlənəˈ-/ *Nomen* Entkolonisierung

de·com·mis·sion /ˌdiːkəˈmɪʃn/ *Verb* aus dem Dienst nehmen; (*Atomkraftwerk*) stilllegen

de·com·pose /ˌdiːkəmˈpəʊz; *AmE* -ˈpoʊz/ *Verb* **1** sich zersetzen; (*Leiche*) verwesen **2** (*Fachspr*) zerlegt werden **3 ~ sth** (*Fachspr*) etw zersetzen, etw zerlegen

de·com·pos·ition /ˌdiːkɒmpəˈzɪʃn; *AmE* -kɑːm-/ *Nomen* **1** Zersetzung, Verrotten **2** (*Fachspr*) Zerlegung, Zersetzung

de·com·press /ˌdiːkəmˈpres/ *Verb* **1 ~ sth** den Druck von etw vermindern **2** (COMP) dekomprimieren

de·com·pres·sion /ˌdiːkəmˈpreʃn/ *Nomen* **1** Druckverminderung, Dekompression ◇ *decompression sickness* Taucherkrankheit **2** (COMP) Dekomprimierung

de·con·gest·ant /ˌdiːkənˈdʒestənt/ *Nomen* (*Schleim-, Husten-*) Löser, abschwellendes Medikament ◇ *nasal decongestant* Nasentropfen/-spray

de·con·struct /ˌdiːkənˈstrʌkt/ *Verb* (LIT, PHILOS) dekonstruieren

de·con·struc·tion /ˌdiːkənˈstrʌkʃn/ *Nomen* (LIT, PHILOS) Dekonstruktion

de·con·struc·tion·ist /ˌdiːkənˈstrʌkʃnɪst/ *Nomen, Adj*
▸ ***Nomen*** (LIT, PHILOS) Dekonstruktivist(in)
▸ ***Adj*** dekonstruktivistisch

de·con·tam·in·ate /ˌdiːkənˈtæmɪneɪt/ *Verb* entgiften, entseuchen, dekontaminieren

de·con·tam·in·ation /ˌdiːkənˌtæmɪˈneɪʃn/ *Nomen* Entgiftung, Entseuchung, Dekontamination

de·cor /ˈdeɪkɔː(r); *AmE* deɪˈkɔːr/ *Nomen* Ausstattung, Dekor ◇ *interior decor* Innenausstattung

dec·or·ate 🔑 /ˈdekəreɪt/ *Verb* **1** dekorieren, verzieren **2** (*bes BrE*) streichen, tapezieren **3** schmücken **4** (*meist passiv*) (*mit einem Orden*) auszeichnen

dec·or·ation 🔑 /ˌdekəˈreɪʃn/ *Nomen* **1** [meist Pl] Dekoration, Schmuck **2** Verzierung **3** Austattung, Dekor → *Siehe auch* INTERIOR DECORATION **4** (*BrE*) Streichen, Tapezieren **5** (*mit Medaille etc.*) Auszeichnung

dec·ora·tive 🔑 /ˈdekərətɪv; *AmE* -reɪtɪv/ *Adj* dekorativ

dec·or·ator /ˈdekəreɪtə(r)/ *Nomen* Maler(in), Tapezierer(in) → *Siehe auch* INTERIOR DECORATOR

dec·or·ous /ˈdekərəs/ *Adj* (*Adv* **dec·or·ous·ly**) (*gehoben*) schicklich

de·corum /dɪˈkɔːrəm/ *Nomen* (*gehoben*) Schicklichkeit, Dekorum, Etikette

de·couple /diːˈkʌpl/ *Verb* (*gehoben*) entkoppeln

decoy /ˈdiːkɔɪ/ *Nomen* Lockvogel (*auch fig*)

de·crease 🔑 *Verb, Nomen*
▸ ***Verb*** /dɪˈkriːs/ **1** sinken, zurückgehen, abnehmen ◇ *decrease in value* an Wert verlieren **2** verringern, reduzieren
▸ ***Nomen*** /ˈdiːkriːs/ **1** Rückgang, Abnahme, Nachlassen ◇ *a decrease in spending* ein Rückgang der Ausgaben **2** Senkung, Reduzierung

de·cree /dɪˈkriː/ *Nomen, Verb*
▸ ***Nomen*** **1** Erlass, Verordnung ◇ *by decree* auf dem Verordnungsweg **2** (RECHT) Verfügung, Urteil
▸ ***Verb*** (**de·cree·ing, de·creed, de·creed**) verordnen, anordnen, verfügen

deˌcree ˈabsolute *Nomen* [Sing] (*BrE*) (RECHT) endgültiges Scheidungsurteil

de·cree nisi /dɪˌkriː ˈnaɪsaɪ/ *Nomen* [Sing] (*BrE*) (RECHT) vorläufiges Scheidungsurteil

de·crepit /dɪˈkrepɪt/ *Adj* altersschwach (*auch fig*); (*Haus etc.*) baufällig; (*Auto etc.*) klapprig

de·crim·in·al·ize (*BrE auch* **-ise**) /diːˈkrɪmɪnəlaɪz/ *Verb* entkriminalisieren

decry /dɪˈkraɪ/ *Verb* (**-cries, -cry·ing, -cried, -cried**) (*gehoben*) verwerfen, ablehnen, verdammen

dedi·cate /ˈdedɪkeɪt/ *Verb* **1** widmen ◇ *The exhibition is dedicated to his late work.* Die Ausstellung widmet sich seinem Spätwerk. **2** weihen

dedi·cated /ˈdedɪkeɪtɪd/ *Adj* **1** hingebungsvoll, engagiert ◇ *a dedicated musician* ein Musiker mit Leib und Seele ◇ *She is dedicated to her job.* Sie lebt für ihren Beruf. **2** [nur vor Nomen] (*Fachspr*) dediziert

ded·ica·tion /ˌdedɪˈkeɪʃn/ *Nomen* **1** Hingabe, Engagement **2** (*einer Kirche*) Weihe **3** (*in einem Buch etc.*) Widmung

de·duce /dɪˈdjuːs; *AmE* dɪˈduːs/ *Verb* (*gehoben*) folgern; **~ sth (from sth)** etw (aus etw) ableiten

de·duct /dɪˈdʌkt/ *Verb* (*oft passiv*) abziehen

de·duct·ible /dɪˈdʌktəbl/ *Adj, Nomen*
▸ ***Adj*** abziehbar → *Siehe auch* TAX-DEDUCTIBLE
▸ ***Nomen*** (*AmE*) **1** Abzug, abziehbare Summe ◇ *The donation was a deductible.* Die Spende konnte er von der Steuer absetzen. **2** Selbstbeteiligung

de·duc·tion /dɪˈdʌkʃn/ *Nomen* **1** (Schluss)folgerung, Folgern ◇ *powers of deduction* kombinatorische Fähigkeiten **2** Abziehen, Abzug ◇ (*BrE*) *tax deductions* Steuerabzüge **3** (*AmE*) ◇ *tax deductions* steuerlich absetzbare Ausgaben ◇ *the standard deduction* der Steuerfreibetrag

de·duct·ive /dɪˈdʌktɪv/ *Adj* deduktiv

deed /diːd/ *Nomen* **1** (*gehoben*) Tat **2** (*im britischen Englisch meist Plural*) (RECHT) Urkunde ◇ *the deeds of the house* die Eigentumsurkunde → *Siehe auch* TITLE DEED

ˌdeed of ˈcovenant *Nomen* (*BrE*) = schriftliche Erklärung, regelmäßig einen bestimmten Betrag zu spenden, wodurch die betreffende Steuer auch gespendet wird

ˈdeed poll *Nomen* [U/Sing] (*BrE*) Antrag auf Namensänderung ◇ *Smith changed his name by deed poll.* Smith hat seinen Namen offiziell ändern lassen.

dee·jay = DJ

deem /diːm/ *Verb* (*gehoben*) (*selten in der Verlaufsform*) **1** erachten, halten **2** meinen, finden

deep 🔑 /diːp/ *Adj, Adv, Nomen*
▸ ***Adj*** **1** tief ◇ *She took a deep breath.* Sie atmete tief ein. ◇ *They were standing three-deep at the bar.* An der Bar drängten sich die Menschen in drei Reihen. → *Siehe auch* SKIN-DEEP **2** (*Saum, Rand etc.*) breit **3** groß, tief ◇ *He's in deep trouble.* Er steckt in großen Schwierigkeiten. ◇ *deep affection* innigste Zuneigung ◇ *She felt a deep sense of shame.* Sie war zutiefst beschämt. ◇ *They were deep in debt.* Sie waren hoch verschuldet. **4** tiefgründig, tief schürfend **5 ~ in sth** in etw vertieft **6** (*Mensch*) verschlossen ◇ *She's a deep one.* Sie ist ein stilles Wasser. **7** (SPORT) (*Pass*) weit
IDM **go off the ˈdeep end** (*umgs*) ausflippen **in deep ˈwater(s)** (*umgs*) in großen Schwierigkeiten **jump in at the ˈdeep end** (*umgs*) einen Sprung ins kalte Wasser machen **be thrown in at the ˈdeep end** (*umgs*) ins kalte Wasser geworfen werden → *Siehe auch* DEVIL *und* SHIT
▸ ***Adv*** tief ◇ *They talked deep into the night.* Sie unterhielten sich bis tief in die Nacht. → *Siehe auch* DEEPLY
IDM **deep ˈdown** im Innersten **go/run ˈdeep** in starkem Maße vorhanden sein; tief verwurzelt sein; (*Gefühle*) tief empfunden werden → *Siehe auch* DIG *und* STILL
▸ ***Nomen*** [Sing] **the deep** (*gehoben*) das Meer

deep·en /ˈdiːpən/ *Verb* **1** wachsen, zunehmen ◇ *Their friendship soon deepened into love.* Aus ihrer Freundschaft wurde bald Liebe. **2** vertiefen **3** (sich) verschlimmern; (*Leid etc.*) (sich) vergrößern; (*Krise etc.*) (sich) verschärfen **4** tiefer werden (*auch fig*) ◇ *His frown deepened.* Er runzelte die Stirn noch mehr. **5** tiefer machen **6** (*Farbe, Licht*) dunkler werden; **~ sth** etw dunkler machen

ˌdeep ˈfreeze (*AmE* **Deep·freeze™**; **ˌdeep ˈfreezer**) *Nomen* Gefrierschrank, Tiefkühltruhe

ˌdeep-ˈfrozen *Adj* tiefgefroren, tiefgekühlt

ˌdeep-ˈfry *Verb* (**-fried**, **-fried**) (*meist passiv*) frittieren, ausbacken

deep·ly 0‑ᴛ /ˈdiːpli/ *Adv* **1** tief ◇ *deeply held convictions* tiefe Überzeugungen **2** zutiefst, äußerst, sehr ◇ *I have thought deeply about it.* Ich habe gründlich darüber nachgedacht.

ˌdeep-ˈrooted (*auch* **ˌdeep-ˈseated**) *Adj* tief verwurzelt, tief sitzend

ˈdeep-sea *Adj* [nur vor Nomen] Tiefsee-

ˌdeep-ˈset *Adj* (*Augen*) tief liegend

ˌdeep-ˈsix *Verb* (*meist passiv*) (*AmE, umgs*) (*Pläne etc.*) begraben

the ˌDeep ˈSouth *Nomen* (*der USA*) der tiefe Süden

ˈdeep-water *Adj* [nur vor Nomen] Tiefsee-

the ˌDeep ˈWeb *Nomen* [Sing] das Deep Web

deer /dɪə(r); *AmE* dɪr/ *Nomen* (*Pl* **deer**) Hirsch, Reh ◇ *red deer* Rotwild → *Siehe auch* ROE DEER

deer·stalk·er /ˈdɪəstɔːkə(r); *AmE* ˈdɪrstɔː-/ *Nomen* Sherlock-Holmes-Mütze

de·face /dɪˈfeɪs/ *Verb* verunstalten, verschandeln

def·am·ation /ˌdefəˈmeɪʃn/ *Nomen* (*gehoben*) Diffamierung, Verleumdung ◇ *defamation of character* Rufmord

de·fama·tory /dɪˈfæmətri; *AmE* -tɔːri/ *Adj* (*gehoben*) diffamierend, verleumderisch

de·fame /dɪˈfeɪm/ *Verb* (*gehoben*) diffamieren, verleumden

de·fault /dɪˈfɔːlt, ˈdiːfɔːlt/ *Nomen, Verb*

▸ ***Nomen*** **1** Verzug, Versäumnis ◇ *They are in default on the loan.* Sie sind mit den Rückzahlungen in Verzug. **2** [meist Sing] (COMP) Default, Voreinstellung ◇ *The default option is to save every five minutes.* Der Computer ist so voreingestellt, dass er alle fünf Minuten speichert. IDM **by deˈfault** **1** kampflos **2** (*ohne aktive Entscheidung*) ◇ *I became a teacher by default rather than by design.* Ich bin Lehrer geworden, nicht weil ich es schon immer wollte, sondern weil es sich eben so ergeben hat. ◇ *This icon appears by default.* Dieses Icon erscheint automatisch. **in deˈfault of sth** (*gehoben*) mangels einer Sache

▸ ***Verb*** **1 ~ (on sth)** (mit etw) in Verzug sein ◇ *defaulting tenants* säumige Mieter **2 ~ to sth** (COMP) auf etw voreingestellt sein ◇ *Background colour defaults to white.* Als Hintergrundfarbe ist weiß voreingestellt. ◇ *Day of month: (defaults to 1).* Tag: (per Default auf 1 voreingestellt).

de·fault·er /dɪˈfɔːltə(r)/ *Nomen* Säumige(r), säumige(r) Schuldner(in)

de·feat 0‑ᴛ /dɪˈfiːt/ *Verb, Nomen*

▸ ***Verb*** **1** besiegen, schlagen **2** (*umgs*) überfordern **3** ablehnen **4** ◇ *Staying late at the office to discuss shorter working hours rather defeats the object of the exercise!* Es ist paradox, extra länger im Büro zu bleiben, um kürzere Arbeitszeiten zu diskutieren.

▸ ***Nomen*** **1** Niederlage ◇ *I had to admit defeat.* Ich musste mich geschlagen geben. **2 the ~ of sth** der Sieg über etw **3** (*eines Antrags etc.*) Ablehnung

de·feat·ism /dɪˈfiːtɪzəm/ *Nomen* Defätismus

de·feat·ist /dɪˈfiːtɪst/ *Adj, Nomen*

▸ ***Adj*** defätistisch

▸ ***Nomen*** Defätist(in)

defe·cate /ˈdefəkeɪt, ˈdiːfə-/ *Verb* (*Fachspr*) Kot ausscheiden

defe·ca·tion /ˌdefəˈkeɪʃn, ˌdiːfəˈ-/ *Nomen* (*Fachspr*) Stuhlentleerung

de·fect *Nomen, Verb*

▸ ***Nomen*** /ˈdiːfekt, dɪˈfekt/ Fehler, Defekt

▸ ***Verb*** /dɪˈfekt/ überlaufen, sich absetzen

de·fec·tion /dɪˈfekʃn/ *Nomen* Übertritt, Überlaufen, Abfall ◇ *since his defection to the West* seit er sich in den Westen abgesetzt hat

de·fect·ive /dɪˈfektɪv/ *Adj* (*Adv* **de·fect·ive·ly**) fehlerhaft, defekt

de·fect·or /dɪˈfektə(r)/ *Nomen* Überläufer(in), Abtrünnige(r)

de·fence 0‑ᴛ (*AmE* **de·fense**) /dɪˈfens/ *Nomen* **1** Verteidigung ◇ *I have to say in her defence …* Zu ihrer Verteidigung muss ich sagen, dass … ◇ *He wanted to conduct his own defence.* Er wollte seine Verteidigung selbst übernehmen. **2 ~ (against sth)** Verteidigung(sanlage) (gegen etw), Schutz (gegen etw) ◇ *sea defences* Küstenschutz ◇ *the body's natural defence mechanisms* das natürliche Abwehrsystem des Körpers **3** [mit Verb im Sing/Pl] **the defence** (RECHT) die Verteidigung **4** (SPORT) Abwehr

de·fence·less /dɪˈfensləs/ *Adj* wehrlos

de·fend 0‑ᴛ /dɪˈfend/ *Verb* verteidigen ◇ *They were able to defend the town against/from attack.* Sie konnten die Stadt gegen Angriffe verteidigen. ◇ *the defending champion* der Titelverteidiger ◇ *How can you defend such behaviour?* Wie kann man solches Benehmen rechtfertigen?

de·fend·ant /dɪˈfendənt/ *Nomen* Angeklagte(r)

de·fend·er /dɪˈfendə(r)/ *Nomen* **1** (SPORT) Verteidiger(in) **2** Verfechter(in)

de·fense 0‑ᴛ (*AmE*) = DEFENCE

de·fens·ible /dɪˈfensəbl/ *Adj* **1** vertretbar **2** leicht zu verteidigen

de·fen·sive /dɪˈfensɪv/ *Adj, Nomen*

▸ ***Adj*** (*Adv* **de·fen·sive·ly**) defensiv, Verteidigungs- ◇ *Don't ask him about it—he just gets defensive.* Frag nicht danach—er geht bloß in die Defensive.

▸ ***Nomen*** IDM **on/onto the defensive** in der/die Defensive

defer /dɪˈfɜː(r)/ *Verb* (**-rr-**) aufschieben PHR V **deˈfer to sb/sth** (*gehoben*) sich jdm/etw fügen

def·er·ence /ˈdefərəns/ *Nomen* (*gehoben*) Achtung, Respekt

def·er·en·tial /ˌdefəˈrenʃl/ *Adj* (*Adv* **def·er·en·tial·ly** /-ʃəli/) ehrerbietig, respektvoll

de·fer·ment /dɪˈfɜːmənt; *AmE* dɪˈfɜːrmənt/ (*auch* **de·fer·ral** /dɪˈfɜːrəl/) *Nomen* Aufschub, Verschiebung

de·fi·ance /dɪˈfaɪəns/ *Nomen* Trotz, Missachtung ◇ *an act of defiance* ein Akt der Auflehnung

de·fi·ant /dɪˈfaɪənt/ *Adj* (*Adv* **de·fi·ant·ly**) trotzig, herausfordernd

de·fib·ril·la·tor /diːˈfɪbrɪleɪtə(r)/ *Abk* (MED) Defibrillator

de·fi·ciency /dɪˈfɪʃnsi/ *Nomen* (*Pl* **-ies**) **1** Mangel **2** Schwäche, Unzulänglichkeit

de·fi·cient /dɪˈfɪʃnt/ *Adj* **1** ◇ *Their diet is often deficient in calcium./Calcium is often deficient in their diet.* In ihrer Ernährung mangelt es ihnen oft an Kalzium. ◇ *She was deficient in iron.* Sie hatte Eisenmangel. ◇ (*gehoben*) *He felt that there was something deficient in him.* Er hatte das Gefühl, dass er gewisse Mängel hätte. **2** (*gehoben*) unzulänglich

def·icit /ˈdefɪsɪt/ *Nomen* **1** (WIRTSCH) Defizit ◇ *in deficit* defizitär **2** Fehlbetrag **3** (SPORT) Rückstand

de·fied *Form von* DEFY
de·file[1] /dɪˈfaɪl/ *Verb* schänden, beflecken
de·file[2] /dɪˈfaɪl, ˈdiːfaɪl/ *Nomen* (*gehoben*) Hohlweg, Engpass
de·fin·able /dɪˈfaɪnəbl/ *Adj* definierbar
de·fine /dɪˈfaɪn/ *Verb* **1 ~ sth** (**as sth**) etw (als etw) definieren **2** (*meist passiv*) umreißen
defining /dɪˈfaɪnɪŋ/ *Adj* [nur vor Nomen] **1** entscheidend, definierend, bestimmend ◇ *defining characteristics* entscheidende Merkmale ◇ *The defining feature of modern societies is their complexity.* Moderne Gesellschaften zeichnen sich vor allem durch ihre Komplexität aus. **2** (LING) ◇ *a defining relative clause* ein notwendiger Relativsatz
def·in·ite /ˈdefɪnət/ *Adj, Nomen*
▸ ***Adj*** **1** sicher, bestimmt; (*Antwort, Ergebnis etc.*) definitiv **2** klar, deutlich **3** entschieden
▸ ***Nomen*** (*umgs*) ◇ *'Is Sarah coming to the party?' 'Yes, she's a definite.'* „Kommt Sarah auf die Party?" „Ja, sie hat fest zugesagt."
ˌdefinite ˈarticle *Nomen* bestimmter Artikel
def·in·ite·ly /ˈdefɪnətli/ *Adv* **1** (*zur Verstärkung*) bestimmt, absolut ◇ *I definitely remember asking.* Ich kann mich ganz genau daran erinnern, dass ich gefragt habe. ◇ *Definitely not!* Auf keinen Fall! **2** definitiv, endgültig
def·in·ition /ˌdefɪˈnɪʃn/ *Nomen* **1** Definition ◇ *by definition* definitionsgemäß **2** (Bild)schärfe
de·fini·tive /dɪˈfɪnətɪv/ *Adj* (*Adv* **de·fini·tive·ly**) definitiv, maßgeblich
de·flate /dɪˈfleɪt, ˌdiːˈfleɪt/ ℹ In Bedeutung 3 nur /dɪˈfleɪt/, in Bedeutung 4 nur /ˌdiːˈfleɪt/ *Verb* **1 ~ sth** die Luft aus etw ablassen **2** schrumpfen **3** klein machen, ernüchtern ◇ *His indifference left her feeling deflated.* Seine Gleichgültigkeit versetzte ihr einen Dämpfer. **4** (WIRTSCH) bremsen, verringern
de·fla·tion /ˌdiːˈfleɪʃn/ *Nomen* **1** (WIRTSCH) Deflation **2** (*eines Ballons*) Luftablassen
de·fla·tion·ary /ˌdiːˈfleɪʃənri; *AmE* -ʃəneri/ *Adj* deflationär
de·flect /dɪˈflekt/ *Verb* **1** ablenken, abwehren **2** abprallen ◇ *The ball deflected off Reid's body into the goal.* Der Ball wurde von Reid ins Tor abgefälscht. **3 ~ sb** (**from sth**) jdn (von etw) abbringen **4** (*Licht etc.*) beugen
de·flec·tion /dɪˈflekʃn/ *Nomen* **1** Abwehren **2** Abprallen ◇ *The goal was scored with a deflection off the goalkeeper.* Der Ball wurde vom Torwart ins Tor abgefälscht. **3** (*Licht etc.*) Beugung
de·flower /ˌdiːˈflaʊə(r)/ *Verb* (*gehoben, veraltet*) entjungfern, deflorieren
de·fog /ˌdiːˈfɒg; *AmE* -ˈfɑːg/ *Verb* (**-gg-**) (*AmE*) (*beschlagene Windschutzscheibe*) trockenblasen
de·foli·ation /ˌdiːˌfəʊliˈeɪʃn; *AmE* -ˌfoʊ-/ *Nomen* Entlaubung
de·for·est /ˌdiːˈfɒrɪst; *AmE* -ˈfɔːrɪst/ *Verb* entwalden
de·for·est·ation /ˌdiːˌfɒrɪˈsteɪʃn; *AmE* -ˌfɔːr-/ *Nomen* Entwaldung
de·form /dɪˈfɔːm; *AmE* dɪˈfɔːrm/ *Verb* verformen, deformieren
de·form·ation /ˌdiːfɔːˈmeɪʃn; *AmE* -fɔːrˈ-/ *Nomen* **1** Deformierung **2** Deformation
de·formed /dɪˈfɔːmd; *AmE* dɪˈfɔːrmd/ *Adj* missgebildet
de·form·ity /dɪˈfɔːməti; *AmE* dɪˈfɔːrm-/ *Nomen* (*Pl* **-ies**) Missbildung, Deformation
DEFRA /ˈdefrə/ *Kurzform von* **Department for Environment, Food and Rural Affairs** (*in GB*) ≈ Umweltministerium
de·fraud /dɪˈfrɔːd/ *Verb* **~ sb** (**of sth**) jdn (um etw) betrügen
defriend /ˌdiːˈfrend/ *Verb* entfreunden
de·frock /ˌdiːˈfrɒk; *AmE* -ˈfrɑːk/ *Verb* **~ sb** jdm das Priesteramt entziehen
de·frost /ˌdiːˈfrɒst; *AmE* -ˈfrɔːst/ *Verb* **1** (*Lebensmittel*) auftauen **2** (*Kühlschrank*) abtauen **3** (*Scheibe*) enteisen
deft /deft/ *Adj* (*Adv* **deft·ly**) (*gehoben*) geschickt, flink
deft·ness /ˈdeftnəs/ *Nomen* Geschicklichkeit
de·funct /dɪˈfʌŋkt/ *Adj* (*gehoben*) (*Organisation*) aufgelöst; (*Unternehmen, Maschine*) stillgelegt
de·fuse /ˌdiːˈfjuːz/ *Verb* entschärfen (*auch fig*)
defy /dɪˈfaɪ/ *Verb* (**-fies, -fying, -fied, -fied**) **1 ~ sb/sth** jdm trotzen, sich jdm/etw widersetzen ◇ *They defied his wishes.* Sie setzen sich über seine Wünsche hinweg. **2 ~ belief, explanation, description, etc.** nicht zu glauben, erklären, beschreiben etc. sein ◇ *a political move that defies explanation* ein politischer Schachzug, der völlig unverständlich ist **3** ◇ *I defy you not to enjoy it.* Es wird dir auf jeden Fall gefallen. IDM **defy (all) the odds** ◇ *The baby defied all the odds and survived.* Das Kind überlebte entgegen allen Erwartungen.
deg. *Abk* = DEGREE
de·gen·er·acy /dɪˈdʒenərəsi/ *Nomen* Verkommenheit
de·gen·er·ate *Verb, Adj, Nomen*
▸ ***Verb*** /dɪˈdʒenəreɪt/ sich verschlechtern; **~ into sth** zu etw degenerieren, zu etw ausarten
▸ ***Adj*** /dɪˈdʒenərət/ verkommen, entartet
▸ ***Nomen*** /dɪˈdʒenərət/ verkommener Mensch
de·gen·er·ation /dɪˌdʒenəˈreɪʃn/ *Nomen* Degeneration, Verschlechterung ◇ *social/moral degeneration* gesellschaftlicher/moralischer Verfall
de·gen·era·tive /dɪˈdʒenərətɪv/ *Adj* (MED) degenerativ
de·grad·able /dɪˈgreɪdəbl/ *Adj* abbaubar
deg·rad·ation /ˌdegrəˈdeɪʃn/ *Nomen* **1** Erniedrigung **2** Beeinträchtigung
de·grade /dɪˈgreɪd/ *Verb* **1** erniedrigen **2** (*Fachspr*) abbauen, zerfallen
de·grad·ing /dɪˈgreɪdɪŋ/ *Adj* erniedrigend, entwürdigend
de·gree /dɪˈgriː/ *Nomen* **1** (*Abk* **deg.**) (*Geometrie, Temperatur*) Grad **2** (Aus)maß ◇ *to what degree* in welchem Maß ◇ *to a greater or lesser degree* in mehr oder weniger hohem Maße ◇ *to a (certain/some) degree* bis zu einem gewissen Grad ◇ *third-degree burns* Verbrennungen dritten Grades **3** akademischer Grad, Universitätsabschluss ◇ *My brother's doing a history degree at Cambridge.* Mein Bruder studiert in Cambridge Geschichte. IDM **by deˈgrees** allmählich
de·hu·man·ize (*BrE auch* **-ise**) /ˌdiːˈhjuːmənaɪz/ *Verb* entmenschlichen
de·hy·drate /diːˈhaɪdreɪt, ˌdiːhaɪˈdreɪt/ *Verb* **1** (*meist passiv*) (*Lebensmittel*) trocknen ◇ *dehydrated soup* Trockensuppe **2** dehydrieren, Flüssigkeit verlieren
de·hy·dra·tion /ˌdiːhaɪˈdreɪʃn/ *Nomen* Austrocknung, Flüssigkeitsverlust
de-ice /ˌdiː ˈaɪs/ *Verb* enteisen
deify /ˈdeɪɪfaɪ, ˈdiːɪ-/ *Verb* (**-fies, -fy·ing, -fied, -fied**) (*gehoben*) zum Gott erheben, vergöttern
deign /deɪn/ *Verb* sich herablassen
deity /ˈdeɪəti, ˈdiːə-/ *Nomen* (*Pl* **-ies**) **1** Gottheit **2 the Deity** [Sing] (*gehoben*) Gott
déjà vu /ˌdeɪʒɑː ˈvuː/ *Nomen* Déjà-vu(-Erlebnis)
de·ject·ed /dɪˈdʒektɪd/ *Adj* (*Adv* **de·ject·ed·ly**) niedergeschlagen
de·jec·tion /dɪˈdʒekʃn/ *Nomen* Niedergeschlagenheit
de jure /ˌdeɪ ˈdʒʊəri; *AmE* ˈdʒʊri/ *Adj, Adv* (RECHT) de jure, von Rechts wegen

delay 🔑 /dɪˈleɪ/ *Nomen, Verb*
▸ **Nomen 1** Verzögerung, Verspätung ◇ *traffic delays* Verkehrsbehinderungen **2** Verzug
▸ **Verb 1** aufschieben, hinauszögern ◇ *He delayed talking to her.* Er schob es auf, mit ihr zu sprechen. ◇ *She's suffering a delayed reaction to the shock.* Sie leidet an Spätfolgen des Schocks. **2** zögern **3** aufhalten ◇ *The train has been delayed.* Der Zug hat Verspätung. ◇ *delaying tactics* Verzögerungstaktik

de·lect·able /dɪˈlektəbl/ *Adj* (*gehoben*) **1** köstlich **2** (*hum*) reizend

dele·gate *Nomen, Verb*
▸ **Nomen** /ˈdelɪɡət/ Delegierte(r)
▸ **Verb** /ˈdelɪɡeɪt/ **1 ~ (sth) (to sb)** (etw) (an jdn) delegieren **2** (*meist passiv*) beauftragen

dele·ga·tion /ˌdelɪˈɡeɪʃn/ *Nomen* **1** [mit Verb im Sing/Pl] Delegation, Abordnung **2** [U] Delegation, Delegieren

de·lete /dɪˈliːt/ *Verb* streichen; (COMP) löschen

dele·teri·ous /ˌdeləˈtɪəriəs; *AmE* -ˈtɪr-/ *Adj* (*gehoben*) schädlich

de·le·tion /dɪˈliːʃn/ *Nomen* Streichung; (COMP) Löschung

deli /ˈdeli/ (*umgs*) = DELICATESSEN

de·lib·er·ate 🔑 *Adj, Verb*
▸ **Adj** /dɪˈlɪbərət/ (*Adv* **de·lib·er·ate·ly**) **1** absichtlich, bewusst; (*Verbrechen*) vorsätzlich **2** bedächtig, besonnen
▸ **Verb** /dɪˈlɪbəreɪt/ (sich) beraten

de·lib·er·ation /dɪˌlɪbəˈreɪʃn/ *Nomen* **1** [meist Pl] Überlegung, Beratung **2** [U] Bedächtigkeit

deli·cacy /ˈdelɪkəsi/ *Nomen* (*Pl* **-ies**) **1** Feinheit, Zerbrechlichkeit **2** Zartheit, Zierlichkeit **3** Takt, Feingefühl ◇ *a matter of some delicacy* eine etwas heikle Angelegenheit **4** Delikatesse ◇ *local delicacies* regionale Spezialitäten

deli·cate 🔑 /ˈdelɪkət/ *Adj* **1** zart, empfindlich, zerbrechlich ◇ *a delicate constitution* eine labile Konstitution ◇ *a cool wash cycle for delicate fabrics* ein Feinwaschgang mit niedriger Temperatur **2** zierlich; (*Farbe, Duft, Blume*) zart; (*Geschmack*) fein **3** kunstfertig ◇ *a delicate surgical operation* eine komplizierte Operation **4** taktvoll, feinfühlig; (*Thema, Problem etc.*) heikel

deli·cate·ly /ˈdelɪkətli/ *Adv* **1** behutsam, vorsichtig, taktvoll **2** fein, zart

deli·ca·tes·sen /ˌdelɪkəˈtesn/ (*umgs* **deli**) *Nomen* Feinkostgeschäft

de·li·cious /dɪˈlɪʃəs/ *Adj* (*Adv* **de·li·cious·ly**) **1** köstlich **2** (*gehoben*) herrlich

de·light 🔑 /dɪˈlaɪt/ *Nomen, Verb*
▸ **Nomen 1** Entzücken, Freude ◇ *He takes (great) delight in proving others wrong.* Er freut sich (diebisch), wenn er anderen beweisen kann, dass sie im Unrecht sind. **2** Vergnügen, Freude ◇ *This guitar is a delight to play.* Es ist ein Vergnügen, auf dieser Gitarre zu spielen.
▸ **Verb** entzücken, erfreuen PHR V **delight in sth** an etw Freude haben, an etw Vergnügen haben ◇ *He delights in shocking people.* Es bereitet ihm großes Vergnügen, andere Leute zu schockieren.

de·light·ed 🔑 /dɪˈlaɪtɪd/ *Adj* **1** (*Adv* **de·light·ed·ly**) erfreut, entzückt **2 be ~ to do sth** etw sehr gern tun ◇ *'Can you stay for dinner?' 'I'd be delighted (to)!'* „Können Sie zum Abendessen bleiben?" „Mit Vergnügen!" **3 be ~ that …** sich sehr freuen, dass …; **be ~ by/at/with sth** sich sehr über etw freuen

de·light·ful /dɪˈlaɪtfl/ *Adj* (*Adv* **de·light·ful·ly** /-fəli/) reizend, entzückend, wunderbar

de·limit /diˈlɪmɪt/ *Verb* (*gehoben*) abgrenzen; (*fig*) eingrenzen

de·lin·eate /dɪˈlɪnieɪt/ *Verb* (*gehoben*) darstellen, beschreiben, (ein)zeichnen

de·lin·ea·tion /dɪˌlɪniˈeɪʃn/ *Nomen* (*gehoben*) Darstellung, Beschreibung, (Ein)zeichnung

de·lin·quency /dɪˈlɪŋkwənsi/ *Nomen* (*Pl* **-ies**) Kriminalität

de·lin·quent /dɪˈlɪŋkwənt/ *Adj, Nomen*
▸ **Adj 1** (*bes Jugendliche*) straffällig ◇ *delinquent teenagers* jugendliche Kriminelle **2** (*AmE*) (FINANZ) säumig **3** (*AmE*) (FINANZ) rückständig ◇ *a delinquent loan* rückständige Zahlungen
▸ **Nomen** (*jugendliche(r)*) Straftäter(in) → *Siehe auch* JUVENILE DELINQUENT

de·li·ri·ous /dɪˈlɪriəs; *BrE auch* dɪˈlɪər-/ *Adj* (*Adv* **de·li·ri·ous·ly**) **1** (MED) im Delirium ◇ *He became delirious.* Er begann zu fantasieren. **2** (*fig*) ◇ *The crowds were delirious with joy.* Die Menge war in einem Freudentaumel. ◇ *deliriously happy* überglücklich

de·lir·ium /dɪˈlɪriəm; *BrE auch* dɪˈlɪər-/ *Nomen* (MED) Delirium

de·liver 🔑 /dɪˈlɪvə(r)/ *Verb* **1** liefern; (*Brief etc.*) zustellen; (*Botschaft*) überbringen ◇ *Leaflets were delivered to every household.* Flugblätter wurden an jeden Haushalt verteilt. **2** (*Verse etc.*) vortragen; (*Rede, Vortrag, Vorlesung etc.*) halten; (*Urteil*) verkünden; (*Ultimatum*) stellen **3** schaffen; (*Ergebnis etc.*) erzielen **4** Wort halten **5 ~ on sth** (*Versprechen etc.*) halten, einlösen **6** (*gehoben*) **~ sb (up/over) (to sb)** jdn (jdm) ausliefern; **~ sth (up/over) (to sb)** etw (jdm) aushändigen **7** ◇ *She was delivered of a healthy boy.* Sie wurde von einem gesunden Jungen entbunden. ◇ *The baby was delivered by Caesarian section.* Das Kind kam durch Kaiserschnitt auf die Welt. **8** werfen; (*Schlag*) versetzen **9 ~ sb (from sth)** (*veraltet*) jdn (von etw) erlösen IDM → GOODS *und* SIGN

de·liv·er·ance /dɪˈlɪvərəns/ *Nomen* (*gehoben*) Erlösung

de·liv·ery 🔑 /dɪˈlɪvəri/ *Nomen* (*Pl* **-ies**) **1** Lieferung; (*von Post*) Zustellung ◇ *a delivery van* ein Lieferwagen ◇ *Please pay for goods on delivery.* Bezahlen Sie bitte bei Empfang der Waren. ◇ *Allow 28 days for delivery.* Die Lieferfrist beträgt 28 Tage. **2** Entbindung ◇ *a difficult delivery* eine schwere Geburt **3** [Sing] (*eines Gedichts etc.*) Vortrag **4** (*beim Kricket, Baseball*) Wurf IDM → CASH

dell /del/ *Nomen* (*gehoben*) kleines bewaldetes Tal

del·phin·ium /delˈfɪniəm/ *Nomen* Rittersporn

delta /ˈdeltə/ *Nomen* Delta

de·lude /dɪˈluːd/ *Verb* **~ sb/yourself** jdm/sich etwas vormachen ◇ *He's deluding himself if he thinks it'll be easy.* Er täuscht sich, wenn er glaubt, dass es einfach sein wird.

del·uge /ˈdeljuːdʒ/ *Nomen, Verb*
▸ **Nomen** [meist Sing] **1** Regenguss, Überschwemmung **2** (*fig*) Flut
▸ **Verb** (*meist passiv*) überschwemmen, überfluten (*auch fig*)

de·lu·sion /dɪˈluːʒn/ *Nomen* **1** (Selbst)täuschung, Illusion, Wahn ◇ *He's getting delusions of grandeur.* Er wird größenwahnsinnig. **2** (PSYCH) Wahnvorstellung

deluxe /dɪˈlʌks, dɪˈlʊks/ *Adj* Luxus-

delve /delv/ *Verb* greifen PHR V **delve into sth** sich mit etw befassen, sich in etw vertiefen

Dem. *Abk* = DEMOCRAT *und* DEMOCRATIC

dema·gog·ic /ˌdeməˈɡɒɡɪk; *AmE* -ˈɡɑːɡɪk/ *Adj* demagogisch

dema·gogue /ˈdeməɡɒɡ; *AmE* -ɡɑːɡ/ *Nomen* (*abwert*) Demagoge, Demagogin

dema·gogy /ˈdeməɡɒɡi; *AmE* -ɡɑːɡi/ *Nomen* Demagogie

de·mand 🔑 /dɪˈmɑːnd; *AmE* dɪˈmænd/ *Nomen, Verb*
▸ ***Nomen*** **1** Forderung **2 demands** [Pl] Anforderungen ◇ *His style makes considerable demands on the reader.* Sein Stil stellt hohe Anforderungen an den Leser. ◇ *She couldn't cope with the demands of the task.* Sie war mit dieser Aufgabe einfach überfordert. **3 ~ (for sb/sth)** Nachfrage (an jdm/etw), Bedarf (an jdm/etw) **IDM** **by popular deˈmand** auf allgemeinen Wunsch **in deˈmand** gefragt **on deˈmand** auf Wunsch → *Siehe auch* SUPPLY AND DEMAND
▸ ***Verb*** **1** verlangen, fordern ◇ *'Who the hell are you?' he demanded angrily.* „Wer zum Teufel sind Sie?" fragte er wütend. **2** erfordern

de·mand·ing /dɪˈmɑːndɪŋ; *AmE* dɪˈmæn-/ *Adj* anstrengend, anspruchsvoll, schwierig

de·mar·cate /ˈdiːmɑːkeɪt; *AmE* -mɑːrkeɪt/ *Verb* (*gehoben*) abgrenzen, demarkieren

de·mar·ca·tion /ˌdiːmɑːˈkeɪʃn; *AmE* -mɑːrˈ-/ *Nomen* Abgrenzung

de·mean /dɪˈmiːn/ *Verb* (sich) erniedrigen ◇ *Behaviour like this demeans politics.* Ein solches Benehmen zieht die Politik in den Schmutz.

de·mean·ing /dɪˈmiːnɪŋ/ *Adj* erniedrigend

de·mean·our (*AmE* **de·meanor**) /dɪˈmiːnə(r)/ *Nomen* (*gehoben*) Benehmen, Haltung

de·men·ted /dɪˈmentɪd/ *Adj* (*Adv* **de·men·ted·ly**) **1** verrückt **2** (*Fachspr oder veraltet*) wahnsinnig, dement

de·men·tia /dɪˈmenʃə/ *Nomen* (MED) Demenz, Schwachsinn

dem·er·ara sugar /ˌdeməreərə ˈʃʊgə(r); *AmE* -rerə/ *Nomen* (*BrE*) brauner Zucker

de·merit /diːˈmerɪt/ *Nomen* (*gehoben*) **1** [meist Pl] Schwäche **2** (*AmE*) (*wegen schlechten Benehmens in der Schule*) Minuspunkt

de·mili·tar·iza·tion (*BrE auch* **-isa·tion**) /diːˌmɪlɪtəraɪˈzeɪʃn; *AmE* -rəˈ-/ *Nomen* Entmilitarisierung

de·mili·tar·ize (*BrE auch* **-ise**) /ˌdiːˈmɪlɪtəraɪz/ *Verb* (*meist passiv*) entmilitarisieren

de·mise /dɪˈmaɪz/ *Nomen* [Sing] **1** Ende, Untergang, Verschwinden **2** (*gehoben oder hum*) Ableben

de·mist /ˌdiːˈmɪst/ *Verb* (*BrE*) (*beschlagene Windschutzscheibe*) trockenblasen

demo /ˈdeməʊ; *AmE* -moʊ/ (*umgs*) = DEMONSTRATION

demob /ˌdiːˈmɒb; *AmE* -ˈmɑːb/ *Verb* (**-bb-**) *Nomen* (*BrE, umgs*) = DEMOBILIZE *und* DEMOBILIZATION

de·mo·bil·iza·tion (*BrE auch* **-isa·tion**) /dɪˌməʊbəlaɪˈzeɪʃn; *AmE* dɪˌmoʊbələˈ-/ (*BrE, umgs* **demob**) *Nomen* Demobilisierung, Entlassung aus dem Kriegsdienst

de·mo·bil·ize (*BrE auch* **-ise**) /dɪˈməʊbəlaɪz; *AmE* diːˈmoʊ-/ (*BrE, umgs* **demob**) *Verb* aus dem Kriegsdienst entlassen

dem·oc·racy /dɪˈmɒkrəsi; *AmE* dɪˈmɑːk-/ *Nomen* (*Pl* **-ies**) Demokratie

demo·crat /ˈdeməkræt/ *Nomen* **1** Demokrat(in) **2 Democrat, D, Dem.** = Mitglied der Demokratischen Partei in den Vereinigten Staaten

demo·crat·ic /ˌdeməˈkrætɪk/ *Adj* **1** (*Adv* **demo·crat·ic·al·ly** /-kli/) demokratisch **2 Democratic, Dem.** der Demokratischen Partei in den Vereinigten Staaten angehörend

the Demoˈcratic Party *Nomen* (*in den USA*) die Demokratische Partei

dem·oc·ra·tiza·tion (*BrE auch* **-isa·tion**) /dɪˌmɒkrətaɪˈzeɪʃn; *AmE* dɪˌmɑːkrətəˈ-/ *Nomen* Demokratisierung

dem·oc·ra·tize (*BrE auch* **-ise**) /dɪˈmɒkrətaɪz; *AmE* dɪˈmɑːk-/ *Verb* (*gehoben*) demokratisieren

demo·graph·ic /ˌdeməˈgræfɪk/ *Nomen, Adj*
▸ ***Nomen*** **1 demographics** [Pl] Demografie ◇ *the demographics of radio listeners* die Demografie der Radiohörer **2** [Sing] Bevölkerungsgruppe, Altersgruppe ◇ *The products are designed to appeal to a young demographic.* Die Produkte richten sich an eine junge Bevölkerungsgruppe. ◇ *the 18-30 demographic* die Altersgruppe der 18 bis 30-Jährigen
▸ ***Adj*** demografisch

dem·og·raphy /dɪˈmɒgrəfi; *AmE* dɪˈmɑːg-/ *Nomen* Demografie

de·mol·ish /dɪˈmɒlɪʃ; *AmE* dɪˈmɑːlɪʃ/ *Verb* **1** zerstören; (*Gebäude etc.*) abreißen **2** vernichten; (*Theorie etc.*) widerlegen **3** vernichtend schlagen **4** (*BrE, umgs*) (*gierig essen*) verschlingen

demo·li·tion /ˌdeməˈlɪʃn/ *Nomen* **1** Zerstörung; (*eines Gebäudes etc.*) Abriss **2** Vernichtung (*auch fig*); (*einer Theorie etc.*) Widerlegung ◇ *The article was a demolition job on the new party leader.* Der Artikel griff den neuen Parteichef scharf an.

ˌdemolition ˈderby *Nomen* (*AmE*) Stockcarrennen

demon /ˈdiːmən/ *Nomen* **1** böser Geist, Dämon (*auch fig*) **2** (*umgs*) Besessene(r)

de·mon·ic /diˈmɒnɪk; *AmE* diˈmɑːnɪk/ *Adj* dämonisch

de·mon·ize (*BrE auch* **-ise**) /ˈdiːmənaɪz/ *Verb* verteufeln

de·mon·strable /dɪˈmɒnstrəbl, ˈdemənstrəbl; *AmE* dɪˈmɑːnstrəbl/ *Adj* (*gehoben*) beweisbar, nachweisbar, offensichtlich

de·mon·strably /dɪˈmɒnstrəbli, ˈdemənstrəbli; *AmE* dɪˈmɑːnstrəbli/ *Adv* nachweislich

dem·on·strate 🔑 /ˈdemənstreɪt/ *Verb* **1** zeigen, beweisen, nachweisen ◇ *The theories were demonstrated to be false.* Es wurde nachgewiesen, dass die Theorien falsch waren. **2** zeigen, unter Beweis stellen **3 ~ sth (to sb)** (jdm) etw vorführen, (jdm) etw demonstrieren **4 ~ (against sth)** (gegen etw) demonstrieren; **~ in favour/support of sth** für etw demonstrieren

de·mon·stra·tion /ˌdemənˈstreɪʃn/ *Nomen* (*bes BrE, umgs* **demo**) **1** Demonstration **2** (*umgs* **demo**) Vorführung, Demonstration ◇ *We were given a brief demonstration of the computer's functions.* Man hat uns die Funktionen des Computers kurz vorgeführt. **3** Beweis **4** Zeichen, Ausdruck, Demonstration ◇ *He never allows himself any public demonstration of emotion.* Er zeigt seine Gefühle nie in der Öffentlichkeit.

de·mon·stra·tive /dɪˈmɒnstrətɪv; *AmE* dɪˈmɑːn-/ *Adj, Nomen*
▸ ***Adj*** **1** demonstrativ, offen ◇ *Some people are more demonstrative than others.* Manche Leute zeigen ihre Gefühle mehr als andere. **2** (LING) Demonstrativ-
▸ ***Nomen*** Demonstrativpronomen

dem·on·stra·tor /ˈdemənstreɪtə(r)/ *Nomen* **1** Demonstrant(in) **2** Demonstrator(in)

de·mor·al·iza·tion (*BrE auch* **-isa·tion**) /dɪˌmɒrəlaɪˈzeɪʃn; *AmE* dɪˌmɔːrələˈ-/ *Nomen* Demoralisierung

de·mor·al·ize (*BrE auch* **-ise**) /dɪˈmɒrəlaɪz; *AmE* dɪˈmɔːr-/ *Verb* (*meist passiv*) demoralisieren, entmutigen

de·mor·al·ized (*BrE auch* **-ised**) /dɪˈmɒrəlaɪzd; *AmE* dɪˈmɔːr-/ *Adj* demoralisiert

de·mor·al·iz·ing (*BrE auch* **-is·ing**) /dɪˈmɒrəlaɪzɪŋ; *AmE* dɪˈmɔːr-/ *Adj* demoralisierend

de·mote /ˌdiːˈməʊt; *AmE* -ˈmoʊt/ *Verb* (*meist passiv*) degradieren, zurückstufen

de·mo·tion /ˌdiːˈməʊʃn; *AmE* -ˈmoʊ-/ *Nomen* Degradierung, Zurückstufung

demur /dɪˈmɜː(r)/ *Verb, Nomen* (*gehoben*)
▸ ***Verb*** (**-rr-**) **1** Einwände erheben **2** protestieren
▸ ***Nomen*** **IDM** **without deˈmur** ohne Einwände

de·mure /dɪˈmjʊə(r); *AmE* dɪˈmjʊr/ *Adj* (*Adv* **de·mure·ly**) sittsam, brav; (*Kleidung*) schlicht

de·mys·tify /ˌdiːˈmɪstɪfaɪ/ *Verb* (**-fies, -fy·ing, -fied, -fied**) (*gehoben*) entmystifizieren

den /den/ *Nomen* **1** *(eines Tiers)* Bau, Höhle *(auch fig)* ◇ *a den of thieves* eine Räuberhöhle **2** Versteck **3** *(AmE)* (Wohn)zimmer **4** *(BrE, umgs, veraltet)* Arbeitszimmer IDM → BEARD *und* LION

de·nation·al·iza·tion *(BrE auch* **-isa·tion***)* /ˌdiːˌnæʃnəlaɪˈzeɪʃn; *AmE* -lə'-/ *Nomen* Entstaatlichung

de·nation·al·ize *(BrE auch* **-ise***)* /ˌdiːˈnæʃnəlaɪz/ *Verb* entstaatlichen

de·nial /dɪˈnaɪəl/ *Nomen* **1** Leugnen, Dementi; *(einer Anschuldigung etc.)* Zurückweisung ◇ *He offered no denials.* Er stritt nichts ab. **2** *(von Rechten etc.)* Verweigerung **3** (PSYCH) Verdrängung

den·ier /ˈdeniə(r)/ *Nomen* Denier

deni·grate /ˈdenɪgreɪt/ *Verb* *(gehoben)* *(Leistung, Verdienst etc.)* herabsetzen

deni·gra·tion /ˌdenɪˈgreɪʃn/ *Nomen* *(von Leistung, Verdienst etc.)* Herabsetzung

denim /ˈdenɪm/ *Nomen* **1** Jeansstoff **2 denims** [Pl] *(veraltet)* Jeans

deni·zen /ˈdenɪzn/ *Nomen* *(gehoben oder hum)* Bewohner(in) ◇ *the denizens of the local pub* die Stammgäste der Kneipe an der Ecke

de·nom·in·ation /dɪˌnɒmɪˈneɪʃn; *AmE* dɪˌnɑːm-/ *Nomen* **1** *(gehoben)* Konfession **2** Einheit ◇ *the lowest-denomination coin* die kleinste Münze

de·nom·in·ation·al /dɪˌnɒmɪˈneɪʃənl; *AmE* dɪˌnɑːm-/ *Adj* Konfessions-, konfessionell

de·nom·in·ator /dɪˈnɒmɪneɪtə(r); *AmE* dɪˈnɑːm-/ *Nomen* (MATH) Nenner → *Siehe auch* COMMON DENOMINATOR

de·nota·tion /ˌdiːnəʊˈteɪʃn; *AmE* -noʊ-/ *Nomen* Hauptbedeutung

de·note /dɪˈnəʊt; *AmE* dɪˈnoʊt/ *Verb* *(gehoben)* **1** anzeigen, hindeuten auf **2** bedeuten, bezeichnen

de·noue·ment *(auch* **dé·noue·ment***)* /ˌdeɪˈnuːmɒ̃; *AmE* ˌdeɪnuːˈmɑ̃ː/ *Nomen* (LIT) *(einer Geschichte etc.)* Ausgang; *(des Knotens in einem Drama etc.)* Lösung

de·nounce /dɪˈnaʊns/ *Verb* **1 ~ sb/sth (as sth)** jdn/etw (als etw) (öffentlich) kritisieren ◇ *She publicly denounced the government's handling of the crisis.* Sie verurteilte die Art und Weise, wie die Regierung die Krise gehandhabt hatte. **2 ~ sb (as sth)** jdn (als etw) denunzieren

dense /dens/ *Adj* **1** *(Adv* **dense·ly***)* dicht; *(Menge)* dicht gedrängt; *(Text etc.)* gedrängt **2** *(umgs)* beschränkt, dumm

dens·ity /ˈdensəti/ *Nomen* **1** Dichte **2** (COMP) Speicherkapazität

dent /dent/ *Verb, Nomen*

▸ ***Verb*** **1** verbeulen, eindellen **2** *(Selbstvertrauen etc.)* erschüttern; *(Ruf)* schaden

▸ ***Nomen*** Delle, Beule IDM **make, etc. a ˈdent in sth** *(viel Geld kosten)* ein Loch in etw reißen

dent·al /ˈdentl/ *Adj* [nur vor Nomen] **1** Zahn- ◇ *a dental appointment* ein Zahnarzttermin ◇ *(BrE) a dental surgery* eine Zahnarztpraxis **2** (LING) dental

ˈdental floss *(auch* **floss***)* *Nomen* Zahnseide

ˈdental hygienist *(BrE auch* **hy·gien·ist***)* *Nomen* = zahnmedizinische(r) Fachhelfer(in), der/die Zähne reinigt und den Zahnstein entfernt

ˈdental surgeon *Nomen* *(gehoben)* Zahnarzt, -ärztin

den·tist 0‑m /ˈdentɪst/ *Nomen* Zahnarzt, -ärztin

den·tis·try /ˈdentɪstri/ *Nomen* [U] **1** Zahnheilkunde, Zahnmedizin **2** Zahnbehandlung

den·tures /ˈdentʃəz; *AmE* -tʃərz/ *Nomen* [Pl] Zahnprothese, (künstliches) Gebiss

de·nude /dɪˈnjuːd; *AmE* dɪˈnuːd/ *Verb* *(meist passiv)* *(gehoben)* entblößen ◇ *hills denuded of trees* abgeholzte Hügel

de·nun·ci·ation /dɪˌnʌnsiˈeɪʃn/ *Nomen* **1** (öffentliche) Kritik; *(Ablehnung)* Verurteilung **2** Denunzierung

Denver boot /ˈdenvə buːt; *AmE* -vər buːt/ *Nomen* *(AmE)* Parkkralle

deny 0‑m /dɪˈnaɪ/ *Verb* **(de·nies, deny·ing, de·nied, de·nied) 1** (ab)leugnen, bestreiten, abstreiten, dementieren; *(Anschuldigung etc.)* zurückweisen; *(Verantwortung)* ablehnen ◇ *There's no denying (the fact) that … / It can't be denied that …* Es lässt sich nicht leugnen, dass … ◇ *He denies attempting to murder his wife.* Er leugnet den Mordversuch an seiner Frau. **2** *(gehoben)* verweigern, abschlagen ◇ *They were denied access.* Man verwehrte ihnen den Zugang. **3 ~ yourself sth** auf etw verzichten **4 ~ yourself** *(gehoben)* sich kasteien

de·odor·ant /diˈəʊdərənt; *AmE* diˈoʊ-/ *Nomen* Deodorant

dep. *Abk* = DEPART *und* DEPARTURE

de·part /dɪˈpɑːt; *AmE* dɪˈpɑːrt/ *Verb* *(gehoben)* **1** abfahren, abfliegen, abreisen, weggehen ◇ *(AmE) The train departed Cass at 4.15 p.m.* Der Zug fuhr um 16.15 von Cass ab. **2** *(AmE)* *(aus einer Firma etc.)* ausscheiden; *(Stellung)* aufgeben IDM **depart this ˈlife** aus dem Leben scheiden PHRV **deˈpart from sth** von etw abweichen ◇ *Departing from her usual routine, she took the bus to work.* Ausnahmsweise nahm sie den Bus zur Arbeit.

de·part·ed /dɪˈpɑːtɪd; *AmE* dɪˈpɑːrtɪd/ *Adj, Nomen*

▸ ***Adj*** [nur vor Nomen] *(gehoben)* verstorben

▸ ***Nomen*** **the departed** *(Pl* **the depart·ed***)* *(gehoben)* der/die Verstorbene

de·part·ment 0‑m /dɪˈpɑːtmənt; *AmE* dɪˈpɑːrt-/ *Nomen* *(Abk* **Dept***)* **1** Abteilung **2** Amt, Ministerium, Ressort; *(Universitäts-)* Fachbereich → *Siehe auch* STATE DEPARTMENT IDM **be sb's department** *(umgs)* jds Ressort sein

de·part·ment·al /ˌdiːpɑːtˈmentl; *AmE* -pɑːrt-/ *Adj* [nur vor Nomen] Abteilungs-

deˈpartment store *Nomen* Kaufhaus

de·part·ure 0‑m /dɪˈpɑːtʃə(r); *AmE* dɪˈpɑːrtʃər/ *Nomen* **1** *(Abk* **dep.***)* Abreise **2** Abflug, Abfahrt ◇ *the departure lounge* die Abflughalle/der Warteraum ◇ *the departure gate* der Flugsteig **3** Abweichung, Abweichen ◇ *Their latest single represents a new departure for the band.* Mit ihrer letzten Single schlägt die Band eine neue Richtung ein. IDM → POINT

de·pend 0‑m /dɪˈpend/ *Verb* IDM **depending** je nachdem ◇ *We might need more food depending on how many people turn up.* Wir brauchen vielleicht mehr Essen, je nachdem, wie viele Leute kommen. **that deˈpends; it (all) deˈpends** es/das kommt darauf an ◇ *'Is he coming?' 'That depends. He may not have the time.'* „Kommt er?" „Es kommt darauf an, ob er Zeit hat oder nicht." PHRV **deˈpend on/upon sb/sth 1** sich auf jdn/etw verlassen ◇ *Can we depend on you coming in on Sunday?* Können wir uns darauf verlassen, dass du am Sonntag kommst? ◇ *You can depend on her to be late.* Du kannst dich darauf verlassen, dass sie zu spät kommt. **2** auf jdn/etw angewiesen sein ◇ *I don't want to depend too much on my parents.* Ich will nicht zu sehr von meinen Eltern abhängig sein. ◇ *We depend on them for information.* Wir sind darauf angewiesen, dass sie uns mit Informationen versorgen. **deˈpend on/upon sth** *(nicht in der Verlaufsform)* von etw abhängen

de·pend·abil·ity /dɪˌpendəˈbɪləti/ *Nomen* Zuverlässigkeit

de·pend·able /dɪˈpendəbl/ *Adj* zuverlässig

de·pend·ant *(BrE, veraltend)* = DEPENDENT

de·pend·ence /dɪˈpendəns/ *Nomen* **1** ~ **(on/upon sb/sth)** Abhängigkeit (von jdm/etw) ◇ *his dependence on his parents* seine Abhängigkeit von seinen Eltern **2** Abhängigkeit, Sucht **3** ~ **of A and B** *(Fachspr)* Relation zwischen A und B

de·pend·ency /dɪˈpendənsi/ *Nomen* **1** ~ **(on/upon sb/sth)** Abhängigkeit (von jdm/etw) **2** Kolonie, Schutzgebiet **3** Abhängigkeit, Sucht

de·pend·ent /dɪˈpendənt/ *Nomen, Adj*
▸ ***Nomen*** *(BrE auch, veraltend* **de·pend·ant**) (finanziell) abhängige(r) Angehörige(r)
▸ ***Adj*** ~ **(on sth)** (von etw) abhängig, (auf etw) angewiesen ◇ *dependent children* finanziell abhängige Kinder ◇ *The price is dependent on how many extras you choose.* Der Preis hängt davon ab, wie viel Zubehör Sie möchten.

de,pendent 'clause *Nomen* (LING) Nebensatz

de·pict /dɪˈpɪkt/ *Verb (gehoben)* **1** darstellen, abbilden **2** beschreiben

de·pic·tion /dɪˈpɪkʃn/ *Nomen* Darstellung, Beschreibung

de·pila·tory /dɪˈpɪlətri; *AmE* -tɔːri/ *Nomen, Adj*
▸ ***Nomen*** *(Pl* **-ies**) Enthaarungsmittel
▸ ***Adj*** [nur vor Nomen] Enthaarungs- ◇ *depilatory creams* Enthaarungscremes

de·plane /diːˈpleɪn/ *Verb (AmE)* aus dem Flugzeug aussteigen

de·plete /dɪˈpliːt/ *Verb* **1** *(meist passiv)* verringern, abbauen, dezimieren, erschöpfen ◇ *Supplies were severely depleted.* Die Vorräte waren weitgehend erschöpft. ◇ *chemicals that deplete the ozone layer* Chemikalien, die die Ozonschicht zerstören **2** ~ **sth of sth** einer Sache etw entziehen

de·ple·tion /dɪˈpliːʃn/ *Nomen* Verringerung, Abbau, Dezimierung, Erschöpfung ◇ *ozone depletion* Ozonabbau

de·plor·able /dɪˈplɔːrəbl/ *Adj (Adv* **de·plor·ably** /-bli/) *(gehoben)* erbärmlich, furchtbar ◇ *a deplorable incident* ein sehr bedauerlicher Vorfall

de·plore /dɪˈplɔː(r)/ *Verb (gehoben)* missbilligen, verurteilen

de·ploy /dɪˈplɔɪ/ *Verb* einsetzen; *(Truppen, Waffen etc. auch)* stationieren ◇ *deploy arguments* Argumente anführen

de·ploy·ment /dɪˈplɔɪmənt/ *Nomen* Einsatz

de·popu·late /ˌdiːˈpɒpjuleɪt; *AmE* -ˈpɑːp-/ *Verb (meist passiv)* entvölkern

de·popu·la·tion /ˌdiːˌpɒpjuˈleɪʃn; *AmE* -ˌpɑːp-/ *Nomen* Entvölkerung

de·port /dɪˈpɔːt; *AmE* dɪˈpɔːrt/ *Verb* ausweisen, abschieben, deportieren

de·port·ation /ˌdiːpɔːˈteɪʃn; *AmE* -pɔːrˈ-/ *Nomen* Abschiebung, Ausweisung, Deportation

de·port·ment /dɪˈpɔːtmənt; *AmE* dɪˈpɔːrt-/ *Nomen (gehoben)* **1** *(BrE) (Körper-)* Haltung **2** *(bes AmE, veraltet)* Verhalten

de·pose /dɪˈpəʊz; *AmE* dɪˈpoʊz/ *Verb (Herrscher etc.)* absetzen

de·posit 0‑ /dɪˈpɒzɪt; *AmE* dɪˈpɑːzɪt/ *Nomen, Verb*
▸ ***Nomen*** **1** Anzahlung **2** Kaution, Pfand **3** Einzahlung, Einlage **4** Vorkommen, Lagerstätte **5** *(von Kaffee etc.)* Satz, Ablagerung **6** *(BrE)* = Geldbetrag, den Kandidaten bei der Parlamentswahl hinterlegen müssen. Erhält man weniger als 5% der Stimmen, wird er nicht zurückerstattet.
▸ ***Verb*** **1** hinstellen, hinlegen, abstellen **2** ablagern **3** einzahlen **4** deponieren; ~ **sth with sb** jdm etw zur Aufbewahrung geben **5** anzahlen, als Kaution zahlen

de'posit account *Nomen (BrE)* Sparkonto

de·pos·ition /ˌdepəˈzɪʃn/ *Nomen* **1** *(Fachspr)* Ablagerung **2** Absetzung **3** (RECHT) ≈ eidesstattliche Versicherung

de·pos·it·or /dɪˈpɒzɪtə(r); *AmE* dɪˈpɑːzɪ-/ *Nomen* Einzahler(in), Einleger(in)

de·posi·tory /dɪˈpɒzɪtri; *AmE* dɪˈpɑːzətɔːri/ *(Pl* **-ies**) *Nomen* Aufbewahrungsort, Lagerhaus

depot /ˈdepəʊ; *AmE* ˈdiːpoʊ/ *Nomen* **1** Lager, Depot **2** *(BrE) (für Busse etc.)* Depot **3** *(AmE)* (Omnibus)bahnhof

de·prave /dɪˈpreɪv/ *Verb (gehoben)* verderben, einen verderblichen Einfluss haben (auf)

de·praved /dɪˈpreɪvd/ *(gehoben) Adj* verdorben, unmoralisch

de·prav·ity /dɪˈprævəti/ *Nomen (gehoben)* Verderbtheit, Verdorbenheit ◇ *a life of depravity* ein lasterhaftes Leben

dep·re·cate /ˈdeprəkeɪt/ *Verb (gehoben)* **1** missbilligen **2** (COMP) **be deprecated** veraltet sein ◇ *A number of features have been deprecated in the latest version of the software.* In der neuesten Softwareversion wurden einige Features als veraltet eingestuft.

dep·re·cat·ing /ˈdeprəkeɪtɪŋ/ *(seltener* **dep·re·ca·tory** /ˌdeprəˈkeɪtəri; *AmE* ˈdeprɪkətɔːri/) *Adj (Adv* **dep·re·cat·ing·ly**) missbilligend

de·pre·ci·ate /dɪˈpriːʃieɪt/ *Verb* **1** an Wert verlieren ◇ *Shares continued to depreciate.* Die Aktienpreise sind weiter gefallen. **2** (FINANZ) abschreiben **3** *(gehoben)* herabsetzen

de·pre·ci·ation /dɪˌpriːʃiˈeɪʃn/ *Nomen* [U] Wertminderung, Wertverlust

de·press 0‑ /dɪˈpres/ *Verb* **1** deprimieren **2** drücken; *(Handel)* abschwächen ◇ *This depressed the market.* Infolge dessen zeigte der Markt eine rückläufige Entwicklung. **3** (TECH) herunterdrücken; *(Kupplung)* treten

de·pressed 0‑ /dɪˈprest/ *Adj* **1** deprimiert, niedergeschlagen **2** (PSYCH) depressiv **3** (wirtschaftlich) schwach

de·press·ing 0‑ /dɪˈpresɪŋ/ *Adj (Adv* **de·press·ing·ly**) deprimierend, trostlos

de·pres·sion /dɪˈpreʃn/ *Nomen* **1** [U] (PSYCH) Depression(en) ◇ *clinical depression* krankhafte Depression(en) **2** Niedergeschlagenheit **3** Wirtschaftskrise **4** Vertiefung **5** *(Wetter-)* Tief

de·pres·sive /dɪˈpresɪv/ *Adj, Nomen*
▸ ***Adj*** depressiv
▸ ***Nomen*** Depressive(r) an Depressionen Leidende(r)

de·priv·ation /ˌdeprɪˈveɪʃn/ *Nomen* **1** Mangel, Verlust ◇ *the deprivation of war* die Entbehrungen des Krieges **2** Entzug ◇ *sleep deprivation* Schlafentzug **3** Armut, soziale Benachteiligung ◇ *schools in areas of deprivation* Schulen in armen und heruntergekommenen Stadtteilen

de·prive /dɪˈpraɪv/ *Verb* PHR V **de'prive sb/sth of sth** jdm/etw etw entziehen, jdm/etw etw vorenthalten ◇ *They were imprisoned and deprived of their rights.* Sie wurden eingesperrt, und ihre Rechte wurden ihnen aberkannt. ◇ *Why deprive yourself of such simple pleasures?* Warum solltest du dir solch harmlose Vergnügen nicht gönnen?

de·prived /dɪˈpraɪvd/ *Adj* **1** benachteiligt ◇ *have a deprived childhood* in ärmlichen Verhältnissen aufwachsen **2** **-deprived** ◇ *I am permanently sleep-deprived.* Ich leide unter ständigem Schlafentzug. ◇ *This movie is seriously humour-deprived.* Diesem Film fehlte es wirklich an der nötigen Prise Humor. ◇ *an emotion-deprived killer* ein völlig emotionsloser Mörder

Dept *Abk* = DEPARTMENT

depth 0‑ /depθ/ *Nomen* **1** Tiefe ◇ *They dug down to a depth of two metres.* Sie gruben zwei Meter tief. **2** *(von Gefühlen, Farben etc.)* Stärke, Tiefe ◇ *the depth of her* *anger* die Heftigkeit ihres Zorns ◇ *a job that doesn't require any great depth of knowledge* eine Arbeit, die kein sehr großes Wissen erfordert ◇ *His ideas lack depth.* Seine Ideen haben keinen Gehalt. **3** [meist Pl] Tiefe ◇ *in the depths of winter* im tiefsten Winter ◇ *live in the depths of the country* ganz draußen auf dem Land wohnen ◇ *She was in the depths of despair.* Sie war zutiefst verzweifelt. ◇ *He gazed into the depths of her eyes.* Er schaute ihr tief in die Augen. **4** (*von Bildern, Fotos*) Tiefenwirkung ◇ *the depth of field* die Tiefenschärfe IDM **ˌin ˈdepth** gründlich; eingehend; ausführlich **be out of your ˈdepth** **1** (*BrE*) keinen Grund mehr unter den Füßen haben **2** überfordert sein; ins Schwimmen kommen → *Siehe auch* PLUMB

ˈdepth charge *Nomen* Wasserbombe

depu·ta·tion /ˌdepjuˈteɪʃn/ *Nomen* [mit Verb im Sing/Pl] Abordnung

de·pute /dɪˈpjuːt/ *Verb* (*gehoben*) (*oft passiv*) beauftragen

depu·tize (*BrE auch* **-ise**) /ˈdepjutaɪz/ *Verb* **~ for sb** als Stellvertreter für jdn fungieren, jdn vertreten

dep·uty /ˈdepjuti/ *Nomen* (*Pl* **-ies**) **1** Stellvertreter(in) ◇ *I'm acting as deputy till the manager returns.* Ich vertrete den Geschäftsführer, bis er wiederkommt. ◇ *She's the deputy head.* Sie ist stellvertretende Schuldirektorin. **2** Abgeordnete(r), Deputierte(r) **3** (*AmE*) Hilfssheriff

de·rail /dɪˈreɪl/ *Verb* zum Entgleisen bringen ◇ *be derailed* entgleisen ◇ (*fig*) *That could derail the peace process.* Das könnte den Friedensprozess zum Scheitern bringen.

de·rail·ment /dɪˈreɪlmənt/ *Nomen* Entgleisung, entgleister Zug

de·ranged /dɪˈreɪndʒd/ *Adj* (geistes)gestört, irre

derby /ˈdɑːbi; *AmE* ˈdɜːrbi/ *Nomen* (*Pl* **-ies**) **1** (*AmE*) (*Hut*) Melone **2** (*BrE*) (SPORT) Lokalderby **3** (SPORT) Rennen → *Siehe auch* DEMOLITION DERBY **4 Derby** (*in Namen von Pferderennen*) Derby

de·regu·late /ˌdiːˈregjuleɪt/ *Verb* (*oft passiv*) deregulieren

de·regu·la·tion /ˌdiːˌregjuˈleɪʃn/ *Nomen* Deregulierung

dere·lict /ˈderəlɪkt/ *Adj, Nomen*

▸ ***Adj*** heruntergekommen, verfallen, verlassen, brachliegend ◇ *derelict buildings* baufällige Gebäude

▸ ***Nomen*** Obdachlose(r)

dere·lic·tion /ˌderəˈlɪkʃn/ *Nomen* **1** [U] desolater Zustand, Verfall **2** [U/Sing] (RECHT) **~ of duty** Pflichtverletzung

de·ride /dɪˈraɪd/ *Verb* (*gehoben*) verspotten

de ri·gueur /ˌdə rɪˈɡɜː(r)/ *Adj* [nicht vor Nomen] unerlässlich

de·ri·sion /dɪˈrɪʒn/ *Nomen* Spott ◇ *howls of derision* spöttisches Gelächter

de·ri·sive /dɪˈraɪsɪv/ *Adj* (*Adv* **de·ri·sive·ly**) spöttisch

de·ri·sory /dɪˈraɪsəri/ *Adj* (*gehoben*) **1** lächerlich (gering) **2** (*selten*) spöttisch

der·iv·ation /ˌderɪˈveɪʃn/ *Nomen* Ableitung ◇ *words of Greek derivation* aus dem Griechischen abgeleitete Wörter

de·riva·tive /dɪˈrɪvətɪv/ *Nomen, Adj*

▸ ***Nomen*** **1** (LING, CHEM) Derivat **2** (MATH) Ableitung

▸ ***Adj*** (*meist abwert*) nachgemacht, nachgeahmt, nachahmend ◇ *films that were derivative of earlier styles* Filme, die ein Abklatsch früherer Stilrichtungen sind

de·rive 0‑w /dɪˈraɪv/ *Verb* PHR V **deˈrive sth from sth** (*gehoben oder Fachspr*) etw aus etw gewinnen; (*Nutzen*) aus etw ziehen; (*Einkommen, Informationen*) von etw beziehen; (*Freude*) an etw finden **deˈrive from sth** sich von etw ableiten **be deˈrived from sth** auf etw beruhen, auf etw zurückgehen

derma·titis /ˌdɜːməˈtaɪtɪs; *AmE* ˌdɜːrm-/ *Nomen* (MED) Dermatitis

derma·to·logical /ˌdɜːmətəˈlɒdʒɪkl; *AmE* ˌdɜːrmətəˈlɑːdʒɪ-/ *Adj* (MED) Haut-, dermatologisch

derma·tolo·gist /ˌdɜːməˈtɒlədʒɪst; *AmE* ˌdɜːrməˈtɑːlə-/ *Nomen* Hautarzt, -ärztin

derma·tol·ogy /ˌdɜːməˈtɒlədʒi; *AmE* ˌdɜːrməˈtɑːlə-/ *Nomen* Dermatologie

de·roga·tory /dɪˈrɒɡətri; *AmE* dɪˈrɑːɡətɔːri/ *Adj* abschätzig, abfällig, negativ

der·rick /ˈderɪk/ *Nomen* **1** Derrick(kran) **2** Bohrturm

de·sal·in·ation /ˌdiːsælɪˈneɪʃn/ *Nomen* Meerwasserentsalzung

de·scale /ˌdiːˈskeɪl/ *Verb* (*BrE*) entkalken

des·cant /ˈdeskænt/ *Nomen* (MUS) Stimme, die oberhalb der Melodie eines Lieds gesungen oder gespielt wird

des·cend /dɪˈsend/ *Verb* **1** (*gehoben*) hinunter-/heruntergehen, hinunter-/herunterkommen; (*Aufzug, Fahrzeug*) hinunter-/herunterfahren; (*Bergsteiger*) absteigen ◇ *The results, in descending order, are …* Die Ergebnisse, angefangen mit den besten, sind … **2** (*gehoben*) abfallen ◇ *The path descends steeply.* Der Weg fällt steil ab. **3 ~ (on/upon sb/sth)** (*gehoben*) (*Nacht, Dunkelheit*) sich (auf jdn/etw) herabsenken; (*Krieg, Krankheit etc.*) jdn/etw heimsuchen; (*Trauer, Angst*) jdn/etw befallen; (*Frieden, Ruhe*) jdn/etw erfüllen ◇ *Calm descended on the crowd.* Die Menge wurde ruhig. PHR V **be desˈcended from sb** von jdm abstammen **desˈcend into sth** (*kein Passiv*) (*gehoben*) in etw verfallen **desˈcend on/upon sb** jdn/etw überfallen, bei jdm anrücken **desˈcend on/upon sth** in etw einfallen **desˈcend to sth** (*kein Passiv*) sich zu etw erniedrigen

des·cend·ant /dɪˈsendənt/ *Nomen* **1** Nachkomme ◇ *be a direct descendant of sb* in direkter Linie von jdm abstammen **2** Nachfolger(in), Nachfolgemodell

des·cent /dɪˈsent/ *Nomen* **1** Hinunter-/Heruntergehen; (*eines Skilifts*) Talfahrt; (*eines Ballons*) Sinken ◇ *The plane began its descent to Heathrow.* Das Flugzeug begann den Landeanflug auf Heathrow. ◇ (*fig*) *the country's swift descent into anarchy* der schnelle Verfall des Landes in die Anarchie **2** Abstieg ◇ *There is a gradual descent to the sea.* Das Gelände fällt zum Meer hin allmählich ab. **3** Abstammung, Herkunft

de·scribe 0‑w /dɪˈskraɪb/ *Verb* **1** beschreiben, schildern **2** (*gehoben oder Fachspr*) (*Kreis, Bogen*) beschreiben

de·scrip·tion 0‑w /dɪˈskrɪpʃn/ *Nomen* **1** Beschreibung, Schilderung ◇ *give a detailed description of sth* etw sehr anschaulich beschreiben ◇ *beautiful beyond description* unbeschreiblich schön **2** (*umgs*) ◇ *boats of every description/all descriptions* Schiffe aller Art ◇ *a job of some description* irgendein Job ◇ *medals, coins and things of that description* Medaillen, Münzen und dergleichen Sachen IDM **answer/fit a description (of sb/sth)** einer Beschreibung (von jdm/etw) entsprechen → *Siehe auch* BEGGAR

de·scrip·tive /dɪˈskrɪptɪv/ *Adj* **1** beschreibend, anschaulich ◇ *the descriptive passages in the novel* die Beschreibungen im Roman **2** (LING) deskriptiv

dese·crate /ˈdesɪkreɪt/ *Verb* schänden

dese·cra·tion [U] /ˌdesɪˈkreɪʃn/ *Nomen* Schändung (*auch fig*)

de·seg·re·gate /ˌdiːˈseɡrɪɡeɪt/ *Verb* die Rassentrennung aufheben an/in ◇ *desegregated schools* gemischtrassige Schulen

de·seg·re·ga·tion /ˌdiːˌseɡrɪˈɡeɪʃn/ *Nomen* Aufhebung der Rassentrennung

de·select /ˌdiːsɪˈlekt/ *Verb* **1** = eine(n) Abgeordnete(n) bei den Wahlen nicht mehr als Kandidat aufstellen **2** (COMP) deselektieren, (aus der Selektionsliste) entfernen

des·ert *Nomen, Verb*
▸ ***Nomen*** /ˈdezət; *AmE* -zərt/ Wüste ◇ (*fig*) *The town is a cultural desert.* Kulturell hat die Stadt absolut nichts zu bieten. → *Siehe auch* DESERTS
▸ ***Verb*** /dɪˈzɜːt; *AmE* dɪˈzɜːrt/ **1** verlassen, im Stich lassen, aufgeben **2** (MIL) ~ (**your post**) desertieren, fahnenflüchtig werden ◇ (*fig*) *Labour voters deserted.* Labour-Wähler wurden abtrünnig. ◇ *People deserted them for Solidarity.* Sie liefen in Scharen zu Solidarität über. IDM → SINK

ˈdesert boot *Nomen* (*Schuh aus Wildleder*) Boot

des·ert·ed /dɪˈzɜːtɪd; *AmE* dɪˈzɜːrtɪd/ *Adj* **1** menschenleer, wie ausgestorben **2** verlassen

de·sert·er /dɪˈzɜːtə(r); *AmE* dɪˈzɜːrtər/ *Nomen* Deserteur(in)

desert·ifi·ca·tion /dɪˌzɜːtɪfɪˈkeɪʃn; *AmE* dɪˌzɜːrt-/ *Nomen* (*Fachspr*) Desertifikation, Wüstenbildung

de·ser·tion /dɪˈzɜːʃn; *AmE* dɪˈzɜːrʃn/ *Nomen* **1** Verlassen **2** (MIL) Desertion, Fahnenflucht **3** Überlaufen

ˌdesert ˈisland *Nomen* einsame Insel

des·erts /dɪˈzɜːts; *AmE* dɪˈzɜːrts/ *Nomen* [Pl] IDM **get your (just) deserts** seinen gerechten Lohn bekommen

de·serve /dɪˈzɜːv; *AmE* dɪˈzɜːrv/ *Verb* (*nicht in der Verlaufsform*) verdienen ◇ *The report deserves careful consideration.* Der Bericht ist sorgfältiger Erwägung wert. ◇ *He deserves to be locked up for what he did.* Für das, was er getan hat, gehört er hinter Schloss und Riegel. IDM **deˌserve a ˈmedal** (*umgs*) zu bewundern sein **ˌget what you deˈserve; deˌserve all/everything you ˈget** (*umgs*) es nicht besser verdient haben → *Siehe auch* TURN

de·served·ly /dɪˈzɜːvɪdli; *AmE* dɪˈzɜːrv-/ *Adv* zu Recht

de·serv·ing /dɪˈzɜːvɪŋ; *AmE* dɪˈzɜːrvɪŋ/ *Adj* (*gehoben*) verdienstvoll; (*Projekte etc.*) förderungswürdig ◇ *an issue deserving of attention* eine Frage, die Beachtung verdient ◇ *This family is one of the most deserving cases.* Diese Familie gehört zu den bedürftigsten.

des·ic·cated /ˈdesɪkeɪtɪd/ *Adj* **1** getrocknet ◇ *desiccated coconut* Kokosraspel **2** (*Fachspr*) ausgetrocknet, vertrocknet

de·sign /dɪˈzaɪn/ *Nomen, Verb*
▸ ***Nomen*** **1** Entwurf, Design, Gestaltung ◇ *a design fault* ein Konstruktionsfehler ◇ *his designs for 'Tosca'* sein Bühnenbild für „Tosca" ◇ *designs for aircraft* Konstruktionspläne für Flugzeuge → *Siehe auch* INTERIOR DESIGN **2** Muster **3** Absicht, Plan IDM **have designs on sb/sth** (*gehoben oder hum*) es auf jdn/etw abgesehen haben
▸ ***Verb*** **1** entwerfen, konstruieren ◇ *He designed and built his own house.* Er plante und baute sein Haus selbst. **2** erstellen **3** (*meist passiv*) konzipieren ◇ *The programme is designed to help the long-term unemployed.* Das Programm ist vor allem für Langzeitarbeitslose gedacht.

des·ig·nate *Verb, Adj*
▸ ***Verb*** /ˈdezɪgneɪt/ (*oft passiv*) **1** ~ **sb/sth (as) sth** jdn/etw zu etw bestimmen; ~ **sb as sth** jdn zu etw ernennen; ~ **sth as sth** etw zu etw erklären ◇ *Two pupils were designated as having learning difficulties.* Bei zwei Schülern wurden Lernschwierigkeiten festgestellt. ◇ *a designated nature reserve* ein Naturschutzgebiet **2** kennzeichnen
▸ ***Adj*** /ˈdezɪgneɪt, -nət/ (*dem Nomen nachgestellt*) (*gehoben*) designiert

ˌdesignated ˈdriver *Nomen* (*bes AmE, umgs*) = Person, die sich beim Ausgehen bereit erklärt, keinen Alkohol zu trinken und den Wagen zu fahren

ˌdesignated ˈhitter *Nomen* (*beim Baseball*) = Spieler(in), der/die den Ball schlägt und nicht wirft

des·ig·na·tion /ˌdezɪgˈneɪʃn/ *Nomen* (*gehoben*) **1** Bestimmung, Ausweisung **2** Bezeichnung

de·sign·er /dɪˈzaɪnə(r)/ *Nomen, Adj*
▸ ***Nomen*** Designer(in); (THEAT) Bühnenbildner(in)
▸ ***Adj*** [nur vor Nomen] Designer-

de·sir·abil·ity /dɪˌzaɪərəˈbɪləti/ *Nomen* (*gehoben*) Erwünschtheit, Notwendigkeit

de·sir·able /dɪˈzaɪərəbl/ *Adj* **1** (*gehoben*) wünschenswert, erstrebenswert, erwünscht ◇ *The house has many desirable features.* Das Haus hat viele reizvolle Besonderheiten. **2** (*Mensch*) begehrt, begehrenswert

de·sire /dɪˈzaɪə(r)/ *Nomen, Verb*
▸ ***Nomen*** Wunsch; ~ (**for sb/sth**) Verlangen (nach jdm/etw) ◇ *an overwhelming desire to return home* eine große Sehnsucht nach der Heimat ◇ *I have no desire to discuss the matter further.* Ich will über die Angelegenheit nicht mehr sprechen.
▸ ***Verb*** (*nicht in der Verlaufsform*) **1** ~ **sth** (*gehoben*) sich etw wünschen ◇ *Add cheese if desired.* Auf Wunsch Käse hinzufügen. ◇ *achieve the desired effect* die erwünschte Wirkung erzielen **2** ~ **sb** jdn begehren IDM **leave a lot, much, something, etc. to be deˈsired** viel/manches etc. zu wünschen übrig lassen

de·sir·ous /dɪˈzaɪərəs/ *Adj* **be ~ of sth** (*gehoben*) etw wünschen

de·sist /dɪˈzɪst, dɪˈsɪst/ *Verb* ~ (**from sth**) (*gehoben*) von etw Abstand nehmen

desk /desk/ *Nomen* **1** Schreibtisch ◇ *He has a desk job now.* Jetzt arbeitet er in einem Büro. **2** Schalter ◇ *the reception desk* die Rezeption → *Siehe auch* CASH DESK **3** (*bei Zeitungen, Fernsehen etc.*) Redaktion ◇ *the news desk* die Nachrichtenredaktion → *Siehe auch* CITY DESK

ˈdesk clerk (*auch* **clerk**) *Nomen* (*AmE*) Empfangschef(in)

desk·top /ˈdesktɒp; *AmE* -tɑːp/ *Nomen* **1** Schreibtisch **2** (*auch* **ˌdesktop comˈputer**) Desktopcomputer **3** (*Bildschirm*) Arbeitsfläche

ˌdesktop ˈpublishing *Nomen* (*Abk* **DTP**) Desktoppublishing

deso·late /ˈdesələt/ *Adj* **1** trostlos, öde **2** verlassen, verzweifelt

deso·la·tion /ˌdesəˈleɪʃn/ *Nomen* (*gehoben*) **1** Trostlosigkeit, Verzweiflung **2** Verwüstung

des·pair /dɪˈspeə(r); *AmE* dɪˈsper/ *Nomen, Verb*
▸ ***Nomen*** Verzweiflung, Hoffnungslosigkeit ◇ *in despair* verzweifelt IDM **be the despair of sb** (*gehoben*) jdn zur Verzweiflung bringen
▸ ***Verb*** ~ (**of sb/sth**) an jdm/etw verzweifeln; ~ (**of doing sth**) alle Hoffnung aufgeben, (etw zu tun) ◇ *I despair of you!* Du bist ein hoffnungsloser Fall.

des·pair·ing /dɪˈspeərɪŋ; *AmE* dɪˈsperɪŋ/ *Adj* (*Adv* **des·pairing·ly**) verzweifelt

des·patch = DISPATCH

des·per·ate /ˈdespərət/ *Adj* (*Adv* **des·per·ate·ly**) **1** verzweifelt ◇ *They were fighting a desperate battle to save her life.* Sie kämpften verzweifelt um ihr Leben. ◇ *Stores are getting desperate after two years of poor sales.* Kaufhäuser befinden sich in einer kritischen Lage nach zwei absatzschwachen Jahren. **2** dringend; **be ~ for sth** etw ganz dringend brauchen; **be ~ to do sth** etw unbedingt tun wollen ◇ *be in desperate need of love and attention* Liebe und Aufmerksamkeit dringend nötig haben ◇ *They desperately wanted a child.* Sie wünschten sich unbedingt ein Kind. **3** schrecklich, extrem ◇ *desperate measures* extreme Maßnahmen ◇ *a desperate shortage of water* eine furchtbare Wasserknappheit ◇ *Things are getting desperate.* Es wird immer kritischer. ◇ *desperately* *ill* schwer krank ◇ *desperately unhappy* todunglücklich

des·per·ation /ˌdespəˈreɪʃn/ *Nomen* Verzweiflung

de·spic·able /dɪˈspɪkəbl, ˈdespɪkəbl/ *Adj* (*Adv* **de·spic·ably** /-bli/) (*gehoben*) verabscheuungswürdig ◇ *You're despicable!* Du bist widerwärtig!

des·pise /dɪˈspaɪz/ *Verb* (*nicht in der Verlaufsform*) verachten, verabscheuen

des·pite 0‑ᴿ /dɪˈspaɪt/ *Präp* **1** trotz ◇ *despite the fact that …* obwohl … ◇ *despite appearances* dem äußeren Anschein zum Trotz ◇ *despite that* dessen ungeachtet **2 ~ yourself** gegen seinen Willen

de·spoil /dɪˈspɔɪl/ *Verb* **1 ~ sth (of sth)** (*gehoben*) etw (einer Sache) berauben **2** verunstalten

des·pond·ency /dɪˈspɒndənsi; *AmE* dɪˈspɑːn-/ *Nomen* Niedergeschlagenheit, Mutlosigkeit

des·pond·ent /dɪˈspɒndənt; *AmE* dɪˈspɑːn-/ *Adj* (*Adv* **despond·ent·ly**) **~ (about sth)**; (*bes AmE*) **~ (over sth)** (über etw) bedrückt, niedergeschlagen (wegen einer Sache) ◇ *It's hard not to feel despondent.* Es ist schwer, nicht den Mut zu verlieren.

des·pot /ˈdespɒt; *AmE* -spɑːt/ *Nomen* Despot(in)

des·pot·ic /dɪˈspɒtɪk; *AmE* dɪˈspɑːtɪk/ *Adj* despotisch

des·pot·ism /ˈdespətɪzəm/ *Nomen* Despotismus, Gewaltherrschaft ◇ *enlighted despotism* aufgeklärter Absolutismus

des·sert /dɪˈzɜːt; *AmE* dɪˈzɜːrt/ *Nomen* Nachtisch, Dessert

des·sert·spoon /dɪˈzɜːtspuːn; *AmE* dɪˈzɜːrt-/ *Nomen* **1** Dessertlöffel **2** (*in Kochrezepten*) 10 ml

de·sta·bil·iza·tion (*BrE auch* **-isa·tion**) /ˌdiːˌsteɪbəlaɪˈzeɪʃn; *AmE* -ləˈ-/ *Nomen* Destabilisierung

de·sta·bil·ize (*BrE auch* **-ise**) /ˌdiːˈsteɪbəlaɪz/ *Verb* destabilisieren

des·tin·ation /ˌdestɪˈneɪʃn/ *Nomen* (Reise)ziel, Bestimmungsort

des·tined /ˈdestɪnd/ *Adj* [nicht vor Nomen] (*gehoben*) **1 ~ for sth** (für etw) ausersehen ◇ *We seem destined never to meet.* Das Schicksal scheint es zu wollen, dass wir uns nie begegnen. **2 ~ for …** unterwegs nach …, bestimmt für …

des·tiny /ˈdestəni/ *Nomen* (*Pl* **-ies**) **1** Schicksal, Los **2** (die) Vorsehung

des·ti·tute /ˈdestɪtjuːt; *AmE* -tuːt/ *Adj, Nomen*
▸ ***Adj*** mittellos, verarmt
▸ ***Nomen*** **the destitute** [Pl] die Armen

des·ti·tu·tion /ˌdestɪˈtjuːʃn; *AmE* -ˈtuː-/ *Nomen* Armut

des·troy 0‑ᴿ /dɪˈstrɔɪ/ *Verb* **1** zerstören, vernichten, kaputtmachen ◇ *You have destroyed all my hopes.* Du hast alle meine Hoffnungen zunichtegemacht. **2** (*Tier*) einschläfern

des·troy·er /dɪˈstrɔɪə(r)/ *Nomen* **1** (MIL) Zerstörer **2** Zerstörer(in)

de·struc·tion 0‑ᴿ /dɪˈstrʌkʃn/ *Nomen* Zerstörung, Vernichtung

de·struc·tive /dɪˈstrʌktɪv/ *Adj* (*Adv* **de·struc·tive·ly**) zerstörerisch, destruktiv ◇ *environmentally destructive* umweltschädlich

de·struc·tive·ness /dɪˈstrʌktɪvnəs/ *Nomen* zerstörende Wirkung, Destruktivität

des·ul·tory /ˈdesəltri; *AmE* -tɔːri/ *Adj* (*gehoben*) unzusammenhängend, halbherzig ◇ *in a desultory fashion* ziellos ◇ *a desultory round of applause* lauwarmer Applaus

Det *Abk* (*BrE*) = DETECTIVE

de·tach /dɪˈtætʃ/ *Verb* **1** abtrennen, abnehmen ◇ *become detached* sich ablösen **2 ~ (from sth)** sich (von etw) lösen **3 ~ yourself (from sb/sth)** (*gehoben*) sich (von jdm/etw) (los)lösen, sich (von jdm/etw) distanzieren ◇ (*fig*) *I tried to detach myself from these terrible events.* Ich versuchte, zu diesen furchtbaren Ereignissen Distanz zu gewinnen. ◇ *A figure detached itself from the shadows.* Eine Gestalt trat aus dem Schatten. **4** (MIL) abkommandieren

de·tach·able /dɪˈtætʃəbl/ *Adj* abnehmbar, abtrennbar

de·tached /dɪˈtætʃt/ *Adj* **1** (*Haus*) Einzel- **2** distanziert ◇ *his detached manner* seine kühle Art **3** unvoreingenommen

de·tach·ment /dɪˈtætʃmənt/ *Nomen* **1** Distanz ◇ *He answered with an air of detachment.* Er antwortete kühl. ◇ *She felt a pleasant sense of detachment from it all.* Sie fühlte sich angenehm distanziert von allem. **2** Objektivität, Unvoreingenommenheit **3** (MIL) Sonderkommando **4** Ablösen, Ablösung, Loslösung

de·tail 0‑ᴿ /ˈdiːteɪl; *AmE auch* dɪˈteɪl/ *Nomen, Verb*
▸ ***Nomen*** **1** Detail, Einzelheit ◇ *planned down to the last detail* bis in die kleinste Einzelheit geplant ◇ *Please supply the following details:…* Bitte machen Sie die folgenden Angaben: … ◇ *They didn't give any details about it.* Sie sagten nichts Näheres darüber. ◇ *This issue will be discussed in more detail in the next chapter.* Dieses Thema wird im nächsten Kapitel ausführlicher behandelt. ◇ *The fine detail of the plan has yet to be worked out.* Der Plan muss noch im Einzelnen ausgearbeitet werden. ◇ *It has been carried out with scrupulous attention to detail.* Es ist mit der größten Sorgfalt durchgeführt worden. **2** (KUNST, FOTO) Detail; (*eines Bildes*) Ausschnitt **3** Sonderkommando
▸ ***Verb*** **1** einzeln aufführen, ausführlich beschreiben, informieren über **2** (*oft passiv*) (MIL) **~ sb (for sth)** jdn (zu etw) abkommandieren **3** (*AmE*) (*Autos*) waschen, reinigen

de·tailed 0‑ᴿ /ˈdiːteɪld; *AmE auch* dɪˈteɪld/ *Adj* ausführlich, eingehend, detailliert

de·tail·ing /ˈdiːteɪlɪŋ; *AmE auch* dɪˈteɪlɪŋ/ *Nomen* Verzierung(en)

de·tain /dɪˈteɪn/ *Verb* **1** in Haft nehmen **2** (*gehoben*) aufhalten

de·tain·ee /ˌdiːteɪˈniː/ *Nomen* Häftling, Verhaftete(r)

de·tect /dɪˈtekt/ *Verb* entdecken, wahrnehmen, bemerken; (*Krankheit, Schadstoffe etc.*) feststellen ◇ *Do I detect a note of criticism?* Höre ich eine gewisse Kritik heraus?

de·tect·able /dɪˈtektəbl/ *Adj* wahrnehmbar; (*Krankheit, Schadstoffe etc.*) feststellbar

de·tec·tion /dɪˈtekʃn/ *Nomen* Entdeckung; (*von Verbrechen etc.*) Aufdeckung; (*von Krankheit, Schadstoffen etc.*) Feststellung ◇ *the detection rate for car theft* die Aufklärungsquote für Autodiebstähle ◇ *Many problems, however, escape detection.* Viele Probleme werden jedoch nicht bemerkt.

de·tect·ive /dɪˈtektɪv/ *Nomen* **1** (*Abk* **Det**) Kriminalbeamte, Kriminalbeamtin ◇ *Detective Inspector Brown* Kriminalkommissar Brown **2** Detektiv(in) ◇ *a (private) detective agency* ein Detektivbüro ◇ *a detective story* ein Krimi

de·tect·or /dɪˈtektə(r)/ *Nomen* Detektor ◇ *a smoke detector* ein Rauchmelder

dé·tente (*bes AmE* **de·tente**) /ˌdeɪˈtɑːnt/ *Nomen* (*gehoben*) (POL) Entspannung

de·ten·tion /dɪˈtenʃn/ *Nomen* **1** Haft, Inhaftierung ◇ *a detention camp* ein Gefangenenlager **2** Nachsitzen ◇ *He gave me (a) detention.* Er ließ mich nachsitzen.

deˈtention centre (*AmE* **deˈtention center**) *Nomen* **1** Jugendstrafanstalt **2** Aufnahmelager

deter /dɪˈtɜː(r)/ *Verb* (**-rr-**) abschrecken, abhalten

de·ter·gent /dɪˈtɜːdʒənt; *AmE* dɪˈtɜːrdʒənt/ *Nomen* Waschmittel, (Geschirr)spülmittel

de·teri·or·ate /dɪˈtɪəriəreɪt; *AmE* dɪˈtɪr-/ *Verb* **1** sich verschlechtern, schlechter werden **2 ~ into sth** in/zu etw ausarten

de·teri·or·ation /dɪˌtɪəriəˈreɪʃn; *AmE* dɪˌtɪr-/ *Nomen* Verschlechterung

de·ter·min·ant /dɪˈtɜːmɪnənt; *AmE* dɪˈtɜːrm-/ *Nomen* (*gehoben*) entscheidender Faktor

de·ter·min·ation 🔑 /dɪˌtɜːmɪˈneɪʃn; *AmE* dɪˌtɜːrm-/ *Nomen* **1** Entschlossenheit **2** (*gehoben*) Festlegung, Festsetzung, Entscheidung **3** (*von wissenschaftlichen Daten etc.*) Bestimmung, Ermittlung

de·ter·mine 🔑 /dɪˈtɜːmɪn; *AmE* dɪˈtɜːrmɪn/ *Verb* (*gehoben*) **1** feststellen, ermitteln, bestimmen **2** bestimmen, determinieren; (*Charakter*) prägen **3** entscheiden; (*Termin*) festlegen **4** sich entschließen; **~ on sth** etw beschließen

de·ter·mined 🔑 /dɪˈtɜːmɪnd; *AmE* dɪˈtɜːrmɪnd/ *Adj* **1** [nicht vor Nomen] ~ **(to do sth)** fest entschlossen (etw zu tun) ◇ *I was determined to avoid that.* Das wollte ich unbedingt vermeiden. **2** (*Adv* **de·ter·mined·ly**) entschieden, entschlossen

de·ter·miner /dɪˈtɜːmɪnə(r); *AmE* dɪˈtɜːrm-/ *Nomen* (LING) Bestimmungswort

de·ter·min·ism /dɪˈtɜːmɪnɪzəm; *AmE* dɪˈtɜːrm-/ *Nomen* (PHILOS) Determinismus

de·ter·min·is·tic /dɪˌtɜːmɪˈnɪstɪk; *AmE* dɪˌtɜːrm-/ *Adj* (PHILOS) deterministisch

de·ter·rence /dɪˈterəns; *AmE* dɪˈtɜːrəns/ *Nomen* (*gehoben*) Abschreckung

de·ter·rent /dɪˈterənt; *AmE* dɪˈtɜːrənt/ *Nomen, Adj*
▸ ***Nomen*** Abschreckungsmittel ◇ *the nuclear deterrent* die atomare Abschreckung ◇ *Hopefully his punishment will act as a deterrent to others.* Hoffentlich schreckt seine Bestrafung andere ab.
▸ ***Adj*** (*gehoben*) abschreckend

de·test /dɪˈtest/ *Verb* (*nicht in der Verlaufsform*) verabscheuen, hassen

de·test·able /dɪˈtestəbl/ *Adj* verabscheuenswürdig, abscheulich

de·throne /ˌdiːˈθrəʊn; *AmE* -ˈθroʊn/ *Verb* entthronen (*auch fig*)

det·on·ate /ˈdetəneɪt/ *Verb* **1** detonieren, explodieren **2** zünden, zur Explosion bringen

det·on·ation /ˌdetəˈneɪʃn/ *Nomen* Detonation, Explosion, Zündung

det·on·ator /ˈdetəneɪtə(r)/ *Nomen* Sprengkapsel, Zündung

de·tour /ˈdiːtʊə(r); *AmE* -tʊr/ *Nomen, Verb*
▸ ***Nomen*** **1** Umweg **2** (*AmE*) Umleitung
▸ ***Verb*** (*AmE*) **1** einen Umweg machen **2** umleiten

de·toxi·fi·ca·tion /diːˌtɒksɪfɪˈkeɪʃn; *AmE* -ˌtɑːk-/ (*umgs* **detox** /ˈdiːtɒks; *AmE* -tɑːks/) *Nomen* Entgiftung(sbehandlung), Entzug

de·tox·ify /ˌdiːˈtɒksɪfaɪ; *AmE* -ˈtɑːk-/ *Verb* **(-fies, -fy·ing, -fied, -fied)** (*auch* **detox**) entgiften

de·tract /dɪˈtrækt/ *Verb* (*nicht in der Verlaufsform*) **PHR V** **deˈtract from sth** etw beeinträchtigen ◇ *He was determined not to let anything detract from his enjoyment of the trip.* Er war entschlossen, sich durch nichts davon abbringen zu lassen, die Reise zu genießen.

de·tract·or /dɪˈtræktə(r)/ *Nomen* [meist Pl] (*gehoben*) Kritiker(in)

det·ri·ment /ˈdetrɪmənt/ *Nomen* [meist Sing] (*gehoben*) Schaden **IDM** **to the detriment of sb/sth; to sb/sth's detriment** zum Schaden von jdm/einer Sache **without detriment (to sb/sth)** ohne Schaden (für jdn/etw)

det·ri·ment·al /ˌdetrɪˈmentl/ *Adj* ~ **(to sb/sth)** schädlich (für jdn/etw), nachteilig (für jdn/etw) ◇ *The policy will be detrimental to the peace process.* Diese Politik wird den Friedensprozess unterminieren.

de·tritus /dɪˈtraɪtəs/ *Nomen* (*Fachspr oder gehoben*) Abfall, Müll (*auch fig*)

de trop /ˌdə ˈtrəʊ; *AmE* ˈtroʊ/ *Adj* [nicht vor Nomen] (*gehoben*) fehl am Platz

deuce /djuːs; *AmE* duːs/ *Nomen* **1** (*im Tennis*) Einstand ◇ *after three deuces* nach dreimaligem Einstand **2** (*AmE*) (*Spielkarte*) Zwei ◇ *the deuce of clubs* die Kreuzzwei **3 the deuce** [Sing] (*umgs, veraltet*) ◇ *What the deuce is he doing?* Was zum Teufel macht er denn da?

de·valu·ation /ˌdiːˌvæljuˈeɪʃn/ *Nomen* Abwertung

de·value /ˌdiːˈvæljuː/ *Verb* abwerten

dev·as·tate /ˈdevəsteɪt/ *Verb* **1** zerstören, verwüsten, zugrunde richten **2** (*oft passiv*) niederschmettern

dev·as·tated /ˈdevəsteɪtɪd/ *Adj* erschüttert, verstört, am Boden zerstört

dev·as·tat·ing /ˈdevəsteɪtɪŋ/ *Adj* (*Adv* **dev·as·tat·ing·ly**) **1** verheerend, katastrophal; (*Schlag, Niederlage, Angriff, Kritik*) vernichtend ◇ *devastating injuries* furchtbare Verletzungen **2** (*Nachricht*) niederschmetternd **3** umwerfend; (*Leistung*) überragend

dev·as·ta·tion /ˌdevəˈsteɪʃn/ *Nomen* [U] Verwüstung, Zerstörung

de·velop 🔑 /dɪˈveləp/ *Verb* **1 ~ (from sth) (into sth)** sich (aus etw) (zu etw) entwickeln ◇ *Gradually their friendship developed into love.* Nach und nach wurde aus ihrer Freundschaft Liebe. **2** entwickeln; (*Firma, Industrie*) aufbauen **3** (*Fehler etc.*) auftreten **4** erkranken an; (*Symptome etc.*) entwickeln ◇ *Her son developed asthma when he was two.* Ihr Sohn erkrankte mit zwei Jahren an Asthma. **5** (*Gelände etc.*) erschließen **6** (*Thema, Handlung, Plan etc.*) (weiter)entwickeln, näher ausführen, ausarbeiten; (*musikalisches Thema*) durchführen

de·veloped /dɪˈveləpt/ *Adj* (hoch) entwickelt ◇ *less developed countries* weniger entwickelte Länder → *Siehe auch* WELL DEVELOPED

de·vel·op·er /dɪˈveləpə(r)/ *Nomen* **1 (property) ~** ≈ Bauunternehmer(in), Bauträger(in) **2** Entwickler(in) ◇ *a software developer* eine Firma, die Software entwickelt **3** (FOTO) Entwickler

de·vel·op·ing /dɪˈveləpɪŋ/ *Adj* [nur vor Nomen] (*Land etc.*) Entwicklungs- ◇ *a developing economy* eine Wirtschaft im Entwicklungsstadium

de·vel·op·ment 🔑 /dɪˈveləpmənt/ *Nomen* **1** Entwicklung ◇ *the development of basic skills such as literacy and numeracy* der Erwerb von Grundkenntnissen wie Lesen und Rechnen ◇ *career development* berufliche Weiterbildung → *Siehe auch* RESEARCH AND DEVELOPMENT **2** Erschließung **3** Neubau ◇ *a new office development* ein neuer Bürokomplex ◇ *a housing development* eine Wohnsiedlung **4** (*einer Handlung etc.*) (Weiter)entwicklung, Ausführung; (*eines musikalischen Themas*) Durchführung

de·vel·op·men·tal /dɪˌveləpˈmentl/ *Adj* Entwicklungs-

deˈvelopment area *Nomen* (*BrE*) Entwicklungsgebiet, Fördergebiet

de·vi·ance /ˈdiːviəns/ (*auch* **de·vi·ancy** /-ənsi/) *Nomen* Abweichung, abweichendes Verhalten

de·vi·ant /ˈdiːviənt/ *Adj, Nomen*
▸ ***Adj*** (von der Norm) abweichend, abnormal
▸ ***Nomen*** jd, der von der Norm abweicht

de·vi·ate /ˈdiːvieɪt/ *Verb* **~ (from sth)** abweichen (von etw)

de·vi·ation /ˌdiːviˈeɪʃn/ *Nomen* Abweichung; (*einer Magnetnadel*) Ablenkung → *Siehe auch* STANDARD DEVIATION

de·vice 🔑 /dɪˈvaɪs/ *Nomen* **1** Gerät, Vorrichtung **2** Sprengkörper **3** Vorgehensweise, Methode ◇ *stylis-*

tic devices Stilmittel **4** Kniff, Kunstgriff **IDM** **leave sb to their own de'vices** jdn sich selbst überlassen

devil /ˈdevl/ *Nomen* **1** Teufel **2** (*umgs*) (*Mensch*) ◇ *I miss the old devil.* Ich vermisse den alten Schurken. ◇ *a naughty little devil* ein kleiner Satansbraten ◇ *She's off to Greece—lucky devil!* Sie fährt nach Griechenland—der Glückspilz! **IDM** **be a 'devil** (*BrE*) ◇ *Go on, be a devil, buy both of them.* Komm schon, lass es drauf ankommen, kauf beide. **better the ˌdevil you 'know (than the ˌdevil you 'don't)** von zwei Übeln wählt man besser das, was man kennt **between the ˌdevil and the ˌdeep blue 'sea** in einer Zwickmühle **the 'devil** (*veraltet*) verdammt (schwer) **a devil of a job/time** (*veraltet*) ◇ *I've had a devil of a job finding you.* Es war verdammt schwierig, dich zu finden. **go to the 'devil!** (*umgs, veraltet*) scher dich zum Teufel! **like the 'devil** (*umgs, veraltet*) wie der Teufel **speak/talk of the 'devil** (*umgs*) wenn man vom Teufel spricht **what, where, who, why, etc. the 'devil ...** (*veraltet*) was, wo, wer, warum etc. zum Teufel ... → *Siehe auch* PAY

devil·ish /ˈdevəlɪʃ/ *Adj* (*Adv* **devil·ish·ly**) teuflisch

ˌdevil-may-'care *Adj* leichtsinnig, sorglos, unbekümmert

dev·il·ment /ˈdevlmənt/ (*auch* **dev·ilry** /-vlri/) *Nomen* (*gehoben*) grober Unfug

ˌdevil's 'advocate *Nomen* Advocatus Diaboli ◇ *play devil's advocate* des Teufels Advokat spielen

de·vi·ous /ˈdiːviəs/ *Adj* (*Adv* **de·vi·ous·ly**) verschlagen, gerissen, tückisch ◇ *by devious means* auf krummen Wegen

de·vi·ous·ness /ˈdiːviəsnəs/ *Nomen* Verschlagenheit, Gerissenheit

de·vise /dɪˈvaɪz/ *Verb* (er)finden; (*Plan, Konzept, Strategie etc.*) ausarbeiten

de·void /dɪˈvɔɪd/ *Adj* (*gehoben*) ~ **of sth** ohne etw

de·vo·lu·tion /ˌdiːvəˈluːʃn; *AmE* ˌdev-/ *Nomen* Dezentralisierung

de·volve /dɪˈvɒlv; *AmE* dɪˈvɑːlv/ *Verb* **PHR V** **de'volve on/upon sb/sth** (*gehoben*) **1** auf jdn/etw übergehen **2** (*Verantwortung, Aufgabe etc.*) jdm zufallen **devolve sth to/on/upon sb** (*Verantwortung, Aufgabe etc.*) jdm übertragen

de·volved /dɪˈvɒlvd; *AmE* dɪˈvɑːlvd/ *Adj* (*Macht, Verantwortung*) übertragen ◇ *the devolved government in Scotland* die Regionalregierung in Schottland

de·vote 0-**π** /dɪˈvəʊt; *AmE* dɪˈvoʊt/ *Verb* **PHR V** **devote yourself to sb/sth** sich jdm/etw widmen ◇ *She devoted herself to her career.* Sie ging völlig in ihrem Beruf auf. **devote sth to sth** (*Zeit etc.*) auf etw verwenden

de·voted 0-**π** /dɪˈvəʊtɪd; *AmE* dɪˈvoʊ-/ *Adj* (*Adv* **de·voted·ly**) **1** hingebungsvoll, liebevoll, treu; (*Fan*) begeistert **2 be ~ to sb/sth** jdn/etw sehr lieben

de·votee /ˌdevəˈtiː/ *Nomen* **1** Fan, Verehrer(in) **2** Anhänger(in)

de·vo·tion /dɪˈvəʊʃn; *AmE* dɪˈvoʊ-/ *Nomen* **1** Liebe, Ergebenheit **2** Engagement, Hingabe ◇ *devotion to duty* Pflichteifer **3 devotions** [Pl] Andacht, Gebet

de·vo·tion·al /dɪˈvəʊʃənl; *AmE* dɪˈvoʊ-/ *Adj* (*Literatur etc.*) religiös, Andachts-

de·vour /dɪˈvaʊə(r)/ *Verb* verschlingen (*auch fig*) **IDM** **be devoured by sth** von etw verzehrt werden/sein

de·vout /dɪˈvaʊt/ *Adj* (*Adv* **de·vout·ly**) **1** strenggläubig, fromm **2** (*Hoffnung, Wunsch*) inständig, sehnlich

dew /djuː; *AmE* duː/ *Nomen* (*Morgen-*) Tau

dewy /ˈdjuːi; *AmE* ˈduːi/ *Adj* taufeucht, taufrisch

ˌdewy-'eyed *Adj* (*abwert*) sentimental, gerührt

dex·ter·ity /dekˈsterəti/ *Nomen* **1** Geschicklichkeit ◇ *manual dexterity* Fingerfertigkeit **2** Geschick

dex·ter·ous (*auch* **dex·trous**) /ˈdekstrəs/ *Adj* (*gehoben*) (*Adv* **dex·ter·ous·ly**, **dex·trously**) geschickt

dex·trose /ˈdekstrəʊz, -strəʊs; *AmE* -stroʊz, -stroʊs/ *Nomen* Traubenzucker

dhow /daʊ/ *Nomen* (*Schiff*) Dau

dia·betes /ˌdaɪəˈbiːtiːz/ *Nomen* Zuckerkrankheit, Diabetes ◇ *He has diabetes.* Er ist zuckerkrank.

dia·bet·ic /ˌdaɪəˈbetɪk/ *Adj, Nomen*
▸ **Adj 1** zuckerkrank **2** Diabetiker-
▸ **Nomen** Zuckerkranke(r), Diabetiker(in)

dia·bol·ical /ˌdaɪəˈbɒlɪkl; *AmE* -ˈbɑːl-/ *Adj* (*Adv* **dia·bol·ical·ly** /-kli/) **1** (*bes BrE, umgs*) furchtbar, mörderisch **2** (*auch* **dia·bol·ic**) /ˌdaɪəˈbɒlɪk; *AmE* -ˈbɑːlɪk/ teuflisch

dia·crit·ic /ˌdaɪəˈkrɪtɪk/ *Nomen* (LING) diakritisches Zeichen

diag·nose /ˈdaɪəgnəʊz, ˌdaɪəgˈnəʊz; *AmE* ˌdaɪəgˈnoʊs/ *Verb* diagnostizieren ◇ *The illness was diagnosed as cancer.* Der Befund lautete auf Krebs. ◇ *He was diagnosed with angina.* Man stellte Angina Pectoris bei ihm fest.

diag·no·sis /ˌdaɪəgˈnəʊsɪs; *AmE* -ˈnoʊ-/ *Nomen* (*Pl* **diagnoses** /-siːz/) Diagnose

diag·nos·tic /ˌdaɪəgˈnɒstɪk; *AmE* -ˈnɑːstɪk/ *Adj, Nomen*
▸ **Adj** (*Fachspr*) diagnostisch ◇ *be diagnostic of sth* auf etw hinweisen
▸ **Nomen** (COMP) **1** (*auch* **ˌdiag'nostic program**) Diagnoseprogramm **2** Fehlermeldung

di·ag·onal /daɪˈægənl/ *Adj, Nomen*
▸ **Adj** (*Adv* **di·ag·onal·ly** /-nəli/) diagonal, schräg
▸ **Nomen** Diagonale

dia·gram 0-**π** /ˈdaɪəgræm/ *Nomen* Schaubild, Diagramm, Zeichnung, Abbildung ◇ *show sth in the form of a diagram* etw grafisch darstellen

dia·gram·mat·ic /ˌdaɪəgrəˈmætɪk/ *Adj* (*Adv* **dia·gram·mat·ic·al·ly** /-kli/) grafisch, schematisch, in Form eines Schaubildes

dial /ˈdaɪəl/ *Nomen, Verb*
▸ **Nomen 1** Zifferblatt; (*eines Geräts*) Anzeige, Scheibe; (*eines Telefons*) Wählscheibe → *Siehe auch* SUNDIAL **2** Einstellknopf
▸ **Verb** (**-ll-**, *AmE* **-l-**) (*Telefonnummer*) wählen **PHR V** **dial sth down 1** etw herunterdrehen **2** (*umgs*) etw verringern ◇ *Dial down your stress with yoga.* Stress abbauen mit Yoga. **dial in 1** sich einwählen **2** (*auch* **be/get dialled in**) (*umgs*) ◇ *I think Szabo has been the key player so far. She's dialled in.* Ich finde, Szabo hat bisher das Spiel bestimmt. Sie ist voll da. ◇ *Fassbender eventually dialled into the character of Macbeth.* Fassbender hat sich schließlich in die Rolle des Macbeth eingefühlt. **dial sb in** jdn dazuschalten **dial sb into sth** jdn in etw einwählen **dial up** sich einwählen **dial sth up 1** sich in etw einwählen **2** irgendwo anrufen und etw bestellen ◇ *If I'm too tired to cook, I just dial up a pizza.* Wenn ich zu müde zum Kochen bin, ruf ich einfach einen Lieferservice an und bestelle eine Pizza. **3** etw aufdrehen **4** etw erhöhen

dia·lect /ˈdaɪəlekt/ *Nomen* Dialekt, Mundart

dia·lect·ic /ˌdaɪəˈlektɪk/ *Nomen* [Sing] (*seltener* **dia·lect·ics** [U]) Dialektik

dia·lect·ic·al /ˌdaɪəˈlektɪkl/ *Adj* dialektisch

'dialling code (*BrE auch* **code**) *Nomen* Vorwahl(nummer), Ortsnetzkennzahl

'dialling tone (*AmE* **'dial tone**) *Nomen* Freizeichen, Wählton

'dialog box (*BrE auch* **'dialogue box**) *Nomen* (COMP) Dialogbox

dia·logue (*AmE auch* **dia·log**) /ˈdaɪəlɒg; *AmE* -lɔːg/ *Nomen* Dialog

dia·ly·sis /ˌdaɪˈæləsɪs/ *Nomen* (MED) Dialyse

dia·manté /ˌdiːəˈmɒnteɪ; *AmE* -əmɑːnˈteɪ/ *Adj* Strass-

diam·eter /daɪˈæmɪtə(r)/ *Nomen* **1** Durchmesser ◇ *be 40 metres in diameter* einen Durchmesser von 40 Metern haben **2** (*Fachspr*) ◇ *a lens magnifying 300 diameters* eine Linse mit dreihundertfacher Vergrößerung

dia·met·ric·al·ly /ˌdaɪəˈmetrɪkli/ *Adv* ~ **opposed/opposite** völlig entgegengesetzt, gegensätzlich

dia·mond O⊸ /ˈdaɪəmənd/ *Nomen* **1** Diamant → *Siehe auch* ROUGH DIAMOND **2** Raute **3 diamonds** [Pl/U] (*Spielkartenfarbe*) Karo **4** (*Spielkarte*) Karo **5** (*im Baseball*) (Innen)feld

ˌdia·mond in the ˈrough *Nomen* (*AmE*) = ungehobelter, aber gutherziger Mensch

ˌdiamond ˈjubilee *Nomen* 60-jähriges Jubiläum

ˌdiamond ˈwedding anniversary (*BrE auch* **ˌdiamond ˈwedding**; *AmE auch* **ˌdiamond anniˈversary**) *Nomen* diamantene Hochzeit

di·aper /ˈdaɪpə(r)/ *Nomen* (*AmE*) Windel

di·aph·an·ous /daɪˈæfənəs/ *Adj* (*gehoben*) (*Stoff*) durchscheinend

dia·phragm /ˈdaɪəfræm/ *Nomen* **1** Zwerchfell **2** Pessar **3** Scheidewand **4** (*im Telefon*) Membran

diar·ist /ˈdaɪərɪst/ *Nomen* Tagebuchschreiber(in), Tagebuchautor(in)

diar·rhoea (*AmE* **diar·rhea**) /ˌdaɪəˈrɪə; *AmE* -ˈriːə/ *Nomen* [U] Durchfall

diary O⊸ /ˈdaɪəri/ *Nomen* (*Pl* **-ies**) **1** (*BrE*) (Termin)kalender **2** Tagebuch ◇ *keep a diary* (ein) Tagebuch führen

dias·pora /daɪˈæspərə/ *Nomen* [Sing] (*gehoben*) Diaspora

dia·tribe /ˈdaɪətraɪb/ *Nomen* (*gehoben*) Schmährede

dibs /dɪbz/ *Nomen* IDM **have dibs on sth** (*AmE*) ein Recht auf etw haben

dice /daɪs/ *Nomen, Verb*

▸ ***Nomen*** (*Pl* **dice**) **1** (*bes BrE*) Würfel ◇ *roll/throw the dice* würfeln **2** [U] Würfelspiel ◇ *play dice* würfeln IDM **no ˈdice** (*bes AmE, umgs*) keine Chance **the ˈdice are loaded in sb's favour/against sb** jd hat gute/schlechte Karten

▸ ***Verb*** in Würfel schneiden, würfeln IDM **dice with death** (*umgs*) mit dem/seinem Leben spielen

dicey /ˈdaɪsi/ *Adj* (*BrE, umgs*) riskant

di·chot·omy /daɪˈkɒtəmi; *AmE* -ˈkɑːt-/ *Nomen* (*Pl* **-ies**) [meist Sing] ~ (**between A and B**) (*gehoben*) Dichotomie (von A und B)

dick /dɪk/ *Nomen* (*vulg, Slang*) **1** (*Penis*) Schwanz **2** = DICKHEAD → *Siehe auch* CLEVER DICK

dick·ens /ˈdɪkɪnz/ *Nomen* **the dickens** (*veraltet, umgs*) **1** ◇ *Where the dickens did he go?* Wo zum Teufel ist er? **2** (*AmE*) ◇ *cute as the dickens* zum Anbeißen süß

Dick·ens·ian /dɪˈkenziən/ *Adj* (wie) aus einem Roman von Dickens

dicker /ˈdɪkə(r)/ *Verb* ~ (**with sb**) (**over sth**) (*bes AmE*) (mit jdm) (um etw) feilschen

dick·head /ˈdɪkhed/ (*auch* **dick**) *Nomen* (*vulg, Slang*) Trottel

dicky /ˈdɪki/ *Adj* (*BrE, umgs, veraltet*) schadhaft; (*Herz*) schwach

ˈdicky bird *Nomen* (*BrE*) (*Kindersprache*) Piepmatz IDM **not say, hear, etc. a dicky bird** (*BrE, umgs*) kein Sterbenswörtchen sagen, hören etc.

Dicta·phone™ /ˈdɪktəfəʊn; *AmE* -foʊn/ *Nomen* Diktiergerät

dic·tate *Verb, Nomen*

▸ ***Verb*** /dɪkˈteɪt; *AmE* ˈdɪkteɪt/ **1** diktieren ◇ *What right do they have to dictate how we live our lives?* Welches Recht haben sie uns vorzuschreiben, wie wir unser Leben leben sollen? **2** bestimmen ◇ *When we go on holiday is dictated by Greg's work schedule.* Wann wir Ferien machen, hängt von Gregs Arbeit ab. PHRV **dicˈtate to sb** (*oft passiv*) jdm Vorschriften machen

▸ ***Nomen*** /ˈdɪkteɪt/ [meist Pl] (*gehoben*) Diktat ◇ *the dictates of fashion* das Modediktat

dic·ta·tion /dɪkˈteɪʃn/ *Nomen* Diktat

dic·ta·tor /dɪkˈteɪtə(r); *AmE* ˈdɪkteɪtər/ *Nomen* (*abwert*) Diktator(in) (*auch fig*)

dic·ta·tor·ial /ˌdɪktəˈtɔːriəl/ *Adj* (*Adv* **dic·ta·tori·al·ly** /-əli/) (*abwert*) diktatorisch

dic·ta·tor·ship /ˌdɪkˈteɪtəʃɪp; *AmE* -tərʃɪp/ *Nomen* Diktatur

dic·tion /ˈdɪkʃn/ *Nomen* [U] **1** Aussprache **2** (LING) Diktion, Ausdrucksweise ◇ *poetic diction* poetische Sprache

dic·tion·ary O⊸ /ˈdɪkʃənri; *AmE* -ʃəneri/ *Nomen* (*Pl* **-ies**) **1** Wörterbuch **2** Lexikon

dic·tum /ˈdɪktəm/ *Nomen* (*Pl* **dicta** /-tə/ *oder* **dic·tums**) (*gehoben*) Diktum

did *Form von* DO[1]

di·dac·tic /daɪˈdæktɪk/ *Adj* (*Adv* **di·dac·tic·al·ly** /-kli/) (*gehoben*) **1** didaktisch, Lehr- **2** (*oft abwert*) schulmeisterlich

did·dle /ˈdɪdl/ *Verb* (*BrE, umgs*) ~ **sb** jdn übers Ohr hauen; ~ **sb out of sth** jdm etw abgaunern

diddly /ˈdɪdli/ (*auch* **ciddly·squat** /ˈdɪdliskwɒt; *AmE* -skwɑːt/) *Nomen* (*AmE*) nichts

didn't /ˈdɪdnt/ = DID NOT

die O⊸ /daɪ/ *Verb, Nomen*

▸ ***Verb*** (**dies, dying, died, died**) **1** ~ (**of/from sth**) (an etw) sterben ◇ (*umgs*) *I nearly died when I saw him there.* Ich wäre fast gestorben, als ich ihn dort sah. ◇ *die of hunger* verhungern ◇ *She died from her injuries.* Sie erlag ihren Verletzungen. ◇ *She's dying.* Sie liegt im Sterben. ◇ *I'll never forget it to my dying day.* Das werde ich nie vergessen. **2** (*Pflanze, Tier*) eingehen; (*Motor*) absterben; (*Gerät*) den Geist aufgeben; (*Gefühl*) vergehen **3** aussterben ◇ *His secret died with him.* Er nahm sein Geheimnis mit ins Grab. IDM **be ˈdying for sth** (*umgs*) etw unbedingt brauchen ◇ *I'm dying for a pee.* Ich muss unbedingt aufs Klo. **be ˈdying to do sth** (*umgs*) darauf brennen etw zu tun ◇ *I'm dying to know what happened.* Ich möchte brennend gern wissen, was passiert ist. **die a/the ˈdeath** (*BrE, umgs*) untergehen; verschwinden ◇ *The play got terrible reviews and quickly died a death.* Das Stück bekam fürchterliche Kritiken und wurde schnell abgesetzt. **die in your ˈbed** eines natürlichen Todes sterben **die ˈlaughing** sich totlachen **old ˌhabits/ˌattitudes die ˈhard** alte Gewohnheiten, Ansichten etc. sind nicht leicht abzulegen ◇ *Old customs die hard here.* Hier haben die alten Traditionen ein zähes Leben. **to ˈdie for** (*umgs*) umwerfend → *Siehe auch* FLY *und* SAY PHRV **ˌdie aˈway** (*Geräusch etc.*) schwächer werden; (*Wind*) sich legen **ˌdie ˈback** (*Blätter, Zweige*) absterben **ˌdie ˈdown** nachlassen, sich legen ◇ *The fire had died down to a dull glow.* Das Feuer glühte nur noch schwach. **ˌdie ˈoff** (nacheinander) sterben; (*Blätter etc.*) absterben **ˌdie ˈout** aussterben

▸ ***Nomen*** **1** (Präge)stempel, Stanze, Gussform **2** (*Pl* **dice** /daɪs/) (*bes AmE*) (*zum Spielen*) Würfel IDM **the die is cast** die Würfel sind gefallen

die·hard /ˈdaɪhɑːd; *AmE* -hɑːrd/ *Adj, Nomen*

▸ ***Adj*** hartnäckig, eingefleischt, reaktionär

▸ ***Nomen*** Ewiggestrige(r), Reaktionär(in)

diesel /ˈdiːzl/ *Nomen* **1** (*auch* **ˈdiesel fuel**, **ˈdiesel oil**) [U] Diesel(kraftstoff) **2** Diesel(fahrzeug)

diet O⊸ /ˈdaɪət/ *Nomen, Verb*

▸ ***Nomen*** **1** Ernährung, Kost ◇ *have a healthy diet* sich gesund ernähren ◇ *their staple diet* ihre Hauptnahrung ◇ *They live on a diet of rice and vegetables.* Sie ernähren sich von Reis und Gemüse. ◇ (*fig*) *They are brought up on a diet of cartoons and soap operas.* Ihr Erfahrungshorizont wird von nichts anderem als Zeichentrickfilmen und Seifenopern geprägt. **2** Diät ◇ *He's on a strict diet.* Er muss streng Diät halten. ◇ *a light diet* Schonkost ◇ *be/go on a diet* eine Schlankheitskur machen

▸ ***Verb*** eine Schlankheitskur machen, weniger essen

diet·ary /ˈdaɪətəri; *AmE* -teri/ *Adj* Ernährungs- ◇ *dietary fibre* Ballaststoff(e)

diet·er /ˈdaɪətə(r)/ *Nomen* = jd, der eine Schlankheitskur macht

diet·et·ics /ˌdaɪəˈtetɪks/ *Nomen* Ernährungswissenschaft

diet·ician (*auch* **diet·itian**) /ˌdaɪəˈtɪʃn/ *Nomen* Ernährungsberater(in), Ernährungswissenschaftler(in)

dif·fer /ˈdɪfə(r)/ *Verb* **1** sich unterscheiden, verschieden sein ◇ *They hold differing views.* Sie haben unterschiedliche Ansichten. ◇ *Ideas on childcare may differ considerably between the parents.* Die Eltern können völlig unterschiedliche Vorstellungen von Kindererziehung haben. **2 ~ (with sb) (about/on/over sth)** (über etw) anderer Meinung sein (als jd) ◇ *Medical opinion differs as to the treatment.* In Bezug auf die Behandlung sind die Meinungen der Mediziner geteilt. IDM → AGREE *und* BEG

dif·fer·ence /ˈdɪfrəns/ *Nomen* **1** Unterschied ◇ *I'll lend you $500 and you'll have to find the difference.* Ich leihe dir $500 und den Rest musst du selbst aufbringen. ◇ *I can't tell the difference between the twins.* Ich kann die Zwillinge nicht auseinanderhalten. **2** Auseinandersetzung ◇ *Why don't you settle your differences?* Warum legt ihr euren Streit nicht bei? ◇ *a difference of opinion* eine Meinungsverschiedenheit IDM **make all the ˈdifference (to sb/sth)** (für jdn/etw) viel ausmachen **make/not make a/a lot of, etc. difference to sth** (k)einen (großen) Einfluss auf etw haben ◇ *It made a big difference to my life.* Das veränderte mein Leben von Grund auf. **make no difference/not make any difference** nichts ändern; egal sein ◇ *It makes no difference.* Das ändert nichts (an der Sache). ◇ *What difference will it make if he knows or not?* Was macht es schon, ob er es weiß oder nicht? **not make much/a lot of difference** nicht viel ändern; ziemlich egal sein ◇ *It doesn't make a lot of difference what colour it is.* Die Farbe ist ziemlich egal. **same ˈdifference** (*umgs*) ist doch egal **with a ˈdifference** (*umgs*) (*nach einem Nomen*) mit einem (kleinen) Unterschied ◇ *Winter holidays with a difference.* Winterurlaub einmal anders! → *Siehe auch* BURY, SINK *und* WORLD

dif·fer·ent /ˈdɪfrənt/ *Adj* **1** [nicht vor Nomen] **~ (from sb/sth)**; (*BrE auch*) **~ (to sb/sth)**; (*AmE auch*) **~ (than sb/sth)** anders (als jd/etw) ◇ *That's different.* Das ist nicht dasselbe. ◇ *She seems different.* Sie hat sich verändert. ◇ *How are they different?* Worin/wodurch unterscheiden sie sich? **2** [nur vor Nomen] andere(r,s), verschieden ◇ *at different times in history* mehrmals in der Geschichte **3** [nur vor Nomen] verschieden IDM **a different kettle of fish** (*umgs*) etwas ganz anderes → *Siehe auch* COMPLEXION, KNOW, MATTER, SING *und* TELL

dif·fer·en·tial /ˌdɪfəˈrenʃl/ *Nomen, Adj*

▸ ***Nomen*** **1** Unterschied **2** (*auch* **ˌdifferential ˈgear**) Differenzial(getriebe) **3** (MATH) Differenzial

▸ ***Adj*** [nur vor Nomen] **1** (*gehoben*) unterschiedlich, ungleich ◇ *differential rates of pay* Lohnunterschiede **2** (MATH) Differenzial-

dif·fer·en·ti·ate /ˌdɪfəˈrenʃieɪt/ *Verb* **1** unterscheiden ◇ *It's difficult to differentiate between the two varieties.* Es ist schwierig die beiden Sorten zu unterscheiden. **2 ~ between A and B** zwischen A und B einen Unterschied machen

dif·fer·en·ti·ation /ˌdɪfəˌrenʃiˈeɪʃn/ *Nomen* Differenzierung, Unterscheidung

dif·fer·ent·ly /ˈdɪfrəntli/ *Adv* anders, verschieden

dif·fi·cult /ˈdɪfɪkəlt/ *Adj* schwierig, schwer ◇ *It's difficult to read his writing.* Seine Schrift ist schwer zu lesen. ◇ *Things are difficult for them.* Sie haben es schwer. ◇ *You're just being difficult.* Du willst bloß Schwierigkeiten machen. IDM → JOB *und* LIFE

dif·fi·culty /ˈdɪfɪkəlti/ *Nomen* (*Pl* **-ies**) **1** [meist Pl] Schwierigkeit, Problem ◇ *It was a time fraught with difficulties.* Es waren schwierige Zeiten. **2** [U] Schwierigkeiten, Mühe **3** [U] Schwierigkeit(sgrad)

dif·fi·dence /ˈdɪfɪdəns/ *Nomen* Zurückhaltung, Schüchternheit

dif·fi·dent /ˈdɪfɪdənt/ *Adj* (*Adv* **dif·fi·dent·ly**) zurückhaltend, schüchtern ◇ *He was diffident about his own success.* Er prahlte nicht mit seinem eigenen Erfolg. ◇ *Patients may be diffident about mentioning it.* Patienten haben oft Hemmungen darüber zu sprechen.

dif·fract /dɪˈfrækt/ *Verb* (PHYSIK) (*Lichtstrahlen*) beugen

dif·frac·tion /dɪˈfrækʃn/ *Nomen* (PHYSIK) (*von Lichtstrahlen*) Beugung

dif·fuse *Adj, Verb*

▸ ***Adj*** /dɪˈfjuːs/ **1** diffus ◇ *a diffuse community* eine zerstreute Gemeinde **2** weitschweifig

▸ ***Verb*** /dɪˈfjuːz/ **1** (sich) verbreiten **2** (*oft passiv*) (*Gas, Flüssigkeit*) diffundieren **3** (*gehoben*) (*Licht*) streuen ◇ *diffused lighting* diffuse Beleuchtung

dif·fu·sion /dɪˈfjuːʒn/ *Nomen* **1** (*gehoben*) Verbreitung, Ausbreitung **2** (*Fachspr*) Diffusion

dig /dɪg/ *Verb, Nomen*

▸ ***Verb*** (**dig·ging, dug, dug** /dʌg/) **1** graben; (*Graben, Grab*) ausheben; (*Garten, Beet*) umgraben ◇ *I'll do some digging in the garden now.* Ich werde jetzt im Garten umgraben. **2** ausgraben **3 ~ around (for sth)** (nach etw) wühlen **4** (*Slang, veraltet*) auf etw stehen, etw mögen IDM **dig ˈdeep** tief in die Tasche greifen **dig ˈdeep (into sth)** gründlich (in etw) nachforschen **ˌdig your ˈheels/ˈtoes in** sich auf die Hinterbeine stellen **dig sb in the ˈribs** jdm einen Rippenstoß geben **dig (deep) in/into your pocket(s), savings, etc.** tief in die Tasche greifen **dig your own ˈgrave; dig a ˈgrave for yourself** (sich) sein eigenes Grab schaufeln **dig yourself into a ˈhole** sich in etw verrennen PHR V **ˌdig ˈin** (*umgs*) **1** (*essen*) zugreifen **2** sich gedulden **ˌdig sth ˈin** (*Kompost etc.*) untergraben **ˌdig yourself ˈin** sich eingraben, sich verschanzen (*auch fig*) **ˌdig ˈinto sth 1** (*umgs*) (*Essen etc.*) über etw herfallen **2** sich in etw bohren, sich in etw graben **3** (*Vergangenheit*) in etw (herum)wühlen **ˌdig sth ˈinto sth 1** ◇ *dig manure into the soil* Kompost untergraben **2** etw in etw graben, etw in etw bohren, etw in etw schieben **ˌdig sb/sth ˈout (of sth)** jdn/etw (aus etw) ausgraben (*auch fig*) ◇ *They were dug out of the avalanche alive.* Sie wurden lebend aus der Lawine geborgen. **ˌdig sth ˈover** etw umgraben **ˌdig sth ˈup 1** etw aufgraben, etw umgraben **2** etw ausgraben (*auch fig*)

▸ ***Nomen*** **1** Stoß **2 ~ (at sb/sth)** Seitenhieb (auf jdn/etw), spitze Bemerkung(en) (über jdn/etw) ◇ *have a dig at sb/sth* eine spitze Bemerkung über jdn/etw machen **3** Ausgrabung → *Siehe auch* DIGS

di·gest *Verb, Nomen*

▸ ***Verb*** /daɪˈdʒest, dɪ-/ verdauen (*auch fig*)

▸ ***Nomen*** /ˈdaɪdʒest/ Zusammenfassung, Überblick

di·gest·ible /daɪˈdʒestəbl, dɪ-/ *Adj* (leicht) verdaulich (*auch fig*)

di·ges·tion /daɪˈdʒestʃən, dɪ-/ *Nomen* Verdauung

di·gest·ive /daɪˈdʒestɪv, dɪ-/ *Adj* [nur vor Nomen] Verdauungs-

di'gestive biscuit (*auch* **di·gest·ive**) *Nomen* (*BrE*) = Keks aus Vollkornmehl

dig·ger /'dɪɡə(r)/ *Nomen* **1** Bagger **2** Gräber(in)

digit /'dɪdʒɪt/ *Nomen* **1** Ziffer ◊ *a five-digit number* eine fünfstellige Zahl **2** (ANAT) Finger, Zehe

digit·al /'dɪdʒɪtl/ *Adj* (*Adv* **digit·al·ly** /-təli/) digital, Digital- ◊ *digitally remastered* digital aufbereitet

ˌdigital 'footprint *Nomen* digitaler Fußabdruck

ˌdigital 'television *Nomen* **1** (*auch* **digit·al**) digitales Fernsehen **2** digitaler Fernseher

digit·ize (*BrE auch* **-ise**) /'dɪdʒɪtaɪz/ *Verb* digitalisieren

dig·ni·fied /'dɪɡnɪfaɪd/ *Adj* würdevoll, würdig

dig·nify /'dɪɡnɪfaɪ/ *Verb* (**-fies, -fy·ing, -fied, -fied**) (*gehoben*) **1 ~ sth** einer Sache Glanz/Würde verleihen **2** ehren, würdigen

dig·ni·tary /'dɪɡnɪtəri; *AmE* -teri/ *Nomen* (*Pl* **-ies**) Würdenträger(in) ◊ *civic dignitaries* die Honoratioren der Stadt

dig·nity /'dɪɡnəti/ *Nomen* [U] **1** Würde **2** Selbstachtung IDM **beˌneath your 'dignity** unter seiner Würde **ˌstand on your 'dignity** (*gehoben*) auf Förmlichkeit bestehen

di·gress /daɪ'ɡres/ *Verb* (*gehoben*) abschweifen

di·gres·sion /daɪ'ɡreʃn/ *Nomen* Abschweifung, Exkurs

digs /dɪɡz/ *Nomen* [Pl] (*BrE, umgs, veraltet*) (Studenten)bude, möbliertes Zimmer

dike = DYKE

dik·tat /'dɪktæt; *AmE* dɪk'tæt/ *Nomen* (*abwert*) **1** Diktat **2** Verordnung

di·lapi·dated /dɪ'læpɪdeɪtɪd/ *Adj* verfallen, verwahrlost

di·lapi·da·tion /dɪˌlæpɪ'deɪʃn/ *Nomen* Verfall, Baufälligkeit

di·late /daɪ'leɪt/ *Verb* (sich) erweitern

dila·tion /daɪ'leɪʃn/ *Nomen* Erweiterung

dila·tory /'dɪlətəri; *AmE* -tɔːri/ *Adj* (*gehoben*) langsam

dildo /'dɪldəʊ; *AmE* -doʊ/ *Nomen* (*Pl* **dil·dos** *oder* **dil·does**) Massagestab, Dildo

di·lemma /dɪ'lemə, daɪ'-/ *Nomen* Dilemma IDM → HORN

dil·et·tante /ˌdɪlə'tænti/ *Nomen, Adj*

▸ ***Nomen*** (*Pl* **dil·et·tanti** /ˌdɪlə'tæntiː/ *oder* **dil·et·tan·tes**) (*abwert*) Dilettant(in), Amateur(in)

▸ ***Adj*** (*abwert*) dilettantisch, amateurhaft

dili·gence /'dɪlɪdʒəns/ *Nomen* (*gehoben*) Fleiß, Eifer

dili·gent /'dɪlɪdʒənt/ *Adj* (*Adv* **dili·gent·ly**) (*gehoben*) **1** (*Suche etc.*) gründlich **2** fleißig; (*Arbeiter etc.*) gewissenhaft

dill /dɪl/ *Nomen* Dill

dilly-dally /'dɪli dæli/ *Verb* (**dilly-dallying, dilly-dallied**) (*umgs, veraltet*) trödeln

di·lute /daɪ'luːt; *BrE auch* -'ljuːt/ *Verb, Adj*

▸ ***Verb*** **1** verdünnen **2** (ab)schwächen

▸ ***Adj*** (*auch* **di·luted**) verdünnt

di·lu·tion /daɪ'luːʃn; *BrE auch* -'ljuː-/ *Nomen* **1** Verdünnung **2** Abschwächung

dim /dɪm/ *Adj, Verb*

▸ ***Adj*** (**dim·mer, dim·mest**) (*Adv* **dimly**) **1** schwach **2** düster (*auch fig*) **3** (*Kontur etc.*) verschwommen, undeutlich; (*Erinnerung*) dunkel **4** (*bes BrE, umgs*) schwer von Begriff, beschränkt IDM **take a dim view of sb/sth** von jdm/etw nicht viel halten → *Siehe auch* DISTANT

▸ ***Verb*** (**-mm-**) **1** dämpfen, trüben, abblenden ◊ (*AmE*) *dim your headlights* die Scheinwerfer abblenden **2** schwächer werden, langsam verlöschen, nachlassen

dime /daɪm/ *Nomen* (*in den USA, Kanada*) Zehncentstück IDM **be a ˌdime a 'dozen** (*umgs*) Dutzendware sein

di·men·sion /daɪ'menʃn, dɪ'-/ *Nomen* **1** Abmessung, Maß **2** [meist Pl] Ausmaß **3** Dimension (*auch fig*) ◊ *designers who work in three dimensions* Designer, die dreidimensional arbeiten → *Siehe auch* THREE-DIMENSIONAL *und* TWO-DIMENSIONAL

'dime store *Nomen* (*AmE, veraltet*) billiger Laden

di·min·ish /dɪ'mɪnɪʃ/ *Verb* **1** abnehmen, sich verringern, sich vermindern; (*Wut, Konzentration etc.*) nachlassen; (*Preise, Kosten*) fallen ◊ *The world's resources are rapidly diminishing.* Die Ressourcen der Erde werden immer knapper. ◊ *diminishing fish stocks* schwindende Fischbestände **2** verringern, verkleinern; (*Wirkung*) abschwächen; (*Bedeutung, Ruf, Wert*) schmälern ◊ *diminish carbon dioxide emissions* die Kohlendioxidemissionen reduzieren ◊ *Their excesses diminish the standing of the press as a whole.* Ihre Exzesse diskreditieren die ganze Presse.

di·min·ish·ed /dɪ'mɪnɪʃt/ *Adj* **1** geringer **2** (MUS, RECHT) vermindert

dim·in·ution /ˌdɪmɪ'njuːʃn; *AmE* -'nuː-/ *Nomen* (*gehoben*) **1** Verringerung, Einschränkung **2** Abnahme, Nachlassen

di·minu·tive /dɪ'mɪnjətɪv/ *Adj, Nomen*

▸ ***Adj*** **1** (*gehoben*) winzig **2** (LING) Diminutiv-

▸ ***Nomen*** (LING) Diminutiv(um), Verkleinerungsform; (*von Namen*) Kurzform

dimly *Adv* → DIM

'dimmer switch (*auch* **dim·mer** /'dɪmə(r)/) *Nomen* **1** Dimmer **2** (*AmE*) Abblendschalter

dim·ness /'dɪmnəs/ *Nomen* **1** Halbdunkel, Dämmerlicht **2** Beschränktheit

dimple /'dɪmpl/ *Nomen* kleine Vertiefung; (*am Kinn etc.*) Grübchen

dimpled /'dɪmpld/ *Adj* (*Kinn*) mit Grübchen

dim·wit /'dɪmwɪt/ *Nomen* (*umgs*) Idiot(in)

ˌdim-'witted *Adj* (*umgs*) beschränkt

din /dɪn/ *Nomen* [Sing] Lärm, Radau

dine /daɪn/ *Verb* (*gehoben*) speisen, dinieren IDM → WINE PHRV **'dine on sth** etw essen **ˌdine 'out** auswärts essen, essen gehen **ˌdine 'out on sth** (*umgs*) ◊ *She's been dining out on her visit to Buckingham Palace for weeks.* Seit Wochen gibt sie mit ihrem Besuch im Buckingham Palace an. ◊ *He dined out on the story for years.* Jahrelang erzählte er die Geschichte immer wieder.

diner /'daɪnə(r)/ *Nomen* **1** (*in einem Restaurant*) Gast **2** (*bes AmE*) Imbissstube, Lokal

din·ette /daɪ'net/ *Nomen* (*bes AmE*) Essecke

ding·bat /'dɪŋbæt/ *Nomen* (*AmE, Slang*) Idiot(in)

ding-dong /'dɪŋ dɒŋ; *AmE* dɔːŋ/ *Nomen* **1** Bimbam **2** (*BrE, umgs*) heftiger Streit, Krach

dinghy /'dɪŋi, 'dɪŋɡi/ *Nomen* (*Pl* **-ies**) **1** kleines Boot ◊ *a sailing dinghy* ein kleines Segelboot **2** = RUBBER DINGHY

dingo /'dɪŋɡəʊ; *AmE* -ɡoʊ/ *Nomen* (*Pl* **-oes**) Dingo

dingy /'dɪndʒi/ *Adj* (**din·gier, din·gi·est**) schmuddelig, schäbig; (*Farbe*) schmutzig

'dining car *Nomen* Speisewagen

'dining room *Nomen* Esszimmer

'dining table *Nomen* Esstisch

dinky /'dɪŋki/ *Adj* (*umgs*) **1** (*BrE*) niedlich **2** (*AmE, abwert*) kümmerlich, mickrig

din·ner 🔑 /'dɪnə(r)/ *Nomen* **1** Essen, Mittagessen, Abendessen ◊ *It's time for dinner.* Es ist Zeit zum Essen. ◊ *Have you had dinner yet?* Hast du schon gegessen? ◊ *He's having his dinner.* Er ist gerade beim Essen. ◊ *What shall we have for dinner tonight?* Was sollen wir heute Abend essen? ◊ *Finish your din-*

ner! Iss auf! ◇ *She didn't eat much dinner.* Sie hat nicht viel gegessen. ◇ *I'd like to take you out to dinner.* Ich möchte dich zum Essen einladen. ◇ (*BrE*) *school dinners* Schulmahlzeiten **2** Festessen, Diner → *Siehe auch* DINNER PARTY IDM → DOG

ˈdinner dance *Nomen* Festessen mit anschließendem Tanz

ˈdinner jacket *Nomen* (*BrE*) Smoking(jacke) → *Siehe auch* BLACK TIE

ˈdinner lady *Nomen* = Serviererin beim Mittagessen in der Schule

ˈdinner party *Nomen* Abendgesellschaft, Abendessen

ˈdinner service *Nomen* Tafelservice

ˈdinner suit *Nomen* (*BrE*) Smoking

ˈdinner table *Nomen* [meist Sing] Esstisch ◇ *at the dinner table* beim Essen

ˈdinner theater *Nomen* (*AmE*) = Restaurant, wo nach dem Essen ein Theaterstück aufgeführt wird

ˈdinner time *Nomen* Essenszeit

din·ner·ware /ˈdɪnəweə(r); *AmE* -nərwer/ *Nomen* (*AmE*) (Ess)geschirr

dino·saur /ˈdaɪnəsɔː(r)/ *Nomen* Dinosaurier (*auch fig*)

dint /dɪnt/ *Nomen* IDM **by dint of sth** (*gehoben*) durch etw ◇ *He became an honorary member by dint of winning the championship.* Er wurde Ehrenmitglied, weil er die Meisterschaft gewonnen hatte.

dio·cesan /daɪˈɒsɪsn; *AmE* -ˈɑːsɪ-/ *Adj* Diözesan-

dio·cese /ˈdaɪəsɪs/ *Nomen* Diözese

diode /ˈdaɪəʊd; *AmE* ˈdaɪoʊd/ *Nomen* (ELEK) Diode

di·ox·ide /daɪˈɒksaɪd; *AmE* -ˈɑːk-/ *Nomen* Dioxid → *Siehe auch* CARBON DIOXIDE

di·oxin /daɪˈɒksɪn; *AmE* -ˈɑːk-/ *Nomen* Dioxin

dip /dɪp/ *Verb, Nomen*

▸ ***Verb*** (**-pp-**) **1** (ein)tauchen ◇ *dipped in chocolate* mit Schokolade überzogen **2** sinken (lassen) ◇ *The sun dipped behind the trees.* Die Sonne verschwand hinter den Bäumen. ◇ *The road dipped suddenly.* Die Straße fiel plötzlich ab. **3** (*BrE*) ◇ *dip your headlights* abblenden **4** (*Schafe etc.*) in Pestizid baden IDM **dip into your ˈpocket** (*umgs*) in die eigene Tasche greifen **dip a ˈtoe in/into sth** (*umgs*) vorsichtig in etw einsteigen; einen Zeh ins Wasser stecken PHRV **ˌdip ˈinto sth** **1** in etw greifen **2** einen kurzen Blick auf etw werfen, etw flüchtig durchgehen **3** (*Ersparnisse*) antasten

▸ ***Nomen*** **1** (*umgs*) ◇ *Let's go for/take/have a dip before breakfast.* Gehen wir vor dem Frühstück kurz schwimmen. **2** Rückgang ◇ *a dip in profits* ein Gewinnrückgang **3** Senke, Mulde **4** (*Soße*) Dip **5** (*für Schafe etc.*) Pestizidlösung **6** [Sing] **~ into sth** Blick in/auf etw **7** [meist Sing] Nicken → *Siehe auch* LUCKY DIP

diph·theria /dɪfˈθɪəriə, dɪpˈ-; *AmE* -ˈθɪr-/ *Nomen* Diphtherie

diph·thong /ˈdɪfθɒŋ, ˈdɪpθɒŋ; *AmE* -θɔːŋ/ *Nomen* Diphthong, Doppellaut

dip·loma /dɪˈpləʊmə; *AmE* dɪˈploʊ-/ *Nomen* **1** (*BrE*) Diplom **2** Abschlusszeugnis

dip·lo·macy /dɪˈpləʊməsi; *AmE* dɪˈploʊ-/ *Nomen* Diplomatie (*auch fig*)

dip·lo·mat /ˈdɪpləmæt/ *Nomen* Diplomat(in) (*auch fig*)

dip·lo·mat·ic /ˌdɪpləˈmætɪk/ *Adj* (*Adv* **dip·lo·mat·ic·al·ly** /-kli/) diplomatisch, Diplomaten- (*auch fig*)

ˌdiploˌmatic ˈbag (*AmE* **ˌdiploˌmatic ˈpouch**) *Nomen* Diplomatenpost

ˌdiploˈmatic corps *Nomen* [mit Verb im Sing/Pl] (*meist* **the diplomatic corps**) (*Pl* **dip·lo·mat·ic corps**) das diplomatische Korps

the Diploˈmatic Service *Nomen* (*bes BrE*) der diplomatische Dienst

dip·per /ˈdɪpə(r)/ *Nomen* (*Vogel*) Taucher, Wasseramsel → *Siehe auch* BIG DIPPER

dippy /ˈdɪpi/ *Adj* (*umgs*) verrückt

dipso·maniac /ˌdɪpsəˈmeɪniæk/ *Nomen* Dipsomane, Dipsomanin, Quartalsäufer(in)

dip·stick /ˈdɪpstɪk/ *Nomen* **1** (Öl)messstab **2** (*umgs*) Idiot(in)

ˈdip switch *Nomen* (*BrE*) Abblendschalter

dire /ˈdaɪə(r)/ *Adj* **1** (*gehoben*) (*Lage*) prekär; (*Konsequenzen, Wirkung*) verheerend; (*Warnung, Drohung*) ernst ◇ *dire poverty* tiefste Armut ◇ *be in dire need of sth* etw dringend brauchen ◇ *in dire straits* in großen Schwierigkeiten **2** (*BrE, umgs*) (furchtbar) schlecht

dir·ect 🔑 /dəˈrekt, dɪˈ-, daɪˈ-/ *Adj, Adv, Verb*

▸ ***Adj*** **1** unmittelbar, direkt ◇ *His death was a direct result of your action.* Ihr Verhalten hat unmittelbar zu seinem Tod geführt. ◇ *We need somebody with direct experience of this type of work.* Wir brauchen jemanden mit einschlägiger Erfahrung in diesem Arbeitsbereich. **2** (*Verbindung, Nachkomme*) direkt ◇ *the most direct route* die kürzeste Route ◇ *a direct hit* ein Volltreffer **3** [nur vor Nomen] genau ◇ *a direct quote* ein wörtliches Zitat **4** (*Art, Antwort etc.*) offen, direkt

▸ ***Adv*** direkt ◇ *I prefer to deal with him direct.* Geschäfte mache ich lieber direkt mit ihm. → *Siehe auch* DIRECTLY

▸ ***Verb*** **1** (*gehoben*) **~ sth to/towards sth/sb** etw auf etw/jdn richten; **~ sth at/against sth/sb** etw an/gegen etw/jdn richten **2** leiten; (*Verkehr*) regeln **3** Regie führen ◇ *The movie was directed by Spielberg.* Spielberg war der Regisseur des Films. **4 ~ sb (to ...)** jdm den Weg (nach/zu ...) sagen/zeigen ◇ *I was directed to another office.* Ich wurde in ein anderes Büro geschickt. **5** (*gehoben*) anordnen ◇ *as directed by your doctor* wie vom Arzt verordnet **6 ~ sth to ...** (*gehoben*) etw an ... adressieren

diˌrect ˈaccess *Nomen* (COMP) Direktzugriff

diˌrect ˈaction *Nomen* (*Protestaktion etc.*) direkte Aktion(en)

diˌrect ˈcurrent *Nomen* (*Abk* **DC**) (ELEK) Gleichstrom

diˌrect ˈdebit *Nomen* (*BrE*) Lastschrift

diˌrect deˈposit *Nomen* [U] (*AmE*) Gehaltsüberweisung

dir·ec·tion 🔑 /dəˈrekʃn, dɪˈ-, daɪˈ-/ *Nomen* **1** Richtung (*auch fig*) ◇ *in the direction of the station* in Richtung Bahnhof ◇ *in a northerly direction* Richtung Norden ◇ *She glanced in his direction.* Sie schaute zu ihm hinüber. ◇ *a truck coming in the opposite direction* ein entgegenkommender Lkw ◇ *Has the wind changed direction?* Hat der Wind gedreht? ◇ *I lost all sense of direction.* Ich verlor jegliches Orientierungsgefühl. ◇ *new directions in foreign policy* neue Wege in der Außenpolitik **2** Seite ◇ *Let us approach the subject from a different direction.* Gehen wir das Thema von einer anderen Seite her an. **3** [meist Pl] Anleitung, Wegbeschreibung ◇ *Let's ask for directions.* Fragen wir jemanden nach dem Weg. **4** Leitung; (*von Film etc.*) Regie(führung)

dir·ec·tion·al /dəˈrekʃənl, dɪˈ-, daɪˈ-/ *Adj* **1** (*Fachspr*) Richt-, Richtungs- ◇ *a directional aerial* eine Richtantenne ◇ *directional signs* Richtungsschilder **2** richtungsweisend ◇ *a directional designer* ein Designer/eine Designerin, der/die immer wieder neue Trends setzt

dir·ect·ive /dəˈrektɪv, dɪˈ-, daɪˈ-/ *Nomen* Direktive, Verordnung

dir·ect·ly 🔑 /dəˈrektli, dɪˈ-, daɪˈ-/ *Adv* **1** direkt **2** unmittelbar ◇ *They are directly opposed to the* *plans.* Sie lehnen die Pläne grundsätzlich ab. **3** (*BrE, veraltet*) sogleich

di,rect 'mail (*auch* **di,rect 'marketing**) *Nomen* Direktmarketing

dir·ect·ness /dəˈrektnəs, dɪ'-, daɪ'-/ *Nomen* Offenheit, Deutlichkeit

di,rect 'object *Nomen* direktes Objekt, Akkusativobjekt

dir·ect·or /dəˈrektə(r), dɪ'-, daɪ'-/ *Nomen* **1** Direktor(in), Leiter(in) ◇ *managing director* Geschäftsführer(in) ◇ *non-executive director* Mitglied im Aufsichtsrat ◇ *She's the musical director.* Sie ist die musikalische Leiterin. **2** Regisseur(in)

dir·ect·or·ate /dəˈrektərət, dɪ'-, daɪ'-/ *Nomen* **1** Ausschuss **2** Direktorium, Vorstand

di,rector 'general *Nomen* Leiter(in) ◇ *the director general of the BBC* der Generalintendant der BBC

di'rector's cut *Nomen* (FILM) = neue, vom Regisseur erstellte Schnittversion eines bereits veröffentlichten Films

dir·ect·or·ship /dəˈrektəʃɪp, dɪ'-, daɪ'-; *AmE* -tərʃɪp/ *Nomen* **1** Leitung **2** Direktorenposten

dir·ec·tory /dəˈrektəri, dɪ'-, daɪ'-/ *Nomen* (*Pl* **-ies**) **1** Verzeichnis ◇ *a trade directory* ein Branchenverzeichnis ◇ *a telephone directory* ein Telefonbuch **2** (COMP) Directory, (Datei)verzeichnis

di,rectory en'quiries (*AmE* **di,rectory as'sistance**) *Nomen* [mit Verb im Sing/Pl] (Telefon)auskunft

di,rect 'speech *Nomen* direkte Rede, wörtliche Rede

di,rect 'tax *Nomen* direkte Steuer

di,rect tax'ation *Nomen* direkte Besteuerung

dirge /dɜːdʒ; *AmE* dɜːrdʒ/ *Nomen* **1** Totengesang **2** (*umgs, abwert*) Trauermarsch

dirt /dɜːt; *AmE* dɜːrt/ *Nomen* **1** Schmutz, Dreck ◇ *His clothes were covered in/with dirt.* Seine Kleidung war völlig verschmutzt. ◇ (*umgs*) *Do you have any dirt on him?* Weißt du, ob er Dreck am Stecken hat? **2** (*bes AmE*) Erde **3** (*umgs*) Kot IDM → DISH *und* TREAT

,dirt 'cheap *Adj, Adv* (*umgs*) spottbillig

'dirt road *Nomen* unbefestigte Straße

dirty /ˈdɜːti; *AmE* ˈdɜːrti/ *Adj, Verb, Adv*

▸ ***Adj*** (**dirt·ier, dirti·est**) **1** schmutzig ◇ *a dirty grey* ein schmutziges Grau ◇ *It's a dirty job.* Was für eine Dreckarbeit! **2** unanständig **3** gemein ◇ *She's a dirty player.* Sie spielt nicht fair. ◇ *do sb's dirty jobs* die unsauberen Geschäfte für jdn besorgen IDM **a dirty 'word** ein Schimpfwort ◇ *Profit isn't a dirty word here.* Gewinn ist bei uns kein Schimpfwort. **(do sb's) 'dirty work** (die) Dreckarbeit (für jdn machen) **do the 'dirty on sb** (*BrE, umgs*) jdn übers Ohr hauen **give sb a dirty 'look** jdm einen bösen Blick zuwerfen → *Siehe auch* HAND *und* WASH

▸ ***Verb*** (**dirty·ing, dirt·ied**) schmutzig machen

▸ ***Adv*** IDM **dirty great/big** (*BrE, umgs*) riesig; verdammt groß **play 'dirty** (*umgs*) mauscheln → *Siehe auch* TALK

,dirty old 'man *Nomen* (*umgs*) geiler Bock

,dirty 'trick *Nomen* **1** [meist Pl] schmutzige Tricks ◇ *a dirty tricks campaign* eine Verleumdungskampagne **2** Gemeinheit ◇ *What a dirty trick to play!* Was für eine Gemeinheit!

dis (*auch* **diss**) /dɪs/ *Verb* (**-ss-**) (*bes AmE*) beleidigen

dis- /dɪs/ *Vorsilbe* (*in Adjektiven, Adverbien, Nomina und Verben verwendet, um den Sinn ins Gegenteil zu verkehren*) ◇ *dishonest* unehrlich ◇ *a disadvantage* ein Nachteil ◇ *disappear* verschwinden

dis·abil·ity /,dɪsəˈbɪləti/ *Nomen* (*Pl* **-ies**) **1** Behinderung ◇ *learning disabilities* Lernschwierigkeiten **2** Invalidität, Erwerbsunfähigkeit

dis·able /dɪsˈeɪbl/ *Verb* **1 ~ sb** jdn zum Invaliden machen ◇ *He was disabled in a car accident.* Ein Autounfall machte ihn zum Invaliden. **2 ~ sth** etw außer Betrieb setzen

dis·abled /dɪsˈeɪbld/ *Adj, Nomen*

▸ ***Adj*** behindert ◇ *Does the theatre have disabled access?* Ist das Theater behindertengerecht?

▸ ***Nomen*** **the disabled** [Pl] Behinderte

dis·able·ment /dɪsˈeɪblmənt/ *Nomen* **1** Behinderung **2** Invalidität

dis·ab·ling /dɪsˈeɪblɪŋ/ *Adj* behindernd

dis·abuse /,dɪsəˈbjuːz/ *Verb* (*gehoben*) **~ sb** jdn eines Besseren belehren; **~ sb of sth** jdn über etw aufklären

dis·ad·van·tage /,dɪsədˈvɑːntɪdʒ; *AmE* -ˈvæn-/ *Nomen* Nachteil ◇ *There are disadvantages to the plan.* Der Plan hat seine Nachteile. ◇ *be at a disadvantage* sich im Nachteil befinden ◇ *His age puts him at a disadvantage.* Er ist durch sein Alter benachteiligt.

dis·ad·van·taged /,dɪsədˈvɑːntɪdʒd; *AmE* -ˈvæn-/ *Adj* benachteiligt

dis·af·fect·ed /,dɪsəˈfektɪd/ *Adj* **1** abtrünnig **2** desillusioniert, verdrossen

dis·af·fec·tion /,dɪsəˈfekʃn/ *Nomen* Verdrossenheit

dis·agree /,dɪsəˈgriː/ *Verb* **1 ~ (with sb) (about/on/over sth)** sich (mit jdm) (über etw) nicht einig sein; **~ (with sb/sth)** (jdm/etw) nicht zustimmen ◇ *He disagreed with his parents on most things.* Bei den meisten Dingen war er anderer Meinung als seine Eltern. **2** sich widersprechen PHR V **disa'gree with sb** (*Essen*) jdm nicht bekommen **disa'gree with sth/doing sth** etw ablehnen ◇ *I disagree with it.* Ich bin dagegen.

dis·agree·able /,dɪsəˈgriːəbl/ *Adj* (*Adv* **dis·agree·ably** /-bli/) (*gehoben*) **1** unangenehm **2** unleidlich

dis·agree·ment /,dɪsəˈgriːmənt/ *Nomen* Uneinigkeit, Streit

dis·allow /,dɪsəˈlaʊ/ *Verb* (*oft passiv*) nicht zulassen

dis·ap·pear /,dɪsəˈpɪə(r); *AmE* -ˈpɪr/ *Verb* verschwinden; (*Tierart etc.*) aussterben ◇ *disappear without trace* spurlos verschwinden IDM **do/stage a disap'pearing act** (*umgs*) sich verdrücken → *Siehe auch* FACE

dis·ap·pear·ance /,dɪsəˈpɪərəns; *AmE* -ˈpɪrəns/ *Nomen* Verschwinden, Aussterben

dis·ap·point /,dɪsəˈpɔɪnt/ *Verb* enttäuschen

dis·ap·point·ed /,dɪsəˈpɔɪntɪd/ *Adj* **~ (at/by sth)** enttäuscht (von/über etw); **~ (in/with sb/sth)** (von jdm/etw) enttäuscht ◇ *She was disappointed not to be chosen.* Sie war enttäuscht, dass sie nicht gewählt wurde.

dis·ap·point·ing /,dɪsəˈpɔɪntɪŋ/ *Adj* (*Adv* **dis·ap·pointing·ly**) enttäuschend

dis·ap·point·ment /,dɪsəˈpɔɪntmənt/ *Nomen* **~ (to sb)** Enttäuschung (für jdn)

dis·ap·proval /,dɪsəˈpruːvl/ *Nomen* Missbilligung ◇ *He shook his head in disapproval.* Er schüttelte missbilligend den Kopf.

dis·ap·prove /,dɪsəˈpruːv/ *Verb* **1** [ohne Obj] dagegen sein ◇ *She wants to be an actress but her parents disapprove.* Sie möchte Schauspielerin werden, aber ihre Eltern sind dagegen. **2 ~ of sth** etw ablehnen; **~ of sb** von jdm nichts halten

dis·ap·prov·ing /,dɪsəˈpruːvɪŋ/ *Adj* (*Adv* **dis·ap·prov·ingly**) missbilligend

dis·arm /dɪsˈɑːm; *AmE* -ˈɑːrm/ *Verb* **1** entwaffnen (*auch fig*) **2** abrüsten

dis·arma·ment /dɪsˈɑːməmənt; *AmE* -ˈɑːrm-/ *Nomen* Abrüstung

dis·arm·ing /dɪsˈɑːmɪŋ; *AmE* -ˈɑːrmɪŋ/ *Adj* (*Adv* **dis·arming·ly**) entwaffnend

dis·array /ˌdɪsəˈreɪ/ *Nomen* Unordnung ◇ *throw sth into disarray* etw durcheinanderbringen

dis·as·so·ci·ate /ˌdɪsəˈsəʊʃieɪt, -ˈsəʊsi-; *AmE* -ˈsoʊʃi-, -ˈsoʊsi-/ *Nomen* **1** **~ yourself/sb from sb/sth** sich/jdn von jdm/etw distanzieren, sich/jdn von jdm/etw abgrenzen **2** **~ sb/sth (from sth)** (*gehoben*) jdn/etw (von etw) trennen

dis·as·ter /dɪˈzɑːstə(r); *AmE* dɪˈzæstər/ *Nomen* **1** Katastrophe, Unglück **2** (*umgs*) Desaster; (*Mensch*) Niete ◇ *Letting him organize the party is a recipe for disaster.* Wenn wir ihn die Feier organisieren lassen, ist der Reinfall vorprogrammiert.

diˈsaster area *Nomen* **1** Katastrophengebiet **2** (*umgs*) (*fig*) Katastrophe ◇ *His office was a disaster area.* Sein Büro war ein einziges Chaos.

dis·as·trous /dɪˈzɑːstrəs; *AmE* dɪˈzæstrəs/ *Adj* (*Adv* **dis·astrous·ly**) katastrophal ◇ *a disastrous fire* ein verheerender Brand

dis·avow /ˌdɪsəˈvaʊ/ *Verb* (*gehoben*) (ab)leugnen, zurückweisen

dis·avowal /ˌdɪsəˈvaʊəl/ *Nomen* (*gehoben*) Ableugnung, Zurückweisung

dis·band /dɪsˈbænd/ *Verb* (sich) auflösen

dis·be·lief /ˌdɪsbɪˈliːf/ *Nomen* Ungläubigkeit ◇ *He stared at me in disbelief.* Er starrte mich ungläubig an. ◇ *To enjoy the movie you have to suspend your disbelief.* Man kann den Film nur genießen, wenn man bereit ist, alles zu glauben.

dis·be·lieve /ˌdɪsbɪˈliːv/ *Verb* (*nicht in der Verlaufsform*) (*gehoben*) nicht glauben, bezweifeln PHR V **disbeˈlieve in sb/sth** nicht an jdn/etw glauben

dis·be·liev·ing /ˌdɪsbɪˈliːvɪŋ/ *Adj* (*Adv* **dis·be·liev·ing·ly**) ungläubig

dis·burse /dɪsˈbɜːs; *AmE* -ˈbɜːrs/ *Verb* (*gehoben*) aus(be)zahlen

disc (*bes AmE* **disk**) /dɪsk/ *Nomen* **1** Scheibe **2** (*BrE*) Diskette **3** CD **4** (ANAT) Bandscheibe ◇ *a slipped disc* ein Bandscheibenvorfall **5** Schallplatte

dis·card /dɪsˈkɑːd; *AmE* -ˈkɑːrd/ *Verb* **1** wegwerfen, ausrangieren ◇ *He had discarded his jacket because of the heat.* Wegen der Hitze hatte er seine Jacke abgelegt. **2** (*Idee etc.*) verwerfen ◇ *She could now discard all thought of promotion.* Sie konnte nun jeden Gedanken an eine Beförderung aufgeben. **3** (*Karte*) abwerfen

ˈdisc brake *Nomen* [meist Pl] Scheibenbremse

dis·cern /dɪˈsɜːn; *AmE* dɪˈsɜːrn/ *Verb* (*nicht in der Verlaufsform*) (*gehoben*) erkennen ◇ *He discerned a certain coldness in their welcome.* Er spürte eine gewisse Kühle in ihrer Begrüßung.

dis·cern·ible /dɪˈsɜːnəbl; *AmE* dɪˈsɜːrn-/ *Adj* (*gehoben*) erkennbar, wahrnehmbar

dis·cern·ing /dɪˈsɜːnɪŋ; *AmE* dɪˈsɜːrnɪŋ/ *Adj* anspruchsvoll ◇ *To the discerning eye, the quality may seem poor.* Wer ein kritisches Auge hat, den wird die Qualität nicht überzeugen.

dis·cern·ment /dɪˈsɜːnmənt; *AmE* dɪˈsɜːrn-/ *Nomen* (*gehoben*) Urteilsvermögen

dis·charge *Verb, Nomen*

▸ ***Verb*** /dɪsˈtʃɑːdʒ; *AmE* -ˈtʃɑːrdʒ/ **1** (*meist passiv*) **~ sb (from sth)** jdn (aus etw) entlassen ◇ *She discharged herself.* Sie verließ das Krankenhaus auf eigene Verantwortung. **2** **~ sth (into sth)** (*Gas, Flüssigkeit*) etw (in etw) ablassen **3** **~ into sth** (*Gas, Flüssigkeit*) in etw strömen **4** (TECH) (sich) entladen **5** (*gehoben*) (*Pflicht*) erfüllen; (*Schuld*) begleichen **6** (*gehoben*) (*Gewehr etc.*) abfeuern

▸ ***Nomen*** /ˈdɪstʃɑːdʒ; *AmE* -tʃɑːrdʒ/ **1** Ablassen ◇ *electrical discharges* elektrische Entladungen **2** (MED) Ausfluss **3** **~ (from sth)** Entlassung (aus etw) **4** (*gehoben*) (*von Pflichten*) Erfüllung; (*von Schulden*) Begleichung

dis·ciple /dɪˈsaɪpl/ *Nomen* **1** Schüler(in), Anhänger(in) **2** (*in der Bibel*) Jünger

dis·cip·lin·ar·ian /ˌdɪsəplɪˈneəriən; *AmE* -ˈner-/ *Nomen* ◇ *She's quite a disciplinarian.* Bei ihr herrscht strenge Disziplin. ◇ *His father was a strict disciplinarian.* Sein Vater war sehr streng.

dis·cip·lin·ary /ˈdɪsəplɪnəri, ˌdɪsəˈplɪnəri; *AmE* ˈdɪsəpləneri/ *Adj* Disziplinar-

dis·cip·line /ˈdɪsəplɪn/ *Nomen, Verb*

▸ ***Nomen*** Disziplin

▸ ***Verb*** disziplinieren ◇ *He disciplined himself to train at least three times a week.* Er zwang sich, mindestens dreimal pro Woche zu trainieren.

dis·cip·lined /ˈdɪsəplɪnd/ *Adj* diszipliniert

ˈdisc jockey = DJ

dis·claim /dɪsˈkleɪm/ *Verb* (*offiz*) **1** abstreiten **2** (RECHT) verzichten auf

dis·claim·er /dɪsˈkleɪmə(r)/ *Nomen* **1** (*gehoben*) Dementi, Gegenerklärung **2** (RECHT) Verzichterklärung

dis·close /dɪsˈkləʊz; *AmE* -ˈkloʊz/ *Verb* (*gehoben*) **1** **~ sth (to sb)** (jdm) etw bekannt geben ◇ *The report discloses that the police were to blame.* Aus dem Bericht geht hervor, dass die Polizei Schuld hatte. **2** (*gehoben*) zeigen

dis·clo·sure /dɪsˈkləʊʒə(r); *AmE* -ˈkloʊ-/ *Nomen* (*gehoben*) Bekanntgabe, Enthüllung ◇ *full disclosure of your financial situation* vollständige Informationen über Ihre finanzielle Lage

disco /ˈdɪskəʊ; *AmE* -skoʊ/ *Nomen* (*Pl* **-os**) (*veraltet* **disco·theque**) Disko

dis·col·or·ation (*BrE auch* **dis·col·our·ation**) /ˌdɪsˌkʌləˈreɪʃn/ *Nomen* Verfärbung

dis·col·our (*AmE* **dis·color**) /dɪsˈkʌlə(r)/ *Verb* (sich) verfärben

dis·com·bobu·late /ˌdɪskəmˈbɒbjuleɪt; *AmE* -ˈbɑːb-/ *Verb* (*bes AmE, hum*) durcheinanderbringen, verwirren

dis·com·bobu·lated /ˌdɪskəmˈbɒbjuleɪtɪd; *AmE* -ˈbɑːb-/ *Adj* (*bes AmE, hum*) verwirrt, durcheinander

dis·com·bobu·lat·ing /ˌdɪskəmˈbɒbjuleɪtɪŋ; *AmE* -ˈbɑːb-/ *Adj* (*bes AmE, hum*) verwirrend ◇ *I found it a totally discombobulating experience.* Das war etwas, das mich total durcheinandergebracht hat.

dis·comfit /dɪsˈkʌmfɪt/ *Verb* (*oft passiv*) (*gehoben*) verunsichern, aus der Fassung bringen

dis·com·fit·ure /dɪsˈkʌmfɪtʃə(r)/ *Nomen* Unbehagen

dis·com·fort /dɪsˈkʌmfət; *AmE* -fərt/ *Nomen* **1** (leichter) Schmerz ◇ *You will experience some minor discomfort during the treatment.* Die Behandlung ist etwas unangenehm. **2** Unbehagen **3** (*gehoben*) Unannehmlichkeit

dis·con·cert /ˌdɪskənˈsɜːt; *AmE* -ˈsɜːrt/ *Verb* beunruhigen, verwirren, irritieren

dis·con·cert·ed /ˌdɪskənˈsɜːtɪd; *AmE* -ˈsɜːrtɪd/ *Adj* beunruhigt, irritiert

dis·con·cert·ing /ˌdɪskənˈsɜːtɪŋ; *AmE* -ˈsɜːrtɪŋ/ *Adj* (*Adv* **dis·con·cert·ing·ly**) beunruhigend, irritierend

dis·con·nect /ˌdɪskəˈnekt/ *Verb* **1** **~ sth (from sth)** etw (von etw) abtrennen ◇ *Make sure it is disconnected from the main socket.* Sorgen Sie dafür, dass der Stecker herausgezogen ist. **2** (*meist passiv*) (*Gas, Strom etc.*) abstellen ◇ *You'll be disconnected if you don't pay your gas bill.* Wenn du die Rechnung nicht bezahlst, stellt man dir das Gas ab. **3** (*meist passiv*) (*Telefongespräch*) unterbrechen ◇ *We were suddenly disconnected.* Wir wurden plötzlich unterbrochen.

dis·con·nect·ed /ˌdɪskəˈnektɪd/ *Adj* unzusammenhängend, losgelöst

dis·con·nec·tion /ˌdɪskəˈnekʃn/ *Nomen* Abtrennung, Abstellen

dis·con·so·late /dɪsˈkɒnsələt; *AmE* -ˈkɑːn-/ *Adj* (*Adv* **discon·so·late·ly**) (*gehoben*) untröstlich, niedergeschlagen

dis·con·tent /ˌdɪskənˈtent/ (*auch* **dis·con·tent·ment** /-mənt/) *Nomen* Unzufriedenheit

dis·con·tent·ed /ˌdɪskənˈtentɪd/ *Adj* (*Adv* **dis·con·tent·ed·ly**) unzufrieden

dis·con·tinue /ˌdɪskənˈtɪnjuː/ *Verb* **1 ~ sth** etw einstellen, mit etw aufhören **2 be discontinued** (*Produktion*) nicht mehr hergestellt werden ◇ *discontinued china* Porzellan, das nicht mehr hergestellt wird

dis·con·tinu·ity /ˌdɪsˌkɒntɪˈnjuːəti; *AmE* -ˌkɑːntəˈnuː-/ *Nomen* (*Pl* **-ies**) (*gehoben*) mangelnde Kontinuität

dis·con·tinu·ous /ˌdɪskənˈtɪnjuəs/ *Adj* (*gehoben*) **1** unterbrochen **2** unzusammenhängend

dis·cord /ˈdɪskɔːd; *AmE* -skɔːrd/ *Nomen* **1** (*gehoben*) Uneinigkeit, Streit ◇ *a note of discord* ein Missklang **2** (MUS) Disharmonie, Dissonanz

dis·cord·ant /dɪsˈkɔːdənt; *AmE* -ˈkɔːrdənt/ *Adj* **1** (*gehoben*) uneinig, unharmonisch **2** unpassend, unstimmig **3** (MUS) disharmonisch, dissonant

disco·theque /ˈdɪskətek/ (*veraltet*) = DISCO

dis·count 🗝 *Nomen, Verb*

▸ ***Nomen*** /ˈdɪskaʊnt/ Preisnachlass, Rabatt ◇ *They were selling everything at a discount.* Sie verkauften alles zu reduzierten Preisen. ◇ *discount stores* Discounter

▸ ***Verb*** /dɪsˈkaʊnt; *AmE auch* ˈdɪskaʊnt/ **1** (*gehoben*) **~ sth (as sth)** etw (als etw) abtun ◇ *We cannot discount the possibility of further strikes.* Wir können weitere Streiks nicht ausschließen. **2** (*Preis*) diskontieren ◇ *discounted prices* Diskontpreise **3** (*Ware*) verbilligen

dis·counter /ˈdɪskaʊntə(r)/ (*auch* **ˈdiscount store**) *Nomen* Discounter

dis·cour·age /dɪsˈkʌrɪdʒ; *AmE* -ˈkɜːrɪdʒ/ *Verb* **1 ~ sb (from doing sth)** jdn (davon) abhalten (etw zu tun) **2** zu verhindern suchen, unterbinden ◇ *discourage drug taking among teenagers* Teenager vom Drogenkonsum abschrecken **3** entmutigen

dis·cour·aged /dɪsˈkʌrɪdʒd; *AmE* -ˈkɜːrɪdʒd/ *Adj* [nicht vor Nomen] entmutigt

dis·cour·age·ment /dɪsˈkʌrɪdʒmənt; *AmE* -ˈkɜːr-/ *Nomen* **1** Mutlosigkeit **2** Abhaltung, Abschreckung, Verhinderung ◇ *The rise in fuel prices is intended to act as a discouragement to car users.* Die Erhöhung der Benzinpreise soll die Autofahrer davon abhalten, ihre Fahrzeuge zu benutzen. **3** Enttäuschung

dis·cour·aging /dɪsˈkʌrɪdʒɪŋ; *AmE* -ˈkɜːr-/ *Adj* (*Adv* **dis·cour·aging·ly**) entmutigend

dis·course *Nomen, Verb*

▸ ***Nomen*** /ˈdɪskɔːs; *AmE* -skɔːrs/ (*gehoben*) Diskurs

▸ ***Verb*** /dɪsˈkɔːs; *AmE* -ˈkɔːrs/ (*gehoben*) **~ on/upon sth** ausführlich über etw sprechen

dis·cour·teous /dɪsˈkɜːtiəs; *AmE* -ˈkɜːrt-/ *Adj* (*Adv* **dis·cour·teous·ly**) (*gehoben*) unhöflich

dis·cover 🗝 /dɪˈskʌvə(r)/ *Verb* entdecken ◇ *discover a cure for AIDS* ein Heilmittel gegen Aids finden ◇ *She was discovered dead at her home.* Sie wurde in ihrer Wohnung tot aufgefunden. ◇ *We never did discover why.* Wir haben nie herausgefunden, warum. ◇ *He was later discovered to be seriously ill.* Später stellte sich heraus, dass er schwer krank war.

dis·cov·er·er /dɪˈskʌvərə(r)/ *Nomen* Entdecker(in)

dis·cov·ery 🗝 /dɪˈskʌvəri/ *Nomen* (*Pl* **-ies**) Entdeckung

dis·credit /dɪsˈkredɪt/ *Verb, Nomen*

▸ ***Verb*** **1** diskreditieren **2** zweifelhaft erscheinen lassen

▸ ***Nomen*** (*gehoben*) Misskredit ◇ *Violent football fans bring discredit on the teams they support.* Randalierende Fußballfans bringen ihre Teams in Verruf. ◇ *Britain, to its discredit, did not protest.* Zu seiner Schande hat Großbritannien keinen Protest erhoben.

dis·cred·it·able /dɪsˈkredɪtəbl/ *Adj* (*gehoben*) unehrenhaft, diskreditierend

dis·creet /dɪˈskriːt/ *Adj* (*Adv* **dis·creet·ly**) diskret

dis·crep·ancy /dɪsˈkrepənsi/ *Nomen* (*Pl* **-ies**) Diskrepanz

dis·crete /dɪˈskriːt/ *Adj* (*Adv* **dis·cretely**) (*gehoben oder Fachspr*) eigenständig, diskret

dis·cre·tion /dɪˈskreʃn/ *Nomen* **1** Ermessen **2** Diskretion IDM **at sb's diˈscretion** in jds Ermessen **do sth at your diˈscretion** etw nach eigenem Ermessen tun ◇ *Tipping is at your discretion.* Es steht Ihnen frei, ein Trinkgeld zu geben.

dis·cre·tion·ary /dɪˈskreʃənəri; *AmE* -neri/ *Adj* (*gehoben*) Ermessens- ◇ *a discretionary clause* eine Kannvorschrift

dis·crim·in·ate /dɪˈskrɪmɪneɪt/ *Verb* **1** unterscheiden, einen Unterschied machen **2 ~ against sb** jdn diskriminieren, jdn benachteiligen; **~ in favour of sb** jdn bevorzugen **3** ◇ *It is illegal to discriminate on grounds of race, sex or religion.* Diskriminierung aufgrund von Rasse, Geschlecht oder Religion ist ungesetzlich.

dis·crim·in·at·ing /dɪˈskrɪmɪneɪtɪŋ/ *Adj* anspruchsvoll, kritisch

dis·crim·in·ation /dɪˌskrɪmɪˈneɪʃn/ *Nomen* **1 ~ (against sb)** Diskriminierung (von jdm) ◇ *sex discrimination* Diskriminierung aufgrund des Geschlechts ◇ *discrimination in favour of the young* die Bevorzugung der Jungen **2** Urteilsvermögen, Urteilsfähigkeit ◇ *He showed great discrimination in his choice of friends.* Er hatte ein feines Gespür bei der Wahl seiner Freunde. **3** (*gehoben*) Unterscheidung ◇ *learn discrimination between right and wrong* lernen, zwischen Gut und Böse zu unterscheiden **4** (*gehoben*) Unterschied

dis·crim·in·atory /dɪˈskrɪmɪnətəri; *AmE* -tɔːri/ *Adj* diskriminierend ◇ *sexually discriminatory* geschlechtsdiskriminierend

dis·cur·sive /dɪsˈkɜːsɪv; *AmE* -ˈkɜːrsɪv/ *Adj* (*Stil etc.*) weitschweifig

dis·cus /ˈdɪskəs/ *Nomen* (SPORT) **1** Diskus **2 the discus** das Diskuswerfen

dis·cuss 🗝 /dɪˈskʌs/ *Verb* **1** besprechen ◇ *Have you discussed it with anyone?* Hast du mit irgendjemandem darüber gesprochen? ◇ *We discussed moving.* Wir überlegten, ob wir umziehen sollten. **2** (*Thema etc.*) erörtern, behandeln, diskutieren

dis·cus·sion 🗝 /dɪˈskʌʃn/ *Nomen* **1** Diskussion, Besprechung, Unterredung ◇ *topics for discussion* Diskussionsthemen ◇ *be under discussion* diskutiert werden **2** Erörterung, Abhandlung

dis·dain /dɪsˈdeɪn/ *Nomen, Verb*

▸ ***Nomen*** Verachtung ◇ *He glanced away in disdain.* Er wandte sich verächtlich ab.

▸ ***Verb*** (*gehoben*) **1** verschmähen; (*Mensch*) verachten **2 ~ to do sth** es unter seiner Würde betrachten, etw zu tun, zu stolz sein, etw zu tun

dis·dain·ful /dɪsˈdeɪnfl/ *Adj* (*Adv* **dis·dain·ful·ly** /-fəli/) verächtlich, geringschätzig; **be ~ of sb/sth** jdn/etw verachten

dis·ease 🗝 /dɪˈziːz/ *Nomen* Krankheit (*auch fig*) ◇ *prevent the spread of disease* die Ausbreitung von Krankheiten verhindern ◇ *kidney disease* Nierenerkrankung

dis·eased /dɪˈziːzd/ *Adj* krank (*auch fig*)

dis·em·bark /ˌdɪsɪmˈbɑːk; *AmE* -ˈbɑːrk/ *Verb* von Bord gehen

dis·em·bark·ation /ˌdɪsˌembɑːˈkeɪʃn; *AmE* -bɑːrˈ-/ *Nomen* [U] Landung, Ausschiffung

dis·em·bod·ied /ˌdɪsɪmˈbɒdid; *AmE* -ˈbɑːdid/ *Adj* **1** (*Stimme etc.*) geisterhaft ◇ *a disembodied voice* eine Stimme aus dem Nichts **2** körperlos ◇ *a disembodied head* ein abgetrennter Kopf

dis·em·bowel /ˌdɪsɪmˈbaʊəl/ *Verb* (**-ll-**, *AmE* **-l-**) die Eingeweide herausnehmen von, ausnehmen

dis·en·chant·ed /ˌdɪsɪnˈtʃɑːntɪd; *AmE* -ˈtʃæn-/ *Adj* desillusioniert; **~ with sb/sth** von jdm/etw enttäuscht

dis·en·chant·ment /ˌdɪsɪnˈtʃɑːntmənt; *AmE* -ˈtʃænt-/ *Nomen* Ernüchterung, Desillusionierung

dis·en·fran·chise /ˌdɪsɪnˈfræntʃaɪz/ *Verb* **~ sb** jdm die Rechte/das Wahlrecht entziehen ◇ *disenfranchised groups* entrechtete Gruppen

dis·en·gage /ˌdɪsɪnˈɡeɪdʒ/ *Verb* **1 ~ (yourself)** (*gehoben*) (sich) lösen, (sich) losmachen, (sich) befreien ◇ *disengage the clutch* auskuppeln **2** (MIL) abziehen

dis·en·gage·ment /ˌdɪsɪnˈɡeɪdʒmənt/ *Nomen* **1** Loslösung, Rückzug **2** (MIL) Abzug

dis·en·tan·gle /ˌdɪsɪnˈtæŋɡl/ *Verb* **1** (*fig*) entwirren, auseinanderhalten **2** lösen (*auch fig*), befreien (*auch fig*) **3** (*Seil, Knäuel etc.*) entwirren

dis·equi·lib·rium /ˌdɪsˌiːkwɪˈlɪbriəm, -ˌek-/ *Nomen* (*gehoben oder Fachspr*) Ungleichgewicht, gestörtes Gleichgewicht

dis·es·tab·lish /ˌdɪsɪˈstæblɪʃ/ *Verb* (*Kirche*) vom Staat trennen

dis·es·tab·lish·ment /ˌdɪsɪˈstæblɪʃmənt/ *Nomen* (*der Kirche*) Trennung vom Staat

dis·favour (*AmE* **dis·favor**) /dɪsˈfeɪvə(r)/ *Nomen* (*gehoben*) **1** Missfallen **2** Ungnade ◇ *fall into disfavour with sb* bei jdm in Ungnade fallen

dis·fig·ure /dɪsˈfɪɡə(r); *AmE* -ˈfɪɡjər/ *Verb* verunstalten, entstellen

dis·fig·ure·ment /dɪsˈfɪɡəmənt; *AmE* -ɡərmənt/ *Nomen* **1** [U] Verunstaltung, Entstellung ◇ *He suffered permanent disfigurement in the fire.* Er erlitt Brandwunden, die ihn für immer entstellten. **2** entstellende Narbe, Brandmal etc.

dis·gorge /dɪsˈɡɔːdʒ; *AmE* -ˈɡɔːrdʒ/ *Verb* (*gehoben*) ausspeien, ausstoßen ◇ *The pipe disgorges sewage into the sea.* Durch das Rohr ergießt sich das Abwasser ins Meer. ◇ *The bus disgorged a crowd of children.* Eine Schar von Kindern strömte aus dem Bus.

dis·grace /dɪsˈɡreɪs/ *Nomen, Verb*

▸ ***Nomen*** **1** Schande ◇ *Their behaviour is a disgrace to the legal profession.* Ihr Benehmen bringt Schande über den Juristenberuf. ◇ *He was sent home in disgrace.* Er wurde in Schimpf und Schande nach Hause geschickt. ◇ *She was sent up to bed in disgrace.* Zur Strafe wurde sie ins Bett geschickt. **2 in ~ (with sb)** in Ungnade (bei jdm)

▸ ***Verb*** **1** Schande bringen über; **~ yourself** sich blamieren **2 be disgraced** bloßgestellt werden, in Ungnade gefallen sein

dis·grace·ful /dɪsˈɡreɪsfl/ *Adj* (*Adv* **dis·grace·ful·ly** /-fəli/) **1** erbärmlich, miserabel **2** schändlich, skandalös ◇ *It's disgraceful that …* Es ist eine Schande, dass … ◇ *Sean had behaved disgracefully.* Es ist eine Schande, wie Sean sich aufgeführt hatte.

dis·grun·tled /dɪsˈɡrʌntld/ *Adj* **~ (at sb/sth)** (über jdn/etw) verärgert, (wegen jds/einer Sache) verstimmt

dis·guise /dɪsˈɡaɪz/ *Verb, Nomen*

▸ ***Verb*** **1** verkleiden; (MIL) tarnen ◇ *be heavily disguised* gut getarnt sein ◇ *He disguised his voice.* Er verstellte seine Stimme. **2** verbergen ◇ *Her smile disguised her anger.* Sie lächelte, aber eigentlich war sie wütend. ◇ *a thinly disguised attack on the President* eine kaum verschleierte Attacke auf den Präsidenten

▸ ***Nomen*** Verkleidung, Tarnung ◇ *in disguise* verkleidet ◇ (*fig*) *It was a wage cut in disguise.* Das war eine versteckte Lohnkürzung. IDM → BLESSING

dis·gust 0➡ /dɪsˈɡʌst/ *Nomen, Verb*

▸ ***Nomen*** **~ (at/with sth)** Ekel (vor etw), Empörung (über etw) ◇ *I can only feel disgust for these criminals.* Für diese Verbrecher kann ich nur Abscheu empfinden. ◇ *She wrinkled her nose in disgust.* Sie rümpfte angewidert die Nase.

▸ ***Verb*** anwidern, anekeln, empören

dis·gust·ed 0➡ /dɪsˈɡʌstɪd/ *Adj* (*Adv* **dis·gust·ed·ly**) **~ (at/by/with sb/sth)** (von jdm/etw) angewidert, (über jdn/etw) empört

dis·gust·ing 0➡ /dɪsˈɡʌstɪŋ/ *Adj* (*Adv* **dis·gust·ing·ly**) **1** widerlich, ekelhaft **2** unerhört; (*Sprache*) ordinär ◇ *He looked disgustingly healthy.* Er sah unverschämt gesund aus.

dish 0➡ /dɪʃ/ *Nomen, Verb*

▸ ***Nomen*** **1** Schüssel, Schale ◇ *a soap dish* eine Seifenschale ◇ *a serving dish* eine Servierplatte **2 the dishes** [Pl] ◇ *I'll do the dishes.* Ich spüle ab. ◇ *Leave the dishes.* Lass den Abwasch stehen. **3** Gericht, Speise ◇ *a hot main dish* ein warmes Hauptgericht → *Siehe auch* SIDE DISH **4** (*umgs*) toller Hecht, flotte Biene

▸ ***Verb*** IDM **ˌdish the ˈdirt** (*umgs*) schmutzige Wäsche waschen **ˌdish the ˈdirt on sb** (*umgs*) jdn in den Schmutz ziehen PHR V **ˌdish it ˈout** (*abwert*) (*Kritik*) austeilen ◇ *He enjoys dishing it out, but he really can't take it.* Er kritisiert gern andere, aber er kann nichts einstecken. **ˌdish sth ˈout** etw verteilen, etw austeilen **ˌdish (sth) ˈup** (etw) anrichten, (etw) auftragen **ˌdish sth ˈup** etw bieten

dis·har·mony /dɪsˈhɑːməni; *AmE* -ˈhɑːrm-/ *Nomen* (*gehoben*) Disharmonie

dish·cloth /ˈdɪʃklɒθ; *AmE* -klɔːθ/ *Nomen* Spüllappen

dis·heart·en /dɪsˈhɑːtn; *AmE* -ˈhɑːrtn/ *Verb* (*gehoben*) entmutigen

dis·heart·en·ing /dɪsˈhɑːtnɪŋ; *AmE* -ˈhɑːrt-/ *Adj* (*gehoben*) entmutigend

dish·ev·elled (*AmE meist* **dish·ev·eled**) /dɪˈʃevld/ *Adj* zerzaust, ungepflegt

dis·hon·est 0➡ /dɪsˈɒnɪst; *AmE* -ˈɑːnɪst/ *Adj* (*Adv* **dis·hon·estly**) unehrlich, unaufrichtig, unredlich; (*Händler etc.*) betrügerisch ◇ *dishonestly obtain information* sich auf betrügerische Weise Informationen verschaffen

dis·hon·esty /dɪsˈɒnɪsti; *AmE* -ˈɑːn-/ *Nomen* Unehrlichkeit, Unredlichkeit, Verlogenheit

dis·hon·our (*AmE* **dis·honor**) /dɪsˈɒnə(r); *AmE* -ˈɑːnər/ *Nomen, Verb*

▸ ***Nomen*** [U] (*gehoben*) Schande, Unehre

▸ ***Verb*** **1** entehren, Schande bringen über **2** (*Versprechen etc.*) nicht einhalten

dis·hon·our·able (*AmE* **dis·hon·or·able**) /dɪsˈɒnərəbl; *AmE* -ˈɑːn-/ *Adj* (*Adv* **dis·hon·our·ably**; *AmE* **dis·hon·or·ably** /-bli/) unehrenhaft ◇ *He was given a dishonourable discharge.* Er wurde unehrenhaft aus der Armee entlassen.

dish·pan /ˈdɪʃpæn/ *Nomen* (*AmE*) Spülschüssel

dish·rag /ˈdɪʃræɡ/ *Nomen* (*AmE*) Spüllappen

dish·towel /ˈdɪʃtaʊəl/ *Nomen* (*AmE*) Geschirrtuch

dish·wash·er /ˈdɪʃwɒʃə(r); *AmE* -wɔːʃər/ *Nomen* **1** Geschirrspülmaschine ◇ *dishwasher safe* spülmaschinenfest **2** Tellerwäscher(in), Spüler(in)

dish·water /ˈdɪʃwɔːtə(r)/ *Nomen* Spülwasser IDM → DULL

dishy /ˈdɪʃi/ *Adj* (*bes BrE, umgs, veraltet*) gut aussehend

dis·il·lu·sion /ˌdɪsɪˈluːʒn/ *Verb, Nomen*
▸ **Verb** desillusionieren ◇ *I hate to disillusion you, but …* Ich will dir deine Illusionen nicht rauben, aber …
▸ **Nomen** Desillusion, Ernüchterung, Enttäuschung

dis·il·lu·sioned /ˌdɪsɪˈluːʒnd/ *Adj* desillusioniert, ernüchtert, enttäuscht

dis·il·lu·sion·ment /ˌdɪsɪˈluːʒnmənt/ *Nomen* [U/Sing] Desillusionierung, Enttäuschung

dis·in·cen·tive /ˌdɪsɪnˈsentɪv/ *Nomen* Abschreckung

dis·in·cen·tiv·ize (*BrE auch* **-ise**) /ˌdɪsɪnˈsentɪvaɪz/ *Verb* **~ sth** etw unattraktiv machen; **~ sb from doing sth** jdm den Anreiz nehmen etw zu tun ◇ *The aim is to disincentivize illegal immigration.* Ziel ist es, die illegale Einwanderung unattrakiv zu machen. ◇ *You have to disincentivize them from breaking the law.* Man muss ihnen den Anreiz nehmen, gegen das Gesetz zu verstoßen.

dis·in·clin·ation /ˌdɪsˌɪnklɪˈneɪʃn/ *Nomen* [Sing] (*gehoben*) Abneigung, Unlust

dis·in·clined /ˌdɪsɪnˈklaɪnd/ *Adj* [nicht vor Nomen] (*gehoben*) unwillig, abgeneigt

dis·in·fect /ˌdɪsɪnˈfekt/ *Verb* **1** desinfizieren **2** (COMP) mit einem Antivirenprogramm prüfen

dis·in·fect·ant /ˌdɪsɪnˈfektənt/ *Nomen* Desinfektionsmittel

dis·in·for·ma·tion /ˌdɪsˌɪnfəˈmeɪʃn; *AmE* -fərˈ-/ *Nomen* [U] Desinformation

dis·in·genu·ous /ˌdɪsɪnˈdʒenjuəs/ *Adj* (*Adv* **dis·in·genuous·ly**) (*gehoben*) unaufrichtig ◇ *The Minister is being slightly disingenuous.* Der Minister tut ein wenig naiv.

dis·in·herit /ˌdɪsɪnˈherɪt/ *Verb* enterben

dis·in·te·grate /dɪsˈɪntɪɡreɪt/ *Verb* auseinanderbrechen, zerfallen, zerbrechen (*auch fig*), sich auflösen (*auch fig*)

dis·in·te·gra·tion /dɪsˌɪntɪˈɡreɪʃn/ *Nomen* Zerfall (*auch fig*), Auflösung (*auch fig*), Zusammenbruch (*auch fig*)

dis·in·ter /ˌdɪsɪnˈtɜː(r)/ *Verb* (**-rr-**) (*gehoben*) ausgraben (*auch fig*)

dis·in·ter·est /dɪsˈɪntrəst, -trest/ *Nomen* **1 ~ (in sth)** Desinteresse (an etw) **2** Unvoreingenommenheit, Unparteilichkeit

dis·in·ter·est·ed /dɪsˈɪntrəstɪd, -trestɪd/ *Adj* (*Adv* **dis·inter·est·ed·ly**) **1** unvoreingenommen, unparteiisch, uneigennützig **2** (*umgs*) desinteressiert

dis·in·vest·ment /ˌdɪsɪnˈvestmənt/ *Nomen* (FINANZ) Desinvestition

dis·joint·ed /dɪsˈdʒɔɪntɪd/ *Adj* unzusammenhängend, zusammenhanglos

dis·junc·tion /dɪsˈdʒʌŋkʃn/ (*seltener* **dis·junc·ture** /dɪsˈdʒʌŋktʃə(r)/) *Nomen* (*gehoben*) Auseinanderklaffen, Diskrepanz

disk ⊶ /dɪsk/ *Nomen* (*bes AmE*) = DISC → *Siehe auch* FLOPPY DISK *und* HARD DISK

ˈdisk drive *Nomen* Laufwerk

disk·ette /dɪsˈket/ *Nomen* Diskette

dis·like ⊶ /dɪsˈlaɪk/ *Verb, Nomen*
▸ **Verb** nicht mögen ◇ *Why do you dislike him so much?* Warum kannst du ihn so gar nicht leiden? ◇ *I dislike being away from my family.* Ich bin ungern von meiner Familie getrennt. ◇ *Much as she dislikes such chores …* Sosehr sie solche Arbeiten auch hasst, …
▸ **Nomen ~ (of/for sb/sth)** Abneigung (gegen jdn/etw) ◇ *She took an instant dislike to him.* Sie fasste sofort eine Abneigung gegen ihn.

dis·locate /ˈdɪsləkeɪt; *AmE* ˈdɪsloʊkeɪt, dɪsˈloʊkeɪt/ *Verb* **1** ausrenken, verrenken, auskugeln **2** (*gehoben*) (*fig*) durcheinanderbringen

dis·loca·tion /ˌdɪsləˈkeɪʃn; *AmE* -sloʊ-/ *Nomen* **1** Ausrenkung, Auskugelung, Verrenkung ◇ *a dislocation of the shoulder* ein ausgekugelter Arm **2** (*gehoben*) (*fig*) Erschütterung, Gefühl der Verlorenheit

dis·lodge /dɪsˈlɒdʒ; *AmE* -ˈlɑːdʒ/ *Verb* **1 ~ sth (from sth)** etw (von etw) lösen, etw (von etw) losreißen **2 ~ sb (from sth)** jdn (von etw) vertreiben, jdn (aus etw) verdrängen

dis·loyal /dɪsˈlɔɪəl/ *Adj* **~ (to sb/sth)** illoyal (jdm/etw gegenüber)

dis·loy·alty /dɪsˈlɔɪəlti/ *Nomen* Illoyalität

dis·mal /ˈdɪzməl/ *Adj* **1** trostlos, deprimierend **2** (*umgs*) kläglich

dis·mal·ly /ˈdɪzməli/ *Adv* **1** deprimiert **2** kläglich

dis·man·tle /dɪsˈmæntl/ *Verb* **1** auseinandernehmen, demontieren **2** (*fig*) abbauen

dis·may /dɪsˈmeɪ/ *Nomen, Verb*
▸ **Nomen** Bestürzung ◇ *He looked at her in dismay.* Er sah sie bestürzt an.
▸ **Verb** bestürzen

dis·mayed /dɪsˈmeɪd/ *Adj* **~ (at/by sth)** bestürzt (über etw) ◇ *They were dismayed to find that the ferry had already left.* Sie stellten bestürzt fest, dass die Fähre schon weg war.

dis·mem·ber /dɪsˈmembə(r)/ *Verb* **1** zerstückeln **2** zersplittern

dis·mem·ber·ment /dɪsˈmembəmənt; *AmE* -bərmənt/ *Nomen* Verstümmelung

dis·miss ⊶ /dɪsˈmɪs/ *Verb* **1 ~ sb/sth (as sth)** jdn/etw (als etw) abtun ◇ *I think we can safely dismiss their objections.* Ich glaube, wir können ihre Einwände mit gutem Gewissen ignorieren. ◇ *The suggestion was dismissed out of hand.* Der Vorschlag wurde kurzerhand abgewiesen. **2** (*aus den Gedanken*) verbannen ◇ *Dismissing her fears, she climbed higher.* Sie schüttelte ihre Angst ab und kletterte höher. **3 ~ sb (from sth)** jdn (aus etw) entlassen **4** wegschicken, entlassen **5** (RECHT) abweisen **6** (*beim Kricket*) ausscheiden lassen

dis·missal /dɪsˈmɪsl/ *Nomen* **1** Entlassung, Kündigung **2** Abtun, Abweisung

dis·mis·sive /dɪsˈmɪsɪv/ *Adj* (*Adv* **dis·mis·sive·ly**) **~ (of sb/sth)** geringschätzig (jdm/etw gegenüber), abschätzig (jdm/etw gegenüber) ◇ *a dismissive gesture* eine wegwerfende Handbewegung ◇ *She was always dismissive of men.* Sie behandelte Männer immer mit Geringschätzung.

dis·mount /dɪsˈmaʊnt/ *Verb* **~ (from sth)** (von etw) absteigen

dis·obedi·ence /ˌdɪsəˈbiːdiəns/ *Nomen* Ungehorsam

dis·obedi·ent /ˌdɪsəˈbiːdiənt/ *Adj* (*Adv* **dis·obedi·ent·ly**) ungehorsam

dis·obey /ˌdɪsəˈbeɪ/ *Verb* **~ (sb)** (jdm) nicht gehorchen, (jdm) den Gehorsam verweigern; **~ sth** etw nicht befolgen

dis·order /dɪsˈɔːdə(r); *AmE* -ˈɔːrdər/ *Nomen* **1** Durcheinander, Unordnung **2** Unruhen, Aufruhr **3** (MED) (Funktions)störung ◇ *eating disorders* Essstörungen

dis·ordered /dɪsˈɔːdəd; *AmE* -ˈɔːrdərd/ *Adj* **1** unordentlich, chaotisch **2** (MED) gestört ◇ *emotionally disordered children* psychisch gestörte Kinder

dis·or·der·ly /dɪsˈɔːdəli; *AmE* -ˈɔːrdərli/ *Adj* (*gehoben*) **1** undiszipliniert, ungebührlich ◇ *They were arrested for being drunk and disorderly.* Sie wurden wegen Trunkenheit und Erregung öffentlichen Ärgernisses verhaftet. **2** unordentlich

dis·or·gan·iza·tion (*BrE auch* **-isa·tion**) /dɪsˌɔːɡənaɪˈzeɪʃn; *AmE* -ˌɔːrɡənəˈ-/ *Nomen* Desorganisation, Durcheinander

dis·or·gan·ized (*BrE auch* **-ised**) /dɪsˈɔːɡənaɪzd; *AmE* -ˈɔːrɡ-/ *Adj* chaotisch

dis·orien·tate /dɪsˈɔːrianteɪt/ (*bes AmE* **dis·orient** /-rient/) *Verb* desorientieren, verwirren ◇ *The darkness had disoriented him.* In der Dunkelheit hatte er die Orientierung verloren.

dis·orien·tated /dɪsˈɔːrianteɪtɪd/ (*auch* **dis·oriented** /-rientɪd/) *Adj* desorientiert, verwirrt

dis·orien·ta·tion /dɪsˌɔːrianˈteɪʃn/ *Nomen* Desorientierung, Verwirrung

dis·own /dɪsˈəʊn; *AmE* -ˈoʊn/ *Verb* verleugnen, verstoßen

dis·par·age /dɪˈspærɪdʒ/ *Verb* (*gehoben*) diskreditieren, schmälern

dis·para·ging /dɪˈspærɪdʒɪŋ/ *Adj* (*Adv* **dis·para·ging·ly**) geringschätzig, verächtlich

dis·par·ate /ˈdɪspərət/ *Adj* (*gehoben*) **1** ungleich(artig), disparat **2** grundverschieden

dis·par·ity /dɪˈspærəti/ *Nomen* (*Pl* **-ies**) (*gehoben*) Ungleichheit ◇ *the wide disparity between rich and poor* die Kluft zwischen Arm und Reich

dis·pas·sion·ate /dɪsˈpæʃənət/ *Adj* (*Adv* **dis·pas·sion·ate·ly**) sachlich, objektiv

dis·patch (*BrE auch* **des·patch**) /dɪˈspætʃ/ *Verb, Nomen*

▸ ***Verb*** **1** (*gehoben*) (ent)senden **2 ~ sth (to sb/sth)** (*gehoben*) etw (an jdn/etw) (ver)senden **3** (*gehoben*) (prompt) erledigen ◇ *He dispatched Haas in 52 minutes.* Er fegte Haas in 52 Minuten vom Platz. **4** (*veraltet*) töten

▸ ***Nomen*** **1** (*gehoben*) Entsendung, Absendung, Versand **2** Depesche **3** (*in der Presse*) Bericht

diˈspatch box (*auch* **deˈspatch box**) *Nomen* (*BrE*) **1** Aktenkoffer (*von Ministern, für offizielle Dokumente*) **2 the Dispatch Box** = Kasten auf einem Tisch im britischen Parlament, an dem Minister beim Sprechen stehen

dis·patch·er /dɪˈspætʃə(r)/ *Nomen* (*AmE*) = Mitarbeiter(in) in einer Einsatzzentrale, Taxizentrale etc.

diˈspatch note *Nomen* Versandanzeige, Begleitschein

diˈspatch rider (*auch* **deˈspatch rider**) *Nomen* (*BrE*) Motorradbote, -botin

dis·pel /dɪˈspel/ *Verb* (**-ll-**) vertreiben; (*Ängste etc.*) zerstreuen

dis·pens·able /dɪˈspensəbl/ *Adj* entbehrlich

dis·pens·ary /dɪˈspensəri/ *Nomen* (*Pl* **-ies**) = Apotheke in einem Krankenhaus oder innerhalb eines Geschäfts

dis·pen·sa·tion /ˌdɪspenˈseɪʃn/ *Nomen* **1** (REL) Sondererlaubnis, Dispens **2** (*gehoben*) Verteilung ◇ *dispensation of justice* Rechtsprechung **3** (*Fachspr*) System

dis·pense /dɪˈspens/ *Verb* **1 ~ sth (to sb)** etw (an jdn) austeilen **2 ~ sth (to sb)** (*gehoben*) etw (an jdn) ausgeben ◇ *The organization dispenses free healthcare to the poor.* Die Organisation lässt den Armen kostenlose medizinische Versorgung zukommen. ◇ *dispense justice* Recht sprechen ◇ *dispense advice* Rat geben **3** (*Arzneien*) (zubereiten und) abgeben ◇ *dispense a prescription* eine Arznei nach Rezept zubereiten und abgeben ◇ (*BrE*) *a dispensing chemist* ein(e) Apotheker(in) PHRV **diˈspense with sb/sth** auf jdn/etw verzichten ◇ *Debit cards dispense with the need for cash altogether.* Debitkarten machen Bargeld überflüssig.

dis·pens·er /dɪˈspensə(r)/ *Nomen* Automat ◇ *a soap dispenser* ein Seifenspender

dis·pers·al /dɪˈspɜːsl; *AmE* dɪˈspɜːrsl/ *Nomen* (*gehoben*) **1** (Zer)streuung **2** Verbreitung

dis·perse /dɪˈspɜːs; *AmE* dɪˈspɜːrs/ *Verb* **1** (sich) zerstreuen, (sich) auflösen **2** (sich) verbreiten

dis·per·sion /dɪˈspɜːʃn; *AmE* dɪˈspɜːrʒn/ *Nomen* (*Fachspr*) Streuung

dis·pirited /dɪˈspɪrɪtɪd/ *Adj* (*gehoben*) entmutigt

dis·pir·it·ing /dɪˈspɪrɪtɪŋ/ *Adj* (*gehoben*) entmutigend

dis·place /dɪsˈpleɪs/ *Verb* **1** (*meist passiv*) verdrängen, ersetzen **2** vertreiben **3** verschieben ◇ *roof tiles that have been displaced by the wind* Dachziegel, die der Wind losgerissen hat **4** (*bes AmE*) entlassen ◇ *The displaced workers receive help with job-seeking.* Die Leute, die ihre Arbeitsstelle verloren haben, erhalten Unterstützung bei der Arbeitssuche.

diˌsplaced ˈperson *Nomen* (*Pl* **displaced persons**) (*Fachspr*) Vertriebene(r), Flüchtling

dis·place·ment /dɪsˈpleɪsmənt/ *Nomen* **1** (*gehoben*) Vertreibung, Verschiebung **2** (PHYSIK) Verdrängung

dis·play 0-ᴡ /dɪˈspleɪ/ *Verb, Nomen*

▸ ***Verb*** **~ sth (to sb)** **1** (jdm) etw zeigen **2** (*Information etc.*) anzeigen ◇ *This column displays the title of the mail message.* In dieser Spalte steht die Überschrift der Mail. **3** (*Fachspr*) balzen

▸ ***Nomen*** **1** Zurschaustellung, Ausstellung ◇ *a beautiful floral display in front of the town hall* schöne Blumenbeete vor dem Rathaus ◇ *a window display* eine Schaufensterauslage ◇ *a display cabinet* eine Vitrine/ein Schaukasten **2** Vorführung, Schau ◇ *a firework display* ein Feuerwerk **3** (*von Gefühlen, Wohlstand, Macht etc.*) Demonstration, Zurschaustellung **4** Display IDM **on diˈsplay** ausgestellt ◇ *put sth on display* etw ausstellen

dis·please /dɪsˈpliːz/ *Verb* (*gehoben*) missfallen

dis·pleased /dɪsˈpliːzd/ *Adj* unzufrieden

dis·pleas·ing /dɪsˈpliːzɪŋ/ *Adj* unangenehm

dis·pleas·ure /dɪsˈpleʒə(r)/ *Nomen* **~ (at/with sb/sth)** (*gehoben*) Missfallen (über jdn/etw)

dis·pos·able /dɪˈspəʊzəbl; *AmE* dɪˈspoʊ-/ *Adj* **1** Einweg-, Wegwerf- **2** (FINANZ) verfügbar

dis·pos·ables /dɪˈspəʊzəblz; *AmE* dɪˈspoʊ-/ *Nomen* [Pl] Wegwerfwindeln

dis·posal /dɪˈspəʊzl; *AmE* dɪˈspoʊ-/ *Nomen* **1** Beseitigung, Entsorgung ◇ *a bomb disposal squad* ein Bombenentschärfungskommando **2** (WIRTSCH) Veräußerung **3** (*AmE*) Müllschlucker IDM **at sb's disposal** zu jds Verfügung

dis·pose /dɪˈspəʊz; *AmE* dɪˈspoʊz/ *Verb* (*gehoben*) **1** (an)ordnen, aufstellen **2 ~ sb to/toward(s) sth** jdn zu etw geneigt machen PHRV **diˈspose of sb/sth** **1** sich jds/einer Sache entledigen ◇ *the difficulties of disposing of nuclear waste* die Schwierigkeiten der Atommüllentsorgung ◇ *dispose of stolen property* Diebesgut absetzen **2** jdn/etw aus dem Weg schaffen **3** jdn/etw eliminieren (*auch fig*)

dis·posed /dɪˈspəʊzd; *AmE* dɪˈspoʊzd/ *Adj* [nicht vor Nomen] (*gehoben*) **1 ~ (to do sth)** geneigt (etw zu tun), bereit (etw zu tun) **2** (*nach einem Adverb*) ◇ *She seems favourably disposed to the move.* Sie scheint dem Umzug positiv gegenüberzustehen. ◇ *He had always been kindly disposed to her.* Er war ihr immer freundlich gesinnt.

dis·pos·ition /ˌdɪspəˈzɪʃn/ *Nomen* **1** [meist Sing] Veranlagung ◇ *a cheerful disposition* ein fröhliches Wesen ◇ *people of a nervous disposition* ängstlich veranlagte Menschen **2** [meist Sing] (*gehoben*) **~ to/towards sth** Neigung zu etw; **~ to do sth** (*Tendenz*) Neigung, etw zu tun ◇ *a disposition towards acts of violence* ein Hang zur Gewalttätigkeit **3** [meist Sing] (*gehoben*) Anordnung, Aufstellung **4** (RECHT) Schenkung

dis·pos·sess /ˌdɪspəˈzes/ *Verb* (*meist passiv*) (*gehoben*) enteignen; **~ sb of sth** jdm etw wegnehmen

dis·pos·ses·sion /ˌdɪspəˈzeʃn/ *Nomen* Enteignung

dis·pro·por·tion·ate /ˌdɪsprəˈpɔːʃənət; *AmE* -ˈpɔːrʃə-/ *Adj* ~ (**to sth**) in keinem Verhältnis stehend (zu etw) ◇ *A disproportionate number of students on this course are from overseas.* Unverhältnismäßig viele Studenten in diesem Kurz kommen aus dem Ausland.

dis·pro·por·tion·ately /ˌdɪsprəˈpɔːʃənətli; *AmE* -ˈpɔːrʃə-/ *Adv* unverhältnismäßig

dis·prove /ˌdɪsˈpruːv/ *Verb* widerlegen

dis·pute *Nomen, Verb*

▸ ***Nomen*** /dɪˈspjuːt, ˈdɪspjuːt/ Streit, Disput ◇ *the parties in dispute* die streitenden Parteien ◇ *industrial disputes* Arbeitskonflikte ◇ *pay disputes* Tarifauseinandersetzungen ◇ *The cause of the accident was in dispute.* Die Ursache des Unglücks war umstritten. ◇ *It is beyond dispute that …* Es steht außer Frage, dass …

▸ ***Verb*** /dɪˈspjuːt/ **1** bestreiten, anfechten **2** sich streiten über ◇ *disputed territories* umstrittene Gebiete **3** (*Führung*) sich streiten um, kämpfen um

dis·quali·fi·ca·tion /dɪsˌkwɒlɪfɪˈkeɪʃn; *AmE* -ˌkwɑːlɪ-/ *Nomen* Disqualifizierung, Disqualifikation, Ausschluss ◇ (*BrE*) *a disqualification for driving while drunk* Führerscheinentzug wegen Trunkenheit am Steuer

dis·qual·ify /dɪsˈkwɒlɪfaɪ; *AmE* -ˈkwɑːlɪ-/ *Verb* (**-fies, -fying, -fied, -fied**) ~ **sb** (**for sth**) jdn (wegen einer Sache) ausschließen, jdn (wegen einer Sache) disqualifizieren ◇ *A heart condition disqualified him for military service.* Ein Herzleiden machte ihn untauglich fürs Militär. ◇ (*BrE*) *He was disqualified from driving for three years.* Ihm wurde der Führerschein für drei Jahre entzogen.

dis·quiet /dɪsˈkwaɪət/ *Nomen* [U] (*gehoben*) Unruhe, Besorgnis

dis·quiet·ing /dɪsˈkwaɪətɪŋ/ *Adj* (*gehoben*) Besorgnis erregend, beunruhigend

dis·re·gard /ˌdɪsrɪˈɡɑːd; *AmE* -ˈɡɑːrd/ *Verb, Nomen*

▸ ***Verb*** ignorieren, nicht beachten, missachten

▸ ***Nomen*** [U] ~ (**for/of sb/sth**) Gleichgültigkeit (jdm/etw gegenüber), Missachtung (einer Sache)

dis·re·pair /ˌdɪsrɪˈpeə(r); *AmE* -ˈper/ *Nomen* schlechter (baulicher) Zustand ◇ *The building quickly fell into disrepair.* Das Gebäude verfiel schnell.

dis·rep·ut·able /dɪsˈrepjətəbl/ *Adj* verrufen, anrüchig

dis·re·pute /ˌdɪsrɪˈpjuːt/ *Nomen* **bring sth into ~** etw in Misskredit bringen; **fall into ~** in Verruf geraten

dis·res·pect /ˌdɪsrɪˈspekt/ *Nomen* Respektlosigkeit, Missachtung ◇ *disrespect for the dead* Mangel an Respekt vor den Toten ◇ *no/without any disrespect to …* bei allem Respekt vor …

dis·res·pect·ful /ˌdɪsrɪˈspektfl/ *Adj* (*Adv* **dis·res·pect·fully** /-fəli/) respektlos

dis·robe /dɪsˈrəʊb; *AmE* -ˈroʊb/ *Verb* (*gehoben oder hum*) (sich) entkleiden

dis·rupt /dɪsˈrʌpt/ *Verb* stören; (*Verkehr*) behindern ◇ *The weather disrupted the programme.* Das Wetter brachte das Programm durcheinander.

dis·rup·tion /dɪsˈrʌpʃn/ *Nomen* Störung, Unterbrechung; (*des Verkehrs*) Behinderung ◇ *The rail strike caused serious disruptions.* Durch den Bahnstreik gab es schwere Verzögerungen.

dis·rup·tive /dɪsˈrʌptɪv/ *Adj* störend ◇ *disruptive action* Störaktionen

diss = DIS

dis·sat·is·fac·tion /ˌdɪsˌsætɪsˈfækʃn/ *Nomen* Unzufriedenheit

dis·sat·is·fied /dɪsˈsætɪsfaɪd, dɪˈ-/ *Adj* unzufrieden

dis·sect /dɪˈsekt, daɪˈ-/ *Verb* **1** präparieren, sezieren ◇ *dissecting instruments* Sezierbesteck **2** (*fig*) zergliedern, analysieren **3** zerteilen

dis·sec·tion /dɪˈsekʃn, daɪˈ-/ *Nomen* **1** Präparation, Sektion **2** Zergliederung, Analyse **3** Zerteilung

dis·sem·ble /dɪˈsembl/ *Verb* (*gehoben*) **1** sich verstellen **2** verbergen

dis·sem·in·ate /dɪˈsemɪneɪt/ *Verb* verbreiten

dis·sem·in·ation /dɪˌsemɪˈneɪʃn/ *Nomen* Verbreitung

dis·sen·sion /dɪˈsenʃn/ *Nomen* [U] (*gehoben*) Meinungsverschiedenheit(en), Differenz(en)

dis·sent /dɪˈsent/ *Nomen, Verb*

▸ ***Nomen*** **1** Dissens, Widerspruch **2** (*AmE*) (RECHT) = von der Mehrheit abweichende Meinung eines einzelnen Richters

▸ ***Verb*** ~ (**from sth**) (*gehoben*) (mit etw) nicht übereinstimmen, (von etw) abweichen

dis·sent·er /dɪˈsentə(r)/ *Nomen* **1** Andersdenkende(r), Abweichler(in) **2 Dissenter** (REL) Dissenter, Nonkonformist(in)

dis·ser·ta·tion /ˌdɪsəˈteɪʃn; *AmE* -sərˈ-/ *Nomen* wissenschaftliche Arbeit, Examensarbeit, Dissertation

dis·ser·vice /dɪsˈsɜːvɪs, dɪˈ-; *AmE* -ˈsɜːrvɪs/ *Nomen* IDM **do sb a disˈservice** jdm einen schlechten Dienst erweisen; jdm schaden

dis·si·dence /ˈdɪsɪdəns/ *Nomen* Dissidententum

dis·si·dent /ˈdɪsɪdənt/ *Nomen, Adj*

▸ ***Nomen*** Dissident(in)

▸ ***Adj*** dissident

dis·simi·lar /dɪˈsɪmɪlə(r)/ *Adj* verschieden, unterschiedlich ◇ *They are not dissimilar.* Sie sind sich nicht unähnlich.

dis·simi·lar·ity /ˌdɪsɪmɪˈlærəti/ *Nomen* Verschiedenheit, Unterschiedlichkeit, Unähnlichkeit

dis·simu·la·tion /dɪˌsɪmjuˈleɪʃn/ *Nomen* (*gehoben*) Verstellung

dis·si·pate /ˈdɪsɪpeɪt/ *Verb* **1** (*gehoben*) (sich) auflösen; (*Sorgen, Zweifel etc.*) (sich) zerstreuen **2** vergeuden, verschwenden

dis·si·pated /ˈdɪsɪpeɪtɪd/ *Adj* (*abwert*) zügellos, ausschweifend

dis·si·pa·tion /ˌdɪsɪˈpeɪʃn/ *Nomen* [U] **1** Auflösung; (*von Zweifeln etc.*) Zerstreuung; (*von Energie*) Ableitung **2** Vergeudung, Verschwendung **3** (*abwert*) Ausschweifung(en)

dis·so·ci·ate /dɪˈsəʊʃieɪt, dɪˈsəʊsi-; *AmE* dɪˈsoʊʃi-, dɪˈsoʊsi-/ *Verb* **1** ~ **yourself/sb from sb/sth** sich/jdn von jdm/etw distanzieren, sich/jdn von jdm/etw abgrenzen **2** ~ **sb/sth** (**from sth**) (*gehoben*) jdn/etw (von etw) trennen

dis·so·ci·ation /dɪˌsəʊʃiˈeɪʃn, dɪˌsəʊsi-; *AmE* dɪˌsoʊʃi-, dɪˌsoʊsi-/ *Nomen* **1** Trennung, Distanzierung, Abgrenzung **2** (PSYCH) Dissoziation

dis·sol·ute /ˈdɪsəluːt/ *Adj* (*gehoben, abwert*) ausschweifend, zügellos, unsolide

dis·sol·ution /ˌdɪsəˈluːʃn/ *Nomen* [U] (*gehoben*) Auflösung

dis·solve 🔑 /dɪˈzɒlv; *AmE* dɪˈzɑːlv/ *Verb* **1** (sich) auflösen **2** (*gehoben*) verschwinden (lassen); (*Menge*) (sich) zerstreuen; (*Zorn, Euphorie etc.*) verfliegen (lassen) **3** ~ **into sth** in etw ausbrechen ◇ *They dissolved into giggles.* Sie fingen an zu kichern. **4** (CHEM) ~ (**away**) sich lösen; ~ **sth** (**away**) etw lösen

dis·son·ance /ˈdɪsənəns/ *Nomen* **1** (MUS) Dissonanz **2** (*gehoben*) Disharmonie, Dissonanz

dis·son·ant /ˈdɪsənənt/ *Adj* **1** (MUS) dissonant **2** (*gehoben*) disharmonisch, (voneinander) abweichend

dis·suade /dɪˈsweɪd/ *Verb* ~ **sb** (**from sth**) jdn (von etw) abbringen ◇ *They were going to go, but were dissuaded.* Sie wollten gehen, ließen sich aber davon abbringen.

dis·tance ⊶ /ˈdɪstəns/ *Nomen, Verb*
▸ ***Nomen*** **1** Entfernung, Abstand ◇ *It's within walking distance of the hotel.* Es ist vom Hotel aus zu Fuß zu erreichen. ◇ *They live some distance away.* Sie leben ziemlich weit weg. **2** Strecke ◇ *He drives very long distances.* Er fährt sehr weite Strecken. ➔ *Siehe auch* LONG DISTANCE *und* MIDDLE DISTANCE **3** *(emotional)* Distanz, Abstand IDM **at/from a ˈdistance** aus der Ferne; von weitem **go the (full) ˈdistance** über die volle Distanz gehen **in/into the ˈdistance** in der/die Ferne ◇ *Miles of sand stretched away into the distance.* Der Sand erstreckte sich meilenweit. **keep sb at a ˈdistance** jdn auf Distanz halten **keep your ˈdistance (from sb/sth)** Abstand (zu jdm/etw) halten ◇ *She was warned to keep her distance from him.* Man warnte sie, sich von ihm fernzuhalten. ➔ *Siehe auch* SHOUTING, SPIT *und* STRIKE
▸ ***Verb*** **~ yourself/sb/sth (from sb/sth)** sich/jdn/etw (von jdm/etw) abgrenzen, sich/jdn/etw (von jdm/etw) distanzieren ◇ *He tried to distance himself emotionally.* Er versuchte, sich gefühlsmäßig nicht zu engagieren.

dis·tant /ˈdɪstənt/ *Adj* **1** entfernt, fern **2** distanziert, reserviert **3** (geistes)abwesend IDM **the (dim and) ˌdistant ˈpast** die ferne Vergangenheit ◇ *in the dim and distant past* in der grauen Vorzeit **in the not too ˌdistant ˈfuture** in nicht allzu ferner Zukunft

dis·tant·ly /ˈdɪstəntli/ *Adv* **1** entfernt **2** distanziert, reserviert **3** aus/in der Ferne, weit weg

dis·taste /dɪsˈteɪst/ *Nomen* [U/Sing] **~ (for sb/sth)** Abneigung (gegen jdn/etw), Widerwille (gegen jdn/etw) ◇ *He looked around in distaste.* Er sah sich angewidert um.

dis·taste·ful /dɪsˈteɪstfl/ *Adv* **1** unangenehm, widerlich, abstoßend **2** geschmacklos

dis·tem·per /dɪˈstempə(r)/ *Nomen* [U] **1** Staupe **2** *(BrE)* Temperafarbe

dis·tend /dɪˈstend/ *Verb (gehoben oder Fachspr)* (sich) aufblähen, (sich) erweitern

dis·til /dɪˈstɪl/ *(AmE auch* **dis·till**) *Verb* **(-ll-)** **1** destillieren **2** *(Schnaps etc.)* brennen **3** *(gehoben)* **~ sth (from sth)** etw (aus etw) herausdestillieren; **~ sth (into sth)** etw (in etw) zusammenfassen

dis·til·la·tion /ˌdɪstɪˈleɪʃn/ *Nomen* **1** Destillation **2** *(von Schnaps etc.)* Brennen **3** Destillat

dis·til·ler /dɪˈstɪlə(r)/ *Nomen* Destillateur(in), (Branntwein)brenner(in)

dis·til·lery /dɪˈstɪləri/ *Nomen (Pl* **-ies**) Destillerie, (Branntwein)brennerei

dis·tinct /dɪˈstɪŋkt/ *Adj* **1** *(Adv* **dis·tinct·ly**) deutlich ◇ *A strike is now a distinct possibility.* Ein Streik ist jetzt sehr wahrscheinlich. ◇ *a distinctly Australian accent* ein unverkennbar australischer Akzent **2** verschieden, unterschiedlich; **~ from sth** anders als etw ◇ *rural areas, as distinct from major cities* ländliche Gegenden im Unterschied zu Großstädten

dis·tinc·tion /dɪˈstɪŋkʃn/ *Nomen* **1** Unterschied, Unterscheidung ◇ *draw a distinction between A and B* eine Unterscheidung zwischen A und B treffen ◇ *The new law makes no distinction between adults and children.* Das neue Gesetz unterscheidet nicht zwischen Erwachsenen und Kindern. **2** Rang ◇ *a writer of distinction* ein Schriftsteller von Rang **3** Auszeichnung ◇ *He got a distinction in maths.* Er bestand seine Mathematikprüfung mit Auszeichnung. ◇ *She had the distinction of being the first woman to fly the Atlantic.* Sie zeichnete sich dadurch aus, dass sie die erste Frau war, die über den Atlantik flog.

dis·tinct·ive /dɪˈstɪŋktɪv/ *Adj (Adv* **dis·tinct·ive·ly**) unverwechselbar, auffällig ◇ *clothes with a distinctive style* Kleider mit einem ganz besonderen Stil

dis·tinct·ness /dɪˈstɪŋktnəs/ *Nomen* **1** Deutlichkeit **2** Verschiedenheit, Unterschiedlichkeit

dis·tin·guish ⊶ /dɪˈstɪŋɡwɪʃ/ *Verb* **1** **~ (between) A and B; ~ A from B** (zwischen) A und B unterscheiden ◇ *It was hard to distinguish one twin from the other.* Es war schwer, die Zwillinge auseinanderzuhalten. **2** *(nicht in der Verlaufsform)* **~ A (from B)** A (von B) unterscheiden ◇ *What was it that distinguished her from the others?* Wodurch unterschied sie sich von den anderen? ◇ *Does it have any distinguishing marks?* Hat es irgendwelche besonderen Merkmale? **3** *(nicht in der Verlaufsform)* erkennen ◇ *I could not distinguish her words.* Ich konnte nicht verstehen, was sie sagte. **4** **~ yourself (as sth)** sich (als etw) auszeichnen

dis·tin·guish·able /dɪˈstɪŋɡwɪʃəbl/ *Adj* **1** erkennbar, zu erkennen **2** unterscheidbar, zu unterscheiden

dis·tin·guished /dɪˈstɪŋɡwɪʃt/ *Adj* **1** angesehen, namhaft, bedeutend ◇ *a distinguished career* eine eindrucksvolle Karriere **2** distinguiert, würdevoll

dis·tort /dɪˈstɔːt; *AmE* dɪˈstɔːrt/ *Verb* **1** verzerren *(auch fig)* ◇ *distort the truth* die Wahrheit verdrehen **2** *(Werkstoff etc.)* verformen

dis·tort·ion /dɪˈstɔːʃn; *AmE* dɪˈstɔːrʃn/ *Nomen* **1** Verzerrung, Verdrehung **2** *(Werkstoff)* Verformung

dis·tract /dɪˈstrækt/ *Verb* ablenken

dis·tract·ed /dɪˈstræktɪd/ *Adj (Adv* **dis·tract·ed·ly**) **1** abgelenkt, zerstreut, unkonzentriert **2** besorgt, außer sich

dis·tract·ing /dɪˈstræktɪŋ/ *Adj* störend, ablenkend

dis·trac·tion /dɪˈstrækʃn/ *Nomen* **1** Ablenkung, Störung **2** Zerstreuung IDM **to diˈstraction** wahnsinnig ◇ *She was bored to distraction.* Sie langweilte sich entsetzlich. ◇ *drive sb to distraction* jdn zum Wahnsinn treiben

dis·traught /dɪˈstrɔːt/ *Adj* verstört, verzweifelt

dis·tress /dɪˈstres/ *Nomen, Verb*
▸ ***Nomen*** **1** Verzweiflung, Leid ◇ *deep emotional distress* großes seelisches Leid ◇ *The article caused the actor considerable distress.* Der Artikel traf den Schauspieler tief. ◇ *She was obviously in distress after the attack.* Sie war offensichtlich völlig verstört nach dem Überfall. **2** Not, Elend **3** (MED) ◇ *respiratory distress* Atemnot IDM ➔ DAMSEL
▸ ***Verb*** beunruhigen, erschüttern

dis·tressed /dɪˈstrest/ *Adj* **1** beunruhigt, erschüttert, verstört **2** *(Baby)* an Sauerstoffmangel leidend **3** *(Möbel, Kleidung etc.)* auf alt gemacht

dis·tress·ing /dɪˈstresɪŋ/ *Adj* **1** erschütternd, schmerzlich **2** *(Symptome etc.)* Besorgnis erregend

dis·trib·ute ⊶ /dɪˈstrɪbjuːt, ˈdɪstrɪbjuːt/ *Verb* **1** **~ sth (to/among sb/sth)** etw (an/unter jdn/etw) verteilen **2** (WIRTSCH) vertreiben **3** *(meist passiv)* verteilen, verbreiten

dis·tri·bu·tion ⊶ /ˌdɪstrɪˈbjuːʃn/ *Nomen* **1** Verteilung, Verbreitung ◇ *The map shows the distribution of plants across the world.* Die Karte zeigt die Ausbreitung von Pflanzen in der Welt. ◇ *He was arrested on drug distribution charges.* Er wurde wegen Drogenhandels verhaftet. **2** (WIRTSCH) Vertrieb; *(von Filmen)* Verleih

dis·tribu·tor /dɪˈstrɪbjətə(r)/ *Nomen* **1** Vertrieb, Vertreiber; *(von Filmen)* Verleih **2** (TECH) Verteiler

dis·trict ⊶ /ˈdɪstrɪkt/ *Nomen* **1** Gebiet, (Stadt)viertel **2** (Verwaltungs)bezirk

ˌdistrict aˈttorney *Nomen (Abk* **DA**) *(AmE)* Bezirksstaatsanwalt, -anwältin

ˌdistrict ˈnurse *Nomen (BrE)* ≈ Gemeindeschwester

dis·trust /dɪsˈtrʌst/ *Nomen, Verb*
▸ ***Nomen*** ~ **(of sb/sth)** Misstrauen (gegen jdn/etw)
▸ ***Verb*** misstrauen
dis·trust·ful /dɪsˈtrʌstfl/ *Adj* misstrauisch, argwöhnisch ◇ *distrustful of authority* misstrauisch gegen jede Autorität
dis·turb /dɪˈstɜːb; *AmE* dɪˈstɜːrb/ *Verb* **1** stören ◇ *She awoke early after a disturbed night.* Sie erwachte früh nach einer unruhigen Nacht. **2** durcheinanderbringen **3** beunruhigen
dis·turb·ance /dɪˈstɜːbəns; *AmE* dɪˈstɜːrbəns/ *Nomen* **1** [meist Sing/U] Störung **2** Unruhe, Tumult **3** (RECHT) Störung der öffentlichen Ordnung
dis·turbed /dɪˈstɜːbd; *AmE* dɪˈstɜːrbd/ *Adj* **1** gestört ◇ *His behaviour is deeply disturbed.* Er ist sehr verhaltensgestört. ◇ *a disturbed family background* zerrüttete Familienverhältnisse **2** beunruhigt
dis·turb·ing /dɪˈstɜːbɪŋ; *AmE* dɪˈstɜːrbɪŋ/ *Adj* beunruhigend, Besorgnis erregend, alarmierend; *(Szenen, Bilder etc.)* erschütternd; *(Film, Figur)* unheimlich, bedrohlich
dis·turb·ing·ly /dɪˈstɜːbɪŋli; *AmE* dɪˈstɜːrb-/ *Adv* beunruhigend(erweise), alarmierend
dis·unite /ˌdɪsjuˈnaɪt/ *Verb (meist passiv) (gehoben)* entzweien ◇ *a disunited party* eine gespaltene Partei
dis·unity /dɪsˈjuːnəti/ *Nomen (gehoben)* Uneinigkeit
dis·use /dɪsˈjuːs/ *Nomen* Nichtgebrauch; **fall into ~** außer Gebrauch kommen, nicht länger benutzt/angewandt werden
dis·used /ˌdɪsˈjuːzd/ *Adj* außer Betrieb, leer stehend, stillgelegt ◇ *a disused station* ein stillgelegter Bahnhof
ditch /dɪtʃ/ *Nomen, Verb*
▸ ***Nomen*** (Straßen)graben
▸ ***Verb*** **1** *(umgs)* wegschmeißen, fallen lassen, über Bord werfen; *(Freund etc.)* sitzen lassen **2** *(Auto)* stehen lassen **3** *(Flugzeug)* notwassern
ditch·water /ˈdɪtʃwɔːtə(r)/ *Nomen* IDM → DULL
dither /ˈdɪðə(r)/ *Verb, Nomen*
▸ ***Verb*** *(bes BrE)* hin und her überlegen
▸ ***Nomen*** [Sing] *(umgs)* **1** *(BrE)* ◇ *She was in a dither about which carpet to choose.* Sie konnte sich nicht entscheiden, welchen Teppich sie wollte. **2** *(AmE)* **be in a ~** ganz aufgeregt sein
ditto /ˈdɪtəʊ; *AmE* -toʊ/ *Nomen* **1** *(Abk* **do.**) *(in Auflistungen etc.)* dito, ebenso **2** *(umgs)* ebenso ◇ *The waiters were rude, the manager ditto.* Die Kellner waren unhöflich, der Geschäftsführer ebenso.
ditty /ˈdɪti/ *Nomen (Pl* **-ies**) *(meist hum)* Liedchen
ditzy *(auch* **ditsy**) /ˈdɪtsi/ *Adj (AmE, umgs)* naiv, einfältig
di·ur·et·ic /ˌdaɪjuˈretɪk/ *Nomen, Adj*
▸ ***Nomen*** (MED) harntreibendes Mittel, Diuretikum
▸ ***Adj*** harntreibend
di·ur·nal /daɪˈɜːnl; *AmE* -ˈɜːrnl/ *Adj* **1** (ZOOL) tagaktiv **2** (ASTRON) Tages-, täglich, diurnal
Div. *Abk* = DIVISION
diva /ˈdiːvə/ *Nomen (Pl* **divas**) Diva
Di·vali = DIWALI
divan /dɪˈvæn; *AmE* ˈdaɪvæn/ *Nomen* **1** *(auch* **diˌvan ˈbed**) *(BrE)* = Bett mit gepolstertem Unterbau unter der Matratze, aber ohne Kopf- und Fußteil **2** Diwan
dive /daɪv/ *Verb, Nomen*
▸ ***Verb*** (**dived, dived,** *AmE auch* **dove** /dəʊv; *AmE* doʊv/, **dived**) **1 ~ (in)** (von etw) (in etw) einen Kopfsprung machen ◇ *We dived into the river to cool off.* Wir sprangen in den Fluss, um uns abzukühlen. **2 go diving** tauchen **3** *(U-Boot, Wal etc.)* untertauchen **4** *(Vogel, Flugzeug)* einen Sturzflug machen ◇ *The plane dived down to attack.* Das Flugzeug setzte im Sturzflug zum Angriff an. **5** *(Preise)* sinken **6** *(umgs)* ~ **(for sth)** (sich auf etw) stürzen ◇ *We heard an explosion and dived for cover.* Wir hörten eine Explosion und gingen schnell in Deckung. ◇ *It started to rain so we dived into the nearest cafe.* Es begann zu regnen und wir rannten ins nächste Café. **7** *(BrE) (beim Fußball)* eine Schwalbe bauen PHR V **ˈdive into sth** (schnell) in etw hineingreifen
▸ ***Nomen*** **1** Kopfsprung **2** Tauchen ◇ *make a dive to a depth of 18 metres* 18 Meter tief tauchen **3** Sturzflug **4** *(umgs)* Spelunke IDM **make a ˈdive (for sth)** sich auf etw stürzen ◇ *The goalkeeper made a dive for the ball.* Der Torwart hechtete nach dem Ball. **take a ˈdive** *(umgs)* **1** absacken **2** schwinden
ˈdive-bomb *Verb* im Sturzflug bombardieren
diver /ˈdaɪvə(r)/ *Nomen* Taucher(in)
di·verge /daɪˈvɜːdʒ; *AmE* -ˈvɜːrdʒ/ *Verb (gehoben)* **1** *(Linien, Meinungen)* auseinandergehen **2 ~ from sth** von etw abweichen; *(Straße etc.)* von etw abzweigen
di·ver·gence /daɪˈvɜːdʒəns; *AmE* -ˈvɜːrdʒəns/ *Nomen* **1** Abweichung, Diskrepanz, Auseinandergehen **2** *(Fachspr)* Divergenz
di·ver·gent /daɪˈvɜːdʒənt; *AmE* -ˈvɜːrdʒənt/ *Adj* **1** auseinandergehend **2** gegensätzlich
di·verse /daɪˈvɜːs; *AmE* -ˈvɜːrs/ *Adj* unterschiedlich, vielfältig
di·ver·si·fi·ca·tion /daɪˌvɜːsɪfɪˈkeɪʃn; *AmE* -ˌvɜːrsɪ-/ *Nomen* Diversifikation, Ausweitung; (FINANZ) Anlagenstreuung
di·ver·sify /daɪˈvɜːsɪfaɪ; *AmE* -ˈvɜːrsɪ-/ *Verb* (**-fies, -fy·ing, -fied, -fied**) **1** (WIRTSCH) diversifizieren ◇ *Farmers are being subsidized to diversify into new crops.* Landwirte werden gefördert, wenn sie sich auf andere Feldfrüchte umstellen. **2 ~ sth** etw breiter fächern; **~ sth into sth** etw (auf etw) ausweiten **3** unterschiedlich gestalten ◇ *Patterns of family life are diversifying and changing.* Die Strukturen des Familienlebens sind im Begriff sich zu ändern und mannigfaltiger zu werden. ◇ *The culture has been diversified with the arrival of immigrants.* Die Einwanderer haben eine größere Vielfalt in das Kulturleben gebracht.
di·ver·sion /daɪˈvɜːʃn; *AmE* -ˈvɜːrʒn/ *Nomen* **1** Umleitung *(auch fig)* ◇ *We made a short diversion to go and look at the castle.* Wir machten einen kurzen Umweg und sahen uns das Schloss an. **2** Ablenkung ◇ *A smoke bomb was used to create a diversion.* Eine Rauchbombe diente als Ablenkungsmanöver. **3** *(gehoben)* Unterhaltung, Zerstreuung
di·ver·sion·ary /daɪˈvɜːʃənəri; *AmE* -ˈvɜːrʒəneri/ *Adj* ablenkend ◇ *diversionary tactics* Ablenkungsmanöver
di·ver·sity /daɪˈvɜːsəti *AmE* -ˈvɜːrsə-/ *Nomen* [meist Sing] Vielfalt
di·vert /daɪˈvɜːt; *AmE* -ˈvɜːrt/ *Verb* **1** umleiten **2** *(Gelder, Mittel etc.)* entfremden **3** ablenken **4** *(gehoben)* unterhalten
di·vest /daɪˈvest/ *Verb (gehoben)* **1 ~ sb of sth** *(Kleidung)* jdm etw abnehmen; **~ yourself of sth** etw ablegen **2 ~ yourself of sth** sich einer Sache entledigen ◇ *The company is divesting itself of its assets.* Die Firma veräußert ihre Vermögenswerte. **3 ~ sb/sth of sth** jdn/etw einer Sache berauben
di·vest·ment /daɪˈvestmənt/ *Nomen* (FINANZ) Devestition
div·ide /dɪˈvaɪd/ *Verb, Nomen*
▸ ***Verb*** **1 ~ (up) (into sth)** sich (in etw) teilen; **~ sth (up) (into sth)** etw (in etw) teilen ◇ *divide sth in half* etw in zwei Hälften teilen ◇ *a book divided into ten sections* ein in zehn Abschnitte gegliedertes Buch **2 ~ sth (out/up) (between/among sb)** etw (unter jdm) aufteilen **3 ~ sth (between A and B)** etw (zwischen A und B)

aufteilen ◇ *They divide their time between their two homes.* Sie wohnen abwechselnd in ihren beiden Wohnungen. **4** ~ **A from B** (*gehoben*) A von B trennen **5** ~ **sth (off)** etw abtrennen; ~ **A from B** A von B abteilen **6** entzweien, spalten **7** (MATH) ~ **sth by sth** etw durch etw dividieren ◇ *30 divided by 6 is 5.* 30 durch 6 ist 5. **8** (MATH) ~ **into sth** sich durch etw dividieren lassen, in etw aufgehen IDM **di,vide and 'rule** teile und herrsche; divide et impera **divided a'gainst itself** in sich gespalten
▸ ***Nomen*** [meist Sing] **1** Kluft ◇ *the North/South divide* das Nord-Süd-Gefälle **2** (*bes AmE*) Wasserscheide IDM → BRIDGE

di,vided 'highway *Nomen* (*AmE*) ≈ Schnellstraße

divi·dend /'dɪvɪdend/ *Nomen* **1** Dividende ◇ *a dividend payment* eine Dividendenausschüttung **2** (*BrE*) Fußballtotogewinn IDM → PAY

div·ider /dɪ'vaɪdə(r)/ *Nomen* **1** Abgrenzung ◇ *a room divider* eine Trennwand **2 dividers** [Pl] Stechzirkel

di'viding line *Nomen* [meist Sing] Trennungslinie, Grenze (*auch fig*)

div·in·ation /,dɪvɪ'neɪʃn/ *Nomen* Weissagung

di·vine /dɪ'vaɪn/ *Adj, Verb*
▸ ***Adj*** (*Adv* **div·ine·ly**) göttlich
▸ ***Verb*** **1** (*gehoben*) erahnen, erraten **2** (*Wasser*) aufspüren

div·ing /'daɪvɪŋ/ *Nomen* **1** Wasserspringen, Turmspringen ◇ *a diving board* ein Sprungbrett **2** Tauchen ◇ *a diving suit* ein Tauchanzug → *Siehe auch* SKIN-DIVING

di'vining rod /dɪ'vaɪnɪŋ rɒd; *AmE* rɑːd/ *Nomen* Wünschelrute

div·in·ity /dɪ'vɪnəti/ (*Pl* **-ies**) *Nomen* **1** Göttlichkeit **2** Gottheit **3** Theologie

div·is·ible /dɪ'vɪzəbl/ *Adj* [nicht vor Nomen] ~ **(by sth)** (MATH) teilbar (durch etw)

div·ision 🔑 /dɪ'vɪʒn/ *Nomen* **1** [U/Sing] Verteilung, Teilung, Einteilung ◇ *the division of labour between the sexes* die Arbeitsteilung zwischen Männern und Frauen **2** (MATH) Teilen, Division → *Siehe auch* LONG DIVISION **3** Spaltung, Kluft, Unstimmigkeit ◇ *class divisions* Klassenunterschiede **4** [mit Verb im Sing/Pl] (*Abk* **Div.**) Abteilung **5** [mit Verb im Sing/Pl] (*Abk* **Div.**) (*besonders im Fußball*) Liga **6** [mit Verb im Sing/Pl] (*Abk* **Div.**) (MIL) Division **7** Trennungslinie, Grenze **8** (*Fachspr*) (POL) Abstimmung im Hammelsprung ◇ *The Bill was read without a division.* Die Gesetzesvorlage wurde ohne Abstimmung gelesen.

div·ision·al /dɪ'vɪʒənl/ *Adj* [nur vor Nomen] Divisions-, Abteilungs-

div·isive /dɪ'vaɪsɪv/ *Adj* (*abwert*) entzweiend ◇ *He says that unemployment is socially divisive.* Er sagt, dass die Arbeitslosigkeit die Gesellschaft spaltet.

di·vorce 🔑 /dɪ'vɔːs; *AmE* dɪ'vɔːrs/ *Nomen, Verb*
▸ ***Nomen*** **1** Scheidung ◇ *file for divorce* die Scheidung einreichen ◇ *the divorce proceedings* das Scheidungsverfahren ◇ *They have agreed to get a divorce.* Sie haben beschlossen sich scheiden zu lassen. ◇ *The marriage ended in divorce in 1996.* Die Ehe wurde 1996 geschieden. **2** (*gehoben*) ~ **(between A and B)** (*fig*) Trennung (von A und B)
▸ ***Verb*** **1** ~ **(sb)** sich (von jdm) scheiden lassen; **get divorced** sich scheiden lassen **2** ~ **sb/sth from sth** (*oft passiv*) (*gehoben*) jdn/etw von etw (ab)trennen

di·vorced 🔑 /dɪ'vɔːst; *AmE* dɪ'vɔːrst/ *Adj* geschieden ◇ *divorced from reality* realitätsfremd

di·vor·cee /dɪ,vɔː'siː; *AmE* dɪ,vɔːr'seɪ/ *Nomen* Geschiedene(r)

di·vulge /daɪ'vʌldʒ/ *Verb* (*gehoben*) ~ **sth (to sb)** (jdm) etw preisgeben ◇ *divulge your age* sein Alter verraten

divvy /'dɪvi/ *Verb* (**div·vies**, **divvy·ing**, **div·vied**, **divvied**) PHR V **,divvy sth 'up** (*umgs*) etw aufteilen

Di·wali (*auch* **Di·vali**) /diː'wɑːli/ *Nomen* (*Hindu-Fest*) Diwali

DIY /,diː aɪ 'waɪ/ *Kurzform von* **do-it-yourself** *Nomen* (*BrE*) Heimwerken, Eigenbau ◇ *DIY stores* Heimwerkermärkte

diz·zi·ness /'dɪzinəs/ *Nomen* Schwindel(gefühl)

dizzy /'dɪzi/ *Adj* (*Adv* **diz·zily** /-zɪli/) **1** schwindlig ◇ *She felt dizzy.* Ihr wurde schwindlig. ◇ *dizzy spells* Schwindelanfälle **2** schwindelerregend IDM **the dizzy 'heights (of sth)** (*umgs*) ◇ *the dizzy heights of stardom* die schwindelerregenden Höhen des Ruhms

dizzy·ing /'dɪziɪŋ/ *Adj* schwindelerregend

DJ (*auch* **dee·jay**) /'diː dʒeɪ/ *Nomen, Verb*
▸ ***Nomen*** (*auch* **disc jockey**) DJ
▸ ***Verb*** (Musik/Platten) auflegen

DM /,diː 'em/ *Verb* (**DM's**, **DM'ing**, **DM'ed**) (*umgs*) eine Direktnachricht schicken ◇ *I DM'ed him my email address.* Ich habe ihm meine E-Mail-Adresse per Direktnachricht geschickt.

DNA /,diː en 'eɪ/ *Nomen* (NATURW) DNS

do[1] 🔑 *Verb, Hilfsvb, Nomen*
▸ ***Verb*** /də, du, *betont* duː/ (**does** /dʌz/, **did** /dɪd/, **done** /dʌn/) **1** tun, machen ◇ *Do as I tell you!* Tu, was ich dir sage! ◇ *There's nothing we can do about it.* Wir können nichts dagegen tun. ◇ *They are free to do as they please.* Sie können tun und lassen was sie wollen. ◇ *What do you do (for a living)?* Was machen Sie beruflich? ◇ *Are you doing anything tomorrow?* Hast du morgen schon was vor? ◇ *There's nothing to do in this place.* Hier ist nichts los. ◇ *I do aerobics once a week.* Einmal pro Woche gehe ich zur Aerobik. **2** (*Aufgaben*) ◇ *do your homework* Hausaufgaben machen ◇ *do the dishes* abwaschen ◇ *do the ironing* bügeln ◇ *He did all the driving.* Er ist gefahren. ◇ *do your teeth* sich die Zähne putzen ◇ *She did a lot of acting.* Sie hat viel Theater gespielt. **3** durchnehmen ◇ *We didn't do Keats at school.* Keats hatten wir in der Schule nicht. **4** vorankommen ◇ *He's doing very well at school.* Er kommt in der Schule gut voran. ◇ *How is the business doing?* Läuft die Firma gut? ◇ *Mother and baby are doing well.* Mutter und Kind sind wohlauf. ◇ *How are you doing?* Wie geht's? ◇ *She did well out of it.* Sie hat ein gutes Geschäft dabei gemacht. **5** (*anfertigen*) ◇ *Does this pub do lunch?* Gibt's in dieser Kneipe Mittagessen? ◇ *I'll do you a copy.* Ich mach dir eine Kopie. **6** (*Theaterstück etc.*) spielen **7** zubereiten ◇ *done in the oven* im Ofen gebacken/gebraten ◇ *How would you like your steak done?* Wie hätten Sie Ihr Steak gern? **8** nachmachen **9** schaffen ◇ *The car was doing 90 miles an hour.* Das Auto hatte 120 km/h drauf. ◇ *We did Tokyo in three days.* Wir haben Tokio in drei Tagen abgearbeitet. **10** verbrauchen ◇ *The car does 40 miles to the gallon.* Das Auto verbraucht 6,9 Liter auf 100 km. **11 have/be done** fertig sein (*gehoben*) ◇ *I've done talking.* Ich habe genug geredet. **12 get sth done** etw fertigbekommen **13** ~ **(for sb/sth)** gut für jdn/etw sein; ~ **(as sth)** sich (als etw) eignen ◇ *These shoes won't do for the party.* Mit den Schuhen kann ich nicht zur Fete gehen. ◇ *Will $20 do?* Reichen 20 Dollar? ◇ *The box will do fine as a table.* Die Kiste macht sich gut als Tisch. ◇ *This room will do me nicely.* Das Zimmer reicht mir vollkommen. **14** ◇ *She did a year at college.* Sie hat ein Jahr lang studiert. ◇ *He did twenty years for murder.* Er hat zwanzig Jahre wegen Mordes gesessen. **15** (*umgangssprachliche Wendungen*) ◇ *Sorry, I don't do funny.* Ich kann nicht witzig sein. ◇ *do drugs* Drogen nehmen ◇ (*bes AmE*) *Let's do lunch.* Wir können ja mal zusammen Mittag essen. **16** ~ **sb** (*meist passiv*) jdn reinlegen ◇ *You've been done.* Man hat dich reingelegt. **17** (*BrE*) ~ **sb (for sth)** jdn (für etw)

bestrafen ◇ *She got done for speeding.* Sie ist geblitzt worden. **18 ~ it** (*Slang*) (*Sex haben*) es tun **IDM** **be to do with sb/sth** um jdn/etw gehen **have to do with sb/sth** mit jdm/etw zu tun haben **have (got) something, nothing, a lot, etc. to do with sb/sth** etwas, nichts, viel etc. mit jdm/einer Sache zu tun haben ◇ *What's it got to do with you?* Was geht Sie das an? **it won't 'do** (*bes BrE*) das geht (so) nicht **not 'do anything/a lot/much for sb** (*umgs*) jdm nicht stehen **ˌnothing 'doing** (*umgs*) nichts ist **no you 'don't** (*umgs*) nichts da **that 'does it** (*umgs*) jetzt reicht's **that's 'done it** (*umgs*) da hast du's **that will 'do** das reicht **what do you do for ... ?** ◇ *What do you do for entertainment out here?* Was kann man hier in der Freizeit machen? **what is sb/sth doing ... ?** was sucht/soll jd/etw ... ? ◇ *What's this pair of shoes doing on the table?* Was sollen diese Schuhe auf dem Tisch? ℹ Für andere Redewendungen mit **do** siehe die Einträge für die Nomina, Adjektive etc. **Do a bunk** z.B. steht unter **bunk**. **PHR V** **ˌdo a'way with sb/yourself** (*umgs*) jdn/sich umbringen **ˌdo a'way with sth** (*umgs*) etw abschaffen **ˌdo sb/sth 'down** (*BrE, umgs*) jdn/etw heruntermachen **'do for sb/sth** (*umgs*) jdn/etw fertigmachen ◇ *Without that contract, we're done for.* Ohne den Auftrag sind wir erledigt. **ˌdo sb/yourself 'in** (*umgs*) **1** jdn/sich umbringen **2** (*meist passiv*) ◇ *You look done in.* Du siehst völlig geschafft aus. **ˌdo sth 'in** (*umgs*) sich etw verletzen ◇ *He did his back in lifting the furniture.* Er hat sich beim Möbeltragen den Rücken verhoben. **ˌdo sb 'out of sth** (*umgs*) jdn um etw bringen **ˌdo sb 'over** (*bes BrE, umgs*) jdn zusammenschlagen **ˌdo sth 'over** **1** etw neu machen ◇ *The kitchen needs doing over.* Die Küche muss mal neu gestrichen werden. **2** (*AmE*) etw noch einmal machen **ˌdo 'up** zugemacht werden ◇ *The skirt does up at the back.* Der Rock wird hinten zugemacht. **ˌdo sth 'up** **1** etw zumachen **2** etw einpacken **3** (*BrE*) etw renovieren **ˌdo yourself 'up** (*umgs*) sich zurechtmachen **'do sth with sb/sth** (*in Fragen mit* **what** *und in verneinten Sätzen*) etw mit jdm/etw machen ◇ *I don't know what to do with all the food.* Ich weiß nicht was ich mit dem ganzen Essen machen soll. ◇ *What have you done with my umbrella?* Wo hast du meinen Regenschirm hingetan? ◇ *What have you been doing with yourselves?* Was habt ihr die ganze Zeit gemacht? **ˌdo with'out (sb/sth)** ohne (jdn/etw) auskommen ◇ *If they can't get it to us in time, we'll just have to do without.* Wenn es nicht rechtzeitig hier ist, dann muss es eben ohne gehen. ◇ *I could do without being woken up at 3 o'clock.* Ich muss nicht unbedingt um 3 Uhr früh geweckt werden.

▸ ***Hilfsvb*** /duː, də/ (*verwendet, um die Frage- und Zeitformen von Verben zu bilden*) ◇ *Do you live here?* Wohnen Sie hier? ◇ *I didn't know who it was.* Ich wusste nicht, wer es war. ◇ *You didn't even open the letter, did you?— Yes I did! I did open it, but I didn't think it was for me.* Du hast den Brief nicht mal aufgemacht, oder?– Doch, habe ich! Ich habe ihn geöffnet, aber ich dachte, er wäre nicht für mich bestimmt.

▸ ***Nomen*** /duː/ (*Pl* **dos** *oder* **do's** /duːz/) (*BrE, umgs*) Fete; (*offiziell*) Veranstaltung **IDM** **do's and don'ts** (*umgs*) (Hinweise,) was man tun und lassen sollte

do² = DOH

do. *Abk* = DITTO

dob /dɒb; *AmE* dɑːb/ *Verb* (**-bb-**) (*BrE, AusE, umgs*) **PHR V** **ˌdob sb 'in (to sb)** jdn (bei jdm) verpetzen

Dobermann (pinscher) (*bes AmE* **Doberman (pinscher)**) /ˌdəʊbəmən 'pɪnʃə(r); *AmE* ˌdoʊbərmən/ *Nomen* Dobermann

doc /dɒk; *AmE* dɑːk/ *Nomen* (*umgs*) (*häufig als Anrede gebraucht*) Doktor, Doc

do·cile /'dəʊsaɪl; *AmE* 'dɑːsl/ *Adj* fügsam

do·cil·ity /dəʊ'sɪləti; *AmE* dɑː'-/ *Nomen* Fügsamkeit

dock /dɒk; *AmE* dɑːk/ *Nomen, Verb*

▸ ***Nomen*** **1** Hafen, Dock **2 docks** [Pl] Hafen **3** (*AmE*) Mole **4** (*AmE*) Verladebahnsteig **5** Anklagebank **6** Ampfer

▸ ***Verb*** **1** anlegen **2** andocken **3 ~ sth (from/off sth)** etw (von etw) abziehen ◇ *Your wages will be docked.* Es wird Ihnen etwas vom Lohn abgezogen. **4** kupieren

dock·er /'dɒkə(r); *AmE* 'dɑːkər/ *Nomen* Hafenarbeiter(in)

docket /'dɒkɪt; *AmE* 'dɑːkɪt/ *Nomen* **1** (WIRTSCH) Lieferschein, Laufzettel **2** (*AmE*) (RECHT) Verzeichnis der zu verhandelnden Termine

'docking station /'dɒkɪŋ steɪʃn; *AmE* 'dɑːkɪŋ/ *Nomen* (COMP) Dockingstation, Andockstation

dock·land /'dɒklænd; *AmE* 'dɑːklænd/ *Nomen* [U] (*auch* **dock·lands** [Pl]) (*BrE*) Hafengebiet

dock·yard /'dɒkjɑːd; *AmE* 'dɑːkjɑːrd/ *Nomen* Werft

Doc Mar·tens /ˌdɒk 'mɑːtənz; *AmE* ˌdɑːk 'mɑːrtnz/ = DR MARTENS™

doc·tor 🔑 /'dɒktə(r); *AmE* 'dɑːk-/ *Nomen, Verb*

▸ ***Nomen*** (*Abk* **Dr**) **1** Arzt, Ärztin ◇ *Dr Staples* (Frau) Dr. Staples **2** (*Titel*) Doktor **3** (*bes AmE*) = Anredeform für Zahnärzte

▸ ***Verb*** **1** (*umgs*) (*Zahlen, Unterlagen etc.*) frisieren **2** (*umgs*) (*einem Getränk etc.*) etwas beimischen **3** (*umgs*) kastrieren

doc·tor·ate /'dɒktərət; *AmE* 'dɑːk-/ *Nomen* Doktorwürde

doc·trin·aire /ˌdɒktrɪ'neə(r); *AmE* ˌdɑːktrə'ner/ *Adj* (*abwert*) doktrinär, starr

doc·tri·nal /dɒk'traɪnl; *AmE* 'dɑːktrənl/ *Adj* doktrinär ◇ *the doctrinal position of the Catholic church* die Glaubenslehre der katholischen Kirche

doc·trine /'dɒktrɪn; *AmE* 'dɑːk-/ *Nomen* **1** Doktrin, (Glaubens)lehre **2** (POL) Programm

docu·ment 🔑 *Nomen, Verb*

▸ ***Nomen*** /'dɒkjumənt; *AmE* 'dɑːk-/ **1** Dokument ◇ *important documents* wichtige Unterlagen **2** (COMP) Textdatei

▸ ***Verb*** /'dɒkjument; *AmE* 'dɑːk-/ **1** dokumentieren **2** belegen

docu·men·tary /ˌdɒkju'mentri; *AmE* ˌdɑːk-/ *Nomen, Adj*

▸ ***Nomen*** (*Pl* **-ies**) Dokumentarbeitrag, Dokumentarfilm

▸ ***Adj*** [nur vor Nomen] **1** ◇ *documentary evidence/material* Belege **2** dokumentarisch, Dokumentar-

docu·men·ta·tion /ˌdɒkjumen'teɪʃn; *AmE* ˌdɑːk-/ *Nomen* [U] **1** Unterlagen **2** Dokumentation

DOD /ˌdiː əʊ 'diː; *AmE* oʊ/ *Kurzform von* **Department of Defense** (*in den USA*) Verteidigungsministerium

dod·der·ing /'dɒdərɪŋ *AmE* 'dɑːd-/ (*BrE auch* **dod·dery** /-ri/) *Adj* (*Mensch*) klapperig

dod·dle /'dɒdl; *AmE* 'dɑːdl/ *Nomen* (*BrE, umgs*) Kinderspiel ◇ *It's a doddle.* Es ist kinderleicht.

dodge /dɒdʒ; *AmE* dɑːdʒ/ *Verb, Nomen*

▸ ***Verb*** **1** ausweichen **2** ◇ *dodge behind sth* sich hinter etw verstecken ◇ *dodge into a doorway* sich in einen Hauseingang verdrücken ◇ *He dodged between the trees.* Er lief zwischen den Bäumen hindurch. **3 ~ sth** sich vor etw drücken

▸ ***Nomen*** Trick **IDM** **dodge a/the bullet**; **dodge bullets** (*bes AmE, umgs*) gerade noch einmal davonkommen

dodgem /'dɒdʒəm; *AmE* 'dɑːdʒəm/ *Nomen* **1 the dodgems** [Pl] (*BrE*) Autoskooter ◇ *go on the dodgems* Autoskooter fahren **2** (*auch* **'dodgem car**) Autoskooter

dodger /'dɒdʒə(r); *AmE* 'dɑːdʒər/ *Nomen* (*umgs*) ◇ *tax dodgers* Steuerbetrüger ◇ *fare dodgers* Schwarzfahrer

dodgy /ˈdɒdʒi; *AmE* ˈdɑːdʒi/ *Adj* (*BrE, umgs*) **1** zweifelhaft ◇ *something dodgy* ein linkes Ding **2** nicht ganz einwandfrei, schlecht **3** gefährlich, unsicher

dodo /ˈdəʊdəʊ; *AmE* ˈdoʊdoʊ/ *Nomen* (*Pl* **-os**) **1** Dodo **2** (*AmE*) Dummkopf IDM → DEAD

doe /dəʊ; *AmE* doʊ/ *Nomen* **1** Ricke, Rehgeiß **2** Häsin

doer /ˈduːə(r)/ *Nomen* Macher(in)

does *Form von* DO[1]

doesn't /ˈdʌznt/ = DOES NOT

doff /dɒf; *AmE* dɔːf/ *Verb* (*veraltet*) (*Hut*) ziehen, lüften

dog 0→ /dɒg; *AmE* dɔːg/ *Nomen, Verb*

▸ ***Nomen*** **1** Hund (*auch fig*) ◇ *You dirty dog!* Du gemeiner Hund! → *Siehe auch* GUIDE DOG, GUN DOG, TOP DOG *und* WATCHDOG **2** Rüde **3** **the dogs** [Pl] (*BrE, umgs*) das Hunderennen **4** (*bes AmE, Slang*) Pleite, Reinfall **5** (*bes AmE, Slang*) (*Frau*) Vogelscheuche → *Siehe auch* HOT DOG *und* SHAGGY-DOG STORY IDM **(a case of) ˌdog eat ˈdog** fressen und gefressen werden ◇ *a dog-eat-dog world* eine Ellbogengesellschaft **a ˌdog in the ˈmanger** = jd, der anderen eine Sache nicht gönnt, die er selbst gar nicht gebrauchen kann **a dog's ˈbreakfast/ˈdinner** (*BrE, umgs*) Mist; Pfusch **a ˈdog's life** ein Hundeleben **every dog has his/its ˈday** ein blindes Huhn findet auch mal ein Korn **go to the ˈdogs** (*umgs*) vor die Hunde gehen **not have a ˈdog's chance** nicht die geringste Chance haben → *Siehe auch* HAIR, RAIN, SICK, SLEEP, TAIL *und* TEACH

▸ ***Verb*** (**-gg-**) **1** verfolgen ◇ *dog sb's steps* jdm auf Schritt und Tritt folgen **2** (*fig*) heimsuchen, verfolgen

ˈdog biscuit *Nomen* Hundekuchen

ˈdog collar *Nomen* **1** Hundehalsband **2** (*umgs*) (*eines Geistlichen*) Kollar

ˈdog days *Nomen* [Pl] Hundstage

ˈdog-eared *Adj* mit Eselsohren

ˈdog-end *Nomen* (*BrE, umgs*) Zigarettenkippe

dog·fight /ˈdɒgfaɪt; *AmE* ˈdɔːg-/ *Nomen* **1** Luftkampf **2** (*fig*) Kampf, Streit **3** **dog fight** Hundekampf

dog·ged /ˈdɒgɪd; *AmE* ˈdɔːgɪd/ *Adj* (*Adv* **dog·ged·ly**) hartnäckig, beharrlich, zäh

dog·gerel /ˈdɒgərəl; *AmE* ˈdɔːg-/ *Nomen* [U] Knittelvers

doggo /ˈdɒgəʊ; *AmE* ˈdɔːgoʊ/ *Adv* **lie ~** sich nicht rühren, keinen Mucks machen

dog·gone /ˈdɒgɒn; *AmE* ˈdɔːggɔːn/ *Adj* [nur vor Nomen], *Adv, Ausruf* (*AmE, umgs*) verdammt

doggy /ˈdɒgi; *AmE* ˈdɔːgi/ *Nomen, Adj*

▸ ***Nomen*** (*auch* **dog·gie**) (*Pl* **-ies**) (*umgs, Kinderspr*) Wauwau

▸ ***Adj*** [nur vor Nomen] Hunde-

ˈdoggy bag (*auch* **ˈdoggie bag**) *Nomen* (*umgs*) = Tüte, in der man nach einer Mahlzeit im Lokal die Reste mit nach Hause nimmt

ˈdoggy-paddle *Nomen* (*Schwimmstil*) Hundepaddeln

ˈdog handler *Nomen* Hundeführer(in)

dog·house /ˈdɒghaʊs; *AmE* ˈdɔːg-/ *Nomen* (*AmE*) Hundehütte IDM **be in the doghouse** (*BrE, AmE, umgs*) in Ungnade gefallen sein

dogie /ˈdəʊgi; *AmE* ˈdoʊ-/ *Nomen* (*AmE*) mutterloses Kalb

ˈdog-leg *Nomen* scharfe Kurve, Knick

dogma /ˈdɒgmə; *AmE* ˈdɔːg-/ *Nomen* Dogma, Glaubenssatz

dog·mat·ic /dɒgˈmætɪk; *AmE* dɔːgˈ-/ *Adj* (*Adv* **dog·mat·ical·ly** /-kli/) (*abwert*) dogmatisch

dog·ma·tism /ˈdɒgmətɪzəm; *AmE* ˈdɔːg-/ *Nomen* [U] (*abwert*) Dogmatismus

ˈdo-gooder *Nomen* (*umgs, abwert*) Weltverbesserer, Weltverbesserin

ˈdog-paddle *Nomen* (*Schwimmstil*) Hundepaddeln

dogs·body /ˈdɒgzbɒdi; *AmE* ˈdɔːgzbɑːdi/ *Nomen* (*Pl* **-ies**) (*BrE, umgs*) Mädchen für alles

dog·sled /ˈdɒgsled; *AmE* ˈdɔːg-/ *Nomen* (*AmE*) Hundeschlitten

ˈdog tag *Nomen* (*AmE, Slang*) (*von Soldaten*) Hundemarke

ˌdog-ˈtired *Adj* (*umgs*) hundemüde

ˈdog whistle *Nomen* **1** Hundepfeife **2** = politische Aussage, die bewusst so formuliert wurde, dass sie nur bei einer ganz bestimmten Gruppe ankommt

dog·wood /ˈdɒgwʊd; *AmE* ˈdɔːg-/ *Nomen* Hartriegel, Hornstrauch

DoH /ˌdiː əʊ ˈeɪtʃ; *AmE* oʊ/ *Kurzform von* **Department of Health** (*in GB*) Gesundheitsministerium

doh (*auch* **do**) /dəʊ; *AmE* doʊ/ *Nomen* (MUS) Do

doily /ˈdɔɪli/ *Nomen* (*Pl* **-ies**) **1** (*BrE*) Papierdeckchen **2** (*AmE*) Spitzendeckchen, Zierdeckchen

doing /ˈduːɪŋ/ *Nomen* Tun ◇ *I've been hearing a lot about your doings.* Ich habe viel über dein Treiben gehört. ◇ *This was none of my doing.* Ich hatte damit nichts zu tun. IDM **sth takes a lot of/some ˈdoing** etw ist gar nicht so leicht ◇ *Getting it finished by tomorrow will take some doing.* Wenn wir die Arbeit bis morgen fertig haben wollen, müssen wir uns ganz schön ins Zeug legen.

ˌdo-it-yourˈself = DIY

dol·drums /ˈdɒldrəmz; *AmE* ˈdoʊl-/ *Nomen* (*meist* **the doldrums**) [Pl] **1** **be in the ~** niedergeschlagen sein **2** Flaute ◇ *The economy remains in the doldrums.* Die Wirtschaftsflaute hält an.

dole /dəʊl; *AmE* doʊl/ *Nomen, Verb*

▸ ***Nomen*** (*meist* **the dole**) [Sing] (*BrE, umgs*) Arbeitslosengeld ◇ *be on the dole* arbeitslos sein ◇ *lengthening dole queues* immer mehr Arbeitslose

▸ ***Verb*** PHRV **ˌdole sth ˈout (to sb)** etw (an jdn) austeilen, etw (an jdn) verteilen

dole·ful /ˈdəʊlfl; *AmE* ˈdoʊl-/ *Adj* (*Adv* **dole·ful·ly** /-fəli/) (*gehoben*) traurig, bekümmert

doll /dɒl; *AmE* dɑːl/ *Nomen, Verb*

▸ ***Nomen*** **1** Puppe **2** (*bes AmE, Slang, veraltet*) (hübsches) Mädchen, Puppe

▸ ***Verb*** PHRV **ˌdoll sb/yourself ˈup** (*umgs*) jdn/sich herausputzen

dol·lar 0→ /ˈdɒlə(r); *AmE* ˈdɑːlər/ *Nomen* Dollar IDM → BET *und* MILLION

doll·house /ˈdɒlhaʊs; *AmE* ˈdɑːl-/ *Nomen* (*AmE*) Puppenhaus

dol·lop /ˈdɒləp; *AmE* ˈdɑːləp/ *Nomen* (*umgs*) Klacks ◇ *a dollop of romance* ein Schuss Romantik

ˈdoll's house *Nomen* (*BrE*) Puppenhaus

dolly /ˈdɒli; *AmE* ˈdɑːli/ *Nomen* (*Pl* **-ies**) **1** (*Kinderspr*) Püppchen **2** (*bes AmE*) Transportwägelchen

dol·men /ˈdɒlmen; *AmE* ˈdoʊl-/ *Nomen* Dolmen

dol·phin /ˈdɒlfɪn; *AmE* ˈdɑːl-/ *Nomen* Delphin

dolt /dəʊlt; *AmE* doʊlt/ *Nomen* (*abwert*) Idiot

do·main /dəˈmeɪn, dəʊˈ-; *AmE* doʊˈ-/ *Nomen* **1** Domäne, Aufgabengebiet, Bereich → *Siehe auch* PUBLIC DOMAIN **2** Ländereien, Domäne **3** (COMP) Domäne, Domain

dome /dəʊm; *AmE* doʊm/ *Nomen* **1** Kuppel **2** = Gebäude mit kuppelförmigem Dach **3** (*AmE*) (*in Namen von Stadien etc.*) ◇ *the Houston Astrodome* das Houston Astrodome

domed /dəʊmd; *AmE* doʊmd/ *Adj* **1** gewölbt, kuppelförmig **2** (*Gebäude*) mit einer Kuppel

do·mes·tic 0→ /dəˈmestɪk/ *Adj, Nomen*

▸ ***Adj*** **1** inländisch ◇ *domestic affairs* innere Angelegenheiten ◇ *domestic flights* Inlandsflüge ◇ *the do-*

mestic market der Binnenmarkt **2** [nur vor Nomen] Haushalts-, Familien- ◇ *domestic chores* Hausarbeit ◇ *domestic violence* Gewalt in der Familie ◇ *workers in domestic service* Hausangestellte **3** häuslich **4** (*Tier*) Haus-, Nutz-
▸ ***Nomen*** **1** = DOMESTIC HELP **2** (*umgs*) Gewalttat in der Familie ◇ *The police were called to sort out a domestic.* Die Polizei wurde zu einem Familienstreit gerufen.

do·mes·tic·al·ly /də'mestɪkli/ *Adv* **1** heimisch ◇ *domestically produced goods* inländische Produktion **2** im Haushalt

do·mes·ti·cate /də'mestɪkeɪt/ *Verb* **1** zum Haustier machen, domestizieren **2** (*Pflanzen*) anbauen, domestizieren **3** (*Mensch*) an ein häusliches Leben gewöhnen

do·mes·ti·cated /də'mestɪkeɪtɪd/ *Adj* **1** domestiziert ◇ *domesticated animals* Haus-/Nutztiere **2** häuslich

do·mes·ti·ca·tion /dəˌmestɪ'keɪʃn/ *Nomen* Domestikation, Domestizierung

ˌdomestic 'help (*auch* **ˌdomestic 'worker**, **do·mes·tic**) *Nomen* Hausangestellte(r), Bedienstete(r)

do·mes·ti·city /ˌdəʊme'stɪsəti, ˌdɒm-; *AmE* ˌdoʊ-, ˌdɑːm-/ *Nomen* (*gehoben*) Häuslichkeit, trautes Heim

doˌmestic 'science *Nomen* (*BrE*, *veraltet*) (*Schulfach*) Hauswirtschaft

domi·cile /'dɒmɪsaɪl; *AmE* 'dɑːm-, 'doʊm-/ *Nomen* (*gehoben oder Fachspr*) Wohnsitz

domi·ciled /'dɒmɪsaɪld; *AmE* 'dɑːm-, 'doʊm-/ *Adj* [nicht vor Nomen] (*gehoben oder Fachspr*) wohnhaft, ansässig

domi·cil·iary /ˌdɒmɪ'sɪliəri; *AmE* ˌdɑːmə'sɪlieri, ˌdoʊm-/ *Adj* [nur vor Nomen] (*gehoben*) Haus- ◇ *a domiciliary visit* ein Hausbesuch ◇ *domiciliary services* Heimhilfe

dom·in·ance /'dɒmɪnəns; *AmE* 'dɑːm-/ *Nomen* Vorherrschaft, Dominanz ◇ *assert dominance over sb* über jdn dominieren

dom·in·ant /'dɒmɪnənt; *AmE* 'dɑːm-/ *Adj* **1** vorherrschend, dominant ◇ *a dominant position* eine Vormachtstellung ◇ *a dominant feature* ein hervorstechendes Merkmal **2** (*Gen*) dominant

dom·in·ate 0→ /'dɒmɪneɪt; *AmE* 'dɑːm-/ *Verb* dominieren, beherrschen ◇ *She says a lot in meetings, but she doesn't dominate.* In Sitzungen sagt sie recht viel, aber sie reißt die Diskussion nicht an sich. ◇ *The cathedral dominates the city.* Der Dom überragt die ganze Stadt.

dom·in·ation /ˌdɒmɪ'neɪʃn; *AmE* ˌdɑːm-/ *Nomen* Herrschaft, Vorherrschaft

dom·in·eer·ing /ˌdɒmɪ'nɪərɪŋ; *AmE* ˌdɑːmə'nɪrɪŋ/ *Adj* (*abwert*) dominant, herrisch, herrschsüchtig

Do·min·ic·an /də'mɪnɪkən/ *Nomen, Adj*
▸ ***Nomen*** Dominikaner(in)
▸ ***Adj*** dominikanisch, Dominikaner-

do·min·ion /də'mɪniən/ *Nomen* **1** (*gehoben*) Herrschaft ◇ *The whole country was under his sole dominion.* Er herrschte über das ganze Land. **2** Herrschaftsgebiet **3** (*meist* **Dominion**) (GESCH) = Land des Britischen Commonwealth mit selbstständiger Verwaltung

dom·ino /'dɒmɪnəʊ; *AmE* 'dɑːmənoʊ/ *Nomen* (*Pl* **-oes**) **1** Dominostein **2 dominoes** [U] Domino(spiel)

'domino effect *Nomen* Dominoeffekt

don /dɒn; *AmE* dɑːn/ *Nomen, Verb*
▸ ***Nomen*** **1** (*BrE*) = Universitätsdozent(in) (besonders in Oxford oder Cambridge) **2** (*umgs*) Mafiaboss
▸ ***Verb*** (**-nn-**) (*gehoben*) anziehen, anlegen, aufsetzen

do·nate /dəʊ'neɪt; *AmE* 'doʊneɪt/ *Verb* spenden, schenken

do·na·tion /dəʊ'neɪʃn; *AmE* doʊ'-/ *Nomen* Spende, Schenkung

done /dʌn/ *Adj, Ausruf* → *Siehe auch* DO[1]
▸ ***Adj*** [nicht vor Nomen] **1** ~ (**with**) erledigt ◇ *I'll be glad when this job is done with.* Ich werde froh sein, wenn das erledigt ist. **2** ~ (**with sth**) (mit etw) fertig **3** (*Speisen*) gar, durch **4** (*umgs*) (gesellschaftlich) üblich IDM **and have 'done with it** (*BrE*) und damit hat sich's; und damit basta **be 'done for** (*umgs*) erledigt sein ◇ *I thought I was done for.* Ich dachte, jetzt ist es aus mit mir. **be done 'in** (*umgs*) fertig sein; völlig geschafft sein **be the ˌdone 'thing** üblich sein **be/get 'done for sth/doing sth** (*BrE*, *umgs*) wegen einer Sache erwischt (und bestraft) werden **be/have 'done with sb/sth** mit jdm/etw fertig sein **over and 'done with** vorbei; erledigt → *Siehe auch* EASY, HARD *und* SOON
▸ ***Ausruf*** abgemacht

don·gle /'dɒŋgl; *AmE* 'dɑːŋ-/ *Nomen* **1** (COMP) Anschlusskabel **2** Dongle, Kopierschutzstecker, Kopierschutzcode

don·key /'dɒŋki; *AmE* 'dɑːŋ-/ *Nomen* Esel IDM **'donkey's years** (*BrE*, *umgs*) eine Ewigkeit → *Siehe auch* TALK

'donkey jacket *Nomen* (*BrE*) = dicke Arbeiterjacke

'donkey work *Nomen* (*BrE*, *umgs*) Routinearbeit, Dreckarbeit

don·nish /'dɒnɪʃ; *AmE* 'dɑːnɪʃ/ *Adj* (*BrE*) gelehrt, professoral

donor /'dəʊnə(r); *AmE* 'doʊ-/ *Nomen* Spender(in), Geber(in) ◇ *a donor card* ein Organspenderausweis

don't /dəʊnt; *AmE* doʊnt/ = DO NOT

donut *Nomen* (*bes AmE*) = DOUGHNUT

doo·dah /'duːdɑː/ (*AmE* **doo·dad** /-dæd/) *Nomen* (*umgs*) Dingsbums

doo·dle /'duːdl/ *Verb, Nomen*
▸ ***Verb*** kritzeln
▸ ***Nomen*** Kritzelei

doo·hickey /'duːhɪki/ *Nomen* (*AmE*, *umgs*) Dingsbums

doo·lal·ly /duː'læli/ *Adj* [nicht vor Nomen] (*BrE*, *umgs*) verrückt

doom /duːm/ *Nomen, Verb*
▸ ***Nomen*** Schicksal, Verhängnis ◇ *a feeling of doom* eine Untergangsstimmung ◇ *a sense of impending doom* eine dunkle Vorahnung → *Siehe auch* MERCHANT IDM **ˌdoom and 'gloom**; **ˌgloom and 'doom** Weltuntergangsstimmung ◇ *It's not all doom and gloom for the team.* Die Lage ist für die Mannschaft nicht ganz hoffnungslos. → *Siehe auch* PROPHET
▸ ***Verb*** (*meist passiv*) verurteilen, verdammen ◇ *The marriage was doomed from the start.* Die Ehe stand von Anfang an unter einem schlechten Stern.

doom·sayer /'duːmseɪə(r)/ (*bes AmE*) (*BrE auch* **doom·ster** /-stə(r)/) *Nomen* Schwarzmaler(in)

dooms·day /'duːmzdeɪ/ *Nomen* der Jüngste Tag IDM **till 'doomsday** (*umgs*) ◇ *It'll take me till doomsday.* Dafür brauche ich noch eine Ewigkeit.

door 0→ /dɔː(r)/ *Nomen* Tür ◇ *answer the door* an die Tür gehen ◇ *the front door* die Haustür ◇ *They live three doors up from us.* Sie wohnen drei Häuser weiter. ◇ *We can pay at the door.* Wir können an der Abendkasse zahlen. → *Siehe auch* BACK-DOOR, DOORWAY, FRENCH DOOR, NEXT DOOR, OPEN-DOOR, STAGE DOOR, *und* TRAPDOOR IDM **be on the door** (*in Klubs, bei Veranstaltungen etc.*) an der Tür sein **close/shut the 'door on sth** etw unmöglich machen; etw ausschließen **(from) ˌdoor to 'door** von Tür zu Tür ◇ *sell sth door to door* mit etw hausieren (gehen) **lay sth at sb's 'door** (*gehoben*) jdm für etw die Schuld zuschieben **leave the door 'open (for sth)** die Tür (für etw) offen lassen **open the door to sth** etw ermöglichen; die Voraussetzungen für etw schaffen **out of 'doors** im Freien; draußen **shut/slam the door in sb's face** jdm die Tür vor der Nase zuschlagen → *Siehe auch* BACK, BARN, BEAT, CLOSE[1], CLOSED, DARKEN, DEATH, FOOT, SHOW, STABLE *und* WOLF

door·bell /ˈdɔːbel; *AmE* ˈdɔːrbel/ *Nomen* Klingel ◇ *ring the doorbell* klingeln

door·keeper /ˈdɔːkiːpə(r); *AmE* ˈdɔːrk-/ *Nomen* Pförtner(in)

door·knob /ˈdɔːnɒb; *AmE* ˈdɔːrnɑːb/ *Nomen* Türknopf

ˈ**door knocker** (*auch* **knock·er**) *Nomen* Türklopfer

door·man /ˈdɔːmən; *AmE* ˈdɔːrmən/ *Nomen* (*Pl* **-men** /-mən/) Portier

door·mat /ˈdɔːmæt; *AmE* ˈdɔːrmæt/ *Nomen* Fußmatte, Fußabtreter (*auch fig*)

door·nail /ˈdɔːneɪl; *AmE* ˈdɔːrneɪl/ *Nomen* IDM → DEAD

door·step /ˈdɔːstep; *AmE* ˈdɔːrstep/ *Nomen* **1** Eingangsstufe **2** (*BrE, umgs*) = dicke Scheibe Brot IDM **on the/your ˈdoorstep** direkt vor der Tür

door·stop /ˈdɔːstɒp; *AmE* ˈdɔːrstɑːp/ *Nomen* Türanschlag, Türstopper

door·way /ˈdɔːweɪ; *AmE* ˈdɔːrweɪ/ *Nomen* Eingang ◇ *He stood in the kitchen doorway.* Er stand an der Küchentür.

dope /dəʊp; *AmE* doʊp/ *Nomen, Verb*

▸ ***Nomen*** **1** (*umgs*) Drogen, Stoff ◇ *smoke dope* Hasch rauchen **2** Dopingmittel ◇ *a dope test* ein Dopingtest **3** (*umgs*) Trottel **4 the ~ (on sb/sth)** [Sing] (*umgs*) Informationen (über jdn/etw) ◇ *Give me the dope on him.* Was wird über ihn so geredet?

▸ ***Verb*** **1 ~ sb** jdm ein Dopingmittel verabreichen, jdn dopen **2** betäuben; **be doped (up)** unter Drogeneinfluss stehen **3 ~ sth** einer Sache ein Betäubungsmittel beimischen ◇ *The wine was doped.* Im Wein war ein Betäubungsmittel.

dopey /ˈdəʊpi; *AmE* ˈdoʊ-/ *Adj* (*umgs*) **1** bedeppert, blöd **2** benommen

dork /dɔːk; *AmE* dɔːrk/ *Nomen* (*umgs*) Langweiler(in), Trottel

dorky /ˈdɔːki; *AmE* ˈdɔːrki/ *Adj* (*umgs*) doof, langweilig

dor·mant /ˈdɔːmənt; *AmE* ˈdɔːrmənt/ *Adj* ruhend; (*Vulkan*) nicht aktiv ◇ *lie dormant* ruhen

dormer window /ˌdɔːmə ˈwɪndəʊ; *AmE* ˌdɔːrmər ˈwɪndoʊ/ (*auch* **dormer**) *Nomen* Dachgaube

dor·mi·tory /ˈdɔːmətri; *AmE* ˈdɔːrmətɔːri/ *Nomen* (*Pl* **-ies**) (*umgs* **dorm** /dɔːm; *AmE* dɔːrm/) **1** Schlafsaal **2** (*AmE*) Studentenwohnheim

ˈ**dormitory town** *Nomen* (*BrE*) Schlafstadt

dor·mouse /ˈdɔːmaʊs; *AmE* ˈdɔːrmaʊs/ *Nomen* (*Pl* **dormice** /-maɪs/) **1** Haselmaus **2** Siebenschläfer

dor·sal /ˈdɔːsl; *AmE* ˈdɔːrsl/ *Adj* [nur vor Nomen] (ANAT) dorsal, Rücken-

dos·age /ˈdəʊsɪdʒ; *AmE* ˈdoʊ-/ *Nomen* [meist Sing] Dosierung, Dosis

dose /dəʊs; *AmE* doʊs/ *Nomen, Verb*

▸ ***Nomen*** **1** Dosis **2** (*umgs*) Portion, Menge ◇ *a dose of flu* eine Grippe IDM **like a dose of ˈsalts** (*BrE, umgs, veraltet*) in null Komma nichts → *Siehe auch* MEDICINE

▸ ***Verb*** **~ yourself (up) (with sth)** etw einnehmen; **~ sb (up) (with sth)** jdm etw verabreichen ◇ *She dosed herself up with vitamin pills.* Sie nahm tüchtig Vitaminpillen ein.

dosh /dɒʃ; *AmE* dɑːʃ/ *Nomen* [U] (*BrE, Slang*) Knete

doss /dɒs; *AmE* dɑːs/ *Verb, Nomen*

▸ ***Verb*** (*BrE, Slang*) **1 ~ (down)** pennen **2 ~ (about/around)** rumgammeln

▸ ***Nomen*** (*BrE, Slang*) Klacks

doss·er /ˈdɒsə(r); *AmE* ˈdɑːsər/ *Nomen* (*BrE*) **1** Penner(in) **2** (*umgs*) Gammler(in)

doss·house /ˈdɒshaʊs; *AmE* ˈdɑːs-/ *Nomen* (*BrE, Slang*) (billige) Absteige

dos·sier /ˈdɒsieɪ; *AmE* ˈdɔːsi-/ *Nomen* Dossier

dot 🔑 /dɒt; *AmE* dɑːt/ *Nomen, Verb*

▸ ***Nomen*** Punkt; (*auf Stoff*) Tupfen, Pünktchen IDM **on the ˈdot** (*umgs*) auf die Minute pünktlich ◇ *at ten on the dot* um Punkt zehn → *Siehe auch* YEAR

▸ ***Verb*** **(-tt-) 1** einen Punkt setzen über **2** (*meist passiv*) verstreuen, übersäen ◇ *Small villages dot the countryside.* Kleine Dörfer sind in der Landschaft verstreut. ◇ *There are lots of Italian restaurants dotted around London.* Überall in London gibt es italienische Restaurants. **3 ~ A on/over B; ~ B with A** A auf B tupfen IDM **dot your ˌi's and cross your ˈt's** peinlich genau sein; der Sache den letzten Schliff geben

dot·age /ˈdəʊtɪdʒ; *AmE* ˈdoʊ-/ *Nomen* IDM **be in your dotage** senil sein

dot-com (*auch* **dot·com**) /ˌdɒt ˈkɒm; *AmE* ˌdɑːt ˈkɑːm/ *Nomen* (WIRTSCH) Dotcom

dote /dəʊt; *AmE* doʊt/ *Verb* PHR V ˈ**dote on/upon sb** jdn abgöttisch lieben

dot·ing /ˈdəʊtɪŋ; *AmE* ˈdoʊ-/ *Adj* [nur vor Nomen] bewundernd, liebend ◇ *his doting mother* seine ihn kritiklos liebende Mutter

dot·ted /ˈdɒtɪd; *AmE* ˈdɑːtɪd/ *Adj* **1** gepunktet, getupft **2** [nur vor Nomen] (MUS) (*Note*) punktiert

ˌ**dot·ted ˈline** *Nomen* punktierte Linie IDM → SIGN

dotty /ˈdɒti; *AmE* ˈdɑːti/ *Adj* (*BrE, umgs, veraltet*) **1** schrullig **2 ~ about sb/sth** verrückt nach jdm/etw

double 🔑 /ˈdʌbl/ *Adj, Adv, Nomen, Verb*

▸ ***Adj*** **1** doppelt ◇ *double-entry bookkeeping* doppelte Buchführung **2** Doppel- ◇ *My extension is two four double 0.* Mein Anschluss ist zwei vier null null. **3** zwei-, zweifach ◇ *have a double meaning* zweideutig sein

▸ ***Adv*** doppelt ◇ *double the amount* doppelt so viel ◇ *He earns double what I do.* Er verdient doppelt so viel wie ich. ◇ *His income is double hers.* Sein Einkommen ist das Doppelte von ihrem. ◇ *fold sth double* etw einmal falten ◇ *bend double* sich krümmen

▸ ***Nomen*** **1** das Doppelte, das Zweifache ◇ *Two Scotches—and make those doubles, will you?* Zwei Scotch—und zwar Doppelte! **2** Doppel(gänger(in)), Ebenbild **3** (*Film*) Double → *Siehe auch* BODY DOUBLE **4** = DOUBLE ROOM **5 doubles** (SPORT) Doppel **6 the double** [Sing] (SPORT) Doppelsieg IDM **at the ˈdouble** (*AmE* **on the ˈdouble**) (*umgs*) auf der Stelle; schleunigst ˌ**double or ˈquits** (*AmE* ˌ**double or ˈnothing**) doppelt oder nichts

▸ ***Verb*** **1** (sich) verdoppeln ◇ *For eight people double the quantities.* Für acht Personen nehmen Sie die doppelte Menge. **2 ~ sth (over)** etw einmal falten **3** (*beim Baseball*) = den Ball so weit schlagen, dass man bis zum zweiten Laufmal laufen kann PHR V **double (up) as sth** eine Doppelfunktion als etw haben, eine Doppelrolle als etw haben/spielen ˌ**double ˈback** kehrtmachen ◇ *We had to double back on our tracks.* Wir mussten den gleichen Weg wieder zurück. ˌ**double ˈup** ◇ *They only have one room left: you'll have to double up.* Sie haben nur noch ein Zimmer: ihr müsst es euch teilen. ˌ**double ˈup on sth** (*umgs*) sich etw teilen ◇ *We'll have to double up on books.* Wir müssen uns die Bücher teilen. ˌ**double ˈup with sb** (*umgs*) sich etw mit jdm teilen ˌ**double ˈup/ˈover**; **be ˌdoubled ˈup/ˈover** sich krümmen

ˌ**double ˈact** *Nomen* **1** Zweiershow **2** (*Komiker- etc.*) Paar

ˌ**double ˈagent** *Nomen* Doppelagent(in)

ˌ**double-ˈbarrelled** (*AmE* **double-barreled**) *Adj* **1** (*Gewehr*) doppelläufig **2** (*BrE*) ◇ *a double-barrelled name* ein Doppelname **3** (*AmE*) doppelt ◇ *a double-barrelled strategy* eine Doppelstrategie

ˌ**double ˈbass** (*auch* **bass**) *Nomen* Kontrabass

ˌdouble ˈbill *Nomen (BrE)* Doppelprogramm ◇ *a cartoon double bill* eine Vorstellung mit zwei Zeichentrickfilmen
ˌdouble ˈbind *Nomen* [meist Sing] Zwickmühle
ˌdouble ˈbluff *Nomen* doppelter Bluff
ˌdouble-ˈbook *Verb (oft passiv)* doppelt buchen ◇ *the guest who was double-booked* der Gast, dessen Zimmer schon vergeben war ◇ *He was double-booked that evening.* Er hatte an dem Abend versehentlich zwei Einladungen angenommen.
ˌdouble-ˈbooking *Nomen (von Flug, Hotel etc.)* Doppelbuchung
ˌdouble-ˈbreasted *Adj (Sakko etc.)* zweireihig
ˌdouble-ˈcheck *Verb, Nomen*
▸ ***Verb*** genau/noch einmal nachprüfen
▸ ***Nomen*** genaue Nachprüfung
ˌdouble-ˈclick *Verb, Nomen*
▸ ***Verb*** doppelklicken
▸ ***Nomen*** Doppelklick
ˌdouble-ˈcross *Verb, Nomen*
▸ ***Verb*** hintergehen, reinlegen
▸ ***Nomen*** [meist Sing] Doppelspiel
ˌdouble-ˈdealer *Nomen (umgs)* Betrüger(in)
ˌdouble-ˈdealing *Nomen* [U] Doppelspiel
ˌdouble-ˈdecker *Nomen* **1** *(Bus)* Doppeldecker **2** *(AmE) (Sandwich)* Doppeldecker
ˌdouble-ˈdigit *Adj (AmE)* zweistellig
ˌdouble ˈdigits *Nomen (AmE)* zweistellige Zahlen
ˌdouble ˈdoor *Nomen* **1** Flügeltür **2 double doors** [Pl] Doppeltür
ˌdouble ˈDutch *Nomen (BrE, umgs)* Kauderwelsch, Unsinn
ˌdouble-ˈedged *Adj* **1** zweischneidig *(auch fig)* **2** zwiespältig IDM **be a double-edged ˈsword/ˈweapon** ein zweischneidiges Schwert sein
double en·ten·dre /ˌduːbl ɒ̃ˈtɒ̃drə; *AmE* ɑ̃ːˈtɑ̃ːdrə/ *Nomen* Zweideutigkeit
ˌdouble ˈfeature *Nomen (AmE)* Doppelprogramm
ˌdouble-ˈfigure *Adj* [nur vor Nomen] *(bes BrE)* zweistellig
ˌdouble ˈfigures *Nomen* [Pl] *(bes BrE)* zweistellige Zahlen ◇ *Inflation is in double figures.* Die Inflationsrate hat eine zweistellige Größenordnung erreicht.
ˌdouble-ˈglaze *Verb* mit Doppelverglasung versehen
ˌdouble-ˈglazed *Adj* doppelverglast, mit Doppelverglasung
ˌdouble ˈglazing *Nomen (bes BrE)* (Fenster mit) Doppelverglasung
ˌdouble ˈjeopardy *Nomen (AmE)* (RECHT) doppelte Strafverfolgung eines Täters wegen derselben Tat
ˌdouble-ˈjointed *Adj* mit sehr flexiblen Gelenken
ˌdouble ˈlife *Nomen* Doppelleben
ˌdouble-ˈpark *Verb (meist passiv)* = in zweiter Reihe parken
ˌdouble ˈquick *Adv (BrE, umgs)* sehr schnell, in Windeseile
ˌdouble-ˈquick *Adj* [nur vor Nomen] *(BrE, umgs)* ◇ *in double-quick time* im Nu
ˌdouble ˈroom *(auch* **double***) Nomen* Doppelzimmer
double·speak /ˈdʌblspiːk/ *Nomen* [U] Doppelzüngigkeit, zweideutiges Gerede
ˌdouble ˈstandard *Nomen* Doppelmoral
doub·let /ˈdʌblət/ *Nomen* Wams
ˌdouble ˈtake *Nomen* Spätzündung ◇ *do a double take* stutzen
ˌdouble ˈtime *Nomen* [U] doppelter Stundenlohn
doubly /ˈdʌbli/ *Adv (vor Adjektiven)* **1** besonders **2** doppelt, zweifach, auf zweifache Weise
doubt 0-ᴡ /daʊt/ *Nomen, Verb*
▸ ***Nomen*** Zweifel, Ungewissheit ◇ *If you are in any doubt about it, consult your doctor.* Wenn Sie irgendwelche Bedenken haben, fragen Sie Ihren Arzt. ◇ *She knew without a shadow of a doubt that he was lying.* Sie war sich ganz sicher, dass er sie anlog. ◇ *be open to doubt* fragwürdig sein IDM **beyond (any) ˈdoubt** ohne (jeden) Zweifel **be in ˈdoubt** unsicher sein; zweifelhaft sein ◇ *The success of the system is not in doubt.* Der Erfolg des Systems wird nicht bezweifelt. ◇ *Their integrity is not in doubt.* Ihre Integrität steht außer Frage. **have your ˈdoubts (about sth)** (seine) Bedenken (gegen etw/wegen einer Sache) haben **if in ˈdoubt** im Zweifelsfall **ˌno ˈdoubt 1** bestimmt **2** kein Zweifel ◇ *There's no doubt about it.* Daran besteht kein Zweifel. **without/beyond ˈdoubt** ohne Zweifel; zweifellos → *Siehe auch* BENEFIT
▸ ***Verb*** **1** anzweifeln, bezweifeln **2 ~ sb/sth** jdm/einer Sache nicht trauen
doubt·er /ˈdaʊtə(r)/ *Nomen* Zweifler(in)
doubt·ful /ˈdaʊtfl/ *Adj* **1** zweifelhaft, ungewiss, fraglich ◇ *He's doubtful for the game tomorrow.* Es ist fraglich, ob er morgen spielen wird. **2 be ~ (about sth)** (an etw) zweifeln, (hinsichtlich einer Sache) Bedenken haben **3** bedenklich **4** [nur vor Nomen] fragwürdig
doubt·ful·ly /ˈdaʊtfəli/ *Adv* skeptisch, unsicher, zweifelnd
doubt·less /ˈdaʊtləs/ *Adv (seltener* **doubt·less·ly***) (gehoben)* gewiss, sicherlich
douche /duːʃ/ *Nomen* Vaginalspülung
dough /dəʊ; *AmE* doʊ/ *Nomen* **1** Teig **2** *(Slang, veraltet)* Knete
dough·nut *(bes AmE* **do·nut***)* /ˈdəʊnʌt; *AmE* ˈdoʊ-/ *Nomen* Berliner, Donut, Krapfen
doughty /ˈdaʊti/ *Adj (veraltet)* kühn, wacker
doula /ˈduːlə/ *Nomen (AmE)* = Frau, die bei der Geburt emotionale Hilfestellung gibt
dour /ˈdaʊə(r); *BrE auch* dʊə(r); *AmE auch* dʊr/ *Adj* **1** verschlossen, mürrisch, streng **2** düster, öde, nüchtern **3** hartnäckig, stur
douse *(auch* **dowse***)* /daʊs/ *Verb* **1 ~ sth (with sth)** etw (mit etw) löschen **2 ~ sb/sth (in/with sth)** jdn/etw (mit etw) übergießen
dove¹ /dʌv/ *Nomen* Taube *(auch fig)*
dove² *Form von* DIVE
dove·tail /ˈdʌvteɪl/ *Verb, Nomen*
▸ ***Verb*** *(gehoben)* **1 ~ sth (with/into sth)** etw (auf etw) abstimmen **2 ~ (with sth)** (mit etw) zusammenpassen **3 ~ (into sth)** (in/zu etw) passen
▸ ***Nomen*** *(auch* **ˌdovetail ˈjoint***)* Schwalbenschwanzverbindung
dow·ager /ˈdaʊədʒə(r)/ *Nomen* **1** (adlige) Witwe ◇ *the dowager duchess of Norfolk* die Herzoginwitwe von Norfolk **2** *(umgs)* ältere, meist reiche Frau
dowdy /ˈdaʊdi/ *Adj* mausgrau, langweilig
dow·el /ˈdaʊəl/ *Nomen (Holz-)* Dübel
Dow Jones /ˌdaʊ ˈdʒəʊnz; *AmE* ˈdʒoʊnz/ *(auch* **Dow ˈJones index**, **Dow ˈJones average***) Nomen* (FINANZ) Dow-Jones-Index
down 0-ᴡ /daʊn/ *Adv, Präp, Verb, Adj, Nomen*
▸ ***Adv*** ℹ Für Verben mit **down** siehe die Einträge für die Verben. **Climb down** z.B. steht unter **climb**. **1** her-/hinunter ◇ *He looked down at her.* Er sah auf sie hinunter. ◇ *She bent down.* Sie bückte sich. **2** unten ◇ *We're already two goals down.* Wir liegen schon zwei Tore zurück. **3** *(bei Kreuzworträtseln)* senkrecht **4** *(im/nach Süden)* runter, unten **5** auf (Papier) ◇ *Did you get that down?* Hast du das notiert? ◇ *Have you got me down for the trip?* Hast du meinen Namen auf der Liste für den Ausflug? **6 from … down to …** von … bis

hinunter zu ...; **from ... down** angefangen von ... ◇ *Everyone will be there, from the Principal down.* Alle werden da sein, sogar der Rektor. **7** ◇ *At the end of the day we were $20 down.* Am Ende des Tages fehlten uns $20. **8** als Anzahlung **9** (*umgs*) ◇ *Six down and four to go!* Sechs haben wir hinter uns und vier noch vor uns. IDM **be down to sb** (*umgs*) jds Aufgabe sein **be down to sb/sth** an jdm/etw liegen ◇ *She claimed her problems were down to him.* Sie behauptete, dass er an ihren Problemen schuld sei. **be down to sth** nur noch etw haben ◇ *I'm down to my last dollar.* Ich habe nur noch einen Dollar. **be/go down with sth** (*Krankheit*) haben/bekommen **down through sth** (*gehoben*) ◇ *Down through the years/ages/generations* im Laufe der Jahre/Zeiten/Generationen **down 'under** (*umgs*) in Australien **down with sb/sth** nieder mit jdm/etw

▸ ***Präp*** **1** her-/hinunter ◇ *Tears ran down her face.* Tränen liefen ihr übers Gesicht. ◇ *Her hair hung down her back to her waist.* Ihr Haar reichte bis zur Taille. **2** entlang, runter, hinunter ◇ *just down the street* etwas weiter unten in der Straße ◇ *a mile down the river* eine Meile flussabwärts **3** (*mit Zeitspannen*) durch ◇ *an exhibition of costumes down the ages* eine Ausstellung von Trachten durch die Jahrhunderte

▸ ***Verb*** (*umgs*) **1** schnell austrinken, schnell aufessen **2** (*Flugzeug*) abschießen; (*Menschen*) überwältigen, zu Fall bringen IDM **,down 'tools** die Arbeit niederlegen

▸ ***Adj*** [nicht vor Nomen] **1** (*umgs*) niedergeschlagen **2** (*Computer*) außer Betrieb IDM → HIT, KICK, LUCK *und* MOUTH

▸ ***Nomen*** [U] **1** Daunen **2** Flaum IDM **have a 'down on sb/sth** (*BrE, umgs*) etwas gegen jdn/etw haben ◇ *She's got a down on me.* Sie hat mich auf dem Kieker. → *Siehe auch* UP

down and 'out *Nomen* Penner(in)

down at 'heel *Adj* heruntergekommen

down·beat /ˈdaʊnbiːt/ *Adj* (*umgs*) **1** gedrückt, pessimistisch **2** nüchtern, undramatisch

down·cast /ˈdaʊnkɑːst; *AmE* -kæst/ *Adj* (*gehoben*) **1** (*Blick*) gesenkt **2** (*Mensch*) niedergeschlagen, entmutigt

down·er /ˈdaʊnə(r)/ *Nomen* (*Slang*) **1** Beruhigungsmittel **2** (*fig*) Enttäuschung, Rückschlag **3** **on a ~** nicht in Form

down·fall /ˈdaʊnfɔːl/ *Nomen* [Sing] Sturz, Ruin

down·grade /ˌdaʊnˈɡreɪd/ *Verb* **1** herunterstufen **2** abwerten

down·grad·ing /ˌdaʊnˈɡreɪdɪŋ/ *Nomen* **1** Herunterstufung **2** Abwertung

down·heart·ed /ˌdaʊnˈhɑːtɪd; *AmE* -ˈhɑːrtɪd/ *Adj* [nicht vor Nomen] niedergeschlagen, entmutigt

down·hill *Adv, Adj, Nomen*

▸ ***Adv*** /ˌdaʊnˈhɪl/ bergab IDM **,go down'hill** bergab gehen

▸ ***Adj*** /ˌdaʊnˈhɪl/ abschüssig ◇ *downhill skiing* Abfahrtslauf IDM **be (all) down'hill; be downhill all the 'way** (*umgs*) **1** ganz einfach sein **2** bergab gehen

▸ ***Nomen*** /ˈdaʊnhɪl/ Abfahrtslauf

down-'home *Adj* (*AmE*) rustikal, heimelig, natürlich

Down·ing Street /ˈdaʊnɪŋ striːt/ *Nomen* [Sing] **1** = Straße in London, in der sich die Wohnsitze des Premierministers und des Finanzministers befinden **2** (*fig*) der/die britische Premierminister(in) und die Regierung

down·load /ˌdaʊnˈləʊd; *AmE* -ˈloʊd/ *Verb* (COMP) herunterladen

down·load·able /ˌdaʊnˈləʊdəbl; *AmE* -ˈloʊ-/ *Adj* herunterladbar

down·mark·et /ˌdaʊnˈmɑːkɪt; *AmE* -ˈmɑːrkɪt/ *Adj, Adv*

▸ ***Adj*** (*abwert*) billig, Massen-

▸ ***Adv*** (*abwert*) **go ~** sich auf den Massenmarkt konzentrieren

down·play /ˌdaʊnˈpleɪ/ *Verb* herunterspielen

down·pour /ˈdaʊnpɔː(r)/ *Nomen* [meist Sing] Wolkenbruch

down·right /ˈdaʊnraɪt/ *Adj* [nur vor Nomen], *Adv* ausgesprochen

down·river /ˌdaʊnˈrɪvə(r)/ *Adv* flussabwärts

downs /daʊnz/ *Nomen* **the downs** [Pl] (*bes in Südengland*) Hügelland

down·scale /ˌdaʊnˈskeɪl/ *Adj, Adv*

▸ ***Adj*** (*AmE, abwert*) billig

▸ ***Adv*** (*AmE*) **go ~** sich auf den Massenmarkt konzentrieren

down·shift /ˈdaʊnʃɪft/ *Verb, Nomen*

▸ ***Verb*** (*AmE*) (*beim Auto*) (einen Gang) runterschalten/zurückschalten (*auch fig*)

▸ ***Nomen*** Runterschalten (*auch fig*), Zurückschalten (*auch fig*)

down·shift·er /ˈdaʊnʃɪftə(r)/ *Nomen* Aussteiger(in)

down·side /ˈdaʊnsaɪd/ *Nomen* [Sing] Kehrseite, Nachteil

down·size /ˈdaʊnsaɪz/ *Verb* **1** (WIRTSCH) sich verkleinern **2** verkleinern; (*Personal*) abbauen

down·spout /ˈdaʊnspaʊt/ *Nomen* (*AmE*) **1** Regenrohr **2** Abflussrohr

'Down's syndrome *Nomen* Downsyndrom

down·stairs 🔑 /ˌdaʊnˈsteəz; *AmE* -ˈsterz/ *Adv, Adj, Nomen*

▸ ***Adv*** **1** (die Treppe) hin-/herunter **2** unten

▸ ***Adj*** [nur vor Nomen] im Erdgeschoss gelegen

▸ ***Nomen*** [Sing] Erdgeschoss, Parterre

down·stream /ˌdaʊnˈstriːm/ *Adv, Adj*

▸ ***Adv*** stromabwärts, flussabwärts

▸ ***Adj*** flussabwärts gelegen

down·time /ˈdaʊntaɪm/ *Nomen* (COMP) Ausfallzeit

,down to 'earth *Adj* praktisch, mit beiden Beinen auf der Erde stehend

down·town /ˌdaʊnˈtaʊn/ *Adv, Adj*

▸ ***Adv*** (*bes AmE*) in die/der Innenstadt, ins/im Geschäftsviertel

▸ ***Adj*** (*bes AmE*) im Stadtzentrum gelegen ◇ *downtown Detroit* das Stadtzentrum von Detroit

down·trend /ˈdaʊntrend/ *Nomen* (*AmE*) Abwärtstrend

down·trod·den /ˈdaʊntrɒdn; *AmE* -trɑːdn/ *Adj* (*Menschen*) unterdrückt

down·turn /ˈdaʊntɜːn; *AmE* -tɜːrn/ *Nomen* [meist Sing] **~ (in sth)** Rückgang (in/an etw), Rezession (in etw)

down·vote /ˈdaʊnvəʊt; *AmE* -voʊt/ *Verb, Nomen*

▸ ***Verb*** downvoten, runtervoten ◇ *Someone will probably disagree and downvote.* Irgendjemand wird sicher irgendetwas auszusetzen haben und ein negatives Voting geben.

▸ ***Nomen*** Downvote

down·ward 🔑 /ˈdaʊnwəd; *AmE* -wərd/ *Adj* abfallend ◇ *the downward slope of a hill* das Gefälle eines Hügels ◇ *the downward trend in inflation* der Abwärtstrend der Inflationsrate

down·wards 🔑 /ˈdaʊnwədz; *AmE* -wərdz/ (*bes AmE* **down·ward**) *Adv* nach unten, abwärts ◇ *politicians from the Prime Minister downwards* Politiker vom Premierminister abwärts

down·wind /ˌdaʊnˈwɪnd/ *Adv, Adj* in Windrichtung ◇ *people living downwind of the fire* Anwohner, die in Windrichtung des Feuers wohnen ◇ *sail downwind* mit dem Wind segeln ◇ *a downwind landing* eine Landung mit dem Wind im Rücken

downy /ˈdaʊni/ *Adj* flaumig, weich

dowry /ˈdaʊri/ *Nomen* (*Pl* **-ies**) **1** Mitgift **2** Brautpreis

dowse /daʊz/ *Verb* **1** mit einer Wünschelrute suchen **2** /daʊs/ = DOUSE

dow·ser /ˈdaʊzə(r)/ *Nomen* Wünschelrutengänger(in)

dox (*auch* **doxx**) /dɒks; *AmE* dɑːks/ *Verb* (*umgs*) doxen

doyen /ˈdɔɪən/ *Nomen* Altmeister

doy·enne /dɔɪˈen/ *Nomen* Altmeisterin

doz. *Abk* = DOZEN

doze /dəʊz; *AmE* doʊz/ *Verb, Nomen*

▸ ***Verb*** dösen **PHRV** ˌ**doze ˈoff** einnicken

▸ ***Nomen*** [Sing] Nickerchen

dozen 0‑ /ˈdʌzn/ *Nomen* (*Pl* **dozen**) **1** (*Abk* **doz.**) Dutzend **2** **dozens** [Pl] (*umgs*) Dutzende **IDM** → BAKER, DIME, NINETEEN *und* SIX

dozy /ˈdəʊzi; *AmE* ˈdoʊ-/ *Adj* (*umgs*) **1** schläfrig **2** (*BrE*) dösig

DPhil /ˌdiː ˈfɪl/ *Nomen* (*BrE*) *Kurzform von* **Doctor of Philosophy** Dr. phil.

DPP /ˌdiː piː ˈpiː/ (*BrE*) *Kurzform von* **Director of Public Prosecutions** ≈ Generalstaatsanwalt

Dr. (*BrE auch* **Dr**) *Abk* **1** = DOCTOR **2** (*in Straßennamen*) = DRIVE

drab /dræb/ *Adj* (**drab·ber**, **drab·best**) trist, eintönig

drab·ness /ˈdræbnəs/ *Nomen* Tristheit, Eintönigheit

drabs /dræbz/ *Nomen* **IDM** → DRIBS

dra·co·nian /drəˈkəʊniən; *AmE* -ˈkoʊ-/ *Adj* (*gehoben*) drakonisch

draft 0‑ /drɑːft; *AmE* dræft/ *Nomen, Verb, Adj*

▸ ***Nomen*** **1** Entwurf ◇ *a draft agreement* ein Vertragsentwurf ◇ *I've made a rough draft of the letter.* Ich habe den Brief in groben Zügen aufgesetzt. ◇ *the final draft* die endgültige Fassung **2** (FINANZ) Wechsel **3** **the draft** [Sing] (*bes AmE*) (MIL) die Einberufung **4** [Sing] (*AmE*) = System, wobei professionelle Mannschaften in manchen Sportarten jedes Jahr einige Studenten als Mitglieder anwerben **5** (*AmE*) = DRAUGHT

▸ ***Verb*** (*bes BrE* **draught**) **1** entwerfen, aufsetzen **2** abkommandieren, abordnen **3** (*meist passiv*) (*AmE*) **~ sb (into sth)** jdn (zu etw) einberufen, jd (zu etw) einziehen

▸ ***Adj*** (*AmE*) = DRAUGHT

ˈ**draft dodger** *Nomen* (*AmE, abwert*) = jd, der sich vor dem Wehrdienst drückt

draft·ee /ˌdrɑːfˈtiː; *AmE* ˌdræf-/ *Nomen* (*AmE*) Wehrpflichtige(r)

drafts·man /ˈdrɑːftsmən; *AmE* ˈdræfts-/ *Nomen* (*Pl* **-men** /-mən/) **1** (*AmE*) = DRAUGHTSMAN **2** = Mann, der offizielle oder juristische Dokumente aufsetzt

drafts·man·ship (*AmE*) = DRAUGHTSMANSHIP

drafts·pers·on (*AmE*) = DRAUGHTSPERSON

drafts·woman /ˈdrɑːftswʊmən; *AmE* ˈdræfts-/ *Nomen* (*Pl* **-women** /-wɪmɪn/) **1** (*AmE*) = DRAUGHTSWOMAN **2** = Frau, die offizielle oder juristische Dokumente aufsetzt

drafty (*AmE*) = DRAUGHTY

drag 0‑ /dræg/ *Verb, Nomen*

▸ ***Verb*** (**-gg-**) **1** (mit Mühe) ziehen, schleifen **2** sich schleppen ◇ *I managed to drag myself out of bed.* Ich kam mit Mühe aus dem Bett. ◇ *She always drags behind when we go for a walk.* Sie trödelt immer hinterher, wenn wir spazieren gehen. **3** schleifen, zerren ◇ *I'm sorry to drag you here in the heat.* Es tut mir leid, dass ich dich in dieser Hitze hergeschleppt habe. ◇ *The party was so good I couldn't drag myself away.* Die Party war so gut, dass ich mich nicht losreißen konnte. **4** sich in die Länge ziehen ◇ *The meeting really dragged.* Die Besprechung zog sich endlos hin. **5** **~ sth (for sb/sth)** (*Gewässer*) (nach jdm/etw) absuchen **6** (COMP) hinüberziehen **IDM** **drag your ˈfeet/ˈheels** **1** schlurfen **2** (*fig*) sich Zeit lassen; eine Verzögerungstaktik betreiben ◇ *He accused the government of dragging its feet on reducing hours.* Er beschuldigte die Regierung, die Arbeitszeitverkürzung hinauszuzögern. **PHRV** ˌ**drag sb ˈdown** jdn deprimieren, jdn fertig machen ˌ**drag sb/sth ˈdown (to sth)** jdn/etw (zu etw) hinunterziehen ˌ**drag sth/sb ˈin** **1** etw/jdn hineinziehen, jdn/etw ins Spiel bringen **2** jdn mit hineinziehen ˌ**drag sth/sb ˈinto sth** etw/jdn in etw hineinziehen ◇ *Must you always drag politics into everything?* Musst du immer die Politik ins Spiel bringen? ˌ**drag ˈon** (*abwert*) sich hinziehen ˌ**drag sth ˈout** etw in die Länge ziehen ˌ**drag sth ˈout (of sb)** etw aus jdm herausquetschen ˌ**drag sth ˈup** (*Geschichte etc.*) ausgraben ◇ *Why do you have to keep dragging up my divorce?* Warum musst du immer wieder meine Scheidung aufs Tapet bringen?

▸ ***Nomen*** **1** [Sing] (*umgs*) Langweiler(in), langweilige/blöde Sache ◇ *Walking's a drag—let's drive there.* Zu-Fuß-Gehen ist öde—nehmen wir doch den Wagen. **2** [Sing] (*umgs*) **~ on sb/sth** Hemmschuh für jdn/etw **3** (*umgs*) (*von Männern getragene*) Frauenkleidung ◇ *a drag queen* eine Tunte **4** (*umgs*) (*an einer Zigarette etc.*) Zug **5** (NATURW) Luftwiderstand → *Siehe auch* MAIN DRAG

dragon /ˈdrægən/ *Nomen* **1** Drache **2** (*bes BrE, abwert*) (*Frau*) Drachen

dragon·fly /ˈdrægənflaɪ/ *Nomen* (*Pl* **-ies**) Libelle

drag·oon /drəˈguːn/ *Verb* **PHRV** **draˈgoon sb into sth** jdn zu etw zwingen

drain /dreɪn/ *Verb, Nomen*

▸ ***Verb*** **1** entwässern, trockenlegen, abgießen ◇ *drain a central heating system* das Wasser aus einer Zentralheizung ablassen **2** abtropfen, sich leeren **3** **~ sth (from/out of sth)** etw (aus etw) ableiten; **~ sth (away/off)** etw abtropfen lassen ◇ *We had to drain the oil out of the engine.* Wir mussten das Motorenöl ablassen. **4** **~ (away/off)** abfließen ◇ *The river drains into a lake.* Der Fluss mündet in einen See. ◇ *All the colour drained from his face.* Alles Blut wich aus seinem Gesicht. ◇ *My anger slowly drained away.* Mein Zorn verrauchte langsam. **5** austrinken, leeren **6** **~ sb** jdn auslaugen; **~ sth** etw aufbrauchen, etw aufzehren ◇ *I felt drained of energy.* Ich fühlte mich ausgelaugt. ◇ *an exhausting and draining experience* ein anstrengendes und aufreibendes Erlebnis **7** **~ sb/sth of sth** jdn/etw einer Sache berauben ◇ *Her face was drained of colour.* Die Farbe war aus ihrem Gesicht gewichen.

▸ ***Nomen*** **1** Abfluss(rohr) **2** (*BrE*) Gully **3** (*AmE*) Abfluss **4** [Sing] **~ on sb/sth** Belastung für jdn/etw **IDM** **down the ˈdrain** (*umgs*) vergeudet ◇ *It's money down the drain.* Das ist hinausgeworfenes Geld. **go down the ˈdrain** (*umgs*) auf den Hund kommen → *Siehe auch* LAUGH

drain·age /ˈdreɪnɪdʒ/ *Nomen* **1** Entwässerung **2** Kanalisation

drained /dreɪnd/ *Adj* erschöpft

ˈ**draining board** (*AmE* ˈ**drain·board**) *Nomen* Abtropffläche

drain·pipe /ˈdreɪnpaɪp/ *Nomen* **1** Regenrohr **2** Abflussrohr

drake /dreɪk/ *Nomen* Enterich

dram /dræm/ *Nomen* (*SchotE*) (*Whisky etc.*) Schluck

drama 0‑ /ˈdrɑːmə/ *Nomen* **1** Schauspiel, Fernsehspiel, Hörspiel ◇ *a historical drama* ein historisches Stück **2** Drama (*auch fig*) ◇ *a drama critic* ein(e) Theaterkritiker(in) ◇ *a drama student* ein(e) Schauspielschüler(in) ◇ *I studied English and Drama at college.* Ich habe Englisch und darstellende Kunst studiert. **3** Dramatik **IDM** **make a drama out of sth** ein Drama aus etw machen

dra·mat·ic 0→ /drəˈmætɪk/ *Adj* (*Adv* **dra·mat·ic·al·ly** /-kli/) **1** dramatisch **2** Theater- ◇ *dramatic societies* Theatergruppen **3** theatralisch ◇ *He flung out his arms in a dramatic gesture.* Er breitete theatralisch seine Arme aus.

draˌmatic ˈirony *Nomen* dramatische Ironie

dra·mat·ics /drəˈmætɪks/ *Nomen* [Pl] theatralisches Gehabe → *Siehe auch* AMATEUR DRAMATICS

drama·tist /ˈdræmətɪst/ *Nomen* Dramatiker(in) ◇ *a TV dramatist* ein(e) Fernsehspielautor(in)

drama·tiza·tion (*BrE auch* **-isa·tion**) /ˌdræmətaɪˈzeɪʃn; *AmE* -təˈ-/ *Nomen* Bühnen-/Fernsehbearbeitung; (*fig*) Dramatisierung

drama·tize (*BrE auch* **-ise**) /ˈdræmətaɪz/ *Verb* **1** für die Bühne bearbeiten, fürs Fernsehen bearbeiten **2** (*fig*) dramatisieren

drank *Form von* DRINK

drape /dreɪp/ *Verb, Nomen*

▸ ***Verb*** **1 ~ sth around/over/across, etc. sth** etw um/über etc. etw hängen ◇ *She had a shawl draped round her shoulders.* Sie hatte einen Schal um ihre Schultern drapiert. **2 ~ sb/sth in/with sth** jdn/etw in etw hüllen **3 ~ sth around/round/over, etc. sth** etw um/über etc. etw legen ◇ *His arm was draped casually around her shoulders.* Er hatte seinen Arm lässig um ihre Schultern gelegt.

▸ ***Nomen*** [meist Pl] (*bes AmE*) (langer schwerer) Vorhang

dra·pery /ˈdreɪpəri/ *Nomen* **1** (*auch* **dra·per·ies**) [Pl] Behang **2** [meist Pl] (*AmE*) Vorhang

dras·tic /ˈdræstɪk; *BrE auch* ˈdrɑːstɪk/ *Adj* (*Adv* **dras·tic·al·ly** /-kli/) drastisch

drat /dræt/ *Ausruf* (*veraltet, umgs*) Verflixt!

drat·ted /ˈdrætɪd/ *Adj* (*BrE, umgs*) verflixt

draught /drɑːft; *AmE* dræft/ *Nomen, Adj, Verb*

▸ ***Nomen*** (*AmE* **draft**) **1** (Luft)zug ◇ *There's a draught in here.* Hier zieht's. ◇ *I'm sitting in a draught.* Mir zieht's. **2** (*gehoben*) Schluck, Zug **3** (*veraltet oder gehoben*) Arzneisaft ◇ *a sleeping draught* ein Schlaftrunk **4 draughts** [U] (*BrE*) Dame(spiel) **IDM** **on ˈdraught** (*BrE*) vom Fass

▸ ***Adj*** **1** Fass- ◇ *draught beer* Fassbier **2** Zug- ◇ *a draught horse* ein Zugpferd

▸ ***Verb*** (*bes BrE*) = DRAFT

draught·board /ˈdrɑːftbɔːd; *AmE* ˈdræftbɔːrd/ *Nomen* (*BrE*) Damebrett

ˈdraught excluder *Nomen* (*BrE*) Dichtungsband

draughts·man (*AmE* **drafts·man** /ˈdrɑːftsmən; *AmE* ˈdræfts-/) *Nomen* (*Pl* **-men** /-mən/) **1** technischer Zeichner, Bauzeichner **2** Zeichner ◇ *He's a poor draughtsman.* Er kann nicht gut zeichnen.

draughts·man·ship (*AmE* **drafts·man·ship**) /ˈdrɑːftsmənʃɪp; *AmE* ˈdræfts-/ *Nomen* zeichnerisches Können

draughts·person (*AmE* **drafts·person**) /ˈdrɑːftspɜːsn; *AmE* -pɜːrsn/ *Nomen* technische(r) Zeichner(in), Bauzeichner(in)

draughts·woman (*AmE* **drafts·woman**) /ˈdrɑːftswʊmən; *AmE* ˈdræfts-/ *Nomen* (*Pl* **-women** /-mən/) **1** technische Zeichnerin, Bauzeichnerin **2** Zeichnerin ◇ *She's a good draughtswoman.* Sie kann gut zeichnen.

draughty (*AmE* **drafty** /ˈdrɑːfti; *AmE* ˈdræf-/) *Adj* (**draught·ier, draughti·est**) zugig

draw 0→ /drɔː/ *Verb, Nomen*

▸ ***Verb*** (**drew** /druː/, **drawn** /drɔːn/) **1** zeichnen ◇ *You draw beautifully.* Du kannst wunderbar zeichnen. **2** ziehen ◇ *I tried to draw him aside.* Ich versuchte ihn auf die Seite zu ziehen. ◇ *She drew a revolver on me.* Sie zog einen Revolver und zielte auf mich. ◇ *a horse-drawn carriage* eine Pferdekutsche ◇ *draw a distinction* einen Unterschied machen **3** (*Vorhänge etc.*) aufziehen, zuziehen ◇ *The blinds were drawn.* Die Jalousie war heruntergelassen. **4** (heran)kommen ◇ *The train drew in.* Der Zug fuhr ein. ◇ (*fig*) *Her retirement is drawing near.* Ihre Pensionierung rückt näher. **5** anziehen, anlocken ◇ *She felt drawn to him.* Sie fühlte sich zu ihm hingezogen. **6 ~ sth (from sb)** etw (bei jdm) hervorrufen ◇ *The announcement drew loud applause from the audience.* Die Ankündigung wurde vom Publikum mit lautem Beifall begrüßt. **7 ~ sb (about/on sth)** jdn (über etw) zum Reden bringen ◇ *Spielberg refused to be drawn on his next movie.* Über seinen nächsten Film war aus Spielberg nichts herauszuholen. **8** (*Los*) ziehen ◇ *draw lots* losen ◇ *Names were drawn from a hat for the last few places.* Die allerletzten Plätze wurden verlost. ◇ *Italy has been drawn against Spain/drawn to play Spain.* Italien ist gegen Spanien ausgelost worden. **9** auslosen ◇ *We drew for partners.* Wir haben die Partner ausgelost. **10 ~ (with/against sb)** (gegen jdn) unentschieden spielen **11** (*Geld*) abheben ◇ *She went to the post office to draw her pension.* Sie ging zur Post, um ihre Rente abzuholen. **12** (*gehoben*) (*Gehalt, Rente*) beziehen **13** (*Scheck*) ausstellen ◇ *The cheque was drawn on his personal account.* Der Scheck war auf sein Privatkonto ausgestellt. **14** schöpfen, beziehen, zapfen ◇ *draw water from the well* Wasser aus dem Brunnen schöpfen ◇ *information drawn mainly from published works* vornehmlich aus veröffentlichtem Material stammende Informationen **15 ~ at/on sth** (*Pfeife etc.*) an etw ziehen **16 ~ sth in** etw einatmen **IDM** **draw a ˈblank** keinen Erfolg haben ◇ *So far, the police investigation has drawn a blank.* Die polizeilichen Nachforschungen haben bis jetzt nichts ergeben. **draw ˈbreath** (*AmE* **draw a ˈbreath**) **1** Atem holen ◇ *She talks all the time and hardly stops to draw breath.* Sie redet ohne Luft zu holen. **2** (*gehoben*) leben **draw sb's ˈfire** jds Feuer auf sich lenken **draw the ˈline (at sth)** (bei etw) nicht mehr mitmachen ◇ *You have to draw the line somewhere.* Irgendwo muss Schluss sein. **draw the ˈline (between A and B)** die Grenze (zwischen A und B) ziehen **ˌdraw the short ˈstraw** (*BrE*) den Kürzeren ziehen **ˌdraw ˈstraws (for sth)** (etw) auslosen ◇ *We drew straws for who went first.* Wir losten darum, wer zuerst gehen sollte. → *Siehe auch* DAGGER, HEIGHT, HORN, LOT *und* SIDE **PHR V** **ˌdraw ˈback** zurückweichen **ˌdraw ˈback (from sth)** von etw absehen, von etw Abstand nehmen **ˈdraw sth back** etw zurückziehen; (*Haar*) zurücknehmen; (*Mund*) verziehen **ˌdraw ˈin** ◇ *The nights/days are drawing in.* Die Nächte werden länger/die Tage werden kürzer. **ˌdraw sb ˈin** jdn hineinziehen, jdn anziehen ◇ *The book gradually draws you in.* Das Buch nimmt einen immer mehr gefangen. **ˈdraw sb into sth** jdn in etw hineinziehen ◇ *youngsters drawn into a life of crime* Jugendliche, die in die Kriminalität abgleiten **ˌdraw sth ˈoff** etw abzapfen, etw ablassen **ˌdraw ˈon** (*gehoben*) fortschreiten ◇ *Night was drawing on.* Es war spät in der Nacht. **ˈdraw on/upon sth** aus etw schöpfen, von etw zehren ◇ *I'll have to draw on my savings.* Ich werde auf meine Ersparnisse zurückgreifen müssen. **ˌdraw sth ˈon** (*gehoben*) (*Kleidung*) anziehen **ˌdraw ˈout** (*Tage, Abende*) länger werden **ˌdraw sb ˈout** jdn aus der Reserve locken, jdn aus sich herauslocken **ˌdraw sth ˈout** etw ausdehnen, etw in die Länge ziehen **ˌdraw sb toˈgether** jdn zusammenführen, jdn zusammenbringen, jdn zusammenrufen **ˌdraw sth toˈgether** etw zusammentragen, etw zusammenführen **ˌdraw ˈup** vorfahren **ˌdraw sth ˈup** **1** etw aufsetzen, etw formulieren ◇ *draw up guidelines* Richtlinien aufstellen **2** (*Stuhl*) heranziehen **ˌdraw yourself ˈup** sich aufrichten

▸ ***Nomen*** **1** (*bes BrE*) Unentschieden ◇ *He managed to hold Smith to a draw.* Er konnte gegen Smith ein

Unentschieden herausholen. **2** [meist Sing] Auslosung, Ziehung ◇ *a prize draw* eine Verlosung **3** (*BrE*) (SPORT) = Spiel, bei dem die Gegner ausgelost werden ◇ *Liverpool have an away draw against Manchester United.* Liverpool hat ein Auswärtsspiel gegen Manchester United. **4** [meist Sing] Runde (*in einem Turnier*) ◇ *the main draw* die Hauptrunde ◇ *the top/bottom half of the draw* die obere/unteren Hälfte des Spielplans **5** Attraktion **IDM** → LUCK

draw·back /ˈdrɔːbæk/ *Nomen* Nachteil, Haken

draw·bridge /ˈdrɔːbrɪdʒ/ *Nomen* Zugbrücke

drawer 🔑 /drɔː(r)/ *Nomen* Schublade

drawers /drɔːz; *AmE* drɔːrz/ *Nomen* [Pl] (*veraltet*) Unterhose

draw·ing 🔑 /ˈdrɔːɪŋ/ *Nomen* **1** Zeichnung ◇ *He did/made a drawing of the old farm.* Er zeichnete den alten Bauernhof. **2** Zeichnen ◇ *I'm not very good at drawing.* Ich kann nicht gut zeichnen. **3** (*AmE*) Auslosung, Verlosung

ˈdrawing board *Nomen* Reißbrett **IDM** **back to the ˈdrawing board** ◇ *They rejected our proposal, so it's back to the drawing board.* Unser Plan wurde abgelehnt, also müssen wir wieder ganz von vorn anfangen. **on the ˈdrawing board** in der Planung

ˈdrawing pin *Nomen* (*BrE*) Reißzwecke

ˈdrawing power *Nomen* (*AmE*) (*auch fig*) Zugkraft

ˈdrawing room *Nomen* (*gehoben oder veraltet*) Salon

drawl /drɔːl/ *Verb, Nomen*

▸ ***Verb*** gedehnt sprechen ◇ *'Hi there!' she drawled lazily.* „Hallo!" sagte sie gedehnt.

▸ ***Nomen*** gedehnter Tonfall

drawn /drɔːn/ *Adj* abgespannt → *Siehe auch* DRAW

draw·string /ˈdrɔːstrɪŋ/ *Nomen* Durchziehband, Kordel

dray /dreɪ/ *Nomen* Rollwagen

dread /dred/ *Verb, Nomen*

▸ ***Verb*** fürchten ◇ *I dread being ill.* Mir graut's davor, krank zu werden. ◇ *I dread to think what would happen if there was a fire.* Ich wage nicht daran zu denken, was bei einem Brand passieren würde.

▸ ***Nomen*** [meist Sing] Angst, Grauen

dread·ed /ˈdredɪd/ (*gehoben* **dread**) *Adj* [nur vor Nomen] gefürchtet

dread·ful /ˈdredfl/ *Adj* (*Adv* **dread·ful·ly** /-fəli/) (*bes BrE*) schrecklich, fürchterlich ◇ *What a dreadful thing to say!* Wie kann man nur so etwas sagen!

dread·locks /ˈdredlɒks; *AmE* -lɑːks/ (*umgs* **dreads** /dredz/) *Nomen* [Pl] Dreadlocks, Rasta-Locken

dream 🔑 /driːm/ *Verb, Nomen*

▸ ***Verb*** (**dreamt** /dremt/, **dreamt** *oder* **dreamed, dreamed**) träumen ◇ *I wouldn't dream of going without you.* Es würde mir nicht im Traum einfallen, ohne dich zu gehen. ◇ *Who'd have dreamt it?* Wer hätte sich das träumen lassen? ◇ *I never dreamt (that) …* Ich hätte nicht im Traum gedacht, dass … **IDM** **ˌDream ˈon!** Träum nur weiter! **PHR V** **ˌdream sth aˈway** etw verträumen **ˌdream sth ˈup** (*umgs*) sich etw ausdenken ◇ *Trust you to dream up a crazy idea like this!* Das sieht dir ähnlich, auf so eine verrückte Idee zu kommen!

▸ ***Nomen*** Traum ◇ *Sweet dreams.* Träume süß. ◇ *She walked around in a dream all day.* Den ganzen Tag lief sie herum wie im Traum. ◇ *That meal was an absolute dream.* Das Essen war ein Gedicht. **IDM** **go/work like a ˈdream** **1** wie geschmiert gehen/laufen **2** wie am Schnürchen klappen **in your ˈdreams** (*umgs*) im Traum vielleicht **like a bad ˈdream** wie ein böser Traum → *Siehe auch* WILD

dream·er /ˈdriːmə(r)/ *Nomen* **1** (*manchmal abwertend*) Träumer(in) **2** Träumende(r)

dream·ily *Adv* → DREAMY

dreami·ness /ˈdriːminəs/ *Nomen* Verträumtheit

dream·land /ˈdriːmlænd/ *Nomen* (*bes BrE, abwert*) Traumland, Reich der Träume

dream·less /ˈdriːmləs/ *Adj* traumlos

dream·like /ˈdriːmlaɪk/ *Adj* wie im Traum

dreamt *Form von* DREAM

ˈdream ticket *Nomen* [Sing] ideales Team

dreamy /ˈdriːmi/ *Adj* (**dream·ier, dreami·est**) (*Adv* **dream·ily** /-mɪli/) **1** verträumt ◇ *She had a dreamy look in her eyes.* Ihr Blick hatte etwas Träumerisches. ◇ *a slow, dreamy melody* eine langsame Melodie zum Träumen **2** wie im Traum **3** (*umgs*) traumhaft

dreari·ness /ˈdrɪərinəs; *AmE* ˈdrɪr-/ *Nomen* Trostlosigkeit, Eintönigkeit

dreary /ˈdrɪəri; *AmE* ˈdrɪri/ *Adj* (**drear·ier, dreari·est**) (*Adv* **drear·ily** /-rəli/) trüb, trostlos

dreck /drek/ *Nomen* [U] (*Slang, bes AmE*) Mist, Schrott ◇ *The movie is utter dreck.* Der Film ist Scheiße.

dredge /dredʒ/ *Verb* **1** ausbaggern ◇ *They dredge the bay for gravel.* In der Bucht wird Kies abgebaut. **2** (*mit Zucker etc.*) bestäuben **PHR V** **ˌdredge sth ˈup** **1** etw (wieder) ausgraben **2** sich etw ins Gedächtnis zurückrufen

dredger /ˈdredʒə(r)/ *Nomen* (Schwimm)bagger

dregs /dregz/ *Nomen* [Pl] **1** (Boden)satz **2** Abschaum

drench /drentʃ/ *Verb* durchnässen ◇ *drenched to the skin* nass bis auf die Haut ◇ *drenched with sweat* schweißnass

dress 🔑 /dres/ *Nomen, Verb*

▸ ***Nomen*** **1** Kleid **2** [U] Kleider ◇ *a strict dress code* strenge Kleidervorschriften ◇ *She has no dress sense.* Sie hat keine Ahnung, wie man sich schick anzieht.

▸ ***Verb*** **1** sich anziehen ◇ *I dressed quickly.* Ich zog mich schnell an. ◇ *You should dress for cold weather today.* Du solltest dich heute warm anziehen. ◇ *He was dressed as a woman.* Er trug Frauenkleidung. ◇ *dress for dinner* sich zum Abendessen umziehen **2** ~ **sb** jdn anziehen, jdn einkleiden **3** (*Wunde*) verbinden **4** (*Geflügel*) ausnehmen **5** (*Salat*) anmachen **6** (*Schaufenster*) dekorieren **IDM** → MUTTON *und* PART **PHR V** **ˌdress ˈdown** sich leger kleiden **ˌdress sb ˈdown** jdn herunterputzen **ˌdress ˈup** **1** sich fein anziehen **2** sich verkleiden **ˌdress sb ˈup** jdn verkleiden **ˌdress sth ˈup** etw beschönigen, etw frisieren

dress·age /ˈdresɑːʒ/ *Nomen* [U] Dressur(reiten)

ˌdress ˈcircle *Nomen* (*bes BrE*) (THEAT) erster Rang

dressed 🔑 /drest/ *Adj* [nicht vor Nomen] angezogen ◇ *Get dressed!* Zieh dich an! ◇ *casually dressed* leger gekleidet ◇ *She was dressed in white.* Sie trug Weiß. **IDM** **dressed to ˈkill** (*umgs*) todschick herausgeputzt **dressed (up) to the ˈnines** (*umgs*) groß in Schale

dress·er /ˈdresə(r)/ *Nomen* **1** (*BrE*) Anrichte (mit Tellerborden), Küchenschrank **2** (*AmE*) Kommode **3** ◇ *He's a snappy dresser.* Er ist immer flott gekleidet. **4** Garderobier(e)

dress·ing /ˈdresɪŋ/ *Nomen* **1** = SALAD DRESSING **2** (*AmE*) Füllung **3** (MED) Verband **4** Anziehen, Ankleiden

ˈdressing gown *Nomen* (*BrE*) Bademantel

ˈdressing room *Nomen* **1** Umkleide(kabine) **2** (Künstler)garderobe **3** (*AmE*) Ankleidezimmer **4** (*AmE*) Anproberaum

ˈdressing table *Nomen* Frisierkommode

dress·maker /ˈdresmeɪkə(r)/ *Nomen* Damenschneider(in)

dress·mak·ing /ˈdresmeɪkɪŋ/ *Nomen* Schneidern

ˌdress reˈhearsal *Nomen* Generalprobe, Kostümprobe

drew *Form von* DRAW

drib·ble /ˈdrɪbl/ *Verb, Nomen*
▸ ***Verb*** **1** sabbern **2** tröpfeln **3** träufeln **4** (SPORT) dribbeln
▸ ***Nomen*** **1** ein paar Tropfen ◇ *in a dribble* tröpfenweise **2** *(bes BrE)* Speichel, Sabber **3** (SPORT) Dribbling

dribs /drɪbz/ *Nomen* [Pl] IDM **in ˌdribs and ˈdrabs** *(umgs)* kleckerweise

dried *Form von* DRY

ˌdried ˈfruit *Nomen* Trockenobst, Dörrobst

drier /ˈdraɪə(r)/ **1** = DRYER **2** *Form von* DRY

drift /drɪft/ *Nomen, Verb*
▸ ***Nomen*** **1** [Sing] Bewegung, Tendenz ◇ *the drift away from rural areas* die Landflucht **2** [U] Drift, Abdriften **3** Strömung **4** Verwehung ◇ *deep drifts of snow* hohe Schneewehen **5** ◇ *daffodils planted in informal drifts* in lockeren Gruppen gepflanzte Osterglocken **6** [Sing] ◇ *Do you catch my drift?* Verstehen Sie, worauf ich hinauswill? ◇ *I got the drift of what she said.* Im Kern habe ich sie schon verstanden.
▸ ***Verb*** **1** treiben, wehen ◇ *drift out to sea* aufs Meer hinaustreiben ◇ *The conversation drifted onto politics.* Das Gespräch kam auf die Politik. **2** sich treiben lassen ◇ *He's just drifting.* Er lässt sich einfach treiben. **3** sich bewegen ◇ *The crowd drifted away.* Die Menge verlief sich allmählich. ◇ *People began to drift back to their houses.* Die Leute gingen allmählich nach Hause. **4** ~ **into sth** in etw (ver)fallen, in etw geraten ◇ *drift into sleep* langsam einschlafen ◇ *I didn't intend to be a teacher—I just drifted into it.* Ich hatte nie vor, Lehrerin zu werden—ich bin so hineingerutscht. **5** zusammengeweht werden ◇ *drifting sand* Treibsand **6** flößen PHR V **ˌdrift aˈpart** sich fremd werden, sich auseinanderleben **ˌdrift ˈoff (to sleep)** einschlafen

drift·wood /ˈdrɪftwʊd/ *Nomen* Treibholz

drill /drɪl/ *Nomen, Verb*
▸ ***Nomen*** **1** Bohrer, Bohrmaschine ◇ *a hand drill* ein Handbohrer ◇ *a drill bit* ein Bohreinsatz **2** Übung ◇ *a fire drill* eine Brandübung **3** (MIL) Exerzieren, Drill **4 the drill** [Sing] *(BrE, veraltet)* die Prozedur ◇ *What's the drill for claiming expenses?* Wie wird die Spesenabrechnung gemacht? **5** Drillich
▸ ***Verb*** **1** bohren ◇ *drill for oil* nach Öl bohren **2** ~ **sb (in sth)** jdn (auf etw) drillen **3** (MIL) drillen PHR V **ˈdrill sth into sb** jdm etw eindrillen, jdm etw einbläuen

drily *Adv* → DRY

drink 🗝 /drɪŋk/ *Nomen, Verb*
▸ ***Nomen*** **1** Getränk ◇ *Can I have a drink?* Kann ich etwas zu trinken haben? ◇ *a drink of water* ein Glas Wasser ◇ *She took a drink from his glass.* Sie nahm einen Schluck aus seinem Glas. **2** Alkohol ◇ *She took to drink.* Sie fing an zu trinken. ◇ *(BrE) be the worse for drink* betrunken sein ◇ *drive sb to drink* jdn zum Wahnsinn treiben **3 drinks** [Pl] *(BrE)* ◇ *Come for drinks on Sunday.* Kommen Sie doch Sonntag auf ein Gläschen vorbei. IDM → DEMON
▸ ***Verb*** **(drank** /dræŋk/, **drunk** /drʌŋk/**) 1** trinken **2** Alkohol trinken ◇ *He's drinking heavily.* Er trinkt ziemlich viel. IDM **drink sb's ˈhealth** auf jds Gesundheit trinken **drink like a ˈfish** saufen wie ein Loch **drink sb under the ˈtable** jdn unter den Tisch trinken PHR V **ˌdrink sth ˈin** etw aufsaugen ◇ *We just stood there drinking in the scenery.* Wir standen da und konnten uns an der Landschaft nicht satt sehen. **ˈdrink to sb/sth** auf jdn/etw trinken **ˌdrink (sth) ˈup** (etw) austrinken

ˌdrink-ˈdriver *Nomen (BrE)* angetrunkene(r) Autofahrer(in)

ˌdrink-ˈdriving *Nomen (BrE)* Trunkenheit am Steuer

drink·er /ˈdrɪŋkə(r)/ *Nomen* Trinker(in) ◇ *I'm not much of a drinker.* Ich trinke nicht viel.

drink·ing /ˈdrɪŋkɪŋ/ *Nomen* Trinken ◇ *drinking and driving* Alkohol am Steuer

ˈdrinking chocolate *Nomen (BrE)* Trinkschokolade

ˈdrinking fountain *Nomen (bes BrE)* Trinkbrunnen

ˈdrinking straw *(auch* **straw**) *Nomen* Trinkhalm, Strohhalm

ˈdrinking water *Nomen* Trinkwasser

drip /drɪp/ *Verb, Nomen*
▸ ***Verb*** **(-pp-) 1** tropfen (lassen) ◇ *Be careful, you're dripping paint everywhere!* Vorsicht, du kleckerst überall mit Farbe! **2** ~ **(with) sth** von/vor etw triefen ◇ *The trees were dripping with fruit.* Die Bäume waren mit Früchten beladen.
▸ ***Nomen*** **1** Tropfen ◇ *the steady drip, drip of water* das gleichmäßige Tropfen des Wassers **2** (MED) Tropf **3** *(umgs, veraltend) (Mensch)* Flasche, Waschlappen

ˌdrip-ˈdry *Adj* bügelfrei

drip·ping /ˈdrɪpɪŋ/ *Adj, Nomen*
▸ ***Adj*** tropfend, klatsch- ◇ *dripping with sweat* schweißnass ◇ *(fig) dripping with diamonds* schwer behängt mit Diamanten
▸ ***Nomen*** Bratenfett

drive 🗝 /draɪv/ *Verb, Nomen*
▸ ***Verb*** **(drove** /drəʊv; *AmE* droʊv/, **driven** /ˈdrɪvn/**) 1** fahren ◇ *Can you drive?* Hast du einen Führerschein? ◇ *I drove to work.* Ich bin mit dem Auto zur Arbeit gekommen. **2** antreiben ◇ *a steam-driven locomotive* eine Dampflokomotive **3** treiben ◇ *You're driving yourself too hard.* Du überforderst dich. ◇ *drive sb crazy* jdn verrückt machen ◇ *The enemy was driven back.* Der Feind wurde zurückgeschlagen. ◇ *Huge waves drove the yacht onto the rocks.* Riesige Wellen warfen die Jacht auf die Felsen. **4** schlagen, rammen ◇ *drive a nail into a piece of wood* einen Nagel in ein Stück Holz einschlagen IDM **drive sth ˈhome (to sb)** (jdm) etw klarmachen **what sb is ˈdriving at** worauf jd hinauswill → *Siehe auch* HARD PHR V **ˌdrive (sth) aˈway** (etw) wegfahren ◇ *We heard him drive away.* Wir hörten ihn wegfahren. **ˌdrive sb aˈway 1** jdn wegbringen ◇ *as the car drove her away* als das Auto mit ihr davonfuhr **2** jdn vertreiben **ˌdrive ˈoff 1** davonfahren **2** *(beim Golf)* abschlagen **ˌdrive sb/sth ˈoff** jdn/etw zurückschlagen **ˌdrive ˈon** weiterfahren **ˌdrive sb/sth ˈout (of sth)** jdn/etw (aus etw) vertreiben, jdn/etw (aus etw) verdrängen **ˌdrive sth ˈup/ˈdown** *(Preise etc.)* in die Höhe/in den Keller treiben
▸ ***Nomen*** **1** (Auto)fahrt ◇ *Let's go for a drive.* Lass uns ein bisschen rausfahren. **2** = DRIVEWAY **3** Kampagne, Aktion ◇ *an economy drive* eine Sparaktion **4** Trieb **5** Energie, Schwung **6** (SPORT) Drive **7** Antrieb ◇ *four-wheel drive* Allradantrieb ◇ *a right-hand drive car* ein Auto mit Rechtssteuerung **8** (COMP) Laufwerk ◇ *a 10 GB hard drive* eine Festplatte mit 10 GB **9** *(BrE)* = Kartenspielveranstaltung **10** Treibjagd **11 Drive, Dr** = Bestandteil von Straßennamen

ˈdrive-by *Adj (AmE)* aus einem vorbeifahrenden Auto ◇ *a drive-by killing* ein Mord im Vorbeifahren

ˈdrive-in *Nomen (AmE)* **1** Drive-in **2** Autokino

drivel /ˈdrɪvl/ *Nomen, Verb*
▸ ***Nomen*** *(umgs, abwert)* Gefasel, Blödsinn
▸ ***Verb*** **(-ll-,** *AmE* **-l-)** ~ **(on)** dummes Zeug schwatzen; ~ **(on) about sth** von etw faseln

driven /ˈdrɪvn/ *Adj* besessen → *Siehe auch* DRIVE

driver 🗝 /ˈdraɪvə(r)/ *Nomen* **1** Fahrer(in), Führer(in) **2** *(beim Golf)* Driver **3** (COMP) Treiber IDM → BACK SEAT *und* SEAT

ˈdriver's license *(auch* **li·cense**) *Nomen (AmE)* Führerschein

ˈdrive-through *(auch* **ˈdrive-thru**) *Nomen (AmE)* = Restaurant, Bank etc. mit Autoschalter

drive·way /ˈdraɪvweɪ/ (*auch* **drive**) *Nomen* Zufahrt, Einfahrt

driv·ing 0-π /ˈdraɪvɪŋ/ *Nomen, Adj*
▸ ***Nomen*** Fahren, Fahrweise, Fahr- ◇ *driving lessons* Fahrstunden IDM → SEAT
▸ ***Adj*** [nur vor Nomen] treibend, brennend ◇ *driving rain* peitschender Regen

ˈdriving licence (*auch* **li·cence**) *Nomen* (*BrE*) Führerschein

ˈdriving school *Nomen* Fahrschule

ˈdriving test *Nomen* Fahrprüfung

ˌdriving under the ˈinfluence *Nomen* (*Abk* **DUI**) (*AmE*) = Fahren unter Alkoholeinfluss

driz·zle /ˈdrɪzl/ *Verb, Nomen*
▸ ***Verb*** **1** nieseln **2 ~ sth** (**over sth**) etw (über etw) träufeln
▸ ***Nomen*** Nieselregen, Sprühregen

driz·zly /ˈdrɪzli/ *Adj* nieselig, Niesel-

Dr Mar·tens™ /ˌdɒktə ˈmɑːtənz; *AmE* dɑːktər ˈmɑːrtnz/ (*auch* **Doc Mar·tens**) *Nomen* [Pl] Springerstiefel

droll /drəʊl; *AmE* droʊl/ *Adj* (*veraltet oder iron*) drollig, komisch

drom·ed·ary /ˈdrɒmədəri; *AmE* ˈdrɑːməderi/ *Nomen* (*Pl* **-ies**) Dromedar

drone /drəʊn; *AmE* droʊn/ *Nomen, Verb*
▸ ***Nomen*** **1** Dröhnen, Summen ◇ *He spoke in a low drone.* Er sprach mit leiser, monotoner Stimme. **2** [meist Sing] (MUS) Bordun-Bass **3** (BIOL, AERO) (*auch fig*) Drohne
▸ ***Verb*** dröhnen, summen ◇ *a droning voice* eine monotone Stimme PHRV **ˌdrone ˈon** (**about sth**) (von etw) faseln, endlos (über etw) palavern

drool /druːl/ *Verb* **1** sabbern, geifern **2 ~** (**over sb/sth**) (*abwert*) (für jdn/etw) schwärmen

droop /druːp/ *Verb, Nomen*
▸ ***Verb*** herabhängen ◇ *Her eyelids were beginning to droop.* Ihr fielen langsam die Augen zu. ◇ *The plants were drooping.* Die Pflanzen ließen die Köpfe hängen.
▸ ***Nomen*** [Sing] Herabhängen ◇ *the slight droop of her mouth* ihre leicht nach unten gezogenen Mundwinkel

droopy /ˈdruːpi/ *Adj* herabhängend

drop 0-π /drɒp; *AmE* drɑːp/ *Verb, Nomen*
▸ ***Verb*** (**-pp-**) **1** fallen lassen **2** (*aus einem Flugzeug etc.*) abwerfen ◇ *Medical supplies are being dropped into the stricken area.* Medizinische Hilfsgüter werden in dem Notgebiet abgeworfen. **3** stürzen, fallen, sinken ◇ *He staggered in and dropped into a chair.* Er taumelte herein und ließ sich in einen Sessel fallen. ◇ *His team have dropped to fifth place.* Seine Mannschaft ist auf den fünften Platz zurückgefallen. ◇ *At last the wind dropped.* Endlich ließ der Wind nach. ◇ *Her voice dropped to a whisper.* Ihre Stimme sank zu einem Flüstern herab. **4** umfallen ◇ *I feel ready to drop.* Ich bin zum Umfallen müde. **5** senken ◇ *She dropped her voice dramatically.* Dramatisch senkte sie ihre Stimme. **6** (*Fach, Hobby etc.*) aufgeben; (*Freunde, Thema etc.*) fallen lassen ◇ *Let's drop the formalities — please call me Mike.* Lassen wir die Formalitäten — nenn mich Mike. ◇ *Look, can we just drop it?* Hör mal, können wir damit aufhören? **7 ~** (**away**) (**from sth**) (von etw) abfallen ◇ *In front of them the valley dropped sharply away from the road.* Vor ihnen fiel das Tal abrupt von der Straße ab. **8 ~ sb** (**off**) jdn absetzen **9 ~ sth** (**off**) etw abliefern ◇ *Can you drop my coat off at the cleaners?* Kannst du meinen Mantel bei der Reinigung vorbeibringen? **10** weglassen, auslassen; **~ sb/sth** (**from sth**) jdn/etw (aus etw) herausnehmen ◇ *She drops her aitches.* Sie verschluckt immer das H. IDM **drop a ˈbrick/ˈclanger** (*BrE, umgs*) ins Fettnäpfchen treten **drop ˈdead** **1** (*umgs*) tot umfallen **2 Drop dead!** (*umgs*) Scher dich zum Teufel! **drop sb a ˈline** jdm (ein paar Zeilen) schreiben **drop sb ˈin it** jdn in Schwierigkeiten bringen **drop ˈnames** scheinbar beiläufig ein paar bekannte Namen fallen lassen **let sth ˈdrop** **1** etw auf sich beruhen lassen **2** etw beiläufig erwähnen → *Siehe auch* FLY, HEAR, JAW, LAP *und* PENNY PHRV **ˌdrop ˈback/beˈhind** zurückfallen **ˌdrop beˈhind sb** hinter jdn zurückfallen **ˌdrop ˈby/ˈin/ˈround** vorbeikommen **ˌdrop ˈin on sb** bei jdm reinschauen **ˌdrop ˈinto sth** bei etw vorbeigehen ◇ *We dropped into the pub on the way.* Wir sind noch kurz ein Bier trinken gegangen. **ˌdrop ˈoff** (*BrE, umgs*) **1** abfallen, abgehen **2** einschlafen, einnicken **3** nachlassen, zurückgehen **ˌdrop ˈout** (**of sth**) **1** (aus etw) herausfallen **2** (aus etw) ausscheiden, (aus etw) aussteigen ◇ *a word that has dropped out of the language* ein Wort, das aus der Sprache verschwunden ist **3** (*Studium etc.*) abbrechen
▸ ***Nomen*** **1** Tropfen **2** [meist Sing] Rückgang **3** [Sing] Höhenunterschied ◇ *a fifty-foot drop* ein Höhenunterschied von fünfzig Fuß ◇ *On our left there was a sheer drop.* Zu unserer Linken fiel das Gelände steil ab. **4 drops** [Pl] Tropfen ◇ *eye drops* Augentropfen **5** Abwurf, Absprung **6** Drops, Bonbon ◇ *cough drops* Hustenbonbons IDM **at the ˌdrop of a ˈhat** von heute auf morgen; von jetzt auf gleich **a ˌdrop in the ˈocean** (*AmE* **a ˌdrop in the ˈbucket**) ein Tropfen auf den heißen Stein

ˌdrop-ˈdead *Adv, Adj* (*umgs*) hinreißend, umwerfend ◇ *drop-dead gorgeous* umwerfend toll

ˌdrop-down ˈmenu *Nomen* (COMP) Drop-down-Menü

drop·let /ˈdrɒplət; *AmE* ˈdrɑːplət/ *Nomen* Tröpfchen

drop·out /ˈdrɒpaʊt; *AmE* ˈdrɑːpaʊt/ *Nomen* **1** Abbrecher(in) ◇ *college dropouts* Studienabbrecher **2** (*abwert*) Aussteiger(in)

drop·per /ˈdrɒpə(r); *AmE* ˈdrɑːpər/ *Nomen* Pipette (*für Augentropfen etc.*)

drop·pings /ˈdrɒpɪŋz; *AmE* ˈdrɑːpɪŋz/ *Nomen* [Pl] Kot, Dreck

dross /drɒs; *AmE* drɑːs/ *Nomen* **1** (*BrE*) wertloses Zeug, Schund ◇ *the dross of society* der Abschaum der Gesellschaft **2** (*Fachspr*) Schlacke

drought /draʊt/ *Nomen* Dürre

drove /drəʊv; *AmE* droʊv/ *Nomen* [meist Pl] Herde, Schar → *Siehe auch* DRIVE

drover /ˈdrəʊvə(r); *AmE* ˈdroʊ-/ *Nomen* Viehtreiber

drown /draʊn/ *Verb* **1** ertrinken **2** ertränken ◇ *He was drowned at sea.* Er ertrank auf See. **3 ~ sb/sth** (**out**) jdn/etw übertönen IDM **drown your ˈfears, ˈloneliness, ˈsorrows, etc.** seine Ängste/Einsamkeit/Sorgen etc. (im Alkohol) ertränken

drown·ing /ˈdraʊnɪŋ/ *Nomen* Ertrinken

drowse /draʊz/ *Verb* dösen

drows·ily *Adv* → DROWSY

drow·si·ness /ˈdraʊzinəs/ *Nomen* Schläfrigkeit

drowsy /ˈdraʊzi/ *Adj* (**drows·ier**, **drowsi·est**) **1** (*Adv* **drows·ily** /-zɪli/) schläfrig, verschlafen **2** träge

drub·bing /ˈdrʌbɪŋ/ *Nomen* (*umgs*) (SPORT) (haushoher) Verlust, Niederlage ◇ *We gave them a drubbing.* Wir haben ihnen Prügel verpasst.

drudge /drʌdʒ/ *Nomen* Packesel, Kuli

drudg·ery /ˈdrʌdʒəri/ *Nomen* Schufterei

drug 0-π /drʌg/ *Nomen, Verb*
▸ ***Nomen*** **1** Droge, Rauschgift ◇ *She was a drug addict.* Sie war rauschgiftsüchtig. ◇ *I don't do drugs.* Ich nehme keine Drogen. ◇ *drug rehabilitation* Drogenentzug **2** Arzneimittel, Medikament ◇ *drug companies* Pharmaunternehmen

▸ ***Verb*** (-gg-) **1** unter Drogen setzen, betäuben **2** ~ **sth** einer Sache ein Betäubungsmittel beimischen

ˈdrug dealer *Nomen* Drogenhändler(in), Dealer(in)

drug·ging /ˈdrʌɡɪŋ/ *Nomen* Drogenkonsum

drug·gist /ˈdrʌɡɪst/ *Nomen (AmE)* Apotheker(in)

drug·store 0━ /ˈdrʌɡstɔː(r)/ *Nomen (AmE)* Drogerie

Druid /ˈdruːɪd/ *Nomen* Druide

drum 0━ /drʌm/ *Nomen, Verb*

▸ ***Nomen*** **1** (MUS, TECH) Trommel ◇ *the bass drum* die große Trommel ◇ *Tony Cox on drums.* Tony Cox am Schlagzeug. ◇ *a roll of drums* ein Trommelwirbel ◇ *a revolving drum* eine Drehtrommel **2** (*Öl-, Chemikalien-*) Fass IDM **beat/bang the ˈdrum (for sb/sth)** (*bes BrE*) (für jdn/etw) die Werbetrommel rühren

▸ ***Verb*** (-mm-) trommeln PHRV **ˈdrum sth into sb** jdm etw einhämmern **ˌdrum sb ˈout (of sth)** jdn (aus etw) ausstoßen **ˌdrum sth ˈup** etw auftreiben ◇ *He had come to drum up support for the campaign.* Er war gekommen, um für Unterstützung für die Kampagne zu werben.

drum·beat /ˈdrʌmbiːt/ *Nomen* Trommelschlag

ˈdrum kit *Nomen* Schlagzeug

ˈdrum major *Nomen* Tambourmajor

ˌdrum majoˈrette (*AmE meist* **ma·jor·ette**) *Nomen* Tambourmajorette

drum·mer /ˈdrʌmə(r)/ *Nomen* Schlagzeuger(in), Trommler(in)

drum·ming /ˈdrʌmɪŋ/ *Nomen* Trommeln

drum·stick /ˈdrʌmstɪk/ *Nomen* **1** Trommelstock **2** (*Hühner-, Puten-*) Schenkel

drunk 0━ /drʌŋk/ *Adj, Nomen*

▸ ***Adj*** **1** betrunken ◇ *get drunk* sich betrinken. **2** ~ **with sth** trunken vor etw ◇ *drunk with success* vom Erfolg berauscht IDM **as drunk as a ˈlord** (*AmE, umgs*) (*auch* **as drunk as a ˈskunk**) total blau → *Siehe auch* BLIND

▸ ***Nomen*** Betrunkene(r), Trinker(in), Säufer(in) → *Siehe auch* DRINK

drunk·ard /ˈdrʌŋkəd; *AmE* -kərd/ *Nomen (veraltet)* Trinker(in), Säufer(in)

ˌdrunk ˈdriver *Nomen (bes AmE)* angetrunkene(r) Autofahrer(in)

ˈdrunk driving (*auch* **ˌdrunken ˈdriving**) *Nomen (bes AmE)* Trunkenheit am Steuer

drunk·en /ˈdrʌŋkən/ *Adj* [nur vor Nomen] (*Adv* **drunk·enly**) betrunken ◇ *a drunken brawl* ein Streit unter Betrunkenen

drunk·en·ness /ˈdrʌŋkənnəs/ *Nomen* Trunkenheit, Suff

dry 0━ /draɪ/ *Adj, Verb*

▸ ***Adj*** (**drier, dri·est**) **1** trocken ◇ *Store in a cool, dry place.* Kühl und trocken lagern. ◇ *a dry sense of humour* ein trockener Humor ◇ *The rivers were dry.* Die Flüsse waren ausgetrocknet. **2** (*Adv* **drily, dryly**) kühl ◇ *her dry manner* ihre kühle Art **3** alkoholfrei, trocken ◇ *He's been dry since he left the clinic.* Seit er aus der Klinik raus ist, trinkt er nicht mehr. IDM **milk/suck sb/sth ˈdry** jdm/etw das Blut aussaugen **not a dry eye in the ˈhouse** ◇ *There wasn't a dry eye in the house.* Es blieb kein Auge trocken. **run ˈdry** versiegen ◇ *Vaccine supplies started to run dry.* Der Impfstoff begann auszugehen. → *Siehe auch* HIGH, HOME *und* POWDER

▸ ***Verb*** (**dries, dry·ing, dried, dried**) trocknen, abtrocknen ◇ *dry your eyes/tears* sich die Tränen trocknen PHRV **ˌdry ˈoff** trocken werden **ˌdry sb ˈoff** jdn abtrocknen **ˌdry sth ˈoff** etw trocknen **ˌdry ˈout** **1** austrocknen **2** (*eine Entziehungskur machen*) trocken werden **ˌdry sth ˈout** etw austrocknen **ˌdry ˈup** **1** austrocknen, versiegen (*auch fig*) **2** stecken bleiben, ins Stocken geraten **ˌdry (sth) ˈup** (*BrE*) (etw) abtrocknen ◇ *I'll dry up (the dishes).* Ich trockne ab.

dryad /ˈdraɪæd/ *Nomen* Waldnymphe

ˌdry ˈcell *Nomen* Trockenelement ◇ *a dry-cell battery* eine Trockenbatterie

dry-ˈclean (*auch* **clean**) *Verb* chemisch reinigen

dry-ˈcleaner's (*auch* **cleaner's**) *Nomen* chemische Reinigung ◇ *My coat is at the dry-cleaner's.* Mein Mantel ist in der Reinigung.

ˌdry-ˈcleaning *Nomen* **1** chemische Reinigung **2** ◇ *collect the dry-cleaning* die Sachen von der Reinigung holen

ˌdry ˈdock *Nomen* Trockendock

dryer (*auch* **drier**) /ˈdraɪə(r)/ *Nomen* Trockner ◇ *a hair dryer* ein Föhn

ˌdry-ˈeyed *Adj* [nicht vor Nomen] tränenlos, ungerührt ◇ *She remained dry-eyed throughout.* Sie hat nicht eine Träne vergossen.

ˌdry ˈice *Nomen* Trockeneis

ˌdry ˈland *Nomen* fester Boden

dryly *Adv* → DRY

dry·ness /ˈdraɪnəs/ *Nomen* Trockenheit

ˌdry ˈrot *Nomen* Hausschwamm

ˌdry ˈrun *Nomen* Probelauf

dry·stone wall /ˌdraɪstəʊn ˈwɔːl; *AmE* -stoʊn/ *Nomen* (*BrE*) = Steinmauer, die ohne Mörtel zusammengesetzt wird

ˈdry wall *Nomen (AmE)* **1** Gipskarton(platte) **2** = Steinmauer, die ohne Mörtel zusammengesetzt wird

DST /ˌdiː es ˈtiː/ *Abk* = DAYLIGHT SAVING TIME

DTP /ˌdiː tiː ˈpiː/ *Abk* = DESKTOP PUBLISHING

DTs (*AmE* **D.T.'s**) /ˌdiː ˈtiːz/ *Nomen* [Pl] (*Latein: delirium tremens*) Säuferwahn

dual /ˈdjuːəl; *AmE* ˈduː-/ *Adj* [nur vor Nomen] doppelt, Doppel-

ˌdual ˈcarriageway *Nomen (BrE)* ≈ Schnellstraße

dual·ity /djuːˈæləti; *AmE* duːˈ-/ *Nomen* (*Pl* **-ies**) (*gehoben*) Dualität

ˌdual-ˈpurpose *Adj* Mehrzweck-

dub /dʌb/ *Verb, Nomen*

▸ ***Verb*** (-bb-) **1** (*oft hum*) nennen **2** synchronisieren ◇ *dubbed into Italian* ins Italienische synchronisiert **3** (*bes BrE*) (MUS) mischen

▸ ***Nomen*** (MUS) Dub

du·bi·ous /ˈdjuːbiəs; *AmE* ˈduː-/ *Adj* (*Adv* **du·bi·ous·ly**) **1** skeptisch ◇ *I was rather dubious about the whole idea.* Ich hatte bei der ganzen Sache so meine Zweifel. **2** (*abwert*) zweifelhaft, fragwürdig ◇ *dubious business practices* zweifelhafte Geschäftspraktiken

duch·ess /ˈdʌtʃəs/ *Nomen* Herzogin

duchy /ˈdʌtʃi/ *Nomen* (*Pl* **-ies**) Herzogtum

duck /dʌk/ *Nomen, Verb*

▸ ***Nomen*** **1** (*Pl* **ducks** *oder* **duck**) Ente **2** (*auch* **duckie, ducks, ducky**) [meist Sing] (*BrE, umgs*) Schätzchen **3** [Sing] (*beim Kricket*) ◇ *He was out for a duck.* Er schied ohne einen Punkt aus. IDM **take to sth like a ˌduck to ˈwater** an etw auf Anhieb Gefallen finden → *Siehe auch* DEAD *und* WATER

▸ ***Verb*** **1** sich ducken ◇ *She ducked into the adjoining room.* Sie verschwand ins Nebenzimmer. **2** ~ **sth** einer Sache ausweichen **3** ~ **your head** den Kopf einziehen **4** ~ **(out of) sth** (*umgs*) sich vor etw drücken **5** ~ **sb** jdn untertauchen

duck-billed ˈplatypus (*auch* **platy·pus**) *Nomen* Schnabeltier

duck·boards /ˈdʌkbɔːdz; *AmE* -bɔːrdz/ *Nomen* [Pl] Holzsteg

duck·ling /ˈdʌklɪŋ/ *Nomen* Entlein, junge Ente

duck·weed /ˈdʌkwiːd/ *Nomen* [U] Wasserlinsen, Entengrütze

duct /dʌkt/ *Nomen* **1** Rohr, Kanal **2** (ANAT) Gang

duct·ing /ˈdʌktɪŋ/ *Nomen* [U] **1** Leitungssystem **2** Rohr(e)

dud /dʌd/ *Nomen, Adj*

▸ ***Nomen*** *(umgs)* Fehlschlag, Blindgänger

▸ ***Adj*** [nur vor Nomen] schlecht; *(Geld)* falsch ◇ *a dud cheque* ein ungedeckter Scheck

dude /du:d; *BrE auch* dju:d/ *Nomen* *(bes AmE, Slang)* Mann ◇ *a real cool dude* ein total cooler Typ

ˈdude ranch *Nomen* *(AmE)* Ferienranch

dudgeon /ˈdʌdʒən/ *Nomen* IDM → HIGH

due /dju:; *AmE* du:/ *Adj, Nomen, Adv*

▸ ***Adj*** **1 ~ to sth** aufgrund von etw; **be ~ to sth** auf etw zurückzuführen sein **2** [nicht vor Nomen] **~ (to do sth)**; **~ (for sth)** ◇ *She's due to start school in January.* Sie wird im Januar eingeschult. ◇ *The train was due an hour ago.* Der Zug hätte schon vor einer Stunde kommen sollen. ◇ *When's her baby due?* Wann ist es bei ihr so weit? ◇ *(bes AmE) My essay's due next Friday.* Ich muss meinen Aufsatz nächsten Freitag abgeben. **3** fällig ◇ *Payment is due on 1 May.* Die Rechnung ist am 1. Mai fällig. **4 be ~ to sb** jdm zustehen, jdm gelten **5** [nicht vor Nomen] **~ (for sth)** ◇ *I'm still due 15 days' leave.* Mir stehen noch 15 Tage Urlaub zu. ◇ *She's due for promotion soon.* Ihre Beförderung ist bald fällig. **6** [nur vor Nomen] *(gehoben)* gebührend ◇ *after due consideration* nach reiflicher Überlegung ◇ *(BrE) driving without due care and attention* fahrlässiges Verhalten im Straßenverkehr IDM **in ˌdue ˈcourse** zu gegebener Zeit **with (all) due reˈspect** bei allem Respekt

▸ ***Nomen*** **1 your/sb's ~** ◇ *It was no more than her due.* Das hat sie auch redlich verdient. ◇ *To give him his due, he does try very hard.* Fairerweise muss man sagen, dass er sich sehr anstrengt. **2 dues** [Pl] Beiträge

▸ ***Adv*** **~ north/south/east/west** direkt nördlich/südlich/östlich/westlich ◇ *sail due east* direkt in Richtung Osten segeln

ˌdue ˈdate *Nomen* [meist Sing] Fälligkeitsdatum ◇ *the baby's due date* der Geburtstermin

duel /ˈdju:əl; *AmE* ˈdu:-/ *Nomen, Verb*

▸ ***Nomen*** Duell ◇ *fight a duel* ein Duell austragen ◇ *a verbal duel* ein Wortgefecht

▸ ***Verb*** **(-ll-,** *AmE* **-l-)** sich duellieren

duet /djuˈet; *AmE* duˈ-/ *Nomen* **1** Duett **2** Duo

duff /dʌf/ *Adj, Verb*

▸ ***Adj*** *(BrE, umgs)* schlecht

▸ ***Verb*** *(BrE, umgs)* PHR V **ˌduff sb ˈup** jdn zusammenschlagen

duf·fel bag *(auch* **duf·fle bag)** /ˈdʌfl bæg/ *Nomen* **1** *(BrE)* Matchbeutel **2** *(AmE)* Reisetasche

duf·fel coat *(auch* **duf·fle coat)** /ˈdʌfl kəʊt; *AmE* koʊt/ *Nomen* Dufflecoat

duf·fer /ˈdʌfə(r)/ *Nomen* *(BrE, umgs, veraltet)* Niete, Trottel

dug *Form von* DIG

dug·out /ˈdʌgaʊt/ *Nomen* **1** Unterstand; (SPORT) Unterstand für Spieler und Betreuer **2** *(auch* **ˌdugout caˈnoe)** Einbaum

DUI /ˌdi: ju: ˈaɪ/ *Abk* = DRIVING UNDER THE INFLUENCE

duke /dju:k; *AmE* du:k/ *Nomen* Herzog

duke·dom /ˈdju:kdəm; *AmE* ˈdu:k-/ *Nomen* **1** Herzogswürde **2** Herzogtum

dul·cet /ˈdʌlsɪt/ *Adj* [nur vor Nomen] *(hum oder iron)* ◇ *your dulcet tones* deine liebliche Stimme

dul·ci·mer /ˈdʌlsɪmə(r)/ *Nomen* **1** Hackbrett **2** Dulcimer

dull /dʌl/ *Adj, Verb*

▸ ***Adj*** **1** langweilig **2** *(Farbe, Licht)* stumpf, trübe **3** *(Geräusch, Schmerz)* dumpf **4** *(Wetter)* trübe **5** *(Schüler)* schwach **6** *(bes AmE)* flau ◇ *a dull market* eine Flaute IDM **(as) dull as ˈditchwater** *(AmE* **(as) dull as ˈdishwater)** stinklangweilig

▸ ***Verb*** **1** betäuben, benebeln **2** dämpfen, trüben, abstumpfen; *(Wahrnehmung)* beeinträchtigen **3** *(Augen, Verstand)* sich trüben; *(Schmerz)* nachlassen

dull·ness /ˈdʌlnəs/ *Nomen* **1** Einfallslosigkeit, Langweiligkeit **2** Mattheit **3** Mattigkeit

dully /ˈdʌlli/ *Adv* **1** dumpf **2** gleichgültig **3** trübe

duly /ˈdju:li; *AmE* ˈdu:-/ *Adv* **1** *(gehoben)* ordnungsgemäß ◇ *The document was duly signed.* Das Dokument war ordnungsgemäß unterschrieben. **2** planmäßig ◇ *They duly arrived at 9.30.* Sie kamen planmäßig um 9.30 Uhr an. **3** erwartungsgemäß, gebührend, gehörig ◇ *The painting was duly admired by all the family.* Das Bild wurde von der ganzen Familie gebührend bewundert.

dumb /dʌm/ *Adj* **1** *(veraltet)* *(manchmal abwertend)* stumm ◇ *He was deaf and dumb.* Er war taubstumm. **2** *(Adv* **dumb·ly)** sprachlos, schweigend ◇ *We were all struck dumb with amazement.* Vor Staunen verschlug es uns allen die Sprache. ◇ *Laura nodded dumbly.* Laura nickte stumm. **3** *(bes AmE, umgs)* dumm ◇ *act/play dumb* sich dumm stellen ◇ *a dumb blonde* eine dümmliche Blondine

ˌdumb ˈanimal *Nomen* [meist Pl] *(BrE)* Tier

ˈdumb-bell *Nomen* **1** Hantel **2** *(AmE, umgs)* Trottel

dumb·found·ed /dʌmˈfaʊndɪd/ *Adj* sprachlos, verblüfft ◇ *She was completely dumbfounded by the news.* Die Nachricht verschlug ihr die Sprache.

dumb·ly → DUMB

dumb·struck /ˈdʌmstrʌk/ *Adj* sprachlos, verblüfft

dum·dum /ˈdʌmdʌm/ *(auch* **ˌdumdum ˈbullet)** *Nomen* Dumdum(geschoss)

dummy /ˈdʌmi/ *Nomen, Adj, Verb*

▸ ***Nomen*** *(Pl* **-ies) 1** *(Schaufenster-, Schneider-, Bauchredner-)* Puppe **2** Attrappe **3** *(AmE, umgs)* Idiot **4** (SPORT) Täuschungsmanöver **5** *(BrE)* Schnuller **6** [U] *(beim Bridge)* Tisch

▸ ***Adj*** [nur vor Nomen] Schein-, Übungs-

▸ ***Verb*** antäuschen, eine Schwalbe machen ◇ *She dummied a shot that brought the goalie to her knees.* Sie täuschte einen Schuss an, der die Torhüterin zwang, in die Knie zu gehen. ◇ *He was accused of dummying a penalty.* Er wurde beschuldigt, eine Schwalbe gemacht zu haben.

ˌdummy ˈrun *Nomen* *(BrE)* Probe(lauf)

dump /dʌmp/ *Verb, Nomen*

▸ ***Verb*** **1** abladen, zurücklassen ◇ *The toxic waste was dumped at sea.* Der Giftmüll wurde ins Meer gekippt. **2 ~ sth (on sb)** *(umgs)* etw (auf jdn) abschieben ◇ *He's got no right to keep dumping his problems on me.* Er hat kein Recht, seine Probleme immer auf mich abzuwälzen. **3** (WIRTSCH) zu Dumpingpreisen verkaufen **4** hinwerfen, abstellen ◇ *Just dump your stuff over there.* Wirf deine Sachen einfach dorthin. **5** *(umgs)* sitzen lassen ◇ *He's dumped his girlfriend.* Er hat mit seiner Freundin Schluss gemacht. **6** (COMP) dumpen IDM → LAP

▸ ***Nomen*** **1** Müllabladeplatz, Deponie ◇ *a toxic waste dump* eine Giftmülldeponie **2** *(umgs, abwert)* Bruchbude, Saustall, Kaff **3** (MIL) Depot **4** (COMP) Dump ◇ *a screen dump* ein Bildschirmausdruck

dump·er /ˈdʌmpə(r)/ *Nomen* *(bes AmE)* Umweltsünder

ˈdumper truck *Nomen* *(BrE)* Kipper

dump·ing /ˈdʌmpɪŋ/ *Nomen* (Müll)abladen ◇ *a law against the dumping of radioactive waste at sea* ein Gesetz, das verbietet radioaktiven Müll ins Meer zu kippen

ˈdumping ground *Nomen* [meist Sing] Müllkippe; *(fig)* Sammelbecken

dump·ling /ˈdʌmplɪŋ/ *Nomen* Kloß, Knödel ◇ *apple dumplings* Äpfel im Schlafrock

dumps /dʌmps/ *Nomen* [Pl] IDM **down in the 'dumps** (*umgs*) deprimiert

Dump·ster™ /ˈdʌmpstə(r)/ *Nomen* (*AmE*) Müllcontainer

'dump truck *Nomen* (*AmE*) Kipper

dumpy /ˈdʌmpi/ *Adj* pummelig

dun /dʌn/ *Adj* graubraun

dune /djuːn; *AmE* duːn/ = SAND DUNE

'dune buggy *Nomen* Strandbuggy

dung /dʌŋ/ *Nomen* Dung ◇ *cow dung* Kuhmist

dun·garees /ˌdʌŋɡəˈriːz/ *Nomen* [Pl] **1** (*BrE*) Latzhose **2** (*AmE*) Arbeitshose

dun·geon /ˈdʌndʒən/ *Nomen* Kerker, (Burg)verlies

dunk /dʌŋk/ *Verb* eintunken, eintauchen, untertauchen

dunno /dəˈnəʊ; *AmE* dəˈnoʊ/ (*Schreibweise, die eine umgangssprachliche Aussprache von „I don't know" wiedergibt*)

duo /ˈdjuːəʊ; *AmE* ˈduːoʊ/ *Nomen* (*Pl* **-os**) **1** Paar, Duo **2** Duett

duo·denal /ˌdjuːəˈdiːnl; *AmE* ˌduː-/ *Adj* Zwölffingerdarm-

duo·de·num /ˌdjuːəˈdiːnəm; *AmE* ˌduː-/ *Nomen* (*Pl* **duode·nums** *oder* **duo·dena** /-nə/) Zwölffingerdarm

du·op·oly /djuːˈɒpəli; *AmE* duːˈɑːp-/ *Nomen* (*Pl* **-ies**) (WIRTSCH) Duopol

dupe /djuːp; *AmE* duːp/ *Verb, Nomen*

▸ ***Verb*** überlisten ◇ *They soon realized they had been duped.* Sie bemerkten bald, dass man sie hereingelegt hatte. ◇ *He was duped into giving them his credit card.* Er ist auf sie hereingefallen und gab ihnen seine Kreditkarte.

▸ ***Nomen*** (*gehoben*) Betrogene(r)

du·plex /ˈdjuːpleks; *AmE* ˈduː-/ *Nomen* (*bes AmE*) **1** Zweifamilienhaus **2** zweistöckige Wohnung

du·pli·cate *Verb, Adj, Nomen*

▸ ***Verb*** /ˈdjuːplɪkeɪt; *AmE* ˈduː-/ **1** (*meist passiv*) vervielfältigen, kopieren ◇ *a duplicated letter* ein Rundschreiben **2** noch einmal machen

▸ ***Adj*** /ˈdjuːplɪkət; *AmE* ˈduː-/ [nur vor Nomen] Zweit- ◇ *a duplicate copy* eine Zweitausfertigung

▸ ***Nomen*** /ˈdjuːplɪkət; *AmE* ˈduː-/ Duplikat, Abschrift IDM **in duplicate** in doppelter Ausfertigung

du·pli·ca·tion /ˌdjuːplɪˈkeɪʃn; *AmE* ˌduː-/ *Nomen* Wiederholung, Vervielfältigung

du·pli·city /djuːˈplɪsəti; *AmE* duːˈ-/ *Nomen* (*gehoben*) Doppelzüngigkeit, falsches Spiel

dur·abil·ity /ˌdjʊərəˈbɪləti; *AmE* ˌdʊr-/ *Nomen* Strapazierfähigkeit, Unverwüstlichkeit

dur·able /ˈdjʊərəbl; *AmE* ˈdʊr-/ *Adj* strapazierfähig, langlebig, robust ◇ *a durable peace* ein dauerhafter Frieden

durable 'goods *Nomen* [Pl] (*AmE*) langlebige Konsumgüter

dur·ation /djuˈreɪʃn; *AmE* duˈ-/ *Nomen* (*gehoben*) Dauer ◇ *for the duration of the exhibition* solange die Ausstellung läuft IDM **for the duration** (*umgs*) bis zum Ende ◇ *She got flu and was confined to her room for the duration.* Sie hatte die Grippe und musste die ganze Zeit über in ihrem Zimmer bleiben.

dur·ess /djuˈres; *AmE* duˈ-/ *Nomen* (*gehoben*) Zwang

dur·ian /ˈdʊəriən; *AmE* ˈdʊr-/ *Nomen* Durianfrucht

dur·ing 🔑 /ˈdjʊərɪŋ; *AmE* ˈdʊrɪŋ/ *Präp* während ◇ *during the night* in der Nacht

dusk /dʌsk/ *Nomen* (Abend)dämmerung ◇ *at dusk* bei Einbruch der Dunkelheit

dusky /ˈdʌski/ *Adj* (*gehoben*) **1** dämmrig, dunkel ◇ *dusky pink* altrosa **2** dunkelhäutig

dust 🔑 /dʌst/ *Nomen, Verb*

▸ ***Nomen*** Staub ◇ *That guitar's been sitting gathering dust for years now.* Die Gitarre ist schon seit Jahren nicht benutzt worden. IDM **leave sb in the 'dust** (*AmE*) jdn weit hinter sich lassen **let the dust settle; wait for the dust to settle** warten, bis sich die Wogen geglättet haben → *Siehe auch* BITE

▸ ***Verb*** **1** abstauben ◇ *I broke the vase while I was dusting.* Ich zerbrach die Vase beim Staubwischen. ◇ *Could you dust the sitting room?* Könntest du bitte im Wohnzimmer Staub wischen? **2** (ab)bürsten, wischen **3 ~ sth (with sth)** etw (mit etw) bestäuben ◇ *Dust the cake with sugar.* Bestäuben Sie den Kuchen mit Zucker. PHRV **ˌdust sb/sth 'down** (*bes BrE*) jdn/etw abklopfen, jdn/etw abbürsten ◇ *Mel stood up and dusted herself down.* Mel stand auf und klopfte sich den Staub ab. **ˌdust sb/sth 'off** etw abstauben ◇ *He put down the box and dusted off his hands.* Er stellte die Kiste hin und wischte sich die Hände ab. ◇ (*fig*) *For the concert, he dusted off some of his old hits.* Für das Konzert holte er einige seiner alten Hits aus der Mottenkiste.

dust·bin /ˈdʌstbɪn/ *Nomen* (*BrE*) Mülltonne

'dust bowl *Nomen* Trockengebiet

dust·cart /ˈdʌstkɑːt; *AmE* -kɑːrt/ *Nomen* (*BrE*) Müllwagen

'dust cover *Nomen* **1** (*AmE*) Schutzumschlag **2** Abdeckhaube

dust·er /ˈdʌstə(r)/ *Nomen* **1** Staubtuch **2** (*AmE, veraltet*) Hauskittel

dust·man /ˈdʌstmən/ *Nomen* (*BrE*) (*Pl* **-men** /-mən/) Müllmann

dust·pan /ˈdʌstpæn/ *Nomen* Kehrschaufel

'dust sheet *Nomen* = Laken zum Abdecken von Möbeln

'dust storm *Nomen* Staubsturm

dusty /ˈdʌsti/ *Adj* (**dust·ier, dusti·est**) **1** staubig **2** (*Farbe*) schmutzig

Dutch /dʌtʃ/ *Nomen, Adj*

▸ ***Nomen*** (*Sprache*) Holländisch, Niederländisch IDM **go Dutch (with sb)** getrennte Kasse machen

▸ ***Adj*** holländisch, niederländisch

duti·ful /ˈdjuːtɪfl; *AmE* ˈduː-/ *Adj* (*Adv* **duti·ful·ly** /-fəli/) gehorsam, pflichtbewusst ◇ *a dutiful son* ein gehorsamer Sohn

duty 🔑 /ˈdjuːti; *AmE* ˈduː-/ *Nomen* (*Pl* **-ies**) **1** Pflicht ◇ *They have a duty to their customers.* Sie haben gegenüber ihren Kunden Verpflichtungen. **2** Dienst **3 duties** [Pl] Aufgaben **4** Zoll; (*Tabak-, Alkohol- etc.*) Steuer IDM **on/off duty** im/außer Dienst ◇ *What time do you go on duty?* Wann fängst du mit dem Dienst an? ◇ *I come off duty at six.* Ich habe um sechs Dienstschluss. **in the ˌline of 'duty** im Dienst → *Siehe auch* BOUNDEN

ˌduty-'bound *Adj* [nicht vor Nomen] (*gehoben*) verpflichtet

ˌduty-'free *Adj, Adv, Nomen*

▸ ***Adj, Adv*** zollfrei

▸ ***Nomen*** (*BrE, umgs*) **1** zollfreie Ware ◇ *We bought a load of duty-frees at the airport.* Wir kauften am Flughafen viel zollfrei ein. **2** (*auch* **ˌduty-'free shop**) Duty-freeshop

duvet /ˈduːveɪ; *AmE auch* duːˈveɪ/ *Nomen* (*BrE*) Bettdecke, Federbett ◇ *a duvet cover* ein Bettbezug

DVD 🔑 /ˌdiː viː ˈdiː/ *Nomen Kurzform von* **digital videodisc/digital versatile disk** DVD

dwarf /dwɔːf; *AmE* dwɔːrf/ *Nomen, Adj, Verb*

▸ ***Nomen*** (*Pl* **dwarfs** *oder* **dwarves** /dwɔːvz; *AmE* dwɔːrvz/) **1** Zwerg **2** (*manchmal beleidigend*) Liliputaner(in)

▸ *Adj* Zwerg-
▸ *Verb* klein erscheinen lassen, in den Schatten stellen

dwarf·ism /ˈdwɔːfɪzəm; *AmE* ˈdwɔːrfɪ-/ *Nomen* Zwergwuchs

dweeb /dwiːb/ *Nomen* (*AmE, Slang, abwert*) = uncooler, langweiliger Typ

dwell /dwel/ *Verb* (**dwelt, dwelt** /dwelt/ *oder* **dwelled, dwelled**) (*gehoben*) wohnen, leben PHR V **ˈdwell on/upon sth 1** sich den Kopf über etw zerbrechen, über etw brüten **2** (*gehoben*) bei etw verweilen

dwell·er /ˈdwelə(r)/ *Nomen* (*besonders in Zusammensetzungen*) Bewohner(in) ◇ *urban dwellers* Stadtbewohner

dwell·ing /ˈdwelɪŋ/ *Nomen* (*gehoben*) Wohnung, Wohnhaus

DWI /ˌdiː dʌbljuː ˈaɪ/ *Abk* (*AmE*) = DRIVING WHILE INTOXICATED

dwin·dle /ˈdwɪndl/ *Verb* ~ **(away)** schwinden, sinken; ~ **(away) to sth** sich auf etw reduzieren

dye /daɪ/ *Verb, Nomen*
▸ *Verb* (**dyes, dye·ing, dyed, dyed**) färben
▸ *Nomen* Färbemittel, Farbstoff

ˌdyed in the ˈwool *Adj* eingefleischt

dying 0➡ /ˈdaɪɪŋ/ *Adj, Nomen*
▸ *Adj* [nur vor Nomen] sterbend ◇ *I will remember it to my dying day.* Ich werde es bis an mein Lebensende in Erinnerung behalten. ◇ *her dying words* ihre letzten Worte IDM → BREATH
▸ *Nomen* [Pl] **the dying** die Sterbenden → *Siehe auch* DIE

dyke (*auch* **dike**) /daɪk/ *Nomen* **1** Deich **2** (*bes BrE*) (Entwässerungs)graben **3** (*vulg, Slang, meist beleidigend*) Lesbe

dy·nam·ic /daɪˈnæmɪk/ *Nomen, Adj*
▸ *Nomen* (*auch* **dy·nam·ics**) Dynamik
▸ *Adj* dynamisch ◇ *a dynamic personality* eine dynamische Persönlichkeit

dyna·mism /ˈdaɪnəmɪzəm/ *Nomen* Dynamik, Energie, Schwung

dyna·mite /ˈdaɪnəmaɪt/ *Nomen, Verb*
▸ *Nomen* **1** Dynamit **2** (*fig*) Sprengstoff, Zündstoff **3** (*umgs*) eine Wucht ◇ *Their new album is dynamite.* Ihr neues Album ist eine Wucht.
▸ *Verb* (mit Dynamit) sprengen

dy·namo /ˈdaɪnəməʊ; *AmE* -moʊ/ *Nomen* (*Pl* **-os**) **1** Dynamo, Lichtmaschine **2** (*umgs*) Energiebündel

dyn·as·tic /dɪˈnæstɪk; *AmE* daɪˈ-/ *Adj* dynastisch

dyn·asty /ˈdɪnəsti; *AmE* ˈdaɪ-/ *Nomen* (*Pl* **-ies**) Dynastie

dys·en·tery /ˈdɪsəntri; *AmE* -teri/ *Nomen* Ruhr

dys·func·tion·al /dɪsˈfʌŋkʃənl/ *Adj* (*Fachspr*) gestört, nicht funktionierend ◇ *children from dysfunctional families* Kinder aus gestörten Familienverhältnissen

dys·lexia /dɪsˈleksiə/ *Nomen* Legasthenie, Dyslexie

dys·lex·ic /dɪsˈleksɪk/ *Adj, Nomen*
▸ *Adj* legasthenisch, dyslektisch
▸ *Nomen* Legastheniker(in), Dyslektiker(in)

dys·pep·sia /dɪsˈpepsiə; *AmE* -ˈpepʃə/ *Nomen* [U] (MED) Magenschmerzen

dys·pep·tic /dɪsˈpeptɪk/ *Adj* **1** (MED) an Magenschmerzen leidend, dyspeptisch **2** (*gehoben, selten*) jähzornig, übellaunig

dys·trophy /ˈdɪstrəfi/ → MUSCULAR DYSTROPHY

E e

E, e /iː/ *Nomen, Abk*
▸ *Nomen* (*Pl* **Es, E's, e's**) (*Buchstabe*) E, e → *Beispiele bei* A, A
▸ *Abk* **E** = EAST, EASTERN *und* ECSTASY (2)

each 0➡ /iːtʃ/ *Adj, Pron, Adv*
▸ *Adj, Pron* jede(r,s) ◇ *Each answer is worth 20 points/Each of the answers is worth 20 points.* Jede Antwort ist 20 Punkte wert. ◇ *The answers are worth 20 points each.* Die Antworten sind jeweils 20 Punkte wert. ◇ *There weren't enough books for everyone to have one each.* Es war nicht für jeden ein eigenes Buch da.
▸ *Adv* je ◇ *They are 20p each.* Sie kosten je 20 Pence.

each ˈother 0➡ *Pron* sich (gegenseitig), einander ◇ *We can wear each other's clothes.* Wir können unsere Kleider tauschen.

ˌeach ˈway *Adv* (*BrE*) (*beim Pferdewetten*) ◇ *bet each way* eine Platzwette abschließen

eager /ˈiːɡə(r)/ *Adj* eifrig, begeistert; **be ~ to do sth** etw unbedingt tun wollen ◇ *eager anticipation* gespannte Vorfreude ◇ *We were eager for news from home.* Wir konnten es kaum abwarten, von zu Hause zu hören. ◇ *eager to learn* lernbegierig

ˌeager ˈbeaver *Nomen* (*umgs*) = jd, der eifrig und fleißig ist

eager·ly /ˈiːɡəli; *AmE* ˈiːɡərli/ *Adv* erwartungsvoll, mit Spannung ◇ *They eagerly accepted my offer.* Sie nahmen mein Angebot bereitwillig an.

eager·ness /ˈiːɡənəs; *AmE* ˈiːɡərnəs/ *Nomen* Eifer, Begeisterung, Ungeduld ◇ *her eagerness to learn* ihr Lernbegier

eagle /ˈiːɡl/ *Nomen* **1** Adler **2** (*beim Golf*) Eagle

ˌeagle ˈeye *Nomen* wachsamer Blick

ˌeagle-ˈeyed *Adj* scharfäugig

ear 0➡ /ɪə(r); *AmE* ɪr/ *Nomen* **1** Ohr ◇ *He put his hands over his ears.* Er hielt sich die Ohren zu. ◇ *He was always there with a sympathetic ear.* Er hatte immer ein offenes Ohr. **2** [Sing] **an ~ (for sth)** ein Gehör (für etw) ◇ *develop an ear for languages* ein Gehör für Fremdsprachen entwickeln **3** Ähre IDM **(be) all ˈears** ganz Ohr sein **be out on your ˈear** (*umgs*) rausfliegen **be up to your ears in sth** bis zum Hals in etw stecken **sth comes to/reaches sb's ˈears** etw kommt jdm zu Ohren **sb's ˈears are burning** jdm klingt es in den Ohren **sb's ˈears are flapping** (*BrE, umgs*) jd spitzt die Ohren **give sb/get a thick ˈear** jdm eine kräftige Ohrfeige verpassen **go in ˈone ear and out the ˈother** (*umgs*) in ein Ohr rein, aus dem anderen Ohr rausgehen **have sb's ear/have the ear of sb** jds Vertrauen genießen **keep/have an/your ear to the ˈground** Augen und Ohren offen halten **play (sth) by ˈear** (etw) nach (dem) Gehör spielen **play it by ˈear** (*umgs*) es auf sich zukommen lassen **shut/close your ˈears to sth** die Ohren vor jdm/etw verschließen **smile/grin/beam from ear to ˈear** von einem Ohr zum anderen strahlen **with half an ˈear** (nur) mit halbem Ohr → *Siehe auch* BELIEVE, BEND, BOX, COCK, DEAF, EASY, FLEA, LEND, MUSIC, PIG, PRICK, WALL, WET *und* WORD

ear·ache /ˈɪəreɪk; *AmE* ˈɪreɪk/ *Nomen* [meist Sing/U] Ohrenschmerzen

ear·drum /ˈɪədrʌm; *AmE* ˈɪrdrʌm/ *Nomen* Trommelfell

-eared /ɪəd; *AmE* ɪrd/ -ohrig ◇ *long-eared bats* langohrige Fledermäuse

ear·ful /ˈɪəfʊl; *AmE* ˈɪrfʊl/ *Nomen* [Sing] (*umgs*) **give sb an ~** jdm ordentlich die Meinung sagen; **get an ~ of sth** etw zu hören bekommen, etw mitbekommen

earl /ɜːl; *AmE* ɜːrl/ *Nomen* Graf

earli·est /ˈɜːliɪst; *AmE* ˈɜːrli-/ *Nomen* [Sing] ◇ *The earliest we can finish is Friday.* Wir können frühestens Freitag fertig werden. ◇ *We can't finish before Friday at the earliest.* Wir können frühestens Freitag fertig werden.

'ear lobe (*auch* **lobe**) *Nomen* Ohrläppchen

early 0-π /'ɜːli; *AmE* 'ɜːrli/ *Adj, Adv*

▸ ***Adj*** (**earl·ier, earli·est**) **1** früh ◇ *in the early days of space exploration* in den Anfangstagen der Weltraumforschung ◇ *He's in his early twenties.* Er ist Anfang zwanzig. ◇ *Early booking is essential.* Frühzeitige Anmeldung ist unbedingt notwendig. **2** (früh)zeitig, zu früh ◇ *You're early! I wasn't expecting you till seven.* Du bist früh dran! Ich hatte dich erst um sieben Uhr erwartet. ◇ *at an early age* in jungen Jahren IDM **an 'early bird** (*hum*) Frühaufsteher; jd, der immer früh dran ist **at your earliest con'venience** so bald wie möglich **it's early 'days (yet)** (*BrE*) die Sache ist noch im Anfangsstadium ◇ *It's early days yet. We don't know if the play will be a success.* Man kann noch nicht sagen, ob das Theaterstück ein Erfolg wird. → *Siehe auch* BRIGHT, HOUR *und* NIGHT

▸ ***Adv*** (**earl·ier, earli·est**) **1** zu Anfang, früh ◇ *early in the week* (zu) Anfang der Woche ◇ *early in the morning* früh morgens ◇ *The best rooms go to those who book earliest.* Die besten Zimmer gehen an die, die zuerst reservieren. ◇ *He started writing music as early as 1989.* Er begann schon im Jahre 1989 Musik zu schreiben. **2** (früh)zeitig, zu früh ◇ *The baby arrived earlier than expected.* Das Baby kam früher als erwartet. **3 earlier** vorher, früher ◇ *As I mentioned earlier ...* Wie ich schon vorher erwähnte ... IDM **early 'on** sehr früh; sehr bald

ˌearly 'closing *Nomen* [U] (*BrE*) ◇ *It's early closing tomorrow.* Morgen machen die Geschäfte nachmittags zu.

ˌearly 'warning *Nomen* [U/Sing] Vorwarnung ◇ *an early warning of heart disease* ein frühes Warnzeichen einer Herzkrankheit ◇ *an early warning system* ein Frühwarnsystem

ear·mark /'ɪəmɑːk; *AmE* 'ɪrmɑːrk/ *Verb* ~ **sb/sth (for/as sth/sb)** jdn/etw (für etw/jdn) vorsehen, jdn/etw für etw bestimmen

earmuff *Nomen* /'ɪəmʌf; *AmE* 'ɪrmʌf/ Ohrenschützer

earn 0-π /ɜːn; *AmE* ɜːrn/ *Verb* **1** verdienen ◇ *earned income* Arbeitseinkommen ◇ *His victory earned him $50 000.* Der Sieg brachte ihm 50 000 Dollar ein. ◇ *All their children are earning now.* Alle ihre Kinder verdienen jetzt selbst ihren Lebensunterhalt. **2** einbringen ◇ *Your money would earn more in a savings account.* Ihr Geld würde auf einem Sparkonto mehr Zinsen einbringen. ◇ (*fig*) *His outstanding ability earned him a place on the team.* Seine ausgezeichneten Fähigkeiten brachten ihm einen Platz in der Mannschaft ein. **3** (sich etw) verdienen ◇ *He earned a reputation as an expert on tax law.* Er erwarb sich einen Ruf als Steuerexperte. IDM **ˌearn a/your 'crust** (*BrE, umgs*) seine Brötchen verdienen **ˌearn your 'keep 1** gegen freie Kost und Logis arbeiten **2** sich bezahlt machen → *Siehe auch* SPUR

earn·er /'ɜːnə(r); *AmE* 'ɜːrnər/ *Nomen* **1** Verdiener(in) ◇ *high/low earners* Groß-/Kleinverdiener → *Siehe auch* WAGE EARNER **2** (*BrE, umgs*) Einnahmequelle

earn·est /'ɜːnɪst; *AmE* 'ɜːrnɪst/ *Adj* (*Adv* **earn·est·ly**) ernsthaft IDM **in 'earnest 1** richtig ◇ *The work will begin in earnest on Monday.* Die Arbeit wird am Montag richtig beginnen. **2** ernst ◇ *You may laugh but I'm in deadly earnest.* Du kannst lachen, aber mir ist es todernst. ◇ *I knew she spoke in earnest.* Ich wusste, dass sie es ernst meinte.

earn·est·ness /'ɜːnɪstnəs; *AmE* 'ɜːrn-/ *Nomen* Ernst(haftigkeit)

earn·ings /'ɜːnɪŋz; *AmE* 'ɜːrnɪŋz/ *Nomen* [Pl] **1** Verdienst, Einkommen **2** Gewinn ◇ *earnings per share* Gewinnbeteiligung

ear·phones /'ɪəfəʊnz; *AmE* 'ɪrfoʊnz/ *Nomen* [Pl] Kopfhörer

ear·piece /'ɪəpiːs; *AmE* 'ɪrpiːs/ *Nomen* Hörmuschel

ear·plug /'ɪəplʌg; *AmE* 'ɪrplʌg/ *Nomen* [meist Pl] Ohrenstöpsel

ear·ring /'ɪərɪŋ; *AmE* 'ɪrɪŋ/ *Nomen* Ohrring

ear·set /'ɪəset; *AmE* 'ɪrset/ *Nomen* Freisprecheinrichtung

ear·shot /'ɪəʃɒt; *AmE* 'ɪrʃɑːt/ *Nomen* IDM **out of 'earshot** außer Hörweite **within 'earshot** in Hörweite

'ear-splitting *Adj* ohrenbetäubend

earth 0-π /ɜːθ; *AmE* ɜːrθ/ *Nomen, Verb*

▸ ***Nomen* 1** (*auch* **Earth, the Earth**) Erde ◇ *I must be the happiest person on earth!* Ich bin bestimmt der glücklichste Mensch der Welt! **2** [U/Sing] Boden ◇ *You could feel the earth shake.* Man konnte spüren, wie der Boden zitterte. **3** Erde, Erdreich ◇ *a clod/lump of earth* ein Erdklumpen **4** (*Fuchs- etc.*) Bau **5** (*BrE*) (ELEK) Erde IDM **bring sb (back) down to 'earth (with a 'bang/'bump)** (*umgs*) jdn wieder auf den Boden der Tatsachen zurückholen **charge, cost, pay, etc. the 'earth** (*BrE, umgs*) ein Vermögen verlangen, kosten, zahlen etc. **come back/down to 'earth (with a 'bang/'bump)** (unsanft) auf den Boden der Tatsachen zurückgeholt werden **go to 'earth/'ground** (*BrE*) (*Verbrecher etc.*) untertauchen **how, why, where, who, etc. on 'earth** (*umgs*) wie, warum, wo, wer etc. in aller Welt ◇ *What on earth are you doing?* Was in aller Welt machst du da? ◇ *How on earth did she afford that?* Wie kann sie sich das bloß leisten? **(be, look, etc.) like nothing on 'earth 1** wie nichts auf der Welt (sein, aussehen etc.) **2** fürchterlich (sein, aussehen etc.) ◇ *I woke up feeling like nothing on earth.* Als ich aufwachte, fühlte ich mich furchtbar. **on 'earth** auf der Welt ◇ *It was the last thing on earth I'd have expected.* Er war das Allerletzte, das ich erwartet hatte. **run sb/sth to 'earth/ground** (*BrE*) jdn aufstöbern → *Siehe auch* FACE, MOVE, PROMISE, SALT *und* WIPE

▸ ***Verb*** (*BrE*) (*meist passiv*) erden

earth·en /'ɜːθn; *AmE* 'ɜːrθn/ *Adj* [nur vor Nomen] **1** (*Boden, Wand*) aus Lehm **2** (*Gefäß etc.*) Ton-

earth·en·ware /'ɜːθnweə(r); *AmE* 'ɜːrθnwer/ *Nomen* Steingut

earth·ly /'ɜːθli; *AmE* 'ɜːrθ-/ *Adj* **1** (*gehoben*) irdisch **2** (*oft zur Verstärkung in Fragen und verneinten Sätzen*) überhaupt ◇ *There's no earthly reason why you shouldn't go.* Es besteht überhaupt kein Grund, warum du nicht gehen solltest. ◇ *What earthly reason could she have had?* Was für einen Grund könnte sie denn bloß gehabt haben? ◇ *He didn't have an earthly chance of getting the job.* Er hatte nicht die geringste Chance, die Stelle zu bekommen.

'earth mother *Nomen* **1** (*auch* **Earth Mother**) Erdmutter **2** (*umgs*) = mütterlicher Frauentyp

earth·quake /'ɜːθkweɪk; *AmE* 'ɜːrθ-/ (*umgs* **quake**) *Nomen* Erdbeben

'earth science *Nomen* Geowissenschaften

'earth-shattering *Adj* (*Adv* **earth-shatter·ing·ly**) weltbewegend

earth·work /'ɜːθwɜːk; *AmE* 'ɜːrθwɜːrk/ *Nomen* [meist Pl] Wall(anlage)

earth·worm /'ɜːθwɜːm; *AmE* 'ɜːrθwɜːrm/ *Nomen* Regenwurm

earthy /'ɜːθi; *AmE* 'ɜːrθi/ *Adj* (**earth·ier, earth·iest**) **1** derb **2** erdig

ear·wig /'ɪəwɪg; *AmE* 'ɪrwɪg/ *Nomen* (ZOOL) Ohrwurm

ease 0-π /iːz/ *Nomen, Verb*

▸ ***Nomen* 1** Leichtigkeit ◇ *All important points are numbered for ease of reference.* Um das Nachschlagen zu erleichtern, sind alle wichtigen Punkte nummeriert. **2** Entspanntheit, Gelassenheit **3** gutes Leben

◇ *live a life of ease* ein Leben der Muße führen **4** Linderung IDM **(Stand) at 'ease!** Rührt euch! **be/feel at (your) 'ease** sich wohlfühlen **put sb at (their) 'ease** jdm die Befangenheit nehmen → *Siehe auch* ILL *und* MIND

▸ ***Verb*** **1** lindern ◇ *ease the pain* die Schmerzen lindern ◇ *ease traffic congestion in the town* die Staus in der Stadt verringern ◇ *He was trying to ease my mind.* Er wollte mich beruhigen. **2** nachlassen ◇ *The pain immediately eased.* Der Schmerz ließ sofort nach. **3** (sich) langsam/vorsichtig bewegen ◇ *He eased slowly forwards.* Er bewegte sich langsam nach vorne. ◇ *She eased herself into a chair.* Sie ließ sich vorsichtig in einen Sessel sinken. ◇ *He eased off his shoes.* Er zog sich vorsichtig die Schuhe aus. **4** erleichtern ◇ *ramps to ease access for the disabled* Rampen, die Behinderten den Zugang erleichtern **5** (sich) lockern ◇ *Ease your grip on the wheel a little.* Halten Sie das Steuer nicht so fest. **6** (sich) verringern ◇ *Share prices eased back from yesterday's levels.* Die Aktien haben seit gestern an Wert eingebüßt. PHR V **'ease (yourself) into sth** sich langsam mit etw vertraut machen **'ease sb into sth** jdn langsam mit etw vertraut machen **ˌease 'off** nachlassen **ˌease 'off sth** bei etw kürzertreten **ˌease sb 'out (of sth)** jdn (aus etw) verdrängen **ˌease 'up** **1** langsamer werden **2** (*Schmerzen etc.*) nachlassen **3** kürzertreten ◇ *You should ease up on the cigarettes.* Sie sollten weniger rauchen.

easel /'iːzl/ *Nomen* Staffelei

eas·ily 🔑 /'iːzəli/ *Adv* **1** leicht ◇ *The museum is easily accessible by car.* Das Museum ist leicht mit dem Auto zu erreichen. ◇ *Learning languages doesn't come easily to him.* Es fällt ihm nicht leicht, Sprachen zu lernen. **2** durchaus, leicht ◇ *The situation might all too easily have become a disaster.* Die Situation hätte leicht zur Katastrophe werden können. **3 ~ the best, nicest, etc.** bei weitem der/die/das Beste, Schönste etc. **4** leicht, schnell ◇ *He's easily distracted.* Er lässt sich leicht ablenken.

east 🔑 /iːst/ *Nomen, Adj, Adv*

▸ ***Nomen*** (*Abk* **E**) Osten ◇ *to the east of Boston* östlich von Boston

▸ ***Adj*** [nur vor Nomen] (*Abk* **E**) Ost-, östlich ◇ *the east wind* der Ostwind

▸ ***Adv*** nach Osten ◇ *east of here* östlich von hier

east·bound /'iːstbaʊnd/ *Adj* in Richtung Osten ◇ *the eastbound section of the freeway* die Autobahn in Richtung Osten

the ˌEast 'End *Nomen* = Arbeiterviertel im Osten von London

ˌEast 'Ender *Nomen* Bewohner(in) des Londoner Ostens

Easter /'iːstə(r)/ *Nomen* **1** (*auch* **ˌEaster 'Day, ˌEaster 'Sunday**) Ostern, Ostersonntag **2** (*auch* **East·er·time**) Ostern, Osterzeit

'Easter egg *Nomen* Osterei

east·er·ly /'iːstəli; *AmE* 'iːstərli/ *Adj, Nomen*

▸ ***Adj*** **1** [nur vor Nomen] (*Richtung*) östlich **2** (*Wind*) Ost-

▸ ***Nomen*** (*Pl* **-ies**) Ostwind

east·ern 🔑 /'iːstən; *AmE* 'iːstərn/ *Adj* (*Abk* **E**) östlich, Ost- ◇ *the eastern seaboard of the USA* die Ostküste der USA

east·ern·most /'iːstənməʊst; *AmE* 'iːstərnmoʊst/ *Adj* östlichste(r,s)

the ˌEastern ˌOrthodox 'Church = ORTHODOX CHURCH

East·er·time /'iːstətaɪm; *AmE* 'iːstərtaɪm/ = EASTER

east·wards /'iːstwədz; *AmE* -wərdz/ (*auch* **east·ward**) *Adv, Adj* ostwärts, nach Osten

easy 🔑 /'iːzi/ *Adj, Adv*

▸ ***Adj*** (**eas·ier, easi·est**) **1** leicht, einfach ◇ *He didn't make it easy for me to leave.* Er machte mir den Abschied nicht leicht. ◇ *She's an easy person to talk to.* Man kann gut mit ihr reden. ◇ *It's easy for you to tell me to keep calm.* Du hast gut reden, dass ich ruhig bleiben soll. **2** sorgenfrei ◇ *I'll agree to anything for an easy life.* Für ein ruhiges Leben tue ich alles. ◇ *I don't feel easy about letting her go alone.* Mir ist nicht wohl dabei, sie allein gehen zu lassen. **3** [nur vor Nomen] ungezwungen, lässig ◇ *He has a very easy manner.* Er hat eine sehr ungezwungene Art. **4** (*umgs, abwert*) (*Frau*) leicht zu haben IDM **as ˌeasy as 'anything/as 'pie/as ABˈC/as falling off a 'log** (*umgs*) kinderleicht **ˌeasy 'money** leicht verdientes Geld **ˌeasy on the 'ear/'eye** (*umgs*) nett anzuhören/anzusehen **'easy street** (*AmE*) ein leichtes Leben **have an easy 'time (of it)** (*BrE*) es leicht haben **I'm 'easy** (*BrE, umgs*) es ist mir egal **take the 'easy way out** es sich leicht machen → *Siehe auch* FREE, OPTION, REACH, RIDE *und* TOUCH

▸ ***Adv*** (**eas·ier, easi·est**) vorsichtig ◇ *Easy with that chair — one of its legs is loose.* Sei vorsichtig mit dem Stuhl — ein Bein wackelt. IDM **ˌeasier ˌsaid than 'done** leichter gesagt als getan **ˌeasy 'come, ˌeasy 'go** wie gewonnen, so zerronnen **ˌeasy/ˌgently 'does it** (*umgs*) immer langsam **go 'easy on sb** (*umgs*) jdn schonen; mit jdm nicht so streng sein **go 'easy on/with sth** (*umgs*) mit etw sparsam umgehen ◇ *Go easy on the sugar.* Nimm nicht so viel Zucker. **ˌstand 'easy!** rührt euch! **take it 'easy** (*umgs*) sich nicht aufregen ◇ *Take it easy! Don't panic.* Immer mit der Ruhe! Nur keine Panik! **ˌtake it/things 'easy** sich schonen

ˌeasy chair *Nomen* Sessel

ˌeasy-'going *Adj* gelassen

ˌeasy 'listening *Nomen* Unterhaltungsmusik

easy-peasy /ˌiːzi 'piːzi/ *Adj* (*BrE, umgs, Kinderspr*) kinderleicht

eat 🔑 /iːt/ *Verb* (**ate** /eɪt; *BrE auch* et/, **eaten** /'iːtn/) essen, fressen ◇ *She eats very sensibly.* Sie isst sehr gesund. ◇ *I couldn't eat another thing.* Ich bin wirklich satt. IDM **ˌeat sb a'live** (*umgs*) **1** jdn völlig fertigmachen **2** jdn in der Luft zerreißen **3** (*meist passiv*) (*Mücken etc.*) jdn zerstechen **Eat your 'heart out!** (*umgs*) Da kannst du nicht mithalten! ◇ *Look at him dance! Eat your heart out, John Travolta.* Der kann tanzen! Da kann John Travolta nicht mithalten. **eat humble 'pie** (*AmE* **eat crow**) klein beigeben **eat like a 'horse** (*umgs*) wie ein Scheunendrescher essen **eat out of sb's 'hand** jdm aus der Hand fressen **eat sb out of ˌhouse and 'home** (*umgs, oft hum*) jdm die Haare vom Kopf fressen **eat your 'words** alles, was man gesagt hat, zurücknehmen **I could eat a 'horse** (*umgs*) ich habe einen Bärenhunger **I'll eat my 'hat** (*umgs*) ich fresse einen Besen **What's eating him, etc.?** (*umgs*) Was ist denn mit ihm etc. los?; Was hat er etc. denn? → *Siehe auch* CAKE *und* DOG PHR V **ˌeat sth a'way** etw zerfressen, etw zerstören ◇ *The cliffs are gradually being eaten away.* Die Klippen werden allmählich vom Meer zerstört. **ˌeat a'way at sb** an jdm nagen **ˌeat a'way at sth** etw angreifen ◇ *Woodworm had eaten away at the doorframe.* Holzwürmer hatten den Türrahmen zerfressen. **'eat into sth** **1** etw verringern, etw angreifen ◇ *Work has begun to eat into my weekends.* Die Arbeit nimmt jetzt auch meine Wochenenden in Anspruch. **2** etw anfressen **ˌeat 'out** essen gehen **ˌeat (sth) 'up** (etw) aufessen **ˌeat sb 'up** (*meist passiv*) (*Gefühl*) jdn verzehren **ˌeat sth 'up** (*fig*) etw verschlingen ◇ *Legal costs had eaten up all the savings she had.* Die Anwaltskosten hatten all ihre Ersparnisse verschlungen.

eat·able /'iːtəbl/ *Adj* (*selten*) essbar

eater /'iːtə(r)/ *Nomen* (*meist nach Adjektiven oder Nomina*) Esser(in) ◇ *He's a big eater.* Er ist ein guter Esser. ◇

We're not great meat eaters. Wir essen nicht viel Fleisch.

eat·ery /ˈiːtəri/ (*Pl* **-ies**) *Nomen* (*bes AmE, umgs*) Esslokal

eat·ing /ˈiːtɪŋ/ *Nomen* Essen ◇ *an eating disorder* eine Essstörung

eats /iːts/ *Nomen* [Pl] (*umgs*) Essen

eau de cologne /ˌəʊ də kəˈləʊn; *AmE* ˌoʊ də kəˈloʊn/ (*auch* **co·logne**) *Nomen* Kölnischwasser

eaves /iːvz/ *Nomen* [Pl] Dachgesims

eaves·drop /ˈiːvzdrɒp; *AmE* -drɑːp/ *Verb* (**-pp-**) lauschen; **~ on sb/sth** jdn/etw belauschen ◇ *electronic eavesdropping devices* elektronische Abhöranlagen

eaves·drop·per /ˈiːvzdrɒpə(r); *AmE* -drɑːpər/ *Nomen* Lauscher(in)

ebb /eb/ *Nomen, Verb*

▸ ***Nomen* the ebb** Ebbe ◇ *They went out on the ebb tide.* Sie fuhren bei Ebbe los. IDM **the ˌebb and ˈflow** das Auf und Ab; das Hin und Her; das Kommen und Gehen → *Siehe auch* LOW

▸ ***Verb* 1** (*Wasser, Flut*) zurückgehen **2 ~ (away)** (*verebben*) (dahin)schwinden

ˈe-bike *Nomen* E-Bike

Ebola /iːˈbəʊlə, əˈ-; *AmE* iːˈboʊlə, əˈ-/ (*auch* **Eˈbola fever**) *Nomen* Ebola

ebony /ˈebəni/ *Nomen, Adj*

▸ ***Nomen*** Ebenholz

▸ ***Adj*** schwarz wie Ebenholz ◇ *ebony skin* schwarze Haut

ˈe-book *Nomen* E-Buch, E-Book

ebul·li·ence /ɪˈbʌliəns, ɪˈbʊli-/ *Nomen* Selbstsicherheit, Überschwänglichkeit

ebul·li·ent /ɪˈbʌliənt, ɪˈbʊli-/ *Adj* selbstsicher, überschwänglich ◇ *The minister was in ebullient mood.* Der Minister war in aufgeräumter Stimmung.

ˈe-card *Nomen* elektronische Grußkarte

ec·cen·tric /ɪkˈsentrɪk/ *Adj, Nomen*

▸ ***Adj*** (*Adv* **ec·cen·trical·ly** /-kli/) exzentrisch, ausgefallen

▸ ***Nomen*** Exzentriker(in)

ec·cen·tri·city /ˌeksenˈtrɪsəti/ *Nomen* Exzentrizität ◇ *the eccentricity of his clothes* seine ausgefallene Kleidung ◇ *We all have our little eccentricities.* Wir haben alle unsere kleinen Macken.

ec·cle·si·as·tic /ɪˌkliːziˈæstɪk/ *Nomen* Geistlicher

ec·cle·si·as·tic·al /ɪˌkliːziˈæstɪkl/ *Adj* kirchlich, Kirchen-

ECG /ˌiː siː ˈdʒiː/ *Kurzform von* **electrocardiogram** EKG ◇ *have an ECG test* ein EKG machen lassen

ech·elon /ˈeʃəlɒn; *AmE* -lɑːn/ *Nomen* [meist Pl] Rang, Stufe

echo /ˈekəʊ; *AmE* ˈekoʊ/ *Nomen, Verb*

▸ ***Nomen*** (*Pl* **-oes**) **1** Echo ◇ *the echo of footsteps* hallende Schritte **2** Anklang, Erinnerung ◇ *Yesterday's crash has grim echoes of previous disasters.* Der gestrige Zusammenstoß weckt grauenvolle Erinnerungen an frühere Unglücke.

▸ ***Verb*** (**echoes, echo·ing, echoed, echoed**) **1** (wider)hallen **2 ~ (to/with sth)** (von etw) widerhallen ◇ *The whole house echoed.* Das ganze Haus hallte wider. **3 ~ sth (back)** etw zurückwerfen **4** (*gehoben*) wiederholen ◇ *This is a view echoed by many members.* Diese Ansicht wird von vielen Mitgliedern geteilt.

ˈe-cigarette *Nomen* E-Zigarette

eclair /ɪˈkleə(r); *AmE* ɪˈkler/ *Nomen* Eclair

eclec·tic /ɪˈklektɪk/ *Adj* (*Adv* **eclec·tic·al·ly** /-kli/) (*gehoben*) eklektisch

eclec·ti·cism /ɪˈklektɪsɪzəm/ *Nomen* Eklektizismus

eclipse /ɪˈklɪps/ *Nomen, Verb*

▸ ***Nomen* 1** Eklipse, Finsternis ◇ *a total eclipse of the sun* eine totale Sonnenfinsternis **2** (*fig*) Niedergang ◇ *Her work was in eclipse for many years.* Ihre Werke fanden viele Jahre lang wenig Beachtung.

▸ ***Verb*** (*meist passiv*) **1** (*Sonne, Mond etc.*) verfinstern **2** (*fig*) in den Schatten stellen

eco- /ˈiːkəʊ; *AmE* ˈiːkoʊ/ *Vorsilbe* (*mit Nomina, Adjektiven und Adverbien verbunden*) Öko- ◇ *ecosystem* Ökosystem ◇ *eco-friendly* umweltfreundlich ◇ *ecotourism* Ökotourismus

eco·logic·al /ˌiːkəˈlɒdʒɪkl; *AmE* -ˈlɑːdʒɪ-/ *Adj* (*Adv* **eco·logic·al·ly** /-kli/) ökologisch

ecoˌlogical ˈfootprint *Nomen* ökologischer Fußabdruck

ecolo·gist /iˈkɒlədʒɪst; *AmE* iˈkɑːlə-/ *Nomen* Ökologe, Ökologin

ecol·ogy /iˈkɒlədʒi; *AmE* iˈkɑːlə-/ *Nomen* Ökologie ◇ *the ecology movement* die Umweltbewegung

ˈe-commerce *Nomen* (WIRTSCH) E-Commerce, Onlinehandel ◇ *to be involved in/move into e-commerce* E-Commerce betreiben/zu E-Commerce übergehen ◇ *an e-commerce business/company* eine Firma, die Waren oder Dienstleistungen über das Internet vertreibt

eco·nom·ic 0-▬ /ˌiːkəˈnɒmɪk, ˌek-; *AmE* -ˈnɑːmɪk/ *Adj* **1** [nur vor Nomen] wirtschaftlich, Wirtschafts- **2** rentabel ◇ *It's not an economic proposition.* Es ist nicht rentabel.

eco·nom·ic·al /ˌiːkəˈnɒmɪkl, ˌek-; *AmE* -ˈnɑːm-/ *Adj* sparsam ◇ *an economical car to run* ein sparsames Auto ◇ *It would be more economical to buy the bigger size.* Es wäre günstiger, eine größere Packung zu kaufen. ◇ *an economical use of the available space* eine effektive Nutzung des vorhandenen Raumes ◇ *an economical prose style* ein knapper Stil

eco·nom·ic·al·ly /ˌiːkəˈnɒmɪkli, ˌek-; *AmE* -ˈnɑːm-/ *Adv* **1** wirtschaftlich ◇ *Economically, the region has lost its dominant role.* Wirtschaftlich gesehen hat die Region ihre führende Rolle verloren. ◇ *the economically active population* die erwerbstätige Bevölkerung ◇ *The factory is no longer economically viable.* Die Fabrik ist nicht mehr rentabel. **2** sparsam

eco·nom·ics /ˌiːkəˈnɒmɪks, ˌek-; *AmE* -ˈnɑːmɪks/ *Nomen* **1** [U] (Volks)wirtschaftslehre ◇ *Marxist economics* die marxistische Wirtschaftslehre ◇ *a lecturer in economics* ein Dozent für VWL **2** [Pl] betriebswirtschaftliche Prinzipien ◇ *the economics of publishing* die betriebswirtschaftlichen Prinzipien des Verlagswesens

econo·mist /ɪˈkɒnəmɪst; *AmE* ɪˈkɑːn-/ *Nomen* Volkswirt(in), Wirtschaftswissenschaftler(in)

econo·mize (*BrE auch* **-ise**) /ɪˈkɒnəmaɪz; *AmE* ɪˈkɑːn-/ *Verb* **1** [ohne Obj] sparen **2 ~ on sth** etw sparen, etw einsparen ◇ *economize on manpower* Arbeitskräfte einsparen

econ·omy 0-▬ /ɪˈkɒnəmi; *AmE* ɪˈkɑːn-/ *Nomen* (*Pl* **-ies**) **1** Wirtschaft ◇ *The economy is in recession.* Die Wirtschaft befindet sich in einer Rezession. ◇ *one of the fastest-growing economies* eins der Länder mit dem stärksten Wirtschaftswachstum **2** Sparsamkeit ◇ *The car is popular for its economy and safety.* Das Auto ist wegen seiner Sicherheit und Sparsamkeit beliebt. **3** Einsparung ◇ *It's a false economy to buy cheap carpet.* Einen billigen Teppich kaufen heißt am falschen Ende sparen. **4** Spar- ◇ *economy fares* Spartarife ◇ *We're on an economy drive at home.* Wir sind zu Hause auf Sparkurs.

eco·sys·tem /ˈiːkəʊsɪstəm; *AmE* -koʊ-/ *Nomen* Ökosystem

eco·town /ˈiːkæʊtaʊn; *AmE* ˈekoʊtaʊn, ˈiːk-/ *Nomen* Ökostadt

ec·stasy /ˈekstəsi/ *Nomen* (*Pl* **-ies**) **1** Ekstase **2** (*Abk* **E**) (*Droge*) Ecstasy IDM **go into ˈecstasies (over sth)** sich vor Begeisterung (für etw) überschlagen

ec·stat·ic /ɪkˈstætɪk/ *Adj* (*Adv* **ec·stat·ic·al·ly** /-kli/) begeistert ◇ *ecstatically happy* überglücklich

ecu·men·ic·al /ˌiːkjuːˈmenɪkl, ˌek-/ *Adj* ökumenisch

ec·zema /ˈeksmə; *BrE auch* ˈeksmə; *AmE auch* ɪɡˈziːmə/ *Nomen* [U] (*Hautkrankheit*) Ekzem

ed. (*auch* **Ed.**) = EDITION *und* EDITOR

eddy /ˈedi/ *Nomen* (*Pl* **-ies**) (*Luft-, Staub-*) Wirbel; (*Wasser-*) Strudel

Eden /ˈiːdn/ (*auch* **the ˌGarden of ˈEden**) *Nomen* der Garten Eden

edge 🔑 /edʒ/ *Nomen, Verb*

▸ ***Nomen*** **1** Rand, Kante ◇ *a big house on/at the edge of town* ein großes Haus am Stadtrand ◇ *a table with a rounded edge* ein Tisch mit abgerundeten Kanten ◇ *at the water's edge* am Ufer **2** Schneide ◇ *Be careful—it has a sharp edge.* Vorsicht! Es hat eine scharfe Schneide. **3** [Sing] Vorteil, Vorsprung ◇ *The company needs to improve its competitive edge.* Die Firma muss ihre Wettbewerbsfähigkeit steigern. ◇ *They have the edge on/over us.* Sie sind uns gegenüber im Vorteil. ➔ *Siehe auch* LEADING EDGE IDM **be on ˈedge** gereizt sein **on the edge of your ˈseat** gespannt ◇ *The film had the whole audience on the edge of their seats.* Der Film hielt das Publikum in Atem. **take the ˈedge off sth** etw (ver)mindern ➔ *Siehe auch* TOOTH

▸ ***Verb*** **1 ~ sth with sth** (*meist passiv*) etw mit etw (um)säumen ◇ *The handkerchief is edged with lace.* Das Taschentuch ist mit Spitze umsäumt. **2** (sich) schieben ◇ *The climber edged carefully along the narrow rock ledge.* Der Bergsteiger schob sich vorsichtig den schmalen Felsgrat entlang. ◇ *I edged (my chair) towards the door.* Ich rückte meinen Stuhl langsam zur Tür. ◇ *Share prices edged up by 1.5% over the year.* Im Laufe des Jahres stiegen die Aktienpreise allmählich um 1,5%. PHR V **ˌedge sb/sth ˈout (of sth)** jdn/etw (aus etw) hinausmanövrieren

edge·ways /ˈedʒweɪz/ (*bes AmE* **edge·wise** /-waɪz/) *Adv* IDM ➔ WORD

edging /ˈedʒɪŋ/ *Nomen* (*von einem Weg, Blumenbeet*) Einfassung; (*von Kleidung*) Besatz ◇ *green leaves with yellow edging* grüne Blätter mit gelbem Rand

edgy /ˈedʒi/ *Adj* (*Adv* **edgi·ly** /ˈedʒɪli/) (*umgs*) **1** nervös, gereizt **2** aufregend

ed·ible /ˈedəbl/ *Adj* essbar, genießbar

edict /ˈiːdɪkt/ *Nomen* (*gehoben*) Edikt, Erlass

edi·fice /ˈedɪfɪs/ *Nomen* (*gehoben*) **1** (*Gebäude*) Bauwerk **2** (*fig*) Gefüge

edi·fy·ing /ˈedɪfaɪɪŋ/ *Adj* erbaulich ◇ *The President's appearance on a talk show was not an edifying spectacle.* Der Auftritt des Präsidenten in einer Talkshow war wenig erbaulich.

edit /ˈedɪt/ *Verb* **1** redigieren, bearbeiten, herausgeben **2** (*Film etc.*) schneiden, cutten ◇ *Two scenes were shortened during editing.* Beim Schnitt wurden zwei Szenen gekürzt. **3** (*Zeitung, Zeitschrift*) herausgeben **4** (COMP) editieren PHR V **ˌedit sth ˈout (of sth)** (*bei Filmen*) etw (aus etw) herausschneiden; (*bei Texten*) etw (aus etw) streichen

edi·tion 🔑 /ɪˈdɪʃn/ *Nomen* **1** Ausgabe ◇ *a paperback edition* eine Taschenbuchausgabe **2** (*Fernseh-, Radio-*) Sendung **3** (*Abk* **ed.**) Auflage

edi·tor 🔑 /ˈedɪtə(r)/ *Nomen* **1** (*Zeitungs-*) Herausgeber(in) **2** Redakteur(in) **3** (*Verlags-*) Lektor(in); (*Film-*) Cutter(in) **4** (COMP) Editor

edi·tor·ial /ˌedɪˈtɔːriəl/ *Adj, Nomen*

▸ ***Adj*** redaktionell ◇ *the magazine's editorial staff* die Redaktion der Zeitschrift

▸ ***Nomen*** **1** Leitartikel, Editorial **2** (*AmE*) (*Fernsehen, Radio*) Kommentar

edu·cate 🔑 /ˈedʒukeɪt/ *Verb* **1** (*oft passiv*) unterrichten ◇ *He was educated at Eton and Oxford.* Er ist in Eton zur Schule gegangen und hat in Oxford studiert. **2** erziehen, aufklären ◇ *educate children about the dangers of drugs* Kinder über die Gefahren von Drogen aufklären

edu·cated 🔑 /ˈedʒukeɪtɪd/ *Adj* **1** (*auch* **-educated**) ausgebildet ◇ *a Princeton-educated lawyer* ein in Princeton ausgebildeter Rechtsanwalt ◇ *privately educated children* Kinder, die eine Privatschule besuchen **2** gebildet IDM **an ˌeducated ˈguess** eine begründete Vermutung

edu·ca·tion 🔑 /ˌedʒuˈkeɪʃn/ *Nomen* **1** Bildung, Ausbildung ◇ *adult education* Erwachsenenbildung ◇ *with little formal education* mit geringer Schulbildung ◇ *children in secondary education* Schüler der Sekundarstufe ◇ *students in full-time education* Vollzeitstudenten ◇ *She had a university education.* Sie hat studiert. **2** [U/Sing] Erziehung ◇ *health education* Gesundheitserziehung ◇ *religious/physical education* Religions-/Sportunterricht **3** (*auch* **Education**) Bildungswesen ◇ *education cuts* Kündigungen im Bildungswesen **4 Education** Erziehungswissenschaften ◇ *a degree in primary education* das erste Staatsexamen für Grundschulpädagogik **5 an education** eine lehrreiche Erfahrung ◇ *The rock concert was quite an education for them!* Das Rockkonzert war eine ganz neue Erfahrung für sie!

edu·ca·tion·al /ˌedʒuˈkeɪʃənl/ *Adj* Lern- ◇ *children with special educational needs* Kinder mit Lernschwierigkeiten ◇ *educational games/toys* Lernspiele/Lernspielzeug ◇ *Watching television can be very educational.* Vom Fernsehen kann man viel lernen.

edu·ca·tion·al·ly /ˌedʒuˈkeɪʃənəli/ *Adv* pädagogisch ◇ *educationally valuable* pädagogisch wertvoll ◇ *Children from this area may be educationally disadvantaged.* Kinder aus dieser Gegend können in Bezug auf ihre Schulbildung benachteiligt sein.

eel /iːl/ *Nomen* Aal

eerie /ˈɪəri; *AmE* ˈɪri/ *Adj* (*Adv* **eer·ily** /-rəli/) unheimlich

eff /ef/ *Verb* IDM **eff and ˈblind** (*BrE, umgs*) fluchen; Kraftausdrücke gebrauchen **ˈeff off** (*BrE, vulg*) sich verpissen ➔ *Siehe auch* EFFING

ef·face /ɪˈfeɪs/ *Verb* auslöschen

ef·fect 🔑 /ɪˈfekt/ *Nomen, Verb*

▸ ***Nomen*** **1** Wirkung, Effekt, Folge ◇ *cause and effect* Ursache und Wirkung ◇ *the beneficial effects of exercise* die positiven Auswirkungen sportlicher Aktivitäten ◇ *She has suffered no ill effects.* Sie hat keinen Schaden genommen. ◇ *I tried to persuade him, but with little or no effect.* Ich habe versucht, ihn zu überreden, aber ohne großen Erfolg. **2** Eindruck, Effekt ◇ *He only behaves like that for effect.* Er will mit seinem Verhalten nur Eindruck schinden. **3** [Pl] (*gehoben*) persönliche Gegenstände IDM **bring/put sth into efˈfect** etw in Kraft setzen; etw umsetzen **come into efˈfect** in Kraft treten **in efˈfect 1** praktisch ◇ *His wife had, in effect, run the government for the past year.* Während des letzten Jahres hat praktisch seine Frau die Regierungsgeschäfte geführt. **2** in Kraft **take efˈfect 1** wirken ◇ *The aspirin soon took effect.* Das Aspirin wirkte schnell. **2** (*Gesetz etc.*) in Kraft treten ◇ *The new law takes effect from tomorrow.* Das neue Gesetz tritt morgen in Kraft. **to the efˈfect that …** dass … ◇ *He left a note to the effect that he would not be coming back.* Er hat eine Nachricht hinterlassen, dass er nicht zurückkommen würde. **to this/that efˈfect 1** singgemäß ◇ *She told me to get out—or words to that effect.* Sie sagte singgemäß, dass ich verschwinden solle. **2** entsprechend ◇ *She had given up her claim and signed a statement to this effect.* Sie hatte auf ihren Anspruch verzichtet und eine entsprechende Erklärung unterschrieben. **to good, great, dramatic, etc. ef'fect** wirkungsvoll **to no ef'fect** ohne Erfolg **with ef'fect from …** (*gehoben*) mit Wirkung von … **with immediate ef'fect** (*gehoben*) mit sofortiger Wirkung

▸ ***Verb*** etw herbeiführen ◇ *effect a change* einen Wechsel herbeiführen ◇ *effect a cure* heilen

ef·fect·ive 0➔ /ɪˈfektɪv/ *Adj* **1** wirksam, effektiv ◇ *drugs that are effective against cancer* Medikamente, die gegen Krebs wirken **2** effektvoll, wirkungsvoll ◇ *effective use of colour* eine effektvolle Farbgebung **3** [nur vor Nomen] tatsächlich ◇ *This meant the effective abandonment of the one-party state.* Dies bedeutete effektiv das Ende des bisherigen Einparteiensystems. **4** (*gehoben*) (*Gesetz*) in Kraft, gültig ◇ *The speed limit becomes effective from 1 June.* Die Geschwindigkeitsbegrenzung tritt am 1. Juni in Kraft.

ef·fect·ive·ly 0➔ /ɪˈfektɪvli/ *Adv* **1** wirksam, effektiv, erfolgreich ◇ *The company must reduce costs to compete effectively.* Das Unternehmen muss die Kosten senken, um erfolgreich konkurrieren zu können. **2** tatsächlich, effektiv ◇ *He was very polite but effectively he was telling me that I had no chance.* Er war sehr höflich, aber effektiv hat er mir gesagt, dass ich keine Chancen habe.

ef·fect·ive·ness /ɪˈfektɪvnəs/ *Nomen* Effektivität, Wirksamkeit

ef·fec·tual /ɪˈfektʃuəl/ *Adj* (*gehoben*) (*Adv* **ef·fec·tual·ly** /-əli/) wirksam, erfolgreich

ef·fem·in·ate /ɪˈfemɪnət/ *Adj* (*abwert*) weibisch; (*Züge*) weiblich

ef·fer·ves·cent /ˌefəˈvesnt; *AmE* -fərˈ-/ *Adj* **1** (*Mensch*) lebhaft; (*Temperament, Freude etc.*) überschäumend **2** (*Flüssigkeit*) sprudelnd

ef·fete /ɪˈfiːt/ *Adj* (*abwert*) **1** kraftlos, schwächlich **2** verweichlicht

ef·fi·ca·cious /ˌefɪˈkeɪʃəs/ *Adj* (*gehoben*) wirksam

ef·fi·cacy /ˈefɪkəsi/ *Nomen* (*gehoben*) Wirksamkeit

ef·fi·ciency /ɪˈfɪʃnsi/ *Nomen* (*Pl* **ef·fi·cien·cies**) **1** (*von Menschen*) Tüchtigkeit; (*von Maschinen*) Leistungsfähigkeit; (*von Institutionen*) Effizienz ◇ *improved energy efficiency* effizientere Energienutzung ◇ *I was impressed by the efficiency with which she handled the crisis.* Es hat mich beeindruckt, mit welcher Souveränität sie die Krise bereinigt hat. **2 efficiencies** [Pl] Rationalisierungsmaßnahmen

ef·fi·cient 0➔ /ɪˈfɪʃnt/ *Adj* (*Adv* **ef·fi·cient·ly**) effizient; (*Personen*) tüchtig; (*Methoden*) rationell, wirksam ◇ *efficient heating equipment* effiziente Heizgeräte ◇ *an efficient secretary* eine tüchtige Sekretärin ◇ *efficient use of energy* rationeller Energieverbrauch ◇ *fuel-efficient cars* Autos mit geringem Treibstoffverbrauch ◇ *an efficiently organized event* eine gut organisierte Veranstaltung

ef·figy /ˈefɪdʒi/ *Nomen* (*Pl* **-ies**) Figur ◇ *The president was burnt in effigy.* Sie verbrannten eine Strohpuppe des Präsidenten.

eff·ing /ˈefɪŋ/ *Adj* [nur vor Nomen] (*BrE, vulg, Slang*) (*verwendet, um das vulgäre Wort* **fucking** *zu vermeiden*) Scheiß-

ef·flu·ent /ˈefluənt/ *Nomen* (*gehoben*) Abwasser

ef·fort 0➔ /ˈefət; *AmE* ˈefərt/ *Nomen* **1** Anstrengung, Mühe ◇ *You should put more effort into your work.* Du solltest dich bei der Arbeit mehr anstrengen. ◇ *Getting up this morning was quite an effort.* Das Aufstehen fiel mir heute Morgen ziemlich schwer. **2** ~ (**to do sth**) Bemühungen (etw zu tun), Bestreben (etw zu tun) ◇ *make a special effort* sich ganz besonders bemühen ◇ *I didn't really feel like going out, but I am glad I made the effort.* Ich hatte eigentlich keine Lust auszugehen, aber ich bin froh, dass ich mir die Mühe gemacht habe. ◇ *The local clubs are making every effort to interest more young people.* Die Klubs am Ort geben sich große Mühe mehr Jugendliche anzulocken. ◇ *The company has laid off 150 workers in an effort to save money.* Das Unternehmen hat 150 Arbeiter entlassen im Bestreben Geld zu sparen. ◇ *With an effort of will he resisted the temptation.* Mit großer Willenskraft widerstand er der Versuchung. **3** (*meist nach einem Nomen*) Mission ◇ *the United Nations' peacekeeping effort* die Friedensmission der Vereinten Nationen ◇ *the Russian space effort* das russische Raumfahrtunternehmen **4** Leistung ◇ *This essay is a poor effort.* Dieser Aufsatz ist eine schwache Leistung.

ef·fort·less /ˈefətləs; *AmE* -fərt-/ *Adj* (*Adv* **ef·fort·less·ly**) mühelos ◇ *He made playing the guitar look effortless.* Bei ihm sah Gitarrespielen mühelos aus. ◇ *She dances with effortless grace.* Sie tanzt mit Anmut und Leichtigkeit.

ef·fu·sive /ɪˈfjuːsɪv/ *Adj* (*Adv* **ef·fu·sive·ly**) überschwänglich

E-fit™ /ˈiː fɪt/ *Nomen* Phantombild, das mithilfe eines speziellen Computerprogramms erstellt wurde

EFL /ˌiː efˈel/ *Kurzform von* **English as a foreign language** Englisch als Fremdsprache

EFTA /ˈeftə/ *Kurzform von* **European Free Trade Association** EFTA

e.g. 0➔ /ˌiː ˈdʒiː/ *Abk* (*Latein: exempli gratia*) z.B.

egali·tar·ian /iˌɡælɪˈteəriən; *AmE* -ˈter-/ *Adj* egalitär

egg 0➔ /eɡ/ *Nomen, Verb*

▸ ***Nomen*** **1** Ei ◇ *fried eggs* Spiegeleier ◇ *Whisk the egg whites.* Das Eiweiß schlagen. **2** Eizelle ◇ *egg donors* Eizellenspenderinnen **IDM** **get, have, etc. ˈegg on/all over your face** blamiert dastehen **put all your eggs in/into one ˈbasket** alles auf eine Karte setzen ➔ *Siehe auch* CHICKEN, KILL, SURE *und* TEACH

▸ ***Verb*** **PHR V** **ˌegg sb ˈon (to do sth)** jdn anstacheln (etw zu tun)

ˈegg cup *Nomen* Eierbecher

egg·plant /ˈeɡplɑːnt; *AmE* -plænt/ *Nomen* (*bes AmE*) Aubergine

egg poacher ➔ POACHER

egg·shell /ˈeɡʃel/ *Nomen* Eierschale

ˈegg timer *Nomen* Eieruhr

ego /ˈiːɡəʊ, ˈeɡəʊ; *AmE* ˈiːɡoʊ/ *Nomen* (*Pl* **-os**) **1** Selbstbewusstsein, Ego ◇ *It really boosted her ego.* Es hat ihr Selbstbewusstsein sehr gestärkt. ◇ *He's got a big ego.* Er hat ein starkes Selbstwertgefühl. **2** (PSYCH) Ich ➔ *Siehe auch* ALTER EGO

ego·cen·tric /ˌeɡəʊˈsentrɪk, ˌiːɡ-; *AmE* ˌiːɡoʊ-/ *Adj* egozentrisch

ego·ism /ˈeɡəʊɪzəm, ˈiːɡ-; *AmE* ˈiːɡoʊ-/ (*auch* **egot·ism** /ˈiːɡətɪzəm; *BrE auch* ˈeɡ-/) *Nomen* Egoismus, Selbstsucht

ego·ist /ˈeɡəʊɪst, ˈiːɡ-; *AmE* ˈiːɡoʊ-/ (*auch* **egot·ist** /ˈiːɡətɪst; *BrE auch* ˈeɡ-/) *Nomen* (*abwert*) Egoist(in)

ego·is·tic /ˌeɡəʊˈɪstɪk, ˌiːɡ-; *AmE* ˌiːɡoʊ-/ (*auch* **egot·is·tic·al** /ˌiːɡəˈtɪstɪkl; *BrE auch* ˌeɡ-/) *Adj* (*Adv* **egot·is·tic·al·ly** /-kli/) egoistisch, selbstsüchtig

ˈego-surfing *Nomen* [U] (*oft hum*) = Eingabe des eigenen Namens in eine Internetsuchmaschine

egre·gious /ɪˈɡriːdʒiəs/ *Adj* (*gehoben*) ungeheuer(lich)

eh /eɪ/ *Ausruf* (*BrE, umgs*) **1** (*wenn man etwas nicht richtig gehört hat*) hä? **2** (*Aufforderung zu Antwort oder Zustimmung*) he?, na? ◇ *So what do you think, eh?* Na, was meinst du? **3** (*um Überraschung auszudrücken*) ah! ◇ *Another new jacket, eh!* Ah—noch eine neue Jacke!

Eid (*auch* **Id**) /iːd/ *Nomen* (*muslimisches Fest*) Eid

ei·der·down /ˈaɪdədaʊn; *AmE* -dərdaʊn/ *Nomen* (*BrE*) = Art Steppdecke, die ohne Bezug über Laken und Bettdecke gelegt wird

eight /eɪt/ *Zahl* acht → *Beispiele bei* SECHS

eight·een /ˌeɪˈtiːn/ *Zahl* achtzehn → *Beispiele bei* SECHS

eight·eenth /ˌeɪˈtiːnθ/ *Adj, Pron* achtzehnte(r,s) → *Beispiele bei* SECHSTE(R,S)

eighth /eɪtθ/ *Adj, Pron, Nomen*
▸ ***Adj, Pron*** achte(r,s) → *Beispiele bei* SECHSTE(R,S)
▸ ***Nomen*** Achtel

ˈeighth note *Nomen* (*AmE*) Achtelnote

eight·ieth /ˈeɪtiəθ/ *Adj, Pron, Nomen*
▸ ***Adj, Pron*** achtzigste(r,s) → *Beispiele bei* SECHSTE(R,S)
▸ ***Nomen*** Achtzigstel

eighty /ˈeɪti/ *Zahl, Nomen*
▸ ***Zahl*** achtzig → *Beispiele bei* SECHZIG
▸ **the eighties *Nomen*** [Pl] → *Beispiele bei* SIXTY

ei·stedd·fod /aɪˈsteðvɒd; *AmE* -vɑːd/ *Nomen* = jährlich in Wales stattfindender Sänger- und Dichterwettstreit

ei·ther /ˈaɪðə(r), ˈiːðə(r)/ *Adj, Pron, Adv, Konj*
▸ ***Adj, Pron*** **1** eine(r,s) von beiden ◇ *Keep either one of the photos—I don't mind which.* Behalt eins von den beiden Fotos—welches ist mir egal. ◇ *There's cake or ice cream—you can have either.* Es gibt Kuchen oder Eis. Du kannst auswählen. **2** (*mit Verb im Singular*) beide ◇ *You can park on either side of the street.* Man kann auf beiden Seiten der Straße parken. ◇ *You can ask either of them.* Du kannst jeden der beiden um Rat fragen. ◇ *at either end of the corridor* an beiden Enden des Gangs
▸ ***Adv*** (*nach negativen Aussagen*) auch ◇ *I don't like the red shirt and I don't like the green one either.* Das rote Hemd gefällt mir nicht, und das grüne auch nicht. ◇ *Mary won't go and Peter won't (go) either.* Mary geht nicht, und Peter auch nicht. ◇ *I know a good Italian restaurant. It's not far from here, either.* Ich kenne ein gutes italienisches Restaurant. Es ist auch nicht weit von hier.
▸ ***Konj*** **either … or …** entweder … oder … ◇ *She's either French or Spanish.* Sie ist entweder Französin oder Spanierin. ◇ *He either couldn't come or didn't want to.* Entweder konnte er nicht kommen, oder er wollte nicht.

ejacu·late /iˈdʒækjuleɪt/ *Verb* ejakulieren

ejacu·la·tion /iˌdʒækjuˈleɪʃn/ *Nomen* Ejakulation, Samenerguss

eject /iˈdʒekt/ *Verb* **1 ~ sb/sth (from sth)** (*gehoben*) jdn/etw (aus etw) hinauswerfen ◇ *Police ejected a number of protesters from the hall.* Die Polizei warf mehrere Protestierende aus der Halle. **2 ~ sth (from sth)** etw (aus etw) ausstoßen, etw (aus etw) auswerfen **3** den Schleudersitz betätigen

ejec·tion /iˈdʒekʃn/ *Nomen* **1** (*aus einem Lokal etc.*) Hinauswerfen **2** (*aus einem Gewehr, Vulkan*) Ausstoß

eke /iːk/ *Verb* PHR V **ˌeke sth ˈout** **1** etw strecken, sparsam mit etw umgehen ◇ *They had to eke out their supplies through the winter.* Sie mussten über den Winter sparsam mit den Vorräten umgehen. **2** ◇ *eke out a meagre existence* sich recht und schlecht durchschlagen ◇ *They were trying to eke out a meagre existence on the barren soil.* Sie versuchten dem unfruchtbaren Boden ihren Lebensunterhalt abzuringen.

EKG /ˌiː keɪ ˈdʒiː/ *Abk* (*AmE*) EKG

elab·or·ate *Adj, Verb*
▸ ***Adj*** /ɪˈlæbərət/ (*Adv* **elab·or·ate·ly**) aufwendig, ausführlich ◇ *She had prepared a very elaborate meal.* Sie hatte ein sehr üppiges Mahl zubereitet. ◇ *an elaborate alarm system* ein ausgefeiltes Alarmsystem
▸ ***Verb*** /ɪˈlæbəreɪt/ ins Detail gehen; **~ on sth** etw näher ausführen

elab·or·ation /ɪˌlæbəˈreɪʃn/ *Nomen* Ausarbeitung, Ausführung ◇ *The importance of this needs no further elaboration.* Es muss nicht näher ausgeführt werden, wie wichtig das ist.

elapse /ɪˈlæps/ *Verb* (*Zeit*) vergehen

elas·tic /ɪˈlæstɪk/ *Nomen, Adj*
▸ ***Nomen*** [U] Gummiband
▸ ***Adj*** **1** Gummi- ◇ *an elastic band* ein Gummiband **2** elastisch, dehnbar ◇ *elastic rope* elastisches Seil ◇ *elastic tissue* dehnbares Gewebe

elas·ti·cated /ɪˈlæstɪkeɪtɪd/ *Adj* (*AmE* **elas·ti·cized** /-stɪsaɪzd/) elastisch ◇ *a skirt with an elasticated waist* ein Rock mit elastischem Bund

elas·ti·city /ˌiːlæˈstɪsəti, ˌelæˈ-, ɪˌlæ-/ *Nomen* Elastizität, Flexibilität

elated /iˈleɪtɪd/ *Adj* **~ (at/by sth)** (über etw) hocherfreut

ela·tion /iˈleɪʃn/ *Nomen* Hochstimmung, freudige Erregung

elbow /ˈelbəʊ; *AmE* -boʊ/ *Nomen, Verb*
▸ ***Nomen*** Ellbogen ◇ *He stood quietly at her elbow.* Er stand ruhig an ihrer Seite. IDM **give sb the ˈelbow** jdm den Laufpass geben → *Siehe auch* KNOW *und* POWER
▸ ***Verb*** PHR V **ˌelbow sb aˈside, etc.** jdn zur Seite etc. stoßen ◇ *He elbowed me out of the way.* Er stieß mich aus dem Weg. **elbow your way ˈin/ˈthrough** sich hinein-/durchdrängeln ◇ *He elbowed his way through (the crowd).* Er drängelte sich durch (die Menge).

ˈelbow grease *Nomen* (*umgs*) Muskelkraft

elder /ˈeldə(r)/ *Adj, Nomen*
▸ ***Adj*** **1** [nur vor Nomen] ältere(r,s) ◇ *my elder brother* mein älterer Bruder ◇ *his elder sister* seine ältere Schwester **2 the elder** der/die ältere ◇ *the elder of their two sons* der ältere von ihren beiden Söhnen **3 the elder** (*gehoben*) der/die Ältere ◇ *the elder Pliny/Pliny the elder* Plinius der Ältere
▸ ***Nomen*** **1 my, etc. elder** [Sing] (*gehoben*) ◇ *He is her elder by several years.* Er ist um einige Jahre älter als sie. **2 elders** [Pl] ältere Generation ◇ *Children have no respect for their elders nowadays.* Heutzutage haben Kinder keinen Respekt vor den Erwachsenen. **3** (*einer Kirche*) Presbyter(in), Gemeindeälteste(r); (*eines Stammes etc.*) die Ältesten ◇ *the village elders* die Dorfältesten **4** (*Baum*) Holunder IDM **your ˌelders and ˈbetters** die ältere Generation

ˈelder abuse *Nomen* [U] Misshandlung von älteren Menschen, Gewalt gegen ältere Menschen

elder·berry /ˈeldəberi; *AmE* -dərb-/ *Nomen* (*Pl* **-ies**) Holunderbeere

elder·care /ˈeldəkeə(r); *AmE* -dərker/ *Nomen* [U] (*bes AmE*) Altenbetreuung, Altenpflege ◇ *nursing homes and other eldercare facilities* Pflegeheime und andere Alteneinrichtungen

elder·flower /ˈeldəflaʊə(r); *AmE* -dərflaʊ-/ *Nomen* Holunderblüte

eld·er·ly /ˈeldəli; *AmE* -dərli/ *Adj, Nomen*
▸ ***Adj*** ältere(r,s) ◇ *elderly relatives* ältere Verwandte
▸ **the elderly *Nomen*** [Pl] ältere Menschen

eld·est /ˈeldɪst/ *Adj, Nomen*
▸ ***Adj*** älteste(r,s) ◇ *my eldest son* mein ältester Sohn
▸ ***Nomen*** **the eldest** der/die/das Älteste

elect /ɪˈlekt/ *Verb, Adj*
▸ ***Verb*** **1** [+ Obj] wählen; **~ sb to sth** jdn in etw wählen; **~ sb (to be) sth; ~ sb as sth** jdn zu etw wählen ◇ *She was elected to parliament last year.* Sie wurde letztes Jahr ins Parlament gewählt. ◇ *We elected James (to be) chairman.* Wir haben James zum Vorsitzenden gewählt. ◇ *He was elected as MP for Oxford East.* Er

wurde zum Parlamentsabgeordneten für Oxford East gewählt. **2** (*gehoben*) ~ **to do sth** sich dafür entscheiden, etw zu tun
▸ ***Adj*** (*gehoben*) = Bezeichnung für eine Person, die bereits in ein Amt gewählt worden ist, es aber noch nicht angetreten hat ◇ *the president elect* der designierte Präsident

elec·tion 0-w /ɪˈlekʃn/ *Nomen* Wahl ◇ *presidential elections* Präsidentschaftswahlen ◇ *stand/run for election* bei einer Wahl kandidieren ◇ *his election as president* seine Wahl zum Präsidenten

elec·tion·eer·ing /ɪˌlekʃəˈnɪərɪŋ; *AmE* -ˈnɪrɪŋ/ *Nomen* [U] Wahlkampf, Wahlpropaganda

elect·ive /ɪˈlektɪv/ *Adj, Nomen*
▸ ***Adj*** (*gehoben*) **1** gewählt ◇ *an elective assembly* eine gewählte Versammlung **2** (*Amt*) = durch Wahl zu besetzen **3** (*Operation*) nicht lebensnotwendig **4** wahlfrei, fakultativ ◇ *an elective course* ein Wahlfach
▸ ***Nomen*** (*bes AmE*) Wahlfach

elect·or /ɪˈlektə(r)/ *Nomen* Wähler(in)

elect·or·al /ɪˈlektərəl/ *Adj* [nur vor Nomen] (*Adv* **elect·oral·ly** /-rəli/) Wahl- ◇ *electoral reforms* Wahlrechtsreformen ◇ *the Electoral College* das Wahlmännergremium ◇ *an electorally successful campaign* eine erfolgreiche Wahlkampagne

e,lectoral ˈregister *Nomen* (*auch* **e,lectoral ˈroll**) Wählerverzeichnis, Wählerliste

elect·or·ate /ɪˈlektərət/ *Nomen* **1** [mit Verb im Sing/Pl] Wähler, Wählerschaft **2** (*AusE, NeusE*) Wahlkreis

elec·tric 0-w /ɪˈlektrɪk/ *Adj* **1** elektrisch, Elektro- ◇ *an electric blanket* eine Heizdecke **2** (*fig*) spannungsgeladen

elec·tric·al 0-w /ɪˈlektrɪkl/ *Adj* (*Adv* **elec·tric·al·ly** /-kli/) elektrisch ◇ *electrical equipment/appliances* Elektrogeräte ◇ *electrically operated windows* elektrische Fensterheber

e,lectrical engiˈneer *Nomen* Elektrotechniker(in), Elektroingenieur(in)

e,lectrical engiˈneering *Nomen* Elektrotechnik

e,lectrical ˈstorm *Nomen* Gewitter

the e,lectric ˈchair (*umgs* **(the) chair**) *Nomen* der elektrische Stuhl

elec·tri·cian /ɪˌlekˈtrɪʃn/ *Nomen* Elektriker(in)

elec·tri·city 0-w /ɪˌlekˈtrɪsəti/ *Nomen* Strom, Elektrizität

elec·trics /ɪˈlektrɪks/ *Nomen* [Pl] (*BrE, umgs*) Elektrik ◇ *There's a problem with the electrics.* Die Elektrik funktioniert nicht.

e,lectric ˈshock (*auch* **shock**) *Nomen* (elektrischer) Schlag

e,lectric ˈstorm *Nomen* (*BrE*) Gewitter

elec·tri·fi·ca·tion /ɪˌlektrɪfɪˈkeɪʃn/ *Nomen* Elektrifizierung

elec·trify /ɪˈlektrɪfaɪ/ *Verb* (**-fies, -fying, -fied, -fied**) **1** (*meist passiv*) unter Strom setzen ◇ *an electrified fence* ein elektrischer Zaun **2** (*meist passiv*) elektrifizieren **3** elektrisieren ◇ *Her speech electrified the audience.* Ihre Rede elektrisierte die Zuhörer.

elec·tri·fy·ing /ɪˈlektrɪfaɪɪŋ/ *Adj* elektrisierend

electro·car·dio·gram /ɪˌlektrəʊˈkɑːdiəʊgræm; *AmE* -troʊˈkɑːrdioʊ-/ = ECG

elec·tro·cute /ɪˈlektrəkjuːt/ *Verb* durch Stromschlag töten/verletzen; (*als Strafe*) auf dem elektrischen Stuhl hinrichten ◇ *He electrocuted himself trying to change a light bulb.* Er bekam einen Schlag, als er versuchte, eine Glühbirne auszuwechseln.

elec·tro·cu·tion /ɪˌlektrəˈkjuːʃn/ *Nomen* Tod durch Stromschlag; (*Strafe*) Hinrichtung auf dem elektrischen Stuhl

elec·trode /ɪˈlektrəʊd; *AmE* -troʊd/ *Nomen* Elektrode

elec·troly·sis /ɪˌlekˈtrɒləsɪs; *AmE* -ˈtrɑːlə-/ *Nomen* Elektrolyse

elec·tro·mag·net·ic /ɪˌlektrəʊmægˈnetɪk; *AmE* -troʊ-/ *Adj* elektromagnetisch

elec·tron /ɪˈlektrɒn; *AmE* -trɑːn/ *Nomen* Elektron

elec·tron·ic 0-w /ɪˌlekˈtrɒnɪk; *AmE* -ˈtrɑːnɪk/ *Adj* (*Adv* **electron·ic·al·ly** /-kli/) elektronisch ◇ *The dictionary is available in electronic form.* Das Wörterbuch ist elektronisch erhältlich. ◇ *an electronic engineer* ein(e) Elektroniker(in) ◇ *electronic tagging* elektronische Fesseln

,electronic ˈmail *Nomen* = EMAIL

elec·tron·ics /ɪˌlekˈtrɒnɪks; *AmE* -ˈtrɑːnɪks/ *Nomen* [U/Pl] Elektronik

ele·gance /ˈelɪgəns/ *Nomen* Eleganz

ele·gant 0-w /ˈelɪgənt/ *Adj* (*Adv* **ele·gant·ly**) elegant

elegy /ˈelədʒi/ *Nomen* (*Pl* **-ies**) Elegie, Klagelied

elem·ent 0-w /ˈelɪmənt/ *Nomen* **1** Element **2** Spur ◇ *an element of nostalgia* eine Spur Nostalgie ◇ *There's an element of truth in his story.* In seiner Geschichte ist ein Körnchen Wahrheit. **3 elements** [Pl] Grundbegriffe **4** Heizelement IDM **in your ˈelement** in seinem Element **be out of your ˈelement** sich fehl am Platz fühlen

elem·en·tal /ˌelɪˈmentl/ *Adj* (*gehoben*) elementar

elem·en·tary /ˌelɪˈmentri/ *Adj* Grund-, elementar ◇ *an elementary English course* ein Grundkurs in Englisch ◇ *a book for elementary students* ein Buch für Anfänger ◇ *an elementary mistake* ein grober Fehler

eleˈmentary school *Nomen* (*AmE*) Grundschule

ele·phant /ˈelɪfənt/ *Nomen* Elefant

ele·phant·ine /ˌelɪˈfæntaɪn; *AmE* -tiːn/ *Adj* (*oft abwert oder hum*) massig, schwerfällig

ele·vate /ˈelɪveɪt/ *Verb* (*gehoben*) erheben

ele·vated /ˈelɪveɪtɪd/ *Adj* **1** gehoben, erhaben ◇ *elevated language* gehobene Sprache ◇ *elevated sentiments* erhabene Gefühle **2** erhöht ◇ *The house is in an elevated position.* Das Haus liegt etwas erhöht. ◇ *an elevated railway* eine Hochbahn

ele·va·tion /ˌelɪˈveɪʃn/ *Nomen* **1** (*gehoben*) Berufung, Erhebung **2** [meist Sing] Höhe ◇ *at an elevation of 2 000 m* in einer Höhe von 2 000 m **3** (*gehoben*) Erhebung, Anhöhe **4** (ARCHIT) Front; (*Zeichnung*) Aufriss

ele·va·tor 0-w /ˈelɪveɪtə(r)/ *Nomen* **1** (*AmE*) Aufzug, Fahrstuhl **2** Getreidesilo

eleven 0-w /ɪˈlevn/ *Zahl, Nomen*
▸ ***Zahl*** elf → *Beispiele bei* SECHS
▸ ***Nomen*** (*beim Fußball, Hockey, Kricket*) Mannschaft, Elf

e,leven-ˈplus (*meist* **the eleven-plus**) *Nomen* [Sing] = Prüfung, die früher von allen Kindern in England und Wales im Alter von elf Jahren abgelegt wurde, um zu entscheiden, auf welchen Schultyp sie gehen sollten. In manchen Bezirken gibt es diese Prüfung heute noch.

elev·enses /ɪˈlevnzɪz/ *Nomen* [U] (*BrE, umgs, veraltet*) = Kaffeepause, zweites Frühstück

elev·enth 0-w /ɪˈlevnθ/ *Adj, Pron, Nomen*
▸ ***Adj, Pron*** elfte(r,s) → *Beispiele bei* SECHSTE(R,S)
IDM **at the e,leventh ˈhour** in letzter Minute
▸ ***Nomen*** Elftel

ELF /elf/ *Kurzform von* **English as a lingua franca** (LING) Englisch als Verkehrssprache

elf /elf/ *Nomen* (*Pl* **elves** /elvz/) (*gutartig*) Elf(e); (*bösartig*) Kobold

elicit /iˈlɪsɪt/ *Verb* (*gehoben*) herausbringen ◇ *elicit a reply from sb* jdm eine Antwort entlocken

elide /iˈlaɪd/ *Verb* (LING) auslassen, elidieren ◇ *The 't' in 'often' may be elided.* Das „t" in „often" bleibt oft stumm.

eli·gi·bil·ity /ˌelɪdʒəˈbɪləti/ *Nomen* **1** Berechtigung, Anspruch **2** Eignung, Befähigung

eli·gible /ˈelɪdʒəbl/ *Adj* **1** ~ (**to do sth**) berechtigt, (etw zu tun); ~ (**for sth**) (zu etw) berechtigt ◇ *eligible to vote* wahlberechtigt ◇ *be eligible for housing benefit* Anspruch auf Wohngeld haben **2** geeignet ◇ *There were six eligible candidates for the job.* Sechs Bewerberinnen kamen für die Stelle infrage. **3** ◇ *an eligible bachelor* ein begehrter Junggeselle

elim·in·ate /ɪˈlɪmɪneɪt/ *Verb* **1** beseitigen; ~ **sb/sth** (**from sth**) jdn/etw (von etw) ausschließen ◇ *eliminate mistakes from your writing* Fehler im Geschriebenen beseitigen ◇ *The police have eliminated two suspects from their enquiry.* Die Polizei hat zwei Verdächtige von ihren Untersuchungen ausgeschlossen. ◇ *eliminate drug trafficking* den Drogenhandel unterbinden ◇ *eliminate the need for sth* etw überflüssig machen **2** (*umgs, verhüll*) (*töten*) eliminieren, beseitigen **3** ~ **sb** (**from sth**) (*meist passiv*) (*bei Wettbewerben*) jdn (bei etw) ausschalten ◇ *He was eliminated in the first round.* Er schied in der ersten Runde aus.

elim·in·ation /ɪˌlɪmɪˈneɪʃn/ *Nomen* (*beim Sport*) Ausschaltung; (*von Krankheit*) Ausrottung ◇ *by a process of elimination* durch negative Auslese ◇ *the elimination of toxins from the body* das Ausscheiden von Giftstoffen aus dem Körper

eli·sion /ɪˈlɪʒn/ *Nomen* (LING) Auslassung, Elision ◇ *the elision of the 't' in 'next week'* die Auslassung des „t" in „next week"

elite (*auch* **élite**) /eɪˈliːt, ɪ-/ *Nomen Adj*
▸ ***Nomen*** [mit Verb im Sing/Pl] Elite
▸ ***Adj*** Elite-

elit·ism (*auch* **élitism**) /eɪˈliːtɪzəm, ɪ-/ *Nomen* **1** elitäres System **2** Elitedenken

elit·ist /eɪˈliːtɪst, ɪ-/ *Adj* elitär

elixir /ɪˈlɪksə(r); *BrE auch* -sɪə(r)/ *Nomen* Elixir, Heilmittel

Eliza·bethan /ɪˌlɪzəˈbiːθn/ *Adj* = aus dem Zeitalter der Königin Elisabeth (1558-1603) ◇ *Elizabethan drama* elisabethanisches Drama

elk /elk/ *Nomen* (*Pl* **elk** *oder* **elks**) **1** (*BrE*) Elch **2** (*AmE*) Wapiti

ELL /ˌiː el ˈel/ *Kurzform von* **English language learner** (*AmE*) Englischlernende(r)

el·lipse /ɪˈlɪps/ *Nomen* Ellipse

el·lip·sis /ɪˈlɪpsɪs/ *Nomen* (*Pl* **el·lip·ses** /-siːz/) **1** Auslassung, Ellipse **2** Auslassungspunkte

el·lip·tic /ɪˈlɪptɪk/ (*auch* **el·lip·tic·al** /-tɪkl/) *Adj* elliptisch

elm /elm/ *Nomen* **1** (*auch* **ˈelm tree**) Ulme **2** Ulmenholz

elo·cu·tion /ˌeləˈkjuːʃn/ *Nomen* [U] Sprechkunst ◇ *elocution lessons* Sprecherziehung

elong·ated /ˈiːlɒŋɡeɪtɪd; *AmE* ɪˈlɔːŋɡeɪtɪd/ *Adj* länglich

elope /ɪˈləʊp; *AmE* ɪˈloʊp/ *Verb* ~ (**with sb**) (mit jdm) durchbrennen um zu heiraten

elo·quence /ˈeləkwəns/ *Nomen* Redegewandtheit, Eloquenz ◇ *the eloquence of his smile* sein vielsagendes Lächeln

elo·quent /ˈeləkwənt/ *Adj* (*Adv* **elo·quent·ly**) **1** (*Rede, Redner*) eloquent, gewandt **2** (*Blick etc.*) beredt, ausdrucksvoll

else 0‒ /els/ *Adv* **1** (*zusätzlich*) sonst (noch) ◇ *Have you got anything else to do?* Hast du sonst noch etwas zu tun? ◇ *You can't buy them anywhere else.* Die kann man sonst nirgendwo kaufen. ◇ *Would you like anything else?* Möchten Sie sonst noch etwas? ◇ *Nothing else, thank you.* Das ist alles, danke. **2** (*unterschiedlich*) andere(r,s) ◇ *Ask somebody else to help you.* Bitten Sie jemanden anders, Ihnen zu helfen. ◇ *That must be somebody else's coat.* Der Mantel muss jemand anderem gehören. ◇ *everybody else* alle anderen IDM **or else** sonst; oder (aber) ◇ *Run, or else you'll be late.* Lauf, sonst kommst du zu spät. ◇ *Give me the money or else!* Her mit dem Geld, sonst passiert was!

else·where 0‒ /ˌelsˈweə(r); *AmE* -ˈwer/ *Adv* (*gehoben*) anderswo ◇ *We had to go elsewhere.* Wir mussten woanders hingehen. ◇ *Elsewhere, the weather has been sunny.* Das Wetter war sonst überall sonnig.

ELT /ˌiː el ˈtiː/ (*BrE*) *Kurzform von* **English Language Teaching** (*Fachgebiet*) Englisch als Fremdsprache

elu·ci·date /iˈluːsɪdeɪt/ *Verb* (*gehoben*) erläutern ◇ *I will try to elucidate what the problems are.* Lassen Sie mich erläutern, wo die Schwierigkeiten liegen.

elude /iˈluːd/ *Verb* (*gehoben*) ~ **sb 1** jdm entkommen ◇ *They managed to elude the police for a week.* Es gelang ihnen, sich der Festnahme eine Woche lang zu entziehen. **2** ◇ *Success eluded them.* Der Erfolg blieb ihnen versagt.

elu·sive /iˈluːsɪv/ *Adj* schwer zu fassen; (*Begriff*) schwer definierbar ◇ *She's very elusive.* Sie ist sehr schwer zu erreichen.

elves *Form von* ELF

'em /əm/ (*umgs*) = THEM

ema·ci·ated /ɪˈmeɪʃieɪtɪd, ɪˈmeɪsi-/ *Adj* ausgemergelt

email 0‒ (*auch* **e-mail**) /ˈiːmeɪl/ *Nomen, Verb*
▸ ***Nomen*** (*gehoben* **ˌelectronic ˈmail**) E-Mail
▸ ***Verb*** (e)mailen ◇ *I emailed him yesterday.* Ich habe ihm gestern gemailt. ◇ *Please email the results to me.* Bitte emailen Sie mir die Ergebnisse.

em·an·ate /ˈeməneɪt/ *Verb* ausstrahlen PHR V **ˈemanate from sth** von etw ausgehen ◇ *Loud music emanated from the building.* Laute Musik drang aus dem Gebäude.

eman·ci·pate /ɪˈmænsɪpeɪt/ *Verb* (*meist passiv*) befreien ◇ *Slaves were emancipated in the US in 1863.* In den USA wurden die Sklaven 1863 befreit.

eman·ci·pated /ɪˈmænsɪpeɪtɪd/ *Adj* emanzipiert ◇ *an emancipated woman* eine emanzipierte Frau ◇ *fully emancipated* vollkommen gleichberechtigt

eman·ci·pa·tion /ɪˌmænsɪˈpeɪʃn/ *Nomen* Emanzipation; (*der Sklaven*) Befreiung

emas·cu·late /iˈmæskjuleɪt/ *Verb* (*meist passiv*) entkräften

emas·cu·la·tion /iˌmæskjuˈleɪʃn/ *Nomen* **1** Schwächung **2** Kastration

em·balm /ɪmˈbɑːm/ *Verb* einbalsamieren

em·bank·ment /ɪmˈbæŋkmənt/ *Nomen* (*Straßen, Bahn-, Fluss-*) Damm

em·bargo /ɪmˈbɑːɡəʊ; *AmE* ɪmˈbɑːrɡoʊ/ *Nomen* (*Pl* **-oes**) Embargo ◇ *impose/enforce/lift an embargo* ein Embargo verhängen/durchsetzen/aufheben ◇ *a trade embargo against/on certain countries* ein Handelsembargo gegen bestimmte Länder

em·bark /ɪmˈbɑːk; *AmE* ɪmˈbɑːrk/ *Verb* **1** an Bord gehen; ~ **for ...** sich nach ... einschiffen **2** einschiffen PHR V **emˈbark on/upon sth** etw beginnen ◇ *embark on a long journey* sich auf eine lange Reise machen

em·bark·ation /ˌembɑːˈkeɪʃn; *AmE* -bɑːrˈ-/ *Nomen* (*offiz*) Einschiffung

em·bar·rass 0‒ /ɪmˈbærəs/ *Verb* ~ **sb 1** jdm peinlich sein, jdn in Verlegenheit bringen ◇ *It embarrassed her to have to ask for money.* Es war ihr unangenehm, um Geld bitten zu müssen. **2** jdn bloßstellen

em·bar·rassed 0‒ /ɪmˈbærəst/ *Adj* **1** verlegen; **be ~** (**to do sth**) sich genieren (etw zu tun) ◇ *Ralph felt slightly embarrassed at being the centre of attention.* Ralph war es etwas peinlich, im Mittelpunkt des Interesses zu stehen. ◇ *I've never felt so embarrassed!* Ich habe mich noch nie so geschämt! **2 financially embarrassed** (*gehoben*) in finanziellen Schwierigkeiten

em·bar·rass·ing /ɪmˈbærəsɪŋ/ *Adj* (*Adv* **em·bar·rass·ingly**) peinlich ◇ *an embarrassing mistake* ein peinlicher Fehler ◇ *The play was embarrassingly bad.* Das Stück war so schlecht, dass es geradezu peinlich war.

em·bar·rass·ment /ɪmˈbærəsmənt/ *Nomen* **1** [U] Verlegenheit ◇ *much to the embarrassment of ministers* zur großen Verlegenheit der Minister ◇ *I nearly died of embarrassment.* Ich wäre am liebsten in der Erde versunken. **2** Ärgernis, Peinlichkeit ◇ *He has become an embarrassment to the government.* Mittlerweile schämt sich die Regierung für ihre Verbindung mit ihm. ◇ *Her resignation is a severe embarrassment to the party.* Ihr Rücktritt ist für die Partei im höchsten Grad peinlich.

em·bassy /ˈembəsi/ *Nomen* (*Pl* **-ies**) Botschaft

em·bat·tled /ɪmˈbætld/ *Adj* **1** bedrängt ◇ *the embattled party leader* der von Problemen bedrängte Parteichef **2** umkämpft

embed (*auch* **imbed**) /ɪmˈbed/ *Verb* (**-dd-**) (*oft passiv*) **1** ◇ *The bullet embedded itself in the wall.* Das Geschoss bohrte sich in die Wand. ◇ *the splinters that were embedded in his leg* die Splitter, die sich in sein Bein gebohrt hatten ◇ (*fig*) *These prejudices are deeply embedded in society.* Diese Vorurteile sind tief in der Gesellschaft verwurzelt. **2** einbetten ◇ *embedded systems* eingebettete Systeme ◇ *embedded journalists* eingebettete Journalisten

em·bel·lish /ɪmˈbelɪʃ/ *Verb* (*gehoben*) **1** verzieren **2** (*Geschichte etc.*) ausschmücken

em·bel·lish·ment /ɪmˈbelɪʃmənt/ *Nomen* Ausschmückung, Beschönigung

ember /ˈembə(r)/ *Nomen* [meist Pl] Glut

em·bez·zle /ɪmˈbezl/ *Verb* veruntreuen, unterschlagen

em·bezzle·ment /ɪmˈbezlmənt/ *Nomen* Veruntreuung, Unterschlagung

em·bit·tered /ɪmˈbɪtəd; *AmE* -tərd/ *Adj* verbittert

em·bla·zon /ɪmˈbleɪzn/ *Verb* (*meist passiv*) **~ A with B** A mit B bedrucken; **~ B on, across, etc. A** B auf A aufdrucken

em·blem /ˈembləm/ *Nomen* **~ (of sth)** **1** Wappen; (*eines Landes*) Hoheitszeichen **2** Symbol, Emblem ◇ *an emblem of peace* ein Friedenssymbol

em·blem·at·ic /ˌembləˈmætɪk/ *Adj* (*gehoben*) **~ (of sth)** symbolisch (für etw), bezeichnend (für etw)

em·bodi·ment /ɪmˈbɒdimənt; *AmE* ɪmˈbɑːd-/ *Nomen* (*gehoben*) **an/the ~ of sth** die Verkörperung einer Sache, der Inbegriff einer Sache

em·body /ɪmˈbɒdi; *AmE* ɪmˈbɑːdi/ *Verb* (**-bodies, -bodying, -bodied, -bodied**) **1** verkörpern, darstellen ◇ *a politician who embodies the hopes of black youth* ein Politiker, der die Hoffnungen der jungen Schwarzen darstellt **2** (*meist passiv*) enthalten ◇ *be embodied in sth* in etw enthalten sein

em·bossed /ɪmˈbɒst; *AmE* ɪmˈbɑːst/ *Adj* geprägt ◇ *embossed stationery* geprägtes Briefpapier

em·brace /ɪmˈbreɪs/ *Verb, Nomen*

▸ ***Verb*** (*gehoben*) **1** **~ (each other)** sich umarmen; **~ sb** jdn umarmen **2** annehmen ◇ *embrace Islam* zum Islam übertreten **3** umfassen

▸ ***Nomen*** **1** Umarmung ◇ *He held her in a close embrace.* Er hielt sie fest umschlungen. **2** (*gehoben*) Annahme ◇ *the eager embrace of conservative doctrines* die bereitwillige Annahme konservativer Ideologien

em·broi·der /ɪmˈbrɔɪdə(r)/ *Verb* **1 ~ A (on B)** A (auf B) sticken; **~ B (with A)** B (mit A) besticken **2** (*gehoben*) (*fig*) ausschmücken

em·broi·dery /ɪmˈbrɔɪdəri/ *Nomen* [U] **1** Stickerei **2** (*Hobby*) Sticken

em·broil /ɪmˈbrɔɪl/ *Verb* (*gehoben*) **become embroiled (in sth)** in etw verwickelt werden; **~ yourself in sth** sich in etw verwickeln

em·bryo /ˈembriəʊ; *AmE* -brioʊ/ *Nomen* (*Pl* **-os**) Embryo IDM **in embryo** im Ansatz

em·bry·on·ic /ˌembriˈɒnɪk; *AmE* -ˈɑːnɪk/ *Adj* **1** (*gehoben*) unentwickelt, unausgereift ◇ *The plan is still in embryonic form.* Der Plan ist noch im Entstehen. **2** (BIOL) Embryonal- ◇ *embryonic cells* Embryonalzellen

em·er·ald /ˈemərəld/ *Nomen, Adj*

▸ ***Nomen*** **1** Smaragd **2** (*auch* **ˌemerald ˈgreen**) Smaragdgrün

▸ ***Adj*** (*auch* **ˌemerald ˈgreen**) smaragdgrün

emerge /iˈmɜːdʒ; *AmE* iˈmɜːrdʒ/ *Verb* **1 ~ (from sth)** (aus etw) hervortreten, (aus etw) herauskommen ◇ *We emerged into bright sunlight.* Wir traten ins helle Sonnenlicht. **2** sich herausstellen ◇ *No new evidence emerged during the investigation.* Bei der Untersuchung kam kein neues Beweismaterial zutage. **3 ~ (as sth)** (als etw) hervorgehen ◇ *Opposition groups began to emerge.* Oppositionsgruppen begannen sich herauszubilden. ◇ *emerging markets* aufstrebende Märkte **4 ~ (from sth)** (aus etw) hervorgehen

emer·gence /iˈmɜːdʒəns; *AmE* iˈmɜːrdʒəns/ *Nomen* Hervortreten, Auftauchen

emer·gency /iˈmɜːdʒənsi; *AmE* iˈmɜːrdʒən-/ *Nomen* Notfall, Not- ◇ *emergency exit* Notausgang ◇ *The government has been granted emergency powers.* Der Regierung sind Notstandsvollmachten erteilt worden. ◇ *a state of emergency* ein Ausnahmezustand

eˈmergency brake *Nomen* (*AmE*) **1** (*beim Auto*) Handbremse **2** (*beim Zug*) Notbremse

eˈmergency room (*Abk* **ER**) *Nomen* (*AmE*) Notaufnahme

eˈmergency services *Nomen* [Pl] (*BrE*) Rettungsdienste

emery board /ˈeməri bɔːd; *AmE* bɔːrd/ *Nomen* Papiernagelfeile

emi·grant /ˈemɪɡrənt/ *Nomen* Auswanderer, Auswanderin, Emigrant(in)

emi·grate /ˈemɪɡreɪt/ *Verb* auswandern, emigrieren

emi·gra·tion /ˌemɪˈɡreɪʃn/ *Nomen* Auswanderung, Emigration

émi·gré (*auch* **emigre**) /ˈemɪɡreɪ/ *Nomen* Emigrant(in)

emi·nence /ˈemɪnəns/ *Nomen* (*gehoben*) **1** hohes Ansehen **2 His/Your Eminence** Seine/Eure Eminenz

emi·nent /ˈemɪnənt/ *Adj* **1** hoch angesehen **2** (*gehoben*) (*Adv* **emi·nent·ly**) ausgesprochen ◇ *a man of eminent good sense* ein ausgesprochen vernünftiger Mensch ◇ *eminently suitable* vorzüglich geeignet

emir (*auch* **amir**) /eˈmɪə(r), ˈeɪmɪə(r); *AmE* eˈmɪr, eɪ-/ *Nomen* Emir

emir·ate /ˈemɪərət, ˈemɪrət; *AmE* ˈemərət/ *Nomen* Emirat

emis·sary /ˈemɪsəri; *AmE* -seri/ *Nomen* (*Pl* **-ies**) (*gehoben*) Abgesandte(r)

emis·sion /iˈmɪʃn/ *Nomen* **1** [U] (*gehoben*) (*von Licht*) Aussenden; (*von Energie, Stoffen*) Freisetzen **2** Emissionen

eˈmissions trading *Nomen* CO2-Handel, Emissionshandel

emit /iˈmɪt/ *Verb* (**-tt-**) (*gehoben*) **1** (*Rauch*) ausstoßen; (*Wärme*) abgeben; (*Licht, Strahlen*) aussenden; (*Gas, Schadstoffe*) freisetzen ◇ *The box emitted a faint click-*

ing sound. Ein leises Klicken kam aus der Schachtel. ◇ *Sulphur gases were emitted by the volcano.* Der Vulkan stieß Schwefelgase aus. **2** (*Schrei*) ausstoßen ◇ *emit a sigh* seufzen

emoji /ɪˈməʊdʒi; *AmE* iˈmoʊ-/ *Nomen* (*Pl* **emoji** *oder* **emojis**) Emoji

emoti·con /ɪˈməʊtɪkɒn; *AmE* ɪˈmoʊtɪkɑːn/ *Nomen* (COMP) Emoticon, Smiley

emo·tion /ɪˈməʊʃn; *AmE* ɪˈmoʊ-/ *Nomen* Gefühl, Emotion ◇ *Emotions were running high.* Die Emotionen schlugen hoch. ◇ *She showed no emotion.* Sie zeigte keine Gefühlsregung.

emo·tion·al /ɪˈməʊʃənl; *AmE* ɪˈmoʊ-/ *Adj* (*Adv* **emo·tional·ly** /-nəli/) **1** emotional, Gefühls- ◇ *an emotional outburst* ein Gefühlsausbruch **2** seelisch ◇ *emotionally disturbed* seelisch gestört **3** emotionsgeladen, gefühlsbetont **4** (*oft abwert*) rührselig

emo·tive /iˈməʊtɪv; *AmE* iˈmoʊ-/ *Adj* Emotionen hervorrufend, Reiz- ◇ *an emotive issue* ein Reizthema

em·pa·thize (*BrE auch* **-ise**) /ˈempəθaɪz/ *Verb* mitfühlen; **~ with sb/sth** sich in jdn/etw hineinversetzen

em·pathy /ˈempəθi/ *Nomen* **~ (with/for sb)** Mitgefühl (mit jdm); **~ (with/for sb/sth)** Einfühlungsvermögen (in jdn/etw)

em·peror /ˈempərə(r)/ *Nomen* Kaiser

em·phasis /ˈemfəsɪs/ *Nomen* (*Pl* **em·phases** /-siːz/) **1** Betonung ◇ *give special emphasis to a word* ein Wort besonders betonen **2** Gewicht ◇ *Some schools put/lay/place great emphasis on languages.* Manche Schulen legen großes Gewicht auf Fremdsprachen. ◇ *The emphasis is on fun.* Das Schwergewicht liegt auf dem Vergnügen.

em·pha·size (*BrE auch* **-ise**) /ˈemfəsaɪz/ *Verb* betonen ◇ *He emphasized the importance of accuracy.* Er betonte, wie wichtig Genauigkeit sei.

em·phat·ic /ɪmˈfætɪk/ *Adj* (*Adv* **em·phat·ic·al·ly** /-kli/) **1** entschieden, energisch, nachdrücklich ◇ *an emphatic denial* eine energisches Leugnen ◇ *She was emphatic about the importance of discipline.* Sie betonte, wie wichtig Disziplin sei. ◇ *He emphatically opposed the idea.* Er war entschieden gegen die Idee. **2** klar, deutlich ◇ *an emphatic victory* ein deutlicher Sieg

em·pire /ˈempaɪə(r)/ *Nomen* **1** Reich **2** (*Handels-*) Imperium

em·pir·ic·al /ɪmˈpɪrɪkl/ *Adj* (*Adv* **em·pir·ic·al·ly** /-kli/) empirisch

em·ploy /ɪmˈplɔɪ/ *Verb* **1 ~ sb (as sth)** jdn (als etw) beschäftigen **2** einstellen ◇ *We will need to employ more staff.* Wir werden mehr Personal einstellen müssen. **3** (*gehoben*) einsetzen, anwenden ◇ *the methods employed by researchers* die von Forschern angewandten Methoden

em·ploy·able /ɪmˈplɔɪəbl/ *Adj* ◇ *training schemes that aim to make young people more employable* Ausbildungsprogramme mit dem Ziel, junge Leute für den Arbeitsmarkt attraktiver zu machen

em·ploy·ee /ɪmˈplɔɪiː/ *Nomen* Arbeitnehmer(in) ◇ *The firm has over 500 employees.* Die Firma hat über 500 Beschäftigte.

em·ploy·er /ɪmˈplɔɪə(r)/ *Nomen* Arbeitgeber(in)

em·ploy·ment /ɪmˈplɔɪmənt/ *Nomen* **1** (*gehoben*) Anstellung, Arbeit ◇ *He is in regular employment.* Er hat eine feste Anstellung. ◇ *seek employment* eine Anstellung suchen **2** Einstellung ◇ *the employment of 60 new workers* die Einstellung von 60 zusätzlichen Arbeitern **3** (*gehoben*) Anwendung ◇ *He recommended the employment of a new strategy.* Er empfahl den Einsatz einer neuen Taktik.

em·power /ɪmˈpaʊə(r)/ *Verb* **~ sb (to do sth)** (*gehoben*) **1** jdn ermächtigen (etw zu tun) ◇ *The act empowers the police to stop motorists at any time.* Das Gesetz gibt der Polizei das Recht, Autofahrer jederzeit anzuhalten. **2** jdm die Macht geben (etw zu tun) ◇ *The aim is to empower young people to control their own lives.* Das Ziel ist, junge Leute in die Lage zu versetzen, ihr Leben selbst zu gestalten. ◇ *She experienced the process as having empowered her as a woman.* Sie fand, dass der Prozess ihr neues Selbstbewusstsein als Frau gegeben hatte.

emp·ress /ˈemprəs/ *Nomen* Kaiserin

emp·ti·ness /ˈemptinəs/ *Nomen* Leere

empty /ˈempti/ *Adj, Verb*

▸ ***Adj*** (**emp·tier**, **emp·ti·est**) leer ◇ *an empty house* ein leer stehendes Haus ◇ *an empty lorry* ein unbeladener Lastwagen ◇ *There's an empty seat in the front row.* In der ersten Reihe ist ein freier Platz. ◇ *words that were empty of meaning* bedeutungsleere Worte

▸ ***Verb*** (**emp·ties**, **empty·ing**, **emp·tied**, **emp·tied**) **1** leeren **2** sich leeren ◇ *The streets soon emptied when the rain started.* Die Straßen leerten sich schnell, als es anfing zu regnen. **3 ~ sth (out) (into/onto sth)** etw (in/auf etw) leeren ◇ *We emptied the waste-paper basket onto the floor.* Wir leerten den Papierkorb auf dem Fußboden aus.

ˌempty-ˈhanded *Adj* mit leeren Händen, unverrichteter Dinge

ˌempty-ˈheaded *Adj* blöd, hohl

EMU /ˌiː em ˈjuː/ *Kurzform von* **Economic and Monetary Union** EWU

emu /ˈiːmjuː/ *Nomen* Emu

emu·late /ˈemjuleɪt/ *Verb* **1** (*gehoben*) nachahmen ◇ *She wanted to emulate her sister's sporting achievements.* Sie wollte es ihrer Schwester unbedingt im Sport gleichtun. **2** (COMP) emulieren

emul·sion /ɪˈmʌlʃn/ *Nomen* **1** Emulsion **2** (*BrE*) (*auch* **eˈmulsion paint**) Dispersionsfarbe

en·able /ɪˈneɪbl/ *Verb* ermöglichen; **~ sb to do sth** jdm ermöglichen, etw zu tun

enact /ɪˈnækt/ *Verb* **1** (*offiz*) (*Gesetz*) erlassen **2** (*gehoben*) (*Drama*) aufführen

en·amel /ɪˈnæml/ *Nomen, Verb*

▸ ***Nomen*** **1** Email, Emaille **2** Zahnschmelz **3** (*auch* **eˌnamel ˈpaint**) Emaillack

▸ ***Verb*** (**-ll-**, *AmE* **-l-**) emaillieren

en·am·oured (*AmE* **en·am·ored**) /ɪˈnæməd; *AmE* -mərd/ *Adj* **1** (*hum*) **~ of/with sth** von etw begeistert **2** (*gehoben*) **~ of/with sb** in jdn verliebt

en bloc /ˌɒ̃ ˈblɒk; *AmE* ˌɑ̃ː ˈblɑːk/ *Adv* gemeinsam, einstimmig

enc. *Abk* = ENCLOSED (1); = ENCLOSURE (3)

en·camp /ɪnˈkæmp/ *Verb* sein Lager aufschlagen

en·camp·ment /ɪnˈkæmpmənt/ *Nomen* Lager

en·cap·su·late /ɪnˈkæpsjuleɪt/ *Verb* (*gehoben*) **1** einfangen ◇ *The picture encapsulates the spirit of the age.* Das Bild fängt den Geist der Zeit ein. **2** zusammenfassen ◇ *The process can be encapsulated in three words.* Der Vorgang kann in drei Wörtern zusammengefasst werden.

en·chant /ɪnˈtʃɑːnt; *AmE* ɪnˈtʃænt/ *Verb* bezaubern

en·chant·ed /ɪnˈtʃɑːntɪd; *AmE* ɪnˈtʃæn-/ *Adj* **1** verzaubert ◇ *an enchanted forest* ein Zauberwald **2** (*gehoben*) entzückt

en·chant·ing /ɪnˈtʃɑːntɪŋ; *AmE* ɪnˈtʃæn-/ *Adj* (*Adv* **en·chant·ing·ly**) bezaubernd, entzückend

en·chant·ment /ɪnˈtʃɑːntmənt; *AmE* ɪnˈtʃænt-/ *Nomen* **1** Entzücken **2** Zauber

en·cir·cle /ɪnˈsɜːkl; *AmE* ɪnˈsɜːrkl/ *Verb* umgeben; (*Truppen etc.*) umstellen, umzingeln

encl. *Abk* = ENCLOSED (1); = ENCLOSURE (3)

en·clave /ˈenkleɪv/ *Nomen* Enklave

en·close /ɪnˈkləʊz; *AmE* ɪnˈkloʊz/ *Verb* **1** (*einem Brief etc.*) beilegen ◇ *My cheque for £10 is enclosed.* Mein Scheck über £10 liegt bei. ◇ *Please find enclosed our current price list.* Als Anlage senden wir Ihnen unsere aktuelle Preisliste. **2** ~ **sth (in/with sth)** etw (mit etw) umgeben ◇ *The fields were enclosed with fences.* Die Felder waren eingezäunt.

en·closed /ɪnˈkləʊzd; *AmE* ɪnˈkloʊzd/ *Adj* **1** (*Abk* **encl.**, **enc.**) (*einem Brief etc.*) beiliegend ◇ *the enclosed registration card* die beiliegende Anmeldung **2** abgeschlossen ◇ *her fear of enclosed spaces* ihre Angst vor geschlossenen Räumen ◇ *an enclosed garden* ein eingefriedeter Garten

en·clos·ure /ɪnˈkləʊʒə(r); *AmE* ɪnˈkloʊ-/ *Nomen* **1** (*für Tiere*) Gehege; (*für Zuschauer etc.*) Bereich **2** Einfriedung, Einzäunung **3** (*Abk* **encl.**, **enc.**) (*bei Briefen*) Anlage

en·code /ɪnˈkəʊd; *AmE* ɪnˈkoʊd/ *Verb* verschlüsseln

en·com·pass /ɪnˈkʌmpəs/ *Verb* (*gehoben*) umfassen

en·core /ˈɒŋkɔː(r); *AmE* ˈɑːŋ-/ *Nomen* (*im Konzert etc.*) Zugabe

en·coun·ter 0‑ /ɪnˈkaʊntə(r)/ *Nomen, Verb*

▸ ***Nomen*** **1** Begegnung ◇ *a chance encounter* eine zufällige Begegnung ◇ *a violent encounter between demonstrators and the police* eine heftiger Zusammenstoß zwischen der Polizei und den Demonstranten **2** Erfahrung ◇ *a sexual encounter* eine sexuelle Erfahrung

▸ ***Verb*** (*gehoben*) **1** ~ **sth** (*Probleme etc.*) auf etw stoßen **2** ~ **sb** jdm begegnen

en·cour·age 0‑ /ɪnˈkʌrɪdʒ; *AmE* ɪnˈkɜːrɪdʒ/ *Verb* **1** ermutigen ◇ *Her parents always encouraged her in her studies.* Ihre Eltern haben sie immer beim Lernen unterstützt. **2** fördern ◇ *measures to encourage exports* Maßnahmen zur Exportförderung

en·cour·age·ment 0‑ /ɪnˈkʌrɪdʒmənt; *AmE* ɪnˈkɜːr-/ *Nomen* ~ **(to sb) (to do sth)** Ermutigung (für jdn) (etw zu tun) ◇ *a few words of encouragement* ein paar ermutigende Worte ◇ *With a little encouragement from his parents he should do well.* Mit etwas Unterstützung von seinen Eltern müsste er gut vorankommen. ◇ *The teacher's words were a great encouragement to her.* Die Worte des Lehrers waren ein großer Ansporn für sie.

en·cour·aging /ɪnˈkʌrɪdʒɪŋ; *AmE* ɪnˈkɜːr-/ *Adj* (*Adv* **en·cour·aging·ly**) ermutigend

en·croach /ɪnˈkrəʊtʃ; *AmE* ɪnˈkroʊtʃ/ *Verb* ~ **on/upon sth** in etw vordringen ◇ *encroach on the liberty of the individual* die Freiheit des Einzelnen einschränken ◇ *signs of encroaching madness* Anzeichen von zunehmendem Wahnsinn

en·crust·ed /ɪnˈkrʌstɪd/ *Adj* ~ **(with sth)** (*Wunde*) (mit etw) verkrustet; (*Schmuck*) (mit etw) besetzt

en·crypt /ɪnˈkrɪpt/ *Verb* (COMP) verschlüsseln

en·cum·ber /ɪnˈkʌmbə(r)/ *Verb* (*meist passiv*) (*gehoben*) ~ **sb/sth (with sth)** jdn (durch etw) behindern

en·cyc·lic·al /ɪnˈsɪklɪkl/ *Nomen* Enzyklika

en·cyc·lo·pe·dia (*BrE auch* **-pae·dia**) /ɪnˌsaɪkləˈpiːdiə/ *Nomen* Enzyklopädie, Lexikon

end 0‑ /end/ *Nomen, Verb*

▸ ***Nomen*** **1** Ende, Schluss ◇ *The war was at an end.* Der Krieg war zu Ende. ◇ *The coup brought his regime to an end.* Der Coup setzte seinem Regime ein Ende. ◇ *She put an end to the rumours.* Sie machte den Gerüchten ein Ende. ◇ *He came to an untimely end.* Er nahm ein vorzeitiges Ende. **2** Ende, Seite ◇ *at the far end of the table* am anderen Ende des Tisches ◇ *The teams changed ends.* Die Mannschaften wechselten die Seiten. ◇ *Are there any problems at your end?* Gibt es von Ihrer Seite aus irgendwelche Probleme? **3** Zweck, Ziel ◇ *for political/commercial ends* zu politischen/kommerziellen Zwecken ◇ *to this end* zu diesem Zweck ◇ *with this end in view* mit diesem Ziel vor Augen **4** Rest; (*Zigaretten-, Kerzen-*) Stummel IDM **at the ˌend of the ˈday** letzten Endes **a bad/sticky ˈend** (*BrE*) ein böses Ende **be at the end of sth** ◇ *I'm at the end of my patience.* Ich bin mit meiner Geduld am Ende. ◇ *They're at the end of their food supply.* Ihre Lebensmittelvorräte gehen zu Ende. **be at the ˌend of your ˈtether** (*AmE* **be at the ˌend of your ˈrope**) (mit den Nerven) am Ende sein **be the ˈend** der Gipfel sein; das Letzte sein ◇ *Now they've lost our bags! This is the end!* Jetzt haben sie unser Gepäck verloren! Das ist doch der Gipfel! **an ˌend in itˈself** ein Selbstzweck **the end justifies the ˈmeans** der Zweck heiligt die Mittel **ˌend of ˈstory**; **ˌend ˈof** Schluss. Aus. Ende. **the end of the ˈline/ˈroad** das Ende **ˌend to ˈend** längs hintereinander **in the ˈend** schließlich; letzten Endes **it's not the end of the ˈworld** (*umgs*) davon geht die Welt nicht unter **make (both) ends ˈmeet** (mit seinem Geld) auskommen; sich über Wasser halten **no ˈend** (*umgs*) unheimlich ◇ *It upset me no end.* Es hat mich unheimlich mitgenommen. ◇ *We had no end of trouble.* Wir hatten unheimliche Schwierigkeiten. **on ˈend** **1** aufrecht; hochkant **2** ununterbrochen ◇ *It lasted for weeks on end.* Es hielt wochenlang ununterbrochen an. **put an ˈend to it all**; **put an ˈend to yourself** (mit dem Leben) Schluss machen → *Siehe auch* BEGINNING, BITTER, DEEP, HAIR, HEAR, LOOSE END, MEANS, THIN *und* WRONG

▸ ***Verb*** **1** enden **2** [+ Obj] beenden ◇ *He decided to end their relationship.* Er beschloss, ihre Beziehung zu beenden. **3** [+ Obj] abrunden, abschließen ◇ *They ended their act with a song.* Sie rundeten ihre Nummer mit einem Lied ab. IDM **ˈend it all**; **ˌend your ˈlife** (mit dem Leben) Schluss machen **ˌend your ˈdays/ˈlife (in sth)** seine Tage (in etw) beschließen PHR V **ˈend in sth** **1** auf etw enden ◇ *words ending in '-ous'* Wörter, die auf „-ous" enden **2** mit etw enden ◇ *The argument ended in tears.* Der Streit endete mit Tränen. **ˌend ˈup** landen ◇ *If you go on like this you'll end up in prison.* Wenn du so weitermachst, landest du noch im Gefängnis. ◇ *We ended up going to Devon as usual.* Schließlich fuhren wir wie immer nach Devon.

en·dan·ger /ɪnˈdeɪndʒə(r)/ *Verb* gefährden ◇ *an endangered species* eine vom Aussterben bedrohte Tierart

en·dear /ɪnˈdɪə(r); *AmE* ɪnˈdɪr/ *Verb* (*gehoben oder hum*) PHR V **enˈdear yourself/sb to sb** sich/jdn bei jdm beliebt machen

en·dear·ing /ɪnˈdɪərɪŋ; *AmE* ɪnˈdɪrɪŋ/ *Adj* (*Adv* **en·dear·ingly**) liebenswert; (*Lächeln*) gewinnend

en·dear·ment /ɪnˈdɪəmənt; *AmE* ɪnˈdɪrmənt/ *Nomen* Kosewort ◇ *whisper endearments to each other* sich Zärtlichkeiten zuflüstern

en·deav·our (*AmE* **en·deavor**) /ɪnˈdevə(r)/ *Nomen, Verb*

▸ ***Nomen*** (*gehoben*) Anstrengung ◇ *Please make every endeavour to arrive on time.* Bitte tun Sie Ihr Möglichstes, um pünktlich zu erscheinen. ◇ *in the field of scientific endeavour* auf dem Gebiet wissenschaftlicher Forschungen ◇ *in an endeavour to reduce costs* im Bestreben, Kosten einzusparen

▸ ***Verb*** (*gehoben*) ~ **to do sth** sich bemühen, etw zu tun

en·dem·ic /enˈdemɪk/ *Adj* **1** ~ **(in/to ...)** (in ...) verbreitet (*fig*) ◇ *Corruption is endemic in the system.* Korruption ist im System verwurzelt. **2** (*Tierart*) ~ **(to ...)** (in ...) einheimisch

end·ing 0‑ /ˈendɪŋ/ *Nomen* **1** Ende, Abschluss ◇ *the ending of the cold war* das Ende des Kalten Krieges ◇ *It was the perfect ending to the perfect day.* Es war der perfekte Abschluss für einen perfekten Tag. ◇ *a happy ending* ein Happy End **2** (LING) Endung

en·dive /ˈendaɪv, -dɪv/ *Nomen* **1** *(BrE)* Endivie **2** *(AmE)* Chicorée

end·less /ˈendləs/ *Adj* **1** *(Ressourcen, Möglichkeiten etc.)* unbegrenzt, unerschöpflich **2** unendlich viel ◇ *endless questions* unzählige Fragen **3** endlos, nicht enden wollend ◇ *The journey seemed endless.* Die Fahrt schien kein Ende zu nehmen. ◇ *their endless arguing* ihre ewige Streiterei

end·less·ly /ˈendləsli/ *Adv* ständig ◇ *She talks endlessly about her problems.* Sie redet ununterbrochen von ihren Problemen.

endlessness /ˈendləsnəs/ *Nomen* Endlosigkeit, Unendlichkeit

en·dor·phin /enˈdɔːfɪn; *AmE* enˈdɔːrfɪn/ *Nomen* Endorphin

en·dorse /ɪnˈdɔːs; *AmE* ɪnˈdɔːrs/ *Verb* **1 ~ sth** etw unterstützen, einer Sache zustimmen **2 ~ sth** für etw werben **3** *(Scheck etc.)* indossieren **4** *(meist passiv) (BrE)* ◇ *have your driving licence endorsed* einen Strafvermerk im Führerschein bekommen

en·dorse·ment /ɪnˈdɔːsmənt; *AmE* ɪnˈdɔːrs-/ *Nomen* **1** Billigung, Unterstützung ◇ *The election victory is a clear endorsement of their policies.* Der Wahlerfolg ist ein klares Votum für ihre Politik. **2** Werbung **3** *(BrE)* Strafvermerk im Führerschein

en·dos·co·py /enˈdɒskəpi; *AmE* enˈdɑːskə-/ *Nomen (Pl* **-ies**) (MED) Spiegelung, Endoskopie

endo·ther·mic /ˌendəʊˈθɜːmɪk; *AmE* -doʊˈθɜːrmɪk/ (CHEM, PHYSIK) endotherm

endow /ɪnˈdaʊ/ *Verb* **~ sth** eine Stiftung für etw einrichten PHRV **be enˈdowed with sth** mit etw ausgestattet sein ◇ *be endowed with magical powers* magische Kräfte besitzen

en·dow·ment /ɪnˈdaʊmənt/ *Nomen* **1** Stiftung, Stiftungsgelder **2** [meist Pl] *(gehoben)* Begabung

ˌend ˈproduct *Nomen* (End)produkt, Resultat

ˌend reˈsult *Nomen* Endergebnis

en·dur·ance /ɪnˈdjʊərəns; *AmE* ɪnˈdʊrəns/ *Nomen* Ausdauer ◇ *humiliated beyond endurance* über die Grenzen des Ertragbaren erniedrigt

en·dure /ɪnˈdjʊə(r); *AmE* ɪnˈdʊr/ *Verb (gehoben)* **1** [+ Obj] ertragen, aushalten **2** [ohne Obj] andauern, Bestand haben

en·dur·ing /ɪnˈdjʊərɪŋ; *AmE* ɪnˈdʊrɪŋ/ *Adj* anhaltend ◇ *an enduring relationship* eine lang anhaltende Beziehung ◇ *enduring memories* bleibende Erinnerungen

ˌend-ˈuser *Nomen* Endverbraucher

ˈend zone *Nomen* Endzone

enema /ˈenəmə/ *Nomen* Einlauf, Darmspülung

enemy ⚿ /ˈenəmi/ *Nomen* [mit Verb im Sing/Pl] *(Pl* **-ies**) Feind(in) ◇ *make an enemy of sb* sich jdn zum Feind machen ◇ *The enemy was/were forced to retreat.* Der Feind wurde zum Rückzug gezwungen. ◇ *enemy aircraft* feindliche Flugzeuge ◇ *behind enemy lines* hinter den feindlichen Linien ◇ *an enemy of progress* ein Feind des Fortschritts IDM → WORST

en·er·get·ic /ˌenəˈdʒetɪk; *AmE* -nərˈ-/ *Adj (Mensch)* aktiv; *(Aktivität)* anstrengend

en·er·get·ic·al·ly /ˌenəˈdʒetɪkli; *AmE* -nərˈ-/ *Adv* schwungvoll, energisch ◇ *dance energetically* schwungvoll tanzen ◇ *New markets are being energetically pursued.* Man sucht intensiv nach neuen Märkten.

en·er·gize *(BrE auch* **-ise**) /ˈenədʒaɪz; *AmE* ˈenərdʒaɪz/ *Verb* **1** in Schwung bringen **2** (PHYSIK) aufladen

en·ergy ⚿ /ˈenədʒi; *AmE* ˈenərdʒi/ *Nomen* **1** [U] Energie, Kraft ◇ *She's full of energy.* Sie steckt voller Energie. ◇ *energy efficiency* effektive Energieausnutzung ◇ *electrical energy* elektrischer Strom **2 energies** [Pl] Kräfte, Energie

en·fant ter·rible /ˌɒ̃fɒ̃ teˈriːbl; *AmE* ˌɑːfɑː/ *Nomen (Pl* **en·fants ter·ribles** /ˌɒ̃fɒ̃ teˈriːbl; *AmE* ˌɑːfɑː/) Enfant terrible

en·force /ɪnˈfɔːs; *AmE* ɪnˈfɔːrs/ *Verb* **1 ~ sth (on/against sb)** etw (gegen jdn) durchsetzen ◇ *It's the duty of the police to enforce the law.* Es ist die Aufgabe der Polizei, für die Einhaltung der Gesetze zu sorgen. **2** *(Disziplin etc.)* erzwingen ◇ *enforced idleness* aufgezwungene Untätigkeit

en·force·able /ɪnˈfɔːsəbl; *AmE* ɪnˈfɔːrsə-/ *Adj* verbindlich ◇ *a legally enforceable agreement* eine rechtlich verbindliche Vereinbarung ◇ *enforceable in the courts* vor Gericht durchsetzbar

en·force·ment /ɪnˈfɔːsmənt; *AmE* ɪnˈfɔːrs-/ *Nomen* Durchsetzung ◇ *law enforcement* die Überwachung der Einhaltung von Gesetzen ◇ *the US Drug Enforcement Administration/Agency* die US Drogenaufsichtsbehörde

Eng. *Abk* **1** = ENGINEER **2** = ENGLISH **3** = ENGLAND

en·gage ⚿ /ɪnˈɡeɪdʒ/ *Verb* **1** *(gehoben)* einstellen, engagieren **2** *(gehoben) (Aufmerksamkeit etc.)* fesseln **3 ~ (with sth)** *(Zahnräder)* (in etw) greifen **4** *(Gang)* einlegen PHRV **enˈgage in sth** etw aufnehmen, sich mit etw beschäftigen, an etw teilhaben ◇ *They are currently engaged in discussions with the union.* Sie haben Gespräche mit der Gewerkschaft aufgenommen. ◇ *engage in criminal activities* kriminell aktiv sein ◇ *I have no time to engage in gossip.* Ich habe keine Zeit mich mit Klatsch abzugeben. **enˈgage sb in sth** jdn in etw verwickeln ◇ *I engaged him in conversation.* Ich verwickelte ihn in ein Gespräch.

en·gaged ⚿ /ɪnˈɡeɪdʒd/ *Adj* **1 ~ (in/on sth)** *(gehoben)* (mit etw) beschäftigt ◇ *They were engaged in conversation.* Sie waren in ein Gespräch vertieft. ◇ *They are engaged in talks with the government.* Sie stehen mit der Regierung in Verhandlung. **2 ~ (to sb)** (mit jdm) verlobt ◇ *When did you get engaged?* Wann hast du dich verlobt? **3** *(BrE) (Telefon, Toilette)* besetzt

en·gage·ment /ɪnˈɡeɪdʒmənt/ *Nomen* **1 ~ (to sb)** Verlobung (mit jdm) ◇ *a long engagement* eine lange Verlobungszeit **2** Verpflichtung ◇ *I had to refuse because of a prior/previous engagement.* Ich musste wegen einer früheren Verabredung ablehnen. **3** (MIL) Kampfhandlung **4** *(BrE)* Einstellung, Engagement ◇ *the engagement of a new conductor* die Einstellung eines neuen Dirigenten

enˈgagement ring *Nomen* Verlobungsring

en·gen·der /ɪnˈdʒendə(r)/ *Verb* erzeugen, hervorbringen

en·gine ⚿ /ˈendʒɪn/ *Nomen* **1** Motor **2** Lokomotive

ˈengine driver *Nomen* Lokführer(in)

en·gin·eer ⚿ /ˌendʒɪˈnɪə(r); *AmE* -ˈnɪr/ *Nomen, Verb*

▸ ***Nomen*** **1** Ingenieur(in) **2** Techniker(in); *(eines Schiffs)* Maschinist(in); *(eines Flugzeugs)* Bordingenieur(in) **3** *(AmE)* Lokführer(in) **4** (MIL) Pionier(in)

▸ ***Verb*** **1** *(abwert)* arrangieren ◇ *She managed to engineer a meeting with him.* Es gelang ihr, ein Treffen mit ihm einzufädeln. ◇ *His enemies engineered his downfall.* Seine Feinde inszenierten seinen Untergang. **2** konstruieren ◇ *a brilliantly engineered recording* eine technisch glänzende Aufzeichnung ◇ *The car is beautifully engineered.* Das Auto ist eine technische Meisterleistung. **3** *(in der Gentechnik)* verändern ◇ *genetically engineered soya* gentechnisch verändertes Soja

en·gin·eer·ing ⚿ /ˌendʒɪˈnɪərɪŋ; *AmE* -ˈnɪrɪŋ/ *Nomen* **1** Technik ◇ *mechanical engineering* Maschinenbau **2** Ingenieurwesen, Maschinenbau

Eng·lish /ˈɪŋglɪʃ/ *Nomen, Adj*
▸ ***Nomen*** **1** Englisch ◇ *English-speaking countries* englischsprachige Länder **2 the English** [Pl] die Engländer IDM **the ˌKing's/ˌQueen's ˈEnglish** die englische Hochsprache → *Siehe auch* PLAIN
▸ ***Adj*** englisch

the ˌEnglish ˈChan·nel *Nomen* (*auch* **the Channel**) der Ärmelkanal

ˌEnglish ˈhorn *Nomen* (*AmE*) Englischhorn

Eng·lish·man /ˈɪŋglɪʃmən/ *Nomen* (*Pl* **-men** /-mən/) Engländer IDM → HOME

ˌEnglish ˈmuffin *Nomen* (*bes AmE*) = flaches Brötchen aus Hefeteig, das getoastet wird

en·grave /ɪnˈgreɪv/ *Verb* (ein)gravieren ◇ *His name was engraved on the trophy./The trophy was engraved with his name.* Sein Name war auf dem Pokal eingraviert. IDM **be engraved on/in your ˈheart, ˈmemory, ˈmind, etc.** einem unauslöschlich eingeprägt sein ◇ *The scene is engraved on my memory.* Die Szene werde ich nie vergessen.

en·grav·ing /ɪnˈgreɪvɪŋ/ *Nomen* **1** Stich **2** Gravur

en·grossed /ɪnˈgrəʊst; *AmE* ɪnˈgroʊst/ *Adj* **be ~ (in sth)** (in etw) vertieft sein

en·gross·ing /ɪnˈgrəʊsɪŋ; *AmE* ɪnˈgroʊ-/ *Adj* fesselnd

en·gulf /ɪnˈgʌlf/ *Verb* **~ sb/sth (in sth)** jdn/etw (in etw) umschließen, jdn/etw (in etw) einschließen ◇ *The waves engulfed the boat.* Die Wellen verschlangen das Boot.

en·hance /ɪnˈhɑːns; *AmE* ɪnˈhæns/ *Verb* verbessern, stärken ◇ *enhanced efficiency* verbesserte Leistungsfähigkeit ◇ *enhance natural hair colour* die natürliche Haarfarbe besser zur Geltung bringen

en·igma /ɪˈnɪgmə/ *Nomen* (*Pl* **en·ig·mas**) Rätsel

en·ig·mat·ic /ˌenɪgˈmætɪk/ *Adj* (*Adv* **en·ig·mat·ic·al·ly** /-kli/) rätselhaft, geheimnisvoll

en·join /ɪnˈdʒɔɪn/ *Verb* (*gehoben*) **1** (*oft passiv*) ermahnen; **~ sth** zu etw mahnen **2 ~ sb from doing sth** (RECHT) jdm untersagen, etw zu tun

enjoy 🔑 /ɪnˈdʒɔɪ/ *Verb* **1** genießen; **~ doing sth** etw gern machen ◇ *I enjoyed the evening enormously.* Der Abend hat mir großartig gefallen. **2 Enjoy!** Viel Spaß!; (*beim Essen*) Guten Appetit IDM **enˈjoy yourself** sich amüsieren

en·joy·able 🔑 /ɪnˈdʒɔɪəbl/ *Adj* (*Adv* **en·joy·ably** /-bli/) angenehm, unterhaltsam ◇ *an enjoyable experience* ein schönes Erlebnis

en·joy·ment 🔑 /ɪnˈdʒɔɪmənt/ *Nomen* [U] **1** Vergnügen, Freude ◇ *his enjoyment of life* seine Freude am Leben **2** (*gehoben*) (*von Rechten, Status*) Genuss

en·large /ɪnˈlɑːdʒ; *AmE* ɪnˈlɑːrdʒ/ *Verb* **1** erweitern, vergrößern **2 ~ (on sth)** (zu etw) ins Detail gehen ◇ *Can you enlarge on that idea?* Können Sie den Gedanken etwas weiter ausführen?

en·large·ment /ɪnˈlɑːdʒmənt; *AmE* ɪnˈlɑːrdʒ-/ *Nomen* **~ (of sth)** Vergrößerung, Erweiterung

en·light·en /ɪnˈlaɪtn/ *Verb* aufklären ◇ *The report makes enlightening reading.* Der Bericht klärt vieles auf.

en·light·ened /ɪnˈlaɪtnd/ *Adj* aufgeklärt

en·light·en·ing /ɪnˈlaɪtnɪŋ/ *Adj* aufschlussreich, erhellend

en·light·en·ment /ɪnˈlaɪtnmənt/ *Nomen* **1** Erleuchtung **2** (PHILOS) Aufklärung

en·list /ɪnˈlɪst/ *Verb* **1** Soldat werden; **~ in/for sth** in etw eintreten ◇ *enlist as an NCO* als Unteroffizier in die Armee eintreten **2 ~ sb (in/for sth)** jdn (in etw) anwerben ◇ *They enlisted four hundred new recruits.* Sie stellten 400 neue Rekruten ein. **3 ~ sb (in sth)** jdn (für etw) gewinnen ◇ *Sarah has been enlisted to organize the party.* Sarah wurde für die Organisation der Party eingespannt. **4** erwecken ◇ *a demonstration designed to enlist public sympathy* eine Demonstration, die die öffentliche Sympathie erwecken sollte ◇ *Can I enlist your help in collecting money?* Kann ich beim Spendensammeln auf Ihre Hilfe rechnen?

en·liven /ɪnˈlaɪvn/ *Verb* beleben

en masse /ˌɒ̃ ˈmæs; *AmE* ˌɑ̃ː ˈ-/ *Adv* alle zusammen, in Massen

en·mity /ˈenməti/ *Nomen* (*Pl* **-ies**) Feindschaft

en·noble /ɪˈnəʊbl; *AmE* ɪˈnoʊ-/ *Verb* **1** adeln, in den Adelsstand erheben **2** erheben ◇ *ennobled by grief* durch Kummer erhoben

enor·mity /ɪˈnɔːməti; *AmE* ɪˈnɔːrm-/ *Nomen* [U] (*Größe*) ungeheures Ausmaß; (*Schrecken*) Ungeheuerlichkeit ◇ *the enormity of a task* das ungeheure Ausmaß einer Aufgabe

enor·mous 🔑 /ɪˈnɔːməs; *AmE* ɪˈnɔːrməs/ *Adj* (*Adv* **enormous·ly**) riesig, ungeheuer

enough 🔑 /ɪˈnʌf/ *Adj, Pron, Adv*
▸ ***Adj, Pron*** genug, genügend ◇ *Six bottles should be enough.* Sechs Flaschen müssten reichen. IDM **eˌnough is eˈnough** was zu viel ist, ist zu viel; genug jetzt **have had eˈnough (of sth/sb)** (von etw/jdm) genug haben ◇ *I've had enough of your continual complaints!* Ihre dauernden Beschwerden reichen mir jetzt!
▸ ***Adv*** **1** genug ◇ *The writing must be big enough for us to read.* Die Schrift muss so groß sein, dass wir sie lesen können. **2** recht ◇ *She plays well enough for a beginner.* Für eine Anfängerin spielt sie recht gut. ◇ *He's nice enough but he isn't particularly bright.* Er ist recht nett aber nicht besonders klug. IDM **ˌcuriously, ˌoddly, ˌstrangely, etc. eˈnough** merkwürdigerweise **ˌenough ˈsaid** mehr braucht man dazu nicht sagen ◇ *'How did he get the job?' 'I don't know, but his uncle's on the board.' 'Enough said.'* „Wie hat er die Stelle bekommen?" „Keine Ahnung, aber ich glaube, sein Onkel ist im Vorstand." „Alles klar!" → *Siehe auch* FAIR, FUNNILY *und* SURE

en·quire (*bes AmE* **in·quire**) /ɪnˈkwaɪə(r)/ *Verb* **~ (about sb/sth)** (*gehoben*) sich (nach jdm/etw) erkundigen ◇ *She enquired as to your whereabouts.* Sie erkundigte sich nach deinem Verbleib. ◇ *Might I enquire why you have not mentioned this until now?* Dürfte ich fragen, warum Sie das bis jetzt nicht erwähnt haben? PHR V **enˈquire after sb** (*gehoben*) sich nach jdm erkundigen **enˈquire into sth** etw untersuchen **enˈquire sth of sb** (*gehoben*) sich bei jdm nach etw erkundigen

en·quir·er (*bes AmE* **in·quirer**) /ɪnˈkwaɪərə(r)/ *Nomen* (*gehoben*) Fragesteller(in), Fragende(r)

en·quir·ing (*bes AmE* **in·quir·ing**) /ɪnˈkwaɪərɪŋ/ *Adj* (*Adv* **en·quir·ing·ly**) **1** wissbegierig, wissensdurstig **2** fragend

en·quiry 🔑 (*bes AmE* **in·quiry**) /ɪnˈkwaɪəri; *AmE meist* ˈɪnkwəri/ *Nomen* (*Pl* **-ies**) **1 ~ (into sth)** Untersuchung (einer Sache) ◇ *Two men have been helping police with their enquiries.* Zwei Männer wurden von der Polizei vernommen. ◇ *The police are following several lines of enquiry.* Die Polizei geht mehreren Spuren nach. **2** Anfrage, Erkundigung **3 enquiries** [Pl] (*BrE*) Informationsschalter ◇ *Ask at enquiries.* Fragen Sie bei der Information.

en·rage /ɪnˈreɪdʒ/ *Verb* (*meist passiv*) wütend machen; (*Tier*) reizen ◇ *I was enraged at his insolence.* Seine Unverschämtheit machte mich wütend.

en·rap·ture /ɪnˈræptʃə(r)/ *Verb* (*meist passiv*) (*gehoben*) entzücken, bezaubern

en·rich /ɪnˈrɪtʃ/ *Verb* **1** bereichern (*auch fig*) **2** (NATURW, LANDW) anreichern

enrol (*bes AmE* **en·roll**) /ɪnˈrəʊl; *AmE* ɪnˈroʊl/ *Verb* (**-ll-**) **1 ~ (for/in/on sth)** sich (für etw) anmelden; **~ as sth**

sich als etw einschreiben ◇ *enrol in evening classes* einen Abendkursus belegen **2 ~ sb (for/in/on sth)** jdn (in etw) aufnehmen, jdn (für etw) anmelden; **~ sb as sth** jdn als etw aufnehmen ◇ *The society is hoping to enrol new members.* Die Verein hofft, dass sich neue Mitglieder anmelden.

en·rol·lee /ɪnˌrəʊ'liː; *AmE* ɪnˌroʊ-/ *Nomen (AmE)* Eingeschriebene(r)

en·rol·ment (*AmE* **en·roll·ment**) /ɪn'rəʊlmənt; *AmE* ɪn'roʊl-/ *Nomen* Anmeldung, Einschreibung ◇ *School enrolments are falling.* Anmeldungen für Schulen sind rückläufig.

en route /ˌɒ̃ 'ruːt, ˌɒn 'ruːt; *AmE* ˌɑ̃ː 'ruːt, ˌɑːn 'ruːt/ *Adv* **~ (from ...) (to ...)** auf dem Weg (von ...) (nach ...); **~ (for ...)** unterwegs (nach ...)

en·sconce /ɪn'skɒns; *AmE* ɪn'skɑːns/ *Verb (gehoben)* **1 ~ yourself in sth** sich in etw niederlassen **2 ~ yourself in/behind sth** sich in/hinter etw verstecken

en·sem·ble /ɒn'sɒmbl; *AmE* ɑːn'sɑːm-/ *Nomen* [mit Verb im Sing/Pl] Ensemble

en·shrine /ɪn'ʃraɪn/ *Verb (gehoben)* festschreiben; **~ sth in sth** etw in etw verankern ◇ *a commitment enshrined in the constitution* eine in der Verfassung verankerte Verpflichtung

en·sign /'ensən/ *Nomen* **1** Flagge **2** (*AmE*) Fähnrich zur See

en·slave /ɪn'sleɪv/ *Verb* versklaven ◇ *We have become enslaved to the car.* Wir sind zu Sklaven des Autos geworden.

en·snare /ɪn'sneə(r); *AmE* ɪn'sner/ *Verb* (ein)fangen

ensue /ɪn'sjuː; *AmE* ɪn'suː/ *Verb* folgen ◇ *in the ensuing years* in den darauf folgenden Jahren ◇ *Panic ensued.* Panik brach aus.

en suite /ˌɒ̃ 'swiːt; *AmE* ˌɑ̃ː '-/ *Adj, Adv (BrE)* ◇ *a room with en suite bathroom* ein Zimmer mit eigenem Bad ◇ *an en suite bedroom* ein Schlafzimmer mit eigenem Badezimmer

en·sure 🔑 (*bes AmE* **in·sure**) /ɪn'ʃʊə(r), ɪn'ʃɔː(r); *AmE* ɪn'ʃʊr/ *Verb* gewährleisten; **~ that ...** dafür sorgen, dass ...

en·tail /ɪn'teɪl/ *Verb* mit sich bringen, erforderlich machen ◇ *the risk entailed in running your own business* das Risiko, das das Führen eines eigenen Unternehmens mit sich bringt

en·tan·gle /ɪn'tæŋgl/ *Verb (meist passiv)* **1 ~ yourself (in/with sth); get/become entangled (in/with sth)** sich (in etw) verfangen ◇ *The bird had become entangled in the wire netting.* Der Vogel hatte sich im Maschendraht verfangen. **2 ~ sb/yourself in sth** *(fig)* jdn/sich in etw verwickeln ◇ *become entangled in a conflict* in einen Konflikt verwickelt werden **3 get/become entangled with sb** sich mit jdm einlassen

en·tan·gle·ment /ɪn'tæŋglmənt/ *Nomen* Verstrickung

en·tente /ɒn'tɒnt; *AmE* ɑːn'tɑːnt/ *Nomen* [U/Sing] Bündnis, Entente

enter 🔑 /'entə(r)/ *Verb* **1** eintreten **2 ~ sth** in etw hineingehen ◇ *enter a room* ein Zimmer betreten ◇ *The train entered the tunnel.* Der Zug fuhr in den Tunnel. ◇ *enter the country* ins Land einreisen ◇ *Where did the bullet enter the body?* Wo ist die Kugel in den Körper gedrungen? ◇ *It never entered my head/mind that ...* Es wäre mir nie in den Kopf/Sinn gekommen, dass ... **3** (THEAT) auftreten ◇ *Enter Hamlet/Hamlet enters.* Auftritt Hamlet. **4 ~ sth** in etw eintreten ◇ *enter a new phase* in eine neue Phase eintreten ◇ *enter the Army/Church* Soldat(in)/Geistliche(r) werden ◇ *enter politics/the legal profession* eine politische/juristische Laufbahn einschlagen **5 ~ (for sth)** *(Wettbewerb, Prüfung)* sich (für etw) anmelden **6 ~ sb (in/for sth)** *(Wettbewerb, Prüfung)* jdn (für etw) anmelden ◇ *enter a horse in a race* ein Pferd für ein Rennen melden **7 ~ sth (up) (in/into/on sth)** etw (in etw) eintragen; *(beim Computer)* etw (in etw) eingeben **8** *(offiz)* *(Widerspruch, Protest)* einlegen ◇ *enter a plea of guilty* sich schuldig bekennen **IDM** → NAME **PHR V** **'enter into sth** **1** auf etw eingehen ◇ *enter into the pros and cons of the plan* auf die Vor- und Nachteile des Plans eingehen **2** bei etw mitmachen ◇ *enter into the spirit of an occasion* bei einer Sache aktiv mitmachen **3** *(kein Passiv)* bei etw eine Rolle spielen **'enter into sth (with sb)** *(Vertrag)* (mit jdm) etw abschließen; *(Verhandlungen, Briefwechsel)* (mit jdm) etw aufnehmen **'enter on/upon sth** etw beginnen ◇ *enter on a new career* eine neue Karriere beginnen

en·ter·prise /'entəpraɪz; *AmE* -tərpraɪz/ *Nomen* **1** Unternehmen, Betrieb **2** Vorhaben, Unternehmen ◇ *a joint enterprise* eine gemeinsame Initiative **3** Unternehmertum ◇ *an enterprise culture* eine marktwirtschaftliche Denkweise **4** [U] Unternehmergeist

en·ter·pris·ing /'entəpraɪzɪŋ; *AmE* -tərp-/ *Adj* einfallsreich, geschäftstüchtig; *(Projekt etc.)* kühn

en·ter·tain 🔑 /ˌentə'teɪn; *AmE* -tər'-/ *Verb* **1** Gäste haben ◇ *They do a lot of entertaining.* Sie laden oft Gäste ein. **2 ~ sb (to sth)** jdn (zu etw) einladen ◇ *Liz entertained us to dinner last night.* Wir waren gestern Abend bei Liz zum Essen eingeladen. **3 ~ sb (with sth)** jdn (mit etw) unterhalten **4** *(nicht in der Verlaufsform)* *(gehoben)* *(Zweifel, Verdacht, Hoffnung)* hegen

en·ter·tain·er 🔑 /ˌentə'teɪnə(r); *AmE* -tər'-/ *Nomen* Unterhaltungskünstler(in), Entertainer(in) ◇ *a street entertainer* ein(e) Straßenkünstler(in)

en·ter·tain·ing 🔑 /ˌentə'teɪnɪŋ; *AmE* -tər'-/ *Adj* (*Adv* **en·tertain·ing·ly**) unterhaltsam, amüsant

en·ter·tain·ment 🔑 /ˌentə'teɪnmənt; *AmE* -tər'-/ *Nomen* **1** Unterhaltung, Entertainment **2** [meist Pl] Veranstaltung **3** Belustigung **4** *(geschäftlich)* Bewirtung

en·thral (*bes AmE* **en·thrall**) /ɪn'θrɔːl/ *Verb* **(-ll-)** *(meist passiv)* bezaubern, fesseln

en·thral·ling /ɪn'θrɔːlɪŋ/ *Adv* fesselnd

en·throne /ɪn'θrəʊn; *AmE* ɪn'θroʊn/ *Verb (meist passiv)* inthronisieren

en·thuse /ɪn'θjuːz; *AmE* ɪn'θuːz/ *Verb* **~ (about/over sth/sb)** (von etw/jdm) schwärmen

en·thu·si·asm 🔑 /ɪn'θjuːziæzəm; *AmE* ɪn'θuː-/ *Nomen* Begeisterung, Enthusiasmus

en·thu·si·ast /ɪn'θjuːziæst; *AmE* ɪn'θuː-/ *Nomen* **1** Enthusiast, Fan **2** Anhänger(in) ◇ *enthusiasts for privatization* Anhänger der Privatisierung

en·thu·si·as·tic 🔑 /ɪnˌθjuːzi'æstɪk; *AmE* ɪnˌθuː-/ *Adj* (*Adv* **enthu·si·as·tic·al·ly** /-kli/) **~ (about sb/sth)** (von jdm/etw) begeistert

en·tice /ɪn'taɪs/ *Verb* (ver)locken, verleiten ◇ *He was enticed away from the firm by an offer of higher pay.* Mit einem höheren Gehaltsangebot wurde er von seiner Firma fortgelockt.

en·ticing /ɪn'taɪsɪŋ/ *Adj* (*Adv* **en·ticing·ly**) verlockend

en·tire 🔑 /ɪn'taɪə(r)/ *Adj* [nur vor Nomen] ganze(r,s) ◇ *The entire village was destroyed.* Das ganze Dorf wurde zerstört.

en·tire·ly 🔑 /ɪn'taɪəli; *AmE* -ərli/ *Adv* völlig ◇ *That's an entirely different matter.* Das ist etwas völlig anderes.

en·tir·ety /ɪn'taɪərəti/ *Nomen (gehoben)* **IDM** **in its/their en'tirety** als Ganzes ◇ *The royal collection is on show for the first time in its entirety.* Die königliche Sammlung wird erstmalig in ihrer Gesamtheit gezeigt. ◇ *The poem is too long to quote in its entirety.* Das Gedicht ist zu lang, um es ganz zu zitieren.

en·title 🗝 /ɪnˈtaɪtl/ *Verb (meist passiv)* **1 ~ sb to sth** jdn zu etw berechtigen ◇ *This ticket does not entitle you to travel first class.* Dieser Fahrschein berechtigt Sie nicht 1. Klasse zu fahren. ◇ *Are you entitled to unemployment benefit?* Haben Sie Anspruch auf Arbeitslosenunterstützung? ◇ *Everyone's entitled to their own opinion.* Jeder hat das Recht auf eine eigene Meinung. **2** betiteln ◇ *a poem entitled 'If'* ein Gedicht mit dem Titel „If"

entitled /ɪnˈtaɪtld/ *Adj (meist abwert)* privilegiert

en·title·ment /ɪnˈtaɪtlmənt/ *Nomen (offiz)* **1 ~ (to sth)** Anspruch (auf etw) **2** *(AmE)* ≈ Sozialleistungen **3** [U] *(meist abwert)* Privilegiertheit ◇ *I can't stand the sense of entitlement among these kids.* Ich hasse es, dass diese Kinder einem das Gefühl vermitteln, sie dürften alles.

en·tity /ˈentəti/ *Nomen (Pl* **-ies***) (gehoben)* (eigenständige) Einheit

en·tomb /ɪnˈtuːm/ *Verb (meist passiv) (gehoben) (in einer Gruft)* beisetzen ◇ *the site where kings were entombed* die Grabstätte der Könige ◇ *entombed in the rubble* unter den Trümmern begraben

en·to·mol·ogy /ˌentəˈmɒlədʒi; *AmE* -ˈmɑːlə-/ *Nomen* Insektenkunde, Entomologie

en·tou·rage /ˈɒnturɑːʒ; *AmE* ˈɑːn-/ *Nomen* [mit Verb im Sing/Pl] Gefolge

en·trails /ˈentreɪlz/ *Nomen* [Pl] Eingeweide, Innereien

en·trance[1] 🗝 /ˈentrəns/ *Nomen* **1** Eingang, Einfahrt **2** Eintritt ◇ *His sudden entrance took everyone by surprise.* Alle waren überrascht, als er plötzlich eintrat. **3** *(auf die Bühne)* Auftritt ◇ *The hero makes his entrance in Scene 2.* Der Held hat seinen ersten Auftritt in Szene 2. **4** Zutritt ◇ *gain entrance* sich Zutritt verschaffen ◇ *(BrE) an entrance fee* ein Eintrittsgeld **5** Aufnahme, Zulassung ◇ *a university entrance examination* eine Zulassungsprüfung zur Universität ◇ *entrance requirements* Aufnahmebedingungen

en·trance[2] 🗝 /ɪnˈtrɑːns; *AmE* ɪnˈtræns/ *Verb (meist passiv)* hinreißen ◇ *We listened entranced.* Wir hörten hingerissen zu.

en·tran·cing /ɪnˈtrɑːnsɪŋ; *AmE* ɪnˈtræn-/ *Adj* hinreißend, bezaubernd

en·trant /ˈentrənt/ *Nomen* **1** (Berufs-/Studien-)anfänger(in) ◇ *She's a new entrant to the police force.* Sie ist Berufsanfängerin bei der Polizei. **2** *(bei einem Wettbewerb)* Teilnehmer(in)

en·trap /ɪnˈtræp/ *Verb* **(-pp-)** *(meist passiv) (gehoben)* **1** fangen **2** in eine Falle locken

en·trap·ment /ɪnˈtræpmənt/ *Nomen* [U] Verleitung, Verlockung

en·treat /ɪnˈtriːt/ *Verb (gehoben)* anflehen

en·treaty /ɪnˈtriːti/ *Nomen (Pl* **-ies***)* Flehen, Bitte

en·trée /ˈɒntreɪ; *AmE* ˈɑːn-/ *Nomen* **1** *(BrE)* Vorspeise **2** *(AmE)* Hauptspeise **3** *(gehoben)* **~ (into/to sth)** Zutritt (zu etw)

en·trenched /ɪnˈtrentʃt/ *Adj (meist abwert)* verwurzelt ◇ *entrenched attitudes* tief verwurzelte Einstellungen

en·trench·ment /ɪnˈtrentʃmənt/ *Nomen* **1** [U] Verwurzelung **2** [meist Pl] Schützengraben

entre·pre·neur /ˌɒntrəprəˈnɜː(r); *AmE* ˌɑːn-/ *Nomen* Unternehmer(in)

en·tre·pre·neur·ial /ˌɒntrəprəˈnɜːriəl; *AmE* ˌɑːn-/ *Adj* unternehmerisch

en·trust /ɪnˈtrʌst/ *Verb* **~ sth to sb; ~ sb with sth** jdm etw anvertrauen; *(Aufgabe)* jdn mit etw betrauen

entry 🗝 *Nomen (Pl* **-ies***)* /ˈentri/ **1** Eintritt, Zutritt ◇ *No entry.* Einfahrt/Zutritt verboten. ◇ *gain entry* sich Zutritt verschaffen ◇ *museums that charge for entry* Museen, die Eintrittsgeld verlangen ◇ *grant/refuse sb entry to a country* jdm die Einreise in ein Land gestatten/verweigern ◇ *the entry of troops into the city* der Einmarsch von Truppen in die Stadt **2** *(zu einer Organisation etc.)* Beitritt ◇ *seek entry into/to the EU* den Beitritt zur EU anstreben ◇ *entry requirements* Aufnahmebedingungen **3** *(AmE auch* **entry·way** /-weɪ/*) (an Gebäuden)* Eingang **4** *(im Lexikon, Tagebuch etc.)* Eintrag **5** Eingabe ◇ *data entry* Dateneingabe **6** (An)meldung ◇ *fifty entries for the 800 metres* 50 Meldungen für den 800-m-Lauf **7** Teilnahme ◇ *an entry fee* eine Teilnahmegebühr ◇ *Entry is open to anyone over 18.* Teilnehmen kann jeder, der das 18. Lebensjahr vollendet hat. **8** Beitrag ◇ *There have been some impressive entries in the photo competition.* Es sind einige sehr eindrucksvolle Beiträge zum Fotowettbewerb eingegangen. ◇ *Entries must arrive by 31 March.* Einsendeschluss ist der 31. März. **9** [Sing] Teilnehmerzahl ◇ *a large entry for the flower show* eine stattliche Teilnehmerzahl für die Blumenschau

Entryphone™ /ˈentrifəʊn; *AmE* -foʊn/ *Nomen (BrE)* Sprechanlage

en·twine /ɪnˈtwaɪn/ *Verb (meist passiv)* **~ sth (with/in sth)** etw (mit etw) umschlingen; **~ sth round sth** etw um etw schlingen ◇ *They strolled through the park with (their) arms entwined.* Sie schlenderten Arm in Arm durch den Park. ◇ *Her destiny was closely entwined with his.* Ihr Schicksal war eng mit seinem verknüpft.

E-number /ˈiː nʌmbə(r)/ *Nomen (BrE)* **1** E-Nummer **2** *(umgs)* Lebensmittelzusatz

enu·mer·ate /ɪˈnjuːməreɪt; *AmE* ɪˈnuː-/ *Verb (gehoben)* aufzählen

enun·ci·ate /ɪˈnʌnsieɪt/ *Verb* artikulieren

en·velop /ɪnˈveləp/ *Verb* **~ sb/sth (in sth)** jdn/etw (in etw) einhüllen

en·vel·ope 🗝 /ˈenvələʊp, ˈɒn-; *AmE* ˈɑːnvəloʊp, ˈen-/ *Nomen* **1** (Brief)umschlag **2** (Plastik)hülle

en·vi·able /ˈenviəbl/ *Adj* beneidenswert

en·vi·ous /ˈenviəs/ *Adj (Adv* **en·vi·ous·ly***)* **~ (of sb/sth)** neidisch (auf jdn/etw)

en·vir·on·ment 🗝 /ɪnˈvaɪrənmənt/ *Nomen* **1 the environment** die Umwelt **2** Umfeld, Verhältnisse ◇ *the home environment* das Familienumfeld ◇ *the political environment* das politische Umfeld ◇ *an efficient working environment* ein funktioneller Arbeitsplatz

en·vir·on·men·tal 🗝 /ɪnˌvaɪrənˈmentl/ *Adj* Umwelt- ◇ *environmental issues* Umweltbelange ◇ *environmental protection* Umweltschutz ◇ *an environmental health officer* ein Beamter des Gesundheitsamts

en·vir·on·men·tal·ist /ɪnˌvaɪrənˈmentəlɪst/ *Nomen* Umweltschützer(in)

en·vir·on·men·tal·ly /ɪnˌvaɪrənˈmentəli/ *Adv* umwelt- ◇ *an environmentally sensitive area* eine im Hinblick auf die Umwelt gefährdete Region

enˌvironmentally ˈfriendly *(auch* **enˌvironment-ˈfriendly***) Adj* umweltfreundlich

en·vir·ons /ɪnˈvaɪrənz/ *Nomen* [Pl] *(gehoben)* Umgebung ◇ *Berlin and its environs* Berlin und seine Umgebung

en·vis·age /ɪnˈvɪzɪdʒ/ *(bes AmE* **en·vi·sion** /ɪnˈvɪʒn/*) Verb* **1 ~ sth** sich etw vorstellen ◇ *I can't envisage the plan working.* Ich kann mir nicht vorstellen, dass der Plan funktioniert. **2 ~ doing sth** vorhaben, etw zu tun ◇ *We don't envisage living here for very long.* Wir haben nicht vor, längere Zeit hier zu wohnen.

envoy /ˈenvɔɪ/ *Nomen* Gesandte(r)

envy /ˈenvi/ *Nomen, Verb*

▸ ***Nomen*** **~ (of sb/sth)** Neid (auf jdn/etw) ◇ *feel a pang/twinge of envy* einen Stich spüren ◇ *be green with envy* vor Neid erblassen IDM **be the envy of sb/sth**

◇ *Their racecourses are the envy of the world.* Die ganze Welt beneidet sie um ihre Rennbahnen.

▸ ***Verb*** **(en·vies, envy·ing, en·vied, en·vied) ~ sb/sth** jdn/etw beneiden; **~ sb sth** jdn um etw beneiden ◇ *I don't envy David that job.* Um diese Aufgabe beneide ich David nicht. ◇ *I don't envy them living in that awful place.* Ich beneide sie nicht darum, dass sie in dieser schrecklichen Gegend wohnen.

en·zyme /ˈenzaɪm/ *Nomen* Enzym

eon (*BrE auch* **aeon**) /ˈiːən/ *Nomen* Äon; (*fig*) Ewigkeit

ep·aul·ette (*AmE meist* **ep·aulet**) /ˈepəlet/ *Nomen* Epaulette, Schulterklappe

épée /eˈpeɪ, ˈepeɪ/ *Nomen* Degen

ephem·eral /ɪˈfemərəl/ *Adj* (*gehoben*) kurzlebig

epic /ˈepɪk/ *Nomen, Adj*

▸ ***Nomen*** Epos

▸ ***Adj*** **1** episch ◇ *an epic poem* ein Heldengedicht **2** monumental ◇ *an epic struggle* ein monumentaler Kampf **3** gewaltig ◇ *a disaster of epic proportions* eine Katastrophe von gewaltigem Ausmaß **4** (*umgs*) unglaublich, super ◇ *The party was epic!* Die Party war echt der Hammer!

epi·centre (*AmE* **epi·cen·ter**) /ˈepɪsentə(r)/ *Nomen* Epizentrum

epi·dem·ic /ˌepɪˈdemɪk/ *Nomen, Adj*

▸ ***Nomen*** (*auch fig*) Epidemie

▸ ***Adj*** seuchenhaft ◇ *reach epidemic proportions* seuchenhafte Ausmaße annehmen

epi·demi·ology /ˌepɪˌdiːmiˈɒlədʒi; *AmE* -ˈɑːlə-/ *Nomen* Epidemiologie

epi·gram /ˈepɪɡræm/ *Nomen* Epigramm, Sinnspruch

epi·lepsy /ˈepɪlepsi/ *Nomen* Epilepsie

epi·lep·tic /ˌepɪˈleptɪk/ *Adj, Nomen*

▸ ***Adj*** epileptisch

▸ ***Nomen*** Epileptiker(in)

epi·logue (*AmE auch* **epi·log**) /ˈepɪlɒɡ; *AmE* -lɔːɡ/ *Nomen* Epilog, Nachwort

Epiph·any /ɪˈpɪfəni/ *Nomen* Dreikönigstag

epis·cop·al /ɪˈpɪskəpl/ *Adj* **1** bischöflich **2 Episcopal** episkopal ◇ *the Episcopal Church* die Episkopalkirche (= die anglikanische Kirche in den USA und in Schottland)

epis·co·pa·lian (*meist* **Episcopalian**) /ɪˌpɪskəˈpeɪliən/ *Nomen* = Mitglied der Episkopalkirche

epi·sode /ˈepɪsəʊd; *AmE* -soʊd/ *Nomen* **1** Vorfall, Episode **2** (TV) Folge

epi·sod·ic /ˌepɪˈsɒdɪk; *AmE* -ˈsɑːdɪk/ *Adj* (*gehoben*) episodisch, episodenhaft

epis·tle /ɪˈpɪsl/ *Nomen* **1** (*meist hum*) Schreiben ◇ *I got another long epistle from him today.* Ich habe heute schon wieder eins seiner langen Schreiben bekommen. **2 Epistle** (REL) (Apostel)brief, Epistel

epis·tol·ary /ɪˈpɪstələri; *AmE* -leri/ *Adj* (*gehoben*) Brief-, in Briefform

epi·taph /ˈepɪtɑːf; *AmE* -tæf/ *Nomen* **1** Grabinschrift **2 ~ (to sb/sth)** Mahnmal (für jdn/etw)

epi·thet /ˈepɪθet/ *Nomen* **1** Bezeichnung, Beiname **2** (*bes AmE*) Schimpfname ◇ *racial epithets* rassistische Schimpfnamen

epit·ome /ɪˈpɪtəmi/ *Nomen* **the ~ of sth** der Inbegriff von etw

epit·om·ize (*BrE auch* **-ise**) /ɪˈpɪtəmaɪz/ *Verb* verkörpern

epoch /ˈiːpɒk; *AmE* ˈepək/ *Nomen* **1** (*gehoben*) Epoche **2** (GEOL) Abteilung

ˈepoch-making *Adj* (*gehoben*) epochal, Epoche machend

epony·mous /ɪˈpɒnɪməs; *AmE* ɪˈpɑːn-/ *Adj* eponym, namengebend ◇ *the eponymous hero* der Titelheld

equ·able /ˈekwəbl/ *Adj* (*Adv* **equ·ably** /-bli/) ausgeglichen ◇ *an equable climate* ein ausgeglichenes Klima

equal 0-ᴛ /ˈiːkwəl/ *Adj, Nomen, Verb*

▸ ***Adj*** **1** gleich ◇ *two pieces of equal length* zwei gleich lange Stücke ◇ *There is an equal number of boys and girls in the class.* In der Klasse gibt es genauso viele Jungen wie Mädchen. **2 be ~ to sth** einer Sache entsprechen ◇ *Is one unit of alcohol equal to a glass of wine?* Entspricht eine Alkoholeinheit einem Glas Wein? **3** gleich, gleichberechtigt ◇ *equal rights* gleiche Rechte ◇ *equal opportunities* Chancengleichheit ◇ *the principle that men and women should be equal before the law* das Prinzip der Gleichheit von Frauen und Männern vor dem Gesetz ◇ *a more equal society* eine Gesellschaft, in der es mehr Gleichheit gibt **4 ~ to sth** (*gehoben*) einer Sache gewachsen ◇ *I hope that he proves equal to the challenge.* Ich hoffe, dass er der Herausforderung gewachsen ist. IDM **on ˌequal ˈterms (with sb)** (mit jdm) unter gleichen Bedingungen ◇ *compete on equal terms with overseas rivals* mit ausländischen Rivalen unter gleichen Bedingungen konkurrieren → *Siehe auch* THING

▸ ***Nomen*** **1** Gleichgestellte(r) ◇ *She treats the people who work for her as (her) equals.* Sie behandelt ihre Mitarbeiter als Gleichgestellte. **2** (*Dinge*) ◇ *Our cars are the equal of those produced anywhere in the world.* Unsere Autos stehen den in der restlichen Welt produzierten in nichts nach. IDM **be without ˈequal; have no ˈequal** (*gehoben*) nicht seines-/ihresgleichen haben; einmalig sein

▸ ***Verb*** **(-ll-,** *AmE* **-l-) 1** gleich sein ◇ *x plus y equals z.* x plus y ist (gleich) z. **2 ~ sb/sth** jdm/etw gleichkommen, an jdn/etw herankommen ◇ *equal the world record* den Weltrekord einstellen ◇ *For one-liners there has never been anyone to equal her.* Was trockene Bemerkungen angeht, kommt niemand an sie heran.

equal·ity /iˈkwɒləti; *AmE* iˈkwɑːlə-/ *Nomen* Gleichheit, Gleichberechtigung ◇ *equality of opportunity* Chancengleichheit

equal·ize (*BrE auch* **-ise**) /ˈiːkwəlaɪz/ *Verb* **1** ausgleichen **2** (SPORT) den Ausgleich erzielen

equal·izer (*BrE auch* **-iser**) /ˈiːkwəlaɪzə(r)/ *Nomen* **1** (*BrE*) (SPORT) Ausgleichstreffer **2** (ELEK) Equalizer

equal·ly 0-ᴛ /ˈiːkwəli/ *Adv* **1** gleich, ebenso ◇ *Diet and exercise are equally important.* Richtige Ernährung und körperliche Bewegung sind gleich wichtig. ◇ *This job could be done equally well by a computer.* Diese Arbeit könnte ebenso gut von einem Computer verrichtet werden. **2** gleichmäßig ◇ *The money was divided equally among her children.* Das Geld wurde zu gleichen Teilen auf ihre Kinder verteilt. **3** gleichermaßen ◇ *Equally, we've got to consider the cost.* Wir müssen aber gleichermaßen die Kosten in Betracht ziehen.

ˌequal ˈmarriage *Nomen* [U] = Gleichstellung von gleichgeschlechtlichen Paaren in Bezug auf die Eheschließung

equa·nim·ity /ˌekwəˈnɪməti/ *Nomen* (*gehoben*) Gelassenheit

equate /iˈkweɪt/ *Verb* **~ sth (with sth)** etw (mit etw) gleichsetzen ◇ *He equates success with material wealth.* Er setzt materiellen Reichtum mit Erfolg gleich. ◇ *You can't really equate the two things.* Das kann man doch nicht gleichsetzen. PHR V **eˈquate to sth** einer Sache entsprechen

equa·tion /ɪˈkweɪʒn/ *Nomen* **1** Gleichung **2** Gleichsetzung ◇ *the equation of wealth with happiness* die Gleichsetzung von Reichtum und Glück

equa·tor /ɪˈkweɪtə(r)/ (*auch* **the Equator**) *Nomen* Äquator

equa·tor·ial /ˌekwəˈtɔːriəl/ *Adj* äquatorial, Äquator-

equerry /ɪˈkweri, ˈekwəri/ *Nomen* (*Pl* **-ies**) Kammerherr

eques·trian /ɪˈkwestriən/ *Adj* Reit(er)- ◇ *equestrian events* Reitturniere

equi·dis·tant /ˌiːkwɪˈdɪstənt, ˌek-/ *Adj* [nicht vor Nomen] ~ (**from sth**) (*gehoben*) (von etw) gleich weit entfernt

equi·lat·eral /ˌiːkwɪˈlætərəl/ *Adj* (*in der Geometrie*) gleichseitig

equi·lib·rium /ˌiːkwɪˈlɪbriəm, ˌek-/ *Nomen* [U/Sing] Gleichgewicht

equine /ˈiːkwaɪn; *BrE auch* ˈekwaɪn/ *Adj* (*gehoben*) Pferde-, Reit-

equi·nox /ˈiːkwɪnɒks, ˈek-; *AmE* -nɑːks/ *Nomen* Tagundnachtgleiche ◇ *the spring equinox* die Frühjahrs-Tagundnachtgleiche

equip /ɪˈkwɪp/ *Verb* (**-pp-**) ~ **yourself/sb/sth (with sth)** **1** sich/jdn/etw (mit etw) ausstatten ◇ *equip a workshop* eine Werkstatt einrichten ◇ *All students should be equipped with a calculator.* Alle Schüler sollten mit einem Taschenrechner ausgerüstet sein. **2** ~ **sb for sth** jdn auf etw vorbereiten

equip·ment 0‐ /ɪˈkwɪpmənt/ *Nomen* [U] Geräte, Ausrüstung ◇ *a useful piece of equipment for the kitchen* ein nützliches Gerät für die Küche ◇ *electrical equipment* elektrische Geräte

equit·able /ˈekwɪtəbl/ *Adj* (*Adv* **equit·ably** /-bli/) (*gehoben*) gerecht

equity /ˈekwəti/ *Nomen* **1** (FINANZ) (Eigen)kapital **2** **equities** [Pl] (FINANZ) Stammaktien **3** (*gehoben*) Gerechtigkeit

equiva·lence /ɪˈkwɪvələns/ *Nomen* (*gehoben*) Entsprechung, Äquivalenz

equiva·lent 0‐ /ɪˈkwɪvələnt/ *Adj, Nomen*

▸ ***Adj*** **1** entsprechend **2** **be ~ to sth** einer Sache entsprechen ◇ *Eight kilometres is roughly equivalent to five miles.* Acht Kilometer entsprechen ungefähr fünf Meilen.

▸ ***Nomen*** ~ **(of/to sth)** Pendant (zu etw), Gegenwert ◇ *the equivalent in francs* der Gegenwert in Franken ◇ *Congress, the American equivalent of the House of Lords* der Kongress, das amerikanische Pendant zum House of Lords ◇ *There is no German word that is the exact equivalent of the English word 'home'.* Es gibt kein deutsches Wort, das genau dem englischen Wort „home" entspricht.

equivo·cal /ɪˈkwɪvəkl/ *Adj* (*gehoben*) zweideutig, vage ◇ *give an equivocal answer* zweideutig antworten ◇ *The experiments produced equivocal results.* Die Experimente ergaben keine eindeutigen Ergebnisse.

equivo·ca·tion /ɪˌkwɪvəˈkeɪʃn/ *Nomen* (*gehoben*) Ausflucht, Wortverdrehung

ER /ˌiː ˈɑː(r)/ *Abk* (*AmE*) = EMERGENCY ROOM

er /ɜː(r)/ *Ausruf* (*BrE*) äh ◇ *'Are you coming?' 'Er, yes, I suppose so.'* „Kommst du?" „Äh, ja, ich denke schon."

era /ˈɪərə; *AmE* ˈɪrə, ˈerə/ *Nomen* Ära ◇ *the post-war era* die Nachkriegszeit

eradi·cate /ɪˈrædɪkeɪt/ *Verb* ausrotten

eradi·ca·tion /ɪˌrædɪˈkeɪʃn/ *Nomen* Ausrottung

erase /ɪˈreɪz; *AmE* ɪˈreɪs/ *Verb* **1** ~ **sth (from sth)** etw (aus etw) auslöschen ◇ *erase the memory of the disaster* die Erinnerung an das Unglück auslöschen **2** ausradieren **3** (*Computer, Band*) löschen

eraser /ɪˈreɪzə(r); *AmE* ɪˈreɪsər/ *Nomen* (*BrE, gehoben oder AmE*) Radiergummi

eras·ure /ɪˈreɪʒə(r)/ *Nomen* (*gehoben*) Löschen, Auslöschung, Ausradieren

ere /eə(r); *AmE* er/ *Konj, Präp* (*veraltet*) vor, binnen kurzem

ˈe-reader *Nomen* E-Buch-Lesegerät, E-Book-Reader

erect /ɪˈrekt/ *Adj, Verb*

▸ ***Adj*** **1** (*gehoben*) gerade ◇ *stand erect* gerade stehen **2** (*Penis*) erigiert, steif

▸ ***Verb*** (*gehoben*) **1** (*Gebäude, Denkmal*) errichten **2** (*Gerüst, Zelt*) aufstellen

erec·tion /ɪˈrekʃn/ *Nomen* **1** Erektion **2** [U] (*gehoben*) Errichtung; (*von Baugerüsten, Zelten*) Aufstellen **3** (*gehoben*) Bau

er·go·nom·ic /ˌɜːɡəˈnɒmɪk; *AmE* ˌɜːrɡəˈnɑːmɪk/ *Adj* (*Adv* **ergo·nom·ic·al·ly** /-kli/) ergonomisch ◇ *ergonomically designed offices* ergonomisch konzipierte Büros

er·go·nom·ics /ˌɜːɡəˈnɒmɪks; *AmE* ˌɜːrɡəˈnɑːmɪks/ *Nomen* Ergonomie

er·mine /ˈɜːmɪn; *AmE* ˈɜːrmɪn/ *Nomen* Hermelin

erode /ɪˈrəʊd; *AmE* ɪˈroʊd/ *Verb* (*meist passiv*) **1** abtragen **2** ~ **away** verwittern **3** (*Rechte, Selbstvertrauen, Überzeugung*) untergraben; (*Wert*) schmälern ◇ *pensions eroded by inflation* durch die Inflation geschmälerte Renten

er·ogen·ous zone /ɪˈrɒdʒənəs zəʊn; *AmE* ɪˈrɑːdʒənəs zoʊn/ *Nomen* erogene Zone

ero·sion /ɪˈrəʊʒn; *AmE* ɪˈroʊ-/ *Nomen* **1** Erosion ◇ *soil erosion* Bodenerosion **2** (*von einer Position, von Selbstvertrauen*) Untergrabung

erot·ic /ɪˈrɒtɪk; *AmE* ɪˈrɑːtɪk/ *Adj* (*Adv* **erot·ic·al·ly** /-kli/) erotisch

eroti·cism /ɪˈrɒtɪsɪzəm; *AmE* ɪˈrɑːt-/ *Nomen* Erotik

err /ɜː(r); *AmE* er/ *Verb* (*gehoben*) irren IDM **err on the side of sth** ◇ *It's better to err on the side of caution.* Man kann nicht vorsichtig genug sein.

er·rand /ˈerənd/ *Nomen* Besorgung, Botengang ◇ *She was sent into town on an errand.* Sie wurde in die Stadt geschickt um etwas zu besorgen.

er·rant /ˈerənt/ *Adj* [nur vor Nomen] (*gehoben oder hum*) **1** fehlgeleitet **2** untreu

er·rat·ic /ɪˈrætɪk/ *Adj* (*oft abwert*) (*Adv* **er·rat·ic·al·ly** /-kli/) ungleichmäßig; (*Verhalten, Leistung*) unausgeglichen

er·ratum /eˈrɑːtəm/ (*Pl* **er·rata** /-tə/) *Nomen* [meist Pl] **1** Druckfehler **2** Errata, Druckfehlerverzeichnis

er·ro·ne·ous /ɪˈrəʊniəs; *AmE* ɪˈroʊ-/ *Adj* (*gehoben*) falsch

er·ro·ne·ous·ly /ɪˈrəʊniəsli; *AmE* ɪˈroʊ-/ *Adv* irrtümlicherweise

error 0‐ /ˈerə(r)/ *Nomen* **1** Fehler ◇ *an error of judgement* eine falsche Entscheidung ◇ *an error message* eine Fehlermeldung **2** [U] ◇ *human error* menschliches Versagen ◇ *in error* aus Versehen IDM **see, realize, etc. the ˌerror of your ˈways** (*gehoben oder hum*) seine Fehler einsehen ➔ *Siehe auch* TRIAL

erst·while /ˈɜːstwaɪl; *AmE* ˈɜːrst-/ *Adj* (*gehoben*) [nur vor Nomen] einstig

eru·dite /ˈerudaɪt/ *Adj* (*gehoben*) gelehrt

eru·di·tion /ˌeruˈdɪʃn/ *Nomen* (*gehoben*) Gelehrsamkeit

erupt /ɪˈrʌpt/ *Verb* **1** (*Vulkan*) ausbrechen **2** ausstoßen ◇ *Rocks and lava were erupted.* Geröll und Lava wurden ausgestoßen. **3** (*Lava*) ausströmen **4** ~ **into sth** in etw umschlagen ◇ *The protest erupted into violence.* Die Proteste schlugen in offene Gewalt um. **5** explodieren; ~ **in/into sth** in etw ausbrechen ◇ *The crowd erupted into cheers.* Die Menge brach in Jubel aus. **6** ◇ *A rash erupted all over his back.* Er hat auf seinem ganzen Rücken einen Ausschlag bekommen.

erup·tion /ɪˈrʌpʃn/ *Nomen* Ausbruch, Eruption ◇ *a volcanic eruption* ein Vulkanausbruch

es·cal·ate /ˈeskəleɪt/ *Verb* **1** [ohne Obj] eskalieren ◇ *the escalating costs of health care* die steigenden Kosten des Gesundheitswesens **2** [+ Obj] eskalieren lassen **3** ~ **into sth** sich zu etw ausweiten

es·cal·ation /ˌeskəˈleɪʃn/ *Nomen* [U] **1** Eskalation, Ausweitung ◇ *further escalation of the conflict* eine Ausweitung der Kämpfe **2** *(der Preise)* Steigerung

es·cal·ator /ˈeskəleɪtə(r)/ *Nomen* Rolltreppe

es·cal·ope /ˈeskəlɒp, eˈskæləp; AmE ɪˈskɑːləp, ɪˈskæləp/ *Nomen* Schnitzel

es·cap·ade /ˌeskəˈpeɪd, ˈeskəpeɪd/ *Nomen* Abenteuer, Streich

es·cape /ɪˈskeɪp/ *Verb, Nomen*

▸ ***Verb*** **1** ~ **(from sb)** (vor jdm) fliehen, (jdm) entkommen; ~ **from sth** aus etw fliehen, aus etw entkommen ◇ *Two prisoners have escaped.* Zwei Gefangene sind entflohen. ◇ *He often escaped into a dream world.* Er flüchtete sich oft in eine Traumwelt. ◇ *escape from a burning car* sich aus einem brennenden Auto retten **2** ~ **sb/sth** jdm/etw entkommen ◇ *escape punishment* einer Strafe entgehen ◇ *He narrowly escaped being killed.* Er kam gerade noch mit dem Leben davon. ◇ *There's no escaping the fact that …* Es lässt sich nicht leugnen, dass … **3** ~ **(with sth)** (mit etw) davonkommen ◇ *escape with minor injuries* mit leichten Verletzungen davonkommen ◇ *Both drivers escaped unhurt.* Beide Fahrer blieben unverletzt. **4** *(kein Passiv)* entfallen, entgehen ◇ *Her name escapes me.* Ihr Name ist mir entfallen. ◇ *It might have escaped your notice, but …* Es ist dir vielleicht entgangen, aber … **5** entweichen; *(Gas)* ausströmen ◇ *toxic waste escaping into the sea* ins Meer entweichender Giftmüll **6** ~ **sth** einer Sache entfahren ◇ *A moan escaped her lips.* Ein Stöhnen entfuhr ihr.

▸ ***Nomen*** **1** ~ **(from sth)** Flucht (aus etw) ◇ *make your escape* die Flucht ergreifen ◇ *an escape route* ein Fluchtweg ◇ *I had a narrow escape.* Ich bin mit knapper Not davongekommen. ◇ *That was a lucky escape.* Noch mal Glück gehabt. ◇ *There was no hope of escape.* Es gab kein Entkommen. **2** *(von Gas)* Austritt IDM **make ˌgood your eˈscape** *(gehoben)* entkommen

es·caped /ɪˈskeɪpt/ *Adj* [nur vor Nomen] entflohen

es·capee /ɪˌskeɪˈpiː/ *Nomen (gehoben)* Ausbrecher(in)

es·cap·ism /ɪˈskeɪpɪzəm/ *Nomen* Realitätsflucht

es·cap·ist /ɪˈskeɪpɪst/ *Adj* ◇ *escapist literature* Trivialliteratur ◇ *escapist fantasies* Tagträumereien

es·carp·ment /ɪˈskɑːpmənt; AmE ɪˈskɑːrp-/ *Nomen* Steilhang

es·cort *Nomen, Verb*

▸ ***Nomen*** /ˈeskɔːt; AmE ˈeskɔːrt/ **1** Eskorte ◇ *Prisoners are taken to court under police escort.* Häftlinge werden unter Polizeibewachung zum Gericht gebracht. **2** *(gehoben oder veraltet)* Begleiter ◇ *I'm Miranda's escort for the ball.* Ich begleite Miranda zum Ball. **3** Begleiter, Hostess ◇ *an escort agency* eine Begleitagentur

▸ ***Verb*** /ɪˈskɔːt; AmE ɪˈskɔːrt/ begleiten ◇ *Let me escort you home.* Darf ich Sie nach Hause bringen?

Es·kimo /ˈeskɪməʊ; AmE -moʊ/ *Nomen* Eskimo

ESL /ˌiː es ˈel/ *Kurzform von* **English as a Second Language** Englisch als Zweitsprache

esopha·gus *(AmE)* = OESOPHAGUS

eso·ter·ic /ˌesəˈterɪk, ˌiːsə-/ *Adj (gehoben)* esoterisch

ESP /ˌiː es ˈpiː/ **1** *Kurzform von* **English for Specific/Special Purposes** Fachsprache Englisch **2** *Kurzform von* **extrasensory perception** außersinnliche Wahrnehmung

es·pe·cial /ɪˈspeʃl/ *Adj* [nur vor Nomen] *(BrE, gehoben)* besondere(r,s)

es·pe·cial·ly /ɪˈspeʃəli/ *Adv* **1** *(Abk* **esp.***)* besonders, vor allem **2** extra ◇ *I made it especially for you.* Ich habe es für dich gemacht.

es·pi·on·age /ˈespiənɑːʒ/ *Nomen* Spionage

es·pouse /ɪˈspaʊz/ *Verb (gehoben)* eintreten für

Esq. *Kurzform von* **Esquire 1** *(bes BrE, veraltet) (in Adressen statt „Mr")* Herr(n) ◇ *Edgar Broughton, Esq* Herrn Edgar Broughton **2** *(AmE)* = in Adressen an einen Rechtsanwalt/eine Rechtsanwältin verwendet ◇ *Ann Fennell, Esq* Frau Ann Fennell

es·say /ˈeseɪ/ *Nomen* **1** ~ **(on/about sth)** Aufsatz (zu/über etw) ◇ *I'm writing an essay on Italian art.* Ich schreibe einen Aufsatz über italienische Kunst. **2** ~ **(in sth)** *(gehoben)* Versuch (in etw) ◇ *an essay in governmental reform* der Versuch einer Regierungsreform

es·sence /ˈesns/ *Nomen* **1** Wesen, Kern ◇ *the essence of the argument* der Kern des Arguments ◇ *The author captures the essence of twenties' Berlin.* Dem Autor gelingt es, das Berlin der Zwanzigerjahre einzufangen. ◇ *The situation is, in essence, the same.* Die Lage ist, im Grunde genommen, die gleiche. **2** Essenz, Aroma IDM **of the ˈessence** wesentlich ◇ *Speed is of the essence.* Eile ist geboten.

es·sen·tial /ɪˈsenʃl/ *Adj, Nomen*

▸ ***Adj*** **1** ~ **(to/for sth)** notwendig (für etw), wesentlich (für etw) ◇ *an essential part of the job* ein wesentlicher Bestandteil der Arbeit ◇ *Experience is essential for this job.* Erfahrung ist für diese Arbeit unabdingbar. ◇ *It is essential that all changes are recorded.* Es ist unbedingt erforderlich, alle Veränderungen aufzuzeichnen. ◇ *Money is not essential to happiness.* Man kann auch ohne Geld glücklich sein. **2** grundlegend ◇ *That is the essential difference between us.* Das ist der grundlegende Unterschied zwischen uns.

▸ ***Nomen*** [meist Pl] **1** ◇ *This book is an essential for parents.* Dieses Buch ist für Eltern unerlässlich. ◇ *I only had time to pack the bare essentials.* Ich hatte nur Zeit, das Allernotwendigste zu packen. **2** [Pl] das Wesentliche ◇ *the essentials of English grammar* die Grundzüge der englischen Grammatik

es·sen·tial·ly /ɪˈsenʃəli/ **1** grundsätzlich ◇ *There are three essentially different ways of doing it.* Es gibt drei grundsätzlich verschiedene Möglichkeiten, es zu tun. ◇ *He was, essentially, a teacher, not a manager.* Im Grunde genommen war er ein Lehrer, kein Manager. **2** prinzipiell ◇ *The basic pattern is essentially the same.* Das Grundmuster ist prinzipiell dasselbe.

esˌsential ˈoil *Nomen* ätherisches Öl

es·tab·lish /ɪˈstæblɪʃ/ *Verb* **1** gründen **2** herstellen ◇ *establish a close relationship with the local business community* eine enge Beziehung zur Wirtschaft in der Region herstellen **3** ~ **sb/yourself (in sth) (as sth)** jdn/sich (als etw) etablieren **4** festigen ◇ *His second novel established his reputation as a writer.* Sein zweiter Roman festigte seinen Ruf als Schriftsteller. **5** feststellen ◇ *The police are trying to establish where he was at the time of the incident.* Die Polizei versucht festzustellen, wo er zum Zeitpunkt der Tat war.

es·tab·lished /ɪˈstæblɪʃt/ *Adj* [nur vor Nomen] **1** etabliert ◇ *This unit is now an established part of the course.* Diese Einheit ist inzwischen ein fester Bestandteil des Lehrgangs. **2** anerkannt ◇ *an established actor* ein anerkannter Schauspieler **3** Staats- ◇ *the established church in England* die englische Staatskirche

es·tab·lish·ment /ɪˈstæblɪʃmənt/ *Nomen* **1** *(gehoben)* Einrichtung ◇ *an educational establishment* eine Bildungsanstalt ◇ *The hotel is a well-run establishment.* Das Hotel ist ein gut geführtes Haus. **2** [mit Verb im Sing/Pl] **the Establishment** *(abwert)* das Establishment **3** [U] Gründung ◇ *the establishment of a new university* die Gründung einer neuen Universität ◇ *the establishment of diplomatic relations* die Aufnahme diplomatischer Beziehungen

es·tate /ɪˈsteɪt/ *Nomen* **1** (Land)gut **2** *(BrE)* Wohnsiedlung, Gewerbegebiet, Industriepark **3** (RECHT) *(zu Lebzeiten)* Besitz; *(nach dem Tod)* Nachlass

es'tate agent *Nomen (BrE)* Immobilienmakler(in)

es'tate car *Nomen (BrE)* Kombi(wagen)

es·teem /ɪ'stiːm/ *Nomen, Verb*

▸ ***Nomen*** *(gehoben)* Achtung ◇ *She is held in great esteem by her colleagues.* Ihre Kollegen schätzen sie sehr. ◇ *a token of our esteem* ein kleines Zeichen unserer Hochachtung

▸ ***Verb*** *(gehoben) (nicht in der Verlaufsform) (meist passiv)* schätzen ◇ *two highly esteemed scientists* zwei hoch geschätzte Wissenschaftler

es·thete, **es·thet·ic** *(AmE)* = AESTHETE *und* AESTHETIC

es·ti·mate 🔑 *Nomen, Verb*

▸ ***Nomen*** /'estɪmət/ **1** Schätzung ◇ *official estimates* offizielle Schätzungen ◇ *That's a conservative estimate.* Das ist vorsichtig geschätzt. ◇ *Can you give me a rough estimate of how long it will take?* Können Sie mir ungefähr sagen, wie lange es dauern wird? **2** Kostenvoranschlag

▸ ***Verb*** /'estɪmeɪt/ *(meist passiv)* **~ sth (at sth)** etw (auf etw) schätzen ◇ *The satellite will cost an estimated 400 million.* Die Kosten des Satelliten werden auf 400 Millionen geschätzt.

es·ti·ma·tion /ˌestɪ'meɪʃn/ *Nomen (gehoben)* **1** [Sing] Achtung, Meinung ◇ *He's gone down in my estimation.* Er ist in meiner Achtung gesunken. **2** Einschätzung ◇ *in my estimation* meiner Einschätzung nach

es·tranged /ɪ'streɪndʒd/ *Adj (gehoben)* **1** getrennt lebend ◇ *his estranged wife* seine von ihm getrennt lebende Frau **2 become ~ (from sb)** mit jdm keinen Kontakt mehr haben ◇ *He became estranged from his family.* Er hatte keinen Kontakt mehr zu seiner Familie.

es·tro·gen *(AmE)* = OESTROGEN

es·tu·ary /'estʃuəri; *AmE* -tʃueri/ *(Pl* **-ies**) *Nomen* (Fluss)mündung

'e-tailer *Nomen* Onlinehändler

'e-tailing *Nomen* Onlinehandel, Handel im Internet, E-Tailing

et al. /ˌet 'æl/ *Abk* et al., u.a. ◇ *studies by Westman et al.* Untersuchungen von Westman u.a.

etc. 🔑 *Kurzform von* **et cetera** /ˌet 'setərə, ˌɪt/ etc., usw.

etch /etʃ/ *Verb* **1** [+Obj] **~ A (with B)** (B in/auf) A ätzen; **~ B (in/on/onto A)** B (in/auf A) ätzen, B (in/auf A) eingravieren ◇ *etch a glass with his initials/etch his initials on a glass* seine Initialen in ein Glas eingravieren **2** *(gehoben)* zeichnen ◇ *His face was etched with tiredness.* Sein Gesicht war von Müdigkeit gezeichnet. **IDM be etched on your 'memory/'mind** sich einem unauslöschlich einprägen ◇ *The incident was etched on her mind.* Der Vorfall hatte sich ihr unauslöschlich eingeprägt.

etch·ing /'etʃɪŋ/ *Nomen* Radierung

eter·nal /ɪ'tɜːnl; *AmE* ɪ'tɜːrnl/ *Adj (Adv* **eter·nal·ly** /-nəli/) ewig ◇ *She's an eternal optimist.* Sie ist eine ewige Optimistin. ◇ *I'm tired of your eternal arguments.* Ich bin deine ewige Streiterei leid.

eter·nity /ɪ'tɜːnəti; *AmE* ɪ'tɜːrn-/ *Nomen (gehoben)* Ewigkeit ◇ *for all eternity (of evermore)* (bis) in alle Ewigkeit ◇ *After what seemed like an eternity I got the results of the test.* Es schien eine Ewigkeit zu dauern, bis ich die Testergebnisse bekam.

ether·eal /i'θɪəriəl; *AmE* i'θɪr-/ *Adj (gehoben)* ätherisch

Ether·net /'iːθənet; *AmE* 'iːθərnet/ *Nomen* (COMP) Ethernet

ethic /'eθɪk/ *Nomen* **1 eth·ics** [Pl] Ethos ◇ *medical ethics* das ärztliche Ethos ◇ *The ethics of his decision are doubtful.* Seine Entscheidung ist moralisch fragwürdig. ◇ *a code of ethics* ein Moralkodex **2 eth·ics** [U] (PHILOS) Ethik **3** [Sing] Moral ◇ *the Protestant work ethic* die protestantische Arbeitsethik

eth·ic·al /'eθɪkl/ *Adj (Adv* **eth·ic·al·ly** /-kli/) **1** [nur vor Nomen] ethisch ◇ *ethical questions/problems* ethische Fragen/Probleme **2** moralisch ◇ *That would not be ethical.* Das wäre unmoralisch. ◇ *He had not behaved ethically.* Er hatte sich unmoralisch verhalten.

eth·nic /'eθnɪk/ *Adj* **1** *(Adv* **eth·nic·al·ly** /-kli/) ethnisch ◇ *ethnic groups/communities* ethnische Gruppen/Gemeinschaften ◇ *ethnic cleansing* ethnische Säuberung ◇ *ethnic minorities* ethnische Minderheiten ◇ *ethnic Albanians in Kosovo* Einwohner Kosovos albanischer Abstammung **2** folkloristisch, exotisch

eth·nicity /eθ'nɪsəti/ *Nomen* Ethnizität

ethno·cen·tric /ˌeθnəʊ'sentrɪk; *AmE* -noʊ-/ *Adj* ethnozentristisch

eth·nog·raphy /eθ'nɒɡrəfi; *AmE* eθ'nɑːɡ-/ *Nomen* Völkerkunde

ethos /'iːθɒs; *AmE* 'iːθɑːs/ *Nomen* [Sing] *(gehoben)* Ethos

'e-ticket *(AmE* **'E-ticket™**) *Nomen* elektronisches Ticket, E-Ticket

eti·quette /'etɪket, -kət/ *Nomen* Etikette ◇ *advice on etiquette* Ratschläge für richtiges Benehmen ◇ *medical etiquette* Verhaltenskodex für Mediziner

ety·mol·ogy /ˌetɪ'mɒlədʒi; *AmE* -'mɑːlə-/ *Nomen (Pl* **-ies**) Etymologie

EU /ˌiː 'juː/ *Abk* = EUROPEAN UNION

eu·ca·lyp·tus /ˌjuːkə'lɪptəs/ *Nomen (Pl* **eu·ca·lyp·ti**) *(auch* **euca'lyptus tree**) Eukalyptus(baum)

Eu·char·ist /'juːkərɪst/ *Nomen* [Sing] Eucharistie, (heiliges) Abendmahl

eu·gen·ics /juː'dʒenɪks/ *Nomen* [U] Eugenik

eu·logy /'juːlədʒi/ *Nomen (Pl* **-ies**) **1 ~ (of/to sb/sth)** Lobrede (auf jdn/etw) **2 ~ (for/to sb)** *(bes AmE)* Grabrede (für jdn)

eu·nuch /'juːnək/ *Nomen* Eunuch

eu·phem·ism /'juːfəmɪzəm/ *Nomen* Euphemismus, beschönigende Umschreibung

eu·phem·is·tic /ˌjuːfə'mɪstɪk/ *Adj (Adv* **eu·phem·is·tic·ally** /-kli/) euphemistisch

eu·pho·nium /juː'fəʊniəm; *AmE* -'foʊ-/ *Nomen* Euphonium

eu·phoria /juː'fɔːriə/ *Nomen* Euphorie, Hochstimmung ◇ *I was in a state of euphoria all day.* Ich war den ganzen Tag in Hochstimmung.

eu·phor·ic /juː'fɒrɪk; *AmE* -'fɔːrɪk/ *Adj* euphorisch

Eur·asian /ju'reɪʒn, ju'reɪʃn/ *Nomen, Adj*

▸ ***Nomen*** Eurasier(in) ◇ *Singapore Eurasians* Eurasier aus Singapur

▸ ***Adj*** eurasisch

Euro /'jʊərəʊ; *AmE* 'jʊroʊ/ *Adj (umgs)* Euro- ◇ *Euro rules* Euro-Vorschriften

euro 🔑 /'jʊərəʊ; *AmE* 'jʊroʊ/ *Nomen (Pl* **-os** *oder* **euro**) *(Währung)* Euro

'Euro-MP *Nomen* Euro-Parlamentarier

Eur·ope /'jʊərəp; *AmE* 'jʊrəp/ *Nomen* **1** Europa **2** die Europäische Union ◇ *countries wanting to join Europe* Länder, die der Europäischen Union beitreten wollen **3** *(BrE)* Kontinentaleuropa

Euro·pean /ˌjʊərə'piːən; *AmE* ˌjʊr-/ *Nomen, Adj*

▸ ***Nomen*** **1** Europäer(in) **2** *(BrE)* Pro-Europäer(in)

▸ ***Adj*** **1** europäisch ◇ *European languages* europäische Sprachen **2** EU- ◇ *the single European market* der EU-Binnenmarkt

the ˌEuropean 'Union *Nomen (Abk* **EU**) die Europäische Union

Euro·zone /'jʊərəʊzəʊn; *AmE* 'jʊroʊzoʊn/ *Nomen* **the Eurozone** Euroland, Euro-Zone

eu·tha·nasia /ˌjuːθəˈneɪziə; *AmE* -ˈneɪʒə/ *Nomen* Euthanasie, Sterbehilfe ◇ *legalizing voluntary euthanasia* die Legalisierung einer vom Patienten gewünschten Sterbehilfe

evacu·ate /ɪˈvækjueɪt/ *Verb* **1** evakuieren ◇ *They had ten minutes to evacuate the people from the store.* Sie hatten zehn Minuten Zeit, um die Menschen aus dem Geschäft zu evakuieren. **2** verlassen ◇ *Families had to evacuate their homes.* Familien mussten ihre Häuser verlassen.

evacu·ation /ɪˌvækjuˈeɪʃn/ *Nomen* Evakuierung

evac·uee /ɪˌvækjuˈiː/ *Nomen* Evakuierte(r)

evade /ɪˈveɪd/ *Verb* **1** **~ sb/sth** jdm/etw ausweichen ◇ *He evaded my eye.* Er wich meinem Blick aus. **2** **~ sth** sich einer Sache entziehen ◇ *evade capture by the police* sich der Festnahme der Polizei entziehen ◇ *He cannot evade responsibility.* Er kann sich der Verantwortung nicht entziehen. ◇ *evade tax* Steuern hinterziehen

evalu·ate /ɪˈvæljueɪt/ *Verb* einschätzen ◇ *evaluate the effects of sth* die Auswirkungen von etw einschätzen ◇ *Several other proposals are still being evaluated.* Verschiedene andere Vorschläge werden noch ausgewertet.

evalu·ation /ɪˌvæljuˈeɪʃn/ *Nomen* Evaluierung, Beurteilung, Einstufung

evan·gel·ic·al /ˌiːvænˈdʒelɪkl/ *Adj, Nomen*
▸ ***Adj*** **1 Evangelical** evangelikal **2** missionarisch
▸ ***Nomen*** Evangelikale(r)

evan·gel·ism /ɪˈvændʒəlɪzəm/ *Nomen* Evangelisierung

evan·gel·ist /ɪˈvændʒəlɪst/ *Nomen* Evangelist

evap·or·ate /ɪˈvæpəreɪt/ *Verb* **1** verdunsten, verdampfen **2** (*fig*) verfliegen, schwinden ◇ *evaporate into thin air* sich in Luft auflösen

eˌvaporated ˈmilk *Nomen* Kondensmilch

evap·or·ation /ɪˌvæpəˈreɪʃn/ *Nomen* Verdunstung, Verdampfung

eva·sion /ɪˈveɪʒn/ *Nomen* **1** Ausweichen, Vermeidung ◇ *tax evasion* Steuerhinterziehung **2** Ausrede, Ausflucht

eva·sive /ɪˈveɪsɪv/ *Adj* (*Adv* **eva·sive·ly**) ausweichend ◇ *Tessa was evasive about why she had not been at home that night.* Tessa wich der Frage aus, warum sie an dem Abend nicht zu Hause gewesen sei. IDM **take evasive ˈaction** zu einem Ausweichmanöver ansetzen

eve /iːv/ *Nomen* Vortag, Vorabend ◇ *Christmas Eve* Heiligabend ◇ *New Year's Eve* Silvester ◇ *on the eve of the Second World War* kurz vor Ausbruch des Zweiten Weltkriegs

even /ˈiːvn/ *Adv, Adj, Verb*
▸ ***Adv*** **1** sogar, selbst ◇ *Did you even ask him?* Hast du ihn überhaupt gefragt? **2 not ~** nicht einmal ◇ *He never even opened the letter.* Er hat den Brief nicht einmal geöffnet. **3** (*verwendet, um einen Vergleich zu verstärken*) noch ◇ *You know even less about it than I do.* Du kennst dich ja noch weniger damit aus als ich. IDM **even as** gerade als **even if/though** selbst wenn **ˌeven ˈnow/then** **1** selbst jetzt/dann **2** (*gehoben*) in diesem/jenem Augenblick ◇ *The troops are even now preparing to march into the city.* Die Truppen bereiten sich in diesem Augenblick auf den Einmarsch in die Stadt vor. **ˌeven ˈso** trotzdem
▸ ***Adj*** **1** eben, glatt ◇ *an even surface* eine ebene Oberfläche **2** gleichmäßig, regelmäßig, stetig **3** (*Zahl*) gerade **4** (*Menschen, Gruppen, Mannschaften*) gleich, ebenbürtig ◇ *an even contest* ein ausgeglichener Wettkampf **5** (*Stimme*) ruhig; (*Charakter*) ausgeglichen IDM **be ˈeven** (*umgs*) quitt sein ◇ *If I pay for the meal then we're even.* Wenn ich das Essen bezahle, sind wir quitt. **be/get ˈeven (with sb)** (*umgs*) es jdm heimzahlen **break ˈeven** kostendeckend wirtschaften ◇ *How many tickets do we have to sell to break even?* Wie viele Karten müssen wir verkaufen, um die Kosten zu decken? **sb has an even ˈchance (of doing sth)** jds Chancen (etw zu tun) stehen fünfzig zu fünfzig **on an even ˈkeel** im Gleichgewicht ◇ *Business is now back on an even keel after the strike.* Nach dem Streik hat sich das Geschäft jetzt wieder stabilisiert. → *Siehe auch* HONOUR
▸ ***Verb*** IDM **ˌeven the ˈscore** etw ausgleichen; jdm etw (mit gleicher Münze) heimzahlen PHR V **ˌeven ˈout** sich einpendeln **ˌeven sth ˈout** etw gleichmäßig verteilen **ˌeven sth ˈup** etw ausgleichen

ˌeven-ˈhanded *Adj* unparteiisch, gerecht

even·ing /ˈiːvnɪŋ/ *Nomen* Abend → *Beispiele bei* MORNING IDM **Good ˈevening** Guten Abend → *Siehe auch* OTHER

ˈevening class *Nomen* Abendkurs

ˈevening dress *Nomen* **1** [U] Abendgarderobe **2** Abendkleid

even·ings /ˈiːvnɪŋz/ *Adv* (*bes AmE*) abends

even·ly /ˈiːvnli/ *Adv* **1** gleichmäßig ◇ *evenly spaced* in gleichmäßigen Abständen ◇ *The two teams are very evenly matched.* Die beiden Mannschaften sind einander ebenbürtig. **2** (*sprechen*) ruhig, beherrscht

ˌeven ˈmoney *Nomen* (*BrE auch* **evens** /ˈiːvnz/ [Pl]) (*bei einer Wette*) (Gewinnchance von) eins zu eins

even·ness /ˈiːvənnəs/ *Nomen* Gleichmäßigkeit, Regelmäßigkeit, Ausgeglichenheit

event /ɪˈvent/ *Nomen* **1** Ereignis, Vorfall ◇ *in the normal course of events* normalerweise **2** Veranstaltung ◇ *a fundraising event* eine Wohltätigkeitsveranstaltung **3** (SPORT) Wettkampf IDM **in ˈany event**; **at ˈall events** jedenfalls; auf jeden Fall ◇ *He probably wouldn't believe her, and, in any event, what could he do?* Er würde ihr wahrscheinlich nicht glauben, und wenn, was konnte er schon tun? **in the eˈvent** im Endeffekt **in the eˈvent of sth**; **in the eˈvent that sth happens** bei etw; im Falle von etw; für den Fall, dass etw passiert ◇ *in the event of his death* im Falle seines Todes **in ˈthat event** in dem Fall → *Siehe auch* HAPPY *und* WISE

event·ful /ɪˈventfl/ *Adj* ereignisreich, bewegt

event·ing /ɪˈventɪŋ/ *Nomen* = THREE-DAY EVENTING

even·tual /ɪˈventʃuəl/ *Adj* [nur vor Nomen] schließlich, letztlich ◇ *Brown was the eventual winner.* Brown ging schließlich als Sieger hervor.

even·tu·al·ity /ɪˌventʃuˈæləti/ *Nomen* (*Pl* **-ies**) (*gehoben*) Eventualität, Fall

even·tu·al·ly /ɪˈventʃuəli/ *Adv* schließlich, irgendwann (einmal)

ever /ˈevə(r)/ *Adv* **1** je(mals) ◇ *She hardly ever goes out.* Sie geht fast nie aus. ◇ *We see them very seldom, if ever.* Wir bekommen sie sehr selten zu sehen, wenn überhaupt. ◇ *I'll never ever do that again!* Ich werde das bestimmt nie wieder tun! ◇ *her best ever score* ihr bisher bestes Ergebnis **2** immer ◇ *Paul, ever the optimist, agreed to try again.* Paul, der ewige Optimist, wollte es noch einmal versuchen. **3** (*zur Steigerung*) fortwährend, immer ◇ *His debts grew ever larger.* Seine Schulden wurden immer größer. ◇ *an ever-present threat* eine ständige Bedrohung **4** bloß ◇ *Why ever did you agree?* Warum hast du dich bloß dazu bereit erklärt? IDM **Did you ˈever (…)!** (*umgs, veraltet*) Also wirklich! ◇ *Did you ever hear anything like it!* Na, so was! **eve since (…)** seit(dem) (…) **ˈever so/ˈever such (a)** (*bes BrE, umgs*) unheimlich; so ◇ *He looks ever so smart.* Er sieht unheimlich flott aus. **if ˌever there ˈwas (one)** (*umgs*) zweifellos ◇ *That was a muddle if ever there was one!* Das war vielleicht ein Durcheinander! **yours ˈever/ever ˈyours** (*am Ende eines Briefs*) Ihre/Deine …

ever·green /ˈevəgriːn; *AmE* ˈevərgriːn/ *Nomen, Adj*
▸ ***Nomen*** immergrüner Busch/Baum
▸ ***Adj*** **1** immergrün **2** (*fig*) unvergänglich

ever·last·ing /ˌevəˈlɑːstɪŋ; *AmE* -vərˈlæstɪŋ/ *Adj* (*Adv* **ever·last·ing·ly**) **1** ewig, immerwährend ◇ *an everlasting memory* eine bleibende Erinnerung **2** (*abwert*) endlos, ewig

ever·more /ˌevəˈmɔː(r); *AmE* -vərˈ-/ (*auch* **for ever ˈmore**) *Adv* (*gehoben*) auf ewig, in Ewigkeit

every /ˈevri/ *Adj* **1** jede(r,s) ◇ *every day* jeden Tag ◇ *I'll satisfy your every wish.* Ich werde alle deine Wünsche erfüllen. **2** alle(r,s) ◇ *We have every reason to be angry.* Wir haben allen Grund uns zu ärgern. ◇ *You were given every opportunity to object.* Sie hatten reichlich Gelegenheit, Einwände zu erheben. ◇ *I wish you every success.* Ich wünsche Ihnen viel Erfolg. **3** alle ◇ *every 10 minutes* alle 10 Minuten IDM **every now and again/then** ab und zu ◇ *We see each other every now and then.* Wir sehen uns ab und zu. **every other 1** alle anderen **2** jede(r,s) zweite ◇ *They visit us every other week.* Sie besuchen uns alle zwei Wochen.

every·body /ˈevribɒdi; *AmE* -bɑːdi, -bʌdi/ *Pron* alle, jeder(mann) → *Beispiele bei* EVERYONE

every·day /ˈevrideɪ/ *Adj* [nur vor Nomen] alltäglich, Alltags-

every·one /ˈevriwʌn/ (*auch* **every·body**) *Pron* alle, jeder(mann) ◇ *everyone else* alle anderen ◇ *I'll never remember everyone's name.* Ich werde mir nie alle Namen merken können.

every·place /ˈevripleɪs/ *Adv* (*AmE, umgs*) überall → *Beispiele bei* EVERYWHERE

every·thing /ˈevriθɪŋ/ *Pron* alles ◇ *He's everything to her.* Er ist ihr Ein und Alles.

every·where /ˈevriweə(r); *AmE* -wer/ *Adv* überall ◇ *everywhere you go* wohin man auch geht ◇ *He follows me everywhere.* Er folgt mir überallhin.

evict /ɪˈvɪkt/ *Verb* zur Räumung zwingen ◇ *The tenants were evicted from their flat.* Die Mieter mussten die Wohnung räumen.

evic·tion /ɪˈvɪkʃn/ *Nomen* ◇ *They face eviction from their home.* Ihnen droht die Zwangsräumung ihrer Wohnung. ◇ *an eviction order* ein Räumungsbefehl

evi·dence /ˈevɪdəns/ *Nomen, Verb*
▸ ***Nomen*** [U] Beweis ◇ *a piece of evidence* ein Beweis ◇ *submit sth in evidence* etw als Beweis vorlegen ◇ *We found further scientific evidence.* Wir fanden weitere wissenschaftliche Beweise. ◇ *There is not a shred of evidence that …* Es gibt keinen Beweis dafür, dass … ◇ *give evidence* (als Zeuge) aussagen ◇ *The room bore evidence of a struggle.* Das Zimmer wies Spuren eines Kampfes auf. ◇ *On the evidence of their recent matches …* Gemessen an ihren jüngsten Spielen … IDM **be in ˈevidence** präsent sein; in Erscheinung treten ◇ *She was nowhere in evidence.* Sie war nirgends zu sehen. **turn King's/Queen's ˈevidence** (*AmE* **turn State's ˈevidence**) als Kronzeuge auftreten
▸ ***Verb*** (*gehoben*) beweisen, belegen ◇ *The legal profession is still largely a male world, as evidenced by the small number of women judges.* Das Rechtswesen ist noch immer eine Männerdomäne, wie die geringe Zahl der Richterinnen zeigt.

evi·dent /ˈevɪdənt/ *Adj* deutlich, offensichtlich ◇ *It has now become evident to us that …* Inzwischen ist uns klar geworden, dass … ◇ *with evident enjoyment* mit sichtlichem Vergnügen

evi·dent·ly /ˈevɪdəntli/ *Adv* offenbar, anscheinend

evil /ˈiːvl/ *Adj, Nomen*
▸ ***Adj*** **1** böse, schlecht ◇ *her evil grin* ihr bösartiges Grinsen **2** schlimm, verhängnisvoll ◇ *the evil effects of racism* die schlimmen Auswirkungen des Rassismus **3** übel ◇ *an evil smell* ein übler Geruch IDM **the evil ˈhour/ˈday** die Unglücksstunde/der Unglückstag
▸ ***Nomen*** (*gehoben*) **1** das Böse ◇ *the forces of evil* die Mächte des Bösen **2** [meist Pl] Übel ◇ *social evils* soziale Missstände IDM → LESSER *und* NECESSARY

evis·cer·ate /ɪˈvɪsəreɪt/ *Verb* (*gehoben*) (*Tier*) ausschlachten

evoca·tive /ɪˈvɒkətɪv; *AmE* ɪˈvɑːk-/ *Adj* (*gehoben*) **1** evokativ, atmosphärisch **2 be ~ of sth** an etw erinnern ◇ *Her book is wonderfully evocative of village life.* Ihr Buch ist eine wunderbar lebendige Schilderung des Dorflebens.

evoke /ɪˈvəʊk; *AmE* ɪˈvoʊk/ *Verb* auslösen, wecken

evo·lu·tion /ˌiːvəˈluːʃn, ˌev-/ *Nomen* **1** (BIOL) Evolution ◇ *Darwin's theory of evolution* Darwins Evolutionstheorie **2** Entwicklung, Herausbildung

evo·lu·tion·ary /ˌiːvəˈluːʃənri, ˌev-; *AmE* -ʃəneri/ *Adj* **1** Evolutions-, evolutionär **2** allmählich eintretend ◇ *evolutionary political change* ein sich allmählich vollziehender politischer Wandel

evolve /iˈvɒlv; *AmE* iˈvɑːlv/ *Verb* **1 ~ (from sth)** (aus etw) entstehen ◇ *The idea evolved from a drawing.* Die Idee entsprang einer Zeichnung. **2 ~ (into sth)** sich (zu etw) entwickeln **3 ~ sth** etw entwickeln **4** (BIOL) **~ (from sth)** sich (aus etw) entwickeln **5** (BIOL) **~ sth** etw herausbilden ◇ *The dolphin has evolved a highly developed jaw.* Beim Delphin hat sich ein hoch entwickelter Kiefer herausgebildet.

ewe /juː/ *Nomen* (Mutter)schaf

eww (*auch* **ew**) /ˈiːuː/ *Ausruf* ihh

ex /eks/ *Nomen, Präp*
▸ ***Nomen*** (*Pl* **exes** /ˈeksəz/) (*umgs*) Ex ◇ *my ex and his new wife* mein Exmann und seine neue Frau
▸ ***Präp*** (*BrE*) **1** ohne ◇ *The price is £1 500 ex VAT.* Der Preis beträgt £1 500 ohne Mehrwertsteuer. **2** ab ◇ *ex works* ab Werk

exact /ɪgˈzækt/ *Adj, Verb*
▸ ***Adj*** **1** genau, exakt ◇ *What were his exact words?* Was hat er genau gesagt? ◇ *The colour of the hat was an exact match.* Der Hut hatte genau dieselbe Farbe. ◇ *They were exact contemporaries at university.* Die beiden haben genau zur gleichen Zeit studiert. ◇ *an exact science* eine exakte Wissenschaft **2** (*sorgfältig*) akkurat
▸ ***Verb*** (*gehoben*) **~ sth (from sb)** etw (von jdm) fordern ◇ *She exacted a promise from him.* Sie rang ihm ein Versprechen ab. ◇ *He exacted a terrible revenge.* Er nahm furchtbare Rache.

exact·ing /ɪgˈzæktɪŋ/ *Adj* anspruchsvoll ◇ *The boss is an exacting man.* Der Chef stellt hohe Anforderungen.

exact·ly /ɪgˈzæktli/ *Adv* **1** genau ◇ *She still looks exactly the same.* Sie sieht noch genau so aus. ◇ *Your answer is exactly right.* Deine Antwort stimmt genau. ◇ *Where exactly did you see him?* Wo genau haben Sie ihn gesehen? ◇ *'You mean he's the murderer?' 'Exactly.'* „Sie meinen, er ist der Mörder?“ „Genau.“ ◇ *It's exactly nine o'clock.* Es ist Punkt neun Uhr. ◇ *It'll be bright, if not exactly sunny.* Es wird heiter, wenn auch nicht gerade sonnig. **2** (*umgs*) eigentlich ◇ *Exactly what are you trying to do?* Was willst du damit eigentlich erreichen? IDM **not ex·actly** (*umgs*) **1** nicht gerade ◇ *He wasn't exactly pleased.* Er war nicht gerade begeistert. **2** nicht ganz; nicht direkt

ex·ag·ger·ate /ɪgˈzædʒəreɪt/ *Verb* übertreiben ◇ *exaggerate the difficulties* die Schwierigkeiten größer machen, als sie sind ◇ *The scale of the problem has been exaggerated.* Das Problem ist aufgebauscht worden.

ex·ag·ger·ated /ɪgˈzædʒəreɪtɪd/ *Adj* übertrieben ◇ *grossly exaggerated claims* maßlos übertriebene Behauptungen ◇ *an exaggerated sense of your own* *importance* ein übertrieben starkes Selbstbewusstsein

ex·ag·ger·ation /ɪgˌzædʒəˈreɪʃn/ *Nomen* Übertreibung ◇ *It would be an exaggeration to say I knew her well.* Es wäre übertrieben zu sagen, dass ich sie gut kenne.

exalt·ed /ɪgˈzɔːltɪd/ *Adj* (*gehoben, hum*) hoch ◇ *rise to an exalted position* in eine hohe Position aufsteigen ◇ *move in exalted circles* sich in gehobenen Kreisen bewegen

exam 🔑 /ɪgˈzæm/ *Nomen* (*gehoben* **exam·in·ation**) Prüfung ◇ *take/sit an exam* eine Prüfung machen ◇ *pass/fail an exam* eine Prüfung bestehen/nicht bestehen ◇ *set an exam paper* eine Klausur ausarbeiten ◇ (*BrE*) *She did well in her exams.* Sie hat bei ihrem Examen gut abgeschnitten.

exam·in·ation 🔑 /ɪgˌzæmɪˈneɪʃn/ *Nomen* **1** (*gehoben*) = EXAM ◇ *Applicants are selected on the results of a competitive examination.* Die Bewerber werden in einem Auswahlverfahren ausgewählt. **2** [U] Untersuchung, Überprüfung ◇ *Your proposals are under examination.* Ihre Vorschläge werden geprüft. **3** Untersuchung ◇ *a post-mortem examination* eine Obduktion

exam·ine 🔑 /ɪgˈzæmɪn/ *Verb* **1** untersuchen ◇ *examine how the proposals can be carried out* die Umsetzbarkeit der Vorschläge prüfen **2** ~ **sth/sb** (**for sth**) etw/jdn (auf etw) untersuchen **3** (*gehoben*) ~ **sb** (**in/on sth**) jdn (zu/in etw) prüfen **4** verhören ◇ *be examined under oath* unter Eid vernommen werden

exam·in·er /ɪgˈzæmɪnə(r)/ *Nomen* Prüfer(in)

ex·ample 🔑 /ɪgˈzɑːmpl; *AmE* ɪgˈzæm-/ *Nomen* **1** ~ (**of sth**) Beispiel (für etw) ◇ *Can you give me an example of what you mean?* Können Sie an einem Beispiel erklären, was Sie meinen? ◇ *examples of how words are used* Beispiele dafür, wie die Wörter gebraucht werden ◇ *cite examples* Beispiele anführen **2** ~ (**to sb**) Vorbild (für jdn) ◇ *Her courage is an example to us all.* Ihr Mut dient uns allen als Vorbild. ◇ *set an example* ein Beispiel geben ◇ *lead by example* mit gutem Beispiel vorangehen IDM **for example**; **e.g.** zum Beispiel **make an example of sb** ein Exempel an jdm statuieren

ex·as·per·ated /ɪgˈzæspəreɪtɪd; *BrE auch* ɪgˈzɑːspə-/ *Adj* ◇ *'No!' he said in an exasperated voice.* „Nein!" sagte er aufgebracht. ◇ *She was becoming exasperated by/with all the questions.* Die vielen Fragen brachten sie zur Verzweiflung.

ex·as·per·at·ing /ɪgˈzæspəreɪtɪŋ; *BrE auch* ɪgˈzɑːspə-/ *Adj* irritierend ◇ *I find him exasperating.* Er treibt mich zur Verzweiflung.

ex·as·per·ation /ɪgˌzæspəˈreɪʃn; *BrE auch* ɪgˌzɑːspəˈ-/ *Nomen* Verzweiflung ◇ *in exasperation* verzweifelt

ex·cav·ate /ˈekskəveɪt/ *Verb* **1** ausgraben ◇ *pottery excavated from the site* Keramik, die bei Ausgrabungen gefunden wurde **2** Ausgrabungen vornehmen **3** (*gehoben*) ausschachten ◇ *The skeleton was discovered when builders excavated the area.* Das Skelett wurde beim Ausschachten des Geländes gefunden. **4** Erdarbeiten ausführen

ex·cav·ation /ˌekskəˈveɪʃn/ *Nomen* **1** Ausgrabung **2** [meist Pl] Ausgrabungsstätte **3** [U] Ausschachtung

ex·cav·ator /ˈekskəveɪtə(r)/ *Nomen* **1** Bagger **2** Ausgräber(in)

ex·ceed /ɪkˈsiːd/ *Verb* überschreiten, übertreffen ◇ *trailers not exceeding 3 500 kg* Anhänger bis zu 3 500 kg

ex·ceed·ing·ly /ɪkˈsiːdɪŋli/ *Adv* (*veraltend, gehoben*) ausgesprochen, äußerst

excel /ɪkˈsel/ *Verb* (**-ll-**) **1** ~ (**in/at sth**) sich (in etw) auszeichnen ◇ *The team excels at turning defense into attack.* Die Mannschaft versteht es ausgezeichnet, die Verteidigung in einen Angriff umzuwandeln. **2** (*BrE*) ~ **yourself** sich übertreffen

ex·cel·lence /ˈeksələns/ *Nomen* ausgezeichnete Qualität ◇ *academic excellence* ein hohes akademisches Niveau ◇ *a centre of excellence in cancer research* ein hervorragendes Zentrum für Krebsforschung

Ex·cel·lency /ˈeksələnsi/ *Nomen* Exzellenz

ex·cel·lent 🔑 /ˈeksələnt/ *Adj* (*Adv* **ex·cel·lent·ly**) ausgezeichnet, hervorragend ◇ *be excellent value* äußerst preiswert sein

ex·cept 🔑 /ɪkˈsept/ *Präp, Verb*

▸ ***Präp*** außer ◇ *Open every day except Monday.* Täglich geöffnet außer montags. ◇ *except (for the fact) that …* abgesehen davon, dass … ◇ *I understand everything except why she killed him.* Ich verstehe alles, nur nicht, warum sie ihn umgebracht hat. ◇ *He could answer all the questions except for the last one.* Er konnte alle Fragen beantworten, bis auf die letzte.

▸ ***Verb*** (*meist passiv*) (*gehoben*) ~ **sb/sth** (**from sth**) jdn/etw (von etw) ausnehmen ◇ *all products excepting medicines* alle Waren mit Ausnahme von Medikamenten ◇ *all year round (January excepted)* das ganze Jahr über (außer im Januar) IDM → PRESENT

ex·cep·tion 🔑 /ɪkˈsepʃn/ *Nomen* Ausnahme IDM **the exception proves the ˈrule** Ausnahmen bestätigen die Regel **make an exˈception** eine Ausnahme machen **take exˈception to sth** Anstoß an etw nehmen ◇ *I take great exception to the fact that I wasn't informed.* Ich protestiere. Man hätte mich informieren müssen. **with the exˈception of** mit Ausnahme von **without exˈception** ohne Ausnahme; ausnahmslos

ex·cep·tion·al /ɪkˈsepʃənl/ *Adj* außergewöhnlich (gut) ◇ *an exceptional candidate* eine hervorragende Bewerberin ◇ *in exceptional cases* in Ausnahmefällen

ex·cep·tion·al·ly /ɪkˈsepʃənəli/ *Adv* **1** außergewöhnlich ◇ *He played exceptionally well.* Er spielte unheimlich gut. **2** ausnahmsweise

ex·cerpt /ˈeksɜːpt; *AmE* -sɜːrpt/ *Nomen* ~ (**from sth**) Auszug (aus etw), Ausschnitt (aus etw)

ex·cess *Nomen, Adj*

▸ ***Nomen*** /ɪkˈses/ **1** [Sing] ~ (**of sth**) Übermaß (an etw) ◇ *an excess of optimism* ein Übermaß an Optimismus ◇ *drink to excess* übermäßig trinken **2 in ~ of sth** mehr als etw ◇ *in excess of 1 000 pages* mehr als 1 000 Seiten ◇ *The increase will not be in excess of two per cent.* Die Erhöhung wird zwei Prozent nicht überschreiten. **3** Überschuss **4** (*BrE*) (*bei Versicherungen*) Selbstbeteiligung **5 excesses** [Pl] Ausschweifungen, Exzesse

▸ ***Adj*** /ˈekses/ [nur vor Nomen] Über-, Mehr- ◇ *driving with excess alcohol in the blood* Trunkenheit am Steuer

ˌexcess ˈbaggage *Nomen* Übergepäck

ex·ces·sive /ɪkˈsesɪv/ *Adj* (*Adv* **ex·ces·sive·ly**) übermäßig ◇ *excessive demands* übertriebene Forderungen ◇ *The payments were not excessive.* Die Zahlungen waren nicht übermäßig hoch. ◇ *excessive drinking* exzessives Trinken ◇ *an excessive amount of packaging* zu viel Verpackung

ˌexcess ˈpostage *Nomen* Nachporto

ex·change 🔑 /ɪksˈtʃeɪndʒ/ *Nomen, Verb*

▸ ***Nomen*** **1** Tausch, Austausch, Wechsel ◇ *an exchange of fire* ein Schusswechsel ◇ *I'll type your report if you'll babysit in exchange.* Ich tippe deinen Bericht, wenn du dafür auf die Kinder aufpasst. **2** (Schüler)austausch ◇ *Nick went on the French exchange.* Nick hat an dem Austausch mit der französischen Schule teilgenommen. **3** Wechsel, Umtausch ◇ *currency exchange facilities* Geldwechselschalter **4** Wortwechsel **5** (*oft* **Exchange**) (*in Zusammensetzungen*) (*veraltet*) Börse ◊ *the old Corn Exchange* die alte Getreidebörse **6** = TELEPHONE EXCHANGE

▸ ***Verb*** **1 ~ sth (with sb)** etw (mit jdm) austauschen, etw (mit jdm) wechseln ◊ *Juliet and David exchanged glances.* Juliet und David tauschten ein paar Blicke. ◊ *The two men exchanged blows.* Die zwei Männer schlugen sich. **2 ~ sth (for sth)** etw (in etw) umtauschen ◊ *You can exchange your currency for dollars in the hotel.* Sie können Ihr Geld im Hotel in Dollar umtauschen. IDM → WORD

ex·change·able /ɪksˈtʃeɪndʒəbl/ *Adj* austauschbar, umtauschbar, einlösbar

exˈchange rate *Nomen* Wechselkurs

ex·chequer /ɪksˈtʃekə(r)/ *Nomen* [Sing] **1** (*oft* **the Exchequer**) (*in GB*) Schatzamt, Finanzministerium **2** Staatskasse, Fiskus

ex·cise¹ /ˈeksaɪz/ *Nomen* [U] Verbrauchssteuer

ex·cise² /ɪkˈsaɪz/ *Verb* (*gehoben*) **~ sth (from sth)** etw (aus etw) herausschneiden ◊ *Certain passages were excised from the book.* Bestimmte Passagen wurden aus dem Buch herausgenommen.

ex·ci·sion /ɪkˈsɪʒn/ *Nomen* (*gehoben oder Fachspr*) Entfernung

ex·cit·able /ɪkˈsaɪtəbl/ *Adj* leicht erregbar, leicht reizbar

ex·cite 0‑w /ɪkˈsaɪt/ *Verb* **1** aufregen, begeistern ◊ *The prospect of a year in India greatly excited her.* Sie war begeistert von der Aussicht, für ein Jahr nach Indien zu gehen. **2** aufregen ◊ *Don't excite yourself.* Reg dich nicht auf. **3 ~ sth (in sb)** etw (in jdm) erregen, etw (in jdm) wecken **4** (sexuell) erregen

ex·cited 0‑w /ɪkˈsaɪtɪd/ *Adj* (*Adv* **ex·cited·ly**) **1** aufgeregt, begeistert ◊ *I'm really excited at the prospect of working abroad.* Ich freue mich unheimlich darauf, im Ausland zu arbeiten. ◊ *He was very excited to be asked to play for Wales.* Er freute sich wahnsinnig, dass er für Wales spielen sollte. ◊ *nothing to get excited about* nichts Besonderes ◊ *Don't get too excited!* Nun flipp nicht gleich aus! **2** nervös **3** (sexuell) erregt

ex·cite·ment 0‑w /ɪkˈsaɪtmənt/ *Nomen* **1** Aufregung, Erregung, Begeisterung ◊ *The dog wagged its tail in excitement.* Der Hund wedelte aufgeregt mit dem Schwanz. **2** (*gehoben*) Aufregung, Nervenkitzel, Spannung ◊ *The new job was not without its excitements.* Ihr neuer Job hatte durchaus seine spannenden Momente.

ex·cit·ing 0‑w /ɪkˈsaɪtɪŋ/ *Adj* aufregend, spannend

ex·claim /ɪkˈskleɪm/ *Verb* (aus)rufen, (auf)schreien

ex·clam·ation /ˌekskləˈmeɪʃn/ *Nomen* Ausruf, (Auf)schrei

exclaˈmation mark (*AmE meist* **exclaˈmation point**) *Nomen* Ausrufezeichen

ex·clude 0‑w /ɪkˈskluːd/ *Verb* **~ sb/sth (from sth)** jdn/etw (von etw) ausschließen ◊ *Rent has been excluded from the inflation figures.* Mieten sind bei der Berechnung der Inflationszahlen nicht berücksichtigt worden. ◊ *Try excluding sugar and fat from your diet.* Meiden Sie Zucker und Fett. ◊ *Buses run every hour, Sundays excluded.* Es geht stündlich ein Bus, außer sonntags.

ex·clud·ing 0‑w /ɪkˈskluːdɪŋ/ *Präp* ausgenommen ◊ *Lunch costs $10, excluding drinks.* Das Mittagessen kostet 10 Dollar, ohne Getränke.

ex·clu·sion /ɪkˈskluːʒn/ *Nomen* **1** Ausschluss, Ausschließung ◊ (*BrE*) *Two exclusions from one school in the same week is unusual.* Zwei Verweise von derselben Schule in einer Woche sind ungewöhnlich. ◊ *Memories of the past filled her mind to the exclusion of all else.* Sie war ganz und gar von Erinnerungen an die Vergangenheit erfüllt. **2** Ausnahme ◊ *the exclusions on the insurance policy* die Ausschlussklauseln im Versicherungsvertrag

exˈclusion zone *Nomen* Schutzzone

ex·clu·sive /ɪkˈskluːsɪv/ *Adj, Nomen*

▸ ***Adj*** (*Adv* **ex·clu·sive·ly**) **1** alleinig, Exklusiv- **2** (*Klub etc.*) exklusiv **3** ausschließend ◊ *The two options are not mutually exclusive.* Die beiden Möglichkeiten schließen einander nicht aus. **4 ~ of** ausgenommen, ohne

▸ ***Nomen*** Exklusivbericht

ex·clu·siv·ity /ˌekskluːˈsɪvəti/ (*auch* **ex·clu·sive·ness** /ɪkˈskluːsɪvnəs/) *Nomen* Exklusivität

ex·com·mu·ni·cate /ˌekskəˈmjuːnɪkeɪt/ *Verb* exkommunizieren

ex·com·mu·ni·cation /ˌekskəˌmjuːnɪˈkeɪʃn/ *Nomen* Exkommunikation, Exkommunizierung

ex·cre·ment /ˈekskrɪmənt/ *Nomen* [U] (*gehoben*) Exkremente, Fäkalien

ex·creta /ɪkˈskriːtə/ *Nomen* [U] (*gehoben*) Ausscheidungen, Exkrete

ex·crete /ɪkˈskriːt/ *Verb* (*Fachspr*) ausscheiden, absondern

ex·cretion /ɪkˈskriːʃn/ *Nomen* [U] (*Fachspr*) Ausscheidung, Exkretion

ex·cru·ci·at·ing /ɪkˈskruːʃieɪtɪŋ/ *Adj* (*Adv* **ex·cru·ci·at·ing·ly**) unerträglich, entsetzlich

ex·cur·sion /ɪkˈskɜːʃn; *AmE* ɪkˈskɜːrʒn/ *Nomen* Ausflug (*auch fig*)

ex·cus·able /ɪkˈskjuːzəbl/ *Adj* [nicht vor Nomen] verzeihlich, entschuldbar

ex·cuse 0‑w *Nomen, Verb*

▸ ***Nomen*** /ɪkˈskjuːs/ **1** Entschuldigung, Ausrede ◊ *I can't come. Will you make my excuses to Helen, please?* Ich kann nicht kommen. Kannst du mich bitte bei Helen entschuldigen? ◊ *You don't have to make excuses for her.* Du brauchst sie nicht zu verteidigen. **2** Vorwand ◊ *It gave me an excuse to take the car.* Das war für mich ein Vorwand, den Wagen zu nehmen. **3** (*AmE*) Entschuldigung(sschreiben), Attest

▸ ***Verb*** /ɪkˈskjuːz/ **1** entschuldigen, verzeihen (*gehoben*) ◊ *Excuse my interrupting you.* Entschuldigen Sie die Unterbrechung. ◊ *I hope you'll excuse me for being so late.* Hoffentlich nehmen Sie mir meine Verspätung nicht übel. ◊ (*BrE*) *You might be excused for thinking they were married.* Es ist ein verständlicher Irrtum anzunehmen, sie seien verheiratet. **2 ~ yourself (for sth)** sich (für etw) entschuldigen ◊ *She excused herself and left the meeting early.* Sie entschuldigte sich und verließ vorzeitig das Meeting. ◊ *He excused himself for being late.* Er entschuldigte sich für seine Verspätung. **3 ~ sb from sth** (*meist passiv*) jdn von etw befreien ◊ *She was excused from PE.* Sie war vom Sportunterricht befreit. IDM **exˈcuse me 1** Entschuldigung; Verzeihung ◊ *Excuse me, could you let me through?* Entschuldigung, würden Sie mich bitte vorbeilassen? ◊ *Excuse me, but I don't think that's true.* Verzeihung, aber ich glaube, da irren Sie sich. **2 excuse me?** (*bes AmE*) bitte?

ˌex-diˈrectory *Adj* (*BrE*) ◊ *an ex-directory number* eine Geheimnummer ◊ *She's ex-directory.* Sie hat eine Geheimnummer.

exe·cute /ˈeksɪkjuːt/ *Verb* **1** hinrichten ◊ *He was executed for treason.* Er wurde wegen Verrats hingerichtet. **2** (*gehoben*) ausführen, durchführen **3** (*gehoben*) vollführen **4** (RECHT) vollstrecken; (*Urkunde*) unterzeichnen

exe·cu·tion /ˌeksɪˈkjuːʃn/ *Nomen* **1** Hinrichtung ◊ *He faced execution by hanging for murder.* Ihm drohte die Hinrichtung durch den Strang wegen Mordes. **2** Erfüllung, Ausführung **3** [U] (RECHT) Vollstreckung, Unterzeichnung IDM → STAY

exe·cu·tion·er /ˌeksɪˈkjuːʃənə(r)/ *Nomen* Henker

ex·ecu·tive 🔑 /ɪɡˈzekjətɪv/ *Nomen, Adj*
▸ ***Nomen*** **1** Manager(in), leitende(r) Angestellte(r) ◇ *Who's the chief executive?* Wer ist der Vorstandschef? **2** [mit Verb im Sing/Pl] Vorstand, Geschäftsführung ◇ *the union's executive* die Gewerkschaftsführung **3** [mit Verb im Sing/Pl] **the executive** die Exekutive
▸ ***Adj*** [nur vor Nomen] **1** leitend, Vorstands-, Führungs- ◇ *executive and non-executive directors* Vorstandsmitglieder und Aufsichtsräte **2** Exekutiv- ◇ *executive power* Exekutivgewalt

ex·ecu·tor /ɪɡˈzekjətə(r)/ *Nomen* Testamentsvollstrecker(in), Nachlassverwalter(in)

ex·em·plar /ɪɡˈzemplɑː(r)/ *Nomen* (*gehoben*) Musterbeispiel

ex·em·plary /ɪɡˈzempləri/ *Adj* **1** vorbildlich, beispielhaft **2** (*Strafe*) exemplarisch

ex·em·pli·fi·ca·tion /ɪɡˌzemplɪfɪˈkeɪʃn/ *Nomen* **1** Veranschaulichung (mit Beispielen) **2** typisches Beispiel

ex·em·plify /ɪɡˈzemplɪfaɪ/ *Verb* (**-fies, -fy·ing, -fied, -fied**) (*oft passiv*) (*gehoben*) **1** ein Beispiel sein für ◇ *His food exemplifies Italian cooking at its best.* Seine Gerichte zeigen die italienische Küche in Vollendung. **2** (*gehoben*) veranschaulichen, ein Beispiel geben für

ex·empt /ɪɡˈzempt/ *Adj, Verb*
▸ ***Adj*** [nicht vor Nomen] ~ (**from sth**) befreit, ausgenommen ◇ *exempt from tax* steuerfrei
▸ ***Verb*** ~ **sb/sth (from sth)** jdn/etw (von etw) befreien ◇ *This does not exempt them from liability.* Das bedeutet nicht, dass sie nicht haftbar sind.

ex·emp·tion /ɪɡˈzempʃn/ *Nomen* Befreiung ◇ *She was given exemption from the final examination.* Ihr wurde die Abschlussprüfung erlassen.

ex·er·cise 🔑 /ˈeksəsaɪz; *AmE* -sərsaɪz/ *Nomen, Verb*
▸ ***Nomen*** **1** [U] Bewegung (*BrE*) ◇ *take exercise* sich Bewegung verschaffen ◇ *Swimming is good exercise.* Schwimmen ist ein gutes Training. **2** Übung ◇ *grammar exercises* Grammatikübungen ◇ *His speech was just an exercise in self-advertisement.* Seine Rede diente nur der Selbstdarstellung. ◇ *In the end it proved a pointless exercise.* Letzten Endes erwies es sich als ein nutzloses Unterfangen. **3** Ausübung ◇ *the exercise of civil rights* die Wahrnehmung staatsbürgerlicher Rechte **4** [meist Pl] Manöver, Exerzieren **5 exercises** [Pl] (*AmE*) Feier(lichkeiten)
▸ ***Verb*** **1** (*gehoben*) ausüben ◇ *She exercised her right to remain silent.* Sie nahm ihr Recht auf Verweigerung der Aussage in Anspruch. **2** trainieren ◇ *an hour's exercising to music* eine Stunde Gymnastik nach Musik ◇ *movements to exercise your arms and shoulders* Übungen für Arme und Schultern **3** (*meist passiv*) (*gehoben*) beschäftigen ◇ *Why are people so exercised about this issue?* Warum regen sich die Leute über diese Frage so auf?

ˈexercise book *Nomen* **1** (*BrE*) (Schul)heft **2** (*AmE*) Arbeitsheft

exert /ɪɡˈzɜːt; *AmE* ɪɡˈzɜːrt/ *Verb* **1** ~ **sth (on sb/sth)** etw (auf jdn/etw) ausüben **2** ~ **yourself** (*nicht im Passiv*) sich anstrengen, sich bemühen

ex·er·tion /ɪɡˈzɜːʃn; *AmE* ɪɡˈzɜːrʃn/ *Nomen* **1** [U] (*auch* **ex·er·tions** [Pl]) Anstrengung ◇ *the exertions of a busy day at work* die Strapazen eines hektischen Arbeitstages **2** [Sing] Anwendung, Ausübung

exe·unt /ˈeksiʌnt/ *Verb* = Regieanweisung, wenn mehrere Schauspieler abgehen sollen ◇ *Exeunt Antony and Cleopatra.* Antonius und Kleopatra ab.

ex·foli·ate /eksˈfəʊlieɪt; *AmE* -ˈfoʊ-/ *Verb* ein Peeling durchführen

ex·foli·ation /eksˌfəʊliˈeɪʃn; *AmE* -ˌfoʊ-/ *Nomen* Peeling

ex·halation /ˌekshəˈleɪʃn/ *Nomen* Ausatmung

ex·hale /eksˈheɪl/ *Verb* ausatmen ◇ *He sat back and exhaled deeply.* Er lehnte sich zurück und atmete tief durch.

ex·haust /ɪɡˈzɔːst/ *Nomen, Verb*
▸ ***Nomen*** **1** [U] Abgase **2** = EXHAUST PIPE
▸ ***Verb*** **1** ermüden, erschöpfen **2** aufbrauchen ◇ *exhaust all the possibilities* alle Möglichkeiten ausschöpfen **3** erschöpfend behandeln

ex·haust·ed /ɪɡˈzɔːstɪd/ *Adj* erschöpft

ex·haust·ing /ɪɡˈzɔːstɪŋ/ *Adj* ermüdend, anstrengend

ex·haus·tion /ɪɡˈzɔːstʃən/ *Nomen* Erschöpfung ◇ *nervous exhaustion* psychische Erschöpfung

ex·haust·ive /ɪɡˈzɔːstɪv/ *Adj* (*Adv* **ex·haust·ive·ly**) umfassend, gründlich

exˈhaust pipe *Nomen* (*auch* **ex·haust**) Auspuff(rohr)

ex·hibit 🔑 /ɪɡˈzɪbɪt/ *Nomen, Verb*
▸ ***Nomen*** **1** Ausstellungsstück, Exponat **2** Beweisstück **3** (*AmE*) Ausstellung
▸ ***Verb*** **1** ausstellen **2** (*gehoben*) zeigen ◇ *The patient exhibited signs of fatigue.* Der Patient ließ Zeichen von Erschöpfung erkennen.

ex·hib·ition 🔑 /ˌeksɪˈbɪʃn/ *Nomen* **1** (*bes BrE*) Ausstellung, Ausstellen **2** [Sing] Vorführung, Zurschaustellung ◇ *an exhibition of his speed and skill* eine Probe seiner Schnelligkeit und Geschicklichkeit IDM **make an exhiˈbition of yourself** (*abwert*) sich unmöglich aufführen

ex·hib·ition·ism /ˌeksɪˈbɪʃənɪzəm/ *Nomen* (*abwert*) **1** Selbstdarstellung **2** Exhibitionismus

ex·hib·ition·ist /ˌeksɪˈbɪʃənɪst/ *Nomen* (*meist abwert*) **1** Selbstdarsteller(in) **2** Exhibitionist(in)

ex·hib·it·or /ɪɡˈzɪbɪtə(r)/ *Nomen* Aussteller(in)

ex·hil·ar·ate /ɪɡˈzɪləreɪt/ *Verb* beleben, berauschen

ex·hil·ar·ated /ɪɡˈzɪləreɪtɪd/ *Adj* belebt, berauscht ◇ *I always feel exhilarated after a few hours' skiing.* Nach ein paar Stunden auf Skiern bin ich immer in Hochstimmung.

ex·hil·ar·at·ing /ɪɡˈzɪləreɪtɪŋ/ *Adj* berauschend, erregend

ex·hil·ar·ation /ɪɡˌzɪləˈreɪʃn/ *Nomen* Hochgefühl

ex·hort /ɪɡˈzɔːt; *AmE* ɪɡ ˈzɔːrt/ *Verb* ~ **sb (to sth)** jdn (zu etw) ermahnen

ex·hort·ation /ˌegzɔːˈteɪʃn; *AmE* -zɔːrˈ-/ *Nomen* Ermahnung

ex·hum·ation /ˌekshjuːˈmeɪʃn/ *Nomen* Exhumierung, Ausgrabung

ex·hume /eksˈhjuːm, ɪɡˈzjuːm; *AmE* ɪɡˈzuːm/ *Verb* (*meist passiv*) (*gehoben*) exhumieren, ausgraben

exile /ˈeksaɪl, ˈegzaɪl/ *Nomen, Verb*
▸ ***Nomen*** **1** Exil, Verbannung **2** Exilant(in) ◇ *a tax exile* ein Steuerflüchtling
▸ ***Verb*** (*meist passiv*) verbannen ◇ *the party's exiled leaders* die exilierte Parteiführung

exist 🔑 /ɪɡˈzɪst/ *Verb* **1** (*nicht in der Verlaufsform*) existieren ◇ *Does life exist on other planets?* Gibt es Formen von Leben auf anderen Planeten? **2** ~ (**on sth**) (von etw) leben

ex·ist·ence 🔑 /ɪɡˈzɪstəns/ *Nomen* **1** [U] Existenz ◇ *I was unaware of his existence until today.* Ich hatte bis heute keine Ahnung, dass es ihn gibt. ◇ *the oldest Hebrew manuscript in existence* das älteste noch vorhandene hebräische Manuskript ◇ *come into existence* entstehen **2** Dasein

ex·ist·ent /ɪɡˈzɪstənt/ *Adj* existent, bestehend

ex·ist·en·tial /ˌegzɪˈstenʃəl/ *Adj* [nur vor Nomen] **1** (*gehoben*) existenziell **2** existenzial

ex·ist·ing /ɪɡˈzɪstɪŋ/ *Adj* [nur vor Nomen] bestehend, gegenwärtig

exit 🔑 /ˈeksɪt, ˈegzɪt/ *Nomen, Verb*
▸ ***Nomen*** **1** Ausgang ◇ *a fire exit* ein Notausgang **2** Abgang ◇ *The heroine made her exit to great applause.* Die Heldin ging unter großem Applaus ab. ◇

He made a quick exit. Er verdrückte sich schnell. ◇ *an exit visa* ein Ausreisevisum **3** (*Autobahn-*) Ausfahrt

▸ ***Verb*** **1** (*gehoben*) hinausgehen ◇ *We exited via a fire door.* Wir gelangten durch einen Notausgang hinaus. **2** verlassen **3** (COMP) schließen **4 exit ...** ... ab ◇ *Exit Macbeth.* Macbeth ab.

'exit poll *Nomen* = Umfrage am Ausgang von Wahllokalen

exo·dus /'eksədəs/ *Nomen* [Sing] (*gehoben oder hum*) Exodus, Auszug ◇ *a general exodus* allgemeiner Aufbruch

ex·on·er·ate /ɪg'zɒnəreɪt; *AmE* ɪg'zɑːn-/ *Verb* **~ sb (from sth)** jdn (von etw) entlasten

ex·on·er·ation /ɪgˌzɒnə'reɪʃn; *AmE* ɪgˌzɑːn-/ *Nomen* [U] Entlastung

ex·or·bi·tant /ɪg'zɔːbɪtənt; *AmE* ɪg'zɔːrb-/ *Adj* (*Adv* **ex·or·bitant·ly**) (*gehoben*) überhöht, maßlos ◇ *exorbitant prices* unverschämte Preise ◇ *Rents are exorbitantly high.* Die Mieten sind übertrieben hoch.

ex·or·cism /'eksɔːsɪzəm; *AmE* -sɔːrsɪ-/ *Nomen* Exorzismus, Teufelsaustreibung

ex·or·cist /'eksɔːsɪst; *AmE* -sɔːrsɪst/ *Nomen* Exorzist(in)

ex·or·cize (*BrE auch* **-ise**) /'eksɔːsaɪz; *AmE* -sɔːrsaɪz/ *Verb* **1 ~ sth (from sb/sth)** etw (aus jdm/etw) austreiben ◇ *A priest exorcized the ghost from the house.* Ein Priester befreite das Haus von dem Spuk. **2 ~ sb** (*oft passiv*) jdm die bösen Geister austreiben **3** vertreiben ◇ *She can never exorcize the memory of her childhood sufferings.* Sie wird die Erinnerungen an ihre schreckliche Kindheit niemals los.

exo·ther·mic /ˌeksəʊ'θɜːmɪk; *AmE* -soʊ'θɜːrmɪk/ *Adj* (PHYSIK, CHEM) exotherm

exot·ic /ɪg'zɒtɪk; *AmE* ɪg'zɑːtɪk/ *Adj* (*Adv* **exot·ic·ally** /-kli/) exotisch ◇ *a CD by the exotically named Omar* die CD eines Sängers mit dem exotischen Namen Omar

EXP (*auch* **exp**, **exps**, **EXPs**) *Abk* = EXPERIENCE POINTS

ex·pand 0➡ /ɪk'spænd/ *Verb* **1** expandieren, sich ausdehnen, sich erweitern ◇ *Student numbers are expanding rapidly.* Die Zahl der Studenten steigt rapide an. **2** erweitern, vergrößern ◇ *There are no plans to expand the airport.* Es ist keine Erweiterung des Flughafens geplant. **3 ~ (on sth)** etw weiter ausführen ◇ *I repeated the question and waited for her to expand.* Ich wiederholte die Frage und wartete darauf, dass sie mehr dazu sagte.

ex·panse /ɪk'spæns/ *Nomen* **~ (of sth)** Fläche, Weite

ex·pan·sion /ɪk'spænʃn/ *Nomen* Expansion, Erweiterung ◇ *Despite the recession the company is confident of further expansion.* Trotz der Rezession geht das Unternehmen von einem weiteren Wachstum aus.

ex·pan·sionism /ɪk'spænʃənɪzəm/ *Nomen* Expansionspolitik, Expansionismus

ex·pan·sionist /ɪk'spænʃənɪst/ *Adj* expansionistisch

ex·pan·sive /ɪk'spænsɪv/ *Adj* **1** weit, ausgedehnt ◇ *She opened her arms wide in an expansive gesture of welcome.* In einer überschwänglichen Willkommensgeste breitete sie die Arme aus. **2** umfassend; (*Stil*) ausgreifend **3** mitteilsam ◇ *He was in an expansive mood.* Er war sehr gesprächig.

ex·patri·ate /ˌeks'pætriət; *AmE* -'peɪt-/ (*umgs* **expat** /-'pæt/) *Nomen, Adj*

▸ ***Nomen*** im Ausland/im Exil Lebende(r) ◇ *British expatriates in Rome* in Rom lebende Briten

▸ ***Adj*** im Ausland lebend

ex·pect 0➡ /ɪk'spekt/ *Verb* **1** erwarten ◇ *We were expecting him to come yesterday.* Wir haben ihn eigentlich gestern erwartet. ◇ *Her parents expect high standards of her.* Ihre Eltern stellen hohe Ansprüche an sie. ◇ *We are expected to work on Saturdays.* Es wird von uns erwartet, dass wir samstags arbeiten. **2** (*bes BrE, umgs*) (*nicht in der Verlaufsform*) annehmen ◇ *'Who has eaten all the cake?' 'Tom, I expect.'* „Wer hat den Kuchen aufgegessen?" „Tom vermutlich." ◇ *'Will you be late today?' 'I expect so.'* „Kommst du heute später?" „Ich glaube schon." ◇ *'Are you going out tonight?' 'I don't expect so.'* „Gehst du heute Abend weg?" „Ich glaube nicht." IDM **be expecting (a baby/child)** (*umgs*) ein Kind erwarten ◇ *Ann's expecting a baby in June.* Ann bekommt im Juni ein Baby. **be (only) to be ex'pected** zu erwarten sein ◇ *A little nervousness is only to be expected on your first day.* Ein bisschen Nervosität ist am ersten Tag doch nur natürlich. **What (else) do you ex'pect?** Was erwartest du?

ex·pect·ancy /ɪk'spektənsi/ *Nomen* [U] Erwartung ◇ *an air/sense of expectancy* eine erwartungsvolle Stimmung

ex·pect·ant /ɪk'spektənt/ *Adj* **1** (*Adv* **ex·pect·ant·ly**) erwartungsvoll **2 ~ mother/father** werdende Mutter/werdender Vater

ex·pect·ation 0➡ /ˌekspek'teɪʃn/ *Nomen* Erwartung ◇ *The results exceeded our expectations.* Die Ergebnisse haben unsere Erwartungen übertroffen. ◇ *The expectation is that property prices will rise.* Es wird erwartet, dass die Immobilienpreise steigen. ◇ *Contrary to expectations, interest rates did not rise.* Wider Erwarten sind die Zinssätze nicht gestiegen. IDM **fall short of (sb's) expec'tations; not come/live up to (sb's) expec'tations** (jds) Erwartungen nicht entsprechen

ex·pe·di·ency /ɪk'spiːdiənsi/ *Nomen* Ratsamkeit, Zweckdienlichkeit

ex·pe·di·ent /ɪk'spiːdiənt/ *Adj* [nicht vor Nomen] angebracht, ratsam ◇ *politically expedient* politisch ratsam

ex·ped·ite /'ekspədaɪt/ *Verb* beschleunigen

ex·ped·ition /ˌekspə'dɪʃn/ *Nomen* Expedition ◇ *a shopping expedition* eine Einkaufstour

expel /ɪk'spel/ *Verb* **(-ll-) 1** (*aus einem Land*) ausweisen; (*von der Schule*) verweisen; (*aus einem Verein*) ausschließen ◇ *Two members of the embassy staff were expelled from the country.* Zwei Botschaftsangehörige wurden ausgewiesen. **2** ausstoßen ◇ *expel air from the lungs* Luft aus der Lunge ausstoßen

ex·pend /ɪk'spend/ *Verb* [+ Obj] (*gehoben*) **~ sth (in/on sth)** etw (für etw) aufwenden; **~ sth in/on doing sth** etw dafür aufwenden, etw zu tun

ex·pend·able /ɪk'spendəbl/ *Adj* (*gehoben*) entbehrlich

ex·pend·iture /ɪk'spendɪtʃə(r)/ *Nomen* **1** Ausgabe; (*ausgegebenes Geld*) Ausgaben ◇ *a reduction in public expenditure* eine Kürzung der öffentlichen Ausgaben **2** Aufwand ◇ *an unnecessary expenditure of time and effort* ein unnötiger Zeit- und Arbeitsaufwand

ex·pense 0➡ /ɪk'spens/ *Nomen* **1** [U] Kosten ◇ *regardless of expense* ohne Rücksicht auf die Kosten ◇ *The garden was transformed at vast expense.* Die Umgestaltung des Gartens war mit einem erheblichen Kostenaufwand verbunden. ◇ *No expense was spared.* Es wurde an nichts gespart. **2** [meist Sing] teure Angelegenheit **3 expenses** [Pl] Kosten ◇ *living expenses* Lebenshaltungskosten **4 expenses** [Pl] Spesen ◇ *That'll go on expenses.* Das geht auf Spesen. ◇ *You can claim back your travel expenses.* Sie können sich Ihre Reisekosten erstatten lassen. ◇ *an all-expenses-paid trip* eine Reise auf Geschäftskosten IDM **at sb's ex'pense** auf jds Kosten ◇ *We were taken out for a meal at the company's expense.* Wir wurden auf Kosten der Firma zum Essen eingeladen. ◇ *They had a good laugh at my expense.* Sie haben sich auf meine Kosten amüsiert. **at the ex'pense of sth** auf Kosten einer Sache ◇ *at the expense of his health* auf Kosten seiner Gesundheit **go to the expense of sth** sich für etw in Unkosten stürzen **go to a lot of expense** sich in Unkosten stürzen **put sb to a lot of expense** jdm hohe Kosten verursachen ◇ *Their visit put us to a lot of expense.* Ihr Besuch war für uns sehr teuer.

ex'pense account *Nomen* Spesenkonto

ex·pen·sive 0-w /ɪk'spensɪv/ *Adj* (*Adv* **ex·pen·sive·ly**) teuer

ex·peri·ence 0-w /ɪk'spɪəriəns; *AmE* ɪk'spɪr-/ *Nomen, Verb*

▸ ***Nomen*** **1** [U] Erfahrung ◇ *ten years' teaching experience* zehn Jahre Lehrerfahrung ◇ *Do you have any previous experience of this type of work?* Haben Sie bereits Erfahrung auf diesem Gebiet? ◇ *He gained valuable experience whilst working on the project.* Er hat bei der Arbeit an dem Projekt nützliche Erfahrungen gesammelt. ◇ *in my experience* nach meiner Erfahrung ◇ *She knew from past experience that …* Sie wusste aus Erfahrung, dass … **2** Erlebnis ◇ *It was her first experience of defeat.* Es war das erste Mal, dass sie eine Niederlage erlebte.

▸ ***Verb*** erfahren, erleben; (*Gefühl*) empfinden

ex·peri·enced 0-w /ɪk'spɪəriənst; *AmE* ɪk'spɪr-/ *Adj* erfahren

ex'perience points *Nomen* [Pl] (*Abk* **XP, XPs, EXP, Exp, EXPs, Exps**) Erfahrungspunkte

ex·peri·ment 0-w /ɪk'sperɪmənt/ *Nomen, Verb*

▸ ***Nomen*** **1** Versuch, Experiment ◇ *experiments on animals* Tierversuche **2 ~ (in sth)** Experiment (mit etw) ◇ *the country's brief experiment in democracy* das kurzlebige Experiment des Landes mit der Demokratie

▸ ***Verb*** **~ (on sb/sth)** (an jdm/etw) experimentieren; **~ (with sth)** (mit etw) experimentieren ◇ *experiment with different hairstyles* verschiedene Frisuren ausprobieren

ex·peri·men·tal /ɪkˌsperɪ'mentl/ *Adj* **1** experimentell, Experimentier- ◇ *experimental teaching methods* experimentelle Lehrmethoden ◇ *still at the experimental stage* noch im Experimentierstadium **2** Versuchs- ◇ *experimental conditions* Versuchsbedingungen ◇ *experimental evidence* experimenteller Nachweis

ex·peri·men·tal·ly /ɪkˌsperɪ'mentəli/ *Adv* experimentell, versuchsweise

ex·peri·men·ta·tion /ɪkˌsperɪmen'teɪʃn/ *Nomen* (*gehoben*) Experimentieren

ex·pert 0-w /'ekspɜːt; *AmE* -spɜːrt/ *Nomen, Adj*

▸ ***Nomen*** Fachmann, Fachfrau, Experte, Expertin ◇ *an expert in child psychology* ein Experte für Kinderpsychologie ◇ *He's an expert at getting his own way.* Er versteht es meisterhaft seinen Willen durchzusetzen.

▸ ***Adj*** (*Adv* **ex·pert·ly**) ausgezeichnet; (*Arbeit, Rat*) fachmännisch ◇ *an expert driver* ein ausgezeichneter Fahrer ◇ *She's expert at making cheap, but stylish clothes.* Sie versteht sich auf die Anfertigung preiswerter, aber dennoch eleganter Kleidung. ◇ *an expert witness* ein sachverständiger Zeuge

ex·pert·ise /ˌekspɜː'tiːz; *AmE* -spɜːr'-/ *Nomen* [U] Sachverstand, Fachkenntnisse

ex·pire /ɪk'spaɪə(r)/ *Verb* **1** [ohne Obj] ablaufen **2** (*gehoben, veraltet*) verscheiden

ex·piry /ɪk'spaɪəri/ *Nomen* (*BrE*) Ablauf; (*von Gutschein*) Verfall

ex'piry date (*AmE* **expiration date** /ˌekspə'reɪʃn deɪt/) Verfallsdatum

ex·plain 0-w /ɪk'spleɪn/ *Verb* erklären ◇ *That explains his absence.* Das erklärt seine Abwesenheit. IDM **ex'plain yourself** **1** ◇ *I don't understand your argument —could you explain yourself a bit more?* Ich verstehe dein Argument nicht—kannst du es mir näher erklären? **2** (*gehoben*) sich rechtfertigen ◇ *Last week you were late for work every day—please explain yourself.* Letzte Woche sind Sie jeden Tag zu spät gekommen—können Sie mir dafür eine Erklärung geben? PHR V **ex,plain sth a'way** eine Erklärung für etw finden ◇ *How are you going to explain away the hole in the lawn?* Wie willst du das Loch im Rasen erklären?

ex·plan·ation 0-w /ˌeksplə'neɪʃn/ *Nomen* Erklärung, Erläuterung ◇ *I can't think of any possible explanation for his absence.* Ich kann mir seine Abwesenheit nicht erklären. ◇ *a full explanation of how the machine works* eine ausführliche Erläuterung der Funktionsweise der Maschine

ex·plana·tory /ɪk'splænətri; *AmE* -tɔːri/ *Adj* [nur vor Nomen] erklärend, erläuternd ◇ *There are explanatory notes at the back of the book.* Erläuterungen sind hinten im Buch.

ex·plic·able /ɪk'splɪkəbl, 'eksplɪkəbl/ *Adj* [nicht vor Nomen] (*gehoben*) erklärbar ◇ *His behaviour is only explicable in terms of his recent accident.* Sein Verhalten lässt sich nur im Hinblick auf seinen kürzlich erlittenen Unfall erklären.

ex·pli·cit /ɪk'splɪsɪt/ *Adj* (*Adv* **ex·pli·cit·ly**) **1** klar ◇ *He gave me very explicit directions on how to get there.* Er hat mir ganz genau beschrieben, wie man dahin kommt. **2 be ~** etw offen sagen ◇ *She was quite explicit about why she had left.* Sie hat ganz offen gesagt, weshalb sie fortgegangen ist. **3** deutlich, ausdrücklich ◇ *The reasons should be made explicit.* Die Gründe sollten offen dargelegt werden. ◇ *at the explicit request of the patient* auf ausdrücklichen Wunsch des Patienten ◇ *a sexually explicit film* ein Film mit eindeutigen Sexszenen

ex·plode 0-w /ɪk'spləʊd; *AmE* ɪk'sploʊd/ *Verb* **1** explodieren, detonieren ◇ *At last his anger exploded.* Schließlich kam sein Zorn zum Ausbruch. **2** zur Explosion bringen, zünden ◇ *Terrorists exploded a bomb in the shopping centre.* Terroristen zündeten eine Bombe im Einkaufszentrum. **3 ~ (into/with sth)** (*Gelächter, Jubel*) in etw ausbrechen; (*Wut, Zorn*) vor etw platzen ◇ *Everyone exploded into laughter.* Alles brach in Gelächter aus. ◇ *explode with joy* in Freudenstürme ausbrechen ◇ *'How dare you!' he exploded.* „Was fällt dir ein!", fuhr er sie an. **4 ~ into sth** in etw umschlagen **5** [ohne Obj] rapide zunehmen, explodieren ◇ *the exploding world population* die rapide steigende Weltbevölkerung **6** (*Theorie*) widerlegen ◇ *The myth that eating carrots improves your eyesight was exploded years ago.* Die Annahme, dass Möhren gut für die Augen sind, ist schon vor Jahren über den Haufen geworfen worden.

ex·ploit *Nomen, Verb*

▸ ***Nomen*** /'eksplɔɪt/ [meist Pl] (Helden)tat, Abenteuer ◇ *the daring exploits of Roman heroes* die kühnen Taten der römischen Helden

▸ ***Verb*** /ɪk'splɔɪt/ **1** [+ Obj] (*abwert*) ausnutzen; (*Arbeiter*) ausbeuten ◇ *exploit a situation for one's own advantage* eine Situation zum eigenen Vorteil nutzen **2** nutzen, ausnutzen; (*Bodenschätze*) ausbeuten ◇ *exploit an opportunity* eine Gelegenheit ausnutzen

ex·ploit·ation /ˌeksplɔɪ'teɪʃn/ *Nomen* **1** (*abwert*) Ausnutzung, Ausbeutung ◇ *the exploitation of children* die Ausbeutung von Kindern **2** Nutzung; (*von Bodenschätzen*) Ausbeutung ◇ *commercial exploitation of the mineral resources in Antarctica* kommerzielle Ausbeutung der Mineralvorkommen in der Antarktis

ex·ploit·ative /ɪk'splɔɪtətɪv/ (*AmE auch* **ex·ploit·ive** /ɪk'splɔɪtɪv/) *Adj* ausbeuterisch

ex·plor·ation /ˌeksplə'reɪʃn/ *Nomen* **1** Erforschung, Erkundung ◇ *the exploration of space* die Raumforschung ◇ *oil exploration* die Erkundung von Erdöllagerstätten **2** Untersuchung ◇ *the film's explorations* *of the human psyche* die im Film unternommene Untersuchung der menschlichen Psyche

ex·plora·tory /ɪk'splɒrətri; *AmE* ɪk'splɔːrətɔːri/ *Adj* ◇ *exploratory drilling for oil* Probebohrungen nach Öl ◇ *exploratory discussions* Sondierungsgespräche ◇ *exploratory surgery* eine Operation zur Diagnose

ex·plore 🔑 /ɪk'splɔː(r)/ *Verb* **1** erforschen, erkunden ◇ *companies exploring for oil* Unternehmen auf Ölsuche **2** untersuchen **3** prüfen, sondieren

ex·plorer /ɪk'splɔːrə(r)/ *Nomen* Forschungsreisende(r)

ex·plo·sion 🔑 /ɪk'spləʊʒn; *AmE* ɪk'sploʊ-/ *Nomen* **1** Explosion, Detonation ◇ *an explosion of interest in learning Japanese* ein explosionsartig gestiegenes Interesse an Japanischkursen **2** (*gehoben*) Ausbruch ◇ *There would be a popular explosion of anger.* Das würde zu wütenden Protesten in der Öffentlichkeit führen.

ex·plo·sive /ɪk'spləʊsɪv, ɪk'spləʊzɪv; *AmE* -sploʊ-/ *Adj, Nomen*

▸ ***Adj*** **1** explosiv ◇ *an explosive device* ein Sprengsatz **2** brisant **3** aufbrausend ◇ *She has an explosive temper.* Sie ist jähzornig. **4** explosionsartig

▸ ***Nomen*** Sprengstoff ◇ *nuclear explosives* atomare Sprengsätze

ex·po·nent /ɪk'spəʊnənt; *AmE* ɪk'spoʊ-/ *Nomen* **1** Verfechter(in) **2** Interpret(in), Vertreter(in) ◇ *He was the most famous exponent of the art of mime.* Er war der berühmteste Pantomime. **3** (MATH) Hochzahl

ex·po·nen·tial /ˌekspə'nenʃl/ *Adj* (*Adv* **ex·po·nen·ti·al·ly** /-ʃəli/) exponentiell, Exponential-

ex·port 🔑 *Verb, Nomen*

▸ ***Verb*** /ɪk'spɔːt; *AmE* ɪk'spɔːrt/ exportieren, ausführen

▸ ***Nomen*** /'ekspɔːt; *AmE* -spɔːrt/ **1** [U] Export, Ausfuhr ◇ *a ban on the export of live cattle* ein Ausfuhrverbot für Lebendvieh ◇ *packaged for export* für den Export verpackt **2** [meist Pl] Exportgut ◇ *the country's major exports* die wichtigsten Exportgüter des Landes ◇ *a fall in the value of exports* ein Rückgang des Exportumsatzes

ex·port·ation /ˌekspɔː'teɪʃn; *AmE* -spɔːr'-/ *Nomen* Exportieren, Ausfuhr

ex·port·er /ek'spɔːtə(r); *AmE* ek'spɔːrtər/ *Nomen* Exporteur, Exportland

ex·pose 🔑 /ɪk'spəʊz; *AmE* ɪk'spoʊz/ *Verb* **1** freilegen, entblößen ◇ *expose the truth* die Wahrheit ans Licht bringen ◇ *He did not want to expose his fears to anyone.* Er wollte niemandem seine Ängste offenbaren. **2** aufdecken, entlarven **3 ~ sb/sth/yourself (to sth)** jdn/etw/sich (einer Sache) aussetzen ◇ *expose yourself to ridicule* sich lächerlich machen **4 ~ sb to sth** jdn mit etw in Berührung bringen **5** (FOTO) belichten **6 ~ yourself** sich entblößen

ex·posé /ek'spəʊzeɪ; *AmE* ˌekspoʊ'zeɪ/ *Nomen* (enthüllender) Bericht

ex·posed /ɪk'spəʊzd; *AmE* ɪk'spoʊzd/ *Adj* **1** ungeschützt **2** ausgeliefert, preisgegeben

ex·pos·ition /ˌekspə'zɪʃn/ *Nomen* (*gehoben*) Erläuterung, Darstellung

ex·pos·tu·late /ɪk'spɒstʃuleɪt; *AmE* ɪk'spɑːs-/ *Verb* (*gehoben*) protestieren

ex·pos·ure /ɪk'spəʊʒə(r); *AmE* ɪk'spoʊ-/ *Nomen* **1** Ausgesetztsein, Exponiertheit ◇ *prolonged exposure to radiation* anhaltende Strahlenbelastung ◇ *the bank's exposure to risk* das unternehmerische Risiko der Bank **2** Aufdeckung, Entlarvung **3** Publicity ◇ *The movie has had a lot of exposure in the media.* Der Film hat in den Medien ziemlich viel Aufmerksamkeit gefunden. **4** Unterkühlung ◇ *die of exposure* an Unterkühlung sterben **5** (FOTO) Bild, Foto **6** (FOTO) Belichtung(szeit) **7** Entblößung

ex·pound /ɪk'spaʊnd/ *Verb* (*gehoben*) ~ **(on) sth** etw erläutern, etw darlegen

ex·press 🔑 /ɪk'spres/ *Verb, Adj, Nomen, Adv*

▸ ***Verb*** **1** äußern, zum Ausdruck bringen **2 ~ yourself** sich ausdrücken ◇ (*gehoben*) *They expressed themselves delighted.* Sie äußerten sich begeistert. **3 ~ itself** (*gehoben*) sich äußern, zum Ausdruck kommen **4 ~ sth as/in sth** (MATH) etw als etw angeben ◇ *expressed as percentages* in Prozenten ausgedrückt

▸ ***Adj*** [nur vor Nomen] **1** Eil-, Express-, Schnell- **2** (*gehoben*) ausdrücklich ◇ *with the express purpose of preventing it* in der festen Absicht, es zu verhindern

▸ ***Nomen*** **1** = EXPRESS TRAIN **2** (*BrE*) Eilzustellung

▸ ***Adv*** (*bes BrE*) per Eilzustellung

ex·pres·sion 🔑 /ɪk'spreʃn/ *Nomen* **1** Ausdruck, Äußerung ◇ *Try to put a little more expression into it!* Das muss ausdrucksvoller kommen! ◇ *freedom of expression* freie Meinungsäußerung ◇ *expressions of sympathy* Beileidsbekundungen ◇ *He had expressions of support from constituents.* Einige Wähler gaben ihm ihre Unterstützung kund. ◇ *a polite expression* eine höfliche Wendung **2** (Gesichts)ausdruck ◇ *There was a worried expression on her face.* Sie sah besorgt aus.

ex·pres·sion·less /ɪk'spreʃənləs/ *Adj* ausdruckslos

ex·pres·sive /ɪk'spresɪv/ *Adj* **1** (*Adv* **ex·pres·sive·ly**) ausdrucksvoll, Ausdrucks- **2 be ~ of sth** (*gehoben*) etw zum Ausdruck bringen

ex·pres·sive·ness /ɪk'spresɪvnəs/ *Nomen* Ausdruckskraft, Ausdrucksfähigkeit

ex·press·ly /ɪk'spresli/ *Adv* (*gehoben*) **1** ausdrücklich **2** eigens, extra

ex'press train (*auch* **ex·press**) *Nomen* Express, Schnellzug

ex·press·way /ɪk'spresweɪ/ *Nomen* (*AmE*) Autobahn

ex·pro·pri·ate /eks'prəʊprieɪt; *AmE* -'proʊ-/ *Verb* (*offiz*) enteignen

ex·pro·pri·ation /ˌeksˌprəʊpri'eɪʃn; *AmE* -ˌproʊ-/ *Nomen* (*offiz*) Enteignung

ex·pul·sion /ɪk'spʌlʃn/ *Nomen* **1** Ausweisung ◇ *their expulsion from the country* ihre Ausweisung aus dem Land **2** Ausschluss; (*von der Schule*) Verweis ◇ *The club faces expulsion from the league.* Dem Verein droht der Ausschluss aus der Liga.

ex·punge /ɪk'spʌndʒ/ *Verb* (*gehoben*) ausstreichen, löschen

ex·pur·gate /'ekspəgeɪt; *AmE* -spərgeɪt/ *Verb* (*meist passiv*) (*gehoben*) bereinigen, zensieren

ex·quis·ite /ɪk'skwɪzɪt, 'ekskwɪzɪt/ *Adj* (*Adv* **ex·quis·ite·ly**) **1** bezaubernd, kostbar **2** (*gehoben*) köstlich ◇ *exquisite pain* süße Qualen **3** (*gehoben*) ausgesucht ◇ *an exquisite sense of timing* ein feines Gespür für das richtige Timing

ext. *Abk* = EXTENSION

ex·tant /ek'stænt, 'ekstənt/ *Adj* (*gehoben*) noch vorhanden

ex·tem·pore /ek'stempəri/ *Adj, Adv*

▸ ***Adj*** (*gehoben*) improvisiert, Stegreif-

▸ ***Adv*** (*gehoben*) aus dem Stegreif, ex tempore

ex·tend 🔑 /ɪk'stend/ *Verb* **1** erweitern, ausdehnen **2** verlängern **3** sich erstrecken ◇ *His willingness to help did not extend beyond making a few phone calls.* Seine Hilfsbereitschaft ging über ein paar Anrufe nicht hinaus. **4** ausstrecken ◇ *He extended his hand to me.* Er streckte mir die Hand entgegen. ◇ *She extended a rope between two posts.* Sie spannte ein Seil zwischen zwei Pfosten. **5** (*gehoben*) **~ sth to sb** jdm etw erweisen, jdm etw gewähren ◇ *extend an invitation to sb* jdn einladen **6** (*meist passiv*) auslasten ◇ *He didn't really have to extend himself in the exam.* Er brauchte sich in der Prüfung nicht gerade zu verausgaben.

ex·tend·ed /ɪk'stendɪd/ *Adj* [nur vor Nomen] länger, ausgedehnt

ex,tended 'family *Nomen* (*Pl* **-ies**) Großfamilie

ex·ten·sion /ɪk'stenʃn/ *Nomen* **1** Ausdehnung, Erweiterung, Vergrößerung ◇ *the extension of new technology into developing countries* die Verbreitung neuer Technologien in Entwicklungsländern **2** Erweiterung(sabschnitt), Ausbau(strecke) **3** (*BrE*) Anbau **4** Verlängerung **5** (*Abk* **ext.**) Nebenanschluss ◇ *What's your extension number?* Was ist Ihre Durchwahl? ◇ *Can I have extension 4332 please?* Können Sie mich bitte mit Apparat 4332 verbinden? **6** (*AmE*) Fernuniversität, Fernstudium ◇ *extension courses* Fernstudiengänge **7** (COMP) Endung **8** = EXTENSION LEAD IDM **by ex'tension** (*gehoben*) folglich

ex'tension lead (*auch* **ex·ten·sion**; *AmE* **ex'tension cord**) *Nomen* Verlängerungsschnur

ex·ten·sive /ɪk'stensɪv/ *Adj* **1** ausgedehnt ◇ *extensive damage* beträchtlicher Schaden ◇ *extensive injuries* erhebliche Verletzungen **2** (*Adv* **ex·ten·sive·ly**) umfassend, ausgiebig ◇ *He has travelled extensively.* Er ist weit gereist.

ex·tent /ɪk'stent/ *Nomen* **1** Ausmaß, Umfang ◇ *I was amazed at the extent of his knowledge.* Ich war erstaunt über sein umfangreiches Wissen. **2** Größe, Ausdehnung IDM **to some, a certain, etc. extent** in gewissem etc. Maße; gewissermaßen ◇ *to a lesser extent* in geringerem Maße ◇ *To what extent is this true of all schools?* Inwieweit gilt dies für alle Schulen?

ex·tenu·at·ing /ɪk'stenjueɪtɪŋ/ *Adj* (*gehoben*) [nur vor Nomen] mildernd, mindernd

ex·ter·ior /ɪk'stɪəriə(r); *AmE* ɪk'stɪr-/ *Nomen, Adj*
▸ ***Nomen*** **1** Außenseite ◇ *The exterior of the house needs painting.* Das Haus muss von außen gestrichen werden. **2** Äußere(s) ◇ *Beneath his confident exterior, he was desperately nervous.* Hinter der selbstbewussten Fassade war er furchtbar nervös.
▸ ***Adj*** Außen-, äußere(r,s)

ex·ter·min·ate /ɪk'stɜːmɪneɪt; *AmE* ɪk'stɜːrm-/ *Verb* ausrotten

ex·ter·min·ation /ɪk,stɜːmɪ'neɪʃn; *AmE* ɪk,stɜːrm-/ *Nomen* Ausrottung

ex·ter·nal /ɪk'stɜːnl; *AmE* ɪk'stɜːrnl/ *Adj* (*Adv* **ex·ter·nal·ly** /-nəli/) **1** äußere(r,s), Außen- ◇ *for external use only* nur zur äußerlichen Anwendung ◇ *The building has been carefully restored externally.* Das Gebäude ist von außen sorgfältig restauriert worden. **2** extern **3** Außen-, Auslands-, auswärtig ◇ *the country's external debt* die Auslandsschulden ◇ *the Minister of State for external affairs* der Minister für auswärtige Angelegenheiten

ex·ter·nal·ize (*BrE auch* **-ise**) /ɪk'stɜːnəlaɪz; *AmE* ɪk'stɜːrn-/ *Verb* (*gehoben*) externalisieren

ex·ter·nals /ɪk'stɜːnlz; *AmE* ɪk'stɜːrnlz/ *Nomen* [Pl] (*gehoben*) Äußerlichkeiten

ex·tinct /ɪk'stɪŋkt/ *Adj* **1** ausgestorben (*auch fig*) ◇ *become extinct* aussterben ◇ *Servants are now almost extinct in modern society.* Bedienstete gibt es in der modernen Gesellschaft fast nicht mehr. **2** (*Vulkan*) erloschen

ex·tinc·tion /ɪk'stɪŋkʃn/ *Nomen* Aussterben (*auch fig*) ◇ *in danger of extinction* vom Aussterben bedroht

ex·tin·guish /ɪk'stɪŋgwɪʃ/ *Verb* **1** (*Feuer, Flammen*) löschen **2** (*gehoben*) (*Licht, Zigarette*) ausmachen **3** (*fig*) erlöschen lassen, auslöschen ◇ *News of the bombing extinguished all hope of peace.* Die Nachricht von dem Bombenangriff zerstörte jede Hoffnung auf Frieden.

ex·tin·guish·er /ɪk'stɪŋgwɪʃə(r)/ *Nomen* = FIRE EXTINGUISHER

extol /ɪk'stəul; *AmE* ɪk'stoul/ *Verb* (**-ll-**) (*gehoben*) rühmen ◇ *Doctors extol the virtues of eating less fat.* Die Ärzte preisen die Vorteile einer fettarmen Ernährung.

ex·tort /ɪk'stɔːt; *AmE* ɪk'stɔːrt/ *Verb* **~ sth (from sb)** etw (von jdm) erpressen ◇ *extort money/bribes from sb* Geld/Schmiergelder von jdm erpressen

ex·tor·tion /ɪk'stɔːʃn; *AmE* ɪk'stɔːrʃn/ *Nomen* Erpressung

ex·tor·tion·ate /ɪk'stɔːʃənət; *AmE* ɪk'stɔːrʃə-/ *Adj* (*abwert*) horrend, Wucher-

extra /'ekstrə/ *Adj, Nomen, Adv*
▸ ***Adj*** zusätzlich ◇ *Breakfast is provided at no extra charge.* Frühstück gibt es ohne Aufschlag. ◇ *This will mean a lot of extra work.* Das wird viel Mehrarbeit bedeuten. ◇ *She gave me an extra pillow.* Sie gab mir noch ein Kopfkissen. ◇ *Take extra care on the roads this evening.* Fahren Sie heute Abend besonders vorsichtig. → *Siehe auch* EXTRA TIME
▸ ***Nomen*** **1** (*BrE*) Zusatzleistung, Extra **2** Aufschlag, zusätzliche Kosten **3** (FILM) Statist(in), Komparse, Komparsin
▸ ***Adv*** **1** extra, zusätzlich ◇ *We don't charge extra for the activities.* Wir berechnen keinen Aufschlag für die Veranstaltungen. ◇ *I need to earn a bit extra this month.* Ich muss diesen Monat ein bisschen dazuverdienen. **2** (*mit einem Adjektiv oder Adverb*) besonders ◇ *You need to be extra careful here.* Sie müssen hier besonders aufpassen. ◇ *extra large* extragroß

extra- /'ekstrə/ *Vorsilbe* (*mit Adjektiven verbunden*) **1** außer- ◇ *extramarital* außerehelich ◇ *extraterrestrial* außerirdisch **2** (*umgs*) sehr ◇ *extra-thin* extradünn ◇ *an extra-special present* ein ganz besonderes Geschenk

ex·tract *Nomen, Verb*
▸ ***Nomen*** /'ekstrækt/ **1** Auszug **2** Extrakt
▸ ***Verb*** /ɪk'strækt/ **1** extrahieren, gewinnen ◇ *a machine that extracts excess moisture from the air* ein Gerät, das überschüssige Feuchtigkeit aus der Luft zieht **2** (*Geld etc.*) herausholen; (*Versprechen etc.*) abringen; (*Wahrheit etc.*) herausbekommen **3** entnehmen ◇ *This article is extracted from his new book.* Dieser Artikel ist ein Auszug aus seinem neuen Buch. **4** (*gehoben*) herausziehen; (*Zahn*) ziehen

ex·trac·tion /ɪk'strækʃn/ *Nomen* **1** Gewinnung; (*von Öl, Kohle*) Förderung **2** (*gehoben*) Abstammung ◇ *an American of Hungarian extraction* ein Amerikaner ungarischer Abstammung **3** (*Fachspr*) (*von Zähnen*) Ziehen, Extraktion

ex·tract·or /ɪk'stræktə(r)/ (*auch* **ex'tractor fan**) *Nomen* Entlüfter

extra-cur'ricular *Adj* außerhalb des Lehrplans

extra·dite /'ekstrədaɪt/ *Verb* ausliefern

extra·di·tion /,ekstrə'dɪʃn/ *Nomen* Auslieferung

extra·judi·cial /,ekstrədʒu'dɪʃl/ *Adj* außergerichtlich

extra·mar·it·al /,ekstrə'mærɪtl/ *Adj* außerehelich ◇ *an extramarital affair* eine außereheliche Affäre

extra·mural /,ekstrə'mjuərəl; *AmE* -'mjʊrəl/ *Adj* (*BrE*) = bezieht sich auf Studienangebote für Teilzeitstudenten an manchen Universitäten

ex·tra·ne·ous /ɪk'streɪniəs/ *Adj* **~ (to sth)** (*gehoben*) (für etw) irrelevant ◇ *extraneous factors* äußere Faktoren ◇ *Ignore factors extraneous to the problem.* Ignorieren Sie Faktoren, die ohne Belang für das Problem sind. ◇ *coughs and extraneous noises* Husten und andere Störgeräusche

extra·or·din·aire /ɪk,strɔːdɪ'neə(r); *AmE* ɪk,strɔːrdɪ'ner/ *Adj* (*oft hum*) (*dem Nomen nachgestellt*) unvergleichlich ◇ *Houdini, escape artist extraordinaire* Houdini, der unvergleichliche Entfesselungskünstler

extra·or·din·ar·ily /ɪkˈstrɔːdnrəli; *AmE* ɪkˌstrɔːrdəˈnerəli/ *Adv* **1** sonderbar, merkwürdig **2** außergewöhnlich, ungewöhnlich

extra·or·din·ary 🔑 /ɪkˈstrɔːdnri; *AmE* ɪkˈstrɔːrdəneri/ *Adj* **1** erstaunlich, merkwürdig ◇ *What an extraordinary thing to say!* Wie kann man nur so etwas Merkwürdiges sagen! **2** außergewöhnlich, ungewöhnlich ◇ *They went to extraordinary lengths to hide their identity.* Sie haben sich unwahrscheinlich bemüht, ihre Identität geheim zu halten. **3** [nur vor Nomen] (*gehoben*) (*Versammlung, Sitzung*) außerordentlich

ex·trapo·late /ɪkˈstræpəleɪt/ *Verb* **~ (sth) (from sth)** (*gehoben*) (etw) (aus etw) extrapolieren, (etw) (aus etw) schließen ◇ *The results cannot be extrapolated to other patient groups.* Diese Ergebnisse können nicht auf andere Patientengruppen übertragen werden.

extra·sens·ory perception /ˌekstrəˌsensəri pəˈsepʃn; *AmE* pərˈ-/ *Nomen* = ESP

extra·ter·res·trial /ˌekstrətəˈrestriəl/ *Nomen, Adj*
▸ ***Nomen*** außerirdisches Lebewesen
▸ ***Adj*** außerirdisch, extraterrestrisch

ˌextra ˈtime *Nomen* [U] (*BrE*) (SPORT) Verlängerung

ex·trava·gance /ɪkˈstrævəgəns/ *Nomen* **1** [U] Verschwendung(ssucht) **2** Luxus **3** Extravaganz ◇ *the extravagance of Strauss's music* die extravagante Musik von Strauss

ex·trava·gant /ɪkˈstrævəgənt/ *Adj* (*Adv* **ex·trava·gant·ly**) **1** verschwenderisch ◇ *She's got extravagant tastes.* Sie hat einen teuren Geschmack. **2** übertrieben teuer ◇ *an extravagant present* ein sehr großzügiges Geschenk **3** übertrieben ◇ *extravagant praise* überschwängliches Lob

ex·trava·ganza /ɪkˌstrævəˈgænzə/ *Nomen* aufwendige Show

ex·treme 🔑 /ɪkˈstriːm/ *Adj, Nomen*
▸ ***Adj*** **1** äußerste(r,s), größte(r,s), höchste(r,s) ◇ *We are working under extreme pressure at the moment.* Wir arbeiten im Moment unter Hochdruck. **2** extrem ◇ *extreme left-wing views* linksextreme Ansichten ◇ *Don't go doing anything extreme like leaving the country.* Tu nichts Drastisches wie etwa ins Ausland gehen.
▸ ***Nomen*** Extrem ◇ *He's gone to the other/opposite extreme.* Er ist ins andere Extrem verfallen. ◇ *extremes of love and hate* größte Liebe und tiefster Hass ◇ *The eggs are resistant to climatic extremes.* Die Eier sind gegen die extremen Klimaunterschiede resistent. IDM **go, etc. to exˈtremes** bis zum Äußersten gehen; es übertreiben; etw auf die Spitze treiben **take sth to exˈtremes** etw bis zum Extrem treiben ◇ *Taken to extremes, this can be dangerous.* Im Extremfall kann das gefährlich sein. **in the exˈtreme** (*gehoben*) höchst; äußerst ◇ *dangerous in the extreme* höchst gefährlich

ex·treme·ly 🔑 /ɪkˈstriːmli/ *Adv* höchst, äußerst

ex·tre·mis /ɪkˈstriːmɪs/ → IN EXTREMIS

ex·trem·ism /ɪkˈstriːmɪzəm/ *Nomen* Extremismus

ex·trem·ist /ɪkˈstriːmɪst/ *Nomen* (*meist abwert*) Extremist(in) ◇ *religious extremists* religiöse Fanatiker

ex·trem·ity /ɪkˈstreməti/ *Nomen* (*Pl* **-ies**) **1** äußerstes Ende ◇ *at the eastern extremity of the mountain range* am östlichen Rand der Bergkette **2** äußerste Grenze, höchster Grad ◇ *the extremities/extremity of pain* die schlimmsten Schmerzen **3** Not **4 extremities** [Pl] (*gehoben*) Extremitäten

ex·tri·cate /ˈekstrɪkeɪt/ *Verb* **~ sb/sth/yourself (from sth)** (*gehoben*) jdn/etw/sich (aus/von etw) befreien

ex·trin·sic /eksˈtrɪnsɪk, -ˈtrɪnzɪk/ *Adj* **1** (*gehoben*) äußere(r,s) **2** (PSYCH) extrinsisch

ex·tro·vert /ˈekstrəvɜːt; *AmE* -vɜːrt/ *Nomen* extravertierter Mensch

ex·tro·verted /ˈekstrəvɜːtɪd; *AmE* -vɜːrtɪd/ (*BrE auch* **ex·tro·vert**) *Adj* extravertiert

ex·trude /ɪkˈstruːd/ *Verb* **1** (*gehoben*) herauspressen, ausstoßen ◇ *Lava is extruded from the volcano.* Lava wird von dem Vulkan ausgestoßen. **2** (*gehoben*) herausgepresst werden **3** (*Fachspr*) (*Plastik etc.*) extrudieren

ex·uber·ance /ɪgˈzjuːbərəns; *AmE* ɪgˈzuː-/ *Nomen* Überschwang, Überschwänglichkeit

ex·uber·ant /ɪgˈzjuːbərənt; *AmE* ɪgˈzuː-/ *Adj* (*Adv* **ex·uberant·ly**) **1** überschäumend, überschwänglich ◇ *She gave an exuberant performance.* Sie gab eine äußerst lebendige Vorstellung. ◇ *exuberant reds and yellows* leuchtende Gelb- und Rottöne **2** (*Pflanze, Wachstum*) üppig

exude /ɪgˈzjuːd; *AmE* ɪgˈzuːd/ *Verb* **1 ~ sth** vor etw strotzen, etw ausströmen **2** absondern **3 ~ from sth** von etw ausgehen

exult /ɪgˈzʌlt/ *Verb* **~ (at/in sth)** (*gehoben*) (über etw) jubeln, (über etw) frohlocken

ex·ult·ant /ɪgˈzʌltənt/ *Adj* (*Adv* **ex·ult·ant·ly**) (*gehoben*) jubelnd, triumphierend ◇ *The fans were exultant at their team's victory.* Die Fans jubelten über den Sieg ihrer Mannschaft.

ex·ult·ation /ˌegzʌlˈteɪʃn/ *Nomen* [U] (*gehoben*) Jubel

eye 🔑 /aɪ/ *Nomen, Verb*
▸ ***Nomen*** **1** Auge ◇ *He is blind in one eye.* Er ist auf einem Auge blind. ◇ *have sharp eyes* gute Augen haben ◇ *To her expert eye, it was clearly a fake.* Für ihr geschultes Auge handelte es sich einwandfrei um eine Fälschung. ◇ *an eye for detail* ein Blick für Details ◇ *His eyes fell upon an advertisement in the magazine.* Sein Blick fiel auf eine Anzeige in der Illustrierten. ◇ *eye contact* Blickkontakt **2** Öhr, Öse → *Siehe auch* BULLSEYE, CATSEYE™, FISHEYE LENS *und* RED-EYE IDM **be all ˈeyes** gespannt zusehen **before sb's very eyes** vor jds Augen **be up to your eyes in sth** bis zum Hals in etw stecken ◇ *I'm up to my eyes in work.* Ich ersticke in Arbeit. **cast/run an eye/your eyes over sth** etw überfliegen **clap/lay/set eyes on sb/sth** (*meist in verneinten Sätzen*) (*umgs*) jdn/etw sehen **an ˌeye for an ˈeye (and a ˌtooth for a ˈtooth)** Auge um Auge, Zahn um Zahn **sb's eyes are bigger than their ˈstomach** jds Augen sind größer als der Magen **for sb's eyes ˈonly** nur für jdn **get your ˈeye in** (*BrE*) sich einspielen **have eyes in the back of your ˈhead** hinten (und vorne) Augen haben **have one eye/half an eye on sth** etw aus den Augenwinkeln beobachten **have your ˈeye on sb/sth** ein Auge auf jdn/etw haben **in the eyes of the ˈlaw, ˈworld, etc.** in den Augen des Gesetzes, der Welt etc. **keep an eye on sb/sth** auf etw/jdn aufpassen **keep an eye open/out (for sb/sth)** (nach jdm/etw) Ausschau halten **keep your ˈeyes peeled/skinned** die Augen offen halten **keep your ˈeyes peeled/skinned for sb/sth** nach jdm/etw Ausschau halten **look sb in the ˈeye(s)/ˈface** jdm in die Augen sehen **make ˈeyes at sb/give sb the eye** jdm schöne Augen machen **ˌmy ˈeye!** (*BrE, umgs*) Quatsch! **not see eye to ˈeye with sb (on sth)** mit jdm (in Bezug auf etw) nicht einer Meinung sein **not (be able to) take your ˈeyes off sb/sth** kein Auge von jdm/etw lassen können **one in the eye (for sb/sth)** ein Schlag ins Gesicht (für jdn/etw) **only have eyes for/have eyes only for sb** nur Augen für jdn haben **see, look at, etc. sth through sb's eyes** etw mit jds Augen sehen **shut/close one's eyes to sth** die Augen vor etw verschließen **under the (watchful) eye of sb** unter jds wachsamen Augen **with an eye for/to the main chance** (*BrE, meist abwert*) in der Absicht, jede Gelegenheit auszunutzen **with an eye to sth** mit etw im Auge; mit Blick auf etw ◇ *The store should be sited with an eye to access.* Bei der Standortwahl sollten die Zufahrtsmöglichkeiten berücksichtigt werden. **with an eye to doing sth** in der Absicht etw zu tun **with your**

'eyes open mit offenen Augen; bewusst **with your 'eyes shut/closed** im Schlaf → *Siehe auch* APPLE, BAT, BEAUTY, BELIEVE, BIRD, BLIND, BLINK, BLUE, CATCH, CLOSE², COCK, CORNER, DRY, EASY, FAR, FEAST, HIT, MEET, NAKED, OPEN, PLEASE, PUBLIC, SIGHT, TWINKLING *und* WEATHER

▸ ***Verb*** (**eye·ing** *oder* **eying**, **eyed**, **eyed**) mustern, beäugen PHR V **,eye sb 'up** jdn mustern, jdn ins Auge fassen

eye·ball /'aɪbɔːl/ *Nomen, Verb*

▸ ***Nomen*** Augapfel IDM **,eyeball to 'eyeball (with sb)** ◇ *They stood eyeball to eyeball.* Sie standen sich Auge in Auge gegenüber. ◇ *an eyeball-to-eyeball confrontation* eine direkte Konfrontation **be up to your 'eyeballs in sth** bis zum Hals in etw stecken ◇ *We're up to our eyeballs in work.* Wir ersticken in Arbeit.

▸ ***Verb*** (*umgs*) beäugen, anstarren

eye·brow /'aɪbraʊ/ (*auch* **brow**) *Nomen* Augenbraue IDM **be up to your 'eyebrows in sth** bis zum Hals in etw stecken → *Siehe auch* RAISE

'eye-catching *Adj* ins Auge springend, auffallend

-eyed /aɪd/ (*in Adjektiven*) -äugig ◇ *a one-eyed monster* ein einäugiges Ungeheuer

eye·ful /'aɪfʊl/ *Nomen* **1** ◇ *I got an eyeful of sand.* Ich bekam Sand in die Augen. **2** (*umgs*) toller Anblick IDM **have/get an 'eyeful** (*BrE, umgs*) allerhand zu sehen bekommen **have/get an 'eyeful of sth** etw zu sehen bekommen

eye·glass /'aɪglɑːs; *AmE* -glæs/ *Nomen* **1** Monokel **2 eyeglasses** [Pl] (*AmE*) Brille

eye·lash /'aɪlæʃ/ (*auch* **lash**) *Nomen* [meist Pl] Augenwimper

eye·let /'aɪlət/ *Nomen* Öse

'eye level *Nomen* Augenhöhe

eye·lid /'aɪlɪd/ *Nomen* (*auch* **lid**) Augenlid IDM → BAT

eyeliner /'aɪlaɪnə(r)/ (*auch* **liner**) *Nomen* Eyeliner

'eye-opener *Nomen* [meist Sing] **sth is an ~ for sb** etw öffnet jdm die Augen

eye·patch /'aɪpætʃ/ *Nomen* Augenklappe

eye·piece /'aɪpiːs/ *Nomen* Okular

eye·shadow /'aɪʃædəʊ; *AmE* -doʊ/ *Nomen* Lidschatten

eye·sight /'aɪsaɪt/ *Nomen* Sehkraft, Sehvermögen ◇ *have good eyesight* gute Augen haben ◇ *an eyesight test* ein Sehtest ◇ *lose your eyesight* erblinden

eye·sore /'aɪsɔː(r)/ *Nomen* Schandfleck

'eye strain *Nomen* Überanstrengung der Augen

'eye teeth *Nomen* IDM **give your eye teeth for sth/to do sth** (*umgs*) alles für etw geben

eye·wash /'aɪwɒʃ; *AmE* -wɑːʃ/ *Nomen* (*umgs, veraltet*) Augenwischerei

'eye-watering *Adj* (*Adv* **'eye-wateringly**) (*umgs*) **1** tränenerzeugend ◇ *the eye-watering stench of rotting rubbish* der Gestank von verfaulendem Abfall, der einem die Tränen in die Augen treibt **2** horrend ◇ *The gourmet lunch costs an eye-watering £130 per head.* Das Feinschmecker-Essen kostet sage und schreibe £130 pro Person.

eye·wit·ness /'aɪwɪtnəs/ *Nomen* Augenzeuge

eyrie (*AmE meist* **aerie**) /'ɪəri, 'eəri, 'aɪəri; *AmE* 'ɪri, 'eri/ *Nomen* Horst

F f

F, f /ef/ *Nomen, Abk*

▸ ***Nomen*** (*Pl* **Fs, F's, f's**) (*Buchstabe*) F, f → *Beispiele bei* A, A → *Siehe auch* F-WORD

▸ ***Abk*** **1** = FAHRENHEIT **2 f** = FEMALE **3 f** (LING) = FEMININE **4 f** (MUS) = FORTE

fa → FAH

fab /fæb/ *Adj* (*BrE, umgs, veraltet*) toll

fable /'feɪbl/ *Nomen* **1** Fabel, Sage **2** (*fig*) Märchen ◇ *He has difficulty distinguishing fact from fable.* Er kann Dichtung und Wahrheit schwer unterscheiden.

fabled /'feɪbld/ *Adj* (*gehoben oder hum*) legendär

fab·ric /'fæbrɪk/ *Nomen* **1** Stoff **2** (*gehoben*) Struktur ◇ *the very fabric of society* die soziale Struktur **3** Bausubstanz

fab·ri·cate /'fæbrɪkeɪt/ *Verb* **1** fälschen, erfinden **2** herstellen, fertigen

fab·ri·ca·tion /,fæbrɪ'keɪʃn/ *Nomen* **1** Erfindung, Lügengeschichte, Fälschung ◇ *The story was a complete fabrication.* Die ganze Geschichte war erfunden. **2** (*Fachspr*) Herstellung, Fertigung

fabu·lous /'fæbjələs/ *Adj* **1** (*umgs*) fabelhaft, fantastisch **2** (*Adv* **fabu·lous·ly**) (*gehoben*) sagenhaft

fa·cade /fə'sɑːd/ *Nomen* Fassade (*auch fig*)

face 🔑 /feɪs/ *Nomen, Verb*

▸ ***Nomen*** **1** Gesicht ◇ *Sue's face was a picture.* Sues Gesicht war ein Bild für die Götter. ◇ *His face fell when he read the headlines.* Er machte ein langes Gesicht, als er die Schlagzeilen las. ◇ *You should have seen the look on her face!* Du hättest ihr Gesicht sehen sollen! **2** Seite ◇ *the north face of the mountain* die Nordwand des Berges ◇ *The birds build their nests in the rock face.* Die Vögel bauen ihr Nest in der Felswand. **3** Zifferblatt **4** Aspekt ◇ *the unacceptable face of capitalism* die Kehrseite des Kapitalismus → *Siehe auch* -FACED, IN-YOUR-FACE, TYPEFACE *und* VOLTE-FACE IDM **disappear/vanish off the face of the 'earth** spurlos verschwinden **sb's face is like 'thunder**; **sb has a face like 'thunder** jd sieht wütend aus **,face to 'face (with sb)** ◇ *We had never met face to face before.* Wir hatten uns nie persönlich kennengelernt. ◇ *She came face to face with the man who had tried to kill her.* Sie fand sich plötzlich dem Mann gegenüber, der versucht hatte, sie umzubringen. **,face to 'face with sth** ◇ *He was brought face to face with the horrors of war.* Er wurde mit den Schrecken des Krieges konfrontiert. **,face 'up/'down** **1** (*Mensch*) auf dem Rücken/auf dem Bauch **2** (*Karten*) mit der Bildseite nach oben/unten **have the 'face to do sth** (*BrE, umgs*) die Stirn haben etw zu tun **in the face of 'sth** **1** trotz einer Sache ◇ *She showed great courage in the face of danger.* Sie bewies großen Mut in einer gefährlichen Situation. **2** angesichts einer Sache **lose 'face** das Gesicht verlieren **on the 'face of it** (*umgs*) auf den ersten Blick **pull/make 'faces/a 'face** Grimassen schneiden; ein Gesicht ziehen **put your 'face on** (*umgs*) sich schminken **say sth to sb's 'face** jdm etw ins Gesicht sagen **set your face against sb/sth** (*bes BrE, gehoben*) sich gegen etw sträuben; sich gegen etw stellen **'what's his/her face** (*umgs*) wie heißt er/sie nur → *Siehe auch* BLUE, BRAVE, DOOR, EGG, EYE, FEED, FLY, LAUGH, NOSE, PLAIN, PRETTY, SAVE, SHOW, SHUT, SLAP, STARE, STRAIGHT, WIPE *und* WRITE

▸ ***Verb*** **1** gegenüber sein ◇ *They sat facing each other.* Sie saßen sich gegenüber. ◇ *She turned and faced him.* Sie drehte sich um und sah ihn an. ◇ *Most of the rooms face the sea.* Die meisten Zimmer liegen aufs Meer zu. ◇ *The terrace faces south.* Die Terrasse liegt nach Süden. ◇ *Stand with your feet apart and your hands facing upwards.* Stehen Sie mit gespreizten Beinen und den Händen nach oben. ◇ *Which direction are you facing?* In welcher Richtung stehst du? **2 ~ sth** (*fig*) vor etw stehen ◇ *the problems faced by one-parent families* die Probleme, mit denen Alleinerziehende zu kämpfen haben ◇ *She's faced with a difficult decision.* Sie steht vor einer schwierigen Entscheidung. **3** (*fig*) ins Gesicht sehen ◇ *Face facts—she isn't coming back.* Mach dir nichts vor—sie kommt nicht zurück. ◇ *Let's face it, we're not going to win.* Seien wir ehrlich, wir werden nicht gewinnen. **4** nicht fertigbringen ◇ *I just can't face work today.* Ich kann heute einfach nicht arbeiten. ◇ *I can't face seeing him.* Ich kann es nicht über mich bringen, ihn zu sehen. **5 ~ sb** (*fig*) jdm gegenübertreten **6** (*Gebäude, Wand etc.*) verblenden, verkleiden IDM **face the 'music** (*umgs*) die Suppe auslöffeln PHR V **ˌface sb 'down** jdn kleinkriegen **ˌface 'off** (*bes AmE*) **1** (*beim Eishockey*) das erste Bully ausführen **2** sich gegenübertreten **ˌface 'up to sth** einer Sache ins Auge sehen

Face·book™ /ˈfeɪsbʊk/ *Nomen, Verb*

▸ ***Nomen*** Facebook ◇ *He's on Facebook.* Er ist bei Facebook. ◇ *Do you do Facebook?* Bist du bei Facebook?

▸ ***Verb*** (*umgs*) **1 ~ sb** jdn über Facebook anschreiben **2 ~ sb** jdn bei Facebook anschauen

ˈface card *Nomen* (*bes AmE*) Figurenkarte

facecloth /ˈfeɪsklɒθ; *AmE* -klɔːθ/ *Nomen* (*BrE*) Waschlappen

ˈface cream *Nomen* Gesichtscreme

-faced /feɪst/ (*in Zusammensetzungen*) ◇ *pale-faced* blass ◇ *grim-faced* grimmig (dreinblickend)

face·less /ˈfeɪsləs/ *Adj* (*abwert*) anonym, gesichtslos

face·lift /ˈfeɪslɪft/ *Nomen* [meist Sing] Facelifting, Facelift (*auch fig*) ◇ *have a facelift* sich das Gesicht liften lassen

ˈface-off *Nomen* **1** (*bes AmE, umgs*) Konfrontation, Auseinandersetzung **2** (*beim Eishockey*) Anspiel, Bully

ˈface pack *Nomen* (*BrE*) Gesichtspackung

ˈface powder *Nomen* Gesichtspuder

ˈface-saving *Adj* [nur vor Nomen] zur Wahrung des Gesichts

facet /ˈfæsɪt/ *Nomen* Facette (*auch fig*)

fa·cetious /fəˈsiːʃəs/ (*Adv* **fa·cetious·ly**) *Adj* spöttisch, witzelnd ◇ *Stop being facetious; this is serious.* Hör auf zu witzeln—das ist eine ernste Sache.

ˌface ˈvalue *Nomen* [Sing] Nennwert, Nominalwert ◇ *Tickets were changing hands at three times their face value.* Karten wurden zum Dreifachen ihres offiziellen Preises verkauft. IDM **take sth at face 'value** etw für bare Münze nehmen ◇ *Taken at face value, the figures look very encouraging.* Wenn man die Ergebnisse nicht weiter untersucht, sind die Zahlen ermutigend.

fa·cia = FASCIA

fa·cial /ˈfeɪʃl/ *Adj, Nomen*

▸ ***Adj*** Gesichts- ◇ *a facial injury* eine Gesichtsverletzung

▸ ***Nomen*** kosmetische Gesichtsbehandlung

fa·cial·ly /ˈfeɪʃəli/ *Adv* was das Gesicht betrifft

fa·cile /ˈfæsaɪl; *AmE* -sl/ *Adj* (*abwert*) **1** (*Bemerkung*) oberflächlich, nichtssagend **2** [nur vor Nomen] (*gehoben*) allzu leicht ◇ *a facile victory* ein leicht errungener Sieg

fa·cili·tate /fəˈsɪlɪteɪt/ *Verb* (*gehoben*) erleichtern, fördern

fa·cili·ta·tion /fəˌsɪlɪˈteɪʃn/ *Nomen* Förderung

fa·cili·ta·tor /fəˈsɪlɪteɪtə(r)/ *Nomen* = jd, der eine beratende, helfende Funktion ausübt ◇ *the role of the teacher as a facilitator of learning* die Rolle des Lehrers als Lernbegleiter

fa·cil·ity 0-π /fəˈsɪləti/ *Nomen* **1 facilities** [Pl] Einrichtungen ◇ *sports/leisure facilities* Sport-/Freizeitanlagen ◇ *conference facilities* Konferenzeinrichtungen ◇ *a room with cooking facilities* ein Zimmer mit Kochgelegenheit ◇ *shopping facilities* Einkaufsmöglichkeiten ◇ *All rooms have private facilities.* Alle Zimmer haben Badezimmer. **2** Möglichkeit, Einrichtung; (*Comp*) Anwendung ◇ *a bank account with an overdraft facility* ein Bankkonto mit Überziehungsmöglichkeit ◇ *a facility for checking spelling* eine Rechtschreibhilfe **3** Anlage ◇ *the world's largest nuclear waste facility* die größte Atommüllanlage der Welt **4 ~ (for sth)** Talent (für etw), Fähigkeit (für etw) ◇ *She has a great facility for languages.* Sie ist sehr sprachbegabt. ◇ *with great facility* mit großer Leichtigkeit

fa·cing /ˈfeɪsɪŋ/ *Nomen* **1** Verkleidung, Blende **2 facings** [Pl] Aufschläge

fac·simi·le /fækˈsɪməli/ *Nomen* **1** Faksimile **2** (*gehoben*) Fax

fact 0-π /fækt/ *Nomen* **1** Tatsache ◇ *face (the) facts* den Tatsachen ins Auge sehen ◇ *in view of the fact that …* in Anbetracht der Tatsache, dass … ◇ *despite the fact that …* obwohl … ◇ *apart from the fact that …* abgesehen davon, dass … ◇ *The fact remains that …* Es ist unbestreitbar, dass … ◇ *Make sure you get your facts right.* Sorge dafür, dass deine Informationen stimmen. **2** (*umgs*) ◇ *Isn't it a fact that …* Ist es nicht so, dass … ◇ *I haven't seen anyone for days and that's a fact.* Ich habe wirklich seit Tagen niemanden gesehen. ◇ *I know for a fact that …* Ich weiß ganz sicher, dass … **3** [U] Wahrheit ◇ *The story is based on fact.* Die Geschichte basiert auf wirklichen Geschehnissen. IDM **after the ˈfact** im Nachhinein **the fact (of the matter) is (that) …** Tatsache ist, dass … **ˌfacts and ˈfigures** Fakten und Zahlen **a ˌfact of ˈlife** eine unabänderliche Tatsache **the ˌfacts of ˈlife** ◇ *tell sb the facts of life* jdn sexuell aufklären ◇ *know the facts of life* (sexuell) aufgeklärt sein **the facts speak for themˈselves** die Tatsachen sprechen für sich **in (actual) ˈfact** **1** um genau zu sein **2** eigentlich **Is that a ˈfact?** (*umgs*) Tatsächlich? → *Siehe auch* MATTER *und* POINT

ˈfact-finding *Adj* [nur vor Nomen] Erkundungs-, Ermittlungs-

fac·tion /ˈfækʃn/ *Nomen* **1** (Splitter)gruppe **2** Zerstrittenheit

fac·tor 0-π /ˈfæktə(r)/ *Nomen* **1** Faktor **2** (MATH) Divisor, Teiler ◇ *the highest common factor* der größte gemeinsame Teiler **3** [Sing] Rate

fac·tory 0-π /ˈfæktri, -təri/ *Nomen* Fabrik, Werk

ˌfac·tory ˈfloor *Nomen* (*meist* **the factory floor**) [Sing] Produktion(sabteilung)

fac·tual /ˈfæktʃuəl/ *Adj* (*Adv* **fac·tual·ly** /-əli/) tatsächlich, sachlich ◇ *a factual account of events* ein Tatsachenbericht ◇ *factual information* Sachinformation ◇ *factually accurate* sachlich korrekt

fa·culty /ˈfæklti/ *Nomen* **1** [meist Pl] Vermögen, Fähigkeit ◇ *The patient is in full possession of his faculties.* Der Patient ist im Vollbesitz seiner (geistigen) Kräfte. **2** [Sing] **a/the ~ of/for doing sth** (*gehoben*) das Vermögen, etw zu tun, die Fähigkeit, etw zu tun **3** Fakultät **4** [mit Verb im Sing/Pl] Lehrkörper einer Fakultät **5** (*meist* **the faculty**) (*AmE*) der Lehrkörper einer Universität

fad /fæd/ *Nomen* **1** Modeerscheinung, Fimmel **2** Marotte

fade /feɪd/ *Verb* **1** ausbleichen; (*Blumen*) verwelken **2 ~ (away)** (langsam) verschwinden; (*Töne*) verhallen ◇ *All other issues faded into insignificance.* Alles andere wurde bedeutungslos. ◇ *Summer was fading into autumn.* Der Sommer ging langsam in den Herbst über. ◇ *The music faded away.* Die Musik verklang. **3** (SPORT) zurückfallen PHR V **ˌfade aˈway** schwächer werden **ˌfade (sth) ˈin** (etw) einblenden **ˌfade (sth) ˈout** (etw) ausblenden

fae·ces (*AmE* **fe·ces**) /ˈfiːsiːz/ *Nomen* [Pl] (*BrE, gehoben*) Kot, Fäkalien

faff /fæf/ *Verb* PHR V **ˌfaff aˈbout/aˈround** (*BrE, umgs*) **1** herummachen **2** fackeln

fag /fæg/ *Nomen* **1** (*BrE, umgs*) Kippe, Zigarette **2** (*AmE, Slang, beleidigend*) Homosexueller, Schwuchtel **3** [Sing] (*BrE, umgs*) Schlauch, Akt ◇ *It's too much of a fag.* Das ist mir zu viel Akt. **4** (*BrE, veraltet*) = Schüler, die früher für die älteren Schüler Dienste wie Tee kochen, Schuhe putzen etc. übernehmen mussten

ˈfag end *Nomen* (*BrE, umgs*) **1** (Zigaretten)kippe **2** [Sing] **the ˌfag ˈend of sth** das Ende von etw ◇ *I only caught the fag end of their conversation.* Ich hörte nur den letzten Fetzen ihrer Unterhaltung.

fagged /fægd/ (*auch* **ˌfagged ˈout**) *Adj* [nicht vor Nomen] (*BrE, umgs*) erschöpft, fertig IDM **I can't be fagged (to do sth)** ich habe keinen Nerv (etw zu tun)

fag·got /ˈfægət/ *Nomen* **1** (*BrE*) Fleischbällchen, Klops **2** (*AmE, umgs, beleidigend*) Schwuler **3** Reisigbündel

fah (*auch* **fa**) /fɑː/ *Nomen* (MUS) fa

Fahr·en·heit /ˈfærənhaɪt/ *Adj* (*Abk* **F**) Fahrenheit

fail /feɪl/ *Verb, Nomen*

▸ ***Verb*** **1 ~ (in sth)** (bei etw) versagen, (mit etw) scheitern ◇ *The letter failed to arrive in time.* Der Brief kam nicht rechtzeitig an. **2 ~ sth** durch etw (durch) fallen ◇ *He failed his driving test.* Er ist durch die Fahrprüfung gefallen. **3 ~ sb** jdn durchfallen lassen **4 ~ sb** (*gehoben*) jdn enttäuschen ◇ *He felt he had failed his children.* Er hatte das Gefühl, als Vater versagt zu haben. **5 ~ to do sth** es versäumen, etw zu tun **6** (*Mut, Worte*) ◇ *My courage failed me.* Es verließ mich der Mut. ◇ *Words fail me.* Mir fehlen die Worte. **7** (*Ernte, Strom*) ausfallen; (*Bremsen*) versagen **8** (*Gesundheit etc.*) nachlassen **9** (*Unternehmen*) eingehen

▸ ***Nomen*** Ungenügend ◇ *I got three passes and one fail.* Ich habe drei Prüfungen bestanden und bin in einer durchgefallen. IDM **without ˈfail** **1** unbedingt **2** ausnahmslos

failed /feɪld/ *Adj* [nur vor Nomen] gescheitert

fail·ing /ˈfeɪlɪŋ/ *Nomen, Präp*

▸ ***Nomen*** [meist Pl] Fehler, (Charakter)schwäche

▸ ***Präp*** ◇ *Try the library or, failing that, search the net.* Probier's in der Bibliothek, ansonsten such im Internet.

ˈfail-safe *Adj* pannensicher ◇ *a fail-safe device* ein Notsystem

fail·ure /ˈfeɪljə(r)/ *Nomen* **1** Scheitern, Versagen ◇ *end in failure* scheitern **2** (*Person*) Versager(in); (*Sache*) Fehlschlag ◇ *He was a failure as a businessman.* Als Geschäftsmann hatte er keinen Erfolg. **3 ~ to do sth** Versäumnis, etw zu tun ◇ *Failure to comply with the regulations will result in prosecution.* Nichtbeachtung der Bestimmungen wird gerichtlich geahndet. ◇ *after his repeated failures to appear in court* nachdem er es mehrfach versäumt hatte, vor Gericht zu erscheinen **4** Ausfall **5 business failure** Pleite

faint /feɪnt/ *Adj, Verb, Nomen*

▸ ***Adj*** **1** schwach ◇ *a faint smell of perfume* ein Hauch von Parfum ◇ *They don't have the faintest chance of winning.* Sie haben nicht die leiseste Chance zu gewinnen. ◇ *show faint signs of recovery* erste Anzeichen der Erholung zeigen **2** [nicht vor Nomen] schwindelig ◇ *She felt faint.* Ihr wurde schwindelig. IDM **not have the ˈfaintest/ˈfoggiest (idea)** (*umgs*) keinen Schimmer haben; nicht die leiseste Ahnung haben → *Siehe auch* DAMN

▸ ***Verb*** ohnmächtig werden, in Ohnmacht fallen

▸ ***Nomen*** [Sing] ◇ *She fell to the ground in a dead faint.* Sie fiel ohnmächtig zu Boden.

ˌfaint-ˈhearted *Adj* ängstlich, zaghaft

faint·ly /ˈfeɪntli/ *Adv* leicht, ein wenig ◇ *He looked faintly embarrassed.* Er wirkte etwas peinlich berührt.

fair /feə(r); *AmE* fer/ *Adj, Adv, Nomen*

▸ ***Adj*** **1 ~ (to/on sb)** (jdm gegenüber) gerecht, (jdm gegenüber) fair ◇ *a fair question* eine berechtigte Frage ◇ *It's not fair!* Das ist ungerecht! ◇ *It seems only fair that ...* Es scheint nur recht und billig, dass ... ◇ *It's fair to say that ...* Man kann sagen, dass ... ◇ *To be fair ...* Faireweise muss man sagen, dass ... **2** ◇ *a fair-sized town* eine ziemlich große Stadt ◇ *a fair bit/amount* ziemlich viel ◇ *The shore was a fair way off.* Das Ufer war ziemlich weit weg. ◇ *It's a fair bet that they won't turn up.* Ich bin ziemlich sicher, dass sie nicht kommen. ◇ *I have a fair idea of what happened.* Ich kann mir ziemlich genau vorstellen, was passiert ist. **3** (*bes BrE*) recht gut ◇ *His knowledge of French is only fair.* Seine Französischkenntnisse sind nur mäßig. **4** (*Haut*) hell; (*Haare*) blond **5** (*Wetter*) schön **6** (*gehoben, veraltet*) hold, schön IDM **all's fair in love and war** im Krieg und in der Liebe ist alles erlaubt **by ˌfair means or ˈfoul** egal wie; mit allen Mitteln **fair eˈnough** (*bes BrE, umgs*) einverstanden ◇ *If you don't want to, fair enough.* Wenn du nicht willst, ist das deine Sache. **a fair ˈhearing** ein faires Verfahren ◇ *They didn't give me a fair hearing.* Sie haben mich nicht richtig angehört. **(more than) your fair ˈshare of sth** ◇ *He has (more than) his fair share of problems.* Er hat (mehr als) genug Probleme.

▸ ***Adv*** fair IDM **fair and ˈsquare** **1** offen und ehrlich **2** (*BrE*) klipp und klar **set fair (to do sth/for sth)** (*BrE*) ◇ *She seems set fair to win the championship.* Es sieht ganz danach aus, dass sie die Meisterschaft gewinnen wird. ◇ *Conditions are set fair for stable development.* Die Bedingungen für eine stabile Entwicklung sind günstig. → *Siehe auch* SAY

▸ ***Nomen*** **1** Jahrmarkt **2** (*AmE*) Landwirtschaftsschau **3** Ausstellung, Messe ◇ *the world's fair* die Weltausstellung **4** (*BrE*) Viehmarkt ◇ *a horse fair* ein Pferdemarkt **5 job/careers ~** Stellenbörse

ˌfair ˈgame *Nomen* Freiwild

fair·ground /ˈfeəgraʊnd; *AmE* ˈfergraʊnd/ *Nomen* **1** Festplatz **2** [meist Pl] *AmE*) Messegelände, (landwirtschaftliches) Ausstellungsgelände

ˌfair-ˈhaired *Adj* blond

fair·ly /ˈfeəli; *AmE* ˈferli/ *Adv* **1** (*vor Adjektiven und Adverbien*) ziemlich, relativ ◇ *I'm fairly confident.* Ich bin ziemlich zuversichtlich. ◇ *fairly easy* relativ einfach **2** gerecht **3** mit Recht ◇ *His attitude could fairly be described as hostile.* Seine Haltung kann mit Recht als feindselig bezeichnet werden. IDM **fairly and squarely** eindeutig

ˌfair-ˈminded *Adj* unvoreingenommen, gerecht

fair·ness /ˈfeənəs; *AmE* ˈfernəs/ *Nomen* **1** Gerechtigkeit **2** (*von Haar, Teint*) helle Farbe ◇ *the fairness of her hair* ihr helles Haar IDM **in (all) ˈfairness (to sb)** ◇ *In all fairness to him, he did try to tell her.* Fairerweise sei gesagt, dass er versucht hat, es ihr zu sagen.

ˌfair ˈplay *Nomen* Fairplay, Fairness ◇ *We must ensure fair play in the distribution of food.* Wir müssen sicherstellen, dass es bei der Nahrungsmittelvergabe gerecht zugeht.

ˌfair-ˈtrade *Adj* fair gehandelt ◇ *We buy 100% of our bananas from fair-trade sources.* 100% unserer Bananen sind aus fairem Handel. ◇ *a range of fair-trade foods* ein Auswahl an fair gehandelten Lebensmitteln

fair·way /ˈfeəweɪ; *AmE* ˈferweɪ/ *Nomen* (*beim Golf*) Fairway

ˈfair-weather *Adj* [nur vor Nomen] (*abwert*) Schönwetter-

fairy /ˈfeəri; *AmE* ˈferi/ *Nomen* **1** Fee, Elfe **2** (*Slang, beleidigend*) Schwuchtel, Tunte
ˌfairy ˈgodmother *Nomen* gute Fee
ˈfairy lights *Nomen* [Pl] (*BrE*) bunte Lichterkette
ˈfairy tale (*auch* **ˈfairy story**) *Nomen* Märchen (*auch fig*)
ˈfairy-tale *Adj* [nur vor Nomen] Märchen-, märchenhaft
fait ac·com·pli /ˌfeɪt əˈkɒmpliː; *AmE* -kɑːm-/ *Nomen* (*Pl* **faits ac·com·plis** /ˌfeɪz ə'-/) [meist Sing] vollendete Tatsachen ◇ *present sb with a fait accompli* jdn vor vollendete Tatsachen stellen
faith /feɪθ/ *Nomen* **1** ~ (**in sb/sth**) Vertrauen (in jdn/etw) ◇ *This restored her faith in human nature.* Das hat ihr den Glauben an die Menschheit wiedergegeben. **2** Glaube, Glaubensrichtung ◇ *the Christian faith* der christliche Glaube ◇ *people of different faiths* Menschen anderer Glaubensrichtungen IDM **break/keep ˈfaith (with sb)** (jdm) die Treue brechen/halten **in bad ˈfaith** in böser Absicht **in good ˈfaith** **1** nach bestem Wissen und Gewissen **2** in gutem Glauben
faith·ful /ˈfeɪθfl/ *Adj, Nomen*
▸ ***Adj*** **1** ~ (**to sb/sth**) (jdm/einer Sache) treu ◇ *He remained faithful to his ideals.* Er blieb seinen Idealen treu. ◇ *a faithful husband* ein treuer Ehemann **2** (*Bericht etc.*) wahrheitsgetreu; (*Kopie etc.*) originalgetreu
▸ ***Nomen*** **the faithful** [Pl] die Gläubigen, die Getreuen
faith·ful·ly /ˈfeɪθfəli/ *Adv* **1** gewissenhaft **2** treu; (*versprechen*) hoch und heilig → *Siehe auch* YOURS
faith·ful·ness /ˈfeɪθflnəs/ *Nomen* Treue
ˈfaith healing *Nomen* Gesundbeten
faith·less /ˈfeɪθləs/ *Adj* (*gehoben*) treulos
ˈfaith school *Nomen* (*BrE*) = religiös gebundene Schule
fake /feɪk/ *Adj, Nomen, Verb*
▸ ***Adj*** gefälscht, nachgemacht ◇ *fake designer jeans* gefälschte Designerjeans ◇ *fake fur* Kunstpelz
▸ ***Nomen*** **1** Fälschung, Nachahmung **2** Schwindler(in), Betrüger(in)
▸ ***Verb*** vortäuschen, nachmachen
fala·fel (*auch* **fela·fel**) /fəˈlæfl/ *Nomen* (*Pl* **fala·fel** *oder* **fala·fels**) Falafel
fal·con /ˈfɔːlkən; *AmE* ˈfæl-/ *Nomen* Falke
fal·con·er /ˈfɔːlkənə(r); *AmE* ˈfæl-/ *Nomen* Falkner(in)
fal·con·ry /ˈfɔːlkənri; *AmE* ˈfæl-/ *Nomen* Falknerei
fall /fɔːl/ *Verb, Nomen*
▸ ***Verb*** (**fell** /fel/, **fall·en** /ˈfɔːlən/) **1** fallen, stürzen ◇ *The book fell off the table onto the floor.* Das Buch fiel vom Tisch auf den Boden. ◇ *a memorial to those who fell in battle* ein Denkmal für die im Krieg Gefallenen **2** ~ (**away/off**) abfallen, sich senken ◇ *The land falls (away) sharply towards the river.* Das Land fällt steil zum Fluss hin ab. **3** sinken, zurückgehen ◇ *falling birth rates* sinkende Geburtenraten ◇ *Their profits have fallen by 30 per cent.* Ihr Gewinn ist um 30 Prozent zurückgegangen. **4** ~ (**to sb**) (jdm in die Hände) fallen ◇ *Troy finally fell (to the Greeks).* Am Ende fiel Troja (in die Hände der Griechen). ◇ *The constituency has fallen to the Greens.* Der Wahlkreis ist den Grünen zugefallen. **5** ~ (**into sth**) (*in einen Zustand geraten*) ◇ *fall asleep* einschlafen ◇ *fall ill* krank werden ◇ *He fell silent.* Er wurde still. ◇ *fall open* aufklappen ◇ *fall under the influence of sb* unter den Einfluss von jdm geraten ◇ *The house fell into decay.* Das Haus verfiel zunehmend. **6** ~ (**on sb/sth**) (über jdn/etw) hereinbrechen ◇ *Darkness fell quickly.* Die Dunkelheit brach schnell herein. ◇ *A sudden silence fell.* Eine plötzliche Stille trat ein. ◇ *An expectant hush fell on the guests.* Eine erwartungsvolle Stille senkte sich über die Gäste. PHR V **ˌfall aˈbout** (*BrE, umgs*) sich vor Lachen biegen ◇ *We fell about (laughing/with laughter).* Wir bogen uns vor Lachen. **ˌfall aˈpart** **1** auseinanderfallen **2** auseinandergehen, platzen ◇ *The deal fell apart.* Das Geschäft ist geplatzt. **ˌfall aˈway** **1** abtrünnig werden **2** verschwinden ◇ *All our doubts fell away.* Alle unsere Zweifel verschwanden. **ˌfall ˈback** **1** zurückweichen **2** zurückgehen; (*Aktien, Kurse*) nachgeben **ˌfall ˈback on sb/sth** auf jdn/etw zurückgreifen **ˌfall beˈhind (sb/sth)** (hinter jdn/etw) zurückfallen **ˌfall beˈhind with sth** mit etw in Rückstand geraten **ˌfall ˈdown** **1** scheitern **2** (*Gebäude*) einstürzen **ˈfall for sb** sich in jdn verlieben **ˈfall for sth** auf etw hereinfallen **ˌfall ˈin** **1** (*Dach etc.*) einstürzen **2** (MIL) eine Formation bilden, sich formieren ◇ *Fall in!* Angetreten! **ˌfall ˈin with sb/sth** **1** (*BrE*) jdn/etw treffen, sich mit jdm/etw einlassen **2** jdm/einer Sache zustimmen **ˈfall into sth** **1** auf etw hereinfallen **2** sich in etw gliedern, sich in etw unterteilen **ˌfall ˈoff** zurückgehen, nachlassen **ˈfall on/upon sb/sth** **1** über jdn/etw herfallen **2** (*Kosten, Verantwortung*) von jdm/etw getragen werden **ˌfall ˈout** **1** (*Haare, Zähne*) ausfallen **2** (MIL) wegtreten **ˌfall ˈout (with sb)** sich (mit jdm) zerstreiten ◇ *They've fallen out with each other.* Sie haben sich zerstritten. **ˈfall out of sth** ◇ *fall out of favour/fashion* aus der Mode kommen ◇ *fall out of favour with sb* bei jdm in Ungnade fallen ◇ *fall out of love* nicht länger verliebt sein **ˌfall ˈover yourself to do sth** sich vor Eifer überschlagen etw zu tun **ˌfall ˈthrough** scheitern, ins Wasser fallen **ˈfall to doing sth** anfangen, etw zu tun **ˈfall to sb (to do sth)** jdm zufallen (etw zu tun)
▸ ***Nomen*** **1** Fall, Sturz **2** ~ (**of sth**) ◇ *a heavy fall of snow* ein schwerer Schneefall ◇ *a rock fall* ein Steinschlag **3 falls** [Pl] (*besonders in Namen*) (Wasser)fall ◇ *the Niagara Falls* die Niagarafälle **4** (*AmE*) Herbst **5** ~ (**in sth**) Rückgang (einer Sache) ◇ *a fall in the numbers attending* ein Rückgang der Teilnehmerzahlen ◇ *a steep fall in prices* ein starker Preisverfall **6** [Sing] Untergang, Niedergang **7 the Fall** [Sing] der Sündenfall IDM → PRIDE *und* RIDE
fal·lacy /ˈfæləsi/ *Nomen* **1** Irrtum **2** Trugschluss, Fehlschluss
fallback /ˈfɔːlbæk/ *Nomen* Alternative
fall·en *Form von* FALL
ˌfallen ˈwoman *Nomen* (*veraltet*) gefallenes Mädchen
ˈfall guy *Nomen* (*bes AmE*) Sündenbock, Prügelknabe
fal·li·bil·ity /ˌfæləˈbɪləti/ *Nomen* Fehlbarkeit
fall·ible /ˈfæləbl/ *Adj* fehlbar ◇ *Memory is fallible.* Das Erinnerungsvermögen ist nicht unfehlbar.
ˌfalling ˈaction *Nomen* abnehmende Spannung
ˈfall-off (*AmE* **fall·off**; *BrE auch, seltener* **ˈfalling-off**) *Nomen* [Sing] ~ (**in sth**) Rückgang (einer Sache), Niedergang (einer Sache)
fal·lo·pian tube /fəˌləʊpiən ˈtjuːb; *AmE* fəˈloʊpiən tuːb/ *Nomen* Eileiter
fall·out /ˈfɔːlaʊt/ *Nomen* **1** radioaktiver Niederschlag ◇ *a fallout shelter* ein Atombunker **2** (nachteilige) Auswirkungen, (negative) Folgen ◇ *the political fallout of the crisis* die politischen Konsequenzen der Krise
fal·low /ˈfæləʊ; *AmE* -loʊ/ *Adj* **1** brach(liegend) ◇ *lie fallow* brachliegen **2** (*fig*) ◇ *a fallow period* eine Durststrecke
ˈfallow deer *Nomen* (*Pl* **fallow deer**) Damhirsch
false /fɔːls/ *Adj, Adv*
▸ ***Adj*** **1** falsch ◇ *a false assumption* eine falsche Annahme ◇ *Buying a cheap computer is a false economy.* Einen billigen Computer zu kaufen heißt am falschen Ende sparen. ◇ *false imprisonment* Freiheitsberaubung **2** künstlich ◇ *false eyelashes* künstliche Wimpern ◇ *a false beard* ein falscher Bart **3** gefälscht ◇ *a suitcase with a false bottom*

ein Koffer mit doppeltem Boden IDM **under false pre'tences** unter Vorspiegelung falscher Tatsachen

▸ ***Adv*** IDM **play sb 'false** jdn (be)trügen

false a'larm *Nomen* falscher Alarm

,false 'friend *Nomen* = Wort einer Fremdsprache, das einem Wort der Muttersprache ähnlich ist, jedoch eine andere Bedeutung hat (z.B. „become" und „bekommen").

false·hood /'fɔːlshʊd/ *Nomen* (*gehoben*) Unwahrheit

false·ly /'fɔːlsli/ *Adv* **1** irrtümlich ◇ *be falsely accused of sth* zu Unrecht einer Sache angeklagt sein **2** gekünstelt

,false 'move *Nomen* [meist Sing] falsche Bewegung; (*fig*) Fehler

,false 'start *Nomen* **1** Fehlversuch **2** (SPORT) Fehlstart

,false 'teeth *Nomen* [Pl] ein künstliches Gebiss

fal·setto /fɔːl'setəʊ; *AmE* -toʊ/ *Nomen* (*Pl* **-os**) **1** (MUS) Falsett **2** Fistelstimme

fal·si·fi·ca·tion /,fɔːlsɪfɪ'keɪʃn/ *Nomen* Fälschung

fals·ify /'fɔːlsɪfaɪ/ *Verb* **1** fälschen ◇ *falsify the records/accounts* die Unterlagen/Geschäftsbücher fälschen **2** falsch darstellen ◇ *falsify an issue/the facts* eine Sache/die Tatsachen falsch darstellen

fal·sity /'fɔːlsəti/ *Nomen* Falschheit, Unrichtigkeit

fal·ter /'fɔːltə(r)/ *Verb* **1** schwanken, ins Stocken geraten ◇ *For a moment he faltered in his purpose.* Einen Augenblick lang wurde er in seinem Ziel schwankend. **2** zögern ◇ *without faltering* ohne zu zögern

fal·ter·ing /'fɔːltərɪŋ/ *Adj* **1** stockend **2** (*Schritte*) unsicher

fame 0-▪ /feɪm/ *Nomen* Ruhm, Berühmtheit ◇ *rise/shoot to fame overnight* über Nacht berühmt werden ◇ *Andrew Lloyd Webber of 'Evita' fame* Andrew Lloyd Webber, durch „Evita" in aller Munde ◇ *The town's only claim to fame is its Victorian railway station.* Die Stadt ist nur für ihren viktorianischen Bahnhof bekannt. ◇ *She went to Hollywood in search of fame and fortune.* Sie ging nach Hollywood, um Geld und Ruhm zu erlangen.

famed /feɪmd/ *Adj* (*gehoben*) **1** berühmt **2 ~ for sth** für etw bekannt ◇ *Las Vegas, famed for its gambling* das für Glücksspiele bekannte Las Vegas

fa·mil·iar 0-▪ /fə'mɪliə(r)/ *Adj* **1 ~ (to sb)** (jdm) vertraut ◇ *Violent attacks are becoming all too familiar.* Gewaltsame Überfälle werden leider immer alltäglicher. **2** bekannt ◇ *Something about her voice was vaguely familiar.* Ihre Stimme kam mir irgendwie bekannt vor. **3 ~ with sth** mit etw vertraut ◇ *Are you familiar with this software?* Kennst du dich mit dieser Software aus? **4 ~ (with sb)** (mit jdm) vertraulich ◇ *be on very familiar terms with sb* mit jdm sehr vertraulichen Umgang haben ◇ *He started getting too familiar for her liking.* Er wurde ihr etwas zu zudringlich. IDM **have a familiar ring (to it)** (jdm) bekannt vorkommen ◇ *The story has a familiar ring to it.* Die Geschichte kommt mir bekannt vor.

fa·mil·iar·ity /fə,mɪli'ærəti/ *Nomen* **1 ~ (with sth)** Vertrautheit (mit etw) **2** Ungezwungenheit IDM **familiarity breeds con'tempt** allzu große Vertraulichkeit führt zu Geringschätzung

fa·mil·iar·iza·tion (*BrE auch* **-isa·tion**) /fə,mɪliəraɪ'zeɪʃn; *AmE* -rə'-/ *Nomen* (Ein)gewöhnung

fa·mil·iar·ize (*BrE auch* **-ise**) /fə'mɪliəraɪz/ *Verb* PHR V **familiarize sb/yourself with sth** jdn/sich mit etw vertraut machen

fa·mil·iar·ly /fə'mɪliəli; *AmE* -ərli/ *Adv* **1** freundschaftlich ◇ *He nodded familiarly at her.* Er nickte ihr freundschaftlich zu. **2** ◇ *the Royal Victoria Theatre, more familiarly known as the Old Vic* das Royal Victoria Theater, besser bekannt als „the Old Vic"

fam·ily 0-▪ /'fæməli/ *Nomen* [mit Verb im Sing/Pl] Familie ◇ *All (the members of) my family enjoy skiing.* In meiner Familie laufen alle gerne Ski. ◇ *a family of four* eine vierköpfige Familie ◇ *a family-owned company* ein Familienunternehmen ◇ *a family show* eine Familiensendung ◇ *Lions belong to the cat family.* Löwen gehören zur Familie der Katzen. ◇ *have no family ties* keine familiären Bindungen haben ◇ *the family doctor* der Hausarzt/die Hausärztin IDM **of ,good 'family** aus gutem Hause **run in the 'family** in der Familie liegen **start a family** eine Familie gründen

'fam·ily man *Nomen* (*Pl* **men**) Familienvater

'fam·ily name *Nomen* Nachname

,fam·ily 'plan·ning *Nomen* Familienplanung

,fam·ily 'tree *Nomen* Stammbaum

fam·ine /'fæmɪn/ *Nomen* Hungersnot ◇ *money for famine relief* Geld für die Hungerhilfe

fam·ished /'fæmɪʃt/ *Adj* (*umgs, veraltet*) **be ~** am Verhungern sein

fam·ous 0-▪ /'feɪməs/ *Adj* **~ (for sth)** berühmt durch/für etw; **~ (as sth)** bekannt als etw ◇ *a region famous for its wine* eine Gegend, die für ihren Wein bekannt ist

fam·ous·ly /'feɪməsli/ *Adv* bekannt, bekanntlich ◇ *Some newspapers, most famously the New York Times, printed it.* Einige Zeitungen, allen voran die New York Times druckten es. IDM **get on/along 'famously** (*umgs, veraltet*) sich ausgezeichnet verstehen

fan 0-▪ /fæn/ *Nomen, Verb*

▸ ***Nomen*** **1** Fan **2** Ventilator ◇ *a fan heater* ein Heißlüfter **3** Fächer

▸ ***Verb*** (**-nn-**) **1** fächeln ◇ *He sat fanning himself with a newspaper.* Er saß da und fächelte sich mit einer Zeitung Kühlung zu. **2** anfachen ◇ *fan a fire* ein Feuer anfachen IDM **fan the 'flames of sth** etw schüren ◇ *This fanned the flames of his jealousy.* Dies schürte seine Eifersucht nur noch. PHR V **,fan 'out** sich ausbreiten ◇ *The main railway lines fan out from the capital.* Die Hauptbahnlinien breiten sich von der Hauptstadt nach allen Richtungen hin aus. ◇ *The army fanned out across the city.* Die Armee schwärmte in der Stadt aus. **,fan sth 'out** etw ausfächern

fan·at·ic /fə'nætɪk/ *Nomen* Fanatiker(in)

fan·at·ic·al /fə'nætɪkl/ *Adj* (*Adv* **fan·at·ic·al·ly** /-kli/) **1** leidenschaftlich ◇ *a fanatical interest in football* ein leidenschaftliches Interesse an Fußball **2** fanatisch ◇ *He's fanatically tidy.* Er hat eine fanatische Ordnungsliebe.

fan·ati·cism /fə'nætɪsɪzəm/ *Nomen* (*abwert*) Fanatismus

'fan belt *Nomen* Keilriemen

fan·ci·able /'fænsiəbl/ *Adj* (*BrE, umgs*) attraktiv

fan·cier /'fænsiə(r)/ *Nomen* (*bes BrE*) (*meist in Zusammensetzungen*) Liebhaber(in) ◇ *pigeon fanciers* Taubenzüchter

fan·ci·ful /'fænsɪfl/ *Adj* **1** (*abwert*) unrealistisch **2** reich verziert

fancy 0-▪ /'fænsi/ *Verb, Nomen, Adj*

▸ ***Verb*** **1 ~ sth** (*BrE, umgs*) Lust auf/zu etw haben ◇ *I don't fancy going to the cinema.* Ich habe keine Lust, ins Kino zu gehen. ◇ *What do you fancy for supper?* Was möchtest du zum Abendessen? **2** (*bes BrE, umgs*) **~ sb** auf jdn stehen ◇ *I think she fancies you.* Ich glaube, sie steht auf dich. **3 ~ sb/sth** die Chancen von jdm/etw einschätzen ◇ *I don't fancy her chances of getting the job.* Ich glaube nicht, dass sie eine Chance hat, die Stelle zu bekommen. ◇ *Australia are strongly fancied to retain the trophy.* Australiens Chancen, den Titel zu verteidigen, werden sehr hoch eingeschätzt. **4** (*bes BrE*) ◇ *Fancy that!* Na, so was! ◇

Fancy never having seen the sea! Unglaublich, dass einer noch nie das Meer gesehen hat! **5** (*gehoben*) meinen ◇ *He fancied (that) he heard footsteps behind him.* Er meinte, Schritte hinter sich zu hören. IDM **ˈfancy yourself** sehr von sich eingenommen sein **ˈfancy yourself as sth** sich für etw halten

▸ ***Nomen*** **1** Einbildung ◇ *wild flights of fancy* wahnhafte Einbildungen **2** [Sing] Laune IDM **as/whenever the fancy ˈtakes you** wann immer man Lust hat **catch/take sb's ˈfancy** jdn ansprechen **take a ˈfancy to sb/sth** (*bes BrE*) an jdm/etw Gefallen finden → *Siehe auch* TICKLE

▸ ***Adj*** (**fan·cier, fan·ci·est**) **1** ausgefallen ◇ *a kitchen full of fancy gadgets* eine Küche voller ausgefallener Geräte **2** [nur vor Nomen] aufwendig ◇ *He was always a fancy dresser.* Er kleidete sich immer sehr aufwendig. ◇ *fancy goods* Geschenkartikel **3** (*meist abwert*) überspannt, überteuert ◇ *fancy restaurants with fancy prices* schicke Restaurants mit überteuerten Preisen

ˌfancy ˈdress *Nomen* (*BrE*) (Karnevals)kostüm ◇ *a fancy dress party* ein Kostümfest

fan·dom /ˈfændəm/ *Nomen* **1** [U] Fandasein ◇ *my 17 years of football fandom* meine 17 Jahre als Fußballfan **2** Fangemeinde

fan·fare /ˈfænfeə(r); *AmE* -fer/ *Nomen* **1** Fanfare, Tusch **2** Aufhebens ◇ *amid much fanfare* mit viel Aufhebens

fang /fæŋ/ *Nomen* (*bei Schlangen*) Giftzahn; (*bei Hunden, Wölfen*) Fang; (*bei Ebern*) Hauer

ˈfan mail *Nomen* Fanpost

fanny /ˈfæni/ *Nomen* **1** (*BrE, vulg, Slang*) Möse **2** [Sing] (*bes AmE, veraltet*) Po

ˈfanny pack *Nomen* (*AmE*) Gürteltasche

fan·ta·sia /fænˈteɪziə/ *Nomen* (MUS) Fantasie

fan·ta·size (*BrE auch* **-ise**) /ˈfæntəsaɪz/ *Verb* ~ (**about sth**) (von etw) träumen

fan·tas·tic /fænˈtæstɪk/ *Adj* (*Adv* **fan·tas·tic·al·ly** /-kli/) **1** (*umgs*) wunderschön, ausgezeichnet **2** (*umgs*) ungeheuer ◇ *fantastically expensive* wahnsinnig teuer **3** (*selten* **fan·tas·tic·al** /ˌfænˈtæstɪkl/) fantastisch, surrealistisch ◇ *fantastic dreams of forests and jungles* fantastische Träume von Wäldern und Dschungeln **4** Fantasie- ◇ *a fantastic scheme/project* ein Fantasieprojekt

fan·tasy /ˈfæntəsi/ *Nomen* **1** Träumerei **2** Fantasiegebilde, Fantasterei ◇ *escapist fantasies* wirklichkeitsferne Fantastereien **3** Fantasie ◇ *a fantasy world* eine Fantasiewelt

fan·zine /ˈfænziːn/ *Nomen* Fan-Magazin

FAQ /ˌef eɪ ˈkjuː/ *Kurzform von* **frequently asked questions** häufig gestellte Fragen

far /fɑː(r)/ *Adv, Adj*

▸ ***Adv*** (**far·ther, far·thest** *oder* **fur·ther, fur·thest**) **1** weit ◇ *Have you come far?* Kommst du von weit her? ◇ *How far is it to your house from here?* Wie weit ist es von hier zu deinem Haus? ◇ *How much further is it?* Wie weit ist es noch? ◇ *There's not far to go now.* Es ist nicht mehr weit. ◇ *far away in the distance* weit in der Ferne ◇ *a far better idea* eine weit bessere Idee ◇ *How far have you got with that report?* Wie weit bist du mit dem Bericht? ◇ *The farther north they went, the colder it became.* Je weiter nach Norden sie fuhren, desto kälter wurde es. ◇ *far too much* viel zu viel ◇ *far above the clouds* hoch über den Wolken ◇ *I read as far as the third chapter.* Ich habe bis zum dritten Kapitel gelesen. ◇ *We'll go by train as far as London, and then take a bus.* Bis London fahren wir mit dem Zug und dann nehmen wir einen Bus. **2** (*zeitlich*) ◇ *They made their first record as far back as 1980.* Ihre erste Platte kam bereits 1980 heraus. ◇ *Let's try to plan further ahead.* Wir sollten länger vorausplanen. ◇ *We worked far into the night.* Wir arbeiteten bis spät in die Nacht hinein. IDM **as far as the eye can/could ˈsee** so weit das Auge reicht **as far as I can reˈmember** soweit ich mich erinnern kann **as far as I can ˈsee/ˈtell** soweit ich es beurteilen kann **as far as I ˈknow** soweit ich weiß **as/so far as ˈI am concerned** meinetwegen **as/so far as sb/sth is concerned** was jdn/etw betrifft **as/so far as it ˈgoes** ◇ *It's a good plan as far as it goes, but …* Der Plan ist so weit ganz gut, aber … **and/but that's as far as it ˈgoes** mehr nicht; das ist auch schon alles ◇ *We're friends, but that's as far as it goes.* Wir sind Freunde, aber mehr nicht. **by ˈfar** bei weitem; mit Abstand ◇ *That's better by far.* Das ist viel besser. **carry/take sth too ˈfar** etw zu weit treiben **far and aˈway** mit Abstand **far and ˈwide** weit und breit **far be it from me to do sth (but …)** (*umgs*) es liegt mir fern, etw zu tun (, aber …) **far from sth/from doing sth** ◇ *It is far from clear what he intends to do.* Es ist keineswegs klar, was er zu tun gedenkt. ◇ *Computers, far from destroying jobs, can create employment.* Computer bauen keine Arbeitsplätze ab. Im Gegenteil, sie können neue schaffen. **far ˈfrom it** (*umgs*) im Gegenteil **go ˈfar** es weit bringen **go far enough** weit genug gehen ◇ *Stop it now. The joke has gone far enough.* Schluss jetzt. Da hört der Spaß auf. **go so/as far as to do sth** so weit gehen etw zu tun ◇ *I wouldn't go as far as to say that he's a liar.* Ich würde nicht gerade behaupten, dass er lügt. **go too ˈfar** zu weit gehen **go ˈthis/ˈthat far** so weit gehen ◇ *I never thought she'd go this far.* Ich hätte nie gedacht, dass sie so weit gehen würde. **in so/as ˈfar as** insofern, als ◇ *That's the truth, in so far as I know it.* Das ist die Wahrheit, soweit ich weiß. **not be far ˈoff/ˈout/ˈwrong** (*umgs*) nicht weit daneben liegen; nicht so Unrecht haben ◇ *Your guess wasn't far out at all.* Du hast gar nicht so weit daneben gelegen mit deiner Vermutung. **not go ˈfar** nicht weit reichen ◇ *Four bottles of wine won't go far among twenty people.* Vier Flaschen Wein werden für zwanzig Leute nicht weit reichen. ◇ *Ten dollars doesn't go very far these days.* Für zehn Dollar kriegt man heutzutage nicht viel. **ˈso far; ˈthus far** bis jetzt **ˌso ˈfar** (*umgs*) bis zu einem gewissen Grade ◇ *I trust him only so far.* Ich traue ihm nur bis zu einem gewissen Grade. **ˌso far, so ˈgood** so weit, so gut → *Siehe auch* AFIELD *und* FEW

▸ ***Adj*** (**far·ther, far·thest** *oder* **fur·ther, fur·thest**) [nur vor Nomen] **1** ◇ *on the far side of the road* auf der anderen Straßenseite ◇ *at the far end of the room* am anderen Ende des Zimmers ◇ *in the far corner* in der hinteren Ecke ◇ *the far north* der hohe Norden ◇ *the far north of Scotland* ganz im Norden von Schottland ◇ *Who is that on the far left of the photograph?* Wer ist das ganz links auf dem Foto? ◇ *She is on the far right of the party.* Innerhalb der Partei steht sie ganz rechts. **2** (*veraltet oder gehoben*) fern ◇ *a far country* ein fernes Land IDM **a far cry from sth** weit entfernt von etw

far·away /ˈfɑːrəweɪ/ *Adj* [nur vor Nomen] **1** fern **2** (*Blick*) verträumt

farce /fɑːs; *AmE* fɑːrs/ *Nomen* Farce (*auch fig*), Posse

far·ci·cal /ˈfɑːsɪkl; *AmE* ˈfɑːrsɪ-/ *Adj* absurd

fare /feə(r); *AmE* fer/ *Nomen, Verb*

▸ ***Nomen*** **1** Fahrpreis ◇ *air fares* Flugpreise ◇ *Children travel (at) half fare.* Kinder zahlen den halben Fahrpreis. **2** Fahrgast (*in einem Taxi*) **3** (*veraltet oder gehoben*) Kost

▸ ***Verb*** (*gehoben*) abschneiden ◇ *The party fared very badly in the last election.* Die Partei schnitt bei den letzten Wahlen schlecht ab. ◇ *They fared little better than us in this regard.* In dieser Hinsicht ist es ihnen nicht besser als uns ergangen.

the ˌFar ˈEast *Nomen* der Ferne Osten

Far 'Eastern *Adj* fernöstlich

fare·well /ˌfeəˈwel; *AmE* ˌferˈ-/ *Nomen, Ausruf*

▸ ***Nomen*** Abschied ◇ *a farewell party/drink* eine Abschiedsfeier ◇ *She said her farewells and left.* Sie verabschiedete sich und ging.

▸ ***Ausruf*** *(veraltet oder gehoben)* lebe wohl

far-'fetched *Adj* an den Haaren herbeigezogen

far-'flung *Adj (gehoben)* **1** abgelegen ◇ *expeditions to the far-flung corners of the world* Expeditionen in die abgelegensten Regionen der Welt **2** ◇ *all our far-flung relatives* unsere über den ganzen Erdball verstreuten Verwandten

far 'gone *Adj* [nicht vor Nomen] *(umgs)* ziemlich hinüber ◇ *She was too far gone to understand anything we said to her.* Sie war zu hinüber um zu verstehen, was wir sagten.

farm 🔑 /fɑːm; *AmE* fɑːrm/ *Nomen, Verb*

▸ ***Nomen*** **1** Bauernhof ◇ *a farm worker/labourer* ein(e) Landarbeiter(in) ◇ *farm machinery* landwirtschaftliche Maschinen **2** *(besonders in Zusammensetzungen)* Zucht, Farm ◇ *a trout/pig farm* eine Forellen-/Schweinezucht → *Siehe auch* HEALTH FARM, TRUCK FARM *und* WIND FARM

▸ ***Verb*** **1** Landwirtschaft betreiben ◇ *The family has farmed in Kent for over two hundred years.* Die Familie betreibt seit über zweihundert Jahren in Kent Landwirtschaft. **2** züchten, anbauen ◇ *organically farmed produce* biologisch erzeugte Nahrungsmittel **3** *(Land)* bewirtschaften PHRV **ˌfarm sb 'out (to sb)** *(BrE, abwert)* jdn (jdm) in Pflege geben **ˌfarm sth 'out to sb** *(Arbeit etc.)* etw an jdn vergeben

farm belt *Nomen (AmE)* Landwirtschaftsgürtel

farm·er 🔑 /ˈfɑːmə(r); *AmE* ˈfɑːrmər/ *Nomen* Landwirt(in), Bauer, Bäuerin ◇ *an organic farmer* ein Ökobauer/eine Ökobäuerin

farm·hand /ˈfɑːmhænd; *AmE* ˈfɑːrm-/ *Nomen* Landarbeiter(in), Knecht

farm·house /ˈfɑːmhaʊs; *AmE* ˈfɑːrm-/ *Nomen* Bauernhaus, Bauernhof

farm·ing 🔑 /ˈfɑːmɪŋ; *AmE* ˈfɑːrmɪŋ/ *Nomen* Landwirtschaft ◇ *This is mainly a farming community.* Die Leute hier leben hauptsächlich von der Landwirtschaft. ◇ *the local farming community* die Landwirte der Gegend ◇ *take up farming* Landwirt werden ◇ *pig farming* Schweinezucht

farm·land /ˈfɑːmlænd; *AmE* ˈfɑːrm-/ *Nomen* Ackerland, Weideland, landwirtschaftlich genutzte Fläche

farm·stead /ˈfɑːmsted; *AmE* ˈfɑːrm-/ *Nomen (BrE, gehoben oder AmE)* Bauernhof

farm·yard /ˈfɑːmjɑːd; *AmE* ˈfɑːrmjɑːrd/ *Nomen* Hof *(eines Bauernhauses)*

far-off *Adj* [nur vor Nomen] fern, entlegen

far·rago /fəˈrɑːgəʊ; *AmE* -goʊ/ *Nomen (Pl* **-oes** *oder* **-os)** [meist Sing] *(gehoben, abwert)* Gemisch

far-'reaching *Adj* weitreichend

far·rier /ˈfæriə(r)/ *Nomen* Hufschmied(in)

Farsi /ˈfɑːsiː; *AmE* ˈfɑːrsiː/ *Nomen* Farsi, Persisch

far-'sighted *Adj* **1** weitsichtig; *(Mensch)* weit blickend ◇ *far-sighted changes in the organization* weitsichtige Änderungen in der Organisation **2** *(bes AmE)* (MED) weitsichtig

far-'sighted·ness *Nomen* Weitsichtigkeit, Weitblick

fart /fɑːt; *AmE* fɑːrt/ *Verb, Nomen*

▸ ***Verb*** *(vulg, Slang)* furzen PHRV **ˌfart a'bout/a'round** herumalbern, herumfackeln

▸ ***Nomen*** *(beleidigend, Slang)* **1** Furz **2** Scheißer

far·ther 🔑 /ˈfɑːðə(r); *AmE* ˈfɑːrðər/ *Adv, Adj (Komparativ von „far")*

▸ ***Adv*** weiter ◇ *farther north/south, etc.* weiter nördlich/südlich etc. ◇ *I can't go any farther.* Ich kann nicht mehr weitergehen. ◇ *We grew farther and farther apart.* Wir lebten uns immer weiter auseinander. ◇ *They hadn't got any farther with the work.* Sie waren mit der Arbeit nicht weiter vorangekommen. IDM → AFIELD

▸ ***Adj*** weiter entfernt ◇ *the farther shore of the lake* das gegenüberliegende Ufer des Sees ◇ *Rome is farther from Milan than from Naples.* Rom ist weiter von Mailand als von Neapel entfernt.

far·thest 🔑 /ˈfɑːðɪst; *AmE* ˈfɑːrðɪst/ *Adv, Adj (Superlativ von „far")*

▸ ***Adv*** am weitesten ◇ *Who can throw (the) farthest?* Wer kann am weitesten werfen?

▸ ***Adj*** am weitesten entfernt ◇ *the farthest point of the journey* der am weitesten entfernte Punkt der Reise ◇ *the part of the garden farthest from the house* der Teil des Gartens, der am weitesten vom Haus entfernt ist

far·thing /ˈfɑːðɪŋ; *AmE* ˈfɑːrðɪŋ/ *Nomen* = alte britische Münze, die ein Viertel von einem alten Penny wert war

fa·scia *(auch* **fa·cia)** /ˈfeɪʃə/ *Nomen (BrE)* Armaturenbrett

fas·cin·ate /ˈfæsɪneɪt/ *Verb* faszinieren

fas·cin·ated /ˈfæsɪneɪtɪd/ *Adj* ~ **(by sth)** fasziniert (von etw) ◇ *The children watched, fascinated, as the picture began to appear.* Die Kinder sahen gebannt zu, wie das Bild langsam erschien. IDM **be fascinated to see, learn etc. sth 1** etw mit Interesse sehen, feststellen etc. **2** etw faszinierend finden

fas·cin·at·ing /ˈfæsɪneɪtɪŋ/ *Adj (Adv* **fas·cin·at·ing·ly)** faszinierend

fas·cin·ation /ˌfæsɪˈneɪʃn/ *Nomen* Faszination ◇ *the public's fascination with the Royal Family* die Faszination der Öffentlichkeit für die königliche Familie ◇ *They listened in fascination.* Sie hörten gebannt zu.

fas·cism *(auch* **Fas·cism)** /ˈfæʃɪzəm/ *Nomen* Faschismus

fas·cist /ˈfæʃɪst/ *Adj, Nomen*

▸ ***Adj*** faschistisch

▸ ***Nomen*** *(auch* **Fas·cist)** Faschist(in)

fash·ion 🔑 /ˈfæʃn/ *Nomen, Verb*

▸ ***Nomen*** Mode ◇ *dressed in the latest fashion* nach der letzten Mode gekleidet ◇ *Fashions in art and literature come and go.* Kunst- und Literaturrichtungen sind der Mode unterworfen. ◇ *The fashion at the time was for teaching mainly the written language.* Damals war es gebräuchlich, hauptsächlich die geschriebene Sprache zu unterrichten. IDM **after a 'fashion** ein wenig ◇ *I can play the piano, after a fashion.* Ich kann ein wenig Klavier spielen. **after the fashion of sb/sth** im Stil von jdm/etw **in (a) ... 'fashion** *(gehoben)* auf eine ... Weise ◇ *How could they behave in such a fashion?* Wie konnten sie sich so benehmen? ◇ *The season began in spectacular fashion.* Die Saison begann spektakulär. **like it's going out of 'fashion** *(umgs)* wie verrückt; in Unmengen

▸ ***Verb*** ~ **A from/out of B** A aus B formen; ~ **B into A** B zu A formen

fash·ion·able 🔑 /ˈfæʃnəbl/ *Adj (Adv* **fash·ion·ably** /-bli/) **1** modisch **2** vornehm

fashion-conscious *Adj* modebewusst

fast 🔑 /fɑːst; *AmE* fæst/ *Adj, Adv, Verb, Nomen*

▸ ***Adj*** **1** schnell ◇ *a fast car* ein schnelles Auto ◇ *She's a fast learner.* Sie lernt schnell. **2 be ~** *(Uhr)* vorgehen ◇ *That clock's ten minutes fast.* Die Uhr geht zehn Minuten vor. **3** *(Film)* hochempfindlich **4** fest ◇ *He made the boat fast.* Er machte das Boot fest. **5** farbecht, waschecht IDM **fast and 'furious** atemberaubend; rasant ◇ *at a fast and furious pace* in einem atemberaubenden Tempo ◇ *For two hours there was no movement. Then it was fast and furious.* Zwei Stunden lang rührte sich nichts. Dann ging es Schlag auf Schlag. → *Siehe auch* BUCK, HARD *und* PULL

▸ **Adv** **1** schnell ◇ *a fast-flowing stream* ein reißender Bach **2** fest ◇ *Within a few minutes she was fast asleep.* Bald schlief sie fest. ◇ *The boat was stuck fast in the mud.* Das Boot saß im Schlamm fest. IDM **as fast as your legs can carry you** so schnell man kann **hold 'fast to sth** (*gehoben*) an etw festhalten **stand 'fast/'firm** unnachgiebig sein; standhaft sein → *Siehe auch* THICK

▸ **Verb** fasten

▸ **Nomen** Fasten ◇ *go on a fast* fasten

fas·ten /ˈfɑːsn; *AmE* ˈfæsn/ *Verb* **1** zugemacht werden, sich schließen lassen ◇ *The dress fastens at the back.* Das Kleid wird hinten zugemacht. ◇ *The window wouldn't fasten.* Das Fenster ließ sich nicht schließen. **2** ~ **sth** (**up**) etw zumachen, etw festmachen ◇ *Fasten your seatbelts, please.* Bitte anschnallen. **3** ~ **A to B** A an B befestigen, A an B heften; ~ **A and B** (**together**) A mit B verbinden, A und B zusammenheften **4** sich festklammern ◇ *His hand fastened on her arm.* Seine Hand klammerte sich an ihrem Arm fest. **5** ~ **sth on/round sth** etw mit etw umklammern ◇ *He fastened his hands round her throat and squeezed.* Er umklammerte ihren Hals mit den Händen und drückte zu. **6** (*Blick*) heften PHR V **'fasten on (to) sb** sich an jdn hängen **'fasten on(to) sth** etw aufgreifen, etw kapieren, sich an etw klammern

fas·ten·er /ˈfɑːsnə(r); *AmE* ˈfæs-/ (*auch* **fas·ten·ing** /ˈfɑːsnɪŋ; *AmE* ˈfæs-/) *Nomen* Verschluss

ˌfast 'food *Nomen* Fastfood

ˌfast 'forward *Verb, Nomen*

▸ **Verb** vorspulen

▸ **Nomen** [U] Vorspultaste

fas·tidi·ous /fæˈstɪdiəs/ *Adj* (*Adv* **fas·tidi·ous·ly**) **1** sorgfältig **2** (*manchmal abwertend*) pingelig

fas·tidi·ous·ness /fæˈstɪdiəsnəs/ *Nomen* **1** Sorgfalt **2** Pingeligkeit

'fast lane *Nomen* Überholspur IDM **in the 'fast lane** auf der Überholspur ◇ *He was enjoying life in the fast lane.* Er lebte auf vollen Touren.

'fast track *Nomen* (*fig*) Überholspur, Direttissima

'fast-track *Adj* ◇ *the fast-track route to promotion* die Direttissima zur Beförderung ◇ *fast-track students* Leute, die das Studium in der Direttissima absolvieren

fat /fæt/ *Adj, Nomen*

▸ **Adj** (**fat·ter, fat·test**) **1** dick **2** [nur vor Nomen] (*umgs*) (*Summe, Scheck, Gewinn*) fett IDM **(a) fat 'chance (of sth/doing sth)** (*umgs*) keine Chance (auf etw/etw zu tun) **a fat lot of good, use, etc.** (*umgs*) zu nichts nütze ◇ *She was a good swimmer, but a fat lot of good that did her.* Sie konnte gut schwimmen, aber das hat ihr überhaupt nichts genützt.

▸ **Nomen** Fett ◇ *Cook the meat in shallow fat.* Braten Sie das Fleisch in der Pfanne. ◇ *low in fat* fettarm IDM → CHEW *und* LIVE[1]

fatal /ˈfeɪtl/ *Adj* (*Adv* **fa·tal·ly** /-təli/) **1** tödlich **2** verhängnisvoll ◇ *The plan was fatally flawed from the start.* Der Plan war von Anfang an zum Scheitern verurteilt.

fa·tal·ism /ˈfeɪtəlɪzəm/ *Nomen* Fatalismus

fa·tal·ist /ˈfeɪtəlɪst/ *Nomen* Fatalist(in)

fa·tal·is·tic /ˌfeɪtəˈlɪstɪk/ *Adj* (*Adv* **fa·tal·is·tic·al·ly** /-kli/) fatalistisch

fa·tal·ity /fəˈtæləti/ *Nomen* (*Pl* **-ies**) **1** Todesopfer **2** Sterblichkeit **3** Unabwendbarkeit ◇ *A sense of fatality gripped her.* Sie fühlte sich dem Schicksal völlig ausgeliefert.

fa·tal·ly *Adv* → FATAL

'fat cat *Nomen* (*umgs*) = jd (besonders in der Privatwirtschaft), der viel Geld und Einfluss hat

fate /feɪt/ *Nomen* Schicksal IDM **a fate worse than 'death** (*oft hum*) das Allerschlimmste → *Siehe auch* TEMPT

fated /ˈfeɪtɪd/ *Adj* **1 be ~** vom Schicksal bestimmt sein; **sb is ~ to do sth** es ist jdm bestimmt, etw zu tun **2** = ILL-FATED

fate·ful /ˈfeɪtfl/ *Adj* schicksalhaft, verhängnisvoll

'fat-finger *Verb* = sich bei etw vertippen, indem man nicht nur auf die gewollte Taste, sondern noch auf die Taste daneben drückt

father /ˈfɑːðə(r)/ *Nomen, Verb*

▸ **Nomen** **1** Vater ◇ *He's a father of three.* Er ist Vater von drei Kindern. ◇ *Henry Moore is considered to be the father of modern British sculpture.* Henry Moore gilt als der geistige Vater der modernen britischen Plastik. → *Siehe auch* FOUNDING FATHER **2 Father, Fr** Pfarrer, Pater ◇ *Yes, Father* Ja, Herr Pfarrer IDM **from ˌfather to 'son** vom Vater auf den Sohn **like ˌfather, like 'son** der Apfel fällt nicht weit vom Stamm

▸ **Verb** **1** zeugen **2** ~ **sth** (*gehoben, fig*) etw erfinden, der Urheber von etw sein

ˌFather 'Christmas *Nomen* (*BrE*) der Weihnachtsmann

father·hood /ˈfɑːðəhʊd; *AmE* -ðərhʊd/ *Nomen* Vaterschaft ◇ *He didn't find fatherhood easy.* Es fiel ihm nicht leicht, Vater zu sein.

'father-in-law (*Pl* **fathers-in-law**) *Nomen* Schwiegervater

father·land /ˈfɑːðəlænd; *AmE* -ðərlænd/ *Nomen* (*veraltet*) Vaterland

father·less /ˈfɑːðələs; *AmE* -ðərləs/ *Adj* vaterlos, ohne Vater

father·ly /ˈfɑːðəli; *AmE* -ðərli/ *Adj* väterlich ◇ *He keeps a fatherly eye on them.* Er kümmert sich wie ein Vater um sie.

'Father's Day *Nomen* Vatertag

fathom /ˈfæðəm/ *Verb, Nomen*

▸ **Verb** **1** ermessen **2** ~ **sb** (**out**) ◇ *I can't fathom her out.* Sie ist mir ein Rätsel. **3** ~ **sth** (**out**) etw ergründen, hinter etw kommen

▸ **Nomen** (*Tiefenmaß*) Faden

fa·tigue /fəˈtiːɡ/ *Nomen* **1** Ermüdung ◇ *metal fatigue* Metallermüdung ◇ *mental fatigue* psychische Erschöpfung ◇ *driver fatigue* Übermüdung des Fahrers **2 fatigues** [Pl] (MIL) Arbeitsanzug ◇ *camouflage fatigues* ein Tarnanzug **3 fatigues** [Pl] (*bes AmE*) (MIL) (Arbeits)dienst

fa·tigued /fəˈtiːɡd/ *Adj* (*gehoben*) erschöpft

fa·tiguing /fəˈtiːɡɪŋ/ *Adj* (*gehoben*) anstrengend

fat·ness /ˈfætnəs/ *Nomen* Fettleibigkeit

fatso /ˈfætsəʊ; *AmE* -soʊ/ *Nomen* (*Pl* **-oes**) (*umgs, abwert*) Fettsack

fat·ten /ˈfætn/ *Verb* **1** ~ **sth up** etw mästen **2** ~ **sb up** jdn herausfüttern **3** ~ **up** Fett ansetzen

fat·ten·ing /ˈfætnɪŋ/ *Adj* dick machend

fatty /ˈfæti/ *Adj, Nomen*

▸ **Adj** (**fat·tier, fat·ti·est**) fetthaltig; (*Fleisch*) fett ◇ *fatty tissue* Fettgewebe

▸ **Nomen** (*Pl* **-ies**) (*umgs, abwert*) Fettsack

fatu·ous /ˈfætʃuəs/ *Adj* (*gehoben*) (*Adv* **fatu·ous·ly**) albern

fau·cet /ˈfɔːsɪt/ *Nomen* (*AmE*) (Wasser)hahn

fault /fɔːlt/ *Nomen, Verb*

▸ **Nomen** **1** Schuld ◇ *It's your own fault for being careless.* Es ist deine eigene Schuld, weil du so unvorsichtig warst. ◇ *through no fault of your own* unverschuldet ◇ *I think the owners are at fault for not warning us.* Die Besitzer hätten uns warnen müssen. **2** (*Charakter-*) Fehler **3** (TECH) Mangel, Defekt, Fehler ◇ *the faults in the system* die Mängel des Systems ◇ *an electrical fault* ein fehlerhaftes Kabel **4**

(*beim Tennis*) Fehler ◇ *serve a double fault* einen Doppelfehler machen **5** (GEOL) Verwerfung ◇ *a fault line* eine Verwerfungsspalte ◇ *the San Andreas fault* die St. Andreas-Spalte IDM **to a 'fault** (*gehoben*) übertrieben → *Siehe auch* FIND
▸ **Verb** (*oft in verneinten Sätzen mit* **can** *und* **could** *gebraucht*) **~ sb/sth** an jdm/etw etwas auszusetzen haben

'fault-finding *Nomen* **1** Krittelei **2** Fehlersuche

fault·less /ˈfɔːltləs/ *Adj* (*Adv* **fault·less·ly**) fehlerlos, perfekt

faulty /ˈfɔːlti/ *Adj* **1** fehlerhaft; (TECH) defekt ◇ *faulty workmanship* schlechte Arbeit **2** (*Argumentation, Anweisungen*) falsch

fauna /ˈfɔːnə/ *Nomen* Fauna

faux pas /ˌfəʊ ˈpɑː; *AmE* ˌfoʊ/ (*Pl* **faux pas** /ˈpɑːz; *AmE* ˈpɑːz/) *Nomen* Fauxpas

fave /feɪv/ *Nomen, Adj*
▸ **Nomen** (*umgs*) ◇ *The song is one of my faves.* Das ist eins von meinen Lieblingsliedern.
▸ **Adj** (*umgs*) Lieblings-

fa·vour 0‑ (*AmE* **favor**) /ˈfeɪvə(r)/ *Nomen, Verb*
▸ **Nomen 1** Gefallen ◇ *I'm going as a favour to Ann.* Ich gehe Ann zuliebe hin. ◇ *return the favour* sich revanchieren **2** [U] (*Zustimmung*) ◇ *find favour with sb* bei jdm Anklang finden ◇ *The programme has lost favour with viewers recently.* Die Sendung kommt bei den Zuschauern nicht mehr so gut an. ◇ *fall from favour* in Ungnade fallen ◇ *look with favour upon sth* etw befürworten ◇ *He's back in favour with the boss.* Er ist beim Chef wieder gut angeschrieben. **3 show ~ to sb** jdn bevorzugen **4** (*AmE*) = PARTY FAVOR **5 favours** [Pl] (*veraltet*) Liebesdienste IDM **Do me a 'favour!** (*umgs*) Ich bitte dich! **do sb no 'favours** jdm einen schlechten Dienst erweisen **in favour** dafür ◇ *There were 247 votes in favour.* Es gab 247 Stimmen dafür. **in favour (of sb/sth) 1** für jdn/etw ◇ *He argued in favour of a strike.* Er sprach sich für einen Streik aus. **2** für etw ◇ *He abandoned teaching in favour of a career as a musician.* Er gab den Lehrberuf für eine Karriere als Musiker auf. ◇ *The old port was abandoned in favour of a new site further down the river.* Statt des alten Hafens wurde eine neue Anlage weiter unten am Fluss gebaut. **in sb's favour 1** günstig für jdn **2** zu jds Gunsten → *Siehe auch* CURRY, FEAR *und* STACKED
▸ **Verb 1 ~ sth** etw bevorzugen, für etw sein **2** begünstigen, favorisieren **3** aussehen wie

fa·vour·able (*AmE* **favor·able**) /ˈfeɪvərəbl/ *Adj* (*Adv* **favour·ably**) (*AmE*) (*Adv* **fa·vor·ably** /-bli/) **1 ~ (to/for sb/sth)** günstig (für jdn/etw), vorteilhaft (für jdn/etw) ◇ *create an environment favourable to their interests* ein Klima schaffen, das ihren Interessen förderlich ist **2** positiv ◇ *I was favourably impressed by the city.* Die Stadt hat mir gut gefallen.

fa·voured (*AmE* **fa·vored**) /ˈfeɪvəd; *AmE* -vərd/ *Adj* **1** auserwählt **2** bevorzugt

fa·vour·ite 0‑ (*AmE* **fa·vor·ite**) /ˈfeɪvərɪt/ *Adj, Nomen*
▸ **Adj** Lieblings- IDM **sth's favourite son** ◇ *Russia's favourite son* Russlands größter Sohn
▸ **Nomen 1** Liebling ◇ *This song is a particular favourite of mine.* Dieses Lied liebe ich besonders. ◇ *The radio was playing old favourites.* Im Radio spielten sie alte beliebte Melodien. ◇ *Which one's your favourite?* Welches gefällt dir am besten? **2 be a ~ with sb** bei jdm sehr beliebt sein **3** Favorit(in) ◇ *the hot favourites to win the title* die heißen Favoriten auf den Titel

fa·vour·it·ism (*AmE* **fa·vor·it·ism**) /ˈfeɪvərɪtɪzəm/ *Nomen* (*abwert*) ◇ *The students accused him of favouritism.* Die Schüler warfen ihm vor, dass er einige Schüler vorzöge. ◇ *My mother never showed any favouritism.* Meine Mutter hat uns immer alle gleich behandelt.

fawn /fɔːn/ *Adj, Nomen, Verb*
▸ **Adj** rehbraun
▸ **Nomen 1** Hirschkalb, Rehkitz **2** Rehbraun
▸ **Verb ~ (on/over sb)** (*abwert*) sich bei jdm einschmeicheln

fax /fæks/ *Nomen, Verb*
▸ **Nomen** (*gehoben* **fac·sim·ile**) Fax ◇ *send sth by fax* etw per Fax schicken ◇ *a fax machine* ein Faxgerät
▸ **Verb** faxen; **~ sth to sb**; **~ sb sth** jdm etw faxen

faze /feɪz/ *Verb* (*umgs*) (*oft passiv*) aus der Fassung bringen

FBI /ˌef biː ˈaɪ/ *Kurzform von* **Federal Bureau of Investigation** FBI

FC /ˌef ˈsiː/ (*BrE*) *Kurzform von* **football club** Fußballklub

FCO /ˌef siː ˈəʊ; *AmE* oʊ/ *Kurzform von* **Foreign and Commonwealth Office** britisches Außen- und Commonwealthministerium

FE /ˌef ˈiː/ *Abk* = FURTHER EDUCATION

fear 0‑ /fɪə(r); *AmE* fɪr/ *Nomen, Verb*
▸ **Nomen 1 ~ (of sb/sth)** Angst (vor jdm/etw); **~ (for sb/sth)** Angst (um jdn/etw) ◇ *(a) fear of flying* Flugangst ◇ *We lived in constant fear of losing our jobs.* Wir lebten in der ständigen Angst, unsere Jobs zu verlieren. ◇ *her fears for her son's safety* ihre Angst um ihren Sohn **2 ~ (that …)** Befürchtung (, dass …) IDM **for fear of sth/of doing sth** um etw nicht zu tun **for fear (that) …** aus Angst, dass … **in ˌfear of your 'life** in Todesangst **ˌno 'fear** (*BrE, umgs*) nie im Leben **put the fear of 'God into sb** jdm große Angst einjagen **without fear or 'favour** (*gehoben*) unbefangen; unparteiisch → *Siehe auch* STRIKE
▸ **Verb 1 ~ sb/sth** vor jdm/etw Angst haben, jdn/etw fürchten **2** befürchten ◇ *Hundreds of people are feared dead.* Es wird befürchtet, dass viele hunderte tot sind. ◇ *Never fear/Fear not, I shall return.* Keine Angst, ich komme wieder. **3 I fear** (*gehoben*) ich fürchte PHR V **'fear for sb** um jdn Angst haben **'fear for sth** um etw fürchten

fear·ful /ˈfɪəfl; *AmE* ˈfɪrfl/ *Adj* (*Adv* **fear·ful·ly** /-fəli/) **1** (*gehoben*) ängstlich ◇ *be fearful for sb* Angst um jdn haben ◇ *be fearful of sth* Angst vor etw haben **2** [nur vor Nomen] (*gehoben*) furchtbar **3** (*veraltet, umgs*) fürchterlich

fear·ful·ness /ˈfɪəflnəs; *AmE* ˈfɪrfl-/ *Nomen* Ängstlichkeit

fear·less /ˈfɪələs; *AmE* ˈfɪrləs/ *Adj* (*Adv* **fear·less·ly**) furchtlos

fear·less·ness /ˈfɪələsnəs; *AmE* ˈfɪrləs-/ *Nomen* Furchtlosigkeit

fear·some /ˈfɪəsəm; *AmE* ˈfɪrsəm/ *Adj* (*gehoben*) Furcht einflößend, Furcht erregend

feasi·bil·ity /ˌfiːzəˈbɪləti/ *Nomen* Machbarkeit, Durchführbarkeit

feas·ible /ˈfiːzəbl/ *Adj* machbar, möglich; (*Plan, Vorhaben*) durchführbar

feast /fiːst/ *Nomen, Verb*
▸ **Nomen** (*gehoben*) **1** Festessen, Festmahl **2** Fest ◇ *the feast of Christmas* das Weihnachtsfest ◇ *a feast day* ein Feiertag **3** (Hoch)genuss ◇ *a feast of colours* ein Feuerwerk von Farben ◇ *a feast for the eyes* eine Augenweide
▸ **Verb** schmausen; **~ on sth** sich an etw gütlich tun IDM **feast your 'eyes on sb/sth** sich an dem Anblick von jdm/etw weiden

feat /fiːt/ *Nomen* Meisterleistung, Meisterwerk ◇ *acrobatic feats* akrobatische Kunststücke ◇ *That was no mean feat.* Das war eine beachtliche Leistung.

fea·ther 0‑ /ˈfeðə(r)/ *Nomen, Verb*
▸ **Nomen** Feder IDM **a 'feather in your cap** etwas, worauf man stolz sein kann → *Siehe auch* BIRD,

KNOCK, RUFFLE *und* SMOOTH
▸ ***Verb*** IDM **feather your (own) 'nest** sein Schäfchen ins Trockene bringen ➔ *Siehe auch* TAR

ˌfeather-'bed *Verb* **(-dd-)** *(BrE)* verhätscheln

ˌfeather 'duster *Nomen* Staubwedel

fea·thered /ˈfeðəd; *AmE* -ðərd/ *Adj* gefiedert

fea·ther·weight /ˈfeðəweɪt; *AmE* -ðərweɪt/ *Nomen* Federgewicht

fea·thery /ˈfeðəri/ *Adj* federleicht, gefiedert

fea·ture 0⊶ /ˈfiːtʃə(r)/ *Nomen, Verb*
▸ ***Nomen*** **1** Merkmal, Eigenschaft; *(typisch)* Kennzeichen ◇ *no distinguishing features* keine besonderen Kennzeichen ◇ *Which features do you look for when choosing a car?* Welche Punkte sind Ihnen bei der Wahl eines Autos wichtig? ◇ *special features* Besonderheiten ◇ *landscape features* landschaftliche Besonderheiten ◇ *geological features* geologische Formationen **2** Gesichtszug ◇ *Her eyes are her most striking feature.* Ihre Augen sind das Attraktivste an ihrem Gesicht. **3** Sonderbeitrag, Sonderbericht **4** *(veraltet)* Hauptfilm
▸ ***Verb*** **1** haben ◇ *The latest model features leather seats.* Das neueste Modell hat Ledersitze. ◇ *The film features Gal Godot as Wonder Woman.* Gal Godot spielt in dem Film die Rolle von Wonder Woman. ◇ *a menu featuring many local dishes* eine Speisekarte mit vielen Spezialitäten der Gegend **2** vorkommen, eine Rolle spielen

'feature film *Nomen* Spielfilm

fea·ture·less /ˈfiːtʃələs; *AmE* -tʃərləs/ *Adj* ohne besondere Merkmale, eintönig

Feb·ru·ary 0⊶ /ˈfebruəri; *AmE* -brueri/ *Nomen* *(Abk* Feb) Februar ➔ *Beispiele bei* JANUAR

fe·ces *(AmE)* = FAECES

feck·less /ˈfekləs/ *Adj* arbeitsscheu, unbekümmert, windig ◇ *a feckless man* ein Taugenichts

fec·und /ˈfiːkənd, ˈfekənd/ *Adj* *(gehoben)* fruchtbar

Fed /fed/ *Nomen* *(AmE, umgs)* FBI-Agent

fed *Form von* FEED

fed·eral 0⊶ /ˈfedərəl/ *Adj* föderalistisch, föderativ, Bundes- ◇ *a federal republic* eine föderative Republik ◇ *federal law* das Bundesrecht ◇ *the Federal Republic (of Germany)* die Bundesrepublik (Deutschland) ◇ *a federal state* ein Bundesstaat ◇ *the US federal government* die amerikanische Regierung

the ˌFederal ˌBureau of Investi'gation *Nomen* = FBI

fed·er·al·ism /ˈfedərəlɪzəm/ *Nomen* Föderalismus

fed·er·al·ist /ˈfedərəlɪst/ *Nomen, Adj*
▸ ***Nomen*** Föderalist(in)
▸ ***Adj*** föderalistisch

fed·er·al·ly /ˈfedərəli/ *Adv* vom Bund ◇ *federally funded* vom Bund finanziert

fed·er·ation /ˌfedəˈreɪʃn/ *Nomen* **1** Föderation, Bund **2** Verband **3** Föderalisierung

fe·dora /fɪˈdɔːrə/ *Nomen* = weicher Hut mit breiter Krempe

ˌfed 'up *Adj* [nicht vor Nomen] *(umgs)* **be ~** die Nase voll haben; **be ~ with sb/sth** jdn/etw satthaben

fee 0⊶ /fiː/ *Nomen* Gebühr, Honorar; *(Mitglieds-)* Beitrag ◇ *legal fees* Anwaltsgebühren ◇ *fee-paying schools* Privatschulen

fee·ble /ˈfiːbl/ *Adj* *(Adv* **feebly** /-bli/) **1** schwach **2** kläglich; *(Ausrede)* lahm ◇ *a feeble argument* ein wenig überzeugendes Argument ◇ *Don't be so feeble!* Sei kein Waschlappen!

ˌfeeble-'minded *Adj* **1** *(veraltet, beleidigend)* schwachsinnig **2** (willens)schwach

feed 0⊶ /fiːd/ *Verb, Nomen*
▸ ***Verb*** **(fed, fed** /fed/**)** **1** füttern; **~ sb/sth (on) sth; ~ sth to sb/sth** jdn/etw mit etw füttern ◇ *The baby can't feed itself yet.* Das Kind kann noch nicht allein essen. ◇ *What do you feed your dog on?* Was geben Sie Ihrem Hund zu fressen? **2** essen, fressen **3** ernähren; *(Armee)* verpflegen **4** düngen **5 ~ sb sth; ~ sth to sb** jdn mit etw versorgen ◇ *We are constantly fed gossip and speculation by the media.* Die Medien überfluten uns ständig mit Tratsch und Spekulationen. **6 ~ A (with B); ~ B into A** A (mit B) versorgen, B in A eingeben ◇ *He fed coins into the meter.* Er warf Münzen in die Parkuhr. ◇ *The lake is fed by a river.* Der See wird von einem Fluss gespeist. ◇ *The fabric is fed through the machine.* Der Stoff wird durch die Maschine geführt. **7** *(Sucht, Bedürfnis)* befriedigen IDM **ˌfeed your 'face** *(umgs, meist abwert)* futtern **a 'feeding frenzy** *(bes AmE)* ein Rausch ◇ *a media feeding frenzy* ein Medienrausch ➔ *Siehe auch* BITE PHRV **'feed on/off sth** **1** sich von etw ernähren **2** *(fig)* *(oft abwert)* ◇ *Racism feeds on fear.* Angst schürt den Rassismus. ◇ *He feeds off the work of others.* Er schmarotzt bei anderen. **ˌfeed 'through (to sb/sth)** sich auswirken (auf jdn/etw) **ˌfeed sb 'up** *(BrE)* jdn aufpäppeln
▸ ***Nomen*** **1** Mahlzeit, Essen **2** Futter **3** Dünger **4** (TECH) Versorgung, Eingabe, Zuleitung ◇ *an automatic paper feed* ein automatischer Papiereinzug

feed·back /ˈfiːdbæk/ *Nomen* [U] **1** Reaktion, Feedback ◇ *The teacher will give you feedback on your work.* Der Lehrer wird Ihre Arbeiten mit Ihnen besprechen. **2** (TECH) Rückkoppelung

feed·bag /ˈfiːdbæg/ *Nomen* *(AmE)* Futtersack

feed·er /ˈfiːdə(r)/ *Nomen* **1** Zubringer **2** *(von einem Drucker)* Papiereinzug **3** *(AmE)* Mastvieh

feed·ing /ˈfiːdɪŋ/ *Nomen* Füttern, Ernähren ◇ *breast feeding* Stillen

feel 0⊶ /fiːl/ *Verb, Nomen*
▸ ***Verb*** **(felt, felt** /felt/**)** **1** fühlen, befühlen ◇ *Can you feel the bump on my head?* Kannst du die Beule auf meinem Kopf fühlen? **2** *(selten in der Verlaufsform)* spüren ◇ *I felt something crawl(ing) up my arm.* Ich spürte, wie etwas meinen Arm hoch krabbelte. ◇ *She couldn't feel anything in her left leg.* Sie hatte kein Gefühl im linken Bein. **3** sich fühlen ◇ *I feel comfortable here.* Ich fühle mich wohl hier. ◇ *I feel cold.* Mir ist kalt. ◇ *I feel happy.* Ich bin glücklich. **4** sich vorkommen ◇ *I felt a complete idiot.* Ich kam mir total blöd vor. **5 ~ (like sth)** *(nicht in der Verlaufsform)* sich (wie etw) anfühlen ◇ *The water feels warm.* Das Wasser fühlt sich warm an. **6** empfinden ◇ *feel no remorse* keine Reue empfinden ◇ *He feels strongly that …* Er ist der festen Überzeugung, dass … **7 ~ as if … /as though …** *(nicht in der Verlaufsform)* sein, als ob … ◇ *It felt as though a great weight had been lifted from us.* Es war, als ob eine schwere Last von unseren Schultern gefallen war. **8 ~ sth** unter etw leiden ◇ *He feels the cold a lot.* Er leidet sehr unter der Kälte. **9** glauben ◇ *I feel I ought to do it.* Ich glaube, ich sollte es machen. ◇ *We all felt (that) our luck was about to turn.* Wir hatten das Gefühl, dass sich unser Glück wenden würde. ◇ *I felt (that) I had to write and thank you for your kindness.* Ich musste Ihnen einfach schreiben und Ihnen für Ihre Freundlichkeit danken. ◇ *He felt the plan to be unwise/felt (that) the plan was unwise.* Er fand den Plan unklug. **10 ~ it (to be) sth** es für etw halten ◇ *She felt it (to be) her duty.* Sie hielt es für ihre Pflicht. ◇ *I felt it advisable to do nothing.* Ich hielt es für ratsam, nichts zu unternehmen. **11 ~ (about/around) (for sb/sth)** (nach jdm/etw) (umher)tasten ◇ *She felt along the wall for the door.* Sie tastete sich an der Wand entlang zur Tür. IDM **ˌfeel your 'age** sich alt vorkommen **feel 'free (to do sth)** ◇ *'May I use your phone?' 'Feel free.'*

„Darf ich Ihr Telefon benutzen?" „Bitte, bedienen Sie sich." ◇ *Feel free to ask questions if you don't understand.* Fragen Sie ruhig, wenn Sie etwas nicht verstehen. **feel 'good** ein gutes/schönes Gefühl haben ◇ *feel good about sth* ein gutes Gefühl bei etw haben **feel (it) in your 'bones (that ...)** es im Gefühl haben, dass ... **feel like sth/doing sth** Lust auf etw haben/darauf haben, etw zu tun ◇ *Do you feel like a drink?* Möchtest du etwas trinken? **feel the 'pinch** finanzielle Einschränkungen zu spüren bekommen **feel your 'way** **1** umhertasten **2** vorsichtig vorgehen; sich an etw herantasten ◇ *The negotiators are still feeling their way.* Die Verhandlungspartner tasten sich noch aneinander heran. → *Siehe auch* MARK, MYSELF, PRESENCE, SMALL *und* SORRY PHRV **'feel for sb** mit jdm Mitleid haben ◇ *I really feel for her.* Sie tut mir wirklich leid. **,feel 'up to (doing) sth** sich einer Sache gewachsen fühlen, sich in der Lage fühlen, etw zu tun

▸ **Nomen** [Sing] **1 the feel** ◇ *a material with the feel of silk* ein Stoff, der sich wie Seide anfühlt ◇ *She loved the feel of the sun on her skin.* Sie liebte es, die Sonne auf ihrer Haut zu spüren. **2 have a ~ of sth** etw befühlen **3** Atmosphäre ◇ *Amsterdam has the feel of a big international city.* Amsterdam besitzt Weltstadtatmosphäre. ◇ *The room has a comfortable feel to it.* Das Zimmer macht einen gemütlichen Eindruck. IDM **get the feel of sth** sich mit etw vertraut machen **have a feel for sth** ein Gespür für etw haben

feel·er /'fi:lə(r)/ *Nomen* Fühler IDM **put out 'feelers** seine Fühler ausstrecken

feel·ing 🔑 /'fi:lɪŋ/ *Nomen* **1** [Sing] Gefühl ◇ *a feeling of hunger* ein Hungergefühl ◇ *You have no feeling for the sufferings of others.* Du hast kein Gefühl für die Leiden anderer. ◇ *I've lost all feeling in my legs.* Ich habe kein Gefühl mehr in den Beinen. ◇ *He had the feeling of being followed.* Er hatte das Gefühl, verfolgt zu werden. ◇ *I didn't mean to hurt your feelings.* Ich wollte Sie nicht verletzen. ◇ *'I really resent the way he treats me.' 'I know the feeling.'* „Ich hasse die Art, wie er mit mir umspringt." „Ich kenne das." **2** Ansicht, Meinung ◇ *I don't have any strong feelings about it one way or the other.* Ich habe keine Meinung dazu. ◇ *The general feeling was against the decision.* Im Allgemeinen war man gegen die Entscheidung. ◇ *public feeling* die öffentliche Meinung **3** [U] ~ **(for sth)** Gespür (für etw) ◇ *She has a wonderful feeling for colour.* Sie hat ein wunderbares Gespür für Farben. **4** Emotion ◇ *Feelings were running high.* Die Emotionen schlugen hoch. ◇ *He spoke with feeling.* Er sprach mit viel Gefühl. **5** [Sing] Atmosphäre ◇ *The house had a feeling of neglect about it.* Das Haus machte einen verwahrlosten Eindruck. IDM **bad/ill 'feeling** (*bes AmE* **bad/ill 'feelings**) böses Blut ◇ *The decision caused a lot of bad feeling.* Die Entscheidung sorgte für viel böses Blut. → *Siehe auch* HARD *und* SINK

feet *Form von* FOOT

feign /feɪn/ *Verb* (*gehoben*) heucheln, vortäuschen

feisty /'faɪsti/ *Adj* (**feist·ier, feisti·est**) (*umgs*) resolut

fe·line /'fi:laɪn/ *Adj* katzenartig, Katzen-

fell /fel/ *Verb, Nomen, Adj* → *Siehe auch* FALL

▸ **Verb 1** (*Baum*) fällen **2** (*Mensch*) niederstrecken

▸ **Nomen** (*in Nordengland*) **1** Berg **2 fells** [Pl] Hochmoor

▸ **Adj** IDM **at/in one fell 'swoop** mit einem Schlag

fella (*auch* **fell·er**) /'felə/ *Nomen* (*umgs*) **1** Typ **2** Macker

fel·low 🔑 /'feləʊ; *AmE* -loʊ/ *Nomen, Adj*

▸ **Nomen 1** (*umgs, veraltend*) Mann ◇ *a nice old fellow* ein netter alter Mann **2** [meist Pl] Kollege, Kollegin **3** (*BrE*) = Mitglied der akademischen Universitätsleitung **4** (*einer Organisation*) Mitglied **5** (*bes AmE*) wissenschaftliche(r) Mitarbeiter(in) ◇ *a graduate fellow* ein(e) Forschungsstudent(in) ◇ *a teaching fellow* ein(e) Dozent(in)

▸ **Adj** [nur vor Nomen] Mit- ◇ *fellow passengers* Mitreisende ◇ *his fellow Italians* seine italienischen Landsleute

fel·low·ship /'feləʊʃɪp; *AmE* -loʊ-/ *Nomen* **1** Kameradschaft **2** (*Organisation*) Gesellschaft **3** (*bes BrE*) = Stelle eines Fellows → *Siehe auch* FELLOW **4** Forschungsstipendium **5** (*BrE*) (*wissenschaftliche Akademie*) Mitgliedschaft ◇ *be elected to fellowship of the British Academy* in die Britische Akademie gewählt werden

fel·ony /'feləni/ *Nomen* (*Pl* **-ies**) (*BrE, Fachspr, veraltet oder AmE*) schweres Verbrechen

felt /felt/ *Nomen* Filz → *Siehe auch* FEEL

felt-tip 'pen (*auch* **'felt tip**, **,felt-tipped 'pen**) *Nomen* Filzstift

fe·male 🔑 /'fi:meɪl/ *Adj, Nomen*

▸ **Adj** (*Abk* **f**) weiblich ◇ *the female sex* das weibliche Geschlecht ◇ *the female lead* die weibliche Hauptrolle ◇ *a female cat* eine Katze ◇ *a female student* eine Studentin ◇ *At least two of the candidates must be female.* Unter den Kandidaten müssen mindestens zwei Frauen sein.

▸ **Nomen** (*Abk* **f**) **1** (*Tier*) Weibchen **2** Frau, Mädchen

femi·nine /'femənɪn/ *Adj, Nomen*

▸ **Adj** (*Abk* **f**) **1** weiblich ◇ *a feminine figure* eine weibliche Figur **2** (LING) feminin

▸ **Nomen** (*Abk* **f**) (LING) feminine Form

femi·nin·ity /,femə'nɪnəti/ *Nomen* **1** Weiblichkeit **2** Frausein

femi·nism /'femənɪzəm/ *Nomen* Feminismus

femi·nist /'femənɪst/ *Nomen, Adj*

▸ **Nomen** Feminist(in)

▸ **Adj** feministisch

femur /'fi:mə(r)/ *Nomen* Oberschenkelknochen

fen /fen/ *Nomen* (GEOGR) Niederung

fence 🔑 /fens/ *Nomen, Verb*

▸ **Nomen 1** Zaun **2** (*im Pferdesport*) Hindernis IDM → MEND, SIDE *und* SIT

▸ **Verb 1** [ohne Obj] (SPORT) fechten **2** [+ Obj] umzäunen PHRV **,fence sth 'in** etw einzäunen **,fence sb 'in** jdn einengen **,fence sth 'off** etw abzäunen

fen·cing /'fensɪŋ/ *Nomen* [U] **1** (SPORT) Fechten **2** Zaun

fend /fend/ *Verb* PHRV **fend for your'self** sich allein durchschlagen, für sich selbst sorgen **fend sb/sth off** jdn/etw abwehren ◇ *fend off a blow* einen Schlag abwehren

fend·er /'fendə(r)/ *Nomen* **1** (*AmE*) Kotflügel **2** (*AmE*) Schutzblech **3** Fender

feng shui /,feŋ 'ʃu:i, ,fʌŋ 'ʃweɪ/ *Nomen* Feng Shui

fen·nel /'fenl/ *Nomen* Fenchel

feral /'ferəl/ *Adj* wild lebend ◇ *feral cats* verwilderte Katzen

fer·ment *Verb, Nomen*

▸ **Verb** /fə'ment; *AmE* fər'-/ **1** gären, vergären **2** die Gärung auslösen

▸ **Nomen** /'fɜ:ment; *AmE* 'fɜ:rment/ [U/Sing] Unruhe ◇ *The country is in ferment.* Das Land befindet sich in Aufruhr.

fer·men·ta·tion /,fɜ:men'teɪʃn; *AmE* ,fɜ:rm-/ *Nomen* Fermentation, Gärung

fern /fɜ:n; *AmE* fɜ:rn/ *Nomen* Farn

fer·ocious /fə'rəʊʃəs; *AmE* fə'roʊ-/ *Adj* (*Adv* **fer·ocious·ly**) wild, heftig

fer·ocity /fə'rɒsəti; *AmE* fə'rɑ:sə-/ *Nomen* Heftigkeit, Brutalität

fer·ret /'ferɪt/ *Nomen, Verb*

▸ **Nomen** Frettchen

▸ **Verb 1** (*umgs*) ~ **(about/around) (for sth)** (nach etw) herumstöbern **2 go ferreting** mit dem Frettchen jagen PHR V ˌferret sb/sth ˈout (umgs) jdn/etw aufspüren

Fer·ris wheel /ˈferɪs wiːl/ Nomen (bes AmE) Riesenrad

ferry /ˈferi/ Nomen, Verb
▸ **Nomen** (Pl **-ies**) Fähre ◇ *the cross-channel ferry service* die Fährverbindung über den Kanal
▸ **Verb** (**fer·ries, ferry·ing, fer·ried, fer·ried**) übersetzen, befördern ◇ *The children need to be ferried to and from school.* Die Kinder müssen zur Schule gefahren und wieder abgeholt werden.

ˈferry boat Nomen Fährboot

ferry·man /ˈferimən/ Nomen (Pl **-men** /-mən/) Fährmann

fer·tile /ˈfɜːtaɪl; AmE ˈfɜːrtl/ Adj **1** fruchtbar **2** produktiv **3** schöpferisch ◇ *the product of a fertile imagination* das Produkt einer blühenden Fantasie

fer·til·ity /fəˈtɪləti; AmE fərˈ-/ Nomen (MED) Fruchtbarkeit, Fertilität

fer·til·ization (BrE auch **-isation**) /ˌfɜːtəlaɪˈzeɪʃn; AmE ˌfɜːrtələˈ-/ Nomen **1** Befruchtung **2** Düngung, Düngen

fer·til·ize (BrE auch **-ise**) /ˈfɜːtəlaɪz; AmE ˈfɜːrt-/ Verb **1** befruchten **2** düngen

fer·til·izer (BrE auch **-iser**) /ˈfɜːtəlaɪzə(r); AmE ˈfɜːrt-/ Nomen Dünger, Düngemittel

fer·vent /ˈfɜːvənt; AmE ˈfɜːrvənt/ Adj (Adv **fer·vent·ly**) leidenschaftlich, glühend; (Glaube, Überzeugung) fest; (Hoffnung, Wunsch, Gebet) inbrünstig

fer·vour (AmE **fer·vor**) /ˈfɜːvə(r); AmE ˈfɜːrvər/ Nomen Leidenschaftlichkeit, Eifer

fess /fes/ Verb PHR V ˌfess ˈup (AmE, umgs) beichten

-fest /fest/ (in Zusammensetzungen) -festival ◇ *The summit was merely a talkfest.* Das Gipfeltreffen war nur ein Diskussionsmarathon.

fes·ter /ˈfestə(r)/ Verb **1** eitern **2** (Gefühle etc.) sich festfressen

fes·ti·val 0-w /ˈfestɪvl/ Nomen **1** Festspiel, Festival **2** Fest ◇ *Christian festivals* die Feste der christlichen Kirche

fes·tive /ˈfestɪv/ Adj (BrE) festlich, Fest- ◇ *the festive season* die Weihnachtszeit ◇ *festive decorations* Weihnachtsschmuck

fes·tiv·ity /feˈstɪvəti/ Nomen **1 festivities** [Pl] Feierlichkeiten **2** Feststimmung ◇ *an air of festivity* eine festliche Stimmung

fes·toon /feˈstuːn/ Verb, Nomen
▸ **Verb** ~ **sb/sth** (**with sth**) (meist passiv) jdn/etw (mit etw) schmücken ◇ *festooned with garlands of flowers* mit Blumengirlanden behängt
▸ **Nomen** Girlande

fetal (bes AmE) = FOETAL

fetch 0-w /fetʃ/ Verb **1** (bes BrE) holen, abholen **2** (bei Verkauf, Auktion etc.) einbringen, erzielen IDM **fetch and ˈcarry (for sb)** (jdn) (von vorn bis hinten) bedienen PHR V ˌ**fetch ˈup** (bes BrE, umgs) landen

fetch·ing /ˈfetʃɪŋ/ Adj (Adv **fetch·ing·ly**) (umgs) reizend, attraktiv ◇ *a fetching smile* ein bezauberndes Lächeln

fête /feɪt/ Nomen, Verb
▸ **Nomen** (BrE) = meist von der Kirche oder Verbänden organisierte Wohltätigkeitsveranstaltung mit Flohmarkt, Imbissständen, Spielen etc. ◇ *the village fête* das Dorffest
▸ **Verb** (meist passiv) (gehoben) feiern, bejubeln

fetid (seltener **foe·tid**) /ˈfiːtɪd, ˈfetɪd/ Adj (gehoben) stinkend

fet·ish /ˈfetɪʃ/ Nomen **1** (meist abwert) Manie ◇ *She has a fetish about cleanliness.* Sie hat einen Reinlichkeitsfimmel. ◇ *He makes a fetish of his work.* Seine Arbeit ist zu einer Manie geworden. **2** Fetisch

fet·ish·ism /ˈfetɪʃɪzəm/ Nomen Fetischismus

fet·ish·ist /ˈfetɪʃɪst/ Nomen Fetischist(in)

fet·ish·is·tic /ˌfetɪˈʃɪstɪk/ Adj fetischistisch

fet·lock /ˈfetlɒk; AmE -lɑːk/ Nomen (bei Huftieren) Fessel

fet·ter /ˈfetə(r)/ Verb, Nomen
▸ **Verb** (meist passiv) **1** (gehoben) einschränken **2** ~ **sb** jdm Fußfesseln anlegen
▸ **Nomen** **1** [meist Pl] (gehoben) Fessel **2 fetters** [Pl] Fußfesseln

fet·tle /ˈfetl/ Nomen IDM **in fine/good ˈfettle** (umgs, veraltet) gut in Form

fetus (bes AmE) = FOETUS

feud /fjuːd/ Nomen, Verb
▸ **Nomen** Fehde, Streit ◇ *a feud over money* ein Streit um Geld
▸ **Verb** sich befehden; ~ (**with sb**) (mit jdm) in Fehde liegen

feu·dal /ˈfjuːdl/ Adj feudal ◇ *the feudal system* das Feudalsystem

feu·dal·ism /ˈfjuːdəlɪzəm/ Nomen Feudalismus

feu·dal·ist·ic /ˌfjuːdəˈlɪstɪk/ Adj feudalistisch

feud·ing /ˈfjuːdɪŋ/ Nomen [U] Machtkämpfe, Fehden

fever 0-w /ˈfiːvə(r)/ Nomen **1** Fieber (auch fig) ◇ *election fever* Wahlfieber ◇ *He waited in a fever of impatience.* Er wartete mit fiebriger Ungeduld. **2** (veraltet) (meist in Zusammensetzungen) Fieberkrankheit → Siehe auch GLANDULAR FEVER

fe·vered /ˈfiːvəd; AmE -vərd/ Adj (gehoben) **1** fieberhaft ◇ *fevered speculation* wilde Spekulationen **2** fiebrig

fe·ver·ish /ˈfiːvərɪʃ/ Adj (Adv **fe·ver·ish·ly**) **1** aufgeregt, fieberhaft ◇ *The whole place was a scene of feverish activity.* Überall herrschte Hektik. ◇ *be in a state of feverish excitement* etw kaum erwarten können ◇ *be feverish with longing* vor Sehnsucht vergehen ◇ *Her mind raced feverishly.* Ihr Gehirn arbeitete auf Hochtouren. **2** fiebrig, Fieber-

ˈfever pitch Nomen Siedepunkt

few 0-w /fjuː/ Adj, Pron **1** (nur) wenige ◇ *Very few students learn Latin now.* Nur wenige Schüler lernen heutzutage Latein. ◇ *There seem to be fewer tourists around this year.* Dieses Jahr scheint es weniger Touristen zu geben. ◇ *You can pass with as few as 25 points.* Man kann mit nur 25 Punkten bestehen. ◇ *Fewer than 20 students passed all the exams.* Weniger als 20 Studenten bestanden alle Prüfungen. **2** (meist **a few**) einige, ein paar ◇ *We've had a few replies.* Wir haben einige Antworten bekommen. ◇ *every few weeks* alle paar Wochen ◇ *the last few years* die letzten paar Jahre ◇ *Quite a few people are going to arrive early.* Ziemlich viele Leute werden früh kommen. ◇ *I recognized a few of the people there.* Ich erkannte einige der Leute dort. **3 the few** die wenigen ◇ *Real power belongs to the few.* Wirkliche Macht haben nur einige wenige. IDM ˌ**few and ˌfar beˈtween** rar **quite a ˈfew; a good ˈfew** ziemlich viele ◇ *I've been there quite a few times.* Ich bin ziemlich oft dort gewesen. **have ˈhad a few** (umgs) einen sitzen haben

fez /fez/ Nomen (Pl **fezzes**) Fes

ff Abk (MUS) → FORTISSIMO

ff. Abk ff., folgende Seiten/Zeilen

fi·ancé /fiˈɒnseɪ, fiˈɑːn-; AmE ˌfiːɑːnˈseɪ/ Nomen Verlobter

fi·an·cée /fiˈɒnseɪ; AmE ˌfiːɑːnˈseɪ/ Nomen Verlobte

fi·asco /fiˈæskəʊ; AmE -skoʊ/ Nomen (Pl **-os**, AmE auch **-oes**) Fiasko

fiat /ˈfiːæt, ˈfaɪæt/ Nomen (gehoben) Erlass

fib /fɪb/ *Nomen, Verb*
▸ ***Nomen*** (*umgs*) Schwindelei ◇ *Stop telling fibs.* Hör auf zu schwindeln.
▸ ***Verb*** (**-bb-**) (*umgs*) schwindeln

fib·ber /ˈfɪbə(r)/ *Nomen* Schwindler(in)

fibre (*AmE* **fiber**) /ˈfaɪbə(r)/ *Nomen* **1** [U] Ballaststoffe ◇ *All vegetables contain some dietary fibre.* Alle Gemüsesorten enthalten Ballaststoffe. **2** Faser → *Siehe auch* MORAL FIBRE

fibre·glass (*AmE* **fiber·glass**) /ˈfaɪbəglɑːs; *AmE* -bərglæs/ *Nomen* Glasfaser

ˌfibre-ˈoptic (*AmE* **ˌfiber-ˈoptic**) *Adj* faseroptisch

ˌfibre ˈoptics (*AmE* **ˌfiber-ˈoptics**) *Nomen* [U] Faseroptik

fi·brous /ˈfaɪbrəs/ *Adj* faserig, Faser-

fib·ula /ˈfɪbjələ/ *Nomen* (*Pl* **fibu·lae** /-liː/ *oder* **fibu·las**) (ANAT) Wadenbein

fickle /ˈfɪkl/ *Adj* (*abwert*) unberechenbar, launisch

fic·tion /ˈfɪkʃn/ *Nomen* **1** Belletristik, Prosaliteratur ◇ *historical fiction* historische Romane ◇ *romantic fiction* Liebesromane → *Siehe auch* SCIENCE FICTION **2** Märchen, Fiktion IDM → TRUTH

fic·tion·al /ˈfɪkʃənl/ *Adj* **1** erfunden, fiktiv **2** erzählerisch

fic·tion·al·ize (*BrE auch* **-ise**) /ˈfɪkʃənəlaɪz/ *Verb* (*meist passiv*) = eine wahre Geschichte für einen Film oder ein Buch frei adaptieren, fiktionalisieren ◇ *a fictionalized account of his childhood* eine auf seiner Kindheit beruhende Erzählung

fic·ti·tious /fɪkˈtɪʃəs/ *Adj* (frei) erfunden ◇ *The account he gives of his childhood is fictitious.* Die Schilderung seiner Kindheit beruht nicht auf Tatsachen.

fid·dle /ˈfɪdl/ *Verb, Nomen*
▸ ***Verb*** **1** ~ (**with sth**) (an etw) herumfummeln, mit etw (herum)spielen **2** (*Abrechnungen etc.*) frisieren ◇ *fiddled figures* geschönte Zahlen **3** (*umgs*) fideln, geigen PHRV **ˈfiddle aˌbout/aˌround** herumtrödeln **fiddle (about/around) with sth** an etw herummachen, an etw herumbasteln
▸ ***Nomen*** (*umgs*) **1** Fiedel, Geige **2** (*BrE*) Schwindel ◇ *an insurance fiddle* ein Versicherungsbetrug **3** [Sing] (*BrE*) Fummelarbeit IDM **be on the ˈfiddle** (*BrE*) krumme Dinger drehen **play second ˈfiddle** die zweite Geige spielen **play second ˈfiddle to sb/sth** hinter jdm/etw zurückstehen

fid·dler /ˈfɪdlə(r)/ *Nomen* Geiger(in)

fiddle·sticks /ˈfɪdlstɪks/ *Ausruf* (*umgs, veraltet*) Quatsch

fid·dly /ˈfɪdli/ *Adj* (*BrE, umgs*) umständlich, tüftelig

fi·del·ity /fɪˈdeləti/ *Nomen* (*gehoben*) **1** Treue **2** Genauigkeit; ~ **to sth** Übereinstimmung mit etw

fidget /ˈfɪdʒɪt/ *Verb, Nomen*
▸ ***Verb*** **1** zappeln **2** ~ **with sth** an etw herumfummeln
▸ ***Nomen*** Zappelphilipp

fidgety /ˈfɪdʒɪti/ *Adj* unruhig, zappelig

field 0→ /fiːld/ *Nomen, Verb*
▸ ***Nomen*** **1** Feld, Weide, Acker ◇ *bravery in the field* (*of battle*) Tapferkeit vor dem Feind ◇ *a landing field* ein Landeplatz → *Siehe auch* AIRFIELD **2** (Sach)gebiet ◇ *people in other fields of business* Leute aus anderen Branchen **3** (*oft vor einem anderen Nomen*) Feld ◇ *a field study* eine Feldstudie ◇ *field research* Feldforschung ◇ *We then tested it in field conditions.* Dann haben wir es in der Praxis getestet. **4** (SPORT) (*meist in Zusammensetzungen*) Platz, (Spiel)feld ◇ *Today they take the field against the county champions.* Heute treten sie gegen die Landesmeister an. → *Siehe auch* PLAYING FIELD **5** [mit Verb im Sing/Pl] (*beim Kricket, Baseball*) Fängerpartei **6** [mit Verb im Sing/Pl] Feld, Teilnehmer(feld) ◇ (*fig*) *They lead the field in marketing.* Sie sind führend auf dem Gebiet des Marketing. **7** (COMP) (Eingabe)feld IDM **leave the field ˈclear for sb**; **leave sb in possession of the ˈfield** jdm den Weg freigeben **play the ˈfield** (*umgs*) viele Partner haben
▸ ***Verb*** **1** (*Kandidat, Mannschaft etc.*) aufstellen **2** (*beim Kricket, Baseball*) als Fänger(partei) spielen **3** (*Ball*) auffangen und zurückwerfen **4** (*Fragen etc.*) parieren ◇ *The BBC had to field more than 300 phone calls after the programme.* In mehr als 300 Anrufen musste die BBC zum Programm Stellung nehmen.

ˈfield corn *Nomen* (*AmE*) Mais

ˈfield day *Nomen* (*AmE*) (*in der Schule*) Sportfest IDM **have a ˈfield day** (*umgs*) etw voll ausnutzen; einen großen Tag haben ◇ *The press would have a field day.* Das wäre ein gefundenes Fressen für die Presse. ◇ *Shoplifters had a field day.* Ladendiebe haben reiche Beute gemacht.

field·er /ˈfiːldə(r)/ *Nomen* (*beim Kricket, Baseball*) Fänger(in)

ˈfield event *Nomen* Sprung- oder Wurfdisziplin → *Siehe auch* TRACK EVENT

ˈfield glasses *Nomen* [Pl] Feldstecher

ˈfield goal *Nomen* (*beim Football, Rugby, Basketball*) Fieldgoal

ˈfield hockey *Nomen* (*AmE*) Feldhockey

ˈfield hospital *Nomen* Lazarett

ˈfield marshal *Nomen* (*Abk* **FM**) (*BrE*) Feldmarschall

ˈfield officer *Nomen* **1** Außendienstmitarbeiter(in) **2** = Stabsoffizier beim Regiment, nicht im Hauptquartier

ˌfield of ˈfire *Nomen* (*Pl* **fields of fire**) Schussfeld

ˌfield of ˈvision (*auch* **ˌfield of ˈview**) *Nomen* (*Pl* **fields of vision/view**) Blickfeld, Gesichtsfeld

fields·man /ˈfiːldzmən/ (*Pl* **-men** /-mən/) *Nomen* (*BrE*) (*beim Kricket*) Fänger

ˈfield sports *Nomen* [Pl] (*BrE*) Jagen und Fischen

fields·woman /ˈfiːldzwʊmən/ *Nomen* (*Pl* **-women** /-wɪmɪn/) (*BrE*) (*beim Kricket*) Fängerin

ˈfield test *Verb, Nomen*
▸ ***Verb*** in der Praxis erproben
▸ ***Nomen*** Feldversuch

ˈfield trip *Nomen* Exkursion, Studienfahrt

field·work /ˈfiːldwɜːk; *AmE* -wɜːrk/ *Nomen* Feldforschung, Arbeit vor Ort

fiend /fiːnd/ *Nomen* **1** Unmensch **2** Teufel **3** (*umgs*) (*nach einem anderen Nomen gebraucht*) Fanatiker(in) ◇ *health fiends* Gesundheitsfanatiker

fiend·ish /ˈfiːndɪʃ/ *Adj* **1** unmenschlich, teuflisch ◇ *shrieks of fiendish laughter* diabolisches Gelächter **2** (*umgs*) verteufelt, tierisch **3** (*umgs*) vertrackt

fiend·ish·ly /ˈfiːndɪʃli/ *Adv* (*umgs*) verteufelt, äußerst, tierisch

fierce /fɪəs; *AmE* fɪrs/ *Adj* **1** böse, bedrohlich ◇ *Two fierce eyes glared at them.* Ein Paar Augen starrte sie böse an. ◇ *a fierce dog* ein scharfer Hund ◇ *Who was that fierce old lady?* Wer war die grimmige alte Dame? ◇ *in a fierce whisper* in einem scharfen Flüsterton **2** heftig, stark, scharf ◇ *He launched a fierce attack on the Democrats.* Er griff die Demokraten scharf an. ◇ *Competition became fiercer.* Die Konkurrenz verschärfte sich. ◇ *His wife is his fiercest critic.* Seine Frau ist seine strengste Kritikerin. **3** extrem; (*Wind, Regen, Sturm*) heftig ◇ *the fierce heat of the flames* die glühende Hitze der Flammen IDM **something ˈfierce** (*AmE, umgs*) wahnsinnig

fierce·ly /ˈfɪəsli; *AmE* ˈfɪrsli/ *Adv* **1** äußerst, heftig ◇ *fiercely ambitious* maßlos ehrgeizig ◇ *burn fiercely* lichterloh brennen ◇ *They remain fiercely opposed to it.* Sie sind weiterhin erbittert dagegen. **2** böse, bedrohlich ◇ *'Let go of me,' she said fiercely.* „Lass mich los", sagte sie böse.

fierce·ness /ˈfɪəsnəs; *AmE* ˈfɪrs-/ *Nomen* Heftigkeit, Schärfe, Bosheit

fiery /ˈfaɪəri/ *Adj* **1** feurig, feuerrot, glühend rot **2** hitzig ◇ *a fiery character* ein aufbrausender Charakter ◇ *a fiery look* ein wütender Blick ◇ *a fiery discussion* eine stürmische Diskussion **3** (*Essen etc.*) scharf **4** (*Schmerz*) brennend, stechend

fife /faɪf/ *Nomen* (*in Militärkapellen*) Pfeife

fif·teen /ˌfɪfˈtiːn/ *Zahl, Nomen*
▸ ***Zahl*** fünfzehn → *Beispiele bei* SECHS
▸ ***Nomen*** [mit Verb im Sing/Pl] Rugbymannschaft ◇ *He's in the first fifteen.* Er ist in der ersten Mannschaft.

fif·teenth /ˌfɪfˈtiːnθ/ *Adj, Pron* fünfzehnte(r,s) → *Beispiele bei* SECHSTE(R,S)

fifth /fɪfθ/ *Adj, Pron, Nomen*
▸ ***Adj, Pron*** fünfte(r,s) → *Beispiele bei* SECHSTE(R,S)
▸ ***Nomen*** Fünftel

ˌfifth ˈcolumn *Nomen* fünfte Kolonne

fifth·ly /ˈfɪfθli/ *Adv* fünftens

fif·ti·eth /ˈfɪftiəθ/ *Adj, Pron, Nomen*
▸ ***Adj, Pron*** fünfzigste(r,s) → *Beispiele bei* SECHSTE(R,S)
▸ ***Nomen*** Fünfzigstel

fifty /ˈfɪfti/ *Zahl, Nomen*
▸ ***Zahl*** fünfzig → *Beispiele bei* SECHZIG
▸ ***Nomen*** **the fifties** [Pl] → *Beispiele bei* SIXTY

ˌfifty-ˈfifty *Adj, Adv* (*umgs*) halbe-halbe, fifty-fifty ◇ *Costs were shared on a fifty-fifty basis between the two firms.* Die Kosten wurden je zur Hälfte von den zwei Firmen getragen. ◇ *She has a fifty-fifty chance of winning.* Ihre Gewinnchancen stehen fifty-fifty. ◇ *Let's split this fifty-fifty.* Lass uns halbe-halbe machen.

fig /fɪɡ/ *Nomen* Feige IDM **not care/give a ˈfig (for sb/sth)** (*BrE, umgs, veraltet*) ◇ *I don't give a fig.* Es ist mir wurscht.

fig. *Abk* **1** = FIGURE **2** = FIGURATIVE

fight /faɪt/ *Verb, Nomen*
▸ ***Verb*** (**fought, fought** /fɔːt/) **1** ~ **(sb/sth)** (**for sth**) (gegen jdn/etw) (um etw) kämpfen ◇ *fight your way through the crowds* sich durch die Menschenmenge durchkämpfen ◇ *fight a war* einen Krieg führen ◇ *fight a campaign* einen Wahlkampf austragen **2** sich prügeln, sich schlagen **3** bekämpfen, ankämpfen gegen **4** ~ (**with sb**) (**about/over sth**) sich (mit jdm) (um etw) streiten **5** (SPORT) boxen **6** (RECHT) ~ **sb** (**for sth**) gegen jdn (um etw) klagen ◇ *I'm determined to fight the case.* Ich bin entschlossen, mich vor Gericht zu verteidigen. IDM **fight ˌfire with ˈfire** Gleiches mit Gleichem vergelten; jdn mit den eigenen Waffen schlagen **ˌfight for (your) ˈlife** mit dem Tod ringen **a ˌfighting ˈchance** eine Chance ◇ *They believe they still have a fighting chance.* Sie glauben, dass doch noch eine Aussicht auf Erfolg besteht. **fighting ˈfit** topfit **fighting ˈspirit** Kampfgeist **fighting ˈtalk** Kampfparolen **fight a ˌlosing ˈbattle** einen aussichtslosen Kampf führen **fight ˈshy of sth** etw umgehen; etw vermeiden **fight to the ˈdeath/ˈfinish** bis auf den Tod kämpfen **fight ˌtooth and ˈnail** mit allen Mitteln kämpfen **fight your own battles** sich selbst durchsetzen; für sich selbst einstehen → *Siehe auch* LIVE[1] PHR V **ˌfight ˈback (against sb/sth)** sich (gegen jdn/etw) wehren **ˌfight sth ˈback/ˈdown** etw unterdrücken **ˌfight sb/sth ˈoff** jdn/etw abwehren **ˌfight ˈout sth** etw (untereinander) ausfechten
▸ ***Nomen*** **1** Kampf, Schlägerei ◇ *a gang fight* eine Schlägerei zwischen Bandenmitgliedern ◇ *put up a fight* sich wehren ◇ *The team put up a good fight.* Die Mannschaft hat sich wacker geschlagen. **2** ~ (**over/about sth**) (*bes AmE*) Streit (um etw) **3** Schlacht, Gefecht **4** Kampfgeist IDM **a ˌfight to the ˈfinish** ein Kampf bis zum bitteren Ende → *Siehe auch* PICK *und* SPOIL

fight·back /ˈfaɪtbæk/ *Nomen* (*BrE*) ◇ *mount/stage a fightback* sich zurückkämpfen

fight·er /ˈfaɪtə(r)/ *Nomen* **1** (*auch* **ˈfighter plane**) Jagdflugzeug ◇ *a jet fighter* ein Düsenjäger ◇ *fighter pilots* Jagdflieger **2** Kämpfer(in) ◇ *professional fighters* Berufsboxer **3** Kämpfernatur

fight·ing /ˈfaɪtɪŋ/ *Nomen* [U] Kämpfe, Schlägereien, Streitereien

ˈfig leaf *Nomen* Feigenblatt

fig·ment /ˈfɪɡmənt/ *Nomen* IDM **a figment of sb's imagiˈnation** ein Hirngespinst

fig·ura·tive /ˈfɪɡərətɪv; *AmE auch* ˈfɪɡjə-/ *Adj* (*Abk* **fig.**) **1** übertragen, figurativ **2** (KUNST) gegenständlich

fig·ura·tive·ly /ˈfɪɡərətɪvli; *AmE auch* ˈfɪɡjə-/ *Adv* übertragen, im übertragenen Sinne ◇ *figuratively speaking* bildlich gesprochen

fig·ure /ˈfɪɡə(r); *AmE* ˈfɪɡjər/ *Nomen, Verb*
▸ ***Nomen*** **1** Zahl, Betrag, Summe ◇ *sales figures* Verkaufszahlen ◇ *The final figure looks like being much higher.* Der Endbetrag wird wahrscheinlich viel höher sein. ◇ *viewing figures for the series* die Einschaltquote für die Serie **2** Ziffer ◇ *a six-figure salary* ein sechsstelliges Gehalt → *Siehe auch* DOUBLE FIGURES *und* SINGLE FIGURES **3 fig·ures** [Pl] (*umgs*) Rechnen ◇ *I don't have a head for figures.* Ich bin im Rechnen eine Niete. ◇ *Are you any good at figures?* Kannst du gut rechnen? **4** Persönlichkeit, Gestalt ◇ *a public figure* eine Persönlichkeit des öffentlichen Lebens ◇ *a figure of authority* eine Autoritätsperson **5** Figur ◇ *I'm watching my figure.* Ich achte auf meine Figur. ◇ *the central figure in the painting* die Figur in der Mitte des Gemäldes ◇ *a bronze figure of a horse* eine Bronzestatue eines Pferdes **6** (*Abk* **fig.**) Abbildung **7** (MATH) Figur, Körper ◇ *a solid figure* ein geometrischer Körper ◇ *a plane figure* eine Ebene IDM **be a figure of ˈfun** eine Witzfigur sein **become a figure of ˈfun** zum Gespött werden **cut a ... ˈfigure** ◇ *He cut a striking figure.* Er gab eine gute Figur ab. **put a figure on sth** für etw eine genaue Zahl/einen genauen Preis angeben → *Siehe auch* FACT
▸ ***Verb*** **1** erscheinen, vorkommen, eine Rolle spielen ◇ *figure prominently* eine wichtige Rolle spielen ◇ *It did not figure high on her list of priorities.* Das stand auf ihrer Prioritätenliste nicht obenan. ◇ *Do I still figure in your plans?* Sehen Ihre Pläne noch eine Rolle für mich vor? **2** sich denken ◇ *I figured* (*that*) *you wouldn't come.* Ich dachte mir, dass Sie nicht kommen. **3** (*AmE*) schätzen IDM **it/that figures** es/das ist einleuchtend; es/das ist verständlich ◇ *'John called in sick.' 'That figures, he didn't look well yesterday.'* „John hat angerufen und sich krankgemeldet." „Das dachte ich mir schon. Er sah gestern gar nicht gut aus." PHR V **ˈfigure on sth** mit etw rechnen **ˈfigure on doing sth** damit rechnen, etw zu tun **ˈfigure on sb/sth doing sth** damit rechnen, dass jd/etw etw tut **ˌfigure sb/sth ˈout** **1** aus jdm/etw schlau werden ◇ *I can't figure out how to do this.* Ich bekomme einfach nicht heraus, wie das geht. **2** etw ausrechnen

fig·ured /ˈfɪɡəd; *AmE* ˈfɪɡjərd/ *Adj* [nur vor Nomen] (*Fachspr*) (mit Figuren) verziert, gemustert

fig·ure·head /ˈfɪɡəhed; *AmE* ˈfɪɡjərhed/ *Nomen* Galionsfigur (*auch fig*)

ˌfigure of ˈeight (*AmE* **ˌfigure ˈeight**) *Nomen* (*Pl* **fig·ures of eight, fig·ure eights**) (Form einer) Acht

ˌfigure of ˈspeech *Nomen* (*Pl* **figures of speech**) Redensart

ˈfigure-skating *Nomen* Eiskunstlauf

fig·ur·ine /ˌfɪɡəˈriːn; *AmE* ˌfɪɡjə-/ *Nomen* Figurine, Figürchen

fila·ment /ˈfɪləmənt/ *Nomen* **1** Glühfaden **2** Faden, Filament

fil·bert /ˈfɪlbət; *AmE* -bərt/ *Nomen* (*bes AmE*) Haselnuss

filch /fɪltʃ/ *Verb* (*umgs*) filzen, mitgehen lassen

file /faɪl/ *Nomen, Verb*

▸ ***Nomen*** **1** (Akten)ordner, Hefter ◇ *a box file* eine Archivbox ◇ *A stack of files awaited me on my desk.* Ein Stapel Akten erwartete mich auf meinem Schreibtisch. **2** (COMP) Datei **3 ~ (on sb)** Akte (über jdn) ◇ *Your application will be kept on file.* Ihre Bewerbungsunterlagen werden in den Akten aufbewahrt. ◇ *Police have reopened the file.* Die Polizei hat den Fall wieder aufgerollt. **4** Feile **5** Reihe ◇ *They set off in file behind the teacher.* Sie machten sich auf den Weg und folgten dem Lehrer im Gänsemarsch. IDM **(in) Indian/single ˈfile** im Gänsemarsch

▸ ***Verb*** **1 ~ sth (away)** etw abheften, etw zu den Akten legen ◇ *Please file it in my 'Research' file.* Bitte legen Sie es in meinen Akten unter „Forschung" ab. ◇ *I file the letters away in a drawer.* Ich bewahre die Briefe geordnet in einer Schublade auf. **2** einreichen ◇ *file for divorce* die Scheidung einreichen ◇ *file a lawsuit/claim* Klage/Anspruch erheben ◇ *file for bankruptcy* Konkurs anmelden **3** ◇ *file past* vorbeidefilieren ◇ *The visitors began to file in.* Ein Besucher nach dem anderen kam herein. **4** feilen ◇ *file your nails* sich die Nägel feilen ◇ *file through sth* etw durchfeilen

ˈfile cabinet *Nomen* (*AmE*) Aktenschrank (*mit Schubladen*)

ˈfile clerk *Nomen* (*AmE*) Bürokraft

ˈfile sharing *Nomen* Datentausch

filet /ˈfɪlɪt; *AmE* fɪˈleɪ/ *Nomen* (*AmE*) Filet

fil·ial /ˈfɪliəl/ *Adj* (*gehoben*) Kindes- ◇ *filial duty* Kindespflicht ◇ *filial affection* Elternliebe

fili·bus·ter /ˈfɪlɪbʌstə(r)/ *Nomen, Verb*

▸ ***Nomen*** (*bes AmE*) (POL) Marathonrede als Verschleppungstaktik

▸ ***Verb*** (*bes AmE*) (POL) lange Reden als Verschleppungstaktik verwenden

fili·gree /ˈfɪlɪɡriː/ *Nomen* Filigran(arbeit)

fil·ing /ˈfaɪlɪŋ/ *Nomen* **1** Abheften, (Ab)speichern, Ablage **2** (*bes AmE*) Antrag, Einreichung ◇ *a bankruptcy filing* eine Konkursanmeldung **3 filings** [Pl] (Metall)späne

ˈfiling cabinet *Nomen* (*BrE*) Aktenschrank (*mit Schubladen*)

ˈfiling clerk *Nomen* (*BrE*) Bürokraft

fill /fɪl/ *Verb, Nomen*

▸ ***Verb*** **1** (aus)füllen; (*Zahn*) plombieren ◇ *fill a gap in the market* eine Marktlücke füllen ◇ *fill a bucket full of water* einen Eimer mit Wasser füllen ◇ *The school is filled to capacity.* Die Kapazität der Schule ist voll ausgelastet. ◇ *The wind filled the sails.* Der Wind blähte die Segel. ◇ *The crack in the wall had been filled.* Der Riss an der Wand war ausgebessert worden. **2** voll werden, sich (aus)füllen ◇ *The sails filled with wind.* Die Segel blähten sich im Wind. **3** erfüllen ◇ *We were filled with admiration for him.* Wir waren voller Bewunderung für ihn. **4** (*einen Bedarf*) decken **5** (*Stelle*) besetzen; (*Rolle*) übernehmen ◇ *He fills the post satisfactorily.* Er füllt die Stelle recht gut aus. ◇ *The vacancy has already been filled.* Die freie Stelle ist bereits vergeben. **6** (*Bestellung*) erledigen **7 ~ yourself (up) (with sth)** sich (an etw) satt essen; **~ sb (up) (with sth)** jdn sich (an etw) satt essen lassen → *Siehe auch* UNFILLED IDM **fill sb's shoes/boots** in jds Fußstapfen treten → *Siehe auch* BILL PHR V **ˌfill ˈin (for sb)** die Vertretung (für jdn) übernehmen **ˌfill sth ˈin 1** (*bes BrE*) etw ausfüllen, etw ergänzen ◇ *Fill in your name at the top of the page.* Tragen Sie Ihren Namen oben ein. **2** auffüllen, zuschütten, verschmieren **3** (*Zeit*) überbrücken ◇ *He filled in the rest of the day watching television.* Er hat den Rest des Tages mit Fernsehen zugebracht. **4** ausmalen **ˌfill sb ˈin (on sth)** jdn (über etw) ins Bild setzen **ˌfill ˈout** runder werden, fülliger werden **ˌfill sth ˈout** (*bes AmE*) etw ausfüllen **ˌfill ˈup 1** sich füllen ◇ *The ditches had filled up with mud.* Die Gräben waren voller Schlamm. **2** (voll)tanken **ˌfill sth ˈup** etw (auf)füllen; (*Fahrzeug*) volltanken

▸ ***Nomen*** [Sing] **1 your ~ of …** (mehr als) genug (von) … ◇ *I've had my fill of problems for one week.* Ich habe in dieser Woche genug Probleme gehabt. **2 your ~ (of food/drink)** ◇ *eat your fill* sich satt essen ◇ *drink your fill* seinen Durst stillen

fill·er /ˈfɪlə(r)/ *Nomen* **1** Füllmasse, Spachtelmasse **2** (*umgs*) Füllsel, Lückenbüßer(in) → *Siehe auch* STOCKING FILLER

ˈfiller cap *Nomen* Tankdeckel

fil·let /ˈfɪlɪt; *AmE* fɪˈleɪ/ *Nomen, Verb*

▸ ***Nomen*** Filet

▸ ***Verb*** filetieren

fill·ing /ˈfɪlɪŋ/ *Nomen, Adj*

▸ ***Nomen*** **1** Füllung **2** Brotbelag **3** Füllmaterial, Füllung

▸ ***Adj*** sättigend

ˈfilling station *Nomen* Tankstelle

fil·lip /ˈfɪlɪp/ *Nomen* [Sing] **a ~ (to/for sth)** (*gehoben*) Auftrieb (für etw) ◇ *A drop in interest rates gave a welcome fillip to the housing market.* Eine Zinssenkung gab dem Wohnungsmarkt den ersehnten Auftrieb.

filly /ˈfɪli/ *Nomen* (*Pl* **-ies**) junge Stute

film /fɪlm/ *Nomen, Verb*

▸ ***Nomen*** **1** (*bes BrE*) Film ◇ *a silent film* ein Stummfilm ◇ *a roll of film* eine Filmrolle ◇ *a film crew* ein Kamerateam ◇ *the film version of the novel* die Verfilmung des Romans **2** [meist Sing] Schicht, Schleier ◇ *a film of dust* eine Staubschicht → *Siehe auch* CLING FILM

▸ ***Verb*** (ver)filmen, drehen ◇ *during filming* während der Dreharbeiten ◇ *They're filming on location.* Sie machen Außenaufnahmen.

ˈfilm-goer *Nomen* (*bes BrE*) Kinogänger(in), Kinobesucher(in)

film·ing /ˈfɪlmɪŋ/ *Nomen* [U] Dreharbeiten

ˈfilm-maker *Nomen* Filmemacher(in)

ˈfilm star *Nomen* (*bes BrE*) Filmstar

filmy /ˈfɪlmi/ *Adj* hauchdünn, zart

Filo·fax™ /ˈfaɪləʊfæks; *AmE* -loʊ-/ *Nomen* Taschenplaner

ˈfilo pastry /ˈfiːləʊ ˌpeɪstri; *AmE* -loʊ/ (*auch* **filo**) *Nomen* Brickteig, Filoteig

fil·ter /ˈfɪltə(r)/ *Nomen, Verb*

▸ ***Nomen*** **1** Filter **2** (*BrE*) (*an Ampel*) grüner Pfeil ◇ *a filter lane* eine Abbiegerspur

▸ ***Verb*** **1** filtern ◇ *filtered coffee* Filterkaffee ◇ *a sun block that filters UVA effectively* ein Sunblocker, der UV-Strahlen herausfiltert **2** ◇ *The doors opened and people started filtering through.* Die Türen öffneten sich und die ersten Leute stellten sich ein. ◇ *The car filtered into the traffic.* Das Auto fädelte sich in den Verkehr ein. **3** durchsickern, zutage kommen **4** dringen ◇ *Sunlight filtered in through the curtains.* Sonnenlicht drang durch die Vorhänge. **5** (*BrE*) (*an der Ampel*) bei grünem Pfeil abbiegen PHR V **ˌfilter sth/sb ˈout** etw/jdn herausfiltern

ˈfilter tip *Nomen* Filter(zigarette)

filth /fɪlθ/ *Nomen* **1** Schmutz, Dreck **2** Schweinskram **3 the filth** [U] (*BrE, Slang, beleidigend*) die Bullen

filthy /ˈfɪlθi/ *Adj, Adv*

▸ ***Adj*** (**filth·ier, filthi·est**) **1** schmutzig, dreckig ◇ *It's filthy in here!* Das ist ja ein Saustall hier! **2** obszön, schmutzig **3** (*umgs*) übel, gemein ◇ *He was in a filthy mood.* Er war sehr übel gelaunt. ◇ *Ann gave him a filthy look.* Ann schaute ihn böse an. **4** (*BrE, umgs*) sau-

mäßig, Sau- ◇ *What filthy weather!* Was für ein Sauwetter!
▸ **Adv** (*umgs*) ~ **dirty** saudreckig; ~ **rich** stinkreich

fil·tra·tion /fɪl'treɪʃn/ *Nomen* Filterung, Filtrierung

fin /fɪn/ *Nomen* **1** Flosse **2** Stabilisierungsfläche

fin·agle /fɪ'neɪgl/ *Verb* (*bes AmE, umgs*) ~ **sth** sich etw erschwindeln

final 0-ᴛ /'faɪnl/ *Adj, Nomen*
▸ **Adj** **1** [nur vor Nomen] letzte(r,s), Schluss-, End- ◇ *The project is in its final stages.* Das Projekt ist im Endstadium. ◇ *The referee blew the final whistle.* Der Schiedsrichter pfiff das Spiel ab. **2** endgültig ◇ *I'm not coming, and that's final!* Ich komme nicht, und dabei bleibt es! IDM → ANALYSIS, STRAW *und* WORD
▸ **Nomen** **1** Finale, Endrunde, Endspiel **2** **finals** [Pl] (*BrE*) Abschlussexamen, Abschlussprüfung **3** (*AmE*) Semesterprüfung

fi·nale /fɪ'nɑːli; *AmE* fɪ'næli/ *Nomen* Finale, Abschluss

fi·nal·ist /'faɪnəlɪst/ *Nomen* Finalist(in)

fi·nal·ity /faɪ'næləti/ *Nomen* Endgültigkeit, Unabänderlichkeit

fi·nal·iza·tion (*BrE auch* **-isa·tion**) /ˌfaɪnəlaɪ'zeɪʃn; *AmE* -lə-/ *Nomen* Festlegung

fi·nal·ize (*BrE auch* **-ise**) /'faɪnəlaɪz/ *Verb* (endgültig) festlegen, beschließen, abschließen ◇ *Our route has not yet been finalized.* Unsere Route steht noch nicht endgültig fest.

fi·nal·ly 0-ᴛ /'faɪnəli/ *Adv* **1** endlich, schließlich **2** zuletzt, als letztes **3** endgültig

fi·nance 0-ᴛ /'faɪnæns, faɪ'næns, fə'-/ *Nomen, Verb*
▸ **Nomen** **1** [U] Geld, Kapital, finanzielle Mittel **2** Finanzwesen ◇ *the Minister of Finance* der Finanzminister ◇ *the finance director* der Leiter der Finanzabteilung **3** **finances** [Pl] Finanzen, Gelder ◇ *The firm's finances are basically sound.* Die Finanzlage der Firma ist weitgehend stabil.
▸ **Verb** finanzieren

'finance company (*Pl* **-ies**) (*BrE auch* **'finance house**) *Nomen* Finanzierungsgesellschaft

fi·nan·cial 0-ᴛ /faɪ'nænʃl, fə'-/ *Adj* (*Adv* **fi·nan·cial·ly** /-ʃəli/) finanziell, Finanz- ◇ *financial institutions* Geldinstitute ◇ *The project is not financially viable.* Das Projekt ist finanziell nicht realisierbar.

fiˌnancial 'aid *Nomen* (*AmE*) Beihilfe zum Studium

fiˌnancial 'year *Nomen* (*BrE*) Geschäftsjahr; (*im öffentlichen Haushalt*) Rechnungsjahr

fi·nan·cier /faɪ'nænsiə(r), fə'-; *AmE* ˌfɪnən'sɪr/ *Nomen* Finanzier(in)

finch /fɪntʃ/ *Nomen* (*oft in Zusammensetzungen*) Fink → *Siehe auch* BULLFINCH, CHAFFINCH *und* GOLDFINCH

find 0-ᴛ /faɪnd/ *Verb, Nomen*
▸ **Verb** (**found, found** /faʊnd/) **1** finden, auffinden, wiederfinden ◇ *The child was found safe and well.* Das Kind wurde unversehrt aufgefunden. ◇ *I didn't expect to come home and find him gone.* Ich hatte nicht damit gerechnet, ihn nicht mehr anzutreffen, als ich nach Hause kam. ◇ *I suddenly found myself running down the street.* Unwillkürlich rannte ich die Straße runter. ◇ *Water will always find its own level.* Wasser verteilt sich immer gleichmäßig. ◇ *Does the money find its way to the people who need it?* Gelangt das Geld an die, die es benötigen? ◇ *The criticism found its mark.* Die Kritik saß. ◇ *The plant is found only in Africa.* Die Pflanze gibt es nur in Afrika. **2** entdecken, finden ◇ *scientists trying to find the cause of the disease* Wissenschaftler, die die Krankheitsursache erforschen ◇ *I'm having trouble finding anything new to say on the subject.* Es fällt mir schwer, mir etwas Neues zu dem Thema einfallen zu lassen. ◇ *Can you find a hotel for me?* Können Sie mir ein Hotel besorgen? **3** herausfinden ◇ *I find (that) it pays to be honest.* Ich habe gemerkt, dass Ehrlichkeit sich auszahlt. ◇ *The report found that 30% of the firms had failed.* In dem Bericht wurde festgestellt, dass 30% der Firmen gescheitert waren. ◇ *Her blood was found to contain poison.* Es stellte sich heraus, dass in ihrem Blut Gift war. ◇ *You may find your illness hard to accept.* Es wird Ihnen vielleicht schwerfallen, Ihre Krankheit zu akzeptieren. **4** (*Zeit*) finden; (*Geld*) auftreiben **5** ~ **sth for sb**; ~ **sb sth** jdm etw holen ◇ *Can you find my bag for me?* Kannst du meine Tasche holen? **6** (RECHT) ◇ *find sb guilty* jdn schuldig sprechen ◇ *How do you find the accused?* Wie lautet Ihr Urteil? ◇ *The court found in her favour.* Das Gericht hat zu ihren Gunsten entschieden. **7** (COMP) suchen IDM **all 'found** (*BrE, veraltet*) bei freier Kost und Logis **find fault (with sb/sth)** (an jdm/etw) etwas auszusetzen haben **find your 'feet** selbstständig werden ◇ *I only recently joined the firm so I'm still finding my feet.* Ich bin erst vor kurzem in die Firma eingetreten und muss mich erst eingewöhnen. **find it in your heart/yourself to do sth** (*gehoben*) sich dazu durchringen etw zu tun ◇ *I cannot find it in myself to condemn her for it.* Ich kann es nicht übers Herz bringen, sie deswegen zu verdammen. **find your 'voice/'tongue** die Sprache wiederfinden **find your way (to ...)** den Weg (nach ...) finden **find your/its way (to/into ...)** (bei ...) landen ◇ *He found his way into the police force.* Er landete bei der Polizei. **take sb as you 'find them** von jdm nicht erwarten, dass er sich irgendwelche Umstände macht; jdn so nehmen, wie er ist → *Siehe auch* BEARING, COST, MATCH *und* NOWHERE PHRV **find for/against sb** (RECHT) (*kein Passiv*) für/gegen jdn entscheiden **find out (sth) (about sb/sth)** etw (über jdn/etw) herausfinden ◇ *Has she found out yet?* Hat sie das schon herausgefunden? **find sb out** jdn erwischen, jdn ertappen
▸ **Nomen** Fund, Entdeckung ◇ *Our babysitter's a real find.* Unser Babysitter ist eine wahre Perle.

find·er /'faɪndə(r)/ *Nomen* Finder(in) → *Siehe auch* VIEWFINDER

fin de siècle /ˌfæ̃ də 'sjeklə/ *Adj* (KUNST) der Jahrhundertwende, Jugendstil-

find·ing /'faɪndɪŋ/ *Nomen* **1** Auffinden **2** [oft Pl] Ergebnis; (*einer ärztlichen Untersuchung*) Befund ◇ *The report's finding is consistent with the results of a previous study.* Das Fazit des Berichts bestätigt den Befund einer früheren Untersuchung. **3** Gerichtsentscheidung

fine 0-ᴛ /faɪn/ *Adj, Adv, Nomen, Verb*
▸ **Adj** **1** gut ◇ *He's made a fine job of the garden.* Er hat im Garten gute Arbeit geleistet. ◇ *a very fine performance* eine ausgezeichnete Vorstellung ◇ *fine wines* erlesene Weine ◇ *fine workmanship* hochwertige Arbeit ◇ *enjoy the finer things in life* die besseren Dinge des Lebens zu genießen wissen ◇ *He tried to appeal to their finer feelings.* Er appellierte an ihre edleren Gefühle. ◇ *It was his finest hour as manager of the team.* Es war seine große Stunde als Manager der Mannschaft. **2** (*gesundheitlich*) gut ◇ *He's fine.* Es geht ihm gut. ◇ *'How are you?' 'Fine, thanks.'* „Wie geht's?" „Danke, gut." ◇ *I was feeling fine when I got up.* Ich fühlte mich tadellos, als ich aufstand. **3** (*umgs*) in Ordnung ◇ *'I'll leave this here, OK?' 'Fine.'* „Ich lasse das hier, ja?" „Gut." ◇ *'Can Bob come too?' 'That's fine by me.'* „Kann Bob auch mitkommen?" „Von mir aus gern." ◇ *You go on without me. I'll be fine.* Geht nur ohne mich weiter. Ich komm schon zurecht. ◇ *'Can I get you another drink?' 'No, thanks. I'm fine.'* „Kann ich Ihnen noch einen Drink holen?" „Danke, ich möchte jetzt nichts." **4** schön ◇ *It was a*

fine evening. Das Wetter war schön. ◇ *a fine-looking woman* eine gut aussehende Frau ◇ *a fine figure of a man* ein stattlicher Mann **5** fein ◇ *fine bone china* feines Porzellan ◇ *a fine thread* ein dünner Faden ◇ *There's a fine line between love and hate.* Es ist nur ein kleiner Schritt zwischen Liebe und Hass. **6** (*ironisch*) schön ◇ *This is a fine mess we're in!* Da haben wir ja eine schöne Bescherung! ◇ *You're a fine one to talk!* Du hast gut reden! **7** (*Metall*) Fein- ◇ *fine gold* Feingold IDM **get sth down to a fine 'art** (*umgs*) Routine in etw erwerben ◇ *I've got packing down to a fine art now.* Ich bin inzwischen ein Meister im Packen. **not to put too fine a 'point on it** um es ganz offen auszusprechen; offen gesagt ➜ *Siehe auch* CHANCE, FETTLE, LINE *und* TALK

▸ ***Adv*** (*umgs*) gut, prima ◇ *Keep going—you're doing fine.* Nur weiter—du machst es gut so. ◇ *That date suits me fine.* Der Tag passt mir bestens. ◇ *An omelette will do me fine.* Ein Omelett reicht mir völlig aus. IDM **cut it/things 'fine** (*umgs*) es auf die letzte Minute ankommen lassen ◇ *If we don't leave till two we'll be cutting it very fine.* Wenn wir erst um zwei losfahren, wird es sehr knapp werden.

▸ ***Nomen*** Geldstrafe, Geldbuße ◇ *a parking fine* ein Bußgeld für falsches Parken

▸ ***Verb*** zu einer Geldstrafe verurteilen ◇ *He was fined for dangerous driving.* Er erhielt eine gebührenpflichtige Verwarnung wegen rücksichtslosen Fahrens.

fine 'art *Nomen* [U] (**the fine 'arts**) [Pl] die schönen Künste ◇ *She majored in Fine Arts.* Sie hat als Hauptfach Kunst studiert.

fine·ly 🔑 /'faɪnli/ *Adv* **1** fein **2** edel ◇ *a finely furnished room* ein elegant eingerichtetes Zimmer **3** genau ◇ *The match was finely balanced throughout.* Das Spiel stand die ganze Zeit über auf der Kippe.

fine·ness /'faɪnnəs/ *Nomen* **1** Feinheit **2** (*von Metall*) Feingehalt

the ˌfine 'print *Nomen* (*AmE*) [U] das Kleingedruckte

fin·ery /'faɪnəri/ *Nomen* (*gehoben*) Pracht ◇ *The mayor was dressed in all his finery.* Der Bürgermeister war in vollem Staat.

fi·nesse /fɪ'nes/ *Nomen, Verb*

▸ ***Nomen*** Finesse, Geschick, Gewandheit

▸ ***Verb*** (*bes AmE*) ◇ *finesse a deal* einen Deal raffiniert aushandeln ◇ *finesse an issue* ein Problem geschickt vermeiden

ˌfine-tooth 'comb (*auch* **ˌfine-toothed 'comb**) *Nomen* Staubkamm IDM **go over/through sth with a fine-tooth/fine-toothed comb** etw genauestens durchsehen/durchsuchen

ˌfine-'tune *Verb* ausfeilen, den letzten Schliff geben, fein einstellen

ˌfine-'tuning *Nomen* [U] Feineinstellung, minimale Verbesserungen ◇ *The system is set up but it needs some fine-tuning.* Das System steht, aber ihm fehlt noch der letzte Schliff

fin·ger 🔑 /'fɪŋɡə(r)/ *Nomen, Verb*

▸ ***Nomen*** **1** Finger ◇ *Hold the material between finger and thumb.* Halten Sie den Stoff zwischen Zeigefinger und Daumen. ➜ *Siehe auch* BUTTERFINGERS *und* GREEN FINGERS **2** Streifen, schmales Stück ◇ *sponge fingers* Löffelbiskuits ◇ *a narrow finger of land pointing out into the sea* eine ins Meer ragende Landzunge ➜ *Siehe auch* FISH FINGER **3** Fingerbreit IDM **finger in the air** (*umgs*) = grobe Schätzung, die nicht wirklich auf echten Fakten basiert **get, pull, etc. your 'finger out** (*BrE, umgs*) Dampf machen; sich anstrengen **give sb the 'finger** (*AmE, umgs*) jdm den Stinkefinger zeigen **have a finger in every 'pie** (*umgs*) überall seine Finger drin haben **have, etc. your 'fingers in the till** (*BrE, umgs*) in die Kasse greifen; sich aus der Kasse bedienen **have/keep your finger on the 'pulse (of sth)** (in einer Sache) auf dem Laufenden sein/bleiben **lay a 'finger on sb** (*meist in verneinten Sätzen*) jdn anrühren ◇ *If you lay a finger on me, I'll call the police.* Wenn du mir auch nur ein Härchen krümmst, rufe ich die Polizei. **not put your finger on sth** etw nicht genau ausmachen können **put/stick two 'fingers up at sb** (*BrE, umgs*) jdm den Stinkefinger zeigen ➜ *Siehe auch* V-SIGN **work your fingers to the 'bone** sich die Finger/Hände wund arbeiten ➜ *Siehe auch* BURN, COUNT, CROSS, LIFT, POINT, SLIP, SNAP, STICKY *und* THUMB

▸ ***Verb*** **1** befühlen, herumfingern an **2** (*bes AmE, umgs*) verpfeifen, beschuldigen

-fin·gered /'fɪŋɡəd; *AmE* -ɡərd/ (*in zusammengesetzten Adjektiven*) ◇ *long-fingered* mit langen Fingern ◇ *a four-fingered chord* ein mit vier Fingern gespielter Akkord ◇ *nimble-fingered* geschickt ➜ *Siehe auch* LIGHT-FINGERED

fin·ger·mark /'fɪŋɡəmɑːk; *AmE* -ɡərmɑːrk/ *Nomen* (*bes BrE*) Fingerabdruck

fin·ger·nail /'fɪŋɡəneɪl; *AmE* -ɡərneɪl/ *Nomen* Fingernagel

fin·ger·print /'fɪŋɡəprɪnt; *AmE* -ɡərprɪnt/ *Nomen, Verb*

▸ ***Nomen*** (*bes BrE*) Fingerabdruck ➜ *Siehe auch* GENETIC FINGERPRINT

▸ ***Verb*** Fingerabdrücke machen von

fin·ger·print·ing /'fɪŋɡəprɪntɪŋ; *AmE* -ɡərp-/ *Nomen* [U] Anfertigen von Fingerabdrücken ◇ *genetic fingerprinting* der genetische Fingerabdruck

fin·ger·tip /'fɪŋɡətɪp; *AmE* -ɡərtɪp/ *Nomen* Fingerspitze IDM **have sth at your 'fingertips** **1** etw parat haben **2** etw beherrschen **to your 'fingertips** (*BrE*) durch und durch

fin·icky /'fɪnɪki/ *Adj* **1** (*abwert*) wählerisch, heikel ◇ *be a finicky eater* beim Essen wählerisch sein **2** knifflig, diffizil

fin·ish 🔑 /'fɪnɪʃ/ *Verb, Nomen*

▸ ***Verb*** **1** beenden, fertig werden mit ◇ *finish reading a book* ein Buch auslesen ◇ *I'll just finish this chapter.* Ich lese nur das Kapitel zu Ende. ◇ *He put the finishing touches to his painting* Er nahm an dem Bild die letzten Pinselstriche vor. ◇ *A cup of coffee finished the meal perfectly.* Eine Tasse Kaffee schloss das Essen perfekt ab. **2** aufhören, enden; (*Konzert, Film, Schulstunde*) aus sein, zu Ende sein ◇ *Be quiet! He hasn't finished speaking.* Sei still! Er hat noch nicht ausgeredet. ◇ *The dollar finished the day slightly down.* Bei Börsenschluss war der Dollar leicht gesunken. **3 ~ (sth)** (mit etw) fertig sein ◇ *I thought you'd never finish!* Ich dachte, du wirst nie fertig. ◇ *She finished law school last year.* Sie hat ihr Jurastudium letztes Jahr abgeschlossen. **4 ~ sth (off/up)** etw aufessen, etw austrinken, etw aufbrauchen **5** (SPORT) das Ziel erreichen ◇ *finish second* als Zweite(r) durchs Ziel gehen ◇ *He finished 12 seconds outside the world record.* Am Ziel lag er 12 Sekunden unter dem Weltrekord. **6 ~ sb (off)** (*umgs*) jdm den Rest geben PHR V **ˌfinish sb/sth 'off** (*umgs*) jdn/etw vernichten, jdm/etw den Gnadenschuss geben **ˌfinish sth 'off** etw fertig machen, etw beenden ◇ *They finished off the concert with their most famous song.* Zum Abschluss des Konzerts sangen sie ihren berühmtesten Song. **ˌfinish 'up** (*BrE*) **1** landen ◇ *Where did he finish up?* Wo ist er schließlich gelandet? **2** enden ◇ *He finished up as chairman of the board.* Er brachte es bis zum Vorstandsvorsitzenden. ◇ *We'll finish up getting shot.* Letzten Endes werden wir noch erschossen. ◇ *If you're not careful, you could finish up seriously ill.* Wenn du nicht aufpasst, wirst du am Ende womöglich noch ernsthaft krank. **finish with sb** **1** (*BrE*) mit jdm Schluss machen **2** mit jdm fertig sein **'finish with sth** **1** etw nicht mehr brauchen **2** (*BrE, umgs*) mit etw aufhören **finish (up) with sth** mit etw enden ◇ *To finish with, we'll listen to a few songs.* Zum Schluss hören wir noch einige Lieder.

▸ ***Nomen*** **1** Ende → *Siehe auch* PHOTO FINISH **2** (SPORT) (*eines Rennens*) Ziel ◇ *a dramatic finish to the race* ein dramatisches Ende des Rennens ◇ *It was a close finish.* Es war ein Kopf-an-Kopf-Rennen. **3** Deckanstrich; (*für Holz, Metall*) Politur; (*für Stoff*) Appretur ◇ *paint with a matt finish* ein Mattlack **4** Verarbeitung ◇ *available in a range of finishes* in verschiedenen Ausführungen erhältlich **5** letzter Schliff, Finish **IDM** → FIGHT

fin·ished /ˈfɪnɪʃt/ *Adj* **1** [nicht vor Nomen] fertig **2** [nicht vor Nomen] erledigt ◇ *He's finished in politics.* Er ist als Politiker erledigt. ◇ *Their marriage was finished.* Ihre Ehe war kaputt. **3** fertig (verarbeitet), End- ◇ *the finished product* das Endprodukt ◇ *well finished* sauber verarbeitet ◇ *a beautifully finished suit* ein ausgezeichnet gearbeiteter Anzug

fin·ish·er /ˈfɪnɪʃə(r)/ *Nomen* ◇ *the first six finishers* die ersten sechs, die durchs Ziel gehen

ˈfin·ish·ing line (*AmE* **ˈfinish line**) *Nomen* Ziellinie ◇ *cross the finishing line* durchs Ziel gehen

fi·nite /ˈfaɪnaɪt/ *Adj* **1** begrenzt; (MATH) endlich ◇ *The world's resources are finite.* Die Naturschätze der Welt sind nicht unerschöpflich. **2** (*Verb*) finit

fink /fɪŋk/ *Nomen* (*bes AmE, umgs*) Ekel, Verräter(in)

fiord = FJORD

fir /fɜː(r)/ (*auch* **ˈfir tree**) *Nomen* Tanne

ˈfir cone *Nomen* (*BrE*) Tannenzapfen

fire /ˈfaɪə(r)/ *Nomen, Verb*

▸ ***Nomen*** **1** Feuer ◇ *Her eyes were full of fire.* Ihre Augen sprühten. **2** Brand ◇ *set sth on fire* etw in Brand stecken ◇ *fire-fighting equipment* Feuerlöschgeräte ◇ *It took two hours to put out the fire.* Es dauerte zwei Stunden, bis der Brand gelöscht war. **3** (Kamin)feuer ◇ *light a fire* ein Feuer anmachen **4** (*bes BrE*) (Heiz)ofen ◇ *a gas fire* ein Gasofen **5** Feuer, Schüsse ◇ *return fire* zurückschießen ◇ *He ordered his men to hold their fire.* Er befahl seinen Leuten, das Feuer einzustellen. ◇ *line of fire* Schusslinie **IDM** **be on ˈfire** brennen **be/come under ˈfire** unter Beschuss geraten (*auch fig*) **hang/hold ˈfire** **1** abwarten **2** aufgehalten werden ◇ *The project had hung fire for several months.* Das Projekt war für einige Monate auf Eis gelegt worden. **play with ˈfire** mit dem Feuer spielen → *Siehe auch* ADD, BAPTISM, DRAW, FIGHT, FRYING PAN, HOUSE, IRON, SMOKE *und* WORLD

▸ ***Verb*** **1** abschießen, schießen; (*Schuss*) abgeben; (*Raketen*) abfeuern ◇ *He fired the gun in the air.* Er schoss mit dem Gewehr in die Luft. ◇ *We heard the sounds of guns firing.* Wir hörten Gewehrschüsse. ◇ *'Fire!' shouted the officer.* „Feuer!", rief der Offizier. **2** (*entlassen*) feuern **3** begeistern ◇ *fire sb with enthusiasm* jdn in Begeisterung versetzen ◇ *His imagination had been fired by the film.* Der Film hatte seine Fantasie beflügelt. **4** (*Motor*) zünden **5** (*Töpferwaren*) brennen **IDM** **fire ˈquestions, etc. at sb** jdn mit Fragen etc. bombardieren → *Siehe auch* CYLINDER **PHRV** **ˌfire ˈaway** (*umgs*) losschießen **ˌfire sth ˈoff** **1** etw abfeuern **2** (*Brief*) loslassen **ˌfire sb ˈup** jdn begeistern

ˈfire alarm *Nomen* **1** Feuermelder **2** Feueralarm

fire·arm /ˈfaɪərɑːm; *AmE* -rɑːrm/ *Nomen* Schusswaffe

fire·ball /ˈfaɪəbɔːl; *AmE* -ərbɔːl/ *Nomen* Feuerball

fire·bomb /ˈfaɪəbɒm; *AmE* -ərbɑːm/ *Nomen, Verb*

▸ ***Nomen*** Brandbombe

▸ ***Verb*** mit einer Brandbombe angreifen

fire·brand /ˈfaɪəbrænd; *AmE* -ərbrænd/ *Nomen* Unruhestifter(in)

fire·break /ˈfaɪəbreɪk; *AmE* -ərbreɪk/ *Nomen* **1** feuerbeständige Schutzvorrichtung, Brandmauer **2** Feuerschneise

ˈfire brigade (*AmE* **ˈfire department**) *Nomen* [mit Verb im Sing/Pl] Feuerwehr

fire·crack·er /ˈfaɪəkrækə(r); *AmE* -ərk-/ *Nomen* Knallkörper

-fired /ˈfaɪəd; *AmE* -ərd/ (*in Zusammensetzungen*) mit ... befeuert ◇ *gas-fired central heating* Gaszentralheizung

ˈfire door *Nomen* Feuerschutztür

ˈfire drill *Nomen* Probealarm

ˈfire engine *Nomen* Löschfahrzeug, Feuerwehrauto

ˈfire escape *Nomen* Feuertreppe, Feuerleiter

ˈfire extinguisher (*auch* **ex·tin·guish·er**) *Nomen* Feuerlöscher

fire·fight /ˈfaɪəfaɪt; *AmE* -ərfaɪt/ *Nomen* Schusswechsel

fire·fight·er /ˈfaɪəfaɪtə(r); *AmE* -ərfaɪ-/ *Nomen* Feuerwehrmann, Feuerwehrfrau

fire·fight·ing *Nomen* /ˈfaɪəfaɪtɪŋ; *AmE* -ərfaɪ-/ Brandbekämpfung ◇ *firefighting vehicles* Löschfahrzeuge

fire·fly /ˈfaɪəflaɪ; *AmE* -ərflaɪ/ *Nomen* (*Pl* **-ies**) Leuchtkäfer

fire·guard /ˈfaɪəgɑːd; *AmE* -ərgɑːrd/ *Nomen* Funkenschutz

ˈfire hose *Nomen* Feuerwehrschlauch

fire·house /ˈfaɪəhaʊs; *AmE* -ərhaʊs/ *Nomen* (*AmE*) Feuerwache

ˈfire hydrant (*auch* **hy·drant**) *Nomen* Hydrant

fire·light /ˈfaɪəlaɪt; *AmE* -ərlaɪt/ *Nomen* Schein des Feuers

fire·light·er /ˈfaɪəlaɪtə(r); *AmE* -ərlaɪ-/ *Nomen* (*BrE*) Feueranzünder

ˈfire line *Nomen* (*AmE*) Feuerschneise

fire·man /ˈfaɪəmən; *AmE* -ərmən/ *Nomen* (*Pl* **-men** /-mən/) Feuerwehrmann

fire·place /ˈfaɪəpleɪs; *AmE* -ərpleɪs/ *Nomen* Kamin

fire·power /ˈfaɪəpaʊə(r); *AmE* -ərp-/ *Nomen* Feuerkraft

ˈfire prac·tice *Nomen* (*BrE*) Probealarm

fire·proof /ˈfaɪəpruːf; *AmE* -ərpruːf/ *Adj* feuerfest

fire-retard·ant /ˈfaɪə rɪˌtɑːdənt; *AmE* -ər rɪˌtɑːrdənt/ *Adj* feuerhemmend

ˈfire sale *Nomen* = Ausverkauf nach Feuerschaden

ˈfire screen *Nomen* **1** (*AmE*) Funkenschutz **2** ≈ Ofenschirm

ˈfire ser·vice *Nomen* (*BrE*) Feuerwehr

fire·side /ˈfaɪəsaɪd; *AmE* -ərsaɪd/ *Nomen* ◇ *sit by the fireside* am Kamin sitzen

ˈfire station *Nomen* Feuerwache

fire·storm /ˈfaɪəstɔːm; *AmE* -ərstɔːrm/ *Nomen* Feuersturm

ˈfire trap *Nomen* Feuerfalle

ˈfire truck *Nomen* (*AmE*) Löschfahrzeug, Feuerwehrauto

fire·wall *Nomen* /ˈfaɪəwɔːl; *AmE* -ərwɔːl/ (COMP) Brandmauer

fire·wood /ˈfaɪəwʊd; *AmE* -ərwʊd/ *Nomen* Brennholz

fire·work /ˈfaɪəwɜːk; *AmE* -ərwɜːrk/ *Nomen* **1** Feuerwerkskörper ◇ *a firework(s) display* ein Feuerwerk **2** **fireworks** [Pl] Feuerwerk

fir·ing /ˈfaɪərɪŋ/ *Nomen* **1** Schießen, Schießerei ◇ *There was continuous firing throughout the night.* Die ganze Nacht wurde geschossen. **2** (*bes AmE*) Rausschmiss

ˈfiring line *Nomen* **IDM** **be in the ˈfiring line** (*AmE* **be on the ˈfiring line**) in der Schusslinie sein

ˌfiring squad *Nomen* [mit Verb im Sing/Pl] Exekutionskommando

firm /fɜːm; *AmE* fɜːrm/ *Nomen, Adj, Adv, Verb*

▸ ***Nomen*** Firma ◇ *a firm of lawyers* eine Anwaltskanzlei

▸ ***Adj*** **1** fest, hart ◇ *be firm to the touch* sich fest anfühlen ◇ *She took a firm hold of my arm.* Sie packte mich fest am Arm. **2** fest, stabil ◇ *We need to keep a firm grip on the situation.* Wir müssen die Situation fest im Griff behalten. ◇ *The company now has a firm footing in the marketplace.* Die Firma hat jetzt eine sichere Position auf dem Markt. **3** fest, sicher ◇ *a firm believer in socialism* jemand, der fest an den Sozialismus glaubt ◇ *a firm decision* eine endgültige Entscheidung ◇ *firm principles* unumstößliche Prinzipien ◇ *She is a firm favourite with the children.* Sie ist bei den Kindern sehr beliebt. ◇ *They remained firm friends.* Sie blieben eng befreundet. **4** streng, fest, unnachgiebig ◇ *exercise firm discipline* strenge Disziplin halten ◇ *Parents must be firm with their children.* Kinder brauchen eine feste Hand. **5 ~ (against sth)** (*Währung etc.*) stabil (gegenüber etw) **IDM** **be on firm ˈground** sich auf sicherem Boden bewegen **a firm ˈhand** eine feste Hand **take a firm ˈline on sth** (in etw) einen klaren Standpunkt vertreten **take a firm ˈstand (against sth)** (gegen etw) energisch vorgehen

▸ ***Adv*** **IDM** **hold ˈfirm (to sth)** (*gehoben*) (an etw) festhalten → *Siehe auch* FAST

▸ ***Verb*** **1** fest drücken **2** straffen **3** (FINANZ) sich festigen **PHR V** **ˌfirm ˈup** fest werden **ˌfirm sth ˈup** **1** etw festmachen ◇ *The precise details still have to be firmed up.* Die genauen Einzelheiten müssen noch festgelegt werden. **2** straffen

firma·ment /ˈfɜːməmənt; *AmE* ˈfɜːrm-/ *Nomen* (*gehoben*) Firmament, Himmel

firm·ly /ˈfɜːmli; *AmE* ˈfɜːrm-/ *Adv* **1** fest **2** bestimmt

firm·ness /ˈfɜːmnəs; *AmE* ˈfɜːrm-/ *Nomen* **1** Festigkeit **2** Strenge

firm·ware /ˈfɜːmweə(r); *AmE* ˈfɜːrmwer/ *Nomen* [U] (COMP) Firmware

first /fɜːst; *AmE* fɜːrst/ *Adj, Pron, Adv, Nomen*

▸ ***Adj, Pron*** erste(r,s) ◇ *go back to first principles* zu den Grundprinzipien zurückkehren ◇ *an issue of the first importance* eine Frage von höchster Wichtigkeit **IDM** → ORDER *und* THING

▸ ***Adv*** **1** als Erste(r,s), zuerst ◇ *You go first.* Geh du zuerst. ◇ *Think first, then act.* Erst denken, dann handeln. ◇ *Who came first in the race?* Wer hat das Rennen gewonnen? **2** zum ersten Mal, zuerst ◇ *When did you first meet him?* Wann haben Sie ihn kennengelernt? ◇ *The play was first performed in Paris.* Das Stück wurde in Paris uraufgeführt. **3** erstens **4** eher, lieber ◇ *He said he'd resign first.* Er sagte, er würde eher zurücktreten. **IDM** **at ˈfirst** zuerst; zunächst **come ˈfirst** (den) Vorrang haben **ˌfirst and ˈforemost** vor allem **ˌfirst and ˈlast** durch und durch **ˌfirst ˈcome, ˌfirst ˈserved** wer zuerst kommt, mahlt zuerst **ˌfirst of ˈall** **1** zuerst; zuallererst; als Erstes **2** vor allem **ˌfirst ˈoff** (*umgs*) zuerst ◇ *First off, let's see how much it'll cost.* Lass uns zuerst mal sehen, was das kosten würde. **ˌfirst ˈup** (*BrE, umgs*) als Erstes **ˌhead ˈfirst** **1** mit dem Kopf zuerst; kopfüber **2** Hals über Kopf **ˌput sb/sth ˈfirst** etw/jdm den Vorrang geben ◇ *She always puts her children first.* Für sie stehen ihre Kinder immer an erster Stelle.

▸ ***Nomen*** **1 the first** (*Pl* **the first**) der/die/das Erste ◇ *The first I heard about the wedding was when I saw the announcement in the paper.* Ich habe erst von der Hochzeit erfahren, als ich die Anzeige in der Zeitung sah. **2** (*umgs*) ◇ *It was a first for the team.* Es war das allererste Mal für die Mannschaft. ◇ *This operation is a first in medical history.* Diese Operation ist die erste ihrer Art in der Geschichte der Medizin. ◇ *We went on a cruise, a first for both of us.* Wir haben eine Kreuzfahrt gemacht, ein ganz neues Erlebnis für uns beide. **3** (*im Auto*) erster Gang **4 ~ (in sth)** (*BrE*) (*bei Examensnoten an britischen Universitäten*) ≈ Eins (in etw) ◇ *She got a first in maths.* Sie hat ihr Examen in Mathematik mit „Eins" bestanden. **IDM** **first among ˈequals** Primus inter pares **from the (very) ˈfirst** (gleich) von Anfang an **from ˌfirst to ˈlast** von Anfang bis Ende

ˌfirst ˈaid *Nomen* Erste Hilfe

ˌfirst-ˈaider (*AmE* **ˌfirst ˈaider**) *Nomen* (*BrE*) Sanitäter(in), Person, die in einem Betrieb Erste Hilfe leistet

ˌfirst ˈbalcony *Nomen* (*AmE*) (*Theater*) erster Rang

ˌfirst ˈbase *Nomen* (*beim Baseball*) erstes Laufmal **IDM** **not get to first ˈbase (with sth/sb)** (*bes AmE, umgs*) (mit etw/bei jdm) nicht viel Erfolg haben

first·born /ˈfɜːstbɔːn; *AmE* ˈfɜːrstbɔːrn/ *Nomen, Adj*

▸ ***Nomen*** (*veraltet*) Erstgeborene(r)

▸ ***Adj*** erstgeboren

ˌfirst ˈclass *Nomen, Adv*

▸ ***Nomen*** [U] **1** erste Klasse **2** (*BrE*) (*Examensnote an britischen Universitäten*) Eins

▸ ***Adv*** erster Klasse, in der ersten Klasse ◇ *travel first class* erster Klasse reisen

ˌfirst-ˈclass *Adj* **1** erstklassig ◇ *The car was in first-class condition.* Sein Auto war in erstklassigem Zustand. **2** erster Klasse ◇ *a first-class cabin* eine Kabine in der ersten Klasse **3** (*Examensnote an britischen Universitäten*) ◇ *She was awarded a first-class degree in English.* Sie schloss ihr Anglistikstudium mit Auszeichnung ab.

ˌfirst ˈcousin *Nomen* Cousin, Kusine

ˌfirst deˈgree *Nomen* (*bes BrE*) = erster möglicher Universitätsabschluss, wie z.B. der BA (Bachelor of Arts) für Geisteswissenschaften oder der BSc (Bachelor of Science) für Naturwissenschaften

ˌfirst-deˈgree *Adj* [nur vor Nomen] **1** (*bes AmE*) = bezeichnet die jeweils schlimmste Form eines Gewaltverbrechens, die das höchste Strafmaß erfordert ◇ *first-degree murder* vorsätzlicher Mord **2** (*Verbrennungen*) ersten Grades

ˌfirst eˈdition *Nomen* Erstausgabe

ˌfirst-ˈever *Adj* [nur vor Nomen] allererste(r,s)

the ˌfirst ˈfamily *Nomen* = die Familie des Präsidenten der USA

ˌfirst ˈfinger *Nomen* Zeigefinger

ˌfirst ˈfloor *Nomen* **1** (*bes BrE*) erster Stock ◇ *on the first floor* im ersten Stock **2** (*AmE*) Erdgeschoss

ˌfirst-ˈfloor *Adj* [nur vor Nomen] **1** (*bes BrE*) im ersten Stock **2** (*AmE*) Erdgeschoss-, im Erdgeschoss

ˌfirst-ˈfoot *Verb* = als erster Besucher des neuen Jahres ein Haus betreten

ˌfirst ˈfruit *Nomen* [meist Pl] erste Frucht

ˌfirst ˈgear *Nomen* (*einer Schaltung*) erster Gang

ˌfirst geneˈration *Nomen* erste Generation ◇ *the first generation of immigrants* die erste Einwanderungsgeneration ◇ *first-generation immigrants* Einwanderer der ersten Generation

ˌfirst-ˈhand *Adj* [nur vor Nomen], *Adv* aus erster Hand ◇ *have first-hand experience of poverty* Armut aus erster Hand kennen

ˌfirst ˈlady *Nomen* **1 the First Lady** = die Frau des Präsidenten der USA **2** (*AmE*) = Frau eines amerikanischen Gouverneurs oder eines anderen Staatsoberhauptes **3** (*fig*) Königin ◇ *the first lady of jazz* die Königin des Jazz

ˌfirst ˈlanguage *Nomen* Muttersprache

ˌfirst lieuˈtenant *Nomen* **1** Oberleutnant **2** (*fig*) (*umgs*) rechte Hand

ˌfirst ˈlight *Nomen* Morgengrauen, Tagesanbruch
first·ly /ˈfɜːstli; *AmE* ˈfɜːrst-/ *Adv* erstens, zuerst
ˌfirst ˈmate *Nomen* Erste(r) Offizier(in)
ˌFirst ˈMinister *Nomen* = Erste(r) Minister(in) des Parlaments in Schottland, Wales oder Nordirland
ˈfirst name *Nomen* Vorname ◇ *be on first-name terms with sb* mit jdm per du sein
ˌfirst ˈnight *Nomen* Premiere
ˌfirst ofˈfender *Nomen* Ersttäter(in)
ˌfirst-ˌpast-the-ˈpost *Adj* [nur vor Nomen] = beschreibt das Mehrheitswahlsystem, bei dem der Kandidat, der in einem Wahlkreis die Mehrheit der Stimmen erhält, den Sitz gewinnt
the ˌfirst ˈperson *Nomen* (LING) die erste Person
ˌfirst-ˈrate *Adj* erstklassig
ˈfirst school *Nomen* (*BrE*) = Schule in Großbritannien für Kinder zwischen fünf und acht/neun Jahren.
ˌfirst ˈstrike *Nomen* Erstschlag ◇ *a strategic first strike* ein Präventivschlag
ˌfirst-ˈtimer *Nomen* = jd, der etw zum ersten Mal macht ◇ *conference first-timers* Konferenzteilnehmer, die zum ersten Mal dabei sind
the ˌFirst World ˈWar *Nomen* der Erste Weltkrieg
firth /fɜːθ; *AmE* fɜːrθ/ *Nomen* (*besonders in geografischen Namen verwendet*) Meeresarm, Förde
fis·cal /ˈfɪskl/ *Adj* (*Adv* **fis·cal·ly** /ˈfɪskəli/) fiskalisch, finanzpolitisch ◇ *fiscal reforms* Finanzreformen
ˌfiscal ˈyear *Nomen* (*AmE*) Rechnungsjahr, Steuerjahr, Finanzjahr
fish 🔑 /fɪʃ/ *Nomen, Verb*
▸ ***Nomen*** (*Pl* **fish** *oder veraltet* **fishes**) Fisch, Fischart ◇ *a fish tank* ein Aquarium ➔ *Siehe auch* COARSE FISH *und* SHELLFISH IDM **a ˌfish out of ˈwater** ein Fisch auf dem Trocknen **have bigger/other fish to ˈfry** Wichtigeres zu tun haben **neither ˌfish nor ˈfowl** weder Fisch noch Fleisch **an odd/a queer ˈfish** (*BrE, veraltet*) ein komischer Kauz **there are plenty more fish in the ˈsea** es gibt noch andere ➔ *Siehe auch* BIG, COLD, DIFFERENT *und* DRINK
▸ ***Verb* 1** ~ **(for sth)** (nach etw) fischen, (etw) angeln ◇ *You can fish for trout in this stream.* In diesem Bach kann man Forellen fangen. ◇ *The trawler was fishing off the coast of Iceland.* Das Fangboot war vor der isländischen Küste auf Fischfang. **2** ~ **sth** (*Fluss etc.*) in etw fischen ◇ *They fished the lake for salmon.* Sie fischten im See nach Lachs. **3** kramen, fischen PHR V **ˈfish for sth** auf etw aus sein ◇ *fish for compliments* auf Komplimente aus sein **ˌfish sth/sb ˈout (of sth)** etw/jdn (aus etw) herausfischen
ˌfish and ˈchips (*bes BrE*) *Nomen* [U] Backfisch mit Pommes frites ◇ *a fish and chip shop* eine Fischbraterei
fish·cake /ˈfɪʃkeɪk/ *Nomen* (*bes BrE*) Fischfrikadelle
fish·er·man /ˈfɪʃəmən; *AmE* -ʃərmən/ *Nomen* (*Pl* **-men** /-mən/) Fischer, Angler
fisherwoman /ˈfɪʃəwʊmən; *AmE* -ʃərwʊ-/ *Nomen* (*Pl* **fisherwomen** /-wɪmɪn/) Fischerin, Anglerin
fish·ery /ˈfɪʃəri/ *Nomen* (*Pl* **-ies**) [meist Pl] **1** Fischgründe, Fanggebiet **2** Fischzucht **3** Fischerei
fish·eye lens /ˌfɪʃaɪ ˈlenz/ *Nomen* Fischaugenobjektiv
ˈfish farm *Nomen* Fischzucht(anlage)
ˌfish ˈfinger *Nomen* Fischstäbchen
ˈfish hook *Nomen* Angelhaken
fish·ing 🔑 /ˈfɪʃɪŋ/ *Nomen* Fischen, Angeln, Fischerei ◇ *They often go fishing.* Sie gehen oft angeln. ◇ *a fishing boat* ein Fischerboot ◇ *fishing grounds* Fischgründe
ˈfishing line *Nomen* Angelschnur
ˈfishing rod (*auch* **rod**) *Nomen* Angelrute
ˈfishing tackle *Nomen* Angelzeug, Angelausrüstung
fish·mon·ger /ˈfɪʃmʌŋgə(r)/ *Nomen* (*bes BrE*) Fischhändler(in)
fish·net /ˈfɪʃnet/ *Nomen* (*in der Mode*) Fischnetz ◇ *fishnet tights* eine Netzstrumpfhose
ˈfish slice *Nomen* (*BrE*) Fischwender, Pfannenwender
fish·wife /ˈfɪʃwaɪf/ *Nomen* (*Pl* **-wives** /-waɪvz/) (*fig*) (*abwert*) Marktweib
fishy /ˈfɪʃi/ *Adj* (**fish·ier, fish·iest**) **1** (*umgs*) verdächtig ◇ *There's something fishy going on here.* Hier ist irgendetwas faul. **2** Fisch-, fischig ◇ *a fishy smell* ein Fischgeruch
fis·sion /ˈfɪʃn/ *Nomen* **1** (PHYSIK) = NUCLEAR FISSION **2** (BIOL) (Zell)teilung
fis·sure /ˈfɪʃə(r)/ *Nomen* (*Fachspr*) Riss, Spalte
fis·sured /ˈfɪʃəd; *AmE* -ʃərd/ *Adj* (*Fachspr*) zerklüftet
fist /fɪst/ *Nomen* Faust ◇ *a fist fight* eine Schlägerei ➔ *Siehe auch* HAM-FISTED *und* TIGHT-FISTED IDM **make a better, good, poor, etc. fist of sth** (*BrE, umgs*) sich bei etw besser, gut, nicht gut etc. anstellen
ˈfist bump *Nomen* (*umgs*) = Begrüßung per Faustschlag, auch als Zeichen der Zustimmung oder Anerkennung
ˈfist-bump *Verb* (*umgs*) **~ sb** jdn per Faustschlag begrüßen
fist·ful /ˈfɪstfʊl/ *Nomen* Handvoll
fisti·cuffs /ˈfɪstɪkʌfs/ *Nomen* [Pl] (*veraltet oder hum*) Faustkampf, Handgemenge
fit 🔑 /fɪt/ *Verb, Adj, Nomen*
▸ ***Verb*** (**fit·ting, fit·ted, fit·ted**) (*AmE meist* **fit·ting, fit, fit**) (*Im Passiv wird aber auch im amerikanischen Englisch* **fitted** *verwendet.*) **1** passen, sitzen ◇ *That jacket fits well.* Die Jacke sitzt gut. ◇ *a close-fitting dress* ein eng anliegendes Kleid ◇ *Something doesn't quite fit here.* Irgendetwas stimmt hier nicht. **2** (hinein)passen ◇ *All the kids will fit in the back of the car.* Die Kinder passen alle auf den Rücksitz. **3** ~ **sb for sth** jdm etw anpassen ◇ *I'm going to be fitted for my wedding dress today.* Ich gehe heute mein Hochzeitskleid anprobieren. **4** anbringen ◇ *They fitted a smoke alarm to the ceiling.* Sie brachten einen Rauchmelder an der Decke an. ◇ *I fitted these shelves myself.* Ich habe diese Regale selbst angebracht. **5** ~ **sth/sb with sth** jdn/etw mit etw ausstatten ◇ *The rooms were all fitted with smoke alarms.* Alle Räume waren mit Rauchmeldern ausgestattet. **6** (*nicht in der Verlaufsform*) ~ **sth** einer Sache entsprechen, mit etw übereinstimmen ◇ *The punishment ought to fit the crime.* Die Strafe sollte dem Verbrechen angemessen sein. **7** ~ **sth to sth** etw an etw anpassen ◇ *We should fit the punishment to the crime.* Wir sollten die Strafe dem Verbrechen anpassen. **8** ~ **sb (for sth)** (*bes BrE*) jdn (zu etw) befähigen ◇ *His experience fitted him perfectly for the job.* Aufgrund seiner Erfahrung eignete er sich ausgezeichnet für die Aufgabe. IDM **fit (sb) like a ˈglove** wie angegossen passen ➔ *Siehe auch* BILL *und* DESCRIPTION PHR V **ˌfit ˈin** sich einfügen, sich anpassen ◇ *Where do I fit in?* Welche Rolle ist für mich vorgesehen? ◇ *Do these plans fit in with your arrangements?* Lassen sich diese Pläne mit Ihren Vorkehrungen vereinbaren? **fit sb/sth in** jdn/etw einschieben, für jdn/etw Zeit finden **ˌfit sb/sth ˈout/ˈup (with sth)** jdn/etw (mit etw) ausstatten, jdn/etw (mit etw) ausrüsten **ˌfit toˈgether** zusammenpassen **ˌfit sth toˈgether** etw zusammensetzen ◇ *We fitted together the pieces of the puzzle.* Wir setzten die Teile des Puzzles zusammen. **ˌfit sb ˈup (for sth)** (*BrE, umgs*) jdm etw anhängen ◇ *I've been fitted up.* Sie haben mir die Sache angehängt.
▸ ***Adj*** (**fit·ter, fit·test**) **1** fit, in Form ◇ (*BrE*) *He won't be fit to play in the match on Saturday.* Für das Spiel am Samstag wird er noch nicht fit genug sein. ◇ (*BrE*) *He's*

been ill and isn't fit enough for work yet. Er war krank und ist noch nicht arbeitsfähig. ◇ *fighting fit* topfit ◇ *The government aims to make industry leaner and fitter.* Die Regierung plant die Gesundschrumpfung der Industrie. **2** geeignet, tauglich ◇ *It was a meal fit for a king.* Das war ein Festmahl! ◇ *Your car isn't fit to be on the road.* Ihr Auto ist vollkommen verkehrsuntauglich. ◇ *He's so angry he's in no fit state to see anyone.* Er ist so wütend, dass er niemanden empfangen kann. ◇ (*gehoben*) *This is not a fit place for you to live.* Hier kannst du unmöglich leben. **3 ~ to do sth** (*BrE, umgs*) ◇ *They worked until they were fit to drop.* Sie arbeiteten bis zum Umfallen. ◇ *I've eaten so much I'm fit to burst.* Ich habe so viel gegessen, dass ich platzen könnte. ◇ *She was laughing fit to burst.* Sie lachte schallend. **4** (*BrE, umgs*) (*Mensch*) knackig IDM **(as) ˌfit as a ˈfiddle** (*umgs*) kerngesund **see/think ˈfit (to do sth)** (*gehoben*) es für richtig halten (etw zu tun); es für angebracht halten (etw zu tun) → *Siehe auch* SURVIVAL

▸ ***Nomen*** **1** Anfall ◇ *He had us all in fits (of laughter) with his jokes.* Bei seinen Witzen kugelten wir uns vor Lachen. **2** Ausbruch, Anwandlung ◇ *in a fit of temper* in einem Wutanfall **3** Passform, Sitz ◇ *The coat was a perfect fit.* Der Mantel passte tadellos. **4** Übereinstimmung ◇ *We need to work out the best fit between the staff required and the staff available.* Wir müssen herausfinden, wie man Personalbedarf und -angebot aufeinander abstimmen kann. IDM **by/in ˌfits and ˈstarts** mit häufigen Unterbrechungen; sporadisch **have/throw a ˈfit** (*umgs*) einen Anfall haben/kriegen; durchdrehen

fit·ful /ˈfɪtfl/ *Adj* (*Adv* **fit·ful·ly** /-fəli/) sporadisch, unbeständig ◇ *sleep fitfully* unruhig schlafen

fit·ment /ˈfɪtmənt/ *Nomen* [meist Pl] (*BrE, Fachspr*) Zubehör ◇ *kitchen fitments* Küchenausstattung ◇ *a shower fitment* eine (Hand)dusche

fit·ness /ˈfɪtnəs/ *Nomen* **1** Fitness **2** Eignung, Tauglichkeit

ˈfitness tracker *Nomen* Fitnessarmband

fit·ted /ˈfɪtɪd/ *Adj* **1** [nur vor Nomen] (*bes BrE*) eingebaut, Einbau- ◇ *fitted wardrobes* eingebaute Kleiderschränke ◇ *fitted cupboards* Einbauschränke ◇ *a fitted kitchen* eine Einbauküche **2** [nur vor Nomen] auf Taille gearbeitet ◇ *a fitted jacket* eine taillierte Jacke **3** (*bes BrE*) ◇ *She was well fitted to the role of tragic heroine.* Für die Rolle der tragischen Heldin war sie gut geeignet. **4 ~ with sth** mit etw versehen

ˌfitted ˈcarpet *Nomen* (*BrE*) Teppichboden

fit·ter /ˈfɪtə(r)/ *Nomen* **1** Monteur(in), Installateur(in), Maschinenschlosser(in) **2** Teppichleger(in)

fit·ting /ˈfɪtɪŋ/ *Adj, Nomen*

▸ ***Adj*** (*gehoben*) geeignet, angemessen ◇ *It is fitting that he should have the last word.* Es ist nur recht, dass er das letzte Wort hat.

▸ ***Nomen*** **1** [meist Pl] (*Zubehör*) Teil; (*Lampen-*) Fassung; (*an Möbeln*) Beschlag ◇ *electrical fittings* Elektroinstallationen **2 fittings** [Pl] (*BrE*) Ausstattung **3** (*von Kleidung*) Anprobe

ˈfitting room *Nomen* Anprobe

five 0-w /faɪv/ *Zahl* fünf ◇ *education for the under-fives* Unterricht für Kinder unter fünf → *Beispiele bei* SECHS

five·fold /ˈfaɪvfəʊld; *AmE* -foʊld/ *Adj, Adv* → -FOLD

fiver /ˈfaɪvə(r)/ *Nomen* **1** (*BrE, umgs*) Fünfpfundschein ◇ *Can you lend me a fiver?* Kannst du mir fünf Pfund leihen? **2** (*AmE, umgs*) Fünfdollarschein

fix 0-w /fɪks/ *Verb, Nomen*

▸ ***Verb*** **1** befestigen ◇ *fix a shelf to the wall* ein Regal an der Wand anbringen ◇ *fix a post in the ground* einen Pfosten im Boden verankern **2** festlegen ◇ *Has (the date of) the meeting been fixed yet?* Steht der Termin für das Treffen schon fest? **3** feststellen **4 ~ sth on sb/sth** etw auf jdn/etw richten **5 ~ sth (up)** etw arrangieren ◇ *I'll fix it with Sarah.* Ich regle das mit Sarah. **6** (*bes AmE*) ◇ *He's just fixing a snack.* Er macht gerade was zu essen. ◇ *Can I fix you a drink?* Möchten Sie einen Drink? **7** reparieren ◇ *Can you fix it?* Kriegen Sie das wieder hin? **8** zurecht machen ◇ *fix your hair* sich die Haare machen **9** (*umgs*) (*meist passiv*) manipulieren ◇ *The judge had been fixed.* Der Richter war bestochen worden. **10** (*umgs*) **~ sb** sich jdn vornehmen **11** (*Film, Farbe*) fixieren IDM **fix sb with a ˈlook, ˈstare, ˈgaze, etc.** jdn fixieren PHR V **ˈfix on sb/sth** sich für jdn/etw entscheiden **ˌfix sth ˈup** etw renovieren **ˌfix sb ˈup (with sb)** (*umgs*) jdn (mit jdm) verkuppeln **ˌfix sb ˈup with sth** jdm etw besorgen ◇ *I'll fix you up with a place to stay.* Ich besorge dir eine Unterkunft.

▸ ***Nomen*** **1** (*umgs*) Lösung ◇ *There is no quick fix.* Es gibt keine einfache Lösung. **2** [Sing] (*umgs*) (*Drogen*) Schuss ◇ (*fig*) *I need my morning fix of coffee.* Morgens brauche ich meine Dosis Kaffee. **3** [Sing] Klemme ◇ *get yourself in a fix* in die Klemme geraten **4** [Sing] (*umgs*) abgekartete Sache IDM **get a fix on sth 1** etw orten **2** sich Klarheit über etw verschaffen

fix·ation /fɪkˈseɪʃn/ *Nomen* **~ (with/on sb/sth)** Fixierung (auf jdn/etw) ◇ *a fixation with cleanliness* ein Sauberkeitsfimmel

fixa·tive /ˈfɪksətɪv/ *Nomen* **1** Fixiermittel **2** Klebstoff

fixed 0-w /fɪkst/ *Adj* **1** fest ◇ *fixed prices* Festpreise ◇ *for a fixed period of time* für eine bestimmte Zeit **2** (*Vorstellungen, Lächeln*) starr IDM **how are you, etc. fixed (for sth)?** (*umgs*) Wie sieht es bei dir etc. aus (mit etw)? **of/with no fixed abode/address** (*BrE*) (RECHT) ohne festen Wohnsitz

fixed ˈassets *Nomen* [Pl] Anlagevermögen

fixed ˈcosts *Nomen* [Pl] (FINANZ) Fixkosten

fix·edly /ˈfɪksɪdli/ *Adv* (*gehoben*) starr ◇ *stare/gaze fixedly at sb* jdn anstarren

fixer /ˈfɪksə(r)/ *Nomen* Manipulator(in) ◇ *a concert fixer* ein Konzertorganisator ◇ *a political fixer* ein politischer Macher

fixie /ˈfɪksi/ *Nomen* (*Fahrrad mit starrem Gang*) Fixie

fix·ings /ˈfɪksɪŋz/ *Nomen* [Pl] (*AmE*) ◇ *turkey with all the fixings* Truthahn mit allem, was dazu gehört

fix·ture /ˈfɪkstʃə(r)/ *Nomen* **1** (*BrE*) (SPORT) Spiel, Veranstaltung ◇ *the fixture list* der Spielplan **2 fixtures** [Pl] (*bes BrE*) Einbauten ◇ *fixtures and fittings* Ausstattung und Installationen ◇ *He has become a permanent fixture here.* Er gehört schon zum Inventar.

fizz /fɪz/ *Verb, Nomen*

▸ ***Verb*** sprudeln ◇ *fizz with enthusiasm* vor Begeisterung sprühen

▸ ***Nomen*** **1** Sprudeln ◇ *The champagne has lost its fizz.* Der Champagner perlt nicht mehr. ◇ (*fig*) *There was plenty of fizz in the show.* Die Show war sehr spritzig. **2** Zischen

fiz·zle /ˈfɪzl/ *Verb* zischen PHR V **fizzle out** (*umgs*) im Sande verlaufen

fizzy /ˈfɪzi/ *Adj* (*BrE*) kohlensäurehaltig ◇ *The wine was slightly fizzy.* Der Wein war spritzig.

fjord (*auch* **fiord**) /ˈfjɔːd; *AmE* ˈfjɔːrd/ *Nomen* Fjord

flab /flæb/ *Nomen* (*umgs, abwert*) Fett, Speck ◇ *Fight the flab with exercise!* Mit Sport gegen Fettpölsterchen!

flab·ber·gasted /ˈflæbəɡɑːstɪd; *AmE* -bərɡæstɪd/ *Adj* (*umgs*) verblüfft

flabby /ˈflæbi/ *Adj* (*umgs, abwert*) schlaff

flack /flæk/ *Nomen* **1** = FLAK **2** (*AmE, umgs*) Presseagent(in)

flag 0-w /flæɡ/ *Nomen, Verb*

▸ ***Nomen*** **1** Flagge, Fahne ◇ *The hotel was flying the*

American flag. Das Hotel hatte die amerikanische Flagge gehisst. ◇ *swear allegiance to the flag* den Fahneneid leisten **2** Fähnchen **3** Steinplatte IDM **fly/show/wave the 'flag** die Fahne hochhalten ◇ *fly the flag for Welsh golf* Wales beim Golfturnier vertreten **keep the 'flag flying** die Fahne hochhalten
▸ ***Verb*** **(-gg-) 1** kennzeichnen, markieren **2** nachlassen, müde werden ◇ *The children were beginning to flag.* Die Kinder wurden allmählich müde. PHRV **flag sb/sth 'down** jdn/etw anhalten

'flag day *Nomen* **1** *(BrE)* = Tag, an dem eine Straßensammlung für wohltätige Zwecke veranstaltet wird. Die Spender erhalten einen kleinen Papieranstecker. **2 Flag Day** *(AmE)* = Gedenktag für die Einführung der amerikanischen Nationalflagge am 14. Juni 1777

,flag 'football *Nomen (AmE)* = abgeschwächte Form des American Football, bei der es kein Tackling gibt; statt dessen wird dem Ballträger eine am Gürtel befestigte Fahne entrissen

,flag of con'venience *Nomen* (NAUT) Billigflagge

flagon /ˈflæɡən/ *Nomen* Krug

flag·pole /ˈflæɡpəʊl; *AmE* -poʊl/ *(auch* **flag·staff** /ˈflæɡstɑːf; *AmE* -stæf/) *Nomen* Fahnenmast

fla·grant /ˈfleɪɡrənt/ *Adj (Adv* **fla·grant·ly**) eklatant

flag·ship /ˈflæɡʃɪp/ *Nomen (auch fig)* Flaggschiff ◇ *The SL 600 is the company's new flagship.* Der SL 600 ist das neue Flaggschiff der Autofirma.

flag·stone /ˈflæɡstəʊn; *AmE* -stoʊn/ *Nomen* Steinplatte

flail /fleɪl/ *Verb* **1 ~ (sth) (about/around)** (mit etw) um sich schlagen ◇ *He flailed around on the floor.* Er lag wild um sich schlagend auf dem Boden. ◇ *flailing your arms* mit den Armen rudernd **2 ~ sb/sth** auf jdn/etw einschlagen

flair /fleə(r); *AmE* fler/ *Nomen* **1** [Sing] **~ for sth** Begabung für etw **2** Gespür, Ader ◇ *She dresses with real flair.* Ihre Kleidung hat immer Stil.

flak /flæk/ *(auch* **flack**) *Nomen* **1** Flakfeuer **2** *(fig) (umgs)* Beschuss ◇ *He took a lot of flak for it.* Er ist deswegen heftig unter Beschuss geraten.

flake /fleɪk/ *Nomen, Verb*
▸ ***Nomen*** **1** *(Schnee-, Seifen)* Flocke; *(Farben-)* Splitter; *(Schokoladen)* Raspel; *(Haut-)* Schuppe ◇ *dried onion flakes* geröstete Zwiebelstückchen **2** *(AmE, umgs)* Spinner(in)
▸ ***Verb*** **1 ~ (off)** abblättern, abbröckeln ◇ *His skin was flaking.* Seine Haut schuppte sich. **2** zerpflücken PHRV **,flake 'out 1** einpennen **2** *(AmE, umgs)* spinnen, ausflippen

'flak jacket *Nomen* kugelsichere Weste

flaky /ˈfleɪki/ *Adj* **1** blättrig, schuppig ◇ *flaky pastry* Blätterteig **2** *(AmE, umgs)* verrückt

flam·boy·ant /flæmˈbɔɪənt/ *Adj (Adv* **flam·boy·ant·ly**) **1** extravagant **2** auffallend

flame 0-w /fleɪm/ *Nomen, Verb*
▸ ***Nomen*** **1** Flamme ◇ *The building was in flames.* Das Gebäude stand in Flammen. ◇ *burst into flame(s)* in Flammen aufgehen ◇ *Everything went up in flames.* Alles fiel dem Feuer zum Opfer. **2** (COMP) = beleidigende E-Mail/beleidigender Newsgroup-Beitrag IDM → FAN
▸ ***Verb*** **1** *(gehoben)* brennen ◇ *(fig) Hope flamed in her.* Hoffnung keimte in ihr auf. **2** *(gehoben)* glühen ◇ *Her cheeks flamed with rage.* Ihre Wangen glühten vor Zorn. **3** (COMP) = (jdm) wütende oder beleidigende E-Mails oder Newsgroup-Beiträge schicken

flamer /ˈfleɪmə(r)/ (COMP) Flamer(in)

flam·ing /ˈfleɪmɪŋ/ *Adj* [nur vor Nomen] **1** wütend ◇ *a flaming row* ein heftiger Streit **2** brennend **3** *(BrE, umgs)* verdammt **4** feuerrot

fla·mingo /fləˈmɪŋɡəʊ; *AmE* -ɡoʊ/ *(Pl* **-oes** *oder* **-os**) *Nomen* Flamingo

flam·mable /ˈflæməbl/ *Adj (bes AmE)* feuergefährlich, leicht brennbar

flan /flæn/ *Nomen* ◇ *fruit flan* Obsttorte ◇ *egg and bacon flan* Speckkuchen

flank /flæŋk/ *Nomen, Verb*
▸ ***Nomen*** **1** Flanke; *(von einem Gebäude)* Seite **2** *(Berg-)* Hang
▸ ***Verb*** [+ Obj] *(meist passiv)* flankieren

flan·nel /ˈflænl/ *Nomen, Verb*
▸ ***Nomen*** **1** Flanell **2** Waschlappen **3 flannels** [Pl] Flanellhose **4** *(BrE, umgs)* Gelaber
▸ ***Verb*** **(-ll-)** *(BrE, umgs)* labern

flap /flæp/ *Nomen, Verb*
▸ ***Nomen*** **1** Klappe ◇ *zip the tent flaps shut* den Reißverschluss der Zelttür zuziehen **2** [meist Sing] Schlag ◇ *With a flap of its wings, the bird was gone.* Mit einem Flügelschlag war der Vogel weg. ◇ *the flap of the sails* das Flattern der Segel **3** [Sing] *(bes BrE, umgs)* Aufregung ◇ *She gets in a flap over the slightest thing.* Sie regt sich über jede Kleinigkeit auf. ◇ *He's in a bit of a flap over this interview.* Er ist ziemlich aufgeregt, weil er ein Einstellungsgespräch hat. **4** [Sing] *(AmE, umgs)* Aufsehen, Aufregung
▸ ***Verb*** **(-pp-) 1** schlagen ◇ *The sails were flapping in the wind.* Die Segel schlugen im Wind hin und her. **2 ~ sth** mit etw schlagen ◇ *The bird flapped its wings and flew away.* Der Vogel schlug mit den Flügeln und flog davon. **3** fliegen ◇ *The heron flapped slowly off across the lake.* Flügelschlagend entschwand der Reiher langsam über den See. **4** *(BrE, umgs)* sich aufregen ◇ *The organizers were flapping about.* Die Veranstalter waren in heller Aufregung. IDM → EAR

flap·jack /ˈflæpdʒæk/ *Nomen* **1** *(BrE)* Haferflockengebäck **2** *(AmE)* Eierkuchen, Pfannkuchen

flare /fleə(r); *AmE* fler/ *Verb, Nomen*
▸ ***Verb*** **1** [ohne Obj] auflodern, aufflackern **2 ~ (up)** ausbrechen, hochschlagen ◇ *Tempers flared.* Die Gemüter erhitzten sich. **3** aufbrausen; **~ at sb** jdn anherrschen **4** *(Rock, Ärmel etc.)* ausgestellt sein **5** *(Nasenflügel)* beben PHRV **,flare 'up 1** auflodern, aufflackern **2** aufbrausen **3** *(Krankheit etc.)* wieder auftreten
▸ ***Nomen*** **1** [meist Sing] Aufleuchten **2** Leuchtrakete **3 flares** [Pl] *(umgs)* Schlaghose

flared /fleəd; *AmE* flerd/ *Adj (Rock, Hose)* ausgestellt

flash 0-w /flæʃ/ *Nomen, Verb, Adj*
▸ ***Nomen*** **1** Aufblitzen ◇ *There was a sudden flash of anger in her eyes.* In ihren Augen blitzte plötzlich Zorn auf. ◇ *a flash of lightning* ein Blitz ◇ *a flash of inspiration* ein Geistesblitz ◇ *Suddenly there was a flash of light.* Plötzlich war da ein grelles Licht. **2** Blinken ◇ *Give two flashes with the torch.* Blinke zweimal mit der Taschenlampe. **3** (FOTO) Blitzlicht **4** = NEWSFLASH IDM **a ,flash in the 'pan** eine Eintagsfliege **in/like a 'flash** blitzartig; im Nu → *Siehe auch* QUICK
▸ ***Verb*** **1** blitzen, blinken ◇ *Lightning flashed during the storm.* Es blitzte während des Gewitters. ◇ *Her eyes flashed with anger.* Zorn blitzte in ihren Augen. ◇ *A lighthouse was flashing in the distance.* In der Ferne blinkte ein Leuchtturm. ◇ *lights flashing on and off* blinkende Lichter ◇ *An idea flashed into her mind.* Eine Idee schoss ihr durch den Kopf. **2** leuchten ◇ *flash a torch in sb's eyes* jdm mit einer Taschenlampe ins Gesicht leuchten **3** anblinken ◇ *flash a warning (to sb) with your headlights* jdn mit der Lichthupe warnen **4** signalisieren ◇ *Her eyes flashed anger and defiance.* Ihre Augen funkelten böse und trotzig. ◇ *He flashed her a charming smile.* Er lächelte sie charmant

an. **5 ~ past/by** vorbeirasen (an) ◇ *The ball flashed past the post.* Der Ball sauste am Pfosten vorbei. ◇ *Our holiday flashed past.* Unser Urlaub verging wie im Flug. **6** (*Bildschirm*) aufleuchten **7 ~ sth (up)** etw einblenden **8** kurz zeigen ◇ *News of the tragedy was flashed round the world.* Die Nachricht von der Tragödie wurde sofort weltweit ausgestrahlt. **9 ~ sth around** mit etw herumwerfen

▸ ***Adj*** (*BrE, umgs*) protzig

flash·back /ˈflæʃbæk/ *Nomen* **1** Rückblende **2** = lebhafte Erinnerung ◇ *have flashbacks* eine unangenehme Situation immer wieder durchleben

ˈflash drive *Nomen* Flash-Speicher

ˈflash flood *Nomen* plötzliche Überschwemmung

flash·gun /ˈflæʃɡʌn/ *Nomen* (FOTO) Blitzlichtgerät

flash·light /ˈflæʃlaɪt/ *Nomen* (*bes AmE*) Taschenlampe

ˈflash mob *Nomen* Flashmob

flash·point /ˈflæʃpɔɪnt/ *Nomen* **1** Siedepunkt ◇ *Tension is rapidly reaching flashpoint.* Die Spannung hat fast den Siedepunkt erreicht. **2** Unruheherd

flashy /ˈflæʃi/ *Adj* (**flash·ier, flashi·est**) (*Adv* **flash·ily** /-ʃɪli/) (*umgs, oft abwert*) protzig, auffällig ◇ *some flashy film star* irgendein durchgestylter Filmstar

flask /flɑːsk; *AmE* flæsk/ *Nomen* **1** (*für Chemikalien*) Kolben **2** Thermosflasche **3** Flachmann

flat 🔑 /flæt/ *Adj, Nomen, Adv*

▸ ***Adj*** (**flat·ter, flat·test**) **1** flach ◇ *low buildings with flat roofs* Flachbauten ◇ *People used to think that the world was flat.* Früher glaubte man, dass die Erde eine Scheibe sei. ◇ *The cake is flat.* Der Kuchen ist nicht aufgegangen. **2** glatt ◇ *a flat denial/refusal* eine glatte Absage **3** (*Stimme*) tonlos **4** (*Stimmung*) wie ausgelaugt ◇ *feel flat* sich wie ausgelaugt fühlen **5** (*Bild, Foto*) kontrastlos **6** (*Geschäft*) schleppend; (*Markt*) schwach **7** Pauschal- ◇ *a flat rate* eine Pauschale **8** (MUS) (*nach Notennamen*) = um einen Halbton erniedrigt ◇ *A flat* As ◇ *B flat minor* B moll **9** (*gespielter/gesungener Ton*) zu tief **10** (*Bier, Sekt etc.*) schal **11** (*Reifen, Füße*) platt **12** (*Batterie*) leer **13** (*Romanfigur, Filmcharakter*) eindimensional IDM **and ˌthat's ˈflat!** (*BrE, umgs*) und damit basta! **(as) ˌflat as a ˈpancake** flach wie ein Brett

▸ ***Nomen*** **1** (*bes BrE*) Wohnung ◇ *a block of flats* ein Wohnblock **2** [Sing] **the ~ (of sth)** die flache Seite (von etw) ◇ *He hit me with the flat of his hand.* Er schlug mich mit der flachen Hand. **3** [meist Pl] Niederung ◇ *the mud-flats* das Watt ◇ *salt flats* Salztonebene **4** (*auch* **the flat, the Flat**) [Sing] Flachrennen **5** (MUS) Erniedrigungszeichen ♭ **6** (*bes AmE, umgs*) (*Reifenpanne*) Platte **7** Kulisse

▸ ***Adv*** **1** flach ◇ *The sofa was flat against the wall.* Das Sofa stand direkt an der Wand. ◇ *He knocked his opponent flat.* Er schlug seinen Gegner zu Boden. ◇ *I fell flat on my face.* Ich fiel auf die Nase. ◇ *The earthquake laid the city flat.* Das Erdbeben machte die Stadt dem Erdboden gleich. **2** glattweg **3** (*singen*) zu tief **4** (*nach Zeitangaben um auszudrücken, wie schnell etwas geht*) genau ◇ *in two minutes flat* in genau zwei Minuten IDM **fall ˈflat** nicht ankommen **flat ˈout 1** auf Hochtouren **2** total erledigt **3** (*AmE*) geradeheraus ◇ *I told him flat out 'No'.* Ich habe ihm knallhart „Nein" gesagt.

ˌflat ˈcap *Nomen* (*BrE*) Schiebermütze

ˌflat-ˈchested *Adj* (*Frau*) flach wie ein Brett

flat·fish /ˈflætfɪʃ/ (*Pl* **flat·fish**) *Nomen* Plattfisch

ˌflat-ˈfooted *Adj* **1** plattfüßig ◇ *be flat-footed* Plattfüße haben **2** (*bes AmE*) unvorbereitet ◇ *be caught flat-footed* überrascht werden

flat·ly /ˈflætli/ *Adv* **1** rundweg **2** lustlos

flat·mate /ˈflætmeɪt/ *Nomen* (*BrE*) Mitbewohner(in)

flat·ness /ˈflætnəs/ *Nomen* **1** Flachheit ◇ *the flatness of the landscape* die flache Landschaft **2** (*einer Stimme*) Monotonie

ˌflat-ˈscreen (*auch* **ˌflat-ˈpanel**) *Adj* [nur vor Nomen] Flachbildschirm- ◇ *a flat-panel TV* ein Flachbildschirm-Fernseher

flat·ten /ˈflætn/ *Verb* **1** flach(er) werden ◇ *The cookies will flatten slightly while cooking.* Die Kekse sinken beim Backen etwas zusammen. **2** flach(er) machen, glätten ◇ *exercises to help flatten your stomach* Übungen für einen flachen Bauch ◇ *He flattened his hair down with gel.* Er strich sein Haar mit Gel glatt. ◇ *She flattened her nose against the window.* Sie presste ihre Nase gegen die Fensterscheibe. ◇ *He flattened himself against the wall.* Er drückte sich an die Wand. **3** (*Stadt, Gebäude*) dem Erdboden gleichmachen **4** (*umgs*) niedermachen ◇ *Our team was flattened today!* Unser Team wurde heute in Grund und Boden gespielt! ◇ *He was totally flattened by her sarcasm.* Bei ihrem Sarkasmus blieb ihm die Luft weg. **5** (*umgs*) zu Boden strecken, platt machen PHR V **ˌflatten ˈout** abflachen ◇ *The graph flattens out after a steep rise.* Nach einem steilen Anstieg flacht die Kurve ab. **ˌflatten sth ˈout 1** etw glätten **2** (*Metall*) ausbeulen

flat·ter /ˈflætə(r)/ *Verb* **1 ~ sb** jdm schmeicheln, jdm um den Bart gehen **2** vorteilhaft aussehen lassen ◇ *The photo certainly doesn't flatter you.* Das Foto ist nicht gerade vorteilhaft. **3 ~ yourself (that ...)** sich einbilden (dass ...) ◇ *You think he likes you? You flatter yourself!* Du glaubst, er mag dich? Das bildest du dir ein! IDM **be/feel ˈflattered** sich geschmeichelt fühlen → *Siehe auch* FLAT

flat·ter·ing /ˈflætərɪŋ/ *Adj* **1** schmeichelhaft ◇ *I find it flattering that he should still remember me.* Ich fühle mich geschmeichelt, dass er sich noch an mich erinnert. **2** (*Kleidung*) vorteilhaft

flat·tery /ˈflætəri/ *Nomen* Schmeichelei ◇ *fall for sb's flattery* auf jds Schmeicheleien hereinfallen IDM **flattery will get you nowhere** (*umgs, hum*) mit Schmeicheleien erreichst du gar nichts

flatu·lence /ˈflætjələns; *AmE* -tʃələns/ *Nomen* [U] (MED) Blähungen

flat·ware /ˈflætweə(r); *AmE* -wer/ *Nomen* (*AmE*) [U] Besteck

ˌflat ˈwhite *Nomen* = Kaffee mit einer dünnen Schicht aus fast flüssigem Milchschaum

flaunt /flɔːnt/ *Verb* (*meist abwert*) zur Schau stellen IDM **if you've ˌgot it, ˈflaunt it** (*hum*) man soll zeigen, was man hat

flaut·ist /ˈflɔːtɪst; *AmE* ˈflaʊtɪst/ *Nomen* (*BrE*) Flötist(in)

fla·vor·ful /ˈfleɪvəfl; *AmE* -vərfl/ *Adj* (*AmE*) schmackhaft; (*Wein*) würzig

fla·vour 🔑 (*AmE* **fla·vor**) /ˈfleɪvə(r)/ *Nomen, Verb*

▸ ***Nomen*** **1** Geschmack **2** Geschmacksrichtung **3** Atmosphäre, Flair **4 ~ of sth** Eindruck von etw IDM **flavour of the ˈmonth** (*bes BrE*) Renner der Saison ◇ *He's not exactly flavour of the month at the moment.* Er steht im Moment nicht hoch im Kurs.

▸ ***Verb*** **~ sth (with sth)** etw (mit etw) würzen

fla·vour·ing (*AmE* **fla·vor·ing**) /ˈfleɪvərɪŋ/ *Nomen* Aroma(stoff)

fla·vour·less (*AmE* **fla·vor·less**) /ˈfleɪvələs; *AmE* -vərləs/ *Adj* fade, ohne Geschmack

fla·vour·some /ˈfleɪvəsəm; *AmE* -vərsəm/ *Adj* schmackhaft; (*Wein*) würzig

flaw /flɔː/ *Nomen* **1** Mangel, Fehler **2** Makel, Defekt **3** (*eines Menschen*) Charakterschwäche, Charakterfehler

flawed /flɔːd/ *Adj* fehlerhaft, mit Mängeln ◇ *a flawed heroine* eine Heldin, die ihre Fehler hat

flaw·less /ˈflɔːləs/ (*Adv* **flaw·less·ly**) *Adj* makellos, fehlerlos, einwandfrei

flax /flæks/ *Nomen* (BOT) Flachs

flax·en /ˈflæksn/ *Adj* *(gehoben)* *(Haar)* flachsblond

flay /fleɪ/ *Verb* **1** häuten; *(Haut)* abziehen **2** auspeitschen ◇ *flay sb alive* jdn gründlich auspeitschen **3** *(gehoben)* verwünschen, verfluchen ◇ *Her dark eyes flayed him.* Ihre Augen blitzten ihn zornig an.

flea /fliː/ *Nomen* Floh IDM **send sb away with a ˈflea in his/her ear** jdm eine Abfuhr erteilen

ˈflea market *Nomen* Flohmarkt

flea·pit /ˈfliːpɪt/ *Nomen* *(BrE, umgs, veraltet)* Flohkino

fleck /flek/ *Nomen, Verb*

▸ ***Nomen*** **1** *(Farb-)* Tupfen, Fleck(en) ◇ *His hair was dark, with flecks of grey.* Sein dunkles Haar war grau meliert. **2** Teilchen, Körnchen ◇ *flecks of paint* Farbspritzer ◇ *flecks of dandruff* einzelne Schuppen

▸ ***Verb*** *(meist passiv)* sprenkeln, spritzen

fled *Form von* FLEE

fledged /fledʒd/ *Adj* *(Vögel)* flügge → *Siehe auch* FULLY FLEDGED

fledg·ling *(BrE auch* **fledge·ling***)* /ˈfledʒlɪŋ/ *Nomen* **1** Jungvogel **2** *(fig)* ◇ *fledgling democracies* demokratische Staaten, die noch in den Kinderschuhen stecken ◇ *a fledgling lawyer* ein Junganwalt

flee /fliː/ *Verb* (**fled**, **fled** /fled/) *(kein Passiv)* flüchten, fliehen ◇ *He had fled the scene of the accident.* Er hatte Unfallflucht begangen.

fleece /fliːs/ *Nomen, Verb*

▸ ***Nomen*** **1** Schaffell **2** Webpelz, Fleece

▸ ***Verb*** *(umgs)* schröpfen, neppen

fleecy /ˈfliːsi/ *Adj* flauschig ◇ *fleecy clouds* Schäfchenwolken

fleet /fliːt/ *Nomen, Adj*

▸ ***Nomen*** **1** Flotte, Geschwader ◇ *a fishing fleet* eine Fischfangflotte **2** *(von Fahrzeugen, Flugzeugen etc.)* Fuhrpark, Wagenpark

▸ ***Adj*** *(gehoben)* flink, schnell ◇ *fleet-footed/fleet of foot* leichtfüßig

ˌFleet ˈAdmiral *Nomen* *(AmE)* Großadmiral

ˈfleet·ing /ˈfliːtɪŋ/ *(Adv* **fleet·ing·ly***)* *Adj* *(Moment, Blick etc.)* flüchtig ◇ *We paid a fleeting visit to Paris.* Wir machten eine Stippvisite in Paris.

ˈFleet Street *Nomen* Fleet Street; *(fig)* die britische Presse

Flem·ish /ˈflemɪʃ/ *Nomen* Flämisch

flesh 0‑ /fleʃ/ *Nomen, Verb*

▸ ***Nomen*** Fleisch; *(von Menschen auch)* Haut ◇ *a flesh wound* eine Fleischwunde IDM **ˌflesh and ˈblood** Fleisch und Blut ◇ *It was more than flesh and blood could stand.* Das war mehr als ein Mensch ertragen konnte. **in the ˈflesh** in natura; persönlich **make your ˈflesh creep** ◇ *Those stories make my flesh creep!* Diese Geschichten jagen mir eine Gänsehaut über den Rücken! ◇ *Just the sight of him makes my flesh creep.* Bei seinem bloßen Anblick rollen sich mir die Zehennägel auf! **put flesh on (the bones of) sth** etw näher ausführen; etw veranschaulichen → *Siehe auch* POUND, PRESS, SPIRIT, THORN *und* WAY

▸ ***Verb*** PHR V **ˌflesh sth ˈout** etw näher ausführen, etw veranschaulichen ◇ *His characters aren't fully fleshed out.* Seine Figuren sind zu eindimensional.

flesh·pots /ˈfleʃpɒts; *AmE* -pɑːts/ *Nomen* **1** *(hum)* Sex- und Vergnügungslokale **2** *(in der Bibel)* Fleischtöpfe

fleshy /ˈfleʃi/ *Adj* fleischig; *(Mensch)* füllig, korpulent

fleur-de-lis *(auch* **fleur-de-lys***)* /ˌflɜː də ˈliː, ˈliːs; *AmE* ˌflɜːr də ˈ-/ *Nomen* *(Pl* **fleurs-de-lis** /ˌflɜː də ˈliː, ˈliːs; *AmE* ˌflɜːr də ˈ-/*)* Bourbonenlilie

flew *Form von* FLY

flex /fleks/ *Verb, Nomen*

▸ ***Verb*** dehnen, strecken IDM **flex your ˈmuscles** seine Muskeln spielen lassen

▸ ***Nomen*** *(BrE)* Kabel

flexi·bil·ity /ˌfleksəˈbɪləti/ *Nomen* **1** Elastizität; *(von Körper, Gliedmaßen)* Beweglichkeit **2** *(fig)* Flexibilität

flex·ible /ˈfleksəbl/ *(Adv* **flex·ibly** /-bli/*)* *Adj* **1** biegsam, elastisch **2** flexibel ◇ *flexible working hours* Gleitzeit

flexitarian /ˌfleksəˈteəriən; *AmE* -ˈter-/ *Nomen* Flexitarier(in)

flexi·time /ˈfleksitaɪm/ *(AmE meist* **flex·time** /ˈflekstaɪm/*)* *Nomen* Gleitzeit, gleitende Arbeitszeit

flick /flɪk/ *Verb, Nomen*

▸ ***Verb*** **1** schnippen ◇ *The striker flicked the ball into the net.* Der Stürmer schoss den Ball ins Tor. ◇ *He flicked his hair off his face.* Er strich sich das Haar aus dem Gesicht. **2** = kurz über den Bildschirm streichen ◇ *Flick to the next photo.* Streichen Sie kurz über den Bildschirm, um zum nächsten Foto zu gelangen. ◇ *She flicked the screen and looked through her emails.* Sie strich kurz über den Bildschirm und ging ihre E-Mails durch. **3** schnellen ◇ *Her eyes flicked from face to face.* Ihre Augen wanderten schnell von Gesicht zu Gesicht. **4** schlagen ◇ *The horse was flicking flies away with its tail.* Das Pferd schlug mit dem Schweif nach den Fliegen. ◇ *flick a whip* mit der Peitsche knallen **5** *(Schalter etc.)* drücken; **~ sth on/off** etw an-/ausknipsen, etw ein-/ausschalten PHR V **ˌflick ˈthrough sth** etw (schnell/flüchtig) durchblättern

▸ ***Nomen*** **1** schneller Schlag, schnelle Bewegung; *(mit dem Finger)* Schnippen; *(eines Schalters etc.)* Drücken ◇ *at the flick of a switch* auf Knopfdruck ◇ *He threw the ball back with a quick flick of the wrist.* Er warf den Ball mit einer schnellen Drehung des Handgelenks. **2** ◇ *I had a flick through the catalogue while I was waiting.* Ich blätterte im Katalog, während ich wartete. **3** *(umgs, veraltet)* Film **4 the flicks** *(BrE, umgs, veraltet)* das Kino

flicker /ˈflɪkə(r)/ *Verb, Nomen*

▸ ***Verb*** flackern; *(Lächeln, Schatten, Augenlider)* zucken; *(Nadel)* zittern; *(Bildschirm, Bilder)* flimmern ◇ *A smile flickered across her face.* Ein Lächeln huschte über ihr Gesicht. ◇ *His eyes flickered with joy for an instant.* Für einen Moment blitzte in seinen Augen Freude auf.

▸ ***Nomen*** **1** Flackern, Flimmern **2** Zucken ◇ *a flicker of movement* eine schnelle Bewegung **3** Aufflackern ◇ *a flicker of hope* ein Hoffnungsfunke ◇ *A flicker of a smile crossed her face.* Der Anflug eines Lächelns huschte über ihr Gesicht.

ˈflick knife *Nomen* *(BrE)* Springmesser

flier = FLYER

flies /flaɪz/ *Nomen* [Pl] **1** *(BrE)* Hosenschlitz **2 the flies** der Schnürboden → *Siehe auch* FLY

flight 0‑ /flaɪt/ *Nomen, Verb*

▸ ***Nomen*** **1** Flug ◇ *The bird is easily recognized in flight.* Im Flug ist der Vogel leicht zu erkennen. → *Siehe auch* IN-FLIGHT **2 ~ of stairs/steps** Treppe **3** [U/Sing] Flucht ◇ *He was in flight from a failed marriage.* Er versuchte vor einer gescheiterten Ehe wegzulaufen. **4 ~ of fancy/the imagination** (geistiger) Höhenflug **5** *(von Vögeln etc.)* Schwarm; *(von Flugzeugen)* Geschwader IDM **in the first/top ˈflight** an der Spitze **put sb to ˈflight** *(veraltet)* jdn in die Flucht schlagen **take ˈflight** die Flucht ergreifen

▸ ***Verb*** *(meist passiv)* *(BrE)* *(Ball)* durch die Luft befördern

ˈflight attendant *Nomen* Flugbegleiter(in), Steward(ess)

ˈflight crew *Nomen* [mit Verb im Sing/Pl] Flugbesatzung

ˈflight deck *Nomen* **1** (AERO) Cockpit **2** (NAUT) Flugdeck

flight·less /ˈflaɪtləs/ *Adj* flugunfähig

ˌflight lieuˈtenant *Nomen* *(Abk* **Flt. Lt.***)* Hauptmann der Luftwaffe

ˈflight path *Nomen* Flugroute; (*von Satelliten etc.*) Flugbahn

ˈflight recorder *Nomen* Flugschreiber, Black Box

ˈflight sergeant *Nomen* Hauptfeldwebel (der Luftwaffe)

flighty /ˈflaɪti/ *Adj* (*umgs*) flatterhaft

flim·si·ness /ˈflɪmzinəs/ *Nomen* [U] **1** schwache Konstruktion **2** dünne Beschaffenheit **3** Fadenscheinigkeit

flimsy /ˈflɪmzi/ *Adj* (**flim·sier**, **flim·siest**) (*Adv* **flim·sily** /-zɪli/) **1** nicht stabil **2** (*Material*) dünn **3** fadenscheinig, dürftig

flinch /flɪntʃ/ *Verb* zusammenzucken ◇ *She flinched away from the dog.* Sie schreckte zurück, als sie den Hund sah. ◇ *He met my gaze without flinching.* Er sah mir ins Gesicht ohne die Augen zu senken. ◇ *He didn't even flinch when I told him the price.* Er zuckte noch nicht einmal mit der Wimper, als ich ihm den Preis nannte. PHR V **ˈflinch from sth** vor etw zurückschrecken

fling /flɪŋ/ *Verb, Nomen*

▸ ***Verb*** (**flung**, **flung** /flʌŋ/) werfen, schleudern ◇ *The door was suddenly flung open.* Die Tür flog plötzlich auf. ◇ *He flung out an arm to stop her from falling.* Er streckte schnell den Arm aus, um sie aufzufangen. ◇ *She flung her arms around him.* Sie schloss ihn in die Arme. PHR V **ˈfling yourself at sb** (*umgs, abwert*) sich jdm an den Hals werfen **ˈfling yourself into sth** sich in etw stürzen **ˌfling sth ˈoff** (*Kleidung*) abwerfen **ˌfling sth ˈon** (*Kleidung*) überwerfen **ˌfling sb ˈout** (*BrE, umgs*) jdn rausschmeißen **ˌfling sth ˈout** (*BrE, umgs*) etw wegschmeißen

▸ ***Nomen*** [meist Sing] (*umgs*) **1** ◇ *He was determined to have one last fling.* Er war entschlossen, sich noch ein letztes Mal richtig auszuleben. **2** (*Liebesverhältnis*) Affäre → *Siehe auch* HIGHLAND FLING

flint /flɪnt/ *Nomen* Feuerstein ◇ *prehistoric flint implements* prähistorische Geräte aus Feuerstein ◇ *His eyes were as hard as flint.* Sein Blick war hart wie Granit.

flinty /ˈflɪnti/ *Adj* **1** (*gehoben*) (*gefühllos*) steinern **2** feuersteinhaltig

flip /flɪp/ *Verb, Nomen, Adj*

▸ ***Verb*** (**-pp-**) **1** (sich/etw) umdrehen ◇ *The plane flipped and crashed.* Das Flugzeug überschlug sich in der Luft und stürzte ab. ◇ *He flipped the lid open and looked inside the case.* Er schlug den Deckel zurück und schaute in den Koffer. **2** **~ sth** (**on/off**) etw an-/ausknipsen **3** schnippen ◇ *They flipped a coin to decide who would get the ticket.* Sie warfen eine Münze, um zu entscheiden, wer die Karte bekäme. **4** **~** (**out**) (*umgs*) ausflippen ◇ *She finally flipped under the pressure.* Sie brach schließlich unter dem Druck zusammen. IDM **ˌflip your ˈlid** (*umgs*) ausflippen PHR V **ˌflip ˈover** sich umdrehen, sich überschlagen **ˌflip sth ˈover** etw umdrehen **ˈflip through sth** etw durchblättern, in etw blättern

▸ ***Nomen*** **1** ◇ *The whole thing was decided on the flip of a coin.* Die ganze Sache wurde durch das Werfen einer Münze entschieden. **2** Salto ◇ *a back flip* ein Salto rückwärts **3** [Sing] **~ through sth** Durchblättern ◇ *I had a quick flip through the report while I was waiting.* Ich blätterte den Bericht kurz durch, während ich wartete.

▸ ***Adj*** (*umgs*) schnodderig ◇ *Don't be flip with me.* Komm mir nicht auf diese schnodderige Art.

ˈflip chart *Nomen* Flipchart

ˈflip-flop *Nomen, Verb*

▸ ***Nomen*** (*Schuh*) Flipflop, Y-förmige Badesandale

▸ ***Verb*** (**-pp-**) **~** (**on sth**) (*bes AmE, umgs*) eine Kehrtwende (in etw) vollziehen

flip·pancy /ˈflɪpənsi/ *Nomen* Schnodderigkeit

flip·pant /ˈflɪpənt/ *Adj* (*Adv* **flip·pant·ly**) schnodderig, leichtfertig

flip·per /ˈflɪpə(r)/ *Nomen* **1** Flosse **2** Schwimmflosse

flip·ping /ˈflɪpɪŋ/ *Adj, Adv* (*BrE, umgs*) verflixt

ˈflip side *Nomen* [meist Sing] **1** Kehrseite **2** (*veraltet*) B-Seite (*einer Schallplatte*)

flirt /flɜːt; *AmE* flɜːrt/ *Verb, Nomen*

▸ ***Verb*** flirten PHR V **ˈflirt with sth** (*gehoben*) **1** mit etw liebäugeln **2** etw herausfordern

▸ ***Nomen*** **be a ~** gerne flirten

flir·ta·tion /flɜːˈteɪʃn; *AmE* flɜːrˈ-/ *Nomen* **1** Flirt ◇ *Frank's efforts at flirtation were becoming tiresome to her.* Franks Bemühungen zu flirten begannen ihr auf die Nerven zu gehen. **2** Affäre

flir·ta·tious /flɜːˈteɪʃəs; *AmE* flɜːrˈ-/ *Adj* (*Adv* **flir·ta·tiously**) kokett

flit /flɪt/ *Verb, Nomen*

▸ ***Verb*** (**-tt-**) huschen ◇ *Butterflies flitted from flower to flower.* Schmetterlinge flatterten von einer Blume zur anderen. ◇ *He flits from one job to another.* Er wechselt dauernd von einem Job zum anderen. ◇ *A thought flitted through my mind.* Ein Gedanke schoss mir durch den Kopf.

▸ ***Nomen*** IDM **do a moonlight/midnight ˈflit** (*BrE, umgs*) in einer Nacht-und-Nebel-Aktion ausziehen

float 0→ /fləʊt; *AmE* floʊt/ *Verb, Nomen*

▸ ***Verb*** **1** treiben, schwimmen, schweben ◇ *A group of swans floated by.* Eine Schar Schwäne glitt vorbei. ◇ *An idea suddenly floated into my mind.* Mir kam plötzlich ein Gedanke. **2** flößen **3** in den Raum stellen **4** (WIRTSCH) an der Börse notieren ◇ *Shares were floated at 585 cents.* Die Aktien wurden für 585 Cent pro Stück ausgegeben. **5** (*Währung*) floaten (lassen) IDM → AIR PHR V **ˌfloat aˈbout/aˈround** (*meist in der Verlaufsform*) im Umlauf sein

▸ ***Nomen*** **1** Festwagen ◇ *a carnival float* ein Karnevalswagen → *Siehe auch* MILK FLOAT **2** Schwimmer **3** Schwimmbrett **4** (*AmE*) = Getränk mit einer Kugel Eiscreme ◇ *a Coke float* eine Cola mit Vanilleeis **5** (*bes BrE*) Wechselgeld (zu Geschäftsbeginn) **6** (WIRTSCH) Börsengang

float·ing /ˈfləʊtɪŋ; *AmE* ˈfloʊ-/ *Adj* beweglich ◇ *floating exchange rates* freie Wechselkurse ◇ *a floating population* eine mobile Bevölkerung

ˌfloating ˈvoter *Nomen* (*BrE*) Wechselwähler(in)

flock /flɒk; *AmE* flɑːk/ *Nomen, Verb*

▸ ***Nomen*** **1** [mit Verb im Sing/Pl] Herde, Schwarm **2** [mit Verb im Sing/Pl] Schar **3** (*Stoff*) Flocke ◇ *flock wallpaper* Velourstapete

▸ ***Verb*** strömen ◇ *Huge numbers of birds had flocked together by the lake.* Vögel hatten sich scharenweise am See zusammengefunden. ◇ *People flocked to hear him speak.* Die Leute strömten herbei, um ihn reden zu hören. IDM → BIRD

floe /fləʊ; *AmE* floʊ/ = ICE FLOE

flog /flɒg; *AmE* flɑːg/ *Verb* (**-gg-**) **1** auspeitschen **2** **~ sth** (**off**) (*BrE, umgs*) etw verhökern IDM **ˌflog a dead ˈhorse** (*BrE, umgs*) Zeit und Energie vergeuden **ˌflog sth to ˈdeath** (*BrE, umgs*) etw zu Tode reiten

flog·ging /ˈflɒgɪŋ; *AmE* ˈflɑːgɪŋ/ *Nomen* Prügelstrafe, Auspeitschung

flood 0→ /flʌd/ *Nomen, Verb*

▸ ***Nomen*** **1** Flut, Überschwemmung, Hochwasser (*auch fig*) ◇ *a flood of refugees* eine Flüchtlingsflut ◇ *flood water* Hochwasser ◇ *The river is in flood.* Der Fluss führt Hochwasser. ◇ *The child was in floods of tears.* Das Kind weinte jämmerlich. **2** **the Flood** die Sintflut

▸ ***Verb*** **1** überfluten, überschwemmen (*auch fig*); (*Fluss*) über die Ufer treten; (*Gebäude*) überflutet werden **2**

~ (in) (herein)strömen ◇ *Memories of her childhood came flooding back.* Eine Fülle von Erinnerungen an ihre Kindheit kehrte zurück. **3** durchströmen, durchfluten ◇ *Colour flooded her cheeks.* Sie errötete. ◇ *The room was flooded with evening light.* Das Zimmer war ins Abendlicht getaucht. **4** (*Motor*) absaufen (lassen) PHR V ˌ**flood sb ˈout** ◇ *Residents were flooded out of their homes when the river broke its banks.* Die Anwohner mussten ihre Häuser verlassen, als der Fluss über die Ufer trat.

flood·gate /ˈflʌdgeɪt/ *Nomen* Schleusentor IDM **open the floodgates to sth** einer Sache Tür und Tor öffnen

flood·ing /ˈflʌdɪŋ/ *Nomen* [U] Überschwemmung ◇ *There will be flooding in some areas.* Es wird in einigen Gegenden zu Überschwemmungen kommen.

flood·light /ˈflʌdlaɪt/ *Nomen, Verb*
- ***Nomen*** [meist Pl] Flutlicht
- ***Verb*** (**flood·lit, flood·lit** /ˈflʌdlɪt/) (mit Flutlicht) anstrahlen/beleuchten

flood·light·ing /ˈflʌdlaɪtɪŋ/ *Nomen* Flutlicht(anlage)

flood·plain /ˈflʌdpleɪn/ *Nomen* Überschwemmungsebene

ˈ**flood tide** *Nomen* Flut

floor 0-m /flɔː(r)/ *Nomen, Verb*
- ***Nomen*** **1** Boden, Fußboden ◇ *the ocean floor* der Meeresboden ◇ *Prices have gone through the floor.* Die Preise sind in den Keller gerutscht. **2** Stock (werk) ◇ *the guy who lives two floors above* der Typ, der zwei Stockwerke über uns wohnt ◇ *Their house is on three floors.* Ihr Haus hat drei Stockwerke. **3 the floor** Plenarsaal, Sitzungssaal ◇ *We will now take any questions from the floor.* Wir nehmen jetzt Fragen aus dem Publikum entgegen. **4** (*Börsen-*) Parkett → *Siehe auch* DANCE FLOOR, FACTORY FLOOR *und* SHOP FLOOR IDM **get/be given the ˈfloor** das Wort erhalten ˌ**have/hold the ˈfloor** das Wort haben ◇ *She held the floor for over an hour.* Sie redete über eine Stunde. ˌ**take (to) the ˈfloor** (*zum Tanzen*) sich aufs Parkett begeben → *Siehe auch* GROUND FLOOR *und* WIPE
- ***Verb*** **1** verblüffen **2** zu Boden schlagen **3** mit einem Boden versehen

floor·board /ˈflɔːbɔːd; *AmE* ˈflɔːrbɔːrd/ *Nomen* **1** [meist Pl] Fußbodendiele **2** [meist Sing] (*AmE*) (*im Auto*) Boden ◇ *He had his foot to the floorboard.* Er trat das Gaspedal voll durch.

floor·ing /ˈflɔːrɪŋ/ *Nomen* [U] Boden(belag)

ˈ**floor lamp** *Nomen* (*AmE*) Stehlampe

ˈ**floor plan** *Nomen* (*Fachspr*) Grundriss

ˈ**floor show** *Nomen* (*im Nachtlokal etc.*) Show

floo·zie (*auch* **floozy**) /ˈfluːzi/ *Nomen* (*Pl* **-ies**) (*umgs, veraltet, abwert*) Flittchen

flop /flɒp; *AmE* flɑːp/ *Verb, Nomen*
- ***Verb*** (**-pp-**) **1** sich fallen lassen, sich hinplumpsen lassen **2** fallen ◇ *Her hair flopped over her eyes.* Das Haar fiel ihr über die Augen. **3** (*umgs*) ein Reinfall sein PHR V ˌ**flop aˈround** **1** herumzappeln, sich unkontrolliert bewegen **2** (*nichts tun*) herumhängen
- ***Nomen*** Reinfall

flop·house /ˈflɒphaʊs; *AmE* ˈflɑːp-/ *Nomen* (*AmE*) (billige) Absteige

floppy /ˈflɒpi; *AmE* ˈflɑːpi/ *Adj* (**flop·pier, flop·piest**) schlaff, weich ◇ *a floppy hat* ein Schlapphut ◇ *floppy ears* Schlappohren

ˌ**floppy ˈdisk** (*auch* **floppy** (*Pl* **-ies**)) *Nomen* Diskette, Floppydisk

flora /ˈflɔːrə/ *Nomen* [U] (*Fachspr*) Flora

floral /ˈflɔːrəl/ *Adj* **1** geblümt **2** Blumen- ◇ *Floral tributes were sent to the church.* Blumen und Kränze wurden zur Kirche geschickt.

floret /ˈflɒrət; *AmE* ˈflɔːrət/ *Nomen* (*Blumenkohl etc.*) Röschen

florid /ˈflɒrɪd; *AmE* ˈflɔːrɪd/ *Adj* (*gehoben*) **1** gerötet **2** (*meist abwert*) blumig, überladen, schwülstig

florin /ˈflɒrɪn; *AmE* ˈflɔːrɪn/ *Nomen* Zweischillingstück

flor·ist /ˈflɒrɪst; *AmE* ˈflɔːrɪst/ *Nomen* Blumenhändler(in), Florist(in)

floss /flɒs; *AmE* flɔːs/ *Nomen, Verb*
- ***Nomen*** **1** = DENTAL FLOSS **2** Stickgarn
- ***Verb*** Zahnseide benutzen; **~ your teeth** die Zahnzwischenräume mit Zahnseide reinigen

flo·ta·tion /fləʊˈteɪʃn; *AmE* floʊ-/ *Nomen* **1** (*von Firmen*) Börsengang; (*von Aktien*) Aktienausgabe **2** (*im Wasser*) Treiben

floˈtation tank *Nomen* Isolationstank

flo·tilla /fləˈtɪlə; *AmE* floʊ-/ *Nomen* Flotille

flot·sam /ˈflɒtsəm; *AmE* ˈflɑːt-/ *Nomen* **1** Treibgut, Strandgut ◇ *flotsam and jetsam* Treibgut **2** menschliches Treibgut, Gestrandete

flounce /flaʊns/ *Verb, Nomen*
- ***Verb*** (*gehoben*) stolzieren
- ***Nomen*** **1** Rüsche **2** ◇ *She left the room with a flounce.* Sie stolzierte aus dem Zimmer.

floun·der /ˈflaʊndə(r)/ *Verb, Nomen*
- ***Verb*** **1** (*fig*) ins Schleudern/Schwimmen kommen ◇ *At that time the industry was floundering.* Zu dieser Zeit ging es mit der Industrie abwärts. **2** sich mühsam bewegen ◇ *She was floundering around in the deep end of the swimming pool.* Sie zappelte hilflos im tiefen Wasser des Pools.
- ***Nomen*** (*Pl* **floun·der** *oder* **floun·ders**) Flunder

flour 0-m /ˈflaʊə(r)/ *Nomen, Verb*
- ***Nomen*** Mehl
- ***Verb*** mit Mehl bestäuben

flour·ish /ˈflʌrɪʃ; *AmE* ˈflɜːrɪʃ/ *Verb, Nomen*
- ***Verb*** **1** florieren, gedeihen, blühen **2** (*gehoben*) **~ sth** etw schwenken, mit etw herumfuchteln
- ***Nomen*** **1** [meist Sing] Schwung, schwungvolle Bewegung **2** Schnörkel (*auch fig*) **3** [meist Sing] Fanfare, Tusch (*auch fig*)

floury /ˈflaʊəri/ *Adj* mehlig

flout /flaʊt/ *Verb* **~ sth** sich etw widersetzen, sich über etw hinwegsetzen ◇ *motorists who flout the law* Autofahrer, die die Verkehrsregeln missachten

flow 0-m /fləʊ; *AmE* floʊ/ *Nomen, Verb*
- ***Nomen*** [meist Sing] **1** (*Fließen*) Fluss, Strom ◇ *data flow* Datenfluss ◇ *Too many examples can interrupt the smooth flow of the text.* Zu viele Beispiele können den Textfluss stören. ◇ *air flow* Luftstrom ◇ *a flow of refugees* ein Flüchtlingsstrom ◇ *She tried to stop the flow of blood from the wound.* Sie versuchte die blutende Wunde zu stillen. **2** Zufuhr ◇ *the flow of goods to remote areas* die Zufuhr von Gütern in abgelegene Gebiete → *Siehe auch* CASH FLOW **3** Redefluss ◇ *You've interrupted my flow.* Du hast mich unterbrochen. ◇ *As usual, Tom was in full flow.* Tom redete wie immer ohne Punkt und Komma. **4** (*des Meeres*) Flut IDM **go with the ˈflow** (*umgs*) die Dinge nehmen wie sie kommen → *Siehe auch* EBB
- ***Verb*** **1** fließen, strömen ◇ *The police tried to keep the traffic flowing.* Die Polizei sah zu, dass der Verkehr nicht ins Stocken kam. ◇ *Conversation flowed freely throughout the meal.* Während des Essens unterhielt man sich angeregt. **2** (*Haar, Stoff*) wallen, herabhängen **3** (*Flut*) hereinströmen, steigen PHR V ˈ**flow from sth** (*gehoben*) einer Sache entspringen, von etw herrühren

ˈ**flow chart** (*auch* ˈ**flow diagram**) *Nomen* Flussdiagramm

flower 0-m /ˈflaʊə(r)/ *Nomen, Verb*
- ***Nomen*** **1** Blume ◇ *a bunch of flowers* ein Blumenstrauß ◇ *a flower arrangement* ein Blumengesteck

2 Blüte ◊ *The roses are already in flower.* Die Rosen blühen schon. **3 the ~ of sth** die Blüte(zeit) von etw; (*die Besten*) die Elite von etw
▸ ***Verb*** **1** blühen **2** (*fig*) (er)blühen

ˈflower arranging *Nomen* Blumenstecken

ˈflower bed *Nomen* Blumenbeet

flow·ered /ˈflaʊəd; *AmE* -ərd/ *Adj* geblümt

flower·ing /ˈflaʊərɪŋ/ *Nomen* **1** Blüte **2** [meist Sing] (*fig*) Blüte(zeit)

flower·pot /ˈflaʊəpɒt; *AmE* -ərpɑːt/ *Nomen* Blumentopf

flowery /ˈflaʊəri/ *Adj* **1** Blumen-, geblümt **2** blumig

flown *Form von* FLY

fl oz *Abk* (*Pl* **fl oz**) = FLUID OUNCE

flu /fluː/ (*gehoben* **in·flu·enza**) *Nomen* [U] Grippe

flub /flʌb/ *Verb, Nomen*
▸ ***Verb*** (**-bb-**) (*AmE, umgs*) verpatzen, vermasseln
▸ ***Nomen*** (*AmE, umgs*) Patzer

fluc·tu·ate /ˈflʌktʃueɪt/ *Verb* schwanken, fluktuieren

fluc·tu·ation /ˌflʌktʃuˈeɪʃn/ *Nomen* Schwankung, Fluktuation

flue /fluː/ *Nomen* Abzugsrohr, Rauchabzug

flu·ency /ˈfluːənsi/ *Nomen* [U/Sing] Gewandtheit, Flüssigkeit ◊ *It takes years to achieve fluency in a foreign language.* Man braucht Jahre, bis man eine Fremdsprache fließend beherrscht.

flu·ent /ˈfluːənt/ *Adj* (*Adv* **flu·ent·ly**) gewandt, flüssig; (*bei Fremdsprachen*) fließend

fluff /flʌf/ *Nomen, Verb*
▸ ***Nomen*** [U] **1** (*BrE*) Flusen, Fusseln **2** Flaum **3** (*bes AmE, umgs*) leichte Unterhaltung
▸ ***Verb*** **1** (*umgs*) verpatzen, vermasseln **2 ~ sth (out/up)** etw aufplustern; (*Kissen etc.*) aufschütteln

fluffy /ˈflʌfi/ *Adj* (**fluf·fier, fluf·fiest**) **1** flauschig, flaumig **2** locker ◊ *fluffy clouds* Schäfchenwolken ◊ *fluffy pillows* weiche Kopfkissen **3** (*Speisen*) schaumig, locker

fluid /ˈfluːɪd/ *Nomen, Adj*
▸ ***Nomen*** Flüssigkeit
▸ ***Adj*** **1** flüssig, fließend **2** ungewiss, unklar

flu·id·ity /fluˈɪdəti/ *Nomen* **1** (*gehoben*) Geschmeidigkeit, Flüssigkeit, Gleichmäßigkeit ◊ *She danced with great fluidity of movement.* Sie tanzte mit geschmeidigen Bewegungen. **2** (*gehoben*) Ungewissheit **3** (TECH) Flüssigkeit(sgrad)

ˌfluid ˈounce *Nomen* (*Abk* **fl oz**) = Maß für Flüssigkeiten; entspricht 0,0284 Liter, in den USA 0,02957 Liter

fluke /fluːk/ *Nomen* [meist Sing] (*umgs*) Dusel, Glückstreffer ◊ *a fluke goal* ein Zufallstreffer

fluky (*auch* **flukey**) /ˈfluːki/ *Adj* (*umgs*) zufällig, Zufalls-

flume /fluːm/ *Nomen* **1** Wasserlauf, Kanal **2** Wasserrutsche

flum·moxed /ˈflʌməkst/ *Adj* durcheinander, verwirrt

flung *Form von* FLING

flunk /flʌŋk/ *Verb* (*bes AmE, umgs*) **1 ~ (sth)** (bei/in etw) durchfallen **2** durchfallen lassen PHR V **ˌflunk ˈout (of sth)** (*AmE, umgs*) wegen schlechter Noten (von einer Schule etc.) abgehen müssen

flun·key (*auch* **flunky**) /ˈflʌŋki/ *Nomen* (*Pl* **-eys** *oder* **-ies**) **1** (*abwert*) Kriecher **2** (*veraltet*) Lakai

fluor·es·cence /ˌflɔːˈresns; *BrE auch* ˌflʊəˈ-; *AmE auch* ˌflʊˈ-/ *Nomen* Fluoreszenz

fluor·es·cent /ˌflɔːˈresnt; *BrE auch* ˌflʊəˈ-; *AmE auch* ˌflʊˈ-/ *Adj* **1** fluoreszierend **2** (*Licht*) Neon- **3** reflektierend

fluor·ide /ˈflɔːraɪd; *BrE auch* ˈflʊəraɪd; *AmE auch* ˈflʊraɪd/ *Nomen* Fluorid

fluor·ine /ˈflɔːriːn; *BrE auch* ˈflʊəriːn; *AmE auch* ˈflʊriːn/ *Nomen* Fluor

flurry /ˈflʌri; *AmE* ˈflɜːri/ *Nomen* (*Pl* **-ies**) **1** [meist Sing] Wirbel ◊ *There was a sudden flurry of activity.* Plötzlich herrschte hektische Betriebsamkeit. **2** (*Schnee-*) Gestöber; (*fig*) Schwall ◊ *a flurry of shots* ein Kugelhagel ◊ *We've had a flurry of enquiries.* Wir hatten eine plötzliche Flut von Anfragen.

flush /flʌʃ/ *Verb, Nomen, Adj*
▸ ***Verb*** **1** rot werden, erröten ◊ *Her cheeks flushed crimson.* Sie wurde hochrot. **2** (*Toilette*) spülen **3 ~ sth out (with sth)** etw (mit etw) ausspülen; **~ sth through sth** etw mit etw durchspülen **4** aufscheuchen; **~ sb/sth out** jdm/etw aufspüren
▸ ***Nomen*** **1** [meist Sing] (Gesichts)röte ➔ *Siehe auch* HOT FLUSH **2** [meist Sing] Wallung, Welle ◊ *a flush of anger* aufwallender Zorn **3** [Sing] (*von Toiletten*) Spülen **4** (*beim Poker etc.*) Flush IDM **(in) the first flush of ˈsth** ◊ *in the first flush of youth* in der ersten Blüte der Jugend ◊ *in the first flush of enthusiasm* in der ersten Begeisterung ◊ *in the first flush of romance* wenn man frisch verliebt ist
▸ ***Adj*** **1** [nicht vor Nomen] (*umgs*) **be ~** gut bei Kasse sein **2** bündig abschließend ◊ *The paving stones are flush with the lawn.* Die Pflastersteine schließen bündig mit dem Rasen ab.

flushed /flʌʃt/ *Adj* gerötet ◊ *Her face was flushed with anger.* Sie war vor Wut rot angelaufen. ◊ *He was flushed with success after his first novel was published.* Er war ganz selig über seinen Erfolg, nachdem sein erster Roman veröffentlicht worden war.

flus·ter /ˈflʌstə(r)/ *Verb, Nomen*
▸ ***Verb*** (*oft passiv*) nervös machen
▸ ***Nomen*** [Sing] (*BrE*) ◊ *be in a terrible fluster* ganz durcheinander sein

flus·tered /ˈflʌstəd; *AmE* -stərd/ *Adj* nervös, durcheinander

flute /fluːt/ *Nomen* **1** Querflöte **2** (**champagne**) ~ Sektflöte

fluted /ˈfluːtɪd/ *Adj* kanneliert

flut·ist /ˈfluːtɪst/ *Nomen* (*AmE*) Flötist(in)

flut·ter /ˈflʌtə(r)/ *Verb, Nomen*
▸ ***Verb*** **1** flattern (mit) ◊ *Her eyelids fluttered but did not open.* Ihre Lider zuckten, blieben aber geschlossen. ◊ *She fluttered her eyelashes.* Sie klimperte mit den Wimpern. **2** (*Herz, etc.*) schneller schlagen ◊ *He felt his stomach flutter when they called his name.* Ihm wurde flau im Magen, als sein Name aufgerufen wurde.
▸ ***Nomen*** **1** [meist Sing] Flattern ◊ *with a flutter of her long, dark eyelashes* mit einem Klimpern ihrer langen dunklen Wimpern ◊ *She felt a flutter of panic in her stomach.* Vor Angst wurde ihr ganz flau im Magen. **2** [meist Sing] (*BrE, umgs*) Wette ◊ *have a flutter on the horses* sein Glück beim Pferderennen versuchen **3** [Sing] Unruhe ◊ *be in a flutter* ganz aufgeregt sein ◊ *Her sudden arrival caused quite a flutter.* Ihr plötzliches Erscheinen hat für erheblichen Wirbel gesorgt. **4** Herzflattern ◊ *Her heart gave a flutter when she saw him.* Sie bekam Herzklopfen, als sie ihn sah.

flux /flʌks/ *Nomen* Fluss ◊ *Our society is in a state of flux.* Unsere Gesellschaft ist dauernd im Fluss.

fly /flaɪ/ *Verb, Nomen*
▸ ***Verb*** (**flies, fly·ing, flew** /fluː/, **flown** /fləʊn; *AmE* floʊn/) **1** fliegen ◊ *We're flying KLM.* Wir fliegen mit KLM. ◊ *fly a kite* einen Drachen steigen lassen ◊ *He had flowers specially flown in.* Er ließ extra Blumen einfliegen. **2** überfliegen ◊ *fly the Atlantic* den Atlantik überfliegen **3 ~ (by/past)** wie im Flug vergehen ◊ *Doesn't time fly?* Wie die Zeit vergeht! **4** (*Fahne*) wehen (lassen) ◊ *The national flag flies on all government buildings.* Auf den Dächern aller Regierungsgebäude weht die Nationalflagge ◊ *Flags were flying at*

half mast. Die Fahnen waren auf halbmast. **5** umherfliegen ◇ *Several people were hit by flying glass.* Mehrere Personen wurden von Glassplittern getroffen. ◇ *hair flying in the wind* im Wind wehendes Haar ◇ *The rumours were still flying.* Noch immer gingen die Gerüchte um. **6** rasen ◇ *The train was flying along.* Der Zug raste dahin. ◇ *It's late—I must fly.* Es ist spät —ich muss schnell los. **7 ~ sth** (*gehoben*) aus etw flüchten **8** (*AmE*) Erfolg haben, sich realisieren lassen IDM **fly the 'coop** (*bes AmE, umgs*) sich aus dem Staub machen **fly 'high** Erfolg haben; Karriere machen **fly in the face of 'sth** (*gehoben*) sich über etw hinwegsetzen; in krassem Widerspruch zu etw stehen ◇ *It flew in the face of the laws of physics.* Es widersprach allen physikalischen Regeln. **fly into a 'rage, 'temper, etc.** in Wut geraten **(go) fly a/your 'kite** (*AmE, umgs*) hau ab! **fly the 'nest** das Nest verlassen **fly off the 'handle** (*umgs*) in Rage geraten; explodieren **go 'flying** (*BrE, umgs*) hinfallen **let 'fly (at sb/sth) (with sth)** (auf jdn/etw) (mit etw) losgehen ◇ *She let fly with a stream of abuse.* Sie fluchte los. → *Siehe auch* BIRD, CROW, PIG, TANGENT *und* WINDOW PHRV **'fly at sb** auf jdn losgehen

▸ ***Verb*** (**flies, fly·ing, flied, flied**) (*beim Baseball*) (den Ball) nach oben schlagen (*sodass er oft gefangen wird*) ◇ *Harrison flied (a ball) to right.* Harrison schlug den Ball nach oben rechts.

▸ ***Nomen*** (*Pl* **flies**) **1** Fliege **2** (künstliche) Fliege ◇ *go fly fishing* Fliegenfischen gehen **3** [Sing] (*BrE auch* **flies** [Pl]) Hosenschlitz **4** Zelttür → *Siehe auch* FLIES IDM **die/fall/drop like 'flies** sterben/umfallen wie die Fliegen **a/the fly in the 'ointment** der Haken an der Sache **a fly on the 'wall** heimliche(r) Beobachter(in) ◇ *be a fly on the wall* Mäuschen spielen ◇ *a fly-on-the-wall documentary about the airport* ein Dokumentarfilm über den Alltag im Flughafen **(there are) no flies on 'sb** (*umgs*) ihm/ihr kann man nichts vormachen **not harm/hurt a 'fly** keiner Fliege etwas zuleide tun (können) **on the 'fly 1** (*umgs*) spontan **2** (COMP) on the fly

fly·away /ˈflaɪəweɪ/ *Adj* ◇ *I have flyaway hair.* Meine Haare fliegen immer so.

fly·blown /ˈflaɪbləʊn; *AmE* -bloʊn/ *Adj* (*BrE*) besudelt, voll Fliegendreck

ˈfly-by *Nomen* (*Pl* **fly-bys**) **1** Vorbeiflug **2** (*AmE*) Luftparade

ˈfly-by-night *Adj* [nur vor Nomen] **1** dubios **2** kurzlebig

fly·catch·er /ˈflaɪkætʃə(r)/ *Nomen* Fliegenschnäpper

flyer (*auch* **flier**) /ˈflaɪə(r)/ *Nomen* **1** (*umgs*) Flieger(in) **2** Flugpassagier(in) ◇ *frequent flyers* Vielflieger **3** Modellflieger(in) **4** Flugblatt **5** (*umgs*) Flitzer **6** fliegender Start → *Siehe auch* HIGH-FLYER IDM **get off to a 'flyer** einen glänzenden Start haben

ˈfly fishing *Nomen* Fliegenfischerei

fly·ing 0-▪ /ˈflaɪɪŋ/ *Adj, Nomen*

▸ ***Adj*** fliegend, Flug- ◇ *flying insects* Fluginsekten IDM **with ˌflying 'colours** glänzend

▸ ***Nomen*** Fliegen

ˌflying 'buttress *Nomen* Strebebogen

ˌflying 'doctor *Nomen* = (besonders in Australien) zu Patienten fliegender Arzt/fliegende Ärztin

ˌflying 'fish *Nomen* Fliegender Fisch

ˌflying 'fox *Nomen* Flughund

ˈflying officer *Nomen* Oberleutnant

ˌflying 'saucer *Nomen* fliegende Untertasse

ˌflying squad *Nomen* (*meist* **the Flying Squad**) Bereitschaftspolizei

ˌflying 'start *Nomen* [Sing] fliegender Start IDM **get off to a flying 'start** einen glänzenden Start haben

ˌflying 'visit *Nomen* (*BrE*) Stippvisite

fly·leaf /ˈflaɪliːf/ *Nomen* (*Pl* **fly·leaves**) Vorsatzblatt

fly·over /ˈflaɪəʊvə(r); *AmE* ˈflaɪoʊ-/ *Nomen* **1** (*BrE*) Überführung **2** (*AmE*) Luftparade

ˈfly-past *Nomen* (*BrE*) Luftparade

fly·sheet /ˈflaɪʃiːt/ *Nomen* (*BrE*) Überzelt

fly·weight /ˈflaɪweɪt/ *Nomen* Fliegengewichtler

fly·wheel /ˈflaɪwiːl/ *Nomen* Schwungrad

FM *Abk* /ˌefˈem/ **1** *Kurzform von* **Frequency Modulation** FM **2** = FIELD MARSHAL

foal /fəʊl; *AmE* foʊl/ *Nomen, Verb*

▸ ***Nomen*** Fohlen IDM **in foal** (*Stute*) trächtig

▸ ***Verb*** fohlen

foam /fəʊm; *AmE* foʊm/ *Nomen, Verb*

▸ ***Nomen*** **1** Schaum, Gischt ◇ *a glass of beer with a good head of foam* ein Glas Bier mit einer schönen Schaumkrone **2** (*auch* **ˌfoam 'rubber**) Schaumstoff

▸ ***Verb*** schäumen IDM **foam at the 'mouth 1** Schaum vor dem Mund haben **2** (*umgs*) vor Wut schäumen

fob /fɒb; *AmE* fɑːb/ *Verb, Nomen*

▸ ***Verb*** (**-bb-**) PHRV **ˌfob sb 'off 1 ~ sb off (with sth)** jdn (mit etw) abspeisen ◇ *She wouldn't be fobbed off this time.* Diesmal ließ sie sich nicht abwimmeln. **2 ~ sb off with sth** jdm etw andrehen

▸ ***Nomen*** **1** Uhrenkette **2** (*auch* **'fob watch**) Taschenuhr **3** (*Schlüssel-, etc.*) Anhänger

focal /ˈfəʊkl; *AmE* ˈfoʊ-/ *Adj* [nur vor Nomen] zentral

ˌfocal 'length *Nomen* (PHYSIK) Brennweite

ˈfocal point *Nomen* **1** Mittelpunkt **2** (PHYSIK) Brennpunkt, Brennweite

focus 0-▪ /ˈfəʊkəs; *AmE* ˈfoʊ-/ *Verb, Nomen*

▸ ***Verb*** (**-s-** *oder* **-ss-**) **1 ~ (on/upon sb/sth)** sich (auf jdn/etw) konzentrieren; **~ sth (on/upon sb/sth)** etw auf jdn/etw konzentrieren ◇ *The discussion focused on three main problems.* In der Diskussion ging es vor allem um drei Hauptprobleme. ◇ *The visit helped to focus world attention on the plight of the refugees.* Der Besuch trug dazu bei, die Aufmerksamkeit der Welt auf das Schicksal der Flüchtlinge zu lenken. **2 ~ sth (on sb/sth)** etw (auf jdn/etw) einstellen, etw auf jdn/etw richten **3 ~ (on sb/sth)** sich (auf jdn/etw) einstellen ◇ *Let your eyes focus on objects that are further away from you.* Richten Sie den Blick auf weiter entfernte Gegenstände. ◇ *It took a few moments for her eyes to focus in the dark.* Es dauerte einen Moment, bis sich ihre Augen an die Dunkelheit gewöhnt hatten. **4** (*Fachspr*) (*Strahlen*) bündeln

▸ ***Nomen*** (*Pl* **fo·cuses** *oder* **foci** /ˈfəʊsaɪ; *AmE* ˈfoʊ-/) **1** Mittelpunkt, Hauptpunkt ◇ *It was the main focus of attention at the meeting.* Es stand im Mittelpunkt des Treffens. ◇ *The focus will be on tax.* Es wird vor allem um Steuerfragen gehen. ◇ *The incident brought the problem of violence in schools into sharp focus.* Der Vorfall rückte das Problem der Gewalt in Schulen ins Blickfeld. ◇ *We shall maintain our focus on the needs of the customer.* Unser Hauptanliegen werden weiterhin die Bedürfnisse des Kunden sein. ◇ *What we need now is a change of focus.* Wir müssen die Dinge jetzt anders angehen. **2** Brennpunkt, Brennweite ◇ *out of focus* unscharf ◇ *in focus* scharf **3** (*von Erdbeben*) Herd

fo·cused /ˌriːˈfəʊkəst; *AmE* -ˈfoʊ-/ (*auch* **fo·cussed**) *Adj* konzentriert, zielbewusst, zielgerichtet ◇ *We have to stay focused.* Wir dürfen uns nicht ablenken lassen.

ˈfocus group *Nomen* (*bei Meinungsforschung*) Fokusgruppe

fod·der /ˈfɒdə(r); *AmE* ˈfɑːdər/ *Nomen* Futter

foe /fəʊ; *AmE* foʊ/ *Nomen* (*gehoben, veraltet*) Feind(in)

foe·tal (*bes AmE* **fetal**) /ˈfiːtl/ *Adj* fetal, Fetal-

foe·tid = FETID

foe·tus (*bes AmE* **fetus**) /ˈfiːtəs/ *Nomen* Fetus

fog /fɒg; *AmE* fɑːg/ *Nomen, Verb*

▸ ***Nomen*** Nebel ◇ *patchy fog* stellenweise Nebel ◇ *He* *went through the day with his mind in a fog.* Den ganzen Tag über war er wie benebelt.

▸ ***Verb*** (-gg-) **1 ~ (up)** beschlagen ◇ *The humidity fogged my glasses.* Durch die Feuchtigkeit beschlug meine Brille. **2** vernebeln, verschleiern

fog·bound /ˈfɒgbaʊnd; *AmE* ˈfɑːg-/ *Adj* in Nebel gehüllt ◇ *a fogbound airport* ein aufgrund von Nebel vorläufig geschlossener Flughafen ◇ *fogbound passengers* Passagiere, die wegen dichten Nebels festsitzen

fogey (*auch* **fogy**) /ˈfəʊgi; *AmE* ˈfoʊ-/ *Nomen* (*Pl* **fo·gies**, **fo·geys**) verkalkte(r) Alte(r)

foggy /ˈfɒgi; *AmE* ˈfɑːgi/ *Adj* (**fog·gier**, **fog·gi·est**) neblig IDM **not have the ˈfoggiest (idea)** (*umgs*) nicht die leiseste Ahnung haben

fog·horn /ˈfɒghɔːn; *AmE* ˈfɑːghɔːrn/ *Nomen* Nebelhorn

ˈfog lamp *Nomen* (*AmE* **ˈfog light**) Nebellampe

foi·ble /ˈfɔɪbl/ *Nomen* Eigenheit, Schwäche

foil /fɔɪl/ *Nomen, Verb*

▸ ***Nomen*** (*BrE auch* **silverˈfoil**) **1** (*Metall-*) Folie ◇ *aluminium foil* Alufolie ◇ *chocolates wrapped in gold foil* in Goldpapier verpackte Pralinen → *Siehe auch* TINFOIL **2 ~ (for sb/sth)** Kontrast (zu jdm/etw) ◇ *The pale walls provide a perfect foil for the brightly coloured furniture.* Die hellen Wände bilden einen ausgezeichneten Hintergrund für die bunten Möbel. **3** (*im Fechten*) Florett

▸ ***Verb*** (*gehoben*) **1** vereiteln, zunichtemachen ◇ *He was foiled in his attempt to deceive us.* Bei seinem Versuch uns zu betrügen wurde ihm ein Strich durch die Rechnung gemacht. **2** hindern

foist /fɔɪst/ *Verb* PHR V **ˈfoist sb/sth on/upon sb** jdm jdn/etw aufdrängen

fold 0‑ᵾ /fəʊld; *AmE* foʊld/ *Verb, Nomen*

▸ ***Verb*** **1 ~ sth (up)** etw (zusammen)falten, etw zusammenlegen ◇ *First, fold the paper in two.* Falten Sie das Blatt zuerst in der Mitte. ◇ *The blankets had been folded down.* Die Decken waren zurückgeschlagen worden. ◇ *The bird folded its wings.* Der Vogel legte die Flügel an. → *Siehe auch* FOLD-UP **2 ~ (away/down)** sich zusammenklappen lassen ◇ *The table folds up.* Der Tisch lässt sich zusammenklappen. **3 ~ sth (away/down)** etw zusammenklappen **4** wickeln ◇ *She folded a blanket around the baby.* Sie wickelte eine Decke um das Baby. **5** Pleite machen; (*Theaterstück etc.*) abgesetzt werden IDM **fold sb in your ˈarms** (*gehoben*) jdn in die Arme schließen **fold your ˈarms** die Arme verschränken **fold your ˈhands** die Hände falten PHR V **ˌfold sth ˈin** (GASTRON) etw unterheben **ˌfold sth ˈinto sth** (GASTRON) etw unter etw heben

▸ ***Nomen*** **1** Falte ◇ *folds of skin* Hautfalten **2** Falz **3** Schafhürde, Pferch **4 the fold** (*fig*) der Schoß ◇ *The party tried to persuade the waverers back into the fold.* Die Partei versuchte, die Zweifler zur Rückkehr in die Partei zu überreden. **5** (GEOL) Bodenfalte **6** (*BrE*) Senke

-fold /fəʊld; *AmE* foʊld/ **1** (*in Adjektiven*) -fach ◇ *There has been a threefold increase in turnover.* Der Umsatz hat sich verdreifacht. ◇ *The aim of the project is fourfold.* Das Projekt hat vier Ziele. **2** (*in Adverbien*) ◇ *increase tenfold* sich um das Zehnfache vermehren

fold·er /ˈfəʊldə(r); *AmE* ˈfoʊl-/ *Nomen* Schnellhefter, Mappe, Ordner

fold·ing 0‑ᵾ /ˈfəʊldɪŋ; *AmE* ˈfoʊl-/ *Adj* (*seltener* **foldaway**) [nur vor Nomen] zusammenklappbar, Klapp-

ˈfold-up *Adj* [nur vor Nomen] zusammenklappbar, (zusammen)faltbar

fo·li·age /ˈfəʊliɪdʒ; *AmE* ˈfoʊ-/ *Nomen* Laub(werk)

folic acid /ˌfɒlɪk ˈæsɪd, ˌfəʊlɪk; *AmE* ˌfoʊlɪk/ *Nomen* Folsäure

folk /fəʊk; *AmE* foʊk/ *Nomen, Adj*

▸ ***Nomen*** **1** (*bes AmE* **folks** [Pl]) (*umgs*) Leute ◇ *ordinary working-class folk* ganz normale Leute aus der Arbeiterklasse ◇ *Well, folks, what are we going to do today?* Na, Leute, was wollen wir heute machen? **2 folks** [Pl] (*bes AmE, umgs*) Familie, Eltern **3** ◇ *country folk* Leute vom Land ◇ *townsfolk* Städter ◇ *farming folk* Bauersleute **4** = FOLK MUSIC

▸ ***Adj*** Volks-, volkstümlich ◇ *a folk museum* ein Heimatmuseum ◇ *folk dance* Volkstanz ◇ *a folk hero* ein(e) Volksheld(in)

folk·lore /ˈfəʊklɔː(r); *AmE* ˈfoʊ-/ *Nomen* Volkstum, Folklore ◇ *The story became part of family folklore.* Die Geschichte wurde in die Familienüberlieferung aufgenommen.

ˌfolk ˈmemory *Nomen* Kollektivgedächtnis

ˈfolk music *Nomen* (*auch* **folk**) **1** Volksmusik **2** Folk

ˈfolk singer *Nomen* **1** Volksliedersänger(in) **2** Folksänger(in)

ˈfolk song *Nomen* **1** Volkslied **2** Folksong

folksy /ˈfəʊksi; *AmE* ˈfoʊk-/ *Adj* **1** (*bes AmE*) volkstümlich, rustikal **2** (*manchmal abwertend*) volkstümelnd, volkstümlich aufgemacht ◇ *a folksy ballad* eine volksliedhafte Ballade

ˈfolk tale *Nomen* Volksmärchen

fol·licle /ˈfɒlɪkl; *AmE* ˈfɑːlɪ-/ *Nomen* Follikel

fol·low 0‑ᵾ /ˈfɒləʊ; *AmE* ˈfɑːloʊ/ *Verb* **1 ~ sb/sth** jdm/etw folgen ◇ *I think we're being followed.* Ich glaube, uns geht jemand nach. ◇ *I don't follow many people on Twitter.* Ich folge nicht vielen Leuten auf Twitter. **2 ~ sth** auf etw folgen ◇ *The first lesson is followed by a break of ten minutes.* Auf die erste Unterrichtsstunde folgt eine zehnminütige Pause. ◇ *There followed a short silence.* Ein kurzes Schweigen folgte. ◇ *as follows …* wie folgt … ◇ *I'll have soup and fish to follow.* Ich nehme Suppe und anschließend Fisch. **3 ~ A (up) with B** B im Anschluss an A tun ◇ *She followed up her success with another single.* Im Anschluss an ihren Erfolg brachte sie eine weitere Single heraus. ◇ *Follow your treatment with plenty of rest.* Ruhen Sie sich nach der Behandlung gut aus. **4 ~ (from sth)** (*selten in der Verlaufsform*) (aus etw) folgen, sich (aus etw) ergeben **5** (*Straße etc.*) entlanggehen, entlangfahren **6** entlangführen an **7** befolgen, folgen ◇ *follow a recipe* einem Rezept folgen ◇ *He always followed the latest fashions.* Er ging immer mit der Mode. ◇ *The movie follows the book faithfully.* Der Film hält sich genau an das Buch. **8** verstehen, folgen ◇ *The plot is almost impossible to follow.* Der Handlung kann man kaum folgen. ◇ *Sorry, I don't follow.* Es tut mir leid, ich komme da nicht mit. **9** verfolgen, folgen ◇ *Her eyes followed him everywhere.* Sie folgte ihm mit den Augen. ◇ *The novel follows the fortunes of a village community in Scotland.* Der Roman folgt dem Schicksal einer Dorfgemeinschaft in Schottland. **10 ~ sth** (*Schema, Muster*) nach etw verlaufen ◇ *The day followed the usual pattern.* Der Tag verlief wie gewohnt. IDM **follow in sb's ˈfootsteps** in jds Fußstapfen treten **follow your ˈnose 1** dem Geruch nachgehen **2** immer der Nase nach gehen **3** seiner Eingebung folgen **follow ˈsuit 1** (*Kartenspiel*) (Farbe) bedienen **2** gleichziehen PHR V **ˌfollow sb aˈround/aˈbout** jdm nachlaufen **ˌfollow ˈon 1** nachkommen **2** sich (aus etw) ergeben **ˌfollow ˈthrough** durchschwingen **ˌfollow ˈthrough (with sth)**; **ˌfollow sth ˈthrough** etw zu Ende führen **ˌfollow sth ˈup 1** etw einer Sache folgen lassen ◇ *You should follow up your phone call with a letter.* Sie sollten zusätzlich zu ihrem Anruf noch einen Brief schicken. **2** etw nachgehen, etw weiterverfolgen

followee /ˌfɒləʊˈiː; *AmE* ˌfɑːloʊ-/ *Nomen* = jd oder ein Unternehmen, dem man im Internet folgt

fol·low·er /ˈfɒləʊə(r); *AmE* ˈfɑːloʊ-/ *Nomen* **1** Anhänger(in) **2** Fan **3** Mitläufer(in), Nachahmer(in) **4** *(auf Twitter)* Follower

fol·low·ing 🔑 /ˈfɒləʊɪŋ; *AmE* ˈfɑːloʊ-/ *Adj, Nomen, Präp*

▸ ***Adj* the following ...** der/die/das folgende ... ◇ *Answer the following questions.* Beantworten Sie die folgenden Fragen. ◇ *the following afternoon* am nächsten Nachmittag ◇ *the following month* im nächsten Monat ◇ *the following week* die Woche darauf IDM **a following ˈwind** Rückenwind

▸ ***Nomen* 1** Anhängerschaft **2 the following** Folgendes, das Folgende, die Folgenden

▸ ***Präp*** nach

ˌfollow-ˈthrough *Nomen* **1** *(beim Golf)* Durchschwung; *(beim Tennis)* Nachschwingen **2** Durchführung

ˈfollow-up *Nomen, Adj*

▸ ***Nomen*** Fortsetzung, Ergänzung ◇ *The book is a follow-up to her television series.* Es ist ein Begleitbuch zu ihrer Fernsehserie. ◇ *Despite the success of his last album, there are as yet no plans for any follow-ups.* Trotz des Erfolgs seines letzten Albums gibt es noch keine Pläne für Nachfolgealben.

▸ ***Adj*** Nach-, Folge- ◇ *a follow-up study* eine Nachfolgestudie

folly /ˈfɒli; *AmE* ˈfɑːli/ *Nomen (Pl* **-ies***)* **1** Torheit ◇ *Giving up a secure job seems to be the height of folly.* Einen sicheren Arbeitsplatz aufzugeben scheint reiner Wahnsinn. **2** *(BrE)* = kleines (rein) dekoratives Gebäude, meist im Park eines großen Landbesitzes

fo·ment /fəʊˈment; *AmE* foʊˈ-/ *Verb (gehoben)* schüren ◇ *They fomented political unrest.* Sie haben politische Unruhen angezettelt.

fond /fɒnd; *AmE* fɑːnd/ *Adj* **1 be ~ of sb** jdn gernhaben; **be ~ of sth** etw mögen, etw gern tun ◇ *be fond of cooking* gern kochen ◇ *He's rather too fond of the sound of his own voice.* Er hört sich gern sprechen. ◇ *I have grown quite fond of her.* Ich habe sie recht lieb gewonnen. ◇ *We had grown fond of the house.* Das Haus war uns ans Herz gewachsen. **2 be ~ of sth** zu etw neigen **3** [nur vor Nomen] liebevoll, zärtlich ◇ *She bade him a fond farewell.* Sie verabschiedete sich liebevoll von ihm. ◇ *I have very fond memories of my time in Spain.* Ich habe sehr schöne Erinnerungen an meine Zeit in Spanien. **4** [nur vor Nomen] **~ hope** vergebliche Hoffnung

fon·dant /ˈfɒndənt; *AmE* ˈfɑːn-/ *Nomen* **1** Fondant ◇ *fondant icing* weicher Zuckerguss **2** Fondantpraline, Fondantschokolade

fon·dle /ˈfɒndl; *AmE* ˈfɑːn-/ *Verb* streicheln

fond·ly /ˈfɒndli; *AmE* ˈfɑːnd-/ *Adv* **1** liebevoll, zärtlich ◇ *I fondly remember my first job as a reporter.* Ich erinnere mich gern an meine erste Stelle als Reporter. **2** törichterweise, (allzu) kühn

fond·ness /ˈfɒndnəs; *AmE* ˈfɑːnd-/ *Nomen* Zuneigung ◇ *a fondness for animals* Tierliebe ◇ *I remember my time with him with great fondness.* Ich denke sehr gern an die Zeit mit ihm zurück.

fon·due /ˈfɒndjuː; *AmE* fɑːnˈduː/ *Nomen* Fondue

font /fɒnt; *AmE* fɑːnt/ *Nomen* **1** Taufbecken **2** *(im Druckwesen)* Schrift

food 🔑 /fuːd/ *Nomen* Nahrung, Essen, Futter ◇ *the food industry* die Lebensmittelindustrie ◇ *frozen foods* Gefrierkost ◇ *food poisoning* Lebensmittelvergiftung ◇ *He's off his food.* Er hat keinen Appetit. → *Siehe auch* CONVENIENCE FOODS, FAST FOOD, HEALTH FOOD *und* JUNK FOOD IDM **food for ˈthought** ein Denkanstoß

ˈfood bank *Nomen (AmE)* Suppenküche

ˈfood chain *Nomen* Nahrungskette

foodie /ˈfuːdi/ *Nomen (umgs)* Hobbykoch/-köchin, Feinschmecker(in)

ˈfood mile *Nomen* Lebensmittelkilometer ◇ *Keep food miles to a minimum by buying local produce.* Halten Sie die Transportwege für Lebensmittel möglichst kurz, indem Sie Lebensmittel aus der Region kaufen.

ˈfood processor *Nomen* Küchenmaschine

ˈfood stamp *Nomen (AmE)* Lebensmittelgutschein

food·stuff /ˈfuːdstʌf/ *Nomen* [meist Pl] Nahrungsmittel ◇ *basic foodstuffs* Grundnahrungsmittel

fool /fuːl/ *Nomen, Verb, Adj*

▸ ***Nomen* 1** Dummkopf ◇ *Don't be such a fool!* Sei nicht so dumm! ◇ *I felt a fool when I realized my mistake.* Ich kam mir dumm vor, als ich meinen Fehler merkte. ◇ *I was fool enough to believe him.* Ich war so dumm, ihm zu glauben. **2** Narr, Närrin **3** *(BrE) (meist in Zusammensetzungen)* = Dessert aus püriertem Obst und Sahne oder Vanillepudding ◇ *rhubarb fool* Rhabarbercreme IDM **act/play the ˈfool** herumalbern **any fool can/could ...** *(umgs)* ◇ *Any fool could tell she was lying.* Jeder Idiot konnte sehen, dass sie log. **be ˌno/ˌnobody's ˈfool** nicht auf den Kopf gefallen sein **make a ˈfool of sb/yourself** jdn/sich lächerlich machen **ˌmore fool ˈsb (for doing sth)** *(umgs)* wie kann man nur so dumm sein (etw zu tun) → *Siehe auch* SUFFER

▸ ***Verb* 1 ~ sb** jdm etw vormachen ◇ *You don't fool me!* Mir kannst du nichts vormachen! ◇ *She certainly had me fooled!* Ich bin jedenfalls auf sie reingefallen! ◇ *Don't be fooled into thinking they're going to change anything.* Glaub bloß nicht, dass sich irgend etwas ändern wird. **2 ~ (about/around) (with sth)** (mit etw) Quatsch machen, (mit etw) herumalbern IDM **you could have fooled ˈme** *(umgs)* was du nicht sagst! PHR V **ˌfool aˈround 1** *(BrE auch* **ˌfool aˈbout***)* herumtrödeln **2 ~ (with sb)** eine Affäre (mit jdm) haben

▸ ***Adj*** [nur vor Nomen] *(umgs)* blöd

fool·hardi·ness /ˈfuːlhɑːdinəs; *AmE* -hɑːrd-/ *Nomen* Tollkühnheit, Waghalsigkeit

fool·hardy /ˈfuːlhɑːdi; *AmE* -hɑːrdi/ *Adj (abwert)* tollkühn, verwegen

fool·ish /ˈfuːlɪʃ/ *Adj* **1** dumm, blöd, albern ◇ *Don't do anything foolish!* Mach keine Dummheiten! **2** lächerlich ◇ *He's afraid of looking foolish.* Er will sich nicht lächerlich machen.

fool·ish·ly /ˈfuːlɪʃli/ *Adv* dumm, naiverweise

fool·ish·ness /ˈfuːlɪʃnəs/ *Nomen* Dummheit

fool·proof /ˈfuːlpruːf/ *Adj* todsicher, idiotensicher, kinderleicht

ˌfool's ˈparadise *Nomen* [meist Sing] Wolkenkuckucksheim, Fantasiewelt

foosball /ˈfuːzbɔːl/ *Nomen* Tischfußball

foot 🔑 /fʊt/ *Nomen, Verb*

▸ ***Nomen* 1** *(Pl* **feet** /fiːt/*)* Fuß ◇ *He got/rose to his feet.* Er stand auf. ◇ *He jumped to his feet.* Er sprang auf. ◇ *I've been on my feet all day.* Ich bin den ganzen Tag auf den Beinen gewesen. ◇ *in/with bare feet* barfuß ◇ *a foot soldier* ein Infanterist ◇ *foot passengers on the ferry* Fußgänger auf der Fähre **2** *(Pl* **feet** *oder* **foot***)* *(Abk* **ft.***)* = Längenmaß, entspricht 30,48 cm **3** [Sing] Fuß, unteres Ende ◇ *at the foot of the page* unten auf der Seite ◇ *at the foot of the bed* am Fußende des Bettes **4** [Sing] (Vers)fuß → *Siehe auch* ATHLETE'S FOOT IDM **be rushed/run off your ˈfeet** ganz schön auf Trab sein; alle Hände voll zu tun haben **fall/land on your ˈfeet** wieder auf die Füße fallen ◇ *You landed on your feet, getting such a well-paid job with so little experience.* Du hast Glück gehabt, bei so wenig Erfahrung eine so gut bezahlte Stellung zu bekommen. **get/have a/your foot in the ˈdoor** einen Fuß in die Tür bekommen/in der Tür haben **have feet of ˈclay** doch nur ein Mensch sein **have/keep a foot in both ˈcamps** in beiden Welten zu Hause sein; auf zwei Hochzeiten (gleichzeitig) tanzen **have/keep your ˈfeet (firmly) on the ground** mit beiden Beinen (fest) auf der Erde stehen **have ˌone foot in the ˈgrave** (*umgs*) mit einem Fuß im Grabe stehen **my ˈfoot!** (*umgs, hum*) von wegen! **on ˈfoot** zu Fuß **(back) on your ˈfeet** (wieder) auf den Beinen/die Beine ◇ *She hopes to get the struggling company back on its feet soon.* Sie hofft, die Firma bald wieder auf die Beine zu bringen. **put your ˈfeet up** die Beine/Füße hochlegen **put your ˈfoot down 1** ein Machtwort sprechen; hart durchgreifen **2** (*BrE*) Gas geben **put your foot in your ˈmouth** (*BrE auch* **put your ˈfoot in it**) ins Fettnäpfchen treten **put a foot ˈwrong** (*besonders in verneinten Sätzen*) einen Fehler machen **set ˈfoot in/on sth** etw betreten **set sb on their ˈfeet 1** jdm auf die Beine helfen **2** (*auch* **set sth on its feet**) etw auf die Beine stellen **stand on your own (two) ˈfeet** auf eigenen Füßen stehen **under sb's ˈfeet** jdm im Weg(e) ◇ *I don't want you under my feet now.* Ich will nicht, dass ihr mir jetzt im Weg(e) seid. → *Siehe auch* BOOT, COLD, DRAG, FIND, GRASS, GROUND, HAND, HEAD, ITCHY, LEFT, PATTER, PULL, SHOE, SHOOT, SIT, STOCKING, SWEEP, THINK, VOTE, WAIT, WALK, WEIGHT *und* WORLD

▸ ***Verb*** IDM **foot the ˈbill (for sth)** (*umgs*) die Rechnung (für etw) bezahlen

foot·age /ˈfʊtɪdʒ/ *Nomen* [U] Film(material)

ˌfoot-and-ˈmouth dis·ease *Nomen* Maul- und Klauenseuche

foot·ball 🔑 /ˈfʊtbɔːl/ *Nomen* **1** Fußball **2** (*AmE*) Football **3** (*Streitpunkt*) Spielball

ˈfootball boot *Nomen* (*BrE*) Fußballschuh

foot·baller /ˈfʊtbɔːlə(r)/ *Nomen* Fußballspieler(in), Fußballer(in)

foot·ball·ing /ˈfʊtbɔːlɪŋ/ *Adj* [nur vor Nomen] (*BrE*) Fußball-, fußballerisch

ˈfootball pools (*auch* **the pools**) *Nomen* [Pl] Fußballtoto

foot·bridge /ˈfʊtbrɪdʒ/ *Nomen* Fußgängerbrücke

foot·er /ˈfʊtə(r)/ *Nomen* **1** Fußzeile **2** (COMP) Footer, Fußzeile

foot·fall /ˈfʊtfɔːl/ *Nomen* (*gehoben*) Schritt(e)

ˈfoot fault *Nomen* Fußfehler

foot·hill /ˈfʊthɪl/ *Nomen* [meist Pl] Ausläufer, Vorgebirge

foot·hold /ˈfʊthəʊld; *AmE* -hoʊld/ *Nomen* **1** Halt ◇ *She edged forward, feeling for a foothold.* Sie schob sich vorwärts und suchte nach einem Halt für ihren Fuß. **2** [meist Sing] ◇ *The company is eager to gain a foothold in Europe.* Die Firma ist darauf aus, in Europa Fuß zu fassen. ◇ *With this deal we hope to establish a foothold in the US market.* Mit diesem Geschäft hoffen wir in den amerikanischen Markt einzusteigen.

footie (*auch* **footy**) /ˈfʊti/ *Nomen* (*BrE, umgs*) Fußball

foot·ing /ˈfʊtɪŋ/ *Nomen* [Sing] **1** Halt ◇ *I slipped and struggled to regain my footing.* Ich rutschte und versuchte verzweifelt, wieder Halt zu finden. **2** Basis, Ausgangsposition ◇ *The company is on a firm/sound financial footing.* Die Firma steht auf einer sicheren/gesunden finanziellen Grundlage. ◇ *on a war footing* in Kriegsbereitschaft **3** Stellung, Stufe ◇ *They were demanding to be treated on the same footing as the rest of the teachers.* Sie forderten, mit den übrigen Lehrern auf eine Stufe gestellt zu werden. ◇ *The two groups must meet on an equal footing.* Die beiden Gruppen müssen bei dem Treffen gleich gestellt sein.

foot·lights /ˈfʊtlaɪts/ *Nomen* [Pl] Rampenlicht

foot·loose /ˈfʊtluːs/ *Adj* ungebunden

foot·man /ˈfʊtmən/ *Nomen* (*Pl* **-men** /-mən/) Diener, Lakai

foot·note /ˈfʊtnəʊt; *AmE* -noʊt/ *Nomen* Fußnote

foot·path /ˈfʊtpɑːθ; *AmE* -pæθ/ *Nomen* Fußweg

foot·plate /ˈfʊtpleɪt/ *Nomen* (*BrE*) Führerstand

foot·print /ˈfʊtprɪnt/ *Nomen* [meist Pl] Fußabdruck, (Fuß)spur

foot·rest /ˈfʊtrest/ *Nomen* Fußstütze

Foot·sie™ (*auch* **FTSE™** /ˈfʊtsi/; **FTSE™ index, FTSE™ 100 index**) *Nomen* (FINANZ) Financial-Times-(100-)Index

foot·sie /ˈfʊtsi/ *Nomen* (*umgs*) IDM **play ˈfootsie with sb** mit jdm füßeln

foot·sore /ˈfʊtsɔː(r)/ *Adj* (*gehoben*) mit wunden Füßen

foot·step /ˈfʊtstep/ *Nomen* **1** Schritt **2** Fußabdruck IDM → FOLLOW

foot·stool /ˈfʊtstuːl/ *Nomen* Fußbank

foot·wear /ˈfʊtweə(r); *AmE* -wer/ *Nomen* [U] Schuhe, Schuhwerk

foot·work /ˈfʊtwɜːk; *AmE* -wɜːrk/ *Nomen* **1** Beinarbeit **2** geschicktes Manövrieren ◇ *It was going to take some deft political footwork to save the situation.* Um die Situation zu retten, war politische Gewandtheit nötig.

footy (*BrE, umgs*) = FOOTIE

fop /fɒp; *AmE* fɑːp/ *Nomen* (*veraltet*) Geck

fop·pish /ˈfɒpɪʃ; *AmE* ˈfɑːpɪʃ/ *Adj* geckenhaft

for 🔑 /fə(r), *betont* fɔː(r)/ *Präp, Konj*

▸ ***Präp* 1** für ◇ *What can I do for you?* Was kann ich für Sie tun? ◇ *You get a coupon for every 20 litres of petrol you buy.* Für jede 20 Liter Benzin, die Sie kaufen, gibt es einen Gutschein. ◇ *There's a strong case for postponing the exam.* Es spricht viel dafür, die Prüfung zu verschieben. ◇ *I'm all for it.* Ich bin voll und ganz dafür. ◇ *Shaking your head for 'No' is not universal.* Ein Kopfschütteln ist nicht überall gleichbedeutend mit „Nein". ◇ *I'll swap these two bottles for that one.* Ich tausche diese zwei Flaschen gegen jene. ◇ *There's one bad apple for every three good ones.* Jeder vierte Apfel ist schlecht. ◇ *an award for bravery* eine Tapferkeitsmedaille ◇ *It's useless for us to continue.* Es ist sinnlos, dass wir weitermachen. ◇ *The box is too heavy for me to lift.* Die Kiste ist zu schwer, als dass ich sie heben könnte. **2** zu ◇ *a machine for slicing bread* eine Maschine zum Brotschneiden ◇ *She gave me a watch for my birthday.* Sie schenkte mir eine Uhr zum Geburtstag. ◇ *for the last time* zum letzten Mal ◇ *go for a walk* spazieren gehen ◇ *What did you do that for?* Warum hast du das gemacht? **3** (*angestellt*) bei ◇ *She's working for IBM.* Sie arbeitet bei IBM. **4** wegen, vor, aus ◇ *I couldn't speak for laughing.* Vor lauter Lachen konnte ich nichts sagen. ◇ *He didn't answer for fear of hurting her.* Er antwortete nicht aus Angst, ihr weh zu tun. **5 better, happier etc. ~ sth** ◇ *You'll feel better for a good night's sleep.* Dir wird besser sein, wenn du erst mal richtig ausgeschlafen hast. ◇ *This room would look more cheerful for a spot of paint.* Dieses Zimmer würde viel freundlicher aussehen, wenn es frisch gestrichen wäre. **6** (*Richtung*) nach ◇ *Is this the bus for Chicago?* Ist dies der Bus nach Chicago? ◇ *She knew she was destined for a great future.* Sie wusste, dass ihr eine große Zukunft bestimmt war. **7** (*mit Zeitspannen*) ◇ *I'm going away for a few days.* Ich fahre ein paar Tage weg. ◇ *That's all for now.* Das ist vorläufig alles. **8** seit ◇ *I've been here for six weeks.* Ich bin seit sechs Wochen hier. ◇ *He was in Canada for six months.* Er war sechs Monate lang in Kanada. **9** (*mit Terminen*) ◇ *an appointment for May 12* ein Termin für den 12. Mai ◇ *We're invited for 7.30.* Wir sind um halb acht eingeladen. **10** (*eine Distanz anzeigend*) ◇ *The road went on for miles and miles.* Die Straße zog sich meilenweit hin. **11 it is (not) for sb to do sth** es steht jdm (nicht) zu, etw zu tun ◇ *How to spend the money is for you to decide.* Es liegt bei dir, wie das Geld ausge-

geben wird. **IDM** **be 'in for it** (*BrE auch* **be 'for it**) (*umgs*) sich auf etwas gefasst machen können ◇ *We'd better hurry or we'll be in for it.* Wir beeilen uns besser, sonst können wir uns auf etwas gefasst machen. **for 'all 1** trotz ◇ *For all its clarity of style, the book is not easy reading.* Trotz seines klaren Stils ist dieses Buch anspruchsvolle Lektüre. **2** ◇ *For all I know she's still living in Boston.* Soviel ich weiß, lebt sie noch immer in Boston. ◇ *You can do what you like, for all I care.* Von mir aus kannst du machen, was du willst. **there's/that's ... for you** (*oft iron*) ◇ *That's politics for you.* So ist das eben in der Politik. ◇ *She might at least have called. There's gratitude for you.* Sie hätte wenigstens anrufen können. So eine Undankbarkeit!
▸ ***Konj*** (*veraltet oder gehoben*) denn

for·age /ˈfɒrɪdʒ; *AmE* ˈfɔːrɪdʒ/ *Verb, Nomen*
▸ ***Verb*** (*gehoben*) ~ (**for sth**) (nach etw) suchen, auf die Suche (nach etw) gehen ◇ *She foraged about in her bag.* Sie kramte in ihrer Tasche.
▸ ***Nomen*** Futter

foray /ˈfɒreɪ; *AmE* ˈfɔːreɪ/ *Nomen* **1** Abstecher, Ausflug ◇ *the company's first foray into the computer market* der erste Vorstoß der Firma auf den Computermarkt **2** (MIL) Ausfall

for·bade *Form von* FORBID

for·bear *Verb, Nomen*
▸ /fɔːˈbeə(r); *AmE* fɔːrˈber/ ***Verb*** (**for·bore** /fɔːˈbɔː(r); *AmE* fɔːrˈ-/, **for·borne** /fɔːˈbɔːn; *AmE* fɔːrˈbɔːrn/) (*gehoben*) ~ (**from sth**) (von etw) Abstand nehmen; ~ **from doing sth** davon Abstand nehmen, etw zu tun
▸ ***Nomen*** = FOREBEAR

for·bear·ing /fɔːˈbeərɪŋ; *AmE* fɔːrˈberɪŋ/ *Adj* (*gehoben*) nachsichtig ◇ *Thank you for being so forbearing.* Ich danke Ihnen für Ihre Nachsicht.

for·bid /fəˈbɪd; *AmE* fərˈ-/ *Verb* (**for·bade** /fəˈbæd; *AmE* fərˈ-/, **for·bid·den** /fəˈbɪdn; *AmE* fərˈ-/) **1** verbieten, untersagen ◇ *He forbade them from mentioning the subject again.* Er untersagte es ihnen, das Thema nochmals zu erwähnen. **2** (*gehoben*) nicht zulassen ◇ *Lack of space forbids the listing of all the names here.* Aus Platzmangel werden hier nicht alle Namen aufgeführt. **IDM** **God/Heaven for'bid** Gott behüte ◇ *Heaven forbid (that) she's fallen down the cliff.* Um Himmels willen, dass sie bloß nicht vom Felsen gestürzt ist!

for·bid·den /fəˈbɪdn; *AmE* fərˈ-/ *Adj* verboten, untersagt **IDM** **for,bidden 'fruit** verbotene Früchte

for·bid·ding /fəˈbɪdɪŋ; *AmE* fərˈ-/ *Adj* (*Adv* **for·bid·ding·ly**) Furcht einflößend, bedrohlich, unwirtlich ◇ *The house looked dark and forbidding.* Das Haus sah düster und abweisend aus.

for·bore, **for·borne** *Form von* FORBEAR

force 🔑 /fɔːs; *AmE* fɔːrs/ *Nomen, Verb*
▸ ***Nomen*** **1** Gewalt, Gewaltanwendung ◇ *The rioters were taken away by force.* Die Randalierer wurden mit Gewalt abgeführt. ◇ *by force of arms* mit Waffengewalt **2** Kraft, Macht ◇ *the force of her argument* die Überzeugungskraft ihres Arguments ◇ *have the force of law* Gesetzeskraft haben ◇ *He succeeded by sheer force of personality.* Allein seiner starken Persönlichkeit verdankte er den Erfolg. ◇ *by sheer force of numbers* durch zahlenmäßige Überlegenheit ◇ *the force of gravity* die Schwerkraft ◇ *The expansion of higher education will be a powerful force for change.* Die Ausdehnung der Hochschulbildung wird einen wirksamen Beitrag zu einem gesellschaftlichen Wandel leisten. **3** Wucht, Stärke **4** [mit Verb im Sing/Pl] (*Gruppe*) ◇ *the sales force* das Verkaufspersonal ◇ *A large proportion of the labour force is unskilled.* Ein hoher Prozentsatz der Arbeitskräfte ist ungelernt. **5** [mit Verb im Sing/Pl] (MIL) Einheit, Truppe; **the forces** die Streitkräfte ◇ *a peace-keeping force* eine Friedenstruppe ◇ *rebel forces* Rebelleneinheiten ➔ *Siehe auch* AIR FORCE, ARMED FORCES, POLICE FORCE *und* TASK FORCE **6 the force** [Sing] (*BrE*) die Polizei **7** Windstärke ◇ *a gale force wind* ein Wind von Sturmstärke **IDM** **bring sth into 'force** etw in Kraft setzen **come/enter into 'force** in Kraft treten **force of 'habit** die Macht der Gewohnheit **the forces of 'nature** die Naturgewalten **in 'force 1** in großer Zahl **2** in Kraft **join/combine 'forces (with sb)** sich (mit jdm) zusammentun; sich (mit jdm) zusammenschließen ➔ *Siehe auch* SPENT
▸ ***Verb*** **1** zwingen **2** erzwingen, forcieren ◇ *We mustn't force matters.* Wir dürfen nichts erzwingen. ◇ *He forced a smile.* Er zwang sich zu einem Lächeln. ◇ *force an entry* sich gewaltsam Zutritt verschaffen ◇ *The President forced the bill through Congress.* Das Gesetz wurde vom Präsidenten im Eildurchgang durch den Kongress gebracht. **3** (*Tür etc.*) aufbrechen **4** zwängen **IDM** **force sb's 'hand** jdn (zum Handeln) zwingen **'force the issue** eine Entscheidung/Reaktion erzwingen **force the 'pace 1** das Tempo anziehen **2** die Dinge forcieren ➔ *Siehe auch* THROAT **PHR V** **,force sth 'back** etw unterdrücken, etw zurückhalten **,force sth 'down 1** etw herunterzwängen **2** etw zur Landung zwingen **'force sth on sb** jdm etw aufzwingen, jdm etw aufdrängen **,force sth 'out of sb** etw aus jdm herausbringen ◇ *The confession had been forced out of him.* Sein Geständnis war erzwungen worden.

forced /fɔːst; *AmE* fɔːrst/ *Adj* **1** erzwungen, Zwangs- ◇ *a forced sale* ein Zwangsverkauf **2** gezwungen, gekünstelt

,forced 'entry *Nomen* gewaltsames Eindringen, Einbruch

,forced 'labour (*AmE* **,forced 'labor**) *Nomen* [U] **1** Zwangsarbeit **2** Zwangsarbeiter ◇ *The mines were manned by forced labour.* Die Minen beschäftigten Zwangsarbeiter.

,forced 'landing *Nomen* Notlandung

,forced 'march *Nomen* Zwangsmarsch

,force-'feed *Verb* (**-fed**, **-fed** /ˌfɔːs ˈfed; *AmE* ˌfɔːrs/) zwangsernähren

force·ful /ˈfɔːsfl; *AmE* ˈfɔːrs-/ *Adj* **1** (*Adv* **force·ful·ly** /-fəli/) energisch, stark **2** (*Adv* **force·ful·ly**) überzeugend, eindringlich **3** gewaltsam

force·ful·ness /ˈfɔːsflnəs; *AmE* ˈfɔːrs-/ *Nomen* **1** Eindringlichkeit **2** energische Art **3** Überzeugungskraft

force ma·jeure /ˌfɔːs mæˈʒɜː(r); *AmE* ˌfɔːrs/ *Nomen* (RECHT) höhere Gewalt

for·ceps /ˈfɔːseps; *AmE* ˈfɔːrseps/ *Nomen* Zange ◇ *a pair of forceps* eine Zange ◇ *a forceps delivery* eine Zangengeburt

for·cible /ˈfɔːsəbl; *AmE* ˈfɔːrsə-/ *Adj* [nur vor Nomen] gewaltsam, Zwangs-

for·cibly /ˈfɔːsəbli; *AmE* ˈfɔːrsə-/ *Adv* **1** gewaltsam **2** eindringlich

ford /fɔːd; *AmE* fɔːrd/ *Nomen, Verb*
▸ ***Nomen*** Furt
▸ ***Verb*** durchqueren, durchwaten

fore /fɔː(r)/ *Nomen, Adj, Adv*
▸ ***Nomen*** **IDM** **be to the 'fore** (*AmE* **be at the 'fore**) sich hervortun; im Vordergrund stehen **bring sth to the 'fore** etw in den Vordergrund stellen **come to the 'fore** ins Blickfeld rücken; in den Vordergrund treten
▸ ***Adj*** [nur vor Nomen] (*Fachspr*) Vorder-, vordere(r,s) ◇ *the fore wings* die Vorderflügel
▸ ***Adv*** vorn

fore- /fɔː(r)/ *Vorsilbe* (*mit Nomina und Verben verwendet*) Vor-, Vorder-, Voraus-, voraus- ◇ *forefather* Vorfahr ◇ *foreground* Vordergrund ◇ *foresight* Voraussicht ◇ *foretell* voraussagen

fore·arm[1] /ˈfɔːrɑːm; *AmE* -rɑːrm/ *Nomen* Unterarm

fore·arm[2] /ˌfɔːrˈɑːm; *AmE* -ˈɑːrm/ *Verb* **be forearmed** vorbereitet sein IDM → FOREWARN

fore·bear (*auch* **for·bear**) /ˈfɔːbeə(r); *AmE* ˈfɔːrber/ *Nomen* (*gehoben*) Ahn(e), Vorfahr(in)

fore·bod·ing /fɔːˈbəʊdɪŋ; *AmE* fɔːrˈboʊ-/ *Nomen* Vorahnung, ungutes Gefühl

fore·cast /ˈfɔːkɑːst; *AmE* ˈfɔːrkæst/ *Nomen, Verb*
▸ ***Nomen*** **1** Prognose, Voraussage **2** Wettervorhersage ◇ *The forecast said there would be showers.* Der Wetterbericht hat Regenschauer vorhergesagt. ◇ *the shipping forecast* der Seewetterdienst
▸ ***Verb*** (**fore·cast, fore·cast** *oder* **fore·cast·ed, fore·cast·ed**) voraussagen, vorhersagen

fore·cast·er /ˈfɔːkɑːstə(r); *AmE* ˈfɔːrkæstər/ *Nomen* Meteorologe, Meteorologin; (WIRTSCH) Prognostiker(in)

fore·close /fɔːˈkləʊz; *AmE* fɔːrˈkloʊz/ *Verb* **1** (FINANZ) ~ (**on sth**) (etw) kündigen **2** ausschließen

fore·clos·ure /fɔːˈkləʊʒə(r); *AmE* fɔːrˈkloʊ-/ *Nomen* (FINANZ) Kündigung

fore·court /ˈfɔːkɔːt; *AmE* ˈfɔːrkɔːrt/ *Nomen* (*BrE*) Vorplatz, Vorhof

fore·father /ˈfɔːfɑːðə(r); *AmE* ˈfɔːrfɑː-/ *Nomen* (*gehoben*) Vorfahr, Vorvater

fore·fin·ger /ˈfɔːfɪŋgə(r); *AmE* ˈfɔːrfɪŋ-/ *Nomen* Zeigefinger

fore·front /ˈfɔːfrʌnt; *AmE* ˈfɔːrfrʌnt/ *Nomen* [Sing] IDM **at/in the forefront** an der Spitze; in vorderster Reihe ◇ *The court case was constantly at the forefront of my mind.* Ich musste pausenlos über den Gerichtsprozess nachdenken. **to the forefront** an die Spitze ◇ *This protest has brought prison conditions to the forefront of public attention.* Dieser Protest rückte die Zustände in den Gefängnissen ins Blickfeld der Öffentlichkeit.

fore·gather (*auch* **for·gather**) /ˌfɔːˈgæðə(r); *AmE* ˌfɔːrˈ-/ *Verb* (*gehoben*) sich versammeln, zusammenkommen

fore·go = FORGO

fore·going /ˈfɔːgəʊɪŋ; *AmE* ˈfɔːrgoʊ-/ *Adj Nomen* (*offiz*)
▸ ***Adj*** [nur vor Nomen] vorhergehend
▸ ***Nomen*** [mit Verb im Sing/Pl] **the foregoing** das Gesagte

fore·gone /ˈfɔːgɒn; *AmE* ˈfɔːrgɔːn/ *Adj* IDM **be a ˌforegone conˈclusion** ausgemachte Sache sein; von vornherein feststehen

fore·ground /ˈfɔːgraʊnd; *AmE* ˈfɔːrgraʊnd/ *Nomen, Verb*
▸ ***Nomen*** Vordergrund
▸ ***Verb*** in den Vordergrund stellen, hervorheben

fore·hand /ˈfɔːhænd; *AmE* ˈfɔːrhænd/ *Nomen* Vorhand

fore·head /ˈfɔːhed, ˈfɒrɪd; *AmE* ˈfɔːrhed, ˈfɔːred/ *Nomen* Stirn

for·eign /ˈfɒrən; *AmE* ˈfɔːrən/ *Adj* **1** ausländisch ◇ *a foreign language* eine Fremdsprache ◇ *people from foreign countries* Leute aus dem Ausland ◇ *She's foreign.* Sie ist Ausländerin. **2** [nur vor Nomen] Außen-, Auslands- ◇ *foreign policy* Außenpolitik ◇ *foreign correspondents* Auslandskorrespondenten ◇ *foreign holidays* Ferien im Ausland **3** (*gehoben*) fremd, Fremd- ◇ *Dishonesty is foreign to his nature.* Unehrlichkeit ist ihm wesensfremd. ◇ *a foreign body* ein Fremdkörper

the ˌForeign and ˈCommonwealth Office (*auch* **the ˈForeign Office**) *Nomen* [mit Verb im Sing/Pl] (*Abk* **FCO**) = das britische Außenministerium

for·eign·er /ˈfɒrənə(r); *AmE* ˈfɔːr-/ *Nomen* **1** Ausländer(in) **2** Fremde(r)

ˌforeign exˈchange *Nomen* **1** Devisenhandel, Devisenmarkt, Devisenbörse **2** [U] Devisen ◇ *foreign exchange rates* Wechselkurse

the ˌForeign ˈSecretary *Nomen* = der/die britische Außenminister(in)

the ˈForeign Service *Nomen* (*AmE*) [Sing] der Diplomatendienst

fore·leg /ˈfɔːleg; *AmE* fɔːrleg/ (*auch* **ˈfront leg**) *Nomen* Vorderbein, Vorderlauf

fore·lock /ˈfɔːlɒk; *AmE* ˈfɔːrlɑːk/ *Nomen* Stirnhaar, Stirnlocke IDM **touch/tug your ˈforelock (to sb)** (vor jdm) kriechen

fore·man /ˈfɔːmən; *AmE* ˈfɔːrmən/ *Nomen* (*Pl* **-men** /-mən/) **1** Vorarbeiter, Werkmeister **2** Sprecher der Geschworenen

fore·most /ˈfɔːməʊst; *AmE* ˈfɔːrmoʊst/ *Adj, Adv*
▸ ***Adj*** führend ◇ *This question has been foremost in our minds.* Diese Frage hat uns am meisten beschäftigt.
▸ ***Adv*** IDM → FIRST

fore·name /ˈfɔːneɪm; *AmE* ˈfɔːrneɪm/ *Nomen* (*gehoben*) Vorname

fo·ren·sic /fəˈrensɪk, fəˈrenzɪk/ *Adj* [nur vor Nomen] forensisch, gerichts-, Gerichts- ◇ *forensic science* Forensik ◇ *the forensic team* die Mitarbeiter der Spurensicherung

fo·ren·sics /fəˈrensɪks, fəˈrenzɪks/ *Nomen* [Pl] (RECHT) Forensik, Gerichtsmedizin

fore·play /ˈfɔːpleɪ; *AmE* ˈfɔːrpleɪ/ *Nomen* Vorspiel

fore·run·ner /ˈfɔːrʌnə(r)/ *Nomen* Vorläufer(in)

fore·see /fɔːˈsiː; *AmE* fɔːrˈ-/ *Verb* (**fore·saw** /-ˈsɔː/, **fore·seen** /-ˈsiːn/) voraussehen, vorhersehen

fore·see·able /fɔːˈsiːəbl; *AmE* fɔːrˈ-/ *Adj* voraussehbar IDM **for the foreseeable future** auf/für absehbare Zeit **in the foreseeable future** in absehbarer Zeit

fore·shadow /fɔːˈʃædəʊ; *AmE* fɔːrˈʃædoʊ/ *Verb* andeuten, ahnen lassen

fore·shore /ˈfɔːʃɔː(r); *AmE* ˈfɔːrʃɔːr/ *Nomen* **1** Küstenvorland, Uferland **2** Strand

fore·shorten /fɔːˈʃɔːtn; *AmE* fɔːrˈʃɔːrtn/ *Verb* **1** (perspektivisch) verkürzt darstellen **2** (*gehoben*) verkürzen

fore·sight /ˈfɔːsaɪt; *AmE* ˈfɔːrsaɪt/ *Nomen* weise Voraussicht, Weitblick

fore·skin /ˈfɔːskɪn; *AmE* ˈfɔːrskɪn/ *Nomen* Vorhaut

for·est /ˈfɒrɪst; *AmE* ˈfɔːrɪst/ *Nomen* Wald (*auch fig*) IDM → TREE

fore·stall /fɔːˈstɔːl; *AmE* fɔːrˈ-/ *Verb* (*gehoben*) zuvorkommen, vereiteln

for·ested /ˈfɒrɪstɪd; *AmE* ˈfɔːr-/ *Adj* bewaldet

for·est·er /ˈfɒrɪstə(r); *AmE* ˈfɔːr-/ *Nomen* Förster(in)

for·est·ry /ˈfɒrɪstri; *AmE* ˈfɔːr-/ *Nomen* Forstwirtschaft

fore·taste /ˈfɔːteɪst; *AmE* ˈfɔːrteɪst/ *Nomen* Vorgeschmack

fore·tell /fɔːˈtel; *AmE* fɔːrˈ-/ *Verb* (**fore·told, fore·told** /-ˈtəʊld; *AmE* -ˈtoʊld/) vorhersagen, voraussagen

fore·thought /ˈfɔːθɔːt; *AmE* ˈfɔːrθɔːt/ *Nomen* Vorausplanung ◇ *He had had the forethought to book seats.* In weiser Voraussicht hatte er Plätze reserviert.

fore·told *Form von* FORETELL

for·ever /fərˈevə(r)/ *Adv* **1** (*BrE auch* **for ever**) (für) immer **2** (*BrE auch* **for ever**) (*umgs*) eine Ewigkeit, ewig ◇ *It takes her forever to get dressed.* Sie braucht eine Ewigkeit zum Anziehen. **3** (*umgs*) ständig ◇ *She's forever going on about how poor they are.* Sie beklagt sich ständig, wie arm sie sind.

fore·warn /fɔːˈwɔːn; *AmE* fɔːrˈwɔːrn/ *Verb* (*meist passiv*) vorher warnen, vorwarnen IDM **foreˌwarned is foreˈarmed** Gefahr erkannt, Gefahr gebannt

fore·warn·ing /fɔːˈwɔːnɪŋ; *AmE* fɔːrˈwɔːrnɪŋ/ *Nomen* Vorwarnung

fore·woman /ˈfɔːwʊmən; *AmE* ˈfɔːrwʊ-/ *Nomen* (*Pl* **-women** /-wɪmɪn/) **1** Vorarbeiterin **2** Sprecherin der Geschworenen

fore·word /ˈfɔːwɜːd; *AmE* ˈfɔːrwɜːrd/ *Nomen* Vorwort

for·feit /ˈfɔːfɪt; *AmE* ˈfɔːrfət/ *Verb, Nomen*
▸ ***Verb*** verlieren, einbüßen, verwirken
▸ ***Nomen*** Verlust, (Ein)buße

for·gather = FOREGATHER

for·gave *Form von* FORGIVE

forge /fɔːdʒ; *AmE* fɔːrdʒ/ *Verb, Nomen*
▸ ***Verb*** **1** (*Bündnis, Freundschaft etc.*) schließen ◇ *the move to forge links between schools and local industry* das Bestreben, Beziehungen zwischen Schulen und der ortsansässigen Industrie aufzubauen ◇ *She forged a new career for herself.* Sie baute sich eine neue Karriere auf. **2** fälschen **3** schmieden **4** (*gehoben*) vorankommen, sich vorarbeiten ◇ *He forged through the crowds to the front of the stage.* Er kämpfte sich durch die Menge vor zur Bühne. PHRV **forge aˈhead** schnell vorankommen
▸ ***Nomen*** **1** Schmiede **2** Schmiedeofen, Esse

for·ger /ˈfɔːdʒə(r); *AmE* ˈfɔːrdʒər/ *Nomen* Fälscher(in)

for·gery /ˈfɔːdʒəri; *AmE* ˈfɔːrdʒə-/ *Nomen* (*Pl* **-ies**) **1** Fälschen **2** Fälschung

for·get 0→ /fəˈget; *AmE* fərˈ-/ *Verb* (**for·got** /fəˈgɒt; *AmE* fərˈgɑːt/, **for·got·ten** /fəˈgɒtn; *AmE* fərˈgɑːtn/) **1** ~ **(about) sth** etw vergessen ◇ *Aren't you forgetting something?* Hast du nicht etwas vergessen? ◇ *You forgot (about) my birthday.* Du hast meinen Geburtstag vergessen. ◇ *I was forgetting (that) you've been here before.* Ich hatte ganz vergessen, dass du hier schon warst. ◇ *I was forgetting (that) David used to teach you.* Ich habe ganz vergessen, dass David dein Lehrer war. ◇ *You never forget how to ride a bike.* Fahrradfahren verlernt man nicht. ◇ *Try to forget about it.* Versuch, nicht mehr daran zu denken. ◇ *'How much do I owe you?' 'Forget it!'* „Wie viel schulde ich dir?" „Schon gut!" **2** ~ **yourself** sich vergessen ◇ *I'm forgetting myself. I haven't offered you a drink yet!* Ich bin ein schlechter Gastgeber. Ich habe Ihnen noch nichts zu trinken angeboten. IDM **forget it!** **1** vergiss es! **2** ◇ *Just forget it, will you!* Hör endlich davon auf! **not forgetting ...** (*BrE*) sowie → *Siehe auch* FORGIVE

for·get·ful /fəˈgetfl; *AmE* fərˈ-/ *Adj* **1** (*Adv* **for·get·ful·ly** /-fəli/) vergesslich **2** (*gehoben*) nachlässig ◇ *be forgetful of your duties* pflichtvergessen sein ◇ *He was forgetful of all dangers.* Er dachte an keine Gefahr mehr.

for·get·ful·ness /fəˈgetflnəs; *AmE* fərˈ-/ *Nomen* **1** Vergesslichkeit **2** Zerstreutheit, Nachlässigkeit

forˈget-me-not *Nomen* Vergissmeinnicht

for·get·table /fəˈgetəbl; *AmE* fərˈ-/ *Adj* schnell vergessen ◇ *an instantly forgettable tune* eine Melodie, die man sofort wieder vergisst

for·giv·able /fəˈgɪvəbl; *AmE* fərˈ-/ *Adj* verzeihlich

for·give 0→ /fəˈgɪv; *AmE* fərˈ-/ *Verb* (**for·gave** /fəˈgeɪv; *AmE* fərˈ-/, **for·given** /fəˈgɪvn; *AmE* fərˈ-/) **1** vergeben, verzeihen ◇ *She'd forgive him anything.* Sie würde ihm alles verzeihen. ◇ *Please forgive me for interrupting/forgive my interrupting, but ...* Bitte verzeihen Sie, dass ich Sie unterbreche, aber ... **2** (*Schulden, Sünden*) erlassen IDM **sb could/might be forgiven for doing sth** es ist durchaus verständlich, dass jd etw tut ◇ *Looking at the crowds out shopping, you could be forgiven for thinking that everyone has plenty of money.* Wenn man die Menge beim Einkaufen betrachtet, kann leicht der Eindruck entstehen, dass alle viel Geld haben. **forˌgive and forˈget** vergeben und vergessen

for·give·ness /fəˈgɪvnəs; *AmE* fərˈ-/ *Nomen* Vergebung

for·giv·ing /fəˈgɪvɪŋ; *AmE* fərˈ-/ *Adj* versöhnlich, nachsichtig

forgo (*auch* **fore·go**) /fɔːˈgəʊ; *AmE* fɔːrˈgoʊ/ *Verb* (**for·went** /fɔːˈwent; *AmE* fɔːrˈ-/, **for·gone** /-ˈgɒn; *AmE* -ˈgɔːn/) verzichten auf

for·got *Form von* FORGET

for·got·ten *Form von* FORGET

fork 0→ /fɔːk; *AmE* fɔːrk/ *Nomen, Verb*
▸ ***Nomen*** **1** Gabel ◇ *a fork of lightning* ein Blitz **2** Forke, Gabel **3** Gabelung, Abzweigung
▸ ***Verb*** **1** (*nicht in der Verlaufsform*) sich gabeln ◇ *The road forks right after the bridge.* Die Straße gabelt sich gleich nach der Brücke. **2** abbiegen ◇ *Fork right after the bridge.* Nach der Brücke rechts abbiegen. **3** gabeln, mit der Gabel aufnehmen ◇ *Clear the soil of weeds and fork in plenty of compost.* Den Boden vom Unkraut befreien und mit der Forke reichlich Kompost untergraben. PHRV **ˌfork ˈout sth (for/on sth)** (*umgs*) (für etw) blechen

forked /fɔːkt; *AmE* fɔːrkt/ *Adj* gespalten, gegabelt

ˌforked ˈlightning *Nomen* [U] Linienblitz

fork·ful /ˈfɔːkfʊl; *AmE* ˈfɔːrk-/ *Nomen* Gabel voll

forklift truck /ˌfɔːklɪft ˈtrʌk; *AmE* ˌfɔːrklɪft/ *Nomen* Gabelstapler

for·lorn /fəˈlɔːn; *AmE* fərˈlɔːrn/ *Adj* **1** (*Adv* **for·lorn·ly**) (einsam und) verloren **2** verlassen, trostlos **3** (*Adv* **for·lorn·ly**) verzweifelt

form 0→ /fɔːm; *AmE* fɔːrm/ *Nomen, Verb*
▸ ***Nomen*** **1** Form, Art ◇ *the different life forms on the planet* die verschiedenen Lebensformen auf dem Planeten ◇ *The disease can take several different forms.* Die Krankheit kann in mehreren verschiedenen Formen auftreten. ◇ *I'm opposed to censorship in any shape or form.* Ich bin gegen jegliche Art von Zensur. ◇ *The training programme takes the form of a series of workshops.* Das Trainingsprogramm besteht aus einer Reihe von Workshops. ◇ *We need to come to some form of agreement.* Wir müssen irgendwie zu einer Übereinkunft kommen. ◇ *forms of transport* Transportmittel **2** Gestalt ◇ *the human form* die menschliche Gestalt ◇ *Help arrived in the form of two policemen.* Hilfe kam in Gestalt von zwei Polizisten. **3** Formular ◇ *an order form* ein Bestellschein ◇ *an application form* ein Bewerbungsbogen **4** Form, Verfassung ◇ *The team is in superb form.* Die Mannschaft ist in Hochform. ◇ *He's right on form as the crazy scientist in his latest film.* Als der verrückte Wissenschaftler ist er in seinem neuesten Film groß in Form. ◇ *On current/present form the party is heading for another election victory.* Wenn sie so weitermacht, geht die Partei einem weiteren Wahlsieg entgegen. **5** (*bes BrE*) (Umgangs)form ◇ *conventional social forms* konventionelle Umgangsformen ◇ *as a matter of form* der Form halber ◇ *What's the form when you apply for a research grant?* Wie geht man am besten vor, wenn man sich um ein Forschungsstipendium bewirbt? **6** (*BrE, veraltet*) **be bad ~** sich nicht gehören; **be good ~** zum guten Ton gehören **7** (*BrE, veraltet*) (SCHULE) Klasse → *Siehe auch* SIXTH FORM IDM **take form** Gestalt annehmen ◇ *In her body a new life was taking form.* In ihr wuchs ein neues Leben heran. → *Siehe auch* SHAPE *und* TRUE
▸ ***Verb*** **1** (sich) bilden ◇ *form the present perfect tense* das Perfekt bilden ◇ *form an opinion about sth* sich eine Meinung über etw bilden ◇ *Their friendship formed gradually over the years.* Über die Jahre wurden sie allmählich zu Freunden. **2** bilden, gründen ◇ *form a government* eine Regierung bilden **3** formen ◇ *They form the clay into figures of animals.* Sie formen den Ton zu Tierfiguren.

for·mal 0→ /ˈfɔːml; *AmE* ˈfɔːrml/ *Adj* (*Adv* **for·mal·ly** /-məli/) **1** formell, förmlich ◇ *formal evening dress* angemessene Abendgarderobe **2** offiziell, formell ◇

make a formal complaint eine offizielle Beschwerde erheben ◇ *make a formal apology* sich in aller Form entschuldigen ◇ *He has no formal teaching qualifications.* Er hat keine Lehrbefähigung. ◇ *Young children are beginning their formal education sometimes as early as four years old.* Für manche Kinder beginnt die Schulbildung schon mit vier Jahren. **3** formal, Form- ◇ *a purely formal matter* eine reine Formsache **4** (*Stil*) geometrisch streng, formal streng ◇ *formal gardens* streng geometrisch angelegte Gärten

for·mal·de·hyde /fɔːˈmældɪhaɪd; *AmE* fɔːrˈ-/ *Nomen* Formaldehyd

for·mal·in /ˈfɔːməlɪn; *AmE* ˈfɔːrm-/ *Nomen* (*Fachspr*) Formalin

for·mal·ism /ˈfɔːməlɪzəm; *AmE* ˈfɔːrm-/ *Nomen* Formalismus

for·mal·ist /ˈfɔːməlɪst; *AmE* ˈfɔːrm-/ *Adj* formalistisch

for·mal·ity /fɔːˈmæləti; *AmE* fɔːrˈ-/ *Nomen* (*Pl* **-ies**) **1** Formalität **2** [meist Sing] Formsache **3** Förmlichkeit

for·mal·iza·tion (*BrE auch* **-isa·tion**) /ˌfɔːməlaɪˈzeɪʃn; *AmE* ˌfɔːrmələˈ-/ *Nomen* Formalisierung, Formalisieren

for·mal·ize (*BrE auch* **-ise**) /ˈfɔːməlaɪz; *AmE* ˈfɔːrm-/ *Verb* regeln, offiziell machen, formalisieren

form·al·ly 0‑ᴛ /ˈfɔːməli; *AmE* ˈfɔːrm-/ *Adv* → FORMAL

for·mat /ˈfɔːmæt; *AmE* ˈfɔːrmæt/ *Nomen, Verb*

▸ ***Nomen*** Format, Aufmachung

▸ ***Verb*** (**-tt-**) (COMP) formatieren

for·ma·tion /fɔːˈmeɪʃn; *AmE* fɔːrˈ-/ *Nomen* **1** (Heraus)bildung, Formierung **2** Formation

for·ma·tive /ˈfɔːmətɪv; *AmE* ˈfɔːrm-/ *Adj* [nur vor Nomen] prägend, formend

for·mer 0‑ᴛ /ˈfɔːmə(r); *AmE* ˈfɔːrmər/ *Adj, Nomen*

▸ ***Adj*** **1** [nur vor Nomen] früher, ehemalig ◇ *in former times* früher ◇ *The building has been restored to its former glory.* Nach der Restaurierung erstrahlt das Gebäude in alter Pracht. **2** [nur vor Nomen] erstgenannte IDM **be a shadow/ghost of your former ˈself** nur noch ein Schatten seiner selbst sein

▸ ***Nomen*** **the former** die/der/das Erstere

-former /ˈfɔːmə(r); *AmE* ˈfɔːrmər/ (*BrE, veraltet*) (*in Zusammensetzungen*) ≈ Schüler(in) der 6.-13. Klasse ◇ *third-formers* Schüler(innen) der achten Klasse → *Siehe auch* SIXTH-FORMER

for·mer·ly 0‑ᴛ /ˈfɔːməli; *AmE* ˈfɔːrmərli/ *Adv* früher, ehemals → *Siehe auch* PREVIOUSLY

For·mica™ /fɔːˈmaɪkə; *AmE* fɔːrˈ-/ *Nomen* Resopal®

for·mid·able /ˈfɔːmɪdəbl, fəˈmɪdəbl; *AmE* ˈfɔːrmɪdəbl, fərˈmɪdəbl/ *Adj* (*Adv* **for·mid·ably** /-bli/) **1** gewaltig, enorm **2** Respekt einflößend, Achtung gebietend ◇ *In debate he was a formidable opponent.* In Debatten war er ein starker Gegner. ◇ *a formidable list of qualifications* eine beachtliche Liste von Qualifikationen

form·less /ˈfɔːmləs; *AmE* ˈfɔːrm-/ *Adj* formlos, amorph

for·mula 0‑ᴛ /ˈfɔːmjələ; *AmE* ˈfɔːrm-/ *Nomen* (*Pl* **for·mu·las** *oder Fachspr* **for·mu·lae** /-liː/) **1** (MATH, NATURW, SPORT) Formel **2** (*fig*) Rezept ◇ *a magic formula* ein Patentrezept ◇ *These detective stories are all written according to a similar formula.* Diese Krimis werden nach Schema F gemacht. **3** Rezeptur **4** Formel, Floskel **5** (*auch* **ˈformula milk**) (*bes AmE*) Babymilchpulver

for·mu·la·ic /ˌfɔːmjuˈleɪɪk; *AmE* ˌfɔːrm-/ *Adj* floskelhaft

for·mu·late /ˈfɔːmjuleɪt; *AmE* ˈfɔːrm-/ *Verb* **1** entwickeln ◇ *formulate a peace agreement* eine Friedensvereinbarung ausarbeiten **2** formulieren, ausdrücken

for·mu·la·tion /ˌfɔːmjuˈleɪʃn; *AmE* ˌfɔːrm-/ *Nomen* Entwicklung, Formulierung

for·ni·cate /ˈfɔːnɪkeɪt; *AmE* ˈfɔːrn-/ *Verb* (*gehoben, abwert*) Unzucht treiben

for·ni·ca·tion /ˌfɔːnɪˈkeɪʃn; *AmE* ˌfɔːrn-/ *Nomen* (*gehoben, abwert*) Unzucht

for·sake /fəˈseɪk; *AmE* fərˈ-/ *Verb* (**for·sook** /fəˈsʊk; *AmE* fərˈ-/, **for·saken** /fəˈseɪkən; *AmE* fərˈ-/) (*gehoben*) **1** verlassen **2** entsagen, aufgeben

for·swear /fɔːˈsweə(r); *AmE* fɔːrˈswer/ *Verb* (**for·swore** /fɔːˈswɔː(r); *AmE* fɔːrˈ-/, **for·sworn** /fɔːˈswɔːn; *AmE* fɔːrˈswɔːrn/) (*gehoben*) abschwören

fort /fɔːt; *AmE* fɔːrt/ *Nomen* Fort

forte /ˈfɔːteɪ; *AmE* fɔːrt/ *Nomen, Adj, Adv*

▸ ***Nomen*** [Sing] Stärke

▸ ***Adj, Adv*** (*Abk* **f**) (MUS) forte, laut

forth /fɔːθ; *AmE* fɔːrθ/ *Adv* (*veraltet, außer in bestimmten Wendungen*) ◇ *They set forth at dawn.* Sie zogen im Morgengrauen los. ◇ *gush forth* herausströmen ◇ *Huge chimneys belched forth smoke.* Riesige Schornsteine stießen Rauch aus. IDM **from that day/time ˈforth** (*gehoben*) von jenem Tag/jener Zeit an → *Siehe auch* BACK *und* SO

forth·com·ing /ˌfɔːθˈkʌmɪŋ; *AmE* ˌfɔːrθ-/ *Adj* **1** bevorstehend; (*Film*) in Kürze anlaufend; (*Buch etc.*) in Kürze erscheinend **2** ◇ *Financial support was not forthcoming.* Finanzielle Unterstützung blieb aus. **3** mitteilsam, gesprächig

forth·right /ˈfɔːθraɪt; *AmE* ˈfɔːrθraɪt/ *Adj* (*Adv* **forth·right·ly**) direkt; (*Meinungen etc.*) entschieden

forth·right·ness /ˈfɔːθraɪtnəs; *AmE* ˈfɔːrθraɪt-/ *Nomen* Direktheit

forth·with /ˌfɔːθˈwɪθ, -ˈwɪð; *AmE* ˌfɔːrθ-/ *Adv* (*gehoben*) umgehend, sofort

for·ti·eth 0‑ᴛ /ˈfɔːtiəθ; *AmE* ˈfɔːrt-/ *Adj, Pron, Nomen*

▸ ***Adj, Pron*** vierzigste(r,s) → *Beispiele bei* SECHSTE(R,S)

▸ ***Nomen*** Vierzigstel

for·ti·fi·ca·tion /ˌfɔːtɪfɪˈkeɪʃn; *AmE* ˌfɔːrt-/ *Nomen* Befestigung

for·tify /ˈfɔːtɪfaɪ; *AmE* ˈfɔːrt-/ (**-fies**, **-fying**, **-fied**, **-fied**) *Verb* **1 ~ sth (against sth/sb)** etw (gegen etw/jdn) befestigen **2 ~ sb/yourself** jdn/sich stärken **3** bestärken **4 ~ sth (with sth)** (*meist passiv*) etw (mit etw) anreichern ◇ *fortified wine* Südwein

for·tis·simo /fɔːˈtɪsɪməʊ; *AmE* fɔːrˈtɪsɪmoʊ/ (*Abk* **ff**) *Adj, Adv* (MUS) fortissimo, sehr laut

for·ti·tude /ˈfɔːtɪtjuːd; *AmE* ˈfɔːrtətuːd/ *Nomen* innere Stärke

fort·night /ˈfɔːtnaɪt; *AmE* ˈfɔːrt-/ *Nomen* [meist Sing] (*BrE*) vierzehn Tage ◇ *a fortnight ago* vor vierzehn Tagen

fort·night·ly /ˈfɔːtnaɪtli; *AmE* ˈfɔːrt-/ *Adj, Adv* (*BrE*) vierzehntägig ◇ *Meetings take place at fortnightly intervals.* Besprechungen finden alle zwei Wochen statt.

fort·ress /ˈfɔːtrəs; *AmE* ˈfɔːrtrəs/ *Nomen* Festung

for·tuit·ous /fɔːˈtjuːɪtəs; *AmE* fɔːrˈtuː-/ *Adj* (*Adv* **for·tuit·ous·ly**) (*gehoben*) zufällig ◇ *a fortuitous combination of circumstances* eine Kette von glücklichen Zufällen

for·tu·nate /ˈfɔːtʃənət; *AmE* ˈfɔːrtʃə-/ *Adj* glücklich ◇ *those who were fortunate enough to escape* diejenigen, die das Glück hatten davonzukommen

for·tu·nate·ly /ˈfɔːtʃənətli; *AmE* ˈfɔːrtʃə-/ *Adv* glücklicherweise, zum Glück ◇ *Fortunately for him, they didn't notice.* Zu seinem Glück haben sie es nicht bemerkt.

for·tune 0‑ᴛ /ˈfɔːtʃuːn; *AmE* ˈfɔːrtʃən/ *Nomen* **1** Glück ◇ *a stroke of fortune* ein Glücksfall **2** Vermögen **3** [meist Pl] Schicksal, Geschick ◇ *a reversal of fortunes* eine Schicksalswende **4** Schicksal ◇ *tell sb's fortune* jdm wahrsagen IDM → HOSTAGE *und* SEEK

ˈfortune cookie *Nomen* (*AmE*) (chinesischer) Glückskeks

ˈfortune teller *Nomen* Wahrsager(in)

forty 0‑ᴛ /ˈfɔːti; *AmE* ˈfɔːrti/ *Zahl, Nomen*
▸ ***Zahl*** vierzig → *Beispiele bei* SECHZIG
▸ ***Nomen*** **the forties** [Pl] → *Beispiele bei* SIXTY

forum /ˈfɔːrəm/ *Nomen* Forum

for·ward 0‑ᴛ /ˈfɔːwəd; *AmE* ˈfɔːrwərd/ *Adv, Adj, Verb, Nomen*
▸ ***Adv*** **1** (*BrE auch* **for·wards**) vorwärts, nach vorn **2** voran **3** (NAUT, AERO) vorn IDM **ˌgoing ˈforward** (*gehoben*) für die Zukunft; in Zukunft ◇ *How can we protect that advantage going forward?* Wie können wir diesen Vorteil in Zukunft schützen? → *Siehe auch* BACKWARDS *und* CLOCK
▸ ***Adj*** **1** [nur vor Nomen] Vorwärts- ◇ *forward slash* Slash **2** [nur vor Nomen] Vorder- **3** Voraus- ◇ *forward planning* Vorausplanung ◇ *The plans are still no further forward.* Die Pläne sind noch nicht weiter fortgeschritten. **4** dreist, unverfroren
▸ ***Verb*** **1** **~ sth (to sb)**; **~ (sb) sth** (*offiz*) (jdm) etw schicken **2** **~ sth (to sb)** etw (an jdn) nachsenden **3** (*Pläne, Entwicklungen etc.*) vorantreiben
▸ ***Nomen*** (SPORT) Stürmer(in)

ˈforwarding address *Nomen* Nachsendeadresse

ˈforward-looking *Adj* vorausschauend, zukunftsorientiert

for·ward·ness /ˈfɔːwədnəs; *AmE* ˈfɔːrwərd-/ *Nomen* [U] Dreistigkeit, Unverfrorenheit

for·went *Form von* FORGO

fos·sil /ˈfɒsl; *AmE* ˈfɑːsl/ *Nomen* Fossil (*auch fig*)

ˈfossil fuel *Nomen* fossiler Brennstoff

fos·sil·ize (*BrE auch* **-ise**) /ˈfɒsəlaɪz; *AmE* ˈfɑːsə-/ *Verb* **1** (*meist passiv*) fossilisieren (lassen), versteinern (lassen) **2** (*fig*) erstarren (lassen)

fos·ter /ˈfɒstə(r); *AmE* ˈfɑːstər/ *Verb, Adj*
▸ ***Verb*** (*gehoben*) **1** fördern; (*Eindruck*) verstärken **2** (*bes BrE*) (*Kind*) in Pflege nehmen
▸ ***Adj*** [nur vor Nomen] Pflege- ◇ *a foster home* eine Pflegefamilie ◇ *She was placed in foster care.* Sie wurde bei Pflegeeltern untergebracht.

fought *Form von* FIGHT

foul /faʊl/ *Adj, Verb, Nomen*
▸ ***Adj*** (*Adv* **foul·ly**) **1** übel riechend, schmutzig; (*Wasser*) verschmutzt; (*Luft auch*) stickig **2** (*bes BrE*) scheußlich ◇ *She's in a foul mood.* Sie hat richtig miese Laune. ◇ *His boss has a foul temper.* Sein Chef ist ein Choleriker. **3** (*Sprache*) unanständig ◇ *He called her the foulest names imaginable.* Er hat sie übel beschimpft. **4** (*Wetter*) stürmisch, scheußlich **5** (*Verbrechen*) abscheulich IDM **fall foul of ˈsb/ˈsth** mit jdm/etw in Konflikt geraten → *Siehe auch* CRY *und* FAIR
▸ ***Verb*** **1** (SPORT) foulen; (*beim Baseball*) (den Ball) ins Aus schlagen **2** **~ sth (up)** etw blockieren; **~ (up)** sich verheddern **3** beschmutzen, verschmutzen; (*Luft*) verpesten PHR V **ˌfoul ˈup** Mist bauen ◇ *I've fouled up again.* Ich hab mal wieder Mist gebaut. **ˌfoul sth ˈup** etw versauen
▸ ***Nomen*** (SPORT) Foul ◇ *a professional foul* eine Notbremse

ˌfoul-ˈmouthed *Adj* vulgär, unflätig

ˌfoul ˈplay *Nomen* **1** Gewaltverbrechen mit Todesfolge ◇ *Foul play is not suspected.* Man geht nicht von einem Gewaltverbrechen aus. **2** (*BrE*) (SPORT) Foulspiel

ˈfoul-up *Nomen* Fehler, Schlamassel

found 0‑ᴛ /faʊnd/ *Verb* **1** gründen **2** **be founded on sth** auf etw basieren **3** (*Metall*) gießen → *Siehe auch* FIND

foun·da·tion 0‑ᴛ /faʊnˈdeɪʃn/ *Nomen* **1** [meist Pl] Fundament **2** Grundlage **3** Stiftung **4** Gründung **5** (*Kosmetik*) Grundierung, Foundation IDM **shake/rock the foundations of sth**; **shake/rock sth to its foundations** etw in seinen Grundfesten erschüttern

founˈdation course *Nomen* (*BrE*) Vorkurs

founˈdation stone *Nomen* Grundstein

foun·der /ˈfaʊndə(r)/ *Nomen, Verb*
▸ ***Nomen*** Gründer(in)
▸ ***Verb*** (*gehoben*) **1** **~ (on sth)** (an etw) scheitern **2** (*Schiff*) sinken; **~ on sth** auf etw auflaufen

ˌfounder ˈmember *Nomen* (*BrE*) Gründungsmitglied

ˌfounding ˈfather *Nomen* (*gehoben*) **1** Begründer, Gründervater **2** **Founding Father** = Mitglied der verfassungsgebenden Versammlung der USA von 1787

foun·dry /ˈfaʊndri/ *Nomen* (*Pl* **-ies**) Gießerei

fount /faʊnt/ *Nomen* (*gehoben oder hum*) Born, Quelle ◇ *the fount of all knowledge* der Brunnen allen Wissens

foun·tain /ˈfaʊntən; *AmE* -tn/ *Nomen* **1** Fontäne, (Spring)brunnen → *Siehe auch* DRINKING FOUNTAIN *und* WATER FOUNTAIN **2** Strahl, Schwall ◇ *a fountain of sparks* ein Funkenregen **3** Quelle

ˈfountain pen *Nomen* Füllfederhalter, Füller

four 0‑ᴛ /fɔː(r)/ *Zahl* **1** vier → *Beispiele bei* SECHS **2** Vierer(gruppe) ◇ *make up a four at tennis* beim Tennisdoppel mitspielen ◇ *a coach and four* ein Vierspänner IDM **on all ˈfours** auf allen vieren **these four ˈwalls** ◇ *Don't let this go further than these four walls.* Das muss unter uns bleiben.

ˌfour-by-ˈfour (*auch* **4x4**) *Nomen* Allrad, Fahrzeug mit Vierradantrieb

four·fold /ˈfɔːfəʊld; *AmE* ˈfɔːrfoʊld/ *Adj, Adv* → -FOLD

ˌfour-letter ˈword *Nomen* Vulgärausdruck

ˌfour-poster ˈbed (*auch* **ˌfour-ˈposter**) *Nomen* Himmelbett

four·some /ˈfɔːsəm; *AmE* ˈfɔːrsəm/ *Nomen* Vierer, Quartett ◇ *Can you make up a foursome for tennis?* Kannst du mit uns ein Tennisdoppel spielen?

ˌfour-ˈsquare *Adj, Adv*
▸ ***Adj*** **1** quadratisch (und solide) **2** standfest, standhaft
▸ ***Adv*** **1** unerschütterlich, fest ◇ *I stand four-square with the President on this issue.* In dieser Sache stehe ich voll auf der Seite des Präsidenten. ◇ *The responsibility lies four-square with him.* Die Verantwortung liegt voll und ganz bei ihm. **2** solide

four·teen 0‑ᴛ /ˌfɔːˈtiːn; *AmE* ˌfɔːrˈ-/ *Zahl* vierzehn → *Beispiele bei* SECHS

four·teenth 0‑ᴛ /ˌfɔːˈtiːnθ; *AmE* ˌfɔːrˈ-/ *Adj, Pron* vierzehnte(r,s) → *Beispiele bei* SECHSTE(R,S)

fourth 0‑ᴛ /fɔːθ; *AmE* fɔːrθ/ *Pron, Nomen*
▸ ***Pron*** vierte(r,s) → *Beispiele bei* SECHSTE(R,S)
▸ ***Nomen*** Viertel

the ˌfourth eˈstate *Nomen* die Presse

fourth·ly /ˈfɔːθli; *AmE* ˈfɔːrθ-/ *Adv* viertens

the ˌFourth of Juˈly *Nomen* der vierte Juli: Jahrestag der amerikanischen Unabhängigkeitserklärung und amerikanischer Feiertag. → *Siehe auch* INDEPENDENCE DAY

ˌfour-wheel ˈdrive *Nomen* (Auto mit) Vierradantrieb, Allradantrieb

ˌfour-ˈwheeler *Nomen* Fahrzeug mit Vierradantrieb

fowl /faʊl/ *Nomen* (*Pl* **fowl** *oder* **fowls**) Geflügel ◇ *a variety of domestic fowl* eine Geflügelart → *Siehe auch* GUINEA FOWL, WATERFOWL *und* WILDFOWL IDM → FISH

fox /fɒks; *AmE* fɑːks/ *Nomen, Verb*
▸ ***Nomen*** **1** Fuchs (*auch fig*) → *Siehe auch* FLYING FOX **2** [U] Fuchspelz
▸ ***Verb*** (*bes BrE, umgs*) **~ sb** jdm zu hoch sein, jdn verwirren

fox·glove /ˈfɒksglʌv; *AmE* ˈfɑːks-/ *Nomen* Fingerhut

fox·hole /ˈfɒkshəʊl; *AmE* ˈfɑːkshoʊl/ *Nomen* (MIL) Schützenloch → *Siehe auch* HOLE

fox·hound /ˈfɒkshaʊnd; *AmE* ˈfɑːks-/ *Nomen* Foxhound

ˈfox hunting (*BrE auch* **hunt·ing**) *Nomen* Fuchsjagd

fox·trot /ˈfɒkstrɒt; *AmE* ˈfɑːkstrɑːt/ *Nomen* Foxtrott

foxy /ˈfɒksi; *AmE* ˈfɑːk-/ *Adj* **1** fuchsähnlich **2** (*bes AmE, umgs*) (*Frau*) scharf, sexy **3** listig, durchtrieben

foyer /ˈfɔɪeɪ; *AmE* ˈfɔɪər/ *Nomen* **1** Foyer, Eingangshalle ➔ *Siehe auch* LOBBY **2** (*AmE*) Diele

Fr (*bes AmE* **Fr.**) *Abk* = FATHER

fra·cas /ˈfrækɑː; *AmE* ˈfreɪkəs/ *Nomen* (*Pl* **fra·cas** /-kɑːz/, *AmE* **fra·cases** /-kɑːzɪz/) [meist Sing] Krawall, Aufruhr, Krach

fracking /ˈfrækɪŋ/ *Nomen* Fracking

frac·tion /ˈfrækʃn/ *Nomen* **1** Bruchteil ◇ *The car missed him by a fraction of an inch.* Er entging dem Auto um Haaresbreite. ◇ *Could you move a fraction closer?* Könnten Sie ein kleines bisschen näher rücken? **2** (MATH) Bruch ➔ *Siehe auch* VULGAR FRACTION

frac·tion·al /ˈfrækʃənl/ *Adj* **1** (*gehoben*) geringfügig **2** (MATH) Bruch-

frac·tion·al·ly /ˈfrækʃənəli/ *Adv* knapp, um eine Spur, um einen Bruchteil

frac·tious /ˈfrækʃəs/ *Adj* (*bes BrE*) **1** quengelig, übellaunig **2** (*gehoben*) aufsässig, aufgebracht

frac·ture /ˈfræktʃə(r)/ *Nomen, Verb*

▸ ***Nomen*** (Knochen)bruch, Fraktur ◇ *fractures in the wall* Bruchstellen am Mauerwerk

▸ ***Verb*** brechen ◇ *She fractured her skull.* Sie zog sich einen Schädelbruch zu.

fra·gile /ˈfrædʒaɪl; *AmE* -dʒl/ *Adj* **1** (leicht) zerbrechlich, brüchig ◇ *a fragile ceasefire* ein unsicherer Waffenstillstand **2** schwach, gebrechlich ◇ *the world's fragile environment* die weltweit gefährdete Umwelt **3** zart, fragil **4** (*BrE, umgs*) angeschlagen, mitgenommen

fra·gil·ity /frəˈdʒɪləti/ *Nomen* Zerbrechlichkeit, Anfälligkeit, Fragilität

frag·ment *Nomen, Verb*

▸ ***Nomen*** /ˈfrægmənt/ Bruchstück, Fragment, Scherbe ◇ *I overheard a fragment of the conversation.* Ich bekam Gesprächsfetzen mit.

▸ ***Verb*** /frægˈment/ (*gehoben*) zerbrechen, auseinanderbrechen ◇ *The bullets fragment on impact.* Bei Einschlag zersplittern die Kugeln.

frag·men·tary /ˈfrægməntri; *AmE* -teri/ *Adj* bruchstückhaft, fragmentarisch ◇ *There is only fragmentary evidence.* Die Beweise sind nur lückenhaft.

frag·men·ta·tion /ˌfrægmenˈteɪʃn/ *Nomen* Zerstückelung, Zersplitterung, Fragmentierung

frag·ment·ed /frægˈmentɪd/ *Adj* fragmentiert, zerstückelt

fra·grance /ˈfreɪgrəns/ *Nomen* **1** Duft(note) **2** Parfum

fra·grant /ˈfreɪgrənt/ *Adj* duftend, wohlriechend, aromatisch

frail /freɪl/ *Adj* **1** gebrechlich, schwach **2** zart, zerbrechlich

frailty /ˈfreɪlti/ *Nomen* Gebrechlichkeit, Schwäche

frame 🔑 /freɪm/ *Nomen, Verb*

▸ ***Nomen*** **1** Rahmen (*auch fig*) ◇ *a picture frame* ein Bilderrahmen **2** Gestell, Rahmen ◇ *the frame of an aircraft* das Gerippe eines Flugzeugs ➔ *Siehe auch* CLIMBING FRAME **3** [meist Pl] (Brillen)gestell **4** [meist Sing] Gestalt, Statur **5** (*im Film, Comic*) (Einzel)bild **6** = COLD FRAME **7** Spiel(runde) **8** (COMP) Frame IDM **be in the ˈframe** im Rennen sein **be out of the frame** aus dem Rennen sein

▸ ***Verb*** **1** (*meist passiv*) (um)rahmen **2** (*meist passiv*) **~ sb (for sth)** jdm etw anhängen ◇ *She was framed for murder.* Man hat ihr einen Mord angehängt. ◇ *Was he framed?* Hat man ihm die Sache angehängt? **3** (*gehoben*) entwickeln ◇ *frame a set of rules* Richtlinien festlegen **4** formulieren

framed /freɪmd/ *Adj* (*oft in Zusammensetzungen*) gerahmt, mit ... Rahmen ◇ *a gilt-framed mirror* ein Spiegel mit Goldrahmen

ˌframe of ˈmind *Nomen* [Sing] (Gemüts)verfassung ◇ *We'll discuss this when you're in a better frame of mind.* Wir werden dies besprechen, wenn du bessere Laune hast.

ˌframe of ˈreference *Nomen* (*Pl* **frames of ref·er·ence**) Bezugsrahmen

ˈframe-up *Nomen* (*umgs*) fabrizierte Anklage ◇ *a police frame-up* eine von der Polizei fabrizierte Anklage

frame·work /ˈfreɪmwɜːk; *AmE* -wɜːrk/ *Nomen* **1** Tragkonstruktion, (Dach)gebälk **2** Rahmen, Grundlage ◇ *within existing frameworks of practice* im Rahmen der bestehenden Praxis

franc /fræŋk/ *Nomen* Franc, Franken

fran·chise /ˈfræntʃaɪz/ *Nomen, Verb*

▸ ***Nomen*** **1** Franchise, Lizenz ◇ *operate a business under franchise* ein Geschäft auf Franchise-Basis führen **2** Franchise-Unternehmen **3** (*gehoben*) Wahlrecht

▸ ***Verb*** (*meist passiv*) **~ sth (out)** für etw eine Lizenz vergeben ◇ *franchised restaurants* Restaurants im Franchisebetrieb

fran·chisee /ˌfræntʃaɪˈziː/ *Nomen* Lizenznehmer(in), Franchise-Nehmer(in)

fran·chiser /ˈfræntʃaɪzə(r)/ *Nomen* Lizenzgeber(in), Franchise-Geber(in)

fran·chis·ing /ˈfræntʃaɪzɪŋ/ *Nomen* [U] Franchising, Franchise-System

franco·phone /ˈfræŋkəfəʊn; *AmE* -foʊn/ *Adj, Nomen*

▸ ***Adj*** [nur vor Nomen] frankofon, französischsprachig

▸ ***Nomen*** Französischsprachige(r)

frank /fræŋk/ *Adj, Verb*

▸ ***Adj*** offen, ehrlich ◇ *He was very frank about it.* Er sprach sehr offen darüber. ◇ *to be frank with you* ehrlich gesagt ◇ *a frank admission of guilt* ein volles Eingeständnis der Schuld

▸ ***Verb*** frankieren

frank·furt·er /ˈfræŋkfɜːtə(r); *AmE* -fɜːrtər/ *Nomen* Frankfurter/Wiener Würstchen

frank·in·cense /ˈfræŋkɪnsens/ *Nomen* Weihrauch

frank·ly /ˈfræŋkli/ *Adv* **1** offen **2** ehrlich gesagt

frank·ness /ˈfræŋknəs/ *Nomen* Offenheit, Unbefangenheit

fran·tic /ˈfræntɪk/ *Adj* **1** fieberhaft, verzweifelt ◇ *Things are frantic in the office right now.* Im Moment ist es im Büro sehr hektisch. ◇ *They worked with frantic haste.* Sie arbeiteten wie verrückt. **2** außer sich, völlig aufgelöst ◇ *The children are driving me frantic.* Die Kinder treiben mich zur Verzweiflung.

fran·tic·al·ly /ˈfræntɪkli/ *Adv* wie wild, wie verrückt ◇ *He waved his arms frantically.* Er winkte wie wild. ◇ *frantically worried* außer sich vor Sorge

frat /fræt/ = FRATERNITY

ˈfrat boy *Nomen* (*AmE, umgs*) = junger Mann mit rüpelhaftem Benehmen, das man typischerweise mit Studenten, die bestimmten Verbindungen angehören, assoziiert

fra·ter·nal /frəˈtɜːnl; *AmE* -ˈtɜːrnl/ *Adj* brüderlich, unter Brüdern ◇ *a fraternal association* eine Vereinigung

fraˌternal ˈtwin *Nomen* zweieiiger Zwilling

fra·ter·nity /frəˈtɜːnəti; *AmE* -ˈtɜːrn-/ *Nomen* (*Pl* **-ies**) **1** [mit Verb im Sing/Pl] Vereinigung, Zunft ◇ *the medical fraternity* die Ärzteschaft ◇ *among the criminal fraternity* unter Kriminellen ◇ *the sporting fraternity* die Sportlergemeinde **2** *(AmE)* *(umgs* **frat**) *(für Männer)* Studentenverbindung → *Siehe auch* SORORITY **3** *(gehoben)* Brüderlichkeit

frat·er·niza·tion *(BrE auch* **-isa·tion**) /ˌfrætənaɪˈzeɪʃn; *AmE* -tərnəˈ-/ *Nomen* Fraternisierung, Verbrüderung

frat·er·nize *(BrE auch* **-ise**) /ˈfrætənaɪz; *AmE* -tərnaɪz/ *Verb* ~ **(with sb)** (mit jdm) fraternisieren, sich (mit jdm) verbrüdern

frat·ri·cidal /ˌfrætrɪˈsaɪdl/ *Adj* brudermörderisch ◇ *a fratricidal war* ein Bruderkrieg

frat·ri·cide /ˈfrætrɪsaɪd/ *Nomen* [U] **1** *(gehoben)* Brudermord, Geschwistermord **2** Brudermörder(in), Geschwistermörder(in)

fraud /frɔːd/ *Nomen* **1** Betrug, Schwindel **2** Betrüger(in), Schwindler(in)

fraudu·lent /ˈfrɔːdjələnt; *AmE* -dʒə-/ *Adj* betrügerisch ◇ *fraudulent advertising* Werbebetrug

fraudu·lent·ly /ˈfrɔːdjələntli; *AmE* -dʒə-/ *Adv* in betrügerischer Weise

fraught /frɔːt/ *Adj* **1** ~ **with sth** ◇ *fraught with danger* voller Gefahr **2** *(bes BrE)* angespannt, gestresst

fray /freɪ/ *Verb, Nomen*

▸ ***Verb*** **1** ausfransen ◇ *The cuffs are fraying.* Die Manschetten sind abgetragen. **2** gereizt werden ◇ *Tempers began to fray.* Die Leute wurden zunehmend gereizt.

▸ ***Nomen*** **the fray** [Sing] Getümmel, (Wett)streit ◇ *be ready for the fray* kampfbereit sein ◇ *enter/join the fray* sich in den Kampf stürzen

fraz·zled /ˈfræzld/ *Adj (umgs)* erschöpft, fix und fertig

freak /friːk/ *Nomen, Adj, Verb*

▸ ***Nomen*** **1** *(umgs)* Fanatiker(in) **2** *(abwert)* Freak, Sonderling **3** ◇ *a freak of fate/fortune* eine Laune des Schicksals

▸ ***Adj*** [nur vor Nomen] außergewöhnlich

▸ ***Verb*** **1** ~ **(out)** ausflippen **2** ~ **sb (out)** jdn ausflippen lassen ◇ *Snakes really freak me out.* Ich habe einen echten Horror vor Schlangen.

freak·ish /ˈfriːkɪʃ/ *Adj (Adv* **freak·ish·ly**) verrückt, außergewöhnlich

freckle /ˈfrekl/ *Nomen* Sommersprosse

freck·led /ˈfrekld/ *Adj* sommersprossig

free 🗝 /friː/ *Adj, Verb, Adv*

▸ ***Adj*** **1** frei ◇ *set sb free* jdn freilassen ◇ *How did the dog get free?* Wie hat sich der Hund losgemacht? ◇ *the free end of the rope* das lose Ende des Seils ◇ *You are free to come and go as you wish.* Du kannst kommen und gehen, wie du willst. **2** ~ **from/of sth** frei von etw, -frei ◇ *free from pain* schmerzfrei ◇ *free of artificial colouring* ohne künstliche Farbstoffe **3** kostenlos, gratis ◇ *Delivery is free (of charge).* Die Lieferung ist kostenlos. ◇ *free tickets for the theatre* Freikarten für das Theater **4 be** ~ freihaben **5** *(meist abwert)* **be** ~ **with sth** freizügig mit etw sein ◇ *She's always very free with her advice.* Sie drängt einem immer gleich gute Ratschläge auf. IDM **for ˈfree** umsonst **free and ˈeasy** locker; ungezwungen **give sb a free ˈhand** jdm freie Hand lassen → *Siehe auch* FEEL, HAND *und* REIN

▸ ***Verb*** **1** freilassen; ~ **sb from sth** jdn aus etw entlassen **2** ~ **sb/sth/yourself (from sth)** jdn/etw/sich (von etw) befreien ◇ *free the driver from the wreckage* den Fahrer aus dem Wrack befreien ◇ *free young people from dependency on drugs* junge Leute aus der Drogenabhängigkeit befreien **3** ~ **sb/sth of sth** jdn/etw von etw entlasten ◇ *free yourself of inhibitions* sich von Zwängen freimachen ◇ *exercises to free the body of tension* Lockerungsübungen **4** ~ **sb/sth (up)** jdn/etw verfügbar machen; *(Mittel)* bereitstellen **5** ~ **sb to do sth** jdm etw ermöglichen ◇ *The legacy freed her to paint full-time.* Das Erbe ermöglichte es ihr, sich ganz dem Malen zu widmen.

▸ ***Adv*** **1** *(auch* **ˌfree of ˈcharge**) umsonst **2** los- ◇ *The survivors had to be cut free.* Die Überlebenden mussten mit der Rettungsschere befreit werden. ◇ *She managed to pull herself free.* Es gelang ihr, sich zu befreien. ◇ *The wagon broke free from the train.* Der Waggon löste sich vom Zug. IDM → WALK

free·bie /ˈfriːbi/ *Nomen (umgs)* Gratisgeschenk

Free ˈChurch *Nomen* Freikirche

free·dom 🗝 /ˈfriːdəm/ *Nomen* Freiheit ◇ *freedom of expression/action* Meinungs-/Handlungsfreiheit ◇ *freedom from pain* Schmerzfreiheit ◇ *give sb greater freedom in deciding sth* jdm größeren Entscheidungsspielraum geben IDM **the freedom of the ˈcity** das Ehrenbürgerrecht

ˈfreedom fighter *Nomen* Freiheitskämpfer(in)

ˌfree ˈenterprise *Nomen* [U] freie Marktwirtschaft

ˌfree ˈfall *Nomen* freier Fall *(auch fig)* ◇ *Share prices have gone into free fall.* Die Aktienkurse sind abgestürzt.

ˌfree-for-ˈall *Nomen* [Sing] (Massen)schlägerei, Gerangel *(auch fig)* ◇ *a free-for-all among exporters* ein wilder Konkurrenzkampf zwischen Exporteuren

free·hand /ˈfriːhænd/ *Adj* [nur vor Nomen], *Adv* freihändig

free·hold /ˈfriːhəʊld; *AmE* -hoʊld/ *Nomen, Adj, Adv*

▸ ***Nomen*** *(bes BrE)* uneingeschränktes Eigentumsrecht

▸ ***Adj*** Eigentums- ◇ *freehold property* Grund- und Hauseigentum

▸ ***Adv*** als Eigentum

free·hold·er /ˈfriːhəʊldə(r); *AmE* -hoʊl-/ *Nomen (bes BrE)* Eigentümer(in)

ˌfree ˈhouse *Nomen (BrE)* brauereiunabhängiges Wirtshaus

ˌfree ˈkick *Nomen* Freistoß ◇ *take a free kick* einen Freistoß ausführen

free·lance /ˈfriːlɑːns; *AmE* -læns/ *Adj, Adv, Verb*

▸ ***Adj, Adv*** freiberuflich ◇ *go freelance* sich selbstständig machen

▸ ***Verb*** freiberuflich arbeiten

free·lancer /ˈfriːlɑːnsə(r); *AmE* -læn-/ *(auch* **free·lance** /ˈfriːlɑːns; *AmE* -læns/) *Nomen* freie(r) Mitarbeiter(in)

free·ly 🗝 /ˈfriːli/ *Adv* **1** frei ◇ *Traffic is moving freely.* Der Verkehr geht zügig voran. ◇ *The book is now freely available.* Das Buch ist jetzt überall erhältlich. **2** freimütig **3** großzügig ◇ *give freely* großzügig spenden ◇ *She has always given freely of her time.* Sie ist immer sehr großzügig mit ihrer Zeit.

free·man /ˈfriːmən/ *(Pl* **free·men** /-mən/) *Nomen (BrE)* Ehrenbürger(in)

ˌfree ˈmarket *Nomen* freier Markt ◇ *a free-market economy* eine freie Marktwirtschaft

Free·mason /ˈfriːmeɪsn/ *(auch* **mason**) *Nomen* Freimaurer

Free·mason·ry /ˈfriːmeɪsnri/ *Nomen* Freimaurerei

ˌfree ˈperiod *Nomen (BrE)* Freistunde

Free·post /ˈfriːpəʊst; *AmE* -poʊst/ *Nomen* Gebühr zahlt Empfänger

ˌfree ˈradical *Nomen* freier Radikaler

ˌfree-ˈrange *Adj* frei laufend ◇ *free-range eggs* Eier von frei laufenden Hühnern

ˌfree ˈrunning *Nomen* [U] Free Running, Parkour

free·sia /ˈfriːʒə, ˈfriːziə/ *Nomen* Freesie

ˌfree-ˈstanding *Adj* **1** frei stehend **2** unabhängig

free·style /ˈfriːstaɪl/ *Nomen* Freistil, Kür ◇ *freestyle wrestling* Freistilringen ◇ *freestyle skiing* Trickskifahren

ˌfree ˈtrade *Nomen* Freihandel

ˌfree ˈverse *Nomen* freier Vers, freie Dichtung

ˌfree ˈvote *Nomen (BrE)* (POL) Stimmabgabe ohne Fraktionszwang

free·ware /ˈfriːweə(r); *AmE* -wer/ *Nomen* Freeware, kostenlose Software

free·way /ˈfriːweɪ/ *Nomen* (*AmE*) Autobahn

free·wheel /ˌfriːˈwiːl/ *Verb* im Freilauf fahren

ˌfree ˈwill *Nomen* freier Wille IDM **of your own free ˈwill** aus freiem Willen

freeze /friːz/ *Verb, Nomen*

▸ ***Verb*** (**froze** /frəʊz; *AmE* froʊz/, **fro·zen** /ˈfrəʊzn; *AmE* ˈfroʊ-/) **1** (*Flüssigkeit, Erde etc.*) gefrieren; (*Wetter*) frieren; (*Fluss, See, Rohr*) zufrieren; (*Mensch*) erfrieren ◇ *It may freeze tonight.* Es gibt heute Nacht vielleicht Frost. ◇ *It's freezing hard outside.* Draußen ist starker Frost. ◇ *The pipes have frozen (up).* Die Rohre sind eingefroren. ◇ *Two men froze to death on the mountain.* Auf dem Berg sind zwei Männer erfroren. **2** (*Lebensmittel, Geld, Gehälter*) einfrieren ◇ *frozen peas* tiefgekühlte Erbsen ◇ *Raspberries freeze well.* Himbeeren lassen sich gut einfrieren. **3** (*Lebensmittel*) sich einfrieren lassen **4** erstarren ◇ *freeze with terror* vor Schreck erstarren ◇ *He stood frozen to the spot.* Er stand wie gelähmt da. ◇ *Freeze!* Keine Bewegung! IDM **freeze your ˈblood/make your ˈblood freeze** einem das Blut in den Adern gefrieren lassen PHRV **ˌfreeze sb ˈout** jdn hinausekeln **ˌfreeze ˈover** zufrieren ◇ *The lake was/had frozen over.* Der See war zugefroren.

▸ ***Nomen*** **1 ~ (on sth)** Stopp ◇ *a wage freeze* ein Lohnstopp **2** (*BrE*) (*lang anhaltender*) Frost ◇ *the big freeze of '84* die Kälteperiode von 84 **3** (*AmE*) Frost (*über Nacht*) ◇ *a freeze warning* eine Frostwarnung

ˈfreeze-dried *Adj* gefriergetrocknet

ˈfreeze-frame *Nomen* Standbild

freezer /ˈfriːzə(r)/ *Nomen* Tiefkühlschrank, Tiefkühltruhe

freez·ing /ˈfriːzɪŋ/ *Adj, Adv*

▸ ***Adj*** **1** eiskalt ◇ *I'm freezing!* Mir ist eiskalt! **2** [nur vor Nomen] eisig ◇ *freezing temperatures* Temperaturen unter Null

▸ ***Adv*** (*umgs*) ◇ *It's freezing cold.* Es ist eiskalt.

ˈfreezing point *Nomen* **1** (*auch* **freez·ing**) Null ◇ *below freezing (point)* unter Null **2** [meist Sing] Gefrierpunkt

freight /freɪt/ *Nomen, Verb*

▸ ***Nomen*** [U] **1** Güter **2** Fracht ◇ *by air freight* per Luftfracht ◇ *a freight company* eine Spedition

▸ ***Verb*** (ver)schicken, verschiffen

ˈfreight car *Nomen* (*AmE*) Güterwagen

freight·er /ˈfreɪtə(r)/ *Nomen* **1** Frachtschiff **2** Frachtflugzeug

ˈfreight train *Nomen* Güterzug

French /frentʃ/ *Adj, Nomen*

▸ ***Adj*** französisch ◇ *a French Canadian* ein Frankokanadier

▸ ***Nomen*** **1 the French** [Pl] die Franzosen **2** (*Sprache*) Französisch

ˌFrench ˈbean *Nomen* grüne Bohne

ˌFrench ˈbread *Nomen* [U] Baguette, Stangenweißbrot

ˌFrench ˈdoor *Nomen* [meist Pl] (*AmE*) Terrassentür, Balkontür

ˌFrench ˈdressing *Nomen* Vinaigrette

ˌFrench ˈfries *Nomen* [Pl] (*bes AmE*) Pommes frites

ˌFrench ˈhorn *Nomen* (Wald)horn

ˌFrench ˈkiss *Nomen* Zungenkuss

ˌFrench ˈloaf *Nomen* (*Pl* **loaves**) (*auch* **ˌFrench ˈstick**) Baguette, Stangenweißbrot

ˌFrench ˈpress *Nomen* (*AmE*) Cafetière, Stempelkanne

ˌFrench ˈwindow *Nomen* [meist Pl] (*BrE*) Terrassentür, Balkontür

fre·net·ic /frəˈnetɪk/ *Adj* hektisch ◇ *at a frenetic pace* in einem atemberaubenden Tempo

fren·zied /ˈfrenzid/ *Adj* wild ◇ *frenzied fans* wild gewordene Fans ◇ *frenzied activity* hektische Betriebsamkeit

frenzy /ˈfrenzi/ *Nomen* (*Pl* **-ies**) ◇ *in a frenzy of activity* in hektischer Betriebsamkeit ◇ *in a frenzy of excitement* in wilder Aufregung ◇ *a frenzy of violence* ein Gewaltausbruch ◇ *The speaker worked the crowd up into a frenzy.* Der Redner brachte die Menge zum Rasen. ◇ *a killing frenzy* ein Mordrausch

fre·quency /ˈfriːkwənsi/ *Nomen* (*Pl* **-ies**) **1** Häufigkeit ◇ *These accidents have increased in frequency.* Solche Unfälle sind häufiger geworden. **2** (TECH) Frequenz

fre·quent *Adj, Verb*

▸ ***Adj*** /ˈfriːkwənt/ (*Adv* **fre·quent·ly**) häufig ◇ *He is a frequent visitor to this country.* Er besucht dieses Land oft. ◇ *Her calls became less frequent.* Ihre Anrufe wurden seltener. ◇ *Buses run frequently to the airport.* Busse fahren in kurzen Abständen zum Flughafen.

▸ ***Verb*** /friˈkwent/ (*gehoben*) frequentieren, häufig besuchen

fre·quent·ly /ˈfriːkwəntli/ *Adv* häufig

fresco /ˈfreskəʊ; *AmE* -skoʊ/ *Nomen* (*Pl* **-oes, -os**) **1** Fresko **2** [U] Freskomalerei

fresh /freʃ/ *Adj, Adv*

▸ ***Adj*** **1** frisch ◇ *fresh water* Süßwasser **2** neu ◇ *make a fresh start* einen neuen Anfang machen **3** sauber ◇ *a fresh complexion* ein gesundes Aussehen **4** (*Farben*) hell **5** erfrischt ◇ *fresh as a daisy* frisch wie der junge Morgen **6 ~ from sth** frisch von/aus etw ◇ *She arrived at Wimbledon fresh from her success in Paris.* Als sie nach Wimbledon kam, lag ihr Erfolg in Paris noch gar nicht lange zurück. **7** (*umgs*) frech ◇ *Don't get fresh (with me)!* Werd (mir) bloß nicht frech! IDM → BLOOD, BREATH *und* GROUND

▸ ***Adv*** IDM **fresh out of ˈsth** (*bes AmE, umgs*) ◇ *Sorry, we're fresh out of milk.* Tut mir leid, die Milch ist uns gerade ausgegangen.

fresh·en /ˈfreʃn/ *Verb* **1 ~ sth (up)** etw auffrischen ◇ *freshen the breath* den Atem erfrischen **2** (*AmE*) ◇ *Can I freshen your drink?* Darf ich Ihnen nachschenken? **3** (*Wind*) auffrischen PHRV **ˌfreshen (yourself) ˈup** sich frisch machen

fresh·ener /ˈfreʃnə(r)/ *Nomen* (*meist in Zusammensetzungen*) ◇ *air freshener* Raumspray ◇ *a breath freshener* ein Mundspray

fresh·er /ˈfreʃə(r)/ *Nomen* (*BrE, umgs*) Erstsemester, Studienanfänger(in)

ˈfresh-faced *Adj* gesund aussehend

fresh·ly /ˈfreʃli/ *Adv* (*meist vor einem past participle*) frisch ◇ *freshly ground* frisch gemahlen

fresh·man /ˈfreʃmən/ *Nomen* (*Pl* **-men** /-mən/) (*bes AmE*) Erstsemester, Studienanfänger(in) ◇ *during my freshman year at college* in meinem ersten Jahr an der Uni

fresh·ness /ˈfreʃnəs/ *Nomen* **1** Frische **2** (*fig*) Originalität

fresh·water /ˈfreʃwɔːtə(r)/ *Adj* [nur vor Nomen] Süßwasser- ◇ *freshwater fish* Süßwasserfische

fret /fret/ *Verb, Nomen*

▸ ***Verb*** (**-tt-**) (*bes BrE*) **1 ~ (about/over sth)** sich (über etw) Sorgen machen, sich (über etw) aufregen **2** quengeln

▸ ***Nomen*** (*von einer Gitarre etc.*) Bund

fret·saw /ˈfretsɔː/ *Nomen* Laubsäge

Fri. *Abk* = FRIDAY

friar /ˈfraɪə(r)/ *Nomen* Mönch ◇ *Friar Tuck* Bruder Tuck

fric·tion /ˈfrɪkʃn/ *Nomen* **1** Reibung **2** (PHYSIK) Reibungswiderstand **3** ~ **(between A and B)** Spannungen (zwischen A und B)

Fri·day /ˈfraɪdeɪ, -di/ (*Abk* **Fri.**) *Nomen* Freitag → *Beispiele bei* MONTAG

fridge /frɪdʒ/ *Nomen* (*BrE*) Kühlschrank

fried /fraɪd/ *Adj* Brat- ◇ *fried eggs* Spiegeleier ◇ *fried food* Gebratenes → *Siehe auch* FRY

friend /frend/ *Nomen* **1** Freund(in) ◇ *childhood friends* Jugendfreunde ◇ *He's a family friend.* Er ist ein Freund der Familie. **2** Förderer, Förderin ◇ *the Friends of the Museum* der Förderkreis des Museums **3** (*BrE*) **my honourable ~** (*von Abgeordneten im Unterhaus verwendet*) der Herr/die Frau Abgeordnete X **4** (*BrE*) **my learned ~** (*von Anwälten vor Gericht verwendet*) der Herr Kollege, die Frau Kollegin **5 Friend** Quäker (in) IDM **be ˈfriends (with sb)** (mit jdm) befreundet sein ◇ *They're friends again.* Sie haben sich wieder versöhnt. **be just good ˈfriends** ◇ *They're just good friends.* Sie sind nur Freunde. **a ˌfriend in ˈneed (is a ˌfriend inˈdeed)** ein wahrer Freund zeigt sich erst in der Not **have ˌfriends in high ˈplaces** Beziehungen haben **make ˈfriends with sb** sich mit jdm anfreunden

friend·li·ness /ˈfrendlinəs/ *Nomen* Freundlichkeit, Freundschaftlichkeit

friend·ly /ˈfrendli/ *Adj, Nomen*
▸ *Adj* (**friend·lier**, **friend·li·est**) **1** freundlich ◇ *Everyone was very friendly towards me.* Sie waren alle sehr freundlich zu mir. ◇ *a friendly welcome* ein herzliches Willkommen **2** ~ **(with sb)** (mit jdm) befreundet ◇ *We soon became friendly with them.* Wir haben uns schnell mit ihnen angefreundet. **3** freundschaftlich **4** (*meist in Zusammensetzungen*) -freundlich ◇ *This software is much friendlier.* Diese Software ist benutzerfreundlicher. ◇ *ozone-friendly aerosols* FCKW-freie Sprays IDM **be on friendly terms (with sb)** (mit jdm) auf freundschaftlichem Fuß stehen
▸ *Nomen* (*Pl* **-ies**) (*auch* **friendly ˈmatch**) (*BrE*) Freundschaftsspiel

ˌfriendly ˈfire *Nomen* [U] = versehentliche Treffer auf eigene Soldaten.

friend·ship /ˈfrendʃɪp/ *Nomen* Freundschaft ◇ *strike up a friendship with sb* sich mit jdm anfreunden

frier = FRYER

fries /fraɪz/ *Nomen* [Pl] (*AmE, umgs*) Pommes

frieze /friːz/ *Nomen* **1** Fries **2** Bordüre **3** = von Kindern angefertigter Bildstreifen im Klassenzimmer

frig·ate /ˈfrɪgət/ *Nomen* Fregatte

frig·ging /ˈfrɪgɪŋ/ *Adv, Adj* [nur vor Nomen] (*vulg, Slang*) scheiß- ◇ *frigging cold* scheißkalt ◇ *Mind your own frigging business!* Kümmer dich um deinen eigenen Scheiß!

fright /fraɪt/ *Nomen* Schreck(en), Erschrecken ◇ *I got the fright of my life.* Ich habe mich zutiefst erschrocken. → *Siehe auch* STAGE FRIGHT IDM **take ˈfright (at sth)** (*gehoben*) (vor etw) erschrecken

fright·en /ˈfraɪtn/ *Verb* (ver)ängstigen, erschrecken ◇ *She's not easily frightened./She doesn't frighten easily.* Ihr kann man nicht so leicht Angst machen. IDM → DAYLIGHTS, DEATH *und* LIFE PHR V **ˌfrighten sb/sth aˈway/ˈoff** jdn/etw verscheuchen, jdn/etw vertreiben **ˌfrighten sb/sth aˈway from sth** jdn/etw von/aus etw vertreiben **ˈfrighten sb into doing sth** jdm solche Angst machen, dass er etw tut

fright·ened /ˈfraɪtnd/ *Adj* **1** verängstigt **2 be ~ (to do sth/of doing sth)** Angst haben (etw zu tun), sich fürchten (etw zu tun), (vor etw) Angst haben, sich (vor etw) fürchten; **be ~ that …** Angst haben, dass … ◇ *Don't be frightened.* Hab keine Angst. ◇ *He felt frightened.* Er hatte Angst. ◇ *I'm frightened for him.* Ich habe Angst um ihn. ◇ *I'd never do that. I'd be frightened to death.* Das würde ich nie machen. Ich würde vor Angst sterben. IDM → WIT

fright·en·ers /ˈfraɪtnəz; *AmE* -nərz/ *Nomen* IDM **put the ˈfrighteners on sb** (*BrE, Slang*) jdm die Daumenschrauben ansetzen

fright·en·ing /ˈfraɪtnɪŋ/ *Adj* (*Adv* **fright·en·ing·ly**) schrecklich, fürchterlich, erschreckend ◇ *It's frightening to think it could happen.* Beim Gedanken daran, dass das passieren könnte, kann man Angst bekommen.

fright·ful /ˈfraɪtfl/ *Adj* (*Adv* **fright·ful·ly** /-fəli/) (*bes BrE, gehoben, veraltet*) schrecklich, furchtbar ◇ *The room's in a frightful mess.* Das Zimmer ist schrecklich unordentlich.

fri·gid /ˈfrɪdʒɪd/ *Adj* **1** frigid(e) **2** eisig ◇ *frigid air* eisige Luft **3** (*Adv* **fri·gid·ly**) frostig ◇ *'No', she said frigidly.* „Nein", sagte sie mit eisiger Stimme.

fri·gid·ity /frɪˈdʒɪdəti/ *Nomen* Frigidität

frill /frɪl/ *Nomen* **1** (*BrE*) Rüsche **2 frills** [Pl] Beiwerk → *Siehe auch* NO-FRILLS

frilled /frɪld/ *Adj* (*BrE*) mit Rüschen, Rüschen-

frilly /ˈfrɪli/ *Adj* mit vielen Rüschen, Rüschen-

fringe /frɪndʒ/ *Nomen, Verb*
▸ *Nomen* **1** [meist Sing] (*BrE*) Pony(fransen) **2** Fransen **3** Streifen, Rand ◇ *a fringe of woodland* ein Waldstreifen **4** (*BrE*) Rand(gebiet), Randbezirk ◇ *on the northern fringe of the city* am Nordrand der Stadt ◇ *on the fringes of society* am Rande der Gesellschaft **5** (*meist* **the fringe**) [Sing] Randgruppen ◇ *fringe meetings at the party conference* Sitzungen am Rande der Parteikonferenz ◇ *the Edinburgh fringe* das Off-Theater bei den Edinburger Festspielen IDM → LUNATIC
▸ *Verb* umranden, umsäumen

ˈfringe benefit *Nomen* [meist Pl] Nebenleistung

fringed /frɪndʒd/ *Adj* **1** Fransen-, mit Fransen **2 ~ with sth** mit etw umsäumt

ˈfringe ˈtheatre *Nomen* (*BrE*) alternatives Theater, Off-Theater

Fris·bee™ /ˈfrɪzbi/ *Nomen* Frisbee®

frisk /frɪsk/ *Verb* **1** (*umgs*) filzen, durchsuchen **2 ~ around** herumtollen

frisky /ˈfrɪski/ *Adj* **1** ausgelassen **2** (*umgs*) geil

fris·son /ˈfriːsɒ̃; *AmE* friːˈsɔːn/ *Nomen* [meist Sing] (leichter) Schauer ◇ *A frisson of alarm ran down my spine.* Wie ein Warnsignal lief es mir kalt den Rücken runter.

frit·ter /ˈfrɪtə(r)/ *Verb, Nomen*
▸ *Verb* PHR V **ˌfritter sth aˈway (on sth)** etw (mit etw) vergeuden
▸ *Nomen* (*meist in Zusammensetzungen*) = mit Obst, Fleisch oder Gemüse gefülltes Schmalzgebäck ◇ *banana fritters* gebackene Bananen

fritz /frɪts/ *Nomen* IDM **on the ˈfritz** (*AmE, umgs*) kaputt

fri·vol·ity /frɪˈvɒləti; *AmE* -ˈvɑːlə-/ *Nomen* (*Pl* **-ies**) (*oft abwert*) **1** Leichtfertigkeit, Frivolität **2** Oberflächlichkeit

frivo·lous /ˈfrɪvələs/ *Adj* (*Adv* **frivo·lous·ly**) (*abwert*) **1** leichtfertig, belanglos **2** oberflächlich

frizz /frɪz/ *Verb, Nomen*
▸ *Verb* (*umgs*) kräuseln
▸ *Nomen* (*abwert*) Krause

frizzy /ˈfrɪzi/ *Adj* (*umgs*) kraus

fro /frəʊ; *AmE* froʊ/ *Adv* IDM → TO

frock /frɒk; *AmE* frɑːk/ *Nomen* (*bes BrE, veraltet*) Kleid

ˈfrock coat *Nomen* Gehrock

frog /frɒg; *AmE* frɑːg/ *Nomen* **1** Frosch ◇ *frogs' legs* Froschschenkel **2 Frog** (*umgs, beleidigend*) Franzose, Französin IDM **have, etc. a ˈfrog in your throat** einen Frosch im Hals haben; heiser sein

frog·man /ˈfrɒgmən; *AmE* ˈfrɑːg-/ *Nomen* (*Pl* **-men** /-mən/) (*BrE*) Froschmann

frog·march /ˈfrɒgmɑːtʃ; *AmE* ˈfrɑːgmɑːrtʃ/ *Verb* **~ sb** = jdn (mit den Armen auf den Rücken) unter Zwang irgendwohin führen

frog·spawn /ˈfrɒgspɔːn; *AmE* ˈfrɑːg-/ *Nomen* Froschlaich

fro·ing /ˈfrəʊɪŋ; *AmE* ˈfroʊ-/ *Nomen* IDM → TOING

frolic /ˈfrɒlɪk; *AmE* ˈfrɑːlɪk/ *Verb, Nomen*

▸ ***Verb*** (**-ck-**) **~ (about)** (herum) tollen, (herum) toben

▸ ***Nomen*** (*veraltet*) Spaß, Kapriole

from /frəm; *betont* frɒm; *AmE betont* frʌm, frɑːm/ *Präp* **1** von, aus ◇ *go from London to Rome* von London nach Rom reisen ◇ *I'm from the North.* Ich komme aus dem Norden. ◇ *from her point of view* aus ihrer Sicht ◇ *From being a librarian he is now a publisher.* Er war anfangs Bibliothekar und ist jetzt Verleger. ◇ *powered by heat from the sun* mit Solarstrom betrieben ◇ *Six from eight leaves two.* Acht minus sechs macht zwei. **2** von ... an, ab ◇ *He was blind from birth.* Er war von Geburt an blind. ◇ *I'm on leave from June 30.* Ab 30. Juni habe ich Urlaub. ◇ *It's due to arrive an hour from now.* Es soll in genau einer Stunde ankommen. ◇ *Prices start from $2.50 a bottle.* Die Preise fangen bei $2.50 die Flasche an. **3** von (... entfernt) ◇ *100 yards from the scene of the accident* 100 Meter vom Unfallort ◇ *Far from agreeing with him, I was shocked.* Ich war weit davon entfernt, ihm zuzustimmen. Ich war entsetzt. **4** vor ◇ *protect children from violence* Kinder vor Gewalt schützen **5** (*zur Bezeichnung des Materials, der Beschaffenheit*) aus ◇ *Wine is made from grapes.* Wein wird aus Trauben gemacht. **6** zwischen, von ◇ *write from 10 to 15 letters daily* zwischen 10 und 15 Briefe am Tag schreiben ◇ *The shop sells everything from shoelaces to postcards.* Das Geschäft verkauft alles von Schnürsenkeln bis zu Postkarten. **7** (*Grund*) aus, wegen, vor ◇ *She felt sick from tiredness.* Sie war so müde, dass sie sich ganz schlecht fühlte. ◇ *suffer from cold and hunger* an Kälte und Hunger leiden **8** (*gefolgert, abgeleitet*) ◇ *You can tell quite a lot from a person's handwriting.* Aus der Handschrift eines Menschen lässt sich eine ganze Menge erkennen. ◇ *From her looks I'd say she was Irish.* Ihrem Aussehen nach würde ich sagen, sie ist Irin. **9** (*unterscheidend*) ◇ *Is Portuguese very different from Spanish?* Ist Portugiesisch sehr anders als Spanisch? ◇ *I can't tell one twin from the other.* Ich kann die Zwillinge nicht auseinanderhalten. IDM **from ... on** von ... an ◇ *from now on* von jetzt an

from·age frais /ˌfrɒmɑːʒ ˈfreɪ; *AmE* frəˌmɑːʒ/ *Nomen* ≈ Quark

frond /frɒnd; *AmE* frɑːnd/ *Nomen* (*von Palme, Farn und Seealge*) Wedel

front /frʌnt/ *Nomen, Adj, Verb*

▸ ***Nomen*** **1** (*meist* **the front**) Vorderseite ◇ *The book has a picture of Rome on the front.* Auf dem Einband des Buches ist Rom abgebildet. → *Siehe auch* SHOPFRONT **2 the front** [Sing] ◇ *Keep your eyes to the front.* Schauen Sie nach vorne. ◇ *There's a garden at the front of the house.* Vor dem Haus ist ein Garten. **3** (*Körperseite*) ◇ *She was lying on her front.* Sie lag auf dem Bauch. ◇ *I spilled coffee down my front.* Ich habe mich vorn mit Kaffee bekleckert. **4 the front** [Sing] die Promenade, die Uferstraße ◇ *streets leading down to the lake front* Gassen, die zum Seeufer führen → *Siehe auch* SEAFRONT *und* WATERFRONT **5** (*Kriegs-, Wetter-*) Front → *Siehe auch* FRONT LINE *und* HOME FRONT **6** Bereich ◇ *on the economic front* im wirtschaftlichen Bereich **7** [Sing] Fassade, Front(seite) ◇ *present a united front* eine geschlossene Front präsentieren ◇ *the west front of the cathedral* die Westseite des Doms ◇ *It's not always easy putting on a brave front for the family.* Es ist nicht immer leicht, sich für die Familie nach außen hin tapfer zu geben. **8 ~ (for sth)** Tarnung (für etw) **9 Front** [Sing] (*in Namen politischer Organisationen*) Front ◇ *the Popular Front* die Volksfront → *Siehe auch* NATIONAL FRONT IDM **ˌfront and ˈcenter** (*AmE*) in den Vordergrund **in ˈfront 1** davor ◇ *the house with the garden in front* das Haus mit dem Garten davor **2** an der Spitze **in ˈfront of sb/sth** vor jdm/etw ◇ *The cheques must be signed in front of the cashier.* Die Schecks müssen in Anwesenheit des Kassierers unterschrieben werden. **out ˈfront 1** im Zuschauerraum; (*im Lokal*) vorne **2** (*BrE auch* **out the ˈfront** *umgs*) am Eingang **up ˈfront** (*umgs*) **1** (*Zahlung*) im voraus **2** (*beim Fußball*) im Sturm → *Siehe auch* UPFRONT → *Siehe auch* BACK, CASH *und* LEAD[1]

▸ ***Adj*** [nur vor Nomen] Vorder- ◇ *in the front row* in der ersten Reihe ◇ *on the front page of the newspaper* auf der Titelseite der Zeitung ◇ *Let's go through to the front room.* Lass uns ins Wohnzimmer gehen. ◇ *a front-seat passenger* ein(e) Beifahrer(in) IDM **on the ˈfront burner** (*bes AmE, umgs*) im Vordergrund

▸ ***Verb*** **1 ~ onto sth** zu etw hin liegen ◇ *hotels that front onto the sea* direkt am Meer liegende Hotels **2 ~ sth** vor etw liegen ◇ *Attractive gardens fronted the houses.* Vor den Häusern waren hübsche Gärten. **3** (*meist passiv*) ◇ *a house fronted with stone* ein Haus mit einer Steinfassade ◇ *a glass-fronted bookcase* ein Bücherschrank mit Glastür **4** (*umgs*) (*Firma*) vorstehen; (*Musikgruppe*) anführen **5** (*BrE*) (*Fernsehsendung*) moderieren

front·age /ˈfrʌntɪdʒ/ *Nomen* **1** Vorderfront **2** (*bes AmE*) = Gelände vor einem Gebäude, an einer Straße oder einem Fluss ◇ *two miles of river frontage along the Colorado* zwei Meilen Land am Ufer des Colorado

ˈfrontage road *Nomen* (*AmE*) = kleine Straße, die parallel zu einer größeren verläuft

front·al /ˈfrʌntl/ *Adj* [nur vor Nomen] **1** frontal, Frontal- ◇ *a frontal impact* ein Frontalzusammenstoß ◇ *a frontal attack* ein Frontalangriff ◇ *scenes of full frontal nudity* Nacktszenen **2** (MED) Stirn- ◇ *the frontal lobes of the brain* die Stirnlappen des Gehirns

the ˌfront ˈbench *Nomen* [mit Verb im Sing/Pl] = führende Politiker im britischen Parlament, die in den vordersten Reihen sitzen

the ˌfront ˈdesk *Nomen* die Rezeption

ˌfront ˈdoor *Nomen* Haustür

fron·tier /ˈfrʌntɪə(r); *AmE* frʌnˈtɪr/ *Nomen* **1** (*BrE*) **~ (with sth)** Grenze (zu etw) ◇ *push back the frontiers of science* neue Wissensgebiete erschließen **2 the frontier** [Sing] (*historisch in Amerika*) die Grenze der von europäischen Siedlern erschlossenen Gebiete ◇ *a remote frontier settlement* eine abgelegene Siedlung im Grenzland

fron·tis·piece /ˈfrʌntɪspiːs/ *Nomen* [meist Sing] (*eines Buches*) Frontispiz

the ˌfront ˈline *Nomen* [Sing] die Front ◇ *front-line troops* Truppen an der Front IDM **in the front line** an vorderster Front ◇ *He spent his life in the front line of research.* Er war sein Leben lang an vorderster Front in der Forschung tätig.

front·man /ˈfrʌntmæn/ *Nomen* (*Pl* **-men** /-men/) **1** Strohmann **2** (*einer Band*) Frontmann **3** (*BrE*) (*einer Fernsehsendung*) Moderator

front-of-ˈhouse *Nomen* (*BrE*) Foyer und Zuschauerraum ◇ *We need someone for front-of-house.* Wir brauchen jemanden, der für das Publikum zuständig ist.

ˈfront-page *Adj* [nur vor Nomen] auf der Titelseite ◇ *The divorce made front-page news.* Die Scheidung machte Schlagzeilen.

ˌfront ˈrunner *Nomen* Favorit(in), Spitzenreiter(in)

frost /frɒst; *AmE* frɔːst/ *Nomen, Verb*
▸ ***Nomen*** **1** Frost ◇ *ten degrees of frost* zehn Grad minus **2** Raureif
▸ ***Verb*** **1** ~ (**over/up**) vereisen; ~ **sth** (**over/up**) etw vereisen lassen ◇ *The windows were frosted up.* Die Fenster waren vereist. **2** (*bes AmE*) (*Kuchen etc.*) mit Zuckerguss überziehen

frost·bite /ˈfrɒstbaɪt; *AmE* ˈfrɔːst-/ *Nomen* [U] Erfrierung

frost·bitten /ˈfrɒstbɪtn; *AmE* ˈfrɔːst-/ *Adj* erfroren

frost·ed /ˈfrɒstɪd; *AmE* ˈfrɔːstɪd/ *Adj* **1** [nur vor Nomen] ◇ *frosted glass* Strukturglas **2** (*bes AmE*) (*Kuchen etc.*) mit Zuckerguss überzogen **3** mit Reif bedeckt **4** (*Lidschatten etc.*) Perlglanz-

frost·ing /ˈfrɒstɪŋ; *AmE* ˈfrɔːstɪŋ/ *Nomen* [U] (*bes AmE*) Zuckerguss

frosty /ˈfrɒsti; *AmE* ˈfrɔːsti/ *Adj* **1** frostig **2** mit Reif überzogen **3** (*Adv* **frost·ily** /-stɪli/) (*Blick, Antwort etc.*) kühl, eisig

froth /frɒθ; *AmE* frɔːθ/ *Nomen, Verb*
▸ ***Nomen*** **1** Schaum **2** [U] Trivialitäten, Show
▸ ***Verb*** schäumen ◇ *He was frothing at the mouth.* Er hatte Schaum vorm Mund.

frothy /ˈfrɒθi; *AmE* ˈfrɔːθi/ *Adj* **1** schaumig **2** oberflächlich **3** (*Kleider, Stoffe*) duftig

frown /fraʊn/ *Verb, Nomen*
▸ ***Verb*** ~ (**at sb/sth**) (über jdn/etw) die Stirn runzeln ◇ *Why are you frowning at me?* Warum schaust du mich so böse an? PHRV **ˈfrown on/upon sb/sth** jdn/etw ablehnen ◇ *My parents used to frown on discos.* Meine Eltern haben Diskos immer verpönt. ◇ *Gambling is frowned upon here.* Glücksspiele sind hier nicht gern gesehen.
▸ ***Nomen*** [meist Sing] Stirnrunzeln

froze *Form von* FREEZE

fro·zen 🔑 /ˈfrəʊzn; *AmE* ˈfroʊ-/ *Adj* **1** tiefgekühlt, Tiefkühl- **2** durchgefroren **3** (*Boden*) gefroren; (*Fluss, See*) zugefroren; (*Rohr*) eingefroren **4** ~ **with/in sth** gelähmt vor etw

fruc·tose /ˈfrʌktəʊs, -təʊz; *AmE* -toʊs, -toʊz/ *Nomen* Fruktose, Fruchtzucker

fru·gal /ˈfruːgl/ *Adj* (*Leben, Mensch*) bescheiden, genügsam; (*Mahlzeit*) karg

fruit 🔑 /fruːt/ *Nomen, Verb*
▸ ***Nomen*** Frucht, Obst ◇ *tropical fruits* Südfrüchte IDM → FORBIDDEN
▸ ***Verb*** [ohne Obj] Früchte tragen

ˈfruit cake *Nomen* = englischer Kuchen mit Rosinen, Korinthen, Nüssen etc. IDM → NUTTY

ˈfruit fly *Nomen* (*Pl* **flies**) Fruchtfliege

fruit·ful /ˈfruːtfl/ *Adj* (*Adv* **fruit·ful·ly** /-fəli/) fruchtbar

fru·ition /fruˈɪʃn/ *Nomen* (*gehoben*) Verwirklichung ◇ *Our plans finally came to fruition.* Unsere Pläne wurden endlich Wirklichkeit. ◇ *He's never brought his ideas to fruition.* Er hat seine Ideen nie verwirklicht.

fruit·less /ˈfruːtləs/ *Adj* (*Adv* **fruit·less·ly**) ergebnislos, vergeblich

ˈfruit machine *Nomen* (*BrE*) Spielautomat

ˌfruit ˈsalad *Nomen* Obstsalat

fruity /ˈfruːti/ *Adj* (**fruit·ier**, **fruiti·est**) **1** fruchtig **2** (*Stimme*) voll; (*Lachen*) herzhaft **3** (*AmE*) (*Mensch*) verrückt

frump /frʌmp/ *Nomen* (*abwert*) unmodisch gekleidete Frau

frumpy /ˈfrʌmpi/ *Adj* (*Kleidung, Stil*) unmodisch

frus·trate /frʌˈstreɪt; *AmE* ˈfrʌstreɪt/ *Verb* **1** frustrieren **2** vereiteln ◇ *He tried to frustrate his political opponents.* Er versuchte, seinen politischen Gegnern Steine in den Weg zu legen.

frus·trated /frʌˈstreɪtɪd; *AmE* ˈfrʌstreɪtɪd/ *Adj* **1** [nicht vor Nomen] ~ (**at/with sth**) frustriert (über etw) ◇ *They felt frustrated at/with the lack of progress.* Sie waren frustriert, dass sie so langsam vorankamen. **2** (*Leidenschaft*) unerfüllt **3** [nur vor Nomen] (*Künstler etc.*) verhindert **4** sexuell frustriert

frus·trat·ing /frʌˈstreɪtɪŋ; *AmE* ˈfrʌstreɪtɪŋ/ *Adj* (*Adv* **frustrat·ing·ly**) frustrierend

frus·tra·tion /frʌˈstreɪʃn/ *Nomen* **1** Frustration, Frust **2** [meist Pl] Enttäuschung, Rückschlag **3** (*gehoben*) Vereiteln **4** (*gehoben*) Scheitern

fry 🔑 /fraɪ/ *Verb* (**fries**, **fry·ing**, **fried**, **fried**) (in der Pfanne) braten, frittieren ◇ *a fried egg* ein Spiegelei IDM → FISH

fryer (*auch* **frier**) /ˈfraɪə(r)/ *Nomen* **1** tiefe Bratpfanne ◇ *a deep-fat fryer* eine Fritteuse **2** (*AmE*) Brathähnchen

ˈfrying pan (*bes AmE* **ˈfrypan**) *Nomen* Bratpfanne IDM **out of the ˈfrying pan into the ˈfire** vom Regen in die Traufe

ˈfry-up *Nomen* (*BrE*) (einfaches) Pfannengericht

ft. (*BrE auch* **ft**) *Abk* = FOOT

FTSE *Abk* = FOOTSIE™

fuch·sia /ˈfjuːʃə/ *Nomen* Fuchsie

fuck /fʌk/ *Verb, Nomen*
▸ ***Verb*** (*vulg, Slang*) **1** ficken **2** (*verwendet, um Ärger oder Staunen auszudrücken*) ◇ *Fuck (it)!* Scheiße! ◇ *Fuck you—I'm leaving.* Leck mich am Arsch—ich verzieh mich. ◇ *Fuck me! Have you seen how much this costs?* Meine Fresse—hast du gesehen, was das kostet! PHRV **ˌfuck aˈbout/aˈround** rumalbern **ˌfuck sb aˈbout/aˈround** jdn verarschen **ˌfuck ˈoff** sich verpissen **ˌfuck ˈup** Scheiße bauen **ˌfuck sb ˈup** jdn verkorksen **ˌfuck sth ˈup** etw versauen **ˈfuck with sb** jdn verarschen
▸ ***Nomen*** (*vulg, Slang*) **1** [meist Sing] Fick **2 the fuck** [Sing] (*verwendet um Ärger oder Staunen auszudrücken, oder um etw zu betonen*) ◇ *Let's get the fuck out of here!* Verdammte Scheiße! Lass uns hier verschwinden! ◇ *What the fuck are you doing?!* Was zum Teufel machst du da? → *Siehe auch* F-WORD IDM **not care/give a ˈfuck (about sb/sth)** sich einen Scheiß (um jdn/etw) kümmern ◇ *He doesn't give a fuck about anyone else.* Alle anderen sind ihm scheißegal.

ˌfuck ˈall *Nomen* (*BrE, vulg, Slang*) nichts ◇ *You've done fuck all today.* Du hast heute null gemacht.

fuck·er /ˈfʌkə(r)/ *Nomen* (*vulg, Slang*) (*zur Beleidigung*) Arsch

fuck·ing /ˈfʌkɪŋ/ *Adj, Adv* (*vulg, Slang*) Scheiß- ◇ *I'm fucking sick of the whole fucking lot of you!* Ich hab euch Scheißbande verdammt satt! IDM **ˈfucking well** verdammt nochmal ◇ *You're fucking well coming.* Du wirst verdammt nochmal mitkommen.

fuddy-duddy /ˈfʌdi dʌdi/ *Nomen* (*Pl* **fuddy-duddies**) (*umgs*) altmodischer Typ

fudge /fʌdʒ/ *Nomen, Verb*
▸ ***Nomen*** **1** (weiche) Karamell **2** (*AmE*) Schokofüllung, Schokoguss **3 a fudge** [Sing] (*bes BrE*) eine Scheinlösung
▸ ***Verb*** (*umgs*) ausweichen

fuel 🔑 /ˈfjuːəl/ *Nomen, Verb*
▸ ***Nomen*** Brennstoff, Treibstoff ◇ *high fuel consumption* hoher Benzinverbrauch IDM **add fuel to the flames** Öl ins Feuer gießen
▸ ***Verb*** (**-ll-**, *AmE* **-l-**) **1** betreiben ◇ *oil-fuelled power*

stations ölbetriebene Kraftwerke **2 ~ (sth) (up)** (etw) auftanken **3** anheizen, anfachen

ˈfuel injection *Nomen* (Kraftstoff)einspritzung ◇ *a fuel injection engine* ein Einspritzmotor

fu·gi·tive /ˈfjuːdʒətɪv/ *Nomen, Adj*

▸ ***Nomen*** Flüchtige(r) ◇ *He's a fugitive from justice.* Er ist auf der Flucht vor dem Gesetz.

▸ ***Adj*** [nur vor Nomen] flüchtig

fugue /fjuːg/ *Nomen* Fuge

ful·crum /ˈfʊlkrəm, ˈfʌl-/ *Nomen* (*Pl* **ful·crums** *oder* **ful·cra**) /-krə/ **1** (PHYSIK) Drehpunkt **2** Dreh- und Angelpunkt

ful·fil (*AmE* **ful·fill**) /fʊlˈfɪl/ *Verb* **(-ll-) 1** erfüllen **2** ausführen **3 ~ yourself** sich selbst verwirklichen

ful·filled /fʊlˈfɪld/ *Adj* ausgefüllt, erfüllt

ful·fil·ling /fʊlˈfɪlɪŋ/ *Adj* erfüllend

ful·fil·ment (*AmE* **ful·fill·ment**) /fʊlˈfɪlmənt/ *Nomen* Erfüllung

full 🔑 /fʊl/ *Adj, Adv*

▸ ***Adj* 1 ~ (of sth/sb)** voll (von etw/jdm) ◇ *boxes stuffed full of clothes* mit Kleidern vollgestopfte Kisten ◇ *pumped full of antibiotics* mit Antibiotika voll gepumpt ◇ *The city is full of interest for tourists.* Die Stadt ist für Touristen von großem Interesse. ◇ (*fig*) *She was full of her new job.* Sie redete pausenlos von ihrem neuen Job. **2** (*BrE auch* **full up**) voll (bis obenhin), satt **3** [nur vor Nomen] ausführlich **4** vollständig, komplett ◇ *A full refund will be given.* Die Kosten werden voll erstattet. ◇ *a full member of the EU* ein vollwertiges Mitglied der EU ◇ *a full member of the committee* ein ordentliches Mitglied des Komitees **5** (*zur Verstärkung verwendet*) ganz ◇ *a full day's work* die Arbeit eines ganzen Tages **6** erfüllt ◇ *a full life* ein erfülltes Leben **7** füllig **8** weit (geschnitten), weit ausschwingend IDM **ˈfull of yourself** (*abwert*) von sich selbst eingenommen **in ˈfull** vollständig **to the ˈfull** in vollen Zügen

▸ ***Adv* ~ in/on sth** voll in/auf etw ◇ *She looked him full in the face.* Sie sah ihm voll ins Gesicht. IDM → KNOW

full·back /ˈfʊlbæk/ *Nomen* **1** Verteidiger(in) **2** (*beim American Football*) Angriffsspieler(in)

ˌfull-ˈblooded *Adj* **1** regelrecht **2** kräftig **3** reinrassig, echt

ˌfull-ˈblown *Adj* [nur vor Nomen] regelrecht ◇ *patients with full-blown AIDS* Patienten mit Vollbild Aids

ˌfull ˈboard *Nomen* Vollpension

ˌfull-ˈcolour (*AmE* **ˌfull-ˈcolor**) *Adj* [nur vor Nomen] Farb- ◇ *a full-colour photo* ein Farbbild

ˌfull ˈface *Adj* ◇ *a full-face portrait* ein Porträt in Frontalansicht

ˌfull-ˈfat *Adj* (*bes BrE*) ◇ *full-fat milk* Vollmilch ◇ *full-fat yogurt* Vollmilchjogurt ◇ *full-fat cheese* Vollfettkäse

ˌfull-ˈfledged *Adj* (*bes AmE*) **1** voll entwickelt **2** voll ausgebildet

ˌfull-ˈgrown *Adj* ausgewachsen

ˌfull ˈhouse *Nomen* **1** ausverkauftes Haus, volles Haus **2** (*beim Poker*) Full House

ˌfull ˈlength *Adv* in voller Länge

ˌfull-ˈlength *Adj* [nur vor Nomen] **1** ◇ *a full-length portrait* ein Ganzporträt **2** ungekürzt, richtig ◇ *his first full-length novel* sein erster richtiger Roman **3** lang, bis zum Boden reichend; (*Kleidung auch*) knöchellang

ˌfull ˈmarks *Nomen* [Pl] (*BrE*) ◇ *She got full marks in the exam.* Sie hat in der Prüfung die höchstmögliche Punktzahl erreicht. ◇ *Full marks to Bill for an excellent idea!* Superidee, Bill, Hut ab!

ˌfull ˈmoon *Nomen* Vollmond

full·ness /ˈfʊlnəs/ *Nomen* **1** Fülle **2** Klangfülle IDM **in the fullness of ˈtime** zu gegebener Zeit

ˌfull-ˈpage *Adj* [nur vor Nomen] ganzseitig

ˌfull proˈfessor *Nomen* (*AmE*) Professor

ˌfull-ˈscale *Adj* [nur vor Nomen] **1** groß angelegt, Groß- ◇ *a full-scale attack* ein Großangriff **2** umfassend **3** in Originalgröße, lebensgroß

ˌfull-ˈsize (*auch* **ˌfull-ˈsized**) *Adj* [nur vor Nomen] in Originalgröße, lebensgroß ◇ *a full-size snooker table* ein Snookertisch in Wettkampfgröße

ˌfull ˈstop *Nomen* **1** (*BrE*) (*als Satzzeichen*) Punkt **2** (*umgs*) und damit Punkt IDM **come to a full ˈstop** zum Stillstand kommen

ˌfull ˈtime *Nomen* (*BrE*) ◇ *The referee blew his whistle for full time.* Der Schiedsrichter pfiff das Spiel ab. ◇ *the full-time score* der Endstand

ˌfull-ˈtime *Adj, Adv*

▸ ***Adj*** ◇ *students in full-time education* Vollstudenten ◇ *full-time employees* Vollbeschäftigte ◇ *a full-time job* eine Vollzeitstelle

▸ ***Adv*** ganztags

fully 🔑 /ˈfʊli/ *Adv* **1** vollständig, völlig ◇ *fully automatic* vollautomatisch **2** (*gehoben*) gut ◇ *fully 30 per cent of the population* gut 30 Prozent der Bevölkerung

ˌfully ˈfledged *Adj* (*BrE*) **1** voll entwickelt **2** voll ausgebildet

ful·min·ate /ˈfʊlmɪneɪt, ˈfʌl-/ *Verb* (*gehoben*) **~ (against sb/sth)** (gegen jdn/etw) wettern

ful·some /ˈfʊlsəm/ *Adj* überschwänglich, überzogen

fum·ble /ˈfʌmbl/ *Verb* **1 ~ for sth** nach etw kramen ◇ *She was fumbling for the right words.* Sie suchte nach den richtigen Worten. **2 ~ with sth** an etw herumfummeln **3 ~ about/around** umhertappen **4 ~ sth** ungeschickt mit etw umgehen

fume /fjuːm/ *Verb* **~ (at/over sb/sth)** (wegen jds/einer Sache) wütend sein ◇ *He was fuming with indignation.* Er kochte vor Wut.

fumes /fjuːmz/ *Nomen* [Pl] Dämpfe, Schwaden, Abgase

fu·mi·gate /ˈfjuːmɪgeɪt/ *Verb* ausräuchern

fun 🔑 /fʌn/ *Nomen, Adj*

▸ ***Nomen*** [U] Spaß ◇ *Sailing is great fun.* Segeln macht großen Spaß. ◇ *Have fun!* Viel Spaß! ◇ *just for fun/for the fun of it* nur zum Spaß ◇ *It was just a bit of fun.* Es sollte nur ein Spaß sein. ◇ *She's very lively and full of fun.* Sie ist sehr lebhaft und immer zu Späßen bereit. ◇ *The whole family can join in the fun here.* Die ganze Familie kann sich hier vergnügen. IDM **make ˈfun of sb/sth** sich über jdn/etw lustig machen → *Siehe auch* FIGURE *und* POKE

▸ ***Adj*** lustig ◇ *She's really fun to be with.* Es macht Spaß, mit ihr zusammen zu sein.

func·tion 🔑 /ˈfʌŋkʃn/ *Nomen, Verb*

▸ ***Nomen* 1** Funktion **2** Veranstaltung, Empfang

▸ ***Verb* 1** funktionieren **2 ~ as sth** als etw fungieren, als etw dienen

func·tion·al /ˈfʌŋkʃənl/ *Adj* **1** (*Adv* **func·tion·al·ly** /-nəli/) zweckmäßig, funktionell **2** Funktions- ◇ *a functional disorder* eine Funktionsstörung ◇ *These units played a key functional role in the military operation.* Diese Einheiten hatten eine wichtige Funktion beim Militäreinsatz. **3** funktionsfähig

func·tion·al·ism /ˈfʌŋkʃənəlɪzəm/ *Nomen* Funktionalismus, Zweckmäßigkeit

func·tion·al·ity /ˌfʌŋkʃəˈnæləti/ *Nomen* Funktionalität

func·tion·ary /ˈfʌŋkʃənəri; *AmE* -neri/ *Nomen* (*Pl* **-ies**) Funktionär(in)

ˈfunction key *Nomen* Funktionstaste

fund 🔑 /fʌnd/ *Nomen, Verb*

▸ ***Nomen* 1** Fonds ◇ *a relief fund* ein Hilfsfonds **2**

funds [Pl] Gelder ◇ *government funds* Staatsgelder ◇ *I'm short of funds at the moment.* Ich bin im Moment knapp bei Kasse. **3** [Sing] Bestand ◇ *a fund of experience* ein Erfahrungsschatz
▸ ***Verb*** finanzieren

fun·da·men·tal /ˌfʌndəˈmentl/ *Adj, Nomen*
▸ ***Adj*** **1** grundlegend, wesentlich **2** Haupt- ◇ *His fundamental concern was for her welfare.* Seine Hauptsorge galt ihrem Wohl. **3** elementar, Elementar- ◇ *a fundamental particle* ein Elementarteilchen ◇ *the fundamental principles of mathematics* die Grundbegriffe der Mathematik
▸ ***Nomen*** [meist Pl] Grundlage

fun·da·men·tal·ism /ˌfʌndəˈmentəlɪzəm/ *Nomen* Fundamentalismus

fun·da·men·tal·ist /ˌfʌndəˈmentəlɪst/ *Nomen, Adj*
▸ ***Nomen*** Fundamentalist(in)
▸ ***Adj*** fundamentalistisch

fun·da·men·tal·ly /ˌfʌndəˈmentəli/ *Adv* **1** im Grunde **2** wesentlich, grundlegend ◇ *be fundamentally opposed to sth* etw grundsätzlich ablehnen

fund·ing /ˈfʌndɪŋ/ *Nomen* [U] **1** Gelder, Mittel **2** Finanzierung

fund·raise /ˈfʌndreɪz/ *Verb* Spendengelder sammeln

fund·raiser /ˈfʌndreɪzə(r)/ *Nomen* **1** = jd, der Geldspenden auftreibt **2** Wohltätigkeitsveranstaltung

fund·raising /ˈfʌndreɪzɪŋ/ *Nomen* [U] Spendenaktion, Geldbeschaffung

fu·neral /ˈfjuːnərəl/ *Nomen* Trauerfeier ◇ *a funeral procession* ein Trauerzug

ˈfuneral director *Nomen* Bestattungsunternehmer ◇ *a firm of funeral directors* ein Bestattungsinstitut

ˈfuneral home (*auch* **ˈfuneral parlour** *AmE*; **ˈfuneral parlor**) *Nomen* Bestattungsinstitut

fu·ner·ary /ˈfjuːnərəri; *AmE* -reri/ *Adj* Trauer-

fu·ner·eal /fjuˈnɪəriəl; *AmE* -ˈnɪr-/ *Adj* Trauer-, düster

fun·fair /ˈfʌnfeə(r); *AmE* -fer/ *Nomen* (*BrE*) Jahrmarkt

fung·al /ˈfʌŋgl/ *Adj* Pilz-

fun·gi·cide /ˈfʌŋgɪsaɪd, ˈfʌndʒɪ-/ *Nomen* Fungizid, pilztötendes Mittel

fun·gus /ˈfʌŋgəs/ *Nomen* (*Pl* **fungi** /-giː, -gaɪ, ˈfʌndʒaɪ/) **1** Pilz **2** Pilzbefall

fu·nicu·lar /fjuːˈnɪkjələ(r)/ *Nomen* (Stand)seilbahn

funk /fʌŋk/ *Nomen, Verb*
▸ ***Nomen*** **1** (MUS) Funk **2** (*auch* **ˌblue ˈfunk**) [Sing] (*umgs, veraltet*) **be in a ~** (**about sth**) (vor etw) Bammel haben
▸ ***Verb*** (*BrE*) **~ sth** vor etw kneifen

funky /ˈfʌŋki/ *Adj* (**funk·ier**, **funki·est**) (*umgs*) **1** (MUS) rhythmisch, funky **2** (*bes AmE*) irre

fun·nel /ˈfʌnl/ *Nomen, Verb*
▸ ***Nomen*** **1** Trichter **2** (*BrE*) Schornstein
▸ ***Verb*** (**-ll-**, *AmE* **-l-**) **1** durch einen Trichter gießen **2** leiten ◇ *Barricades funnelled the crowds towards the gate.* Die Menge wurde durch Absperrungen zum Tor geleitet. **3** strömen ◇ *Wind was funnelling through the gorge.* Der Wind strömte durch die Schlucht.

fun·nies /ˈfʌniz/ *Nomen* **the funnies** [Pl] (*AmE, umgs*) Witzseite (*einer Zeitung*)

fun·nily /ˈfʌnəli/ *Adv* komisch, seltsam IDM **funnily eˈnough** komischerweise

funny /ˈfʌni/ *Adj* (**fun·nier**, **fun·ni·est**) **1** komisch, lustig ◇ *Are you trying to be funny?* Soll das ein Witz sein? **2** seltsam, merkwürdig ◇ *I'm quite pleased I didn't get that job, in a funny sort of way.* Irgendwie bin ich ganz froh, dass ich die Stelle nicht bekommen habe. **3** (*umgs*) (*illegal*) faul, krumm **4** (*umgs*) unwohl **5** (*BrE*) frech ◇ *Don't you get funny with me!* Werd nicht frech! **6** (*umgs*) **go ~** (*Maschine*) verrücktspielen; (*Mensch*) spinnen

ˈfunny bone *Nomen* Musikantenknochen

fur /fɜː(r)/ *Nomen* **1** Fell **2** Pelz **3** Belag (*auf der Zunge*) **4** (*BrE*) Kalkablagerung

furi·ous /ˈfjʊəriəs; *AmE* ˈfjʊr-/ *Adj* (*Adv* **furi·ous·ly**) **1 ~** (**with/at sb**) wütend (auf jdn); **~** (**at sth**) wütend (über etw) **2** (*Streit*) heftig; (*Tempo*) rasend IDM → FAST

furl /fɜːl; *AmE* fɜːrl/ *Verb* zusammenrollen

fur·long /ˈfɜːlɒŋ; *AmE* ˈfɜːrlɔːŋ/ *Nomen* Achtelmeile

fur·nace /ˈfɜːnɪs; *AmE* ˈfɜːrnɪs/ *Nomen* **1** Hochofen, Schmelzofen **2** (*AmE*) Boiler, Heizkessel

fur·nish /ˈfɜːnɪʃ; *AmE* ˈfɜːrnɪʃ/ *Verb* **1** einrichten ◇ *a furnished flat* eine möblierte Wohnung **2** (*gehoben*) **~ sb/sth with sth** jdn/etw mit etw ausstatten, jdn/etw mit etw versorgen; **~ sth** etw zur Verfügung stellen

fur·nish·ings /ˈfɜːnɪʃɪŋz; *AmE* ˈfɜːrn-/ *Nomen* [Pl] Einrichtung ◇ *soft furnishings* Raumtextilien

fur·ni·ture /ˈfɜːnɪtʃə(r); *AmE* ˈfɜːrn-/ *Nomen* [U] Möbel IDM **he's/she's part of the furniture** er/sie gehört zum Inventar

ˈfurniture van *Nomen* (*BrE*) Möbelwagen

fur·ore /fjuˈrɔːri, ˈfjʊərɔː(r); *AmE* ˈfjʊrɔːr/ (*bes AmE* **furor** /ˈfjʊərɔː(r); *AmE* ˈfjʊrɔːr/) *Nomen* [Sing] Furore, Skandal

fur·red /fɜːd; *AmE* fɜːrd/ *Nomen* pelzig, mit Pelz besetzt; (*Zunge*) belegt

fur·rier /ˈfʌriə(r); *AmE* -riər/ *Nomen* Kürschner(in), Pelzhändler(in)

fur·row /ˈfʌrəʊ; *AmE* ˈfɜːroʊ/ *Nomen, Verb*
▸ ***Nomen*** Furche IDM → PLOUGH
▸ ***Verb*** **1** (*meist passiv*) pflügen **2** (*Stirn*) (sich) in Falten legen

furry /ˈfɜːri/ *Adj* **1** Pelz- ◇ *small furry animals* kleine Pelztiere **2** flauschig

fur·ther /ˈfɜːðə(r); *AmE* ˈfɜːrðər/ *Adv, Adj, Verb*
▸ ***Adv*** **1** weiter **2** (*gehoben*) des Weiteren ◇ *Further, he claimed that …* Des Weiteren behauptete er, dass … IDM **further along/down the road** in Zukunft **go ˈfurther** weitergehen **take sth ˈfurther** etw weiterverfolgen → *Siehe auch* AFIELD
▸ ***Adj*** weitere(r,s) ◇ *until further notice* bis auf weiteres ◇ *We will take no further action.* Wir werden die Sache nicht weiterverfolgen.
▸ ***Verb*** fördern ◇ *She took the new job to further her career.* Sie hat die neue Stelle angenommen, um beruflich weiterzukommen.

ˌfurther eduˈcation *Nomen* (*Abk* **FE**) (*BrE*) Weiterbildung, Erwachsenenbildung

fur·ther·more /ˌfɜːðəˈmɔː(r); *AmE* ˌfɜːrðərˈ-/ *Adv* (*gehoben*) des Weiteren, außerdem

fur·ther·most /ˈfɜːðəməʊst; *AmE* ˈfɜːrðərmoʊst/ *Adv* (*gehoben*) am weitesten entfernt

fur·thest /ˈfɜːðɪst; *AmE* ˈfɜːrðɪst/ *Adj, Adv*
▸ ***Adj*** **1** am weitesten entfernt ◇ *It was the furthest thing from her mind.* Nichts lag ihr ferner. **2** längste(r,s), weiteste(r,s)
▸ ***Adv*** am weitesten

fur·tive /ˈfɜːtɪv; *AmE* ˈfɜːrtɪv/ *Adj* (*Adv* **fur·tive·ly**) (*abwert*) heimlich, verstohlen

fury /ˈfjʊəri; *AmE* ˈfjʊri/ *Nomen* **1** Wut **2** [Sing] Wutanfall **3 the Furies** [Pl] die Furien IDM **like fury** wie wild

furze /fɜːz; *AmE* fɜːrz/ *Nomen* (*BrE*) Stechginster

fuse /fjuːz/ *Nomen, Verb*
▸ ***Nomen*** **1** Sicherung **2** Zündschnur **3** (*AmE auch* **fuze**) (Zeit)zünder IDM → SHORT
▸ ***Verb*** **1** sich verbinden; (*Knochen*) zusammenwachsen; (*Metall*) verschmelzen **2** (WIRTSCH) fusionieren **3** (*Sicherung etc.*) durchbrennen (lassen) **4** (*Gerät*) mit

einer Sicherung versehen ◇ *Is this plug fused?* Hat dieser Stecker eine Sicherung?

ˈfuse box *Nomen* Sicherungskasten

fu·sel·age /ˈfjuːzəlɑːʒ; *AmE* ˈfjuːsə-/ *Nomen* (Flugzeug)rumpf

fu·si·lier /ˌfjuːzəˈlɪə(r); *AmE* -ˈlɪr/ *Nomen* Füsilier

fu·sil·lade /ˌfjuːzəˈleɪd; *AmE* ˌfjuːsə-/ *Nomen* Salve, Hagel

fu·sion /ˈfjuːʒn/ *Nomen* **1** [U/Sing] Verschmelzung, Verbindung **2** (PHYSIK) = NUCLEAR FUSION

fuss /fʌs/ *Nomen, Verb*

▸ ***Nomen*** [U/Sing] Theater, Aufhebens IDM **make a ˈfuss of/over sb** sich mit jdm/etw beschäftigen ◇ *The cat loves being made a fuss of.* Die Katze hat es gern, wenn man sich mit ihr abgibt.

▸ ***Verb*** **1** Theater machen **2 ~ (about sth)** sich (über etw) aufregen **3 ~ with sth** an etw herumfummeln IDM **I'm not fussed (about it)** das ist mir egal PHR V **fuss aˈbout/aˈround** herumfuhrwerken, herumhantieren **ˈfuss over sb** sich mit jdm große Umstände machen

fuss·pot /ˈfʌspɒt; *AmE* -spɑːt/ (*AmE* **fuss·budget** /ˈfʌsbʌdʒɪt/) *Nomen* (*umgs*) Umstandskrämer ◇ *Don't be such a fusspot!* Mach kein Theater!

fussy /ˈfʌsi/ *Adj* (**fuss·ier, fussi·est**) (*Adv* **fuss·ily** /-səli/) **1** pingelig, umständlich; (*im Essen*) wählerisch **2** nervös **3** (*Muster, Stoff, Kleidung*) überladen, verspielt

fusty /ˈfʌsti/ *Adj* (*abwert*) **1** muffig, moderig **2** verstaubt, rückständig

fu·tile /ˈfjuːtaɪl; *AmE* -tl/ *Adj* vergeblich, sinnlos

fu·til·ity /fjuːˈtɪləti/ *Nomen* Vergeblichkeit, Sinnlosigkeit

fu·ton /ˈfuːtɒn; *AmE* -tɑːn/ *Nomen* Futon-Bettsofa

fu·ture 0‑ /ˈfjuːtʃə(r)/ *Nomen, Adj*

▸ ***Nomen*** **1** Zukunft ◇ *in the near future* demnächst ◇ *in the distant future* in ferner Zukunft **2** (*auch* **ˌfuture ˈtense**) (LING) Zukunft, Futur **3 futures** [Pl] (FINANZ) Termingeschäfte, Futures

▸ ***Adj*** zukünftig, künftig ◇ *at a future date* zu einem späteren Zeitpunkt

ˌfuture ˈperfect *Nomen* Futur II, vollendete Zukunft

fu·tur·ism /ˈfjuːtʃərɪzəm/ *Nomen* Futurismus

fu·tur·ist /ˈfjuːtʃərɪst/ *Nomen, Adj*

▸ ***Nomen*** Futurist(in)

▸ ***Adj*** futuristisch ◇ *futurist poets* Dichter des Futurismus

fu·tur·is·tic /ˌfjuːtʃəˈrɪstɪk/ *Adj* futuristisch

fuze (*AmE*) = FUSE

fuzz /fʌz/ *Nomen* **1** Flaum **2** Kraushaar **3 the fuzz** [mit Verb im Sing/Pl] (*veraltet, Slang*) (*Polizei*) die Bullen

fuzzi·ness /ˈfʌzinəs/ *Nomen* Verschwommenheit, Unschärfe

fuzzy /ˈfʌzi/ *Adj* (**fuzz·ier, fuzzi·est**) **1** flaumig, flauschig; (*Haare*) kraus **2** verschwommen, unscharf; (*Ton*) unsauber; (*Begriff etc.*) schwammig

ˌfuzzy ˈlogic *Nomen* Fuzzylogik

ˈF-word *Nomen* (*umgs*) = verhüllender Ausdruck, der statt „fuck" verwendet wird

FYI /ˌef waɪ ˈaɪ/ *Kurzform von* **for your information** zur Kenntnisnahme

G g

G, g /dʒiː/ *Nomen, Abk*

▸ ***Nomen*** (*Pl* **Gs, G's, g's**) (*Buchstabe, Musik*) G, g → *Siehe auch* G-STRING → *Beispiele bei* A, A

▸ ***Abk*** **1 G** *Kurzform von* **general audience** (*AmE*) (FILM) jugendfrei, ohne Altersbeschränkung **2 g** = GRAM **3 g** = GRAVITY

gab /gæb/ *Nomen* IDM → GIFT

gab·ar·dine /ˌgæbəˈdiːn, ˈgæbədiːn; *AmE* ˈgæbərdiːn/ *Nomen* Gabardine(mantel)

gab·ble /ˈgæbl/ *Verb, Nomen*

▸ ***Verb*** brabbeln; (*Rede etc.*) herunterrasseln

▸ ***Nomen*** Gebrabbel

gable /ˈgeɪbl/ *Nomen* Giebel

gad /gæd/ (**-dd-**) *Verb* (*bes BrE, umgs*) PHR V **ˌgad aˈbout/aˈround** herumziehen, sich herumtreiben

gad·fly /ˈgædflaɪ/ (*Pl* **-ies**) *Nomen* (*meist abwert*) Quälgeist

gadget /ˈgædʒɪt/ *Nomen* Gerät, technischer Krimskrams

Gael·ic /ˈgælɪk, ˈgeɪlɪk/ *Adj, Nomen*

▸ ***Adj*** gälisch

▸ ***Nomen*** Gälisch

ˌGaelic ˈfootball *Nomen* = in Irland gespielte Mannschaftssportart, die dem Rugby ähnlich ist

gaffe /gæf/ *Nomen* Fauxpas, Fehler

gaf·fer /ˈgæfə(r)/ *Nomen* **1** (*BrE, umgs*) Boss, Vorarbeiter **2** Elektro-und Beleuchtungstechniker(in)

gag /gæg/ *Nomen, Verb*

▸ ***Nomen*** **1** Knebel **2** Knebelung ◇ *a press gag* eine Knebelung der Presse **3** (*umgs*) Witz, Gag ◇ *tell/crack a gag* einen Witz reißen **4** (*bes AmE*) Streich

▸ ***Verb*** (**-gg-**) **1** knebeln **2** (*fig*) zum Schweigen bringen; (*Presse*) mundtot machen **3 ~ (on sth)** (*umgs*) (an etw) würgen IDM **be gagging for sth** (*BrE, Slang*) scharf auf etw sein ◇ *I'm gagging for another drink.* Ich will unbedingt noch einen Drink. **be gagging to do sth** (*BrE, Slang*) scharf darauf sein, etw zu tun; darauf brennen, etw zu tun **be gagging for it** (*BrE, Slang*) scharf (auf Sex) sein; geil sein

gaga /ˈgɑːgɑː/ *Adj* (*umgs*) **1** (*beleidigend*) verkalkt, plemplem **2** aus dem Häuschen

gage (*AmE*) = GAUGE

gag·gle /ˈgægl/ *Nomen* Schar, Horde

gai·ety /ˈgeɪəti/ *Nomen* (*veraltet*) Fröhlichkeit

gaily /ˈgeɪli/ *Adv* **1** fröhlich ◇ *gaily decorated streets* bunt geschmückte Straßen **2** unbekümmert, fröhlich

gain 0‑ /geɪn/ *Verb, Nomen*

▸ ***Verb*** **1** gewinnen, sich verschaffen, bekommen ◇ *Her talent gained her worldwide recognition.* Ihr Talent verhalf ihr zu weltweitem Ansehen. ◇ *There is nothing to be gained from delaying the decision.* Niemand hat etwas davon, wenn die Entscheidung aufgeschoben wird. **2** gewinnen an ◇ *gain experience* Erfahrung sammeln ◇ *gain strength* stärker werden ◇ *I've gained weight recently.* Ich habe in letzter Zeit zugenommen. **3 ~ (by/from sth)** (von etw) profitieren **4** (*Uhr*) vorgehen **5** (*Währungen, Aktien*) zulegen, steigen **6** (*gehoben*) (*einen Ort*) erreichen IDM **gain ˈground** an Boden gewinnen; sich durchsetzen **gain ˈtime** Zeit gewinnen → *Siehe auch* VENTURE PHR V **ˈgain in sth** an etw gewinnen ◇ *Canoeing has gained in popularity.* Der Kanusport hat an Beliebtheit gewonnen. ◇ *gain in confidence* mehr Selbstvertrauen bekommen **ˈgain on sb/sth** jdn/etw einholen

▸ ***Nomen*** **1** Zunahme; (*an der Börse*) Anstieg **2** Vorteil, Verbesserung **3** (*oft abwert*) Gewinn, Profit ◇ *He was motivated by personal gain.* Er wollte sich bereichern.

gain·ful /ˈgeɪnfl/ *Adj* (*Adv* **gain·ful·ly** /-fəli/) (*gehoben*) ◇ *gainful employment* Erwerbstätigkeit ◇ *gainfully employed* erwerbstätig

gain·say /ˌgeɪnˈseɪ/ *Verb* (**gain·says** /-ˈsez/) (**gain·said, gain·said** /-ˈsed/) (*gehoben*) (*oft in verneinten Sätzen*) **~ sb** jdm widersprechen; **~ sth** etw widerlegen ◇

There is no gainsaying the fact that ... Es lässt sich nicht leugnen, dass ...

gait /ɡeɪt/ *Nomen* [Sing] (*gehoben*) Gang

gai·ter /ˈɡeɪtə(r)/ *Nomen* [meist Pl] Gamasche

gal /ɡæl/ *Nomen* (*bes AmE, umgs, veraltet*) Mädchen

gal. *Abk* = GALLON

gala /ˈɡɑːlə; *AmE* ˈɡeɪlə/ *Nomen* **1** Galaveranstaltung, Fest **2** (*BrE*) **swimming ~** Schwimmwettbewerb

ga·lac·tic /ɡəˈlæktɪk/ *Adj* galaktisch

gal·axy /ˈɡæləksi/ *Nomen* (*Pl* **-ies**) **1** Sternsystem **2** **the Galaxy** die Milchstraße **3** (*umgs*) ◇ *a galaxy of stars* eine Vielzahl von Stars

gale /ɡeɪl/ *Nomen* **1** Sturm ◇ (*BrE*) *It's blowing a gale.* Es stürmt. **2** **gale(s) of laughter** stürmisches Gelächter

gall /ɡɔːl/ *Nomen, Verb*

▸ ***Nomen*** **1** Dreistigkeit, Unverschämtheit **2** Verbitterung **3** (BOT) Gallapfel **4** (*veraltet*) Galle

▸ ***Verb*** (sehr) ärgern

gal·lant /ˈɡælənt/ *Adj* (*Adv* **gal·lant·ly**) **1** (*veraltet oder gehoben*) tapfer **2** (*aufmerksam*) galant

gal·lant·ry /ˈɡæləntri/ *Nomen* (*gehoben*) **1** Tapferkeit **2** (*galantes Benehmen*) Galanterie

ˈgall bladder *Nomen* (ANAT) Gallenblase

gal·leon /ˈɡæliən/ *Nomen* Galeone

gal·lery /ˈɡæləri/ *Nomen* (*Pl* **-ies**) **1** Galerie **2** (*im Theater*) Galerie, oberster Rang **3** Säulengang **4** (*im Bergbau*) Stollen IDM **play to the ˈgallery** für die Galerie spielen

gal·ley /ˈɡæli/ *Nomen* **1** Galeere **2** Kombüse, Bordküche

Gal·lic /ˈɡælɪk/ *Adj* französisch, gallisch

gall·ing /ˈɡɔːlɪŋ/ *Adj* (sehr) ärgerlich

gal·lon 0‑ᴡ /ˈɡælən/ *Nomen* (*Abk* **gal.**) = Flüssigkeitsmaß; entspricht 4,5 Litern bzw. 3,8 Litern in den USA

gal·lop /ˈɡæləp/ *Verb, Nomen*

▸ ***Verb*** **1** galoppieren **2** galoppieren lassen **3** (*umgs*) (*Mensch*) rennen

▸ ***Nomen*** **1** [Sing] Galopp ◇ *at a gallop* im Galopp **2** Galoppritt

gal·lows /ˈɡæləʊz; *AmE* -loʊz/ *Nomen* (*Pl* **gal·lows**) Galgen

gall·stone /ˈɡɔːlstəʊn; *AmE* -stoʊn/ *Nomen* Gallenstein

gal·ore /ɡəˈlɔː(r)/ *Adj* (*dem Nomen nachgestellt*) in Hülle und Fülle

gal·oshes /ɡəˈlɒʃɪz; *AmE* ɡəˈlɑːʃɪz/ *Nomen* [Pl] Gummiüberschuhe

gal·van·ize (*BrE auch* **-ise**) /ˈɡælvənaɪz/ *Verb* **1** (*gehoben*) aufrütteln; **~ sb into sth/into doing sth** jdm den Anstoß geben, etw zu tun ◇ *That galvanized them into action.* Das ließ sie sofort aktiv werden. **2** (TECH) galvanisieren

gam·bit /ˈɡæmbɪt/ *Nomen* **1** (geschickter) Schachzug, Taktik ◇ *Her opening gambit was ...* Sie eröffnete das Gespräch mit der Bemerkung ... **2** (*beim Schach*) Gambit

gam·ble 0‑ᴡ /ˈɡæmbl/ *Verb, Nomen*

▸ ***Verb*** **1** spielen, wetten; **~ sth** etw (ein)-setzen; **~ sth on sth** etw auf etw setzen ◇ *gamble at cards* um Geld Karten spielen ◇ *gamble on the horses* auf Pferde wetten **2** **~ sth (on sth)** etw (bei etw) aufs Spiel setzen **3** **~ with sth** etw aufs Spiel setzen ◇ *It was wrong to gamble with our children's future.* Es war falsch, die Zukunft unserer Kinder aufs Spiel zu setzen. PHR V **ˌgamble sth aˈway** etw verspielen **ˈgamble on sth** sich auf etw verlassen, auf etw spekulieren

▸ ***Nomen*** [Sing] Risiko ◇ *take a gamble* ein Risiko eingehen

gam·bler /ˈɡæmblə(r)/ *Nomen* Spieler(in)

gam·bling 0‑ᴡ /ˈɡæmblɪŋ/ *Nomen* Glücksspiel, Wetten

gam·bol /ˈɡæmbl/ *Verb* (**-ll-**, *AmE auch* **-l-**) herumspringen

game 0‑ᴡ /ɡeɪm/ *Nomen, Adj*

▸ ***Nomen*** **1** Spiel ◇ *He was playing games with the dog.* Er spielte mit dem Hund. ◇ *Murray raised his game.* Murray hat sein Spielniveau verbessert. ◇ *a game of table tennis* ein Partie Tischtennis ◇ (*AmE*) *We're going to the ball game.* Wir gehen zum Baseball. **2** **games** (*BrE, veraltet*) (*in der Schule*) Sport **3** ◇ *the game of politics* die Politik ◇ *I'm new to this game myself.* Ich mache das noch nicht lange. ◇ *It's all part of the game.* Das gehört dazu. **4** (*umgs*) Trick ◇ *So that's his little game!* Das führt er also im Schilde! **5** (*Tiere, Fleisch*) Wild IDM **be on the ˈgame** (*BrE, Slang*) auf den Strich gehen **the game is ˈup** (*BrE, umgs*) das Spiel ist aus **game on** (*umgs*) ◇ *It was 1-1 with ten minutes to go—game on!* Es stand 1:1 mit nur noch zehn Minuten zu spielen—alles war wieder (völlig) offen! **give the ˈgame away** alles verraten **play the ˈgame** sich an die Spielregeln halten **play sb's ˈgame** jdm in die Hände spielen **play (silly) ˈgames** Blödsinn machen **play (silly) ˈgames with sb** jdm etwas vormachen **ˈtwo can play at ˈthat game** wie du mir, so ich dir **what's sb's/your ˈgame?** (*BrE, umgs*) was führt jd/führst du im Schilde?; was soll das? → *Siehe auch* BEAT, MUG *und* NAME

▸ ***Adj*** **be ~** (**for sth**) (zu etw) bereit sein; **be ~ to do sth** bereit sein, etw zu tun ◇ *Who's game (to try)?* Wer versucht's?

ˈgame bird *Nomen* Federwild

ˈgame controller (*auch* **controller**) *Nomen* Gamecontroller

game·keep·er /ˈɡeɪmkiːpə(r)/ *Nomen* Wildhüter(in)

game·ly /ˈɡeɪmli/ *Adv* tapfer

ˈgame plan *Nomen* Strategie

gamer /ˈɡeɪmə(r)/ *Nomen* Gamer

ˈgame reserve (*BrE auch* **ˈgame park**; *AmE* **ˈgame preserve**) *Nomen* Wildreservat

ˈgame show *Nomen* Spielshow

games·man·ship /ˈɡeɪmzmənʃɪp/ *Nomen* [U] Ablenkungsmanöver, unfaires Taktieren

ˈgame warden *Nomen* Wildhüter(in)

gamification /ˌɡeɪmɪfɪˈkeɪʃn; *AmE* -fəˈ-/ *Nomen* [U] = das Einbinden von Spielen in Bereiche, in denen sonst keine Spiele üblich sind, um diese so attraktiver oder effizienter zu gestalten

gam·ine /ɡæˈmiːn/ *Adj* (*gehoben*) jungenhaft, knabenhaft

gam·ing /ˈɡeɪmɪŋ/ *Nomen* (*veraltet oder Fachspr*) Spiel‑ ◇ *gaming laws* Gesetze über das Glücksspiel

gamma ra·di·ation /ˌɡæmə reɪdiˈeɪʃn/ *Nomen* [U] (*auch* **ˈgamma rays** [Pl]) Gammastrahlen

gam·mon /ˈɡæmən/ *Nomen* (*bes BrE*) ≈Kasseler, Kochschinken

gamut /ˈɡæmət/ *Nomen* **the gamut** die ganze Bandbreite

gan·der /ˈɡændə(r)/ *Nomen* Gänserich IDM **have/take a ˈgander (at sth)** (*umgs*) einen Blick (auf etw) werfen → *Siehe auch* SAUCE

G and T /ˌdʒiː ən ˈtiː/ *Kurzform von* **gin and tonic** Gin Tonic

gang /ɡæŋ/ *Nomen, Verb*

▸ ***Nomen*** [mit Verb im Sing/Pl] **1** Bande, Gang **2** (*umgs*) Clique

▸ ***Verb*** PHR V **ˌgang toˈgether** (*umgs*) sich zusammentun **ˌgang ˈup (on/against sb)** sich (gegen jdn) zusammentun

gang·bust·ers /ˈgæŋbʌstəz; *AmE* -stərz/ *Nomen* IDM **like 'gangbusters** (*AmE*, *umgs*) wie verrückt

gang·land /ˈgæŋlænd/ *Nomen* [Sing] Verbrechermilieu, Unterwelt

gan·gling /ˈgæŋglɪŋ/ (*auch* **gan·gly** /-gli/) *Adj* schlaksig

gan·glion /ˈgæŋgliən/ *Nomen* (*Pl* **gan·glia** /-gliə/) **1** (ANAT) Nervenknoten, Ganglion **2** (MED) Überbein, Ganglion

gang·mas·ter /ˈgæŋmɑːstə(r); *AmE* -mæstər/ *Nomen* (*BrE*) = Zeitarbeitsvermittler, der saisonale, oft illegale ausländische Arbeitskräfte vermittelt, vor allem in der Landwirtschaft

gang·plank /ˈgæŋplæŋk/ *Nomen* Laufplanke

'gang rape *Nomen* Gruppenvergewaltigung

gan·grene /ˈgæŋgriːn/ *Nomen* [U] (MED) Brand, Gangrän

gan·gren·ous /ˈgæŋgrɪnəs/ *Adj* brandig, gangränös

gang·sta /ˈgæŋstə/ *Nomen* **1** (*AmE*, *Slang*) Mitglied einer Straßenbande **2** (*auch* **,gangsta 'rap**) Gangsta Rap

gang·ster /ˈgæŋstə(r)/ *Nomen* Gangster

gang·way /ˈgæŋweɪ/ *Nomen* **1** (*BrE*) (*im Flugzeug, Theater etc.*) Gang **2** (*Laufplanke*) Gangway

gan·net /ˈgænɪt/ *Nomen* (*Vogel*) Tölpel

gan·try /ˈgæntri/ *Nomen* (*Pl* **-ies**) Unterbau; (*über Straßen*) Schilderbrücke; (*über Bahnlinien*) Signalbrücke; (*für Raketen*) Abschussrampe

gaol, gaol·er (*BrE*) = JAIL *und* JAILER

gap 0-■ /gæp/ *Nomen* **1** Lücke, Spalt, Abstand ◇ *a gap in the market* eine Marktlücke **2** (*BrE*) Pause, Unterbrechung ◇ *a gap in the conversation* eine Gesprächspause ◇ *after a gap of twenty years* nach einer Unterbrechung von zwanzig Jahren ◇ *young people in their gap year* junge Leute zwischen Schule und Studium **3** Kluft IDM → BRIDGE

gape /geɪp/ *Verb* **1** den Mund aufsperren; **~ at sb/sth** jdm/etw mit offenem Mund anstarren **2 ~ (open)** (auseinander) klaffen

gap·per /ˈgæpə(r)/ *Nomen* (*BrE*) junger Mensch im Zwischenjahr

,gap-'toothed *Adj* mit Zahnlücke(n), mit weit auseinander stehenden Zähnen

gar·age 0-■ /ˈgærɑːʒ, -rɑːdʒ, -rɪdʒ; *AmE* gəˈrɑːʒ, gəˈrɑːdʒ/ *Nomen, Verb*

▸ ***Nomen* 1** Garage ◇ *an underground garage* eine Tiefgarage ◇ *a bus garage* ein Busdepot **2** Werkstatt, Tankstelle

▸ ***Verb*** in die Garage stellen, in einer Garage unterstellen

'garage sale *Nomen* = privater Verkauf von Möbeln, Trödel etc., meist in oder vor einer Garage

garb /gɑːb; *AmE* gɑːrb/ *Nomen* [U] (*gehoben oder hum*) Gewand, Kluft

gar·bage 0-■ /ˈgɑːbɪdʒ; *AmE* ˈgɑːrbɪdʒ/ *Nomen* **1** (*bes AmE*) Abfall, Müll **2** (*umgs*) Blödsinn

'garbage can *Nomen* (*AmE*) Mülleimer, Mülltonne

'garbage man (*auch* **'garbage collector**) *Nomen* (*AmE*) Müllmann ◇ *the garbage men* die Müllabfuhr

'garbage truck *Nomen* (*AmE*) Müllwagen

gar·banzo bean /gɑːˈbænzəʊ biːn; *AmE* gɑːrˈbɑːnzoʊ, -ˈbæn-/ *Nomen* (*AmE*) Kichererbse

gar·bled /ˈgɑːbld; *AmE* ˈgɑːrbld/ *Adj* konfus

Garda /ˈgɑːdə; *AmE* ˈgɑːrdə/ *Nomen* **1 the Garda** = die Polizei (in der Irischen Republik) **2** (*auch* **garda**) (*Pl* **Gar·dai, gardai** /ˈgɑːdiː; *AmE* ˈgɑːrdiː/) = Polizist(in) (in der Irischen Republik)

gar·den 0-■ /ˈgɑːdn; *AmE* ˈgɑːrdn/ *Nomen, Verb*

▸ ***Nomen* 1** Garten ◇ *a front/back garden* ein Vor-/Hintergarten **2 gardens** [Pl] (*AmE meist* **gar·den** [Sing]) Park, Gartenanlage **3 Gardens, Gdns** [Sing] (*BrE*) = Bestandteil von Straßennamen IDM **everything in the garden is 'rosy** alles ist in bester Ordnung → *Siehe auch* COMMON *und* LEAD[1]

▸ ***Verb*** im Garten arbeiten, gärtnern

'garden centre *Nomen* (*BrE*) Gartencenter

,garden 'city (*auch* **,garden 'suburb**) *Nomen* (*BrE*) Gartenstadt

gar·den·er /ˈgɑːdnə(r); *AmE* ˈgɑːrd-/ *Nomen* Gärtner(in)

gar·denia /gɑːˈdiːniə; *AmE* gɑːrˈ-/ *Nomen* Gardenie

gar·den·ing /ˈgɑːdnɪŋ; *AmE* ˈgɑːrd-/ *Nomen* Gartenarbeit, Gärtnern ◇ *gardening gloves* Gartenhandschuhe

'garden party *Nomen* Gartenfest

'garden-variety *Adj* [nur vor Nomen] (*AmE*) gewöhnlich, Durchschnitts-

gar·gle /ˈgɑːgl; *AmE* ˈgɑːrgl/ *Verb, Nomen*

▸ ***Verb*** gurgeln

▸ ***Nomen* 1** Gurgelwasser, Mundspülung **2** [Sing] Gegurgel **3** Gurgeln ◇ *have a gargle with salt water* mit Salzwasser gurgeln

gar·goyle /ˈgɑːgɔɪl; *AmE* ˈgɑːrgɔɪl/ *Nomen* Wasserspeier

gar·ish /ˈgeərɪʃ; *AmE* ˈgerɪʃ/ *Adj* (*Adv* **gar·ish·ly**) grell, in knalligen Farben

gar·land /ˈgɑːlənd; *AmE* ˈgɑːrlənd/ *Nomen, Verb*

▸ ***Nomen*** Kranz, Girlande

▸ ***Verb*** bekränzen, mit Girlanden schmücken

gar·lic /ˈgɑːlɪk; *AmE* ˈgɑːrlɪk/ *Nomen* Knoblauch

gar·licky /ˈgɑːlɪki; *AmE* ˈgɑːrlɪ-/ *Adj* nach Knoblauch riechend, mit viel Knoblauch

gar·ment /ˈgɑːmənt; *AmE* ˈgɑːrmənt/ *Nomen* (*gehoben*) Kleidungsstück, Gewand

gar·ner /ˈgɑːnə(r); *AmE* ˈgɑːrnər/ *Verb* (*gehoben*) sammeln

gar·net /ˈgɑːnɪt; *AmE* ˈgɑːrnɪt/ *Nomen* (*Edelstein*) Granat

gar·nish /ˈgɑːnɪʃ; *AmE* ˈgɑːrnɪʃ/ *Verb, Nomen*

▸ ***Verb*** garnieren

▸ ***Nomen*** Garnierung

gar·otte /gəˈrɒt; *AmE* gəˈrɑːt/ = GARROTTE

gar·ret /ˈgærət/ *Nomen* (Dach)kammer, Mansarde

gar·rison /ˈgærɪsn/ *Nomen Verb*

▸ ***Nomen*** [mit Verb im Sing/Pl] Garnison

▸ ***Verb* 1** (*Truppen*) stationieren **2** (*Stadt*) in Garnison legen ◇ *Two regiments are being sent to garrison the town.* Zwei Regimente werden zur Stationierung in die Stadt geschickt.

gar·rotte (*auch* **gar·otte** *AmE auch*; **gar·rote**) /gəˈrɒt; *AmE* gəˈrɑːt/ *Verb, Nomen*

▸ ***Verb*** garrottieren, erdrosseln

▸ ***Nomen*** Garrotte

gar·rul·ous /ˈgærələs; *BrE auch* ˈgærjʊləs/ *Adj* (*Adv* **gar·rulous·ly**) geschwätzig

gar·ter /ˈgɑːtə(r); *AmE* ˈgɑːrtər/ *Nomen* **1** Strumpfband **2** (*AmE*) Straps IDM → GUT

'garter belt *Nomen* (*AmE*) Strapshalter

'garter snake *Nomen* Strumpfbandnatter

gas 0-■ /gæs/ *Nomen, Verb*

▸ ***Nomen*** (*Pl* **gases** *oder seltener* **gas·ses**) **1** Gas ◇ *a gas fire* ein Gaskaminofen ◇ *a gas ring* eine Kochstelle/ein Brenner ◇ *Pre-heat the oven to gas mark 5.* Den Backofen auf Stufe 5 vorwärmen. → *Siehe auch* NATURAL GAS **2** Lachgas → *Siehe auch* LAUGHING GAS **3** (*AmE*) Benzin ◇ *a gas station* eine Tankstelle **4 the gas** (*bes AmE*) das Gaspedal) ◇ *Step on the gas, we're late.* Gib Gas, wir kommen zu spät. **5** [U] (*AmE*) Blähungen **6 a gas** (*bes AmE*) eine Wucht ◇ *The party was a real gas.* Die Party war wirklich eine Wucht. IDM

→ COOK
▸ ***Verb*** (-ss-) **1** (mit Gas) vergiften, vergasen ◇ *He was badly gassed in the war.* Im Krieg erlitt er schwere Gasvergiftungen. ◇ *She committed suicide by gassing herself.* Sie beging Selbstmord, indem sie den Gashahn aufdrehte. **2** (*umgs*) quasseln

'gas chamber *Nomen* Gaskammer

'gas-cooled *Adj* gasgekühlt

gas·eous /'gæsiəs, 'geɪsi-/ *Adj* gasartig, gas-, Gas-

ˌgas-'fired *Adj* (*BrE*) gasbetrieben

ˌgas guzzler (*auch* **guz·zler**) *Nomen* (*bes AmE, umgs*) Benzinschlucker

gash /gæʃ/ *Nomen, Verb*
▸ ***Nomen*** **1** klaffende Wunde **2** klaffende Spalte
▸ ***Verb*** aufschlitzen ◇ *a gashed knee* ein aufgeschlagenes Knie

gas·hold·er /'gæshəʊldə(r); *AmE* -hoʊl-/ *Nomen* Gasometer

gas·ket /'gæskɪt/ *Nomen* Dichtung(sring) ◇ (*fig*) *He blew a gasket at the news.* Als er das hörte, ging er an die Decke.

'gas lamp *Nomen* Gaslampe, Gaslaterne

gas·light /'gæslaɪt/ *Nomen* **1** Gaslicht **2** Gaslampe, Gaslaterne

'gas mask *Nomen* Gasmaske

'gas meter *Nomen* Gasuhr, Gaszähler

gaso·hol /'gæsəhɒl; *AmE* -hɔːl/ *Nomen* Gasohol

gas·oline 0-ᵋ (*auch* **gas·olene**) /'gæsəliːn/ *Nomen* (*AmE*) Benzin

gas·om·eter /gæ'sɒmɪtə(r); *AmE* gæ'sɑːm-/ *Nomen* Gasometer

gasp /gɑːsp; *AmE* gæsp/ *Verb, Nomen*
▸ ***Verb*** **1** nach Luft ringen ◇ *We gasped in astonishment at the news.* Die Nachricht verschlug uns den Atem. **2 ~ sth (out)** etw hervorstoßen **3 be gasping (for sth)** (*umgs*) nach etw lechzen
▸ ***Nomen*** (tiefer) Atemzug ◇ *She gave a gasp of horror.* Sie hielt vor Schreck den Atem an. ◇ *His breath came in short gasps.* Sein Atem ging nur stoßweise. ◇ *give a gasp of relief* erleichtert aufatmen IDM → LAST[1]

'gas pedal *Nomen* (*AmE*) Gas(pedal)

'gas station *Nomen* (*AmE*) Tankstelle

gassy /'gæsi/ *Adj* (*BrE*) kohlensäurehaltig

gas·tric /'gæstrɪk/ *Adj* [nur vor Nomen] (MED) gastrisch, Magen- ◇ *gastric flu* Darmgrippe

gas·tri·tis /gæ'straɪtɪs/ *Nomen* (MED) Magenschleimhautentzündung, Gastritis

gastro·enteritis /ˌgæstrəʊˌentə'raɪtɪs; *AmE* -stroʊ-/ *Nomen* (MED) Magen-Darm-Entzündung, Gastroenteritis

gas·tro·nom·ic /ˌgæstrə'nɒmɪk; *AmE* -'nɑːmɪk/ *Adj* [nur vor Nomen] (*Adv* **gas·tro·nom·ic·al·ly** /-kli/) gastronomisch, kulinarisch

gas·tron·omy /gæ'strɒnəmi; *AmE* gæ'strɑːn-/ *Nomen* Gastronomie

gas·works /'gæswɜːks; *AmE* -wɜːrks/ *Nomen* [mit Verb im Sing/Pl] (*Pl* **gas·works**) Gaswerk

gate 0-ᵋ /geɪt/ *Nomen* **1** Tor, Gatter → *Siehe auch* STARTING GATE **2** (Flug)steig **3** (*BrE*) Zuschauer(zahl) **4** = GATE MONEY

gat·eau /'gætəʊ; *AmE* gæ'toʊ/ *Nomen* (*Pl* **gat·eaux** /'gætəʊ; *AmE* gæ'toʊ/) (*BrE*) Torte

gate·crash /'geɪtkræʃ/ *Verb* uneingeladen erscheinen (auf) ◇ *gatecrash a party* uneingeladen auf einer Party erscheinen

gate·crash·er /'geɪtkræʃə(r)/ *Nomen* uneingeladener Gast

gated /'geɪtɪd/ *Adj* = mit Toren versehen, die von Autofahrern etc. geöffnet/geschlossen werden müssen

ˌgated com'munity *Nomen* = abgeschlossene und bewachte Wohnsiedlung

gate·house /'geɪthaʊs/ *Nomen* Pförtnerhaus

gate·keep·er /'geɪtkiːpə(r)/ *Nomen* Pförtner(in)

'gate money (*auch* **gate**) *Nomen* [U] Einnahmen eines/des Spiels

gate·post /'geɪtpəʊst; *AmE* -poʊst/ *Nomen* Torpfosten

gate·way /'geɪtweɪ/ *Nomen* **1** Torbogen, Tor (*auch fig*) ◇ *Hong Kong, the gateway to China* Hong Kong, das Tor zu China **2** (COMP) Gateway

gather 0-ᵋ /'gæðə(r)/ *Verb, Nomen*
▸ ***Verb*** **1** sich versammeln **2 ~ sth together/up** etw zusammensuchen, etw aufsammeln **3** sammeln, zusammentragen ◇ *gather berries* Beeren sammeln ◇ *gather wild flowers* Wildblumen pflücken ◇ *gather dust* verstauben **4 ~ sth (in)** (*Ernte*) einbringen **5** schließen, entnehmen ◇ *I gather from your letter that …* Ihrem Brief kann ich entnehmen, dass … ◇ *I gather (that) you wanted to see me.* Ich höre, dass Sie mich sprechen wollten. ◇ *You're self-employed, I gather.* Sie sind freiberuflich tätig, wie ich gehört habe. **6** gewinnen an, zunehmen ◇ *the gathering gloom of a winter's afternoon* die zunehmende Düsternis eines Winternachmittags ◇ *The car gathered speed.* Das Auto fuhr schneller. ◇ *The storm was gathering.* Das Gewitter braute sich zusammen. **7 ~ sth around you/sth** (*Kleidungsstück*) etw enger um sich/etw schlingen; **~ sth up** etw hochraffen **8 ~ sth (in)** etw raffen, etw kräuseln **9** (*gehoben*) an sich ziehen ◇ *He gathered her to him.* Er zog sie an sich. **10 ~ yourself/sth** sich/etw sammeln ◇ *I sat down to gather my strength.* Ich setzte mich, um meine Kräfte zu sammeln. ◇ *Fortunately he had time to gather himself.* Zum Glück hatte er Zeit sich zu sammeln.
▸ ***Nomen*** Kräuselung

gath·er·er /'gæðərə(r)/ *Nomen* Sammler(in)

gath·er·ing /'gæðərɪŋ/ *Nomen* **1** Versammlung, Treffen **2** Sammeln, Sammlung

gauche /gəʊʃ; *AmE* goʊʃ/ *Adj* linkisch, unbeholfen

gauche·ness /'gəʊʃnəs; *AmE* 'goʊ-/ (*auch* **gauch·erie** /'gəʊʃəri; *AmE* ˌgoʊʃə'riː/) *Nomen* Unbeholfenheit

gaudy /'gɔːdi/ *Adj* (**gaud·ier, gaudi·est**) (*Adv* **gaud·ily** /-dɪli/) (*abwert*) grell ◇ *gaudy colours* schreiende Farben ◇ *gaudily dressed* auffällig bunt gekleidet

gauge (*AmE auch* **gage**) /geɪdʒ/ *Nomen, Verb*
▸ ***Nomen*** **1** (*oft in Zusammensetzungen*) Messgerät ◇ *a fuel/petrol gauge* eine Kraftstoffanzeige ◇ *a temperature gauge* ein Temperaturanzeiger **2** (*Dicke*) Stärke **3** Kaliber **4** (EISENB) Spurweite **5** [meist Sing] **~ (of sth)** Indikator (für etw), Maßstab (für etw)
▸ ***Verb*** **1** beurteilen, abschätzen ◇ *They tried to gauge the extent of the damage.* Sie versuchten das Ausmaß des Schadens einzuschätzen. **2** messen

gaunt /gɔːnt/ *Adj* **1** hager **2** (*Gebäude*) trist, karg

gaunt·let /'gɔːntlət/ *Nomen* **1** Panzerhandschuh **2** Schutzhandschuh IDM **run the 'gauntlet** Spießruten laufen **take up the 'gauntlet** den Fehdehandschuh aufnehmen **throw down the 'gauntlet** den Fehdehandschuh hinwerfen

gauze /gɔːz/ *Nomen* **1** Gaze **2** Mull ◇ *a gauze dressing* ein Mullverband **3** Drahtgaze

gauzy /'gɔːzi/ *Adj* hauchzart

gave *Form von* GIVE

gavel /'gævl/ *Nomen* Hammer (*eines Auktionators etc.*)

Gawd /gɔːd/ (*Schreibweise, die eine bestimmte Aussprache von „God" in Ausrufen der Überraschung, Verärgerung etc. wiedergibt*) Gott! ◇ *For Gawd's sake hurry up!* Herrgott noch mal, beeil dich doch!

gawk /gɔːk/ *Verb* (*umgs*) gaffen

gawky /ˈgɔːki/ *Adj* (*Adv* **gawk·ily** /-kɪli/) schlaksig, staksig

gawp /gɔːp/ *Verb* (*BrE, umgs*) glotzen ◇ *Don't gawp at me like that!* Glotz mich nicht so an!

gay /geɪ/ *Adj, Nomen*

▸ ***Adj*** **1** schwul, lesbisch **2** [nur vor Nomen] Schwulen- ◇ *a gay bar* eine Schwulenkneipe **3** (*umgs, abwert*) ◇ *She didn't like the ringtone—said it was gay.* Ihr gefiel der Klingelton nicht—sie sagte er wäre schwul. **4** (*veraltet*) fröhlich, farbenprächtig, bunt

▸ ***Nomen*** Schwuler

gay·ness /ˈgeɪnəs/ *Nomen* Schwulsein

gaze /geɪz/ *Verb, Nomen*

▸ ***Verb*** blicken, starren

▸ ***Nomen*** [meist Sing] Blick ◇ *He met her gaze.* Er erwiderte ihren Blick. ◇ *the public gaze* die Augen der Öffentlichkeit

gaz·elle /gəˈzel/ *Nomen* (*Pl* **gaz·elle** *oder* **gaz·elles**) Gazelle

gaz·ette /gəˈzet/ *Nomen* (Amts)blatt; (*in Namen*) Zeitung

gaz·et·teer /ˌgæzəˈtɪə(r); *AmE* -ˈtɪr/ *Nomen* alphabetisches Ortsverzeichnis

gaz·ump /gəˈzʌmp/ *Verb* (*meist passiv*) (*BrE*) = jdn beim Hauskauf überbieten, indem man dem Verkäufer vor Vertragsabschluss einen besseren Preis bietet

GB /ˌdʒiː ˈbiː/ *Abk* = GREAT BRITAIN

GBH /ˌdʒiː biː ˈeɪtʃ/ *Abk* = GRIEVOUS BODILY HARM

GCE /ˌdʒiː siː ˈiː/ *Kurzform von* **General Certificate of Education** = Prüfung für Schüler in England, Wales und manchen anderen Ländern. **GCE O levels** wurden 1988 abgeschafft und durch **GCSE** ersetzt.

GCSE /ˌdʒiː siː es ˈiː/ *Kurzform von* **General Certificate of Secondary Education** = Schulabschlussprüfung für 16-Jährige in England, Wales und Nordirland

Gdns *Abk* = GARDEN

GDP /ˌdʒiː diː ˈpiː/ *Kurzform von* **Gross Domestic Product** BIP, Bruttoinlandsprodukt

GDR /ˌdʒiː diː ˈɑː(r)/ *Kurzform von* **German Democratic Republic** DDR

gear 🔑 /gɪə(r); *AmE* gɪr/ *Nomen, Verb*

▸ ***Nomen*** **1 gears** [Pl] Getriebe **2** Gang ◇ *Leave the car in gear.* Lassen Sie den Gang drin. ◇ *change gear* schalten ◇ (*fig*) *The party moved into top gear as the election approached.* Die Partei setzte im Wahlkampf zum Endspurt an. **3** [U] Ausrüstung **4** [U] (*umgs*) (*Kleidung*) Klamotten **5** [U] (*umgs*) Sachen, Zeug **6** (*oft in Zusammensetzungen*) Vorrichtung **7** (*Slang*) (*Rauschgift*) Stoff IDM **get into gear** in Schwung kommen **get sth into gear** etw in Schwung bringen **(slip/be thrown) out of gear** durcheinander (geraten) → *Siehe auch* ASS

▸ ***Verb*** PHR V **ˈgear sth to/towards sth** (*meist passiv*) etw auf etw ausrichten ◇ *The resort is geared towards children.* Der Ferienort ist auf Kinder ausgerichtet. **ˌgear (yourself) ˈup (for/to sth)** sich (auf etw) vorbereiten **ˌgear sb/sth ˈup (for/to sth)** jdn/etw (auf etw) vorbereiten, jdn/etw (auf etw) einstellen

gear·box /ˈgɪəbɒks; *AmE* ˈgɪrbɑːks/ *Nomen* Getriebe(kasten)

gear·head /ˈgɪəhed; *AmE* ˈgɪrhed/ *Nomen* Technikfreak, Ausrüstungsfreak ◇ *Like most keen cyclists I'm a bit of a gearhead.* Wie die meisten Radfahrer bin ich ein Ausrüstungsfreak.

gear·ing /ˈgɪərɪŋ; *AmE* ˈgɪrɪŋ/ *Nomen* [U] **1** (*BrE*) (FINANZ) Verhältnis von Schulden zu Eigenkapital **2** Getriebe

ˈgear lever (*auch* **gear·stick** /ˈgɪəstɪk; *AmE* ˈgɪrstɪk/; *AmE* **ˈgear shift**) *Nomen* Schalthebel

gecko /ˈgekəʊ; *AmE* -koʊ/ *Nomen* (*Pl* **-os** *oder* **-oes**) Gecko

ged·dit? /ˈgedɪt/ *Abk* (*umgs*) (*Schreibweise, die eine umgangssprachliche Aussprache von „(do you) get it?" wiedergibt, um zu fragen, ob jemand einen Witz verstanden hat.*) kapiert?

gee /dʒiː/ *Ausruf, Verb*

▸ ***Ausruf*** (*veraltet* **gee whiz**) (*bes AmE*) Mensch!

▸ ***Verb*** (*BrE*) IDM **ˌgee ˈup** hü PHR V **ˌgee sb ˈup**; **ˌgee sb ˈon** jdn anspornen

geek /giːk/ *Nomen* (*bes AmE, Slang*) Langweiler(in)

geeky /ˈgiːki/ *Adj* (*Mensch*) langweilig

geese *Form von* GOOSE

gee whiz /ˌdʒiː ˈwɪz/ = GEE

gee·zer /ˈgiːzə(r)/ *Nomen* (*umgs*) **1** (*BrE*) Typ **2** (*AmE*) komischer alter Kauz

Gei·ger count·er /ˈgaɪgə kaʊntə(r); *AmE* -gər kaʊn-/ *Nomen* Geigerzähler

gei·sha /ˈgeɪʃə/ (*auch* **ˈgeisha girl**) *Nomen* Geisha

gel /dʒel/ *Nomen, Verb*

▸ ***Nomen*** Gel

▸ ***Verb*** (**-ll-**) **1** (*BrE auch* **jell**) harmonieren, zusammenwachsen ◇ *We just didn't gel as a group.* Wir haben einfach kein richtiges Team gebildet. **2** (*BrE auch* **jell**) (*Ideen*) Gestalt annehmen **3** stimmen ◇ *That day, everything gelled.* An diesem Tag stimmte einfach alles. **4** (*BrE auch* **jell**) (*Fachspr*) gelieren **5** ◇ *gel your hair* sich Gel in die Haare reiben

gel·atin /ˈdʒelətɪn/ (*auch* **gel·atine** /-tiːn/) *Nomen* Gelatine

gel·at·in·ous /dʒəˈlætɪnəs/ *Adj* gallertartig, gelatineartig

geld /geld/ *Verb* kastrieren

geld·ing /ˈgeldɪŋ/ *Nomen* Wallach

gel·ig·nite /ˈdʒelɪgnaɪt/ *Nomen* Gesteinsprengstoff aus Nitroglyzerin und Nitrozellulose

gem /dʒem/ *Nomen* **1** (*seltener* **gem·stone** /ˈdʒemstəʊn; *AmE* -stoʊn/) Edelstein, Juwel **2** (*fig*) Kostbarkeit, Schmuckstück ◇ *a gem of a story* eine großartige Geschichte

Gem·ini /ˈdʒemɪnaɪ, -niː/ *Nomen* **1** (*Sternzeichen*) Zwillinge **2** (*Mensch*) Zwilling ◇ *Are you a Taurus or a Gemini?* Bist du ein Stier oder ein Zwilling?

gen /dʒen/ *Verb* (**-nn-**) (*BrE, umgs, veraltet*) PHR V **ˌgen (yourself) ˈup (on sth)** sich (über etw) informieren **ˌgen sb ˈup (on sth)** jdn (über etw) informieren

Gen. *Abk* = GENERAL

gen·der /ˈdʒendə(r)/ *Nomen* Geschlecht ◇ *gender differences* geschlechtsspezifische Unterschiede ◇ *gender relations* Geschlechterbeziehungen

ˈgender identity *Nomen* Geschlechtsidentität

ˈgender-specific *Adj* geschlechtsspezifisch

gene /dʒiːn/ *Nomen* (BIOL) Gen

ge·nea·logic·al /ˌdʒiːniəˈlɒdʒɪkl; *AmE* -ˈlɑːdʒɪ-/ *Adj* [nur vor Nomen] genealogisch ◇ *a genealogical tree* ein Familienstammbaum

ge·neal·ogist /ˌdʒiːniˈælədʒɪst/ *Nomen* Ahnenforscher(in)

ge·neal·ogy /ˌdʒiːniˈælədʒi/ *Nomen* (*Pl* **-ies**) **1** Ahnenforschung **2** Stammbaum

gen·era /ˈdʒenərə/ *Form von* GENUS

gen·eral 🔑 /ˈdʒenrəl/ *Adj, Nomen*

▸ ***Adj*** **1** allgemein, General- ◇ *There is a general belief that the system is fair.* Man ist allgemein der Meinung, dass das System fair ist. ◇ *books of general interest* Bücher, die eine breite Öffentlichkeit ansprechen ◇ *The bad weather has been fairly general.* Das Wetter war fast überall schlecht. ◇ *the general population* die Gesamtbevölkerung **2** ungefähr ◇ *get a general idea of sth* eine ungefähre Vorstellung von etw bekom-

men ◇ *I know how it works in general terms.* Im Großen und Ganzen weiß ich, wie es funktioniert. **3** (*Narkose*) Voll- **4** (*auch* **General**) General- ◇ *the general manager* der Generaldirektor IDM **as a general 'rule** meistens **in 'general** im Allgemeinen
▸ (*auch* **Gen·eral**) ***Nomen*** (*Abk* **Gen.**) General(in)

ˌGeneral Cerˌtificate of Eduˈcation = GCE

ˌGeneral Cerˌtificate of ˌSecondary Eduˈcation = GCSE

ˌgeneral ˈcounsel *Nomen* (*in den USA*) Rechtsberater(in)

ˌgeneral deˈlivery *Nomen* (*AmE*) postlagernd

ˌgeneral eˈlection *Nomen* Parlamentswahlen

ˌgeneral headˈquarters = GHQ

gen·er·al·ist /ˈdʒenrəlɪst/ *Nomen* Generalist(in) ◇ *Primary-school teachers receive generalist training.* Die Ausbildung von Grundschullehrern ist nicht fachspezifisch.

gen·er·al·ity /ˌdʒenəˈræləti/ *Nomen* (*Pl* **-ies**) **1** [meist Pl] Allgemeines ◇ *He confined his comments to generalities.* Er hat seine Bemerkungen auf allgemeine Dinge beschränkt. **2 the generality** [Pl] (*gehoben*) die Mehrheit **3** Allgemeingültigkeit **4** ◇ *An account of such generality is of little value.* Ein so allgemein gehaltener Bericht hat wenig Wert.

gen·er·al·iza·tion (*BrE auch* **-isa·tion**) /ˌdʒenrəlaɪˈzeɪʃn; *AmE* -ləˈ-/ *Nomen* Verallgemeinerung ◇ *make generalizations about sth* allgemeine Aussagen über etw treffen

gen·er·al·ize (*BrE auch* **-ise**) /ˈdʒenrəlaɪz/ *Verb* **1** ~ (**from sth**) (aus etw) allgemeine Schlüsse ziehen **2** ~ (**about sth**) (über etw) allgemeine Aussagen treffen **3** ~ **sth** (**to sth**) (*gehoben*) etw (auf etw) allgemein anwenden

gen·er·al·ized (*BrE auch* **-ised**) /ˈdʒenrəlaɪzd/ *Adj* allgemein, verallgemeinert ◇ *a generalized rash* ein Ausschlag am ganzen Körper

ˌgeneral ˈknowledge *Nomen* Allgemeinwissen ◇ *a general knowledge quiz* ein Quiz, bei dem es ums Allgemeinwissen geht

gen·er·al·ly 0┳ /ˈdʒenrəli/ *Adv* **1** allgemein ◇ *It is now generally accepted that …* Es ist jetzt allgemein anerkannt, dass … ◇ *The new drug will soon be generally available.* Das neue Arzneimittel wird bald überall erhältlich sein. **2** gewöhnlich **3** allgemein, im Allgemeinen ◇ *Let's talk just about investment generally.* Wir wollen über Investitionen im Allgemeinen sprechen. ◇ *Generally speaking, the more you pay, the more you get.* Im Allgemeinen gilt, dass man desto mehr bekommt, je mehr man zahlt.

ˌgeneral ˈpractice *Nomen* (*BrE*) **1** Allgemeinmedizin ◇ *She's in general practice.* Sie ist Allgemeinärztin. **2** Praxis für Allgemeinmedizin

ˌgeneral pracˈtitioner *Nomen* = GP

the ˌgeneral ˈpublic *Nomen* [mit Verb im Sing/Pl] die Öffentlichkeit, die Allgemeinheit

ˌgeneral-ˈpurpose *Adj* [nur vor Nomen] Mehrzweck-, Universal-

ˌgeneral ˈstaff *Nomen* [mit Verb im Sing/Pl] (MIL) Generalstab

ˌgeneral ˈstore *Nomen* (*BrE auch* **ˌgeneral ˈstores** [Pl]) Gemischtwarenladen

gen·er·ate 0┳ /ˈdʒenəreɪt/ *Verb* erzeugen; (*Geld*) einbringen; (*Interesse*) wecken

gen·er·ation 0┳ /ˌdʒenəˈreɪʃn/ *Nomen* **1** [mit Verb im Sing/Pl] Generation ◇ *a second-generation American* ein Amerikaner der zweiten Generation **2** Erzeugung, Erwirtschaftung

gen·er·ation·al /ˌdʒenəˈreɪʃənl/ *Adj* Generations-

the ˌgeneˈration gap *Nomen* [Sing] Unterschied zwischen den Generationen

gen·era·tive /ˈdʒenərətɪv/ *Adj* (*Fachspr*) generativ

gen·er·ator /ˈdʒenəreɪtə(r)/ *Nomen* **1** Generator ◇ (*fig*) *The company is a major generator of jobs.* Die Firma schafft viele Arbeitsplätze. **2** (*BrE*) Stromerzeuger

gen·er·ic /dʒəˈnerɪk/ *Adj* (*Adv* **gen·er·ic·al·ly** /-kli/) **1** Gattungs- ◇ *the generic term for currants and raisins* der Oberbegriff für Korinthen und Rosinen **2** ohne Markenname ◇ *the supermarkets' generic brands* die Eigenmarken der Supermärkte ◇ *generic drugs* Generika ◇ *generic advertising* die Werbung einer Branche

gen·er·os·ity /ˌdʒenəˈrɒsəti; *AmE* -ˈrɑːsə-/ *Nomen* ~ (**to/towards sb**) Großzügigkeit (jdm gegenüber)

gen·er·ous 0┳ /ˈdʒenərəs/ *Adj* (*Adv* **gen·er·ous·ly**) **1** großzügig ◇ *be generous in giving help* bereitwillig helfen ◇ *a generous helping of potatoes* eine reichliche Portion Kartoffeln **2** großmütig ◇ *a generous spirit* Großmut

gen·esis /ˈdʒenəsɪs/ *Nomen* [Sing] (*gehoben*) Entstehung

gen·et·ic /dʒəˈnetɪk/ *Adj* (*Adv* **gen·et·ic·al·ly** /-kli/) genetisch ◇ *genetic code* genetischer Kode ◇ *genetically modified* genmanipuliert ◇ *genetically determined* erblich bedingt

geˌnetic ˌengiˈneering *Nomen* Gentechnologie, Gentechnik

geˌnetic ˈfingerprint *Nomen* genetischer Fingerabdruck

geˌnetic ˈfingerprinting *Nomen* [U] (*Methode*) genetischer Fingerabdruck

gen·eti·cist /dʒəˈnetɪsɪst/ *Nomen* Genetiker(in)

gen·et·ics /dʒəˈnetɪks/ *Nomen* [U] Genetik

gen·ial /ˈdʒiːniəl/ *Adj* (*Adv* **geni·al·ly** /-əli/) freundlich, herzlich

geni·al·ity /ˌdʒiːniˈæləti/ *Nomen* Freundlichkeit, Herzlichkeit

genie /ˈdʒiːni/ *Nomen* (*Pl* **gen·ies** *oder* **genii** /-aɪ/) Flaschengeist

geni·tal /ˈdʒenɪtl/ *Adj* [nur vor Nomen] Geschlechts-, Genital-

geni·tals /ˈdʒenɪtlz/ (*auch* **geni·talia** /ˌdʒenɪˈteɪliə/) *Nomen* [Pl] (ANAT) Geschlechtsteile

geni·tive /ˈdʒenətɪv/ *Nomen, Adj*
▸ ***Nomen*** (LING) Genitiv
▸ ***Adj*** Genitiv-

ge·nius /ˈdʒiːniəs/ *Nomen* (*Pl* **ge·niuses**) **1** Genie ◇ *a statesman of genius* ein genialer Staatsmann ◇ *Her idea was a stroke of genius.* Ihre Idee war einfach genial. ◇ *He's a genius at storytelling.* Er ist ein unglaublich begabter Geschichtenerzähler. ◇ *You don't have to be a genius to see that …* Das sieht doch ein Blinder, dass … **2** [Sing] ~ **for sth** Begabung für etw ◇ *He had a genius for conducting.* Er hatte eine besondere Begabung fürs Dirigieren.

geno·cidal /ˌdʒenəˈsaɪdl/ *Adj* Völkermord- ◇ *a genocidal regime* ein völkermordendes Regime

geno·cide /ˈdʒenəsaɪd/ *Nomen* Völkermord

gen·ome /ˈdʒiːnəʊm; *AmE* -noʊm/ *Nomen* (BIOL) Genom

genre /ˈʒɒ̃rə, ˈʒɒnrə; *AmE* ˈʒɑːn-/ *Nomen* (*gehoben*) Genre, Gattung

gent /dʒent/ *Nomen* (*BrE*) **1** (*veraltet oder hum*) Herr **2 a/the gents, a/the Gents** [Sing] (*umgs*) eine/die Herrentoilette

gen·teel /dʒenˈtiːl/ *Adj* (*Adv* **gen·teel·ly** /-li/) **1** (*manchmal abwertend*) vornehm; (*Art, Benehmen*) geziert ◇ *live in genteel poverty* in vornehmer Armut leben **2** (*Stadt etc.*) bieder

gen·tian /ˈdʒenʃn/ *Nomen* Enzian

gen·tile (*auch* **Gen·tile**) /ˈdʒentaɪl/ *Nomen, Adj*
▸ ***Nomen*** Nichtjude, Nichtjüdin
▸ ***Adj*** nichtjüdisch

gen·til·ity /dʒenˈtɪləti/ *Nomen* (*gehoben*) Vornehmheit

gen·tle 0-π /ˈdʒentl/ *Adj* (**gent·ler** /ˈdʒentlə(r)/, **gent·lest** /ˈdʒentlɪst/) (*Adv* **gen·tly** /ˈdʒentli/) **1** sanft ◇ *a gentle voice* eine sanfte Stimme ◇ *gentle pressure* sanfter Druck **2** (*Mensch*) sanftmütig **3** vorsichtig ◇ *He lifted the baby gently from its cot.* Er nahm das Baby vorsichtig aus dem Bett. **4** leicht ◇ *a gentle breeze* eine leichte Brise ◇ *a gentle stroll* ein kleiner Spaziergang ◇ *gentle exercise, such as walking* ein wenig Bewegung, zum Beispiel spazieren gehen **5** ◇ *Cook over a gentle heat.* Auf kleiner Flamme kochen lassen. ◇ *Simmer the soup gently.* Die Suppe köcheln lassen. **6** mild ◇ *gentle on the skin* hautfreundlich

gentle·folk /ˈdʒentlfəʊk; *AmE* -foʊk/ *Nomen* [Pl] (*veraltet*) vornehme Leute

gentle·man 0-π /ˈdʒentlmən/ *Nomen* (*Pl* **-men** /-mən/) **1** Gentleman **2** (*gehoben*) Herr **3** (*veraltet*) Mann von Stand ◇ *a gentleman farmer* ein Gutsherr

gentle·man·ly /ˈdʒentlmənli/ *Adj* gentlemanlike, ritterlich

ˌgentleman's aˈgreement (*auch* **ˌgentlemen's aˈgreement**) *Nomen* Gentleman's Agreement, Gentlemen's Agreement

gentle·ness /ˈdʒentlnəs/ *Nomen* Sanftheit, Sanftmut, Behutsamkeit

gentle·woman /ˈdʒentlwʊmən/ *Nomen* (*Pl* **-women** /-wɪmɪn/) (*veraltet*) Dame von Stand

gen·tly 0-π *Adv* → GENTLE

gen·tri·fi·ca·tion /ˌdʒentrɪfɪˈkeɪʃn/ *Nomen* (*Gegend*) Aufwertung

gen·tri·fy /ˈdʒentrɪfaɪ/ *Verb* (**-fies, -fy·ing, -fied, -fied**) (*Gegend*) aufwerten

gen·try /ˈdʒentri/ *Nomen* [Pl] (*meist* **the gentry**) (*veraltet*) niederer Adel

genu·flect /ˈdʒenjuflekt/ *Verb* (*gehoben*) **1** (REL) eine Kniebeuge machen, das Knie beugen **2** (*fig*) einen Kniefall machen

genu·flec·tion (*BrE auch* **genu·flex·ion**) /ˌdʒenjuˈflekʃn/ *Nomen* (REL) Kniebeuge; (*fig*) Kniefall

genu·ine 0-π /ˈdʒenjuɪn/ *Adj* (*Adv* **genu·ine·ly**) **1** echt, wirklich **2** aufrichtig

genu·ine·ness /ˈdʒenjuɪnnəs/ *Nomen* Aufrichtigkeit, Echtheit

genus /ˈdʒiːnəs/ *Nomen* (*Pl* **gen·era** /ˈdʒenərə/) (BIOL) Gattung

geo- /ˈdʒiːəʊ; *AmE* ˈdʒiːoʊ/ (*in Zusammensetzungen*) geo-, Geo-, Erd- ◇ *geophysics* Geophysik ◇ *geothermal energy* geothermische Energie

geo·cache /ˈdʒiːəʊkæʃ; *AmE* ˈdʒiːoʊ-/ *Nomen* = Schatz beim Geocaching

geocaching /ˈdʒiːəʊkæʃɪŋ; *AmE* ˈdʒiːoʊ-/ *Nomen* Geocaching

geog·raph·er /dʒiˈɒɡrəfə(r); *AmE* -ˈɑːɡ-/ *Nomen* Geograf(in)

geo·graph·ic·al /ˌdʒiːəˈɡræfɪkl/ *Adj* (*Adv* **geo·graph·ic·al·ly** /-kli/) geografisch

geog·raphy 0-π /dʒiˈɒɡrəfi; *AmE* -ˈɑːɡ-/ *Nomen* **1** Geografie **2** Beschaffenheit ◇ *She knew the geography of the place.* Sie kannte sich dort aus. **3** geografische Verteilung ◇ *the geography of unemployment* die geografische Verteilung der Arbeitslosigkeit

geo·logic·al /ˌdʒiːəˈlɒdʒɪkl; *AmE* -ˈlɑːdʒɪ-/ *Adj* (*Adv* **geologic·al·ly** /-kli/) geologisch

geolo·gist /dʒiˈɒlədʒɪst; *AmE* -ˈɑːlə-/ *Nomen* Geologe, Geologin

geol·ogy /dʒiˈɒlədʒi; *AmE* -ˈɑːlə-/ *Nomen* **1** Geologie **2** geologische Beschaffenheit

geo·met·ric /ˌdʒiːəˈmetrɪk/ (*auch* **geo·met·ric·al** /-trɪkl/) *Adj* (*Adv* **geo·met·ric·al·ly** /-kli/) geometrisch

geoˌmetric ˈmean *Nomen* = MEAN

geoˌmetric proˈgression *Nomen* geometrische Reihe

geom·etry /dʒiˈɒmətri; *AmE* -ˈɑːm-/ *Nomen* **1** Geometrie **2** [Sing] geometrische Anordnung

Geor·die /ˈdʒɔːdi; *AmE* ˈdʒɔːrdi/ *Nomen, Adj* (*BrE, umgs*)
▸ ***Nomen*** **1** = Einwohner von Newcastle-upon-Tyne und Umland **2** = Dialekt der Einwohner von Newcastle-upon-Tyne und Umland
▸ ***Adj*** = typisch für Newcastle-upon-Tyne und Umland

ge·ra·nium /dʒəˈreɪniəm/ *Nomen* Geranie

ger·bil /ˈdʒɜːbɪl; *AmE* ˈdʒɜːrbɪl/ *Nomen* Rennmaus

geri·at·ric /ˌdʒeriˈætrɪk/ *Adj, Nomen*
▸ ***Adj*** **1** geriatrisch **2** (*umgs*) sehr alt ◇ *a geriatric vehicle* ein klappriges Fahrzeug
▸ ***Nomen*** **1 geriatrics** Geriatrie **2** (*umgs, abwert*) Greis(in)

geria·tri·cian /ˌdʒeriəˈtrɪʃn/ *Nomen* Facharzt/-ärztin für Geriatrie

germ /dʒɜːm; *AmE* dʒɜːrm/ *Nomen* **1** [meist Pl] Bazille ◇ *a breeding ground for germs* eine Brutstätte für Bakterien ◇ *germ warfare* biologische Kriegsführung **2** [Sing] Keim (*auch fig*) ◇ *the germ of a brilliant idea* der Ansatz zu einer genialen Idee

Ger·man /ˈdʒɜːmən; *AmE* ˈdʒɜːrmən/ *Nomen, Adj*
▸ ***Nomen*** Deutsche(r)
▸ ***Adj*** deutsch

ger·mane /dʒɜːˈmeɪn; *AmE* dʒɜːrˈ-/ *Adj* ~ (**to sth**) (*gehoben*) von Belang (für etw), relevant (für etw)

Ger·man·ic /dʒɜːˈmænɪk; *AmE* dʒɜːrˈ-/ *Adj* **1** deutsch **2** germanisch

German ˈmeasles *Nomen* [U] (MED) Röteln

German ˈshepherd *Nomen* (*bes AmE*) Deutscher Schäferhund

ger·min·ate /ˈdʒɜːmɪneɪt; *AmE* ˈdʒɜːrm-/ *Verb* keimen (*auch fig*)

ger·min·ation /ˌdʒɜːmɪˈneɪʃn; *AmE* ˌdʒɜːrm-/ *Nomen* Keimung

ger·ry·man·der /ˈdʒerimændə(r)/ *Verb* (*abwert*) = Wahlkreisgrenzen manipulieren, um einer politischen Partei Vorteile zu verschaffen

ger·und /ˈdʒerənd/ *Nomen* (LING) Gerundium

ges·ta·tion /dʒeˈsteɪʃn/ *Nomen* **1** [U/Sing] Schwangerschaft, Trächtigkeit ◇ *the gestation period* die Tragezeit **2** Reifungsprozess

ges·ticu·late /dʒeˈstɪkjuleɪt/ *Verb* (*gehoben*) gestikulieren ◇ *He gesticulated wildly at the clock.* Er deutete wild gestikulierend auf die Uhr.

ges·ticu·la·tion /dʒeˌstɪkjuˈleɪʃn/ *Nomen* Gestikulieren

ges·ture /ˈdʒestʃə(r)/ *Nomen, Verb*
▸ ***Nomen*** Geste, Handbewegung ◇ *They communicated by gesture.* Sie verständigten sich durch Gesten. ◇ *They sent flowers as a gesture of sympathy.* Sie schickten Blumen als Zeichen ihres Beileids. ◇ *The government has made a gesture towards public opinion.* Die Regierung hat versucht der öffentlichen Meinung etwas entgegenzukommen.
▸ ***Verb*** eine Handbewegung machen; ~ **for/to sb (to do sth)** jdm ein Zeichen geben (etw zu tun) ◇ *He gestured at the picture. 'Is that you?'* Er deutete auf das Bild: „Sind Sie das?" ◇ *He gestured (to me) that it was time to go.* Er gab mir durch ein Zeichen zu verstehen, dass es Zeit war zu gehen.

get 0-π /ɡet/ *Verb* (**get·ting, got, got** /ɡɒt; *AmE* ɡɑːt/, *AmE auch* **gotten**)

• **bekommen** **1** bekommen, kriegen ◇ *What did you get for your birthday?* Was hast du zum Geburtstag bekommen? ◇ *This room gets very little sunshine.* Dieses Zimmer hat sehr wenig Sonne. ◇ *She gets really bad headaches.* Sie hat oft sehr starke Kopfschmerzen. **2 ~ sth (for yourself/sb); ~ (yourself/sb) sth** sich/jdm etw verschaffen, (sich/jdm) etw besorgen ◇ *I can get you some tickets.* Ich kann dir Karten besorgen. ◇ *Try to get some sleep.* Versuch, etwas zu schlafen. ◇ *Why don't you get yourself a car?* Warum schaffst du dir nicht ein Auto an? ◇ *$500 will get you the luxury model.* Für $500 bekommt man die Luxusausgabe. **3** (*Zeitung etc.*) beziehen **4** (*Sender*) (rein)kriegen **5 ~ sb** (*am Telefon*) mit jdm verbunden werden ◇ *I phoned but I only got the secretary.* Ich habe angerufen, bin aber nur mit der Sekretärin verbunden worden.

• **Bewegung** **6** gehen, kommen ◇ *We didn't get to bed until 3 a.m.* Wir kamen erst um 3 Uhr morgens ins Bett. ◇ *We couldn't get across the river.* Wir konnten den Fluss nicht überqueren. ◇ *She got into bed.* Sie legte sich ins Bett. ◇ *Where have they got to?* Wo sind sie bloß? **7** (an)kommen (*auch fig*) ◇ *What time did you get here?* Wann bist du hier angekommen? ◇ *I haven't got very far with the book I'm reading.* Ich bin nicht sehr weit mit dem Buch gekommen. **8** bringen, schaffen ◇ *The general had to get his troops across the river.* Der General musste seine Truppen über den Fluss bringen. ◇ *We couldn't get the piano through the door.* Wir haben das Klavier nicht durch die Tür gekriegt. **9 ~ sb/sth (for yourself/sb); ~ (yourself/sb) sb/sth** (sich/jdm) jdn/etw holen ◇ *Quick—go and get a cloth!* Schnell—hol einen Lappen! ◇ *Somebody get a doctor!* Kann jemand einen Arzt holen?

• **get + Adj/past participle** **10 get + Adj** ◇ *It's getting late.* Es wird langsam spät. ◇ *He gets tired easily.* Er wird schnell müde. ◇ *She's getting ready.* Sie macht sich fertig. **11** ◇ *get married* heiraten ◇ *get divorced* sich scheiden lassen **12** (*als Hilfsverb im Passiv*) ◇ *You might get mugged.* Du könntest überfallen werden. ◇ *My car got stolen.* Mein Auto ist gestohlen worden. **13 get sth + Adj/past participle** ◇ *Don't get your dress dirty!* Mach dir nicht das Kleid schmutzig! ◇ *She got the children ready for school.* Sie machte die Kinder für die Schule fertig. ◇ *I'll never get it finished.* Ich werde es nie fertig kriegen. **14 get sth + past participle** etw machen lassen ◇ *I must get my hair cut.* Ich muss mir die Haare schneiden lassen.

• **get sb/sth to do sth** **15** jdn/etw dazu bringen, etw zu tun ◇ *You'll never get him to understand.* Du wirst ihn nie dazu bringen, dass er das versteht. ◇ *I couldn't get the car to start.* Das Auto wollte einfach nicht anspringen.

• **get + ing** **16 get + ing** anfangen, etw zu tun ◇ *I got talking to her.* Ich kam mit ihr ins Gespräch. ◇ *We need to get going soon.* Wir müssen bald los. **17 get sb/sth + ing** jdn/etw dazu bringen, etw zu tun ◇ *That got him thinking.* Das hat ihm zum Nachdenken gebracht. ◇ *Can you really get the car going again?* Kannst du das Auto wirklich wieder in Gang bringen?

• **get to do sth** **18** ◇ *After a time you get to realize that these things don't matter.* Nach einer Weile wird dir klar, dass das alles nicht so wichtig ist. ◇ *She's getting to be an old lady now.* Sie wird jetzt langsam eine alte Frau. **19** die Möglichkeit haben, etw zu tun ◇ *He got to try out all the new software.* Er konnte die ganze neue Software ausprobieren.

• **andere Bedeutungen** **20 ~ sth (for yourself/sb); ~ (yourself/sb) sth** (*Essen*) (sich/jdm) etw machen ◇ *He got tea for the kids./He got the kids their tea.* Er machte den Kindern das Abendbrot. **21** (*bes AmE*) (*Bus, Taxi etc.*) nehmen **22** (*umgs*) (*Telefon*) rangehen an; (*Tür*) aufmachen **23** erwischen ◇ *get sb by the wrist* jdn am Handgelenk packen ◇ *He thinks everybody is out to get him.* Er glaubt, alle haben es auf ihn abgesehen. ◇ *I'll get you for that!* Das wirst du mir büßen! ◇ *'What's the capital of Bulgaria?' 'You've got me there!'* „Was ist die Hauptstadt von Bulgarien?"—„Da bin ich überfragt!" **24** treffen ◇ *The bullet got him in the neck.* Die Kugel traf ihn am Hals. **25** (*umgs*) kapieren ◇ *I don't get you.* Ich verstehe nicht, was du meinst. ◇ *I get the message—you don't want me to come.* Ich hab verstanden—du willst nicht, dass ich komme. **26** (*umgs*) haben ◇ *They still get cases of typhoid there.* Sie haben dort immer noch Fälle von Typhus. ◇ *You get all these kids hanging around in the street.* Es gibt so viele Jugendliche, die auf den Straßen herumlungern. **27** (*umgs*) ärgern ◇ *What gets me most is his arrogance.* Was mich am meisten ärgert, ist seine Arroganz.

IDM **be getting 'on** **1** (*umgs*) alt werden ◇ *She's getting on a bit.* Sie ist nicht mehr die Jüngste. **2** spät werden ◇ *The time's getting on—we ought to be going.* Es wird spät—wir sollten gehen. **be getting on for ...** (*bes BrE*) auf ... zugehen ◇ *He's getting on for eighty.* Er geht auf die achtzig zu. **sb can't get 'over sth** (*umgs*) jd kommt über etw nicht hinweg **get a'way from it all** wegfahren und völlig abschalten **get somewhere/nowhere** etw/nichts erreichen ◇ *At last I feel I'm getting somewhere!* Endlich hab ich das Gefühl, ich komme voran. **get sb somewhere/nowhere** jdn weiterbringen/nicht weiterbringen **,get it 'on (with sb)** (*bes AmE, Slang*) (mit jdm) Sex haben **'get there** es schaffen ◇ *It's not perfect but we're getting there.* Es ist nicht perfekt, aber wir kommen der Sache langsam näher. **,get 'this** (*bes AmE, umgs*) stell dir/stellt euch das mal vor **get to know sb** jdn kennen lernen **how selfish, stupid, ungrateful, etc. can you 'get?** (*umgs*) wie kann man nur so egoistisch, dumm, undankbar etc. sein? **there's no getting a'way from sth; you can't get a'way from sth** etw lässt sich nicht leugnen **what are you, was he, etc. 'getting at?** (*umgs*) worauf willst du, wollte er etc. hinaus? **What has got into you, him, etc?** (*umgs*) was ist bloß in dich, ihn etc. gefahren? ℹ Für andere Redewendungen mit **get** siehe die Einträge für die Nomina, Adjektive etc. **Get sb's goat** z.B. steht unter **goat**.

PHR V **,get a'bout** (*BrE*) = GET AROUND

,get a'bove yourself (*bes BrE*) sich ganz schön viel einbilden

,get a'cross (to sb) (bei jdm) ankommen ◇ *Your message didn't really get across.* Deine Message ist nicht rübergekommen. **,get sth 'across (to sb); ,get sth 'over (to sb)** (jdm) etw klarmachen, (jdm) etw rüberbringen

,get a'head vorankommen ◇ *She wants to get ahead in her career.* Sie will in ihrem Beruf vorankommen. **,get a'head (of sb)** jdn überholen; (*fig*) jdn überflügeln

,get a'long **1** (*meist in der Verlaufsform*) sich auf den Weg machen ◇ *It's time we were getting along.* Wir sollten uns auf den Weg machen. **2** = GET ON

get around **1** (*BrE auch* **,get a'bout**) herumkommen ◇ *He gets around.* Er kommt viel herum. ◇ *She has difficulty getting around, even with a stick.* Sogar mit einem Stock kann sie kaum noch laufen. ◇ *News soon got around that he had resigned.* Die Nachricht von seinem Rücktritt sprach sich schnell herum. **2** (*bes AmE*) = GET ROUND SB

'get at sb (*meist in der Verlaufsform*) an jdm herumnörgeln **'get at sb/sth** an jdn/etw herankommen

,get a'way **1** wegfahren, wegkommen ◇ *I won't be able to get away from the office before seven.* Vor sieben werde ich im Büro nicht wegkommen. **2** entkommen ◇ *They got away with computers worth $30 000.* Sie entkamen mit Computer im Wert von $30 000. **3** (*auch* **,get 'off (with sth)**) davonkommen ◇ *He got away with cuts and bruises.* Er ist mit ein paar blauen

Flecken davongekommen. ◇ *She'll never get away with it.* Damit wird sie nicht durchkommen.
ˌget ˈback zurückkommen **ˌget sth ˈback** etw zurückbekommen **ˌget ˈback (in)** (POL) wieder gewählt werden **ˌget ˈback at sb** (*umgs*) sich an jdm rächen **ˌget ˈback to sb** sich bei jdm wieder melden **ˌget ˈback to sth** auf etw zurückkommen
ˌget ˈbehind (with sth) (mit etw) in Rückstand geraten
ˌget ˈby zurechtkommen ◇ *How does she get by on such a small salary?* Wie kommt sie mit so einem geringen Gehalt aus? ◇ *I can just about get by in French.* Ich komme mit meinem Französisch gerade eben so durch.
ˌget ˈdown 1 heruntersteigen **2** (*Kinder*) vom Tisch aufstehen **ˌget sb ˈdown** jdn deprimieren **ˌget sth ˈdown 1** etw runterholen ◇ *He got his case down from the rack.* Er holte seinen Koffer von der Gepäckablage runter. **2** etw runterschlucken, etw runterkriegen **3** etw aufschreiben **ˌget ˈdown to sth** etw in Angriff nehmen ◇ *get down to business* zur Sache kommen
ˌget ˈin 1 ankommen ◇ *The train got in late.* Der Zug kam mit Verspätung an. **2** gewählt werden **3** (*an einer Schule, Universität etc.*) angenommen werden **ˌget sb ˈin** (*Handwerker etc.*) kommen lassen **ˌget sth ˈin 1** (*Ernte*) einbringen **2** etw (auf Vorrat) besorgen **3** etw anbringen, etw einlegen ◇ *I got in an hour's work while she was asleep.* Während sie schlief, konnte ich eine Stunde Arbeit einlegen. ◇ *She talks so much it's impossible to get a word in.* Sie redet so viel, dass man überhaupt nicht zu Wort kommt. **ˌget ˈin on sth** sich an etw beteiligen **ˌget ˈin with sb 1** sich mit jdm gut stellen **2** an jdn geraten ◇ *She didn't want him to get in with the wrong crowd.* Sie wollte nicht, dass er in schlechte Gesellschaft geriet.
ˌget ˈinto sth 1 in etw reinkommen ◇ *How much does it cost to get in?* Was hat die Eintrittskarte gekostet? **2** (*in ein Auto etc.*) in etw einsteigen **3** (an einem Ort) ankommen **4** in etw gewählt werden **5** (*an einer Schule, Universität etc.*) an etw angenommen werden **6** (*in ein Kleidungsstück*) in etw hineinkommen **7** (*Berufssparte*) in etw reinkommen **8** in etw geraten, etw beginnen ◇ *I got into conversation with an Italian.* Ich kam mit einem Italiener ins Gespräch. ◇ *I knew what I was getting into.* Ich wusste, worauf ich mich einließ. ◇ *How did she get into drugs?* Wie hat das mit den Drogen bei ihr angefangen? ◇ *You should get into the routine of saving the file every ten minutes.* Du solltest dir angewöhnen, die Datei alle zehn Minuten abzuspeichern. **9** (*umgs*) sich (immer mehr) für etw interessieren **10** sich in etw einarbeiten, sich in etw einlesen **ˌget yourself/sb ˈinto sth** sich/jdn in etw bringen ◇ *His jokes will get him into trouble.* Seine Witzeleien werden ihn noch in Schwierigkeiten bringen. ◇ *She got herself into a real state before the interview.* Vor dem Vorstellungsgespräch drehte sie total durch.
ˌget ˈoff 1 sich aufmachen ◇ *We got off straight after breakfast.* Wir haben uns gleich nach dem Frühstück aufgemacht. **2** loskommen ◇ *I couldn't get off any earlier.* Ich bin einfach nicht früher losgekommen. **3** einschlafen ◇ *I had difficulty getting off (to sleep).* Ich konnte lange nicht einschlafen. **ˌget ˈoff (sb)** (jdn) loslassen **ˌget ˈoff (sth)** (aus etw) aussteigen; (*Pferd, Fahrrad*) (von etw) absteigen **ˌget ˈoff sth 1** etw nicht machen müssen, von etw freibekommen ◇ *Could you get off work earlier tomorrow?* Kannst du morgen früher gehen? **2** (*Thema*) lassen **ˌget sb ˈoff 1** jdn losschicken ◇ *He got the children off to school.* Er machte die Kinder für die Schule fertig. **2** (*Kind*) zum Einschlafen bringen **3** jdn rausbekommen ◇ *A good lawyer might be able to get you off.* Ein guter Anwalt könnte dich da rausbekommen. **ˌget sb ˈoff sth 1** jdn von etw holen ◇ *We must try and get the children off the street.* Wir müssen versuchen, die Kinder von der Straße zu holen. **2** jdn von etw abbringen ◇ *I couldn't get him off the subject.* Ich konnte ihn von dem Thema nicht abbringen. **3** jdn rausbekommen ◇ *A good lawyer might be able to get you off the fine.* Wenn du dir einen guten Anwalt nimmst, brauchst du vielleicht kein Bußgeld zu bezahlen. **ˌget sth ˈoff** etw wegschicken ◇ *I must get these letters off first thing tomorrow.* Ich muss diese Briefe gleich morgen früh wegschicken. **ˌget sth ˈoff (sth)** etw (von etw) herunterbekommen ◇ *I can't get my ring off (my finger).* Ich bekomme meinen Ring nicht (vom Finger) runter. **ˌget ˈoff on sth** (*bes AmE, umgs*) sich an etw aufgeilen ◇ *He really gets off on saying that.* Das zu sagen gibt ihm einen richtigen Kick. **ˌget ˈoff (with sth)** = GET AWAY(3) **ˌget ˈoff with sb** (*bes BrE, umgs*) jdn aufreißen
ˌget ˈon 1 (*auch* **ˌget aˈlong**) vorankommen ◇ *He's getting on very well at school.* Er kommt in der Schule sehr gut voran. **2** Erfolg haben ◇ *Parents are always anxious for their children to get on.* Eltern wollen immer, dass ihre Kinder Erfolg haben. **3** (*auch* **ˌget aˈlong**) zurechtkommen **ˌget ˈon to sb 1** sich mit jdm in Verbindung setzen **2** jdm auf die Spur kommen **ˌget ˈon to sth** zu etw übergehen ◇ *Can we get on to the next point?* Können wir zum nächsten Punkt übergehen? **ˌget ˈon/aˈlong (with sb)** (mit jdm) gut auskommen **ˌget ˈon with sth 1** (*auch* **ˌget aˈlong with sth**) mit etw vorankommen **2** mit etw weitermachen ◇ *Be quiet and get on with your work.* Sei ruhig und arbeite weiter. ◇ (*umgs*) *Get on with it!* Mach schon!
ˌget ˈout (*bekannt werden*) herauskommen **ˌget sth ˈout** etw herausbringen **ˌget ˈout (of sth)** (aus etw) rauskommen ◇ *You ought to get out of the house more.* Du solltest mehr aus dem Haus kommen. **ˌget sth ˈout (of sth) 1** etw (aus etw) herausholen ◇ *Get the car out of the garage.* Hol das Auto aus der Garage. **2** (*Fleck etc.*) (aus etw) herausbekommen **3** (*Geld*) (von etw) abheben **4** (*Buch*) (aus etw) ausleihen **ˌget ˈout of sth 1** um etw herumkommen **2** ◇ *I can't get out of the habit of interrupting him.* Ich kann es mir nicht abgewöhnen, ihn zu unterbrechen. ◇ *She's got out of practice.* Sie ist aus der Übung gekommen. **ˌget sth ˈout of sb 1** etw aus jdm herausbekommen **2** etw aus jdm herausholen **ˌget sth ˈout of sth** ◇ *I didn't get a lot out of that lesson.* Die Stunde hat mir nicht viel gebracht. ◇ *He gets a lot of pleasure out of listening to music.* Es macht ihm unheimlich viel Freude, Musik zu hören.
ˌget ˈover sth etw überwinden, etw bewältigen **ˌget ˈover sth/sb** über etw/jdn hinwegkommen **ˌget ˈover yourself** (*umgs*) sich nicht so wichtig nehmen ◇ *He needs to grow up a bit and get over himself.* Er muss etwas erwachsener werden und darf sich nicht so wichtig nehmen. **ˌget sth ˈover (to sb)** = GET STH ACROSS (TO SB) **ˌget sth ˈover (with)** etw hinter sich bringen ◇ *I'll be glad to get the exam over and done with.* Ich bin froh, wenn ich die Prüfung hinter mir habe.
ˌget ˈround/aˈround sb jdn herumkriegen **ˌget ˈround/aˈround sth** etw überwinden, etw umgehen **ˌget ˈround/aˈround to sth** zu etw kommen
ˈget through sth 1 ◇ *We got through a fortune while we were in New York!* Wir haben in New York ein Vermögen ausgegeben! ◇ *He can get through ten novels a week!* Er liest in der Woche zehn Romane! ◇ *I got through a whole packet of biscuits.* Ich habe eine ganze Packung Kekse gegessen. **2** etw erledigen
ˌget ˈthrough (sth) 1 (durch etw) durchkommen **2** (*BrE*) etw bestehen **ˌget sb ˈthrough sth** (*Prüfung*) jdn durch etw bringen **ˌget sth ˈthrough (sth)** etw (durch/bei etw) durchbringen **ˌget ˈthrough (to sb)** (zu jdm) durchkommen **ˌget ˈthrough to sth** (*Spieler, Mannschaft*) in etw kommen ◇ *We've got through to the final.* Wir sind ins Finale gekommen. **ˌget ˈthrough to sb** ◇ *They couldn't get through to him that he was wrong.* Sie konnten ihm nicht klarmachen, dass er im Unrecht war. **ˌget ˈthrough with sth** etw erledigen
ˈget to sb (*umgs*) jdm auf die Nerven gehen

ˌ**get sb toˈgether** jdn zusammenbringen ˌ**get sth toˈgether** etw zusammenstellen ˌ**get toˈgether (with sb)** (mit jdm) zusammenkommen
ˌ**get ˈup** **1** aufstehen **2** (*Wind*) aufkommen; (*See*) stürmisch werden ˌ**get sb ˈup** jdn aus dem Bett holen ˌ**get yourself/sb ˈup as sb/sth** (*BrE*) sich/jdn als jd/etw verkleiden ˌ**get sth ˈup** etw organisieren ˌ**get ˈup to sth** **1** bis zu etw kommen ◇ *We got up to page 72.* Wir sind bis Seite 72 gekommen. **2** etw anstellen, etw treiben

get·away /ˈgetəweɪ/ *Nomen* [meist Sing] **1** Flucht ◇ *a getaway car* ein Fluchtauto ◇ *make a quick getaway* schnell verschwinden **2** Kurzurlaub ◇ *an ideal getaway island* eine Trauminsel

ˈ**get-go** *Nomen* (*bes AmE, umgs*) Anfang ◇ *from the get-go* von Anfang an

ˈ**get-out** *Adj* ◇ *a get-out clause* eine Rückzugsklause

ˈ**get-together** *Nomen* Treffen

ˈ**get-up** *Nomen* (*umgs*) Aufmachung, Aufzug

gey·ser /ˈgiːzə(r); *AmE* ˈgaɪzər/ *Nomen* **1** Geysir **2** (*BrE*) Durchlauferhitzer

GF (*auch* **gf**) /ˌdʒiː ˈef/ *Kurzform von* **girlfriend** (*Netzjargon*) Freundin

ghastly /ˈgɑːstli; *AmE* ˈgæst-/ *Adj* (**ghast·lier**, **ghast·li·est**) **1** grässlich, grauenhaft **2** (*umgs*) schrecklich ◇ *The weather was ghastly.* Das Wetter war scheußlich. **3** (*gehoben*) leichenblass ◇ *His face was ghastly white.* Er war kalkweiß im Gesicht.

ghee /giː/ *Nomen* = in der indischen Küche verwendete Butter

gher·kin /ˈgɜːkɪn; *AmE* ˈgɜːrkɪn/ *Nomen* **1** (*BrE*) Essiggurke **2** (*AmE*) kleine Gurke

ghetto /ˈgetəʊ; *AmE* -toʊ/ *Nomen* (*Pl* **-os** *oder* **-oes**) Getto

ghil·lie = GILLIE

ghost /gəʊst; *AmE* goʊst/ *Nomen, Verb*
▸ ***Nomen*** **1** Gespenst, Geist **2** [Sing] **~ of sth** ◇ *a ghost of a smile* ein Anflug von einem Lächeln ◇ *You don't have a ghost of a chance.* Du hast nicht die geringste Chance. IDM **give up the ˈghost** den Geist aufgeben
▸ ***Verb*** **1** = GHOSTWRITE **2** (*gehoben*) lautlos gleiten

ghost·ly /ˈgəʊstli; *AmE* ˈgoʊst-/ *Adj* gespenstisch

ˈ**ghost town** *Nomen* Geisterstadt

ˈ**ghost train** *Nomen* (*BrE*) Geisterbahn

ghost·write /ˈgəʊstraɪt; *AmE* ˈgoʊ-/ *Verb* (**-wrote** /-rəʊt; *AmE* -roʊt/, **-writ·ten** /-rɪtn/) (*auch* **ghost**) ◇ *Her memoirs were ghostwritten.* Ihre Memoiren wurden von einem Ghostwriter geschrieben. ◇ *a ghosted autobiography* eine von einem Ghostwriter geschriebene Autobiografie

ghost·writer *Nomen* /ˈgəʊstraɪtə(r); *AmE* ˈgoʊ-/ Ghostwriter(in)

ghoul /guːl/ *Nomen* **1** Unhold, Ghul **2** Mensch mit einem Hang zum Makabren

ghoul·ish /ˈguːlɪʃ/ *Adj* makaber ◇ *ghoulish laughter* schauriges Lachen

GHQ /ˌdʒiː eɪtʃ ˈkjuː/ *Kurzform von* **General Headquarters** [mit Verb im Sing/Pl] Generalkommando

GI /ˌdʒiː ˈaɪ/ *Nomen* (*Pl* **GIs**) amerikanischer Soldat

giant 🔑 /ˈdʒaɪənt/ *Nomen, Adj*
▸ ***Nomen*** **1** Riese **2** Größe ◇ *literary giants* literarische Größen
▸ ***Adj*** riesig, Riesen- ◇ *a giant-size box* eine Riesenpackung

giant·ess /ˌdʒaɪənˈtes/ *Nomen* Riesin

giant ˈpanda *Nomen* Riesenpanda

gib·ber /ˈdʒɪbə(r)/ *Verb* stammeln

gib·ber·ish /ˈdʒɪbərɪʃ/ *Nomen* Unsinn, Kauderwelsch

gib·bet /ˈdʒɪbɪt/ *Nomen* (*veraltet*) Galgen

gib·bon /ˈgɪbən/ *Nomen* Gibbon

gibe = JIBE

gib·lets /ˈdʒɪbləts/ *Nomen* [Pl] Geflügelklein

gid·di·ness /ˈgɪdinəs/ *Nomen* [U] Schwindelgefühl

giddy /ˈgɪdi/ *Adj* (**gid·dier**, **gid·di·est**) (*Adv* **gid·di·ly** /-dɪli/) **1** schwindlig ◇ *I felt giddy.* Mir wurde schwindlig. **2** **~ (with sth)** wie benommen (vor etw) ◇ *giddy with happiness* in einem Glücksrausch **3** schwindelerregend ◇ *They were swaying giddily across the dance floor.* Sie bewegten sich in schwindelerregendem Tempo über die Tanzfläche. **4** (*veraltet*) leichtsinnig

gift 🔑 /gɪft/ *Nomen, Verb*
▸ ***Nomen*** **1** Geschenk (*gehoben*) ◇ *make a gift of sth* etw schenken ◇ *gifts of toys* Spielzeuggeschenke **2** **~ (for sth)** Talent (für etw) ◇ *the gift of making friends easily* die Gabe, leicht Freundschaften zu schließen **3** [meist Sing] (*umgs*) Geschenk ◇ *At 500 dollars it's a gift.* Für 500 Dollar ist es geschenkt. IDM **have the gift of the ˈgab** (*AmE* **have the/a gift ˈfor/of gab**) (*umgs*) redegewandt sein **don't look a gift horse in the ˈmouth** (*umgs*) einem geschenkten Gaul schaut man nicht ins Maul → *Siehe auch* GOD
▸ ***Verb*** (*BrE*) schenken

ˈ**gift certificate** *Nomen* (*AmE*) Geschenkgutschein

gift·ed /ˈgɪftɪd/ *Adj* **1** begabt **2** **be ~ with sth** mit etw gesegnet sein

ˈ**gift shop** *Nomen* Geschenkladen

ˈ**gift token** (*auch* ˈ**gift voucher**) (*BrE*) *Nomen* Geschenkgutschein

ˈ**gift-wrap** *Verb* (**-pp-**) (*meist passiv*) als Geschenk verpacken

gig /gɪg/ *Nomen* **1** (*umgs*) Gig, Konzert ◇ *do a gig* ein Konzert geben **2** (*Pferdewagen*) Einspänner

giga·byte /ˈgɪgəbaɪt/ *Nomen* Gigabyte

gi·gan·tic /dʒaɪˈgæntɪk/ *Adj* riesig

ˈ**gig economy** *Nomen* [meist Sing] = Wirtschaftsform, bei der man seinen Lebensunterhalt durch viele verschiedene, kurzfristige Einzelaufträge bestreitet

gig·gle /ˈgɪgl/ *Verb, Nomen*
▸ ***Verb*** **~ (at/about sb/sth)** (über jdn/etw) kichern
▸ ***Nomen*** **1** Kichern, Gekicher ◇ *She gave a nervous giggle.* Sie kicherte nervös. ◇ *He collapsed into giggles.* Er bekam einen Lachanfall. **2** [Sing] (*BrE, umgs*) Spaß **3 the giggles** [Pl] (*umgs*) ein Lachanfall ◇ *They had a fit of the giggles.* Sie konnten sich vor Kichern kaum einkriegen.

gig·gly /ˈgɪgli/ *Adj* (*oft abwert*) albern

gig·olo /ˈʒɪgələʊ, ˈdʒɪ-; *AmE* -loʊ/ *Nomen* (*Pl* **-os**) Gigolo

gild /gɪld/ *Verb* vergolden IDM **gild the ˈlily** des Guten zu viel tun

gild·ed /ˈgɪldɪd/ *Adj* [nur vor Nomen] **1** vergoldet, goldfarben **2** (*gehoben*) ◇ *gilded youth* die Jeunesse dorée

gill[1] /gɪl/ *Nomen* Kieme IDM **to the ˈgills** ◇ *packed to the gills* proppenvoll ◇ *I was stuffed to the gills with cake.* Ich hatte mir den Bauch mit Torte vollgeschlagen.

gill[2] /dʒɪl/ *Nomen* Viertelpint

gil·lie (*auch* **ghil·lie**) /ˈgɪli/ *Nomen* Jagdgehilfe

gilt /gɪlt/ *Nomen* **1** Goldauflage ◇ *gilt buttons* vergoldete Knöpfe **2 gilts** [Pl] (*BrE*) (FINANZ) staatliche Wertpapiere **3** (*bes AmE*) junge Sau

gilt-ˈedged *Adj* (FINANZ) ◇ *gilt-edged stock* staatliche Wertpapiere ◇ *gilt-edged investments* mündelsichere Papiere

gimme /ˈgɪmi/ (*umgs*) (*Schreibweise, die eine umgangssprachliche Aussprache von „give me" wiedergibt*) gib mir

gim·mick /ˈgɪmɪk/ *Nomen* Masche

gim·mick·ry /ˈgɪmɪkri/ *Nomen* Effekthascherei

gim·micky /ˈgɪmɪki/ *Adj* effekthascherisch

gin /dʒɪn/ *Nomen* Gin ◇ *a gin and tonic* ein Gin Tonic

gin·ger /ˈdʒɪndʒə(r)/ *Nomen, Adj*
▸ ***Nomen*** **1** Ingwer **2** Rotgelb
▸ ***Adj*** rötlich-gelb ◇ *ginger hair* rötliches Haar

ˌginger ˈale *Nomen* Gingerale

ˌginger ˈbeer *Nomen* Ingwerbier

gin·ger·bread /ˈdʒɪndʒəbred; *AmE* -dʒərbred/ *Nomen* Honigkuchen

ˈginger group *Nomen* (*BrE*) Aktionsgruppe

gin·ger·ly /ˈdʒɪndʒəli; *AmE* -dʒərli/ *Adv* vorsichtig, behutsam

ˈginger snap (*BrE auch* **ˈginger nut**) *Nomen* Ingwerkeks

gin·gery /ˈdʒɪndʒəri/ *Adj* **1** rötlich **2** ◇ *have a gingery taste* nach Ingwer schmecken

ging·ham /ˈgɪŋəm/ *Nomen* karierter Baumwollstoff, Gingan

gin·gi·vitis /ˌdʒɪndʒɪˈvaɪtəs/ *Nomen* (MED) Zahnfleischentzündung

gin·seng /ˈdʒɪnseŋ/ *Nomen* Ginseng

Gipsy = GYPSY

gir·affe /dʒəˈrɑːf; *AmE* -ˈræf/ *Nomen* (*Pl* **gir·affe** *oder* **gir·affes**) Giraffe

gird /gɜːd; *AmE* gɜːrd/ *Verb* IDM **gird (up) your ˈloins** (*gehoben oder hum*) sich rüsten PHRV **gird yourself (up) for sth** sich für/zu etw rüsten

gird·er /ˈgɜːdə(r); *AmE* ˈgɜːrdər/ *Nomen* Träger

gir·dle /ˈgɜːdl; *AmE* ˈgɜːrdl/ *Nomen, Verb*
▸ ***Nomen*** **1** Hüfthalter **2** (*veraltet*) Gürtel (*auch fig*)
▸ ***Verb*** (*gehoben*) umgeben

girl /gɜːl; *AmE* gɜːrl/ *Nomen* **1** Mädchen ◇ *a baby girl* ein (kleines) Mädchen **2** Tochter **3** (*meist in Zusammensetzungen*) (*veraltet, beleidigend*) ◇ *an office girl* eine Bürokraft ◇ *a shop girl* eine Verkäuferin **4** (*veraltet*) Freundin, Geliebte **5 girls** [Pl] (*einer Frau*) Freundinnen ◇ *She's having a night out with the girls.* Sie ist heute Abend mit ihren Freundinnen unterwegs. **6** (*als Anrede für Erwachsene oft beleidigend*) Mädel ◇ *Hi, girls!* Na, Mädels? **7 old girl** (*abwert*) Alte

girl·friend /ˈgɜːlfrend; *AmE* ˈgɜːrl-/ *Nomen* Freundin, Geliebte

ˌGirl ˈGuide *Nomen* (*BrE, veraltet*) Pfadfinderin

girl·ie /ˈgɜːli; *AmE* ˈgɜːrli/ *Adj* [nur vor Nomen] (*umgs*) **1** ◇ *girlie magazines* Zeitschriften mit nackten Frauen **2** (*manchmal abwertend*) Mädchen-

girl·ish /ˈgɜːlɪʃ; *AmE* ˈgɜːrlɪʃ/ *Adj* mädchenhaft, Mädchen-

ˌGirl ˈScout *Nomen* (*AmE*) Pfadfinderin

giro /ˈdʒaɪrəʊ; *AmE* -roʊ/ *Nomen* (*Pl* **-os**) (*BrE*) **1** (FINANZ) = Geldüberweisungssystem ◇ *pay by giro* per Überweisung bezahlen ◇ *a giro transfer* eine Giroüberweisung **2** (*auch* **ˈgiro cheque**) Sozialhilfeüberweisung

girth /gɜːθ; *AmE* gɜːrθ/ *Nomen* **1** Umfang **2** (Sattel) gurt

gismo → GIZMO

gist /dʒɪst/ *Nomen* (*meist* **the gist**) [Sing] ~ (**of sth**) das Wesentliche (an etw) ◇ *Can you give me the gist of what he said?* Kannst du mir sagen, worüber er im Wesentlichen gesprochen hat? ◇ *I'm afraid I don't quite follow your gist.* Ich weiß leider nicht genau, was Sie meinen.

git /gɪt/ *Nomen* (*BrE, Slang*) Idiot

give /gɪv/ *Verb, Nomen*
▸ ***Verb*** (**gave** /geɪv/, **given** /ˈgɪvn/) **1** ~ (**sth to sb**); ~ (**sb sth**) (jdm etw) geben ◇ *They were all given a box to carry.* Alle bekamen eine Kiste zu tragen. ◇ *I gave 50 dollars for the lot.* Ich habe insgesamt 50 Dollar bezahlt. ◇ *a job that gives her more responsibility* eine Stelle, in der sie mehr Verantwortung hat ◇ *give sb a ride* jdn mitnehmen ◇ *Don't give me any of that backchat.* Ich will keine Widerrede hören. ◇ *I gave the matter a lot of thought.* Ich habe lange darüber nachgedacht. ◇ *They have given top priority to the reform.* Sie haben der Reform höchste Priorität eingeräumt. **2** ~ **sth to sb**; ~ **sb sth** jdm etw schenken ◇ *What are you giving your father for his birthday?* Was schenkst du deinem Vater zum Geburtstag? ◇ *She was given a bunch of flowers.* Sie bekam einen Blumenstrauß **3** spenden ◇ *They gave regularly to charity.* Sie spendeten regelmäßig Geld für wohltätige Zwecke. **4** ~ **sth to sb**; ~ **sb sth** jdn mit etw anstecken **5** (*Vortrag, Pressekonferenz etc.*) (ab)halten ◇ *She gave a reading from her latest novel.* Sie las aus ihrem neuesten Roman. **6** (*mit bestimmten Nomina*) ◇ *She gave a shrug of her shoulders.* Sie zuckte mit den Schultern. ◇ *He gave us a big smile.* Er strahlte uns an. ◇ *give a groan/laugh/sigh/yawn* stöhnen/lachen/seufzen/gähnen ◇ *give sb a call* jdn anrufen **7** (*nennen*) angeben ◇ *What does the dictionary give for 'purple'?* Was steht im Wörterbuch für „purple"? **8** bereiten, machen ◇ *All that driving has given me a headache.* Ich habe von dem vielen Fahren Kopfschmerzen bekommen. **9** nachgeben ◇ *We can't go on like this—something's got to give.* Wir können so nicht weitermachen—irgendwo müssen wir Abstriche machen. IDM **don't give me ˈthat** (*umgs*) erzähl mir doch nichts **ˌgive and ˈtake** entgegenkommend sein; kompromissbereit sein **give as good as you ˈget** sich tüchtig wehren **ˈgive me sth/sb (any day/time)** (*umgs*) mir ist etw/jd (allemal) lieber **give or ˈtake (sth)** plus minus (…) ◇ *It'll take about three weeks, give or take a day or so.* Es wird etwa drei Wochen dauern. **give sb to believe/understand (that) …** (*gehoben*) jdm den Eindruck vermitteln/jdm zu verstehen geben (, dass …) **I give you …** (*Trinkspruch*) auf … ◇ *Ladies and gentlemen, I give you Alex Wiseman!* Meine Damen und Herren, auf Alex Wiseman! **I/I'll give you that** (*umgs*) das gebe ich zu; das muss man dir lassen **what ˈgives?** (*umgs*) Was gibt's? ℹ Für andere Redewendungen mit **give** siehe die Einträge für die Nomina, Adjektive etc. **Give rise to sth** z.B. steht unter **rise**. PHRV **ˌgive sb aˈway** (*Braut*) dem Bräutigam übergeben **ˌgive sth aˈway** **1** etw verschenken **2** (*Preis etc.*) vergeben **ˌgive sth/sb aˈway** jdn/etw verraten ◇ *It was supposed to be a surprise but the children gave the game away.* Es hätte eine Überraschung sein sollen, aber die Kinder haben alles verraten.

ˌgive (sb) ˈsth back; **ˌgive sth ˈback (to sb)** (jdm) etw zurückgeben ◇ *I gave it back to him.* Ich gab es ihm zurück. ◇ *The operation gave him back the use of his legs.* Durch die Operation konnte er wieder laufen.

ˌgive ˈin **1** sich ergeben, aufgeben ◇ *The rebels were forced to give in.* Die Rebellen waren gezwungen sich zu ergeben. **2** nachgeben ◇ *She gave in to temptation.* Sie gab der Versuchung nach. ◇ *Whatever he says, I'm not giving in to him!* Egal, was er sagt, ich werde nicht nachgeben! **ˌgive sth ˈin (to sb)** etw (bei jdm) abgeben

ˌgive ˈoff sth (*Geruch, Hitze, Licht etc.*) abgeben

ˌgive on to/onto sth (*BrE*) (*Fenster, Tür etc.*) auf etws gehen

ˌgive ˈout **1** (*sich erschöpfen*) ausgehen **2** (*nicht mehr funktionieren*) versagen **ˌgive sth ˌout** **1** etw verteilen, etw austeilen **2** (*bes BrE*) etw bekannt geben **ˌgive ˌout sth** (*Hitze, Licht etc.*) abgeben

ˌgive ˈover (*BrE, umgs*) aufhören **ˌgive sth ˈover to sth** etw einer Sache widmen **ˌgive yourself ˈover to sth** sich etw hingeben

ˌgive ˈup (*aufhören*) aufgeben **ˌgive sb ˈup** **1** (*AmE meist* **ˌgive ˈup on sb**) nicht mehr mit jdm rechnen **2** (*AmE meist* **ˌgive ˈup on sb**) jdn aufgeben ◇ *We'd given him up for dead.* Wir hatten ihn schon für tot gehalten. **3** (*Beziehung beenden*) mit jdm Schluss machen **4** jdn hergeben **ˌgive sb ˈup (to sb)** jdn (jdm) übergeben **ˌgive sth ˈup** **1** etw aufgeben **2** auf etw verzichten

give sth 'up (to sb) (jdm) etw übergeben ◇ *He gave up his seat to a pregnant woman.* Er gab seinen Sitzplatz einer schwangeren Frau. **give yourself 'up (to sb)** sich (jdm) ergeben ◇ *He gave himself up to the police.* Er hat sich die Polizei gestellt. **,give yourself 'up to sth** sich etw hingeben
▸ ***Nomen*** Elastizität ◇ *The shoes may seem tight, but the leather has plenty of give in it.* Die Schuhe wirken vielleicht etwas eng, aber das Leder wird nachgeben. IDM **,give and 'take** **1** Entgegenkommen; Kompromissbereitschaft **2** (*Meinungs-, Gedanken- etc.*) Austausch

give·away /ˈɡɪvəweɪ/ *Nomen, Adj*
▸ ***Nomen*** (*umgs*) **1** Geschenk **2** ◇ *The grin on his face was a dead giveaway.* Sein Grinsen verriet alles.
▸ ***Adj*** [nur vor Nomen] (*umgs*) (*Preise*)Schleuder-

given /ˈɡɪvn/ *Adj, Präp, Konj, Nomen*
▸ ***Adj*** **1** bestimmt **2** gegeben IDM **be given to sth/to doing sth** (*gehoben*) zu etw neigen; etw oft tun
▸ ***Präp*** angesichts ◇ *Given his age, he's remarkably fit.* Für sein Alter ist er bemerkenswert fit.
▸ ***Konj*** wenn man bedenkt, angesichts der Tatsache
▸ ***Nomen*** ◇ *Can we accept that as a given?* Können wir das als gegeben annehmen?

'given name *Nomen* (*bes AmE*) Vorname

giver /ˈɡɪvə(r)/ *Nomen* (*oft in Zusammensetzungen*) Spender(in)

gizmo (*auch* **gismo**) /ˈɡɪzməʊ; *AmE* -moʊ/ *Nomen* (*Pl* **-os**) (*umgs*) (*Gerät*) technische Spielerei

giz·zard /ˈɡɪzəd; *AmE* -zərd/ *Nomen* Muskelmagen

glacé /ˈɡlæseɪ; *AmE* ɡlæˈseɪ/ *Adj* [nur vor Nomen] kandiert

gla·cial /ˈɡleɪʃl, ˈɡleɪsiəl/ *Adj* **1** (GEOL) Eis- ◇ *the glacial period* die Eiszeit **2** Gletscher- **3** eisig, eiskalt **4** (*Mensch, Ausdruck*) eisig, frostig

gla·cier /ˈɡlæsiə(r); *AmE* ˈɡleɪʃər/ *Nomen* Gletscher

glad 0‑w /ɡlæd/ *Adj* **1** [nicht vor Nomen] froh **2** **~ of sth** dankbar für etw; **~ if ...** dankbar wenn ... ◇ *I'd be glad of your help.* Ich wäre Ihnen dankbar für Ihre Hilfe. **3 be ~ to do sth** etw gerne tun ◇ *If you'd like me to help you, I'd be only too glad to.* Ich helfe Ihnen sehr gerne, wenn Sie das möchten. **4** [nur vor Nomen] (*veraltet*) freudig, froh ◇ *glad tidings* eine frohe Botschaft IDM **I'm glad to say (that ...)** zum Glück; erfreulicherweise

glad·den /ˈɡlædn/ *Verb* (*veraltet*) erfreuen

glade /ɡleɪd/ *Nomen* (*gehoben*) Lichtung

gladi·ator /ˈɡlædieɪtə(r)/ *Nomen* Gladiator

gladia·tor·ial /ˌɡlædiəˈtɔːriəl/ *Adj* Gladiatoren- ◇ *gladiatorial combat* Gladiatorenkampf

gladi·olus /ˌɡlædiˈəʊləs; *AmE* -ˈoʊ-/ *Nomen* (*Pl* **gladi·oli** /-laɪ/) Gladiole

glad·ly /ˈɡlædli/ *Adv* **1** gern, bereitwillig **2** dankbar IDM → SUFFER

glad·ness /ˈɡlædnəs/ *Nomen* (*gehoben*) Freude

glam·or·ize (*BrE auch* **-ise**) /ˈɡlæməraɪz/ *Verb* verherrlichen

glam·or·ous /ˈɡlæmərəs/ (*umgs* **glam** /ɡlæm/) *Adj* glamourös

glam·our (*AmE* **glamor**) /ˈɡlæmə(r)/ *Nomen* Glanz, Glamour

glance /ɡlɑːns; *AmE* ɡlæns/ *Verb, Nomen*
▸ ***Verb*** (*kurz*) blicken ◇ *He glanced around the room.* Er sah sich kurz im Zimmer um. ◇ *I only glanced at the newspapers.* Ich habe nur schnell einen Blick auf die Zeitungen geworfen. ◇ *He glanced down the list of names.* Er sah die Namensliste kurz durch. PHR V **glance on/off sth** von etw reflektiert werden **,glance 'off (sth)** (an/von etw) abprallen
▸ ***Nomen*** **~ (at sb/sth)** (*kurzer*) Blick (auf jdn/etw) ◇ *take/have a glance at the newspaper headlines* einen Blick auf die Schlagzeilen werfen ◇ *She stole a glance at her watch.* Sie blickte verstohlen auf ihre Uhr. IDM **at a (single) 'glance** auf einen Blick **at first 'glance/'sight** auf den ersten Blick

glan·cing /ˈɡlɑːnsɪŋ; *AmE* ˈɡlæn-/ *Adj* streifend ◇ *strike sb/sth a glancing blow* jdn/etw streifen

gland /ɡlænd/ *Nomen* Drüse

glan·du·lar /ˈɡlændjʊlə(r); *AmE* -dʒələr/ *Adj* Drüsen-

,glandular 'fever *Nomen* (*BrE*) Pfeiffersches Drüsenfieber

glare /ɡleə(r); *AmE* ɡler/ *Verb, Nomen*
▸ ***Verb*** **1 ~ (at sb/sth)** (jdn/etw) (wütend) anstarren **2** grell scheinen
▸ ***Nomen*** **1** [U/Sing] greller Schein, grelles Licht ◇ *the glare of the sun* der grelle Sonnenschein ◇ *the glare of the car's headlights* das grelle Licht der Scheinwerfer ◇ (*fig*) *in the full glare of publicity* im Rampenlicht der Öffentlichkeit **2** wütender Blick ◇ *give sb a hostile glare* jdn feindselig anstarren

glar·ing /ˈɡleərɪŋ; *AmE* ˈɡlerɪŋ/ *Adj* **1** (*Adv* **glar·ing·ly**) eklatant, krass, grob ◇ *a glaring injustice* eine schreiende Ungerechtigkeit ◇ *It was glaringly obvious.* Es sprang einem geradezu ins Auge. **2** (*Adv* **glar·ing·ly**) (*Licht etc.*) grell **3** (*Blick etc.*) wütend

glass 0‑w /ɡlɑːs; *AmE* ɡlæs/ *Nomen, Verb*
▸ ***Nomen*** **1** Glas ◇ *a piece of broken glass* eine Glasscherbe → *Siehe auch* STAINED GLASS **2** [U] Glasgegenstände, Glas(geschirr) **3 glasses** [Pl] Brille ◇ *dark glasses* eine dunkle Brille **4** [meist Sing] (*veraltet*) Spiegel → *Siehe auch* LOOKING GLASS **5 the glass** [Sing] das Barometer IDM → PEOPLE *und* RAISE
▸ ***Verb*** (*BrE, umgs*) **~ sb** = jdm mit einem Bierglas ins Gesicht schlagen PHR V **,glass sth 'in/'over** etw verglasen

,glass 'ceiling *Nomen* [meist Sing] (*fig*) gläserne Decke

,glass 'fibre (*AmE* **,glass 'fiber**) *Nomen* Fiberglas

glass·ful /ˈɡlɑːsfʊl; *AmE* ˈɡlæs-/ *Nomen* (*Menge*) Glas

glass·house /ˈɡlɑːshaʊs; *AmE* ˈɡlæs-/ *Nomen* (*Pl* **-houses** /-haʊzɪz/) (*BrE*) **1** Glashaus **2** (*Slang*) (*Militärgefängnis*) Bunker

glass·ware /ˈɡlɑːsweə(r); *AmE* ˈɡlæswer/ *Nomen* [U] Glasgegenstände, Glas(geschirr)

glassy /ˈɡlɑːsi; *AmE* ˈɡlæsi/ *Adj* **1** glänzend, spiegelglatt **2** (*Blick etc.*) glasig

Glas·we·gian /ɡlæzˈwiːdʒən/ *Nomen, Adj*
▸ ***Nomen*** = Person aus Glasgow
▸ ***Adj*** = aus Glasgow

glau·coma /ɡlɔːˈkəʊmə; *AmE* ɡlaʊˈkoʊ-, ɡlɔː-/ *Nomen* [U] grüner Star, Glaukom

glaze /ɡleɪz/ *Verb, Nomen*
▸ ***Verb*** **1 ~ (over)** ◇ *His eyes glazed over.* Er schaltete ab. ◇ *'I'm exhausted,' he said, his eyes glazing.* „Ich bin todmüde," sagte er mit glasigem Blick. **2** verglasen **3 ~ sth (with sth)** etw (mit etw) glasieren
▸ ***Nomen*** Glasur

glazed /ɡleɪzd/ *Adj* starr, glasig

glaz·ier /ˈɡleɪziə(r); *AmE* ˈɡleɪʒər/ *Nomen* Glaser(in)

gleam /ɡliːm/ *Verb, Nomen*
▸ ***Verb*** **1** glänzen, schimmern ◇ *gleaming white teeth* strahlend weiße Zähne **2 ~ (with/in sth)** (vor etw) leuchten
▸ ***Nomen*** [meist Sing] Schein, Schimmer ◇ *a few gleams of sunshine* ein paar Sonnenstrahlen ◇ *I saw the gleam of the knife.* Ich sah das Messer aufblitzen. ◇ (*fig*) *a gleam of hope* ein Hoffnungsschimmer ◇ *the gleam of triumph in her eyes* ihr triumphierender Blick ◇ *a mischievous gleam in his eye* ein schelmisches Funkeln in den Augen

glean /gliːn/ *Verb* ~ **sth (from sb)** etw (aus jdm) herausbekommen; ~ **sth (from sth)** etw (einer Sache) entnehmen

glee /gliː/ *Nomen* (diebische) Freude, Schadenfreude

glee·ful /ˈgliːfl/ *Adj* (*Adv* **glee·ful·ly** /-fəli/) vergnügt, verschmitzt

glen /glen/ *Nomen* (*besonders in Schottland*) Schlucht, Tal

glib /glɪb/ *Adj* (*Adv* **glib·ly**) (*abwert*) **1** aalglatt **2** vorschnell

glide /glaɪd/ *Verb, Nomen*

▸ ***Verb*** **1** gleiten ◇ *go gliding past* vorbeigleiten **2** schweben ◇ *glide down to the runway* im Gleitflug die Landebahn erreichen

▸ ***Nomen*** **1** [Sing] (Dahin)gleiten **2** (LING) Gleitlaut

glider /ˈglaɪdə(r)/ *Nomen* Segelflugzeug

glid·ing /ˈglaɪdɪŋ/ *Nomen* Segelfliegen

glim·mer /ˈglɪmə(r)/ *Nomen, Verb*

▸ ***Nomen*** **1** (schwacher) Schein **2** (*AmE auch* **glim·mer·ing**) Anflug, Spur, Schimmer

▸ ***Verb*** schwach scheinen, schimmern ◇ (*fig*) *Amusement glimmered in his eyes.* Seine Augen blitzten belustigt.

glimpse /glɪmps/ *Nomen, Verb*

▸ ***Nomen*** [meist Sing] **1** (kurzer) Blick ◇ *He caught a glimpse of her.* Er sah sie flüchtig. ◇ *I caught my first glimpse of the island.* Ich erhaschte einen ersten Blick auf die Insel. **2** ~ **(into/of sth)** Einblick (in etw)

▸ ***Verb*** **1** flüchtig sehen **2** (*fig*) **sb glimpses sth** jdm geht etw auf

glint /glɪnt/ *Verb, Nomen*

▸ ***Verb*** **1** glitzern **2** funkeln

▸ ***Nomen*** **1** Glitzern ◇ *golden glints in her hair* ein goldener Schimmer in ihrem Haar **2** Funkeln ◇ *a glint of anger* ein zorniges Funkeln

glis·ten /ˈglɪsn/ *Verb* glänzen

glitch /glɪtʃ/ *Nomen* (*umgs*) technische Störung

glit·ter /ˈglɪtə(r)/ *Verb, Nomen*

▸ ***Verb*** glitzern ◇ *His eyes glittered with rage.* Seine Augen funkelten zornig.

▸ ***Nomen*** **1** Funkeln **2** Glamour **3** Glitter

glit·ter·ati /ˌglɪtəˈrɑːti/ *Nomen* [Pl] Prominente, Schickeria

glit·ter·ing /ˈglɪtərɪŋ/ *Adj* **1** glänzend, glanzvoll **2** glitzernd

glitz /glɪts/ *Nomen* (*abwert*) Glanz

glitzy /ˈglɪtsi/ *Adj* glanzvoll

gloam·ing /ˈgləʊmɪŋ; *AmE* ˈgloʊ-/ *Nomen* (*SchotE oder gehoben*) Dämmerlicht

gloat /gləʊt; *AmE* gloʊt/ *Verb* triumphieren ◇ *gloat over sb's disappointment* sich an jds Enttäuschung weiden ◇ *Don't gloat!* Sei nicht so schadenfroh!

gloat·ing /ˈgləʊtɪŋ; *AmE* ˈgloʊ-/ *Adj* schadenfroh

glob /glɒb; *AmE* glɑːb/ *Nomen* Klecks, Tropfen

global 0‑▪ /ˈgləʊbl; *AmE* ˈgloʊ-/ *Adj* (*Adv* **glob·al·ly** /-bəli/) **1** weltweit, Welt- **2** umfassend ◇ *a global email* eine E-Mail an alle Angestellten

glob·al·iza·tion (*BrE auch* **-isa·tion**) /ˌgləʊbəlaɪˈzeɪʃn; *AmE* ˌgloʊbələ-/ *Nomen* (WIRTSCH) Globalisierung

glob·al·ize (*BrE auch* **-ise**) /ˈgləʊbəlaɪz; *AmE* ˈgloʊ-/ *Verb* (WIRTSCH) globalisieren

ˌglobal ˈvillage *Nomen* [Sing] Weltdorf

ˌglobal ˈwarming *Nomen* Erwärmung der Erdatmosphäre

globe /gləʊb; *AmE* gloʊb/ *Nomen* **1** Globus **2 the globe** [Sing] die Welt ◇ *all over the globe* weltweit **3** Kugel

ˌglobe ˈartichoke (*auch* **ar·ti·choke**) *Nomen* Artischocke

globe·trot·ting /ˈgləʊbtrɒtɪŋ; *AmE* ˈgloʊbtrɑːtɪŋ/ *Adj* ◇ *globetrotting business people* Geschäftsleute, die die Welt bereisen

globu·lar /ˈglɒbjələ(r); *AmE* ˈglɑːb-/ *Adj* kugelförmig

glob·ule /ˈglɒbjuːl; *AmE* ˈglɑːb-/ *Nomen* Tröpfchen, Kügelchen ◇ *globules of fat* Fettaugen

glock·en·spiel /ˈglɒkənʃpiːl; *AmE* ˈglɑːk-/ *Nomen* (*Musikinstrument*) Glockenspiel

gloom /gluːm/ *Nomen* **1** düstere Stimmung, Trübsinn **2** (*gehoben*) Düsternis ◇ *the gathering gloom* die zunehmende Dunkelheit IDM → DOOM *und* PILE

gloomy /ˈgluːmi/ *Adj* (**gloom·ier, gloom·iest**) (*Adv* **gloom·ily** /-mɪli/) düster IDM → PAINT

glori·fi·ca·tion /ˌglɔːrɪfɪˈkeɪʃn/ *Nomen* Verherrlichung

glori·fied /ˈglɔːrɪfaɪd/ *Adj* [nur vor Nomen] ◇ *a glorified fast-food cafe* nur ein besserer Schnellimbiss

glor·ify /ˈglɔːrɪfaɪ/ *Verb* (**-fies, -fy·ing, -fied, -fied**) **1** (*oft abwert*) verherrlichen **2** (*gehoben*) lobpreisen

glori·ous /ˈglɔːriəs/ *Adj* (*Adv* **glori·ous·ly**) **1** ruhmreich **2** herrlich **3** fantastisch

glory /ˈglɔːri/ *Nomen, Verb*

▸ ***Nomen*** (*Pl* **glor·ies**) **1** [U] Ruhm, Ehre ◇ *Olympic glory* olympische Ehren ◇ *her moment of glory* ihre Sternstunde **2** Glanz, Herrlichkeit **3** ◇ *The temple is one of the ancient glories of Greece.* Der Tempel gehört zu den glänzendsten Bauwerken des alten Griechenlands. ◇ *Her long black hair is her crowning glory.* Das Allerschönste an ihr ist ihr langes schwarzes Haar.

▸ ***Verb*** (**glor·ies, glory·ing, glor·ied, glor·ied**) PHR V **ˈglory in sth** (*gehoben*) etw so richtig genießen

ˈglory days *Nomen* [Pl] glorreiche Tage

gloss /glɒs; *AmE* glɑːs/ *Nomen, Verb*

▸ ***Nomen*** **1** Glanz ◇ (*fig*) *beneath the gloss of success* hinter der Fassade des Erfolgs **2** (*in Zusammensetzungen*) ◇ *lip gloss* Lipgloss ◇ *in a gloss or a matt finish* glänzend oder matt **3** (*auch* **ˌgloss ˈpaint**) Glanzlack **4** ~ **(on sth)** Erläuterung (zu etw) **5** ~ **(on sth)** Interpretation (einer Sache) ◇ *put a positive gloss on sth* etw in einem positiven Licht erscheinen lassen

▸ ***Verb*** erläutern; ~ **sth as sth** etw als etw paraphrasieren PHR V **ˌgloss ˈover sth** etw vertuschen

gloss·ary /ˈglɒsəri; *AmE* ˈglɑːsə-/ *Nomen* (*Pl* **-ies**) Glossar

glossy /ˈglɒsi; *AmE* ˈglɑːsi/ *Adj, Nomen*

▸ ***Adj*** glänzend, Hochglanz-

▸ ***Nomen*** (*Pl* **-ies**) (*BrE*) Hochglanzzeitschrift

glottal stop /ˌglɒtl ˈstɒp; *AmE* ˌglɑːtl ˈstɑːp/ *Nomen* (LING) Knacklaut, Stimmritzenverschlusslaut

glot·tis /ˈglɒtɪs; *AmE* ˈglɑːtɪs/ *Nomen* (ANAT) Glottis, Stimmorgan

glove 0‑▪ /glʌv/ *Nomen* (Finger)handschuh IDM **the ˌgloves are ˈoff** mit jeder Rücksichtsnahme ist es vorbei → *Siehe auch* FIT, HAND, IRON *und* KID

ˈglove compartment (*auch* **ˈglove box**) *Nomen* Handschuhfach

gloved /glʌvd/ *Adj* behandschuht

ˈglove puppet *Nomen* (*BrE*) Handpuppe

glow /gləʊ; *AmE* gloʊ/ *Verb, Nomen*

▸ ***Verb*** ~ **(with sth)** **1** (vor etw) glühen, (vor etw) leuchten **2** (vor etw) strotzen **3** (vor etw) strahlen

▸ ***Nomen*** [Sing] **1** Schein ◇ *He saw the glow of a cigarette in the dark.* Er sah, wie im Dunkeln eine Zigarette glühte. **2** (*Farbe*) Leuchten ◇ *The fresh air brought a healthy glow to her cheeks.* Durch die frische Luft bekamen ihre Wangen eine gesunde Farbe. **3** ◇ *She felt a glow of pride.* Sie empfand großen Stolz. ◇ *I was filled with a warm glow.* Mir wurde ganz warm ums Herz.

glow·er /ˈglaʊə(r)/ *Verb* finster blicken

glow·ing /ˈgləʊɪŋ; *AmE* ˈgloʊ-/ *Adj* (*Adv* **glow·ing·ly**) begeistert ◇ *She spoke of him in glowing terms.* Sie sprach voller Begeisterung von ihm.

ˈglow-worm *Nomen* Glühwürmchen

glu·cose /ˈgluːkəʊs, -kəʊz; *AmE* -koʊs, -koʊz/ *Nomen* Traubenzucker, Glukose

glue /gluː/ *Nomen, Verb*
▸ ***Nomen*** Klebstoff, Leim
▸ ***Verb*** **~ A (to/onto B)** A (an/auf B) kleben; **~ A and B (together)** A und B zusammenkleben ◇ *Glue down the edges.* Die Ränder gut festkleben. IDM **be ˈglued to sth** (*umgs*) ◇ *He spends all his time glued to the TV.* Er sitzt ständig vor dem Fernseher. ◇ *Her eyes were glued to the screen.* Sie starrte wie gebannt auf den Bildschirm. **ˌglued to the ˈspot** wie angewurzelt

ˌglue ˈear *Nomen* (*BrE*) Leimohr

ˈglue-sniffing *Nomen* Klebstoffschnüffeln, Schnüffelsucht

glum /glʌm/ *Adj* (*Adv* **glum·ly**) verdrießlich ◇ *The report makes glum reading.* Der Bericht ist sehr bedrückend.

glut /glʌt/ *Nomen, Verb*
▸ ***Nomen*** [meist Sing] **~ (of sth)** Überangebot (an etw) ◇ *a glut of apples* eine Apfelschwemme
▸ ***Verb*** (-tt-) überschwemmen

glu·ten /ˈgluːtn/ *Nomen* Gluten

glu·tin·ous /ˈgluːtənəs/ *Adj* klebrig

glut·ton /ˈglʌtn/ *Nomen* **1** (*abwert*) Vielfraß **2** ◇ *a glutton for punishment* ein(e) Masochist(in) ◇ *a glutton for work* ein Arbeitstier

glut·ton·ous /ˈglʌtənəs/ *Adj* gefräßig

glut·tony /ˈglʌtəni/ *Nomen* Gefräßigkeit

glycaemic index (*auch* **glycemic index**) /glaɪˌsiːmɪk ˈɪndeks/ *Nomen* glykämischer Index

gly·cer·ine /ˈglɪsəriːn, -rɪn; *AmE* -rən/ (*AmE meist* **gly·cerin** /ˈglɪsərɪn; *AmE* -rən/) *Nomen* Glyzerin

GM *Abk* /ˌdʒiː ˈem/ **1** *Kurzform von* **genetically modified** gentechnisch verändert **2** = GRANT-MAINTAINED

gm. (*BrE auch* **gm**) *Abk* (*Pl* **gm.** *oder* **gms.**) = GRAM

GMO /ˌdʒiː em ˈəʊ; *AmE* ˈoʊ/ *Kurzform von* **genetically modified organism** gentechnisch veränderter Organismus

GMT /ˌdʒiː em ˈtiː/ *Kurzform von* **Greenwich Mean Time** WEZ, Westeuropäische Zeit

gnarled /nɑːld; *AmE* nɑːrld/ *Adj* **1** knorrig **2** knotig, hutzlig

gnarly /ˈnɑːli; *AmE* ˈnɑːrli/ *Adj* (*AmE*) **1** knotig **2** (*Slang*) (*sehr gut*) geil **3** (*Slang*) (*sehr schlecht*) schrecklich

gnash /næʃ/ *Verb* IDM **ˌgnash your ˈteeth** vor Wut mit den Zähnen knirschen

gnat /næt/ *Nomen* (Stech)mücke

gnaw /nɔː/ *Verb* **~ (away) (at/on) sth** an etw (herum) nagen; **~ through sth** etw durchnagen ◇ *She gnawed at her fingernails.* Sie kaute an ihren Fingernägeln. PHR V **ˈgnaw at sb** jdn quälen

gnaw·ing /ˈnɔːɪŋ/ *Adj* [nur vor Nomen] nagend, quälend

gnome /nəʊm; *AmE* noʊm/ *Nomen* **1** Gnom **2** ◇ *garden gnomes* Gartenzwerge

GNP /ˌdʒiː en ˈpiː/ *Kurzform von* **gross national product** BSP, Bruttosozialprodukt

gnu /nuː, njuː/ *Nomen* (*Pl* **gnu** *oder* **gnus**) Gnu

GNVQ /ˌdʒiː en viː ˈkjuː/ *Nomen Kurzform von* **General National Vocational Qualification** = Schulabschluss in einem berufs- oder praxisorientierten Fach (in England, Wales und Nordirland)

go /gəʊ; *AmE* goʊ/ *Verb, Nomen*
▸ ***Verb*** (**goes** /gəʊz; *AmE* goʊz/, **went** /went/, **gone** /gɒn; *AmE* gɔːn/ *oder* **been**)
• **Bewegung** **1** gehen, fahren ◇ *go to the doctor's* zum Arzt gehen ◇ *go for a drink* einen trinken gehen ◇ *I must be going now.* Ich muss jetzt gehen. ◇ *How's it going?* Wie geht's? ◇ *This clock doesn't go.* Diese Uhr geht nicht. ◇ *She went sobbing up the stairs.* Sie lief schluchzend die Treppe hinauf. ◇ *She has gone to see her sister.* Sie ist zu ihrer Schwester gefahren. ◇ *He's going too fast.* Er fährt zu schnell. ◇ *go by plane* fliegen ◇ *Has she gone yet?* Ist sie schon weg? ◇ *I've just been for a walk.* Ich habe gerade einen Spaziergang gemacht. ◇ *Where does this road go?* Wohin führt diese Straße? **2 ~ and do sth**; (*bes AmE*) **~ do sth** ◇ *I'll go and answer the door.* Ich mach auf. ◇ *Go and get me a drink!* Hol mir was zu trinken! ◇ (*AmE*) *Go ask your mom!* Geh die Mama fragen! **3** (*BrE*) **~ to sth** ◇ *I have to go to hospital.* Ich muss ins Krankenhaus. ◇ *go to prison* ins Gefängnis kommen ◇ *Do you go to church often?* Gehst du oft in die Kirche? ◇ (*BrE*) *Did you go to university?* Hast du studiert? **4 ~ on sth** (*Reise, Kreuzfahrt etc.*) machen ◇ *go on leave for two weeks* zwei Wochen Urlaub haben **5 ~ ice-skating, surfing, swimming, etc.** (*als Freizeitbeschäftigung*) eislaufen, surfen, schwimmen etc. gehen **6 ~ flying, etc.** ◇ *The cups went flying.* Die Tassen flogen durch die Gegend. ◇ *The car went skidding off the road.* Das Auto schleuderte und kam von der Fahrbahn ab.
• **Platz** **7** gehören ◇ *This book goes on the top shelf.* Dieses Buch kommt da oben ins Regal. ◇ *Where do you want the piano to go?* Wo soll das Klavier hin? **8** passen ◇ *That won't all go in one suitcase.* Das passt nicht alles in einen Koffer. **9 ~ (from ...) to ...** (von ...) bis ... reichen ◇ *a rope that goes from the window to the ground* ein Seil, das vom Fenster bis auf den Boden reicht
• **Vorgang** **10** werden ◇ *She's going grey.* Ihr Haare werden grau. ◇ *go bald* eine Glatze bekommen ◇ *go out of fashion* aus der Mode kommen ◇ *go to sleep* einschlafen
• **Geräusch, Geste** **11** machen ◇ *Cats go 'miaow'.* Katzen machen „miau“. ◇ *The gun went 'bang'.* Das Gewehr machte „peng“. ◇ *She went like this with her hand.* Sie machte so mit ihrer Hand. **12** (*umgs*) sagen, fragen ◇ *He goes, 'Ten,' and I go, 'Ten?'* Er hat „Zehn“ gesagt und ich hab gefragt „Zehn?“ **13** ◇ *The whistle went for the end of the game.* Das Spiel wurde abgepfiffen. ◇ *when the bell goes* wenn es klingelt
• **vorbei** **14** weg sein ◇ *The old sofa will have to go.* Das alte Sofa muss weg. ◇ *The old cinema has gone.* Das alte Kino gibt es nicht mehr. **15** schlechter werden ◇ *His mind is going.* Sein Verstand lässt nach. ◇ *The brakes went.* Die Bremsen habe versagt. **16** (*verhüll*) sterben ◇ *when I'm gone* wenn ich einmal nicht mehr bin
• **Geld** **17 ~ (on sth)** (für etw) verwendet werden, (für etw) draufgehen ◇ *I don't know where the money goes!* Ich weiß nicht, wo mein Geld bleibt! **18 ~ (to sb) (for sth)** (an jdn) (für etw) verkauft werden ◇ *The picture went to a Japanese bidder.* Das Gemälde wurde an einen Japaner verkauft. ◇ *It was going cheap.* Es wurde billig verkauft.
• **in bestimmten Wendungen** **19** (*mit Adjektiven*) ◇ *go barefoot* barfuß laufen ◇ *go hungry* hungern ◇ *go unreported* nicht gemeldet werden ◇ *go unnoticed* unbemerkt bleiben **20 ~ quickly/slowly** (*Zeit*) schnell/langsam vergehen **21** (*umgs*) **sth is going** es gibt etw ◇ *There just aren't any jobs going.* Es gibt einfach keine Stellen. **22** (*losgehen*) ◇ *One, two, three, go!* Eins, zwei, drei, los! ◇ *We're ready to go.* Wir können los. **23** (*beitragen*) ◇ *This goes to prove my theory.* Das beweist meine Theorie. **24 ~ (to the**

toilet) (*umgs*) aufs Klo gehen ◇ *Do you need to go?* Musst du aufs Klo? **25** (*umgs*) (*erwähnen*) ◇ *Let's not go there.* Da wollen wir nicht drüber reden. ◇ *The plot? I'm not even going to go there.* Die Handlung? Damit fange ich nicht mal an.

IDM **anything goes** (*umgs*) alles ist erlaubt; alles ist möglich **as people, things, etc. go** verglichen mit anderen ... ◇ *As teachers go, he's not bad.* Verglichen mit anderen Lehrern ist er nicht übel. **be going on (for) sth** (*Alter, Zeit, Zahl*) auf etw zugehen ◇ *It was going on for midnight.* Es ging auf Mitternacht zu. **be going to do sth** **1** etw vorhaben ◇ *We're going to buy a house when we've saved enough money.* Wenn wir genug Geld gespart haben, wollen wir ein Haus kaufen. **2** (*drückt die Zukunft aus*) ◇ *If the drought continues there's going to be a famine.* Wenn die Trockenheit anhält, wird es eine Hungersnot geben. ◇ *I think I'm going to faint.* Ich glaube, ich werde ohnmächtig. **don't go doing sth** (*umgs*) (*warnend*) ◇ *Don't go getting yourself into trouble.* Pass nur auf, dass du nicht in Schwierigkeiten gerätst. **enough/something to be going 'on with** (*BrE*) ◇ *That should be enough to be going on with.* Das müsste vorerst reichen. ◇ *I'll give you half to be going on with.* Ich geb dir schon mal die Hälfte. **go all 'out for sth** sich für etw ins Zeug legen **go all out to 'do sth** sich ins Zeug legen, um etw zu tun **go and do sth** (*umgs*) ◇ *Don't go and mess things up!* Bring nicht alles durcheinander! ◇ *You've really gone and done it now!* Da hast du wirklich einen Bock geschossen! **go down well/badly (with sb)** gut/nicht gut (bei jdm) ankommen **go off well** gut verlaufen **go 'on (with you)** (*veraltet*) ◇ *Go on with you — you're never forty.* Jetzt hör aber auf — du bist doch nie im Leben vierzig. **have a lot 'going for you** viele Vorzüge haben; gute Chancen haben **ˌno 'go** (*umgs*) ◇ *Sorry. No go!* Auf keinen Fall! ◇ *Without that money it's no go.* Ohne das Geld geht gar nichts. → *Siehe auch* NO-GO AREA **to 'go** **1** (*übrig*) ◇ *I only have one exam to go.* Ich habe nur noch eine Prüfung. **2** (*AmE, umgs*) zum Mitnehmen ◇ *Two pizzas to go.* Zwei Pizzas zum Mitnehmen. **ˌwhere does sb ˌgo from 'here?** und was nun? **ˌwho goes 'there?** wer da? ℹ Für andere Redewendungen mit **go** siehe die Einträge für die Nomina, Adjektive etc. **Go it alone** z.B. steht unter **alone**.

PHR V **ˌgo a'bout** **1** (*BrE*) = GO AROUND/ROUND(3) **2** (*beim Segeln*) wenden **'go about sth** einer Sache nachgehen ◇ *They went about their business as usual.* Sie gingen wie gewöhnlich ihren Geschäften nach. **ˌgo a'bout sth** etw angehen, etw anpacken ◇ *How should I go about finding a job?* Wie finde ich am besten eine Stelle?

ˌgo 'after sb jdm nachgehen ◇ *He went after the burglars.* Er verfolgte die Einbrecher. **ˌgo 'after sb/sth** hinter jdm/etw her sein ◇ *We're both going after the same job.* Wir bewerben uns beide um dieselbe Stelle.

ˌgo a'gainst sb zu jds Ungunsten ausfallen **ˌgo a'gainst sb/sth** sich jdm/etw widersetzen ◇ *He went against my wishes.* Er handelte meinen Wünschen zuwider. **ˌgo a'gainst sth** einer Sache widersprechen

ˌgo a'head **1** vorfahren, vorgehen **2** durchgeführt werden, stattfinden ◇ *The meeting went ahead without them.* Die Besprechung fand ohne sie statt. ◇ *The building of the bridge will go ahead as planned.* Die Brücke wird wie geplant gebaut. **3** ◇ *'May I start now?' 'Yes, go ahead.'* „Kann ich jetzt anfangen?" „Ja, nur zu." **ˌgo a'head with sth** etw (tatsächlich) durchführen

ˌgo a'long **1** hingehen, mitgehen **2** ◇ *as you go along* nach und nach ◇ *You'll improve as you go along.* Mit der Zeit wirst du besser werden. ◇ *I'll explain things as I go along.* Ich erkläre dabei dann alles. ◇ *He made up the story as he went along.* Er hat sich die Geschichte aus den Fingern gesogen. **3** vorangehen, Fortschritte machen ◇ *Things are going along nicely.* Es läuft gut. **ˌgo a'long with sb/sth** mit jdm/etw einverstanden sein

ˌgo a'round/'round **1** sich drehen **2** ◇ *There aren't enough chairs to go around.* Wir haben nicht genügend Stühle für alle. **3** (*BrE auch* **ˌgo a'bout**) herumgehen, herumlaufen ◇ *She often goes around barefoot.* Sie läuft oft barfuß herum. ◇ (*fig*) *It's unprofessional to go around criticizing your colleagues.* Es ist nicht professionell seine Kollegen ständig zu kritisieren. ◇ *You can't go around doing that.* So was tut man nicht. **4** (*Gerücht etc.*) umgehen **ˌgo a'round/'round (to ...)** (zu ...) gehen ◇ *I'm going around to my sister's.* Ich besuche meine Schwester.

'go at sb auf jdn losgehen **'go at sth** sich an etw machen ◇ *They went at the job as if their lives depended on it.* Sie arbeiteten, als würde ihr Leben davon abhängen.

ˌgo a'way **1** weggehen ◇ *Go away and think about it.* Überlegen Sie es sich. **2** wegfahren, verreisen **3** verschwinden ◇ *The smell still hasn't gone away.* Der Geruch ist immer noch nicht weg.

ˌgo 'back ◇ *Dave and I go back twenty years.* Dave und ich kennen uns schon seit zwanzig Jahren. **ˌgo 'back (to ...)** zurückgehen (zu ...) ◇ *This toaster will have to go back.* Ich muss den Toaster zurückbringen. ◇ *I'd like to go back there.* Da würde ich gern mal wieder hin. **ˌgo 'back (to sth)** **1** (auf etw) zurückkommen ◇ *There's no going back.* Es gibt kein Zurück mehr. ◇ *Let's go back to the beginning.* Lasst uns noch mal von vorne anfangen. **2** (auf etw) zurückgehen ◇ *These ideas go back a long way.* Diese Vorstellungen gibt es schon lange. **ˌgo 'back on sth** etw nicht (ein)halten ◇ *He never goes back on his word.* Er hält immer sein Wort. **ˌgo 'back to sth** wieder mit etw anfangen ◇ *They go back to school next week.* Die Schule fängt nächste Woche wieder an.

ˌgo be'fore (*gehoben*) vorangehen ◇ *This crisis is worse than any that have gone before.* Diese Krise ist schlimmer als alle früheren. **'go before sb/sth** vor jdn/etw kommen ◇ *go before the committee* vor den Ausschuss kommen

ˌgo be'yond sth etw übersteigen

ˌgo 'by **1** vorbeigehen/-fahren **2** (*Zeit*) vergehen ◇ *as time goes by* mit der Zeit **'go by sth** sich nach etw richten, nach etw gehen

ˌgo 'down **1** nach unten gehen/fahren **2** hinfallen **3** (*Schiff*) sinken **4** (*Sonne*) untergehen **5** (*Essen, Getränk*) ◇ *The food wouldn't go down.* Ich konnte das Essen nicht schlucken. ◇ *A glass of wine would go down very nicely.* Ein Glas Wein wäre jetzt genau das Richtige. **6** (*umgs*) (*Qualität, Leistung*) nachlassen; (*Gegend*) herunterkommen **7** (*Preis etc.*) sinken, fallen ◇ *Oil is going down in price.* Die Ölpreise fallen. **8** (COMP) ausfallen **9** (*BrE, gehoben*) = die Universität (besonders Oxford und Cambridge) am Ende des Semesters oder des Studiums verlassen ◇ *When do the students go down?* Wann ist das Semester zu Ende? **ˌgo 'down (in sth)** (in etw) vermerkt werden ◇ *go down in history* in die Geschichte eingehen **ˌgo 'down on sb** (*Slang*) es jdm mit dem Mund machen **ˌgo 'down (to sb)** (gegen jdn) verlieren **ˌgo 'down (to ...) (from ...)** (*Richtung Süden*) (von ...) (nach ...) hinunterfahren; (*aus der Großstadt*) (von ...) (nach ...) hinausfahren ◇ *go down to Brighton* nach Brighton runterfahren ◇ *go down to the country* aufs Land fahren **ˌgo 'down with sth** (*Krankheit*) bekommen

'go for sb auf jdn losgehen **'go for sb/sth** **1** für jdn/etw gelten, auf jdn/etw zutreffen **2** jdn/etw holen gehen **3** jdn/etw gut finden ◇ *I don't go for modern furniture.* Moderne Möbel gefallen mir nicht. **'go for sth** **1** (*wählen*) etw nehmen **2** ◇ *Go for it! You can beat him.* Los! Du kannst ihn schlagen! ◇ *It sounds a great idea. Go for it!* Das ist eine großartige Idee. Tu's einfach!

ˌgo 'in **1** hineingehen **2** (*Sonne*) (hinter einer Wolke) verschwinden **ˌgo 'in for sth** **1** (*BrE*) (*Wettbewerb*) an etw teilnehmen; (*Prüfung*) machen **2** sich für etw interessieren ◇ *She doesn't go in for sport much.* Für Sport hat sie nicht viel übrig. **ˌgo ˈin with sb** sich mit jdm zusammentun

ˌgo ˈinto sth **1** in etw hineingehen **2** (*Fahrzeug*) gegen etw fahren **3** in etw geraten ◇ *The car went into a skid.* Das Auto geriet ins Schleudern. **4** (*Beruf, Organisation*) ◇ *go into teaching* Lehrer(in) werden ◇ *go into Parliament* Abgeordnete(r) werden ◇ *go into the navy* zur Marine gehen **5** etw beginnen ◇ *He went into a long explanation of the affair.* Er fing an die Sache lang und breit zu erklären. **6** sich mit etw befassen ◇ *Let's not go into that.* Lassen wir das! **7** (*Zeit, Mühe, Geld*) für etw aufgewendet werden ◇ *A lot of work went into it.* Darin steckt viel Arbeit.

ˌgo ˈoff **1** (los)gehen, (los)fahren ◇ *She went off to get a drink.* Sie ging sich etwas zu trinken holen. **2** (*Waffe, Alarmanlage*) losgehen; (*Bombe*) explodieren; (*Wecker*) klingeln **3** (*Licht etc.*) ausgehen **4** (*BrE, umgs*) einschlafen **5** (*bes BrE*) (*Lebensmittel*) schlecht werden **6** (*Qualität*) schlechter werden **ˌgo ˈoff sb/sth** (*BrE*) jdn/etw nicht mehr mögen **ˌgo ˈoff with sb/sth** mit jdm/etw durchbrennen

ˌgo ˈon **1** auftreten **2** (SPORT) eingewechselt werden **3** (*Licht etc.*) angehen **4** (*Zeit*) verstreichen ◇ *as the evening went on* im Laufe des Abends ◇ *as time went on* mit der Zeit **5** (*meist* **be going on**) passieren, vor sich gehen ◇ *What's going on here?* Was ist hier los? **6** weitergehen ◇ *We can't go on like this.* So kann es nicht weitergehen. ◇ *It went on for hours.* Es dauerte stundenlang. **7** (*beim Sprechen*) fortfahren **8** ◇ *Go on! Jump!* Nun spring schon! ◇ *Go on! I don't believe you.* Hör auf! Das glaube ich nicht. **ˌgo ˈon (ahead)** vorfahren, vorgehen **ˈgo on sth** sich auf etw stützen ◇ *The police don't have much to go on.* Die Polizei hat kaum Anhaltspunkte. **ˌgo ˈon (about sb/sth)** die ganze Zeit (über jdn/etw) reden ◇ *She does go on sometimes!* Manchmal hört sie einfach nicht auf zu reden! **ˌgo ˈon (at sb)** (*bes BrE, umgs*) (an jdm) herumnörgeln **ˌgo ˈon (with sth)** (mit etw) weitermachen **ˌgo ˈon doing sth** etw weiter tun ◇ *He just went on working.* Er arbeitete einfach weiter. **ˌgo ˈon to sth** zu etw übergehen **go on to do sth** dann etw tun ◇ *The book goes on to describe his war experiences.* In dem Buch werden dann seine Kriegserlebnisse beschrieben. ◇ *She went on to become a doctor.* Sie wurde später Ärztin.

ˌgo ˈout **1** hinausgehen, ausgehen ◇ *She goes out a lot.* Sie geht viel weg. ◇ *go out drinking* in die Kneipe gehen **2** (*Feuer, Licht etc.*) ausgehen **3** (*Wasser, Flut*) zurückgehen ◇ *when the tide's going out* bei Ebbe **4** (*Einladungen etc.*) verschickt werden **5** (*BrE*) (*im Fernsehen etc.*) gesendet werden **6** (*Neuigkeit etc.*) bekannt gegeben werden **ˌgo ˈout (of sth)** **1** (*Turnier etc.*) (aus etw) ausscheiden **2** ◇ *go out (of fashion)* aus der Mode kommen ◇ *They went out years ago.* Sie sind schon seit Jahren nicht mehr in. **ˌgo ˈout of sb/sth** ◇ *All the fight had gone out of him.* Sein Kampfgeist hatte ihn verlassen. ◇ *The heat has gone out of the argument.* Der Streit hat sich entschärft. **ˌgo ˈout (together)** miteinander gehen **ˌgo ˈout with sb** **1** mit jdm ausgehen **2** (*engere Beziehung*) mit jdm gehen

ˌgo ˈover sth **1** über etw gehen **2** etw durchsehen ◇ *Go over your work before you hand it in.* Sieh deine Arbeit noch einmal durch, bevor du sie abgibst. **3** etw durchgehen ◇ *He went over the events of the day in his mind.* Er durchdachte den Tag noch mal. **ˌgo ˈover (to …)** (hinüber)gehen (zu/nach …) ◇ *She went over to talk to him.* Sie ging hinüber, um mit ihm zu reden. ◇ *the Irish who went over to America* die Iren, die nach Amerika gegangen sind **ˌgo ˈover to sb/sth** (*TV, Radio*) zu jdm/etw umschalten **ˌgo ˈover to sth** zu etw überwechseln

ˌgo ˈround = GO AROUND/ROUND **ˌgo ˈround (to …)** = go around/round (to …)

ˌgo ˈthrough (*Vertrag, Geschäft*) abgeschlossen werden; (*Gesetz*) verabschiedet werden ◇ *The deal didn't go through.* Aus dem Geschäft wurde nichts. **go through sth** **1** durch etw gehen/fahren **2** etw durchsehen, etw überprüfen ◇ *He went through his mail.* Er sah seine Post durch. **3** etw durchgehen ◇ *Let's go through the details again.* Lassen Sie uns die Einzelheiten noch einmal durchgehen. **4** (*Formalitäten*) erledigen **5** (*schwere Zeit etc.*) durchmachen ◇ *She's been going through a bad patch recently.* Sie hat in letzter Zeit viel durchgemacht. **6** (*Vorrat, Geld etc.*) aufbrauchen **ˌgo ˈthrough with sth** etw durchziehen ◇ *She decided not to go through with the operation.* Sie entschied sich gegen die Operation.

ˈgo to sb/sth an jdn/etw gehen

ˈgo toˌgether; **go** zusammenpassen **ˌgo toˈgether** Hand in Hand gehen

ˈgo towards sth ein Beitrag zu etw sein ◇ *The money will go towards a car.* Das Geld spare ich für ein Auto.

ˌgo ˈunder **1** (*unter Wasser*) untergehen **2** (*umgs*) (*Firma etc.*) pleitegehen

ˌgo ˈup **1** nach oben gehen/fahren **2** gebaut werden **3** (*Bühnenvorhang*) hochgehen, aufgehen **4** zerstört werden ◇ *The building went up in flames.* Das Gebäude ging in Flammen auf. **5** (*Preis, Temperatur etc.*) steigen ◇ *Petrol is going up in price.* Die Benzinpreise steigen. **6** (*BrE, gehoben*) = am Anfang des Semesters oder des Studiums mit der Universität (besonders Oxford und Cambridge) beginnen ◇ *She went up to Oxford in 1995.* Sie nahm 1995 ihr Studium in Oxford auf. **ˌgo ˈup (to …) (from …)** (*Richtung Norden*) (nach …) (von …) hochfahren; (*in die Großstadt*) (nach …) (von …) (hinein)fahren ◇ *go up to London* nach London fahren **ˌgo ˈup to sb** zu jdm (hin)gehen

ˈgo with sb (*umgs, veraltet*) ◇ *He goes with a different woman every week.* Er hat jede Woche eine andere.

ˌgo ˈwith sth **1** zu etw (dazu)gehören ◇ *A car goes with the job.* Bei der Stelle bekommt man einen Firmenwagen. **2** (*Angebot etc.*) annehmen; (*einem Plan etc.*) zustimmen ◇ *A million? I think we can go with that.* Eine Million? Ich denke, das geht in Ordnung. **3** zu etw passen **4** mit etw einhergehen

ˌgo wiˈthout nicht genug/nichts haben ◇ *There wasn't time for breakfast, so I had to go without.* Zum Frühstücken war keine Zeit, also habe ich nichts gegessen. **ˌgo wiˈthout sth** etw nicht bekommen, auf etw verzichten ◇ *She went without sleep for three days.* Sie hat drei Tage lang nicht geschlafen.

▸ ***Nomen*** (*Pl* **goes** /gəʊz; *AmE* goʊz/) **1** (*BrE*) ◇ *Whose go is it?* Wer ist dran? ◇ *It's your go.* Du bist an der Reihe. ◇ *miss a go* einmal aussetzen ◇ *'How much is it to play?' 'It's 50p a go.'* „Wie viel kostet ein Spiel?" „50p." ◇ *Can I have a go on your new bike?* Kann ich mal mit deinem neuen Fahrrad fahren? **2** (*BrE*) Versuch ◇ *I'll give it a go.* Ich versuch's mal. ◇ *It took three goes to get it right.* Wir haben es erst nach drei Anläufen geschafft. **3** (*BrE*) Schwung, Elan → *Siehe auch* NO-GO AREA **IDM** **at one ˈgo** (*BrE*) auf einmal ◇ *She blew out the candles at one go.* Sie blies alle Kerzen auf einmal aus. **first, second, etc. ˈgo** (*BrE*) beim ersten, zweiten etc. Versuch ◇ *I passed my driving test first go.* Ich habe meine Fahrprüfung auf Anhieb bestanden. **have a ˈgo (at sth/at doing sth)** probieren (etw zu tun); sich (an etw) versuchen ◇ *'I can't start the car.' 'Let me have a go.'* „Der Wagen springt nicht an." „Lass mich mal probieren." ◇ *I've always wanted to have a go at windsurfing.* Ich wollte schon immer mal windsurfen. **have a ˈgo** (*bes BrE, umgs*) jdn angreifen ◇ *They were standing round him, all waiting to have a go.* Sie standen alle um ihn herum und warteten darauf, sich mit ihm anzulegen. **have a ˈgo at sb** (*umgs*) jdn heruntermachen ◇ *The boss had a go at me for being late for work.* Der Chef hat mich heruntergemacht, weil ich zu spät zur Arbeit kam. **have sth on the ˈgo** (*umgs*) ◇ *We have a number of projects on the go.* Wir haben mehrere Projekte laufen. ◇ *I always have three or four books on the go at once.* Ich lese immer drei oder vier Bücher gleichzeitig. **in one 'go** (*umgs*) auf einmal ◇ *I'd rather do the journey in one go, and not stop on the way.* Ich möchte lieber durchfahren, ohne Pause. **it's all 'go** (*BrE, umgs*) es ist ständig was los ◇ *It was all go in the office today.* Heute war im Büro ganz schön was los. **leave 'go/'hold (of sth)** (*BrE, umgs*) (etw) loslassen ◇ *Leave go of my arm—you're hurting me!* Lass meinen Arm los—du tust mir weh! **make a 'go of sth** (*umgs*) (*Geschäft*) zu einem Erfolg machen; (*in der Ehe*) es ernsthaft miteinander versuchen **on the 'go** (*umgs*) auf Trab ◇ *I've been on the go all day.* Ich war den ganzen Tag beschäftigt. ◇ *Having four children keeps her on the go.* Die vier Kinder halten sie auf Trab. → *Siehe auch* LET

goad /gəʊd; *AmE* goʊd/ *Verb, Nomen*

▸ ***Verb*** provozieren, antreiben ◇ *He finally goaded her into answering.* Es gelang ihm schließlich, sie so zu provozieren, dass sie antwortete. PHR V **,goad sb 'on** jdn antreiben

▸ ***Nomen*** **1** Stachelstock **2** (*fig*) Ansporn

'go-ahead *Nomen, Adj*

▸ ***Nomen*** **the go-ahead** [Sing] grünes Licht ◇ *They've been given the go-ahead to start building.* Sie haben das grüne Licht für den Baubeginn bekommen.

▸ ***Adj*** fortschrittlich, progressiv

goal 0-w /gəʊl; *AmE* goʊl/ *Nomen* **1** (SPORT) Tor ◇ *Who is/plays in goal for Arsenal?* Wer steht für Arsenal im Tor? **2** Ziel ◇ *pursue/achieve a goal* ein Ziel verfolgen/erreichen

goal·keep·er /'gəʊlki:pə(r); *AmE* 'goʊl-/ (*umgs* **goalie** /'gəʊli; *AmE* 'goʊ-/; *BrE, umgs* **keep·er**) *Nomen* Torwart, Torfrau

'goal kick *Nomen* (*beim Fußball*) Abstoß

goal·less /'gəʊlləs; *AmE* 'goʊl-/ *Adj* (*BrE*) (SPORT) torlos (*BrE*)

'goal line *Nomen* (SPORT) Torlinie

goal·mouth /'gəʊlmaʊθ; *AmE* 'goʊl-/ *Nomen* (SPORT) = Raum unmittelbar vor dem Tor

goal·post /'gəʊlpəʊst; *AmE* 'goʊlpoʊst/ (*auch* **post**) *Nomen* Torpfosten IDM **move, etc. the 'goalposts** (*BrE, umgs, abwert*) die Spielregeln ändern; die Bedingungen ändern

goal·scorer /'gəʊlskɔ:rə(r); *AmE* 'goʊl-/ *Nomen* (SPORT) Torschütze

goal·tender /'gəʊltendə(r); *AmE* 'goʊl-/ *Nomen* (*AmE*) Torwart, Torfrau

goat /gəʊt; *AmE* goʊt/ *Nomen* **1** Ziege → *Siehe auch* BILLY GOAT **2 old ~** (*umgs*) geiler Bock IDM **get sb's 'goat** (*umgs*) jdn ärgern; jdn aufregen → *Siehe auch* SHEEP

goatee /gəʊ'ti:; *AmE* goʊ'-/ *Nomen* Spitzbart

goat·herd /'gəʊthɜ:d; *AmE* 'goʊthɜ:rd/ *Nomen* Ziegenhirt(in)

goat·skin /'gəʊtskɪn; *AmE* 'goʊt-/ *Nomen* Ziegenleder

gob /gɒb; *AmE* gɑ:b/ *Nomen, Verb*

▸ ***Nomen*** **1** (*BrE, Slang, abwert*) (*Mund*) Schnauze ◇ *Shut your gob!* Halt die Schnauze! **2** (*umgs*) Klecks **3** (*meist* **gobs**) [Pl] (*AmE, umgs*) Batzen ◇ *great gobs of cash* ein Batzen Geld

▸ ***Verb*** (*BrE, Slang*) (**-bb-**) spucken

gob·bet /'gɒbɪt; *AmE* 'gɑ:bɪt/ *Nomen* (*umgs*) Klecks, Stückchen

gob·ble /'gɒbl; *AmE* 'gɑ:bl/ *Verb* **1 ~ sth (up/down)** etw hinunterschlingen **2** (*Truthahn*) kollern PHR V **,gobble sth 'up** (*umgs*) etw verschlingen; (*Firma*) schlucken ◇ *Hotel costs gobbled up most of their holiday budget.* Die Hotelkosten verschlangen den größten Teil ihres Urlaubsbudgets.

gobble·de·gook (*auch* **gobble·dy·gook**) /'gɒbldigu:k; *AmE* 'gɑ:b-/ *Nomen* (*umgs*) Kauderwelsch

'go-between *Nomen* Vermittler(in)

gob·let /'gɒblət; *AmE* 'gɑ:blət/ *Nomen* Kelch, Pokal

gob·lin /'gɒblɪn; *AmE* 'gɑ:blɪn/ *Nomen* Kobold

gob·smacked /'gɒbsmækt; *AmE* 'gɑ:bs-/ *Adj* (*BrE, umgs*) (*überrascht*) platt

gob·stop·per /'gɒbstɒpə(r); *AmE* 'gɑ:bstɑ:pər/ *Nomen* (*BrE*) = Riesenbonbon

'go-cart (*AmE*) = GO-KART

god 0-w /gɒd; *AmE* gɑ:d/ *Nomen* **1 God** [Sing] Gott ◇ *Do you believe in God?* Glaubst du an Gott? **2** Gott ◇ *the Roman god of war* der römische Kriegsgott (*fig*) ◇ *To her fans she's a god.* Für ihre Fans ist sie eine Göttin. **3** (Ab)gott, Götze **4 the gods** [Pl] (*BrE, umgs*) (THEAT) die Galerie IDM **by 'God!** (*umgs, veraltet*) bei Gott! **God; God al'mighty; God in 'heaven; good 'God; my 'God** (*auch* **oh 'God**) (*umgs*) (*zur Verstärkung oder als Ausdruck der Überraschung, des Schocks oder Ärgers gebraucht*) oh Gott **'God 'bless** Gottes Segen; Gott mit dir ◇ *Goodnight, God bless.* Gute Nacht und Gottes Segen. **God 'rest his/her soul; God 'rest him/her** (*umgs, veraltet*) Gott hab ihn selig **God's 'gift (to sb/sth)** (*hum, iron*) das, worauf jd/etw nur gewartet hat ◇ *He thinks he's God's gift to women.* Er glaubt, er sei der Traum aller Frauen. **God 'willing** (*umgs*) so Gott will **play 'God** Gott spielen **to 'God/'goodness/'Heaven** (*nach einem Verb zur Verstärkung gebraucht*) inständig ◇ *I wish to God you'd listen!* Wenn du doch bloß zuhören würdest! **ye 'gods!** (*umgs*) ach du meine Güte! → *Siehe auch* ACT, FEAR, FORBID, GRACE, HELP, HONEST, KNOW, LAP, LOVE, MAN, NAME, SAKE *und* THANK

god·child /'gɒdtʃaɪld; *AmE* 'gɑ:d-/ *Nomen* (*Pl* **god·children** /-tʃɪldrən/) Patenkind

god·dam (*auch* **god·damn** /'gɒddæm; *AmE* 'gɑ:d-/; **god·damned** /-dæmd/) *Adj, Adv* (*bes AmE, vulg, Slang*) verdammt

'god-daughter *Nomen* Patentochter

god·dess /'gɒdes, -dəs; *AmE* 'gɑ:dəs/ *Nomen* Göttin (*auch fig*)

god·father /'gɒdfɑ:ðə(r); *AmE* 'gɑ:d-/ *Nomen* Patenonkel, Pate (*auch fig*)

'God-fearing *Adj* (*veraltet*) gottesfürchtig

god·for·saken /'gɒdfəseɪkən; *AmE* 'gɑ:dfərseɪ-/ *Adj* [nur vor Nomen] gottverlassen

'God-given *Adj* ◇ *a God-given duty* eine gottgegebene Pflicht ◇ *a God-given publicity opportunity* eine Werbemöglichkeit wie vom Himmel geschickt ◇ *None of them has a God-given right to play for England.* Keiner von ihnen hat automatisch das Recht auf einen Platz in der englischen Nationalmannschaft.

god·head /'gɒdhed; *AmE* 'gɑ:d-/ *Nomen* **the Godhead** (*gehoben*) der dreieinige Gott

god·less /'gɒdləs; *AmE* 'gɑ:d-/ *Adj* gottlos

god·less·ness /'gɒdləsnəs; *AmE* 'gɑ:d-/ *Nomen* Gottlosigkeit

god·like /'gɒdlaɪk; *AmE* 'gɑ:d-/ *Adj* gottähnlich, göttlich, göttergleich

god·li·ness /'gɒdlinəs; *AmE* 'gɑ:d-/ *Nomen* Gottgefälligkeit

godly /'gɒdli; *AmE* 'gɑ:d-/ *Adj* (*veraltet*) gottgefällig

god·mother /'gɒdmʌðə(r); *AmE* 'gɑ:d-/ *Nomen* Patin, Patentante

god·par·ent /'gɒdpeərənt; *AmE* 'gɑ:dperənt/ *Nomen* Pate, Patin ◇ *his godparents* seine Paten

god·send /'gɒdsend; *AmE* 'gɑ:d-/ *Nomen* [Sing] Geschenk des Himmels, Segen

god·son /'gɒdsʌn; *AmE* 'gɑ:d-/ *Nomen* Patensohn

goer /'gəʊə(r); *AmE* 'goʊ-/ *Nomen* **1 -goer** (*in Zusammensetzungen*) -gänger(in) ◇ *a cinema-goer* ein Kinogänger **2** (*BrE, umgs*) ◇ *I'll bet she was a bit of a goer* *when she was young.* Ich wette, die war bestimmt nicht ohne, als sie jünger war.

gofer /ˈɡəʊfə(r); *AmE* ˈɡoʊ-/ *Nomen* (*umgs*) Mädchen für alles

gog·gle /ˈɡɒɡl; *AmE* ˈɡɑːɡl/ *Verb* (*umgs, veraltet*) gaffen; **~ at sb/sth** jdn/etw begaffen

gog·gles /ˈɡɒɡlz; *AmE* ˈɡɑːɡlz/ *Nomen* [Pl] Schutzbrille ◇ *a pair of ski goggles* eine Skibrille

going /ˈɡəʊɪŋ; *AmE* ˈɡoʊ-/ *Nomen, Adj*

▸ ***Nomen*** **1** [Sing] (*gehoben*) Weggang, Weggehen ◇ *We were all sad at her going.* Wir waren alle traurig, als sie ging. **2** (*mit einem Adjektiv*) Tempo ◇ *Walking four miles in an hour is pretty good going for me.* Vier Meilen pro Stunde ist ein ziemlich gutes Tempo für mich. ◇ *It's still pretty slow going.* Es geht nach wie vor nur langsam voran. ◇ *She had her own company by 25 — not bad going!* Mit 25 hatte sie schon ihre eigene Firma — nicht schlecht! ◇ *It was hard going getting up at five.* Es war schon schwer um fünf aufzustehen. **3** Geläuf IDM → COMING, GOOD, HARD *und* HEAVY

▸ ***Adj*** **-going** (*in Zusammensetzungen*) ◇ *the theatre-going public* das regelmäßige Theaterpublikum IDM **the ˌgoing ˈrate (for sth)** der geltende Satz (für etw) ◇ *They pay slightly more than the going rate.* Sie zahlen etwas mehr als das Übliche.

ˌgoing-ˈover *Nomen* [Sing] (*umgs*) **1 give sth a ~** etw gründlich untersuchen/putzen **2 give sb a ~** jdm eine Tracht Prügel verpassen

ˌgoings-ˈon *Nomen* [Pl] (*umgs*) (*Ereignisse*) Dinge ◇ *There were some strange goings-on next door.* Nebenan sind seltsame Dinge passiert.

goitre (*AmE* **goi·ter**) /ˈɡɔɪtə(r)/ *Nomen* Kropf

go-kart (*AmE* **go-cart**) /ˈɡəʊ kɑːt; *AmE* ˈɡoʊ kɑːrt/ *Nomen* Gokart

gold 0‑ /ɡəʊld; *AmE* ɡoʊld/ *Nomen, Adj*

▸ ***Nomen*** **1** Gold ◇ *made of solid/pure gold* aus massivem/reinem Gold ◇ *His wife was dripping with gold.* Seine Frau war über und über mit Gold behängt. **2** Gold(gelb) ◇ *the reds and golds of the autumn trees* die Rot- und Goldtöne des Herbstes **3** = GOLD MEDAL IDM **a crock/pot of ˈgold** eine unerreichbare Belohnung ◇ *They all go to America because they think the pot of gold lies there.* Sie gehen alle nach Amerika, weil sie glauben, dort ihr Glück finden zu können. **(as) good as ˈgold** (*umgs*) sehr brav ◇ *The kids have been as good as gold all day.* Die Kinder sind den ganzen Tag sehr lieb gewesen. → *Siehe auch* HEART, STREET, STRIKE *und* WORTH

▸ ***Adj*** goldfarben

ˈgold dust *Nomen* Goldstaub IDM **like ˈgold dust** (*BrE*) eine Rarität ◇ *Tickets for the final are like gold dust.* Karten für das Endspiel sind kaum zu haben.

gold·en /ˈɡəʊldən; *AmE* ˈɡoʊl-/ *Adj* **1** (*gehoben*) golden ◇ *a golden crown* eine goldene Krone ◇ *a golden opportunity* eine einmalige Gelegenheit **2** goldgelb, goldbraun IDM → KILL, MEAN *und* SILENCE

ˈgolden age *Nomen* [meist Sing] goldenes Zeitalter

ˌgolden anniˈversary *Nomen* (*Pl* **-ies**) (*AmE*) **1** goldene Hochzeit **2** 50-jähriges Jubiläum

ˌgolden ˈeagle *Nomen* Steinadler

ˌgolden ˈhandshake *Nomen* (große) Abfindungssumme, goldener Handschlag

ˌgolden ˈjubilee *Nomen* (*BrE*) 50-jähriges Jubiläum

ˌgolden ˈraisin *Nomen* (*AmE*) Sultanine

ˌgolden reˈtriever *Nomen* Golden Retriever

ˌgolden ˈrule *Nomen* [meist Sing] goldene Regel

ˌgolden ˈsyrup *Nomen* (*BrE*) = zum Kochen verwendeter aus Zucker hergestellter gelber Sirup

ˌgolden ˈthread *Nomen* [meist Sing] roter Faden

ˌgolden ˈwedding (*auch* **ˌgolden ˈwedding anniversary**) *Nomen* goldene Hochzeit

gold·field /ˈɡəʊldfiːld; *AmE* ˈɡoʊld-/ *Nomen* Goldfeld

gold·finch /ˈɡəʊldfɪntʃ; *AmE* ˈɡoʊld-/ *Nomen* Distelfink, Stieglitz

gold·fish /ˈɡəʊldfɪʃ; *AmE* ˈɡoʊld-/ *Nomen* (*Pl* **gold·fish**) Goldfisch

ˌgold ˈleaf (*auch* **ˌgold ˈfoil**) *Nomen* Blattgold

ˌgold ˈmedal (*auch* **gold**) *Nomen* Goldmedaille

ˌgold ˈmedallist (*AmE* **ˌgold ˈmedalist**) *Nomen* Goldmedaillengewinner(in)

ˈgold mine *Nomen* **1** Goldmine **2** (*fig*) Goldgrube

ˌgold ˈplate *Nomen* **1** goldenes Tafelgeschirr **2** vergoldetes Gerät **3** Goldauflage

ˌgold-ˈplated *Adj* vergoldet

ˈgold rush *Nomen* Goldrausch

gold·smith /ˈɡəʊldsmɪθ; *AmE* ˈɡoʊld-/ *Nomen* Goldschmied(in)

ˈgold standard *Nomen* Goldstandard

golf /ɡɒlf; *AmE* ɡɑːlf/ *Nomen* Golf

ˈgolf club *Nomen* **1** Golfschläger **2** Golfklub

ˈgolf course (*auch* **course**) *Nomen* Golfplatz

golf·er /ˈɡɒlfə(r); *AmE* ˈɡɑːl-/ *Nomen* Golfer(in)

golf·ing /ˈɡɒlfɪŋ; *AmE* ˈɡɑːl-/ *Nomen* Golf ◇ *his golfing career* seine Karriere als Golfspieler

ˈgolf links (*Pl* **golf links**) (*auch* **links**) *Nomen* (*besonders am Meer gelegener*) Golfplatz

gol·li·wog /ˈɡɒliwɒɡ; *AmE* ˈɡɑːliwɑːɡ/ (*umgs* **golly** /ˈɡɒli; *AmE* ˈɡɑːli/ (*Pl* **-ies**)) *Nomen* = Stoffpuppe mit schwarzem Gesicht und kurzen schwarzen Haaren

golly /ˈɡɒli; *AmE* ˈɡɑːli/ *Ausruf* (*umgs, veraltet*) Mann!

gonad /ˈɡəʊnæd; *AmE* ˈɡoʊ-/ *Nomen* (ANAT) Gonade, Keimdrüse

gon·dola /ˈɡɒndələ; *AmE* ˈɡɑːn-, ɡɑːnˈdoʊlə/ *Nomen* Gondel

gon·do·lier /ˌɡɒndəˈlɪə(r); *AmE* ˌɡɑːndəˈlɪr/ *Nomen* Gondoliere

gone /ɡɒn; *AmE* ɡɔːn/ *Adj, Präp* → *Siehe auch* GO

▸ ***Adj*** [nicht vor Nomen] **1** alle ◇ *'Where's the coffee?' 'It's all gone.'* „Wo ist der Kaffee?" „Er ist alle." **2** weg, fort ◇ *'Is Tom here?' 'No, he was gone before I arrived'.* „Ist Tom hier?" „Nein, er war schon weg als ich kam." **3** (*gehoben*) vorbei ◇ *Those days are gone.* Die Zeiten sind vorbei. **4** (*BrE, umgs*) (*schwanger*) ◇ *She's seven months gone.* Sie ist im siebten Monat. IDM → DEAD

▸ ***Präp*** (*BrE, umgs*) nach ◇ *It's gone six o'clock already.* Es ist schon sechs Uhr durch.

goner /ˈɡɒnə(r); *AmE* ˈɡɔːnər/ *Nomen* (*umgs*) **be a ~** es nicht mehr lange machen ◇ *I thought I was a goner.* Ich dachte, es sei aus mit mir.

gong /ɡɒŋ; *AmE* ɡɔːŋ/ *Nomen* **1** Gong **2** (*BrE, umgs*) Orden, Medaille

gonna /ˈɡʌnə/ (*umgs*) (*Schreibweise, die eine umgangssprachliche Aussprache von „going to" wiedergibt*) ◇ *What's she gonna do now?* Was wird sie jetzt machen?

go·nor·rhoea (*auch* **go·nor·rhea**) /ˌɡɒnəˈrɪə; *AmE* ˌɡɑːnəˈriːə/ *Nomen* Gonorrhöe

goo /ɡuː/ *Nomen* (*umgs*) Schmiere, klebriges Zeug

good 0‑ /ɡʊd/ *Adj, Nomen, Adv*

▸ ***Adj*** (**bet·ter** /ˈbetə(r)/, **best** /best/)

• **gut** **1** gut ◇ *This is as good a time as any to discuss it.* Wir können es genauso gut gleich besprechen. ◇ *'I've ordered some drinks.' 'Good man!'* „Ich habe schon etwas zu trinken bestellt." „Gut gemacht!" ◇ *It's a good thing you're not a vegetarian.* Ein Glück, dass du kein Vegetarier bist. **2 be ~ at sth** etw gut können ◇ *She's good at history.* Sie ist gut in Geschichte. ◇ *Is he good at his job?* Macht er seine Arbeit gut? **3** [nicht vor Nomen] **be ~ with sth/sb** mit etw/jdm gut umgehen können ◇ *She's good with her hands.* Sie ist handwerklich sehr geschickt. **4** rechtschaffen, gut ◇ *He is a very good man.* Er ist ein sehr anständiger Mensch. **5** schön, angenehm **6** ~ **(to sb)** gut (zu jdm), lieb (zu jdm) ◇ *He was very good to me when I was ill.* Als ich krank war, hat er sich sehr um mich gekümmert. **7** ~ **(of sb) (to do sth)** nett (von jdm) (etw zu tun) ◇ *It was very good of you to come.* Es war sehr nett von Ihnen, zu kommen. ◇ *I had to take a week off work but my colleagues were very good about it.* Ich musste mir eine Woche freinehmen, aber meine Kollegen waren sehr entgegenkommend. **8** brav ◇ *Get dressed now, there's a good girl.* Zieh dich jetzt an, so ist's brav.

• **geeignet 9 be ~ (for sb/sth)** jdm/etw guttun ◇ *Too much sugar isn't good for you.* Zu viel Zucker ist nicht gesund. ◇ *It's good for you to get some criticism now and then.* Etwas Kritik ab und zu tut einem gut. **10 be no ~** nichts nützen ◇ *It's no good complaining.* Es hat keinen Zweck sich zu beschweren. **11** günstig, geeignet ◇ *She would be good for the job.* Sie wäre für die Stelle geeignet. ◇ *Monday would be good for me.* Montag würde mir passen.

• **Mengen 12** ◇ *a good many people* viele Leute ◇ *a good while* ziemlich lange ◇ *There's a good deal of evidence that ...* Es spricht eine ganze Menge dafür, dass ... ◇ *There's a good chance that I won't be here next year.* Es ist durchaus möglich, dass ich nächstes Jahr nicht hier sein werde. **13** (*mehr als*) gut ◇ *a good hour* eine gute Stunde ◇ *It's a good three miles to the station.* Bis zum Bahnhof sind es gute drei Meilen. **14** ordentlich ◇ *We had a good laugh about it afterwards.* Hinterher haben wir ordentlich darüber gelacht.

• **gültig 15** gültig ◇ *The ticket is good for three months.* Die Karte ist drei Monate lang gültig. **16** ◇ *You're good for a few years yet.* Du machst es noch ein paar Jahre. **17** ◇ *He's always good for a laugh.* Mit ihm gibt es immer etwas zu lachen. ◇ *Bobby should be good for a few drinks.* Bobby wird uns bestimmt einen ausgeben.

IDM **as ˈgood as** so gut wie; praktisch **that's as ˌgood as it ˈgets** besser wird es nicht **good and ...** (*umgs*) wirklich ◇ *I won't go until I'm good and ready.* Ich werde erst gehen, wenn ich wirklich bereit bin. ◇ *You stitched me up good and proper.* Du hast mich richtig reingelegt. **a good ˈfew** einige **ˌgood for ˈyou, ˈsb, ˈthem, etc.** (*AusE* **good ˈon you, etc.**) toll **ˌgood to ˈgo** (*Dokument*) fertig; (*Gerät*) sofort einsatzfähig; (*Person*) startklar **while the ˌgoing is ˈgood** (*AmE* **while the getting is good**) solange es noch geht ℹ Für andere Redewendungen mit **good** siehe die Einträge für die Nomina, Verben etc. **(As) good as gold** z.B. steht unter **gold**.

▸ ***Nomen*** → *Siehe auch* GOODS **1** Gute(s) **2** Wohl ◇ *I'm only telling you this for your own good.* Ich sage dir das nur zu deinem Besten. ◇ *What's the good of/What good is it redecorating if you're thinking of moving?* Was bringt es zu tapezieren, wenn du umziehen willst? **3 the good** [Pl] die Guten ◇ *a commission made up of the great and the good* eine mit Honoratioren besetzte Kommission IDM **ˌall to the ˈgood** umso besser ◇ *If these measures also reduce crime, that is all to the good.* Wenn diese Maßnahmen zudem die Kriminalität verringern, dann ist es umso besser. **do some, any, etc. ˈgood** etwas nützen; etwas bringen ◇ *Would talking to her do some good?* Würde es was bringen, wenn man mit ihr redet? **do sb/sth ˈgood** jdm/etw gut tun **for ˈgood** (*BrE auch* **for ˌgood and ˈall**) für immer **no/not much ˈgood; any ˈgood 1** ◇ *It's no good trying to talk me out of leaving.* Es hat keinen Zweck, mich zum Bleiben zu überreden. ◇ *This blender isn't much good.* Dieser Mixer taugt nicht viel. ◇ *Was his advice ever any good?* Haben seine Ratschläge je etwas gebracht? **2** ◇ *Was that book any good?* War das Buch gut? ◇ *His latest film isn't much good.* Sein neuester Film ist nicht besonders. **to the ˈgood** im Plus **be up to no ˈgood** (*umgs*) etwas im Schilde führen ◇ *Those kids are always up to no good* Diese Kinder stellen immer etwas an. → *Siehe auch* ILL, POWER *und* WORLD

▸ ***Adv*** (*bes AmE, umgs*) gut ◇ *'How's it going?' 'Pretty good.'* „Wie geht's?" „Ganz gut." ◇ *Now, you listen to me good!* Jetzt hör mir aber mal gut zu!

good·bye 🔑 /ˌɡʊdˈbaɪ/ *Ausruf, Nomen* auf Wiedersehen ◇ *We waved them goodbye.* Wir winkten ihnen zum Abschied zu. ◇ *We've already said our goodbyes.* Wir haben uns schon verabschiedet. IDM → KISS

ˌgood ˈfaith *Nomen* guter Glaube ◇ *a gesture of good faith* ein Zeichen des Vertrauens

ˌGood ˈFriday *Nomen* Karfreitag

ˌgood ˈhumour (*AmE* **good humor**) *Nomen* gute Laune

ˌgood-ˈhumoured (*AmE* **ˌgood-humored**) *Adj* (*Adv* **ˌgood-ˈhumouredly**; *AmE* **ˌgood-ˈhumoredly**) gut gelaunt, freundlich, gutmütig ◇ *a good-humoured atmosphere* eine freundliche Atmosphäre

goodie = GOODY

ˌgood-ˈlooking *Adj* gut aussehend ◇ *She's strikingly good-looking.* Sie sieht auffallend gut aus.

ˌgood ˈlooks *Nomen* [Pl] gutes Aussehen

good·ly /ˈɡʊdli/ *Adj* [nur vor Nomen] (*veraltet*) **1** (*gehoben*) stattlich ◇ *a goodly sum/number* eine stattliche Summe/Anzahl **2** ansehnlich

ˌgood ˈname *Nomen* guter Ruf

ˌgood ˈnature *Nomen* Gutmütigkeit

ˌgood-ˈnatured *Adj* (*Adv* **ˌgood-ˈnaturedly**) gutmütig

good·ness /ˈɡʊdnəs/ *Nomen* **1** (*als Ausdruck der Überraschung*) ◇ *My goodness!* Du meine Güte! ◇ *Goodness me, no!* Nein, um Himmels willen! ◇ *Goodness gracious!* Du lieber Himmel! **2** Güte ◇ *the belief in the essential goodness of human nature* der Glaube daran, dass der Mensch im Grunde seines Herzens gut ist **3** Nährgehalt IDM **out of the goodness of your ˈheart** aus Herzensgüte ◇ *He lent you the money out of the goodness of his heart?* Er hat dir aus Nächstenliebe das Geld geliehen? → *Siehe auch* GOD, HONEST, KNOW *und* THANK

Goodnight /ˌɡʊdˈnaɪt/ → NIGHT

goods 🔑 /ɡʊdz/ *Nomen* [Pl] **1** Güter, Waren ◇ *sports goods* Sportartikel **2** Gut ◇ *all his worldly goods* sein ganzes Hab und Gut **3** (*BrE*) Güter IDM **be the ˈgoods** (*BrE, umgs*) ganz toll sein **deliver the ˈgoods; come up with the ˈgoods** (*umgs*) die Erwartungen erfüllen

ˌgood ˈsense *Nomen* Vernunft ◇ *Keeping to a low-fat diet makes very good sense.* Eine fettarme Diät ist vernünftig. ◇ *She had the good sense to turn the electricity off first.* Vernünftigerweise hat sie zuerst den Strom abgestellt.

ˈgoods train *Nomen* (*BrE*) Güterzug

ˌgood-ˈtempered *Adj* ausgeglichen, gutmütig

good·will /ˌɡʊdˈwɪl/ *Nomen* **1** Wohlwollen, guter Wille ◇ *a goodwill gesture* eine Geste des guten Willens ◇ *a goodwill visit* ein Freundschaftsbesuch **2** (WIRTSCH) Goodwill

goody (*auch* **goodie** /ˈɡʊdi/) *Nomen* (*Pl* **-ies**) [meist Pl] (*umgs*) **1** gute Sache **2** Gute(r) ◇ *the goodies and the baddies* die Guten und die Bösen

ˈgoody-goody *Nomen* (*Pl* **goody-goodies**) (*umgs, abwert*) Musterkind

gooey /ˈɡuːi/ *Adj* (*umgs*) klebrig

goof /ɡuːf/ *Verb, Nomen*

▸ ***Verb*** (*bes AmE, umgs*) Mist bauen PHR V **ˌgoof aˈround** (*bes AmE, umgs*) herumalbern **ˌgoof ˈoff** (*AmE, umgs*) sich vor der Arbeit drücken

▸ ***Nomen*** (*bes AmE, umgs*) **1** Schnitzer **2** Dussel

ˈgoof-off *Nomen* (*AmE, umgs*) Drückeberger

goofy /ˈɡuːfi/ *Adj* (*bes AmE, umgs*) dämlich

google /ˈɡuːɡl/ *Verb* googeln

googly /ˈɡuːɡli/ *Nomen* (*Pl* **-ies**) (*beim Kricket*) = gedrehter Ball

goolie (*auch* **gooly**) /ˈɡuːli/ *Nomen* (*Pl* **-ies**) [meist Pl] (*BrE, Slang*) Hoden

goon /ɡuːn/ *Nomen* (*umgs*) **1** (*bes AmE*) angeheuerter Schläger **2** (*bes BrE, veraltet*) Dussel

goose /ɡuːs/ *Nomen, Verb*
▸ **Nomen** (*Pl* **geese** /ɡiːs/) **1** Gans ◇ *roast goose* Gänsebraten **2** (*umgs, veraltet*) (dumme) Gans IDM → COOK, KILL *und* SAUCE
▸ **Verb** (*umgs*) **1 ~ sb** jdn in den Po kneifen **2 ~ sth (along/up)** (*AmE*) etw in Schwung bringen

goose·berry /ˈɡʊzbəri; *AmE* ˈɡuːsberi/ *Nomen* (*Pl* **-ies**) Stachelbeere IDM **play ˈgooseberry** (*BrE*) (bei einem Liebespaar) das fünfte Rad am Wagen sein

ˈgoose pimples *Nomen* [Pl] (*seltener* **ˈgoose flesh** [U]; *AmE* **ˈgoose bumps** [Pl]) Gänsehaut ◇ *It gave me goose pimples.* Ich bekam eine Gänsehaut.

ˈgoose-step *Nomen, Verb*
▸ **Nomen** [Sing] Stechschritt
▸ **Verb** (**-pp-**) im Stechschritt marschieren

GOP /ˌdʒiː əʊ ˈpiː; *AmE* oʊ/ *Kurzform von* **Grand Old Party** die Republikanische Partei in den USA

go·pher /ˈɡəʊfə(r); *AmE* ˈɡoʊ-/ *Nomen* **1** Taschenratte **2** Erdhörnchen

gore /ɡɔː(r)/ *Verb, Nomen*
▸ **Verb** aufspießen, durchbohren
▸ **Nomen** Blut

gorge /ɡɔːdʒ; *AmE* ɡɔːrdʒ/ *Nomen, Verb*
▸ **Nomen** Schlucht ◇ *gorge scrambling* Schluchtenklettern
▸ **Verb ~ (yourself) (on sth)** sich (mit etw) den Bauch vollschlagen

gor·geous /ˈɡɔːdʒəs; *AmE* ˈɡɔːrdʒəs/ *Adj* **1** (*umgs*) großartig ◇ *a gorgeous girl* ein hinreißendes Mädchen **2** (*Adv* **gor·geous·ly**) prächtig ◇ *feathers of gorgeous colours* farbenprächtiges Gefieder

gor·gon /ˈɡɔːɡən; *AmE* ˈɡɔːrɡən/ *Nomen* Gorgo

gor·illa /ɡəˈrɪlə/ *Nomen* Gorilla

gorm·less /ˈɡɔːmləs; *AmE* ˈɡɔːrm-/ *Adj* (*BrE, umgs*) dämlich

gorp /ɡɔːp; *AmE* ɡɔːrp/ *Nomen* (*AmE*) Studentenfutter

gorse /ɡɔːs; *AmE* ɡɔːrs/ *Nomen* Stechginster

gory /ˈɡɔːri/ *Adj* **1** (*umgs*) blutig, blutrünstig **2** (*gehoben*) blutbeschmiert

gosh /ɡɒʃ; *AmE* ɡɑːʃ/ *Ausruf* (*veraltet, umgs*) Mensch ◇ *Gosh, is that the time?* Mensch, ist es schon so spät?

gos·ling /ˈɡɒzlɪŋ; *AmE* ˈɡɑːz-/ *Nomen* Gänsejunges

gos·pel /ˈɡɒspl; *AmE* ˈɡɑːspl/ *Nomen* **1** (*meist* **Gospel**) Evangelium (*auch fig*) **2** (*auch* **ˌgospel ˈtruth**) (*umgs*) reine Wahrheit ◇ *Don't take it as gospel.* Nimm es nicht für bare Münze. **3** (*auch* **ˈgospel music**) [U] Gospelsongs

gos·samer /ˈɡɒsəmə(r); *AmE* ˈɡɑːsə-/ *Nomen* [U] **1** Spinnenfäden **2** (*gehoben*) hauchdünnes Material ◇ *gossamer wings* hauchzarte Flügel

gos·sip /ˈɡɒsɪp; *AmE* ˈɡɑːsɪp/ *Nomen, Verb*
▸ **Nomen 1** Klatsch ◇ *It was common gossip that …* Es war allgemein bekannt, dass … ◇ *She loves a good gossip.* Sie tratscht gern. **2** Klatschbase
▸ **Verb ~ (about sb/sth)** (über jdn/etw) klatschen

ˈgossip column *Nomen* Klatschspalte

ˈgossip columnist *Nomen* Klatschkolumnist(in)

gos·sipy /ˈɡɒsɪpi; *AmE* ˈɡɑːsɪ-/ *Adj* geschwätzig ◇ *a gossipy letter* ein Brief mit viel Tratsch

got *Form von* GET

gotcha /ˈɡɒtʃə; *AmE* ˈɡɑːtʃə/ *Ausruf* (*Schreibweise, die eine umgangssprachliche Aussprache von „I've got you" wiedergibt*) **1** hab dich **2** alles klar

goth /ɡɒθ; *AmE* ɡɑːθ/ *Nomen, Adj*
▸ **Nomen** Goth-Rock
▸ (*auch* **gothic**) **Adj** (*Rockmusik*) Goth-

Goth·ic /ˈɡɒθɪk; *AmE* ˈɡɑːθɪk/ *Adj, Nomen*
▸ **Adj 1** gotisch **2** (*Roman, etc.*) Schauer-
▸ **Nomen 1** Gotik **2** Fraktur

ˈgo-to *Adj* [nur vor Nomen] (*bes AmE*) ◇ *He's the go-to guy for all things technical.* Er ist der Ansprechpartner, wenn es um den Bereich Technik geht. ◇ *It's the go-to site for travel advice.* Das ist die Seite, wenn man auf der Suche nach Reisetipps ist. ◇ *go-to recipes for college students* Rezepte, mit denen alle Studenten etwas anfangen können

gotta /ˈɡɒtə; *AmE* ˈɡɑːtə/ (*Schreibweise, die eine umgangssprachliche Aussprache von „got a" oder „got to" wiedergibt*) ◇ *Gotta cigarette?* Hast 'ne Zigarette? ◇ *I gotta go.* Ich muss gehen.

got·ten (*AmE*) *Form von* GET

gou·ache /ɡuˈɑːʃ, ɡwɑːʃ/ *Nomen* Gouache

gouge /ɡaʊdʒ/ *Verb, Nomen*
▸ **Verb 1 ~ sth (in sth)** etw (in etw) reißen ◇ *He had gouged her cheek with a screwdriver.* Er hatte ihre Wange mit einem Schraubenzieher durchbohrt. **2** (*AmE*) preislich übervorteilen ◇ *Price gouging is widespread.* Wucher ist weitverbreitet. PHR V **ˌgouge sth ˈout (of sth)** etw (aus etw) herausreißen ◇ *Glaciers gouged out valleys from the hills.* Gletscher gruben Täler in die Berge.
▸ **Nomen 1** Hohlmeißel **2** Furche, Riss

gou·lash /ˈɡuːlæʃ/ *Nomen* Gulasch

gourd /ɡʊəd, ɡɔːd; *AmE* ɡʊrd, ɡɔːrd/ *Nomen* (Flaschen)kürbis

gour·mand /ˈɡʊəmənd; *AmE* ˈɡʊrmɑːnd/ *Nomen* Schlemmer(in)

gour·met /ˈɡʊəmeɪ; *AmE* ˈɡʊrmeɪ/ *Nomen, Adj*
▸ **Nomen** Feinschmecker(in)
▸ **Adj** Feinschmecker- ◇ *gourmet food* Gerichte für Feinschmecker

gout /ɡaʊt/ *Nomen* Gicht

gov·ern 0▬ /ˈɡʌvn; *AmE* -vərn/ *Verb* **1** regieren **2** bestimmen ◇ *Prices are governed by market demand.* Die Nachfrage bestimmt die Preise. ◇ *a new law governing hunting* ein neues Jagdgesetz **3** (LING) verlangen

gov·ern·ance /ˈɡʌvənəns; *AmE* -vərnəns/ *Nomen* Führung, Regieren

gov·ern·ess /ˈɡʌvənəs; *AmE* -vərnəs/ *Nomen* Gouvernante

gov·ern·ing /ˈɡʌvənɪŋ; *AmE* -vərnɪŋ/ *Adj* regierend ◇ *the governing party* die Regierungspartei

gov·ern·ment 0▬ /ˈɡʌvənmənt; *AmE* -vərn-/ *Nomen* (*oft* **the Government**, **govt**) [mit Verb im Sing/Pl] Regierung ◇ *lead a government* an der Spitze einer Regierung stehen ◇ *resign from the Government* von seinem Regierungsamt zurücktreten ◇ *a government department* ein Ministerium ◇ *government expenditure* öffentliche Ausgaben ◇ *government intervention* ein staatlicher Eingriff ◇ *be in government* an der Macht sein

gov·ern·men·tal /ˌɡʌvnˈmentl; *AmE* ˌɡʌvərnˈmentl/ *Adj* Regierungs-

gov·ern·or 0▬ /ˈɡʌvənə(r); *AmE* -vərnər/ *Nomen* **1** (*meist* **Governor**) Gouverneur **2** (*bes BrE*) Ratsmitglied ◇ *a school governor* ein Mitglied des Schulaufsichtsgremiums ◇ *the board of governors of the museum* die Museumsleitung **3** (*BrE, umgs*) Boss

ˌgovernor ˈgeneral *Nomen* (*Pl* **governors general** *oder* **governor generals**) Generalgouverneur

govt (*bes AmE* **govt.**) *Abk* = GOVERNMENT

gown /gaʊn/ *Nomen* **1** (Fest)kleid ◇ *a wedding gown* ein Hochzeitskleid **2** Robe **3** Kittel

GP /ˌdʒiː ˈpiː/ *Kurzform von* **general practitioner** Allgemeinarzt/-ärztin, Hausarzt/-ärztin

GPA /ˌdʒiː piː ˈeɪ/ (*AmE*) *Kurzform von* **grade point average** Notendurchschnitt

Gp Capt *Abk* = GROUP CAPTAIN

GPS /ˌdʒiː piː ˈes/ *Nomen Kurzform von* **global positioning system** GPS

grab 0→ /græb/ *Verb, Nomen*

▸ ***Verb*** (-bb-) **1** packen ◇ *She grabbed his hand.* Sie packte ihn an der Hand. ◇ *He grabbed hold of me.* Er packte mich. ◇ *grab sb's attention* jds Aufmerksamkeit auf sich ziehen **2** schnappen ◇ *Grab a cab.* Schnapp dir ein Taxi. ◇ *Don't grab.* Sei nicht so gierig. ◇ *grab a sandwich* schnell ein Brot essen ◇ (*umgs*) *Grab a seat.* Setz dich doch. **3** ~ **at/for sth** nach etw greifen **4** ~ **(at) sth** etw ergreifen ◇ *grab the opportunity* die Gelegenheit ergreifen ◇ *He'll grab at any excuse to avoid it.* Er findet immer irgendeine Ausrede, um es nicht tun zu müssen. IDM **how does … grab you?** (*umgs*) was hältst du von … ? ˌ**grab the** ˈ**headlines** Schlagzeilen machen

▸ ***Nomen*** [meist Sing] ~ **(at/for sb/sth)** Griff (nach jdm/etw) ◇ *make a grab at sth* nach etw greifen IDM **up for** ˈ**grabs** (*umgs*) zu haben sein

ˈ**grab bag** *Nomen* (*AmE*) **1** Grabbelsack **2** (*umgs*) Sammelsurium

grace /greɪs/ *Nomen, Verb*

▸ ***Nomen*** **1** Anmut **2** Anstand **3** Aufschub ◇ *give sb a month's grace* jdn einen Monat Aufschub gewähren **4** Gnade **5 graces** [Pl] (*bes BrE*) gute Umgangsformen **6** Tischgebet ◇ *say grace* das Tischgebet sprechen **7 His/Her/Your Grace** = Anrede für eine(n) Herzog(in) oder einen Erzbischof IDM **be in sb's good** ˈ**graces** (*gehoben*) bei jdm gut angeschrieben sein ˌ**fall from** ˈ**grace** in Ungnade fallen **have the (good)** ˈ**grace to do sth** so anständig sein etw zu tun **there but for the grace of God (go I)** es hätte auch mich treffen können **with (a) bad** ˈ**grace** widerwillig; ungehalten **with (a) good** ˈ**grace** bereitwillig; mit Fassung → *Siehe auch* AIR, STATE *und* YEAR

▸ ***Verb*** **1** zieren **2** ~ **sb/sth (with sth)** (*meist hum*) jdn/etw (mit etw) beehren

grace·ful /ˈgreɪsfl/ *Adj* (*Adv* **grace·ful·ly** /-fəli/) **1** anmutig, elegant **2** gefällig, würdevoll

grace·less /ˈgreɪsləs/ *Adj* (*Adv* **grace·less·ly**) **1** ungehobelt **2** unansehnlich **3** plump

gra·cious /ˈgreɪʃəs/ *Adj* (*Adv* **gra·cious·ly**) **1** gütig **2** ◇ *gracious living* kultivierter Luxus ◇ *a gracious avenue* ein eleganter Boulevard **3** ~ **(to sb)** gnädig (jdm gegenüber) IDM **Good/Goodness gracious!** (*veraltet*) Meine Güte!

gra·cious·ness /ˈgreɪʃəsnəs/ *Nomen* **1** Güte, Gnädigkeit **2** Eleganz

grad /græd/ *Nomen* (*bes AmE, umgs*) = GRADUATE

grad·ation /grəˈdeɪʃn/ *Nomen* **1** (*umgs*) Abstufung **2** (Grad)einteilung, Maßeinteilung

grade 0→ /greɪd/ *Nomen, Verb*

▸ ***Nomen*** **1** Güteklasse, Handelsklasse, Qualität **2** Rang, Dienstgrad, Gehaltsstufe **3** Note (*BrE*) **4** (*AmE*) Klasse **5** (*Fachspr*) Schweregrad (*einer Krankheit*) ◇ *low/high grade fever* niedriges/hohes Fieber **6** (*bes AmE*) Steigung, Gefälle **7** (*BrE*) = Musikprüfung eines bestimmten Schwierigkeitsgrads IDM **make the** ˈ**grade** (*umgs*) es schaffen ◇ *I don't think he'll ever make the grade as a pilot.* Ich glaube nicht, dass er es jemals bis zum Piloten bringt.

▸ ***Verb*** **1** ~ **sth/sb (by/according to sth)** etw/jdn (nach etw) einstufen; ~ **sth as sth** etw als etw einstufen ◇ *The containers are graded according to size.* Die Behälter werden der Größe nach sortiert. ◇ *graded tests for language students* Tests unterschiedlicher Schwierigkeitsgrade für Fremdsprachenlerner **2** (*bes AmE*) benoten; (*Schülern*) eine Note geben

ˈ**grade point average** *Nomen* (*Abk* **GPA**) (*im amerikanischen Schulsystem*) Notendurchschnitt

grader /ˈgreɪdə(r)/ *Nomen* (*AmE*) -klässler ◇ *the seventh graders* die Siebtklässler

ˈ**grade school** *Nomen* (*AmE, umgs*) Grundschule

gra·di·ent /ˈgreɪdiənt/ *Nomen* Gefälle; (*bei Bergen auch*) Steigung ◇ *a hill with a gradient of 1 in 4* ein Berg mit einer Steigung von 25%

grad·ual 0→ /ˈgrædʒuəl/ *Adj* (*Adv* **grad·ual·ly** /-əli/) **1** allmählich, langsam **2** (*Anstieg, Gefälle*) sanft

gradu·ate *Nomen, Verb*

▸ ***Nomen*** /ˈgrædʒuət/ (*umgs* **grad**) **1** Hochschulabsolvent(in), Akademiker(in), Graduierte(r) ◇ *She's a graduate in law.* Sie hat einen Abschluss in Jura. ◇ *He is a graduate of Yale/a Yale graduate.* Er hat in Yale studiert. **2** (*AmE*) = Schüler(in), der/die den Abschluss gemacht hat ◇ *He was a graduate of Wheaton High School and Frostburg State University.* Er hatte seinen Abschluss an der Wheaton High School gemacht und an der Frostburg State University studiert.

▸ ***Verb*** /ˈgrædʒueɪt/ **1** einen akademischen Grad erwerben ◇ *Only thirty students graduated in Chinese last year.* Nur dreißig Studenten haben letztes Jahr ein Chinesischstudium abgeschlossen. ◇ *He graduated from York with a first in English.* Er schloss sein Englischstudium in York mit einer Eins ab. **2** (*AmE*) (*an der Schule*) den Abschluss machen ◇ *Martha graduated from high school two years ago.* Martha ist vor zwei Jahren mit der Schule fertig geworden. **3** (*AmE*) ~ **sb** jdm einen akademischen Grad verleihen **4** ~ **(from sth) to sth** (von etw) zu etw aufrücken, (von etw) zu etw avancieren

gradu·ated /ˈgrædʒueɪtɪd/ *Adj* **1** gestaffelt, abgestuft ◇ *graduated tests* in verschiedene Schwierigkeitsstufen unterteilte Tests **2** (*Gefäß etc.*) mit Maßeinteilung; (*Skala*) unterteilt

ˈ**graduate school** (*umgs* ˈ**grad school**) *Nomen* (*AmE*) = Teil einer Universität, in dem man für einen Magister- oder Doktorgrad studieren kann

ˈ**graduate student** *Nomen* = Student(in), der/die sich auf einen Magister- oder Doktorgrad vorbereitet

gradu·ation /ˌgrædʒuˈeɪʃn/ *Nomen* **1** = das Erlangen eines akademischen Grades (in den USA auch des Schulabschlusses) ◇ *It was my first job after graduation.* Es war meine erste Stelle nach dem Studium. **2** = Feier zur Verleihung akademischer Grade **3** (Grad)einteilung, Maßeinteilung

graf·fiti /grəˈfiːti/ *Nomen* [U] Graffiti

graft /grɑːft; *AmE* græft/ *Nomen, Verb*

▸ ***Nomen*** **1** (BOT) Pfropfreis **2** (BOT) Pfropfung **3** (MED) Transplantat, Implantat **4** (MED) Transplantation; (*Gewebe-*) Implantation **5** (*BrE, umgs*) Schufterei **6** (*bes AmE*) Korruption

▸ ***Verb*** **1** ~ **sth (onto/to/into sth)** (MED) etw (auf/in etw) transplantieren, etw (in etw) implantieren **2** ~ **sth (onto sth)** (BOT) etw (auf etw) pfropfen **3** ~ **sth (onto sth)** (*fig*) etw (einer Sache) aufpfropfen **4** (*BrE, umgs*) schuften

graham cracker /ˈgreɪəm krækə(r)/ *Nomen* (*AmE*) = süßlicher Keks aus Vollkornmehl

grail /greɪl/ (*auch* **the** ˌ**Holy** ˈ**Grail**) *Nomen* der (Heilige) Gral

grain 0→ /greɪn/ *Nomen* **1** [U] Getreide **2** Korn ◇ *a few grains of rice* ein paar Körner Reis **3** Funke, Körnchen ◇ *a grain of truth* ein Körnchen Wahrheit **4** Gran **5** Maserung, Korn, Narbung, Faser ◇ *across* *the grain* quer zur Faser IDM **be/go against the 'grain** jdm gegen den Strich gehen

grainy /ˈgreɪni/ *Adj* körnig

gram /græm/ (*BrE auch* **gramme**) *Nomen* (*Abk* **g**) Gramm

gram·mar /ˈgræmə(r)/ *Nomen* Grammatik

ˈgrammar school *Nomen* **1** Gymnasium **2** (*AmE*) Grundschule

gram·mat·ical /grəˈmætɪkl/ *Adj* (*Adv* **gram·mat·ic·al·ly** /-kli/) grammatisch, grammatikalisch ◇ *That sentence is not grammatical.* Der Satz ist ungrammatisch. ◇ *a grammatically correct sentence* ein grammatisch richtiger Satz

gramme (*BrE*) = GRAM

gramo·phone /ˈgræməfəʊn; *AmE* -foʊn/ *Nomen* (*veraltet*) Grammofon

gran /græn/ *Nomen* (*BrE, umgs*) Oma

Gran·ary™ /ˈgrænəri/ *Adj* [nur vor Nomen] (*BrE*) ≈ Vollkorn-

gran·ary /ˈgrænəri/ *Nomen* (*Pl* **-ies**) Getreidespeicher

grand /grænd/ *Adj, Nomen*

▸ ***Adj* 1** prachtvoll, imposant, eindrucksvoll ◇ *The wedding was a very grand occasion.* Die Hochzeit war ein glänzendes Fest. **2** (*Adv* **grand·ly**) groß, großartig **3** (*Adv* **grand·ly**) vornehm, hochnäsig **4** (*Dialekt oder umgs*) fantastisch, toll ◇ *You've done a grand job there.* Das hast du wirklich hervorragend gemacht. **5** [nur vor Nomen] (*in Namen von großen Gebäuden etc.*) Grand- ◇ *the Grand Hotel* das Grandhotel IDM **grand old 'man** Grand Old Man **on a grand 'scale** groß angelegt; im großen Rahmen; im großen Stil

▸ ***Nomen* 1** (*Pl* **grand**) (*umgs*) = tausend Dollar/Pfund ◇ *It'll cost you five grand!* Das kostet dich fünf Riesen! **2** = GRAND PIANO

gran·dad (*bes AmE* **grand·dad**) /ˈgrændæd/ *Nomen* (*umgs*) Opa

grand·child /ˈgræntʃaɪld/ *Nomen* (*Pl* **grand·chil·dren**) Enkel(kind)

grand·daugh·ter /ˈgrændɔːtə(r)/ *Nomen* Enkelin

ˌgrand ˈduchess *Nomen* Großherzogin; (*in Russland*) Großfürstin, Zarewna

ˌgrand ˈduke *Nomen* Großherzog; (*in Russland*) Großfürst, Zarewitsch

gran·dee /grænˈdiː/ *Nomen* Grande ◇ *party grandees* Parteiprominenz

grand·eur /ˈgrændʒə(r), -djə(r)/ *Nomen* **1** Großartigkeit, Glanz ◇ *the grandeur of the mountain scenery* die überwältigende Berglandschaft **2** Würde ◇ *delusions of grandeur* Größenwahn

grand·father /ˈgrænfɑːðə(r)/ *Nomen* Großvater

grandfather 'clock *Nomen* Standuhr

grand·ilo·quent /grænˈdɪləkwənt/ *Adj* (*gehoben, abwert*) hochtrabend, geschwollen

gran·di·ose /ˈgrændiəʊs; *AmE* -dioʊs/ *Adj* (*abwert*) übertrieben, bombastisch ◇ *grandiose ideas* überzogene Vorstellungen

ˌgrand ˈjury *Nomen* (RECHT) (*in den USA*) Großes Geschworenengericht

grand·ly *Adv* → GRAND

grand·ma /ˈgrænmɑː/ *Nomen* (*umgs*) Oma

ˌgrand ˈmaster *Nomen* (*Schach*) Großmeister

grand·mother /ˈgrænmʌðə(r)/ *Nomen* Großmutter IDM → TEACH

ˌgrand ˈopera *Nomen* große Oper

grand·pa /ˈgrænpɑː/ *Nomen* (*umgs*) Opa

grand·par·ent /ˈgrænpeərənt; *AmE* -perənt/ *Nomen* Großvater/Großmutter ◇ *The children are staying with their grandparents.* Die Kinder sind bei ihren Großeltern.

ˌgrand ˈpiano (*auch* **grand**) *Nomen* Flügel

Grand Prix /ˌgrɒ̃ ˈpriː; *AmE* ˌgrɑ̃ː ˈ-/ *Nomen* (*Pl* **Grands Prix** /ˌgrɒ̃ ˈpriː; *AmE* ˌgrɑ̃ː ˈ-/) Grand Prix

ˌgrand ˈslam *Nomen* **1** (*auch* **Grand Slam**) = wichtiger Wettbewerb **2** = Gewinn aller wichtigen Meistertitel, Grandslam **3** (*auch* **grand ˌslam home ˈrun**) (*beim Baseball*) Homerun mit vier Punkten **4** (*beim Kartenspiel*) Schlemm

grand·son /ˈgrænsʌn/ *Nomen* Enkel(sohn)

grand·stand /ˈgrænstænd/ *Nomen* Haupttribüne ◇ *a grandstand finish* eine spannende Schlussphase

grand·stand·ing /ˈgrænstændɪŋ/ *Nomen* (*AmE*) Effekthascherei

ˌgrand ˈtotal *Nomen* Gesamtsumme ◇ *A grand total of 28 women were elected.* Insgesamt wurden 28 Frauen gewählt.

ˌgrand ˈtour *Nomen* **1** (*oft hum*) Besichtigungstour **2** (*auch* **ˌGrand ˈTour**) = Bildungsreise durch die wichtigsten Städte Europas, die junge reiche Engländer und Amerikaner besonders im 18. und 19. Jahrhundert machten

grange /greɪndʒ/ *Nomen* (*BrE*) (*oft als Teil eines Namens*) Gut(shof)

gran·ite /ˈgrænɪt/ *Nomen* Granit

granny (*selten* **gran·nie**) /ˈgræni/ *Nomen, Adj*

▸ ***Nomen*** (*Pl* **-ies**) (*umgs*) Oma

▸ ***Adj*** [nur vor Nomen] altmodisch ◇ *a pair of granny glasses* eine runde Brille mit Goldrand

ˈgranny flat *Nomen* (*BrE, umgs*) Einliegerwohnung

gran·ola /grəˈnəʊlə; *AmE* -ˈnoʊ-/ *Nomen* (*bes AmE*) = Müsli aus gerösteten Getreideflocken mit Nüssen etc.

grant /grɑːnt; *AmE* grænt/ *Verb, Nomen*

▸ ***Verb* 1 ~ sth (to sb); ~ (sb) sth** (jdm) etw bewilligen, (jdm) etw gewähren ◇ *Their application was granted.* Ihrem Antrag wurde stattgegeben. ◇ *I was granted permission to visit the palace.* Mir wurde die Erlaubnis erteilt, den Palast zu besuchen. ◇ *He was granted bail.* Er wurde gegen Kaution freigelassen. ◇ *grant an injunction* eine gerichtliche Verfügung erlassen **2** zugeben, zugestehen ◇ *I grant you (that) it looks good, but it's not practical.* Zugegeben, es sieht gut aus, es ist aber nicht praktisch. IDM **take it for 'granted (that ...)** es für selbstverständlich halten (, dass ...) ◇ *I just took it for granted that he'd always be around.* Für mich war es ganz einfach selbstverständlich, dass er immer da sein würde. **take sb/sth for 'granted** ◇ *You take me for granted!* Für dich ist es ja wohl selbstverständlich, dass ich immer da bin! ◇ *We take clean water for granted.* Für uns ist sauberes Wasser zur Selbstverständlichkeit geworden.

▸ ***Nomen*** Zuschuss, Stipendium ◇ *As a student, he didn't get a grant.* Er hat als Student kein BAföG bekommen.

grant·ed /ˈgrɑːntɪd; *AmE* ˈgræn-/ *Adv, Konj*

▸ ***Adv*** zugegeben ◇ *'You could have done more.' 'Granted.'* „Du hättest mehr tun können." „Das gebe ich zu."

▸ ***Konj*** **~ (that) ...** in Anbetracht der Tatsache, dass ...

grant-mainˈtained *Adj* (*Abk* **GM**) = beschreibt Schulen in England und Wales, die ausschließlich von den **school governors** geleitet werden und alle Gelder direkt von der Regierung erhalten

granu·lar /ˈgrænjələ(r)/ *Adj* körnig

ˌgranu·lated ˈsugar /ˌgrænjuleɪtɪd ˈʃʊgə(r)/ *Nomen* Kristallzucker

gran·ule /ˈgrænjuːl/ *Nomen* [meist Pl] Körnchen ◇ *coffee granules* löslicher Kaffee

grape /greɪp/ *Nomen* Weintraube ◇ *a bunch of grapes* eine Traube IDM → SOUR

grape·fruit /ˈgreɪpfruːt/ *Nomen* (*Pl* **grape·fruit** *oder* **grape·fruits**) Grapefruit, Pampelmuse

grape·vine /ˈɡreɪpvaɪn/ *Nomen* IDM **on/through the ˈgrapevine** ◇ *I heard on the grapevine that you're leaving.* Mir ist zu Ohren gekommen, dass du gehst.

graph /ɡræf; *BrE auch* ɡrɑːf/ *Nomen* Diagramm, Graph

graphene /ˈɡræfiːn/ *Nomen* Graphen

graph·ic /ˈɡræfɪk/ *Adj* (*Adv* **graph·ic·al·ly** /-kli/) **1** grafisch ◇ *a graphic designer* ein(e) Grafikdesigner(in) ◇ *a graphic artist* ein(e) Grafiker(in) ◇ *graphic works* Grafiken ◇ *graphic novels* Graphic Novels **2** anschaulich ◇ *in graphic detail* in allen Einzelheiten

graph·ics /ˈɡræfɪks/ *Nomen* [Pl] Grafiken

graph·ite /ˈɡræfaɪt/ *Nomen* Grafit

ˈgraph paper *Nomen* Millimeterpapier

grap·ple /ˈɡræpl/ *Verb* **1 ~ (with sb)** (mit jdm) ringen **2** ◇ *grapple sb to the ground* jdn zu Boden ringen **3 ~ with sth** sich mit etw herumschlagen, mit etw kämpfen

ˈgrappling iron (*auch* **ˈgrappling hook**) *Nomen* (Enter)haken

grasp /ɡrɑːsp; *AmE* ɡræsp/ *Verb, Nomen*

▸ ***Verb* 1** (er)greifen ◇ *Kay grasped him by the wrist.* Kay packte ihn am Handgelenk. **2** begreifen, verstehen **3** (*Gelegenheit*) beim Schopf packen IDM **grasp the ˈnettle** (*BrE*) das Problem beherzt angehen → *Siehe auch* STRAW PHR V **ˈgrasp at sth 1** nach etw greifen **2** etw beim Schopf packen

▸ ***Nomen*** [meist Sing] **1** Griff ◇ *She felt a firm grasp on her arm.* Sie spürte, wie jemand sie am Arm griff. ◇ *He slipped from my grasp.* Ich konnte ihn nicht festhalten. **2** Verständnis ◇ *have a good grasp of sth* etw gut beherrschen ◇ *These formulae are beyond my grasp.* Diese Formeln begreife ich nicht. **3** ◇ *Success was within their grasp.* Der Erfolg war greifbar.

grasp·ing /ˈɡrɑːspɪŋ; *AmE* ˈɡræspɪŋ/ *Adj* (*abwert*) habgierig

grass 0‑w /ɡrɑːs; *AmE* ɡræs/ *Nomen, Verb*

▸ ***Nomen* 1** Gras ◇ *a blade of grass* ein Grashalm **2** (*meist* **the grass**) der Rasen ◇ *Keep off the grass!* Rasen nicht betreten! **3** (*Slang*) Marihuana, Gras **4** (*BrE, Slang*) Spitzel IDM **the grass is (always) greener on the other side (of the fence)** die Kirschen aus Nachbars Garten schmecken immer viel besser **not let the grass grow under your feet** nicht lange zögern **put sb out to ˈgrass** (*umgs*) jdn in den Ruhestand versetzen → *Siehe auch* SNAKE

▸ ***Verb*** (*BrE, umgs*) **~ (on sb)** (jdn) verpfeifen PHR V **ˌgrass sth ˈover** etw mit Gras bepflanzen **ˌgrass sb ˈup** (*BrE, umgs*) jdn verpfeifen

grassed /ɡrɑːst; *AmE* ɡræst/ *Adj* grasbewachsen

grass·hop·per /ˈɡrɑːshɒpə(r); *AmE* ˈɡræshɑːpər/ *Nomen* Heuschrecke IDM → KNEE-HIGH

grass·land /ˈɡrɑːslænd; *AmE* ˈɡræslænd/ *Nomen* [U] (*auch* **grass·lands** [Pl]) Grasland, Steppe(ngebiet)

ˌgrass ˈroots (*BrE*) *Nomen* [Pl] (POL) Basis ◇ *the grass roots of the party* die Parteibasis

ˌgrass-ˈroots *Adj* [nur vor Nomen] (POL) ◇ *win support at grass-roots level* die Unterstützung der Basis gewinnen ◇ *grass-roots opposition* Widerstand von der Basis

ˈgrass snake *Nomen* Ringelnatter

grassy /ˈɡrɑːsi; *AmE* ˈɡræsi/ *Adj* grasbewachsen

grate /ɡreɪt/ *Nomen, Verb*

▸ ***Nomen* 1** Kamin(rost) **2** (*AmE*) (*als Abdeckung für einen Abfluss*) Gitter

▸ ***Verb* 1** raspeln, reiben **2 ~ (on/with sb)** ◇ *Her voice really grates on me.* Ihre Stimme geht mir wirklich auf die Nerven. ◇ *It grated with him when people said that.* Es ärgerte ihn, wenn Leute das sagten. **3** knirschen

grate·ful 0‑w /ˈɡreɪtfl/ *Adj* (*Adv* **grate·ful·ly** /-fəli/) dankbar ◇ *Grateful thanks are due to them all.* Mein herzlicher Dank geht an sie alle. ◇ *Kate gave him a grateful smile.* Kate lächelte ihn dankbar an. IDM → SMALL

grater /ˈɡreɪtə(r)/ *Nomen* Raspel, Reibe

grat·ifi·ca·tion /ˌɡrætɪfɪˈkeɪʃn/ *Nomen* (*gehoben*) Befriedigung ◇ *much to my gratification* sehr zu meiner Genugtuung

grati·fied /ˈɡrætɪfaɪd/ *Adj* (*gehoben*) erfreut ◇ *She was gratified to find that …* Sie stellte mit Befriedigung fest, dass …

grat·ify /ˈɡrætɪfaɪ/ *Verb* (**-fies**, **-fy·ing**, **-fied**, **-fied**) (*gehoben*) erfreuen, befriedigen

grati·fy·ing /ˈɡrætɪfaɪɪŋ/ *Adj* (*gehoben*) erfreulich, befriedigend

grat·ing /ˈɡreɪtɪŋ/ *Nomen, Adj*

▸ ***Nomen*** (*Metall-*) Gitter

▸ ***Adj*** knirschend

gra·tis /ˈɡrætɪs, ˈɡreɪtɪs/ *Adj, Adv* kostenlos, gratis

grati·tude /ˈɡrætɪtjuːd; *AmE* -tuːd/ *Nomen* **~ (to sb) (for sth)** Dankbarkeit (jdm gegenüber) (für etw) ◇ *in gratitude for sth* als Anerkennung für etw ◇ *I owe you a great debt of gratitude.* Ich bin Ihnen zu großem Dank verpflichtet.

gra·tuit·ous /ɡrəˈtjuːɪtəs; *AmE* -ˈtuː-/ *Adj* (*Adv* **gra·tuit·ous·ly**) (*gehoben, abwert*) unnötig, überflüssig

gra·tu·ity /ɡrəˈtjuːəti; *AmE* -ˈtuː-/ *Nomen* (*Pl* **-ies**) **1** (*gehoben*) Trinkgeld **2** (*BrE*) = einmalige Zuwendung beim Ausscheiden aus einer Firma

grave[1] 0‑w /ɡreɪv/ *Nomen, Adj*

▸ ***Nomen* 1** Grab **2** (*meist* **the grave**) [Sing] Tod IDM **turn in his/her ˈgrave** (*AmE* **roll in his/her ˈgrave**) sich im Grab umdrehen → *Siehe auch* CRADLE, DIG *und* FOOT

▸ ***Adj*** (*Adv* **grave·ly**) (*gehoben*) **1** groß, ernsthaft ◇ *a grave risk of infection* eine große Infektionsgefahr **2** ernst ◇ *gravely ill* schwer krank

grave[2] 0‑w /ɡrɑːv/ (*auch* **grave ˈaccent**) *Nomen* Accent grave

grave·dig·ger /ˈɡreɪvdɪɡə(r)/ *Nomen* Totengräber(in)

gravel /ˈɡrævl/ *Nomen* Kies, Kieselsteine

grav·elled (*AmE* **grav·eled**) /ˈɡrævld/ *Adj* Kies-, mit Kies bedeckt

grav·el·ly /ˈɡrævəli/ *Adj* **1** kiesig **2** (*Stimme*) tief, rau

grave·stone /ˈɡreɪvstəʊn; *AmE* -stoʊn/ *Nomen* Grabstein

grave·yard /ˈɡreɪvjɑːd; *AmE* -jɑːrd/ *Nomen* Friedhof (*auch fig*)

gravi·tate /ˈɡrævɪteɪt/ *Verb* PHR V **gravitate to/towards sb/sth** sich zu jdm/etw hingezogen fühlen, sich auf etw zubewegen

gravi·ta·tion /ˌɡrævɪˈteɪʃn/ *Nomen* (PHYSIK) Schwerkraft

gravi·ta·tion·al /ˌɡrævɪˈteɪʃənl/ *Adj* (*Adv* **gravi·ta·tion·al·ly** /-nəli/) Gravitations- ◇ *the gravitational pull of the moon* die Anziehungskraft des Mondes

grav·ity /ˈɡrævəti/ *Nomen* **1** Schwerkraft **2** Ernst, Ernsthaftigkeit ◇ *the gravity of the situation* der Ernst der Lage ◇ *the gravity of her expression* ihr ernster Gesichtsausdruck **3** (*Ausmaß*) Schwere

gravy /ˈɡreɪvi/ *Nomen* **1** Bratensoße **2** (*AmE, umgs*) Zusatzgewinn, Zusatzverdienst

ˈgravy boat *Nomen* Soßenschüssel, Sauciere

ˈgravy train *Nomen* (*bes AmE, umgs*) leichtes Geld

gray 0‑w, **gray·ish** = GREY *und* GREYISH

graze /ɡreɪz/ *Verb, Nomen*

▸ ***Verb* 1** weiden, (ab)grasen **2** weiden lassen **3** [ohne Obj] (*umgs*) öfter kleine Mahlzeiten essen ◇ *The children graze on sweets and snacks.* Die Kinder essen zwischendurch ständig Süßigkeiten und Knabbereien.

4 aufschürfen **5** streifen
▸ ***Nomen*** Schürfwunde

graz·ing /ˈgreɪzɪŋ/ *Nomen* Weideland

grease /griːs/ *Nomen, Verb*
▸ ***Nomen*** (Schmier)fett
▸ ***Verb*** einfetten IDM **grease sb's ˈpalm** *(umgs, veraltet)* jdn schmieren **grease the wheels of sth** *(AmE)* dafür sorgen, dass etw gut läuft; einer Sache den Weg ebnen → *Siehe auch* LIGHTNING

grease·paint /ˈgriːspeɪnt/ *Nomen* Fettschminke

grease·proof paper /ˌgriːspruːf ˈpeɪpə(r)/ *Nomen (BrE)* Pergamentpapier, Butterbrotpapier

greasy /ˈgriːsi, ˈgriːzi/ *Adj* (**greas·ier, greasi·est**) fettig, schmierig, ölig ◇ *greasy overalls* ölverschmierte Overalls

ˌgreasy ˈspoon *Nomen (umgs)* = kleines, billiges Lokal

great 0-ᴿ /greɪt/ *Adj, Adv, Nomen*
▸ ***Adj*** **1** groß ◇ *the great powers* die Großmächte ◇ *The great thing is to get it done quickly.* Die Hauptsache ist, es schnell hinter sich zu bringen. ◇ *a matter of great importance* eine äußerst wichtige Angelegenheit ◇ *Take great care of it.* Gehen Sie besonders vorsichtig damit um. ◇ *She lived to a great age.* Sie erreichte ein hohes Alter. ◇ *to a great extent* in hohem Maße ◇ *We are great friends.* Wir sind gute Freunde. ◇ *I've never been a great reader.* Ich habe nie sehr viel gelesen. **2** *(umgs)* riesig ◇ *a great big pile of books* ein riesiger Stapel Bücher **3** *(umgs)* toll, prima, super ◇ *You've been a great help, I must say.* Ich muss schon sagen, eine tolle Hilfe bist du gewesen. ◇ *We had a great time in Madrid.* Es hat uns in Madrid großartig gefallen. ◇ *Try this cream—it's great for spots.* Versuch diese Creme mal—sie wirkt super gegen Pickel. **4** gut ◇ *in great form/shape* gut in Form ◇ *I don't feel too great.* Ich fühle mich nicht besonders. **5 be ~ at (doing) sth** *(umgs)* etw gut können ◇ *She's great at chess.* Sie kann ganz toll Schach spielen. **6 Greater** *(mit Städtenamen)* Groß- ◇ *in Greater London* im Großraum London IDM **be going great ˈguns** *(umgs)* super laufen; toll in Fahrt sein ◇ *The film industry is going great guns now.* In der Filmindustrie ist jetzt unheimlich viel los. **be a ˈgreat one for (doing) sth** ◇ *I've never been a great one for writing letters.* Briefeschreiben ist noch nie meine Stärke gewesen. ◇ *He's a great one for gossip.* Er tratscht gern. **be no great ˈshakes** *(umgs)* nicht gerade umwerfend sein **ˌgreat and ˈsmall** alle möglichen ◇ *ships great and small* alle möglichen Schiffe **go to the great … in the ˈsky** *(hum)* in den Himmel kommen ◇ *Their pet rabbit has gone to the great rabbit hutch in the sky.* Ihr Kaninchen ist in den Himmel gekommen. → *Siehe auch* PAINS
▸ ***Adv*** *(umgs)* toll ◇ *You did great.* Das hast du toll gemacht.
▸ ***Nomen*** [meist Pl] *(umgs)* Größe ◇ *one of boxing's all-time greats* einer der Größten im Boxsport

great- /greɪt/ *(in Verbindung mit Verwandschaftsbezeichnungen verwendet, um zu zeigen, dass eine Generation dazwischen liegt)* ◇ *great-aunt* Großtante ◇ *great-nephew* Großneffe ◇ *great-grandfather* Urgroßvater ◇ *great-grandson* Urenkel ◇ *great-great-granddaughter* Ururenkelin

great·coat /ˈgreɪtkəʊt; *AmE* -koʊt/ *Nomen* schwerer Mantel

Great Dane /ˌgreɪt ˈdeɪn/ *Nomen* Deutsche Dogge

great·ly 0-ᴿ /ˈgreɪtli/ *Adv (gehoben) (normalerweise vor einem Verb oder Partizip)* sehr, stark ◇ *Your help would be greatly appreciated.* Über Ihre Hilfe würden wir uns sehr freuen. ◇ *a greatly increased risk* ein stark erhöhtes Risiko ◇ *The service has greatly improved.* Der Service ist bedeutend besser geworden.

great·ness /ˈgreɪtnəs/ *Nomen* Größe

the ˌGreat ˈWar *Nomen* [Sing] *(veraltet)* der Erste Weltkrieg

Gre·cian /ˈgriːʃn/ *Adj* altgriechisch

greed /griːd/ *Nomen* **1** Gier, Habgier ◇ *greed for power* Machthunger **2** Gefräßigkeit

greedy /ˈgriːdi/ *Adj* (**greed·ier, greedi·est**) *(Adv* **greed·ily** /-dɪli/*)* **1** gierig, habgierig ◇ *with greedy eyes* mit gierigen Blicken ◇ *greedy for money* geldgierig ◇ *greedy for power* machthungrig ◇ *greedy for profit* gewinnsüchtig **2** gefräßig ◇ *You greedy pig!* Du Vielfraß!

Greek /griːk/ *Nomen, Adj*
▸ ***Nomen*** **1** Grieche, Griechin **2** Griechisch **3** *(AmE)* = Mitglied einer Studentenverbindung IDM **it's all ˈGreek to me** *(umgs)* für mich sind das böhmische Dörfer
▸ ***Adj*** griechisch

green 0-ᴿ /griːn/ *Adj, Nomen, Verb*
▸ ***Adj*** **1** grün ◇ *Most of the passengers looked distinctly green.* Die meisten Passagiere waren ganz grün im Gesicht. → *Beispiele bei* BLAU **2** *(umgs)* naiv, grün **3** (POL) grün ◇ *green politics* grüne Politik ◇ *the Green Party* die Grünen **4** ökologisch, umweltbewusst ◇ *green tourism* Ökotourismus ◇ *Try to adopt a greener lifestyle.* Versuchen Sie umweltbewusster zu leben. IDM **green with ˈenvy** blass vor Neid → *Siehe auch* GRASS
▸ ***Nomen*** **1** Grün → *Beispiele bei* BLAU **2 greens** [Pl] *(bes BrE)* (grünes) Gemüse **3** *(BrE)* Grünfläche ◇ *the village green* die Dorfwiese **4** *(beim Golf)* Grün **5 the Greens** [Pl] (POL) die Grünen
▸ ***Verb*** **1** *(Innenstadt etc.)* begrünen **2** *(Organisation, Büro)* umweltbewusster gestalten; *(Menschen)* umweltbewusster machen

green·back /ˈgriːnbæk/ *Nomen (AmE, umgs)* Dollarschein

ˌgreen ˈbean *Nomen* grüne Bohne

ˌgreen belt *Nomen* Grüngürtel

ˈgreen card *Nomen* **1** = Aufenthalts- und Arbeitsgenehmigung in den USA **2** *(BrE)* grüne Versicherungskarte

green·ery /ˈgriːnəri/ *Nomen* Grün, Grünpflanzen

green·field /ˈgriːnfiːld/ *Adj* [nur vor Nomen] *(BrE)* *(Gelände)* unerschlossen

ˌgreen-ˈfingered *Adj (BrE)* mit einem grünen Daumen

ˌgreen ˈfingers *Nomen (BrE)* [Pl] grüner Daumen

green·fly /ˈgriːnflaɪ/ *Nomen (Pl* **green·flies** *oder* **green·fly***)* Blattlaus

green·gage /ˈgriːngeɪdʒ/ *Nomen* Reneklode

green·gro·cer /ˈgriːngrəʊsə(r); *AmE* -groʊ-/ *Nomen (bes BrE)* Obst- und Gemüsehändler(in)

green·horn /ˈgriːnhɔːn; *AmE* -hɔːrn/ *Nomen (bes AmE, umgs)* Greenhorn, Anfänger

green·house /ˈgriːnhaʊs/ *Nomen* Gewächshaus

ˈgreenhouse effect *Nomen* [Sing] Treibhauseffekt

ˌgreenhouse ˈgas *Nomen* Treibhausgas

green·ing /ˈgriːnɪŋ/ *Nomen* **1** Begrünung **2** Stärkung des Umweltbewusstseins

green·ish /ˈgriːnɪʃ/ *Adj* grünlich

green·keep·er /ˈgriːnkiːpə(r)/ *Nomen* Platzwart(in) *(eines Golfplatzes)*

ˌgreen ˈlight *Nomen* [Sing] grünes Licht ◇ *He gave the green light to the plan.* Er gab grünes Licht für den Plan.

green·ness /ˈgriːnnəs/ *Nomen* **1** Grün ◇ *the greenness of the countryside* das Grün der Landschaft **2** Umweltbewusstsein, Umweltverträglichkeit

ˌgreen ˈonion *Nomen (AmE)* Frühlingszwiebel

ˌGreen ˈPaper *Nomen* Regierungserklärung

ˌgreen ˈpepper *Nomen* grüne Paprika(schote)

ˌgreen room *Nomen* (*für Schauspieler etc.*) Aufenthaltsraum

ˌgreen ˈsalad *Nomen* (*BrE*) grüner Salat

ˈgreens·keep·er /ˈgriːnzkiːpə(r)/ *Nomen* (*AmE*) Platzwart(in) (*eines Golfplatzes*)

ˌgreen ˈtea *Nomen* grüner Tee

ˌgreen ˈthumb *Nomen* (*AmE*) grüner Daumen

ˌgreen ˈvegetable *Nomen* [meist Pl] grünes Gemüse

green·wash /ˈgriːnwɒʃ; *AmE* -wɔːʃ/ *Nomen* [U] (*abwert*) Grünfärberei

Green·wich Mean Time /ˌgrenɪtʃ ˈmiːn taɪm, -nɪdʒ ˈ-/ *Nomen* = GMT

greet /griːt/ *Verb* **1** begrüßen ◇ *Loud cheers greeted the news.* Die Nachricht wurde mit lautem Beifall aufgenommen. **2** **~ sth (with/as sth)** etw (mit/als etw) aufnehmen; **~ sb (with sth)** jdm (mit etw) begegnen ◇ *The changes were greeted with suspicion.* Die Veränderungen stießen auf Misstrauen. **3** empfangen ◇ *the scene that greeted her eyes* der Anblick, der sich ihr bot

greet·ing /ˈgriːtɪŋ/ *Nomen* **1** Gruß, Begrüßung ◇ *She waved a friendly greeting.* Sie winkte freundlich zum Gruß. ◇ *They exchanged greetings.* Sie begrüßten sich. **2** **greetings** [Pl] Grüße, Glückwünsche ◇ *My mother sends her greetings to you all.* Meine Mutter lässt euch alle grüßen. IDM → SEASON

ˈgreetings card (*AmE* **ˈgreeting card**) *Nomen* Grußkarte, Glückwunschkarte

gre·gari·ous /grɪˈgeəriəs; *AmE* -ˈger-/ *Adj* (*Adv* **gre·gari·ous·ly**) gesellig

gre·gari·ous·ness /grɪˈgeriəsnəs/ *Nomen* **1** Geselligkeit **2** Herdenleben

grem·lin /ˈgremlɪn/ *Nomen* = imaginärer Kobold, dem man die Schuld am plötzlichen Versagen eines Geräts gibt

gren·ade /grəˈneɪd/ *Nomen* Granate

grena·dier /ˌgrenəˈdɪə(r); *AmE* -ˈdɪr/ *Nomen* Grenadier

grew *Form von* GROW

grey 🔑 (*AmE meist* **gray**) /greɪ/ *Adj, Nomen, Verb*

▸ ***Adj*** **1** grau **2** (*Himmel, Wetter*) grau, trüb **3** eintönig, trostlos **4** (*abwert*) unscheinbar ◇ *faceless grey men* gesichtslose, unscheinbare Männer

▸ ***Nomen*** **1** Grau **2** (*Pferd*) Grauschimmel

▸ ***Verb*** grau werden, ergrauen ◇ *His hair was greying at the sides.* Er hatte graue Schläfen. ◇ *a woman with greying hair* eine Frau mit leicht ergrautem Haar

ˌgrey ˈarea (*AmE meist* **ˌgray ˈarea**) *Nomen* Grauzone

ˌgrey-ˈhaired (*AmE meist* **ˌgray-ˈhaired**) *Adj* grauhaarig

grey·hound /ˈgreɪhaʊnd/ *Nomen* Windhund

grey·ish (*AmE meist* **gray·ish**) /ˈgreɪɪʃ/ *Adj* gräulich, ins Graue spielend

ˈgrey matter (*AmE meist* **ˈgray matter**) *Nomen* [U] (*umgs*) graue Zellen

grey·ness (*AmE meist* **gray·ness**) /ˈgreɪnəs/ *Nomen* [Sing] Grau, Trübheit

grid /grɪd/ *Nomen* **1** Gitter ◇ *New York's grid of streets* die rechtwinklig angeordneten Straßen von New York **2** Gitternetz, Gradnetz ◇ *grid reference* Koordinate **3** (*bes BrE*) Versorgungsnetz ◇ *the national grid* das Stromversorgungsnetz **4** (*bei Autorennen*) Startaufstellung

grid·dle /ˈgrɪdl/ *Nomen* = gusseiserne Platte zum Backen und Braten

grid·iron /ˈgrɪdaɪən; *AmE* -ərn/ *Nomen* **1** Bratrost ◇ (*fig*) *streets laid out in a gridiron pattern* rechtwinklig angeordnete Straßen **2** (*AmE*) Footballfeld

grid·lock /ˈgrɪdlɒk; *AmE* -lɑːk/ *Nomen* **1** Totalstau **2** (*fig*) totaler Stillstand

grief /griːf/ *Nomen* **1** Trauer, Leid ◇ *their grief at his death* ihre Trauer über seinen Tod **2** (*umgs*) Kummer ◇ *He caused his parents a lot of grief.* Er bereitete seinen Eltern großen Kummer. IDM **come to ˈgrief** (*umgs*) **1** scheitern **2** zu Schaden kommen **give sb grief (about/over sth)** (*umgs*) jdm (wegen einer Sache) die Leviten lesen ◇ *I hope she won't give me any grief over this essay being late.* Hoffentlich kriege ich keinen Ärger mit ihr, weil ich mit dem Aufsatz zu spät dran bin. **good ˈgrief!** (*umgs*) meine Güte!

grief-stricken /ˈgriːf strɪkən/ *Adj* untröstlich

griev·ance /ˈgriːvəns/ *Nomen* Beschwerde, Klage, Groll ◇ *nurse a grievance* einen Groll hegen ◇ *a grievance procedure* ein innerbetriebliches Beschwerdeverfahren

grieve /griːv/ *Verb* **1** **~ (for/over sb/sth)** (um jdn/über etw) trauern **2** (*gehoben*) bekümmern

griev·ous /ˈgriːvəs/ *Adj* (*Adv* **griev·ous·ly**) (*gehoben*) schwer

ˌgrievous ˌbodily ˈharm *Nomen* (*Abk* **GBH**) (RECHT) schwere Körperverletzung

grif·fin /ˈgrɪfɪn/ (*auch* **grif·fon**; **gry·phon** /-fən/) *Nomen* (*Fabeltier*) Greif

grill /grɪl/ *Nomen, Verb*

▸ ***Nomen*** **1** (*BrE*) Grill **2** Bratrost **3** Grillgericht **4** (*meist in Namen*) Grillrestaurant **5** = GRILLE

▸ ***Verb*** **1** (*BrE*) grillen ◇ *Grill the sausages for ten minutes.* Die Würstchen zehn Minuten grillen. **2** **~ sb (about sth)** jdn (über etw) ausquetschen

grille (*auch* **grill**) /grɪl/ *Nomen* Gitter ◇ *a radiator grille* ein Kühlergrill

grill·ing /ˈgrɪlɪŋ/ *Nomen* Verhör ◇ *The minister was given a grilling by the journalists.* Der Minister wurden von den Journalisten ins Verhör genommen.

grim /grɪm/ *Adj* (**grim·mer**, **grim·mest**) **1** grimmig, streng ◇ *grim-faced policemen* grimmig dreinblickende Polizisten ◇ *with grim humour* mit bitterem Humor **2** schlimm, grauenvoll ◇ *the grim prospect of a factory job* die deprimierende Aussicht auf einen Job in einer Fabrik ◇ *grim warnings* ernste Warnungen ◇ *She paints a grim picture of life in the next century.* Sie schildert das Leben im nächsten Jahrhundert in düsteren Farben. ◇ *a grim struggle for survival* ein verbissener Kampf ums Überleben **3** (*Ort, Gebäude*) trostlos **4** (*BrE, umgs*) schlecht, mies ◇ *I feel pretty grim.* Ich fühle mich ziemlich mies. IDM **hang/hold on for/like grim ˈdeath** (*BrE, umgs*) sich verzweifelt festklammern

grim·ace /grɪˈmeɪs, ˈgrɪməs/ *Verb, Nomen*

▸ ***Verb*** **~ (at sth)** (bei etw) das Gesicht verziehen; **~ at sb** ◇ *He grimaced at her.* Er sah sie an und zog eine Grimasse.

▸ ***Nomen*** Grimasse

grime /graɪm/ *Nomen* Schmutz

grim·ly /ˈgrɪmli/ *Adv* grimmig, verbissen

grim·ness /ˈgrɪmnəs/ *Nomen* **1** Grimmigkeit, Verbissenheit **2** Härte, Trostlosigkeit

the ˌGrim ˈReaper *Nomen* der Sensenmann

grimy /ˈgraɪmi/ *Adj* (**grimi·er**, **grimi·est**) schmutzig

grin /grɪn/ *Verb, Nomen*

▸ ***Verb*** (**-nn-**) lächeln, grinsen; **~ at sb** jdn anlächeln IDM **grin and ˈbear it** (*nur als Infinitiv oder im Präsens*) gute Miene zum bösen Spiel machen; die Zähne zusammenbeißen → *Siehe auch* EAR

▸ ***Nomen*** Grinsen ◇ *She gave a broad grin.* Sie grinste breit.

grind /graɪnd/ *Verb, Nomen*

▸ ***Verb*** (**ground, ground** /graʊnd/) **1** mahlen; **~ sth (to/into sth)** etw (zu etw) (zer)mahlen **2** schleifen **3** drücken ◇ *He ground his cigarette into the ashtray.* Er drückte seine Zigarette im Aschenbecher aus. ◇ *The* *dirt was ground in.* Der Schmutz war eingedrungen. **4** knirschen ◇ *The machines were grinding away.* Die Maschinen dröhnten. IDM **bring sth to a grinding halt** etw lahmlegen; etw zum Stillstand bringen **grind to a 'halt**; **come to a grinding 'halt** zum Stehen kommen; zum Stillstand kommen → *Siehe auch* AXE PHR V **,grind sb 'down** jdn zermürben **,grind 'on** sich lange hinziehen **,grind sth 'out** etw wie am Fließband produzieren

▸ ***Nomen*** **1** [Sing] (*umgs*) ◇ *the daily grind* der harte Alltag ◇ *It's a long grind to the top.* Um an die Spitze zu gelangen, muss man sich ganz schön plagen. **2** [Sing] Knirschen ◇ *the distant grind of traffic* der Verkehrslärm in der Ferne **3** (*AmE, umgs*) Streber(in)

grind·er /ˈɡraɪndə(r)/ *Nomen* **1** Mühle **2** Schleifmaschine **3** Schleifer(in)

grind·ing /ˈɡraɪndɪŋ/ *Adj* [nur vor Nomen] zermürbend ◇ *grinding poverty* erdrückende Armut

grind·stone /ˈɡraɪndstəʊn; *AmE* -stoʊn/ *Nomen* Schleifstein IDM → NOSE

gringo /ˈɡrɪŋɡəʊ; *AmE* -ɡoʊ/ *Nomen* (*Pl* **-os**) (*umgs, abwert*) Gringo

grip /ɡrɪp/ *Nomen, Verb*

▸ ***Nomen*** **1** Griff, Halt ◇ *lose your grip* den Halt verlieren ◇ *keep a grip on the rope* das Seil fest halten ◇ *release your grip* loslassen ◇ *Try adjusting your grip on the racket.* Versuch, den Schläger anders zu halten. ◇ *give good grip* gut greifen **2** [Sing] ~ (**on sb/sth**) Kontrolle (über jdn/etw) ◇ *We must tighten the grip we have on the market.* Wir müssen unseren Marktanteil ausbauen. **3** [Sing] ~ (**on sth**) ◇ *I couldn't get a grip on what was going on.* Ich konnte nicht verstehen, was los war. ◇ *keep a grip on reality* den Bezug zur Wirklichkeit nicht verlieren **4** (*Kino*) Kameramann/-frau, Kameraführung **5** = HAIRGRIP **6** (*veraltet*) Reisetasche IDM **come/get to 'grips with sth** etw in den Griff bekommen; mit etw klarkommen **get/take a 'grip (on yourself)** sich zusammenreißen (*umgs*) **in the 'grip of sth** von etw erfasst **lose your 'grip** **1** den Halt verlieren **2** die Dinge nicht mehr im Griff haben **lose your 'grip on sth** etw nicht mehr im Griff haben ◇ *He's losing his grip on reality.* Er ist ganz wirklichkeitsfremd geworden.

▸ ***Verb*** (**-pp-**) **1** ergreifen ◇ *'No,' he said, gripping her arm.* „Nein", sagte er und ergriff ihren Arm. ◇ *She gripped on to the railing with both hands.* Sie hielt sich mit beiden Händen am Geländer fest. **2** (*fig*) fesseln ◇ *I was totally gripped by the story.* Die Geschichte hat mich völlig gefesselt. **3** (*Reifen*) greifen

gripe /ɡraɪp/ *Nomen, Verb*

▸ ***Nomen*** (*umgs*) Bemängelung

▸ ***Verb*** (*umgs*) ~ (**about sb/sth**) (über jdn/etw) meckern

grip·ing /ˈɡraɪpɪŋ/ *Adj* ◇ *griping pains* heftige Bauchschmerzen

grip·ping /ˈɡrɪpɪŋ/ *Adj* spannend, packend

grippy /ˈɡrɪpi/ *Adv* (**grippier**, **grippiest**) griffig

grisly /ˈɡrɪzli/ *Adj* (**gris·lier**, **gris·li·est**) grausig

grist /ɡrɪst/ *Nomen* IDM **(all) grist to the/sb's 'mill** (*AmE* **(all) grist for the/sb's 'mill**) Wasser auf jds Mühle

gris·tle /ˈɡrɪsl/ *Nomen* Knorpel

grit /ɡrɪt/ *Nomen, Verb*

▸ ***Nomen*** **1** Splitt, Streugut ◇ *I've got some grit in my eye.* Ich habe ein Sandkorn im Auge. ◇ *spread grit on the roads* die Straßen streuen **2** Mut, Zähheit

▸ ***Verb*** (**-tt-**) (*Straße*) streuen IDM **grit your 'teeth** die Zähne zusammenbeißen

grits /ɡrɪts/ *Nomen* [Pl] (*AmE*) Schrot, Grütze

grit·ter /ˈɡrɪtə(r)/ *Nomen* (*BrE*) Streuwagen

gritty /ˈɡrɪti/ *Adj* (**grit·tier**, **grit·ti·est**) **1** sandig, grobkörnig **2** tapfer, zäh **3** (*Adv* **grit·tily** /-tɪli/) schonungslos ◇ *gritty realism* schonungsloser Realismus

griz·zle /ˈɡrɪzl/ *Verb* (*BrE, umgs, abwert*) quengeln

griz·zled /ˈɡrɪzld/ *Adj* (*gehoben*) grau(haarig) ◇ *a grizzled beard* ein grau melierter Bart

griz·zly bear /ˌɡrɪzli ˈbeə(r); *AmE* ˈber/ (*auch* **griz·zly** (*Pl* **-ies**)) *Nomen* Grislibär

groan /ɡrəʊn; *AmE* ɡroʊn/ *Verb, Nomen*

▸ ***Verb*** **1** ~ (**at/with sth**) (bei/vor etw) stöhnen ◇ *groan with pain/pleasure* vor Schmerz/Lust stöhnen ◇ *moan and groan* jammern **2** ächzen IDM **groan under the weight of sth** unter dem Gewicht von etw ächzen PHR V **'groan with sth** (*gehoben*) mit etw beladen sein

▸ ***Nomen*** Stöhnen ◇ *with a groan* aufstöhnend

groats /ɡrəʊts; *AmE* ɡroʊts/ *Nomen* [Pl] (*veraltet*) (*besonders Hafer-*) Grütze

gro·cer /ˈɡrəʊsə(r); *AmE* ˈɡroʊ-/ *Nomen* Lebensmittelhändler(in)

gro·cery 0‑ᵏ /ˈɡrəʊsəri; *AmE* ˈɡroʊ-/ *Nomen* (*Pl* **-ies**) **1** (*AmE meist* **'grocery store**) Lebensmittelgeschäft **2 groceries** [Pl] Lebensmittel

grody /ˈɡrəʊdi; *AmE* ˈɡroʊ-/ *Adj* (**grodi·er**, **grodi·est**) (*AmE, umgs*) eklig

grog /ɡrɒɡ; *AmE* ɡrɑːɡ/ *Nomen* **1** Grog **2** (*AusE, umgs*) alkoholisches Getränk, Bier

groggy /ˈɡrɒɡi; *AmE* ˈɡrɑːɡi/ *Adj* (*umgs*) angeschlagen, groggy

groin /ɡrɔɪn/ *Nomen* (ANAT) Leistengegend ◇ *a groin injury* eine Leistenverletzung ◇ *She kicked him in the groin.* Sie trat ihm in die Weichteile.

grom·met /ˈɡrɒmɪt; *AmE* ˈɡrɑːmɪt/ *Nomen* **1** (Metall)öse **2** (*BrE*) Drainage im Ohr

groom /ɡruːm/ *Verb, Nomen*

▸ ***Verb*** **1** (*Tier*) bürsten; (*Pferd*) striegeln **2** (*Tier*) putzen ◇ *an ape grooming her mate* eine Äffin, die ihr Männchen laust **3** ~ **sb** (**for/as sth**) jdn (zu etw) heranbilden ◇ *He is being groomed to take over from his father.* Er wird als Nachfolger des Vaters herangezogen. **4** = sich durch Gespräche etc. das Vertrauen eines Kindes erschleichen, um dann mit ihm sexuelle Straftaten zu begehen

▸ ***Nomen*** **1** Pferdepfleger(in) **2** Bräutigam

groomed /ɡruːmd/ *Adj* (*Mensch*) gepflegt ◇ *She is always perfectly groomed.* Sie sieht immer tadellos aus.

groom·ing /ˈɡruːmɪŋ/ *Nomen* (Körper)pflege

grooms·man /ˈɡruːmzmən/ *Nomen* (*Pl* **-men** /-mən/) (*AmE*) Trauzeuge des Bräutigams

groove /ɡruːv/ *Nomen* **1** Rille **2** (*umgs*) (MUS) Groove IDM **be (stuck) in a 'groove** (*BrE*) aus dem alten Trott nicht herauskommen

grooved /ɡruːvd/ *Adj* gerillt

groovy /ˈɡruːvi/ *Adj* (*umgs, veraltet*) cool

grope /ɡrəʊp; *AmE* ɡroʊp/ *Verb* **1** ~ (**around**) (**for sth**) (nach etw) (herum)tasten ◇ (*fig*) *grope for the right word* nach dem richtigen Wort suchen **2** ◇ *She groped towards the door.* Sie tastete sich zur Tür. **3** (*umgs*) befummeln

gross /ɡrəʊs; *AmE* ɡroʊs/ *Adj, Adv, Verb, Nomen*

▸ ***Adj*** **1** Brutto- ◇ *gross salary* Bruttoverdienst **2** (*gehoben oder Fachspr*) schwer ◇ *gross negligence* grobe Fahrlässigkeit ◇ *be charged with gross indecency* wegen eines Sittlichkeitsverbrechens angeklagt sein **3** (*umgs*) widerlich **4** unfein ◇ *gross language* derbe Sprache **5** fett

▸ ***Adv*** brutto ◇ *earn 40 000 gross* 40 000 brutto verdienen

▸ ***Verb*** brutto verdienen, (insgesamt) einbringen PHR V **,gross sb 'out** (*AmE, umgs*) jdn anwidern

▸ ***Nomen*** **1** (*Pl* **gross**) Gros, zwölf Dutzend **2** (*Pl* **grosses**) (*bes AmE*) Bruttoeinnahmen

ˌgross doˌmestic ˈproduct = GDP

gross·ly /ˈgrəʊsli; *AmE* ˈgroʊ-/ *Adv* (*abwert*) äußerst ◇ *grossly exaggerated* maßlos übertrieben

ˌgross ˌnational ˈproduct = GNP

gross·ness /ˈgrəʊsnəs; *AmE* ˈgroʊs-/ *Nomen* **1** Ungeheuerlichkeit **2** Widerlichkeit

gro·tesque /grəʊˈtesk; *AmE* groʊˈ-/ *Adj, Nomen*

▸ ***Adj*** (*Adv* **gro·tesque·ly**) grotesk

▸ ***Nomen*** **1** groteske Figur **2 the grotesque** das Groteske

grotto /ˈgrɒtəʊ; *AmE* ˈgrɑːtoʊ/ *Nomen* (*Pl* **-oes, -os**) Grotte

grotty /ˈgrɒti; *AmE* ˈgrɑːti/ *Adj* (*BrE, umgs*) mies, schäbig

grouchy /ˈgraʊtʃi/ *Adj* (*umgs*) griesgrämig ◇ *in a grouchy mood* übellaunig

ground 🔑 /graʊnd/ *Nomen, Verb, Adj*

▸ ***Nomen*** **1** Boden, Erde (*auch fig*) ◇ *at ground level* auf dem Boden ◇ *ground forces* Bodentruppen ◇ *on familiar ground* auf vertrautem Boden ◇ *below ground* unter der Erde ◇ *2 metres above (the) ground* 2 Meter über der Erde ◇ *cover a lot of ground* eine Menge Dinge behandeln → *Siehe auch* COMMON GROUND *und* MIDDLE GROUND **2** [U] Gelände ◇ *on waste ground* auf unbebautem Gelände **3** (*BrE*) Platz ◇ *a sports ground* ein Sportplatz **4 grounds** [Pl] ◇ *fishing grounds* Fischgründe ◇ *hunting grounds* Jagdgebiet ◇ *feeding grounds* Futterplätze **5 grounds** [Pl] Gelände, Parkanlage **6 ~ for sth** [meist Pl] Grund zu etw ◇ *You have no grounds for complaint.* Sie haben keinen Grund zur Klage. ◇ *on the grounds that ...* mit der Begründung, dass ... ◇ *on health grounds* aus Gesundheitsgründen **7 grounds** [Pl] (Boden)satz **8** (*AmE*) Erdung IDM **ˌbreak new/fresh ˈground** Neuland betreten; Pionierarbeit leisten; bahnbrechend sein **cut the ground from under sb's ˈfeet** jdm den Boden unter den Füßen wegziehen **gain/make up ˈground (on sb/sth)** (jdm/etw gegenüber) an Boden gewinnen ◇ *The police car was gaining ground.* Der Polizeiwagen holte den Vorsprung auf. **get off the ˈground** in Gang kommen **get sth off the ˈground** etw auf die Beine stellen **give ˈground** zurückweichen **hold/stand your ˈground** **1** seine Position behaupten **2** nicht von der Stelle weichen **leave the ˈground** abheben **lose ˈground (to sb/sth)** (jdm/etw gegenüber) an Boden verlieren **on the ˈground** vor Ort; am Kriegsschauplatz **run/drive/work yourself into the ˈground** sich totarbeiten → *Siehe auch* EAR, EARTH, FIRM, FOOT, GAIN, HIT, MORAL, NEUTRAL, RIVET, SHIFT, STONY, SUIT, THICK *und* THIN

▸ ***Verb*** **1** (*Boot*) auf Grund laufen (lassen) **2 be grounded** (*Flugzeug etc.*) nicht starten können ◇ *All planes have been grounded by the strike.* Wegen des Streiks können keine Flugzeuge starten. **3** (*Kind*) unter Hausarrest stellen ◇ *You're grounded for a week!* Du hast eine Woche lang Hausarrest! **4** (*AmE*) erden IDM **be ˈgrounded in/on sth** auf etw basieren

▸ ***Adj*** gemahlen → *Siehe auch* GRIND

ˌground ˈbeef *Nomen* (*AmE*) Rinderhackfleisch

ground·breaking /ˈgraʊndbreɪkɪŋ/ *Adj* bahnbrechend

ˈground cloth *Nomen* (*AmE*) (Zelt)bodenplane

ˈground control *Nomen* [U] Bodenkontrolle

ˈground crew *Nomen* Bodenpersonal

ground·ed /ˈgraʊndɪd/ *Adj* **1** selbstsicher **2** begründet **3** (*Kind*) unter Hausarrest → *Siehe auch* GROUND

ˌground ˈfloor *Nomen* (*bes BrE*) Erdgeschoss, Parterre IDM **be/get in on the ground ˈfloor** von Anfang an dabei sein

ground·hog /ˈgraʊndhɒg; *AmE* -hɑːg/ *Nomen* (Wald)murmeltier

ˈGroundhog Day *Nomen* = 2. Februar, Tag an dem nach einer amerikanischen Wetterregel das Murmeltier aus seinem Winterschlaf erwacht. Wenn es seinen Schatten sieht (d.h. die Sonne scheint), schläft es noch sechs Wochen weiter, d.h. es folgen noch sechs Wochen Winterwetter.

ground·ing /ˈgraʊndɪŋ/ *Nomen* **1** [Sing] Grundkenntnisse, Grundwissen **2** (*von Flugzeugen etc.*) Startverbot

ground·less /ˈgraʊndləs/ *Adj* grundlos, unbegründet

ground·nut /ˈgraʊndnʌt/ *Nomen* (*BrE*) Erdnuss

ˈground plan *Nomen* **1** Grundriss **2** Grundlage, Konzept

ˈground rent *Nomen* (*BrE*) = Pachtzins für das Grundstück, auf dem jds Wohnung gebaut ist

ˈground rule *Nomen* **1 ground rules** [Pl] Grundregeln **2** (*AmE*) (SPORT) Platzregel

ground·sheet /ˈgraʊndʃiːt/ *Nomen* (*BrE*) (Zelt)bodenplane

grounds·man /ˈgraʊndzmən/ *Nomen* (*Pl* **-men** /-mən/) (*bes BrE*) Platzwart

ˈground staff *Nomen* **1** Bodenpersonal **2** (*BrE*) (SPORT) Platzwarte ◇ *a member of the ground staff* ein Platzwart

ground·swell /ˈgraʊndswel/ *Nomen* [Sing] Welle ◇ *There was a groundswell of opinion that he should resign.* Man war allgemein der Meinung, dass er abtreten solle.

ground·water /ˈgraʊndwɔːtə(r)/ *Nomen* Grundwasser

ground·work /ˈgraʊndwɜːk; *AmE* -wɜːrk/ *Nomen* Vorarbeit

group 🔑 /gruːp/ *Nomen, Verb*

▸ ***Nomen*** **1** [mit Verb im Sing/Pl] Gruppe ◇ *a group of trees* eine Baumgruppe ◇ *a study group* eine Arbeitsgruppe ◇ *A group of us are going to the theatre this evening.* Einige von uns gehen heute Abend ins Theater. **2** [mit Verb im Sing/Pl] (WIRTSCH) Konzern, (Unternehmens)gruppe

▸ ***Verb*** **1** (sich) gruppieren ◇ *The children grouped themselves around her.* Die Kinder gruppierten sich um sie. ◇ *They grouped together to offer a wider range of courses.* Sie taten sich zusammen, um das Kursangebot zu erweitern. **2** ordnen, in Gruppen einteilen ◇ *The books are grouped together by subject.* Die Bücher sind nach Themen geordnet. ◇ *They were grouped according to age.* Sie wurden nach Alter in Gruppen eingeteilt.

ˌgroup ˈcaptain *Nomen* (*Abk* **Gp Capt**) (*in der britischen Luftwaffe*) Oberst

group·ing /ˈgruːpɪŋ/ *Nomen* Gruppierung

ˌgroup ˈpractice *Nomen* Gemeinschaftspraxis

grouse /graʊs/ *Nomen, Verb*

▸ ***Nomen*** **1** (*Pl* **grouse**) Rauhfußhuhn **2** (*umgs*) Beschwerde ◇ *Her main grouse is the poor pay.* Was sie am meisten stört, ist die schlechte Bezahlung.

▸ ***Verb*** **~ (about sb/sth)** (*umgs*) (über jdn/etw) meckern

grout /graʊt/ *Nomen, Verb*

▸ (*auch* **grout·ing** /ˈgraʊtɪŋ/) ***Nomen*** Fugenkitt

▸ ***Verb*** ausfugen, verfugen

grove /grəʊv; *AmE* groʊv/ *Nomen* **1** Wäldchen, Hain **2** Bestandteil von Straßennamen

grovel /ˈgrɒvl; *AmE* ˈgrɑːvl/ *Verb* (**-ll-**, *AmE* **-l-**) **1** (*abwert*) **~ (to sb)** (vor jdm) kriechen; **~ (to sb) for sth** (jdn) unterwürfig um etw bitten **2** (auf allen vieren) kriechen

grov·el·ling (*AmE* **gro·vel·ing**) /ˈgrɒvlɪŋ; *AmE* ˈgrɑːv-/ *Adj* kriecherisch, unterwürfig

grow /grəʊ; *AmE* groʊ/ *Verb* (**grew** /gruː/, **grown** /grəʊn; *AmE* groʊn/) **1** zunehmen, wachsen, steigen ◇ *These roses grow to a height of 6 feet.* Diese Rosen werden 1,80m hoch. ◇ *The family has grown in size recently.* Die Familie hat vor kurzem Zuwachs bekommen. ◇ *She is growing in confidence.* Ihr Selbstbewusstsein nimmt zu. **2** wachsen lassen ◇ *He's grown a beard.* Er hat sich einen Bart wachsen lassen. **3** anbauen ◇ *I grew them from seed.* Ich habe sie aus Samen gezogen. **4** werden ◇ *grow old* alt werden ◇ *grow bored* Langeweile bekommen **5 ~ to do sth** etw allmählich tun, etw mit der Zeit tun ◇ *She grew to like it.* Mit der Zeit gefiel es ihr. ◇ *I grew to depend on it.* Mit der Zeit wurde ich davon abhängig. **6** sich entwickeln **7** (*Geschäft etc.*) erweitern IDM **it/money doesn't grow on 'trees** (*umgs*) man kann sich das Geld nicht einfach aus den Rippen schneiden → *Siehe auch* GRASS PHR V **,grow a'part** sich auseinanderleben, sich auseinanderentwickeln ◇ *He's grown apart from them.* Sie haben sich auseinanderentwickelt. **,grow a'way from sb** sich jdm entfremden **,grow 'back** wieder nachwachsen **,grow 'into sth** (*kein Passiv*) **1** (zu) etw werden, sich zu etw entwickeln **2** in etw hineinwachsen (*auch fig*) **'grow on sb** (*kein Passiv*) jdm immer besser gefallen ◇ *It grows on you.* Man lernt es schätzen. **,grow 'out** (*Frisur, Tönung etc.*) herauswachsen **,grow sth 'out** (*Frisur, Tönung etc.*) herauswachsen lassen **,grow 'out of sth** (*kein Passiv*) **1** (*Kleidung*) aus etw herauswachsen **2** (*Angewohnheit etc.*) ablegen **3** aus etw entstehen ◇ *The idea for the book grew out of a visit to India.* Die Idee für das Buch entstand aus einer Indienreise. **,grow 'up 1** aufwachsen, erwachsen werden ◇ *He grew up to become a famous pianist.* Er wurde ein bekannter Pianist. ◇ *Why don't you grow up?* Du solltest endlich vernünftig werden! **2** sich entwickeln

grow·er /'grəʊə(r); *AmE* 'groʊ-/ *Nomen* **1** Bauer, Züchter ◇ *a tobacco grower* ein Tabakpflanzer **2** ◇ *a fast/slow grower* eine schnell/langsam wachsende Pflanze

grow·ing /'grəʊɪŋ; *AmE* 'groʊ-/ *Adj* [nur vor Nomen] wachsend, zunehmend ◇ *a growing number of people* mehr und mehr Leute

'growing pains *Nomen* [Pl] **1** Wachstumsschmerzen **2** Pubertätsängste **3** Anfangsschwierigkeiten

growl /graʊl/ *Verb, Nomen*

▸ ***Verb*** knurren; **~ at sb/sth** jdn/etw anknurren ◇ *She growled a sarcastic reply.* Sie brummelte eine sarkastische Antwort.

▸ ***Nomen*** Knurren, Brummen

grown /grəʊn; *AmE* groʊn/ *Adj* erwachsen → *Siehe auch* GROW

grown-up *Adj, Nomen*

▸ ***Adj*** /,grəʊn 'ʌp; *AmE* ,groʊn/ **1** erwachsen **2** wie ein Erwachsener, für Erwachsene

▸ ***Nomen*** /'grəʊn ʌp; *AmE* 'groʊn/ (*bes Kinderspr*) Erwachsene(r)

growth /grəʊθ; *AmE* groʊθ/ *Nomen* **1** Wachstum ◇ *the rapid growth in violent crime* die rasche Zunahme der Gewaltverbrechen ◇ *personal growth and development* persönliche Entfaltung und Entwicklung **2** Geschwulst, Wucherung ◇ *a malignant growth* ein bösartiger Tumor ◇ *a cancerous growth* ein Krebsgeschwür **3** Vegetation ◇ *fresh green growths* neue Triebe **4** ◇ *several days' growth of beard* ein Dreitagebart

grub /grʌb/ *Nomen, Verb*

▸ ***Nomen* 1** Larve **2** (*umgs*) Essen, Futterage ◇ *Grub's up!* Essen ist fertig!

▸ ***Verb*** (**-bb-**) **~ around/about** (herum)wühlen; **~ (around) for sth** nach etw suchen PHR V **,grub sth 'up/'out** etw ausgraben, etw roden

grubbi·ness /'grʌbinəs/ (*selten*) *Nomen* Schmuddeligkeit, Dreck

grubby /'grʌbi/ *Adj* (**grub·bier**, **grub·bi·est**) **1** dreckig, schmuddelig **2** (*fig*) schmutzig

grudge /grʌdʒ/ *Nomen, Verb*

▸ ***Nomen*** Groll ◇ *I bear him no grudge.* Ich trage ihm das nicht nach. ◇ *He has a grudge against the world.* Er hasst die Welt. ◇ *a grudge match* ein erbitterter Zweikampf

▸ ***Verb* 1** ◇ *I grudge having to pay so much tax.* Ich zahle ungern so viel Steuern. ◇ *He grudges the time he spends travelling.* Ihm tut es leid um die Zeit, die er verfährt. **2 ~ sb sth** jdm etw nicht gönnen

grudg·ing /'grʌdʒɪŋ/ *Adj* (*Adv* **grudg·ing·ly**) widerwillig, unwillig

gruel /'gruːəl/ *Nomen* (Hafer)grütze

gruel·ling (*AmE* **gruel·ing**) /'gruːəlɪŋ/ *Adj* strapaziös, äußerst anstrengend

grue·some /'gruːsəm/ *Adj* (*Adv* **grue·some·ly**) grausig, schaurig

gruff /grʌf/ *Adj* (*Adv* **gruff·ly**) **1** (*Stimme*) rauh **2** schroff ◇ *his gruff exterior* seine bärbeißige Art

grum·ble /'grʌmbl/ *Verb, Nomen*

▸ ***Verb* 1** murren; **~ (at/to sb) (about/at sb/sth)** sich (bei jdm) (über jdn/etw) beschweren **2** (*Donner*) grollen

▸ ***Nomen* 1** Klage, Murren ◇ *My main grumble is about the lack of privacy.* Am meisten stört mich, dass man nie allein ist. **2** Grollen

grum·bler /'grʌmblə(r)/ *Nomen* Nörgler(in)

grumpy /'grʌmpi/ *Adj* (**grump·ier**, **grumpi·est**) (*Adv* **grump·ily** /-pɪli/) (*umgs*) mürrisch, brummig

grunge /grʌndʒ/ *Nomen* **1** (*umgs*) Dreck **2** (*auch* **'grunge rock**) Grunge(-Rock) **3** Grunge(-Stil)

grungy /'grʌndʒi/ *Adj* (*bes AmE, umgs*) dreckig, schmutzig

grunt /grʌnt/ *Verb, Nomen*

▸ ***Verb*** grunzen, ächzen

▸ ***Nomen* 1** Grunzen, Ächzen ◇ *give a grunt of effort* vor Anstrengung ächzen **2** (*AmE, Slang*) Hilfsarbeiter(in), Kuli **3** (*AmE, Slang*) gemeiner Soldat

'grunt work *Nomen* [U] (*umgs*) harte Arbeit, Knochenarbeit ◇ *She has assistants to do the grunt work like research and proofreading.* Sie hat Assistenten, die die harte Arbeit wie Forschung und Korrekturlesen machen

gry·phon = GRIFFIN

GSOH /,dʒiː es əʊ 'eɪtʃ; *AmE* oʊ/ *Kurzform von* **good sense of humour** (*in Kontaktanzeigen verwendet*) mit Humor

'G-string *Nomen* Tanga

Gt (*bes AmE* **Gt.**) *Abk* = GREAT

guar·an·tee /,gærən'tiː/ *Nomen, Verb*

▸ ***Nomen* 1** Garantie ◇ *The watch is still under guarantee.* Auf der Uhr ist noch Garantie. **2** Sicherheit

▸ ***Verb* 1** garantieren **2** (*meist passiv*) garantieren ◇ *This iron is guaranteed for a year against faulty workmanship.* Auf dieses Bügeleisen gibt es ein Jahr Garantie gegen Fertigungsmängel. **3** sicher sein **4 ~ sth** für etw bürgen IDM **be guaran'teed to do sth** etw garantiert tun ◇ *That kind of behaviour is guaranteed to make him angry.* Ein solches Verhalten ärgert ihn garantiert.

guar·an·tor /,gærən'tɔː(r)/ *Nomen* (*offiz*) Garant(in), Bürge/Bürgin

guard /gɑːd; *AmE* gɑːrd/ *Nomen, Verb*

▸ ***Nomen* 1** (*Person*) Wachposten, Wache ◇ *a security guard* ein Sicherheitsbeamter **2** Wachmannschaft, Sicherheitsleute ◇ *the captain of the guard* der Chef der Wache ◇ *the changing of the guard* die Wachablösung **3** (Wach)dienst, Wache ◇ *on guard* auf Wache ◇ *do guard duty* Wachdienst haben ◇ *keep guard*

Wache halten ◇ *provide a guard of honour* ein Ehrenspalier bilden **4** Bewachung **5 the Guards** [Pl] Garde (regiment) **6** (*oft in Zusammensetzungen*) Schutz(vorrichtung) ◇ *a mouth guard* ein Mundschutz **7** (*BrE, veraltend*) Schaffner(in) **8** Deckung ◇ *drop your guard* seine Deckung fallen lassen IDM **be on your 'guard** auf der Hut sein **mount 'guard over sb/sth** jdn/etw bewachen **stand/keep 'guard (over sb/sth)** (bei jdm/an etw) Wache stehen/halten **off (your) 'guard** unvorbereitet; unachtsam

▸ ***Verb*** bewachen ◇ (*fig*) *a closely guarded secret* ein streng gehütetes Geheimnis PHRV **'guard against sth** sich gegen etw absichern, sich vor etw schützen ◇ *guard against accidents* Unfälle verhüten/vermeiden

'guard dog *Nomen* Wachhund

guard·ed /'gɑːdɪd; *AmE* 'gɑːrdɪd/ *Adj* (*Adv* **guard·ed·ly**) zurückhaltend, vorsichtig

guard·house /'gɑːdhaʊs; *AmE* 'gɑːrd-/ *Nomen* Wache

guard·ian /'gɑːdiən; *AmE* 'gɑːrd-/ *Nomen* **1** Hüter(in) **2** Vormund

ˌguardian 'angel *Nomen* Schutzengel

guard·ian·ship /'gɑːdiənʃɪp; *AmE* 'gɑːrd-/ *Nomen* [U] **1** (*gehoben*) Schutz, Obhut **2** (RECHT) Vormundschaft

'guard rail *Nomen* **1** (Schutz)geländer; (*beim Boot*) Reling **2** (*bes AmE*) Leitplanke

guard·room /'gɑːdruːm, -rʊm; *AmE* 'gɑːrd-/ *Nomen* Wachlokal, Wachstube

guards·man /'gɑːdzmən; *AmE* 'gɑːrdz-/ *Nomen* (*Pl* **-men** /-mən/) Gardesoldat, Gardist

'guard's van *Nomen* (*BrE*) Dienstabteil

guava /'gwɑːvə/ *Nomen* Guajave

gu·ber·na·tor·ial /ˌguːbənə'tɔːriəl; *AmE* -bərn-/ *Adj* (*gehoben*) (*in den USA*) Gouverneurs-

guer·rilla (*auch* **guer·illa**) /gə'rɪlə/ *Nomen* Guerilla(kämpfer, -kämpferin) ◇ *urban guerrillas* die Stadtguerilla

guess 0-ᴡ /ges/ *Verb, Nomen*

▸ ***Verb*** **1** raten, schätzen ◇ *guess at sth* Vermutungen über etw anstellen ◇ *I guessed as much.* Das habe ich mir schon gedacht. **2** erraten **3 I guess** (*bes AmE, umgs*) ◇ *I guess that's why he's so sad.* Wahrscheinlich ist er deshalb so traurig. ◇ *I guess I'm just lucky.* Ich hab wohl einfach nur Glück. IDM **Guess what!** Stell dir vor! **keep sb 'guessing** (*umgs*) jdn im Ungewissen lassen

▸ ***Nomen*** Vermutung, Schätzung ◇ *at a guess* schätzungsweise ◇ (*AmE*) *take a guess* raten ◇ (*BrE*) *I had to make a guess at her name.* Bei ihrem Namen musste ich raten. ◇ *Go on! Have a guess!* Na los! Rate mal! ◇ *I'll give you three guesses.* Dreimal darfst du raten. IDM **it's 'anybody's/'anyone's guess** (*umgs*) das wissen die Götter **your ˌguess is as good as 'mine** (*umgs*) ich weiß genauso viel wie du

guess·ti·mate /'gestɪmət/ *Nomen* (*umgs*) grobe Schätzung

guess·work /'geswɜːk; *AmE* -wɜːrk/ *Nomen* [U] Vermutung(en)

guest 0-ᴡ /gest/ *Nomen, Verb*

▸ ***Nomen*** Gast ◇ *He made a guest appearance on the show.* Er trat als Gast in der Show auf. IDM **be my 'guest** (*umgs*) ◇ *'May I use the phone?' 'Be my guest.'* „Darf ich mal telefonieren?" „Bitte, gern."

▸ ***Verb*** als Gast(star) auftreten, als Gast(spieler) spielen

'guest house *Nomen* **1** (*BrE*) (Fremden)pension **2** (*AmE*) Gästehaus

'guest room *Nomen* Gästezimmer

'guest worker *Nomen* Gastarbeiter(in)

guff /gʌf/ *Nomen* [U] (*umgs*) Blödsinn, Mist

guf·faw /gə'fɔː/ *Verb, Nomen*

▸ ***Verb*** brüllen vor Lachen

▸ ***Nomen*** kurzes, bellendes Lachen

guid·ance /'gaɪdns/ *Nomen* [U] **1** (An)leitung, Beratung, Rat(schläge) ◇ (*AmE*) *a guidance counselor* ein(e) Vertrauenslehrer(in) **2** Steuerung ◇ *a missile guidance system* ein Raketensteuerungssystem

guide 0-ᴡ /gaɪd/ *Nomen, Verb*

▸ ***Nomen*** **1 ~ (to sth)** (*Buch, Broschüre*) Ratgeber (für etw) ◇ *a TV guide* eine Fernsehzeitung **2** = GUIDEBOOK **3** Fremdenführer(in) ◇ *a tour guide* ein(e) Reiseleiter(in) **4** Lehrer(in), Berater(in), Vorbild **5** Richtschnur, Anhaltspunkt ◇ *I let my feelings be my guide.* Ich ließ mich von meinen Gefühlen leiten. **6 Guide** (*BrE, veraltet* **ˌGirl 'Guide**) Pfadfinderin

▸ ***Verb*** **1** führen ◇ *We were guided around the museums.* Wir wurden durch die Museen geführt. **2** leiten, lenken, begleiten ◇ *be guided by sth* sich von etw leiten lassen **3 ~ sb (through sth)** jdn (in etw) einweisen

guide·book /'gaɪdbʊk/ (*auch* **guide**) *Nomen* Reiseführer

guided /'gaɪdɪd/ *Adj* geführt ◇ *a guided tour/walk* eine Führung

ˌguided 'missile *Nomen* Lenkrakete

'guide dog *Nomen* Blindenhund

guide·line /'gaɪdlaɪn/ *Nomen* **1 guidelines** [Pl] Richtlinien **2** [meist Pl] Hinweis, Ratschlag **3** Richtschnur

guid·ing /'gaɪdɪŋ/ *Adj* [nur vor Nomen] leitend, helfend ◇ *the guiding force* die treibende Kraft ◇ *His mother was his guiding light.* Seine Mutter war sein Vorbild.

guild /gɪld/ *Nomen* **1** Verband, Verein **2** [mit Verb im Sing/Pl] Gilde, Zunft

guil·der /'gɪldə(r)/ *Nomen* Gulden

guild·hall /'gɪldhɔːl/ *Nomen* (*BrE*) Gildehaus, Zunfthaus

guile /gaɪl/ *Nomen* (*gehoben*) (Arg)list, (Heim)tücke

guile·less /'gaɪlləs/ *Adj* (*gehoben*) arglos, harmlos

guil·le·mot /'gɪlɪmɒt; *AmE* -mɑːt/ *Nomen* Lumme

guil·lo·tine /'gɪlətiːn/ *Nomen, Verb*

▸ ***Nomen*** **1** [Sing] Guillotine **2** Papierschneidemaschine **3** [Sing] (*BrE*) (POL) = Begrenzung der Beratungszeit

▸ ***Verb*** **1** guillotinieren **2** (*BrE*) (*mit der Papierschneidemaschine*) schneiden **3** (*BrE*) (POL) = die Beratungszeit eines Gesetzes etc. einschränken

guilt /gɪlt/ *Nomen* [U] Schuld IDM **a 'guilt trip** (*umgs*) ◇ *lay a guilt trip on sb about sth* jdm wegen einer Sache Schuldgefühle einreden ◇ *be on a guilt trip* sich unablässig Vorwürfe machen

guilt·less /'gɪltləs/ *Adj* **1** schuldlos, unschuldig **2** ohne Gewissensbisse

guilty 0-ᴡ /'gɪlti/ *Adj* (**guilt·ier**, **guilti·est**) (**More guilty** *und* **most guilty** *sind gebräuchlicher*) **1** schuldig ◇ *He pleaded guilty to murder.* Er bekannte sich des Mordes schuldig. ◇ *be guilty of sth* sich einer Sache schuldig machen ◇ *a guilty conscience* ein schlechtes Gewissen **2** (*Adv* **guilt·ily** /-tɪli/) schuldbewusst

guinea /'gɪni/ *Nomen* (*frühere englische Goldmünze*) Guinea

'guinea fowl *Nomen* (*Pl* **guinea·fowl**) Perlhuhn

'guinea pig *Nomen* **1** Meerschweinchen **2** Versuchskaninchen

guise /gaɪz/ *Nomen* **1** Gestalt, Verkleidung **2** Vorwand, Deckmantel

gui·tar /gɪ'tɑː(r)/ *Nomen* Gitarre

gui·tar·ist /gɪ'tɑːrɪst/ *Nomen* Gitarrist(in)

Gu·ja·rati (*auch* **Gu·je·rati**) /ˌguːdʒə'rɑːti/ *Nomen, Adj*

▸ ***Nomen*** **1** = Einwohner(in) des westindischen Staates Gujarat **2** (*Sprache*) Gujarati

▸ ***Adj*** = den westindischen Staat Gujarat betreffend

gulch /gʌltʃ/ *Nomen* (*bes AmE*) Schlucht, Klamm

gulf /gʌlf/ *Nomen* **1** Golf, Meerbusen **2 the Gulf** [Sing] der (Persische) Golf **3** Kluft IDM → BRIDGE

the 'Gulf Stream *Nomen* [Sing] der Golfstrom

gull /gʌl/ = SEAGULL

gul·let /ˈgʌlɪt/ *Nomen* Speiseröhre

gul·li·bil·ity /ˌgʌləˈbɪləti/ *Nomen* Leichtgläubigkeit

gul·lible /ˈgʌləbl/ *Adj* leichtgläubig

gully (*auch* **gul·ley**) /ˈgʌli/ *Nomen* (*Pl* **gul·lies, gul·leys**) **1** Rinne **2** Schlucht

gulp /gʌlp/ *Verb, Nomen*

▸ ***Verb*** **1 ~ sth (down)** etw (hinunter)schlingen, etw (hinunter)stürzen **2** (trocken) schlucken (*vor Angst, Überraschung etc.*) **3 ~ for sth** (*Luft*) nach etw schnappen, nach etw ringen; **~ sth (in)** etw gierig (ein)atmen PHR V **ˌgulp sth 'back** etw hinunterschlucken, etw unterdrücken

▸ ***Nomen*** **1** (kräftiger) Schluck, (großer) Bissen, (tiefer) Zug **2** Schlucken ◇ *She gave a gulp before she replied.* Sie musste schlucken, bevor sie antworten konnte.

gum /gʌm/ *Nomen, Verb*

▸ ***Nomen*** **1** [meist Pl] Zahnfleisch **2** [U] (*Baumharz*) Gummi (arabikum) **3** [U] Klebstoff **4** = CHEWING GUM **5** (*Süßigkeit*) ◇ *fruit gums* Fruchtgummis IDM **by gum!** (*BrE, umgs, veraltet*) mein Gott!; verdammt!

▸ ***Verb*** (**-mm-**) (*veraltend*) kleben ◇ *She gummed the envelope down.* Sie klebte den Umschlag zu. PHR V **ˌgum 'up** (*meist passiv*) (*BrE, umgs*) verkleben ◇ *Keep the valve clean or it will get gummed up.* Halten Sie das Ventil sauber, damit es nicht verklebt. **ˌgum sth 'up** (*BrE, umgs*) (*meist passiv*) etw verkleben

gum·ball /ˈgʌmbɔːl/ *Nomen* (*AmE*) Kaugummikugel

gumbo /ˈgʌmbəʊ; *AmE* -boʊ/ *Nomen* = Eintopf mit Huhn bzw. Meeresfrüchten und Okra

gum·boot /ˈgʌmbuːt/ *Nomen* (*BrE, veraltet*) Gummistiefel

gummed /gʌmd/ *Adj* gummiert

gummy /ˈgʌmi/ *Adj* **1** klebrig, verklebt **2** zahnlos

gump·tion /ˈgʌmpʃn/ *Nomen* (*umgs, veraltet*) **1** gesunder Menschenverstand **2** Mumm

gum·shoe /ˈgʌmʃuː/ *Nomen* (*veraltet*) **1** (*AmE, umgs*) Detektiv **2** Galosche **3** Turnschuh

'gum tree *Nomen* Kautschukbaum; (*in Australien*) Eukalyptusbaum IDM **be up a 'gum tree** (*BrE, umgs*) in der Klemme sitzen

gun 0-ᵯ /gʌn/ *Nomen, Verb*

▸ ***Nomen*** **1** Schusswaffe, Geschütz ◇ *anti-aircraft guns* Flakgeschütze **2** Pistole ◇ *a staple gun* ein Tacker **3 the gun** [Sing] der Startschuss, das Startsignal **4** (*bes AmE, umgs*) Killer **5** Schütze, Schützin IDM **hold/put a gun to sb's 'head** jdm die Pistole auf die Brust setzen → *Siehe auch* GREAT, JUMP, SPIKE *und* STICK

▸ ***Verb*** (**-nn-**) **1 ~ sb down** jdn niederschießen, jdn erschießen; **~ sth down** etw erschießen, etw abschießen **2** (*Motor*) aufheulen lassen PHR V **be 'gunning for sb** (*umgs*) jdn auf dem Kieker haben **be 'gunning for sth** (*umgs*) es auf etw abgesehen haben, etw im Visier haben

gun·boat /ˈgʌnbəʊt; *AmE* -boʊt/ *Nomen* Kanonenboot

gunboat di'plomacy *Nomen* Kanonenbootpolitik

'gun control *Nomen* (*bes AmE*) Einschränkung des privaten Schusswaffenverkaufs und -besitzes

'gun dog *Nomen* Jagdhund

gun·fight /ˈgʌnfaɪt/ *Nomen* Feuergefecht, Schießerei

gun·fight·er /ˈgʌnfaɪtə(r)/ *Nomen* Schütze

gun·fire /ˈgʌnfaɪə(r)/ *Nomen* [U] **1** Schießerei ◇ *an exchange of gunfire* ein Schusswechsel **2** Gewehrfeuer, Geschützfeuer ◇ *I could hear gunfire.* Ich konnte Schüsse hören.

gunge /gʌndʒ/ *Nomen* (*BrE, umgs*) Schmiere

gung-ho /ˌgʌŋ ˈhəʊ; *AmE* ˈhoʊ/ *Adj* (*umgs, abwert*) wild begeistert

gungy /ˈgʌndʒi/ *Adj* (*BrE, umgs*) schmierig

gunk /gʌŋk/ *Nomen* (*bes AmE, umgs*) Schmiere

gunky /ˈgʌŋki/ *Adj* (*bes AmE, umgs*) schmierig

gun·man /ˈgʌnmən/ *Nomen* (*Pl* **-men** /-mən/) bewaffneter Mann

gun·metal /ˈgʌnmetl/ *Nomen* **1** Geschützbronze **2** dunkles Blaugrau

gun·nel = GUNWALE

gun·ner /ˈgʌnə(r)/ *Nomen* Artillerist, Kanonier

gun·ny·sack /ˈgʌnisæk/ *Nomen* (*AmE*) Rupfensack

gun·point /ˈgʌnpɔɪnt/ *Nomen* IDM **at 'gunpoint** mit vorgehaltener Schusswaffe; mit Waffengewalt

gun·pow·der /ˈgʌnpaʊdə(r)/ (*auch* **pow·der**) *Nomen* Schießpulver

gun·run·ner /ˈgʌnrʌnə(r)/ *Nomen* Waffenschmuggler

gun·run·ning /ˈgʌnrʌnɪŋ/ *Nomen* Waffenschmuggel

gun·ship /ˈgʌnʃɪp/ *Nomen* Kampfhubschrauber

gun·shot /ˈgʌnʃɒt; *AmE* -ʃɑːt/ *Nomen* **1** Schuss **2 out of/within ~** außer/in Schussweite

gun·slinger /ˈgʌnslɪŋə(r)/ *Nomen* (*AmE*) Revolverheld(in)

gun·smith /ˈgʌnsmɪθ/ *Nomen* Büchsenmacher(in), Waffenschmied(in)

gun·wale (*auch* **gun·nel**) /ˈgʌnl/ *Nomen* Schandeck, Schandeckel; (*eines Ruderboots*) Dollbord

gur·gle /ˈgɜːgl; *AmE* ˈgɜːrgl/ *Verb, Nomen*

▸ ***Verb*** **1** gluckern ◇ *Water gurgled through the pipes.* Wasser floss gluckernd durch die Rohre. **2** (*Person*) glucksen

▸ ***Nomen*** **1** Gluckern **2** Glucksen

gur·ney /ˈgɜːni; *AmE* ˈgɜːrni/ *Nomen* (*AmE*) Rollbahre

guru /ˈgʊruː/ *Nomen* Guru (*auch fig*)

gush /gʌʃ/ *Verb, Nomen*

▸ ***Verb*** **1** (*Flüssigkeit*) strömen, schießen **2** ausströmen lassen ◇ *The tanker was gushing oil.* Aus dem Tanker strömte Öl aus. **3** (*abwert*) schwärmen

▸ ***Nomen*** [meist Sing] **1** Schwall **2** Ausbruch

gush·er /ˈgʌʃə(r)/ *Nomen* **1** (*AmE*) natürlich sprudelnde Ölquelle **2** überschwänglicher Mensch

gush·ing /ˈgʌʃɪŋ/ *Adj* (*Adv* **gush·ing·ly**) (*abwert*) überschwänglich

gus·set /ˈgʌsɪt/ *Nomen* Zwickel, Keil

gussy /ˈgʌsi/ *Verb* (**gus·sies, gussy·ing, gus·sied, gus·sied**) PHR V **ˌgussy 'up** (*AmE, umgs*) sich fein machen, sich herausputzen

gust /gʌst/ *Nomen, Verb*

▸ ***Nomen*** **1** Windstoß, Bö, Schwall **2** Anfall ◇ *a gust of despair* ein plötzliches Gefühl von Verzweiflung ◇ *gusts of laughter* Lachsalven

▸ ***Verb*** böig wehen

gusto /ˈgʌstəʊ; *AmE* -stoʊ/ *Nomen* Begeisterung

gusty /ˈgʌsti/ *Adj* böig, stürmisch

gut /gʌt/ *Nomen, Verb, Adj*

▸ ***Nomen*** **1** Darm **2 guts** [Pl] Eingeweide, Innereien **3** (*umgs*) Bauch, Wanst **4 guts** [Pl] (*umgs*) Schneid, Mumm **5** [meist Pl] Innerstes **6 guts** [Pl] (*das Wesentliche*) Kern **7** = CATGUT IDM **have sb's ˌguts for 'garters** (*BrE, umgs*) aus jdm Hackfleisch machen **slog/sweat/work your 'guts out** (*umgs*) sich abrackern → *Siehe auch* BUST, HATE *und* SPILL

▸ ***Verb*** (**-tt-**) **1** (*meist passiv*) (*zerstören*) aushöhlen ◇ *a factory gutted by fire* eine ausgebrannte Fabrik **2** ausnehmen, ausweiden

▸ ***Adj*** [nur vor Nomen] gefühlsmäßig ◇ *a gut feeling* ein instinktives Gefühl

gut·less /ˈɡʌtləs/ *Adj* feige, saftlos

gutsy /ˈɡʌtsi/ *Adj* (*umgs*) **1** mutig, beherzt ◇ *a gutsy win* ein heroischer Sieg **2** markig, kernig

gut·ted /ˈɡʌtɪd/ *Adj* (*BrE, umgs*) (*enttäuscht*) am Boden zerstört

gut·ter /ˈɡʌtə(r)/ *Nomen, Verb*
▸ ***Nomen*** **1** Dachrinne **2** Rinnstein **3 the gutter** [Sing] (*Gesellschaftsschicht*) die Gosse
▸ ***Verb*** flackern

gut·ter·ing /ˈɡʌtərɪŋ/ *Nomen* [U] Dachrinnen(system)

the ˌgutter ˈpress *Nomen* (*abwert*) die Skandalpresse

gut·tur·al /ˈɡʌtərəl/ *Adj* guttural, kehlig ◇ *guttural consonants* Gutturale

guv'nor /ˈɡʌvnə(r)/ (*auch* **guv** /ɡʌv/) *Nomen* (*BrE, umgs*) (*als Anrede verwendet*) Chef

guy /ɡaɪ/ *Nomen* **1** (*umgs*) Typ, Kerl ◇ *the bad guy* der Bösewicht **2 guys** [Pl] (*als Anrede verwendet*) (*bes AmE, umgs*) Leute ◇ *Come on, you guys, let's get going!* Los, Leute, lasst uns gehen! **3** Guy-Fawkes-Puppe **4** (*auch* ˈ**guy rope**) Haltetau, Zeltschnur

Guy Fawkes night /ˈɡaɪ fɔːks naɪt/ *Nomen* = Abend des 5. November, Bonfire Night

guz·zle /ˈɡʌzl/ *Verb* (*umgs, meist abwert*) (*trinken*) in sich hineinschütten; (*essen*) verschlingen, verputzen ◇ (*fig*) *My car guzzles fuel.* Mein Auto säuft Benzin.

guz·zler /ˈɡʌzlə(r)/ *Nomen* (*AmE, umgs*) = GAS GUZZLER

gybe (*AmE meist* **jibe**) /dʒaɪb/ *Verb, Nomen*
▸ ***Verb*** halsen
▸ ***Nomen*** Halse

gym /dʒɪm/ *Nomen* **1** (*gehoben* **gym·na·sium**) Turnhalle **2** [U] Turnen **3** Fitnesscenter, Fitnessstudio

gym·khana /dʒɪmˈkɑːnə/ *Nomen* (*BrE*) Reiterfest

gym·na·sium /dʒɪmˈneɪziəm/ *Nomen* (*Pl* **gym·na·siums** *oder* **gym·na·sia** /-ziə/) (*gehoben*) = GYM

gym·nast /ˈdʒɪmnæst/ *Nomen* Turner(in)

gym·nas·tic /dʒɪmˈnæstɪk/ *Adj* turnerisch, gymnastisch

gym·nas·tics /dʒɪmˈnæstɪks/ *Nomen* [U] Turnen, Gymnastik ◇ (*fig*) *mental gymnastics* Gehirnakrobatik

ˈ**gym shoe** *Nomen* (*BrE, veraltet*) Turnschuh, Leinenschuh

gym·slip /ˈdʒɪmslɪp/ *Nomen* (*BrE, veraltet*) Trägerkleid

gy·nae·co·logic·al (*AmE* **gyne·co·logic·al**) /ˌɡaɪnəkəˈlɒdʒɪkl; *AmE* -ˈlɑːdʒɪ-/ *Adj* gynäkologisch

gy·nae·colo·gist (*AmE* **gyne·colo·gist**) /ˌɡaɪnəˈkɒlədʒɪst; *AmE* -ˈkɑːlə-/ *Nomen* Frauenarzt/-ärztin, Gynäkologe, Gynäkologin

gy·nae·col·ogy (*AmE* **gyne·cology**) /ˌɡaɪnəˈkɒlədʒi; *AmE* -ˈkɑːlə-/ *Nomen* Frauenheilkunde, Gynäkologie

gyp /dʒɪp/ *Nomen, Verb*
▸ ***Nomen*** [Sing] (*AmE, umgs*) Nepp **IDM** **give sb ˈgyp** (*BrE, umgs*) (*Schmerz*) jdm sehr zu schaffen machen
▸ ***Verb*** (**-pp-**) (*bes AmE*) neppen; **~ sb** jdn übers Ohr hauen

gyp·sum /ˈdʒɪpsəm/ *Nomen* Gips

Gypsy (*auch* **Gipsy**) /ˈdʒɪpsi/ *Nomen* (*Pl* **-ies**) (*manchmal beleidigend*) Zigeuner(in)

gyr·ate /dʒaɪˈreɪt; *AmE* ˈdʒaɪreɪt/ *Verb* **1** sich drehen, kreiseln **2** kreisen lassen

gyr·ation /dʒaɪˈreɪʃn/ *Nomen* [meist Pl] Drehung

gyro·scope /ˈdʒaɪrəskəʊp; *AmE* -skoʊp/ (*umgs* **gyro** /-rəʊ; *AmE* -roʊ/) *Nomen* Gyroskop

gyro·scop·ic /ˌdʒaɪrəˈskɒpɪk; *AmE* -ˈskɑːpɪk/ *Adj* gyroskopisch

H h

H, h /eɪtʃ/ *Nomen* (*Pl* **Hs, H's, h's**) (*Buchstabe*) H, h ➔ *Siehe auch* H-BOMB ➔ *Beispiele bei* A, A

ha¹ /hɑː/ *Ausruf* **1** (*auch* **hah**) (*verwendet, wenn man überrascht oder erfreut ist*) ha **2** (*auch* **ha! ha!**) (*verwendet, wenn man lacht*) haha! (*auch ironisch*)

ha² = HECTARE

hab·eas cor·pus /ˌheɪbiəs ˈkɔːpəs; *AmE* ˈkɔːrpəs/ *Nomen* (RECHT) Habeaskorpusakte ◇ *apply for a writ of habeas corpus* einen Haftprüfungsantrag stellen

hab·er·dash·er /ˈhæbədæʃə(r); *AmE* -bərd-/ *Nomen* **1** (*BrE, veraltet*) Kurzwarenhändler(in) **2** (*AmE*) Beschäftigte(r) bei einem Herrenausstatter

hab·er·dash·ery /ˌhæbəˈdæʃəri; *AmE* ˈhæbərdæʃəri/ *Nomen* (*Pl* **-ies**) **1** (*BrE, veraltet*) Kurzwaren **2** (*AmE, veraltet*) Herrenbekleidung **3** Kurzwarengeschäft, Kurzwarenabteilung **4** (*AmE, veraltet*) Herrenausstatter

habit /ˈhæbɪt/ *Nomen* **1** Gewohnheit, Angewohnheit ◇ *eating habits* Essgewohnheiten ◇ *He only does it out of habit.* Er tut es aus reiner Gewohnheit. ◇ *I'm a creature of habit.* Ich bin ein Gewohnheitsmensch. ◇ *I'm not in the habit of letting strangers into my apartment.* Ich lasse für gewöhnlich Fremde nicht in meine Wohnung. ◇ *I've got into the habit of turning on the TV as soon as I get home.* Ich habe es mir angewöhnt, den Fernseher einzuschalten, sowie ich nach Hause komme. ◇ *I'm trying to break the habit of staying up too late.* Ich versuche es mir abzugewöhnen, so lange aufzubleiben. **2** (*umgs*) Sucht ◇ *She wants to give up smoking but just can't kick the habit.* Sie will das Rauchen aufgeben, aber sie kann es sich einfach nicht abgewöhnen. **3** Kutte, Ordenstracht **IDM** ➔ FORCE

hab·it·able /ˈhæbɪtəbl/ *Adj* bewohnbar

habi·tat /ˈhæbɪtæt/ *Nomen* Habitat, Lebensraum

habi·ta·tion /ˌhæbɪˈteɪʃn/ *Nomen* **1** Bewohnen, Wohnen **2** (*gehoben*) Behausung, Wohnung

ˈ**habit-forming** *Adj* zur Gewohnheit werdend, zur Sucht führend

ha·bit·ual /həˈbɪtʃuəl/ *Adj* (*Adv* **ha·bit·ual·ly** /-əli/) **1** [nur vor Nomen] gewohnt, üblich **2** gewohnheitsmäßig, Gewohnheits- ◇ *a habitual criminal* ein Gewohnheitsverbrecher ◇ *a habitual liar* ein notorischer Lügner

ha·bi·tué /hæˈbɪtʃueɪ, æˈ-/ *Nomen* (*gehoben*) regelmäßige(r) Besucher(in), Stammgast

ha·ci·enda /ˌhæsɪˈendə/ *Nomen* Hazienda

hack /hæk/ *Verb, Nomen*
▸ ***Verb*** **1** hacken ◇ *I hacked the dead branches off.* Ich hackte die abgestorbenen Zweige ab. **2** (COMP) **~ (into) sth** (in) etw hacken ◇ *He hacked into the bank's computer.* Er hat den Computer der Bank gehackt. ◇ *They had hacked the actor's phone.* Sie hatten das Telefon des Schauspielers abgehört. **3** (*Fußball etc.*) treten **4 sb can/can't ~ it** (*umgs*) jd schafft es/schafft es nicht; (*etwas Langweiliges*) jd hält es aus/hält es nicht aus **5** (*meist* **go hacking**) (*bes BrE*) ausreiten **6** (*AmE, umgs*) Taxi fahren
▸ ***Nomen*** **1** (*abwert*) Schreiberling **2** (*abwert*) Kuli ◇ *a party hack* ein kleiner Parteifunktionär **3** Mietpferd, Reitpferd **4** Gaul, Klepper **5** (*AmE, umgs*) Taxi **6** Hieb **7** (*umgs*) hilfreicher Alltagstrick

hacked ˈoff *Adj* [nicht vor Nomen] (*BrE, umgs*) stocksauer, stinksauer

hack·er /ˈhækə(r)/ *Nomen* (COMP) Hacker

hacking /ˈhækɪŋ/ *Nomen* Hacken

ˌhacking ˈcough *Nomen* [Sing] trockener Husten

hackles /ˈhæklz/ *Nomen* [Pl] Nackenhaare, Nackenfell, Nackenfedern IDM **make sb's ˈhackles rise**; **raise sb's ˈhackles** jdn wütend machen ◇ *Her controversial article is bound to raise hackles.* Ihr umstrittener Artikel wird zweifellos Ärger erregen. **sb's hackles rise** jd wird wütend ◇ *Ben felt his hackles rise.* Ben fühlte die Wut in sich aufsteigen.

hack·ney car·riage /ˈhækni kærɪdʒ/ (*auch* **ˈhackney cab**) *Nomen* (*BrE*) **1** Taxi **2** Pferdedroschke

hack·neyed /ˈhæknid/ *Adj* abgedroschen, abgegriffen ◇ *a hackneyed image* ein klischeehaftes Image

hack·saw /ˈhæksɔː/ *Nomen* Metallsäge

had *Form von* HAVE

had·dock /ˈhædək/ *Nomen* (*Pl* **had·dock**) Schellfisch

Hades /ˈheɪdiːz/ *Nomen* Hades

hadn't /ˈhædnt/ = HAD NOT

haem·ato·logic·al (*AmE* **hem·ato·logic·al**) /ˌhiːmətəˈlɒdʒɪkl; *AmE* -ˈlɑːdʒɪ-/ *Adj* hämatologisch

haema·tolo·gist (*AmE* **hema·tolo·gist**) /ˌhiːməˈtɒlədʒɪst; *AmE* -ˈtɑːlə-/ *Nomen* Hämatologe, Hämatologin

haema·tol·ogy (*AmE* **hema·tol·ogy**) /ˌhiːməˈtɒlədʒi; *AmE* -ˈtɑːlə-/ *Nomen* Hämatologie

haemo·globin (*AmE* **hemo·globin**) /ˌhiːməˈɡləʊbɪn; *AmE* -ˈɡloʊ-/ *Nomen* Hämoglobin

haemo·philia (*AmE* **hemo·philia**) /ˌhiːməˈfɪliə/ *Nomen* Bluterkrankheit, Hämophilie

haemo·phil·iac (*AmE* **hemo·phil·iac**) /ˌhiːməˈfɪliæk/ *Nomen* Bluter(in)

haem·or·rhage (*AmE* **hem·or·rhage**) /ˈhemərɪdʒ/ *Nomen, Verb*

▸ ***Nomen*** **1** Blutung, Hämorrhagie **2** [meist Sing] (*von Menschen, Kapital etc.*) Abwanderung

▸ ***Verb*** Blutungen haben, bluten

haem·or·rhoids (*AmE* **hem·or·rhoids**) /ˈhemərɔɪdz/ *Nomen* [Pl] (MED) Hämorrhoiden

hag /hæɡ/ *Nomen* (*beleidigend*) (*alte Frau*) Hexe

hag·gard /ˈhæɡəd; *AmE* -ɡərd/ *Adj* abgespannt, abgehärmt, ausgezehrt

hag·gis /ˈhæɡɪs/ *Nomen* = schottisches Gericht aus mit gehackten Schafsinnereien, Haferflocken und Kräutern gefülltem Schafsmagen

hag·gle /ˈhæɡl/ *Verb* ~ **(with sb) (over sth)** (mit jdm) (um etw) feilschen, sich (mit jdm) (wegen einer Sache) herumschlagen

hah = HA[1]

haiku /ˈhaɪkuː/ *Nomen* (*Pl* **haiku** *oder* **haikus**) (LIT) Haiku

hail /heɪl/ *Verb, Nomen*

▸ ***Verb*** **1** (*meist passiv*) ~ **sb/sth (as) sth** jdn/etw (als etw) feiern **2** (*Taxi etc.*) heranwinken, anhalten **3** (*gehoben*) (an)rufen ◇ *within hailing distance* in Rufweite **4** hageln PHR V **ˈhail from …** (*gehoben*) aus … stammen

▸ ***Nomen*** Hagel ◇ *a hail of bullets* ein Kugelhagel

Hail Mary /ˌheɪl ˈmeəri; *AmE* ˈmeri/ *Nomen* (*Pl* **Hail Marys**) Ave Maria

hail·stone /ˈheɪlstəʊn; *AmE* -stoʊn/ *Nomen* [meist Pl] Hagelkorn

hail·storm /ˈheɪlstɔːm; *AmE* -stɔːrm/ *Nomen* Hagelschauer

hair 0‑ /heə(r); *AmE* her/ *Nomen* [U] Haar(e) ◇ *do your hair* sich die Haare machen ◇ *have your hair done* zum Friseur gehen ◇ *He's losing his hair.* Ihm gehen die Haare aus. ◇ *cat hairs* Katzenhaare IDM **get in sb's ˈhair** (*umgs*) jdm auf die Nerven gehen; jdm in die Quere kommen **the hair of the ˈdog (that ˈbit you)** (*umgs*) Alkohol als Mittel gegen den Kater **keep your ˈhair on** (*BrE, umgs*) reg dich ab **let your ˈhair down** (*umgs*) auf den Putz hauen; aus sich herausgehen **make sb's ˈhair stand on end** jdm die Haare zu Berge stehen lassen **not harm/touch a hair of sb's ˈhead** jdm kein Haar krümmen **not have a ˈhair out of place** aussehen wie aus dem Ei gepellt **not turn a ˈhair** nicht mit der Wimper zucken → *Siehe auch* HANG, HIDE, SPLIT *und* TEAR[1]

hair·band /ˈheəbænd; *AmE* ˈherbænd/ *Nomen* Haarband

hair·brush /ˈheəbrʌʃ; *AmE* ˈherbrʌʃ/ *Nomen* Haarbürste

hair·cut /ˈheəkʌt; *AmE* ˈherkʌt/ *Nomen* **1** Haareschneiden ◇ *You need a haircut.* Du musst zum Friseur. **2** Haarschnitt, Frisur

hair·do /ˈheəduː; *AmE* ˈherduː/ *Nomen* (*Pl* **-os**) (*umgs, veraltet*) Frisur

hair·dress·er 0‑ /ˈheədresə(r); *AmE* ˈherd-/ *Nomen* Friseur(in)

hair·dress·ing /ˈheədresɪŋ; *AmE* ˈherd-/ *Nomen* Haareschneiden, Frisieren ◇ *a school of hairdressing* eine Schule für Friseure

hair·dryer (*auch* **hair·drier**) /ˈheədraɪə(r); *AmE* ˈherd-/ *Nomen* Föhn, Haartrockner, Trockenhaube

-haired /heəd; *AmE* herd/ (*in Zusammensetzungen*) -haarig ◇ *dark-haired* dunkelhaarig ◇ *long-haired* langhaarig

hair·grip /ˈheəɡrɪp; *AmE* ˈherɡrɪp/ (*auch* **grip**) *Nomen* Haarklemme

hairi·ness /ˈheərinəs; *AmE* ˈher-/ *Nomen* Behaartheit, Behaarung

hair·less /ˈheələs; *AmE* ˈherləs/ *Adj* unbehaart, haarlos, kahl

hair·line /ˈheəlaɪn; *AmE* ˈherlaɪn/ *Nomen* **1** Haaransatz ◇ *a receding hairline* eine Stirnglatze **2** (*oft in Zusammensetzungen*) haarfeiner Riss, haarfeine Linie ◇ *a hairline crack* ein Haarriss ◇ *a hairline fracture* eine Fissur

hair·net /ˈheənet; *AmE* ˈhernet/ *Nomen* Haarnetz

hair·piece /ˈheəpiːs; *AmE* ˈherpiːs/ *Nomen* Haarteil

hair·pin /ˈheəpɪn; *AmE* ˈherpɪn/ *Nomen* **1** Haarnadel **2** (*auch* **ˌhairpin ˈbend**; *AmE* **ˌhairpin ˈcurve**, **ˌhairpin ˈturn**) Haarnadelkurve

ˈhair-raising *Adj* haarsträubend

ˈhair's breadth *Nomen* [Sing] Haaresbreite ◇ *We won by a hair's breadth.* Wir haben ganz knapp gewonnen.

ˌhair ˈshirt *Nomen* härenes Gewand, Büßergewand

hair·slide /ˈheəslaɪd; *AmE* ˈherslaɪd/ (*auch* **slide**) *Nomen* (*BrE*) Haarspange

ˈhair-splitting *Nomen* [U] (*abwert*) Haarspalterei IDM → SPLIT

hair·spray /ˈheəspreɪ; *AmE* ˈherspreɪ/ *Nomen* Haarspray

ˈhair straighteners *Nomen* = STRAIGHTENER (1)

hair·style /ˈheəstaɪl; *AmE* ˈherstaɪl/ *Nomen* Frisur

hairy /ˈheəri; *AmE* ˈheri/ *Adj* (**hair·ier**, **hairi·est**) **1** behaart, haarig **2** (*umgs*) (*gefährlich*) haarig, brenzlig

hajj (*auch* **haj**) /hædʒ/ *Nomen* Hadsch

hake /heɪk/ *Nomen* (*Pl* **hake**) Seehecht

halal /ˈhælæl/ *Adj* [nur vor Nomen] nach muslimischem Ritus geschlachtet

hal·cyon /ˈhælsiən/ *Adj* (*gehoben*) glücklich

hale /heɪl/ *Adj* IDM **ˌhale and ˈhearty** gesund und munter; rüstig

half 0‑ /hɑːf; *AmE* hæf/ *Nomen, Adj, Pron, Adv*

▸ ***Nomen*** (*Pl* **halves** /hɑːvz; *AmE* hævz/) **1** Hälfte ◇ *one and a half hours/an hour and a half* eineinhalb Stunden ◇ *divide sth in half* etw halbieren **2** (SPORT) (Spiel)

hälfte, Halbzeit **3** = HALFBACK **4** (*BrE, umgs*) (*Bier etc.*) = halbes Pint ◇ *Two halves of lager, please.* Zwei kleine Bier, bitte. IDM **and a 'half** (*umgs*) ◇ *That was a game and a half!* Das war vielleicht ein Spiel! **do nothing/not do anything by 'halves** keine halben Sachen machen **go half and 'half (with sb); go 'halves (with sb)** halbe-halbe (mit jdm) machen **the 'half of it** ◇ *'That sounds awful.' 'It was, but you don't know the half of it.'* „Das hört sich ja schrecklich an." „War es auch, und das ist noch lange nicht alles." **how the other half 'lives** wie andere Leute leben **be too clever, etc. by 'half** (*BrE, umgs, oft abwert*) viel zu schlau etc. sein → *Siehe auch* MIND, SIX *und* TIME
▸ ***Adj, Pron*** halbe(r,s) ◇ *half an hour* eine halbe Stunde ◇ *He has a half share in the company.* Die Firma gehört ihm zur Hälfte. ◇ *Out of 36 candidates, half passed.* Von 36 Kandidaten hat die Hälfte bestanden. ◇ *Half (of) the fruit was bad.* Die Hälfte des Obstes war schlecht. IDM **half a 'minute, 'second, etc.** (*umgs*) ein Moment **half the fun (of sth)** das Schönste (an etw) **half the time** die meiste Zeit **half the trouble (with sth)** das Schlimmste (an etw) **half past 'one, 'two, etc.** (*AmE auch* **half after 'one, 'two, etc.**) (*BrE auch, umgs*) (*auch* **half 'one, 'two, etc.**) halb zwei, drei etc.
▸ ***Adv*** **1** halb, zur Hälfte ◇ *The chicken was only half cooked.* Das Huhn war noch nicht gar. **2** fast IDM **ˌhalf as ˌmany, ˌmuch, etc. a'gain** (*AmE* **half a 'gain as much**) um die Hälfte mehr **ˌnot 'half** (*BrE, umgs*) sehr ◇ *It wasn't half good.* Es war ausgezeichnet. ◇ *'Was she annoyed?' 'Not half!'* „War sie böse?" „Und ob!" **not 'half as; not 'half such a** ◇ *He's not half such a fool as they think.* Er ist nicht halb so dumm, wie die Leute glauben. **not half 'bad** (*umgs*) gar nicht schlecht

ˌhalf-and-'half *Nomen, Adv*
▸ ***Nomen*** (*AmE*) = Mischung aus Milch und Sahne, die für Tee und Kaffee verwendet wird
▸ ***Adv*** halb und halb

'half-assed *Adj, Adv* (*AmE, Slang*) beschissen

half·back /'hɑːfbæk; *AmE* 'hæf-/ (*auch* **half**) *Nomen* (SPORT) **1** (*Mensch*) Läufer(in), Mittelfeldspieler(in) **2** (*im American Football*) Stürmer(in), Halfback **3** (*Position*) Mittelfeld; (*im American Football*) Angriff

ˌhalf-'baked *Adj* (*umgs*) unausgegoren, halbgar

'half-bath *Nomen* (*AmE*) (Gäste)toilette

ˌhalf 'board *Nomen* (*BrE*) Halbpension

'half-breed *Nomen* (*beleidigend*) Halbblut, Mischling

'half-brother *Nomen* Halbbruder

'half-caste *Nomen, Adj*
▸ ***Nomen*** (*beleidigend*) Mischling, Halbblut
▸ ***Adj*** (*beleidigend*) Mischlings-, Halbblut-

ˌhalf-'cock *Nomen* IDM **go off at ˌhalf-'cock** (*BrE, umgs*) danebengehen ◇ *The party went off at half-cock.* Die Party war ein Reinfall. **go/fly off at ˌhalf-'cock** (*BrE, umgs*) (*wütend werden*) hochgehen

ˌhalf-'crown (*auch* **ˌhalf a 'crown**) *Nomen* (*britische Münze vor 1971*) halbe Krone, Halfcrown

ˌhalf 'day *Nomen* ◇ *Tuesday is her half day.* Dienstags arbeitet sie nur den halben Tag.

ˌhalf 'dollar *Nomen* (*Münze*) halber Dollar, Halfdollar

ˌhalf-'hearted *Adj* (*Adv* **half-'heartedly**) halbherzig

ˌhalf 'hour (*auch* **ˌhalf an 'hour**) *Nomen* halbe Stunde ◇ *within the next half hour* in der nächsten halben Stunde ◇ *a half-hour drive* eine halbstündige Fahrt

ˌhalf-'hourly *Adj, Adv*
▸ ***Adj*** halbstündlich
▸ ***Adv*** alle halbe Stunde

'half-life *Nomen* (PHYSIK) Halbwertszeit

'half-light *Nomen* [Sing] Halbdunkel, Dämmerlicht

ˌhalf 'mast *Nomen* IDM **at ˌhalf 'mast** auf halbmast

ˌhalf 'measures *Nomen* [Pl] (*abwert*) halbe Sache, Halbheit

ˌhalf-'moon *Nomen* Halbmond

'half note *Nomen* (*AmE*) halbe Note

half·penny /'heɪpni/ *Nomen* (*Pl* **-ies**) (*britische Münze vor 1984*) halber Penny, Halfpenny

'half-pipe *Nomen* Halfpipe

ˌhalf 'price *Nomen* [U] halber Preis

ˌhalf-'price *Adj, Adv* zum halben Preis

'half-sister *Nomen* Halbschwester

'half step *Nomen* (*AmE*) (MUS) Halbton

ˌhalf-'term *Nomen* (*in britischen Schulen*) = (Ferien in der) Mitte des Trimesters

ˌhalf-'timbered *Adj* Fachwerk- ◇ *half-timbered buildings* Fachwerkhäuser

ˌhalf-'time *Nomen* [U] Halbzeit(pause)

half·tone /'hɑːftəʊn; *AmE* 'hæftoʊn/ *Nomen* **1** (FOTO) Halbtonbild **2** (*AmE*) (MUS) Halbton

'half-truth *Nomen* (*abwert*) Halbwahrheit

half·way /ˌhɑːf'weɪ; *AmE* ˌhæf-/ *Adv, Adj*
▸ ***Adv*** **1** halb, auf halbem Wege ◇ *It's about halfway between London and Bristol.* Es liegt ungefähr auf halber Strecke zwischen London und Bristol. ◇ *This only goes halfway to explaining what really happened.* Dies erklärt nur zur Hälfte, was wirklich passiert ist. **2** halbwegs
▸ ***Adj*** Zwischen-, Mittel- ◇ *halfway figures* Zwischenergebnisse ◇ *the halfway line* die Mittellinie

halfway 'house *Nomen* **1** [Sing] (*BrE*) Mittelding, Zwischending **2** = Übergangsstation für Häftlinge, Patienten mit psychiatrischen Krankheiten etc. zwischen der Entlassung aus dem Gefängnis, Krankenhaus etc. und der Wiederaufnahme eines eigenständigen Lebens

half·wit /'hɑːfwɪt; *AmE* 'hæf-/ *Nomen* (*umgs*) Schwachkopf

ˌhalf-'witted *Adj* schwachsinnig

ˌhalf-'yearly *Adj* [nur vor Nomen], *Adv* halbjährlich

hali·but /'hælɪbət/ *Nomen* (*Pl* **hali·but**) Heilbutt

hali·tosis /ˌhælɪ'təʊsɪs; *AmE* -'toʊ-/ *Nomen* (MED) Halitose, Mundgeruch

hall 🔑 /hɔːl/ *Nomen* **1** Flur, Diele **2** Korridor **3** Saal, Halle ◇ (*BrE*) *a village hall* ein Gemeindehaus **4** = HALL OF RESIDENCE **5** (*BrE*) (*oft in Namen*) Herrenhaus, Schloss

hal·le·lu·jah /ˌhælɪ'luːjə/ *Nomen, Ausruf*
▸ ***Nomen*** Halleluja
▸ ***Ausruf*** halleluja

hall·mark /'hɔːlmɑːk; *AmE* -mɑːrk/ *Nomen, Verb*
▸ ***Nomen*** **1** Kennzeichen, Markenzeichen **2** Repunze, (Feingehalts)stempel
▸ ***Verb*** repunzieren, stempeln, kennzeichnen

hallo (*BrE*) = HELLO

Hall of 'Fame *Nomen* (*Pl* **Halls of Fame**) (*bes AmE*) Ruhmeshalle

ˌhall of 'residence (*auch* **hall**) *Nomen* (*Pl* **halls of residence, halls**) (*BrE*) Studentenwohnheim

hal·lowed /'hæləʊd; *AmE* -loʊd/ *Adj* [nur vor Nomen] **1** geheiligt, heilig, respektiert **2** geweiht

Hal·low·een (*auch* **Hal·low·e'en**) /ˌhæləʊ'iːn; *AmE* -loʊ-/ *Nomen* = Tag vor Allerheiligen, an dem sich Kinder in den Vereinigten Staaten, Kanada und Großbritannien als Hexen, Gespenster etc. verkleiden

hal·lu·cin·ate /hə'luːsɪneɪt/ *Verb* halluzinieren

hal·lu·cin·ation /həˌluːsɪ'neɪʃn/ *Nomen* Halluzination(en), Wahnvorstellung

hal·lu·cin·atory /hə'luːsɪnətri, həˌluːsɪ'neɪtəri; *AmE* hə'luːsənətɔːri/ *Adj* [nur vor Nomen] **1** halluzinatorisch **2** halluzinogen ◇ *hallucinatory drugs* Halluzinogene

hal·lu·cino·gen /hæˈluːsɪnədʒən/ *Nomen* Halluzinogen

hal·lu·cino·gen·ic /həˌluːsɪnəˈdʒenɪk/ *Adj* halluzinogen

hall·way /ˈhɔːlweɪ/ *Nomen* **1** (*bes BrE*) Flur, Diele **2** (*AmE*) Korridor

halo /ˈheɪləʊ; *AmE* -loʊ/ *Nomen* (*Pl* **-oes** *oder* **-os**) **1** Heiligenschein, Glorienschein ◇ (*fig*) *a halo of blond hair* ein Kranz von blondem Haar **2** (*umgs*) (ASTRON) Hof, Corona

halo·gen /ˈhælədʒən/ *Nomen* Halogen

halon /ˈheɪlɒn; *AmE* -lɑːn/ *Nomen* Halon

halt /hɔːlt; *BrE auch* hɒlt/ *Verb, Nomen*

▸ ***Verb*** stehen bleiben, anhalten, einstellen IDM → TRACK

▸ ***Nomen*** **1** Stillstand ◇ *The car skidded to a halt.* Das Auto kam schleudernd zum Stehen. ◇ *a halt in production* ein Produktionsstopp ◇ *call a halt to a project* ein Projekt einstellen **2** (*BrE*) Haltepunkt IDM → GRIND

hal·ter /ˈhɔːltə(r); *BrE auch* ˈhɒl-/ *Nomen* **1** Halfter **2** (*meist in Zusammensetzungen*) Nackenträger ◇ *She was dressed in a halter top.* Sie trug ein Oberteil mit Nackenträger.

halt·ing /ˈhɔːltɪŋ; *BrE auch* ˈhɒl-/ *Adj* (*Adv* **halt·ing·ly**) stockend, zögernd ◇ *the first few halting steps* die ersten unsicheren Schritte ◇ *Europe's halting progress toward unity* Europas schwieriger Weg zur Einheit

halve /hɑːv; *AmE* hæv/ *Verb* **1** um die Hälfte verringern ◇ *The shares have halved in value.* Die Aktienwerte sind um die Hälfte gesunken. **2** halbieren

halves *Form von* HALF

hal·yard /ˈhæljəd; *AmE* -jərd/ *Nomen* (*Fachspr*) Flaggleine; (*beim Schiff*) Fall

ham /hæm/ *Nomen, Verb*

▸ ***Nomen*** **1** Schinken ◇ *a slice of ham* eine Scheibe Schinken **2** Amateurfunker(in) **3** (*umgs*) Schmierenkomödiant(in) **4** [meist Pl] (*umgs*) (*Oberschenkel*) Schinken

▸ ***Verb*** (**-mm-**) (*umgs*) IDM **ˌham it ˈup** übertreiben; zu dick auftragen

ham·burg·er /ˈhæmbɜːgə(r); *AmE* -bɜːrgər/ *Nomen* **1** (*auch* **bur·ger**) Hamburger **2** (*AmE auch* **ˈhamburger meat**) Hackfleisch

ˌham-ˈfisted (*AmE auch* **ˈham-handed**) *Adj* (*umgs*) **1** tollpatschig **2** undiplomatisch, ungeschickt

ham·let /ˈhæmlət/ *Nomen* Weiler, kleines Dorf

ham·mer 0┳ /ˈhæmə(r)/ *Nomen, Verb*

▸ ***Nomen*** **1** Hammer ◇ *come/go under the hammer* unter den Hammer kommen ◇ (*fig*) *This is a hammer blow for us.* Dies ist ein schwerer Schlag für uns. **2** (*an Waffen*) Hahn **3** (Wurf)hammer **4 the hammer** [Sing] Hammerwerfen IDM **ˌhammer and ˈtongs** ◇ *go at it hammer and tongs* sich streiten, dass die Fetzen fliegen ◇ *She went for him hammer and tongs.* Sie fiel wie eine Furie über ihn her.

▸ ***Verb*** **1** hämmern; **~ sth in/into sth** etw in etw schlagen ◇ *hammer sth into shape* etw in Form hämmern ◇ *Someone was hammering at the door.* Es hämmerte jemand gegen die Tür. ◇ (*fig*) *My heart was hammering.* Das Herz schlug mir bis zum Hals. **2** (*umgs*) vernichtend schlagen PHR V **ˌhammer aˈway at sth** **1** sich in etw hineinknien **2** auf etw herumhacken ◇ *The thought kept hammering away at her brain.* Der Gedanke ließ sie nicht los. **ˌhammer sth ˈhome** **1** ◇ *The need for subsidy was being hammered home in Brussels today.* Die Notwendigkeit von Subventionen wurde heute den Politikern in Brüssel eingehämmert. **2** (SPORT) etw ins Tor hämmern **ˌhammer sth ˈinto sb** jdm etw einbläuen **ˌhammer sth ˈout** **1** etw ausarbeiten ◇ *hammer out a compromise/deal* einen Kompromiss/Deal ausarbeiten **2** (*auf dem Klavier*) etw hämmern

ham·mer·ing /ˈhæmərɪŋ/ *Nomen* **1** Hämmern, Klopfen **2** [meist Sing] (*BrE, umgs*) Abreibung ◇ *The sales team will be in for a hammering when these figures come out.* Wenn diese Zahlen bekannt werden, wird es dem Verkaufsteam an den Kragen gehen.

ham·mock /ˈhæmək/ *Nomen* Hängematte

hammy /ˈhæmi/ *Adj* (**ham·mier**, **ham·mi·est**) (*umgs*) theatralisch

ham·per /ˈhæmpə(r)/ *Verb, Nomen*

▸ ***Verb*** (*gehoben*) (be)hindern, erschweren

▸ ***Nomen*** **1** (*Deckel-*) Korb **2** (*bes BrE*) Präsentkorb **3** (*AmE*) Wäschekorb

ham·ster /ˈhæmstə(r)/ *Nomen* Hamster

ham·string /ˈhæmstrɪŋ/ *Nomen, Verb*

▸ ***Nomen*** **1** Kniesehne **2** (*bei einem Tier*) Achillessehne

▸ ***Verb*** (**ham·strung**, **ham·strung** /ˈhæmstrʌŋ/) (*gehoben*) lähmen

hand 0┳ /hænd/ *Nomen, Verb*

▸ ***Nomen*** **1** Hand ◇ *Couples strolled past holding hands.* Händchen haltende Pärchen schlenderten vorbei. ◇ *She was on (her) hands and knees.* Sie kroch auf allen Vieren herum. ◇ *Put your hand up if you know the answer.* Melde dich, wenn du die Antwort weißt. → *Siehe auch* -HANDED **2 a hand** [Sing] (*umgs*) Hilfe ◇ *Let me give you a hand with those bags.* Komm, ich helf dir beim Tragen. ◇ *They're always willing to lend a hand.* Sie sind immer sehr hilfsbereit. **3** [Sing] **have a ~ in sth** bei etw die Hände im Spiel haben; **sb's ~ in sth** jds Beteiligung an etw ◇ *Reports suggest the hand of rebels in the bombings.* Berichten zufolge hatten bei den Bombenanschlägen Rebellen die Hände im Spiel. ◇ *strengthen sb's hand in sth* jdm bei etw den Rücken stärken **4** (*meist in Zusammensetzungen*) (Uhr)zeiger **5** Arbeiter(in) **6** Matrose, Matrosin ◇ *All hands on deck!* Alle Mann an Deck! **7** (*Karten*) Blatt **8** (*beim Kartenspiel*) Runde **9** [Sing] (*veraltet*) Handschrift **10** Einheit von 10,16 cm zum Messen der Höhe von Pferden IDM **(close/near) at ˈhand** zur Hand; nah ◇ *with shops close at hand* mit nah gelegenen Einkaufsmöglichkeiten **at the hands of sb**; **at sb's hands** (*gehoben*) durch jdn ◇ *They suffered years of repression at the hands of the old regime.* Sie erlitten jahrelange Unterdrückung unter dem alten Regime. **be good with your ˈhands** (handwerklich) geschickt sein **bind/tie sb hand and ˈfoot** **1** jdn an Händen und Füßen fesseln **2** jdm die Hände binden **by ˈhand** von Hand **fall into sb's ˈhands/the ˈhands of sb** jdm in die Hände fallen ◇ *fall into the wrong hands* in die falschen Hände geraten **(at) first ˈhand** (aus) erster Hand **get your ˈhands dirty** sich die Hände schmutzig machen **sb's ˈhand (in marriage)** (*veraltet*) jds Hand ◇ *He asked for her hand.* Er hielt um ihre Hand an. **ˌhand in ˈglove (with sb)** (mit jdm) unter einer Decke **(get/take your) ˌhands ˈoff (sth/sb)** (*umgs*) Finger weg (von etw/jdm) ◇ *Get your hands off my car!* Lass die Finger von meinem Auto! **ˌhands ˈup!** (*umgs*) **1** Aufzeigen! **2** Hände hoch! **have your ˈhands full** alle Hände voll zu tun haben **have your ˈhands tied** die Hände gebunden haben ◇ *Sorry, my hands are tied.* Mir sind leider die Hände gebunden. **hold sb's ˈhand** jdm beistehen ◇ *Do you want me to come along and hold your hand?* Möchtest du, dass ich mitkomme und dir Beistand leiste? **in sb's capable, safe, etc. ˈhands** in guten, sicheren etc. Händen ◇ *Can I leave these queries in your capable hands?* Kann ich diese Beanstandungen in Ihre Hände geben? **in ˈhand** **1** übrig ◇ *She finished the first part of the exam with over an hour in hand.* Sie beendete den ersten Teil der Klausur und hatte noch über eine Stunde Zeit. **2** im Griff **3** aktuell ◇ *the work in hand* die zu erledigende Arbeit ◇ *Please confine your comments to the topic in hand.* Bitte beschränken Sie Ihre

Bemerkungen auf das zur Debatte stehende Thema. **4** rückwirkend **in the hands of sb; in sb's 'hands** in jds Händen **keep your 'hand in** in Übung bleiben **lay/get your 'hands on sb** jdn in die Finger kriegen **lay/get your 'hands on sth** etw finden **off your 'hands** nicht mehr jds Verantwortung **on either 'hand** (*gehoben*) auf/von beiden Seiten **on every 'hand** (*gehoben*) auf/von allen Seiten **on 'hand** bereit; zur Verfügung **on your 'hands** am Hals ◇ *have enough on your hands* genug am Hals haben ◇ *Let me take care of that—you've enough on your hands.* Lass mich das erledigen—du hast genug zu tun. ◇ *They'll have a fight on their hands if they want to close down the school.* Wenn sie die Schule schließen wollen, steht ihnen noch ein Kampf bevor. **on (the) 'one hand ... on the 'other (hand) ...** auf der einen Seite ... auf der anderen Seite ... **out of 'hand 1** außer Kontrolle **2** von vornherein ◇ *She dismissed me out of hand.* Sie wies mich ab ohne mit der Wimper zu zucken. **out of your 'hands** nicht mehr jds Verantwortung ◇ *I'm afraid the matter is now out of my hands.* Ich bin in der Sache leider nicht mehr zuständig. **ˌplay into sb's 'hands** jdm in die Hände spielen **(at) second, third, etc. 'hand** (aus) zweiter, dritter etc. Hand **ˌtake sb in 'hand** jdn an die Kandare nehmen **take sth into your own 'hands** etw selbst in die Hand nehmen **throw your 'hand in** (*umgs*) etw aufgeben **to 'hand** zur Verfügung; bereit **turn your 'hand to sth** sich an etw versuchen; etw tun ◇ *He can turn his hand to anything.* Er kann alles. ℹ Für andere Redewendungen mit **hand** siehe die Einträge für die Nomina, Adjektive etc. **Give sb a big hand** z.B. steht unter **big**.

▸ ***Verb*** **~ sth to sb; ~ sb sth** jdm etw reichen IDM **hand sth to sb on a 'plate** (*umgs*) jdm etw auf dem silbernen Tablett servieren PHR V **have (got) to 'hand it to sb** (*umgs*) es jdm lassen müssen **ˌhand sth a'round/'round** etw herumreichen **ˌhand sth 'back (to sb)** (jdm) etw zurückgeben **ˌhand sth 'down (to sb) 1** etw (an jdm) weitergeben; (*mündlich*) (jdm) etw überliefern ◇ *Most of his clothes were handed down to him by his brother.* Die meisten seiner Kleidungsstücke hat er von seinem Bruder geerbt. **2** (*bes AmE*) verhängen, bekanntgeben; (*Entscheidung*) fällen **ˌhand sth 'in (to sb)** (bei jdm) etw einreichen **ˌhand sth 'on (to sb)** etw (an jdn) weiterreichen **ˌhand sth 'out (to sb)** (jdm) etw aushändigen, etw (an jdn) verteilen ◇ *Could you hand these books out, please?* Könntest du bitte diese Bücher austeilen? **ˌhand 'over (to sb)** die Führung (an jdn) abgeben **ˌhand sb 'over to sb 1** jdn mit jdm verbinden, jdn an jdn weiterreichen ◇ *I'll hand you over to my boss.* Ich reiche Sie an meinen Chef weiter. **2** jdn an jdn übergeben **ˌhand sth 'over (to sb) 1** (jdm) etw übertragen ◇ *He finally handed over his responsibility for the company last year.* Letztes Jahr gab er endlich die Verantwortung für die Firma ab. **2** (jdm) etw überreichen, (jdm) etw übergeben

hand- /hænd/ *Adj* (*in Zusammensetzungen*) von Hand, hand-, Hand- ◇ *hand-painted* handgemalt

hand·bag /'hændbæg/ *Nomen* Handtasche

'hand baggage *Nomen* (*bes AmE*) Handgepäck

hand·ball /'hændbɔːl/ *Nomen* **1** Handball **2** Handspiel

hand·basin /'hændbeɪsn/ *Nomen* (*BrE*) Waschbecken

hand·bas·ket /'hændbɑːskɪt; *AmE* -bæskɪt/ *Nomen* IDM **go to hell in a 'handbasket** (*AmE*) vor die Hunde gehen

hand·bill /'hændbɪl/ *Nomen* Handzettel, Flugblatt

hand·book /'hændbʊk/ *Nomen* Handbuch, Führer

hand·brake /'hændbreɪk/ *Nomen* (*bes BrE*) Handbremse

hand·cart /'hændkɑːt; *AmE* -kɑːrt/ *Nomen* Handwagen

hand·craft /'hændkrɑːft; *AmE* -kræft/ *Nomen* [meist Pl] (*AmE*) **1** Kunsthandwerk, Handarbeit, Werken **2** kunsthandwerkliche Gegenstände

hand·cuff /'hændkʌf/ *Verb* (*meist passiv*) **~ sb** jdm Handschellen anlegen; **~ sb/yourself to sth/sb** jdn/sich mit Handschellen an etw/jdn fesseln

hand·cuffs /'hændkʌfs/ *Nomen* [Pl] Handschellen

-handed /'hændɪd/ (*in Zusammensetzungen*) ◇ *a one-handed save* eine Abwehr mit einer Hand ◇ *a left-handed guitar* eine Gitarre für Linkshänder

hand·ful /'hændfʊl/ *Nomen* (*Pl* **-fuls**) **1** Handvoll **2 a handful** [Sing] (*umgs*) eine harte Nummer ◇ *Her children can be a real handful.* Ihre Kinder können einem ganz schön zu schaffen machen.

'hand grenade *Nomen* Handgranate

hand·gun /'hændgʌn/ *Nomen* (*bes AmE*) Handfeuerwaffe

hand-held *Adj, Nomen*

▸ ***Adj*** /ˌhænd 'held/ Taschen-, Hand- ◇ *a hand-held computer* ein PDA

▸ ***Nomen*** /'hænd held/ Taschengerät

hand·hold /'hændhəʊld; *AmE* -hoʊld/ *Nomen* Halt

handi·cap /'hændikæp/ *Nomen, Verb*

▸ ***Nomen*** **1** (*veraltend*) (*manchmal beleidigend*) Behinderung **2** Nachteil **3** (SPORT) Handikap(rennen), Vorgabe; (*Golf*) Handikap

▸ ***Verb*** **(-pp-)** benachteiligen

handi·capped /'hændikæpt/ *Adj, Nomen*

▸ ***Adj*** (*veraltend*) (*manchmal beleidigend*) behindert

▸ ***Nomen*** **the handicapped** [Pl] Behinderte

han·di·craft /'hændikrɑːft; *AmE* -kræft/ *Nomen* **1** [meist Pl/U] Kunsthandwerk, Handarbeit, Werken ◇ *teach handicrafts* Handarbeitsunterricht/Werkunterricht geben **2** kunsthandwerkliche Gegenstände

hand·ily /'hændɪli/ *Adv* **1** günstig ◇ *We're handily placed for the station.* Wir befinden uns in günstiger Lage zum Bahnhof. **2** (*bes AmE*) mit Leichtigkeit

han·di·work /'hændiwɜːk; *AmE* -wɜːrk/ *Nomen* **1** Handwerksarbeit **2** (Mach)werk ◇ *This looks like the handiwork of an arsonist.* Dies sieht nach dem Werk eines Brandstifters aus.

hand·ker·chief /'hæŋkətʃɪf, -tʃiːf; *AmE* -kərtʃ-/ *Nomen* (*Pl* **hand·ker·chiefs** *oder* **hand·ker·chieves** /-tʃiːvz/) Taschentuch

han·dle 🔑 /'hændl/ *Verb, Nomen*

▸ ***Verb*** **1 ~ sth** etw handhaben, mit etw umgehen, mit etw fertig werden **2** bearbeiten; (*Passagiere etc.*) abfertigen **3** anfassen ◇ *Fragile. Handle with care.* Vorsicht. Zerbrechlich. **4 ~ yourself** sich benehmen ◇ *He handled himself very well.* Er hat eine sehr gute Figur gemacht. **5 ~ well/badly** (*Fahrzeug*) sich gut/schlecht fahren lassen **6** (WIRTSCH) **~ sth** mit etw handeln

▸ ***Nomen*** **1** Klinke, Knauf **2** Henkel, Bügel, Griff, Stiel → *Siehe auch* -HANDLED IDM **get/have a 'handle on sb/sth** (*umgs*) jdn/etw verstehen **give sb a 'handle (on sth)** (*umgs*) jdm einen Einblick (in etw) geben → *Siehe auch* FLY

handle·bar /'hændlbɑː(r)/ *Nomen* (*auch* **handle·bars** [Pl]) Lenkstange

ˌhandlebar mous'tache *Nomen* Schnauzbart

-handled /'hændld/ (*in Zusammensetzungen*) ◇ *a long-handled spoon* ein Löffel mit langem Griff

hand·ler /'hændlə(r)/ *Nomen* (*meist in Zusammensetzungen*) **1** Tiertrainer(in), Hundeführer(in) **2** Verlader(in), Verarbeiter(in) **3** (*bes AmE*) Organisator(in) ◇ *the President's campaign handlers* die Organisatoren der Wahlkampagne des Präsidenten **4** Händler(in)

hand·ling /ˈhændlɪŋ/ *Nomen* [U] **1** Handhabung, Umgang, Behandlung **2** Bearbeitung, Abfertigung **3** Steuerung, Lenkung **4** Fracht(kosten), Versand (kosten)

ˈ**hand luggage** *Nomen* (*bes BrE*) Handgepäck

hand·made /ˌhændˈmeɪd/ *Adj* handgearbeitet; (*Papier*) handgeschöpft

hand·maiden /ˈhændmeɪdn/ (*auch* **hand·maid** /-meɪd/) *Nomen* **1** (*veraltet*) (Kammer)zofe, Magd **2** (*gehoben*) Handlangerin, Dienerin

ˈ**hand-me-down** *Nomen* [meist Pl] (*bes AmE*) abgelegtes Kleidungsstück

hand·out /ˈhændaʊt/ *Nomen* **1** (*manchmal abwertend*) Almosen, Spende **2** (*oft abwert*) Zuwendung, Unterstützung **3** Handzettel, Flugblatt **4** Thesenpapier, Handout, Arbeitsblatt

hand·over /ˈhændəʊvə(r); *AmE* -doʊ-/ *Nomen* Übergabe

ˌ**hand-ˈpicked** *Adj* handverlesen, sorgsam ausgewählt

ˈ**hand puppet** *Nomen* (*AmE*) Handpuppe

hand·rail /ˈhændreɪl/ *Nomen* Geländer, Handlauf, Haltegriff, Reling

hand·saw /ˈhændsɔː/ *Nomen* Handsäge

hand·set /ˈhændset/ *Nomen* **1** (Telefon)hörer **2** Fernbedienung

ˌ**hands-ˈfree** *Adj* (*Handy*) mit Freisprecheinrichtung

hand·shake /ˈhændʃeɪk/ *Nomen* Händedruck, Handschlag

ˌ**hands-ˈoff** *Adj* [nur vor Nomen] zurückhaltend, unaufdringlich ◇ *have a hands-off approach to sth* sich aus etw heraushalten ◇ *be a hands-off manager* seinen Mitarbeitern freie Hand lassen

hand·some /ˈhænsəm/ *Adj* **1** attraktiv, gut aussehend **2** (*Adv* **hand·some·ly**) schön, edel, geschmackvoll **3** (*Adv* **hand·some·ly**) ansehnlich, stattlich, groß(zügig)

hand·some·ness /ˈhænsəmnəs/ *Nomen* [U] gutes Aussehen, Schönheit

ˌ**hands-ˈon** *Adj* **1** praktisch, praxisnah **2** ◇ *Our boss has a hands-on style of management.* Unsere Chefin hält die Zügel fest in der Hand.

hand·stand /ˈhændstænd/ *Nomen* Handstand

ˌ**hand-to-ˈhand** *Adj* ◇ *hand-to-hand fighting* ein Nahkampf

ˌ**hand-to-ˈmouth** *Adj* kümmerlich ◇ *live a hand-to-mouth existence* von der Hand in den Mund leben **IDM** → LIVE[1]

hand·writ·ing /ˈhændraɪtɪŋ/ *Nomen* [U] **1** (Hand) schrift **2** Handgeschriebenes **IDM** → WALL

hand·writ·ten /ˌhændˈrɪtn/ *Adj* handgeschrieben

handy /ˈhændi/ *Adj* (**hand·ier, handi·est**) (*umgs*) **1** nützlich, praktisch, handlich **2** [nicht vor Nomen] griffbereit, zur Hand, in der Nähe **3** [nicht vor Nomen] (handwerklich) geschickt ◇ *be handy with sth* gut mit etw umgehen können **IDM** ˌ**come in ˈhandy** (*umgs*) gelegen kommen; sich als nützlich erweisen

handy·man /ˈhændimæn/ *Nomen* (*Pl* **-men** /-men/) Handwerker, Heimwerker, Bastler ◇ *He's quite a handyman.* Er ist handwerklich sehr geschickt.

hang 0ᴛ /hæŋ/ *Verb, Nomen*

▸ ***Verb*** (**hung, hung** /hʌŋ/) **1** hängen ◇ *Her hair hung down almost to her waist.* Ihr Haar ging ihr fast bis zur Taille. **2** ~ **sth** etw (auf)hängen **3** sich hängen lassen, sich lehnen ◇ *They hung over the gate.* Sie lehnten sich über das Tor. **4** ~ **sth** etw hängen lassen ◇ *She hung her head.* Sie ließ den Kopf hängen. **5** (**hanged, hanged**) (*Mensch*) gehängt werden **6** (**hanged, hanged**) ~ **sb** jdn hängen; ~ **yourself** sich erhängen **7** ~ **sth with sth** (*meist passiv*) etw mit etw behängen ◇ *The rooms were hung with paintings.* An den Wänden hingen Gemälde. **8** (*Tapete*) ◇ *He hung the wallpaper in the kitchen.* Er hat die Küche tapeziert. **9** (*Tür*) einhängen **IDM** ˈ**Hang … !** (*BrE, umgs*) Zum Henker mit … ! **hang a ˈleft/ˈright** (*AmE*) links/rechts abbiegen **hang by a ˈhair/ˈthread** am seidenen Faden hängen **hang (on) ˈin there** (*umgs*) durchhalten; aushalten **hang on sb's ˈwords/on sb's every ˈword** an jds Lippen hängen **hang ˈtough** (*AmE, umgs*) hart bleiben **let it all hang ˈout** (*umgs*) alles rauslassen; sich gehen lassen → *Siehe auch* BALANCE, FIRE, GRIM, HEAVY, LOOSE *und* PEG **PHR V** ˌ**hang aˈbout** (*BrE, umgs*) **1** rumhängen **2** (rum)trödeln **3 Hang about!** Moment mal! ◇ *Hang about! What about me?* Moment mal! Und was ist mit mir? **hang aˈbout/aˈround with sb** (*umgs*) sich mit jdm rumtreiben, mit jdm rumhängen **hang aˈround** (*umgs*) warten ˌ**hang ˈback 1** zurückbleiben **2** zögern, sich zurückhalten ˌ**hang ˈon 1** sich festhalten **2** (*umgs*) warten ◇ *Hang on—that's not right.* Moment mal—das stimmt nicht. **3** nicht aufgeben ◇ *The team hung on for victory.* Die Mannschaft gab den Kampf um den Sieg nicht auf. ˈ**hang on sth** von etw abhängen ◇ *A lot hangs on this decision.* Von dieser Entscheidung hängt viel ab. ˌ**hang ˈon to sth 1** sich an etw festhalten, sich an etw festklammern **2** (*umgs*) etw behalten ˌ**hang ˈout** (*umgs*) rumhängen, sich rumtreiben ˌ**hang ˈover sb** jdm drohen ˌ**hang toˈgether 1** zusammenpassen, übereinstimmen **2** zusammenhalten ˌ**hang ˈup** (*Telefonhörer*) auflegen, aufhängen ˌ**hang ˈup on sb** (*umgs*) (einfach) auflegen ◇ *Don't hang up on me—we must talk!* Leg nicht gleich auf—wir müssen reden! ˌ**hang sth ˈup** (*umgs*) **1** etw aufhängen **2** etw an den Nagel hängen

▸ ***Nomen*** [Sing] (*von Kleidung*) Sitz; (*von Stoff*) Fall **IDM** **get the ˈhang of sth** (*umgs*) den richtigen Dreh (bei etw) finden ◇ *I never got the hang of negative numbers.* Negative Zahlen habe ich nie kapiert.

hangar /ˈhæŋə(r), ˈhæŋgə(r)/ *Nomen* Hangar, Flugzeughalle

hang·dog /ˈhæŋdɒg; *AmE* -dɔːg/ *Adj* [nur vor Nomen] zerknirscht

hanger /ˈhæŋə(r)/ = CLOTHES HANGER *und* COAT HANGER

ˌ**hanger-ˈon** *Nomen* (*Pl* **hangers-on**) (*oft abwert*) **1** Anhänger(in) **2** Schmarotzer(in), Abstauber(in)

ˈ**hang-glider** *Nomen* **1** (Flug)drachen **2** (*Mensch*) Drachenflieger(in)

ˈ**hang-gliding** *Nomen* (SPORT) Drachenfliegen

hang·ing /ˈhæŋɪŋ/ *Nomen* **1** Erhängen, Hinrichtung **2** [meist Pl] (Wand)behang

ˌ**hanging ˈbasket** *Nomen* Blumenampel

hang·man /ˈhæŋmən/ *Nomen* (*Pl* **-men** /-mən/) **1** Henker **2** (*Spiel*) Galgenraten

ˈ**hang-out** *Nomen* (*umgs*) Treffpunkt, Stammplatz

hang·over /ˈhæŋəʊvə(r); *AmE* ˈhæŋoʊ-/ *Nomen* **1** (*nach Alkoholgenuss*) Kater **2** [meist Sing] Überbleibsel, Relikt

ˈ**hang-up** *Nomen* (*umgs*) Komplex

hank /hæŋk/ *Nomen* Strang, Büschel

han·ker /ˈhæŋkə(r)/ *Verb* ~ **after/for sth** sich nach etw sehnen

han·ker·ing /ˈhæŋkərɪŋ/ *Nomen* [meist Sing] Sehnsucht, Verlangen

hanky (*auch* **han·kie**) /ˈhæŋki/ *Nomen* (*Pl* **-ies**) (*umgs*) Taschentuch

hanky-panky /ˌhæŋki ˈpæŋki/ *Nomen* [U] (*umgs, veraltet*) **1** Techtelmechtel, Gefummel, Geknutsche **2** Mauschelei(en)

Han·se·at·ic /ˌhænsiˈætɪk/ *Adj* Hanse- ◇ *the Hanseatic League* die Hanse

han·som /ˈhænsəm/ (*auch* ˈ**hansom cab**) *Nomen* = zweiräderige Kutsche

Ha·nuk·kah (*auch* **Cha·nuk·kah**, **Cha·nuk·ah**) /ˈhænʊkə, ˈxæ-/ *Nomen* Chanukka

hap·haz·ard /hæpˈhæzəd; *AmE* -zərd/ *Adj* (*Adv* **hap·hazard·ly**) (*abwert*) planlos, willkürlich, wahllos

hap·less /ˈhæpləs/ *Adj* [nur vor Nomen] (*gehoben*) glücklos, unglücklich

hap·pen /ˈhæpən/ *Verb* **1** passieren, geschehen **2** ~ **to do/be sth** etw zufällig tun/sein ◇ *She happened to be out when we called./It happened that she was out when we called.* Sie war gerade nicht da, als wir sie besuchen wollten. **3** (*nur unpersönlich gebraucht*) ◇ *That happens to be my mother you're talking about!* Das ist zufällig meine Mutter, über die du so sprichst! IDM **anything can/might ˈhappen** alles ist möglich **as it happens/happened** zufällig(erweise) **it (just) so happens (that) ...** zufällig(erweise) ◇ *It just so happened they'd been invited too.* Zufällig waren sie auch eingeladen. ˌ**these things ˈhappen** so was kommt (schon mal) vor; das kann jedem passieren → *Siehe auch* ACCIDENT, EVENT *und* WAIT PHRV ˈ**happen on sth** (*veraltet*) (zufällig) auf etw stoßen ˈ**happen to sb/sth** ◇ *I hope nothing has happened to them.* Ich hoffe, es ist ihnen nichts passiert. ◇ *What happened to her?* Was ist aus ihr geworden?

hap·pen·ing /ˈhæpənɪŋ/ *Nomen, Adj*
- ***Nomen*** **1** [meist Pl] Vorfall, Ereignis **2** (*Veranstaltung*) Happening
- ***Adj*** [nur vor Nomen] (*umgs*) ◇ *a happening place* ein Ort, an dem viel los ist

hap·pily /ˈhæpɪli/ *Adv* **1** glücklich, fröhlich, vergnügt ◇ *And they all lived happily ever after.* Und wenn sie nicht gestorben sind, dann leben sie noch heute. **2** glücklicherweise, zum Glück **3** mit Vergnügen, gern **4** (*gehoben*) gut ◇ *It doesn't fit very happily with our plans.* Es passt nicht besonders gut in unsere Pläne.

hap·pi·ness /ˈhæpinəs/ *Nomen* [U] Glück

happy /ˈhæpi/ *Adj* (**hap·pier**, **hap·pi·est**) **1** glücklich, froh ◇ *Happy birthday!* Herzlichen Glückwunsch zum Geburtstag! ◇ *I'm very happy for you.* Das freut mich sehr für dich. **2** zufrieden ◇ *not be too happy about sth* nicht gerade begeistert von etw sein ◇ *keep sb happy* jdn bei Laune halten **3** (*gehoben*) gern bereit ◇ *be happy to do sth* gern bereit sein etw zu tun **4** (*gehoben*) gut, treffend ◇ *That wasn't the happiest choice of words.* Das hätte man glücklicher formulieren können. IDM **a ˌhappy eˈvent** ein freudiges Ereignis **a/the happy ˈmedium** ein goldener/der goldene Mittelweg **many happy reˈturns (of the ˈday)** alles Gute zum Geburtstag → *Siehe auch* MEAN

ˌ**happy-go-ˈlucky** *Adj* unbekümmert

ˈ**happy slapping** *Nomen* (*BrE*) [U] Happy Slapping, Slapping

har·angue /həˈræŋ/ *Verb, Nomen*
- ***Verb*** beschimpfen ◇ *He began to harangue the audience.* Er begann eine Schimpftirade auf das Publikum loszulassen.
- ***Nomen*** Schimpftirade

har·ass /ˈhærəs, həˈræs/ *Verb* **1** (*oft passiv*) schikanieren, belästigen **2** bedrängen, wiederholt angreifen

har·assed /ˈhærəst, həˈræst/ *Adj* gestresst

har·ass·ment /ˈhærəsmənt, həˈræsmənt/ *Nomen* [U] **1** Schikane, Schikanierung, Belästigung ◇ *racial harassment* rassistisch motivierte Schikanierung **2** (MIL) Bedrängen

har·bin·ger /ˈhɑːbɪndʒə(r); *AmE* ˈhɑːrb-/ *Nomen* (*gehoben*) Vorbote

har·bour (*AmE* **har·bor**) /ˈhɑːbə(r); *AmE* ˈhɑːrbər/ *Nomen, Verb*
- ***Nomen*** Hafen
- ***Verb*** **1** Unterschlupf gewähren ◇ *This coast harbours many rare insects.* Diese Küste bietet vielen seltenen Insekten eine Heimat. ◇ *Your dishcloth may harbour many germs.* Ihr Spüllappen ist die reinste Brutstätte für Bakterien. **2** (*gehoben*) (*Zweifel, Groll etc.*) hegen

ˈ**harbour master** (*AmE* **har·bor·mas·ter**) *Nomen* Hafenmeister(in)

hard /hɑːd; *AmE* hɑːrd/ *Adj, Adv*
- ***Adj*** **1** hart **2** schwierig ◇ *I find his attitude very hard to take.* Ich kann seine Einstellung nur schwer akzeptieren. ◇ *She is very hard to please.* Sie stellt sehr hohe Anforderungen. ◇ *Proper jobs are hard to come by.* Richtige Stellen sind nicht leicht zu finden. **3** hart, schwer ◇ *They had put in hours of hard graft.* Sie haben stundenlang schwer geschuftet. **4** fleißig ◇ *She's a very hard worker.* Sie ist sehr fleißig. ◇ *When I left they were still hard at it.* Als ich ging, waren sie noch schwer am schuften. **5** fest, kräftig ◇ *He gave the door a good hard kick.* Er trat kräftig gegen die Tür. **6** hart, streng ◇ *My father was a hard man.* Mein Vater war ein harter Mann. ◇ *His voice was hard.* Seine Stimme klang hart. ◇ *She gave me a hard stare.* Sie sah mich kalt an. **7** (*umgs*) (*Mensch*) stark ◇ *You really think you're hard, don't you?* Du glaubst wirklich, dass du stark bist, was? ◇ *Come and get me if you think you're hard enough.* Na los doch, wenn du dich traust. **8** [nur vor Nomen] (*Beweise*) handfest; (*Fakten*) hart **9** (*Winter etc.*) hart; (*Frost*) streng **10** [nur vor Nomen] (*Alkohol*) hochprozentig ◇ (*umgs*) *He likes a drop of the hard stuff.* Er trinkt gern scharfe Sachen. IDM **be ˈhard on sb** **1** streng mit jdm sein **2** schwer für jdn sein ◇ *It's hard on people who don't have a car.* Es ist schwer für Leute, die kein Auto haben. **be ˈhard on sth** belastend für etw sein ◇ *Looking at a computer screen can be very hard on the eyes.* Bildschirmarbeit kann auf die Augen gehen. **drive/strike a hard ˈbargain** knallhart verhandeln; keine Zugeständnisse machen **give sb a hard ˈtime** (*umgs*) es jdm schwer machen; jdn in die Mangel nehmen ˌ**hard and ˈfast** fest ◇ *There are no hard and fast rules.* Es gibt keine festen Regeln. **(as) ˌhard as ˈnails** eiskalt ˌ**hard ˈcheese** (*BrE, umgs, iron*) Pech (gehabt) ˌ**hard ˈgoing** anstrengend; schwierig ˌ**hard ˈluck/ˈlines** (*BrE*) schade! **the ˈhard way** ◇ *They have to learn it all the hard way.* Sie müssen ihre Fehler selbst machen. ◇ *He always does things the hard way.* Er macht es sich immer schwer. **make hard ˈwork of sth** sich mit etw schwertun **no hard ˈfeelings** nimm's mir nicht übel **play hard to ˈget** (*umgs*) so tun als sei man nicht interessiert **too much like hard ˈwork** zu viel Arbeit → *Siehe auch* JOB, NUT *und* ROCK
- ***Adv*** **1** hart, schwer ◇ *You must try harder.* Du musst dich mehr anstrengen. ◇ *She tried her hardest not to show how disappointed she was.* Sie bemühte sich sehr, ihre Enttäuschung zu verbergen. ◇ *Small businesses have been hit hard/hard hit by the recession.* Kleine Unternehmen sind von der Rezession stark angeschlagen worden ◇ *It's raining hard.* Es regnet sehr stark. **2** genau ◇ *listen hard* genau hinhören ◇ *think hard* scharf nachdenken ◇ *We thought long and hard about it.* Wir haben lange darüber nachgedacht. **3** ~ **left/right** scharf nach links/rechts IDM **hard ˈdone by** (*umgs*) ungerecht behandelt **be hard ˈpressed/ˈpushed to do sth; be hard ˈput (to it) to do sth** Mühe haben etw zu tun **sb is hard ˈup for sth** es fehlt jdm an etw ◇ *We're hard up for ideas.* Uns fehlen die Ideen. → *Siehe auch* HARD UP ˈ**hard on sth** (*gehoben*) unmittelbar nach etw ◇ *His death followed hard on hers.* Sein Tod folgte bald nach ihrem. **take sth ˈhard** etw schwer nehmen ◇ *He took his wife's death very hard.* Der Tod seiner Frau hat ihn schwer getroffen. → *Siehe auch* DIE *und* HEEL

hard·back /ˈhɑːdbæk; *AmE* ˈhɑːrdbæk/ *Nomen* Hardcover, gebundenes Buch ◇ *published in hardback* als gebundene Ausgabe veröffentlicht

hard·ball /ˈhɑːdbɔːl; *AmE* ˈhɑːrdbɔːl/ *Nomen* (*AmE*) **1** (SPORT) Hardball **2** (*fig*) ◇ *I want us to play hardball on this issue.* Ich will, dass wir in dieser Angelegenheit knallhart vorgehen. ◇ *hardball tactics* aggressive Taktik

ˌhard-ˈbit·ten *Adj* abgebrüht, hart gesotten

hard·board /ˈhɑːdbɔːd; *AmE* ˈhɑːrdbɔːrd/ *Nomen* Presspappe

ˌhard-ˈboiled *Adj* **1** hart gekocht **2** (*fig*) abgebrüht

ˌhard ˈby *Adv, Präp* (*veraltet*) ganz in der Nähe (von) ◇ *a house hard by the river* ein Haus ganz nah am Fluss

ˌhard ˈcandy *Nomen* (*AmE*) (Frucht)bonbon

ˌhard ˈcash *Nomen* Bargeld

ˌhard ˈcider *Nomen* (*AmE*) Cidre

ˌhard ˈcopy *Nomen* [U] (COMP) Ausdruck

ˌhard ˈcore *Nomen* (*BrE*) **1** [mit Verb im Sing/Pl] harter Kern ◇ *It's really only the hard core that bother(s) to go to meetings.* Es ist wirklich nur der harte Kern, der noch zu den Besprechungen geht. ◇ *A hard core of drivers ignore the law.* Nur die unverbesserlichen Fahrer missachten das Gesetz. **2** (*meist* **hardcore** /ˈhɑːdkɔː(r); *AmE* ˈhɑːrd-/) Schotter

ˌhard-ˈcore *Adj* [nur vor Nomen] **1** zum harten Kern gehörend **2** (*Pornografie*) hart

ˌhard ˈcourt *Nomen* Hartplatz

hard·cover /ˈhɑːdkʌvə(r); *AmE* ˈhɑːrd-/ *Nomen* (*bes AmE*) Hardcover, gebundenes Buch

ˌhard ˈcurrency *Nomen* harte Währung

ˌhard ˈdisk *Nomen* Festplatte

ˈhard drive *Nomen* (COMP) Festplattenlaufwerk

ˌhard ˈdrug *Nomen* harte Droge

ˌhard-ˈearned *Adj* schwer verdient, wohl verdient

ˌhard-ˈedged *Adj* streng, schonungslos

hard·en /ˈhɑːdn; *AmE* ˈhɑːrdn/ *Verb* **1** härten ◇ (*fig*) *The incident hardened her resolve to leave.* Der Vorfall bestärkte sie in ihrem Entschluss zu gehen. **2** hart werden, sich verhärten ◇ *Her face hardened into an expression of hatred.* Ihr Gesicht nahm einen harten, hasserfüllten Ausdruck an. ◇ *Opinion is hardening against the invasion.* In der Bevölkerung wächst der Widerstand gegen die Invasion. **3** abstumpfen ◇ *a hardened criminal* ein abgebrühter Verbrecher ◇ *He had to harden his heart to the suffering he saw.* Er musste gegen das Leid, das er sah, unempfindlich werden.

ˌhard-ˈfought *Adj* (*Schlacht*) erbittert; (*Sieg etc.*) hart erkämpft

ˈhard hat *Nomen* Schutzhelm (*für Bauarbeiter etc.*)

ˌhard-ˈheaded *Adj* (*rational*) nüchtern ◇ *a hard-headed businessman* ein nüchterner Geschäftsmann

ˌhard-ˈhearted *Adj* hartherzig

ˌhard-ˈhitting *Adj* schonungslos

hardi·ness /ˈhɑːdinəs; *AmE* ˈhɑːrd-/ *Nomen* Widerstandsfähigkeit

ˌhard ˈlabour (*AmE* **ˌhard ˈlabor**) *Nomen* Zwangsarbeit

the ˌhard ˈleft *Nomen* [mit Verb im Sing/Pl] (*bes BrE*) die extreme Linke

ˌhard-ˈleft *Adj* (*bes BrE*) extreme linke(r,s)

ˌhard ˈline *Nomen* [Sing] harte Linie, harte Haltung ◇ *The government took a hard line on/over the strike.* In Bezug auf den Streik blieb die Regierung hart.

ˌhard-ˈline *Adj* **1** Hardline- **2** (*Haltung etc.*) kompromisslos

ˌhard-ˈliner *Nomen* Hardliner(in)

hard·ly 0‑ /ˈhɑːdli; *AmE* ˈhɑːrd-/ *Adv* **1** kaum ◇ *She hardly ever calls me.* Sie ruft mich so gut wie nie an. ◇ *He is hardly likely to admit he was wrong.* Er wird wohl kaum zugeben, dass er unrecht hatte. ◇ *I could hardly say no.* Ich hätte schlecht nein sagen können. **2** gerade (erst), kaum ◇ *We can't stop for coffee now, we've hardly started.* Wir können jetzt keine Kaffeepause machen, wir haben gerade erst angefangen. ◇ *Hardly had she spoken than she regretted it bitterly.* Sie hatte es kaum gesagt, da bereute sie es schon bitterlich.

hard·ness /ˈhɑːdnəs; *AmE* ˈhɑːrd-/ *Nomen* Härte ◇ *hardness of heart* Hartherzigkeit

ˌhard-ˈnosed *Adj* abgebrüht

ˌhard of ˈhearing *Adj, Nomen*

▸ ***Adj*** [nicht vor Nomen] schwerhörig, hörgeschädigt

▸ ***Nomen*** **the hard of hearing** [Pl] Hörgeschädigte

ˈhard-on *Nomen* (*vulg, Slang*) (*Erektion*) Ständer

ˌhard ˈporn *Nomen* (*umgs*) harter Porno

ˌhard-ˈpressed *Adj* unter Druck stehend

the ˌhard ˈright *Nomen* [mit Verb im Sing/Pl] (*bes BrE*) die extreme Rechte

ˌhard ˈrock *Nomen* Hardrock

hard·scrabble /ˌhɑːdˈskræbl; *AmE* ˌhɑːrd-/ *Adj* (*AmE*) armselig

ˌhard ˈsell *Nomen* [Sing] aggressive Verkaufstaktik

hard·ship /ˈhɑːdʃɪp; *AmE* ˈhɑːrd-/ *Nomen* Not ◇ *the hardships they had to endure* die Entbehrungen, die sie ertragen mussten

ˌhard ˈshoulder *Nomen* [Sing] (*BrE*) Standspur

hard·top /ˈhɑːdtɒp; *AmE* ˈhɑːrdtɑːp/ *Nomen* Hardtop

ˌhard ˈup *Adj* (*umgs*) knapp bei Kasse ◇ *hard up students* Studenten, die knapp bei Kasse sind

hard·ware /ˈhɑːdweə(r); *AmE* ˈhɑːrdwer/ *Nomen* [U] **1** (COMP) Hardware **2** Haushaltswaren, Eisenwaren **3** (**military**) ~ (Wehr)material

ˈhardware dealer *Nomen* (*AmE*) Eisenwarenhändler

ˌhard-ˈwearing *Adj* (*BrE*) strapazierfähig

hard·wired /ˌhɑːdˈwaɪəd; *AmE* ˌhɑːrdˈwaɪərd/ *Adj* (COMP) fest verdrahtet

ˌhard-ˈwon *Adj* hart erkämpft, mühsam erworben

hard·wood /ˈhɑːdwʊd; *AmE* ˈhɑːrd-/ *Nomen* Hartholz

ˌhard-ˈworking *Adj* fleißig, tüchtig

hardy /ˈhɑːdi; *AmE* ˈhɑːrdi/ *Adj* (**har·dier**, **har·di·est**) **1** widerstandsfähig **2** (*Pflanzen*) winterhart

hare /heə(r); *AmE* her/ *Nomen, Verb*

▸ ***Nomen*** Hase IDM → MAD

▸ ***Verb*** (*BrE*) rasen, jagen

hare·bell /ˈheəbel; *AmE* ˈherbel/ *Nomen* Glockenblume

hare·lip /ˈheəlɪp; *AmE* ˈherlɪp/ *Nomen* Hasenscharte

harem /ˈhɑːriːm, -rəm; *AmE* ˈhærəm/ *Nomen* Harem (*auch fig*)

hari·cot /ˈhærɪkəʊ; *AmE* -koʊ/ (*auch* **ˌharicot ˈbean**) *Nomen* Gartenbohne, weiße Bohne

hark /hɑːk; *AmE* hɑːrk/ *Verb* (*veraltet*) (*nur als Aufforderung verwendet*) horch(t) PHR V **ˈhark at sb** (*BrE, umgs*) ◇ *Just hark at him! Who does he think he is?* Hör dir den an! Was glaubt er denn, wer er ist? **ˌhark ˈback (to sth)** **1** wieder (von etw) anfangen **2** (auf etw) zurückgehen, (auf etw) zurückgreifen

har·ken = HEARKEN

Har·le·quin /ˈhɑːləkwɪn; *AmE* ˈhɑːrlə-/ *Nomen* Harlekin

har·lot /ˈhɑːlət; *AmE* ˈhɑːrlət/ *Nomen* (*veraltet, abwert*) Metze, Hure

harm 0‑ /hɑːm; *AmE* hɑːrm/ *Nomen, Verb*

▸ ***Nomen*** Schaden, Verletzung ◇ *cause sb harm* jdm schaden ◇ *It won't do him any harm.* Es wird ihm nichts schaden. ◇ *He means no harm.* Er tut nieman-

dem was. ◇ *I don't wish him any harm.* Ich wünsche ihm bestimmt nichts Böses. ◇ *Where's the harm in that?* Was ist so schlimm daran? IDM ˌ**no ˈharm done** (*umgs*) nichts passiert **out of harm's ˈway** in Sicherheit **there is no harm in sth** etw kann nicht schaden **it does no harm to do sth** es kann nicht schaden etw zu tun → *Siehe auch* MEAN
▸ ***Verb*** schaden, verletzen IDM → FLY *und* HAIR

harm·ful /ˈhɑːmfl; *AmE* ˈhɑːrm-/ *Adj* schädlich

harm·less /ˈhɑːmləs; *AmE* ˈhɑːrm-/ *Adj* unschädlich, ungefährlich, harmlos

harm·less·ly /ˈhɑːmləsli; *AmE* ˈhɑːrm-/ *Adv* harmlos, ohne Schaden anzurichten

harm·less·ness /ˈhɑːmləsnəs; *AmE* ˈhɑːrm-/ *Nomen* [U] Harmlosigkeit, Ungefährlichkeit

har·mon·ic /hɑːˈmɒnɪk; *AmE* hɑːrˈmɑːnɪk/ *Adj, Nomen*
▸ ***Adj*** (MUS) harmonisch
▸ ***Nomen*** [meist Pl] (MUS) Oberton

har·mon·ica /hɑːˈmɒnɪkə; *AmE* hɑːrˈmɑːn-/ *Nomen* Mundharmonika

har·mo·ni·ous /hɑːˈməʊniəs; *AmE* hɑːrˈmoʊ-/ *Adj* (*Adv* **har·mo·ni·ous·ly**) harmonisch

har·mo·nium /hɑːˈməʊniəm; *AmE* hɑːrˈmoʊ-/ *Nomen* Harmonium

har·mon·iza·tion (*BrE auch* **-isa·tion**) /ˌhɑːmənaɪˈzeɪʃn; *AmE* ˌhɑːrmənəˈ-/ *Nomen* **1** Harmonie, Einklang **2** Harmonisierung

har·mon·ize (*BrE auch* **-ise**) /ˈhɑːmənaɪz; *AmE* ˈhɑːrm-/ *Verb* **1** harmonieren, in Einklang stehen **2** (*gehoben*) harmonisieren, aufeinander abstimmen **3** (MUS) mehrstimmig singen ◇ *Jim sang the melody while I harmonized.* Jim sang die Melodie und ich sang die zweite Stimme dazu.

har·mony /ˈhɑːməni; *AmE* ˈhɑːrm-/ *Nomen* (*Pl* **-ies**) **1** [U] Harmonie, Einklang, Eintracht **2** (MUS) Harmonie(lehre) ◇ *sing in harmony* mehrstimmig singen

har·ness /ˈhɑːnɪs; *AmE* ˈhɑːrnɪs/ *Nomen, Verb*
▸ ***Nomen*** **1** (*Pferde-*) Geschirr, Zaumzeug **2** Gurt(zeug), Laufgeschirr ◇ *a safety harness* ein Sicherheitsgurt IDM **in ˈharness** (*BrE*) im alten Trott **work in harness (with sb)** (*BrE*) (mit jdm) zusammenarbeiten
▸ ***Verb*** **1** anspannen, anschirren, aufzäumen; **~ sth to sth** etw vor etw spannen (*auch fig*) **2** nutzen

harp /hɑːp; *AmE* hɑːrp/ *Nomen, Verb*
▸ ***Nomen*** Harfe
▸ ***Verb*** PHRV ˌ**harp ˈon (about) sth** auf etw herumreiten ◇ *He was always harping on about the war.* Er redete ständig vom Krieg.

harp·ist /ˈhɑːpɪst; *AmE* ˈhɑːrpɪst/ *Nomen* Harfenist(in), Harfenspieler(in)

har·poon /hɑːˈpuːn; *AmE* hɑːrˈ-/ *Nomen, Verb*
▸ ***Nomen*** Harpune
▸ ***Verb*** harpunieren

harp·si·chord /ˈhɑːpsɪkɔːd; *AmE* ˈhɑːrpsɪkɔːrd/ *Nomen* Cembalo

harp·si·chord·ist /ˈhɑːpsɪkɔːdɪst; *AmE* ˈhɑːrpsɪkɔːrdɪst/ *Nomen* Cembalist(in)

harpy /ˈhɑːpi; *AmE* ˈhɑːrpi/ *Nomen* (*Pl* **-ies**) **1** (*mythische Figur*) Harpyie **2** Weib(sstück)

har·ri·dan /ˈhærɪdən/ *Nomen* (*veraltet oder gehoben*) (*Frau*) Drachen, Vettel

har·rier /ˈhæriə(r)/ *Nomen* (*Raubvogel*) Weihe

har·row /ˈhærəʊ; *AmE* -roʊ/ *Nomen, Verb*
▸ ***Nomen*** Egge
▸ ***Verb*** **1** eggen **2** quälen

har·row·ing /ˈhærəʊɪŋ; *AmE* -roʊ-/ *Adj* entsetzlich, grauenhaft

harry /ˈhæri/ *Verb* (**har·ries, harry·ing, har·ried, har·ried**) (*gehoben*) **~ sb** jdn bedrängen, jdm zusetzen

harsh /hɑːʃ; *AmE* hɑːrʃ/ *Adj* (*Adv* **harsh·ly**) **1** hart, harsch **2** scharf, rau **3** grell, schrill **4** aggressiv, scharf

harsh·ness /ˈhɑːʃnəs; *AmE* ˈhɑːrʃnəs/ *Nomen* **1** Härte, Schärfe **2** Grellheit, Schrillheit

hart /hɑːt; *AmE* hɑːrt/ *Nomen* Hirsch

har·vest /ˈhɑːvɪst; *AmE* ˈhɑːrvɪst/ *Nomen, Verb*
▸ ***Nomen*** Ernte IDM → REAP
▸ ***Verb*** ernten; (*Wein*) lesen; (*Fische, Vögel etc.*) fangen

har·vest·er /ˈhɑːvɪstə(r); *AmE* ˈhɑːrv-/ *Nomen* **1** Mähmaschine, Mähdrescher **2** (*veraltet*) Erntearbeiter(in), Erntehelfer(in)

ˌ**harvest ˈfestival** *Nomen* Erntedankfest

has *Form von* HAVE

has-been /ˈhæz biːn/ *Nomen* (*umgs, abwert*) ◇ *By that time, he was a political has-been.* Zu der Zeit war er als Politiker bereits auf dem absteigenden Ast.

hash /hæʃ/ *Nomen* **1** = warmes Gericht aus gehacktem Fleisch und Kartoffeln **2** (*umgs*) = HASHISH **3** (*auch* ˈ**hash sign**) (*BrE*) Raute(zeichen) ◇ *Press hash.* Drücken Sie die Rautetaste. IDM **make a ˈhash of sth** (*umgs*) etwas vermasseln

ˌ**hash ˈbrowns** *Nomen* [Pl] (*AmE*) = Gericht aus Kartoffeln, die sehr klein geschnitten und flach zusammengepresst und dann gebraten werden

hash·ish /ˈhæʃiːʃ, hæˈʃiːʃ/ (*umgs* **hash**) *Nomen* Haschisch

hashtag /ˈhæʃtæg/ *Nomen* Hashtag

hasn't /ˈhæznt/ = HAS NOT

hasp /hɑːsp; *AmE* hæsp/ *Nomen* Haspe, Schließe

has·sle /ˈhæsl/ *Nomen, Verb*
▸ ***Nomen*** (*umgs*) **1** Mühe, Schwierigkeiten ◇ *It's a hassle having to travel with so many bags.* Es ist so umständlich, mit so vielen Taschen zu reisen. **2** Ärger, Krach ◇ *give sb hassle* jdm Ärger machen ◇ *get into a hassle with sb* sich mit jdm anlegen
▸ ***Verb*** (*umgs*) nerven, bedrängen ◇ *I'm really hassled just now.* Ich hab im Moment jede Menge um die Ohren.

has·sock /ˈhæsək/ *Nomen* **1** Kniekissen **2** (*AmE*) Sitzpolster, Fußpolster

hast /hæst/ **thou hast** = veraltete Form der 2. Person Singular von „have“

haste /heɪst/ *Nomen* [U] (*veraltet*) Eile, Hast ◇ *She made haste to open the door.* Sie beeilte sich, die Tür zu öffnen. IDM ˌ**more ˈhaste, ˌless ˈspeed** eile mit Weile

has·ten /ˈheɪsn/ *Verb* **1 ~ to do sth** sich beeilen, etw zu tun **2** (*gehoben*) eilen **3** (*gehoben*) beschleunigen

hasty /ˈheɪsti/ *Adj* (**hasti·er, hasti·est**) (*Adv* **hasti·ly** /-stɪli/) **1** hastig, eilig, schnell **2** voreilig, übereilt, überstürzt IDM → BEAT

hat /hæt/ *Nomen* **1** Hut, Mütze **2** (*umgs*) (*Rolle, Funktion*) ◇ *with my lawyer's hat on* in meiner Funktion als Anwalt IDM **hat in ˈhand** (*AmE*) demütig; kleinlaut **keep sth under your ˈhat** (*umgs*) etw für sich behalten **pick sth out of a/the ˈhat** etw (bei einer Verlosung) ziehen **produce sth out of a/the ˈhat** etw aus dem Hut ziehen **hats off (to sb)** (*bes BrE*) Hut ab (vor jdm) **take your ˈhat off to sb** (*bes BrE*) vor jdm den Hut ziehen **throw your ˈhat into the ring** seine Kandidatur anmelden → *Siehe auch* DROP, EAT, KNOCK, PASS, PULL *und* TALK

hatch /hætʃ/ *Verb, Nomen*
▸ ***Verb*** **1 ~ (out)** (aus)schlüpfen ◇ *The eggs are about to hatch.* Die Jungen sind im Begriff zu schlüpfen. **2** ausbrüten **3 ~ sth (up)** (*fig*) etw ausbrüten, etw aushecken IDM → COUNT
▸ ***Nomen*** **1** (Lade)luke **2** Halbtür ◇ *a serving hatch*

eine Durchreiche **3** Ausstieg(sluke) ◇ *an escape hatch* ein Notausstieg **4** (Boden)luke IDM **ˌdown the ˈhatch** (*umgs*) (*beim Trinken*) runter damit → *Siehe auch* BATTEN

hatch·back /ˈhætʃbæk/ *Nomen* Auto mit Heckklappe

hatch·ery /ˈhætʃəri/ *Nomen* (*Pl* **-ies**) Brutplatz, Brutstätte

hatchet /ˈhætʃɪt/ *Nomen* Beil IDM → BURY

ˈhatchet-faced *Adj* (*abwert*) mit scharfen Gesichtszügen

ˈhatchet job *Nomen* [meist Sing] (*umgs*) (bösartiger) Verriss, (wütende) Attacke ◇ *The press did a very effective hatchet job on her last film.* Die Presse hat ihren letzten Film gründlich verrissen.

ˈhatchet man *Nomen* (*umgs*) Erfüllungsgehilfe

hatch·way /ˈhætʃweɪ/ *Nomen* (Lade)luke

hate 0-π /heɪt/ *Verb, Nomen*

▸ ***Verb*** (*nicht in der Verlaufsform*) hassen, nicht leiden können ◇ *I'd hate anything to happen to him.* Ich könnte es nicht ertragen, wenn ihm etwas zustoßen würde. ◇ *I hate to say it, but ...* Ich sage das nicht gern, aber ... IDM **hate sb's ˈguts** (*umgs*) jdn auf den Tod nicht leiden können

▸ ***Nomen*** **1** Hass ◇ *her hate for the killers* ihr Hass auf die Mörder ◇ *a hate campaign* eine Hetzkampagne ◇ *hate mail* beleidigende Briefe **2** (*umgs*) Gräuel ◇ *Noise is a particular hate of mine.* Lärm kann ich auf den Tod nicht ausstehen. IDM → PET

hate·ful /ˈheɪtfl/ *Adj* **1** abscheulich, unausstehlich, verhasst **2** hasserfüllt

hater /ˈheɪtə(r)/ *Nomen* Hasser(in), Feind(in) ◇ *a woman hater* ein Frauenfeind

hath /hæθ/ = veraltete Form der 3. Person Singular von „have"

hat·red 0-π /ˈheɪtrɪd/ *Nomen* Hass(gefühl), Abscheu ◇ *his profound hatred of war* sein tiefer Hass auf den Krieg ◇ *racial hatred* Rassenhass

hat·ter /ˈhætə(r)/ *Nomen* (*veraltet*) Hutmacher(in), Hutverkäufer(in) IDM → MAD

ˈhat tip *Nomen* [meist Sing] (*bes AmE*) = virtuelle Dankesgeste im Internet ◇ *Hat tip to John Rowe for the link to this blog.* Danke auch an John Rowe für den Link zu diesem Blog.

ˈhat-trick *Nomen* Hattrick

haughti·ness /ˈhɔːtinəs/ *Nomen* [U] Hochmut

haughty /ˈhɔːti/ *Adj* (*Adv* **haught·ily** /-tɪli/) hochmütig, überheblich

haul /hɔːl/ *Verb, Nomen*

▸ ***Verb*** ziehen, schleppen ◇ *haul yourself up* sich hochziehen ◇ *She hauled herself out of bed.* Sie quälte sich aus dem Bett. ◇ (*fig*) *haul sb up before the courts* jdn vor den Kadi zerren IDM → COAL

▸ ***Nomen*** **1** Fang, Fund, Beute **2** [meist Sing] Strecke, Weg

haul·age /ˈhɔːlɪdʒ/ *Nomen* (*BrE*) **1** Gütertransport ◇ *the road haulage industry* das Straßentransportgewerbe **2** Transportkosten

haul·ier /ˈhɔːliə(r)/ (*AmE* **haul·er** /-lə(r)/) *Nomen* Spediteur, Fuhrunternehmen

haunch /hɔːntʃ/ *Nomen* **1** (*eines Tieres*) Hinterkeule **2** **haunches** [Pl] ◇ *crouch/squat on your haunches* sich hinhocken ◇ *sit on your haunches* hocken **3** (GASTRON) Keule ◇ *a haunch of venison* eine Hirschkeule

haunt /hɔːnt/ *Verb, Nomen*

▸ ***Verb*** **1** ~ **sth** (*als Geist*) in etw umgehen ◇ *Her ghost still haunts the place.* Ihr Geist geht heute noch um. ◇ *A headless rider haunts the country lanes.* Ein Reiter ohne Kopf spukt auf den Landstraßen. ◇ *This room is haunted.* In diesem Zimmer spukt es. **2** verfolgen, quälen ◇ *That decision came back to haunt him in later life.* Diese Entscheidung verfolgte ihn noch im späteren Leben.

▸ ***Nomen*** Lieblingsort ◇ *a favourite haunt of artists* ein beliebter Künstlertreff

haunt·ed /ˈhɔːntɪd/ *Adj* **1** ◇ *a haunted house* ein Haus, in dem es spukt **2** ruhelos

haunt·ing /ˈhɔːntɪŋ/ *Adj* (*Adv* **haunt·ing·ly**) wehmütig, ergreifend ◇ *a hauntingly beautiful landscape* eine Landschaft von ergreifender Schönheit

haute couˈture /ˌəʊt kuˈtjʊə(r); *AmE* ˌoʊt kuˈtʊr/ *Nomen* Haute Couture

haute cuisˈine /ˌəʊt kwɪˈziːn; *AmE* ˌoʊt/ *Nomen* feine Küche

haut·eur /əʊˈtɜː(r); *AmE* hɔːˈ-, oʊˈ-/ *Nomen* (*gehoben*) Hochmut

have 0-π /həv, *betont* hæv/ *Hilfsvb, Verb* (**has, had, had** /*betont* hæd/)

▸ ***Hilfsvb*** (*zum Bilden der Perfektformen der Verben*) ◇ *I've finished my work.* Ich bin mit meiner Arbeit fertig. ◇ *Had I known that, I would never have come.* Wenn ich das gewusst hätte, wäre ich niemals gekommen.

▸ ***Verb*** **1** (*auch* **have got**) (*nicht in der Verlaufsform*) haben ◇ *Have you got a job yet?* Hast du schon eine Stelle? ◇ *I don't have that much money on me.* Ich habe nicht so viel Geld mit. ◇ *He's got three children.* Er hat drei Kinder. ◇ *He's got a tooth missing.* Ihm fehlt ein Zahn. **2** ~ **(got) sth to do** (*nicht in der Verlaufsform*) etw machen müssen ◇ *I've got some phone calls to make.* Ich muss noch ein paar Leute anrufen. ◇ *I have a bus to catch.* Ich muss zum Bus. **3** (*auch* **have got**) (*nicht in der Verlaufsform*) festhalten, packen ◇ *She'd got him by the collar.* Sie hatte ihn am Kragen gepackt. **4** veranstalten, organisieren ◇ *We're having a party.* Wir machen eine Party. **5** ◇ *have breakfast* frühstücken ◇ *have lunch/dinner* zu Mittag/Abend essen ◇ *I'll have the salmon.* Ich nehme den Lachs. ◇ *have a cigarette* eine Zigarette rauchen ◇ (*BrE*) *have a shower/bath* duschen/baden **6** bekommen ◇ *She's going to have a baby.* Sie bekommt ein Kind. ◇ *I've had a letter from my brother.* Ich habe einen Brief von meinem Bruder bekommen. **7** ~ **sth done** ◇ *She had her bag stolen.* Ihr wurde die Tasche gestohlen. ◇ *Charles I had his head cut off.* Karl I. wurde enthauptet. **8** ~ **sth done** etw machen lassen ◇ *You've had your hair cut!* Du hast dir die Haare schneiden lassen! ◇ *We're having our car repaired.* Wir lassen unser Auto reparieren. **9** ~ **sb do sth** jdn etw machen lassen ◇ *She had the chauffeur drive her to the station.* Sie ließ sich vom Chauffeur zum Bahnhof bringen. ◇ (*umgs*) *I'll have you know I'm a black belt in judo.* Ich möchte dich nur darauf hinweisen, dass ich den schwarzen Gürtel im Judo habe. **10** (*in verneinten Sätzen, besonders nach „will not", „cannot" etc.*) dulden ◇ *We can't have people arriving late all the time.* Wir können es nicht dulden, dass die Leute immer zu spät kommen. ◇ *I'm fed up with your cheek—I won't have it any longer!* Jetzt reicht's—ich lass mir deine Frechheiten nicht länger gefallen! **11** (*auch* **have got**) (*nicht in der Verlaufsform*) (*umgs*) jdn in die Enge treiben ◇ *You've got me there. I really don't know.* Da bin ich überfragt. **12** (*Slang*) ~ **sb** es mit jdm machen ◇ *He had her in his office.* Er hat es mit ihr in seinem Büro gemacht. **13** (*umgs*) übers Ohr hauen ◇ *You've been had.* Man hat dich übers Ohr gehauen. **14** nehmen, zu Besuch haben ◇ *Couldn't your mum have the kids?* Könnte deine Mutter nicht die Kinder nehmen? ◇ *We had some friends to dinner.* Wir hatten ein paar Freunde zum Essen da. → *Siehe auch* HAVE TO IDM **have ˈdone with sth** (*bes BrE*) ◇ *Let's have done with this silly argument.* Schluss endlich mit dieser blöden Diskussion. ◇ *Why don't we give him the money and have done with it.* Warum geben wir ihm nicht einfach das Geld und damit hat sich's. **have ˈhad it** (*umgs*) **1** hin sein ◇ *The car has had it.* Das

Auto ist hin. **2** (*müde*) total fertig sein **3** ◇ *When I heard the bang, I thought I'd had it.* Als ich den Knall hörte, dachte ich, nun ist es aus. ◇ *You're late again — you've had it now!* Du kommst schon wieder zu spät — jetzt ist es aus! **4** es satthaben ◇ *I've had it with him.* Ich hab's endgültig satt mit ihm. **have it 'off/a'way (with sb)** (*Slang*) es (mit jdm) machen ◇ *They had it off after the party.* Sie sind nach der Party miteinander ins Bett gegangen. **'have it (that ...)** ◇ *Rumour/Legend has it that ...* Einem Gerücht/Einer Legende zufolge ... **have it 'in for sb** (*umgs*) jdn auf dem Kieker haben **have it 'in you (to do sth)** (*umgs*) das Zeug haben (etw zu tun) ◇ *I didn't know you had it in you.* Das hätte ich dir nicht zugetraut. **have (got) 'nothing on sb/sth** (*umgs*) ◇ *The Eiffel Tower has nothing on this!* Der Eiffelturm ist nichts dagegen! **not 'having any** (*umgs*) ◇ *I tried to persuade her to wait but she wasn't having any.* Ich wollte sie zum Warten überreden, aber sie wollte nichts davon hören. **what 'have you** dergleichen ◇ *old furniture and what have you* alte Möbel und so (weiter) → *Siehe auch* COME ℹ Für andere Redewendungen mit **have** siehe die Einträge für die Nomina, Adjektive etc. **Have your eye on sb/sth** z.B. steht unter **eye**. PHR V **have (got) sth a'gainst sb/sth** (*nicht in der Verlaufsform*) etw gegen jdn/etw haben ◇ *What have you got against Ruth?* Was hast du nur gegen Ruth? **,have sb 'back** jdn wieder nehmen ◇ *Do you think she'll have him back?* Meinst du, sie würde ihn wieder nehmen? **,have sth 'back** etw zurückhaben **,have (got) sth 'in** (*nicht in der Verlaufsform*) etw im Haus haben ◇ *Have we got enough food in?* Haben wir genug zu essen im Haus? **,have sb 'on** (*umgs*) jdn auf den Arm nehmen **,have (got) sth 'on** (*nicht in der Verlaufsform*) **1** (*Kleidung, Radio, Fernseher etc.*) anhaben ◇ *He had nothing on.* Er hatte nichts an. ◇ *She has her TV on all day.* Sie hat den ganzen Tag den Fernseher an. **2** etw vorhaben ◇ *Have you got anything on on Saturday?* Hast du am Samstag was vor? **,have (got) sth 'on sb** (*umgs*) (*nicht in der Verlaufsform*) gegen jdn etw in der Hand haben **,have sth 'out** (*Blinddarm, Mandeln*) herausnehmen lassen; (*Zahn*) ziehen lassen **,have sth 'out (with sb)** sich (mit jdm) aussprechen ◇ *I need to have it out with her once and for all.* Ich muss mit ihr reden und ein für alle Mal klare Verhältnisse schaffen. **,have sb 'over/'round/'around** jdn zu sich einladen **,have sb 'up (for sth)** (*BrE, umgs*) jdn (wegen einer Sache) drankriegen ◇ *He was had up for drunken driving.* Man hat ihn wegen Trunkenheit am Steuer drangekriegt.

haven /'heɪvn/ *Nomen* Zufluchtsort, Oase

the 'have-nots *Nomen* [Pl] die Armen

haven't /'hævnt/ = HAVE NOT

hav·er·sack /'hævəsæk; *AmE* -vərsæk/ *Nomen* (*BrE, veraltet*) Proviantsack

the 'haves *Nomen* [Pl] die Reichen

have to 🔑 /'hæv tə, 'hæf tə/ (*auch* **have got to**) *Modalvb* müssen ◇ *I have to finish this essay today, because we have to hand them in tomorrow.* Ich muss diesen Aufsatz heute fertig schreiben, weil wir sie morgen abgeben müssen. ◇ *I don't have to work tomorrow.* Morgen muss ich nicht arbeiten. ◇ *Do you have to go already?* Müsst ihr schon gehen? ◇ *I had to wait a long time.* Ich musste lange warten. ◇ *I didn't have to wait long.* Ich musste nicht lange warten. ◇ *We'll have to go.* Wir werden hingehen müssen. ◇ *You'd have to ask a specialist.* Da müsstest du einen Spezialisten fragen.

havoc /'hævək/ *Nomen* [U] Verwüstungen, Chaos ◇ *These insects can wreak havoc on crops.* Diese Insekten können beim Getreide verheerende Schäden anrichten. ◇ *The computer problems played havoc with our schedule.* Die Computerprobleme haben unseren Zeitplan völlig über den Haufen geworfen.

haw /hɔː/ *Verb* IDM → HEM *und* HUM

hawk /hɔːk/ *Nomen, Verb*

▸ ***Nomen*** **1** Habicht ◇ *He waited, watching her like a hawk.* Er wartete und beobachtete sie ganz genau. **2** (*fig*) Falke ◇ *He has always been a hawk on defence issues.* In Verteidigungsfragen ist er immer ein Falke gewesen.

▸ ***Verb*** hausieren mit

hawk·er /'hɔːkə(r)/ *Nomen* Hausierer(in)

,hawk-'eyed *Adj* scharfäugig

hawk·ish /'hɔːkɪʃ/ *Adj* bereit zur militärischen Intervention

haw·ser /'hɔːzə(r)/ *Nomen* Trosse

haw·thorn /'hɔːθɔːn; *AmE* -θɔːrn/ *Nomen* Weißdorn

hay /heɪ/ *Nomen* Heu IDM **make hay while the 'sun shines** das Eisen schmieden, solange es heiß ist → *Siehe auch* HIT

'hay fever *Nomen* Heuschnupfen

hay·mak·ing /'heɪmeɪkɪŋ/ *Nomen* Heumahd

hay·stack /'heɪstæk/ (*selten* **hay·rick** /'heɪrɪk/) *Nomen* Heuhaufen, Heuschober IDM → NEEDLE

hay·wire /'heɪwaɪə(r)/ *Adj* IDM **go 'haywire** (*umgs*) durcheinandergeraten verrücktspielen

haz·ard /'hæzəd; *AmE* -zərd/ *Nomen, Verb*

▸ ***Nomen*** Gefahr, Risiko ◇ *a safety hazard* ein Sicherheitsrisiko ◇ *Candles are a fire hazard.* Kerzen stellen eine potentielle Brandgefahr dar. ◇ *hazard lights* Warnblinklicht

▸ ***Verb*** **1** ~ **(a guess)** raten **2** (*gehoben*) in Gefahr bringen

haz·ard·ous /'hæzədəs *AmE* -zərdəs/ *Adj* gefährlich, riskant ◇ *hazardous waste* Sondermüll

haze /heɪz/ *Nomen, Verb*

▸ ***Nomen*** **1** Dunst(schleier) **2** [Sing] Schwaden **3** [Sing] Benommenheit ◇ *My mind was in a complete haze.* Ich konnte einfach nicht klar denken. ◇ *He was in an alcoholic haze.* Er war vom Alkohol benebelt.

▸ ***Verb*** **1** in einen Dunstschleier hüllen **2** (*AmE*) ~ **sb** jdn einer Mutprobe unterziehen, besonders vor dem Eintritt in eine Studentenverbindung etc.

hazel /'heɪzl/ *Nomen, Adj*

▸ ***Nomen*** Haselnussstrauch

▸ ***Adj*** (*Augen*) grünbraun

hazel·nut /'heɪzlnʌt/ *Nomen* Haselnuss

hazy /'heɪzi/ *Adj* (**hazi·er, hazi·est**) (*Adv* **haz·ily** /-zɪli/) **1** dunstig, diesig **2** undeutlich, verschwommen **3 be ~ (about sth)** sich (über etw) nicht sicher sein ◇ *I'm a little hazy about what to do next.* Ich bin mir nicht ganz sicher, was ich als Nächstes tun soll.

'H-bomb *Nomen* Wasserstoffbombe

HDTV /,eɪtʃ diː tiː 'viː/ *Nomen* [U] *Kurzform von* **high definition television** (TECH) HDTV, hochauflösendes Fernsehen

HE *Abk* **1** = EXCELLENCY **2** = HIGHER EDUCATION

he 🔑 /hiː/ *Pron, Nomen*

▸ ***Pron*** er

▸ ***Nomen*** [Sing] **1** Männchen **2 he-** (*in Zusammensetzungen*) (*bei Tieren*) männlich ◇ *a he-goat* ein Ziegenbock

head 🔑 /hed/ *Nomen, Verb*

▸ ***Nomen*** **1** Kopf ◇ *The boys hung their heads in shame.* Die Jungen ließen vor Scham die Köpfe hängen. ◇ *She always has her head in a book.* Sie liest ständig. ◇ *He still has a good head of hair.* Er hat immer noch dichtes Haar. ◇ *Use your head.* Denk doch mal nach! ◇ *When will you get that into your head!* Wann begreifst du das endlich! ◇ *She's got it into her head that the others don't like her.* Sie bildet sich ein, dass die anderen sie nicht mögen. ◇ (*BrE*) *I still can't get my head round the fact that she's dead.* Ich kann immer noch nicht begreifen, dass sie tot ist. ◇ *Try to put it out of your* head. Versuch nicht daran zu denken. ◇ *The favourite was beaten by a head.* Der Favorit wurde um eine Kopflänge geschlagen. **2** (*umgs*) Kopfschmerzen ◇ *I've got a really bad head.* Ich habe fürchterliche Kopfschmerzen. **3 heads** (*Münzseite*) Kopf **4** [Sing] Kopfende, Spitze ◇ *The President sat at the head of the table.* Der Präsident saß am Kopfende des Tisches. ◇ *The prince rode at the head of his regiment.* Der Prinz ritt an der Spitze seines Regiments. ◇ *at the head of the page/stairs* oben auf der Seite/Treppe **5** [Sing] (*Fluss-*) Quelle **6** Oberhaupt, Leiter(in) ◇ *the heads of government* die Regierungschefs ◇ *She's the head of our department.* Sie ist unsere Abteilungsleiterin. ◇ *the head waiter* der Oberkellner ◇ (*BrE*) *the head boy/girl* der Schulsprecher/die Schulsprecherin **7** (*oft* **Head**) (*BrE*) Schulleiter(in) **8** [Sing] (*beim Bier*) Blume **9** [Pl] (*Vieh*) Stück ◇ *200 head of sheep* 200 Stück Schafe **10** [Sing] Dampfdruck ◇ *The old engine still manages to build up a good head of steam.* Die alte Lok schafft es immer noch, ordentlich Dampf zu machen. **11 give sb ~** (*vulg*) jdm einen blasen **12 ~ (of sth)** Blüte, Kopf ◇ *Remove the dead heads.* Die abgestorbenen Blüten entfernen. → *Siehe auch* HEAD-TO-HEAD IDM **a/per 'head** pro Kopf **bang/knock your/their 'heads together** (*umgs*) ◇ *I'm going to do what I can to bang their heads together.* Ich werde tun, was ich kann, um diese Streithähne zur Vernunft zu bringen. **be able to do sth standing on your 'head** (*umgs*) etw im Schlaf können **bite/snap sb's 'head off** (*umgs*) jdm den Kopf abreißen **bring sth to a 'head** etw zuspitzen **bury/hide your head in the 'sand** den Kopf in den Sand stecken **come to a 'head** sich zuspitzen **do sb's 'head in** (*BrE, umgs*) jdm auf die Nerven gehen **from ˌhead to 'foot/'toe** von Kopf bis Fuß **get your 'head down** (*umgs*) **1** (*BrE*) schlafen **2** = KEEP/GET YOUR HEAD DOWN **give sb their 'head** jdm freie Hand lassen **go to your 'head 1** (*Alkohol*) in den Kopf steigen **2** (*Erfolg etc.f*) zu Kopf steigen **have a head for sth** für etw begabt sein ◇ *have a head for figures* mit Zahlen umgehen können **hold your 'head high; hold up your 'head** erhobenen Hauptes gehen; über den Dingen stehen ◇ *English football can hold its head up high again.* Der englische Fußball kann sich wieder sehen lassen. **keep/get your 'head down** in Deckung gehen **keep your 'head; keep a clear/cool 'head** einen klaren/kühlen Kopf bewahren **lose your 'head** den Kopf verlieren **on your (own) head 'be it** auf eigene Verantwortung ◇ *Tell him the truth if you want to, but on your own head be it!* Sag ihm die Wahrheit, wenn du willst; aber auf deine eigene Verantwortung! **out of/off your 'head** (*BrE, umgs*) **1** verrückt **2** weggetreten ◇ *She was drugged out of her head.* Sie war mit Drogen völlig zugeknallt. **over sb's 'head 1** zu hoch für jdn **2** über jds Kopf hinweg **put our/your/their 'heads together** die Köpfe zusammenstecken **scream, etc. your 'head off** (*umgs*) sich die Seele aus dem Leib schreien etc. **stand/turn sth on its 'head** etw auf den Kopf stellen; (*Kritik, Argument*) widerlegen **take it into your head to do sth** sich in den Kopf setzen etw zu tun **take it into your head that …** sich in den Kopf setzen, dass … ; sich einbilden, dass … ◇ *He took it into his head that I'd done it.* Er bildete sich ein, dass ich es war. **turn sb's 'head** jdm zu Kopf steigen ℹ Für andere Redewendungen mit **head** siehe die Einträge für die Nomina, Adjektive etc. **Use your head** z.B. steht unter **use**.

▸ ***Verb* 1** (in Richtung von etw) gehen/fahren ◇ *Where are we heading?* Wohin gehen wir? ◇ *She headed for the door.* Sie ging auf die Tür zu. ◇ *The boat was heading out to sea.* Das Boot nahm Kurs auf das Meer. **2** (*auch* **head sth 'up**) (*Team etc.*) leiten **3** (*Liste, Tabelle, Prozession etc.*) anführen **4** (*Kapitel etc.*) überschreiben ◇ *The chapter was headed 'Winter'.* Das Kapitel hatte die Überschrift „Winter". **5** (*Ball*) köpfen PHR V **be 'heading for sth** (*bes AmE*) (*auch* **be 'headed for sth**) auf etw zugehen, auf etw zufahren, auf etw zusteuern ◇ *They're heading for divorce.* Sie sind auf dem besten Weg zur Scheidung. **ˌhead sb 'off** jdn abfangen **ˌhead sth 'off** etw abwenden ◇ *He headed off efforts to replace him.* Er vereitelte die Versuche ihn abzusetzen. **ˌhead sth 'up** etw leiten

-head /hed/ (*umgs*) -freak, -junkie ◇ *The cybercafe was a nethead's dream.* Das Internetcafé war der Traum eines jeden Internetfreaks. ◇ *a smackhead* ein Heroinjunkie

head·ache 0‑ /'hedeɪk/ *Nomen* **1** Kopfschmerzen ◇ *a splitting headache* furchtbare Kopfschmerzen **2** (*fig*) Problem

head·band /'hedbænd/ *Nomen* Stirnband

head·board /'hedbɔːd; *AmE* -bɔːrd/ *Nomen* Kopfteil (*eines Betts*)

ˌhead 'boy *Nomen* (*BrE*) Schulsprecher

head·butt /'hedbʌt/ *Verb, Nomen*

▸ ***Verb*** (*bes BrE*) mit dem Kopf stoßen

▸ ***Nomen*** (*bes BrE*) Stoß mit dem Kopf

headcase /'hedkeɪs/ *Nomen* (*BrE, umgs*) Verrückte(r)

head·cheese /'hedtʃiːz/ *Nomen* (*AmE*) Sülze

head·count /'hedkaʊnt/ *Nomen* **1** Abzählen ◇ *do a headcount* abzählen **2** Beschäftigtenzahl

head·dress /'heddres/ *Nomen* Kopfschmuck

head·ed /'hedɪd/ *Adj* **1** (*Schreibpapier*) mit Briefkopf **2 -headed** -köpfig ◇ *bald-headed* kahlköpfig

head·er /'hedə(r)/ *Nomen* **1** (*beim Fußball*) Kopfball **2** Kopfzeile

head·gear /'hedgɪə(r); *AmE* -gɪr/ *Nomen* Kopfbedeckung ◇ *protective headgear* Kopfschutz

ˌhead 'girl *Nomen* Schulsprecherin

head·hunt /'hedhʌnt/ *Verb* abwerben

head·hunt·er /'hedhʌntə(r)/ *Nomen* **1** Headhunter **2** Kopfjäger

head·ing /'hedɪŋ/ *Nomen* **1** Überschrift **2** Rubrik

head·lamp /'hedlæmp/ *Nomen* (*bes BrE*) Scheinwerfer

head·land /'hedlənd, -lænd/ *Nomen* Landspitze

head·less /'hedləs/ *Adj* kopflos IDM **run around like a ˌheadless 'chicken** wie ein aufgescheuchtes Huhn herumlaufen

head·light /'hedlaɪt/ *Nomen* Scheinwerfer(licht) ◇ *dip your headlights* abblenden

head·line /'hedlaɪn/ *Nomen, Verb*

▸ ***Nomen* 1** Schlagzeile, Überschrift **2 the headlines** [Pl] der Nachrichtenüberblick IDM **hit/make/reach the 'headlines** Schlagzeilen machen → *Siehe auch* GRAB

▸ ***Verb* 1 ~ sth** einer Sache die Überschrift geben ◇ *The story was headlined 'Never again'.* Die Story hatte die Schlagzeile „Nie wieder". **2** die Hauptattraktion sein ◇ *The concert was to be headlined by Adele.* Der Star des Konzerts sollte Adele sein.

head·long /'hedlɒŋ; *AmE* -lɔːŋ/ *Adv, Adj*

▸ ***Adv* 1** kopfüber, vornüber **2** blindlings, Hals über Kopf **3** direkt ◇ *He ran headlong into her.* Er lief sie über den Haufen.

▸ ***Adj*** überstürzt; (*Geschwindigkeit*) atemberaubend

head·man /'hedmæn, -mən/ *Nomen* (*Pl* **-men** /-men, -mən/) Häuptling

head·mas·ter /ˌhed'mɪstrəs/ *Nomen* (*veraltend*) Schulleiter

head·mis·tress /ˌhed'mɪstrəs/ *Nomen* (*veraltend*) Schulleiterin

ˌhead 'office *Nomen* [mit Verb im Sing/Pl] Zentrale

ˌhead of 'state *Nomen* (*Pl* **heads of state**) Staatsoberhaupt

ˌhead-ˈon *Adj* [nur vor Nomen], *Adv* **1** ◇ *a head-on crash/collision* ein Frontalzusammenstoß ◇ *The cars crashed head-on.* Die Autos stießen frontal zusammen. **2** (*fig*) direkt ◇ *tackle a problem head-on* ein Problem direkt angehen

head·phones /ˈhedfəʊnz; *AmE* -foʊnz/ *Nomen* [Pl] Kopfhörer

head·quar·tered /ˌhedˈkwɔːtəd; *AmE* ˈhedkwɔːrtərd/ *Adj* **be ~ in …** seinen Hauptsitz in … haben

head·quar·ters /ˌhedˈkwɔːtəz; *AmE* ˈhedkwɔːrtərz/ *Nomen* [mit Verb im Sing/Pl] (*Pl* **head·quar·ters**) (*Abk* **HQ**) Hauptsitz, Zentrale ◇ *police headquarters* das Polizeipräsidium

head·rest /ˈhedrest/ *Nomen* Kopfstütze

head·room /ˈhedruːm, -rʊm/ *Nomen* **1** (lichte) Durchfahrtshöhe **2** Kopffreiheit

ˈhead rush *Nomen* Schwindelgefühl; (*fig*) Rausch

head·scarf /ˈhedskɑːf; *AmE* -skɑːrf/ *Nomen* (*Pl* **head·scarves**) Kopftuch

head·set /ˈhedset/ *Nomen* Kopfhörer

head·ship /ˈhedʃɪp/ *Nomen* **1** Leitung **2** (*BrE*) Schulleiterstelle

head·stand /ˈhedstænd/ *Nomen* Kopfstand

ˌhead ˈstart *Nomen* [Sing] **~ (on/over sb)** Vorsprung (jdm gegenüber), Vorteil (jdm gegenüber)

head·stone /ˈhedstəʊn; *AmE* -stoʊn/ *Nomen* Grabstein

head·strong /ˈhedstrɒŋ; *AmE* -strɔːŋ/ *Adj* (*abwert*) dickköpfig, eigensinnig

ˈheads-up *Nomen* (*bes AmE*) (*Pl* **heads-up** *oder* **heads-ups**) Tipp, Vorabinformation ◇ *Can anyone give me a heads-up about how to change the format?* Kann mir irgendjemand einen Tipp geben, wie man das Format ändert?

ˌhead ˈtable *Nomen* (*AmE*) Tisch am Kopf der Tafel

ˌhead ˈteacher *Nomen* (*bes BrE*) Schulleiter(in)

ˌhead-to-ˈhead *Adj* [nur vor Nomen], *Adv* offen, direkt ◇ *a head-to-head clash* eine direkte Konfrontation ◇ *They will meet head-to-head next week.* Sie treffen nächste Woche aufeinander.

ˈhead-turner *Nomen* Hingucker

head·waters /ˈhedwɔːtəz; *AmE* -tərz/ *Nomen* [Pl] Quellflüsse

head·way /ˈhedweɪ/ *Nomen* IDM **make ˈheadway** vorankommen; Fortschritte machen

head·wind /ˈhedwɪnd/ *Nomen* Gegenwind

head·word /ˈhedwɜːd; *AmE* -wɜːrd/ *Nomen* (*Fachspr*) Stichwort

heady /ˈhedi/ *Adj* (**head·ier**, **headi·est**) **1** berauschend, betörend ◇ *the heady days of youth* die Begeisterung der Jugend **2** [nicht vor Nomen] berauscht ◇ *She felt heady with success.* Sie war im Erfolgsrausch.

heal 0→ /hiːl/ *Verb* **1 ~ (up)** (ver)heilen, zuheilen **2 ~ sth** etw heilen **3 ~ sb (of sth)** (*veraltet oder gehoben*) jdn (von etw) heilen

heal·er /ˈhiːlə(r)/ *Nomen* **1** Heiler(in) ◇ *faith healers* Gesundbeter **2** Heilmittel ◇ *Time is a great healer.* Die Zeit heilt alle Wunden.

heal·ing /ˈhiːlɪŋ/ *Nomen* Heilung, Verheilen

health 0→ /helθ/ *Nomen* **1** Gesundheit ◇ *mental health* seelische Gesundheit ◇ *in good/the best of health* bei guter/bester Gesundheit ◇ *in poor health* nicht gesund ◇ *She resigned because of ill health.* Sie trat aus gesundheitlichen Gründen zurück. ◇ *He was nursed back to health by his wife.* Er wurde von seiner Frau gesund gepflegt. ◇ *Your (very) good health!* Zum Wohl! **2** Gesundheitswesen ◇ *health insurance* Krankenversicherung ◇ *health and safety regulations* Arbeitsschutzvorschriften IDM → CLEAN, DRINK, PICTURE, PROPOSE *und* RUDE

ˈhealth care *Nomen* Gesundheitsversorgung ◇ *health-care workers* im Gesundheitswesen Tätige

ˈhealth centre *Nomen* (*BrE*) Ärztezentrum

ˈhealth club *Nomen* Fitnessstudio

ˈhealth farm *Nomen* (*BrE*) Wellness-Hotel

ˈhealth food *Nomen* [meist Pl] Naturkost, Biokost

health·ful /ˈhelθfl/ *Adj* (*gehoben*) gesund

health·ily *Adv* → HEALTHY

ˈhealth service *Nomen* Gesundheitswesen

ˈhealth spa *Nomen* Wellness-Hotel

ˈhealth visitor *Nomen* (*BrE*) = Krankenschwester, die besonders Mütter und ältere Leute zu Hause berät

healthy 0→ /ˈhelθi/ *Adj* (**health·ier**, **healthi·est**) (*Adv* **health·ily** /-θɪli/) gesund ◇ *It's not healthy the way she clings to the past.* Es ist nicht gut, wie sie sich an die Vergangenheit klammert. ◇ *make a healthy profit* einen ordentlichen Gewinn machen

heap /hiːp/ *Nomen, Verb*

▸ ***Nomen*** **1** Haufen **2** [meist Pl] (*umgs*) eine Menge, jede Menge ◇ *I've got heaps to tell you.* Ich habe dir wahnsinnig viel zu erzählen. **3** (*umgs, hum*) (*Auto*) Klapperkiste IDM **at the top/bottom of the ˈheap** ganz oben/unten ◇ *at the bottom of the social heap* ganz unten in der Gesellschaftsordnung **collapse, fall, etc. in a ˈheap** zusammensacken ◇ *He collapsed in a heap on the floor.* Er sackte zu Boden. **heaps ˈbetter, ˈmore, ˈolder, etc.** (*BrE, umgs*) sehr viel besser, mehr, älter etc.

▸ ***Verb*** **1 ~ sth (up)** etw aufhäufen **2 ~ A on B**; **~ B with A** A auf B häufen ◇ *She heaped food on my plate./She heaped my plate with food.* Sie häufte Essen auf meinen Teller. ◇ *a table heaped with food* ein mit Essen beladener Tisch ◇ *a sofa heaped with cushions* ein Sofa, auf dem sich Kissen stapeln **3 ~ A on B**; **~ B with A** (*fig*) B mit A überschütten ◇ *He heaped praise on his team./He heaped his team with praise.* Er überschüttete seine Mannschaft mit Lob.

heap·ed /hiːpt/ (*AmE meist* **heap·ing**) *Adj* (*Teelöffel etc.*) gehäuft; (*Schüssel etc.*) randvoll

hear 0→ /hɪə(r); *AmE* hɪr/ *Verb* (**heard**, **heard** /hɜːd; *AmE* hɜːrd/) **1** (*nicht in der Verlaufsform*) hören ◇ *I can't hear very well.* Ich höre nicht gut. ◇ *He could hear a dog barking.* Er hörte einen Hund bellen. ◇ *Be quiet — I can't hear myself think!* Seid still — ich kann keinen klaren Gedanken fassen! ◇ *I was sorry to hear about your accident.* Es tut mir leid, dass Sie einen Unfall hatten. ◇ *I hear what you're saying.* Ich verstehe, was du meinst. ◇ *I've heard it said (that) they met in Italy.* Man sagt, dass sie sich in Italien getroffen haben. ◇ *She has been heard to say that …* Man hat sie sagen hören, dass … **2** (RECHT) anhören; (*Fall*) verhandeln IDM **Have you heard the one about … ?** Kennen Sie schon den Witz von … ? **ˌhear! ˈhear!** Richtig!; Genau! **hear ˈtell (of sth)** (*veraltet oder gehoben*) (von etw) hören **not/never hear the ˈend of it** es immer wieder zu hören bekommen ◇ *If we don't get her a dog we'll never hear the end of it.* Wenn wir ihr keinen Hund schenken, wird sie nie Ruhe geben. **you could hear a ˈpin drop** man könnte eine Stecknadel fallen hören **(Do) you ˈhear me?** (*umgs*) Hast du mich verstanden? → *Siehe auch* LAST[1], THING *und* VOICE PHR V **ˈhear (sth) from sb** (etw) von jdm hören **ˈhear (sth) of sb/sth** (etw) von jdm/etw hören ◇ *This is the first I've heard of it!* Ich höre das zum ersten Mal! **not ˈhear of sth** von etw nichts hören wollen **ˌhear sb ˈout** jdn ausreden lassen

hear·er /ˈhɪərə(r); *AmE* ˈhɪrər/ *Nomen* Hörer(in)

hear·ing 0→ /ˈhɪərɪŋ; *AmE* ˈhɪrɪŋ/ *Nomen* **1** Gehör ◇ *Her hearing is poor.* Sie kann nicht gut hören. ◇ *hearing-impaired* hörgeschädigt **2** Verhandlung,

Anhörung **3** [Sing] ◇ *We have not been given a hearing.* Wir sind nicht richtig angehört worden. ◇ *He deserves a hearing.* Man sollte ihn wenigstens anhören. IDM **in/within (sb's) hearing** in Hörweite → *Siehe auch* FAIR

'hearing aid *Nomen* Hörgerät

hark·en (*auch* **hark·en**) /'hɑːkən; *AmE* 'hɑːrkən/ *Verb* ~ **(to sb/sth)** (*veraltet*) (auf jdn/etw) horchen

hear·say /'hɪəseɪ; *AmE* 'hɪrseɪ/ *Nomen* [U] Hörensagen, Gerüchte

hearse /hɜːs; *AmE* hɜːrs/ *Nomen* Leichenwagen

heart ⊶ /hɑːt; *AmE* hɑːrt/ *Nomen* **1** Herz ◇ *His heart stopped beating for a few seconds.* Sein Herz setzte einige Sekunden lang aus. ◇ *She has a kind heart.* Sie ist gutherzig. **2** [Sing] Kern ◇ *the heart of the matter* der Kern der Sache **3** [meist Sing] **in the ~ of sth** mitten in etw ◇ *in the heart of the city* im Herzen der Stadt **4 hearts** [Pl/U] (*Spielkartenfarbe*) Herz ◇ *Hearts are/is trumps.* Herz ist Trumpf. **5** (*Spielkarte*) Herz → *Siehe auch* HEART-TO-HEART IDM **at 'heart** im Grunde (seines Herzens) **break sb's 'heart** jdm das Herz brechen **by 'heart** (*BrE auch* **off by 'heart**) auswendig ◇ *I know it by heart.* Ich kann es auswendig. **be close/dear/near to sb's 'heart** jdm sehr am Herzen liegen **from the bottom of your 'heart** aus tiefstem Herzen **from the 'heart** von Herzen **give sb (fresh) 'heart** jdm (neuen) Mut machen **give your 'heart to sb** jdm sein Herz schenken **sb has their heart in their 'mouth** jdm schlägt das Herz bis zum Hals ◇ *My heart was in my mouth.* Mir schlug das Herz bis zum Hals. **have a 'heart!** (*umgs*) ich bitte dich! **have a heart of 'gold** ein gütiges Herz haben **have a heart of 'stone** ein Herz aus Stein haben **heart and 'soul** mit Leib und Seele **sb's heart goes 'out to sb** jd hat Mitgefühl mit jdm ◇ *Our hearts go out to the families of the victims.* Unser Mitgefühl gilt den Angehörigen der Opfer. **sb's heart is in the right 'place** jd hat das Herz am rechten Fleck **sb's 'heart is not in sth** jd ist nur mit halbem Herzen bei einer Sache **sb's heart 'leaps** jds Herz schlägt höher **sb's heart misses a beat** jdm stockt fast das Herz **sb's heart 'sinks** jdm wird das Herz schwer; jd verliert den Mut ◇ *She watched him go with a sinking heart.* Ihr wurde das Herz schwer, als sie ihn gehen sah. **in good 'heart** (*BrE*) guten Mutes **in your 'heart (of 'hearts)** im Grunde seines Herzens **it does your 'heart good** einem wird warm ums Herz **let your ˌheart rule your 'head** sich von seinen Gefühlen hinreißen lassen **lose 'heart** den Mut verlieren **lose your 'heart (to sb/sth)** (*gehoben*) sein Herz (an jdn/etw) verlieren **a man/woman after my own 'heart** ein Mann/eine Frau nach meinem Herzen **my heart 'bleeds for him, her etc.** (*iron*) ach, der, die etc. Ärmste **not have the 'heart (to do sth)** es nicht übers Herz bringen (etw zu tun) **pour out/open your 'heart to sb** jdm sein Herz ausschütten **set your 'heart on sth; have your heart 'set on sth** etw unbedingt wollen **take 'heart (from sth)** (aus etw) Mut schöpfen **take sth to 'heart** sich etw zu Herzen nehmen **ˌtear/ˌrip the 'heart out of sth** etw im Innersten treffen **to your heart's con'tent** nach Herzenslust **the way to sb's 'heart** der Weg zu jds Herzen **with all your 'heart/your whole 'heart** von ganzem Herzen → *Siehe auch* CHANGE, CROSS, EAT, ETCH, FIND, GOODNESS, HEAVY, INTEREST, SICK, SOB, STEAL, STRIKE, TEAR[1], WARM, WEAR, WIN *und* YOUNG

heart·ache /'hɑːteɪk; *AmE* 'hɑːrteɪk/ *Nomen* Kummer

'heart attack *Nomen* Herzanfall, Herzinfarkt

heart·beat /'hɑːtbiːt; *AmE* 'hɑːrt-/ *Nomen* **1** Herzschlag **2** [Sing] **the ~ of sth** (*AmE*) der Kern von etw

heart·break /'hɑːtbreɪk; *AmE* 'hɑːrt-/ *Nomen* Kummer, Leid

heart·break·ing /'hɑːtbreɪkɪŋ; *AmE* 'hɑːrt-/ *Adj* herzzerreißend

heart·broken /'hɑːtbrəʊkən; *AmE* 'hɑːrtbroʊ-/ *Adj* untröstlich, todunglücklich

heart·burn /'hɑːtbɜːn; *AmE* 'hɑːrtbɜːrn/ *Nomen* [U] Sodbrennen

-hearted /'hɑːtɪd; *AmE* 'hɑːrtɪd/ (*in Zusammensetzungen*) -herzig ◇ *cold-hearted* kaltherzig

heart·en /'hɑːtn; *AmE* 'hɑːrtn/ *Verb* (*meist passiv*) ermutigen

heart·en·ing /'hɑːtnɪŋ; *AmE* 'hɑːrt-/ *Adj* ermutigend

'heart failure *Nomen* Herzversagen

heart·felt /'hɑːtfelt; *AmE* 'hɑːrt-/ *Adj* tief empfunden, herzlich ◇ *a heartfelt plea* eine dringende Bitte ◇ *a heartfelt sigh* ein Seufzer aus tiefstem Herzen

hearth /hɑːθ; *AmE* hɑːrθ/ *Nomen* **1** Kamin ◇ *A log fire roared in the open hearth.* Holzscheite brannten lodernd im Kamin. ◇ *The cat dozed on the hearth.* Die Katze schlief vor dem Kamin. **2** (*gehoben*) der häusliche Herd ◇ *a longing for hearth and home* die Sehnsucht nach Haus und Herd

hearth·rug /'hɑːθrʌg; *AmE* 'hɑːrθrʌg/ *Nomen* Kaminvorleger

heart·ily /'hɑːtɪli; *AmE* 'hɑːrt-/ *Adv* **1** herzhaft ◇ *sing heartily* aus voller Kehle singen ◇ *eat heartily* tüchtig essen **2** von ganzem Herzen ◇ *heartily recommended* wärmstens empfohlen **3** äußerst ◇ *heartily glad* unendlich froh ◇ *I'm heartily sick of this wet weather.* Ich bin dieses nasse Wetter herzlich leid.

hearti·ness /'hɑːtinəs; *AmE* 'hɑːrt-/ *Nomen* **1** Herzlichkeit **2** Herzhaftigkeit

heart·land /'hɑːtlænd; *AmE* 'hɑːrt-/ *Nomen* (*Pl* **heartlands**) **1** Herz eines Landes ◇ *the Russian heartlands* die Regionen im Herzen Russlands **2** Zentrum ◇ *a traditional Tory heartland* eine Hochburg der Konservativen

heart·less /'hɑːtləs; *AmE* 'hɑːrt-/ *Adj* (*Adv* **heart·less·ly**) herzlos

heart·less·ness /'hɑːtləsnəs; *AmE* 'hɑːrt-/ *Nomen* Herzlosigkeit

'heart-rending *Adj* herzzerreißend

'heart-searching *Nomen* [U] Gewissensprüfung

'heart-stopping *Adj* atemberaubend ◇ *For one heart-stopping moment she thought they were too late.* Einen Moment lang dachte sie, sie kämen zu spät, und ihr stockte fast das Herz.

heart·strings /'hɑːtstrɪŋz; *AmE* 'hɑːrt-/ *Nomen* [Pl] Herz ◇ *It has touched heartstrings all over the world.* Das hat die Herzen auf der ganzen Welt gerührt. ◇ *a story that tugs at the heartstrings* eine Geschichte, die einem zu Herzen geht

'heart-throb *Nomen* (Frauen)schwarm

ˌheart-to-'heart *Nomen* [meist Sing] offene Aussprache ◇ *have a heart-to-heart with sb* sich mit jdm offen aussprechen ◇ *a heart-to-heart talk* ein offenes Gespräch

'heart-warming *Adj* herzerquickend ◇ *It's a heart-warming story.* Bei dieser Geschichte wird einem warm ums Herz.

'heart-wrenching *Adj* herzzerreißend

hearty /'hɑːti; *AmE* 'hɑːrti/ *Adj, Nomen*

▸ ***Adj*** (**heart·ier**, **hearti·est**) **1** herzlich **2** (*manchmal abwertend*) herzhaft; (*Mensch, Art*) forsch **3** (*Gericht*) herzhaft; (*Appetit*) gesund **4** (*Gefühle*) tief, ungeteilt ◇ *He nodded in hearty agreement.* Er nickte in vollem Einverständnis.

▸ ***Nomen*** (*Pl* **-ies**) (*BrE, meist abwert*) nassforscher Typ

heat ⊶ /hiːt/ *Nomen, Verb*

▸ ***Nomen*** **1** Wärme, Hitze ◇ *He could feel the heat of the sun on his back.* Er fühlte die Sonne auf seinem Rücken. **2** Hitze; (*beim Kochen*) Feuer ◇ *Return the*

pan to the heat. Stellen Sie den Topf wieder aufs Feuer. ◇ *Bake at a low/high/moderate heat.* Bei schwacher/starker/mittlerer Hitze backen. **3** (*bes AmE*) Heizung **4** Erregung, Hitze ◇ *in the heat of the moment* in der Hitze des Gefechts ◇ *The chairman tried to take the heat out of the situation.* Der Vorsitzende versuchte die Situation zu entschärfen. **5** (*Zwang, Belastung*) Druck **6** Vorlauf, Vorrunde ◇ *a qualifying heat* ein Qualifikationslauf IDM **if you can't stand the ˈheat (get out of the ˈkitchen)** (*umgs*) wenn du den Druck nicht aushältst, dann musst du aufhören **be on ˈheat** (*AmE* **be in ˈheat**) (*Tiere*) heiß sein
▸ ***Verb*** heizen, erwärmen, erhitzen, aufwärmen PHRV **ˌheat ˈup** **1** warm werden, sich erwärmen, heiß werden, sich erhitzen **2** (*bes AmE*) ernst werden, spannend werden **ˌheat sth ˈup** etw warm machen, etw erhitzen, etw aufwärmen

heat·ed /ˈhiːtɪd/ *Adj* **1** (*Adv* **heat·ed·ly**) hitzig, erregt ◇ *She became very heated.* Sie regte sich furchtbar auf. **2** geheizt, beheizt, beheizbar

heat·er /ˈhiːtə(r)/ *Nomen* Heizung, Heizkörper, Ofen ◇ *a water heater* ein Boiler

heath /hiːθ/ *Nomen* Heide, Heideland

hea·then /ˈhiːðn/ *Nomen, Adj* (*veraltet, beleidigend*)
▸ ***Nomen*** **1** Heide, Heidin **2** unkultivierter Mensch
▸ ***Adj*** heidnisch

hea·ther /ˈheðə(r)/ *Nomen* Heidekraut

Heath Rob·in·son /ˌhiːθ ˈrɒbɪnsən; *AmE* ˈrɑːb-/ *Adj* (*BrE, hum*) (*Maschine, Gerät*) kompliziert

heat·ing 0‑ᴡ /ˈhiːtɪŋ/ *Nomen* [U] (*bes BrE*) Heizung ◇ *a gas heating system* eine Gasheizung

ˈheat map *Nomen* **1** = grafische Repräsentation, bei der unterschiedliche Werte durch verschiedene Farben dargestellt werden **2** Wärmebild

heat·proof /ˈhiːtpruːf/ *Adj* feuerfest, hitzebeständig

ˈheat-resistant *Adj* hitzebeständig

ˈheat-seeking *Adj* [nur vor Nomen] infrarotgesteuert

heat·stroke /ˈhiːtstrəʊk; *AmE* -stroʊk/ *Nomen* Hitzschlag

heat·wave /ˈhiːtweɪv/ *Nomen* Hitzewelle

heave /hiːv/ *Verb, Nomen*
▸ ***Verb*** **1** ziehen, hieven, wuchten **2** sich heben und senken ◇ *Her shoulders heaved with laughter.* Sie schüttelte sich vor Lachen. **3** würgen ◇ *His stomach heaved.* Ihm drehte sich der Magen um. **4 ~ a sigh** seufzen ◇ *She heaved a sigh of relief.* Sie atmete erleichtert auf. IDM **ˌheave into ˈsight/ˈview** (*gehoben*) (*Schiff*) in Sicht kommen ℹ Als *past tense* und *past participle* wird **hove** /həʊv/ verwendet. PHRV **ˌheave ˈto** (*Fachspr*) beidrehen ℹ Als *past tense* und *past participle* wird **hove**/həʊv/ verwendet.
▸ ***Nomen*** **1** ◇ *With a heave he lifted the sack onto the truck.* Er wuchtete den Sack auf den Wagen. ◇ *One more heave!* Noch einmal kräftig ziehen! **2** Wogen, Auf und Ab

heave-ho *Nomen* [Sing] IDM **give sb the (old) heave-ˈho** (*umgs*) (*aus dem Job*) jdn rausschmeißen; (*in einer Beziehung*) mit jdm Schluss machen

heaven 0‑ᴡ /ˈhevn/ *Nomen* **1** (*auch* **Heaven**) Himmel ◇ *heaven on earth* der Himmel auf Erden. ◇ *the kingdom of heaven* das Himmelreich ◇ *This isn't exactly my idea of heaven!* Das ist nicht gerade mein Traum. **2** **Heaven** (*gehoben*) Gott ◇ *It was the will of heaven.* Es war Gottes Wille. **3 the heavens** [Pl] (*gehoben*) der Himmel ◇ *Tall trees stretched up to the heavens.* Hohe Bäume ragten zum Himmel empor. IDM **(Good) ˈHeavens!**; **ˌHeavens aˈbove!** Du lieber Himmel! **the heavens ˈopened** der Himmel öffnete die Schleusen → *Siehe auch* FORBID, GOD, HELP, HIGH, KNOW, MOVE, NAME, SAKE, SEVENTH *und* THANK

heav·en·ly /ˈhevnli/ *Adj* **1** [nur vor Nomen] himmlisch ◇ *the heavenly kingdom* das Himmelreich **2** Himmels- ◇ *heavenly bodies* Himmelskörper

ˌheaven-ˈsent *Adj* gerade zur rechten Zeit ◇ *a heaven-sent opportunity* eine Gelegenheit, die wie gerufen kommt

heav·en·ward /ˈhevnwəd; *AmE* -wərd/ (*auch* **heav·enwards** /-wədz; *AmE* -wərdz/) *Adv* (*gehoben*) zum Himmel

heavi·ness /ˈhevinəs/ *Nomen* Schwere

heavy 0‑ᴡ /ˈhevi/ *Adj, Nomen, Adv*
▸ ***Adj*** (**heav·ier**, **heavi·est**) **1** (*Adv* **heav·ily** /-ɪli/) schwer ◇ *a heavy coat* ein dicker Mantel ◇ *How heavy is it?* Wie viel wiegt es? ◇ *a heavy blow* ein heftiger Schlag ◇ *The air was very heavy.* Es war sehr schwül. ◇ (*fig*) *with heavy irony* sehr ironisch **2** (*Adv* **heav·ily**) stark, schwer ◇ *It was raining heavily.* Es regnete stark. ◇ *a heavy fine* eine hohe Geldstrafe ◇ *be a heavy sleeper* einen festen Schlaf haben ◇ *heavy snoring* lautes Schnarchen ◇ *a heavy sigh* ein tiefer Seufzer **3 ~ (with sth)** (*gehoben*) voll (von etw) ◇ *The air was heavy with the scent of flowers.* Die Luft war vom Duft der Blumen geschwängert. ◇ *She was heavy with child.* Sie war hochschwanger. **4** anstrengend ◇ *a heavy schedule* ein voller Terminplan **5 ~ on sth** (*umgs*) ◇ *Older cars are heavy on gas.* Ältere Autos verbrauchen viel Benzin. ◇ *Don't go so heavy on the garlic.* Nimm nicht so viel Knoblauch. **6** (*meist abwert*) schwierig, schwer ◇ *The discussion got a little heavy.* Die Diskussion wurde ein bisschen dröge. **7** (*Person*) streng IDM **get ˈheavy** (*umgs*) ernst werden ◇ *Then he got heavy and tried to kiss me.* Dann wurde er zudringlich und versuchte mich zu küssen. **ˌheavy ˈgoing** anstrengend ◇ *I find her a bit heavy going.* Ich finde sie ziemlich anstrengend. ◇ *I found the course rather heavy going.* Ich fand den Kurs ziemlich schwierig. **heavy ˈhand** eiserne Faust **with a heavy ˈheart** schweren Herzens **the ˈheavy mob/brigade** (*BrE, umgs*) die Schergen **a heavy ˈatmosphere** eine gespannte Atmosphäre **a heavy ˈsilence** ein betretenes Schweigen **make heavy ˈweather of sth** sich mit etw schwertun → *Siehe auch* TOLL
▸ ***Nomen*** (*Pl* **-ies**) **1** (*umgs*) (*Mensch*) Schläger **2** (*SchotE*) starkes Bier
▸ ***Adv*** IDM **hang/lie ˈheavy (on/in sth)** schwer liegen/hängen (auf/in etw) **hang/lie ˈheavy on sb/sth** auf jdn/etw schwer lasten

ˌheavy ˈbreathing *Nomen* = obszönes Stöhnen ins Telefon

ˌheavy-ˈduty *Adj* [nur vor Nomen] strapazierfähig

ˌheavy ˈgoods vehicle = HGV

ˌheavy-ˈhanded *Adj* ungeschickt, plump ◇ *Don't be too heavy-handed with the salt.* Sei nicht allzu großzügig mit dem Salz.

ˌheavy ˈindustry *Nomen* (*Pl* **-ies**) Schwerindustrie

ˌheavy ˈmetal *Nomen* **1** Heavymetal **2** (*Fachspr*) Schwermetall

ˌheavy ˈpetting *Nomen* Petting

ˌheavy-ˈset *Adj* gedrungen

heavy·weight /ˈheviweɪt/ *Nomen* **1** Schwergewicht, Schwergewichtler(in) **2** Große(r), Schwergewicht

Heb·raic /hiˈbreɪɪk/ *Adj* hebräisch

Heb·rew /ˈhiːbruː/ *Nomen, Adj*
▸ ***Nomen*** **1** Hebräer(in) **2** Hebräisch **3** Iwrith, Neuhebräisch
▸ ***Adj*** hebräisch

heck /hek/ *Ausruf, Nomen* (*umgs*) ◇ *Oh heck, I'm going to be late!* Verflixt, ich komme zu spät! ◇ *Heck! You're here early!* Mensch! Du bist aber früh hier! ◇ *We had to wait a heck of a long time!* Wir mussten wahnsinnig lange warten! ◇ *Who the heck are you?* Wer zum Kuckuck sind Sie? IDM **for the 'heck of it** (*umgs*) nur so aus Jux **what the 'heck!** (*umgs*) was soll's!

heckle /'hekl/ *Verb* durch Zwischenrufe unterbrechen

heck·ler /'heklə(r)/ *Nomen* Zwischenrufer(in)

heck·ling /'heklɪŋ/ *Nomen* Zwischenrufen

hec·tare /'hekteə(r), -tɑː(r); *AmE* -ter/ *Nomen* (*Abk* **ha**) Hektar

hec·tic /'hektɪk/ *Adj* (*Adv* **hec·tic·ally** /-kli/) hektisch

hec·tor /'hektə(r)/ *Verb* (*gehoben*) tyrannisieren, einschüchtern

hec·tor·ing /'hektərɪŋ/ *Adj* herrisch

he'd /hiːd/ **1** = HE HAD **2** = HE WOULD

hedge /hedʒ/ *Nomen, Verb*

▸ ***Nomen*** **1** Hecke (*an Feldern, Straßenrändern*) **2 a ~ against sth** Absicherung gegen etw

▸ ***Verb*** **1** ausweichen, sich nicht festlegen **2** mit einer Hecke einfassen **3** (*meist passiv*) (*gehoben*) einschränken ◇ *Their offer was hedged around with all sorts of conditions.* Ihr Angebot war mit allen möglichen Auflagen verbunden. IDM **,hedge your 'bets** sich absichern; auf Nummer Sicher gehen PHR V **'hedge against sth** sich gegen etw absichern **,hedge sb/sth 'in** jdn/etw umgeben, jdn/etw einengen

'hedge fund *Nomen* Hedgefonds

hedge·hog /'hedʒhɒg; *AmE* -hɔːg/ *Nomen* Igel

hedge·row /'hedʒrəʊ; *AmE* -roʊ/ *Nomen* Hecke

he·don·ism /'hiːdənɪzəm/ *Nomen* Hedonismus

he·don·ist /'hiːdənɪst/ *Nomen* Hedonist(in)

he·don·is·tic /,hiːdə'nɪstɪk/ *Adj* hedonistisch

heed /hiːd/ *Verb, Nomen*

▸ ***Verb*** beachten

▸ ***Nomen*** (*gehoben*) IDM **give/pay/take 'heed** Acht geben **give/pay 'heed to sb/sth; take 'heed of sb/sth** jdm/etw Beachtung schenken

heed·less /'hiːdləs/ *Adj* (*Adv* **heed·less·ly**) (*gehoben*) achtlos, unachtsam ◇ *be heedless of sb/sth* jdn/etw nicht beachten

heel 🔑 /hiːl/ *Nomen, Verb*

▸ ***Nomen*** **1** Ferse **2** Absatz ◇ *He clicked his heels.* Er schlug die Hacken zusammen. **3 heels** [Pl] hochhackige Schuhe **4 ~ of your hand/palm** Handballen **5** (*umgs, veraltet*) Schuft IDM **(hard/hot) at/on sb's 'heels** jdm (dicht) auf den Fersen **be/come/follow hard/hot on sth's 'heels** einer Sache auf dem Fuße folgen **bring sb to 'heel** jdn an die Kandare nehmen; jdn Disziplin lehren **come to 'heel 1** parieren **2** bei Fuß gehen **head over heels in 'love** bis über beide Ohren verliebt **,take to your 'heels** sich aus dem Staub machen **,turn/,spin on your 'heel** auf dem Absatz kehrtmachen **under the 'heel of sb** (*gehoben*) unter jds Herrschaft ➔ *Siehe auch* COOL, DIG, DRAG, KICK *und* TREAD

▸ ***Verb*** **1** mit neuen Absätzen versehen **2** (*Boot etc.*) krängen, sich auf die Seite legen

-heeled /hiːld/ (*in Zusammensetzungen*) mit Absätzen ◇ *high-heeled shoes* Schuhe mit hohen Absätzen ➔ *Siehe auch* WELL HEELED

hefty /'hefti/ *Adj* (**heft·ier, hefti·est**) (*Adv* **heft·ily** /-tɪli/) (*umgs*) **1** kräftig, mächtig, schwer **2** (*Betrag*) fett, satt, saftig **3** heftig, massiv

hege·mon·ic /,hedʒɪ'mɒnɪk, ,hegɪ-; *AmE* -'mɑːnɪk/ *Adj* hegemonial

he·gem·ony /hɪ'dʒeməni, hɪ'ge-, 'hedʒɪməni; *AmE* -moʊni/ *Nomen* (*Pl* **-ies**) (*gehoben*) Hegemonie, Vorherrschaft

heifer /'hefə(r)/ *Nomen* Färse

height 🔑 /haɪt/ *Nomen* **1** Höhe, Größe ◇ *It is almost 2 metres in height.* Es ist fast 2 Meter hoch. ◇ *She is the same height as her sister.* Sie ist genauso groß wie ihre Schwester. ◇ *be of medium/average height* mittelgroß sein ◇ *from a height* von oben **2 heights** [Pl] Höhen ◇ (*fig*) *He didn't know it was possible to reach such heights of happiness.* Er hatte nicht geahnt, dass man so unendlich glücklich sein konnte. **3** [Sing] Höhepunkt, Gipfel ◇ *That hat was the height of fashion then.* Der Hut war damals der letzte Schrei. ◇ *the height of summer* Hochsommer IDM **draw yourself up/rise to your full 'height** sich zu voller Größe aufrichten **(not) have a head for 'heights** (nicht) schwindelfrei sein ➔ *Siehe auch* DIZZY

height·en /'haɪtn/ *Verb* **1** erhöhen, steigern **2** sich erhöhen, (an)steigen ◇ *The colour in Tanya's cheeks heightened.* Tanya wurde ganz rot im Gesicht.

hein·ous /'heɪnəs/ *Adj* (*gehoben*) verabscheuungswürdig, abscheulich

heir /eə(r); *AmE* er/ *Nomen* Erbe, Erbin ◇ *the heir to the throne* der/die Thronfolger(in)

,heir ap'parent *Nomen* (*Pl* **heirs ap·par·ent**) **1** gesetzlicher Erbe, gesetzliche Erbin **2** designierte(r) Nachfolger(in)

heir·ess /'eəres, 'eərəs; *AmE* 'eres, 'erəs/ *Nomen* Erbin

heir·loom /'eəluːm; *AmE* 'erluːm/ *Nomen* Erbstück

,heir pre'sumptive *Nomen* (*Pl* **heirs pre·sump·tive**) möglicher Erbe, mögliche Erbin

heist /haɪst/ *Nomen, Verb*

▸ ***Nomen*** (*bes AmE, umgs*) (Raub)überfall

▸ ***Verb*** (*bes AmE, umgs*) rauben

held *Form von* HOLD

hel·ic·al /'helɪkl, 'hiːlɪ-/ *Adj* (*Fachspr*) spiralförmig

heli·cop·ter /'helɪkɒptə(r); *AmE* -kɑːp-/ (*umgs* **cop·ter**) *Nomen* Hubschrauber, Helikopter

he·lio·trope /'hiːliətrəʊp; *AmE* -troʊp/ *Nomen, Adj*

▸ ***Nomen*** Heliotrop

▸ ***Adj*** zartlila

heli·pad /'helipæd/ (*auch* **'helicopter pad**) *Nomen* Hubschrauberlandeplatz

heli·port /'helipɔːt; *AmE* -pɔːrt/ *Nomen* Hubschrauberflugplatz, Heliport

he·lium /'hiːliəm/ *Nomen* Helium

helix /'hiːlɪks/ *Nomen* (*Pl* **heli·ces** /-lɪsiːz/) Helix

hell 🔑 /hel/ *Nomen* **1** (*meist* **Hell**) Hölle ◇ *go through hell* Höllenqualen ausstehen **2** (zum) Teufel, verdammt (noch mal) ◇ *What the hell do you think you are doing?* Was zum Teufel machst du denn da? ◇ *He's as guilty as hell.* Er ist so schuldig, wie man nur sein kann. IDM **all 'hell broke loose** (*umgs*) die Hölle war los **annoy the 'hell out of sb** (*umgs*) jdn fürchterlich wütend machen **beat/kick (the) 'hell out of sb; knock 'hell out of sb** (*umgs*) jdn zusammenschlagen **(just) for the 'hell of it** (*umgs*) aus (lauter) Jux und Tollerei **from 'hell** (*umgs*) fürchterlich ◇ *They are the neighbours from hell.* Die Nachbarn sind fürchterlich. **get the hell 'out (of ...)** (*umgs*) machen, dass man (aus ...) wegkommt **give sb 'hell** (*umgs*) **1** jdm das Leben zur Hölle machen **2** jdm die Hölle heiß machen **go to 'hell and back** (*umgs*) durch die Hölle gehen **go to hell in a 'handbasket** (*AmE, umgs*) vor die Hunde gehen **hell for 'leather** (*BrE, umgs, veraltet*) wie der Teufel ◇ *go hell for leather* laufen, was die Beine hergeben **hell hath no 'fury (like a woman 'scorned)** (*BrE*) es gibt nichts Schlimmeres als die Rache einer verschmähten Frau **(come) hell or high 'water** komme, was wolle **Hell's 'teeth!** (*BrE, umgs, veraltet*) (*bei Überraschung*) Du liebe Güte!; (*bei Ärger*) Verdammt und zugenäht! **like 'hell 1** (*umgs*) wie verrückt; verdammt **2** (*umgs*) (*bei Widerspruch*) ◇ *'I'm coming with you.' 'Like hell you are.'* „Ich komme mit." „Kommt nicht in Frage!" ◇ *'You're not leaving.' 'Like hell I am.'* „Du gehst nicht!" „Und ob ich gehe!" **a/one hell of a …; a/one helluva …** (*Slang*) ein(e) Heiden- ◇ *This holiday is going to cost a helluva lot of money.* Dieser Urlaub wird ein Heidengeld kosten. ◇ *It must have been one hell of a party.* Die Party muss verdammt gut gewesen sein. **play (merry) 'hell with sb/sth** (*BrE, umgs*) jdm/etw übel mitspielen **scare/frighten the 'hell out of sb** (*umgs*) jdm fürchterliche Angst einjagen **to 'hell with sb/sth** (*umgs*) zur Hölle mit jdm/etw → *Siehe auch* BAT, CAT, HOPE, PAY *und* RAISE ℹ Die umgangssprachlichen Redewendungen mit **hell** werden von manchen als anstößig empfunden.

he'll /hi:l/ = HE WILL

ˌhell-'bent *Adj* **be ~ on sth** zu etw wild entschlossen sein

hell·hole /'helhəʊl; *AmE* -hoʊl/ *Nomen* dreckiges Loch

hel·lion /'heliən/ *Nomen* (*AmE*) Bengel

hell·ish /'helɪʃ/ *Adj* (*bes BrE, umgs*) höllisch, schlimm

hello 🔑 (*BrE auch* **hullo**; **hallo**) /hə'ləʊ; *AmE* hə'loʊ/ *Ausruf* **1** hallo ◇ *Say hello to Liz for me.* Grüß Liz von mir. ◇ *They exchanged hellos.* Sie begrüßten sich. **2** (*BrE*) nanu, he

hel·luva /'heləvə/ → HELL

helm /helm/ *Nomen* Ruder, Steuer IDM **at the 'helm** am Ruder **take the 'helm 1** das Ruder übernehmen **2** (*fig*) das Ruder in die Hand nehmen

hel·met /'helmɪt/ *Nomen* Helm

hel·met·ed /'helmɪtɪd/ *Adj* [nur vor Nomen] einen Helm tragend, behelmt

helms·man /'helmzmən/ *Nomen* (*Pl* **-men** /-mən/) Steuermann

help 🔑 /help/ *Verb, Nomen*

▸ ***Verb* 1 ~ (sb) (with sth)** (jdm) (bei etw) helfen ◇ *help sb in doing sth* jdm dabei helfen etw zu tun ◇ *Help I'm stuck!* Hilfe, ich sitze fest! ◇ *That doesn't really help matters.* Das macht die Sache nicht gerade besser. **2 ~ yourself** sich bedienen; **~ yourself to sth** sich etw nehmen; **~ sb to sth** jdm etw reichen IDM **not if I can help it** nicht, wenn es nach mir geht **sb can't help it** jd kann nicht anders; jd kann nichts dafür **sb can't help sth** jd kann etw nicht ändern ◇ *He can't help being short.* Er kann nichts dafür, dass er so klein ist. ◇ *It couldn't be helped.* Es ließ sich nicht ändern. **sb can't help doing sth; sb can't help but do sth** jd kann nicht umhin, etw zu tun **give/lend a ˌhelping 'hand** Hilfe leisten **God/Heaven 'help us** (*umgs*) gnade uns Gott; der Himmel steh uns bei **so 'help me (God)** so wahr mir Gott helfe PHRV **ˌhelp sb 'off/'on with sth** (*Mantel etc.*) jdm aus/in etw helfen **ˌhelp (sb) 'out** (jdm) aushelfen

▸ ***Nomen* 1** Hilfe ◇ *Do you need any help with that?* Soll ich dir dabei helfen? ◇ *Can I be of any help to you?* Kann ich Ihnen vielleicht helfen? ◇ *Just shouting at him isn't going to be a lot of help.* Ihn nur anzuschreien wird nicht viel nützen. **2** (*veraltet*) (Haushalts)hilfe IDM **there is no 'help for it** (*bes BrE*) es hilft nichts

'help desk *Nomen* (*Informationsdienst*) Helpdesk

help·er /'helpə(r)/ *Nomen* Helfer(in)

help·ful 🔑 /'helpfl/ *Adj* **1** hilfreich, nützlich; **be ~ (for sb) (to do sth)** (jdm) helfen (etw zu tun); **be ~ (in doing sth)** (dabei) helfen (etw zu tun) ◇ *Sorry I can't be more helpful.* Tut mir leid, dass ich Ihnen nicht weiter helfen kann. **2** hilfsbereit

help·ful·ly /'helpfəli/ *Adv* nützlicherweise, liebenswürdigerweise

help·ful·ness /'helpflnəs/ *Nomen* **1** Nützlichkeit **2** Hilfsbereitschaft

help·ing /'helpɪŋ/ *Nomen* Portion

help·less /'helpləs/ *Adj* (*Adv* **help·less·ly**) **1** hilflos, machtlos ◇ *We were helpless to change anything.* Wir konnten nichts daran ändern. **2** unkontrollierbar ◇ *helpless laughter* hemmungsloses Gelächter **3** ◇ *They were helpless with laughter.* Sie konnten sich vor Lachen kaum halten.

help·less·ness /'helpləsnəs/ *Nomen* Hilflosigkeit

help·line /'helplaɪn/ *Nomen* (*BrE*) Telefonnotdienst, Telefonberatung ◇ *the AIDS helpline* das Aids-Telefon

help·mate /'helpmeɪt/ (*auch* **help·meet** /-mi:t/) *Nomen* (*gehoben*) Gefährte, Gefährtin, Gehilfe, Gehilfin

helter-skelter /ˌheltə 'skeltə(r); *AmE* -tər '-/ *Nomen, Adj, Adv*

▸ ***Nomen*** (*BrE*) (spiralförmige) Rutschbahn

▸ ***Adj*** [nur vor Nomen] überstürzt

▸ ***Adv*** Hals über Kopf

hem(o)- /'hi:məʊ; *AmE* -moʊ/ ℹ Für Wörter, die mit **hemo-** beginnen, siehe die Schreibweise **haemo-**.

hem /hem/ *Nomen, Verb*

▸ ***Nomen*** Saum ◇ *take up the hem of a dress* ein Kleid kürzer machen

▸ ***Verb*** (**-mm-**) säumen IDM **ˌhem and 'haw** (*AmE*) herumdrucksen PHRV **ˌhem sb/sth 'in** jdn/etw einschließen, jdn/etw umgeben; (*fig*) jdn/etw einengen

'he-man *Nomen* (*Pl* **-men** /'hi: men/) (*oft hum*) Muskelprotz

hema·tol·ogy (*AmE*) = HAEMATOLOGY

hemi·sphere /'hemɪsfɪə(r); *AmE* -fɪr/ *Nomen* **1** Hemisphäre, Halbkugel **2** ANAT) Hemisphäre, (Gehirn) hälfte

hemi·spher·ic·al /ˌhemɪ'sferɪkl; *AmE auch* -'sfɪr-/ *Adj* halbkugelförmig

hem·line /'hemlaɪn/ *Nomen* Saumlänge ◇ *Shorter hemlines are back in.* Die Röcke sind wieder kürzer.

hem·lock /'hemlɒk; *AmE* -lɑ:k/ *Nomen* **1** (*Pflanze*) Schierling **2** Gift des Schierlings

hemp /hemp/ *Nomen* Hanf

hen /hen/ *Nomen* **1** Huhn, Henne ◇ *battery hens* Hühner in Legebatterien **2** (*in Zusammensetzungen*) (*Vogel-*) Weibchen ◇ *a hen pheasant* ein Fasanenweibchen

hence 🔑 /hens/ *Adv* (*gehoben*) daher IDM **six days, weeks, etc. 'hence** (*gehoben*) in sechs Tagen, Wochen etc.

hence·forth /ˌhens'fɔ:θ; *AmE* -'fɔ:rθ/ (*auch* **hence·for·ward** /-'fɔ:wəd; *AmE* -'fɔ:rwərd/) *Adv* (*gehoben*) von da an, von nun an, fortan künftig

hench /hentʃ/ *Adj* (*BrE, umgs*) sehr muskulös ◇ *a hench guy* ein großer, muskulöser Typ

hench·man /'hentʃmən/ *Nomen* (*Pl* **-men** /-mən/) Handlanger, Scherge

henna /'henə/ *Nomen* Henna

'hen party (*auch* **'hen night**) *Nomen* (*BrE, umgs*) Junggesellinnenabschied

hen·pecked /'henpekt/ *Adj* (*umgs*) unter dem Pantoffel stehend ◇ *a henpecked husband* ein Pantoffelheld

hepa·titis /ˌhepə'taɪtɪs/ *Nomen* Hepatitis, Leberentzündung

hepta·gon /'heptəgən; *AmE* -gɑ:n/ *Nomen* Siebeneck, Heptagon

hept·agon·al /hep'tægənl/ *Adj* siebeneckig, heptagonal

hept·ath·lon /hep'tæθlən/ *Nomen* [Sing] Siebenkampf

her 🔑 /hə(r), ɜ:(r), ə(r), *betont* hɜ:(r)/ *Pron, Adj*

▸ ***Pron*** sie (ihr)

▸ ***Adj*** ihr

her·ald /'herəld/ *Verb, Nomen*

▸ ***Verb*** (*gehoben*) **1** ankündigen, einläuten **2 ~ sb/sth (as sth)** (*oft passiv*) jdn/etw (als etw) anpreisen

▸ ***Nomen* 1** Vorbote **2** (*veraltet*) Bote

her·al·dic /heˈrældɪk/ *Adj* heraldisch

her·ald·ry /ˈherəldri/ *Nomen* Heraldik, Wappenkunde

herb /hɜːb; *AmE* ɜːrb, hɜːrb/ *Nomen* (*Heil-, Gewürz-*) Kraut

herb·aceous /hɜːˈbeɪʃəs; *AmE* ɜːrˈ-, hɜːrˈ-/ *Adj* (*Fachspr*) krautartig ◇ *herbaceous borders* Staudenbeete

herb·al /ˈhɜːbl; *AmE* ˈɜːrbl, ˈhɜːr-/ *Adj* Kräuter- ◇ *herbal remedies* Naturheilmittel

herb·al·ist /ˈhɜːbəlɪst; *AmE* ˈɜːrb-, ˈhɜːr-/ *Nomen* Kräuterkundler(in)

herbi·cide /ˈhɜːbɪsaɪd; *AmE* ˈɜːrb-, ˈhɜːr-/ *Nomen* Herbizid, Unkrautvertilgungsmittel

herbi·vore /ˈhɜːbɪvɔː(r); *AmE* ˈɜːrb-, ˈhɜːr-/ *Nomen* Herbivore, Pflanzenfresser

herb·iv·or·ous /hɜːˈbɪvərəs; *AmE* ɜːrˈ-, hɜːrˈ-/ *Adj* Pflanzen fressend

Her·cu·lean /ˌhɜːkjuˈliːən; *AmE* ˌhɜːrk-/ *Adj* herkulisch

herd /hɜːd; *AmE* hɜːrd/ *Nomen, Verb*

▸ ***Nomen*** **1** Herde; (*von Rehen*) Rudel ◇ *a dairy herd* eine Kuhherde **2** (*meist abwert*) (*Menschen-*) Masse, Herde ◇ *the herd instinct* der Herdentrieb **IDM** → RIDE

▸ ***Verb*** **1** (sich) drängen ◇ *They were herded together into trucks.* Sie wurden in Lastwagen gepfercht. **2** (*Tiere*) zusammentreiben, hüten

herds·man /ˈhɜːdzmən; *AmE* ˈhɜːrdz-/ *Nomen* (*Pl* **-men** /-mən/) Hirte

here 0‑▪ /hɪə(r); *AmE* hɪr/ *Adv, Ausruf*

▸ ***Adv*** **1** hier ◇ *Come over here.* Komm hierher. **2** jetzt ◇ *Here the speaker paused.* An diesem Punkt pausierte der Sprecher. **3** hier, da ◇ *Here's the money I promised you.* Hier ist das Geld, das ich dir versprochen habe. ◇ *I'm here to help you.* Ich bin da, um dir zu helfen. ◇ *Here is your opportunity.* Das ist deine Chance. **IDM** **ˌhere and ˈthere** hier und dort **ˌhere ˈgoes** (*umgs*) dann mal los; dann wollen wir mal **here's to sb/sth** (*beim Anstoßen*) ◇ *Here's to your future happiness!* Auf eine glückliche Zukunft! **ˌhere, there and ˈeverywhere** überall **ˌhere we ˈgo** (*umgs*) jetzt geht's los **ˌhere we go aˈgain** (*umgs*) jetzt geht das (schon) wieder los **ˌhere you ˈare** (*wenn man jdm etw gibt*) bitte schön **ˌhere you ˈgo** (*umgs*) (*wenn man jdm etw gibt*) da, bitte schön ◇ *Here you go. Four copies, is that right?* Da. Vier Kopien, stimmt das so? → *Siehe auch* NEITHER

▸ ***Ausruf*** (*BrE*) **1** (einen) Moment mal **2** (*wenn man jdm etw anbietet*) ◇ *Here, let me carry that for you.* Lassen Sie mich das tragen.

here·abouts /ˌhɪərəˈbaʊts; *AmE* ˌhɪr-/ (*AmE auch* **here·about**) *Adv* hier, in dieser Gegend

here·after /ˌhɪərˈɑːftə(r); *AmE* ˌhɪrˈæf-/ *Adv, Nomen*

▸ ***Adv*** **1** (RECHT) im Folgenden **2** (*gehoben*) in Zukunft **3** (*gehoben*) nach dem Tode ◇ *the life hereafter* das Leben nach dem Tode

▸ ***Nomen*** **the hereafter** das Leben nach dem Tod

here·by /ˌhɪəˈbaɪ; *AmE* ˌhɪrˈ-/ *Adv* (RECHT) hiermit

her·edi·tary /həˈredɪtri; *AmE* -teri/ *Adj* Erb-, erblich

her·ed·ity /həˈredəti/ *Nomen* Vererbung

here·in /ˌhɪərˈɪn; *AmE* ˌhɪr-/ *Adv* (*gehoben oder Fachspr*) hierin

here·in·after /ˌhɪərɪnˈɑːftə(r); *AmE* ˌhɪrɪnˈæf-/ *Adv* (RECHT) im Folgenden

her·esy /ˈherəsi/ *Nomen* **1** Ketzerei (*auch fig*) **2** Irrglaube

her·et·ic /ˈherətɪk/ *Nomen* Ketzer(in), Häretiker(in)

her·et·ic·al /həˈretɪkl/ *Adj* ketzerisch, häretisch ◇ *heretical beliefs* ketzerische Überzeugungen

here·to·fore /ˌhɪətuˈfɔː(r); *AmE* ˌhɪrt-/ *Adv* (*gehoben*) bisher

here·with /ˌhɪəˈwɪð, -ˈwɪθ; *AmE* ˌhɪrˈ-/ *Adv* (*gehoben*) in der Anlage ◇ *I enclose herewith a copy of the policy.* Ich füge eine Kopie der Police bei.

heri·tage /ˈherɪtɪdʒ/ *Nomen* **1** Erbe **2** (*in Zusammensetzungen*) Traditions- ◇ *heritage potatoes* alte Kartoffelsorten ◇ *a heritage brand* eine Traditionsmarke

ˈheritage language *Nomen* Herkunftssprache

herm·aph·ro·dite /hɜːˈmæfrədaɪt; *AmE* hɜːrˈ-/ *Nomen, Adj*

▸ ***Nomen*** Zwitter

▸ ***Adj*** zwittrig

her·met·ic /hɜːˈmetɪk; *AmE* hɜːrˈ-/ *Adj* (*Adv* **her·met·ic·al·ly** /-kli/) **1** (TECH) luftdicht **2** (*gehoben, abwert*) hermetisch, abgeschottet

her·mit /ˈhɜːmɪt; *AmE* ˈhɜːrmɪt/ *Nomen* Einsiedler(in)

her·mit·age /ˈhɜːmɪtɪdʒ; *AmE* ˈhɜːrm-/ *Nomen* Einsiedelei

ˈhermit crab *Nomen* Einsiedlerkrebs

her·nia /ˈhɜːniə; *AmE* ˈhɜːrn-/ *Nomen* (Eingeweide)bruch

hero 0‑▪ /ˈhɪərəʊ; *AmE* ˈhɪroʊ, ˈhiːroʊ/ *Nomen* (*Pl* **-oes**) **1** Held ◇ *The Olympic team were given a hero's welcome.* Man gab der Olympiamannschaft einen Jubelempfang. **2** (Titel)held **3** Idol **4** (*AmE*) = langes amerikanisches Brötchen mit reichlicher Füllung

hero·ic /həˈrəʊɪk; *AmE* həˈroʊ-/ *Adj* **1** (*Adv* **hero·ic·al·ly** /-kli/) heroisch, heldenhaft **2** gewaltig **3** Helden- ◇ *a heroic story* eine Heldensage **4** gigantisch

heˌroic ˈcouplet *Nomen* (LIT) = Gedichtform mit fünffüßigem Jambus und Paarreimen

hero·ics /həˈrəʊɪks; *AmE* həˈroʊ-/ *Nomen* [Pl] **1** (*abwert*) Theatralik, große Worte **2** Heldentaten

her·oin /ˈherəʊɪn; *AmE* -roʊ-/ *Nomen* Heroin

hero·ine /ˈherəʊɪn; *AmE* -roʊ-/ *Nomen* **1** Heldin **2** Protagonistin, Heroine ◇ *The heroine is played by Madonna.* Die weibliche Hauptrolle spielt Madonna. **3** Idol

hero·ism /ˈherəʊɪzəm; *AmE* -roʊ-/ *Nomen* Heldentum, Heldenhaftigkeit

heron /ˈherən/ *Nomen* Reiher

ˈhero worship *Nomen* Heldenverehrung

ˈhero-worship *Verb* (**-pp-**) vergöttern

her·pes /ˈhɜːpiːz; *AmE* ˈhɜːrpiːz/ *Nomen* (MED) Herpes

her·ring /ˈherɪŋ/ *Nomen* (*Pl* **her·ring** *oder* **her·rings**) Hering → *Siehe auch* RED HERRING

her·ring·bone /ˈherɪŋbəʊn; *AmE* -boʊn/ *Nomen* [U] Fischgrätenmuster

ˈherring gull *Nomen* Silbermöwe

hers 0‑▪ /hɜːz; *AmE* hɜːrz/ *Pron* ihre(r,s)

her·self 0‑▪ /hɜːˈself, *unbetont* həˈ-; *AmE* hɜːrˈ-, *unbetont* hərˈ-/ *Pron* **1** sich **2** selbst, selber ℹ Für Redewendungen mit **herself** siehe **yourself**.

hertz /hɜːts; *AmE* hɜːrts/ *Nomen* (*Pl* **hertz**) (*Abk* **Hz**) Hertz

he's **1** /hiːz, hiz, ɪz/ = HE IS **2** /hiːz/ = HE HAS

hesi·tancy /ˈhezɪtənsi/ *Nomen* [U] Zögern, Unsicherheit

hesi·tant /ˈhezɪtənt/ *Adj* (*Adv* **hesi·tant·ly**) zögernd, stockend, zaghaft ◇ *She's hesitant about signing the contract.* Sie hat Bedenken, den Vertrag zu unterschreiben.

hesi·tate 0‑▪ /ˈhezɪteɪt/ *Verb* zögern, sich unschlüssig sein ◇ *She stood there, hesitating over whether or not to tell him the truth.* Sie stand da, unschlüssig, ob sie ihm die Wahrheit sagen sollte oder nicht. ◇ *If you'd like me to help you, then please don't hesitate to ask.* Wenn Sie Hilfe möchten, können Sie mich ruhig fragen.

hesi·ta·tion /ˌhezɪˈteɪʃn/ *Nomen* **1** Zögern ◇ *She agreed without the slightest hesitation.* Sie stimmte zu, ohne auch nur einen Augenblick zu zögern. **2** Stocken ◇ *We were trained to speak fluently and without unnecessary hesitations.* Man brachte uns bei, fließend und ohne Stocken zu sprechen. **3** Bedenken

hes·sian /ˈhesiən; *AmE* ˈheʃn/ *Nomen* (*bes BrE*) Sackleinen

het·ero·gen·eity /ˌhetərədʒəˈniːəti/ *Nomen* Heterogenität, Ungleichartigkeit

het·ero·ge·neous /ˌhetərəˈdʒiːniəs/ *Adj* (*gehoben*) heterogen

het·ero·sex·ual /ˌhetərəˈsekʃuəl/ *Nomen, Adj*
▸ ***Nomen*** Heterosexuelle(r)
▸ ***Adj*** heterosexuell

het·ero·sexu·al·ity /ˌhetərəˌsekʃuˈæləti/ *Nomen* Heterosexualität

het up /ˌhet ˈʌp/ *Adj* [nicht vor Nomen] ~ (**about/over sth**) (*BrE, umgs*) (über etw) aufgeregt ◇ *What are you getting so het up about?* Worüber regst du dich denn so auf?

heur·is·tic /hjuˈrɪstɪk/ *Adj* (*gehoben*) heuristisch

heur·is·tics /hjuˈrɪstɪks/ *Nomen* (*gehoben*) Heuristik

hew /hjuː/ *Verb* (**hewed**, **hewed** *oder* **hewed**, **hewn** /hjuːn/) **1** (*veraltet*) (be)hauen **2** (*gehoben*) hauen ◇ *They hewed a path through the forest.* Sie schlugen einen Weg durch den Wald.

hex /heks/ *Verb, Nomen*
▸ ***Verb*** (*AmE*) verhexen
▸ ***Nomen*** (*AmE*) Fluch ◇ *put a hex on sb* jdn verhexen

hexa·gon /ˈheksəgən; *AmE* -gɑːn/ *Nomen* Hexagon, Sechseck

hex·agon·al /heksˈægənl/ *Adj* hexagonal, sechseckig

hex·am·eter /hekˈsæmɪtə(r)/ *Nomen* (LIT) Hexameter

hey /heɪ/ *Ausruf* **1** he **2** was soll's ◇ *That's the third time I've been late this week—but hey!—who's counting?* Ich komme diese Woche schon zum dritten Male zu spät—aber was soll's—da schert sich kein Mensch drum! **IDM** **hey ˈpresto** (*BrE*) ruckzuck; Hokuspokus Fidibus

hey·day /ˈheɪdeɪ/ *Nomen* [meist Sing] Blütezeit, Glanzzeit

HGV /ˌeɪtʃ dʒiː ˈviː/ *Kurzform von* **heavy goods vehicle** (*BrE*) Lkw

hi 🔑 /haɪ/ *Ausruf* (*umgs*) hallo

hia·tus /haɪˈeɪtəs/ *Nomen* [Sing] (*gehoben*) Unterbrechung

hi·ber·nate /ˈhaɪbəneɪt; *AmE* -bərneɪt/ *Verb* Winterschlaf halten

hi·ber·na·tion /ˌhaɪbəˈneɪʃn; *AmE* -bərˈ-/ *Nomen* Winterschlaf

hic·cup (*auch* **hic·cough**) /ˈhɪkʌp/ *Nomen, Verb*
▸ ***Nomen*** **1** Schluckauf ◇ *She gave a loud hiccup.* Sie hickste laut. **2** (**the**) **hiccups** [Pl] Schluckauf **3** (*umgs*) Störung, Problem ◇ *There was a slight hiccup in the timetable.* Es gab ein kleines Problem mit dem Fahrplan.
▸ ***Verb*** hicksen

hick /hɪk/ *Nomen, Adj* (*bes AmE, umgs, abwert*)
▸ ***Nomen*** Hinterwäldler(in)
▸ ***Adj*** Provinz- ◇ *a hick town* ein Provinznest

hickey /ˈhɪki/ *Nomen* (*AmE*) Knutschfleck

hick·ory /ˈhɪkəri/ *Nomen* Hickory(baum/-holz)

ˌhidden aˈgenda *Nomen* (*abwert*) verborgene Absichten

hide 🔑 /haɪd/ *Verb, Nomen*
▸ ***Verb*** (**hid** /hɪd/, **hid·den** /ˈhɪdn/) **1** ~ (**from sb**) sich (vor jdm) verstecken ◇ *She hides herself away in her office.* Sie verkriecht sich in ihrem Büro. **2** ~ **sth** (**from sb**) etw (vor jdm) verstecken **3** verdecken, verbergen ◇ *He hid his face in his hands.* Er vergrub das Gesicht in seinen Händen. ◇ *hide the truth* die Wahrheit verheimlichen ◇ *Had the letter some hidden meaning?* Sollte der Brief eine tiefere Bedeutung haben? **IDM** **hide your light under a ˈbushel** (*BrE*) sein Licht unter den Scheffel stellen → *Siehe auch* HEAD *und* MULTITUDE
▸ ***Nomen*** **1** (*BrE*) Beobachtungshütte **2** Haut, Leder **3** (*bes AmE, umgs*) Haut ◇ *All he's worried about is his own hide.* Er will nur seine eigene Haut retten. **IDM** **have/tan sb's ˈhide** (*umgs, veraltet oder hum*) jdm das Fell gerben **not see hide nor ˈhair of sb/sth** (*umgs*) nichts von jdm/etw sehen

hide-and-seek /ˌhaɪd ən ˈsiːk/ *Nomen* Versteckspiel ◇ *play hide-and-seek* Verstecken spielen

hide·away /ˈhaɪdəweɪ/ *Nomen* Zufluchtsort, Refugium

hid·eous /ˈhɪdiəs/ *Adj* (*Adv* **hid·eous·ly**) **1** (sturz)hässlich ◇ *hideously deformed* grässlich entstellt **2** grauenhaft, furchtbar

hide·out /ˈhaɪdaʊt/ *Nomen* Versteck, Unterschlupf

hid·ing /ˈhaɪdɪŋ/ *Nomen* **1** ◇ *We spent months in hiding.* Wir hielten uns monatelang versteckt. ◇ *go into hiding* untertauchen ◇ *come out of hiding* wieder auftauchen **2** [Sing] (*bes BrE, umgs*) ◇ *give sb a (good) hiding* jdm eine (ordentliche) Tracht Prügel verpassen ◇ *The team got a hiding.* Die Mannschaft erlitt eine schwere Schlappe. **IDM** **be on a ˌhiding to ˈnothing** (*BrE, umgs*) keine Aussicht auf Erfolg haben

ˈhiding place *Nomen* Versteck

hier·arch·ic·al /ˌhaɪəˈrɑːkɪkl; *AmE* -ˈrɑːrk-/ *Adj* hierarchisch

hier·archy /ˈhaɪərɑːki; *AmE* -rɑːrki/ *Nomen* (*Pl* **-ies**) **1** Hierarchie **2** [mit Verb im Sing/Pl] Führungsspitze ◇ *the Catholic hierarchy* die katholischen Bischöfe **3** (*gehoben*) Rangfolge

hiero·glyph /ˈhaɪərəglɪf/ *Nomen* Hieroglyphe

hiero·glyph·ic /ˌhaɪərəˈglɪfɪk/ *Adj* hieroglyphisch

hiero·glyph·ics /ˌhaɪərəˈglɪfɪks/ *Nomen* [Pl] Hieroglyphen(schrift)

hi-fi /ˈhaɪ faɪ/ *Nomen* Hi-Fi-Anlage

higgledy-piggledy /ˌhɪgldi ˈpɪgldi/ *Adv, Adj* (*umgs*) durcheinander geworfen ◇ *Files were left higgledy-piggledy all over the floor.* Akten lagen wie Kraut und Rüben auf dem Boden.

high 🔑 /haɪ/ *Adj, Nomen, Adv*
▸ ***Adj*** **1** hoch ◇ *at high altitude* in großer Höhe ◇ *The case was referred to a higher court.* Der Fall wurde an eine höhere Instanz weitergeleitet. ◇ *high in fat* mit hohem Fettgehalt **2** groß ◇ *a high standard of craftsmanship* großes handwerkliches Können ◇ *We had high hopes for the business.* Wir setzten große Hoffnungen in das Geschäft. ◇ *high winds* stürmische Winde **3** (*Wild*) mit Hautgout; (*Käse*) überreif **4** (*umgs*) high ◇ *be high on drugs* unter Drogen stehen **IDM** **be on your high ˈhorse** (*umgs*) auf dem hohen Ross sitzen **get on your high ˈhorse** (*umgs*) sich aufs hohe Ross setzen **have a ˈhigh old time** (*umgs, veraltet*) sich bestens amüsieren **high and ˈdry** auf dem Trockenen ◇ *When he married somebody else I was left high and dry.* Als er eine andere heiratete, saß ich da. **high and ˈmighty** (*umgs*) ◇ *Don't be so high and mighty.* Tu nicht so wichtig. ◇ *She's too high and mighty to come to the dog races with us.* Sie empfindet es als unter ihrer Würde, mit zum Hunderennen zu kommen. **high as a ˈkite** (*umgs*) überdreht; angeturnt **ˌhigh days and ˈholidays** Feiertage ◇ *only on high days and holidays* nur zu besonderen Anlässen **in high ˈdudgeon** (*veraltet*) sehr aufgebracht **smell, stink, etc. to high ˈheaven** (*umgs*) zum Himmel stinken → *Siehe auch* FRIEND, HELL, ORDER, PROFILE *und* TIME
▸ ***Nomen*** **1** Höchststand ◇ *Profits have reached an all-time high.* Die Gewinne sind so hoch wie nie zuvor. **2** (*Wetter-*) Hoch (*auch fig*) ◇ *the highs and lows of her*

career die Höhen und Tiefen ihrer Karriere **3** Höchsttemperatur **4** (*umgs*) (Rausch)zustand ◇ *His high lasted all night.* Er war die ganze Nacht high. **5** (*umgs*) Hochstimmung **6** (*in Namen von Oberschulen*) ◇ *Little Rock High* die Little-Rock-Oberschule IDM **on 'high** hoch oben ◇ *The order came down from on high.* Die Anweisung kam von oben.

▸ ***Adv*** hoch ◇ *His desk was piled high with papers.* Auf seinem Schreibtisch lagen die Akten hoch aufgestapelt. ◇ *She's aiming high.* Sie hat sich hohe Ziele gesetzt. ◇ *Prices will rise even higher.* Die Preise werden noch weiter steigen. IDM **high and 'low** überall **run 'high** (*Stimmung, Gemüter*) sich erhitzen → *Siehe auch* FLY, HEAD *und* RIDE

'high beams *Nomen* [Pl] (*AmE*) Fernlicht

high-'born *Adj* (*veraltet oder gehoben*) adlig

high·brow /ˈhaɪbraʊ/ *Adj* (*oft abwert*) intellektuell, anspruchsvoll

'high chair *Nomen* Hochstuhl (*für Kinder*)

High 'Church *Adj* hochkirchlich

high-'class *Adj* **1** erstklassig, Nobel- **2** vornehm

high com'mand *Nomen* [meist Sing] Oberkommando

high com'mission *Nomen* **1** = Botschaft eines Commonwealth-Landes in einem anderen Commonwealth-Land **2** (Hohe) Kommission

High Com'missioner *Nomen* **1** = Botschafter(in) eines Commonwealth-Landes in einem anderen Commonwealth-Land **2** Kommissar(in)

High 'Court *Nomen* = oberster Gerichtshof

high-defi'nition *Adj* [nur vor Nomen] (TECH) hochauflösend

high-'end *Adj* (*AmE*) exklusiv, der höheren Preisklasse

higher edu'cation *Nomen* (*Abk* **HE**) **1** Hochschulbildung **2** Hochschulwesen

High·ers /ˈhaɪəz; *AmE* -ərz/ *Nomen* [Pl] (*in Schottland*) ≈ Abitur

high ex'plosive *Nomen* hochexplosiver Sprengstoff

high 'five *Nomen* (*bes AmE*) = Handschlag mit erhobener Hand als Ausdruck der Freude über einen Sieg o.ä.

high-'flown *Adj* schwülstig, hochtrabend

high-'flyer (*auch* **high-'flier**) *Nomen* **1** Senkrechtstarter(in) **2** (*in der Schule, beim Studium*) Hochbegabte(r)

high-'flying *Adj* [nur vor Nomen] **1** erfolgreich ◇ *a high-flying career woman* eine erfolgreiche Karrierefrau **2** (*Flugzeug*) hoch fliegend

high-'grade *Adj* hochwertig

high 'ground (*meist* **the high ground**) *Nomen* [Sing] bessere Position IDM → MORAL

high-'handed *Adj* anmaßend

high-'heeled *Adj* hochhackig

high 'heels *Nomen* [Pl] Schuhe mit hohen Absätzen

'high jinks (*AmE auch* **hi·jinks**) *Nomen* [Pl] (*umgs, veraltet*) ausgelassene Späße

'high jump *Nomen* [Sing] Hochsprung IDM **be for the 'high jump** (*BrE, umgs*) dran sein

high·land /ˈhaɪlənd/ *Adj, Nomen*

▸ ***Adj*** [nur vor Nomen] **1** Hochland-, Berg- **2 Highland** (*in Schottland*) Hochland- ◇ *Highland cattle* schottische Hochlandrinder ◇ *Highland dress* schottische Tracht

▸ ***Nomen*** **1** [meist Pl] Hochland **2 the Highlands** [Pl] das schottische Hochland

high·land·er /ˈhaɪləndə(r)/ *Nomen* **1** Bergbewohner(in) **2 Highlander** Bewohner(in) des schottischen Hochlands

Highland 'fling *Nomen* = schottischer Volkstanz für einen einzelnen Tänzer

high-'level *Adj* **1** auf höchster Ebene, hochrangig ◇ *high-level staff* Führungskräfte **2** Hoch- ◇ *a high-level walk in the hills* eine Bergwanderung **3** (*Behälter etc.*) hoch angebracht **4** (COMP) ◇ *a high-level language* eine höhere Programmiersprache **5** fortgeschritten ◇ *a high-level course* ein Kurs für Fortgeschrittene ◇ *high-level cognitive skills* komplexe kognitive Fähigkeiten **6** (*Atommüll*) hoch radioaktiv

'high life (*meist* **the high life**) *Nomen* [Sing] (*oft abwert*) Leben im großen Stil, Highlife

high·light 🔑 /ˈhaɪlaɪt/ *Verb, Nomen*

▸ ***Verb*** **1** hervorheben, unterstreichen **2** verdeutlichen ◇ *The report highlights the problem.* Der Bericht macht das Problem deutlich. **3** (*mit einem Textmarker*) markieren **4** ◇ *I'm having my hair highlighted.* Ich lasse mir Strähnchen ins Haar machen.

▸ ***Nomen*** **1** Höhepunkt **2 highlights** [Pl] helle Strähnchen **3 highlights** [Pl] (*Fachspr*) (Schlag)licht

high·light·er /ˈhaɪlaɪtə(r)/ *Nomen* **1** (*auch* **'highlighter pen**) Textmarker **2** (*Make-up*) Highlighter

high 'living *Nomen* [U] (*oft abwert*) Leben im großen Stil

high·ly 🔑 /ˈhaɪli/ *Adv* **1** sehr ◇ *It is highly unlikely.* Es ist höchst unwahrscheinlich. **2** hoch ◇ *highly educated* hochgebildet **3** ◇ *think very highly of sb* eine hohe Meinung von jdm haben ◇ *She speaks highly of you.* Sie hält große Stücke auf dich. ◇ *highly regarded* hoch angesehen

highly 'strung *Adj* (*BrE*) (sehr) nervös, überspannt

high-'minded *Adj* hochgesinnt

High·ness /ˈhaɪnəs/ *Nomen* **His/Her/Your Highness** Seine/Ihre/Eure Hoheit

high-per'formance *Adj* [nur vor Nomen] Hochleistungs-

high-'pitched *Adj* (*Stimme, Ton*) hoch

'high point *Nomen* Höhepunkt

high-'powered *Adj* **1** Spitzen- ◇ *high-powered executives* Spitzenmanager **2** dynamisch, tatkräftig **3** (*auch* **high-'power**) leistungsfähig, (leistungs)stark

high 'pressure *Nomen* Hochdruck

high-'pressure *Adj* [nur vor Nomen] **1** aggressiv, aufdringlich **2** stressig **3** (Hoch)druck- ◇ *a high-pressure water jet* ein Hochdruckwasserstrahl

high-'priced *Adj* teuer

high 'priest *Nomen* Hohepriester (*auch fig*)

high 'priestess *Nomen* Hohepriesterin (*auch fig*)

high-'profile *Adj* [nur vor Nomen] profiliert, Aufsehen erregend

high-'ranking *Adj* hochrangig

high-reso'lution (*auch* **hi-res**; **high-res** /ˌhaɪ ˈrez/) *Adj* hochaufgelöst; (*Bildschirm*) hochauflösend ◇ *a high-resolution scan* ein hochaufgelöster Scan

'high-rise *Adj, Nomen*

▸ ***Adj*** [nur vor Nomen] Hochhaus- ◇ *high-rise housing* Hochhauswohnungen

▸ ***Nomen*** Hochhaus

high-'risk *Adj* Risiko-, risikoreich, riskant

'high road *Nomen* [meist Sing] **1** (*BrE, veraltet*) Hauptstraße **2 the ~ (to sth)** der sicherste Weg (zu etw) IDM **take the 'high road** (*AmE*) den besten/sichersten Weg einschlagen

'high school *Nomen* **1** = (in den USA und einigen anderen englischsprachigen Ländern) Schule, die von Jugendlichen zwischen 14 und 18 Jahren besucht wird **2** = (in GB) Teil des Namens von gewissen Schulen für 11- bis 18-Jährige

the high 'seas *Nomen* [Pl] (*gehoben*) die hohe See ◇ *fishing on the high seas* die Hochseefischerei

ˌhigh ˈseason *Nomen* [U/Sing] (*bes BrE*) Hochsaison
ˌhigh-ˈsecurity *Adj* [nur vor Nomen] Hochsicherheits- ◇ *high-security prisoners* Häftlinge in einem Hochsicherheitsgefängnis
ˌhigh-ˈspeed *Adj* [nur vor Nomen] **1** Hochgeschwindigkeits-, mit hoher Geschwindigkeit **2** (FOTO) mit kurzer Belichtungszeit
ˌhigh-ˈspirited *Adj* lebhaft; (*Pferd etc.*) temperamentvoll
ˈhigh spot *Nomen* Höhepunkt
ˈhigh street *Nomen* (*BrE*) **1** (*meist in Namen*) Hauptstraße **2** Einkaufsstraße ◇ *high-street banks* Banken mit Filialen in jeder Stadt
ˌhigh-ˈstrung *Adj* (*AmE*) (sehr) nervös, überspannt
ˌhigh ˈtable *Nomen* (*BrE*) **1** = erhöht stehende Tafel, an der die wichtigen Teilnehmer bei einem Festessen sitzen **2** (*an Universitäten mit College-System*) = Dozententisch
high·tail /ˈhaɪteɪl/ *Verb* IDM **ˈhightail it** (*bes AmE, umgs*) weglaufen
ˌhigh ˈtea *Nomen* (*BrE*) = am frühen Abend eingenommene Mahlzeit mit warmen Gerichten, Brot und Kuchen, zu der meist Tee getrunken wird
ˌhigh-ˈtech (*auch* **ˌhi-ˈtech**) *Adj* (*umgs*) Hightech-, hochtechnisiert
ˌhigh techˈnology *Nomen* Hochtechnologie
ˌhigh-ˈtension *Adj* [nur vor Nomen] Hochspannungs-
ˌhigh ˈtide *Nomen* **1** Flut, Höchststand ◇ *at high tide* bei Flut **2** Höhepunkt
ˌhigh ˈtreason (*auch* **trea·son**) *Nomen* Hochverrat
ˌhigh ˈwater *Nomen* Hochwasser IDM → HELL
ˌhigh-ˈwater mark *Nomen* **1** Hochwassermarke **2** Höhepunkt
high·way 0‑ᵣ /ˈhaɪweɪ/ *Nomen* **1** (*bes AmE*) (Überland)straße **2** (*BrE, offiz*) (öffentliche) Straße
the ˌHighway ˈCode *Nomen* [Sing] (*BrE*) die Straßenverkehrsordnung
high·way·man /ˈhaɪweɪmən/ *Nomen* (*Pl* **-men** /-mən/) Straßenräuber, Wegelagerer
ˌhigh ˈwire *Nomen* [meist Sing] Hochseil
hi·jack /ˈhaɪdʒæk/ *Verb, Nomen*
▸ ***Verb*** **1** entführen **2** (*abwert*) an sich reißen, für seine Zwecke missbrauchen
▸ ***Nomen*** (*Flugzeug-, Fahrzeug-*) Entführung
hi·jack·er /ˈhaɪdʒækə(r)/ *Nomen* (*Flugzeug-, Fahrzeug-*) Entführer(in)
hi·jack·ing /ˈhaɪdʒækɪŋ/ *Nomen* (*Flugzeug-, Fahrzeug-*) Entführung
hi·jinks /ˈhaɪdʒɪŋks/ (*AmE*) = HIGH JINKS
hike /haɪk/ *Nomen, Verb*
▸ ***Nomen*** **1** Wanderung, Marsch **2** (*bes AmE, umgs*) Anstieg, Erhöhung IDM **take a ˈhike** (*AmE, umgs*) zieh Leine!
▸ ***Verb*** **1** wandern (in) ◇ *hike the Rockies* in den Rocky Mountains wandern **2 go hiking** wandern (gehen) **3 ~ sth (up)** (*Preise, Steuern etc.*) etw (deutlich) erhöhen PHR V **ˌhike sth ˈup** (*umgs*) etw hochziehen
hiker /ˈhaɪkə(r)/ *Nomen* Wanderer, Wanderin
hik·ing /ˈhaɪkɪŋ/ *Nomen* Wandern
hil·ari·ous /hɪˈleəriəs; *AmE* hɪˈler-/ *Adj* (*Adv* **hil·ari·ous·ly**) **1** urkomisch, unheimlich witzig **2** ausgelassen
hil·ar·ity /hɪˈlærəti/ *Nomen* Heiterkeit, Gelächter
hill 0‑ᵣ /hɪl/ *Nomen* **1** Hügel, Berg, Anhöhe ◇ *on the side of a hill* an einem Hang **2** Gefälle, Steigung ◇ *do a hill start* am Berg anfahren **3** (*AmE*) **the Hill** Capitol Hill IDM **a ˌhill of ˈbeans** (*AmE, umgs, veraltet*) ein Haufen von Nichtigkeiten ◇ *not amount/add up to a hill of beans* nicht gerade von Bedeutung sein **be ˌover the ˈhill** (*umgs*) seine besten Jahre hinter sich haben → *Siehe auch* OLD
hill·billy /ˈhɪlbɪli/ *Nomen* (*Pl* **-ies**) **1** (*AmE, abwert*) Hinterwäldler(in) **2** (MUS) Hillbilly
hil·lock /ˈhɪlək/ *Nomen* Anhöhe, kleiner Hügel
hill·side /ˈhɪlsaɪd/ *Nomen* Hang ◇ *on the hillside* am Hang
hill·top /ˈhɪltɒp; *AmE* -tɑːp/ *Nomen* (Berg)kuppe ◇ *the hilltop town of Urbino* die auf einem Hügel gelegene Stadt Urbino
hilly /ˈhɪli/ *Adj* (**hill·ier, hilli·est**) hügelig
hilt /hɪlt/ *Nomen* (*am Schwert etc.*) Griff, Heft IDM **(up) to the ˈhilt** voll und ganz; bis zum Gehtnichtmehr
him 0‑ᵣ /hɪm/ *Pron* ihn, ihm
him·self 0‑ᵣ /hɪmˈself/ *Pron* **1** sich **2** selbst, selber ℹ Für Redewendungen mit **himself** siehe **yourself**.
hind /haɪnd/ *Adj, Nomen*
▸ ***Adj*** [nur vor Nomen] Hinter- ◇ *the hind legs* die Hinterbeine IDM → TALK
▸ ***Nomen*** Hirschkuh
hin·der /ˈhɪndə(r)/ *Verb* behindern; **~ sb/sth from sth** jdn/etw an etw hindern
Hindi /ˈhɪndi/ *Nomen* Hindi
hind·quar·ters /ˌhaɪndˈkwɔːtəz; *AmE* -ˈkwɔːrtərz/ *Nomen* [Pl] (*eines Tieres*) Hinterteil, Hinterviertel, Hinterhand
hin·drance /ˈhɪndrəns/ *Nomen* **1** [meist Sing] Hindernis, Behinderung ◇ *be more of a hindrance than a help* mehr stören als helfen **2** [U] (*gehoben*) Behinderung(en), Störung(en) IDM → LET
hind·sight /ˈhaɪndsaɪt/ *Nomen* Nachhinein ◇ *with (the benefit of) hindsight* im Nachhinein
Hindu /ˈhɪnduː, hɪnˈduː/ *Nomen, Adj*
▸ ***Nomen*** Hindu
▸ ***Adj*** Hindu- ◇ *a Hindu temple* ein Hindutempel
Hin·du·ism /ˈhɪnduːɪzəm/ *Nomen* Hinduismus
hinge /hɪndʒ/ *Nomen, Verb*
▸ ***Nomen*** Scharnier, (Tür)angel
▸ ***Verb*** (*meist passiv*) gelenkig verbinden, durch ein Scharnier verbinden PHR V **ˈhinge on/upon sth** von etw abhängen
hinged /hɪndʒd/ *Adj* Klapp- ◇ *a hinged lid* ein Klappdeckel
Hinglish /ˈhɪŋglɪʃ/ *Nomen* [U] (*umgs*) = Mischung aus Englisch und Hindi
hint /hɪnt/ *Nomen, Verb*
▸ ***Nomen*** **1** Andeutung, Wink ◇ *He gave a broad hint that …* Er hat unmissverständlich angedeutet, dass … ◇ *drop a hint to sb* jdm einen Wink geben **2** (An)zeichen **3** [meist Sing] Anflug, Hauch **4** [meist Pl] Tipp, Hinweis ◇ *handy hints on saving money* nützliche Tipps zum Geldsparen IDM **take a/the ˈhint** einen Wink verstehen
▸ ***Verb*** andeuten; **~ at sth** auf etw hindeuten, etw durchblicken lassen ◇ *What are you hinting at?* Worauf willst du hinaus?
hin·ter·land /ˈhɪntəlænd; *AmE* -tərlænd/ *Nomen* [meist Sing] Hinterland
hip 0‑ᵣ /hɪp/ *Nomen, Adj, Ausruf*
▸ ***Nomen*** **1** Hüfte ◇ *a hip replacement (operation)* eine Hüftoperation → *Siehe auch* -HIPPED **2** = ROSE HIP IDM → SHOOT
▸ ***Adj*** (**hip·per, hip·pest**) (*umgs*) angesagt, in, trendy
▸ ***Ausruf*** IDM **hip, hip, hooˈray!; hip, hip, hurˈrah/hurˈray!** hipp, hipp, hurra
ˈhip flask *Nomen* (*BrE*) Taschenflasche, Flachmann
ˈhip hop *Nomen* Hip Hop
-hipped /hɪpt/ *Adj* (*in Zusammensetzungen*) -hüftig ◇ *slim-hipped* schmalhüftig
hip·pie (*auch* **hippy**) /ˈhɪpi/ *Nomen* (*Pl* **-ies**) Hippie

hip·po /ˈhɪpəʊ; *AmE* -poʊ/ *Nomen* (*Pl* **-os**) (*umgs*) Nilpferd

the Hippo·crat·ic oath /ðə ˌhɪpəkrætɪk ˈəʊθ; *AmE* ˈoʊθ/ *Nomen* [Sing] der Eid des Hippokrates

hippo·pot·amus /ˌhɪpəˈpɒtəməs; *AmE* -ˈpɑːt-/ *Nomen* (*Pl* **hippopot·amuses** /-məsɪz/ *oder* **hippo·pot·ami** /-maɪ/) Nilpferd

hire 0‑w /ˈhaɪə(r)/ *Verb, Nomen*

▸ ***Verb* 1** (*bes BrE*) mieten, leihen **2** (*bes AmE*) einstellen **3** beauftragen ◇ *hire a lawyer* sich einen Anwalt nehmen **PHR V** **ˌhire sth ˈout** etw verleihen **ˌhire yourself ˈout** sich verdingen ◇ *He hired himself out to whoever needed his services.* Er bot seine Dienste jedem an, der sie brauchte.

▸ ***Nomen*** (*bes BrE*) Miete, Verleih ◇ *a hire car* ein Mietwagen ◇ *The costumes are on hire.* Die Kostüme sind geliehen.

ˌhired ˈhand *Nomen* (*AmE*) Lohnarbeiter(in)

ˌhire ˈpurchase *Nomen* (*BrE*) (*Abk* **hp**) Ratenkauf ◇ *a hire purchase agreement* ein Teilzahlungsvertrag

hi-res (*auch* **high-res**) *Adj* (*umgs*) = HIGH-RESOLUTION

his 0‑w /hɪz/ *Adj, Pron*

▸ ***Adj*** sein

▸ ***Pron*** seine(r,s)

His·pan·ic /hɪˈspænɪk/ *Adj, Nomen*

▸ ***Adj*** hispanisch, lateinamerikanisch

▸ ***Nomen*** Lateinamerikaner(in)

hiss /hɪs/ *Verb, Nomen*

▸ ***Verb* 1** zischen, fauchen; **~ at sb/sth** jdn/etw anzischen, jdn/etw anfauchen **2** auszischen

▸ ***Nomen*** Zischen, Fauchen

hissy fit /ˈhɪsi fɪt/ *Nomen* [meist Sing] (*umgs*) Wutanfall ◇ *She threw a hissy fit.* Sie bekam einen Wutanfall.

his·ta·mine /ˈhɪstəmiːn/ *Nomen* (MED) Histamin

histo·gram /ˈhɪstəgræm/ *Nomen* (*Fachspr*) Histogramm

his·tor·ian /hɪˈstɔːriən/ *Nomen* Historiker(in)

his·tor·ic /hɪˈstɒrɪk; *AmE* hɪˈstɔːrɪk/ *Adj* **1** historisch ◇ *a(n) historic monument* ein Kulturdenkmal ◇ *The area is of special historic interest.* Die Gegend ist historisch besonders interessant. **2** geschichtlich

his·tor·ic·al 0‑w /hɪˈstɒrɪkl; *AmE* hɪˈstɔːr-/ *Adj* (*Adv* **his·tor·ic·al·ly** /-kli/) geschichtlich, historisch ◇ *historical research* Geschichtsforschung ◇ *The book is historically accurate.* Das Buch entspricht den historischen Tatsachen. ◇ *Historically, there has always been rivalry between them.* Im Verlauf der Geschichte hat schon immer zwischen ihnen Rivalität bestanden.

the hisˌtoric ˈpresent *Nomen* [Sing] (LING) das historische Präsens

his·tor·iog·raphy /hɪˌstɒriˈɒgrəfi; *AmE* hɪˌstɔːriˈɑːg-/ *Nomen* Geschichtsschreibung

his·tory 0‑w /ˈhɪstri/ *Nomen* (*Pl* **-ies**) **1** Geschichte ◇ *The history of the area is fascinating.* Die Gegend hat eine faszinierende Geschichte. ◇ *long before the dawn of recorded history* lange bevor es geschichtliche Aufzeichnungen gab ◇ *The building has a long history of neglect.* Das Gebäude ist seit langem vernachlässigt worden. ◇ *She went on to catalogue a long history of disasters.* Dann begann sie mit einer langen Aufzählung von Desastern. ◇ (*umgs*) *That's history.* Das ist alles schon lange vorbei. **2** [Sing] Vorgeschichte ◇ *a patient's medical history* die Krankengeschichte eines Patienten ◇ *There is a history of heart disease in my family.* Herzleiden liegen bei uns in der Familie. **IDM** **the ˈhistory books** die Annalen der Geschichte **history reˈpeats itself** die Geschichte wiederholt sich **make ˈhistory** Geschichte machen **go down in ˈhistory** in die Geschichte eingehen ➔ *Siehe auch* REST

his·tri·on·ic /ˌhɪstriˈɒnɪk; *AmE* -ˈɑːnɪk/ *Adj* (*Adv* **his·tri·onic·al·ly** /-kli/) (*abwert*) theatralisch

his·tri·on·ics /ˌhɪstriˈɒnɪks; *AmE* -ˈɑːnɪks/ *Nomen* [Pl] (*abwert*) Theatralik ◇ *I was used to her histrionics.* Ich war an ihr theatralisches Getue gewöhnt.

hit 0‑w /hɪt/ *Verb, Nomen*

▸ ***Verb*** (**hit·ting, hit, hit**) **1 ~ sb/sth (with sth)** jdn/etw (mit etw) schlagen ◇ *He hit the nail squarely on the head.* Er hat den Nagel genau getroffen. **2** prallen gegen **3 ~ sth (on/against sth)** sich etw (an etw) stoßen **4** treffen **5** (SPORT) erzielen **6** betreffen ◇ *the hardest hit countries* die am schwersten betroffenen Länder ◇ *A tornado hit on Tuesday night.* Das Gebiet wurde Dienstagnacht von einem Tornado heimgesucht. **7** angreifen ◇ *We hit the enemy when they least expected it.* Unser Angriff kam, als der Feind es am wenigsten erwartete. **8** erreichen ◇ *Temperatures hit 40°.* Die Temperaturen stiegen auf 40°. ◇ *Follow this footpath and you'll eventually hit the road.* Gehen Sie diesen Weg immer weiter, bis Sie schließlich auf die Straße kommen. ◇ *The President hits town tomorrow.* Morgen kommt der Präsident. ◇ (*BrE*) *We hit top form in yesterday's match.* Wir haben gestern in Höchstform gespielt. **9** (*umgs*) stoßen auf ◇ *Then we hit trouble.* Dann gerieten wir in Schwierigkeiten. **10** (*umgs*) **~ sb** jdm aufgehen ◇ *I couldn't remember who he was, and then it suddenly hit me.* Ich konnte mich nicht an ihn erinnern, und dann ging mir plötzlich ein Licht auf. ◇ *It hasn't really hit me yet that this is my last week at school.* Es ist mir noch gar nicht richtig zu Bewusstsein gekommen, dass dies meine letzte Woche in der Schule ist. **11** (*umgs*) drücken ◇ *Hit the brakes!* Bremsen! **IDM** **hit (it) ˈbig** (*Slang*) großen Erfolg haben **hit the ˈbig time** (*umgs*) groß rauskommen **hit the ˈbuffers** scheitern **hit the ˈceiling/ˈroof** (*umgs*) an die Decke gehen **hit the ˈdeck** (*umgs*) hinfallen; sich zu Boden werfen **ˌhit the ground ˈrunning** (*umgs*) rangehen wie Blücher **hit the ˈhay/ˈsack** (*umgs*) in die Falle gehen **hit sb (straight/right) in the ˈeye** jdm ins Auge springen **ˈHit it!** (*umgs*) Also los! **hit it ˈoff (with sb)** sich gut (mit jdm) verstehen **hit the ˈjackpot** das große Los ziehen **hit the nail on the ˈhead** den Nagel auf den Kopf treffen **hit the ˈroad/ˈtrail** (*umgs*) sich auf den Weg machen **hit the ˈspot** (*umgs*) genau das Richtige sein **hit the ˈshops/ˈstores/ˈstreets** (*umgs*) auf den Markt kommen **hit sb when they're ˈdown** jdn treten, der schon am Boden liegt **hit sb where it ˈhurts** jdn empfindlich treffen ➔ *Siehe auch* HEADLINE, HOME, KNOW, MARK, NERVE, NOTE, PAYDIRT, SHIT *und* SIX **PHR V** **ˌhit ˈback (at sb/sth)** (jdn/etw) kontern ◇ *She hit back at her critics.* Sie gab ihren Kritikern Kontra. **ˈhit on sb** (*AmE, Slang*) jdn anmachen **ˈhit on/upon sth** (*kein Passiv*) auf etw kommen ◇ *She hit upon the perfect title.* Ihr fiel genau der richtige Titel ein. **ˌhit ˈout (at sb/sth)** **1** (auf jdn/etw) einschlagen ◇ *I just hit out blindly in all directions.* Ich schlug blindlings um mich. **2** (jdn/etw) scharf angreifen **hit sb (up) for sth** (*AmE, Slang*) jdn um etw anhauen **ˈhit sb with sth** (*umgs*) jdn mit etw überfallen ◇ *Come on, hit me with it!* Sag's nur. Ich bin aufs Schlimmste gefasst.

▸ ***Nomen* 1** Schlag ◇ *Give it a good hit.* Schlag tüchtig zu. **2** Treffer ◇ *The bomber scored a direct hit on the shelter.* Der Bomber hat den Bunker voll getroffen. **3** Erfolg, Schlager ◇ *a smash hit* ein Riesenhit **IDM** **be/make a ˈhit (with sb)** (bei jdm) gut ankommen; (bei jdm) einschlagen

ˌhit-and-ˈmiss *Adj* wahllos, ungenau

ˌhit-and-ˈrun *Adj* [nur vor Nomen] **1** ◇ *a hit-and-run accident* ein Unfall mit Fahrerflucht ◇ *a hit-and-run driver* ein unfallflüchtiger Fahrer **2** (MIL) ◇ *hit-and-run raids* Blitzüberfälle

hitch /hɪtʃ/ *Verb, Nomen*

▸ ***Verb* 1** per Anhalter fahren, trampen ◇ *They hitched a ride in a truck.* Sie ließen sich von einem Lkw mit-

nehmen. ◇ (*BrE auch*) *They hitched a lift.* Sie fuhren per Anhalter. **2 ~ sth (up)** etw hochziehen, etw schürzen **3 ~ yourself (up, etc.)** ◇ *She hitched herself up.* Sie zog sich hoch. ◇ *He hitched himself onto the stool.* Er schob sich auf den Hocker. **4 ~ sth (to sth)** etw (an etw) festmachen, etw (an etw) ankoppeln IDM **get 'hitched** (*umgs*) heiraten
▸ ***Nomen*** **1** Problem ◇ *go off without a hitch* reibungslos verlaufen **2** (*Knoten*) Stek

hitch·hike /ˈhɪtʃhaɪk/ *Verb* per Anhalter fahren, trampen

hitchhik·er /ˈhɪtʃhaɪkə(r)/ *Nomen* Anhalter(in), Tramper(in)

hi-tech = HIGH-TECH

hither /ˈhɪðə(r)/ *Adv* (*veraltet*) hierher IDM **ˌhither and ˈthither; ˌhither and ˈyon** (*veraltet*) hierhin und dorthin

hith·er·to /ˌhɪðəˈtuː; *AmE* -ðərˈ-/ *Adv* (*gehoben*) bisher, bis dahin ◇ *Her life hitherto had been devoid of adventure.* Bis dahin war ihr Leben völlig ereignislos verlaufen.

ˈhit list *Nomen* (*umgs*) Abschussliste

hit·man /ˈhɪtmæn/ *Nomen* (*umgs*) Killer

ˌhit-or-ˈmiss *Adj* wahllos, ungenau

the ˈhit parade *Nomen* (*veraltet*) dies Hitparade

ˈhit squad *Nomen* Mordkommando

hit·ter /ˈhɪtə(r)/ *Nomen* (*oft in Zusammensetzungen*) **1** (SPORT) ◇ *a big hitter* ein Spieler, der einen guten Schlag hat **2** (*mit Adjektiven*) (FINANZ) Magnat; (POL) Machthaber ◇ *the heavy hitters of Japanese industry* die Großen der japanischen Industrie

HIV /ˌeɪtʃ aɪ ˈviː/ *Nomen Kurzform von* **human immunodeficiency virus** HIV

hive /haɪv/ *Nomen, Verb*
▸ ***Nomen*** **1** = BEEHIVE **2** Bienenvolk **3** [meist Sing] ◇ *a hive of activity/industry* ein Ort größter Geschäftigkeit **4 hives** [U] Nesselausschlag
▸ ***Verb*** PHR V **ˌhive sth ˈoff (to/into sth)** (*bes BrE*) etw (zu etw) ausgliedern ◇ *The department is being hived off into a new company.* Die Abteilung wird zu einer neuen Gesellschaft verselbstständigt. ◇ *The company decided to hive off its less profitable concerns.* Die Gesellschaft beschloss, ihre weniger rentablen Abteilungen abzustoßen.

hiya /ˈhaɪjə/ *Ausruf* hallo

H.M. (*BrE auch* **HM**; **Her/His Majesty('s)**) S.M., I.M. ◇ *HM the Queen* Ihre Majestät die Königin ◇ *HM Customs* die britische Zollbehörde

HMG (*BrE*) *Kurzform von* **Her/His Majesty's Government** die britische Regierung

hmm (*auch* **hm**, **h'm**) /m, hm/ *Ausruf* hm

ˌHM ˌRevenue and ˈCustoms *Nomen* [U] (*Abk* **HMRC**) ≈ das Finanzamt

HMS /ˌeɪtʃ em ˈes/ (*BrE*) *Kurzform von* **Her/His Majesty's Ship** (*vor dem Namen eines Schiffs der britischen Marine*)

HNC /ˌeɪtʃ en ˈsiː/ (*BrE*) *Kurzform von* **Higher National Certificate** = technischer oder naturwissenschaftlicher (Fach)hochschulabschluss ◇ *do an HNC course in electrical engineering* an einem zum Diplom führenden Lehrgang in Elektrotechnik teilnehmen

HND /ˌeɪtʃ en ˈdiː/ (*BrE*) *Kurzform von* **Higher National Diploma** = technischer oder naturwissenschaftlicher (Fach)hochschulabschluss ◇ *an HND course in fashion design* ein höheres Diplom in Modedesign

hoard /hɔːd; *AmE* hɔːrd/ *Nomen, Verb*
▸ ***Nomen*** **~ (of sth)** Vorrat (an etw) ◇ *a hoard of gold* ein Goldschatz ◇ *They dug up a hoard of Roman coins.* Sie gruben einen größeren Fund römischer Münzen aus.
▸ ***Verb*** horten, hamstern

hoard·er /ˈhɔːdə(r); *AmE* ˈhɔːrdər/ *Nomen* Hamsterer, Hamsterin ◇ *I'm a terrible hoarder of junk.* Ich hebe allen Ramsch auf.

hoard·ing /ˈhɔːdɪŋ; *AmE* ˈhɔːrdɪŋ/ *Nomen* (*BrE*) **1** Plakatwand, Reklamewand **2** Bauzaun

hoar frost /ˈhɔː frɒst; *AmE* ˈhɔːr frɔːst/ *Nomen* Raureif

hoarse /hɔːs; *AmE* hɔːrs/ *Adj* (*Adv* **hoarse·ly**) heiser

hoarse·ness /ˈhɔːsnəs; *AmE* ˈhɔːrs-/ *Nomen* Heiserkeit

hoary /ˈhɔːri/ *Adj* **1** (*veraltet*) uralt **2** (*gehoben*) ergraut, schlohweiß

hoax /həʊks; *AmE* hoʊks/ *Nomen, Verb*
▸ ***Nomen*** Streich, Falschmeldung, Ente ◇ *a bomb hoax* eine leere Bombendrohung ◇ *The emergency call turned out to be a hoax.* Es stellte sich heraus, dass der Notruf ein blinder Alarm war.
▸ ***Verb*** hereinlegen

hoax·er /ˈhəʊksə(r); *AmE* ˈhoʊk-/ *Nomen* Schwindler(in) ◇ *Bomb hoaxers brought chaos to the city.* Durch eine Bombendrohung wurde in der Stadt Chaos ausgelöst.

hob /hɒb; *AmE* hɑːb/ *Nomen* **1** (*BrE*) Kochmulde ◇ *a ceramic hob* ein Keramikkochfeld **2** Kamineinsatz

hob·ble /ˈhɒbl; *AmE* ˈhɑːbl/ *Verb* **1** humpeln **2** an den Beinen fesseln **3** behindern, erschweren

hobby 🔑 /ˈhɒbi; *AmE* ˈhɑːbi/ *Nomen* (*Pl* **-ies**) Hobby, Steckenpferd

ˈhobby horse *Nomen* **1** (*oft abwert*) Lieblingsthema ◇ *get on/ride your hobby horse* sein Steckenpferd reiten **2** (*Spielzeug*) Steckenpferd

hob·gob·lin /hɒbˈɡɒblɪn, ˈhɒbɡɒblɪn; *AmE* ˈhɑːbɡɑːblɪn/ *Nomen* Kobold

hob·nail boot /ˌhɒbneɪl ˈbuːt; *AmE* ˌhɑːb-/ (*auch* **hob·nailed boot** /-neɪld ˈ-/) *Nomen* [meist Pl] Nagelschuh

hob·nob /ˈhɒbnɒb; *AmE* ˈhɑːbnɑːb/ *Verb* (**-bb-**) **~ (with sb)** (*umgs*) (mit jdm) verkehren ◇ *He was often seen hobnobbing with influential people.* Man hat ihn oft in der Gesellschaft einflussreicher Leute gesehen.

hobo /ˈhəʊbəʊ; *AmE* ˈhoʊboʊ/ *Nomen* (*Pl* **-os**) (*bes AmE, veraltet*) **1** Wanderarbeiter(in) **2** Landstreicher(in)

hock /hɒk; *AmE* hɑːk/ *Nomen, Verb*
▸ ***Nomen*** **1** Sprunggelenk, Fesselgelenk **2** (*BrE*) weißer Rheinwein **3** (*bes AmE*) Hachse IDM **be in ˈhock (to sb)** (*umgs*) (bei jdm) in der Kreide stehen ◇ (*fig*) *be in hock to the unions* den Gewerkschaften verpflichtet sein **in ˈhock** (*umgs*) verpfändet
▸ ***Verb*** (*umgs*) verpfänden

hockey /ˈhɒki; *AmE* ˈhɑːki/ *Nomen* **1** (*BrE*) (Feld) hockey ◇ *a hockey stick* ein Hockeyschläger **2** (*AmE*) Eishockey

hocus-pocus /ˌhəʊkəs ˈpəʊkəs; *AmE* ˌhoʊkəs ˈpoʊ-/ *Nomen* Hokuspokus

hod /hɒd; *AmE* hɑːd/ *Nomen* Tragmulde

hodge·podge /ˈhɒdʒpɒdʒ; *AmE* ˈhɑːdʒpɑːdʒ/ *Nomen* [Sing] (*AmE*) Mischmasch

hoe /həʊ; *AmE* hoʊ/ *Nomen, Verb*
▸ ***Nomen*** Hacke
▸ ***Verb*** (**hoe·ing, hoed, hoed**) (*Erde*) hacken

hog /hɒɡ; *AmE* hɔːɡ/ *Nomen, Verb*
▸ ***Nomen*** **1** (*bes AmE*) Schwein **2** (*BrE*) (männliches) Mastschwein IDM **go the whole ˈhog** ganze Arbeit leisten; Nägel mit Köpfen machen; aufs Ganze gehen
▸ ***Verb*** (**-gg-**) ganz für sich beanspruchen, mit Beschlag belegen

Hog·ma·nay /ˈhɒɡmənei, ˌhɒɡməˈneɪ; *AmE* ˈhɑːɡmənei, ˌhɑːɡməˈneɪ/ *Nomen* [U] (*in Schottland*) Silvester, Silvesterfeier

hog·wash /ˈhɒɡwɒʃ; *AmE* ˈhɔːɡwɑːʃ/ *Nomen* (*bes AmE, umgs*) Quatsch

ho ho /ˌhəʊ ˈhəʊ; *AmE* ˌhoʊ ˈhoʊ/ *Ausruf* **1** haha **2** ho

ho-hum /ˌhəʊ ˈhʌm; *AmE* ˌhoʊ/ *Ausruf* (*drückt Langeweile aus*) na ja, tja

the hoi pol·loi /ðə ˌhɔɪ pəˈlɔɪ/ *Nomen* [Pl] (*abwert oder hum*) der Pöbel, der Plebs

hoist /hɔɪst/ *Verb, Nomen*

▸ ***Verb*** hochziehen, hieven; (*Flagge*) hissen; (*Segel*) setzen IDM **be hoist/hoisted by/with your own peˈtard** (*BrE*) sich in der eigenen Schlinge fangen

▸ ***Nomen*** Lastenaufzug, Hebevorrichtung

hokey /ˈhəʊki; *AmE* ˈhoʊ-/ *Adj* (*AmE, umgs*) kitschig

hokum /ˈhəʊkəm; *AmE* ˈhoʊ-/ *Nomen* (*bes AmE, umgs*) **1** (*Filme, Theaterstücke etc.*) Kitsch **2** Humbug

hold O-w /həʊld; *AmE* hoʊld/ *Verb, Nomen*

▸ ***Verb*** (**held, held** /held/) **1** halten ◇ *He was holding the baby in his arms.* Er hielt das Baby auf dem Arm. ◇ *We were holding hands.* Wir hielten uns bei der Hand. ◇ *She groaned and held her head.* Sie stöhnte und hielt sich den Kopf. **2** (*Gewicht*) tragen ◇ *That branch won't hold your weight.* Der Ast trägt dich nicht. **3** fassen, Platz haben für ◇ *This barrel holds 25 litres.* Dieses Fass hat ein Volumen von 25 Litern. **4** festhalten ◇ *He was held prisoner for two years.* Er wurde zwei Jahre lang gefangen gehalten. **5** anhalten, andauern **6** (*Aufmerksamkeit, Interesse*) fesseln **7** aufbewahren ◇ *records held on computer* im Computer gespeicherte Dateien **8** besitzen ◇ *The Duke held land in Norfolk.* Der Graf besaß Ländereien in Norfolk. **9** (*Amt etc.*) innehaben **10** (*Ansichten*) haben ◇ *He holds strange views on politics.* Er hat seltsame Ansichten über Politik. ◇ *firmly-held beliefs* feste Überzeugungen ◇ *She is held in high regard by her students.* Sie wird von ihren Studenten hoch geschätzt. **11** (*gehoben*) betrachten ◇ *These cave paintings are held to be unique.* Diese Höhlenmalereien werden als einzigartig angesehen. **12** (*Veranstaltung, Wettbewerb*) abhalten; (*Gespräch*) führen ◇ *The meeting will be held in the community centre.* Die Versammlung findet im Gemeindezentrum statt. **13 ~ the road** eine gute Straßenlage haben **14 ~ (the line)** am Apparat bleiben **15** (*stoppen*) ◇ *Hold your fire!* Nicht schießen! ◇ (*AmE, umgs*) *Give me a hot dog, but hold the mustard.* Geben Sie mir ein Würstchen, aber ohne Senf. IDM **hold ˈgood** wahr sein ◇ *The same argument does not hold good in every case.* Das gleiche Argument trifft nicht in jedem Fall zu. **ˈhold it** (*umgs*) warte mal; Moment mal **there is no ˈholding sb** jd ist nicht zu halten ⓘ Für andere Redewendungen mit **hold** siehe die Einträge für die Nomina, Adjektive etc. **Hold the fort** z.B. steht unter **fort**. PHRV **ˌhold sth aˈgainst sb** jdm etw übel nehmen, jdm etw zum Vorwurf machen **ˌhold sb/sth ˈback** jdn/etw zurückhalten **ˌhold sth ˈback 1** etw verschweigen **2** (*Zorn, Tränen etc.*) zurückhalten **ˌhold ˈback (from doing sth)** zögern (etw zu tun) **ˌhold sb ˈback (from doing sth)** jdn zögern lassen (etw zu tun) **ˌhold sb ˈdown** jdn niederhalten **ˌhold sth ˈdown 1** etw niedrig halten ◇ (*AmE, umgs*) *Hold it down, will you? I'm trying to sleep!* Sei nicht so laut. Ich versuche zu schlafen! **2** (*kein Passiv*) ◇ *He was unable to hold down a job.* Er hielt es nie lange an einem Arbeitsplatz aus. **ˌhold ˈforth** sich auslassen **ˌhold sth ˈin** (*Gefühle*) zurückhalten **ˌhold ˈoff** warten ◇ *The rain held off just long enough for us to have our picnic.* Der Regen wartete gerade so lange, bis wir mit unserem Picknick fertig waren. **ˌhold sb/sth ˈoff** jdn/etw abwehren **ˌhold ˈon 1** (*kein Passiv*) (sich) festhalten ◇ *Hold on and don't let go.* Halt fest und lass nicht los. **2** (*umgs*) warten ◇ *Hold on! This isn't the right road.* Warte mal! Dies ist nicht die richtige Straße. **3** durchhalten **4** (*umgs*) am Apparat bleiben **ˌhold sth ˈon** etw festhalten ◇ *The knob is only held on by sticky tape.* Der Knauf ist nur mit Tesafilm befestigt. **ˌhold ˈon to sth/sb**; **ˌhold ˈonto sth/sb** (*kein Passiv*) etw/jdns festhalten, sich an etw/jdns festhalten ◇ *He held onto the back of the chair.* Er hielt sich an der Stuhllehne fest. **ˌhold ˈout 1** (*Vorräte etc.*) reichen **2** durchhalten, aushalten **ˌhold ˈout sth** (*Hoffnung, Chance*) in Aussicht stellen ◇ *lifestyles which hold out the promise of improved health* Lebensweisen, die eine bessere Gesundheit versprechen **ˌhold sth ˈout** etw hinhalten ◇ *He held out the keys and I took them.* Er hielt mir die Schlüssel hin, und ich nahm sie. **ˌhold ˈout for sth** (*kein Passiv*) auf etw bestehen **ˌhold ˈout on sb** (*umgs*) jdm etw verschweigen **ˌhold sth ˈover 1** etw vertagen, etw verschieben **2** (*Film, Schauspiel*) länger zeigen **ˌhold sth ˈover sb** jdn mit etw erpressen **ˈhold sb to sth 1** darauf bestehen, dass jd etw einhält ◇ *'We'll come and see you in America.' 'I'll hold you to that.'* „Wir kommen dich in Amerika besuchen." „Ich nehme euch beim Wort." **2** ◇ *Redcar held Carlisle to a 0-0 draw.* Redcar holte gegen Carlisle ein Unentschieden heraus. **ˌhold (sth) toˈgether 1** (etw) zusammenhalten **2** (*Theorie, Argument etc.*) schlüssig sein ◇ *Their case doesn't hold together when you look at the evidence.* Ihr Fall ist nicht stichhaltig, wenn man die Beweise ansieht. **ˌhold ˈup** standhalten **ˌhold sb/sth ˈup 1** jdn/etw stützen **2** jdn/etw aufhalten ◇ *My application was held up by the postal strike.* Meine Bewerbung hat sich durch den Poststreik verspätet. **3** jdn/etw hinstellen ◇ *His ideas were held up to ridicule.* Seine Ideen wurden dem Spott preisgegeben. **ˌhold sth ˈup** etw überfallen **ˈhold with sth** (*in Fragen und verneinten Sätzen*) mit etw einverstanden sein ◇ *I don't hold with the use of force.* Ich lehne die Anwendung von Gewalt ab.

▸ ***Nomen*** **1** [Sing] Griff ◇ *His hold on her arm tightened.* Sein Griff um ihren Arm wurde fester. ◇ *She kept hold of him.* Sie ließ ihn nicht los. ◇ *He struggled to get a hold of his anger.* Er kämpfte darum, seinen Ärger in den Griff zu bekommen. **2** [Sing] **~ (on/over sb/sth)** Macht (über jdn/etw), Einfluss (auf jdn/etw), Kontrolle (über jdn/etw) **3** (*beim Klettern*) Halt **4** Laderaum IDM **catch/grab (a) ˈhold of sb/sth** jdn/etw fangen ◇ *He caught hold of her wrist.* Er fasste sie am Handgelenk. **get/take, etc. (a) ˈhold of sb/sth** jdn/etw zu fassen kriegen ◇ *She took hold of the stick.* Sie ergriff den Stock. **get ˈhold of sb** jdn erreichen; jdn auftreiben **get ˈhold of sth 1** etw finden ◇ *It's almost impossible to get hold of tickets for the final.* Es ist fast unmöglich Karten fürs Endspiel zu bekommen. ◇ *How did you get hold of my name?* Wie sind Sie an meinen Namen gekommen? **2** etw lernen; etw verstehen **ˌno ˌholds ˈbarred** alles erlaubt **on ˈhold 1** auf Eis **2** (*beim Telefonieren*) in der Warteschleife **take (a) ˈhold** sich ausbreiten ◇ *It is best to treat the disease early before it takes a hold.* Es ist am besten die Krankheit frühzeitig zu behandeln, bevor sie fortschreitet. ◇ *Panic took hold of him and he couldn't move.* Panik übermannte ihn, und er konnte sich nicht rühren. → *Siehe auch* WRONG

hold·all /ˈhəʊldɔːl; *AmE* ˈhoʊl-/ *Nomen* (*BrE*) Reisetasche

hold·er /ˈhəʊldə(r); *AmE* ˈhoʊl-/ *Nomen* (*oft in Zusammensetzungen*) **1** Inhaber(in) ◇ *a season ticket holder* ein Inhaber einer Jahreskarte ◇ *the current holder of the world record* der derzeitige Weltrekordtitelhalter ◇ *holders of high office* Träger hoher Ämter **2** Halter ◇ *a candle holder* ein Kerzenhalter

hold·ing /ˈhəʊldɪŋ; *AmE* ˈhoʊl-/ *Nomen* **1** (*von Aktien*) Anteil **2** [meist Pl] Kollektion, Sammlung **3** Pachtland

ˈholding company *Nomen* (*Pl* **-ies**) Holdinggesellschaft

hold·over /ˈhəʊldəʊvə(r); *AmE* ˈhoʊldoʊ-/ *Nomen* (*AmE*) = jd, der in seinem Amt bleibt, auch wenn die Regierung wechselt

ˈhold-up *Nomen* **1** Verzögerung ◇ *What's the hold-up?* Warum dauert das so lange? ◇ *We should finish*

by tonight, barring hold-ups. Wir sollten heute Abend fertig sein, wenn nichts dazwischenkommt. ◇ (*BrE*) *a hold-up on the motorway* ein Stau auf der Autobahn **2** bewaffneter Überfall

hole /həʊl; *AmE* hoʊl/ *Nomen, Verb*
▸ ***Nomen*** **1** Loch ◇ *He liked to play a few holes after work.* Nach der Arbeit spielte er gerne ein bisschen Golf. **2** (*Tierbehausung*) Loch, Bau **3** [meist Sing] (*umgs, abwert*) (*Wohnung, Wohnort*) Loch, Kaff **4** [meist Pl] (*in einem Plan, Gesetz etc.*) Schwäche IDM **in a 'hole** (*umgs*) in der Klemme **in the 'hole** (*AmE, umgs*) in den roten Zahlen **make a 'hole in sth** (*Finanzen*) ein Loch in etw reißen → *Siehe auch* ACE, BURN, DIG *und* PICK
▸ ***Verb*** **1** ein Loch /Löcher in etw reißen, leckschlagen **2** ~ (**out**) (*beim Golf*) einlochen PHR V **,hole 'up**; **be ,holed 'up** (*umgs*) sich verkriechen, sich verstecken

,hole-in-'one *Nomen* (*Pl* **holes-in-one**) (*beim Golf*) Hole-in-One, Ass

,hole-in-the-'wall *Nomen* [Sing] (*umgs*) **1** (*BrE*) Geldautomat **2** (*AmE*) Wirtshaus, Bude

holey /'həʊli; *AmE* 'hoʊ-/ *Adj* löchrig

holi·day /'hɒlədeɪ, -di; *AmE* 'hɑːlə-/ *Nomen, Verb*
▸ ***Nomen*** **1** (*auch* **holi·days** [Pl]) (*BrE*) Ferien, Urlaub ◇ *holiday pay* Lohnfortzahlung während des Urlaubs **2** Feiertag ◇ *a national holiday* ein landesweiter Feiertag → *Siehe auch* BANK HOLIDAY **3 holidays** [Pl] (*AmE*) = Zeit im Dezember und Januar, die Weihnachten, Chanukka und Neujahr einschließt IDM → HIGH
▸ ***Verb*** (*BrE*) Ferien machen, Urlaub machen

'holiday camp *Nomen* (*BrE*) Ferienlager, Feriendorf

holi·day·maker /'hɒlədeɪmeɪkə(r), -dim-; *AmE* 'hɑːlə-/ *Nomen* (*BrE*) Urlauber(in)

holier-than-thou /,həʊliə ðən 'ðaʊ; *AmE* ,hoʊliər ðən/ *Adj* (*abwert*) selbstgerecht

holi·ness /'həʊlinəs; *AmE* 'hoʊ-/ *Nomen* **1** Heiligkeit **2 His/Your Holiness** Seine/Eure Heiligkeit

hol·is·tic /həʊ'lɪstɪk, hɒ-; *AmE* hoʊ'-, hɑː'-/ *Adj* (*Adv* **holis·tic·al·ly** /-kli/) (*umgs*) holistisch

hol·ler /'hɒlə(r); *AmE* 'hɑːlər/ *Verb* (*bes AmE, umgs*) schreien, brüllen

hol·low /'hɒləʊ; *AmE* 'hɑːloʊ/ *Adj, Nomen, Verb*
▸ ***Adj*** **1** hohl ◇ *Their appeals for an end to the violence had a hollow ring.* Ihre Aufrufe zur Beendigung der Gewalttaten klangen hohl. ◇ *hollow-eyed* hohläugig ◇ *hollow threats* leere Drohungen **2** (*Adv* **hol·low·ly**) (*Geräusch*) hohl, dumpf IDM → RING²
▸ ***Nomen*** **1** Senke, Vertiefung, Mulde **2** Höhlung, Hohlraum
▸ ***Verb*** PHR V **,hollow sth 'out** etw aushöhlen

hol·low·ness /'hɒləʊnəs; *AmE* 'hɑːloʊ-/ *Nomen* Hohlheit

holly /'hɒli; *AmE* 'hɑːli/ *Nomen* (*Pl* **-ies**) Stechpalme

hol·ly·hock /'hɒlihɒk; *AmE* 'hɑːlihɑːk/ *Nomen* Stockrose

holo·caust /'hɒləkɔːst; *AmE* 'hɑːlə-, 'hoʊlə-/ *Nomen* **1** Inferno **2 the Holocaust** der Holocaust

holo·gram /'hɒləgræm; *AmE* 'hɑːlə-, 'hoʊlə-/ *Nomen* Hologramm

hols /hɒlz; *AmE* hɑːlz/ *Nomen* [Pl] (*BrE, umgs, veraltet*) Ferien

hol·ster /'həʊlstə(r); *AmE* 'hoʊl-/ *Nomen* (Pistolen)halfter

holy /'həʊli; *AmE* 'hoʊ-/ *Adj* (**holi·er, holi·est**) heilig ◇ *the Holy Bible* die Bibel ◇ *the Holy Scriptures* die Heilige Schrift

,Holy Com'munion (*auch* **Com'munion**) *Nomen* (heilige) Kommunion, (heiliges) Abendmahl

the ,Holy 'Ghost *Nomen* der Heilige Geist

the ,Holy 'Grail *Nomen* der Heilige Gral

the ,holy of 'holies *Nomen* das Allerheiligste

,holy 'orders *Nomen* [Pl] Priesterweihe, Bischofsweihe IDM → ORDER

the ,Holy 'Spirit *Nomen* der Heilige Geist

'Holy Week *Nomen* die Karwoche

hom·age /'hɒmɪdʒ; *AmE* 'hɑːmɪdʒ/ *Nomen* ~ (**to sb/sth**) (*gehoben*) Huldigung (an jdn/etw), Hommage (an jdn/etw) ◇ *The kings of France paid homage to no one.* Die Könige von Frankreich huldigten niemandem. ◇ *They stood in silent homage around the grave.* Sie standen in stummer Ehrerbietung um das Grab.

home /həʊm; *AmE* hoʊm/ *Nomen, Adj, Adv, Verb*
▸ ***Nomen*** **1** Heim, Zuhause, Haus, Wohnung ◇ *the Brontë family home* das Haus der Familie Brontë ◇ *He left home at sixteen.* Mit sechzehn verließ er das Elternhaus. ◇ *Nowadays a lot of people work from home.* Heutzutage arbeiten viele Leute von zu Hause. ◇ *home ownership* privates Hauseigentum **2** Heimat **3** (*Institution*) Heim ◇ *a retirement home* ein Altersheim **4 the ~ of sth** [Sing] die Wiege von etw ◇ *New Orleans, the home of jazz* New Orleans, die Wiege des Jazz IDM **at 'home 1** zu Hause **2** wie zu Hause ◇ *Sit down and make yourself at home.* Setz dich und fühl dich wie zu Hause. ◇ *Simon feels very at home on a horse.* Simon fühlt sich auf einem Pferd sehr wohl. **away from 'home 1** von zu Hause weg **2** (*BrE*) auswärts **a ,home from 'home** (*AmE* **a ,home away from 'home**) ein zweites Zuhause **set up 'home** (*BrE*) ein Zuhause gründen **when he's, it's, etc. at 'home** (*BrE, hum*) ◇ *What's that when it's at home?* Was soll das denn sein? ◇ *Who's Mrs Wilson when she's at home?* Wer in aller Welt ist Mrs Wilson? **an ,Englishman's ,home is his 'castle** (*AmE* **a ,man's ,home is his 'castle**) in seinen eigenen vier Wänden kann man tun und lassen, was man will → *Siehe auch* CHARITY, CLOSE², EAT *und* SPIRITUAL
▸ ***Adj*** [nur vor Nomen] **1** das Zuhause betreffend ◇ *home life* Privatleben ◇ *my home address* meine Privatanschrift ◇ *his home town* seine Heimatstadt ◇ *free home delivery* Lieferung frei Haus **2** selbstgemacht, zum häuslichen Gebrauch ◇ *home movies* Amateurfilme ◇ *home cooking* Hausmannskost ◇ *a home computer* ein Heimcomputer ◇ *home brew* selbst gebrautes Bier **3** (*bes BrE*) inländisch ◇ *products for the home market* Produkte für den Binnenmarkt ◇ *home news* Meldungen aus dem Inland ◇ *home affairs* innere Angelegenheiten **4** (SPORT) Heim- ◇ *a home match* ein Heimspiel
▸ ***Adv*** **1** nach Hause, zu Hause **2** hinein ◇ *She leaned on the door and pushed the bolt home.* Sie lehnte sich gegen die Tür und schob den Riegel vor. ◇ *He drove the ball home from 15 metres.* Er schoss den Ball aus 15 Metern Entfernung ins Tor. ◇ *The torpedo struck home on the hull of the ship.* Der Torpedo schlug in den Schiffsrumpf ein IDM **be home and 'dry** (*AmE* **be home 'free**) es geschafft haben **bring sth 'home to sb** jdm etw vor Augen führen **come 'home (to sb)** (jdm) klar werden **sth comes home to 'roost** etw rächt sich **hit/strike 'home** eine Auswirkung haben ◇ *Her face went pale as his words hit home.* Sie wurde blass, als ihr die Bedeutung seiner Worte bewusst wurde. → *Siehe auch* COW, DRIVE, PRESS, RAM, ROMP *und* WRITE
▸ ***Verb*** PHR V **,home 'in on sth** auf etw zusteuern ◇ *I felt I was homing in on the answer.* Ich spürte, dass ich der Antwort näher kam.

,home 'base *Nomen* [Sing] **1** (*beim Baseball*) Homeplate **2** Standort

home·body /'həʊmbɒdi; *AmE* 'hoʊmbɑːdi/ *Nomen* (*Pl* **-ies**) (*bes AmE, umgs*) häuslicher Mensch

home·boy /'həʊmbɔɪ; *AmE* 'hoʊm-/ *Nomen* (*AmE, Slang*) Kumpel

home·coming /ˈhəʊmkʌmɪŋ; *AmE* ˈhoʊm-/ *Nomen* **1** Heimkehr **2** (*AmE*) Ehemaligentreffen einer High School etc.

the ˌHome ˈCounties *Nomen* [Pl] die Grafschaften um London

ˌhome ecoˈnomics *Nomen* (*Schulfach*) Hauswirtschaft

ˌhome ˈfront *Nomen* [Sing] Heimatfront ◇ *Things are busy on the home front.* Zu Hause ist viel los.

ˌhome ˈground *Nomen* [Sing] **1** (*BrE*) (SPORT) eigener Platz **2** heimischer Boden

ˌhome-ˈgrown *Adj* **1** selbst gezogen **2** heimisch

home·land /ˈhəʊmlænd; *AmE* ˈhoʊm-/ *Nomen* **1** [meist Sing] Heimat(land) **2** [meist Pl] (*in der Republik Südafrika*) Homeland

home·less /ˈhəʊmləs; *AmE* ˈhoʊm-/ *Adj, Nomen*
▸ ***Adj*** obdachlos
▸ ***Nomen*** **the homeless** [Pl] die Obdachlosen

home·less·ness /ˈhəʊmləsnəs; *AmE* ˈhoʊm-/ *Nomen* Obdachlosigkeit

home·ly /ˈhəʊmli; *AmE* ˈhoʊm-/ *Adj* (**home·lier, home·li·est**) **1** (*BrE*) behaglich, heimelig **2** (*BrE*) warmherzig **3** (*AmE, abwert*) nicht hübsch, nicht gut aussehend

ˌhome-ˈmade *Adj* hausgemacht, selbst gemacht

home·maker /ˈhəʊmmeɪkə(r); *AmE* ˈhoʊm-/ *Nomen* (*bes AmE*) Hausfrau, Hausmann

the ˈHome Office *Nomen* [mit Verb im Sing/Pl] (*BrE*) das Innenministerium

homeo·path (*BrE auch* **hom·oeo-**) /ˈhəʊmiəpæθ, ˈhɒm-; *AmE* ˈhoʊ-, ˈhɑːm-/ *Nomen* Homöopath(in)

homeo·path·ic (*BrE auch* **hom·oeo-**) /ˌhəʊmiəˈpæθɪk, ˌhɒm-; *AmE* ˌhoʊ-, ˌhɑːm-/ *Adj* homöopathisch

hom·eo·pathy (*BrE auch* **hom·oeo-**) /ˌhəʊmiˈɒpəθi, ˌhɒm-; *AmE* ˌhoʊmiˈɑːp-, ˌhɑːm-/ *Nomen* Homöopathie

home·own·er /ˈhəʊməʊnə(r); *AmE* ˈhoʊmoʊ-/ *Nomen* Eigenheimbesitzer(in)

ˈhome page *Nomen* (COMP) Homepage

ˈhome plate (*auch* **plate**) *Nomen* (*beim Baseball*) Homeplate

home·room /ˈhəʊmruːm, -rʊm; *AmE* ˈhoʊm-/ *Nomen* (*AmE*) = Klassenzimmer, in dem sich die Schüler zu Beginn jedes Schultages versammeln, so dass die Lehrer überprüfen können, wer anwesend ist; die Zeit, die in diesem Raum verbracht wird

ˌhome ˈrule *Nomen* (POL) Autonomie

ˌhome ˈrun *Nomen* (*beim Baseball*) Homerun

ˌHome ˈSecretary *Nomen* (*BrE*) Innenminister(in)

home·sick /ˈhəʊmsɪk; *AmE* ˈhoʊm-/ *Adj* **be/feel ~** Heimweh haben

home·sick·ness /ˈhəʊmsɪknəs; *AmE* ˈhoʊm-/ *Nomen* Heimweh

home·spun /ˈhəʊmspʌn; *AmE* ˈhoʊm-/ *Adj* **1** einfach, selbst gestrickt (*auch fig*) **2** handgesponnen

home·stead /ˈhəʊmsted; *AmE* ˈhoʊm-/ *Nomen* **1** Anwesen, Gehöft **2** = Landanteil, der den Siedlern in Nordamerika im 19. Jahrhundert kostenlos von der Regierung gegeben wurde

the ˌhome ˈstraight (*bes BrE*) (*auch* **the ˌhome ˈstretch**) *Nomen* [Sing] die Zielgerade

ˌhome ˈtown *Nomen* Heimatstadt

ˌhome ˈtruth *Nomen* [meist Pl] Wahrheit

home·ward /ˈhəʊmwəd; *AmE* ˈhoʊmwərd/ *Adj, Adv*
▸ ***Adj*** Heim- ◇ *the homeward journey* die Heimreise
▸ ***Adv*** (*auch* **home·wards**) nach Hause, heimwärts ◇ *Commuters were heading homeward at the end of the day.* Abends waren Pendler auf dem Nachhauseweg. ◇ *We were homeward bound at last.* Wir waren endlich auf dem Heimweg.

home·work 0-ᴡ /ˈhəʊmwɜːk; *AmE* ˈhoʊmwɜːrk/ *Nomen* [U] Hausaufgabe(n) ◇ *How much homework do you get?* Wie viele Hausaufgaben bekommst du? ◇ *I have to learn vocabulary for homework.* Ich muss als Hausaufgaben Vokabeln lernen.

home·work·er /ˈhəʊmwɜːkə(r); *AmE* ˈhoʊmwɜːrkər/ *Nomen* Heimarbeiter(in)

home·work·ing /ˈhəʊmwɜːkɪŋ; *AmE* ˈhoʊmwɜːrkɪŋ/ *Nomen* Heimarbeit

homey (*auch* **homy**) /ˈhəʊmi; *AmE* ˈhoʊ-/ *Adj* (*bes AmE*) heimelig, gemütlich

homi·cidal /ˌhɒmɪˈsaɪdl; *AmE* ˌhɑːm-/ *Adj* mordgierig, gemeingefährlich ◇ *He had homicidal tendencies.* Er war zum Mord fähig.

homi·cide /ˈhɒmɪsaɪd; *AmE* ˈhɑːm-/ *Nomen* (RECHT) Tötung, Mord

hom·ily /ˈhɒməli; *AmE* ˈhɑːm-/ *Nomen* (*Pl* **-ies**) (*gehoben, abwert*) Moralpredigt

ˈhoming pigeon *Nomen* Brieftaube

hom·iny /ˈhɒmɪni; *AmE* ˈhɑːm-/ *Nomen* = Art Maismehl, aus dem eine Grütze gekocht wird, die vor allem in den Südstaaten der USA gegessen wird

hom·oeo- /ˈhəʊmiəʊ; *AmE* ˈhoʊmioʊ/ ℹ Für Wörter die mit **homoeo-** beginnen, siehe die Schreibweise **homeo-**.

homo·gen·eity /ˌhɒmədʒəˈniːəti; *AmE* ˌhɑːm-/ *Nomen* (*gehoben*) Homogenität

homo·ge·neous /ˌhɒməˈdʒiːniəs; *AmE* ˌhoʊm-/ *Adj* (*gehoben*) homogen

hom·ogen·ized (*BrE auch* **-ised**) /həˈmɒdʒənaɪzd; *AmE* həˈmɑːdʒə-/ *Adj* homogenisiert

homo·graph /ˈhɒməgrɑːf; *AmE* ˈhɑːməgræf/ *Nomen* Homograf

homo·nym /ˈhɒmənɪm; *AmE* ˈhɑːm-, ˈhoʊm-/ *Nomen* Homonym

homo·pho·bia /ˌhɒməˈfəʊbiə, ˌhəʊm-; *AmE* ˌhoʊməˈfoʊ-/ *Nomen* Homophobie

homo·pho·bic /ˌhɒməˈfəʊbɪk, ˌhəʊm-; *AmE* ˌhoʊməˈfoʊ-/ *Adj* homophob

homo·phone /ˈhɒməfəʊn; *AmE* ˈhɑːməfoʊn/ *Nomen* Homofon

homo·sex·ual /ˌhəʊməˈsekʃuəl, ˌhɒm-; *AmE* ˌhoʊ-/ *Nomen, Adj*
▸ ***Nomen*** Homosexuelle(r) ◇ *a practising homosexual* ein aktiver Homosexueller
▸ ***Adj*** homosexuell

homo·sexu·al·ity /ˌhəʊməˌsekʃuˈæləti, ˌhɒm-; *AmE* ˌhoʊ-/ *Nomen* Homosexualität

homy = HOMEY

Hon *Abk* **1** = HONORARY **2** = HONOURABLE

hon·cho /ˈhɒntʃəʊ; *AmE* ˈhɑːntʃoʊ/ *Nomen* (*Pl* **-os**) (*bes AmE, umgs*) Boss ◇ *the head honcho* der Oberboss

hone /həʊn; *AmE* hoʊn/ *Verb* **1** verbessern ◇ *His body was honed to perfection.* Sein Körper war perfekt. ◇ *It was a finely honed piece of writing.* Es war ein ausgefeiltes Schriftstück. **2** schleifen, wetzen

hon·est 0-ᴡ /ˈɒnɪst; *AmE* ˈɑːnɪst/ *Adj* (*Adv* **hon·est·ly**) ehrlich ◇ *To be honest …* Ehrlich gesagt, … ◇ *He hasn't done an honest day's work in his life.* Er ist in seinem ganzen Leben noch keiner ordentlichen Arbeit nachgegangen. ◇ *It's quite a struggle to make an honest living.* Es ist ein ziemlicher Kampf, sein Geld redlich zu verdienen. ◇ *You can't honestly expect me to believe that!* Du kannst doch nicht von mir erwarten, dass ich das glaube! ◇ *Honestly! Whatever will they think of next?* Also wirklich! Was werden sie sich als Nächstes ausdenken? IDM **honest to ˈGod/ˈgoodness** ◇ *Honest to God, I'm not joking.* Ich schwöre bei Gott, ich mache keine Witze! → HONEST-TO-GOODNESS

ˌhonest ˈbroker *Nomen* Vermittler(in)

ˌhonest-to-ˈgoodness *Adj* echt, einfach

hon·esty /ˈɒnəsti; *AmE* ˈɑːn-/ *Nomen* Ehrlichkeit **IDM** **in all ˈhonesty** ganz ehrlich gesagt

honey /ˈhʌni/ *Nomen* **1** Honig **2** *(umgs)* *(Kosewort)* Schatz **IDM** → LAND

honey·comb /ˈhʌnikəʊm; *AmE* -koʊm/ *(auch* **comb***)* *Nomen* Bienenwabe

honey·combed /ˈhʌnikəʊmd; *AmE* -koʊmd/ *Adj* ~ **(with sth)** (von etw) durchlöchert, (von etw) durchhöhlt ◇ *The cliffs are honeycombed with caves.* Die Felsen sind von Höhlen durchzogen.

honey·dew melon /ˌhʌnidjuː ˈmelən; *AmE* -duː/ *Nomen* Honigmelone

hon·eyed /ˈhʌnid/ *Adj* **1** honigsüß *(auch fig)* **2** *(gehoben)* honiggelb, honigfarben

honey·moon /ˈhʌnimuːn/ *Nomen, Verb*
▸ ***Nomen*** [meist Sing] **1** Hochzeitsreise **2** *(Anfang)* Flitterwochen, Schonzeit
▸ ***Verb*** auf Hochzeitsreise sein

honey·mooner /ˈhʌnimuːnə(r)/ *Nomen* Hochzeitsreisende(r)

honey·pot /ˈhʌnipɒt; *AmE* -pɑːt/ *Nomen* [meist Sing] *(BrE)* Attraktion, Anziehungspunkt

honey·suckle /ˈhʌnisʌkl/ *Nomen* Geißblatt

honk /hɒŋk; *AmE* hɑːŋk/ *Nomen, Verb*
▸ ***Nomen*** **1** Hupen **2** *(von Gänsen)* lautes Geschnatter
▸ ***Verb*** **1** hupen **2** *(Gans)* schnattern

honk·ing /ˈhɒŋkɪŋ; *AmE* ˈhɑːŋ-/ *Adj* riesig ◇ *He had a honking great smile on his face.* Er hatte ein riesig breites Lächeln im Gesicht.

honky /ˈhɒŋki; *AmE* ˈhɑːŋ-/ *Nomen* *(Pl* **-ies***)* *(AmE, Slang)* = von Schwarzen gebrauchter abwertender Ausdruck für eine weiße Person

honky-tonk /ˈhɒŋki tɒŋk; *AmE* ˈhɑːŋki tɑːŋk/ *Nomen* **1** *(AmE)* *(Lokal)* Spelunke, Schuppen **2** = hauptsächlich auf dem Klavier gespielte Jazzart

honor 0‑, **hon·or·able** *(AmE)* = HONOUR *und* HONOURABLE

hon·or·ar·ium /ˌɒnəˈreəriəm; *AmE* ˌɑːnəˈrer-/ *Nomen* *(Pl* **hon·or·aria** /-riə/*)* *(gehoben)* Honorar

hon·or·ary /ˈɒnərəri; *AmE* ˈɑːnəreri/ *Adj* *(Abk* **Hon***)* **1** Ehren- ◇ *an honorary doctorate* ein Ehrendoktor ◇ *an honorary degree* ein ehrenhalber verliehener akademischer Grad **2** ehrenamtlich **3** ◇ *Many people treat their pets as honorary humans.* Viele Leute behandeln ihre Tiere wie Menschen.

hon·or·if·ic /ˌɒnəˈrɪfɪk; *AmE* ˌɑːn-/ *Adj* *(gehoben)* **1** ehrenhalber verliehen ◇ *an honorific title* ein Ehrentitel **2** ehrenvoll

ˈhonor roll *Nomen* *(AmE)* **1** Ehrentafel **2** = Liste der besten Schüler/Schülerinnen einer amerikanischen Schule oder der besten Studenten/Studentinnen einer amerikanischen Universität

ˈhonor system *Nomen* [Sing] *(AmE)* = Abkommen auf Vertrauensbasis

hon·our 0‑ *(AmE* **honor***)* /ˈɒnə(r); *AmE* ˈɑːnər/ *Nomen, Verb*
▸ ***Nomen*** **1** Ehre ◇ *a matter of honour* eine Ehrensache ◇ *She is an honour to the profession.* Sie macht ihrem Berufsstand alle Ehre. ◇ *They stood in silence as a mark of honour.* Als Zeichen der Ehrerbietung standen sie schweigend da. **2** Auszeichnung **3** **honours**; *AmE* **hon·ors** [Pl] *(Abk* **Hons***)* *(oft als Adjektiv gebraucht)* = Universitätsstudium, das einen höheren akademischen Grad anstrebt; in den USA auch ein Kurs in der Schule, der auf höherem Niveau als andere Kurse unterrichtet wird **4 His/Her Honour** Seine Ehren, Ihre Ehren **5 Your Honour** *(Anrede für eine(n) Richter(in))* Euer Ehren **6** [meist Pl] *(beim Kartenspiel)* = einer der vier höchsten Karten einer Farbe **IDM** **do sb an ˈhonour** *(gehoben)* **1** jdm Ehre erweisen **2** *(auch* **do sb the ˈhonour (of doing sth)***)* *(gehoben)* jdm die Ehre erweisen (etw zu tun) **do the ˈhonours** den Gastgeber/die Gastgeberin spielen **have the ˈhonour of doing sth** *(gehoben)* die Ehre haben etw zu tun ◇ *May I have the honour of the next dance?* Darf ich um den nächsten Tanz bitten? **(there is) honour among ˈthieves** (es gibt so etwas wie) Ganovenehre **(feel) honour ˈbound to do sth** *(gehoben)* es als Ehrensache ansehen etw zu tun **the honours are ˈeven** die Chancen stehen gleich **in ˈhonour of sb/sth; in sb's/sth's ˈhonour** zu Ehren von jdm/etw **on my/your/his/her/their ˈhonour** *(veraltet)* ◇ *I swear on my honour that I knew nothing about this.* Ich gebe mein Ehrenwort, dass ich nichts davon wusste. ◇ *The men were put on their honour not to escape.* Die Männer mussten ihr Ehrenwort geben, nicht zu fliehen. → *Siehe auch* POINT
▸ ***Verb*** **1** ehren ◇ *our honoured guests* unsere geehrten Gäste ◇ *He has been honoured with a knighthood.* Er wurde in den Adelsstand erhoben. **2** *(Versprechen, Vertrag etc.)* einhalten; *(Scheck)* annehmen ◇ *She is determined to honour her husband's dying wish.* Sie ist entschlossen, den letzten Wunsch ihres Mannes zu respektieren. **IDM** **be/feel honoured (to do sth)** sich geehrt fühlen (etw zu tun) ◇ *I would be honoured.* Es wäre mir eine Ehre.

hon·our·able *(AmE* **hon·or·able***)* /ˈɒnərəbl; *AmE* ˈɑːn-/ *Adj* *(Adv* **hon·our·ably**; *AmE* **hon·or·ably** /-bli/*)* **1** ehrenhaft, ehrenwert ◇ *do the honourable thing* sich ehrenhaft verhalten ◇ *an honourable exception* eine rühmliche Ausnahme **2 the Honourable, Hon** [nur vor Nomen] = Titel in Großbritannien, der den Kindern von einigen Rangstufen des Adels zukommt **3 the/my Honourable ..., Hon** [nur vor Nomen] = Titel in Großbritannien, der von Parlamentsabgeordneten benutzt wird, wenn sie miteinander oder übereinander sprechen ◇ *If my Honourable Friend would give me a chance to answer, ...* Wenn mir der ehrenwerte Kollege erlauben würde zu antworten, ... **4** *(Abk* **Hon.***)* = respektvoller Titel für hohe Beamte

Hons /ɒnz; *AmE* ɑːnz/ *Abk* *(BrE)* = HONOUR

hooch /huːtʃ/ *Nomen* *(bes AmE, umgs)* **1** *(Getränk)* Alkohol **2** Fusel, schwarz gebrannter Schnaps

hood /hʊd/ *Nomen* **1** Kapuze **2** *(eines Diebes)* Maske **3** = Stola aus Seide oder Pelz, die über dem akademischen Talar getragen wird und zeigt, welchen akademischen Grad die Person hat **4** *(bes BrE)* *(Auto-)* Verdeck **5** *(AmE)* Motorhaube **6** Abdeckung ◇ *an extractor hood* eine Abzugshaube **7** *(bes AmE, Slang)* Gangster

hood·ed /ˈhʊdɪd/ *Adj* **1** mit Kapuze **2** maskiert **3** mit schweren Lidern

hood·lum /ˈhuːdləm/ *Nomen* *(umgs)* **1** Gangster **2** Rowdy

hood·wink /ˈhʊdwɪŋk/ *Verb* ~ **sb** jdn hereinlegen; ~ **sb into doing sth** jdn dazu verleiten, etw zu tun

hoody *(auch* **hoodie***)* /ˈhʊdi/ *Nomen* *(Pl* **hoodies***)* *(BrE, umgs)* **1** Kapuzenjacke, Kapuzenpullover, Kapuzenshirt **2** Kapuzenträger(in)

hooey /ˈhuːi/ *Nomen* *(bes AmE, umgs)* Blödsinn, Geschwätz

hoof /huːf/ *Nomen, Verb*
▸ ***Nomen*** *(Pl* **hoofs** *oder* **hooves** /huːvz/*)* Huf **IDM** **meat, animals etc. on the ˈhoof** Lebendvieh **on the ˈhoof** *(BrE, umgs)* schnell nebenher; in Eile
▸ ***Verb*** *(umgs)* *(Ball)* (weg)schießen **IDM** **ˈhoof it** *(umgs)* latschen; tippeln

ˌhoof-and-ˈmouth disease *Nomen* *(AmE)* Maul- und Klauenseuche

hoo-ha /ˈhuː hɑː/ *Nomen* [meist Pl/Sing] *(BrE, umgs)* Wirbel

hook 0‑ /hʊk/ *Nomen, Verb*
▸ ***Nomen*** **1** Haken ◇ *a fish-hook* ein Angelhaken **2** =

Schlag/Wurf, bei dem der Ball nicht gerade fliegt **3** Lockmittel ◇ *Well-chosen quotations can serve as a hook to catch the reader's interest.* Gut ausgesuchte Zitate können als Lockmittel dienen, um das Interesse des Lesers zu wecken. IDM **by ˌhook or by ˈcrook** auf Teufel komm raus; mit allen Mitteln **get off the ˈhook** den Kopf aus der Schlinge ziehen **get/let sb off the ˈhook** jdm aus der Klemme helfen **hook, ˈline and ˈsinker** voll und ganz **off the ˈhook** (*Telefon*) nicht aufgelegt → *Siehe auch* RING² *und* SLING

▸ ***Verb* 1** mit einem Haken befestigen ◇ *We hooked the trailer to the back of the car.* Wir hängten den Anhänger hinten ans Auto. **2** ◇ *a dress that hooks at the back* ein Kleid, das hinten zugehakt wird **3** schlingen ◇ *She hooked her arm through her sister's.* Sie hakte sich bei ihrer Schwester ein. ◇ *Her thumbs were hooked into the pockets of her jeans.* Sie hatte die Daumen in die Taschen ihrer Jeans gesteckt. **4** an die Angel bekommen **5** = einen Ball so werfen/schlagen/kicken, dass er nicht gerade fliegt PHRV **ˌhook ˈup to sth** an etw angeschlossen sein **ˌhook sb/sth ˈup to sth** jdn/etw an etw anschließen ◇ *She was hooked up to a drip.* Sie hing am Tropf. **ˌhook ˈup with sb** (*umgs*) **1** sich an jdn anschließen **2** sich mit jdm zusammentun

hoo·kah /ˈhʊkə/ *Nomen* Wasserpfeife

ˌhook and ˈeye *Nomen* (*Pl* **hooks and eyes**) Haken und Öse

hooked /hʊkt/ *Adj* **1** gebogen ◇ *a hooked nose* eine Hakennase **2** [nicht vor Nomen] ~ **(on sth)** (*umgs*) (von etw) abhängig **3** [nicht vor Nomen] ~ **(on sth)** (*umgs*) (von etw) besessen, (von etw) fasziniert **4** mit Haken

hook·er /ˈhʊkə(r)/ *Nomen* **1** (*im Rugby*) Hakler **2** (*umgs*) Nutte

ˈhook-up *Nomen* Zusammenschaltung

hook·worm /ˈhʊkwɜːm; *AmE* -wɜːrm/ *Nomen* **1** Hakenwurm **2** Hakenwurmkrankheit

hooky (*auch* **hookey**) /ˈhʊki/ *Nomen* (*bes AmE*) IDM **play ˈhooky** (*umgs, veraltet*) Schule schwänzen

hooli·gan /ˈhuːlɪɡən/ *Nomen* Rowdy, Hooligan

hooli·gan·ism /ˈhuːlɪɡənɪzəm/ *Nomen* Rowdytum

hoop /huːp/ *Nomen* **1** (*Band, Spielzeug*) Reifen **2** (*Basketball-*) Korb **3** kleines Tor, kleiner Bogen ◇ *croquet hoops* Krocket-Tore IDM → JUMP

hoopla /ˈhuːplɑː/ *Nomen* **1** (*bes AmE, umgs*) Trara **2** (*BrE*) Ringwerfen

hoo·ray (*auch* **hur·ray**) /huˈreɪ/ *Ausruf* hurra IDM → HIP

hoot /huːt/ *Verb, Nomen*

▸ ***Verb* 1** johlen, buhen ◇ *hoot with laughter* sich totlachen **2** (*BrE*) hupen ◇ *The train hooted a warning.* Der Zug gab ein Warnsignal. **3** (*Eule*) rufen

▸ ***Nomen* 1** (*bes BrE*) Aufschrei, Auflachen ◇ *The suggestion was greeted by hoots of laughter.* Der Vorschlag wurde mit johlendem Gelächter quittiert. **2** [Sing] (*umgs*) **be a ~** zum Schießen sein, zum Schreien sein **3** Hupen **4** (*einer Eule*) Ruf IDM **sb doesn't care/give a ˈhoot** (*umgs*) es ist jdm egal ◇ *I don't give a hoot about his mother.* Seine Mutter ist mir völlig schnuppe.

hoot·er /ˈhuːtə(r)/ *Nomen* **1** (*veraltet*) Hupe, Sirene **2** (*BrE, Slang*) (*Nase*) Zinken **3** [meist Pl] (*AmE, Slang*) Titte

Hoo·ver™ /ˈhuːvə(r)/ *Nomen* (*BrE*) Staubsauger

hoo·ver /ˈhuːvə(r)/ *Verb* (*BrE*) (staub)saugen

hoo·ver·ing /ˈhuːvərɪŋ/ *Nomen* (Staub)saugen

hooves *Form von* HOOF

hop /hɒp; *AmE* hɑːp/ *Verb, Nomen*

▸ ***Verb*** **(-pp-) 1** hüpfen **2** (*umgs*) springen ◇ *Hop in, I'll drive you home.* Steig schnell ein, ich fahre dich nach Hause. ◇ *We hopped over to Paris for the weekend.* Am Wochenende fuhren wir auf einen Sprung nach Paris. ◇ *I like to hop from channel to channel when I watch TV.* Wenn ich Fernsehen gucke, zappe ich gern. **3** (*AmE*) ~ **a plane, bus, train, etc.** ins Flugzeug, in den Bus, in den Zug etc. einsteigen IDM **ˈhop it** (*BrE, umgs, veraltet*) Leine ziehen **ˌhopping ˈmad** (*umgs*) fuchsteufelswild **hop ˈto it** (*AmE*) nun mach schon

▸ ***Nomen* 1** Hüpfer ◇ *He crossed the hall with a hop, skip and a jump.* Er hüpfte durch den Flur. **2** kurze Reise, Kurzflug **3** Hopfen **4** (*umgs, veraltet*) Schwof IDM → CATCH

hope 🔑 /həʊp; *AmE* hoʊp/ *Verb, Nomen*

▸ ***Verb*** ~ **(for sth)** (auf etw) hoffen ◇ *Let's hope we can find a parking space.* Hoffentlich können wir einen Parkplatz finden. IDM **ˌhope against ˈhope (that ...)** wider alle Hoffnung hoffen (,dass ...) **ˌhope for the ˈbest** das Beste hoffen **I should hope not** das will ich nicht hoffen **I should hope so; so I should hope** das will ich auch hoffen

▸ ***Nomen*** Hoffnung ◇ *There is now hope of a cure.* Es besteht jetzt Hoffnung auf Heilung. ◇ *They have high hopes for their children.* Sie setzen große Hoffnungen auf ihre Kinder. ◇ *Don't raise your hopes too high.* Schrauben Sie Ihre Erwartungen nicht zu hoch. ◇ *Don't get your hopes up.* Erhoffen Sie sich nicht zu viel. IDM **be beyond ˈhope** ein hoffnungsloser Fall sein **hold out little ˈhope (of sth/that ...)** **1** wenig Hoffnung haben (,dass ...) **2** (*auch* **not hold out any/much ˈhope (of sth/that ...)**) keine/nicht viel Hoffnung haben (,dass ...) **in the hope of sth** **1** in der Hoffnung auf etw **2** (*auch* **in the hope that ...**) in der Hoffnung, dass ... **not have a ˈhope (in ˈhell) (of doing sth)** (*umgs*) nicht die geringste Chance haben (etw zu tun) **ˌSome ˈhope!** (*BrE, umgs*) Keine Chance! → *Siehe auch* DASH *und* PIN

ˈhoped-for *Adj* (*gehoben*) erhofft

hope·ful /ˈhəʊpfl; *AmE* ˈhoʊp-/ *Adj, Nomen*

▸ ***Adj* 1** zuversichtlich, optimistisch ◇ *She isn't very hopeful about it.* Sie macht sich keine großen Hoffnungen darauf. **2** hoffnungsvoll, erwartungsvoll **3** aussichtsreich, viel versprechend ◇ *be a hopeful sign* Anlass zur Hoffnung geben

▸ ***Nomen*** Anwärter(in), Bewerber(in)

hope·ful·ly /ˈhəʊpfəli; *AmE* ˈhoʊp-/ *Adv* **1** hoffentlich ◇ *Hopefully, we'll arrive before dark.* Hoffentlich kommen wir an, bevor es dunkel ist. **2** erwartungsvoll, voller Hoffnung

hope·ful·ness /ˈhəʊpflnəs; *AmE* ˈhoʊp-/ *Nomen* Zuversicht, Optimismus

hope·less /ˈhəʊpləs; *AmE* ˈhoʊ-/ *Adj* **1** hoffnungslos, aussichtslos ◇ *His life was a hopeless mess.* Sein Leben war hoffnunglos verpfuscht. **2** (*bes BrE*) miserabel ◇ *I'm hopeless at Latin.* In Latein bin ich ein hoffnungsloser Fall. **3** verzweifelt

hope·less·ly /ˈhəʊpləsli; *AmE* ˈhoʊ-/ *Adv* **1** hoffnungslos, rettungslos ◇ *She was hopelessly confused.* She war vollkommen verwirrt. **2** verzweifelt

hope·less·ness /ˈhəʊpləsnəs; *AmE* ˈhoʊ-/ *Nomen* Hoffnungslosigkeit, Aussichtslosigkeit

hop·per /ˈhɒpə(r); *AmE* ˈhɑːpər/ *Nomen* Einfülltrichter

hop·scotch /ˈhɒpskɒtʃ; *AmE* ˈhɑːpskɑːtʃ/ *Nomen* Hüpfekästchen, Himmel und Hölle

horde /hɔːd; *AmE* hɔːrd/ *Nomen* Horde, Schwarm ◇ *Fans turned up in hordes.* Die Fans kamen in Scharen.

hori·zon /həˈraɪzn/ *Nomen* **1 the horizon** der Horizont **2** [meist Pl] Gesichtskreis ◇ *broaden your horizons* seinen Horizont erweitern

hori·zon·tal 🔑 /ˌhɒrɪˈzɒntl; *AmE* ˌhɔːrəˈzɑːn-/ *Adj, Nomen*

▸ ***Adj*** (*Adv* **hori·zon·tally** /-təli/) horizontal, waagerecht

▸ ***Nomen*** Horizontale, Waagerechte

hor·mo·nal /hɔːˈməʊnl; *AmE* hɔːrˈmoʊ-/ *Adj* Hormon-, hormonell

hor·mone /ˈhɔːməʊn; *AmE* ˈhɔːrmoʊn/ *Nomen* Hormon

ˌhormone reˈplacement therapy = HRT

horn /hɔːn; *AmE* hɔːrn/ *Nomen* **1** (*Tier-*) Horn **2** (MUS) Horn ◇ *a hunting horn* ein Jagdhorn **3** Hupe IDM **blow/toot your own ˈhorn** (*AmE, umgs*) sein eigenes Lob singen **draw/pull your ˈhorns in** zurückstecken; sich einschränken **on the horns of a diˈlemma** in einer Zwickmühle → *Siehe auch* BULL *und* LOCK

horn·beam /ˈhɔːnbiːm; *AmE* ˈhɔːrn-/ *Nomen* Hainbuche

hor·net /ˈhɔːnɪt; *AmE* ˈhɔːrnɪt/ *Nomen* Hornisse IDM **a ˈhornets' nest** ◇ *stir up a hornets' nest* in ein Wespennest greifen

ˌhorn of ˈplenty *Nomen* Füllhorn

horn·pipe /ˈhɔːnpaɪp; *AmE* ˈhɔːrn-/ *Nomen* (*Seemannstanz*) Hornpipe

ˈhorn-rimmed *Adj* (*Brille*) Horn-

horny /ˈhɔːni; *AmE* ˈhɔːrni/ *Adj* **1** (*umgs*) aufgegeilt **2** (*umgs*) geil ◇ *He's dead horny.* Er ist ein total geiler Typ. **3** hornig, verhornt **4** schwielig ◇ *horny skin* Hornhaut

horo·scope /ˈhɒrəskəʊp; *AmE* ˈhɔːrəskoʊp/ *Nomen* Horoskop

hor·ren·dous /həˈrendəs/ *Adj* (*Adv* **hor·ren·dous·ly**) **1** grauenhaft, entsetzlich **2** horrend, schrecklich ◇ *horrendously expensive* wahnsinnig teuer

hor·rible /ˈhɒrəbl; *AmE* ˈhɔːr-/ *Adj* **1** (*umgs*) scheußlich, ätzend ◇ *I've got a horrible feeling that …* Ich fürchte, dass … **2** grauenhaft **3** (*umgs*) gemein, ekelhaft

hor·rib·ly /ˈhɒrəbli; *AmE* ˈhɔːr-/ *Adv* entsetzlich, fürchterlich ◇ *She was horribly aware that …* Ihr war peinlich bewusst, dass …

hor·rid /ˈhɒrɪd; *AmE* ˈhɔːrɪd/ *Adj* (*bes BrE, veraltet oder umgs*) widerlich, fies

hor·rif·ic /həˈrɪfɪk/ *Adj* **1** (*Adv* **hor·rif·ic·al·ly** /-kli/) grauenhaft, furchtbar **2** (*umgs*) scheußlich, ätzend

hor·ri·fied /ˈhɒrɪfaɪd; *AmE* ˈhɔːr-/ *Adj* entsetzt ◇ *She gazed at him in horrified disbelief.* Sie starrte ihn mit ungläubigem Entsetzen an.

hor·rify /ˈhɒrɪfaɪ; *AmE* ˈhɔːr-/ *Verb* (**hor·ri·fies, horri·fy·ing, hor·ri·fied, hor·ri·fied**) **~ sb** jdn mit Entsetzen erfüllen

hor·ri·fy·ing /ˈhɒrɪfaɪɪŋ; *AmE* ˈhɔːr-/ *Adj* (*Adv* **hor·rify·ing·ly**) entsetzlich, furchtbar

hor·ror /ˈhɒrə(r); *AmE* ˈhɔːrər/ *Nomen* **1** Entsetzen, Grauen, Angst ◇ *watch in horror* entsetzt zusehen ◇ *She has a horror of rats.* Ihr graut vor Ratten. ◇ *I have a horror of speaking in public.* Ich hasse es, Reden halten zu müssen. **2 the ~ of sth** ◇ *the full horror of the accident* das erschreckende Ausmaß des Unglücks ◇ *In his dreams he relives the horror of the attack.* Im Traum durchlebt er den schrecklichen Überfall immer wieder. **3** [meist Pl] Schrecken, Gräuel, Leiden **4** Horror ◇ *a horror film* ein Horrorfilm **5** (*umgs*) Monster, Ungeheuer ◇ *She's a real horror.* Es ist wirklich schlimm mit ihr. IDM **ˌhorror of ˈhorrors** (*BrE, hum*) ach du Schreck; wie furchtbar → *Siehe auch* SHOCK

ˈhorror story *Nomen* (*Pl* **-ies**) Schauergeschichte, Horrorgeschichte

ˈhorror-struck (*auch* **ˈhorror-stricken**) *Adj* von Entsetzen gepackt

hors d'oeuvre /ˌɔː ˈdɜːv; *AmE* ˌɔːr ˈdɜːrv/ *Nomen* (*Pl* **hors d'oeuvres** /ˌɔː ˈdɜːv; *AmE* ˌɔːr ˈdɜːrv/) Vorspeise

horse /hɔːs; *AmE* hɔːrs/ *Nomen, Verb*

▸ ***Nomen*** **1** Pferd **2** (*Turngerät*) (Sprung)pferd IDM **(straight) from the horse's ˈmouth** aus erster Hand **hold your ˈhorses** (*umgs*) immer sachte mit den jungen Pferden **(it's) ˌhorses for ˈcourses** (*BrE*) man muss den richtigen Menschen an der richtigen Stelle einsetzen **a one, two, three, etc. horse ˈrace** ein Wettbewerb, bei dem ein Teilnehmer außer Konkurrenz bzw. nur gegen einen, zwei etc. weitere Teilnehmer antritt ◇ *It's a two horse race between the Conservatives and the Social Democrats.* Die Wahl ist ein Zweikampf zwischen den Konservativen und den Sozialdemokraten. → *Siehe auch* BACK, BARN, CART, CHANGE, COACH, DARK, EAT, FLOG, GIFT, HIGH, STABLE *und* WILD

▸ ***Verb*** PHR V **ˌhorse aˈbout/aˈround** (*umgs*) herumtoben, herumtollen

horse·back /ˈhɔːsbæk; *AmE* ˈhɔːrs-/ *Nomen, Adj, Adv*

▸ ***Nomen*** IDM **on ˈhorseback** zu Pferd ◇ *a soldier on horseback* ein berittener Soldat

▸ ***Adj*** [nur vor Nomen], ***Adv*** (*bes AmE*) ◇ *a horseback rider* ein Reiter/eine Reiterin ◇ *ride horseback* reiten

ˈhorseback riding *Nomen* (*AmE*) Reiten

horse·box /ˈhɔːsbɒks; *AmE* ˈhɔːrsbɑːks/ *Nomen* (*BrE*) Pferdetransporter, Pferdeanhänger

ˌhorse ˈchestnut *Nomen* Rosskastanie

ˈhorse-drawn *Adj* [nur vor Nomen] von Pferden gezogen ◇ *horse-drawn trams* Pferdebahnen

horse·fly /ˈhɔːsflaɪ; *AmE* ˈhɔːrsflaɪ/ *Nomen* (*Pl* **-ies**) Pferdebremse

horse·hair /ˈhɔːsheə(r); *AmE* ˈhɔːrsher/ *Nomen* Rosshaar

horse·man /ˈhɔːsmən; *AmE* ˈhɔːrs-/ *Nomen* (*Pl* **-men** /-mən/) **1** (guter) Reiter **2** (*AmE*) Pferdekenner **3** (*AmE*) Pferdezüchter

horse·man·ship /ˈhɔːsmənʃɪp; *AmE* ˈhɔːrs-/ *Nomen* Reitkunst

horse·play /ˈhɔːspleɪ; *AmE* ˈhɔːrs-/ *Nomen* Balgerei, Rauferei

horse·power /ˈhɔːspaʊə(r); *AmE* ˈhɔːrspaʊ-/ *Nomen* (*Pl* **horse·power**) (*Abk* **h.p.**) PS, Pferdestärke

ˈhorse race *Nomen* Pferderennen

ˈhorse racing *Nomen* [U] Pferderennsport, Pferderennen

horse·rad·ish /ˈhɔːsrædɪʃ; *AmE* ˈhɔːrs-/ *Nomen* **1** Meerrettich, Kren **2** (*BrE auch* **ˌhorseradish ˈsauce**) Meerrettichsahne, Krenobers

ˈhorse riding *Nomen* (*BrE*) Reiten ◇ *go horse riding* reiten gehen

horse·shoe /ˈhɔːsʃuː, hɔːʃʃuː; *AmE* ˈhɔːrʃʃuː, ˈhɔːrsʃuː/ (*auch* **shoe**) *Nomen* Hufeisen

ˈhorse trailer *Nomen* (*AmE*) Pferdetransporter, Pferdeanhänger

horse·woman /ˈhɔːswʊmən; *AmE* ˈhɔːrs-/ *Nomen* (*Pl* **-women** /-wɪmɪn/) **1** (gute) Reiterin **2** (*AmE*) Pferdekennerin **3** (*AmE*) Pferdezüchterin

horsey (*auch* **horsy**) /ˈhɔːsi; *AmE* ˈhɔːrsi/ *Adj* **1** pferdenärrisch **2** pferdeähnlich

horti·cul·tural /ˌhɔːtɪˈkʌltʃərəl; *AmE* ˌhɔːrt-/ *Adj* Garten-, Gartenbau-

horti·cul·tur·al·ist /ˌhɔːtɪˈkʌltʃərəlɪst; *AmE* ˌhɔːrt-/ (*auch* **horti·cultur·ist** /-rɪst/) *Nomen* Gartenbauingenieur(in), Gartenfreund(in)

horti·cul·ture /ˈhɔːtɪkʌltʃə(r); *AmE* ˈhɔːrt-/ *Nomen* Gartenbau

hose /həʊz; *AmE* hoʊz/ *Nomen, Verb*

▸ ***Nomen*** **1** (*auch* **hose·pipe** /ˈhəʊzpaɪp; *AmE* ˈhoʊz-/) (*BrE*) Schlauch **2** [Pl] Strumpfwaren **3** [Pl] (Knie)hose

▸ ***Verb*** spritzen ◇ *Firemen hosed the burning car.* Die Feuerwehrleute hielten den Schlauch auf das brennende Auto. PHR V **ˌhose sth ˈdown** etw abspritzen **ˌhose sth ˈout** etw ausspritzen

ho·siery /ˈhəʊziəri; *AmE* ˈhoʊʒəri/ *Nomen* [U] Strumpfwaren

hos·pice /ˈhɒspɪs; *AmE* ˈhɑːspɪs/ *Nomen* Hospiz, Sterbeklinik

hos·pit·able /hɒˈspɪtəbl, ˈhɒspɪtəbl; *AmE* hɑːˈspɪtəbl, ˈhɑːspɪtəbl/ *Adj* **1** (*Adv* **hos·pit·ably** /-bli/) gastfreundlich **2** gastlich, angenehm ◇ *the least hospitable place on earth* der unwirtlichste Ort auf Erden

hos·pital /ˈhɒspɪtl; *AmE* ˈhɑːspɪ-/ *Nomen* Krankenhaus, Klinik

hos·pi·tal·ity /ˌhɒspɪˈtæləti; *AmE* ˌhɑːspɪˈ-/ *Nomen* **1** Gastfreundschaft, Gastlichkeit **2** Bewirtung, Empfang ◇ *the hospitality suite* die Empfangsräume ◇ *the hospitality industry* das Hotel- und Gaststättengewerbe

hos·pi·tal·iza·tion (*BrE auch* **-isa·tion**) /ˌhɒspɪtəlaɪˈzeɪʃn; *AmE* ˌhɑːspɪtələˈ-/ *Nomen* Einweisung ins Krankenhaus, Krankenhausaufenthalt

hos·pi·tal·ize (*BrE auch* **-ise**) /ˈhɒspɪtəlaɪz; *AmE* ˈhɑːspɪ-/ *Verb* ins Krankenhaus einweisen ◇ *be hospitalized for five weeks* fünf Wochen im Krankenhaus liegen

host /həʊst; *AmE* hoʊst/ *Nomen, Verb*

▸ ***Nomen*** **1** Gastgeber(in), Gastland ◇ *play host to sb* jdn zu Gast haben **2** Moderator(in) **3** (BIOL) Wirt **4** Menge, Schar ◇ *a host of musicians* ein Heer von Musikern ◇ *a host of possibilities* eine Fülle von Möglichkeiten **5 the Host** die Hostie **6** (COMP) Zentralrechner

▸ ***Verb*** **1** veranstalten, ausrichten ◇ *Birmingham is hosting the conference.* Die Tagung findet in Birmingham statt. **2** moderieren **3** (*Party etc.*) geben

host·age /ˈhɒstɪdʒ; *AmE* ˈhɑːstɪdʒ/ *Nomen* Geisel

hos·tel /ˈhɒstl; *AmE* ˈhɑːs-/ *Nomen* **1** Wohnheim → *Siehe auch* YOUTH HOSTEL **2** (*BrE*) Obdachlosenheim

hos·tel·ry /ˈhɒstəlri; *AmE* ˈhɑːstəl-/ (*Pl* **-ies**) *Nomen* (*bes BrE, veraltet oder hum*) Herberge, Wirtschaft

host·ess /ˈhəʊstəs, -stes; *AmE* ˈhoʊ-/ *Nomen* **1** Gastgeberin **2** Hostess **3** Moderatorin **4** (*AmE*) = Frau, die in einem Restaurant die Gäste in Empfang nimmt

hos·tile /ˈhɒstaɪl; *AmE* ˈhɑːstl, ˈhɑːstaɪl/ *Adj* **1** feindlich, feindselig ◇ *He was hostile to the idea of change.* Er stand dem Gedanken an Veränderung ablehnend gegenüber. **2** widrig ◇ *a hostile climate* ein unwirtliches Klima

hos·til·ity /hɒˈstɪləti; *AmE* hɑːˈ-/ *Nomen* (*Pl* **-ies**) **1** [U] ~ **(to/towards sb/sth)** Feindlichkeit (gegenüber jdm/etw), Feindschaft (gegenüber jdm/etw) **2** [U] ~ **(to/towards sth)** Widerstand (zu/gegenüber etw) **3 hostilities** [Pl] (*gehoben*) (*im Krieg*) Feindseligkeiten

hot /hɒt; *AmE* hɑːt/ *Adj, Verb*

▸ ***Adj*** **(-tt-)** **1** heiß, warm ◇ *I feel hot.* Mir ist heiß. ◇ *a long hot journey* eine lange, unangenehm warme Reise ◇ *Cook in a very hot oven.* Im Ofen bei sehr hoher Temperatur garen. ◇ *Her cheeks were hot with embarrassment.* Es war ihr so peinlich, dass ihre Wangen glühten. **2** (*Essen*) scharf (gewürzt) **3** (brand)heiß ◇ *a hot issue* ein heißes Thema ◇ *Competition is getting hotter day by day.* Die Konkurrenz wird von Tag zu Tag stärker. ◇ *The nude scenes were regarded as too hot for TV.* Die Nacktszenen wurden für das Fernsehen als zu anzüglich angesehen. **4** brenzlig ◇ *The report was considered too hot to publish.* Der Bericht wurde als zu brisant für die Veröffentlichung angesehen. ◇ *They're making life hot for her.* Sie machen ihr das Leben schwer. **5** (*umgs*) cool, heiß ◇ *one of the hottest clubs in town* einer der coolsten Klubs in der Stadt ◇ *this year's hot new bands* die heißesten neuen Bands in diesem Jahr ◇ *The couple are Hollywood's hottest property.* Das Paar ist Hollywoods heißeste Zugnummer. ◇ *hot news* das Neueste ◇ *hot off the press* frisch aus der Presse **6 be ~ at/on sth** [nicht vor Nomen] (*umgs*) in etw etwas auf dem Kasten haben **7** aufbrausend ◇ *She has a hot temper.* Sie ist aufbrausend. **8** (*umgs*) (*sexuell*) scharf ◇ *I've got a hot date tonight.* Ich habe heute Abend eine heiße Verabredung. **9** (*Gestohlenes*) heiß **10** [nicht vor Nomen] ~ **on sth** hinter etw her ◇ *They're very hot on punctuality at work.* Auf der Arbeit sind sie sind wirklich hinter Pünktlichkeit her. **11** [nicht vor Nomen] (*bei Kinderspielen*) ◇ *You're getting hot!* Es wird heiß! IDM **be in/get into hot ˈwater** (*umgs*) in Schwierigkeiten sein/kommen **sb goes hot and ˈcold** es wird jdm abwechselnd heiß und kalt **go/sell like hot ˈcakes** wie warme Semmeln weggehen **(all) hot and ˈbothered** (*umgs*) (ganz) aufgelöst **hot on sb's/sth's ˈheels** jdm/etw dicht auf den Fersen ◇ *Further successes came hot on the heels of his first best-selling novel.* Nach seinem ersten Bestsellerroman folgten Schlag auf Schlag weitere Erfolge. **hot on sb's/sth's ˈtracks/ˈtrail** (*umgs*) jdm/etw auf der Spur **hot under the ˈcollar** (*umgs*) **1** verlegen **2** wütend **in hot purˈsuit (of sb)** (jdm) heiß auf der Spur ◇ *She sped away with journalists in hot pursuit.* Sie fuhr schnell davon und Journalisten folgten ihr auf den Fersen. **not so/too ˈhot** **1** nicht so/besonders gut **2** nicht besonders → *Siehe auch* BLOW, CAT, HEEL *und* STRIKE

▸ ***Verb*** **(-tt-)** PHR V **ˌhot ˈup** (*BrE, umgs*) sich verschärfen ◇ *Things are really hotting up in the election campaign.* Der Wahlkampf kommt so richtig auf Touren.

ˌhot ˈair *Nomen* (*umgs*) leeres Gerede

ˌhot-ˈair balloon *Nomen* Heißluftballon

hot·bed /ˈhɒtbed; *AmE* ˈhɑːt-/ *Nomen* [meist Sing] Nährboden

ˌhot-ˈblooded *Adj* heißblütig

ˌhot ˈchocolate (*BrE auch* **choc·olate**) *Nomen* heiße Schokolade

hotch·potch /ˈhɒtʃpɒtʃ; *AmE* ˈhɑːtʃpɑːtʃ/ *Nomen* (*bes BrE, umgs*) Mischmasch

ˌhot cross ˈbun *Nomen* = mit einem Kreuz aus Teig verziertes Rosinenbrötchen, das traditionell zu Ostern gegessen wird

ˈhot-desking *Nomen* [U] = Arbeitsweise, bei der die Angestellten über keinen eigenen Arbeitsplatz mehr verfügen, sondern sich jeweils freie Arbeitsplätze teilen

ˈhot dog *Nomen* **1** Hotdog **2** (*AmE*) (*Skifahrer, Surfer*) Teufelskerl

ˈhot-dog *Verb* **(-gg-)** (*AmE, umgs*) Extremski fahren

hotel /həʊˈtel; *AmE* hoʊˈ-/ *Nomen* Hotel

ho·tel·ier /həʊˈteliə(r), həʊˈtelier; *AmE* hoʊˈteljər, ˌoʊtelˈjeɪ/ *Nomen* Hotelier

ˌhot ˈflush (*AmE* **ˌhot ˈflash**) *Nomen* Hitzewallung

hot·head /ˈhɒthed; *AmE* ˈhɑːt-/ *Nomen* Hitzkopf

ˌhot-ˈhead·ed *Adj* hitzköpfig

hot·house /ˈhɒthaʊs; *AmE* ˈhɑːt-/ *Nomen* (*Pl* **-houses** /-haʊzɪz/) Treibhaus (*auch fig*)

ˈhot key *Nomen* (COMP) Shortcut

hot·line /ˈhɒtlaɪn; *AmE* ˈhɑːt-/ *Nomen* **1** Hotline **2** heißer Draht

hotly /ˈhɒtli; *AmE* ˈhɑːt-/ *Adv* heftig, heiß ◇ *'Nonsense!' he said hotly.* „Unsinn!" sagte er scharf. ◇ *She ran away, hotly pursued by the store detective.* Sie lief weg, der Hausdetektiv dicht auf ihren Fersen.

hot·plate /ˈhɒtpleɪt; *AmE* ˈhɑːt-/ *Nomen* Kochplatte, Warmhalteplatte

hot·pot /ˈhɒtpɒt; *AmE* ˈhɑːtpɑːt/ *Nomen* (*BrE*) Fleischeintopf

ˌhot poˈtato *Nomen* (*Pl* **-oes**) [meist Sing] (*fig, umgs*) heißes Eisen

the ˈhot seat *Nomen* [Sing] (*fig, umgs*) der Schleudersitz

hot·shot /ˈhɒtʃɒt; *AmE* ˈhɑːtʃɑːt/ *Nomen* (*umgs*) Ass

ˈhot spot *Nomen* (*umgs*) **1** (politischer) Krisenherd **2** Anziehungspunkt, Treffpunkt **3** (*AmE*) Brandherd, Brandstelle **4** (COMP) Hotspot

ˌhot ˈspring *Nomen* heiße Quelle

ˌhot ˈstuff *Nomen* [U] (*bes BrE, umgs*) **1** (*Mensch*) heiße Nummer **2** (*Film, Buch etc.*) heißes Teil **3** ~ (**at sth**) ein Ass (in etw) **4** Zündstoff ◇ *These proposals are proving to be hot stuff.* Diese Vorschläge werden zum Zündstoff.

ˌhot-ˈtempered *Adj* (*bes BrE*) jähzornig

hot·tie (*auch* **hotty**) /ˈhɒti; *AmE* ˈhɑːti/ *Nomen* (*umgs*) heiße Braut, heißer Typ ◇ *She appeared in the magazine as hottie of the week.* Sie war in der Zeitschrift als Sexbombe der Woche abgebildet.

ˌhot-water bottle *Nomen* Wärmflasche

ˈhot-wire *Verb* (*umgs*) (*Auto etc.*) kurzschließen

hou·mous *Nomen* = HUMMUS

hound /haʊnd/ *Nomen, Verb*

▸ ***Nomen*** Jagdhund

▸ ***Verb*** verfolgen PHR V **ˌhound sb ˈout** jdn verjagen **ˌhound sb ˈout of sth**; **ˈhound sb from sth** (*meist passiv*) jdn aus etw verjagen

hour ⊶ /ˈaʊə(r)/ *Nomen* **1** (*Abk* **hr**) Stunde ◇ *a three-hour exam* ein dreistündiges Examen ◇ *We're paid by the hour.* Wir werden stundenweise bezahlt. ◇ *at this hour of the night* zu dieser späten Stunde **2** [meist Sing] -zeit ◇ *the lunch hour* die Mittagspause **3 hours** [Pl] -zeiten ◇ *opening hours* die Öffnungszeiten ◇ *licensing hours* die Ausschankzeiten ◇ *This is the only place to get a drink after hours.* Dies ist der einzigste Ort, wo man nach der Sperrstunde etwas zu trinken bekommt. ◇ *out of hours* nach Geschäftsschluss ◇ *work long hours* lange arbeiten **4 hours** [Pl] Stunden, eine Ewigkeit ◇ *I've been waiting for hours.* Ich habe stundenlang gewartet. **5 the hour** [Sing] die volle Stunde ◇ *There's a bus every hour on the hour.* Es fährt ein Bus zu jeder vollen Stunde. **6 hours** [Pl] (*offiz*) (*in Uhrzeiten*) Uhr ◇ *The first missile was launched at 2300 hours.* Das erste Geschoss wurde um 23 Uhr abgeschossen. IDM **ˈall hours** rund um die Uhr ◇ *He stays out till all hours.* Er bleibt bis spät in die Nacht weg. ◇ *She thinks she can call me at all hours of the day and night.* Sie meint, sie kann mich zu jeder Tages- und Nachtzeit anrufen. **keep … ˈhours** ◇ *keep office hours* die normale Arbeitszeit einhalten ◇ *He kept late hours.* Er blieb immer lange auf. **the ˈsmall/ˈearly hours** (*SchotE* **the wee small ˈhours**) (*AmE* **the wee hours**) die frühen Morgenstunden → *Siehe auch* ELEVENTH, EVIL, KILL, UNEARTHLY *und* UNGODLY

hour·glass /ˈaʊəglɑːs; *AmE* -ərglæs/ *Nomen* Sanduhr (*zum Messen einer Stunde*)

ˈhour hand *Nomen* Stundenzeiger

hour·ly /ˈaʊəli; *AmE* -ərli/ *Adj, Adv*

▸ ***Adj*** [nur vor Nomen] **1** stündlich ◇ *at hourly intervals* im Stundentakt **2** Stunden- ◇ *an hourly rate* ein Stundenlohn

▸ ***Adv*** stündlich ◇ *four hourly* alle vier Stunden

house ⊶ *Nomen, Verb*

▸ ***Nomen*** /haʊs/ (*Pl* **houses** /ˈhaʊzɪz/) **1** Haus ◇ *an opera house* ein Opernhaus ◇ *a full/packed house* ein volles Haus ◇ *a banking house* eine Bank ◇ *a religious house* ein Kloster ◇ *a hen house* ein Hühnerstall → *Siehe auch* FREE HOUSE, HALFWAY HOUSE *und* PUBLIC HOUSE **2** (*oft* **House**) (POL) Kammer ◇ *both houses of parliament* beide Kammern des Parlaments **3 the House** [Sing] = das britische Ober- oder Unterhaus/das Abgeordnetenhaus der USA **4 the house** [Sing] (*bei einer Debatte*) die Versammlung ◇ *I urge the house to vote against the motion.* Ich bitte Sie inständig, gegen diesen Antrag zu stimmen. **5** = Gruppe von Schülern verschiedenen Alters, die gegen ähnliche Gruppen in Wettbewerben etc. antreten. Im Internat leben sie in einem Wohnheim zusammen. **6** = HOUSE MUSIC IDM **bring the ˈhouse down** stürmischen Beifall auslösen **get on like a ˈhouse on fire** (*AmE* **get along like a ˈhouse on fire**) (*umgs*) ausgezeichnet miteinander auskommen **in ˈhouse** im Büro; im Haus → *Siehe auch* IN-HOUSE **keep ˈhouse** den Haushalt führen **on the ˈhouse** auf Kosten des Hauses **put/set your (own) ˈhouse in order** vor der eigenen Türe kehren **set up ˈhouse** einen Hausstand gründen → *Siehe auch* EAT, PEOPLE *und* SAFE

▸ ***Verb*** /haʊz/ unterbringen, beherbergen ◇ *The gallery houses 2 000 works of modern art.* In der Galerie befinden sich 2 000 moderne Kunstwerke.

ˈhouse arrest *Nomen* Hausarrest

house·boat /ˈhaʊsbəʊt; *AmE* -boʊt/ *Nomen* Hausboot

house·bound /ˈhaʊsbaʊnd/ *Adj, Nomen*

▸ ***Adj*** ans Haus gefesselt

▸ ***Nomen*** **the housebound** [Pl] Menschen, die ans Haus gefesselt sind

house·break·er /ˈhaʊsbreɪkə(r)/ *Nomen* (*bes BrE*) Einbrecher(in)

house·break·ing /ˈhaʊsbreɪkɪŋ/ *Nomen* (*bes BrE*) Einbruch

ˈhouse-broken *Adj* (*AmE*) stubenrein

house·coat /ˈhaʊskəʊt; *AmE* -skoʊt/ *Nomen* Morgenrock

house·ful /ˈhaʊsfʊl/ *Nomen* [Sing] ◇ *He grew up in a houseful of women.* Zu Hause wuchs er nur unter Frauen auf. ◇ *They had a houseful so we didn't stay.* Sie hatten das Haus voller Gäste, deshalb sind wir nicht geblieben.

house·hold ⊶ /ˈhaʊshəʊld; *AmE* -hoʊld/ *Nomen, Adj*

▸ ***Nomen*** Haushalt ◇ *the head of the household* der Haushaltsvorstand ◇ *the royal household* der königliche Hofstaat

▸ ***Adj*** Haushalts- ◇ *household bills such as water and electricity* Nebenkosten, wie zum Beispiel Wasser und Strom

house·hold·er /ˈhaʊshəʊldə(r); *AmE* -hoʊl-/ *Nomen* (*gehoben*) Besitzer(in)/Bewohner(in) (*eines Hauses/einer Wohnung*)

household ˈname (*seltener* **household ˈword**) *Nomen* geläufiger Begriff ◇ *She became a household name.* Sie wurde allen ein Begriff.

ˈhouse husband *Nomen* Hausmann

house·keep·er /ˈhaʊskiːpə(r)/ *Nomen* Haushälterin

house·keep·ing /ˈhaʊskiːpɪŋ/ *Nomen* **1** Haushaltsführung; (*Wirtschaften*) Haushalten **2** (*im Hotel*) Zimmerpersonal **3** (*bes BrE* **ˈhousekeeping money**) Haushaltsgeld **4** (COMP) = Dateienverwaltung

house·maid /ˈhaʊsmeɪd/ *Nomen* (*veraltet*) Dienstmädchen

house·man /ˈhaʊsmən/ *Nomen* (*Pl* **-men** /-mən/) **1** (*BrE, veraltet*) = Arzt/Ärztin mit abgeschlossenem Studium, der/die in einem Krankenhaus arbeitet, um Berufspraxis zu bekommen **2** (*AmE*) Hausdiener

house martin /ˈhaʊs mɑːtɪn; *AmE* mɑːrtn/ *Nomen* Mehlschwalbe

house·mas·ter /ˈhaʊsmɑːstə(r); *AmE* -mæstər/ *Nomen* (*bes BrE*) = Lehrer, der für die Schüler einer Wohngemeinschaft in einem Internat zuständig ist

house·mate /ˈhaʊsmeɪt/ *Nomen* (*bes BrE*) Mitbewohner(in)

ˈhouse music (*auch* **house**) *Nomen* (*Musik*) House

ˌhouse of ˈcards *Nomen* [Sing] (*auch fig*) Kartenhaus

the ˌHouse of ˈCommons (*auch* **the ˈCommons**) *Nomen* [mit Verb im Sing/Pl] = das Unterhaus (in Großbritannien und Kanada)

ˈhouse officer *Nomen* (*BrE*) = Arzt/Ärztin mit abgeschlossenem Studium, der/die in einem Krankenhaus arbeitet, um Berufspraxis zu bekommen

ˌhouse of ˈGod *Nomen* (*Pl* **houses of God**) [meist Sing] (*gehoben*) Gotteshaus

the ˌHouse of ˈLords (*auch* **the ˈLords**) *Nomen* [mit Verb im Sing/Pl] = das Oberhaus (in Großbritannien)

the ˌHouse of Repreˈsentatives *Nomen* [Sing] = das Repräsentantenhaus (in den USA, Australien und Neuseeland)

house·plant /ˈhaʊsplɑːnt; *AmE* -plænt/ *Nomen* Zimmerpflanze

ˈhouse-proud *Adj* = auf Reinlichkeit und Ordnung im Haus bedacht

ˈhouse-sit *Verb* (**-sitting**, **-sat**, **-sat**) = während jds Abwesenheit in dessen Haus einziehen um darauf aufzupassen

the ˌHouses of ˈParliament *Nomen* [Pl] (*in London*) das Parlament(sgebäude)

ˌhouse-to-ˈhouse *Adj* [nur vor Nomen] von Haus zu Haus ◇ *a house-to-house collection* eine Haussammlung ◇ *The police are making house-to-house inquiries.* Die Polizei geht von Haus zu Haus und befragt die Bewohner.

ˈhouse-trained *Adj* (*BrE*) stubenrein

ˈhouse-warming *Nomen* Wohnungseinweihung

house·wife /ˈhaʊswaɪf/ *Nomen* (*Pl* **-wives** /-waɪvz/) Hausfrau

house·wife·ly /ˈhaʊswaɪfli/ *Adj* hausfraulich

house·work /ˈhaʊswɜːk; *AmE* -wɜːrk/ *Nomen* Hausarbeit

hous·ing 0‑ /ˈhaʊzɪŋ/ *Nomen* **1** [U] Wohnungen ◇ *the housing shortage* die Wohnungsnot ◇ *the housing department* das Wohnungsamt ◇ *poor housing conditions* schlechte Wohnbedingungen **2** (TECH) Gehäuse

ˈhousing association *Nomen* ≈ gemeinnützige Wohnungsbaugenossenschaft

ˈhousing benefit *Nomen* Wohngeld

ˈhousing development (*BrE auch* **ˈhousing estate**) *Nomen* Wohnsiedlung

ˈhousing project (*auch* **pro·ject**) *Nomen* (*AmE*) = mit öffentlichen Mitteln finanzierte Wohnsiedlung

hove *Form von* HEAVE

hovel /ˈhɒvl; *AmE* ˈhʌvl/ *Nomen* (*abwert*) Bruchbude

hover /ˈhɒvə(r); *AmE* ˈhʌvər/ *Verb* **1** schweben ◇ *The hawk hovered for a moment.* Der Falke stand einen Augenblick lang in der Luft. **2** (*Person*) herumstehen ◇ *He hovered over her, waiting for an answer.* Er drückte sich in der Nähe herum und wartete auf eine Antwort.

hover·board /ˈhɒvəbɔːd; *AmE* ˈhʌvərbɔːrd/ *Nomen* Hoverboard, E-Board

hov·er·craft /ˈhɒvəkrɑːft; *AmE* ˈhʌvərkræft/ *Nomen* Hovercraft, Luftkissenfahrzeug

how 0‑ /haʊ/ *Adv* wie ◇ *It's funny how people always remember him.* Es ist komisch, dass sich alle immer an ihn erinnern können. ◇ *How ever did you get here so quickly?* Wie bist du bloß so schnell hierher gekommen? IDM **how ˈcan/ˈcould you!** (*umgs*) wie kannst/konntest du nur! **how ˈcome?** (*umgs*) wieso? **ˌhow do you ˈdo** (*veraltend*) (*bei einer förmlichen Vorstellung*) Angenehm! **ˌhow's ˈthat?** (*umgs*) **1** wieso? **2** ◇ *I'll get you another pillow. How's that?* Ich bringe dir noch ein Kopfkissen. Ist es so recht? **3** ◇ *Two o'clock on the dot! How's that for punctuality!* Genau zwei Uhr! Wenn das nicht pünktlich ist! → *Siehe auch* ABOUT

howdy /ˈhaʊdi/ *Ausruf* (*AmE, umgs, oft hum*) hallo

how·ever 0‑ /haʊˈevə(r)/ *Adv* **1** egal wie, wie … auch ◇ *However you look at it, it's going to cost a lot.* Egal, wie man es betrachtet, es wird eine Menge Geld kosten. ◇ *However carefully I explained, she still didn't understand.* Ich konnte es noch so genau erklären, sie verstand es trotzdem nicht. ◇ *He wanted to take no risks, however small.* Er wollte nicht das geringste Risiko eingehen. **2** jedoch

how·itz·er /ˈhaʊɪtsə(r)/ *Nomen* (MIL) Haubitze

howl /haʊl/ *Verb, Nomen*

▸ ***Verb*** **1** heulen **2** brüllen, schreien ◇ *We howled with laughter.* Wir brüllten vor Lachen. **3** (*Wind*) pfeifen, heulen PHR V **ˌhowl sb ˈdown** jdn niederschreien

▸ ***Nomen*** **1** Heulen **2** Schrei ◇ *let out a howl of anguish* einen Schmerzensschrei ausstoßen ◇ *howls of laughter* brüllendes Gelächter **3** (*Wind*) Pfeifen, Heulen

howl·er /ˈhaʊlə(r)/ *Nomen* (*bes BrE, umgs*) (grober) Schnitzer

howl·ing /ˈhaʊlɪŋ/ *Adj* [nur vor Nomen] **1** (*Sturm etc.*) tosend **2** (*umgs*) Riesen-, riesig ◇ *a howling success* ein Riesenerfolg

howzit /ˈhaʊzɪt/ *Ausruf* (*SüdAfrE, umgs*) hi

h.p. (*auch* **HP**) /ˌeɪtʃ ˈpiː/ *Abk* **1** = HORSEPOWER **2** (*BrE*) = HIRE PURCHASE

HQ /ˌeɪtʃ ˈkjuː/ *Abk* = HEADQUARTERS

HR /ˌeɪtʃ ˈɑː(r)/ *Abk* = HUMAN RESOURCES

hr (*bes AmE* **hr.**) *Abk* (*Pl* **hrs** *oder* **hr**) = HOUR

HRH /ˌeɪtʃ ɑːr ˈeɪtʃ/ *Abk* = ROYAL HIGHNESS

HRT /ˌeɪtʃ ɑː ˈtiː; *AmE* ɑːr ˈ-/ *Kurzform von* **hormone replacement therapy** [U] Hormonbehandlung

hub /hʌb/ *Nomen* **1** [meist Sing] Zentrum, Mittelpunkt ◇ *a hub airport* ein Umsteigeflughafen **2** (Rad)nabe

hub·bub /ˈhʌbʌb/ *Nomen* [Sing] **1** Stimmengewirr **2** Tumult ◇ *the hubbub of city life* der Großstadtrummel

hubby /ˈhʌbi/ *Nomen* (*Pl* **-ies**) (*umgs*) (Ehe)mann

hub·cap /ˈhʌbkæp/ *Nomen* Radkappe

hu·bris /ˈhjuːbrɪs/ *Nomen* (*gehoben*) Hybris, Vermessenheit

huck·ster /ˈhʌkstə(r)/ *Nomen* (*AmE, veraltet*) **1** (*abwert*) (skrupelloser) Geschäftemacher **2** fliegende(r) Händler(in), Hausierer(in)

hud·dle /ˈhʌdl/ *Verb, Nomen*

▸ ***Verb*** **1** **~ up/together** sich eng aneinander drängen ◇ *People huddled up close to each other.* Die Leute drängten sich aneinander. **2** kauern ◇ *I huddled under a blanket.* Ich kauerte unter eine Decke.

▸ ***Nomen*** **1** (dicht gedrängte) Gruppe ◇ *People stood around in huddles.* Die Leute standen in Gruppen eng beieinander. ◇ *a huddle of barns and sheds* eine Ansammlung von Scheunen und Schuppen **2** (*AmE*) (*im Football*) Mannschaftsbesprechung IDM **get/go into a ˈhuddle** die Köpfe zusammenstecken

hud·dled /ˈhʌdld/ *Adj* zusammengedrängt ◇ *People were huddled together around the fire.* Die Leute saßen zusammengedrängt ums Feuer. ◇ *We found him huddled on the floor.* Wir fanden ihn auf dem Boden zusammengekauert.

hue /hjuː/ *Nomen* **1** (*gehoben oder Fachspr*) Farbe, Farbton ◇ *His face took on a whitish hue.* Er wurde weiß im Gesicht. **2** (*gehoben*) Meinungsrichtung ◇ *supporters of every political hue* Vertreter aller politischen Couleurs IDM **ˌhue and ˈcry** Zeter und Mordio

huff /hʌf/ *Verb, Nomen*

▸ ***Verb*** schnauben IDM **ˌhuff and ˈpuff** (*umgs*) **1** schnaufen und keuchen **2** sich anstellen ◇ *After much huffing and puffing she finally agreed.* Nachdem sie einen Riesenaufstand gemacht hatte, willigte sie schließlich doch ein.

▸ ***Nomen*** IDM **in a 'huff** *(umgs)* beleidigt

huffy /ˈhʌfi/ *Adj (Adv* **huff·ily** */-fəli/) (umgs)* beleidigt, gereizt

hug /hʌg/ *Verb, Nomen*

▸ ***Verb*** **(-gg-) 1** umarmen, (an sich) drücken **2** umklammern **3 ~ sth** sich an etw schmiegen ◇ *The track hugs the coast.* Der Weg verläuft ganz nah an der Küste. ◇ *We crept along, hugging the fence.* Wir krochen dicht am Zaun entlang. **4** eng anliegen ◇ *figure-hugging jeans* eng anliegende Jeans

▸ ***Nomen*** Umarmung ◇ *She gave her mother a big hug.* Sie drückte ihre Mutter fest an sich.

huge 0-w /hju:dʒ/ *Adj* riesig, Riesen-

huge·ly /ˈhju:dʒli/ *Adv (gehoben)* **1** ungeheuer, sehr ◇ *hugely expensive* ungemein teuer **2** sehr viel ◇ *They are investing hugely in new technology.* Sie investieren große Summen in neue Technologien. ◇ *He turned around, grinning hugely.* Er drehte sich um und grinste übers ganze Gesicht.

huh /hʌ/ *Ausruf* **1** *(nachgestellt in Fragen)* ja? ◇ *Let's get out of here, huh?* Verschwinden wir, ja? ◇ *So you won't be coming tonight, huh?* Du kommst also heute Abend nicht, oder was? **2** pah! ◇ *'Try to understand.' 'Huh! What is there to understand?'* „Versteh mich doch." „Pah, was gibt's da schon zu verstehen?" ◇ *Huh! Is that all you've done?* Was! Mehr hast du nicht gemacht? **3** *(wie bitte?)* was? ◇ *'How are you feeling?' 'Huh?'* „Wie geht es dir?" „Hm?"

hulk /hʌlk/ *Nomen* **1** *(alter)* (Schiffs)rumpf, Wrack **2** *(fig)* Koloss

hull /hʌl/ *Nomen, Verb*

▸ ***Nomen*** (Schiffs)rumpf

▸ ***Verb*** enthülsen, entstielen

hul·la·ba·loo /ˌhʌləbəˈlu:/ *Nomen* [Sing] Radau, Tumult

hullo *(bes BrE)* = HELLO

hum /hʌm/ *Verb, Nomen*

▸ ***Verb*** **(-mm-) 1** summen **2** brummen, surren **3** *(fig)* voller Leben sein, schwirren ◇ *The house was humming with preparations.* Im Haus wurden emsig Vorbereitungen getroffen. IDM **ˌhum and ˈhaw** *(BrE, umgs)* hin und her überlegen; herumdrucksen

▸ ***Nomen*** [Sing] Summen, Brummen, Dröhnen ◇ *He could hear a hum of voices from the next room.* Er hörte Stimmengemurmel im Raum nebenan.

human 0-w /ˈhju:mən/ *Adj, Nomen*

▸ ***Adj*** [nur vor Nomen] menschlich, Menschen- ◇ *a politician who has the human touch* ein Politiker, der menschliche Wärme ausstrahlt ◇ *She's only human.* Sie ist auch nur ein Mensch. ◇ *It's only human to want that.* Es ist doch normal, das zu wollen. ◇ *human geography* Anthropogeografie IDM → MILK

▸ ***Nomen*** *(auch* **ˌhuman ˈbeing***)* Mensch

hu·mane /hju:ˈmeɪn/ *Adj (Adv* **hu·mane·ly***)* **1** human, menschenwürdig **2** tiergerecht ◇ *The dog was humanely destroyed.* Der Hund wurde eingeschläfert.

hu·man·ism /ˈhju:mənɪzəm/ *Nomen* Humanismus

hu·man·ist /ˈhju:mənɪst/ *Nomen* Humanist(in)

hu·man·is·tic /ˌhju:məˈnɪstɪk/ *Adj* humanistisch

hu·mani·tar·ian /hju:ˌmænɪˈteəriən; *AmE* -ˈter-/ *Adj, Nomen*

▸ ***Adj*** humanitär

▸ ***Nomen*** humanitär eingestellter Mensch, Menschenfreund

hu·mani·tar·ian·ism /hju:ˌmænɪˈteəriənɪzəm; *AmE* -ˈter-/ *Nomen* humanitäre Gesinnung

hu·man·ity /hju:ˈmænəti/ *Nomen* **1** Menschheit **2** Menschlichkeit ◇ *united by a sense of common humanity* vereinigt im Bewusstsein des gemeinsamen menschlichen Schicksals **3 (the) humanities** [Pl] die Geisteswissenschaften

hu·man·ize *(BrE auch* **-ise***)* /ˈhju:mənaɪz/ *Verb* humaner gestalten, humanisieren

hu·man·kind /ˌhju:mənˈkaɪnd/ *Nomen* Menschheit

hu·man·ly /ˈhju:mənli/ *Adv* menschlich ◇ *all that was humanly possible* alles Menschenmögliche ◇ *He couldn't humanly refuse to help her.* Es wäre unmenschlich gewesen, ihr die Hilfe zu verweigern.

ˌhuman ˈnature *Nomen* die menschliche Natur ◇ *It has restored my faith in human nature.* Es hat meinen Glauben an das Gute im Menschen wiederhergestellt.

hu·man·oid /ˈhju:mənɔɪd/ *Nomen, Adj*

▸ ***Nomen*** menschenähnliches Wesen, menschenähnlicher Roboter

▸ ***Adj*** menschenähnlich

the ˌhuman ˈrace *Nomen* [Sing] die Menschheit

ˌhuman ˈresources *Nomen (Abk* **HR***)* **1** [Pl] menschliche Ressourcen, Personal **2** [mit Verb im Sing/Pl] Personalabteilung

ˌhuman ˈright *Nomen* [meist Pl] Menschenrecht

hum·ble /ˈhʌmbl/ *Adj, Verb*

▸ ***Adj*** **(hum·bler** /ˈhʌmblə(r)/, **hum·blest** /ˈhʌmblɪst/) *(Adv* **hum·bly** */-bli/)* **1** bescheiden ◇ *My humble apologies.* Ich bitte untertänigst um Entschuldigung. ◇ *'Sorry,' she said humbly.* „Entschuldigung", sagte sie kleinlaut. **2** einfach, klein IDM → EAT

▸ ***Verb*** **1** demütigen, erniedrigen ◇ *He was humbled by her courage.* Ihre Tapferkeit beschämte ihn. **2** *(meist passiv)* vernichtend schlagen

hum·bug /ˈhʌmbʌg/ *Nomen* **1** Schwindel, Heuchelei, Betrug **2** *(veraltet)* Heuchler(in) **3** *(BrE)* Pfefferminzbonbon

hum·drum /ˈhʌmdrʌm/ *Adj* eintönig, stumpfsinnig, langweilig

hu·merus /ˈhju:mərəs/ *Nomen (Pl* **hu·meri** */-raɪ/)* (ANAT) Oberarmknochen

humid /ˈhju:mɪd/ *Adj* feucht

hu·midi·fier /hju:ˈmɪdɪfaɪə(r)/ *Nomen* Luftbefeuchter

hu·mid·ity /hju:ˈmɪdəti/ *Nomen* (hohe) Luftfeuchtigkeit

hu·mili·ate /hju:ˈmɪlieɪt/ *Verb* demütigen, erniedrigen ◇ *The party was humiliated in the elections.* Die Partei hat in den Wahlen eine demütigende Niederlage erlitten.

hu·mili·at·ing /hju:ˈmɪlieɪtɪŋ/ *Adj* demütigend, blamabel ◇ *It was the most humiliating moment of her life.* Sie hatte sich noch nie im Leben so geschämt.

hu·mili·ation /hju:ˌmɪliˈeɪʃn/ *Nomen* Demütigung, Blamage

hu·mil·ity /hju:ˈmɪləti/ *Nomen* Bescheidenheit, Unterwürfigkeit

hum·ming·bird /ˈhʌmɪŋbɜ:d; *AmE* -bɜ:rd/ *Nomen* Kolibri

hum·mock /ˈhʌmək/ *Nomen (BrE)* kleiner Hügel

hum·mus *(auch* **hou·mous***)* /ˈhʊməs, ˈhu:məs/ *Nomen* = griechischer Dip aus Kichererbsen, Olivenöl und Knoblauch

hu·mon·gous /hju:ˈmʌŋgəs/ *Adj (bes AmE, umgs)* riesig

hu·mor·ist /ˈhju:mərɪst/ *Nomen* Humorist(in)

hu·mor·ous 0-w /ˈhju:mərəs/ *Adj (Adv* **hu·mor·ous·ly***)* humorvoll, witzig ◇ *humorous grey eyes* lustige graue Augen

hu·mour 0-w *(AmE* **hu·mor***)* /ˈhju:mə(r)/ *Nomen, Verb*

▸ ***Nomen*** **1** Humor, Komik ◇ *have a good sense of humour* Humor haben ◇ *She has her very own brand of humour.* Sie hat einen ganz eigenen Humor. ◇ *She ignored his feeble attempt at humour.* Sie ignorierte seinen kläglichen Versuch, witzig zu sein. **2** *(gehoben)* Stimmung, Laune ◇ *be out of humour* schlechter

Laune sein ◇ *The meeting dissolved in ill humour.* Die Versammlung endete mit einem Missklang. **3** (*veraltet*) Körpersaft
▸ ***Verb*** **~ sb** jdm seinen Willen lassen

hu·mour·less (*AmE* **hu·mor·less**) /ˈhjuːmələs; *AmE* -mərləs/ *Adj* humorlos ◇ *a humourless smile* ein müdes Lächeln

hump /hʌmp/ *Nomen, Verb*
▸ ***Nomen*** **1** Buckel ◇ *the dark hump of the mountain* die dunkle Erhebung des Berges ◇ (*BrE*) *a road/speed/traffic hump* eine Bodenwelle zur Verkehrsberuhigung **2** Höcker IDM **get/take the ˈhump** (*BrE, umgs*) (stink)sauer werden **be over the ˈhump** (*umgs*) über den Berg sein
▸ ***Verb*** **1** (*BrE*) schleppen, buckeln **2** (*Slang*) (*Sex haben*) bumsen

hump·back /ˈhʌmpbæk/ *Nomen* **1** (*auch* ˌ**humpback ˈwhale**) Buckelwal **2** (*beleidigend*) Bucklige(r)

ˌ**humpback ˈbridge** *Nomen* (*BrE*) = kleine Brücke, die auf beiden Seiten steil ansteigt

humped /hʌmpt/ *Adj* bucklig ◇ *humped shoulders* gebeugte Schultern

humph /həmf/ *Ausruf* (*drückt Zweifel oder Missbilligung aus*) hm

humus /ˈhjuːməs/ *Nomen* Humus

hunch /hʌntʃ/ *Verb, Nomen*
▸ ***Verb*** krümmen ◇ *She sat hunched over the desk.* Sie saß über den Schreibtisch gebeugt. ◇ *He hunched his shoulders.* Er zog die Schultern hoch.
▸ ***Nomen*** Ahnung, Verdacht ◇ *follow/back your hunches* seinem inneren Gefühl folgen

hunch·back /ˈhʌntʃbæk/ *Nomen* (*beleidigend*) Bucklige(r)

hunched /ˈhʌntʃt/ *Adj* (zusammen)gekrümmt, gebeugt ◇ *She sat with her shoulders hunched up.* Sie saß mit hochgezogenen Schultern da.

hun·dred 0‑w /ˈhʌndrəd/ *Zahl* [mit Verb im Pl] **1** hundert ◇ *She must be over a hundred.* Sie muss über hundert sein. ◇ *This vase is worth several hundred dollars.* Diese Vase ist mehrere hundert Dollar wert. ◇ *a hundred-year lease* ein Pachtvertrag auf hundert Jahre ◇ *hundreds of thousands of people* hunderttausende von Menschen ◇ (*gehoben*) *Men died in their hundreds.* Männer starben zu hunderten. **2 a hundred, hundreds (of ...)** (*umgs*) hunderte (von ...) ◇ *If I've said it once, I've said it a hundred times.* Das hab ich schon hundertmal gesagt. ◇ *I have a hundred and one things to do.* Ich habe tausend Sachen zu erledigen. **3 the hundreds** [Pl] die Hunderter ◇ *We're talking about a figure in the low hundreds.* Wir haben es mit einer Zahl unter fünfhundert zu tun. **4 the ... hundreds** [Pl] (*umgs*) = das ... Jahrhundert ◇ *the early nineteen hundreds* das frühe 20. Jahrhundert **5 ... ~ hours** (*in offiziellen Zeitangaben*) ◇ *twelve hundred hours* zwölf Uhr IDM → NINETY

hun·dredth 0‑w /ˈhʌndrədθ, -drətθ/ *Adj, Pron, Nomen*
▸ ***Adj, Pron*** hundertste(r,s) ◇ *her hundredth birthday* ihr hundertster Geburtstag
▸ ***Nomen*** Hundertstel ◇ *a/one hundredth of a second* eine Hundertstelsekunde

hun·dred·weight /ˈhʌndrədweɪt/ *Nomen* (*Pl* **hundred·weight**) (*Abk* **cwt**) Zentner

hung /hʌŋ/ *Adj* [nur vor Nomen] **1** (*BrE*) ◇ *a hung parliament* ein Parlament, in dem keine Partei eine absolute Mehrheit hat **2** ◇ *The trial ended with a hung jury.* Am Ende des Verfahrens konnten sich die Geschworenen nicht einigen. → *Siehe auch* HANG

hun·ger /ˈhʌŋɡə(r)/ *Nomen, Verb*
▸ ***Nomen*** **1** Hunger ◇ *die of hunger* verhungern ◇ *hunger pangs* quälender Hunger **2** [Sing] (*gehoben*) Verlangen ◇ *his hunger for knowledge* sein Wissensdurst
▸ ***Verb*** PHR V **sb ˈhungers for/after sth/sb** (*gehoben*) jdn verlangt nach etw/jdm

ˈ**hunger strike** *Nomen* Hungerstreik ◇ *go on hunger strike* in den Hungerstreik treten

ˈ**hunger striker** *Nomen* Hungerstreikende(r)

hung·over /ˌhʌŋˈəʊvə(r); *AmE* -ˈoʊ-/ *Adj* verkatert

hun·gry 0‑w /ˈhʌŋɡri/ *Adj* (**hun·grier**, **hun·gri·est**) (*Adv* **hun·grily** /-ɡrəli/) **1** hungrig ◇ *be hungry* Hunger haben ◇ *Is anyone getting hungry?* Habt Ihr schon Hunger? ◇ *All this gardening is hungry work.* Die Gartenarbeit macht einen hungrig. **2** hungernd ◇ *go hungry* hungern ◇ *feed the hungry* den Hungernden zu essen geben **3 ~ (for sth)** (be)gierig (nach etw) ◇ *The child is hungry for affection.* Das Kind sehnt sich nach Liebe. ◇ *He kissed her hungrily.* Er küsste sie voller Verlangen.

ˌ**hung ˈup** *Adj* [nicht vor Nomen] (*umgs, abwert*) ◇ *He's too hung up about fitness.* Er hat einen Fitnesskomplex. ◇ *You're not still hung up on that woman?* Kommst du etwa immer noch nicht los von dieser Frau?

hunk /hʌŋk/ *Nomen* **1** großes Stück, dicker Brocken **2** (*umgs*) Bär von einem Mann ◇ *a bronzed hunk* ein sonnengebräunter Muskelprotz

hun·ker /ˈhʌŋkə(r)/ *Verb* PHR V ˌ**hunker ˈdown 1** (*bes AmE*) in die Hocke gehen ◇ *He hunkered down beside her.* Er hockte sich neben sie. **2** ausharren

hun·kers /ˈhʌŋkəz; *AmE* -kərz/ *Nomen* Hocke IDM **on your ˈhunkers** in der Hocke

hunky /ˈhʌŋki/ *Adj* (**hunk·ier**, **hunk·iest**) stattlich, sexy ◇ *Who is that hunky guy?* Wer ist der klasse Typ?

hunt 0‑w /hʌnt/ *Verb, Nomen*
▸ ***Verb*** **1** jagen **2 ~ (for sth)** (nach etw) suchen **3 ~ (for) sb** auf jdn Jagd machen, nach jdm fahnden **4** (*BrE*) = zu Pferde einen Fuchs mit einer Meute Hunde jagen PHR V ˌ**hunt sb ˈdown** auf jdn Jagd machen ˌ**hunt sth ˈdown/ˈout** etw ausfindig machen ◇ *I hunted out my old photos.* Ich habe meine alte Fotos hervorgekramt.
▸ ***Nomen*** **1** [meist Sing] **~ (for sb/sth)** Suche (nach jdm/etw), Fahndung (nach jdm/etw) ◇ *The hunt is on for a successor.* Die Suche nach einem Nachfolger hat begonnen. ◇ *a police hunt* eine polizeiliche Suchaktion **2** (*meist in Zusammensetzungen*) Jagd ◇ *a seal hunt* eine Robbenjagd **3** (*BrE*) Fuchsjagd **4** [mit Verb im Sing/Pl] (*BrE*) Jagdgesellschaft

hunt·er /ˈhʌntə(r)/ *Nomen* **1** Jäger(in) ◇ *a bargain hunter* ein Schnäppchenjäger **2** (*BrE*) Jagdpferd **3** (*AmE*) Jagdhund

hunt·ing 0‑w /ˈhʌntɪŋ/ *Nomen* [U] **1** Jagd, Jagen ◇ *go hunting* auf die Jagd gehen **2** (*BrE*) = FOX HUNTING **3** ◇ *How's the job hunting going?* Wie läuft die Stellensuche? ◇ *house hunting* Wohnungssuche

ˈ**hunting ground** *Nomen* Jagdrevier ◇ *a happy hunting ground for pickpockets* ein Eldorado für Taschendiebe

hunt·ress /ˈhʌntrəs/ *Nomen* (*gehoben*) Jägerin

hunts·man /ˈhʌntsmən/ *Nomen* (*Pl* **-men** /-mən/) Jäger; (*bei der Fuchsjagd*) Jagdreiter

hur·dle /ˈhɜːdl; *AmE* ˈhɜːrdl/ *Nomen, Verb*
▸ ***Nomen*** **1** Hürde (*auch fig*) ◇ *clear a hurdle* eine Hürde nehmen ◇ *fall at the final hurdle* an der letzten Hürde scheitern **2 hurdles** [Pl] Hürdenlauf; (*für Pferde*) Hürdenrennen
▸ ***Verb*** **1 ~ (over) sth** über etw springen **2** im Hürdenlauf laufen

hurd·ler /ˈhɜːdlə(r); *AmE* ˈhɜːrd-/ *Nomen* **1** Hürdenläufer(in) **2** = für Hürdenrennen trainiertes Pferd

hurd·ling /ˈhɜːdlɪŋ; *AmE* ˈhɜːrd-/ *Nomen* [U] Hürdenlauf

hurdy-gurdy /ˈhɜːdi gɜːdi; *AmE* ˈhɜːrdi gɜːrdi/ *Nomen* (*Pl* **-ies**) **1** Leierkasten **2** Drehleier

hurl /hɜːl; *AmE* hɜːrl/ *Verb* schleudern ◇ *hurl accusations at sb* jdn mit Vorwürfen überhäufen ◇ *They hurled abuse at each other.* Sie beschimpften sich gegenseitig.

hurl·ing /ˈhɜːlɪŋ; *AmE* ˈhɜːrlɪŋ/ *Nomen* [U] = dem Hockey ähnlicher Sport (in Irland)

hurly-burly /ˈhɜːli bɜːli; *AmE* ˈhɜːrli bɜːrli/ *Nomen* [U] Rummel, Trubel ◇ *the hurly-burly of political debate* der politische Rummel

hur·rah /həˈrɑː/ (*BrE, selten* **hur·ray** /həˈreɪ/) *Ausruf* hurra ◇ *Hurrah for the President.* Es lebe der Präsident!

hur·ri·cane /ˈhʌrɪkən; *AmE* ˈhɜːrəkən, -keɪn/ *Nomen* **1** Hurrikan **2** Orkan

hur·ried /ˈhʌrid; *AmE* ˈhɜːrid/ *Adj* (*Adv* **hur·riedly**) eilig ◇ *I ate a hurried breakfast.* Ich frühstückte in aller Eile.

hurry 0‑ /ˈhʌri; *AmE* ˈhɜːri/ *Verb, Nomen*

▸ ***Verb*** (**hur·ries, hurry·ing, hur·ried, hur·ried**) **1** sich beeilen **2** eilen ◇ *She hurried after him.* Sie eilte ihm nach. **3** drängen ◇ *She was hurried into a decision.* Sie wurde zu einer Entscheidung gedrängt. **4** beschleunigen ◇ *Her application was hurried through.* Ihr Antrag wurde vorrangig erledigt. ◇ *The Act was hurried through Parliament.* Das Gesetz wurde im Parlament durchgepeitscht. **5** überstürzen; (*Getränk*) hinunterstürzen ◇ *A good meal should never be hurried.* Zu einem guten Essen sollte man sich Zeit lassen. PHR V **ˌhurry ˈon** **1** (schnell) fortfahren **2** weitereilen **ˌhurry ˈup (with sth)** sich (mit etw) beeilen ◇ *I wish the bus would hurry up and come.* Ich wünschte, der Bus würde endlich kommen. **ˌhurry sb ˈup** jdn (zur Eile) antreiben **ˌhurry sth ˈup** etw vorantreiben

▸ ***Nomen*** Eile ◇ *There's no hurry.* Es hat keine Eile. ◇ *What's the hurry?* Warum so eilig? IDM **in a ˈhurry** **1** eilig ◇ *His defection will not be forgiven in a hurry.* Dass er übergelaufen ist, wird man ihm nicht so schnell verzeihen. **2** in Eile **be in a ˈhurry to do sth** es eilig haben etw zu tun ◇ *My daughter is in such a hurry to grow up.* Meine Tochter kann es gar nicht erwarten, erwachsen zu sein. **be in no ˈhurry (to do sth); be not in a/any ˈhurry (to do sth)** keine Eile haben (etw zu tun) **sb will not do sth again in a ˈhurry** (*umgs*) jd macht etw nicht so schnell wieder ◇ *I won't go there again in a hurry.* Da gehe ich nicht so schnell wieder hin.

hurt 0‑ /hɜːt; *AmE* hɜːrt/ *Verb, Adj, Nomen*

▸ ***Verb*** (**hurt, hurt**) **1** schmerzen ◇ *My feet hurt.* Meine Füße tun weh. **2** **~ yourself/sb/sth** sich/jdn/etw verletzen ◇ *He hurt his back.* Er hat sich den Rücken verletzt. ◇ *My back is really hurting me today.* Mein Rücken tut heute gemein weh. ◇ *Strong light hurts my eyes.* Grelles Licht geht auf meine Augen. ◇ *My shoes hurt.* Meine Schuhe drücken. **3** kränken, verletzen ◇ *What really hurt was that he never answered my letter.* Was mich tief getroffen hat, ist, dass er meinen Brief nie beantwortet hat. ◇ *hurt sb's feelings* jdn verletzen ◇ *It hurt me to think that he would lie to me.* Der Gedanke, dass er mich belügen könnte, hat wehgetan. **4** **be hurting** (*umgs*) unglücklich sein ◇ *I know you're hurting and I want to help you.* Ich weiß, dass es schmerzlich für dich ist, und ich möchte dir helfen. **5** **~ sb/sth** jdm/etw schaden **6** **be hurting** (*AmE*) schlecht dran sein ◇ *The parish is hurting for money.* Die Gemeinde braucht dringend Geld. IDM **it won't/wouldn't ˈhurt (sb/sth) (to do sth)** es wird/würde (jdm/etw) nichts schaden (etw zu tun) → *Siehe auch* FLY *und* HIT

▸ ***Adj*** **1** verletzt **2** gekränkt, verletzt ◇ *Her hurt pride showed in her eyes.* Man sah ihr den gekränkten Stolz an.

▸ ***Nomen*** [U/Sing] Schmerz, Kränkung

hurt·ful /ˈhɜːtfl; *AmE* ˈhɜːrt-/ *Adj* (*Adv* **hurt·ful·ly** /-fəli/) verletzend ◇ *The bad reviews were very hurtful to her.* Die schlechten Kritiken haben ihr sehr wehgetan.

hur·tle /ˈhɜːtl; *AmE* hɜːrtl/ *Verb* **1** **~ along, away, down, past, etc.** ◇ *A car came hurtling towards us.* Ein Auto kam auf uns zugerast. **2** **~ sb/sth away, down, etc.** ◇ *The slightest motion could hurtle him down.* Die kleinste Bewegung konnte ihn in die Tiefe schleudern. ◇ *A train hurtled her away.* Ein Zug trug sie davon.

hus·band 0‑ /ˈhʌzbənd/ *Nomen, Verb*

▸ ***Nomen*** (Ehe)mann IDM **ˌhusband and ˈwife** Mann und Frau ◇ *They're husband and wife.* Sie sind verheiratet. ◇ *a husband-and-wife team* ein Ehepaar-Team

▸ ***Verb*** (*gehoben*) sparsam umgehen mit

hus·band·ry /ˈhʌzbəndri/ *Nomen* **1** ◇ *animal husbandry* Viehzucht ◇ *crop husbandry* Ackerbau **2** (*veraltet*) sparsames Wirtschaften

hush /hʌʃ/ *Verb, Nomen*

▸ ***Verb*** **1** (*in Anweisungen*) still sein **2** **~ sb** jdm bedeuten zu schweigen **3** **~ sb** jdn beschwichtigen PHR V **ˌhush sth ˈup** etw vertuschen

▸ ***Nomen*** Stille ◇ *There was a deathly hush in the theatre.* Im Theater herrschte Totenstille. ◇ *A hush fell over the crowd.* Die Menge wurde still. ◇ (*BrE, umgs*) *Can we have a bit of hush?* Einen Moment Ruhe bitte.

hushed /hʌʃt/ *Adj* **1** still ◇ *A hushed courtroom listened as she gave evidence.* Im Gerichtssaal herrschte Stille, als sie aussagte. **2** gedämpft, leise ◇ *in a hushed whisper* im Flüsterton

ˌhush-ˈhush *Adj* (*umgs*) geheim

ˈhush puppy *Nomen* (*AmE*) = kleines gebratenes Maisbrot

husk /hʌsk/ *Nomen, Verb*

▸ ***Nomen*** Spelze, Schale, Hülse ◇ (*fig*) *There was only the husk left of his former self.* Er war nur noch ein Schatten seiner selbst.

▸ ***Verb*** enthülsen, schälen

huski·ness /ˈhʌskinəs/ *Nomen* Heiserkeit ◇ *the huskiness of her voice* ihre rauchige Stimme

husky /ˈhʌski/ *Adj, Nomen*

▸ ***Adj*** (**husk·ier, husk·iest**) (*Adv* **husk·ily** /-skɪli/) (*Stimme*) rauchig, heiser, rau

▸ ***Nomen*** (*AmE auch* **huskie**) (*Pl* **-ies**) Husky, sibirischer Schlittenhund

hust·ings /ˈhʌstɪŋz/ *Nomen* **the hustings** [Pl] (*bes BrE*) Wahlveranstaltungen, Wahlkampf

hus·tle /ˈhʌsl/ *Verb, Nomen*

▸ ***Verb*** **1** drängen, schieben ◇ *I was hustled into a waiting car.* Ich wurde in ein wartendes Auto befördert. **2** **~ sb (into sth)** jdn (zu etw) drängen **3** (*bes AmE, umgs*) dealen **4** (*AmE, umgs*) forsch rangehen **5** (*AmE, Slang*) anschaffen gehen

▸ ***Nomen*** Gedränge, Gewühl ◇ *the hustle and bustle of the city* das geschäftige Treiben in der Stadt

hust·ler /ˈhʌslə(r)/ *Nomen* **1** (*bes AmE, umgs*) Gauner **2** (*AmE, Slang*) Nutte

hut /hʌt/ *Nomen* Hütte, Baracke ◇ *a beach hut* ein Strandhäuschen

hutch /hʌtʃ/ *Nomen* (*für Kaninchen etc.*) Stall

HVAC /ˈeɪtʃvæk/ *Abk* *Kurzform von* **heating, ventilation and air conditioning** (*bes AmE*) Heizungs-, Lüftungs- und Klimaanlagen

hya·cinth /ˈhaɪəsɪnθ/ *Nomen* Hyazinthe

hy·aena = HYENA

hy·brid /ˈhaɪbrɪd/ *Nomen, Adj*

▸ ***Nomen*** **1** (*Pflanze, Tier*) Kreuzung, Hybride **2** Mischung

▸ ***Adj*** hybrid, Misch- ◇ *hybrid flowers* aus Kreuzung hervorgegangene Blumen

hy·brid·iza·tion (*BrE auch* **-isa·tion**) /ˌhaɪbrɪdaɪˈzeɪʃn; *AmE* -dəˈ-/ *Nomen* (*Fachspr*) Kreuzung, Hybridisierung

hy·brid·ize (*BrE auch* **-ise**) /ˈhaɪbrɪdaɪz/ *Verb* (*Fachspr*) **1** (*Pflanzen und Tiere*) = sich mit artfremden Pflanzen oder Tieren befruchten oder paaren **2** kreuzen, hybridisieren

hy·dran·gea /haɪˈdreɪndʒə/ *Nomen* Hortensie

hy·drant /ˈhaɪdrənt/ *Nomen* = FIRE HYDRANT

hy·draul·ic /haɪˈdrɔːlɪk; *BrE auch* -ˈdrɒlɪk/ *Adj* (*Adv* **hy·draul·ic·al·ly** /-kli/) hydraulisch, Hydraulik- ◇ *hydraulically operated doors* hydraulisch betätigte Türen ◇ *hydraulic engineering* Wasserbau

hyˌdraulic ˈfracturing *Nomen* = Verfahren, bei dem tiefe Gesteinsschichten mit hohem Wasserdruck aufgebrochen werden, um anschließend Rohstoffe zu fördern

hy·draul·ics /haɪˈdrɔːlɪks; *BrE auch* -ˈdrɒlɪks/ *Nomen* **1** [Pl] (*technische Anlage*) Hydraulik **2** [U] (*Fach*) Hydraulik

hydro·car·bon /ˌhaɪdrəˈkɑːbən; *AmE* -ˈkɑːrbən/ *Nomen* Kohlenwasserstoff

hydro·chlor·ic acid /ˌhaɪdrəˌklɒrɪk ˈæsɪd; *AmE* -ˌklɔːrɪk/ *Nomen* Salzsäure

hydro·elec·tric /ˌhaɪdrəʊɪˈlektrɪk; *AmE* -droʊ-/ *Adj* hydroelektrisch ◇ *a hydroelectric plant* ein Wasserkraftwerk ◇ *hydroelectric power* durch Wasserkraft erzeugter Strom ◇ *a hydroelectric dam* eine Talsperre

hydro·elec·tri·city /ˌhaɪdrəʊɪˌlekˈtrɪsəti; *AmE* -droʊ-/ *Nomen* durch Wasserkraft erzeugter Strom

hydro·foil /ˈhaɪdrəfɔɪl/ *Nomen* Tragflächenboot

hydro·gen /ˈhaɪdrədʒən/ *Nomen* Wasserstoff

ˈ**hydrogen bomb** *Nomen* Wasserstoffbombe

ˌ**hydrogen peˈroxide** (*auch* **per·ox·ide**) *Nomen* Wasserstoffperoxid

hydro·plane /ˈhaɪdrəpleɪn/ *Nomen, Verb*

▸ ***Nomen*** **1** Gleitboot **2** (*AmE*) Wasserflugzeug

▸ ***Verb*** (*AmE*) **1** = mit einem Gleitboot fahren **2** = auf regennasser Straße ins Schleudern geraten

hydro·pon·ics /ˌhaɪdrəˈpɒnɪks; *AmE* -ˈpɑːnɪks/ *Nomen* [U] Hydrokultur

hydro·ther·apy /ˌhaɪdrəʊˈθerəpi; *AmE* -droʊ-/ *Nomen* [U] Hydrotherapie

hyena (*auch* **hy·aena**) /haɪˈiːnə/ *Nomen* (*Pl* **-as**) Hyäne

hy·giene /ˈhaɪdʒiːn/ *Nomen* Hygiene ◇ *personal hygiene* Körperpflege

hy·gien·ic /haɪˈdʒiːnɪk; *AmE meist* -ˈdʒenɪk/ *Adj* (*Adv* **hy·gien·ic·al·ly** /-kli/) hygienisch ◇ *in hygienic conditions* unter hygienisch einwandfreien Bedingungen

hy·gien·ist /haɪˈdʒiːnɪst/ (*bes BrE*) = DENTAL HYGIENIST

hymen /ˈhaɪmən/ *Nomen* (ANAT) Jungfernhäutchen

hymn /hɪm/ *Nomen* Kirchenlied, Hymne

hype /haɪp/ *Nomen, Verb*

▸ ***Nomen*** [U] (*abwert*) (*Reklame*) Rummel

▸ ***Verb*** **~ sth (up)** (*umgs, abwert*) für etw viel Publicity machen, etw groß herausbringen

hyper- /ˈhaɪpə(r)/ *Vorsilbe* (*mit Nomina und Adjektiven verwendet*) über-, hyper- ◇ *hypercritical* überkritisch

hyper·active /ˌhaɪpərˈæktɪv/ *Adj* hyperaktiv, überaktiv

hyper·activ·ity /ˌhaɪpərækˈtɪvəti/ *Nomen* Hyperaktivität, Überaktivität

hyper·bola /haɪˈpɜːbələ; *AmE* -ˈpɜːrb-/ *Nomen* (MATH) Hyperbel

hyper·bole /haɪˈpɜːbəli; *AmE* -ˈpɜːrb-/ *Nomen* [U] Übertreibung(en)

hyper·link /ˈhaɪpəlɪŋk; *AmE* -pərlɪŋk/ *Nomen* (COMP) Hyperlink

hyper·mar·ket /ˈhaɪpəmɑːkɪt; *AmE* -pərmɑːrkɪt/ *Nomen* (*BrE*) Verbrauchermarkt, Hypermarkt

hyper·sen·si·tive /ˌhaɪpəˈsensətɪv; *AmE* -pərˈ-/ *Adj* **~ (to sth)** überempfindlich (gegen etw) ◇ *He's hypersensitive to criticism.* Er reagiert überempfindlich auf Kritik.

hyper·sen·si·tiv·ity /ˌhaɪpəˌsensəˈtɪvəti; *AmE* -pərˌ-/ *Nomen* Überempfindlichkeit

hyper·ten·sion /ˌhaɪpəˈtenʃn; *AmE* -pərˈ-/ *Nomen* (MED) Bluthochdruck, Hypertonie

hyper·text /ˈhaɪpətekst; *AmE* -pərtekst/ *Nomen* [U] (COMP) Hypertext

hyper·ven·ti·late /ˌhaɪpəˈventɪleɪt; *AmE* -pərˈ-/ *Verb* (*Fachspr*) hyperventilieren

hyper·ven·ti·la·tion /ˌhaɪpəˌventɪˈleɪʃn; *AmE* -pərˌ-/ *Nomen* (*Fachspr*) Hyperventilation

hy·phen /ˈhaɪfn/ *Nomen* Bindestrich, Trennungsstrich

hy·phen·ate /ˈhaɪfəneɪt/ *Verb* mit Bindestrich schreiben, trennen

hy·phen·ation /ˌhaɪfəˈneɪʃn/ *Nomen* Silbentrennung ◇ *hyphenation rules* Trennungsregeln

hyp·no·sis /hɪpˈnəʊsɪs; *AmE* -ˈnoʊ-/ *Nomen* Hypnose

hyp·not·ic /hɪpˈnɒtɪk; *AmE* -ˈnɑːtɪk/ *Adj, Nomen*

▸ ***Adj*** **1** hypnotisierend, hypnotisch, Hypnose- ◇ *induce a hynotic state in sb* jdn in Hypnose versetzen **2** Schlaf- ◇ *hypnotic drugs* Hypnotika

▸ ***Nomen*** (*Fachspr*) Hypnotikum, Schlafmittel

hyp·no·tism /ˈhɪpnətɪzəm/ *Nomen* [U] **1** Hypnose **2** Hypnotismus

hyp·no·tist /ˈhɪpnətɪst/ *Nomen* Hypnotiseur(in)

hyp·no·tize (*BrE auch* **-ise**) /ˈhɪpnətaɪz/ *Verb* hypnotisieren

hypo- /ˈhaɪpəʊ; *AmE* -poʊ/ *Vorsilbe* (*mit Nomina und Adjektiven verwendet*) hypo-, unter- ◇ *hypothermia* Unterkühlung

hypo·allergen·ic /ˌhaɪpəʊˌæləˈdʒenɪk; *AmE* -poʊˌælərˈ-/ *Adj* hautverträglich

hypo·chon·dria /ˌhaɪpəˈkɒndriə; *AmE* -ˈkɑːn-/ *Nomen* [U] Hypochondrie

hypo·chon·driac /ˌhaɪpəˈkɒndriæk; *AmE* -ˈkɑːn-/ *Nomen, Adj*

▸ ***Nomen*** Hypochonder

▸ ***Adj*** (*auch* **hypo·chon·driacal** /ˌhaɪpəˌkɒnˈdraɪəkl; *AmE* -ˌkɑːn-/) hypochondrisch

hyp·oc·risy /hɪˈpɒkrəsi; *AmE* hɪˈpɑːk-/ *Nomen* (*Pl* **-ies**) Heuchelei, Scheinheiligkeit

hypo·crite /ˈhɪpəkrɪt/ *Nomen* (*abwert*) Heuchler(in) ◇ *Don't be such a hypocrite.* Sei nicht so scheinheilig.

hypo·crit·ical /ˌhɪpəˈkrɪtɪkl/ *Adj* (*Adv* **hypo·crit·ic·al·ly** /-kli/) scheinheilig, heuchlerisch

hypo·der·mic /ˌhaɪpəˈdɜːmɪk; *AmE* -ˈdɜːrmɪk/ *Nomen, Adj*

▸ ***Nomen*** **1** (*auch* ˌ**hypodermic syˈringe**) Injektionsspritze **2** (*auch* ˌ**hypodermic ˈneedle**) Injektionsnadel

▸ ***Adj*** subkutan

hypot·en·use /haɪˈpɒtənjuːz; *AmE* -ˈpɑːtənuːs, -njuːz/ *Nomen* (MATH) Hypotenuse

hypo·ther·mia /ˌhaɪpəˈθɜːmiə; *AmE* -ˈθɜːrm-/ *Nomen* (MED) Unterkühlung

hy·poth·esis /haɪˈpɒθəsɪs; *AmE* -ˈpɑːθ-/ *Nomen* (*Pl* **hy·poth·eses** /-siːz/) **1** Hypothese **2** [U] Annahme, Vermutung ◇ *engage in hypothesis* Vermutungen anstellen

hy·pothe·size (*BrE auch* **-ise**) /haɪˈpɒθəsaɪz; *AmE* -ˈpɑːθ-/ *Verb* (*gehoben*) **1** eine Hypothese aufstellen **2** annehmen

hypo·thet·ic·al /ˌhaɪpəˈθetɪkl/ *Adj* (*Adv* **hypo·thet·ic·al·ly** /-kli/) hypothetisch

hys·ter·ec·tomy /ˌhɪstəˈrektəmi/ *Nomen* (*Pl* **-ies**) Entfernung der Gebärmutter, Hysterektomie

hys·teria /hɪˈstɪəriə; *AmE* hɪˈstɪr-/ *Nomen* [U] Hysterie

hys·ter·ic·al /hɪˈsterɪkl/ *Adj* (*Adv* **hys·ter·ic·al·ly** /-kli/) **1** hysterisch **2** (*umgs*) zum Totlachen

hys·ter·ics /hɪˈsterɪks/ *Nomen* [Pl] **1** hysterischer Anfall ◇ *go into hysterics* einen hysterischen Anfall bekommen **2** (*umgs*) Lachkrampf ◇ *The audience was in hysterics.* Das Publikum konnte sich kaum halten vor Lachen. **IDM** **have hysterics** (*umgs*) einen Anfall kriegen

Hz *Abk* = HERTZ

I i

I, i 🔑 /aɪ/ *Nomen, Pron, Abk*

▸ ***Nomen*** (*Pl* **Is, I's, i's**) (*Buchstabe*) I, i → *Beispiele bei* A, A **IDM** → DOT

▸ **I** ***Pron*** ich ◇ *He and I are old friends.* Wir beide sind alte Freunde.

▸ **I** ***Abk*** = ISLAND *und* ISLE

i- *Vorsilbe* (*umgs*) (COMP) interaktiv

iam·bic /aɪˈæmbɪk/ *Adj* (LIT) jambisch ◇ *iambic pentameters* fünffüßige Jamben

ibex /ˈaɪbeks/ *Nomen* (*Pl* **ibex**) Steinbock

ibid. (*auch* **ib.**) *Abk* ibidem

ibis /ˈaɪbɪs/ *Nomen* (*Pl* **ibises**) Ibis

ice 🔑 /aɪs/ *Nomen, Verb*

▸ ***Nomen*** **1** Eis ◇ *a sheet of ice* eine Eisschicht ◇ *There was ice on the roads.* Es gab Glatteis. → *Siehe auch* BLACK ICE **2** (*bes BrE, veraltet*) (*Speise-*) Eis **3** (*AmE*) Wassereis mit Fruchtaroma **IDM** **break the ˈice** das Eis brechen **cut no ˈice (with sb)** (auf jdn) keinen Eindruck machen; (bei jdm) nicht ziehen ◇ *It cuts no ice with me.* Das lässt mich kalt. **on ˈice** **1** kalt gestellt **2** auf Eis gelegt ◇ *We had to put our plans on ice.* Wir mussten unsere Pläne auf Eis legen. **3** (*Show etc.*) auf dem Eis; on Ice → *Siehe auch* THIN

▸ ***Verb*** glasieren **PHRV** **ˌice ˈover/ˈup** zufrieren, vereisen, einfrieren

ˈice age *Nomen* Eiszeit

ˈice axe (*AmE* **ˈice-ax**) *Nomen* Eispickel

ice·berg /ˈaɪsbɜːg; *AmE* -bɜːrg/ *Nomen* Eisberg **IDM** → TIP

iceberg ˈlettuce *Nomen* Eissalat

ice-ˈblue *Adj* wasserblau

ice·breaker /ˈaɪsbreɪkə(r)/ *Nomen* **1** Eisbrecher **2** (*zur Lockerung der Stimmung*) ◇ *It'll be a great icebreaker.* Das wird hervorragend das Eis brechen.

ˈice cap *Nomen* Eisdecke, Eiskappe

ice-ˈcold *Adj* eiskalt

ice ˈcream 🔑 (*bes AmE* **ˈice cream**) *Nomen* (*Speise-*) Eis

ˈice cube *Nomen* Eiswürfel

iced /aɪst/ *Adj* **1** eisgekühlt, Eis- **2** (*Gebäck etc.*) glasiert

iced ˈtea *Nomen* Eistee

iced ˈwater *Nomen* (*BrE*) (*zum Trinken*) Wasser mit Eis

ˈice floe (*auch* **floe**) *Nomen* Eisscholle

ˈice hockey *Nomen* (*BrE*) Eishockey

ˈice lolly (*umgs* **lolly**) *Nomen* (*BrE*) Eis am Stiel

ˈice pick *Nomen* Eispickel

ˈice rink (*auch* **rink**) *Nomen* Schlittschuhbahn, Kunsteisbahn

ˈice skate (*auch* **skate**) *Nomen* Schlittschuh

ˈice-skate *Verb* Schlittschuh laufen

ˈice skater *Nomen* Schlittschuhläufer(in)

ˈice skating (*auch* **skat·ing**) *Nomen* Schlittschuhlauf(en), Eislauf(en) ◇ *go ice skating* Schlittschuhlaufen gehen

ˈice water *Nomen* (*AmE*) (*zum Trinken*) Wasser mit Eis

icicle /ˈaɪsɪkl/ *Nomen* Eiszapfen

icily → ICY

ici·ness /ˈaɪsinəs/ *Nomen* eisige Kälte

icing /ˈaɪsɪŋ/ *Nomen* (*bes BrE*) Glasur, Zuckerguss ◇ *butter icing* Buttercremeüberzug **IDM** **the icing on the ˈcake** das Tüpfelchen auf dem i

ˈicing sugar *Nomen* (*BrE*) Puderzucker

icon /ˈaɪkɒn; *AmE* -kɑːn/ *Nomen* **1** (COMP) Symbol, Icon **2** Idol **3** (*auch* **ikon**) Ikone

icon·ic /aɪˈkɒnɪk; *AmE* aɪˈkɑːnɪk/ *Adj* (*gehoben*) ikonisch

icono·clasm /aɪˈkɒnəklæzəm; *AmE* aɪˈkɑːn-/ *Nomen* (*gehoben*) Bildersturm, Bilderstürmerei, Ikonoklasmus

icono·clast /aɪˈkɒnəklæst; *AmE* aɪˈkɑːn-/ *Nomen* (*gehoben*) Bilderstürmer(in), Ikonoklast(in)

icono·clas·tic /aɪˌkɒnəˈklæstɪk; *AmE* aɪˌkɑːn-/ *Adj* (*gehoben*) bilderstürmerisch

ICU /ˌaɪ siː ˈjuː/ *Abk* = INTENSIVE CARE

icy /ˈaɪsi/ *Adj* **1** eiskalt, eisig ◇ *My feet were icy cold.* Ich hatte eiskalte Füße. **2** vereist **3** (*Adv* **icily** /-sɪli/) (*Blick, Ton*) eisig

ID /ˌaɪ ˈdiː/ *Kurzform von* **identity, identification** Ausweis, Identifizierung ◇ *You must carry ID at all times.* Sie müssen sich jederzeit ausweisen können. ◇ *an ID card* ein Personalausweis ◇ (*AmE*) *ID witnesses* Zeugen, die den Täter identifzieren

Id = EID

id /ɪd/ *Nomen* (*meist* **the id**) (PSYCH) das Es, das Unbewusste

I'd /aɪd/ *Abk* **1** = I HAD **2** = I WOULD

idea 🔑 /aɪˈdɪə; *AmE* aɪˈdiːə/ *Nomen* **1** Idee, Gedanke ◇ *What gave you that idea?* Wie kamst du darauf? ◇ *I have a pretty good idea where it is.* Ich weiß ziemlich genau, wo es ist. **2** Vorstellung, Ansicht ◇ *It's not my idea of a good time.* Das ist nicht das, was ich mir unter Vergnügen vorstelle. ◇ *Is this your idea of a joke?* Soll das ein Witz sein? **3** **the idea** [Sing] ◇ *You'll soon get the idea.* Sie werden es bald heraushaben. ◇ *What's the idea of all this?* Was soll das alles? ◇ *The whole idea of the party was so that we could meet him.* Der Sinn der Party war doch, dass wir ihn kennenlernen. **IDM** **give sb iˈdeas; put iˈdeas into sb's head** jdn auf dumme Gedanken bringen; jdm einen Floh ins Ohr setzen **have no iˈdea** keine Ahnung haben **not have the faintest, first, etc. idea** nicht die geringste Ahnung haben; keinen blassen Schimmer haben **ˈThat's an idea!** Das wär doch was! **That's the idea!** So ist es richtig! **You have no iˈdea ...** Du kannst dir gar nicht vorstellen ... → *Siehe auch* BUCK

ideal 🔑 /aɪˈdiːəl/ *Adj, Nomen*

▸ ***Adj*** ideal

▸ ***Nomen*** Ideal, Idealvorstellung

ideal·ism /aɪˈdiːəlɪzəm/ *Nomen* Idealismus

ideal·ist /aɪˈdiːəlɪst/ *Nomen* Idealist(in)

ideal·is·tic /ˌaɪdiəˈlɪstɪk/ *Adj* (*Adv* **ideal·is·tic·al·ly** /-kli/) idealistisch

ideal·iza·tion (*BrE auch* **-isa·tion**) /aɪˌdiːəlaɪˈzeɪʃn; *AmE* -ləˈ-/ *Nomen* Idealisierung

ideal·ize (*BrE auch* **-ise**) /aɪˈdiːəlaɪz/ *Verb* idealisieren

ideal·ly 🔑 /aɪˈdiːəli/ *Adv* **1** ideal **2** idealerweise, im Idealfall

iden·ti·cal /aɪˈdentɪkl/ *Adj* (*Adv* **iden·ti·cal·ly** /-kli/) **1** ~ **(to/with sb/sth)** (mit jdm/etw) völlig gleich, (mit jdm/etw) identisch ◇ *The numbers are identical.* Die Nummern stimmen überein. **2** [nur vor Nomen] **the identical** der-/die-/dasselbe

iˌdentical ˈtwin *Nomen* eineiiger Zwilling

iden·ti·fi·able /aɪˌdentɪˈfaɪəbl/ *Adj* erkennbar

iden·ti·fi·ca·tion /aɪˌdentɪfɪˈkeɪʃn/ *Nomen* **1** Identifizierung; (*von Pflanzen, Tieren*) Bestimmung ◇ *an identification number* eine Kennziffer ◇ *The early identification of special educational needs is important.* Es ist wichtig, dass Lernbehinderungen frühzeitig erkannt werden. **2** [U] (*Abk* **ID**) Ausweis ◇ *Can I see some identification, please?* Kann ich bitte Ihre Papiere sehen? **3** ~ **with sb/sth** Identifikation mit jdm/etw, Identifizierung mit jdm/etw **4** Gleichsetzung ◇ *the voters' identification of the Democrats with high taxes* die Tatsache, dass für die Wähler die Demokraten gleichbedeutend mit hohen Steuern sind

iˌdentifiˈcation parade *Nomen* (*BrE*) (*bei Ermittlungen*) Gegenüberstellung

iden·tify 🔑 /aɪˈdentɪfaɪ/ *Verb* (**-fies**, **-fy·ing**, **-fied**, **-fied**) **1** identifizieren; ~ **yourself** sich zu erkennen geben ◇ *They refused to identify themselves.* Sie weigerten sich ihre Namen zu nennen. **2** herausfinden, feststellen ◇ *They have not yet identified a buyer for the company.* Bisher ist noch kein Käufer für die Firma gefunden worden. **3** ◇ *Their clothes identify them as belonging to a particular social class.* Man kann an der Kleidung erkennen, welcher Gesellschaftsschicht sie angehören. PHR V **be iˈdentified with sb/sth** mit jdm/etw in Verbindung gebracht werden **iˈdentify with sb** sich mit jdm identifizieren **iˈdentify sb with sth** jdn für etw halten **iˈdentify sth with sth** etw mit etw gleichsetzen **iˈdentify yourself with sb/sth** sich mit jdm/etw identifizieren

Iden·ti·kit™ /aɪˈdentɪkɪt/ *Nomen* (*BrE*) Phantombild

iden·tity 🔑 /aɪˈdentəti/ *Nomen* (*Pl* **-ies**) **1** (*Abk* **ID**) Identität ◇ *Their identities were kept secret.* Ihre Namen wurden geheim gehalten. ◇ *a case of mistaken identity* eine Verwechslung ◇ *Do you have any proof of identity?* Können Sie sich ausweisen? ◇ *The thief used a false identity.* Der Dieb gab sich als jemand anders aus. ◇ *the corporate identity of the company* das Firmenimage **2** Übereinstimmung ◇ *There's a close identity between fans and their team.* Fans identifizieren sich stark mit ihrer Mannschaft.

iˈdentity card (*Abk* **ID card**) *Nomen* Personalausweis

iˈdentity parade *Nomen* (*BrE, umgs*) (*bei Ermittlungen*) Gegenüberstellung

iˈdentity theft *Nomen* Identitätsdiebstahl

ideo·gram /ˈɪdiəgræm/ (*auch* **ideo·graph** /-grɑːf; *AmE* -græf/) *Nomen* Ideogramm

ideo·logic·al /ˌaɪdiəˈlɒdʒɪkl; *AmE* -ˈlɑːdʒɪ-/ *Adj* (*Adv* **ideologic·al·ly** /-kli/) ideologisch

ideol·ogy /ˌaɪdiˈɒlədʒi; *AmE* -ˈɑːlə-/ *Nomen* (*Pl* **-ies**) Ideologie, Weltanschauung

idi·ocy /ˈɪdiəsi/ *Nomen* (*Pl* **-ies**) (*gehoben*) Dummheit, Idiotie ◇ *It is sheer idiocy to go climbing today.* Es ist reiner Wahnsinn, heute klettern zu gehen. ◇ *the idiocies of bureaucracy* bürokratische Absurditäten

idiom /ˈɪdiəm/ *Nomen* **1** Redewendung, idiomatische Wendung **2** (*gehoben*) (*Sprache, Sprechweise*) Idiom **3** (*gehoben*) Stil

idiom·at·ic /ˌɪdiəˈmætɪk/ *Adj* (*Adv* **idiom·at·ic·al·ly** /-kli/) idiomatisch

idio·syn·crasy /ˌɪdiəˈsɪŋkrəsi/ *Nomen* (*Pl* **-ies**) Eigenart ◇ *The car has its little idiosyncrasies.* Das Auto hat so seine Mucken.

idio·syn·crat·ic /ˌɪdiəsɪŋˈkrætɪk/ *Adj* eigen, eigenwillig

idiot /ˈɪdiət/ *Nomen* (*umgs*) Idiot(in), Trottel, Blödmann

idi·ot·ic /ˌɪdiˈɒtɪk; *AmE* -ˈɑːtɪk/ *Adj* (*Adv* **idi·ot·ic·al·ly** /-kli/) idiotisch ◇ *Don't be so idiotic!* Sei doch kein Idiot!

IDK /ˌaɪ diː ˈkeɪ/ *Abk Kurzform von* **I don't know** (*umgs*) (*Netzjargon*) k. A., ka

idle /ˈaɪdl/ *Adj, Verb*

▸ ***Adj*** (*Adv* **idly** /ˈaɪdli/) **1** faul **2** ungenutzt ◇ *The machines stood idle.* Die Maschinen standen still. **3** untätig, ohne Beschäftigung ◇ *an idle moment* eine freie Minute **4** müßig, leer ◇ *idle curiosity* reine Neugier ◇ *He wondered idly what would happen.* Er überlegte bei sich, was wohl passieren würde.

▸ ***Verb*** **1** faulenzen, nichts tun ◇ *We idled along by the river.* Wir bummelten am Fluss entlang. **2** (*Zeit etc.*) verbummeln ◇ *They idled the time away.* Sie verbummelten die Zeit. **3** im Leerlauf sein **4** (*AmE*) (*Fabrik*) stilllegen; (*Arbeiter*) vorübergehend entlassen

idle·ness /ˈaɪdlnəs/ *Nomen* Faulheit, Untätigkeit

idler /ˈaɪdlə(r)/ *Nomen* Faulenzer(in)

idly *Adv* → IDLE

idol /ˈaɪdl/ *Nomen* **1** Idol **2** Götze

idol·atry /aɪˈdɒlətri; *AmE* aɪˈdɑːlə-/ *Nomen* Götzendienst

idol·ize (*BrE auch* **-ise**) /ˈaɪdəlaɪz/ *Verb* **1** vergöttern **2** abgöttisch lieben

idyll /ˈɪdɪl; *AmE* ˈaɪdl/ *Nomen* Idylle

idyl·lic /ɪˈdɪlɪk; *AmE* aɪˈ-/ *Adj* (*Adv* **idyl·lic·al·ly** /-kli/) idyllisch

i.e. 🔑 /ˌaɪ ˈiː/ (*Latein: id est*) das heißt, d.h.

IED /ˌaɪ iː ˈdiː/ *Abk Kurzform von* **improvised explosive device** USBV, unkonventionelle Spreng- und Brandvorrichtung

if 🔑 /ɪf/ *Konj, Nomen*

▸ ***Konj*** **1** wenn ◇ *if so* wenn ja ◇ *He's a good driver, if a little over-confident.* Er ist ein guter Autofahrer, wenn auch ein bisschen zu forsch. **2** falls ◇ *Let me know if you can't come.* Sag mir Bescheid, falls du nicht kommen kannst. **3** ob ◇ *I wonder if I should wear a coat.* Ob ich einen Mantel anziehen soll? IDM **ˌif and ˈwhen** falls … jemals **if ˈanything** **1** wenn überhaupt **2** vielleicht sogar **if ˌI were ˈyou** an deiner Stelle **if ˈnot** wenn nicht ◇ *thousands if not millions* Tausende, wenn nicht gar Millionen **if ˈonly** wenn … nur ◇ *If only I were rich.* Wenn ich nur reich wäre. **ˈonly if** (*gehoben*) nur wenn → *Siehe auch* AS

▸ ***Nomen*** Wenn ◇ *ifs and buts* Wenn und Aber ◇ *If he wins — and it's a big if …* Wenn er gewinnt — und das ist noch sehr die Frage …

iffy /ˈɪfi/ *Adj* (*umgs*) **1** (*bes BrE*) nicht ganz in Ordnung, komisch **2** unsicher

igloo /ˈɪgluː/ *Nomen* (*Pl* **ig·loos**) Iglu

ig·ne·ous /ˈɪgniəs/ *Adj* (GEOL) Eruptiv-

ig·nite /ɪgˈnaɪt/ *Verb* (*gehoben*) (sich) entzünden ◇ *Tempers ignited.* Die Gemüter erhitzten sich.

ig·ni·tion /ɪgˈnɪʃn/ *Nomen* **1** [meist Sing] Zündung ◇ *put the key in the ignition* den Schlüssel ins Zündschloss stecken **2** (TECH) Entzünden

ig·noble /ɪgˈnəʊbl; *AmE* ɪgˈnoʊ-/ *Adj* (*gehoben*) unehrenhaft

ig·no·mini·ous /ˌɪgnəˈmɪniəs/ *Adj* (*gehoben*) (*Adv* **ig·no·mini·ous·ly**) schmachvoll ◇ *an ignominious defeat* eine demütigende Niederlage

ig·no·miny /ˈɪgnəmɪni/ *Nomen* (*gehoben*) Schmach

ig·nor·amus /ˌɪgnəˈreɪməs/ *Nomen* Ignorant(in)

ig·nor·ance /ˈɪgnərəns/ *Nomen* **1** Ignoranz **2** ~ **(of/about sth)** Unkenntnis (einer Sache), Unwissenheit (über etw)

ig·nor·ant /ˈɪɡnərənt/ *Adj* (*Adv* **ig·nor·ant·ly**) **1 ~ (of/about sth)** nicht informiert (über etw) ◇ *He's completely ignorant of/about modern technology.* Er versteht überhaupt nichts von moderner Technik. ◇ *an ignorant question* eine Frage, die von Unwissenheit zeugt **2** ungebildet **3** (*umgs*) ungehobelt

ig·nore /ɪɡˈnɔː(r)/ *Verb* ignorieren, nicht beachten

igu·ana /ɪˈɡwɑːnə/ *Nomen* Leguan

ikon = ICON

il- → IN-

ilk /ɪlk/ *Nomen* [Sing] (*umgs, oft abwert*) Art ◇ *media people and their ilk* die Medienfritzen und ihresgleichen

ill /ɪl/ *Adj, Adv, Nomen*

▸ ***Adj*** **1** (*bes BrE*) krank ◇ *I feel ill.* Ich fühle mich krank. ◇ *be taken ill* krank werden **2** schlecht ◇ *suffer no ill effects* keinen Schaden nehmen ◇ *He resigned because of ill health.* Er kündigte aus Gesundheitsgründen. IDM **ˌill at ˈease** unbehaglich **it's an ˌill ˈwind (that blows nobody any good)** des einen Leid ist des anderen Freud → *Siehe auch* FEELING

▸ ***Adv*** **1** (*oft in Zusammensetzungen*) schlecht ◇ *They had been ill-treated.* Sie sind misshandelt worden. **2** (*gehoben*) schlecht, kaum ◇ *an area ill served by public transport* eine Wohngegend, wo es kaum öffentliche Verkehrsmittel gibt ◇ *We're wasting time we can ill afford.* Wir verschwenden Zeit und das können wir uns kaum leisten. IDM **speak/think ˈill of sb** (*gehoben*) schlecht von jdm reden/denken ◇ *Don't speak ill of the dead.* Die Toten soll man ruhen lassen.

▸ ***Nomen*** **1** [meist Pl] (*gehoben*) Missstand ◇ *the ills of the modern world* die Übel der heutigen Zeit **2** (*gehoben*) Böses

I'll /aɪl/ **1** = I WILL **2** = I SHALL

ill-adˈvised *Adj* unklug, schlecht beraten

ill-asˈsorted *Adj* schlecht zusammenpassend

ill-conˈcealed *Adj* (*gehoben*) unverhohlen

ill-conˈceived *Adj* unüberlegt

ill-conˈsidered *Adj* unüberlegt, undurchdacht

ill-deˈfined *Adj* **1** ungenau definiert, unklar **2** ◇ *an ill-defined path* ein Weg, der kaum zu erkennen ist

ill-disˈposed *Adj* **~ (towards sb)** (*gehoben*) (jdm gegenüber) übel gesinnt

il·legal /ɪˈliːɡl/ *Adj, Nomen*

▸ ***Adj*** (*Adv* **il·legal·ly** /-ɡəli/) illegal ◇ *It's illegal to drive through a red light.* Es ist verboten, bei Rot über die Kreuzung zu fahren. ◇ *an illegally parked car* ein widerrechtlich abgestelltes Auto

▸ ***Nomen*** (*AmE*) Illegale(r)

il·legal·ity /ˌɪliˈɡæləti/ *Nomen* (*Pl* **-ies**) Gesetzwidrigkeit

il·legible /ɪˈledʒəbl/ *Adj* unleserlich

il·legit·im·acy /ˌɪləˈdʒɪtɪməsi/ *Nomen* **1** Unehelichkeit **2** Unrechtmäßigkeit

il·legit·im·ate /ˌɪləˈdʒɪtəmət/ *Adj* (*Adv* **il·legit·im·ate·ly**) **1** unehelich **2** unrechtmäßig

ill-eˈquipped *Adj* **1** schlecht ausgerüstet ◇ *They were ill-equipped to cope with emotional problems.* Sie waren kaum in der Lage, mit seelischen Problemen fertig zu werden. **2** ungeeignet

ill-ˈfated *Adj* (*gehoben*) verhängnisvoll, unglückselig

ill-ˈfitting *Adj* schlecht passend, schlecht sitzend

ill-ˈfounded *Adj* (*gehoben*) unbegründet, haltlos

ill-ˈgotten *Adj* (*veraltet oder hum*) ◇ *ill-gotten gains* unrechtmäßig erworbenes Geld

il·lib·eral /ɪˈlɪbərəl/ *Adj* (*gehoben*) illiberal

il·licit /ɪˈlɪsɪt/ *Adj* **1** (*Adv* **il·licit·ly**) illegal **2** verboten, verpönt

ill-inˈformed *Adj* schlecht informiert ◇ *ill-informed criticism* von fehlender Sachkenntnis zeugende Kritik

il·lit·er·acy /ɪˈlɪtərəsi/ *Nomen* Analphabetismus

il·lit·er·ate /ɪˈlɪtərət/ *Adj, Nomen*

▸ ***Adj*** **1 be ~** Analphabet(in) sein ◇ *illiterate parents* Eltern, die nicht lesen und schreiben können **2** schlecht geschrieben **3** (*meist nach einem Nomen oder Adverb*) ◇ *computer illiterate* ohne Computerkenntnisse ◇ *They're musically illiterate.* Das sind musikalische Analphabeten.

▸ ***Nomen*** Analphabet(in)

ill-ˈjudged *Adj* (*gehoben*) unüberlegt

ill-ˈmannered *Adj* (*gehoben*) unhöflich, schlecht erzogen

ill·ness /ˈɪlnəs/ *Nomen* Krankheit

il·logic·al /ɪˈlɒdʒɪkl; *AmE* ɪˈlɑːdʒɪ-/ *Adj* (*Adv* **il·logic·al·ly** /-kli/) unlogisch, irrational

il·logic·al·ity /ɪˌlɒdʒɪˈkæləti; *AmE* ɪˌlɑːdʒɪˈ-/ *Nomen* mangelnde Logik

ill-preˈpared *Adj* **1 ~ (for sth)** (auf etw) unvorbereitet **2** schlecht vorbereitet

ill-ˈstarred *Adj* (*gehoben*) verhängnisvoll, unglückselig ◇ *an ill-starred marriage* eine Ehe, die unter einem ungünstigen Stern steht

ill-ˈtempered *Adj* (*gehoben*) verärgert, griesgrämig

ill-ˈtimed *Adj* ◇ *be ill-timed* zur falschen Zeit kommen ◇ *an ill-timed remark* eine unpassende Bemerkung

ill-ˈtreat *Verb* misshandeln

ill-ˈtreatment *Nomen* Misshandlung

il·lu·min·ate /ɪˈluːmɪneɪt/ *Verb* **1** anstrahlen, beleuchten **2** (*gehoben*) erläutern, erhellen **3** festlich beleuchten, illuminieren **4** (*gehoben*) (er)strahlen lassen

il·lu·min·ated /ɪˈluːmɪneɪtɪd/ *Adj* **1** beleuchtet ◇ *illuminated advertisements* Leuchtreklamen **2** (*mittelalterliche Handschriften*) illuminiert

il·lu·min·at·ing /ɪˈluːmɪneɪtɪŋ/ *Adj* aufschlussreich

il·lu·min·ation /ɪˌluːmɪˈneɪʃn/ *Nomen* **1** Beleuchtung, Licht **2 illuminations** [Pl] (*BrE*) Festbeleuchtung **3** [meist Pl] (*von mittelalterlichen Handschriften*) Illumination **4** (*gehoben*) Erleuchtung

il·lu·sion /ɪˈluːʒn/ *Nomen* Illusion, Täuschung ◇ *be under the illusion that …* (fälschlich) glauben, dass … ◇ *I'm under no illusion about the difficulties.* Ich bin mir der Schwierigkeiten voll bewusst. ◇ *Mirrors in a room give an illusion of space.* Spiegel lassen einen Raum größer erscheinen.

il·lu·sory /ɪˈluːsəri/ *Adj* (*gehoben*) trügerisch

il·lus·trate /ˈɪləstreɪt/ *Verb* **1** bebildern **2** veranschaulichen, darstellen **3** demonstrieren

il·lus·tra·tion /ˌɪləˈstreɪʃn/ *Nomen* **1** Abbildung, Illustration **2** Veranschaulichung

il·lus·tra·tive /ˈɪləstrətɪv; *AmE* ɪˈlʌstrətɪv/ *Adj* (*gehoben*) ◇ *an illustrative example* ein illustratives Beispiel ◇ *for illustrative purposes* zur Veranschaulichung

il·lus·tra·tor /ˈɪləstreɪtə(r)/ *Nomen* Illustrator(in)

il·lus·tri·ous /ɪˈlʌstriəs/ *Adj* (*gehoben*) glanzvoll, namhaft

ill ˈwill *Nomen* Böswilligkeit ◇ *I bear Sue no ill will.* Ich wünsche Sue nichts Böses.

ILO /ˌaɪ el ˈəʊ; *AmE* ˈoʊ/ *Kurzform von* **International Labour Organization** Internationale Arbeitsorganisation

I'm /aɪm/ = I AM

im- → IN-

image /ˈɪmɪdʒ/ *Nomen* **1** Image ◇ *restore your public image* sein öffentliches Ansehen wieder herstellen **2** Vorstellung, Bild ◇ *I always had an image of her standing by that window.* Ich sah sie immer vor mir, wie sie an diesem Fenster stand. **3** (*gehoben*) Abbild **4** (Spiegel)bild **5** (Sprach)bild, Metapher IDM **be the image of sb**; **be the living/spitting image of sb** jdm wie aus dem Gesicht geschnitten sein

im·agery /ˈɪmɪdʒəri/ *Nomen* [U] **1** Metaphorik, Sprachbilder **2** (*gehoben*) Bilder ◇ *satellite imagery* Satellitenbilder

im·agin·able /ɪˈmædʒɪnəbl/ *Adj* **1** erdenklich **2** vorstellbar

im·agin·ary /ɪˈmædʒɪnəri; *AmE* -neri/ *Adj* imaginär; (*Problem, Bedrohung*) eingebildet

im·agin·ation /ɪˌmædʒɪˈneɪʃn/ *Nomen* **1** Fantasie ◇ *The idea captured the imagination of the public.* Die Idee begeisterte die Öffentlichkeit. ◇ *We're looking for someone with imagination.* Wir suchen eine kreative Mitarbeiterin. **2** Einbildung ◇ *It's all in your imagination.* Das bildest du dir bloß ein. IDM → FIGMENT *und* STRETCH

im·agina·tive /ɪˈmædʒɪnətɪv/ *Adj* (*Adv* **im·agina·tive·ly**) fantasievoll, einfallsreich, kreativ ◇ *an imaginative approach* ein origineller Ansatz

im·agine /ɪˈmædʒɪn/ *Verb* **1** sich vorstellen ◇ *I can just imagine it!* Das kann ich mir gut vorstellen! **2** sich einbilden **3** annehmen, glauben ◇ *'Can we go?' 'I imagine so.'* „Können wir gehen?"„Ich glaube schon."

im·aging /ˈɪmɪdʒɪŋ/ *Nomen* (COMP) digitale Bildverarbeitung

imam /ɪˈmɑːm/ *Nomen* Imam

im·bal·ance /ɪmˈbæləns/ *Nomen* Ungleichgewicht ◇ *hormonal imbalance* Hormonstörungen

im·be·cile /ˈɪmbəsiːl; *AmE* -sl/ *Nomen* **1** Schwachkopf, Idiot **2** (*veraltet*) Schwachsinnige(r)

imbed = EMBED

im·bibe /ɪmˈbaɪb/ *Verb* **1** (*gehoben oder hum*) trinken **2** sich zu eigen machen, in sich aufnehmen

imbue /ɪmˈbjuː/ *Verb* (*meist passiv*) ~ **sb/sth (with sth)** (*gehoben*) jdn/etw (mit etw) erfüllen ◇ *Her voice was imbued with an unusual seriousness.* Ihre Stimme klang ungewöhnlich ernst.

IMF /ˌaɪ em ˈef/ *Kurzform von* **International Monetary Fund** IWF, Internationaler Währungsfonds

IMHO /ˌaɪ em eɪtʃ ˈəʊ; *AmE* ˈoʊ/ *Kurzform von* **in my humble opinion** (*Netzjargon*) meiner bescheidenen Meinung nach

imi·tate /ˈɪmɪteɪt/ *Verb* imitieren, nachahmen

imi·ta·tion /ˌɪmɪˈteɪʃn/ *Nomen* **1** Imitation ◇ *a pale imitation of the original* ein schlechter Abklatsch des Originals ◇ *imitation leather* Kunstleder ◇ *It was an imitation gun.* Die Pistole war nur eine Attrappe. **2** Nachahmung ◇ *A child learns to talk by imitation.* Kinder lernen durch Nachahmung sprechen. ◇ *in imitation of sb/sth* in Anlehnung an jdn/etw **3** ◇ *He does a hilarious imitation of the President.* Er kann dem Präsidenten ausgezeichnet nachmachen.

imi·ta·tive /ˈɪmɪtətɪv; *AmE* -teɪtɪv/ *Adj* (*gehoben*) **1** ◇ *be imitative of sth* etw nachahmen ◇ *movies that encourage imitative crime* Filme, die Nachahmungstäter inspirieren **2** (*abwert*) uneigenständig

imi·ta·tor /ˈɪmɪteɪtə(r)/ *Nomen* **1** Nachahmer(in) **2** Nachahmung

im·macu·late /ɪˈmækjələt/ *Adj* (*Adv* **im·macu·late·ly**) tadellos ◇ *She always looks immaculate.* Sie ist immer wie aus dem Ei gepellt. ◇ *in immaculate condition* in makellosem Zustand ◇ *His sense of timing was immaculate.* Sein Timing war perfekt.

im·ma·ter·ial /ˌɪməˈtɪəriəl; *AmE* -ˈtɪr-/ *Adj* **1** [nicht vor Nomen] ~ **(to sb/sth)** nebensächlich (für jdn/etw) **2** (*gehoben*) immateriell

im·ma·ture /ˌɪməˈtjʊə(r); *AmE* -ˈtʃʊr, -ˈtʊr/ *Adj* unreif, noch nicht ausgewachsen ◇ *immature behaviour* kindisches Benehmen

im·ma·tur·ity /ˌɪməˈtjʊərəti; *AmE* -ˈtʃʊr-, -ˈtʊr-/ *Nomen* Unreife

im·meas·ur·able /ɪˈmeʒərəbl/ *Adj* (*Adv* **im·meas·ur·ably** /-bli/) (*gehoben*) unermesslich ◇ *Housing standards improved immeasurably.* Die Wohnqualität hat sich außerordentlich verbessert. ◇ *It would be immeasurably simpler.* Das wäre weitaus einfacher.

im·me·di·acy /ɪˈmiːdiəsi/ *Nomen* (*gehoben*) Unmittelbarkeit, Direktheit

im·me·di·ate /ɪˈmiːdiət/ *Adj* **1** unmittelbar, sofortig ◇ *We need an immediate reply.* Wir brauchen umgehend eine Antwort. ◇ *take immediate action* sofort handeln ◇ *Our immediate concern is to help the children.* Unsere vorrangige Sorge ist, den Kindern zu helfen. **2** [nur vor Nomen] nächste(r,s) ◇ *the immediate future* die nächste Zukunft ◇ *He was standing on her immediate right.* Er stand gleich rechts neben ihr. ◇ *your immediate family* die engste Familie IDM → EFFECT

im·me·di·ate·ly /ɪˈmiːdiətli/ *Adv, Konj*

▸ ***Adv*** **1** sofort **2** (*vor Präpositionen oder Partizip Perfekt*) direkt, unmittelbar ◇ *Turn right immediately after the church.* Biegen Sie gleich nach der Kirche rechts ab. ◇ *those most immediately affected* die unmittelbar Betroffenen

▸ ***Konj*** (*bes BrE*) sobald ◇ *Immediately she'd gone, I remembered her name.* Kaum war sie gegangen, fiel mir ihr Name wieder ein.

im·me·mor·ial /ˌɪməˈmɔːriəl/ *Adj* (*gehoben*) uralt ◇ *from time immemorial* seit undenklichen Zeiten

im·mense /ɪˈmens/ *Adj* (*Adv* **im·mense·ly**) enorm ◇ *an immense task* eine Riesenaufgabe ◇ *immensely popular* ungeheuer beliebt

im·mens·ity /ɪˈmensəti/ *Nomen* [U] unendliche Weite ◇ *the sheer immensity of the task* das ungeheure Ausmaß der Aufgabe

im·merse /ɪˈmɜːs; *AmE* ɪˈmɜːrs/ *Verb* **1** (ein)tauchen ◇ *They will swell when immersed in water.* Sie quellen auf, wenn man sie ins Wasser legt. **2** ~ **yourself in sth** sich in etw vertiefen; **be immersed in sth** in etw vertieft sein

im·mer·sion /ɪˈmɜːʃn; *AmE* ɪˈmɜːrʃn, ɪˈmɜːrʒn/ *Nomen* **1** Eintauchen ◇ *baptism by total immersion* Submersionstaufe ◇ *the body's long immersion in cold water* der lange Aufenthalt des Körpers im kalten Wasser **2** Versunkenheit ◇ *his long immersion in politics* sein langes und großes Engagement in der Politik ◇ *an immersion course in French* ein Intensivkurs in ausschließlich französischsprachiger Umgebung

im'mersion heater *Nomen* (*BrE*) **1** Boiler **2** Tauchsieder

im·mer·sive /ɪˈmɜːsɪv; *AmE* ɪˈmɜːrsɪv/ *Adj* (*Fachspr*) immersiv

im·mi·grant /ˈɪmɪɡrənt/ *Nomen* Einwanderer, Einwanderin ◇ *immigrant workers* Gastarbeiter ◇ *second generation immigrants* Angehörige der zweiten Ausländergeneration

im·mi·grate /ˈɪmɪɡreɪt/ *Verb* (*bes AmE*) einwandern

im·mi·gra·tion /ˌɪmɪˈɡreɪʃn/ *Nomen* **1** Immigration, Einwanderung **2** Einwandererzahl **3** (*auch* **immi'gration control**) Passkontrolle

im·mi·nence /ˈɪmɪnəns/ *Nomen* Bevorstehen ◇ *the imminence of war* der bevorstehende Krieg

im·mi·nent /ˈɪmɪnənt/ *Adj* bevorstehend ◇ *His resignation is imminent.* Sein Rücktritt steht unmittelbar bevor. ◇ *The system is in imminent danger of collapse.* Das System droht jeden Moment zusammenzubrechen.

im·mi·nent·ly /ˈɪmɪnəntli/ *Adv* jeden Moment

im·mo·bile /ɪˈməʊbaɪl; *AmE* ɪˈmoʊbl/ *Adj* **1** regungslos **2** bewegungsunfähig ◇ *The cast is used to keep the leg immobile.* Der Gips dient der Ruhigstellung des Beins.

im·mo·bil·ity /ˌɪməˈbɪləti/ *Nomen* Unbeweglichkeit

im·mo·bil·ize (*BrE auch* **-ise**) /ɪˈməʊbəlaɪz; *AmE* ɪˈmoʊ-/ *Verb* lähmen, lahmlegen ◇ *a device to immobilize the car engine* eine Wegfahrsperre ◇ *immobilize a broken leg* ein gebrochenes Bein schienen

im·mo·bil·izer (*BrE auch* **-iser**) (*AmE* **Im·mo·bil·iser™**) /ɪˈməʊbəlaɪzə(r); *AmE* ɪˈmoʊ-/ *Nomen* Wegfahrsperre

im·mod·est /ɪˈmɒdɪst; *AmE* ɪˈmɑːdɪst/ *Adj* **1** (*abwert*) unbescheiden **2** unschicklich

im·moral 🔑 /ɪˈmɒrəl; *AmE* ɪˈmɔːrəl/ *Adj* **1** unmoralisch **2** unsittlich, sittenwidrig ◇ *immoral earnings* Einkünfte aus gewerbsmäßiger Unzucht

im·mor·al·ity /ˌɪməˈræləti/ *Nomen* (*Pl* **-ies**) Unmoral, Sittenlosigkeit ◇ *a life of immorality* ein zügelloses Leben

im·mor·tal /ɪˈmɔːtl; *AmE* ɪˈmɔːrtl/ *Adj, Nomen*

▸ ***Adj*** unsterblich, unvergänglich ◇ *In the immortal words of Henry Ford, ' If it ain't broke, don't fix it.'* Um es mit den klassischen Worten Henry Fords zu sagen: „Was nicht kaputt ist, sollte man nicht reparieren."

▸ ***Nomen*** Unsterbliche(r) ◇ *She is one of the Hollywood immortals.* Sie zählt zu den unvergessenen Größen Hollywoods.

im·mor·tal·ity /ˌɪmɔːˈtæləti; *AmE* -mɔːrˈ-/ *Nomen* Unsterblichkeit, Unvergänglichkeit

im·mor·tal·ize (*BrE auch* **-ise**) /ɪˈmɔːtəlaɪz; *AmE* ɪˈmɔːrt-/ *Verb* unsterblich machen

im·mov·able /ɪˈmuːvəbl/ *Adj* **1** unbeweglich ◇ *an immovable obstacle* ein unüberwindbares Hindernis **2** unnachgiebig

im·mune /ɪˈmjuːn/ *Adj* **1** ~ (**to sth**) (*Krankheit*) immun (gegen etw) ◇ *an immune response* eine Immunreaktion ◇ *the immune system* das Immunsystem **2** ~ (**to sth**) unempfänglich (für etw) ◇ *Nobody was immune to her charm.* Alle erlagen ihrem Charme. **3** ~ (**from sth**) geschützt (vor etw), sicher (vor etw) ◇ *be immune from prosecution* vor Stafverfolgung geschützt sein ◇ *Nobody was immune from criticism by the press.* Niemand war sicher vor der Kritik der Presse.

im·mun·ity /ɪˈmjuːnəti/ *Nomen* (*Pl* **-ies**) **1** (**to/against sth**) Immunität (gegen etw) **2** ~ (**from sth**) Immunität (vor etw) ◇ *immunity from prosecution* Straffreiheit

im·mun·ization (*BrE auch* **-isation**) /ˌɪmjunaɪˈzeɪʃn; *AmE* -nəˈ-/ *Nomen* Immunisierung ◇ *an immunization campaign* eine Impfaktion

im·mun·ize (*BrE auch* **-ise**) /ˈɪmjunaɪz/ *Verb* ~ **sb/sth** (**against sth**) jdn/etw (gegen etw) impfen

im·muno·defi·ciency /ˌɪˌmjuːnəʊdɪˈfɪʃnsi; *AmE* -noʊ-/ *Nomen* Immunschwäche, Immundefizienz

im·mun·ology /ˌɪmjuˈnɒlədʒi; *AmE* -ˈnɑːlə-/ *Nomen* Immunologie

im·mure /ɪˈmjʊə(r); *AmE* ɪˈmjʊr/ *Verb* (*gehoben*) einmauern

im·mut·able /ɪˈmjuːtəbl/ *Adj* (*gehoben*) unabänderlich ◇ *an immutable law* ein unumstößliches Gesetz

IMO /ˌaɪ em ˈəʊ; *AmE* ˈoʊ/ (*auch* **IMHO**) *Kurzform von* **in my (humble) opinion** *Abk* (*Netzjargon*) meiner Meinung nach

imp /ɪmp/ *Nomen* **1** Kobold **2** Racker

im·pact 🔑 *Nomen, Verb*

▸ ***Nomen*** /ˈɪmpækt/ [meist Sing] **1** Auswirkung ◇ *the environmental impact of tourism* die Auswirkungen des Tourismus auf die Umwelt ◇ *Her speech made a profound impact on everyone.* Ihre Rede hat alle tief beeindruckt. **2** Aufprall, Einschlag ◇ *The bomb explodes on impact.* Die Bombe explodiert beim Aufprall. **3** Wucht ◇ *the impact of the blow* die Wucht des Schlags

▸ ***Verb*** /ɪmˈpækt/ **1** ~ (**on/upon**) **sth** sich auf etw auswirken ◇ *Her father's death impacted greatly on her childhood years.* Ihre Kindheit war sehr vom Tod ihres Vaters geprägt. **2** ~ (**on/upon/with**) **sth** (*gehoben*) auf etw aufschlagen, in etw einschlagen

im·pair /ɪmˈpeə(r); *AmE* ɪmˈper/ *Verb* (*gehoben*) beeinträchtigen

im·pair·ed /ɪmˈpeəd; *AmE* ɪmˈperd/ *Adj* **1** beeinträchtigt **2 -impaired** ◇ *hearing-impaired* schwerhörig ◇ *speech-impaired children* Kinder mit Sprachstörungen

im·pair·ment /ɪmˈpeəmənt; *AmE* ɪmˈpermənt/ *Nomen* (*Fachspr*) Beeinträchtigung ◇ *impairment of the functions of the kidney* Nierenfunktionsstörung ◇ *visual impairment* Sehschwäche

im·pale /ɪmˈpeɪl/ *Verb* aufspießen ◇ *He fell and was impaled on some iron railings.* Er stürzte und wurde von einem Eisengeländer durchbohrt.

im·part /ɪmˈpɑːt; *AmE* ɪmˈpɑːrt/ *Verb* (*gehoben*) **1** ~ **sth** (**to sb**) (jdm) etw mitteilen, (jdm) etw vermitteln **2** ~ **sth** (**to sth**) (einer Sache) etw verleihen

im·par·tial /ɪmˈpɑːʃl; *AmE* ɪmˈpɑːrʃl/ *Adj* (*Adv* **im·par·tial·ly** /-ʃəli/) unparteiisch ◇ *give impartial advice to sb* jdn objektiv beraten

im·par·ti·al·ity /ˌɪmˌpɑːʃiˈæləti; *AmE* -ˌpɑːrʃiˈ-/ *Nomen* Unparteilichkeit

im·pass·able /ɪmˈpɑːsəbl; *AmE* ɪmˈpæsə-/ *Adj* unpassierbar ◇ *impassable to cars* für Autos unbefahrbar ◇ *an impassable barrier* eine unüberwindbare Schranke

im·passe /ˈæmpɑːs; *AmE* ˈɪmpæs/ *Nomen* [meist Sing] Sackgasse ◇ *break/end the impasse* einen Weg aus der Sackgasse finden

im·pas·sioned /ɪmˈpæʃnd/ *Adj* [nur vor Nomen] (*Rede*) leidenschaftlich

im·pas·sive /ɪmˈpæsɪv/ *Adj* (*Adv* **im·pas·sive·ly**) unbewegt, teilnahmslos

im·pa·tience /ɪmˈpeɪʃns/ *Nomen* Ungeduld, Unduldsamkeit

im·pa·tient 🔑 /ɪmˈpeɪʃnt/ *Adj* (*Adv* **im·pa·tient·ly**) **1** ungeduldig ◇ *Sarah was becoming increasingly impatient at their lack of interest.* Sarah verlor langsam die Geduld, weil sie so wenig Interesse zeigten. **2 be ~ to do sth** es kaum erwarten können, etw zu tun; **be ~ for sth** etw mit Ungeduld erwarten ◇ *He was impatient for results.* Er wollte Ergebnisse sehen. **3 ~ of sth/sb** (*gehoben*) unduldsam gegen etw/jdn

im·peach /ɪmˈpiːtʃ/ *Verb* **1** ~ **sb** (**for sth**) gegen jdn ein (Amtsenthebungs)verfahren (wegen einer Sache) anstrengen **2** (*gehoben*) infrage stellen, anzweifeln

im·peach·able /ɪmˈpiːtʃəbl/ *Adj* (*bes AmE*) ◇ *an impeachable offense* ein Vergehen, das zu einem Amtsenthebungsverfahren führen kann

im·peach·ment /ɪmˈpiːtʃmənt/ *Nomen* Anklage wegen eines Vergehens im Amt ◇ *an impeachment trial* ein Amtsenthebungsverfahren

im·pec·cable /ɪmˈpekəbl/ *Adj* (*Adv* **im·pec·cably** /-bli/) tadellos, makellos; (*Geschmack*) unfehlbar

im·pe·cu·ni·ous /ˌɪmpɪˈkjuːniəs/ *Adj* (*gehoben oder hum*) mittellos

im·pede /ɪmˈpiːd/ *Verb* (*oft passiv*) (*gehoben*) behindern, aufhalten

im·pedi·ment /ɪmˈpedɪmənt/ *Nomen* **1** Hindernis **2** (MED) Behinderung ◇ *a speech impediment* ein Sprachfehler

impel /ɪmˈpel/ *Verb* (**-ll-**) ~ **sb** (**to sth**) jdn (zu etw) treiben, jdn (zu etw) nötigen

im·pend·ing /ɪmˈpendɪŋ/ *Adj* [nur vor Nomen] bevorstehend, drohend ◇ *his impending death* sein naher Tod

im·pene·trable /ɪmˈpenɪtrəbl/ *Adj* (*Adv* **im·pene·trably** /-bli/) **1** undurchdringlich; (*Barriere etc.*) unüberwindlich; (*Festung*) uneinnehmbar **2** unergründlich, undurchschaubar, unverständlich ◇ *Her expression was impenetrable.* Ihre Miene verriet nichts.

im·pera·tive /ɪmˈperətɪv/ *Adj, Nomen*
▸ ***Adj*** **1** (*gehoben*) dringend erforderlich **2** (*gehoben*) gebieterisch, herrisch **3** [nur vor Nomen] (LING) Befehls-, imperativisch
▸ ***Nomen*** **1** (*gehoben*) dringende Notwendigkeit, Gebot **2** (LING) Imperativ, Befehlsform

im·per·cept·ible /ˌɪmpəˈseptəbl; *AmE* -pərˈ-/ *Adj* (*Adv* **im·per·cept·ibly** /-bli/) unmerklich, nicht wahrnehmbar

im·per·fect /ɪmˈpɜːfɪkt; *AmE* ɪmˈpɜːrfɪkt/ *Adj, Nomen*
▸ ***Adj*** (*Adv* **im·perfect·ly**) unvollkommen, mangelhaft ◇ *All our sale items are slightly imperfect.* Alle unsere Ausverkaufswaren haben kleine Mängel.
▸ ***Nomen*** **the imperfect**, **the imˌperfect ˈtense** [Sing] (LING) Imperfekt

im·per·fec·tion /ˌɪmpəˈfekʃn; *AmE* -pərˈ-/ *Nomen* Unvollkommenheit, Mangelhaftigkeit, Fehler

im·per·ial /ɪmˈpɪəriəl; *AmE* ɪmˈpɪr-/ *Adj* [nur vor Nomen] **1** kaiserlich ◇ *Roman imperial expansion* die Expansion des römischen Reiches **2** = bezeichnet die ehemaligen britischen Maße und Gewichte, z.B. **inch, foot, gallon** etc.

im·peri·al·ism /ɪmˈpɪəriəlɪzəm; *AmE* ɪmˈpɪr-/ *Nomen* (*meist abwert*) Imperialismus

im·peri·al·ist /ɪmˈpɪəriəlɪst; *AmE* ɪmˈpɪr-/ *Nomen, Adj*
▸ ***Nomen*** (*abwert*) Imperialist(in)
▸ ***Adj*** (*auch* **im·peri·al·is·tic** /ɪmˌpɪəriəˈlɪstɪk; *AmE* ɪmˌpɪr-/) imperialistisch

im·peril /ɪmˈperəl/ *Verb* (**-ll-**, *AmE* **-l-**) (*gehoben*) gefährden

im·peri·ous /ɪmˈpɪəriəs; *AmE* ɪmˈpɪr-/ *Adj* (*Adv* **im·peri·ously**) (*gehoben*) herrisch, gebieterisch

im·per·man·ent /ɪmˈpɜːmənənt; *AmE* ɪmˈpɜːrm-/ *Adj* (*gehoben*) unbeständig, vergänglich

im·per·me·able /ɪmˈpɜːmiəbl; *AmE* ɪmˈpɜːrm-/ *Adj* (*Fachspr*) undurchlässig

im·per·son·al /ɪmˈpɜːsənl; *AmE* ɪmˈpɜːrsə-/ *Adj* (*Adv* **im·person·ally** /-nəli/) (*oft abwert*) unpersönlich

im·per·son·al·ity /ɪmˌpɜːsəˈnæləti; *AmE* ɪmˌpɜːrsəˈ-/ *Nomen* Unpersönlichkeit ◇ *the cold impersonality of some modern cities* der kalte, unpersönliche Charakter mancher moderner Städte

im·per·son·ate /ɪmˈpɜːsəneɪt; *AmE* ɪmˈpɜːrsə-/ *Verb* **1** sich ausgeben als **2** nachahmen, imitieren

im·per·son·ation /ɪmˌpɜːsəˈneɪʃn; *AmE* ɪmˌpɜːrsəˈ-/ *Nomen* Imitation, Nachahmung

im·per·son·ator /ɪmˈpɜːsəneɪtə(r); *AmE* ɪmˈpɜːrsə-/ *Nomen* Imitator(in) ◇ *a female impersonator* ein Frauenimitator

im·per·tin·ence /ɪmˈpɜːtɪnəns; *AmE* ɪmˈpɜːrtnəns/ *Nomen* Unverschämtheit

im·per·tin·ent /ɪmˈpɜːtɪnənt; *AmE* ɪmˈpɜːrtnənt/ *Adj* (*Adv* **im·per·tin·ent·ly**) unverschämt, frech

im·per·turb·ability /ˌɪmpəˌtɜːbəˈbɪləti; *AmE* -pərˌtɜːrb-/ *Nomen* Unerschütterlichkeit, Gelassenheit

im·per·turb·able /ˌɪmpəˈtɜːbəbl; *AmE* -pərˈtɜːrb-/ *Adj* (*Adv* **im·per·turb·ably** /-bli/) (*gehoben*) unerschütterlich, gelassen

im·per·vi·ous /ɪmˈpɜːviəs; *AmE* ɪmˈpɜːrv-/ *Adj* **1** ~ **to sth** unzugänglich für etw, gegen etw gefeit ◇ *impervious to pain* schmerzunempfindlich **2** (TECH) ~ (**to sth**) undurchlässig (für etw) ◇ *impervious to moisture* wasserdicht

im·petu·os·ity /ɪmˌpetʃuˈɒsəti; *AmE* -ˈɑːsə-/ *Nomen* Ungestüm, Impulsivität

im·petu·ous /ɪmˈpetʃuəs/ *Adj* (*Adv* **im·petu·ous·ly**) ungestüm, stürmisch, impulsiv ◇ *an impetuous decision* eine unüberlegte Entscheidung

im·petus /ˈɪmpɪtəs/ *Nomen* **1** [U/Sing] Impuls, Anstoß, Schwung ◇ *give (a) fresh impetus to sth* einer Sache neuen Auftrieb geben **2** (TECH) Schwung(kraft)

im·pi·ety /ɪmˈpaɪəti/ *Nomen* Gottlosigkeit, Pietätlosigkeit, Respektlosigkeit

im·pinge /ɪmˈpɪndʒ/ *Verb* ~ (**on/upon sth/sb**) (*gehoben*) sich (auf etw/jdn) auswirken ◇ *The revolution had hardly impinged on their consciousness.* Die Revolution war kaum in ihr Bewusstsein vorgedrungen.

im·pious /ˈɪmpiəs, ɪmˈpaɪəs/ *Adj* (*gehoben*) gottlos, pietätlos, respektlos

imp·ish /ˈɪmpɪʃ/ *Adj* (*Adv* **imp·ish·ly**) verschmitzt, schelmisch; (*Freude*) diebisch

im·plac·able /ɪmˈplækəbl/ *Adj* (*Adv* **im·plac·ably** /-bli/) unerbittlich, unversöhnlich ◇ *He was implacably opposed to the plan.* Er war ein erbitterter Gegner des Plans.

im·plant *Verb, Nomen*
▸ ***Verb*** /ɪmˈplɑːnt; *AmE* ɪmˈplænt/ **1** einimpfen, einprägen **2** (MED) implantieren, einpflanzen **3** (MED) (*Eizelle etc.*) sich einnisten
▸ ***Nomen*** /ˈɪmplɑːnt; *AmE* -plænt/ Implantat

im·plant·ation /ˌɪmplɑːnˈteɪʃn; *AmE* -plæn-/ *Nomen* Implantation, Einpflanzung

im·plaus·ible /ɪmˈplɔːzəbl/ *Adj* (*Adv* **im·plaus·ibly** /-bli/) unglaubwürdig, unwahrscheinlich ◇ *His theory is highly implausible.* Seine Theorie ist wenig überzeugend.

im·ple·ment *Verb, Nomen*
▸ ***Verb*** /ˈɪmplɪment/ **1** umsetzen **2** einführen
▸ ***Nomen*** /ˈɪmplɪmənt/ Gerät

im·ple·men·ta·tion /ˌɪmplɪmenˈteɪʃn/ *Nomen* **1** Umsetzung **2** Einführung

im·pli·cate /ˈɪmplɪkeɪt/ *Verb* **1** belasten; ~ **sb in sth** jdn der Beteiligung an etw beschuldigen ◇ *He tried to avoid saying anything that would implicate him further.* Er wollte nichts sagen, was ihn stärker belasten könnte. **2** ~ **sth** (**in/as sth**) etw (ursächlich) (mit etw) in Zusammenhang bringen, etw als Ursache (für etw) betrachten **3 be implicated in sth** in etw verwickelt sein

im·pli·ca·tion 0➔ /ˌɪmplɪˈkeɪʃn/ *Nomen* **1** [meist Pl] Auswirkung, Konsequenz **2** Implikation, Andeutung ◇ *The implication in his article is that …* Sein Artikel unterstellt, dass … ◇ *He criticized the Director and, by implication, the whole of the organization.* Er kritisierte den Direktor und damit implizit die ganze Organisation. **3** Verwicklung

im·pli·cit /ɪmˈplɪsɪt/ *Adj* (*Adv* **im·pli·cit·ly**) **1** unausgesprochen, stillschweigend ◇ *It reinforces, implicitly or explicitly, the idea that …* Es bestätigt mehr oder weniger ausdrücklich die Auffassung, dass … **2** (stillschweigend) vorausgesetzt ◇ *The ability to listen is implicit in the teacher's role.* Von Lehrern wird erwartet, dass sie zuhören können. **3** (*Vertrauen etc.*) unbedingt, blind

im·plode /ɪmˈpləʊd; *AmE* ɪmˈploʊd/ *Verb* **1** implodieren **2** versagen, zusammenbrechen

im·plore /ɪmˈplɔː(r)/ *Verb* (*gehoben*) (an)flehen, inständig bitten

im·plor·ing /ɪmˈplɔːrɪŋ/ *Adj* flehend, bittend

im·plo·sion /ɪmˈpləʊʒn; *AmE* ɪmˈploʊ-/ *Nomen* **1** Implosion **2** Zusammenbruch

im·ply /ɪmˈplaɪ/ *Verb* (**-plies**, **-ply·ing**, **-plied**, **-plied**) **1** andeuten, nahelegen ◇ *Are you implying (that) I am wrong?* Wollen Sie damit sagen, dass ich unrecht habe? ◇ *the implied criticism in his voice* der kritische Unterton in seiner Stimme **2** bedeuten, voraussetzen, erfordern

im·pol·ite /ˌɪmpəˈlaɪt/ *Adj* unhöflich

im·pol·it·ic /ɪmˈpɒlətɪk; *AmE* ɪmˈpɑːlə-/ *Adj* (*gehoben*) unklug, unratsam

im·pon·der·able /ɪmˈpɒndərəbl; *AmE* ɪmˈpɑːn-/ *Nomen, Adj*

▸ ***Nomen*** [meist Pl] (*gehoben*) Unwägbarkeit

▸ ***Adj*** unwägbar

im·port *Nomen, Verb*

▸ ***Nomen*** /ˈɪmpɔːt; *AmE* -pɔːrt/ **1** [meist Pl] Import(gut) **2** Einfuhr, Import ◇ *a ban on the import of beef* eine Einfuhrsperre für Rindfleisch **3** [U] (*gehoben*) Wichtigkeit ◇ *matters of great import* Angelegenheiten von größter Bedeutung **4 the import** [Sing] (*gehoben*) die Bedeutung ◇ *He suddenly realized the full import of her words.* Plötzlich wurde ihm die volle Bedeutung ihrer Worte bewusst.

▸ ***Verb*** /ɪmˈpɔːt; *AmE* ɪmˈpɔːrt/ einführen, importieren

im·port·ance /ɪmˈpɔːtns; *AmE* ɪmˈpɔːrtns/ *Nomen* Wichtigkeit, Bedeutung

im·port·ant /ɪmˈpɔːtnt; *AmE* ɪmˈpɔːrtnt/ *Adj* wichtig, bedeutend ◇ *It is important for him to attend every day.* Es ist wichtig, dass er jeden Tag anwesend ist. ◇ *The important thing is to try.* Hauptsache, man versucht es.

im·port·ant·ly /ɪmˈpɔːtntli; *AmE* ɪmˈpɔːrt-/ *Adv* **1** (*insbesondere*) was wichtig ist ◇ *More importantly, can he be trusted?* Was noch wichtiger ist: Kann man ihm vertrauen? **2** wichtig(tuerisch), selbstherrlich

im·port·ation /ˌɪmpɔːˈteɪʃn; *AmE* -pɔːrˈ-/ *Nomen* Einfuhr, Import

im·port·er /ɪmˈpɔːtə(r); *AmE* ɪmˈpɔːrtər/ *Nomen* Importeur, Importland

im·por·tune /ˌɪmpɔːˈtjuːn; *AmE* -pɔːrˈtuːn/ *Verb* (*gehoben*) **~ sb** sich jdm aufdrängen; **~ sb for sth** jdn mit Bitten um etw behelligen

im·pose /ɪmˈpəʊz; *AmE* ɪmˈpoʊz/ *Verb* **1** verhängen, anordnen; **~ sth on/upon sb/sth** jdm/einer Sache etw auferlegen, jdn/etw mit etw belegen ◇ *A new tax was imposed on fuel.* Auf Kraftstoff wurde eine neue Steuer erhoben. ◇ *impose law and order* für Recht und Ordnung sorgen **2 ~ sth** etw durchsetzen; **~ sth on/upon sb** jdm etw aufdrängen ◇ *He tried to impose his will on me.* Er versuchte, mir seinen Willen aufzuzwingen. **3 ~ (on/upon sb/sth)** sich (jdm/etw) aufdrängen ◇ *'You must stay for lunch.' 'Well, thanks, but I don't want to impose …'* „Bleiben Sie doch zum Mittagessen.“ „Danke, aber nur wenn's keine Umstände macht.“ ◇ *Everyone imposes on Dave's good nature.* Alle nutzen Daves Gutmütigkeit aus. **4 ~ yourself (on/upon sb/sth)** sich (jdm/etw) aufzwingen

im·pos·ing /ɪmˈpəʊzɪŋ; *AmE* ɪmˈpoʊ-/ *Adj* imposant

im·pos·ition /ˌɪmpəˈzɪʃn/ *Nomen* **1** Auferlegung, Verhängung ◇ *the imposition of tax on fuel* die Erhebung von Steuern auf Kraftstoff **2** Zumutung

im·pos·si·bil·ity /ɪmˌpɒsəˈbɪləti; *AmE* ɪmˌpɑːsəˈ-/ *Nomen* [meist Sing] Unmöglichkeit

im·pos·sible /ɪmˈpɒsəbl; *AmE* ɪmˈpɑːsə-/ *Adj, Nomen*

▸ ***Adj*** unmöglich ◇ *an impossible dream* ein unerfüllbarer Wunschtraum

▸ **the impossible *Nomen*** [Sing] das Unmögliche

im·pos·sibly /ɪmˈpɒsəbli; *AmE* ɪmˈpɑːsə-/ *Adv* unmöglich, unglaublich ◇ *an impossibly difficult problem* ein schier unlösbares Problem

im·pos·tor (*BrE auch* **im·pos·ter**) /ɪmˈpɒstə(r); *AmE* ɪmˈpɑːstər/ *Nomen* Betrüger(in), Schwindler(in), Hochstapler(in)

im·pos·ture /ɪmˈpɒstʃə(r); *AmE* ɪmˈpɑːs-/ *Nomen* (*gehoben*) Betrug

im·po·tence /ˈɪmpətəns/ *Nomen* **1** Machtlosigkeit, Ohnmacht **2** Impotenz

im·po·tent /ˈɪmpətənt/ *Adj* **1** (*Adv* **im·po·tent·ly**) machtlos, ohnmächtig **2** impotent

im·pound /ɪmˈpaʊnd/ *Verb* **1** (RECHT) beschlagnahmen **2** (*streunende Hunde, Katzen etc.*) einsperren

im·pov·er·ish /ɪmˈpɒvərɪʃ; *AmE* ɪmˈpɑːv-/ *Verb* **1** in Armut stürzen **2** verarmen lassen; (*Boden*) auslaugen

im·pov·er·ished /ɪmˈpɒvərɪʃt; *AmE* ɪmˈpɑːv-/ *Adj* verarmt, ärmlich; (*Boden*) ausgelaugt ◇ *the impoverished areas of the city* die Armenviertel der Stadt

im·pov·er·ish·ment /ɪmˈpɒvərɪʃmənt; *AmE* ɪmˈpɑːv-/ *Nomen* Verarmung

im·prac·tic·abil·ity /ɪmˌpræktɪkəˈbɪləti/ *Nomen* Undurchführbarkeit, Unmöglichkeit

im·prac·tic·able /ɪmˈpræktɪkəbl/ *Adj* nicht durchführbar, nicht praktikabel

im·prac·ti·cal /ɪmˈpræktɪkl/ *Adj* **1** nicht praktikabel, unpraktisch, unbrauchbar ◇ *It was totally impractical to think that we could finish so soon.* Es war einfach nicht realistisch zu glauben, dass wir so schnell fertig werden könnten. **2** nicht praktisch veranlagt

im·prac·ti·cal·ity /ɪmˌpræktɪˈkæləti/ *Nomen* Undurchführbarkeit

im·pre·ca·tion /ˌɪmprɪˈkeɪʃn/ *Nomen* (*gehoben*) Verwünschung

im·pre·cise /ˌɪmprɪˈsaɪs/ *Adj* (*Adv* **im·pre·cise·ly**) ungenau

im·pre·ci·sion /ˌɪmprɪˈsɪʒn/ *Nomen* [U] Ungenauigkeit

im·preg·nable /ɪmˈpregnəbl/ *Adj* uneinnehmbar, unbezwingbar

im·preg·nate /ˈɪmpregneɪt; *AmE* ɪmˈpregneɪt/ *Verb* **1 ~ sth (with sth)** etw (mit etw) durchtränken, etw (mit etw) imprägnieren **2** (*gehoben*) schwängern

im·preg·na·tion /ˌɪmpregˈneɪʃn/ *Nomen* **1** Durchtränkung, Imprägnierung **2** Befruchtung, Schwängerung

im·pres·ario /ˌɪmprəˈsɑːriəʊ; *AmE* -rioʊ/ *Nomen* (*Pl* **-os**) (*Theater-, Opern*) Intendant(in); (*Ballett-*) Direktor (in)

im·press /ɪmˈpres/ *Verb* **1** beeindrucken ◇ *The Grand Canyon never fails to impress.* Der Grand Canyon beeindruckt die Leute immer. **2 ~ sth on/upon sb** (*gehoben*) jdm etw klarmachen, jdm etw einschärfen **3 ~ sth on/upon sth/sb** (*gehoben*) ◇ *Her stories were impressed on my mind.* Ihre Geschichten werde ich nie vergessen. **4 ~ itself on/upon sth** (*gehoben*) sich jdm einprägen ◇ *Her words impressed themselves on my memory.* Ihre Worte haben sich mir eingeprägt.

im·pres·sion /ɪmˈpreʃn/ *Nomen* **1** Eindruck ◇ *an overall impression* ein Gesamteindruck ◇ *She gives the impression of being very busy.* Sie erweckt den Eindruck sehr beschäftigt zu sein. ◇ *The lighting creates an impression of space.* Die Beleuchtung lässt den Raum größer erscheinen. **2** Zeichnung **3** (*Nachahmen*) Imitation ◇ *His impression of her movements was perfect.* Er machte ihre Bewegungen perfekt nach. **4** Abdruck **5** Nachdruck IDM **under the imˈpression that …** in der Annahme, dass … ◇ *be under the impression that …* denken, dass …

im·pres·sion·able /ɪmˈpreʃənəbl/ *Adj* leicht beeinflussbar, leicht zu beeindrucken

Im·pres·sion·ism /ɪmˈpreʃənɪzəm/ *Nomen* Impressionismus

im·pres·sion·ist /ɪmˈpreʃənɪst/ *Nomen, Adj*
▸ ***Nomen*** **1** (*meist* **Impressionist**) Impressionist(in) **2** Imitator(in)
▸ ***Adj*** **Impressionist** Impressionisten-

im·pres·sion·is·tic /ˌɪmpreʃəˈnɪstɪk/ *Adj* (*gehoben*) impressionistisch

im·pres·sive /ɪmˈpresɪv/ *Adj* (*Adv* **im·pres·s·ive·ly**) beeindruckend, eindrucksvoll ◇ *She was very impressive in the interview.* Sie machte einen sehr guten Eindruck beim Vorstellungsgespräch.

im·print *Verb, Nomen*
▸ ***Verb*** /ɪmˈprɪnt/ **1** einprägen ◇ *The scenes were imprinted on his mind.* Die Bilder hatten sich ihm eingeprägt. ◇ *He imprints his own personal style on his work.* Er drückt seinen Werken seinen persönlichen Stempel auf. **2** bedrucken ◇ *Their footprints were imprinted in the snow.* Ihre Fußabdrücke waren im Schnee zu sehen. ◇ *His face was imprinted with fear.* Ihm stand die Angst ins Gesicht geschrieben.
▸ ***Nomen*** /ˈɪmprɪnt/ **1** Abdruck, Spur(en) ◇ *His paintings leave an imprint on the memory for ever.* Seine Gemälde bleiben einem für immer im Gedächtnis. **2** (*Fachspr*) Impressum

im·prison /ɪmˈprɪzn/ *Verb* inhaftieren, einsperren

im·pris·on·ment /ɪmˈprɪznmənt/ *Nomen* Haft(strafe)

im·prob·abil·ity /ɪmˌprɒbəˈbɪləti; *AmE* ɪmˌprɑːb-/ *Nomen* Unwahrscheinlichkeit

im·prob·able /ɪmˈprɒbəbl; *AmE* ɪmˈprɑːb-/ *Adj* (*Adv* **improb·ably** /-bli/) **1** unwahrscheinlich **2** unglaubwürdig, unwahrscheinlich

im·promptu /ɪmˈprɒmptjuː; *AmE* ɪmˈprɑːmptuː/ *Adj* improvisiert, spontan ◇ *an impromptu speech* eine Stegreifrede

im·proper /ɪmˈprɒpə(r); *AmE* ɪmˈprɑːpər/ *Adj* (*Adv* **im·proper·ly**) **1** unlauter ◇ *improper business practices* unlautere Geschäftspraktiken **2** (*gehoben*) unangebracht, unangemessen, unschicklich **3** unsachgemäß, unvorschriftsmäßig

im·pro·pri·ety /ˌɪmprəˈpraɪəti/ *Nomen* (*Pl* **-ies**) (*gehoben*) **1** Fehlverhalten, Verstoß **2** Unangemessenheit, Unschicklichkeit

im·prove /ɪmˈpruːv/ *Verb* (sich) (ver)bessern ◇ *I need to improve my French.* Mein Französisch muss besser werden. PHR V **imˈprove on/upon sth** etw verbessern ◇ *We've improved on last year's performance.* Im Vergleich zum Vorjahr haben wir unsere Leistung gesteigert.

im·prove·ment /ɪmˈpruːvmənt/ *Nomen* Verbesserung, Besserung ◇ *There is still room for improvement in your work.* Du könntest noch besser arbeiten. ◇ *home improvements* Renovierungsarbeiten

im·pro·visa·tion /ˌɪmprəvaɪˈzeɪʃn; *AmE* ɪmˌprɑːvəˈ-/ *Nomen* Improvisation, Improvisieren

im·pro·vise /ˈɪmprəvaɪz/ *Verb* improvisieren ◇ *He improvised on the melody.* Er spielte Improvisationen über das Thema.

im·pru·dence /ɪmˈpruːdns/ *Nomen* (*gehoben*) Unklugheit

im·pru·dent /ɪmˈpruːdnt/ *Adj* (*Adv* **im·pru·dent·ly**) (*gehoben*) unklug

im·pu·dence /ˈɪmpjədəns/ *Nomen* (*gehoben*) Unverschämtheit, Frechheit

im·pu·dent /ˈɪmpjədənt/ *Adj* (*gehoben*) unverschämt, frech

im·pugn /ɪmˈpjuːn/ *Verb* (*gehoben*) anfechten, in Zweifel ziehen

im·pulse /ˈɪmpʌls/ *Nomen* [meist Sing] Drang, Impuls ◇ *on (an) impulse* aus einem Impuls heraus

ˈimpulse buying *Nomen* [U] Impulskäufe

im·pul·sive /ɪmˈpʌlsɪv/ *Adj* (*Adv* **im·pul·sive·ly**) impulsiv

im·pul·sive·ness /ɪmˈpʌlsɪvnəs/ *Nomen* Impulsivität

im·pun·ity /ɪmˈpjuːnəti/ *Nomen* (*gehoben, abwert*) Straffreiheit ◇ *They continue to break the law with impunity.* Sie brechen immer noch ungestraft das Gesetz.

im·pure /ɪmˈpjʊə(r); *AmE* ɪmˈpjʊr/ *Adj* unrein, unanständig

im·pur·ity /ɪmˈpjʊərəti; *AmE* ɪmˈpjʊr-/ *Nomen* (*Pl* **-ies**) Unreinheit, Verunreinigung

im·put·ation /ˌɪmpjuˈteɪʃn/ *Nomen* Anschuldigung, Unterstellung

im·pute /ɪmˈpjuːt/ PHR V **impute sth to sb/sth** (*gehoben*) jdn/etw einer Sache bezichtigen, jdm/einer Sache etw unterstellen

in /ɪn/ *Präp, Adv, Adj, Nomen* ℹ Für Verben mit **in** siehe die Einträge für die Verben. **Deal in sth** z.B. steht unter **deal**.
▸ ***Präp*** **1** in ◇ *in a week's time* in einer Woche ◇ *in bed* im Bett ◇ *She's in computers.* Sie ist in der Computerbranche tätig. ◇ *The kids were playing in the street.* Die Kinder spielten auf der Straße. ◇ *all the paintings in the collection* alle Bilder der Sammlung ◇ *I recognize his father in him.* Er ist ganz sein Vater. ◇ *in love* verliebt **2** (*mit Tätigkeiten*) bei ◇ *They died in attempting to save others.* Bei dem Versuch andere zu retten kamen sie selbst ums Leben. **3** (*mit Zeitspannen*) in, an ◇ *in summer* im Sommer ◇ *in the morning* am Morgen ◇ *I'm getting forgetful in my old age.* Ich werde vergesslich auf meine alten Tage. **4** seit ◇ *I haven't seen him in years.* Ich habe ihn seit Jahren nicht gesehen. **5** (*mit Kleidung*) ◇ *They are dressed in their best clothes.* Sie tragen ihre beste Kleidung. ◇ *the man in the hat* der Mann mit dem Hut ◇ *be in disguise* verkleidet sein **6** (*mittels*) auf, mit ◇ *in German* auf Deutsch ◇ *Can you put it in writing, please?* Können Sie mir das bitte schriftlich geben? ◇ *pay in cash* bar bezahlen **7** an ◇ *She was not lacking in courage.* Es fehlte ihr nicht an Mut. ◇ *three metres in length* drei Meter lang **8** mit ◇ *We're losing a first-rate editor in Kathy.* Mit Kathy verlieren wir eine erstklassige Redakteurin. **9** (*mit Verhältnissen oder Raten*) ◇ *a gradient of one in five* ein Gefälle von 20% ◇ *a tax rate of 22 pence in the pound* ein Steuersatz von 22% IDM **in that** insofern als
▸ ***Adv*** **1** darin ◇ *I can't drink coffee with milk in.* Ich kann Kaffee mit Milch nicht trinken. **2** hinein ◇ *Go in.* Geh hinein. **3** zu Hause ◇ *Nobody was in.* Niemand war zu Hause. **4** da ◇ *The bus is due in at six.* Der Bus kommt laut Fahrplan um sechs an. ◇ *Applications must be in by April 30.* Bewerbungsschluss ist der 30. April. **5** (*beim Kricket etc.*) am Schlag **6** (*beim Tennis etc.*) drin **7** ◇ *Is the tide coming in or going out?* Ist jetzt Flut oder Ebbe? IDM **be ˈin for sth** (*umgs*) ◇ *He's in for a shock!* Er wird einen Schock bekommen! ◇ *I'm afraid we're in for a storm.* Ich fürchte, wir müssen uns auf einen Sturm gefasst machen. **be/get ˈin on sth** (*umgs*) **1** bei etw mitmachen; an etw beteiligt sein **2** in etw eingeweiht sein/werden **be (well) ˈin with sb** (*umgs*) bei jdm gut angeschrieben sein **ˌin and ˈout (of sth)** ◇ *He was in and out of jail for most of his life.* Er landete sein ganzes Leben über immer wieder im Gefängnis.
▸ ***Adj*** (*umgs*) (*modisch*) in ◇ *Green is the in colour this spring.* Grün ist diesen Frühling in.
▸ ***Nomen*** IDM **the ˌins and ˈouts (of sth)** die Einzelheiten (einer Sache)

in- /ɪn/ (*auch* **il-**, **im-**, **ir-**) *Vorsilbe* **1** (*in Nomina, Adjektiven und Adverbien gebraucht*) Un-, un- ◇ *impossibility* Unmöglichkeit ◇ *invalid* ungültig ◇ *irregularly* unregelmäßig **2** (*bei Verben verwendet, um zu beschreiben,* *dass etw in einen bestimmten Zustand versetzt wird)* ◇ *imperil* gefährden

in. *Abk (Pl* **in.** *oder* **ins.)** = INCH

in·abil·ity /ˌɪnəˈbɪləti/ *Nomen* Unfähigkeit

in ab·sen·tia /ˌɪn æbˈsenʃiə/ *Adv* in Abwesenheit

in·access·ibil·ity /ˌɪnækˌsesəˈbɪləti/ *Nomen* **1** Unzugänglichkeit **2** Unverständlichkeit

in·access·ible /ˌɪnækˈsesəbl/ *Adj* **~ (to sb/sth) 1** schwer zugänglich (für jdn/etw), unzugänglich (für jdn/etw), schwer/nicht erreichbar (für jdn/etw) **2** unverständlich (für jdn/etw)

in·accur·acy /ɪnˈækjərəsi/ *Nomen (Pl* **-ies)** Ungenauigkeit, Unrichtigkeit

in·accur·ate /ɪnˈækjərət/ *Adj (Adv* **in·accur·ate·ly)** ungenau, falsch ◇ *inaccurate information* Fehlinformationen

in·action /ɪnˈækʃn/ *Nomen (abwert)* Untätigkeit, Tatenlosigkeit

in·active /ɪnˈæktɪv/ *Adj* **1** untätig, nicht aktiv **2** nicht in Betrieb stehend **3** inaktiv

in·activ·ity /ˌɪnækˈtɪvəti/ *Nomen* Untätigkeit

in·ad·equacy /ɪnˈædɪkwəsi/ *Nomen (Pl* **-ies)** Unzulänglichkeit, Schwäche ◇ *They complained about the inadequacy of their resources.* Sie beschwerten sich darüber keine ausreichenden Mittel zu haben.

in·ad·equate /ɪnˈædɪkwət/ *Adj* **1** *(Adv* **in·ad·equate·ly)** unzulänglich, unzureichend, nicht ausreichend ◇ *They were inadequately insured.* Sie hatten keine adäquate Versicherung. **2 be/feel ~** der Sache nicht gewachsen sein ◇ *I felt inadequate as a mother.* Ich fühlte mich meiner Aufgabe als Mutter nicht gewachsen.

in·ad·mis·sible /ˌɪnədˈmɪsəbl/ *Adj (gehoben)* unzulässig

in·ad·vert·ent /ˌɪnədˈvɜːtənt; *AmE* -ˈvɜːrtənt/ *Adj (Adv* **in·advert·ent·ly)** unbeabsichtigt, versehentlich

in·ad·vis·able /ˌɪnədˈvaɪzəbl/ *Adj (gehoben)* nicht ratsam

in·ali·en·able /ɪnˈeɪliənəbl/ *Adj (gehoben)* unveräußerlich ◇ *It is his inalienable right to do so.* Das Recht darauf kann ihm niemand nehmen.

inane /ɪˈneɪn/ *Adj (Adv* **in·ane·ly)** **1** albern **2** geistlos

in·ani·mate /ɪnˈænɪmət/ *Adj* unbelebt, leblos

in·an·ity /ɪˈnænəti/ *Nomen (Pl* **-ies)** Geistlosigkeit

ˌin-ˈapp *Adj, Adv* In-App- ◇ *in-app purchases* In-App-Käufe ◇ *Extra features can be purchased in-app.* Zusätzliche Funktionen können direkt aus der Anwendung heraus erworben werden.

in·applic·able /ˌɪnəˈplɪkəbl, ɪnˈæplɪkəbl/ *Adj* [nicht vor Nomen] **~ (to sb/sth)** nicht zutreffend (für jdn/etw)

in·appro·pri·ate /ˌɪnəˈprəupriət; *AmE* -ˈprou-/ *Adj (Adv* **in·appro·pri·ate·ly)** unangemessen, unpassend ◇ *It would be inappropriate for me to comment.* Es wäre unangebracht, wenn ich einen Kommentar dazu abgeben würde.

in·appro·pri·ate·ness /ˌɪnəˈprəupriətnəs; *AmE* -ˈprou-/ *Nomen* Unangemessenheit, Ungeeignetheit

in·articu·late /ˌɪnɑːˈtɪkjələt; *AmE* -nɑːrˈ-/ *Adj* **1** unfähig sich klar auszudrücken **2** *(Adv* **in·articu·late·ly)** unverständlich

in·as·much as /ˌɪnəzˈmʌtʃ əz/ *Konj (gehoben)* **1** insofern, als **2** denn

in·atten·tion /ˌɪnəˈtenʃn/ *Nomen* Unaufmerksamkeit

in·atten·tive /ˌɪnəˈtentɪv/ *Adj (Adv* **in·atten·tive·ly)** *(abwert)* unaufmerksam ◇ *He had been inattentive to his duties.* Er hatte seine Pflichten vernachlässigt.

in·audi·bil·ity /ɪnˌɔːdəˈbɪləti/ *Nomen* Unhörbarkeit

in·aud·ible /ɪnˈɔːdəbl/ *Adj (Adv* **in·aud·ibly** /-bli/) unhörbar ◇ *inaudible to the human ear* für das menschliche Gehör nicht wahrnehmbar

in·aug·ural /ɪˈnɔːgjərəl/ *Adj, Nomen*
▸ ***Adj*** [nur vor Nomen] Antritts-, Eröffnungs-
▸ ***Nomen*** *(bes AmE)* Antrittsrede

in·aug·ur·ate /ɪˈnɔːgjəreɪt/ *Verb* **1 ~ sb** jdn in sein/ihr Amt einsetzen **2** einweihen, eröffnen **3** *(gehoben)* einführen, einleiten

in·aug·ur·ation /ɪˌnɔːgjəˈreɪʃn/ *Nomen* Amtseinführung

in·aus·pi·cious /ˌɪnɔːˈspɪʃəs/ *Adj (Adv* **in·aus·pi·cious·ly)** *(gehoben)* Unheil verheißend

in·authen·tic /ˌɪnɔːˈθentɪk/ *Adj* nicht authentisch

in·authen·ti·city /ˌɪnɔːθenˈtɪsəti/ *Nomen (gehoben)* Unechtheit

in·born /ˌɪnˈbɔːn; *AmE* -ˈbɔːrn/ *Adj* angeboren

in·bound /ˈɪnbaʊnd/ *Adj (gehoben)* ankommend ◇ *on the inbound flight* auf dem Rückflug

ˈin box *Nomen* **1 inbox** (COMP) Posteingangsordner **2** *(AmE)* Ablage für Posteingänge

in·bred /ˌɪnˈbred/ *Adj* **1** durch Inzucht erzeugt **2** *(selten)* angeboren

in·breed·ing /ˈɪnbriːdɪŋ/ *Nomen* Inzucht

in·built /ˈɪnbɪlt/ *Adj* [nur vor Nomen] natürlich, angeboren ◇ *His height gives him an inbuilt advantage.* Aufgrund seiner Größe hat er automatisch einen Vorteil.

Inc. *(auch* **inc)** /ɪŋk/ *Abk (AmE) (Gesellschaft)* eingetragen

inc. *(auch* **inc)** *Abk (BrE)* = INCLUDING *und* INCLUSIVE

in·cal·cul·able /ɪnˈkælkjələbl/ *Adj (Adv* **in·cal·cul·ably** /-bli/) *(gehoben)* unermesslich, unabsehbar

in·can·des·cence /ˌɪnkænˈdesns/ *Nomen* Glut

in·can·des·cent /ˌɪnkænˈdesnt/ *Adj* **1** *(Fachspr)* weiß glühend **2** *(gehoben)* strahlend **3** *(gehoben)* ◇ *She was incandescent with rage.* Sie glühte vor Zorn.

in·can·ta·tion /ˌɪnkænˈteɪʃn/ *Nomen* Zauberspruch, Beschwörung

in·cap·able /ɪnˈkeɪpəbl/ *Adj* unfähig ◇ *I was incapable of speech.* Ich konnte nicht sprechen. ◇ *He was found lying in the road, drunk and incapable.* Man fand ihn volltrunken auf der Straße liegend.

in·cap·aci·tate /ˌɪnkəˈpæsɪteɪt/ *Verb (meist passiv) (gehoben)* stark behindern, außer Gefecht setzen ◇ *mentally incapacitated people* geistig Behinderte

in·cap·acity /ˌɪnkəˈpæsəti/ *Nomen* Unfähigkeit ◇ *She returned to work after a long period of incapacity.* Nach einer langen Zeit der Arbeitsunfähigkeit nahm sie ihre Arbeit wieder auf. ◇ *mental incapacity* geistige Behinderung

in·car·cer·ate /ɪnˈkɑːsəreɪt; *AmE* ɪnˈkɑːrsə-/ *Verb (meist passiv)* **~ sb (in sth)** *(gehoben)* jdn (in etw) einsperren ◇ *They were incarcerated in labour camps.* Sie wurden in Arbeitslagern gefangen gehalten.

in·car·cer·ation /ɪnˌkɑːsəˈreɪʃn; *AmE* ɪnˌkɑːrsəˈ-/ *Nomen* [U] Inhaftierung, Haft, Gefangenschaft

in·car·nate *Adj, Verb*
▸ ***Adj*** /ɪnˈkɑːnət; *AmE* ɪnˈkɑːrnət/ *(gehoben) (meist nach einem Nomen)* leibhaftig ◇ *She is generosity incarnate.* Sie ist die Großzügigkeit in Person.
▸ ***Verb*** /ˈɪnkɑːneɪt; *AmE* -kɑːrneɪt/ *(gehoben)* verkörpern

in·car·na·tion /ˌɪnkɑːˈneɪʃn; *AmE* -kɑːrˈ-/ *Nomen* **1** Inkarnation *(auch fig)* ◇ *in a previous incarnation* in einem früheren Leben **2** Verkörperung **3 the Incarnation** die Menschwerdung Christi

in·cau·tious /ɪnˈkɔːʃəs/ *Adj (Adv* **in·cau·tious·ly)** *(gehoben)* unbedacht, unvorsichtig

in·cen·di·ary /ɪnˈsendiəri; *AmE* -dieri/ *Adj, Nomen*
▸ ***Adj*** [nur vor Nomen] **1** Brand- ◇ *an incendiary device*

ein Brandsatz **2** (*gehoben*) (*fig*) Hetz-, hetzerisch
▸ ***Nomen*** (*Pl* **-ies**) Brandbombe

in·cense *Nomen, Verb*
▸ ***Nomen*** /ˈɪnsens/ Weihrauch ◇ *incense sticks* Räucherstäbchen
▸ ***Verb*** /ɪnˈsens/ (*meist passiv*) erzürnen

in·cen·tive /ɪnˈsentɪv/ *Nomen* Anreiz

in·cen·tiv·ize /ɪnˈsentɪvaɪz/ (*BrE auch* **-ise**) *Verb* **~ sth** einen Anreiz für etw schaffen; **~ sb to do sth** jdm einen Anreiz bieten, etw zu tun

in·cep·tion /ɪnˈsepʃn/ *Nomen* [Sing] (*gehoben*) Beginn

in·ces·sant /ɪnˈsesnt/ *Adj* (*Adv* **in·ces·sant·ly**) (*abwert*) unaufhörlich, ständig, unablässig ◇ *a week of almost incessant rain* eine Woche, in der es fast unaufhörlich regnete

in·cest /ˈɪnsest/ *Nomen* Inzest

in·ces·tu·ous /ɪnˈsestjuəs; *AmE* ɪnˈsestʃu-/ *Adj* (*Adv* **in·cestu·ous·ly**) inzestuös ◇ *The record industry is an incestuous business.* In der Schallplattenindustrie herrscht Vetternwirtschaft.

inch 🔑 /ɪntʃ/ *Nomen, Verb*
▸ ***Nomen*** **1** (*Abk* **in.**) Zoll, Inch ◇ *She's a few inches taller than me.* Sie ist ein paar Zentimeter größer als ich. **2** ◇ *He escaped death by an inch.* Er ist dem Tod um Haaresbreite entgangen. **IDM** **every inch** **1** ◇ *The doctor examined every inch of his body.* Der Arzt untersuchte ihn gründlichst. ◇ *I'll fight them every inch of the way.* Ich werde die Sache bis zum Schluss durchkämpfen. **2** ◇ *She looks every inch a model.* Sie sieht so richtig wie ein Model aus. **give sb an ˈinch (and they'll take a ˈmile/ˈyard)** gibt man jdm den kleinen Finger, so nimmt er die ganze Hand **ˌinch by ˈinch** Zentimeter um Zentimeter **not budge/give/move an ˈinch** keinen Zentimeter nachgeben **within an ˈinch of sth/of doing sth** ◇ *She was within an inch of being killed.* Sie wäre um ein Haar umgekommen. ◇ *They beat him within an inch of his life.* Sie richteten ihn so zu, dass er um ein Haar gestorben wäre. → *Siehe auch* TRUST
▸ ***Verb*** (sich) zentimeterweise in eine Richtung bewegen ◇ *He inched his way through the narrow passage.* Er schob sich langsam durch den engen Gang.

in·ci·dence /ˈɪnsɪdəns/ *Nomen* [Sing] **1** Vorkommen, Häufigkeitsrate ◇ *an area with a high incidence of crime* ein Gebiet mit einer hohen Kriminalitätsrate **2** (*Fachspr*) Einfall ◇ *the angle of incidence* der Einfallswinkel

in·ci·dent 🔑 /ˈɪnsɪdənt/ *Nomen* Vorfall, Zwischenfall ◇ *The demonstration passed off without incident.* Die Demonstration verlief ohne Zwischenfälle. ◇ *an isolated incident* ein Einzelfall ◇ *a shooting incident* eine Schießerei

in·ci·den·tal /ˌɪnsɪˈdentl/ *Adj* **1** ◇ *The discovery was incidental to their main area of research.* Die Entdeckung war ein Nebenprodukt ihrer Forschungsarbeit. ◇ *incidental music* Begleitmusik ◇ *incidental expenses* Nebenkosten ◇ *Her presence was purely incidental.* Ihre Anwesenheit war rein zufällig. **2 ~ (to sth)** (*gehoben*) ◇ *These risks are incidental to the work of a firefighter.* Diese Risiken gehören zu der Arbeit eines Feuerwehrmanns dazu.

in·ci·den·tal·ly /ˌɪnsɪˈdentli/ *Adv* **1** übrigens **2** zufällig, nebenbei

ˈincident room *Nomen* = von der Polizei eingerichtete Zentrale, in der alle Hinweise zu einem wichtigen Fall gesammelt werden und von wo aus die Fahndung koordiniert wird

in·cin·er·ate /ɪnˈsɪnəreɪt/ *Verb* verbrennen

in·cin·er·ation /ɪnˌsɪnəˈreɪʃn/ *Nomen* Verbrennung

in·cin·er·ator /ɪnˈsɪnəreɪtə(r)/ *Nomen* Verbrennungsanlage, Verbrennungsofen

in·cipi·ent /ɪnˈsɪpiənt/ *Adj* (*gehoben*) beginnend, aufkommend

in·cise /ɪnˈsaɪz/ *Verb* **~ sth (in/on/onto sth)** (*gehoben*) etw (in etw) einritzen, etw (in/auf etw) eingravieren

in·ci·sion /ɪnˈsɪʒn/ *Nomen* Einschnitt

in·ci·sive /ɪnˈsaɪsɪv/ *Adj* (*Adv* **in·ci·sive·ly**) scharfsinnig, treffend ◇ *an incisive mind* ein scharfer Verstand

in·ci·sive·ness /ɪnˈsaɪsɪvnəs/ *Nomen* Scharfsinn, Schärfe

in·ci·sor /ɪnˈsaɪzə(r)/ *Nomen* Schneidezahn

in·cite /ɪnˈsaɪt/ *Verb* **1 ~ sb/sth (to sth)** jdn/etw (zu etw) aufhetzen, jdn/etw (zu etw) aufwiegeln **2** ◇ *incite crime* zu Verbrechen anstiften ◇ *incite racial hatred* zum Rassenhass aufstacheln

in·cite·ment /ɪnˈsaɪtmənt/ *Nomen* **~ (to sth)** Aufhetzung (zu etw), Anstiftung (zu etw) ◇ *incitement to racial hatred* Aufstachelung zum Rassenhass

in·civil·ity /ˌɪnsəˈvɪləti/ *Nomen* (*Pl* **-ies**) (*gehoben*) Unhöflichkeit

incl. = INCLUDING *und* INCLUSIVE

in·clem·ent /ɪnˈklemənt/ *Adj* (*gehoben*) (*Wetter*) rau, unfreundlich

in·clin·ation /ˌɪnklɪˈneɪʃn/ *Nomen* **1 ~ (towards/for sth)**; **~ (to do sth)** Neigung (zu etw), Lust (etw zu tun) ◇ *He did not show the slightest inclination to leave.* Er schien überhaupt nicht gehen zu wollen. ◇ *My natural inclination is to find a compromise.* Ich neige eher dazu einen Kompromiss zu suchen. ◇ *She lacked any inclination for housework.* Hausarbeit lag ihr überhaupt nicht. **2 ~ to do sth** Tendenz, etw zu tun **3** (*Fachspr*) Neigung, Steigung ◇ *an inclination of 45°* ein Gefälle von 45° **4** (*des Kopfes*) Neigung ◇ *He gave a small inclination of his head.* Er neigte seinen Kopf leicht.

in·cline *Verb, Nomen*
▸ ***Verb*** /ɪnˈklaɪn/ **1** neigen ◇ *His sincerity inclined me to trust him.* Seine Aufrichtigkeit ließ mich ihm vertrauen. **2** sich neigen ◇ *The land inclined gently towards the shore.* Das Land fiel zur Küste hin sanft ab.
▸ ***Nomen*** /ˈɪnklaɪn/ (*gehoben*) Hang, Schräge, Neigung, Steigung

in·clined /ɪnˈklaɪnd/ *Adj* **1** [nicht vor Nomen] **~ (to do sth)** geneigt, (etw zu tun) ◇ *He's inclined to be lazy.* Er neigt zur Faulheit. ◇ *He writes only when he feels inclined to.* Er schreibt nur, wenn er Lust dazu hat. ◇ *They'll be more inclined to listen if you don't shout.* Sie werden dir eher zuhören, wenn du nicht schreist. **2** veranlagt ◇ *musically inclined children* musikalische Kinder **3** geneigt, schräg

in·clude 🔑 /ɪnˈkluːd/ *Verb* **1** (*nicht in der Verlaufsform*) einschließen ◇ *Does the price include tax?* Ist die Steuer im Preis inbegriffen? ◇ *The tour included a visit to the museum.* Zum Rundgang gehörte ein Besuch des Museums. **2** aufnehmen, einbeziehen ◇ *We all went, myself included.* Wir sind alle hingegangen, ich auch.

in·clud·ing 🔑 /ɪnˈkluːdɪŋ/ *Präp* (*Abk* **inc.**, **incl.**) einschließlich, inklusive ◇ *Six people were killed, including a policeman.* Sechs Menschen kamen ums Leben, darunter ein Polizist.

in·clu·sion /ɪnˈkluːʒn/ *Nomen* Aufnahme

in·clu·sive /ɪnˈkluːsɪv/ *Adj* (*Adv* **in·clu·sive·ly**) **1** (*Abk* **inc.**, **incl.**) **~ (of sth)** einschließlich (einer Sache) **2** (*Abk* **inc.**, **incl.**) **from … to …** ~ von … bis einschließlich … **3** ◇ *An inclusive dialogue would create a genuine peace process.* Ein Dialog, der alle Parteien miteinbezieht, würde einen echten Friedensprozess bewirken.

in·cog·nito /ˌɪnkɒgˈniːtəʊ; *AmE* -kɑːgˈniːtoʊ/ *Adv, Adj*
▸ ***Adv*** inkognito

▸**Adj** ◇ *He paid an incognito visit to headquarters.* Er besuchte die Zentrale inkognito.

in·co·her·ence /ˌɪnkəʊˈhɪərəns; *AmE* -koʊˈhɪrəns/ *Nomen* Zusammenhanglosigkeit, Durcheinander

in·co·her·ent /ˌɪnkəʊˈhɪərənt; *AmE* -koʊˈhɪrənt/ *Adj* (*Adv* **in·co·her·ent·ly**) **1** wirr, durcheinander ◇ *She broke off, incoherent with anger.* Sie konnte vor Wut nicht weitersprechen. **2** zusammenhanglos, unverständlich

in·come 0┳ /ˈɪnkʌm, -kəm/ *Nomen* Einkommen ◇ *people on low incomes* Leute mit niedrigem Einkommen

in·comer /ˈɪnkʌmə(r)/ *Nomen* (*BrE*) Zugereiste(r)

ˈincome supˈport *Nomen* (*in GB*) ≈ Sozialhilfe

ˈincome tax *Nomen* Einkommenssteuer, Lohnsteuer

in·com·ing /ˈɪnkʌmɪŋ/ *Adj* [nur vor Nomen] **1** (*Präsident, Regierung etc.*) neu **2** ankommend ◇ *the incoming tide* die Flut ◇ *incoming mail* eingehende Post

in·com·mu·ni·cado /ˌɪnkəˌmjuːnɪˈkɑːdəʊ; *AmE* -doʊ/ *Adj* ohne Kontakt zur Außenwelt

in·com·par·abil·ity /ɪnˌkɒmpərəˈbɪləti; *AmE* ɪnˌkɑːm-/ *Nomen* Unvergleichlichkeit

in·com·par·able /ɪnˈkɒmprəbl; *AmE* ɪnˈkɑːm-/ *Adj* (*Adv* **incom·par·ably** /-bli/) unvergleichlich

in·com·pati·bil·ity /ˌɪnkəmˌpætəˈbɪləti/ *Nomen* (*Pl* **-ies**) Unvereinbarkeit, Unverträglichkeit, Inkompatibilität ◇ *They separated because of their incompatibility.* Sie trennten sich, weil sie nicht zueinander passten.

in·com·pat·ible /ˌɪnkəmˈpætəbl/ *Adj* **1** unvereinbar; **be ~ with sth** nicht mit etw zu vereinbaren sein **2 be ~** (*Menschen*) nicht zueinander passen **3** (*Dinge*) nicht kompatibel, nicht verträglich ◇ *Those two blood groups are incompatible.* Diese beiden Blutgruppen vertragen sich nicht miteinander.

in·com·pe·tence /ɪnˈkɒmpɪtəns; *AmE* ɪnˈkɑːm-/ *Nomen* Inkompetenz, Unfähigkeit

in·com·pe·tent /ɪnˈkɒmpɪtənt; *AmE* ɪnˈkɑːm-/ *Adj, Nomen*

▸**Adj** (*Adv* **in·com·pe·tent·ly**) inkompetent, unfähig, stümperhaft

▸**Nomen** Nichtskönner(in)

in·com·plete /ˌɪnkəmˈpliːt/ *Adj, Nomen*

▸**Adj** (*Adv* **in·com·plete·ly**) unvollständig ◇ *Our holiday would be incomplete without some time on the beach.* Es wäre kein richtiger Urlaub, wenn wir nicht einige Zeit am Strand verbrächten.

▸**Nomen** (*AmE*) = Note für Schüler/Studenten, die nicht alle Arbeiten für einen Kurs beendet haben

in·com·plete·ness /ˌɪnkəmˈpliːtnəs/ *Nomen* Unvollständigkeit

in·com·pre·hen·si·bil·ity /ɪnˌkɒmprɪˌhensəˈbɪləti; *AmE* ɪnˌkɑːm-/ *Nomen* Unverständlichkeit, Unbegreiflichkeit

in·com·pre·hen·sible /ɪnˌkɒmprɪˈhensəbl; *AmE* ɪnˌkɑːm-/ *Adj* unverständlich, unbegreiflich

in·com·pre·hen·sibly /ɪnˌkɒmprɪˈhensəbli; *AmE* ɪnˌkɑːm-/ *Adv* unverständlich(erweise), unbegreiflich(erweise)

in·com·pre·hen·sion /ɪnˌkɒmprɪˈhenʃn; *AmE* ɪnˌkɑːm-/ *Nomen* Verständnislosigkeit

in·con·ceiv·able /ˌɪnkənˈsiːvəbl/ *Adj* (*Adv* **in·con·ceiv·ably** /-bli/) unvorstellbar

in·con·clu·sive /ˌɪnkənˈkluːsɪv/ *Adj* (*Adv* **in·con·clu·**) nicht eindeutig, ergebnislos

in·con·gru·ity /ˌɪnkɒnˈgruːəti; *AmE* -kɑːn-/ *Nomen* (*Pl* **-ies**) **1** Absurdität **2** Unangebrachtsein **3** Widerspruch

in·con·gru·ous /ɪnˈkɒŋgruəs; *AmE* ɪnˈkɑːŋ-/ *Adj* seltsam, absurd, unangebracht ◇ *Such traditional methods seem incongruous in our technical age.* Solch traditionelle Methoden scheinen in unserem technischen Zeitalter fehl am Platz.

in·con·gru·ous·ly /ɪnˈkɒŋgruəsli; *AmE* ɪnˈkɑːŋ-/ *Adv* unpassend

in·con·se·quen·tial /ɪnˌkɒnsɪˈkwenʃl; *AmE* ɪnˌkɑːn-/ *Adj* (*Adv* **in·con·se·quen·tial·ly** /-ʃəli/) belanglos, unwichtig ◇ *They chatted inconsequentially about this and that.* Sie plauderten über belanglose Dinge.

in·con·sid·er·able /ˌɪnkənˈsɪdrəbl/ *Adj* IDM▸ **not inconˈsiderable** (*gehoben*) nicht unerheblich

in·con·sid·er·ate /ˌɪnkənˈsɪdərət/ *Adj* (*Adv* **in·con·sid·erate·ly**) (*abwert*) rücksichtslos ◇ *inconsiderate remarks* unbedachte Bemerkungen ◇ *It was inconsiderate of you not to call.* Es war nicht nett von dir, dass du nicht angerufen hast.

in·con·sist·ency /ˌɪnkənˈsɪstənsi/ *Nomen* (*Pl* **-ies**) **1** Widersprüchlichkeit ◇ *There is some inconsistency between their statements.* Ihre Aussagen widersprechen einander zum Teil. **2** Unbeständigkeit, Inkonsequenz

in·con·sist·ent /ˌɪnkənˈsɪstənt/ *Adj* (*Adv* **in·con·sist·ently**) **1** widersprüchlich; **be ~ with sth** im Widerspruch zu etw stehen, unvereinbar mit etw sein **2** (*abwert*) unbeständig, nicht konsequent ◇ *inconsistent results* schwankende Ergebnisse

in·con·sol·able /ˌɪnkənˈsəʊləbl; *AmE* -ˈsoʊ-/ *Adj* (*Adv* **incon·sol·ably** /-bli/) untröstlich ◇ *inconsolable grief* unendliche Trauer

in·con·spicu·ous /ˌɪnkənˈspɪkjuəs/ *Adj* (*Adv* **in·con·spicu·ous·ly**) unauffällig

in·con·stancy /ɪnˈkɒnstənsi; *AmE* ɪnˈkɑːn-/ *Nomen* (*gehoben*) Unbeständigkeit

in·con·stant /ɪnˈkɒnstənt; *AmE* ɪnˈkɑːn-/ *Adj* (*gehoben*) unbeständig

in·con·test·able /ˌɪnkənˈtestəbl/ *Adj* (*Adv* **in·con·test·ably** /-bli/) (*gehoben*) unbestreitbar, unanfechtbar

in·con·tin·ence /ɪnˈkɒntɪnəns; *AmE* ɪnˈkɑːn-/ *Nomen* Inkontinenz

in·con·tin·ent /ɪnˈkɒntɪnənt; *AmE* ɪnˈkɑːn-/ *Adj* inkontinent

in·con·tro·vert·ible /ˌɪnkɒntrəˈvɜːtəbl; *AmE* -kɑːntrəˈvɜːrt-/ *Adj* (*Adv* **in·con·tro·vert·ibly** /-bli/) unbestreitbar, unwiderlegbar

in·con·veni·ence /ˌɪnkənˈviːniəns/ *Nomen, Verb*

▸**Nomen** **1** [U] Unannehmlichkeiten ◇ *I have already been put to considerable inconvenience.* Mir sind schon genug Umstände gemacht worden. **2** Ärgernis

▸**Verb ~ sb** jdm Umstände machen

in·con·veni·ent /ˌɪnkənˈviːniənt/ *Adj* (*Adv* **in·con·veni·ent·ly**) ungünstig ◇ *That's most inconvenient for me.* Das kommt mir äußerst ungelegen.

in·corp·or·ate /ɪnˈkɔːpəreɪt; *AmE* ɪnˈkɔːrp-/ *Verb* **~ sth (in/into/within sth)** etw (in etw) einbeziehen ◇ *We have incorporated all the latest safety features into the design.* Wir haben die neueste Sicherheitstechnik bei dem Design berücksichtigt.

in·corp·or·ated /ɪnˈkɔːpəreɪtɪd; *AmE* ɪnˈkɔːrp-/ *Adj* (als Handelsgesellschaft) eingetragen

in·corp·or·ation /ɪnˌkɔːpəˈreɪʃn; *AmE* ɪnˌkɔːrp-/ *Nomen* Aufnahme, Einbeziehung

in·cor·rect /ˌɪnkəˈrekt/ *Adj* (*Adv* **in·cor·rect·ly**) **1** falsch ◇ *His version of what happened is incorrect.* Seine Version der Ereignisse stimmt nicht. **2** inkorrekt

in·cor·rect·ness /ˌɪnkəˈrektnəs/ *Nomen* Unrichtigkeit, Inkorrektheit

in·cor·ri·gible /ɪnˈkɒrɪdʒəbl; *AmE* ɪnˈkɔːr-/ *Adj* (*Adv* **in·corri·gibly** /-bli/) (*abwert oder hum*) unverbesserlich

in·cor·rupt·ible /ˌɪnkəˈrʌptəbl/ *Adj* **1** unbestechlich **2** unvergänglich

in·crease Verb, Nomen
▸ ***Verb*** /ɪnˈkriːs/ **1** (an)wachsen, zunehmen, steigen **2** erhöhen, vergrößern
▸ ***Nomen*** /ˈɪŋkriːs/ Erhöhung, Steigerung, Zunahme ◇ *an increase in population* ein Bevölkerungszuwachs ◇ *Homelessness is on the increase.* Die Obdachlosigkeit nimmt zu.

in·creased /ɪnˈkriːst/ *Adj* gestiegen, größer ◇ *increased pressure* verstärkter Druck

in·creas·ing·ly /ɪnˈkriːsɪŋli/ *Adv* zunehmend ◇ *increasingly difficult* immer schwieriger

in·cred·ible /ɪnˈkredəbl/ *Adj* **1** unglaublich ◇ *It seemed incredible that she had only been there a week.* Sie konnte es kaum glauben, dass sie erst seit einer Woche da war. **2** (*umgs*) unwahrscheinlich, sagenhaft

in·cred·ibly /ɪnˈkredəbli/ *Adv* **1** unglaublich, unwahrscheinlich **2** unglaublicherweise ◇ *Incredibly, it was six months before I noticed.* Es ist kaum zu glauben, aber es hat sechs Monate gedauert, bis ich es merkte.

in·credu·lity /ˌɪnkrəˈdjuːləti; *AmE* -ˈduː-/ *Nomen* Ungläubigkeit

in·credu·lous /ɪnˈkredjələs; *AmE* -dʒə-/ *Adj* (*Adv* **in·credu·lous·ly**) ungläubig

in·cre·ment /ˈɪŋkrəmənt/ *Nomen* **1** (*regelmäßige*) Gehaltserhöhung **2** (*gehoben*) Zuwachs, Erhöhung

in·cre·men·tal /ˌɪŋkrəˈmentl/ *Adj* (*Adv* **in·cre·men·tal·ly** /-təli/) zunehmend, stufenweise

in·crim·in·ate /ɪnˈkrɪmɪneɪt/ *Verb* (*schuldig erscheinen lassen*) belasten

in·crim·in·at·ing /ɪnˈkrɪmɪneɪtɪŋ/ *Adj* (*Beweise etc.*) belastend

in·crim·in·ation /ɪnˌkrɪmɪˈneɪʃn/ *Nomen* (*Beschuldigung*) Belastung

in·crust·ation (*auch* **en·crust·ation**) /ˌɪnkrʌˈsteɪʃn/ *Nomen* Verkrustung, Kruste

in·cu·bate /ˈɪŋkjubeɪt/ *Verb* **1** ausbrüten, bebrüten **2 be incubating sth** (*Mensch*) sich in der Inkubationszeit von etw befinden **3** (*Virus etc.*) sich vermehren

in·cu·ba·tion /ˌɪŋkjuˈbeɪʃn/ *Nomen* **1** Bebrüten, Inkubation **2** (*auch* **incuˈbation period**) Inkubationszeit

in·cu·ba·tor /ˈɪŋkjubeɪtə(r)/ *Nomen* **1** Brutkasten **2** Brutapparat

in·cu·bus /ˈɪŋkjʊbəs/ *Nomen* (*Pl* **in·cu·buses** *oder* **incubi** /-baɪ/) **1** (*gehoben*) Albdruck, drückendes Problem **2** Inkubus

in·cul·cate /ˈɪnkʌlkeɪt; *AmE* ɪnˈkʌlkeɪt/ *Verb* **~ sth in/into sb; ~ sb with sth** (*gehoben*) jdm etw einimpfen, jdm etw einprägen

in·cul·ca·tion /ˌɪnkʌlˈkeɪʃn/ *Nomen* Einimpfen, Einprägung

in·cum·bency /ɪnˈkʌmbənsi/ *Nomen* (*Pl* **-ies**) (*gehoben*) Amt, Amtszeit

in·cum·bent /ɪnˈkʌmbənt/ *Nomen, Adj*
▸ ***Nomen*** Amtsinhaber(in)
▸ ***Adj*** **1** [nur vor Nomen] amtierend **2 be ~ upon/on sb** (*gehoben*) jds Pflicht sein

incur /ɪnˈkɜː(r)/ *Verb* (**-rr-**) (*gehoben*) **1** auf sich ziehen; (*Risiko*) eingehen; (*Verlust*) erleiden **2** (*Schulden*) machen; (*Unkosten*) haben; (*Gebühren*) zahlen müssen ◇ *We will pay any expenses incurred.* Eventuell entstehende Unkosten werden zurückerstattet.

in·cur·able /ɪnˈkjʊərəbl; *AmE* ɪnˈkjʊr-/ *Adj* (*Adv* **in·cur·ably** /-bli/) **1** unheilbar **2** unverbesserlich ◇ *incurably romantic* hoffnungslos romantisch veranlagt

in·cur·sion /ɪnˈkɜːʃn; *AmE* ɪnˈkɜːrʒn/ *Nomen* (*gehoben*) **1** (MIL) Einfall **2** Vordringen, Eindringen

Ind. = INDEPENDENT

in·debt·ed /ɪnˈdetɪd/ *Adj* **1 ~ (to sb) (for sth)** (jdm) (für etw) zu Dank verpflichtet **2** verschuldet

in·debt·ed·ness /ɪnˈdetɪdnəs/ *Nomen* Verpflichtung, Verschuldung

in·decency /ɪnˈdiːsnsi/ *Nomen* (*Pl* **-ies**) **1** [U] Unanständigkeit, Anstößigkeit ◇ *an act of gross indecency* grob unsittliches Verhalten **2** anstößige Bemerkung, Geste etc.

in·decent /ɪnˈdiːsnt/ *Adj* (*Adv* **in·decent·ly**) unanständig, anstößig ◇ *That skirt of hers is positively indecent.* Der Rock, den sie da anhat, zeigt doch wirklich zu viel. ◇ *He made an indecent suggestion to my wife.* Er machte meiner Frau ein unsittliches Angebot. ◇ *He was charged with indecently assaulting five women.* Er wurde wegen sexueller Nötigung von fünf Frauen angeklagt. ◇ *with indecent haste* mit ungebührlicher Eile

inˌdecent asˈsault *Nomen* (RECHT) sexuelle Nötigung

inˌdecent exˈposure *Nomen* [U] (RECHT) exhibitionistische Handlungen

in·de·cipher·able /ˌɪndɪˈsaɪfrəbl/ *Adj* unleserlich, unverständlich

in·deci·sion /ˌɪndɪˈsɪʒn/ *Nomen* Unentschlossenheit

in·deci·sive /ˌɪndɪˈsaɪsɪv/ *Adj* (*Adv* **in·deci·sive·ly**) **1** unentschlossen **2** unentschieden, ergebnislos ◇ *The results are indecisive.* Die Ergebnisse sind nicht eindeutig.

in·deed /ɪnˈdiːd/ *Adv* **1** in der Tat, wirklich ◇ *Thank you very much indeed!* Vielen herzlichen Dank! ◇ *'Was he very angry?' 'Indeed he was.'* „War er sehr böse?" „Das kann man wohl sagen." ◇ *'Do you agree?' 'Indeed I do/Yes, indeed.'* „Bist du einverstanden?" „Voll und ganz." **2** (*bes BrE, gehoben*) sogar, ja sogar **3** (*bes BrE, umgs*) sieh mal an, dass ich nicht lache ◇ *A ghost indeed!* Ein Gespenst, dass ich nicht lache! IDM → FRIEND

in·defat·ig·able /ˌɪndɪˈfætɪɡəbl/ *Adj* (*Adv* **in·defat·ig·ably** /-bli/) (*gehoben*) unermüdlich

in·defens·ible /ˌɪndɪˈfensəbl/ *Adj* **1** unentschuldbar, unverzeihlich **2** unhaltbar, unvertretbar **3** unmöglich zu verteidigen

in·defin·able /ˌɪndɪˈfaɪnəbl/ *Adj* (*Adv* **in·defin·ably** /-bli/) undefinierbar ◇ *She has that indefinable something.* Sie hat das gewisse Etwas.

in·def·in·ite /ɪnˈdefɪnət/ *Adj* unbegrenzt, unbestimmt

inˌdefinite ˈarticle *Nomen* (LING) unbestimmter Artikel

in·def·in·ite·ly /ɪnˈdefɪnətli/ *Adv* auf unbestimmte Zeit, unbegrenzt

in·del·ible /ɪnˈdeləbl/ *Adj* (*Adv* **in·del·ibly** /-bli/) unauslöschlich ◇ *Her unhappy childhood left an indelible mark on her.* Ihr unglückliche Kindheit hat sie fürs Leben gezeichnet. ◇ *an indelible stain* ein Fleck, der nicht zu entfernen ist

in·deli·cacy /ɪnˈdelɪkəsi/ *Nomen* Taktlosigkeit, Ungehörigkeit

in·deli·cate /ɪnˈdelɪkət/ *Adj* (*gehoben*) taktlos, ungehörig

in·dem·ni·fi·ca·tion /ɪnˌdemnɪfɪˈkeɪʃn/ *Nomen* **1** (RECHT) Absicherung **2** Entschädigung

in·dem·nify /ɪnˈdemnɪfaɪ/ *Verb* (**-fies, -fy·ing, -fied, -fied**) **1** (RECHT) **~ sb (against sth)** jdn (gegen etw) absichern **2 ~ sb (for sth)** (*gehoben*) jdn (für etw) entschädigen

in·dem·nity /ɪnˈdemnəti/ *Nomen* (*Pl* **-ies**) (*gehoben*) **1** (RECHT) [U] **~ (against sth)** Versicherung (gegen etw), Absicherung (gegen etw) ◇ *indemnity insurance* Haftpflichtversicherung **2** Entschädigung, Abfindung

in·dent *Verb, Nomen*
▸ ***Verb*** /ɪnˈdent/ (*Zeile*) einrücken

▸ ***Nomen*** /ˈɪndent/ **1** = INDENTATION **2** (*bes BrE*) (WIRTSCH) Bestellung

in·den·ta·tion /ˌɪndenˈteɪʃn/ *Nomen* **1** Delle, Kerbe **2** (*von Zeilen*) Einrückung

in·dented /ɪnˈdentɪd/ *Adj* **1** eingekerbt **2** (*Zeile*) eingerückt

in·den·ture /ɪnˈdentʃə(r)/ *Nomen* Lehrvertrag, Dienstvertrag

in·den·tured /ɪnˈdentʃəd; *AmE* -tʃərd/ *Adj* mit Lehrvertrag, mit Dienstvertrag

in·de·pend·ence 🔑 /ˌɪndɪˈpendəns/ *Nomen* [U] **1** Unabhängigkeit ◇ *The country gained independence in 1898.* Das Land wurde 1898 unabhängig. **2** Selbstständigkeit

Inde'pendence Day *Nomen* Unabhängigkeitstag

in·de·pend·ent 🔑 /ˌɪndɪˈpendənt/ *Adj, Nomen*

▸ ***Adj*** **1** unabhängig ◇ *a man of independent means* ein Mann mit Privateinkommen **2** selbstständig **3** nicht staatlich ◇ *an independent television company* eine private Fernsehanstalt **4** parteilos, unabhängig

▸ ***Nomen*** (*Abk* **Ind.**) Parteilose(r), Unabhängige(r)

in·de·pend·ent·ly 🔑 /ˌɪndɪˈpendəntli/ *Adv* **1** ~ **(of sb/sth)** unabhängig (von jdm/etw) **2** allein ◇ *It was the first time that she had lived independently.* Es war das erste Mal, dass sie allein lebte.

inde,pendent 'school *Nomen* Privatschule

,in-'depth *Adj* gründlich, eingehend, ausführlich

in·des·crib·able /ˌɪndɪˈskraɪbəbl/ *Adj* (*Adv* **in·des·crib·ably** /-bli/) unbeschreiblich

in·des·truct·ible /ˌɪndɪˈstrʌktəbl/ *Adj* unzerstörbar

in·de·ter·min·ate /ˌɪndɪˈtɜːmɪnət; *AmE* -ˈtɜːrm-/ *Adj* unbestimmbar

index 🔑 /ˈɪndeks/ *Nomen, Verb*

▸ ***Nomen*** **1** (*Pl* **in·dexes**) Register, Index, Quellenverzeichnis **2** (*BrE*) = CARD INDEX **3** (*Pl* **in·dexes** *oder* **in·dices** /ˈɪndɪsiːz/) Index ◇ *the cost-of-living index* der Lebenshaltungsindex **4** (*Pl* **in·dices**) Anzeichen **5** (*Pl* **in·dices**) [meist Pl] (MATH) Hochzahl, Exponent

▸ ***Verb*** **1** in ein Register eintragen **2** mit einem Register versehen **3** (WIRTSCH) ~ **sth to sth** etw an den Index von etw binden

in·dex·ation /ˌɪndekˈseɪʃn/ *Nomen* (WIRTSCH) Indexierung

'index card *Nomen* Karteikarte

'index finger *Nomen* Zeigefinger

,index-'linked *Adj* (*BrE*) (WIRTSCH) indexgebunden ◇ *an index-linked pension* eine dynamische Rente

,index-'linking *Nomen* (WIRTSCH) Indexierung

In·dian /ˈɪndiən/ *Nomen, Adj*

▸ ***Nomen*** **1** Inder(in) **2** (*veraltet, beleidigend*) Indianer (in) **IDM** → CHIEF

▸ ***Adj*** **1** indisch **2** indianisch **IDM** → FILE

,Indian 'corn *Nomen* (*bes AmE*) Ziermais

,Indian 'summer *Nomen* **1** Nachsommer, Altweibersommer **2** (*Erfolg*) späte Blüte

in·di·cate 🔑 /ˈɪndɪkeɪt/ *Verb* **1** (hin)deuten auf, hinweisen auf ◇ *A red sky at night often indicates fine weather the next day.* Abendrot bedeutet oft schönes Wetter am nächsten Tag. **2** zu verstehen geben, andeuten **3** zeigen, deuten auf **4** (*schriftlich*) angeben **5** (*Gerät*) anzeigen **6** (*BrE*) (*im Straßenverkehr*) Zeichen geben, blinken **7** (*gehoben*) **be indicated** angeraten sein

in·di·ca·tion 🔑 /ˌɪndɪˈkeɪʃn/ *Nomen* Zeichen, Anzeichen, Hinweis ◇ *All the indications are that the project will go ahead as planned.* Alles deutet darauf hin, dass das Projekt wie geplant vorangehen wird.

in·dica·tive /ɪnˈdɪkətɪv/ *Adj, Nomen*

▸ ***Adj*** **1** (*gehoben*) **be ~ of sth** ein Zeichen von etw sein **2** (LING) indikativisch

▸ ***Nomen*** **the indicative** [Sing] (LING) der Indikativ, die Wirklichkeitsform

in·di·ca·tor /ˈɪndɪkeɪtə(r)/ *Nomen* **1** Anzeichen, Zeichen; (WIRTSCH) Indikator **2** Anzeiger ◇ *a depth indicator* ein Tiefenmesser **3** (*BrE*) Blinker, Richtungsanzeiger

in·dices *Form von* INDEX

in·dict /ɪnˈdaɪt/ *Verb* (*meist passiv*) ~ **sb (for sth)** (*bes AmE*) (RECHT) jdn (einer Sache) anklagen

in·dict·able /ɪnˈdaɪtəbl/ *Adj* (*bes AmE*) **1** (RECHT) strafbar **2** strafrechtlich verfolgbar

in·dict·ment /ɪnˈdaɪtmənt/ *Nomen* **1** (*bes AmE*) Anklage, Anklageschrift **2** [U] (*bes AmE*) Anklageerhebung ◇ *This led to his indictment on allegations of fraud.* Dies führte dazu, dass gegen ihn Anklage wegen Betrugs erhoben wurde. **3** ~ **of/on sb/sth** ◇ *The poverty in our cities is a damning indictment of modern society.* Die Armut in unseren Großstädten wirft ein schlechtes Licht auf die heutige Gesellschaft. ◇ *This result is a terrible indictment on the medical profession.* Dieses Ergebnis ist ein Armutszeugnis für die Ärzteschaft.

indie /ˈɪndi/ *Adj* (MUS) Indie- ◇ *an indie band* eine Indiegruppe ◇ *an indie label* ein unabhängiges Musiklabel

in·dif·fer·ence /ɪnˈdɪfrəns/ *Nomen* ~ **(to sb/sth)** Gleichgültigkeit (gegenüber jdm/etw) ◇ *Their father treated them with indifference.* Ihr Vater verhielt sich ihnen gegenüber gleichgültig.

in·dif·fer·ent /ɪnˈdɪfrənt/ *Adj* (*Adv* **in·dif·fer·ent·ly**) **1** ~ **(to sb/sth)** gleichgültig (gegenüber jdm/etw) **2** mittelmäßig, mäßig

in·di·gen·ous /ɪnˈdɪdʒənəs/ *Adj* ~ **(to …)** (*gehoben*) einheimisch (in …) ◇ *indigenous peoples* Ureinwohner

in·di·gent /ˈɪndɪdʒənt/ *Adj* (*selten, gehoben*) arm

in·di·gest·ible /ˌɪndɪˈdʒestəbl/ *Adj* schwer verdaulich ◇ (*fig*) *an indigestible amount of data* eine schwer zu bewältigende Anzahl von Daten

in·di·ges·tion /ˌɪndɪˈdʒestʃən/ *Nomen* [U] Magenschmerzen

in·dig·nant /ɪnˈdɪgnənt/ *Adj* (*Adv* **in·dig·nant·ly**) entrüstet, empört

in·dig·na·tion /ˌɪndɪgˈneɪʃn/ *Nomen* [U] Entrüstung, Empörung ◇ *arouse sb's indignation* jds Unwillen hervorrufen ◇ *be full of righteous indignation* von gerechtem Zorn erfüllt sein

in·dig·nity /ɪnˈdɪgnəti/ *Nomen* (*Pl* **-ies**) Demütigung

in·digo /ˈɪndɪgəʊ; *AmE* -goʊ/ *Nomen, Adj*

▸ ***Nomen*** Indigo

▸ ***Adj*** tiefblau

in·dir·ect 🔑 /ˌɪndəˈrekt, -daɪˈ-/ *Adj* (*Adv* **in·dir·ect·ly**) indirekt ◇ *an indirect route* ein Umweg ◇ *The plant prefers indirect sunlight.* Die Pflanze verträgt keine direkte Sonne.

,indirect 'object *Nomen* (LING) Dativobjekt

in·dis·cern·ible /ˌɪndɪˈsɜːnəbl; *AmE* -ˈsɜːrn-/ *Adj* nicht wahrnehmbar, unmerklich

in·dis·cip·line /ɪnˈdɪsɪplɪn/ *Nomen* [U] (*gehoben*) Disziplinlosigkeit

in·dis·creet /ˌɪndɪˈskriːt/ *Adj* (*Adv* **in·dis·creet·ly**) indiskret, taktlos

in·dis·cre·tion /ˌɪndɪˈskreʃn/ *Nomen* Indiskretion, Unbedachtheit ◇ *youthful indiscretions* Jugendsünden

in·dis·crim·in·ate /ˌɪndɪˈskrɪmɪnət/ *Adj* (*Adv* **in·dis·crimin·ate·ly**) wahllos, willkürlich, unüberlegt

in·dis·pens·able /ˌɪndɪˈspensəbl/ *Adj* ~ **(to sb/sth)**; ~ **(for sth/for doing sth)** unentbehrlich (für jdn/etw)

in·dis·posed /ˌɪndɪˈspəʊzd; *AmE* -ˈspoʊzd/ *Adj* (*gehoben*) **1** unpässlich **2** [nicht vor Nomen] **~ to do sth** nicht geneigt, etw zu tun

in·dis·pos·ition /ˌɪndɪspəˈzɪʃn/ *Nomen* (*gehoben*) Unpässlichkeit

in·dis·put·able /ˌɪndɪˈspjuːtəbl/ *Adj* (*Adv* **in·dis·put·ably** /-bli/) unbestreitbar ◊ *indisputable evidence* unanfechtbare Beweise

in·dis·sol·uble /ˌɪndɪˈsɒljəbl; *AmE* -ˈsɑːl-/ *Adj* (*Adv* **in·dissol·ubly** /-bli/) (*gehoben*) unauflöslich

in·dis·tinct /ˌɪndɪˈstɪŋkt/ *Adj* (*Adv* **in·dis·tinct·ly**) undeutlich, verschwommen

in·dis·tin·guish·able /ˌɪndɪˈstɪŋgwɪʃəbl/ *Adj* **1** nicht unterscheidbar **2** nicht erkennbar, nicht wahrnehmbar

in·di·vid·ual /ˌɪndɪˈvɪdʒuəl/ *Adj, Nomen*

▸ ***Adj*** (*Adv* **in·di·vidu·al·ly** /-əli/) **1** einzeln ◊ *an individual case* ein Einzelfall ◊ *an individual pizza* eine Pizza für eine Person ◊ *The manager spoke to them all individually.* Der Geschäftsführer sprach zu allen persönlich. **2** individuell

▸ ***Nomen*** Einzelne(r), Individuum

in·di·vidu·al·ism /ˌɪndɪˈvɪdʒuəlɪzəm/ *Nomen* Individualismus

in·di·vidu·al·ist /ˌɪndɪˈvɪdʒuəlɪst/ *Nomen* Individualist(in)

in·di·vidu·al·is·tic /ˌɪndɪˌvɪdʒuəˈlɪstɪk/ (*auch* **in·di·vidu·al·ist**) *Adj* individualistisch

in·di·vidu·al·ity /ˌɪndɪˌvɪdʒuˈæləti/ *Nomen* Individualität

in·di·vidu·al·ize (*BrE auch* **-ise**) /ˌɪndɪˈvɪdʒuəlaɪz/ *Verb* (*gehoben*) **~ sth** einer Sache die persönliche Note geben ◊ *individualize children's learning* das Wissen auf jedes einzelne Kind abstimmen

in·di·vidu·al·ized (*BrE auch* **-ised**) /ˌɪndɪˈvɪdʒuəlaɪzd/ *Adj* auf den Einzelnen ausgerichtet, individuell

in·di·vis·ibil·ity /ˌɪndɪˌvɪzəˈbɪləti/ *Nomen* Unteilbarkeit, Untrennbarkeit

in·di·vis·ible /ˌɪndɪˈvɪzəbl/ *Adj* (*Adv* **in·di·vis·ibly** /-bli/) unteilbar, untrennbar

Indo- /ˈɪndəʊ; *AmE* -doʊ/ Indo-, indo- ◊ *the Indo-Pakistan border* die Grenze zwischen Indien und Pakistan

in·doc·trin·ate /ɪnˈdɒktrɪneɪt; *AmE* ɪnˈdɑːk-/ *Verb* (*abwert*) indoktrinieren

in·doc·trin·ation /ɪnˌdɒktrɪˈneɪʃn; *AmE* ɪnˌdɑːk-/ *Nomen* Indoktrination

in·do·lence /ˈɪndələns/ *Nomen* (*gehoben*) Trägheit, Faulheit

in·do·lent /ˈɪndələnt/ *Adj* (*gehoben*) träge, faul

in·dom·it·able /ɪnˈdɒmɪtəbl; *AmE* ɪnˈdɑːm-/ *Adj* (*gehoben*) unbeugsam

in·door /ˈɪndɔː(r)/ *Adj* [nur vor Nomen] ◊ *an indoor swimming pool* ein Hallenbad ◊ *indoor plants* Zimmerpflanzen ◊ *designed for indoor use* zum Gebrauch in Innenräumen

in·doors /ˌɪnˈdɔːz; *AmE* -ˈdɔːrz/ *Adv* drinnen, nach drinnen ◊ *go indoors* hineingehen ◊ *Many herbs can be grown indoors.* Viele Kräuter können im Haus gezogen werden.

in·dub·it·able /ɪnˈdjuːbɪtəbl; *AmE* ɪnˈduː-/ *Adj* (*Adv* **in·dub·it·ably** /-bli/) (*gehoben*) unzweifelhaft, zweifellos

in·duce /ɪnˈdjuːs; *AmE* ɪnˈduːs/ *Verb* **1 ~ sb to do sth** (*gehoben*) jdn dazu bringen, etw zu tun, jdn dazu veranlassen, etw zu tun **2** (*gehoben*) herbeiführen ◊ *drugs which induce sleep* Medikamente, die eine einschläfernde Wirkung haben **3** (*Geburt*) einleiten

in·duce·ment /ɪnˈdjuːsmənt; *AmE* ɪnˈduːs-/ *Nomen* **~ (to sb) (to do sth)** Anreiz (für jdn) (etw zu tun) ◊ *Officials have been accused of accepting inducements from local businessmen.* Beamte wurden beschuldigt, sich von ortsansässigen Geschäftsleuten bestechen zu lassen.

in·duct /ɪnˈdʌkt/ *Verb* (*oft passiv*) (*gehoben*) **1 ~ sb (into sth) (as sth)** jdn (als etw) (in etw) einführen **2** (*bes AmE*) einziehen

in·duct·ee /ˌɪndʌkˈtiː/ *Nomen* (*bes AmE*) Rekrut(in)

in·duc·tion /ɪnˈdʌkʃn/ *Nomen* **1** Einführung ◊ *The induction of new students will take place in the main hall.* Die Einführungsveranstaltung für die neuen Studenten wird in der Aula stattfinden. **2** Geburtseinleitung **3** (*Fachspr*) Induktion

in·duct·ive /ɪnˈdʌktɪv/ *Adj* (*Adv* **in·duct·ive·ly**) induktiv

in·dulge /ɪnˈdʌldʒ/ *Verb* **1 ~ (in sth); ~ yourself (with sth)** sich etw gönnen, sich etw genehmigen ◊ *I only indulge on special occasions.* Das genehmige ich mir nur zu besonderen Anlässen. ◊ *She has never been one to indulge in gossip.* Sie war nie eine Klatschtante. **2 ~ sth** etw frönen **3 ~ sb (with sth)** jdn (mit etw) verwöhnen **4 ~ sth** etw nachgeben

in·dul·gence /ɪnˈdʌldʒəns/ *Nomen* **1** [U] (*meist abwert*) ◊ *The buffet offers a temptation to over-indulgence.* Dieses kalte Buffet verführt dazu, zu viel zu essen. ◊ *Avoid excessive indulgence in sweets.* Vermeiden Sie einen übermäßigen Genuss von Süßigkeiten. **2** [U] (*meist abwert*) Nachgiebigkeit **3** Luxus **4** (*gehoben*) Nachsicht

in·dul·gent /ɪnˈdʌldʒənt/ *Adj* (*Adv* **in·dul·gent·ly**) (*meist abwert*) nachgiebig, nachsichtig ◊ *take an indulgent view of sth* etw mit Nachsicht betrachten

in·dus·trial /ɪnˈdʌstriəl/ *Adj* (*Adv* **in·dust·tri·al·ly** /-əli/) industriell, Industrie-, Arbeits- ◊ *industrial-strength cleaning fluid* extrastarkes Reinigungsmittel

inˌdustrial ˈaction *Nomen* [U] (*bes BrE*) Arbeitskampfmaßnahmen

inˌdustrial ˈarts *Nomen* (*AmE*) [U] (*Schulfach*) Werken

inˈdustrial estate *Nomen* Industriegebiet

in·dus·tri·al·ism /ɪnˈdʌstriəlɪzəm/ *Nomen* (*Fachspr*) Industrialismus

in·dus·tri·al·ist /ɪnˈdʌstriəlɪst/ *Nomen* Industrielle(r)

in·dus·tri·al·iza·tion (*BrE auch* **-isa·tion**) /ɪnˌdʌstriəlaɪˈzeɪʃn; *AmE* -ləˈ-/ *Nomen* Industrialisierung

in·dus·tri·al·ized (*BrE auch* **-ised**) /ɪnˈdʌstriəlaɪzd/ *Adj* industrialisiert

inˈdustrial park *Nomen* (*AmE*) Industriegebiet

inˌdustrial reˈlations *Nomen* [Pl] Beziehungen zwischen Arbeitgebern und Gewerkschaften

the Inˌdustrial Revoˈlution *Nomen* die Industrielle Revolution

inˌdustrial triˈbunal *Nomen* (*BrE*) Arbeitsgericht

in·dus·tri·ous /ɪnˈdʌstriəs/ *Adj* (*Adv* **in·dus·tri·ous·ly**) (*gehoben*) fleißig

in·dus·try /ˈɪndəstri/ *Nomen* (*Pl* **-ies**) **1** Industrie ◊ *the tourist industry* die Tourismusbranche **2** (*gehoben*) Fleiß

in·ebri·ated /ɪˈniːbrieɪtɪd/ *Adj* (*gehoben oder hum*) betrunken

in·ed·ible /ɪnˈedəbl/ *Adj* nicht essbar, ungenießbar

in·ef·fect·ive /ˌɪnɪˈfektɪv/ *Adj* (*Adv* **in·ef·fect·ive·ly**) ineffectiv, unwirksam, wirkungslos

in·ef·fect·ive·ness /ˌɪnɪˈfektɪvnəs/ *Nomen* Ineffektivität, Unwirksamkeit, Wirkungslosigkeit

in·ef·fec·tual /ˌɪnɪˈfektʃuəl/ *Adj* (*Adv* **in·ef·fec·tu·al·ly** /-əli/) (*gehoben*) ineffektiv, erfolglos

in·ef·fi·ciency /ˌɪnɪˈfɪʃənsi/ *Nomen* (*Pl* **-ies**) Ineffizienz, Unwirtschaftlichkeit

in·ef·fi·cient /ˌɪnɪˈfɪʃnt/ *Adj* (*Adv* **in·ef·fi·cient·ly**) ineffizient, unwirtschaftlich ◊ *an inefficient secretary* eine Sekretärin, die nicht effizient arbeitet

in·ele·gant /ɪn'elɪgənt/ *Adj* (*Adv* **in·ele·gant·ly**) unelegant ◇ *an inelegant phrase* eine ungeschliffene Phrase

in·eli·gible /ɪn'elɪdʒəbl/ *Adj* nicht berechtigt ◇ *ineligible for aid* ohne Anspruch auf finanzielle Unterstützung

inept /ɪ'nept/ *Adj* (*Adv* **in·ept·ly**) ungeschickt, unpassend, stümperhaft

in·epti·tude /ɪ'neptɪtju:d; *AmE* -tu:d/ *Nomen* Unbeholfenheit, Unangebrachtheit, Inkompetenz

in·equal·ity /ˌɪnɪ'kwɒləti; *AmE* -'kwɑ:lə-/ *Nomen* (*Pl* **-ies**) Ungleichheit ◇ *racial inequality* Rassendiskriminierung

in·equit·able /ɪn'ekwɪtəbl/ *Adj* (*gehoben*) ungerecht

in·equity /ɪn'ekwəti/ *Nomen* (*Pl* **-ies**) (*gehoben*) Ungerechtigkeit

in·erad·ic·able /ˌɪnɪ'rædɪkəbl/ *Adj* (*gehoben*) unabänderlich, unauslöschlich, unausrottbar

inert /ɪ'nɜ:t; *AmE* ɪ'nɜ:rt/ *Adj* (*gehoben*) **1** unbeweglich, untätig, träge **2** (*Fachspr*) inaktiv ◇ *inert gases* Edelgase

in·er·tia /ɪ'nɜ:ʃə; *AmE* ɪ'nɜ:rʃə/ *Nomen* Trägheit

in·escap·able /ˌɪnɪ'skeɪpəbl/ *Adj* (*Adv* **in·escap·ably** /-bli/) unausweichlich

in·es·sen·tial /ˌɪnɪ'senʃl/ *Adj* **1** unnötig **2** unwesentlich

in·estim·able /ɪn'estɪməbl/ *Adj* (*gehoben*) unschätzbar

in·ev·it·abil·ity /ɪnˌevɪtə'bɪləti/ *Nomen* Unvermeidlichkeit, Unabwendbarkeit

in·ev·it·able 🔑 /ɪn'evɪtəbl/ *Adj* **1** unvermeidlich, unabwendbar **2** (*oft hum*) obligat

in·ev·it·ably 🔑 /ɪn'evɪtəbli/ *Adv* zwangsläufig, wie nicht anders zu erwarten

in·exact /ˌɪnɪg'zækt/ *Adj* ungenau ◇ *Economics is an inexact science.* Wirtschaftswissenschaft ist keine exakte Wissenschaft.

in·ex·cus·able /ˌɪnɪk'skju:zəbl/ *Adj* (*Adv* **in·ex·cus·ably** /-bli/) unverzeihlich

in·ex·haust·ible /ˌɪnɪg'zɔ:stəbl/ *Adj* unerschöpflich; (*Appetit*) unstillbar ◇ *an inexhaustible worker* ein unermüdlicher Arbeiter

in·ex·or·able /ɪn'eksərəbl/ *Adj* (*Adv* **in·ex·or·ably** /-bli/) **1** unaufhaltsam **2** unerbittlich

in·ex·pen·sive /ˌɪnɪk'spensɪv/ *Adj* (*Adv* **in·ex·pen·sive·ly**) preiswert

in·ex·peri·ence /ˌɪnɪk'spɪəriəns; *AmE* -'spɪr-/ *Nomen* Unerfahrenheit

in·ex·peri·enced /ˌɪnɪk'spɪəriənst; *AmE* -'spɪr-/ *Adj* unerfahren

in·ex·pert /ɪn'ekspɜ:t; *AmE* -spɜ:rt/ *Adj* (*Adv* **in·ex·pert·ly**) **1** unfachmännisch **2** ungeübt

in·ex·plic·able /ˌɪnɪk'splɪkəbl/ *Adj* unerklärlich

in·ex·plic·ably /ˌɪnɪk'splɪkəbli/ *Adv* aus unerklärlichen Gründen

in·ex·press·ible /ˌɪnɪk'spresəbl/ *Adj* unbeschreiblich, unsagbar

in ex·tre·mis /ˌɪn ɪk'stri:mɪs/ *Adv* (*gehoben*) **1** im Extremfall, im (äußersten) Notfall **2** im Sterben liegend

in·ex·tric·able /ˌɪnɪk'strɪkəbl, ɪn'ekstrɪkəbl/ *Adj* (*Adv* **inex·tric·ably** /-bli/) (*gehoben*) un(auf)lösbar, untrennbar, unentwirrbar

in·fal·li·bil·ity /ɪnˌfælə'bɪləti/ *Nomen* Unfehlbarkeit

in·fal·lible /ɪn'fæləbl/ *Adj* (*Adv* **in·fal·libly** /-bli/) unfehlbar

in·fam·ous /'ɪnfəməs/ *Adj* (*gehoben*) **1** (*auch hum*) berüchtigt **2** niederträchtig, schändlich

in·famy /'ɪnfəmi/ *Nomen* (*Pl* **-ies**) (*gehoben*) **1** [U] Verrufenheit ◇ *The day will live in infamy.* Der Tag wird als berüchtigt in Erinnerung bleiben. **2** Niedertracht, Schändlichkeit

in·fancy /'ɪnfənsi/ *Nomen* [U] **1** frühe Kindheit **2** Anfangsstadium

in·fant /'ɪnfənt/ *Nomen, Adj*

▸ ***Nomen* 1** (*gehoben oder Fachspr*) Kleinkind, Säugling ◇ *an infant prodigy* ein Wunderkind **2** (*in GB und Australien*) = Schulkind im Alter von 4 bis 7 Jahren

▸ ***Adj*** [nur vor Nomen] **1** Kinder-, Säuglings- **2** in den Anfängen steckend, jung

in·fanti·cide /ɪn'fæntɪsaɪd/ *Nomen* (*gehoben*) Kindesmord, Kindestötung

in·fant·ile /'ɪnfəntaɪl/ *Adj* **1** (*abwert*) kindisch **2** [nur vor Nomen] (*gehoben oder Fachspr*) Kinder-, kindlich

in·fan·try /'ɪnfəntri/ *Nomen* [mit Verb im Sing/Pl] Infanterie

in·fan·try·man /'ɪnfəntrimən/ *Nomen* (*Pl* **-men** /-mən/) Infanterist, Fußsoldat

in·fatu·ated /ɪn'fætʃueɪtɪd/ *Adj* ~ (**with sb/sth**) betört (von jdm/etw), vernarrt (in jdn/etw)

in·fatu·ation /ɪnˌfætʃu'eɪʃn/ *Nomen* ~ (**with/for sb/sth**) Vernarrtheit (in jdn/etw)

in·fect 🔑 /ɪn'fekt/ *Verb* **1** infizieren, anstecken (*auch fig*) **2** (*meist passiv*) verseuchen, verunreinigen

in·fected 🔑 /ɪn'fektɪd/ *Adj* **1** entzündet, infiziert ◇ *become infected* sich entzünden **2** verunreinigt, verseucht

in·fec·tion 🔑 /ɪn'fekʃn/ *Nomen* Ansteckung, Infektion, Entzündung

in·fec·tious 🔑 /ɪn'fekʃəs/ *Adj* **1** (*Adv* **in·fec·tious·ly**) ansteckend **2 sb is ~** bei jdm besteht Ansteckungsgefahr

infer /ɪn'fɜ:(r)/ *Verb* (**-rr-**) **1 ~ sth** (**from sth**) etw (aus etw) folgern **2** (*umgs*) andeuten

in·fer·ence /'ɪnfərəns/ *Nomen* Schlussfolgerung IDM **by inference** folglich; demzufolge

in·fer·ior /ɪn'fɪəriə(r); *AmE* ɪn'fɪr-/ *Adj, Nomen*

▸ ***Adj* 1** minderwertig, unterlegen, schwächer **2** (*gehoben*) untergeordnet, niedriger

▸ ***Nomen* 1** Schwächere(r) ◇ *her intellectual inferiors* diejenigen, die ihr intellektuell unterlegen sind **2** Untergebene(r)

in·fer·ior·ity /ɪnˌfɪəri'ɒrəti; *AmE* ɪnˌfɪri'ɔ:r-/ *Nomen* **1** Minderwertigkeit **2** Unterlegenheit

inferi'ority complex *Nomen* Minderwertigkeitskomplex

in·fer·nal /ɪn'fɜ:nl; *AmE* ɪn'fɜ:rnl/ *Adj* **1** [nur vor Nomen] (*veraltet*) höllisch, teuflisch **2** (*gehoben*) Höllen-, der Hölle ◇ *the infernal regions* die Unterwelt

in·ferno /ɪn'fɜ:nəʊ; *AmE* ɪn'fɜ:rnoʊ/ *Nomen* (*Pl* **-os**) [meist Sing] Inferno

in·fer·tile /ɪn'fɜ:taɪl; *AmE* ɪn'fɜ:rtl/ *Adj* unfruchtbar, nicht fortpflanzungsfähig ◇ *an infertile couple* ein Paar, das keine Kinder bekommen kann

in·fer·til·ity /ˌɪnfɜ:'tɪləti; *AmE* -fɜ:r'-/ *Nomen* Unfruchtbarkeit, Sterilität

in·fest /ɪn'fest/ *Verb* (*meist passiv*) heimsuchen, befallen, verseuchen

in·festa·tion /ˌɪnfe'steɪʃn/ *Nomen* Verseuchung, Befall

in·fi·del /'ɪnfɪdəl/ *Nomen* (*veraltet, beleidigend*) (REL) Ungläubige(r)

in·fi·del·ity /ˌɪnfɪ'deləti/ *Nomen* (*Pl* **-ies**) **1** Untreue **2** Seitensprung

in·fight·ing /'ɪnfaɪtɪŋ/ *Nomen* [U] interne Machtkämpfe

in·fill /'ɪnfɪl/ *Nomen, Verb*

▸ ***Nomen*** Füllmaterial, Füllung

▸ ***Verb*** ausfüllen, auffüllen

in·fil·trate /ˈɪnfɪltreɪt/ *Verb* **1** infiltrieren, unterwandern **2 ~ sb (into sth)** jdn (in etw) einschleusen **3** (*Fachspr*) **~ (into) sth** (*Flüssigkeit, Gas etc.*) in etw (ein) sickern

in·fil·tra·tion /ˌɪnfɪlˈtreɪʃn/ *Nomen* **1** Unterwanderung, Infiltration **2** Einschleusen **3** (*Fachspr*) Einsickern, Eindringen, Einströmen

in·fil·tra·tor /ˈɪnfɪltreɪtə(r)/ *Nomen* Unterwanderer, Unterwanderin, Infiltrant(in)

in·fin·ite /ˈɪnfɪnət/ *Adj, Nomen*
▸ ***Adj*** unendlich, unermesslich, grenzenlos
▸ ***Nomen*** [Sing] **1 the infinite** das Unendliche **2 the Infinite** Gott

in·fin·ite·ly /ˈɪnfɪnətli/ *Adv* **1** (*besonders in Vergleichen*) unendlich viel **2** unendlich, ungeheuer

in·fini·tesi·mal /ˌɪnfɪnɪˈtesɪml/ *Adj* (*gehoben*) verschwindend gering, winzig

in·fini·tesi·mal·ly /ˌɪnfɪnɪˈtesɪməli/ *Adv* **1** ein winziges bisschen **2** äußerst, extrem

in·fini·tive /ɪnˈfɪnətɪv/ *Nomen* (LING) Infinitiv **IDM** → SPLIT

in·fin·ity /ɪnˈfɪnəti/ *Nomen* (*Pl* **-ies**) **1** (*auch* **in·fin·it·ies** [Pl]) Unendlichkeit **2** das Unendliche, die Unendlichkeit ◇ *The number tends towards infinity.* Die Zahl geht gegen unendlich. **3** (MATH) unendliche Zahl **4** [Sing] unendliche Menge ◇ *an infinity of stars* unendlich viele Sterne

inˈfinity pool *Nomen* **1** Infinity-Pool, Endlospool **2** Gegenstrombecken

in·firm /ɪnˈfɜːm; *AmE* ɪnˈfɜːrm/ *Adj, Nomen*
▸ ***Adj*** gebrechlich, schwach
▸ **the infirm *Nomen*** [Pl] die Gebrechlichen

in·firm·ary /ɪnˈfɜːməri; *AmE* ɪnˈfɜːrm-/ *Nomen* (*Pl* **-ies**) **1** (*oft in Namen*) Krankenhaus **2** Krankenzimmer, Krankenstation

in·firm·ity /ɪnˈfɜːməti; *AmE* ɪnˈfɜːrm-/ *Nomen* (*Pl* **-ies**) [U] **1** Gebrechlichkeit, Schwäche, Krankheit **2** Gebrechen

in·flame /ɪnˈfleɪm/ *Verb* (*gehoben*) **1** erregen, aufbringen **2** (*Emotionen*) schüren, entfachen, anheizen **3** (*Situation*) verschärfen

in·flamed /ɪnˈfleɪmd/ *Adj* **1** entzündet **2** erregt, aufgebracht **3 ~ with sth** in etw entbrannt ◇ *a man inflamed with jealousy* ein Mann, der vor Eifersucht rast

in·flam·mable /ɪnˈflæməbl/ *Adj* **1** (*bes BrE*) leicht entflammbar, feuergefährlich **2** (*Mensch*) leicht reizbar; (*Stimmung, Situation*) explosiv

in·flam·ma·tion /ˌɪnfləˈmeɪʃn/ *Nomen* Entzündung

in·flam·ma·tory /ɪnˈflæmətri; *AmE* -tɔːri/ *Adj* **1** (*abwert*) aufrührerisch ◇ *inflammatory remarks* Hetzreden **2** (MED) Entzündungs-, entzündlich

in·flat·able /ɪnˈfleɪtəbl/ *Adj, Nomen*
▸ ***Adj*** aufblasbar ◇ *an inflatable dinghy* ein Schlauchboot
▸ ***Nomen*** **1** Schlauchboot **2** Luftkissen **3** aufblasbares Spielgerät

in·flate /ɪnˈfleɪt/ *Verb* **1** aufpumpen, aufblasen; **~ sth with sth** etw mit etw füllen **2** sich aufblasen, sich aufblähen **3** (*gehoben*) (*Thema, Bedeutung etc.*) aufblähen **4** (*gehoben*) hochtreiben, anheizen **5** steigen

in·flated /ɪnˈfleɪtɪd/ *Adj* **1** überhöht **2** aufgeblasen, übertrieben, übersteigert

in·fla·tion /ɪnˈfleɪʃn/ *Nomen* [U] **1** Inflation **2** Aufpumpen, Aufblasen

in·fla·tion·ary /ɪnˈfleɪʃənri; *AmE* -ʃəneri/ *Adj* Inflations-, inflationär

in·flect /ɪnˈflekt/ *Verb* **1** (LING) flektierbar sein, flektiert werden **2** (LING) beugen, flektieren **3** (*Stimme, Ton etc.*) modulieren

in·flect·ed /ɪnˈflektɪd/ *Adj* **1** gebeugt, flektiert **2** flektierend **3** (*Stimme, Ton etc.*) moduliert

in·flec·tion (*bes BrE* **in·flex·ion**) /ɪnˈflekʃn/ *Nomen* **1** (LING) Beugung, Flexion ◇ *case inflections* Kasusendungen **2** Modulation, Änderung des Tonfalls **3** Tonfall

in·flex·ibil·ity /ɪnˌfleksəˈbɪləti/ *Nomen* Unbeweglichkeit

in·flex·ible /ɪnˈfleksəbl/ *Adj* **1** (*Adv* **in·flex·ibly** /-bli/) (*abwert*) (*Haltung etc.*) starr, unbeweglich **2** (*Adv* **in·flex·ibly**) (*abwert*) (*Person*) unbeugsam, wenig flexibel **3** (*Material*) unbiegsam

in·flict /ɪnˈflɪkt/ *Verb* verursachen; **~ sth on/upon sb/sth** jdm/etw etw zufügen, jdm/etw etw zumuten **PHR V** **inˈflict sb on sb** (*oft hum*) jdm jdn aufhalsen **inˈflict yourself on sb** (*oft hum*) sich jdm aufdrängen

in·flic·tion /ɪnˈflɪkʃn/ *Nomen* [U] Zufügung, Verhängung, Auferlegung

ˌin-ˈflight *Adj* [nur vor Nomen] während des Flugs ◇ *an in-flight meal* eine Bordmahlzeit

in·flow /ˈɪnfləʊ; *AmE* -floʊ/ *Nomen* Zufluss, Zustrom

in·flu·ence 0-w /ˈɪnfluəns/ *Nomen, Verb*
▸ ***Nomen*** Einfluss ◇ *be a bad influence on sb* einen schlechten Einfluss auf jdn haben ◇ *It was a major influence in his life.* Es hat sein Leben entscheidend beeinflusst. **IDM** **under the ˈinfluence** unter Alkoholeinfluss
▸ ***Verb*** beeinflussen

in·flu·en·tial /ˌɪnfluˈenʃl/ *Adj* einflussreich; **be ~ in sth** etw (entscheidend) beeinflussen

in·flu·enza /ˌɪnfluˈenzə/ (*gehoben*) = FLU

in·flux /ˈɪnflʌks/ *Nomen* [meist Sing] (Zu)strom

info /ˈɪnfəʊ; *AmE* -foʊ/ *Nomen* **1** (*umgs*) = INFORMATION **2 info-** (*in Zusammensetzungen*) Info-

info·mer·cial /ˌɪnfəʊˈmɜːʃl; *AmE* -foʊˈmɜːrʃl/ *Nomen* (*bes AmE*) = wie eine Informationssendung aufgemachte Fernsehwerbung

in·form 0-w /ɪnˈfɔːm; *AmE* ɪnˈfɔːrm/ *Verb* **1 ~ sb (of/about sth)** jdn (über etw) informieren ◇ *be reliably informed (that ...)* aus zuverlässliche Quelle wissen(, dass ...) ◇ *I am pleased to inform you that ...* Ich freue mich, Ihnen mitteilen zu können, dass ... **2 ~ yourself (of/about sth)** sich (über etw) informieren **3** (*gehoben*) prägen, beeinflussen **PHR V** **inform on sb** jdn denunzieren

in·for·mal 0-w /ɪnˈfɔːml; *AmE* ɪnˈfɔːrml/ *Adj* (*Adv* **in·for·mal·ly** /-məli/) **1** zwanglos, informell, inoffiziell **2** leger **3** ungezwungen, locker, umgangssprachlich

in·for·mal·ity /ˌɪnfɔːˈmæləti; *AmE* -fɔːrˈ-/ *Nomen* Zwanglosigkeit, Ungezwungenheit ◇ *the informality of the tribunals* der informelle Charakter der Tribunale

in·form·ant /ɪnˈfɔːmənt; *AmE* ɪnˈfɔːrmənt/ *Nomen* Informant(in), (Informations)quelle

in·for·ma·tion 0-w /ˌɪnfəˈmeɪʃn; *AmE* -fərˈ-/ (*umgs* **info**) *Nomen* [U] **1** Informationen, Auskünfte ◇ *a piece of information* eine Information ◇ *ask for information* Auskünfte einholen ◇ *Our information is that the police will shortly make an arrest.* Soweit wir wissen, wird die Polizei in Kürze jemanden verhaften. **2** (*AmE, umgs*) (Fernsprech)auskunft **IDM** **for your inforˈmation** **1** (*offiz* **for information ˈonly**) (*Abk* **FYI**) nur zur Kenntnisnahme **2** (*umgs*) damit du es weißt; damit Sie es wissen → *Siehe auch* MINE

in·for·ma·tion·al /ˌɪnfəˈmeɪʃənl; *AmE* -fərˈ-/ *Adj* [nur vor Nomen] Informations- ◇ *the informational role of the media* die Aufgabe der Medien zu informieren

inforˌmation seˈcurity (*umgs* **infosec**) *Nomen* Informationssicherheit

infor|mation tech|nology *Nomen* = IT

in·forma·tive /ɪnˈfɔːmətɪv; *AmE* ɪnˈfɔːrm-/ *Adj* **1** informativ, lehrreich **2** mitteilsam

in·formed /ɪnˈfɔːmd; *AmE* ɪnˈfɔːrmd/ *Adj* (gut) unterrichtet, (wohl) informiert, fundiert ◇ *Keep me informed.* Halten Sie mich auf dem Laufenden.

in·form·er /ɪnˈfɔːmə(r); *AmE* ɪnˈfɔːrmər/ *Nomen* Informant(in), Spitzel

info·sec /ˈɪnfəʊsek; *AmE* -foʊ-/ *Nomen (umgs)* = INFORMATION SECURITY

info·tain·ment /ˌɪnfəʊˈteɪnmənt; *AmE* -foʊ-/ *Nomen* Infotainment

in·frac·tion /ɪnˈfrækʃn/ *Nomen (gehoben)* Übertretung, Regelverstoß

infra dig /ˌɪnfrə ˈdɪɡ/ *Adj* [nicht vor Nomen] *(BrE, umgs, veraltet)* unter jds Würde

in·fra·red /ˌɪnfrəˈred/ *Adj* (PHYSIK) Infrarot- ◇ *infrared radiation* Infrarotstrahlung

in·fra·struc·tural /ˌɪnfrəˈstrʌktʃərəl/ *Adj* die Infrastruktur betreffend, infrastrukturell ◇ *infrastructural development* die Erschließung der Infrastruktur

in·fra·struc·ture /ˈɪnfrəstrʌktʃə(r)/ *Nomen* Infrastruktur

in·fre·quent /ɪnˈfriːkwənt/ *Adj* (*Adv* **in·fre·quent·ly**) selten

in·fringe /ɪnˈfrɪndʒ/ *Verb* **1 ~ sth** gegen etw verstoßen, etw verletzen **2 ~ on/upon sth** in etw eingreifen, in etw eindringen, etw verletzen ◇ *She refused to answer questions that infringed on her private life.* Sie weigerte sich, Fragen zu beantworten, die ihr Privatleben betrafen.

in·fringe·ment /ɪnˈfrɪndʒmənt/ *Nomen* Verletzung, Verstoß, Eingriff

in·furi·ate /ɪnˈfjʊərieɪt; *AmE* ɪnˈfjʊr-/ *Verb* wütend machen, rasend machen ◇ *She became infuriated.* Sie wurde wütend.

in·furi·at·ing /ɪnˈfjʊərieɪtɪŋ; *AmE* ɪnˈfjʊr-/ *Adj* (wahnsinnig) ärgerlich, aufreizend ◇ *an infuriating child* ein Kind, das einen wahnsinning macht

in·furi·at·ing·ly /ɪnˈfjʊərieɪtɪŋli; *AmE* ɪnˈfjʊr-/ *Adv* aufreizend ◇ *Infuriatingly, the shop had just closed.* Es war zum Verrücktwerden. Das Geschäft hatte gerade zugemacht.

in·fuse /ɪnˈfjuːz/ *Verb* **1** *(gehoben)* **~ A into B** *(oft passiv)* A in B einflößen; **~ B with A** B mit A erfüllen ◇ *Her novels are infused with sadness.* Ihre Romane sind voller Traurigkeit. **2** *(gehoben)* durchdringen **3** *(Tee)* ziehen (lassen)

in·fu·sion /ɪnˈfjuːʒn/ *Nomen* **1** *(gehoben)* Zufuhr ◇ *a cash/capital infusion* eine Geld-/Kapitalspritze ◇ *The company needs an infusion of new blood.* Die Firma braucht dringend Nachwuchs. **2** Aufguss, Tee

in·geni·ous /ɪnˈdʒiːniəs/ *Adj* **1** einfallsreich, genial, raffiniert **2** findig, erfinderisch

in·geni·ous·ly /ɪnˈdʒiːniəsli/ *Adv* genial, erfinderisch

in·génue /ˈænʒeɪnjuː; *AmE* ˈændʒənuː/ *Nomen* naives Mädchen ◇ *an ingénue role* die Rolle der Naiven

in·genu·ity /ˌɪndʒəˈnjuːəti; *AmE* -ˈnuː-/ *Nomen* Einfallsreichtum, Genialität

in·genu·ous /ɪnˈdʒenjuəs/ *Adj* (*Adv* **in·genu·ous·ly**) *(gehoben) (manchmal abwertend)* naiv, unschuldig, vertrauensvoll

in·gest /ɪnˈdʒest/ *Verb (Fachspr) (Nahrungsmittel etc.)* aufnehmen

in·gest·ion /ɪnˈdʒestʃən/ *Nomen* [U] *(Fachspr) (Nahrungs- etc.)* Aufnahme

ingle·nook /ˈɪŋɡlnʊk/ *Nomen* Kaminecke

in·glori·ous /ɪnˈɡlɔːriəs/ *Adj* (*Adv* **in·glori·ous·ly**) *(gehoben)* unrühmlich, beschämend

ingot /ˈɪŋɡət/ *Nomen (Gold-, Silber-)* Barren

in·grained /ɪnˈɡreɪnd/ *Adj* **1** tief verwurzelt **2** *(Schmutz)* tief sitzend

in·grati·ate /ɪnˈɡreɪʃieɪt/ *Verb* **~ yourself (with sb)** *(abwert)* sich (bei jdm) beliebt machen, sich (bei jdm) einschmeicheln

in·grati·at·ing /ɪnˈɡreɪʃieɪtɪŋ/ *Adj* (*Adv* **in·grati·at·ing·ly**) *(abwert)* schmeichlerisch, einschmeichelnd

in·grati·tude /ɪnˈɡrætɪtjuːd; *AmE* -tuːd/ *Nomen* Undankbarkeit

in·gre·di·ent 0‑w /ɪnˈɡriːdiənt/ *Nomen* **1** Zutat ◇ *active ingredient: aspirin* Wirkstoff: Aspirin **2** Voraussetzung

ˈin-group *Nomen (meist abwert)* Clique

in·grown /ˈɪnɡrəʊn; *AmE* -ɡroʊn/ (*BrE auch* **in·grow·ing** /-ɡrəʊɪŋ; *AmE* -ɡroʊɪŋ/) *Adj (Fußnagel)* eingewachsen

in·habit /ɪnˈhæbɪt/ *Verb* bewohnen, leben in

in·hab·it·ant /ɪnˈhæbɪtənt/ *Nomen* Einwohner(in), Bewohner(in)

in·hal·ant /ɪnˈheɪlənt/ *Nomen* Inhalationsmittel

in·hal·ation /ˌɪnhəˈleɪʃn/ *Nomen* Inhalation ◇ *smoke inhalation* das Einatmen von Rauch

in·hale /ɪnˈheɪl/ *Verb* **1** einatmen ◇ *He inhaled deeply on his cigarette.* Er zog tief an seiner Zigarette. **2** inhalieren

in·haler /ɪnˈheɪlə(r)/ *Nomen (Asthmaspray)* Inhalator

in·her·ent /ɪnˈhɪərənt, ɪnˈherənt; *AmE* ɪnˈhɪrənt/ *Adj* (*Adv* **in·her·ent·ly**) immanent, innewohnend ◇ *the dangers inherent in this enterprise* die Gefahren, die dieses Unternehmen birgt

in·herit /ɪnˈherɪt/ *Verb* **~ sth (from sb)** etw (von jdm) erben ◇ *an inherited disease* eine vererbte Krankheit

in·her·it·ance /ɪnˈherɪtəns/ *Nomen* Erbe ◇ *The title passes by inheritance to the eldest son.* Der Titel geht an den ältesten Sohn über.

inˈheritance tax *Nomen* Erbschaftssteuer

in·heri·tor /ɪnˈherɪtə(r)/ *Nomen* Erbe, Erbin

in·hibit /ɪnˈhɪbɪt/ *Verb* **1** hemmen **2 ~ sb from sth** jdn von etw abhalten

in·hibit·ed /ɪnˈhɪbɪtɪd/ *Adj* gehemmt ◇ *Boys are often inhibited about discussing their problems.* Jungen haben oft Hemmungen ihre Probleme zu diskutieren.

in·hib·ition /ˌɪnhɪˈbɪʃn, ˌɪnɪ-/ *Nomen* Hemmung

in·hos·pit·able /ˌɪnhɒˈspɪtəbl; *AmE* -hɑːˈ-/ *Adj* **1** unwirtlich **2** ungastlich, nicht gastfreundlich

ˌin-ˈhouse *Adj, Adv* (betriebs)intern ◇ *in-house language training* betriebsinterner Sprachunterricht

in·human /ɪnˈhjuːmən/ *Adj* **1** unmenschlich **2** nicht menschlich ◇ *a strange inhuman sound* ein seltsames nicht von einem Menschen kommendes Geräusch

in·hu·mane /ˌɪnhjuːˈmeɪn/ *Adj* (*Adv* **in·hu·mane·ly**) unmenschlich, menschenunwürdig

in·human·ity /ˌɪnhjuːˈmænəti/ *Nomen* [U] Unmenschlichkeit

in·imi·cal /ɪˈnɪmɪkl/ *Adj (gehoben)* **1 ~ to sth** schädlich für etw **2** feindselig

in·im·it·able /ɪˈnɪmɪtəbl/ *Adj* (*Adv* **in·im·it·ably** /-bli/) unnachahmlich

ini·qui·tous /ɪˈnɪkwɪtəs/ *Adj (gehoben) (ungerecht)* ungeheuerlich

ini·quity /ɪˈnɪkwəti/ *Nomen (Pl* **-ies**) schreiende Ungerechtigkeit, Ungeheuerlichkeit

ini·tial 0‑w /ɪˈnɪʃl/ *Adj, Nomen, Verb*

▸ ***Adj*** (*Adv* **ini·tial·ly** /-ʃəli/) anfänglich, erste(r,s) ◇ *in the initial stages* in den Anfangsstadien

▸ ***Nomen*** **1** Anfangsbuchstabe des Vornamens ◇ *'What initial is it, Mrs Owen?' 'It's J, J for Jane.'* „Mit welchem Buchstabe fängt Ihr Vorname an, Mrs Owen?" „Mit J für Jane." **2 initials** [Pl] Initialen

▸ *Verb* (-ll-, *AmE meist* -l-) **1** abzeichnen **2** (*Vertrag etc.*) paraphieren

in·iti·ate *Verb, Nomen*

▸ *Verb* /ɪˈnɪʃieɪt/ **1** (*gehoben*) initiieren, einleiten **2** ~ **sb (into sth)** jdn (in etw) einführen **3** ~ **sb (into sth)** (*besonders in Sekten, Geheimbünde*) jdn (in etw) aufnehmen

▸ *Nomen* /ɪˈnɪʃiət/ Initiierte(r), Neuling

ini·ti·ation /ɪˌnɪʃiˈeɪʃn/ *Nomen* **1** Einführung, Initiation **2** (*gehoben*) Einleitung, Eröffnung

ini·tia·tive 0-π /ɪˈnɪʃətɪv/ *Nomen* **1** Initiative ◇ *seize the initiative* die Initiative ergreifen **2** Eigeninitiative ◇ *She did it on her own initiative.* Sie tat es aus eigener Initiative.

ini·ti·ator /ɪˈnɪʃieɪtə(r)/ *Nomen* (*gehoben*) Initiator(in)

in·ject /ɪnˈdʒekt/ *Verb* **1** (ein)spritzen, injizieren **2** ~ **sth (into sth)** (einer Sache) etw verleihen **3** ~ **sth (into sth)** (*Geld*) in etw pumpen

in·jec·tion /ɪnˈdʒekʃn/ *Nomen* **1** Injektion, Spritze ◇ *An anaesthetic was administered by injection.* Ein Betäubungsmittel wurde gespritzt. **2** Finanzspritze **3** Einspritzung ◇ *a fuel injection system* ein Einspritzsystem

ˈin-joke *Nomen* Insiderwitz

in·ju·di·cious /ˌɪndʒuˈdɪʃəs/ *Adj* (*Adv* **in·ju·di·cious·ly**) (*gehoben*) unklug

in·junc·tion /ɪnˈdʒʌŋkʃn/ *Nomen* **1** gerichtliche Verfügung **2** (*gehoben*) Anordnung, Verfügung

in·jure 0-π /ˈɪndʒə(r)/ *Verb* **1** (sich) verletzen ◇ *He injured his knee.* Er verletzte sich das Knie. **2** schädigen, kränken

in·jured 0-π /ˈɪndʒəd; *AmE* -dʒərd/ *Adj, Nomen*

▸ *Adj* **1** verletzt **2** gekränkt, verletzt

▸ *Nomen* **the injured** [Pl] die Verletzten

the ˌinjured ˈparty *Nomen* der/die Geschädigte

in·juri·ous /ɪnˈdʒʊəriəs; *AmE* ɪnˈdʒʊr-/ *Adj* (*gehoben*) ~ **(to sb/sth)** schädlich (für jdn/etw)

in·jury 0-π /ˈɪndʒəri/ *Nomen* (*Pl* **-ies**) **1** Verletzung ◇ *an injury to the head* eine Kopfverletzung ◇ *escape injury* unverletzt davonkommen ◇ *There were no injuries.* Es gab keine Verletzten. ◇ (*BrE, umgs*) *You'll do yourself an injury.* Du tust dir noch weh. **2** (RECHT) seelische Kränkung IDM → ADD

ˈinjury time *Nomen* (*BrE*) Nachspielzeit

in·just·ice /ɪnˈdʒʌstɪs/ *Nomen* Ungerechtigkeit, Unrecht IDM **do yourself/sb an inˈjustice** sich/jdm Unrecht tun

ink 0-π /ɪŋk/ *Nomen, Verb*

▸ *Nomen* Tinte, Tusche, Druckfarbe, Druckerschwärze ◇ *written in ink* mit Tinte geschrieben

▸ *Verb* **1** (*beim Drucken*) einfärben **2** (*AmE, umgs*) unterzeichnen PHR V **ˌink sth ˈin** etw mit Tinte/Tusche nachzeichnen ◇ (*fig*) *The date for the conference should have been inked in by now.* Das Datum für die Konferenz sollte jetzt schon feststehen.

ink·jet printer /ˈɪŋkdʒet prɪntə(r)/ *Nomen* Tintenstrahldrucker

ink·ling /ˈɪŋklɪŋ/ *Nomen* [meist Sing] Ahnung

ˈink pad *Nomen* Stempelkissen

ink·well /ˈɪŋkwel/ *Nomen* Tintenfass

inky /ˈɪŋki/ *Adj* **1** tiefschwarz, dunkel **2** tintenverschmiert

in·laid /ˌɪnˈleɪd/ *Adj* eingelegt ◇ *an inlaid wooden box* eine Holzschatulle mit Einlegearbeit

in·land *Adv, Adj*

▸ *Adv* /ˌɪnˈlænd/ im Landesinneren, landeinwärts

▸ *Adj* /ˈɪnlænd/ im Landesinneren, ins Landesinnere, Binnen- ◇ *an inland sea* ein Binnenmeer

the ˌInland ˈRevenue *Nomen* [Sing] (*BrE*) = frühere Bezeichnung für das britische Finanzamt → *Siehe auch* HM REVENUE AND CUSTOMS

ˈin-laws *Nomen* [Pl] (*umgs*) Schwiegerfamilie, Schwiegereltern

inlay *Verb, Nomen*

▸ *Verb* /ˌɪnˈleɪ/ (**in·lay·ing, in·laid, in·laid** /-ˈleɪd/) (*Dekoration*) einlegen

▸ *Nomen* /ˈɪnleɪ/ Einlegearbeit, Intarsie

inlet /ˈɪnlet/ *Nomen* **1** schmale Bucht, Meeresarm **2** (TECH) Zuleitung

ˌin-line ˈskate *Nomen* Inlineskate, Inliner

ˌin-line ˈskating *Nomen* Inlineskating

in loco par·en·tis /ɪn ˌləʊkəʊ pəˈrentɪs; *AmE* ˌloʊkoʊ/ *Adv* (*gehoben*) an Eltern statt

in·mate /ˈɪnmeɪt/ *Nomen* (*Gefängnis- etc.*) Insasse, Insassin

in me·mor·iam /ˌɪn məˈmɔːriəm/ *Adv* (*Grabinschrift*) zum Gedenken

in·most /ˈɪnməʊst; *AmE* -moʊst/ *Adj* [nur vor Nomen] innerste(r,s), tiefste(r,s)

inn /ɪn/ *Nomen* **1** (*BrE, veraltet*) Gasthof **2** (*AmE*) Herberge

in·nards /ˈɪnədz; *AmE* ˈɪnərdz/ *Nomen* [Pl] (*umgs*) **1** Eingeweide, Innereien ◇ *Fear twisted her innards in knots.* Ihr war schlecht vor Angst. **2** (*einer Maschine*) Innenleben

in·nate /ɪˈneɪt/ *Adj* angeboren

in·nate·ly /ɪˈneɪtli/ *Adv* von Natur aus

inner 0-π /ˈɪnə(r)/ *Adj* inner, Innen- ◇ *the inner ear* das Innenohr ◇ *inner London* das Zentrum von London

ˌinner ˈcircle *Nomen* engerer Kreis, innerer Zirkel

ˌinner ˈcity *Nomen* Innenstadt ◇ *an inner-city school* eine Schule in der Innenstadt ◇ *the social problems of decaying inner-city areas* die sozialen Probleme der heruntergekommenen Innenstädte

in·ner·most /ˈɪnəməʊst; *AmE* ˈɪnərmoʊst/ *Adj* innerste(r,s), tiefste(r,s) ◇ *her innermost thoughts* ihre geheimsten Gedanken

ˈinner tube *Nomen* (*im Reifen*) Schlauch

in·ning /ˈɪnɪŋ/ *Nomen* (*beim Baseball*) Inning

in·nings /ˈɪnɪŋz/ *Nomen* (*Pl* **in·nings**) (*bei Kricket*) = Zeit, in der ein Spieler oder eine Mannschaft am Schlag ist IDM **sb had a good ˈinnings** (*BrE, umgs*) jd hatte ein langes Leben

innit /ˈɪnɪt/ *Ausruf* (*BrE*) (*Schreibweise, die eine sehr umgangssprachliche Aussprache von „isn't it" wiedergibt und allgemein als Frageanhängsel verwendet wird*) ◇ *Cold, innit?* Kalt, was?

inn·keep·er /ˈɪnkiːpə(r)/ *Nomen* (*veraltet*) Gastwirt(in)

in·no·cence /ˈɪnəsns/ *Nomen* Unschuld, Arglosigkeit

in·no·cent 0-π /ˈɪnəsnt/ *Adj, Nomen*

▸ *Adj* (*Adv* **in·no·cent·ly**) **1** ~ **(of sth)** unschuldig (an etw) **2** harmlos ◇ *It was all innocent fun.* Es war alles harmloser Spaß. **3** unschuldig, arglos

▸ *Nomen* Unschuldige(r)

in·nocu·ous /ɪˈnɒkjuəsli; *AmE* ɪˈnɑːk-/ *Adj* (*gehoben*) harmlos

in·nov·ate /ˈɪnəveɪt/ *Verb* **1** Neuerungen einführen **2** (neu) einführen

in·nov·ation /ˌɪnəˈveɪʃn/ *Nomen* Innovation, Neuerung

in·nova·tive /ˈɪnəveɪtɪv; *BrE auch* -vətɪv/ (*seltener* **in·nov·atory** /ˌɪnəˈveɪtəri; *AmE auch* ˈɪnəvətɔːri/) *Adj* innovativ

in·nov·ator /ˈɪnəveɪtə(r)/ *Nomen* Neuerer, Neuerin

in·nu·endo /ˌɪnjuˈendəʊ; *AmE* -doʊ/ *Nomen* (*Pl* **-oes** *oder* **-os**) (*abwert*) Anspielung

in·nu·mer·able /ɪˈnjuːmərəbl; *AmE* ɪˈnuː-/ *Adj* unzählig

in·nu·mer·ate /ɪˈnjuːmərət; *AmE* ɪˈnuː-/ *Adj* **be ~** nicht rechnen können

in·ocu·late /ɪˈnɒkjuleɪt; *AmE* ɪˈnɑːk-/ *Verb* **~ sb (against sth)** jdn (gegen etw) impfen

in·ocu·la·tion /ɪˌnɒkjuˈleɪʃn; *AmE* ɪˌnɑːk-/ *Nomen* Impfung

in·offen·sive /ˌɪnəˈfensɪv/ *Adj* harmlos

in·op·er·able /ɪnˈɒpərəbl; *AmE* ɪnˈɑːp-/ *Adj* **1** inoperabel **2** (*gehoben*) (*Gesetz, Vorhaben etc.*) undurchführbar **3 make/render sth ~** etw außer Betrieb setzen

in·op·era·tive /ɪnˈɒpərətɪv; *AmE* ɪnˈɑːp-/ *Adj* (*gehoben*) **1** außer Kraft **2** außer Betrieb

in·op·por·tune /ɪnˈɒpətjuːn; *AmE* ɪnˌɑːpərˈtuːn/ *Adj* (*gehoben*) ungelegen, unpassend

in·or·din·ate /ɪnˈɔːdɪnət; *AmE* ɪnˈɔːrd-/ *Adj* (*Adv* **in·or·dinate·ly**) (*gehoben*) unmäßig ◇ *an inordinate amount of money* eine Unmenge Geld

in·or·gan·ic /ˌɪnɔːˈɡænɪk; *AmE* -nɔːrˈ-/ *Adj* anorganisch

in·pa·tient /ˈɪnpeɪʃnt/ *Nomen* stationär behandelte(r) Patient(in)

input /ˈɪnpʊt/ *Nomen, Verb*

▸ ***Nomen*** **1 ~ (into/to sth)** Beitrag (zu etw) **2** (COMP) Eingabe **3** (TECH) Anschluss; (COMP) Eingabeport

▸ ***Verb*** (**in·put·ting, input, input** *oder* **in·putting, in·put·ted, in·put·ted**) (COMP) eingeben

in·quest /ˈɪŋkwest/ *Nomen* **1** = gerichtliche Untersuchung eines Todesfalles **2** (*umgs*) Untersuchung ◇ *The Party began an inquest on its election defeat.* Die Partei begann eine Untersuchung der Gründe für die Wahlniederlage.

in·quire, in·quir·er, in·quir·ing, in·quiry (*bes AmE*) = ENQUIRE, ENQUIRER, ENQUIRING *und* ENQUIRY

in·qui·si·tion /ˌɪnkwɪˈzɪʃn/ *Nomen* **1 the Inquisition** die Inquisition **2** (*gehoben oder hum*) Verhör, Inquisition

in·quisi·tive /ɪnˈkwɪzətɪv/ *Adj* (*Adv* **in·quisi·tive·ly**) **1** (*abwert*) neugierig **2** wissbegierig

in·quisi·tive·ness /ɪnˈkwɪzətɪvnəs/ *Nomen* **1** Neugier **2** Wissbegierigkeit

in·quisi·tor /ɪnˈkwɪzɪtə(r)/ *Nomen* **1** hartnäckige(r) Fragesteller(in) **2** Inquisitor(in)

in·quisi·tor·ial /ɪnˌkwɪzəˈtɔːriəl/ *Adj* (*Adv* **in·quisi·tor·i·ally** /-əli/) inquisitorisch ◇ *He questioned her in a cold inquisitorial voice.* Er verhörte sie mit einer kalten strengen Stimme.

in·road /ˈɪnrəʊd; *AmE* -roʊd/ *Nomen* Eingriff, Vordringen IDM **make inroads into/on sth** in etw eindringen ◇ *The trip made heavy inroads on his purse.* Die Reise riss eine große Lücke in seine Finanzen.

in·rush /ˈɪnrʌʃ/ *Nomen* [meist Sing] Zustrom ◇ *an inrush of water* ein Wassereinbruch

in·sane /ɪnˈseɪn/ *Adj, Nomen*

▸ ***Adj*** (*Adv* **in·sane·ly**) geisteskrank, wahnsinnig, verrückt

▸ ***Nomen*** **the insane** [Pl] die Geisteskranken

in·sani·tary /ɪnˈsænətri; *AmE* -teri/ *Adj* unhygienisch

in·san·ity /ɪnˈsænəti/ *Nomen* [U] **1** Geisteskrankheit ◇ *He was found not guilty, by reason of insanity.* Aufgrund seines Geisteszustandes wurde er für unschuldig befunden. **2** Wahnsinn, Irrsinn

in·sati·able /ɪnˈseɪʃəbl/ *Adj* (*Adv* **in·sati·ably** /-bli/) unersättlich, unstillbar

in·scribe /ɪnˈskraɪb/ *Verb* beschriften, eingravieren, einmeißeln, einritzen ◇ *The trophy was inscribed with his name.* Der Pokal war mit seinem Namen graviert. ◇ *She inscribed the words 'with grateful thanks' in the book.* Sie signierte das Buch mit der Widmung „Mit herzlichem Dank".

in·scrip·tion /ɪnˈskrɪpʃn/ *Nomen* Inschrift, Aufschrift, Widmung

in·scrut·abil·ity /ɪnˌskruːtəˈbɪləti/ *Nomen* Unergründlichkeit, Undurchdringlichkeit

in·scrut·able /ɪnˈskruːtəbl/ *Adj* (*Adv* **in·scrut·ably** /-bli/) unergründlich, undurchdringlich, geheimnisvoll

in·sect 0‑w /ˈɪnsekt/ *Nomen* Insekt

in·secti·cide /ɪnˈsektɪsaɪd/ *Nomen* Insektenvernichtungsmittel, Insektizid

in·se·cure /ˌɪnsɪˈkjʊə(r); *AmE* -səˈkjʊr/ *Adj* (*Adv* **in·se·curely**) **1** unsicher ◇ *insecurely fixed* nicht fest angebracht **2** ungesichert

in·secur·ity /ˌɪnsɪˈkjʊərəti; *AmE* -səˈkjʊr-/ *Nomen* (*Pl* **-ies**) Unsicherheit

in·sem·in·ate /ɪnˈsemɪneɪt/ *Verb* (*Fachspr*) befruchten, besamen, inseminieren

in·sem·in·ation /ɪnˌsemɪˈneɪʃn/ *Nomen* Befruchtung, Besamung, Insemination

in·sens·ibil·ity /ɪnˌsensəˈbɪləti/ *Nomen* **1** (*gehoben*) Bewusstlosigkeit **2** Gefühllosigkeit, Unempfindlichkeit, Unempfänglichkeit ◇ *insensibility to beauty* Unempfänglichkeit für Schönheit

in·sens·ible /ɪnˈsensəbl/ *Adj* (*gehoben*) **1** [nicht vor Nomen] **~ (to sth)** unempfindlich (gegen etw), unempfänglich (für etw) **2** [nicht vor Nomen] **~ (of sth)** einer Sache nicht bewusst ◇ *They were not insensible of the risks.* Sie waren sich der Risiken voll bewusst. **3** bewusstlos **4** unmerklich

in·sens·ibly /ɪnˈsensəbli/ *Adv* **1** unmerklich **2** (*gehoben*) irrational **3** ◇ *insensibly drunk* total besoffen

in·sensi·tive /ɪnˈsensətɪv/ *Adj* (*Adv* **in·sensi·tive·ly**) **1** gefühllos, unsensibel, unempfänglich ◇ *an insensitive remark* eine taktlose Bemerkung ◇ *The police handled the matter extremely insensitively.* Die Polizei ging in der Angelegenheit äußerst rücksichtslos vor. **2** unempfindlich ◇ *insensitive to pain* schmerzunempfindlich

in·sensi·tiv·ity /ɪnˌsensəˈtɪvəti/ *Nomen* Gefühllosigkeit, Unempfänglichkeit, Rücksichtslosigkeit, Unempfindlichkeit

in·sep·ar·abil·ity /ɪnˌseprəˈbɪləti/ *Nomen* Untrennbarkeit, Unzertrennlichkeit

in·sep·ar·able /ɪnˈseprəbl/ *Adj* (*Adv* **in·sep·ar·ably** /-bli/) untrennbar, unzertrennlich

in·sert 0‑w *Verb, Nomen*

▸ ***Verb*** /ɪnˈsɜːt; *AmE* ɪnˈsɜːrt/ **1** einführen, einwerfen, hineinstecken, hineinlegen **2** einfügen

▸ ***Nomen*** /ˈɪnsɜːt; *AmE* -sɜːrt/ **1** Beilage **2** Einlage, Einsatz

in·ser·tion /ɪnˈsɜːʃn; *AmE* ɪnˈsɜːrʃn/ *Nomen* **1** Einführung, Einwurf **2** Einfügung

ˌin-ˈservice *Adj* [nur vor Nomen] berufsbegleitend ◇ *in-service training* Fortbildungskurs

inset /ˈɪnset/ *Nomen, Verb*

▸ ***Nomen*** **1** Nebenkarte, Nebenbild **2** Einsatz, Einlage, Beilage

▸ ***Verb*** (**in·set·ting, inset, inset**) **1** (*meist passiv*) besetzen, einlassen **2** einfügen

in·shore /ˈɪnʃɔː(r)/ *Adj, Adv*

▸ ***Adj*** Küsten-

▸ ***Adv*** **1** in Küstennähe **2** auf die Küste zu

in·side 0‑w /ˌɪnˈsaɪd/ *Präp, Adv, Nomen, Adj*

▸ ***Präp*** (*bes AmE* **in·side of**) **1** in, hinein **2** in, innen ◇ *You'll feel better with a good meal inside you.* Mit einer guten Mahlzeit im Bauch wird es dir besser gehen. **3** innerhalb, binnen

▸ ***Adv*** **1** (nach) innen, (nach) drinnen, hinein ◇ *There was nothing inside.* Es war nichts drin. **2** (*umgs*) im Gefängnis

▸ ***Nomen*** **1** (*meist* **the inside**) [meist Sing] Innere(s), Innenseite ◇ *The door was locked from the inside.*

Die Tür war von innen verschlossen. **2 the inside** [Sing] Innenspur, Innenbahn **3 insides** [Pl] (*umgs*) Eingeweide ◇ *Her insides were like jelly.* Ihr war ganz flau im Magen. IDM **ˌinside ˈout** ◇ *You've got your sweater on inside out.* Du hast deinen Pullover links herum an. ◇ *Turn the bag inside out.* Stülp die Tüte um. **on the inˈside** intern ◇ *someone on the inside* ein Insider **ˌturn sth ˌinside ˈout 1** etw auf den Kopf stellen **2** etw völlig umkrempeln → *Siehe auch* KNOW

▸ ***Adj*** [nur vor Nomen] **1** innere(r,s), Innen- ◇ *an inside pocket* eine Innentasche **2** intern, Insider- ◇ *The robbery seemed to have been an inside job.* Es sah so aus, als ob der Raub das Werk von Insidern war.

in·sider /ɪnˈsaɪdə(r)/ *Nomen* Insider

inˌsider ˈdealing (*auch* **inˌsider ˈtrading**) *Nomen* Insidergeschäft, Insiderhandel

ˌinside ˈtrack *Nomen* (*bes AmE*) Oberhand, vorteilhafte Position ◇ *Mike has the inside track for that job.* Mike liegt gut im Rennen für die Stelle.

in·sidi·ous /ɪnˈsɪdiəs/ *Adj* (*Adv* **in·sidi·ous·ly**) (*gehoben, abwert*) heimtückisch

in·sight /ˈɪnsaɪt/ *Nomen* **1** Verständnis ◇ *a writer of great insight* ein Schriftsteller mit großem Einfühlungsvermögen ◇ *With a flash of insight I realized what the dream meant.* Plötzlich wurde mir die Bedeutung des Traums klar. **2** Einblick

in·sight·ful /ˈɪnsaɪtfʊl/ *Adj* **1** verständnisvoll **2** einsichtsreich

in·sig·nia /ɪnˈsɪɡniə/ *Nomen* [mit Verb im Sing/Pl] Insignien

in·sig·nifi·cance /ˌɪnsɪɡˈnɪfɪkəns/ *Nomen* Bedeutungslosigkeit IDM → PALE

in·sig·nifi·cant /ˌɪnsɪɡˈnɪfɪkənt/ *Adj* (*Adv* **in·sig·nifi·cantly**) unbedeutend, geringfügig

in·sin·cere /ˌɪnsɪnˈsɪə(r); *AmE* -ˈsɪr/ *Adj* (*Adv* **in·sin·cere·ly**) (*abwert*) unaufrichtig ◇ *an insincere smile* ein falsches Lächeln

in·sin·cer·ity /ˌɪnsɪnˈserəti/ *Nomen* Unaufrichtigkeit

in·sinu·ate /ɪnˈsɪnjueɪt/ *Verb* **1** andeuten, unterstellen ◇ *an insinuating smile* ein bedeutungsvolles Lächeln **2 ~ yourself into sth** (*gehoben, abwert*) sich in etw einschleichen, sich in etw einschmeicheln **3** (*gehoben*) (sich) schieben ◇ *She insinuated her hand under his arm.* Sie schob ihre Hand unter seinen Arm.

in·sinu·ation /ɪnˌsɪnjuˈeɪʃn/ *Nomen* Anspielung, Unterstellung

in·sipid /ɪnˈsɪpɪd/ *Adj* (*abwert*) fade

in·sist 0‑w /ɪnˈsɪst/ *Verb* **1 ~ (on sth)** (auf etw) bestehen **2** beteuern PHR V **insist on/upon (doing) sth** auf etw bestehen, darauf bestehen, etw zu tun **insist on doing sth** etw beharrlich weiter tun

in·sist·ence /ɪnˈsɪstəns/ *Nomen* Bestehen, Drängen, Beteuerung

in·sist·ent /ɪnˈsɪstənt/ *Adj* **1 be ~ on sth** auf etw bestehen; **be ~ (that ...)** darauf bestehen (, dass ...) ◇ *Why are you so insistent that we leave tonight?* Warum drängst du so darauf, dass wir heute Abend fortfahren? **2** (*Adv* **in·sist·ently**) beharrlich, hartnäckig ◇ *insistent demands* nachdrückliche Forderungen

in situ /ˌɪn ˈsɪtjuː, ˈsaɪ-; *AmE* ˈsaɪtuː/ *Adv* vor Ort, an Ort und Stelle, am ursprünglichen Ort, in freier Wildbahn

in·so·far as /ˌɪnsəˈfɑːr əz/ = in so/as far as → *Siehe auch* FAR

in·sole /ˈɪnsəʊl; *AmE* -soʊl/ *Nomen* Einlegesohle

in·so·lence /ˈɪnsələns/ *Nomen* [U] Unverschämtheit

in·so·lent /ˈɪnsələnt/ *Adj* (*Adv* **in·so·lent·ly**) unverschämt, frech

in·sol·uble /ɪnˈsɒljəbl; *AmE* ɪnˈsɑːl-/ *Adj* **1** (*AmE meist* **in·sol·vable** /ɪnˈsɒlvəbl; *AmE* ɪnˈsɑːl-/) (*Problem etc.*) unlösbar **2** unlöslich

in·solv·ency /ɪnˈsɒlvənsi; *AmE* ɪnˈsɑːl-/ *Nomen* (*Pl* **-ies**) Zahlungsunfähigkeit

in·solv·ent /ɪnˈsɒlvənt; *AmE* ɪnˈsɑːl-/ *Adj* zahlungsunfähig

in·som·nia /ɪnˈsɒmniə; *AmE* ɪnˈsɑːm-/ *Nomen* Schlaflosigkeit

in·som·niac /ɪnˈsɒmniæk; *AmE* ɪnˈsɑːm-/ *Nomen* unter Schlaflosigkeit Leidende(r)

in·sou·ci·ance /ɪnˈsuːsiəns/ *Nomen* (*gehoben*) Unbekümmertheit, Sorglosigkeit

Insp *Abk* = INSPECTOR

in·spect /ɪnˈspekt/ *Verb* **1** überprüfen, kontrollieren ◇ *The plants are regularly inspected for disease.* Die Pflanzen werden regelmäßig auf Krankheiten untersucht. **2** inspizieren

in·spec·tion /ɪnˈspekʃn/ *Nomen* Inspektion, Überprüfung, Kontrolle ◇ *medical inspection* ärztliche Untersuchung

in·spect·or /ɪnˈspektə(r)/ *Nomen* **1** Inspektor(in), Kontrolleur(in) ◇ *health inspectors* Beamte der Gesundheitsbehörde ◇ *a safety inspector* ein(e) Sicherheitsbeauftragte(r) **2** (*Abk* **Insp**) (*bei der Polizei*) Kommissar(in) **3** (Fahrkarten)kontrolleur(in)

in·spect·or·ate /ɪnˈspektərət/ *Nomen* [mit Verb im Sing/Pl] (*bes BrE*) Kontrollkommission ◇ *the schools inspectorate* die Schulaufsichtsbehörde

inˌspector of ˈtaxes *Nomen* (*in GB*) Finanzbeamte, -beamtin

in·spir·ation /ˌɪnspəˈreɪʃn/ *Nomen* **1** Inspiration, Anregung ◇ *She is an inspiration to us all.* Sie inspiriert uns alle. ◇ *Clark was the inspiration behind the victory.* Clark war die treibende Kraft hinter dem Sieg. **2** [meist Sing] Geistesblitz ◇ *It came to me in a flash of inspiration.* Wie ein Geistesblitz kam mir die Erleuchtung.

in·spir·ation·al /ˌɪnspəˈreɪʃənl/ *Adj* inspirierend

in·spire /ɪnˈspaɪə(r)/ *Verb* **1 ~ sb (to sth)** jdn (zu etw) anspornen ◇ *The actors inspired the kids.* Die Schauspieler begeisterten die Kinder. **2** (*meist passiv*) inspirieren **3** (*Gefühle*) wecken, einflößen, hervorrufen

in·spired /ɪnˈspaɪəd; *AmE* -ərd/ *Adj* **1** glänzend, genial ◇ *an inspired poet* ein begnadeter Dichter ◇ *an inspired choice* eine intuitiv richtige Wahl **2 -inspired** (*mit Nomina, Adjektiven und Adverbien kombiniert, um Adjektive zu bilden, die zeigen, wodurch etwas beeinflusst ist*) ◇ *government-inspired reforms* von der Regierung veranlasste Reformen ◇ *a politically-inspired killing* ein politisch motivierter Mord

in·spir·ing /ɪnˈspaɪərɪŋ/ *Adj* begeisternd, inspirierend ◇ *an inspiring place* ein anregender Ort ◇ (*umgs*) *The book is less than inspiring.* Das Buch reißt einen nicht gerade vom Hocker.

in·stabil·ity /ˌɪnstəˈbɪləti/ *Nomen* [Pl] (*Pl* **-ies**) Instabilität, Labilität

in·stall 0‑w /ɪnˈstɔːl/ *Verb* **1** installieren, einbauen **2 ~ sb (as sth)** jdn (als etw) ins Amt einführen **3 ~ yourself** es sich gemütlich machen ◇ *We installed ourselves in the front row.* Wir ließen uns in der vordersten Reihe nieder. **4** ◇ *They installed their daughter in a new apartment.* Sie richteten ihrer Tochter eine neue Wohnung ein.

in·stal·la·tion /ˌɪnstəˈleɪʃn/ *Nomen* **1** Installation, Einbau **2** (*Maschine etc.*) Anlage **3** (*technische Vorrichtung*) Anlage, Einrichtung **4** Amtseinführung **5** (KUNST) Installation

inˈstallment plan *Nomen* (*AmE*) Ratenkauf

in·stal·ment (*AmE meist* **in·stall·ment**) /ɪnˈstɔːlmənt/ *Nomen* **1** Rate **2** Fortsetzung, Folge

in·stance 🔑 /ˈɪnstəns/ *Nomen, Verb*
▸ ***Nomen*** Beispiel, Fall IDM **for ˈinstance** zum Beispiel **in the ˈfirst instance** (*gehoben*) zunächst einmal
▸ ***Verb*** (*gehoben*) (*Beispiel etc.*) anführen

in·stant /ˈɪnstənt/ *Adj, Nomen*
▸ ***Adj*** **1** sofortig, unmittelbar ◇ *She took an instant dislike to me.* Sie konnte mich von Anfang an nicht leiden. **2** [nur vor Nomen] Instant- ◇ *instant coffee* löslicher Kaffee
▸ ***Nomen*** [meist Sing] Augenblick ◇ *I recognized her the instant (that) I saw her.* Ich erkannte sie sofort, als ich sie sah. ◇ *Come here this instant!* Komm sofort her!

in·stant·an·eous /ˌɪnstənˈteɪniəs/ *Adj* sofortig, unmittelbar

in·stant·an·eous·ly /ˌɪnstənˈteɪniəsli/ *Adv* sofort

in·stant·ly /ˈɪnstəntli/ *Adv* sofort

ˌinstant ˈmessaging *Nomen* Nachrichtensofortversand

ˌinstant ˈreplay *Nomen* (*AmE*) (*im Fernsehen*) Wiederholung (in Zeitlupe)

in·stead 🔑 /ɪnˈsted/ *Adv* stattdessen ◇ *Lee was ill so I went instead.* Lee war krank, deshalb bin ich an seiner Stelle hingegangen.

inˈstead of 🔑 *Präp* statt, anstelle von

in·step /ˈɪnstep/ *Nomen* Fußrücken, Spann

in·sti·gate /ˈɪnstɪɡeɪt/ *Verb* **1** (*bes BrE*) veranlassen, initiieren **2** anstiften ◇ *They were accused of instigating the violence.* Ihnen wurde vorgeworfen, dass sie zu Gewalt aufgerufen hatten.

in·sti·ga·tion /ˌɪnstɪˈɡeɪʃn/ *Nomen* **1** Veranlassung ◇ *at the instigation of the President* auf Betreiben des Präsidenten **2** Anstiftung, Aufruf

in·sti·ga·tor /ˈɪnstɪɡeɪtə(r)/ *Nomen* **1** Anstifter(in) **2** Initiator(in)

in·stil (*AmE* **in·still**) /ɪnˈstɪl/ *Verb* (**-ll-**) **~ sth (in/into sb)** (jdm) etw einflößen

in·stinct /ˈɪnstɪŋkt/ *Nomen* **1** Instinkt ◇ *by instinct* instinktiv ◇ *His first instinct was to run away.* Instinktiv wollte er zuerst einmal davonrennen. ◇ *He showed he had an instinct for business.* Er bewies Geschäftssinn. **2** Gefühl ◇ *Her instincts had been right.* Ihr Gefühl hatte sie nicht getrogen.

in·stinct·ive /ɪnˈstɪŋktɪv/ *Adj* (*Adv* **in·stinct·ive·ly**) instinktiv

in·sti·tute 🔑 /ˈɪnstɪtjuːt; *AmE* -tuːt/ *Nomen, Verb*
▸ ***Nomen*** Institut, Verband
▸ ***Verb*** einführen; (RECHT) einleiten ◇ *institute a number of changes* eine Reihe von Änderungen vornehmen

in·sti·tu·tion 🔑 /ˌɪnstɪˈtjuːʃn; *AmE* -ˈtuː-/ *Nomen* **1** Einrichtung, Institution **2** (*meist abwert*) Anstalt, Heim ◇ *a penal institution* eine Strafanstalt **3** (*fig*) Institution ◇ *Fish and chips are a British institution.* Fisch mit Pommes sind in Großbritannien eine Institution. ◇ *He's an institution around here!* Er gehört hier zum Inventar! **4** Einführung; (RECHT) Einleitung

in·sti·tu·tion·al /ˌɪnstɪˈtjuːʃənl; *AmE* -ˈtuː-/ *Adj* **1** institutionell **2** Heim-, Anstalts-

in·sti·tu·tion·al·iza·tion (*BrE auch* **-isa·tion**) /ˌɪnstɪˌtjuːʃənəlaɪˈzeɪʃn; *AmE* -ˌtuːʃənələˈ-/ *Nomen* **1** Unterbringung in einer Anstalt **2** Institutionalisierung

in·sti·tu·tion·al·ize (*BrE auch* **-ise**) /ˌɪnstɪˈtjuːʃənəlaɪz; *AmE* -ˈtuː-/ *Verb* **1** in einer Anstalt unterbringen **2** institutionalisieren

in·sti·tu·tion·al·ized (*BrE auch* **-ised**) /ˌɪnstɪˈtjuːʃənəlaɪzd; *AmE* -ˈtuː-/ *Adj* **1** ◇ *people who have become institutionalized* Menschen, die sich so sehr an das Anstaltsleben gewöhnt haben, dass sie davon abhängig geworden sind **2** (*abwert*) institutionalisiert

in·struct /ɪnˈstrʌkt/ *Verb* **1** (*gehoben*) anweisen ◇ *He was instructed to report to headquarters.* Ihm wurde die Anweisung erteilt, sich im Hauptquartier zu melden. ◇ *You will be instructed where to go.* Man wird Ihnen sagen, wohin Sie gehen sollen. ◇ *She arrived at 10 o'clock as instructed.* Sie kam wie aufgefordert um 10 Uhr. **2 ~ sb (in sth)** jdn (in etw) unterrichten **3** (*gehoben*) in Kenntnis setzen **4** (RECHT) beauftragen, instruieren

in·struc·tion 🔑 /ɪnˈstrʌkʃn/ *Nomen* **1** [meist Pl] Anweisung, Anleitung ◇ *an instruction manual* eine Bedienungsanleitung ◇ *I'm under instructions to keep my speech short.* Man hat mir gesagt, dass ich meine Rede kurz halten müsse. **2** (COMP) Befehl **3 ~ (in sth)** (*gehoben*) Unterricht (in etw)

in·struc·tion·al /ɪnˈstrʌkʃənl/ *Adj* Lehr-, Schulungs-

in·struct·ive /ɪnˈstrʌktɪv/ *Adj* lehrreich, aufschlussreich

in·struct·or /ɪnˈstrʌktə(r)/ *Nomen* **1** Lehrer(in) ◇ *a driving instructor* ein(e) Fahrlehrer(in) **2** (*AmE*) (*Hochschul-*) Assistent(in)

in·stru·ment 🔑 /ˈɪnstrəmənt/ *Nomen* **1** Instrument, Gerät ◇ *surgical instruments* Operationsbesteck ◇ *the instrument panel* das Armaturenbrett **2** (MUS) Instrument **3 ~ of/for sth** (*gehoben*) ◇ *The law is not the best instrument for dealing with family disputes.* Das Gesetz ist nicht das beste Mittel, um Familienstreitigkeiten beizulegen. ◇ *be an instrument of change* Änderungen bewirken **4** (*gehoben*) (*Mensch*) ◇ *an instrument of God* ein Werkzeug Gottes

in·stru·men·tal /ˌɪnstrəˈmentl/ *Adj* **1** ◇ *He was instrumental in their success.* Er hat entscheidend zu ihrem Erfolg beigetragen. ◇ *She was instrumental in finding him a flat.* Sie hat ihm zu einer Wohnung verholfen. **2** Instrumental-, instrumental

in·stru·men·tal·ist /ˌɪnstrəˈmentəlɪst/ *Nomen* Instrumentalist(in)

in·stru·men·ta·tion /ˌɪnstrəmenˈteɪʃn/ *Nomen* **1** Armaturen **2** (MUS) Instrumentation

in·sub·or·din·ate /ˌɪnsəˈbɔːdɪnət; *AmE* -ˈbɔːrd-/ *Adj* ungehorsam, aufsässig

in·sub·or·din·ation /ˌɪnsəˌbɔːdɪˈneɪʃn; *AmE* -ˌbɔːrd-/ *Nomen* (*gehoben*) Aufsässigkeit; (MIL) Gehorsamsverweigerung

in·sub·stan·tial /ˌɪnsəbˈstænʃl/ *Adj* **1** gering(fügig), dürftig ◇ *an insubstantial construction of wood and glue* ein windiges Gebilde aus Holz und Klebstoff **2** (*Befürchtungen, Gerüchte*) gegenstandslos **3** (*gehoben*) unwirklich

in·suf·fer·able /ɪnˈsʌfrəbl/ *Adj* (*Adv* **in·suf·fer·ably** /-bli/) unerträglich, unausstehlich

in·suf·fi·ciency /ˌɪnsəˈfɪʃənsi/ *Nomen* [U/Sing] (*meist Fachspr*) Mangel, Unzulänglichkeit

in·suf·fi·cient /ˌɪnsəˈfɪʃnt/ *Adj* (*Adv* **in·suf·fi·cient·ly**) unzureichend, nicht genug ◇ *His salary is insufficient to meet his needs.* Sein Gehalt genügt seinen Ansprüchen nicht.

in·su·lar /ˈɪnsjələ(r); *AmE* -sə-/ *Adj* (*abwert*) borniert

in·su·lar·ity /ˌɪnsjuˈlærəti; *AmE* -səˈ-/ *Nomen* (*abwert*) Borniertheit, Abgeschlossenheit

in·su·late /ˈɪnsjuleɪt; *AmE* -səleɪt/ *Verb* **1** isolieren **2 ~ sb/sth from/against sth** jdn/etw gegen etw abschirmen

in·su·lated /ˈɪnsjuleɪtɪd; *AmE* -səleɪ-/ *Adj* isoliert

in·su·la·tion /ˌɪnsjuˈleɪʃn; *AmE* -səˈ-/ *Nomen* Isolierung, Isoliermaterial

in·su·la·tor /ˈɪnsjuleɪtə(r); *AmE* -səleɪ-/ *Nomen* Isoliermaterial, Isolator

in·su·lin /ˈɪnsjəlɪn; *AmE* -sə-/ *Nomen* Insulin

in·sult Verb, Nomen
▸ ***Verb*** /ɪnˈsʌlt/ beleidigen
▸ ***Nomen*** /ˈɪnsʌlt/ Beleidigung ◇ *The crowd were shouting insults at the police.* Die Menge beschimpfte die Polizei. IDM → ADD

in·sult·ing /ɪnˈsʌltɪŋ/ *Adj* beleidigend ◇ *She was really insulting to me.* Es war wirklich beleidigend, wie sie mich behandelt hat.

in·su·per·able /ɪnˈsuːpərəbl; *BrE auch* ɪnˈsjuː-/ *Adj* (*gehoben*) unüberwindbar

in·sur·ance /ɪnˈʃʊərəns, ɪnˈʃɔːrəns; *AmE* ɪnˈʃʊrəns/ *Nomen* **1** [U] Versicherung ◇ *take out an insurance on sb's life* eine Lebensversicherung für jdn abschließen ◇ *insurance against damage* Schadenversicherung ◇ *He works in insurance.* Er ist im Versicherungsgeschäft tätig. **2** [U] Versicherungsbeitrag; (*im Schadensfall zu zahlender Betrag*) Versicherungssumme **3** Absicherung, Sicherheit

inˈsurance adjuster *Nomen* (*AmE*) Schadenssachverständige(r)

in·sure /ɪnˈʃʊə(r), ɪnˈʃɔː(r); *AmE* ɪnˈʃʊr/ *Verb* **1** versichern ◇ *I'm insured against theft.* Ich habe eine Diebstahlversicherung. ◇ *a way of insuring yourself against loneliness in old age* eine Möglichkeit, sich gegen die Einsamkeit im Alter abzusichern **2** (*bes AmE*) = ENSURE

in·sured /ɪnˈʃʊəd, ɪnˈʃɔːd; *AmE* ɪnˈʃʊrd/ *Adj, Nomen*
▸ ***Adj*** versichert ◇ *You're not insured to drive my car.* Du bist nicht versichert, wenn du mit meinem Auto fährst.
▸ ***Nomen*** **the insured** (*Pl* **the insured**) (RECHT) der/die Versicherungsnehmer(in)

in·surer /ɪnˈʃʊərə(r), ɪnˈʃɔːrə(r); *AmE* ɪnˈʃʊrər/ *Nomen* Versicherer

in·sur·gency /ɪnˈsɜːdʒənsi; *AmE* ɪnˈsɜːrdʒən-/ *Nomen* (*Pl* **-ies**) Aufstand

in·sur·gent /ɪnˈsɜːdʒənt; *AmE* ɪnˈsɜːrdʒənt/ *Nomen, Adj*
▸ ***Nomen*** [meist Pl] (*gehoben*) Aufständische(r)
▸ ***Adj*** (*gehoben*) aufständisch

in·sur·mount·able /ˌɪnsəˈmaʊntəbl; *AmE* -sərˈ-/ *Adj* (*gehoben*) unüberwindbar

in·sur·rec·tion /ˌɪnsəˈrekʃn/ *Nomen* Aufstand

in·tact /ɪnˈtækt/ *Adj* intakt, unversehrt ◇ *be left intact* ganz bleiben

in·take /ˈɪnteɪk/ *Nomen* **1** Aufnahme, aufgenommene Menge ◇ *fluid intake* Flüssigkeitszufuhr ◇ *your daily intake of alcohol* der tägliche Alkoholkonsum ◇ *a sharp intake of breath* ein tiefer Atemzug **2** Neuzugänge ◇ *the annual student intake* die Zahl der Studienanfänger pro Jahr

in·tan·gible /ɪnˈtændʒəbl/ *Adj, Nomen*
▸ ***Adj*** **1** nicht greifbar, unbestimmbar **2** (WIRTSCH) immateriell
▸ ***Nomen*** [meist Pl] (WIRTSCH) immaterieller Vermögenswert

in·te·ger /ˈɪntɪdʒə(r)/ *Nomen* (MATH) ganze Zahl

in·te·gral /ˈɪntɪgrəl, ɪnˈtegrəl/ *Adj* **1** ~ **(to sth)** wesentlich (für etw) ◇ *Practical experience is integral to the course.* Praktische Erfahrung ist ein wesentlicher Bestandteil des Kurses. **2** integriert, eingebaut **3** vollständig ◇ *an integral system* eine Einheit

ˌintegral ˈcalculus *Nomen* Integralrechnung

in·te·grate /ˈɪntɪgreɪt/ *Verb* **1** sich integrieren (lassen), sich eingliedern ◇ *integrate with the local community* sich in die Ortsgemeinschaft eingliedern ◇ *They will integrate with your software.* Sie sind kompatibel mit Ihrer Software. **2** ~ **A with B** A auf B abstimmen; ~ **A and B** A und B aufeinander abstimmen

in·te·grated /ˈɪntɪgreɪtɪd/ *Adj* einheitlich, integriert ◇ *an integrated school in Belfast* eine Schule in Belfast, in der katholische und protestantische Schüler zusammen unterrichtet werden

ˌintegrated ˈcircuit *Nomen* integrierter Schaltkreis

in·te·gra·tion /ˌɪntɪˈgreɪʃn/ *Nomen* Integration

in·teg·rity /ɪnˈtegrəti/ *Nomen* **1** Rechtschaffenheit, Integrität ◇ *a man of great integrity* ein sehr redlicher Mann **2** (*gehoben*) ◇ *the territorial integrity of the nation* die Unverletzlichkeit der Staatsgrenzen ◇ *maintain the integrity of the ecosystem* das Ökosystem bewahren

in·tel·lect /ˈɪntəlekt/ *Nomen* **1** Intellekt, Verstand **2** kluger Kopf

in·tel·lec·tual /ˌɪntəˈlektʃuəl/ *Adj, Nomen*
▸ ***Adj*** (*Adv* **in·tel·lec·tu·ally** /-əli/) intellektuell, geistig ◇ *intellectually challenging* geistig anspruchsvoll ◇ *an intellectual novel* ein geistig anspruchsvoller Roman
▸ ***Nomen*** Intellektuelle(r)

ˌintelˌlectual ˈproperty *Nomen* (RECHT) geistiges Eigentum

in·tel·li·gence /ɪnˈtelɪdʒəns/ *Nomen* [U] **1** Intelligenz ◇ *an intelligence test* ein Intelligenztest **2** Geheimdienst **3** Geheimdiestinformationen

inˈtelligence quotient *Nomen* = IQ

in·tel·li·gent /ɪnˈtelɪdʒənt/ *Adj* (*Adv* **in·tel·li·gent·ly**) intelligent

inˌtelligent deˈsign *Nomen* [U] Intelligent Design, intelligentes Design

in·tel·li·gent·sia /ɪnˌtelɪˈdʒentsiə/ **the intelligentsia** *Nomen* [mit Verb im Sing/Pl] (*Gruppe von Menschen*) die Intelligenz

in·tel·li·gi·bil·ity /ɪnˌtelɪdʒəˈbɪləti/ *Nomen* Verständlichkeit

in·tel·li·gible /ɪnˈtelɪdʒəbl/ *Adj* (*Adv* **in·tel·li·gibly** /-bli/) ~ **(to sb)** (für jdn) verständlich ◇ *The child's speech was barely intelligible.* Es war kaum zu verstehen, was das Kind sagte.

in·tem·per·ance /ɪnˈtempərəns/ *Nomen* (*gehoben*) Maßlosigkeit

in·tem·per·ate /ɪnˈtempərət/ *Adj* (*gehoben*) **1** maßlos, unbeherrscht, heftig **2** (*bes AmE*) trunksüchtig

in·tend /ɪnˈtend/ *Verb* beabsichtigen, vorhaben ◇ *He intended her no harm.* Er wollte ihr nichts Böses tun.

in·tend·ed /ɪnˈtendɪd/ *Adj* [nur vor Nomen] **1** beabsichtigt ◇ *Was he their intended victim?* Hatten sie es auf ihn abgesehen? **2** ~ **for sb/sth** für jdn/etw gedacht; ~ **as sth** als etw gedacht ◇ *Originally the land was intended to be used for housing.* Ursprünglich sollten auf dem Gebiet Wohnhäuser gebaut werden.

in·tense /ɪnˈtens/ *Adj* (*Adv* **in·tense·ly**) **1** intensiv, enorm, ungeheuer ◇ *the intense blue of her eyes* das kräftige Blau ihrer Augen ◇ *She disliked him intensely.* Sie konnte ihn überhaupt nicht leiden. ◇ *There was intense speculation about the result.* Es wurde heftig über das Ergebnis spekuliert. **2** ernsthaft, intensiv ◇ *He's very intense about everything.* Er nimmt alles sehr ernst.

in·tensi·fi·ca·tion /ɪnˌtensɪfɪˈkeɪʃn/ *Nomen* Intensivierung, Zunahme

in·ten·si·fier /ɪnˈtensɪfaɪə(r)/ *Nomen* (LING) Verstärkungspartikel

in·ten·sify /ɪnˈtensɪfaɪ/ *Verb* (**-fies**, **-fying**, **-fied**, **-fied**) **1** sich verschärfen **2** verstärken

in·ten·sity /ɪnˈtensəti/ *Nomen* (*Pl* **-ies**) Intensität ◇ *She had never experienced such intensity of feeling.* Sie hatte nie so starke Gefühle gehabt. ◇ *The heat had lost some of its intensity.* Die Hitze hatte etwas nachgelassen.

in·ten·sive /ɪnˈtensɪv/ *Adj* (*Adv* **in·ten·sive·ly**) **1** intensiv **2** eingehend

in,tensive 'care *Nomen* **1** Intensivpflege **2** (*auch* **in,tensive 'care unit**) Intensivstation

in·tent /ɪnˈtent/ *Adj, Nomen*

▸ ***Adj*** **1** (*Adv* **in·tent·ly**) aufmerksam, konzentriert **2** **~ on/upon doing sth** erpicht darauf, etw zu tun; **~ on/upon sth** zu etw entschlossen **3 ~ on/upon sth** in etw vertieft ◇ *His eyes were intent on Marie's face.* Er beobachtete Maries Gesicht genau.

▸ ***Nomen*** [U] (*gehoben oder Fachspr*) Absicht ◇ *He was charged with wounding with intent.* Er war wegen vorsätzlicher Verletzung angeklagt. IDM **to all intents and 'purposes** (*AmE* **for all intents and 'purposes**) praktisch; so gut wie

in·ten·tion 0‑π /ɪnˈtenʃn/ *Nomen* Absicht, Vorsatz

in·ten·tion·al /ɪnˈtenʃənl/ *Adj* absichtlich, vorsätzlich ◇ *I'm sorry — it wasn't intentional.* Tut mir leid — es war keine Absicht.

inter /ɪnˈtɜː(r)/ *Verb* (**-rr-**) (*gehoben*) bestatten

inter- /ˈɪntə(r)/ *Vorsilbe* (*in Nomina, Verben, Adjektiven und Adverbien verwendet*) zwischen ◇ *the interwar years* die Jahre zwischen den Kriegen ◇ *intercity trains* Intercityzüge

inter·act /ˌɪntərˈækt/ *Verb* **1** miteinander umgehen, interagieren **2** miteinander in Wechselbeziehung stehen **3** (NATURW) miteinander reagieren

inter·action /ˌɪntərˈækʃn/ *Nomen* **1** Interaktion, Umgang miteinander **2** Wechselbeziehung, Wechselwirkung

inter·active /ˌɪntərˈæktɪv/ *Adj* interaktiv

,interactive 'whiteboard *Nomen* (SCHULE) interaktive Tafel

inter·activ·ity /ˌɪntərækˈtɪvəti/ *Nomen* Interaktivität

inter alia /ˌɪntər ˈeɪliə/ *Adv* (*gehoben*) unter anderem

inter·breed /ˌɪntəˈbriːd; *AmE* -tərˈ-/ *Verb* **1 ~ sth (with sth)** etw (mit etw) kreuzen **2** (*sich paaren*) sich kreuzen

inter·cede /ˌɪntəˈsiːd; *AmE* -tərˈ-/ *Verb* (*gehoben*) sich einschalten, eingreifen; **~ (with sb) for/on behalf of sb** sich (bei jdm) für jdn einsetzen

inter·cept /ˌɪntəˈsept; *AmE* -tərˈ-/ *Verb* abfangen, aufhalten ◇ *Reporters intercepted him as he tried to leave the hotel.* Reporter schnitten ihm den Weg ab, als er das Hotel zu verlassen versuchte.

inter·cep·tion /ˌɪntəˈsepʃn; *AmE* -tərˈ-/ *Nomen* Abfangen

inter·cept·or /ˌɪntəˈseptə(r); *AmE* -tərˈ-/ *Nomen* (MIL) Abfangjäger

inter·ces·sion /ˌɪntəˈseʃn; *AmE* -tərˈ-/ *Nomen* Fürsprache, Fürbitte

inter·change *Nomen, Verb*

▸ ***Nomen*** /ˈɪntətʃeɪndʒ; *AmE* -tərtʃeɪndʒ/ **1** Austausch **2** Autobahnkreuz

▸ ***Verb*** /ˌɪntəˈtʃeɪndʒ; *AmE* -tərˈ-/ **1** austauschen **2** vertauschen

inter·change·able /ˌɪntəˈtʃeɪndʒəbl; *AmE* -tərˈ-/ *Adj* (*Adv* **inter·change·ably** /-bli/) austauschbar ◇ *These terms are used interchangeably.* Diese Begriffe werden oft in der gleichen Bedeutung verwendet.

inter·col·legi·ate /ˌɪntəkəˈliːdʒiət; *AmE* -tərk-/ *Adj* (*bes AmE*) zwischen (verschiedenen) Colleges

inter·com /ˈɪntəkɒm; *AmE* -tərkɑːm/ *Nomen* (Gegen)sprechanlage, Lautsprecher

inter·con·nect /ˌɪntəkəˈnekt; *AmE* -tərk-/ *Verb* **1** verbinden **2** miteinander in Zusammenhang stehen ◇ *separate bedrooms that interconnect* getrennte Schlafzimmer mit einer Verbindungstür

inter·con·nec·tion /ˌɪntəkəˈnekʃn; *AmE* -tərk-/ *Nomen* Verbindung, Zusammenhang

inter·con·tin·en·tal /ˌɪntəˌkɒntɪˈnentl; *AmE* -tərˌkɑːn-/ *Adj* interkontinental

inter·course /ˈɪntəkɔːs; *AmE* -tərkɔːrs/ *Nomen* **1** Geschlechtsverkehr **2** (*veraltet*) gesellschaftlicher Verkehr

intercultural /ˌɪntəˈkʌltʃərəl; *AmE* -tərˈ-/ *Adj* interkulturell ◇ *intercultural skills* interkulturelle Kompetenzen

inter·de·part·men·tal /ˌɪntəˌdiːpɑːtˈmentl; *AmE* -tər ˌdiːpɑːrt-/ *Adj* zwischen den Abteilungen, abteilungsübergreifend

inter·de·pend·ence /ˌɪntədɪˈpendəns; *AmE* -tərd-/ (*seltener* **inter·de·pend·ency** /-dənsi/ (*Pl* **-ies**)) *Nomen* gegenseitige Abhängigkeit, Interdependenz

inter·de·pend·ent /ˌɪntədɪˈpendənt; *AmE* -tərd-/ *Adj* voneinander abhängig

inter·dict /ˈɪntədɪkt; *AmE* -tərdɪkt/ *Nomen* **1** (RECHT) Verbot **2** (*Fachspr*) Interdikt

inter·dic·tion /ˌɪntəˈdɪkʃn; *AmE* -tərˈ-/ *Nomen* (*bes AmE, gehoben*) Verbot, Unterbindung

inter·dis·cip·lin·ary /ˌɪntədɪsəˈplɪnəri; *AmE* -tər ˈdɪsəplɪneri/ *Adj* interdisziplinär

inter·est 0‑π /ˈɪntrəst, -trest/ *Nomen, Verb*

▸ ***Nomen*** **1 ~ (in sb/sth)** Interesse (an jdm/etw) ◇ *take an interest in sth* sich für etw interessieren ◇ *Her main interests are music and tennis.* Sie interessiert sich hauptsächlich für Musik und Tennis. ◇ *As a matter of interest, when was that?* Sag mal interessehalber, wann war das? ◇ *places of interest* Sehenswürdigkeiten **2** [U] **~ (on sth)** Zinsen (auf etw) IDM **have sb's interests at 'heart** ◇ *We had your interests at heart.* Uns war an deinem Wohlergehen gelegen. **in the 'interest(s) of sth** im Interesse von etw **to do sth (back) with interest** jdm etw so richtig heimzahlen → *Siehe auch* CONFLICT

▸ ***Verb*** **~ sb/yourself (in sth)** jdn/sich (für etw) interessieren ◇ *It may interest you to know that …* Vielleicht interessiert es Sie, dass … ◇ *The museum has something to interest everyone.* Das Museum bietet allen etwas Interessantes. PHR V **'interest sb in sth** jdn für etw interessieren

inter·est·ed 0‑π /ˈɪntrəstɪd, -trestɪd/ *Adj* **1** ◇ *I'm very interested in history.* Geschichte interessiert mich sehr. ◇ *He sounded genuinely interested.* Es klang so, als ob es ihn wirklich interessieren würde. **2** beteiligt, betroffen ◇ *As an interested party, I was not allowed to vote.* Als unmittelbar Betroffener durfte ich nicht abstimmen.

,interest-'free *Adj* zinslos

'interest group *Nomen* Interessengruppe

inter·est·ing 0‑π /ˈɪntrəstɪŋ, -trestɪŋ/ *Adj* interessant ◇ *The interesting point in this case is …* Das Interessante an diesem Fall ist … ◇ *Her account makes interesting reading.* Ihr Bericht ist sehr aufschlussreich.

inter·est·ing·ly /ˈɪntrəstɪŋli/ *Adv* interessanterweise, auf interessante Weise

inter·face /ˈɪntəfeɪs; *AmE* -tərfeɪs/ *Nomen, Verb*

▸ ***Nomen*** Interface, Schnittstelle

▸ ***Verb*** **1** (COMP) sich verkoppeln lassen **2 ~ sth with sth** etw an etw koppeln; **~ A and B** A und B aneinander koppeln

inter·fere /ˌɪntəˈfɪə(r); *AmE* -tərˈfɪr/ *Verb* **~ (in sth)** sich (in etw) einmischen PHR V **inter'fere with sb** (*BrE*) sich an jdm vergehen, jdn sexuell missbrauchen **inter'fere with sth** **1** etw stören, etw beeinträchtigen, etw durchkreuzen ◇ *She never allows her personal feelings to interfere with her work.* Sie lässt ihre persönlichen Gefühle niemals ihre Arbeit beeinträchtigen. **2** an etw herumhantieren ◇ *Someone's been* *interfering with his records.* Jemand ist an seine Akten gegangen.

inter·fer·ence /ˌɪntəˈfɪərəns; *AmE* -tərˈfɪrəns/ *Nomen* [U] **1** Einmischung **2** (*Radio-, Fernseh-*) Störung

inter·fer·ing /ˌɪntəˈfɪərɪŋ; *AmE* -tərˈfɪrɪŋ/ *Adj* (*abwert*) sich ständig einmischend ◇ *She's an interfering busybody!* Sie glaubt, ihre Nase immer in fremde Angelegenheiten stecken zu müssen!

inter·feron /ˌɪntəˈfɪərɒn; *AmE* -tərˈfɪrɑːn/ *Nomen* Interferon

inter·gal·act·ic /ˌɪntəgəˈlæktɪk; *AmE* -tərg-/ *Adj* [nur vor Nomen] intergalaktisch

inter·gov·ern·men·tal /ˌɪntəˌgʌvənˈmentl; *AmE* -tərˌgʌvərn-/ *Adj* [nur vor Nomen] zwischenstaatlich ◇ *intergovernmental conferences* Regierungskonferenzen

in·terim /ˈɪntərɪm/ *Adj, Nomen*

▸ ***Adj*** [nur vor Nomen] **1** vorläufig, Übergangs-, Interims- ◇ *an interim report* ein Zwischenbericht **2** (FINANZ) Zwischen-, Interims- ◇ *the interim figures* die Zwischenbilanz

▸ ***Nomen*** IDM **in the interim** in der Zwischenzeit

in·ter·ior /ɪnˈtɪəriə(r); *AmE* ɪnˈtɪr-/ *Nomen, Adj*

▸ ***Nomen*** **1** Innere ◇ *the interior of the car* das Wageninnere **2 the interior** [Sing] das Landesinnere **3 the Interior** [Sing] innere Angelegenheiten ◇ *the Department of the Interior* das Innenministerium

▸ ***Adj*** [nur vor Nomen] innere(r,s), Innen-

inˌterior decoˈration *Nomen* Innenausstattung ◇ *We did all the interior decoration ourselves.* Wir haben alles selbst tapeziert und gestrichen.

inˌterior ˈdecorator *Nomen* Raumausstatter(in), Maler(in) und Tapezierer(in)

inˌterior deˈsign *Nomen* Innenarchitektur

inˌterior deˈsigner *Nomen* Innenarchitekt(in)

inter·ject /ˌɪntəˈdʒekt; *AmE* -tərˈ-/ *Verb* (*gehoben*) (*Bemerkung*) einwerfen, dazwischenrufen

inter·jec·tion /ˌɪntəˈdʒekʃn; *AmE* -tərˈ-/ *Nomen* **1** (LING) Ausruf **2** (*gehoben*) Zwischenbemerkung, Einwurf

inter·lace /ˌɪntəˈleɪs; *AmE* -tərˈ-/ *Verb* (*gehoben*) **1** ~ **sth (with sth)** etw (mit etw) verflechten, etw (mit etw) verweben ◇ *Her hair was interlaced with ribbons and flowers.* Ihr Haar war mit Bändern und Blumen durchflochten. **2** verschlungen sein ◇ *interlacing branches* miteinander verschlungene Zweige

inter·leave /ˌɪntəˈliːv; *AmE* -tərˈ-/ *Verb* ~ **sth (with sth)** etw (mit etw) durchschießen

inter·link /ˌɪntəˈlɪŋk; *AmE* -tərˈ-/ *Verb* **1** ~ **sth (with sth)** etw (mit etw) verbinden ◇ *The two processes are interlinked.* Die beiden Vorgänge sind miteinander verbunden. **2** ~ **(with sth)** (mit etw) verbunden sein ◇ *a series of short interlinking stories* eine Reihe kurzer miteinander verknüpfter Geschichten

inter·lock /ˌɪntəˈlɒk; *AmE* -tərˈlɑːk/ *Verb* **1** ~ **sth (with sth)** etw (mit etw) verbinden, etw (mit etw) zusammenfügen **2** ineinandergreifen; ~ **(with sth)** sich (mit etw) zusammenfügen ◇ *interlocking shapes* ineinandergreifende Formen ◇ *interlocking systems* gekoppelte Systeme

inter·locu·tor /ˌɪntəˈlɒkjətə(r); *AmE* -tərˈlɑːk-/ *Nomen* (*gehoben*) **1** Gesprächspartner(in) **2** Vermittler(in)

inter·loper /ˈɪntələʊpə(r); *AmE* -tərloʊ-/ *Nomen* Eindringling

inter·lude /ˈɪntəluːd; *AmE* -tərluːd/ *Nomen* **1** Episode, Periode ◇ *a romantic interlude* eine Romanze **2** (THEAT, FILM) Pause **3** (MUS) Zwischenspiel

inter·mar·riage /ˌɪntəˈmærɪdʒ; *AmE* -tərˈ-/ *Nomen* [U] = Heirat zwischen Menschen verschiedener Rassen, Religionen oder Nationalitäten oder unter bestimmten Gesellschaftsgruppen ◇ *intermarriage between blacks and whites* Mischehen zwischen Schwarzen und Weißen ◇ *intermarriage between noble families* Heirat unter Adelsfamilien

inter·marry /ˌɪntəˈmæri; *AmE* -tərˈ-/ *Verb* (**-marries, -marry·ing, -mar·ried, -mar·ried**) **1** eine Mischehe eingehen **2** (*Verwandte*) untereinander heiraten

inter·medi·ary /ˌɪntəˈmiːdiəri; *AmE* -tərˈmiːdieri/ *Nomen, Adj*

▸ ***Nomen*** (*Pl* **-ies**) Vermittler(in), Mittelsmann, Mittelsperson

▸ ***Adj*** [nur vor Nomen] vermittelnd, Vermittlungs-, Zwischen-

inter·medi·ate /ˌɪntəˈmiːdiət; *AmE* -tərˈ-/ *Adj, Nomen*

▸ ***Adj*** **1** Zwischen- ◇ *an intermediate stage* ein Zwischenstadium **2** für fortgeschrittene Anfänger

▸ ***Nomen*** fortgeschrittene(r) Anfänger(in)

ˌintermediate techˈnology *Nomen* [U] mittlere Technologie

in·ter·ment /ɪnˈtɜːmənt; *AmE* ɪnˈtɜːrmənt/ *Nomen* (*gehoben*) Bestattung, Beisetzung

in·ter·min·able /ɪnˈtɜːmɪnəbl; *AmE* ɪnˈtɜːrm-/ *Adj* (*Adv* **inter·min·ably** /-bli/) endlos ◇ *The lesson seemed interminable.* Die Stunde schien nicht enden zu wollen.

inter·min·gle /ˌɪntəˈmɪŋgl; *AmE* -tərˈ-/ *Verb* (*gehoben*) **1** vermischen ◇ *The book intermingles fact with/and fiction.* In dem Buch mischt sich Dichtung mit Wahrheit. **2** ~ **(with sth)** sich (mit etw) vermischen

inter·mis·sion /ˌɪntəˈmɪʃn; *AmE* -tərˈ-/ *Nomen* **1** (*bes AmE*) (THEAT, FILM) Pause **2** Unterbrechung

inter·mit·tent /ˌɪntəˈmɪtənt; *AmE* -tərˈ-/ *Adj* (*Adv* **intermit·tent·ly**) in gewissen Abständen auftretend, sporadisch ◇ *Protests continued intermittently throughout November.* Die Proteste gingen mit Unterbrechungen den ganzen November weiter.

in·tern *Verb, Nomen*

▸ ***Verb*** /ɪnˈtɜːn; *AmE* ɪnˈtɜːrn/ ~ **sb (in sth)** jdn (in etw) internieren

▸ ***Nomen*** (*auch* **in·terne**) /ˈɪntɜːn; *AmE* -tɜːrn/ (*AmE*) **1** ≈ Famulant(in) **2** Praktikant(in)

in·tern·al 🗝 /ɪnˈtɜːnl; *AmE* ɪnˈtɜːrnl/ *Adj* (*Adv* **in·tern·al·ly** /-nəli/) **1** [nur vor Nomen] innere(r,s), Innen- ◇ *internal organs* innere Organe ◇ *the internal fittings* die Innenausstattung ◇ *not for internal use/not to be taken internally* nur zur äußerlichen Anwendung **2** intern ◇ *the internal workings of government* die Interna der Regierung **3** [nur vor Nomen] innere(r,s), Binnen- ◇ *an internal flight* ein Inlandsflug

inˌternal-comˈbustion engine *Nomen* Verbrennungsmotor

in·tern·al·iza·tion (*BrE auch* **-isa·tion**) /ɪnˌtɜːnəlaɪˈzeɪʃn; *AmE* ɪnˌtɜːrnələˈ-/ *Nomen* Verinnerlichung

in·tern·al·ize (*BrE auch* **-ise**) /ɪnˈtɜːnəlaɪz; *AmE* ɪnˈtɜːrn-/ *Verb* (*Fachspr*) verinnerlichen

the Inˌternal ˈRevenue Service *Nomen* [Sing] (*Abk* **IRS**) = die Behörde in den USA, die die auf Bundesebene erhobenen Steuern einzieht

inter·nation·al 🗝 /ˌɪntəˈnæʃnəl; *AmE* -tərˈ-/ *Adj, Nomen*

▸ ***Adj*** (*Adv* **inter·nation·al·ly** /-əli/) international ◇ *an international call* ein Auslandsgespräch

▸ ***Nomen*** (*BrE*) **1** Länderspiel **2** Nationalspieler(in), Mitglied der Nationalmannschaft

the Interˌnational ˈDate Line (*auch* **ˈdate line**) *Nomen* [Sing] die Datumsgrenze

inter·nation·al·ism /ˌɪntəˈnæʃnəlɪzəm; *AmE* -tərˈ-/ *Nomen* Internationalismus

inter·nation·al·ist /ˌɪntəˈnæʃnəlɪst; *AmE* -tərˈ-/ *Adj, Nomen*

▸ ***Adj*** internationalistisch

▸ ***Nomen*** **1** Internationalist(in) **2** Nationalspieler(in), Mitglied der Nationalmannschaft

inter·nation·al·iza·tion (*BrE auch* **-isa·tion**) /ˌɪntəˌnæʃnəlaɪˈzeɪʃn; *AmE* -tərˌnæʃnələ-/ *Nomen* Internationalisierung

inter·nation·al·ize (*BrE auch* **-ise**) /ˌɪntəˈnæʃnəlaɪz; *AmE* -tərˈ-/ *Verb* internationalisieren

inter·nation·al·ly *Adv* → INTERNATIONAL

in·terne = INTERN

inter·necine /ˌɪntəˈniːsaɪn; *AmE* -tərˈ-/ *Adj* [nur vor Nomen] (*gehoben*) (*Krieg, Kampf, Zwistigkeit*) intern ◇ *internecine warfare in South Africa* Kriege unter den Völkergruppen in Südafrika

in·tern·ee /ˌɪntɜːˈniː; *AmE* -tɜːrˈ-/ *Nomen* Internierte(r)

Inter·net 0ᵯ /ˈɪntənet; *AmE* -tərnet/ *Nomen* (*meist* **the Internet**; *umgs* **the Net**) [Sing] Internet

ˌInternet ˈService Provider *Nomen* = ISP

in·tern·ist /ɪnˈtɜːnɪst; *AmE* ɪnˈtɜːrnɪst/ *Nomen* (*AmE*) (MED) Internist(in)

in·tern·ment /ɪnˈtɜːnmənt; *AmE* ɪnˈtɜːrn-/ *Nomen* [U] Internierung

in·tern·ship /ˈɪntɜːnʃɪp; *AmE* -tɜːrn-/ *Nomen* Praktikum

inter·per·son·al /ˌɪntəˈpɜːsənl; *AmE* -tərˈpɜːrsə-/ *Adj* [nur vor Nomen] zwischenmenschlich ◇ *interpersonal skills* die Fähigkeit, mit Menschen umzugehen

inter·plan·et·ary /ˌɪntəˈplænɪtri; *AmE* -tərˈplænəteri/ *Adj* [nur vor Nomen] interplanetar, interplanetarisch

inter·play /ˈɪntəpleɪ; *AmE* -tərpleɪ/ *Nomen* (*gehoben*) Zusammenspiel, Wechselspiel

Inter·pol /ˈɪntəpɒl; *AmE* -tərpoʊl/ *Nomen* [mit Verb im Sing/Pl] Interpol

in·ter·pol·ate /ɪnˈtɜːpəleɪt; *AmE* ɪnˈtɜːrp-/ *Verb* (*gehoben*) **1** (*Bemerkung*) einwerfen **2** einfügen

in·ter·pol·ation /ɪnˌtɜːpəˈleɪʃn; *AmE* ɪnˌtɜːrp-/ *Nomen* **1** (*Bemerkung*) Einwurf **2** Einfügung

inter·pose /ˌɪntəˈpəʊz; *AmE* -tərˈpoʊz/ *Verb* (*gehoben*) **1** (*Bemerkung*) einwerfen **2 ~ sb/sth (between A and B)** jdn/etw (zwischen A und B) stellen

in·ter·pret 0ᵯ /ɪnˈtɜːprɪt; *AmE* ɪnˈtɜːrprɪt/ *Verb* **1** deuten, interpretieren, auslegen **2 ~ (for sb)** (für jdn) dolmetschen **3** (*Rolle, Musikstück etc.*) interpretieren

in·ter·pret·able /ɪnˈtɜːprɪtəbl; *AmE* ɪnˈtɜːrp-/ *Adj* interpretierbar

in·ter·pret·ation 0ᵯ /ɪnˌtɜːprɪˈteɪʃn; *AmE* ɪnˌtɜːrp-/ *Nomen* **1** Deutung, Interpretation, Auslegung ◇ *Dreams are open to interpretation.* Träume können unterschiedlich gedeutet werden. **2** (*Rolle, Musikstück etc.*) Interpretation **3** Dolmetschen

in·ter·pret·ative /ɪnˈtɜːprɪtətɪv; *AmE* ɪnˈtɜːrprəteɪtɪv/ (*bes AmE* **in·ter·pret·ive** /ɪnˈtɜːprɪtɪv; *AmE* ɪnˈtɜːrp-/) *Adj* interpretierend, erläuternd, interpretativ ◇ *an interpretative problem* ein Problem der Interpretation ◇ *an interpretive center* ein Besucherzentrum

in·ter·pret·er /ɪnˈtɜːprɪtə(r); *AmE* ɪnˈtɜːrp-/ *Nomen* **1** Dolmetscher(in) **2** Interpret(in) **3** (COMP) Interpreter

inter·racial /ˌɪntəˈreɪʃl/ *Adj* [nur vor Nomen] gemischtrassig, zwischen verschiedenen Rassen ◇ *interracial marriage* Mischehen

inter·reg·num /ˌɪntəˈregnəm/ *Nomen* [meist Sing] (*gehoben*) = Zeitraum, in dem ein Land, eine Organisation etc. ohne Führung ist und auf eine neue wartet

inter·relate /ˌɪntərɪˈleɪt/ *Verb* (*gehoben*) **1** in Beziehung zueinander stehen, zusammenhängen ◇ *a discussion of how the mind and body interrelate/how the mind interrelates with the body* eine Diskussion darüber, in welcher Beziehung Geist und Körper zueinander stehen **2 be interrelated (with sth)** (mit etw) zusammenhängen ◇ *the belief that the mind is closely interrelated with the body* die Überzeugung, dass Geist und Körper eng miteinander zusammenhängen

inter·related /ˌɪntərɪˈleɪtɪd/ *Adj* zusammenhängend ◇ *a number of interrelated problems* eine Anzahl miteinander zusammenhängender Probleme

inter·rela·tion·ship /ˌɪntərɪˈleɪʃnʃɪp/ (*auch* **inter·rela·tion** /ˌɪntərɪˈleɪʃn/) *Nomen* Wechselbeziehung, Verhältnis

in·ter·ro·gate /ɪnˈterəgeɪt/ *Verb* **1** vernehmen, verhören, ausfragen **2** (*Fachspr*) abfragen; (*Datenbank*) befragen

in·ter·ro·ga·tion /ɪnˌterəˈgeɪʃn/ *Nomen* Vernehmung, Verhör ◇ *He confessed after four days under interrogation.* Nach vier Tagen Verhör legte er ein Geständnis ab. ◇ *She hated her parents' endless interrogations.* Sie hasste es, wenn ihre Eltern sie endlos lange ausfragten.

inter·roga·tive /ˌɪntəˈrɒgətɪv; *AmE* -ˈrɑːg-/ *Adj, Nomen*

▸ ***Adj*** (*Adv* **inter·roga·tive·ly**) **1** (LING) Interrogativ-, Frage- ◇ *interrogative pronouns* Fragewörter **2** (*gehoben*) fragend

▸ ***Nomen*** (LING) Interrogativ, Interrogativpronomen, Fragewort

in·ter·ro·ga·tor /ɪnˈterəgeɪtə(r)/ *Nomen* Vernehmer(in)

inter·rupt 0ᵯ /ˌɪntəˈrʌpt/ *Verb* unterbrechen, stören

inter·rup·tion 0ᵯ /ˌɪntəˈrʌpʃn/ *Nomen* Unterbrechung ◇ *an interruption to the power supply* ein Stromausfall

inter·sect /ˌɪntəˈsekt; *AmE* -tərˈ-/ *Verb* **1** sich kreuzen; (*Linien*) sich schneiden ◇ *The lines intersect at right angles.* Die Linien schneiden sich im rechten Winkel. ◇ *The path intersected with a busy road.* Der Pfad kreuzte eine belebte Straße. **2 ~ sth (with sth)** (*meist passiv*) etw (mit etw) durchziehen

inter·sec·tion /ˌɪntəˈsekʃn; *AmE* -tərˈ-/ *Nomen* **1** Kreuzung; (*von Linien*) Schnittpunkt **2** Schneiden, Durchziehen

inter·sperse /ˌɪntəˈspɜːs; *AmE* -tərˈspɜːrs/ *Verb* (*gehoben*) **1 ~ A with B** (*oft passiv*) ◇ *beeches interspersed with conifers* Buchen, zwischen denen vereinzelte Nadelbäume stehen ◇ *pop programmes interspersed with news flashes* Popsendungen, die von Kurznachrichten unterbrochen werden ◇ *her own language, interspersed with Arabic* ihre eigene Sprache, in die arabische Wörter eingestreut waren **2 be interspersed by sth** von etw unterbrochen sein ◇ *flat fields interspersed by dykes* flache Felder, die von Deichen unterbrochen werden **3 ~ B among A** B in A einstreuen

inter·state /ˈɪntəsteɪt; *AmE* -tərsteɪt/ *Adj, Nomen*

▸ ***Adj*** [nur vor Nomen] zwischen den Bundesstaaten (der USA), zwischenstaatlich

▸ ***Nomen*** (*auch* **ˌinterstate ˈhighway**) (*AmE*) ≈ Fernstraße, Autobahn

inter·stel·lar /ˌɪntəˈstelə(r); *AmE* -tərˈ-/ *Adj* [nur vor Nomen] interstellar

inter·twine /ˌɪntəˈtwaɪn; *AmE* -tərˈ-/ *Verb* **1** (sich) verschlingen ◇ *intertwining branches* ineinander verschlungene Äste **2** (*fig*) sich verknüpfen

inter·val 0ᵯ /ˈɪntəvl; *AmE* -tərvl/ *Nomen* **1** Abstand ◇ *The runners started at 5-minute intervals.* Die Läufer starteten in Abständen von 5 Minuten. ◇ *after a brief interval* nach kurzer Zeit **2** (*BrE*) (*im Theater, Konzert etc.*) Pause **3** [meist Pl] Abschnitt ◇ *She's delirious, but has lucid intervals.* Sie ist im Delirium, hat aber ab und zu lichte Momente. **4** (MUS) Intervall

inter·vene /ˌɪntəˈviːn; *AmE* -tərˈ-/ *Verb* (*gehoben*) **1 ~ (in sth)** (in etw) eingreifen, (in etw) intervenieren **2** unterbrechen **3** dazwischenkommen ◇ *Fate intervened.* Das Schicksal wollte es anders. **4** (*gehoben*) dazwischenliegen ◇ *during the years that intervened* in den dazwischenliegenden Jahren

inter·ven·tion /ˌɪntəˈvenʃn; *AmE* -tərˈ-/ *Nomen* Eingreifen, Intervention

inter·ven·tion·ism /ˌɪntəˈvenʃənɪzəm; *AmE* -tərˈ-/ *Nomen* Interventionismus

inter·ven·tion·ist /ˌɪntəˈvenʃənɪst; *AmE* -tərˈ-/ *Adj* interventionistisch

inter·view 0┳ /ˈɪntəvjuː; *AmE* -tərvjuː/ *Nomen, Verb*

▸ ***Nomen*** **1** Vorstellungsgespräch ◇ *a job interview* ein Vorstellungsgespräch ◇ *be called for (an) interview* zu einem Vorstellungsgespräch eingeladen werden **2** Interview **3** Gespräch ◇ *an interview with the careers adviser* ein Gespräch mit dem Berufsberater

▸ ***Verb*** **1 ~ sb** mit jdm ein Vorstellungsgespräch führen **2 ~ sb (about sth)** jdn (über etw) interviewen, jdn (zu etw) befragen ◇ *He declined to be interviewed.* Er lehnte ein Interview ab.

inter·view·ee /ˌɪntəvjuːˈiː; *AmE* -tərvjuː-/ *Nomen* **1** *(in einem Vorstellungsgespräch)* Bewerber(in) **2** Befragte(r)

inter·view·er /ˈɪntəvjuːə(r); *AmE* -tərvjuː-/ *Nomen* **1** = jd, der ein Vorstellungsgespräch führt **2** Interviewer(in)

inter·weave /ˌɪntəˈwiːv; *AmE* -tərˈ-/ *Verb* (**inter·wove** /-ˈwəʊv; *AmE* -ˈwoʊv/, **inter·woven** /-ˈwəʊvn; *AmE* -ˈwoʊvn/) *(meist passiv)* verweben, verflechten ◇ *The blue fabric was interwoven with red and gold thread.* Der blaue Stoff war mit roten und goldenen Fäden durchwirkt. ◇ *(fig) The problems are inextricably interwoven.* Die Probleme sind unentwirrbar miteinander verknüpft.

in·tes·tacy /ɪnˈtestəsi/ *Nomen* (RECHT) Fehlen eines Testaments

in·tes·tate /ɪnˈtesteɪt/ *Adj* (RECHT) ◇ *He died intestate.* Er starb, ohne ein Testament zu hinterlassen.

in·tes·tinal /ɪnˈtestɪnl, ˌɪnteˈstaɪnl/ *Adj* Darm-

in·tes·tine /ɪnˈtestɪn/ *Nomen* [meist Pl] Darm

in·tim·acy /ˈɪntɪməsi/ *Nomen* (*Pl* **-ies**) **1** Vertrautheit **2** [meist Pl] Geheimnis **3** *(gehoben oder Fachspr)* Intimität

in·tim·ate *Adj, Verb, Nomen*

▸ ***Adj*** /ˈɪntɪmət/ (*Adv* **in·tim·ate·ly**) **1** vertraut; *(Freunde etc.)* eng **2** intim ◇ *an area that he knew intimately* eine Gegend, die er sehr genau kannte

▸ ***Verb*** /ˈɪntɪmeɪt/ **~ sth (to sb)** *(gehoben)* (jdm) etw andeuten

▸ ***Nomen*** /ˈɪntɪmət/ *(gehoben)* Vertraute(r)

in·tim·ation /ˌɪntɪˈmeɪʃn/ *Nomen* **1** *(gehoben)* Andeutung **2** Mitteilung **3** Ahnung

in·timi·date /ɪnˈtɪmɪdeɪt/ *Verb* einschüchtern ◇ *He tried to intimidate people into voting for him.* Er hat versucht, die Leute unter Druck zu setzen, sodass sie für ihn stimmen würden.

in·timi·dated /ɪnˈtɪmɪdeɪtɪd/ *Adj* eingeschüchtert

in·timi·dat·ing /ɪnˈtɪmɪdeɪtɪŋ/ *Adj* einschüchternd, bedrohlich

in·timi·da·tion /ɪnˌtɪmɪˈdeɪʃn/ *Nomen* Einschüchterung

into 0┳ /ˈɪntə, *vor Vokalen* -tu, *betont* -tuː/ *Präp* ❶ Für Verben mit **into** siehe die Einträge für die Verben. **Lay into sb/sth** z.B. steht unter **lay**. **1** in ◇ *Come into the house.* Kommen Sie ins Haus. ◇ *late into the night* bis spät in die Nacht hinein ◇ *He's well into his forties.* Er ist weit über vierzig. **2** in (Richtung), gegen ◇ *Speak clearly into the microphone.* Sprechen Sie deutlich ins Mikrofon. ◇ *driving into the sun* gegen die Sonne fahren **3** *(zur Bezeichnung einer Zustandsänderung)* ◇ *The fruit can be made into jam.* Aus der Frucht kann man Marmelade machen. ◇ *translate into German* ins Deutsche übersetzen ◇ *come into power* an die Macht kommen ◇ *slide into depression* in eine Depression verfallen **4** *(bezeichnet die Folge einer Handlung)* zu ◇ *I was forced into a decision.* Ich wurde zu einer Entscheidung gezwungen. **5** zu ◇ *an inquiry into safety procedures* eine Untersuchung der Sicherheitsvorkehrungen **6** *(beim Dividieren)* ◇ *3 into 24 is 8.* 24 durch 3 ist 8. **IDM** **be ˈinto sth** *(umgs)* auf etw stehen; auf etw abfahren

in·toler·able /ɪnˈtɒlərəbl; *AmE* ɪnˈtɑːlə-/ *Adj* (*Adv* **in·tolerably** /-bli/) unerträglich

in·toler·ance /ɪnˈtɒlərəns; *AmE* ɪnˈtɑːlə-/ *Nomen* **1** Intoleranz **2** Überempfindlichkeit ◇ *food allergy and intolerance* Allergie und Überempfindlichkeit gegen bestimmte Lebensmittel

in·toler·ant /ɪnˈtɒlərənt; *AmE* ɪnˈtɑːlə-/ *Adj* **1 ~ (of sb/sth)** *(abwert)* intolerant (gegenüber jdm/etw) **2 be ~ (of sth)** *(Fachspr)* eine Überempfindlichkeit (gegen etw) haben

in·ton·ation /ˌɪntəˈneɪʃn/ *Nomen* (LING, MUS) Intonation

in·tone /ɪnˈtəʊn; *AmE* ɪnˈtoʊn/ *Verb (gehoben)* psalmodieren, herunterleiern

in toto /ˌɪn ˈtəʊtəʊ; *AmE* ˈtoʊtoʊ/ *Adv (gehoben)* im Ganzen

in·toxi·cated /ɪnˈtɒksɪkeɪtɪd; *AmE* ɪnˈtɑːk-/ *Adj (gehoben)* berauscht *(auch fig)*

in·toxi·cat·ing /ɪnˈtɒksɪkeɪtɪŋ; *AmE* ɪnˈtɑːk-/ *Adj (gehoben)* berauschend *(auch fig)* ◇ *intoxicating liquor* Alkohol

in·toxi·ca·tion /ɪnˌtɒksɪˈkeɪʃn; *AmE* ɪnˌtɑːk-/ *Nomen* **1** Rausch **2** *(Fachspr)* Vergiftung

intra- /ˈɪntrə/ *Vorsilbe (bei Adjektiven und Adverbien)* innerhalb ◇ *intra-departmental* innerhalb der Abteilung ◇ *intravenous* intravenös

in·tract·abil·ity /ɪnˌtræktəˈbɪləti/ *Nomen (eines Problems etc.)* Unlösbarkeit; *(von Menschen)* Unnachgiebigkeit

in·tract·able /ɪnˈtræktəbl/ *Adj (gehoben) (Problem etc.)* unlösbar; *(Mensch)* unnachgiebig

intra·mural /ˌɪntrəˈmjʊərəl; *AmE* -ˈmjʊrəl/ *Adj* innerhalb der Universität/Schule etc.

intra·net /ˈɪntrənet/ *Nomen* (COMP) Intranet

in·transi·gence /ɪnˈtrænsɪdʒəns; *AmE* ɪnˈtrænzɪ-/ *Nomen* Unnachgiebigkeit

in·transi·gent /ɪnˈtrænsɪdʒənt; *AmE* ɪnˈtrænzɪ-/ *Adj (gehoben, abwert)* unnachgiebig

in·transi·tive /ɪnˈtrænsətɪv/ *Adj* (*Adv* **in·transi·tive·ly**) (LING) intransitiv

intra·uter·ine /ˌɪntrəˈjuːtəraɪn/ *Adj (Fachspr)* intrauterin

ˌintrauterine deˈvice *Nomen* = IUD

intra·ven·ous /ˌɪntrəˈviːnəs/ *Adj* (*Adv* **intra·ven·ous·ly**) intravenös ◇ *an intravenous drug user* jemand, der Drogen spritzt

ˈin tray *Nomen (BrE)* Ablage für Posteingänge

in·trepid /ɪnˈtrepɪd/ *Adj (gehoben, oft hum)* unerschrocken, kühn

in·tri·cacy /ˈɪntrɪkəsi/ *Nomen* **1 intricacies** [Pl] Feinheiten ◇ *the intricacies of economic policy* die komplexen Details der Wirtschaftspolitik **2** Kompliziertheit ◇ *He admired the intricacy of the design.* Er bewunderte das filigrane Muster.

in·tri·cate /ˈɪntrɪkət/ *Adj* (*Adv* **in·tri·cate·ly**) kompliziert, fein ◇ *intricately carved* fein geschnitzt

in·trigue *Verb, Nomen*

▸ ***Verb*** /ɪnˈtriːg/ **1** *(meist passiv)* faszinieren ◇ *I'm intrigued—tell me more!* Jetzt bin ich aber neugierig —erzähl mir mehr davon! ◇ *I'm intrigued to know what you thought of the movie.* Mich würde wirklich interessieren, was du von dem Film hältst. **2** (*gehoben*) intrigieren

▸ ***Nomen*** /ˈɪntriːg, ɪnˈtriːg/ **1** [U] Intrige ◇ *political intrigue* politische Intrigen **2** Machenschaften **3** [U] Reiz

in·tri·guing /ɪnˈtriːgɪŋ/ *Adj* (*Adv* **in·tri·guing·ly**) faszinierend ◇ *These discoveries raise intriguing questions.* Diese Entdeckungen werfen interessante Fragen auf.

in·trin·sic /ɪnˈtrɪnsɪk, ɪnˈtrɪnzɪk/ *Adj* innewohnend ◇ *the intrinsic value of education* der Eigenwert der Erziehung

in·trin·sic·al·ly /ɪnˈtrɪnsɪkli, ɪnˈtrɪnzɪk-/ *Adv* an sich ◇ *There is nothing intrinsically wrong with the idea.* An sich ist an der Idee nichts auszusetzen.

intro /ˈɪntrəʊ; *AmE* -troʊ/ *Nomen* (*Pl* **-os**) (*umgs*) Einleitung

intro·duce 🔑 /ˌɪntrəˈdjuːs; *AmE* -ˈduːs/ *Verb* **1 ~ sb (to sb)** jdn (jdm) vorstellen; **~ A and B** A und B einander vorstellen; **~ yourself (to sb)** sich (jdm) vorstellen ◇ *We've already been introduced.* Wir kennen uns bereits. **2** (*Sendung*) moderieren **3 ~ sb to sth**; **~ sth to sb** jdn in etw einführen ◇ *It was she who first introduced the pleasures of sailing to me.* Sie hat mir als Erste die Freuden des Segelns nahe gebracht. **4 ~ sth (into/to sth)** etw (in etw) einführen **5** einleiten ◇ *Bands like 'James' introduced the craze for indie music.* Durch Bands wie „James" wurde Indie-Musik beliebt. **6** (*Gesetz*) einbringen **7 ~ sth (into sth)** (*gehoben*) etw (einer Sache) beimischen, etw (in etw) einschleusen

intro·duc·tion 🔑 /ˌɪntrəˈdʌkʃn/ *Nomen* **1** Einführung **2** Bekanntmachung, Vorstellung ◇ *Our speaker today needs no introduction.* Unseren heutigen Redner brauche ich nicht vorzustellen. ◇ *a letter of introduction* ein Empfehlungsschreiben **3** [Sing] Bekanntschaft ◇ *This album was my first introduction to modern jazz.* Dieses Album war meine erste Bekanntschaft mit modernem Jazz. **4** Einleitung ◇ *By way of introduction …* Als Einleitung …

intro·duc·tory /ˌɪntrəˈdʌktəri/ *Adj* **1** einleitend **2** Einführungs-, einführend

intro·spec·tion /ˌɪntrəˈspekʃn/ *Nomen* Selbstbeobachtung

intro·spect·ive /ˌɪntrəˈspektɪv/ *Adj* introspektiv ◇ *Jim became increasingly introspective.* Jim zog sich immer mehr in sich selbst zurück. ◇ *an introspective piece of writing* ein Beispiel literarischer Selbstbeobachtung

intro·ver·sion /ˌɪntrəˈvɜːʃn; *AmE* -ˈvɜːrʒn/ *Nomen* Introvertiertheit

intro·vert /ˈɪntrəvɜːt; *AmE* -vɜːrt/ *Nomen* introvertierter Mensch

intro·vert·ed /ˈɪntrəvɜːtɪd; *AmE* -vɜːrtɪd/ (*auch* **introvert**) *Adj* introvertiert

in·trude /ɪnˈtruːd/ *Verb* **1 ~ (on/upon sb/sth)** (jdn/etw in/bei etw) stören ◇ *I'm sorry to intrude, but I need to talk to someone.* Entschuldige, dass ich so hereinplatze, aber ich muss mit jemandem sprechen. **2 ~ (into/on/upon sth)** (in etw) eindringen ◇ *intrude on people's private lives* die Privatsphäre anderer Leute verletzen

in·truder /ɪnˈtruːdə(r)/ *Nomen* Eindringling ◇ *intruder alarms* Alarmanlagen

in·tru·sion /ɪnˈtruːʒn/ *Nomen* **1** Störung ◇ *an intrusion into their private lives* eine Verletzung ihrer Privatsphäre **2** Eindringen

in·tru·sive /ɪnˈtruːsɪv/ *Adj* störend, aufdringlich ◇ *intrusive questions* aufdringliche Fragen

in·tuit /ɪnˈtjuːɪt; *AmE* ɪnˈtuː-/ *Verb* (*gehoben*) intuitiv spüren

in·tu·ition /ˌɪntjuˈɪʃn; *AmE* ˌɪntu-/ *Nomen* **1** [U] Intuition ◇ *Intuition told her that he had told the truth.* Sie spürte intuitiv, dass er die Wahrheit gesagt hatte. ◇ *It came to me in a flash of intuition.* Ich hatte einen Geistesblitz. **2** Vorahnung

in·tui·tive /ɪnˈtjuːɪtɪv; *AmE* ɪnˈtuː-/ *Adj* (*Adv* **in·tui·tive·ly**) **1** intuitiv, instinktiv ◇ *Intuitively, she knew that he was lying.* Ihr Instinkt sagte ihr, dass er log. **2** mit Einfühlungsvermögen ◇ *Are women really more intuitive than men?* Haben Frauen wirklich mehr Intuition als Männer?

Inuit /ˈɪnjuɪt, -nu-/ *Nomen* (*Pl* **In·uits** *oder* **Inuit**) Inuit, Eskimo

in·un·date /ˈɪnʌndeɪt/ *Verb* **1 ~ sb (with sth)** (*meist passiv*) jdn (mit etw) überschwemmen ◇ *We have been inundated with offers of help.* Bei uns ist eine Flut von Hilfsangeboten eingegangen. ◇ *inundated with work* mit Arbeit überhäuft **2** (*gehoben*) (*Gebiet*) überschwemmen

in·un·da·tion /ˌɪnʌnˈdeɪʃn/ *Nomen* (*gehoben*) Überschwemmung, Überhäufung

inure /ɪˈnjʊə(r); *AmE* ɪˈnjʊr/ *Verb* **~ sb/yourself to sth** (*meist passiv*) (*gehoben*) jdn/sich an etw gewöhnen ◇ *They quickly became inured to the harsh conditions.* Sie nahmen die schlimmen Zustände bald nicht mehr wahr.

in·vade /ɪnˈveɪd/ *Verb* **1** einmarschieren **2 ~ sth** in etw einfallen ◇ *When did the Romans invade Britain?* Wann fielen die Römer in Großbritannien ein? ◇ *Demonstrators invaded the government buildings.* Demonstranten drangen in die Regierungsgebäude ein. ◇ *The cancer cells may invade other parts of the body.* Die Krebszellen können andere Körperteile befallen. **3 ~ sth** in etw eindringen, etw stören

in·vader /ɪnˈveɪdə(r)/ *Nomen* Angreifer, Invasor, Eindringling

in·valid *Adj, Nomen, Verb*

▸ ***Adj*** /ɪnˈvælɪd/ **1** ungültig **2** (*Ausrede*) unzulässig; (*Theorie*) falsch; (*Argument*) nicht stichhaltig

▸ ***Nomen*** /ˈɪnvəlɪd/ Invalide, Invalidin, Körperbehinderte(r)

▸ ***Verb*** /ˈɪnvəlɪd/ (*BrE*) **~ sb** jdn dienstuntauglich erklären; **~ sb out (of sth)** jdn als dienstuntauglich (aus etw) entlassen ◇ *He was invalided home.* Er wurde wegen Krankheit nach Hause entlassen.

in·vali·date /ɪnˈvælɪdeɪt/ *Verb* **1** widerlegen **2** ungültig machen

in·val·id·ity /ˌɪnvəˈlɪdəti/ *Nomen* **1** (*BrE, Fachspr*) Invalidität, Körperbehinderung **2** (*gehoben*) Ungültigkeit, Unzulässigkeit

in·valu·able /ɪnˈvæljuəbl/ *Adj* von unschätzbarem Wert, außerordentlich wichtig ◇ *invaluable help* sehr große Hilfe ◇ *invaluable information* wertvolle Informationen ◇ *an invaluable tool* ein unersetzliches Werkzeug

in·vari·able /ɪnˈveəriəbl; *AmE* ɪnˈver-/ *Adj* gleichbleibend, unveränderlich ◇ *Her routine was invariable.* Ihre Routine war immer gleich.

in·vari·ably /ɪnˈveəriəbli; *AmE* ɪnˈver-/ *Adv* unweigerlich, immer

in·va·sion /ɪnˈveɪʒn/ *Nomen* **1** Invasion, Einmarsch ◇ *an invasion force* eine Invasionstruppe ◇ *the Russian invasion of Czechoslovakia in 1968* der Einmarsch der Russen in die Tschechoslowakei 1968 **2** Eindringen, Störung ◇ *an invasion of privacy* eine Verletzung der Privatsphäre

in·va·sive /ɪnˈveɪsɪv/ *Adj* (MED) invasiv

in·vec·tive /ɪnˈvektɪv/ *Nomen* [U] (*gehoben*) Beschimpfungen

in·veigh /ɪnˈveɪ/ *Verb* PHRV **inveigh against sb/sth** (*gehoben*) über jdn/etw schelten

in·vei·gle /ɪnˈveɪgl/ *Verb* **1 ~ yourself into sth; ~ your way into sth** sich in etw einschleichen ◇ *He inveigled his way into her affections.* Er erschlich sich ihre Liebe. **2 ~ sb (into sth)** jdn (in etw) locken; **~ sb into doing sth** jdn dazu verleiten, etw zu tun, jdn dazu überreden, etw zu tun

in·vent /ɪnˈvent/ *Verb* erfinden, sich ausdenken

in·ven·tion /ɪnˈvenʃn/ *Nomen* **1** Erfindung ◇ *the invention of the printing press* die Erfindung der Druckerpresse **2** Ideenreichtum ◇ *John was full of invention — always making up new dance steps.* John war voller Ideen — immer dachte er sich neue Tanzschritte aus.

in·vent·ive /ɪnˈventɪv/ *Adj* (*Adv* **in·vent·ive·ly**) **1** erfinderisch, kreativ ◇ *She has a highly inventive mind.* Sie ist sehr kreativ. **2** originell, einfallsreich

in·ven·tive·ness /ɪnˈventɪvnəs/ *Nomen* Kreativität, Einfallsreichtum, Originalität

in·vent·or /ɪnˈventə(r)/ *Nomen* Erfinder(in)

in·ven·tory /ˈɪnvəntri; *AmE* -tɔːri/ *Nomen* (*Pl* **-ies**) **1** Inventar, Bestandsliste **2** (*AmE*) Warenbestand ◇ *inventory control* Lagerkontrolle

in·verse *Adj, Nomen*

▸ ***Adj*** /ˌɪnˈvɜːs; *AmE* -ˈvɜːrs/ (*Adv* **in·verse·ly**) umgekehrt, entgegengesetzt ◇ *be inversely related to sth* im umgekehrten Verhältnis zu etw stehen

▸ ***Nomen*** /ˈɪnvɜːs; *AmE* -vɜːrs/ **the inverse** (*Fachspr*) das Gegenteil

in·ver·sion /ɪnˈvɜːʃn; *AmE* ɪnˈvɜːrʃn, ɪnˈvɜːrʒn/ *Nomen* Inversion, Umkehrung ◇ *an inversion of the truth* eine Verdrehung der Wahrheit

in·vert /ɪnˈvɜːt; *AmE* ɪnˈvɜːrt/ *Verb* (*gehoben*) umstülpen, umkehren, umstellen

in·ver·te·brate /ɪnˈvɜːtɪbrət; *AmE* ɪnˈvɜːrt-/ *Nomen* wirbelloses Tier

inˌverted ˈcommas *Nomen* [Pl] (*BrE*) Anführungszeichen IDM **in inverted commas** (*umgs*) in Anführungszeichen ◇ *He showed us to our 'luxury apartment' in inverted commas.* Er führte uns zu unserem sogenannten „Luxusapartment".

in·vest /ɪnˈvest/ *Verb* **1 ~ (sth) (in sth)** (etw) (in etw) investieren **2 ~ sb with sth** (*gehoben*) jdm etw verleihen ◇ *The new position invested her with a good deal of responsibility.* Die neue Stellung übertrug ihr recht viel Verantwortung. **3 ~ sb (as sth)** (*gehoben*) jdn (als etw) einsetzen PHRV **inˈvest in sth** (*umgs, oft hum*) sich etw anschaffen

in·ves·ti·gate /ɪnˈvestɪgeɪt/ *Verb* **1** ermitteln ◇ *The FBI has been called in to investigate.* Das FBI wurde mit den Ermittlungen beauftragt. ◇ (*umgs*) *'What was that noise?' 'I'll go and investigate.'* „Was war das für ein Geräusch?" „Ich gehe mal nachsehen." **2 ~ sb (for sth)** gegen jdn (wegen einer Sache) ermitteln **3** untersuchen ◇ *Police are investigating the attacks.* Die Polizei untersucht die Anschläge.

in·ves·ti·ga·tion /ɪnˌvestɪˈgeɪʃn/ *Nomen* **1** Untersuchung, Ermittlung ◇ *She is still under investigation.* Gegen sie wird noch ermittelt. **2** Erforschung, Untersuchung ◇ *an investigation into our spending habits* eine Untersuchung darüber, wie wir unser Geld ausgeben

in·ves·ti·ga·tive /ɪnˈvestɪgətɪv; *AmE* -geɪtɪv/ (*seltener* **inves·ti·ga·tory** /ɪnˈvestɪgətəri; *AmE* -tɔːri/) *Adj* **1** Untersuchungs- ◇ *investigatory powers* Untersuchungsbefugnisse **2** ◇ *investigative journalism* Enthüllungsjournalismus

in·ves·ti·ga·tor /ɪnˈvestɪgeɪtə(r)/ *Nomen* Ermittler(in) ◇ *Air accident investigators have found the black box.* Experten, die das Flugunglück untersuchen, haben den Flugschreiber gefunden. ◇ *a private investigator* ein Privatdetektiv

in·ves·ti·ture /ɪnˈvestɪtʃə(r)/ *Nomen* **1** Amtseinführung **2** Verleihung (*eines Ordens*)

in·vest·ment /ɪnˈvestmənt/ *Nomen* **1** [U] Investitionen ◇ *encourage foreign investment* ausländische Investitionen fördern ◇ *investment income* Kapitalerträge **2** (*Summe*) Investition ◇ *a minimum investment of $10 000* eine Mindestinvestition von $10 000 ◇ *a high return on my investments* eine hohe Rendite auf meine Anlagen **3** Kapitalanlage ◇ *We bought the house as an investment.* Wir haben das Haus als Kapitalanlage gekauft. **4** gute Anschaffung ◇ *A microwave is a good investment.* Eine Mikrowelle macht sich bezahlt. **5** Einsatz ◇ *considerable investment of time and effort* ein beträchtlicher Aufwand an Zeit und Mühe

in·vest·or /ɪnˈvestə(r)/ *Nomen* Investor(in) ◇ *small investors* Kleinanleger

in·vet·er·ate /ɪnˈvetərət/ *Adj* (*gehoben, oft abwert*) **1** unverbesserlich, ständig ◇ *She's an inveterate traveller.* Sie reist leidenschaftlich gern. **2** (*Feindschaft*) unüberwindbar; (*Gewohnheit*) hartnäckig

in·vidi·ous /ɪnˈvɪdiəs/ *Adj* (*gehoben*) gemein, ungerecht ◇ *We were in the invidious position of having to choose between them.* Wir waren in der unerfreulichen Lage, uns zwischen ihnen entscheiden zu müssen.

in·vigi·late /ɪnˈvɪdʒɪleɪt/ *Verb* (*BrE*) **~ (sth)** (*bei einer Prüfung*) (bei etw) Aufsicht führen

in·vigi·la·tion /ɪnˌvɪdʒɪˈleɪʃn/ *Nomen* (*BrE*) (*bei einer Prüfung*) Aufsicht

in·vigi·la·tor /ɪnˈvɪdʒɪleɪtə(r)/ *Nomen* (*BrE*) (*bei einer Prüfung*) Aufsichtsperson

in·vig·or·ate /ɪnˈvɪgəreɪt/ *Verb* **1** stärken, beleben **2** anregen ◇ *ways of invigorating the department* Wege, der Abteilung neues Leben einzuhauchen

in·vig·or·at·ing /ɪnˈvɪgəreɪtɪŋ/ *Adj* stärkend, belebend, anregend

in·vin·cible /ɪnˈvɪnsəbl/ *Adj* unbesiegbar; (*Glaube etc.*) unerschütterlich

in·viol·abil·ity /ɪnˌvaɪələˈbɪləti/ *Nomen* (*gehoben*) Unantastbarkeit, Unverletzlichkeit

in·viol·able /ɪnˈvaɪələbl/ *Adj* (*gehoben*) unantastbar, unverletzlich ◇ *an inviolable rule* eine unumstößliche Regel

in·viol·ate /ɪnˈvaɪələt/ *Adj* (*gehoben*) unantastbar, unangetastet

in·visi·bil·ity /ɪnˌvɪzəˈbɪləti/ *Nomen* Unsichtbarkeit

in·vis·ible /ɪnˈvɪzəbl/ *Adj* (*Adv* **in·vis·ibly** /-bli/) unsichtbar ◇ *stars invisible to the naked eye* mit dem bloßen Auge nicht erkennbare Sterne ◇ *invisible earnings/exports* unsichtbare Einkünfte/Exporte

in·vi·ta·tion /ˌɪnvɪˈteɪʃn/ *Nomen* **1** Einladung ◇ *issue/extend an invitation to sb* jdn einladen ◇ *I have an open invitation to visit my friend in Japan.* Ich bin bei meiner Freundin in Japan jederzeit willkommen. **2 ~ to sb (to do sth)** Aufforderung an jdn (etw zu tun); **~ to sth** Aufforderung zu etw ◇ *Open windows are an open invitation to burglars.* Offene Fenster kommen einer Aufforderung zum Diebstahl gleich.

in·vi·ta·tion·al /ˌɪnvɪˈteɪʃənl/ *Nomen, Adj*

▸ ***Nomen*** (*bes AmE*) Einladungsturnier

▸ ***Adj*** Einladungs- (*Turnier etc.*)

in·vite *Verb, Nomen*

▸ ***Verb*** /ɪnˈvaɪt/ **1 ~ sb (to/for sth)** jdn (zu etw) einladen **2 ~ sb (to/for sth)** (*gehoben*) jdn (zu etw) bitten, jdn (zu etw) auffordern ◇ *invite sb for interview* jdn zu einem Vorstellungsgespräch einladen ◇ *Readers are invited to write in with their comments.* Kommentare von den

Lesern werden erbeten. **3 ~ sth (from sb)** *(gehoben)* etw (von jdm) erbitten ◇ *He invited questions from the audience.* Er forderte das Publikum auf, Fragen zu stellen. **4** auslösen ◇ *Such comments are just inviting trouble.* Solche Kommentare können zu Ärger führen. PHR V **in,vite sb a'long** jdn mit einladen **in,vite sb 'back** **1** jdn noch zu sich einladen **2** jdn wieder einladen ◇ *We'll never be invited back there!* Sie werden uns nie wieder einladen! **3** sich bei jdm (mit einer Gegeneinladung) revanchieren **in,vite sb 'over/'round/'around** jdn zu sich einladen

▸ ***Nomen*** /ˈɪnvaɪt/ *(umgs)* Einladung

in·vit·ing /ɪnˈvaɪtɪŋ/ *Adj (Adv* **in·vit·ing·ly**) einladend, verlockend

in·vo·ca·tion /ˌɪnvəˈkeɪʃn/ *Nomen* **1** *(gehoben)* Anrufung, Beschwörung **2** (COMP) Aktivierung

in·voice /ˈɪnvɔɪs/ *Nomen, Verb*

▸ ***Nomen*** Rechnung

▸ ***Verb*** **~ sb (for sth)** jdm (für etw) eine Rechnung ausstellen; **~ sth** etw berechnen ◇ *Invoice the goods to my account.* Stellen Sie die Waren bei meinem Konto in Rechnung.

in·voke /ɪnˈvəʊk; *AmE* ɪnˈvoʊk/ *Verb (gehoben)* **1** *(Gericht, Gesetz etc.)* anrufen; **~ sth against sb** etw gegen jdn zur Anwendung bringen **2 ~ sb/sth** sich auf jdn/etw berufen, jdn/etw anführen **3** appellieren an; *(Gott)* anrufen **4** (herauf)beschwören ◇ *The book invokes a vision of England in the Middle Ages.* In dem Buch wird ein Bild von England im Mittelalter heraufbeschworen. **5** verwenden ◇ *He frequently invokes animal metaphors in his poetry.* In seinen Gedichten verwendet er häufig Metaphern aus der Tierwelt. **6** (COMP) aufrufen, aktivieren

in·vol·un·tary /ɪnˈvɒləntri; *AmE* ɪnˈvɑːlənteri/ *Adj (Adv* **in·vol·un·tar·ily** /ɪnˈvɒləntrəli; *AmE* ɪnˌvɑːlənˈterəli/) unwillkürlich, unfreiwillig

in·volve 🔑 /ɪnˈvɒlv; *AmE* ɪnˈvɑːlv/ *Verb* **1** mit sich bringen, zur Folge haben ◇ *Any investment involves an element of risk.* Mit jedem Investment ist ein gewisses Risiko verbunden. ◇ *Many of the crimes involved drugs.* Viele der Verbrechen hatten mit Drogen zu tun. ◇ *The test will involve answering questions about a photograph.* Der Test wird aus Fragen zu einem Foto bestehen. **2** betreffen ◇ *How many vehicles were involved in the crash?* Wie viele Fahrzeuge waren an dem Unfall beteiligt? **3 ~ sb (in sth)** jdn (an etw) beteiligen, jdn (in etw) einbeziehen PHR V **involve sb in sth** jdm etw verursachen ◇ *You have involved me in a great deal of extra work.* Sie haben mir eine Menge zusätzliche Arbeit aufgebürdet.

in·volved 🔑 /ɪnˈvɒlvd; *AmE* ɪnˈvɑːlvd/ *Adj* **1 ~ (in/with sth)** (an etw) beteiligt, (in etw) involviert, (bei etw) engagiert ◇ *become/get involved in politics* sich politisch engagieren ◇ *I don't want to get involved.* Ich möchte nicht hineingezogen werden. ◇ *the people involved* die Betroffenen **2** *(dazugehörig)* ◇ *the paperwork involved with any purchase* der Papierkram, der zu jeden Kauf dazugehört **3 be ~ (with sb)** eine Beziehung (mit jdm) haben ◇ *They're not romantically involved.* Sie haben kein Verhältnis miteinander. **4** kompliziert; *(Handlung etc.)* verwickelt

in·volve·ment 🔑 /ɪnˈvɒlvmənt; *AmE* ɪnˈvɑːlv-/ *Nomen* **1 ~ (in/with sth)** Beteiligung (an etw), Engagement (bei etw), Verbindung (zu etw) ◇ *They suspected him of involvement with drugs.* Sie vermuteten, dass er mit Drogen zu tun hätte. ◇ *Avoid personal involvement with patients' problems.* Lassen Sie sich nicht in die Probleme Ihrer Patienten hineinziehen. **2 ~ (with sb)** Verhältnis (mit jdm) **3 ~ with sb** Involvierung mit jdm

in·vul·ner·abil·ity /ɪnˌvʌlnərəˈbɪləti/ *Nomen* Unverwundbarkeit, Unangreifbarkeit

in·vul·ner·able /ɪnˈvʌlnərəbl/ *Adj* unverwundbar, unangreifbar ◇ *be invulnerable to attack* unangreifbar sein

in·ward /ˈɪnwəd; *AmE* -wərd/ *Adj, Adv*

▸ ***Adj*** **1** [nur vor Nomen] innere(r,s) **2** nach innen gerichtet ◇ *the inward flow of immigrants* der Zustrom von Einwanderern ◇ *an inward curve* eine Innenkurve ◇ *on an inward breath* beim Einatmen

▸ ***Adv*** *(bes BrE* **in·wards**) nach innen ◇ *Her thoughts turned inwards.* Sie versank in Selbstbetrachtung. ◇ *(abwert) an inward-looking person* ein in sich gekehrter Mensch

inward in'vestment *Nomen* (FINANZ) aus dem Ausland stammende Investitionen

in·ward·ly /ˈɪnwədli; *AmE* -wərd-/ *Adv* innerlich

in·ward·ness /ˈɪnwədnəs; *AmE* -wərd-/ *Nomen (gehoben)* Innerlichkeit

in-your-'face *Adj (umgs)* unverfroren

iod·ine /ˈaɪədiːn; *AmE* -daɪn/ *Nomen* Jod

ion /ˈaɪən; *BrE auch* ˈaɪɒn; *AmE auch* ˈaɪɑːn/ *Nomen* (NATURW) Ion

ion·iza·tion *(BrE auch* **-isa·tion**) /ˌaɪənaɪˈzeɪʃn; *AmE* -nəˈ-/ *Nomen* Ionisierung

ion·ize *(BrE auch* **-ise**) /ˈaɪənaɪz/ *Verb* ionisieren

ion·izer *(BrE auch* **-iser**) /ˈaɪənaɪzə(r)/ *Nomen* Ionisator

iono·sphere /aɪˈɒnəsfɪə(r); *AmE* aɪˈɑːnəsfɪr/ *Nomen* Ionosphäre

iota /aɪˈəʊtə; *AmE* aɪˈoʊ-/ *Nomen* Jota ◇ *There is not one iota of truth in the story.* An der Geschichte ist kein Körnchen Wahrheit. ◇ *not make an iota of difference* nicht den kleinsten Unterschied machen

IOU /ˌaɪ əʊ ˈjuː; *AmE* oʊ/ *Kurzform von* **I owe you** *(umgs)* Schuldschein

IPA /ˌaɪ piː ˈeɪ/ *Kurzform von* **International Phonetic Alphabet** internationale Lautschrift

iPad™ /ˈaɪpæd/ *Nomen* iPad®

iPhone™ /ˈaɪfəʊn; *AmE* -foʊn/ *Nomen* iPhone®

iPod™ /ˈaɪpɒd; *AmE* -pɑːd/ *Nomen* iPod®

ipso facto /ˌɪpsəʊ ˈfæktəʊ; *AmE* -soʊ ˈfæktoʊ/ *Adv (gehoben)* eo ipso, automatisch

IQ /ˌaɪ ˈkjuː/ *Kurzform von* **intelligence quotient** IQ, Intelligenzquotient ◇ *IQ tests* Intelligenztests

ir- → IN-

IRA /ˌaɪ ɑːr ˈeɪ/ *Kurzform von* **Irish Republican Army** IRA

iras·ci·bil·ity /ɪˌræsəˈbɪləti/ *Nomen (gehoben)* Jähzorn, Reizbarkeit

iras·cible /ɪˈræsəbl/ *Adj (gehoben)* jähzornig, aufbrausend

irate /aɪˈreɪt/ *Adj* wütend

ire /ˈaɪə(r)/ *Nomen (gehoben)* Zorn

iri·des·cence /ˌɪrɪˈdesns/ *Nomen (gehoben)* Schillern

iri·des·cent /ˌɪrɪˈdesnt/ *Adj (gehoben)* schillernd

irid·ium /ɪˈrɪdiəm/ *Nomen* Iridium

iris /ˈaɪrɪs/ *Nomen* **1** (ANAT) Regenbogenhaut, Iris **2** (BOT) Schwertlilie, Iris

Irish /ˈaɪrɪʃ/ *Nomen, Adj*

▸ ***Nomen*** **1** *(auch* **Irish 'Gaelic**) die irische Sprache **2 the Irish** [Pl] die Iren

▸ ***Adj*** irisch

Irish 'coffee *Nomen* Irishcoffee

iris scanning *Nomen* [U] Iriserkennung

irk /ɜːk; *AmE* ɜːrk/ *Verb (gehoben)* verdrießen

irk·some /ˈɜːksəm; *AmE* ˈɜːrk-/ *Adj (gehoben)* lästig

IRL *Kurzform von* **in real life** in der realen Welt

iron 🔑 /ˈaɪən; *AmE* -ərn/ *Nomen, Verb, Adj*

▸ ***Nomen*** **1** Eisen ◇ *a nine iron* ein Neunereisen ◇ *a will of iron* ein eiserner Wille ◇ *corrugated iron* Wellblech **2** Bügeleisen **3 irons** [Pl] Arm- und Fußschellen IDM **have several, etc. irons in the ˈfire** mehrere etc. Eisen im Feuer haben → *Siehe auch* PUMP, RULE *und* STRIKE

▸ ***Verb*** bügeln ◇ *That dress needs ironing.* Das Kleid muss gebügelt werden. PHR V **ˌiron sth ˈout** etw ausbügeln (*auch fig*)

▸ ***Adj*** [nur vor Nomen] eisern IDM **an iron ˈfist/ˈhand (in a velvet ˈglove)** eine eiserne Faust (im Samthandschuh)

the ˈIron Age *Nomen* die Eisenzeit

the ˌIron ˈCurtain *Nomen* der Eiserne Vorhang

ˌiron-ˈgrey (*bes AmE* **ˌiron-ˈgray**) *Adj* eisengrau

iron·ic /aɪˈrɒnɪk; *AmE* aɪˈrɑːnɪk/ (*auch* **iron·ic·al** /aɪˈrɒnɪkl; *AmE* aɪˈrɑːn-/) *Adj* **1** ironisch **2** paradox

iron·ic·al·ly /aɪˈrɒnɪkli; *AmE* aɪˈrɑːn-/ *Adv* **1** paradoxerweise **2** ironisch

iron·ing /ˈaɪənɪŋ; *AmE* -ərnɪŋ/ *Nomen* **1** Bügeln ◇ *do the ironing* bügeln **2** Bügelwäsche

ˈironing board *Nomen* Bügelbrett

iron·mon·ger /ˈaɪənmʌŋɡə(r); *AmE* -ərn-/ *Nomen* (*BrE*) Eisenwarenhändler(in)

iron·mon·gery /ˈaɪənmʌŋɡəri; *AmE* -ərn-/ *Nomen* (*Pl* **-ies**) (*BrE*) **1** [U] Eisenwaren **2** Eisenwarenhandlung

ˌiron ˈrations *Nomen* [Pl] eiserne Ration

iron·stone /ˈaɪənstəʊn; *AmE* -ərnstoʊn/ *Nomen* Eisengestein

iron·work /ˈaɪənwɜːk; *AmE* -ərnwɜːrk/ *Nomen* [U] Schmiedearbeiten, Eisenbeschläge

iron·works /ˈaɪənwɜːks; *AmE* -ərnwɜːrks/ *Nomen* [mit Verb im Sing/Pl] (*Pl* **iron·works**) Eisenhütte

irony /ˈaɪrəni/ *Nomen* (*Pl* **-ies**) Ironie ◇ *the irony of it* das Ironische daran

ir·radi·ate /ɪˈreɪdieɪt/ *Verb* **1** (*Fachspr*) bestrahlen **2** (*gehoben*) erhellen

ir·radi·ation /ɪˌreɪdiˈeɪʃn/ *Nomen* (Be)strahlung

ir·ration·al /ɪˈræʃənl/ *Adj* (*Adv* **ir·ra·tion·al·ly** /-ʃnəli/) irrational, unvernünftig ◇ *irrationally optimistic* grundlos optimistisch

ir·ration·al·ity /ɪˌræʃəˈnæləti/ *Nomen* Irrationalität, Unsinnigkeit

ir·re·con·cil·able /ɪˈrekənsaɪləbl, ɪˌrekənˈsaɪləbl/ *Adj* **1** unversöhnlich **2** unvereinbar

ir·re·cov·er·able /ˌɪrɪˈkʌvərəbl/ *Adj* (*gehoben*) unwiederbringlich verloren ◇ *irrecoverable costs* nicht beitreibbare Kosten ◇ *irrecoverable loss of sight* der irreversible Verlust des Sehvermögens

ir·re·deem·able /ˌɪrɪˈdiːməbl/ *Adj* (*gehoben*) **1** unverbesserlich, nicht wiedergutzumachend, hoffnungslos ◇ *irredeemable sinners* Sünder, die nicht zu retten sind **2** nicht einlösbar

ir·re·deem·ably /ˌɪrɪˈdiːməbli/ *Adv* rettungslos ◇ *irredeemably spoilt* völlig verdorben

ir·re·fut·able /ˌɪrɪˈfjuːtəbl, ɪˈrefjətəbl/ *Adj* (*Adv* **ir·re·futably** /-bli/) (*gehoben*) unwiderlegbar ◇ *prove sth irrefutably* etw eindeutig beweisen

ir·regu·lar /ɪˈreɡjələ(r)/ *Adj, Nomen*

▸ ***Adj*** (*Adv* **ir·regu·lar·ly**) **1** ungleichmäßig, uneben **2** unregelmäßig **3** regelwidrig, ungehörig ◇ *an irregular marriage* eine ungültige Ehe **4** (MIL) irregulär

▸ ***Nomen*** (MIL) Irreguläre(r)

ir·regu·lar·ity /ɪˌreɡjəˈlærəti/ *Nomen* (*Pl* **-ies**) **1** Regelwidrigkeit, Ungehörigkeit ◇ *irregularities in the election campaign* Unkorrektheiten in der Wahlkampagne **2** Unregelmäßigkeit **3** Ungleichmäßigkeit, Unebenheit

ir·rele·vance /ɪˈreləvəns/ (*selten* **ir·rele·vancy** /-vənsi/ (*Pl* **-ies**)) *Nomen* Irrelevanz, Bedeutungslosigkeit ◇ *His idea was rejected as an irrelevance.* Sein Vorschlag wurde als irrelevant zurückgewiesen.

ir·rele·vant /ɪˈreləvənt/ *Adj* **~ (to sth/sb)** irrelevant (für etw/jdn) ◇ *Many people consider politics as irrelevant to their lives.* Viele Leute meinen, dass die Politik in ihrem Leben keine Rolle spielt.

ir·rele·vant·ly /ɪˈreləvəntli/ *Adv* ohne jede Relevanz

ir·rep·ar·able /ɪˈrepərəbl/ *Adj* (*Adv* **ir·rep·ar·ably** /-bli/) irreparabel ◇ *an irreparable loss* ein unersetzlicher Verlust ◇ *irreparably damaged* nicht mehr zu reparieren ◇ *The houses had been irreparably damaged.* Die Häuser hatten unwiederbringlich Schaden genommen.

ir·re·place·able /ˌɪrɪˈpleɪsəbl/ *Adj* unersetzlich

ir·re·press·ible /ˌɪrɪˈpresəbl/ *Adj* **1** unbezähmbar ◇ *an irrepressible tremor* ein unkontrollierbares Zittern **2** (*Adv* **ir·re·press·ibly** /-bli/) unerschütterlich

ir·re·proach·able /ˌɪrɪˈprəʊtʃəbl; *AmE* -ˈproʊ-/ *Adj* untadelig

ir·re·sist·ible /ˌɪrɪˈzɪstəbl/ *Adj* (*Adv* **ir·res·ist·ibly** /-bli/) unwiderstehlich ◇ *His arguments were irresistible.* Seine Argumente waren bestechend.

ir·re·spect·ive /ˌɪrɪˈspektɪv/ *Adj* (*gehoben*) **~ of sth** ungeachtet einer Sache ◇ *irrespective of whether ...* egal, ob ...

ir·re·spon·si·bil·ity /ˌɪrɪˌspɒnsəˈbɪləti; *AmE* -ˌspɑːn-/ *Nomen* Verantwortungslosigkeit

ir·re·spon·sible /ˌɪrɪˈspɒnsəbl; *AmE* -ˈspɑːn-/ *Adj* (*Adv* **irre·spon·sibly** /-bli/) (*abwert*) verantwortungslos, unverantwortlich

ir·re·triev·able /ˌɪrɪˈtriːvəbl/ *Adj* (*Adv* **ir·re·triev·ably** /-bli/) (*gehoben*) unwiederbringlich (verloren) ◇ *an irretrievable situation* eine ausweglose Situation ◇ *irretrievable decline* unaufhaltsamer Niedergang

ir·rev·er·ence /ɪˈrevərəns/ *Nomen* Respektlosigkeit, Pietätlosigkeit

ir·rev·er·ent /ɪˈrevərənt/ *Adj* (*Adv* **ir·rev·er·ent·ly**) respektlos, pietätlos

ir·re·vers·ible /ˌɪrɪˈvɜːsəbl; *AmE* -ˈvɜːrsə-/ *Adj* (*Adv* **ir·revers·ibly** /-bli/) unwiderruflich, nicht rückgängig zu machend ◇ *an irreversible decline* ein unaufhaltsamer Verfall ◇ *irreversible brain damage* irreparabler Gehirnschaden

ir·rev·oc·able /ɪˈrevəkəbl/ *Adj* (*Adv* **ir·rev·oc·ably** /-bli/) (*gehoben*) unwiderruflich

ir·ri·gate /ˈɪrɪɡeɪt/ *Verb* **1** bewässern **2** (MED) spülen

ir·ri·ga·tion /ˌɪrɪˈɡeɪʃn/ *Nomen* **1** Bewässerung **2** (MED) Spülung

ir·rit·abil·ity /ˌɪrɪtəˈbɪləti/ *Nomen* Gereiztheit, Reizbarkeit

ir·rit·able /ˈɪrɪtəbl/ *Adj* (*Adv* **ir·rit·ably** /-bli/) gereizt, reizbar

ˌirritable ˈbowel syndrome *Nomen* Reizdarmsyndrom

ir·ri·tant /ˈɪrɪtənt/ *Nomen, Adj*

▸ ***Nomen*** **1** (*Fachspr*) Reizstoff **2** (*gehoben*) Ärgernis

▸ ***Adj*** Reiz- ◇ *irritant substances* Reizstoffe ◇ *These organisms are irritant to the skin.* Diese Organismen verursachen Hautreizungen.

ir·ri·tate 0‑▪ /ˈɪrɪteɪt/ *Verb* **1** ärgern ◇ *Her voice really irritates me.* Ihre Stimme geht mir wirklich auf die Nerven. **2** (*Haut, Magen etc.*) reizen

ir·ri·tated 0‑▪ /ˈɪrɪteɪtɪd/ *Adj* gereizt ◇ *I was getting irritated with him.* Ich wurde immer ungehaltener über ihn. ◇ *I was irritated by the noise.* Der Lärm ging mir auf die Nerven.

ir·ri·tat·ing 0‑▪ /ˈɪrɪteɪtɪŋ/ *Adj* **1** ärgerlich ◇ *I found her extremely irritating.* Sie ging mir furchtbar auf die Nerven. **2** lästig

ir·ri·tat·ing·ly /ˈɪrɪteɪtɪŋli/ *Adv* **1** ärgerlicherweise **2** unangenehm ◇ *She was irritatingly cheerful.* Ihre Fröhlichkeit ging mir auf die Nerven.

ir·ri·ta·tion /ˌɪrɪˈteɪʃn/ *Nomen* **1** Verärgerung ◇ *to her irritation* zu ihrem Ärger ◇ *a source of irritation* ein Stein des Anstoßes **2** (MED) Reizung

ir·rup·tion /ɪˈrʌpʃn/ *Nomen (gehoben)* Eindringen

IRS /ˌaɪ ɑːr ˈes/ *Kurzform von* **Internal Revenue Service** *(in den USA)* ≈ Finanzamt

Is. *Abk* = ISLAND

is /ɪz/ *Form von* BE

ISBN /ˌaɪ es biː ˈen/ *Kurzform von* **International Standard Book Number** ISBN-Nummer

ish /ɪʃ/ *Adv (umgs)* mehr oder weniger

Islam /ˈɪzlɑːm, ɪzˈlɑːm/ *Nomen* **1** Islam **2** die islamische Welt

Is·lam·ic /ɪzˈlæmɪk, ɪzˈlɑːmɪk/ *Adj* islamisch

Islamism /ˈɪzləmɪzəm/ *Nomen* Islamismus

is·land 0→ /ˈaɪlənd/ *Nomen* **1** *(Abk* **I**, **I.**, **Is.**) Insel *(auch fig)* **2** *(BrE)* = TRAFFIC ISLAND

is·land·er /ˈaɪləndə(r)/ *Nomen* Inselbewohner(in)

isle /aɪl/ *Nomen (gehoben) (Abk* **I**, **I.**, **Is.**) *(besonders in dichterischer Sprache und in Eigennamen für „island" verwendet)* Insel, Eiland ◇ *the Isle of Skye* die Insel Skye

islet /ˈaɪlət/ *Nomen (selten)* kleine Insel

ism /ˈɪzəm/ *Nomen (meist abwertende Bezeichnung für eine Theorie, eine Lehrmeinung oder ein System)* Ismus

isn't /ˈɪznt/ = IS NOT

iso·bar /ˈaɪsəbɑː(r)/ *Nomen (Fachspr)* Isobare

isol·ate /ˈaɪsəleɪt/ *Verb* **1** isolieren, absondern **2** **~ sth (from sth)** etw (von etw) isoliert betrachten ◇ *This study isolates key aspects of the problem.* Diese Studie stellt Schlüsselaspekte des Problems heraus. ◇ *It is possible to isolate a number of factors.* Es lassen sich einige Faktoren herauskristallisieren.

isol·ated /ˈaɪsəleɪtɪd/ *Adj* **1** abgelegen **2** isoliert, abgesondert **3** einzeln ◇ *an isolated incident* ein Einzelfall

isol·ation /ˌaɪsəˈleɪʃn/ *Nomen* **1** Absonderung, Isolierung ◇ *an isolation hospital/ward* ein Infektionskrankenhaus/eine Isolierstation **2** Isolation ◇ *geographical isolation* Abgelegenheit ◇ *He lives in splendid isolation.* Er lebt in völliger Abgeschiedenheit. **IDM** **in isolation (from sb/sth)** isoliert (von jdm/etw) ◇ *look at sth in isolation* etw isoliert betrachten

isol·ation·ism /ˌaɪsəˈleɪʃənɪzəm/ *Nomen* Isolationismus

isol·ation·ist /ˌaɪsəˈleɪʃənɪst/ *Adj, Nomen*
▸ ***Adj*** isolationistisch
▸ ***Nomen*** Isolationist(in)

iso·met·ric /ˌaɪsəˈmetrɪk/ *Adj (Fachspr)* isometrisch

isos·celes /aɪˈsɒsəliːz; *AmE* aɪˈsɑːsə-/ *Adj (Dreieck)* gleichschenkelig

iso·therm /ˈaɪsəθɜːm; *AmE* -θɜːrm/ *Nomen (Fachspr)* Isotherme

iso·tope /ˈaɪsətəʊp; *AmE* -toʊp/ *Nomen (Fachspr)* Isotop

ISP /ˌaɪ es ˈpiː/ *Kurzform von* **Internet Service Provider** ISP, Internetanbieter

issue 0→ /ˈɪʃuː; *BrE auch* ˈɪsjuː/ *Nomen, Verb*
▸ ***Nomen*** **1** (Streit)frage, Thema ◇ *You're just avoiding the issue.* Du willst nur vom Thema ablenken. ◇ *Money is not an issue.* Geld ist kein Problem. ◇ *I don't think my private life is the issue here.* Mein Privatleben steht hier nicht zur Debatte. ◇ *make an issue of sth* etw zu einem Problem aufbauschen ◇ *the main issue* das Wichtigste **2** Nummer, Ausgabe **3** (Her)ausgabe, Auflage ◇ *a new share issue* die Emission von neuen Aktien **4** Ausgabe ◇ *on the date of issue* am Ausgabetag ◇ *the issue of a joint statement* eine gemeinsame Stellungnahme **5** (RECHT) Nachkommen ◇ *He died without issue.* Er starb kinderlos. **IDM** **at ˈissue** ◇ *That's not what's at issue.* Darum geht es nicht. ◇ *What is at issue is whether she was responsible.* Die Frage ist, ob sie verantwortlich war. **take ˈissue with sb (about/on/over sth)** *(gehoben)* jdm (in Bezug auf etw) widersprechen → *Siehe auch* FORCE
▸ ***Verb*** **1** (offiziell) bekannt geben ◇ *They issued a joint statement denying the charges.* Sie wiesen die Beschuldigungen in einer gemeinsamen Stellungnahme zurück. ◇ *The police have issued an appeal for witnesses.* Die Polizei hat potentielle Zeugen aufgefordert sich zu melden. **2** **~ sth (to sb)** (jdm) etw ausstellen; **~ sb with sth** etw an jdn ausgeben ◇ *New members will be issued with a temporary identity card.* Neue Mitglieder bekommen einen provisorischen Ausweis. **3** (RECHT) erlassen **4** (her)ausgeben **PHRV** **ˈissue from sth** *(gehoben)* aus etw herausdringen

isth·mus /ˈɪsməs/ *Nomen* Landenge

IT /ˌaɪ ˈtiː/ *Kurzform von* **information technology** IT, Informationstechnologie

it 0→ /ɪt/ *Pron* **1** *(bezieht sich auf einen Gegenstand oder ein Tier)* er (ihn, ihm), sie (ihr), es (ihm) **2** *(unbestimmt)* es, das ◇ *Yes, I was at home. What about it?* Ja, ich war zu Hause. Wieso? ◇ *Stop it!* Hör auf damit! ◇ *It's your mother on the phone.* Deine Mutter ist am Telefon. ◇ *Was it you who put this here?* Hast du das hier hingelegt? **3** *(zur Verstärkung eines Satzteils verwendet; im Deutschen meist unübersetzt)* ◇ *It's Jim who's the clever one.* Jim ist der intelligente. **4** das gewisse Etwas **IDM** **that is ˈit; that's ˈit** **1** ja, genau so ◇ *Up a bit … that's it!* Etwas höher … ja, genau so! **2** jetzt reicht's ◇ *That's it — I can't work in this noise!* Mir reicht's — ich kann bei dem Lärm nicht arbeiten! **3** das war's ◇ *I'm afraid that's it — we've lost.* Ich fürchte, das war's — wir haben verloren. **this is ˈit** **1** es ist soweit ◇ *Well, this is it! Wish me luck.* Also, es ist soweit! Drück mir die Daumen. **2** das ist es eben

ital·ic /ɪˈtælɪk/ *Adj* kursiv

itali·cize *(BrE auch* **-ise**) /ɪˈtælɪsaɪz/ *Verb* kursiv schreiben/drucken

ital·ics /ɪˈtælɪks/ *Nomen* [Pl] *(auch* **ital·ic** [Sing]) Kursivschrift

ITC /ˌaɪ tiː ˈsiː/ *Kurzform von* **Independent Television Commission** = unabhängige Fernsehkommission Großbritanniens, die für Privatsender zuständig ist

itch /ɪtʃ/ *Verb, Nomen*
▸ ***Verb*** **1** jucken ◇ *I itch all over.* Mich juckt es überall. **2** *(oft in der Verlaufsform) (umgs)* **~ for sth** auf etw brennen; **~ to do sth** darauf brennen, etw zu tun ◇ *The crowd was itching for a fight.* Die Menge war auf eine Schlägerei aus.
▸ ***Nomen*** **1** [meist Sing] Jucken, Juckreiz **2** [Sing] **an/the ~ (to do sth)** *(umgs)* einen/den Drang (etw zu tun) ◇ *She has an itch to travel.* Sie ist reiselustig. **IDM** → SEVEN

itchi·ness /ˈɪtʃinəs/ *Nomen* Juckreiz

itchy /ˈɪtʃi/ *Adj* juckend ◇ *I feel itchy all over.* Mich juckt es am ganzen Körper. ◇ *I have an itchy nose.* Meine Nase juckt. **IDM** **(get/have) itchy ˈfeet** **1** *(umgs)* Lust auf Veränderung (bekommen/haben) **2** Fernweh (bekommen/haben)

it'd /ˈɪtəd/ **1** = IT HAD **2** = IT WOULD

item 0→ /ˈaɪtəm/ *Nomen* **1** Punkt *(auf einer Liste etc.)* **2** Artikel, Gegenstand, Posten ◇ *a collector's item* ein Liebhaberstück **3** *(in den Medien)* Nachricht, Bericht ◇ *an item of news/a news item* eine Nachrichtenmeldung **IDM** **be an ˈitem** *(umgs)* ein Paar sein

item·ize *(BrE auch* **-ise**) /ˈaɪtəmaɪz/ *Verb* einzeln aufführen ◇ *an itemized phone bill* eine Telefonrechnung mit Einzelnachweis

it·er·ation /ˌɪtəˈreɪʃn/ *Nomen* Iteration

it·era·tive /ˈɪtərətɪv; *AmE auch* -reɪtɪv/ *Adj* iterativ

it·in·er·ant /aɪˈtɪnərənt/ *Adj, Nomen*
▸ ***Adj*** Wander-, fahrend
▸ ***Nomen*** Landfahrer(in) ◇ *homeless itinerants* Landstreicher

it·in·er·ary /aɪˈtɪnərəri; *AmE* -reri/ *Nomen* (*Pl* **-ies**) Reiseroute

it'll /ˈɪtl/ = IT WILL

its 0→ /ɪts/ *Adj* sein, ihr

it's /ɪts/ **1** = IT IS **2** = IT HAS

it·self 0→ /ɪtˈself/ *Pron* **1** sich **2** selbst, selber IDM **be ˌhonesty, ˌpatience, simˌplicity, etc. itˈself** die Ehrlichkeit, Geduld, Einfachheit etc. selbst sein **(all) by itˈself** **1** (ganz) von selbst ◇ *The machine will start by itself in a few seconds.* Die Maschine wird in ein paar Sekunden von selbst angehen. **2** (für sich) allein **in itˈself** an sich (betrachtet) **to itˈself** für sich allein

itty-bitty /ˌɪti ˈbɪti/ (*auch* **itsy-bitsy** /ˌɪtsi ˈbɪtsi/) *Adj* [nur vor Nomen] (*bes AmE, umgs*) klitzeklein

ITV /ˌaɪ tiː ˈviː/ *Kurzform von* **Independent Television** = Zusammenschluss britischer Privatsender

IUD /ˌaɪ juː ˈdiː/ *Kurzform von* **intrauterine device** Intrauterinpessar

IV /ˌaɪ ˈviː/ *Nomen, Abk*
▸ ***Nomen*** (*AmE*) (MED) Tropf
▸ ***Abk*** = INTRAVENOUS *und* INTRAVENOUS

I've /aɪv/ = I HAVE

IVF /ˌaɪ viː ˈef/ *Kurzform von* **in vitro fertilization** IVF, Invitro-Fertilisation

ivory /ˈaɪvəri/ *Nomen* (*Pl* **-ies**) **1** Elfenbein **2** Elfenbeinschnitzerei

ˌivory ˈtower *Nomen* (*abwert*) Elfenbeinturm

ivy /ˈaɪvi/ *Nomen* (*Pl* **-ies**) Efeu

the ˌIvy ˈLeague *Nomen* [Sing] = Gruppe von Eliteuniversitäten im Osten der USA

J j

J, j /dʒeɪ/ *Nomen* (*Pl* **Js, J's, j's**) (*Buchstabe*) J, j, Jot → *Beispiele bei* A, A

jab /dʒæb/ *Verb, Nomen*
▸ ***Verb*** **(-bb-)** stechen ◇ *He jabbed at the picture with his finger.* Er stieß mit dem Finger auf das Bild. ◇ *She jabbed her finger in his ribs./She jabbed him in the ribs with her finger.* Sie stieß ihm den Finger in die Rippen. ◇ *The boxer jabbed at his opponent.* Der Boxer versetzte seinem Gegner einen Jab.
▸ ***Nomen*** **1** Stoß, Stich **2** (*beim Boxen*) Jab **3** (*BrE, umgs*) Impfung

jab·ber /ˈdʒæbə(r)/ *Verb, Nomen*
▸ ***Verb*** (*abwert*) schnattern, plappern
▸ ***Nomen*** (*abwert*) Geplapper, Geschnatter

jack /dʒæk/ *Nomen, Verb*
▸ ***Nomen*** **1** Wagenheber, Winde **2** (ELEK) Buchse, Steckdose **3** (*beim Kartenspiel*) Bube **4** (*bei Boule-Spielen*) Zielkugel **5 jacks** [Pl] = Kinderspiel, bei dem man einen Ball in die Luft wirft oder auftippen lässt und kleine Metallgegenstände vom Boden aufhebt, bevor man ihn wieder fängt → *Siehe auch* UNION JACK IDM **a jack of ˈall trades** ein Mann für alles
▸ ***Verb*** PHR V **ˌjack sth ˈin** (*BrE, umgs*) etw hinschmeißen **ˌjack ˈoff** (*vulg, Slang*) sich einen runterholen **ˌjack sth ˈup** **1** (*Fahrzeug etc.*) aufbocken **2** (*umgs*) (*Preise etc.*) in die Höhe treiben

jackal /ˈdʒækl, -kɔːl/ *Nomen* Schakal

jack·ass /ˈdʒækæs/ *Nomen* (*bes AmE, umgs*) Esel (*auch fig*)

jack·boot /ˈdʒækbuːt/ *Nomen* **1** Schaftstiefel **2 the jackboot** (*fig*) die eiserne Rute

ˈJack cheese *Nomen* (*AmE*) = milde, weiße Käsesorte

jack·daw /ˈdʒækdɔː/ *Nomen* Dohle

jacket 0→ /ˈdʒækɪt/ *Nomen* **1** Jacke, Jackett **2** (*Isolierung*) Mantel **3** (*BrE*) ◇ *jacket potatoes/potatoes baked in their jackets* in der Schale gebackene Kartoffeln **4** (*bes AmE*) (*Platten-*) Hülle

ˌJack ˈFrost *Nomen* (*hum*) Väterchen Frost

jack·ham·mer /ˈdʒækhæmə(r)/ *Nomen* (*AmE*) Presslufthammer

ˈjack-in-the-box *Nomen* (*Kinderspielzeug*) Kastenteufel

jack·knife /ˈdʒæknaɪf/ *Nomen, Verb*
▸ ***Nomen*** (*Pl* **-knives** /ˈdʒæknaɪvz/) Klappmesser
▸ ***Verb*** wie ein Taschenmesser zusammenklappen ◇ *The tanker jackknifed on the motorway.* Der Tanklastwagen stellte sich auf der Autobahn quer.

jack·pot /ˈdʒækpɒt; *AmE* -pɑːt/ *Nomen* Hauptgewinn ◇ (*fig*) *United hit the jackpot with a 5-0 win.* United hatten einen Bombenerfolg mit einem 5:0 Sieg.

jack·rab·bit /ˈdʒækræbɪt/ *Nomen* (*AmE*) Eselhase

Jack Robinson /ˌdʒæk ˈrɒbɪnsn; *AmE* ˈrɑːb-/ *Nomen* IDM **before you can say Jack ˈRobinson** (*veraltet*) im Handumdrehen

Jack Rus·sell /ˌdʒæk ˈrʌsl/ (*auch* **ˌJack Russell ˈterrier**) *Nomen* Jack Russell Terrier

Jaco·bean /ˌdʒækəˈbiːən/ *Adj* = aus der Zeit des Königs James I. (1603-25)

Ja·cuzzi™ /dʒəˈkuːzi/ *Nomen* Whirlpool

jade /dʒeɪd/ *Nomen* [U] **1** Jade **2** Jadearbeiten **3** (*auch* **ˌjade ˈgreen**) Jadegrün

jaded /ˈdʒeɪdɪd/ *Adj* **1** abgespannt **2** abgestumpft

jaffle /ˈdʒæfl/ *Nomen* (*AusE*) = getoastetes oder gegrilltes Sandwich

jagged /ˈdʒægɪd/ *Adj* zackig ◇ *jagged rocks* zerklüftete Felsen ◇ *jagged peaks* schroffe Gipfel ◇ *jagged edges* schartige Kanten

jag·uar /ˈdʒægjuə(r); *AmE* ˈdʒægwɑːr/ *Nomen* Jaguar

jail (*BrE auch* **gaol**) /dʒeɪl/ *Nomen, Verb*
▸ ***Nomen*** Gefängnis
▸ ***Verb*** (*ins Gefängnis*) einsperren

jail·bird /ˈdʒeɪlbɜːd; *AmE* -bɜːrd/ *Nomen* (*umgs, veraltet*) Knastbruder, Knastschwester

jail·break /ˈdʒeɪlbreɪk/ *Nomen* (*bes AmE*) Gefängnisausbruch

jail·er (*BrE auch* **gaol·er**) /ˈdʒeɪlə(r)/ *Nomen* (*veraltet*) Gefängnisaufseher(in)

jail·house /ˈdʒeɪlhaʊs/ *Nomen* (*AmE*) Gefängnis

jala·peño /ˌhæləˈpeɪnjəʊ; *AmE* ˌhɑːləˈpeɪnjoʊ/ (*auch* **ˌjalaˌpeño ˈpepper**) *Nomen* Jalapeño(-Chili)

jam 0→ /dʒæm/ *Nomen, Verb*
▸ ***Nomen*** **1** Marmelade **2** Stau, Gedränge IDM **be in a ˈjam** (*umgs*) in der Klemme sitzen **jam toˈmorrow** (*BrE, umgs*) das Blaue vom Himmel ◇ *a promise of jam tomorrow* eine Vertröstung auf die Zukunft → *Siehe auch* MONEY
▸ ***Verb*** **(-mm-)** **1** stopfen, (fest) drücken ◇ *The cupboards were jammed full of old newspapers.* Die Schränke waren mit alten Zeitungen vollgestopft. ◇ *A chair had been jammed against the door.* Die Tür war mit einem Stuhl blockiert worden. **2 ~ (up)** klemmen **3 ~ sth (up)** etw verklemmen, etw blockieren ◇ *There's a loose part that keeps jamming the mechanism.* Ein lockeres Teil blockiert den Mechanismus dauernd. ◇ *He jammed the door open with a piece of*

wood. Er stellte die Tür mit einem Holzkeil fest. **4** (hinein)zwängen ◇ *We were jammed together like sardines in a can.* Wir waren wie die Ölsardinen zusammengedrängt. **5** verstopfen ◇ *Viewers jammed the lines with complaints.* Sämtliche Leitungen waren durch Beschwerdeanrufe von Zuschauern blockiert. **6** (*Radiosender etc.*) stören **7** (MUS) improvisieren IDM **,jam 'on the brake(s)**; **,jam the 'brake(s) on** voll auf die Bremse steigen

jamb /dʒæm/ *Nomen* (*Tür-, Fenster-*) Pfosten

jam·bor·ee /ˌdʒæmbəˈriː/ *Nomen* **1** Fest, Rummel **2** Pfadfindertreffen

jammed /dʒæmd/ *Adj* **1** verklemmt ◇ *The door's jammed.* Die Tür klemmt. **2** (*bes AmE*) voll gestopft

jammy /ˈdʒæmi/ *Adj* **1** (*mit Marmelade*) klebrig ◇ *He had jammy fingers.* Seine Finger klebten vor Marmelade. **2** (*BrE, umgs*) vom Glück verfolgt ◇ *'What did you get for Maths?' 'A.' 'You jammy bastard.'* „Was hast du in Mathe bekommen?" „Eine Eins." „Du verdammter Glückspilz." ◇ *They were jammy to win.* Sie hatten unverschämtes Glück zu gewinnen.

jam-'packed *Adj* (*umgs*) brechend voll

'jam session *Nomen* (*Jazz-*) Jamsession

Jane Doe /ˌdʒeɪn ˈdəʊ; *AmE* ˈdoʊ/ *Nomen* [Sing] (*AmE*) **1** = fiktiver Name, besonders vor Gericht, um die Identität einer Frau zu schützen **2** Durchschnittsfrau

jan·gle /ˈdʒæŋgl/ *Verb, Nomen*

▸ ***Verb*** **1** scheppern, klimpern **2** (*Nerven*) blank liegen **3** (*Nerven*) blank legen

▸ ***Nomen*** Scheppern, Klimpern

jani·tor /ˈdʒænɪtə(r)/ *Nomen* (*AmE, SchotE*) Hausmeister(in)

janky /ˈdʒæŋki/ (*auch* **jank** /ˈdʒæŋk/) *Adj* (*AmE, umgs*) heruntergekommen, grottenschlecht

Janu·ary 🔑 /ˈdʒænjuəri; *AmE* -njueri/ *Nomen* (*Abk* **Jan.**) Januar → *Beispiele bei* JANUAR

Jap /dʒæp/ *Nomen* (*Slang, beleidigend*) Japs

jape /dʒeɪp/ *Nomen* (*BrE, veraltet*) Streich

jar /dʒɑː(r)/ *Nomen, Verb*

▸ ***Nomen*** **1** (Einmach)glas ◇ *a storage jar* ein Vorratsglas **2** (*veraltet*) Krug **3** (*BrE, umgs*) Bierchen

▸ ***Verb*** **(-rr-) 1** stoßen, stauchen ◇ *The jolt seemed to jar every bone in her body.* Der Stoß rüttelte sie bis auf die Knochen durch. **2 ~ (on sth)** (für etw) eine Beleidigung sein ◇ *His constant moaning was beginning to jar on her nerves.* Sein dauerndes Gejammer begann ihr auf die Nerven zu gehen. ◇ *There was a jarring note in his voice.* Seine Stimme hatte einen unangenehmen Unterton. **3 ~ (with sth)** (mit etw) nicht harmonieren ◇ *The only jarring note was the cheap furniture.* Der einzige Misston waren die billigen Möbel.

jar·gon /ˈdʒɑːgən; *AmE* ˈdʒɑːrgən/ *Nomen* (*oft abwert*) Fachsprache, Fachchinesisch

jas·mine /ˈdʒæzmɪn/ *Nomen* Jasmin

jaun·dice /ˈdʒɔːndɪs/ *Nomen* Gelbsucht

jaun·diced /ˈdʒɔːndɪst/ *Adj* **1** verbittert, zynisch **2** gelbsüchtig ◇ *a jaundiced patient* ein Patient mit Gelbsucht

jaunt /dʒɔːnt/ *Nomen* (*veraltet oder hum*) Spritztour, Ausflug

jaunti·ness /ˈdʒɔːntinəs/ *Nomen* Unbeschwertheit, Fröhlichkeit

jaunty /ˈdʒɔːnti/ *Adj* (*Adv* **jaunt·ily** /-tɪli/) **1** unbeschwert, fröhlich ◇ *a hat set at a jaunty angle* ein keck aufgesetzter Hut **2** beschwingt

jav·elin /ˈdʒævlɪn/ *Nomen* **1** (SPORT) Speer **2 the javelin** [Sing] das Speerwerfen

jaw /dʒɔː/ *Nomen, Verb*

▸ ***Nomen*** **1** Kiefer **2** [Sing] Kinnbacken ◇ *The punch broke my jaw.* Der Schlag brach mir den Unterkiefer. **3 jaws** [Pl] Maul **4 jaws** [Pl] Klemmbacken **5** (*einer Höhle, eines Tunnels*) Schlund IDM **sb's 'jaw dropped/fell/sagged** jdm klappte die Kinnlade herunter **the jaws of 'death** (*gehoben*) die Klauen des Todes **the jaws of de'feat** ◇ *The team snatched victory from the jaws of defeat.* Kurz vor der drohenden Niederlage errang die Mannschaft doch noch den Sieg.

▸ ***Verb*** (*umgs, oft abwert*) quasseln

jaw·bone /ˈdʒɔːbəʊn; *AmE* -boʊn/ *Nomen* Kieferknochen

'jaw-dropping *Adj* (*Adv* **'jaw-droppingly**) (*umgs*) atemberaubend, unglaublich ◇ *Buenos Aires is a city of jaw-dropping beauty.* Buenos Aires ist eine unerhört schöne Stadt

jaw·line /ˈdʒɔːlaɪn/ *Nomen* Kinn(partie)

jay /dʒeɪ/ *Nomen* Eichelhäher

jay·walk·ing /ˈdʒeɪwɔːkɪŋ/ *Nomen* = unvorschriftsmäßiges Überqueren der Fahrbahn

jazz /dʒæz/ *Nomen, Verb*

▸ ***Nomen*** Jazz IDM **and all that 'jazz** (*umgs*) und der ganze Kram

▸ ***Verb*** PHR V **,jazz sth 'up** (*umgs*) **1** etw aufpeppen **2** verjazzen

jazzed /dʒæzd/ *Adj* [nicht vor Nomen] (*umgs*) aufgeregt, begeistert ◇ *I was jazzed to meet someone so famous.* Ich war total aufgeregt, eine so berühmte Person zu treffen. ◇ *Business leaders are not jazzed about prospects for next year.* Geschäftsleute sind nicht sehr begeistert von den Aussichten für nächstes Jahr.

jazzy /ˈdʒæzi/ *Adj* (*umgs*) **1** Jazz- **2** (*manchmal abwertend*) auffallend, poppig

JCB™ /ˌdʒeɪ siː ˈbiː/ *Nomen* (*BrE*) Bagger

jeal·ous 🔑 /ˈdʒeləs/ *Adj* **1** eifersüchtig **2 ~ (of sb/sth)** neidisch (auf jdn/etw) **3 ~ of sth** sehr auf etw bedacht

jeal·ous·ly /ˈdʒeləsli/ *Adv* **1** energisch, sorgsam **2** eifersüchtig

jeal·ousy /ˈdʒeləsi/ *Nomen* (*Pl* **-ies**) **1** Eifersucht **2** Eifersüchtelei

jeans 🔑 /dʒiːnz/ *Nomen* [Pl] Jeans

Jeep™ /dʒiːp/ *Nomen* (*Geländewagen*) Jeep®

jeer /dʒɪə(r); *AmE* dʒɪr/ *Verb, Nomen*

▸ ***Verb*** **~ (at sb)** (über jdn) laut spotten ◇ *a jeering crowd* eine johlende Menge ◇ *The players were jeered by disappointed fans.* Die Spieler wurden von den enttäuschten Fans ausgebuht.

▸ ***Nomen*** [meist Pl] höhnischer Zwischenruf, Buhruf

Jeez /dʒiːz/ *Ausruf* (*bes AmE, umgs*) Mann!

jeggings /ˈdʒegɪŋz/ *Nomen* [Pl] Jeggings

Je·ho·vah /dʒəˈhəʊvə; *AmE* -ˈhoʊ-/ *Nomen* Jehovah, Jahwe

Je,hovah's 'Witness *Nomen* Zeuge Jehovas

Jek·yll and Hyde /ˌdʒekl ən ˈhaɪd/ *Nomen* Jekyll und Hyde ◇ *a Jekyll-and-Hyde character* eine gespaltene Persönlichkeit

jell (*bes AmE*) = GEL

jel·lied /ˈdʒelid/ *Adj* (*bes BrE*) in Aspik

jelly 🔑 /ˈdʒeli/ (*Pl* **-ies**) *Nomen* **1** (*AmE* **jello**; **Jell-O™** /-ləʊ; *AmE* -loʊ/) Götterspeise **2** Aspik, Sülze **3** Gelee **4** Gallert, gallertartige Masse ◇ *petroleum jelly* Vaseline **5** = JELLY SHOE IDM **be/feel like 'jelly** ◇ *My legs were/felt like jelly.* Ich hatte Pudding in den Beinen. ◇ *Her whole body felt like jelly.* Innerlich zitterte sie wie Espenlaub. **turn to 'jelly** ◇ *My arms had turned to jelly.* Ich hatte Pudding in den Armen.

'jelly baby *Nomen* (*BrE*) = gummibärchenartige Süßigkeit in der Form eines Babys

'jelly bean *Nomen* Geleebonbon

jel·ly·fish /ˈdʒelifɪʃ/ *Nomen* (*Pl* **jel·ly·fish**) Qualle
ˈjelly roll *Nomen* (*AmE*) Biskuitrolle
ˈjelly shoe *Nomen* (*auch* **jelly** (*Pl* **-ies**)) Plastiksandale
jemmy /ˈdʒemi/ *Nomen* (*Pl* **-ies**) (*BrE*) Brecheisen
je ne sais quoi /ˌʒə nə seɪ ˈkwɑː/ *Nomen* (*oft hum*) gewisses Etwas
jeop·ard·ize (*BrE auch* **-ise**) /ˈdʒepədaɪz; *AmE* -pərdaɪz/ *Verb* (*gehoben*) gefährden
jeop·ardy /ˈdʒepədi; *AmE* -pərdi/ *Nomen* IDM **in ˈjeopardy** in Gefahr → *Siehe auch* DOUBLE JEOPARDY
jerk /dʒɜːk; *AmE* dʒɜːrk/ *Verb, Nomen*
▸ **Verb** rucken ◇ *The bus jerked to a halt.* Der Bus kam mit einem Ruck zum Stehen. ◇ *She jerked her head up.* Sie warf den Kopf zurück. PHRV **jerk sb aˈround** (*bes AmE, umgs*) jdn an der Nase herumführen **ˌjerk ˈoff** (*vulg, Slang*) sich einen runterholen **ˌjerk ˈout** **1** nach vorne schnellen **2** (*Worte*) herauskommen **ˌjerk sth ˈout** etw hervorstoßen
▸ **Nomen** **1** Ruck ◇ *He gave a jerk of his head, indicating that we should follow him.* Mit einer Kopfbewegung signalisierte er uns, dass wir ihm folgen sollten. **2** (*umgs*) Trottel
jer·kin /ˈdʒɜːkɪn; *AmE* ˈdʒɜːrkɪn/ *Nomen* (*BrE*) Wams
jerky /ˈdʒɜːki; *AmE* ˈdʒɜːrki/ *Adj, Nomen*
▸ **Adj** (*Adv* **jerk·ily** /-kɪli/) ruckartig; (*Sprechweise*) abgehackt
▸ **Nomen** (*AmE*) = in Streifen geschnittenes Dörr- oder Räucherfleisch
Jerry /ˈdʒeri/ *Nomen* (*Pl* **-ies**) (*BrE, Slang, beleidigend*) = abwertende Bezeichnung für einen Deutschen, besonders in den beiden Weltkriegen
ˈjerry-built *Adj* (*veraltet, abwert*) schlampig gebaut
jer·ry·can /ˈdʒerikæn/ *Nomen* (*veraltet*) (großer) Kanister
Jer·sey /ˈdʒɜːzi; *AmE* ˈdʒɜːrzi/ *Nomen* Jerseyrind
jer·sey /ˈdʒɜːzi; *AmE* ˈdʒɜːrzi/ *Nomen* **1** Pullover **2** Trikot **3** (*Stoff*) Jersey
Je·ru·sa·lem ar·ti·choke /dʒəˌruːsələm ˈɑːtɪtʃəʊk; *AmE* ˈɑːrtətʃoʊk/ (*BrE auch* **ar·ti·choke**) *Nomen* Erdartischocke, Topinambur
jest /dʒest/ *Nomen, Verb*
▸ **Nomen** (*gehoben oder veraltet*) Scherz IDM **in ˈjest** im Spaß
▸ **Verb** (*gehoben oder hum*) ~ (**about sth**) (über etw) scherzen
jest·er /ˈdʒestə(r)/ *Nomen* Narr ◇ *the court jester* der Hofnarr
Jes·uit /ˈdʒezjuɪt; *AmE* ˈdʒeʒəwət/ *Nomen* Jesuit
Jesus /ˈdʒiːzəs/ (*auch* **ˌJesus ˈChrist**) *Nomen* Jesus (Christus)
jet /dʒet/ *Nomen, Verb*
▸ **Nomen** **1** Düsenflugzeug ◇ *a jet aircraft/fighter* ein Düsenflugzeug/-jäger **2** Strahl, Düse **3** Gagat
▸ **Verb** (**-tt-**) (*umgs*) jetten
ˌjet ˈblack *Adj* pechschwarz, kohlrabenschwarz
ˈjet engine *Nomen* Düsentriebwerk
ˈjet lag *Nomen* [U] Jetlag
ˈjet-lagged *Adj* vom Jetlag angegriffen
ˌjet-proˈpelled *Adj* mit Düsenantrieb
ˌjet proˈpulsion *Nomen* Düsenantrieb
jet·sam /ˈdʒetsəm/ *Nomen* Treibgut
the ˈjet set *Nomen* [mit Verb im Sing/Pl] der Jetset
ˈjet-setter *Nomen* Jetsetter(in)
ˈjet-setting *Adj* zum Jetset gehörend
ˈJet Ski™ *Nomen* Jetski
ˈjet-skiing *Nomen* Jetskifahren
ˈjet stream *Nomen* **1** Jetstream **2** Düsenstrahl
jet·ti·son /ˈdʒetɪsn/ *Verb* **1** abwerfen, über Bord werfen **2** loswerden ◇ *He was jettisoned as team coach after the defeat.* Nach der Niederlage haben sie ihn als Trainer abserviert.
jetty /ˈdʒeti/ *Nomen* (*Pl* **-ies**) Mole, Landungssteg
Jew /dʒuː/ *Nomen* Jude, Jüdin
jewel /ˈdʒuːəl/ *Nomen* **1** Edelstein **2** [meist Pl] Juwel ◇ *the family jewels* der Familienschmuck **3** (*in einer Uhr*) Stein **4** (*umgs*) (*fig*) Juwel ◇ *Alice, you are a jewel.* Alice, du bist ein Goldstück. ◇ *Venice is the jewel of the Adriatic.* Venedig ist die Perle der Adria. IDM **the jewel in the ˈcrown** das Prunkstück
ˈjewel case *Nomen* **1** Schmuckkassette **2** CD-Hülle
jew·elled (*AmE* **jew·eled**) /ˈdʒuːəld/ *Adj* juwelengeschmückt
jew·el·ler (*AmE* **jew·el·er**) /ˈdʒuːələ(r)/ *Nomen* Juwelier (in)
jew·el·lery ⚿ (*AmE* **jew·el·ry**) /ˈdʒuːəlri/ *Nomen* Schmuck
Jew·ess /ˈdʒuːəs/ *Nomen* (*veraltet, oft beleidigend*) Jüdin
Jew·ish /ˈdʒuːɪʃ/ *Adj* jüdisch ◇ *We're Jewish.* Wir sind Juden.
Jewry /ˈdʒʊəri; *AmE* ˈdʒʊri, ˈdʒuːri/ *Nomen* [U] (*gehoben*) (*ethnische Gruppe*) Judentum
jib /dʒɪb/ *Nomen, Verb*
▸ **Nomen** **1** Klüver **2** Ausleger (*eines Krans*)
▸ **Verb** (**-bb-**) ~ (**at sth**) (*veraltet, umgs*) sich (gegen etw) sträuben
jibe (*auch* **gibe**) /dʒaɪb/ *Nomen, Verb*
▸ **Nomen** **1** ~ (**at sb/sth**) spöttische Bemerkung (über jdn/etw) **2** (*AmE*) = GYBE
▸ **Verb** **1** spötteln, sticheln **2** ~ (**with sb**) (*AmE, umgs*) (mit etw) übereinstimmen ◇ *Your statement doesn't jibe with the facts.* Ihre Aussage stimmt nicht mit den Tatsachen überein.
jiffy /ˈdʒɪfi/ *Nomen* [meist Sing] (*umgs*) Augenblick
ˈJiffy bag™ *Nomen* (*BrE*) wattierter Umschlag
jig /dʒɪg/ *Nomen, Verb*
▸ **Nomen** **1** = dynamischer Volkstanz **2** Einspannvorrichtung
▸ **Verb** (**-gg-**) **1** auf und ab wippen, herumhampeln **2** ~ **sth** mit etw wippen
jiggery-pokery /ˌdʒɪgəri ˈpəʊkəri; *AmE* ˈpoʊ-/ *Nomen* (*bes BrE, umgs*) Schmu
jig·gle /ˈdʒɪgl/ *Verb* (*umgs*) **1** wackeln, herumhampeln **2** ~ **sth** an etw wackeln, an etw rütteln
jig·saw /ˈdʒɪgsɔː/ *Nomen* (*BrE*) **1** (*BrE auch* **ˈjigsaw puzzle**) Puzzle **2** Dekupiersäge
jihad /dʒɪˈhɑːd/ *Nomen* Dschihad
jilt /dʒɪlt/ *Verb* (*Geliebte(n), Verlobte(n)*) sitzen lassen ◇ *a jilted bride* eine verschmähte Braut
jimmy /ˈdʒɪmi/ *Nomen* (*Pl* **-ies**) (*AmE*) Brecheisen
jin·gle /ˈdʒɪŋgl/ *Nomen, Verb*
▸ **Nomen** **1** [Sing] Klimpern, Bimmeln **2** Werbemelodie, Jingle
▸ **Verb** **1** klimpern, bimmeln ◇ *The chimes jingled in the breeze.* Die Brise ließ das Windspiel erklingen. **2** klimpern mit *etw* ◇ *She jingled the coins in her pocket.* Sie klimperte mit den Münzen in ihrer Tasche.
jin·go·ism /ˈdʒɪŋgəʊɪzəm; *AmE* -goʊ-/ *Nomen* (*abwert*) Hurrapatriotismus
jin·go·is·tic /ˌdʒɪŋgəʊˈɪstɪk; *AmE* -goʊ-/ *Adj* hurrapatriotisch
jink /dʒɪŋk/ *Verb* (*BrE, umgs*) Haken schlagen
jinks /dʒɪŋks/ *Nomen* → HIGH JINKS
jinx /dʒɪŋks/ *Nomen* Fluch ◇ *I'm convinced there's a jinx on this car.* Ich bin überzeugt, dass dieses Auto verhext ist.
jinxed /dʒɪŋkst/ *Adj* (*umgs*) verhext ◇ *They all seemed to be jinxed.* Sie schienen alle vom Pech verfolgt zu sein.

JIT /ˌdʒeɪ aɪ ˈtiː/ *Abk* = JUST-IN-TIME

jit·ters /ˈdʒɪtəz; *AmE* -tərz/ (*oft* **the jitters**) *Nomen* [Pl] (*umgs*) Bammel ◇ *Louise had pre-wedding jitters.* Vor der Hochzeit war Louise ganz schön rappelig.

jit·tery /ˈdʒɪtəri/ *Adj* (*umgs*) rappelig, nervös

jiu-jitsu *Nomen* = JU-JITSU

jive /dʒaɪv/ *Nomen, Verb*
▸ ***Nomen*** **1** Jive **2** (*AmE, Slang*) Unsinn ◇ *talk jive* Unsinn reden
▸ ***Verb*** **1** Jive tanzen **2** (*AmE, umgs*) auf den Arm nehmen **3** (*AmE, umgs*) Spaß machen

Jnr (*bes AmE*) *Abk* = JUNIOR (3)

job 🔑 /dʒɒb; *AmE* dʒɑːb/ *Nomen* **1** Arbeit, Stelle ◇ *a temporary job* eine Aushilfsstelle ◇ *He certainly knows his job.* Er versteht sein Handwerk. ◇ *I'm only doing my job.* Ich tue nur meine Pflicht. ◇ *out of a job* arbeitslos ◇ *I've got various jobs around the house to do.* Ich habe verschiedene Sachen im Haus zu tun. ◇ *Sorting these papers out is going to be a long job.* Es wird lange dauern, bis diese Dokumente sortiert sind. ◇ *We've got a big job on at the moment.* Wir haben im Moment einen großen Auftrag. **2** [meist Sing] Aufgabe ◇ *It's not my job to lock up!* Abschließen ist nicht meine Aufgabe! **3** (*umgs*) (*Verbrechen*) (krummes) Ding ◇ *a bank job* ein Bankraub ◇ *an inside job* ein von einem Insider begangenes Verbrechen **4** (*umgs*) Teil, Dings ◇ *It's one of those cheap plastic jobs.* Es ist so ein billiges Plastikteil. **5** (COMP) Job, Auftrag IDM **do a good, bad, etc. ˈjob** gute, schlechte etc. Arbeit leisten **do the ˈjob** (*umgs*) genau richtig sein ◇ *This extra strong glue should do the job.* Dieser extrastarke Klebstoff müsste genau das Richtige sein. **give sb/sth up as a bad ˈjob** (*umgs*) jdn/etw abschreiben **Good ˈjob!** (*AmE, umgs*) Gut gemacht! **a good ˈjob** (*umgs*) ein Glück ◇ *It's a good job you were there.* Gut, dass du da warst. **have a (hard/difficult) job doing/to do sth** (große) Mühe haben etw zu tun ◇ *You'll have a job convincing them.* Es wird nicht einfach sein für dich, sie davon zu überzeugen. **it's more than your ˈjob's worth** (*BrE, umgs*) es könnte einem die Stellung kosten ◇ *It's more than my job's worth to let you in without a ticket.* Ich könnte rausfliegen, wenn ich euch ohne Eintrittskarten reinlasse. **a job of ˈwork** (*BrE, veraltet oder gehoben*) eine Arbeit **jobs for the ˈboys** (*BrE, umgs, abwert*) Vetternwirtschaft **make a good, bad, etc. job of sth** etw gut/schlecht etc. machen ◇ *They did a very professional job.* Sie haben die Sache sehr fachmännisch erledigt. ◇ *We haven't done a very good job on the publicity for the show.* Die Werbung für die Show haben wir ziemlich vermurkst. **on the ˈjob** **1** bei der Arbeit ◇ *on-the-job training* praktische Ausbildung **2** **be on the ~** (*BrE, Slang*) es treiben → *Siehe auch* BEST, DEVIL, JUST *und* WALK

job·bing /ˈdʒɒbɪŋ; *AmE* ˈdʒɑːbɪŋ/ *Adj* [nur vor Nomen] (*BrE*) ◇ *a jobbing builder* ein kleiner Bauunternehmer ◇ *a jobbing printer* ein Akzidenzdrucker

job·centre /ˈdʒɒbsentə(r); *AmE* ˈdʒɑːb-/ *Nomen* (*BrE*) Arbeitsamt

ˈjob creation *Nomen* Schaffung von Arbeitsplätzen

ˈjob description *Nomen* Tätigkeitsbeschreibung

ˈjob-hunt *Verb* (*meist in der Verlaufsform*) auf Arbeitssuche sein

job·less /ˈdʒɒbləs; *AmE* ˈdʒɑːbləs/ *Adj, Nomen*
▸ ***Adj*** arbeitslos
▸ ***Nomen*** **the jobless** [Pl] die Arbeitslosen

job·less·ness /ˈdʒɒbləsnəs; *AmE* ˈdʒɑːb-/ *Nomen* Arbeitslosigkeit

ˌjob ˈlot *Nomen* (*umgs*) Warenposten, Restposten

ˌjob satisˈfaction *Nomen* Arbeitszufriedenheit

ˈjob seeker *Nomen* (*BrE*) Arbeitssuchende(r)

ˈjob-share *Nomen, Verb*
▸ ***Nomen*** geteilte Stelle
▸ ***Verb*** den Arbeitsplatz teilen

ˈjob-sharing *Nomen* Arbeitsplatzteilung, Jobsharing

jobs·worth /ˈdʒɒbzwɜːθ; *AmE* ˈdʒɑːbzwɜːrθ/ *Nomen* (*BrE, umgs, abwert*) Paragrafenreiter(in)

Jock /dʒɒk; *AmE* dʒɑːk/ *Nomen* (*umgs, oft abwert*) Schotte

jock /dʒɒk; *AmE* dʒɑːk/ *Nomen* (*AmE*) **1** Sportfreak **2** Freak ◇ *a computer jock* ein Computerfreak

jockey /ˈdʒɒki; *AmE* ˈdʒɑːki/ *Nomen, Verb*
▸ ***Nomen*** Jockey
▸ ***Verb*** **~ (for sth)** (um etw) rangeln ◇ *The runners jockeyed for position at the start.* Beim Start versuchten die Läufer, sich an die Spitze zu drängeln.

jock·strap /ˈdʒɒkstræp; *AmE* ˈdʒɑːk-/ *Nomen* Suspensorium

jocu·lar /ˈdʒɒkjələ(r); *AmE* ˈdʒɑːk-/ *Adj* (*gehoben*) spaßig, scherzhaft

jocu·lar·ity /ˌdʒɒkjəˈlærəti; *AmE* ˌdʒɑːk-/ *Nomen* [U] (*gehoben*) **1** Scherzhaftigkeit **2** Scherze

jocu·lar·ly /ˈdʒɒkjələli; *AmE* ˈdʒɑːkjələrli/ *Adv* (*gehoben*) scherzhaft, im Scherz

jodh·purs /ˈdʒɒdpəz; *AmE* ˈdʒɑːdpərz/ *Nomen* [Pl] Reithose

Joe Bloggs /ˌdʒəʊ ˈblɒgz; *AmE* ˌdʒoʊ ˈblɑːgz/ *Nomen* (*umgs*) Otto Normalverbraucher

Joe Public /ˌdʒəʊ ˈpʌblɪk; *AmE* ˌdʒoʊ/ *Nomen* (*BrE, umgs*) der Durchschnittsmensch, Otto Normalverbraucher

joey /ˈdʒəʊi; *AmE* ˈdʒoʊi/ *Nomen* **1** junges Känguru **2** junges Opossum

jog /dʒɒg; *AmE* dʒɑːg/ *Verb, Nomen*
▸ ***Verb*** (-gg-) **1** (*oft* **go jogging**) joggen **2** (an)stoßen an ◇ *Someone jogged her elbow, making her spill her coffee.* Jemand stieß sie am Ellbogen an, sodass sie ihren Kaffee verschüttete. IDM **jog sb's ˈmemory** jds Gedächtnis auf die Sprünge helfen PHR V **ˌjog aˈlong** (*BrE, umgs*) seinen Gang gehen, vor sich hin wursteln
▸ ***Nomen*** [Sing] **1** Dauerlauf **2** Schubs

jog·ger /ˈdʒɒgə(r); *AmE* ˈdʒɑːgər/ *Nomen* Jogger(in)

jog·ging /ˈdʒɒgɪŋ; *AmE* dʒɑːgɪŋ/ *Nomen* Jogging, Joggen

ˈjogging suit *Nomen* Jogginganzug

jog·gle /ˈdʒɒgl; *AmE* ˈdʒɑːgl/ *Verb* (*umgs*) **1** wackeln, durcheinanderwirbeln **2** wippen; (*hin und her/auf und ab*) bewegen

john /dʒɒn; *AmE* dʒɑːn/ *Nomen* (*umgs*) **1** (*bes AmE*) Klo **2** (*von Prostituierten*) Freier

ˌJohn ˈBull *Nomen* (*veraltet*) = Figur, die England oder den typischen Engländer darstellen soll

ˌJohn ˈDoe *Nomen* (*AmE*) **1** = fiktiver Name, besonders vor Gericht, um die Identität eines Mannes zu schützen **2** der Durchschnittsmann

ˌJohn ˌQ. ˈPublic *Nomen* (*AmE*) der Durchschnittsmensch, Otto Normalverbraucher

joie de vivre /ˌʒwʌ də ˈviːvrə/ *Nomen* (*gehoben*) Lebensfreude

join 🔑 /dʒɔɪn/ *Verb, Nomen*
▸ ***Verb*** **1** **~ A to B; ~ A and B (together/up)** A mit/und B verbinden ◇ *a line that joins (up) all the crosses* eine Linie, die alle Kreuze miteinander verbindet **2** **~ sth** auf etw stoßen, in etw münden ◇ *The path joins the road near the trees.* Der Weg stößt bei den Bäumen auf die Straße. **3** zusammenpassen ◇ *How do these two pieces join?* Wie passen diese beiden Teile zusammen? **4** aufeinandertreffen ◇ *the place where the two paths join* da, wo die beiden Wege sich treffen **5** (*in eine Organisation, einen Verein etc.*) eintreten ◇ *I've*

joined a Spanish class. Ich mache einen Spanischkurs mit. ◊ *It costs £20 to join.* Die Beitrittsgebühr ist £20. ◊ *She joined the tennis club.* Sie trat dem Tennisklub bei. **6** sich jdm/etw anschließen ◊ *Will you join us for lunch?* Wollen Sie nicht mit uns Mittag essen? ◊ *Do you mind if I join you?* Darf ich mich zu euch setzen? ◊ *I'm sure you'll all join me in thanking the committee.* Ich spreche sicher für euch alle, wenn ich dem Ausschuss unseren Dank ausspreche. **7** (*BrE*) (*in einen Zug, ein Flugzeug*) einsteigen **8** (*BrE*) (*auf eine Straße*) fahren; (*einen Weg*) einschlagen IDM **join 'battle (with sb)** (*gehoben*) den Kampf (mit jdm) aufnehmen **Join the 'club!** Da bist du/sind Sie nicht der/die Einzige! ◊ *So you didn't get a job either? Join the club!* Sie haben also auch keine Stellung bekommen? Da können wir uns die Hände reichen! **join 'hands 1** sich die Hand reichen **2** Hand in Hand arbeiten **join 'hands with sb 1** jdm die Hand/Hände reichen **2** mit jdm Hand in Hand arbeiten → *Siehe auch* BEAT *und* FORCE PHRV **join 'in (sth)** (bei etw) mitmachen **join 'in (with sb/sth)** sich (jdm/etw) anschließen ◊ *She listens but she never joins in.* Sie hört zu, beteiligt sich aber nie. **join 'up** (*BrE*) zum Militär gehen **join 'up (with sb)** sich (mit jdm) zusammentun ◊ *We'll join up with the other groups later.* Wir werden später mit den anderen Gruppen zusammentreffen.

▸ ***Nomen*** Nahtstelle, Fuge

join·er /ˈdʒɔɪnə(r)/ *Nomen* (*BrE*) Tischler(in), Schreiner(in)

join·ery /ˈdʒɔɪnəri/ *Nomen* [U] **1** Tischlerei, Schreinerei, Schreinerhandwerk **2** Tischlerarbeiten, Schreinerarbeiten

joint 0-π /dʒɔɪnt/ *Adj, Nomen, Verb*

▸ ***Adj*** [nur vor Nomen] gemeinsam, Gemeinschafts- ◊ *They finished in joint first place.* Sie teilten sich den ersten Platz. ◊ *joint owners* Miteigentümer

▸ ***Nomen*** **1** Gelenk **2** Verbindungsstelle, Nahtstelle, Fuge **3** (*BrE*) Braten(stück); (*Hähnchen-*) Teil, Keule ◊ *a joint of beef* ein Rinderbraten **4** (*umgs*) (*Lokal, Bar etc.*) Schuppen, Laden ◊ *a fast-food joint* ein Fastfoodladen **5** (*umgs*) Joint IDM **out of 'joint 1** (*Hüfte etc.*) ausgerenkt; ausgekugelt **2** aus den Fugen geraten ◊ *Time is thrown completely out of joint in the opening chapters.* In den ersten Kapiteln ist die zeitliche Dimension völlig durcheinander. → *Siehe auch* CASE *und* NOSE

▸ ***Verb*** (*Fleisch*) zerlegen

Joint 'Chiefs of 'Staff *Nomen* [Pl] = militärischer Beraterstab des US-Präsidenten, dem die Kommandanten der Armee, Marine, Luftwaffe, Marineinfanterie sowie der Verteidigungsminister angehören

joint de'gree *Nomen* = Studium oder Abschluss in zwei Hauptfächern

joint·ed /ˈdʒɔɪntɪd/ *Adj* beweglich

joint·ly 0-π /ˈdʒɔɪntli/ *Adv* gemeinsam

joint-'stock company *Nomen* Aktiengesellschaft

joist /dʒɔɪst/ *Nomen* Balken, (Stahl)träger

joke 0-π /dʒəʊk; *AmE* dʒoʊk/ *Nomen, Verb*

▸ ***Nomen*** **1** Witz ◊ *I didn't get the joke.* Den Witz habe ich nicht kapiert. ◊ *I only did it as a joke.* Das sollte ein Spaß sein. ◊ *a practical joke* ein Streich **2** [Sing] (*umgs*) Witz, Witzfigur ◊ *They treated her as a joke.* Sie nahmen sie nicht für voll. IDM **be/get beyond a 'joke** zu weit gehen **be no 'joke** nicht zum Lachen sein; kein Kinderspiel sein ◊ *It's no joke trying to find a job these days.* Es ist keine Kleinigkeit, heute eine Stelle zu finden. **the joke's on 'sb** (*umgs*) jd ist der Narr; jd steht dumm da **make a 'joke of sth** etw ins Lächerliche ziehen **take a 'joke** Spaß verstehen

▸ ***Verb*** scherzen ◊ *a man they all joked about* ein Mann, über den sich alle lustig machten ◊ *They often joked about all the things that could go wrong.* Sie haben oft im Spaß davon gesprochen, was alles schiefgehen könnte. ◊ *She joked that she only loved him for his money.* Sie sagte im Scherz, dass sie ihn nur seines Geldes wegen liebte. IDM **joking a'part/a'side** (*BrE*) Spaß beiseite **you're 'joking; you must be 'joking** (*umgs*) das ist doch wohl nicht dein Ernst; mach keine Witze!

joker /ˈdʒəʊkə(r); *AmE* ˈdʒoʊ-/ *Nomen* **1** Spaßvogel ◊ (*umgs*) *Some joker's been using my computer.* Irgendein Heini hat meinen Computer benutzt. **2** Joker

jokey (*auch* **joky**) /ˈdʒəʊki; *AmE* ˈdʒoʊ-/ *Adj* (*umgs*) witzig, lustig

jok·ing·ly /ˈdʒəʊkɪŋli; *AmE* ˈdʒoʊ-/ *Adv* im Scherz

jol·lity /ˈdʒɒləti; *AmE* ˈdʒɑːlə-/ *Nomen* (*veraltet*) Fröhlichkeit, Ausgelassenheit

jolly /ˈdʒɒli; *AmE* ˈdʒɑːli/ *Adj, Adv, Verb*

▸ ***Adj*** (**jol·lier, jol·li·est**) **1** fröhlich, ausgelassen **2** (*veraltet*) (*Tag, Fest etc.*) vergnügt

▸ ***Adv*** (*BrE, umgs, veraltet*) sehr ◊ *It was jolly lucky it didn't rain.* Es war ein großes Glück, dass es nicht geregnet hat. IDM **jolly 'good!** (*BrE, veraltet*) prima **'jolly well** (*BrE, veraltet*) (*um Verärgerung auszudrücken*) ◊ *If you don't come now, you can jolly well walk home!* Wenn du jetzt nicht kommst, dann kannst du nach Hause laufen, das sag ich dir. ◊ *I should jolly well think so.* Das möchte ich auch meinen. ◊ *I should jolly well hope so.* Das will ich auch schwer hoffen.

▸ ***Verb*** (**jol·lies, jolly·ing, jol·lied, jol·lied**) (*BrE*) PHRV **jolly sb 'along** jdm gut zureden **jolly sb 'into sth** jdn zu etw ermuntern **jolly sb/sth 'up** jdn/etw aufmuntern

jolt /dʒəʊlt; *AmE* dʒoʊlt/ *Verb, Nomen*

▸ ***Verb*** **1** einen Ruck geben, schleudern, werfen ◊ *He was jolted forwards as the bus moved off.* Er wurde nach vorn geschleudert, als der Bus anfuhr. **2** holpern ◊ *The bus jolted to a halt.* Der Bus hielt mit einem Ruck. **3 ~ sb (out of/into sth)** jdn (aus/zu etw) aufrütteln

▸ ***Nomen*** **1** Ruck, Stoß **2** Schock ◊ *a jolt of dismay* jähe Bestürzung

Joneses /ˈdʒəʊnzɪz; *AmE* ˈdʒoʊn-/ *Nomen* [Pl] IDM **,keep up with the 'Joneses** (*umgs, oft abwert*) mit den anderen gleichziehen

josh /dʒɒʃ; *AmE* dʒɑːʃ/ *Verb* (*umgs*) **1** scherzen **2** veräppeln, aufziehen

joss stick /ˈdʒɒstɪk; *AmE* ˈdʒɑːstɪk/ *Nomen* Räucherstäbchen

jos·tle /ˈdʒɒsl; *AmE* ˈdʒɑːsl/ *Verb* **1** (an)rempeln **2** (sich) drängeln ◊ *People were jostling and arguing.* Die Leute drängelten sich und stritten. PHRV **'jostle for sth** um etw rangeln, sich um etw drängeln

jot /dʒɒt; *AmE* dʒɑːt/ *Verb, Nomen*

▸ ***Verb*** (**-tt-**) PHRV **'jot sth 'down** etw notieren ◊ *I'll just jot down the address for you.* Ich schreibe Ihnen schnell die Adresse auf.

▸ ***Nomen*** **not a/one jot** kein bisschen ◊ *There's not a jot of truth in what he says.* Es ist kein Körnchen Wahrheit an dem, was er sagt.

jot·ter /ˈdʒɒtə(r); *AmE* ˈdʒɑːtər/ *Nomen* (*BrE*) Notizbuch, Notizblock; (*in Schottland*) (Schul)heft

jot·tings /ˈdʒɒtɪŋz; *AmE* ˈdʒɑːtɪŋz/ *Nomen* [Pl] Notizen

joule /dʒuːl/ *Nomen* (PHYSIK) Joule

jour·nal /ˈdʒɜːnl; *AmE* ˈdʒɜːrnl/ *Nomen* **1** (Fach)zeitschrift **2** (*in Namen*) Journal **3** Tagebuch

jour·nal·ese /ˌdʒɜːnəˈliːz; *AmE* ˌdʒɜːrn-/ *Nomen* (*meist abwert*) Zeitungsstil, Journalistenjargon

jour·nal·ism /ˈdʒɜːnəlɪzəm; *AmE* ˈdʒɜːrn-/ *Nomen* Journalismus

jour·nal·ist 0-π /ˈdʒɜːnəlɪst; *AmE* ˈdʒɜːrn-/ *Nomen* Journalist(in)

jour·nal·is·tic /ˌdʒɜːnəˈlɪstɪk; *AmE* ˌdʒɜːrn-/ *Adj* journalistisch

jour·ney /ˈdʒɜːni; *AmE* ˈdʒɜːrni/ *Nomen, Verb*
▸ ***Nomen*** **1** Reise, Fahrt ◇ *Safe journey!* Gute Reise! **2** (*bes BrE*) Weg ◇ *Don't use the car for short journeys.* Für kurze Wege lasst das Auto zu Hause.
▸ ***Verb*** (*gehoben*) reisen

jour·ney·man /ˈdʒɜːnimən; *AmE* ˈdʒɜːrn-/ *Nomen* (*Pl* **-men** /-mən/) (*veraltet*) Geselle

journo /ˈdʒɜːnəʊ; *AmE* ˈdʒɜːrnoʊ/ (*Pl* **-os**) *Nomen* (*BrE, AusE, Slang*) Journalist(in)

joust /dʒaʊst/ *Verb, Nomen*
▸ ***Verb*** **1** tjostieren **2** (*gehoben*) sich ein Rededuell liefern
▸ ***Nomen*** Tjost

Jove /dʒəʊv; *AmE* dʒoʊv/ *Nomen* IDM **by ˈJove** (*bes BrE, umgs, veraltet*) potztausend!

jo·vial /ˈdʒəʊviəl; *AmE* ˈdʒoʊ-/ *Adj* (*Adv* **jo·vi·al·ly** /-əli/) freundlich ◇ *He was in a jovial mood.* Er war gut gelaunt.

jovi·al·ity /ˌdʒəʊviˈæləti; *AmE* ˌdʒoʊ-/ *Nomen* Freundlichkeit

jowl /dʒaʊl/ *Nomen* [meist Pl] (*gehoben*) Hängebacke IDM → CHEEK

joy /dʒɔɪ/ *Nomen* **1** Freude ◇ *I didn't expect them to jump for joy at the news.* Ich habe mir schon gedacht, dass sie über die Nachricht nicht gerade beglückt sein würden. **2** (*BrE, umgs*) (*in Fragen und verneinten Sätzen*) Erfolg ◇ *We complained about our rooms but got no joy from the manager.* Wir haben uns beim Manager über unsere Zimmer beschwert, aber ohne Erfolg. ◇ *Any joy at the shops?* Hast du in den Geschäften etwas Brauchbares gefunden? IDM **full of the joys of ˈspring** vergnügt und guter Laune → *Siehe auch* PRIDE

joy·ful /ˈdʒɔɪfl/ *Adj* (*Adv* **joy·ful·ly** /-fəli/) (*gehoben*) froh, freudig ◇ *She gave a joyful laugh.* Sie lachte froh.

joy·less /ˈdʒɔɪləs/ *Adj* (*gehoben*) freudlos

joy·ous /ˈdʒɔɪəs/ *Adj* (*Adv* **joy·ous·ly**) (*gehoben*) froh, freudig

joy·ride /ˈdʒɔɪraɪd/ *Nomen* = Spritztour mit einem gestohlenen Auto

joy·rider /ˈdʒɔɪraɪdə(r)/ *Nomen* = Autodieb(in), der/die mit einem gestohlenen Auto eine Spritztour macht

joy·rid·ing /ˈdʒɔɪraɪdɪŋ/ *Nomen* Autodiebstahl (*für Spritztouren*)

joy·stick /ˈdʒɔɪstɪk/ *Nomen* **1** (COMP) Joystick **2** (AERO) Steuerknüppel

JP /ˌdʒeɪ ˈpiː/ *Abk* = JUSTICE OF THE PEACE

Jr. *Abk* = JUNIOR

ju·bi·lant /ˈdʒuːbɪlənt/ *Adj* (*Adv* **ju·bi·lant·ly**) (*gehoben*) jubelnd

jubi·la·tion /ˌdʒuːbɪˈleɪʃn/ *Nomen* Jubel

ju·bi·lee /ˈdʒuːbɪliː/ *Nomen* Jubiläum

Ju·da·ic /dʒuːˈdeɪɪk/ *Adj* judaisch

Ju·da·ism /ˈdʒuːdeɪɪzəm; *AmE* -dəɪ-/ *Nomen* Judaismus

Judas /ˈdʒuːdəs/ *Nomen* Judas

jud·der /ˈdʒʌdə(r)/ *Verb* ruckeln

judge /dʒʌdʒ/ *Nomen, Verb*
▸ ***Nomen*** **1** Richter(in) **2** Preisrichter(in) ◇ *the panel of judges* die Jury **3** [meist Sing] Kenner(in) ◇ *a good judge of character* ein guter Menschenkenner ◇ *Let me be the judge of that.* Lassen Sie mich das beurteilen.
▸ ***Verb*** **1** (be)urteilen ◇ *The tour was judged a great success.* Die Tour galt als großer Erfolg. ◇ *They judged it wise to say nothing.* Sie hielten es für klug, nichts zu sagen. **2** schätzen ◇ *It's difficult to judge.* Es ist schwer zu sagen. **3** Preisrichter(in) sein bei **4** verurteilen, urteilen über ◇ *We're in no position to judge.* Wir können uns kein Urteil erlauben. **5** (RECHT) die Verhandlung führen (über) ◇ *judge a case* einen Fall verhandeln ◇ *judge sb guilty/not guilty* jdn für schuldig/unschuldig befinden IDM **don't judge a ˌbook by its ˈcover** man soll nicht nach dem Äußeren gehen

judge·ment (*bes AmE* **judg·ment**) /ˈdʒʌdʒmənt/ *Nomen* **1** Urteilsvermögen ◇ *use your judgement* nach eigenem Ermessen vorgehen ◇ *more by luck than (good) judgement* mit mehr Glück als Verstand ◇ *an error of judgement* eine Fehleinschätzung **2** Meinung ◇ *in her judgement* ihrer Meinung nach ◇ *Who am I to pass judgement on her?* Wer bin ich denn, dass ich sie verurteilen könnte? ◇ *He refused to make a judgement about the situation.* Er wollte kein Urteil über die Situation abgeben. ◇ *against my better judgement* wider besseres Wissen **3** (*meist* **judgment**) (RECHT) Urteil ◇ *pass judgment* ein Urteil fällen **4** [meist Sing] ~ (**on sth**) (*gehoben*) Strafe Gottes IDM → SIT

ˈJudgement Day (*auch* **the ˌDay of ˈJudgement, the ˌLast ˈJudgement**) *Nomen* der Tag des Jüngsten Gerichts

judg·ment·al (*BrE auch* **judge·ment·al**) /dʒʌdʒˈmentl/ *Adj* **1** (*abwert*) (über)kritisch ◇ *You're so judgemental!* Du bist so kritisch! **2** (*gehoben*) Urteils-

ju·di·ca·ture /ˈdʒuːdɪkətʃə(r)/ *Nomen* **1** Gerichtswesen **2** [mit Verb im Sing/Pl] **the judicature** der Richterstand

ju·di·cial /dʒuˈdɪʃl/ *Adj* (*Adv* **ju·di·ci·al·ly** /-ʃəli/) gerichtlich, richterlich ◇ *the judicial system* das Justizsystem

ju·di·ciary /dʒuˈdɪʃəri; *AmE* -ʃieri/ *Nomen* [mit Verb im Sing/Pl] (*meist* **the judiciary**) (*Pl* **-ies**) der Richterstand

ju·di·cious /dʒuˈdɪʃəs/ *Adj* (*Adv* **ju·di·cious·ly**) (*gehoben*) wohl überlegt, besonnen ◇ *The letter was judiciously worded.* Der Brief war vorsichtig formuliert.

judo /ˈdʒuːdəʊ; *AmE* -doʊ/ *Nomen* Judo

jug /dʒʌg/ *Nomen* (*BrE*) Krug, Kanne

jug·ger·naut /ˈdʒʌgənɔːt; *AmE* -gərnɔːt/ *Nomen* **1** (*BrE, oft abwert*) Schwerlaster **2** (*gehoben*) Moloch

jug·gle /ˈdʒʌgl/ *Verb* **1** jonglieren (mit) (*auch fig*) **2** (*fig*) vereinbaren

jug·gler /ˈdʒʌglə(r)/ *Nomen* Jongleur(in)

jugu·lar /ˈdʒʌgjələ(r)/ (*auch* **ˌjugular ˈvein**) *Nomen* Drosselvene, Jugularvene IDM **go for the/sb's ˈjugular** (*umgs*) versuchen, jds schwache Stelle zu treffen

juice /dʒuːs/ *Nomen* **1** Saft **2** (*bes BrE, umgs*) (*Benzin*) Sprit **3** (*AmE, umgs*) (*Strom*) Saft IDM → STEW

juicer /ˈdʒuːsə(r)/ *Nomen* **1** Saftpresse **2** (*AmE*) Zitronenpresse

juicy /ˈdʒuːsi/ *Adj* (**juici·er, juici·est**) **1** saftig **2** (*umgs*) (*Klatsch etc.*) pikant **3** (*umgs*) lukrativ

ju-jitsu (*auch* **jiu-jitsu**) /dʒuː ˈdʒɪtsuː/ *Nomen* Jiu-Jitsu

juke·box /ˈdʒuːkbɒks; *AmE* -bɑːks/ *Nomen* Musikbox

July /dʒuˈlaɪ/ *Nomen* (*Abk* **Jul.**) Juli → *Beispiele bei* JANUAR

jum·ble /ˈdʒʌmbl/ *Verb, Nomen*
▸ ***Verb*** ~ **sth** (**together/up**) etw (kunterbunt) durcheinander werfen
▸ ***Nomen*** **1** [Sing] Durcheinander **2** [U] (*BrE*) gebrauchte Sachen, Trödel

jum·bled /ˈdʒʌmbld/ *Adj* durcheinandergeworfen, kunterbunt ◇ *jumbled thoughts* verworrene Gedanken

ˈjumble sale *Nomen* (*BrE*) Wohltätigkeitsbasar, Flohmarkt

jumbo /ˈdʒʌmbəʊ; *AmE* -boʊ/ *Nomen, Adj*
▸ ***Nomen*** (*Pl* **-os**) (*auch* **ˌjumbo ˈjet**) Großraumflugzeug, Jumbo(jet)
▸ ***Adj*** (*umgs*) Riesen-

jump /dʒʌmp/ *Verb, Nomen*
▸ ***Verb*** **1** springen ◇ *He jumped to his feet.* Er sprang auf. ◇ *The pilot jumped from the burning plane.* Der Pilot sprang aus dem brennenden Flugzeug ab. ◇ *The children were jumping up and down with excitement.* Die Kinder hüpften aufgeregt herum. ◇ (*fig*) *jump about from one topic to another* von einem Thema zum anderen springen **2** (*Graben, Zaun etc.*) springen über, überspringen ◇ *The horse jumped the hurdle.* Das Pferd setzte über die Hürde. **3** (*als Reiter*) springen lassen ◇ *I jumped my horse over the fence.* Ich bin mit meinem Pferd über den Zaun gesetzt. **4** (*vor Schreck etc.*) zusammenzucken ◇ *You made me jump!* Du hast mich erschreckt! ◇ *Her heart jumped at the news.* Bei der Nachricht machte ihr Herz einen Sprung. **5** (*Preise, etc.*) sprunghaft ansteigen **6** (*Schritt etc.*) auslassen, überspringen **7 ~ (on) sb** (*umgs*) jdn überfallen, über jdn herfallen **8** (*AmE*) (*auf einen/von einem Bus, Zug*) aufspringen auf, abspringen von **9** (*AmE*) = JUMP-START **10 be jumping** (*umgs*) voller Leben sein ◇ *The bar's jumping tonight.* In der Bar ist heute Abend unheimlich was los. IDM **jump down sb's 'throat** (*umgs*) jdn anfahren **jump the 'gun** (*umgs*) voreilig sein **jump the 'lights** (*umgs*) bei Rot über die Ampel fahren **jump out of your 'skin** (*umgs*) vor Schreck hochfahren **jump the 'queue** (*AmE* **jump the 'line**) sich vordrängeln **jump the 'rails** (*Zug*) entgleisen **jump 'ship 1** (*Matrose etc.*) heimlich abheuern **2** (*fig*) abspringen; sich absetzen **jump through 'hoops** sich alle Mühe geben ◇ *They really made me jump through hoops at the interview.* Sie haben mich bei dem Gespräch richtig durch die Mangel gedreht. **jump 'to it** (*umgs*) sich dranmachen ◇ *Jump to it!* Mach schon! → *Siehe auch* BANDWAGON, CONCLUSION *und* DEEP PHR V **'jump at sth** (*Angebot etc.*) bei etw sofort zugreifen; (*Gelegenheit*) sofort ergreifen **ˌjump 'in 1** hineinspringen **2** einsteigen ◇ *Do you want a ride? Jump in.* Soll ich dich mitnehmen? Dann steig schnell ein. **3** (*fig*) sich einmischen, eingreifen **'jump on sb** (*AmE auch* **'jump at sb**) (*umgs*) jdn anfahren **ˌjump 'out at sb** jdm (sofort) ins Auge springen
▸ ***Nomen*** **1** Sprung ◇ *make/do a parachute jump* mit einem Fallschirm (ab)springen ◇ *I sat up with a jump.* Ich fuhr plötzlich hoch. **2** (*bei Rennen*) Hindernis **3** (plötzlicher) Anstieg ◇ *unusually large price jumps* ungewöhnlich große Preiserhöhungen IDM **to keep, etc. one jump ahead (of sb)** (jdm) einen Schritt voraus sein → *Siehe auch* HIGH JUMP *und* RUNNING

ˌjumped-up *Adj* (*BrE, umgs, abwert*) arriviert

jump·er /ˈdʒʌmpə(r)/ *Nomen* **1** (*BrE*) Pullover **2** (*AmE*) Trägerkleid **3** Springer(in)

jumping-'off point (*auch* **ˌjumping-'off place**) *Nomen* Ausgangspunkt

'jump lead (*AmE* **'jumper cable**) *Nomen* [meist Pl] Starthilfekabel

'jump-off *Nomen* (*Springreiten*) Stechen

'jump rope *Nomen, Verb*
▸ ***Nomen*** (*AmE*) Sprungseil
▸ ***Verb*** **ˌjump 'rope** (*AmE*) seilspringen

'jump-start (*AmE* **jump**) *Verb* **1** (*Motor, Auto*) mittels Starthilfekabel anlassen **2** (*fig*) ankurbeln, in Schwung bringen

jumpsuit /ˈdʒʌmpsuːt; *BrE auch* -sjuːt/ *Nomen* Overall, Jumpsuit

jumpy /ˈdʒʌmpi/ *Adj* (*umgs*) nervös, schreckhaft

junc·tion /ˈdʒʌŋkʃn/ *Nomen* **1** (*bes BrE*) Kreuzung, Knoten(punkt); (*Autobahn-*) Anschlussstelle **2** Anschluss ◇ *a telephone junction box* ein Telefonverteilerkasten

junc·ture /ˈdʒʌŋktʃə(r)/ *Nomen* (*gehoben*) Zeitpunkt ◇ *reach a crucial juncture* ein kritisches Stadium erreichen

June /dʒuːn/ *Nomen* (*Abk* **Jun.**) Juni → *Beispiele bei* JANUAR

jun·gle /ˈdʒʌŋgl/ *Nomen* Dschungel (*auch fig*) IDM → LAW

'jungle gym *Nomen* (*AmE*) Klettergerüst

jun·ior /ˈdʒuːniə(r)/ *Adj, Nomen*
▸ ***Adj*** **1 ~ (to sb)** (jdm) untergeordnet ◇ *junior employees* einfache Angestellte ◇ *She is junior to me.* Sie steht unter mir. **2** Junioren-, Jugend- ◇ *the junior tennis championships* die Tennismeisterschaft der Junioren **3 Junior** (*Abk* **Jnr**, **Jr.**) (*bes AmE*) (*unterscheidet den Sohn von dem gleichnamigen Vater*) junior, der Jüngere **4** (*BrE*) (*Schule, Abteilung etc.*) = für Kinder zwischen 7 und 11 **5** (*AmE*) = für Schüler/Studenten im vorletzten Schuljahr/Studienjahr
▸ ***Nomen*** **1** (*bes BrE*) Gehilfe, Gehilfin ◇ *office juniors* Bürogehilfen **2** Junior(in), Jugendliche(r) **3** (*BrE*) = Grundschüler(in) im Alter von 7 bis 11 **4** (*AmE*) = Schüler(in)/Student(in) im vorletzten Schuljahr/Studienjahr **5** (*AmE, umgs*) (*Sohn*) der Kleine IDM **be sb's 'junior** jünger als jd sein ◇ *She's four years his junior./She's his junior by four years.* Sie ist vier Jahre jünger als er.

junior 'college *Nomen* = (in den USA) College, das ein Zweijahresstudium anbietet

ˌjunior doctor *Nomen* Assistenzarzt, Assistenzärztin

junior 'high school (*auch* **ˌjunior 'high**) *Nomen* = (in den USA) Schule für Kinder zwischen 12 und 14

'junior school *Nomen* = (in GB) Grundschule für Kinder zwischen 7 und 11

ju·ni·per /ˈdʒuːnɪpə(r)/ *Nomen* Wacholder

junk /dʒʌŋk/ *Nomen, Verb*
▸ ***Nomen*** **1** Gerümpel, Trödel, Ramsch ◇ *a junk shop* ein Trödelladen ◇ *There's nothing but junk on the TV.* Im Fernsehen läuft nur Mist. **2** = JUNK FOOD **3** Dschunke
▸ ***Verb*** (*umgs*) wegschmeißen

'junk bond *Nomen* = Anleihe, die wegen des großen Risikos hohe Zinsen trägt

jun·ket /ˈdʒʌŋkɪt/ *Nomen* (*bes AmE, umgs, abwert*) Vergnügungsreise auf Staatskosten

'junk food (*auch* **junk**) *Nomen* (*umgs, abwert*) = ungesundes Essen, z.B. Fertiggerichte und Fastfood

junkie /ˈdʒʌŋki/ *Nomen* (*umgs*) Fixer(in), Junkie

'junk mail *Nomen* [U] (*abwert*) Reklame, Wurfsendungen

junky /ˈdʒʌŋki/ *Adj* (*bes AmE, umgs*) mies, billig

junk·yard /ˈdʒʌŋkjɑːd; *AmE* -jɑːrd/ *Nomen* (*bes AmE*) Schrottplatz

junta /ˈdʒʌntə; *AmE* ˈhʊn-/ *Nomen* Junta

Ju·pi·ter /ˈdʒuːpɪtə(r)/ *Nomen* Jupiter → *Beispiele bei* MERKUR

jur·id·ic·al /dʒʊəˈrɪdɪkl; *AmE* dʒʊˈ-/ *Adj* (*gehoben*) gerichtlich, juristisch

jur·is·dic·tion /ˌdʒʊərɪsˈdɪkʃn; *AmE* ˌdʒʊr-/ *Nomen* (*gehoben*) **1** Gerichtsbarkeit, Zuständigkeit ◇ *These matters do not fall within our jurisdiction.* Für diese Angelegenheiten sind wir nicht zuständig. **2** Zuständigkeitsbereich

jur·is·pru·dence /ˌdʒʊərɪsˈpruːdns; *AmE* ˌdʒʊr-/ *Nomen* (*Fachspr*) Jura, Rechtswissenschaft

jur·ist /ˈdʒʊərɪst; *AmE* ˈdʒʊrɪst/ *Nomen* (*gehoben*) Jurist(in), Rechtswissenschaftler(in)

juror /ˈdʒʊərə(r); *AmE* ˈdʒʊrər/ *Nomen* **1** Geschworene(r) **2** Preisrichter(in), Juror(in)

jury /ˈdʒʊəri; *AmE* ˈdʒʊri/ *Nomen* (*Pl* **-ies**) **1** [mit Verb im Sing/Pl] (*oft* **the jury**; *bes AmE* **'jury panel, panel**) (RECHT) die Geschworenen ◇ *be/sit/serve on a jury*

Geschworene(r) sein ◇ *trial by jury* ein Schwurgerichtsverfahren → *Siehe auch* GRAND JURY **2** [mit Verb im Sing/Pl] (*bei Wettbewerben*) Jury ◇ (*the members of*) *the jury* die Preisrichter IDM **the jury is (still) 'out on sth** etw ist (noch) nicht entschieden

'jury duty (*BrE auch* **'jury service**) *Nomen* Dienst als Geschworene(r) ◇ *do jury service* Geschworene(r) sein

just 🔑 /dʒʌst/ *Adv, Adj, Nomen*

▸ ***Adv*** **1** genau ◇ *You're just in time.* Du kommst genau richtig. ◇ *This gadget is just the thing.* Dieses Gerät ist genau das Richtige. ◇ *Just my luck. The phone's not working.* Ich hab aber auch nie Glück. Das Telefon geht nicht. **2 ~ as good, nice, easily, etc.** genauso gut, schön, leicht etc. **3** etwas, wenig ◇ *just after nine* kurz nach neun ◇ *I only just caught the train.* Ich habe den Zug gerade noch erwischt. **4** (*vor kurzem, jetzt*) gerade ◇ *I'm just off.* Ich gehe jetzt. ◇ *The water's just about to boil.* Das Wasser kocht gleich. **5** einfach ◇ *It was just an ordinary day.* Es war ein ganz normaler Tag. **6** (*umgs*) wirklich ◇ *I can just imagine his reaction.* Ich kann mir genau vorstellen, wie er reagiert hat. ◇ *'He's very pompous.' 'Isn't he just?'* „Er ist sehr aufgeblasen." „Und wie!" **7** nur ◇ *I waited an hour just to see you.* Ich habe eine Stunde gewartet, nur um dich zu sehen. **8** vielleicht ◇ *He might just be at home.* Vielleicht ist er ja zu Hause. IDM **it is just as 'well (that ...)** es ist nur gut (, dass ...) **just about** (*umgs*) **1** so ziemlich ◇ *I've just about finished.* Ich bin so gut wie fertig. ◇ *'Did you reach your target?' 'Just about.'* „Haben Sie Ihr Soll erreicht?" „Nur knapp." **2** (in) etwa **Just a 'minute/'moment/'second!** (*umgs*) Einen Augenblick! **just like 'that** einfach so **just 'now** **1** gerade ◇ *I'm busy just now.* Ich bin gerade beschäftigt. **2** gerade noch ◇ *I saw her just now.* Ich habe sie gerade noch gesehen. **just 'so** sauber und ordentlich; genau richtig ◇ *He likes everything just so.* Er hat es gern, wenn alles seine Ordnung hat. **just the 'ticket** (*BrE auch* **just the 'job**) genau das Richtige **just 'then** genau in dem Moment **not just 'yet** jetzt noch nicht **I, etc. would just as soon do sth** ich etc. würde genauso gern etw tun

▸ ***Adj*** gerecht ◇ *She got her just deserts.* Sie hat das bekommen, was sie verdient hat.

▸ ***Nomen*** **the just** [Pl] die Gerechten

just·ice 🔑 /'dʒʌstɪs/ *Nomen* **1** Gerechtigkeit **2** Rechtmäßigkeit ◇ *He demanded, not without justice, that ...* Durchaus zu Recht forderte er, dass ... **3** Justiz, Recht ◇ *the criminal justice system* das Strafrecht ◇ *the European Court of Justice* der Europäische Gerichtshof **4 Justice** (*BrE*) Richter(in) ◇ *Mr Justice Davies* Richter Davies IDM **bring sb to 'justice** jdn vor Gericht bringen **do justice to 'sb/'sth; do sb/sth 'justice** jdm/etw gerecht werden ◇ *That photo doesn't do you justice.* Auf diesem Foto bist du nicht gut getroffen. ◇ *To do him justice, he usually plays better.* Man muss gerechterweise sagen, dass er sonst besser spielt. **do yourself 'justice** zur Geltung kommen; zeigen, was man kann → *Siehe auch* PERVERT

,Justice of the 'Peace *Nomen* (*Pl* **Just·ices of the Peace**) (*Abk* **JP**) Friedensrichter(in)

jus·ti·fi·able /'dʒʌstɪfaɪəbl, ˌdʒʌstɪ'faɪəbl/ *Adj* berechtigt, gerechtfertigt

jus·ti·fi·ab·ly /'dʒʌstɪfaɪəbli, dʒʌstɪ'faɪəbli/ *Adv* zu Recht

jus·ti·fi·ca·tion /ˌdʒʌstɪfɪ'keɪʃn/ *Nomen* Rechtfertigung ◇ *He was getting angry—and with some justification.* Er wurde böse—und das zu Recht. IDM **in justifi'cation** zur Rechtfertigung; als Entschuldigung

jus·ti·fied 🔑 /'dʒʌstɪfaɪd/ *Adj* berechtigt ◇ *She felt fully justified in asking for her money back.* Sie hielt es für ihr gutes Recht, ihr Geld zurückzufordern.

jus·tify 🔑 /'dʒʌstɪfaɪ/ *Verb* (**-fies, -fy·ing, -fied, -fied**) **1** rechtfertigen **2** (*Fachspr*) ausrichten IDM → END

ˌjust-ˌin-'time *Adj* (*Abk* **JIT**) (WIRTSCH) (*Fertigung, Lieferung*) bedarfsorientiert

just·ly /'dʒʌstli/ *Adv* **1** gerecht **2** mit Recht

jut /dʒʌt/ *Verb* (**-tt-**) **1 ~ (out)** ragen ◇ *A rocky headland jutted into the sea.* Ein felsige Landspitze ragte ins Meer hinaus. **2 ~ sth out** (*Kinn*) nach vorne schieben

jute /dʒu:t/ *Nomen* Jute

ju·ven·ile /'dʒu:vənaɪl; *AmE* -nl/ *Adj, Nomen*

▸ ***Adj*** **1** [nur vor Nomen] (*offiz*) jugendlich, Jugend- **2** (*abwert*) kindisch, infantil

▸ ***Nomen*** (*offiz*) Jugendliche(r)

ˌjuvenile 'court *Nomen* Jugendgericht

ˌjuvenile de'linquency *Nomen* Jugendstraffälligkeit

ˌjuvenile de'linquent *Nomen* jugendliche(r) Straftäter(in)

juxta·pose /ˌdʒʌkstə'pəʊz; *AmE* -'poʊz/ *Verb* **~ A and/with B** (*gehoben*) A und B nebeneinanderstellen

juxta·pos·ition /ˌdʒʌkstəpə'zɪʃn/ *Nomen* Nebeneinanderstellung

K k

K, k /keɪ/ *Nomen, Abk*

▸ ***Nomen*** (*Pl* **Ks, K's, k's**) (*Buchstabe*) K, k → *Beispiele bei* A, A

▸ ***Abk*** **1** (*Pl* **K**) (*umgs*) tausend ◇ *She earns 40K a year.* Sie verdient 40 000 im Jahr. **2 k** (*Pl* **k**) = KILOMETRE **3** (*Pl* **K**) (COMP) = KILOBYTE **4** (*Pl* **K**) (*Fachspr*) = KELVIN

ka-ching (*BrE auch* **ker-ching**) /kə'tʃɪŋ/ *Ausruf* (*umgs*) die Kasse klingelt ◇ *The money was rolling in, ka-ching, ka-ching!* Das Geld kam zuhauf rein und ließ die Kassen klingeln! ◇ *Ka-ching! I just got my first check.* Yippie! Ich habe gerade meinen ersten Scheck bekommen

kaf·tan (*auch* **caf·tan**) /'kæftæn/ *Nomen* Kaftan

kale /keɪl/ *Nomen* Grünkohl

kal·eido·scope /kə'laɪdəskəʊp; *AmE* -skoʊp/ *Nomen* Kaleidoskop

kal·eido·scop·ic /kəˌlaɪdə'skɒpɪk; *AmE* -'skɑ:pɪk/ *Adj* kaleidoskopisch

kami·kaze /ˌkæmɪ'kɑ:zi/ *Adj* [nur vor Nomen] Kamikaze-

kan·ga·roo /ˌkæŋgə'ru:/ *Nomen* (*Pl* **-oos**) Känguru

ˌkangaroo 'court *Nomen* (*abwert*) (*Lynchjustiz*) Femegericht

kao·lin /'keɪəlɪn/ *Nomen* Kaolin, Porzellanerde

kapok /'keɪpɒk; *AmE* -pɑ:k/ *Nomen* Kapok

kaput /kə'pʊt/ *Adj* [nicht vor Nomen] (*umgs*) kaputt

kara·oke /ˌkæri'əʊki; *AmE* -'oʊ-/ *Nomen* Karaoke ◇ *a karaoke machine* eine Karaokemaschine

karat (*AmE*) = CARAT

kar·ate /kə'rɑ:ti/ *Nomen* Karate

karma /'kɑ:mə; *AmE* 'kɑ:rmə/ *Nomen* (REL) Karma

kayak /'kaɪæk/ *Nomen* Kajak

KC /ˌkeɪ 'si:/ *Kurzform von* **King's Counsel** = höchstrangige(r) Anwalt/Anwältin oder Staatsanwalt/-anwältin

kebab /kɪ'bæb; *AmE* kɪ'bɑ:b/ (*bes AmE* **'shish kebab**) *Nomen* Kebab

kedg·eree /ˈkedʒəriː/ *Nomen* = warmes Reisgericht mit Fisch und Eiern

keel /kiːl/ *Nomen, Verb*

▸ ***Nomen*** Kiel IDM → EVEN

▸ ***Verb*** kentern PHR V **ˌkeel ˈover** umkippen

keen /kiːn/ *Adj, Verb*

▸ ***Adj*** **1** (*bes BrE, umgs*) **be ~ (to do sth)**; **be ~ (on doing sth)** darauf wild sein (etw zu tun); **~ (that ...)** erpicht darauf, (dass ...) ◇ *John was very keen to help.* John wollte unbedingt helfen. ◇ *We are keen that you should come.* Uns ist sehr daran gelegen, dass Sie kommen. **2** leidenschaftlich, begeistert ◇ *She was a keen student.* Sie war eine eifrige Studentin. **3 ~ on sb/sth** (*BrE, umgs*) scharf auf jdn/etw **4** [nur vor Nomen] (*Verstand etc.*) (messer)scharf **5** (*Gefühle etc.*) stark ◇ *take a keen interest in sth* reges Interesse an etw zeigen **6** [nur vor Nomen] ausgeprägt ◇ *a keen eye for a bargain* ein echter Kennerblick für Schnäppchen **7** (*Konkurrenz*) heftig, scharf ◇ *They were keen rivals.* Sie waren schärfste Rivalen. **8** (*bes BrE*) (*Preis*) niedrig **9** (*gehoben*) (*Kälte*) schneidend IDM **be (as) ˌkeen as ˈmustard** (*BrE, umgs*) Feuer und Flamme sein → *Siehe auch* MAD

▸ ***Verb*** (*meist in der Verlaufsform*) (*veraltet*) Totenklage halten

keen·ly /ˈkiːnli/ *Adv* **1** sehr (stark) ◇ *We were keenly aware of the danger.* Wir waren uns der Gefahr nur allzu bewusst. **2** eifrig **3** heftig

keen·ness /ˈkiːnnəs/ *Nomen* **1** Eifer **2** Schärfe

keep /kiːp/ *Verb, Nomen*

▸ ***Verb*** (**kept, kept** /kept/) **1** halten ◇ *keep your promise/word* sein Versprechen/Wort halten ◇ *She kept the children amused for hours.* Sie beschäftigte die Kinder stundenlang. ◇ *Don't keep us in suspense!* Spann uns nicht auf die Folter! ◇ *I'm sorry to keep you waiting.* Es tut mir leid, dass Sie warten müssen. ◇ *keep chickens and bees* Hühner halten und Bienen züchten **2 ~ (on) doing sth** etw (immer) weiter tun ◇ *Keep smiling!* Immer lächeln! ◇ *Don't keep on interrupting me!* Unterbrich mich nicht andauernd! **3** aufhalten ◇ *You're late—what kept you?* Du kommst zu spät—wo warst du denn so lange? **4** behalten ◇ *Please keep the change.* Stimmt so. **5 ~ sth (for sb)** etw (für jdn) verwahren, (jdm) etw aufheben ◇ *Please keep a seat for me.* Bitte halten Sie mir einen Platz frei. **6** aufbewahren **7** (*Geschäft, Restaurant*) führen, betreiben **8** (*umgs*) (*in der Verlaufsform verwendet, wenn man sich nach jds Gesundheit erkundigt*) ◇ *How is your mother keeping?* Wie geht es deiner Mutter? ◇ *We're all keeping well.* Es geht uns allen gut. **9** (*Lebensmittel*) sich halten ◇ (*fig, umgs*) *'Can you tell me later?' 'Sure, it'll keep.'* „Erzähl mir später davon." „In Ordnung, das kann warten." **10 ~ a secret** ein Geheimnis bewahren; **~ sth secret (from sb)** etw (vor jdm) geheim halten **11 ~ an appointment** einen Termin einhalten **12 ~ a diary, an account, a record, etc.** (ein) Tagebuch, ein Konto, eine Liste etc. führen ◇ *Keep a note of his address.* Notieren Sie sich seine Adresse. **13** versorgen, unterhalten **14 ~ sb (from sth)** (*gehoben*) jdn (vor etw) bewahren ◇ *May the Lord bless you and keep you.* Der Herr segne und behüte dich. **15 ~ goal** (*BrE*) im Tor stehen IDM **ˌkeep ˈgoing 1** weitermachen; durch halten ◇ *I don't know how she keeps going.* Ich weiß nicht, wie sie das durchhält. **2** (*umgs*) dranbleiben **ˌkeep sb ˈgoing** (*umgs*) jdm helfen durchzuhalten ◇ *Have an apple to keep you going till dinner time.* Iss einen Apfel, dann hältst du es bis zum Abendessen durch. ⓘ Für andere Redewendungen mit **keep** siehe die Einträge für die Nomina, Adjektive etc. **Keep house** z.B. steht unter **house**. PHR V **ˌkeep sb ˈafter** (*AmE*) = KEEP SB BACK

ˌkeep ˈat sth etw weitermachen ◇ *Come on, keep at it, you've nearly finished!* Los, nicht lockerlassen, du bist doch fast fertig! **ˌkeep sb ˈat sth** dafür sorgen, dass jd mit etw weitermacht ◇ *He kept us at it all day.* Er hatte uns den ganzen Tag an der Kandare.

ˌkeep aˈway (from sb/sth) (von jdm/etw) wegbleiben **ˌkeep sb/sth aˈway (from sb/sth)** jdn/etw (von jdm/etw) fernhalten ◇ *Her illness kept her away from work for several weeks.* Ihre Krankheit hielt sie mehrere Wochen von der Arbeit ab.

ˌkeep ˈback (from sb/sth) (von jdm/etw) fernbleiben ◇ *Keep well back from the road.* Geh nicht zu nah an die Straße. **ˌkeep sb ˈback 1** (*AmE* **ˌkeep sb ˈafter**) jdn nachsitzen lassen **2** (*AmE*) (*Schüler*) das Jahr wiederholen lassen **ˌkeep sb ˈback (from sb/sth)** jdn (von jdm/etw) zurückhalten **ˌkeep sth ˈback 1** (*Gefühle*) zurückhalten **2** etw (ein)behalten **ˌkeep sth ˈback (from sb)** (jdm) etw verschweigen

ˌkeep ˈdown sich ducken **ˌkeep sb ˈdown** jdn unterdrücken ◇ *You can't keep her down.* Sie lässt sich nicht unterkriegen. **ˌkeep sth ˈdown 1** etw niedrig halten ◇ *Keep the noise down!* Nicht so laut! **2** (*Essen*) bei sich behalten

ˈkeep (yourself) from doing sth vermeiden, etw zu tun ◇ *She could hardly keep from laughing.* Sie konnte sich das Lachen kaum verbeißen. **ˈkeep sb from sth** jdn von etw abhalten **ˈkeep sth from sb** etw vor jdm verheimlichen **ˈkeep sth from sth** etw aus etw heraushalten ◇ *She could not keep the dismay from her voice.* Sie konnte die Bestürzung in ihrer Stimme nicht verbergen.

ˌkeep ˈin with sb (*BrE, umgs*) sich mit jdm gut stellen **ˌkeep sb ˈin** jdn nicht weglassen **ˈkeep sb/yourself in sth** jdn/sich mit etw versorgen ◇ *The money should keep him in cigarettes for a week.* Das Geld müsste ihm eine Woche lang für Zigaretten reichen. **ˌkeep sth ˈin** etw verbergen

ˌkeep ˈoff (*Regen, Schnee etc.*) ausbleiben **ˌkeep ˈoff sth 1** etw vermeiden ◇ *Keep off the grass.* Betreten des Rasens verboten. **2** nicht über etw sprechen **ˌkeep sb/sth ˈoff (sb/sth)** jdn/etw (von jdm/etw) fernhalten ◇ *Keep your hands off me!* Rühr mich nicht an!

ˌkeep ˈon 1 weitermachen; (*Regen etc.*) anhalten ◇ *Keep on until you get to the church.* Gehen Sie weiter, bis Sie zur Kirche kommen. **2** (*bes BrE*) pausenlos meckern **ˌkeep ˈon at sb (about sb/sth)** (*bes BrE*) jdm unaufhörlich (wegen jds/einer Sache) in den Ohren liegen **ˌkeep sb ˈon** jdn weiterbeschäftigen **ˌkeep sth ˈon 1** (*Mantel etc.*) anbehalten; (*Hut etc.*) aufbehalten **2** (*Haus, Wohnung etc.*) behalten

ˌkeep ˈout draußenbleiben ◇ *Danger—Keep Out!* Gefahr—Betreten verboten! **ˌkeep ˈout of sth 1** etw nicht betreten **2** sich aus etw heraushalten ◇ *He can't keep out of mischief.* Er schafft es nicht, keinen Unfug anzustellen. **ˌkeep sb/sth ˈout (of sth)** jdn/etw (aus etw) heraushalten ◇ *Keep the baby out of the sun.* Lass das Baby nicht in die Sonne.

ˈkeep to sth 1 (*Weg, Straße etc.*) auf etw bleiben ◇ *Keep to the track—the land is very boggy around here.* Bleib auf dem Weg—das Gelände ist hier sehr sumpfig. **2** bei etw bleiben ◇ *keep to the point* beim Thema bleiben **3** sich an etw halten **4** in etw bleiben ◇ *She keeps to her room.* Sie bleibt in ihrem Zimmer. **ˌkeep (yourself) to yourˈself** für sich bleiben ◇ *He keeps himself to himself.* Er ist nicht sehr gesellig. **ˌkeep sth to yourˈself** etw für sich behalten

ˌkeep sb ˈunder jdn unterdrücken

ˌkeep ˈup (*Wetter*) anhalten **ˌkeep ˈup (with sb/sth)** (mit jdm/etw) Schritt halten ◇ *Slow down—I can't keep up!* Langsamer—ich komme nicht mit! **ˌkeep ˈup with sb** den Kontakt zu jdm aufrechterhalten **ˌkeep ˈup with sth 1** sich über etw auf dem Laufenden halten ◇ *She likes to keep up with the latest fashions.* Sie macht gern die neueste Mode mit. **2** etw weiterhin zahlen ◇ *You must keep up with the payments.* Sie müssen Ihren Zahlungen nachkommen. **ˌkeep sb ˈup** jdn wachhalten ◇ *I hope we're not keeping you up.* Ich

hoffe, wir halten Sie nicht davon ab, ins Bett zu gehen. **ˌkeep sth ˈup** **1** etw aufrechterhalten, etw nicht sinken lassen ◇ *keep prices up* die Preise hoch halten ◇ *They sang songs to keep their spirits up.* Sie sangen Lieder, um nicht den Mut zu verlieren. **2** etw fortsetzen ◇ *We can't keep up our repayments.* Wir können unsere Rückzahlungen nicht weiterhin leisten. ◇ *Well done! Keep up the good work/Keep it up!* Gut gemacht! Mach so weiter/nur weiter so! **3** etw pflegen **4** etw in Schuss halten
▸ ***Nomen*** **1** (Lebens)unterhalt **2** Bergfried IDM **for ˈkeeps** (*umgs*) für immer ◇ *Is it yours for keeps or does he want it back?* Gehört es nun dir, oder will er es zurückhaben? → *Siehe auch* EARN

keep·er /ˈkiːpə(r)/ *Nomen* **1** (*meist in Zusammensetzungen*) Kustos **2** Wärter(in), Halter(in) **3** (*BrE, umgs*) = GOALKEEPER *und* WICKETKEEPER

keep·ing /ˈkiːpɪŋ/ *Nomen* IDM **in sb's ˈkeeping** in jds Obhut **in/out of ˈkeeping with sth** (einer Sache) entsprechend/nicht entsprechend ◇ *The results are in keeping with our report.* Die Resultate stimmen mit unserem Bericht überein.

keep·sake /ˈkiːpseɪk/ *Nomen* Andenken

keg /keg/ *Nomen* **1** kleines Fass **2** (*BrE*) (*auch* ˈ**keg beer**) ≈ Bier vom Fass

keirin /keɪˈrɪn; *BrE auch* ˈkɪərɪn/ *Nomen* Keirin

kelp /kelp/ *Nomen* (See)tang

kel·vin /ˈkelvɪn/ *Nomen* (*Abk* **K**) (NATURW) Kelvin

ken /ken/ *Nomen, Verb*
▸ ***Nomen*** IDM **be beyond sb's ken** (*veraltet*) jds Wissen übersteigen
▸ ***Verb*** **(-nn-)** (*SchotE oder Dialekt*) wissen, kennen

ken·nel /ˈkenl/ *Nomen* **1** (*BrE*) Hundehütte **2** [mit Verb im Sing/Pl] **kennels** Hundepension, Tierheim

kept *Form von* KEEP

ˌkept ˈwoman *Nomen* (*veraltet, meist hum*) Mätresse

kerb (*AmE* **curb**) /kɜːb; *AmE* kɜːrb/ *Nomen* Bordstein

ˈ**kerb-crawling** *Nomen* (*BrE*) Abfahren des Autostrichs

kerb·side (*AmE* **curb·side**) /ˈkɜːbsaɪd; *AmE* ˈkɜːrb-/ *Nomen* Bordsteinkante

ker·chief /ˈkɜːtʃɪf; *AmE* ˈkɜːrtʃɪf/ *Nomen* (*veraltet*) (Hals)tuch, (Kopf)tuch

ker-ching = KA-CHING

ker·fuf·fle /kəˈfʌfl; *AmE* kərˈ-/ *Nomen* (*BrE, umgs*) Wirbel, Theater

ker·nel /ˈkɜːnl; *AmE* ˈkɜːrnl/ *Nomen* Kern (*auch fig*)

kero·sene (*auch* **kero·sine**) /ˈkerəsiːn/ *Nomen* (*bes AmE*) Kerosin, Petroleum

kes·trel /ˈkestrəl/ *Nomen* Turmfalke

ketch /ketʃ/ *Nomen* zweimastiger Segler, Ketsch

ketchup /ˈketʃəp/ *Nomen* Ketschup

ket·tle /ˈketl/ *Nomen* (Wasser)kessel; (*elektrisch*) Wasserkocher ◇ (*BrE*) *I'll put the kettle on.* Ich setze schon mal Wasser auf. IDM → DIFFERENT *und* POT

kettle·drum /ˈketldrʌm/ *Nomen* (Kessel)pauke

key /kiː/ *Nomen, Verb, Adj*
▸ ***Nomen*** **1** Schlüssel ◇ *Someone holds the key to solving this crime.* Irgendjemand kann wahrscheinlich Aufschluss über dieses Verbrechen geben. ◇ (*bes AmE*) *The key is, how long …?* Die Schlüsselfrage ist, wie lang …? **2** Taste **3** Tonart ◇ *in the key of E flat major* in Es-Dur **4** (Lösungs)schlüssel **5** Legende IDM → LOCK
▸ ***Verb*** **~ sth (in)** etw eingeben; **~ sth (into sth)** etw (in etw) eingeben ◇ *Key (in) your password.* Geben Sie Ihr Passwort ein. PHR V ˈ**key sb/sth to sth** (*meist passiv*) (*bes AmE*) jdn/etw auf etw ausrichten ◇ *keyed to their needs* ihren Bedürfnissen angepasst
▸ ***Adj*** [nur vor Nomen] Schlüssel-

key·board /ˈkiːbɔːd; *AmE* -bɔːrd/ *Nomen, Verb*
▸ ***Nomen*** **1** Tastatur **2** Klaviatur **3** Keyboard
▸ ***Verb*** (*meist passiv*) (Text) eingeben

key·board·er /ˈkiːbɔːdə(r); *AmE* -bɔːrdər/ *Nomen* Texterfasser(in)

key·board·ing /ˈkiːbɔːdɪŋ; *AmE* -bɔːrdɪŋ/ *Nomen* Texteingabe

ˌkeyed ˈup *Adj* [nicht vor Nomen] aufgeregt

key·hole /ˈkiːhəʊl; *AmE* -hoʊl/ *Nomen* Schlüsselloch

ˌkeyhole ˈsurgery *Nomen* minimal invasive Chirurgie

key·note /ˈkiːnəʊt; *AmE* -noʊt/ *Nomen* [meist Sing] Leitgedanke ◇ *a keynote speech* eine Eröffnungsrede

key·pad /ˈkiːpæd/ *Nomen* Tastenfeld

ˈ**key ring** *Nomen* Schlüsselring

ˈ**key signature** *Nomen* Tonartvorzeichen

key·stone /ˈkiːstəʊn; *AmE* -stoʊn/ *Nomen* **1** (ARCHIT) Schlussstein **2** [meist Sing] (*fig, gehoben*) Grundpfeiler

keystroke /ˈkiːstrəʊk; *AmE* -stroʊk/ *Nomen* Anschlag

ˌ**key ˈworker** *Nomen* = Angestellte(r) in einer für die Allgemeinheit wichtigen Berufsgruppe, wie z. B. bei der Polizei, im Gesundheits- oder Bildungswesen

kg *Abk* (*Pl* **kg** *oder* **kgs**) = KILOGRAM

khaki /ˈkɑːki/ *Nomen, Adj*
▸ ***Nomen*** Khaki
▸ ***Adj*** khakifarben, Khaki-

kHz *Abk* = KILOHERTZ

kib·butz /kɪˈbʊts/ *Nomen* (*Pl* **kib·butz·im** /ˌkɪbʊtˈsiːm/) Kibbuz

kick /kɪk/ *Verb, Nomen*
▸ ***Verb*** **1** treten ◇ *kick the door down* die Tür eintreten ◇ *We were kicking a ball around in the yard.* Wir bolzten auf dem Hof herum. ◇ *They kicked their legs in the air.* Sie warfen die Beine hoch. **2** **~ yourself** (*umgs*) sich ärgern ◇ *I could kick myself for forgetting.* Ich könnte mich dafür in den Hintern beißen, dass ich es vergessen habe. **3** (SPORT) schießen **4** (*umgs*) (*Gewohnheit etc.*) aufgeben ◇ *It helped her kick her drug habit.* Es hat ihr geholfen, von den Drogen runterzukommen. ◇ *He's kicked the booze.* Er hat mit dem Saufen aufgehört. IDM **kick (some/sb's) ˈass** (*bes AmE, Slang*) (jdm) in den Hintern treten **kick the ˈbucket** (*umgs oder hum*) ins Gras beißen **kick your ˈheels** (*BrE*) Däumchen drehen **kick sb in the ˈteeth** jdm vor den Kopf stoßen **kick over the ˈtraces** (*BrE, veraltet*) über die Stränge schlagen **kick up a ˈfuss, ˈstink, etc.** (*umgs*) Krach schlagen; Stunk machen **kick up your ˈheels** (*bes AmE, umgs*) die Füße hochlegen **kick sb upˈstairs** (*umgs*) jdn durch eine angebliche Beförderung kaltstellen **kick sb when they're ˈdown** jdn gänzlich fertigmachen → *Siehe auch* ALIVE *und* HELL PHR V **ˌkick aˈbout/aˈround** (*umgs*) **1** (*meist in der Verlaufsform*) rumliegen **2** herumziehen **ˌkick sb aˈround** (*umgs*) jdn schikanieren **ˌkick sth aˈbout/aˈround** (*umgs*) etw bequatschen **ˈkick against sth** sich gegen etw aufbäumen **ˌkick ˈin** (*umgs*) eintreten, einsetzen ◇ *Reforms will kick in later this year.* Die Reformen werden noch in diesem Jahr wirksam. ◇ *The fan kicks in automatically.* Der Ventilator geht von selber an. **ˌkick ˈin sth** etw beisteuern **ˌkick ˈoff** anstoßen **ˌkick ˈoff (with sth)** (*umgs*) (mit etw) anfangen **ˌkick sth ˈoff** (*Schuhe etc.*) abstreifen **ˌkick ˈoff sth** etw anfangen **ˌkick ˈout (at sb/sth)** **1** (nach jdm/etw) treten **2** sich (an jdm/etw) auslassen **ˌkick sb ˈout (of sth)** (*umgs*) jdn (aus etw) hinauswerfen **ˌkick ˈup** (*bes AmE*) (*Wind etc.*) (noch) stärker werden **ˌkick sth ˈup** etw aufwirbeln, etw hochschleudern
▸ ***Nomen*** **1** Tritt **2** (*umgs*) Kick, (Nerven)kitzel ◇ *I get a*

kick out of driving fast cars. Ich fahre leidenschaftlich gern schnelle Autos. **3** [meist Sing] (*umgs*) ◇ *This drink has quite a kick.* Dieses Getränk hat es in sich. **4 kicks** [Pl] (*AmE, umgs*) = Turnschuhe aus weichem Material IDM **a kick in the 'teeth** (*umgs*) ein Schlag ins Gesicht

kick·back /ˈkɪkbæk/ *Nomen* [meist Pl] (*bes AmE, umgs*) Schmiergeld

'kick-boxing *Nomen* Kickboxen

kick·er /ˈkɪkə(r)/ *Nomen* **1** = Spieler, der Strafstöße ausführt **2** (*AmE, umgs*) überraschendes Ende

kick·ing /ˈkɪkɪŋ/ *Adj* (*umgs*) voller Leben ◇ *The club was really kicking.* Im Klub war echt was los. IDM → ALIVE

'kick-off *Nomen* **1** (SPORT) Anstoß **2** [Sing] (*umgs*) Start, Anfang

kick·stand /ˈkɪkstænd/ *Nomen* (*Fahrrad-, Motorrad-*) Ständer

'kick-start *Verb, Nomen*

▸ ***Verb*** **1** mit dem Kickstarter anlassen **2** (*fig*) ankurbeln

▸ ***Nomen*** (*auch* **'kick-starter**) **1** Kickstarter **2** (*fig*) Ankurbelung

kid 0‑ /kɪd/ *Nomen, Verb, Adj*

▸ ***Nomen*** **1** (*umgs*) Kind, Jugendliche(r) ◇ *She's a bright kid.* Sie ist ein intelligentes Mädchen. **2** (*umgs*) (*als Anrede*) Kleine(r) **3** Kitz, Zicklein **4** Ziegenleder ◇ *white kid gloves* weiße Glacéhandschuhe IDM **handle/treat, etc. sb with kid 'gloves** jdn mit Glacéhandschuhen anfassen **'kid's stuff** (*AmE* **'kid stuff**) ein Kinderspiel; was für kleine Kinder

▸ ***Verb*** (**-dd-**) (*umgs*) **1** (*meist in der Verlaufsform*) Spaß machen ◇ *I was only kidding.* Ich habe nur Spaß gemacht. **2 ~ sb** jdn verkohlen ◇ *I'm not kidding you. It does work.* Ich ziehe dich nicht auf. Es funktioniert wirklich. **3 ~ sb/yourself** jdm/sich etw vormachen ◇ *I tried to kid myself (that) everything was normal.* Ich versuchte mir vorzumachen, dass alles wie immer war. IDM **,no 'kidding** (*umgs*) **1** das kann man wohl sagen! **2** im Ernst **you're 'kidding; you must be 'kidding** (*umgs*) das ist doch nicht dein Ernst! **kid a'round** (*bes AmE*) herumalbern

▸ ***Adj*** (*bes AmE, umgs*) **~ sister** kleine Schwester; **~ brother** kleiner Bruder

kid·die (*auch* **kiddy**) /ˈkɪdi/ *Nomen* (*Pl* **-ies**) (*umgs*) (kleines) Kind

kid·nap /ˈkɪdnæp/ *Verb* (**-pp-**, *AmE* **-p-**) kidnappen, entführen

kid·nap·per /ˈkɪdnæpə(r)/ *Nomen* Kidnapper(in), Entführer(in)

kid·nap·ping /ˈkɪdnæpɪŋ/ (*auch* **kid·nap** /-næp/) *Nomen* Kidnapping, Entführung

kid·ney /ˈkɪdni/ *Nomen* Niere ◇ *a kidney infection* eine Nierenentzündung ◇ *steak and kidney pie* Pastete mit Rindfleisch und Nieren

'kidney bean *Nomen* rote Bohne, Kidneybohne

'kidney machine *Nomen* künstliche Niere

kike /kaɪk/ *Nomen* (*bes AmE, Slang, beleidigend*) Jude

kill 0‑ /kɪl/ *Verb, Nomen*

▸ ***Verb*** **1** töten, umbringen; (*Unkraut*) vernichten ◇ *Cancer kills thousands every year.* Jedes Jahr sterben Tausende an Krebs. ◇ *Three people were killed in the crash.* Drei Leute kamen bei dem Umfall ums Leben. **2** zunichtemachen, verderben ◇ *kill a rumour* einem Gerücht ein Ende machen **3** (*meist in der Verlaufsform, kein Passiv*) (*umgs*) weh tun **4** (*BrE*) ◇ *He was killing himself laughing.* Er lachte sich tot. ◇ (*AmE*) *Stop it! You're killing me!* Hör auf! Ich lache mich noch tot! IDM **kill the goose that lays the golden 'egg/'eggs** das Huhn, das goldene Eier legt, schlachten **be ,kill or 'cure** (*BrE*) entweder das Ende oder die Rettung sein **kill an 'hour, a couple of 'hours, etc.** sich eine Stunde/zwei Stunden etc. die Zeit vertreiben **kill 'time** die Zeit totschlagen; sich die Zeit vertreiben **kill two birds with one 'stone** zwei Fliegen mit einer Klappe schlagen **,kill sb/sth with 'kindness** es allzu gut mit jdm/etw meinen → *Siehe auch* DRESSED PHR V **,kill sb/sth 'off** jdn/etw vernichten; (*fig*) jdn/etw zerstören

▸ ***Nomen*** [meist Sing] **1** Tötung, Abschuss ◇ *I was in at the kill.* Ich war am Schluss dabei. **2** Beute

kill·er /ˈkɪlə(r)/ *Nomen* **1** Mörder(in) ◇ *Heart disease is the biggest killer there.* Herzkrankheiten sind die häufigste Todesursache dort. **2** (*umgs*) Wahnsinn ◇ *The exam was a real killer.* Die Prüfung war mörderisch. ◇ *The new movie is a killer.* Der neue Film ist wahnsinnig gut.

'killer whale *Nomen* Schwertwal

kill·ing 0‑ /ˈkɪlɪŋ/ *Nomen, Adj*

▸ ***Nomen*** Tötung, Mord IDM **,make a 'killing** (*umgs*) einen Riesengewinn machen

▸ ***Adj*** mörderisch

kill·joy /ˈkɪldʒɔɪ/ *Nomen* (*abwert*) Spielverderber(in)

kiln /kɪln/ *Nomen* Brennofen, Trockenofen

kilo 0‑ /ˈkiːləʊ; *AmE* -loʊ/ *Nomen* (*Pl* **-os**) = KILOGRAM

kilo·byte /ˈkɪləbaɪt/ *Nomen* (*Abk* **K**) Kilobyte

kilo·gram 0‑ (*BrE auch* **kilo·gramme**) /ˈkɪləɡræm/ (*auch* **kilo**) *Nomen* (*Abk* **kg**) Kilo(gramm)

kilo·hertz /ˈkɪləhɜːts; *AmE* -hɜːrts/ *Nomen* (*Pl* **kilohertz**) (*Abk* **kHz**) Kilohertz

kilo·metre 0‑ (*AmE* **kilo·meter**) /ˈkɪləmiːtə(r); *BrE auch* kɪˈlɒmɪtə(r); *AmE auch* kɪˈlɑːm-/ *Nomen* (*Abk* **k**, **km**) Kilometer

kilo·watt /ˈkɪləwɒt; *AmE* -wɑːt/ *Nomen* (*Abk* **kW**, **kw**) Kilowatt

kilowatt-'hour *Nomen* (*Abk* **kWh**) Kilowattstunde

kilt /kɪlt/ *Nomen* Kilt, Schottenrock

kilt·ed /ˈkɪltɪd/ *Adj* mit einem Kilt bekleidet

kilt·er /ˈkɪltə(r)/ *Nomen* IDM **out of kilter** aus dem Lot

ki·mono /kɪˈməʊnəʊ; *AmE* kɪˈmoʊnoʊ/ *Nomen* (*Pl* **-os**) Kimono

kin /kɪn/ *Nomen* [Pl] (*veraltet oder gehoben*) Verwandte IDM → KITH

kind 0‑ /kaɪnd/ *Nomen, Adj*

▸ ***Nomen*** Art, Sorte ◇ *What kind of house did they buy?* Was für ein Haus haben sie gekauft? ◇ *all kinds of things* alles Mögliche ◇ *She isn't that kind of girl.* Sie ist nicht so eine. ◇ *paper and pencils, that kind of thing* Papier, Bleistifte und so was ◇ *that kind of money* so viel Geld ◇ (*gehoben*) *Would you like a drink of some kind?* Möchten Sie irgendetwas trinken? ◇ *That's not my kind of music.* Solche Musik ist nicht mein Fall. IDM **in 'kind** **1** in Naturalien ◇ *benefits in kind* Sachbezüge **2** (*gehoben*) ◇ *She insulted him and he replied in kind.* Sie beleidigte ihn und er zahlte es ihr mit gleicher Münze heim. ◇ *If you help them, they will respond in kind.* Wenn du ihnen hilfst, werden sie es umgekehrt auch tun. **a 'kind of** (*umgs*) eine Art; so ein ◇ *I had a kind of feeling this might happen.* Ich hatte so ein komisches Gefühl, dass das passieren könnte. **'kind of** (*umgs*) (*auch* **'kinda**) irgendwie ◇ *I like him, kind of.* Er ist mir irgendwie sympathisch. **nothing of the 'kind/'sort** nichts dergleichen ◇ *'I was terrible!' 'You were nothing of the kind.'* „Ich war furchtbar!" „Nicht die Spur." ◇ *You'll do nothing of the kind!* Das kommt gar nicht infrage! **of a 'kind** **1** (*abwert*) ◇ *It's progress of a kind.* Das ist wohl eine Art Fortschritt. ◇ *It's soup of a kind.* Das soll wohl Suppe sein. **2** ◇ *They're two of a kind.* Die beiden sind vom gleichen Schlag. **one of a 'kind** einmalig; einzigartig **something of the/that 'kind** so etwas Ähnliches ◇ *'He's resigning.' 'I'd suspected something of the kind.'* „Er kündigt." „So etwas Ähnliches hatte ich erwartet."

▸ ***Adj*** freundlich, nett ◇ *a kind heart* ein gutes Herz ◇

a kind face ein gütiges Gesicht ◇ *be kind to animals* Tiere gut behandeln ◇ *(fig) Soft water is kinder to your hair.* Weiches Wasser schont Ihr Haar. ◇ *(fig) The weather was very kind to us.* Wir hatten Glück mit dem Wetter.

kin·der·gar·ten /ˈkɪndəgɑːtn; *AmE* -dərgɑːrtn/ *Nomen* **1** *(bes AmE)* Vorschule **2** *(BrE)* Kindergarten

ˌkind-ˈhearted *Adj* gutherzig, gütig

kin·dle /ˈkɪndl/ *Verb (gehoben)* **1** *(Feuer)* sich entzünden; *(fig) (Gefühl)* aufflammen **2** *(Feuer)* entzünden; *(Flamme)* entfachen; *(Interesse etc.)* wecken

kind·li·ness /ˈkaɪndlinəs/ *Nomen* Freundlichkeit, Güte

kind·ling /ˈkɪndlɪŋ/ *Nomen* Anzündholz

kind·ly 0-π /ˈkaɪndli/ *Adv, Adj*

▸ ***Adv*** **1** freundlich(erweise) **2** *(gehoben, veraltet)* bitte, gefälligst ◇ *Kindly leave me alone!* Lassen Sie mich bitte in Ruhe! IDM **not take ˈkindly to sth/sb** etw/jdm nicht wohlwollend gegenüberstehen **look ˈkindly on/upon sth/sb** *(gehoben)* etw/jdm gutheißen

▸ ***Adj*** *(veraltet oder gehoben)* freundlich, gütig

kind·ness 0-π /ˈkaɪndnəs/ *Nomen* **1** Güte, Freundlichkeit **2** Gefälligkeit ◇ *I can never repay your many kindnesses to me.* Ich kann dir all das, was du für mich getan hast, nie vergelten. IDM → KILL *und* MILK

kin·dred /ˈkɪndrəd/ *Nomen, Adj*

▸ ***Nomen*** *(veraltet oder gehoben)* **1** [Pl] Verwandtschaft, Verwandte **2** [U] Verwandtschaft

▸ ***Adj*** *(gehoben)* verwandt, ähnlich ◇ *a kindred spirit* ein gleich Gesinnter

kin·et·ic /kɪˈnetɪk; *BrE auch* kaɪˈ-/ *Adj* kinetisch

king 0-π /kɪŋ/ *Nomen* König *(auch fig)* ◇ *the king of spades* der Pikkönig IDM **a ˌking's ˈransom** *(gehoben)* ein Vermögen → *Siehe auch* ENGLISH *und* EVIDENCE

king·dom /ˈkɪŋdəm/ *Nomen* Königreich, Reich *(auch fig)* ◇ *the kingdom of God* das Reich Gottes ◇ *the animal kingdom* das Tierreich IDM **till/until kingdom ˈcome** *(veraltet)* bis in alle Ewigkeit → *Siehe auch* BLOW

king·fish·er /ˈkɪŋfɪʃə(r)/ *Nomen* Eisvogel

king·ly /ˈkɪŋli/ *Adj (gehoben)* königlich

king·pin /ˈkɪŋpɪn/ *Nomen* Stütze, Schlüsselfigur

ˌKing's ˈCounsel *Nomen* = KC

king·ship /ˈkɪŋʃɪp/ *Nomen* Königswürde

ˈking-size *(auch* **ˈking-sized***) Adj* extragroß ◇ *a king-size bed* ein extrabreites Bett ◇ *a king-sized headache* rasende Kopfschmerzen

kink /kɪŋk/ *Nomen* **1** Knick, Welle ◇ *(fig) the kinks in the new system* die Defekte in dem neuen System **2** *(umgs, abwert)* Schrulle, Abartigkeit **3** *(AmE)* steifer Nacken

kinky /ˈkɪŋki/ *Adj (umgs, meist abwert)* abartig

kin·ship /ˈkɪnʃɪp/ *Nomen (gehoben)* **1** Verwandtschaft **2** [U/Sing] geistige Verwandtschaft

kins·man /ˈkɪnzmən/ *Nomen (Pl* **-men** */-mən/) (veraltet oder gehoben)* Verwandter

kins·wo·man /ˈkɪnzwʊmən/ *Nomen (Pl* **-women** */-wɪmɪn/) (veraltet oder gehoben)* Verwandte

kiosk /ˈkiːɒsk; *AmE* ˈkiːɑːsk/ *Nomen* **1** Kiosk, Bude **2** *(BrE, veraltet)* Telefonzelle

kip /kɪp/ *Nomen, Verb*

▸ ***Nomen*** *(BrE, umgs)* Schlaf ◇ *I must get some kip.* Ich muss mal eine Runde pennen.

▸ ***Verb*** **(-pp-)** *(BrE, umgs)* pennen

kip·per /ˈkɪpə(r)/ *Nomen* Räucherhering, Bückling

kirk /kɜːk; *AmE* kɜːrk/ *Nomen* **1** *(SchotE)* Kirche **2 the Kirk (of Scotland)** [Sing] die Kirche von Schottland

kirsch /kɪəʃ; *AmE* kɪrʃ/ *Nomen* Kirsch(wasser)

kiss 0-π /kɪs/ *Verb, Nomen*

▸ ***Verb*** **1** (sich) küssen ◇ *Kiss your mother good night.* Gib deiner Mutter einen Gutenachtkuss. **2** *(gehoben) (fig)* sanft berühren IDM **ˌkiss and ˈtell** Einzelheiten über eine Affäre mit einem Star etc. an die Medien verkaufen ◇ *a kiss and tell interview* eine Enthüllungsstory **kiss sb's ˈarse** *(AmE* **kiss sb's ˈass***) (vulg, Slang)* jdm in den Arsch kriechen **ˌkiss sth ˈbetter** *(umgs)* ◇ *Come here and let me kiss it better.* Komm her, ich blase mal drauf, dann tut es nicht mehr weh. **kiss sth goodˈbye; kiss goodˈbye to sth** *(umgs)* sich etw abschminken PHR V **ˌkiss sth aˈway** etw wegküssen

▸ ***Nomen*** Kuss IDM **the kiss of ˈdeath** *(umgs) (bes hum)* ein Danaergeschenk ◇ *An award can be the kiss of death for a writer.* Ein Literaturpreis kann für einen Schriftsteller das Ende seiner Karriere bedeuten. **the kiss of ˈlife** *(BrE)* Mund-zu-Mund-Beatmung → *Siehe auch* STEAL

kisso·gram /ˈkɪsəgræm/ *Nomen* [Sing] = Überraschung zum Geburtstag etc. in Form eines Kusses von einem/einer kostümierten Unbekannten

kit /kɪt/ *Nomen, Verb*

▸ ***Nomen*** **1** Bausatz ◇ *She built the doll's house from a kit.* Sie baute das Puppenhaus aus einem Bausatz. **2** Ausrüstung ◇ *a first-aid kit* ein Verbandskasten ◇ *a drum kit* ein Schlagzeug ◇ *a tool kit* Werkzeug ◇ *sports kit* Sportzeug ◇ *repair kit* Flickzeug IDM **get your ˈkit off** *(BrE, Slang)* sich ausziehen → *Siehe auch* CABOODLE

▸ ***Verb*** **(-tt-)** PHR V **ˌkit sb ˈout/ˈup (in/with sth)** *(BrE)* jdn (mit etw) ausstatten, jdn (mit etw) ausrüsten

kit·bag /ˈkɪtbæg/ *Nomen (bes BrE)* Seesack

kit·chen 0-π /ˈkɪtʃɪn/ *Nomen* Küche IDM **everything but the kitchen ˈsink** *(umgs, hum)* die halbe Wohnungseinrichtung → *Siehe auch* HEAT

kit·chen·ette /ˌkɪtʃɪˈnet/ *Nomen* kleine Küche, Kochnische

ˌkitchen ˈgarden *Nomen (BrE)* Gemüsegarten

ˈkitchen paper *(auch* **ˈkitchen roll, ˈkitchen towel***) Nomen* Küchenkrepp

kit·chen·ware /ˈkɪtʃɪnweə(r); *AmE* -wer/ *Nomen* [U] Küchengeräte

kite /kaɪt/ *Nomen, Verb*

▸ ***Nomen*** **1** Drachen ◇ *fly a kite* einen Drachen steigen lassen **2** (Roter) Milan IDM → FLY *und* HIGH

▸ ***Verb*** *(AmE, umgs) (Scheck)* fälschen

Kite·mark™ /ˈkaɪtmɑːk; *AmE* -mɑːrk/ *Nomen* [meist Sing] *(in GB)* = amtliches Gütezeichen

kith /kɪθ/ *Nomen* IDM **kith and kin** *(veraltet)* Freunde und Verwandte

kitsch /kɪtʃ/ *Nomen, Adj*

▸ ***Nomen*** *(abwert)* Kitsch

▸ ***Adj*** *(auch* **kitschy** /ˈkɪtʃi/*) (abwert)* kitschig

kit·ten /ˈkɪtn/ *Nomen* junge Katze, Kätzchen IDM **have ˈkittens** *(BrE umgs)* Zustände kriegen

kitty /ˈkɪti/ *Nomen (Pl* **-ies***)* **1** *(umgs)* gemeinsame Kasse **2** Spielkasse **3** *(umgs) (Katze)* Mieze

ˈkitty-corner *(auch* **ˈkitty-cornered***) Adj, Adv (AmE, umgs)* schräg (gegenüber)

kiwi /ˈkiːwiː/ *Nomen* **1 Kiwi** *(umgs)* Neuseeländer(in) **2** *(Vogel)* Kiwi **3** *(auch* **ˈkiwi fruit** *(Pl* **kiwi fruit***))* Kiwi

Klaxon™ /ˈklæksn/ *Nomen (BrE)* Hupe, Horn

Klee·nex™ /ˈkliːneks/ *Nomen (Pl* **Klee·nex***)* Papiertaschentuch

klep·to·mania /ˌkleptəˈmeɪniə/ *Nomen* Kleptomanie

klep·to·maniac /ˌkleptəˈmeɪniæk/ *Nomen* Kleptomane, Kleptomanin

km 0-π *Abk (Pl* **km** *oder* **kms***)* = KILOMETRE

knack /næk/ *Nomen* [Sing] **1** Trick ◇ *It's easy, once you've got the knack.* Es ist leicht, wenn du den Dreh heraushast. **2** Talent ◇ *He's got a real knack for making money.* Er hat ein echtes Talent zum Geldverdienen. ◇ *She has the knack of always saying the wrong* *thing.* Sie hat die unglückliche Angewohnheit, immer das Falsche zu sagen.

knacker /ˈnækə(r)/ *Verb (BrE, Slang)* **1** *(erschöpfen)* schaffen, fertigmachen **2** kaputt machen

knack·ered /ˈnækəd; *AmE* -kərd/ *Adj (BrE, Slang)* **1** *(müde)* völlig kaputt, total geschafft **2** kaputt, hinüber

knacker·ing /ˈnækərɪŋ/ *Adj (BrE, umgs)* wahnsinnig anstrengend

ˈknacker's yard *(auch* **the knackers***) Nomen* [meist Sing] *(BrE, veraltet)* Abdeckerei

knap·sack /ˈnæpsæk/ *Nomen (BrE, veraltet oder AmE)* Rucksack

knave /neɪv/ *Nomen (veraltet)* **1** *(beim Kartenspiel)* Bube **2** Schurke

knead /niːd/ *Verb* **1** kneten **2** massieren

knee 0‑ /niː/ *Nomen, Verb*

▸ ***Nomen*** Knie ◇ *He went down on one knee.* Er ging auf die Knie. ◇ *She was on her knees.* Sie lag auf den Knien. ◇ *a knee patch* ein Flicken am Knie ◇ *She was sitting on her mother's knee.* Sie saß bei ihrer Mutter auf dem Schoß. IDM **bring sb to their ˈknees** jdn in die Knie zwingen **bring sth to its ˈknees** etw zugrunde richten **put sb over your ˈknee** jdn übers Knie legen → *Siehe auch* BEE, BEND, MOTHER *und* WEAK

▸ ***Verb*** mit dem Knie stoßen

knee·cap /ˈniːkæp/ *Nomen, Verb*

▸ ***Nomen*** Kniescheibe

▸ ***Verb*** (-pp-) die Kniescheiben durchschießen/brechen

knee·cap·ping /ˈniːkæpɪŋ/ *Nomen* = Durchschießen/Brechen der Kniescheiben

ˌknee-ˈdeep *Adj, Adv* knietief ◇ *I waded in knee-deep.* Ich watete bis zu den Knien hinein. ◇ *(fig) I was knee-deep in work.* Ich steckte bis über den Hals in Arbeit.

ˌknee-ˈhigh *Adj* kniehoch IDM **knee-high to a ˈgrasshopper** *(umgs, hum) (Mensch)* klein

ˈknee-jerk *Adj (abwert)* automatisch, reflexartig ◇ *It was a knee-jerk reaction .* Es war eine Kurzschlussreaktion.

kneel /niːl/ *Verb* (**knelt**, **knelt** /nelt/, *AmE auch* **kneeled, kneeled**) **1** knien **2** ~ (**down**) sich hinknien

ˈknee-length *Adj* knielang, kniehoch

ˈknees-up *Nomen* [meist Sing] *(BrE, umgs)* Fete, Schwof

knell /nel/ = DEATH KNELL

knelt *Form von* KNEEL

knew *Form von* KNOW

knick·er·bockers /ˈnɪkəbɒkəz; *AmE* -kərbɑːkərz/ *(AmE auch* **knick·ers***) Nomen* [Pl] Knickerbocker

knick·ers /ˈnɪkəz; *AmE* -kərz/ *Nomen* [Pl] **1** *(BrE)* (Damen)slip ◇ *a pair of knickers* ein Schlüpfer **2** *(AmE)* = KNICKERBOCKERS IDM **get your ˈknickers in a twist** *(BrE, Slang)* durchdrehen; ausrasten → *Siehe auch* WET

knick-knack /ˈnɪk næk/ *Nomen* [meist Pl] *(manchmal abwertend)* dekorative Kleinigkeit ◇ *a collection of knick-knacks* eine Sammlung von Nippes

knife 0‑ /naɪf/ *Nomen, Verb*

▸ ***Nomen*** *(Pl* **knives** /naɪvz/*)* Messer IDM **the ˈknives are out (for sb)** das Messer wird (für jdn) schon gewetzt **like a knife through ˈbutter** *(umgs)* mühelos **put/stick the ˈknife in** aggressiv werden **put/stick the ˈknife into sb** jdn fertigmachen **turn/twist the ˈknife (in the wound)** Salz in die Wunde streuen **under the ˈknife** *(umgs)* unterm/unters Messer

▸ ***Verb*** ~ **sb** auf jdn einstechen, jdn erstechen ◇ *She knifed him in the back.* Sie stach ihm ein Messer in den Rücken.

ˈknife-edge *Nomen* [meist Sing] Schneide IDM **on a ˈknife-edge** **1** auf (des) Messers Schneide **2** (wie) auf glühenden Kohlen

knife·point /ˈnaɪfpɔɪnt/ *Nomen* IDM **at ˈknifepoint** mit vorgehaltenem Messer

knight /naɪt/ *Nomen, Verb*

▸ ***Nomen*** **1** Ritter **2** *(beim Schach)* Springer IDM **a knight in shining ˈarmour** *(meist hum)* ein Retter in der Not

▸ ***Verb*** zum Ritter schlagen

knight·hood /ˈnaɪthʊd/ *Nomen* Ritterwürde

knight·ly /ˈnaɪtli/ *Adj (gehoben)* ritterlich, Ritter-

knit 0‑ /nɪt/ *Verb, Nomen*

▸ ***Verb*** (**knit·ting, knit·ted, knit·ted**) ℹ Die Vergangenheitsformen **knit, knit** werden häufig in Bedeutungen 3 und 4 verwendet. **1** stricken **2** rechts stricken ◇ *Knit two, purl two.* Zwei rechts, zwei links. **3** ~ (**sb/sth**) (**together**) (jdn/etw) verbinden ◇ *The village is a closely/tightly knit community.* Die Dorfbewohner halten fest zusammen. **4** *(Knochen)* zusammenwachsen (lassen) IDM **knit your ˈbrow(s)** die Stirn runzeln

▸ ***Nomen*** Strickware

knit·ted 0‑ /ˈnɪtɪd/ *(auch* **knit***) Adj* gestrickt, Strick-

knit·ter /ˈnɪtə(r)/ *Nomen* Stricker(in)

knit·ting 0‑ /ˈnɪtɪŋ/ *Nomen* **1** Strickzeug **2** Stricken

ˈknitting needle *Nomen* Stricknadel

knit·wear /ˈnɪtweə(r); *AmE* -wer/ *Nomen* [U] Strickwaren

knives *Form von* KNIFE

knob /nɒb; *AmE* nɑːb/ *Nomen* **1** Knopf, Regler **2** Knauf, Griff **3** Verdickung, Knoten **4** *(bes BrE)* Stückchen ◇ *a knob of butter* ein Stich Butter **5** *(BrE, vulg, Slang) (Penis)* Kolben, Pimmel

knob·bly /ˈnɒbli; *AmE* ˈnɑːbli/ *(auch* **knobby** /ˈnɒbi; *AmE* ˈnɑːbi/*) Adj* knotig

knock 0‑ /nɒk; *AmE* nɑːk/ *Verb, Nomen*

▸ ***Verb*** **1** ~ (**at/on sth**) (an etw) klopfen **2** ~ (**sth**) (**against/on sth**) (etw) (an etw) stoßen ◇ *Be careful you don't knock your head.* Pass auf, dass du dir nicht den Kopf stößt. **3** hauen, schlagen ◇ *She knocked my drink flying.* Sie stieß mein Glas um. ◇ *The two rooms had been knocked into one.* Sie haben die Wand durchbrochen, um aus den beiden Zimmern ein großes zu machen. **4** anschlagen ◇ *The criticism had knocked her self-esteem.* Die Kritik hat ihr Selbstbewusstsein angeschlagen. **5** *(Herz)* klopfen, pochen; *(Knie)* schlottern **6** *(umgs)* meckern über ◇ *The newspapers are always knocking the England team.* Die Presse hat an der englischen Nationalmannschaft immer was auszusetzen. ◇ *'Porridge?' 'Don't knock it!'* „Haferbrei?"„Sag ja nichts dagegen!" IDM **I'll knock your ˈblock/ˈhead off!** *(BrE, umgs)* Ich polier dir die Fresse! **knock sb ˈdead** *(umgs) (beeindrucken)* jdn umhauen **knock sb/sth into a cocked ˈhat** *(BrE)* jdn/etw in den Sack stecken **knock it ˈoff!** *(umgs)* hör(t) auf! **knock sb off their ˈpedestal/ˈperch** jdn vom Sockel stoßen **knock sth on the ˈhead** *(BrE, umgs)* einer Sache ein Ende setzen **ˌknock on ˈwood** *(AmE)* toi, toi, toi **knock sb ˈsideways** *(umgs) (schocken)* jdn umhauen **knock ˈspots off sb/sth** *(BrE, umgs)* jdn/etw in den Sack stecken **knock the ˈstuffing out of sb** *(umgs)* jdn fertigmachen; jdn am Boden zerstören **you could have knocked me down with a ˈfeather** *(umgs)* ich war völlig baff → *Siehe auch* DAYLIGHTS, HEAD, HELL, SENSE, SHAPE, SIX *und* SOCK PHR V **knock aˈround ...** *(BrE auch* **ˌknock aˈbout ...***) (umgs)* **1** herumkommen in ... ◇ *He spent a few years knocking around Europe.* Er ist ein paar Jahre in Europa herumgereist. **2** herumliegen ◇ *It must be knocking around here somewhere.* Es muss irgendwo hier sein. **ˌknock aˈround with sb** *(BrE auch* **ˌknock aˈbout with sb***) (umgs)* mit jdm herumhängen **ˌknock sb aˈround** *(BrE auch* **ˌknock sb aˈbout***) (umgs)* jdn verprügeln **ˌknock sth**

ˌa'round (*BrE auch* ˌ**knock sth a'bout**) (*umgs*) **1** etw herumkicken **2** etw ramponieren
ˌ**knock sb 'back** (*BrE, umgs*) **1** (*schocken*) jdn mitnehmen **2** jdm eine Abfuhr erteilen ˌ**knock sth 'back** (*umgs*) etw herunterkippen
ˌ**knock sb 'down** jdn herunterhandeln ◇ *I managed to knock him down to $400.* Ich konnte ihn auf $400 herunterhandeln. ˌ**knock sb 'down/'over** **1** jdn zu Boden schlagen **2** jdn umfahren, jdn anfahren ˌ**knock sth 'down** **1** etw umhauen **2** etw abreißen, etw niederreißen **3** (*Preis*) heruntersetzen
ˌ**knock 'off (sth)** (*umgs*) (mit etw) aufhören ◇ *knock off work* Feierabend machen ◇ *Let's knock off for lunch.* Lasst uns Mittagspause machen. ˌ**knock sb 'off** (*Slang*) jdn umlegen ˌ**knock sth 'off** **1** (*umgs*) etw schnell erledigen; (*Aufsatz*) hinhauen; (*ohne Schwierigkeit*) etw aus dem Ärmel schütteln ◇ *He knocks off three novels a year.* Er produziert drei Romane pro Jahr. **2** (*BrE, Slang*) etw klauen; (*Bank*) ausrauben ˌ**knock sth 'off (sth)** ◇ *They knocked 60 dollars off (the price) because of a scratch.* Sie haben es sechzig Dollar billiger gemacht, weil es einen Kratzer hatte. ◇ *The news knocked 13% off the company's shares.* Die Nachricht ließ die Aktien um 13% fallen.
ˌ**knock sb 'out** **1** jdn k.o. schlagen, jdn bewusstlos schlagen **2** jdn zum Schlafen bringen ◇ *The tablets knocked me out.* Von den Tabletten bin ich gleich eingeschlafen. **3** (*umgs*) jdn umhauen ◇ *The movie just knocked me out.* Ich war ganz hin von dem Film. **4** jdn fix und fertig machen ˌ**knock sb 'out (of sth)** (*bei Wettbewerben*) jdn (aus etw) herauswerfen ◇ *England had been knocked out of the World Cup.* England war aus der Weltmeisterschaft ausgeschieden. ˌ**knock sth 'out** **1** etw ausschlagen ◇ *The force of the blast knocked the window out.* Durch die Wucht der Explosion ging das Fenster kaputt. **2** (*umgs*) etw aus dem Ärmel schütteln ◇ *He knocks out five books a year.* Er produziert fünf Bücher im Jahr. ˌ**knock yourself 'out** **1** = sich den Kopf einrennen und bewusstlos werden **2** sich ganz fertigmachen
ˌ**knock sb 'over** = KNOCK ˌ**knock sth 'over** etw umstoßen
ˌ**knock sth to'gether** (*umgs*) etw zusammenzimmern
ˌ**knock 'up** sich warm spielen, sich einspielen ˌ**knock sb 'up** (*umgs*) **1** (*BrE*) jdn aus dem Schlaf klopfen **2** (*bes AmE*) jdm ein Kind machen ˌ**knock sth 'up** etw zaubern
▸ ***Nomen*** **1** Klopfen ◇ *There was a knock on/at the door.* Es klopfte. **2** Stoß, Schlag ◇ *He got a nasty knock on the head.* Er hat sich ganz schön den Kopf gestoßen. ◇ *knocks and scratches on the furniture* Dellen und Kratzer an den Möbeln IDM **take a (hard, nasty, etc.) 'knock** (schwer) getroffen werden ◇ *Her confidence took a knock when she lost her job.* Ihr Selbstvertrauen litt, als sie ihre Stelle verlor.

'knock-down *Adj* [nur vor Nomen] (*umgs*) **1** (*Preis etc.*) Billig-, Schleuder- **2** vernichtend ◇ *a knock-down punch* ein K.o.-Schlag

knock·er /'nɒkə(r); *AmE* 'nɑːkər/ *Nomen* **1** (*auch* **'door knocker**) Türklopfer **2** (*umgs*) Kritiker(in), Nörgler(in) **3 knockers** [Pl] (*vulg, Slang*) Titten

ˌknock-'kneed *Adj* x-beinig

ˌknock-'on *Adj* (*bes BrE*) ◇ *The increase in the price of oil had a knock-on effect on the cost of many other goods.* Die Erhöhung des Ölpreises wirkte sich auf den Preis vieler anderer Waren aus. ◇ *If one thing is delayed, it causes a knock-on delay throughout the system.* Eine Verzögerung hat Auswirkungen auf alle weiteren Termine.

knock·out /'nɒkaʊt; *AmE* 'nɑːkaʊt/ *Nomen, Adj*
▸ ***Nomen*** **1** (*Abk* **KO**) Knock-out, K.o. **2** (*umgs*) absolute Klasse ◇ *She's an absolute knockout.* Sie haut dich um.
▸ ***Adj*** [nur vor Nomen] **1** (*bes BrE*) Ausscheidungs- (*Wettbewerb*) **2** Knock-out-, K.o.- (*Schlag*)

knock-up *Nomen* [Sing] (*beim Tennis etc.*) Warmspielen ◇ *We were just having a knock-up.* Wir haben nur ein paar Bälle gespielt.

knoll /nəʊl; *AmE* noʊl/ *Nomen* Anhöhe

knot 0-w /nɒt; *AmE* nɑːt/ *Nomen, Verb*
▸ ***Nomen*** **1** Knoten ◇ *tie a knot* einen Knoten machen ◇ *She had her hair in a loose knot.* Sie trug ihr Haar in einem losen Knoten. ◇ (*fig*) *My stomach was in knots.* Mein Magen krampfte sich zusammen. ◇ (*fig*) *I could feel a knot of fear in my throat.* Die Angst schnürte mir die Kehle zu. **2** Astknoten **3** (*gehoben*) Grüppchen, Knäuel **4** (NAUT) Knoten IDM → RATE *und* TIE
▸ ***Verb*** (**-tt-**) **1** (ver)knoten, binden ◇ *She wore her hair loosely knotted on top of her head.* Sie trug das Haar locker hochgesteckt. **2** sich verknoten; (*Haar*) sich verfilzen **3** (*Muskeln etc.*) sich verkrampfen ◇ *She felt her stomach knot with fear.* Sie merkte, wie sich ihr Magen vor Angst verkrampfte. IDM **get 'knotted!** (*BrE, Slang*) du kannst mich mal!

knotty /'nɒti; *AmE* 'nɑːti/ *Adj* (**knot·tier, knot·ti·est**) **1** (*Problem etc.*) schwierig, verzwickt **2** knorrig

know 0-w /nəʊ; *AmE* noʊ/ *Verb, Nomen*
▸ ***Verb*** (**knew** /njuː; *AmE* nuː/, **known** /nəʊn; *AmE* noʊn/) (*nicht in der Verlaufsform*) **1** wissen ◇ *How do you know?* Woher weißt du das? ◇ *You know about Amanda's baby, don't you?* Du weißt doch von Amandas Baby, oder? ◇ (*umgs*) *I don't know about you, but I want to go home.* Ich weiß nicht, wie es mit dir steht, aber ich will nach Hause. ◇ (*umgs*) *'Isn't that his car?' 'I wouldn't know./How should I know?'* „Ist das nicht sein Auto?"„Woher soll ich das wissen?" ◇ (*umgs*) *Does he know to come here first?* Weiß er, dass er zuerst hierher kommen soll? ◇ *We know her to be honest.* Wir wissen, dass sie ehrlich ist. ◇ *Two women are known to have died.* Man weiß, das zwei Frauen gestorben sind. ◇ (*umgs*) *I knew it!* Ich hab's doch gewusst! ◇ *I know of at least two similar cases.* Ich weiß, dass es mindestens zwei ähnliche Fälle gegeben hat. ◇ *Do you know how to use spreadsheets?* Kennst du dich mit Tabellenkalkulation aus? ◇ *The cause of the fire is not yet known.* Die Ursache des Brandes ist noch unbekannt. ◇ (*umgs*) *'What are you two whispering about?' 'You don't want to know.'* „Was flüstert ihr beiden?"„Frag lieber nicht." ◇ *I don't know that I can be ready by 6 o'clock.* Ich glaube nicht, dass ich um 6 fertig bin. **2** kennen ◇ *I've known David for 20 years.* Ich kenne David seit 20 Jahren. ◇ *Knowing Ben, we could be waiting a long time.* So wie ich Ben kenne, werden wir wohl noch eine Weile warten. ◇ *This man is known to the police.* Der Mann ist der Polizei nicht unbekannt. **3 be known as sth** als etw bekannt sein; **be known for sth** wegen einer Sache bekannt sein **4** erkennen ◇ *I thought I knew the voice.* Die Stimme kam mir bekannt vor. **5 ~ sb/sth from sb/sth** jdn/etw von jdm/etw unterscheiden können ◇ *Our children know right from wrong.* Unsere Kinder können Recht und Unrecht unterscheiden. **6** (*Sprache etc.*) können **7** (*nur in Perfektformen*) erlebt haben ◇ *I've never known it (to) snow in July before.* Ich habe noch nie erlebt, dass es im Juli schneit. ◇ *She has known what it is like to be poor.* Sie hat am eigenen Leib erfahren, was es bedeutet, arm zu sein. ◇ *He has been known to spend all morning in the bathroom.* Es ist schon vorgekommen, dass er den ganzen Vormittag im Badezimmer war. IDM **before you know where you 'are** ehe man sichs versieht **be not to 'know** etw nicht wissen können ◇ *He wasn't to know that I'd already bought one.* Er konnte nicht wissen, dass ich schon eins gekauft hatte. **for all you, I, they, etc. know** (*umgs*) ◇ *She could be dead for all I know.* Vielleicht ist sie tot, was weiß ich. ◇ *I could have been a*

burglar for all they knew. Ich hätte doch ein Einbrecher sein können. **God/goodness/Heaven knows** **1** was weiß ich; weiß der Kuckuck **2** weiß Gott **I don't know how, why, etc. …** (*umgs*) (*zum Ausdruck von Kritik*) ◇ *I don't know how you can speak like that to your mother.* Wie kannst du bloß so mit deiner Mutter reden! **I know** (*umgs*) **1** (*zum Ausdruck von Mitleid*) ja ich weiß **2** ich habs ◇ *I know, let's ask Jane.* Ich habs, wir fragen mal Jane. **know sth 'backwards** (*bes BrE, umgs*) etw in- und auswendig kennen **know 'best** etw besser wissen ◇ *The doctor knows best.* Die Ärztin muss es ja wissen. **know better (than that/than to do sth)** ◇ *You left the car unlocked? I thought you'd know better.* Du hast das Auto nicht abgeschlossen? Ich hätte dich für klüger gehalten. ◇ *He knows better than to judge by appearances.* Er ist nicht so dumm, nur nach dem Äußeren zu gehen. **know sb by 'sight** jdn vom Sehen kennen **know 'different/'otherwise** (*umgs*) wissen, dass etw nicht stimmt; es besser wissen **know full 'well** sehr gut wissen; sehr wohl wissen ◇ *He knew full well what he was doing.* Er wusste ganz genau, was er tat. **know sb/sth inside 'out; know sb/sth like the back of your 'hand** (*umgs*) jdn/etw sehr genau kennen ◇ *I know this area like the back of my hand.* Ich kenne diese Gegend wie meine Westentasche. **know the 'score** Bescheid wissen; wissen, was gespielt wird **know your own 'mind** wissen, was man will **know your 'stuff** (*umgs*) sich auskennen; Bescheid wissen **know your way a'round** sich auskennen **know what you're 'talking about** (*umgs*) aus Erfahrung sprechen; Ahnung haben ◇ *I've lived in China, so I know what I'm talking about.* Ich habe in China gelebt, ich spreche also aus Erfahrung. **know which side your 'bread is buttered** (*umgs*) wissen, wo es etw zu holen gibt **let it be known/make it known that …** (*gehoben*) bekannt geben, dass …; verlauten lassen, dass … **let sb 'know** jdn wissen lassen; jdm (Bescheid) sagen ◇ *Let me know how I can help.* Sagen Sie mir, wie ich helfen kann. **make yourself 'known to sb** sich bei jdm melden **not know any 'better** es nicht anders kennen; es nicht anders wissen ◇ *Don't blame the children — they don't know any better.* Du kannst die Kinder nicht verantwortlich machen — sie können es ja nicht wissen. **not know you are 'born** (*BrE, umgs*) nicht wissen, wie gut man es hat **not know your ˌarse from your 'elbow** (*BrE, vulg, Slang*) dümmer sein, als die Polizei erlaubt; keine Ahnung haben **not know the first thing a'bout sb** nicht das Geringste über jdn wissen **not know the first thing a'bout sth** von einer Sache nicht das Geringste verstehen ◇ *I'm afraid I don't know the first thing about cars.* Leider habe ich von Autos keine Ahnung. **not know sb from 'Adam** (*umgs*) keine Ahnung haben, wer jd ist **not know what 'hit you** (*umgs*) nicht wissen, wie einem geschah **not know where to 'look** (*umgs*) schrecklich verlegen sein **not know whether you're 'coming or 'going** (*umgs*) nicht wissen, wo einem der Kopf steht **there's no 'knowing** wer weiß; man kann nie wissen **what does … know?** was versteht … davon; was weiß … davon? ◇ *What does he know about football, anyway?* Was versteht er denn überhaupt von Fußball? **what do you 'know (about 'that)?** (*umgs*) Sieh mal einer an! **ˌyou 'know** **1** (*als Lückenfüller, während man überlegt, was man als nächstes sagen möchte*) ◇ *Well, you know, it's difficult to explain.* Ja weißt du, es ist schwer zu erklären. **2** (*als Bezug auf schon bekanntes Wissen*) du weißt schon; Sie wissen schon ◇ *You know that restaurant round the corner? It's closed down.* Du kennst doch das Restaurant um die Ecke? Es hat zugemacht. **3** (*als Verstärkung dessen, was man gerade gesagt hat*) ◇ *I'm not stupid, you know.* Ich bin schließlich nicht dumm. **you 'know something/'what?** (*umgs*) Weißt du was? **you know 'who/'what** (*umgs*) du weißt schon wer/was; Sie wissen schon wer/was **you never know** (*umgs*) man kann nie wissen → *Siehe auch* ANSWER, COST, DEVIL, FAR, LORD, OLD, PAT, ROPE, THING, TRUTH *und* WANT

▸ ***Nomen*** IDM **be in the 'know** (*umgs*) Bescheid wissen; (*bei Vertraulichem*) eingeweiht sein ◇ *Somebody in the know told me.* Ein Eingeweihter hat mir es gesagt.

'know-all *Nomen* (*BrE, umgs, abwert*) Schlaumeier(in), Besserwisser

'know-how *Nomen* (*umgs*) Know-how

know·ing /'nəʊɪŋ; *AmE* 'noʊ-/ *Adj* vielsagend, wissend ◇ *a knowing smile* ein vielsagendes Lächeln

know·ing·ly /'nəʊɪŋli; *AmE* 'noʊ-/ *Adv* **1** wissentlich, bewusst ◇ *Did she knowingly make a false statement?* Hat sie wissentlich eine falsche Aussage gemacht? **2** vielsagend, wissend ◇ *He glanced at her knowingly.* Er warf ihr einen vielsagenden Blick zu.

'know-it-all *Nomen* (*bes AmE*) Schlaumeier, Besserwisser

know·ledge 🔑 /'nɒlɪdʒ; *AmE* 'nɑːlɪdʒ/ *Nomen* **1** [U/Sing] Kenntnisse ◇ *a wide knowledge of painting* umfassende Kenntnisse auf dem Gebiet der Malerei ◇ *a lack of knowledge about the tax system* Unkenntnis des Steuersystems **2** [U] Wissen, Kenntnis ◇ *He denied all knowledge of the affair.* Er bestritt, von der Angelegenheit gewusst zu haben. IDM **be common/public 'knowledge** allgemein bekannt sein **sth comes to sb's 'knowledge** (*gehoben*) jd erfährt etw **to my, etc. 'knowledge** meines etc. Wissens ◇ *There has to our knowledge been no detailed study on this.* Soviel wir wissen, gibt es dazu bisher keine umfassenden Untersuchungen.

know·ledge·able /'nɒlɪdʒəbl; *AmE* 'nɑːlɪ-/ *Adj* (*Adv* **know·ledge·ably** /-bli/) bewandert, versiert ◇ *be knowledgeable about sth* sich mit/in etw gut auskennen ◇ *He talked knowledgeably about architecture.* Er sprach mit viel Sachkenntnis über Architektur.

known 🔑 /nəʊn; *AmE* noʊn/ *Adj* bekannt ◇ *The disease has no known cure.* Die Krankheit gilt als unheilbar. → *Siehe auch* KNOW

knuckle /'nʌkl/ *Nomen, Verb*

▸ ***Nomen*** **1** (Finger)knöchel **2** Hachse, Eisbein ◇ *knuckle of pork* Eisbein IDM **near the 'knuckle** (*BrE, umgs*) hart an der Grenze → *Siehe auch* RAP

▸ ***Verb*** PHRV **ˌknuckle 'down** (*umgs*) sich reinknien **ˌknuckle 'down to sth** (*umgs*) sich hinter etw klemmen ◇ *I'm going to have to knuckle down to some serious study.* Ich muss mich ganz ernsthaft hinter die Bücher klemmen. **ˌknuckle 'under (to sb/sth)** (*umgs*) sich (jdm/etw) fügen

knuckle·dust·er /'nʌkldʌstə(r)/ *Nomen* Schlagring

knuckle·head /'nʌklhed/ *Nomen* (*AmE, umgs*) Dummkopf

KO /ˌkeɪ 'əʊ; *AmE* 'oʊ/ *Abk* = KNOCKOUT

koala /kəʊ'ɑːlə; *AmE* koʊ'-/ (*auch* **koˌala 'bear**) *Nomen* Koala(bär)

kohl /kəʊl; *AmE* koʊl/ *Nomen* Kajal

kohl·rabi /ˌkəʊl'rɑːbi; *AmE* ˌkoʊl-/ *Nomen* Kohlrabi

kook /kuːk/ *Nomen* (*bes AmE, umgs*) Spinner(in)

kooka·burra /'kʊkəbʌrə; *AmE* -bɜːrə/ *Nomen* (*Vogel*) Lachender Hans

kooky /'kuːki/ *Adj* (*bes AmE, umgs*) verrückt

Ko·ran (*auch* **Qur'an**) /kə'rɑːn/ *Nomen* Koran

Kor·an·ic /kə'rænɪk/ *Adj* Koran-

korf·ball /'kɔːfbɔːl; *AmE* 'kɔːrf-/ *Nomen* Korfball

ko·sher /'kəʊʃə(r); *AmE* 'koʊ-/ *Adj* **1** koscher **2** (*umgs*) (*ehrlich*) koscher, sauber

kow·tow /ˌkaʊ'taʊ/ *Verb* ~ (**to sb/sth**) (*umgs, abwert*) (vor jdm/etw) buckeln

kph /ˌkeɪ piː 'eɪtʃ/ *Abk* = KILOMETRES PER HOUR

Kraut /kraʊt/ *Nomen* (*Slang, beleidigend*) Deutsche(r)
krill /krɪl/ *Nomen* [Pl] Krill
kryp·ton /ˈkrɪptɒn; *AmE* -tɑːn/ *Nomen* Krypton
kudos /ˈkjuːdɒs; *AmE* ˈkuːdɑːs/ *Nomen* (*umgs*) **1** Prestige **2 ~ (to sb) (for sth/for doing sth)** (*bes AmE, umgs*) ◇ *Kudos to Bill for fixing that problem.* Respekt für Bill, dass er das Problem gelöst hat. ◇ *Kudos on the quality of the production.* Besonders hervorheben möchte ich auch die Qualität der Produktion.
kum·quat /ˈkʌmkwɒt; *AmE* -kwɑːt/ *Nomen* Kumquat
kung fu /ˌkʌŋ ˈfuː/ *Nomen* Kung-Fu
Kurd /kɜːd; *AmE* ˈkɜːrd/ *Nomen* Kurde, Kurdin
Kurd·ish /ˈkɜːdɪʃ; *AmE* ˈkɜːrdɪʃ/ *Adj* kurdisch
kvetch /kvetʃ/ *Verb* (*AmE, umgs*) jammern
kW *Abk* = KILOWATT
kWh *Abk* = KILOWATT-HOUR

L l

L, l /el/ *Nomen, Abk*
▸ ***Nomen*** (*Pl* **Ls, L's, l's**) (*Buchstabe*) L, l → *Siehe auch* L-PLATE → *Beispiele bei* A, A
▸ ***Abk*** **1 L.** = LAKE **2 L** = LARGE **3 l** (*Pl* **l**) = LITRE **4 l** (*auch* **l.**) (*Pl* **ll**) = LINE
la = LAH
Lab *Abk* = LABOUR
lab 🔑 /læb/ *Nomen* (*umgs*) = LABORATORY
label 🔑 /ˈleɪbl/ *Nomen, Verb*
▸ ***Nomen*** **1** Etikett, Anhänger ◇ *price labels* Preisschilder **2** Marke ◇ *the supermarkets' own labels* die Eigenmarken der Supermärkte **3** (*abwert*) Etikett ◇ *I hated the label 'housewife'.* Ich hasste es, als Hausfrau abgestempelt zu werden. **4** Plattenfirma, Label
▸ ***Verb*** (**-ll-**, *AmE* **-l-**) **1** etikettieren, beschriften; (*Ware*) auszeichnen ◇ *The file was labelled 'Private'.* Die Akte trug die Aufschrift „privat". **2 ~ sb/sth (as) sth** jdn/etw als etw abstempeln
labia /ˈleɪbiə/ *Nomen* [Pl] Schamlippen
la·bial /ˈleɪbiəl/ *Nomen, Adj*
▸ ***Nomen*** Labial(laut), Lippenlaut
▸ ***Adj*** labial, Labial-
la·bor 🔑 *Nomen* (*AmE*) = LABOUR
la·bora·tory 🔑 /ləˈbɒrətri; *AmE* ˈlæbrətɔːri/ *Nomen* (*Pl* **-ies**) (*umgs* **lab**) Labor
ˈLabor Day *Nomen* = Feiertag in den USA und Kanada am ersten Montag im September zu Ehren der arbeitenden Bevölkerung
la·bor·er *Nomen* (*AmE*) = LABOURER
la·bori·ous /ləˈbɔːriəs/ *Adj* (*Adv* **la·bori·ous·ly**) mühselig, mühsam
ˈlabor union *Nomen* (*AmE*) Gewerkschaft
la·bour 🔑 (*AmE* **la·bor**) /ˈleɪbə(r)/ *Nomen, Verb*
▸ ***Nomen*** **1** Arbeit ◇ *manual labour* (harte) körperliche Arbeit ◇ *The price includes labour.* Im Preis sind die Arbeitsstunden inbegriffen. ◇ *The workers withdrew their labour.* Die Arbeiter legten ihre Arbeit nieder. **2** [meist Pl] (*gehoben*) Mühe **3** [U] Arbeitskräfte, Arbeiter ◇ *a shortage of labour* eine Arbeitskräfteknappheit ◇ *These repairs involve skilled labour.* Für diese Reparaturen braucht man Facharbeiter. ◇ *good labour relations* ein kooperatives Klima zwischen den Betriebsparteien **4** [meist Sing/U] (*Geburts-*) Wehen ◇ *Jane was in labour for ten hours.* Jane lag zehn Stunden in den Wehen. ◇ *She went into labour early.* Die Wehen setzten zu früh ein. ◇ *She had a difficult labour.* Es war eine schwere Entbindung. **5** [mit Verb im Sing/Pl] **Labour, Lab** = LABOUR PARTY **IDM** **a ˌlabour of ˈlove** ◇ *Writing the book was a labour of love for her.* Sie schrieb das Buch aus Liebe zur Sache.
▸ ***Verb*** **1 ~ (away)** arbeiten, sich abmühen **2** sich quälen **IDM** **labour the ˈpoint** auf etw herumreiten; etw breittreten **PHRV** **ˈlabour under sth** (*gehoben*) (*einem Irrtum, einer Vorstellung etc.*) unterliegen ◇ *He's labouring under the impression that he's written an important book.* Er gibt sich der Illusion hin, dass er ein wichtiges Buch geschrieben hat.
la·boured (*AmE* **la·bored**) /ˈleɪbəd; *AmE* -bərd/ *Adj* **1** (*Atmung*) schwer **2** schwerfällig
la·bour·er (*AmE* **la·bor·er**) /ˈleɪbərə(r)/ *Nomen* Arbeiter(in) ◇ *unskilled labourers* Hilfsarbeiter ◇ *casual labourers* Gelegenheitsarbeiter ◇ *a builder's labourer* ein ungelernter Bauarbeiter ◇ *a manual labourer* ein Schwerarbeiter
ˈlabour force (*AmE* **ˈlabor force**) *Nomen* Arbeiterschaft, Arbeitskräfte, Belegschaft ◇ *an unskilled labour force* ungelernte Arbeitskräfte
la·bour·ing (*AmE* **la·bor·ing**) /ˈleɪbərɪŋ/ *Nomen* harte körperliche Arbeit
ˌlabour-inˈtensive (*AmE* **ˌlabor-inˈtensive**) *Adj* arbeitsintensiv
ˈlabour market (*AmE* **ˈlabor market**) *Nomen* Arbeitsmarkt
the ˈLabour Party (*auch* **Labour, Lab**) *Nomen* [mit Verb im Sing/Pl] die Labour-Partei, die Labour Party
ˈlabour-saving (*AmE* **ˈlabor-saving**) *Adj* arbeitssparend
Lab·ra·dor /ˈlæbrədɔː(r)/ *Nomen* Labrador(hund)
la·bur·num /ləˈbɜːnəm; *AmE* ləˈbɜːrnəm/ *Nomen* (BOT) Goldregen
laby·rinth /ˈlæbərɪnθ/ *Nomen* (*gehoben*) Labyrinth (*auch fig*)
laby·rin·thine /ˌlæbəˈrɪnθaɪn; *AmE auch* -θɪn/ *Adj* (*gehoben*) labyrinthisch, labyrinthartig
lace /leɪs/ *Nomen, Verb*
▸ ***Nomen*** **1** Spitze **2** = SHOELACE
▸ ***Verb*** **1** schnüren; **~ sth up** etw zuschnüren ◇ *The dress laced up at the side.* Das Kleid wurde an der Seite geschnürt. **2 ~ A with B** B A beimischen, A B untermischen ◇ *The food had been laced with arsenic.* Dem Essen war Arsen untergemischt. ◇ *a coffee laced with brandy* ein Kaffee mit einem Schuss Brandy **3 ~ sth (with sth)** (*Rede, Unterhaltung etc.*) (mit etw) würzen ◇ *His speech was laced with witty asides.* Seine Rede war mit witzigen Bemerkungen gespickt. **4** (ineinander) verschlingen ◇ *They sat with their fingers laced.* Sie saßen mit verschlungenen Händen da.
la·cer·ate /ˈlæsəreɪt/ *Verb* (*gehoben*) zerschneiden, eine Schnittwunde zufügen
la·cer·ation /ˌlæsəˈreɪʃn/ *Nomen* (*gehoben*) **1** Schnittwunde **2** Einreißen, Verletzung
ˈlace-up *Nomen* [meist Pl] (*bes BrE*) Schnürschuh, Schnürstiefel
lack 🔑 /læk/ *Nomen, Verb*
▸ ***Nomen*** [U/Sing] **~ (of sth)** Mangel (an etw) ◇ *The trip was cancelled through lack of interest.* Die Reise wurde mangels Interesses abgesagt. **IDM** → TRY
▸ ***Verb*** **sb/sth lacks sth** jdm/etw fehlt es an etw → *Siehe auch* LACKING **IDM** **sb ˌlacks (for) ˈnothing** (*gehoben*) jdm fehlt es an nichts → *Siehe auch* COURAGE
lacka·dai·si·cal /ˌlækəˈdeɪzɪkl/ *Adj* (*gehoben*) gleichgültig, desinteressiert
lackey /ˈlæki/ *Nomen* Diener, Lakai (*auch fig*)
lack·ing 🔑 /ˈlækɪŋ/ *Adj* [nicht vor Nomen] **1 sb/sth is ~ in sth** jdm/etw mangelt es an etw, jdm/etw fehlt es an etw **2 find sb/sth ~** (*oft passiv*) jdn/etw für mangelhaft befinden ◇ *He was taken on as a teacher but was*

found lacking. Er wurde als Lehrer eingestellt, doch er bewährte sich nicht. **3 be ~** fehlen ◇ *I feel there is something lacking in my life.* Ich spüre, dass meinem Leben etwas fehlt.

lack·lustre (*AmE* **lack·lus·ter**) /ˈlæklʌstə(r)/ *Adj* glanzlos (*auch fig*) ◇ *a lacklustre performance* eine langweilige Vorstellung ◇ *lacklustre hair* stumpfes Haar

lacon·ic /ləˈkɒnɪk; *AmE* ləˈkɑːnɪk/ *Adj* **1** (*Adv* **la·con·ic·ally** /-kli/) lakonisch **2** (*Mensch*) wortkarg

lac·quer /ˈlækə(r)/ *Nomen, Verb*

▸ ***Nomen*** **1** Lack **2** (*veraltet*) Haarspray

▸ ***Verb*** **1** lackieren **2** (*BrE, veraltet*) (*mit Haarspray*) sprayen

la·crosse /ləˈkrɒs; *AmE* ləˈkrɔːs/ *Nomen* (SPORT) Lacrosse

lac·tate /lækˈteɪt/ *Verb* (*Fachspr*) laktieren, Milch absondern

lac·ta·tion /lækˈteɪʃn/ *Nomen* (*Fachspr*) Laktation, Milchabsonderung ◇ *the period of lactation* die Stillzeit

lac·tic acid /ˌlæktɪk ˈæsɪd/ *Nomen* Milchsäure

lac·tose /ˈlæktəʊs, -təʊz; *AmE* -toʊs, -toʊz/ *Nomen* Laktose, Milchzucker

la·cuna /ləˈkjuːnə; *AmE auch* ləˈkuː-/ *Nomen* (*Pl* **-nae** /-niː/ *oder* **la·cu·nas**) (*gehoben*) Lücke

lacy /ˈleɪsi/ *Adj* Spitzen-, spitzenartig

lad /læd/ *Nomen* **1** (*veraltet oder umgs*) Junge, (junger) Kerl, Bursche **2 the lads** [Pl] (*BrE, umgs*) die Kumpels **3** [meist Sing] (*BrE, umgs*) Draufgänger, Frauenheld **4** (*BrE*) Stallbursche

lad·der /ˈlædə(r)/ *Nomen, Verb*

▸ ***Nomen*** **1** Leiter (*auch fig*) ◇ *move up the social ladder* gesellschaftlich aufsteigen **2** (*BrE*) Laufmasche

▸ ***Verb*** (*BrE*) **1** eine Laufmasche bekommen **2** sich eine Laufmasche holen ◇ *laddered tights* eine Strumpfhose mit einer Laufmasche

lad·die /ˈlædi/ *Nomen* (*SchotE, umgs*) Bub, Junge

lad·dish /ˈlædɪʃ/ *Adj* (*umgs*) machohaft ◇ *laddish humour* Männerhumor

laden /ˈleɪdn/ *Adj* **1 ~ (with sth)** (mit etw) beladen, voll (von/mit etw) (*auch fig*) ◇ *laden with meaning* bedeutungsgeladen ◇ *The trees were laden with apples.* Die Bäume hingen voller Äpfel. **2 -laden** -geladen, -haltig ◇ *calorie-laden cream cakes* kalorienreiche Sahnetorten ◇ *a doom-laden atmosphere* eine düstere Stimmung ◇ *value-laden* nicht wertfrei

la-di-da /ˌlɑː di ˈdɑː/ *Adj* (*bes BrE, umgs, abwert*) affektiert

ˈladies' man (*auch* **ˈlady's man**) *Nomen* (*Pl* **men**) Frauenheld

ˈladies' room *Nomen* (*bes AmE*) Damentoilette

ladle /ˈleɪdl/ *Nomen, Verb*

▸ ***Nomen*** Schöpflöffel, Suppenkelle

▸ ***Verb*** schöpfen, aufhäufen PHRV **ˌladle sth ˈout** etw austeilen

lady 🗝 /ˈleɪdi/ (*Pl* **-ies**) *Nomen* **1** Dame ◇ *the ladies' golf championship* die Golfmeisterschaft der Damen ◇ *Can I take your coats, ladies?* Kann ich Ihre Mäntel nehmen, meine Damen? ◇ *ladies and gentlemen* sehr geehrte Damen und Herren ◇ *a lady's maid* eine Kammerzofe ◇ (*BrE*) *a tea lady* eine Frau, die in Büros für Angestellte Tee zubereitet ◇ *a lady doctor* eine Ärztin ◇ *a lady golfer* eine Golfspielerin ◇ (*AmE*) *She's a tough lady.* Sie ist eine starke Frau. ➔ *Siehe auch* BAG LADY, CLEANING LADY *und* LEADING LADY **2** (*AmE*) (*unhöfliche Anrede für eine Frau*) ◇ *Listen, lady, don't shout at me.* Hör mal zu, Gnädigste, schrei mich nicht an. **3 Lady** = Titel einer aristokratischen Frau (auch Ehefrau und Tochter von Grafen etc.), einer Frau, die im Oberhaus einen Sitz hat, einer Ehefrau eines Oberhausmitglieds oder einer Frau, deren Mann in den Ritterstand erhoben wurde **4 a/the ladies**; *AmE* **ˈladies' room** eine/die Damentoilette **5 Our Lady** (REL) (*Jungfrau Maria*) Unsere Liebe Frau

lady·bird /ˈleɪdibɜːd; *AmE* -bɜːrd/ (*AmE* **lady·bug** /-bʌg/) *Nomen* Marienkäfer

ˌlady-in-ˈwaiting *Nomen* (*Pl* **ladies-in-waiting**) Hofdame

lady·kill·er /ˈleɪdikɪlə(r)/ *Nomen* (*veraltet oder umgs*) Herzensbrecher, Frauenheld

lady·like /ˈleɪdilaɪk/ *Adj* (*veraltet*) damenhaft, ladylike

ˌlady ˈmayor *Nomen* Bürgermeisterin

lady·ship /ˈleɪdiʃɪp/ *Nomen* Ladyschaft

ˈlady's man = LADIES' MAN

lag /læg/ *Verb, Nomen*

▸ ***Verb*** **(-gg-) 1 ~ (behind sb/sth); ~ (behind)** (hinter jdm/etw) zurückliegen; (*fig*) (hinter jdm/etw) hinterherhinken ◇ *The little boy lagged behind his parents.* Der kleine Junge trödelte hinter seinen Eltern her. **2** (*Rohre etc.*) isolieren

▸ ***Nomen*** = TIME LAG ➔ *Siehe auch* OLD LAG

lager /ˈlɑːgə(r)/ *Nomen* (*BrE*) helles Bier, Lager

ˈlager lout *Nomen* (*BrE*) betrunkener Randalierer

lag·gard /ˈlægəd; *AmE* -gərd/ *Nomen* (*veraltet*) Trödler(in), Nachzügler(in)

laggy /ˈlægi/ *Adj* (**lag·gier, lag·gi·est**) (*umgs*) (*Internetanschluss, Computer oder Computerspiel*) langsam

la·goon /ləˈguːn/ *Nomen* **1** Lagune **2** (*AmE*) kleiner See **3** (*Fachspr*) Klärteich

lah (*auch* **la**) /lɑː/ *Nomen* (MUS) la

laid *Form von* LAY

ˌlaid-ˈback *Adj* (*umgs*) gelassen, entspannt

lain *Form von* LIE[1]

lair /leə(r); *AmE* ler/ *Nomen* [meist Sing] **1** Höhle, Bau ◇ *a fox's lair* ein Fuchsbau **2** (*fig*) Unterschlupf, Zufluchtsort

laird /leəd; *AmE* lerd/ *Nomen* (*in Schottland*) Gutsherr(in)

laissez-faire /ˌleseɪ ˈfeə(r); *AmE* ˈfer/ *Nomen* Laisser-faire ◇ *a laissez-faire style of management* eine lockere Geschäftsführung

laity /ˈleɪəti/ *Nomen* [mit Verb im Sing/Pl] **the laity** die Laien, der Laienstand

lake 🗝 /leɪk/ *Nomen* (*Abk* **L.**) (*Binnengewässer*) See

lake·side /ˈleɪksaɪd/ *Nomen* [Sing] Seeufer ◇ *a lakeside hotel* ein Hotel am See

la-la land /ˈlɑː lɑː lænd/ *Nomen* (*AmE, umgs*) Wolkenkuckucksheim

lam /læm/ *Nomen* IDM **on the ˈlam** (*AmE, umgs*) auf der Flucht

lamb /læm/ *Nomen, Verb*

▸ ***Nomen*** Lamm ◇ *You poor lamb!* Du armes Ding! IDM **(like) a lamb to the ˈslaughter** (wie) ein Lamm, das zur Schlachtbank geführt wird ➔ *Siehe auch* MUTTON

▸ ***Verb*** lammen

lam·baste (*auch* **lam·bast**) /læmˈbeɪst/ *Verb* (*gehoben*) abkanzeln

lambs·wool /ˈlæmzwʊl/ *Nomen* Lammwolle, Lambswool

lame /leɪm/ *Adj* **1** lahm ◇ *My horse had gone lame.* Mein Pferd lahmte. **2** (*Adv* **lame·ly**) /ˈleɪmli/ (*fig*) wenig überzeugend, lahm, schwach ◇ *Stephen made some lame excuse.* Stephen fand eine faule Ausrede.

lamé /ˈlɑːmeɪ; *AmE* lɑːˈmeɪ/ *Nomen* Lamé

ˌlame ˈduck *Nomen* **1** (WIRTSCH) unrentable Firma **2** (*Mensch*) Niete, Versager(in) **3** (*bes AmE, umgs*) = Politiker(in), dessen/deren Amtszeit sich dem Ende nähert

lame·ness /ˈleɪmnəs/ *Nomen* ◇ *horses affected with lameness* Pferde, die lahmen ◇ *The disease has left her with permanent lameness.* Seit dieser Krankheit hinkt sie.

lam·ent /ləˈment/ *Verb, Nomen*
▸ ***Verb*** *(gehoben)* (be)klagen, (be)trauern
▸ ***Nomen*** *(gehoben)* (Weh)klage, Klagelied

lam·ent·able /ləˈmentəbl, ˈlæməntəbl/ *Adj* (*Adv* **lam·entably** /-bli/) *(gehoben)* kläglich, beklagenswert, erbärmlich

lam·en·ta·tion /ˌlæmənˈteɪʃn/ *Nomen (gehoben)* Klage, Jammern

la·ment·ed /ləˈmentɪd/ *Adj (gehoben oder hum)* viel beweint, viel betrauert ◇ *her late lamented husband* ihr verschiedener Ehemann

lamin·ate /ˈlæmɪnət/ *Nomen* Laminat, Schichtpressstoff

lamin·ated /ˈlæmɪneɪtɪd/ *Adj* laminiert, geschichtet; *(Oberflächen)* beschichtet ◇ *laminated timber* Sperrholz ◇ *laminated glass* Verbundglas

lamp 0━ /læmp/ *Nomen* Lampe ◇ *a street lamp* eine Straßenlaterne → *Siehe auch* FOG LAMP, STANDARD LAMP *und* SUNLAMP

lamp·light /ˈlæmplaɪt/ *Nomen* Lampenlicht; *(auf der Straße)* Laternenlicht

lamp·lit /ˈlæmplɪt/ *Adj* von Lampenlicht beleuchtet; *(Straße etc.)* von Laternen beleuchtet

lam·poon /læmˈpuːn/ *Verb, Nomen*
▸ ***Verb*** *(gehoben)* verspotten
▸ ***Nomen*** *(gehoben)* Spottschrift, Satire

ˈlamp post *Nomen (bes BrE)* Laternenpfahl

lamp·shade /ˈlæmpʃeɪd/ *Nomen* Lampenschirm

LAN /læn/ *Kurzform von* **local area network** (COMP) LAN

lance /lɑːns; *AmE* læns/ *Nomen, Verb*
▸ ***Nomen*** Lanze
▸ ***Verb*** öffnen ◇ *lance an abscess* einen Abszess eröffnen

ˌlance ˈcorporal *Nomen* Obergefreite(r)

lan·cet /ˈlɑːnsɪt; *AmE* ˈlæn-/ *Nomen* Lanzette

land 0━ /lænd/ *Nomen, Verb*
▸ ***Nomen*** **1** Land ◇ *We made the journey by land.* Wir machten die Reise auf dem Landweg. ◇ *grazing lands* Weidegründe ◇ *She longed to return to her native land.* Sie sehnte sich danach, in ihr Vaterland zurückzukehren. **2** *(gehoben* **lands** [Pl]) Grundstück ◇ *During the war their lands were occupied by the enemy.* Während des Krieges waren ihre Ländereien vom Feind besetzt. **3 the land** Land, Boden ◇ *live off the land* von der Landwirtschaft leben ◇ *farm the land* Landwirtschaft betreiben **IDM** **(back) in the land of the ˈliving** (wieder) unter den Lebenden **the land of ˌmilk and ˈhoney** das Land, wo Milch und Honig fließt **see, etc. how the ˈland lies** *(BrE)* sehen, woher der Wind weht **the ˌlie of the ˈland** (*AmE* **the ˌlay of the ˈland**) **1** die Landschaft; das Gelände ◇ *The castle was hidden by the lie of the land.* Die Burg lag in der Landschaft versteckt. **2** die Sachlage; die Lage der Dinge → *Siehe auch* LIVE[1] *und* SPY
▸ ***Verb*** **1** landen **2** absetzen, an Land bringen; *(Truppen)* landen **3** *(umgs)* (sich) an Land ziehen, (sich) angeln ◇ *She's just landed herself a company directorship.* Sie hat sich gerade eine Stelle als Firmenleiterin verschafft. **4** *(beim Angeln)* an Land ziehen **IDM** **ˌland a ˈblow, ˈpunch, etc.** einen Schlag, Hieb etc. landen ◇ *She landed a punch on his chin.* Sie versetzte ihm einen Kinnhaken. → *Siehe auch* FOOT **PHR V** **ˈland in sth**; **ˈland sb/yourself in sth** *(umgs)* ◇ *She was arrested and landed in court.* Sie wurde festgenommen und landete vor Gericht. ◇ *His hot temper has landed him in trouble before.* Sein ungezügeltes Temperament hat ihn schon früher in Schwierigkeiten gebracht. ◇ *Now you've really landed me in it!* Jetzt hast du mich wirklich reingeritten. **ˌland ˈup in, at …** *(umgs)* in, bei … landen ◇ *land up in hospital* im Krankenhaus landen **ˈland sb/yourself with sth/sb** *(umgs)* jdm/sich etw/jdn aufhalsen

ˈland-based *Adj* landgestützt ◇ *land-based animals* Landtiere

land·ed /ˈlændɪd/ *Adj* [nur vor Nomen] **1** = viel Land besitzend ◇ *the landed gentry* der Landadel **2** (Groß)grund- ◇ *landed estates* Großgrundbesitz

land·fall /ˈlændfɔːl/ *Nomen* **1** *(gehoben)* Landen ◇ *make landfall* landen **2** Erdrutsch

land·fill /ˈlændfɪl/ *Nomen* **1** Müllgrube, Mülldeponie **2** Mülldeponierung **3** Müll *(zur Deponierung)*

land·form /ˈlændfɔːm; *AmE* -fɔːrm/ *Nomen (Fachspr)* Geländeform

ˈland grab *Nomen (abwert)* **1** Landraub **2** = Machtausbreitung in Bereiche, die einem eigentlich nicht zustehen ◇ *The company has been accused of an online land grab as it buys up Internet domains.* Der Firma wird vorgeworfen, dass sie im Internet auf Raubzug geht, indem sie dort Domänen aufkauft.

land·hold·er /ˈlændhəʊldə(r); *AmE* -hoʊl-/ *Nomen* **1** Pächter(in) **2** Landbesitzer(in)

land·hold·ing /ˈlændhəʊldɪŋ; *AmE* -hoʊl-/ *Nomen (Fachspr)* **1** Pacht **2** Grundbesitz

land·ing /ˈlændɪŋ/ *Nomen* **1** Treppenabsatz ◇ *the door on the top landing* die Tür im obersten Stock **2** Landung ◇ *Only a field was available for landing.* Nur auf einem Feld konnte man landen. ◇ *a landing site* ein Landeplatz **3** *(BrE auch* **ˈlanding stage**) Anlegeponton

ˈlanding craft *Nomen* (*Pl* **land·ing craft**) Landungsboot

ˈlanding gear *Nomen* [U] Fahrwerk

ˈlanding page *Nomen* (COMP) Landing Page, Empfangsseite

ˈlanding strip *Nomen* Landebahn

land·lady /ˈlændleɪdi/ *Nomen* (*Pl* **-ies**) **1** Vermieterin **2** *(BrE)* Gastwirtin

land·less /ˈlændləs/ *Adj* landlos

land·line /ˈlændlaɪn/ *Nomen* Festnetzleitung ◇ *calls made on a landline* Anrufe aus dem Festnetz

land·locked /ˈlændlɒkt; *AmE* -lɑːkt/ *Adj* vom Land eingeschlossen ◇ *Switzerland is completely landlocked.* Die Schweiz hat keine Küste. ◇ *a landlocked stretch of water* eine Wasserfläche ohne Verbindung zum Meer

land·lord /ˈlændlɔːd; *AmE* -lɔːrd/ *Nomen* **1** Vermieter **2** *(BrE)* Gastwirt

land·mark /ˈlændmɑːk; *AmE* -mɑːrk/ *Nomen* **1** Wahrzeichen ◇ *The church spire was a landmark for ships.* Die Kirchturmspitze diente Schiffen zur Orientierung. **2** *(fig)* Meilenstein ◇ *a landmark ruling in the courts* eine wegweisendes Gerichtsurteil

ˈland mass *Nomen (Fachspr)* Landmasse

land·mine /ˈlændmaɪn/ *Nomen* Landmine

ˈland office *Nomen (AmE)* Grundbuchamt

land·owner /ˈlændəʊnə(r); *AmE* -doʊ-/ *Nomen* Grundbesitzer(in)

land·owner·ship /ˈlændəʊnəʃɪp; *AmE* -doʊnərʃɪp/ *(auch* **land·owning**) *Nomen* Grundbesitz

land·owning /ˈlændəʊnɪŋ; *AmE* -doʊ-/ *Adj* [nur vor Nomen] Grundbesitz- ◇ *the great landowning families* die Großgrundbesitzerfamilien

ˈland reform *Nomen* Bodenreform

ˈland registry *Nomen (BrE)* Grundbuchamt

land·scape 0━ /ˈlændskeɪp/ *Nomen, Verb*
▸ ***Nomen*** **1** [meist Sing] Landschaft **2** Landschaftsbild **3** *(Fachspr)* Querformat **IDM** → BLOT

▸ ***Verb*** landschaftlich/gärtnerisch gestalten ◇ *The park was landscaped in the 17th century.* Der Park wurde im 17. Jahrhundert angelegt.

ˌlandscape ˈarchitect *Nomen* Landschaftsarchitekt(in)

ˌlandscape ˈarchitecture *Nomen* Landschaftsarchitektur

ˌlandscape ˈgardener *Nomen* Landschaftsgärtner(in), Gartenbauingenieur(in)

ˌlandscape ˈgardening *Nomen* Landschaftsgärtnerei, Gartenbau

land·scap·ing /ˈlændskeɪpɪŋ/ *Nomen* [U] **1** Landschaftsbau **2** = landschaftsgärtnerische Elemente wie Bäume, Steine etc.

land·slide /ˈlændslaɪd/ *Nomen* **1** Erdrutsch **2** Erdrutschwahlsieg ◇ *a landslide victory* ein Erdrutschwahlsieg

land·slip /ˈlændslɪp/ *Nomen* Erdrutsch

land·ward /ˈlændwəd; *AmE* -wərd/ *Adj, Adv*

▸ ***Adj*** [nur vor Nomen] zum (Fest)land ◇ *on the landward side* auf der Landseite ◇ *in a landward direction* in Richtung Festland

▸ ***Adv*** (*auch* **land·wards**) zum Festland (hin)

lane 0-w /leɪn/ *Nomen* **1** (Land)sträßchen, Weg **2** (*besonders in Straßennamen*) Gasse **3** (Fahr)spur ◇ *get in the right lane* sich richtig einordnen **4** (SPORT) Bahn **5** Route ◇ *a shipping lane* ein Seeweg **IDM** → FAST LANE

lan·guage 0-w /ˈlæŋgwɪdʒ/ *Nomen* **1** Sprache ◇ *my first/native language* meine Muttersprache ◇ *language learning* Spracherwerb **2** [U] Ausdrucksweise ◇ *bad/strong language* Kraftausdrücke ◇ *foul language* Schimpfwörter **IDM** **mind/watch your ˈlanguage/ˈtongue** auf seine Ausdrucksweise achten ◇ *Watch your language!* Drück dich gefälligst anständig aus! **speak/talk the same ˈlanguage** die gleiche Sprache sprechen

ˈlanguage laboratory *Nomen* (*Pl* **-ies**) Sprachlabor

lan·guid /ˈlæŋgwɪd/ *Adj* (*Adv* **lan·guid·ly**) (*gehoben*) lässig, matt ◇ *a languid afternoon in the sun* ein untätiger Nachmittag in der Sonne

lan·guish /ˈlæŋgwɪʃ/ *Verb* (*gehoben*) **1** schmachten **2** verkümmern ◇ *The share prices languished.* Der Aktienkurs blieb weiter schwach.

lank /læŋk/ *Adj* strähnig

lanky /ˈlæŋki/ *Adj* schlaksig

lano·lin /ˈlænəlɪn/ *Nomen* Lanolin

lan·tern /ˈlæntən; *AmE* -tərn/ *Nomen* Laterne ◇ *Chinese lanterns* Lampions

lan·yard /ˈlænjɑːd, -njəd; *AmE* -njərd/ *Nomen* **1** Umhängeband, Lanyard, Schlüsselband ◇ *a whistle lanyard* ein Umhängeband für eine Pfeife **2** Halsband, Umhängeband ◇ *lanyard headphones for use with your iPod* Köpfhörer mit Umhängeband für deinen iPod **3** Tau, Taljereep

lap /læp/ *Nomen, Verb*

▸ ***Nomen*** **1** [meist Sing] Schoß **2** (SPORT) Runde **3** Abschnitt ◇ *the first lap of their round-the-world tour* der erste Abschnitt ihrer Weltreise **IDM** **be in the lap of the ˈgods** in den Sternen (geschrieben) stehen **ˌdrop/ˌdump sth in sb's ˈlap** (*umgs*) etw auf jdn abwälzen ◇ *They dropped the problem firmly back in my lap.* Sie luden das Problem ganz klar bei mir ab. **sth ˌdrops/ˌfalls into sb's ˈlap** etw fällt jdm in den Schoß **live in the lap of ˈluxury** ein Luxusleben führen

▸ ***Verb*** (**-pp-**) **1** plätschern ◇ *The waves lapped around our feet.* Die Wellen umspielten unsere Füße. ◇ *the sound of water lapping against the boat* das Geräusch kleiner Wellen, die gegen das Boot schlugen **2** auflecken **3** (SPORT) überrunden **PHR V** **ˌlap sth ˈup** **1** (*umgs*) etw begierig aufnehmen ◇ *It's a terrible movie but audiences are lapping it up.* Es ist ein schrecklicher Film, aber das Publikum stürzt sich darauf. **2** etw aufschlecken

ˈlap belt *Nomen* Beckengurt

ˈlap dancing *Nomen* Lapdancing

lap·dog /ˈlæpdɒg; *AmE* -dɔːg/ *Nomen* **1** Schoßhund **2** (*abwert*) Schoßhündchen

lapel /ləˈpel/ *Nomen* Revers

lapi·dary /ˈlæpɪdəri; *AmE* -deri/ *Adj* **1** (*gehoben*) treffend und gelungen ◇ *in lapidary style* mit treffender Eleganz **2** die Steinschneidekunst betreffend

lapis laz·uli /ˌlæpɪs ˈlæzjʊli; *AmE* -zəli/ *Nomen* Lapislazuli

lapse /læps/ *Nomen, Verb*

▸ ***Nomen*** **1** Lapsus, Aussetzen ◇ *a lapse of concentration/memory* eine momentane Konzentrationsschwäche/Gedächtnislücke **2** Zeitraum ◇ *after a considerable lapse of time* nach einer beträchtlichen Pause **3** Versäumnis

▸ ***Verb*** **1** verfallen ◇ *The treaty lapsed in 1995.* Der Vertrag wurde 1995 ungültig. **2** schwinden ◇ *This custom had lapsed over the years.* Dieser Brauch war über die Jahre in Vergessenheit geraten. **3** ~ (**from sth**) (*vom Glauben*) abfallen ◇ *They have lapsed since growing up.* Sie haben sich als Erwachsene von der Kirche abgewendet. **PHR V** **ˈlapse into sth** **1** in etw abgleiten ◇ *lapse into unconsciousness* in Bewusstlosigkeit fallen ◇ *She lapsed into silence.* Sie verfiel in Schweigen. **2** in etw zurückfallen

lapsed /læpst/ *Adj* [nur vor Nomen] **1** abgelaufen **2** = von der Kirche abgefallen

lap·top /ˈlæptɒp; *AmE* -tɑːp/ *Nomen* Laptop

lap·wing /ˈlæpwɪŋ/ *Nomen* Kiebitz

lar·ceny /ˈlɑːsəni; *AmE* ˈlɑːrsə-/ *Nomen* (*Pl* **-ies**) (*BrE, veraltet oder AmE*) Diebstahl ◇ *grand larceny* schwerer Diebstahl ◇ *petty larceny* Bagatelldiebstahl

larch /lɑːtʃ; *AmE* lɑːrtʃ/ *Nomen* Lärche

lard /lɑːd; *AmE* lɑːrd/ *Nomen, Verb*

▸ ***Nomen*** Schweineschmalz

▸ ***Verb*** spicken **PHR V** **ˈlard sth with sth** (*meist abwert*) etw mit etw spicken

lar·der /ˈlɑːdə(r); *AmE* ˈlɑːrdər/ *Nomen* (*bes BrE*) Speisekammer, Vorratsschrank

large 0-w /lɑːdʒ; *AmE* lɑːrdʒ/ *Adj* **1** groß ◇ *a large appetite* ein mächtiger Appetit ◇ *Who's the rather large lady in the hat?* Wer ist die recht korpulente Dame mit dem Hut? **2** umfassend ◇ *We need to look at the larger picture.* Wir müssen die Situation im weiteren Kontext betrachten. **IDM** **at ˈlarge** **1** im Großen und Ganzen ◇ *society at large* die Gesellschaft im Allgemeinen **2** auf freiem Fuß ◇ *A tiger is at large.* Ein Tiger ist los. **by and ˈlarge** (*umgs*) im Großen und Ganzen **in ˈlarge part/measure** (*gehoben*) zum großen Teil **(as) large as ˈlife** (*hum*) (in) voller Lebensgröße; nicht zu übersehen **ˌlarger than ˈlife** **1** übertrieben **2** (alles) überragend → *Siehe auch* LOOM *und* WRIT

large·ly 0-w /ˈlɑːdʒli; *AmE* ˈlɑːrdʒ-/ *Adv* **1** weitgehend **2** hauptsächlich, vor allem

ˈlarge-scale *Adj* **1** groß angelegt, Groß-, Massen- ◇ *a large-scale study* eine groß angelegte Studie **2** (*Modell, Landkarte*) in großem Maßstab

lar·gesse (*auch* **lar·gess**) /lɑːˈdʒes; *AmE* lɑːrˈ-/ *Nomen* (*gehoben oder hum*) **1** Großzügigkeit **2** [U] großzügige Gaben ◇ *distribute/dispense largesse to the poor* großzügige Gaben an die Armen verteilen

lar·gish /ˈlɑːdʒɪʃ; *AmE* ˈlɑːrdʒɪʃ/ *Adj* ziemlich groß

lark /lɑːk; *AmE* lɑːrk/ *Nomen, Verb*

▸ ***Nomen*** **1** Lerche **2** [meist Sing] Jux, Spaß **3** (*BrE, umgs*) Geschichte ◇ *I'm too old for this globe-trotting lark.* Ich bin zu alt für diese Weltenbummlerei.

IDM **be/get up with the ˈlark** (*BrE, veraltet*) mit dem ersten Hahnenschrei aufstehen **blow/sod that for a ˈlark** (*BrE, Slang*) Scheiß drauf!
▸ ***Verb*** **PHR V** **ˌlark aˈbout/aˈround** (*BrE, umgs, veraltet*) herumalbern

lark·spur /ˈlɑːkspɜː(r); *AmE* ˈlɑːrk-/ *Nomen* (BOT) Rittersporn

LARP /lɑːp; *AmE* lɑːrp/ *Kurzform von* **live action role-playing game** Liverollenspiel

LARPer /ˈlɑːpə(r); *AmE* ˈlɑːrpər/ *Nomen* = jd, der an einem Liverollenspiel teilnimmt

larva /ˈlɑːvə; *AmE* ˈlɑːrvə/ *Nomen* (*Pl* **lar·vae** /ˈlɑːviː; *AmE* ˈlɑːrviː/) Larve

lar·val /ˈlɑːvl; *AmE* ˈlɑːrvl/ *Adj* Larven-

laryn·gi·tis /ˌlærɪnˈdʒaɪtɪs/ *Nomen* Kehlkopfentzündung

lar·ynx /ˈlærɪŋks/ *Nomen* Kehlkopf

la·sagne (*auch* **la·sagna**) /ləˈzænjə/ *Nomen* Lasagne

la·scivi·ous /ləˈsɪviəs/ *Adj* (*Adv* **la·scivi·ous·ly**) (*gehoben, abwert*) lüstern

la·sci·vi·ous·ness /ləˈsɪviəsnəs/ *Nomen* (*gehoben, abwert*) Lüsternheit

laser /ˈleɪzə(r)/ *Nomen* Laser

ˈlaser printer *Nomen* Laserdrucker

lash /læʃ/ *Verb, Nomen*
▸ ***Verb*** **1** peitschen, schlagen ◇ *Huge waves lashed the shore.* Hohe Wellen schlugen an die Küste. **2** festbinden ◇ *lash sth down* etw festbinden ◇ *lash sth together* etw zusammenbinden **3** geißeln **PHR V** **ˌlash ˈout** um sich schlagen; (*Pferd*) ausschlagen **ˌlash ˈout at sb/sth** **1** auf jdn/etw losgehen **2** (*kritisieren*) jdn/etw angreifen
▸ ***Nomen*** **1** = EYELASH **2** Peitschenhieb ◇ (*fig*) *feel the lash of sb's tongue* jds scharfe Zunge spüren **3** Peitschenschnur

lash·ing /ˈlæʃɪŋ/ *Nomen* **1 lashings** [Pl] (*BrE, umgs*) Unmengen ◇ *a bowl of strawberries with lashings of cream* eine Schüssel Erdbeeren mit einem Berg Sahne **2** Auspeitschung, Peitschen ◇ (*fig*) *She gave him a tongue lashing.* Sie hat ihn zur Schnecke gemacht.

lass /læs/ (*auch* **las·sie** /ˈlæsi/) *Nomen* (*vor allem in Schottland und Nordengland*) Mädchen

las·si·tude /ˈlæsɪtjuːd; *AmE* -tuːd/ *Nomen* (*gehoben*) Trägheit, Mattigkeit

lasso /læˈsuː, ˈlæsəʊ; *AmE* ˈlæsoʊ/ *Nomen, Verb*
▸ ***Nomen*** (*Pl* **-os** *oder* **-oes**) Lasso
▸ ***Verb*** mit dem Lasso einfangen

last¹ 0‑ /lɑːst; *AmE* læst/ *Adj, Adv, Nomen, Verb*
▸ ***Adj*** letzte(r,s) ◇ *the last bus* der letzte Bus ◇ *She was last to arrive.* Sie kam als Letzte. ◇ *That was the last thing she needed.* Das war das Letzte, was sie brauchte. ◇ *He's the last person to trust with a secret.* Er ist der Letzte, dem ich ein Geheimnis anvertrauen würde. ◇ *last night* gestern Abend/Nacht ◇ *last summer* vorigen Sommer ◇ *her last book* ihr neuestes Buch **IDM** **be on your/its last ˈlegs** es nicht mehr lange machen **the day before ˈlast** vorgestern **the week, month, etc. before ˈlast** vorletzte Woche/vorletzten Monat etc. ◇ *the summer before last* vorletzten Sommer **every last …** ◇ *We spent every last penny we had on the house.* Wir haben unser ganzes Geld für das Haus ausgegeben. ◇ *They all knew, every last one of them.* Jeder hat es gewusst. **have the last laugh** derjenige sein, der zuletzt lacht **in the last reˈsort** letzten Endes; wenn alle Stränge reißen **your/the last ˈgasp** der letzte Atemzug ◇ *breathe your last gasp* seinen letzten Atemzug tun ◇ *They threw the chance away at the last gasp.* Sie haben ihre Chance in letzter Minute vertan. **the ˌlast ˈminute/ˈmoment** die letzte Minute; der letzte Moment ◇ *at the last minute* in letzter Minute ◇ *Don't leave it to the last moment.* Warte nicht bis auf den letzten Drücker. **a/your last reˈsort** die letzte Rettung; der letzte Ausweg ◇ *You're my last resort.* Du bist meine letzte Rettung. **the ˌlast ˈword (in sth)** der letzte Schrei (in etw) ◇ *the last word in green technology* das Nonplusultra an ökologischer Technik ➔ *Siehe auch* STRAW, THING, WEEK *und* WORD
▸ ***Adv*** **1** als Letzte(r) ◇ *He came last.* Er wurde Letzter. ◇ *They arrived last of all.* Sie kamen als Allerletzte. **2** zuletzt, das letzte Mal ◇ *When did you see him last?* Wann haben Sie ihn zuletzt gesehen? **IDM** **ˌlast but not ˈleast** nicht zuletzt **ˌlast ˈin, ˌfirst ˈout** wer zuletzt kommt, geht zuerst ➔ *Siehe auch* FIRST
▸ ***Nomen*** **the last** (*Pl* **the last**) **1** der/die/das Letzte ◇ *They were the last to arrive.* Sie kamen als Letzte. **2** ◇ *I ate the last of the chocolate.* Ich habe die restliche Schokolade gegessen. ◇ *These are the last of our apples.* Das sind unsere letzten Äpfel. **IDM** **hear/see the ˈlast of sb/sth** ◇ *That was the last I ever saw of her.* Danach habe ich sie nie wiedergesehen. ◇ *I don't think we've heard the last of this affair.* Ich glaube nicht, dass diese Sache schon erledigt ist. ◇ *You haven't heard the last of this.* In dieser Sache ist das letzte Wort noch nicht gesprochen. **the last I heard** (*umgs*) ◇ *The last I heard he was still working at the garage.* Das Letzte, was ich gehört habe, ist, dass er immer noch in der Werkstatt arbeitet. **to/till the ˈlast** bis zuletzt; bis zum Schluss ➔ *Siehe auch* BREATHE *und* FIRST
▸ ***Verb*** **1** (*nicht in der Verlaufsform*) dauern ◇ *The meeting only lasted (for) a few minutes.* Die Besprechung dauerte nur einige Minuten. **2** anhalten, andauern, halten **3 ~ (out)** durchhalten, überleben ◇ *Can you last (out) until help arrives?* Hältst du durch, bis Hilfe kommt? ◇ *She won't last long in that job.* Diese Stelle wird sie nicht lange haben. **4 ~ sth (out)** etw überleben, etw überstehen **5 ~ (sb) (out)** ◇ *Will the coffee last out till next week?* Reicht der Kaffee bis nächste Woche? ◇ *We've got enough food to last (us) three days.* Wir haben genug Lebensmittel für drei Tage.

last² 0‑ /lɑːst; *AmE* læst/ *Nomen* Leisten

ˌlast ˈcall *Nomen* **1** (*bes AmE*) = die letzte Möglichkeit, in einer Bar oder einer Kneipe etwas zu bestellen, bevor sie schließt **2** (*im Flughafen*) letzter Aufruf

ˌlast-ˈditch *Adj* ◇ *a last-ditch attempt/effort* ein letzter (verzweifelter) Versuch

last·ing /ˈlɑːstɪŋ; *AmE* ˈlæstɪŋ/ *Adj* dauerhaft, bleibend

the ˌLast ˈJudgement *Nomen* [Sing] das Jüngste Gericht

last·ly /ˈlɑːstli; *AmE* ˈlæst-/ *Adv* schließlich, zum Schluss

ˈlast name *Nomen* Nachname

ˌlast ˈorders *Nomen* [Pl] (*BrE*) = die letzte Möglichkeit, in einer Bar oder Kneipe etwas zu bestellen, bevor sie schließt

the ˌlast ˈpost *Nomen* [Sing] (*BrE*) der Zapfenstreich

the ˌlast ˈrites *Nomen* [Pl] die Letzte Ölung

lat. *Abk* = LATITUDE

latch /lætʃ/ *Nomen, Verb*
▸ ***Nomen*** **1** Riegel **2** (*bes BrE*) Schnappschloss **IDM** **on the ˈlatch** (*BrE*) ◇ *Can you leave the door on the latch so I can get in?* Schließ die Tür bitte nicht zu, so dass ich reinkomme.
▸ ***Verb*** verriegeln **PHR V** **ˌlatch ˈon (to sb)**; **ˌlatch ˈonto sb** (*umgs*) sich (jdm) anschließen, sich (an jdn) anhängen **ˌlatch ˈon (to sth)**; **ˌlatch ˈonto sth** (*umgs*) **1** (etw) kapieren **2** sich (an etw) festhaken **3** sich (an etw) anschließen; (*Idee etc.*) aufgreifen

latch·key /ˈlætʃkiː/ *Nomen* Hausschlüssel

ˈlatchkey child (*Pl* **chil·dren**) (*auch* **ˈlatchkey kid**) *Nomen* (*abwert*) Schlüsselkind

late 0ᵚ /leɪt/ *Adj, Adv*
▸ ***Adj* 1** spät ◇ *in the late afternoon* am späten Nachmittag ◇ *She's in her late twenties.* Sie ist Ende zwanzig. ◇ *In later life he started playing golf.* Im späteren Leben fing er an Golf zu spielen. ◇ *in the late 1970s* Ende der Siebzigerjahre ◇ *It's getting late.* Es ist schon spät. ◇ *I had a late night last night.* Ich bin gestern erst spät ins Bett gekommen. **2** verspätet ◇ *I'm sorry I'm late.* Es tut mir leid, dass ich zu spät komme. ◇ *My flight was an hour late.* Mein Flug hatte eine Stunde Verspätung. ◇ *The cherries are late this year.* Die Kirschen sind dieses Jahr spät dran. **3** verstorben
▸ ***Adv*** spät ◇ *late in March* Ende März ◇ *The birthday card arrived three days late.* Die Geburtstagskarte kam drei Tage zu spät an. ◇ *late last century* Ende des letzten Jahrhunderts ◇ *She has to work late tomorrow.* Sie muss morgen länger arbeiten. ◇ *As late as the 1950s, it was still a fatal illness.* Bis in die Fünfzigerjahre war die Krankheit immer noch tödlich. ◇ *You've left it too late to apply for the job.* Jetzt ist es zu spät, um dich für die Stelle zu bewerben. IDM **ˌbetter ˌlate than ˈnever** besser spät als nie **ˌlate in the ˈday** spät ◇ *They had sought help from a marriage counsellor a little late in the day.* Sie hatten sich erst ziemlich spät an einen Eheberater gewandt. **late of ...** (*gehoben*) ehemals von ... **of ˈlate** (*gehoben*) in letzter Zeit

late·comer /ˈleɪtkʌmə(r)/ *Nomen* Nachzügler(in), Zuspätkommende(r)

late·ly /ˈleɪtli/ *Adv* in letzter Zeit, vor kurzem

la·tency /ˈleɪtənsi/ *Nomen* Latenz

late·ness /ˈleɪtnəs/ *Nomen* **1** Verspätung **2** ◇ *Despite the lateness of the hour ...* Trotz der späten Stunde ...

ˌlate-ˈnight *Adj* [nur vor Nomen] Spät- ◇ *a late-night movie* ein Spätfilm ◇ *It's late-night shopping today.* Heute haben die Geschäfte länger auf.

la·tent /ˈleɪtnt/ *Adj* latent, verborgen, unterschwellig

later 0ᵚ /ˈleɪtə(r)/ *Adj* [nur vor Nomen], *Adv* **1** später ◇ *See you later.* Bis später! ◇ *at a later date* zu einem späteren Zeitpunkt ◇ *in the later part of the seventeenth century* gegen Ende des siebzehnten Jahrhunderts ◇ *She started writing in her later years.* Erst als sie älter war, begann sie zu schreiben. **2 Later!** (*umgs*) Bis später! IDM **later ˈon** (*umgs*) später ◇ *I'm going out later on.* Ich gehe nachher noch weg. **not/no later than ...** spätestens → *Siehe auch* SOON

lat·eral /ˈlætərəl/ *Adj* (*Adv* **lat·eral·ly** /-rəli/) seitlich, Seiten-

ˌlateral ˈthinking *Nomen* (*bes BrE*) Querdenken, unkonventionelles Denken

lat·est 0ᵚ /ˈleɪtɪst/ *Adj, Nomen*
▸ ***Adj*** [nur vor Nomen] neueste(r,s) ◇ *the latest unemployment figures* die jüngsten Arbeitslosenzahlen ◇ *the latest trend* der letzte Trend
▸ ***Nomen* the latest** (*umgs*) das Neueste IDM **at the ˈlatest** spätestens

latex /ˈleɪteks/ *Nomen* **1** Milchsaft **2** Latex

lath /lɑːθ; *AmE* læθ/ *Nomen* (*Pl* **laths** /lɑːθs; *AmE* læðz/) Latte

lathe /leɪð/ *Nomen* Drehbank

la·ther /ˈlɑːðə(r); *AmE* ˈlæðər/ *Nomen, Verb*
▸ ***Nomen*** (Seifen)schaum IDM **get into a ˈlather; work yourself up into a lather** (*BrE, umgs*) sich furchtbar aufregen **in a ˈlather** (*BrE, umgs*) in heller Aufregung
▸ ***Verb* 1** einschäumen **2** schäumen

Latin /ˈlætɪn; *AmE* -tn/ *Nomen, Adj*
▸ ***Nomen* 1** Latein **2** = Mensch aus einem Land, dessen Sprache auf Latein basiert
▸ ***Adj* 1** lateinisch **2** romanisch, südländisch

Latin Aˈmerica *Nomen* Lateinamerika

Latin Aˈmerican *Nomen, Adj*
▸ ***Nomen*** Lateinamerikaner(in)
▸ ***Adj*** lateinamerikanisch

La·tino /læˈtiːnəʊ; *AmE* -noʊ/ *Nomen, Adj*
▸ ***Nomen*** (*Pl* **-os**) = Einwohner der USA mit lateinamerikanischer Abkunft
▸ ***Adj*** Latino-

lati·tude /ˈlætɪtjuːd; *AmE* -tuːd/ *Nomen* **1** (*Abk* **lat.**) (GEOGR) Breite **2 latitudes** [Pl] Breiten ◇ *the northern latitudes* die nördlichen Breiten **3** (*gehoben*) Freiheit, Spielraum

la·trine /ləˈtriːn/ *Nomen* Latrine

latte /ˈlɑːteɪ/ *Nomen* = CAFFÈ LATTE

lat·ter 0ᵚ /ˈlætə(r)/ *Adj, Nomen*
▸ ***Adj* 1** [nur vor Nomen] letztere(r,s) ◇ *the latter point* der letztere Punkt **2** [nicht vor Nomen] letzte(r,s) ◇ *the latter half of the year* die zweite Hälfte des Jahres
▸ ***Nomen* the latter** (*Pl* **the latter**) der/die/das Letztere

ˈlatter-day *Adj* [nur vor Nomen] modern ◇ *a latter-day Robin Hood* ein moderner Robin Hood ◇ *the Latter-day Saints* die Heiligen der letzten Tage

lat·ter·ly /ˈlætəli; *AmE* -tərli/ *Adv* (*gehoben*) **1** in letzter Zeit **2** am Ende

lat·tice /ˈlætɪs/ *Nomen* (*auch* **ˈlatticework**) Gitter ◇ *a wooden latticework fence* ein Jägerzaun

ˌlattice ˈwindow (*auch* **ˌlatticed ˈwindow**) *Nomen* Rautenfenster

laud /lɔːd/ *Verb* (*gehoben*) preisen

laud·able /ˈlɔːdəbl/ *Adj* (*Adv* **laud·ably** /-bli/) (*gehoben*) lobenswert

laud·anum /ˈlɔːdənəm/ *Nomen* Laudanum

laugh 0ᵚ /lɑːf; *AmE* læf/ *Verb, Nomen*
▸ ***Verb* 1 ~ (at/about sth)** (über etw) lachen ◇ *She always makes me laugh.* Sie bringt mich immer zum Lachen. ◇ *He burst out laughing.* Er brach in Gelächter aus. **2 be laughing** (*umgs*) gut dastehen IDM **Don't make me ˈlaugh!** Dass ich nicht lache! **laugh all the way to the ˈbank** (*umgs*) einen Reibach machen **laugh your ˈhead off** sich kaputtlachen **laugh in sb's ˈface** jdm (dreist) ins Gesicht lachen **laugh like a ˈdrain** (*BrE*) vor Lachen brüllen **laugh sb/sth out of ˈcourt** (*BrE, umgs*) jdn/etw verlachen **laugh till/until you ˈcry** lachen, bis einem die Tränen kommen **laugh up your ˈsleeve (at sb/sth)** (*umgs*) sich (über jdn/etw) ins Fäustchen lachen **sb will be laughing on the other side of his/her ˈface** (*BrE, umgs*) jdm wird das Lachen vergehen **you ˌhave/you've ˌgot to ˈlaugh** (*umgs*) ◇ *Well, I'm sorry you've lost your shoes, but you've got to laugh, haven't you?* Nun, es tut mir leid, dass du deine Schuhe verloren hast; aber lustig ist es trotzdem! → *Siehe auch* PISS PHR V **ˈlaugh at sb/sth** sich über jdn/etw lustig machen **ˌlaugh sth ˈoff** (*umgs*) etw mit einem Lachen abtun
▸ ***Nomen* 1** Lachen ◇ *She gave a little laugh.* Sie lachte kurz auf. ◇ *His first joke got/raised the biggest laugh.* Sein erster Witz löste das größte Gelächter aus. **2 a laugh** [Sing] (*umgs*) ein Spaß ◇ *Come to the karaoke night—it should be a good laugh.* Komm doch zum Karaoke-Abend—das wird bestimmt ein Spaß. ◇ *And he didn't realize it was you? What a laugh!* Und er hat nicht gemerkt, dass du's warst? Das ist ja zum Brüllen! **3 a laugh** [Sing] ulkige Nudel IDM **do sth for a ˈlaugh/for ˈlaughs** etw zum Spaß machen ◇ *I just did it for a laugh, but it got out of hand.* Das war als Spaß gemeint, aber es ist dann außer Kontrolle geraten. **have a (good) ˈlaugh (about sth)** (über etw) (sehr) lachen → *Siehe auch* LAST[1]

laugh·able /ˈlɑːfəbl; *AmE* ˈlæfə-/ *Adj* (*Adv* **laugh·ably** /-bli/) lächerlich ◇ *The whole incident would be laugh-*

able if it were not so serious. Man könnte über den ganzen Vorfall lachen, wenn es nicht so ernst wäre.

laugh·ing /ˈlɑːfɪŋ; *AmE* ˈlæfɪŋ/ *Adj* lachend ◇ *laughing faces* strahlende Gesichter IDM **be no laughing ˈmatter** nicht zum Lachen sein ➔ *Siehe auch* DIE

ˈlaughing gas *Nomen* (*umgs*) Lachgas

laugh·ing·ly /ˈlɑːfɪŋli; *AmE* ˈlæfɪŋ-/ *Adv* lachend ◇ (*iron*) *I finally reached what we laughingly call civilization.* Schließlich erreichte ich das, was sich so Zivilisation nennt.

ˈlaughing stock *Nomen* [meist Sing] Gegenstand des Gelächters, Lachnummer ◇ *I can't wear that! I'd be a laughing stock.* Das kann ich nicht anziehen! Ich sähe ja darin aus wie eine Witzfigur.

laugh·ter /ˈlɑːftə(r); *AmE* ˈlæf-/ *Nomen* [U] Lachen, Gelächter ◇ *roar with laughter* vor Lachen brüllen ◇ *gales of laughter* Lachsalven ◇ *a house full of laughter* ein fröhliches Haus

launch 0→ /lɔːntʃ/ *Verb, Nomen*

▸ ***Verb*** **1** starten, einleiten ◇ *An appeal has been launched to help victims of the disaster.* Es wurde zu Spenden für die Unglücksopfer aufgerufen. ◇ *launch an attack* angreifen **2** lancieren, auf den Markt bringen **3** vom Stapel lassen, ins Wasser lassen **4** aussetzen; (*Rakete*) abschießen; (*Satellit*) in Umlauf bringen **5** **~ yourself** sich stürzen ◇ *Without warning he launched himself at me.* Ohne jede Warnung stürzte er sich auf mich. PHR V **ˈlaunch (yourself) into sth** etw beginnen ◇ *He launched into a lengthy account of his career.* Er legte los und erzählte lang und breit von seiner Karriere.

▸ ***Nomen*** **1** (*einer Rakete etc.*) Start **2** Lancierung, Einführung (*eines Produktes auf den Markt*) **3** Barkasse ◇ *a police launch* ein Streifenboot der Wasserschutzpolizei

launch·er /ˈlɔːntʃə(r)/ *Nomen* (*oft in Zusammensetzungen*) **1** Abschussvorrichtung, Trägerrakete **2** Raketenwerfer

ˈlaunch pad (*auch* **ˈlaunching pad**) *Nomen* Abschussrampe; (*fig*) Sprungbrett ◇ (*fig*) *She regards the job as a launch pad for her career.* Sie sieht in der Stelle ein Sprungbrett für ihre Karriere.

laun·der /ˈlɔːndə(r)/ *Verb* **1** (*gehoben*) waschen und bügeln ◇ *freshly laundered sheets* frisch gewaschene und gebügelte Bettlaken **2** (*Geld*) waschen

laun·der·ette (*auch* **laun·drette**) /lɔːnˈdret/ (*AmE* **Laundromat™** /ˈlɔːndrəmæt/) *Nomen* Waschsalon

laun·dry /ˈlɔːndri/ *Nomen* (*Pl* **-ies**) **1** Wäsche **2** [U/Sing] Waschen ◇ *a laundry room* eine Waschküche ◇ *do the laundry* Wäsche waschen ◇ *The hotel has a laundry service.* Das Hotel hat einen Wäscheservice. **3** Wäscherei

laure·ate /ˈlɒriət; *AmE* ˈlɔːr-/ *Nomen* **1** Preisträger(in) **2** = POET LAUREATE

laurel /ˈlɒrəl; *AmE* ˈlɔːrəl/ *Nomen* **1** Lorbeer **2** **laurels** [Pl] (*fig*) Lorbeeren IDM **rest/sit on your laurels** (*meist abwert*) sich auf seinen Lorbeeren ausruhen

ˈlaurel wreath *Nomen* Lorbeerkranz

lava /ˈlɑːvə/ *Nomen* Lava, Lavagestein

lava·tor·ial /ˌlævəˈtɔːriəl/ *Adj* (*bes BrE*) (*Humor etc.*) Fäkal-

lav·atory /ˈlævətri; *AmE* -tɔːri/ *Nomen* (*Pl* **-ies**) (*veraltet oder gehoben*) **1** (*bes BrE*) Toilette **2** (*AmE*) Waschbecken

lav·en·der /ˈlævəndə(r)/ *Nomen, Adj*

▸ ***Nomen*** **1** Lavendel **2** Lavendel(blau)

▸ ***Adj*** lavendelblau

lav·ish /ˈlævɪʃ/ *Adj, Verb*

▸ ***Adj*** (*Adv* **lav·ish·ly**) sehr großzügig, verschwenderisch, aufwendig ◇ *He was lavish in his praise for the book.* Er geizte nicht mit Lob für das Buch.

▸ ***Verb*** PHR V **ˈlavish sth on/upon sb/sth** (*gehoben*) jdn/etw mit etw überhäufen ◇ *She lavishes most of her attention on her youngest son.* Ihre Aufmerksamkeit gehört vor allem ihrem jüngsten Sohn.

law 0→ /lɔː/ *Nomen* **1** Gesetz ◇ *any means within the law* jedes gesetzlich rechtmäßige Mittel ◇ *the need for better law enforcement* die Notwendigkeit einer besseren Gesetzesdurchführung ◇ (*hum*) *There ought to be a law against it!* Das gehört gesetzlich verboten! **2** [U] Recht ◇ *under Scottish law* nach schottischem Recht ➔ *Siehe auch* COMMON LAW **3** [U] Rechtswissenschaften, Jura ◇ (*AmE*) *He's in law school.* Er ist Student an der juristischen Fakultät. ◇ *What made you go into law?* Warum haben Sie die juristische Laufbahn eingeschlagen? ◇ *a law firm* eine Anwaltskanzlei **4 the law** [Sing] die Polizei ◇ *Jim is always getting into trouble with the law.* Jim hat immer Schwierigkeiten mit der Polizei. **5** Gebot, Regel ◇ *the laws of the Church* die Gebote der Kirche IDM **be a law unto yourˈself** tun, was man will **go to ˈlaw** (*BrE*) vor Gericht gehen **ˌlaw and ˈorder** Recht und Ordnung **the ˌlaw of the ˈjungle** das Recht des Stärkeren **the ˌlaw of ˈaverages** ◇ *By the law of averages, we should win this time.* Aller Wahrscheinlichkeit nach sollten wir dieses Mal gewinnen. **lay down the ˈlaw** Vorschriften machen **take the law into your own ˈhands** zur Selbstjustiz greifen **there's no ˈlaw against sth** (*umgs*) das kann keiner verbieten ➔ *Siehe auch* LETTER, RULE *und* WRONG

ˈlaw-abiding *Adj* gesetzestreu

law·break·er /ˈlɔːbreɪkə(r)/ *Nomen* Rechtsbrecher(in)

ˈlaw court *Nomen* Gericht

law·ful /ˈlɔːfl/ *Adj* (*Adv* **law·ful·ly** /-fəli/) (*gehoben*) rechtmäßig ◇ *his lawful wife* seine Ehefrau

law·less /ˈlɔːləs/ *Adj* gesetzlos ◇ *lawless streets* Straßen ohne jedes Gesetz ◇ *lawless gangs* kriminelle Banden

law·less·ness /ˈlɔːləsnəs/ *Nomen* Gesetzlosigkeit

ˈlaw lord *Nomen* [meist Pl] (*BrE*) = Mitglied des britischen Oberhauses mit richterlicher Funktion

law·maker /ˈlɔːmeɪkə(r)/ *Nomen* Gesetzgeber(in)

lawn /lɔːn/ *Nomen* **1** Rasen **2** Batist

ˈlawn bowling *Nomen* (*AmE*) Rasenbowling

lawn·mow·er /ˈlɔːnməʊə(r); *AmE* -moʊ-/ (*auch* **mower**) *Nomen* Rasenmäher

ˌlawn ˈtennis *Nomen* (*gehoben*) Tennis

law·ren·cium /lɒˈrensiəm; *AmE* lɔː-/ *Nomen* (CHEM) Lawrencium

law·suit /ˈlɔːsuːt; *BrE auch* -sjuːt/ (*auch* **suit**) *Nomen* Prozess ◇ *He filed a lawsuit against me.* Er reichte eine Klage gegen mich ein.

law·yer 0→ /ˈlɔːjə(r)/ *Nomen* (Rechts)anwalt, -anwältin

lax /læks/ *Adj* (*abwert*) nachlässig, locker ◇ *lax discipline* lockere Disziplin

laxa·tive /ˈlæksətɪv/ *Nomen, Adj*

▸ ***Nomen*** Abführmittel

▸ ***Adj*** abführend

lax·ity /ˈlæksəti/ *Nomen* Nachlässigkeit ◇ *the moral laxity of the times* die lockere Moral der Zeit

lay 0→ /leɪ/ *Verb, Adj, Nomen*

▸ ***Verb*** (**laid, laid** /leɪd/) **1** legen ◇ *new-laid eggs* frisch gelegte Eier ◇ *The cloth should be laid flat.* Das Tuch sollte glatt aufgelegt werden. ◇ *lay the blame on sb* jdm die Schuld zuweisen **2** **~ sth (down)** (*Teppichboden, Kabel, Leitung*) verlegen; (*Fundament*) legen **3** **~ A with B** A mit B bedecken ◇ *The floor was laid with newspaper.* Der Boden war mit Zeitungen abgedeckt. **4** (*BrE*) (*Tisch*) decken **5** (*Gesetzesentwurf, Vorschlag etc.*) vorlegen **6** (*gehoben*) **~ sth on sb; ~ sb under sth** jdm etw auferlegen ◇ *lay sb under an obligation to do sth* jdn dazu verpflichten etw zu tun ◇ *Stop laying a guilt trip on me.* Hör auf mir Schuldgefühle zu machen. **7** (*Falle*) stellen; (*Plan*) schmieden, vorbereiten ◇ *lay a trap for sb* jdm eine Falle stellen ◇ *Bad weather can upset the best-laid plans.* Schlechtes Wetter kann die besten Pläne durcheinanderbringen. **8** (*oft passiv*) (*vulg, Slang*) bumsen ◇ *He went out hoping to get laid.* Er ging aus und hoffte, jemanden zum Bumsen zu finden. **9** (*Feuer*) anlegen **10** (*Geld*) setzen; (*Wette*) abschließen ◇ *I wouldn't lay money on it.* Ich würde nicht darauf wetten. ◇ *I'll lay you any money you like (that) he won't come.* Jede Wette, dass er nicht kommt. ℹ Für andere Redewendungen mit **lay** siehe die Einträge für die Nomina, Adjektive etc. **Lay sth bare** z.B. steht unter **bare**. PHR V **lay a'bout sb (with sth)** auf jdn (mit etw) einschlagen **lay a'bout you/yourself (with sth)** (mit etw) (wie wild) um sich schlagen **ˌlay sth a'side** (*gehoben*) etw beiseitelegen ◇ (*fig*) *Doctors have to lay their personal feelings aside.* Ärzte müssen ihre Gefühle ausklammern. **ˌlay sth 'by** etw auf die hohe Kante legen **ˌlay sth 'down** **1** etw (hin)legen ◇ *lay down your arms* die Waffen niederlegen **2** (*gehoben*) (*Amt*) niederlegen **3** etw festlegen ◇ *lay down hard and fast rules* eiserne Regeln aufstellen ◇ *It is laid down that …* Es ist vorgeschrieben, dass … **4** (*meist passiv*) etw ablagern ◇ *If you eat too much, the surplus is laid down as fat.* Wenn man zu viel isst, lagert sich der Überschuss als Fett an. **ˌlay sth 'in** (*Vorräte*) anlegen **ˌlay 'into sb/sth** (*umgs*) über jdn/etw herfallen **ˌlay 'off (doing sth)** (*umgs*) (mit etw) aufhören **ˌlay 'off sb** (*umgs*) jdn in Ruhe lassen **ˌlay 'off sth** (*umgs*) etw aufgeben ◇ *I think you'd better lay off fatty foods.* Ich glaube, du solltest aufhören, so fett zu essen. **ˌlay sb 'off** jdn entlassen **ˌlay sth 'on** (*BrE, umgs*) für etw sorgen ◇ *A bus has been laid on to take you to the airport.* Ein Bus steht zur Verfügung, um Sie zum Flughafen zu bringen. **ˌlay sb 'out** **1** jdn k.o. schlagen **2** jdn aufbahren **ˌlay sth 'out** **1** etw ausbreiten **2** (*oft passiv*) etw gestalten; (*Garten etc.*) anlegen ◇ *a well laid-out magazine* ein gut aufgemachtes Magazin **3** etw ausführen ◇ *All the terms and conditions are laid out in the contract.* Alle Bedingungen und Bestimmungen sind im Vertrag niedergelegt. **4** (*umgs*) etw berappen **ˌlay 'over (at/in …)** (*AmE*) Zwischenstation machen (bei/in …) **ˌlay sb 'up** jdn außer Gefecht setzen ◇ *She's laid up with a broken leg.* Sie liegt mit einem gebrochenen Bein im Bett. **ˌlay sth 'up** **1** (*Vorräte*) anlegen **2** sich etw für später einhandeln **3** etw aus dem Verkehr ziehen

▸ ***Adj*** [nur vor Nomen] Laien-

▸ ***Nomen*** **1** (*Slang*) ◇ *be an easy lay* leicht ins Bett zu kriegen sein **2** (*veraltet*) Ballade IDM → LAND

lay·about /ˈleɪəbaʊt/ *Nomen* (*BrE, umgs, veraltet*) Nichtstuer(in)

'lay-by *Nomen* (*BrE*) Haltebucht

layer 0-π /ˈleɪə(r), ˈleə(r); *AmE* ˈler/ *Nomen, Verb*

▸ ***Nomen*** **1** Schicht **2** Ebene

▸ ***Verb*** schichten ◇ *Her hair had been layered.* Ihr Haar war stufig geschnitten.

lay·ette /leɪˈet/ *Nomen* Babyausstattung

lay·man /ˈleɪmən/ *Nomen* (*Pl* **-men** /-mən/) Laie ◇ *in layman's terms* in Laiensprache

'lay-off *Nomen* **1** (vorübergehende) Entlassung **2** (*wegen Verletzung etc.*) Pause

lay·out /ˈleɪaʊt/ *Nomen* Anordnung, Layout ◇ *What do you think of the kitchen layout?* Was hältst du von der Aufteilung der Küche? ◇ *road layout* Straßenführung

lay·over /ˈleɪəʊvə(r); *AmE* ˈleɪoʊ-/ *Nomen* (*AmE*) Zwischenaufenthalt

lay·per·son /ˈleɪpɜːsn; *AmE* -pɜːrsn/ *Nomen* (*auch* **lay person**) (*Pl* **lay people** *oder* **lay·persons**) Laie

laze /leɪz/ *Verb* ~ **(about/around)** (herum)faulenzen PHR V **'laze sth away** etw verbummeln

lazi·ness /ˈleɪzinəs/ *Nomen* Faulheit, Trägheit

lazy 0-π /ˈleɪzi/ *Adj* (**lazi·er, lazi·est**) (*Adv* **laz·ily** /-zɪli/) (*abwert*) **1** faul, träge **2** nachlässig

lazy·bones /ˈleɪzibəʊnz; *AmE* -boʊnz/ *Nomen* [Sing] (*veraltet, umgs*) Faulpelz

lb (*AmE* **lb.**) (*Pl* **lb** *oder* **lbs**) = POUND

lbw /ˌel biː ˈdʌbljuː/ *Kurzform von* **leg before wicket** (*beim Kricket*) = Situation, in der ein Bein des Schlagmanns vor dem Wicket steht und vom Ball getroffen wird, woraufhin der Schlagmann ausscheidet

LCD *Abk* /ˌel siː ˈdiː/ **1** *Kurzform von* **liquid crystal display** LCD **2** = LOWEST COMMON DENOMINATOR

LEA /ˌel iː ˈeɪ/ *Kurzform von* **Local Education Authority** ≈ Schulbehörde

leach /liːtʃ/ *Verb* (*Fachspr*) **1** sickern **2** ~ **sth** etw auslaugen; ~ **sth from sth** etw aus etw waschen; ~ **sth into sth** etw in etw spülen ◇ *The nutrient is quickly leached away.* Der Nährstoff wird schnell weggespült.

lead¹ 0-π /liːd/ *Verb, Nomen* → *Siehe auch* LEAD²

▸ ***Verb*** (**led, led** /led/) **1** führen; ~ **to sth** zu etw führen (*auch fig*) ◇ *The department led the world in cancer research.* Die Abteilung war in der Krebsforschung weltweit führend. ◇ *lead the way* führend sein ◇ *She led the way to the boardroom.* Sie ging uns voran in den Sitzungssaal. ◇ *The champion is leading (her nearest rival) by 18 seconds.* Die Meisterin hat (ihrer nächsten Konkurrentin gegenüber) einen Vorsprung von 18 Sekunden. ◇ *Which door leads to the yard?* Welche Tür geht auf den Hof? ◇ *the pipe leading from the top of the water tank* das Rohr, das vom Rand der Wassertanks abgeht **2** ~ **sb to sth** jdn zu etw bringen; ~ **sb to do sth** jdn dazu veranlassen, etw zu tun ◇ *What led you to this conclusion?* Wie sind Sie zu diesem Schluss gekommen? ◇ *The situation is far worse than we had been led to believe.* Die Situation ist viel schlimmer, als man uns glauben gemacht hat. ◇ *He's too easily led.* Er lässt sich zu leicht beeinflussen. **3** leiten ◇ *lead an army* eine Armee anführen **4** (*Kartenspiel*) ausspielen IDM **lead sb by the 'nose** jdn nach seiner Pfeife tanzen lassen **lead sb a (merry) 'dance** (*BrE*) jdm Ärger bereiten **lead from the 'front** mit gutem Beispiel vorangehen **lead 'nowhere** zu nichts führen **lead sb 'nowhere** (*fig*) jdn nicht weiterführen **lead sb up/down the garden 'path** jdn an der Nase herumführen → *Siehe auch* BLIND *und* THING PHR V **ˌlead 'off (from) sth** (*abzweigen*) von etw abgehen **ˌlead (sth) 'off** (etw) beginnen **ˌlead sb 'on** (*umgs*) jdn an der Nase herumführen **ˌlead 'up to sth** **1** einer Sache vorangehen ◇ *the weeks leading up to the exam* die Wochen vor der Prüfung ◇ *Were you leading up to saying anything important?* Wolltest du gerade irgendetwas Wichtiges sagen? **2** zu etw führen ◇ *the events leading up to the strike* die Ereignisse, die zum Streik führten **'lead with sth** **1** (*Zeitung*) über etw ganz groß berichten **2** mit etw boxen ◇ *lead with your right/left* Rechtsausleger/Linksausleger sein

▸ ***Nomen*** **1 the lead** [Sing] Führung ◇ *take/go into the lead* in Führung gehen ◇ *the lead car* der in Führung liegende Wagen **2** [Sing] Vorsprung ◇ *a lead of two seconds over the competition* ein Vorsprung von zwei Sekunden gegenüber der Konkurrenz **3** [Sing] Beispiel ◇ *Someone must take the environmental lead in Europe.* Was die Umweltpolitik in Europa betrifft, muss irgendjemand mit gutem Beispiel vorangehen. ◇ *You go first, I'll take my lead from you.* Fang du an, ich orientiere mich an dir. **4** Hinweis, Anhaltspunkt ◇ *give sb a lead* jdn auf die Spur bringen **5** Hauptrolle, Hauptpartie **6** Hauptdarsteller(in) **7** (*BrE*) (*Hunde-*) Leine **8** (*BrE*) (*Strom-*) Kabel

lead² 0→ /led/ *Nomen* → *Siehe auch* LEAD¹ **1** Blei **2** Bleistiftmine IDM **go ˌdown like a lead balˈloon** (*umgs*) überhaupt nicht ankommen

lead·ed /ˈledɪd/ *Adj* **1** verbleit **2** = mit Blei verstärkt

ˌleaded ˈlight (*auch* **ˌleaded ˈwindow**) *Nomen* (*BrE*) = Fenster mit Bleiverglasung

lead·en /ˈledn/ *Adj* **1** Blei- **2** (*bleifarben*) bleiern ◇ *leaden skies* ein bleierner Himmel **3** bleiern, schwer wie Blei

lead·er 0→ /ˈliːdə(r)/ *Nomen* **1** Führer(in) ◇ *their spiritual leader* ihr geistiges Oberhaupt ◇ *the leader of the Conservative party* der Vorsitzende der konservativen Partei ◇ *He was not a natural leader.* Er war kein Naturtalent, was Menschenführung anbetraf. ◇ *be a world leader in IT* im Bereich der Informatik weltweit führend sein ◇ *She was among the leaders of the race.* Sie war in dem Rennen unter den Ersten. **2** (*BrE*) Konzertmeister(in) **3** (*BrE*) Leitartikel

lead·er·less /ˈliːdələs; *AmE* -dərləs/ *Adj* führungslos

lead·er·ship /ˈliːdəʃɪp; *AmE* -dərʃɪp/ *Nomen* [mit Verb im Sing/Pl] Führung ◇ *This organisation needs strong leadership.* Diese Organisation braucht eine starke Führung. ◇ *The party leadership is/are divided.* Die Parteiführung ist gespalten. ◇ *church leadership* die Kirchenleitung

lead-free /ˌled ˈfriː/ *Adj* bleifrei

lead-in /ˈliːd ɪn/ *Nomen* Einleitung

lead·ing 0→ /ˈliːdɪŋ/ *Adj* [nur vor Nomen] führend ◇ *the leading role* die Hauptrolle

ˌleading ˈarticle *Nomen* Leitartikel

ˌleading-ˈedge *Adj* Spitzen-, führend

ˌleading ˈedge *Nomen* **1** [Sing] Spitze ◇ *at the leading edge of scientific research* an der Spitze der wissenschaftlichen Forschung **2** (*Fachspr*) Vorderkante

ˌleading ˈlady *Nomen* (*Pl* **-ies**) Hauptdarstellerin ◇ *Who was his leading lady?* Wer hat neben ihm die weibliche Hauptrolle gespielt?

ˌleading ˈlight *Nomen* führender Kopf, führende Persönlichkeit

ˌleading ˈman *Nomen* Hauptdarsteller ◇ *Who was her leading man?* Wer hat neben ihr die männliche Hauptrolle gespielt?

ˌleading ˈquestion *Nomen* Suggestivfrage

lead shot /ˌled ˈʃɒt; *AmE* ˈʃɑːt/ (*auch* **shot**) *Nomen* [U] (*Bleikügelchen*) Schrot

lead story /ˈliːd stɔːri/ *Nomen* (*Pl* **-ies**) Titelgeschichte

lead time /ˈliːd taɪm/ *Nomen* ◇ *engineering lead time* Konstruktionszeit ◇ *manufacturing lead time* Herstellungszeit

leaf 0→ /liːf/ *Nomen, Verb*

▸ ***Nomen*** (*Pl* **leaves** /liːvz/) **1** Blatt ◇ *The trees are coming into leaf.* Die Bäume schlagen aus. ◇ *The trees are still in leaf.* Die Bäume sind noch grün. **2 -leaf, -leafed** -blättrig ◇ *a four-leaf clover* ein vierblättriges Kleeblatt **3** Blatt, Seite **4** (*Metall-*) Blättchen ◇ *gold leaf* Blattgold **5** (*Teil eines Tisches*) Ausziehplatte, (herunterklappbares) Seitenteil IDM **take a leaf from/out of sb's ˈbook** sich von jdm eine Scheibe abschneiden → *Siehe auch* NEW

▸ ***Verb*** PHR V **ˈleaf through sth** etw durchblättern

leaf·less /ˈliːfləs/ *Adj* (*unbelaubt*) kahl

leaf·let /ˈliːflət/ *Nomen, Verb*

▸ ***Nomen*** (*meist kostenlos*) Informationsblatt, Handzettel, Faltblatt, Flugblatt

▸ ***Verb*** Handzettel/Flugblätter verteilen

ˈleaf mould (*AmE* **ˈleaf mold**) *Nomen* Laubkompost

leafy /ˈliːfi/ *Adj* **1** Blatt- ◇ *leafy green vegetables* Blattgemüse **2** (*begrünt, bewachsen*) grün **3** belaubt

league 0→ /liːg/ *Nomen* **1** Bund, Bündnis, Liga ◇ *the League of Nations* der Völkerbund **2** (SPORT) Liga ◇ *league champions* Tabellenführer **3** (*umgs*) Klasse, Format ◇ *They're in a different league from us.* Sie sind um Klassen besser als wir. ◇ *As a painter, he is in a league of his own.* Als Maler ist er nicht zu übertreffen. ◇ *A house like that is out of our league.* So ein Haus können wir uns nicht leisten. **4** (*veraltet*) = Längenmaß von etwa 4 km IDM **in ˈleague (with sb)** (mit jdm) im Bunde

leak /liːk/ *Verb, Nomen*

▸ ***Verb*** **1** (*undicht sein*) lecken ◇ *a leaking pipe* ein undichtes Rohr ◇ *The tank had leaked a small amount of water.* Aus dem Tank war etwas Wasser ausgetreten. **2** sickern, auslaufen **3** (*fig*) zuspielen, durchsickern lassen ◇ *The report was leaked to the press.* Der Bericht wurde der Presse zugespielt. PHR V **ˌleak ˈout** durchsickern

▸ ***Nomen*** **1** Leck, undichte Stelle ◇ *There was a leak to the press about the government plans on tax.* Die Steuerpläne der Regierung wurden der Presse zugespielt. **2** (*vulg*) ◇ *have/take a leak* pissen gehen IDM → SPRING

leak·age /ˈliːkɪdʒ/ *Nomen* Austreten, Ausströmen, Auslaufen ◇ *There are signs of leakage on the floor.* Am Boden sieht man, dass Flüssigkeit ausgelaufen ist. ◇ *pollution due to fuel tank leakage* Umweltverschmutzung durch undichte Benzintanks

leaky /ˈliːki/ *Adj* undicht (*auch fig*) ◇ *a leaky tap* ein tropfender Wasserhahn ◇ *the other team's leaky defence* die schwache Verteidigung des anderen Teams

lean 0→ /liːn/ *Verb, Adj, Nomen*

▸ ***Verb*** (**leaned, leaned**) (*BrE auch* **leant, leant** /lent/) **1** sich lehnen ◇ *The tower is leaning dangerously.* Der Turm neigt sich gefährlich. ◇ *She leant across the desk.* Sie beugte sich über den Schreibtisch. **2** **~ against/on sth** (*Schaufel etc.*) an etw lehnen; (*Mensch*) sich auf etw stützen **3** **~ sth against/on sth** etw an etw lehnen IDM → BACKWARDS PHR V **ˈlean on sb/sth** **1** auf jdn/etw angewiesen sein **2** jdn/etw unter Druck setzen **ˈlean to/towards/toward sth** einer Sache zugeneigt sein

▸ ***Adj*** **1** hager, schlank **2** mager ◇ *a lean spell* eine Durststrecke **3** (*Betriebe, Organisationen etc.*) schlank, verschlankt

▸ ***Nomen*** mageres Fleisch

lean·ing /ˈliːnɪŋ/ *Nomen, Adj*

▸ ***Nomen*** **~ (towards sth)** Hang (zu etw), Neigung (zu etw)

▸ ***Adj*** schief

ˈlean-to *Nomen* (*Pl* **-tos** /ˈliːn tuːz/) Anbau

leap /liːp/ *Verb, Nomen*

▸ ***Verb*** (**leapt, leapt** /lept/ *oder* **leaped, leaped**) **1** springen **2** **~ sth** über etw springen ◇ *I leapt to my feet.* Ich sprang auf. ◇ *His name leapt out at me.* Sein Name sprang mir ins Auge. ◇ *He leapt across the room.* Er machte einen Satz durchs Zimmer. ◇ *They leapt into action immediately.* Sie machten sich sofort an die Arbeit. ◇ *Shares leapt in value.* Die Aktienkurse schnellten nach oben. IDM **ˌlook before you ˈleap** Vorsicht ist besser als Nachsicht → *Siehe auch* CONCLUSION *und* HEART PHR V **ˈleap at sth** etw ergreifen, sich auf etw stürzen ◇ *I leapt at the chance.* Ich ergriff die Gelegenheit beim Schopf.

▸ ***Nomen*** **1** Sprung, Satz ◇ *She took a flying leap across the stream.* Sie machte einen Riesensatz über den Bach. **2** sprunghafter Anstieg IDM **by/in ˌleaps and ˈbounds** sprunghaft ◇ *Her health has improved in leaps and bounds.* Ihr Gesundheitszustand hat sich unheimlich schnell gebessert. **a leap in the ˈdark** ein Sprung ins Ungewisse

leap·frog /ˈliːpfrɒg; *AmE* -frɔːg/ *Nomen, Verb*

▸ ***Nomen*** Bockspringen

▸ ***Verb*** (**-gg-**) bockspringen ◇ (*fig*) *Our team leapfrogged* *into third place.* Unsere Mannschaft sprang auf Platz drei.

ˈleap year *Nomen* Schaltjahr

learn 🔑 /lɜːn; *AmE* lɜːrn/ *Verb* (**learnt, learnt** /lɜːnt; *AmE* lɜːrnt/ *oder* **learn·ed, learn·ed**) **1 ~ (sth) (from sb/ sth)** (etw) (von jdm/etw) lernen ◇ *He's learning how to dance.* Er lernt tanzen. ◇ *learn a skill* sich eine Fähigkeit aneignen **2 ~ (of/about) sth** (von) etw erfahren **3** (*auswendig*) lernen **4 ~ (from sth)** (aus etw) lernen IDM **ˌlearn sth the ˈhard way** etw schmerzlich lernen **learn your ˈlesson** seine Lektion lernen → *Siehe auch* COST, LIVE[1] *und* ROPE

learn·ed /ˈlɜːnɪd; *AmE* ˈlɜːrnɪd/ *Adj* **1** (*gehoben*) gelehrt **2** (*gehoben*) wissenschaftlich **3** erlernt

learn·er /ˈlɜːnə(r); *AmE* ˈlɜːrnər/ *Nomen* **1** Lernende(r), Lerner ◇ *be a slow/quick learner* langsam/schnell lernen **2** (*auch* **ˌlearner ˈdriver**) Fahrschüler(in)

ˈlearner's permit *Nomen* (*AmE*) = vorläufiger Führerschein für Fahrschüler

learn·ing /ˈlɜːnɪŋ; *AmE* ˈlɜːrnɪŋ/ *Nomen* **1** Lernen ◇ *a process of learning* ein Lernprozess **2** Bildung

ˈlearning curve *Nomen* Lernkurve

ˈlearning difficulties *Nomen* [Pl] Lernschwierigkeiten

lease /liːs/ *Nomen, Verb*

▸ ***Nomen*** Mietvertrag, Pachtvertrag IDM **a (ˌnew) lease of ˈlife** (*AmE* **a (ˌnew) ˈlease on life**) ◇ *Since her hip operation she's had a new lease of life.* Seit ihrer Hüftoperation ist sie richtig aufgelebt.

▸ ***Verb*** **1 ~ sth (from sb)** etw (von jdm) mieten, etw (von jdm) pachten, etw (von jdm) leasen **2 ~ sth (out) (to sb)** etw (an jdn) vermieten, etw (an jdn) verpachten, etw (an jdn) verleasen

lease·back /ˈliːsbæk/ *Nomen* = Rückmiete

lease·hold /ˈliːshəʊld; *AmE* -hoʊld/ *Adv, Nomen*

▸ ***Adv*** (*bes BrE*) ◇ *purchase land leasehold* das Nutzungsrecht für ein Grundstück erwerben

▸ ***Nomen*** (*bes BrE*) = Art Pachtvertrag, der festlegt, dass jemand Eigentümer eines Hauses etc. ist, jedoch nicht des Grundstücks, auf dem es steht. Für das Nutzungsrecht des Grundstücks ist Miete zu zahlen.

lease·hold·er /ˈliːshəʊldə(r); *AmE* -hoʊl-/ *Nomen* (*bes BrE*) = jd, der Eigentümer eines Hauses etc. ist, jedoch nicht des Grundstücks, auf dem es steht; für das Nutzungsrecht des Grundstücks ist Miete zu zahlen

leash /liːʃ/ *Nomen, Verb*

▸ ***Nomen*** (*bes AmE*) (*Hunde-*) Leine IDM → STRAIN

▸ ***Verb*** an die Leine nehmen

leas·ing /ˈliːsɪŋ/ *Nomen* Leasing

least 🔑 /liːst/ *Adj, Pron, Adv*

▸ ***Adj, Pron*** (*meist* **the least**) wenigste(r,s), geringste(r,s) ◇ *He has the least experience.* Er hat am wenigsten Erfahrung. ◇ *It's the least I can do to help.* Das ist das Mindeste, was ich tun kann. ◇ *That's the least of my worries.* Darüber mache ich mir nun wirklich keine Sorgen. IDM **at the (very) ˈleast** mindestens **ˌnot in the ˈleast** überhaupt nicht; nicht im Geringsten → *Siehe auch* SAY

▸ ***Adv*** am wenigsten ◇ *She chose the least expensive of the hotels.* Sie suchte das preiswerteste Hotel aus. IDM **at ˈleast 1** mindestens **2** zumindest; wenigstens **not ˈleast** (*gehoben*) besonders → *Siehe auch* LAST[1], LINE *und* SAY

lea·ther 🔑 /ˈleðə(r)/ *Nomen* **1** Leder **2 leathers** [Pl] = Motorradkleidung aus Leder IDM → HELL

lea·ther·ette /ˌleðəˈret/ *Nomen* Kunstleder

lea·thery /ˈleðəri/ *Adj* ledern, ledrig

leave 🔑 /liːv/ *Verb, Nomen*

▸ ***Verb*** (**left, left** /left/) **1** gehen, weggehen, abfahren, abfliegen **2** verlassen ◇ *He left his job.* Er hat gekündigt. **3** stehen lassen, liegen lassen ◇ *Why do you always leave everything until the last moment?* Warum machst du alles immer erst im letzten Augenblick? **4** lassen ◇ *Leave the door open, please.* Lass die Tür bitte offen. ◇ *The bomb blast left 25 people dead.* Bei dem Bombenanschlag starben 25 Menschen. ◇ *We left it that he'd phone me tomorrow.* Wir sind so verblieben, dass er mich morgen anruft. **5** hinterlassen ◇ *Red wine leaves a stain.* Rotwein gibt Flecken. ◇ *Seven from ten leaves three.* Zehn minus sieben ist drei. **6 be left** (*passiv*) übrig bleiben, übrig sein ◇ *The only course of action left to me was to notify her employer.* Mir blieb nichts anderes übrig, als ihren Arbeitgeber zu benachrichtigen. **7 ~ sth (behind)** etw liegen lassen; **~ sb (behind)** jdn zurücklassen ◇ *I've left my bag on the bus.* Ich habe meine Tasche im Bus liegen gelassen. **8 ~ sth with/to sb** jdm etw überlassen ◇ *Leave it with me.* Überlass das mir. **9 ~ sth (for sb)**; **~ (sb) sth** etw (für jdn) abgeben IDM **leave ˈgo (of sth)** (*BrE, umgs*) (etw) loslassen **leave it at ˈthat** (*umgs*) es dabei bewenden lassen **ˌleave it ˈout!** (*umgs*) hör auf! ℹ Die meisten Redewendungen mit **leave** sind unter den jeweiligen Nomina und Adjektiven zu finden. **Leave sb in the lurch** z.B. steht bei **lurch**. PHR V **ˌleave sth aˈside** (*außer Acht lassen*) von etw absehen **ˌleave sb/sth beˈhind 1** jdn/etw überflügeln ◇ *We're leaving all our competitors behind.* Wir stellen alle unsere Konkurrenten in den Schatten. **2** jdn/etw zurücklassen, jdn/etw (da)lassen ◇ *She had left her childhood behind her.* Sie hatte ihre Kindheit hinter sich gelassen. **3** jdn/etw vergessen **ˌleave ˈoff (doing sth)** (*umgs*) aufhören (etw zu tun) **ˌleave sth ˈoff** (*Licht*) auslassen; (*Kleidungsstück*) nicht anziehen **ˌleave sb/ sth ˈoff** (*weglassen*) jdn/etw auslassen ◇ *We left him off the list.* Wir haben ihn nicht auf die Liste gesetzt. **ˌleave sth ˈon** (*Kleidungsstück, Licht etc.*) anlassen **ˌleave sth ˈout 1** (*weglassen*) etw auslassen **2** (*nicht weggräumen*) etw liegen lassen **ˌleave sb/sth ˈout (of sth)** jdn/ etw (aus etw) heraushalten ◇ *He was feeling left out.* Er fühlte sich übergangen. **be ˌleft ˈover (from sth)** (von etw) übrig sein

▸ ***Nomen* 1** Urlaub ◇ *be on maternity leave* in Mutterschaftsurlaub sein **2 ~ (to do sth)** (*gehoben*) Erlaubnis (etw zu tun) ◇ *be absent without leave* ohne Erlaubnis fehlen ◇ *She asked for leave of absence.* Sie hat sich beurlauben lassen. IDM **ˌby/ˌwith your ˈleave** (*gehoben*) mit Ihrer Erlaubnis **take (your) ˈleave (of sb)** (*gehoben*) sich (von jdm) verabschieden

leaven /ˈlevn/ *Nomen* Treibmittel, Sauerteig (*fig*) ◇ *A few jokes add leaven to a boring speech.* Ein paar Witze können eine langweilige Rede etwas aufpeppen.

leav·er /ˈliːvə(r)/ *Nomen* (*meist in Zusammensetzungen*) Abgänger ◇ *university leavers* Universitätsabsolventen

leaves *Form von* LEAF

leav·ings /ˈliːvɪŋz/ *Nomen* [Pl] (*Essens- etc.*) Reste, Überbleibsel

lech·er /ˈletʃə(r)/ *Nomen* (*abwert*) Lüstling

lech·er·ous /ˈletʃərəs/ *Adj* (*abwert*) lüstern, geil

lech·ery /ˈletʃəri/ *Nomen* (*abwert*) Lüsternheit

lec·tern /ˈlektən; *AmE* -tərn/ *Nomen* (*Lese- etc.*) Pult

lec·tor /ˈlektɔː(r)/ Lektor(in)

lec·ture 🔑 /ˈlektʃə(r)/ *Nomen, Verb*

▸ ***Nomen* 1** Vortrag, Vorlesung ◇ *a lecture room/hall* ein Hörsaal **2** Standpauke, Strafpredigt

▸ ***Verb* 1 ~ (in/on sth)** einen Vortrag/Vorträge halten (über etw), eine Vorlesung/Vorlesungen halten (über etw) **2 ~ sb (about/on sth)** jdm (über etw) eine Standpauke halten

lec·tur·er /ˈlektʃərə(r)/ *Nomen* **1** Redner(in) **2** (*in GB*) Hochschullehrer(in), Dozent(in)

lec·ture·ship /ˈlektʃəʃɪp; *AmE* -tʃərʃɪp/ *Nomen* Lehrauftrag, Dozentur

ˈlecture theatre (*AmE* **ˈlecture theater**) *Nomen* Hörsaal

LED /ˌel iː ˈdiː/ *Abk Kurzform von* **light emitting diode** Leuchtdiode

led /led/ **-led** (*in Adjektiven*) ◇ *a consumer-led society* eine konsumorientierte Gesellschaft → *Siehe auch* LEAD[1]

lede (*auch* **lead**) /liːd/ *Nomen* (*AmE*) Vorspann, Lead → BURY

ledge /ledʒ/ *Nomen* **1** (*Fels-*) Vorsprung **2** Sims, Bord ◇ *a window ledge* ein Fensterbrett

ledger /ˈledʒə(r)/ *Nomen* (FINANZ) Hauptbuch

lee /liː/ *Nomen* **1** [Sing] Lee, Windschatten **2 lees** [Pl] Bodensatz

leech /liːtʃ/ *Nomen* **1** Blutegel **2** (*abwert*) Blutsauger

leek /liːk/ *Nomen* Lauch, Porree

leer /lɪə(r); *AmE* lɪr/ *Nomen, Verb*
- ▸ ***Nomen*** anzüglicher Blick, anzügliches Grinsen
- ▸ ***Verb*** **~ (at sb)** (jdn) anzüglich anblicken, (jdn) anzüglich angrinsen

leery /ˈlɪəri; *AmE* ˈlɪri/ *Adj* (*umgs*) misstrauisch, argwöhnisch

lee·ward /ˈliːwəd, ˈluːəd; *AmE* ˈliːwərd, ˈluːərd/ *Adj, Nomen, Adv*
- ▸ ***Adj*** Lee-, Windschatten-
- ▸ ***Nomen*** Lee, Windschattenseite
- ▸ ***Adv*** leewärts

lee·way /ˈliːweɪ/ *Nomen* Spielraum ◇ *How much leeway should parents give their children?* Wie viel Freiheit sollten Eltern ihren Kindern lassen? **IDM** **make up ˈleeway** (*BrE*) Zeitverlust aufholen

left 🔑 /left/ *Adj, Adv, Nomen* → *Siehe auch* LEAVE
- ▸ ***Adj*** [nur vor Nomen] linke(r,s) ◇ *Take a left turn at the intersection.* Biegen Sie an der Kreuzung links ab. ◇ *a left back* ein linker Verteidiger ◇ *a left wing* ein Linksaußen **IDM** **have two left ˈfeet** (*umgs*) sehr unbeholfen sein
- ▸ ***Adv*** links ◇ *Look left.* Schau nach links. **IDM** **ˌleft, ˌright and ˈcentre; ˌright, ˌleft and ˈcentre** (*umgs*) ◇ *He's giving away money left, right and centre.* Er verschenkt sein Geld in alle Richtungen. ◇ *I was getting offers left, right and centre.* Ich bekam von überallher Angebote. → *Siehe auch* RIGHT
- ▸ ***Nomen*** **1** [Sing] ◇ *on the left* links ◇ *She was sitting on my left.* Sie saß links von mir. ◇ *To the left of the library is the bank.* Links neben der Bücherei ist die Bank. ◇ *Take the first left.* Nehmen Sie die erste Straße links. **2 a left** ◇ *make a left* links abbiegen **3** [mit Verb im Sing/Pl] **the left, the Left** (POL) die Linke ◇ *a left-leaning newspaper* eine linksorientierte Zeitung ◇ *She's on the left of the party.* Sie gehört zum linken Parteiflügel. **4** Linke ◇ *He hit him with two sharp lefts.* Mit der Linken landete er bei ihm zwei harte Treffer.

ˌleft ˈfield *Nomen* [Sing] **1** (*Spielfeld*) linkes Feld **2** (*AmE, umgs*) ◇ *The governor is way out/over in left field.* Mit seinen Ansichten liegt der Gouverneur völlig daneben. ◇ *She's way over in left field on some issues.* Sie hat, was manche Themen anbetrifft, sehr ungewöhnliche Ansichten.

ˌleft-hand *Adj* [nur vor Nomen] linke(r,s)

ˌleft-hand ˈdrive *Adj* (*Fahrzeug*) mit Linkssteuerung

ˌleft-ˈhanded *Adj, Adv*
- ▸ ***Adj*** **1** linkshändig ◇ *I'm left-handed.* Ich bin Linkshänder. **2** für Linkshänder **IDM** → COMPLIMENT
- ▸ ***Adv*** mit links

ˌleft-ˈhanded·ness *Nomen* Linkshändigkeit

ˌleft-ˈhander *Nomen* Linkshänder(in)

leftie = LEFTY

left·ism /ˈleftɪzəm/ *Nomen* [U] (POL) linke Orientierung, linke Strömung

left·ist /ˈleftɪst/ *Nomen, Adj*
- ▸ ***Nomen*** Linke(r)
- ▸ ***Adj*** linksorientiert, linke(r,s)

ˌleft-ˈluggage office (*auch* **ˌleft ˈluggage**) *Nomen* (*BrE*) Gepäckaufbewahrung

left·over /ˈleftəʊvə(r); *AmE* -toʊ-/ *Nomen, Adj*
- ▸ ***Nomen*** **1** [meist Pl] (Über)rest **2** Überbleibsel
- ▸ ***Adj*** [nur vor Nomen] übrig geblieben ◇ *leftover meat* Fleischreste

left·ward /ˈleftwəd; *AmE* -wərd/ *Adj, Adv*
- ▸ ***Adj*** nach links ◇ *move your eyes in a leftward direction* die Augen nach links wenden
- ▸ ***Adv*** (*BrE auch* **left·wards** /ˈleftwədz; *AmE* -wərdz/) nach links

ˌleft-ˈwing *Adj* (POL) linksorientiert, linke(r,s)

ˌleft ˈwing *Nomen* **1** linker Flügel (*einer Partei*) **2** (SPORT) Linksaußen

ˌleft-ˈwinger *Nomen* **1** (POL) Linke(r) **2** (SPORT) Linksaußen

lefty (*auch* **leftie**) /ˈlefti/ *Nomen, Adj*
- ▸ ***Nomen*** (*Pl* **-ies**) (*umgs*) **1** (*bes BrE, abwert*) (POL) Linke(r), Rote(r) **2** (*bes AmE*) Linkshänder(in)
- ▸ ***Adj*** (*umgs*) **1** (*bes BrE*) (POL) linke(r,s) **2** (*AmE*) für Linkshänder

leg 🔑 /leg/ *Nomen, Verb*
- ▸ ***Nomen*** **1** Bein ◇ *These jeans are too long in the leg.* Diese Jeans ist zu lang. → *Siehe auch* LEG-UP **2** (*Gastronomie*) Keule, Schenkel **3** Etappe **4** (SPORT) Runde, Durchgang **IDM** **break a ˈleg!** (*umgs*) Hals und Beinbruch! **get your ˈleg over** (*BrE, umgs*) (*Sex*) bumsen **not have a ˌleg to ˈstand on** (*umgs*) nichts in der Hand haben → *Siehe auch* ARM, FAST, LAST[1], PULL, SHAKE, STRETCH, TAIL *und* TALK
- ▸ ***Verb*** (-gg-) **IDM** **ˈleg it** (*bes BrE, umgs*) (weg)rennen ◇ *We legged it down the street.* Wir rannten die Straße runter.

leg·acy /ˈlegəsi/ *Nomen, Adj*
- ▸ ***Nomen*** (*Pl* **-ies**) Vermächtnis, Erbschaft, Erbe ◇ *leave sb a legacy of sth* jdm etw hinterlassen
- ▸ ***Adj*** (COMP) alt, Alt- ◇ *They still have to decide what to do about the legacy system.* Sie müssen noch entscheiden, was mit dem Altsystem zu tun ist.

legal 🔑 /ˈliːgl/ *Adj* **1** [nur vor Nomen] Rechts-, Gerichts-, juristisch ◇ *legal costs* Anwalts-/Gerichtskosten ◇ *a member of the legal profession* ein(e) Jurist(in) **2** gesetzlich, zulässig ◇ *the legal limit* die Promillegrenze ◇ *make sth legal* etw legalisieren ◇ *Shoplifting is a legal offence.* Ladendiebstahl ist strafbar.

ˌlegal ˈaction *Nomen* [U] Gerichtsverfahren ◇ *take legal action against sb* gerichtlich gegen jdn vorgehen

ˌlegal ˈaid *Nomen* [U] Prozesskostenhilfe

le·gal·ese /ˌliːgəˈliːz/ *Nomen* (*umgs*) Juristensprache, Juristendeutsch

ˌlegal ˈholiday *Nomen* (*in den USA*) gesetzlicher Feiertag

le·gal·is·tic /ˌliːgəˈlɪstɪk/ *Adj* (*abwert*) legalistisch

le·gal·ity /liːˈgæləti/ *Nomen* (*Pl* **-ies**) **1** [U] Legalität, Rechtmäßigkeit **2 legalities** [Pl] juristische Aspekte

le·gal·iza·tion (*BrE auch* **-isa·tion**) /ˌliːgəlaɪˈzeɪʃn; *AmE* -lə-/ *Nomen* [U] Legalisierung

le·gal·ize (*BrE auch* **-ise**) /ˈliːgəlaɪz/ *Verb* legalisieren

le·gal·ly 🔑 /ˈliːgəli/ *Adv* rechtlich, juristisch, gesetzlich ◇ *be legally responsible for sb/sth* für jdn/etw die juristische Verantwortung tragen

ˌlegal proˈceedings *Nomen* [Pl] Gerichtsverfahren

ˌlegal ˈtender *Nomen* [U] gesetzliches Zahlungsmittel

leg·ate /ˈlegət/ *Nomen* (päpstlicher) Gesandter, Legat

lega·tee /ˌlegəˈtiː/ *Nomen* (RECHT) Legatar(in), Vermächtnisnehmer(in)

le·ga·tion /lɪˈgeɪʃn/ *Nomen* Gesandtschaft

le·gato /lɪˈgɑːtəʊ; *AmE* -toʊ/ *Adj, Adv*
- ▸ ***Adj*** (MUS) Legato-
- ▸ ***Adv*** legato

le·gend /ˈledʒənd/ *Nomen* Sage, Legende ◇ *Legend has it that giants lived there.* Der Legende nach wohnten dort Riesen.

le·gend·ary /ˈledʒəndri; *AmE* -deri/ *Adj* **1** legendär, sagenhaft **2** [nur vor Nomen] sagenumwoben, mythisch

-legged /ˈlegɪd, ˈlegd/ (*in Zusammensetzungen*) -beinig ◇ *a three-legged stool* ein dreibeiniger Hocker

leg·gings /ˈlegɪŋz/ *Nomen* [Pl] **1** Leggings **2** Überhose

leggy /ˈlegi/ *Adj* (*umgs*) langbeinig

le·gi·bil·ity /ˌledʒəˈbɪləti/ *Nomen* Leserlichkeit, Lesbarkeit

le·gible /ˈledʒəbl/ *Adj* (*Adv* **le·gibly** /-bli/) leserlich, lesbar

le·gion /ˈliːdʒən/ *Nomen, Adj*
- ▸ ***Nomen*** Legion ◇ *the British Legion* der britische Verband der Kriegsveteranen
- ▸ ***Adj*** [nicht vor Nomen] (*gehoben*) (*sehr viele*) Legion ◇ *The examples are legion.* Die Beispiele sind Legion.

le·gion·ary /ˈliːdʒənəri; *AmE* -neri/ *Nomen, Adj*
- ▸ ***Nomen*** (*Pl* **-ies**) Legionär
- ▸ ***Adj*** [nur vor Nomen] Legions- ◇ *a legionary base* ein Legionslager

le·gion·naire /ˌliːdʒəˈneə(r); *AmE* -ˈner/ *Nomen* Legionär

legionˈnaires' disease *Nomen* Legionärskrankheit

le·gis·late /ˈledʒɪsleɪt/ *Verb* (*gehoben*) Gesetze erlassen ◇ *legislate for a democratic society* Gesetze zum Schutz der Demokratie erlassen

le·gis·la·tion /ˌledʒɪsˈleɪʃn/ *Nomen* **1** Gesetze ◇ *an important piece of legislation* ein wichtiges Gesetz **2** Gesetzgebung, Legislatur

le·gis·la·tive /ˈledʒɪslətɪv; *AmE* -sleɪtɪv/ *Adj* [nur vor Nomen] (*gehoben*) gesetzgebend, gesetzgeberisch, legislativ ◇ *legislative changes* Gesetzesänderungen

le·gis·la·tor /ˈledʒɪsleɪtə(r)/ *Nomen* (*gehoben*) Mitglied der Legislative, Gesetzgeber(in)

le·gis·la·ture /ˈledʒɪsleɪtʃə(r)/ *Nomen* (*gehoben*) Legislative

legit /lɪˈdʒɪt/ *Adj* (*umgs*) legal, in Ordnung

le·git·im·acy /lɪˈdʒɪtɪməsi/ *Nomen* **1** Legitimität, Rechtmäßigkeit **2** Ehelichkeit

le·git·im·ate /lɪˈdʒɪtɪmət/ *Adj* (*Adv* **le·git·im·ate·ly**) **1** berechtigt, begründet, legitim ◇ *She can now legitimately claim to be the best in the world.* Jetzt kann sie zu Recht den Anspruch erheben, die Beste der Welt zu sein. **2** rechtmäßig, legal **3** ehelich, legitim

le·git·im·ize (*BrE auch* **-ise**) /lɪˈdʒɪtəmaɪz/ *Verb* (*gehoben*) **1** rechtfertigen **2** legitimieren **3** für ehelich erklären

leg·less /ˈlegləs/ *Adj* **1** beinlos, ohne Beine **2** (*BrE, umgs*) sternhagelvoll

leg·room /ˈlegruːm, -rʊm/ *Nomen* Beinfreiheit

leg·ume /ˈlegjuːm, lɪˈgjuːm/ *Nomen* (*Fachspr*) Hülsenfrucht

ˈleg-up *Nomen* IDM **give sb a ˈleg-up 1** (*aufs Pferd*) jdm hochhelfen; (*über eine Mauer etc.*) jdm eine Räuberleiter machen **2** (*finanziell, beruflich*) jdm helfen

leg·work /ˈlegwɜːk; *AmE* -wɜːrk/ *Nomen* [U] (*umgs*) Laufarbeit

leis·ure /ˈleʒə(r); *AmE* ˈliːʒər/ *Nomen* [U] Freizeit, Muße ◇ *leisure time* Freizeit IDM **at ˈleisure 1** in Ruhe **2** in der Freizeit **at your ˈleisure** (*gehoben*) ◇ *Read it at your leisure.* Lesen Sie es, wenn Sie Zeit dazu haben.

ˈleisure centre *Nomen* (*BrE*) Freizeitzentrum

leis·ured /ˈleʒəd; *AmE* ˈliːʒərd/ *Adj* [nur vor Nomen] müßig ◇ *the leisured classes* die privilegierten Müßiggänger

leis·ure·ly /ˈleʒəli; *AmE* ˈliːʒərli/ *Adj, Adv*
- ▸ ***Adj*** geruhsam, gemütlich, gemächlich
- ▸ ***Adv*** gemächlich, in Ruhe

leis·ure·wear /ˈleʒəweə(r); *AmE* ˈliːʒərwer/ *Nomen* Freizeitkleidung

leit·motif (*auch* **leit·motiv**) /ˈlaɪtməʊtiːf; *AmE* -moʊ-/ *Nomen* (MUS, LIT) Leitmotiv

lem·ming /ˈlemɪŋ/ *Nomen* Lemming

lemon 🔑 /ˈlemən/ *Nomen, Adj*
- ▸ ***Nomen*** **1** Zitrone **2** (*auch* **ˌlemon ˈyellow**) Zitronengelb **3** (*BrE*) Blödmann ◇ *I felt a right lemon.* Ich kam mir richtig doof vor.
- ▸ ***Adj*** (*auch* **ˌlemon ˈyellow**) zitronengelb

lem·on·ade /ˌleməˈneɪd/ *Nomen* (Zitronen)limonade

ˌlemon ˈcurd *Nomen* [U] (*BrE*) = dicke, gelbe Masse aus Zitrone, Zucker, Eiern und Butter, die als Brotaufstrich oder für Kuchenfüllungen verwendet wird

ˈlemon grass *Nomen* Zitronengras

ˈlemon squeezer *Nomen* Zitronenpresse

lem·ony /ˈleməni/ *Adj* Zitronen-

lemur /ˈliːmə(r)/ *Nomen* (ZOOL) Lemur(e)

lend 🔑 /lend/ *Verb* (**lent, lent** /lent/) **1 ~ (out) sth (to sb)** etw (an jdn) verleihen; **~ (sb) sth** (jdm) etw (aus) leihen **2 ~ sth (to sb/sth); ~ (sb/sth) sth** (*gehoben*) (jdm/etw) etw geben, (jdm/etw) etw verleihen (*gehoben*) ◇ *It lent the occasion a certain dignity.* Es verlieh dem Ereignis eine gewisse Würde. IDM **lend an ˈear (to sb/sth)** (jdm/etw) Gehör schenken **lend (sb) a (helping) ˈhand (with sth)** (*umgs*) (jdm) (bei etw) helfen **lend your name to sth** (*gehoben*) **1** seinen Namen für etw hergeben **2** ◇ *the woman who lent her name to the hospital* die Frau, nach der das Krankenhaus benannt wurde **lend supˈport, ˈweight, ˈcredence, etc. to sth** etw bekräftigen; etw bestätigen PHRV **ˈlend itself to sth** sich für etw eignen

lend·er /ˈlendə(r)/ *Nomen* (FINANZ) Darlehensgeber(in), Geldverleiher(in)

lend·ing /ˈlendɪŋ/ *Nomen* [U] (FINANZ) Kreditvergabe, Geldverleih

ˈlending library *Nomen* Leihbücherei

ˈlending rate *Nomen* (FINANZ) (Darlehens)zinssatz

length 🔑 /leŋθ/ *Nomen* **1** Länge ◇ *This room is twice the length of the kitchen.* Dieses Zimmer ist doppelt so lang wie die Küche. ◇ *He ran the entire length of the beach.* Er lief den ganzen Strand entlang. **2** Dauer ◇ *Each class is 45 minutes in length.* Jede Unterrichtsstunde dauert 45 Minuten. **3** Stück ◇ *a length of rope* ein Stück Seil **4 -length** (*in Zusammensetzungen*) -lang ◇ *shoulder-length hair* schulterlanges Haar IDM **at considerable/great/some length** lang und breit **at ˈlength 1** ausführlich; lang und breit **2** (*gehoben*) schließlich **go to any ˈlengths (to do sth)** vor nichts zurückscheuen (um etw zu tun) **go to some, great, etc. ˈlengths (to do sth)** einen ziemlichen, ungeheuren etc. Aufwand treiben (um etw zu tun) **the length and ˈbreadth of …** kreuz und quer durch … ➜ *Siehe auch* ARM

length·en /ˈleŋθən/ *Verb* **1** länger werden **2** verlängern, länger machen

length·ways /ˈleŋθweɪz/ (*auch* **length·wise** /-waɪz/) *Adv* der Länge nach, längs

lengthy /'leŋθi/ *Adj* (**length·ier, length·iest**) sehr lang
le·ni·ency /'li:niənsi/ *Nomen* Milde, Nachsicht
le·ni·ent /'li:niənt/ *Adj* (*Adv* **le·ni·ent·ly**) milde, nachsichtig
lens /lenz/ *Nomen* **1** Linse ◇ *a pair of glasses with tinted lenses* eine Brille mit getönten Gläsern **2** Objektiv **3** (*umgs*) = CONTACT LENS
Lent /lent/ *Nomen* Fastenzeit
lent *Form von* LEND
len·til /'lentl/ *Nomen* (*Nahrungsmittel*) Linse
Leo /'li:əʊ; *AmE* 'li:oʊ/ *Nomen* (*Pl* **-os**) (*Sternzeichen, Mensch*) Löwe
leo·nine /'li:ənaɪn/ *Adj* Löwen-, löwenähnlich
leop·ard /'lepəd; *AmE* -pərd/ *Nomen* Leopard IDM **a leopard cannot change its 'spots** niemand kann aus seiner Haut heraus ◇ *He'll be off to the pub tonight as usual - a leopard can't change its spots.* Er geht heute Abend wie immer in die Kneipe. Du kennst ihn ja.
leo·tard /'li:əta:d; *AmE* -ta:rd/ *Nomen* Trikot
leper /'lepə(r)/ *Nomen* **1** Leprakranke(r) **2** (*fig*) Aussätzige(r)
lep·re·chaun /'leprəkɔ:n/ *Nomen* (*in irischen Volksmärchen*) Kobold
lep·rosy /'leprəsi/ *Nomen* Lepra
les·bian /'lezbiən/ *Nomen, Adj*
▸ ***Nomen*** Lesbe
▸ ***Adj*** lesbisch, Lesben-
les·bian·ism /'lezbiənɪzəm/ *Nomen* lesbische Liebe, Lesbischsein
le·sion /'li:ʒn/ *Nomen* **1** (MED) Verletzung **2** krankhafte Veränderung
less 0-w /les/ *Adj, Pron, Adv, Präp*
▸ ***Adj, Pron*** weniger ◇ *The meeting took less time this week.* Die Besprechung ging diese Woche schneller. ◇ *It is less of a problem than I'd expected.* Es ist kein so großes Problem, wie ich dachte. ◇ *in less than no time* in null Komma nichts ◇ *It was nothing less than a miracle.* Es war das reinste Wunder. IDM **,less and 'less** immer weniger ◇ *They saw less and less of each other.* Sie sahen sich immer seltener. **no 'less** ◇ *the Director, no less* kein Geringerer als der Direktor **no less than ...** **1** ◇ *No less than 87% favoured peace talks.* Stattliche 87% befürworteten Friedensgespräche. **2** kein Geringerer als ...
▸ ***Adv*** weniger ◇ *less expensive* günstiger ◇ *You're less likely to forget it if you write it down.* Wenn du es aufschreibst, vergisst du es nicht so leicht. ◇ *She was less than helpful.* Sie war überhaupt nicht hilfsbereit. ◇ *He wasn't any the less happy for being on his own.* Die Tatsache, dass er allein war, tat seinem Glück keinen Abbruch. IDM **even/much/still 'less** geschweige denn; erst recht nicht **,less and 'less** immer weniger → *Siehe auch* MORE
▸ ***Präp*** abzüglich, weniger
les·see /le'si:/ *Nomen* (RECHT) Pächter(in), Mieter(in)
less·en /'lesn/ *Verb* **1** mindern, verringern ◇ *lessen the pain* die Schmerzen lindern **2** abnehmen ◇ *With every step her trembling lessened.* Mit jedem Schritt zitterte sie weniger.
less·er /'lesə(r)/ *Adj, Adv*
▸ ***Adj*** [nur vor Nomen] **1** geringere(r,s) ◇ *matters of lesser importance* weniger wichtige Angelegenheiten ◇ *to a greater or lesser degree* in unterschiedlichem Maße ◇ (*hum*) *us lesser mortals* wir Normalsterbliche **2** (*in Tiernamen, Pflanzennamen etc.*) ◇ *lesser spotted woodpecker* Kleiner Buntspecht IDM **the ,lesser of two 'evils; the ,lesser 'evil** das geringere Übel
▸ ***Adv*** weniger
les·son 0-w /'lesn/ *Nomen* **1** (*Unterrichts-*) Stunde ◇ *They are given lessons in/on how to use the library.* Ihnen wird beigebracht, wie man die Bibliothek benutzt. **2** (*Unterrichtseinheit*) Lektion **3** (*lehrreiche Erfahrung*) Lehre, Lektion ◇ *The accident taught me a lesson.* Durch diesen Unfall habe ich einiges gelernt. **4** Lesung (*aus der Bibel*) IDM → LEARN
les·sor /le'sɔ:(r)/ *Nomen* (RECHT) Verpächter(in), Vermieter(in)
lest /lest/ *Konj* (*gehoben*) **1** damit ... nicht **2** dass ◇ *She was concerned lest the company's image be damaged.* Sie machte sich Sorgen, dass das Image der Firma geschädigt werden könnte.
let 0-w /let/ *Verb, Nomen*
▸ ***Verb*** (**let·ting, let, let**) **1** lassen ◇ *Don't let her upset you.* Lass dich von ihr nicht aus der Fassung bringen. ◇ *They won't let him leave the country.* Sie werden ihm nicht erlauben das Land zu verlassen. ◇ *Let your body relax.* Entspannen Sie Ihren Körper. ◇ *I'll give you a key so that you can let yourself in.* Ich gebe Ihnen einen Schlüssel, damit Sie hinein können. ◇ *Let's go to the beach.* Gehen wir an den Strand! ◇ *'Shall we call in on Pete on the way?' 'Yes, let's.'* „Sollen wir auf dem Weg bei Pete vorbeischauen?" „Ja, gut!" ◇ *Let us get those boxes down for you.* Komm, wir holen dir die Kisten herunter. ◇ *Let me have your report by Friday.* Geben Sie mir Ihren Bericht bis Freitag. ◇ *If he thinks he can cheat me, just let him try!* Wenn er meint, dass er mich betrügen kann, dann soll er es nur versuchen! **2** (*kein Passiv*) (*Fachspr*) annehmen ◇ *Let line AB be equal to line CD.* Nehmen wir an, dass die Gerade AB gleich der Geraden CD ist. **3 ~ sth (out) (to sb)** (jdm) etw vermieten IDM **let 'fall sth** (*nebenbei anmerken*) etw fallen lassen **,let 'go** loslassen **,let sb 'go 1** jdn freilassen **2** jdn entlassen **3** (*auch* **,let 'go of sb**) jdn loslassen **4** (*auch* **,let 'go of sb**) sich von jdm lösen **,let sth 'go 1** (*auch* **,let 'go of sth**) etw loslassen **2** (*auch* **,let 'go of sth**) sich von etw lösen **3** etw vernachlässigen **let sb 'have it** (*umgs*) (*verprügeln*) es jdm geben **let sb 'have sth** jdm etw geben **let it 'go (at 'that)** es (damit) gut sein lassen **,let me 'see/'think** einen kleinen Augenblick bitte; Moment mal **let us 'say** sagen wir beispielsweise **let yourself 'go** sich gehen lassen ℹ Für andere Redewendungen mit **let** siehe die Einträge für die Nomina, Adjektive etc. **Let alone** z.B. steht unter **alone**. PHR V **,let sb 'down** jdn im Stich lassen, jdn enttäuschen **,let sb/sth 'down** ◇ *She speaks excellent French, but her pronunciation lets her down.* Abgesehen von ihrer Aussprache spricht sie ausgezeichnet Französisch. ◇ *It's a good book but the ending lets it down.* Es ist ein gutes Buch, nur das Ende ist enttäuschend. **,let sth 'down 1** etw herunterlassen **2** (*Mantel, Kleid etc.*) länger machen **3** (*BrE*) (*Reifen etc.*) die Luft aus etw lassen **,let sb 'in for sth** (*umgs*) ◇ *Now look what you've let us in for!* Schau mal, in was für einen Schlamassel du uns gebracht hast. ◇ *He's really let her in for some hard work with that house.* Mit dem Haus hat er ihr ganz schön viel Arbeit aufgehalst. **,let yourself 'in for sth** (*umgs*) sich auf etw einlassen **,let sb 'in on sth; ,let sb 'into sth** (*umgs*) jdn in etw einweihen **,let sth 'into sth** etw in etw einlassen **,let sb 'off (with sth)** jdn (mit etw) davonkommen lassen ◇ *She was let off with a warning.* Sie kam mit einer Verwarnung davon. ◇ *They let us off lightly.* Sie waren sehr nachsichtig mit uns. ◇ *Just this once, I'll let you off.* Dieses eine Mal drücke ich noch ein Auge zu. **,let sb 'off sth** jdm etw erlassen ◇ *My boss let me off work for the day.* Mein Chef hat mir den Tag freigegeben. ◇ *Year 1 was let off school early today.* Die Erstklässler durften heute früher gehen. ◇ *The meeting was cancelled so I was let off giving the presentation.* Ich brauchte den Vortrag nicht zu halten, da das Treffen abgesagt wurde. **,let sth 'off** etw abfeuern, etw hochgehen lassen **,let 'on (to sb)** (*umgs*) es (jdm) verraten **,let sb 'out** ◇ *They think he was very tall — so that lets you out.* Sie

glauben, dass er sehr groß war. Also kommst du schon mal nicht infrage. **ˌlet sth ˈout** **1** (*Schrei etc.*) ausstoßen **2** (*Hemd, Mantel etc.*) weiter machen **ˌlet ˈup** (*umgs*) nachlassen

▸ ***Nomen*** **1** (*beim Aufschlag*) Netzball **2** (*BrE*) ◇ *I've taken a month's let on the flat.* Ich habe die Wohnung für einen Monat gemietet. ◇ *long-term/short-term lets* langfristige/kurzfristige Mietverträge **IDM** **without ˌlet or ˈhindrance** (*offiz*) ungehindert

ˈlet-down *Nomen* [meist Sing] Enttäuschung

le·thal /ˈliːθl/ *Adj* **1** tödlich ◇ *lethal to humans* für Menschen tödlich ◇ *The closure of the factory dealt a lethal blow to the town.* Die Schließung der Fabrik versetzte der Stadt den Todesstoß. **2** (*umgs*) äußerst gefährlich ◇ *This wine's pretty lethal!* Dieser Wein hat's in sich!

le·thal·ly /ˈliːθəli/ *Adv* hoch-, äußerst (*auch fig*) ◇ *His voice was lethally soft.* Seine Stimme war gefährlich sanft.

leth·ar·gic /ləˈθɑːdʒɪk; *AmE* ləˈθɑːrdʒɪk/ *Adj* lethargisch, träge

leth·argy /ˈleθədʒi; *AmE* -θərdʒi/ *Nomen* Lethargie, Trägheit

ˈlet-out *Nomen* [Sing] (*BrE*) Ausrede, Ausweg ◇ *He always leaves himself a let-out.* Er lässt sich immer ein Hintertürchen offen. ◇ *let-out clauses* Rücktrittsklauseln

let's /lets/ = LET US

let·ter **0‑w** /ˈletə(r)/ *Nomen* **1** Brief, Schreiben ◇ *You will be notified by letter.* Sie werden schriftlich Bescheid bekommen. **2** Buchstabe **3** (*AmE*) = Aufnäher in Form von den Initialen einer Schule oder eines Colleges, der in Anerkennung sportlicher Leistungen verliehen wird **IDM** **the ˌletter of the ˈlaw** (*oft abwert*) der Buchstabe des Gesetzes **to the ˈletter** buchstabengetreu

ˈletter bomb *Nomen* Briefbombe

ˈletter box *Nomen* (*BrE*) Briefkasten

ˈletter carrier *Nomen* (*AmE*) Briefträger(in)

let·ter·head /ˈletəhed; *AmE* -tərhed/ *Nomen* Briefkopf

let·ter·ing /ˈletərɪŋ/ *Nomen* Aufschrift, Beschriftung, Aufdruck

ˌletter of ˈcredit *Nomen* Kreditbrief

ˈletter opener *Nomen* Brieföffner

ˌletter-ˈperfect *Adj* (*AmE*) ◇ *She's learned it well, she's letter-perfect.* She hat es bis aufs Wort auswendig gelernt. ◇ *Everything he does has to be letter-perfect.* Alles, was er macht, muss absolut perfekt sein.

let·ting /ˈletɪŋ/ *Nomen* (*BrE*) Vermietung

let·tuce /ˈletɪs/ *Nomen* (*Salatkopf*) (grüner) Salat

ˈlet-up *Nomen* Nachlassen, Unterbrechung ◇ *There can be no let-up in the war against drugs.* Im Krieg gegen Drogen darf nicht nachgelassen werden.

leu·kae·mia (*AmE* **leu·ke·mia**) /luːˈkiːmiə/ *Nomen* Leukämie

levee /ˈlevi/ *Nomen* (*AmE*) **1** (*Fluss-*) Deich **2** (*Boots-*) Anlegestelle

level **0‑w** /ˈlevl/ *Nomen, Adj, Verb*

▸ ***Nomen*** **1** Niveau, Grad, Stufe ◇ *the level of alcohol in the blood* der Alkoholspiegel ◇ *a high level of interest in the subject* ein sehr großes Interesse an diesem Fach ◇ *low levels of unemployment* niedrige Arbeitslosigkeit ◇ *He studied French to degree level.* Er hat einen Universitätsabschluss in Französisch. **2** Ebene (*fig*) **3** Stand, Höhe ◇ *one metre below ground level* ein Meter unter dem Erdboden ◇ *The flood water nearly reached roof level.* Das Flutwasser erreichte fast das Dach. **4** Stockwerk, Ebene (*AmE*) ◇ *a multi-level parking lot* ein Parkhaus **5** = SPIRIT LEVEL **IDM** **on the ˈlevel** **1** eben ◇ *walk on the level* auf ebenem Boden gehen **2** (*umgs*) ehrlich ◇ *Are you sure this deal is on the level?* Bist du sicher, dass dieses Geschäft legal ist?

▸ ***Adj*** **1** eben ◇ *a level tablespoon of flour* ein gestrichener Esslöffel Mehl **2** gerade; **~ (with sb/sth)** auf gleicher Höhe (mit jdm/etw) ◇ *Are these pictures level?* Hängen die Bilder gerade? ◇ *My outgoings are level with my income.* Meine Ausgaben und meine Einnahmen halten sich die Waage. ◇ *Keep vitamin intake level with recommended daily allowances.* Nehmen Sie nicht mehr Vitamine zu sich als die empfohlene Tagesdosis. **3** (*bes BrE*) (SPORT) punktgleich ◇ *Wales soon drew level.* Wales erzielte bald den Ausgleich. **4** (*Adv* **lev·el·ly** /-vəli/) kühl, fest ◇ *She gave her mother a level glance.* Sie sah ihre Mutter fest an. **IDM** **be ˌlevel ˈpegging** (*BrE*) punktgleich sein ◇ *The two parties were level pegging.* Die beiden Parteien erhielten die gleiche Stimmenzahl. **do/try your level ˈbest** sein Möglichstes tun **a ˌlevel ˈplaying field** Chancengleichheit für alle

▸ ***Verb*** (**-ll-**, *AmE* **-l-**) **1 ~ sth (off/out)** etw ebnen **2** einebnen, dem Erdboden gleichmachen **3** (SPORT) den Ausgleich erzielen (*BrE*) ◇ *Davies levelled the score at 2 all.* Davies glich zum 2:2 aus. **4 ~ sth at sb** (*Pistole etc.*) auf jdn richten **IDM** **ˌlevel the ˈplaying field** Chancengleichheit für alle schaffen **PHR V** **ˈlevel sth against/at sb** (*Kritik, Anschuldigungen etc.*) gegen jdn richten **ˌlevel sth ˈdown** etw senken, etw herabsetzen **ˌlevel ˈoff/ˈout** **1** ◇ *The plane levelled off at 1 500 feet.* Das Flugzeug erreichte eine Flughöhe von 1 500 Fuß. ◇ *The road levelled out.* Die Straße verlief flach. **2** sich einpendeln **ˌlevel ˈup** sich hochleveln, leveln **ˌlevel sth ˈup** **1** etw anheben, etw erhöhen **2** etw (hoch) leveln **ˈlevel with sb** (*umgs*) jdm die Wahrheit sagen, mit jdm ehrlich sein

ˌlevel ˈcrossing *Nomen* (*BrE*) Bahnübergang

ˌlevel-ˈheaded *Adj* ausgeglichen, sachlich

lev·el·ler (*AmE* **lev·el·er**) /ˈlevələ(r)/ *Nomen* [meist Sing] Gleichmacher

lev·el·ly *Adv* → LEVEL

lever /ˈliːvə(r); *AmE* ˈlevər/ *Nomen, Verb*

▸ ***Nomen*** **1** Hebel **2** Brechstange **3** (*fig*) Druckmittel

▸ ***Verb*** stemmen ◇ *lever the door open* die Tür aufstemmen ◇ *I levered the lid off the paint tin with a knife.* Ich habe den Deckel der Farbdose mit einem Messer angehoben.

le·ver·age /ˈliːvərɪdʒ; *AmE* ˈlev-/ *Nomen* **1** (*gehoben*) Einfluss ◇ *exert leverage over sb* Druck auf jdn ausüben **2** (TECH) Hebelwirkung, Hebelkraft **3** (*AmE*) (FINANZ) Verhältnis von Schulden zu Eigenkapital

le·via·than /ləˈvaɪəθən/ *Nomen* **1** Meerungeheuer **2** (*gehoben*) Gigant

levi·tate /ˈlevɪteɪt/ *Verb* schweben (lassen)

levi·ta·tion /ˌlevɪˈteɪʃn/ *Nomen* Levitation

lev·ity /ˈlevəti/ *Nomen* (*gehoben*) Frivolität, Leichtfertigkeit

levy /ˈlevi/ *Nomen, Verb*

▸ ***Nomen*** (*Pl* **-ies**) **~ (on sth)** Steuer (auf etw)

▸ ***Verb*** (**lev·ies, levy·ing, lev·ied, lev·ied**) (*Gebühr, Steuer*) erheben; (*Bußgeld*) auferlegen

lewd /luːd; *BrE auch* ljuːd/ *Adj* (*Adv* **lewd·ly**) unanständig, anzüglich

lewd·ness /ˈluːdnəs; *BrE auch* ˈljuːd-/ *Nomen* Unanständigkeit, Anzüglichkeit

lex·ic·al /ˈleksɪkl/ *Adj* (*Adv* **lex·ic·al·ly** /-kli/) lexikalisch

lexi·cog·raph·er /ˌleksɪˈkɒɡrəfə(r); *AmE* -ˈkɑːɡ-/ *Nomen* Lexikograf(in)

lexi·cog·raphy /ˌleksɪˈkɒɡrəfi; *AmE* -ˈkɑːɡ-/ *Nomen* Lexikografie

lexi·con /ˈleksɪkən; *AmE auch* -kɑːn/ *Nomen* **1 the lexicon** (LING) das Lexikon, der Wortschatz **2** Wörterbuch

lexis /ˈleksɪs/ *Nomen* [U] (LING) Lexik, Wortschatz

ley /leɪ/ *Nomen* **1** (*auch* **ˈley line**) = mystische Linie, die einer uralten Route folgt **2** (*Fachspr*) = Stück Land, auf dem zeitweilig Gras statt Getreide gesät wird

LGBT /ˌel dʒiː biː ˈtiː/ *Kurzform von* **lesbian, gay, bisexual or transgendered** LGBT

li·abil·ity /ˌlaɪəˈbɪləti/ *Nomen* (*Pl* **-ies**) **1** Haftung **2** [meist Sing] (*umgs*) Belastung **3** [meist Pl] (finanzielle) Verpflichtung

li·able /ˈlaɪəbl/ *Adj* [nicht vor Nomen] **1 ~ (for sth)** haftbar (für etw) **2 be ~ to do sth** leicht etw tun, dazu neigen, etw zu tun ◇ *We're all liable to make mistakes when we're tired.* Wir machen alle leicht Fehler, wenn wir müde sind. ◇ *The bridge is liable to collapse at any moment.* Die Brücke kann jeden Augenblick einstürzen. **3 be ~ to sth** für etw anfällig sein **4 be ~ to sth** (*Geldstrafe, Steuer*) mit etw belegt werden können ◇ *They are liable to disqualification.* Sie können disqualifiziert werden. ◇ *They are liable to prosecution.* Sie werden strafrechtlich verfolgt. **5** verpflichtet ◇ *The tenant is not liable to repair the damage.* Der Mieter ist nicht verpflichtet, den Schaden wiedergutzumachen. ◇ *liable to pay tax* steuerpflichtig ◇ *liable for compensation* schadensersatzpflichtig

li·aise /liˈeɪz/ *Verb* **1 ~ (with sb)** (*bes BrE*) (mit jdm) zusammenarbeiten **2 ~ (between A and B)** Bindeglied (zwischen A und B) sein

li·aison /liˈeɪzn; *AmE* -zɑːn, ˈliːəzɑːn/ *Nomen* **1** [U/Sing] Verbindung, Zusammenarbeit ◇ *We work in close liaison with the police.* Wir arbeiten eng mit der Polizei zusammen. **2** Verbindungsperson, Bindeglied **3** (*Affäre*) Verhältnis

liˈaison officer *Nomen* Verbindungsoffizier, Verbindungsfrau, Verbindungsmann ◇ *a press liaison officer* ein(e) Pressesprecher(in)

liar /ˈlaɪə(r)/ *Nomen* Lügner(in)

lib /lɪb/ *Nomen* (*umgs*) = in den Namen von Befreiungsbewegungen verwendete Kurzform von „liberation" ◇ *women's/gay lib* die Frauen-/Schwulenbewegung

li·ba·tion /laɪˈbeɪʃn/ *Nomen* (*gehoben*) Trankopfer

Lib Dem /ˌlɪb ˈdem/ *Abk* = LIBERAL DEMOCRAT

libel /ˈlaɪbl/ *Nomen, Verb*

▸ ***Nomen*** (schriftliche) Verleumdung

▸ ***Verb*** (**-ll-**, *AmE* **-l-**) (schriftlich) verleumden

li·bel·lous (*AmE* **li·bel·ous**) /ˈlaɪbələs/ *Adj* verleumderisch

lib·eral /ˈlɪbərəl/ *Adj, Nomen*

▸ ***Adj*** **1** liberal, aufgeschlossen **2** liberal, frei ◇ *more liberal trade relations with Europe* freiere Handelsbeziehungen mit Europa **3 Liberal** (*Partei*) liberal **4** großzügig ◇ *She is very liberal with her money.* Sie geht mit ihrem Geld sehr großzügig um. ◇ *He's too liberal with his criticism.* Er ist einfach zu kritisch. **5** (a) **~ education** = eine allgemeine Bildung mit Schwerpunkt auf Kritik und Denkfähigkeit ➔ *Siehe auch* LIBERAL ARTS **6** (*Übersetzung, Auslegung*) frei

▸ ***Nomen*** Liberale(r) ➔ *Siehe auch* LIBERAL DEMOCRAT

ˌliberal ˈarts *Nomen* [Pl] (*bes AmE*) Geisteswissenschaften

ˌLiberal ˈDemocrat *Nomen* (*Abk* **Lib Dem**) Liberaldemokrat(in)

the Liberal ˈDemocrats *Nomen* [Pl] (*Abk* **Lib Dems**) die Liberaldemokratische Partei Großbritanniens

lib·er·al·ism /ˈlɪbərəlɪzəm/ *Nomen* Liberalismus

lib·er·al·ity /ˌlɪbəˈræləti/ *Nomen* (*gehoben*) **1** Liberalität, liberale Einstellung **2** Großzügigkeit

lib·er·al·iza·tion (*BrE auch* **-isa·tion**) /ˌlɪbrəlaɪˈzeɪʃn; *AmE* -ləˈ-/ *Nomen* (*gehoben*) Liberalisierung

lib·er·al·ize (*BrE auch* **-ise**) /ˈlɪbrəlaɪz/ *Verb* (*gehoben*) liberalisieren

lib·er·al·ly /ˈlɪbərəli/ *Adv* großzügig, reichlich

lib·er·ate /ˈlɪbəreɪt/ *Verb* befreien

lib·er·ated /ˈlɪbəreɪtɪd/ *Adj* emanzipiert

lib·er·ation /ˌlɪbəˈreɪʃn/ *Nomen* Befreiung ◇ *women's liberation* die Frauenbewegung

lib·er·ator /ˈlɪbəreɪtə(r)/ *Nomen* Befreier(in)

lib·er·tar·ian /ˌlɪbəˈteəriən; *AmE* -bərˈter-/ *Nomen* libertär eingestellter Mensch

lib·erty /ˈlɪbəti; *AmE* -bərti/ *Nomen* (*Pl* **-ies**) **1** Freiheit ◇ *six months' loss of liberty* Freiheitsentzug von sechs Monaten **2** Recht ◇ *The right to vote should be a liberty enjoyed by all.* Jeder sollte das Recht haben zu wählen. ◇ *personal liberties* die Persönlichkeitsrechte **3** [Sing] Frechheit ◇ *He took the liberty of reading my files.* Er hat es sich einfach herausgenommen, meine Akten zu lesen. ◇ *They've got a liberty!* So eine Frechheit! **IDM at liberty** (*gehoben*) (*Gefangene, Tiere*) frei; in Freiheit **be at liberty to do sth** (*gehoben*) etw tun dürfen ◇ *You are at liberty to say what you like.* Es steht Ihnen frei zu sagen, was Sie wollen. **take ˈliberties 1 take liberties with sth** allzu frei mit etw umgehen **2 take liberties (with sb)** (*veraltet*) sich (jdm gegenüber) Freiheiten herausnehmen

li·bid·in·ous /lɪˈbɪdɪnəs/ *Adj* (*gehoben*) triebhaft

li·bido /lɪˈbiːdəʊ, ˈlɪbɪdəʊ; *AmE* lɪˈbiːdoʊ, ˈlɪbɪdoʊ/ *Nomen* (*Pl* **-os**) [meist Sing] Libido

Libra /ˈliːbrə/ *Nomen* (*Sternzeichen, Mensch*) Waage

Libran /ˈliːbrən/ *Nomen, Adj*

▸ ***Nomen*** Waage(mensch)

▸ ***Adj*** (*bezüglich des Sternzeichens*) Waage-

li·brar·ian /laɪˈbreəriən; *AmE* -ˈbrer-/ *Nomen* Bibliothekar(in)

li·brar·ian·ship /laɪˈbreəriənʃɪp; *AmE* -ˈbrer-/ *Nomen* Bibliothekswesen

li·brary 0→ /ˈlaɪbrəri, -bri; *AmE* -breri/ *Nomen* (*Pl* **-ies**) **1** Bibliothek; (*öffentlich*) Bücherei **2** (*gehoben*) (*Bücher-, Platten- etc.*) Sammlung **3** Buchreihe

li·bret·tist /lɪˈbretɪst/ *Nomen* Librettist(in)

li·bretto /lɪˈbretəʊ; *AmE* -toʊ/ *Nomen* (*Pl* **-os** *oder* **libretti** /-tiː/) Libretto

lice *Form von* LOUSE

li·cence 0→ (*AmE* **li·cense**) /ˈlaɪsns/ *Nomen* **1** Genehmigung, Lizenz ◇ *the licence fee* die Fernsehgebühr **2** = DRIVING LICENCE *und* DRIVER'S LICENSE **3** Schankerlaubnis **4 ~ (to do sth)** die Freiheit (etw zu tun) **5** (*gehoben*) Zügellosigkeit **IDM artistic/poetic ˈlicence** künstlerische/dichterische Freiheit **a licence to print money** (*abwert*) ein sehr lukratives Geschäft **under ˈlicence** in Lizenz

li·cense 0→ (*BrE auch, seltener* **li·cence**) /ˈlaɪsns/ *Verb* zulassen ◇ (*BrE*) *licensing hours* Zeiten, zu denen Alkohol ausgeschenkt werden darf ◇ *They had licensed the firm to produce the drug.* Sie hatten der Firma die Lizenz zur Herstellung des Medikaments erteilt.

li·censed /ˈlaɪsnst/ *Adj* **1** (*BrE*) mit Schankerlaubnis **2** amtlich zugelassen, mit Genehmigung ◇ *Is that gun licensed?* Haben Sie für dieses Gewehr einen Waffenschein? ◇ *licensed street vendors* Straßenhändler, die eine Genehmigung haben

li·cen·see /ˌlaɪsənˈsiː/ *Nomen* **1** (*BrE*) Inhaber(in) einer Schankerlaubnis **2** Lizenzinhaber(in)

ˈlicense number *Nomen* (*AmE*) polizeiliches Kennzeichen

ˈlicense plate (*auch* **plate**) *Nomen* (*AmE*) Nummernschild

ˈlicensing laws *Nomen* [Pl] (*BrE*) Ausschankgesetze

li·chen /ˈlaɪkən, ˈlɪtʃən/ *Nomen* (*Pflanze*) Flechte

lick /lɪk/ *Verb, Nomen*
▸ ***Verb*** **1** lecken, ablecken ◇ *He licked his fingers.* Er leckte seine Finger ab. ◇ *The dog licked her hand.* Der Hund leckte ihr die Hand. ◇ *The cat licked up the milk.* Die Katze hat die Milch aufgeleckt. **2** (*umgs*) in den Griff bekommen IDM **lick sb's 'arse** (*vulg, Slang, abwert*) jdm hinten reinkriechen **lick sb's 'boots** (*abwert*) jdm die Stiefel lecken **lick your 'wounds** seine Wunden lecken → *Siehe auch* LIP *und* SHAPE
▸ ***Nomen*** **1** Lecken ◇ *Can I have a lick of your ice cream?* Kann ich mal an deinem Eis lecken? **2** [Sing] **a ~ of paint** (*umgs*) ein bisschen Farbe **3** (*umgs*) = kurzes Gitarrensolo (als Teil eines Songs) IDM **at a (fair) 'lick** (*umgs*) mit einem Affenzahn

lick·ing /ˈlɪkɪŋ/ *Nomen* [Sing] (*umgs*) schwere Niederlage, Abreibung

lic·orice (*AmE*) = LIQUORICE

lid 0━ /lɪd/ *Nomen* **1** Deckel **2** = EYELID IDM **keep a/the 'lid on sth** **1** etw geheim halten **2** etw unter Kontrolle halten **lift the 'lid on sth; take/blow the 'lid off sth** etw enthüllen **That puts the (tin) lid on it!** (*BrE, umgs*) Das schlägt dem Fass den Boden aus! → *Siehe auch* FLIP

lid·ded /ˈlɪdɪd/ *Adj* **1** mit Deckel **2** (*gehoben*) ◇ *heavily-lidded eyes* Augen mit schweren Lidern ◇ *his lidded gaze* sein Blick aus halb geschlossenen Augen

lido /ˈliːdəʊ; *AmE* -doʊ/ *Nomen* (*Pl* **-os**) (*BrE*) Freibad

lie[1] 0━ /laɪ/ *Verb, Nomen* → *Siehe auch* LIE[2]
▸ ***Verb*** (**lies, lying, lay** /leɪ/, **lain** /leɪn/) **1** liegen ◇ *Snow was lying thick on the ground.* Es lag tiefer Schnee. ◇ *The machines lie idle.* Die Maschinen stehen still. **2** sich (hin)legen ◇ *Go and lie on the bed.* Leg dich aufs Bett ◇ *Lie on your back with knees bent.* Legen Sie sich mit angezogenen Knien auf den Rücken. IDM **lie in 'state** öffentlich aufgebahrt sein **lie in 'wait for sb** jdm auflauern **lie 'low** (*umgs*) sich versteckt halten; untertauchen **take sth lying 'down** sich etw gefallen lassen → *Siehe auch* BED, BOTTOM, HEAVY, LAND *und* SLEEP PHRV **lie a'round/a'bout** **1** herumliegen **2** faulenzen **ˌlie 'back** sich zurücklehnen; sich entspannen **ˌlie be'hind sth** hinter etw stehen **ˌlie 'down** sich hinlegen ◇ *He lay down on the sofa.* Er legte sich aufs Sofa. **ˌlie 'in** (*umgs*) lange schlafen, ausschlafen **'lie with sb (to do sth)** (*gehoben*) bei jdm liegen (etw zu tun)
▸ ***Nomen*** IDM → LAND

lie[2] 0━ /laɪ/ *Verb, Nomen*
▸ ***Verb*** (**lies, lying, lied, lied**) ***Verb*** lügen; **~ to sb** jdn anlügen, jdn belügen ◇ *He lied about his age in order to join the army.* Er gab sein Alter falsch an, um in die Armee eintreten zu können. IDM **lie through your 'teeth** (*umgs*) das Blaue vom Himmel herunterlügen **lie your way out of sth** sich aus etw herauslügen
▸ ***Nomen*** Lüge ◇ *tell a lie* lügen ◇ *a barefaced lie* eine glatte Lüge IDM **give the lie to sth** (*gehoben*) etw Lügen strafen **I tell a 'lie** (*BrE, umgs*) das stimmt ja gar nicht → *Siehe auch* TISSUE

lied /liːd/ *Nomen* (*Pl* **lieder** /ˈliːdə(r)/) (*deutsches*) Kunstlied

ˈlie detector *Nomen* Lügendetektor

ˌlie-'down *Nomen* [Sing] (*BrE, umgs*) Schläfchen, Nickerchen ◇ *have a lie-down* sich hinlegen

ˌlie-'in *Nomen* (*BrE, umgs*) ◇ *have a lie-in* ausschlafen

lien /ˈliːən/ *Nomen* **~ (in/over sth)** (RECHT) Retentionsrecht (an etw)

lieu /luː; *BrE auch* ljuː/ *Nomen* (*gehoben*) IDM **in lieu (of sth)** anstelle (von etw)

lieu·ten·ant /lefˈtenənt; *AmE* luːˈ-/ *Nomen* (*Abk* **Lieut.**, **Lt**) **1** (*BrE*) Leutnant **2** (*in den USA*) Kommissar **3** Statthalter

life 0━ /laɪf/ *Nomen* (*Pl* **lives** /laɪvz/) **1** Leben ◇ *He has little experience of life.* Er hat wenig Lebenserfahrung. ◇ *The floods caused a massive loss of life.* Bei der Überschwemmung kamen viele Menschen ums Leben. ◇ *She has been an accountant all her working life.* Sie hat ihr Leben lang als Buchhalterin gearbeitet. ◇ *a life member* ein Mitglied auf Lebenszeit ◇ *Brenda took up tennis late in life.* Brenda hat erst spät damit angefangen Tennis zu spielen. ◇ *In real life he wasn't how she had imagined him at all.* In Wirklichkeit war er ganz anders als sie sich ihn vorgestellt hatte. ◇ *The International Stock Exchange started life as a London coffee shop.* Die Londoner Börse war ursprünglich ein Kaffeehaus. ◇ *She has a full social life.* Sie geht viel aus. ◇ *a holiday resort that is full of life* ein Ferienort, in dem viel los ist ◇ *life drawing* Aktzeichnen **2** lebenslänglich ◇ *She is doing life for murder.* Sie sitzt wegen Mordes lebenslänglich. **3** Biografie, Lebensgeschichte IDM **be sb's 'life** jds Leben sein **bring sth to 'life** ◇ *She really brought French to life for the class.* Sie hat den Französischunterricht so richtig lebendig gestaltet. **come to 'life** lebendig werden ◇ *The match finally came to life in the second half.* In der zweiten Hälfte kam endlich Leben ins Spiel. **for dear 'life; for your 'life** um sein Leben (*rennen, schwimmen etc.*) ◇ *She was holding on to the rope for dear life.* Sie klammerte sich mit aller Kraft an das Seil. **for the 'life of you** (*umgs*) beim besten Willen **frighten/scare the 'life out of sb** jdn zu Tode erschrecken **full of 'life** voller Leben **get a 'life!** (*umgs*) sei nicht so langweilig! ◇ *Stop grumbling and get a life!* Hör auf zu murren und mach was aus deinem Leben! **have, take on, etc. a life of its 'own** sich verselbstständigen **lay down your 'life (for sb/sth)** (*gehoben*) sein Leben hingeben (für jdn/etw) **life after 'death** ein Leben nach dem Tod **the life and 'soul of the party, etc.** (*BrE*) ◇ *I've never been the life and soul of the party.* Ich war noch nie jemand, der gern im Mittelpunkt steht. ◇ *You're the life and soul of every party!* Du bringst überall Leben in die Bude! **life is 'cheap** (*abwert*) ◇ *Life is cheap there.* Menschenleben sind dort nicht viel wert. **make life 'difficult for sb** jdm das Leben schwer machen **the 'man/'woman in your life** (*umgs*) ◇ *Anna has a new man in her life.* Anna hat einen neuen Mann in ihrem Leben. **not on your 'life** (*umgs*) auf gar keinen Fall **take sb's 'life** jdn umbringen **take your (own) 'life** sich das Leben nehmen **take your life in your 'hands** sein Leben aufs Spiel setzen **that's life** (*umgs*) so ist das Leben (halt) ℹ Für andere Redewendungen mit **life** siehe die Einträge für die Nomina, Adjektive etc. **True to life** z.B. steht unter **true**.

ˌlife-affirming *Adj* lebensbejahend

ˌlife-and-'death *Adj* [nur vor Nomen] lebenswichtig; (*Kampf*) auf Leben und Tod

ˈlife assurance *Nomen* (*BrE*) Lebensversicherung

life·belt /ˈlaɪfbelt/ *Nomen* Rettungsring

life·blood /ˈlaɪfblʌd/ *Nomen* **1** (*fig*) Lebensnerv **2** (*gehoben*) (*Blut*) Lebenssaft

life·boat /ˈlaɪfbəʊt; *AmE* -boʊt/ *Nomen* Rettungsboot, Rettungsschiff ◇ *a lifeboat station* eine Seenotrettungsstation

life·buoy /ˈlaɪfbɔɪ; *AmE auch* -buːi/ *Nomen* Rettungsring

ˈlife cycle *Nomen* Lebenszyklus

ˈlife-enhancing *Adj* bereichernd

ˈlife expectancy *Nomen* (*Pl* **-ies**) Lebenserwartung, Lebensdauer

ˈlife form *Nomen* Lebensform

ˈlife-giving *Adj* lebenspendend

life·guard /ˈlaɪfɡɑːd; *AmE* -ɡɑːrd/ *Nomen* **1** Rettungsschwimmer(in) **2** Bademeister(in)

life·hack /ˈlaɪfhæk/ (*auch* **hack**) *Nomen* (*umgs*) = hilfreicher Alltagstrick, oft auch der Art, dass Dinge anders verwendet werden als ursprünglich vorgesehen

ˈlife ˈhistory *Nomen* Lebensgeschichte

ˈlife insurance *Nomen* Lebensversicherung

ˈlife jacket *Nomen* Schwimmweste

life·less /ˈlaɪfləs/ *Adj* **1** (*gehoben*) leblos **2** unbelebt, ohne Leben **3** (*fig*) trübe, stumpf ◇ *his lifeless performance on stage* seine farblose schauspielerische Leistung

life·like /ˈlaɪflaɪk/ *Adj* lebensecht, naturgetreu

life·line /ˈlaɪflaɪn/ *Nomen* **1** Rettungsleine **2** Signalleine **3** (*fig*) (lebenswichtige) Verbindung, Rettungsanker

life·long /ˈlaɪflɒŋ; *AmE* -flɔːŋ/ *Adj* [nur vor Nomen] lebenslang ◇ *He has been a lifelong supporter of the club.* Er hat den Verein sein ganzes Leben lang unterstützt.

ˌlife-or-ˈdeath *Adj* lebenswichtig; (*Kampf*) auf Leben und Tod

life peer /ˌlaɪf ˈpɪə(r); *AmE* ˈpɪr/ *Nomen* (*in GB*) Peer auf Lebenszeit

ˈlife preserver *Nomen* (*AmE*) Schwimmweste, Rettungsring

lifer /ˈlaɪfə(r)/ *Nomen* (*Slang*) Lebenslängliche(r)

ˈlife raft *Nomen* Rettungsfloß

life·saver /ˈlaɪfseɪvə(r)/ *Nomen* **1** Lebensretter(in) ◇ *The new drug is a potential lifesaver.* Das neue Medikament könnte Leben retten. **2** Rettungsschwimmer(in)

ˈlife-saving *Adj, Nomen*

▸ ***Adj*** lebensrettend

▸ ***Nomen*** Rettungsschwimmen

ˈlife sciences *Nomen* [Pl] Biowissenschaften

ˈlife sentence *Nomen* lebenslängliche Freiheitsstrafe

ˈlife-size (*auch* **ˈlife-sized**) *Adj* lebensgroß

life·span /ˈlaɪfspæn/ *Nomen* Lebensdauer

ˈlife story *Nomen* Lebensgeschichte

life·style /ˈlaɪfstaɪl/ *Nomen* Lebensstil ◇ *They enjoyed a comfortable lifestyle.* Sie führten ein komfortables Leben.

ˌlife supˈport *Nomen* [U] lebenserhaltende Maßnahmen ◇ *She's on life support.* Sie wird künstlich am Leben erhalten.

ˌlife-supˈport machine (*auch* **ˌlife-supˈport system**) *Nomen* Herz-Lungen-Maschine

ˌlife's ˈwork *Nomen* [Sing] Lebenswerk

ˈlife-threatening *Adj* lebensgefährlich, lebensbedrohlich

life·time /ˈlaɪftaɪm/ *Nomen* Leben, Lebensdauer ◇ *He retired after a lifetime of hard work.* Er ging in Rente, nachdem er ein Leben lang hart gearbeitet hatte. ◇ *His diary was not published during his lifetime.* Sein Tagebuch wurde nicht zu seinen Lebzeiten veröffentlicht. IDM **the chance, etc. of a ˈlifetime** eine einmalige Chance etc. ◇ *the holiday of a lifetime* ein einmaliger Urlaub

ˈlife vest *Nomen* (*AmE*) Schwimmweste

life·work /ˌlaɪfˈwɜːk; *AmE* -ˈwɜːrk/ *Nomen* (*AmE*) Lebenswerk

lift 0┳ /lɪft/ *Verb, Nomen*

▸ ***Verb*** **1 ~ sb/sth (up)** jdn/etw heben, jdn/etw hochheben ◇ *John lifted his eyes from his book.* John sah von seinem Buch auf. ◇ *His heart lifted at the sight of her.* Seine Stimmung hob sich, als er sie sah. **2** (*per Flugzeug, Hubschrauber*) transportieren **3** (*Verbot etc.*) aufheben **4** sich auflösen, sich heben ◇ *Gradually my depression started to lift.* Allmählich verschwanden meine Depressionen. **5 ~ sth** (*umgs*) etw klauen **6** (*Kartoffeln, Rüben etc.*) ausgraben **7** erhöhen, steigern IDM **not lift/raise a finger/hand (to do sth)** (*umgs*) keinen Finger rühren (um etw zu tun) PHR V **ˌlift ˈoff** starten, abheben

▸ ***Nomen*** **1** (*BrE*) Aufzug ◇ *take the lift* mit dem Aufzug fahren **2** (*BrE*) Mitfahrgelegenheit ◇ *I'll give you a lift to the station.* Ich bringe dich zum Bahnhof. ◇ *Could I have a lift into town?* Könntest du mich in die Stadt mitnehmen? ◇ *hitch/thumb a lift* trampen **3** Auftrieb (*auch fig*) **4** [Sing] Heben ◇ *She saw the lift of his eyebrows.* Sie sah, wie sich seine Augenbrauen hoben.

ˈlift-off *Nomen* (*Abheben*) Start

liga·ment /ˈlɪɡəmənt/ *Nomen* (ANAT) Band ◇ *I've torn a ligament.* Ich habe einen Bänderriss.

liga·ture /ˈlɪɡətʃə(r)/ *Nomen* (*Fachspr*) **1** (MUS, MED) Ligatur **2** (*zum Abbinden*) Schnur, Binde

light 0┳ /laɪt/ *Nomen, Adj, Verb, Adv*

▸ ***Nomen*** **1** Licht ◇ *turn/switch the lights on/off* das Licht an-/ausmachen ◇ *ceiling/wall lights* Decken-/Wandlampen ◇ *Keep going — the lights are green.* Fahr weiter — die Ampel ist grün. ◇ *see sth in a new light* etw mit anderen Augen betrachten ◇ *The light was beginning to fail.* Es fing an zu dämmern. ◇ *by the light of the candle* beim Schein der Kerze **2** [Sing] (*zum Anzünden einer Zigarette etc.*) Feuer IDM **according to sb's ˈlights** (*gehoben*) nach jds Gutdünken **be/go out like a ˈlight** (*umgs*) sofort einschlafen **be in sb's ˈlight** jdm im Licht sein **bring sth to ˈlight** etw ans Licht bringen **cast/shed/throw ˈlight on sth** Licht in etw bringen **come to ˈlight** ans Licht kommen **in a good, bad, favourable, etc. light** in einem guten/schlechten/günstigen etc. Licht **in the light of sth** (*AmE* **in light of sth**) in Anbetracht einer Sache **light at the end of the ˈtunnel** Licht am Ende des Tunnels **(the) light ˈdawned (on sb)** ◇ *The light suddenly dawned (on me).* Mir ging plötzlich ein Licht auf. **the light of sb's ˈlife** für jdn das Liebste auf der Welt **see the ˈlight** **1** etw begreifen **2** (REL) erleuchtet werden **see the ˈlight of ˈday** ◇ *The project won't see the light of day until next year.* Das Projekt wird erst nächstes Jahr verwirklicht werden. ◇ *He's written a lot of interesting material that has never seen the light of day.* Er hat viele interessante Sachen geschrieben, die nie veröffentlicht worden sind. **set ˈlight to sth** (*bes BrE*) etw anzünden; etw entzünden → *Siehe auch* BRIGHT, HIDE, JUMP *und* SWEETNESS

▸ ***Adj*** **1** hell ◇ *light blue* hellblau **2** leicht ◇ *light on your feet* leichtfüßig ◇ *I've always been a light sleeper.* Ich habe schon immer einen leichten Schlaf gehabt. **3** zu leicht ◇ *The delivery of potatoes was several kilos light.* Bei der Kartoffellieferung fehlten mehrere Kilos. **4** wenig ◇ *Trading on the stock exchange was light today.* Der Handel an der Börse war heute flau. **5** (*Strafe*) mild **6** heiter ◇ *a little light relief* eine kleine Aufheiterung ◇ *The job does have its lighter moments.* Die Arbeit hat auch ihre lichteren Seiten. ◇ *On a lighter note …* Nun etwas Heiteres … **7** (*oft in Produktnamen*) kalorienarm, leicht **8** mit geringem Alkoholgehalt IDM **be ˈlight on …** (*BrE*) wenig … haben **a ˈlight touch** eine sanfte Vorgehensweise ◇ *She handles this difficult subject with a light touch.* Sie behandelt dieses komplizierte Thema mit leichter Eleganz. ◇ *He directs with a light touch.* Er führt mit leichter Hand Regie. **make ˈlight of sth** etw auf die leichte Schulter nehmen ◇ *I didn't mean to make light of your injuries.* Ich wollte deine Verletzungen nicht herunterspielen. **make light ˈwork of sth** etw mühelos erledigen **many hands make light ˈwork** gemeinsam geht die Arbeit leichter von der Hand

▸ ***Verb*** (**lit, lit** /lɪt/) (**Lighted** *wird auch in den Vergangen-*

heitsformen verwendet, besonders vor Nomen.) **1** anzünden **2** *(sich entzünden)* brennen **3** beleuchten **4** *(gehoben)* erhellen PHR V **ˈlight on/upon sth** *(gehoben)* etw entdecken ◇ *His eye lit upon a small boat on the horizon.* Seine Augen entdeckten am Horizont ein kleines Boot. **ˌlight ˈup 1** *(umgs)* eine Zigarette, Zigarre etc. anstecken **2** sich erhellen **3** aufleuchten ◇ *His eyes lit up.* Seine Augen leuchteten auf. **ˌlight sth ˈup 1** *(Zigarette etc.)* sich etw anstecken **2** etw erhellen ◇ *A smile lit up her face.* Ein Lächeln erhellte ihr Gesicht.

▸ **Adv** IDM → TRAVEL

ˌlight ˈaircraft *Nomen (Pl* **light air·craft***)* kleines Flugzeug

ˈlight bulb *Nomen (auch* **bulb***)* Glühbirne

ˌlight-ˈcoloured *(AmE* **ˌlight-ˈcolored***) Adj* hell ◇ *light-coloured curtains* Vorhänge in hellen Farben

light·ed /ˈlaɪtɪd/ *Adj* **1** *(Kerze, Zigarette, Streichholz)* brennend **2** *(Fenster)* erleuchtet

light·en /ˈlaɪtn/ *Verb* **1** verringern, erleichtern **2** (sich) aufhellen ◇ *Use bleach to lighten the wood.* Verwenden Sie Bleichmittel, um das Holz heller zu machen. **3 ~ (up)** sich aufhellen **4 ~ sth (up)** etw aufhellen ◇ *She told a joke to lighten the atmosphere.* Sie erzählte einen Witz, um die Atmosphäre aufzulockern. **5** leichter machen PHR V **ˈlighten up** *(umgs)* es lockerer nehmen

light·er /ˈlaɪtə(r)/ *Nomen* **1** *(auch* **ciga'rette lighter***)* Feuerzeug **2** Lastkahn

ˌlight-ˈfingered *Adj (umgs)* langfingerig

ˌlight-ˈheaded *Adj* leicht benommen

ˌlight-ˈhearted *Adj (Adv* **ˌlight-ˈheartedly***)* **1** heiter **2** unbekümmert ◇ *She felt light-hearted.* Das Herz war ihr leicht.

ˌlight ˈheavyweight *Nomen* Halbschwergewichtler(in), Halbschwergewicht

light·house /ˈlaɪthaʊs/ *Nomen* Leuchtturm

ˌlight ˈindustry *Nomen* Leichtindustrie

light·ing /ˈlaɪtɪŋ/ *Nomen* Beleuchtung ◇ *natural lighting* natürliches Licht ◇ *The play had excellent lighting effects.* Das Theaterstück hatte hervorragende Lichteffekte.

ˈlighting engineer *Nomen* Beleuchter(in)

light·ly 🔑 /ˈlaɪtli/ *Adv* **1** sanft **2** leicht ◇ *She tended to sleep lightly nowadays.* Jetzt hatte sie oft einen leichten Schlaf. ◇ *eat lightly* sich von leichter Kost ernähren ◇ *She ran lightly up the stairs.* Sie lief leichtfüßig die Treppe hinauf. **3** leichthin **4** leichtfertig ◇ *take sth lightly* etw auf die leichte Schulter nehmen IDM **get off/be let off ˈlightly** *(umgs)* glimpflich davonkommen; mit Nachsicht behandelt werden

ˈlight meter *Nomen* Belichtungsmesser

light·ning /ˈlaɪtnɪŋ/ *Nomen, Adj*

▸ **Nomen** [U] Blitz ◇ *a flash of lightning* ein Blitz ◇ *(AmE) lightning strikes* Blitzeinschläge IDM **lightning never strikes (in the same place) twice** Der Blitz schlägt nicht zweimal in denselben Baum ein. *(auch fig)* **like (greased) ˈlightning** wie ein geölter Blitz

▸ **Adj** blitzschnell ◇ *Police made a lightning raid on the house.* Die Polizei hat das Haus in einer Blitzaktion durchsucht.

ˈlightning conductor *(AmE* **ˈlightning rod***) Nomen* Blitzableiter *(auch fig)*

ˈlightning ˈstrike *Nomen (BrE)* spontaner Streik

ˈlight pen *Nomen* Lichtstift

light·ship /ˈlaɪtʃɪp/ *Nomen* Feuerschiff

ˈlight show *Nomen* Light-Show, Lichterschau

light·weight /ˈlaɪtweɪt/ *Adj, Nomen*

▸ **Adj 1** leicht **2** *(abwert)* anspruchslos ◇ *He's too lightweight for the job.* Er ist der Aufgabe nicht ganz gewachsen.

▸ **Nomen 1** Leichtgewichtler(in) **2** *(umgs, abwert)* Leichtgewicht ◇ *a political lightweight* jd, der politisch nicht für voll genommen wird ◇ *He's an intellectual lightweight.* Intellektuell ist er kein großes Licht.

ˈlight year *Nomen* Lichtjahr ◇ *(fig) Full employment still seems light years away.* Von der Vollbeschäftigung sind wir wohl noch meilenweit entfernt.

lig·nite /ˈlɪɡnaɪt/ *Nomen* Braunkohle

lik·able *(bes AmE)* = LIKEABLE

like 🔑 /laɪk/ *Präp, Verb, Konj, Nomen, Adj, Adv*

▸ **Präp 1** wie ◇ *She's wearing a dress like mine.* Sie trägt ein ähnliches Kleid wie ich. ◇ *It's just like her to tell everyone about it.* Das sieht ihr wieder ähnlich, dass sie es jedem erzählt. ◇ *That sounds like him coming now.* Das hört sich so an, als würde er jetzt kommen. **2 what's sb/sth ~?** wie ist jd/etw? ◇ *What's she like?* Wie ist sie denn so? ◇ *What's it like studying in Spain?* Wie ist das so, wenn man in Spanien studiert? IDM **more like ...** eher um/bei ◇ *He believes the figure should be more like $10 million.* Er glaubt, dass die Zahlen eher bei $10 Millionen liegen sollten. **more ˈlike (it)** *(umgs)* **1** schon besser so **2** wohl eher ◇ *Just talking? Arguing more like it.* Reden, sagst du? Das hört sich eher wie Streiten an. **What are you ˈlike/What is she, etc. ˈlike?** *(umgs)* Also wirklich!; Oh Mann!

▸ **Verb** *(selten in der Verlaufsform)* **1** (gerne) mögen ◇ *Which tie do you like best?* Welche Krawatte gefällt dir am besten? ◇ *How did you like Japan?* Wie hat es Ihnen in Japan gefallen? ◇ *I like to see them enjoying themselves.* Ich habe es gerne, wenn sie sich amüsieren. **2** wollen ◇ *Do what you like — I don't care.* Tu was du willst — mir ist es egal. **3** *(mit „would")* mögen ◇ *Would you like a drink?* Möchtest du etwas zu trinken? ◇ *I'd like to think it over.* Ich möchte es mir noch einmal überlegen. ◇ *(AmE) I'd like for us to work together.* Ich möchte, dass wir zusammenarbeiten. **4** liken **5** ◇ *By the next morning, over twenty of my friends had liked my new profile picture.* Am nächsten Morgen hatten schon mehr als zwanzig meiner Freunde mein neues Profilbild mit „Gefällt mir" markiert. IDM **how would ˈyou like it?** wie würdest du es finden? **if you ˈlike** *(umgs)* **1** wenn du möchtest **2** wenn man so will ◇ *It was, if you like, the dawn of a new era.* Es war, wenn man so will, der Anbruch einer neuen Ära. **I like ˈthat!** *(umgs, veraltet)* Das ist ja allerhand! **I/I'd ˈlike to think** ◇ *I like to think I'm broad-minded.* Ich halte mich gern für tolerant. ◇ *I'd like to think that you're helping me because you want to.* Ich würde es schön finden, wenn du mir aus freien Stücken hilfst. **ˌwhat's ˌnot to ˈlike!** *(umgs, hum)* das ist doch super; das ist eine tolle Sache ◇ *You get paid to eat chocolate. So what's not to like!* Du wirst dafür bezahlt, Schokolade zu essen. Das ist doch super!

▸ **Konj** *(umgs)* **1** wie ◇ *like I said* wie ich schon gesagt habe **2** als ob

▸ **Nomen 1 likes** [Pl] Vorlieben ◇ *likes and dislikes* Vorlieben und Abneigungen **2** *(in den sozialen Medien)* ◇ *The band now has thousands of likes.* Die Band hat jetzt Tausende von Likes. ◇ *I gave it a like.* Ich habe es mit „Gefällt mir" markiert. IDM **the likes of sb/sth** *(umgs)* solche wie jd/etw ◇ *She didn't want to associate with the likes of me.* Mit solchen wie mir wollte sie nichts zu tun haben.

▸ **Adj** *(gehoben)* gleich ◇ *a chance to meet people of like mind* eine Gelegenheit, gleich Gesinnte zu treffen

▸ **Adv** *(umgs)* **1** also ◇ *It was, like, weird.* Also, es war schon etwas seltsam. **2 I'm, he's, she's, etc. ~** *(AmE, umgs) (ersetzt „say" in sehr informeller Rede)* ◇ *And then I'm like 'No Way!'* Und dann sage ich „Auf keinen Fall!" **3** so wie ◇ *There was silence, but not like before.* Es herrschte Schweigen; aber nicht so wie vorher. IDM (as) like as 'not; like e'nough; most/very 'like (*veraltet*) aller Wahrscheinlichkeit nach

like·able (*bes AmE* lik·able) /ˈlaɪkəbl/ *Adj* sympathisch ◇ *She's warm, friendly and likeable.* Sie hat eine warme, freundliche und nette Art.

like·li·hood /ˈlaɪklihʊd/ *Nomen* Wahrscheinlichkeit ◇ *The likelihood is that unemployment will fall.* Wahrscheinlich wird die Arbeitslosigkeit sinken.

like·ly /ˈlaɪkli/ *Adj, Adv*
▸ ***Adj*** (**like·lier**, **like·li·est** *oder* **more like·ly**, **most like·ly**) **1** wahrscheinlich ◇ *Tickets are likely to be expensive.* Die Eintrittskarten sind wahrscheinlich teuer. ◇ *It's more than likely that the thieves don't know how much it is worth.* Höchstwahrscheinlich wissen die Diebe nicht, wie viel es wert ist. ◇ *They're not likely to agree.* Es ist unwahrscheinlich, dass sie zustimmen. **2** geeignet IDM a 'likely story (*umgs*) wer's glaubt, wird selig!
▸ ***Adv*** IDM as likely as 'not; most/very 'likely höchstwahrscheinlich not 'likely! (*bes BrE, umgs*) wohl kaum!

like-minded *Adj* gleich gesinnt

liken /ˈlaɪkən/ *Verb* PHR V 'liken sth/sb to sth/sb (*gehoben*) etw/jdn mit etw/jdm vergleichen

like·ness /ˈlaɪknəs/ *Nomen* **1** Ähnlichkeit **2** [meist Sing] Bild ◇ *The drawing is a good likeness of the attacker.* Die Zeichnung sieht dem Angreifer recht ähnlich.

likes *Nomen* → LIKE

like·wise /ˈlaɪkwaɪz/ *Adv* **1** (*gehoben*) ebenso ◇ *He voted for the change and he expected his colleagues to do likewise.* Er stimmte für die Veränderung und erwartete von seinen Kollegen, dass sie das Gleiche tun würden. **2** (*umgs*) gleichfalls ◇ *'Let me know if you ever need any help.' 'Likewise.'* „Lass es mich wissen, wenn du Hilfe brauchst." „Du auch."

lik·ing /ˈlaɪkɪŋ/ *Nomen* [Sing] ~ (**for sb/sth**) Vorliebe (für jdn/etw) ◇ *take a liking to sb* eine Zuneigung zu jdm fassen IDM for sb's 'liking für jds Geschmack to sb's 'liking (*gehoben*) nach jds Geschmack

lilac /ˈlaɪlək/ *Nomen, Adj*
▸ ***Nomen*** **1** Flieder **2** Zartlila
▸ ***Adj*** fliederfarben

Lil·li·pu·tian /ˌlɪlɪˈpjuːʃn/ *Adj* (*gehoben*) liliputanisch

lilo (*auch* Li-Lo™) /ˈlaɪləʊ; *AmE* -loʊ/ *Nomen* (*Pl* **-os**) (*BrE*) Luftmatratze

lilt /lɪlt/ *Nomen* [Sing] **1** singender Tonfall ◇ *Her voice had a soft Welsh lilt to it.* Ihre Stimme hatte den weichen singenden Tonfall der Waliser. **2** schwungvoller Rhythmus

lilt·ing /ˈlɪltɪŋ/ *Adj* **1** (*Melodie*) schwungvoll **2** (*Tonfall*) singend

lily /ˈlɪli/ *Nomen* (*Pl* **-ies**) Lilie IDM → GILD

lily of the 'valley *Nomen* (*Pl* **lil·ies of the val·ley**) Maiglöckchen

lily-'white *Adj* **1** schneeweiß **2** tugendhaft

lima bean /ˈliːmə biːn/ *Nomen* (*AmE*) Limabohne

limb /lɪm/ *Nomen* **1** (ANAT) Glied ◇ *For a while, she lost the use of her limbs.* Eine Zeit lang konnte sie ihre Gliedmaßen nicht bewegen. **2 -limbed** -glied(e)rig ◇ *loose-limbed* gelenkig **3** Ast IDM out on a 'limb (*umgs*) exponiert ◇ *Are you prepared to go out on a limb and make your suspicions public?* Bist du bereit, dich zu exponieren und deinen Verdacht publik zu machen? ◇ *He's hardly putting himself out on a limb.* Er riskiert nicht viel. tear/rip sb ˌlimb from 'limb (*oft hum*) jdm alle Glieder einzeln ausreißen → *Siehe auch* RISK

lim·ber /ˈlɪmbə(r)/ *Verb* PHR V ˌlimber 'up sich aufwärmen

limbo /ˈlɪmbəʊ; *AmE* -boʊ/ *Nomen* **1** Limbo **2** Schwebe(zustand)

lime /laɪm/ *Nomen, Verb*
▸ ***Nomen*** **1** = QUICKLIME **2** Limone **3** (*auch* 'lime tree) Limonenbaum **4** (*auch* 'lime tree) Linde
▸ ***Verb*** kalken

lime 'green *Adj, Nomen*
▸ ***Adj*** (*auch* lime) lindgrün
▸ ***Nomen*** Lindgrün

lime·light /ˈlaɪmlaɪt/ (*meist* **the limelight**) *Nomen* Rampenlicht ◇ *steal/hog the limelight* die Schau stehlen

lim·er·ick /ˈlɪmərɪk/ *Nomen* Limerick

lime·scale /ˈlaɪmskeɪl/ *Nomen* (*BrE*) Kalk(ablagerung)

lime·stone /ˈlaɪmstəʊn; *AmE* -stoʊn/ *Nomen* Kalkstein

Limey /ˈlaɪmi/ *Nomen* (*AmE, veraltet*) = leicht abwertende Bezeichnung für einen Briten/eine Britin

limit /ˈlɪmɪt/ *Nomen, Verb*
▸ ***Nomen*** **1** ~ (**to sth**) Grenze (für etw) ◇ *There is a limit to the amount of pain we can bear.* Unserer Schmerzbelastung sind Grenzen gesetzt. ◇ *push/stretch sb/sth to the limit* jdn/etw bis zum Äußersten treiben/fordern ◇ *His arrogance knew no limits.* Sein Hochmut war grenzenlos. **2** ~ (**on sth**) Begrenzung (einer Sache) ◇ *strict limits on levels of pollution* strenge Schadstoffgrenzwerte ◇ *You can't drive — you're over the limit.* Du kannst nicht fahren — du hast zu viel Promille. IDM be the 'limit (*umgs, veraltet*) unmöglich sein ˌoff 'limits (*bes AmE*) verboten within 'limits in Grenzen → *Siehe auch* SKY
▸ ***Verb*** ~ **sth** (**to sth**) **1** etw (auf etw) begrenzen ◇ *limit sb's choice* jds Wahl einschränken. **2** ~ **yourself/sb** (**to sth**) sich/jdn (auf etw) beschränken ◇ *Families are limited to four free tickets each.* Die Vergabe von Freikarten an Familien ist jeweils auf vier Karten begrenzt. PHR V 'limit sth to sb/sth etw auf jdn/etw begrenzen

limi·ta·tion /ˌlɪmɪˈteɪʃn/ *Nomen* **1** Einschränkung **2** ~ (**on sth**) Beschränkung (einer Sache) ◇ *Disability is a physical limitation on your life.* Eine Körperbehinderung engt das Leben ein. **3** [meist Pl] Grenze

limit·ed /ˈlɪmɪtɪd/ *Adj* ~ (**to sth**) (auf etw) begrenzt ◇ *The offer is for a limited period only.* Das Angebot ist zeitlich begrenzt. ◇ *a limited role* eine beschränkte Rolle

limited 'company (*auch* ˌlimited liaˈbility company) *Nomen* (*BrE*) Gesellschaft mit beschränkter Haftung

limited e'dition *Nomen* limitierte Auflage

limited lia'bility *Nomen* (RECHT) beschränkte Haftung

limit·ing /ˈlɪmɪtɪŋ/ *Adj* **1** einschränkend **2 -limiting** ◇ *life-limiting illness* lebensverkürzende Erkrankung ◇ *career-limiting moves* Handlungen, die schlecht für die Karriere sind

limit·less /ˈlɪmɪtləs/ *Adj* grenzenlos

lim·ou·sine /ˈlɪməziːn, ˌlɪməˈziːn/ (*umgs* limo /ˈlɪməʊ; *AmE* -moʊ/ (*Pl* **-os**)) *Nomen* **1** Straßenkreuzer **2** (*bes AmE*) Kleinbus (*für Fluggäste*)

limp /lɪmp/ *Adj, Verb, Nomen*
▸ ***Adj*** (*Adv* limp·ly) schlapp, schlaff ◇ *Her hair hung limply over her forehead.* Das Haar fiel ihr strähnig über die Stirn.
▸ ***Verb*** **1** hinken, humpeln **2** sich schleppen ◇ *The plane limped back to the airport.* Das Flugzeug schaffte es mit Müh und Not zum Flughafen zurück.
▸ ***Nomen*** Humpeln ◇ *walk with a limp* hinken

lim·pet /ˈlɪmpɪt/ *Nomen* Napfschnecke ◇ *He clung to her like a limpet.* Er hing wie eine Klette an ihr.

lim·pid /ˈlɪmpɪd/ *Adj* (*gehoben*) klar; (*Augen*) hell

linch·pin (*auch* **lynch·pin**) /ˈlɪntʃpɪn/ *Nomen* **1** Lünse **2** (*fig*) (tragende) Säule

linc·tus /ˈlɪŋktəs/ *Nomen* (*BrE*) Hustensaft

lin·den /ˈlɪndən/ (*auch* **ˈlinden tree**) *Nomen* Linde

line /laɪn/ *Nomen, Verb*

▸ ***Nomen*** **1** Linie ◇ *a wavy line* eine Schlangenlinie ◇ *draw a line through sth* etw durchstreichen ◇ *Be careful not to cross the line.* Du darfst nicht über die Straßenmarkierung fahren. ◇ *She comes from a long line of actors.* Sie stammt aus einer alten Schauspielerfamilie. **2** Falte ◇ *fine lines* Fältchen **3** Reihe ◇ *be stuck in a line of traffic* in einer Autoschlange stecken **4** = ASSEMBLY LINE *und* PRODUCTION LINE **5** (*AmE*) (*Reihe*) Schlange ◇ *stand/wait in line for sth* sich nach etw anstellen **6** Grenze ◇ *lines of longitude* Längengrade **7** Grenzlinie, Schranke ◇ *The slump cut across class lines.* Die Flaute betraf alle Gesellschaftsschichten. ◇ *How do you draw a line between the two?* Wie unterscheidet man beide? ◇ *There is a fine line between interest and interference.* Es ist nur ein kleiner Schritt von Interesse zu Einmischung. **8** Kontour ◇ *the line of her jaw* der Umriss ihres Kinns ◇ *his use of clean line and colour* seine klare Linienführung und Farbwahl ◇ *I prefer simple lines in clothes.* Bei Kleidern gefällt mir ein einfacher Schnitt. ◇ *a car with sleek lines* ein Auto mit schnittigem Design **9** Rangfolge ◇ *He is second in line to the chairman.* Er ist nach dem Vorsitzenden der Ranghöchste. ◇ *be next in line to the throne* in der Thronfolge an nächster Stelle stehen ◇ *Orders came down the line.* Die Befehle wurden nach unten weitergegeben. ◇ *a line of command* eine Befehlskette **10** (*Abk* l) Zeile **11** (THEAT, FILM) ◇ *learn your lines* seinen Text lernen ◇ *a line from 'Casablanca'* ein Satz aus „Casablanca" **12 lines** [Pl] (*BrE*) Strafarbeit ◇ *He gave me 100 lines.* Er ließ mich den Satz 100 mal schreiben. **13** (*umgs*) (*Trick*) Masche ◇ (*BrE*) *That's a terrible chat-up line!* Was für eine furchtbare Anmache! **14** Leine ◇ *They threw a line to the sailor.* Sie warfen dem Matrosen ein Tau zu. → *Siehe auch* CLOTHES LINE *und* WASHING LINE **15** Leitung, Telefonanschluss ◇ *hold the line* am Apparat bleiben **16** Gleise, (U-)Bahnlinie **17** Richtung ◇ *this line of reasoning* diese Gedankenfolge ◇ *try a different line of argument* versuchen anders zu argumentieren ◇ *the first line of attack* die erste Angriffsweise ◇ *find a new line of attack* eine neue Angriffstaktik finden ◇ *You're right in my line of vision.* Du versperrst mir die Sicht. ◇ *the line of the river* der Flusslauf **18** [Sing] Branche ◇ *His line of work pays well.* In seinem Beruf verdient man gut. **19** (WIRTSCH) Artikel, Sortiment **20** ◇ *a shipping line* eine Reederei **21** (MIL) Front (linie) ◇ *behind enemy lines* hinter den feindlichen Stellungen **22** (*Slang*) (*Dosis Kokain*) Straße IDM **aˈbove the line 1** (FINANZ) über dem Strich **2** = bezieht sich auf Werbung in den klassischen Medien (Zeitung, TV etc.), die sich an ein breites Publikum richtet **along/down the ˈline** (*umgs*) ◇ *somewhere along the line* an irgendeinem Punkt ◇ *all along the line* von Anfang an ◇ *further down the line* zu einem späteren Zeitpunkt **along/on (the) … ˈlines 1** ◇ *They voted along class lines.* Sie wählten ihrer Schichtzugehörigkeit entsprechend. ◇ *operate along the same lines* in der gleichen Art funktionieren **2** (*umgs*) ◇ *something along those lines* etwas in dieser Richtung ◇ *built along the lines of a French chateau* im Stil eines französischen Schlosses gebaut **beˈlow the line 1** (FINANZ) unter dem Strich **2** = bezieht sich auf Werbung über die sozialen Medien oder in Form von E-Mails, die sich nur an bestimmte Zielgruppen richtet **3** = bezieht sich auf einen Absatz am Ende eines Onlineartikels oder Blogposts, in dem die Leser Kommentare abgeben können **be brought, come, get, fall, etc. into ˈline (with sb/sth)** ◇ *be brought into line with the EU* mit der EU gleichgeschaltet werden ◇ *fall into line* sich fügen **be in ˈline for sth** Aussichten auf etw haben **in (a) ˈline (with sth)** in einer Linie (mit etw) **in ˈline with sth** in Einklang mit etw ◇ *in line with inflation* an die Inflationsrate angepasst **ˌlay it on the ˈline** (*umgs*) es rundheraus sagen **(choose, follow, take, etc.) the line of least reˈsistance** den Weg des geringsten Widerstandes (gehen) **on ˈline 1** in Betrieb ◇ *come on line* wirksam werden **2** (COMP) online **on the ˈline** (*umgs*) ◇ *be on the line* auf dem Spiel stehen ◇ *put sth on the line* etw aufs Spiel setzen **out of ˈline 1** nicht in der Reihe **2** (*AmE*) nicht in Ordnung ◇ *He was way out of line.* Das war überhaupt nicht in Ordnung von ihm. **out of ˈline (with sb/sth) 1** nicht auf der gleichen Linie (mit jdm/etw) **2** nicht im Einklang (mit jdm/etw) ◇ *London prices are way out of line with the rest of the country.* Die Londoner Preise sind mit denen im Rest des Landes nicht zu vergleichen. **walk/tread a fine/thin ˈline** eine Gratwanderung machen ◇ *He was walking a fine line between being funny and being rude.* Seine Darbietung war ein Balanceakt zwischen Humor und Unverschämtheit. ℹ Für andere Redewendungen mit **line** siehe die Einträge für die Verben. **Toe the line** z.B. steht unter **toe**.

▸ ***Verb*** **1** (*oft passiv*) auskleiden, füttern **2** säumen ◇ *The walls were lined with books.* Die Wände waren voll gestellt mit Büchern. IDM **line your (own)/sb's ˈpockets** in die eigene/jds Tasche arbeiten PHR V **ˌline ˈup** sich (in einer Reihe) aufstellen, eine Schlange bilden **ˌline sb/sth ˈup 1** jdn/etw in einer Reihe aufstellen **2** jdn/etw organisieren ◇ *He already had a job lined up.* Es wartete schon ein Job auf ihn. ◇ *I've got a lot lined up.* Ich habe viel zu tun. **ˌline sth ˈup (with sth)** etw (auf etw) ausrichten

lin·eage /ˈlɪniɪdʒ/ *Nomen* **1** (*gehoben*) Abstammung, Herkunft **2** (BIOL) Stamm

lin·ear /ˈlɪniə(r)/ *Adj* (*Adv* **lin·ear·ly**) **1** linear **2** geradlinig **3** Längen-

lined /laɪnd/ *Adj* **1** faltig ◇ *a deeply lined face* ein runzeliges Gesicht **2** liniert **3** gefüttert **4** gesäumt

ˈline dancing *Nomen* Country-Linedancing

ˈline drawing *Nomen* Strichzeichnung

line·man /ˈlaɪnmən/ *Nomen* (*Pl* **-men** /-mən/) (*AmE*) (*Football*) Stürmer

ˈline management *Nomen* (*BrE*) Linienmanagement

ˈline manager *Nomen* Vorgesetzte(r)

linen /ˈlɪnɪn/ *Nomen* **1** Leinen **2** Wäsche IDM → WASH

ˈline printer *Nomen* (COMP) Zeilendrucker

liner /ˈlaɪnə(r)/ *Nomen* **1** ◇ *an ocean liner* ein Ozeandampfer ◇ *a luxury cruise liner* ein Kreuzfahrtschiff **2** (*meist in Zusammensetzungen*) Einlage ◇ *bin liners* Müllbeutel ◇ *nappy liners* Windeleinlagen ◇ *pond liner* Teichfolie **3** = EYELINER

lines·man /ˈlaɪnzmən/ *Nomen* (*Pl* **-men** /-mən/) Linienrichter

ˈline-up *Nomen* **1** Aufstellung, Aufgebot **2** Programm ◇ *this evening's TV line-up* das Fernsehprogramm des heutigen Abends **3** (*bes AmE*) (*von Verdächtigen*) Gegenüberstellung

lin·ger /ˈlɪŋɡə(r)/ *Verb* **1** ~ **(on)** anhalten ◇ *Her perfume lingered in the room.* Ihr Parfum hing noch im Raum. **2** ~ **(on sb/sth)** (auf/bei jdm/etw) verweilen ◇ *She lingered for a few minutes.* Sie blieb noch ein paar Minuten. ◇ *We lingered over breakfast.* Wir saßen lange beim Frühstück. **3** ~ **(on)** dahinsiechen

lin·ge·rie /ˈlænʒəri; *AmE* ˌlɑːndʒəˈreɪ/ *Nomen* [U] Damenunterwäsche, Dessous

lin·ger·ing /ˈlɪŋɡərɪŋ/ *Adj* (*Adv* **lin·ger·ing·ly**) anhaltend ◇ *a lingering death* ein langsamer Tod ◇ *any lingering* *hopes* jede letzte Hoffnung ◇ *He kissed her lingeringly.* Er gab ihr einen langen Kuß.

lingo /ˈlɪŋgəʊ; *AmE* -goʊ/ *Nomen* [Sing] *(umgs)* **1** Sprache **2** *(bes AmE)* Fachjargon

lin·gua franca /ˌlɪŋgwə ˈfræŋkə/ *Nomen* [meist Sing] *(Fachspr)* Verkehrssprache

lin·guist /ˈlɪŋgwɪst/ *Nomen* **1** Sprachkundige(r) ◇ *be an excellent linguist* sehr sprachbegabt sein **2** Linguist(in)

lin·guis·tic /lɪŋˈgwɪstɪk/ *Adj (Adv* **lin·guis·tic·al·ly** /-kli/) sprachlich, sprachwissenschaftlich, Sprach-

lin·guis·tics /lɪŋˈgwɪstɪks/ *Nomen* [U] Sprachwissenschaft, Linguistik

lini·ment /ˈlɪnəmənt/ *Nomen* Einreibemittel

lin·ing /ˈlaɪnɪŋ/ *Nomen* **1** Futter **2** Futterstoff **3** Auskleidung **4** (ANAT) Schleimhaut **IDM** → CLOUD

link 0-π /lɪŋk/ *Nomen, Verb*

▸ ***Nomen*** **1** Verbindung, Zusammenhang **2** Verbindung ◇ *a high-speed rail link* eine Schnellstrecke ◇ *via a video link* über Video **3** Beziehung ◇ *a vital link* ein wichtiges Bindeglied **4** *(Ketten-)* Glied **IDM** **a link in the ˈchain** ein Glied in der Kette → *Siehe auch* WEAK

▸ ***Verb*** **1** verbinden ◇ *The two factors are directly linked.* Die beiden Faktoren hängen direkt zusammen. ◇ *They are inextricably linked.* Sie sind verzahnt. **2** ~ **A to B** A mit B in Verbindung bringen **3** ◇ *link arms* sich unterhaken ◇ *link hands* sich bei den Händen halten **PHR V** **ˌlink ˈup (with sb)** sich (mit jdm) zusammentun **ˌlink ˈup (with sth)** sich (mit etw) verbinden ◇ *The spacecraft will link up in orbit.* Die Raumschiffe werden sich im Weltraum aneinander koppeln.

link·age /ˈlɪŋkɪdʒ/ *Nomen* **1** Verknüpfung; Verbindung, Verzahnung **2** *(Gene, Daten)* Kopplung

ˈlinking verb *Nomen* (LING) Kopula

link·man /ˈlɪŋkmæn/ *Nomen (Pl* **-men** /-men/) *(BrE)* **1** Verbindungsmann **2** *(Radio, Fernsehen)* Moderator, Ansager

links /lɪŋks/ *Nomen* = GOLF LINKS

ˈlink-up *Nomen* Verbindung

li·no·leum /lɪˈnəʊliəm; *AmE* lɪˈnoʊ-/ *(BrE, umgs* **lino** /ˈlaɪnəʊ; *AmE* -noʊ/) *Nomen* Linoleum

lin·seed oil /ˈlɪnsiːd ɔɪl/ *Nomen* Leinöl

lint /lɪnt/ *Nomen* [U] **1** *(bes BrE)* Mull **2** *(Fachspr)* Fasern **3** *(bes AmE)* Fusseln

lin·tel /ˈlɪntl/ *Nomen* (ARCHIT) Sturz

lion /ˈlaɪən/ *Nomen* Löwe **IDM** **the ˈlion's den** die Höhle des Löwen **the ˈlion's share** *(BrE)* der Löwenanteil

lion·ess /ˈlaɪənes/ *Nomen* Löwin

lip 0-π /lɪp/ *Nomen* **1** Lippe **2** Rand **3** *(umgs)* Frechheit **IDM** **lick/smack your ˈlips** sich die Lippen lecken **my lips are ˈsealed** ich werde schweigen wie ein Grab **on everyone's ˈlips** in aller Munde → *Siehe auch* BITE, PASS, READ *und* STIFF

lipo·suc·tion /ˈlɪpəʊsʌkʃn, ˈlaɪ-; *AmE* -poʊ-/ *Nomen* Fettabsaugung

-lipped /lɪpt/ *(in Adjektiven)* -lippig ◇ *thick-lipped* mit vollen Lippen

lippy /ˈlɪpi/ *Adj, Nomen*

▸ ***Adj*** *(BrE, umgs)* frech, vorlaut

▸ ***Nomen*** [U] *(umgs)* Lippenstift

ˈlip-read *Verb* **(-read, -read** /ˈlɪp red/) von den Lippen ablesen

ˈlip service *Nomen* Lippenbekenntnis

lip·stick /ˈlɪpstɪk/ *Nomen* Lippenstift

lip-sync *(auch* **lip-synch**) /ˈlɪp sɪŋk/ *Verb* die Lippen synchron bewegen ◇ *He lip-synced (to) 'Yesterday'.* Er machte die Lippenbewegungen zu „Yesterday".

li·quefy /ˈlɪkwɪfaɪ/ *Verb* **(li·que·fies, li·que·fy·ing, li·que·fied, li·que·fied)** *(gehoben)* (sich) verflüssigen

li·queur /lɪˈkjʊə(r); *AmE* lɪˈkɜːr/ *Nomen* Likör

li·quid 0-π /ˈlɪkwɪd/ *Nomen, Adj*

▸ ***Nomen*** Flüssigkeit

▸ ***Adj*** **1** flüssig, Flüssig- ◇ *liquid refreshment* Getränke ◇ *a liquid consonant* ein Fließlaut **2** (FINANZ) flüssig, (frei) verfügbar ◇ *liquid assets* flüssige Mittel **3** *(gehoben) (Augen)* glänzend **4** *(gehoben)* melodisch

li·quid·ate /ˈlɪkwɪdeɪt/ *Verb* **1** liquidieren **2** (FINANZ) flüssigmachen **3** (FINANZ) tilgen **4** beseitigen, liquidieren ◇ *liquidate the rebel movement* die Rebellenbewegung zerschlagen

li·quid·ation /ˌlɪkwɪˈdeɪʃn/ *Nomen* **1** Liquidation **2** (FINANZ) Tilgung **3** Liquidierung

li·quid·ator /ˈlɪkwɪdeɪtə(r)/ *Nomen* Liquidator(in)

ˌliquid ˌcrystal disˈplay *Nomen* = LCD

li·quid·ity /lɪˈkwɪdəti/ *Nomen* (FINANZ) Liquidität

li·quid·ize *(BrE auch* **-ise**) /ˈlɪkwɪdaɪz/ *Verb (bes BrE)* pürieren

li·quid·izer *(BrE auch* **-iser**) /ˈlɪkwɪdaɪzə(r)/ *Nomen (BrE)* Mixer

li·quor /ˈlɪkə(r)/ *Nomen* [U] **1** *(bes AmE)* Spirituosen ◇ *hard liquor* harte Getränke **2** *(BrE, Fachspr)* Alkohol

li·quor·ice *(AmE meist* **lic·orice**) /ˈlɪkərɪʃ, -rɪs/ *Nomen* [U] Süßholz, Lakritze

ˈliquor store *Nomen (AmE)* Spirituosenladen

lisp /lɪsp/ *Nomen, Verb*

▸ ***Nomen*** [meist Sing] Lispeln

▸ ***Verb*** lispeln

list 0-π /lɪst/ *Nomen, Verb*

▸ ***Nomen*** **1** Liste ◇ *a shopping list* ein Einkaufszettel ◇ *the wine list* die Weinkarte ◇ *It came high on the list of complaints.* Das war eine der häufigsten Beschwerden. **2** [Sing] *(Schiff)* Schlagseite **IDM** → DANGER

▸ ***Verb*** **1** aufzählen, auflisten **2** in eine Liste eintragen ◇ *listed as missing* als vermisst aufgeführt ◇ *a listed building* ein Gebäude, das unter Denkmalschutz steht **3** *(AmE)* katalogisiert sein **4** *(Schiff)* Schlagseite haben

lis·ten 0-π /ˈlɪsn/ *Verb, Nomen*

▸ ***Verb*** **1** ~ **(to sb/sth)** (jdm/etw) zuhören ◇ *listen to the radio* Radio hören ◇ *Listen! What's that noise?* Hör mal! Was ist das für ein Geräusch? ◇ *listen hard* genau hinhören ◇ *listen at the door* an der Tür horchen **2** ~ **(to sb/sth)** (auf jdn/etw) hören **3 listen!** *(umgs)* pass (mal gut) auf **PHR V** **ˈlisten (ˈout) for sth** auf etw horchen ◇ *listen out for the doorbell* auf die Türklingel aufpassen **ˌlisten ˈin** **1** abhören, mithören **2** *(Radio)* hören ◇ *listen in to Radio 5* Radio 5 hören **ˌlisten ˈup** *(bes AmE, umgs)* (genau) zuhören

▸ ***Nomen*** [meist Sing] ◇ *Have a listen to this.* Hör dir das mal an.

lis·ten·er /ˈlɪsənə(r)/ *Nomen* **1** Zuhörer(in) **2** Hörer(in)

lis·teria /lɪˈstɪəriə; *AmE* lɪˈstɪr-/ *Nomen* Listeria

list·icle /ˈlɪstɪkl/ *Nomen* = Text in Form einer Liste oder einer Aufzählung

list·ing /ˈlɪstɪŋ/ *Nomen* **1** Auflistung, Verzeichnis ◇ *a stock exchange listing* eine Börsennotierung **2 listings** [Pl] Veranstaltungsliste, Sparte ◇ *TV listings* das Fernsehprogramm

list·less /ˈlɪstləs/ *Adj (Adv* **list·less·ly**) lustlos, teilnahmslos

list·less·ness /ˈlɪstləsnəs/ *Nomen* Lustlosigkeit, Teilnahmslosigkeit

ˈlist price *Nomen* [meist Sing] Listenpreis

lit *Form von* LIGHT

lit·any /ˈlɪtəni/ *Nomen (Pl* **-ies**) Litanei *(auch fig)*

lite /laɪt/ *Adj (bes AmE, umgs)* kalorienarm, alkoholarm

liter 0-π *(AmE)* = LITRE

lit·er·acy /ˈlɪtərəsi/ *Nomen* Fähigkeit, lesen und schreiben zu können, Alphabetisierung

lit·eral /ˈlɪtərəl/ *Adj* **1** wörtlich ◇ *the literal meaning of the word* die eigentliche Bedeutung des Wortes **2** wortgetreu **3** (*abwert*) prosaisch

lit·er·al·ly /ˈlɪtərəli/ *Adv* **1** wörtlich **2** buchstäblich

lit·er·ary /ˈlɪtərəri; *AmE* -reri/ *Adj* literarisch, Literatur- ◇ *literary criticism* Literaturbetrachtung ◇ *literary devices* Stilmittel ◇ *a literary man* ein Literat

lit·er·ate /ˈlɪtərət/ *Adj* **1** des Lesens und Schreibens kundig **2** gebildet

lit·er·ati /ˌlɪtəˈrɑːti/ **the literati** *Nomen* [Pl] (*gehoben*) die Bildungsbürger, die Literaturliebhaber

lit·era·ture /ˈlɪtrətʃə(r); *AmE auch* -tʃʊr/ *Nomen* Literatur

lithe /laɪð/ *Adj* (*Adv* **lithe·ly**) geschmeidig, sportlich

lith·ium /ˈlɪθiəm/ *Nomen* Lithium

litho·graph /ˈlɪθəgrɑːf; *AmE* -græf/ *Nomen* Lithografie

litho·graph·ic /ˌlɪθəˈgræfɪk/ *Adj* lithografisch

lith·og·raphy /lɪˈθɒgrəfi; *AmE* lɪˈθɑːg-/ *Nomen* (*umgs* **litho** /ˈlaɪθəʊ; *AmE* -θoʊ/) Lithografie

liti·gant /ˈlɪtɪgənt/ *Nomen* Prozesspartei

liti·gate /ˈlɪtɪgeɪt/ *Verb* **1** einen Prozess anstrengen **2** vor Gericht bringen

liti·ga·tion /ˌlɪtɪˈgeɪʃn/ *Nomen* [U] Rechtsstreit, Prozess ◇ *The company is in litigation with its auditors.* Die Firma führt einen Prozess mit ihren Rechnungsprüfern. ◇ *the risk of litigation* das Risiko strafverfolgt zu werden ◇ *the rate of litigation* die Zahl der Verfahren

li·ti·gious /lɪˈtɪdʒəs/ *Adj* (*gehoben, abwert*) prozesssüchtig

li·ti·gious·ness *Nomen* /lɪˈtɪdʒəsnəs/ (*gehoben, abwert*) Prozesssucht

lit·mus /ˈlɪtməs/ *Nomen* Lackmus

ˈlitmus test *Nomen* Lackmustest

li·to·tes /laɪˈtəʊtiːz; *AmE* -ˈtoʊ-/ *Nomen* (LING) Litotes

litre (*AmE* **liter**) /ˈliːtə(r)/ *Nomen* (*Abk* **l**) Liter

lit·ter /ˈlɪtə(r)/ *Nomen, Verb*

▸ ***Nomen*** **1** [U] Abfall **2** [Sing] ◇ *The floor was covered with a litter of newspapers, clothes and empty cups.* Der Boden war mit Zeitungen, Kleidern und leeren Tassen übersät. **3** Streu ◇ *cat litter* Katzenstreu ◇ (*BrE*) *a litter tray* ein Katzenklo ◇ (*AmE*) *a litter box* ein Katzenklo **4** (*Tiere*) Wurf **5** (*veraltet*) Sänfte, Bahre

▸ ***Verb*** **1** übersäen ◇ *Books and newspapers littered the floor.* Auf dem Fußboden lagen Bücher und Zeitungen herum. **2 be littered with sth** mit etw übersät sein ◇ *Your essay is littered with spelling mistakes.* Dein Aufsatz wimmelt von Rechtschreibfehlern. **3** (*AmE*) Abfälle zurücklassen

ˈlitter bin *Nomen* (*BrE*) Abfalleimer

lit·ter·bug /ˈlɪtəbʌg; *AmE* -tərbʌg/ (*BrE auch* **ˈlitter lout**) *Nomen* (*umgs, abwert*) = jd, der Abfälle zurücklässt

lit·tle /ˈlɪtl/ *Adj, Pron, Adv*

▸ ***Adj*** **1** klein ◇ *She gave a little laugh.* Sie lachte ein wenig. ◇ (*BrE*) *Here's a little something for your birthday.* Hier ist eine Kleinigkeit zu deinem Geburtstag. **2** wenig ◇ *a little while later* wenig später IDM **a little ˈbird told me** (*umgs*) das hat mir ein Vögelchen gesungen ➔ *Siehe auch* WONDER

▸ ***Pron, Adj*** **1** wenig ◇ *We have little or no choice.* Wir haben kaum eine Wahl. **2 a little** etwas ◇ *a little milk* etwas Milch ◇ *If you have any spare milk, could you give me a little?* Wenn Sie Milch übrig haben, könnten Sie mir etwas geben? ◇ *I've only read a little of the book so far.* Ich habe erst ein paar Seiten von dem Buch gelesen. ◇ (*gehoben*) *It caused not a little/no little confusion.* Das verursachte nicht wenig Verwirrung. ◇ *After a little he got up and left.* Nach kurzer Zeit stand er auf und ging. IDM **ˌlittle by ˈlittle** nach und nach

▸ ***Adv*** **1** wenig ◇ *He is little known as an artist.* Als Künstler ist er nur wenig bekannt. ◇ (*gehoben*) *Little did I know that this spelled the end of my career.* Ich hatte keine Ahnung, dass das das Ende meiner Karriere bedeutete. ◇ *It was little short of a miracle.* Es war fast ein Wunder. **2 a little, a little bit** ein wenig ◇ (*umgs*) *Everything has become just that little bit harder.* Alles ist ein kleines bisschen schwieriger geworden.

ˌlittle ˈfinger *Nomen* kleiner Finger IDM **twist/wrap/wind sb around your little ˈfinger** (*umgs*) jdn um den (kleinen) Finger wickeln

ˈLittle League *Nomen* [Sing] = Kinder-Baseball-Liga in den USA

ˈlittle people *Nomen* [Pl] **1** (*machtlose*) kleine Leute **2 the little people** (*BrE*) = kleine Märchenwesen mit magischen Kräften

lit·toral /ˈlɪtərəl/ *Nomen, Adj* (*Fachspr*)

▸ ***Nomen*** Küstengebiet

▸ ***Adj*** [nur vor Nomen] Küsten-, an der Küste vorkommend

li·tur·gic·al /lɪˈtɜːdʒɪkl; *AmE* lɪˈtɜːrdʒɪ-/ *Adj* (*Adv* **li·tur·gical·ly** /-kli/) liturgisch

lit·urgy /ˈlɪtədʒi; *AmE* -tərdʒi/ *Nomen* (*Pl* **-ies**) Liturgie

live¹ /lɪv/ *Verb* ➔ *Siehe auch* LIVE² **1** wohnen ◇ *She needs to find somewhere to live.* Sie muss eine Unterkunft finden. ◇ (*BrE, umgs*) *Where do these plates live?* Wohin gehören diese Teller? **2** leben ◇ *She lived to see her first grandchild.* Sie erlebte noch die Geburt ihres ersten Enkelkindes. ◇ *the greatest player who ever lived* der größte Spieler aller Zeiten ◇ *She lived a very peaceful life.* Sie führte ein ganz ruhiges Leben. **3** fortleben ◇ *Her words have lived with me all my life.* Ihre Worte haben mich mein ganzes Leben begleitet. ◇ *I don't want to be stuck in an office all my life — I want to live!* Ich will nicht mein ganzes Leben in einem Büro verbringen — ich will etwas vom Leben haben! IDM **ˌlive and ˈbreathe sth** für etw leben ◇ *He just lives and breathes football.* Er lebt nur für den Fußball. **live and ˈlet live** leben und leben lassen **live by your ˈwits** sich (so) durchschlagen **live (from) ˌhand to ˈmouth** von der Hand in den Mund leben **live in the ˈpast** von gestern sein **live in ˈsin** (*veraltet oder hum*) in Sünde leben **live it ˈup** (*umgs*) sich ein schönes Leben machen; in Saus und Braus leben **live off the fat of the ˈland** wie die Made im Speck leben **live off the ˈland** von dem leben, was die Natur hergibt **sb lives a ˈlie** jds Leben basiert auf einer Lüge **ˌlive to ˌfight another ˈday** überleben; weitermachen **you haven't ˈlived** da hast du was versäumt **you live and ˈlearn** man lernt nie aus ➔ *Siehe auch* CLOVER, HALF, PEOPLE, POCKET *und* ROUGH PHRV **ˈlive by sth** nach etw leben **ˈlive by doing sth** von etw leben ◇ *a community that lives by fishing* eine Gemeinde, die vom Fischfang lebt **ˌlive sth ˈdown** etw loswerden ◇ *What a fiasco! She'll never live it down.* Was für ein Fiasko! Das wird ihr ewig anhängen. **ˈlive for sb/sth** für jdn/etw leben ◇ *After his wife died, he had nothing to live for.* Nachdem seine Frau starb, hatte sein Leben keinen Sinn mehr. **ˌlive ˈin** im Haus wohnen ◇ *They have an au pair living in.* Sie haben ein Au-pair-Mädchen im Haus wohnen. **ˈlive off sb/sth** (*oft abwert*) von jdm/etw leben ◇ *live off welfare* von Sozialhilfe leben ◇ *She's still living off her parents.* Sie liegt ihren Eltern immer noch auf der Tasche. **ˈlive off sth** von etw leben, sich von etw ernähren **ˌlive ˈon** weiterleben ◇ *Her memory lives on.* Die Erinnerung an sie lebt weiter. ◇ *He lived on for five years after his wife died.* Er lebte noch fünf Jahre, nachdem seine Frau gestorben war. **ˈlive on sth** **1** sich von etw ernähren **2** von etw leben **ˌlive ˈout**

außerhalb des Colleges wohnen ˌ**live 'out sth** **1** etw ausleben **2** (*Zeit, Leben*) verbringen ◇ *He lived out his days alone.* Er verbrachte den Rest seines Lebens allein. ˌ**live 'through sth** etw mitmachen ◇ *She has lived through two world wars.* Sie hat zwei Weltkriege mitgemacht. '**live together** **1** zusammenwohnen **2** zusammenleben ˌ**live 'up to sth** etw gerecht werden '**live with sb** **1** mit jdm zusammenleben **2** mit jdm zusammenwohnen '**live with sth** mit etw leben ◇ *I had to learn to live with the pain.* Ich musste lernen mit dem Schmerz zu leben.

live² /laɪv/ *Adj, Adv* → *Siehe auch* LIVE¹

▸ ***Adj*** **1** lebend, lebendig ◇ *We saw a real live rattlesnake!* Wir haben eine richtige Klapperschlange gesehen! **2** (*Übertragung, Musik etc.*) live **3** unter Strom stehend ◇ *a live socket* eine Steckdose, auf der Strom ist **4** (*Munition*) scharf **5** (*Kohle*) glühend **6** (*Joghurt*) aktiv **7** (*Thema*) aktuell IDM **a live 'wire** ein Energiebündel

▸ ***Adv*** live ◇ *The show is going out live.* Die Show wird live ausgestrahlt. IDM **go 'live** ans Netz gehen

live blog /ˌlaɪv 'blɒg; *AmE* 'blɑːg/ *Nomen* Liveblog

live-blog /'laɪv blɒg; *AmE* blɑːg/ *Verb* live bloggen ◇ *He live-blogged from the top of the mountain* Er bloggte live vom Berggipfel. ◇ *We will live-blog the event.* Wir werden über die Veranstaltung live auf unserem Blog berichten.

'**lived-in** *Adj* behaglich

live-in /'lɪv ɪn/ *Adj* **1** im Haus wohnend ◇ *a live-in nanny* ein im Haus wohnendes Kindermädchen **2** ~ **lover, boyfriend, girlfriend, etc.** = Geliebter, Freund, Freundin etc, mit dem/der man zusammenlebt

live·li·hood /'laɪvlihʊd/ *Nomen* [meist Sing] Lebensunterhalt ◇ *They had lost their means of livelihood.* Sie hatten ihre Einkommensquelle verloren.

live·li·ness /'laɪvlinəs/ *Nomen* Lebhaftigkeit

live·ly /'laɪvli/ *Adj* (**live·lier, live·li·est**) **1** (*Schilderung etc.*) lebendig, lebhaft ◇ *a lively and enquiring mind* ein wacher und forschender Geist **2** (*bes BrE*) (*Handel*) rege

liven /'laɪvn/ *Verb* PHR V ˌ**liven 'up** aufleben ◇ *The game didn't liven up till the second half.* Das Spiel kam erst in der zweiten Hälfte in Gang. ˌ**liven sb/sth 'up** Leben in jdn/etw bringen ◇ *Let's put some music on to liven things up.* Lasst uns Musik auflegen, um etwas Stimmung zu machen. ◇ *You look as if you need livening up!* Du siehst so aus, als ob du eine Aufmunterung brauchst.

liver /'lɪvə(r)/ *Nomen* Leber

liv·er·ied /'lɪvərid/ *Adj* **1** (*BrE*) in den Firmenfarben gestrichen **2** (*Diener*) livriert

Liv·er·pud·lian /ˌlɪvə'pʌdliən; *AmE* -vər'-/ *Nomen, Adj* Liverpooler

'**liver sausage** (*AmE* **liv·er·wurst** /'lɪvəwɜːst; *AmE* -vərwɜːrst/) *Nomen* Leberwurst

liv·ery /'lɪvəri/ *Nomen* (*Pl* **-ies**) **1** (*BrE*) Firmenfarben **2** Livree

'**livery stable** *Nomen* Mietstall

lives *Form von* LIFE

live·stock /'laɪvstɒk; *AmE* -stɑːk/ *Nomen* [U/Pl] Vieh

live-stream /'laɪv striːm/ *Verb, Nomen*

▸ ***Verb*** live streamen

▸ ***Nomen*** (*auch* **livestream**) Livestream

livid /'lɪvɪd/ *Adj* **1** (*umgs*) fuchsteufelswild **2** intensiv gefärbt ◇ *a livid bruise* ein schlimmer blauer Fleck

liv·ing /'lɪvɪŋ/ *Adj, Nomen*

▸ ***Adj*** lebend, lebendig ◇ *all living things* alle Lebewesen ◇ *the finest living pianist* der beste heute lebende Pianist IDM **living 'proof** der lebende Beweis **within/in ˌliving 'memory** seit Menschengedenken → *Siehe auch* IMAGE

▸ ***Nomen*** **1** [meist Sing] Lebensunterhalt ◇ *make a good living* gut verdienen ◇ *What do you do for a living?* Was machen Sie beruflich? **2** Leben ◇ *the cost of living* die Lebenshaltungskosten **3 the living** [Pl] die Lebenden **4** (*BrE*) Pfründe IDM → LAND

ˌ**living 'death** *Nomen* [Sing] Hölle auf Erden

ˌ**living 'hell** *Nomen* [Sing] die reine Hölle

'**living room** *Nomen* Wohnzimmer

ˌ**living 'wage** *Nomen* [Sing] ausreichender Lohn

ˌ**living 'will** *Nomen* Patientenverfügung

liz·ard /'lɪzəd; *AmE* -zərd/ *Nomen* Eidechse

ll *Abk* = LINES

llama /'lɑːmə/ *Nomen* Lama

LMS /ˌel em 'es/ (*auch* **learning management system**) *Nomen* Lernplattform

lo /ləʊ; *AmE* loʊ/ *Ausruf* (*veraltet oder hum*) siehe IDM ˌ**lo and be'hold** (*hum*) siehe da

load /ləʊd; *AmE* loʊd/ *Nomen, Verb*

▸ ***Nomen*** **1** Last, Ladung **2** [Sing] (*BrE auch* **loads** [Pl] *umgs*) **a ~ (of sth)** eine Menge (von etw) ◇ *There's loads to do today.* Es gibt heute jede Menge zu tun. ◇ *He wrote loads and loads of letters.* Er schrieb Unmengen von Briefen. **3** [Sing] **a ~ of rubbish, garbage, nonsense, etc.** (*bes BrE, umgs*) totaler Blödsinn **4** Belastung ◇ *Teaching loads have increased.* Die Arbeitsbelastung der Lehrer hat zugenommen. ◇ *Knowing that they had arrived safely took a load off my mind.* Zu wissen, dass sie gut angekommen waren, nahm eine Last von meiner Seele. **5** (ELEK) Leistung IDM **get a load of sb/sth** (*umgs*) hör/guck jdn/etw mal an ◇ *Get a load of that dress!* Guck dir das Kleid mal an!

▸ ***Verb*** **1 ~ (up)** laden, beladen ◇ *Sacks were being loaded onto the truck.* Säcke wurden auf den Lkw geladen. ◇ *We finished loading and set off.* Wir luden alles auf und fuhren los. ◇ *Can you help me load the dishwasher?* Kannst du mir helfen die Geschirrspülmaschine einzuräumen? ◇ *The ship is still loading.* Das Schiff lädt noch. ◇ *They loaded her with gifts.* Sie überhäuften sie mit Geschenken. ◇ *She loaded film into the camera./She loaded the camera with film.* Sie legte einen Film in die Kamera ein. **2** (COMP) laden IDM → DICE PHR V ˌ**load sb/sth 'down (with sth)** **1** (*meist passiv*) **2** jdn/etw (mit etw) überladen, jdn/etw (mit etw) schwer beladen

load·ed /'ləʊdɪd; *AmE* loʊ-/ *Adj* **1 ~ (with sth)** (mit etw) beladen **2 ~ with sth** (*umgs*) strotzend vor etw **3** [nicht vor Nomen] (*umgs*) stinkreich **4 sth is ~ in favour of sb/sth** etw begünstigt jdn/etw; **sth is ~ against sb/sth** etw benachteiligt jdn/etw **5** suggestiv ◇ *a loaded question* eine Suggestivfrage **6** (*Gewehr*) geladen; (*Kamera*) mit eingelegtem Film **7** (*bes AmE, umgs*) total betrunken

loaf /ləʊf; *AmE* loʊf/ *Nomen, Verb*

▸ ***Nomen*** (*Pl* **loaves** /ləʊvz; *AmE* loʊvz/) Brot, Laib IDM → USE

▸ ***Verb*** **~ (about/around)** (*umgs*) faulenzen, herumlungern

loaf·er /'ləʊfə(r); *AmE* loʊ-/ *Nomen* **1** Faulenzer(in), Nichtstuer(in) **2 Loafer™** = Art Slipper

loam /ləʊm; *AmE* loʊm/ *Nomen* [U] (*Fachspr*) **1** Lehm **2** Lehmboden

loamy /'ləʊmi; *AmE* 'loʊ-/ *Adj* lehmig

loan /ləʊn; *AmE* loʊn/ *Nomen, Verb*

▸ ***Nomen*** **1** Darlehen ◇ *take out a loan* ein Darlehen aufnehmen **2** [Sing] ~ ◇ *I gave her the loan of my car.* Ich habe ihr mein Auto geliehen. ◇ *paintings on loan to the museum* Gemälde, die dem Museum als Leihgabe zur Verfügung gestellt wurden ◇ *inter-library loan* Fernleihe

▸ ***Verb*** **1 ~ sth (to sb); ~ (sb) sth** (jdm) etw leihen **2 ~**

sth (out) (to sb/sth); ~ (sb) sth (*bes BrE*) etw (an jdn/etw) ausleihen

ˈloan shark *Nomen* (*abwert*) Kredithai

loath (*seltener* **loth**) /ləʊθ; *AmE* loʊθ/ *Adj* **be ~ to do sth** (*gehoben*) etw ungern tun

loathe /ləʊð; *AmE* loʊð/ *Verb* (*nicht in der Verlaufsform*) nicht ausstehen können, verabscheuen

loath·ing /ˈləʊðɪŋ; *AmE* ˈloʊ-/ *Nomen* [Sing] ~ (**for/of sb/sth**) (*gehoben*) Abscheu (vor jdm/etw)

loath·some /ˈləʊðsəm; *AmE* ˈloʊð-/ *Adj* (*gehoben*) abscheulich, widerlich

loaves *Form von* LOAF

lob /lɒb; *AmE* lɑːb/ *Verb, Nomen*

▸ ***Verb*** (**-bb-**) **1** (*umgs*) (*in hohem Bogen*) schmeißen, werfen **2** (SPORT) lobben

▸ ***Nomen*** (SPORT) Lob

lobby /ˈlɒbi; *AmE* ˈlɑːbi/ *Nomen, Verb*

▸ ***Nomen*** (*Pl* **-ies**) **1** Eingangshalle; (*im Theater*) Foyer **2** = großer Raum im britischen Parlamentsgebäude, der der Öffentlichkeit für Gespräche mit den Abgeordneten zugänglich ist **3** [mit Verb im Sing/Pl] Lobby, Interessengruppe

▸ ***Verb*** (**lob·bies, lobby·ing, lob·bied, lob·bied**) ~ (**sb**) (**for/against sth**) sich (bei jdm) (für/gegen etw) einsetzen ◇ *Farmers will lobby Congress for higher subsidies.* Die Bauernlobby wird versuchen, beim Kongress höhere Subventionen durchzusetzen.

lobby·ist /ˈlɒbiɪst; *AmE* ˈlɑːb-/ *Nomen* Lobbyist(in)

lobe /ləʊb; *AmE* loʊb/ *Nomen* **1** = EAR LOBE **2** (*Lungen-, Gehirn-*) Hälfte

lo·belia /ləʊˈbiːliə; *AmE* loʊˈ-/ *Nomen* Lobelie

lo·bot·omy /ləʊˈbɒtəmi, ləˈ-; *AmE* loʊˈbɑːt-/ *Nomen* (*Pl* **-ies**) Leukotomie

lob·ster /ˈlɒbstə(r); *AmE* ˈlɑːb-/ *Nomen* Hummer

ˈlobster pot *Nomen* Hummerreuse

local 🔑 /ˈləʊkl; *AmE* ˈloʊ-/ *Adj, Nomen*

▸ ***Adj*** Orts-, örtlich; (*Zeitung, Sender*) Lokal-; (*Politik*) Kommunal- ◇ *the local farmers* die Bauern aus der Region ◇ *She married a local man.* Sie hat einen Hiesigen geheiratet. ◇ *Our children go to the local school.* Unsere Kinder gehen hier im Ort in die Schule. ◇ *decisions made at local level* auf kommunaler Ebene getroffene Entscheidungen

▸ ***Nomen*** **1** [meist Pl] Einheimische(r), Einwohner(in) **2** (*BrE, umgs*) (Stamm)kneipe ◇ *my local* die Kneipe bei mir um die Ecke **3** (*AmE*) örtliche Gewerkschaft **4** (*AmE*) Nahverkehrszug

ˌlocal ˌarea ˈnetwork *Nomen* = LAN

ˌlocal auˈthority *Nomen* (*Pl* **-ies**) (*BrE*) ≈ Kommunalbehörde

ˈlocal call *Nomen* Ortsgespräch

ˌlocal ˈcolour (*AmE* **ˌlocal ˈcolor**) *Nomen* Lokalkolorit

lo·cale /ləʊˈkɑːl; *AmE* loʊˈkæl/ *Nomen* (*gehoben oder Fachspr*) Ort, Schauplatz

ˌlocal ˈgovernment *Nomen* **1** (*bes BrE*) ≈ Kommunalverwaltung **2** (*AmE*) ≈ Kommunalbehörde

lo·cal·ity /ləʊˈkæləti; *AmE* loʊˈ-/ *Nomen* (*Pl* **-ies**) (*gehoben*) **1** Gegend, Umgebung **2** Gebiet

lo·cal·iza·tion (*BrE auch* **-isa·tion**) /ˌləʊkəlaɪˈzeɪʃn; *AmE* ˌloʊkələˈ-/ *Nomen* Lokalisierung

lo·cal·ize (*BrE auch* **-ise**) /ˈləʊkəlaɪz; *AmE* ˈloʊ-/ *Verb* lokalisieren ◇ *This phenomenon was localized to the south.* Dieses Phänomen war auf den Süden beschränkt.

lo·cal·ized (*BrE auch* **-ised**) /ˈləʊkəlaɪzd; *AmE* ˈloʊ-/ *Adj* (*gehoben*) (örtlich) begrenzt; (*Infektion*) lokal

loc·al·ly 🔑 /ˈləʊkəli; *AmE* ˈloʊ-/ *Adv* in der Gegend, am Ort ◇ *Do you live locally?* Wohnen Sie hier in der Gegend? ◇ *locally grown fruit* in der Region angebautes Obst

ˈlocal time *Nomen* Ortszeit

lo·cate 🔑 /ləʊˈkeɪt; *AmE* ˈloʊkeɪt/ *Verb* (*gehoben*) **1** ausfindig machen, orten **2** errichten **3** (*bes AmE*) sich ansiedeln, sich niederlassen

lo·cated 🔑 /ləʊˈkeɪtɪd; *AmE* ˈloʊkeɪtɪd/ *Adj* [nicht vor Nomen] (*gehoben*) gelegen ◇ *The offices are conveniently located.* Das Bürogebäude ist günstig gelegen.

lo·ca·tion 🔑 /ləʊˈkeɪʃn; *AmE* loʊˈ-/ *Nomen* **1** Ort, Platz, Lage ◇ *What is the exact location of the ship?* Wie ist die genaue Position des Schiffes? ◇ *an ideal location for a department store* ein idealer Standort für ein Kaufhaus **2** Drehort ◇ *These scenes were shot on location in Italy.* Die Außenaufnahmen für den Film wurden in Italien gemacht. **3** Lokalisierung, Ortung

loch /lɒk, lɒx; *AmE* lɑːk, lɑːx/ *Nomen* (*in Schottland*) See

loci *Form von* LOCUS

lock 🔑 /lɒk; *AmE* lɑːk/ *Verb, Nomen*

▸ ***Verb*** **1** abschließen, zuschließen ◇ *She locked her passport in the safe.* Sie schloss ihren Pass im Safe ein. **2** sich abschließen lassen ◇ *This suitcase doesn't lock.* Dieser Koffer lässt sich nicht abschließen. **3** ~ (**in/into/around, etc. sth**) (in etw) einrasten ◇ *The brakes locked.* Die Bremsen blockierten. **4** ~ **sth** (**in/into/around, etc. sth**) etw (in etw) einrasten lassen, etw (in etw) befestigen ◇ *The blade swivels round and is locked into place.* Die Klinge dreht sich und rastet ein. ◇ *His hands were locked around the monster's tail.* Seine Hände umschlossen den Schwanz des Ungeheuers fest. **5 be locked in/into sth** in etw verwickelt sein ◇ *The company is locked in a dispute with the wholesalers.* Die Firma liegt mit den Großhändlern im Clinch. ◇ *They are locked into a vicious cycle.* Sie stecken in einem Teufelskreis. **6 be locked** (**together**) sich fest umschlungen halten ◇ *They were locked in a passionate embrace.* Sie hielten sich eng umschlungen. **IDM** **ˌlock ˈhorns (with sb) (over sth)** (mit jdm) (wegen einer Sache) in Streit geraten **PHR V** **ˌlock sb/sth ˈaway** = lock sb up/away **ˌlock sb/yourself ˈin** jdn/sich einschließen, jdn/sich einsperren **ˌlock ˈonto sth** (*Rakete*) sich auf etw richten **ˌlock sb/yourself ˈout (of sth)** jdn/sich (aus etw) aussperren **ˌlock sb ˈout** (*Arbeitnehmer*) aussperren **ˌlock (sth) ˈup** (etw) abschließen **ˌlock sb ˈup/away** (*umgs*) jdn einsperren **ˌlock sth ˈup/away** **1** etw wegschließen **2** (*Geld*) fest anlegen

▸ ***Nomen*** **1** Schloss **2** Blockierung, Arretierung **3** [U/Sing] (*BrE*) Wendekreis ◇ *I had the steering wheel on full lock.* Ich hatte das Lenkrad voll eingeschlagen. **4** Schleuse **5** Locke, Haarsträhne **6 locks** [Pl] (*gehoben*) Haar **7** (*Rugby*) Spieler in der zweiten Reihe des Gedränges **8** [Sing] (*AmE*) **have a ~ on sth** etw fest in der Hand haben **IDM** **lock, stock and ˈbarrel** mit allem Drum und Dran **under ˌlock and ˈkey** hinter Schloss und Riegel; unter Verschluss

lock·er /ˈlɒkə(r); *AmE* ˈlɑːkər/ *Nomen* Schließfach, Spind

ˈlocker room *Nomen* (*bes AmE*) Umkleideraum

locket /ˈlɒkɪt; *AmE* ˈlɑːkɪt/ *Nomen* (*Schmuck*) Medaillon

lock·jaw /ˈlɒkdʒɔː; *AmE* ˈlɑːk-/ *Nomen* (*umgs*) Kieferklemme

ˈlock-keeper *Nomen* Schleusenwärter(in)

lock·out /ˈlɒkaʊt; *AmE* ˈlɑːkaʊt/ *Nomen* Aussperrung

lock·smith /ˈlɒksmɪθ; *AmE* ˈlɑːks-/ *Nomen* Schlosser(in)

ˈlock-up *Nomen, Adj*

▸ ***Nomen*** **1** Gewahrsamszelle **2** (*BrE*) = in einiger Entfernung vom Wohngebäude liegende Garage, die vom Benutzer angemietet wird **3** (*BrE*) = Laden, der dem Wohngebäude des Besitzers nicht angeschlossen ist **4** (*BrE*) = außerhalb des Wohngebäudes befindlicher

Lagerraum
▸ ***Adj*** [nur vor Nomen] ◇ *a lock-up garage* eine separat gelegene Garage ◇ *a lock-up shop* ein nur von außen zugänglicher Laden

loco /ˈləʊkəʊ; *AmE* ˈloʊkoʊ/ *Nomen, Adj*
▸ ***Nomen*** (*Pl* **-os**) (*umgs*) Lok
▸ ***Adj*** [nicht vor Nomen] (*bes AmE, Slang*) meschugge
→ *Siehe auch* IN LOCO PARENTIS

loco·mo·tion /ˌləʊkəˈməʊʃn; *AmE* ˌloʊkəˈmoʊ-/ *Nomen* (*gehoben*) Fortbewegung, Fortbewegungsfähigkeit

loco·mo·tive /ˌləʊkəˈməʊtɪv; *AmE* ˌloʊkəˈmoʊ-/ *Nomen, Adj*
▸ ***Nomen*** Lokomotive
▸ ***Adj*** (*gehoben*) Fortbewegungs-

locum /ˈləʊkəm; *AmE* ˈloʊ-/ *Nomen* (*BrE*) = Vertreter(in) eines Arztes oder Priesters

locus /ˈləʊkəs; *AmE* ˈloʊ-/ *Nomen* (*Pl* **loci** /ˈləʊsaɪ; *AmE* ˈloʊ-/) (*gehoben oder Fachspr*) Ort, Stelle

lo·cust /ˈləʊkəst; *AmE* ˈloʊ-/ *Nomen* (Wander)heuschrecke

lode /ləʊd; *AmE* loʊd/ *Nomen* (*Erz-*) Ader

lodge /lɒdʒ; *AmE* lɑːdʒ/ *Nomen, Verb*
▸ ***Nomen*** **1** Hütte ◇ *a hunting lodge* eine Jagdhütte **2** Pförtnerhaus **3** Pförtnerloge **4** [mit Verb im Sing/Pl] (*Freimaurer- etc.*) Loge **5** (*Biber-, Otter-*) Bau **6** Wigwam
▸ ***Verb*** **1** (*Beschwerde*) einlegen; (*Protest, Einspruch*) erheben **2** ein Zimmer bei jdm mieten **3** unterbringen **4** **~ in sth** in etw stecken bleiben ◇ *One of the bullets lodged in his chest.* Eine der Kugeln blieb in seiner Brust stecken. **5** **~ sth in sth** etw in etw stecken **6** (*Geld, Unterlagen*) hinterlegen, deponieren

lodg·er /ˈlɒdʒə(r); *AmE* ˈlɑːdʒər/ *Nomen* (*bes BrE*) Mieter(in) (*in jds Haus*) ◇ *We had to take in a lodger.* Wir mussten ein Zimmer vermieten.

lodg·ing /ˈlɒdʒɪŋ; *AmE* ˈlɑːdʒɪŋ/ *Nomen* (*bes BrE*) **1** Unterkunft ◇ *full board and lodging* Unterkunft mit voller Verpflegung **2** [meist Pl] (*veraltet*) möblierte(s) Zimmer

ˈlodging house *Nomen* (*BrE, veraltet*) Pension

loft /lɒft; *AmE* lɔːft/ *Nomen, Verb*
▸ ***Nomen*** **1** (*bes BrE*) Speicher, (Dach)boden ◇ *a loft conversion* ein Dachausbau **2** (*in einer Kirche*) Empore **3** Loft **4** (*AmE*) (*in einem Baum*) Galerie
▸ ***Verb*** hochwerfen, hochschlagen, hochkicken

loft·ily *Adv* → LOFTY

lofti·ness /ˈlɒftinəs; *AmE* ˈlɔːf-/ *Nomen* Hochmut

lofty /ˈlɒfti; *AmE* ˈlɔːf-/ *Adj* (**loft·ier**, **loft·iest**) (*Adv* **loft·ily** /-tɪli/) (*gehoben*) **1** (*Gebäude, Zimmerdecke, Berg, Ideale*) hoch **2** hoch gesteckt **3** (*abwert*) hochmütig

log /lɒg; *AmE* lɔːg/ *Nomen, Verb*
▸ ***Nomen*** **1** Holzklotz, Baumstamm, Holzscheit **2** Aufzeichnungen ◇ *keep a log* Buch führen **3** = LOGBOOK **4** (*umgs*) = LOGARITHM **IDM** → EASY *und* SLEEP
▸ ***Verb*** (**-gg-**) **1** Buch führen über, aufzeichnen ◇ *The police log all phone calls.* Bei der Polizei werden alle Telefongespräche registriert. **2** (*Stunden, Kilometer, etc.*) zurücklegen **3** (*Bäume*) fällen **PHR V** ˌ**log ˈin/ˈon** (COMP) einloggen ˌ**log ˈoff/ˈout** (COMP) ausloggen

lo·gan·berry /ˈləʊgənbəri; *AmE* ˈloʊgənberi/ *Nomen* (*Pl* **-ies**) (*Kreuzung aus Himbeere und Brombeere*) Loganbeere

loga·rithm /ˈlɒgərɪðəm; *AmE* ˈlɔːg-/ (*umgs* **log**) *Nomen* Logarithmus

loga·rith·mic /ˌlɒgəˈrɪðmɪk; *AmE* ˌlɔːg-/ *Adj* logarithmisch

log·book /ˈlɒgbʊk; *AmE* ˈlɔːg-/ *Nomen* **1** (*BrE, veraltend*) Kraftfahrzeugschein **2** (*auch* **log**) Bordbuch, Logbuch

ˌ**log ˈcabin** *Nomen* Blockhütte

log·ger /ˈlɒgə(r); *AmE* ˈlɔːgər/ *Nomen* Holzfäller(in)

log·ger·heads /ˈlɒgəhedz; *AmE* ˈlɔːgərhedz/ *Nomen* **IDM** **be at loggerheads (with sb) (over sth)** (mit jdm) (wegen einer Sache) im Clinch liegen

log·gia /ˈləʊdʒə, ˈlɒdʒiə; *AmE* ˈloʊdʒə, ˈlɑːdʒiə/ *Nomen* (*BrE*) Loggia

log·ging /ˈlɒgɪŋ; *AmE* ˈlɔːgɪŋ/ *Nomen* Holzeinschlag ◇ *illegal logging* illegale Abholzung

logic 🔑 /ˈlɒdʒɪk; *AmE* ˈlɑːdʒɪk/ *Nomen* Logik

lo·gic·al 🔑 /ˈlɒdʒɪkl; *AmE* ˈlɑːdʒɪ-/ *Adj* (*Adv* **lo·gic·al·ly** /-kli/) logisch ◇ *It was the logical solution.* Es war die nahe liegende Lösung. ◇ *someone with a logical mind* jemand, der logisch denken kann

lo·gis·tic /ləˈdʒɪstɪk/ (*auch* **lo·gis·tic·al** /-stɪkl/) *Adj* (*Adv* **lo·gis·tic·al·ly** /-kli/) logistisch

lo·gis·tics /ləˈdʒɪstɪks/ *Nomen* [mit Verb im Sing/Pl/U] Logistik

log·jam /ˈlɒgdʒæm; *AmE* ˈlɔːg-/ *Nomen* **1** = Stau von auf einem Fluss treibenden Baumstämmen **2** (*fig*) Rückstand, Engpass

logo /ˈləʊgəʊ; *AmE* ˈloʊgoʊ/ *Nomen* (*Pl* **-os**) Logo, Markenzeichen

loin /lɔɪn/ *Nomen* **1** (*Fleisch*) Lende, Lendenstück **2** **loins** [Pl] (*veraltet*) (*Körperteil*) Lenden **IDM** → GIRD

loin·cloth /ˈlɔɪnklɒθ; *AmE* -klɔːθ/ *Nomen* Lendenschurz

loi·ter /ˈlɔɪtə(r)/ *Verb* herumlungern, sich herumtreiben

LOL /ˌel əʊ ˈel, lɒl; *AmE* ˌel oʊ ˈel, lɑːl/ *Abk Kurzform von* **laugh-out-loud** LOL

loll /lɒl; *AmE* lɑːl/ *Verb* **1** liegen, hängen ◇ *The girls lolled in their chairs.* Die Mädchen hingen in ihren Sesseln. **2** (*Kopf*) hängen; (*Zunge*) heraushängen ◇ *My head lolled against his shoulder.* Mein Kopf lehnte schwer an seiner Schulter.

lol·li·pop /ˈlɒlipɒp; *AmE* ˈlɑːlipɑːp/ (*BrE auch* **lolly**) *Nomen* (Dauer)lutscher

ˈ**lollipop lady** (*Pl* **-ies**) *Nomen* (*BrE, umgs*) ≈ Schülerlotsin

ˈ**lollipop man** (*Pl* **men** /ˈlɒlipɒp men; *AmE* -men/) *Nomen* (*BrE, umgs*) ≈ Schülerlotse

lol·lop /ˈlɒləp; *AmE* ˈlɑːləp/ *Verb* (*bes BrE, umgs*) hoppeln, traben, zotteln

lolly /ˈlɒli; *AmE* ˈlɑːli/ *Nomen* (*Pl* **-ies**) (*BrE, umgs*) **1** = LOLLIPOP **2** = ICE LOLLY **3** [U] (*veraltet*) (*Geld*) Kohle

lolz /lɒlz; *AmE* lɑːlz/ *Nomen* [Pl] (*Netzjargon*) Spaß ◇ *He went to the supermarket in his pyjamas, just for lolz.* Er ist im Schlafanzug zum Supermarkt gegangen, einfach so zum Spaß.

Londoner /ˈlʌndənə(r)/ *Nomen* Londoner(in) ◇ *He's a Londoner.* Er kommt aus London.

lone /ləʊn; *AmE* loʊn/ *Adj* [nur vor Nomen] **1** einzeln ◇ *a lone sailor crossing the Atlantic* jd, der im Alleingang über den Atlantik segelt **2** (*bes BrE*) (*Mutter, Vater*) alleinerziehend ◇ *lone parents* Alleinerziehende **IDM** **a ˌlone ˈwolf** ein Einzelgänger

lone·li·ness /ˈləʊnlinəs; *AmE* ˈloʊn-/ *Nomen* Einsamkeit

lone·ly 🔑 /ˈləʊnli; *AmE* ˈloʊn-/ *Adj* (**lone·lier**, **lone·li·est**) einsam

ˌ**lonely ˈhearts** *Adj* [nur vor Nomen] ◇ *a lonely hearts ad* eine Kontaktanzeige ◇ *read the lonely hearts column* die Kontaktanzeigen lesen

ˌ**lone-parent ˈfamily** *Nomen* Einelternfamilie

loner /ˈləʊnə(r); *AmE* ˈloʊ-/ *Nomen* Einzelgänger(in)

lone·some /ˈləʊnsəm; *AmE* ˈloʊn-/ *Adj* (*bes AmE*) einsam

long 🔑 /lɒŋ; *AmE* lɔːŋ/ *Adj, Adv, Verb*
▸ ***Adj*** (**long·er** /ˈlɒŋgə(r); *AmE* ˈlɔːŋ-/, **long·est** /ˈlɒŋgɪst;

AmE ˈlɔːŋ-/) **1** (*räumlich*) lang; (*Weg, Reise, Fahrt etc.*) weit ◇ *They live a long way from anywhere.* Sie leben völlig abgeschieden. ◇ *It's a long way away.* Das ist weit weg. **2** (*zeitlich*) lang ◇ *a long time* lange ◇ *They have to work long hours.* Sie haben einen langen Arbeitstag. ◇ (*AmE*) *He stared at them for the longest time.* Er starrte sie sehr lange an. ◇ *How long is the course?* Wie lange dauert der Kurs? IDM **as long as your ˈarm** ellenlang **at long ˈlast** endlich **at the ˈlongest** höchstens **by a ˈlong way** bei weitem; weitaus **go back a long ˈway** sich schon lange kennen **go a long ˈway** lange reichen ◇ *A small amount of this paint goes a long way.* Man braucht nur sehr wenig von dieser Farbe. ◇ *She seems to make her money go a long way.* Sie scheint mit ihrem Geld gut hauszuhalten. **have come a long ˈway** große Fortschritte gemacht haben; sich sehr verändert haben; es weit gebracht haben **have a long way to ˈgo** noch lange nicht am Ziel sein ◇ *She still has a long way to go before she can set up on her own.* Sie hat noch einiges vor sich, bevor sie sich selbstständig machen kann. **How long is a piece of ˈstring?** (*BrE, umgs*) Das kann man nicht so genau sagen. **in the ˈlong run** auf die Dauer; auf lange Sicht **the long and (the) ˈshort of it** ◇ *The long and the short of it is …* Kurz gesagt, … ◇ *… and that was the long and the short of it.* … so war's nun mal. **the long arm of sth** die Macht einer Sache ◇ *There is no escape from the long arm of the law.* Dem Arm des Gesetzes kann sich keiner entziehen. **ˌlong in the ˈtooth** (*bes BrE, hum*) alt ◇ *She's getting a bit long in the tooth.* Sie ist nicht mehr die Jüngste. **a ˈlong shot** ein gewagter Versuch; (*Vermutung*) reine Spekulation **long time no ˈsee!** (*umgs*) lange nicht gesehen! **not by a ˈlong shot** (*BrE auch* **not by a ˈlong chalk**) bei weitem nicht **take a long (cool/hard) ˈlook at sth** sich etw (sehr) genau überlegen ◇ *We need to take a long hard look at all the options.* Wir müssen alle Optionen genau prüfen. **take the ˈlong view (of sth)** (etw) auf weite Sicht planen **to cut a long story ˈshort** (*AmE* **to make a long story ˈshort**) (*umgs*) kurz und gut → *Siehe auch* BROAD, TERM *und* WAY

▸ ***Adv*** (**long·er** /ˈlɒŋɡə(r); *AmE* ˈlɔːŋ-/) (**long·est** /ˈlɒŋɡɪst; *AmE* ˈlɔːŋ-/) lange ◇ *Have you been here long?* Sind Sie schon lange hier? ◇ *These reforms are long overdue.* Diese Reformen sind schon seit langem fällig. ◇ *long ago* vor langer Zeit ◇ *They had long since moved away.* Sie waren schon vor langer Zeit weggezogen. ◇ *It wasn't long before she had persuaded him.* Es dauerte gar nicht lange, da hatte sie ihn überredet. ◇ *We'll be home before long.* Wir sind bald zu Hause. ◇ *You go on ahead — I won't be long.* Geht schon mal vor — ich bin gleich so weit. ◇ *The party went on long into the night.* Die Party ging bis spät in die Nacht. ◇ *all day/night long* den ganzen Tag/die ganze Nacht IDM **as/so ˈlong as** solange **for (so) ˈlong** (so) lange **no/not any ˈlonger** nicht länger; nicht mehr ◇ *I can't wait any longer.* Ich kann nicht länger warten. ◇ *He no longer lives here.* Er wohnt nicht mehr hier. **so ˈlong** (*umgs*) tschüs; bis bald

▸ ***Verb*** **~ for sb/sth** sich nach jdm/etw sehnen; **~ to do sth** sich danach sehnen, etw zu tun; **~ for sb to do sth** sehnsüchtig darauf warten, dass jd etw tut ◇ *He longed for Pat to phone.* Er wartete sehnsüchtig auf einen Anruf von Pat.

long. *Abk* = LONGITUDE

long-aˈwaited *Adj* lang erwartet

long·boat /ˈlɒŋbəʊt; *AmE* ˈlɔːŋboʊt/ *Nomen* **1** Beiboot **2** Wikingerschiff

long·bow /ˈlɒŋbəʊ; *AmE* ˈlɔːŋboʊ/ *Nomen* Langbogen

ˌlong-ˈdistance *Adj* [nur vor Nomen] **1** Langstrecken- ◇ *long-distance commuters* Pendler über große Entfernungen **2** Fern- ◇ *long-distance lorry drivers* Fernfahrer

ˌlong ˈdistance *Adv* über große Entfernungen ◇ *call long distance* ein Ferngespräch führen

ˌlong diˈvision *Nomen* (MATH) schriftliches Teilen

ˌlong-drawn-ˈout (*seltener* **ˈlong-drawn**) *Adj* langwierig

ˈlonged-for *Adj* [nur vor Nomen] ersehnt

lon·gev·ity /lɒnˈdʒevəti; *AmE* lɔːnˈ-/ *Nomen* (*gehoben*) Langlebigkeit

long·hand /ˈlɒŋhænd; *AmE* ˈlɔːŋ-/ *Nomen* Langschrift

ˈlong-haul *Adj* Langstrecken-, Fernverkehrs- ◇ *long-haul destinations* Fernreiseziele

long·house /ˈlɒŋhaʊs; *AmE* ˈlɔːŋ-/ *Nomen* **1** = Bauernhaus, in dem Menschen und Tiere unter einem Dach wohnten **2** (*Indianer-*) Langhaus

long·ing /ˈlɒŋɪŋ; *AmE* ˈlɔːŋ-/ *Nomen, Adj*

▸ ***Nomen*** Sehnsucht; (*sexuell*) Verlangen

▸ ***Adj*** (*Adv* **long·ing·ly**) sehnsüchtig

lon·gi·tude /ˈlɒŋɡɪtjuːd, ˈlɒndʒɪ-; *AmE* ˈlɑːndʒətuːd/ *Nomen* [U] (*Abk* **long.**) (GEOGR) Länge ◇ *the longitude of the island* die geografische Länge der Insel

lon·gi·tu·din·al /ˌlɒŋɡɪˈtjuːdɪnl, ˌlɒndʒɪ-; *AmE* ˌlɑːndʒəˈtuːdnl/ *Adj* (*Fachspr*) **1** Längs- ◇ *longitudinal stripes* Längsstreifen **2** Langzeit- ◇ *a longitudinal study* eine Langzeitstudie

lon·gi·tu·din·al·ly /ˌlɒŋɡɪˈtjuːdɪnəli, ˌlɒndʒɪ-; *AmE* ˌlɑːndʒəˈtuːdnəli/ *Adv* **1** der Länge nach **2** in einer Langzeitstudie

ˈlong johns *Nomen* [Pl] (*umgs*) lange Unterhosen

the ˈlong jump *Nomen* [Sing] der Weitsprung

ˌlong-ˈlasting *Adj* dauerhaft, anhaltend

ˌlong-ˈlife *Adj* (*BrE*) ◇ *a long-life battery* eine Batterie mit langer Lebensdauer ◇ *long-life milk* H-Milch

ˌlong-ˈlived *Adj* langlebig; (*haltbar*) andauernd, anhaltend ◇ *The growth was not long-lived.* Das Wachstum war nicht von langer Dauer.

ˈlong-lost *Adj* [nur vor Nomen] **1** ◇ *a long-lost friend, uncle, etc.* ein Freund, Onkel etc. von dem man schon lange nichts mehr gehört hat **2** längst vergangen, verloren gegangen ◇ *a long-lost era* längst vergangene Zeiten

ˈlong-range *Adj* [nur vor Nomen] **1** Langstrecken- ◇ *long-range missiles* Langstreckenraketen **2** langfristig ◇ *long-range plans* langfristige Pläne ◇ *long-range effects* Langzeitwirkungen

ˈlong-running *Adj* [nur vor Nomen] schon lange (an)dauernd; (*Serie, Kampagne*) schon lange laufend

ˈlong-serving *Adj* [nur vor Nomen] altgedient

long·ship /ˈlɒŋʃɪp; *AmE* ˈlɔːŋ-/ *Nomen* Wikingerschiff

long·shore·man /ˈlɒŋʃɔːmən; *AmE* ˈlɔːŋʃɔːrmən/ *Nomen* (*Pl* **-men** /-mən/) (*AmE*) Schauermann

ˌlong-ˈsighted *Adj* (*bes BrE*) weitsichtig

ˌlong-ˈstanding *Adj* schon lange bestehend, alt, langjährig

ˈlong-stay *Adj* Langzeit- ◇ *a long-stay car park* ein Langzeitparkplatz

ˌlong-ˈsuffering *Adj* schwer geprüft

ˌlong-ˈterm *Adj* langfristig, Langzeit-

ˈlong-time *Adj* [nur vor Nomen] alt, langjährig

ˈlong wave *Nomen* (*Abk* **LW**) Langwelle

ˌlong-ˈwinded *Adj* (*abwert*) langatmig, weitschweifig ◇ *a long-winded procedure* eine langwierige Prozedur

loo /luː/ *Nomen* (*Pl* **loos**) (*BrE, umgs*) Klo

loo·fah /ˈluːfə/ *Nomen* Luffa(schwamm)

look 0→ /lʊk/ *Verb, Nomen, Ausruf*

▸ ***Verb*** **1** sehen; **~ at sb/sth** jdm/etw ansehen ◇ *If you look carefully you can just see it.* Wenn du genau hinsiehst, kannst du es sehen. ◇ *She looked at me.* Sie sah mich an. ◇ *Look at the time! We're going to be late.*

Sieh mal, wie spät es ist! Wir kommen zu spät. ◇ *'Has the mail come yet?' 'I'll look and see.'* „Ist die Post schon da?" „Ich seh mal nach." ◇ *Can't you look where you're going?* Hast du keine Augen im Kopf? **2** ~ **(for sb/sth)** (jdn/etw) suchen **3** aussehen ◇ *You look pale.* Du siehst blass aus. ◇ *The boy looks like his father.* Der Junge sieht seinem Vater ähnlich. ◇ *You made me look a complete fool!* Du hast mich völlig lächerlich gemacht! **4** ~ **like sth** etw zu sein scheinen, nach etw aussehen ◇ *That looks like an interesting book.* Das scheint ein interessantes Buch zu sein. ◇ *It looks to me like an excuse.* Das scheint mir eine Ausrede zu sein. **5** ~ **as if ... /as though ...** (danach) aussehen, als ob ◇ *You look as though you slept badly.* Du siehst aus, als ob du schlecht geschlafen hättest. **6** (*Zimmer, Fenster, etc.*) gehen nach, liegen nach ◇ *The window/room looks east.* Das Fenster/Zimmer geht nach Osten. ◇ *Our hotel room looks onto the sea.* Unser Hotelzimmer liegt zum Meer hin. **IDM** **be just 'looking** (*im Geschäft*) sich nur umsehen **be looking to do sth** versuchen etw zu tun ◇ *The company is looking to expand.* Die Firma will expandieren. **look 'bad; not look 'good** einen schlechten Eindruck machen **look 'bad (for sb)** schlecht (um jdn) stehen ◇ *Things are looking bad for him.* Er steht schlecht um ihn. **look 'good** gut aussehen ◇ *The figures are looking good.* Die Zahlen sehen gut aus. **look 'here** (*veraltet*) Moment mal!; hören Sie mal! **look sb ,up and 'down** jdn von oben bis unten mustern **(not) look your'self** (nicht) gut aussehen **never/not look 'back** (*umgs*) immer erfolgreicher werden ◇ *Since then he's never looked back.* Seitdem ist er auf Erfolgskurs. ◇ *She started her own business and has not looked back.* Sie hat ihre eigene Firma gegründet und es nicht bereut. **not be much to 'look at** (*umgs*) nicht besonders gut aussehen **to 'look at sb/sth** wenn man jdm/etw sieht ◇ *To look at him you'd never think he was fifty.* Wenn man ihn sieht, würde man ihn nie für fünfzig halten. ℹ Für andere Redewendungen mit **look** siehe die Einträge für die Nomina, Adjektive etc. **Look daggers at sb** z.B. steht unter **dagger**. **PHR V** **,look 'after sb/sth** (*bes BrE*) sich um jdn/etw kümmern **,look 'after sth** (*Interessen*) wahren, vertreten **,look 'after yourself** (*bes BrE*) auf sich aufpassen, sich (selbst) versorgen ◇ *Don't worry about me — I can look after myself.* Mach dir keine Gedanken um mich — ich komme schon allein zurecht. ◇ *You need to look after yourself.* Du musst auf deine Gesundheit achten.

,look a'head in die Zukunft blicken **,look a'head to sth** an etw denken

,look a'round/'round sich umsehen **look a'round/'round for sth** sich nach etw umsehen **look a'round/'round sth** sich etw ansehen

'look at sth **1** sich etw ansehen; (*Zeitung etc.*) lesen **2** sich etw überlegen, etw in Betracht ziehen ◇ *The implications of the new law will need to be looked at.* Die Auswirkungen des neuen Gesetzes müssen in Betracht gezogen werden. ◇ *the topics we have looked at so far* die Themen, mit denen wir uns bisher befasst haben **3** etw betrachten, etw sehen ◇ *Looked at from that point of view ...* Von dem Standpunkt aus betrachtet ...

,look 'back (on sth) (auf etw) zurückblicken, (an etw) zurückdenken

,look 'down on sb/sth auf jdn/etw herabsehen

'look for sth etw erwarten ◇ *We shall be looking for an improvement.* Wir rechnen mit einer Verbesserung.

,look 'forward to sth sich auf etw freuen

,look 'in (on sb) (*BrE*) (bei jdm) vorbeigehen, (bei jdm) vorbeikommen

,look 'into sth etw untersuchen, etw prüfen

,look 'on zusehen **'look on sb/sth as sb/sth** jdn/etw als jdn/etw betrachten ◇ *She's looked on as the leading authority on the subject.* Sie gilt als die führende Autorität auf dem Gebiet. **'look on sb/sth with sth** jdn/etw mit etw betrachten ◇ *They looked on him with contempt.* Sie verachteten ihn.

,look 'out aufpassen ◇ *Look out! There's a car coming.* Vorsicht! Da kommt ein Auto. **look out for sb** sich um jdn kümmern ◇ *We should look out for each other.* Wir sollten uns umeinander kümmern. **,look 'out for sb/sth** nach jdm/etw Ausschau halten **look out for yourself** auf sich aufpassen **,look sth 'out (for sb/sth)** (*BrE*) etw (für jdn/etw) heraussuchen

,look sth 'over sich etw ansehen

,look 'round **1** = look around/round **2** (*BrE*) sich umdrehen

,look 'through sb jdn ignorieren, durch jdn hindurchsehen **'look through sth** etw durchsehen; (*Notizen, Zeitung etc.*) durchlesen

'look to sb/sth for sth etw von jdm/etw erwarten ◇ *We are looking to you for help.* Wir rechnen mit Ihrer Hilfe. **'look to sb to do sth** (*gehoben*) von jdm erwarten, dass er etw tut **'look to sth** (*gehoben*) auf etw achten

,look 'up (*umgs*) (*Lage etc.*) sich bessern **,look sb 'up** (*umgs*) jdn besuchen **,look sth 'up** etw nachschlagen, etw heraussuchen **,look 'up (from sth)** (von etw) aufsehen **,look 'up to sb** zu jdm aufsehen

▸ ***Nomen*** **1** [meist Sing] Blick; **have/take a ~ at sb/sth** sich jdn/etw ansehen ◇ *Here, have a look at this.* Hier, sieh dir das mal an. ◇ *Let's have a look!* Lass mal sehen! ◇ *A look passed between them.* Sie blickten sich an. ◇ *take a look around* sich umsehen ◇ *We'll be taking a close look at these proposals.* Wir werden diese Vorschläge genau studieren. ◇ *He didn't like the look in her eyes.* Ihr Blick war ihm unbehaglich. ◇ *We got a number of curious looks from passers-by.* Einige Passanten sahen uns neugierig an. **2** Ausdruck ◇ *a look of surprise* ein überraschter Ausdruck **3 have a ~ for sb/sth** nach jdm/etw suchen **4** Aussehen, Äußeres ◇ *It's going to rain today by the look of it.* Es sieht heute nach Regen aus. ◇ *Looks can be deceptive.* Man kann nicht immer nach dem Äußeren gehen. ◇ *I don't like the look of that guy.* Der Kerl gefällt mir gar nicht. **5 looks** [Pl] Aussehen ◇ *He lost his looks in later life.* In späteren Jahren sah er nicht mehr so gut aus. **6** Look **IDM** → DIRTY und LONG

▸ ***Ausruf*** hör mal, hören Sie mal

look·alike /ˈlʊkəlaɪk/ *Nomen* Doppelgänger(in) ◇ *an Elvis lookalike* ein Doppelgänger von Elvis

look·er /ˈlʊkə(r)/ *Nomen* (*umgs*) ◇ *She's a real looker!* Sie sieht toll aus!

'look-in *Nomen* **IDM** **(not) have/get a look-in** (*BrE, umgs*) (k)eine Chance haben ◇ *She talks so much that nobody else can get a look-in.* Sie redet so viel, dass kein anderer zu Wort kommt.

'looking glass *Nomen* (*veraltet*) Spiegel

look·out /ˈlʊkaʊt/ *Nomen* **1** Ausguck ◇ *a lookout point* ein Aussichtspunkt ◇ *a lookout tower* ein Beobachtungsturm **2** Wachposten ◇ *One of the thieves stood at the door to act as a lookout.* Einer der Diebe stand an der Tür Schmiere. **IDM** **be on the/keep a 'lookout (for sb/sth)** (*umgs*) (nach jdm/etw) Ausschau halten **her, his, etc. (own) lookout** (*BrE, umgs*) seine, ihre etc. (eigene) Sache; sein, ihr etc. Problem

,look-'see *Nomen* [Sing] (*bes AmE, umgs*) kurzer Blick ◇ *Come and have a look-see.* Komm und sieh dir das mal an.

loom /luːm/ *Verb, Nomen*

▸ ***Verb*** **1** (drohend) aufragen, auftauchen **2** drohen **IDM** **,loom 'large** **1** von großer Bedeutung sein/scheinen **2** bedrohlich näher rücken

▸ ***Nomen*** Webstuhl

loon /luːn/ *Nomen* **1** Seetaucher **2** (*umgs*) Verrückte(r)

loony /ˈluːni/ *Adj, Nomen (umgs)*
▸ ***Adj*** bekloppt, verrückt
▸ ***Nomen*** *(Pl* **-ies***)* Verrückte(r)

loop /luːp/ *Nomen, Verb*
▸ ***Nomen*** **1** Schlaufe, Schlinge, Schleife **2** Stromkreis IDM **be in/out of the ˈloop** *(AmE, umgs)* bei etw mitmischen/nicht mitmischen **knock/throw sb for a ˈloop** *(AmE, umgs)* jdn umhauen; jdn umwerfen
▸ ***Verb*** **1** schlingen **2** sich schlingen, eine Schleife machen IDM **ˌloop the ˈloop** einen Looping machen

loop·hole /ˈluːphəʊl; *AmE* -hoʊl/ *Nomen* Hintertürchen, Lücke ◊ *a legal loophole* eine Gesetzeslücke

loopy /ˈluːpi/ *Adj (umgs)* **1** bekloppt **2** *(BrE)* verrückt vor Wut

loose 🔑 /luːs/ *Adj, Verb, Nomen*
▸ ***Adj*** *(Adv* **loose·ly***)* **1** lose, locker ◊ *loose morals* lockere Sitten ◊ *The plug has come loose.* Der Stecker hat sich gelockert. **2** offen, lose ◊ *The potatoes were sold loose.* Die Kartoffeln wurden lose verkauft. **3** frei ◊ *The horse had broken loose.* Das Pferd hatte sich losgerissen. **4** *(Kleidung)* weit **5** ungenau, grob ◊ *a loose translation* eine freie Übersetzung ◊ *use a term loosely* ein Wort in einem weiteren Sinn gebrauchen **6** *(Ball)* frei ◊ *He pounced on a loose ball.* Er hechtete nach einem freien Ball. **7** = weich ◊ *loose bowel movements* Durchfall IDM **break/cut/tear ˈloose from sb/sth** sich von jdm/etw losreißen; sich von jdm/etw trennen ◊ *He cut himself loose from his family.* Er löste sich von seiner Familie. **hang/stay ˈloose** *(bes AmE, umgs)* cool bleiben **have a loose ˈtongue** geschwätzig sein **let ˈloose** *(BrE, umgs)* sich gehen lassen **let ˈloose sth** etw loslassen **let sb/sth ˈloose** jdn/etw loslassen ◊ *She let her hair loose.* Sie löste ihr Haar. **let sb ˈloose (on sth)** **1** jdn (auf etw) loslassen **2** jdm freie Hand geben (etw zu tun) → *Siehe auch* HELL *und* SCREW
▸ ***Verb*** *(gehoben)* **1** auslösen **2** lockern **3** ~ **sth (off) (at sb/sth)** etw (auf jdn/etw) abfeuern, etw (auf jdn/etw) abschießen
▸ ***Nomen*** IDM **be on the ˈloose** frei herumlaufen ◊ *We were on the loose in town.* Wir machten die Stadt unsicher.

ˌloose ˈbox *Nomen (BrE)* Pferdebox

ˌloose ˈcannon *Nomen* = unberechenbarer Mensch

ˌloose ˈchange *Nomen* Kleingeld

ˌloose ˈcover *Nomen* [meist Pl] *(BrE)* Überzug

ˌloose ˈend *Nomen* [meist Pl] ◊ *There are still a few loose ends to tie up.* Es sind noch ein paar Kleinigkeiten zu erledigen. ◊ *The play has too many loose ends.* In dem Stück gibt es zu viele Dinge, die offenbleiben. IDM **be at a loose ˈend** *(AmE* **be at loose ˈends***)* nichts mit sich anzufangen wissen ◊ *Come over, if you're at a loose end.* Komm uns besuchen, wenn du nichts Besseres vorhast.

ˌloose-ˈfitting *Adj* weit (geschnitten)

ˌloose-ˈleaf *Adj* Loseblatt- ◊ *a loose-leaf binder* ein Ringbuch

ˌloose-ˈlimbed *Adj (Person)* gelenkig, beweglich

loos·en /ˈluːsn/ *Verb* **1** lockern ◊ *(fig) The military regime has not loosened its hold on power.* Das Militärregime hat die Macht immer noch fest im Griff. ◊ *She loosened her hair.* Sie löste ihr Haar. **2** sich lockern IDM **loosen sb's ˈtongue** jdm die Zunge lösen PHR V **ˌloosen ˈup** **1** sich entspannen **2** sich aufwärmen **ˌloosen sth ˈup** etw auflockern

loose·ness /ˈluːsnəs/ *Nomen (in der Sprache etc.)* Ungenauigkeit; *(einer Übersetzung)* Freiheit ◊ *the looseness of the structure* die lockere Struktur

loot /luːt/ *Verb, Nomen*
▸ ***Verb*** plündern
▸ ***Nomen*** **1** Beute **2** *(umgs) (Geld)* Zaster

loot·er /ˈluːtə(r)/ *Nomen* Plünderer

loot·ing /ˈluːtɪŋ/ *Nomen* Plündern, Plünderung

lop /lɒp; *AmE* lɑːp/ *Verb* **(-pp-)** **1** fällen **2** *(Baum etc.)* beschneiden, stutzen PHR V **ˌlop sth ˈoff (sth)** etw (von etw) abschneiden, etw (von etw) abschlagen

lope /ləʊp; *AmE* loʊp/ *Verb* in großen Sätzen springen

lop·sided /ˌlɒpˈsaɪdɪd; *AmE* ˌlɑːp-/ *Adj* schief, einseitig

lo·qua·cious /ləˈkweɪʃəs/ *Adj (gehoben)* redselig, gesprächig

lo·qua·city /ləˈkwæsəti/ *Nomen (gehoben)* Redseligkeit, Gesprächigkeit

lord 🔑 /lɔːd; *AmE* lɔːrd/ *Nomen, Verb*
▸ ***Nomen*** **1** Lord **2 Lord** = britischer Titel, der für bestimmte hohe Ämter gebraucht wird ◊ *the Lord Chancellor* der Lordkanzler ◊ *the Lord Mayor* der Oberbürgermeister ◊ *Lord Justice Smith* Berufungsrichter Smith **3** Feudalherr ◊ *a feudal lord* ein Lehnsherr ◊ *the lord of the manor* der Gutsherr **4** *(meist* **the Lord***)* [Sing] *(Religionslehre)* (der) Herr **5 Our Lord** [Sing] unser Herr (Jesus) **6 the Lords** = HOUSE OF LORDS IDM **(good) ˈLord!; oh ˈLord!** *(drückt Überraschung, Ärger oder Besorgnis aus)* du lieber Gott! **ˈLord knows …** *(verstärkend)* weiß Gott … **ˈLord (ˈonly) knows (what, where, why, etc.) …** *(umgs)* weiß der Himmel (was, wo warum etc.) … → *Siehe auch* DRUNK *und* YEAR
▸ ***Verb*** IDM **ˈlord it over sb** *(abwert)* jdn herumkommandieren ◊ *A good manager does not try to lord it over his or her team.* Ein guter Manager kommandiert sein Team nicht herum.

lord·ly /ˈlɔːdli; *AmE* ˈlɔːrd-/ *Adj* **1** hochmütig **2** herrschaftlich

lord·ship /ˈlɔːdʃɪp; *AmE* ˈlɔːrd-/ *Nomen* **1 His/Your Lordship** *(Anrede für einen Richter, Bischof oder Angehörigen des Hochadels)* seine/Eure Ehren, seine/Eure Gnaden, seine/Eure Lordschaft **2 his lordship** *(BrE) (scherzhafte Anrede für einen Jungen oder Mann, der sich wichtig vorkommt)* der Herr **3** Lordschaft

the ˌLord's ˈPrayer *Nomen* [Sing] das Vaterunser

lore /lɔː(r)/ *Nomen* überliefertes Wissen ◊ *Celtic lore* keltisches Sagengut

lor·gnette /lɔːˈnjet; *AmE* lɔːrˈ-/ *Nomen* Lorgnette

lorry 🔑 /ˈlɒri; *AmE* ˈlɔːri/ *Nomen (BrE) (Pl* **-ies***)* Last(kraft)wagen IDM → BACK

lose 🔑 /luːz/ *Verb* **(lost, lost** /lɒst; *AmE* lɔːst/**)** **1** verlieren ◊ *The keys seem to have got lost.* Die Schlüssel sind scheinbar verloren gegangen. ◊ *We lost on that deal.* Wir erlitten bei dem Geschäft einen Verlust. ◊ *His carelessness lost him the job.* Seine Unvorsichtigkeit kostete ihn die Stellung. ◊ *He's losing his hair.* Ihm gehen die Haare aus. ◊ *The ship was lost at sea.* Das Schiff ging auf hoher See unter. ◊ *We managed to lose our pursuers in the darkness.* Es gelang uns, unsere Verfolger in der Dunkelheit abzuschütteln. ◊ *lose weight* abnehmen ◊ *The train was losing speed.* Der Zug fuhr langsamer. ◊ *I'm afraid you've lost me there.* Ich kann dir leider nicht mehr folgen. ◊ *His words were lost in the applause.* Seine Worte gingen im Applaus unter. **2** *(Uhr)* nachgehen ℹ Für andere Redewendungen mit **lose** siehe die Einträge für die Nomina, Adjektive etc. **Lose your bearings** z.B. steht unter **bearing**. IDM **ˈlose it** durchdrehen PHR V **ˌlose ˈout (on sth)** *(umgs)* (bei etw) schlecht wegkommen, den Kürzeren (bei etw) ziehen **ˌlose ˈout to sb/sth** *(umgs)* von jdm/etw verdrängt werden **ˈlose yourself in sth** sich in etw verlieren

loser /ˈluːzə(r)/ *Nomen* Verlierer(in) ◊ *He's one of life's losers.* Er ist einer von den ewigen Verlierern. ◊ *You're such a loser!* Du bist blöd!

loss 🔑 /lɒs; *AmE* lɔːs/ *Nomen* [meist Sing] Verlust ◇ *hair loss* Haarausfall ◇ *The drought has led to widespread loss of life.* Die Dürre hat bereits viele Todesopfer gefordert. ◇ *That's his loss.* Das ist sein Schaden. IDM **at a 'loss** ratlos ◇ *I was at a loss for words.* Ich wusste nicht, was ich sagen sollte. ◇ *I'm at a loss what to do next.* Ich weiß nicht mehr aus noch ein. **cut your 'losses** nicht noch größere Verluste riskieren

'loss adjuster *Nomen* (*BrE*) Schadensermittler(in)

'loss-leader *Nomen* Lockvogelangebot

'loss-making *Adj* mit Verlust arbeitend

lost 🔑 /lɒst; *AmE* lɔːst/ *Adj* **1** verirrt ◇ *We always get lost in London.* Wir verirren uns immer in London. ◇ *They spoke so quickly I just got lost.* Sie sprachen so schnell, dass ich nicht mitkam. ◇ *a lost cat* eine entlaufene Katze **2** verloren gegangen, verlegt ◇ *I'm still looking for that lost file.* Ich suche immer noch die verschwundene Datei. **3** verloren ◇ *The strike cost them thousands of dollars in lost business.* Der Streik bedeutete für sie Geschäftsverluste von Tausenden von Dollars. ◇ *a lost civilization* eine ausgestorbene Zivilisation IDM **,all is not 'lost** es ist noch nicht alles verloren **be lost for 'words** sprachlos sein ◇ *I'm lost for words.* Mir fehlen die Worte. **be 'lost in sth** in etw verloren sein; in etw versunken sein ◇ *be lost in admiration* voller Bewunderung sein **be 'lost on sb** ◇ *His jokes were completely lost on most of the students.* Seine Witze gingen über die Köpfe der meisten Studenten hinweg. **be lost to the 'world** die ganze Welt um sich herum vergessen **get 'lost** (*umgs*) verschwinden **give sb up for 'lost** (*gehoben*) die Hoffnung aufgeben, dass jd noch am Leben ist **make up for lost 'time** verlorene Zeit aufholen → *Siehe auch* LOVE

,lost and 'found *Nomen* (*AmE*) Fundbüro

,lost 'cause *Nomen* aussichtsloser Fall

,lost 'property *Nomen* (*BrE*) **1** [U] Fundsachen ◇ *a lost property office* ein Fundbüro **2** Fundbüro

lot 🔑 /lɒt; *AmE* lɑːt/ *Pron, Adj, Adv, Nomen*

▸ ***Pron*** **a lot**; *umgs* **lots** viel(e)

▸ ***Adj, Pron*** **a lot of**; *umgs* **lots of** viel(e) ◇ *coffee with lots of sugar* Kaffee mit viel Zucker ◇ *I saw a lot of her last summer.* Ich sah sie oft letzten Sommer.

▸ ***Adv*** (*umgs*) **1** **a lot**; *umgs* **lots** (*mit Adjektiven und Adverbien gebraucht*) viel ◇ *I'm feeling a lot better today.* Heute geht es mir viel besser. ◇ *I eat lots less than I used to.* Ich esse viel weniger als früher. **2** **a lot** (*verstärkend mit Verben gebraucht*) sehr ◇ *Thanks a lot for your help.* Vielen Dank für Ihre Hilfe. ◇ *I play tennis quite a lot.* Ich spiele ziemlich oft Tennis.

▸ ***Nomen*** **1** [mit Verb im Sing/Pl] **the lot**, **the whole lot** (*umgs*) alle(s) **2** [mit Verb im Sing/Pl] (*bes BrE*) ◇ *The first lot of visitors has/have arrived.* Die ersten Besucher sind da. ◇ *I have several lots of essays to mark this weekend.* Dieses Wochenende muss ich mehrere Stöße Aufsätze korrigieren. ◇ (*umgs*) *What do you lot want?* Was wollt ihr denn? **3** (*Ware*) Posten **4** Gelände ◇ *a parking lot* ein Parkplatz **5** [Sing] Los, Schicksal IDM **all 'over the lot** (*AmE*) ◇ *We're all over the lot.* Bei uns geht es drunter und drüber. **a bad 'lot** (*BrE, veraltet*) ein fieser Typ **by 'lot** durch das Los **draw/cast 'lots (for sth)** (um etw) losen **fall to sb's 'lot (to do sth)** (*gehoben*) jdm zufallen (etw zu tun) **throw in your 'lot with sb** sich mit jdm zusammentun

loth = LOATH

lo·tion /ˈləʊʃn; *AmE* ˈloʊ-/ *Nomen* Lotion

lot·tery /ˈlɒtəri; *AmE* ˈlɑːt-/ *Nomen* (*Pl* **-ies**) **1** Lotterie ◇ *a lottery ticket* ein Lotterieschein **2** [Sing] (*oft abwert*) (*fig*) Glücksspiel

lotto /ˈlɒtəʊ; *AmE* ˈlɑːtoʊ/ *Nomen* **1** (*Gesellschaftsspiel*) Lotto **2** (*bes AmE, umgs*) Lotterie

lotus /ˈləʊtəs; *AmE* ˈloʊ-/ *Nomen* **1** Lotos **2** Lotosfrucht

loud 🔑 /laʊd/ *Adj, Adv*

▸ ***Adj*** **1** (*Adv* **loud·ly**) laut **2** (*Person*) penetrant **3** (*Farben etc.*) grell

▸ ***Adv*** (*umgs*) laut ◇ *You'll have to speak louder.* Du musst lauter sprechen. IDM **,loud and 'clear** laut und deutlich **,out 'loud** laut ◇ *I almost laughed out loud.* Ich hätte fast laut gelacht. ◇ *Please read the letter out loud.* Lies den Brief bitte vor. → *Siehe auch* ACTION *und* CRY

loud·hail·er /ˌlaʊdˈheɪlə(r)/ *Nomen* (*BrE*) Megafon

loud·ly 🔑 /ˈlaʊdli/ *Adv* → LOUD

loud·mouth /ˈlaʊdmaʊθ/ *Nomen* (*umgs*) Großmaul

'loud-mouthed *Adj* großmäulig

loud·ness /ˈlaʊdnəs/ *Nomen* **1** Lautstärke **2** Auffälligkeit

loud·speak·er /ˌlaʊdˈspiːkə(r)/ (*auch* **speak·er**) *Nomen* Lautsprecher

lough /lɒk, lɒx; *AmE* lɑːk, lɑːx/ *Nomen* (*in irischen Eigennamen*) See

lounge /laʊndʒ/ *Nomen, Verb*

▸ ***Nomen*** **1** Wartehalle ◇ *the departure lounge* die Abflughalle **2** Gesellschaftsraum ◇ *the television lounge* der Fernsehraum **3** (*BrE*) Wohnzimmer **4** (*AmE*) Salon, Bar **5** (*AmE*) Aufenthaltsraum ◇ *the faculty lounge* das Dozentenzimmer

▸ ***Verb*** herumliegen/-sitzen/-stehen

'lounge bar *Nomen* (*BrE*) = vornehmere Bar in einem Pub oder Hotel

loun·ger /ˈlaʊndʒə(r)/ *Nomen* = SUNLOUNGER

'lounge suit *Nomen* (*BrE*) (Straßen)anzug

lour = LOWER²

louse /laʊs/ *Nomen, Verb*

▸ ***Nomen*** **1** (*Pl* **lice** /laɪs/) Laus **2** (*Pl* **louses**) (*umgs*) mieser Typ

▸ ***Verb*** PHRV **,louse sth 'up** etw vermasseln

lousy /ˈlaʊzi/ *Adj* (*umgs*) (**-ier, -iest**) **1** mies ◇ *What lousy weather!* Was für ein saumäßiges Wetter! **2** [nur vor Nomen] lausig, lumpig

lout /laʊt/ *Nomen* (*BrE*) Flegel

lout·ish /ˈlaʊtɪʃ/ *Adj* flegelhaft

louvre (*auch* **lou·ver**) /ˈluːvə(r)/ *Nomen* **1** Lamelle **2** Lamellenrost

louvred /ˈluːvəd; *AmE* -vərd/ *Adj* Jalousien-, Lamellen-

lov·able (*auch* **love·able**) /ˈlʌvəbl/ *Adj* liebenswert

love 🔑 /lʌv/ *Nomen, Verb*

▸ ***Nomen*** **1** Liebe ◇ *love of your country* Vaterlandsliebe ◇ *a love of learning* Freude am Lernen ◇ *We're in love!* Wir sind verliebt! ◇ *fall in love* sich verlieben ◇ *Yes, my love.* Ja, Schatz. ◇ *Tennis is my first love.* Tennis ist meine größte Leidenschaft. **2** (*auch* **luv**) (*bes BrE, umgs*) = freundliche Anrede auch bei Unbekannten ◇ *Can I help you, love?* Kann ich Ihnen helfen? **3** (*Tennis, Squash etc.*) null IDM **for 'love** aus Liebe **for the love of 'God** (*umgs, veraltet*) um Himmels willen **for the 'love of sth** aus Liebe zu etw ◇ *work for the love of it* aus Liebe zur Sache arbeiten **give/send your 'love (to sb)** (*umgs*) (jdn) grüßen lassen ◇ *Give my love to Mary when you see her.* Schöne Grüße an Mary, wenn du sie siehst. **love from**; **lots of love (from)** (*umgs*) (*in Briefen*) alles Liebe **make 'love** miteinander schlafen **make 'love to sb** mit jdm schlafen **not for love or/nor 'money** nicht für Geld und gute Worte **there's little/no 'love lost between A and B** A und B können sich nicht ausstehen → *Siehe auch* FAIR, HEEL *und* LABOUR

▸ ***Verb*** **1** (*nicht in der Verlaufsform*) lieben, lieb haben ◇ *a well-loved member of staff* eine beliebte Kollegin ◇ *protect your loved ones* seine Lieben beschützen **2** sehr gernhaben, lieben ◇ *I love it in Spain.* Es gefällt mir sehr in Spanien. ◇ *He loved her to sing to him.* Er liebte es, wenn sie ihm vorsang. ◇ *his best-loved songs* seine beliebtesten Lieder ◇ (*iron*) *You're going to love this. They've cancelled again.* Das wird dir gar nicht gefallen. Sie haben wieder abgesagt. **3** (*bes BrE*) ~ **doing sth** (*bes AmE*) ~ **to do sth** etw sehr gerne tun **4 would love** hätte(n) gern, würde(n) gern ◇ *I'd love her to come and live with us.* Ich würde mich so freuen, wenn sie bei uns einziehen würde. ◇ *'Coffee?' 'I'd love one.'* „Einen Kaffee?" „Ja, gerne." IDM **,love you and 'leave you** (*umgs, hum*) ◇ *I'll love you and leave you.* Ich muss jetzt leider gehen.

'love affair *Nomen* **1** (Liebes)verhältnis **2** Leidenschaft ◇ *their love affair with Goa* ihre Leidenschaft für Goa

love·bird /ˈlʌvbɜːd; *AmE* -bɜːrd/ *Nomen* **1** (*Vogel*) Unzertrennlicher **2 lovebirds** [Pl] (*hum*) (*Liebende*) Turteltauben

'love bite *Nomen* (*BrE*) Knutschfleck

'love child *Nomen* Kind der Liebe

,love-'hate relationship *Nomen* Hassliebe

love·less /ˈlʌvləs/ *Adj* lieblos

love·li·ness /ˈlʌvlinəs/ *Nomen* [U] (*gehoben*) Schönheit, Lieblichkeit

love·lorn /ˈlʌvlɔːn; *AmE* -lɔːrn/ *Adj* (*gehoben*) liebeskrank

love·ly /ˈlʌvli/ *Adj, Nomen*

▸ ***Adj*** (**love·lier, love·li·est**) (**More lovely** *und* **most lovely** *sind besonders im britischen Englisch auch möglich.*) **1** schön, hübsch **2** (*umgs*) herrlich, nett ◇ *Thanks. That would be lovely.* Danke, das wäre wunderbar. ◇ *We had a lovely time.* Es war sehr schön. **3** lieb, entzückend IDM **lovely and warm, cold, quiet etc.** (*BrE, umgs*) schön warm, kalt, ruhig etc.

▸ ***Nomen*** (*Pl* **-ies**) (*veraltet*) (*Frau*) Schöne

love·mak·ing /ˈlʌvmeɪkɪŋ/ *Nomen* (körperliche) Liebe

'love match *Nomen* Liebesheirat

'love nest *Nomen* (*umgs*) Liebesnest

lover /ˈlʌvə(r)/ *Nomen* **1** Liebhaber(in), Geliebte(r) ◇ *The park was full of young lovers.* Der Park war voller Liebespaare. **2** (*oft in Zusammensetzungen*) Freund(in), Liebhaber(in) ◇ *a nature-lover* ein Naturfreund

'love seat *Nomen* (*AmE*) = Bank/Sofa für zwei Personen

love·sick /ˈlʌvsɪk/ *Adj* liebeskrank ◇ *He's lovesick.* Er hat Liebeskummer.

lovey (*auch* **luvvy**) /ˈlʌvi/ *Nomen* (*BrE, umgs*) (*Anrede*) Schätzchen

lov·ing /ˈlʌvɪŋ/ *Adj* **1** (*Adv* **lov·ing·ly**) liebevoll **2 -loving** (*in Zusammensetzungen mit Nomen*) ◇ *peace-loving* friedliebend ◇ *home-loving* häuslich ◇ *fun-loving young people* junge Leute, die sich gern amüsieren

low /ləʊ; *AmE* loʊ/ *Adj, Adv, Nomen, Verb*

▸ ***Adj*** **1** niedrig ◇ *low clouds* tief hängende Wolken ◇ *The sun was low in the sky.* Die Sonne stand tief am Himmel. ◇ *low-fat yogurt* fettarmer Joghurt **2** unter ◇ *low back pain* Schmerzen im unteren Rückenbereich ◇ *temperatures in the low 20s* knapp über 20° ◇ *the lower slopes of the mountain* die tiefer gelegenen Hänge des Berges **3** ◇ *a dress with a low neckline* ein tief ausgeschnittenes Kleid **4** knapp ◇ *They were low on fuel.* Sie hatten wenig Treibstoff. **5** (*Ton, Stimme*) tief, leise ◇ *They were speaking in low voices.* Sie sprachen leise. **6** nieder ◇ *lower forms of life* niedere Lebensformen ◇ *the lower classes of society* die unteren Gesellschaftsschichten ◇ *Training was given a low priority.* Der Ausbildung wurde wenig Bedeutung beigemessen. **7** geschwächt, niedergeschlagen ◇ *be in low spirits* niedergeschlagen sein ◇ *I'm feeling really low.* Ich bin ziemlich down. **8** schlecht ◇ *students with low marks* Studenten mit schlechten Noten ◇ *She has a very low opinion of them.* Sie hat eine sehr geringe Meinung von ihnen. **9** mies ◇ *low cunning* Gerissenheit **10** (*Licht*) gedämpft IDM **at a low 'ebb** auf einem Tiefstand **be brought 'low** (*veraltet*) zu Fall gebracht werden **be laid 'low** krank sein ◇ *He was laid low by a virus.* Eine Virusinfektion hatte ihn außer Gefecht gesetzt. **the ,lowest of the 'low** der letzte Abschaum → *Siehe auch* PROFILE

▸ ***Adv*** **1** tief ◇ *crouch low* sich niederkauern **2** (nach) unten ◇ *a window set low in the wall* ein Fenster unten in der Wand ◇ *The candles were burning low.* Die Kerzen waren herunter gebrannt. **3** (*meist in Zusammensetzungen*) niedrig ◇ *low-powered* mit geringer Leistung ◇ *low-priced* preisgünstig **4** (*singen etc.*) tief, leise IDM → HIGH, LIE[1] *und* STOOP

▸ ***Nomen*** **1** Tiefpunkt, Tiefstand **2** Tief(druckgebiet)

▸ ***Verb*** (*gehoben*) muhen

low·brow /ˈləʊbraʊ; *AmE* ˈloʊ-/ *Adj* (*meist abwert*) (geistig) anspruchslos, ungebildet

,low-'carb *Adj* (*umgs*) Low-Carb-

,Low 'Church *Adj* = zum reformierten Teil der Anglikanischen Kirche gehörig

,low-'class *Adj* **1** minderwertig **2** aus der Unterschicht

,low-'cut *Adj* tief ausgeschnitten

'low-down *Adj, Nomen*

▸ ***Adj*** (*umgs*) gemein

▸ ***Nomen*** [Sing] **the ~ (on sb/sth)** (*umgs*) die (wichtigsten) Informationen (über jdn/etw) ◇ *She gave me the low-down on the other guests.* Sie klärte mich über die anderen Gäste auf.

lower[1] /ˈləʊə(r); *AmE* ˈloʊ-/ *Adj, Verb* → *Siehe auch* LOWER[2]

▸ ***Adj*** **1** Unter- ◇ *his lower lip* seine Unterlippe **2** untere(r), Nieder-

▸ ***Verb*** **1** sinken lassen, hinunter lassen **2** (sich) senken IDM **lower your 'sights** seine Ansprüche zurückschrauben **lower yourself (by doing sth)** (*meist in verneinten Sätzen*) sich (so weit) erniedrigen (etw zu tun) → *Siehe auch* TEMPERATURE

lower[2] (*auch* **lour**) /ˈlaʊə(r)/ *Verb* (*gehoben*) (*Himmel, Wolken*) tief stehen, sich türmen → *Siehe auch* LOWER[1]

,lower 'case *Nomen* [U] ◇ *in lower case* in Kleinbuchstaben ◇ *lower-case letters* Kleinbuchstaben

,lower 'class *Adj* Unterschicht-

the ,lower 'classes *Nomen* [Pl] (*auch* **the ,lower 'class** [Sing]) die Unterschicht

,lower 'house (*auch* **,lower 'chamber**) *Nomen* [Sing] Unterhaus

the ,lower 'orders *Nomen* [Pl] (*veraltet*) die unteren Bevölkerungsschichten

'lower school *Nomen* = (die Klassen einer) Schule für Elf- bis Vierzehnjährige

,lowest ,common de'nominator *Nomen* (*Abk* **LCD**) kleinster gemeinsamer Nenner (*auch fig*)

,low-'key *Adj* zurückhaltend, unauffällig ◇ *Their wedding was a very low-key affair.* Ihre Hochzeit war sehr einfach gehalten.

low·land /ˈləʊlənd; *AmE* ˈloʊ-/ *Nomen* [meist Pl] Tiefland, Flachland ◇ *the (Scottish) Lowlands* das schottische Tiefland

low·land·er /ˈləʊləndə(r); *AmE* ˈloʊ-/ *Nomen* Flachländer(in)

,low-'level *Adj* **1** niedrig ◇ *low-level bombing* Tieffliegerangriffe **2** auf niedriger Ebene ◇ *a low-level job* eine untergeordnete Stellung **3** (COMP) (*Programmiersprache*) der untersten Ebene

'low life *Nomen* (*kriminelles*) Milieu

low·lights /ˈləʊlaɪts; *AmE* ˈloʊ-/ *Nomen* [Pl] dunkle Strähnchen

lowly /ˈləʊli; *AmE* ˈloʊ-/ *Adj* (**low·lier, low·li·est**) (*oft hum*) bescheiden

ˌlow-ˈlying *Adj* tief gelegen

ˌlow-ˈpaid *Adj* Niedriglohn-

ˌlow-ˈpitched *Adj* (*Stimme, Laut*) tief

ˈlow point *Nomen* Tiefpunkt

ˌlow ˈpressure *Nomen* **1** Niederdruck **2** Tiefdruck

ˌlow-ˈprofile *Adj* zurückhaltend, wenig bekannt

ˌlow-resoˈlution (*auch* **lo-res**; **low-res** /ˌləʊ ˈrez; *AmE* ˌloʊ/) *Adj* mit niedriger Auflösung, niedrig aufgelöst ◇ *a low-resolution scan* ein Scan mit niedriger Auflösung

ˈlow-rise *Adj* (*Gebäude*) mit wenigen Stockwerken

ˌlow-ˈrisk *Adj* mit geringem Risiko ◇ *low-risk patients* wenig gefährdete Patienten

ˈlow season *Nomen* [U/Sing] (*bes BrE*) Nebensaison

ˌlow ˈslung *Adj* niedrig, tief liegend

ˌlow-ˈtech *Adj* (*umgs*) nicht hoch technisiert, technisch anspruchslos

ˌlow ˈtide (*auch* **ˌlow ˈwater**) *Nomen* Ebbe, Niedrigwasser ◇ *at low tide* bei Ebbe

ˌlow-ˈwater mark *Nomen* Niedrigwassermarke

lox /lɒks; *AmE* lɑːks/ *Nomen* (*AmE*) Räucherlachs

loyal 🔑 /ˈlɔɪəl/ *Adj* (*Adv* **loy·al·ly** /-əli/) ~ (**to sb/sth**) (jdm/etw) treu, (jdm/etw gegenüber) loyal

loyal·ist /ˈlɔɪəlɪst/ *Nomen* **1** Loyalist(in) ◇ *party loyalists* treue Parteianhänger **2 Loyalist** (*in Nordirland*) = jd, der die Union zwischen Großbritannien und Nordirland unterstützt

loy·alty /ˈlɔɪəlti/ *Nomen* (*Pl* **-ies**) **1** [U] Treue, Loyalität **2** [meist Pl] Treuepflicht ◇ *a conflict of loyalties* ein Loyalitätskonflikt

ˈloyalty card *Nomen* Kundenkarte

loz·enge /ˈlɒzɪndʒ; *AmE* ˈlɑːzɪndʒ/ *Nomen* **1** Rhombus **2** ◇ *throat/cough lozenges* Hals-/Hustenbonbons

LP /ˌel ˈpiː/ *Kurzform von* **long-playing record** LP

ˈL-plate *Nomen* = Schild, das Fahrschüler am Auto tragen

LPN /ˌel piː ˈen/ (*AmE*) *Kurzform von* **licensed practical nurse** = staatlich geprüfte Pflegekraft, die Patienten unter Aufsicht einer Vollpflegekraft, eines Arztes oder Zahnarztes betreut

LSD /ˌel es ˈdiː/ *Nomen* LSD

Lt (*AmE* **Lt.**) *Abk* = LIEUTENANT

Ltd *Kurzform von* **Limited** (*BrE*) GmbH

lu·bri·cant /ˈluːbrɪkənt/ *Nomen* Schmiermittel

lu·bri·cate /ˈluːbrɪkeɪt/ *Verb* schmieren, ölen

lu·bri·ca·tion /ˌluːbrɪˈkeɪʃn/ *Nomen* Schmieren, Schmierung

lu·bri·cious /luːˈbrɪʃəs/ *Adj* (*gehoben*) anzüglich

lucid /ˈluːsɪd/ *Adj* (*Adv* **lu·cid·ly**) klar ◇ *a lucid explanation* eine einleuchtende Erklärung ◇ *a lucid moment* ein lichter Augenblick

lu·cid·ity /luːˈsɪdəti/ *Nomen* Klarheit ◇ *a rare moment of lucidity* ein seltener lichter Augenblick

luck 🔑 /lʌk/ *Nomen, Verb*

▸ ***Nomen*** Glück, (glücklicher) Zufall ◇ *have good/bad luck* Glück/Pech haben ◇ *You're out of luck.* Sie haben Pech. ◇ *Finally my luck ran out.* Schließlich war meine Glückssträhne zu Ende. **IDM** **Any ˈluck?** (*umgs*) Hat es geklappt? **as luck would ˈhave it** wie es der Zufall wollte **bad, hard, etc. luck (on sb)** ◇ *Bad luck!* Pech gehabt! ◇ *It's hard luck on him.* Er hat Pech gehabt. **be down on your ˈluck** (*umgs*) eine Pechsträhne haben **the best of ˈluck (with sth)**; **good ˈluck (with sth)** viel Glück (bei etw) **ˌbetter luck ˈnext time** mehr Glück beim nächsten Mal **do sth for ˈluck 1** etw tun, damit es einem Glück bringt ◇ *Take something blue. It's for luck.* Nimm etwas Blaues. Das bringt Glück. **2** um auf Nummer sicher zu gehen ◇ *I hit him once more for luck.* Ich haute ihm noch eine rein, nur so. **good ˈluck to sb** (*umgs*) ◇ *I don't want to, but if she does, good luck to her.* Ich persönlich würde das nicht wollen, aber wenn sie es will, wünsche ich ihr viel Glück dabei. **just my, your, etc. ˈluck** (*umgs*) das muss natürlich wieder mir, dir etc. passieren **sb's ˈluck is in** jd hat Glück **the luck of the ˈdraw** Glückssache **no such ˈluck** (*drückt Enttäuschung aus*) leider nicht ➔ *Siehe auch* BEGINNER, HARD, POT, PUSH, TOUGH, TRY *und* WORSE

▸ ***Verb*** **PHR V** **ˌluck ˈout** (*AmE, umgs*) Schwein haben

luck·ily /ˈlʌkɪli/ *Adv* zum Glück, glücklicherweise ◇ *Luckily for us, the train was late.* Zu unserem Glück hatte der Zug Verspätung.

luck·less /ˈlʌkləs/ *Adj* (*gehoben*) glücklos, unglücklich

lucky 🔑 /ˈlʌki/ *Adj* (**luck·ier, luck·iest**) **1** glücklich ◇ *be lucky* Glück haben ◇ *Think yourself lucky!* Sei froh! **2** Glücks- ◇ *a lucky charm* ein Glücksbringer **IDM** **lucky ˈyou, him, etc.** (*umgs*) du/so ein Glückspilz **ˌyou'll be ˈlucky** (*umgs*) (*verwendet um jdm zu sagen, dass seine Erwartungen wahrscheinlich nicht erfüllt werden*) ◇ *'I'm hoping to get a ticket for Saturday.' 'You'll be lucky.'* „Ich hoffe, dass ich noch eine Karte für Samstag bekomme." „Na, dann viel Glück." **you, etc. should be so ˈlucky** (*umgs*) schön wär's; das Glück müsste man haben ➔ *Siehe auch* STRIKE, THANK *und* THIRD

ˌlucky ˈdip *Nomen* (*BrE*) [meist Sing] Grabbelsack

lu·cra·tive /ˈluːkrətɪv/ *Adj* lukrativ, einträglich

lucre /ˈluːkə(r)/ *Nomen* [J] (*abwert*) (*Geld*) Mammon

Lud·dite /ˈlʌdaɪt/ *Nomen* (*BrE*) **1** (GESCH) = Mitglied der nach Ned Lud benannten Arbeitergruppen, die zu Beginn des 19. Jahrhunderts aus Furcht um ihre Arbeitsplätze die neu eingeführten Spinn- und Webmaschinen zerstörten **2** (*abwert*) Maschinenstürmer(in), Technikfeind(in)

ludi·crous /ˈluːdɪkrəs/ *Adj* (*Adv* **ludi·crous·ly**) absurd, lächerlich; (*Geldbetrag*) haarsträubend

ludo /ˈluːdəʊ; *AmE* -doʊ/ *Nomen* (*BrE*) (*Spiel*) Mensch ärgere dich nicht

lug /lʌg/ *Verb, Nomen*

▸ ***Verb*** (**-gg-**) (*umgs*) schleppen, zerren

▸ ***Nomen*** **1** (TECH) Henkel **2** = LUGHOLE

luge /luːʒ, luːdʒ/ *Nomen* **1** (SPORT) Rodeln **2** Rodel(schlitten)

lug·gage 🔑 /ˈlʌgɪdʒ/ *Nomen* (*bes BrE*) Gepäck

ˈluggage rack *Nomen* Gepäckablage, Gepäcknetz

ˈluggage van *Nomen* (*BrE*) Gepäckwagen

lug·hole /ˈlʌghəʊl; *AmE* -hoʊl/ *Nomen* (*auch* **lug**) (*BrE, hum*) Ohr, Löffel

lu·gu·bri·ous /ləˈguːbriəs/ *Adj* (*Adv* **lu·gu·bri·ous·ly**) (*gehoben*) schwermütig, melancholisch

lug·worm /ˈlʌgwɜːm; *AmE* -wɜːrm/ *Nomen* Köderwurm

luke·warm /ˌluːkˈwɔːm; *AmE* -ˈwɔːrm/ *Adj* (*oft abwert*) lauwarm (*auch fig*) ◇ *She was lukewarm about the plan.* Sie war von dem Plan nur mäßig begeistert.

lull /lʌl/ *Nomen, Verb*

▸ ***Nomen*** [meist Sing] Pause ◇ *the lull before the storm* die Ruhe vor dem Sturm

▸ ***Verb*** (*gehoben*) **1** einlullen, beruhigen ◇ *The music lulled us to sleep.* Die Musik wiegte uns in den Schlaf. **2** (*Ängste etc.*) dämpfen **PHR V** **lull sb into sth** ◇ *He lulled her into a false sense of security.* Er wiegte sie in falscher Sicherheit ◇ *It's easy to be lulled into thinking that everything is all right.* Man wiegt sich allzu leicht in dem Glauben, dass alles in Ordnung wäre.

lul·laby /ˈlʌləbaɪ/ *Nomen* (*Pl* **-ies**) Wiegenlied

lum·bago /lʌmˈbeɪgəʊ; *AmE* -goʊ/ *Nomen* [U] Lumbago, Hexenschuss

lum·bar /ˈlʌmbə(r)/ *Adj* [nur vor Nomen] (MED) Lumbal-, Lenden-, lumbal ◇ *lumbar puncture* Lumbalpunktion

lum·ber /ˈlʌmbə(r)/ *Nomen, Verb*

▸ ***Nomen*** **1** (*bes AmE*) (Bau)holz ◇ *a lumber mill* eine Sägemühle **2** (*BrE*) Gerümpel ◇ *a lumber room* eine Rumpelkammer

▸ ***Verb*** **1** sich schwerfällig bewegen, trotten; (*Fahrzeug*) rumpeln ◇ *The great beast lumbered to its feet.* Das Riesentier kam schwerfällig auf die Beine. **2** (*umgs*) (*meist passiv*) **~ sb (with sb/sth)** jdm jdn/etw aufhalsen

lum·ber·jack /ˈlʌmbədʒæk; *AmE* -bərdʒæk/ *Nomen* (*besonders in den USA und Kanada*) Holzfäller

lu·mi·nary /ˈluːmɪnəri; *AmE* -neri/ *Nomen* (*Pl* **-ies**) Koryphäe ◇ *the great jazz luminaries* die Jazz-Größen

lu·mi·nes·cence /ˌluːmɪˈnesns/ *Nomen* [U] (*Fachspr oder gehoben*) Lumineszens, Leuchten

lu·mi·nes·cent /ˌluːmɪˈnesnt/ *Adj* (*Fachspr oder gehoben*) lumineszierend, leuchtend

lu·mi·nos·ity /ˌluːmɪˈnɒsəti; *AmE* -ˈnɑːsə-/ *Nomen* Helligkeit, Leuchtkraft

lu·mi·nous /ˈluːmɪnəs/ *Adj* (*Adv* **lu·mi·nous·ly**) Leucht-, leuchtend

lump 0→ /lʌmp/ *Nomen, Verb*

▸ ***Nomen*** **1** Stück, Klumpen, Brocken ◇ *This sauce has lumps in it.* Die Soße hat Klümpchen. **2** = SUGAR LUMP **3** Beule, Knoten, Geschwulst **4** (*bes BrE, umgs*) (*Mensch*) Klotz, Brocken, Trampel IDM **feel, get, have a lump in your throat** einen Kloß im Hals haben **take your ˈlumps** (*AmE, umgs*) den Brocken schlucken

▸ ***Verb*** **~ A and B together ~ A (in) with B** A und B in einen Topf werfen IDM **ˈlump it** (*umgs*) sich damit abfinden ◇ *That's the situation—like it or lump it!* So ist es eben, ob es dir passt oder nicht.

lump·ish /ˈlʌmpɪʃ/ *Adj* klobig, plump

ˌlump ˈsum (*auch* **ˌlump ˌsum ˈpayment**) *Nomen* einmalige Zahlung

lumpy /ˈlʌmpi/ *Adj* klumpig

lu·nacy /ˈluːnəsi/ *Nomen* Wahnsinn

lunar /ˈluːnə(r)/ *Adj* Mond-, lunar

lu·na·tic /ˈluːnətɪk/ *Nomen Adj*

▸ ***Nomen*** Wahnsinnige(r), Irre(r), Verrückte(r)

▸ ***Adj*** wahnsinnig, irre, verrückt IDM **the ˌlunatic ˈfringe** [mit Verb im Sing/Pl] (*abwert*) das extremistische Lager

ˈlunatic asylum *Nomen* (*bes BrE, veraltet*) Irrenanstalt

lunch 0→ /lʌntʃ/ *Nomen, Verb*

▸ ***Nomen*** Mittagessen ◇ *have lunch* (zu) Mittag essen ◇ *She's gone to lunch.* Sie hat gerade Mittagspause. ◇ *Let's do lunch.* Treffen wir uns doch zum Mittagessen.

▸ ***Verb*** (*gehoben*) zu Mittag essen

ˈlunch box *Nomen* Butterbrotdose

lunch·eon /ˈlʌntʃən/ *Nomen* (*gehoben*) Lunch, Mittagessen

ˈluncheon meat *Nomen* Frühstücksfleisch

ˈluncheon voucher *Nomen* Essenmarke

ˈlunch hour *Nomen* Mittagspause

lunch·room /ˈlʌntʃruːm, -rʊm/ *Nomen* (*AmE*) Speisesaal

lunch·time /ˈlʌntʃtaɪm/ *Nomen* Mittagszeit ◇ *at lunchtimes* mittags

lung 0→ /lʌŋ/ *Nomen* **1** Lungenflügel **2 lungs** [Pl] Lunge

lunge /lʌndʒ/ *Verb, Nomen*

▸ ***Verb*** **~ (forward)** vorschnellen; **~ (at/towards/for sb/sth)** sich (auf jdn/etw) stürzen

▸ ***Nomen*** Ausfall ◇ *He made a lunge for the phone.* Er stürzte sich auf das Telefon.

lung·ful /ˈlʌŋfʊl/ *Nomen* (Atem)zug ◇ *take a lungful of sth* etw einatmen

lupin (*AmE* **lu·pine**) /ˈluːpɪn/ *Nomen* Lupine

lurch /lɜːtʃ; *AmE* lɜːrtʃ/ *Verb, Nomen*

▸ ***Verb*** **1** schwanken, rucken; (*fig*) schlittern **2** flattern ◇ *Her stomach lurched as she realized how near she'd come to disaster.* Ihr flatterte das Herz, als ihr bewusst wurde, wie nahe sie einer Katastrophe gewesen war.

▸ ***Nomen*** [meist Sing] Ruck ◇ *His heart gave a lurch when he saw her.* Er zuckte innerlich zusammen, als er sie sah. IDM **leave sb in the ˈlurch** (*umgs*) jdn im Stich lassen

lurch·er /ˈlɜːtʃə(r); *AmE* ˈlɜːrtʃər/ *Nomen* (*BrE*) = Kreuzung zwischen zwei Hunderassen, von denen eine meistens ein Windhund ist

lure /lʊə(r), ljʊə(r); *AmE* lʊr/ *Verb, Nomen*

▸ ***Verb*** (*abwert*) locken

▸ ***Nomen*** **1** [meist Sing] (Ver)lockungen **2** Köder

lurid /ˈlʊərɪd, ˈljʊə-; *AmE* ˈlʊrɪd/ *Adj* (*Adv* **lur·id·ly**) (*abwert*) **1** grell **2** grässlich; (*Darstellung*) reißerisch ◇ *lurid headlines* sensationslüsterne Schlagzeilen

lurk /lɜːk; *AmE* lɜːrk/ *Verb* lauern, auf der Lauer liegen ◇ *a lurking doubt* ein heimlicher Zweifel

lus·cious /ˈlʌʃəs/ *Adj* **1** köstlich **2** (*Mädchen, Frau*) üppig, knackig

lush /lʌʃ/ *Adj, Nomen*

▸ ***Adj*** **1** (*Vegetation*) üppig, satt **2** (*Ausstattung*) luxuriös

▸ ***Nomen*** (*AmE, umgs*) Säufer(in)

lust /lʌst/ *Nomen, Verb*

▸ ***Nomen*** (*oft abwert*) **1** (*sinnliche*) Begierde **2** Gier ◇ *his lust for revenge* sein Rachedurst ◇ *She has a real lust for life.* Sie steckt voller Lebenslust.

▸ ***Verb*** PHRV **ˈlust after/for sb/sth** (*oft abwert*) jdn/etw begehren ◇ *He lusted after her.* Er war scharf auf sie.

lust·ful /ˈlʌstfl/ *Adj* (*oft abwert*) lüstern, begierig

lustre (*AmE* **lust·er**) /ˈlʌstə(r)/ *Nomen* Glanz

lus·trous /ˈlʌstrəs/ *Adj* (*gehoben*) glänzend

lusty /ˈlʌsti/ *Adj* (*Adv* **lust·ily** /-stɪli/) kräftig, herzhaft ◇ *They sang lustily.* Sie sangen aus vollem Halse.

lute /luːt/ *Nomen* Laute

lu·ten·ist (*auch* **lu·tan·ist**) /ˈluːtənɪst/ *Nomen* Lautenist(in), Lautenspieler(in)

luv (*BrE, umgs*) = LOVE

luvvy (*auch* **luv·vie**) /ˈlʌvi/ *Nomen* (*Pl* **-ies**) (*BrE, umgs*) **1** (*abwert*) = Bezeichnung für eine(n) Schauspieler(in), besonders wenn er/sie sich in übertriebener, übersteigerter Weise benimmt **2** = LOVEY

lux·uri·ance /lʌgˈʒʊəriəns; *AmE* -ˈʒʊr-/ *Nomen* Üppigkeit, Fülle, Reichtum

lux·uri·ant /lʌgˈʒʊəriənt; *AmE* -ˈʒʊr-/ *Adj* (*Adv* **lux·uri·antly**) **1** üppig, dicht **2** genüsslich

lux·uri·ate /lʌgˈʒʊərieɪt; *AmE* -ˈʒʊr-/ *Verb* PHRV **luˈxuriate in sth** (*gehoben*) sich in etw aalen, in etw baden

lux·uri·ous /lʌgˈʒʊəriəs; *AmE* -ˈʒʊr-/ *Adj* (*Adv* **lux·uri·ously**) **1** luxuriös, kostbar **2** wohlig, genüsslich

lux·ury /ˈlʌkʃəri/ *Nomen* (*Pl* **-ies**) **1** Luxus **2** Genuss, Luxus IDM → LAP

LW *Abk* = LONG WAVE

ly·chee /ˌlaɪˈtʃiː, ˈlaɪtʃiː/ *Nomen* Litschi

Lycra™ /ˈlaɪkrə/ *Nomen* Lycra®

lying *Form von* LIE[1, 2]

lymph /lɪmf/ *Nomen* Lymphe

lymph·at·ic /lɪmˈfætɪk/ *Adj* lymphatisch, Lymph-

lynch /lɪntʃ/ *Verb* lynchen

lynch·ing /ˈlɪntʃɪŋ/ *Nomen* Lynchen ◇ *A lynching took place.* Es wurde jemand gelyncht.

ˈlynch mob *Nomen* Lynchmob

lynch·pin = LINCHPIN

lynx /lɪŋks/ *Nomen* (*Pl* **lynx** *oder* **lynxes**) Luchs

lyre /ˈlaɪə(r)/ *Nomen* (*Saiteninstrument*) Lyra

lyric /ˈlɪrɪk/ *Adj, Nomen*

▸ ***Adj*** lyrisch ◇ *lyric poetry* Lyrik ◇ *a lyric poet* ein Lyriker

▸ ***Nomen*** **1** lyrisches Gedicht **2 lyrics** [meist Pl] (*Lied-*) Text(e)

lyr·ic·al /ˈlɪrɪkl/ *Adj* lyrisch ◇ *wax lyrical about sth* über etw ins Schwärmen geraten

lyr·ic·al·ly /ˈlɪrɪkli/ *Adv* **1** lyrisch, schwärmerisch **2** was den Text betrifft

lyri·cism /ˈlɪrɪsɪzəm/ *Nomen* Lyrismus, Gefühlsbetontheit

lyri·cist /ˈlɪrɪsɪst/ *Nomen* (*Musicals, Pop*) Texter(in)

M m

M, m /em/ *Nomen, Abk*

▸ ***Nomen*** (*Pl* **Ms, M's, m's**) (*Buchstabe*) M, m → *Beispiele bei* A, A

▸ ***Abk*** **1 M** = MOTORWAY **2 M** = MEDIUM **3 m.** (*BrE auch* **m**) = MALE **4 m.** (*BrE auch* **m**) = MARRIED **5 m.** (*BrE auch* **m**) = METRE **6 m.** (*BrE auch* **m**) = MILLION

M.A. (*BrE auch* **MA**) /ˌem ˈeɪ/ *Nomen* (*umgs*) *Kurzform von* **Master of Arts** ≈ Magister Artium ◇ *do an MA* seinen Magister machen ◇ *be/have an MA* einen Magisterabschluss haben

ma /mɑː/ *Nomen* (*umgs*) Mama

ma'am /mæm, mɑːm/ *Nomen* [Sing] **1** (*AmE*) *Kurzform von* **Madam** (*oft nicht übersetzt*) meine Dame, gnädige Frau **2** (*BrE*) Majestät

Mac /mæk/ *Nomen* [Sing] (*AmE, umgs*) (*Anrede für jdn, den man nicht kennt*) ◇ *Where to, Mac?* Wohin soll's gehen?

mac (*auch* **mack**) /mæk/ (*veraltet* **mack·in·tosh**) *Nomen* (*BrE, umgs*) Regenmantel

ma·cabre /məˈkɑːbrə/ *Adj* makaber

maca·da·mia /ˌmækəˈdeɪmiə/ (*auch* **macaˈdamia nut**) *Nomen* Macadamia-Nuss

maca·roni /ˌmækəˈrəʊni; *AmE* -ˈroʊ-/ *Nomen* [U] Makkaroni ◇ *macaroni cheese* Makkaroni mit Käsesoße

maca·roon /ˌmækəˈruːn/ *Nomen* Makrone

macaw /məˈkɔː/ *Nomen* (*Papagei*) Ara

mace /meɪs/ *Nomen* **1** Amtsstab **2** (*altertümliche Waffe*) Streitkolben **3** [U] Muskatblüte(n)

Mach /mɑːk, mæk/ *Nomen* (PHYSIK) Mach

ma·chete /məˈʃeti/ *Nomen* Machete

Ma·chia·vel·lian /ˌmækiəˈveliən/ *Adj* (*gehoben, abwert*) machiavellistisch, machtpolitisch, skrupellos

ma·chin·ation /ˌmæʃɪˈneɪʃn/ *Nomen* [meist Pl] (*gehoben, abwert*) Machenschaft, Intrige

ma·chine 0‑ /məˈʃiːn/ *Nomen, Verb*

▸ ***Nomen*** **1** (*oft in Zusammensetzungen*) Maschine, Gerät ◇ *an answering machine* ein Anrufbeantworter ◇ *by machine* maschinell **2** (*besonders in Zusammensetzungen*) Automat **3** (*umgs*) (*Computer*) Rechner **4** (*Partei-, Propaganda- etc.*) Apparat **5** (*oft abwert*) (*Mensch*) Roboter, Maschine IDM → COG

▸ ***Verb*** **1** maschinell bearbeiten **2** mit der Nähmaschine nähen

maˈchine code (*auch* **maˈchine language**) *Nomen* (COMP) Computersprache

maˈchine gun *Nomen* Maschinengewehr

maˈchine-gun *Verb* (**-nn-**) mit dem Maschinengewehr beschießen

maˌchine-ˈmade *Adj* maschinell hergestellt

maˌchine-ˈreadable *Adj* maschinenlesbar

ma·chin·ery 0‑ /məˈʃiːnəri/ *Nomen* **1** [U] Maschinen ◇ *agricultural machinery* Landmaschinen ◇ *stage machinery* Unterbühnen-Maschinerie ◇ *a piece of machinery* eine Maschine **2** [U/Sing] (*fig*) Maschinerie, Räderwerk, System

maˈchine tool *Nomen* Werkzeugmaschine

ma·chin·ist /məˈʃiːnɪst/ *Nomen* **1** Maschinist(in) **2** Maschinenschlosser(in)

mach·ismo /məˈtʃɪzməʊ; *AmE* mɑːˈtʃiːzmoʊ/ *Nomen* (*meist abwert*) Machismo

macho /ˈmætʃəʊ; *AmE* ˈmɑːtʃoʊ/ *Adj* (*meist abwert*) Macho-, machohaft

mack = MAC

mack·erel /ˈmækrəl/ *Nomen* (*Pl* **mack·erel**) Makrele

mack·in·tosh /ˈmækɪntɒʃ; *AmE* -tɑːʃ/ *Nomen* (*veraltet*) = MAC

macro /ˈmækrəʊ; *AmE* -roʊ/ *Nomen* (*Pl* **macros**) Makro

macro·bi·ot·ic /ˌmækrəʊbaɪˈɒtɪk; *AmE* -roʊbaɪˈɑːtɪk/ *Adj* makrobiotisch

macro·cosm /ˈmækrəʊkɒzəm; *AmE* -roʊkɑːzəm/ *Nomen* Makrokosmos

macro·eco·nom·ic /ˌmækrəʊˌiːkəˈnɒmɪk; *AmE* -roʊˌekəˈnɑːmɪk/ *Adj* makroökonomisch

macro·eco·nom·ics /ˌmækrəʊˌiːkəˈnɒmɪks; *AmE* -roʊˌekəˈnɑːmɪks/ *Nomen* Makroökonomie

mad 0‑ /mæd/ *Adj* (**mad·der, mad·dest**) **1** (*bes BrE*) wahnsinnig, verrückt ◇ *go mad* wahnsinnig werden ◇ *You must be mad!* Du spinnst wohl! ◇ *'I'm going shopping.' 'Well, don't go mad.'* „Ich geh einkaufen." „Halt dich aber ein bisschen zurück." **2** (*bes AmE, umgs*) ~ (**at/with sb**) (**about sth**) sauer (auf jdn) (wegen einer Sache), wütend (auf jdn) (wegen einer Sache) ◇ *He got mad.* Er wurde sauer. **3** ~ (**about/on sth/sb**) verrückt (nach/auf etw/jdn) ◇ *She's mad on tennis.* Sie mag Tennis wahnsinnig gern. ◇ *He's football mad.* Er ist ein Fußballfanatiker. ◇ *power-mad* machtversessen. **4** ~ (**with sth**) (*umgs*) außer sich (vor etw) ◇ *mad with love* verrückt vor Liebe ◇ *mad with grief* vor Schmerz ganz von Sinnen ◇ *The fans went mad.* Die Fans wurden ganz wild. **5** tollwütig IDM **(as) mad as a ˈhatter/a March ˈhare** (*umgs*) völlig verrückt **mad ˈkeen (on sb/sth)** (*BrE, umgs*) total verrückt (auf jdn/etw) → *Siehe auch* CRAZY *und* HOP

madam /ˈmædəm/ *Nomen* **1** [Sing] (*gehoben*) (*meist nicht übersetzt*) gnädige Frau ◇ *Your coffee, madam.* Bitte schön, Ihr Kaffee. **2** (*in Briefen*) ◇ *Dear Madam* Sehr geehrte gnädige Frau ◇ *Dear Sir or Madam* Sehr geehrte Damen und Herren **3** (*bes BrE, umgs, abwert*) Kratzbürste, verwöhnte Prinzessin **4** Puffmutter

mad·cap /ˈmædkæp/ *Adj* (*umgs*) wild, verrückt

mad ˈcow disease *Nomen* (*umgs*) Rinderwahnsinn

mad·den /ˈmædn/ *Verb* **1** wahnsinnig machen **2** wahnsinnig ärgern

mad·den·ing /ˈmædnɪŋ/ *Adj* (*Adv* **mad·den·ing·ly**) unerträglich ◇ *It's maddening.* Es ist zum Verrücktwerden! ◇ *maddening delays* frustrierende Verzögerungen

made /meɪd/ *Form von* MAKE IDM **have (got) it made** (*umgs*) es geschafft haben; alles haben, was man sich nur wünschen kann **made for sb/each other** wie für jdn/füreinander geschaffen

Ma·deira cake /mə'dɪərə keɪk; *AmE* mə'dɪrə/ *Nomen* (*BrE*) ≈ Sandkuchen

ˌmade-up *Adj* **1** geschminkt **2** erfunden

mad·house /'mædhaʊs/ *Nomen* **1** [meist Sing] (*umgs*) (*fig*) Tollhaus **2** (*veraltet*) Irrenanstalt

madly /'mædli/ *Adv* **1** (*steht nur nach dem Verb*) wie verrückt **2** (*umgs*) wahnsinnig

mad·man /'mædmən/ *Nomen* (*Pl* **-men** /-mən/) Verrückter, Irrer

mad·ness /'mædnəs/ *Nomen* (*veraltet*) Wahnsinn ◇ *in a moment of madness* in einem Augenblick geistiger Umnachtung IDM → METHOD

ma·donna /mə'dɒnə; *AmE* mə'dɑːnə/ *Nomen* **1 the Madonna** [Sing] die Jungfrau Maria **2** Madonna, Marienbild

mad·ri·gal /'mædrɪgl/ *Nomen* Madrigal

mad·woman /'mædwʊmən/ *Nomen* (*Pl* **-women** /-wɪmɪn/) (*umgs*) Verrückte, Irre

mael·strom /'meɪlstrɒm; *AmE* -strɑːm/ *Nomen* [meist Sing] (*gehoben*) Strudel (*auch fig*) ◇ *be sucked into the maelstrom of war* in die Kriegswirren hineingezogen werden

maes·tro /'maɪstrəʊ; *AmE* -stroʊ/ *Nomen* (*Pl* **-os**) Maestro

Mafia /'mæfiə; *AmE* 'mɑːfiə/ *Nomen* [mit Verb im Sing/Pl] Mafia (*auch fig*)

Mafi·oso /ˌmæfi'əʊsəʊ; *AmE* ˌmɑːfi'oʊsoʊ/ *Nomen* (*Pl* **Mafi·osi** /-siː/) Mafioso

maga·zine 0-ᴛ /ˌmægə'ziːn; *AmE* 'mægəziːn/ *Nomen* **1** (*umgs* **mag** /mæg/) Zeitschrift **2** (*Fernseh-, Radiosendung*) Magazin **3** (*an Waffen*) Magazin **4** Waffenlager

ma·genta /mə'dʒentə/ *Adj, Nomen*
▸ ***Adj*** purpurrot
▸ ***Nomen*** Purpur, Magenta

mag·got /'mægət/ *Nomen* Made

Magi /'meɪdʒaɪ/ *Nomen* [Pl] **the Magi** die Heiligen Drei Könige

magic 0-ᴛ /'mædʒɪk/ *Nomen, Adj, Verb*
▸ ***Nomen*** **1** Magie, Zauberei ◇ *as if by/like magic* wie durch ein Wunder **2** Zauberkunst, Zauberei **3** Zauber ◇ *He can work his magic on everybody.* Sein Charme wirkt auf alle. ◇ *be pure/sheer magic* einfach zauberhaft sein IDM → WEAVE
▸ ***Adj*** **1** Zauber- ◇ *a magic spell* ein Zauberspruch **2** (*umgs*) wundervoll, zauberhaft ◇ *He's lost his magic touch.* Er hat keine glückliche Hand mehr. ◇ *She has a magic touch with children.* Sie kann unglaublich gut mit Kindern umgehen. ◇ *Trust is the magic ingredient in our relationship.* Vertrauen ist das Zauberwort in unserer Beziehung. **3** [nicht vor Nomen] (*BrE, umgs*) fantastisch
▸ ***Verb*** (**-ck-**) ◇ *magic sth away* etw wegzaubern ◇ *a sonata, which he magicked into a masterpiece* eine Sonate, die er auf zauberhafte Weise in ein Meisterwerk verwandelte

magic·al /'mædʒɪkl/ *Adj* **1** magisch **2** (*umgs*) wundervoll, traumhaft

ma·gic·al·ly /'mædʒɪkli/ *Adv* auf wunderbare Weise, wunderbar

ˌmagic 'carpet *Nomen* fliegender Teppich

ma·gi·cian /mə'dʒɪʃn/ *Nomen* **1** Zauberkünstler(in) **2** Magier(in)

ˌmagic 'realism (*auch* **ˌmagical 'realism**) *Nomen* magischer Realismus

ˌmagic 'wand (*auch* **wand**) *Nomen* Zauberstab

magis·ter·ial /ˌmædʒɪ'stɪəriəl; *AmE* -'stɪr-/ *Adj* (*gehoben*) **1** (*Adv* **magis·teri·al·ly** /-əli/) gebieterisch, herrisch **2** meisterhaft **3** [nur vor Nomen] eines Friedensrichters/einer Friedensrichterin

magis·tracy /'mædʒɪstrəsi/ *Nomen* **the magistracy 1** [mit Verb im Sing/Pl] (*Berufsgruppe*) Friedensrichter(innen) **2** [Sing] Amt des Friedensrichters/der Friedensrichterin

magis·trate /'mædʒɪstreɪt/ *Nomen* Friedensrichter(in) ◇ *He will appear before magistrates tomorrow.* Er erscheint morgen vor dem Friedensgericht.

magma /'mægmə/ *Nomen* (*Fachspr*) Magma

magna cum laude /ˌmægnə kʊm 'lɔːdi, 'laʊdeɪ/ *Adv, Adj* = zweitbeste Note bei einem Abschluss an amerikanischen Universitäten

mag·na·nim·ity /ˌmægnə'nɪməti/ *Nomen* Großmut

mag·nani·mous /mæg'nænɪməs/ *Adj* (*Adv* **mag·nani·mous·ly**) (*gehoben*) großmütig

mag·nate /'mægneɪt/ *Nomen* Magnat ◇ *a property magnate* ein Immobilienkönig

mag·ne·sium /mæg'niːziəm/ *Nomen* Magnesium

mag·net /'mægnət/ *Nomen* Magnet (*auch fig*)

mag·net·ic /mæg'netɪk/ *Adj* (*Adv* **mag·net·ic·al·ly** /-kli/) **1** magnetisch, Magnet- ◇ *magnetic media* magnetische Datenträger ◇ *a magnetic compass* ein Magnetkompass **2** anziehend ◇ *her magnetic personality* ihre positive Ausstrahlung

mag·net·ism /'mægnətɪzəm/ *Nomen* **1** Magnetismus **2** Ausstrahlung ◇ *personal magnetism* Charisma

mag·net·ize (*BrE auch* **-ise**) /'mægnətaɪz/ *Verb* **1** (*meist passiv*) magnetisieren **2** (*gehoben*) magnetisch anziehen

mag·neto /mæg'niːtəʊ; *AmE* -toʊ/ *Nomen* (*Pl* **-os**) Magnetzünder

mag·ni·fi·ca·tion /ˌmægnɪfɪ'keɪʃn/ *Nomen* Vergrößerung

mag·nifi·cence /mæg'nɪfɪsns/ *Nomen* Großartigkeit, Pracht

mag·nifi·cent /mæg'nɪfɪsnt/ *Adj* (*Adv* **mag·nifi·cent·ly**) großartig, prachtvoll

mag·nify /'mægnɪfaɪ/ *Verb* (**-fies, -fy·ing, -fied, -fied**) **1** vergrößern **2** (*Probleme, Geräusche etc.*) verstärken

ˈmagnifying glass *Nomen* Lupe

mag·ni·tude /'mægnɪtjuːd; *AmE* -tuːd/ *Nomen* **1** (*gehoben*) Größe, Ausmaß ◇ *a disaster of the first magnitude* eine Katastrophe ersten Ranges **2** (ASTRON) Größenklasse **3** Stärke (*eines Erdbebens*)

mag·no·lia /mæg'nəʊliə; *AmE* -'noʊ-/ *Nomen* Magnolie

mag·num /'mægnəm/ *Nomen* 1,5-Liter-Flasche

ˌmagnum 'opus *Nomen* [Sing] Hauptwerk

mag·pie /'mægpaɪ/ *Nomen* Elster

maha·raja (*auch* **maha·ra·jah**) /ˌmɑːhə'rɑːdʒə/ *Nomen* Maharadscha

maha·rani (*auch* **maha·ra·nee**) /ˌmɑːhə'rɑːni/ *Nomen* Maharani

mah·jong /mɑː'dʒɒŋ; *AmE* -'ʒɑːŋ/ *Nomen* Mah-Jongg

ma·hog·any /mə'hɒgəni; *AmE* mə'hɑːg-/ *Nomen* **1** Mahagoni ◇ *a mahogany table* ein Mahagonitisch **2** Mahagonibraun

maid /meɪd/ *Nomen* (*oft in Zusammensetzungen*) Hausangestellte, Zimmermädchen, Putzfrau

maid·en /'meɪdn/ *Nomen, Adj*
▸ ***Nomen*** (*gehoben, veraltet*) Jungfer
▸ ***Adj*** [nur vor Nomen] Jungfern- ◇ *a maiden voyage* eine Jungfernfahrt

ˌmaiden 'aunt *Nomen* (*veraltet*) unverheiratete Tante

ˈmaiden name *Nomen* Mädchenname

ˌmaid of 'honour (*AmE* **ˌmaid of 'honor**) *Nomen* (*Pl* **maids of honour/honor**) (*bes AmE*) erste Brautjungfer

mail 0-ᴛ /meɪl/ *Nomen, Verb*
▸ ***Nomen*** **1** Post ◇ *Your cheque is in the mail.* Wir haben Ihren Scheck schon abgeschickt. **2** [U] E-Mail **3** = CHAIN MAIL

▸ ***Verb*** *(bes AmE)* **1 ~ sth (to sb/sth); ~ (sb) sth** etw (an jdn/etw) (per Post) schicken, (jdm) etw schicken **2 ~ sb/sth** jdn/etw anschreiben PHR V ˌ**mail sth ˈout** etw verschicken

mail·bag /ˈmeɪlbæg/ *Nomen* **1** Postsack **2** *(BrE)* ◇ *Transport has been the main subject of the MP's mailbag today.* Der Abgeordnete hat heute hauptsächlich Post zum Thema Verkehr bekommen.

mail·box /ˈmeɪlbɒks; *AmE* -bɑːks/ *Nomen* **1** *(AmE)* Briefkasten **2** Mailbox

ˈ**mail carrier** *Nomen (AmE)* Briefträger(in)

mail·er /ˈmeɪlə(r)/ *Nomen (AmE)* **1** Mailing **2** = Umschlag/Schachtel zum Verschicken kleinerer Gegenstände

mail·ing /ˈmeɪlɪŋ/ *Nomen* **1** Versenden ◇ *a mailing address* eine Postanschrift **2** Mailing

ˈ**mailing list** *Nomen* **1** Adressenliste **2** (COMP) Mailingliste, E-Mail-Verteiler

mail·man /ˈmeɪlmæn/ *Nomen (Pl* **-men** */-men/) (AmE)* Briefträger

ˌ**mail order** *Nomen* Versandhandel

mail·shot /ˈmeɪlʃɒt; *AmE* -ʃɑːt/ *Nomen* Mailing

ˈ**mail slot** *Nomen (AmE)* Briefkasten(schlitz)

maim /meɪm/ *Verb* verstümmeln, zum Krüppel machen

main 0‑ /meɪn/ *Adj, Nomen*

▸ ***Adj*** [nur vor Nomen] Haupt- ◇ *the main thing* die Hauptsache IDM → EYE

▸ ***Nomen*** **1** Hauptleitung **2** Abwasserrohr **3 the mains** [Pl] das öffentliche Versorgungsnetz ◇ *The shaver will run off batteries or mains.* Der Rasierer funktioniert mit Batterien oder Netzstrom. ◇ *mains gas/water* Gas/Wasser aus dem Versorgungsnetz **4 the mains** [U/Pl] *(für Gas, Wasser)* Haupthahn; *(für Strom)* Hauptschalter IDM **in the ˈmain** im Allgemeinen; hauptsächlich

ˌ**main ˈclause** *Nomen* Hauptsatz

the ˌmain ˈdrag *Nomen (AmE, umgs)* die Hauptstraße

main·land /ðə ˈmeɪnlænd/ *Nomen* Festland ◇ *mainland Greece* das griechische Festland

main·line /ˈmeɪnlaɪn/ *Adj, Verb*

▸ ***Adj*** *(bes AmE)* vorherrschend ◇ *mainline churches* die wichtigsten Religionsgemeinschaften

▸ ***Verb*** *(Slang)* fixen; *(Heroin etc.)* spritzen

ˌ**main ˈline** *Nomen* (EISENB) Hauptstrecke

main·ly 0‑ /ˈmeɪnli/ *Adv* hauptsächlich, vorwiegend

main·sail /ˈmeɪnseɪl, -sl/ *Nomen* Hauptsegel

main·spring /ˈmeɪnsprɪŋ/ *Nomen* Triebfeder *(auch fig)*

main·stay /ˈmeɪnsteɪ/ *Nomen* [meist Sing] wichtigstes Standbein, wichtigste Stütze

main·stream /ˈmeɪnstriːm/ *Nomen, Adj*

▸ ***Nomen*** **the mainstream** [Sing] *(Hauptrichtung)* der Mainstream ◇ *He was never part of the literary mainstream.* Er gehörte nie dem literarischen Mainstream an.

▸ ***Adj*** **1** Mainstream-, konventionell **2** allgemein, regulär ◇ *children in mainstream education* Kinder an Regelschulen

ˈ**main street** *Nomen (AmE)* **1** Hauptstraße **2 Main Street** das kleinbürgerliche Amerika

main·tain 0‑ /meɪnˈteɪn/ *Verb* **1** aufrechterhalten, bewahren ◇ *maintain law and order* für Recht und Ordnung sorgen ◇ *maintain prices* die Preise stabil halten **2** instand halten, warten **3** behaupten ◇ *She has always maintained her innocence.* Sie hat immer ihre Unschuld beteuert. **4** *(für den Unterhalt aufkommen)* unterhalten

main·ten·ance /ˈmeɪntənəns/ *Nomen* **1** Instandhaltung, Wartung **2** Wahrung, Aufrechterhaltung **3** *(BrE)* (RECHT) Unterhalt ◇ *a maintenance order* eine gerichtliche Anordnung zur Zahlung von Unterhalt

mai·son·ette /ˌmeɪzəˈnet/ *Nomen (BrE)* kleines Reihenhaus oder Wohnung über zwei Stockwerke mit separatem Eingang

maize /meɪz/ *Nomen* Mais

Maj. *Abk* = MAJOR (1)

ma·jes·tic /məˈdʒestɪk/ *Adj (Adv* **ma·jes·tic·al·ly** */-kli/)* mächtig, erhaben, majestätisch

maj·esty /ˈmædʒəsti/ *Nomen (Pl* **-ies***)* **1** *(gehoben)* Erhabenheit, Größe **2 His/Her/Your Majesty** *(Anrede)* Seine/Ihre/Eure Majestät **3** hoheitsvolle Würde, Majestät

major 0‑ /ˈmeɪdʒə(r)/ *Adj, Nomen, Verb*

▸ ***Adj*** **1** [nur vor Nomen] bedeutend, groß, Haupt- ◇ *a major road* eine Hauptverkehrsstraße **2** [nicht vor Nomen] *(bes AmE, umgs)* schwerwiegend ◇ *Never mind — it's nothing major.* Schon gut — nicht so schlimm. **3** (MUS) Dur ◇ *D major* D-Dur

▸ ***Nomen*** **1** *(auch* **Major***)* Major **2** *(AmE)* Hauptfach ◇ *Her major is French.* Ihr Hauptfach ist Französisch. **3** *(AmE)* ◇ *She's a French major.* Sie studiert Französisch als Hauptfach. **4** (MUS) Dur **5 the majors, the ˌMajor ˈLeagues** [Pl] *(AmE) (beim Baseball)* ≈ die Oberliga

▸ ***Verb*** PHR V ˈ**major in sth** *(AmE)* etw im Hauptfach studieren ˈ**major on sth** *(BrE)* das Hauptaugenmerk auf etw legen

ma·jor·ette /ˌmeɪdʒəˈret/ *Nomen* = DRUM MAJORETTE

ˌ**major ˈgeneral** *Nomen* Generalmajor

ma·jor·ity 0‑ /məˈdʒɒrəti; *AmE* məˈdʒɔːr-/ *Nomen (Pl* **-ies***)* **1** Mehrzahl **2** [mit Verb im Sing/Pl] Mehrheit ◇ *an overall majority* eine absolute Mehrheit **3** *(AmE)* = Differenz zwischen der Anzahl der Stimmen, die der Gewinner/die Gewinnerin einer Wahl erhalten hat, und der Gesamtsummenzahl der übrigen Kandidaten **4** (RECHT) Volljährigkeit

maˈjority leader *Nomen (in den USA)* = Führer(in) der Partei, die im Repräsentantenhaus bzw. im Senat die Mehrheit innehat

maˌjority ˈrule *Nomen* Mehrheitsregierung

maˌjority ˈverdict *Nomen* (RECHT) = nicht einstimmiger, aber von der Mehrheit getragener Geschworenenspruch

ˈ**major league** *Adj* [nur vor Nomen] *(AmE)* **1** *(beim Baseball)* Oberliga- ◇ *a major league team* eine Oberligamannschaft **2** bedeutend, überaus wichtig **3** erstklassig

major·ly /ˈmeɪdʒəli; *AmE* -dʒərli/ *Adv (vor Adjektiven) (bes AmE, umgs)* unheimlich, sehr

make 0‑ /meɪk/ *Verb, Nomen*

▸ ***Verb*** **(made, made** /meɪd/**)**

• **machen, herstellen** **1** machen ◇ *The news made him very happy.* Die Nachricht machte ihn sehr glücklich. ◇ *make yourself heard* sich Gehör verschaffen **2 ~ sth (from sth)/(out) of sth)** etw (aus etw) machen, etw (aus etw) herstellen; **~ sth into sth** etw zu etw verarbeiten ◇ *make a cake* einen Kuchen backen ◇ *She made us all coffee.* Sie kochte uns allen Kaffee. **3 ~ sth of sb/sth** etw aus jdm/etw machen ◇ *We'll make a tennis player of you yet.* Wir werden schon noch einen Tennisspieler aus dir machen. ◇ *You've made a terrible mess of this job.* Du hast die Sache total verpfuscht. **4 ~ sb/sth sth** jdn/etw zu etw machen ◇ *I made painting the house my next project.* Ich habe mir vorgenommen, als Nächstes das Haus zu streichen. **5** werden, abgeben ◇ *This room would make a nice office.* Aus diesem Raum könnte man ein schönes Büro machen. **6** darstellen ◇ *The painter made her hands too big.* Der Maler hat ihr zu große Hände gemalt. **7** verfassen ◇ *These* *regulations were made to protect children.* Diese Vorschriften wurden zum Schutz von Kindern verfasst.

• **bewirken** **8** verursachen ◇ *make a noise* Lärm machen ◇ *The holes in the cloth were made by moths.* Die Löcher im Stoff stammen von Motten. **9** **~ sb do sth** jdn dazu bringen, etw zu tun, jdn etw tun lassen ◇ *This dress makes me look fat.* In diesem Kleid sehe ich dick aus.

• **Geld, Mathematik, Schätzungen** **10** verdienen ◇ *make a living* seinen Lebensunterhalt verdienen **11** ergeben, sein ◇ *5 and 7 make 12.* 5 und 7 sind 12. **12** (*kein Passiv*) schätzen, kalkulieren ◇ *What time do you make it?* Wie viel Uhr ist es bei dir? ◇ *I make that exactly $50.* Nach meiner Rechnung sind das genau $50.

• **andere Ausdrücke** **13** (*kein Passiv*) erreichen, es schaffen ◇ *I'm sorry I couldn't make your party last night.* Tut mir leid, dass ich gestern Abend nicht zu deiner Party konnte. ◇ *make a deadline* einen Termin einhalten ◇ *make the front page of the newspapers* auf die Titelseite der Zeitungen kommen **14** krönen, zu einem Erfolg machen **15** ◇ *make a decision* eine Entscheidung treffen ◇ *make a guess* raten

IDM **make as if to do sth** (*gehoben*) Anstalten machen etw zu tun; so tun, als wolle man etw tun **make 'do (with sth)** sich (mit etw) begnügen **make 'good** es zu etw bringen **make sth 'good** **1** für etw aufkommen; etw (wieder)gutmachen **2** etw erfüllen; etw wahr machen **'make it** **1** erfolgreich sein; Erfolg haben; es schaffen ◇ *He never really made it as an actor.* Er schaffte nie den Durchbruch als Schauspieler. **2** kommen (können) ◇ *I'm sorry I won't be able to make it on Saturday.* Es tut mir leid, ich kann am Samstag nicht kommen. **make it through sth** etw überstehen **make it with sb** (*AmE, Slang*) (*Sex*) es mit jdm treiben **make like ...** (*AmE, umgs*) so tun als ob **make the 'most of sth/sb** das Beste aus etw/jdm machen **make the 'most of yourself** sich von seiner besten Seite zeigen; das Beste aus sich machen **make 'much of sth/sb** (*gehoben*) viel Wesens um etw/jdn machen **ˌmake or 'break sth** für etw Erfolg oder Misserfolg bedeuten ◇ *This meeting is of make-or-break importance.* Mit dieser Sitzung steht und fällt alles. ◇ *It's make-or-break time for the company.* Das ist die Stunde der Wahrheit für die Firma. **'make something of yourself** etwas aus sich machen ℹ Für andere Redewendungen mit **make** siehe die Einträge für die Nomina, Adjektive etc. **Make merry** z.B. steht unter **merry**.

PHR V **'make for sth** **1** auf etw zusteuern **2** zu etw führen ◇ *This play makes for compulsive viewing.* Dieses Stück nimmt einen gefangen. **'make A into B** B aus A machen **'make sth of sb/sth** etw von jdm/etw halten ◇ *I've read the book, but I can't make anything of it.* Ich habe das Buch gelesen, aber ich kann damit nichts anfangen. **ˌmake 'off (with sth/sb)** sich (mit etw/jdm) davonmachen **ˌmake 'out** (*umgs*) zurechtkommen **ˌmake 'out (with sb)** (*AmE*) (*Sex*) (mit jdm) herummachen **ˌmake sb 'out** aus jdm schlau werden **ˌmake sb/sth 'out** **1** jdn/etw erkennen ◇ *I couldn't make out what they were saying.* Ich konnte nicht verstehen, was sie sagten. **2** ◇ *She's not as rich as people make out.* Sie ist nicht so reich wie die Leute behaupten. **ˌmake sth 'out** **1** (*Scheck etc.*) ausstellen ◇ *He made out a cheque for $100.* Er stellte einen Scheck über 100 Dollar aus. **2** (*in Fragen und verneinten Sätzen*) ◇ *How do you make out what she wants?* Wie kommst du dahinter, was sie will? **ˌmake sth 'over (to sb/sth)** etw (jdm/etw) überschreiben **'make towards sth** auf etw zusteuern **ˌmake yourself/sb 'up** sich/jdn schminken **ˌmake sth 'up** **1** etw ausmachen, etw bilden **2** etw zusammenstellen **3** etw erfinden, sich etw ausdenken **4** etw zusammenbekommen, etw komplett/vollständig machen; (*Summe*) aufrunden; (*Flüssigkeit*) auffüllen **5** etw nachholen, etw ausgleichen **6** (*Essen, Medikament*) etw zubereiten **7** (*Bett*) etw zurechtmachen **8** (*Zimmer*) machen ◇ *The maid asked if she could make up the room.* Das Zimmermädchen fragte, ob sie das Zimmer machen könne. **ˌmake 'up for sth** **1** etw ausgleichen, etw aufholen **2** etw (wieder) gutmachen **ˌmake it 'up to sb** es an jdm wieder gutmachen **ˌmake 'up to sb** (*BrE, umgs, abwert*) sich an jdn heranmachen **ˌmake 'up (with sb)** (*BrE auch* **ˌmake it 'up**) sich wieder (mit jdm) vertragen

▸ ***Nomen*** Marke, Fabrikat ◇ *What make of car do you drive?* Was für ein Auto fahren Sie? IDM **on the 'make** (*umgs, abwert*) auf Vorteil/Geld/Ruhm/Sex aus

'make-believe *Nomen* **1** (*abwert*) Fantasie ◇ *They live in a world of make-believe/a make-believe world.* Sie leben in einer Scheinwelt. **2** ◇ *'Let's play make-believe,' said Sam.* „Lasst uns so tun, als ob", sagte Sam.

make·over /ˈmeɪkəʊvə(r); *AmE* -koʊ-/ *Nomen* **1** Schönheitsbehandlung **2** Neugestaltung ◇ *The offices had undergone a thorough makeover.* Die Büros sind komplett renoviert worden.

maker /ˈmeɪkə(r)/ *Nomen* **1** (*oft in Zusammensetzungen*) Macher(in), Produzent(in), Hersteller(in) ◇ *a decision maker* ein(e) Entscheidungsträger(in) ◇ *an electric coffee-maker* eine elektrische Kaffeemaschine **2** **the, his, your, etc. Maker** der, sein, dein etc. Schöpfer IDM → MEET

make·shift /ˈmeɪkʃɪft/ *Adj* behelfsmäßig, Behelfs-, Not- ◇ *a makeshift camp* ein Behelfslager

'make-up 🔑 *Nomen* [U] **1** Make-up ◇ *put on your make-up* sich schminken ◇ *a make-up artist* ein(e) Maskenbildner(in) **2** Wesen(sart), Veranlagung **3** Zusammensetzung **4** (*Fachspr*) (Seiten)umbruch, (Seiten)layout **5** (*AmE*) Wiederholungsprüfung

make·weight /ˈmeɪkweɪt/ *Nomen* **1** Lückenbüßer(in) **2** Gegengewicht, Ausgleich

mak·ing /ˈmeɪkɪŋ/ *Nomen* (*oft in Zusammensetzungen*) Machen, Herstellen, Zubereiten ◇ *strategic decision making* das Treffen von strategischen Entscheidungen ◇ *the making of social policy* das Entwerfen einer Sozialpolitik IDM **be the 'making of sb** ◇ *University will be the making of him.* Wenn er studiert, wird aus ihm etwas werden. ◇ *The Navy was the making of him.* Die Marine hat ihm zu dem gemacht, was er ist. ◇ *Her third novel was the making of her.* Ihr dritter Roman hat ihr zum Durchbruch verholfen. **have the 'makings of sth** das Zeug zu etw haben **in the 'making** im Entstehen; im Werden ◇ *This model was two years in the making.* An diesem Modell ist zwei Jahre lang gearbeitet worden. ◇ *This is history in the making.* Dies wird Geschichte machen. **of your own 'making** hausgemacht; selbst verschuldet; selbst geschaffen

mal- /mæl/ *Vorsilbe* (*mit Nomina oder Adjektiven verbunden*) schlecht ◇ *malabsorb* schlecht aufnehmen

mal·ach·ite /ˈmæləkaɪt/ *Nomen* Malachit

mal·adjust·ed /ˌmæləˈdʒʌstɪd/ *Adj* verhaltensgestört

mal·adjust·ment /ˌmæləˈdʒʌstmənt/ *Nomen* [U] Verhaltensstörung

mal·admin·is·tra·tion /ˌmælədˌmɪnɪˈstreɪʃn/ *Nomen* [U] (*gehoben*) Misswirtschaft

mal·ady /ˈmælədi/ *Nomen* (*Pl* **-ies**) **1** (*gehoben*) Übel **2** (*veraltet*) Leiden, Krankheit

mal·aise /məˈleɪz/ *Nomen* **1** [U/Sing] (*gehoben*) Misere **2** Unbehagen, Missstimmung

mal·aria /məˈleəriə; *AmE* məˈler-/ *Nomen* Malaria

mal·con·tent /ˈmælkəntent; *AmE* ˌmælkənˈtent/ *Nomen* [meist Pl] (*gehoben, abwert*) Unzufriedene(r)

male 🔑 /meɪl/ *Adj, Nomen*

▸ ***Adj*** **1** (*Abk* **m**) männlich ◇ *a male model* ein Dressman ◇ *a male nurse* ein Krankenpfleger ◇ *male*

bonding Männerfreundschaft(en) **2** (TECH) ◇ *a male screw* eine Schraube ◇ *a male thread* ein Außengewinde ◇ *a 5-pin male plug* ein 5-poliger Stecker
▸ ***Nomen*** **1** Mann ◇ *a male-dominated profession* ein männerdominierter Beruf **2** (*Tier*) Männchen

male·ness /ˈmeɪlnəs/ *Nomen* Männlichkeit, männliches Geschlecht

ma·levo·lence /məˈlevələns/ *Nomen* Böswilligkeit, Boshaftigkeit

ma·levo·lent /məˈlevələnt/ *Adj* (*Adv* **ma·levo·lent·ly**) böswillig, bösartig, boshaft ◇ *malevolent forces* böse Kräfte

mal·for·ma·tion /ˌmælfɔːˈmeɪʃn; *AmE* -fɔːrˈ-/ *Nomen* Missbildung

mal·formed /ˌmælˈfɔːmd; *AmE* -ˈfɔːrmd/ *Adj* missgebildet

mal·func·tion /ˌmælˈfʌŋkʃn/ *Verb, Nomen*
▸ ***Verb*** (*gehoben*) nicht richtig funktionieren
▸ ***Nomen*** (*gehoben*) Fehlfunktion

mal·ice /ˈmælɪs/ *Nomen* Böswilligkeit, Bösartigkeit ◇ *She bears you no malice.* Sie hat dir gegenüber keine bösen Absichten. IDM **with ˌmalice aˈforethought** (RECHT) ◇ *murder with malice aforethought* vorsätzlicher Mord

ma·li·cious /məˈlɪʃəs/ *Adj* (*Adv* **ma·li·cious·ly**) **1** böswillig, bösartig, hämisch ◇ *malicious software* Schadsoftware **2** mutwillig

ma·lign /məˈlaɪn/ *Verb, Adj*
▸ ***Verb*** (*gehoben*) schlecht machen, in Verruf bringen
▸ ***Adj*** (*gehoben*) bösartig, schlecht, böse ◇ *a malign force* eine unheilvolle Kraft

ma·lig·nancy /məˈlɪgnənsi/ *Nomen* (*Pl* **-ies**) (*gehoben*) **1** bösartiger Tumor **2** Bösartigkeit

ma·lig·nant /məˈlɪgnənt/ *Adj* bösartig

ma·lin·ger /məˈlɪŋgə(r)/ *Verb* (*meist in der Verlaufsform*) (*abwert*) eine Krankheit vortäuschen, simulieren

ma·lin·ger·er /məˈlɪŋgərə(r)/ *Nomen* Simulant(in)

mall 🔑 /mɔːl; *BrE auch* mæl/ (*bes AmE*) = SHOPPING MALL

mal·lard /ˈmælɑːd; *AmE* -lərd/ *Nomen* (*Pl* **mal·lards** *oder* **mal·lard**) Stockente

mal·le·abil·ity /ˌmæliəˈbɪləti/ *Nomen* Formbarkeit

mal·le·able /ˈmæliəbl/ *Adj* **1** (TECH) formbar **2** leicht beeinflussbar, leicht manipulierbar

mal·let /ˈmælɪt/ *Nomen* **1** Holzhammer **2** (*bei Polo und Krocket*) Schläger

mal·nour·ished /ˌmælˈnʌrɪʃt; *AmE* -ˈnɜːrɪʃt/ *Adj* unterernährt

mal·nu·tri·tion /ˌmælnjuːˈtrɪʃn; *AmE* -nuː-/ *Nomen* (*gehoben*) Unterernährung, falsche Ernährung

mal·prac·tice /ˌmælˈpræktɪs/ *Nomen* Berufsvergehen, Amtsvergehen ◇ *medical malpractice* ärztliches Fehlverhalten ◇ *electoral malpractice* Wahlbetrug

malt /mɔːlt; *BrE auch* mɒlt/ *Nomen* **1** Malz **2** = MALT WHISKY **3** (*AmE*) = MALTED MILK

malt·ed /ˈmɔːltɪd/ *Adj* [nur vor Nomen] **1** gemalzt **2** Malz-

ˌmalted ˈmilk (*AmE auch* **malt**) *Nomen* = Milchgetränk mit Malz

mal·treat /ˌmælˈtriːt/ *Verb* **1** misshandeln **2** schlecht behandeln

mal·treat·ment /ˌmælˈtriːtmənt/ *Nomen* **1** Misshandlung **2** schlechte Behandlung

ˌmalt ˈwhisky (*BrE auch* **malt**) *Nomen* Malzwhisky

malware /ˈmælweə(r); *AmE* -wer/ *Nomen* [U] Malware, Schadsoftware

mam /mæm/ *Nomen* (*BrE, umgs, Dialekt*) Mama

mama (*auch* **mamma**) /ˈmæmə; *BrE auch* məˈmɑː/ *Nomen* (*AmE oder veraltet*) Mama

mam·mal /ˈmæml/ *Nomen* Säugetier

mam·ma·lian /mæˈmeɪliən/ *Adj* Säugetier-

mam·mary /ˈmæməri/ *Adj* [nur vor Nomen] (BIOL) Brust-

mam·mo·gram /ˈmæməgræm/ *Nomen* (*Fachspr*) Mammogramm

mam·mog·raphy /mæˈmɒgrəfi; *AmE* mæˈmɑːg-/ *Nomen* (*Fachspr*) Mammografie

Mam·mon /ˈmæmən/ *Nomen* (*gehoben, abwert*) Mammon

mam·moth /ˈmæməθ/ *Nomen, Adj*
▸ ***Nomen*** Mammut
▸ ***Adj*** Mammut- ◇ *The problem took on mammoth proportions.* Das Problem nahm gigantische Ausmaße an.

mammy /ˈmæmi/ *Nomen* (*Pl* **-ies**) (*umgs, Dialekt*) Mami

man 🔑 /mæn/ *Nomen, Verb, Ausruf*
▸ ***Nomen*** (*Pl* **men** /men/) **1** Mann ◇ *What's her new man like?* Wie ist ihr neuer Typ so? **2** [U] (*veraltet*) der Mensch ◇ *the damage caused by man to the environment* die vom Menschen angerichteten Umweltschäden **3** (*in Zusammensetzungen*) ◇ *a Frenchman* ein Franzose ◇ *a medical man* ein Mediziner ◇ *a sportsman* ein Sportler **4** (*Typ von Mann*) ◇ *He's a beer man.* Er ist ein Biertrinker. ◇ *He's not a drinking man.* Er trinkt nicht gern. ◇ *He's not a man to do something like that.* Er ist nicht der Typ, der so etwas tut. ◇ *He's not a man to be trifled with.* Mit ihm ist nicht zu spaßen. **5** Vertreter ◇ *the BBC's man in Moscow* der BBC-Reporter in Moskau ◇ *a loyal party man* ein treues Mitglied der Partei **6** [Sing] (*veraltet*) (*Anrede, die gebraucht wird, wenn man ärgerlich oder ungeduldig ist*) ◇ *Don't just stand there, man — get a doctor!* Stehen Sie nicht so rum, holen Sie einen Arzt! **7** [Sing] (*veraltet, gehoben*) Diener **8** (Spiel)figur IDM **as one ˈman** (*ohne Ausnahme*) geschlossen ◇ *We speak as one man on this issue.* Wir sind uns in dieser Angelegenheit durchweg einig. **be sb's ˈman** jds Mann sein; genau der/die Richtige sein **be ˈman enough** Manns genug sein **every man for himˈself** jeder für sich **make a ˈman (out) of sb** jdn zum Mann machen **a/the ˌman about ˈtown** ◇ *He looked quite the man about town.* Er war ganz der feine Herr. ◇ *a fun-loving man about town* ein Lebemann **ˌman and ˈboy** von frühester Jugend an; schon immer **the ˌman (and/or ˌwoman) in the ˈstreet** der Mann auf der Straße; der/die Durchschnittsbürger(in) **a ˌman of ˈGod/the ˈcloth** (*veraltet, gehoben*) ein Mann Gottes **the ˌman of the ˈmatch** (*BrE*) (SPORT) der Mann des Tages **man's best ˈfriend** (*Hund*) der beste Freund des Menschen **a ˈman's man** ein Mann, der besser mit Männern zurechtkommt **ˌman to ˈman** von Mann zu Mann **separate/sort out the ˌmen from the ˈboys** ◇ *This will separate the men from the boys.* Dadurch wird sich zeigen, wer die ganzen Männer sind. **to a ˈman; to the last man** (*gehoben*) alle ohne Ausnahme ◇ *to the last man* bis auf den letzten Mann → *Siehe auch* GRAND, HEART, HOME, MARKED, NEXT, ODD, OWN, PART, POOR, POSSESSED, SUBSTANCE, THING *und* WORLD
▸ ***Verb*** (**-nn-**) bemannen ◇ *The switchboard is manned 24 hours a day.* Die Telefonzentrale ist rund um die Uhr besetzt.
▸ ***Ausruf*** (*bes AmE, umgs*) Mann ◇ *Man, that was great!* Mann, das war toll!

man·acle /ˈmænəkl/ *Nomen, Verb*
▸ ***Nomen*** [meist Pl] Fessel
▸ ***Verb*** fesseln

man·age 🔑 /ˈmænɪdʒ/ *Verb* **1** (*fertigbringen*) schaffen ◇ *He managed a weak smile.* Er brachte ein schwaches Lächeln zustande. ◇ *Let's meet up again — can you manage next week sometime?* Treffen wir uns noch einmal — könnt ihr irgendwann nächste Woche? **2** ~ (**with/without sb/sth**) es (mit/ohne jdm/etw) schaffen, (mit/ohne jdm/etw) zurechtkommen **3** ~ **(on sth)** (mit etw) zurechtkommen **4** (*Geld, Angelegenheiten etc.*) verwalten, regeln **5** (*Betrieb etc.*) leiten ◇ *manage a hotel* ein Hotel führen ◇ *people who are good at managing* Leute mit Führungsqualitäten **6** klarkommen, fertigwerden

man·age·able /ˈmænɪdʒəbl/ *Adj* (leicht) zu bewältigen, überschaubar ◇ *manageable hair* Haar, das sich leicht frisieren lässt

man·aged /ˈmænɪdʒd/ *Adj* [nur vor Nomen] verwaltet ◇ *managed funds* Investmentfonds ◇ *wood from managed forests* Holz aus Nutzwäldern

man·age·ment 0-w /ˈmænɪdʒmənt/ *Nomen* **1** [mit Verb im Sing/Pl] (*Personenkreis*) Management, Leitung **2** (*Leiten*) Führung, Management ◇ *performance management* Leistungskontrolle ◇ *Diet plays an important role in the management of heart disease.* Ernährung spielt bei der Kontrolle von Herzkrankheiten eine wichtige Rolle.

man·ager 0-w /ˈmænɪdʒə(r)/ *Nomen* **1** Manager(in), Direktor(in), Leiter(in) **2** (*Sport*) Trainer(in), Manager(in)

man·ager·ess /ˌmænɪdʒəˈres/ *Nomen* (*BrE, veraltend*) Leiterin

man·ager·ial /ˌmænəˈdʒɪəriəl; *AmE* -ˈdʒɪr-/ *Adj* Management-, Führungs-

ˌmanaging diˈrector *Nomen* (*Abk* **MD**) (*bes BrE*) Geschäftsführer(in)

Man·cu·nian /mænˈkjuːniən/ *Nomen, Adj*
▸ ***Nomen*** = Person aus Manchester
▸ ***Adj*** = aus Manchester

man·da·rin /ˈmændərɪn/ *Nomen* **1** (*BrE*) hoher Beamter, hohe Beamtin, Bonze **2** Mandarin **3 Mandarin** Hochchinesisch **4** (*auch* **ˌmandarin ˈorange**) Mandarine

man·date *Nomen, Verb*
▸ ***Nomen*** /ˈmændeɪt/ **1** Mandat **2** Amtsperiode **3** (*gehoben*) Auftrag ◇ *The bank had no mandate to honour the cheque.* Die Bank war nicht befugt den Scheck zu honorieren. **4** Mandat, Regierungsgewalt
▸ ***Verb*** /ˈmændeɪt, ˌmænˈdeɪt/ (*meist passiv*) (*gehoben*) **1** (*bes AmE*) vorschreiben **2** beauftragen **3** befugen

man·dated /ˈmændeɪtɪd/ *Adj* [nur vor Nomen] (*gehoben*) **1** unterstellt ◇ *mandated territories* Mandatsgebiete **2** vorgeschrieben **3** mit Regierungsauftrag

man·da·tory /ˈmændətəri, mænˈdeɪtəri; *AmE* ˈmændətɔːri/ *Adj* (*gehoben*) obligatorisch ◇ *This offence carries a mandatory life sentence.* Auf dieses Verbrechen steht lebenslänglich.

man·dible /ˈmændɪbl/ *Nomen* **1** Unterkiefer(knochen) **2** Mundwerkzeug

man·do·lin /ˈmændəlɪn, ˌmændəˈlɪn/ *Nomen* Mandoline

mane /meɪn/ *Nomen* Mähne (*auch fig*)

ˈman-eater *Nomen* **1** (*wildes Tier*) Menschenfresser **2** (*hum*) männermordende Frau

ˈman-eating *Adj* [nur vor Nomen] **1** Menschen fressend **2** (*hum*) männermordend

man·eu·ver, **man·eu·ver·able** (*AmE*) = MANOEUVRE *und* MANOEUVRABLE

man·ful·ly /ˈmænfəli/ *Adv* tapfer, beherzt

manga /ˈmæŋɡə/ *Nomen* (*Pl* **manga**) Manga

man·ga·nese /ˈmæŋɡəniːz/ *Nomen* Mangan

mange /meɪndʒ/ *Nomen* Räude

man·ger /ˈmeɪndʒə(r)/ *Nomen* Krippe IDM → DOG

mange·tout /ˌmɑːnʒˈtuː/ *Nomen* [meist Pl] (*BrE*) Zuckererbse

man·gle /ˈmæŋɡl/ *Verb, Nomen*
▸ ***Verb*** **1** verstümmeln, übel zurichten **2** entstellen, verhunzen
▸ ***Nomen*** = Gerät, mit dem man Wäsche auswringt

man·gled /ˈmæŋɡld/ *Adj* verstümmelt

mango /ˈmæŋɡəʊ; *AmE* -ɡoʊ/ *Nomen* (*Pl* **-oes**) Mango

man·grove /ˈmæŋɡrəʊv; *AmE* -ɡroʊv/ *Nomen* Mangrovenbaum ◇ *mangrove swamps* Mangroven

mangy /ˈmeɪndʒi/ *Adj* **1** räudig **2** (*umgs*) schäbig

man·handle /ˈmænhændl/ *Verb* **1** grob behandeln ◇ *They were manhandled into a truck.* Sie wurden in einen Lastwagen gestoßen. **2** schleppen, hieven

man·hole /ˈmænhəʊl; *AmE* -hoʊl/ *Nomen* Kanalisationsschacht

man·hood /ˈmænhʊd/ *Nomen* **1** Mannesalter ◇ *His early manhood was spent in America.* Er verbrachte seine ersten Jahre als junger Mann in Amerika. **2** Männlichkeit **3** [U] (*verhüll*) Penis **4** (*gehoben*) Männer

ˈman-hour *Nomen* [meist Pl] Arbeitsstunde

man·hunt /ˈmænhʌnt/ *Nomen* Großfahndung

mania /ˈmeɪniə/ *Nomen* **1** [meist Sing] Fimmel ◇ *football mania* Fußballfieber **2** [U] (PSYCH) Wahn

ma·niac /ˈmeɪniæk/ *Nomen, Adj*
▸ ***Nomen*** **1** (*umgs*) Irre(r), Wahnsinnige(r) **2** Fanatiker(in) ◇ *a football maniac* ein Fußballfanatiker ◇ *a sex maniac* ein(e) Sexbessessene(r)
▸ ***Adj*** [nur vor Nomen] verrückt, irr

ma·ni·acal /məˈnaɪəkl/ *Adj* wahnsinnig, irr

manic /ˈmænɪk/ *Adj* (*Adv* **man·ic·al·ly** /-kli/) **1** (*umgs*) verrückt, hektisch ◇ *Things are manic in the office.* Es herrscht totale Hektik im Büro. ◇ *The performers had a manic energy.* Die Darsteller waren von einer fieberhaften Energie getrieben. **2** (PSYCH) manisch

ˌmanic deˈpression *Nomen* (PSYCH) manisch-depressive Psychose

ˌmanic-deˈpressive *Nomen, Adj*
▸ ***Nomen*** (PSYCH) Manisch-Depressive(r)
▸ ***Adj*** manisch-depressiv

mani·cure /ˈmænɪkjʊə(r); *AmE* -jʊr/ *Nomen, Verb*
▸ ***Nomen*** Maniküre ◇ *have a manicure* sich die Nägel maniküren lassen
▸ ***Verb*** maniküren

mani·cured /ˈmænɪkjʊəd; *AmE* -jʊrd/ *Adj* gepflegt

mani·cur·ist /ˈmænɪkjʊərɪst; *AmE* -jʊrɪst/ *Nomen* (*Person*) Maniküre

mani·fest /ˈmænɪfest/ *Verb, Adj*
▸ ***Verb*** (*gehoben*) **1** zeigen, aufweisen ◇ *Social tensions were manifested in the recent political crisis.* Die sozialen Spannungen zeigten sich in der jüngsten politischen Krise. **2** ~ **itself (in sth)** sich (in etw) zeigen ◇ *The symptoms manifested themselves ten days later.* Die Symptome zeigten sich zehn Tage später.
▸ ***Adj*** (*Adv* **mani·fest·ly**) (*gehoben*) offensichtlich

mani·fest·ation /ˌmænɪfeˈsteɪʃn/ *Nomen* (*gehoben*) **1** Zeichen, Ausdruck **2** (*Geister-*) Erscheinung

mani·festo /ˌmænɪˈfestəʊ; *AmE* -stoʊ/ *Nomen* (*Pl* **-os**) Manifest, Parteiprogramm

mani·fold /ˈmænɪfəʊld; *AmE* -foʊld/ *Adj, Nomen*
▸ ***Adj*** (*gehoben*) vielfältig
▸ ***Nomen*** (TECH) Krümmer

Ma·nila (*auch* **Ma·nilla**) /məˈnɪlə/ *Nomen* Packpapier ◇ *Manila envelopes* braune Briefumschläge

ma·nipu·late /məˈnɪpjuleɪt/ *Verb* **1** (*abwert*) manipulieren **2** handhaben, bedienen; (*Daten etc.*) bearbeiten **3** (*Knochen, Gelenke*) einrenken

ma·nipu·la·tion /məˌnɪpjuˈleɪʃn/ *Nomen* **1** Manipulation **2** Handhabung, Bedienung ◇ *data manipulation* Datenmanipulation **3** Einrenkung

ma·nipu·la·tive /məˈnɪpjələtɪv; *AmE* -leɪtɪv/ *Adj* **1** (*abwert*) manipulativ **2** (*gehoben*) ◇ *manipulative skills* Fähigkeiten, die Fingerfertigkeit erfordern

ma·nipu·la·tor /məˈnɪpjuleɪtə(r)/ *Nomen (oft abwert)* Manipulator(in)

man·kind /mænˈkaɪnd/ *Nomen* die Menschheit ◇ *the history of mankind* die Geschichte der Menschheit ◇ *for all mankind* für alle Menschen

man·li·ness /ˈmænlinəs/ *Nomen* Mannhaftigkeit, Männlichkeit

manly /ˈmænli/ *Adj* männlich

ˌman-ˈmade *Adj* **1** Kunst-, künstlich ◇ *man-made fibres* Kunstfasern **2** von Menschen verursacht ◇ *man-made disasters* von Menschen verursachte Katastrophen

manna /ˈmænə/ *Nomen* Manna *(auch fig)*

man·ne·quin /ˈmænɪkɪn/ *Nomen (veraltet)* **1** Mannequin **2** Schaufensterpuppe

man·ner /ˈmænə(r)/ *Nomen* **1** [Sing] *(gehoben)* (Art und) Weise ◇ *the manner in which the decision was reached* die Art und Weise, wie die Entscheidung getroffen wurde **2** [Sing] Art ◇ *His manner was polite but cool.* Er war höflich, aber kühl. **3 manners** [Pl] Manieren ◇ *It is bad manners to talk with your mouth full.* Mit vollem Mund spricht man nicht. **4 manners** [Pl] *(gehoben)* Sitten IDM **all ˈmanner of …** alle möglichen … **in a manner of ˈspeaking** sozusagen; gewissermaßen **in the manner of sb/sth** *(gehoben)* im Stil von jdm/etw **what manner of …** *(gehoben)* was für ein(e) …

man·nered /ˈmænəd; *AmE* -nərd/ *Adj* **1** *(abwert)* unnatürlich, gekünstelt **2 -mannered** *(in Adjektiven)* ◇ *a well-mannered child* ein Kind mit guten Manieren ◇ *a mild-mannered person* ein Mensch von sanftem Wesen

man·ner·ism /ˈmænərɪzəm/ *Nomen* **1** Eigenheit, Angewohnheit **2** Manieriertheit **3 Mannerism** (KUNST) Manierismus

man·nish /ˈmænɪʃ/ *Adj (meist abwert)* unweiblich, maskulin

man·oeuv·ra·bil·ity *(AmE* **man·eu·ver·abil·ity)** /məˌnuːvərəˈbɪləti/ *Nomen* Manövrierfähigkeit, Wendigkeit

man·oeuv·rable *(AmE* **man·euv·er·able)** /məˈnuːvərəbl/ *Adj* manövrierfähig, wendig

man·oeuvre *(AmE* **man·eu·ver)** /məˈnuːvə(r)/ *Nomen, Verb*

▸ ***Nomen*** **1** *(Fahr-, Flug-)* Manöver **2** *(fig)* Schachzug **3 manoeuvres** [Pl] (MIL) Manöver, Truppenübung IDM **freedom of/room for maˈnoeuvre** Spielraum

▸ ***Verb*** manövrieren ◇ *The yachts manoeuvred for position.* Die Jachten manövrierten sich in eine günstige Position. ◇ *The new laws have left us little room to manoeuvre.* Die neuen Gesetze lassen uns wenig Spielraum. ◇ *She manoeuvred her way to the top of the company.* Durch geschicktes Taktieren hat sie es zu einer Spitzenposition gebracht.

ˌman-of-ˈwar *Nomen (Pl* **ˌmen-of-ˈwar)** *(veraltet)* Kriegsschiff

manor /ˈmænə(r)/ *Nomen (BrE)* **1** *(auch* **ˈmanor house)** Herrenhaus **2** Landgut

man·orial /məˈnɔːriəl/ *Adj* herrschaftlich, Guts-

man·power /ˈmænpaʊə(r)/ *Nomen* [U] Arbeitskräfte, Personal

man·qué /ˈmɒŋkeɪ; *AmE* mɑːŋˈkeɪ/ *Adj (dem Nomen nachgestellt) (gehoben oder hum)* gescheitert, verkannt ◇ *He is an artist manqué.* An ihm ist ein Künstler verloren gegangen.

manse /mæns/ *Nomen* Pfarrhaus

man·ser·vant /ˈmænsɜːvənt; *AmE* -sɜːrvənt/ *Nomen (Pl* **men·ser·vants)** *(veraltet)* Diener

man·sion /ˈmænʃn/ *Nomen* **1** Herrenhaus **2 Mansions** [Pl] *(BrE) (als Bestandteil von Namen von Wohnblöcken verwendet)*

man·slaugh·ter /ˈmænslɔːtə(r)/ *Nomen* Totschlag

man·tel·piece /ˈmæntlpiːs/ *(bes AmE* **man·tel** /ˈmæntl/) *Nomen* Kaminsims

man·tis /ˈmæntɪs/ *Nomen (Pl* **man·tis** *oder* **man·tises)** = PRAYING MANTIS

man·tle /ˈmæntl/ *Nomen* **1** [Sing] *(gehoben)* Umhang ◇ *(fig) The vice-president must now take on the mantle of supreme power.* Der Vizepräsident muss jetzt die Rolle des Machthabers übernehmen. ◇ *(fig) She will inherit her father's mantle.* Sie wird die Fackel ihres Vaters weitertragen. **2** *(gehoben)* Decke, Hülle ◇ *a mantle of snow* eine Schneedecke

man·tra /ˈmæntrə/ *Nomen* Mantra

man·ual /ˈmænjuəl/ *Adj, Nomen*

▸ ***Adj*** *(Adv* **manu·al·ly** /-əli/) **1** manuell ◇ *manual labour* körperliche Arbeit ◇ *manual dexterity* Fingerfertigkeit **2** handbetrieben ◇ *a five-speed manual gearbox* eine Fünf-Gang-Handschaltung ◇ *The numbers have to be entered manually.* Die Zahlen müssen per Hand eingegeben werden.

▸ ***Nomen*** Handbuch

manu·fac·ture /ˌmænjuˈfæktʃə(r)/ *Verb, Nomen*

▸ ***Verb*** **1** herstellen, produzieren ◇ *manufactured goods* Fertigprodukte **2** *(Geschichte, Ausrede, etc.)* erfinden

▸ ***Nomen*** **1** Herstellung **2 manufactures** [Pl] *(Fachspr)* Erzeugnisse

manu·fac·tur·er /ˌmænjuˈfæktʃərə(r)/ *Nomen (auch* **the manu·fac·tur·ers** [Pl]) Hersteller(firma)

manu·fac·tur·ing /ˌmænjuˈfæktʃərɪŋ/ *Nomen* [U] die Fertigungsindustrie

ma·nure /məˈnjʊə(r); *AmE* məˈnʊr/ *Nomen, Verb*

▸ ***Nomen*** Dung, Mist

▸ ***Verb*** (mit Mist) düngen

manu·script /ˈmænjuskrɪpt/ *Nomen* **1** Manuskript ◇ *in manuscript* in Manuskriptform **2** Handschrift

Manx /mæŋks/ *Adj* = von der Insel Man

Manx ˈcat *Nomen* Manx-Katze

many /ˈmeni/ *Adj, Pron* **1** *(meist in Fragen oder verneinten Sätzen oder im gehobenen Englisch)* viele ◇ *twice as many* doppelt so viele ◇ *one chair too many* ein Stuhl zu viel ◇ *a many-headed monster* ein vielköpfiges Ungeheuer **2 the many** [mit Verb im Pl] die (breite) Masse ◇ *improve conditions for the many* die Lebensbedingungen für die breite Masse verbessern **3 many a** *(gehoben)* so manche(r,s) ◇ *many a time* so manches Mal IDM **as many as …** ◇ *There were as many as 200 people at the lecture.* Es waren bestimmt 200 Leute bei der Vorlesung. ◇ *As many as 40% have second jobs.* Bis zu 40% haben einen Nebenjob. **a good/great many** sehr viele ◇ *I've known her for a great many years.* Ich kenne sie seit vielen Jahren. **have had ˌone too ˈmany** *(umgs)* einen über den Durst getrunken haben **many's the …** *(gehoben)* so manche(r,s) … ◇ *Many's the time I've said it.* Das habe ich so manches Mal gesagt.

Maori /ˈmaʊri/ *Nomen, Adj*

▸ ***Nomen*** Maori

▸ ***Adj*** Maori-, maorisch

map /mæp/ *Nomen, Verb*

▸ ***Nomen*** Landkarte, Stadtplan IDM **put sb/sth on the ˈmap** jdn/etw bekannt machen → *Siehe auch* WIPE

▸ ***Verb*** **(-pp-)** **1** kartografieren ◇ *a region that has not yet been mapped* ein Gebiet, von dem es noch keine Karte gibt **2** erfassen, aufzeigen; *(Entwicklung)* verfolgen; *(Genom)* kartieren PHR V **ˈmap sth on/onto sth** etw auf etw übertragen **ˌmap sth ˈout 1** etw festlegen ◇ *He has his career path clearly mapped out.* Er hat seine berufliche Laufbahn genau geplant. **2** *(Pläne etc.)* vorlegen

maple /ˈmeɪpl/ *Nomen* Ahorn

map·ping /ˈmæpɪŋ/ *Nomen* **1** Kartografierung, Kartierung **2** Erfassung ◇ *digital mapping* digitale Datenerfassung

mar /mɑː(r)/ *Verb* (**-rr-**) verderben, stören

mara·thon /ˈmærəθən; *AmE* -θɑːn/ *Nomen* Marathon (*auch fig*) ◇ *a marathon legal battle* ein langwieriger Rechtsstreit

ma·raud·er /məˈrɔːdə(r)/ *Nomen* Plünderer, Räuber

ma·raud·ing /məˈrɔːdɪŋ/ *Adj* [nur vor Nomen] (*gehoben*) plündernd ◇ *marauding wolves* beutegierige Wölfe

mar·ble /ˈmɑːbl; *AmE* ˈmɑːrbl/ *Nomen* **1** Marmor **2** Murmel **3 marbles** [U] Murmelspiel **4 marbles** [Pl] (*umgs*) Verstand

mar·bled /ˈmɑːbld; *AmE* ˈmɑːrbld/ *Adj* marmoriert ◇ *a marbled effect* ein Marmoreffekt

March /mɑːtʃ; *AmE* mɑːrtʃ/ *Nomen* (*Abk* **Mar.**) März → *Beispiele bei* JANUAR IDM → MAD

march /mɑːtʃ; *AmE* mɑːrtʃ/ *Verb, Nomen*

▸ ***Verb*** **1** marschieren ◇ *Quick march!* Kompanie, marsch! **2** abführen ◇ *They marched him away.* Sie führten ihn ab. ◇ *She was marched out of the door and into a car.* Sie wurde abgeführt und in ein Auto gesetzt. **3** demonstrieren ◇ *They marched through London.* Sie zogen in einem Protestmarsch durch London. IDM **get your ˈmarching orders** (*BrE, umgs*) rausgeworfen werden **give sb their ˈmarching orders** (*umgs*) jdn rauswerfen ◇ *He was given his marching orders for a foul.* Er wurde wegen eines Fouls vom Platz verwiesen. PHR V **ˌmarch ˈon** ◇ *Time marches on.* Die Zeit bleibt nicht stehen. **ˈmarch on sth** auf etw marschieren ◇ (*fig*) *They marched on City Hall.* Sie zogen demonstrierend zum Rathaus.

▸ ***Nomen*** **1** Demonstration, Marsch **2** (MIL, MUS) Marsch **3** ◇ *the march of time* der unaufhaltsame Lauf der Zeit ◇ *the march of technology* der Vormarsch der Technik IDM **be on the ˈmarch** marschieren; auf dem Vormarsch sein → *Siehe auch* STEAL

march·er *Nomen* /ˈmɑːtʃə(r); *AmE* ˈmɑːrtʃər/ Demonstrant(in)

mar·chion·ess /ˌmɑːʃəˈnes; *AmE* ˌmɑːrʃəˈ-/ *Nomen* Marquise

ˈmarch past *Nomen* [Sing] Vorbeimarsch

Mardi Gras /ˌmɑːdi ˈɡrɑː; *AmE* ˈmɑːrdi ɡrɑː/ *Nomen* [U] Faschingsdienstag

mare /meə(r); *AmE* mer/ *Nomen* Stute IDM **a ˈmare's nest 1** ein Windei **2** ein Labyrinth; ein Durcheinander

mar·gar·ine /ˌmɑːdʒəˈriːn; *AmE* ˈmɑːrdʒərən/ (*BrE, umgs* **marge** /mɑːdʒ; *AmE* mɑːrdʒ/) *Nomen* Margarine

mar·gin /ˈmɑːdʒɪn; *AmE* ˈmɑːrdʒən/ *Nomen* **1** Rand (*auch fig*) ◇ *on the margins of society* am Rande der Gesellschaft **2** [meist Sing] Vorsprung ◇ *They voted in favour by a margin of 7 to 1.* Sie stimmten mit einer Mehrheit von 7 zu 1 dafür. **3** = PROFIT MARGIN **4** [meist Sing] Spielraum ◇ *a safety margin* ein Sicherheitsspielraum

mar·gin·al /ˈmɑːdʒɪnl; *AmE* ˈmɑːrdʒɪ-/ *Adj, Nomen*

▸ ***Adj*** **1** (*Adv* **margin·al·ly** /-nəli/) gering(fügig), unwesentlich **2** Rand- ◇ *marginal groups in society* Randgruppen der Gesellschaft **3** (*bes BrE*) (POL) ◇ *a marginal seat* ein mit knapper Mehrheit gewonnener Sitz ◇ *a marginal constituency* ein Wahlkreis, in dem der/die Abgeordnete mit knapper Mehrheit gewählt wurde **4** (*Land*) = als Ackerland nicht sehr geeignet

▸ ***Nomen*** (*BrE*) (POL) = Wahlkreis, in dem der/die Abgeordnete mit knapper Mehrheit gewählt wurde

mar·gin·al·iza·tion (*BrE auch* **-isa·tion**) /ˌmɑːdʒɪnəlaɪˈzeɪʃn; *AmE* ˌmɑːrdʒɪnələˈ-/ *Nomen* Marginalisierung ◇ *The problem is the marginalization of the elderly.* Das Problem ist, dass die älteren Menschen an den Rand der Gesellschaft gedrängt werden.

mar·gin·al·ize (*BrE auch* **-ise**) /ˈmɑːdʒɪnəlaɪz; *AmE* ˈmɑːrdʒɪ-/ *Verb* ins Abseits drängen, an den Rand drängen

ˌmargin of ˈerror *Nomen* [meist Sing] Fehlerspielraum

mari·gold /ˈmærigəʊld; *AmE* -goʊld/ *Nomen* **1** Ringelblume **2 French/African ~** Tagetes

ma·ri·juana (*auch* **ma·ri·huana**) /ˌmærəˈwɑːnə/ *Nomen* Marihuana

mar·ina /məˈriːnə/ *Nomen* Jachthafen

mar·in·ade /ˌmærɪˈneɪd/ *Nomen* Marinade

marin·ate /ˈmærɪneɪt/ (*auch* **mar·in·ade**) *Verb* marinieren (lassen)

mar·ine /məˈriːn/ *Adj, Nomen*

▸ ***Adj*** [nur vor Nomen] **1** Meeres- ◇ *marine life* die Meeresflora und -fauna **2** See- ◇ *a marine engineer* ein Marineingenieur

▸ ***Nomen*** Marineinfanterist

mari·ner /ˈmærɪnə(r)/ *Nomen* (*veraltet oder gehoben*) Seemann

mar·io·nette /ˌmæriəˈnet/ *Nomen* Marionette

mari·tal /ˈmærɪtl/ *Adj* [nur vor Nomen] ehelich, Ehe-

ˌmarital ˈstatus *Nomen* (*gehoben*) Familienstand

mari·time /ˈmærɪtaɪm/ *Adj* **1** See-, Schifffahrts- **2** (*gehoben*) Küsten- ◇ *the maritime climate* das Seeklima

mar·joram /ˈmɑːdʒərəm; *AmE* ˈmɑːrdʒə-/ *Nomen* Majoran

mark /mɑːk; *AmE* mɑːrk/ *Verb, Nomen*

▸ ***Verb*** **1** kennzeichnen, markieren; **~ A on B** A auf B einzeichnen, A auf B schreiben ◇ *mark sth with a cross* etw ankreuzen ◇ *Prices are marked on the goods.* Die Waren sind mit Preisen ausgezeichnet. ◇ *The teacher marked her absent.* Die Lehrerin trug sie als fehlend ein. **2** beschädigt werden, einen Fleck bekommen; **~ sth** auf etw einen Fleck hinterlassen ◇ *A large scar marked his cheek.* Er hatte eine große Narbe auf der Wange. **3** ◇ *a ceremony to mark the 50th anniversary* eine Feier zum 50. Jahrestag ◇ *a press conference to mark his victory* eine Pressekonferenz anlässlich seines Sieges **4 ~ sth** ein Zeichen für etw sein ◇ *It marked a new phase in international relations.* Damit begann ein neuer Abschnitt in den internationalen Beziehungen. **5** (*gehoben*) prägen ◇ *a life marked by suffering* ein vom Leid gezeichnetes Leben **6** (*BrE*) (*Arbeiten*) benoten, korrigieren ◇ *mark sth wrong* etw als falsch anstreichen **7** (SPORT) decken **8** (*veraltet*) (*als Aufforderung aufzupassen*) ◇ *There'll be trouble, mark my words.* Das wird Ärger geben, das sage ich dir. ◇ *You mark what I say.* Lass dir das gesagt sein. IDM **ˌmark ˈtime** auf der Stelle treten **ˌmark ˈyou** (*bes BrE, veraltet*) allerdings PHR V **ˌmark sb ˈdown** (*BrE*) jds Note herabsetzen **ˌmark sb ˈdown as sth** (*bes BrE*) jdn als etw einschätzen **ˌmark sth ˈdown 1** etw (im Preis) herabsetzen **2** etw vormerken ◇ *The factory is already marked down for closure.* Die Stilllegung der Fabrik ist bereits geplant. **ˌmark sb/sth ˈoff (from sb/sth)** (*unterscheiden*) jdn/etw (von jdm/etw) abheben **ˌmark sth ˈoff** etw abgrenzen ◇ *The playing area was marked off with a white line.* Das Spielfeld war mit einer weißen Linie markiert. **ˌmark sb ˈout as sth** ◇ *It marks him out as a true mountaineer.* Daran erkennt man den wahren Bergsteiger in ihm. **ˌmark sb ˈout for sth** jdn für etw bestimmen ◇ *She was marked out for promotion.* Sie war zur Beförderung vorgesehen. **ˌmark sb ˈout from sb/sth** ◇ *It marked him out from the others.* Dadurch hob er sich von den anderen ab. **ˌmark sth ˈout** etw aufzeichnen ◇ *mark out a tennis court* die Markierung für einen Tennisplatz ziehen **ˌmark sth ˈup 1** etw (im Preis) hinaufsetzen **2** (*Fachspr*) (*Manuskript*) auszeichnen,

redigieren
▸ ***Nomen*** **1** Fleck, Spur ◇ *a scratch mark* ein Kratzer ◇ *distinguishing marks* besondere Kennzeichen **2** Zeichen (*auch fig*) ◇ *punctuation marks* Satzzeichen ◇ *It's the mark of a champion.* Dadurch zeichnet sich ein Champion aus. **3** (*bes BrE*) (*Schul-*) Note ◇ *a high/low mark* eine gute/schlechte Note ◇ *I got full marks.* Ich habe die volle Punktzahl erreicht. ◇ (*hum*) *'You're wearing a tie!' 'Full marks for observation.'* „Du trägst eine Krawatte!" „Ausgezeichnet beobachtet." **4** (*Niveau*) Marke ◇ *She was leading at the halfway mark.* Nach der Hälfte der Strecke lag sie in Führung. **5 Mark** Typ, Modell **6 Mark** (*BrE*) (*am Gasherd*) Stufe **7** (*als Unterschrift*) Kreuz **8** (*gehoben*) Ziel IDM **be close to/near the 'mark** der Sache (sehr) nahe kommen **be off the 'mark** danebenliegen **be quick/slow off the 'mark** schnell/langsam reagieren **be ˌup to the 'mark** den Anforderungen entsprechen **get off the 'mark** (*Kricket*) die ersten Punkte erzielen **hit/miss the mark** das Ziel treffen/verfehlen **ˌleave your/its/a 'mark (on sth/sb)** (in/an etw/bei jdm) Spuren hinterlassen **ˌmake your/a 'mark (on sth)** sich (in etw) profilieren ◇ *She quickly made her mark as a director.* Sie machte sich als Regisseurin schnell einen Namen. **not be/feel ˌup to the 'mark** (*BrE, veraltet*) nicht auf der Höhe sein **on your ˌmarks, get ˌset, 'go!** auf die Plätze, fertig, los! → *Siehe auch* OVERSTEP, TOE *und* WIDE

marked /mɑːkt; *AmE* mɑːrkt/ *Adj* (*Adv* **mark·ed·ly** /'mɑːkɪdli; *AmE* 'mɑːrk-/) deutlich, merklich IDM **be a marked 'man** auf der schwarzen Liste stehen

mark·er /'mɑːkə(r); *AmE* 'mɑːrkər/ *Nomen* **1** Markierung ◇ *He placed a marker where the ball had landed.* Er markierte die Stelle, wo der Ball gelandet war. **2** [Sing] **a ~ (of/for sth)** ein Zeichen (für etw) **3** (*BrE auch* **'marker pen**) (*Stift*) Marker **4** (*BrE*) Korrektor(in) (*von Prüfungsarbeiten*) **5** (*BrE*) (SPORT) Spieler(in), der/die jdn anderen deckt

mar·ket 0→ /'mɑːkɪt; *AmE* 'mɑːrkɪt/ *Nomen, Verb*
▸ ***Nomen*** **1** Markt ◇ *increase your share of the market* seinen Marktanteil erhöhen ◇ *an important market* ein wichtiger Absatzmarkt ◇ *the domestic market* der Inlandsmarkt **2** = STOCK MARKET **3** [Sing] freier Markt ◇ *a market-led economy* eine Marktwirtschaft **4** [Sing] **~ (for sth)** Nachfrage (nach etw) IDM **come on(to) the 'market** auf den Markt kommen **in the 'market for sth** an etw interessiert ◇ *I'm not in the market for a new car.* Ich habe nicht vor, einen neuen Wagen zu kaufen. **on the 'market** zu verkaufen ◇ *put your house on the market* sein Haus zum Verkauf anbieten **on the open 'market** auf dem freien Markt **play the 'market** an der Börse spekulieren → *Siehe auch* PRICE *und* SELLER
▸ ***Verb*** vertreiben, vermarkten

mar·ket·abil·ity /ˌmɑːkɪtə'bɪləti; *AmE* ˌmɑːrk-/ *Nomen* Marktfähigkeit, Marktgängigkeit

mar·ket·able /'mɑːkɪtəbl; *AmE* 'mɑːrk-/ *Adj* marktfähig, vermarktbar

mar·ket·eer /ˌmɑːkɪ'tɪə(r); *AmE* ˌmɑːrkə'tɪr/ *Nomen* (*meist in Zusammensetzungen*) ◇ *a free marketeer* ein Befürworter der freien Marktwirtschaft

mar·ket·er /'mɑːkɪtə(r); *AmE* 'mɑːrk-/ *Nomen* Vermarkter

ˌmarket 'forces *Nomen* [Pl] Kräfte des freien Marktes

ˌmarket 'garden *Nomen* (*BrE*) Gemüsebaubetrieb

ˌmarket 'gardener *Nomen* (*BrE*) Gemüsebauer, -bäuerin

mar·ket·ing 0→ /'mɑːkɪtɪŋ; *AmE* 'mɑːrk-/ *Nomen* Marketing, Vermarktung

ˌmarket 'leader *Nomen* Marktführer

mar·ket·place /'mɑːkɪtpleɪs; *AmE* 'mɑːrk-/ *Nomen* **1** **the marketplace** [Sing] der Markt ◇ *be able to survive in the marketplace* auf dem Markt bestehen können **2** (*auch* **ˌmarket 'square**) Marktplatz

ˌmarket 'price *Nomen* Marktpreis

ˌmarket re'search (*auch* **ˌmarket 'research**) *Nomen* Marktforschung

ˌmarket 'share *Nomen* [U/Sing] Marktanteil

ˌmarket 'value *Nomen* [U/Sing] Marktwert

mark·ing /'mɑːkɪŋ; *AmE* 'mɑːrkɪŋ/ *Nomen* **1** [meist Pl] Muster, Zeichnung; (*bei Holz auch*) Maserung **2** [meist Pl] Markierung **3** (*bes BrE*) Korrigieren, Benoten **4** Benotung, Beurteilung **5** (SPORT) Decken, Deckung

marks·man /'mɑːksmən; *AmE* 'mɑːrks-/ *Nomen* (*Pl* **-men** /-mən/) (Scharf)schütze

marks·man·ship /'mɑːksmənʃɪp; *AmE* 'mɑːrks-/ *Nomen* Schießkunst, Treffsicherheit

mark·up /'mɑːkʌp; *AmE* 'mɑːrkʌp/ *Nomen* [meist Sing] Preisaufschlag, Handelsspanne

mar·ma·lade /'mɑːməleɪd; *AmE* 'mɑːrm-/ *Nomen* = Marmelade aus Zitrusfrüchten

Mar·mite™ /'mɑːmaɪt; *AmE* 'mɑːrmaɪt/ *Nomen* (*BrE*) = salziger Brotaufstrich aus Hefeextrakt

mar·mo·set /'mɑːməzet; *AmE* 'mɑːrm-/ *Nomen* Weißbüschelaffe

mar·mot /'mɑːmət; *AmE* 'mɑːrmət/ *Nomen* Murmeltier

ma·roon /mə'ruːn/ *Adj, Nomen, Verb*
▸ ***Adj*** kastanienbraun
▸ ***Nomen*** **1** Kastanienbraun **2** Notrakete
▸ ***Verb*** (*meist passiv*) aussetzen, einschließen, von der Außenwelt abschneiden ◇ *They were marooned on a desert island.* Sie waren auf einer einsamen Insel gestrandet.

marque /mɑːk; *AmE* mɑːrk/ *Nomen* (*gehoben*) Marke, Fabrikat ◇ *the Porsche marque* die Automarke Porsche

mar·quee /mɑː'kiː; *AmE* mɑːr'-/ *Nomen* **1** Festzelt **2** (*AmE*) Vordach

mar·quess (*auch* **mar·quis**) /'mɑːkwɪs; *AmE* 'mɑːrkwɪs/ *Nomen* Marquis

mar·quet·ry /'mɑːkɪtri; *AmE* 'mɑːrk-/ *Nomen* Intarsienarbeit, Einlegearbeit

mar·riage 0→ /'mærɪdʒ/ *Nomen* **1** Ehe ◇ *She has two children by a previous marriage.* Sie hat zwei Kinder aus einer früheren Ehe. **2** [U] Heirat **3** Trauung, Hochzeit IDM **related by 'marriage** verschwägert → *Siehe auch* HAND

mar·riage·able /'mærɪdʒəbl/ *Adj* (*veraltet*) heiratsfähig

'marriage equality *Nomen* [U] = Gleichstellung von gleichgeschlechtlichen Paaren in Bezug auf die Eheschließung

'marriage licence (*AmE* **'marriage license**) *Nomen* **1** Heiratserlaubnis **2** (*AmE*) Trauschein, Heiratsurkunde

ˌmarriage of con'venience *Nomen* Vernunftehe

mar·ried 0→ /'mærid/ *Adj* **1** (*Abk* **m**) **~ (to sb)** (mit jdm) verheiratet ◇ *get married* heiraten **2** [nur vor Nomen] Ehe- ◇ *married life* das Eheleben

mar·row /'mærəʊ; *AmE* -roʊ/ *Nomen* **1** = BONE MARROW **2** (*BrE*) Flaschenkürbis

marry 0→ /'mæri/ *Verb* (**mar·ries, marry·ing, mar·ried, mar·ried**) **1** heiraten **2** (*kirchlich, standesamtlich*) trauen **3 ~ sb (to sb)** jdn (mit jdm) verheiraten **4** (*gehoben*) **~ sth and sth**; **~ sth to/with sth** etw (eng) mit etw verbinden IDM **marry 'money** reich heiraten PHR V **ˌmarry 'into sth** in etw einheiraten **ˌmarry sb 'off (to sb)** (*abwert*) jdn (mit jdm) verheiraten ◇ *Daughters used to be married off as young as possible.* Töchter wurden in der Regel so früh wie möglich unter die

Haube gebracht. ˌ**marry sth ˈup (with sth)** etw (mit etw) verbinden

Mars /mɑːz; *AmE* mɑːrz/ *Nomen* Mars → *Beispiele bei* MERKUR

marsh /mɑːʃ; *AmE* mɑːrʃ/ *Nomen* Sumpf, Feuchtgebiet, Feuchtwiese

mar·shal /ˈmɑːʃl; *AmE* ˈmɑːrʃl/ *Nomen, Verb*
▸ ***Nomen*** **1** (*meist in Zusammensetzungen*) Marschall **2** Platzwart(in), Ordner(in) **3** (*in den USA*) Vollzugsbeamte, Vollzugsbeamtin **4** (*in den USA*) Polizeichef(in); (*Feuerwehr*) Brandmeister(in)
▸ ***Verb*** (**-ll-**, *AmE* **-l-**) (*gehoben*) **1** ordnen, sammeln, zusammenstellen **2** führen, leiten, kontrollieren

marsh·land /ˈmɑːʃlænd; *AmE* ˈmɑːrʃ-/ *Nomen* Sumpfland

marsh·mal·low /ˌmɑːʃˈmæləʊ; *AmE* ˈmɑːrʃmeloʊ/ *Nomen* = rosafarbene oder weiße gummiartige Süßigkeit

marshy /ˈmɑːʃi; *AmE* ˈmɑːrʃi/ *Adj* sumpfig ◇ *marshy land* Sumpfland

mar·su·pial /mɑːˈsuːpiəl; *AmE* mɑːrˈ-/ *Nomen, Adj*
▸ ***Nomen*** Beuteltier
▸ ***Adj*** Beutel- ◇ *marsupial mammals* Beuteltiere

mart /mɑːt; *AmE* mɑːrt/ *Nomen* (*bes AmE*) Markt ◇ *a used car mart* ein Gebrauchtwagenmarkt

mar·ten /ˈmɑːtɪn; *AmE* ˈmɑːrtn/ *Nomen* Marder

mar·tial /ˈmɑːʃl; *AmE* ˈmɑːrʃl/ *Adj* [nur vor Nomen] (*gehoben*) Kampf-, Kriegs-, militärisch

ˌ**martial ˈart** *Nomen* [meist Pl] Kampfsport, Kampfkunst

ˌ**martial ˈlaw** *Nomen* Kriegsrecht

Mar·tian /ˈmɑːʃn; *AmE* ˈmɑːrʃn/ *Nomen* Marsmensch

mar·tini /mɑːˈtiːni; *AmE* mɑːrˈ-/ *Nomen* **1 Martini™** Martini® **2** (*AmE*) = Mixgetränk auf der Basis von Gin und Wermutwein

mar·tyr /ˈmɑːtə(r); *AmE* ˈmɑːrtər/ *Nomen, Verb*
▸ ***Nomen*** **1** Märtyrer(in) ◇ *a martyr to the cause of freedom* eine Märtyrerin für die Freiheit **2 be a ~ to sth; feel like a ~ to sth** (*umgs*) entsetzlich unter etw leiden
▸ ***Verb*** (*meist passiv*) den Märtyrertod sterben lassen ◇ *They were martyred.* Sie starben den Märtyrertod.

mar·tyr·dom /ˈmɑːtədəm; *AmE* ˈmɑːrtərdəm/ *Nomen* Märtyrertod, Martyrium

mar·vel /ˈmɑːvl; *AmE* ˈmɑːrvl/ *Nomen, Verb*
▸ ***Nomen*** **1** Wunder **2 marvels** [Pl] Wunder(werk) ◇ *The doctors have done marvels for her.* Die Ärzte haben ein Wunder an ihr vollbracht.
▸ ***Verb*** (**-ll-**, *AmE* **-l-**) **~ (at sth)** (über etw) staunen

mar·vel·lous (*AmE* **mar·vel·ous**) /ˈmɑːvələs; *AmE* ˈmɑːrv-/ *Adj* (*Adv* **mar·vel·lous·ly**; *AmE* **mar·vel·ous·ly**) wunderbar, fantastisch, erstaunlich

Marx·ism /ˈmɑːksɪzəm; *AmE* ˈmɑːrk-/ *Nomen* Marxismus

Marx·ist /ˈmɑːksɪst; *AmE* ˈmɑːrk-/ *Nomen, Adj*
▸ ***Nomen*** Marxist(in)
▸ ***Adj*** marxistisch

mar·zi·pan /ˈmɑːzɪpæn, ˌmɑːzɪˈpæn; *AmE* ˈmɑːrtsəpæn, ˈmɑːrzə-/ *Nomen* Marzipan

mas·cara /mæˈskɑːrə; *AmE* mæˈskærə/ *Nomen* Wimperntusche

mas·cot /ˈmæskət; *AmE* -skɑːt/ *Nomen* Maskottchen

mas·cu·line /ˈmæskjəlɪn/ *Adj, Nomen*
▸ ***Adj*** männlich, maskulin
▸ ***Nomen*** **the masculine** [Sing] das Maskulinum

mas·cu·lin·ity /ˌmæskjuˈlɪnəti/ *Nomen* Männlichkeit

mash /mæʃ/ *Nomen, Verb*
▸ ***Nomen*** **1** (*auch* ˌ**mashed poˈtato**, ˌ**mashed poˈtatoes** [Pl]) Kartoffelbrei, Kartoffelpüree **2** (LANDW) Futterbrei, Getreidefutter **3** Maische **4** [Sing] Brei, Püree
▸ ***Verb*** **~ sth (up)** etw zerdrücken, etw zerstampfen, etw pürieren

mashed /mæʃt/ *Adj* püriert → *Siehe auch* MASH

mask /mɑːsk; *AmE* mæsk/ *Nomen, Verb*
▸ ***Nomen*** Maske (*auch fig*) ◇ *a surgical mask* ein Mundschutz
▸ ***Verb*** verdecken, maskieren; **~ sth (with sth)** etw (hinter etw) verbergen

masked /mɑːskt; *AmE* mæskt/ *Adj* maskiert

ˈ**masking tape** *Nomen* Abdeckband, Abklebeband

maso·chism /ˈmæsəkɪzəm/ *Nomen* Masochismus

maso·chist /ˈmæsəkɪst/ *Nomen* Masochist(in)

maso·chis·tic /ˌmæsəˈkɪstɪk/ *Adj* masochistisch

mason /ˈmeɪsn/ *Nomen* **1** Steinmetz(in) **2 Mason** = FREEMASON

Ma·son·ic /məˈsɒnɪk; *AmE* məˈsɑːnɪk/ *Adj* freimaurerisch

ma·son·ry /ˈmeɪsənri/ *Nomen* **1** Mauerwerk **2** Mauern, Steinmetzarbeit

masque /mɑːsk; *AmE* mæsk/ *Nomen* Maskenspiel

mas·quer·ade /ˌmæskəˈreɪd; *BrE auch* ˌmɑːskəˈ-/ *Nomen, Verb*
▸ ***Nomen*** **1** (*gehoben*) Maskerade, Versteckspiel **2** (*bes AmE*) Maskenball, Kostümfest
▸ ***Verb*** **~ as sth/sb** vorgeben etw/jd zu sein, sich als etw/jd ausgeben

Mass (*auch* **mass**) /mæs/ *Nomen* Messe ◇ *celebrate/say Mass* die Messe lesen

mass 0‑ᵘ /mæs/ *Nomen, Adj, Verb*
▸ ***Nomen*** **1** Masse **2** [meist Sing] Fülle, Wust **3** [Sing] Menge ◇ *a mass of people* eine Menschenmenge **4 masses** [Pl] (*umgs*) Unmenge(n) **5 the masses** [Pl] die (breite) Masse ◇ *bring sth to the masses* etw der breiten Masse zugänglich machen **6 the mass of sth** [Sing] Mehrzahl **7** (PHYSIK) Masse IDM **be a ˈmass of sth** voll von etw sein ◇ *Her arm was a mass of bruises.* Ihr Arm war voller blauer Flecke.
▸ ***Adj*** [nur vor Nomen] Massen- ◇ *weapons of mass destruction* Massenvernichtungswaffen
▸ ***Verb*** (sich) (ver)sammeln, (sich) zusammenziehen

mas·sacre /ˈmæsəkə(r)/ *Nomen, Verb*
▸ ***Nomen*** **1** Massaker, Blutbad **2** (*umgs*) (SPORT) vernichtende Niederlage
▸ ***Verb*** **1** massakrieren **2** (*umgs*) (SPORT) fertigmachen, überrollen

mas·sage /ˈmæsɑːʒ; *AmE* məˈsɑːʒ/ *Nomen, Verb*
▸ ***Nomen*** Massage ◇ *to give sb a massage* jdn massieren ◇ *have a massage* sich massieren lassen
▸ ***Verb*** **1** massieren ◇ (*fig*) *massage sb's ego* jdm Auftrieb geben **2 ~ sth into sth** etw in etw einmassieren **3** (*abwert*) zurechtbiegen; (*Zahlen*) frisieren

ˈ**massage parlour** (*AmE* ˈ**massage parlor**) *Nomen* Massagesalon

massed /mæst/ *Adj* vereinigt ◇ *the massed ranks of his opponents* die geschlossenen Reihen seiner Widersacher

mas·seur /mæˈsɜː(r)/ *Nomen* Masseur(in)

mas·seuse /mæˈsɜːz; *AmE* məˈsuːs/ *Nomen* Masseuse

mas·sif /mæˈsiːf/ *Nomen* (Gebirgs)massiv

mas·sive 0‑ᵘ /ˈmæsɪv/ *Adj* (*Adv* **mas·sive·ly**) **1** wuchtig, massiv, massig **2** riesig, gewaltig, enorm ◇ *a massive heart attack* ein schwerer Herzinfarkt

ˌ**mass-ˈmarket** *Adj* [nur vor Nomen] für den Massenmarkt

the ˌ**mass ˈmedia** *Nomen* [Pl] die Massenmedien

ˌ**mass-proˈduced** *Adj* in Massenproduktion hergestellt

ˌ**mass proˈduction** *Nomen* [U] Massenproduktion

mast /mɑːst; *AmE* mæst/ *Nomen* **1** (Schiffs)mast **2** (Antennen)mast **3** (Fahnen)mast IDM → NAIL

mast·ec·tomy /mæˈstektəmi/ *Nomen* (*Pl* **-ies**) Brustamputation

mas·ter /ˈmɑːstə(r); *AmE* ˈmæstər/ *Nomen, Verb, Adj*
▸ ***Nomen*** **1** (*veraltet*) (Haus)herr **2** (*gehoben*) Herr(in) ◇ *be master of your own destiny* sein Schicksal in der Hand haben **3** Meister(in) ◇ *a master of disguise* eine Meisterin der Verstellung **4** (*Hundebesitzer*) Herr(chen) **5** (*veraltend*) Lehrer ◇ *the physics master* der Physiklehrer **6 master's** = MASTER'S DEGREE **7** (*meist* **Master**) = Person mit einem zweiten, oder in Schottland mit einem ersten Universitätsabschluss ◇ *He's a Master of Science.* Er hat ein Diplom in Naturwissenschaften. **8** Kapitän (*eines Frachters*) **9** (*oft in Zusammensetzungen*) Original **10 Master** (*Anrede für einen geistigen Führer oder Lehrer*) Meister **11 Master** (*in GB*) Rektor (*an einem College in Oxford oder Cambridge*) **12 Master** (*veraltet*) = Titel für einen Jungen, der zu jung ist, um **Mr** genannt zu werden (auch als Anrede auf Briefumschlägen verwendet) IDM **be your own ˈmaster/ˈmistress** sein eigener Herr/seine eigene Herrin sein → *Siehe auch* SERVE
▸ ***Verb*** **1** meistern, beherrschen ◇ *He never mastered French.* Französisch hat er nie in den Griff bekommen. **2** (*Gefühl*) zügeln **3** (*Mensch, Tier*) bändigen
▸ ***Adj*** [nur vor Nomen] **1** Meister- ◇ *a master craftsman* ein Handwerksmeister **2** Haupt-, Original- ◇ *the master bedroom* das große Schlafzimmer ◇ *the master copy* die Originalvorlage

mas·ter·class /ˈmɑːstəklɑːs; *AmE* ˈmæstərklæs/ *Nomen* Meisterklasse

mas·ter·ful /ˈmɑːstəfl; *AmE* ˈmæstərfl/ *Adj* (*Adv* **mas·ter·ful·ly** /-fəli/) **1** herrisch, gebieterisch **2** meisterhaft

ˈmaster key *Nomen* Hauptschlüssel, Generalschlüssel

mas·ter·ly /ˈmɑːstəli; *AmE* ˈmæstərli/ *Adj* meisterhaft, souverän

mas·ter·mind /ˈmɑːstəmaɪnd; *AmE* ˈmæstərmaɪnd/ *Nomen, Verb*
▸ ***Nomen*** [meist Sing] (führender) Kopf
▸ ***Verb*** leiten, planen

ˌmaster of ˈceremonies *Nomen* (*Abk* **MC**) Zeremonienmeister(in)

mas·ter·piece /ˈmɑːstəpiːs; *AmE* ˈmæstərpiːs/ *Nomen* Meisterwerk, Meisterstück

ˈmaster plan *Nomen* [Sing] Gesamtplan

ˈmaster's degree (*auch* **master's**) *Nomen* = der zweite, oder in Schottland der erste Universitätsabschluss ◇ *He has a Master's in Business Administration.* Er hat ein Diplom in Betriebswirtschaft.

ˈmaster stroke *Nomen* [meist Sing] Glanzleistung, geschickter Schachzug

ma·ster·work /ˈmɑːstəwɜːk; *AmE* ˈmæstərwɜːrk/ *Nomen* Meisterwerk, Meisterstück

mas·tery /ˈmɑːstəri; *AmE* ˈmæstə-/ *Nomen* **1** Können **2** Beherrschung

mast·head /ˈmɑːsthed; *AmE* ˈmæst-/ *Nomen* **1** Masttop **2** Titel (*einer Zeitung*)

mas·tic /ˈmæstɪk/ *Nomen* Mastix

mas·ti·cate /ˈmæstɪkeɪt/ *Verb* (*Fachspr*) kauen

mas·tiff /ˈmæstɪf/ *Nomen* Mastiff

mas·titis /mæˈstaɪtɪs/ *Nomen* [U] Brust(drüsen)entzündung

mas·tur·bate /ˈmæstəbeɪt; *AmE* -stərbeɪt/ *Verb* masturbieren

mas·tur·ba·tion /ˌmæstəˈbeɪʃn; *AmE* -stərˈ-/ *Nomen* Masturbation

mat /mæt/ *Nomen, Adj*
▸ ***Nomen*** **1** Matte ◇ *an exercise mat* eine Turnmatte **2** Deckchen, Untersetzer ◇ *a beer mat* ein Bierdeckel **3** Masse, Fülle ◇ *a mat of small green leaves* eine dichte Decke aus kleinen grünen Blättern
▸ ***Adj*** (*AmE*) = MATT

mata·dor /ˈmætədɔː(r)/ *Nomen* Matador

match /mætʃ/ *Nomen, Verb*
▸ ***Nomen*** **1** Streichholz, Zündholz ◇ *strike a match* ein Streichholz anzünden ◇ *put a match to sth* etw anzünden **2** (*bes BrE*) (SPORT) Spiel **3** [Sing] **be a ~ for sb**; **be sb's ~** jdm ebenbürtig sein, es mit jdm aufnehmen können ◇ *I was his match at tennis.* Ich war ihm im Tennis gewachsen. **4** [Sing] **be a good ~** gut zusammenpassen ◇ *Jo and Ian are a perfect match.* Jo und Ian sind ein ideales Paar. **5** Gegenstück ◇ *This colour is a close enough match to the original.* Diese Farbe kommt an die Originalfarbe nah genug heran. **6** (*veraltet*) Partie ◇ *He made a good match.* Er hat eine gute Partie gemacht. IDM **find/meet your ˈmatch (in sb)** (in jdm) seinen Meister finden → *Siehe auch* MAN *und* SHOOTING MATCH
▸ ***Verb*** **1** zusammenpassen; **~ sth** zu etw passen ◇ *None of these glasses match.* Diese Gläser passen überhaupt nicht zusammen. ◇ *As a couple they are not very well matched.* Die beiden passen nicht besonders gut zusammen. ◇ *a scarf with gloves to match* ein Schal mit passenden Handschuhen **2 ~ (sth)** (mit etw) übereinstimmen **3 ~ sb/sth to/with sb/sth** jdn/etw jdm/etw zuordnen ◇ *Match the quote to the person who said it.* Ordne die Zitate den Personen zu, von denen sie stammen. **4** erreichen, herankommen an ◇ *The teams were evenly matched.* Die Mannschaften waren gleich stark. **5** gleichziehen mit **6** (*Bedürfnissen etc.*) entsprechen PHR V **ˈmatch sth against sth** etw mit etw abstimmen **ˈmatch sb/sth against/with sb/sth** (SPORT) jdn/etw gegen jdn/etw antreten lassen ◇ *We are matched against Italy in the first round.* Wir müssen in der ersten Runde gegen Italien antreten. **ˌmatch ˈup (to sb/sth)** (*meist in verneinten Sätzen*) (mit jdm/etw) mithalten ◇ *The trip failed to match up to her expectations.* Die Reise kam an ihre Erwartungen nicht heran. **ˌmatch ˈup (with sth)** (mit etw) zusammenpassen, (mit etw) übereinstimmen **ˌmatch sth ˈup** etw zusammenbringen **ˌmatch sth ˈup with sth** etw einer Sache zuordnen

match·box /ˈmætʃbɒks; *AmE* -bɑːks/ *Nomen* Streichholzschachtel

match·ing /ˈmætʃɪŋ/ *Adj* [nur vor Nomen] passend

match·less /ˈmætʃləs/ *Adj* (*gehoben*) unvergleichlich, einzigartig

match·maker /ˈmætʃmeɪkə(r)/ *Nomen* Kuppler(in), Ehestifter(in)

match·mak·ing /ˈmætʃmeɪkɪŋ/ *Nomen* Kuppelei, Ehestiftung

ˌmatch ˈpoint *Nomen* (*Tennis*) Matchball

match·stick /ˈmætʃstɪk/ *Nomen* Streichholz

ˈmatchstick figure *Nomen* (*BrE*) Strichmännchen

match·wood /ˈmætʃwʊd/ *Nomen* Kleinholz

mate /meɪt/ *Nomen, Verb*
▸ ***Nomen*** **1** (*BrE, umgs*) Freund(in) **2** (*BrE, umgs*) (*freundlich gemeinte Anrede, besonders unter Männern*) ◇ *All right, mate?* Alles klar, Kumpel? **3** (*in Zusammensetzungen*) Kamerad(in), Genosse, Genossin ◇ *workmates* Arbeitskolleg(inn)en **4** (*umgs*) Partner(in), Gefährte, Gefährtin **5** (*BrE*) Gehilfe, Gehilfin ◇ *a builder's mate* ein Handlanger **6** (*Schiffsoffizier*) Maat **7** = CHECKMATE
▸ ***Verb*** **1** (*Tiere, Vögel*) sich paaren **2 ~ sth (to/with sth)** (*Tiere, Vögel*) etw (mit etw) paaren **3** = CHECKMATE

ma·ter·ial /məˈtɪəriəl; *AmE* məˈtɪr-/ *Nomen, Adj*
▸ ***Nomen*** **1** Stoff, Material ◇ *raw materials* Rohstoffe ◇ (*fig*) *He's not really champion material.* Er hat nicht

gerade das Zeug zum Champion. **2** [meist Pl] Material ◇ *teaching materials* Unterrichtsmaterialien **3** Material ◇ *The band played all new material.* Die Band brachte nur neue Sachen.
▸ ***Adj*** (*Adv* **ma·teri·ally** /-əli/) **1** [nur vor Nomen] materiell, wirtschaftlich, finanziell **2** stofflich, materiell **3** (*gehoben oder Fachspr*) wichtig, wesentlich ◇ *information that was material to the case* Informationen, die für den Fall von Bedeutung waren

ma·teri·al·ism /məˈtɪəriəlɪzəm; *AmE* məˈtɪr-/ *Nomen* Materialismus

ma·teri·al·ist /məˈtɪəriəlɪst; *AmE* məˈtɪr-/ *Nomen* Materialist(in)

ma·teri·al·is·tic /məˌtɪəriəˈlɪstɪk; *AmE* məˌtɪr-/ *Adj* (*abwert*) materialistisch

ma·teri·al·iza·tion (*BrE auch* **-isa·tion**) /məˌtɪəriəlaɪˈzeɪʃn; *AmE* məˌtɪriələˈ-/ *Nomen* Verwirklichung, Materialisation

ma·teri·al·ize (*BrE auch* **-ise**) /məˈtɪəriəlaɪz; *AmE* məˈtɪr-/ *Verb* **1** (*meist in verneinten Sätzen*) sich verwirklichen, zustande kommen, Gestalt annehmen **2** auftauchen, erscheinen

ma·ter·nal /məˈtɜːnl; *AmE* məˈtɜːrnl/ *Adj* (*Adv* **ma·ter·nally** /-nəli/) **1** Mutter-, mütterlich **2** [nur vor Nomen] mütterlicherseits ◇ *my maternal grandfather* mein Großvater mütterlicherseits

ma·ter·nity /məˈtɜːnəti; *AmE* məˈtɜːrn-/ *Nomen* Mutterschaft ◇ *maternity clothes* Umstandskleidung ◇ *a maternity ward* eine Entbindungsstation

maˈternity leave *Nomen* [U] Mutterschaftsurlaub

matey /ˈmeɪti/ *Adj, Nomen*
▸ ***Adj*** (*BrE, umgs*) kumpelhaft, vertraulich
▸ ***Nomen*** (*BrE*) (*informelle Anrede von Männern für andere Männer*) Kumpel, Mann

math·emat·ic·al /ˌmæθəˈmætɪkl/ *Adj* (*Adv* **math·emat·ic·al·ly** /-kli/) mathematisch

math·em·at·ician /ˌmæθəməˈtɪʃn/ *Nomen* Mathematiker(in)

math·emat·ics 0-w /ˌmæθəˈmætɪks/ (*BrE, umgs* **maths** /mæθs/; *AmE, umgs* **math** /mæθ/) *Nomen* **1** [U] Mathematik **2** [mit Verb im Sing/Pl] Rechnen ◇ *Is your maths correct?* Hast du richtig gerechnet?

mat·inee (*auch* **mat·inée**) /ˈmætɪneɪ; *AmE* ˌmætnˈeɪ/ *Nomen* Nachmittagsvorstellung, Frühvorstellung

mat·ing /ˈmeɪtɪŋ/ *Nomen* Paarung

mat·ins (*auch* **mat·tins**) /ˈmætɪnz; *AmE* -tnz/ *Nomen* [U] Morgenandacht, Matutin

ma·tri·arch /ˈmeɪtriɑːk; *AmE* -trɑːrk/ *Nomen* Matriarchin

ma·tri·arch·al /ˌmeɪtriˈɑːkl; *AmE* -ˈɑːrkl/ *Adj* matriarchalisch

ma·tri·archy /ˈmeɪtriɑːki; *AmE* -ɑːrki/ *Nomen* (*Pl* **-ies**) Matriarchat

matri·ces *Form von* MATRIX

matri·cide /ˈmætrɪsaɪd/ *Nomen* (*gehoben*) **1** [U] Muttermord **2** Muttermörder(in)

ma·tric·ulate /məˈtrɪkjuleɪt/ *Verb* (*gehoben*) sich immatrikulieren

ma·tricu·la·tion /məˌtrɪkjuˈleɪʃn/ *Nomen* (*gehoben*) Immatrikulation

matri·mo·nial /ˌmætrɪˈməʊniəl; *AmE* -ˈmoʊ-/ *Adj* (*gehoben*) Ehe-, ehelich

matri·mony /ˈmætrɪməni; *AmE* -moʊni/ *Nomen* (*gehoben*) Ehe(stand)

mat·rix /ˈmeɪtrɪks/ *Nomen* (*Pl* **matri·ces** /-trɪsiːz/) **1** (MATH, COMP) Matrix **2** (*gehoben*) Nährboden ◇ *the European cultural matrix* der Nährboden der europäischen Kultur **3** (*gehoben*) Netz **4** (TECH) Matrize, Form **5** (GEOL) Grundgestein

ma·tron /ˈmeɪtrən/ *Nomen* **1** (*BrE*) = Krankenschwester an einer Schule **2** (*BrE, veraltet*) Oberschwester, Oberin **3** (*meist abwert*) Matrone

ma·tron·ly /ˈmeɪtrənli/ *Adj* (*abwert*) matronenhaft

ˌmatron of ˈhonour (*AmE* **ˌmatron of ˈhonor**) *Nomen* [Sing] = verheiratete Brautführerin

matt (*AmE* **mat, matte**) /mæt/ *Adj* matt

mat·ted /ˈmætɪd/ *Adj* zottelig, verfilzt

mat·ter 0-w /ˈmætə(r)/ *Nomen, Verb*
▸ ***Nomen*** **1** Angelegenheit, Sache ◇ *let the matter drop* die Sache auf sich beruhen lassen ◇ *Let's get back to the matter in hand.* Lassen Sie uns zum Thema zurückkehren. ◇ (*iron*) *There's still the little matter of the money.* Und was ist mit dem Geld? **2 matters** [Pl] Lage, Sache ◇ *To make matters worse …* Zu allem Unglück … **3 the matter** [Sing] (*verwendet, um zu fragen, ob es ein Problem gibt*) ◇ *Is anything the matter?* Stimmt irgendetwas nicht? ◇ *What's the matter with you today?* Was ist denn heute mit dir los? **4** [Sing] Frage, Sache ◇ *It's a matter of opinion.* Das ist Ansichtssache. ◇ *It's simply a matter of letting people know in time.* Es kommt nur darauf an, dass man die Leute rechtzeitig verständigt. **5** (*Fachspr*) Materie ◇ *the properties of matter* die Eigenschaften der Materie **6** [U] Stoff(e) ◇ *reading matter* Lesestoff IDM **as a matter of ˈfact** (*umgs*) **1** übrigens **2** keineswegs **be another/a different ˈmatter** (ganz) etwas anderes sein **for ˈthat matter** (*umgs*) eigentlich ◇ *I didn't like it much. Nor did the kids, for that matter.* Mir hat es nicht besonders gefallen. Den Kindern eigentlich auch nicht. **it's just/only a matter of ˈtime (before …)** es ist nur eine Frage der Zeit (bis …) **it's a ˌmatter of ˌlife and ˈdeath** es geht um Leben oder Tod **(as) a matter of ˈcourse** selbstverständlich **a matter of ˈhours, ˈminutes, etc.** ein paar Stunden, Minuten etc. **a matter of ˈinches, ˈmetres, etc.** ein paar Zoll, Meter etc. **a ˌmatter of ˈrecord** (*gehoben*) bekannt **ˈno matter** (*umgs*) egal **no matter who, what, where, etc.** ganz gleich wer, was, wo etc. → *Siehe auch* FACT *und* LAUGHING
▸ ***Verb*** (*nicht in der Verlaufsform*) einen Unterschied machen, wichtig sein; **~ to sb** jdm etwas ausmachen, jdm etwas bedeuten ◇ *'What did you say?' 'Oh, it doesn't matter.'* „Was hast du gesagt?" „Ach, nicht so wichtig." ◇ *'I'm afraid I forgot that book again.' 'It doesn't matter.'* „Jetzt habe ich das Buch schon wieder vergessen." „Macht nichts."

ˌmatter-of-ˈfact *Adj* (*Adv* **ˌmatter-of-ˈfactly**) sachlich, nüchtern

mat·ting /ˈmætɪŋ/ *Nomen* [U] (geflochtene) Matten

mat·tins = MATINS

mat·tress /ˈmætrəs/ *Nomen* Matratze

mat·ur·ation /ˌmætʃuˈreɪʃn/ *Nomen* (*gehoben*) Reifung, Heranreifen, Reifeprozess

ma·ture /məˈtʃʊə(r), məˈtjʊə(r); *AmE* məˈtʃʊr, məˈtʊr/ *Adj, Verb*
▸ ***Adj*** („*Maturer" wird gelegentlich anstelle von „more mature" verwendet*) **1** (*Adv* **ma·ture·ly**) verständig, vernünftig, reif **2** ausgewachsen ◇ *sexually mature* geschlechtsreif **3** (aus)gereift (*auch fig*), reif ◇ *mature Gouda* alter Gouda **4** (*nicht mehr jung*) reif(er) ◇ *a man of mature years* ein Mann in reiferen Jahren **5** (WIRTSCH) (*Zahlung etc.*) fällig IDM **on mature reˈflection/consideˈration** (*gehoben*) nach reiflicher Überlegung
▸ ***Verb*** **1** (heran)reifen, reif(er) werden **2** auswachsen **3** (WIRTSCH) (*Zahlung etc.*) fällig werden

maˌture ˈstudent *Nomen* (*BrE*) Spätstudierende(r)

ma·tur·ity /məˈtʃʊərəti, məˈtjʊə-; *AmE* məˈtʃʊr-, məˈtʊ-/ *Nomen* **1** Reife ◇ *He has maturity beyond his years.* Er ist sehr reif für sein Alter. **2** volle Reife, volle Größe ◇ *reach maturity* volljährig/erwachsen werden ◇ *The forest will take 100 years to reach ma-*

turity. Der Wald braucht 100 Jahre um heranzuwachsen. **3** (WIRTSCH) Fälligkeit (*von Zahlungen etc.*)

matzo /ˈmætsəʊ; *AmE* ˈmɑːtsoʊ/ *Nomen* (*Pl* **-os**) Matze

maud·lin /ˈmɔːdlɪn/ *Adj* rührselig, sentimental

maul /mɔːl/ *Verb* **1** anfallen, übel zurichten **2** betatschen, grob behandeln **3** (*kritisieren*) verreißen **4** (*umgs*) (SPORT) vernichtend schlagen, fertigmachen

maul·ing /ˈmɔːlɪŋ/ *Nomen* [Sing] **1 a mauling** heftige Angriffe **2** Verriss **3** Niederlage

Maundy Thurs·day /ˌmɔːndi ˈθɜːzdeɪ, -di; *AmE* ˈθɜːrz-/ *Nomen* Gründonnerstag

mau·so·leum /ˌmɔːsəˈliːəm/ *Nomen* Grabmal, Mausoleum

mauve /məʊv; *AmE* moʊv/ *Adj, Nomen*

▸ ***Adj*** malvenfarben

▸ ***Nomen*** Malvenfarbe

maven /ˈmeɪvn/ *Nomen* (*AmE*) Experte, Expertin

maw /mɔː/ *Nomen* (*gehoben*) Rachen, Schlund

mawk·ish /ˈmɔːkɪʃ/ *Adj* (*abwert*) rührselig

mawk·ish·ness /ˈmɔːkɪʃnəs/ *Nomen* Rührseligkeit

max /mæks/ *Abk, Nomen, Verb*

▸ ***Abk*** **1** (*bes AmE* **max.**) = MAXIMUM **2** maximal, höchstens (*umgs*)

▸ ***Nomen*** IDM **to the ˈmax** bis zum Äußersten ◇ *She believes in living life to the max.* Sie glaubt daran, das Leben bis zur Neige auszukosten.

▸ ***Verb*** PHR V **ˌmax ˈout** (*AmE, umgs*) einen Höchststand erreichen **ˌmax sth ˈout** (*AmE, umgs*) etw ausschöpfen

maxim /ˈmæksɪm/ *Nomen* Maxime

max·imal /ˈmæksɪml/ *Adj* (*Fachspr*) maximal

maxi·miza·tion (*BrE auch* **-isa·tion**) /ˌmæksɪmaɪˈzeɪʃn; *AmE* -məˈ-/ *Nomen* Maximierung

maxi·mize (*BrE auch* **-ise**) /ˈmæksɪmaɪz/ *Verb* **1** maximieren **2** (COMP) (*Fenster etc.*) vergrößern **3 ~ sth** aus etw das Beste machen

max·imum 🗝 /ˈmæksɪməm/ *Adj, Nomen*

▸ ***Adj*** [nur vor Nomen] (*Abk* **max**) Höchst-, maximal ◇ *a maximum security prison* ein Hochsicherheitsgefängnis

▸ ***Nomen*** (*Pl* **max·ima** /ˈmæksɪmə/) [meist Sing] (*Abk* **max**) **1** Maximum ◇ *The job will require you to use all your skills to the maximum.* Die Stelle wird Ihre Fähigkeiten bis zum Äußersten beanspruchen. **2** Höchsttemperatur

May 🗝 /meɪ/ *Nomen* Mai → *Beispiele bei* JANUAR

may 🗝 /meɪ/ *Modalvb, Nomen*

▸ ***Modalvb*** (**might**) **1** können ◇ *You may be right.* Du kannst Recht haben. ◇ *He may have forgotten.* Es kann sein, dass er es vergessen hat. ◇ *You might have told me earlier.* Du hättest es mir eher sagen können. **2** dürfen ◇ *Outdoor shoes may not be worn in the gym.* In der Turnhalle dürfen keine Straßenschuhe getragen werden. ◇ *Books may only be borrowed for two weeks.* Bücher dürfen nur zwei Wochen ausgeliehen werden. ◇ *May I use your phone?* Darf ich Ihr Telefon benutzen? **3** (*gehoben*) (*drückt Wünsche und Hoffnungen aus*) möge ◇ *Long may it continue.* Möge es lange so weitergehen. IDM **be that as it ˈmay** (*gehoben*) wie dem auch sei → *Siehe auch* WELL

▸ ***Nomen*** Weißdornblüte, Rotdornblüte

maybe 🗝 /ˈmeɪbi/ *Adv* vielleicht

May·day /ˈmeɪdeɪ/ *Nomen* [Sing] (*Notsignal*) Mayday

ˈMay Day *Nomen* Maifeiertag

may·fly /ˈmeɪflaɪ/ *Nomen* (*Pl* **-ies**) Eintagsfliege

may·hem /ˈmeɪhem/ *Nomen* [U] Chaos

may·on·naise /ˌmeɪəˈneɪz; *AmE* ˈmeɪəneɪz/ (*umgs* **mayo** /ˈmeɪəʊ; *AmE* ˈmeɪoʊ/) *Nomen* Mayonnaise

mayor 🗝 /meə(r); *AmE* ˈmeɪər/ *Nomen* Bürgermeister(in)

may·oral /ˈmeərəl; *AmE* ˈmeɪərəl/ *Adj* [nur vor Nomen] bürgermeisterlich, des Bürgermeisters, der Bürgermeisterin

may·or·alty /ˈmeərəlti; *AmE* ˈmeɪərəlti/ *Nomen* (*Pl* **-ies**) (*gehoben*) **1** Bürgermeisteramt **2** Amtszeit als Bürgermeister(in)

may·or·ess /meəˈres; *AmE* ˈmeɪərəs/ *Nomen* **1** Bürgermeisterin **2** (*in England, Wales und Nordirland*) = Gattin des Bürgermeisters

may·pole /ˈmeɪpəʊl; *AmE* -poʊl/ *Nomen* Maibaum

maze /meɪz/ *Nomen* **1** Irrgarten, Labyrinth **2** [meist Sing] Wirrwarr **3** (*AmE*) Labyrinthrätsel

MB /ˌem ˈbiː/ **1** *Kurzform von* **Bachelor of Medicine** (*in GB*) = Inhaber(in) eines Hochschulabschlusses in Medizin **2** (*auch* **Mb**) = MEGABYTE

MBA /ˌem biː ˈeɪ/ *Kurzform von* **Master of Business Administration** **1** ≈ Diplom in Betriebswirtschaft ◇ *do an MBA* Betriebswirtschaft studieren **2** ≈ Diplombetriebswirt(in)

MBE /ˌem biː ˈiː/ *Kurzform von* **Member (of the Order) of the British Empire** **1** = britischer Verdienstorden **2** = Träger(in) eines britischen Verdienstordens

MC /ˌem ˈsiː/ **1** *Kurzform von* **Master of Ceremonies** Zeremonienmeister(in) **2 M.C.**, **Member of Congress** (*in den USA*) Kongressabgeordnete(r)

MCC /ˌem siː ˈsiː/ *Kurzform von* **Marylebone Cricket Club** = britischer Kricketverband

McCoy /məˈkɔɪ/ *Nomen* IDM **the real McˈCoy** (*umgs*) das Original

ˈm-commerce *Nomen* (WIRTSCH) M-Commerce ◇ *m-tickets and other m-commerce products* Handytickets und andere M-Commerce Produkte

MD /ˌem ˈdiː/ **1** *Kurzform von* **Doctor of Medicine** Dr. med. **2** *Kurzform von* **Managing Director** Geschäftsführer(in) **3** = MINIDISC

ME /ˌem ˈiː/ **1** (*BrE*) *Kurzform von* **myalgic encephalomyelitis** chronisches Erschöpfungssyndrom **2** = MEDICAL EXAMINER

me 🗝 *Pron, Nomen*

▸ ***Pron*** /mi, *betont* miː/ mich (mir)

▸ ***Nomen*** (*auch* **mi**) /miː/ (MUS) mi

mead /miːd/ *Nomen* Met

meadow /ˈmedəʊ; *AmE* -doʊ/ *Nomen* Wiese ◇ *water meadows* Auen

meagre (*AmE* **mea·ger**) /ˈmiːgə(r)/ *Adj* karg, dürftig, mager

meal 🗝 /miːl/ *Nomen* **1** Mahlzeit **2** Essen ◇ *Let's go out for a meal.* Lass uns essen gehen. ◇ *a three-course meal* ein Drei-Gänge-Menü ◇ *Enjoy your meal.* Guten Appetit. **3** (*oft in Zusammensetzungen*) Schrot, Mehl IDM **make a ˈmeal of sth** (*umgs*) eine große Sache aus etw machen → *Siehe auch* SQUARE

ˌmeals on ˈwheels *Nomen* [Pl] Essen auf Rädern

ˈmeal ticket *Nomen* **1** (*umgs*) Einnahmequelle, Versorger **2** (*AmE*) Essenmarke

meal·time /ˈmiːltaɪm/ *Nomen* Essenszeit

mealy-mouthed /ˌmiːli ˈmaʊðd/ *Adj* (*abwert*) unaufrichtig ◇ *Don't be so mealy-mouthed!* Rede nicht um den heißen Brei herum!

mean 🗝 /miːn/ *Verb, Adj, Nomen*

▸ ***Verb*** (**meant, meant** /ment/) **1** (*nicht in der Verlaufsform*) bedeuten, heißen ◇ *Does the name David Berwick mean anything to you?* Sagt Ihnen der Name David Berwick was? **2** (*nicht in der Verlaufsform*) meinen ◇ *Don't laugh! I mean it.* Lach nicht! Ich meine es ernst. ◇ *What did she mean by leaving so early?* Warum ist sie denn so früh gegangen? **3** wollen ◇ *He means trouble.* Er will Ärger machen. **4** (*oft passiv*) **~ sb to be sth** wollen, dass jd etw wird; **be meant for**

sb/sth für jdn/etw geschaffen sein, für jdn/etw bestimmt sein ◊ *It just wasn't meant to be.* Es hat einfach nicht sein sollen. **5** zur Folge haben, nach sich ziehen **6** *(kein Passiv)* **~ sth (to sb)** (jdm) etw bedeuten ◊ *$20 means a lot when you live on $100 a week.* $20 ist eine Menge Geld, wenn man von $100 in der Woche lebt. IDM **be meant to be sth** etw sein sollen ◊ *This restaurant is meant to be excellent.* Dieses Restaurant soll ausgezeichnet sein. **be meant to do sth** etw tun sollen ◊ *You're meant to pay before you go in.* Vor dem Hineingehen muss man zahlen. **I mean** *(umgs)* ich meine **mean 'business** *(umgs)* es ernst meinen **mean (sb) no 'harm**; **not mean (sb) any 'harm** es nicht böse (mit jdm) meinen **mean to 'say** sagen wollen **'mean well** *(meist abwert)* es gut meinen
▸ **Adj 1** *(BrE)* geizig **2** gemein, fies **3** *(bes AmE)* bösartig **4** *(bes AmE, umgs)* klasse, spitze ◊ *She plays a mean game of chess.* Sie spielt klasse Schach. **5** [nur vor Nomen] *(Fachspr)* mittlere(r,s) *(Temperatur etc.)* **6** *(gehoben)* *(Intelligenz etc.)* niedrig, mindere(r,s) **7** *(gehoben)* schäbig **8** *(veraltet)* *(soziale Verhältnisse)* klein, einfach IDM **be no mean …** kein(e) schlechte(r,s) … sein ◊ *He's no mean artist.* Er ist kein schlechter Künstler.
▸ **Nomen 1** Mitte, Mittelweg **2** *(auch* **arith,metic 'mean**) arithmetisches Mittel **3** *(auch* **geo'metric mean**) geometrisches Mittel IDM **the happy/golden 'mean** die goldene Mitte

me·ander /mi'ændə(r)/ *Verb, Nomen*
▸ **Verb 1** sich schlängeln, sich winden **2** schlendern **3** (vom Thema) abschweifen; *(Gespräch etc.)* sich dahinschleppen
▸ **Nomen** Windung, Mäander

me·ander·ings /mi'ændrɪŋz/ *Nomen* [Pl] **1** Windungen, Biegungen **2** Abschweifungen ◊ *his philosophical meanderings* seine philosophischen Exkurse

meanie /'mi:ni/ *Nomen (umgs, Kinderspr)* Fiesling, Geizkragen ◊ *Don't be such a meanie!* Sei doch nicht so fies!

mean·ing 🔑 /'mi:nɪŋ/ *Nomen, Adj*
▸ **Nomen** Bedeutung, Sinn ◊ *'Honesty'? He doesn't know the meaning of the word!* „Ehrlichkeit"? Er weiß doch gar nicht, was das ist! ◊ *I don't quite get your meaning.* Ich verstehe nicht ganz, was du meinst. ◊ *What's the meaning of this?* Was soll das?
▸ **Adj** bedeutungsvoll

mean·ing·ful /'mi:nɪŋfl/ *Adj (Adv* **mean·ing·ful·ly** /-fəli/) **1** aussagekräftig ◊ *words that are meaningful to pupils* Wörter, die den Schülern etwas sagen **2** wichtig, bedeutend **3** *(Blick, Pause, Lächeln etc.)* bedeutungsvoll

mean·ing·ful·ness /'mi:nɪŋflnəs/ *Nomen* Bedeutsamkeit, Bedeutung

mean·ing·less /'mi:nɪŋləs/ *Adj (Adv* **mean·ing·lessly**) **1** sinnlos **2** wenig aussagekräftig; *(Worte, Gesten etc.)* leer ◊ *To me that painting is completely meaningless.* Mir sagt dieses Gemälde überhaupt nichts. **3** unbedeutend

mean·ing·less·ness /'mi:nɪŋləsnəs/ *Nomen* Bedeutungslosigkeit

mean·ness /'mi:nnəs/ *Nomen* **1** Geiz **2** Gemeinheit **3** Armseligkeit

means 🔑 /mi:nz/ *Nomen (Pl* **means**) **1** Mittel, Möglichkeit ◊ *We had no means of transport.* Wir hatten keine Fahrgelegenheit. ◊ *By this means …* Auf diese Weise … ◊ *Have you any means of identification?* Können Sie sich ausweisen? **2** [Pl] (Geld)mittel, finanzielle Möglichkeiten ◊ *That would be beyond their means.* Das könnten sie sich nicht leisten. ◊ *They try to live within their means.* Sie versuchen ihren Verhältnissen entsprechend zu leben. ◊ *a man of means* ein vermögender Mann IDM **by 'all means** *(umgs)* selbstverständlich **by means of sth** *(gehoben)* mithilfe von etw **by 'no means**; **not by 'any (manner of) means** keineswegs **a ,means to an 'end** ein Mittel zum Zweck **,ways and 'means** Mittel und Wege → *Siehe auch* END *und* FAIR

'means test *Nomen* Bedürftigkeitsprüfung

'means-test *Verb* **~ sb** jds Bedürftigkeit überprüfen

'means-tested *Adj* nach Bedürftigkeit gestaffelt

meant *Form von* MEAN

mean·time /'mi:ntaɪm/ *Nomen, Adv*
▸ **Nomen** IDM **in the 'meantime** in der Zwischenzeit
▸ **Adv** *(umgs)* inzwischen

mean·while 🔑 /'mi:nwaɪl/ *Adv, Nomen*
▸ **Adv 1** unterdessen, solange **2** inzwischen, bis dahin **3** indessen
▸ **Nomen** IDM **in the 'meanwhile** in der Zwischenzeit

mea·sles /'mi:zlz/ *Nomen* [U] Masern → *Siehe auch* GERMAN MEASLES

measly /'mi:zli/ *Adj (umgs, abwert)* mickrig ◊ *I get a measly $10 a day.* Ich bekomme lumpige $10 am Tag.

meas·ur·able /'meʒərəbl/ *Adj (Adv* **meas·ur·ably** /-bli/) **1** messbar **2** merklich

meas·ure 🔑 /'meʒə(r)/ *Verb, Nomen*
▸ **Verb 1** messen ◊ *measuring equipment* Messausrüstung **2 ~ sb for sth** *(für einen Anzug etc.)* (bei) jdm Maß für etw nehmen **3** *(nicht in der Verlaufsform)* messen ◊ *The room measures 4m by 5m.* Das Zimmer misst 4 mal 5 Meter. **4** abschätzen, einschätzen PHR V **'measure sb/sth against sb/sth** jdn/etw mit jdm/etw vergleichen **,measure sth 'out** etw abmessen **,measure sb 'up** (bei) jdm Maß nehmen **,measure (sth) 'up** (etw) ausmessen ◊ *We'll have to measure up before the furniture comes.* Wir müssen das Zimmer ausmessen, bevor die Möbel angeliefert werden. **,measure 'up** den Erwartungen entsprechen ◊ *The new player just doesn't measure up.* Der neue Spieler ist wirklich eine Enttäuschung. **,measure 'up to sth/sb** *(meist in Fragen und verneinten Sätzen)* etw/jdms gerecht werden
▸ **Nomen 1** Maßnahme **2** [Sing] Maß, Grad ◊ *She achieved some measure of success.* Sie hat einen gewissen Erfolg erreicht. **3** [Sing] Zeichen ◊ *Sending flowers is a measure of how much you love her.* Dass du Blumen schickst, zeigt, wie sehr du sie liebst. **4** Maßstab ◊ *Is this test a good measure of reading comprehension?* Ist dieser Test eine gute Methode, um das Leseverständnis zu beurteilen? **5** Maß(einheit) ◊ *a measure of weight* eine Gewichtseinheit **6** Quantum ◊ *a generous measure of whisky* ein ordentliches Quantum Whisky **7** Messstab, Maßband, Messbecher **8** *(AmE)* (MUS) Takt IDM **beyond 'measure** *(gehoben)* über die Maßen; außerordentlich **for good 'measure** sicherheitshalber ◊ *I put in an extra spoonful for good measure.* Ich habe sicherheitshalber einen Löffel mehr genommen. **full 'measure** volles (Aus)maß ◊ *Only one out of 208 pints served came up to a full measure.* Nur eines von 208 servierten Gläsern Bier war bis zum Strich gefüllt. **get/have the 'measure of sb**; **get/have sb's 'measure** *(gehoben)* jdn richtig einschätzen **in full 'measure** *(gehoben)* voll und ganz **in no small 'measure** *(gehoben)* in nicht geringem Maße **in some, equal, etc. measure** *(gehoben)* in gewissem, gleichem etc. Maße ◊ *Our thanks are due in equal measure to every member of the team.* Unser Dank geht gleichermaßen an jedes Mitglied der Arbeitsgruppe. **,made to 'measure** *(BrE)* nach Maß (an)gefertigt ◊ *a made-to-measure suit* ein Maßanzug **short 'measure** zu wenig ◊ *The barman gave me short measure.* Der Barmann hat mein Glas nicht voll gemacht. ◊ *The concert only lasted an hour, so we felt we were getting short measure.* Das Konzert hat nur eine Stunde gedauert; deshalb hatten wir das

Gefühl, dass wir zu kurz gekommen waren. → *Siehe auch* LARGE

meas·ured /ˈmeʒəd; *AmE* -ʒərd/ *Adj* [nur vor Nomen] gemessen ◇ *with measured steps* gemessenen Schrittes

meas·ure·ment 0‑ᴡ /ˈmeʒəmənt; *AmE* -ʒərmənt/ *Nomen* **1** (Ab)messen, Messung **2** [meist Pl] Maß, (Mess)wert ◇ *a unit of measurement* eine Maßeinheit

ˈmeasuring jug (*AmE* **ˈmeasuring cup**) *Nomen* Messbecher

ˈmeasuring tape *Nomen* Maßband, Metermaß

meat 0‑ᴡ /miːt/ *Nomen* **1** Fleisch ◇ *horse meat* Pferdefleisch ◇ *dog meat* Hundefutter ◇ (*fig, hum*) *There's not much meat on her.* Sie hat nicht viel Fleisch auf den Knochen. **2** (*fig*) Kern, Substanz ◇ *the real meat of the argument* der eigentliche Kern der Argumentation IDM **ˌmeat-and-poˈtatoes** (*AmE*) **1** grundlegend **2** alltäglich **3** (*Küche*) gutbürgerlich; (*Mensch*) bodenständig

meat·ball /ˈmiːtbɔːl/ *Nomen* Fleischkloß

ˈmeat grinder *Nomen* (*AmE*) Fleischwolf

ˈmeat loaf *Nomen* Hackbraten

ˈmeat packing *Nomen* (*AmE*) Fleischverarbeitung

meaty /ˈmiːti/ *Adj* (**meat·ier**, **meati·est**) **1** fleischig, Fleisch- ◇ *a meaty casserole* ein Eintopf mit reichlich Fleisch ◇ (*umgs, fig*) *a meaty hand* eine fleischige Hand **2** (*fig*) gehaltvoll, inhaltsschwer

Mecca /ˈmekə/ *Nomen* Mekka

mecha /ˈmekə/ *Nomen* (*Pl* **mecha** *oder* **mechas**) (*in japanischen Filmen, Spielen und Comics*) = großer Kampfroboter in Menschen- oder Tierform

mech·an·ic /məˈkænɪk/ *Nomen* **1** Mechaniker(in) **2 mechanics** [U] (*Wissenschaft*) Mechanik **3 mechanics** [U] Maschinenbau **4 the mechanics** [Pl] der Ablauf, der Mechanismus ◇ *the exact mechanics of how payment will be made* wie die Zahlungen im Einzelnen abzuwickeln sind

mech·an·ic·al /məˈkænɪkl/ *Adj* (*Adv* **mech·an·ic·al·ly** /-kli/) **1** maschinell, Maschinen-, technisch ◇ *a mechanical failure* ein technisches Versagen **2** mechanisch (*auch fig*) ◇ (*fig*) *a mechanical gesture* eine mechanische Geste **3** technisch begabt

meˌchanical engiˈneer *Nomen* Maschinenbauingenieur(in)

meˌchanical engiˈneering *Nomen* Maschinenbau

mech·an·ism /ˈmekənɪzəm/ *Nomen* **1** Mechanismus, Mechanik ◇ *a survival/escape mechanism* ein Überlebens-/Fluchtmechanismus **2** Verfahren(sweise)

mech·an·is·tic /ˌmekəˈnɪstɪk/ *Adj* (*Adv* **mech·an·is·tic·ally** /-kli/) (*oft abwert*) mechanistisch

mech·an·iza·tion (*BrE auch* **-isa·tion**) /ˌmekənaɪˈzeɪʃn; *AmE* -nəˈ-/ *Nomen* Mechanisierung

mech·an·ize (*BrE auch* **-ise**) /ˈmekənaɪz/ *Verb* (*meist passiv*) mechanisieren

Med /med/ **the Med** (*umgs*) = MEDITERRANEAN

med /med/ *Adj* (*bes AmE, umgs*) = MEDICAL

medal /ˈmedl/ *Nomen* Medaille ◇ *award sb a medal for bravery* jdm eine Tapferkeitsmedaille verleihen IDM → DESERVE

med·al·lion /məˈdæliən/ *Nomen* Medaillon

med·al·list (*AmE* **med·al·ist**) /ˈmedəlɪst/ *Nomen* Medaillengewinner(in)

ˌMedal of ˈFreedom *Nomen* = in den Vereinigten Staaten die höchste Auszeichnung für Zivilisten, die sich besonders verdient gemacht haben

ˌMedal of ˈHonor *Nomen* = höchste militärische Tapferkeitsauszeichnung in den Vereinigten Staaten

med·dle /ˈmedl/ *Verb* **1 ~ (in/with sth)** (*abwert*) sich (in etw) einmischen **2 ~ (with sth)** (an/mit etw) herumspielen

med·dling /ˈmedlɪŋ/ *Nomen* Einmischung

media 0‑ᴡ /ˈmiːdiə/ *Nomen* **the media** die Medien ◇ *the broadcasting media* Rundfunk und Fernsehen ◇ *The case received widespread media coverage.* In den Medien wurde von dem Fall ausführlich berichtet. → *Siehe auch* MEDIUM

medi·aeval = MEDIEVAL

me·dian /ˈmiːdiən/ *Adj, Nomen*

▸ ***Adj*** [nur vor Nomen] (*Fachspr*) **1** mittlere(r,s) ◇ *the median price* die mittlere Preisklasse **2** Mittel- ◇ *a median point* ein Mittelpunkt

▸ ***Nomen*** **1** (MATH) Median(wert) **2** (*Geometrie*) Mediane, Seitenhalbierende **3** (*AmE*) (*auch* **ˈmedian strip**) Mittelstreifen

ˈmedia studies *Nomen* [mit Verb im Sing/Pl] Medienwissenschaft(en), Publizistik

me·di·ate /ˈmiːdieɪt/ *Verb* **1** vermitteln ◇ *mediate disputes* Streitigkeiten ausräumen **2** (*Einigung etc.*) aushandeln, erzielen **3** (*meist passiv*) (*gehoben oder Fachspr*) beeinflussen

me·di·ation /ˌmiːdiˈeɪʃn/ *Nomen* [U] Vermittlung

me·di·ator /ˈmiːdieɪtə(r)/ *Nomen* Vermittler(in)

medic /ˈmedɪk/ *Nomen* **1** (*BrE, umgs*) Medizinstudent(in) **2** (*umgs*) (*Arzt, Ärztin*) Doktor(in) **3** (*AmE*) Sanitäter(in)

Me·dic·aid /ˈmedɪkeɪd/ *Nomen* = aus Steuermitteln finanzierte staatliche Gesundheitsfürsorge für Bedürftige in den USA

med·ic·al 0‑ᴡ /ˈmedɪkl/ *Adj, Nomen*

▸ ***Adj*** (*Adv* **med·ic·al·ly** /-kli/) **1** (*bes AmE, umgs* **med**) medizinisch, gesundheitlich, ärztlich ◇ *the medical profession* die Ärzteschaft) ◇ *a medical student* ein(e) Medizinstudent(in) ◇ *She's in med school.* Sie studiert Medizin. **2** ◇ *the medical ward* die innere Abteilung

▸ ***Nomen*** (*umgs*) (*gehoben* **ˌmedical examiˈnation**) ärztliche Untersuchung

ˌmedical eˈxaminer *Nomen* (*Abk* **ME**) (*AmE*) Gerichtsmediziner(in)

ˈmedical officer *Nomen* (*Abk* **MO**, **M.O.**) **1** ≈ Amtsarzt/-ärztin **2** Betriebsarzt/-ärztin **3** Militärarzt/-ärztin

Medi·care /ˈmedɪkeə(r); *AmE* -ker/ *Nomen* = aus Steuermitteln finanzierte staatliche Gesundheitsfürsorge für Senioren in den USA

medi·cated /ˈmedɪkeɪtɪd/ *Adj* medizinisch

medi·ca·tion /ˌmedɪˈkeɪʃn/ *Nomen* **1** Medikamente ◇ *be on medication* Medikamente nehmen **2** Medikation

me·di·cin·al /məˈdɪsɪnl/ *Adj* heilend, Heil-, medizinisch

medi·cine 0‑ᴡ /ˈmedsn; *BrE auch* ˈmedɪsn/ *Nomen* **1** [U] Medizin ◇ *practise medicine* als Arzt praktizieren **2** Heilmittel, Medizin IDM **the best ˈmedicine** die beste Medizin **a taste/dose of your own ˈmedicine** ◇ *Let the bully have a taste of his own medicine.* Zahl ihm die Schikanen doch mit gleicher Münze heim.

ˈmedicine man *Nomen* Medizinmann

med·ico /ˈmedɪkəʊ; *AmE* -koʊ/ *Nomen* (*Pl* **-os**) (*umgs*) Doktor

medi·eval (*auch* **medi·aeval**) /ˌmediˈiːvl; *AmE auch* ˌmiːdˈiːvl/ *Adj* mittelalterlich ◇ *the medieval period* das Mittelalter

me·di·ocre /ˌmiːdiˈəʊkə(r); *AmE* -ˈoʊ-/ *Adj* (*abwert*) mittelmäßig

me·di·oc·rity /ˌmiːdiˈɒkrəti; *AmE* -ˈɑːk-/ *Nomen* (*Pl* **-ies**) (*abwert*) **1** [U] Mittelmäßigkeit **2** unbedeutende Figur, kleines Licht

medi·tate /ˈmedɪteɪt/ *Verb* **1 ~ (on/upon sth)** (über etw) meditieren **2 ~ sth** *(gehoben)* etw planen, über etw nachdenken

medi·ta·tion /ˌmedɪˈteɪʃn/ *Nomen* **1** [U] Meditation ◇ *(fig) He was deep in meditation.* Er war tief in Gedanken versunken. **2** [meist Pl] **~ (on sth)** *(gehoben)* Betrachtung (über etw)

medi·ta·tive /ˈmedɪtətɪv; AmE -teɪtɪv/ *Adj (gehoben)* **1** nachdenklich, besinnlich **2** Meditations-, meditativ

Medi·ter·ra·nean /ˌmedɪtəˈreɪniən/ *Adj, Nomen*
▸ ***Adj*** [nur vor Nomen] mediterran, Mittelmeer-
▸ ***Nomen*** **the Mediterranean (Sea)**; *umgs* **the Med** das Mittelmeer

me·dium /ˈmiːdiəm/ *Adj, Nomen*
▸ ***Adj*** *(Abk* **M**) mittel, mittlere(r,s) ◇ *a medium size car* ein Mittelklassewagen ◇ *a medium size business* ein mittelständischer Betrieb ◇ *a medium steak* ein halb durchgebratenes Steak IDM → TERM
▸ ***Nomen*** *(Pl* **media** /ˈmiːdiə/ *oder* **me·diums**) **1** Kommunikationsmittel, Medium **2** (Hilfs)mittel ◇ *English is the medium of instruction.* Die Unterrichtssprache ist Englisch. **3** *(künstlerisches)* Ausdrucksmittel, Medium **4** (NATURW) Lösung, Medium **5** *(Pl* **mediums**) *(Parapsychologie)* Medium IDM → HAPPY

ˈmedium shot *Nomen* [U/Sing] *(Film)* Halbnahe ◇ *The man strides in medium shot through the streets.* Man sieht den Mann, wie er in der Halbnahen durch die Straßen läuft. ◇ *The scene ends with a medium shot of Mr Dennis.* Die Schlussszene zeigt Mr Dennis in der Halbnahen.

ˈmedium-sized *Adj* mittelgroß

ˈmedium-term *Adj* mittelfristig

ˈmedium wave *Nomen (Abk* **MW**) [Sing] Mittelwelle

med·ley /ˈmedli/ *Nomen* **1** Potpourri, Medley **2** Gemisch, Sammelsurium **3** *(Schwimmen)* Lagenstaffel

meek /miːk/ *Adj, Nomen*
▸ ***Adj*** *(Adv* **meek·ly**) sanft(mütig), demütig, nachgiebig ◇ *He meekly did as he was told.* Er tat widerspruchslos, was man ihm sagte.
▸ ***Nomen*** **the meek** [Pl] die Sanftmütigen

meek·ness /ˈmiːknəs/ *Nomen* Sanftmütigkeit, Nachgiebigkeit

meerkat /ˈmɪəkæt; AmE ˈmɪrkæt/ *Nomen* Erdmännchen

meet /miːt/ *Verb, Nomen*
▸ ***Verb*** **(met, met** /met/) **1** *(kein Passiv)* sich treffen **2** *(kein Passiv)* **~ sb** jdn treffen **3** *(kein Passiv)* sich kennenlernen ◇ *I don't think we've met.* Ich glaube, wir kennen uns noch nicht. **4** *(kein Passiv)* **~ sb** jdn kennenlernen ◇ *(bes BrE) Pleased to meet you.* Freut mich. ◇ *(AmE) Nice meeting you.* Freut mich. **5** abholen ◇ *meet sb at the airport* jdn vom Flughafen abholen ◇ *He met my train.* Er hat mich vom Bahnhof abgeholt. **6** *(kein Passiv) (in einem Wettbewerb)* aufeinander treffen **7** *(kein Passiv)* **~ sb** auf jdn treffen **8 ~ sth** auf etw stoßen, etw (vor)finden, etw erleiden **9** *(kein Passiv)* sich berühren **10** *(kein Passiv)* **~ sth** etw berühren ◇ *That's where the river meets the sea.* Dort fließt der Fluss ins Meer. **11** befriedigen, erfüllen ◇ *meet a deadline* einen Termin einhalten ◇ *meet criticism* einer Kritik begegnen **12** *(Kosten etc.)* tragen IDM **meet sb's ˈeye(s)** **1** *(auch* **meet sb's gaze, look, etc.**) jdm in die Augen sehen; jds Blick begegnen **2** *(Anblick etc.)* sich jds Augen bieten **meet sb halfˈway** jdm auf halbem Wege entgegenkommen **meet your ˈMaker** *(hum) (sterben)* vor seinen Schöpfer treten **there is more to sb/sth than meets the ˈeye** in jdm/hinter etw steckt mehr, als es den Anschein hat → *Siehe auch* END *und* MATCH PHRV **ˌmeet ˈup (with sb)** sich (mit jdm) treffen **ˈmeet with sb** *(bes AmE)* sich mit jdm treffen **ˈmeet with sth** *(gehoben)* auf etw stoßen, etw (vor)finden, etw erleiden ◇ *meet with failure* keinen Erfolg haben ◇ *meet with success* Erfolg ernten **ˈmeet sth with sth** auf etw mit etw reagieren ◇ *meet the occasion with confidence* der Situation selbstbewusst entgegentreten
▸ ***Nomen*** **1** *(bes AmE)* (SPORT) Wettkampf ◇ *a track meet* ein Rennen **2** *(BrE)* Fuchsjagd

meet·ing /ˈmiːtɪŋ/ *Nomen* **1** Versammlung, Sitzung, Besprechung **2 the meeting** [Sing] = die Teilnehmer einer Versammlung ◇ *The meeting voted to accept the proposal.* In der Sitzung wurde beschlossen, den Vorschlag zu akzeptieren. **3** Begegnung, Treffen **4** (SPORT) Wettkampf, Rennen IDM **a ˈmeeting of minds** eine Verständigung; ein Gedankenaustausch; eine Begegnung

ˈmeeting place *Nomen* Treffpunkt

meg /meg/ *Nomen* (COMP) *(umgs)* = MEGABYTE ◇ *more than 512 megs of memory* mehr als 512 MB Speicher

mega /ˈmegə/ *Adj, Adv*
▸ ***Adj*** *(umgs)* Mega-, Riesen- ◇ *a mega hit* ein Riesenhit
▸ ***Adv*** mega-, super- ◇ *mega rich* superreich

mega- /ˈmegə/ *Vorsilbe (mit Nomina und Adjektiven verwendet)* **1** *(im allgemeinen Sprachgebrauch)* riesig ◇ *a megastore* ein Riesenkaufhaus ◇ *megabucks* viel Geld **2** *(in Maßeinheiten und in der Informatik)* Mega- ◇ *one megawatt* ein Megawatt

mega·byte /ˈmegəbaɪt/ *Nomen (Abk* **MB**; *umgs* **meg**) Megabyte

mega·hertz /ˈmegəhɜːts; AmE -hɜːrts/ *Nomen (Pl* **mega·hertz**) *(Abk* **MHz**) Megahertz

mega·lith /ˈmegəlɪθ/ *Nomen* Megalith

mega·lith·ic /ˌmegəˈlɪθɪk/ *Adj* megalithisch

meg·alo·mania /ˌmegələˈmeɪniə/ *Nomen* [U] Megalomanie, Größenwahn

meg·alo·maniac /ˌmegələˈmeɪniæk/ *Nomen, Adj*
▸ ***Nomen*** Größenwahnsinnige(r)
▸ ***Adj*** größenwahnsinnig

mega·phone /ˈmegəfəʊn; AmE -foʊn/ *Nomen* Megafon

mega·ton *(auch* **mega·tonne**) /ˈmegətʌn/ *Nomen* Megatonne

mega·watt /ˈmegəwɒt; AmE -wɑːt/ *Nomen (Abk* **MW**) Megawatt

mela·mine /ˈmeləmiːn/ *Nomen* [U] Melamin(harz)

mel·an·cho·lia /ˌmelənˈkəʊliə; AmE -ˈkoʊ-/ *Nomen* [U] *(veraltet) (Krankheit)* Melancholie, Schwermut

mel·an·chol·ic /ˌmelənˈkɒlɪk; AmE -ˈkɑːlɪk/ *Adj (gehoben oder veraltet)* melancholisch, schwermütig

mel·an·choly /ˈmelənkəli, -kɒli; AmE -kɑːli/ *Nomen, Adj*
▸ ***Nomen*** [U] *(gehoben) (Stimmung)* Melancholie, Schwermut
▸ ***Adj*** *(gehoben)* melancholisch, schwermütig

mel·anin /ˈmelənɪn/ *Nomen (Fachspr)* Melanin

mela·noma /ˌmeləˈnəʊmə; AmE -ˈnoʊ-/ *Nomen* (MED) Melanom

meld /meld/ *Verb (gehoben)* verschmelzen

melee /ˈmeleɪ; AmE ˈmeɪleɪ/ *Nomen* [Sing] Gedränge, Gewühl ◇ *a melee of people* eine Menschenmenge

mel·low /ˈmeləʊ; AmE -loʊ/ *Adj, Verb*
▸ ***Adj*** **1** *(Farben, Musik etc.)* weich, warm, sanft **2** *(Aroma, Geschmack)* ausgereift, abgerundet **3** *(Person)* abgeklärt, gereift **4** *(umgs)* umgänglich; *(nach Alkoholgenuss)* angeheitert
▸ ***Verb*** **1** reifen, reifer werden **2** reifen lassen, reifer machen **3** verblassen **4** dämpfen, mildern, abschwächen PHRV **ˌmellow ˈout** *(bes AmE, umgs)* *(zur Ruhe kommen)* abschalten, abhängen

me·lod·ic /mə'lɒdɪk; *AmE* mə'lɑːdɪk/ *Adj* **1** [nur vor Nomen] melodisch, Melodie- **2** wohlklingend

me·lo·di·ous /mə'ləʊdiəs; *AmE* mə'loʊ-/ *Adj* (*Adv* **me·lo·dious·ly**) melodisch, wohlklingend

melo·drama /'melədrɑːmə/ *Nomen* **1** Melodrama **2** (*Verhalten etc.*) ◇ *her love of melodrama* ihr Hang zum Dramatischen ◇ *I've had enough of your melodrama!* Ich hab genug von deinen Übertreibungen!

melo·dra·mat·ic /ˌmelədrə'mætɪk/ *Adj* (*Adv* **melo·dramat·ic·al·ly** /-kli/) (*oft abwert*) dramatisch

mel·ody /'melədi/ *Nomen* (*Pl* **-ies**) **1** Melodie **2** Melodik

melon /'melən/ *Nomen* Melone

melt 0‑w /melt/ *Verb* **1** zergehen, sich auflösen, schmelzen **2** schmelzen; (*Butter etc.*) zerlassen; (*Zucker etc.*) auflösen **3** weich werden; (*Ärger*) verfliegen; (*Spannung*) sich lösen **4** erweichen; (*Ärger*) verfliegen lassen; (*Spannung*) lösen IDM **ˌmelt in your ˈmouth** auf der Zunge zergehen → *Siehe auch* BUTTER PHR V **ˌmelt aˈway** dahinschmelzen, sich auflösen **ˌmelt sth aˈway** etw (dahin)schmelzen lassen, etw auflösen **ˌmelt sth ˈdown** etw (ein)schmelzen **ˈmelt into sth** mit etw verschmelzen

melt·down /'meltdaʊn/ *Nomen* **1** Kernschmelze **2** (*fig*) Zusammenbruch

melt·ing /'meltɪŋ/ *Adj* schmelzend

ˈmelting point *Nomen* Schmelzpunkt

ˈmelting pot *Nomen* [meist Sing] Schmelztiegel IDM **in the ˈmelting pot** (*bes BrE*) im Umbruch; Veränderungen unterworfen ◇ *The crisis threw central Europe into the melting pot.* Die Krise stürzte Mitteleuropa in Ungewissheit.

melty /'melti/ *Adj* (**melti·er**, **melti·est**) (*umgs*) **1** geschmolzen **2** (*fig*) weich

mem·ber 0‑w /'membə(r)/ *Nomen* **1** Mitglied, Angehörige(r) ◇ *all members of the species* alle Artgenossen **2** (*gehoben oder veraltet*) Glied(maße) **3** (*verhüll*) (männliches) Glied **4 Member** (*BrE*) Abgeordnete(r)

ˌMember of ˈCongress *Nomen* Kongressabgeordnete(r)

ˌMember of ˈParliament *Nomen* = MP

mem·ber·ship 0‑w /'membəʃɪp; *AmE* -bərʃɪp/ *Nomen* **1** ~ (**of sth**); (*AmE*) ~ (**in sth**) Mitgliedschaft (in etw) **2** [mit Verb im Sing/Pl] Mitglieder, Mitgliederzahl ◇ *The membership has/have not yet voted.* Die Mitglieder haben noch nicht abgestimmt.

mem·brane /'membreɪn/ *Nomen* Membran

mem·bran·ous /'membrənəs/ *Adj* membranartig

me·mento /mə'mentəʊ; *AmE* -toʊ/ *Nomen* (*Pl* **-oes** *oder* **-os**) Andenken

memo /'meməʊ; *AmE* -moʊ/ *Nomen* (*Pl* **-os**) (*gehoben* **memo·ran·dum**) Mitteilung, Notiz

mem·oir /'memwɑː(r)/ *Nomen* **1 memoirs** [Pl] Memoiren **2** (*gehoben*) Biografie, Bericht

mem·ora·bilia /ˌmemərə'bɪliə/ *Nomen* [Pl] Erinnerungsstücke

mem·or·able /'memərəbl/ *Adj* (*Adv* **mem·or·ably** /-bli/) unvergesslich, einprägsam

memo·ran·dum /ˌmemə'rændəm/ *Nomen* (*Pl* **memo·randa** /-də/) **1** (*gehoben*) = MEMO **2** (RECHT) Absichtserklärung **3** Bericht

me·mor·ial /mə'mɔːriəl/ *Nomen, Adj*

▸ ***Nomen*** ~ (**to sb/sth**) Denkmal (für jdn/etw) ◇ *a war memorial* ein Kriegerdenkmal

▸ ***Adj*** [nur vor Nomen] Gedenk- ◇ *a memorial service* ein Gedenkgottesdienst

Meˈmorial Day *Nomen* = Feiertag in den USA zum Gedenken an gefallene Soldaten, meistens am letzten Montag im Mai

me·mor·ial·ize (*BrE auch* **-ise**) /mə'mɔːriəlaɪz/ *Verb* (*gehoben*) verewigen

me·mor·iam /mə'mɔːriəm/ → IN MEMORIAM

mem·or·ize (*BrE auch* **-ise**) /'meməraɪz/ *Verb* auswendig lernen, sich einprägen

mem·ory 0‑w /'meməri/ *Nomen* (*Pl* **-ies**) **1** Gedächtnis ◇ *She recited the poem from memory.* Sie trug das Gedicht auswendig vor. ◇ *commit sth to memory* sich etw einprägen ◇ *There hasn't been peace here in/within my memory.* Solange ich mich erinnern kann, hat es hier keinen Frieden gegeben. ◇ *It was the worst storm in recent memory.* Es war der schlimmste Sturm der letzten Zeit. **2** Erinnerung ◇ *I have vivid memories of it.* Es ist mir in lebhafter Erinnerung. **3** (COMP) Speicher(kapazität) **4** (*gehoben*) Andenken IDM **if (my memory serves me well, correctly, etc.** wenn ich mich recht erinnere **in memory of sb; to the memory of sb** zum Andenken an jdn → *Siehe auch* ETCH, JOG, LIVING, REFRESH *und* SIEVE

ˌmemory ˈlane *Nomen* IDM **a trip/walk down memory ˈlane** ein Nostalgietrip

ˈmemory stick *Nomen* (COMP) Speicherstift, Memorystick

men *Form von* MAN

men·ace /'menəs/ *Nomen, Verb*

▸ ***Nomen*** **1** [meist Sing] ~ (**to sb/sth**) Bedrohung (für jdn/etw) **2** Drohung ◇ *a hint of menace in his voice* ein drohender Unterton in seiner Stimme **3** [meist Sing] (*umgs*) Plage **4 menaces** [Pl] (*BrE*) (RECHT) Androhung von Gewalt ◇ *demand money with menaces* Geld erpressen

▸ ***Verb*** (*gehoben*) bedrohen

men·acing /'menəsɪŋ/ *Adj* (*Adv* **men·acing·ly**) drohend, bedrohlich

mé·nage à trois /ˌmeɪnɑːʒ ɑː 'trwʌ/ *Nomen* (*Pl* **mé·nages à trois** /ˌmeɪnɑːʒ ɑː 'trwʌ/) [meist Sing] Dreiecksverhältnis

men·agerie /mə'nædʒəri/ *Nomen* Menagerie

mend /mend/ *Verb, Nomen*

▸ ***Verb*** **1** (*bes BrE*) reparieren **2** (*fig*) kitten; (*Differenzen*) ausräumen **3** sich erholen **4** (*Knochen*) heilen IDM **mend (your) ˈfences (with sb)** einen Streit (mit jdm) beilegen; sich (mit jdm) versöhnen **mend your ˈways** sich bessern → *Siehe auch* SAY

▸ ***Nomen*** IDM **on the ˈmend** (*umgs*) auf dem Wege der Besserung

men·da·city /men'dæsəti/ *Nomen* (*gehoben*) Verlogenheit

mend·er /'mendə(r)/ *Nomen* (*BrE*) (*meist in Zusammensetzungen*) ◇ *road menders* Straßenarbeiter ◇ *take your shoes to the mender's* die Schuhe zum Schuster bringen

men·folk /'menfəʊk; *AmE* -foʊk/ *Nomen* [Pl] (*veraltet*) Männer

me·nial /'miːniəl/ *Adj* (*abwert*) (*Arbeit*) niedere(r,s), untergeordnet

men·in·gi·tis /ˌmenɪn'dʒaɪtɪs/ *Nomen* Hirnhautentzündung

meno·pausal /ˌmenə'pɔːzl/ *Adj* klimakterisch ◇ *menopausal women* Frauen in den Wechseljahren

meno·pause /'menəpɔːz/ *Nomen* [Sing] Wechseljahre

men·ses /'mensiːz/ *Nomen* [Pl] (*Fachspr*) Menses, Menstruation

ˈmen's room *Nomen* (*AmE*) Herrentoilette

men·strual /'menstruəl/ *Adj* Menstruations- ◇ *a menstrual period* eine Monatsblutung

men·stru·ate /'menstrueɪt/ *Verb* (*gehoben*) menstruieren

men·stru·ation /ˌmenstru'eɪʃn/ *Nomen* (*gehoben*) Menstruation

mens·wear /ˈmenzweə(r); *AmE* -wer/ *Nomen* (*besonders im Handel*) Herrenbekleidung

men·tal 0ᵚ /ˈmentl/ *Adj* **1** (*Adv* **men·tal·ly** /-təli/) geistig, psychisch, seelisch ◇ *a mental disorder* eine psychische Störung ◇ *mentally ill* geisteskrank ◇ *He has a complete mental block when it comes to physics.* Wenn es um Physik geht, hat er ein totales Brett vorm Kopf. ◇ *Do you have a mental picture of what it will look like?* Hast du eine Vorstellung davon, wie es aussehen wird? ◇ *I must make a mental note to ask her.* Ich darf nicht vergessen, sie zu fragen. ◇ *Mentally, I began making a list.* Ich begann mir im Kopf eine Liste zu machen. **2** (*BrE, Slang*) verrückt

ˌmental ˈage *Nomen* [meist Sing] geistiger Entwicklungsstand

ˌmental aˈrithmetic *Nomen* Kopfrechnen

men·tal·ity /menˈtæləti/ *Nomen* (*Pl* **-ies**) [meist Sing] Mentalität

men·tal·ly 0ᵚ /ˈmentəli/ *Adv* → MENTAL

men·tee /ˌmenˈtiː/ *Nomen* Mentee

men·thol /ˈmenθɒl; *AmE* -θɔːl/ *Nomen* Menthol

men·tion 0ᵚ /ˈmenʃn/ *Verb, Nomen*

▸ ***Verb*** **~ sth/sb (to sb)** etw/jdn (jdm gegenüber) erwähnen ◇ *Nobody mentioned anything to me about it.* Mir hat niemand etwas gesagt. IDM **don't ˈmention it** gern geschehen **not to mention ...** ganz zu schweigen von ...

▸ ***Nomen*** [meist Sing] Erwähnung ◇ *He made no mention of her work.* Er hat ihre Arbeit nicht erwähnt. ◇ *Richard deserves (a) special mention.* Richard muss besonders lobend erwähnt werden.

men·tor /ˈmentɔː(r)/ *Nomen* Mentor(in)

men·tor·ing /ˈmentɔːrɪŋ/ *Nomen* Betreuung durch Mentoren

menu 0ᵚ /ˈmenjuː/ *Nomen* **1** Speisekarte **2** (COMP) Menü

meow (*bes AmE*) = MIAOW

MEP /ˌem iː ˈpiː/ *Kurzform von* **Member of the European Parliament** Mitglied des Europäischen Parlaments

mer·can·tile /ˈmɜːkəntaɪl; *AmE* ˈmɜːrk-, -tiːl/ *Adj* (*gehoben*) Handels-

mer·cen·ary /ˈmɜːsənəri; *AmE* ˈmɜːrsəneri/ *Nomen, Adj*

▸ ***Nomen*** (*Pl* **-ies**) (*auch* **ˌmercenary ˈsoldier**) Söldner

▸ ***Adj*** (*abwert*) gewinnsüchtig, geldgierig ◇ *a mercenary attitude* eine profitorientierte Einstellung ◇ *for purely mercenary reasons* aus reiner Geldgier

mer·chan·dise *Nomen, Verb*

▸ ***Nomen*** /ˈmɜːtʃəndaɪs, -daɪz; *AmE* ˈmɜːrtʃən-/ [U] **1** (*gehoben*) Ware(n) ◇ *a wide selection of merchandise* eine breit gefächerte Warenpalette **2** Werbeartikel

▸ ***Verb*** /ˈmɜːtʃəndaɪz; *AmE* ˈmɜːrtʃən-/ vermarkten

mer·chan·dis·ing /ˈmɜːtʃəndaɪzɪŋ; *AmE* ˈmɜːrtʃən-/ *Nomen* **1** (*bes AmE*) Merchandising, Vermarktung **2** Merchandisingprodukte

mer·chant /ˈmɜːtʃənt; *AmE* ˈmɜːrtʃənt/ *Nomen, Adj*

▸ ***Nomen*** **1** Händler(in) ◇ *builders' merchants* Baustoffhändler **2** (*veraltet*) Kaufmann ◇ *rich merchants* reiche Kaufleute **3** (*umgs, abwert*) ◇ *a speed merchant* ein Raser ◇ *noise merchants* Radaumacher ◇ *doom merchants* Schwarzmaler

▸ ***Adj*** [nur vor Nomen] Handels- ◇ *merchant seamen* Matrosen der Handelsmarine

mer·chant·able /ˈmɜːtʃəntəbl; *AmE* ˈmɜːrtʃən-/ *Adj* (RECHT) ◇ *goods of merchantable quality* Waren von handelsüblicher Qualität

ˌmerchant ˈbank *Nomen* (*BrE*) Handelsbank

ˌmerchant ˈbanker *Nomen* (*BrE*) Leiter(in) einer Handelsbank, Bankier

ˌmerchant ˈbanking *Nomen* (*BrE*) Handelsbankgeschäft

ˌmerchant ˈnavy (*AmE* **ˌmerchant maˈrine**) *Nomen* [mit Verb im Sing/Pl] Handelsmarine

mer·ci·ful /ˈmɜːsɪfl; *AmE* ˈmɜːrsɪ-/ *Adj* **1** barmherzig, gnädig **2** erlösend ◇ *Death came as a merciful release.* Der Tod war eine Erlösung.

mer·ci·ful·ly /ˈmɜːsɪfəli; *AmE* ˈmɜːrsɪ-/ *Adv* **1** glücklicherweise **2** barmherzig

mer·ci·less /ˈmɜːsɪləs; *AmE* ˈmɜːrsɪ-/ *Adj* (*Adv* **mer·ci·lessly**) gnadenlos, unbarmherzig

mer·cur·ial /mɜːˈkjʊəriəl; *AmE* mɜːrˈkjʊr-/ *Adj* **1** wechselhaft, unberechenbar **2** (*gehoben*) (*Verstand etc.*) rege **3** (NATURW) Quecksilber-

Mer·cury /ˈmɜːkjəri; *AmE* ˈmɜːrk-/ *Nomen* Merkur → *Beispiele bei* MERKUR

mer·cury /ˈmɜːkjəri; *AmE* ˈmɜːrk-/ *Nomen* Quecksilber

mercy /ˈmɜːsi; *AmE* ˈmɜːrsi/ *Nomen* (*Pl* **-ies**) **1** Gnade ◇ *a mercy mission* eine Hilfsmission **2** [meist Sing] (*umgs*) (*Glück*) Segen IDM **be at the mercy of sb/sth** jdm/etw ausgeliefert sein **leave sb/sth to the mercy/mercies of sb/sth** jdn/etw jdm/einer Sache auf Gedeih und Verderb ausliefern **throw yourself on sb's mercy** (*gehoben*) sich jdm auf Gnade und Ungnade ausliefern → *Siehe auch* SMALL

ˈmercy killing *Nomen* Sterbehilfe

mere 0ᵚ /mɪə(r); *AmE* mɪr/ *Adj, Nomen*

▸ ***Adj*** [nur vor Nomen] **1** rein ◇ *It took her a mere 20 minutes.* Sie brauchte bloß 20 Minuten. **2** ◇ *The mere fact that ...* Allein die Tatsache, dass ... ◇ *the mere thought of eating* schon der Gedanke an Essen ◇ *The merest noise is enough to wake her.* Sie wacht beim geringsten Geräusch auf.

▸ ***Nomen*** (*BrE*) (*gehoben oder in Namen*) (kleiner) See

mere·ly 0ᵚ /ˈmɪəli; *AmE* ˈmɪrli/ *Adv* nur

mere·tri·cious /ˌmerəˈtrɪʃəs/ *Adj* (*gehoben*) wertlos, trügerisch

merge /mɜːdʒ; *AmE* mɜːrdʒ/ *Verb* **1** fusionieren; **~ (with/into sth)** sich (mit/zu etw) zusammenschließen **2 ~ together** ineinander übergehen, verschmelzen; **~ (into sth)** (in etw) übergehen ◇ *The hills merged into the sky.* Die Hügel und der Himmel gingen ineinander über. **3** zusammenlegen **4** (COMP) mischen IDM **merge into the ˈbackground** sich im Hintergrund halten

mer·ger /ˈmɜːdʒə(r); *AmE* ˈmɜːrdʒər/ *Nomen* Fusion, Zusammenschluss

me·rid·ian /məˈrɪdiən/ *Nomen* Meridian

mer·ingue /məˈræŋ/ *Nomen* Baiser, Meringe

me·rino /məˈriːnəʊ; *AmE* -noʊ/ *Nomen* (*Pl* **-os**) **1** Merinoschaf **2** Merinowolle; (*Stoff*) Merino

merit /ˈmerɪt/ *Nomen, Verb*

▸ ***Nomen*** **1** (*gehoben*) Verdienst ◇ *The plan is entirely without merit.* Es spricht nichts für den Plan. ◇ *I want to get the job on merit.* Ich will die Stelle aufgrund meiner Leistungen bekommen. **2** [meist Pl] Vorzug ◇ *We will consider each case on its (own) merits.* Wir werden jeden Fall gesondert beurteilen.

▸ ***Verb*** (*nicht in der Verlaufsform*) (*gehoben*) verdienen ◇ *The case does not merit further investigation.* Es lohnt sich nicht in diesem Fall weiter zu ermitteln.

mer·it·oc·racy /ˌmerɪˈtɒkrəsi; *AmE* -ˈtɑːk-/ *Nomen* (*Pl* **-ies**) **1** = Gesellschaftssystem, das sehr fähige und begabte Menschen besonders begünstigt **2 the meritocracy** [Sing] = Menschen, die aufgrund ihrer großen Begabung und ihres persönlichen Könnens von der Gesellschaft besonders begünstigt werden

mer·ito·crat·ic /ˌmerɪtəˈkrætɪk/ *Adj* ◇ *a meritocratic society* eine Gesellschaft, in der sehr fähige und begabte Menschen besonders begünstigt werden

meri·tori·ous /ˌmerɪˈtɔːriəs/ *Adj* (*gehoben*) verdienstvoll

mer·maid /ˈmɜːmeɪd; *AmE* ˈmɜːrmeɪd/ *Nomen* Meerjungfrau, Nixe

mer·rily /ˈmerəli/ *Adv* **1** fröhlich, vergnügt **2** munter, unbekümmert

mer·ri·ment /ˈmerimənt/ *Nomen* (*gehoben*) Heiterkeit ◇ *sounds of merriment* fröhlicher Lärm

merry /ˈmeri/ *Adj* (**mer·rier**, **mer·ri·est**) **1** fröhlich **2** **Merry Christmas** Frohe Weihnachten **3** (*bes BrE, umgs*) beschwipst IDM **make ˈmerry** (*veraltet*) feiern **the ˌmore the ˈmerrier** je mehr, desto besser → *Siehe auch* HELL *und* LEAD[1]

ˈmerry-go-round *Nomen* Karussell (*auch fig*)

mes·ca·line (*auch* **mes·ca·lin**) /ˈmeskəlɪn/ *Nomen* Meskalin

mesh /meʃ/ *Nomen, Verb*

▸ ***Nomen*** **1** (Maschen)gewebe ◇ *wire mesh* Maschendraht ◇ *The nets should have fine meshes.* Die Netze sollten feinmaschig sein. **2** [meist Sing] (*fig*) Geflecht

▸ ***Verb*** (*gehoben*) **1 ~ (with sth)** (zu etw) passen; **~ (together)** zusammenpassen **2 ~ sth (with sth)** (*fig*) etw (mit etw) verbinden **3** (TECH) ineinandergreifen

mes·mer·ic /mezˈmerɪk/ *Adj* hypnotisch, fesselnd, hypnotisierend

mes·mer·ize (*BrE auch* **-ise**) /ˈmezməraɪz/ *Verb* (*meist passiv*) faszinieren ◇ *They were mesmerized by her performance.* Sie waren gebannt von ihrer Darbietung.

mes·mer·iz·ing (*BrE auch* **-is·ing**) /ˈmezməraɪzɪŋ/ *Adj* fesselnd

mess 0-w /mes/ *Nomen, Verb*

▸ ***Nomen*** **1** [meist Sing] Durcheinander, Chaos, Dreck ◇ *The room was in a mess.* Das Zimmer war sehr unordentlich. ◇ *Don't make a mess with that paint.* Mach mit der Farbe nicht alles schmutzig. ◇ *My hair's a real mess!* Meine Haare sehen fürchterlich aus. ◇ *You're a mess!* Wie siehst du denn aus? **2** [meist Sing] Schlamassel, Chaos ◇ *I feel I've made a mess of things.* Ich habe das Gefühl, ich habe alles vermasselt. ◇ *The whole situation is a mess.* Die ganze Situation ist ziemlich verfahren. **3** (*umgs*) (*Kot*) Dreck **4 a ~ of ...** (*AmE, umgs*) eine Menge ... ◇ *There's a mess of fish down there.* Da unten sind eine Menge Fische. **5** (*bes AmE* **ˈmess hall**) (*Speiseraum*) Messe ◇ *the officers' mess* das Offizierskasino

▸ ***Verb*** **1** (*bes AmE, umgs*) schmutzig machen, durcheinanderbringen **2** (*Notdurft*) hinmachen IDM **ˌno ˈmessing** (*ohne Probleme*) locker PHR V **ˌmess aˈround** (*BrE auch* **ˌmess aˈbout**) **1** Unsinn machen, herumalbern ◇ *They really don't mess about.* Sie fackeln nicht lange. **2** gammeln **ˌmess aˈround with sb** (*BrE auch* **ˌmess aˈbout with sb**) etwas mit jdm haben, etwas mit jdm anfangen **ˌmess aˈround with sth** (*BrE auch* **ˌmess aˈbout with sth**) **1** mit/an etw herumspielen ◇ *Who's been messing around with my computer?* Wer hat an meinem Computer herumgespielt? **2** an etw herumbasteln **ˌmess sb aˈbout/aˈround** (*BrE*) jdm Scherereien bereiten ◇ *I'm not going to be messed around by them.* So können sie nicht mit mir umspringen. **ˌmess ˈup** sich einen Patzer leisten ◇ *I've really messed up this time.* Ich hab diesmal alles vermasselt. **ˈmess sb up** **1** (*umgs*) jdn (psychisch) fertigmachen **2** (*AmE*) jdn übel zurichten **ˌmess sth ˈup** **1** etw durcheinanderbringen, etw vermasseln **2** etw dreckig machen **ˈmess with sb** (*meist in verneinten Sätzen*) sich mit jdm einlassen **ˈmess with sth** (*meist in verneinten Sätzen*) mit etw herumspielen ◇ *Don't mess with things you don't understand.* Lass die Finger von Sachen, von denen du keine Ahnung hast.

mes·sage 0-w /ˈmesɪdʒ/ *Nomen, Verb*

▸ ***Nomen*** **1** Nachricht ◇ *Jenny's not here. Can I take a message?* Jenny ist nicht hier. Kann ich ihr etwas ausrichten? ◇ *a mail message* eine E-Mail ◇ *an error message* eine Fehlermeldung **2** [meist Sing] Botschaft, Aussage ◇ *They are trying to get their message across to people that ...* Sie versuchen, den Leuten klarzumachen, dass ... **3 messages** [Pl] (*SchotE*) Einkäufe IDM **get the ˈmessage** (*umgs*) verstehen **on/off ˈmessage** auf/nicht auf Parteilinie ◇ *He warned representatives to stay on message.* Er mahnte die Abgeordneten, sich an die Parteilinie zu halten.

▸ ***Verb*** mailen, Nachrichten schicken

ˈmessage board *Nomen* (COMP) Messageboard

mes·sa·ging /ˈmesɪdʒɪŋ/ *Nomen* Mailen, Versenden von Nachrichten

mes·sen·ger /ˈmesɪndʒə(r)/ *Nomen* Kurier(in), Bote, Botin

Mes·siah /məˈsaɪə/ *Nomen* Messias

mes·si·an·ic /ˌmesiˈænɪk/ *Adj* messianisch

Messrs (*AmE* **Messrs.**) /ˈmesəz; *AmE* -sərz/ *Abk* die Herren; (*in Firmennamen*) Fa.

messy /ˈmesi/ *Adj* (**mess·ier**, **messi·est**) (*Adv* **mess·ily** /-səli/) **1** schmutzig, unordentlich **2** (*Situation*) hässlich

Met /met/ *Abk* (*umgs*) **1** = METEOROLOGICAL **2 the Met, the Metropolitan Opera House** = die New Yorker Oper **3 the Met, the Metropolitan Police** = die Londoner Polizei

met *Form von* MEET

meta- /ˈmetə/ (*in Nomina, Adjektiven und Verben benutzt*) **1** (*bezeichnet eine Zustandsänderung*) ◇ *metamorphosis* Metamorphose ◇ *metabolism* Stoffwechsel **2** Meta- ◇ *metaphysics* Metaphysik

meta·bol·ic /ˌmetəˈbɒlɪk; *AmE* -ˈbɑːlɪk/ *Adj* Stoffwechsel- ◇ *a high metabolic rate* ein hoher Stoffwechsel

me·tab·ol·ism /məˈtæbəlɪzəm/ *Nomen* Stoffwechsel

me·tab·ol·ize (*BrE auch* **-ise**) /məˈtæbəlaɪz/ *Verb* (*beim Stoffwechsel*) umsetzen

metal 0-w /ˈmetl/ *Nomen* Metall

meta·lan·guage /ˈmetəlæŋgwɪdʒ/ *Nomen* Metasprache

ˈmetal detector *Nomen* Metalldetektor

ˈmetal fatigue *Nomen* Metallermüdung

met·alled /ˈmetld/ *Adj* (*BrE*) (*Straße*) Asphalt-

me·tal·lic /məˈtælɪk/ *Adj* **1** metallisch, metallic ◇ *metallic paint* Metalliclackierung **2** Metall-, metallen

me·tal·lur·gical /ˌmetəˈlɜːdʒɪkl; *AmE* ˌmetlˈɜːrdʒɪkl/ *Adj* metallurgisch

me·tal·lur·gist /məˈtælədʒɪst; *AmE* ˈmetlɜːrdʒɪst/ *Nomen* Metallurg(in)

me·tal·lurgy /məˈtælədʒi; *AmE* ˈmetlɜːrdʒi/ *Nomen* Hüttenkunde, Metallurgie

met·al·work /ˈmetlwɜːk; *AmE* -wɜːrk/ *Nomen* [U] **1** = (Kunst)gegenstände aus Metall **2** Metallbearbeitung **3** Metall(teile)

meta·morph·ose /ˌmetəˈmɔːfəʊz; *AmE* -ˈmɔːrfoʊz/ *Verb* (*gehoben*) **1 ~ (yourself)** sich verwandeln **2 ~ sth/sb** etw/jdn verwandeln

meta·mor·phosis /ˌmetəˈmɔːfəsɪs; *AmE* -ˈmɔːrfə-/ *Nomen* (*Pl* **meta·mor·phoses** /-siːz/) (*gehoben*) Verwandlung, Metamorphose

meta·phor /ˈmetəfə(r) -fɔː(r)/ *Nomen* Metapher ◇ *the use of metaphor* die Verwendung von Metaphern

meta·phor·ical /ˌmetəˈfɒrɪkl; *AmE* -ˈfɔːr-/ *Adj* (*Adv* **meta·phor·ic·al·ly** /-kli/) metaphorisch, bildlich

meta·phys·ic·al /ˌmetəˈfɪzɪkl/ *Adj* metaphysisch

meta·phys·ics /ˌmetəˈfɪzɪks/ *Nomen* [U] Metaphysik

mete /miːt/ *Verb* PHR V **ˌmete sth ˈout (to sb)** (*gehoben*) ◇ *mete out punishment to sb* jdn bestrafen ◇ *mete out justice* Recht sprechen ◇ *the treatment meted out to* *the prisoners* die Behandlung, die die Gefangenen erfuhren

me·teor /ˈmiːtiə(r), -tiɔː(r)/ *Nomen* Meteor

me·teor·ic /ˌmiːtiˈɒrɪk; *AmE* -ˈɔːrɪk/ *Adj* **1** kometenhaft **2** Meteoriten-, Meteor-

me·teor·ite /ˈmiːtiəraɪt/ *Nomen* Meteorit

me·teoro·logic·al /ˌmiːtiərəˈlɒdʒɪkl; *AmE* -ˈlɑːdʒɪ-/ *Adj* (*Abk* **met**) meteorologisch, Wetter- ◇ *the Met Office* das Wetteramt

me·teor·olo·gist /ˌmiːtiəˈrɒlədʒɪst; *AmE* -ˈrɑːlə-/ *Nomen* Meteorologe, Meteorologin

me·teor·ology /ˌmiːtiəˈrɒlədʒi; *AmE* -ˈrɑːlə-/ *Nomen* Meteorologie, Wetterkunde

meter 0-π /ˈmiːtə(r)/ *Nomen, Verb*
▸ ***Nomen*** **1** (*besonders in Zusammensetzungen*) (*Instrument*) Zähler ◇ *the gas meter* der Gaszähler **2** = PARKING METER **3** (*AmE*) = METRE
▸ ***Verb*** messen, abmessen

meth /meθ/ *Nomen* [U] (*umgs*) = METHAMPHETAMINE

metha·done /ˈmeθədəʊn; *AmE* -doʊn/ *Nomen* Methadon

meth·am·pheta·mine /ˌmeθæmˈfetəmiːn/ (*umgs* **meth**; ˌ**crystal ˈmeth, crys·tal**) *Nomen* [U] Methamphetamin

me·thane /ˈmiːθeɪn; *AmE* ˈmeθeɪn/ *Nomen* Methan

metha·nol /ˈmeθənɒl; *AmE* -nɔːl, -noʊl/ *Nomen* Methanol

me·thinks /mɪˈθɪŋks/ *Verb* (**me·thought**) (*kein Perfekt*) (*veraltet oder hum*) mich dünkt

method 0-π /ˈmeθəd/ *Nomen* Methode, Weise ◇ *a method of payment* eine Zahlungsweise ◇ *a method of selection* ein Auswahlverfahren IDM **there is (a) method in your madness** der Wahnsinn hat Methode

meth·od·ic·al /məˈθɒdɪkl; *AmE* məˈθɑːd-/ *Adj* (*Adv* **meth·odic·al·ly** /-kli/) systematisch, methodisch

Meth·od·ism /ˈmeθədɪzəm/ *Nomen* Methodismus

Meth·od·ist /ˈmeθədɪst/ *Nomen, Adj*
▸ ***Nomen*** Methodist(in)
▸ ***Adj*** Methodisten-, methodistisch

meth·odo·logic·al /ˌmeθədəˈlɒdʒɪkl; *AmE* -ˈlɑːdʒɪ-/ *Adj* (*Adv* **meth·odo·logic·al·ly** /-kli/) methodologisch, methodisch

meth·od·ology /ˌmeθəˈdɒlədʒi; *AmE* -ˈdɑːlə-/ *Nomen* (*Pl* **-ies**) (*gehoben*) Methodologie, Methodik

meth·yl·ated spirit /ˌmeθəleɪtɪd ˈspɪrɪt/ (*auch* **meth·y·l·ated spirits**; *bes BrE, umgs* **meths**) *Nomen* (Brenn)spiritus

me·ticu·lous /məˈtɪkjələs/ *Adj* (*Adv* **me·ticu·lous·ly**) sorgfältig, gründlich ◇ *She planned her trip in meticulous detail.* Sie plante ihre Reise bis ins kleinste Detail. ◇ *meticulously clean* peinlich sauber

me·ticu·lous·ness /məˈtɪkjələsnəs/ *Nomen* Sorgfalt, peinliche Genauigkeit

me·ton·ymy /məˈtɒnəmi; *AmE* məˈtɑːn-/ *Nomen* Metonymie

metre 0-π (*AmE* **meter**) /ˈmiːtə(r)/ *Nomen* **1** (*Abk* **m**) Meter ◇ *She came second in the 200 metres.* Sie wurde Zweite im 200-m-Lauf. **2** (LIT) Metrum **3** Metrik

met·ric /ˈmetrɪk/ *Adj* metrisch ◇ *British currency went metric in 1971.* Die britische Währung wurde 1971 auf das metrische System umgestellt.

met·ric·al /ˈmetrɪkl/ *Adj* (LIT) metrisch

met·ri·ca·tion /ˌmetrɪˈkeɪʃn/ *Nomen* = Umstellung auf das metrische System

ˌ**metric ˈton** *Nomen* (*Gewicht*) Tonne

metro /ˈmetrəʊ; *AmE* -troʊ/ *Nomen, Adj*
▸ ***Nomen*** (**the Metro**) [Sing] U-Bahn
▸ ***Adj*** (*AmE, umgs*) = METROPOLITAN

met·ro·nome /ˈmetrənəʊm; *AmE* -noʊm/ *Nomen* Metronom

me·trop·olis /məˈtrɒpəlɪs; *AmE* məˈtrɑːp-/ *Nomen* Metropole, Hauptstadt

met·ro·pol·itan /ˌmetrəˈpɒlɪtən; *AmE* -ˈpɑːlɪ-/ *Adj* [nur vor Nomen] **1** (*AmE auch, umgs* **metro** /ˈmetrəʊ; *AmE* -troʊ/) hauptstädtisch, großstädtisch, Stadt- ◇ *the New York metropolitan area* der Großraum New York **2** ◇ *the relationship between Guadeloupe and metropolitan France* die Beziehungen zwischen Guadeloupe und dem Mutterland Frankreich

met·tle /ˈmetl/ *Nomen* ◇ *show/prove your mettle* zeigen, was man kann ◇ *be on your mettle* auf der Hut sein ◇ *The game will be a real test of their mettle.* Bei diesem Spiel wird sich zeigen, aus welchem Holz sie geschnitzt sind.

mew /mjuː/ *Nomen, Verb*
▸ ***Nomen*** Miau
▸ ***Verb*** miauen

mews /mjuːz/ *Nomen* (*Pl* **mews**) (*BrE*) = Gasse mit zu Wohnhäusern umgebauten ehemaligen Stallungen

Mexican wave /ˌmeksɪkən ˈweɪv/ *Nomen* (*BrE*) La-Ola-Welle

mez·za·nine /ˈmezəniːn, ˈmetsə-/ *Nomen* **1** Mezzanin, Halbgeschoss **2** (*AmE*) (THEAT) erster Rang

mezzo-soprano /ˌmetsəʊ səˈprɑːnəʊ; *AmE* -soʊ səˈprɑːnoʊ, -ˈprænoʊ/ *Nomen* (*Pl* **mezzo-sopranos**) (*auch* **ˈmezzo** (*Pl* **mezzos**)) Mezzosopran

mg 0-π *Abk* = MILLIGRAM

Mgr (*bes AmE* **Mgr.**) *Abk* = MONSIGNOR

MHz *Abk* = MEGAHERTZ

mi = ME

MIA /ˌem aɪ ˈeɪ/ (*bes AmE*) *Kurzform von* **missing in action** vermisst

miaow (*bes AmE* **meow**) /miˈaʊ/ *Nomen, Verb*
▸ ***Nomen*** Miau
▸ ***Verb*** miauen

mi·asma /miˈæzmə, maɪˈ-/ *Nomen* (*gehoben*) Miasma, Pesthauch

mic /maɪk/ *Nomen* (*umgs*) = MICROPHONE

mice *Form von* MOUSE

Mich·ael·mas /ˈmɪklməs/ *Nomen* Michaelis(tag) ◇ *Michaelmas term* Herbsttrimester

mickey /ˈmɪki/ *Nomen* IDM **take the ˈmickey (out of sb)** (*BrE, umgs*) jdn auf den Arm nehmen ◇ *Are you taking the mickey?* Du willst mich wohl auf den Arm nehmen?

ˌ**Mickey ˈMouse** *Adj* (*abwert*) lachhaft, nicht ernst zu nehmen ◇ *He's doing some Mickey Mouse course at college.* Er studiert irgendso'n Pipifax.

mi·crobe /ˈmaɪkrəʊb; *AmE* -roʊb/ *Nomen* Mikrobe

micro·bio·logic·al /ˌmaɪkrəʊˌbaɪəˈlɒdʒɪkl; *AmE* -roʊˌbaɪəˈlɑːdʒɪ-/ *Adj* mikrobiologisch

micro·biolo·gist /ˌmaɪkrəʊbaɪˈɒlədʒɪst; *AmE* -roʊbaɪˈɑːlə-/ *Nomen* Mikrobiologe, Mikrobiologin

micro·biol·ogy /ˌmaɪkrəʊbaɪˈɒlədʒi; *AmE* -roʊbaɪˈɑːlə-/ *Nomen* Mikrobiologie

micro·chip /ˈmaɪkrəʊtʃɪp; *AmE* -roʊ-/ (*auch* **chip**) *Nomen* Mikrochip, Chip

micro·cosm /ˈmaɪkrəʊkɒzəm; *AmE* -roʊkɑːzəm/ *Nomen* Mikrokosmos IDM **in microcosm** im Kleinen

micro·credit /ˈmaɪkrəʊkredɪt; *AmE* -roʊ-/ *Nomen* Mikrokredit

micro·elec·tron·ic /ˌmaɪkrəʊɪlekˈtrɒnɪk; *AmE* -roʊɪlekˈtrɑːnɪk/ *Adj* [nur vor Nomen] mikroelektronisch

micro·elec·tron·ics /ˌmaɪkrəʊɪlekˈtrɒnɪks; *AmE* -roʊɪlekˈtrɑːnɪks/ *Nomen* [U] Mikroelektronik

micro·en·gin·eer·ing /ˌmaɪkrəʊˌendʒɪˈnɪərɪŋ; *AmE* -roʊˌendʒɪˈnɪrɪŋ/ *Nomen* Mikrotechnik

micro·fibre (*AmE* **micro·fiber**) /ˈmaɪkrəʊfaɪbə(r); *AmE* -roʊ-/ *Nomen* Mikrofaser

micro·fiche /ˈmaɪkrəʊfiːʃ; *AmE* -roʊ-/ *Nomen* Mikrofiche

micro·film /ˈmaɪkrəʊfɪlm; *AmE* -roʊ-/ *Nomen* Mikrofilm

micro·light /ˈmaɪkrəʊlaɪt; *AmE* -roʊ-/ *Nomen* Ultraleichtflugzeug

micro·metre (*AmE* **micro·meter**) /ˈmaɪkrəʊmiːtə(r); *AmE* -roʊ-/ *Nomen* Mikrometer

micro-organ·ism /ˌmaɪkrəʊ ˈɔːɡənɪzəm; *AmE* -roʊ-ˈɔːrɡ-/ *Nomen* (*Fachspr*) Mikroorganismus, Kleinstlebewesen

micro·phone /ˈmaɪkrəfəʊn; *AmE* -foʊn/ (*umgs* **mic**, **mike**) *Nomen* Mikrofon

micro·pro·ces·sor /ˌmaɪkrəʊˈprəʊsesə(r); *AmE* -roʊˈproʊ-/ *Nomen* Mikroprozessor

micro·scope /ˈmaɪkrəskəʊp; *AmE* -skoʊp/ *Nomen* Mikroskop ◇ (*fig*) *In the play, love and marriage are put under the microscope.* In dem Stück werden Liebe und Ehe unter die Lupe genommen.

micro·scopic /ˌmaɪkrəˈskɒpɪk; *AmE* -ˈskɑːpɪk/ *Adj* (*Adv* **micro·scop·ic·al·ly** /-kli/) **1** winzig, mikroskopisch klein **2** Mikroskop-, mikroskopisch ◇ *a microscopic slide* ein Objektträger

micro·wave /ˈmaɪkrəweɪv/ *Nomen, Verb*
▸ ***Nomen*** **1** (*gehoben* **ˌmicrowave ˈoven**) Mikrowellenherd **2** (*Fachspr*) Mikrowelle
▸ ***Verb*** in der Mikrowelle garen

micro·wave·able (*auch* **micro·wav·able**) /ˈmaɪkrəweɪvəbl/ *Adj* mikrowellengerecht

mid /mɪd/ *Präp* (*gehoben*) = AMID

mid- 🔑 /mɪd/ (*in Zusammensetzungen*) in der Mitte von, Mitt-, Mitte ◇ *She's in her mid-thirties.* Sie ist Mitte dreißig.

ˌmid-ˈair *Nomen* ◇ *in mid-air* in der Luft ◇ *a mid-air collision* ein Zusammenstoß in der Luft

Midas touch /ˈmaɪdəs tʌtʃ/ *Nomen* glückliche Hand ◇ *She has the Midas touch.* Was sie anfasst, wird zu Gold.

ˌmid-Atˈlantic *Adj* **1** mitten im Atlantik **2** an der Ostküste der USA gelegen ◇ *the mid-Atlantic states* die Ostküstenstaaten **3** (*Akzent*) angloamerikanisch

mid·day 🔑 /ˌmɪdˈdeɪ/ *Nomen* Mittag ◇ *We arrive at midday.* Wir kommen um zwölf Uhr mittags an.

mid·dle 🔑 /ˈmɪdl/ *Nomen, Adj*
▸ ***Nomen*** **1 the middle** die Mitte ◇ *in the middle of the front page* mitten auf der ersten Seite ◇ *in the middle of the night* mitten in der Nacht **2** [meist Sing] (*umgs*) Taille **IDM** **be in the middle of sth** gerade bei etw sein ◇ *I'm in the middle of writing a letter.* Ich bin gerade dabei, einen Brief zu schreiben. **the middle of ˈnowhere** (*umgs*) das Ende der Welt **ˌsplit/divide sth down the ˈmiddle** **1** etw in der Mitte teilen **2** etw in zwei Lager spalten ➜ *Siehe auch* PIG
▸ ***Adj*** [nur vor Nomen] mittlere(r,s) ◇ *He's in his middle forties.* Er ist Mitte vierzig. **IDM** **a middle ˈcourse; a/the middle ˈway** ein/der Mittelweg

ˌmiddle ˈage *Nomen* mittleres Lebensalter ◇ *men in middle age* Männer in mittleren Jahren

ˌmiddle-ˈaged *Adj, Nomen*
▸ ***Adj*** **1** mittleren Alters, in mittleren Jahren **2** (*abwert*) altmodisch, spießig
▸ ***Nomen*** **the middle aged** [Pl] Menschen mittleren Alters

the ˌMiddle ˈAges *Nomen* [Pl] das Mittelalter

ˌmiddle-age ˈspread (*auch* **ˌmiddle-aged ˈspread**) *Nomen* (*hum*) Speckgürtel, Rettungsring

ˌMiddle Aˈmerica *Nomen* **1** die amerikanische Mittelschicht **2** (GEOGR) der Mittlere Westen **3** (GEOGR) Mittelamerika

ˌmiddle ˈC *Nomen* [meist Sing] eingestrichenes C

ˌmiddle ˈclass *Nomen* Mittelstand, Mittelschicht

ˌmiddle-ˈclass *Adj* **1** des Mittelstandes ◇ *her middle-class background* ihre bürgerliche Herkunft **2** (*abwert*) spießig, spießbürgerlich

ˌmiddle-ˈdistance *Adj* [nur vor Nomen] (SPORT) Mittelstrecken-

ˌmiddle ˈdistance *Nomen* **the middle distance** [Sing] **1** (KUNST) der Mittelgrund **2** die mittlere Entfernung ◇ *She stood staring into the middle distance.* Sie stand da und starrte vor sich hin.

ˌmiddle ˈear *Nomen* Mittelohr

the ˌMiddle ˈEast *Nomen* der Nahe Osten

ˌMiddle ˈEastern *Adj* Nahost-, nahöstlich, aus dem Nahen Osten

ˌMiddle ˈEngland *Nomen* die englische Mittelschicht

ˌMiddle ˈEnglish *Nomen* Mittelenglisch

ˌmiddle ˈfinger *Nomen* Mittelfinger

ˈmiddle ground *Nomen* **1** gemeinsame Basis, gemeinsamer Nenner **2** Mittelstellung, Mittelweg **3** (KUNST) Mittelgrund

middle·man /ˈmɪdlmæn/ *Nomen* (*Pl* **-men** /-men/) **1** Zwischenhändler **2** Vermittler(in), Mittelsmann, Mittelsperson

ˌmiddle ˈmanagement *Nomen* [mit Verb im Sing/Pl] mittleres Management

ˌmiddle ˈmanager *Nomen* Führungskraft der mittleren Ebene

ˌmiddle ˈname *Nomen* zweiter Vorname **IDM** **be sb's ˌmiddle ˈname** (*umgs*) jds Stärke sein ◇ *'Patience' is my middle name!* Ich bin die Geduld in Person!

ˌmiddle-of-the-ˈroad *Adj* gemäßigt, moderat ◇ *Their music is very middle-of-the-road.* Ihre Musik ist ziemlich Mainstream.

ˌmiddle-ˈranking *Adj* [nur vor Nomen] mittleren Rangs

ˈmiddle school *Nomen* **1** (*in GB*) = Schule für 9- bis 13-Jährige **2** (*in den USA*) = Schule für 11- bis 14-Jährige

middle·weight /ˈmɪdlweɪt/ *Nomen* Mittelgewicht

the ˌMiddle ˈWest *Nomen* der Mittlere Westen

mid·dling /ˈmɪdlɪŋ/ *Adj* mittlere(r,s), mittel(mäßig)

mid·field /ˈmɪdfiːld, ˌmɪdˈfiːld/ *Nomen* [Sing] Mittelfeld

mid·field·er /ˌmɪdˈfiːldə(r)/ *Nomen* Mittelfeldspieler(in)

midge /mɪdʒ/ *Nomen* (Stech)mücke, Zuckmücke

midget /ˈmɪdʒɪt/ *Nomen, Adj*
▸ ***Nomen*** (*oft beleidigend*) Zwerg(in), Liliputaner(in)
▸ ***Adj*** [nur vor Nomen] Kleinst-, Mini-, winzig

Mid·land /ˈmɪdlənd/ *Adj* [nur vor Nomen] in/von Mittelengland

Mid·lands /ˈmɪdləndz/ **the Midlands** *Nomen* [mit Verb im Sing/Pl] Mittelengland, die Midlands

mid·life /ˌmɪdˈlaɪf/ *Nomen* mittleres Alter ◇ *in midlife* in den mittleren Jahren

ˌmidlife ˈcrisis *Nomen* [meist Sing] Midlifecrisis

mid·night 🔑 /ˈmɪdnaɪt/ *Nomen* Mitternacht **IDM** ➜ BURN *und* FLIT

ˈmid-point *Nomen* [meist Sing] Mitte, Hälfte

ˌmid-ˈrange *Adj* [nur vor Nomen] von mittlerer Qualität; (*Auto*) Mittelklasse- ◇ *a mid-range computer* ein Computer mittlerer Preislage

mid·riff /ˈmɪdrɪf/ *Nomen* Oberbauch ◇ *with a bare midriff* bauchfrei

mid·ship·man /ˈmɪdʃɪpmən/ *Nomen* (*Pl* **-men** /-mən/) Fähnrich zur See

ˌmid-ˈsized (*auch* **ˌmid-ˈsize**) *Adj* (*bes AmE*) mittelgroß

midst /mɪdst/ *Nomen* (*gehoben*) (*nach Präpositionen*) Mitte ◇ *She appeared from the midst of the crowd.* Sie tauchte plötzlich aus der Menge auf. IDM **in the midst of sth** mitten in/bei etw ◇ *in the midst of sorting out his things* mitten beim Sortieren seiner Sachen **in their/our/its/your midst** (*gehoben*) in ihrer/unserer/seiner/eurer Mitte

mid·stream /ˌmɪdˈstriːm/ *Nomen* = Mitte eines Flusses IDM **(in) midstream** mittendrin → *Siehe auch* CHANGE

mid·sum·mer /ˌmɪdˈsʌmə(r)/ *Nomen* Mittsommer, Hochsommer

ˌMidsummer's ˈDay (*bes AmE* **ˌMidsummer ˈDay**) *Nomen* Johannistag

mid·term /ˌmɪdˈtɜːm; *AmE* -ˈtɜːrm/ *Adj* [nur vor Nomen], *Adv* **1** mitten in der Amtszeit, zur Halbzeit der Legislaturperiode ◇ *mid-term elections* Wahlen nach der Hälfte der Amtszeit **2** in der Mitte des Trimesters/Semesters/Schulhalbjahrs

mid·town /ˈmɪdtaʊn/ *Nomen* (*AmE*) = Stadtteil zwischen dem Wirtschaftskern und den Wohngebieten

mid·way /ˌmɪdˈweɪ/ *Adj, Adv*
▸ ***Adj*** mittlere(r,s) ◇ *reach the midway point* bis zur Hälfte kommen
▸ ***Adv*** in der Mitte, auf halbem Weg ◇ *The goal came midway through the first half.* Das Tor fiel mitten in der ersten Halbzeit.

mid·week /ˌmɪdˈwiːk/ *Nomen, Adj, Adv*
▸ ***Nomen*** Mitte der Woche, Wochenmitte
▸ ***Adj, Adv*** mitten in der Woche, Mitte der Woche

Mid·west /ˌmɪdˈwest/ *Nomen* **the Midwest** der Mittlere Westen

Mid·west·ern /ˌmɪdˈwestən; *AmE* -stərn/ *Adj* im Mittleren Westen

mid·wife /ˈmɪdwaɪf/ *Nomen* (*Pl* **mid·wives** /-waɪvz/) Hebamme

mid·wif·ery /ˌmɪdˈwɪfəri; *AmE auch* -ˈwaɪ-/ *Nomen* Geburtshilfe

mid·win·ter /ˌmɪdˈwɪntə(r)/ *Nomen* Mitte des Winters

miffed /mɪft/ *Adj* [nicht vor Nomen] (*umgs*) pikiert, ein bisschen beleidigt

might 0‑w /maɪt/ *Modalvb, Nomen*
▸ ***Modalvb*** (*verneint* **might not**) (*Kurzform* **mightn't** /ˈmaɪtnt/) **1** (*Möglichkeit*) können ◇ *She might be upstairs.* Sie könnte oben sein. ◇ *You might have told me earlier.* Du hättest es mir eher sagen können **2** (*in der indirekten Rede als Vergangenheit von* **may** *verwendet*) ◇ *They said they might come.* Sie sagten, sie würden vielleicht kommen. **3** (*Erlaubnis*) ◇ *Might I suggest a small change?* Dürfte ich eine kleine Änderung vorschlagen? **4** ◇ *'And where's the money coming from?' 'You might well ask!'* „Und woher soll das Geld kommen?" „Gute Frage!" IDM → WELL
▸ ***Nomen*** (*gehoben*) Macht ◇ *with all my might* mit aller Kraft

might·ily /ˈmaɪtɪli/ *Adv* (*veraltet*) **1** mächtig, gewaltig **2** (*gehoben*) mit aller Kraft, nach Kräften

mighty /ˈmaɪti/ *Adj, Adv*
▸ ***Adj*** (**might·ier**, **might·iest**) mächtig, gewaltig IDM → HIGH
▸ ***Adv*** (*bes AmE, umgs*) unheimlich, äußerst

mi·graine /ˈmaɪgreɪn; *BrE auch* ˈmiːgreɪn/ *Nomen* Migräne ◇ *I'm getting a migraine.* Ich kriege Migräne.

mi·grant /ˈmaɪgrənt/ *Nomen* **1** Zuwanderer, Zuwanderin, Umsiedler(in) ◇ *migrant workers* Wanderarbeiter ◇ *economic migrants* Wirtschaftsflüchtlinge **2** (*Tier*) Migrant, Wanderfisch, Zugvogel

mi·grate /maɪˈgreɪt; *AmE* ˈmaɪgreɪt/ *Verb* **1** ziehen, wandern **2** abwandern, auswandern

mi·gra·tion /maɪˈgreɪʃn/ *Nomen* (Zu-/Ab-/Aus-)wanderung, Zug

mi·gra·tory /ˈmaɪgrətri, maɪˈgreɪtəri; *AmE* ˈmaɪgrətɔːri/ *Adj* Zug-, wandernd

mike /maɪk/ (*umgs*) = MICROPHONE

mild 0‑w /maɪld/ *Adj* **1** leicht ◇ *a mild sedative* ein leichtes Beruhigungsmittel ◇ *She looked at him in mild surprise.* Sie sah ihn ein wenig überrascht an. **2** mild, sanft ◇ *She had a mild manner.* Sie hatte ein sanftes Wesen. ◇ *a mild soap* eine hautschonende Seife

mil·dew /ˈmɪldjuː; *AmE* -duː/ *Nomen* Schimmel, Mehltau

mild·ly /ˈmaɪldli/ *Adv* **1** ein wenig, etwas ◇ *She was only mildly interested.* Sie war nicht besonders interessiert. **2** sanft, milde IDM **to put it ˈmildly** (*umgs*) gelinde gesagt

mild·ness /ˈmaɪldnəs/ *Nomen* Milde, Sanftheit ◇ *her mildness of manner* ihre sanfte Art

mile 0‑w /maɪl/ *Nomen* **1** Meile **2 miles** [Pl] Meilen ◇ *There isn't a house for miles around here.* Hier gibt es meilenweit kein Haus. **3** [meist Pl] (*umgs*) sehr viel ◇ *I'm miles behind with my work.* Ich bin schwer im Rückstand mit meiner Arbeit. **4** [Sing] (SPORT) Meilenlauf ◇ *run a four-minute mile* eine Meile in vier Minuten laufen IDM **be ˈmiles away** (*umgs*) mit seinen Gedanken ganz woanders sein **go the ˌextra ˈmile (for sb/sth)** (für jdn/etw) besondere Anstrengungen unternehmen **ˌmiles from ˈanywhere** (*umgs*) mitten in der Pampa; (*auf See*) meilenweit von der Küste entfernt **run a ˈmile (from sb/sth)** (*umgs*) (vor jdm/etw) weglaufen ◇ *Get married? I'd run a mile!* Heiraten? Nie im Leben! **see, spot, tell, smell, etc. sth a ˈmile off** (*umgs*) etw schon von weitem sehen, erkennen, riechen etc. ◇ *After twenty years in the police he could smell a lie a mile off.* Nach zwanzig Jahren bei der Polizei roch er eine Lüge drei Meilen gegen den Wind. **stand/stick out a ˈmile** nicht zu übersehen sein ◇ *It stood out a mile that she was lying.* Dass sie log, sah ein Blinder mit Krückstock. → *Siehe auch* INCH

mile·age /ˈmaɪlɪdʒ/ *Nomen* **1** [meist Sing] Meilenstand ◇ *My annual mileage is about 10 000.* Ich fahre etwa 10 000 Meilen im Jahr. **2** Benzinverbrauch ◇ *If you drive carefully you can get better mileage from your car.* Wenn Sie vorsichtig fahren, verbraucht der Wagen weniger Benzin. **3** (*fig*) (*umgs*) ◇ *I don't think the press can get any more mileage out of that story.* Ich glaube nicht, dass die Presse aus dieser Geschichte noch irgendetwas herausholen kann.

mile·om·eter = MILOMETER

mile·stone /ˈmaɪlstəʊn; *AmE* -stoʊn/ (*bes AmE* **mile·post** /ˈmaɪlpəʊst; *AmE* -poʊst/) *Nomen* Meilenstein

mi·lieu /miːˈljɜː/ *Nomen* (*Pl* **mi·lieux** *oder* **mi·lieus** /-ˈljɜːz/) (*gehoben*) Milieu

mili·tancy /ˈmɪlɪtənsi/ *Nomen* Gewaltbereitschaft, Militanz

mili·tant /ˈmɪlɪtənt/ *Adj, Nomen*
▸ ***Adj*** militant
▸ ***Nomen*** Militante(r)

mili·tar·ily /ˈmɪlətrəli; *AmE* ˌmɪləˈterəli/ *Adv* militärisch, militärisch gesehen ◇ *militarily sensitive areas* militärische Sperrgebiete

mili·tar·ism /ˈmɪlɪtərɪzəm/ *Nomen* Militarismus

mili·tar·is·tic /ˌmɪlɪtəˈrɪstɪk/ *Adj* militaristisch

mili·tar·ize (*BrE auch* **-ise**) /ˈmɪlɪtəraɪz/ *Verb* militarisieren, militärisch besetzen

mili·tary 0‑w /ˈmɪlətri; *AmE* -teri/ *Adj* [mit Verb im Sing/Pl], *Nomen*
▸ ***Adj*** militärisch, Militär- ◇ *military intelligence* der militärische Geheimdienst ◇ *take military action*

militärisch eingreifen
▸ ***Nomen* the military** das Militär

ˌmilitary ˈservice *Nomen* **1** Militärdienst, Wehrdienst **2** Militärzeit

mili·tate /ˈmɪlɪteɪt/ *Verb* **PHR V** **ˈmilitate against sth** (*gehoben*) etw nicht zulassen, gegen etw sprechen

mili·tia /məˈlɪʃə/ *Nomen* [mit Verb im Sing/Pl] Miliz

mili·tia·man /məˈlɪʃəmən/ *Nomen* (*Pl* **-men** /-mən/) Milizsoldat

milk 🔑 /mɪlk/ *Nomen, Verb*
▸ ***Nomen*** Milch ◇ *powdered milk* Milchpulver **IDM** **the milk of human ˈkindness** (*gehoben*) die Milch der frommen Denkungsart → *Siehe auch* CRY *und* LAND
▸ ***Verb*** **1** melken (*auch fig*) **2** (*abwert*) **~ sb of sth** jdm etw abluchsen; **~ sth (from sb)** sich etw (von jdm) erschleichen **3** (*abwert*) (*Situation, Gelegenheit*) ausnutzen **IDM** → DRY

ˈmilk float *Nomen* (*BrE*) = elekrobetriebener Milchwagen

milk·ing /ˈmɪlkɪŋ/ *Nomen* ◇ *do the milking* melken ◇ *milking machines* Melkmaschinen

milk·maid /ˈmɪlkmeɪd/ *Nomen* Melkerin

milk·man /ˈmɪlkmən/ *Nomen* (*Pl* **-men** /-mən/) (*bes BrE*) Milchmann

ˈmilk round *Nomen* (*BrE*) Milch(aus)lieferung

milk·shake /ˈmɪlkʃeɪk/ (*auch* **shake**) *Nomen* Milchshake

ˈmilk tooth *Nomen* (*BrE*) Milchzahn

milky /ˈmɪlki/ *Adj* **1** Milch- ◇ *a hot milky drink* ein heißes Milchgetränk ◇ *milky tea* Tee mit viel Milch **2** milchig ◇ *milky skin* eine Haut so weiß wie Milch

the ˌMilky ˈWay *Nomen* [Sing] die Milchstraße

mill /mɪl/ *Nomen, Verb*
▸ ***Nomen*** (*oft in Zusammensetzungen*) **1** Mühle **2** Fabrik **IDM** **put sb through the ˈmill** jdn in die Mangel nehmen → *Siehe auch* GRIST
▸ ***Verb*** mahlen **PHR V** **ˌmill aˈround** (*BrE auch* **ˌmill aˈbout**) herumlaufen, sich drängen

mil·len·nial /mɪˈleniəl/ *Adj, Nomen*
▸ ***Adj*** **1** tausendjährig, jahrtausendlang ◇ *on a millennial timescale* auf einer Zeitskala von Jahrtausenden **2** Jahrtausend- ◇ *the millennial celebrations in New York's Times Square* die Feierlichkeiten zur Jahrtausendwende im New Yorker Times Square **3** = bezieht sich auf die Generation, die um die Jahrtausendwende erwachsen geworden ist ◇ *the millennial generation* die Generation der Millennials **4** millenaristisch, chiliastisch
▸ ***Nomen*** [meist Pl] = Person, die um die Jahrtausendwende erwachsen geworden ist

mil·len·nium /mɪˈleniəm/ *Nomen* (*Pl* **mil·len·nia** /-niə/ *oder* **mil·len·niums**) **1** Jahrtausend, Millennium ◇ *for millennia* jahrtausendelang **2 the millennium** die Jahrtausendwende

mill·er /ˈmɪlə(r)/ *Nomen* Müller(in)

mil·let /ˈmɪlɪt/ *Nomen* Hirse

milli·bar /ˈmɪlibɑː(r)/ (*umgs* **bar**) *Nomen* Millibar

milli·gram 🔑 (*BrE auch* **milli·gramme**) /ˈmɪliɡræm/ *Nomen* (*Abk* **mg**) Milligramm

milli·litre (*AmE* **milli·liter**) /ˈmɪliliːtə(r)/ *Nomen* (*Abk* **ml**) Milliliter

milli·metre 🔑 (*AmE* **milli·meter**) /ˈmɪlimiːtə(r)/ *Nomen* (*Abk* **mm**) Millimeter

mil·lion 🔑 /ˈmɪljən/ *Zahl* (*Abk* **m**) Million ◇ *hundreds of millions of people* Abermillionen von Menschen ◇ *I still have a million things to do.* Ich habe noch tausend Dinge zu erledigen. → *Beispiele bei* HUNDRED **IDM** **look like a million ˈdollars/ˈbucks** (*umgs*) fantastisch aussehen **one, etc. in a ˈmillion** einmalig ◇ *He's a man in a million.* Er ist einmalig.

mil·lion·aire /ˌmɪljəˈneə(r); *AmE* -ˈner/ *Nomen* Millionär(in) ◇ *a millionaire businessman* ein millionenschwerer Geschäftsmann

mil·lion·air·ess /ˌmɪljəˈneərəs; *AmE* -ˈnerəs/ *Nomen* (*veraltet*) Millionärin

mil·lionth 🔑 /ˈmɪljənθ/ *Adj, Nomen*
▸ ***Adj*** millionste(r,s)
▸ ***Nomen*** Millionstel

milli·pede /ˈmɪlɪpiːd/ *Nomen* Tausendfüßler

milli·sec·ond /ˈmɪlisekənd/ *Nomen* Tausendstelsekunde ◇ *I hesitated a millisecond too long.* Ich zögerte den Bruchteil einer Sekunde zu lang.

mill·stone /ˈmɪlstəʊn; *AmE* -stoʊn/ *Nomen* Mühlstein **IDM** **a millstone around/round your ˈneck** ein Klotz am Bein

ˈmill wheel *Nomen* Mühlrad

mil·om·eter (*auch* **mile·ometer**) /maɪˈlɒmɪtə(r); *AmE* -ˈlɑːm-/ *Nomen* (*BrE*) Meilenzähler

mime /maɪm/ *Nomen, Verb*
▸ ***Nomen*** Pantomime ◇ *a mime artist* ein Pantomime
▸ ***Verb*** **1** pantomimisch darstellen **2** ◇ *mime to a tape track* zu einem Playback mimen ◇ *She was miming the words.* Sie bewegte nur die Lippen.

mimic /ˈmɪmɪk/ *Verb, Nomen*
▸ ***Verb*** (**-ck-**) **1** nachmachen **2** nachahmen, imitieren
▸ ***Nomen*** Imitator(in)

mim·icry /ˈmɪmɪkri/ *Nomen* [U] **1** Nachahmung ◇ *a talent for mimicry* ein Talent, andere nachzuahmen **2** (ZOOL) Mimikry

mi·mosa /mɪˈməʊzə, mɪˈməʊsə; *AmE* mɪˈmoʊzə, mɪˈmoʊsə/ *Nomen* **1** Mimose **2** (*AmE*) Sekt mit Orangensaft

min. *Abk* **1** = MINUTE¹ **2** = MINIMUM

min·aret /ˌmɪnəˈret/ *Nomen* Minarett

mince /mɪns/ *Verb, Nomen*
▸ ***Verb*** **1** durch den Fleischwolf drehen (*BrE*) ◇ *minced beef* Rinderhackfleisch **2** (*abwert*) geziert trippeln, schwänzeln **IDM** **not mince (your) ˈwords** kein Blatt vor den Mund nehmen
▸ ***Nomen*** (*BrE*) Hackfleisch

mince·meat /ˈmɪnsmiːt/ *Nomen* (*bes BrE*) = Pastetenfüllung aus Dörrobst, Gewürzen, Nüssen, Fett und Zucker **IDM** **make ˈmincemeat of sb** (*umgs*) Hackfleisch aus jdm machen; jdn zur Schnecke machen

ˌmince ˈpie *Nomen* = süßes, mit *mincemeat* gefülltes gedecktes Törtchen, das in Großbritannien zur Weihnachtszeit gegessen wird

min·cer /ˈmɪnsə(r)/ *Nomen* (*bes BrE*) Fleischwolf

mind 🔑 /maɪnd/ *Nomen, Verb*
▸ ***Nomen*** **1** Verstand ◇ *I've no idea how her mind works!* Ich habe keine Ahnung, was in ihrem Kopf vor sich geht. ◇ *insights into the criminal mind* Einblicke in die Denkweise von Kriminellen ◇ *the subconscious mind* das Unterbewusstsein ◇ *have a suspicious mind* misstrauisch sein ◇ *She was in a disturbed state of mind.* Sie war sehr verstört. ◇ *I could not have complete peace of mind before they returned.* Ich war erst richtig beruhigt, als sie wieder da waren. ◇ *There was no doubt in his mind that he'd get the job.* Er war sich ganz sicher, dass er die Stelle bekommen würde. **2** (*Mensch*) ◇ *a great mind* ein großer Geist **3** Gedanken ◇ *Your mind's not on the job.* Du bist mit deinen Gedanken nicht bei der Arbeit. ◇ *Keep your minds on your work!* Konzentriert euch auf eure Arbeit! ◇ *Her mind is completely occupied by the baby.* Sie kann an nichts anderes als das Baby denken. ◇ *Nothing could be further from my mind.* Nichts liegt mir ferner. **4** [meist Sing] Kopf ◇ *When I saw the question my mind went blank.* Als ich die Frage sah,

fiel mir nichts mehr ein. ◇ *The name had gone right out of my mind.* Ich konnte mich nicht mehr an den Namen erinnern. IDM **be all in sb's/the 'mind** (nur) Einbildung sein **bear/keep sb/sth in 'mind** an jdn/etw denken ◇ *We'll keep your suggestion in mind.* Wir werden Ihren Vorschlag im Auge behalten. **be in two 'minds about sth** (*AmE* **be of two 'minds about sth**) sich über etw unschlüssig sein **be of one/the same 'mind (about sb/sth)** (über jdn/etw) einer Meinung sein **be/go ˌout of your 'mind** verrückt sein/werden (*umgs*) ◇ *He must be out of his tiny mind!* Er ist ja wohl verrückt! **be out of your 'mind with worry** vor Angst ganz außer sich sein **be pissed/stoned out of your 'mind** (*Slang*) völlig besoffen/high sein **bring/call sb/sth to 'mind** (*gehoben*) **1** sich an jdn/etw erinnern **2** an jdn/etw erinnern **come/spring to 'mind** jdm einfallen ◇ *Nothing comes to mind.* Mir fällt nichts ein. **have a good mind to do sth; have half a mind to do sth** **1** ◇ *I've half a mind to come with you.* Ich hätte fast Lust mitzukommen. **2** ◇ *I've a good mind to tell your parents.* Ich sollte es eigentlich deinen Eltern sagen. **have sb/sth in 'mind (for sth)** (für etw) an jdn/etw gedacht haben **have it in mind to do sth** (*gehoben*) vorhaben etw zu tun; daran denken etw zu tun ◇ *the words he had in in mind to use* die Worte, die er verwenden wollte **have a mind of your 'own** eine eigene Meinung haben; seinen eigenen Kopf haben ◇ (*hum*) *My computer seems to have a mind of its own!* Mein Computer macht, was er will! **lose your 'mind** den Verstand verlieren **make up your 'mind** sich entscheiden ◇ *His mind's made up.* Er hat sich entschieden. **ˌmind over 'matter** ◇ *It's just a question of mind over matter.* Es ist lediglich eine Willensfrage. **your mind's 'eye** das geistige Auge ◇ *He pictured the scene in his mind's eye.* Er stellte sich die Szene im Geiste vor. **on your 'mind** ◇ *You've been on my mind all day.* Ich hab den ganzen Tag an dich gedacht. ◇ *He seemed to have something on his mind.* Ihn schien etwas zu beschäftigen. ◇ *Don't bother him — he's got a lot on his mind.* Stör ihn nicht — er hat genug Sorgen. **put/get sb/sth out of your 'mind** jdn/etw vergessen; jdn/etw aus dem Gedächtnis streichen **put sb in mind of sb/sth** (*veraltet*) jdn an jdn/etw erinnern **put/set sb's 'mind at ease/rest** jdn beruhigen **put/set/turn your 'mind to sth; set your 'mind on sth** sich voll auf etw konzentrieren **take sb's mind off sth** jdn von etw ablenken ◇ *It'll take your mind off things.* Das wird dich auf andere Gedanken bringen. **to 'my mind** meiner Meinung nach → *Siehe auch* BACK, BEND, BLOW, BOGGLE, BORED, CAST, CHANGE, CLOSE[1], CROSS, ETCH, KNOW, MEETING, OPEN, PIECE, PREY, PUSH, RIGHT, SIEVE, SIGHT, SLIP, SPEAK, STICK, TURN *und* UNSOUND

▸ ***Verb*** **1 sb minds sth** (*kein Passiv*) etw macht jdm etwas aus ◇ *Did she mind (about) not getting the job?* Hat es ihr etwas ausgemacht, dass sie den Job nicht bekommen hat? ◇ *I hope you don't mind the noise.* Ich hoffe, der Lärm stört Sie nicht. **2** (*in höflichen Fragen*) ◇ *Do you mind if I smoke?* Stört es Sie, wenn ich rauche? ◇ *Are you married, if you don't mind me asking?* Darf ich fragen, ob Sie verheiratet sind? ◇ *Would you mind explaining that again, please?* Könnten Sie das bitte noch einmal erklären? ◇ *Do you mind driving? I'm feeling pretty tired.* Kannst du bitte fahren? Ich bin ziemlich müde. **3 not ~** (*kein Passiv*) ◇ *'Tea or coffee?' 'I don't mind.'* „Tee oder Kaffee?" „Das ist mir egal." ◇ *Don't mind her — she didn't mean it.* Mach dir nichts draus, sie hat es nicht so gemeint. ◇ *Don't mind me — I'll wait.* Lass dich durch mich nicht stören — ich warte. **4 not ~ doing sth** nichts dagegen haben, etw zu tun **5** (*BrE*) aufpassen (auf), achten auf ◇ *Mind how you go!* Pass auf dich auf! ◇ *Mind the step!* Vorsicht Stufe! ◇ *Mind your head!* Vorsicht, niedrige Decke! ◇ *You must be home for dinner, mind.* Sieh zu, dass du zum Abendessen zurück bist. **6** (*bes BrE*) **~ sb/sth** auf jdn/etw aufpassen IDM **ˌdo you 'mind?** Also hören Sie mal!; Was fällt Ihnen ein! **I don't mind admitting/telling you ...** ich gebe zu ... ◇ *I don't mind admitting I was scared!* Ich hatte Angst, das muss ich zugeben! **I don't mind if I 'do** (*umgs*) ich hätte nichts dagegen **if you ˌdon't 'mind; if you ˌwouldn't 'mind** **1** wenn Sie nichts dagegen haben; wenn es Ihnen recht ist; wenn es Ihnen nichts ausmacht ◇ *Read it carefully, if you wouldn't mind.* Bitte lesen Sie es sorgfältig durch. **2** (*oft iron*) ist das klar? ◇ *I give the orders around here, if you don't mind.* Ich habe hier zu sagen, ist das klar? **if you ˌdon't mind me/my 'saying so** wenn ich mir die Bemerkung erlauben darf; mit Verlaub gesagt **I wouldn't mind sth** ich hätte nichts gegen etw ◇ *I wouldn't mind having her problems!* Ihre Sorgen möchte ich haben! **ˌmind your ˌown 'business** (*umgs*) sich um seine eigenen Angelegenheiten kümmern ◇ *Mind your own business!* Das geht dich nichts an! ◇ *I was just sitting there, minding my own business.* Ich saß einfach nur so da. **mind the 'shop** (*AmE* **mind the 'store**) nach dem Rechten sehen **ˌmind 'you** (*umgs*) allerdings **ˌnever 'mind** **1** (*bes BrE*) (das) macht nichts; nicht (so) schlimm **2** geschweige denn **never mind (about) sth** ◇ *Never mind about that now.* Das ist doch jetzt egal. ◇ *Never mind your car — what about my fence?* Ihr Auto ist mir egal — was ist mit meinem Zaun? ◇ *Never mind washing the dishes now.* Lass den Abwasch doch stehen. **ˌnever you 'mind** (*umgs*) das geht dich nichts an → *Siehe auch* LANGUAGE *und* STEP PHR V **ˌmind 'out (for sb/sth)** (*umgs*) (auf jdn/etw) aufpassen ◇ *Mind out!* Vorsicht!

ˈmind-blowing *Adj* (*umgs*) irre, wahnsinnig

ˈmind-boggling *Adj* (*umgs*) kaum fassbar ◇ *a problem of mind-boggling complexity* ein irrsinnig komplexes Problem

mind·ed /ˈmaɪndɪd/ *Adj* **1** (*mit Adjektiven zusammengesetzt*) ◇ *all like-minded people* alle Gleichgesinnten ◇ *a fair-minded employer* ein fairer Arbeitgeber ◇ *high-minded principles* hohe Prinzipien → *Siehe auch* ABSENT-MINDED *und* BLOODY-MINDED **2** (*mit Adverbien*) ◇ *politically minded* politisch interessiert ◇ *technically minded* technisch begabt **3** (*mit Substantiven zusammengesetzt*) ◇ *a reform-minded government* eine reformorientierte Regierung ◇ *conservation-minded citizens* Umweltschützer **4 ~ (to do sth)** [nicht vor Nomen] (*gehoben*) geneigt (etw zu tun), gewillt (etw zu tun)

mind·er *Nomen* /ˈmaɪndə(r)/ (*bes BrE*) Aufpasser(in), Beschützer(in), Leibwächter(in)

mind·ful /ˈmaɪndfl/ *Adj* **be ~ of sb/sth** (*gehoben*) jdn/etw berücksichtigen; **be ~ that ...** bedenken, dass ... ◇ *mindful of our responsibilities* im Bewusstsein unserer Verantwortung

mind·ful·ness /ˈmaɪndfəlnəs/ *Nomen* [U] (*gehoben*) **1** Bewusstsein, Beachten **2** Achtsamkeit

mind·less /ˈmaɪndləs/ *Adj* (*Adv* **mind·less·ly**) **1** sinnlos ◇ *mindless vandals* hirnlose Wandalen **2** stumpfsinnig, geistlos

ˈmind reader *Nomen* Gedankenleser(in)

mind·set /ˈmaɪndset/ *Nomen* Mentalität, Denkweise

mine /maɪn/ *Pron, Nomen, Verb*

▸ ***Pron*** meine(r,s)

▸ ***Nomen*** **1** Bergwerk, Mine **2** (*Bombe*) Mine IDM **a mine of inforˈmation (about/on sb/sth)** eine wahre Fundgrube an Wissen (über jdn/etw)

▸ ***Verb*** **1** (*Kohle etc.*) fördern, abbauen ◇ *They were mining for gold.* Sie haben Gold geschürft. **2** Bergbau betreiben (in) **3** verminen; (*Fahrzeug*) sprengen

mine·field /ˈmaɪnfiːld/ *Nomen* **1** Minenfeld **2** kompliziertes Gebiet ◇ *This problem is a political minefield.* Dieses Problem enthält politischen Sprengstoff.

miner /ˈmaɪnə(r)/ *Nomen* Bergmann, Bergarbeiter(in)

min·eral /ˈmɪnərəl/ *Nomen* **1** Mineral **2** [meist Pl] (*BrE, gehoben*) ≈ Limonade

min·er·al·ogic·al /ˌmɪnərəˈlɒdʒɪkl; *AmE* -ˈlɑːdʒɪ-/ *Adj* mineralogisch

min·er·al·ogist /ˌmɪnəˈrælədʒɪst/ *Nomen* Mineraloge, Mineralogin

min·er·al·ogy /ˌmɪnəˈrælədʒi/ *Nomen* Mineralogie

ˈmineral water *Nomen* Mineralwasser

mine·sweeper /ˈmaɪnswiːpə(r)/ *Nomen* Minenräumboot

mine·work·er /ˈmaɪnwɜːkə(r); *AmE* -wɜːrkər/ *Nomen* Bergmann, Bergarbeiter(in)

min·gle /ˈmɪŋgl/ *Verb* **1** (*gehoben*) (sich) mischen, (sich) vermischen **2** sich unter die Gäste etc. mischen ◇ *The princess mingled freely with the crowds.* Die Prinzessin mischte sich ungehindert unters Volk.

mini·ature /ˈmɪnətʃə(r); *AmE auch* -tʃʊr/ *Adj, Nomen*
▸ ***Adj*** [nur vor Nomen] Miniatur-, Zwerg- ◇ *miniature roses* Zwergrosen
▸ ***Nomen*** **1** (*Bild*) Miniatur **2** Kleinausgabe, Miniaturausgabe IDM **in ˈminiature** im Kleinen; en miniature

mini·atur·iza·tion (*BrE auch* **-isa·tion**) /ˌmɪnətʃəraɪˈzeɪʃn; *AmE* -rəˈ-/ *Nomen* Verkleinerung, Miniaturisierung

mini·atur·ize (*BrE auch* **-ise**) /ˈmɪnətʃəraɪz/ *Verb* verkleinern, miniaturisieren

mini·bar /ˈmɪnibɑː(r)/ *Nomen* Minibar

mini·bus /ˈmɪnibʌs/ *Nomen* Kleinbus

mini·cab /ˈmɪnikæb/ *Nomen* (*BrE*) Funktaxi

mini·disc /ˈmɪnidɪsk/ *Nomen* (*Abk* **MD**) Minidisc

minim /ˈmɪnɪm/ *Nomen* (*BrE*) halbe Note

min·imal /ˈmɪnɪməl/ *Adj* sehr gering, minimal

min·im·al·ism /ˈmɪnɪməlɪzəm/ *Nomen* Minimalismus

min·im·al·ist /ˈmɪnɪməlɪst/ *Nomen, Adj*
▸ ***Nomen*** Minimalist(in)
▸ ***Adj*** minimalistisch

min·im·al·ly /ˈmɪnɪməli/ *Adv* kaum

min·im·ize (*BrE auch* **-ise**) /ˈmɪnɪmaɪz/ *Verb* **1** auf ein Minimum reduzieren **2** bagatellisieren, herunterspielen **3** (COMP) (*Fenster etc.*) verkleinern

min·imum /ˈmɪnɪməm/ *Adj, Adv, Nomen*
▸ ***Adj*** (*Abk* **min.**) Mindest- ◇ *with the minimum amount of effort* mit einem Minimum an Anstrengung
▸ ***Adv*** mindestens ◇ *two hours minimum* mindestens zwei Stunden
▸ ***Nomen*** (*Pl* **min·ima** /ˈmɪnɪmə/) [meist Sing] Minimum

ˌminimum seˈcurity prison *Nomen* (*AmE*) = Strafanstalt mit offenem Vollzug

min·ing /ˈmaɪnɪŋ/ *Nomen* Bergbau ◇ *gold mining* Goldabbau

min·ion /ˈmɪniən/ *Nomen* (*abwert oder hum*) Lakai, Hiwi

mini·ser·ies /ˈmɪnisɪəriːz; *AmE* -sɪriːz/ *Nomen* (*Pl* **mini·ser·ies**) (drei- bis sechsteilige) Fernsehserie

mini·skirt /ˈmɪniskɜːt; *AmE* -skɜːrt/ *Nomen* Minirock

min·is·ter /ˈmɪnɪstə(r)/ *Nomen, Verb*
▸ ***Nomen*** **1** (*oft* **Minister**) (*BrE*) Minister **2** = Pfarrer, bes in der presbyterianischen und nonkonformistischen Kirche **3** Gesandte(r)
▸ ***Verb*** PHR V **ˈminister to sb/sth** (*gehoben*) sich um jdn/etw kümmern

min·is·ter·ial /ˌmɪnɪˈstɪəriəl; *AmE* -ˈstɪr-/ *Adj* Minister- ◇ *hold ministerial office* ein Ministeramt innehaben

min·is·ter·ing /ˈmɪnɪstərɪŋ/ *Adj* (*gehoben*) barmherzig

ˌMinister of ˈState *Nomen* (*BrE*) ≈ Staatssekretär(in)

min·is·tra·tions /ˌmɪnɪˈstreɪʃnz/ *Nomen* [Pl] (*gehoben oder hum*) Fürsorge, Betreuung, Seelsorge

min·is·try /ˈmɪnɪstri/ *Nomen* (*Pl* **-ies**) **1** (*BrE*) Ministerium **2** [mit Verb im Sing/Pl] **the Ministry** die Geistlichkeit **3** [meist Sing] Pfarramt ◇ *the period of his ministry* seine Amtszeit als Pfarrer

mini·van /ˈmɪnivæn/ *Nomen* (*AmE*) Großraumlimousine

mink /mɪŋk/ *Nomen* (*Pl* **mink** *oder* **minks**) Nerz

min·now /ˈmɪnəʊ; *AmE* -noʊ/ *Nomen* **1** Elritze **2** (*fig*) kleiner Fisch

minor /ˈmaɪnə(r)/ *Adj, Nomen, Verb*
▸ ***Adj*** **1** klein(er), gering ◇ *a minor road* eine Nebenstraße ◇ *minor offences* Bagatelldelikte **2** (MUS) Moll ◇ *C minor* c-Moll
▸ ***Nomen*** **1** (RECHT) Minderjährige(r) **2** (*bes AmE*) Nebenfach
▸ ***Verb*** PHR V **ˈminor in sth** (*AmE*) etw im Nebenfach studieren

mi·nor·ity /maɪˈnɒrəti; *AmE* -ˈnɔːr-/ *Nomen* (*Pl* **-ies**) **1** [mit Verb im Sing/Pl] Minderzahl ◇ *minority shareholders* Aktionäre mit Minderheitsbeteiligungen **2** (*ethnische, nationale, religiöse etc.*) Minderheit ◇ (*AmE*) *The school is 95 per cent minority.* 95% der Schüler gehören Minderheiten an. **3** (RECHT) Minderjährigkeit IDM **be, etc. in a minority of ˈone** (*oft hum*) ◇ *I was in favour but I was in a minority of one.* Ich war dafür, aber mit dieser Meinung stand ich allein da.

miˌnority ˈgovernment *Nomen* Minderheitsregierung

min·ster /ˈmɪnstə(r)/ *Nomen* (*BrE*) Münster

min·strel /ˈmɪnstrəl/ *Nomen* Spielmann ◇ *a wandering minstrel* ein fahrender Sänger

mint /mɪnt/ *Nomen, Verb*
▸ ***Nomen*** **1** Minze, Pfefferminze **2** Pfefferminzbonbon **3** Münzanstalt **4** **a mint** [Sing] (*umgs*) ein Haufen Geld IDM **in mint conˈdition** in tadellosem Zustand; wie neu
▸ ***Verb*** (*Münze*) prägen

mint·ed /ˈmɪntɪd/ *Adj* **1** **freshly/newly ~** neu geprägt **2** mit Pfefferminzgeschmack

minty /ˈmɪnti/ *Adj* Pfefferminz- ◇ *a minty smell* ein Pfefferminzgeruch

min·uet /ˌmɪnjuˈet/ *Nomen* Menuett

minus /ˈmaɪnəs/ *Präp, Nomen, Adj*
▸ ***Präp*** **1** minus, weniger, abzüglich **2** (*Temperatur*) minus ◇ *It was minus ten.* Es waren minus 10 Grad. **3** (*umgs*) ohne ◇ *We're going to be minus a car.* Wir werden ohne Auto sein.
▸ ***Nomen*** **1** (*auch* **ˈminus sign**) Minus(zeichen) **2** (*umgs*) Nachteil
▸ ***Adj*** **1** Minus-, negativ ◇ *On the minus side, the flat is expensive.* Ein Nachteil ist, dass die Wohnung teuer ist. **2** [nicht vor Nomen] (*in Benotungen*) minus ◇ *I got (a) B minus.* Ich habe eine Zwei minus gekriegt.

min·us·cule /ˈmɪnəskjuːl/ *Adj* winzig

min·ute[1] /ˈmɪnɪt/ *Nomen, Verb*
▸ ***Nomen*** **1** (*Abk* **min.**) Minute ◇ *just minutes into the second half* gleich in den ersten Minuten der zweiten Spielhälfte **2** [Sing] Moment ◇ *Hang on a minute.* (Warte einen) Moment. ◇ *I won't be a minute.* Es dauert nicht lange. **3** (*meist* **the minutes**) [Pl] Protokoll IDM **(at) any ˈminute/ˈmoment (ˈnow)** jeden Augenblick **the minute/moment (that) …** sobald … ◇ *I want to see him the minute he arrives.* Wenn er kommt, will ich ihn sofort sehen. **ˌnot for a/one ˈminute/ˈmoment** nicht eine Sekunde lang **this minute** sofort; jetzt **to the ˈminute** auf die Minute genau **ˌup to the ˈminute** (*umgs*) **1** hochmodern; topmodisch **2** auf dem neuesten Stand → *Siehe auch* BORN, JUST,

LAST[1] *und* WAIT
▸ ***Verb*** protokollieren

mi·nute² 0‑ᴡ /maɪˈnjuːt; *AmE auch* -ˈnuːt/ *Adj* (**minutest**, *kein Komparativ*) **1** winzig, verschwindend gering **2** (*Adv* **mi·nute·ly**) minutiös, peinlich genau ◇ *in minute detail/in the minutest detail(s)* bis ins kleinste Detail

mi·nu·tiae /maɪˈnjuːʃiiː; *AmE* mɪˈnuː-/ *Nomen* [Pl] kleinste Einzelheiten

minx /mɪŋks/ *Nomen* [Sing] (*veraltet oder hum*) kleines Biest

mir·acle /ˈmɪrəkl/ *Nomen* Wunder IDM **work/perform ˈmiracles** Wunder wirken

mi·racu·lous /mɪˈrækjələs/ *Adj* Wunder-, wundersam ◇ *She's made a miraculous recovery.* Sie hat sich erstaunlich gut erholt.

mi·racu·lous·ly /mɪˈrækjələsli/ *Adv* wie durch ein Wunder

mir·age /ˈmɪrɑːʒ, mɪˈrɑːʒ; *AmE* məˈrɑːʒ/ *Nomen* **1** Luftspiegelung, Fata Morgana **2** (*fig*) Trugbild, Illusion

mire /ˈmaɪə(r)/ *Nomen* (*gehoben*) Schlamm, Sumpf, Morast (*auch fig*) ◇ *drag sb's name through the mire* jds Namen in den Schmutz ziehen

mir·ror 0‑ᴡ /ˈmɪrə(r)/ *Nomen, Verb*
▸ ***Nomen*** Spiegel
▸ ***Verb*** (*gehoben*) **1** widerspiegeln **2** spiegeln ◇ *She saw herself mirrored in the window.* Sie sah ihr Spiegelbild im Fenster.

mir·rored /ˈmɪrəd; *AmE* -rərd/ *Adj* [nur vor Nomen] Spiegel- ◇ *mirrored sunglasses* eine Spiegelbrille

ˌmirror ˈimage *Nomen* Spiegelbild

mirth /mɜːθ; *AmE* mɜːrθ/ *Nomen* (*gehoben*) Heiterkeit, Gelächter

mirth·less /ˈmɜːθləs; *AmE* ˈmɜːrθ-/ *Adj* (*Adv* **mirth·less·ly**) freudlos, unfroh

mis- /mɪs/ *Vorsilbe* (*in Nomina und Verben verwendet*) schlecht, falsch ◇ *misbehaviour* schlechtes Benehmen ◇ *misinterpret* fehlinterpretieren

mis·ad·ven·ture /ˌmɪsədˈventʃə(r)/ *Nomen* **1** [U] (*BrE*) (RECHT) (tödlicher) Unfall **2** (*gehoben*) Missgeschick

mis·an·throp·ic /ˌmɪsənˈθrɒpɪk; *AmE* -ˈθrɑːpɪk/ *Adj* (*gehoben*) menschenfeindlich

mis·ap·pre·hen·sion /ˌmɪsæprɪˈhenʃn/ *Nomen* (*gehoben*) falsche Vorstellung ◇ *be under a misapprehension* einem Irrtum unterliegen

mis·ap·pro·pri·ate /ˌmɪsəˈprəʊpriert; *AmE* -ˈproʊ-/ *Verb* (*gehoben*) unterschlagen, veruntreuen

mis·ap·pro·pri·ation /ˌmɪsəˌprəʊpriˈeɪʃn; *AmE* -ˌproʊ-/ *Nomen* Unterschlagung, Veruntreuung

mis·be·have /ˌmɪsbɪˈheɪv/ *Verb* ~ (**yourself**) sich schlecht benehmen, sich danebenbenehmen

mis·be·hav·iour (*AmE* **mis·be·hav·ior**) /ˌmɪsbɪˈheɪvjə(r)/ *Nomen* [U] schlechtes Benehmen, Ungezogenheit

mis·cal·cu·late /ˌmɪsˈkælkjuleɪt/ *Verb* **1** falsch einschätzen, falsch berechnen **2** sich verschätzen, sich verrechnen

mis·cal·cu·la·tion /ˌmɪskælkjuˈleɪʃn/ *Nomen* Fehleinschätzung ◇ *make a miscalculation* einen Fehler machen

mis·car·riage /ˈmɪskærɪdʒ; *BrE auch* ˌmɪsˈkærɪdʒ/ *Nomen* Fehlgeburt

misˌcarriage of ˈjustice *Nomen* (RECHT) Justizirrtum, Fehlurteil

mis·carry /ˌmɪsˈkæri/ *Verb* (**-car·ries**, **-carry·ing**, **-carried**, **-car·ried**) **1** eine Fehlgeburt erleiden **2** (*gehoben*) fehlschlagen, fehlgehen

mis·cast /ˌmɪsˈkɑːst; *AmE* -ˈkæst/ *Verb* (**-cast**, **-cast**) (*meist passiv*) fehlbesetzen

mis·cel·lan·eous /ˌmɪsəˈleɪniəs/ *Adj* divers, gemischt

mis·cel·lany /mɪˈseləni; *AmE* ˈmɪsəleɪni/ *Nomen* [Sing] (*gehoben*) Vielfalt, (bunte) Mischung

mis·chance /ˌmɪsˈtʃɑːns; *AmE* -ˈtʃæns/ *Nomen* (*gehoben*) unglücklicher Zufall

mis·chief /ˈmɪstʃɪf/ *Nomen* [U] **1** Unfug, Dummheiten ◇ *Those children are always getting into mischief.* Diese Kinder stellen dauernd etwas an. **2** Übermut **3** (*gehoben*) (*politischer, sozialer*) Unfrieden IDM **ˌdo yourself a ˈmischief** (*BrE, umgs*) sich verletzen **make ˈmischief** Unfrieden stiften

ˈmischief-making *Nomen* Unruhestiftung

mis·chiev·ous /ˈmɪstʃɪvəs/ *Adj* (*Adv* **mis·chiev·ous·ly**) **1** schelmisch, übermütig **2** (*gehoben*) bösartig

mis·con·ceived /ˌmɪskənˈsiːvd/ *Adj* verfehlt, falsch

mis·con·cep·tion /ˌmɪskənˈsepʃn/ *Nomen* falsche Vorstellung(en), irrige Annahme(n)

mis·con·duct /ˌmɪsˈkɒndʌkt; *AmE* -ˈkɑːn-/ *Nomen* [U] (*gehoben*) **1** Fehlverhalten, Verfehlung(en) **2** schlechte Führung

mis·con·struc·tion /ˌmɪskənˈstrʌkʃn/ *Nomen* (*gehoben*) falsche Auslegung, Fehlinterpretation

mis·con·strue /ˌmɪskənˈstruː/ *Verb* (*gehoben*) missdeuten, missverstehen

mis·cre·ant /ˈmɪskriənt/ *Nomen* (*gehoben*) Schurke

mis·deed /ˌmɪsˈdiːd/ *Nomen* [meist Pl] (*gehoben*) Missetat

mis·de·meanour (*AmE* **mis·de·meanor**) /ˌmɪsdɪˈmiːnə(r)/ *Nomen* **1** (*gehoben*) Missetat **2** (*bes AmE*) (RECHT) Vergehen

mis·diag·nose /mɪsˈdaɪəgnəʊz; *AmE* -noʊz/ *Verb* ~ **sth** (**as sth**) etw (als etw) fehldiagnostizieren

mis·diag·nosis /ˌmɪsdaɪəgˈnəʊsɪs; *AmE* -ˈnoʊ-/ *Nomen* (*Pl* **mis·diag·noses** /-siːz/) Fehldiagnose

mis·dir·ect /ˌmɪsdəˈrekt, -daɪ-/ *Verb* **1** (*meist passiv*) (*gehoben*) fehlleiten **2** (RECHT) falsch informieren, falsch belehren

mis·dir·ec·tion /ˌmɪsdəˈrekʃn, -daɪ-/ *Nomen* **1** Fehlleitung **2** (RECHT) falsche Belehrung

miser /ˈmaɪzə(r)/ *Nomen* (*abwert*) Geizhals

mis·er·able /ˈmɪzrəbl/ *Adj* (*Adv* **mis·er·ably** /-bli/) **1** elend, unglücklich ◇ *She knows how to make life miserable for her employees.* Sie versteht es, ihren Angestellten das Leben schwer zu machen. **2** erbärmlich, jämmerlich, trostlos **3** [nur vor Nomen] (*abwert*) griesgrämig, missmutig, mies **4** (*Lohn etc.*) kläglich IDM → SIN

miser·ly /ˈmaɪzəli; *AmE* -zərli/ *Adj* (*abwert*) **1** geizig **2** armselig

mis·ery /ˈmɪzəri/ *Nomen* (*Pl* **-ies**) **1** [U] Trübsal, Kummer **2** Elend, Armut **3** Qual, Leid **4** (*BrE, umgs*) Miesepeter, Miesmacher(in) IDM **make sb's life a ˈmisery** jdm das Leben schwer machen **put an animal, etc. out of its ˈmisery** ein Tier etc. von seinen Qualen erlösen **put sb out of their ˈmisery** (*umgs*) jdn nicht länger auf die Folter spannen

mis·fire /ˌmɪsˈfaɪə(r)/ *Verb* **1** danebengehen, fehlschlagen **2** eine Fehlzündung haben **3** (*Gewehr etc.*) versagen

mis·fit /ˈmɪsfɪt/ *Nomen* Außenseiter(in)

mis·for·tune /ˌmɪsˈfɔːtʃuːn; *AmE* -ˈfɔːrtʃuːn/ *Nomen* (*gehoben*) **1** Unglück, Pech **2** Unglücksfall

mis·giv·ing /ˌmɪsˈgɪvɪŋ/ *Nomen* Bedenken ◇ *I read the letter with (a sense of) misgiving.* Ich las den Brief mit einem unguten Gefühl.

mis·guided /ˌmɪsˈgaɪdɪd/ *Adj* irregeleitet, irrig

mis·guided·ly /ˌmɪsˈgaɪdɪdli/ *Adv* irrigerweise

mis·handle /ˌmɪsˈhændl/ *Verb* (*gehoben*) falsch handhaben; (*Kampagne etc.*) schlecht führen

mis·handling /ˌmɪsˈhændlɪŋ/ *Nomen* [U] falsche Handhabung; *(Kampagne etc.)* schlechte Führung

mis·hap /ˈmɪshæp/ *Nomen* Missgeschick

mis·hear /ˌmɪsˈhɪə(r); *AmE* -ˈhɪr/ *Verb* (**mis·heard, mis·heard** /ˌmɪsˈhɜːd; *AmE* -ˈhɜːrd/) **1** sich verhören **2** ~ **sb/sth** jdn/etw falsch verstehen

mis·hit /ˈmɪshɪt/ *Verb, Nomen*
▸ ***Verb*** (**-hit·ting, -hit, -hit**) *(Ball)* verschlagen
▸ ***Nomen*** *(Ballspiel)* Fehlschlag

mish·mash /ˈmɪʃmæʃ/ *Nomen* [Sing] *(umgs, meist abwert)* Mischmasch

mis·in·form /ˌmɪsɪnˈfɔːm; *AmE* -ˈfɔːrm/ *Verb (oft passiv)* ~ **sb (about sth)** *(gehoben)* jdn (über etw) falsch informieren

mis·in·for·ma·tion /ˌmɪsɪnfəˈmeɪʃn; *AmE* -fərˈ-/ *Nomen* [U] Fehlinformationen

mis·in·ter·pret /ˌmɪsɪnˈtɜːprɪt; *AmE* -ˈtɜːrprɪt/ *Verb* fehlinterpretieren, falsch auffassen; ~ **sth as sth** etw fälschlicherweise als etw auslegen

mis·in·ter·pret·ation /ˌmɪsɪntɜːprɪˈteɪʃn; *AmE* -tɜːrp-/ *Nomen* Fehlinterpretation, falsche Auslegung

mis·judge /ˌmɪsˈdʒʌdʒ/ *Verb* ~ **sb/sth** jdn/etw falsch einschätzen

mis·judge·ment *(auch* **mis·judg·ment***)* /ˌmɪsˈdʒʌdʒmənt/ *Nomen* Fehleinschätzung, Fehlurteil

mis·lay /ˌmɪsˈleɪ/ *Verb* (**-laid, -laid** /-ˈleɪd/) *(bes BrE)* verlegen ◇ *Our luggage was temporarily mislaid.* Unser Gepäck war vorübergehend verschwunden.

mis·lead /ˌmɪsˈliːd/ *Verb* (**-led, -led** /-ˈled/) irreführen; ~ **sb (about sth)** jdn (über etw) täuschen; ~ **sb (into doing sth)** jdn verleiten (etw zu tun)

mis·lead·ing /ˌmɪsˈliːdɪŋ/ *Adj* irreführend

mis·lead·ing·ly /ˌmɪsˈliːdɪŋli/ *Adv* irreführenderweise

mis·man·age /ˌmɪsˈmænɪdʒ/ *Verb* schlecht handhaben, schlecht verwalten

mis·man·age·ment /ˌmɪsˈmænɪdʒmənt/ *Nomen* [U] schlechte Handhabung, schlechte Verwaltung, Misswirtschaft

mis·match /ˈmɪsmætʃ/ *Nomen* fehlende Übereinstimmung

mis·matched /ˌmɪsˈmætʃt/ *Adj* ungleich ◇ *The furniture was dirty and mismatched.* Die Möbel waren schmutzig und passten nicht zusammen.

mis·name /ˌmɪsˈneɪm/ *Verb (meist passiv) (gehoben)* unzutreffend benennen

mis·nomer /ˌmɪsˈnəʊmə(r); *AmE* -ˈnoʊ-/ *Nomen* unzutreffende Bezeichnung

mis·ogyn·ist /mɪˈsɒdʒɪnɪst; *AmE* mɪˈsɑːdʒɪ-/ *Nomen (gehoben)* Frauenfeind

mis·ogyn·is·tic /mɪˌsɒdʒɪˈnɪstɪk; *AmE* mɪˌsɑːdʒɪˈ-/ *(auch* **misogyn·ist***) Adj* frauenfeindlich

mis·ogyny /mɪˈsɒdʒɪni; *AmE* mɪˈsɑːdʒɪ-/ *Nomen* Frauenfeindlichkeit

mis·place /ˌmɪsˈpleɪs/ *Verb (gehoben)* verlegen

mis·placed /ˌmɪsˈpleɪst/ *Adj* unangebracht, ungerechtfertigt, fehl am Platz

mis·print /ˈmɪsprɪnt/ *Nomen* Druckfehler

mis·pro·nounce /ˌmɪsprəˈnaʊns/ *Verb* falsch aussprechen

mis·pro·nun·ci·ation /ˌmɪsprənʌnsiˈeɪʃn/ *Nomen* falsche Aussprache

mis·quo·ta·tion /ˌmɪskwəʊˈteɪʃn; *AmE* -skwoʊ-/ *Nomen* falsches Zitat

mis·quote /ˌmɪsˈkwəʊt; *AmE* -ˈkwoʊt/ *Verb* falsch zitieren

mis·read /ˌmɪsˈriːd/ *Verb* (**-read, -read** /-ˈred/) **1** falsch auffassen; ~ **sth (as sth)** etw (als etw) missverstehen **2** falsch lesen ◇ *I misread the 1 as a 7.* Ich habe die 1 als 7 gelesen.

mis·re·port /ˌmɪsrɪˈpɔːt; *AmE* -ˈpɔːrt/ *Verb* falsch wiedergeben, falsch berichten

mis·rep·re·sent /ˌmɪsˌreprɪˈzent/ *Verb (oft passiv)* falsch darstellen, verfälschen

mis·rep·re·sen·ta·tion /ˌmɪsˌreprɪzenˈteɪʃn/ *Nomen* falsche Darstellung, Verfälschung ◇ *a deliberate misrepresentation of the facts* eine gezielte Verdrehung der Tatsachen

mis·rule /ˌmɪsˈruːl/ *Nomen (gehoben)* Misswirtschaft

Miss /mɪs/ *Nomen* **1** Fräulein **2** *(Schönheitskönigin)* Miss ◇ *the Miss World contest* die Miss-World-Wahl

miss 0➡ /mɪs/ *Nomen, Verb*
▸ ***Nomen*** **1** Fehlschuss ◇ *He scored two goals and had another two near misses.* Er erzielte zwei Tore und zweimal schoss er knapp daneben. **2** Fräulein, Mädchen IDM **give sth a ˈmiss** *(bes BrE, umgs)* sich etw schenken; etw auslassen
▸ ***Verb*** **1** verfehlen, nicht treffen **2** übersehen, überhören ◇ *Your mother doesn't miss much.* Deine Mutter kriegt so ziemlich alles mit. **3** nicht verstehen **4** verpassen, versäumen **5** auslassen ◇ *miss a turn* einmal aussetzen **6** ~ **sth** sich etw entgehen lassen **7** vermissen ◇ *We seem to be missing some students this morning.* Heute Morgen scheinen einige Studenten zu fehlen. **8** ~ **sth** einer Sache entgehen **9** eine Fehlzündung haben IDM **he, she, etc. doesn't miss a ˈtrick** *(umgs)* er, sie etc. lässt nichts aus **miss the ˈboat** *(umgs)* die Chance verpassen → *Siehe auch* HEART *und* MARK PHRV **ˌmiss ˈout** zu kurz kommen ◇ *Book early, or you'll miss out.* Buchen Sie, bevor es zu spät ist. **ˌmiss sb/sth ˈout** *(BrE)* jdn/etw auslassen, jdn/etw übersehen **ˌmiss ˈout on sth** sich etw entgehen lassen, etw verpassen

mis·sal /ˈmɪsl/ *Nomen* Messbuch

mis·sha·pen /ˌmɪsˈʃeɪpən/ *Adj* missgestaltet, unförmig

mis·sile /ˈmɪsaɪl; *AmE* -sl/ *Nomen* **1** Rakete, Flugkörper **2** (Wurf)geschoss

miss·ing 0➡ /ˈmɪsɪŋ/ *Adj* **1** fehlend, verschwunden ◇ *go missing* verschwinden **2 be** ~ fehlen ◇ *The book has two pages missing/missing pages.* In dem Buch fehlen zwei Seiten. **3** vermisst, verschollen

ˌmissing ˈlink *Nomen* **1** fehlendes Glied **2 the missing link** = die Übergangsform zwischen Affen und Menschen

ˌmissing ˈperson *Nomen* (*Pl* **missing persons**) Vermisste(r)

mis·sion /ˈmɪʃn/ *Nomen* **1** Auftrag, Einsatz ◇ *a trade mission to China* eine Handelsreise nach China **2** Gesandtschaft, (Kom)mission, Delegation **3** (REL) Mission **4** Mission(sstation) **5** Berufung ◇ *It was her mission in life.* Es war ihre Lebensaufgabe. **6** (Weltraum)mission ◇ *a US space mission* ein amerikanischer Weltraumflug ◇ *mission control* das Kontrollzentrum IDM **mission acˈcomplished** Auftrag ausgeführt

mis·sion·ary /ˈmɪʃənri; *AmE* -ʃəneri/ *Nomen, Adj* (*Pl* **-ies**)
▸ ***Nomen*** Missionar(in)
▸ ***Adj*** missionarisch, Missions-

ˈmission statement *Nomen* Firmenphilosophie

mis·sis = MISSUS

mis·sive /ˈmɪsɪv/ *Nomen (gehoben oder hum)* Schreiben

mis·spell /ˌmɪsˈspel/ *Verb* (**-spelled, -spelled** *oder* **-spelt, -spelt** /-ˈspelt/) falsch schreiben

mis·spell·ing /ˌmɪsˈspelɪŋ/ *Nomen* (Recht)schreibfehler

mis·spend /ˌmɪsˈspend/ *Verb* (**-spent, -spent** /-ˈspent/) *(meist passiv)* verschwenden, vergeuden, vertun

mis·sus (*auch* **mis·sis**) /ˈmɪsɪz/ *Nomen* **1** (*umgs, veraltend*) (*verwendet nach „the", „my" etc.*) (*Ehefrau*) Alte **2** (*umgs*) (*used especially by young people*) Freundin, Alte, Perle ◇ *my current missus* meine momentane Freundin **3** (*bes BrE, Slang*) = Anrede für eine Frau, die man nicht kennt ◇ *Is this your bag, missus?* Ist das Ihre Tasche?

mist /mɪst/ *Nomen, Verb*
▸ ***Nomen*** Nebel, Dunst(schleier) ◇ (*fig*) *in the mists of time* im Dunkel der Vergangenheit
▸ ***Verb*** **1** ~ **up/over** beschlagen; ~ **(over)** (*Augen*) sich mit Tränen füllen **2** benetzen; ~ **sth (up)** etw beschlagen lassen ◇ *Tears misted his eyes.* Tränen verschleierten seinen Blick.

mis·take 0‑ᴛ /mɪˈsteɪk/ *Nomen, Verb*
▸ ***Nomen*** Fehler ◇ *a spelling mistake* ein Rechtschreibfehler IDM **and ˈno mistake** (*bes BrE, umgs, veraltet*) bestimmt; wirklich ◇ *This is a strange business and no mistake.* Das ist vielleicht eine seltsame Geschichte, kann ich dir sagen. **by miˈstake** aus Versehen **ˌmake no miˈstake (about sth)** (*umgs*) sich (in einer Sache) nichts vormachen
▸ ***Verb*** (**mis·took** /mɪˈstʊk/, **mis·taken** /mɪˈsteɪkən/) **1** ~ **sth as sth** etw als etw missverstehen **2** (*selten*) ~ **sb/sth** jdn/etw verkennen PHR V **miˈstake sb/sth for sb/sth** jdn/etw mit jdm/etw verwechseln, jdn/etw (fälschlich) für jdn/etw halten

mis·taken 0‑ᴛ /mɪˈsteɪkən/ *Adj* **1 be** ~ sich irren; **be** ~ **(about sb/sth)** sich (in jdm/etw) täuschen ◇ *You are completely mistaken about Jane.* Du hast ein vollkommen falsches Bild von Jane. **2** falsch, fälschlich

miˌstaken ˈidentity *Nomen* [U] Verwechslung

mis·taken·ly /mɪˈsteɪkənli/ *Adv* fälschlicherweise, irrtümlicherweise

mis·ter /ˈmɪstə(r)/ *Nomen* **1 Mister** (*schriftlich selten gebrauchte Form der Abkürzung „Mr"*) Herr **2** (*umgs*) = Anrede, besonders von Kindern verwendet, um einen Mann anzusprechen, den sie nicht kennen ◇ *Please, mister, can we have our ball back?* Können wir bitte unseren Ball wiederhaben?

mis·time /ˌmɪsˈtaɪm/ *Verb* einen schlechten Zeitpunkt wählen, schlecht timen ◇ *The horse completely mistimed the jump.* Das Pferd sprang im völlig falschen Moment.

mis·tim·ing /ˌmɪsˈtaɪmɪŋ/ *Nomen* schlechtes Timing, Wahl des falschen Zeitpunkts

mistle·toe /ˈmɪsltəʊ, ˈmɪzl-; *AmE* -toʊ/ *Nomen* Mistel(zweig)

mis·took *Form von* MISTAKE

mis·treat /ˌmɪsˈtriːt/ *Verb* schlecht behandeln, misshandeln

mis·treat·ment /ˌmɪsˈtriːtmənt/ *Nomen* schlechte Behandlung, Misshandlung

mis·tress /ˈmɪstrəs/ *Nomen* **1** Geliebte, Mätresse **2** (*BrE, veraltend*) Lehrerin **3** (Haus)herrin **4** (*Hundebesitzerin*) Frauchen **5** (*gehoben*) Meisterin ◇ *She wants to be mistress of her own affairs.* Sie will ihr eigener Herr sein.

mis·trial /ˌmɪsˈtraɪəl/ *Nomen* **1** wegen Verfahrensmängeln eingestellter Prozess ◇ *declare a mistrial* ein Urteil wegen Verfahrensmängeln aufheben **2** (*AmE*) ergebnisloser Prozess

mis·trust /ˌmɪsˈtrʌst/ *Verb, Nomen*
▸ ***Verb*** misstrauen
▸ ***Nomen*** Misstrauen

mis·trust·ful /ˌmɪsˈtrʌstfl/ *Adj* (*Adv* **mis·trust·ful·ly** /-fəli/) misstrauisch ◇ *He's very mistrustful of machines.* Er ist Maschinen gegenüber sehr misstrauisch.

misty /ˈmɪsti/ *Adj* (**-ier, -iest**) **1** neblig, dunstig **2** verschwommen, verschleiert ◇ *His eyes grew misty.* Sein Blick verschleierte sich.

ˌmisty-ˈeyed *Adj* mit verschleiertem Blick, mit feuchten Augen

mis·un·der·stand /ˌmɪsʌndəˈstænd; *AmE* -dərˈ-/ *Verb* (**-stood, -stood** /-ˈstʊd/) missverstehen, falsch verstehen

mis·un·der·stand·ing /ˌmɪsʌndəˈstændɪŋ; *AmE* -dərˈ-/ *Nomen* **1** Missverständnis **2** Meinungsverschiedenheit

mis·un·der·stood /ˌmɪsʌndəˈstʊd; *AmE* -dərˈ-/ *Adj* unverstanden, verkannt

mis·use *Nomen, Verb*
▸ ***Nomen*** /ˌmɪsˈjuːs/ [meist Sing] Missbrauch, Zweckentfremdung
▸ ***Verb*** /ˌmɪsˈjuːz/ missbrauchen, zweckentfremden

mite /maɪt/ *Nomen* **1** Milbe **2** (*kleines Kind, kleines Tier*) Würmchen ◇ *Poor little mite!* Armes kleines Würmchen! **3** (*veraltet*) bisschen ◇ *The place looked a mite expensive.* Das Lokal sah ein bisschen teuer aus.

miter (*AmE*) = MITRE

miti·gate /ˈmɪtɪgeɪt/ *Verb* (*gehoben*) lindern, (ab)mildern

miti·gat·ing /ˈmɪtɪgeɪtɪŋ/ *Adj* [nur vor Nomen] (*gehoben oder Fachspr*) mildernd

miti·ga·tion /ˌmɪtɪˈgeɪʃn/ *Nomen* (*gehoben*) Linderung, Milderung ◇ *mitigation of punishment* Strafmilderung IDM **in mitiˈgation** (RECHT) zur Verteidigung; zur Entlastung

mitre (*AmE* **mi·ter**) /ˈmaɪtə(r)/ *Nomen, Verb*
▸ ***Nomen*** **1** Mitra **2** (*auch* **ˈmitre joint**) Gehrung(sverbindung)
▸ ***Verb*** (TECH) gehren

mitt /mɪt/ *Nomen* **1** = MITTEN **2** (*Baseball*) Fanghandschuh **3** [meist Pl] (*Slang*) (*Hand*) Pfote

mit·ten /ˈmɪtn/ (*auch* **mitt**) *Nomen* Fausthandschuh

mix 0‑ᴛ /mɪks/ *Verb, Nomen*
▸ ***Verb*** **1** (ver)mischen ◇ *I don't like to mix business with pleasure.* Ich halte Geschäftliches und Privates lieber auseinander. **2** sich (ver)mischen ◇ *Oil and water do not mix.* Öl vermischt sich nicht mit Wasser. **3** zusammenpassen **4** anrühren, mixen **5** ~ **(with sb)** (mit jdm) verkehren ◇ *mix with the guests* sich unter die Gäste mischen IDM **be mixed ˈup in sth** in etw verwickelt sein **get mixed ˈup in sth** in etw hineingezogen werden **get mixed ˈup with sb** sich mit jdm einlassen **ˌmix and ˈmatch** beliebig zusammenstellen **mix ˈit** (*AmE* **ˌmix it ˈup**) (*umgs*) Ärger machen **mix ˈit with sb** (*AmE* **ˌmix it ˈup with sb**) (*umgs*) sich mit jdm anlegen PHR V **ˌmix sth ˈin** etw unterrühren ◇ *Mix the remaining cream in with the sauce.* Die restliche Sahne unter die Soße rühren. **ˈmix sth into sth** etw unter etw mischen **ˈmix sth into/to sth** etw zu etw verrühren **ˌmix sth ˈup** etw durcheinanderbringen **ˌmix sb/sth ˈup (with sb/sth)** jdn/etw (mit jdm/etw) verwechseln
▸ ***Nomen*** **1** [meist Sing] Mischung, Mix ◇ *a school with a good social/racial mix of children* eine Schule mit Kindern aus allen gesellschaftlichen/ethnischen Gruppen ◇ *a cake mix* eine Backmischung **2** (MUS) Remix **3** [Sing] Arrangement, Mix

mixed 0‑ᴛ /mɪkst/ *Adj* **1** gemischt, unterschiedlich **2** [nur vor Nomen] Misch-, gemischt ◇ *a mixed economy* eine gemischte Wirtschaftsform ◇ *a mixed salad* ein gemischter Salat **3** gemischt(geschlechtlich)

ˌmixed-aˈbility *Adj* [nur vor Nomen] mit unterschiedlichen Fähigkeiten ◇ *a mixed-ability class* eine Klasse von Schülern mit unterschiedlichen Fähigkeiten

ˌmixed ˈbag *Nomen* [Sing] (*umgs*) bunte Mischung

ˌmixed ˈblessing *Nomen* [meist Sing] zweischneidiges Schwert, zweifelhaftes Vergnügen

ˌmixed ˈdoubles *Nomen* gemischtes Doppel

ˌmixed ˈgrill *Nomen* (*BrE*) Grillteller

ˌmixed ˈmarriage *Nomen* Mischehe

ˌmixed ˈmetaphor *Nomen* Bildbruch

ˌmixed ˈup *Adj* (*umgs*) verwirrt, verdreht, konfus

mixer /ˈmɪksə(r)/ *Nomen* **1** Küchenmaschine ◇ *a (hand) mixer* ein Handrührgerät **2** = nicht alkoholisches Getränk zum Auffüllen von Mixgetränken **3** (TECH) Mischpult, Mischgerät **4** (*Beruf*) Mischer; (*Ton-*) Techniker IDM **a good ˈmixer** ◇ *She's not a good mixer.* Sie ist nicht besonders kontaktfreudig.

ˈmixer tap *Nomen* (*BrE*) Mischbatterie

ˈmixing bowl *Nomen* Rührschüssel

mix·ture 0-w /ˈmɪkstʃə(r)/ *Nomen* **1** [meist Sing] Mischung **2** Mixtur, Mischung; (*Kuchen-*) Teig ◇ *cough mixture* Hustensaft **3** (TECH) Gemisch **4** Mischen

ˈmix-up *Nomen* (*umgs*) Durcheinander, Missverständnis

ml *Abk* = MILLILITRE

MLA /ˌem el ˈeɪ/ *Kurzform von* **Member of the Legislative Assembly** Mitglied des 1998 gegründeten Parlaments für Nordirland

mm 0-w *Abk, Ausruf*

▸ ***Abk*** = MILLIMETRE

▸ ***Ausruf*** (*auch* **mmm**) (*drückt Interesse, Zustimmung, Zweifel etc. aus*) mmm

MMO /ˌem em ˈəʊ; *AmE* ˈoʊ/ *Nomen* (*Pl* **MMOs**) (*auch* **MMORPG** /ˌem em əʊ ˌɑː piː ˈdʒiː; *AmE* oʊ ˌɑːr piː ˈ-/; **massively multiplayer online (role-playing game)**) Massen-Mehrspieler-Online-Rollenspiel

MMS /ˌem em ˈes/ *Nomen Kurzform von* **Multimedia Messaging Service** MMS

mne·mon·ic /nɪˈmɒnɪk; *AmE* nɪˈmɑːnɪk/ *Nomen, Adj*

▸ ***Nomen*** Gedächtnishilfe, Eselsbrücke

▸ ***Adj*** Gedächtnis-, mnemotechnisch ◇ *a mnemonic device* eine Gedächtnisstütze

mo /məʊ; *AmE* moʊ/ *Nomen* [Sing] (*BrE, umgs*) Moment ◇ *See you in a mo!* Bis gleich!

M.O. (*BrE auch* **MO**) /ˌem ˈəʊ; *AmE* ˈoʊ/ *Abk* = MEDICAL OFFICER

moan /məʊn; *AmE* moʊn/ *Verb, Nomen*

▸ ***Verb* 1** stöhnen **2** (*BrE, umgs*) **~ (on) (about sth)** (über etw) jammern; **~ (on) to/at sb (about sth)** jdm (wegen einer Sache) die Ohren voll jammern **3** (*gehoben*) (*Wind, etc.*) heulen

▸ ***Nomen* 1** Stöhnen **2** (*BrE, umgs*) Klage, Gejammer ◇ *We had a good moan about work.* Wir haben uns gründlich über die Arbeit ausgelassen. **3** [Sing] (*gehoben*) Heulen (*des Windes, etc.*)

moan·er /ˈməʊnə(r); *AmE* ˈmoʊ-/ *Nomen* Meckerer

moat /məʊt; *AmE* moʊt/ *Nomen* Wassergraben, Burggraben

moat·ed /ˈməʊtɪd; *AmE* ˈmoʊ-/ *Adj* mit einem Wassergraben

mob /mɒb; *AmE* mɑːb/ *Nomen, Verb*

▸ ***Nomen* 1** [mit Verb im Sing/Pl] Mob, Menge ◇ *There was mob rule.* Es herrschte das Gesetz der Straße. **2** [meist Sing] (*umgs*) (*Gruppe, Menge*) Haufen ◇ *All the usual mob were there.* Alle, die sonst auch immer da sind, waren da. **3 the Mob** (*umgs*) die Mafia IDM → HEAVY

▸ ***Verb*** (**-bb-**) **1** herfallen über **2** belagern

ˈmob cap *Nomen* (Spitzen)haube

mo·bile 0-w /ˈməʊbaɪl; *AmE* ˈmoʊbl/ *Adj, Nomen*

▸ ***Adj* 1** mobil, fahrbar ◇ *a mobile library* ein Bücherbus **2** (*Mensch*) beweglich, mobil **3** motorisiert **4** (*Gesicht*) lebhaft

▸ ***Nomen* 1** Mobile **2** = MOBILE PHONE

ˌmobile deˈvice /ˌməʊbaɪl dɪˈvaɪs; *AmE* ˌmoʊbl/ *Nomen* mobiles Gerät

ˌmobile ˈhome *Nomen* (*bes AmE*) Wohnmobil

ˌmobile ˈphone 0-w (*auch* **ˈmobile**) *Nomen* (*BrE*) Handy

mo·bil·ity /məʊˈbɪləti; *AmE* moʊˈ-/ *Nomen* Beweglichkeit, Mobilität

mo·bil·iza·tion (*BrE auch* **-isa·tion**) /ˌməʊbɪlaɪˈzeɪʃn; *AmE* ˌmoʊbələˈ-/ *Nomen* Mobilisierung; (MIL) Mobilmachung

mo·bil·ize (*BrE auch* **-ise**) /ˈməʊbəlaɪz; *AmE* ˈmoʊ-/ *Verb* mobilisieren, mobil machen

mob·ster /ˈmɒbstə(r); *AmE* ˈmɑːb-/ *Nomen* Gangster(in)

moc·ca·sin /ˈmɒkəsɪn; *AmE* ˈmɑːk-/ *Nomen* Mokassin

mocha /ˈmɒkə; *AmE* ˈmoʊkə/ *Nomen* Mokka

mock /mɒk; *AmE* mɑːk/ *Verb, Adj, Nomen*

▸ ***Verb*** spotten; **~ sb/sth** sich über jdn/etw lustig machen, jdn/etw verspotten

▸ ***Adj*** [nur vor Nomen] **1** gespielt ◇ *mock horror* gespieltes Entsetzen **2** simuliert ◇ *mock leather* Kunstleder ◇ *a mock examination* eine Probeklausur

▸ ***Nomen*** (*BrE, umgs*) Probeklausur

mock·ery /ˈmɒkəri; *AmE* ˈmɑːk-/ *Nomen* **1** Spott **2** [Sing] (*abwert*) Farce ◇ *It was a mockery of a trial.* Das Verfahren war die reinste Farce. IDM **make a ˈmockery of sth** etw zum Gespött machen

mock·ing /ˈmɒkɪŋ; *AmE* ˈmɑːkɪŋ/ *Adj* (*Adv* **mock·ing·ly**) spöttisch

mock·ing·bird /ˈmɒkɪŋbɜːd; *AmE* ˈmɑːkɪŋbɜːrd/ *Nomen* Spottdrossel

ˈmock-up *Nomen* Modell (in Originalgröße)

MOD /ˌem əʊ ˈdiː; *AmE* oʊ/ *Abk* (*BrE*) *Kurzform von* **Ministry of Defence** Verteidigungsministerium

mod /mɒd; *AmE* mɑːd/ *Nomen* = modisch gekleideter, Motorroller fahrender Jugendlicher (in den sechziger Jahren), Mod

modal /ˈməʊdl; *AmE* ˈmoʊ-/ *Nomen, Adj*

▸ ***Nomen*** (*auch* **modal ˈverb, modal auˈxiliary, modal auˈxiliary verb**) (LING) Modalverb

▸ ***Adj*** modal

ˌmod ˈcons *Nomen* [Pl] (*BrE, umgs*) (moderner) Komfort

mod·ding /ˈmɒdɪŋ; *AmE* ˈmɑːdɪŋ/ *Nomen* [U] (*umgs*) (COMP) Modifizierung, Modding, Modden

mode /məʊd; *AmE* moʊd/ *Nomen* **1** (*gehoben*) Methode, Art und Weise ◇ *her mode of dress* die Art, wie sie sich anzieht ◇ *mode of behaviour* Verhaltensweise ◇ *mode of transport* Transportmittel **2** Modus ◇ *Switch the camera into the automatic mode.* Stellen Sie die Kamera auf Automatik. **3** [Sing] (*umgs*) ◇ *be in holiday/work mode* auf Urlaub/Arbeit eingestellt sein **4** [meist Sing] Mode **5** (MUS) Tonart

model 0-w /ˈmɒdl; *AmE* ˈmɑːdl/ *Nomen, Verb*

▸ ***Nomen* 1** Modell ◇ *model aeroplanes* Modellflugzeuge **2** Vorbild **3** Muster(beispiel) ◇ *a model of clarity* ein Muster an Klarheit **4** Fotomodell ◇ *a fashion model* ein Mannequin ◇ *a male model* ein Dressman

▸ ***Verb*** (**-ll-**, *AmE* **-l-**) **1** als (Foto)modell arbeiten ◇ *model for an artist* einem Künstler Modell stehen **2** (*Kleidung etc.*) vorführen **3** nachbilden ◇ *The program models the real world as accurately as possible.* Das Programm bildet die Wirklichkeit so genau wie möglich nach. **4** (*Ton, Wachs etc.*) modellieren PHR V **model yourself on sb** sich jdn zum Vorbild nehmen **model sth on/after sth** etw einer Sache nachbilden

ˈmodel home *Nomen* (*AmE*) Musterhaus

mod·el·ler (*AmE* **mod·el·er**) /ˈmɒdələ(r); *AmE* ˈmɑːd-/ *Nomen* Modellbauer(in)

mod·el·ling (*AmE* **mod·el·ing**) /ˈmɒdəlɪŋ; *AmE* ˈmɑːd-/ *Nomen* **1** Arbeit als (Foto)modell ◇ *a career in modelling* eine Karriere als Fotomodell ◇ *a modelling agency* eine Fotoagentur **2** Modellieren

modem /ˈməʊdem; *AmE* ˈmoʊ-/ *Nomen* Modem

mod·er·ate *Adj, Verb, Nomen*

▸ ***Adj*** /ˈmɒdərət; *AmE* ˈmɑːd-/ **1** mäßig ◇ *Even moderate amounts of the drug can be fatal.* Schon geringe Mengen der Droge können tödlich sein. ◇ *Bake in a moderate oven.* Bei mittlerer Hitze backen. **2** gemäßigt **3** maßvoll ◇ *He is a moderate drinker.* Er trinkt in Maßen.

▸ ***Verb*** /ˈmɒdəreɪt; *AmE* ˈmɑːd-/ **1** nachlassen **2** mäßigen **3** = durch Stichproben kontrollieren, ob Prüfungsarbeiten gerecht bewertet worden sind

▸ ***Nomen*** /ˈmɒdərət; *AmE* ˈmɑːd-/ Gemäßigte(r)

mod·er·ate·ly /ˈmɒdərətli; *AmE* ˈmɑːd-/ *Adv* **1** einigermaßen, mäßig ◇ *in a moderately hot oven* bei mittlerer Hitze **2** in Maßen

mod·er·ation /ˌmɒdəˈreɪʃn; *AmE* ˌmɑːd-/ *Nomen* **1** Mäßigung ◇ *a call for moderation on the part of the trade unions* ein Aufruf an die Gewerkschaften, ihre Forderungen zu mäßigen ◇ *eat in moderation* maßvoll essen **2** (*BrE*) = Kontrolle durch Stichproben, ob Prüfungsarbeiten gerecht bewertet worden sind

mod·er·ator /ˈmɒdəreɪtə(r); *AmE* ˈmɑːd-/ *Nomen* **1** Schlichter(in), Vermittler(in) **2** (*bes AmE*) (*bei einer Debatte, im Internet*) Moderator(in) ◇ *moderators of online discussion groups* Moderatoren von Online-Diskussionsgruppen **3** (*BrE*) = jd, der kontrolliert, ob Prüfungsarbeiten gerecht bewertet worden sind **4** **Moderator** Vorsitzende(r) der Presbyterianischen Kirche

mod·ern 0▬ /ˈmɒdn; *AmE* ˈmɑːdərn/ *Adj* modern ◇ *modern history* neuere Geschichte ◇ *modern Greek* Neugriechisch

ˌmodern-ˈday *Adj* modern ◇ *modern-day America* das Amerika von heute

mod·ern·ism /ˈmɒdənɪzəm; *AmE* ˈmɑːdərn-/ *Nomen* Modernismus

mod·ern·ist /ˈmɒdənɪst; *AmE* ˈmɑːdərnɪst/ *Adj, Nomen*

▸ ***Adj*** modernistisch

▸ ***Nomen*** Modernist(in)

mod·ern·is·tic /ˌmɒdəˈnɪstɪk; *AmE* ˌmɑːdərˈ-/ *Adj* modernistisch

mod·ern·ity /məˈdɜːnəti; *AmE* məˈdɜːrn-/ *Nomen* (*gehoben*) Modernität

mod·ern·iza·tion (*BrE auch* **-isa·tion**) /ˌmɒdənaɪˈzeɪʃn; *AmE* ˌmɑːdərnəˈ-/ *Nomen* Modernisierung

mod·ern·ize (*BrE auch* **-ise**) /ˈmɒdənaɪz; *AmE* ˈmɑːdərnaɪz/ *Verb* modernisieren

ˌmodern ˈlanguage *Nomen* neuere Sprache ◇ *the department of modern languages* der Fachbereich Neuphilologie ◇ *a modern language teacher* ein Lehrer für moderne Fremdsprachen

mod·est /ˈmɒdɪst; *AmE* ˈmɑːdɪst/ *Adj* (*Adv* **mod·est·ly**) **1** bescheiden ◇ *modest improvements* kleine Verbesserungen ◇ *modestly priced goods* Waren zu mäßigen Preisen **2** sittsam, züchtig

mod·esty /ˈmɒdəsti; *AmE* ˈmɑːd-/ *Nomen* **1** Bescheidenheit ◇ *the modesty of their achievements* ihre bescheidenen Leistungen **2** Sittsamkeit

modi·cum /ˈmɒdɪkəm; *AmE* ˈmɑːd-/ *Nomen* [Sing] (*gehoben*) Quentchen

modi·fi·ca·tion /ˌmɒdɪfɪˈkeɪʃn; *AmE* ˌmɑːd-/ *Nomen* (Ver)änderung, Modifikation

modi·fier /ˈmɒdɪfaɪə(r); *AmE* ˈmɑːd-/ *Nomen* (LING) Modifikator, nähere Bestimmung

mod·ify /ˈmɒdɪfaɪ; *AmE* ˈmɑːd-/ *Verb* (**-fies**, **-fy·ing**, **-fied**, **-fied**) **1** (ver)ändern, modifizieren **2** mäßigen ◇ *modify your views* seine Ansichten mäßigen **3** (LING) näher bestimmen

mod·ish /ˈməʊdɪʃ; *AmE* ˈmoʊ-/ *Adj* modisch

modu·lar /ˈmɒdjələ(r); *AmE* ˈmɑːdʒə-/ *Adj* **1** (*Studium*) modular **2** (*Maschinen, Gebäude etc.*) modular, aus (Bau)elementen zusammengesetzt

modu·late /ˈmɒdjuleɪt; *AmE* ˈmɑːdʒəleɪt/ *Verb* **1** modulieren **2** regulieren

modu·la·tion /ˌmɒdjuˈleɪʃn; *AmE* ˌmɑːdʒəˈ-/ *Nomen* Modulation, Regulierung

mod·ule /ˈmɒdjuːl; *AmE* ˈmɑːdʒuːl/ *Nomen* **1** Kurseinheit, Modul **2** (COMP) Modul **3** (Bau)element **4** Raumkapsel, Modul ◇ *the lunar module* die Mondlandefähre

modus op·er·andi /ˌməʊdəs ˌɒpəˈrændiː; *AmE* ˌmoʊdəs ˌɑːp-/ *Nomen* [Sing] (*gehoben*) Vorgehensweise

modus vi·vendi /ˌməʊdəs vɪˈvendiː; *AmE* ˌmoʊ-/ *Nomen* [Sing] (*gehoben*) = Kompromiss, der das Zusammenleben ermöglicht

mog·gie (*auch* **moggy**) /ˈmɒgi; *AmE* ˈmɑːgi/ *Nomen* (*Pl* **-ies**) (*BrE, umgs*) Katze, Mieze

mogul /ˈməʊgl; *AmE* ˈmoʊ-/ *Nomen* Mogul

mo·hair /ˈməʊheə(r); *AmE* ˈmoʊher/ *Nomen* Mohair

Mo·ham·med = MUHAMMAD

Mo·hi·can /məʊˈhiːkən; *AmE* moʊˈ-/ *Nomen* Irokesenschnitt

moi /mwɑː/ *Ausruf* (*umgs*) ich

moist /mɔɪst/ *Adj* feucht; (*Kuchen*) saftig

mois·ten /ˈmɔɪsn/ *Verb* anfeuchten, befeuchten

moist·ness /ˈmɔɪstnəs/ *Nomen* Feuchtigkeit

mois·ture /ˈmɔɪstʃə(r)/ *Nomen* Feuchtigkeit

mois·tur·ize (*BrE auch* **-ise**) /ˈmɔɪstʃəraɪz/ *Verb* **1** (*Haut*) mit einer Feuchtigkeitscreme eincremen **2** (*Creme etc.*) Feuchtigkeit spenden

mois·tur·izer (*BrE auch* **-iser**) /ˈmɔɪstʃəraɪzə(r)/ *Nomen* Feuchtigkeitscreme

mojo /ˈməʊdʒəʊ; *AmE* ˈmoʊdʒoʊ/ *Nomen* (*Pl* **mojos**) (*bes AmE*) **1** Zauber(kraft), Magie **2** Amulett im Beutel, Talisman **3** Charisma

molar /ˈməʊlə(r); *AmE* ˈmoʊ-/ *Nomen* Backenzahn

mo·las·ses /məˈlæsɪz/ *Nomen* (*AmE*) Melasse

mold, **mold·er**, **mold·ing**, **moldy** (*AmE*) = MOULD, MOULDER, MOULDING *und* MOULDY

mole /məʊl; *AmE* moʊl/ *Nomen* **1** Maulwurf **2** Leberfleck **3** Spion(in) **4** (NATURW) Mol

mo·lecu·lar /məˈlekjələ(r)/ *Adj* [nur vor Nomen] molekular, Molekular-

mol·ecule /ˈmɒlɪkjuːl; *AmE* ˈmɑːlɪk-/ *Nomen* Molekül

mole·hill /ˈməʊlhɪl; *AmE* ˈmoʊl-/ *Nomen* Maulwurfshügel IDM → MOUNTAIN

mo·lest /məˈlest/ *Verb* (sexuell) belästigen

mo·lest·ation /ˌmɒleˈsteɪʃn; *AmE* ˌmoʊleˈ-/ *Nomen* (sexuelle) Belästigung

mo·lest·er /məˈlestə(r)/ *Nomen* Sexualtäter(in) ◇ *a child molester* ein Kinderschänder

moll /mɒl; *AmE* mɑːl/ *Nomen* (*Slang, veraltet*) Gangsterbraut

mol·lify /ˈmɒlɪfaɪ; *AmE* ˈmɑːlɪ-/ *Verb* (**-fies**, **-fy·ing**, **-fied**, **-fied**) (*gehoben*) besänftigen

mol·lusc (*AmE meist* **mol·lusk**) /ˈmɒləsk; *AmE* ˈmɑːləsk/ *Nomen* (*Fachspr*) Molluske

molly·cod·dle /ˈmɒlikɒdl; *AmE* ˈmɑːlikɑːdl/ *Verb* (*abwert, veraltend*) verhätscheln

Molo·tov cock·tail /ˌmɒlətɒf ˈkɒkteɪl; *AmE* ˌmɑːlətɔːf ˈkɑːk-/ *Nomen* Molotowcocktail

molt (*AmE*) = MOULT

mol·ten /ˈməʊltən; *AmE* ˈmoʊl-/ *Adj* flüssig, geschmolzen

mom 0-w /mɒm; *AmE* mɑːm/ *Nomen* (*AmE*, *umgs*) Mama

mo·ment 0-w /ˈməʊmənt; *AmE* ˈmoʊ-/ *Nomen* Augenblick, Moment ◇ *We're busy at the moment.* Wir haben im Moment keine Zeit. ◇ *moments later* kurz danach IDM **for the ˈmoment/ˈpresent** vorläufig **have its/your ˈmoments** ◇ *I found the play rather boring, but it had its moments.* Ich fand das Stück ziemlich langweilig, aber es war stellenweise ganz gut. ◇ *I had my moments in the game.* Ich habe teilweise gut gespielt. **be having a moment** (*umgs*) **1** (*etwas bisher Unbeliebtes*) total angesagt sein ◇ *Classic '70s hairstyles are having a moment once more.* Die typischen Frisuren aus den 70-er Jahren sind jetzt plötzlich wieder voll in. **2** einen kurzen Aussetzer haben ◇ *Sorry, I was just having a moment. What time is it?* Tut mir leid, ich hatte gerade kurz einen Aussetzer. Wie spät ist es? **3** einen intimen Moment teilen ◇ *Oh, sorry—were you two having a moment?* Oh, tut mir leid, störe ich euch gerade bei etwas? **4** sich kurz streiten **the ˌmoment of ˈtruth** die Stunde der Wahrheit **of ˈmoment** (*gehoben*) von Bedeutung **of the ˈmoment** (*gehoben*) des Tages → *Siehe auch* JUST, LAST[1], MINUTE[1], NOTICE, SPUR *und* WAIT

mo·ment·ar·ily /ˈməʊməntrəli; *AmE* ˌmoʊmənˈterəli/ *Adv* **1** für einen Augenblick **2** (*AmE*, *umgs*) gleich, jeden Augenblick

mo·ment·ary /ˈməʊməntri; *AmE* ˈmoʊmənteri/ *Adj* flüchtig, vorübergehend

mo·men·tous /məˈmentəs; *AmE* moʊˈ-/ *Adj* bedeutend, folgenschwer

mo·men·tum /məˈmentəm; *AmE* moʊˈ-/ *Nomen* **1** Schwung, Fahrt ◇ *gain/gather momentum* in Fahrt kommen **2** (TECH) Impuls

mommy /ˈmɒmi; *AmE* ˈmɑːmi/ (*Pl* **-ies**) (*auch* **momma** /ˈmɒmə; *AmE* ˈmɑːmə/) *Nomen* (*AmE*) Mutti, Mama

Mon. *Abk* = MONDAY

mon·arch /ˈmɒnək; *AmE* ˈmɑːnərk, -nɑːrk/ *Nomen* Monarch(in)

mo·nar·chic·al /məˈnɑːkɪkl; *AmE* məˈnɑːrk-/ *Adj* (*gehoben*) monarchisch

mon·arch·ist /ˈmɒnəkɪst; *AmE* ˈmɑːnərkɪst/ *Nomen*, *Adj*
- ▸ ***Nomen*** Monarchist(in)
- ▸ ***Adj*** monarchistisch

mon·archy /ˈmɒnəki; *AmE* ˈmɑːnərki/ *Nomen* (*Pl* **-ies**) **1** Monarchie **2 the monarchy** das Königshaus

mon·as·tery /ˈmɒnəstri; *AmE* ˈmɑːnəsteri/ *Nomen* (*Pl* **-ies**) (Mönchs)kloster

mo·nas·tic /məˈnæstɪk/ *Adj* mönchisch, Kloster-, klösterlich

mo·nas·ti·cism /məˈnæstɪsɪzəm/ *Nomen* Mönch(s)tum

Mon·day 0-w /ˈmʌndeɪ, -di/ *Nomen* (*Abk* **Mon.**) Montag → *Beispiele bei* MONTAG

mon·et·ar·ism /ˈmʌnɪtərɪzəm; *AmE* ˈmɑːn-/ *Nomen* Monetarismus

mon·et·ar·ist /ˈmʌnɪtərɪst; *AmE* ˈmɑːn-/ *Nomen*, *Adj*
- ▸ ***Nomen*** Monetarist(in)
- ▸ ***Adj*** monetaristisch

mon·et·ary /ˈmʌnɪtri; *AmE* ˈmɑːnɪteri/ *Adj* Währungs-, Geld-, monetär ◇ *monetary growth* das Wachstum der Geldmenge (im Umlauf)

money 0-w /ˈmʌni/ *Nomen* **1** Geld ◇ *The money's better here.* Hier ist die Bezahlung besser. **2 moneys** *or* **monies** [Pl] (*veraltet oder Fachspr*) Beträge, Gelder IDM **be in the ˈmoney** (*umgs*) (gerade) viel Geld haben **be ˈmade of money** (*umgs*) ein Krösus sein **for ˈmy money** meiner Meinung nach; wenn man mich fragt **get your ˈmoney's worth** etwas für sein Geld bekommen **good ˈmoney** gutes Geld; teures Geld **have money to ˈburn** zu viel Geld haben **make ˈmoney 1** das große Geld verdienen **2** sich rentieren; Geld einbringen **make/lose money ˌhand over ˈfist** in kürzester Zeit viel Geld scheffeln/hohe Verluste machen **money for ˈjam/old ˈrope** (*BrE*, *umgs*) leicht verdientes Geld **ˌmoney is no ˈobject** Geld spielt keine Rolle **money ˈtalks** mit Geld geht alles **on the money** (*AmE*) auf den Punkt genau **put ˈmoney into sth** Geld in etw investieren **put your ˈmoney on sb/sth** (Geld) auf jdn/etw setzen; auf jdn/etw wetten **put your money where your ˈmouth is** (*umgs*) seinen Worten Taten folgen lassen **throw ˌgood money after ˈbad** (*abwert*) noch mehr Geld für etw rausschmeißen **throw your ˈmoney about/around** (*umgs*) mit (seinem) Geld um sich werfen **throw ˈmoney at sth** (*abwert*) etw mit Geld verbessern wollen → *Siehe auch* CAREFUL, COIN, COLOUR, EASY, GROW, LICENCE, LOVE, MARRY, POT, ROLL *und* RUN

money-back guaranˈtee *Nomen* Geld-zurück-Garantie

ˈmoney box *Nomen* (*bes BrE*) Spardose

mon·eyed (*auch* **mon·ied**) /ˈmʌnid/ *Adj* [nur vor Nomen] (*gehoben*) vermögend, besitzend

money·lend·er /ˈmʌniˌlendə(r)/ *Nomen* (*veraltet*) Geldverleiher(in)

money·maker /ˈmʌnimeɪkə(r)/ *Nomen* Verkaufsschlager, Gewinn bringendes Unternehmen

money·mak·ing /ˈmʌnimeɪkɪŋ/ *Adj*, *Nomen*
- ▸ ***Adj*** einträglich, gewinnbringend ◇ *a moneymaking movie* ein Kassenschlager
- ▸ ***Nomen*** Geldverdienen

ˈmoney order *Nomen* (*bes AmE*) Zahlungsanweisung

ˈmoney-spinner *Nomen* (*BrE*, *umgs*) Verkaufsschlager, Renner

ˈmoney supply *Nomen* [Sing] Geldmenge (im Umlauf)

mon·gol /ˈmɒŋgəl; *AmE* ˈmɑːŋ-/ *Nomen* (*veraltet*, *beleidigend*) Mongoloide(r)

mon·goose /ˈmɒŋguːs; *AmE* ˈmɑːŋ-/ *Nomen* (*Pl* **mongooses** /-guːsɪz/) Mungo

mon·grel /ˈmʌŋgrəl/ *Nomen* (*bes BrE*) Mischling (shund)

mon·ied = MONEYED

moni·ker /ˈmɒnɪkə(r); *AmE* ˈmɑːn-/ *Nomen* (*hum*) Name

moni·tor 0-w /ˈmɒnɪtə(r); *AmE* ˈmɑːn-/ *Nomen*, *Verb*
- ▸ ***Nomen*** **1** (COMP) Bildschirm, Monitor **2** Überwachungsgerät **3** Beobachter(in) ◇ *UN monitors* UN-Beobachter
- ▸ ***Verb*** **1** überwachen, kontrollieren, dokumentieren **2** abhören, mithören

monk /mʌŋk/ *Nomen* Mönch

mon·key /ˈmʌŋki/ *Nomen* **1** Affe **2** (*umgs*) Schlingel, Strolch IDM **I don't/couldn't give a ˈmonkey's** (*BrE*, *Slang*) das ist mir so was von egal **make a ˈmonkey (out) of sb** jdn lächerlich machen → *Siehe auch* BRASS

ˈmonkey wrench *Nomen* verstellbarer Schraubenschlüssel, Engländer

mono /ˈmɒnəʊ; *AmE* ˈmɑːnoʊ/ *Adj*, *Nomen*
- ▸ ***Adj*** Mono-, mono(fon)
- ▸ ***Nomen*** **1** Mono(fonie) **2** (*AmE*, *umgs*) = MONONUCLEOSIS

mono·chrome /ˈmɒnəkrəʊm; *AmE* ˈmɑːnəkroʊm/ *Adj*, *Nomen*
- ▸ ***Adj*** **1** Schwarzweiß-, schwarzweiß **2** (*fig*) langweilig, eintönig **3** (*auch* **mono·chro·mat·ic** /ˌmɒnəkrəˈmætɪk; *AmE* ˌmɑːnəkroʊˈ-/) monochrom, einfarbig

▸ *Nomen* **1** Schwarzweiß **2** (KUNST) monochrome Farbgebung

mon·ocle /ˈmɒnəkl; *AmE* ˈmɑːn-/ *Nomen* Monokel

mon·og·am·ous /məˈnɒɡəməs; *AmE* məˈnɑːɡ-/ *Adj* monogam

mon·og·amy /məˈnɒɡəmi; *AmE* məˈnɑːɡ-/ *Nomen* Monogamie, Einehe

mono·gram /ˈmɒnəɡræm; *AmE* ˈmɑːn-/ *Nomen* Monogramm

mono·grammed /ˈmɒnəɡræmd; *AmE* ˈmɑːn-/ *Adj* ◇ *a monogrammed shirt* ein Hemd mit Monogramm

mono·graph /ˈmɒnəɡrɑːf; *AmE* ˈmɑːnəɡræf/ *Nomen* (*Fachspr*) Monografie

mono·lin·gual /ˌmɒnəˈlɪŋɡwəl; *AmE* ˌmɑːn-/ *Adj* einsprachig

mono·lith /ˈmɒnəlɪθ; *AmE* ˈmɑːn-/ *Nomen* Monolith

mono·lith·ic /ˌmɒnəˈlɪθɪk; *AmE* ˌmɑːn-/ *Adj* monolithisch

mono·logue (*AmE auch* **mono·log**) /ˈmɒnəlɒɡ; *AmE* ˈmɑːnəlɔːɡ/ *Nomen* Monolog

mono·nucle·osis /ˌmɒnəʊˌnjuːkliˈəʊsɪs; *AmE* ˌmɑːnoʊˌnuːkliˈoʊ-/ (*umgs* **mono**) *Nomen* (*AmE*) Drüsenfieber

mono·plane /ˈmɒnəpleɪn; *AmE* ˈmɑːn-/ *Nomen* (*Flugzeug*) Eindecker

mon·op·ol·ist /məˈnɒpəlɪst; *AmE* məˈnɑːp-/ *Nomen* (*Fachspr*) Monopolist(in), Monopolinhaber(in)

mon·op·ol·is·tic /məˌnɒpəˈlɪstɪk; *AmE* məˌnɑːp-/ *Adj* Monopol-, monopolistisch

mon·op·ol·iza·tion (*BrE auch* **-isa·tion**) /məˌnɒpəlaɪˈzeɪʃn; *AmE* məˌnɑːpələˈ-/ *Nomen* Monopolisierung

mon·op·ol·ize (*BrE auch* **-ise**) /məˈnɒpəlaɪz; *AmE* məˈnɑːp-/ *Verb* **1** monopolisieren, ganz für sich beanspruchen ◇ *monopolize the conversation* die Unterhaltung an sich reißen **2** mit Beschlag belegen

mon·op·oly /məˈnɒpəli; *AmE* məˈnɑːp-/ *Nomen* (*Pl* **-ies**) ~ **(in/on sth)** Monopol (für/auf etw) ◇ *They do not have a monopoly on stress.* Sie sind nicht die Einzigen, die an Stress leiden.

mono·rail /ˈmɒnəʊreɪl; *AmE* ˈmɑːnoʊ-/ *Nomen* Einschienenbahn

mono·syl·lab·ic /ˌmɒnəsɪˈlæbɪk; *AmE* ˌmɑːn-/ *Adj* einsilbig

mono·syl·lable /ˈmɒnəsɪləbl; *AmE* ˈmɑːn-/ *Nomen* einsilbiges Wort ◇ *He answered in monosyllables.* Er antwortete nur mit Ja oder Nein.

mono·the·ism /ˈmɒnəʊθiɪzəm; *AmE* ˈmɑːnoʊ-/ *Nomen* Monotheismus

mono·the·is·tic /ˌmɒnəʊθiˈɪstɪk; *AmE* ˌmɑːnoʊ-/ *Adj* monotheistisch

mono·tone /ˈmɒnətəʊn; *AmE* ˈmɑːnətoʊn/ *Nomen, Adj*

▸ *Nomen* [Sing] **1** monotone Stimme **2** Monotonie

▸ *Adj* [nur vor Nomen] **1** ausdruckslos ◇ *He spoke in a monotone drawl.* Er sprach mit monotoner, schleppender Stimme. **2** in Schwarzweiß

mon·ot·on·ous /məˈnɒtənəs; *AmE* məˈnɑːt-/ *Adj* (*Adv* **mon·ot·on·ous·ly**) eintönig, monoton, langweilig ◇ *with monotonous regularity* mit trauriger Regelmäßigkeit

mon·ot·ony /məˈnɒtəni; *AmE* məˈnɑːt-/ *Nomen* Eintönigkeit, Monotonie ◇ *the monotony of everyday life* das tägliche Einerlei

Mon·si·gnor /mɒnˈsiːnjə(r); *AmE* mɑːnˈ-/ *Nomen* (*Abk* **Mgr**) Monsignore

mon·soon /ˌmɒnˈsuːn; *AmE* ˌmɑːn-/ *Nomen* **1** Regenzeit **2** Monsunregen **3** Monsun(wind)

mon·ster /ˈmɒnstə(r); *AmE* ˈmɑːn-/ *Nomen, Adj*

▸ *Nomen* **1** Ungeheuer, Ungetüm **2** Unmensch, Scheusal, Monster

▸ *Adj* (*umgs*) Riesen-, riesig

mon·stros·ity /mɒnˈstrɒsəti; *AmE* mɑːnˈstrɑːsə-/ *Nomen* (*Pl* **-ies**) Monstrosität, Monstrum ◇ *a concrete monstrosity* ein Betonklotz

mon·strous /ˈmɒnstrəs; *AmE* ˈmɑːn-/ *Adj* **1** (*Adv* **mon·strous·ly**) ungeheuerlich, schrecklich ◇ *a monstrous injustice* eine schreiende Ungerechtigkeit **2** ungeheuer (groß) **3** monströs, scheußlich

mont·age /ˌmɒnˈtɑːʒ, ˈmɒntɑːʒ; *AmE* ˌmɑːnˈtɑːʒ/ *Nomen* (KUNST, FILM) Montage

Mon·terey Jack /ˌmɒntəreɪ ˈdʒæk; *AmE* ˌmɑːn-/ *Nomen* = milder, weißer amerikanischer Käse

month 0-w /mʌnθ/ *Nomen* Monat ◇ *in the month of August* im August ◇ *$2 000 a/per month* $2 000 im Monat ◇ *month after month* Monat für Monat ◇ *month by month* von Monat zu Monat ◇ *a month-long strike* ein einmonatiger Streik IDM **not, never, etc in a ˌmonth of ˈSundays** (*umgs*) nie im Leben; niemals → *Siehe auch* FLAVOUR

month·ly /ˈmʌnθli/ *Adj, Adv, Nomen*

▸ *Adj* Monats-, (all)monatlich ◇ *a monthly season ticket* eine Monatskarte

▸ *Adv* monatlich, einmal im Monat

▸ *Nomen* (*Pl* **-ies**) Monats(zeit)schrift

monty /ˈmɒnti; *AmE* ˈmɑːn-/ *Nomen* IDM **the ˌfull ˈmonty** das Ganze ◇ *They do the full monty.* Sie lassen alle Hüllen fallen.

monu·ment /ˈmɒnjumənt; *AmE* ˈmɑːn-/ *Nomen* **1** Denkmal, Monument ◇ *A monument was erected to him.* Ihm wurde ein Denkmal errichtet. **2** Baudenkmal ◇ *be listed as a historic monument* unter Denkmalschutz stehen

monu·men·tal /ˌmɒnjuˈmentl; *AmE* ˌmɑːn-/ *Adj* **1** monumental, herausragend **2** [nur vor Nomen] (*Adv* **monu·men·tal·ly** /-təli/) kolossal, gewaltig, ungeheuer **3** [nur vor Nomen] Denkmals-, monumental ◇ *a monumental inscription* eine Inschrift ◇ *a monumental tomb* ein Grabmal ◇ *a monumental mason* ein(e) Steinmetz(in)

moo /muː/ *Nomen, Verb*

▸ *Nomen* (*Pl* **moos**) Muhen, Muh

▸ *Verb* muhen, Muh machen

mooch /muːtʃ/ (*umgs*) *Verb* **1** (*BrE*) ~ **about, around, etc** herumhängen, (he)rumlungern **2** ~ **(sth) (off sb)** (*AmE*) (etw) (bei jdm) schnorren

mood 0-w /muːd/ *Nomen* **1** Laune, Stimmung ◇ *be in a good/bad mood* gute/schlechte Laune haben ◇ *I'm not in the mood.* Ich hab keine Lust. **2** schlechte Laune ◇ *He's in such a mood today.* Er hat heute unheimlich schlechte Laune. **3** [Sing] Stimmung, Atmosphäre **4** (LING) Modus ◇ *the subjunctive mood* der Konjunktiv

mood board *Nomen* Moodboard

moodi·ness /ˈmuːdinəs/ *Nomen* Launenhaftigkeit, Missmut

moody /ˈmuːdi/ *Adj* (**mood·ier, moodi·est**) (*Adv* **mood·ily** /-dɪli/) **1** launenhaft, launisch **2** missmutig, schlecht gelaunt **3** stimmungsvoll, trüb(sinnig)

moon 0-w /muːn/ *Nomen, Verb*

▸ *Nomen* Mond ◇ *the crescent moon* die Mondsichel ◇ *by the light of the moon* im Mondlicht IDM **ask, cry, etc. for the ˈmoon** (*BrE, umgs*) Unmögliches verlangen **many ˈmoons ago** (*gehoben*) vor langer, langer Zeit **over the ˈmoon** (*bes BrE, umgs*) ganz aus dem Häuschen → *Siehe auch* ONCE *und* PROMISE

▸ *Verb* **1** (*umgs*) seinen nackten Hintern herausstrecken **2** träumen, grübeln PHRV **ˌmoon aˈbout/around** (*BrE, umgs*) **1** vor sich hin träumen, verträumt durch die Gegend laufen **2** traurig herumschleichen **ˈmoon over sb** (*umgs*) für jdn schwärmen, von jdm träumen

moon·beam /ˈmuːnbiːm/ *Nomen* ◇ *ghostly moonbeams* gespenstisches Mondlicht

moon·less /ˈmuːnləs/ *Adj* mondlos

moon·light /ˈmuːnlaɪt/ *Nomen, Verb*

▸ ***Nomen*** Mondlicht, Mondschein IDM → FLIT

▸ ***Verb*** (**moon·light·ed, moonlight·ed**) (*umgs*) schwarzarbeiten

moon·lit /ˈmuːnlɪt/ *Adj* mondhell

moon·scape /ˈmuːnskeɪp/ *Nomen* Mondlandschaft

moon·shine /ˈmuːnʃaɪn/ *Nomen* **1** (*AmE, veraltet*) schwarzgebrannter Alkohol **2** (*umgs*) Geschwafel, Blödsinn

moon·struck /ˈmuːnstrʌk/ *Adj* verrückt, verliebt

Moor /mɔː(r), mʊə(r); *AmE* mʊr/ *Nomen* Maure, Maurin

moor /mɔː(r), mʊə(r); *AmE* mʊr/ *Nomen, Verb*

▸ ***Nomen*** **1** [meist Pl] (*bes BrE*) Heide ◇ *go for a walk on the moors* über die Heide wandern **2** = MOORLAND

▸ ***Verb*** **1** anlegen, ankern **2** vertäuen, festmachen

moor·hen /ˈmɔːhen, ˈmʊəhen; *AmE* ˈmʊrhen/ *Nomen* Teichhuhn

moor·ing /ˈmɔːrɪŋ, ˈmʊərɪŋ; *AmE* ˈmʊrɪŋ/ *Nomen* **1 moorings** [Pl] Vertäuung, Verankerung **2** Anlegestelle

Moor·ish /ˈmɔːrɪʃ, ˈmʊərɪʃ; *AmE* ˈmʊrɪʃ/ *Adj* maurisch

moor·land /ˈmɔːlənd, ˈmʊələnd; *AmE* ˈmʊrlənd/ (*auch* **moor**) *Nomen* [U] (*bes BrE*) Heideland

moose /muːs/ *Nomen* (*Pl* **moose**) Elch

moot /muːt/ *Adj, Verb*

▸ ***Adj*** (*AmE*) fraglich; (*Diskussion etc.*) überflüssig IDM **a moot ˈpoint/ˈquestion** ein strittiger Punkt/eine strittige Frage

▸ ***Verb*** (*meist passiv*) (*gehoben*) zur Debatte stellen

ˈmoot court *Nomen* (*bes AmE*) = Verhandlung eines angenommenen Rechtsfalles als Debattierübung für angehende Juristen

mop /mɒp; *AmE* mɑːp/ *Nomen, Verb*

▸ ***Nomen*** **1** (Wisch)mopp **2** Spülbürste **3** (*Haare*) Mähne

▸ ***Verb*** (**-pp-**) **1** (*Fußboden*) moppen, (auf)wischen **2** (weg)wischen **3** (ab)wischen PHRV **ˌmop sth ˈup** **1** etw aufwischen; (*Soße, etc.*) auftunken **2** (*Unternehmen, Budget etc.*) schlucken **3** etw erledigen **4** (*Widerstand etc.*) mit etw aufräumen

mope /məʊp; *AmE* moʊp/ *Verb* Trübsal blasen PHRV **ˌmope aˈbout/aˈround** (*abwert*) trübselig herumschleichen ◇ *mope around the house* trübselig durchs Haus schleichen

moped /ˈməʊped; *AmE* ˈmoʊ-/ *Nomen* Moped

mop·pet /ˈmɒpɪt; *AmE* ˈmɑːpɪt/ *Nomen* (*umgs*) (*Kind*) Püppchen

mo·raine /məˈreɪn; *BrE auch* mɒˈ-/ *Nomen* (*Fachspr*) Moräne

moral 0-w /ˈmɒrəl; *AmE* ˈmɔːrəl/ *Adj, Nomen*

▸ ***Adj*** (*Adv* **mor·al·ly** /-rəli/) **1** [nur vor Nomen] Moral-, moralisch ◇ *traditional moral values* traditionelle Moralvorstellungen ◇ *Children are not naturally moral beings.* Kinder haben kein natürliches Gefühl für Gut und Böse. **2** tugendhaft IDM **take, claim, seize, etc. the moral ˈhigh ground** die moralisch bessere Position beanspruchen

▸ ***Nomen*** **1 morals** [Pl] Moral **2** Lehre, Moral

mor·ale /məˈrɑːl; *AmE* məˈræl/ *Nomen* [U] Selbstvertrauen, Moral ◇ *boost morale* die Stimmung heben

ˌmoral ˈfibre (*AmE* **moral fiber**) *Nomen* Rückgrat, Moral

mor·al·ist /ˈmɒrəlɪst; *AmE* ˈmɔːr-/ *Nomen* **1** (*oft abwert*) Moralist(in) **2** Ethiker(in), Moralphilosoph(in)

mor·al·is·tic /ˌmɒrəˈlɪstɪk; *AmE* ˌmɔːr-/ *Adj* (*meist abwert*) moralistisch

mor·al·ity /məˈræləti/ *Nomen* [U] **1** Moral **2** Moralität, Sittlichkeit **3** Ethik

mor·al·ize (*BrE auch* **-ise**) /ˈmɒrəlaɪz; *AmE* ˈmɔːr-/ *Verb* (*meist abwert*) moralisieren

mor·al·ly 0-w *Adv* → MORAL

the ˌmoral maˈjority *Nomen* [mit Verb im Sing/Pl] = die angenommenermaßen konservative Wertvorstellungen vertretende Mehrheit einer Gesellschaft

ˌmoral supˈport *Nomen* [U] moralische Unterstützung

ˌmoral ˈvictory *Nomen* moralischer Sieg

mor·ass /məˈræs/ *Nomen* [meist Sing] (*gehoben*) (*auch fig*) Sumpf, Morast ◇ *a morass of detail* ein Wust von Einzelheiten

mora·tor·ium /ˌmɒrəˈtɔːriəm; *AmE* ˌmɔːr-/ *Nomen* (*Pl* **-riums** *oder* **-toria** /-riə/) Moratorium, Aufschub, Stopp

mor·bid /ˈmɔːbɪd; *AmE* ˈmɔːrbɪd/ *Adj* (*Adv* **mor·bid·ly**) **1** makaber, düster **2** (*Fachspr*) pathologisch, krankhaft, morbide

mor·bid·ity /mɔːˈbɪdəti; *AmE* mɔːrˈ-/ *Nomen* Krankhaftigkeit, Morbidität

mor·dant /ˈmɔːdnt; *AmE* ˈmɔːrdnt/ *Adj* (*Adv* **mor·dant·ly**) (*gehoben*) beißend, ätzend, scharf

more 0-w /mɔː(r)/ *Adj, Pron, Adv*

▸ ***Adj, Pron*** (*verwendet als Komparativ zu „much", „a lot of", „many"*) mehr ◇ *Only two more days to go!* Nur noch zwei Tage! ◇ *I hope we'll see more of you.* Ich hoffe, wir werden Sie noch öfter sehen. IDM **ˌmore and ˈmore** immer mehr

▸ ***Adv*** ~ (**than ...**) **1** (*verwendet zur Bildung des Komparativs von Adjektiven und Adverbien mit zwei und mehr Silben*) ◇ *more intelligent* intelligenter ◇ *Read it more carefully.* Lies es sorgfältiger. **2** (*in höherem Maße, in größerem Umfang*) mehr ◇ *I like her more than her husband.* Ich mag sie lieber als ihren Mann. ◇ *I'm more than happy to take you there.* Ich bringe dich wirklich gerne hin. ◇ *She was more than a little shaken by the experience.* Die Sache hatte sie ziemlich mitgenommen. IDM **ˌmore and ˈmore** immer mehr **ˌmore or ˈless** **1** mehr oder weniger; fast **2** ungefähr **what is ˈmore** außerdem

more·ish /ˈmɔːrɪʃ/ *Adj* (*BrE, umgs*) **be ~** nach mehr schmecken

mor·ello cherry /məˌreləʊ ˈtʃeri; *AmE* -loʊ/ *Nomen* Schattenmorelle

more·over 0-w /mɔːrˈəʊvə(r); *AmE* -ˈoʊ-/ *Adv* (*gehoben*) zudem, außerdem, ferner

mores /ˈmɔːreɪz/ *Nomen* [Pl] (*gehoben*) Sitten(kodex)

morgue /mɔːg; *AmE* mɔːrg/ *Nomen* **1** (*BrE*) Leichenhalle **2** Leichenschauhaus

mori·bund /ˈmɒrɪbʌnd; *AmE* ˈmɔːr-/ *Adj* (*gehoben*) untergehend, (aus)sterbend ◇ *a moribund company* eine Firma, die vor dem Bankrott steht

Mor·mon /ˈmɔːmən; *AmE* ˈmɔːrmən/ *Nomen, Adj*

▸ ***Nomen*** Mormone, Mormonin

▸ ***Adj*** mormonisch

morn /mɔːn; *AmE* mɔːrn/ *Nomen* [meist Sing] (*gehoben*) Morgen

morn·ing 0-w /ˈmɔːnɪŋ; *AmE* ˈmɔːrnɪŋ/ *Nomen* Morgen, Vormittag ◇ *this morning* heute Morgen ◇ *tomorrow morning* morgen früh ◇ *on Friday mornings* jeden Freitagmorgen ◇ *all morning* den ganzen Vormittag ◇ *the other morning* neulich morgens → *Siehe auch* MORNINGS IDM **(good) ˈmorning** (guten) Morgen **in the ˈmorning** **1** morgen früh **2** morgens **morning, noon and ˈnight** Tag und Nacht; von morgens bis abends → *Siehe auch* OTHER

ˌmorning-ˈafter *Adj* [nur vor Nomen] **1** *(verwendet für etw, das am Morgen nach einem wichtigen Ereignis geschieht)* ◇ *After his election victory, the president held a morning-after news conference.* Am Morgen nach seinem Wahlsieg hielt der Präsident eine Pressekonferenz ab. **2** *(beschreibt die Katerstimmung am Morgen nach einem Besäufnis oder, im übertragenen Sinne, nach einem anderweitig beschämenden Verhalten)* ◇ *a morning-after feeling* ein Kater ◇ *(fig) There's a morning-after mood in the country.* Es herrscht Katzenjammer im Lande.

ˌmorning-ˈafter pill *Nomen* Pille danach

ˈmorning coat *Nomen (BrE) (Jackett)* Cutaway

ˈmorning dress *Nomen* = Anzug, der von einem Mann zu formellen Anlässen getragen wird, bestehend aus Cutaway und Hose

morn·ings /ˈmɔːnɪŋz; *AmE* ˈmɔːrnɪŋz/ *Adv* morgens, vormittags

ˈmorning sickness *Nomen* [U] morgendliche Übelkeit

moron /ˈmɔːrɒn; *AmE* -rɑːn/ *Nomen (umgs)* Trottel, Idiot

mor·on·ic /məˈrɒnɪk; *AmE* məˈrɑːnɪk/ *Adj* idiotisch, schwachsinnig

mor·ose /məˈrəʊs; *AmE* məˈroʊs/ *Adj (Adv* **mor·ose·ly***)* verdrießlich, missmutig

mor·pheme /ˈmɔːfiːm; *AmE* ˈmɔːrfiːm/ *Nomen* (LING) Morphem

mor·phine /ˈmɔːfiːn; *AmE* ˈmɔːrfiːn/ *(veraltet* **mor·phia** /ˈmɔːfiə; *AmE* ˈmɔːrfiə/*) Nomen* Morphium

mor·pho·logic·al /ˌmɔːfəˈlɒdʒɪkl; *AmE* ˌmɔːrfəˈlɑːdʒɪ-/ *Adj* morphologisch

morph·ology /mɔːˈfɒlədʒi; *AmE* mɔːrˈfɑːlə-/ *Nomen* **1** (BIOL) Morphologie **2** (LING) Formenlehre

mor·ris dance /ˈmɒrɪs dɑːns; *AmE* ˈmɔːrɪs dæns/ *Nomen* Moriskentanz

mor·row /ˈmɒrəʊ; *AmE* ˈmɔːroʊ/ *Nomen* **the morrow** [Sing] *(gehoben, veraltet)* der folgende Tag ◇ *on the morrow* tags darauf

Morse code /ˌmɔːs ˈkəʊd; *AmE* ˌmɔːrs ˈkoʊd/ *Nomen* Morsealphabet

mor·sel /ˈmɔːsl; *AmE* ˈmɔːrsl/ *Nomen* Bissen, Happen ◇ *a tasty morsel of food* ein Leckerbissen

mor·tal /ˈmɔːtl; *AmE* ˈmɔːrtl/ *Adj, Nomen*

▸ ***Adj*** **1** sterblich **2** *(gehoben)* tödlich, Tod-, Todes- ◇ *They were locked in mortal combat.* Sie kämpften auf Leben und Tod.

▸ ***Nomen*** *(oft hum)* (Normal)sterbliche(r)

mor·tal·ity /mɔːˈtæləti; *AmE* mɔːrˈ-/ *Nomen (Pl* **-ies***)* **1** Sterblichkeit **2** [U] Sterblichkeitsrate **3** *(Fachspr)* Todesfall

mor·tal·ly /ˈmɔːtəli; *AmE* ˈmɔːrt-/ *Adv (gehoben)* **1** tödlich **2** zutiefst, tödlich ◇ *They were mortally afraid.* Sie haben Todesängste ausgestanden. ◇ *be mortally ashamed* sich zu Tode schämen

ˌmortal ˈsin *Nomen* Todsünde

mor·tar /ˈmɔːtə(r); *AmE* ˈmɔːrtər/ *Nomen* **1** Mörtel **2** Granatwerfer ◇ *come under mortar fire* mit Granaten beschossen werden **3** *(Küchengerät)* Mörser

ˈmortar board *Nomen* Doktorhut

mort·gage /ˈmɔːɡɪdʒ; *AmE* ˈmɔːrɡɪdʒ/ *Nomen, Verb*

▸ ***Nomen*** Hypothek

▸ ***Verb*** **~ sth** auf etw eine Hypothek aufnehmen

mor·ti·cian /mɔːˈtɪʃn; *AmE* mɔːrˈ-/ *Nomen (AmE)* Bestattungsunternehmer(in)

mor·ti·fi·ca·tion /ˌmɔːtɪfɪˈkeɪʃn; *AmE* ˌmɔːrt-/ *Nomen* Beschämung ◇ *Imagine my mortification when she turned up after all.* Sie können sich ja vorstellen, wie äußerst peinlich mir das war, als sie doch noch auftauchte.

mor·tify /ˈmɔːtɪfaɪ; *AmE* ˈmɔːrt-/ *Verb* (**-fies**, **-fy·ing**, **-fied**, **-fied**) *(meist passiv)* beschämen ◇ *She was mortified to realize he had heard every word.* Es war ihr äußerst peinlich, als ihr klar wurde, dass er jedes Wort gehört hatte.

mor·ti·fy·ing /ˈmɔːtɪfaɪɪŋ; *AmE* ˈmɔːrt-/ *Adj* beschämend, peinlich

mor·tu·ary /ˈmɔːtʃəri; *AmE* ˈmɔːrtʃueri/ *Nomen (Pl* **-ies***)* **1** Leichenhalle, Leichenschauhaus **2** *(AmE)* Bestattungsunternehmen

mo·saic /məʊˈzeɪk; *AmE* moʊˈ-/ *Nomen* Mosaik *(auch fig)*

Mos·lem /ˈmɒzləm; *AmE* ˈmɑːz-/ *Nomen, Adj* = MUSLIM

mosque /mɒsk; *AmE* mɑːsk/ *Nomen* Moschee

mos·quito /məˈskiːtəʊ, mɒˈ-; *AmE* məˈskiːtoʊ/ *Nomen (Pl* **-oes**, *seltener* **-os***)* Stechmücke, Moskito

moss /mɒs; *AmE* mɔːs/ *Nomen* Moos

mossy /ˈmɒsi; *AmE* ˈmɔːsi/ *Adj* **1** moosig **2** moosartig

most 0→ /məʊst; *AmE* moʊst/ *Adj, Pron, Adv*

▸ ***Adj, Pron*** **1** *(Superlativ von „much", „a lot of", „many")* der, die, das meiste, die meisten ◇ *I spent most time on the first question.* Für die erste Frage habe ich am längsten gebraucht. ◇ *Who ate the most?* Wer hat am meisten gegessen? **2** *(ohne Artikel gebraucht) (Großteil)* der, die, das meiste, die meisten ◇ *Most of the people I had invited turned up.* Fast alle Leute, die ich eingeladen hatte, kamen. IDM **at (the) most** höchstens ◇ *at the very most* allerhöchstens → *Siehe auch* MAKE

▸ ***Adv*** **1** *(verwendet, um den Superlativ von zwei- oder mehrsilbigen Adjektiven und Adverbien zu bilden)* ◇ *the most boring/beautiful part* der langweiligste/schönste Teil ◇ *It was you who gave most generously.* Du hast am meisten gespendet. **2** am meisten ◇ *What did you enjoy (the) most?* Was hat dir am besten gefallen? **3** *(gehoben)* äußerst ◇ *most probably* höchstwahrscheinlich ◇ *Most certainly not!* Ganz bestimmt nicht! **4** *(AmE, umgs)* fast

most·ly 0→ *Adv* /ˈməʊstli; *AmE* ˈmoʊst-/ **1** hauptsächlich ◇ *The sauce is mostly cream.* Die Soße besteht hauptsächlich aus Sahne. **2** meistens

MOT /ˌem əʊ ˈtiː; *AmE* oʊ/ *(auch* **MOT test***) Nomen (BrE)* TÜV

mote /məʊt; *AmE* moʊt/ *Nomen (veraltet)* Staubkörnchen ◇ *the mote in your brother's eye* der Splitter in deines Bruders Auge

motel /məʊˈtel; *AmE* moʊˈ-/ *Nomen* Motel

motet /məʊˈtet; *AmE* moʊˈ-/ *Nomen* Motette

moth /mɒθ; *AmE* mɔːθ/ *Nomen* **1** Nachtfalter **2** *(umgs)* Motte

moth·ball /ˈmɒθbɔːl; *AmE* ˈmɔːθ-/ *Nomen, Verb*

▸ ***Nomen*** Mottenkugel IDM **in ˈmothballs** eingemottet ◇ *The plan has been put in mothballs.* Der Plan ist auf Eis gelegt worden.

▸ ***Verb*** *(meist passiv) (verschieben)* auf Eis legen

ˈmoth-eaten *Adj* **1** mottenzerfressen **2** *(umgs, abwert)* zerfleddert, schäbig

mother 0→ /ˈmʌðə(r)/ *Nomen, Verb*

▸ ***Nomen*** **1** Mutter **2** *(Nonne)* Oberin IDM **at your ˌmother's ˈknee** ◇ *I learnt these songs at my mother's knee.* Ich habe diese Lieder mit der Muttermilch eingesogen. **the ˈmother of (all) sth** *(umgs) (verwendet, um zu betonen, wie außerordentlich groß, unangenehm, wichtig, etc. etw ist)* unglaublich ◇ *I woke up with the mother of all hangovers.* Ich wachte auf und hatte einen tierischen Kater.

▸ ***Verb*** bemuttern

mother·board /ˈmʌðəbɔːd; *AmE* -ðərbɔːrd/ *Nomen* Hauptplatine

ˈ**mother country** *Nomen* [Sing] **1** Heimat **2** (*Kolonialmacht*) Mutterland

ˈ**mother figure** *Nomen* Mutterfigur

mother·fuck·er /ˈmʌðəfʌkə(r); *AmE* -ðərfʌ-/ *Nomen* (*bes AmE, vulg*) (*Schimpfwort*) Wichser

mother·hood /ˈmʌðəhʊd; *AmE* -ðərhʊd/ *Nomen* Mutterschaft, Muttersein

ˈ**Mothering Sunday** *Nomen* (*veraltet*) Muttertag

ˈ**mother-in-law** *Nomen* (*Pl* **mothers-in-law**) Schwiegermutter

mother·land /ˈmʌðəlænd; *AmE* -ðərlænd/ *Nomen* (*gehoben*) Heimat

mother·less /ˈmʌðələs; *AmE* -ðərləs/ *Adj* mutterlos

mother·ly /ˈmʌðəli; *AmE* -ðərli/ *Adj* mütterlich

ˌ**Mother ˈNature** *Nomen* Mutter Natur

ˌ**mother-of-ˈpearl** (*auch* **pearl**) *Nomen* Perlmutt

ˈ**Mother's Day** *Nomen* Muttertag

ˌ**Mother Suˈperior** *Nomen* Oberin

ˌ**mother-to-ˈbe** *Nomen* (*Pl* **mothers-to-be**) werdende Mutter

ˌ**mother ˈtongue** *Nomen* Muttersprache

motif /məʊˈtiːf; *AmE* moʊˈ-/ *Nomen* **1** Muster **2** Motiv

mo·tion 0-ꞷ /ˈməʊʃn; *AmE* ˈmoʊ-/ *Nomen, Verb*

▸ ***Nomen*** **1** Bewegung ◇ *Do not alight while the train is still in motion.* Nicht aussteigen, solange der Zug nicht zum Stillstand gekommen ist. **2** Antrag ◇ *The motion was carried by six votes to one.* Der Antrag wurde mit sechs zu eins angenommen. **3** (*BrE, gehoben*) Stuhl (gang) IDM **go through the ˈmotions of doing sth** **1** etw pro forma tun; so tun, als ob **2** etw wie mechanisch tun **set/put sth in ˈmotion** etw in Gang bringen (*auch fig*)

▸ ***Verb*** ~ **to sb (to do sth)** jdm ein Zeichen geben (etw zu tun); ~ **(for) sb to do sth** jdm bedeuten, etw zu tun ◇ *I motioned to the waiter.* Ich gab dem Kellner einen Wink.

mo·tion·less /ˈməʊʃnləs; *AmE* ˈmoʊ-/ *Adj* regungslos, unbeweglich

ˌ**motion ˈpicture** *Nomen* (*bes AmE*) (Kino)film

ˈ**motion sickness** *Nomen* Reisekrankheit

mo·tiv·ate /ˈməʊtɪveɪt; *AmE* ˈmoʊ-/ *Verb* **1** motivieren **2** (*meist passiv*) antreiben

mo·tiv·ated /ˈməʊtɪveɪtɪd; *AmE* ˈmoʊ-/ *Adj* motiviert

mo·tiv·ation /ˌməʊtɪˈveɪʃn; *AmE* ˌmoʊ-/ *Nomen* **1** Motivation, Beweggrund ◇ *He lacks motivation.* Es fehlt ihm an Motivation. **2** Grund

mo·tiv·ation·al /ˌməʊtɪˈveɪʃənl; *AmE* ˌmoʊ-/ *Adj* (*gehoben*) Motivations-, motivational

mo·tiv·ator /ˈməʊtɪveɪtə(r); *AmE* ˈmoʊ-/ *Nomen* **1** Motivation **2** jd, der Leute motiviert

mo·tive /ˈməʊtɪv; *AmE* ˈmoʊ-/ *Nomen, Adj*

▸ ***Nomen*** Motiv, Beweggrund ◇ *He was suspicious of her motives in inviting him into the house.* Er fragte sich, was sie damit bezweckte, ihn ins Haus zu bitten. ◇ *the profit motive* das Gewinnstreben ◇ *an ulterior motive* ein Hintergedanke

▸ ***Adj*** [nur vor Nomen] Antriebs-, treibend (*auch fig*)

mo·tive·less /ˈməʊtɪvləs; *AmE* ˈmoʊ-/ *Adj* ohne Motiv

mot·ley /ˈmɒtli; *AmE* ˈmɑːt-/ *Adj* (*abwert*) bunt (zusammengewürfelt)

moto·cross /ˈməʊtəʊkrɒs; *AmE* ˈmoʊtoʊkrɔːs/ *Nomen* Motocross

motor 0-ꞷ /ˈməʊtə(r); *AmE* ˈmoʊ-/ *Nomen, Adj, Verb*

▸ ***Nomen*** **1** Motor **2** (*BrE, veraltet oder hum*) Automobil

▸ ***Adj*** [nur vor Nomen] **1** Motor- ◇ *motor vehicles* Kraftfahrzeuge **2** (*bes BrE*) (Kraft)fahrzeug-, Auto- ◇ *a motor accident* ein Verkehrsunfall **3** (*Fachspr*) motorisch ◇ *motor activity* Motorik

▸ ***Verb*** (*BrE, veraltet*) mit dem Auto fahren

motor·bike 0-ꞷ *Nomen* /ˈməʊtəbaɪk; *AmE* ˈmoʊtərbaɪk/ **1** (*BrE*) Motorrad **2** (*AmE*) Motorroller

motor·boat /ˈməʊtəbəʊt; *AmE* ˈmoʊtərboʊt/ *Nomen* Motorboot

motor·cade /ˈməʊtəkeɪd; *AmE* ˈmoʊtərkeɪd/ *Nomen* Wagenkolonne

ˈ**motor car** *Nomen* (*gehoben*) Automobil

motor·cycle 0-ꞷ /ˈməʊtəsaɪkl; *AmE* ˈmoʊtərsaɪ-/ *Nomen* Motorrad

motor·cyc·ling /ˈməʊtəsaɪklɪŋ; *AmE* ˈmoʊtərsaɪk-/ *Nomen* Motorradfahren, Motorradsport

motor·cyc·list /ˈməʊtəsaɪklɪst; *AmE* ˈmoʊtərsaɪk-/ *Nomen* Motorradfahrer(in)

motor·home /ˈməʊtəhəʊm; *AmE* ˈmoʊtərhoʊm/ *Nomen* Wohnmobil

motor·ing /ˈməʊtərɪŋ; *AmE* ˈmoʊ-/ *Adj* [nur vor Nomen] Auto- ◇ *the motoring organization* der Automobilklub ◇ *motoring offences* Verkehrsdelikte

motor·ist /ˈməʊtərɪst; *AmE* ˈmoʊ-/ *Nomen* Autofahrer(in)

motor·ized (*BrE auch* **-ised**) /ˈməʊtəraɪzd; *AmE* ˈmoʊ-/ *Adj* motorisiert ◇ *motorized vehicles* Kraftfahrzeuge

ˌ**motor neur·one dis·ease** /ˌməʊtə ˈnjʊərɒn dɪziːz; *AmE* ˌmoʊtər ˈnʊrɑːn/ *Nomen* amyotrophe Lateralsklerose

ˈ**motor pool** *Nomen* (*bes AmE*) Fahrgemeinschaft

ˈ**motor racing** *Nomen* Autorennsport

ˈ**motor scooter** (*auch* **scoot·er**) *Nomen* (*bes AmE*) Motorroller

ˈ**motor vehicle** *Nomen* Kraftfahrzeug

motor·way /ˈməʊtəweɪ; *AmE* ˈmoʊtərweɪ/ *Nomen* (*BrE*) (*Abk* **M**) Autobahn

mot·tled /ˈmɒtld; *AmE* ˈmɑːtld/ *Adj* gesprenkelt, fleckig

motto /ˈmɒtəʊ; *AmE* ˈmɑːtoʊ/ *Nomen* (*Pl* **-oes** *oder* **-os**) Motto, Devise

mould (*AmE* **mold**) /məʊld; *AmE* moʊld/ *Nomen, Verb*

▸ ***Nomen*** **1** (Guss)form, Model (*auch fig*) ◇ (*fig*) *They broke the mould when they made you.* Du bist wirklich einmalig. **2** [meist Sing] Art, Typ; (*Menschen-*) Schlag ◇ *He is cast in a different mould from his predecessor.* Er ist aus anderem Holz geschnitzt als sein Vorgänger. ◇ *fit (into) the traditional mould of sth* den traditionellen Vorstellungen von etw entsprechen **3** Schimmel IDM **break the ˈmould (of sth)** mit der Tradition (von etw) brechen

▸ ***Verb*** **1** ~ **sb/sth (into sth)** jdn/etw (zu etw) formen; ~ **sth (from/out of/in sth)** etw (aus etw) formen ◇ *He moulded them into a superb team.* Er machte eine erstklassige Mannschaft aus ihnen. **2** ~ **to sth** die Gestalt von etw annehmen ◇ *The fabric moulds to the body.* Der Stoff schmiegt sich an den Körper an.

mould·er (*AmE* **mol·der**) /ˈməʊldə(r); *AmE* ˈmoʊl-/ *Verb* vermodern, verfallen, vergammeln

mould·ing (*AmE* **mold·ing**) /ˈməʊldɪŋ; *AmE* ˈmoʊl-/ *Nomen* Zierleiste

mouldy (*AmE* **moldy**) /ˈməʊldi; *AmE* ˈmoʊl-/ *Adj* **1** schimmelig, verschimmelt ◇ *go mouldy* schimmeln **2** verrottet, vergammelt

moult (*AmE* **molt**) /məʊlt; *AmE* moʊlt/ *Verb* sich mausern, (sich) haaren

mound /maʊnd/ *Nomen* **1** (Erd)hügel ◇ *a burial mound* ein Grabhügel **2** Haufen (*auch fig*) **3** (*Baseball*) Abwurfstelle

mount 0-ꞷ /maʊnt/ *Verb, Nomen*

▸ ***Verb*** **1** organisieren, starten ◇ *mount a campaign* eine Aktion ins Leben rufen **2** steigen **3** (*gehoben*) ~ **sth** etw besteigen, auf etw (hoch) steigen ◇ *She slowly mounted the steps.* Sie stieg langsam die Treppe hoch. **4** montieren, einbauen ◇ *a ceiling-mounted fan* ein Deckenventilator **5** präparieren, fixieren **6** (ein)fassen **7** bespringen IDM → GUARD PHRV ˌ**mount ˈup** (an)wachsen, (an)steigen, sich häufen

▸ ***Nomen*** **1 Mount, Mt** (*heute nur noch in Namen von Bergen gebraucht*) ◇ *Mount Everest* Mount Everest **2** (*gehoben*) Ross **3** Fassung, Passepartout **4** Gestell, Sockel, Unterlage

moun·tain /ˈmaʊntən; *AmE* -tn/ *Nomen* Berg ◇ *a range of mountains* ein Gebirge ◇ *mountain roads* Gebirgsstraßen IDM **make a ˌmountain out of a ˈmolehill** aus einer Mücke einen Elefanten machen

ˌ**mountain ˈash** *Nomen* Eberesche

ˈ**mountain bike** *Nomen* Mountainbike

ˈ**mountain biking** *Nomen* Mountainbiken

moun·tain·eer /ˌmaʊntəˈnɪə(r); *AmE* -tnˈɪr/ *Nomen* Bergsteiger(in)

moun·tain·eer·ing /ˌmaʊntəˈnɪərɪŋ; *AmE* -tnˈɪrɪŋ/ *Nomen* Bergsteigen ◇ *a mountaineering expedition* eine Bergtour

ˈ**mountain lion** *Nomen* (*AmE*) Puma, Silberlöwe

moun·tain·ous /ˈmaʊntənəs/ *Adj* **1** bergig, gebirgig **2** riesig ◇ *a mountainous plateful of food* eine Riesenportion Essen

moun·tain·side /ˈmaʊntənsaɪd; *AmE* -tn-/ *Nomen* (Berg)hang

moun·tain·top /ˈmaʊntəntɒp; *AmE* -tntɑːp/ *Nomen* (Berg)gipfel ◇ *a mountaintop ranch* ein Bergbauernhof

mount·ed /ˈmaʊntɪd/ *Adj* [nur vor Nomen] **1** beritten **2** (ein)gefasst ◇ *a mounted photograph* ein mit Passepartout gerahmtes Foto

Moun·tie /ˈmaʊnti/ *Nomen* (*umgs*) = Mitglied der berittenen kanadischen Polizei

mount·ing /ˈmaʊntɪŋ/ *Adj, Nomen*

▸ ***Adj*** [nur vor Nomen] steigend, wachsend, zunehmend

▸ ***Nomen*** Befestigung, Aufhängung, Stütze

mourn /mɔːn; *AmE* mɔːrn/ *Verb* **1** betrauern, beklagen **2 ~ (for sb/sth)** (um jdn/etw) trauern **3 ~ for sth** einer Sache nachtrauern

mourn·er /ˈmɔːnə(r); *AmE* ˈmɔːrnər/ *Nomen* Trauernde (r), Trauergast

mourn·ful /ˈmɔːnfl; *AmE* ˈmɔːrn-/ *Adj* (*Adv* **mourn·ful·ly** /-fəli/) (*gehoben*) traurig, klagend, weinerlich ◇ *mournful music* Trauermusik

mourn·ing /ˈmɔːnɪŋ; *AmE* ˈmɔːrnɪŋ/ *Nomen* **1** Trauer ◇ *a day of national mourning* eine eintägige Staatstrauer **2** Trauer(kleidung)

mouse /maʊs/ *Nomen* (*Pl* **mice** /maɪs/) **1** Maus **2** (*Pl* **mice** *oder* **mouses**) (COMP) Maus IDM → CAT

ˈ**mouse mat** (*AmE* ˈ**mouse pad**) *Nomen* Mauspad

mouse·trap /ˈmaʊstræp/ *Nomen* Mausefalle

mousey = MOUSY

mous·saka /muːˈsɑːkə/ *Nomen* Moussaka

mousse /muːs/ *Nomen* **1** Schaumspeise, Mousse **2** Schaumfestiger

mous·tache /məˈstɑːʃ; *AmE* ˈmʌstæʃ, məˈstæʃ/ *Nomen* **1** Schnurrbart, Oberlippenbart **2 moustaches** [Pl] (Schnurr)bart

mous·tached /məˈstɑːʃt; *AmE* ˈmʌstæʃt, məˈstæʃt/ *Adj* schnurrbärtig

mousy (*auch* **mousey**) /ˈmaʊsi/ *Adj* (*abwert*) **1** mittelbraun **2** schüchtern, unscheinbar

mouth *Nomen, Verb*

▸ ***Nomen*** /maʊθ/ (*Pl* **mouths** /maʊðz/) **1** Mund; (*Tier*) Maul; (*Vogel*) Schnabel **2** Öffnung, Eingang, Einfahrt **3** Mündung **4** (*Ausdrucksweise*) Klappe, Maul ◇ *He has a foul mouth on him!* Er hat eine dreckige Ausdrucksweise! ◇ *Watch your mouth!* Drück dich bitte etwas gepflegter aus! IDM **be all ˈmouth** (*umgs*) eine große Klappe haben **down in the ˈmouth** deprimiert; niedergeschlagen **keep your ˈmouth shut** (*umgs*) den Mund halten ◇ *Keep your mouth shut about this, okay?* Behalte das aber für dich, ja? **out of the ˌmouths of ˈbabes (and ˈsucklings)** Kindermund tut Wahrheit kund → *Siehe auch* BIG, BORN, BUTTER, FOAM, FOOT, GIFT, HEART, HORSE, LIVE[1], MELT, MONEY, SHOOT, SHUT, TASTE *und* WORD

▸ ***Verb*** /maʊð/ **~ sth 1** = etw (unhörbar) mit den Lippen formen ◇ *He mouthed a few obscenities at us.* Er schickte uns ein paar unhörbare Flüche hinterher. **2** (*abwert*) = etw ohne Überzeugung oder Verständnis dahersagen ◇ *He mouthed the usual platitudes.* Er bediente sich der üblichen Floskeln. PHRV ˌ**mouth ˈoff (at/about sth)** (*umgs*) sich (über etw) das Maul zerreißen

-mouthed /maʊðd/ (*in Adjektiven*) **1** ◇ *a narrow-mouthed cave* eine Höhle mit einem engen Eingang **2** (*Ausdrucksweise*) ◇ *a crude-mouthed individual* ein Mensch mit einer derben Ausdrucksweise

mouth·ful /ˈmaʊθfʊl/ *Nomen* **1** Bissen, Schluck **2** [Sing] (*umgs*) langes Wort, Zungenbrecher

ˈ**mouth organ** *Nomen* (*BrE*) Mundharmonika

mouth·piece /ˈmaʊθpiːs/ *Nomen* **1** Sprechmuschel **2** Mundstück **3** (*fig*) Sprachrohr

ˌ**mouth-to-ˌmouth reˌsusciˈtation** (*auch* ˌ**mouth-to-ˈmouth**) *Nomen* [U] Mund-zu-Mund-Beatmung

mouth·wash /ˈmaʊθwɒʃ; *AmE* -wɔːʃ/ *Nomen* Mundwasser

ˈ**mouth-watering** *Adj* appetitlich, köstlich, verlockend

mouthy /ˈmaʊθi, ˈmaʊði/ *Adj* (*umgs, abwert*) vorlaut, großmäulig

mov·able (*auch* **move·able**) /ˈmuːvəbl/ *Adj, Nomen*

▸ ***Adj*** beweglich ◇ *movable partitions* verschiebbare Wände ◇ *a movable feast* ein bewegliches Fest

▸ ***Nomen*** [meist Pl] (RECHT) bewegliches Vermögen

move /muːv/ *Verb, Nomen*

▸ ***Verb*** **1** bewegen ◇ *We moved our chairs a little nearer.* Wir rückten unsere Stühle etwas näher. **2** sich bewegen ◇ *Phil moved towards the window.* Phil ging zum Fenster. **3** seine Meinung ändern **4** verschieben, verlegen **5** sich ändern, Fortschritte machen ◇ *Share prices hardly moved today.* Auf dem Aktienmarkt gab es heute kaum Bewegungen. ◇ *Things are not moving as fast as we hoped.* Die Sache geht nicht so schnell voran, wie wir gehofft haben. **6** Maßnahmen ergreifen, etw unternehmen **7 ~ (house)** umziehen; **~ from … to …** von … nach … ziehen; **~ away** wegziehen **8** versetzen **9** (*Brettspiel*) ◇ *It's your turn to move.* Du bist am Zug. ◇ *She moved her queen.* Sie machte einen Zug mit ihrer Dame. **10 ~ sb (to sth)** jdn (zu etw) rühren ◇ *We were deeply moved by her plight.* Ihr Unglück hat uns tief bewegt. **11** (*gehoben*) veranlassen **12** (*gehoben*) beantragen IDM **get ˈmoving** (*umgs*) sich (schnellstens) in Bewegung setzen ◇ *It's late—we'd better get moving.* Es ist spät—wir sollten aufbrechen. ◇ *You're here to work, so get moving.* Du bist hier, um zu arbeiten, also beweg dich. ◇ *Let's get moving!* Nichts wie weg hier! **get sth ˈmoving** (*umgs*) etw vorantreiben ◇ *The new director has really got things moving.* Seit wir den neuen Direktor haben, geschieht endlich etwas. **move heaven and ˈearth** Himmel und Hölle in Bewegung setzen **move house** umziehen **move with the ˈtimes** mit der Zeit gehen → *Siehe auch* ASS PHRV ˌ**move aˈhead** Fortschritte machen ˌ**move aˈhead of sb/sth** jdn/etw überholen, einen Vorsprung vor jdm/etw gewinnen ˌ**move aˈlong** weitergehen, weiterfahren ˌ**move ˈin** einziehen ˌ**move ˈin (on sb/sth)** (gegen jdn/etw) vorrücken ˌ**move ˈinto sth** in etw einziehen ˌ**move ˈoff** sich in Bewegung setzen ˌ**move ˈon 1** weitergehen, weiter-

fahren **2** weiterziehen, wegziehen ◇ *I've been in this job long enough—it's time I moved on.* Ich bin lang genug in diesem Job gewesen—es wird Zeit, dass ich was anderes mache. **ˌmove ˈon from sth** von etw loskommen **ˌmove ˈon to sth** zu etw übergehen, zu etw kommen **ˌmove sb ˈon** jdn auffordern weiterzugehen/weiterzufahren **ˌmove ˈout** ausziehen **ˌmove ˈover** zur Seite rücken **ˌmove ˈup** aufrücken
▸ ***Nomen*** **1** Maßnahme, Schritt ◇ *Her new job is just a sideways move.* Ihre neue Stelle bringt sie nicht weiter. **2** [meist Sing] Bewegung ◇ *Don't make a move!* Keine Bewegung! ◇ *It's time I made a move.* Ich muss langsam los. **3** Tendenz ◇ *the move back to old values* die Rückkehr zu alten Werten **4** Umzug, Wechsel **5** (*Spiel-*) Zug ◇ *It's your move.* Du bist am Zug. IDM **be on the ˈmove** **1** unterwegs sein; in Bewegung sein **2** umziehen **get a ˈmove on** (*umgs*) in Gang kommen; sich auf die Socken machen **make the first ˈmove** den ersten Schritt tun **make a ˈmove** (*BrE, umgs*) anfangen; aufbrechen **make a, your, etc. ˈmove** aktiv werden

move·able = MOVABLE

move·ment 🔑 /ˈmuːvmənt/ *Nomen* **1** Bewegung ◇ *freedom of movement* Bewegungsfreiheit ◇ *the Romantic movement* die Romantik **2** Beförderung **3** Tendenz, Bewegung ◇ *a movement away from sth* eine Abkehr von etw **4** (MUS) Satz **5** = BOWEL MOVEMENT

mover /ˈmuːvə(r)/ *Nomen* **1** ◇ *a great mover on the dance floor* ein großartiger Tänzer ◇ *You're a fast mover.* Du bist aber fix. **2** = Maschine oder Person, die etwas befördert ◇ *an earth mover* ein Muldenkipper ◇ *professional furniture movers* Umzugsunternehmen **3** Kraft ◇ *the prime mover* die treibende Kraft IDM **ˌmovers and ˈshakers** treibende Kräfte

movie 🔑 /ˈmuːvi/ *Nomen* (*bes AmE*) **1** Film ◇ *make a movie* einen Film drehen **2 the movies** [Pl] das Kino ◇ *go to the movies* ins Kino gehen **3 the movies** die Filmindustrie ◇ *work in the movies* beim Film arbeiten

movie·goer /ˈmuːvigəʊə(r); *AmE* -goʊ-/ *Nomen* (*bes AmE*) Kinogänger(in)

ˈmovie star *Nomen* (*bes AmE*) Filmstar

ˈmovie theater 🔑 (*auch* **the·ater**) *Nomen* (*AmE*) Kino

mov·ing 🔑 /ˈmuːvɪŋ/ *Adj* **1** (*Adv* **mov·ing·ly**) bewegend, ergreifend **2** [nur vor Nomen] sich bewegend, beweglich ◇ *fast-moving water* schnell fließendes Wasser

ˈmoving van *Nomen* (*AmE*) Umzugswagen

mow /məʊ; *AmE* moʊ/ *Verb* (**mowed, mown** /məʊn; *AmE* moʊn/ *oder* **mowed**) mähen PHR V **ˌmow sb ˈdown** (*töten*) jdn niedermähen

mower /ˈməʊə(r); *AmE* ˈmoʊ-/ *Nomen* (*meist in Zusammensetzungen*) (Rasen)mäher

moxie /ˈmɒksi; *AmE* ˈmɑːk-/ *Nomen* (*AmE, umgs*) Mumm

MP /ˌem ˈpiː/ *Nomen* **1** *Kurzform von* **Member of Parliament** Abgeordnete(r) **2** Militärpolizist(in)

mpg /ˌem piː ˈdʒiː/ *Kurzform von* **miles per gallon** = Berechnung für Benzinverbrauch ◇ (*BrE*) *It does 40 mpg.* Es verbraucht 6,9 l auf 100 km. ◇ (*AmE*) *It gets 40 mpg.* Es verbraucht 5,9 l auf 100 km.

mph /ˌem piː ˈeɪtʃ/ *Kurzform von* **miles per hour** ◇ *a 60 mph speed limit* eine Geschwindigkeitsbegrenzung von 100 km/h

MPV /ˌem piː ˈviː/ *Kurzform von* **multipurpose vehicle** Großraumlimousine

Mr 🔑 (*bes AmE* **Mr.**) /ˈmɪstə(r)/ *Abk* (*Anrede*) Herr IDM **ˌMr ˈNice Guy** (*umgs*) netter Kerl ◇ *I'm talking no more Mr Nice Guy!* Ich bin mit meiner Geduld am Ende! **Mr ˈRight** (*umgs*) der Richtige

MRI /ˌem ɑːr ˈaɪ/ *Abk Kurzform von* **magnetic resonance imaging** (MED) Kernspintomografie, Magnetresonanztomografie, MRT

Mrs 🔑 (*bes AmE* **Mrs.**) /ˈmɪsɪz/ *Abk* (*Anrede*) Frau

MS /ˌem ˈes/ *Abk* = MULTIPLE SCLEROSIS

Ms 🔑 (*bes AmE* **Ms.**) /mɪz, məz/ *Abk* = schriftliche Anrede für eine Frau, wenn man die Unterscheidung zwischen verheiratet (**Mrs**) und unverheiratet (**Miss**) vermeiden will

MSc (*bes AmE* **M.Sc.**) /ˌem es ˈsiː/ *Kurzform von* **Master of Science** = zweiter, oder in Schottland erster Universitätsabschluss in den naturwissenschaftlichen Fächern

MSM /ˌem es ˈem/ *Nomen* [mit Verb im Sing/Pl] *Kurzform von* **mainstream media** etablierte Medien

MSP /ˌem es ˈpiː/ *Kurzform von* **Member of the Scottish Parliament** Abgeordnete(r) des schottischen Parlaments

Mt (*bes AmE* **Mt.**) *Abk* = MOUNT

much 🔑 /mʌtʃ/ *Pron, Adj, Adv*
▸ ***Pron, Adj*** (*meist mit unzählbaren Nomina in verneinten Sätzen, Fragen und Vergleichen verwendet*) viel ◇ *How much is it?* Was kostet das? ◇ (*gehoben*) *I lay awake for much of the night.* Ich lag fast die ganze Nacht wach. IDM **as ˈmuch** dasselbe ◇ *'He did it.' 'I thought as much.'* „Er war's!" „Das habe ich mir schon gedacht." **as ˌmuch as sb can ˈdo** alles, was jd tun kann ◇ *It was as much as he could do to walk up the hill.* Er hat es gerade so zu Fuß den Berg hinauf geschafft. **not much ˈin it** ◇ *I won, but there wasn't much in it.* Ich habe gewonnen, aber es war knapp. **ˈnot much of a …** ◇ *He's not much of a tennis player.* Er ist kein großer Tennisspieler. **ˈthis much** nur so viel
▸ ***Adv*** viel, sehr ◇ *It's much the same as before.* Es ist fast genauso wie vorher. IDM **ˈmuch as** so gern(e) (wie)

much·ness /ˈmʌtʃnəs/ *Nomen* IDM **ˌmuch of a ˈmuchness** einer wie der andere; eine wie die andere; eins wie das andere

muck /mʌk/ *Nomen, Verb*
▸ ***Nomen*** **1** (*Tier-*) Mist **2** (*bes BrE, umgs*) Dreck, Zeug IDM **where there's ˌmuck there's ˈbrass** (*BrE*) mit Dreckarbeit ist oft das meiste Geld zu verdienen
▸ ***Verb*** PHR V **ˌmuck aˈbout/aˈround** (*BrE, umgs*) **1** herumalbern **2** herumgammeln **muck aˈbout/aˈround with sth** (*BrE, umgs, abwert*) an etw herumfummeln, mit etw herumspielen **ˌmuck sb aˈbout/aˈround** (*BrE, umgs*) **1** jdn verarschen **2** jdn hinhalten **ˌmuck ˈin (together)** (*BrE, umgs*) sich zusammentun **ˌmuck (sth) ˈout** (etw) ausmisten **ˌmuck sth ˈup** (*bes BrE, umgs*) etw verhauen, etw vermasseln, etw versauen

muck·rak·ing /ˈmʌkreɪkɪŋ/ *Nomen* [U] (*umgs, abwert*) = Schnüffeln nach Skandalen im Leben anderer

mucky /ˈmʌki/ *Adj* (*bes BrE, umgs*) dreckig, schmutzig (*auch fig*)

mu·cous /ˈmjuːkəs/ *Adj* Schleim-, schleimig

mucus /ˈmjuːkəs/ *Nomen* Schleim

MUD /mʌd/ *Nomen Kurzform von* **multi-user dungeon/dimension** (*textbasiertes interaktives Computerspiel*) MUD

mud 🔑 /mʌd/ *Nomen* Schlamm, Matsch, Lehm IDM **fling, sling, etc. ˈmud at sb** jdn mit Dreck bewerfen → *Siehe auch* CLEAR *und* NAME

mud·dle /ˈmʌdl/ *Verb, Nomen*
▸ ***Verb*** (*bes BrE*) **1 ~ sth ˈup** etw durcheinanderbringen **2 ~ sb (up)** (*verwirren*) jdn durcheinanderbringen ◇ *He got all muddled up.* Er geriet ganz durcheinander. **3 ~ sb/sth (up) (with sb/sth)** jdn/etw (mit jdm/etw)

verwechseln PHR V ˌ**muddle aˈlong** (*bes BrE*) vor sich hin wursteln ˌ**muddle ˈthrough** sich durchwursteln
▸ ***Nomen*** Durcheinander ◇ *be in a muddle* durcheinander sein
mud·dled /ˈmʌdld/ *Adj* (*bes BrE*) durcheinander, wirr, konfus
mud·dling /ˈmʌdlɪŋ/ *Adj* (*bes BrE*) verwirrend
muddy /ˈmʌdi/ *Adj, Verb*
▸ ***Adj*** (**mud·dier**, **mud·di·est**) **1** schlammig, matschig, schmutzig **2** trüb
▸ ***Verb*** (**mud·dies**, **muddy·ing**, **mud·died**, **mud·died**) schmutzig machen IDM **muddy the ˈwaters, ˈissue, etc.** (*abwert*) ein(e) Situation, Angelegenheit etc. noch verworrener machen
mud·flat /ˈmʌdflæt/ *Nomen* [meist Pl] Watt
mud·guard /ˈmʌdɡɑːd; *AmE* -ɡɑːrd/ *Nomen* (*BrE*) Schutzblech
mudlark /ˈmʌdlɑːk; *AmE* -lɑːrk/ *Nomen* **1** = jd, der im Flussschlamm nach wertvollen Dingen sucht, die er dann verkaufen kann **2** (*veraltet*) = Kind, das in der Gosse lebt
mud·room /ˈmʌdruːm, -rʊm/ *Nomen* (*AmE*) = Vorraum, in dem man z.B. schmutzige Stiefel stehen lassen kann
mud·slide /ˈmʌdslaɪd/ *Nomen* (*bes AmE*) Erdrutsch
ˈ**mud-slinging** *Nomen* [U] (*abwert*) Verunglimpfungen, Schlammschlacht
muesli /ˈmjuːzli/ *Nomen* (*BrE*) Müsli
muez·zin /muːˈezɪn, mjuːˈ-/ *Nomen* Muezzin
muff /mʌf/ *Nomen, Verb*
▸ ***Nomen*** Muff
▸ ***Verb*** (*umgs, abwert*) verpatzen
muf·fin /ˈmʌfɪn/ *Nomen* **1** (*AmE* ˌ**English ˈmuffin**) = flaches, rundes Hefeküchlein, das getoastet und mit Butter gegessen wird **2** Muffin
muf·fle /ˈmʌfl/ *Verb* **1** (*Lärm etc.*) dämpfen **2** ~ **sb/sth (up) (in sth)** jdn/etw (in etw) (ein)hüllen
muf·fled /ˈmʌfld/ *Adj* gedämpft
muf·fler /ˈmʌflə(r)/ *Nomen* **1** (*veraltet*) (dicker) Schal **2** (*AmE*) Schalldämpfer
mufti /ˈmʌfti/ *Nomen* **1 Mufti** Mufti **2** (*veraltet*) Zivil(kleidung)
mug /mʌɡ/ *Nomen, Verb*
▸ ***Nomen*** **1** Becher ◇ *a beer mug* ein Bierkrug **2** (*Slang*) Visage **3** (*umgs*) Trottel IDM **a ˈmug's game** (*bes BrE, abwert*) ◇ *Boxing is a mug's game.* Boxen lohnt sich nicht.
▸ ***Verb*** (**-gg-**) **1** überfallen **2** ~ **for sb/sth** (*bes AmE, umgs*) für jdn/etw Grimassen schneiden PHR V ˌ**mug sth ˈup**; ˌ**mug ˈup on sth** (*BrE, umgs*) etw büffeln, etw pauken
mug·ger /ˈmʌɡə(r)/ *Nomen* Straßenräuber(in)
mug·ging /ˈmʌɡɪŋ/ *Nomen* Straßenraub ◇ *Mugging is on the increase.* Raubüberfälle auf offener Straße nehmen zu.
mug·gins /ˈmʌɡɪnz/ *Nomen* [Sing] (*BrE, umgs, hum*) (*auf die eigene Person bezogen verwendet, wenn man sich dumm vorkommt; ohne Artikel*) ◇ *And muggins here had to clean up all the mess.* Und ich war der Dumme, der das ganze Durcheinander aufräumen musste.
muggy /ˈmʌɡi/ *Adj* schwül
mugshot /ˈmʌɡʃɒt; *AmE* -ʃɑːt/ *Nomen* (*umgs*) Verbrecherfoto
Mu·ham·mad (*auch* **Mo·ham·med**) /məˈhæmɪd/ *Nomen* Mohammed
mu·ja·he·din (*auch* **mu·ja·hi·din**, **mu·ja·hed·din**, **mu·jahi·deen**) /ˌmuːdʒəhəˈdiːn/ *Nomen* [Pl] Mudschahedin
mu·latto /mjuˈlætəʊ, məˈ-; *AmE* -toʊ/ *Nomen* (*Pl* **-os** *oder* **-oes**) (*beleidigend*) Mulatte, Mulattin
mul·berry /ˈmʌlbəri; *AmE* -beri/ *Nomen* (*Pl* **-ies**) **1** Maulbeerbaum **2** Maulbeere **3** (*Farbe*) dunkles Violett
mulch /mʌltʃ/ *Nomen, Verb*
▸ ***Nomen*** Mulch
▸ ***Verb*** mulchen
mule /mjuːl/ *Nomen* **1** Maultier **2** (*Slang*) Drogenkurier(in) **3** Pantoffel
mull /mʌl/ *Verb* PHR V ˌ**mull sth ˈover** über etw nachdenken, sich etw durch den Kopf gehen lassen
mul·lah /ˈmʌlə, ˈmʊlə/ *Nomen* Mullah
mulled /mʌld/ *Adj* [nur vor Nomen] = mit Zucker und Gewürzen angesetzt und erhitzt ◇ *mulled wine* Glühwein
mul·let /ˈmʌlɪt/ *Nomen* (*Pl* **mul·let**) (*Fisch*) **red ~** Seebarbe; **grey ~** Meeräsche
mul·lion /ˈmʌliən/ *Nomen* Längspfosten, Mittelpfosten
mul·lioned /ˈmʌliənd/ *Adj* [nur vor Nomen] mit Längspfosten, mit Mittelpfosten ◇ *mullioned windows* Fenster mit Stabwerk
multi- /ˈmʌlti/ *Vorsilbe* (*mit Nomina und Adjektiven verbunden*) viel, mehr ◇ *multicoloured* mehrfarbig
multi·cul·tural /ˌmʌltiˈkʌltʃərəl/ *Adj* multikulturell
multi·cul·tural·ism /ˌmʌltiˈkʌltʃərəlɪzəm/ *Nomen* Multikulturalismus
multidisciplinary /ˌmʌltidɪsəˈplɪnəri; *AmE* -tiˈdɪsəpləneri/ *Adj* multidisziplinär
multi-ethnic /ˌmʌlti ˈeθnɪk/ *Adj* Vielvölker-, multiethnisch
multi·fa·cet·ed /ˌmʌltiˈfæsɪtɪd/ *Adj* (*gehoben*) vielschichtig
multi·fari·ous /ˌmʌltɪˈfeəriəs; *AmE* -ˈfer-/ *Adj* (*gehoben*) **1** vielfältig, mannigfaltig **2** vielgestaltig
multi·lat·eral /ˌmʌltiˈlætərəl/ *Adj* **1** multilateral **2** mehrseitig
multi·lin·gual /ˌmʌltiˈlɪŋɡwəl/ *Adj* mehrsprachig
multi·media /ˌmʌltiˈmiːdiə/ *Adj* [nur vor Nomen] **1** Multimedia- **2** multimedial
multi·nation·al /ˌmʌltiˈnæʃnəl/ *Adj, Nomen*
▸ ***Adj*** multinational
▸ ***Nomen*** multinationaler Konzern, Multi
multi·party /ˌmʌltiˈpɑːti; *AmE* -ˈpɑːrti/ *Adj* [nur vor Nomen] Mehrparteien- ◇ *multiparty elections* Wahlen, an denen mehrere Parteien teilnehmen
multiplayer /ˈmʌltipleɪə(r)/ *Adj* [nur vor Nomen] Mehrspieler- ◇ *multiplayer mode* Mehrspielermodus
mul·tiple /ˈmʌltɪpl/ *Adj, Nomen*
▸ ***Adj*** [nur vor Nomen] mehrfach ◇ *a multiple birth* eine Mehrlingsgeburt ◇ *a multiple pile-up* eine Massenkarambolage
▸ ***Nomen*** **1** (MATH) Vielfaches **2** (*auch* ˌ**multiple ˈstore**) (*BrE*) Kettenladen
ˌ**multiple-ˈchoice** *Adj* Multiple-Choice-
ˌ**multiple scleˈrosis** *Nomen* (*Abk* **MS**) Multiple Sklerose
multi·plex /ˈmʌltɪpleks/ (*BrE auch* ˌ**multiplex ˈcinema**) *Nomen* Kinozentrum
multi·pli·ca·tion /ˌmʌltɪplɪˈkeɪʃn/ *Nomen* [U] **1** Multiplikation ◇ *the multiplication sign* das Malzeichen **2** Vervielfältigung, Vermehrung
ˌ**multipliˈcation table** (*auch* **table**) *Nomen* Multiplikationstabelle
multi·pli·city /ˌmʌltɪˈplɪsəti/ *Nomen* (*gehoben*) Vielzahl
multi·ply 0→ /ˈmʌltɪplaɪ/ *Verb* (**-plies**, **-ply·ing**, **-plied**, **-plied**) **1** (MATH) multiplizieren, malnehmen ◇ *2 multiplied by 4 is/equals/makes 8.* 2 mal 4 ist 8. **2** vervielfachen, vermehren **3** sich vervielfachen, sich vermehren

multipurpose /ˌmʌltiˈpɜːpəs; *AmE* -ˈpɜːrpəs/ *Adj* Mehrzweck-

multi·racial /ˌmʌltiˈreɪʃl/ *Adj* gemischtrassig

ˌmulti-ˈskilling *Nomen* [U] = berufliche Vielseitigkeit

ˌmulti-storey ˈcar park (*auch* **ˌmulti-ˈstorey**) *Nomen* (*BrE*) Parkhaus

multi·task /ˌmʌltiˈtɑːsk; *AmE* -ˈtæsk/ *Verb* **1** (COMP) parallel laufen lassen ◇ *It could multitask even when I was on line.* Selbst wenn ich im Netz/Internet war, konnten mehrere Programme gleichzeitig laufen. **2** mehrere Sachen gleichzeitig/parallel machen

multi·tasking /ˌmʌltiˈtɑːskɪŋ; *AmE* -ˈtæskɪŋ/ *Nomen* Multitasking

multi·tude /ˈmʌltɪtjuːd; *AmE* -tuːd/ *Nomen* (*gehoben*) **1** Vielzahl, Menge **2** [mit Verb im Sing/Pl] **the multitude, the multi·tudes** [Pl] (*manchmal abwertend*) Masse(n) **3** (*gehoben*) (Menschen)menge, Schar IDM **cover/hide a multitude of sins** (*hum*) vieles verbergen

multi·tu·di·nous /ˌmʌltɪˈtjuːdɪnəs; *AmE* -ˈtuː-/ *Adj* (*gehoben*) zahlreich

mum 0→ /mʌm/ *Nomen, Adj*

▸ ***Nomen*** (*BrE, umgs*) Mama, Mutti

▸ ***Adj*** IDM **keep mum** (*umgs*) den Mund halten **ˌmum's the ˈword!** (*umgs*) nichts verraten!

mum·ble /ˈmʌmbl/ *Verb, Nomen*

▸ ***Verb*** murmeln, brummeln ◇ *mumble to yourself* vor sich hinmurmeln

▸ ***Nomen*** [meist Sing] (*auch* **mum·bling**) Murmeln, Gemurmel, Brummeln

mumbo jumbo /ˌmʌmbəʊ ˈdʒʌmbəʊ; *AmE* -boʊ ˈdʒʌmboʊ/ *Nomen* [U] (*umgs, abwert*) **1** Kauderwelsch **2** Hokuspokus

mum·mify /ˈmʌmɪfaɪ/ *Verb* (**-fies, -fy·ing, -fied, -fied**) (*meist passiv*) mumifizieren

mummy /ˈmʌmi/ *Nomen* (*Pl* **-ies**) **1** (*BrE, umgs*) Mutti, Mama **2** Mumie

mumps /mʌmps/ *Nomen* [U] Mumps

munch /mʌntʃ/ *Verb* ~ (**on/at**) **sth** etw mampfen, etw mümmeln

munch·ies /ˈmʌntʃɪz/ *Nomen* [Pl] (*AmE, umgs*) Knabberei(en) IDM **ˌhave the ˈmunchies** (*umgs*) Hunger haben

mun·dane /mʌnˈdeɪn/ *Adj* (*oft abwert*) banal, alltäglich, langweilig

mu·ni·ci·pal /mjuːˈnɪsɪpl/ *Adj* Gemeinde-, Stadt-, städtisch

mu·ni·ci·pal·ity /mjuːˌnɪsɪˈpæləti/ *Nomen* (*Pl* **-ies**) Stadt, Gemeinde

mu·nifi·cent /mjuːˈnɪfɪsnt/ *Adj* (*gehoben*) großzügig, generös

mu·ni·tions /mjuːˈnɪʃnz/ *Nomen* [Pl] Kriegsmaterial ◇ *a munitions factory* ein Rüstungsbetrieb

mural /ˈmjʊərəl; *AmE* ˈmjʊrəl/ *Nomen* Wandgemälde

mur·der 0→ /ˈmɜːdə(r); *AmE* ˈmɜːrdər/ *Nomen, Verb*

▸ ***Nomen*** **1** Mord ◇ *She was charged with the attempted murder of Jones.* Sie war wegen versuchten Mordes an Jones angeklagt. **2** (*schwierig, unangenehm*) reiner Mord ◇ *It was murder in the office today.* Es war mörderisch heute im Büro. IDM **get away with ˈmurder** (*umgs, oft hum*) sich alles erlauben können → *Siehe auch* SCREAM

▸ ***Verb*** **1** ermorden **2** (*Musik, Sprache*) verhunzen **3** (*BrE, umgs*) (*haushoch schlagen*) fertigmachen IDM **I could murder a …** (*umgs*) (*Essen, Trinken*) Ich habe tierische Lust auf ein(e,n) … **sb will/is going to ˈmurder sb** (*umgs*) ◇ *He'll murder me if I'm late.* Er bringt mich um, wenn ich zu spät komme.

mur·der·er /ˈmɜːdərə(r); *AmE* ˈmɜːrd-/ *Nomen* Mörder(in)

mur·der·ess /ˈmɜːdəres; *AmE* ˈmɜːrd-/ *Nomen* (*veraltet*) Mörderin

mur·der·ous /ˈmɜːdərəs; *AmE* ˈmɜːrd-/ *Adj* (*Adv* **mur·derous·ly**) **1** blutrünstig, mörderisch ◇ *She gave him a murderous look.* Sie warf ihm einen vernichtenden Blick zu. **2** (*schwierig, unangenehm*) mörderisch ◇ *It's a murderously difficult piece to play.* Dieses Stück ist tierisch schwer zu spielen.

murk /mɜːk; *AmE* mɜːrk/ *Nomen* Düsternis

murky /ˈmɜːki; *AmE* ˈmɜːrki/ *Adj* (**murk·ier, murk·iest**) **1** trüb **2** (*Licht, Atmosphäre etc.*) düster **3** (*abwert oder hum*) dunkel, zwielichtig IDM → WATER

mur·mur /ˈmɜːmə(r); *AmE* ˈmɜːrmər/ *Verb, Nomen*

▸ ***Verb*** **1** murmeln ◇ *She was murmuring in his ear.* Sie raunte ihm etwas ins Ohr. **2** (*vom Wind, von Blättern etc.*) rauschen **3** ~ (**against/about sb/sth**) (*gehoben*) (über jdn/etw) murren

▸ ***Nomen*** **1** Murmeln ◇ *She replied in a low murmur.* Sie antwortete leise murmelnd. **2** (*auch* **mur·mur·ings** [Pl]) Raunen, Gemurmel ◇ *murmurings of discontent* ein unzufriedenes Raunen ◇ *He paid the extra cost without a murmur.* Ohne zu murren bezahlte er die Extrakosten. **3** (*auch* **mur·mur·ing**) [Sing] (*Wind, Blätter etc.*) Rauschen **4** (MED) ◇ *a heart murmur* ein Herzgeräusch

Mur·phy's Law /ˌmɜːfiz ˈlɔː; *AmE* ˌmɜːrfiz/ *Nomen* (*hum*) Murphys Gesetz

muscle 0→ /ˈmʌsl/ *Nomen, Verb*

▸ ***Nomen*** **1** Muskel ◇ *pull/strain a muscle* sich eine Muskelzerrung zuziehen ◇ *tear a muscle* sich einen Muskelriss zuziehen ◇ *build muscle* Muskeln aufbauen ◇ *I won't move a muscle until you're back.* Ich werde mich nicht von der Stelle rühren, bis du zurück bist. **2** Kraft **3** Stärke, Einfluss ◇ *financial muscle* Finanzkraft IDM → FLEX

▸ ***Verb*** PHR V **ˌmuscle ˈin (on sth)** (*umgs, abwert*) sich (in etw) einmischen, sich (in etw) drängen

ˌmuscle-bound *Adj* muskelbepackt

muscled /ˈmʌsld/ *Adj* muskulös

mus·cu·lar /ˈmʌskjələ(r)/ *Adj* **1** Muskel-, muskulär **2** (*umgs* **muscly** /ˈmʌsli/) muskulös

mus·cu·lar dys·trophy /ˌmʌskjələ ˈdɪstrəfi; *AmE* -lər/ *Nomen* Muskeldystrophie

mus·cu·lat·ure /ˈmʌskjələtʃə(r)/ *Nomen* [U/Sing] (*Fachspr*) Muskulatur

muse /mjuːz/ *Nomen, Verb*

▸ ***Nomen*** Muse (*auch fig*)

▸ ***Verb*** **1** ~ (**about/on/over/upon sth**) (über etw) nachsinnen **2** sinnierend sagen

mu·seum 0→ /mjuˈziːəm/ *Nomen* Museum

mush /mʌʃ/ *Nomen* **1** (*meist abwert*) Brei (*auch fig*), Mus ◇ *His insides suddenly felt like mush.* Er fühlte sich auf einmal ganz flau. **2** (*AmE*) = dicker Brei aus Maismehl **3** (*abwert*) Schmalz (*fig*)

mush·room /ˈmʌʃrʊm, -ruːm/ *Nomen, Verb*

▸ ***Nomen*** (Speise)pilz ◇ *field mushroom* Champignon

▸ ***Verb*** **1** sprunghaft ansteigen ◇ *new mushrooming TV stations* neue Fernsehsender, die wie Pilze aus dem Boden schießen **2** (*meist* **go mushrooming**) Pilze sammeln (gehen)

ˈmushroom cloud *Nomen* Atompilz

mushy /ˈmʌʃi/ *Adj* **1** breiig, matschig **2** (*umgs, abwert*) schmalzig

ˌmushy ˈpeas *Nomen* (*BrE*) [Pl] Erbsenbrei

music 0→ /ˈmjuːzɪk/ *Nomen* [U] **1** Musik ◇ *his career in music* seine Karriere als Musiker ◇ *The poem has been set to music.* Das Gedicht ist vertont worden. ◇ *make music* musizieren **2** Noten IDM **music to your ˈears** Musik in jds Ohren → *Siehe auch* FACE

mu·sic·al 0→ /ˈmjuːzɪkl/ *Adj, Nomen*

▸ ***Adj*** (*Adv* **music·al·ly** /-kli/) **1** [nur vor Nomen] Musik-,

musikalisch ◇ *She's very musical.* Sie ist sehr musikalisch. ◇ *He plays really musically.* Er spielt mit großer Musikalität. **2** melodisch, wohlklingend
▸ ***Nomen*** (*veraltet* **ˌmusical ˈcomedy**) Musical
ˈmusical box *Nomen* (*bes BrE*) = MUSIC BOX
ˌmusical ˈchairs *Nomen* [Pl] **1** (*Spiel*) ≈ Reise nach Jerusalem **2** (*oft abwert*) (*Politiker, Geschäftsleute*) Stühlerücken ◇ *After the election there was a prolonged period of musical chairs.* Nach der Wahl kam es zu einem großen Stühlerücken.
ˌmusical ˈinstrument (*auch* **in·stru·ment**) *Nomen* Musikinstrument
ˈmusic box (*bes BrE* **ˈmusical box**) *Nomen* Spieldose
ˈmusic hall *Nomen* (*BrE*) **1** Varietee **2** Varieteetheater
mu·si·cian 0→ /mjuˈzɪʃn/ *Nomen* Musiker(in)
mu·si·cian·ship /mjuˈzɪʃnʃɪp/ *Nomen* musikalisches Können
mu·sic·olo·gist /ˌmjuːzɪˈkɒlədʒɪst; *AmE* -ˈkɑːlə-/ *Nomen* Musikwissenschaftler(in)
mu·sic·ology /ˌmjuːzɪˈkɒlədʒi; *AmE* -ˈkɑːlə-/ *Nomen* Musikwissenschaft
musk /mʌsk/ *Nomen* Moschus
mus·ket /ˈmʌskɪt/ *Nomen* Muskete
mus·ket·eer /ˌmʌskəˈtɪə(r); *AmE* -ˈtɪr/ *Nomen* Musketier
musky *Adj* /ˈmʌski/ moschusartig (riechend)
Mus·lim /ˈmʊzlɪm, ˈmʌz-, ˈmʊslɪm/ *Nomen, Adj*
▸ ***Nomen*** Muslim(e)
▸ ***Adj*** muslimisch
mus·lin /ˈmʌzlɪn/ *Nomen* Musselin
mus·sel /ˈmʌsl/ *Nomen* (Mies)muschel
must 0→ *Modalvb, Nomen*
▸ ***Modalvb*** /məst, *betont* mʌst/ (*verneint* **must not**, *Kurzform* **mustn't** /ˈmʌsnt/) müssen; (*in verneinten Sätzen*) dürfen ◇ *I must finish this essay today. I'm going out tomorrow.* Ich muss diesen Aufsatz heute fertig schreiben. Morgen gehe ich aus. ◇ *I must go to the bank.* Ich muss zur Bank. ◇ *It must be done by tomorrow.* Das muss bis morgen gemacht werden. ◇ *You really must see that film.* Den Film musst du unbedingt sehen. ◇ *It must be terrible not to be able to see.* Es muss furchtbar sein, nicht sehen zu können. ◇ *You must be totally exhausted.* Du musst ja ganz erschöpft sein. ◇ *He must have known about it.* Er muss wohl davon gewusst haben. ◇ *Cars must not park in front of the entrance.* Vor dem Eingang darf nicht geparkt werden. ◇ *You mustn't leave the gate open.* Du darfst das Tor nicht offen lassen. IDM **if you ˈmust (do sth)** ◇ *'Can I smoke?' 'If you must.'* „Darf ich rauchen?" „Wenn es sein muss." ◇ *It's from my boyfriend, if you must know.* Es ist von meinem Freund, wenn du es unbedingt wissen willst.
▸ ***Nomen*** /mʌst/ **1** [meist Sing] (*umgs*) Muss **2** (*Traubensaft*) Most
mus·tache /məˈstɑːʃ; *AmE* ˈmʌstæʃ, məˈstæʃ/ *Nomen* (*AmE*) Schnurrbart
mus·tached /məˈstɑːʃt; *AmE* ˈmʌstæʃt, məˈstæʃt/ *Adj* (*AmE*) schnurrbärtig
mus·tang /ˈmʌstæŋ/ *Nomen* Mustang
mus·tard /ˈmʌstəd; *AmE* -stərd/ *Nomen, Adj*
▸ ***Nomen*** Senf IDM **(not) cut the ˈmustard** (*leisten*) es (nicht) bringen → *Siehe auch* KEEN
▸ ***Adj*** Senf-, senfgelb
mus·ter /ˈmʌstə(r)/ *Verb, Nomen*
▸ ***Verb*** **1** **~ sth (up)** (*beschaffen*) etw zusammenbekommen, etw aufbringen ◇ *We mustered what support we could for the plan.* Für den Plan versuchten wir, so viel Unterstützung wie möglich zu bekommen. ◇ *She left the room with all the dignity she could muster.* Sie verliess den Raum so würdevoll wie sie nur konnte. **2** (sich) versammeln ◇ *The troops mustered.* Die Truppen traten zum Appell an. ◇ *The unit mustered 1 000 strong.* Die Einheit war 1 000 Mann stark.
▸ ***Nomen*** Appell, Versammlung ◇ *muster station* Sammelplatz IDM → PASS
must-see /ˈmʌst siː/ *Adj, Nomen*
▸ ***Adj*** ◇ *one of the must-see pieces at the exhibition* eines der Stücke in der Ausstellung, das man unbedingt gesehen haben muss
▸ ***Nomen*** ◇ *This thriller is a must-see.* Diesen Thriller muss man unbedingt gesehen haben.
musty /ˈmʌsti/ *Adj* (**-ier, -iest**) muffig
mut·able /ˈmjuːtəbl/ *Adj* (*gehoben*) veränderlich, wandlungsfähig
mu·tant /ˈmjuːtənt/ *Adj, Nomen*
▸ ***Adj*** mutiert
▸ ***Nomen*** Mutante
mu·tate /mjuːˈteɪt; *AmE* ˈmjuːteɪt/ *Verb* **~ (into sth)** **1** (zu etw) mutieren **2** (*fig*) sich (in etw) verwandeln
mu·ta·tion /mjuːˈteɪʃn/ *Nomen* **1** (BIOL) Mutation **2** Wandel, Veränderung
mute /mjuːt/ *Adj, Nomen, Verb*
▸ ***Adj*** **1** (*Adv* **mute·ly**) (*gehoben*) schweigend, stumm **2** (*veraltet*) (*sprachbehindert*) stumm
▸ ***Nomen*** **1** (MUS) Dämpfer **2** (*veraltet*) Stumme(r)
▸ ***Verb*** dämpfen (*auch fig*)
muted /ˈmjuːtɪd/ *Adj* (*gehoben*) **1** gedämpft **2** verhalten
mu·ti·late /ˈmjuːtɪleɪt/ *Verb* **1** verstümmeln **2** (*Gemälde, Statue etc.*) verunstalten
mu·ti·la·tion /ˌmjuːtɪˈleɪʃn/ *Nomen* Verstümmelung ◇ *Thousands suffered mutilation in the bomb blast.* Bei der Bombenexplosion wurden Tausende verstümmelt.
mu·tin·eer /ˌmjuːtəˈnɪə(r); *AmE* -ˈnɪr/ *Nomen* Meuterer
mu·tin·ous /ˈmjuːtənəs/ *Adj* (*Adv* **mu·tin·ous·ly**) **1** rebellisch, aufrührerisch ◇ *a mutinous expression* ein trotziger Ausdruck ◇ *She was beginning to feel mutinous.* Sie spürte, wie etwas in ihr rebellierte. **2** meuternd, rebellierend
mu·tiny /ˈmjuːtəni/ *Nomen, Verb*
▸ ***Nomen*** (*Pl* **-ies**) Meuterei, Aufstand
▸ ***Verb*** (**mu·tin·ies, mu·tiny·ing, mutin·ied, mu·tin·ied**) meutern
mutt /mʌt/ *Nomen* (*bes AmE, umgs*) Köter
mut·ter /ˈmʌtə(r)/ *Verb, Nomen*
▸ ***Verb*** **1** murmeln, brummeln ◇ *I muttered something about needing to get back to work.* Ich murmelte etwas davon, dass ich wieder an die Arbeit müsste. **2** **~ (about sth)** (über etw) murren
▸ ***Nomen*** [meist Sing] Murmeln, Gemurmel, Brummeln ◇ *the soft mutter of voices* das leise Stimmengemurmel ◇ *She spoke in a low mutter.* Sie murmelte leise.
mut·ter·ing /ˈmʌtərɪŋ/ *Nomen* **1** (*auch* **mut·ter·ings** [Pl]) Murren **2** (*leises Sprechen*) Gemurmel
mut·ton /ˈmʌtn/ *Nomen* Hammelfleisch IDM **mutton dressed as ˈlamb** (*BrE, umgs*) ◇ *Look at her! Mutton dressed as lamb!* Schau dir die an! Wie sie auf jung macht!
mu·tual /ˈmjuːtʃuəl/ *Adj* **1** (*Adv* **mu·tu·al·ly** /-əli/) gegenseitig ◇ *She hates me and the feeling is mutual.* Sie hasst mich und das beruht auf Gegenseitigkeit. ◇ *a mutually convenient time* ein für beide günstiger Zeitpunkt ◇ *Their views are mutually exclusive.* Ihre Ansichten schließen sich gegenseitig aus. **2** [nur vor Nomen] gemeinsam
ˈmutual fund *Nomen* (*AmE*) ≈ Investmentfonds
mu·tu·al·ity /ˌmjuːtʃuˈæləti/ *Nomen* (*gehoben*) Gegenseitigkeit ◇ *mutuality of respect* gegenseitiger Respekt

Muzak™ /ˈmjuːzæk/ *Nomen (oft abwert)* Berieselungsmusik

muz·zle /ˈmʌzl/ *Nomen, Verb*

▸ ***Nomen*** **1** Schnauze, Maul **2** Maulkorb **3** *(Gewehr)* Mündung

▸ ***Verb*** *(auch fig)* einen Maulkorb anlegen

muzzy /ˈmʌzi/ *Adj (BrE, umgs)* **1** benommen, benebelt **2** verschwommen, unklar

MV /ˌem ˈviː/ *Kurzform von* **motor vessel** Motorschiff

MVP /ˌem viː ˈpiː/ *Kurzform von* **most valuable player** bester Spieler, beste Spielerin

MW *Abk* **1** = MEDIUM WAVE **2** = MEGAWATT

my /maɪ/ *Adj* mein

my·al·gic /maɪˈældʒɪk/ *Adj* myalgisch

my·col·ogy /maɪˈkɒlədʒi; *AmE* -ˈkɑːlə-/ *Nomen* Mykologie, Pilzkunde

mynah /ˈmaɪnə/ *(auch* **ˈmynah bird***) Nomen* Beo

MYOB *Kurzform von* **mind your own business** *(Netzjargon)* kümmere dich um deine eigenen Angelegenheiten

my·opia /maɪˈəʊpiə; *AmE* -ˈoʊ-/ *Nomen (Fachspr)* Kurzsichtigkeit

my·opic /maɪˈɒpɪk; *AmE* -ˈɑːpɪk/ *Adj (Adv* **my·opic·al·ly** /-kli/*) (Fachspr)* kurzsichtig

myr·iad /ˈmɪriəd/ *Nomen, Adj*

▸ ***Nomen*** *(gehoben)* Unzahl, Myriade ◇ *a myriad of colours* viele verschiedene Farben

▸ ***Adj*** unzählig (viele)

myrrh /mɜː(r)/ *Nomen* Myrrhe

myr·tle /ˈmɜːtl; *AmE* ˈmɜːrtl/ *Nomen* Myrte

my·self /maɪˈself/ *Pron* **1** mich, mir **2** selbst, selber ℹ Für Redewendungen mit **myself** siehe **yourself**.

mys·teri·ous /mɪˈstɪəriəs; *AmE* mɪˈstɪr-/ *Adj* mysteriös, geheimnisvoll, unerklärlich

mys·teri·ous·ly /mɪˈstɪəriəsli; *AmE* mɪˈstɪr-/ *Adv* **1** geheimnisvoll **2** auf geheimnisvolle Weise, unerklärlicherweise

mys·tery /ˈmɪstri/ *Nomen (Pl* **-ies***)* **1** Rätsel ◇ *His past is shrouded in mystery.* Seine Vergangenheit ist rätselhaft. **2** Geheimnis ◇ *He's a bit of a mystery.* Er ist ein ziemlich geheimnisvoller Mensch. ◇ *(BrE) a mystery tour* eine Fahrt ins Blaue **3** Detektivgeschichte **4** (REL) Mysterium ◇ *the mystery of creation* das Wunder der Schöpfung

ˈmystery play *Nomen* Mysterienspiel

mys·tic /ˈmɪstɪk/ *Nomen* Mystiker(in)

mys·tic·al /ˈmɪstɪkl/ *(auch* **mys·tic***) Adj (Adv* **mys·tic·al·ly** /-kli/*)* mystisch, geheimnisvoll

mys·ti·cism /ˈmɪstɪsɪzəm/ *Nomen* Mystizismus, Mystik

mys·ti·fi·ca·tion /ˌmɪstɪfɪˈkeɪʃn/ *Nomen* Verblüffung, Verwirrung ◇ *He looked at her in mystification.* Er sah sie verblüfft an.

mys·tify /ˈmɪstɪfaɪ/ *Verb* (**-fies**, **-fy·ing**, **-fied**, **-fied**) verblüffen, verwirren ◇ *It mystified her.* Es war ihr ein völliges Rätsel.

mys·ti·fy·ing /ˈmɪstɪfaɪɪŋ/ *Adj* verblüffend, rätselhaft

mys·tique /mɪˈstiːk/ *Nomen* [U/Sing] geheimnisvoller Nimbus ◇ *She has a certain mystique.* Sie hat etwas Geheimnisvolles an sich.

myth /mɪθ/ *Nomen* **1** Mythos **2** Gerücht

myth·ic /ˈmɪθɪk/ *Adj* mythisch, legendär

myth·ic·al /ˈmɪθɪkl/ *Adj* **1** mythisch, legendär **2** fiktiv

mytho·logic·al /ˌmɪθəˈlɒdʒɪkl; *AmE* -ˈlɑːdʒɪ-/ *Adj* mythologisch

myth·ology /mɪˈθɒlədʒi; *AmE* mɪˈθɑːlə-/ *Nomen (Pl* **-ies***)* **1** Mythologie **2** *(Gerücht)* Mythos

myxo·ma·tosis /ˌmɪksəməˈtəʊsɪs; *AmE* -ˈtoʊ-/ *Nomen* Myxomatose

N n

N, n *(auch* **n***)* /en/ *Nomen, Abk*

▸ ***Nomen*** *(Pl* **Ns**, **N's**, **n's***) (Buchstabe)* N, n → *Siehe auch* NTH → *Beispiele bei* A, A

▸ ***Abk*** **1 N** *(AmE auch* **No.***)* = NORTH *und* NORTHERN **2 n.** = NOUN

NAACP /ˌen dʌbəl ˌeɪ siː ˈpiː/ *Kurzform von* **National Association for the Advancement of Colored People** = nationale Vereinigung zur Förderung afroamerikanischer Bürger

NAAFI /ˈnæfi/ *Nomen* [Sing] *(in GB)* = Laden/Kantine für Soldaten

naan = NAN²

nab /næb/ *Verb* (**-bb-**) *(umgs)* schnappen

nadir /ˈneɪdɪə(r); *AmE* -dɪr/ *Nomen* [Sing] *(gehoben)* Tiefstpunkt

nae /neɪ/ *Adj, Adv*

▸ ***Adj*** *(SchotE, umgs)* kein(e)

▸ ***Adv*** *(SchotE, umgs)* nicht

naff /næf/ *Adj (BrE, Slang)* uncool, dämlich, kitschig

nag /næg/ *Verb, Nomen*

▸ ***Verb*** (**-gg-**) **1** meckern ~ **(at sb)** (an jdm) herumnörgeln **2** ~ **sb to do sth** jdm mit etw in den Ohren liegen **3** *(Gefühl, Zweifel etc.)* jdn keine Ruhe lassen

▸ ***Nomen*** *(umgs, veraltet)* Mähre

nag·ging /ˈnægɪŋ/ *Adj* [nur vor Nomen] **1** *(quälend)* nagend **2** nörgelnd

nah /nɑː/ *Ausruf (Slang)* nein

nail /neɪl/ *Nomen, Verb*

▸ ***Nomen*** Nagel IDM **a nail in sb's/sth's ˈcoffin** ein Nagel in jds Sarg/im Sarg einer Sache **on the ˈnail** *(umgs)* sofort → *Siehe auch* FIGHT, HARD, HIT *und* TOUGH (2)

▸ ***Verb*** **1** nageln **2** *(umgs) (Dieb etc.)* kriegen IDM **nail your colours to the ˈmast** *(bes BrE)* Farbe bekennen PHR V **ˌnail sth ˈdown** **1** etw festnageln, etw zunageln **2** etw abschließen **ˌnail sb ˈdown (to sth)** jdn (auf etw) festnageln **ˌnail sth ˈup** **1** etw annageln **2** etw zunageln

ˈnail-biter *Nomen* Zitterpartie

ˈnail-biting *Adj* spannungsgeladen, sehr spannend ◇ *a nail-biting finish* ein packendes Finish

ˈnail brush *Nomen* Nagelbürste

ˈnail file *Nomen* Nagelfeile

ˈnail polish *(BrE auch* **ˈnail varnish***) Nomen* Nagellack

ˈnail scissors *Nomen* [Pl] Nagelschere

naive *(auch* **naïve***)* /naɪˈiːv/ *Adj (Adv* **naive·ly**, **naïve·ly***)* **1** *(abwert)* naiv **2** unkompliziert

naiv·ety *(auch* **naïv·ety***)* /naɪˈiːvəti/ *Nomen* **1** Naivität **2** Unkompliziertheit

naked /ˈneɪkɪd/ *Adj* **1** nackt, blank ◇ *stark naked* splitternackt ◇ *a naked flame* eine offene Flamme **2** schutzlos, wehrlos IDM **with/to the naked ˈeye** mit dem bloßen Auge

naked·ness /ˈneɪkɪdnəs/ *Nomen* Nacktheit, Blöße, Nacktsein

namaste /ˈnʌməsteɪ/ *Nomen* = hinduistische Grußform, bei der man die Handflächen vor dem Körper zusammenbringt und dabei den Kopf leicht senkt

namby-pamby /ˌnæmbi ˈpæmbi/ *Adj (umgs, abwert)* verweichlicht ◇ *a namby-pamby sport* ein Sport für Weichlinge

name /neɪm/ *Nomen, Verb*

▸ ***Nomen*** **1** Name ◇ *What's your name?* Wie heißen Sie? **2** [meist Sing] Name, Ruf ◇ *He's made a name* *for himself.* Er ist berühmt geworden. ◇ *This gives students a bad name.* Das bringt Studenten in Verruf. **3** (*in Adjektivzusammensetzungen*) ◇ *a big-name company* eine bekannte Firma ◇ *brand-name goods* Markenartikel **4** Persönlichkeit, Name IDM **by 'name** dem Namen nach **by the name of ...** (*gehoben*) namens **enter sb's/your 'name (for sth)**; **put sb's/your 'name down (for sth)** jdn/sich (für etw) anmelden ◇ *Have you put your name down yet?* Hast du dich schon eingetragen? **give your 'name to sth** ◇ *Yale, who gave his name to the university* Yale, nach dem die Universität benannt wurde **go by the name of ...** sich ... nennen **in ˌall but 'name** (*im Grunde*) praktisch **in 'God's/'Heaven's name**; **in the name of 'God/'Heaven** in Gottes Namen; um Himmels willen **in the name of 'sb/'sth**; **in sb's/sth's 'name 1** auf jds Namen ◇ *reserved in your name* auf Ihren Namen reserviert **2** in jds Namen; im Namen einer Sache **in 'name only** nur dem Namen nach **sb's name is 'mud** (*umgs, hum*) jd ist unten durch **the name of the 'game** (*umgs*) das, worum es geht; die Devise **put a 'name to sb/sth** wissen, wie jd/etw heißt ◇ *Who can put a name to these faces?* Wer weiß, wer diese Leute sind? **take sb's name in 'vain** ◇ *take the Lord's name in vain* Gotteslästerung betreiben ◇ (*hum*) *Have you been taking my name in vain again?* Habt ihr wieder von mir geredet? **(have sth) to your 'name** ◇ *an athlete with five gold medals to his name* ein Leichtathlet mit fünf Goldmedaillen ◇ *She doesn't have a penny to her name.* Sie besitzt keinen Pfennig. **under the name (of) ...** unter dem Namen ... → *Siehe auch* ANSWER, CALL, DROP, LEND, MIDDLE NAME *und* NAME

▸ ***Verb* 1 ~ sb/sth (after sb)**; (*AmE auch*) **~ sb/sth (for sb)** jdn/etw (nach jdm) (be)nennen **2** nennen, bekannt geben ◇ *The victim has not yet been named.* Der Name des Opfers ist noch nicht bekannt gegeben worden. **3 ~ sb (as) sth**; **~ sb (to sth)** jdn (zu etw) ernennen ◇ *He was named to the committee.* Er wurde als Mitglied in den Ausschuss berufen. IDM **name 'names** Namen nennen

'name-calling *Nomen* [U] Beschimpfungen

'name-dropping *Nomen* (*abwert*) = Angeben, indem man die Namen prominenter Bekannter in die Unterhaltung einfließen lässt

name·less /ˈneɪmləs/ *Adj* **1** unbekannt, namenlos, anonym **2** (*gehoben*) unbeschreiblich schlimm

name·ly /ˈneɪmli/ *Adv* nämlich, und zwar

name·plate /ˈneɪmpleɪt/ *Nomen* **1** Namensschild **2** Firmenschild

name·sake /ˈneɪmseɪk/ *Nomen* Namensvetter, Namensschwester

'name tag *Nomen* Namensschild (*am Jackett etc.*)

'name tape *Nomen* Wäschezeichen

nan[1] /næn/ *Nomen* (*BrE, umgs*) = NANNY

nan[2] (*auch* **naan**) /nɑːn/ (*auch* **'nan bread**, **'naan bread**) *Nomen* = flaches indisches Brot

nanny /ˈnæni/ *Nomen* (*Pl* **-ies**) **1** Kindermädchen **2** (*auch* **nan**) (*BrE, umgs*) Oma IDM **the 'nanny state** (*BrE*) Staat, der die Bürger zu sehr bevormundet

'nanny goat *Nomen* Ziege

nanny·ing /ˈnæniɪŋ/ *Nomen* **1** Kinderbetreuung **2** (*BrE, abwert*) Bemutterung

nano- /ˈnænəʊ; *AmE* -noʊ/ (*Fachspr*) (*in Nomina und Adjektiven*) Nano- ◇ *a nanometre* ein Nanometer

nano·sci·ence /ˈnænəʊsaɪəns; *AmE* -noʊ-/ *Nomen* [U] Nanowissenschaften

nap /næp/ *Nomen, Verb*

▸ ***Nomen* 1** Nickerchen **2** [Sing] (*bei Teppichen, Samt etc.*) Flor

▸ ***Verb*** **(-pp-)** ein Nickerchen machen IDM → CATCH

na·palm /ˈneɪpɑːm/ *Nomen* Napalm

nape /neɪp/ *Nomen* [Sing] **~ (of sb's neck)** Nacken

naph·tha /ˈnæfθə/ *Nomen* Naphta

nap·kin /ˈnæpkɪn/ *Nomen* **1** = TABLE NAPKIN **2** (*AmE*) = SANITARY TOWEL **3** (*BrE, gehoben, veraltet*) Windel

nappy /ˈnæpi/ *Nomen* (*Pl* **-ies**) (*BrE*) Windel

nar·cis·sism /ˈnɑːsɪsɪzəm; *AmE* ˈnɑːrsɪ-/ *Nomen* (*gehoben, abwert*) Narzissmus

nar·cis·sis·tic /ˌnɑːsɪˈsɪstɪk; *AmE* ˌnɑːrsɪˈ-/ *Adj* (*gehoben, abwert*) narzisstisch

nar·cis·sus /nɑːˈsɪsəs; *AmE* nɑːrˈ-/ *Nomen* (*Pl* **nar·cissi** /-saɪ/) Narzisse

nar·cot·ic /nɑːˈkɒtɪk; *AmE* nɑːrˈkɑːtɪk/ *Nomen, Adj*

▸ ***Nomen* 1** Rauschgift ◇ *a narcotics agent* ein Rauschgiftfahnder **2** (MED) Betäubungsmittel

▸ ***Adj* 1** Rauschgift- **2** betäubend

nark /nɑːk; *AmE* nɑːrk/ *Nomen* (*BrE, Slang*) Spitzel

narked /nɑːkt; *AmE* nɑːrkt/ *Adj* (*BrE, umgs, veraltet*) sauer

nar·rate /nəˈreɪt; *AmE auch* ˈnæreɪt/ *Verb* **1** (*gehoben*) erzählen, schildern **2** (*Dokumentarfilm etc.*) sprechen

nar·ra·tion /nəˈreɪʃn, næˈ-/ *Nomen* (*gehoben*) **1** Erzählung, Schilderung ◇ *first-person narration* Ich-Erzählung **2** Erzählerkommentar

nar·ra·tive /ˈnærətɪv/ *Nomen, Adj*

▸ ***Nomen*** (*gehoben*) **1** Erzählung, Schilderung **2** Erzählen ◇ *The novel contains too much dialogue and not enough narrative.* Der Roman enthält zu viele Dialoge und zu wenige Erzählpassagen.

▸ ***Adj*** [nur vor Nomen] Erzähl-, erzählend, erzählerisch

nar·ra·tor /nəˈreɪtə(r); *AmE* ˈnæreɪtər/ *Nomen* **1** Erzähler(in) ◇ *a first-person narrator* ein Ich-Erzähler **2** Sprecher(in)

nar·row 0→ /ˈnærəʊ; *AmE* -roʊ/ *Adj, Verb*

▸ ***Adj* 1** eng, schmal **2** knapp ◇ *He had a narrow escape.* Er kam mit knapper Not davon. **3** beschränkt IDM → STRAIGHT

▸ ***Verb*** (sich) verengen ◇ *He narrowed his eyes at her.* Er sah sie mit zusammengekniffenen Augen an. PHR V **ˌnarrow sth 'down (to sth)** etw (auf etw) reduzieren

nar·row·boat /ˈnærəʊbəʊt; *AmE* -roʊboʊt/ *Nomen* (*BrE*) = langes schmales (Haus)boot, das für Kanalfahrten benutzt wird

ˌnarrow 'gauge *Nomen* Schmalspur

nar·row·ly /ˈnærəʊli; *AmE* -roʊ-/ *Adv* **1** knapp ◇ *She narrowly escaped injury.* Sie wäre beinahe verletzt worden. **2** (*abwert*) eng **3** genau

ˌnarrow-'minded *Adj* (*abwert*) engstirnig

ˌnarrow-minded·ness /ˌnærəʊ ˈmaɪndɪdnəs; *AmE* -roʊ/ *Nomen* (*abwert*) Engstirnigkeit

nar·row·ness /ˈnærəʊnəs; *AmE* -roʊ-/ *Nomen* [U] **1** Enge, Schmalheit ◇ *because of the narrowness of the streets* wegen der engen Straßen **2** Beschränktheit ◇ *narrowness of mind* Engstirnigkeit **3** Knappheit

nar·rows /ˈnærəʊz; *AmE* -roʊz/ *Nomen* [Pl] Meerenge

nar·whal /ˈnɑːwəl; *AmE* ˈnɑːrwɑːl/ *Nomen* Narwal

NASA /ˈnæsə/ *Kurzform von* **National Aeronautics and Space Administration** NASA

nasal /ˈneɪzl/ *Adj* **1** Nasen- **2** näselnd ◇ *nasal consonants* Nasallaute

nas·cent /ˈnæsnt/ *Adj* (*gehoben*) im Entstehen begriffen, werdend

nas·tily *Adv* → NASTY

nas·ti·ness /ˈnɑːstinəs; *AmE* ˈnæsti-/ *Nomen* [U] **1** Scheußlichkeit ◇ *the nastiness of the attacks* die Brutalität der Überfälle **2** Gemeinheit **3** Widerlichkeit, Hässlichkeit

nas·tur·tium /nəˈstɜːʃəm; *AmE* nəˈstɜːrʃəm/ *Nomen* Kapuzinerkresse

nasty /ˈnɑːsti; *AmE* ˈnæsti/ *Adj* (**nas·tier, nas·ti·est**) (*Adv* **nas·tily** /-stɪli/) **1** schlimm ◇ *have a nasty feeling that …* das unangenehme Gefühl haben, dass … ◇ *a nasty surprise* eine böse Überraschung ◇ *He had a nasty moment when he thought he'd lost his passport.* Er bekam einen Schreck, als er seinen Pass nicht finden konnte. **2** gemein, hässlich ◇ *have a nasty temper* gemein werden können ◇ *'I hate you,' he said nastily.* „Ich hasse dich", sagte er böse. **3** gefährlich ◇ *He had a nasty look in his eye.* Sein Blick verhieß nichts Gutes. **4** scheußlich, widerlich ◇ *be cheap and nasty* Billigramsch sein IDM **get/turn ˈnasty** **1** unangenehm werden ◇ *Afterwards things turned nasty.* Danach wendeten sich die Dinge zum Schlimmen. **2** schlecht(er) werden ◇ *The cut turned nasty.* Die Wunde entzündete sich. **a nasty piece of ˈwork** (*BrE, umgs*) (*Person*) ein Ekel → *Siehe auch* TASTE

natch /nætʃ/ *Adv* (*Slang*) logisch

na·tion 0➡ /ˈneɪʃn/ *Nomen* Nation, Volk

na·tion·al 0➡ /ˈnæʃnəl/ *Adj, Nomen*
▸ ***Adj*** **1** national, National- ◇ *national newspapers* überregionale Zeitungen ◇ *a national debate* eine landesweite Debatte **2** Staats-, staatlich **3** Landes-
▸ ***Nomen*** (*offiz*) Staatsbürger(in)

ˌnational ˈanthem *Nomen* Nationalhymne

ˌnational conˈvention *Nomen* (*AmE*) = Parteitreffen zur Nominierung eines Präsidentschaftskandidaten

the ˌnational curˈriculum *Nomen* [Sing] (*BrE*) (*in England, Wales und Nordirland*) = Pflichtlehrplan für die Hauptfächer in Schulen → *Siehe auch* NCT

ˌnational ˈdebt *Nomen* Staatsverschuldung

the ˌNational ˈFront *Nomen* [mit Verb im Sing/Pl] = neofaschistische Partei in Großbritannien

ˌnational ˈgrid *Nomen* [Sing] (*BrE*) = landesweites Verbundnetz für Strom

the ˌNational ˈGuard *Nomen* [Sing] **1** (*AmE*) = US-Reservistenarmee **2** Nationalgarde

the ˌNational ˈHealth Service *Nomen* = NHS

ˌNational Inˈsurance *Nomen* [U] (*Abk* **NI**) = allgemeines Sozialversicherungssystem in Großbritannien, das das Gesundheits- und Sozialwesen und die Altersversorgung umfasst ◇ *pay National Insurance (contributions)* Sozialversicherungsbeiträge zahlen

na·tion·al·ism /ˈnæʃnəlɪzəm/ *Nomen* Nationalismus

na·tion·al·ist /ˈnæʃnəlɪst/ *Nomen, Adj*
▸ ***Nomen*** Nationalist(in)
▸ ***Adj*** nationalistisch

na·tion·al·is·tic /ˌnæʃnəˈlɪstɪk/ *Adj* (*meist abwert*) nationalistisch

na·tion·al·ity /ˌnæʃəˈnæləti/ *Nomen* (*Pl* **-ies**) **1** Staatsangehörigkeit, Nationalität ◇ *students of all nationalities* Studenten aus allen Ländern **2** Volksgruppe

na·tion·al·iza·tion (*BrE auch* **-isa·tion**) /ˌnæʃnəlaɪˈzeɪʃn; *AmE* -ləˈ-/ *Nomen* Verstaatlichung

na·tion·al·ize (*BrE auch* **-ise**) /ˈnæʃnəlaɪz/ *Verb* verstaatlichen

na·tion·al·ly /ˈnæʃnəli/ *Adv* landesweit, auf nationaler Ebene ◇ *compete nationally and internationally* an nationalen und internationalen Wettbewerben teilnehmen

ˌnational ˈpark *Nomen* Nationalpark

ˌnational ˈservice *Nomen* Wehrdienst

ˌNational ˈSocialism *Nomen* Nationalsozialismus

na·tion·hood /ˈneɪʃnhʊd/ *Nomen* Nationalstaatlichkeit ◇ *a sense of nationhood* ein nationales Selbstgefühl

ˌnation ˈstate *Nomen* Nationalstaat

na·tion·wide /ˌneɪʃnˈwaɪd/ *Adj, Adv* im ganzen Land, landesweit; (*in Deutschland, Österreich*) bundesweit

na·tive /ˈneɪtɪv/ *Adj, Nomen*
▸ ***Adj*** **1** [nur vor Nomen] Heimat- ◇ *his native Poland* seine Heimat Polen ◇ *her native language* ihre Muttersprache **2** [nur vor Nomen] gebürtig, einheimisch **3** [nur vor Nomen] (*oft beleidigend*) eingeboren ◇ *native traditions* die Traditionen der Eingeborenen **4 ~ (to …)** (*Pflanze, Tier*) einheimisch (in …) ◇ *The tiger is native to India.* Die Heimat des Tigers ist Indien. ◇ *animals whose native habitat is being destroyed* Tierarten, deren Lebensraum zerstört wird **5** [nur vor Nomen] angeboren, Mutter- IDM **go ˈnative** (*oft hum*) zum Einheimischen werden; die Lebensweise der Eingeborenen annehmen
▸ ***Nomen*** **1** ◇ *a native of New York/Greece* ein gebürtiger New-Yorker/Grieche **2** Einheimische(r) ◇ *She speaks Italian like a native.* Sie spricht Italienisch, als wäre es ihre Muttersprache. **3** (*veraltet, beleidigend*) Eingeborene(r) **4** heimisches Tier, einheimische Pflanze ◇ *The kangaroo is a native of Australia.* Die Heimat des Kängurus ist Australien.

ˌNative Aˈmerican *Nomen, Adj*
▸ ***Nomen*** Indianer(in)
▸ ***Adj*** (*in Nordamerika*) indianisch

ˌnative ˈspeaker *Nomen* Muttersprachler(in)

na·tiv·ity /nəˈtɪvəti/ *Nomen* **1 the Nativity** [Sing] Christi Geburt **2** künstlerische Darstellung von Christi Geburt

naˈtivity play *Nomen* Krippenspiel

NATO (*auch* **Nato**) /ˈneɪtəʊ; *AmE* -toʊ/ *Kurzform von* **North Atlantic Treaty Organization** NATO

nat·ter /ˈnætə(r)/ *Verb, Nomen*
▸ ***Verb*** **~ (away/on) (about sth)** (*BrE, umgs*) (über etw) schwatzen
▸ ***Nomen*** [Sing] (*BrE, umgs*) Schwätzchen

natty /ˈnæti/ *Adj* (*Adv* **nat·tily** /-təli/) (*umgs, veraltet*) **1** schick ◇ *He's a natty dresser.* Er ist immer schick angezogen. **2** (*Gerät etc.*) raffiniert

nat·ural 0➡ /ˈnætʃrəl/ *Adj, Nomen*
▸ ***Adj*** **1** [nur vor Nomen] natürlich, Natur- ◇ *the natural world* die Natur ◇ *My hair soon grew back to its natural colour.* Mein gefärbtes Haar war bald wieder herausgewachsen. **2** normal, natürlich ◇ *He thought social inequality was all part of the natural order of things.* Er hielt soziale Ungleichheit für naturgegeben. ◇ *She was the natural choice for the job.* Sie war die gegebene Kandidatin für die Stelle. **3** [nur vor Nomen] geboren ◇ *He's a natural leader.* Er ist eine Führernatur. **4** [nur vor Nomen] leiblich **5** [nur vor Nomen] (*veraltet oder gehoben*) unehelich **6** (MUS) ohne Vorzeichen ◇ *Is it A flat or A natural?* Ist das ein As oder ein A? ◇ *B natural* H
▸ ***Nomen*** **1** Naturtalent ◇ *He's a natural for the role.* Die Rolle ist ihm wie auf den Leib geschrieben. **2** (MUS) Stammnote **3** (MUS) Auflösungszeichen

ˌnatural-ˈborn *Adj* [nur vor Nomen] geborene(r)

ˌnatural ˈchildbirth *Nomen* [U] die natürliche Geburt

ˌnatural ˈgas *Nomen* Erdgas

ˌnatural ˈhistory *Nomen* Naturkunde

nat·ur·al·ism /ˈnætʃrəlɪzəm/ *Nomen* Naturalismus

nat·ur·al·ist /ˈnætʃrəlɪst/ *Nomen* Naturforscher(in)

nat·ur·al·is·tic /ˌnætʃrəˈlɪstɪk/ *Adj* **1** naturalistisch **2** naturgetreu

nat·ur·al·iza·tion (*BrE auch* **-isa·tion**) /ˌnætʃrəlaɪˈzeɪʃn; *AmE* -ləˈ-/ *Nomen* Einbürgerung

nat·ur·al·ize (*BrE auch* **-ise**) /ˈnætʃrəlaɪz/ *Verb* (*meist passiv*) **1** einbürgern ◇ *a naturalized American* ein naturalisierter Amerikaner ◇ *The grey squirrel is now naturalized in Britain.* Das graue Eichhörnchen ist jetzt in Großbritannien heimisch. **2** heimisch werden, sich einbürgern

nat·ur·al·ly /ˈnætʃrəli/ *Adv* **1** natürlich ◇ *Just act naturally.* Gib dich ganz natürlich. ◇ *die naturally* eines natürlichen Todes sterben **2** in der Natur **3** naturgemäß, wie von selbst ◇ *This leads naturally to my next point.* Hieraus ergibt sich mein nächster Punkt. **4** von Natur aus ◇ *be naturally artistic* künstlerisch veranlagt sein IDM **come ˈnaturally (to sb)** ◇ *Playing the piano well does not just come naturally.* Niemand wird als guter Klavierspieler geboren. ◇ *It comes naturally to me.* Das liegt mir im Blut.

nat·ur·al·ness /ˈnætʃrəlnəs/ *Nomen* **1** Natürlichkeit, Naturtreue ◇ *the naturalness of the dialogue* der natürlich klingende Dialog ◇ *her simplicity and naturalness* ihre Unkompliziertheit und ihr natürliches Wesen **2** Selbstverständlichkeit

ˌnatural ˈscience *Nomen* Naturwissenschaft

ˌnatural seˈlection *Nomen* natürliche Auslese

ˌnatural ˈwastage *Nomen* (*BrE*) natürliche Fluktuation

na·ture /ˈneɪtʃə(r)/ *Nomen* **1** (*oft* **Nature**) die Natur ◇ *substances not found in nature* Stoffe, die in der Natur nicht vorkommen ◇ *nature conservation* Naturschutz ◇ *let nature take its course* den natürlichen Verlauf der Dinge abwarten ◇ *Her illness was Nature's way of telling her to do less.* Ihre Krankheit war eine Warnung des Körpers, sich mehr zu schonen. **2** Wesensart, Natur, Naturell ◇ *We appealed to his better nature.* Wir appellierten an sein gutes Herz. **3** [Sing] Art, Wesen ◇ *information which is confidential in nature* Informationen vertraulicher Art ◇ *The future by its very nature is uncertain.* Die Zukunft ist naturgemäß ungewiss. ◇ *books of a general nature* Bücher allgemeinen Inhalts ◇ *things of that nature* derartige Dinge IDM **against ˈnature** wider die Natur **back to ˈnature** zurück zur Natur ◇ *get/go back to nature* zur Natur zurückkehren **in the nature of ˈsth** so etwas wie etw; eine Art von etw ◇ *His speech was in the nature of an apology.* Seine Rede war so etwas wie eine Entschuldigung. **in the ˈnature of things** naturgemäß

-natured /ˈneɪtʃəd; *AmE* -tʃərd/ (*in Adjektiven*) ◇ *good-natured* gutmütig ◇ *sweet-natured* lieb

ˈnature reserve *Nomen* Naturschutzgebiet

ˈnature trail *Nomen* Naturlehrpfad

na·tur·ism /ˈneɪtʃərɪzəm/ *Nomen* [U] (*bes BrE*) Freikörperkultur

na·tur·ist /ˈneɪtʃərɪst/ *Nomen* (*bes BrE*) FKK-Anhänger(in)

naught = NOUGHT

naugh·ti·ness /ˈnɔːtinəs/ *Nomen* **1** Ungezogenheit **2** (*oft hum*) Gewagtheit

naughty /ˈnɔːti/ *Adj* (**naugh·tier**, **naugh·tiest**) (*Adv* **naugh·tily** /-tɪli/) **1** (*bes BrE*) ungezogen ◇ *a naughty boy* ein ungezogener Junge ◇ (*hum*) *I'm being very naughty and having a second slice.* Ich sündige heute mal und esse noch ein Stück Torte. **2** (*umgs, oft hum*) gewagt ◇ *a naughty word* ein unanständiger Ausdruck

nau·sea /ˈnɔːziə/ *Nomen* Übelkeit

nau·se·ate /ˈnɔːzieɪt, ˈnɔːsi-/ *Verb* **1 ~ sb** jdm den Magen umdrehen ◇ *The smell nauseated me.* Bei dem Geruch wurde mir übel. **2** (*fig*) anwidern

nau·se·at·ing /ˈnɔːzieɪtɪŋ, ˈnɔːsi-/ *Adj* (*Adv* **nau·se·at·ing·ly**) Ekel erregend, ekelhaft

nau·se·ous /ˈnɔːziəs, ˈnɔːsi-; *AmE* ˈnɔːʃəs/ *Adj* **1** ◇ *She felt nauseous.* Ihr war übel. ◇ *It made me nauseous.* Dabei wurde mir übel. **2** ekelhaft

naut·ical /ˈnɔːtɪkl/ *Adj* nautisch, Marine- ◇ *a nautical look* ein Marine-Look ◇ *nautical terms* Seemannssprache ◇ *a nautical chart* eine Seekarte

ˌnautical ˈmile *Nomen* Seemeile

naval /ˈneɪvl/ *Adj* Marine-, Flotten-, See-

nave /neɪv/ *Nomen* Kirchenschiff

navel /ˈneɪvl/ *Nomen* Nabel

nav·ig·able /ˈnævɪgəbl/ *Adj* schiffbar

navi·gate /ˈnævɪgeɪt/ *Verb* **1** navigieren ◇ *Both of these websites are easy to read and navigate.* Beide Websites sind übersichtlich und lassen sich gut navigieren. **2** (*Fluss etc.*) befahren; (*Meer*) überqueren **3** den Weg finden ◇ *I'll drive, and you can navigate.* Ich fahre, und du liest die Karte. **4 ~ sth** sich durch etw durchlotsen

navi·ga·tion /ˌnævɪˈgeɪʃn/ *Nomen* **1** Navigation ◇ *navigation lights* Positionslichter ◇ *the navigation bar* die Navigationsleiste **2** Schiffsverkehr, Flugverkehr

navi·ga·tion·al /ˌnævɪˈgeɪʃənl/ *Adj* Navigations-

navi·ga·tor *Nomen* /ˈnævɪgeɪtə(r)/ Navigator(in)

navvy /ˈnævi/ *Nomen* (*Pl* **-ies**) (*BrE, veraltet*) Straßenarbeiter, Bauarbeiter, Schwerarbeiter

navy /ˈneɪvi/ *Nomen* (*Pl* **-ies**) **1** [mit Verb im Sing/Pl] Marine ◇ *join the navy* zur Marine gehen **2** = NAVY BLUE

ˈnavy bean *Nomen* (*AmE*) weiße Bohne

ˌnavy ˈblue (*auch* **navy**) *Adj, Nomen*
▸ ***Adj*** marineblau, dunkelblau
▸ ***Nomen*** Marineblau, Dunkelblau

nay /neɪ/ *Adv* (*veraltet*) **1** ja sogar ◇ *It is difficult, nay impossible.* Es ist schwierig, ja sogar unmöglich. **2** nein

Nazi /ˈnɑːtsi/ *Nomen, Adj*
▸ ***Nomen*** **1** Nazi **2** (*abwert*) Faschist(in)
▸ ***Adj*** Nazi-

Naz·ism /ˈnɑːtsɪzəm/ *Nomen* Nazismus

N.B. (*BrE auch* **NB**) /ˌen ˈbiː/ *Abk* (*Latein: nota bene*) (*weist auf eine wichtige schriftliche Information hin*) NB ◇ *NB The office will be closed from 1 July.* Achtung! Das Büro ist ab 1. Juli geschlossen.

NCO /ˌen siː ˈəʊ; *AmE* ˈoʊ/ *Kurzform von* **non-commissioned officer** Uffz.

NCT /ˌen siː ˈtiː/ *Kurzform von* **National Curriculum Test** = Standardtest in den Hauptfächern für alle Schüler einer bestimmten Altersstufe

NE *Abk* = NORTH-EAST *und* NORTH-EASTERN

Ne·an·der·thal /niˈændətɑːl; *AmE* -dərtɑːl/ *Adj, Nomen*
▸ ***Adj*** (*auch* **ne·an·der·thal**) **1** ◇ *Neanderthal man* der Neandertaler ◇ *a Neanderthal axe* die Axt eines Neandertalers **2** (*abwert*) steinzeitlich ◇ *neanderthal attitudes* Ansichten aus der Steinzeit **3** (*abwert*) rüpelhaft
▸ ***Nomen*** Neandertaler

neap tide /ˈniːp taɪd/ (*auch* **neap**) *Nomen* Nipptide

near /nɪə(r); *AmE* nɪr/ *Adj, Adv, Präp, Verb*
▸ ***Adj*** **1** nah(e) ◇ *in the near future* in nächster Zukunft ◇ *Where's the nearest bank?* Wo ist die nächste Bank? **2 nearest** unmittelbar folgend ◇ *She has a 12-point lead over her nearest rival.* Sie führt mit 12 Punkten vor ihrer stärksten Rivalin. **3** (*meist* **nearest**) ◇ *He was the nearest thing to a father she had had.* Er war so etwas wie ein Vater für sie. **4** (*ohne Komparativ oder Superlativ*) ◇ *a near disaster* beinahe ein Desaster ◇ *It's a near impossibility.* Es ist nahezu unmöglich. ◇ *the near certainty* die an Sicherheit grenzende Wahrscheinlichkeit **5** (*Familienangehörige*) nahe, eng IDM **my, etc. ˌnearest and ˈdearest** (*umgs*) meine etc. Lieben **a ˌnear ˈthing** knapp ◇ *We won in the end but it was a near thing.* Wir haben letzten Endes gewonnen, aber nur um Haaresbreite. **to the nearest**

... (*mit Zahlen oder Mengenangaben*) auf das nächste/die nächsten ... ◇ *calculated to the nearest 50 dollars* auf die nächsten 50 Dollar berechnet

▸ ***Adv*** **1** nahe, in der Nähe ◇ *The exams are drawing near.* Die Prüfungen rücken näher. **2** (*meist in Zusammensetzungen*) fast, nahezu ◇ *a near-perfect performance* eine nahezu perfekte Aufführung ◇ *I'm as near certain as I can be.* Ich bin mir so gut wie sicher. IDM **as near as** soweit **as ˌnear as ˈdamn it/ˈdammit** (*BrE, umgs*) so gut wie ◇ *We've finished, as near as dammit.* Wir sind so gut wie fertig. **near eˈnough** (*BrE, umgs*) mehr oder weniger; knapp ◇ *We've been here twenty years, near enough.* Wir sind seit knapp zwanzig Jahren hier. **not anywhere near/nowhere near** bei weitem nicht **so ˌnear and ˌyet so ˈfar** so nah und doch so fern → *Siehe auch* PRETTY

▸ ***Präp*** (*auch* **near to, nr**) **1** nahe (an) ◇ *Go and sit nearer (to) the fire.* Setz dich näher an den Kamin. ◇ *Do you live near here?* Wohnen Sie hier in der Nähe? ◇ *Nobody else comes near her in intellect.* Was den Verstand angeht, kommt niemand an sie heran. ◇ *Share prices are near their record high.* Die Aktienpreise haben beinahe Rekordhöhe erreicht. ◇ *Profits fell from $11 million to nearer $8 million.* Die Gewinne sanken von $11 Millionen auf nahezu $8 Millionen. **2** gegen ◇ *My birthday is very near Christmas.* Mein Geburtstag ist kurz vor Weihnachten. ◇ *I'll write nearer (to) the time.* Ich schreibe dir, wenn der Zeitpunkt näher gerückt ist. **3** ~ **sth** einer Sache nahe; ~ (**doing**) **sth** nahe daran, etw zu tun ◇ *a state near (to) death* ein dem Tod naher Zustand IDM → HAND, HEART *und* MARK

▸ ***Verb*** (*gehoben*) sich nähern ◇ *The project is nearing completion.* Das Projekt steht kurz vor dem Abschluss.

near·by /ˌnɪəˈbaɪ; *AmE* ˌnɪrˈ-/ *Adj, Adv*

▸ ***Adj*** nahe gelegen ◇ *nearby residents* in der Nähe wohnende Anwohner

▸ ***Adv*** in der Nähe

the ˌNear ˈEast *Nomen* [Sing] (*selten*) der Nahe Osten

near·ly /ˈnɪəli; *AmE* ˈnɪrli/ *Adv* fast, beinahe ◇ *It's nearly time to leave.* Es wird bald Zeit zu gehen. IDM **not ˈnearly** bei weitem nicht → *Siehe auch* PRETTY

ˌnear ˈmiss *Nomen* **1** knappes Entkommen; (*mit dem Auto, Flugzeug*) Beinahezusammenstoß **2** = Torschuss, der knapp daneben geht oder Bombe, die ihr Ziel knapp verfehlt ◇ *Both teams had some near misses.* Beide Mannschaften trafen einige Male knapp daneben. ◇ (*fig*) *He should have won the match — it was a near miss.* Er hätte das Spiel gewinnen sollen — es war eine knappe Sache.

near·ness /ˈnɪənəs; *AmE* ˈnɪrnəs/ *Nomen* Nähe

near·side /ˈnɪəsaɪd; *AmE* ˈnɪrsaɪd/ *Nomen, Adj* (*BrE*)

▸ ***Nomen*** **the nearside** die Beifahrerseite

▸ ***Adj*** [nur vor Nomen] auf der Beifahrerseite

nearsighted /ˌnɪəˈsaɪtɪd; *AmE* ˌnɪrˈ-/ *Adj* (*bes AmE*) kurzsichtig

neat /niːt/ *Adj* **1** (*Adv* **neat·ly**) ordentlich, sauber ◇ *neat handwriting* eine saubere Schrift ◇ *a neat black suit* ein adrettes schwarzes Kostüm ◇ *The box fitted neatly into the drawer.* Die Schachtel passte genau in die Schublade. **2** wohlgeformt, formschön ◇ *her neat waist* ihre schlanke Taille **3** (*Adv* **neat·ly**) elegant, gelungen ◇ *a neat solution to the problem* eine elegante Lösung des Problems ◇ *neat categories* genau getrennte Kategorien **4** (*AmE, umgs*) klasse ◇ *It was pretty neat.* Es war große Klasse. **5** (*BrE*) pur, unverdünnt

neat·en /ˈniːtn/ *Verb* versäubern

neat·ness /ˈniːtnəs/ *Nomen* **1** Ordentlichkeit, Sauberkeit **2** schöne Form **3** Prägnanz

neb·ula /ˈnebjələ/ *Nomen* (*Pl* **nebu·lae** /-liː/) (ASTRON) Nebel

nebu·lous /ˈnebjələs/ *Adj* (*gehoben*) nebulös, vage

ne·ces·sar·ily /ˌnesəˈserəli; *BrE auch* ˈnesəsərəli/ *Adv* zwangsläufig IDM **ˌnot necesˈsarily** nicht unbedingt

ne·ces·sary /ˈnesəsəri; *AmE* -seri/ *Adj* **1** nötig, erforderlich ◇ *It's not necessary for you to answer.* Sie brauchen nicht zu antworten. **2** [nur vor Nomen] (*gehoben*) notwendig ◇ *a necessary consequence of progress* eine notwendige Folge des Fortschritts IDM **a ˌnecessary ˈevil** ein notwendiges Übel

ne·ces·si·tate /nəˈsesɪteɪt/ *Verb* (*gehoben*) erfordern, erforderlich machen

ne·ces·sity /nəˈsesəti/ *Nomen* (*Pl* **-ies**) Notwendigkeit ◇ *There had never been any necessity for her to go out to work.* Sie hatte es nie nötig gehabt, arbeiten zu gehen. ◇ *This is, of necessity, an incomplete account.* Dies ist zwangsläufig ein unvollständiger Bericht. ◇ *basic necessities such as food and clothing* das Notwendigste wie Essen und Kleidung IDM → VIRTUE

neck /nek/ *Nomen, Verb*

▸ ***Nomen*** **1** Hals ◇ *the neck of a bottle* ein Flaschenhals ◇ *a stiff neck* ein steifer Nacken ◇ *He broke his neck.* Er brach sich das Genick. ◇ *a neck of land* eine Landenge **2** (*in Zusammensetzungen*) (Hals)ausschnitt ◇ *a round-necked sweater* ein Pullover mit rundem Ausschnitt **3** Halsstück IDM **be up to your neck in sth** bis zum Hals in etw stecken ◇ *He's in it up to his neck.* Er steckt bis über beide Ohren in der Tinte. **by a ˈneck** um eine Kopflänge **ˌget it in the ˈneck** (*BrE, umgs*) eins aufs Dach kriegen **ˌneck and ˈneck (with sb/sth)** Kopf an Kopf (mit jdm/etw) **ˌneck of the ˈwoods** (*umgs*) Gegend → *Siehe auch* BLOCK, BRASS, BREATHE, MILLSTONE, PAIN, RISK, SAVE *und* SCRUFF

▸ ***Verb*** (*meist in der Verlaufsform*) (*umgs, veraltet*) knutschen

neck·lace /ˈnekləs/ *Nomen, Verb*

▸ ***Nomen*** Halskette

▸ ***Verb*** = jdn töten, indem man ihm einen brennenden Autoreifen um den Hals legt

neck·line /ˈneklaɪn/ *Nomen* Ausschnitt ◇ *a dress with a plunging neckline* ein tief ausgeschnittenes Kleid

neck·tie /ˈnektaɪ/ *Nomen* (*BrE, veraltet oder AmE*) Krawatte

necro·man·cer /ˈnekrəʊmænsə(r); *AmE* -kroʊ-/ *Nomen* Nekromant(in), Geisterbeschwörer(in)

necro·mancy /ˈnekrəʊmænsi; *AmE* -kroʊ-/ *Nomen* Nekromantie, Geisterbeschwörung

necro·philia /ˌnekrəˈfɪliə/ *Nomen* Nekrophilie

ne·crop·olis /nəˈkrɒpəlɪs; *AmE* nəˈkrɑːp-/ *Nomen* (*Pl* **necrop·olises** /-lɪsɪz/) Nekropole, Totenstadt

nec·tar /ˈnektə(r)/ *Nomen* Nektar (*auch fig*)

nec·tar·ine /ˈnektəriːn/ *Nomen* Nektarine

née /neɪ/ *Adj* (*mit Mädchennamen*) geborene

need /niːd/ *Verb, Modalvb, Nomen*

▸ ***Verb*** brauchen ◇ (*umgs*) *I don't need your comments, thank you.* Ihr Kommentar ist überflüssig, danke. ◇ *This shirt needs washing.* Dieses Hemd muss gewaschen werden. IDM **need (to have) your ˈhead examined** (*umgs*) spinnen

▸ ***Modalvb*** (*verneint* **need not**, *Kurzform* **needn't** /ˈniːdnt/) (*BrE*) müssen ◇ *I need to go to the bank.* Ich muss zur Bank. ◇ *He needn't come.* Er muss nicht kommen. ◇ *It needn't have happened.* Das hätte nicht passieren müssen. IDM **Need I say more?** Muss ich noch mehr sagen?

▸ ***Nomen*** **1** [Sing] ~ (**for sth/sb**) Bedarf (an etw/jdm) **2** Notwendigkeit ◇ *The house is in need of a thorough clean.* Das Haus muss gründlich geputzt werden. ◇

if the need arises falls nötig ◇ (*umgs*) *There's no need to cry.* Nicht weinen! ◇ *There's no need to worry.* Es besteht kein Grund zur Sorge. **3** Bedürfnis ◇ *She had no more need of me.* Sie brauchte mich nicht mehr. ◇ *I'm in need of some fresh air.* Ich brauche frische Luft. **4** [U] Not ◇ *people in need* Notleidende IDM **if need 'be** wenn nötig; zur Not → *Siehe auch* CRYING *und* FRIEND

need·ful /ˈniːdfl/ *Adj* (*veraltet*) nötig

nee·dle 🗝 /ˈniːdl/ *Nomen, Verb*

▸ ***Nomen*** Nadel ◇ *a hypodermic needle* eine Injektionsnadel IDM **a needle in a 'haystack** eine Stecknadel im Heuhaufen

▸ ***Verb*** (*umgs*) nerven, provozieren ◇ *Stop needling me.* Hör auf, an mir herumzusticheln.

need·less /ˈniːdləs/ *Adj* (*Adv* **need·less·ly**) unnötig, sinnlos IDM **ˌneedless to 'say** natürlich ◇ *The problem, needless to say, is the cost of the project.* Das Problem sind natürlich die Kosten des Projekts.

needle·woman /ˈniːdlwʊmən/ *Nomen* (*Pl* **-women** /-wɪmɪn/) Näherin ◇ *I'm not a very good needlewoman.* Ich kann nicht gut nähen.

needle·work /ˈniːdlwɜːk; *AmE* -wɜːrk/ *Nomen* [U] Handarbeit, Nadelarbeit

needn't /ˈniːdnt/ = NEED NOT

needy /ˈniːdi/ *Adj, Nomen*

▸ ***Adj*** (**need·ier, needi·est**) bedürftig ◇ *help for needy people* Hilfe für Bedürftige

▸ ***Nomen*** **the needy** [Pl] die Bedürftigen

ne'er-do-well /ˈneə duː wel; *AmE* ˈner duː wel/ *Nomen* (*veraltet*) Taugenichts

NEET /niːt/ *Nomen Kurzform von* **not in education, employment or training** = Bezeichnung für junge Menschen, die nicht mehr die Schule besuchen, keine Arbeit haben und sich auch nicht in der Ausbildung befinden

ne·fari·ous /nɪˈfeəriəs; *AmE* nɪˈfer-/ *Adj* (*gehoben, selten*) schändlich

neg. *Abk* = NEGATIVE

neg·ate /nɪˈɡeɪt/ *Verb* (*gehoben*) **1** aufheben, durchkreuzen **2** verneinen

neg·ation /nɪˈɡeɪʃn/ *Nomen* (*gehoben*) **1** [meist Sing] Negation, Aufhebung, Widerlegung ◇ *For them coalition was the negation of the party system.* Für sie stand Koalition im Widerspruch zum Parteiensystem. **2** Verneinung ◇ *She shook her head in negation.* Sie schüttelte verneinend den Kopf.

nega·tive 🗝 /ˈneɡətɪv/ *Adj, Nomen, Verb*

▸ ***Adj*** **1** (*Adv* **nega·tive·ly**) (*Abk* **neg.**) negativ ◇ *negative side-effects* unangenehme Nebenwirkungen ◇ *'He probably won't show up.' 'Don't be so negative!'* „Wahrscheinlich wird er nicht kommen." „Sieh nicht gleich schwarz!" **2** (*Adv* **nega·tive·ly**) verneinend ◇ *His response was negative.* Er antwortete mit Nein. ◇ *answer negatively* verneinen **3** (LING) verneint ◇ *a negative sentence* ein verneinter Satz ◇ *a negative form* eine Verneinung

▸ ***Nomen*** **1** Verneinung ◇ *She answered in the negative.* Sie antwortete mit Nein. **2** (*Foto*) Negativ **3** (*bei Versuchen, Tests etc.*) negatives Ergebnis

▸ ***Verb*** (*gehoben*) **1** ablehnen **2** negieren

ˌnegative 'equity *Nomen* = Situation, in der der Wert einer Immobilie geringer ist als die noch abzuzahlende Hypothek

nega·tive·ly /ˈneɡətɪvli/ *Adv* → NEGATIVE

nega·tiv·ity /ˌneɡəˈtɪvəti/ *Nomen* (*gehoben*) [U] negative Einstellung ◇ *feelings of negativity* negative Gefühle

neg·lect /nɪˈɡlekt/ *Verb, Nomen*

▸ ***Verb*** **1** vernachlässigen **2** verwahrlosen lassen **3** ~ **to do sth** (*gehoben*) versäumen, etw zu tun

▸ ***Nomen*** **1** Vernachlässigung **2** Verwahrlosung

neg·lect·ed /nɪˈɡlektɪd/ *Adj* **1** vernachlässigt **2** verwahrlost

neg·lect·ful /nɪˈɡlektfl/ *Adj* (*gehoben*) nachlässig; **be ~ of sb/sth** jdn/etw vernachlässigen

neg·ligée /ˈneɡlɪʒeɪ; *AmE* ˌneɡlɪˈʒeɪ/ *Nomen* Negligee

neg·li·gence /ˈneɡlɪdʒəns/ *Nomen* (*gehoben oder Fachspr*) Fahrlässigkeit, Nachlässigkeit

neg·li·gent /ˈneɡlɪdʒənt/ *Adj* (*Adv* **neg·li·gent·ly**) **1** (*gehoben oder Fachspr*) nachlässig, fahrlässig **2** (*gehoben*) lässig, ungezwungen

neg·li·gible /ˈneɡlɪdʒəbl/ *Adj* unwesentlich, geringfügig

ne·go·ti·able /nɪˈɡəʊʃiəbl; *AmE* nɪˈɡoʊ-/ *Adj* **1** verhandlungsfähig ◇ *salary negotiable* Gehalt nach Vereinbarung ◇ *The price was not negotiable.* Der Preis war fix. **2** (FINANZ) verkäuflich, veräußerlich

ne·go·ti·ate /nɪˈɡəʊʃieɪt; *AmE* nɪˈɡoʊ-/ *Verb* **1** ~ **(with sb) (for/about sth)** (mit jdm) (über etw) verhandeln **2** aushandeln **3** (*schwierige Wegstrecke*) bewältigen

ne·go·ti·ation /nɪˌɡəʊʃiˈeɪʃn; *AmE* nɪˌɡoʊ-/ *Nomen* Verhandlung ◇ *It's still under negotiation.* Darüber wird noch verhandelt.

ne·go·ti·ator /nɪˈɡəʊʃieɪtə(r); *AmE* nɪˈɡoʊ-/ *Nomen* Unterhändler(in)

Ne·gress /ˈniːɡres/ *Nomen* (*veraltet, oft beleidigend*) Negerin

Negro /ˈniːɡrəʊ; *AmE* -ɡroʊ/ *Nomen* (*Pl* **-oes**) (*veraltet, oft beleidigend*) Neger

neigh /neɪ/ *Verb, Nomen*

▸ ***Verb*** wiehern

▸ ***Nomen*** Wiehern

neigh·bour 🗝 (*AmE* **neigh·bor**) /ˈneɪbə(r)/ *Nomen* Nachbar(in) ◇ *We should love our neighbours.* Wir sollen unsere Nächsten lieben.

neigh·bour·hood 🗝 (*AmE* **neigh·bor·hood**) /ˈneɪbəhʊd; *AmE* -bərhʊd/ *Nomen* **1** Gegend, Viertel ◇ *the neighbourhood police* die örtliche Polizei **2** (*Leute*) Nachbarschaft **3** Umgebung IDM **in the neighbourhood of** (*etwa*) so um (die)

ˌneighbourhood 'watch (*AmE* **ˌneighborhood 'watch**) *Nomen* = Vereinbarung, nach der die Einwohner einer Wohnsiedlung gegenseitig auf ihre Häuser aufpassen, um Einbrüche etc. zu verhüten

neigh·bour·ing (*AmE* **neigh·bor·ing**) /ˈneɪbərɪŋ/ *Adj* [nur vor Nomen] benachbart ◇ *a neighbouring farmer* ein Bauer aus der Nachbarschaft

neigh·bour·li·ness (*AmE* **neighbor·li·ness**) /ˈneɪbəlinəs; *AmE* -bərli-/ *Nomen* Nachbarschaftlichkeit ◇ *good neighbourliness* gutnachbarliche Beziehungen

neigh·bour·ly (*AmE* **neigh·bor·ly**) /ˈneɪbəli; *AmE* -bərli/ *Adj* nachbarlich, nachbarschaftlich

nei·ther 🗝 /ˈnaɪðə(r), ˈniːðə(r)/ *Pron, Adv*

▸ ***Pron*** keine(r,s) (*von beiden*) ◇ *Neither answer is correct.* Die Antworten sind beide falsch. ◇ *Neither of them has/have a car.* Sie haben beide kein Auto. IDM **neither 'here nor 'there** völlig unwichtig; nebensächlich ◇ *What might have happened is neither here nor there.* Was hätte passieren können ist völlig nebensächlich.

▸ ***Adv*** **1** auch nicht ◇ *'I don't know.' 'Me neither.'* „Ich weiß nicht." „Ich auch nicht." **2 neither … nor …** weder … noch …

nem·esis /ˈneməsɪs/ *Nomen* [U/Sing] (*gehoben*) Nemesis, gerechte Strafe

neo- /ˈniːəʊ; *AmE* ˈniːoʊ/ (*in Zusammensetzungen*) neo-

neo·clas·sic·al /ˌniːəʊˈklæsɪkl; *AmE* ˌniːoʊ-/ *Adj* klassizistisch

neo·liberal /ˌniːəʊˈlɪbərəl; *AmE* ˌniːoʊ-/ *Adj* neoliberal

Neo·lith·ic /ˌniːəˈlɪθɪk/ *Adj* jungsteinzeitlich, neolithisch

neolo·gism /niˈɒlədʒɪzəm; *AmE* niˈɑːlə-/ *Nomen* (*gehoben*) Neologismus

neon /ˈniːɒn; *AmE* ˈniːɑːn/ *Nomen* Neon

neo·natal /ˌniːəʊˈneɪtl; *AmE* ˌniːoʊ-/ *Adj* (*Fachspr*) neugeboren, Neugeborenen- ◇ *neonatal mortality* die Sterblichkeitsrate bei Neugeborenen

nephew 🗝 /ˈnefjuː, ˈnevjuː/ *Nomen* Neffe

nepo·tism /ˈnepətɪzəm/ *Nomen* (*abwert*) Vetternwirtschaft, Nepotismus

Nep·tune /ˈneptjuːn; *AmE auch* -tuːn/ *Nomen* Neptun → *Beispiele bei* MERKUR

nerd /nɜːd; *AmE* nɜːrd/ *Nomen* (*umgs, abwert*) **1** Trottel ◇ *I feel like a nerd in these shoes.* Ich komme mir doof vor in diesen Schuhen. **2** Computerfreak

nerdy /ˈnɜːdi; *AmE* ˈnɜːrdi/ *Adj* doof

nerve 🗝 /nɜːv; *AmE* nɜːrv/ *Nomen, Verb*

▸ ***Nomen*** **1** Nerv ◇ *the optic nerve* der Sehnerv ◇ *I lost my nerve at the last minute.* Ich verlor im letzten Augenblick die Nerven. ◇ *He always suffers from nerves before a performance.* Er hat vor jeder Vorstellung Lampenfieber. **2** [Sing] (*umgs*) Frechheit ◇ *He's got a nerve asking us for money!* Er hat Nerven, uns nach Geld zu fragen! **IDM** **be a bag/bundle of ˈnerves** (*umgs*) ein Nervenbündel sein **get on sb's ˈnerves** (*umgs*) jdm auf die Nerven gehen **have ˌnerves of ˈsteel** Nerven aus Stahl haben **hit/touch a (raw/sensitive) ˈnerve** einen wunden Punkt treffen **of all the nerve!** so eine Frechheit! → *Siehe auch* BRASS, STRAIN *und* WAR

▸ ***Verb*** ~ **yourself for sth** (*gehoben*) seinen ganzen Mut/seine ganze Kraft für etw zusammennehmen

ˈnerve centre (*AmE* **nerve cen·ter**) *Nomen* Schaltzentrale

ˈnerve gas *Nomen* Nervengas

nerve·less /ˈnɜːvləs; *AmE* ˈnɜːrvləs/ *Adj* **1** kraftlos **2** furchtlos

ˈnerve-racking (*auch* **ˈnerve-wracking**) *Adj* nervenaufreibend

ner·vous 🗝 /ˈnɜːvəs; *AmE* ˈnɜːrvəs/ *Adj* (*Adv* **ner·vous·ly**) **1** ängstlich, nervös ◇ *She was nervous of meeting him.* Sie hatte Angst davor ihn zu treffen. **2** Nerven-, nervlich

ˌnervous ˈbreakdown (*auch* **break·down**) *Nomen* Nervenzusammenbruch

ner·vous·ness /ˈnɜːvəsnəs; *AmE* ˈnɜːrv-/ *Nomen* Ängstlichkeit, Nervosität

ˈnervous system *Nomen* Nervensystem

nervy /ˈnɜːvi; *AmE* ˈnɜːrvi/ *Adj* (*umgs*) **1** (*BrE*) nervös **2** (*AmE*) dreist, unverschämt

nest 🗝 /nest/ *Nomen, Verb*

▸ ***Nomen*** **1** Nest **2** (*Tische etc.*) Satz **IDM** → FEATHER, HORNET *und* MARE

▸ ***Verb*** nisten

ˈnest egg *Nomen* (*umgs*) Notgroschen

nes·tle /ˈnesl/ *Verb* **1** (sich) schmiegen, (sich) kuscheln ◇ *He nestled the baby in his arms.* Er hielt das Baby schützend in seinen Armen. **2** (*Dorf, Haus etc.*) eingebettet sein, sich schmiegen

nest·ling /ˈnestlɪŋ/ *Nomen* Nestling

net 🗝 /net/ *Nomen, Adj, Adv, Verb*

▸ ***Nomen*** **1** Netz → *Siehe auch* NET CURTAIN **2 the Net** (*umgs*) das Netz **IDM** → CAST, SLIP *und* SPREAD

▸ ***Adj*** (*BrE auch* **nett**) netto, Netto- ◇ *net earnings* Nettoverdienst ◇ (*fig*) *the net result* das Endergebnis

▸ ***Adv*** netto

▸ ***Verb*** (**-tt-**) **1** netto einbringen, netto einnehmen **2** fangen ◇ *They netted large quantities of drugs.* Sie haben große Mengen von Drogen sichergestellt. **3** (*bes BrE*) (ein Tor) schießen **4** mit einem Netz abdecken

net·ball /ˈnetbɔːl/ *Nomen* Korbball

net·book /ˈnetbʊk/ *Nomen* (COMP) Netbook

ˌnet ˈcurtain *Nomen* (*BrE*) Gardine, Store

nether /ˈneðə(r)/ *Adj* [nur vor Nomen] (*gehoben oder hum*) untere(r,s), Unter-

neti·quette /ˈnetɪket/ *Nomen* (COMP) (*umgs*) Netikette, Netiquette

neti·zen /ˈnetɪzn/ *Nomen* Netizen

net·mind·er /ˈnetmaɪndə(r)/ *Nomen* (*beim Eishockey*) Torwart(in)

ˈNet surfer (*auch* **surf·er**) *Nomen* Netzsurfer(in)

nett = NET

net·ting /ˈnetɪŋ/ *Nomen* Netz ◇ *wire netting* Maschendraht

net·tle /ˈnetl/ *Nomen, Verb*

▸ ***Nomen*** = STINGING NETTLE **IDM** → GRASP

▸ ***Verb*** (*bes BrE*) ärgern

net·work 🗝 /ˈnetwɜːk; *AmE* -wɜːrk/ *Nomen, Verb*

▸ ***Nomen*** **1** Netz **2** (COMP) Netzwerk **3** (*überregionaler*) Sender **IDM** → OLD BOY

▸ ***Verb*** **1** (COMP) vernetzen **2** (*überregional*) ausstrahlen **3** (*berufliche*) Kontakte knüpfen

net·work·ing /ˈnetwɜːkɪŋ; *AmE* -wɜːrkɪŋ/ *Nomen* = Aufbauen eines beruflichen Kontaktnetzes

neur·al /ˈnjʊərəl; *AmE* ˈnʊrəl/ *Adj* Nerven-

neur·al·gia /njʊəˈrældʒə; *AmE* nʊˈ-/ *Nomen* [U] Neuralgie, Nervenschmerzen

neur·al·gic /njʊəˈrældʒɪk; *AmE* nʊˈ-/ *Adj* neuralgisch, Nerven-

neuro- /ˈnjʊərəʊ; *AmE* ˈnʊroʊ/ Neuro-, neuro-

neuro·logic·al /ˌnjʊərəˈlɒdʒɪkl; *AmE* ˌnʊrəˈlɑːdʒɪ-/ *Adj* neurologisch, Nerven-

neurolo·gist /njʊəˈrɒlədʒɪst; *AmE* nʊˈrɑːlə-/ *Nomen* Neurologe, Neurologin

neurol·ogy /njʊəˈrɒlədʒi; *AmE* nʊˈrɑːlə-/ *Nomen* Neurologie

neuron /ˈnjʊərɒn; *AmE* ˈnʊrɑːn/ (*auch* **neur·one** /ˈnjʊərəʊn; *AmE* ˈnʊroʊn/) *Nomen* Neuron, Nervenzelle

neur·osis /njʊəˈrəʊsɪs; *AmE* nʊˈroʊ-/ *Nomen* (*Pl* **neur·oses** /-siːz/) Neurose

neur·ot·ic /njʊəˈrɒtɪk; *AmE* nʊˈrɑːtɪk/ *Adj, Nomen*

▸ ***Adj*** (*Adv* **neur·ot·ical·ly** /-kli/) neurotisch ◇ *She's neurotic about her weight.* Sie hat einen Komplex bezüglich ihres Gewichts.

▸ ***Nomen*** Neurotiker(in)

neu·ter /ˈnjuːtə(r); *AmE* ˈnuː-/ *Adj, Verb*

▸ ***Adj*** (LING) sächlich

▸ ***Verb*** kastrieren

neu·tral /ˈnjuːtrəl; *AmE* ˈnuː-/ *Adj, Nomen*

▸ ***Adj*** (*Adv* **neu·tral·ly** /-trəli/) **1** neutral, unparteiisch **2** gleichgültig **3** (*Abk* **N**) (elektrisch) neutral, Null- **IDM** **on neutral ground/territory** auf neutralem Boden

▸ ***Nomen*** **1** Leerlauf ◇ *put the car in neutral* beim Auto den Gang herausnehmen **2** Unparteiische(r) **3** neutrale Farbe

neu·tral·ist /ˈnjuːtrəlɪst; *AmE* ˈnuː-/ *Nomen, Adj* (*bes AmE*)

▸ ***Nomen*** Neutrale(r)

▸ ***Adj*** neutralistisch

neu·tral·ity /njuːˈtræləti; *AmE* nuːˈ-/ *Nomen* Neutralität

neu·tral·iza·tion (*BrE auch* **-isa·tion**) /ˌnjuːtrəlaɪˈzeɪʃn; *AmE* ˌnuːtrələˈ-/ *Nomen* Neutralisierung

neu·tral·ize (*BrE auch* **-ise**) /ˈnjuːtrəlaɪz; *AmE* ˈnuː-/ *Verb* **1** aufheben **2** neutralisieren

neu·tron /ˈnjuːtrɒn; *AmE* ˈnuːtrɑːn/ *Nomen* Neutron

never 0‑ᴛ /ˈnevə(r)/ *Adv* **1** nie, niemals **2** (*zur Verstärkung einer negativen Aussage statt „not" gebraucht*) ◇ *I never knew you had a sister.* Ich habe gar nicht gewusst, dass du eine Schwester hast. ◇ *He never so much as smiled.* Er lächelte kein einziges Mal. ◇ (*BrE*) *That would never do.* Das darf einfach nicht passieren. ◇ (*bes BrE*) *'I told him exactly what I thought of him.' 'You never did!'* „Ich habe ihm klipp und klar gesagt, was ich von ihm halte." „Nein, ehrlich?" ◇ (*BrE, Slang*) *'You took my bike.' 'No, I never (did).'* „Du hast mein Fahrrad genommen." „Hab ich nicht!" ◇ (*veraltet oder hum*) *Never fear.* Nur keine Bange. IDM **never ˈmind** **1** macht nichts **2** vergiss es **3** ganz zu schweigen von **on the ˌnever-ˈnever** (*BrE, umgs*) auf Pump **Well, I never (did)!** (*veraltet*) ◇ *Well, I never! Fancy him getting married!* Nein, so was! Stell dir vor, er heiratet! → *Siehe auch* KNOW

ˌnever-ˈending *Adj* endlos ◇ *It's a never-ending task.* Damit ist man nie fertig.

never·more /ˌnevəˈmɔː(r); *AmE* -vərˈ-/ *Adv* (*veraltet*) nie wieder

ˌnever-ˈnever land *Nomen* [Sing] das Land Nirgendwo

never·the·less 0‑ᴛ /ˌnevəðəˈles; *AmE* -vərð-/ *Adv* trotzdem

new 0‑ᴛ /njuː; *AmE* nuː/ *Adj* **1** neu ◇ *I am new to the town.* Ich bin neu in der Stadt. ◇ *a good mix of the old and the new* eine gute Mischung aus Altem und Neuem ◇ *Comedy is the new rock and roll.* Comedy ist die neue Mode. ◇ *I feel a new man.* Ich fühle mich wie neugeboren. ◇ *new potatoes* Frühkartoffeln **2** frisch ◇ *new-laid eggs* frische Eier IDM **(as) ˌgood as ˈnew; like ˈnew** (so gut) wie neu **a ˈnew one on me** mir noch nicht untergekommen ◇ *That's a new one on me.* Das ist mir neu. **turn over a new ˈleaf** sich ändern **ˌwhat's ˈnew?** **1** (*umgs*) Was gibts Neues? **2** (*iron*) ◇ *So what's new?* Wie zu erwarten. → *Siehe auch* NEWLY → *Siehe auch* BLOOD, BRAVE, BREATHE, COMPLEXION, GROUND *und* TEACH

ˌNew ˈAge *Adj, Nomen*

▸ ***Adj*** New Age-, esoterisch ◇ *New Age travellers* reisende Aussteiger mit esoterischem Interesse

▸ ***Nomen*** New Age, Esoterik

new·bie /ˈnjuːbi; *AmE* ˈnuː-/ *Nomen* (*umgs*) Neuling, Einsteiger(in), Anfänger(in)

new·born /ˈnjuːbɔːn; *AmE* ˈnuːbɔːrn/ *Adj* [nur vor Nomen] neugeboren

ˌnew ˈbroom *Nomen* (*BrE*) neuer Besen

New·cas·tle /ˈnjuːkɑːsl; *AmE* ˈnuːkæsl/ *Nomen* IDM → COAL

new·comer /ˈnjuːkʌmə(r); *AmE* ˈnuː-/ *Nomen* Neuling, Neuankömmling

new·fan·gled /ˌnjuːˈfæŋgld; *AmE* ˌnuː-/ *Adj* (*abwert*) neumodisch

newly 0‑ᴛ /ˈnjuːli; *AmE* ˈnuː-/ *Adv* (*meist vor einem past participle*) vor kurzem ◇ *a newly created post* ein neu geschaffener Posten ◇ *newly independent* gerade unabhängig geworden

ˈnewly-wed *Nomen* [meist Pl] Frischvermählte(r)

ˌnew ˈman *Nomen* (*BrE*) neuer Mann

ˌnew ˈmoon *Nomen* Neumond(zeit)

new·ness /ˈnjuːnəs; *AmE* ˈnuː-/ *Nomen* Neuheit, Frische ◇ *She noticed the newness of the sofa.* Sie bemerkte, dass das Sofa neu war.

news 0‑ᴛ /njuːz; *AmE* nuːz/ *Nomen* [U] **1** Neuigkeit, Nachricht ◇ *the latest news* das Allerneueste ◇ *Any news on that?* Gibt es dazu etwas Neues? ◇ *It's news to me.* Das ist mir neu. **2** Nachrichten ◇ *a news report* ein Pressebericht ◇ *She is always in the news.* Sie macht dauernd von sich reden. ◇ *be front-page news* für Schlagzeilen sorgen **3** dankbarer Nachrichtenstoff IDM **be bad ˈnews (for sb/sth)** (für jdn/etw) gefährlich sein ◇ *Central heating is bad news for plants.* Zentralheizung ist für die Pflanzen nicht gut. **be good news (for sb/sth)** eine gute Nachricht (für jdn/etw) sein **break the ˈnews** die schlechte Nachricht überbringen ◇ *How am I going to break the news to her?* Wie kann ich ihr das bloß beibringen? **no news is ˈgood news** keine Nachricht, gute Nachricht

ˈnews agency *Nomen* (*Pl* **-ies**) Nachrichtenagentur

news·agent /ˈnjuːzeɪdʒənt; *AmE* ˈnuːz-/ *Nomen* (*BrE*) Zeitungshändler(in)

news·cast /ˈnjuːzkɑːst; *AmE* ˈnuːzkæst/ *Nomen* (*bes AmE*) Nachrichtensendung

news·cast·er /ˈnjuːzkɑːstə(r); *AmE* ˈnuːzkæstər/ *Nomen* Nachrichtensprecher(in)

ˈnews conference *Nomen* (*bes AmE*) Pressekonferenz

news·deal·er /ˈnjuːzdiːlə(r); *AmE* ˈnuːz-/ *Nomen* (*AmE*) Zeitungshändler(in)

news·flash /ˈnjuːzflæʃ; *AmE* ˈnuːz-/ (*auch* **flash**) *Nomen* (*bes BrE*) (Kurz)meldung ◇ *We interrupt this programme to bring you a newsflash.* Wir unterbrechen diese Sendung wegen einer wichtigen Meldung.

news·group /ˈnjuːzgruːp; *AmE* ˈnuːz-/ *Nomen* (COMP) Newsgruppe, Newsgroup

news·let·ter /ˈnjuːzletə(r); *AmE* ˈnuːz-/ *Nomen* (regelmäßiges) Informationsblatt

news·paper 0‑ᴛ /ˈnjuːzpeɪpə(r); *AmE* ˈnuːz-/ *Nomen* **1** Zeitung ◇ *a local newspaper* ein Lokalblatt **2** Zeitungspapier

news·paper·man /ˈnjuːzpeɪpəmæn; *AmE* ˈnuːzpeɪpərmæn/ *Nomen* (*Pl* **-men** /-men/) Journalist

news·print /ˈnjuːzprɪnt; *AmE* ˈnuːz-/ *Nomen* Zeitungspapier

news·read·er /ˈnjuːzriːdə(r); *AmE* ˈnuːz-/ *Nomen* (*BrE*) Nachrichtensprecher(in)

news·reel /ˈnjuːzriːl; *AmE* ˈnuːz-/ *Nomen* Wochenschau

news·room /ˈnjuːzruːm, -rʊm; *AmE* ˈnuːz-/ *Nomen* Nachrichtenredaktion

ˈnews-sheet *Nomen* Nachrichtenblatt

ˈnews stand *Nomen* Zeitungsstand

news·worthy /ˈnjuːzwɜːði; *AmE* ˈnuːzwɜːrði/ *Adj* (für die Medien) interessant, berichtenswert

newsy /ˈnjuːzi; *AmE* ˈnuː-/ *Adj* (*umgs*) mit Neuigkeiten gespickt

newt /njuːt; *AmE* nuːt/ *Nomen* Molch IDM → PISSED

the ˌNew ˈTestament *Nomen* das Neue Testament

ˌnew ˈtown *Nomen* (*BrE*) = eine der britischen Städte, die nach 1946 geplant und komplett errichtet wurden

ˌnew ˈwave (*auch* **ˌNew ˈWave**) *Nomen* [U/Sing] neue Generation ◇ *directors of the Australian new wave* Regisseure des neuen australischen Films

the ˌNew ˈWorld *Nomen* (*Amerika*) die Neue Welt

ˌnew ˈyear (*auch* **ˌNew ˈYear**) *Nomen* neues Jahr ◇ *They went to Paris for New Year.* Sie fuhren zu Silvester nach Paris.

ˌNew Year's ˈDay (*AmE auch* **ˈNew Year's**) *Nomen* Neujahrstag

ˌNew Year's ˈEve (*AmE auch* **ˈNew Year's**) *Nomen* Silvester

next 0‑ᴛ /nekst/ *Adj, Adv, Nomen*

▸ ***Adj*** [nur vor Nomen] nächste(r,s) ◇ *in the next room* im Nebenzimmer ◇ *I fainted and the next thing I knew I was in the hospital.* Ich wurde ohnmächtig und als ich wieder zu mir kam, war ich im Krankenhaus. ◇ (*umgs*) (and) *next thing you know ...* (und) ehe man sich's versieht ... ➔ *Siehe auch* NEXT TO **IDM** **the 'next man** ◇ *as well as the next man* wie jeder andere auch ➔ *Siehe auch* DAY *und* LUCK

▸ ***Adv*** **1** als Nächstes **2** ~ **best, most important, etc.** zweitbeste(r), zweitwichtigste(r) etc. ◇ *The next best thing to flying is sailing.* Nach Fliegen ist Segeln das Schönste. ◇ *Jo was the next oldest after Martin.* Jo war nach Martin der Älteste. **3** (*in Ausdrücken der Überraschung*) ◇ *Whatever next?* Was denn noch alles?

▸ ***Nomen*** (*meist* **the next**) [Sing] nächste(r,s), Nächste(r) ◇ *One moment he was there, the next he wasn't.* Einen Augenblick war er da, im nächsten war er weg. ◇ *the week after next* die übernächste Woche

ˌnext 'door *Adv Nomen*

▸ ***Adv*** nebenan ◇ *from the house next door* vom Nachbarhaus ◇ *next door to the pub* gleich neben dem Pub

▸ ***Nomen*** [mit Verb im Sing/Pl] (*BrE, umgs*) die Nachbarn ◇ *Is that next door's dog?* Ist das der Hund von den Nachbarn?

next-door *Adj* [nur vor Nomen] ◇ *our next-door neighbours* die Nachbarn direkt nebenan ◇ *the next-door house* das Nachbarhaus

ˌnext of 'kin *Nomen* (*Pl* **next of kin**) nächste(r) Verwandte(r) ◇ *Her next of kin have been informed.* Ihre nächsten Angehörigen sind unterrichtet worden.

'next to 0‑ *Präp* **1** neben ◇ *next to each other* nebeneinander **2** nach ◇ *Next to skiing it's my favourite sport.* Nach Skifahren ist es mein Lieblingssport. **3** fast ◇ *next to nothing* so gut wie nichts ◇ *The horse came next to last.* Das Pferd belegte den vorletzten Platz. **4** im Vergleich mit

nexus /ˈneksəs/ *Nomen* [Sing] (*gehoben*) **1** Verknüpfung ◇ *the nexus between industry and political power* der komplizierte Zusammenhang zwischen Industrie und politischer Macht **2** Knotenpunkt

NFL /ˌen ef ˈel/ (*AmE*) *Kurzform von* **National Football League** = nationale Footballliga

NGO /ˌen dʒiː ˈəʊ; *AmE* ˈoʊ/ *Kurzform von* **non-governmental organization** Nichtregierungsorganisation

NHS /ˌen eɪtʃ ˈes/ *Nomen Kurzform von* **National Health Service** = staatlicher Gesundheitsdienst in Großbritannien ◇ *NHS hospitals* staatlich geführte Krankenhäuser

NI /ˌen ˈaɪ/ (*BrE*) *Kurzform von* **National Insurance** = Sozialversicherung in Großbritannien

nib /nɪb/ *Nomen* Feder (*eines Füllers*)

nib·ble /ˈnɪbl/ *Verb, Nomen*

▸ ***Verb*** **1** ~ **(at sth)** (an etw) knabbern **2** ~ **at sth** (*fig*) ◇ *He nibbled at the idea, but would not make a decision.* Er ließ sich die Idee durch den Kopf gehen, aber er wollte noch keine Entscheidung treffen. **PHR V** **ˌnibble aˈway at sth** etw langsam unterhöhlen

▸ ***Nomen*** **1** kleiner Biss ◇ *I took a nibble from the biscuit.* Ich habe den Keks angebissen. **2** **nibbles** [Pl] Häppchen, Knabberzeug

nibs /nɪbz/ *Nomen* **IDM** **his nibs** (*BrE, umgs, veraltet*) der hohe Herr ◇ *What time did his nibs get up?* Um wie viel Uhr ist der hohe Herr aufgestanden?

nice 0‑ /naɪs/ *Adj* **1** schön ◇ *You look very nice.* Du siehst sehr hübsch aus. ◇ *The nicest thing about her is that she never criticizes us.* Das Beste an ihr ist, dass sie uns nie kritisiert. ◇ *Nice to meet you!* Sehr erfreut! ◇ *It's been nice meeting you.* Es hat mich gefreut, Ihre Bekanntschaft zu machen. ◇ *We all had the flu last week — it wasn't very nice.* Wir hatten letzte Woche alle Grippe — es war nicht sehr angenehm. ◇ *nice and warm* schön warm **2** nett, freundlich ◇ *I complained to him and he was very nice about it.* Ich habe mich bei ihm beschwert, und er hat sehr nett reagiert. ◇ (*iron*) *That's a nice way to speak to your mother!* Das ist ja eine schöne Art, mit deiner Mutter zu sprechen! **3** (*gehoben*) subtil, fein **IDM** **Have a nice 'day!** (*bes AmE, umgs*) Schönen Tag noch! **'Nice one!** (*BrE, umgs*) Spitze! **Nice 'work!** (*bes BrE, umgs*) Gut gemacht! **nice work if you can 'get it** (*umgs*) das sollte mir auch mal passieren ➔ *Siehe auch* MR

ˌnice-'looking *Adj* gut aussehend

nice·ly 0‑ /ˈnaɪsli/ *Adv* **1** schön, gut, hübsch **2** (*umgs*) nett **3** (*gehoben*) genau **IDM** **do 'nicely** **1** (*meist* **be doing nicely**) gut gehen **2** gut passen

nice·ness /ˈnaɪsnəs/ *Nomen* [U] Nettigkeit

ni·cety /ˈnaɪsəti/ *Nomen* (*Pl* **-ies**) **1** [meist Pl] Feinheit **2** (*gehoben*) Genauigkeit

niche /niːʃ, nɪtʃ/ *Nomen* Nische (*auch fig*), Platz (*auch fig*)

nick /nɪk/ *Nomen, Verb*

▸ ***Nomen*** **1** **the nick** [Sing] (*BrE, Slang*) der Knast, das Polizeirevier **2** Kerbe **IDM** **in good/bad 'nick** gut/nicht gut in Schuss **in the ˌnick of 'time** gerade noch rechtzeitig

▸ ***Verb*** **1** schneiden, einkerben **2** (*BrE, umgs*) klauen **3** (*BrE, umgs*) (*Verbrecher*) schnappen, einsperren ◇ *You're nicked!* Sie sind verhaftet!

nickel /ˈnɪkl/ *Nomen* **1** Nickel ◇ *nickel-plated* vernickelt **2** (*in den USA und Kanada*) Fünfcentstück **IDM** ➔ TWO

nick·name /ˈnɪkneɪm/ *Nomen, Verb*

▸ ***Nomen*** Spitzname

▸ ***Verb*** ◇ *He was nicknamed 'Tarzan'.* Sein Spitzname war „Tarzan".

nico·tine /ˈnɪkətiːn/ *Nomen* Nikotin

niece 0‑ /niːs/ *Nomen* Nichte

nifty /ˈnɪfti/ *Adj* (*umgs*) **1** geschickt ◇ *nifty guitar work* fingerfertige Gitarrentechnik **2** raffiniert

nig·gard·ly /ˈnɪgədli; *AmE* -gərd-/ *Adj* (*abwert*) **1** knauserig **2** kümmerlich, armselig

nig·ger /ˈnɪgə(r)/ *Nomen* (*vulg, beleidigend*) Nigger

nig·gle /ˈnɪgl/ *Nomen, Verb*

▸ ***Nomen*** **1** Einwand ◇ *My only niggle is ...* Das Einzige, was mir nicht gefällt, ist ... **2** Bedenken ◇ *a niggle of doubt* ein leiser Zweifel **3** leichter Schmerz

▸ ***Verb*** **1** ~ **(at) sb** jdm zu schaffen machen, jdn ärgern **2** ~ **(about/over sth)** (über etw) meckern **3** ~ **(at sb) (for sth)** (an jdm) (wegen einer Sache) herumnörgeln

nig·gling /ˈnɪglɪŋ/ (*auch* **nig·gly** /-gli/) *Adj* **1** lästig, quälend ◇ *She had niggling doubts.* Sie zweifelte immer wieder. **2** belanglos

nigh /naɪ/ *Adv* **1** (*veraltet*) ~ **on** nahezu **2** (*veraltet oder gehoben*) nahe ◇ *Winter was drawing nigh.* Der Winter nahte. ◇ *The time is nigh.* Die Zeit ist gekommen.

night 0‑ /naɪt/ *Nomen* **1** Nacht ◇ *at night* nachts ◇ *You're welcome to stay the night here.* Du kannst gern hier übernachten. ◇ *What is he doing calling at this time of night?* Wie kann er nur so spät noch anrufen? ◇ *You'll feel better after a good night's sleep.* Schlaf mal ordentlich, dann geht's dir besser. **2** Abend ◇ *late at night* spät abends ◇ *I saw her in town the other night.* Ich habe sie neulich abends in der Stadt gesehen. ◇ *the first/opening night* die Premiere **IDM** **(Good) night!**, **Goodnight!** Gute Nacht! **have an early/a late 'night** früh/spät ins Bett gehen **have a good/bad 'night** gut/schlecht schlafen **have a night on the 'tiles** (*BrE, umgs*) einen draufmachen **have a night 'out** abends ausgehen **ˌnight and 'day**, **ˌday and 'night** Tag und Nacht **night 'night** (*Kinderspr*) gute Nacht ➔ *Siehe auch* DANCE, DEAD, MORNING, SPEND, STILL *und* THING

night·cap /ˈnaɪtkæp/ *Nomen* **1** Schlaftrunk **2** Nachtmütze

night·clothes /ˈnaɪtkləʊðz; *AmE* -kloʊðz/ *Nomen* [Pl] Nachtwäsche

night·club /ˈnaɪtklʌb/ *Nomen* Nachtklub

'night depository *Nomen (AmE)* Nachtsafe
night·dress /ˈnaɪtdres/ *Nomen* Nachthemd
'night duty *Nomen* Nachtdienst
night·fall /ˈnaɪtfɔːl/ *Nomen (gehoben)* Einbruch der Dunkelheit
night·gown /ˈnaɪtgaʊn/ *Nomen (BrE, veraltet oder AmE)* Nachthemd
nightie /ˈnaɪti/ *Nomen (umgs)* Nachthemd
night·in·gale /ˈnaɪtɪŋgeɪl/ *Nomen* Nachtigall
night·life /ˈnaɪtlaɪf/ *Nomen* Nachtleben
night·ly /ˈnaɪtli/ *Adj, Adv*
▸ ***Adj*** **1** (all)nächtlich **2** (all)abendlich
▸ ***Adv*** **1** jede Nacht **2** jeden Abend
night·mare /ˈnaɪtmeə(r); *AmE* -mer/ *Nomen* Albtraum *(auch fig)* ◇ *a nightmare situation* eine grauenhafte Situation
night·mar·ish /ˈnaɪtmeərɪʃ; *AmE* -merɪʃ/ *Adj* albtraumhaft, grauenhaft
'night school *Nomen* Abendschule
night·shirt /ˈnaɪtʃɜːt; *AmE* -tʃɜːrt/ *Nomen* (Herren) nachthemd
night·spot /ˈnaɪtspɒt; *AmE* -spɑːt/ *Nomen (umgs)* Nachtlokal
night·stand /ˈnaɪtstænd/ *(AmE auch* **'night table***)* *Nomen* Nachttisch
night·stick /ˈnaɪtstɪk/ *Nomen (AmE)* Schlagstock
night·watch·man /naɪtˈwɒtʃmən; *AmE* -ˈwɑːtʃ-/ *Nomen (Pl* **-men** /-mən/*)* Nachtwächter
night·wear /ˈnaɪtweə(r); *AmE* -wer/ *Nomen* [U] Nachtwäsche
ni·hil·ism /ˈnaɪɪlɪzəm/ *Nomen* Nihilismus
ni·hil·ist /ˈnaɪɪlɪst/ *Nomen* Nihilist(in)
ni·hil·is·tic /ˌnaɪɪˈlɪstɪk/ *Adj* nihilistisch
nil /nɪl/ *Nomen* **1** *(bes BrE)* null ◇ *four nil* vier zu null **2** **be ~** gleich null sein
nim·ble /ˈnɪmbl/ *Adj (Adv* **nim·bly** /-bli/*)* (**nim·bler** /ˈnɪmblə(r)/, **nim·blest** /ˈnɪmblɪst/) flink, geschickt, beweglich ◇ *You need nimble fingers for that job.* Für diese Arbeit muss man sehr fingerfertig sein. ◇ *have a nimble mind* schnell denken können
nim·bus /ˈnɪmbəs/ *Nomen* **1** [meist Sing] Nimbostratus **2** [meist Sing] Nimbus, Heiligenschein
nimby /ˈnɪmbi/ *Nomen (Pl* **-ies***)* *(hum, abwert)* = jd, der ein Projekt befürwortet, solange es nicht im seiner Nähe realisiert wird.
nin·com·poop /ˈnɪŋkəmpuːp/ *Nomen (umgs, veraltet)* Trottel
nine 🔑 /naɪn/ *Zahl* neun → *Beispiele bei* SECHS **IDM** **have nine 'lives** mehr Glück als Verstand haben; *(Katze)* sieben Leben haben **a nine days' 'wonder** eine Eintagsfliege **ˌnine to 'five** = normale Büroarbeitszeit ◇ *I work nine to five.* Ich arbeite von neun bis fünf. ◇ *a nine-to-five job* ein Bürojob → *Siehe auch* DRESSED
nine·pins /ˈnaɪnpɪnz/ *Nomen* **IDM** **ˌgo down, drop, etc. like 'ninepins** *(BrE, umgs)* umfallen wie die Fliegen
nine·teen 🔑 /ˌnaɪnˈtiːn/ *Zahl* neunzehn → *Beispiele bei* SECHS **IDM** **talk nineteen to the 'dozen** *(BrE, umgs)* wie ein Wasserfall reden
nine·teenth 🔑 /ˌnaɪnˈtiːnθ/ *Adj, Pron* neunzehnte(r,s) → *Beispiele bei* SECHSTE(R,S)
nine·ti·eth 🔑 /ˈnaɪntiəθ/ *Adj, Pron, Nomen*
▸ ***Adj, Pron*** neunzigste(r,s) → *Beispiele bei* SECHSTE(R,S)
▸ ***Nomen*** Neunzigstel
ninety 🔑 /ˈnaɪnti/ *Zahl, Nomen*
▸ ***Zahl*** neunzig → *Beispiele bei* SECHZIG **IDM** **ˌninety-nine ˌtimes out of a 'hundred** in 99 Prozent aller Fälle
▸ ***Nomen*** **the nineties** [Pl] → *Beispiele bei* SIXTY

ninny /ˈnɪni/ *Nomen (Pl* **-ies***)* *(umgs)* Dussel
ninth 🔑 /naɪnθ/ *Adj, Pron, Nomen*
▸ ***Adj, Pron*** neunte(r,s) → *Beispiele bei* SECHSTE(R,S)
▸ ***Nomen*** Neuntel
nip /nɪp/ *Verb, Nomen*
▸ ***Verb*** **(-pp-)** **1** beißen, kneifen **2** ◇ *The icy wind nipped our faces.* Der eisige Wind schnitt uns ins Gesicht. ◇ *growing shoots nipped by frost* junge Triebe, vom Frost beschädigt **3** *(BrE, umgs)* flitzen ◇ *He's just nipped out to the bank.* Er ist bloß kurz zur Bank gegangen. ◇ *A car nipped in ahead of me.* Ein Wagen schlüpfte vor mir in die Schlange. **IDM** **nip sth in the 'bud** etw im Keim ersticken **PHR V** **nip sth 'off** etw abzwicken, etw abknipsen
▸ ***Nomen*** **1** Biss, Kniff ◇ *The dog gave her a nip on the leg.* Der Hund biss sie ins Bein. **2** *(umgs)* ◇ *There was a real nip in the air.* Es war richtig frisch draußen. **3** *(umgs)* Schlückchen **IDM** **ˌnip and 'tuck (with sb)** *(AmE)* Kopf an Kopf (mit jdm)
nip·per /ˈnɪpə(r)/ *Nomen (BrE, umgs)* Kleine(r,s)
nip·ple /ˈnɪpl/ *Nomen* **1** Brustwarze **2** *(AmE)* Sauger **3** Nippel
nippy /ˈnɪpi/ *Adj* **1** *(BrE)* flink ◇ *a nippy little sports car* ein spritziger kleiner Sportwagen **2** *(umgs)* *(Wetter)* kühl, frisch
niqab /nɪˈkɑːb/ *Nomen* Niqab
nir·vana /nɪəˈvɑːnə; *AmE* nɪrˈ-/ *Nomen* Nirwana
Nis·sen hut /ˈnɪsn hʌt/ *Nomen (BrE)* Nissenhütte
nit /nɪt/ *Nomen* **1** Nisse, Kopflaus **2** *(BrE, umgs)* Dussel
nitpicker /ˈnɪtpɪkə(r)/ *Nomen* Pedant, Kleinigkeitskrämer
nitpicking /ˈnɪtpɪkɪŋ/ *Nomen, Adj*
▸ ***Nomen*** *(umgs, abwert)* Pingeligkeit
▸ ***Adj*** pingelig
ni·trate /ˈnaɪtreɪt/ *Nomen* Nitrat
ni·tric acid /ˌnaɪtrɪk ˈæsɪd/ *Nomen* Salpetersäure
ni·tro·gen /ˈnaɪtrədʒən/ *Nomen* Stickstoff
ni·tro·gen·ous /naɪˈtrɒdʒənəs; *AmE* -ˈtrɑːdʒə-/ *Adj* stickstoffhaltig
nitro·gly·cer·ine /ˌnaɪtrəʊˈglɪsəriːn, -rɪn; *AmE* ˌnaɪtroʊˈglɪsərən/ *(bes BrE* **nitro·gly·cerin** /ˌnaɪtrəʊˈglɪsərɪn; *AmE* ˌnaɪtroʊˈglɪsərən/*)* *Nomen* Nitroglyzerin
ni·trous oxide /ˌnaɪtrəs ˈɒksaɪd; *AmE* ˈɑːk-/ *Nomen* Distickstoffmonoxid, Lachgas
the nitty-gritty /ðə ˌnɪti ˈgrɪti/ *Nomen (umgs)* der Kern der Sache
nit·wit /ˈnɪtwɪt/ *Nomen (umgs)* Schwachkopf
nix /nɪks/ *Verb (AmE, umgs)* fallen lassen, über den Haufen werfen
No. *Abk* **1** *(auch* **no.***)* *(Pl* **Nos, nos***)* = NUMBER **2** *(AmE)* = NORTH *und* NORTHERN
no 🔑 /nəʊ; *AmE* noʊ/ *Ausruf, Adj, Adv, Nomen*
▸ ***Ausruf*** nein **IDM** **not take 'no for an answer** nicht locker lassen ◇ *You're coming and I won't take no for an answer!* Du kommst, ich bestehe darauf!
▸ ***Adj*** kein ◇ *No two days are the same.* Kein Tag ist wie der andere. ◇ *No smoking!* Rauchen verboten! ◇ *There's no telling what will happen next.* Es lässt sich nicht sagen, was als Nächstes passieren wird. ◇ *She's no fool.* Sie ist nicht dumm. ◇ *It was no easy matter.* Es war nicht leicht.
▸ ***Adv*** *(vor Adjektiven und Adverbien)* nicht ◇ *no later than six* bis spätestens 6 Uhr
▸ ***Nomen*** *(Pl* **noes** /nəʊz; *AmE* noʊz/*)* **1** Nein **2** **the noes** [Pl] die Neinstimmen ◇ *The noes have it.* Die Mehrheit ist dagegen.
Noah's ark /ˌnəʊəz ˈɑːk; *AmE* ˌnoʊəz ˈɑːrk/ *Nomen* die Arche Noah
nob /nɒb; *AmE* nɑːb/ *Nomen (BrE, umgs, veraltet)* feiner Pinkel
ˌno-'ball *Nomen (Kricket)* ungültiger Ball

nob·ble /ˈnɒbl; *AmE* ˈnɑːbl/ *Verb* (*BrE, umgs*) **1** = auf illegale Weise dafür sorgen, dass ein Rennpferd nicht gewinnt (z.B. durch Beruhigungsmittel) **2** bestechen **3** (*Pläne*) vereiteln, durchkreuzen **4** sich schnappen ◇ *He was nobbled by the press.* Er wurde von der Presse bedrängt.

no·bil·ity /nəʊˈbɪləti; *AmE* noʊˈ-/ *Nomen* **1** [mit Verb im Sing/Pl] **the nobility** der Adel **2** [U] (*gehoben*) hohe Gesinnung

noble /ˈnəʊbl; *AmE* ˈnoʊ-/ *Adj, Nomen*

▸ ***Adj*** (**no·bler** /ˈnəʊblə(r); *AmE* ˈnoʊ-/, **nob·lest** /ˈnəʊblɪst; *AmE* ˈnoʊ-/) (*Adv* **nobly** /-bli/) **1** edel ◇ *noble ideals* hohe Ideale ◇ *He died for a noble cause.* Er starb für eine gute Sache. **2** stattlich, prächtig **3** adlig ◇ *be nobly born* von adliger Geburt sein

▸ ***Nomen*** Adlige(r)

noble·man /ˈnəʊblmən; *AmE* ˈnoʊ-/ *Nomen* (*Pl* **-men** /-mən/) Adliger

no·blesse ob·lige /nəʊˌbles əˈbliːʒ; *AmE* noʊ-/ *Nomen* Adel verpflichtet

noble·woman /ˈnəʊblwʊmən; *AmE* ˈnoʊ-/ *Nomen* (*Pl* **-women** /-wɪmɪn/) Adlige

no·body 🔑 /ˈnəʊbədi; *AmE* ˈnoʊ-/ *Pron, Nomen*

▸ ***Pron*** niemand, keiner

▸ ***Nomen*** (*Pl* **-ies**) Niemand

ˌno-brainer *Nomen* (*umgs*) leicht zu lösendes Problem, naheliegende Entscheidung ◇ *The question of who to support in this election should be a no-brainer.* Die Frage, wen man diesmal wählen soll, dürfte leicht zu beantworten sein. ◇ *Saving energy by insulating homes should be a no-brainer.* Energiesparen durch Wärmedämmung liegt nahe.

ˌno-ˈclaims bonus (*auch* **ˌno-ˈclaim bonus**, **ˌno-ˈclaim(s) discount**) *Nomen* (*BrE*) Schadenfreiheitsrabatt

noc·tur·nal /nɒkˈtɜːnl; *AmE* nɑːkˈtɜːrnl/ *Adj* nächtlich, Nacht-

noc·turne /ˈnɒktɜːn; *AmE* ˈnɑːktɜːrn/ *Nomen* Nocturne

nod /nɒd; *AmE* nɑːd/ *Verb, Nomen*

▸ ***Verb*** (**-dd-**) **1** nicken ◇ *She nodded approval.* Sie nickte zustimmend. **2 ~ at/to sb** jdm zunicken ◇ *nod a greeting* zur Begrüßung nicken **3** (mit dem Kopf) deuten **4** ein Nickerchen machen ◇ *He sat nodding in front of the fire.* Er war am Kamin eingenickt. IDM **have a nodding acˈquaintance with sb/sth** jdn flüchtig kennen PHR V **ˌnod ˈoff** (*umgs*) einnicken

▸ ***Nomen*** Nicken ◇ *give a nod of approval* zustimmend nicken IDM **get the ˈnod** (*umgs*) **1** ausgewählt werden ◇ *He got the nod from the team manager.* Er wurde vom Trainer in die Mannschaft aufgenommen. **2** genehmigt werden **give sb/sth the ˈnod** (*umgs*) jdm/etw grünes Licht geben **a ˌnod and a ˈwink** wortloses Einverständnis ◇ *Everything could be done by a nod and a wink.* Alles konnte inoffiziell geregelt werden. **on the ˈnod** (*BrE, umgs*) ohne weitere Diskussion

node /nəʊd; *AmE* noʊd/ *Nomen* Knoten ◇ *a lymph node* ein Lymphknoten

nod·ule /ˈnɒdjuːl; *AmE* ˈnɑːdʒuːl/ *Nomen* Knötchen

Noel /nəʊˈel; *AmE* noʊˈ-/ *Nomen* Weihnachten

noes *Form von* NO

ˌno-ˈfault *Adj* [nur vor Nomen] (*bes AmE*) ◇ *no-fault insurance* Vollkaskoversicherung

ˌno-ˈfly zone *Nomen* (Flug)sperrzone

ˌno-ˈfrills *Adj* [nur vor Nomen] ohne großen Service, ohne Extras ◇ *a no-frills airline* eine Billigfluglinie

ˌno-ˈgo area *Nomen* (*bes BrE*) Sperrgebiet ◇ *Some estates have become no-go areas for the police.* In manche Siedlungen traut sich die Polizei nicht mehr rein. ◇ *This subject is definitely a no-go area.* Dieses Thema ist eindeutig tabu.

ˌno-good *Adj* [nur vor Nomen] (*Slang*) nichtsnutzig

ˌno-ˈhoper *Nomen* (*umgs*) Niete

noise 🔑 /nɔɪz/ *Nomen* **1** Geräusch, Lärm ◇ *reduce noise levels* den Geräuschpegel reduzieren ◇ *Don't make so much noise.* Sei nicht so laut. **2** (TECH) Rauschen IDM **make a ˈnoise (about sth)** (*umgs*) (wegen einer Sache) Krach schlagen **make noises** Andeutungen machen ◇ *He made all the right noises.* Er hat genau das Richtige gesagt. **make ˈnoises about sth 1** etw andeuten **2** wegen einer Sache Krach schlagen **make soothing, encouraging, etc. noises** beruhigende, ermutigende etc. Bemerkungen von sich geben → *Siehe auch* BIG

noise·less /ˈnɔɪzləs/ *Adj* (*Adv* **noise·less·ly**) (*gehoben*) geräuschlos, lautlos

noi·some /ˈnɔɪsəm/ *Adj* (*selten, gehoben*) widerlich

noisy 🔑 /ˈnɔɪzi/ *Adj* (**nois·ier**, **noisi·est**) (*Adv* **nois·ily** /-zɪli/) laut, lärmend ◇ *a noisy protest* ein lautstarker Protest ◇ *a noisy classroom* ein Klassenzimmer voller Lärm

nomad /ˈnəʊmæd; *AmE* ˈnoʊ-/ *Nomen* Nomade, Nomadin

no·mad·ic /nəʊˈmædɪk; *AmE* noʊˈ-/ *Adj* nomadisch, Nomaden- ◇ *nomadic tribes* Nomadenstämme

ˈno-man's-land *Nomen* Niemandsland

nom de plume /ˌnɒm də ˈpluːm; *AmE* ˌnɑːm/ *Nomen* (*Pl* **noms de plume** /ˌnɒm də ˈpluːm; *AmE* ˌnɑːm/) Pseudonym

no·men·clat·ure /nəˈmenklətʃə(r); *AmE auch* ˈnoʊmənkleɪtʃər/ *Nomen* (*gehoben*) Nomenklatur

no·men·klat·ura /nəˌmenkləˈtjʊərə; *AmE* ˌnoʊmənkləˈtʊrə/ *Nomen* [mit Verb im Sing/Pl] (POL) Nomenklatura

nom·in·al /ˈnɒmɪnl; *AmE* ˈnɑːm-/ *Adj* **1** (*Adv* **nom·in·al·ly** /-nəli/) nominell, dem Namen nach ◇ *the nominal value* der Nennwert **2** (*Miete, Gebühr etc.*) symbolisch, äußerst gering **3** (LING) Nominal-

nom·in·ate /ˈnɒmɪneɪt; *AmE* ˈnɑːm-/ *Verb* **1** nominieren **2** ernennen **3** (*Termin etc.*) festlegen

nom·in·ation /ˌnɒmɪˈneɪʃn; *AmE* ˌnɑːm-/ *Nomen* Nominierung ◇ *She has had nine Oscar nominations.* Sie wurde neunmal für einen Oscar nominiert.

nom·ina·tive /ˈnɒmɪnətɪv; *AmE* ˈnɑːm-/ *Nomen, Adj*

▸ ***Nomen*** (LING) Nominativ

▸ ***Adj*** (LING) Nominativ-

nom·inee /ˌnɒmɪˈniː; *AmE* ˌnɑːm-/ *Nomen* Kandidat(in) ◇ *an Oscar nominee* jd, der für einen Oscar nominiert wird

non- 🔑 /nɒn; *AmE* nɑːn/ *Vorsilbe* (*in Substantiven, Adjektiven und Adverbien gebraucht*) nicht ◇ *non-alcoholic* alkoholfrei

nona·gen·ar·ian /ˌnɒnədʒəˈneəriən, ˌnəʊn-; *AmE* ˌnɑːnədʒəˈner-, ˌnoʊn-/ *Nomen, Adj*

▸ ***Nomen*** Neunziger(in)

▸ ***Adj*** in den Neunzigern

ˌnon-agˈgression *Nomen* Gewaltverzicht ◇ *a non-aggression pact* ein Nichtangriffspakt

ˌnon-alcoˈholic *Adj* alkoholfrei

ˌnon-aˈligned *Adj* bündnisfrei, blockfrei

ˌnon-aˈlign·ment *Nomen* Bündnisfreiheit

ˌnon-apˈpearance *Nomen* (*gehoben*) Nichterscheinen

ˌnon-atˈtendance *Nomen* Fernbleiben

non·cha·lance /ˈnɒnʃələns; *AmE* ˌnɑːnʃəˈlɑːns/ *Nomen* Nonchalance, Lässigkeit

non·cha·lant /ˈnɒnʃələnt; *AmE* ˌnɑːnʃəˈlɑːnt/ *Adj* (*Adv* **non·cha·lantly**) lässig, nonchalant

ˌnon-ˈcitizen *Nomen* (*AmE*) Ausländer(in)

ˌnon-ˈcombatant *Nomen* **1** Nichtkämpfende(r) **2** Zivilist(in)

ˌnon-commisˈsioned ˈofficer *Nomen* = NCO

ˌnon-comˈmit·tal *Adj* (*Adv* **ˌnon-comˈmit·tally** /ˌnɒn kəˈmɪtəli; *AmE* -təli/) unverbindlich ◇ *The doctor was non-committal about when I could drive again.* Der Arzt wollte sich nicht festlegen, wann ich wieder Auto fahren könnte.

ˌnon-comˈpliance *Nomen* **~ (with sth)** Nichteinhaltung (von etw), Verstoß (gegen etw)

non·con·form·ist /ˌnɒnkənˈfɔːmɪst; *AmE* ˌnɑːnkənˈfɔːrmɪst/ *Nomen, Adj*

▸ ***Nomen*** Nonkonformist(in)

▸ ***Adj*** nonkonformistisch

non·con·form·ity /ˌnɒnkənˈfɔːməti; *AmE* ˌnɑːnkənˈfɔːrm-/ (*auch* **non·con·form·ism** /-mɪzəm/) *Nomen* Nonkonformismus

ˌnon-conˈtributory *Adj* ohne Eigenbeteiligung ◇ *non-contributory pension schemes* beitragsfreie Altersversorgung

ˌnon-contro·ˈver·sial *Adj* nicht kontrovers

ˌnon-coˌopeˈration *Nomen* Verweigerung der Mitarbeit, passiver Widerstand

ˌnon-cuˈstod·ial *Adj* [nur vor Nomen] **1** ◇ *a non-custodial penalty/sentence* eine Strafe ohne Freiheitsentzug **2** = bezeichnet den Elternteil, der nicht das Sorgerecht besitzt

ˌnon-ˈdairy *Adj* [nur vor Nomen] milchfrei ◇ *a non-dairy whipped topping* ein Sahneersatz

non·de·script /ˈnɒndɪskrɪpt; *AmE* ˈnɑːn-/ *Adj* (*abwert*) unauffällig, unscheinbar

none 0-ᴛ /nʌn/ *Pron, Adv*

▸ ***Pron*** keine(r,s) ◇ *None of these pens works/work.* Keiner von diesen Füllern funktioniert. ◇ *Tickets for Friday? Sorry we've got none left.* Karten für Freitag? Tut mir leid, wir haben keine mehr. ◇ *He told me all the news but none of it was very exciting.* Er erzählte mir alle Neuigkeiten, aber da war nichts Aufregendes dabei. ◇ *'Is there any more milk?' 'No, none at all.'* „Ist noch Milch da?" „Nein, es ist keine mehr da." ◇ (*gehoben*) *Everybody liked him but none more than I.* Alle mochten ihn, aber keiner mehr als ich. **IDM** **ˈnone but** (*gehoben*) nur **none ˈother than** kein anderer als; nichts anderes als **have/want none of sth** etw nicht dulden; von etw nichts wissen wollen → *Siehe auch* NONETHELESS

▸ ***Adv*** **1 ~ the …** gar nicht, überhaupt nicht ◇ *I'm none the wiser.* Ich bin nicht viel schlauer geworden. ◇ *He seems none the worse for the experience.* Das Erlebnis hat ihm anscheinend überhaupt nicht geschadet. **2 ~ too …** keineswegs, gar nicht ◇ *She was looking none too pleased.* Sie sah gar nicht glücklich aus.

non·en·tity /nɒˈnentəti; *AmE* nɑːˈ-/ *Nomen* (*Pl* **-ies**) (*abwert*) (*Mensch*) Null, Nichts

ˌnon-esˈsential *Adj* nicht unbedingt nötig, nicht lebensnotwendig

ˌnon-esˈsentials *Nomen* [Pl] nicht unbedingt notwendige Dinge

none·the·less (*auch* **none the less**) /ˌnʌnðəˈles/ *Adv* (*gehoben*) trotzdem, nichtsdestoweniger

ˌnon-eˈvent *Nomen* (*umgs*) Reinfall, Pleite

ˌnon-exˈecutive *Adj* [nur vor Nomen] (*BrE*) ohne Entscheidungsbefugnis

ˌnon-eˈxistence *Nomen* Nichtvorhandensein

ˌnon-eˈxistent *Adj* nicht vorhanden

ˌnon-ˈfiction *Nomen* [U] Sachliteratur, Sachbücher

ˌnon-ˈfinite *Adj* infinit

ˌnon-ˈflammable *Adj* nicht entzündlich

ˌnon-ˈhuman *Adj* nicht menschlich

ˌnon-interˈvention (*auch* **ˌnon-interˈference**) *Nomen* Nichteinmischung

ˌnon-interˈven·tion·ist *Adj* ◇ *a non-interventionist policy* eine Politik der Nichteinmischung

ˌnon-ˈlinear *Adj* (*Fachspr*) nicht linear

ˌnon-neˈgotiable *Adj* **1** ◇ *non-negotiable demands* Forderungen, über die nicht verhandelt werden kann **2** (*Scheck etc.*) nicht übertragbar

ˌno-no *Nomen* [Sing] (*umgs*) **be a ~** nicht infrage kommen

ˌnon-obˈservance *Nomen* (*gehoben*) Nichtbeachtung, Nichteinhaltung

ˌno-ˈnonsense *Adj* [nur vor Nomen] nüchtern, sachlich

ˌnon-partiˈsan *Adj* überparteilich, unparteiisch

ˌnon-ˈpayment *Nomen* (*gehoben*) Nichtzahlung, Zahlungsverweigerung

non·plussed (*AmE auch* **non·plused**) /ˌnɒnˈplʌst; *AmE* ˌnɑːn-/ *Adj* verblüfft, verdutzt

ˌnon-preˈscription *Adj* [nur vor Nomen] rezeptfrei

ˌnon-proˈfessional *Adj* **1** ohne Hochschulbildung **2** Amateur-

ˌnon-ˈprofit (*BrE auch* **ˌnon-ˈprofit-making**) *Adj* gemeinnützig, nicht auf Gewinn ausgerichtet

ˌnon-proˌlifeˈration *Nomen* Nichtverbreitung von Atomwaffen

ˌnon-reˈfundable *Adj* nicht rückzahlbar ◇ *non-refundable tickets* Karten ohne Rückerstattungsanspruch

ˌnon-reˈnewable *Adj* **1** nicht erneuerbar ◇ *non-renewable resources* nicht erneuerbare Ressourcen **2** nicht verlängerbar

ˌnon-ˈresident *Adj, Nomen*

▸ ***Adj*** (*gehoben*) **1** nicht ansässig **2** nicht im Haus wohnend ◇ *non-resident guests* Gäste, die nicht im Haus wohnen

▸ ***Nomen*** (*gehoben*) **1** = Ausländer(in), der/die nicht auf Dauer in einem Land wohnhaft ist **2** = nicht im Hotel wohnender Gast

ˌnon-resiˈdential *Adj* **1** (*Haus, Viertel etc.*) Geschäfts- ◇ *The new buildings will be non-residential.* Die neuen Bauten werden keine Wohnhäuser. **2** ◇ *a non-residential course* ein Kurs, bei dem man nicht im Haus/Wohnheim wohnen muss

ˌnon-reˈturnable *Adj* **1** nicht rückzahlbar **2** (*Flaschen etc.*) Einweg-

non·sense 0-ᴛ /ˈnɒnsns; *AmE* ˈnɑːnsens, -sns/ *Nomen* **1** Unsinn, Quatsch, dummes Zeug **2** Unsinn, Dummheiten ◇ *The new teacher won't stand for any nonsense.* Der neue Lehrer duldet keinen Unsinn. **3** Nonsens ◇ *children's nonsense poems* Nonsens-Gedichte für Kinder **IDM** **make (a) ˈnonsense of sth** etw zur Farce werden lassen; etw ad absurdum führen

non·sens·ical /nɒnˈsensɪkl; *AmE* nɑːnˈ-/ *Adj* unsinnig

non sequi·tur /ˌnɒn ˈsekwɪtə(r); *AmE* ˌnɑːn/ *Nomen* (*gehoben*) unlogische Folgerung

ˌnon-ˈslip *Adj* rutschfest

ˌnon-ˈsmoker *Nomen* Nichtraucher(in)

ˌnon-ˈsmoking *Nomen, Adj*

▸ ***Nomen*** Nichtrauchen ◇ *Non-smoking is now the norm in most workplaces.* An den meisten Arbeitsplätzen darf heute nicht mehr geraucht werden.

▸ ***Adj*** **1** Nichtraucher- ◇ *a non-smoking area* eine Nichtraucherzone **2** ◇ *a non-smoking tenant* ein Mieter der nicht raucht

ˌnon-speˈcific *Adj* **1** allgemein (gehalten) **2** (MED) unspezifisch

ˌnon-ˈstandard *Adj* **1** nicht der Standardsprache entsprechend **2** nicht üblich ◇ *The paper was of non-standard size.* Das Papier war eine Sondergröße.

ˌnon-ˈstarter *Nomen* (*umgs*) Blindgänger, Reinfall, Versager

ˌnon-ˈstick *Adj* beschichtet

non-'stop *Adj, Adv*
▸ ***Adj*** Nonstop-, durchgehend ◇ *a non-stop flight* ein Nonstopflug ◇ *non-stop rain* Dauerregen
▸ ***Adv*** nonstop, ununterbrochen

non-'union (*seltener* **non-'unionized** *BrE auch*; **-ised**) *Adj* **1** nicht gewerkschaftlich organisiert **2** (*Firma*) gewerkschaftsfrei

non-'verbal *Adj* nonverbal

non-'violence *Nomen* Gewaltlosigkeit

non-'violent *Adj* gewaltlos ◇ *non-violent crimes* Straftaten ohne Anwendung von Gewalt

non-'white *Nomen, Adj*
▸ ***Nomen*** Farbige(r)
▸ ***Adj*** farbig

noo·dle /ˈnuːdl/ *Nomen* **1** [meist Pl] Nudel **2** (*AmE, Slang, veraltet*) (*Kopf*) Birne

nook /nʊk/ *Nomen* Ecke, Winkel IDM **every ˌnook and ˈcranny** (*umgs*) alle Ecken und Winkel

nooky (*auch* **nookie**) /ˈnʊki/ *Nomen* (*Slang*) Bumsen

noon /nuːn/ *Nomen* [U] Mittag, 12 Uhr mittags IDM → MORNING

noon·day /ˈnuːndeɪ/ *Adj* [nur vor Nomen] (*gehoben oder veraltet*) Mittags- ◇ *the noonday sun* die Mittagssonne

ˈno one *Pron* niemand ◇ *There was no one else around.* Es war sonst niemand da.

noose /nuːs/ *Nomen* (*auch fig*) Schlinge

nope /nəʊp; *AmE* noʊp/ *Ausruf* (*umgs*) nein, nee

ˈno place *Adv* (*bes AmE, umgs*) nirgendwo, nirgendwohin

nor /nɔː(r)/ *Konj, Adv* **1 neither … nor … ; not … nor …** nicht … und auch nicht …; weder … noch … ◇ *She seemed neither surprised nor worried.* Sie schien weder überrascht noch besorgt. ◇ *It is not possible, nor is it necessary.* Es ist nicht möglich und auch nicht nötig. **2** auch nicht ◇ *She doesn't like them and nor does Jeff.* Sie mag sie nicht, und Jeff auch nicht. ◇ *'I'm not going.' 'Nor am I.'* „Ich gehe nicht." „Ich auch nicht." ◇ *He wasn't there on Monday. Nor on Tuesday, for that matter.* Er war Montag nicht da. Dienstag aber auch nicht.

Nor·dic /ˈnɔːdɪk; *AmE* ˈnɔːrdɪk/ *Adj* nordisch

Nordic ˈskiing *Nomen* (SPORT) Langlauf

Nordic ˈwalking *Nomen* Nordic Walking

norm /nɔːm; *AmE* nɔːrm/ *Nomen, Verb*
▸ ***Nomen*** [Sing] Norm
▸ ***Verb*** standardisieren, vereinheitlichen

nor·mal /ˈnɔːml; *AmE* ˈnɔːrml/ *Adj, Nomen*
▸ ***Adj*** normal ◇ *in the normal course of events* normalerweise ◇ *We are open during normal office hours.* Wir haben zu den üblichen Geschäftszeiten geöffnet. ◇ *That's normal practice.* Das ist so üblich.
▸ ***Nomen*** [U] Normalwert ◇ *Her temperature is above normal.* Sie hat erhöhte Temperatur. ◇ *Things soon returned to normal.* Bald hatte sich wieder alles normalisiert.

nor·mal·ity /nɔːˈmæləti; *AmE* nɔːrˈ-/ (*bes AmE* **normalcy** /ˈnɔːmlsi; *AmE* ˈnɔːrm-/) *Nomen* Normalität

nor·mal·iza·tion (*BrE auch* **-isa·tion**) /ˌnɔːməlaɪˈzeɪʃn; *AmE* ˌnɔːrmələˈ-/ *Nomen* Normalisierung

nor·mal·ize (*BrE auch* **-ise**) /ˈnɔːməlaɪz; *AmE* ˈnɔːrm-/ *Verb* (sich) normalisieren

nor·mal·ly /ˈnɔːməli; *AmE* ˈnɔːrm-/ *Adv* **1** normalerweise **2** normal ◇ *Just try to behave normally.* Versuchen Sie, sich ganz normal zu benehmen.

Nor·man /ˈnɔːmən; *AmE* ˈnɔːrmən/ *Adj* normannisch ◇ *Norman churches* Kirchen im normannischen Stil ◇ *the Norman Conquest* die Eroberung Englands durch die Normannen

nor·ma·tive /ˈnɔːmətɪv; *AmE* ˈnɔːrm-/ *Adj* (*gehoben*) normativ

north /nɔːθ; *AmE* nɔːrθ/ *Nomen, Adj, Adv*
▸ ***Nomen*** (*Abk* **N**, **No.**) Norden ◇ *to the north of Bath* nördlich von Bath
▸ ***Adj*** [nur vor Nomen] (*Abk* **N**, **No.**) Nord-, nördlich ◇ *the north wind* der Nordwind
▸ ***Adv*** nach Norden ◇ *north of York* nördlich von York IDM **ˈnorth of sth** über etw **up ˈnorth** (*umgs*) im Norden; in den Norden

north·bound /ˈnɔːθbaʊnd; *AmE* ˈnɔːrθ-/ *Adj* in Richtung Norden ◇ *the northbound carriageway of the motorway* die Autobahn in Richtung Norden

north-country *Adj* [nur vor Nomen] nordenglisch

north-ˈeast *Nomen, Adv, Adj*
▸ ***Nomen*** (*Abk* **NE**) Nordosten
▸ ***Adv, Adj*** nach Nordosten, nordöstlich, Nordost-

north-ˈeasterly *Adj* **1** [nur vor Nomen] (*Richtung*) nordöstlich **2** (*Wind*) Nordost-

north-ˈeastern *Adj* [nur vor Nomen] (*Abk* **NE**) nordöstlich ◇ *the north-eastern city of Recife* die im Nordosten liegende Stadt Recife ◇ *the north-eastern frontier* die Nordostgrenze

north-ˈeastwards (*auch* **ˌnorth-ˈeastward**) *Adv, Adj* nordostwärts, nach Nordosten

north·er·ly /ˈnɔːðəli; *AmE* ˈnɔːrðərli/ *Adj, Nomen*
▸ ***Adj*** **1** [nur vor Nomen] (*Richtung*) nördlich **2** (*Wind*) Nord-
▸ ***Nomen*** (*Pl* **-ies**) Nordwind

north·ern /ˈnɔːðən; *AmE* ˈnɔːrðərn/ *Adj* (*Abk* **N**, **No.**) Nord-, nördlich ◇ *the northern slopes of the mountains* die Nordseite des Gebirges

north·ern·er /ˈnɔːðənə(r); *AmE* ˈnɔːrðərnər/ *Nomen* = Bewohner(in) des Nordens eines Landes

the ˌNorthern ˈLights *Nomen* [Pl] das Nordlicht

north·ern·most /ˈnɔːðənməʊst; *AmE* ˈnɔːrðərnmoʊst/ *Adj* nördlichste(r,s)

the ˌNorth ˈPole *Nomen* der Nordpol

north·wards /ˈnɔːθwədz; *AmE* ˈnɔːrθwərdz/ (*auch* **north·ward**) *Adv, Adj* nordwärts, nach Norden

north-ˈwest *Nomen, Adv, Adj*
▸ ***Nomen*** (*Abk* **NW**) Nordwesten
▸ ***Adv, Adj*** nach Nordwesten, nordwestlich, Nordwest-

north-ˈwesterly *Adj* **1** [nur vor Nomen] (*Richtung*) nordwestlich **2** (*Wind*) Nordwest-

north-ˈwestern *Adj* [nur vor Nomen] (*Abk* **NW**) nordwestlich → *Beispiele bei* NORTH-EASTERN

north-ˈwestwards (*auch* **ˌnorth-ˈwestward**) *Adv, Adj* nordwestwärts, nach Nordwesten

nose /nəʊz; *AmE* noʊz/ *Nomen, Verb*
▸ ***Nomen*** **1** Nase ◇ *He blew his nose.* Er putzte sich die Nase. ◇ *I have a blocked nose.* Meine Nase ist verstopft. ◇ *The child had a runny nose.* Dem Kind lief die Nase. **2** (*Flugzeug*) Nase; (*Rakete*) Spitze **3 a ~ for sth** ein Riecher für etw **4** [Sing] Geruchssinn, Nase **5** [Sing] (*von Wein*) Blume IDM **cut off your nose to spite your ˈface** (*umgs*) sich ins eigene Fleisch schneiden **get up sb's ˈnose** (*BrE, umgs*) jdm auf den Wecker gehen **have your nose in a ˈbook, etc.** (*umgs*) die Nase in ein Buch etc. stecken ◇ *Peter always has his nose in a book.* Peter ist immer in ein Buch vertieft. **have a nose ˈround** (*BrE, umgs*) sich umsehen, herumschnüffeln ◇ *I'll have a nose round.* Ich sehe mich mal um. **keep your ˈnose clean** (*umgs*) sich nichts zuschulden kommen lassen **keep your nose ˈout of sth** sich aus etw heraushalten **keep your nose to the ˈgrindstone** (*umgs*) sich dahinter klemmen **look down your ˈnose at sb/sth** (*bes BrE, umgs*) auf jdn/etw herabsehen **ˌnose to ˈtail** (*BrE*) Stoßstange an Stoßstange **on the ˈnose** (*bes AmE, umgs*) genau **poke/stick your nose into ˈsth** (*umgs*) seine Nase in etw stecken **put sb's**

ˈ**nose out of joint** (*umgs*) jdn vor den Kopf stoßen **turn your ˈnose up at sth** (*umgs*) die Nase über etw rümpfen **under sb's ˈnose** (*umgs*) **1** (direkt) vor jds Nase **2** vor jds Augen **with your ˌnose in the ˈair** (*umgs*) hochnäsig → *Siehe auch* FOLLOW, LEAD[1], PAY, PLAIN, POWDER, RUB, SKIN *und* THUMB

▸ ***Verb* 1** sich vorsichtig bewegen ◇ *The taxi nosed its way back into the traffic.* Das Taxi schob sich vorsichtig wieder in den Verkehr hinein. **2** (*Tier*) schnüffeln ◇ *The horses nosed at the straw.* Die Pferde rochen am Stroh. PHR V **ˌnose aˈbout/aˈround (for sth)** (nach etw) herumschnüffeln **ˌnose sth ˈout** (*umgs*) etw aufspüren

nose·bag /ˈnəʊzbæg; *AmE* ˈnoʊz-/ *Nomen* (*BrE*) Futterbeutel

nose·bleed /ˈnəʊzbliːd; *AmE* ˈnoʊz-/ *Nomen* Nasenbluten

ˈ**nose-cone** *Nomen* (Raketen)spitze, Rumpfspitze

-nosed /nəʊzd; *AmE* noʊzd/ (*in Adjektiven*) ◇ *large-nosed* mit einer großen Nase

nose·dive /ˈnəʊzdaɪv; *AmE* ˈnoʊz-/ *Nomen, Verb*

▸ ***Nomen* 1** Sturzflug **2** (*fig*) Einbruch, Sturzflug ◇ *Oil prices took a nosedive.* Die Ölpreise sind rapide gesunken. ◇ *Her spirits took a sudden nosedive.* Ihre Stimmung sank plötzlich auf den Nullpunkt.

▸ ***Verb* 1** in einen Sturzflug gehen **2** rapide sinken

nose·gay /ˈnəʊzgeɪ; *AmE* ˈnoʊz-/ *Nomen* (*veraltet*) (Blumen)sträußchen

ˈ**nose job** *Nomen* (*umgs*) Nasenkorrektur

ˈ**nose ring** *Nomen* Nasenring

nosey = NOSY

nosh /nɒʃ; *AmE* nɑːʃ/ *Nomen, Verb*

▸ ***Nomen* 1** [U/Sing] (*BrE, Slang, veraltet*) Essen, Futter **2** (*bes AmE*) Imbiss

▸ ***Verb*** futtern

ˌ**no-ˈshow** *Nomen* (*umgs*) **1** nicht erscheinender Gast/Passagier etc. **2** Nichterscheinen, Nichtantritt (einer Reise) ◇ *Fans were disappointed by his no-show at the festival.* Die Fans waren enttäuscht, dass er beim Festival nicht erschien.

ˈ**nosh-up** *Nomen* (*bes BrE, Slang*) Fressgelage

nosi·ness /ˈnəʊzinəs; *AmE* ˈnoʊ-/ *Nomen* (*umgs*) Neugierde

ˌ**no-ˈsmoking** *Adj* [nur vor Nomen] Nichtraucher-

nos·tal·gia /nɒˈstældʒə; *AmE* nəˈ-, nɑːˈ-/ *Nomen* Nostalgie ◇ *She is filled with nostalgia for her schooldays.* Sie denkt wehmütig an ihre Schulzeit zurück.

nos·tal·gic /nɒˈstældʒɪk; *AmE* nəˈ-, nɑːˈ-/ *Adj* (*Adv* **nos·tal·gical·ly** /-kli/) nostalgisch, wehmütig ◇ *I feel quite nostalgic for the town where I grew up.* Ich denke mit Nostalgie an meine Heimatstadt zurück.

nos·tril /ˈnɒstrəl; *AmE* ˈnɑːstrəl/ *Nomen* Nasenloch, Nüster

nosy (*auch* **nosey**) /ˈnəʊzi; *AmE* ˈnoʊ-/ *Adj* (**-ier, -iest**) (*umgs, abwert*) neugierig

ˌ**nosy ˈparker** *Nomen* (*BrE, umgs, veraltend*) neugierige Person, Schnüffler(in)

not ⊶ /nɒt; *AmE* nɑːt/ *Adv* (*häufig zu* **n't** *gekürzt*) nicht ◇ *She did not/didn't see him.* Sie hat ihn nicht gesehen. ◇ *It's cold, isn't it?* Es ist kalt, nicht wahr? ◇ *Certainly not.* Auf keinen Fall. IDM **not a …**; **not one …** kein(e) einzige(r,s) ◇ *He didn't speak to me — not one word.* Er hat nicht mit mir gesprochen — kein einziges Wort. **ˌnot at ˈall 1** überhaupt nicht **2** keine Ursache **not only … (but) also …** nicht nur …, sondern auch … ˈ**not that** nicht, dass ◇ *I was right. Not that it matters now.* Ich hatte Recht. Aber das ist jetzt egal.

not·able /ˈnəʊtəbl; *AmE* ˈnoʊ-/ *Adj, Nomen*

▸ ***Adj*** bemerkenswert, bedeutend; **~ for sth** bekannt für etw

▸ ***Nomen*** [meist Pl] (*gehoben*) bekannte Persönlichkeit

not·ably /ˈnəʊtəbli; *AmE* ˈnoʊ-/ *Adv* **1** insbesondere, hauptsächlich ◇ *most notably* vor allem **2** ausgesprochen, besonders

no·tary /ˈnəʊtəri; *AmE* ˈnoʊ-/ *Nomen* (*Pl* **-ies**) (*Fachspr* **ˌnotary ˈpublic** (*Pl* **no·tar·ies pub·lic**)) Notar(in)

no·ta·tion /nəʊˈteɪʃn; *AmE* noʊˈ-/ *Nomen* Notation

notch /nɒtʃ; *AmE* nɑːtʃ/ *Nomen, Verb*

▸ ***Nomen* 1** Kerbe ◇ *She tightened her belt an extra notch.* Sie schnallte ihren Gürtel ein Loch enger. **2** (*fig*) ◇ *He raised his voice a notch.* Er sprach etwas lauter. ◇ *My spirits lifted a few notches.* Meine Stimmung wurde um einiges besser.

▸ ***Verb* 1** (*umgs*) **~ sth (up)** etw verzeichnen können **2** einkerben

note ⊶ /nəʊt; *AmE* noʊt/ *Nomen, Verb*

▸ ***Nomen* 1** Notiz ◇ *Please make a note of the dates.* Notieren Sie sich bitte die Termine. ◇ *He occasionally took notes.* Er machte ab und zu Notizen. ◇ *Keep a note of who has paid.* Schreib auf, wer bezahlt hat. ◇ *She made a mental note to ask Alan about it.* Sie merkte sich, dass sie Alan danach fragen wollte. ◇ *Can I borrow your lecture notes?* Kann ich mir deine Vorlesungsmitschrift ausleihen? **2** kurzer Brief ◇ *Just a quick note to say thank you for the flowers.* Nur ein paar Zeilen als Dank für die Blumen. ◇ *a suicide note* ein (vor dem Selbstmord geschriebener) Abschiedsbrief **3** Anmerkung ◇ *explanatory notes* Erläuterungen ◇ *the sleeve notes* der Text auf der Plattenhülle **4** (Geld)schein **5** (MUS) Note **6** [Sing] (*fig*) Klang, Ton ◇ *There was a note of amusement in his voice.* Seine Stimme klang leicht belustigt. ◇ *On a more serious note …* Nun zu etwas Ernsterem … **7** (*Dokument*) Schein ◇ *He's got a sick note from the doctor.* Der Arzt hat ihn krank geschrieben. ◇ *a delivery note* ein Lieferschein ◇ *Students returning to school after absence must bring a note from their parents.* Schüler, die gefehlt haben, müssen eine schriftliche Entschuldigung ihrer Eltern mitbringen. **8** (*Fachspr*) (POL) Note ◇ *an exchange of diplomatic notes* ein diplomatischer Notenaustausch IDM **hit/strike the right/wrong ˈnote** (*bes BrE*) den richtigen/falschen Ton treffen **of ˈnote** bedeutend ◇ *The museum contains nothing of great note.* Das Museum enthält nichts sonderlich Erwähnenswertes. **sound a ˈnote of ˈcaution**; **sound a ˈcautionary note** zur Vorsicht mahnen **sound a ˈnote of ˈwarning/a ˈwarning note** eine Warnung aussprechen **strike a … ˈnote** … klingen ◇ *strike a conciliatory note* versöhnlich klingen ◇ *The modern painting struck a discordant note in the ballroom.* Das moderne Gemälde passte nicht in den Ballsaal. **take note** es zur Kenntnis nehmen ◇ *I hope British companies will take note.* Ich hoffe, britische Firmen werden das beachten. **take note of sth** etw beachten ◇ *Take note of what he says.* Höre darauf, was er sagt. → *Siehe auch* COMPARE

▸ ***Verb*** (*gehoben*) **1** beachten **2** anmerken PHR V **ˌnote sth ˈdown** (sich) etw notieren

note·book /ˈnəʊtbʊk; *AmE* ˈnoʊt-/ *Nomen* **1** Notizbuch **2** (*auch* **ˌnotebook comˈputer**) (COMP) Notebook

noted /ˈnəʊtɪd; *AmE* ˈnoʊ-/ *Adj* bekannt

note·let /ˈnəʊtlət; *AmE* ˈnoʊt-/ *Nomen* (*BrE*) Briefkarte

note·pad /ˈnəʊtpæd; *AmE* ˈnoʊt-/ *Nomen* Notizblock

note·paper /ˈnəʊtpeɪpə(r); *AmE* ˈnoʊt-/ *Nomen* Briefpapier

note·worthy /ˈnəʊtwɜːði; *AmE* ˈnoʊtwɜːrði/ *Adj* bemerkenswert

noth·ing ⊶ /ˈnʌθɪŋ/ *Pron* nichts ◇ *The doctor said there was nothing wrong with me.* Der Arzt hat gesagt, dass mir nichts fehlt. ◇ (*BrE*) *He's five foot nothing.* Er ist genau fünf Fuß groß. IDM **be ˈnothing to sb** jdm nichts bedeuten **be/have nothing to do with sb/sth**

nichts mit jdm/etw zu tun haben ◇ *Get out! It's nothing to do with you.* Geh raus! Das geht dich nichts an! **for 'nothing** umsonst **have nothing on sb** (*umgs*) **1** nicht mit jdm mithalten können **2** (*Polizei etc.*) keine Beweise gegen jdn haben **not for 'nothing** nicht ohne Grund; nicht umsonst **'nothing but** nur ◇ *He does nothing but grumble.* Er beschwert sich ständig. **'nothing if not** äußerst ◇ *The trip was nothing if not varied.* Der Ausflug war äußerst abwechslungsreich. **'nothing less than** **1** nur ◇ *Nothing less than victory would do.* Nur ein Sieg war gut genug. **2** geradezu ◇ *It was nothing less than a disaster.* Es war eine totale Katastrophe. **nothing 'like** (*umgs*) **1** überhaupt nicht wie ◇ *It looks nothing like a horse.* Es sieht überhaupt nicht wie ein Pferd aus. **2** überhaupt nicht ◇ *I had nothing like enough time.* Ich hatte längst nicht genug Zeit. **ˌnothing 'much** nicht viel **(there's) ˌnothing 'to it** (es ist) kinderleicht **there is/was nothing (else) 'for it (but to do sth)** es gibt/gab keine andere Möglichkeit (als etw zu tun) **there is/was nothing in sth** an etw ist/war nichts Wahres dran **there's nothing like sth** es geht nichts über etw → *Siehe auch* ALL *und* SWEET

noth·ing·ness /ˈnʌθɪŋnəs/ *Nomen* Nichts

no·tice 🔑 /ˈnəʊtɪs; *AmE* ˈnoʊ-/ *Nomen, Verb*

▸ ***Nomen*** **1 take ~** aufmerksam werden; **take ~ of sth** etw beachten etw zur Kenntnis, nehmen; Notiz von etw nehmen; **bring sth to sb's ~** jdn auf etw aufmerksam machen ◇ *Normally, the letter would not have come to my notice.* Normalerweise hätte ich von dem Brief nichts erfahren. ◇ *He takes no notice of what I say.* Er hört nicht auf mich. ◇ (*gehoben*) *It will not have escaped your notice that …* Es wird Ihrer Aufmerksamkeit nicht entgangen sein, dass … **2** Bekanntmachung, Anschlag **3** Schild **4** Anzeige ◇ *notices of births, marriages and deaths* Geburts-, Heirats- und Todesanzeigen **5** (*bei Versammlungen etc.*) Ankündigung, Bekanntgabe **6** Bescheid ◇ *You must give one month's notice.* Sie müssen einen Monat vorher Bescheid geben. ◇ *Prices may be altered without notice.* Die Preise können ohne Ankündigung geändert werden. ◇ *closed until further notice* bis auf weiteres geschlossen. ◇ *You must be available at two days' notice.* Sie müssen innerhalb von zwei Tagen zur Verfügung stehen. **7** Kündigung ◇ *He has handed in/given in his notice.* Er hat gekündigt. ◇ *They gave her two weeks' notice.* Ihr wurde mit einer Frist von zwei Wochen gekündigt. ◇ *They have been give notice to quit.* Ihnen ist gekündigt worden. **8** Kritik, Rezension **IDM** **at a moment's notice** jederzeit **at short 'notice** (*AmE auch* **on short 'notice**) kurzfristig

▸ ***Verb*** (*selten in der Verlaufsform*) **1** (be)merken ◇ *I couldn't help noticing (that) she was wearing a wig.* Mir fiel auf, dass sie eine Perücke trug. ◇ *I noticed them come in.* Ich sah, wie sie hereinkamen. **2** Notiz nehmen von ◇ *He hardly seems to notice me any more.* Er scheint mich kaum noch wahrzunehmen. ◇ *She wears those clothes just to get herself noticed.* Sie trägt diese Sachen nur um aufzufallen.

no·tice·able 🔑 /ˈnəʊtɪsəbl; *AmE* ˈnoʊ-/ *Adj* erkennbar, auffällig, deutlich ◇ *It was noticeable that …* Es fiel auf, dass …

no·tice·ably /ˈnəʊtɪsəbli; *AmE* ˈnoʊ-/ *Adv* merklich, deutlich

no·tice·board /ˈnəʊtɪsbɔːd; *AmE* ˈnoʊtɪsbɔːrd/ (*auch* **board**) *Nomen* (*BrE*) Anschlagbrett, schwarzes Brett

no·ti·fi·able /ˈnəʊtɪfaɪəbl; *AmE* ˈnoʊ-/ *Adj* (*gehoben*) meldepflichtig

no·ti·fi·ca·tion /ˌnəʊtɪfɪˈkeɪʃn; *AmE* ˌnoʊ-/ *Nomen* (*gehoben*) Mitteilung, Benachrichtigung

no·tify /ˈnəʊtɪfaɪ; *AmE* ˈnoʊ-/ *Verb* (**-fies, -fy·ing, -fied, -fied**) **~ sb (of sth)** jdn (von etw) benachrichtigen; **~ sth to sb** jdm etw mitteilen ◇ *Winners will be notified by post.* Gewinner werden schriftlich benachrichtigt.

no·tion /ˈnəʊʃn; *AmE* ˈnoʊ-/ *Nomen* Vorstellung, Idee, Ahnung

no·tion·al /ˈnəʊʃənl; *AmE* ˈnoʊ-/ *Adj* (*Adv* **no·tion·al·ly** /-nəli/) (*gehoben*) theoretisch, angenommen ◇ *a notional sum* eine angenommene Summe

no·tori·ety /ˌnəʊtəˈraɪəti; *AmE* ˌnoʊ-/ *Nomen* traurige Berühmtheit

no·tori·ous /nəʊˈtɔːriəs; *AmE* noʊˈ-/ *Adj* (*Adv* **no·tori·ously**) (berühmt-)berüchtigt, notorisch ◇ *Mountain weather is notoriously difficult to predict.* Es ist bekannt, wie schwer sich das Wetter im Gebirge vorhersagen lässt.

not·with·stand·ing /ˌnɒtwɪθˈstændɪŋ, -wɪðˈ-; *AmE* ˌnɑːt-/ *Präp, Adv*

▸ ***Präp*** (*gehoben*) (*auch nachgestellt*) ungeachtet, trotz ◇ *the bad weather notwithstanding* trotz des schlechten Wetters

▸ ***Adv*** (*gehoben*) nichtsdestoweniger, dennoch

nou·gat /ˈnuːgɑː; *AmE* -gət/ *Nomen* Nugat

nought /nɔːt/ *Nomen* **1** (*BrE*) Null ◇ *I give the programme nought out of ten for humour.* Für Humor bekommt die Sendung von mir null Punkte. **2** (*auch* **naught**) (*gehoben*) nichts ◇ *come to nought* zunichtewerden

ˌnoughts and 'crosses *Nomen* [U] (*BrE*) (*Spiel*) Tic Tac Toe

noun /naʊn/ *Nomen* (*Abk* **n.**) Nomen, Substantiv, Hauptwort

'noun phrase *Nomen* (LING) Nominalphrase

nour·ish /ˈnʌrɪʃ; *AmE* ˈnɜːrɪʃ/ *Verb* **1** (er)nähren, mit Nährstoffen versorgen **2** (*gehoben*) (*fig*) nähren, fördern

nour·ish·ing /ˈnʌrɪʃɪŋ; *AmE* ˈnɜːr-/ *Adj* nahrhaft

nour·ish·ment /ˈnʌrɪʃmənt; *AmE* ˈnɜːr-/ *Nomen* [U] (*gehoben oder Fachspr*) Nährstoffe, Nahrung (*auch fig*)

nous /naʊs/ *Nomen* (*BrE, umgs*) Verstand, Grips

nou·veau riche /ˌnuːvəʊ ˈriːʃ; *AmE* -voʊ/ *Nomen, Adj*

▸ ***Nomen*** (*Pl* **nou·veaux riches** /ˌnuːvəʊ ˈriːʃ; *AmE* -voʊ/ *oder* **the nou·veau riche**) (*abwert*) Neureiche(r)

▸ ***Adj*** neureich

nou·velle cuis·ine /ˌnuːvel kwɪˈziːn/ *Nomen* Nouvelle Cuisine

nova /ˈnəʊvə; *AmE* ˈnoʊ-/ *Nomen* (*Pl* **novae** /-viː/ *oder* **novas**) (ASTRON) Nova

novel 🔑 /ˈnɒvl; *AmE* ˈnɑːvl/ *Nomen, Adj*

▸ ***Nomen*** Roman

▸ ***Adj*** neu(artig), innovativ

nov·el·ette /ˌnɒvəˈlet; *AmE* ˌnɑːv-/ *Nomen* **1** Groschenroman **2** Novelle

nov·el·ist /ˈnɒvəlɪst; *AmE* ˈnɑːv-/ *Nomen* Romanautor (in), Romancier ◇ *a historical novelist* ein Autor von historischen Romanen

nov·el·is·tic /ˌnɒvəˈlɪstɪk; *AmE* ˌnɑːv-/ *Adj* (*gehoben*) romanhaft

nov·ella /nəˈvelə/ *Nomen* Novelle

nov·elty /ˈnɒvlti; *AmE* ˈnɑːv-/ *Nomen* (*Pl* **-ies**) **1** Neuheit, Neuartigkeit ◇ *The novelty soon wore off.* Der Reiz des Neuen war schnell vorbei. ◇ *There's a certain novelty value in this approach.* Dieser Ansatz ist mal etwas Neues. **2** Geschenkartikel ◇ *chocolate novelties for the Christmas tree* Weihnachtsbaumschmuck aus Schokolade

No·vem·ber 🔑 /nəʊˈvembə(r); *AmE* noʊˈ-/ *Nomen* (*Abk* **Nov**) November → *Beispiele bei* JANUAR

nov·ice /ˈnɒvɪs; *AmE* ˈnɑːvɪs/ *Nomen* **1** Anfänger(in) **2** Novize, Novizin **3** = Pferd, das noch kein größeres Rennen gewonnen hat

now 0┳ /naʊ/ *Adv* **1** jetzt, nun ◇ *From now on I'll be more careful.* In Zukunft werde ich vorsichtiger sein. ◇ *right now* sofort ◇ *That's all for now.* Das ist im Moment alles. ◇ *What do you want now?* Was willst du denn jetzt schon wieder? **2** (*einleitend*) jetzt, also ◇ *Now, the next point is quite complex.* Also, der nächste Punkt ist ziemlich kompliziert. **3** ~ **(that)** ... jetzt, wo ... ◇ *Now that the kids have left home we've got more space.* Jetzt, wo die Kinder aus dem Haus sind, haben wir mehr Platz. IDM **(every) now and a'gain/'then** hin und wieder; ab und zu **now for 'sb/'sth** und jetzt zu jdm/etw ◇ *And now for some travel news.* Und nun die Verkehrsnachrichten. **ˌnow, 'now; ˌnow 'then** also wirklich; na, na ◇ *Now then, that's enough noise.* Also wirklich, hört auf mit dem Lärm. **now ... now ...** mal ..., mal ...; bald ..., bald ... **(it's) ˌnow or 'never** jetzt oder nie **'now then 1** = now, now **2** also ◇ *Now then, who wants to come for a walk?* Also, wer möchte mit spazieren gehen? **'Now what?** (*umgs*) **1** (*auch* **What is it 'now?**) Was ist denn nun schon wieder? **2** Was nun?

now·adays /ˈnaʊədeɪz/ *Adv* heute, heutzutage

no·where 0┳ /ˈnəʊweə(r); *AmE* ˈnoʊwer/ *Adv* nirgends, nirgendwo, nirgendwohin IDM **get sb 'nowhere** jdm nichts (ein)bringen ◇ *Talking to him will get you nowhere.* Du wirst nichts damit erreichen, wenn du mit ihm redest. **go 'nowhere; get 'nowhere** keine Fortschritte machen; nichts erreichen **nowhere to be 'found/'seen; nowhere in 'sight** nirgends zu sehen; (*fig*) nicht in Sicht → *Siehe auch* LEAD[1], MIDDLE *und* NEAR

ˌno-'win *Adj* [nur vor Nomen] ◇ *a no-win situation* eine Situation, in der man nicht gewinnen kann ◇ *a no-win choice* eine Wahl, bei der man immer etwas verkehrt macht

nowt /naʊt/ *Pron* (*BrE, umgs, Dialekt*) nichts, nix

nox·ious /ˈnɒkʃəs; *AmE* ˈnɑːk-/ *Adj* (*gehoben*) **1** giftig, schädlich **2** übel, unangenehm

noz·zle /ˈnɒzl; *AmE* ˈnɑːzl/ *Nomen* Düse; (*für Benzin*) Zapfpistole

nr *Abk* = NEAR

nth /enθ/ *Adj* (*umgs*) [nur vor Nomen] ◇ *for the nth time* zum x-ten Mal ◇ *every nth word* jedes soundsovielte Wort IDM **to the nth 'degree** bis zum Äußersten

nu·ance /ˈnjuːɑːns; *AmE* ˈnuː-/ *Nomen* Nuance, Schattierung

nub /nʌb/ *Nomen* [Sing] Kernpunkt ◇ *That's the nub.* Das ist der springende Punkt.

nu·bile /ˈnjuːbaɪl; *AmE* ˈnuː-, -bl/ *Adj* (*gehoben*) (*junge Frau*) attraktiv

nu·clear 0┳ /ˈnjuːkliə(r); *AmE* ˈnuː-/ *Adj* Kern-, Atom- ◇ *the country's nuclear capability* das Atomwaffenpotenzial des Landes ◇ *a nuclear-free zone* eine atomwaffenfreie Zone

ˌnuclear 'family *Nomen* (*Fachspr*) Kleinfamilie, Kernfamilie

ˌnuclear 'fission (*auch* **fis·sion**) *Nomen* (Kern)spaltung

ˌnuclear 'fusion (*auch* **fu·sion**) *Nomen* (Kern)fusion

ˌnuclear re'actor (*auch* **re·act·or**) *Nomen* (Kern)reaktor

nu·cle·ic acid /njuːˌkliːɪk ˈæsɪd, -ˌkleɪk; *AmE* nuː-/ *Nomen* Nukleinsäure

nu·cleus /ˈnjuːkliəs; *AmE* ˈnuː-/ *Nomen* (*Pl* **nu·clei** /-kliaɪ/) **1** (PHYSIK) (Atom)kern **2** (BIOL) (Zell)kern, Nukleus **3** (*zentraler Teil*) Kern

nude /njuːd; *AmE* nuːd/ *Adj, Nomen*

▸ ***Adj*** nackt, Nackt-; (*Kunst*) Akt-

▸ ***Nomen*** Akt IDM **in the 'nude** nackt

nudge /nʌdʒ/ *Verb, Nomen*

▸ ***Verb*** **1** anstoßen, (an)stupsen **2** schieben ◇ *He nudged his way through the crowd.* Er bahnte sich einen Weg durch die Menge. ◇ (*fig*) *She nudged the conversation towards the subject of money.* Sie brachte die Unterhaltung auf das Thema Geld. **3** erreichen (lassen) ◇ *Inflation is nudging 20%.* Die Inflation hat fast die Zwanzig-Prozent-Marke erreicht.

▸ ***Nomen*** Schubs, Stoß

nud·ism /ˈnjuːdɪzəm; *AmE* ˈnuː-/ *Nomen* Nudismus, Freikörperkultur

nud·ist /ˈnjuːdɪst; *AmE* ˈnuː-/ *Nomen* Nudist(in), FKK-Anhänger(in) ◇ *a nudist beach* ein FKK-Strand

nud·ity /ˈnjuːdəti; *AmE* ˈnuː-/ *Nomen* Nacktheit

nug·get /ˈnʌgɪt/ *Nomen* **1** Nugget, (Gold)klumpen **2** paniertes Klößchen **3** (*fig*) Stück ◇ *a useful nugget of information* eine nützliche Information

nuis·ance /ˈnjuːsns; *AmE* ˈnuː-/ *Nomen* **1** [meist Sing] Ärgernis, Plage ◇ *I hope you're not making a nuisance of yourself.* Ich hoffe, du fällst niemandem lästig. ◇ *It's a nuisance having to go back tomorrow.* Es ist ärgerlich, dass wir morgen zurückmüssen. ◇ *What a nuisance!* So etwas Dummes! **2** (RECHT) Ärgernis

nuke /njuːk; *AmE meist* nuːk/ *Verb* (*umgs*) mit Atomwaffen angreifen

null /nʌl/ *Adj* (MATH) Null- IDM **ˌnull and 'void** (RECHT) (null und) nichtig; ungültig

nul·lify /ˈnʌlɪfaɪ/ *Verb* (**-fies**, **-fy·ing**, **-fied**, **-fied**) (*gehoben*) **1** (RECHT) für (null und) nichtig erklären, für ungültig erklären **2** zunichtemachen

nul·lity /ˈnʌləti/ *Nomen* [Sing] (*gehoben oder Fachspr*) Ungültigkeit, Nichtigkeit

numb /nʌm/ *Adj, Verb*

▸ ***Adj*** **1** taub, gefühllos ◇ *My fingers were numb.* Ich hatte kein Gefühl mehr in den Fingern. **2** (wie) betäubt, benommen

▸ ***Verb*** taub machen, betäuben

num·ber 0┳ /ˈnʌmbə(r)/ *Nomen, Verb*

▸ ***Nomen*** **1** Zahl ◇ *odd/even numbers* ungerade/gerade Zahlen **2** (*Abk* **No.**) Nummer ◇ *I think you have the wrong number.* Ich glaube, Sie sind falsch verbunden. **3** Anzahl, Zahl ◇ *A number of problems have arisen.* Eine Reihe Probleme sind aufgetaucht. ◇ *I could give you any number of reasons for not going.* Ich könnte dir beliebig viele Gründe nennen, nicht hinzugehen. ◇ *one of our number* eine(r) von uns **4** (*BrE*) (*Zeitschrift*) Ausgabe → *Siehe auch* BACK NUMBER **5** [Sing] (*Slang*) ◇ *She was wearing a black velvet number.* Sie trug eine Kreation aus schwarzem Samt. ◇ *He drives a shiny red number.* Er fährt einen tollen roten Schlitten. **6** [U] (LING) Numerus IDM **by 'numbers** nach Zahlen **have (got) sb's 'number** (*umgs*) jdn durchschauen **your 'number is up** (*umgs*) (*Drohung*) du bist dran **ˌnumber 'one** (*umgs*) **1** die Nummer eins ◇ *the number one priority* die höchste Priorität **2** man selbst ◇ *Looking after number one is all she thinks about.* Sie denkt nur an sich selbst. **'numbers game** Spiel mit Zahlen ◇ *MPs were playing the numbers game.* Die Abgeordneten jonglierten mit Zahlen. → *Siehe auch* CUSHY, OPPOSITE, SAFETY *und* WEIGHT

▸ ***Verb*** **1** nummerieren **2** zählen ◇ *We numbered 20.* Wir waren 20. **3** ~ **(sb/sth) among sth** (*gehoben*) (jdn/etw) zu etw zählen, (jdn/etw) zu etw rechnen IDM → DAY

'number crunching *Nomen* (COMP) (*umgs*) Numbercrunching

num·ber·less /ˈnʌmbələs; *AmE* -bərləs/ *Adj* (*gehoben*) zahllos, unzählig

'number plate *Nomen* (*bes BrE*) Nummernschild, Autokennzeichen

ˌNumber 'Ten *Nomen* [mit Verb im Sing/Pl] **No 10** = 10 Downing Street, London, die offizielle Adresse des

Premierministers/der Premierministerin, daher oft als Synonym für die Regierung gebraucht

numb·ing /ˈnʌmɪŋ/ *Adj* betäubend, lähmend ◇ *numbing cold* grimmige Kälte

numb·ly /ˈnʌmli/ *Adv* benommen, betäubt

numb·ness /ˈnʌmnəs/ *Nomen* Starre, Gefühllosigkeit, Benommenheit

numb·skull (*auch* **num·skull**) /ˈnʌmskʌl/ *Nomen* (*umgs*) Dummkopf

nu·mer·acy /ˈnjuːmərəsi; *AmE* ˈnuː-/ *Nomen* [U] rechnerische Fähigkeiten

nu·meral /ˈnjuːmərəl; *AmE* ˈnuː-/ *Nomen* Ziffer

nu·mer·ate /ˈnjuːmərət; *AmE* ˈnuː-/ *Adj* ◇ *All students should be numerate and literate when they leave school.* Beim Schulabgang sollten all Schüler rechnen, lesen und schreiben können.

nu·mer·ator /ˈnjuːməreɪtə(r); *AmE* ˈnuː-/ *Nomen* (*Mathematik*) Zähler

nu·mer·ic·al /njuːˈmerɪkl; *AmE* nuːˈ-/ (*auch* **nu·mer·ic** /-rɪk/) *Adj* (*Adv* **nu·mer·ic·al·ly** /-kli/) numerisch, zahlenmäßig

nu·mer·ous /ˈnjuːmərəs; *AmE* ˈnuː-/ *Adj* (*gehoben*) zahlreich

nu·mis·mat·ic /ˌnjuːmɪzˈmætɪk; *AmE* ˌnuː-/ *Adj* numismatisch

nu·mis·mat·ics /ˌnjuːmɪzˈmætɪks; *AmE* ˌnuː-/ *Nomen* [U] Numismatik

nu·mis·ma·tist /njuːˈmɪzmətɪst; *AmE* nuːˈ-/ *Nomen* Numismatiker(in)

num·skull = NUMBSKULL

nun /nʌn/ *Nomen* Nonne

nun·cio /ˈnʌnsiəʊ; *AmE* -sioʊ/ *Nomen* (*Pl* **-os**) Nuntius

nun·nery /ˈnʌnəri/ *Nomen* (*Pl* **-ies**) (*veraltet oder gehoben*) (Nonnen)kloster

nup·tial /ˈnʌpʃl/ *Adj* [nur vor Nomen] (*gehoben*) Hochzeits-, Ehe- ◇ *a nuptial mass* eine Hochzeitsmesse ◇ *nuptial bliss* Eheglück

nup·tials /ˈnʌpʃlz/ *Nomen* [Pl] (*veraltet*) Hochzeit

nurse /nɜːs; *AmE* nɜːrs/ *Nomen, Verb*

▸ **Nomen 1** Krankenschwester, Krankenpfleger(in) ◇ *student nurses* Schwesternschülerinnen ◇ *a male nurse* ein Krankenpfleger ◇ *a dental nurse* eine Zahnarzthelferin ◇ *a psychiatric nurse* ein(e) Krankenpfleger(in) in der Psychiatrie **2** = NURSEMAID

▸ **Verb 1** pflegen **2** auskurieren ◇ (*fig*) *She was nursing her hurt pride.* Sie bemühte sich, über ihren verletzten Stolz hinwegzukommen. **3** (*gehoben*) hegen **4** ◇ *He sat nursing his teddy bear.* Er saß da und drückte seinen Teddy an sich. **5** stillen **6** an der Brust trinken

nurse·maid /ˈnɜːsmeɪd; *AmE* ˈnɜːrs-/ *Nomen* (*auch* **nurse**) (*veraltet*) Kinderfrau, Kindermädchen

ˌnurse pracˈtitioner *Nomen* = Krankenpfleger(in) mit Sonderausbildung, der/die manche sonst von Ärzten ausgeführte Aufgaben übernimmt

nur·sery /ˈnɜːsəri; *AmE* ˈnɜːrsə-/ *Nomen, Adj*

▸ **Nomen** (*Pl* **-ies**) **1** = DAY NURSERY **2** = NURSERY SCHOOL **3** (*AmE oder veraltet*) Kinderzimmer **4** Gärtnerei, Baumschule

▸ **Adj** [nur vor Nomen] (*BrE*) ◇ *nursery education* Vorschulerziehung ◇ *She's a nursery teacher.* Sie ist Kindergärtnerin.

nur·sery·man /ˈnɜːsərimən; *AmE* ˈnɜːrsə-/ *Nomen* (*Pl* **-men** /-mən/) Gärtner

ˈnursery nurse *Nomen* (*BrE*) Kindergärtnerin

ˈnursery rhyme *Nomen* Kinderreim, Kinderlied

ˈnursery school *Nomen* (*BrE*) Kindergarten

ˈnursery slope *Nomen* (*BrE*) [meist Pl] Anfängerhügel

nurs·ing /ˈnɜːsɪŋ; *AmE* ˈnɜːrsɪŋ/ *Nomen* Krankenpflege ◇ *nursing care* Pflege ◇ *the nursing profession* die Pflegeberufe

ˈnursing home *Nomen* Pflegeheim

nur·ture /ˈnɜːtʃə(r); *AmE* ˈnɜːrtʃər/ *Verb, Nomen*

▸ **Verb** (*gehoben*) **1** aufziehen, pflegen **2** entwickeln, fördern ◇ *My father nurtured a love of art in me.* Mein Vater förderte meine Liebe zur Kunst. **3** hegen

▸ **Nomen** (*gehoben*) Erziehung, Pflege

nut /nʌt/ *Nomen, Verb*

▸ **Nomen 1** Nuss ◇ *nuts and raisins* Studentenfutter **2** Schraubenmutter **3** (*BrE, Slang*) (*Kopf*) Birne **4** (*umgs*) Spinner **5** (*umgs*) Freak **6 nuts** [Pl] (*Slang*) (*Hoden*) Eier IDM **do your ˈnut** (*BrE, umgs*) in die Luft gehen **a hard/tough ˈnut** (*umgs*) (*Mensch*) ein harter Brocken **a hard/tough ˈnut (to ˈcrack)** eine harte Nuss (zu knacken) **the ˌnuts and ˈbolts (of sth)** (*umgs*) die Grundlagen (von etw) **ˌoff your ˈnut** (*BrE, umgs*) verrückt → *Siehe auch* SLEDGEHAMMER

▸ **Verb** (**-tt-**) (*BrE, umgs*) jdm einen Kopfstoß versetzen

ˌnut-ˈbrown *Adj* haselnussbraun

nut·case /ˈnʌtkeɪs/ *Nomen* (*umgs*) Spinner

nut·crack·er /ˈnʌtkrækə(r)/ *Nomen* (*BrE auch* **nutcrackers** [Pl]) Nussknacker

nut·meg /ˈnʌtmeg/ *Nomen* Muskatnuss

nu·tri·ent /ˈnjuːtriənt; *AmE* ˈnuː-/ *Nomen* (*Fachspr*) Nährstoff

nu·tri·tion /njuˈtrɪʃn; *AmE* nuˈ-/ *Nomen* Ernährung, Ernährungswissenschaft ◇ *nutrition information* Nährwertangaben

nu·tri·tion·al /njuˈtrɪʃənl; *AmE* nuˈ-/ *Adj* den Nährwert betreffend, Nähr- ◇ *the nutritional value of milk* der Nährwert von Milch

nu·tri·tion·al·ly /njuˈtrɪʃənəli; *AmE* nuˈ-/ *Adv* vom Nährwert her

nu·tri·tion·ist /njuˈtrɪʃənɪst; *AmE* nuˈ-/ *Nomen* Ernährungswissenschaftler(in)

nu·tri·tious /njuˈtrɪʃəs; *AmE* nuˈ-/ *Adj* nahrhaft

nuts /nʌts/ *Adj* [nicht vor Nomen] (*umgs*) **1** verrückt ◇ *It's driving me nuts!* Das treibt mich zum Wahnsinn! **2 ~ about sb/sth** ganz verrückt nach jdm/auf etw

nut·shell /ˈnʌtʃel/ *Nomen* Nussschale IDM **(put sth) in a ˈnutshell** kurz (gesagt)

nut·ter /ˈnʌtə(r)/ *Nomen* (*BrE, umgs*) Spinner

nutty /ˈnʌti/ *Adj* **1** nussartig, nussig **2** (*umgs*) (leicht) verrückt ◇ *as nutty as a fruitcake* total verrückt

nuz·zle /ˈnʌzl/ *Verb* **1** = mit Mund oder Nase liebkosen **2 ~ up to/against sb** sich an jdn schmiegen

NVQ /ˌen viː ˈkjuː/ *Nomen* = berufsbezogene Qualifikation in Großbritannien (außer Schottland) für im Berufsleben stehende Personen (Abkürzung für National Vocational Qualification)

NW *Abk* = NORTH-WEST *und* NORTH-WESTERN

NY *Abk* New York

NYC /ˌen waɪ ˈsiː/ *Abk* New York City

nylon /ˈnaɪlɒn; *AmE* -lɑːn/ *Nomen* **1** Nylon® **2 nylons** [Pl] (*veraltet*) Nylons, Nylonstrümpfe

nymph /nɪmf/ *Nomen* Nymphe

nymph·et /ˈnɪmfet, nɪmˈfet/ *Nomen* (*gehoben*) Nymphchen

nym·pho·maniac /ˌnɪmfəˈmeɪniæk/ (*umgs* **nym·pho** /ˈnɪmfəʊ; *AmE* -foʊ/) *Nomen* (*abwert*) Nymphomanin

N.Z. (*BrE auch* **NZ**) *Abk* = NEW ZEALAND

O o

O, o /əʊ; *AmE* oʊ/ *Nomen, Ausruf*

▸ **Nomen 1** (*Pl* **Os, O's o's**) (*Buchstabe*) O, o → *Siehe*

auch O LEVEL → *Beispiele bei* A, A **2** Null ◇ *My number is six o double three.* Meine Nummer ist sechs null drei drei.
▸ ***Ausruf*** *(gehoben, selten)* Oh
o' /ə/ *Präp, Abk* = Schreibweise, die eine umgangssprachliche Aussprache von „of" wiedergibt
oaf /əʊf; *AmE* oʊf/ *Nomen* Tölpel, Stoffel
oaf·ish /ˈəʊfɪʃ; *AmE* ˈoʊ-/ *Adj* tölpelhaft, stoffelig
oak /əʊk; *AmE* oʊk/ *Nomen* **1** *(auch* **ˈoak tree***)* Eiche **2** Eichenholz, Eiche
oaken /ˈəʊkən; *AmE* ˈoʊ-/ *Adj* [nur vor Nomen] *(gehoben)* Eichen-, eichen
OAP /ˌəʊ eɪ ˈpiː; *AmE* ˌoʊ/ *Nomen* *(BrE, veraltend)* Rentner(in)
oar /ɔː(r)/ *Nomen* Ruder IDM **put/stick your ˈoar in** *(BrE, umgs)* seinen Senf dazugeben; sich einmischen
oar·lock /ˈɔːlɒk; *AmE* ˈɔːrlɑːk/ *Nomen* *(AmE)* Dolle
oars·man /ˈɔːzmən; *AmE* ˈɔːrz-/ *Nomen* *(Pl* **-men** /-mən/*)* Ruderer
oasis /əʊˈeɪsɪs; *AmE* oʊˈ-/ *Nomen* *(Pl* **oases** /-siːz/*)* Oase ◇ *(fig) an oasis of calm* eine Oase der Ruhe
oat /əʊt; *AmE* oʊt/ *Adj* [nur vor Nomen] Hafer-
oath /əʊθ; *AmE* oʊθ/ *Nomen* *(Pl* **oaths** /əʊðz; *AmE* oʊðz/*)* **1** Schwur, Eid **2** *(veraltet)* Fluch IDM **on/under ˈoath** (RECHT) unter Eid
oat·meal /ˈəʊtmiːl; *AmE* ˈoʊt-/ *Nomen, Adj*
▸ ***Nomen*** **1** Hafermehl **2** *(AmE)* Haferbrei **3** Hellbeige
▸ ***Adj*** hellbeige
oats /əʊts; *AmE* oʊts/ *Nomen* [Pl] Hafer ◇ *porridge oats* Haferflocken IDM → SOW¹
ob·dur·acy /ˈɒbdjərəsi; *AmE* ˈɑːbdə-/ *Nomen* *(gehoben, selten)* Halsstarrigkeit, Starrköpfigkeit
ob·dur·ate /ˈɒbdjərət; *AmE* ˈɑːbdə-/ *Adj* *(Adv* **ob·dur·ately***)* *(gehoben, selten)* halsstarrig, starrköpfig ◇ *remain obdurate* unerbittlich bleiben
OBE /ˌəʊ biː ˈiː; *AmE* ˌoʊ/ *Kurzform von* **Order of the British Empire** = Auszeichnung, die in Großbritannien für besondere Leistungen verliehen wird ◇ *She was made/awarded an OBE.* Ihr wurde ein OBE verliehen.
obedi·ence /əˈbiːdiəns/ *Nomen* Gehorsam ◇ *He has acted in obedience to the law.* Er hat dem Gesetz entsprechend gehandelt.
obedi·ent /əˈbiːdiənt/ *Adj* *(Adv* **obedi·ent·ly***)* gehorsam ◇ *be obedient to sb/sth* jdm/etw gehorchen IDM **your obedient servant** *(veraltet)* Ihr ergebenster Diener; Ihre ergebenste Dienerin
obei·sance /əʊˈbeɪsns; *AmE* oʊˈbiːsns/ *Nomen* *(gehoben, selten)* **1** Ehrerbietung **2** Verbeugung
ob·el·isk /ˈɒbəlɪsk; *AmE* ˈɑːb-, ˈoʊb-/ *Nomen* Obelisk
obese /əʊˈbiːs; *AmE* oʊˈ-/ *Adj* fettleibig
obes·ity /əʊˈbiːsəti; *AmE* oʊˈ-/ *Nomen* Fettleibigkeit
obey O╖ /əˈbeɪ/ *Verb* gehorchen, befolgen ◇ *obey the law* sich an das Gesetz halten
ob·fus·cate /ˈɒbfʌskeɪt; *AmE* ˈɑːb-/ *Verb* *(gehoben, selten)* verschleiern
ob·fus·ca·tion /ˌɒbfʌsˈkeɪʃn; *AmE* ˌɑːb-/ *Nomen* *(gehoben, selten)* Verschleierung
ob-gyn /ˌəʊ biː ˌdʒiː waɪ ˈen; *AmE* ˌoʊ/ *Nomen* *(AmE, umgs)* **1** Geburtshilfe und Gynäkologie **2** Frauenarzt, Frauenärztin
ob·itu·ary /əˈbɪtʃuəri; *AmE* oʊˈbɪtʃueri/ *Nomen* *(Pl* **-ies***)* Nachruf
ob·ject O╖ *Nomen, Verb*
▸ ***Nomen*** /ˈɒbdʒɪkt; *AmE* ˈɑːbdʒekt, -dʒɪkt/ **1** Gegenstand **2** Ziel, Zweck **3** (LING) Objekt IDM **expense, money, etc. is no ˈobject** Geld spielt keine Rolle
▸ ***Verb*** /əbˈdʒekt/ **1** ~ **(to sb/sth)** Einwände haben (gegen jdn/etw), jdn/etw ablehnen; ~ **(to doing sth/to sb doing sth)** etw dagegen haben (etw zu tun/dass jd etw tut) **2** einwenden
ob·jec·tion /əbˈdʒekʃn/ *Nomen* **1** ~ **(to sth)** Einwand (gegen etw) ◇ *I have no objection to going.* Ich habe nichts dagegen hinzugehen. **2** (RECHT) Einspruch
ob·jec·tion·able /əbˈdʒekʃənəbl/ *Adj* *(gehoben)* unangenehm, anstößig, unausstehlich
ob·ject·ive O╖ /əbˈdʒektɪv/ *Nomen, Adj*
▸ ***Nomen*** Ziel
▸ ***Adj*** *(Adv* **ob·ject·ive·ly***)* **1** objektiv, sachlich ◇ *Can these effects be objectively measured?* Können diese Auswirkungen tatsächlich gemessen werden? **2** (PHILOS) tatsächlich, objektiv
ob·jec·tiv·ity /ˌɒbdʒekˈtɪvəti; *AmE* ˌɑːb-/ *Nomen* Objektivität
ˈobject lesson *Nomen* [meist Sing] Musterbeispiel ◇ *Her handling of the emergency was an object lesson to us all.* Wie sie in dieser Notfallsituation handelte, war beispielhaft.
ob·ject·or /əbˈdʒektə(r)/ *Nomen* Gegner(in) → *Siehe auch* CONSCIENTIOUS OBJECTOR
objet d'art /ˌɒbʒeɪ ˈdɑː; *AmE* ˌɔːbdʒeɪ ˈdɑːr/ *Nomen* *(Pl* **ob·jets d'art** /ˌɒbʒeɪ ˈdɑː; *AmE* ˌɔːbdʒeɪ ˈdɑːr/*)* Kunstgegenstand
ob·li·gated /ˈɒblɪgeɪtɪd; *AmE* ˈɑːb-/ *Adj* *(BrE, gehoben oder AmE)* verpflichtet
ob·li·ga·tion /ˌɒblɪˈgeɪʃn; *AmE* ˌɑːb-/ *Nomen* [meist Sing] Verpflichtung, Pflicht ◇ *You are under no obligation to buy anything.* Es besteht kein Kaufzwang. ◇ *She did not feel under any obligation to tell him the truth.* Sie fühlte sich nicht verpflichtet, ihm die Wahrheit zu sagen. ◇ *without obligation* unverbindlich
ob·liga·tory /əˈblɪgətri; *AmE* -tɔːri/ *Adj* *(gehoben)* obligatorisch
ob·lige /əˈblaɪdʒ/ *Verb* **1** *(meist passiv)* verpflichten, zwingen **2** ~ **sb (by doing sth)** jdm den Gefallen tun (und etw tun) ◇ *If you need any help — I'd be happy to oblige.* Wenn du Hilfe brauchst — ich stehe dir gern zur Verfügung.
ob·liged /əˈblaɪdʒd/ *Adj* [nicht vor Nomen] ~ **(to sb) (for sth)** *(gehoben)* (jdm) (für etw) dankbar
ob·li·ging /əˈblaɪdʒɪŋ/ *Adj* entgegenkommend
ob·li·ging·ly /əˈblaɪdʒɪŋli/ *Adv* freundlicherweise
ob·lique /əˈbliːk/ *Adj, Nomen*
▸ ***Adj*** *(Adv* **ob·lique·ly***)* **1** indirekt ◇ *an oblique reference* ein versteckter Hinweis **2** schräg, schief
▸ ***Nomen*** *(BrE)* Schrägstrich
ob·lit·er·ate /əˈblɪtəreɪt/ *Verb* *(oft passiv)* auslöschen, vernichten ◇ *The snow had obliterated their footprints.* Der Schnee hatte ihre Spuren zugedeckt.
ob·lit·er·ation /əˌblɪtəˈreɪʃn/ *Nomen* **1** Auslöschen, Vernichtung **2** Aufhebung
ob·liv·ion /əˈblɪviən/ *Nomen* **1** Vergessen ◇ *Sam longed for the oblivion of sleep.* Sam sehnte sich danach, im Schlaf Vergessen zu finden. ◇ *He drank himself into oblivion.* Er trank bis zur Bewusstlosigkeit. **2** Vergessenheit ◇ *(fig) bombed into oblivion* dem Erdboden gleichgemacht
ob·livi·ous /əˈblɪviəs/ *Adj* *(Adv* **ob·livi·ous·ly***)* ahnungslos ◇ *He drove off, oblivious of the damage he had caused.* Er fuhr davon, ohne sich des Schadens, den er verursacht hatte, bewusst zu sein. ◇ *You eventually become oblivious to the noise.* Irgendwann nimmt man den Lärm nicht mehr wahr.
ob·long /ˈɒblɒŋ; *AmE* ˈɑːblɔːŋ/ *Adj, Nomen*
▸ ***Adj*** **1** rechteckig **2** *(AmE)* länglich
▸ ***Nomen*** Rechteck
ob·nox·ious /əbˈnɒkʃəs; *AmE* əbˈnɑːk-/ *Adj* *(Adv* **ob·noxious·ly***)* widerlich, widerwärtig
oboe /ˈəʊbəʊ; *AmE* ˈoʊboʊ/ *Nomen* Oboe
obo·ist /ˈəʊbəʊɪst; *AmE* ˈoʊboʊ-/ *Nomen* Oboist(in)

ob·scene /əbˈsiːn/ *Adj* (*Adv* **ob·scene·ly**) **1** obszön ◇ *obscene books* pornografische Bücher **2** unverschämt, widerlich ◇ *an obscene amount of money* unverschämt viel Geld

ob·scen·ity /əbˈsenəti/ *Nomen* (*Pl* **-ies**) Obszönität ◇ *The editors are being prosecuted for obscenity.* Die Herausgeber werden wegen der Veröffentlichung pornografischen Materials strafrechtlich verfolgt. ◇ *She screamed a string of obscenities at the judge.* Sie beschimpfte den Richter mit unflätigen Ausdrücken.

ob·scure /əbˈskjʊə(r); *AmE* əbˈskjʊr/ *Adj, Verb*
▸ ***Adj*** (*Adv* **ob·scurely**) **1** unbekannt ◇ *an obscure German poet* ein unbedeutender deutscher Dichter **2** unklar, undurchsichtig ◇ *I found her lecture very obscure.* Ich fand ihre Vorlesung nur schwer verständlich. ◇ *For some obscure reason, he failed to turn up.* Aus irgendeinem unerklärlichen Grund kam er nicht.
▸ ***Verb*** verdecken; (*Bedeutung*) unklar machen ◇ *We mustn't let these details obscure the main issue.* Wir dürfen über den Details nicht die Hauptsache aus den Augen verlieren.

ob·scur·ity /əbˈskjʊərəti; *AmE* əbˈskjʊr-/ *Nomen* (*Pl* **-ies**) **1** Unbekanntheit, Vergessenheit ◇ *The actress was plucked from obscurity and made a star.* Die Schauspielerin war völlig unbekannt, als sie entdeckt und zum Star gemacht wurde. ◇ *He spent most of his life living and working in obscurity.* Die meiste Zeit seines Lebens lebte und arbeitete er völlig zurückgezogen. **2** [meist Pl/U] Unklarheit, unverständliche Ausdrücke **3** (*gehoben*) Dunkelheit

ob·se·qui·ous /əbˈsiːkwiəs/ *Adj* (*Adv* **ob·se·qui·ous·ly**) (*gehoben, abwert*) servil, unterwürfig

ob·serv·able /əbˈzɜːvəbl; *AmE* əbˈzɜːrv-/ *Adj* wahrnehmbar, erkennbar ◇ *observable differences* sichtbare Unterschiede ◇ *Similar trends are observable here.* Ähnliche Entwicklungen sind hier zu beobachten.

ob·ser·vance /əbˈzɜːvəns; *AmE* əbˈzɜːrvəns/ *Nomen* **1** Einhaltung, Befolgung **2** [meist Pl] Ritus

ob·ser·vant /əbˈzɜːvənt; *AmE* əbˈzɜːrvənt/ *Adj* **1** aufmerksam ◇ *How very observant of you!* Das haben Sie aber scharf beobachtet! ◇ *an observant eye* ein scharfes Auge **2** (*gehoben*) (REL) praktizierend

ob·ser·va·tion 0→ /ˌɒbzəˈveɪʃn; *AmE* ˌɑːbzərˈ-/ *Nomen* **1** Beobachtung ◇ *We managed to escape observation.* Es gelang uns, unbeobachtet zu bleiben. ◇ *The suspect is being kept under observation.* Der Verdächtige wird überwacht. ◇ *outstanding powers of observation* eine außerordentliche Beobachtungsgabe ◇ *an observation tower* ein Wachturm ◇ *an observation deck/platform* eine Aussichtsplattform **2** Bemerkung ◇ *She has some interesting observations to make.* Sie hat einiges Interessantes zu sagen.

ob·ser·va·tory /əbˈzɜːvətri; *AmE* əbˈzɜːrvətɔːri/ *Nomen* (*Pl* **-ies**) Sternwarte

ob·serve 0→ /əbˈzɜːv; *AmE* əbˈzɜːrv/ *Verb* (*gehoben*) **1** beobachten ◇ *He was observed to follow her closely.* Er wurde dabei beobachtet, wie er ihr in kurzem Abstand folgte. ◇ *They observed him entering the bank.* Sie sahen, wie er die Bank betrat. ◇ *Observe how the parts fit together.* Achten Sie darauf, wie die Teile zusammenpassen. **2** (*sagen*) bemerken; (*Regeln etc.*) einhalten; (*Feste, Feiertage*) feiern, einhalten ◇ *observe a ceasefire* einen Waffenstillstand einhalten ◇ *observe a minute's silence* eine Schweigeminute halten

ob·ser·ver /əbˈzɜːvə(r); *AmE* əbˈzɜːrvər/ *Nomen* **1** Zuschauer(in) **2** Beobachter(in) ◇ *apparent even to the casual observer* selbst für den Laien ersichtlich

ob·sess /əbˈses/ *Verb* **1** ununterbrochen beschäftigen; **be obsessed by/with sb/sth** von jdm/etw besessen sein ◇ *He's obsessed by computers.* Er ist total auf Computer versessen. **2 be obsessing (about sth)** sich zwanghaft (mit etw) beschäftigen

ob·ses·sion /əbˈseʃn/ *Nomen* **1** Besessenheit, Wahn, Obsession ◇ *Her fear of flying is bordering on obsession.* Ihre Angst vor dem Fliegen ist fast schon zwanghaft. ◇ *The media's obsession with the prince continues.* Das Interesse der Medien ist weiterhin auf den Prinzen fixiert. **2** fixe Idee

ob·ses·sion·al /əbˈseʃənl/ *Adj* (*Adv* **ob·ses·sion·al·ly** /-ʃənli/) zwanghaft, obsessiv ◇ *She is obsessional about cleanliness.* Sie hat einen Sauberkeitsfimmel.

ob·ses·sive /əbˈsesɪv/ *Adj, Nomen*
▸ ***Adj*** (*Adv* **ob·ses·sive·ly**) zwanghaft, obsessiv ◇ *He became obsessive about punctuality.* Pünktlichkeit wurde bei ihm zur Manie.
▸ ***Nomen*** (PSYCH) Zwangsneurotiker(in)

ob·so·les·cence /ˌɒbsəˈlesns; *AmE* ˌɑːb-/ *Nomen* (*gehoben*) Veralten ◇ *products with built-in/planned obsolescence* Produkte mit eingebautem Verschleiß

ob·so·les·cent /ˌɒbsəˈlesnt; *AmE* ˌɑːb-/ *Adj* (*gehoben*) fast überholt

ob·so·lete /ˈɒbsəliːt; *AmE* ˌɑːbsəˈliːt/ *Adj* veraltet, überholt

ob·stacle /ˈɒbstəkl; *AmE* ˈɑːb-/ *Nomen* ~ **(to sth)** Hindernis (für etw) ◇ *Her lack of qualifications was a major obstacle to finding a job.* Ihre mangelnden Qualifikationen waren bei der Stellensuche ein wesentliches Handicap. ◇ *Union leaders are accused of putting obstacles in the way of progress.* Den Gewerkschaftsführern wird vorgeworfen, den Fortschritt zu behindern.

ˈ**obstacle course** *Nomen* **1** Hindernisparcours **2** (*fig*) Hindernislauf

ˈ**obstacle race** *Nomen* Hindernisrennen

ob·stet·ric /əbˈstetrɪk/ *Adj* Geburts-, Entbindungs-, geburtshilflich ◇ *obstetric medicine* Obstetrik

ob·stet·ri·cian /ˌɒbstəˈtrɪʃn; *AmE* ˌɑːb-/ *Nomen* Geburtshelfer(in)

ob·stet·rics /əbˈstetrɪks/ *Nomen* Geburtshilfe

ob·stin·acy /ˈɒbstɪnəsi; *AmE* ˈɑːb-/ *Nomen* Hartnäckigkeit, Sturheit

ob·stin·ate /ˈɒbstɪnət; *AmE* ˈɑːb-/ *Adj* (*Adv* **ob·stin·ate·ly**) **1** eigensinnig, stur **2** hartnäckig

ob·strep·er·ous /əbˈstrepərəs/ *Adj* (*gehoben oder hum*) widerspenstig

ob·struct /əbˈstrʌkt/ *Verb* **1** blockieren, versperren **2** behindern ◇ *obstruct the police in the course of duty* die Polizei an der Ausübung ihrer Pflichten hindern

ob·struc·tion /əbˈstrʌkʃn/ *Nomen* **1** Behinderung ◇ *the obstruction of justice* Strafvereitelung **2** Blockierung ◇ *The abandoned car was causing an obstruction.* Das abgestellte Auto behinderte den Verkehr. **3** Hindernis **4** (MED) Verstopfung

ob·struct·ive /əbˈstrʌktɪv/ *Adj* hinderlich ◇ *She's just being deliberately obstructive.* Sie macht mit Absicht Schwierigkeiten.

ob·tain 0→ /əbˈteɪn/ *Verb* (*gehoben*) **1** erhalten, erwerben, erzielen **2** (*nicht in der Verlaufsform*) (*offiz*) (*Regelungen, Bräuche etc.*) gelten, herrschen

ob·tain·able /əbˈteɪnəbl/ *Adj* erhältlich

ob·tru·sive /əbˈtruːsɪv/ *Adj* (*Adv* **ob·tru·sive·ly**) aufdringlich, auffällig ◇ *Their presence was not obtrusive.* Ihre Anwesenheit störte kaum.

ob·tuse /əbˈtjuːs; *AmE* əbˈtuːs/ *Adj* (*Adv* **ob·tuse·ly**) (*gehoben, abwert*) **1** begriffsstutzig ◇ *Are you being deliberately obtuse?* Stellst du dich absichtlich dumm? **2** undurchschaubar **3** (*Winkel*) stumpf

ob·tuse·ness /əb'tju:snəs; *AmE* əb'tu:s-/ *Nomen (gehoben, abwert)* **1** Begriffsstutzigkeit **2** Undurchschaubarkeit

ob·verse /'ɒbvɜ:s; *AmE* 'ɑ:bvɜ:rs/ *Nomen (meist* **the obverse**) [Sing] **1** *(gehoben)* Kehrseite, Gegenstück **2** *(Fachspr)* Avers, Vorderseite *(einer Münze)*

ob·vi·ate /'ɒbvieɪt; *AmE* 'ɑ:b-/ *Verb (gehoben) (Problem)* umgehen; *(Risiko)* vermeiden ◇ *obviate the need/necessity for sth* etw unnötig machen

ob·vi·ous 0-π /'ɒbviəs; *AmE* 'ɑ:b-/ *Adj* **1** offensichtlich, klar ◇ *with obvious pleasure* mit sichtlichem Vergnügen **2** nahe liegend ◇ *She was the obvious choice for the job.* Es lag nahe, dass sie die Stelle bekommen würde. ◇ *for obvious reasons* aus naheliegenden Gründen ◇ *There's no obvious solution.* Eine einfache Lösung gibt es nicht. **3** *(abwert)* plump ◇ *The ending was pretty obvious.* Das Ende war ja vorauszusehen. ◇ *I may be stating the obvious but ...* Ich sage Ihnen sicher nichts Neues, aber ...

ob·vi·ous·ly 0-π /'ɒbviəsli; *AmE* 'ɑ:b-/ *Adv* **1** natürlich, selbstverständlich **2** offensichtlich, sichtlich ◇ *They're obviously not coming.* Sie kommen wohl nicht mehr.

ob·vi·ous·ness /'ɒbviəsnəs; *AmE* 'ɑ:b-/ *Nomen* **1** Offensichtlichkeit **2** Plumpheit

oc·ca·sion 0-π /ə'keɪʒn/ *Nomen, Verb*

▸ ***Nomen*** **1** Gelegenheit ◇ *on this occasion* bei dieser Gelegenheit ◇ *I've met him on several occasions.* Ich habe ihn mehrmals getroffen. ◇ *On one occasion, he came to visit.* Ein Mal kam er zu Besuch. **2** Ereignis, Anlass ◇ *Their wedding was quite an occasion.* Ihre Hochzeit war ein großes Ereignis. ◇ *on the occasion of his retirement* anlässlich seiner Pensionierung ◇ *an occasion for rejoicing* ein Anlass zur Freude ◇ *if the occasion arises* wenn sich die Gelegenheit ergibt **IDM** **on oc'casion(s)** gelegentlich → *Siehe auch* SENSE

▸ ***Verb*** *(gehoben)* verursachen

oc·ca·sion·al /ə'keɪʒənl/ *Adj* [nur vor Nomen] **1** gelegentlich ◇ *He works for us on an occasional basis.* Er arbeitet gelegentlich für uns. ◇ *I enjoy the occasional glass of wine.* Ich trinke gern ab und zu ein Glas Wein. ◇ *an occasional smoker* ein Gelegenheitsraucher **2** *(gehoben) (Dichtung etc.)* Gelegenheits-

oc·ca·sion·al·ly 0-π /ə'keɪʒnəli/ *Adv* gelegentlich, hin und wieder ◇ *This can very occasionally be fatal.* Dies kann in ganz seltenen Fällen zum Tode führen.

Oc·ci·dent /'ɒksɪdənt; *AmE* 'ɑ:k-/ *Nomen* **the Occident** *(gehoben)* das Abendland

oc·ci·den·tal /ˌɒksɪ'dentl; *AmE* ˌɑ:kɪ-/ *Adj* abendländisch

oc·cult /ə'kʌlt; *BrE auch* 'ɒkʌlt/ *Adj, Nomen*

▸ ***Adj*** [nur vor Nomen] okkult

▸ ***Nomen*** **the occult** [Sing] das Okkulte

oc·cu·pancy /'ɒkjəpənsi; *AmE* 'ɑ:k-/ *Nomen (offiz)* ◇ *Prices are based on double occupancy of a room.* Die Preise verstehen sich für eine Übernachtung im Doppelzimmer. ◇ *The company has sole occupancy of the building.* Die Firma mietet das ganze Gebäude. ◇ *a rise in owner occupancy* ein Anstieg im Erwerb von Wohneigentum ◇ *100% bed occupancy* volle Bettenauslastung

oc·cu·pant /'ɒkjəpənt; *AmE* 'ɑ:k-/ *Nomen (offiz)* **1** Bewohner(in), Mieter(in) **2** Insasse, Insassin *(eines Autos)*

oc·cu·pa·tion /ˌɒkju'peɪʃn; *AmE* ˌɑ:k-/ *Nomen* **1** *(offiz)* Beruf **2** Beschäftigung **3** Besetzung, Besatzungszeit ◇ *the areas under occupation* die besetzten Gebiete **4** ◇ *ready for occupation* bezugsfertig ◇ *The tenants are already in occupation.* Die Mieter sind schon eingezogen. ◇ *The level of owner occupation has increased.* Der Erwerb von Wohneigentum ist gestiegen.

oc·cu·pa·tion·al /ˌɒkju'peɪʃənl; *AmE* ˌɑ:k-/ *Adj* [nur vor Nomen] Berufs- ◇ *an occupational hazard* ein Berufsrisiko ◇ *occupational health* Arbeitsmedizin ◇ *occupational pension schemes* betriebliche Alterversorgung

ˌoccuˌpational 'therapist *Nomen* Beschäftigungstherapeut(in)

ˌoccuˌpational 'therapy *Nomen* Beschäftigungstherapie

oc·cu·pied 0-π /'ɒkjupaɪd; *AmE* 'ɑ:k-/ *Adj* **1** bewohnt, belegt, besetzt **2** [nicht vor Nomen] beschäftigt ◇ *It's important to keep yourself occupied.* Es ist wichtig, sich zu beschäftigen.

oc·cu·pier /'ɒkjupaɪə(r); *AmE* 'ɑ:k-/ *Nomen* **1** *(gehoben)* Bewohner(in) **2** [meist Pl] Besatzer, Besatzungssoldat

oc·cupy 0-π /'ɒkjupaɪ; *AmE* 'ɑ:k-/ *Verb* (**-pies, -py·ing, -pied, -pied**) **1** einnehmen, beanspruchen **2** *(gehoben)* bewohnen, mieten **3** (MIL) besetzen **4** beschäftigen ◇ *These problems continued to occupy his mind.* Diese Probleme beschäftigten ihn weiterhin. **5** innehaben

oc·cur 0-π /ə'kɜ:(r)/ *Verb* (**-rr-**) **1** *(gehoben)* sich ereignen, geschehen ◇ *An error has occurred.* Ein Fehler ist aufgetreten. **2** vorkommen **PHRV** **oc'cur to sb** jdm einfallen, jdm in den Sinn kommen

oc·cur·rence /ə'kʌrəns; *AmE* ə'kɜ:rəns/ *Nomen* **1** Ereignis, Begebenheit **2** Vorkommen, Auftreten

OCD /ˌəʊ si: 'di:; *AmE* ˌoʊ/ *Nomen* [U] *Kurzform von* **obsessive compulsive disorder** Zwangsstörung

ocean 0-π /'əʊʃn; *AmE* 'oʊ-/ *Nomen* Ozean, Meer **IDM** **an ocean of sth** *(BrE auch* **oceans of sth**) *(umgs)* jede Menge von etw ◇ *oceans of food and drink* massenhaft zu essen und zu trinken → *Siehe auch* DROP

'ocean-going *Adj* [nur vor Nomen] *(Schiffe)* Hochsee-

ocean·ic /ˌəʊʃi'ænɪk; *AmE* ˌoʊ-/ *Adj (Fachspr)* Meeres- ◇ *oceanic islands* Meeresinseln

ocean·og·raph·er *Nomen* /ˌəʊʃə'nɒgrəfə(r); *AmE* ˌoʊʃə'nɑ:g-/ Meereskundler(in)

ocean·og·raphy /ˌəʊʃə'nɒgrəfi; *AmE* ˌoʊʃə'nɑ:g-/ *Nomen* Meereskunde

oce·lot /'ɒsəlɒt; *AmE* 'ɑ:səlɑ:t, 'oʊsə-/ *Nomen* Ozelot

och /ɒk, ɒx; *AmE* ɑ:k, ɑ:x/ *Ausruf (IrE, SchotE) (Ausdruck der Überraschung etc.)* ach

ochre *(AmE auch* **ocher**) /'əʊkə(r); *AmE* 'oʊ-/ *Nomen* Ocker

o'clock 0-π /ə'klɒk; *AmE* ə'klɑ:k/ *Adv (in Zeitangaben)* Uhr ◇ *five o'clock* fünf Uhr

OCR /ˌəʊ si: 'ɑ:(r); *AmE* ˌoʊ/ *Abk* = OPTICAL CHARACTER RECOGNITION

octa·gon /'ɒktəgən; *AmE* 'ɑ:ktəgɑ:n/ *Nomen* Achteck

oc·tag·on·al /ɒk'tægənl; *AmE* ɑ:k'-/ *Adj* achteckig

oc·tane /'ɒkteɪn; *AmE* 'ɑ:k-/ *Nomen* Oktan

oct·ave /'ɒktɪv; *AmE* 'ɑ:k-/ *Nomen* (MUS) Oktave

octet /ɒk'tet; *AmE* ɑ:k'-/ *Nomen* [mit Verb im Sing/Pl] (MUS) Oktett

octo- /'ɒktəʊ; *AmE* 'ɑ:ktoʊ/ *(auch* **oct-**) *Vorsilbe (in Nomina, Adjektiven und Adverbien verwendet)* Acht-, acht- ◇ *octagon* Achteck ◇ *octosyllabic* achtsilbig

Oc·to·ber 0-π /ɒk'təʊbə(r); *AmE* ɑ:k'toʊ-/ *Nomen (Abk* **Oct.**) Oktober → *Beispiele bei* JANUAR

oc·to·gen·ar·ian /ˌɒktədʒə'neəriən; *AmE* ˌɑ:ktədʒə'ner-/ *Nomen* Achtziger(in)

octo·pus /'ɒktəpəs; *AmE* 'ɑ:ktəpʊs/ *Nomen (Pl* **octopuses**) Krake, Tintenfisch

ocu·lar /'ɒkjələ(r); *AmE* 'ɑ:k-/ *Adj* [nur vor Nomen] **1** *(Fachspr)* Augen- ◇ *ocular defects* Sehdefekte **2** *(gehoben)* sichtbar

OD /ˌəʊ 'di:; *AmE* ˌoʊ/ *Verb* (**OD's, OD'ing, OD'd, OD'd**) *(umgs)* = OVERDOSE

odd 🔑 /ɒd; *AmE* ɑːd/ *Adj* **1** seltsam, merkwürdig, sonderbar ◇ *an odd-sounding name* ein eigenartig klingender Name **2 the odd …** [nur vor Nomen] gelegentlich ◇ *I've cooked the odd meal for them.* Ich habe ab und zu für sie gekocht. **3** [nur vor Nomen] übrig (geblieben) ◇ *Christmas decorations made of odd scraps of paper* aus Papierresten gemachter Weihnachtsschmuck ◇ *Could I see you when you've got an odd moment?* Könnte ich Sie sprechen, wenn Sie mal einen Moment haben? **4** einzeln ◇ *You're wearing odd socks!* Deine Socken passen nicht zusammen. **5** (*Zahlen*) ungerade **6** (*nach einer Zahl*) etwas mehr als, etwas über ◇ *She's seventy odd.* Sie ist etwas über siebzig. IDM **the odd man/one 'out** der/die Außenseiter(in) ◇ *At school he was always the odd man out.* In der Schule war er immer ein Außenseiter. ◇ *Dog, cat, horse, shoe — which is the odd one out?* Hund, Katze, Pferd, Schuh — welches gehört nicht dazu? → *Siehe auch* FISH

odd·ball /ˈɒdbɔːl; *AmE* ˈɑːd-/ *Nomen, Adj*

▸ ***Nomen*** (*umgs*) Sonderling, komischer Kauz

▸ ***Adj*** kauzig

odd·ity /ˈɒdəti; *AmE* ˈɑːd-/ *Nomen* (*Pl* **-ies**) **1** Kuriosität, Eigentümlichkeit, Sonderling **2** Eigenartigkeit

ˌodd-ˈjob man *Nomen* (*Pl* **men**) (*bes BrE*) = jd, der die anfallenden Arbeiten in Haus und Garten etc. macht

ˌodd ˈjobs *Nomen* [Pl] = in Haus und Garten etc. anfallende Arbeiten

oddly 🔑 /ˈɒdli; *AmE* ˈɑːd-/ *Adv* **1** seltsam, merkwürdig, eigenartig ◇ *It was oddly disturbing.* Es war auf seltsame Weise beunruhigend. **2 ~ (enough)** seltsamerweise, merkwürdigerweise

odd·ments /ˈɒdmәntz; *AmE* ˈɑːd-/ *Nomen* [Pl] (*bes BrE*) **1** Reste, Restposten **2** Krimskrams

odd·ness /ˈɒdnәs; *AmE* ˈɑːd-/ *Nomen* Seltsamkeit, Eigentümlichkeit ◇ *the oddness of her appearance* ihr seltsames Aussehen

odds /ɒdz; *AmE* ɑːdz/ *Nomen* [Pl] **1** (*meist* **the odds**) Chancen, Aussichten ◇ *The odds are very much in our favour.* Unsere Chancen stehen sehr gut. ◇ *The odds are that she'll win.* Es sieht so aus, als ob sie gewinnen wird. **2** Widrigkeiten ◇ *They secured a victory in the face of overwhelming odds.* Entgegen aller Wahrscheinlichkeit errangen sie den Sieg. ◇ *Against all (the) odds, he made a full recovery.* Wider Erwarten ist er völlig gesund geworden. **3** Gewinnchancen, Odds ◇ *They are offering long/short odds on the defending champion.* Sie geben dem Titelverteidiger geringe/hohe Chancen. ◇ (*fig*) *I'll lay odds on him getting the job.* Ich wette, dass er die Stelle bekommt. IDM **be at 'odds (with sth)** (mit etw) nicht übereinstimmen **be at 'odds (with sb) (over/on sth)** sich (mit jdm) (in etw) uneinig sein **it makes no 'odds** (*bes BrE, umgs*) es ist egal **pay over the 'odds** (*BrE, umgs*) einen überhöhten Preis zahlen → *Siehe auch* DEFY *und* STACKED

ˌodds and ˈends (*BrE auch* **ˌodds and ˈsods**) *Nomen* [Pl] (*umgs*) **1** Kleinigkeiten, Krimskrams **2** Reste

ˌodds-ˈon *Adj* ◇ *the odds-on favourite* der klare Favorit ◇ *It's odds-on that she'll be late.* Es ist so gut wie sicher, dass sie zu spät kommt.

ode /әʊd; *AmE* oʊd/ *Nomen* Ode

odi·ous /ˈәʊdiәs; *AmE* ˈoʊ-/ *Adj* (*gehoben*) widerwärtig, widerlich

odom·eter /әʊˈdɒmɪtә(r); *AmE* oʊˈdɑːm-/ *Nomen* (*AmE*) Wegmesser, Kilometerzähler

odor·ous /ˈәʊdәrәs; *AmE* ˈoʊ-/ *Adj* (*gehoben oder Fachspr*) (intensiv) riechend ◇ *be odorous* einen Geruch haben

odour (*AmE* **odor**) /ˈәʊdә(r); *AmE* ˈoʊ-/ *Nomen* (*gehoben*) Geruch → *Siehe auch* BODY ODOUR IDM **be in good/bad 'odour (with sb)** (*gehoben*) (bei jdm) gut/schlecht angeschrieben sein

odour·less (*AmE* **odor·less**) /ˈәʊdәlәs; *AmE* ˈoʊdәrlәs/ *Adj* geruchlos

odys·sey /ˈɒdәsi; *AmE* ˈɑːd-/ *Nomen* [Sing] (*gehoben*) Odyssee

OECD /ˌәʊ iː siː ˈdiː; *AmE* ˌoʊ/ *Kurzform von* **Organization for Economic Cooperation and Development** OECD

Oedi·pus com·plex /ˈiːdɪpәs kɒmpleks; *AmE* kɑːm-, *meist* ˈed-/ *Nomen* [Sing] (PSYCH) Ödipuskomplex

o'er /ɔː(r)/ *Adv, Präp* (*veraltet*) = OVER

oe·sopha·gus (*AmE* **eso·pha·gus**) /iˈsɒfәgәs; *AmE* iˈsɑːfә-/ *Nomen* (*Pl* **-phag·uses** *oder* **-phagi** /-gaɪ/) Speiseröhre, Ösophagus

oes·tro·gen (*auch* **es·tro·gen**) /ˈiːstrәdʒәn; *AmE* ˈestrә-/ (*BrE*) *Nomen* Östrogen

of 🔑 /әv; *betont* ɒv; *AmE betont* ʌv/ *Präp* **1** von ◇ *that old bike of Tommy's* das alte Fahrrad von Tommy ◇ *the people of Wales* das walisische Volk ◇ *a girl of 12* ein zwölfjähriges Mädchen ◇ *the result of the debate* das Ergebnis der Debatte ◇ *a woman of Italian descent* eine Frau italienischer Herkunft ◇ *the city of Dublin* die Stadt Dublin ◇ *the issue of housing* das Wohnungsproblem **2** aus ◇ *It's made of gold.* Es ist aus Gold. **3** (*mit Maßen und Mengenangaben*) ◇ *2 litres/a glass of milk* 2 Liter/ein Glas Milch **4** (*AmE*) (*in Zeitangaben*) vor ◇ *at a quarter of eleven* um Viertel vor elf IDM **of 'all** ausgerechnet ◇ *you of all people* ausgerechnet du ◇ *in rain of all weathers* ausgerechnet bei Regen → *Siehe auch* CHEEK *und* NERVE

off 🔑 /ɒf; *AmE* ɔːf/ *Adv, Präp, Adj, Nomen*

▸ ***Adv*** ℹ Für Verben mit **off**, siehe die Einträge für die Verben. **Come off** z. B. steht unter **come**. **1** weg, los ◇ *Off we go!* Los geht's! ◇ *A solution is still some way off.* Von einer Lösung sind wir noch ein ganzes Stück entfernt. ◇ *Sarah's off in India somewhere.* Sarah ist irgendwo in Indien unterwegs. **2** (*Rennen*) gestartet **3** ab, aus ◇ *Don't leave the toothpaste with the top off.* Mach den Deckel auf die Zahnpasta. **4** abgesagt ◇ *The wedding is off.* Die Hochzeit fällt aus. **5** abgestellt ◇ *Make sure the TV is off.* Sorg dafür, dass der Fernseher aus ist. **6** (*bes BrE*) (*Essen, Getränke*) aus (gegangen), alle **7** (*Schule, Arbeit*) ◇ *She's off today.* Sie ist heute nicht da. ◇ *How many days did you take off?* Wie viele Tage hast du freigenommen/warst du krank? **8** heruntergesetzt ◇ *shoes with 5% off* Schuhe mit 5% Preisnachlass ◇ *All shirts have/are 10% off.* Alle Hemden sind um 10% heruntergesetzt. **9** (THEAT) hinter den Kulissen IDM **be better 'off** besser dran sein ◇ *Her promotion means she's $100 a week better off.* Ihre Beförderung bedeutet 100 Dollar mehr die Woche. ◇ *You'd have been better off going by train.* Du hättest besser mit dem Zug fahren sollen. **be ˌoff for 'sth** (*umgs*) ◇ *How are we off for coffee?* Wie viel Kaffee haben wir noch? **ˌoff and 'on /ˌon and 'off** immer mal wieder; ab und an

▸ ***Präp*** ℹ Für Verben mit **off**, siehe die Einträge für die Verben. **Take sth off sth** z. B. steht unter **take**. **1** von … (herunter) ◇ *I fell off the ladder.* Ich bin von der Leiter gefallen. **2** von … (entfernt) ◇ *100 metres off the summit* 100 Meter vom Gipfel entfernt ◇ *an island off the coast of Spain* eine Insel vor der Küste Spaniens ◇ *We're getting right off the subject.* Wir kommen ganz vom Thema ab. ◇ *Keep off the grass!* Betreten des Rasens verboten! **3** abseits von ◇ *We live off Main Street.* Wir wohnen in einer Nebenstraße der Main Street. ◇ *There's a bathroom off the main bedroom.* Vom großen Schlafzimmer geht ein Badezimmer ab. **4** ab ◇ *I want about an inch off my fringe.* Ich möchte den Pony ungefähr 2 cm kürzer haben. **5** (*Arbeit, Schule etc.*) ◇ *He had ten days off school.* Er war 10 Tage nicht in der Schule. ◇ *She took a week off work.* Sie hat (sich) eine Woche freigenommen. **6** (*Preis*) ◇ *They knocked 500 dollars off the car.* Sie haben das

Auto 500 Dollar billiger verkauft. **7 off of** (*umgs*) von ◇ *I got it off of my brother.* Das hab ich von meinem Bruder gekriegt. **8 be ~ sth/sb** ◇ *He's finally off drugs.* Er ist endlich von Drogen losgekommen. ◇ *I'm off alcohol for a week.* Ich trinke diese Woche keinen Alkohol. ◇ *I'm really off her at the moment.* Zurzeit habe ich die Nase voll von ihr.

▸ ***Adj*** [nicht vor Nomen] **1** schlecht, verdorben; (*Milch*) sauer **2 ~ (with sb)** (*bes BrE, umgs*) komisch (zu jdm), sauer (auf jdn) **3** (*bes BrE, umgs*) daneben, unangebracht

▸ ***Nomen*** [Sing] **the off** der Start

off- /ɒf; *AmE* ɔːf/ *Vorsilbe* (*mit Nomina, Verben und Adjektiven verbunden*) ab, abseits von ◇ *offload* abladen ◇ *offstage* hinter der Bühne

offal /ˈɒfl; *AmE* ˈɔːfl/ *Nomen* [U] Innereien

off·beat /ˌɒfˈbiːt; *AmE* ˌɔːf-/ *Adj* (*umgs*) unkonventionell, ausgefallen

ˌoff-ˈcentre (*AmE* **ˌoff-ˈcenter**) *Adv, Adj* **1** seitlich, schräg, schief **2** außerhalb (gelegen) ◇ *an off-centre development* ein Baugebiet außerhalb des Zentrums

ˌoff chance *Nomen* IDM **do sth on the ˈoff chance** etw auf gut Glück tun ◇ *I rang the office on the off chance that you would still be there.* Ich hab im Büro angerufen falls du etwa noch da wärst.

ˌoff day *Nomen* (*umgs*) schlechter Tag

ˌoff-ˈduty *Adj* außerdienstlich, dienstfrei ◇ *an off-duty policeman* ein Polizist außer Dienst

of·fence 🔑 (*AmE* **of·fense**) /əˈfens/ *Nomen* **1** Vergehen, Verbrechen **2** Beleidigung ◇ *mean no offence* niemanden beleidigen wollen ◇ *cause offence to some people* bei manchen Leuten Anstoß erregen ◇ *take offence* beleidigt sein IDM **no ofˈfence** (*umgs*) ◇ *No offence, but I'd really like to be on my own.* Nimm's mir nicht übel, aber ich würde wirklich lieber allein sein.

of·fend 🔑 /əˈfend/ *Verb* **1** (*oft passiv*) beleidigen **2** stören **3** (*gehoben*) straffällig werden **4 ~ (against sth)** (*gehoben*) (gegen etw) verstoßen

of·fend·ed /əˈfendɪd/ *Adj* **1** beleidigt **2** (RECHT) ◇ *the offended party* die Klägerseite

of·fend·er /əˈfendə(r)/ *Nomen* **1** Straftäter(in), Verbrecher(in) ◇ *a young offender institution* eine Jugendstrafanstalt **2** (Übel)täter(in)

of·fend·ing /əˈfendɪŋ/ *Adj* [nur vor Nomen] **1** beleidigend, Anstoß erregend **2** störend **3** schuldig, zuwiderhandelnd

of·fense 🔑 /əˈfens/ *Nomen* (*AmE*) **1** = OFFENCE **2** (SPORT, MIL) Angriff

of·fen·sive 🔑 /əˈfensɪv/ *Adj, Nomen*

▸ ***Adj*** **1** (*Adv* **of·fen·sive·ly**) beleidigend, Anstoß erregend **2** (*gehoben*) abstoßend, widerlich **3** (*Adv* **of·fen·sive·ly**) (SPORT, MIL) [nur vor Nomen] Angriffs-, offensiv ◇ *offensive action* eine Offensive

▸ ***Nomen*** **1** Angriff **2** Offensive, Kampagne IDM **be on the ofˈfensive** in der Offensive sein **go on (to) the ofˈfensive** zum Angriff übergehen **take the ofˈfensive** in die Offensive gehen

of·fen·sive·ness /əˈfensɪvnəs/ *Nomen* Anstößigkeit, Widerlichkeit

offer 🔑 /ˈɒfə(r); *AmE* ˈɔːfər/ *Verb, Nomen*

▸ ***Verb*** **1** (an)bieten ◇ *He offered me some useful advice.* Er gab mir ein paar nützliche Ratschläge. ◇ *He did not offer any explanation for his behaviour.* Er gab uns keine Erklärung für sein Verhalten. **2 ~ sth/sb (up) (to sb)** (*gehoben*) (jdm) etw/jdn darbringen IDM **have sth to offer** etw zu bieten haben **offer your ˈhand (to sb)** (*gehoben*) (jdm) die Hand (zum Gruß) bieten

▸ ***Nomen*** **1** Angebot ◇ *The original price was 3 000 dollars, but I'm open to offers.* Der ursprüngliche Preis war 3 000 Dollar, aber darüber lässt sich reden. ◇ *an offer of marriage* ein Heiratsantrag ➔ *Siehe auch* O.N.O. **2** (Sonder)angebot ◇ *They have an offer on paint at the moment.* Sie haben im Moment Farbe im Angebot. IDM **on ˈoffer 1** (an)geboten ◇ *Prizes worth more than 20 000 dollars are on offer to the winner.* Dem Gewinner winken Preise im Wert von mehr als 20 000 Dollar. **2** (*bes BrE*) im (Sonder)angebot **under ˈoffer** (*BrE*) ◇ *Their house is under offer.* Jemand hat ihnen ein Angebot für ihr Haus gemacht.

of·fer·ing /ˈɒfərɪŋ; *AmE* ˈɔːfə-/ *Nomen* **1** Darbietung, Angebot, Produkt **2** Gabe, Opfer

of·fer·tory /ˈɒfətri; *AmE* ˈɔːfərtɔːri/ *Nomen* (*Pl* **-ies**) **1** (REL) Offertorium, Opferung **2** Kollekte

off·hand /ˌɒfˈhænd; *AmE* ˌɔːf-/ *Adj, Adv*

▸ ***Adj*** (*Adv* **off·hand·ed·ly** /-ˈhændɪdli/) (*abwert*) lässig ◇ *He was very offhand with me.* Er war recht kühl mir gegenüber. ◇ *'Oh, it's just a small affair,' he answered offhandedly.* „Ach, das ist nichts von Bedeutung," antwortete er leichthin.

▸ ***Adv*** auf Anhieb, aus dem Stand ◇ *I can't remember their number offhand.* Ich weiß ihre Telefonnummer nicht auswendig.

of·fice 🔑 /ˈɒfɪs; *AmE* ˈɑːfɪs/ *Nomen* **1** Büro ◇ *head office* die Hauptgeschäftsstelle ◇ *the local tourist office* das örtliche Fremdenverkehrsamt ◇ *a ticket office* eine Kartenverkaufsstelle **2** (*AmE*) (*Arzt-, Zahnarzt-*) Praxis **3 Office** Ministerium ◇ *the Home Office* das Innenministerium **4** Amt ◇ *hold office* ein Amt innehaben ◇ *The party has been out of office for many years.* Die Partei hat seit vielen Jahren keine Regierung mehr gestellt. ◇ *take office* sein Amt antreten ◇ *seek/run for office* (für ein Amt) kandidieren ◇ (*BrE*) *stand for office* sich für ein Amt zur Wahl stellen IDM **through sb's good ˈoffices** (*gehoben*) durch jds gute Dienste; durch jds Vermittlung

ˈoffice boy *Nomen* (*veraltet*) Bürogehilfe

ˈoffice building (*BrE auch* **ˈoffice block**) *Nomen* Bürogebäude ◇ *high-rise office blocks* Bürohochhäuser

ˈoffice girl *Nomen* (*veraltet*) Bürogehilfin

ˈoffice-holder (*auch* **ˈoffice-bearer**) *Nomen* Amtsinhaber(in)

ˈoffice hours *Nomen* [Pl] Dienststunden, Dienstzeit

of·fi·cer 🔑 /ˈɒfɪsə(r); *AmE* ˈɑːfɪ-/ *Nomen* **1** (MIL) Offizier(in) **2** (*oft in Zusammensetzungen*) Beamte, Beamtin ◇ *a customs/prison officer* ein Zoll-/Gefängnisbeamter ◇ *officers of state* Minister ➔ *Siehe auch* RETURNING OFFICER **3** = POLICE OFFICER

ˈoffice worker *Nomen* Büroangestellte(r)

of·fi·cial 🔑 /əˈfɪʃl/ *Adj, Nomen*

▸ ***Adj*** **1** [nur vor Nomen] Amts-, amtlich ◇ *official responsibilities* Amtspflichten ◇ *He attended in his official capacity as mayor.* Er war in seiner Eigenschaft als Bürgermeister anwesend. **2** (*Adv* **of·fi·cial·ly** /-ʃəli/) offiziell ◇ *an official biography* eine autorisierte Biografie ◇ *The news is not yet official.* Es ist noch nicht offiziell. ◇ *the official version of events* die offizielle Version der Ereignisse ◇ *the official opening* die offizielle Eröffnung

▸ ***Nomen*** (*oft in Zusammensetzungen*) Beamte, Beamtin ◇ *UN officials* UN-Vertreter

of·fi·cial·dom /əˈfɪʃldəm/ *Nomen* (*abwert*) Beamtentum, Bürokratie

of·fi·cial·ese /əˌfɪʃəˈliːz/ *Nomen* (*abwert*) Behördensprache, Amtssprache

of·fi·cial·ly 🔑 *Adv* ➔ OFFICIAL

ofˌficial reˈceiver (*auch* **re·ceiver**) *Nomen* Konkursverwalter(in) ◇ *call in the receivers* Konkurs anmelden

ofˌficial ˈsecret *Nomen* (*BrE*) Staatsgeheimnis

of·fi·ci·ate /əˈfɪʃieɪt/ *Verb* ~ (**at sth**) (*gehoben*) (bei etw) amtieren ◇ *officiate at the wedding* die Trauung vornehmen

of·fi·cious /əˈfɪʃəs/ *Adj* (*Adv* **of·fi·cious·ly**) (*abwert*) übereifrig, wichtigtuerisch

off·ing /ˈɒfɪŋ; *AmE* ˈɔːfɪŋ/ *Nomen* IDM **in the offing** (*umgs*) in (Aus)sicht

ˌ**off-ˈkey** *Adj, Adv* **1** (MUS) verstimmt, falsch **2** (*Bemerkung etc.*) unpassend

ˈ**off-licence** *Nomen* (*BrE*) = Wein- und Spirituosenhandlung

off·line /ˌɒfˈlaɪn; *AmE* ˌɔːf-/ *Adj, Adv* (COMP) offline, Offline-

off·load /ˌɒfˈləʊd; *AmE* ˌɔːfˈloʊd/ *Verb* ~ **sb/sth** (**on/onto sb**) jdn/etw (auf jdn) abladen, jdn/etw (bei jdm) loswerden ◇ *offload waste from oil tankers into the sea* den Abfall von Öltankern ins Meer kippen

ˌ**off-ˈpeak** *Adj* [nur vor Nomen], *Adv* außerhalb der Spitzenzeiten ◇ *off-peak electricity* Nachtstrom

ˌ**off-ˈpiste** *Adj, Adv*
- ▸ ***Adj*** abseits der Skipiste, Tiefschnee- ◇ *off-piste skiing* Skifahren außerhalb der gekennzeichneten Piste
- ▸ ***Adv*** abseits der Skipiste ◇ *We enjoy skiing off-piste.* Wir fahren gerne Ski abseits der Pisten.

ˈ**off-putting** *Adj* (*bes BrE, umgs*) abstoßend, unangenehm

ˈ**off-road** *Adj* Gelände-, Querfeldein-

ˌ**off-ˈscreen** *Adj* [nur vor Nomen], *Adv* im wirklichen Leben

ˈ**off season** *Nomen* [Sing] **1** Nebensaison **2** (*AmE*) (SPORT) Saisonpause

ˌ**off-ˈseason** *Adj, Adv*
- ▸ ***Adj*** [nur vor Nomen] Nebensaison-
- ▸ ***Adv*** außerhalb der Saison

off·set /ˈɒfset; *AmE* ˈɔːf-/ *Verb, Adj*
- ▸ ***Verb*** (**-set·ting, -set, -set**) ~ **sth** (**against sth**) etw (durch etw) ausgleichen ◇ (*BrE*) *What expenses can you offset against tax?* Welche Unkosten kann man von der Steuer absetzen?
- ▸ ***Adj*** [nur vor Nomen] (*Druck etc.*) Offset-

off·shoot /ˈɒfʃuːt; *AmE* ˈɔːf-/ *Nomen* Ableger (*auch fig*)

off·shore /ˌɒfˈʃɔː(r); *AmE* ˌɔːf-/ *Adj, Adv*
- ▸ ***Adj*** **1** küstennah, Offshore- ◇ *an offshore island* eine Insel nahe der Küste **2** (*Wind*) ablandig **3** (WIRTSCH) Auslands- ◇ *offshore investments* Offshore-Investitionen
- ▸ ***Adv*** **1** vor der Küste **2** (WIRTSCH) im Ausland

off·side *Adj, Nomen*
- ▸ ***Adj*** /ˌɒfˈsaɪd; *AmE* ˌɔːf-/ **1** (*AmE auch* **off·sides**) (SPORT) im Abseits ◇ *the offside rule* die Abseitsregel **2** (*BrE*) auf der Fahrerseite
- ▸ ***Nomen*** **1** /ˌɒfˈsaɪd; *AmE* ˌɔːf-/ (*AmE auch* **off·sides**) (SPORT) Abseits **2** /ˈɒfsaɪd; *AmE* ˈɔːf-/ (*BrE*) Fahrerseite

off·spring /ˈɒfsprɪŋ; *AmE* ˈɔːf-/ *Nomen* (*Pl* **off·spring**) **1** (*gehoben oder hum*) Sprössling, Nachwuchs **2** (*Tier*) Junge(s)

off·stage /ˌɒfˈsteɪdʒ; *AmE* ˌɔːf-/ *Adj, Adv* in den Kulissen ◇ *offstage sound effects* Toneffekte aus den Kulissen ◇ *The stars were having an offstage relationship.* Abseits der Bühne hatten die Stars ein Verhältnis miteinander.

ˈ**off-street** *Adj* nicht auf der Straße ◇ *an apartment with off-street parking* eine Wohnung mit Auto-Stellplatz

off the ˈcharts *Adv* (*umgs, bes AmE*) mega, wahnsinnig ◇ *The show was off-the-charts funny.* Die Show war wahnsinnig komisch!

off-the-ˈcuff → CUFF

ˌ**off-ˈwhite** *Adj* gebrochen weiß

oft /ɒft; *AmE* ɔːft/ *Adv* (*veraltet*) (*oft in Zusammensetzungen*) oft ◇ *an oft-repeated claim* eine oft wiederholte Behauptung

often 0‒ /ˈɒfn, ˈɒftən; *AmE* ˈɔːfn, ˈɔːftən/ *Adv* oft, häufig IDM **as ˌoften as ˈnot; more ˌoften than ˈnot** meistens ˌ**every so ˈoften** von Zeit zu Zeit → *Siehe auch* ONCE

often·times /ˈɒfntaɪmz, ˈɒftən-; *AmE* ˈɔːfn-, ˈɔːftən-/ *Adv* (*BrE, veraltet oder AmE*) oft(mals)

ogle /ˈəʊgl; *AmE* ˈoʊ-/ *Verb* (*abwert*) gaffen; ~ **at sb** jdn beäugen, jdn angaffen

ogre /ˈəʊgə(r); *AmE* ˈoʊ-/ *Nomen* **1** (Menschen fressender) Riese **2** Ungeheuer

oh 0‒ (*seltener* **O**) /əʊ; *AmE* oʊ/ *Ausruf* **1** ach, oh ◇ *Oh dear! What's happened now?* Oje! Was ist jetzt passiert? **2** (*um Aufmerksamkeit zu erregen*) hallo ◇ *Oh, Sue! Could you help me a moment?* Hallo Sue! Könntest du mir einen Augenblick helfen? **3** (*um eine Sprechpause zu überbrücken*) äh ◇ *I've been in this job for, oh, about six years.* Ich bin jetzt seit, äh, sechs Jahren in dieser Stellung.

ohm /əʊm; *AmE* oʊm/ *Nomen* Ohm

OHP /ˌəʊ eɪtʃ ˈpiː; *AmE* ˌoʊ/ = OVERHEAD PROJECTOR

oi /ɔɪ/ *Ausruf* (*BrE, umgs*) he

oik /ɔɪk/ *Nomen* (*BrE, Slang*) Prolet(in)

oil 0‒ /ɔɪl/ *Nomen, Verb*
- ▸ ***Nomen*** **1** (Erd)öl **2** Öl ◇ *engine oil* Motoröl ◇ *olive oil* Olivenöl **3** (*auch* **oils**) [Pl] Ölfarben **4** = OILPAINTING IDM → BURN *und* POUR
- ▸ ***Verb*** **1** ölen, schmieren **2** einölen IDM → WHEEL

oil·can /ˈɔɪlkæn/ *Nomen* Ölkanne

oil·cloth /ˈɔɪlklɒθ; *AmE* -klɔːθ/ *Nomen* Wachstuch

ˈ**oil colour** (*AmE* ˈ**oil color**) *Nomen* Ölfarbe

oiled /ɔɪld/ *Adj* **well** ~ (*BrE, umgs*) betrunken

oil·field /ˈɔɪlfiːld/ *Nomen* Ölfeld

ˌ**oil-ˈfired** *Adj* Öl-, mit Öl befeuert ◇ *oil-fired central heating* Ölheizung

oil·man /ˈɔɪlmæn/ *Nomen* (*Pl* **-men** /-men/) **1** Ölmagnat **2** Beschäftigter in der Ölindustrie

ˈ**oil paint** *Nomen* Ölfarbe

ˈ**oil painting** *Nomen* **1** (*auch* **oil**) Ölgemälde **2** Ölmalerei IDM **be no ˈoil painting** (*BrE, hum*) nicht gerade eine Schönheit sein

ˈ**oil pan** *Nomen* (*AmE*) Ölwanne

ˈ**oil rig** (*bes AmE* ˈ**oil platform**) *Nomen* Bohrinsel

oilseed ˈrape *Nomen* Raps

oil·skin /ˈɔɪlskɪn/ *Nomen* **1** Öltuch **2** Öljacke **3** **oilskins** [Pl] Ölzeug

ˈ**oil slick** *Nomen* Ölteppich, Ölpest

ˈ**oil tanker** *Nomen* Öltanker

ˈ**oil well** (*auch* **well**) *Nomen* Ölquelle

oily /ˈɔɪli/ *Adj* (**oil·ier, oili·est**) **1** ölig ◇ *oily fish* fetter Fisch **2** (*abwert*) (*fig*) ölig, schleimig

oink /ɔɪŋk/ *Ausruf, Nomen* Grunzen (*eines Schweins*)

oint·ment /ˈɔɪntmənt/ *Nomen* Salbe IDM → FLY

OK 0‒ (*auch* **okay**) /əʊˈkeɪ; *AmE* oʊˈ-/ *Ausruf, Adj, Adv, Nomen, Verb*
- ▸ ***Ausruf*** (*umgs*) okay, gut ◇ *OK, so I was wrong.* Gut, ich habe mich geirrt.
- ▸ ***Adj, Adv*** (*umgs*) okay, in Ordnung ◇ *Does my hair look okay?* Sieht meine Frisur einigermaßen gut aus? ◇ *an okay movie* ein ganz guter Film ◇ *if it's OK with you* wenn es dir recht ist
- ▸ ***Nomen*** (*umgs*) Zustimmung, Okay
- ▸ ***Verb*** (**OK's, OK'ing, OK'd, OK'd**) (*umgs*) genehmigen

okey-doke /ˌəʊki ˈdəʊk; *AmE* ˌoʊki ˈdoʊk/ (*auch* **okey-dokey** /ˌəʊki ˈdəʊki; *AmE* ˌoʊki ˈdoʊ-/) *Ausruf* (*BrE, umgs*) okay, alles klar

okra /ˈəʊkrə, ˈɒkrə; *AmE* ˈoʊkrə/ *Nomen* Okra

old /əʊld; *AmE* oʊld/ *Adj, Nomen*

▸ ***Adj*** **1** alt ◇ *two fourteen-year-old boys* zwei vierzehnjährige Jungen ◇ *Good old Dad!* Der gute alte Papa! ◇ *You poor old thing!* Du armes Ding! **2** [nur vor Nomen] alt, frühere(r,s) ◇ *Things were different in the old days.* Früher war alles anders. ◇ *Old and Middle English* Alt- und Mittelenglisch IDM **ˌany old ...** irgendein(e) ... ◇ *Any old bag will do.* Irgendeine Tüte reicht. **ˈany old how** irgendwie **as old as the ˈhills** uralt **be one of the ˈold school** von der alten Schule sein **for ˈold times' sake** zur Erinnerung an alte Zeiten **the ˈgood/ˈbad old days** die gute alte Zeit/die schlimmen Jahre **he/she is old enough to know ˈbetter** in seinem/ihrem Alter sollte er/sie das besser wissen **old ˈboy, ˈchap, ˈman, etc.** (*BrE, umgs, veraltet*) (*als Anrede*) alter Junge/Knabe **(have) an old head on young ˈshoulders** reif für sein Alter sein **the (same) old ˈstory** das alte Lied **an old ˈwives' tale** (*abwert*) ein Ammenmärchen → *Siehe auch* CHIP, GRAND, HEAVE-HO, HIGH, MONEY, RIPE, SETTLE, TEACH, TOUGH *und* TRICK

▸ ***Nomen*** **the old** [Pl] alte Menschen IDM **of ˈold** (*gehoben*) ◇ *in days of old* in alten Zeiten ◇ *We know him of old.* Wir kennen ihn von früher her.

ˌold ˈage *Nomen* Alter ◇ *He lived alone in his old age.* Im Alter lebte er allein. ◇ *die of old age* an Altersschwäche sterben

ˌold-age ˈpension *Nomen* (*BrE*) (Alters)rente

ˌold-age ˈpensioner *Nomen* (*Abk* **OAP**) (*BrE, veraltend*) Rentner(in)

ˌold ˈbat *Nomen* (*BrE, umgs, abwert*) alte Schrulle

the ˌOld ˈBill *Nomen* [Sing] (*umgs*) (*die Polizei*) die Bullen

ˈold boy *Nomen* **1** **ˈold boy** (*BrE*) ehemaliger Schüler **2** **ˌold ˈboy** (*bes BrE, umgs*) Alte(r), alter Herr ◇ *The old boy next door has died.* Der alte Herr von nebenan ist gestorben. IDM **the ˌold ˈboy network** (*BrE, umgs*) Beziehungen von der Schule her (besonders bei Absolventen von Privatschulen)

the ˈold country *Nomen* die alte Heimat

olde /əʊld, ˈəʊldi; *AmE* oʊld, ˈoʊldi/ *Adj* [nur vor Nomen] (*veraltet oder hum*) alt

olden /ˈəʊldən; *AmE* ˈoʊl-/ *Adj* [nur vor Nomen] alt ◇ *in the olden days* früher

ˌOld ˈEnglish *Nomen* Altenglisch

ˌOld ˌEnglish ˈsheepdog *Nomen* Bobtail

ˌold-eˈstablished *Adj* [nur vor Nomen] alteingesessen ◇ *old-established customs* alte Bräuche

olde worlde /ˌəʊldi ˈwɜːldi; *AmE* ˌoʊldi ˈwɜːrldi/ *Adj* (*BrE, hum*) altertümlich, auf alt gemacht

ˌold-ˈfashioned *Adj* (*manchmal abwertend*) altmodisch ◇ *She wants to be an old-fashioned mother.* Sie will eine Mutter im alten Stil sein.

ˈold girl *Nomen* **1** **ˈold girl** (*BrE*) ehemalige Schülerin **2** **ˌold ˈgirl** (*bes BrE*) Alte, alte Dame ◇ *The old girl next door has died.* Die alte Dame von nebenan ist gestorben.

ˌOld ˈGlory *Nomen* (*AmE*) das Sternenbanner

the ˌold ˈguard *Nomen* [mit Verb im Sing/Pl] die alte Garde

ˌold ˈhand *Nomen* alter Hase

ˌold ˈhat *Nomen* ein alter Hut ◇ *Today's hits soon become old hat.* Die Hits von heute bekommen schnell aus der Mode.

oldie /ˈəʊldi; *AmE* ˈoʊl-/ *Nomen* (*umgs*) Oldie

old·ish /ˈəʊldɪʃ; *AmE* ˈoʊl-/ *Adj* ältlich

ˌold ˈlady *Nomen* (*umgs*) **my, his, etc. ~** (*Ehefrau*) meine/seine etc. Alte; (*Mutter*) meine/seine etc. alte Dame

ˌold ˈlag *Nomen* (*BrE, umgs*) Knastbruder

ˌold ˈmaid *Nomen* (*veraltet, abwert*) alte Jungfer

ˌold ˈman *Nomen* (*umgs*) **1 my, her, etc. ~** (*Ehemann*) mein/ihr etc. Alter **2 my, her, etc. ~** (*Vater*) mein/ihr etc. alter Herr

ˌold ˈmaster *Nomen* alter Meister

ˌOld ˈNick *Nomen* (*veraltet, hum*) der Teufel

ˌold ˈpeople's home *Nomen* (*BrE*) Altersheim

ˌold school ˈtie *Nomen* (*BrE*) = Schulschlips, der von ehemaligen Schülern einer Privatschule getragen wird

ˈold-style *Adj* [nur vor Nomen] im alten Stil, alten Stils

the ˌOld ˈTestament *Nomen* [Sing] das alte Testament

ˈold-time *Adj* [nur vor Nomen] (wie) aus alter Zeit

ˌold-ˈtimer *Nomen* **1** alter Hase, Oldtimer **2** (*AmE*) alter Mann

ˌold ˈwoman *Nomen* **my, his, etc. ~ 1** (*bes BrE, umgs*) (*Ehefrau*) die/meine etc. Alte **2** (*Mutter*) meine/seine etc. alte Dame **3** (*BrE, abwert*) (*Mann*) altes Weib

ˈold-world *Adj* [nur vor Nomen] altertümlich ◇ *a charming old-world hotel* ein altertümliches Hotel mit viel Charme

ole /əʊl; *AmE* oʊl/ *Adj* (*in der Schriftsprache gebraucht, um die Aussprache mancher Sprecher von „old" wiederzugeben*) alt

ole·an·der /ˌəʊliˈændə(r); *AmE* ˌoʊ-/ *Nomen* Oleander

O level /ˈəʊ levl; *AmE* ˈoʊ/ (*auch* **ˈordinary level**) *Nomen* = Abschluss der Mittelstufe (1988 abgeschafft und durch das GCSE versetzt)

ol·fac·tory /ɒlˈfæktəri; *AmE* ɑːlˈ-, oʊlˈ-/ *Adj* (*Fachspr*) Geruchs-, Riech-

oli·garch /ˈɒlɪɡɑːk; *AmE* ˈɑːləɡɑːrk/ *Nomen* Oligarch

oli·garchy /ˈɒlɪɡɑːki; *AmE* ˈɑːləɡɑːrki/ *Nomen* [mit Verb im Sing/Pl] (*Pl* **-ies**) Oligarchie

olive /ˈɒlɪv; *AmE* ˈɑːlɪv/ *Nomen, Adj*

▸ ***Nomen*** **1** Olive **2** (*auch* **ˈolive tree**) Olivenbaum ◇ *olive groves* Olivenhaine **3** (*auch* **ˌolive-ˈgreen**) Olivgrün

▸ ***Adj*** **1** (*auch* **ˌolive-ˈgreen**) olivgrün **2** (*Teint*) bräunlich

ˈolive branch *Nomen* [meist Sing] Ölzweig ◇ *They are holding out an olive branch to the strikers.* Sie machen den Streikenden ein Friedensangebot.

ˌolive ˈoil *Nomen* Olivenöl

Olym·piad /əˈlɪmpiæd/ *Nomen* Olympiade

Olym·pian /əˈlɪmpiən/ *Adj, Nomen*

▸ ***Adj*** (*gehoben*) (*majestätisch*) olympisch

▸ ***Nomen*** (SPORT) Olympiateilnehmer(in)

Olym·pic /əˈlɪmpɪk/ *Adj* [nur vor Nomen] Olympia-, olympisch ◇ *the British Olympic team* die britische Olympiamannschaft

the Oˌlympic ˈGames (*auch* **the Olym·pics**) *Nomen* [Pl] die Olympischen Spiele, die Olympiade

om·buds·man /ˈɒmbudzmən, -mæn; *AmE* ˈɑːm-/ *Nomen* (*Pl* **-men** /-mən, -men/) Ombudsmann

om·elette (*AmE auch* **om·elet**) /ˈɒmlət; *AmE* ˈɑːm-/ *Nomen* Omelett(e) IDM **you can't make an ˌomelette without breaking ˈeggs** wo gehobelt wird, da fallen Späne

omen /ˈəʊmən; *AmE* ˈoʊ-/ *Nomen* Omen, Vorzeichen

OMG /ˌəʊ em ˈdʒiː; *AmE* ˌoʊ/ *Kurzform von* **oh my God!** (*umgs*) Oh mein Gott!

om·in·ous /ˈɒmɪnəs; *AmE* ˈɑːm-/ *Adj* (*Adv* **om·in·ous·ly**) bedrohlich, ominös

omis·sion /əˈmɪʃn/ *Nomen* Auslassung ◇ (*gehoben*) *sins of omission* Unterlassungssünden

omit /əˈmɪt/ *Verb* (**-tt-**) (*gehoben*) **1** auslassen ◇ *Smith was omitted from the team.* Smith war nicht aufgestellt worden. **2** unterlassen

omni- /ˈɒmnɪ; *AmE* ˈɑːm-/ *Vorsilbe (mit Nomina, Adjektiven und Adverbien verbunden)* all-, Alles- ◇ *omnipresent* allgegenwärtig ◇ *omnivores* Allesfresser

omni·bus /ˈɒmnɪbəs; *AmE* ˈɑːm-/ *Nomen, Adj*

▸ ***Nomen*** **1** *(BrE)* = Fernseh- oder Radioprogramm, in dem mehrere Folgen einer Serie zusammengefasst werden **2** Sammelausgabe **3** *(veraltet)* Omnibus

▸ ***Adj*** *(AmE)* Sammel-, umfassend

om·nipo·tence /ɒmˈnɪpətəns; *AmE* ɑːmˈ-/ *Nomen (gehoben)* Allmacht

om·nipo·tent /ɒmˈnɪpətənt; *AmE* ɑːmˈ-/ *Adj (gehoben)* allmächtig

om·nis·ci·ent /ɒmˈnɪsiənt; *AmE* ɑːmˈ-/ *Adj (gehoben)* allwissend ◇ *The novel has an omniscient narrator.* Der Roman hat einen allwissenden Erzähler.

omni·vore /ˈɒmnɪvɔː(r); *AmE* ˈɑːm-/ *Nomen* Allesfresser

om·niv·or·ous /ɒmˈnɪvərəs; *AmE* ɑːmˈ-/ *Adj (gehoben)* **1** alles fressend, omnivor **2** *(gehoben)* unersättlich

on /ɒn; *AmE* ɑːn/ *Präp, Adv* ℹ Für Verben mit **on** siehe die Einträge für die Verben. **Turn on** z.B. steht unter **turn**.

▸ ***Präp***

• **Ort** **1** an ◇ *on the wall* an der Wand ◇ *a house on the Thames* ein Haus an der Themse **2** auf ◇ *on page 5* auf Seite 5 ◇ *She climbed on to the bed.* Sie kletterte auf das Bett. **3** *(in der Tasche)* bei ◇ *Have you got any money on you?* Hast du Geld dabei?

• **Richtung** **4** auf ... (zu) ◇ *They marched on Rome.* Sie marschierten auf Rom zu. ◇ *on the left/right* links/rechts ◇ *He turned his back on us.* Er wandte uns den Rücken zu.

• **Zeit** **5** an ◇ *on Sunday* am Sonntag ◇ *on Sundays* sonntags ◇ *on one occasion* einmal **6** bei ◇ *on arrival* bei der Ankunft ◇ *on his return* als er zurückkam

• **Fortbewegung** **7** mit ◇ *travel on the bus* mit dem Bus reisen ◇ *He wasn't on the train.* Er war nicht im Zug. ◇ *on horseback* zu Pferd ◇ *on skis* auf Skiern

• **Thema** **8** über ◇ *She tested us on irregular verbs.* Sie fragte uns unregelmäßige Verben ab.

• **Zugehörigkeit** **9** bei, in ◇ *be on the committee* im Ausschuss sitzen ◇ *be on the staff* zur Belegschaft gehören ◇ *be on the jury* Geschworener sein ◇ *Whose side are you on?* Auf wessen Seite stehst du eigentlich?

• **Essen, Medikamente** **10** ◇ *live on junk food* von Junkfood leben ◇ *be on a diet* auf Diät sein ◇ *be on antibiotics* Antibiotika nehmen ◇ *The doctor put me on antibiotics.* Der Arzt verschrieb mir Antibiotika.

• **Grund(lage)** **11** ◇ *a story based on fact* eine wahre Geschichte ◇ *on their advice* auf ihren Rat hin

• **Geld** **12** von ◇ *live on a pension* von einer Rente leben ◇ *be on a low wage* einen geringen Lohn beziehen ◇ *You can't feed a family on that.* Davon kann man keine Familie ernähren. ◇ *Drinks are on me.* Die Getränke spendiere ich.

• **Medien** **13** in, auf ◇ *on TV* im Fernsehen ◇ *We spoke on the phone.* Wir sprachen am Telefon. **14** *(Telefonnummer)* unter

• **in Redewendungen** **15** ◇ *He's hard on his kids.* Er ist streng zu seinen Kindern. ◇ *a ban on smoking* ein Rauchverbot ◇ *Go easy on the mayo!* Nicht so viel Mayonnaise! **16** ◇ *Sales are up on last year.* Die Verkaufsziffern sind im Vergleich zum letzten Jahr gestiegen. **17** ◇ *The book is currently on loan.* Das Buch ist im Moment ausgeliehen. ℹ Für andere Redewendungen mit **on** siehe die Einträge für die Nomina. **On board** z.B. steht unter **board**, **on time** unter **time**.

▸ ***Adv*** **1** weiter ◇ *Keep straight on.* Gehen Sie immer geradeaus weiter. ◇ *from then on* von dem Augenblick an ◇ *Please send the letter on to my new address.* Bitte schicken Sie mir den Brief an meine neue Adresse nach. **2** *(Kleidung, Brille etc.)* auf, an **3** *(Deckel etc.)* drauf **4** *(angeschaltet)* an ◇ *The electricity is on again now.* Es gibt wieder Strom. **5** *(im Gang)* ◇ *There was a war on at the time.* Damals war Krieg. ◇ *What's on at the movies?* Was gibt's im Kino? ◇ *The band are on in ten minutes.* Die Band ist in zehn Minuten dran. **6** *(geplant)* ◇ *The game is still on.* Bis jetzt soll das Spiel stattfinden. ◇ *We haven't got anything on this weekend.* Wir haben dieses Wochenende nichts vor. ◇ *I've got a lot on at the moment.* Zurzeit habe ich viel zu tun. **7** *(im Dienst)* ◇ *I'm on now till 8.* Ich habe jetzt bis 8 Uhr Dienst. **8** *(bei Verkehrsmitteln)* ◇ *Four people got on.* Vier Leute stiegen ein. ◇ *They hurried on to the plane.* Sie stiegen schnell ins Flugzeug. IDM **be ˈon about sth** *(umgs)* von etw reden **be/go/keep ˈon about sth** *(umgs, abwert)* immer wieder von etw reden ◇ *Stop keeping on about it!* Hör endlich auf damit! **be/go/keep ˈon at sb (to do sth)** *(umgs, abwert)* jdm (damit) in den Ohren liegen (, dass er etw tun soll) **it isn't ˈon** *(umgs)* das kommt gar nicht in die Tüte **ˌon and ˈon** immer weiter ◇ *She went on and on about her trip.* Sie redete ohne Ende über ihre Reise. **you're ˈon!** *(umgs) (um eine Wette anzunehmen)* abgemacht! → *Siehe auch* OFF

on-ˈair *Adj, Adv* auf Sendung

once /wʌns/ *Adv, Konj*

▸ ***Adv*** **1** einmal ◇ *once every six months* alle sechs Monate **2** einst, (früher) einmal IDM **all at ˈonce 1** mit einem Mal **2** auf einmal **at ˈonce 1** sofort **2** gleichzeitig **(just) for ˈonce**; **just this ˈonce** ausnahmsweise; dieses eine Mal **once a ... , always a ...** ◇ *Once an actor, always an actor.* Einmal Schauspieler, immer Schauspieler. **once aˈgain**; **once ˈmore** wieder einmal; noch einmal **once and for ˈall** ein für alle Mal **ˌonce ˈbitten, ˌtwice ˈshy** ein gebranntes Kind scheut das Feuer **once in a blue ˈmoon** *(umgs)* alle Jubeljahre einmal **(every) ˌonce in a ˈwhile** von Zeit zu Zeit **ˌonce or ˈtwice** ein paar Mal **once too ˈoften** zu oft; einmal zu viel ◇ *You've tried that trick once too often.* Mit diesem Trick kommst du jetzt nicht mehr durch. **ˌonce upon a ˈtime** es war einmal

▸ ***Konj*** sobald, wenn (erst)

ˈonce-over *Nomen* IDM **give sb/sth a/the ˈonce-over** *(umgs)* **1** jdn/etw (kurz) in Augenschein nehmen **2** etw (schnell) aufräumen

on·colo·gist /ɒŋˈkɒlədʒɪst; *AmE* ɑːnˈkɑːlə-/ *Nomen* Onkologe, Onkologin

on·col·ogy /ɒŋˈkɒlədʒi *AmE* ɑnˈkɑːlə-/ *Nomen* Onkologie

on·com·ing /ˈɒnkʌmɪŋ; *AmE* ˈɑːn-/ *Adj* [nur vor Nomen] entgegenkommend

one /wʌn/ *Zahl, Adj, Pron*

▸ ***Zahl, Adj*** **1** ein(e/r), eins ◇ *I left at one.* Ich ging um eins. ◇ *There's only one thing we can do.* Wir können nur eins tun. ◇ *one of my friends* einer meiner Freunde → *Beispiele bei* SECHS **2** einzig ◇ *It's the one thing I can't stand about him.* Es ist das Einzige, was ich an ihm nicht ausstehen kann. **3** *(in unbestimmten Zeitangaben)* ◇ *one afternoon last week* letzte Woche an einem Nachmittag ◇ *one day* eines Tages **4** der/die/das gleiche ◇ *They all went off in one direction.* Sie entfernten sich alle in die gleiche Richtung. **5** *(bes AmE, umgs) (statt* **a(n)** *zur Verstärkung)* ◇ *That was one hell of a game!* Das war vielleicht ein Spiel! ◇ *She's one snappy dresser.* Sie ist immer todschick angezogen. **6** *(vor Namen)* ein(e) gewisse(r) ◇ *one Mr Ming* ein gewisser Mr Ming IDM **as ˈone** *(gehoben)* **1** einer Meinung **2** alle auf einmal **at ˈone (with sb/sth)** *(gehoben)* mit jdm/etw im Einklang **for ˈone** *(zur Verstärkung)* ◇ *I, for one, would prefer to postpone it.* Ich für meinen Teil würde es lieber verschieben. **get sth in 'one** etw (sofort) erraten **get one 'over (on) sb/sth** *(umgs)* jdm/etw gegenüber einen Vorteil herausschlagen ◇ *I'm not going to let them get one over on me!* Ich lasse mich nicht von ihnen übervorteilen! **go one 'better (than sb/sth)** noch besser abschneiden (als jd/etw) **in 'one** in einem **one after a'nother/the 'other** eins nach dem anderen; eine(r) nach dem/der anderen **one and 'all** *(umgs, veraltet)* alle miteinander **one and 'only** der/die/das unvergleichliche **one and the 'same** ein und der-/die-/dasselbe **one by 'one** einzeln **one or 'two** ein, zwei ◇ *one or two problems* ein, zwei Probleme **one 'up (on sb)** im Vorteil (jdm gegenüber) → *Siehe auch* ALL, MINORITY, NUMBER *und* SQUARE

▸ ***Pron*** **1** eine(r,s) ◇ *She was never one to criticize.* Sie war nie eine, die viel kritisierte. ◇ *My favourite band? Oh, that's a hard one.* Meine Lieblingsband? Oh, das ist aber schwer. ◇ *at home with his loved ones* zu Hause mit der Familie ◇ *the little ones* die Kleinen ◇ *(BrE) How about those ones over there?* Wie wäre es mit denen dort drüben? ◇ *I find it difficult to tell (the) one from the other.* Ich kann sie kaum auseinanderhalten. **2** der/die/das(jenige) ◇ *Our house is the one next to the school.* Unser Haus ist das neben der Schule. ◇ *the ones that arrive late* die, die zu spät kommen **3 ~ of** eine(r) von ◇ *We think of you as one of the family.* Du gehörst für uns zur Familie. **4** *(gehoben)* man **5 a 'one** *(bes BrE, veraltet)* ◇ *Oh, you are a one!* Oh, du bist mir vielleicht einer! **6 the ~ about sb/sth** der (Witz) von jdm/etw IDM **be (a) one for (doing) sth** ein großer Freund von etw sein

one a'nother 0-ᴡ *Pron* einander

one-armed 'bandit *Nomen* einarmiger Bandit

one-'liner *Nomen (umgs) (Witz)* Einzeiler

one-'man *Adj* [nur vor Nomen] Einpersonen-, Einmann-, Solo-

one-man 'band *Nomen* Einmannkapelle ◇ *(fig) He runs the business as a one-man band.* Er macht alles selbst in seinem Betrieb.

one·ness /ˈwʌnnəs/ *Nomen (gehoben)* Einklang, Einssein

one-night 'stand *Nomen (umgs)* One-Night-Stand

one-'off *Nomen, Adj*

▸ ***Nomen*** [Sing] *(BrE)* einmalige Sache, Einzelstück ◇ *It was a one-off.* Es passierte nur einmal.

▸ ***Adj*** *(BrE)* einmalig

one-on-'one *Adj, Adv (AmE)* von Angesicht zu Angesicht ◇ *a one-on-one fight* ein Zweikampf ◇ *one-on-one tutoring* Einzelunterricht

one-parent 'family *Nomen* Einelternfamilie

'one-piece *Adj* [nur vor Nomen] einteilig

oner·ous /ˈəʊnərəs; *AmE* ˈɑːn-, ˈoʊn-/ *Adj (gehoben)* schwer, lästig

one·self /wʌnˈself/ *Pron (gehoben)* **1** sich ◇ *One has to ask oneself why.* Man fragt sich doch: warum. **2** selbst, selber ◇ *One likes to do it oneself.* Man macht es gern selbst. ℹ Für Redewendungen mit **oneself** siehe **yourself**.

'one-shot *Adj* [nur vor Nomen] *(AmE)* einmalig, Einzel-

one-'sided *Adj (abwert)* einseitig

'one-stop *Adj* ◇ *one-stop customer service* kompletter Kundendienst ◇ *Our agency is a one-stop shop for all your travel needs.* In unserem Reisebüro finden Sie alles, was Sie für Ihre Reise brauchen, an einem Ort.

'one-time *Adj* [nur vor Nomen] **1** ehemalig **2** einmalig

one-to-'one *Adj, Adv*

▸ *(bes BrE)* ***Adj*** **1** von Angesicht zu Angesicht, Einzel- ◇ *a one-to-one relationship* eine persönliche Beziehung **2** sich hundertprozentig entsprechend

▸ *(bes BrE)* ***Adv*** **1** ◇ *teach one-to-one* Einzelunterricht geben **2** ◇ *correspond one-to-one* sich hundertprozentig entsprechen

one-track 'mind *Nomen* ◇ *have a one-track mind* nur eine Sache im Kopf haben

one-upmanship /wʌn ˈʌpmənʃɪp/ *Nomen (abwert)* = die Kunst, andere auszustechen

one-'way *Adj* **1** Einbahn-, Einweg- **2** *(bes AmE) (Fahrkarte)* einfach **3** in einer Richtung ◇ *a one-way relationship* eine einseitige Beziehung

one-'woman *Adj* [nur vor Nomen] Einfrau-, Solo-

on·going /ˈɒngəʊɪŋ; *AmE* ˈɑːngoʊ-/ *Adj* andauernd, laufend, im Gang befindlich

on·ion 0-ᴡ /ˈʌnjən/ *Nomen* Zwiebel

on·line /ˌɒnˈlaɪn; *AmE* ˌɑːn-/ *Adj, Adv* online, Online-

on·look·er /ˈɒnlʊkə(r); *AmE* ˈɑːn-/ *Nomen* Zuschauer(in) ◇ *onlookers at the scene of the crash* Schaulustige an der Unfallstelle

only 0-ᴡ /ˈəʊnli; *AmE* ˈoʊn-/ *Adj, Adv, Konj*

▸ ***Adj*** [nur vor Nomen] einzige(r,s) ◇ *We were the only people there.* Außer uns war niemand dort. IDM **the only thing is ...** *(umgs)* bloß ◇ *I'd love to come — the only thing is I might be late.* Ich komme gern — aber es wird vielleicht etwas später. → *Siehe auch* NAME *und* ONE

▸ ***Adv*** **1** nur ◇ *If you do that, it will only make matters worse.* Wenn du das tust, wird alles nur noch schlimmer. ◇ *(gehoben) She left, only to return three days later.* Sie ging, aber nach drei Tagen kam sie zurück. **2** erst IDM **not only ... but (also) ...** nicht nur, ... sondern (auch) ... **only 'just 1** gerade erst **2** gerade noch **only too ...** nur (all)zu ... **you're only young 'once** man ist nur einmal jung → *Siehe auch* EYE *und* IF

▸ ***Konj*** *(umgs)* nur, bloß

only 'child *Nomen* Einzelkind

o.n.o. *(BrE, gehoben) Kurzform von* **or nearest offer** ◇ *Guitar £200 o.n.o.* Gitarre £200 auf Verhandlungsbasis

ono·mato·poeia /ˌɒnəˌmætəˈpiːə; *AmE* ˌɑːn-/ *Nomen (Fachspr)* Lautmalerei, Onomatopöie

ono·mato·poe·ic /ˌɒnəˌmætəˈpiːɪk; *AmE* ˌɑːn-/ *Adj (Fachspr)* lautmalerisch, onomatopoetisch

on·rush /ˈɒnrʌʃ; *AmE* ˈɑːn-/ *Nomen* [Sing] *(gehoben)* Ansturm

on-'screen *Adv, Adj* [nur vor Nomen] **1** auf dem Bildschirm **2** im Film ◇ *his on-screen father* sein Filmvater

on·set /ˈɒnset; *AmE* ˈɑːn-/ *Nomen* [Sing] Einsetzen

on·shore /ˈɒnʃɔː(r); *AmE* ˈɑːn-/ *Adj, Adv*

▸ ***Adj*** **1** (Fest)land- ◇ *an onshore oil field* ein Binnenölfeld **2** *(Wind)* auflandig

▸ ***Adv*** an Land

on·side /ˌɒnˈsaɪd; *AmE* ˌɑːn-/ *Adj, Adv (Sport)* nicht abseits

on·slaught /ˈɒnslɔːt; *AmE* ˈɑːn-/ *Nomen* **1** (heftiger) Angriff **2** Ansturm

on·stage /ˌɒnˈsteɪdʒ; *AmE* ˌɑːn-/ *Adj, Adv* auf der Bühne

onto 0-ᴡ *(auch* **'on to***)* /ˈɒntə, *vor Vokalen* -tu; *AmE* ˈɑːn-/ *Präp* auf ◇ *put sth onto a database* etw in einer Datenbank speichern PHR V **be 'onto sb 1** *(umgs)* jdm auf die Spur kommen **2** jdn bearbeiten **be 'onto sth** einer Sache auf der Spur sein ◇ *Scientists are onto something big.* Die Wissenschaftler stehen vor einer großen Entdeckung. ◇ *She's onto a good thing with that job.* Diese Stelle ist eine große Chance für sie.

ontol·ogy /ɒnˈtɒlədʒi; *AmE* ɑːnˈtɑːlə-/ *Nomen* Ontologie

onus /ˈəʊnəs; *AmE* ˈoʊ-/ *Nomen (meist* **the onus***)* [Sing] *(gehoben)* Pflicht, Verpflichtung ◇ *The onus of proof lies with the prosecution.* Die Anklage trägt die Beweislast.

on·ward /ˈɒnwəd; *AmE* ˈɑːnwərd/ *Adj* [nur vor Nomen] (*gehoben*) weitere(r,s) ◇ *the onward rail journey* die Weiterfahrt mit der Eisenbahn ◇ *the onward march of time* das Fortschreiten der Zeit

on·wards /ˈɒnwədz; *AmE* ˈɑːnwərdz/ (*AmE meist* **onward**) *Adv* **1 from … onwards** von … an ◇ *It is open from 7 onwards.* Es ist ab 7 Uhr geöffnet. **2** (*gehoben*) weiter

onyx /ˈɒnɪks; *AmE* ˈɑːnɪks/ *Nomen* Onyx

oo·dles /ˈuːdlz/ *Nomen* [Pl] (*umgs, veraltet*) Unmengen, jede Menge

ooh /uː/ *Ausruf* (*drückt Überraschung, Freude aus*) huch, oh; (*drückt Schmerz aus*) au

oomph /ʊmf/ *Nomen* (*umgs*) Pep, Schwung

oops /ʊps, uːps/ *Ausruf* **1** upps, huch **2** oje

ooze /uːz/ *Verb, Nomen*

▸ ***Verb*** **1** quellen, sickern ◇ *Blood oozed out of the wound.* Blut quoll aus der Wunde. ◇ *an ugly wound oozing with pus* eine schlimme Wunde, aus der Eiter fließt **2** triefen von ◇ *The wound was oozing blood.* Aus der Wunde quoll Blut. **3 ~ (with) sth** (*fig*) etw ausstrahlen

▸ ***Nomen*** **1** Schlamm **2** Sickern, Quellen

op /ɒp; *AmE* ɑːp/ *Nomen* (*BrE, umgs*) = OPERATION

op. *Abk* = OPUS

opa·city /əʊˈpæsəti; *AmE* oʊˈ-/ *Nomen* (*gehoben oder Fachspr*) Undurchsichtigkeit

opal /ˈəʊpl; *AmE* ˈoʊ-/ *Nomen* Opal

opaque /əʊˈpeɪk; *AmE* oʊˈ-/ *Adj* **1** trüb, undurchsichtig ◇ *opaque tights* eine blickdichte Strumpfhose **2** unklar, unverständlich

op. cit. *Abk* = verweist auf ein Werk, das in einer wissenschaftlichen Arbeit bereits erwähnt wurde

OPEC /ˈəʊpek; *AmE* ˈoʊ-/ *Kurzform von* **Organization of Petroleum Exporting Countries** OPEC

open 0‑m /ˈəʊpən; *AmE* ˈoʊ-/ *Adj, Verb, Nomen*

▸ ***Adj*** **1** offen ◇ *The door flew open.* Die Tür flog auf. ◇ *The flowers are all open now.* Die Blumen sind jetzt alle aufgeblüht. ◇ *open spaces* offenes Gelände ◇ *an open drain* eine Abflussrinne ◇ *work in the open air* im Freien arbeiten **2** (*Museum etc.*) geöffnet ◇ *I declare this festival open.* Ich erkläre die Festspiele für eröffnet. **3** (*Wettbewerb, Debatte etc.*) offen, öffentlich ◇ *She was tried in open court.* Ihr Fall wurde öffentlich verhandelt. ◇ *The debate was thrown open to the audience.* Das Publikum konnte sich an der Debatte beteiligen. **4 ~ to sb** für jdn zugänglich ◇ *The competition is open to all.* An dem Wettbewerb können sich alle beteiligen. **5 be ~ (to sb)** (jdm) offen stehen ◇ *Is the offer still open?* Steht das Angebot noch? **6** ◇ *The system is open to abuse.* Das System kann missbraucht werden. ◇ *He has laid himself open to political attack.* Er hat sich politischen Angriffen ausgesetzt. ◇ *He left his bishop open.* Er ließ seinen Läufer ungedeckt. **7** offen, ungeklärt ◇ *It remains an open question.* Es bleibt ungeklärt. ◇ *The price is not open to negotiation.* Über den Preis kann nicht verhandelt werden. ◇ *Some phrases are open to interpretation.* Einige Wendungen können unterschiedlich ausgelegt werden. ◇ *In an interview try to ask open questions.* Versuchen Sie in einem Interview Fragen zu stellen, die nicht mit „ja" oder „nein" beantwortet werden können. **8** (*Gewebe*) grobmaschig IDM **have/keep an ˌopen ˈmind (about/on sth)** (in einer Sache) unvoreingenommen sein/bleiben **an ˌopen inviˈtation (to sb)** **1** eine Einladung (an jdn), jederzeit zu Besuch zu kommen **2** geradezu eine Aufforderung (an jdn) ◇ *Leaving your camera on the seat in the car is an open invitation to thieves.* Den Fotoapparat auf dem Autositz liegen zu lassen lädt geradezu zum Diebstahl ein. → *Siehe auch* BURST, DOOR, EYE, MARKET *und* OPTION

▸ ***Verb*** **1** öffnen, aufmachen ◇ *The road will be opened again in a few hours.* Die Straße wird in ein paar Stunden wieder offen sein. **2** sich öffnen, aufgehen **3** ausbreiten ◇ *He opened his arms wide to embrace her.* Er breitete seine Arme aus, um sie zu umarmen. **4** (*Geschäft, Amt etc.*) aufmachen ◇ *When does the new play open?* Wann hat das neue Theaterstück Premiere? **5** eröffnen ◇ *The bridge was opened by the Queen.* Die Brücke wurde von der Königin eröffnet. ◇ *The police have opened an investigation into the death.* Die Polizei hat eine Untersuchung des Todesfalls eingeleitet. **6** (*Geschichte, Film etc.*) beginnen IDM **open sb's ˈeyes (to sth)** jdm die Augen (für etw) öffnen ◇ *Travelling opens your eyes to other cultures.* Reisen öffnet einem die Augen für andere Kulturen. **ˌopen your ˈmind to sth** sich einer Sache öffnen **open sb's mind to sth** jdn an etw heranführen **ˌopen the ˈway for sb/sth (to do sth)** es jdm/etw ermöglichen (etw zu tun) → *Siehe auch* HEART *und* HEAVEN PHR V **ˈopen into/onto sth** auf etw führen ◇ *The two rooms open into each other.* Die beiden Zimmer sind miteinander verbunden. **ˌopen ˈout** sich erweitern **ˌopen ˈout (to sb)** (jdm) öffnen **ˌopen ˈup 1** sich öffnen **2** über sich sprechen **3** das Feuer eröffnen **4** aufmachen **5** (*Möglichkeit etc*) sich auftun **ˌopen sth ˈup 1** etw öffnen, etw aufmachen **2** etw eröffnen; (*Gebiet, Markt etc.*) erschließen ◇ *He opened up a 3-point lead.* Er ging 3 Punkte in Führung. **3** (*Firma, Restaurant etc.*) aufmachen

▸ ***Nomen*** IDM **in the open** im Freien **in/into the open** an der/die Öffentlichkeit ◇ *They intend to bring their complaints out into the open.* Sie wollen ihre Beschwerden an die Öffentlichkeit bringen.

ˌopen-ˈair *Adj* [nur vor Nomen] im Freien, Freilicht- ◇ *an open-air swimming pool* ein Freibad

ˌopen-and-shut ˈcase *Nomen* klarer Fall

open·cast /ˈəʊpənkɑːst; *AmE* ˈoʊpənkæst/ *Adj* über Tage ◇ *opencast mining* Tagebau

ˈopen day *Nomen* Tag der offenen Tür

ˌopen-ˈdoor *Adj* [nur vor Nomen] der offenen Tür

ˌopen-ˈended *Adj* zeitlich nicht begrenzt, unbegrenzt

open·er /ˈəʊpnə(r); *AmE* ˈoʊp-/ *Nomen* **1** (*meist in Zusammensetzungen*) Öffner ◇ *a bottle-opener* ein Flaschenöffner **2** Eröffnung(sspiel), erster Zug, Treffer etc. IDM **for ˈopeners** (*bes AmE, umgs*) erstens ◇ *And that was just for openers.* Und das war nur der Anfang.

ˌopen-ˈhanded *Adj* **1** freigebig, großzügig **2** ◇ *an open-handed blow* ein Schlag mit der offenen Hand

ˌopen-ˈhearted *Adj* herzlich, offen

ˌopen-heart ˈsurgery *Nomen* Operation am offenen Herzen

ˌopen ˈhouse *Nomen* **1** ◇ *It's always open house at their place.* Sie haben immer ein offenes Haus. **2** (*AmE*) Tag der offenen Tür

open·ing 0‑m /ˈəʊpnɪŋ; *AmE* ˈoʊp-/ *Nomen, Adj*

▸ ***Nomen*** **1** Öffnung **2** Anfang ◇ *The movie has an exciting opening.* Der Film fängt aufregend an. **3** Eröffnung **4** Öffnen ◇ *the opening of a flower* das Aufgehen einer Blume ◇ *the opening of the new play* die Premiere des neuen Theaterstücks ◇ *opening hours/times* Öffnungszeiten **5** freie Stelle **6** Chance

▸ ***Adj*** erste(r,s), einleitend

ˈopening ˈnight *Nomen* Premiere

ˈopening time *Nomen* [U] (*BrE*) Öffnungszeit von Pubs

ˌopening ˈup *Nomen* Erschließung

open·ly 0‑m /ˈəʊpənli; *AmE* ˈoʊ-/ *Adv* offen

ˌopen ˈmarket *Nomen* freier Markt

ˌopen-ˈminded *Adj* aufgeschlossen

ˌopen-ˈmouthed *Adj* mit offenem Mund

ˌopen-ˈnecked (*auch* **ˌopen-ˈneck**) *Adj* [nur vor Nomen] (*Hemd*) mit offenem Kragen

open·ness /ˈəʊpənnəs; *AmE* ˈoʊ-/ *Nomen* **1** Offenheit **2** Aufgeschlossenheit **3** Weite

ˌopen-ˈplan *Adj* offen angelegt ◇ *an open-plan office* ein Großraumbüro

ˌopen ˈprison *Nomen* (*BrE*) offene (Vollzugs)anstalt

ˈopen season *Nomen* [Sing] Jagdzeit (*fig*) ◇ (*fig*) *It seems to be open season on teachers now.* Es scheint, dass Lehrer jetzt Freiwild sind.

ˌopen ˈsesame *Nomen* Sesam-öffne-dich

ˌopen ˈverdict *Nomen* = gerichtliche Entscheidung, dass die genaue Todesursache nicht festzustellen ist

opera /ˈɒprə; *AmE* ˈɑːp-/ *Nomen* Oper ◇ *go to the opera* in die Oper gehen

op·er·able /ˈɒpərəbl; *AmE* ˈɑːp-/ *Adj* **1** in Betrieb **2** (MED) operabel

ˈopera glasses *Nomen* [Pl] Opernglas

ˈopera house *Nomen* Opernhaus

op·er·ate 🔑 /ˈɒpəreɪt; *AmE* ˈɑːp-/ *Verb* **1** arbeiten **2** bedienen **3** in Betrieb sein; (*Bus etc.*) verkehren ◇ *The regulation operates in favour of married couples.* Die Regelung wirkt sich zugunsten Verheirateter aus. **4** unterhalten ◇ *The airline operates flights to 25 countries.* Die Fluglinie fliegt 25 Länder an. **5** (*Firma, Truppen etc.*) operieren **6** (MED) ~ (**on sb/sth**) (jdn/an etw) operieren

op·er·at·ic /ˌɒpəˈrætɪk; *AmE* ˌɑːp-/ *Adj* Opern-

ˈoperating system *Nomen* (COMP) Betriebssystem

ˈoperating table *Nomen* Operationstisch

ˈoperating theatre (*auch* **ˈtheatre**; *AmE* **ˈoperating room**) *Nomen* Operationssaal

op·er·ation 🔑 /ˌɒpəˈreɪʃn; *AmE* ˌɑːp-/ *Nomen* **1** (*BrE, umgs* **op**) (MED) Operation ◇ *have an operation* operiert werden **2** Einsatz ◇ *a rescue operation* eine Rettungsaktion **3** (*Firma*) Unternehmen **4** Geschäft ◇ *the firm's banking operations overseas* die überseeischen Bankgeschäfte der Firma **5** Arbeitsgang, Operation **6** [U] (*von Maschinen etc.*) Arbeitsweise, Funktionieren **7** [U] (*von Maschinen etc.*) Bedienung IDM **come into opeˈration** den Betrieb aufnehmen; in Kraft treten **in opeˈration** in Kraft; in Betrieb **put sth into opeˈration** etw zur Anwendung bringen; etw durchführen

op·er·ation·al /ˌɒpəˈreɪʃənl; *AmE* ˌɑːp-/ *Adj* (*Adv* **op·er·ation·al·ly** /-ʃənli/) **1** betrieblich ◇ *operational costs* Betriebskosten **2** betriebsbereit **3** [nur vor Nomen] (MIL) Einsatz- ◇ *operational headquarters* Einsatzhauptquartier

ˌoperational ˈresearch (*auch* **ˈoperations research**) *Nomen* Unternehmensforschung

op·era·tive /ˈɒpərətɪv; *AmE* ˈɑːp-, -reɪtɪv/ *Nomen, Adj*
▸ ***Nomen*** **1** (*Fachspr*) Arbeiter(in) **2** (*bes AmE*) Agent(in) ◇ *an intelligence operative* ein Geheimagent
▸ ***Adj*** **1** wirksam, in Betrieb ◇ *This law becomes operative immediately.* Dieses Gesetz tritt sofort in Kraft. ◇ *The station will be operative again in January.* Der Bahnhof wird im Januar wieder den Betrieb aufnehmen. **2** [nur vor Nomen] (MED) operativ ◇ *operative mortality* Sterblichkeitsrate bei Operationen IDM **the ˌoperative ˈword** das entscheidene Wort

op·er·ator /ˈɒpəreɪtə(r); *AmE* ˈɑːp-/ *Nomen* **1** (*oft in Zusammensetzungen*) ◇ *a computer operator* ein Operator ◇ *a radio operator* ein Funker ◇ *skilled operators* ausgebildete Bedienungskräfte **2** Telefonist (in), Vermittlung **3** (*oft in Zusammensetzungen*) Unternehmen ◇ *a tour operator* ein Reiseveranstalter **4** (*umgs, abwert*) ◇ *a smooth operator* ein raffinierter Typ ◇ *a slick operator* ein gewiefter Typ

op·er·etta /ˌɒpəˈretə; *AmE* ˌɑːp-/ *Nomen* Operette

oph·thal·mic /ɒfˈθælmɪk; *AmE* ɑːf-/ *Adj* Augen-

oph·thal·molo·gist /ˌɒfθælˈmɒlədʒɪst; *AmE* ˌɑːfθælˈmɑːlə-/ *Nomen* Augenarzt, -ärztin

oph·thal·mol·ogy /ˌɒfθælˈmɒlədʒi; *AmE* ˌɑːfθælˈmɑːlə-/ *Nomen* Augenheilkunde

opi·ate /ˈəʊpiət; *AmE* ˈoʊ-/ *Nomen* (*Fachspr*) Opiat

opin·ion 🔑 /əˈpɪnjən/ *Nomen* **1** Meinung, Ansicht ◇ *in my opinion* meiner Meinung nach ◇ *legal/medical opinion* die Meinung der Juristen/Ärzteschaft ◇ *a difference of opinion* eine Meinungsverschiedenheit ◇ *Opinion is divided on the issue.* In der Frage sind die Meinungen geteilt. **2** Gutachten ◇ *I'd like a second opinion.* Ich hätte gern die Meinung eines zweiten Sachverständigen. IDM **be of the opinion that …** (*gehoben*) der Ansicht sein, dass **have a good, bad, high, etc. opinion of sb/sth** von jdm/etw eine gute, schlechte, hohe etc. Meinung haben → *Siehe auch* CONSIDER

opin·ion·ated /əˈpɪnjəneɪtɪd/ = SELF-OPINIONATED

oˈpinion poll *Nomen* Meinungsumfrage

opium /ˈəʊpiəm; *AmE* ˈoʊ-/ *Nomen* Opium

opos·sum /əˈpɒsəm; *AmE* əˈpɑːsəm/ *Nomen* Opossum

op·pon·ent 🔑 /əˈpəʊnənt; *AmE* əˈpoʊ-/ *Nomen* Gegner(in)

op·por·tune /ˈɒpətjuːn; *AmE* ˌɑːpərˈtuːn/ *Adj* (*Adv* **op·por·tune·ly**) (*gehoben*) **1** günstig **2** zur rechten Zeit, passend

op·por·tun·ism /ˌɒpəˈtjuːnɪzəm; *AmE* ˌɑːpərˈtuː-/ *Nomen* (*abwert*) Opportunismus

op·por·tun·ist /ˌɒpəˈtjuːnɪst; *AmE* ˌɑːpərˈtuː-/ *Adj, Nomen*
▸ ***Adj*** (*abwert*) opportunistisch, Gelegenheits- ◇ *an opportunist goal* ein Abstaubertor
▸ ***Nomen*** (*abwert*) Opportunist(in) ◇ *80% of burglaries are committed by casual opportunists.* 80% der Einbrüche werden von Gelegenheitsdieben begangen.

op·por·tun·is·tic /ˌɒpətjuːˈnɪstɪk; *AmE* ˌɑːpərtuː-/ *Adj* opportunistisch

op·por·tun·ity 🔑 /ˌɒpəˈtjuːnəti; *AmE* ˌɑːpərˈtuː-/ *Nomen* (*Pl* **-ies**) Gelegenheit, Chance, Möglichkeit ◇ *equal opportunities* Chancengleichheit ◇ *We have a window of opportunity.* Wir haben hier eine Chance.

op·pose 🔑 /əˈpəʊz; *AmE* əˈpoʊz/ *Verb* ~ **sb/sth** sich jdm/etw widersetzen, gegen jdn/etw opponieren ◇ *I oppose a change in the law.* Ich bin gegen eine Gesetzesänderung.

op·posed 🔑 /əˈpəʊzd; *AmE* əˈpoʊzd/ *Adj* [nicht vor Nomen] **1 be ~ to sth** gegen etw sein **2** entgegengesetzt IDM **as opposed to** (*gehoben*) im Gegensatz zu; gegenüber

op·pos·ing 🔑 /əˈpəʊzɪŋ; *AmE* əˈpoʊ-/ *Adj* [nur vor Nomen] **1** Gegen-, gegnerisch **2** gegensätzlich, entgegengesetzt

op·pos·ite 🔑 /ˈɒpəzɪt, ˈɒpəsɪt; *AmE* ˈɑːpəzət/ *Adj, Nomen, Präp, Adv*
▸ ***Adj*** **1** [nur vor Nomen] gegenüberliegend **2** (*dem Nomen nachgestellt*) gegenüber **3** entgegengesetzt, gegensätzlich IDM **sb's ˌopposite ˈnumber** jds Pendant **the ˌopposite ˈsex** das andere Geschlecht
▸ ***Nomen*** Gegenteil, Gegensatz
▸ ***Präp, Adv*** gegenüber ◇ *She starred opposite Tom Hanks.* Sie spielte die weibliche Hauptrolle an der Seite von Tom Hanks.

op·pos·ition 🔑 /ˌɒpəˈzɪʃn; *AmE* ˌɑːp-/ *Nomen* **1** ~ (**to sth**) Widerstand gegen etw ◇ *There was strong opposition to the plan.* Es gab starken Widerstand gegen den Plan. ◇ *opposition forces* oppositionelle Gruppen **2 the opposition** die Konkurrenz **3** [mit Verb im Sing/Pl] **the opposition** (SPORT) der Gegner **4** [mit Verb im Sing/Pl] **the Opposition** die Opposition ◇ *Opposition MPs* Abgeordnete der Opposition **5** (*gehoben*)

Gegensatz IDM **in oppo'sition** (POL) in der Opposition **in oppo'sition to sb/sth** **1** in Opposition zu jdm/etw ◇ *Several colleagues were in opposition to us on this issue.* Einige Kollegen waren in dieser Frage anderer Meinung als wir. **2** im Gegensatz zu jdm/etw

op·pos·ition·al /ˌɒpəˈzɪʃənl; *AmE* ˌɑːp-/ *Adj (gehoben)* oppositionell

op·press /əˈpres/ *Verb (gehoben)* **1** unterdrücken **2** bedrücken

op·pressed /əˈprest/ *Adj, Nomen*
▸ ***Adj*** unterdrückt
▸ ***Nomen*** **the oppressed** [Pl] die Unterdrückten

op·pres·sion /əˈpreʃn/ *Nomen* [U] Unterdrückung

op·pres·sive /əˈpresɪv/ *Adj (Adv* **op·pres·sive·ly***)* **1** repressiv, (er)drückend, tyrannisch **2** *(Hitze, Stimmung etc.)* (be)drückend

op·press·or /əˈpresə(r)/ *Nomen* Unterdrücker(in)

opt /ɒpt; *AmE* ɑːpt/ *Verb* **~ for/against sth** sich für/gegen etw entscheiden; **~ to do sth** sich entscheiden, etw zu tun PHR V **ˌopt ˈin (to sth)** (einer Sache) beitreten **ˌopt ˈout (of sth)** bei etw nicht (länger) mitmachen, aus etw austreten ◇ *I opted out of going on the trip to France.* Ich habe mich entschlossen, nicht mit nach Frankreich zu fahren.

optic /ˈɒptɪk; *AmE* ˈɑːp-/ *Adj* Seh-, Augen-, optisch

op·tic·al /ˈɒptɪkl; *AmE* ˈɑːp-/ *Adj (Adv* **op·tic·al·ly** /-kli/*)* optisch ◇ *optical aids* Sehhilfen

ˌoptical ˈcharacter recognition *Nomen (Abk* **OCR***)* (COMP) optische Zeichenerkennung

ˌoptical ˈfibre *(AmE* **ˌoptical ˈfiber***) Nomen* Glasfaser (kabel)

ˌoptical ilˈlusion *Nomen* optische Täuschung

op·ti·cian /ɒpˈtɪʃn; *AmE* ɑːpˈ-/ *Nomen (auch* **oph thalmic opˈtician***)* (Augen)optiker(in)

op·tics /ˈɒptɪks; *AmE* ˈɑːp-/ *Nomen* [U] Optik

op·ti·mal /ˈɒptɪməl; *AmE* ˈɑːp-/ *Adj* bestmöglich

op·ti·mism /ˈɒptɪmɪzəm; *AmE* ˈɑːp-/ *Nomen* [U] Optimismus

op·ti·mist /ˈɒptɪmɪst; *AmE* ˈɑːp-/ *Nomen* Optimist(in)

op·ti·mis·tic /ˌɒptɪˈmɪstɪk; *AmE* ˌɑːp-/ *Adj (Adv* **op·ti·mis·tic·al·ly** /-kli/*)* optimistisch

op·ti·mize *(BrE auch* **-ise***)* /ˈɒptɪmaɪz; *AmE* ˈɑːp-/ *Verb (gehoben)* optimieren

op·ti·mum /ˈɒptɪməm; *AmE* ˈɑːp-/ *Adj, Nomen*
▸ ***Adj*** *(gehoben)* [nur vor Nomen] optimal, bestmöglich
▸ ***Nomen*** **the optimum** [Sing] das Optimum

op·tion 🗝 /ˈɒpʃn; *AmE* ˈɑːp-/ *Nomen, Verb*
▸ ***Nomen*** **1** Möglichkeit, Wahl ◇ *Going to college was not an option for me.* Ein Studium kam für mich nicht infrage. ◇ *I had no option but to leave.* Mir blieb nichts anderes übrig als zu gehen. **2** Wahlfach **3** Option, Vorkaufsrecht **4** (COMP) Option, Angabe IDM **keep/leave your options ˈopen** sich alle Möglichkeiten offenhalten **the ˌsoft/ˌeasy ˈoption** *(oft abwert)* der bequeme Weg
▸ ***Verb*** **~ sth** *(kaufen)* sich die Rechte für etw sichern; *(verkaufen)* die Rechte für etw verkaufen ◇ *This is his first script to be optioned by a film company.* Dies ist sein erstes Drehbuch, für das sich eine Filmgesellschaft die Rechte gesichert hat.

op·tion·al /ˈɒpʃənl; *AmE* ˈɑːp-/ *Adj* freiwillig, fakultativ ◇ *optional subjects* Wahlfächer ◇ *This model comes with a large number of optional extras.* Dieses Modell ist auf Wunsch mit vielen Extras zu haben.

op·tom·etrist /ɒpˈtɒmətrɪst; *AmE* ɑːpˈtɑːm-/ *Nomen* (Augen)optiker(in)

op·tom·etry /ɒpˈtɒmətri; *AmE* ɑːpˈtɑːm-/ *Nomen* [U] Optometrie

ˈopt-out *Nomen (oft in Zusammensetzungen)* Ausstieg, Nichtbeitritt

opu·lence /ˈɒpjələns; *AmE* ˈɑːp-/ *Nomen* [U] *(gehoben)* Reichtum, Prunk, Üppigkeit

opu·lent /ˈɒpjələnt; *AmE* ˈɑːp-/ *Adj (gehoben)* **1** *(Adv* **opu·lent·ly***)* aufwendig, prunkvoll, üppig **2** reich, wohlhabend

opus /ˈəʊpəs; *AmE* ˈoʊ-/ *Nomen (Pl* **opera** /ˈɒpərə; *AmE* ˈɑːp-/*)* [meist Sing] **1** *(Abk* **op.***)* (MUS) Opus **2** *(gehoben)* (LIT) Werk

or 🗝 /ɔː(r)/ *Konj* **1** oder **2** noch ◇ *He can't read or write.* Er kann weder lesen noch schreiben. **3** *(auch* **or else***)* sonst ◇ *Turn the heat down or it'll burn.* Stell die Platte kleiner, sonst brennt es an. **4** oder (auch), das heißt ◇ *It weighs a kilo, or just over two pounds.* Es wiegt ein Kilo, das heißt etwas über zwei englische Pfund. IDM **or so** oder so ◇ *It'll cost 100 dollars or so.* Es kostet 100 Dollar oder so. **or somebody/something/somewhere** *(umgs)* oder so ◇ *She lives in Bath or somewhere.* Sie wohnt in Bath oder so. **somebody/something/somewhere or other** *(umgs)* irgendwer/irgendwas/irgendwo

or·acle /ˈɒrəkl; *AmE* ˈɔːr-/ *Nomen* **1** Orakel **2** [meist Sing] Koryphäe, Autorität

or·acu·lar /əˈrækjələ(r)/ *Adj (gehoben oder hum)* orakelhaft, seherisch

oral /ˈɔːrəl/ *Adj, Nomen*
▸ ***Adj*** *(Adv* **or·al·ly** /-rəli/*)* **1** mündlich **2** [nur vor Nomen] Mund-, Oral-, oral ◇ *an oral contraceptive* ein Verhütungsmittel zum Einnehmen
▸ ***Nomen*** *(bes BrE)* mündliche Prüfung, Mündliches

or·ange 🗝 /ˈɒrɪndʒ; *AmE* ˈɔːrɪndʒ/ *Nomen, Adj*
▸ ***Nomen*** **1** Apfelsine **2** *(BrE)* Orangensaft **3** *(Farbe)* Orange
▸ ***Adj*** orange(farben)

orangutan /ɔːˌræŋuːˈtæn, əˈræŋuːtæn; *AmE* əˈræŋətæn/ *Nomen* Orang-Utan

ora·tion /ɔːˈreɪʃn/ *Nomen (gehoben)* Ansprache

ora·tor /ˈɒrətə(r); *AmE* ˈɔːr-/ *Nomen (gehoben)* Redner (in), Rhetoriker(in)

ora·tor·ic·al /ˌɒrəˈtɒrɪkl *AmE* ˌɔːrəˈtɔːr-/ *Adj (gehoben)* Rede-, rednerisch

ora·torio /ˌɒrəˈtɔːriəʊ; *AmE* ˌɔːrəˈtɔːrioʊ/ *Nomen (Pl* **-os***)* (MUS) Oratorium

ora·tory /ˈɒrətri; *AmE* ˈɔːrətɔːri/ *Nomen* Rhetorik, Redekunst

orb /ɔːb; *AmE* ɔːrb/ *Nomen* **1** *(gehoben)* Kugel, Ball **2** Reichsapfel

orbit /ˈɔːbɪt; *AmE* ˈɔːrbɪt/ *Nomen, Verb*
▸ ***Nomen*** **1** Umlaufbahn ◇ *a space station in orbit round the moon* eine Weltraumstation auf ihrer Umlaufbahn um den Mond **2** [Sing] Sphäre, Bereich
▸ ***Verb*** kreisen; **~ (around) sth** etw umkreisen

or·bit·al /ˈɔːbɪtl; *AmE* ˈɔːrb-/ *Adj, Nomen*
▸ ***Adj*** [nur vor Nomen] **1** (ASTRON) Umlauf- ◇ *orbital altitude* Umlaufhöhe **2** *(BrE)* Ring- ◇ *orbital road* Ringstraße
▸ ***Nomen*** *(BrE)* Ringstraße

orch·ard /ˈɔːtʃəd; *AmE* ˈɔːrtʃərd/ *Nomen* Obstgarten

or·ches·tra /ˈɔːkɪstrə; *AmE* ˈɔːrk-/ *Nomen* [mit Verb im Sing/Pl] Orchester

or·ches·tral /ɔːˈkestrəl; *AmE* ɔːrˈ-/ *Adj* Orchester-

or·ches·trate /ˈɔːkɪstreɪt; *AmE* ˈɔːrk-/ *Verb* **1** (MUS) orchestrieren **2** organisieren

or·ches·tra·tion /ˌɔːkɪˈstreɪʃn; *AmE* ˌɔːrkˈstreɪʃn/ *Nomen* **1** (MUS) Orchestrierung **2** Organisation

or·chid /ˈɔːkɪd; *AmE* ˈɔːrkɪd/ *Nomen* Orchidee

or·dain /ɔːˈdeɪn; *AmE* ɔːrˈ-/ *Verb* **1** (zum Priester) weihen, ordinieren ◇ *He was ordained (as) a priest.* Er wurde zum Priester geweiht. **2** *(gehoben)* bestimmen, wollen

or·deal /ɔːˈdiːl, ˈɔːdiːl; *AmE* ɔːrˈdiːl/ *Nomen* [meist Sing] Qual, Tortur

order 0┯ /ˈɔːdə(r); *AmE* ˈɔːrdər/ *Nomen, Verb*

▸ ***Nomen*** **1** Reihenfolge ◊ *arranged in order of priority* nach Dringlichkeit geordnet **2** Ordnung ◊ *It was time she put/set her life in order.* Es wurde Zeit, dass sie ihr Leben in Ordnung brachte. ◊ *Get your ideas into some sort of order.* Bring etwas Ordnung in deine Ideen. ◊ *The house had been kept in good order.* Das Haus war in einem guten Zustand gehalten worden. **3** Befehl, Anweisung ◊ *I'm under orders not to let anyone in.* Ich habe die Anweisung niemanden hereinzulassen. ◊ (*umgs*) *No sugar for me—doctor's orders.* Kein Zucker für mich—auf ärztliche Anweisung. **4** Bestellung ◊ *place an order for sth* etw bestellen ◊ *These items can be made/supplied to order.* Diese Waren können auf Bestellung angefertigt/geliefert werden. ◊ *a side order* eine Beilage **5** (Zahlungs)anweisung → *Siehe auch* BANKER'S ORDER, COURT ORDER, MONEY ORDER, POSTAL ORDER *und* STANDING ORDER **6** [meist Sing] (*abwert oder hum*) Schicht ◊ *the lower orders* die unteren Schichten **7** [mit Verb im Sing/Pl] Orden ◊ *the Benedictine order* der Benediktinerorden ◊ *the Order of the Garter* der Hosenbandorden IDM **be in (holy) ˈorders** dem geistlichen Stand angehören **be the ˌorder of the ˈday** an der Tagesordnung sein; unerlässlich sein **in ˈorder 1** in Ordnung **2** angebracht; erlaubt ◊ *Is it in order to speak now?* Ist es erlaubt jetzt zu sprechen? ◊ *I think a small drink would be in order.* Ich glaube, wir können uns ein Gläschen genehmigen. **3** in der richtigen Reihenfolge **in ˈorder that** (*gehoben*) damit **in order to do sth** um etw zu tun ◊ *She left early in order to get a good seat.* Sie ging schon früh, um einen guten Platz zu bekommen. **in running/working ˈorder** funktionsfähig ◊ *The engine is now in perfect working order.* Der Motor ist jetzt voll funktionsfähig. **of a high order** von hohem Rang **of the highest/first order** ersten Ranges **of/in the order of sth** (*AmE* **on the order of sth**) (*gehoben*) ungefähr **Order! Order!** (*bei Versammlungen etc.*) Ruhe bitte! **out of ˈorder 1** außer Betrieb **2** nicht in der richtigen Reihenfolge ◊ *Some of the papers were out of order.* Einige Unterlagen waren durcheinander. **3** (*BrE, umgs*) nicht in Ordnung ◊ *What you just did was right out of order.* Was du gerade getan hast, war aber nicht in Ordnung. **4** (*umgs*) ◊ *His objection was ruled out of order.* Sein Einwand wurde abgelehnt. **take (holy) orders** die (geistlichen) Weihen empfangen → *Siehe auch* HOUSE, LAW, MARCH, PECK, SHORT, STARTER *und* TALL

▸ ***Verb*** **1** befehlen, anordnen; **~ sb to do sth** jdm befehlen, etw zu tun ◊ *They were ordered out of the class for fighting.* Wegen einer Prügelei wurden sie aus der Klasse gewiesen. **2** bestellen **3** (*gehoben*) ordnen PHR V **order sb aˈbout/aˈround** (*abwert*) jdn herumkommandieren

ˈorder book *Nomen* Auftragsbuch

or·dered /ˈɔːdəd; *AmE* ˈɔːrdərd/ *Adj* geordnet

ˈorder form *Nomen* Bestellschein

order·ing /ˈɔːdərɪŋ; *AmE* ˈɔːrd-/ *Nomen* Ordnung, Ordnen

or·der·li·ness /ˈɔːdəlinəs; *AmE* ˈɔːrdərli-/ *Nomen* Ordentlichkeit

or·der·ly /ˈɔːdəli; *AmE* ˈɔːrdərli/ *Adj, Nomen*

▸ ***Adj*** **1** ordentlich, geregelt **2** friedlich

▸ ***Nomen*** **1** Pfleger(in) **2** (MIL) Bursche

order of ˈmagnitude *Nomen* Größenordnung

ˈOrder Paper *Nomen* (*BrE*) (POL) Tagesordnung

or·din·al /ˈɔːdɪnl; *AmE* ˈɔːrdənl/ *Nomen, Adj*

▸ ***Nomen*** Ordnungszahl

▸ ***Adj*** Ordnungs- ◊ *an ordinal number* eine Ordnungszahl

or·din·ance /ˈɔːdɪnəns; *AmE* ˈɔːrd-/ *Nomen* (*gehoben*) Verordnung, Anordnung

or·din·and /ˈɔːdɪnænd; *AmE* ˈɔːrd-/ *Nomen* angehender Priester, angehende(r) Pfarrer(in)

or·din·ar·ily /ˈɔːdnrəli; *AmE* ˌɔːrdnˈerəli/ *Adv* **1** normal **2** normalerweise

or·din·ary 0┯ /ˈɔːdnri; *AmE* ˈɔːrdneri/ *Adj* **1** normal, gewöhnlich ◊ *an ordinary sort of day* ein ganz normaler Tag **2** (*abwert*) mittelmäßig, durchschnittlich ◊ *The meal was very ordinary.* Das Essen war ziemlich mittelmäßig. IDM **in the ordinary way** (*BrE*) normalerweise **out of the ˈordinary** außergewöhnlich

ˌordinary level *Nomen* = O LEVEL

ˌordinary ˈseaman *Nomen* (*Abk* **OS**) ≈ Matrose

ˌordinary ˈshare *Nomen* Stammaktie

or·din·ation /ˌɔːdɪˈneɪʃn; *AmE* ˌɔːrdnˈeɪʃn/ *Nomen* Ordination

ord·nance /ˈɔːdnəns; *AmE* ˈɔːrd-/ *Nomen* **1** Geschütze **2** Wehrmaterial

ˌOrdnance ˈSurvey map *Nomen* amtliche topografische Karte

ore /ɔː(r)/ *Nomen* Erz ◊ *iron ore* Eisenerz

ore·gano /ˌɒrɪˈgɑːnəʊ; *AmE* əˈregənoʊ/ *Nomen* Oregano

organ 0┯ /ˈɔːgən; *AmE* ˈɔːrgən/ *Nomen* **1** Organ **2** (*meist hum*) Penis ◊ *the male organ* das männliche Glied **3** (*auch* **pipe organ**) Orgel

ˈorgan grinder *Nomen* Drehorgelspieler(in)

or·gan·ic /ɔːˈgænɪk; *AmE* ɔːrˈ-/ *Adj* (*Adv* **or·gan·ically** /-kli/) **1** biodynamisch, Bio- ◊ *an organic farmer* ein Biobauer ◊ *organic vegetables/wine* Gemüse/Wein aus biologisch kontrolliertem Anbau ◊ *organic farming* ökologischer Landbau **2** (*Chemie etc.*) organisch

or·gan·ism /ˈɔːgənɪzəm; *AmE* ˈɔːrg-/ *Nomen* Organismus

or·gan·ist /ˈɔːgənɪst; *AmE* ˈɔːrg-/ *Nomen* Organist(in)

or·gan·iza·tion 0┯ (*BrE auch* **-isa·tion**) /ˌɔːgənaɪˈzeɪʃn; *AmE* ˌɔːrgənəˈ-/ *Nomen* **1** Organisation, Unternehmen **2** Einteilung ◊ *the organization of labour within the company* die Arbeitseinteilung in der Firma **3** Ordnung ◊ *Her work lacks organization.* Ihrer Arbeit fehlt die Ordnung.

or·gan·iza·tion·al (*BrE auch* **-isa·tion·al**) /ˌɔːgənaɪˈzeɪʃənl; *AmE* ˌɔːrgənəˈ-/ *Adj* [nur vor Nomen] organisatorisch

or·gan·ize 0┯ (*BrE auch* **-ise**) /ˈɔːgənaɪz; *AmE* ˈɔːrg-/ *Verb* **1** organisieren; (*Essen, Getränke etc.*) sorgen für **2** ordnen; (*Zeit*) einteilen ◊ *How is the brain organized?* Wie ist das Gehirn aufgebaut?

or·gan·ized 0┯ (*BrE auch* **-ised**) /ˈɔːgənaɪzd; *AmE* ˈɔːrg-/ *Adj* **1** [nur vor Nomen] organisiert ◊ *organized crime* das organisierte Verbrechen ◊ *a well-organized office* ein gut organisiertes Büro **2** geplant ◊ *a carefully organized campaign* eine sorgfältig geplante Kampagne **3** (*Mensch*) ◊ *You're so organised!* Du hast alles voll im Griff! ◊ *If you were organized, you'd finish your work on time.* Wenn du deine Zeit besser einteilen würdest, würdest du rechtzeitig mit deiner Arbeit fertig werden.

or·gan·izer (*BrE auch* **-iser**) /ˈɔːgənaɪzə(r); *AmE* ˈɔːrg-/ *Nomen* Organisator(in), Veranstalter(in) → *Siehe auch* PERSONAL ORGANIZER

or·gasm /ˈɔːgæzəm; *AmE* ˈɔːrg-/ *Nomen* Orgasmus

or·gas·mic /ɔːˈgæzmɪk; *AmE* ɔːrˈ-/ *Adj* orgastisch

or·gi·as·tic /ˌɔːdʒiˈæstɪk; *AmE* ˌɔːrdʒiˈ-/ *Adj* orgiastisch

orgy /ˈɔːdʒi; *AmE* ˈɔːrdʒi/ *Nomen* (*Pl* **-ies**) **1** Orgie **2** (*abwert*) Rausch ◊ *an orgy of spending* ein Kaufrausch

oriel /ˈɔːriəl/ *Nomen* Erker

Ori·ent /ˈɔːriənt/ *Nomen* **the Orient** der Orient

ori·ent /ˈɔːrient/ *Verb* **1** (*meist passiv*) ausrichten ◇ *oriented to the needs of children* auf die Bedürfnisse von Kindern ausgerichtet ◇ *Neither of them is politically oriented.* Sie sind beide nicht politisch interessiert. **2 ~ yourself** sich orientieren; (*fig*) sich zurechtfinden

Orien·tal /ˌɔːriˈentl/ *Nomen* (*manchmal beleidigend*) Asiat(in), Orientale, Orientalin

orien·tal /ˌɔːriˈentl/ *Adj* orientalisch

orien·tal·ist /ˌɔːriˈentəlɪst/ *Nomen* Orientalist(in)

orien·tate /ˈɔːriənteɪt/ *Verb* (*BrE*) **1** ausrichten → *Beispiele bei* ORIENT **2 ~ yourself** sich orientieren; (*fig*) sich zurechtfinden

orien·ta·tion /ˌɔːriənˈteɪʃn/ *Nomen* **1** Ausrichtung ◇ *a greater orientation to the market* eine stärkere Ausrichtung am Markt **2** Orientierung **3** Einführung ◇ *an orientation course* ein Einführungskurs

orien·teer·ing /ˌɔːriənˈtɪərɪŋ; *AmE* -ˈtɪrɪŋ/ *Nomen* [U] Orientierungslauf

ori·fice /ˈɒrɪfɪs; *AmE* ˈɔːr-/ *Nomen* (*gehoben oder hum*) Öffnung

ori·gami /ˌɒrɪˈgɑːmi; *AmE* ˌɔːr-/ *Nomen* Origami

ori·gin /ˈɒrɪdʒɪn; *AmE* ˈɔːr-/ *Nomen* (*auch* **ori·gins** [Pl]) **1** Ursprung ◇ *the origins of life on earth* die Entstehung des Lebens auf der Erde ◇ *Most coughs are viral in origin.* Husten entsteht meist durch ein Virus. **2** Herkunft, Abstammung ◇ *a person's country of origin* das Herkunftsland einer Person

ori·gin·al /əˈrɪdʒənl/ *Adj, Nomen*

▸ ***Adj*** **1** [nur vor Nomen] (*Adv* **ori·gin·al·ly** /-nəli/) ursprünglich **2** originell **3** Original- ◇ *an original painting* ein Original ◇ *the original manuscript* das Original des Manuskripts

▸ ***Nomen*** Original IDM **in the oˈriginal** im Originaltext

ori·gin·al·ity /əˌrɪdʒəˈnæləti/ *Nomen* Originalität

oˌriginal ˈsin *Nomen* Erbsünde

ori·gin·ate /əˈrɪdʒɪneɪt/ *Verb* (*gehoben*) **1** entstehen, seinen Ursprung haben **2** hervorbringen

ori·gin·ator /əˈrɪdʒɪneɪtə(r)/ *Nomen* Urheber(in), Erfinder(in)

or·na·ment *Nomen, Verb*

▸ ***Nomen*** /ˈɔːnəmənt; *AmE* ˈɔːrn-/ (*gehoben*) **1** Ziergegenstand **2** (*gehoben*) Schmuck(stück) **3** (*gehoben*) Verzierung, Dekoration

▸ ***Verb*** /ˈɔːnəment; *AmE* ˈɔːrn-/ (*meist passiv*) verzieren

or·na·men·tal /ˌɔːnəˈmentl; *AmE* ˌɔːrn-/ *Adj* dekorativ ◇ *purely ornamental* nur zur Dekoration ◇ *an ornamental plant* eine Zierpflanze

or·na·men·ta·tion /ˌɔːnəmenˈteɪʃn; *AmE* ˌɔːrn-/ *Nomen* Ausschmückung, Verzierung

or·nate /ɔːˈneɪt; *AmE* ɔːrˈ-/ *Adj* (*Adv* **or·nate·ly**) kunstvoll, reich verziert; (*Stil*) überladen

or·nery /ˈɔːnəri; *AmE* ˈɔːrn-/ *Adj* (*AmE, umgs*) streitlustig, mürrisch

or·ni·tho·logic·al /ˌɔːnɪθəˈlɒdʒɪkl; *AmE* ˌɔːrnɪθəˈlɑːdʒɪ-/ *Adj* ornithologisch, vogelkundlich

or·ni·tholo·gist /ˌɔːnɪˈθɒlədʒɪst; *AmE* ˌɔːrnɪˈθɑːlə-/ *Nomen* Ornithologe, Ornithologin

or·ni·thol·ogy /ˌɔːnɪˈθɒlədʒi; *AmE* ˌɔːrnɪˈθɑːlə-/ *Nomen* Ornithologie, Vogelkunde

orphan /ˈɔːfn; *AmE* ˈɔːrfn/ *Nomen, Verb*

▸ ***Nomen*** Waise, Waisenkind

▸ ***Verb*** zur Waise machen ◇ *She was orphaned in the war.* Sie wurde im Krieg zur Waise.

or·phan·age /ˈɔːfənɪdʒ; *AmE* ˈɔːrfə-/ *Nomen* Waisenhaus

ortho·don·tic /ˌɔːθəˈdɒntɪk; *AmE* ˌɔːrθəˈdɑːn-/ *Adj* kieferorthopädisch

ortho·don·tics /ˌɔːθəˈdɒntɪks; *AmE* ˌɔːrθəˈdɑːn-/ *Nomen* [U] Kieferorthopädie

ortho·don·tist /ˌɔːθəˈdɒntɪst; *AmE* ˌɔːrθəˈdɑːn-/ *Nomen* Kieferorthopäde, -orthopädin

ortho·dox /ˈɔːθədɒks; *AmE* ˈɔːrθədɑːks/ *Adj* **1** konventionell **2 Orthodox** (REL) orthodox

the ˌOrthodox ˈChurch (*auch* **the ˌEastern ˌOrthodox ˈChurch**) *Nomen* die orthodoxe Kirche

ortho·doxy /ˈɔːθədɒksi; *AmE* ˈɔːrθədɑːksi/ *Nomen* (*Pl* **-ies**) **1** (*gehoben*) herrschende Meinung **2** [meist Pl] Orthodoxie **3 Orthodoxy** die orthodoxe Kirche

or·tho·graph·ic /ˌɔːθəˈgræfɪk; *AmE* ˌɔːrθə-/ *Adj* orthografisch

orth·og·raphy /ɔːˈθɒgrəfi; *AmE* ɔːrˈθɑːg-/ *Nomen* (*gehoben*) Orthografie, Rechtschreibung

ortho·paed·ic (*AmE* **ortho·ped·ic**) /ˌɔːθəˈpiːdɪk; *AmE* ˌɔːrθə-/ *Adj* orthopädisch

ortho·paed·ics (*AmE* **ortho·ped·ics**) /ˌɔːθəˈpiːdɪks; *AmE* ˌɔːrθə-/ *Nomen* [U] Orthopädie

OS /ˌəʊ ˈes; *AmE* ˌoʊ/ *Abk* **1** = ORDNANCE SURVEY MAP **2** = ORDINARY SEAMAN

os·cil·late /ˈɒsɪleɪt; *AmE* ˈɑːsɪ-/ *Verb* **1 ~ (between A and B)** (*gehoben*) (zwischen A und B) schwanken **2** (*Nadel etc.*) ausschlagen **3** (PHYSIK) oszillieren, schwingen

os·cil·la·tion /ˌɒsɪˈleɪʃn; *AmE* ˌɑːsɪˈ-/ *Nomen* (*gehoben*) [U/Sing] Schwankung, Schwanken, Schwingung ◇ *the oscillation of the compass needle* das Zittern der Kompassnadel ◇ *the oscillation of radio waves* die Schwingung der Radiowellen

os·mo·sis /ɒzˈməʊsɪs; *AmE* ɑːzˈmoʊ-/ *Nomen* (BIOL) Osmose (*auch fig*)

os·prey /ˈɒspreɪ; *AmE* ˈɑːspreɪ/ *Nomen* Fischadler

os·sify /ˈɒsɪfaɪ; *AmE* ˈɑːsɪ-/ *Verb* (*meist passiv*) (**-fies, -fy·ing, -fied, -fied**) **1** (*gehoben, abwert*) erstarren (lassen) **2** (*Fachspr*) ossifizieren, verknöchern (lassen)

os·ten·sible /ɒˈstensəbl; *AmE* ɑːˈ-/ *Adj* [nur vor Nomen] (*Adv* **os·ten·sibly** /-bli/) angeblich

os·ten·ta·tion /ˌɒstenˈteɪʃn; *AmE* ˌɑːstenˈ-/ *Nomen* (*abwert*) Pomp, Großtuerei

os·ten·ta·tious /ˌɒstenˈteɪʃəs; *AmE* ˌɑːstenˈ-/ *Adj* (*Adv* **os·ten·ta·tious·ly**) **1** (*abwert*) pompös, protzig **2** (*abwert*) großtuerisch **3** auffällig

osteo·arth·ritis /ˌɒstiəʊɑːˈθraɪtɪs; *AmE* ˌɑːstioʊɑːrˈ-/ *Nomen* (MED) Arthrose

osteo·path /ˈɒstiəpæθ; *AmE* ˈɑːsti-/ *Nomen* Osteopath(in)

osteo·path·ic /ˌɒstiəˈpæθɪk; *AmE* ˌɑːsti-/ *Adj* osteopathisch

oste·op·athy /ˌɒstiˈɒpəθi; *AmE* ˌɑːstiˈɑːp-/ *Nomen* Osteopathie

osteo·por·osis /ˌɒstiəʊpəˈrəʊsɪs; *AmE* ˌɑːstioʊpəˈroʊ-/ *Nomen* [U] (MED) Osteoporose

os·tra·cism /ˈɒstrəsɪzəm; *AmE* ˈɑːstrə-/ *Nomen* (*gehoben*) Ächtung

os·tra·cize (*BrE auch* **-ise**) /ˈɒstrəsaɪz; *AmE* ˈɑːstrə-/ *Verb* (*gehoben*) ächten, ausschließen

os·trich /ˈɒstrɪtʃ; *AmE* ˈɑːstrɪtʃ/ *Nomen* **1** Strauß **2** (*umgs*) = jd, der den Kopf in den Sand steckt

other /ˈʌðə(r)/ *Adj, Pron* **1** andere(r,s) **2 the ~ one** der/die/das andere **3 the others** die anderen ◇ *This option is preferable to any other.* Diese Möglichkeit ist besser als alle anderen ◇ *You must ask one or other of your parents.* Du musst einen von deinen Eltern fragen. ◇ (*hum*) *my other half* meine bessere Hälfte ◇ *He crashed into a car coming the other way.* Er stieß mit einem entgegenkommenden Wagen zusammen. ℹ Für andere Redewendungen mit **other** siehe die Einträge für die Nomina, Adjektive etc. **In other words** z.B. steht unter **word**. IDM **the ˌother ˈday/ˈweek** neulich; vor kurzem **the other ˈmorning/ˈevening** neulich morgens/abends **other than** *(meist in verneinten Sätzen)* **1** außer **2** *(gehoben)* anders als **other than that** abgesehen davon

other·ness /ˈʌðənəs; *AmE* ˈʌðərnəs/ *Nomen (gehoben)* Anderssein, Andersartigkeit

other·wise /ˈʌðəwaɪz; *AmE* ˈʌðərwaɪz/ *Adv* **1** sonst ◇ *Shut the window, otherwise it'll get too cold.* Mach das Fenster zu, sonst wird es zu kalt. **2** ansonsten, davon abgesehen **3** auch ◇ *Bismarck, otherwise known as the 'Iron Chancellor'* Bismarck, auch als der „Eiserne Kanzler" bekannt **4** anderweitig ◇ *He was otherwise engaged.* Er war anderweitig beschäftigt. IDM **or otherwise** ◇ *the truth or otherwise of these statements* die Wahrheit oder Unwahrheit dieser Aussagen ◇ *all damage, accidental or otherwise* alle Schäden, ob durch Unfall oder anderweitig entstanden → *Siehe auch* KNOW

ˌother ˈwoman *Nomen* [meist Sing] Geliebte

ˌother-ˈworldly *Adj* weltfremd, entrückt

oti·ose /ˈəʊtiəʊs; *AmE* ˈoʊʃioʊs/ *Adj (gehoben)* überflüssig, müßig

OTT /ˌəʊ tiː ˈtiː; *AmE* ˌoʊ/ *(BrE, umgs) Kurzform von* **over the top** übertrieben, zu viel des Guten

otter /ˈɒtə(r); *AmE* ˈɑːtər/ *Nomen* Otter

ot·to·man /ˈɒtəmən; *AmE* ˈɑːt-/ *Nomen* Ottomane, Polstertruhe

ouch /aʊtʃ/ *Ausruf* autsch

ought to /ˈɔːt tə, *vor einem Vokal oder am Satzende* tu/ *Modalvb (verneint* **ought not to**, *Kurzform* **oughtn't to** /ˈɔːtnt tə *vor einem Vokal oder am Satzende* tu/) *(bes BrE)* sollen ◇ *You ought to be ashamed of yourself.* Du solltest dich schämen. ◇ *She oughtn't to make private calls here.* Sie sollte hier keine Privatgespräche führen. ◇ *I ought to have helped.* Ich hätte helfen sollen. ◇ *She ought to pass the exam.* Sie müsste die Prüfung bestehen.

ounce /aʊns/ *Nomen* **1** *(Abk* **oz***)* Unze **2** [Sing] **an ~ of …** *(umgs)* ein bisschen … ◇ *There's not an ounce of truth in it.* Daran ist kein Körnchen Wahrheit. ◇ *Lifting him took every ounce of my strength.* Es erforderte meine ganze Kraft, ihn zu heben.

our /ɑː(r), ˈaʊə(r)/ unser

ours /ɑːz, ˈaʊəz; *AmE* ɑːrz, ˈaʊərz/ *Pron* unsere(r,s)

our·selves /ɑːˈselvz, ˌaʊəˈselvz; *AmE* ɑːrˈselvz, ˌaʊərˈselvz/ *Pron* **1** uns **2** selbst, selber ℹ Für Redewendungen mit **ourselves** siehe **yourself**.

oust /aʊst/ *Verb* **~ sb (as sth)** jdn (als etw) absetzen; **~ sb (from sth)** jdn (aus etw) verdrängen, jdn (aus etw) vertreiben ◇ *oust the government from power* die Regierung stürzen

out /aʊt/ *Adv, Präp, Nomen, Verb*

▸ ***Adv, Präp*** **1** hinaus, heraus ◇ *Out with it!* Heraus mit der Sprache! ◇ *Out you go!* Raus mit dir! **2** nicht da, nicht zu Hause ◇ *She is out of the office this week.* Sie ist diese Woche nicht im Haus. **3 ~ (of sth)** aus (etw) ◇ *Do not lean out of the window.* Nicht aus dem Fenster lehnen. ◇ *out of spite* aus Boshaftigkeit ◇ *a statue made out of bronze* ein Denkmal aus Bronze ◇ *I got out of bed.* Ich stand auf. ◇ *a romance straight out of a fairy tale* eine Romanze wie im Märchen ◇ *They'll be out on bail in no time.* Sie werden sicher bald auf Kaution freigelassen. ◇ *It was an awful job and I'm glad to be out of it.* Es war eine schreckliche Arbeit und ich bin froh, dass ich sie los bin. ◇ *We want this government out.* Wir wollen diese Regierung loswerden. **4** *(weit weg, entfernt)* ◇ *She's working out in Australia.* Sie arbeitet drüben in Australien. ◇ *He lives right out in the country.* Er wohnt so richtig auf dem Land. ◇ *The boats are all out at sea.* Die Boote sind alle auf See. ◇ *The ship sank ten miles out of Stockholm.* Das Schiff sank zehn Meilen vor Stockholm. **5** *(ohne)* ◇ *We're out of milk.* Wir haben keine Milch mehr. ◇ *He's been out of work for six months.* Er ist seit sechs Monaten arbeitslos. ◇ *You're out of luck—she left ten minutes ago.* Du hast Pech—sie ist vor zehn Minuten gegangen. **6** *(mit Zahlen)* **~ of** von ◇ *You scored six out of ten.* Du hast sechs von zehn möglichen Punkten erzielt. **7** *(nicht richtig)* ◇ *Your guess was a long way out.* Deine Schätzung war völlig falsch. ◇ *I was out in my calculations.* Ich habe mich bei meinen Berechnungen vertan. ◇ *The estimate was out by more than €100.* Der Voranschlag lag über 100€ daneben. **8** *(nicht möglich)* ausgeschlossen ◇ *Swimming is out until the weather gets warmer.* Schwimmen ist nicht drin, bis es wärmer wird. **9** *(aus der Mode)* out **10** *(als Homosexuelle(r))* ◇ *I have been out since I was 17.* Ich hatte mit 17 mein Coming-out. **11** bewusstlos, weg ◇ *She was knocked out cold.* Sie wurde bewusstlos geschlagen. IDM **be out 1** *(Buch)* verliehen sein **2** *(Sonne, Mond, Sterne etc.)* am Himmel stehen **3** *(Blume)* blühen **4** *(Spieler etc.)* ausgeschieden sein ◇ *India were all out for 364.* Indien hatte am Ende des Innings 364. **5** *(Ball)* aus sein; im Aus sein **6** *(BrE, umgs) (Arbeiter etc.)* streiken **7** *(Gezeiten)* ◇ *when the tide is out* bei Ebbe **8** zu Ende ◇ *She regretted it before the day was out.* Sie bereute es noch bevor der Tag zu Ende war. **be out for sth** auf etw aus sein ◇ *She's out for what she can get.* Sie will haben, was sie nur kriegen kann. ◇ *The company is out to capture the Canadian market.* Die Firma will den kanadischen Markt erobern. **ˌout and ˈabout 1** wieder auf den Beinen **2** unterwegs **ˈout of it** *(umgs)* **1** *(isoliert)* ausgeschlossen **2** *(geistig)* weggetreten

▸ ***Nomen*** IDM → IN

▸ ***Verb*** = (als schwul) outen

out·age /ˈaʊtɪdʒ/ *Nomen (AmE) (Strom- etc.)* Ausfall

ˌout-and-ˈout *Adj* [nur vor Nomen] durch und durch

out·back /ˈaʊtbæk/ *Nomen* **the outback** [Sing] *(in Australien)* das Hinterland

out·bid /ˌaʊtˈbɪd/ *Verb* **(-bid·ding, -bid, -bid) ~ sb** mehr bieten als jd, jdn überbieten

out·board /ˈaʊtbɔːd; *AmE* -bɔːrd/ *Adj* Außenbord-

out·bound /ˈaʊtbaʊnd/ *Adj (gehoben)* abfliegend; *(Schiff)* auslaufend ◇ *the outbound flight* der Hinflug

ˈout box *Nomen* **1 outbox** (COMP) Postausgangsordner **2** *(AmE)* Ablage für Ausgänge

out·break /ˈaʊtbreɪk/ *Nomen* Ausbruch ◇ *Outbreaks of rain are expected tomorrow.* Morgen sind Regenschauer zu erwarten.

out·build·ing /ˈaʊtbɪldɪŋ/ *Nomen* [meist Pl] Nebengebäude

out·burst /ˈaʊtbɜːst; *AmE* -bɜːrst/ *Nomen* Ausbruch ◇ *an outburst of anger* ein Wutanfall

out·cast /ˈaʊtkɑːst; *AmE* -kæst/ *Nomen, Adj*

▸ ***Nomen*** Ausgestoßene(r)

▸ ***Adj*** ausgestoßen

out·class /ˌaʊtˈklɑːs; *AmE* -ˈklæs/ *Verb* **~ sb** *(oft passiv)* jdm eindeutig überlegen sein ◇ *She was outclassed 0–6 0–6 in the final.* Im Endspiel wurde sie 0:6 0:6 deklassiert. ◇ *They were totally outclassed by the Italians.* Sie wurden von den Italienern völlig in den Schatten gestellt.

out·come /ˈaʊtkʌm/ *Nomen* Ergebnis, Resultat

out·crop /ˈaʊtkrɒp; *AmE* -krɑːp/ *Nomen* (GEOL) Felsvorsprung

out·cry /ˈaʊtkraɪ/ *Nomen (Pl* **-ies***)* Empörung, Entrüstung ◇ *an outcry over the changes* ein Sturm der Entrüstung über die Änderungen

out·dated /ˌaʊtˈdeɪtɪd/ *Adj* veraltet, nicht mehr aktuell

outdo /ˌaʊtˈduː/ *Verb* **(-does** /-ˈdʌz/, **-did** /-ˈdɪd/, **-done** /-ˈdʌn/) *(gehoben)* übertreffen ◇ *Not wanting to be out-*

done, she tried again. Da wollte sie nicht zurückstehen und versuchte es noch einmal.

out·door 0-ᴛ /ˈaʊtdɔː(r)/ *Adj* [nur vor Nomen] Außen-, im Freien ◇ *outdoor activities* Beschäftigungen im Freien ◇ *outdoor shoes* Straßenschuhe ◇ *an outdoor swimming-pool* ein Freibad

out·doors 0-ᴛ /ˌaʊtˈdɔːz; *AmE* -ˈdɔːrz/ *Adv, Nomen*
▸ ***Adv*** im Freien, (nach) draußen
▸ ***Nomen*** **the outdoors** die freie Natur

outer 0-ᴛ /ˈaʊtə(r)/ *Adj* [nur vor Nomen] Außen- ◇ *Outer London* die Außenbezirke Londons ◇ *the outer layers of the skin* die obersten Hautschichten ◇ *Outer Mongolia* die Äußere Mongolei ◇ *the outer limits of human experience* die äußersten Grenzen menschlicher Erfahrung

outer·most /ˈaʊtəməʊst; *AmE* -tərmoʊst/ *Adj* [nur vor Nomen] äußerste(r,s)

ˌouter ˈspace (*auch* **space**) *Nomen* der Weltraum

outer·wear /ˈaʊtəweə(r); *AmE* -tərwer/ *Nomen* [U] Straßenkleidung

out·face /ˌaʊtˈfeɪs/ *Verb* **~ sb** sich jdm (mutig) entgegenstellen

out·fall /ˈaʊtfɔːl/ *Nomen* (*Fachspr*) **1** Abfluss ◇ *a sewage outfall* ein Abwasserrohr **2** Mündung (*ins Meer*)

out·fit /ˈaʊtfɪt/ *Nomen, Verb*
▸ ***Nomen*** **1** Outfit, Kleidung, Kostüm **2** (*umgs*) Team ◇ *a market research outfit* eine Marktforschungsfirma **3** Ausrüstung
▸ ***Verb*** (**-tt-**) (*bes AmE*) **~ sb/sth (with sth)** jdn/etw (mit etw) ausstatten

out·fit·ter (*auch* **out·fit·ters**) /ˈaʊtfɪtə(r)/ *Nomen* **1** (*BrE, veraltet*) Herrenausstatter **2** (*BrE, veraltet*) = Geschäft, das Schuluniformen verkauft **3** (*AmE*) Geschäft, das Outdoorartikel verkauft

out·flank /ˌaʊtˈflæŋk/ *Verb* **1** (MIL) überflügeln **2** (*fig*) überlisten

out·flow /ˈaʊtfləʊ; *AmE* -floʊ/ *Nomen* **1** Ausfluss, Abfluss **2** Ausfließen, Abfließen, Ausströmen

out·going /ˈaʊtgəʊɪŋ; *AmE* -goʊ-/ *Adj* **1** kontaktfreudig **2** [nur vor Nomen] (aus dem Amt) scheidend ◇ *the outgoing government* die abtretende Regierung **3** [nur vor Nomen] (hin)ausgehend ◇ *Can this phone be used for outgoing calls?* Kann man von diesem Apparat aus hinaustelefonieren? ◇ *outgoing flights* Abflüge ◇ *the outgoing tide* die Ebbe

out·goings /ˈaʊtgəʊɪŋz; *AmE* -goʊ-/ *Nomen* [Pl] (*BrE*) Ausgaben

out·grow /ˌaʊtˈgrəʊ; *AmE* -ˈgroʊ/ *Verb* (**out·grew** /-ˈgruː/, **out·grown** /-ˈgrəʊn; *AmE* -ˈgroʊn/) **1 ~ sth** aus etw herauswachsen; (*fig*) aus einem bestimmten Alter raus sein ◇ *The company has outgrown its offices.* Die Büros sind für die Firma inzwischen zu klein geworden. ◇ *He's outgrown his passion for rock music.* Die Zeiten, als er sich für Rockmusik begeistern konnte, sind vorbei. **2 ~ sb** jdm über den Kopf wachsen

out·growth /ˈaʊtgrəʊθ; *AmE* -groʊθ/ *Nomen* (*gehoben*) **1** Folge, Ergebnis **2** Auswuchs

out·gun /ˌaʊtˈgʌn/ *Verb* (**-nn-**) jdm an Feuerkraft überlegen sein (*auch fig*) ◇ *The England team was completely outgunned.* Das englische Team wurde in Grund und Boden gespielt.

out·house /ˈaʊthaʊs/ *Nomen* **1** (*BrE*) Nebengebäude **2** (*AmE*) Außentoilette

out·ing /ˈaʊtɪŋ/ *Nomen* **1** Ausflug ◇ *We went on an outing.* Wir machten einen Ausflug. **2** (*umgs*) (SPORT) Wettkampf, Rennen, Spiel **3** Outen

out·land·ish /aʊtˈlændɪʃ/ *Adj* (*Adv* **out·land·ish·ly**) (*meist abwert*) sonderbar, seltsam

out·last /ˌaʊtˈlɑːst; *AmE* -ˈlæst/ *Verb* überdauern, überleben, länger aus-/durchhalten

out·law /ˈaʊtlɔː/ *Verb, Nomen*
▸ ***Verb*** **1** verbieten, für ungesetzlich erklären **2** (GESCH) ächten
▸ ***Nomen*** (GESCH) Geächtete(r), Bandit

out·lay /ˈaʊtleɪ/ *Nomen* **~ (on sth)** (Kosten)aufwand, Ausgaben

out·let /ˈaʊtlet/ *Nomen* **1** (*fig*) Ventil ◇ *He needed to find an outlet for his many interests.* Er brauchte ein Betätigungsfeld für seine zahlreichen Interessen. **2** (WIRTSCH) Absatzmöglichkeit, Abnehmer, Verkaufsstelle; (*Geschäft*) Laden ◇ *a factory outlet* ein Fabrikverkauf **3** Abfluss **4** (*AmE*) Steckdose

out·line 0-ᴛ /ˈaʊtlaɪn/ *Verb, Nomen*
▸ ***Verb*** **1** grob beschreiben, kurz skizzieren **2** (*meist passiv*) umreißen ◇ *They saw the building outlined against the sky.* Sie sahen die Umrisse des Gebäudes, die sich gegen den Himmel abzeichneten.
▸ ***Nomen*** **1** Abriss, Grundriss, Übersicht ◇ *describe sth in outline* etw in Grundzügen schildern ◇ *an outline agreement* ein Vertragsentwurf **2** Umriss(linie) ◇ *We could see the outline of an island.* Wir konnten die Umrisse einer Insel erkennen.

out·live /ˌaʊtˈlɪv/ *Verb* **1** überleben **2** überdauern, überstehen ◇ *The machine has outlived its usefulness.* Die Maschine hat ausgedient.

out·look /ˈaʊtlʊk/ *Nomen* **1 ~ (on sth)** Einstellung (zu etw) ◇ *be liberal in outlook* eine liberale Weltanschauung haben **2** [meist Sing] (Zukunfts)aussichten ◇ *The outlook for jobs is bleak.* Die Aussichten, eine Stelle zu bekommen, sind schlecht. **3** Aussicht, Blick ◇ *The house has a pleasant outlook over the valley.* Vom Haus hat man einen hübschen Blick über das Tal.

out·ly·ing /ˈaʊtlaɪɪŋ/ *Adj* [nur vor Nomen] abgelegen, entlegen ◇ *the outlying districts of London* die Außenbezirke von London

out·man·oeuvre (*AmE* **out·ma·neu·ver**) /ˌaʊtməˈnuːvə(r)/ *Verb* (*gehoben*) ausmanövrieren, ausstechen

out·moded /ˌaʊtˈməʊdɪd; *AmE* -ˈmoʊ-/ *Adj* (*abwert*) veraltet, überholt ◇ *an outmoded attitude* eine unzeitgemäße Haltung

out·num·ber /ˌaʊtˈnʌmbə(r)/ *Verb* zahlenmäßig überlegen sein ◇ *In this profession, women outnumber men by two to one.* In diesem Beruf gibt es doppelt so viele Frauen wie Männer.

ˌout of ˈdate *Adj* **1** veraltet ◇ *out-of-date technology* überholte Technologie **2** abgelaufen, ungültig

ˌout-of-ˈstate *Adj* [nur vor Nomen] (*AmE*) außerhalb des Bundesstaates gelegen

ˌout-of-ˈtown *Adj* [nur vor Nomen] **1** außerhalb der Stadt gelegen **2** auswärtig ◇ *an out-of-town performance* ein Gastspiel

ˌout-of-ˈwork *Adj* [nur vor Nomen] arbeitslos

out·pace /ˌaʊtˈpeɪs/ *Verb* (*gehoben*) hinter sich lassen ◇ *Demand is outpacing production.* Der Bedarf übersteigt die Herstellungskapazität.

out·pa·tient /ˈaʊtpeɪʃnt/ *Nomen* ambulante(r) Patient(in) ◇ *an outpatient clinic* eine Poliklinik ◇ *an outpatient department* eine Ambulanz

out·per·form /ˌaʊtpəˈfɔːm; *AmE* -pərˈfɔːrm/ *Verb* übertreffen, ausstechen

out·place·ment /ˈaʊtpleɪsmənt/ *Nomen* [U] = professionelle Hilfe zur beruflichen Neuorientierung gekündigter Mitarbeiter

out·play /ˌaʊtˈpleɪ/ *Verb* besser spielen als ◇ *We were totally outplayed and lost 106–74.* Wir wurden in Grund und Boden gespielt und verloren 106:74.

out·post /ˈaʊtpəʊst; *AmE* -poʊst/ *Nomen* (MIL) Vorposten (*auch fig*)

out·pour·ing /ˈaʊtpɔːrɪŋ/ *Nomen* (Gefühls)erguss

out·put /ˈaʊtpʊt/ *Nomen, Verb*
▸ ***Nomen*** **1** [U/Sing] Produktion, Ausstoß **2** (COMP) Output, (Daten)ausgabe **3** (ELEK) Leistung **4** (TECH) Ausgang
▸ ***Verb*** (**-put·ting, -put, -put**) (COMP) (*Daten etc.*) ausgeben

out·rage /ˈaʊtreɪdʒ/ *Nomen, Verb*
▸ ***Nomen*** **1** Empörung **2** Gräueltat ◇ *bomb outrages* verbrecherische Bombenanschläge
▸ ***Verb*** empören

out·ra·geous /aʊtˈreɪdʒəs/ *Adj* (*Adv* **out·ra·geous·ly**) **1** unerhört, unverschämt, empörend ◇ *outrageous clothes* ausgeflippte Kleidung ◇ *outrageously funny* zum Brüllen komisch **2** (*Grausamkeit etc.*) ungeheuerlich

out·ran *Form von* OUTRUN

out·rank /ˌaʊtˈræŋk/ *Verb* **~ sb** rangmäßig über jdm stehen ◇ *Colonel Jones outranks everyone here.* Oberst Jones ist hier der Ranghöchste.

out·reach /ˈaʊtriːtʃ/ *Nomen* = Kombination von Streetwork und Sozialarbeit

out·rider /ˈaʊtraɪdə(r)/ *Nomen* Eskorte ◇ *The President's car was escorted by six motorcycle outriders.* Der Wagen des Präsidenten wurde von sechs Motorrädern eskortiert.

out·rig·ger /ˈaʊtrɪɡə(r)/ *Nomen* **1** Ausleger **2** Auslegerboot

out·right /ˈaʊtraɪt/ *Adj, Adv*
▸ ***Adj*** [nur vor Nomen] **1** total ◇ *outright refusal* strikte Weigerung ◇ *She was the outright winner.* Sie war die klare Siegerin. ◇ *an outright majority* eine absolute Mehrheit **2** offen, direkt
▸ ***Adv*** **1** direkt ◇ *She laughed outright.* Sie lachte laut. **2** klar ◇ *Neither candidate won outright.* Keinem der Kandidaten gelang ein klarer Sieg. ◇ *The group rejects outright any negotiations.* Die Gruppe weigert sich glatt, zu verhandeln. **3** sofort

out·run /ˌaʊtˈrʌn/ *Verb* (**-run·ning, -ran** /-ˈræn/, **-run**) (*gehoben*) **1 ~ sb** jdn abhängen **2 ~ sth** etw übersteigen

out·sell /ˌaʊtˈsel/ *Verb* (**-sold, -sold** /-ˈsəʊld; *AmE* -ˈsoʊld/) **1** mehr verkaufen als **2** sich besser verkaufen

out·set /ˈaʊtset/ *Nomen* IDM **at the ˈoutset (of sth)** am Anfang (einer Sache) **from the ˈoutset (of sth)** von Anfang (einer Sache) an

out·shine /ˌaʊtˈʃaɪn/ *Verb* (**-shone, -shone** /-ˈʃɒn; *AmE* -ˈʃoʊn/) (*gehoben*) **1** heller leuchten als **2** übertreffen, in den Schatten stellen

out·side *Nomen, Adj, Präp, Adv*
▸ ***Nomen*** /ˌaʊtˈsaɪd/ **1** (*meist* **the outside**) die Außenseite, das Äußere **2** [Sing] Fahrerseite, Innenspur **3** [Sing] Außenkurve IDM **at the outside** höchstens; äußerstenfalls **on the outside** **1** äußerlich **2** außerhalb der Gefängnismauern
▸ ***Adj*** /ˈaʊtsaɪd/ **1** äußere(r,s), Außen- ◇ *the outside world* die Außenwelt ◇ *outside calls* externe Anrufe ◇ *She has a lot of outside interests.* Sie hat auch viele andere Interessen. **2** ◇ *an outside chance* eine geringe Chance ◇ *150 is an outside estimate.* 150 ist bereits hoch geschätzt.
▸ ***Präp*** /ˌaʊtˈsaɪd/ (*bes AmE* **out·side of**) außerhalb ◇ *You can park your car outside our house.* Sie können Ihr Auto vor unserem Haus abstellen. ◇ *Don't go outside of the school playground.* Geh nicht aus dem Schulhof heraus.
▸ ***Adv*** /ˌaʊtˈsaɪd/ draußen, nach draußen

out·sider /ˌaʊtˈsaɪdə(r)/ *Nomen* **1** Außenseiter(in) ◇ *The post went to a rank outsider.* Die Stelle wurde an einen völligen Außenseiter vergeben. **2** Außenstehende(r) ◇ *They have decided to hire outsiders.* Sie haben beschlossen, neue Kräfte von außen anzuwerben.

out·size /ˈaʊtsaɪz/ (*auch* **out·sized** /-saɪzd/) *Adj* übergroß, überdimensional; (*Kleidung*) in Übergrößen

out·skirts /ˈaʊtskɜːts; *AmE* -skɜːrts/ *Nomen* [Pl] Stadtrand, Außenbezirke

out·smart /ˌaʊtˈsmɑːt; *AmE* -ˈsmɑːrt/ *Verb* überlisten, austricksen

out·spoken /aʊtˈspəʊkən; *AmE* -ˈspoʊ-/ *Adj* (*Adv* **out·spoken·ly**) freimütig, direkt, unverblümt ◇ *She was outspoken in her criticism.* Sie hielt mit ihrer Kritik nicht hinter dem Berg.

out·spoken·ness /aʊtˈspəʊkənnəs; *AmE* -ˈspoʊ-/ *Nomen* Freimütigkeit, Direktheit, Unverblümtheit

out·stand·ing /aʊtˈstændɪŋ/ *Adj* **1** (*Adv* **out·stand·ingly**) hervorragend, überragend, außergewöhnlich ◇ *an area of outstanding natural beauty* ein Naturschutzgebiet **2** bemerkenswert, auffallend **3** ausstehend ◇ *A lot of work is still outstanding.* Eine Menge Arbeit ist noch nicht erledigt. ◇ *That is still an outstanding problem.* Dieses Problem ist noch ungeklärt.

out·stay /ˌaʊtˈsteɪ/ *Verb* IDM → WELCOME

out·stretched /ˌaʊtˈstretʃt/ *Adj* ausgestreckt, ausgebreitet

out·strip /ˌaʊtˈstrɪp/ *Verb* (**-pp-**) **1** übersteigen ◇ *Demand is outstripping supply.* Die Nachfrage ist größer als das Angebot. **2** überflügeln, übertreffen **3** (*Laufen*) überholen

ˈout-take *Nomen* (*Film*) Outtake

ˈout tray *Nomen* (*BrE*) Ablage für Ausgänge

out·vote /ˌaʊtˈvəʊt; *AmE* -ˈvoʊt/ *Verb* (*meist passiv*) überstimmen

out·ward /ˈaʊtwəd; *AmE* -wərd/ *Adj, Adv*
▸ ***Adj*** [nur vor Nomen] **1** (*Adv* **out·ward·ly**) äußere(r,s), äußerlich ◇ *Mark showed no outward signs of grief.* Äußerlich merkte man Mark nichts von seinem Kummer an. ◇ *Outwardly, they seemed perfectly happy.* Nach außen hin schienen sie vollkommen glücklich zu sein. **2** Hin- ◇ *the outward journey* die Hinreise ◇ *the outward bound ship* das auslaufende Schiff **3** nach außen gehend ◇ *outward investment* Auslandsinvestition
▸ ***Adv*** (*BrE auch* **out·wards** /ˈaʊtwədz; *AmE* -wərdz/) nach außen

out·weigh /ˌaʊtˈweɪ/ *Verb* überwiegen ◇ *The advantages outweigh the disadvantages.* Die Vorteile wiegen schwerer als die Nachteile.

out·wit /ˌaʊtˈwɪt/ *Verb* (**-tt-**) überlisten

out·work /ˈaʊtwɜːk; *AmE* -wɜːrk/ *Nomen* (*BrE*) Heimarbeit

ova *Form von* OVUM

oval /ˈəʊvl; *AmE* ˈoʊ-/ *Adj, Nomen*
▸ ***Adj*** oval
▸ ***Nomen*** Oval

ovar·ian /əʊˈveəriən; *AmE* oʊˈver-/ *Adj* [nur vor Nomen] Eierstock-

ovary /ˈəʊvəri; *AmE* ˈoʊ-/ *Nomen* (*Pl* **-ies**) **1** Eierstock **2** (BOT) Fruchtknoten

ova·tion /əʊˈveɪʃn; *AmE* oʊˈ-/ *Nomen* Ovation, begeisterter Beifall ◇ *give sb a huge/rapturous/rousing ovation* jdm stürmisch Beifall klatschen

oven /ˈʌvn/ *Nomen* Ofen, Backofen ◇ *bake in a cool/hot/moderate oven* bei schwacher/starker/mäßiger Hitze backen ◇ *an oven glove/mitt* ein Topfhandschuh IDM → BUN

oven·proof /ˈʌvnpruːf/ *Adj* feuerfest

ˌoven-ˈready *Adj* ofenfertig, backfertig, bratfertig

over /ˈəʊvə(r); *AmE* ˈoʊ-/ *Adv, Präp, Nomen*
▸ ***Adv*** ⓘ Für Verben mit **over** siehe die Einträge für die

Verben. **Take sth over** z. B. steht unter **take**. **1** ◇ *Don't knock that vase over.* Stoß die Vase nicht um. ◇ *The wind must have blown it over.* Der Wind muss es umgeweht haben. ◇ *The car skidded off the road and rolled over and over.* Das Auto kam von der Straße ab und überschlug sich mehrmals. **2** hinüber, herüber ◇ *I stopped and crossed over.* Ich blieb stehen, dann ging ich über die Straße. ◇ *He's gone over to the enemy.* Er ist zum Feind übergelaufen. ◇ *They have gone over to France.* Sie sind nach Frankreich gefahren. ◇ *This is my aunt who's over from Canada.* Das ist meine Tante, die aus Kanada zu Besuch da ist. ◇ *Let's ask some friends over.* Lass uns ein paar Freunde einladen. ◇ *Put it down over there.* Stellen Sie es da drüben hin. ◇ *Hand over the money!* Geld her! **3** ◇ *The lake is frozen over.* Der See ist zugefroren. ◇ *Cover her over.* Deck sie ganz zu. **4** ◇ *children of fourteen and over* Kinder von vierzehn Jahren und darüber **5** übrig ◇ *If there's any food left over, put it in the fridge.* Wenn noch Essen übrig ist, stell es in den Kühlschrank. ◇ *7 into 30 goes 4 with 2 over.* 30 geteilt durch 7 ist 4, Rest 2. **6** wieder, noch einmal ◇ *He repeated it several times over.* Er wiederholte es mehrmals. **7** vorüber, zu Ende ◇ *I was glad when it was over and done with.* Ich war froh, als die Angelegenheit ausgestanden war. **8** *(Radio)* ◇ *Message received. Over.* Nachricht erhalten. Übernehmen Sie. IDM **(all) over a'gain** noch einmal **over against sth** im Gegensatz zu etw **ˌover and 'over (a'gain)** immer (und immer) wieder **ˌover to 'you** jetzt sind Sie dran

▸ ***Präp*** ℹ Für Verben mit **over** siehe die Einträge für die Verben. **Get over sth** z. B. steht unter **get**. **1** über ◇ *Spread a cloth over the table.* Leg ein Tischtuch auf. ◇ *We're over the worst of the recession.* Die schlimmste Phase der Rezession haben wir hinter uns. ◇ *an argument over money* ein Streit um Geld ◇ *We heard it over the radio.* Wir haben es im Radio gehört. ◇ *She wouldn't tell me over the phone.* Sie wollte es mir am Telefon nicht sagen. **2** auf der anderen Seite ◇ *He lives over the road.* Er wohnt gegenüber. **3** überall ◇ *Snow is falling all over the country.* Es schneit im ganzen Land. **4** bei, während ◇ *We'll discuss it over lunch.* Wir besprechen es beim Mittagessen. IDM **ˌover and a'bove** zusätzlich zu

▸ ***Nomen*** *(Kricket: 6 Würfe)* Over

over- /ˈəʊvə(r); *AmE* ˈoʊ-/ *Vorsilbe* *(in Nomina, Verben, Adjektiven und Adverbien gebraucht)* über, sehr ◇ *overload* überladen

over·all 🔑 *Adj, Adv, Nomen*

▸ ***Adj*** /ˌəʊvərˈɔːl; *AmE* ˌoʊ-/ [nur vor Nomen] allgemein, gesamt, Gesamt- ◇ *the overall winner* der Gesamtgewinner

▸ ***Adv*** /ˌəʊvərˈɔːl; *AmE* ˌoʊ-/ **1** insgesamt **2** im Großen und Ganzen

▸ ***Nomen*** /ˈəʊvərɔːl; *AmE* ˈoʊ-/ **1** *(BrE)* Kittel, Arbeitskittel **2 overalls** [Pl] *(BrE)* Overall **3 overalls** [Pl] *(AmE)* Latzhose

ˌoverall ma'jority *Nomen* [meist Sing] absolute Mehrheit

over·arch·ing /ˌəʊvərˈɑːtʃɪŋ; *AmE* ˌoʊvərˈɑːrtʃɪŋ/ *Adj* *(gehoben)* allumfassend, übergreifend

over·arm /ˈəʊvərɑːm; *AmE* ˈoʊvərɑːrm/ *Adj, Adv* mit gestrecktem Arm

over·awe /ˌəʊvərˈɔː; *AmE* ˌoʊ-/ *Verb* *(meist passiv)* überwältigen, einschüchtern

over·bal·ance /ˌəʊvəˈbæləns; *AmE* ˌoʊvərˈ-/ *Verb* *(bes BrE)* **1** das Gleichgewicht verlieren, umkippen **2** aus dem Gleichgewicht bringen

over·bear·ing /ˌəʊvəˈbeərɪŋ; *AmE* ˌoʊvərˈberɪŋ/ *Adj* *(abwert)* herrisch, dominierend

over·blown /ˌəʊvəˈbləʊn; *AmE* ˌoʊvərˈbloʊn/ *Adj* **1** übersteigert, übertrieben; *(Stil etc.)* geschwollen, schwülstig **2** verblühend ◇ *overblown roses* Rosen, die am Verblühen sind

over·board /ˈəʊvəbɔːd; *AmE* ˈoʊvərbɔːrd/ *Adv* über Bord IDM **go 'overboard** *(umgs)* es übertreiben ◇ *Don't go overboard on fitness.* Übertreib es nicht mit der Fitness. **throw sth/sb 'overboard** etw/jdn loswerden

over·book /ˌəʊvəˈbʊk; *AmE* ˌoʊvərˈ-/ *Verb* überbuchen

over·bur·den /ˌəʊvəˈbɜːdn; *AmE* ˌoʊvərˈbɜːrdn/ *Verb* *(meist passiv)* überlasten

over·came *Form von* OVERCOME

over·cap·acity /ˌəʊvəkəˈpæsəti; *AmE* ˌoʊvərk-/ *Nomen* (WIRTSCH) Überkapazität

over·cast /ˌəʊvəˈkɑːst; *AmE* ˌoʊvərˈkæst/ *Adj* bewölkt, bedeckt ◇ *an overcast day* ein trüber Tag

over·charge /ˌəʊvəˈtʃɑːdʒ; *AmE* ˌoʊvərˈtʃɑːrdʒ/ *Verb* ~ **(sb) (for sth)** (jdm) (für etw) zu viel berechnen

over·coat /ˈəʊvəkəʊt; *AmE* ˈoʊvərkoʊt/ *Nomen* Mantel

over·come 🔑 /ˌəʊvəˈkʌm; *AmE* ˌoʊvərˈ-/ *Verb* **(-came** /-ˈkeɪm/, **-come)** **1** überwinden, hinwegkommen über; *(Problem)* meistern; *(Versuchung)* widerstehen **2** *(gehoben)* besiegen, schlagen **3** *(meist passiv)* übermannt werden ◇ *She was overcome by smoke and fumes.* Sie war von Rauch und Gas betäubt.

over·com·pen·sate /ˌəʊvəˈkɒmpenseɪt; *AmE* ˌoʊvərˈkɑːm-/ *Verb* ~ **(for sth)** (etw) überkompensieren

over·cook /ˌəʊvəˈkʊk; *AmE* ˌoʊvərˈ-/ *Verb* verkochen, verbraten

over·crowd·ed /ˌəʊvəˈkraʊdɪd; *AmE* ˌoʊvərˈ-/ *Adj* überfüllt, übervölkert ◇ *They are living in overcrowded conditions.* Sie leben in beengten Verhältnissen.

over·crowd·ing /ˌəʊvəˈkraʊdɪŋ; *AmE* ˌoʊvərˈ-/ *Nomen* Überfüllung, Übervölkerung

over·de·velop /ˌəʊvədɪˈveləp; *AmE* ˌoʊvərd-/ *Verb* (sich) überentwickeln

over·de·veloped /ˌəʊvədɪˈveləpt; *AmE* ˌoʊvərd-/ *Adj* überentwickelt

over·do /ˌəʊvəˈduː; *AmE* ˌoʊvərˈ-/ *Verb* **(over·did** /-ˈdɪd/, **over·done** /-ˈdʌn/) **1** übertreiben ◇ *Don't overdo the salt.* Seien Sie nicht zu großzügig mit dem Salz. ◇ *Use illustrations where appropriate but don't overdo it.* Benutzen Sie Illustrationen, wo sie angebracht sind, aber nicht zu viele. **2** *(meist passiv)* verkochen, verbraten IDM **over'do it/things** sich übernehmen; sich zu viel zumuten

over·dose /ˈəʊvədəʊs; *AmE* ˈoʊvərdoʊs/ *Nomen, Verb*

▸ ***Nomen*** Überdosis

▸ ***Verb*** *(umgs* **OD)** ~ **(on sth)** eine Überdosis (von etw) nehmen

over·draft /ˈəʊvədrɑːft; *AmE* ˈoʊvərdræft/ *Nomen* **1** Kontoüberziehung ◇ *run up an overdraft* sein Konto überziehen **2** Überziehungskredit

over·draw /ˌəʊvəˈdrɔː; *AmE* ˌoʊvərˈ-/ *Verb* **(-drew** /-ˈdruː/, **-drawn** /-ˈdrɔːn/) *(bes BrE)* überziehen

over·drawn /ˌəʊvəˈdrɔːn; *AmE* ˌoʊvərˈ-/ *Adj* überzogen

over·dressed /ˌəʊvəˈdrest; *AmE* ˌoʊvərˈ-/ *Adj* *(meist abwert)* zu elegant angezogen

over·drive /ˈəʊvədraɪv; *AmE* ˈoʊvərdraɪv/ *Nomen* Schnellgang, Overdrive IDM **go into 'overdrive** einen Gang zulegen

over·due /ˌəʊvəˈdjuː; *AmE* ˌoʊvərˈduː/ *Adj* überfällig ◇ *This car is overdue for a service.* Das Auto hätte schon länger zur Inspektion gebracht werden sollen. ◇ *overdue reforms* schon längst fällige Reformen

ˌover 'easy *Adj* *(AmE)* *(Eier)* beidseitig gebraten

over·eat /ˌəʊvərˈiːt; *AmE* ˌoʊ-/ *Verb* **(-ate** /-ˈet; *AmE* -ˈeɪt/, **-eaten** /-ˈiːtn/) zu viel essen, sich überfressen

over·eat·ing /ˌəʊvər'iːtɪŋ; *AmE* ˌoʊ-/ *Nomen* übermäßiges Essen ◇ *compulsive overeating* Esszwang

over·empha·sis /ˌəʊvər'emfəsɪs; *AmE* ˌoʊ-/ *Nomen* ~ **(on sth)** Überbetonung (von etw)

over·empha·size (*BrE auch* **-ise**) /ˌəʊvər'emfəsaɪz; *AmE* ˌoʊ-/ *Verb* überbetonen, zu sehr betonen

over·esti·mate *Verb, Nomen*

▸ ***Verb*** /ˌəʊvər'estɪmeɪt; *AmE* ˌoʊ-/ überschätzen, überbewerten

▸ ***Nomen*** /ˌəʊvər'estɪmət; *AmE* ˌoʊ-/ [meist Sing] zu hohe Schätzung, Überbewertung

over·ex·cited /ˌəʊvərɪk'saɪtɪd; *AmE* ˌoʊ-/ *Adj* aufgeregt, aufgedreht ◇ *an over-excited crowd* eine erregte Menge

over·ex·pose /ˌəʊvərɪk'spəʊz; *AmE* ˌoʊvərɪk'spoʊz/ *Verb* (*meist passiv*) **1** überbelichten **2** ◇ *be overexposed in the media* zu häufig in den Medien zu sehen sein ◇ *The club tries not to overexpose the players.* Der Klub bemüht sich, die Spieler nicht zu stark der Publicity auszusetzen.

over·ex·pos·ure /ˌəʊvərɪk'spəʊʒə(r); *AmE* ˌoʊvərɪk'spoʊ-/ *Nomen* [U] **1** Überbelichtung ◇ *overexposure to the sun* zu langer Aufenthalt in der Sonne **2** ◇ *overexposure in the media* zu häufiges Erscheinen in den Medien

over·ex·tend /ˌəʊvərɪk'stend; *AmE* ˌoʊ-/ *Verb* ~ **yourself** sich übernehmen

over·ex·tend·ed /ˌəʊvərɪk'stendɪd; *AmE* ˌoʊ-/ *Adj* überlastet ◇ *They found themselves overextended when they borrowed the money.* Sie hatten sich übernommen, als sie den Kredit aufnahmen.

over·fed /ˌəʊvəfed; *AmE* 'oʊvərfed/ *Adj* überfüttert

over·feed /'əʊvəfiːd; *AmE* 'oʊvərfiːd/ *Verb* (**over·fed**, **over·fed** /'əʊvəfed; *AmE* 'oʊvərfed/) überfüttern

over·fish·ing /ˌəʊvə'fɪʃɪŋ; *AmE* ˌoʊvər'-/ *Nomen* Überfischung

over·flow *Verb, Nomen*

▸ ***Verb*** /ˌəʊvə'fləʊ; *AmE* ˌoʊvər'floʊ/ **1** überfließen, überquellen **2** überlaufen; **~ sth** etw überschwemmen, etw überfluten, etw überlaufen lassen ◇ *overflow the rim* über den Rand laufen ◇ *The bath is overflowing.* Das Bad läuft über. ◇ *The river overflowed its banks.* Der Fluss ist über die Ufer getreten. **3** ~ **(with sth)** (von etw) überquellen, (mit etw) überfüllt sein **4** ~ **(into sth)** sich (in etw) ergießen ◇ *The meeting overflowed into the street.* Die Versammlung war so voll, dass die Leute bis auf die Straße standen.

▸ ***Nomen*** /'əʊvəfləʊ; *AmE* 'oʊvərfloʊ/ **1** Überschuss ◇ *an overflow car park* ein zusätzlicher Parkplatz **2** Überlaufen, übergelaufene Flüssigkeit ◇ (*fig*) *an overflow of powerful emotions* ein Überquellen heftiger Gefühle **3** (*auch* **'overflow pipe**) Überlauf, Überlaufrohr

over·fly /ˌəʊvə'flaɪ; *AmE* ˌoʊvər'-/ *Verb* (**-flies**, **-fly·ing**, **-flew** /-'fluː/, **-flown** /-'fləʊn; *AmE* -'floʊn/) überfliegen

over·ground /'əʊvəgraʊnd; *AmE* 'oʊvərgraʊnd/ *Adj* (*Adv* **over·ground**) (*BrE*) über der Erde, oberirdisch

over·grown /ˌəʊvə'grəʊn; *AmE* ˌoʊvər'groʊn/ *Adj* **1** ~ **(with sth)** (*Garten etc.*) (von etw) überwachsen, (von etw) überwuchert **2** (*oft abwert*) zu groß (geworden) ◇ *They act like overgrown children.* Sie benehmen sich wie große Kinder.

over·growth /'əʊvəgrəʊθ; *AmE* 'oʊvərgroʊθ/ *Nomen* (*Fachspr*) übermäßiges Wachstum

over·hand /'əʊvəhænd; *AmE* 'oʊvərhænd/ *Adj, Adv* (*bes AmE*) mit gestrecktem Arm

over·hang *Verb, Nomen*

▸ ***Verb*** /ˌəʊvə'hæŋ; *AmE* ˌoʊvər'-/ (**-hung**, **-hung** /-'hʌŋ/) hinausragen über; (*Geschoss, Dach*) ausragen ◇ *His fat belly overhung his belt.* Sein dicker Wanst quoll über dem Gürtel vor. ◇ *The path is sheltered by overhanging trees.* Der Weg ist schattig durch die überhängenden Bäume.

▸ ***Nomen*** /'əʊvəhæŋ; *AmE* 'oʊvərhæŋ/ **1** Überhang **2** [meist Sing] (*bes AmE*) (WIRTSCH) Überschuss

over·haul *Nomen, Verb*

▸ ***Nomen*** /'əʊvəhɔːl; *AmE* 'oʊvərhɔːl/ Überholung ◇ *a major overhaul* eine Generalüberholung

▸ ***Verb*** /ˌəʊvə'hɔːl; *AmE* ˌoʊvər'-/ überholen

over·head *Adv, Adj, Nomen*

▸ ***Adv*** /ˌəʊvə'hed; *AmE* ˌoʊvər'-/ oben, in der Luft ◇ *Planes flew overhead constantly.* Dauernd flogen Flugzeuge über uns hinweg.

▸ ***Adj*** /'əʊvəhed; *AmE* 'oʊvərhed/ Hoch-, Ober- ◇ *an overhead railway* eine Hochbahn ◇ *overhead lighting* Deckenbeleuchtung ◇ *overhead power lines* Freileitungen ◇ *an overhead compartment* ein Gepäckfach (über dem Sitz) ◇ *overhead costs/expenses* Gemeinkosten

▸ ***Nomen*** /'əʊvəhed; *AmE* 'oʊvərhed/ [U] (*bes AmE*) (*bes BrE* **over·heads** [Pl]) Gemeinkosten, allgemeine Unkosten, indirekte Kosten

overhead pro'jector *Nomen* (*Abk* **OHP**) Overheadprojektor

over·hear /ˌəʊvə'hɪə(r); *AmE* ˌoʊvər'hɪr/ *Verb* (**-heard**, **-heard** /-'hɜːd; *AmE* -'hɜːrd/) mit anhören, zufällig mithören

over·heat /ˌəʊvə'hiːt; *AmE* ˌoʊvər'-/ *Verb* (sich) überhitzen (*auch fig*); (*Wohnung*) überheizen ◇ *The engine is overheating.* Der Motor hat sich heiß gelaufen.

over·heated /ˌəʊvə'hiːtɪd; *AmE* ˌoʊvər'-/ *Adj* **1** heiß gelaufen; (*Wohnung*) überheizt **2** überhitzt; (*Gemüter*) erhitzt ◇ *the figment of an overheated imagination* die Ausgeburt einer überdrehten Fantasie

over·hung *Form von* OVERHANG

over·joyed /ˌəʊvə'dʒɔɪd; *AmE* ˌoʊvər'-/ *Adj* [nicht vor Nomen] ~ **(at sth)** überglücklich (über etw)

over·kill /'əʊvəkɪl; *AmE* 'oʊvərkɪl/ *Nomen* [U] (*abwert*) Overkill, Übertreibung, zu viel des Guten

over·laid *Form von* OVERLAY

over·land /'əʊvəlænd; *AmE* 'oʊvərlænd/ *Adj, Adv* (*Reise*) über Land, auf dem Landweg

over·lap *Verb, Nomen*

▸ ***Verb*** /ˌəʊvə'læp; *AmE* ˌoʊvər'-/ (**-pp-**) **1** (*Flächen, Ziegel*) einander teilweise überdecken, (sich) überlappen ◇ *The floor was covered with overlapping sheets of newspaper.* Der Fußboden war mit am Rand übereinanderliegendem Zeitungspapier ausgelegt. **2** überlappend anordnen, teilweise überlagern **3** (*zeitlich*) sich überschneiden **4** (*Interessengebiete, Aufgabenbereiche etc.*) sich überschneiden, sich teilweise decken

▸ ***Nomen*** /'əʊvəlæp; *AmE* 'oʊvərlæp/ **1** Überschneidung ◇ *There is (a) considerable overlap between the two subjects.* Die beiden Themen überschneiden sich weitgehend. **2** (*Fachspr*) Überlappung

over·lay *Verb, Nomen*

▸ ***Verb*** /ˌəʊvə'leɪ; *AmE* ˌoʊvər'-/ (**-laid**, **-laid** /-'leɪd/) (*meist passiv*) **1** (TECH) bedecken, überziehen ◇ *wood overlaid with gold* Holz mit einer Goldauflage **2** überlagern ◇ *The place was overlaid with memories of his childhood.* Der Ort war von Erinnerungen aus seiner Kindheit beherrscht.

▸ ***Nomen*** /'əʊvəleɪ; *AmE* 'oʊvərleɪ/ **1** Auflegefolie **2** Auflage, Überzug

over·leaf /ˌəʊvə'liːf; *AmE* ˌoʊvər'-/ *Adv* (*gehoben*) umseitig

over·lie /ˌəʊvə'laɪ; *AmE* ˌoʊvər'-/ *Verb* (**-ly·ing**, **-lay** /-'leɪ/, **-lain** /-'leɪn/) (*Fachspr*) bedecken ◇ *overlying rock* überlagernder Felsen

over·load *Verb, Nomen*

▸ ***Verb*** /ˌəʊvə'ləʊd; *AmE* ˌoʊvər'loʊd/ (*oft passiv*) überladen, überlasten ◇ *Don't overload the students with* *information.* Überfordern Sie die Studenten nicht mit allzu vielen Informationen.

▸ ***Nomen*** /ˈəʊvələʊd; *AmE* ˈoʊvərloʊd/ Überlastung ◇ *suffer from information overload* mit Informationen überfüttert werden

over·long /ˌəʊvəˈlɒŋ; *AmE* ˌoʊvərˈlɔːŋ/ *Adj* (*BrE*) zu lang, überlang

over·look /ˌəʊvəˈlʊk; *AmE* ˌoʊvərˈ-/ *Verb* **1** übersehen **2** (*ignorieren*) übersehen, hinwegsehen über **3** überblicken ◇ *Our garden is overlooked by several houses.* Man kann von mehreren Häusern in unseren Garten hineinsehen. **4 ~ sb** (**for sth**) (*Stelle, Beförderung etc.*) jdn (bei etw) übergehen

over·lord /ˈəʊvəlɔːd; *AmE* ˈoʊvərlɔːrd/ *Nomen* (GESCH) Herr ◇ *imperial overlords* Kaiser

over·ly /ˈəʊvəli; *AmE* ˈoʊvərli/ *Adv* allzu ◇ *I'm not overly fond of pasta.* Ich bin kein großer Freund von Nudeln.

over·manned /ˌəʊvəˈmænd; *AmE* ˌoʊvərˈ-/ *Adj* **be ~** zu viel Personal haben

over·man·ning /ˌəʊvəˈmænɪŋ; *AmE* ˌoʊvərˈ-/ *Nomen* Überbesetzung

over·much /ˌəʊvəˈmʌtʃ; *AmE* ˌoʊvərˈ-/ *Adj, Adv* (*BrE*) (*meist in verneinten Sätzen*) (all)zu viel

over·night *Adv, Adj*

▸ ***Adv*** /ˌəʊvəˈnaɪt; *AmE* ˌoʊvərˈ-/ **1** über Nacht **2** über Nacht, von einem Tag auf den anderen

▸ ***Adj*** /ˈəʊvənaɪt; *AmE* ˈoʊvərnaɪt/ [nur vor Nomen] **1** Nacht- ◇ *overnight accommodation* Übernachtung ◇ *an overnight bag* eine kleine Reisetasche **2** Blitz- ◇ *The play was an overnight success.* Das Stück wurde über Nacht ein Erfolg.

over·pass /ˈəʊvəpɑːs; *AmE* ˈoʊvərpæs/ *Nomen* Überführung

over·pay /ˌəʊvəˈpeɪ; *AmE* ˌoʊvərˈ-/ *Verb* (**-paid, -paid** /-ˈpeɪd/) (*meist passiv*) überbezahlen

over·pay·ment /ˌəʊvəˈpeɪmənt; *AmE* ˌoʊvərˈ-/ *Nomen* Überbezahlung

over·play /ˌəʊvəˈpleɪ; *AmE* ˌoʊvərˈ-/ *Verb* übertreiben; (*im Theater etc.*) übertrieben spielen ◇ *His role in the negotiations has been overplayed.* Seine Rolle in den Verhandlungen wurde hochgespielt. **IDM** **overplay your ˈhand** es übertreiben

over·popu·lated /ˌəʊvəˈpɒpjuleɪtɪd; *AmE* ˌoʊvərˈpɑːp-/ *Adj* überbevölkert

over·popu·la·tion /ˌəʊvəˌpɒpjuˈleɪʃn; *AmE* ˌoʊvərˌpɑːp-/ *Nomen* Überbevölkerung

over·power /ˌəʊvəˈpaʊə(r); *AmE* ˌoʊvərˈ-/ *Verb* überwältigen; (*Gefühle etc.*) übermannen ◇ *The flavour of the garlic overpowered the meat.* Man konnte den Knoblauch am Fleisch zu sehr herausschmecken.

over·power·ing /ˌəʊvəˈpaʊərɪŋ; *AmE* ˌoʊvərˈ-/ *Adj* (*Adv* **over·power·ing·ly**) überwältigend ◇ *an overpowering smell of fish* ein penetranter Fischgeruch ◇ *an overpowering personality* eine dominierende Persönlichkeit ◇ *The heat was overpowering.* Die Hitze war unerträglich.

over·priced /ˌəʊvəˈpraɪst; *AmE* ˌoʊvərˈ-/ *Adj* zu teuer, überteuert

over·protective /ˌəʊvəprəˈtektɪv; *AmE* ˌoʊvərp-/ *Adj* überängstlich

over·quali·fied /ˌəʊvəˈkwɒlɪfaɪd; *AmE* ˌoʊvərˈkwɑːlɪ-/ *Adj* überqualifiziert

over·ran *Form von* OVERRUN

over·rate /ˌəʊvəˈreɪt; *AmE* ˌoʊvərˈ-/ *Verb* (*meist passiv*) überschätzen, überbewerten

over·reach /ˌəʊvəˈriːtʃ; *AmE* ˌoʊvərˈ-/ *Verb* **~ (yourself)** sich übernehmen

over·react /ˌəʊvəriˈækt; *AmE* ˌoʊ-/ *Verb* **~ (to sth)** (auf etw) übertrieben heftig reagieren

over·reac·tion /ˌəʊvəriˈækʃn; *AmE* ˌoʊ-/ *Nomen* [Sing] **~ (to sth)** Überreaktion (auf etw)

over·ride /ˌəʊvəˈraɪd; *AmE* ˌoʊvərˈ-/ *Verb* (**-rode** /-ˈrəʊd; *AmE* -ˈroʊd/, **-rid·den** /-ˈrɪdn/) **1** sich hinwegsetzen über **2** Vorrang haben vor **3** die Automatik abschalten von, außer Kraft setzen

over·rid·ing /ˌəʊvəˈraɪdɪŋ; *AmE* ˌoʊvərˈ-/ *Adj* [nur vor Nomen] wichtigste(r) ◇ *Time was of overriding importance.* Vor allem anderen ging es um die Zeit.

over·rule /ˌəʊvəˈruːl; *AmE* ˌoʊvərˈ-/ *Verb* ablehnen; (*Entscheidung etc.*) zurückweisen ◇ *The verdict was overruled by the Supreme Court.* Das Urteil wurde vom Obersten Gerichtshof aufgehoben.

over·run *Verb, Nomen*

▸ ***Verb*** /ˌəʊvəˈrʌn; *AmE* ˌoʊ-/ (**-ran** /-ˈræn/, **-run**) **1** (*meist passiv*) (*Festung*) überrennen; (*von Unkraut*) überwuchern ◇ *The market was completely overrun with rats.* Auf dem Markt wimmelte es von Ratten. **2** (*Zeit, Etat*) überziehen

▸ ***Nomen*** /ˈəʊvərʌn; *AmE* ˈoʊ-/ Überziehung

over·seas /ˌəʊvəˈsiːz; *AmE* ˌoʊvərˈ-/ *Adj, Adv*

▸ ***Adj*** Übersee-, Auslands-, ausländisch

▸ ***Adv*** in Übersee, im Ausland ◇ *go overseas* nach Übersee/ins Ausland gehen

over·see /ˌəʊvəˈsiː; *AmE* ˌoʊvərˈ-/ *Verb* (**-saw** /-ˈsɔː/, **-seen** /-ˈsiːn/) beaufsichtigen, überwachen

over·seer /ˈəʊvəsɪə(r); *AmE* ˈoʊvərsɪr/ *Nomen* **1** Vorarbeiter(in) **2** (*veraltet*) Aufseher

over·sell /ˌəʊvəˈsel; *AmE* ˌoʊvərˈ-/ *Verb* (**-sold, -sold** /-ˈsəʊld; *AmE* -ˈsoʊld/) = mehr verkaufen, als vorhanden ist ◇ *The seats on the plane were oversold.* Der Flug war überbucht. ◇ *He has a tendency to oversell himself.* Er neigt dazu, seine Fähigkeiten zu übertreiben.

over·sen·si·tive /ˌəʊvəˈsensɪtɪv; *AmE* ˌoʊvərˈ-/ *Adj* überempfindlich

over·sexed /ˌəʊvəˈsekst; *AmE* ˌoʊvərˈ-/ *Adj* sexsüchtig

over·shadow /ˌəʊvəˈʃædəʊ; *AmE* ˌoʊvərˈʃædoʊ/ *Verb* **1** (*meist passiv*) in den Schatten stellen **2** überschatten, einen Schatten werfen auf **3** beschatten

over·shoot /ˌəʊvəˈʃuːt; *AmE* ˌoʊvərˈ-/ *Verb* (**-shot, -shot** /-ˈʃɒt; *AmE* -ˈʃɑːt/) **1** hinausschießen über ◇ *She had overshot by 20 metres.* Ihr Ball landete 20 Meter zu weit. **2** übertreffen; (*Etat*) überziehen, überschreiten

over·sight /ˈəʊvəsaɪt; *AmE* ˈoʊvərsaɪt/ *Nomen* **1** Versehen **2** (*gehoben*) Aufsicht

over·sim·pli·fi·ca·tion /ˌəʊvəˌsɪmplɪfɪˈkeɪʃn; *AmE* ˌoʊvərˌ-/ *Nomen* [meist Sing] zu starke Vereinfachung

over·sim·plify /ˌəʊvəˈsɪmplɪfaɪ; *AmE* ˌoʊvərˈ-/ *Verb* (**-fies, -fying, -fied, -fied**) zu stark vereinfachen

over·sized /ˈəʊvəsaɪzd; *AmE* ˈoʊvərsaɪzd/ (*seltener* **over·size** /ˈəʊvəsaɪz; *AmE* ˈoʊvərsaɪz/) *Adj* übergroß ◇ *an oversized T-shirt* ein T-Shirt, das ein paar Nummern zu groß ist

over·sleep /ˌəʊvəˈsliːp; *AmE* ˌoʊvərˈ-/ *Verb* (**-slept, -slept** /-ˈslept/) verschlafen

over·spend *Verb, Nomen*

▸ ***Verb*** /ˌəʊvəˈspend; *AmE* ˌoʊvərˈ-/ (**-spent, -spent** /-ˈspent/) **~ (on sth)** (für etw) zu viel ausgeben; **~ sth** (*Etat etc.*) überziehen ◇ *The organization is heavily overspent.* Die Organisation hat ihren Etat stark überzogen.

▸ ***Nomen*** /ˈəʊvəspend; *AmE* ˈoʊvərspend/ [Sing] (*BrE*) Überschreitung des Etats

over·spill /ˈəʊvəspɪl; *AmE* ˈoʊvərspɪl/ *Nomen* (*BrE*) Bevölkerungsüberschuss ◇ *New towns were designed to house London's overspill.* Neue Städte wurden als Trabantenstädte für London geplant.

over·staffed /ˌəʊvəˈstɑːft; *AmE* ˌoʊvərˈstæft/ *Adj* personell überbesetzt

over·state /ˌəʊvəˈsteɪt; *AmE* ˌoʊvərˈ-/ *Verb* übertreiben ◇ *The seriousness of the case cannot be overstated.* Die Schwere des Falls kann gar nicht deutlich genug herausgestellt werden.

over·state·ment /ˈəʊvəsteɪtmənt; *AmE* ˈoʊvərsteɪt-/ *Nomen* Übertreibung

over·stay /ˌəʊvəˈsteɪ; *AmE* ˌoʊvərˈ-/ *Verb* überziehen ◇ *They overstayed their visa.* Sie blieben länger, als ihr Visum erlaubte. IDM → WELCOME

over·step /ˌəʊvəˈstep; *AmE* ˌoʊvərˈ-/ *Verb* (**-pp-**) überschreiten IDM **overstep the ˈmark/ˈline** zu weit gehen

over·stretch /ˌəʊvəˈstretʃ; *AmE* ˌoʊvərˈ-/ *Verb* **1** (*bes BrE*) überfordern ◇ *He's financially overstretched.* Er hat sich finanziell übernommen. **2** überdehnen

over·sub·scribed /ˌəʊvəsəbˈskraɪbd; *AmE* ˌoʊvərsəbˈ-/ *Adj* **1** überzeichnet **2** ◇ *oversubscribed courses* Kurse, für die es zu viele Bewerber gibt

overt /əʊˈvɜːt, ˈəʊvɜːt; *AmE* oʊˈvɜːrt, ˈoʊvɜːrt/ *Adj* (*Adv* **overt·ly**) (*gehoben*) offenkundig ◇ *There was little overt support for it.* Dafür gab es nur wenig offen gezeigte Unterstützung.

over·take /ˌəʊvəˈteɪk; *AmE* ˌoʊvərˈ-/ *Verb* (**-took** /-ˈtʊk/, **-taken** /-ˈteɪkən/) **1** (*bes BrE*) überholen (*auch fig*) **2** (*meist passiv*) überraschen ◇ *Sudden panic overtook her.* Plötzlich wurde sie von Panik ergriffen.

ˌover-the-ˈcounter *Adj* [nur vor Nomen] **1** nicht verschreibungspflichtig **2** (*AmE*) (FINANZ) unnotiert

over·throw *Verb, Nomen*

▸ ***Verb*** /ˌəʊvəˈθrəʊ; *AmE* ˌoʊvərˈθroʊ/ (**-threw** /-ˈθruː/, **-thrown** /-ˈθrəʊn; *AmE* -ˈθroʊn/) (*Staatsoberhaupt, Regime etc.*) stürzen

▸ ***Nomen*** /ˈəʊvəθrəʊ; *AmE* ˈoʊvərθroʊ/ [meist Sing] (*Staatsoberhaupt, Regime etc.*) Sturz

over·time /ˈəʊvətaɪm; *AmE* ˈoʊvərtaɪm/ *Nomen* [U] **1** Überstunden **2** (*AmE*) (SPORT) Verlängerungszeit IDM **be working ˈovertime** (*umgs*) auf Hochtouren laufen ◇ *Her imagination was working overtime.* Ihre Fantasie war einfach mit ihr durchgegangen.

over·tired /ˌəʊvəˈtaɪəd; *AmE* ˌoʊvərˈtaɪərd/ *Adj* übermüdet

over·tone /ˈəʊvətəʊn; *AmE* ˈoʊvərtoʊn/ *Nomen* [meist Pl] (*Beiklang*) Unterton

over·took *Form von* OVERTAKE

over·ture /ˈəʊvətʃʊə(r), -tjʊə(r); *AmE* ˈoʊvərtʃər, -tʃʊr/ *Nomen* **1** Ouvertüre **2** [meist Pl] Annäherungsversuch, Antrag ◇ *He began making overtures to merchant banks.* Er wurde bei Handelsbanken vorstellig.

over·turn /ˌəʊvəˈtɜːn; *AmE* ˌoʊvərˈtɜːrn/ *Verb* **1** umkippen, sich überschlagen **2** umstoßen ◇ *He stood up quickly, overturning his chair.* Er stand schnell auf und warf seinen Stuhl dabei um. **3** aufheben; (*Entscheidung*) widerufen

over·use *Verb, Nomen*

▸ ***Verb*** /ˌəʊvəˈjuːz; *AmE* ˌoʊvərˈ-/ zu häufig verwenden

▸ ***Nomen*** /ˌəʊvəˈjuːs; *AmE* ˌoʊvərˈ-/ zu häufiger Gebrauch

over·value /ˌəʊvəˈvæljuː; *AmE* ˌoʊvərˈ-/ *Verb* überbewerten

over·view /ˈəʊvəvjuː; *AmE* ˈoʊvərvjuː/ *Nomen* Überblick

over·ween·ing /ˌəʊvəˈwiːnɪŋ; *AmE* ˌoʊvərˈ-/ *Adj* [nur vor Nomen] (*gehoben, abwert*) **1** (*Ehrgeiz etc.*) maßlos **2** (*Mensch*) anmaßend

over·weight /ˌəʊvəˈweɪt; *AmE* ˌoʊvərˈ-/ *Adj* übergewichtig ◇ *She was a few pounds overweight.* Sie hatte einige Pfund Übergewicht.

over·whelm /ˌəʊvəˈwelm; *AmE* ˌoʊvərˈ-/ *Verb* (*oft passiv*) **1** überwältigen **2** überschütten

over·whelm·ing /ˌəʊvəˈwelmɪŋ; *AmE* ˌoʊvərˈ-/ *Adj* (*Adv* **over·whelm·ing·ly**) überwältigend, überwiegend ◇ *She had the almost overwhelming desire to tell him the truth.* Sie konnte dem Verlangen, ihm die Wahrheit zu sagen, kaum widerstehen. ◇ *You may find it somewhat overwhelming at first.* Anfangs werden Sie sich eventuell etwas überfordert fühlen.

overwinter /ˌəʊvəˈwɪntə(r); *AmE* ˌoʊvərˈ-/ *Verb* überwintern

over·work /ˌəʊvəˈwɜːk; *AmE* ˌoʊvərˈwɜːrk/ *Verb, Nomen*

▸ ***Verb*** **1** sich überarbeiten **2 ~ sb** jdm zu viel Arbeit aufbürden

▸ ***Nomen*** Überarbeitung, Überlastung

over·worked /ˌəʊvəˈwɜːkt; *AmE* ˌoʊvərˈwɜːrkt/ *Adj* **1** überlastet, überarbeitet **2** abgenutzt

over·write /ˌəʊvəˈraɪt; *AmE* ˌoʊvərˈ-/ *Verb* (**-wrote** /-ˈrəʊt; *AmE* -ˈroʊt/, **-writ·ten** /-ˈrɪtn/) (COMP) überschreiben

over·wrought /ˌəʊvəˈrɔːt; *AmE* ˌoʊvərˈ-/ *Adj* überreizt

ovoid /ˈəʊvɔɪd; *AmE* ˈoʊ-/ *Adj* (*gehoben*) eiförmig

ovu·late /ˈɒvjuleɪt; *AmE* ˈɑːv-/ *Verb* ovulieren

ovu·la·tion /ˌɒvjuˈleɪʃn; *AmE* ˌɑːv-/ *Nomen* Eisprung

ovum /ˈəʊvəm; *AmE* ˈoʊ-/ *Nomen* (*Pl* **ova** /-və/) (BIOL) Eizelle

ow /aʊ/ *Ausruf* au

owe 0→ /əʊ; *AmE* oʊ/ *Verb* (*nicht in der Verlaufsform*) **1 ~ sth (to sb)**; **~ (sb) sth** (jdm) etw schulden ◇ *How much do I owe you?* Was bin ich Ihnen schuldig? ◇ *I'm still owed three days' leave.* Mir stehen noch drei Tage Urlaub zu. (*fig*) ◇ *I owe them a debt of gratitude.* Ich bin ihnen zu Dank verpflichtet. ◇ *I owe you one.* Ich stehe in deiner Schuld. **2 ~ sth to sb/sth** jdm/etw etw zu verdanken haben; **~ sb sth** jdm etw verdanken ◇ *The play owes much to French tragedy.* Das Stück lehnt sich stark an die französische Tragödie an.

owing /ˈəʊɪŋ; *AmE* ˈoʊ-/ *Adj* [nicht vor Nomen] (*BrE*) ausstehend ◇ *€100 is still owing.* 100€ stehen noch aus.

ˈowing to *Präp* wegen

owl /aʊl/ *Nomen* Eule → *Siehe auch* BARN OWL

own 0→ /əʊn; *AmE* oʊn/ *Adj, Pron, Verb*

▸ ***Adj, Pron*** **1** eigen ◇ *Your day off is your own.* Ihr freier Tag gehört ganz Ihnen. ◇ *For reasons of his own he refused.* Aus einem bestimmten Grund weigerte er sich. ◇ *The accident happened through no fault of her own.* Sie traf keine Schuld an dem Unfall. **2** ◇ *She makes her own clothes.* Sie näht ihre Kleider selbst. ◇ *They now have children of their own.* Jetzt haben sie selbst Kinder. IDM **be your own ˈman/ˈwoman** sein eigener Herr/seine eigene Herrin sein **come into your/its ˈown** zeigen, wozu man/etw fähig ist **get your ˈown back (on sb)** (*umgs*) sich (bei jdm) revanchieren ◇ *I'll get my own back on him one day.* Ich werde ihm das eines Tages heimzahlen. **hold your ˈown (against sb/sth)** sich (gegen jdn/etw) behaupten ◇ *She can hold her own against anybody.* Sie kann es mit jedem aufnehmen. ◇ *She is holding her own although she is still very ill.* Ihr Zustand hat sich stabilisiert, obwohl sie noch immer schwer krank ist. **(all) on your ˈown** (ganz) allein ◇ *He can be left to work on his own.* Man kann ihn allein arbeiten lassen.

▸ ***Verb*** (*nicht in der Verlaufsform*) **1** besitzen ◇ *The flats are privately owned.* Es sind Eigentumswohnungen. ◇ *an American-owned company* eine Firma in amerikanischem Besitz **2** (WIRTSCH) die Verantwortung tragen für **3** (*bes AmE, umgs*) ◇ *She owned the stage.* Sie nahm die Bühne komplett ein. **4** (*bes AmE, umgs*) **~ sb** es jdm so richtig zeigen ◇ *Yeah right, she totally owned you, man!* Eh Mann, die hat's dir ja so richtig gezeigt! **5 ~ to sth** (*veraltet*) etw zugeben PHR V **ˌown ˈup (to sth)** etw (ein)gestehen

ˌown-ˈbrand *Adj (BrE)* der Eigenmarke

owner /ˈəʊnə(r); *AmE* ˈoʊ-/ *Nomen* Besitzer(in), Eigentümer(in), Inhaber(in), Halter(in)

ˌowner-ˈoccupier *Nomen* Eigenheimbesitzer(in)

ˌown·er·ship /ˈəʊnəʃɪp; *AmE* ˈoʊnərʃɪp/ *Nomen* Besitz ◇ *Ownership of the land is disputed.* Die Besitzverhältnisse an dem Grundstück sind umstritten. ◇ *be in public ownership* Staatseigentum sein ◇ *a growth in home ownership* eine Zunahme an Eigenheimen

ˌown ˈgoal *Nomen* [meist Sing] *(BrE)* Eigentor *(auch fig)*

ˌown-ˈlabel *Adj (BrE)* der Eigenmarke

ox /ɒks; *AmE* ɑːks/ *Nomen (Pl* **oxen** /ˈɒksn; *AmE* ˈɑːk-/) **1** Ochse **2** *(veraltet)* Rindvieh

Ox·bridge /ˈɒksbrɪdʒ; *AmE* ˈɑːks-/ *Nomen* = die Universitäten von Oxford und Cambridge, besonders im Kontrast zu weniger traditionsreichen Hochschulen ◇ *an Oxbridge graduate* ein(e) Absolvent(in) der Universität Oxford oder Cambridge

oxide /ˈɒksaɪd; *AmE* ˈɑːk-/ *Nomen* Oxid

oxi·diza·tion *(BrE auch* **-isa·tion**) /ˌɒksɪdaɪˈzeɪʃn; *AmE* ˌɑːksɪdəˈ-/ *Nomen (auch* **oxi·da·tion** /-sɪˈdeɪʃn/) Oxidation

oxi·dize *(BrE auch* **-ise**) /ˈɒksɪdaɪz; *AmE* ˈɑːk-/ *Verb* oxidieren

Oxon /ˈɒksɒn; *AmE* ˈɑːksɑːn/ *Abk (nach akademischen Titeln)* (der) Universität Oxford

ox·tail /ˈɒksteɪl; *AmE* ˈɑːk-/ *Nomen* Ochsenschwanz

oxy·gen /ˈɒksɪdʒən; *AmE* ˈɑːk-/ *Nomen* Sauerstoff

oxy·moron /ˌɒksɪˈmɔːrɒn; *AmE* ˌɑːksɪˈmɔːrɑːn/ *Nomen* (LIT) Oxymoron

oys·ter /ˈɔɪstə(r)/ *Nomen* Auster **IDM** → WORLD

Oz /ɒz; *AmE* ɑːz/ *Nomen (BrE, AusE, umgs)* Australien

oz *Abk* = OUNCE

ozone /ˈəʊzəʊn; *AmE* ˈoʊzoʊn/ *Nomen* **1** (NATURW) Ozon **2** *(BrE, umgs)* Seeluft

ˌozone-ˈfriendly *Adj* FCKW-frei

ˈozone hole *Nomen* Ozonloch

ˈozone layer *Nomen* [Sing] Ozonschicht ◇ *the hole in the ozone layer* das Ozonloch

Pp

P, p /piː/ *Nomen, Abk*

▸ ***Nomen*** *(Pl* **Ps, P's, p's**) *(Buchstabe)* P, p → *Beispiele bei* A, A

▸ ***Abk*** **1** = PAGE **2** *(BrE)* = PENNY **3** = PIANO **4** = PARKING → *Siehe auch* P. AND H. *und* P. AND P.

PA /ˌpiː ˈeɪ/ *Abk* **1** = PUBLIC ADDRESS SYSTEM **2** *(bes BrE)* = PERSONAL ASSISTANT **3** *Kurzform von* **Press Association** britische Presseagentur

pa /pɑː/ *Nomen (umgs, veraltet)* Papa

p.a. *Abk* = PER ANNUM

pace¹ /peɪs/ *Nomen, Verb*

▸ ***Nomen*** **1** [Sing] Tempo, Geschwindigkeit ◇ *The ball gathered pace as it rolled down the hill.* Der Ball rollte immer schneller den Hügel runter. ◇ *keep up with the rapid pace of change* mit dem schnellen Wechsel mithalten **2** Schritt(länge) **3** *(Pferd)* Gangart **4** Schnelllebigkeit, Zeitdruck ◇ *The novel lacks pace.* Der Roman kommt nicht schnell genug voran. **IDM** **go through/show your ˈpaces** zeigen, was man kann ◇ *We watched the horses going through their paces.* Wir sahen zu, wie die Pferde die Gangarten durchliefen. **keep ˈpace (with sb/sth)** (mit jdm/etw) Schritt halten **put sb/sth through their/its ˈpaces** jdn/etw auf die Probe stellen; jdn/etw testen **set the ˈpace** **1** das Tempo angeben; wegweisend sein **2** das Tempo vorgeben → *Siehe auch* FORCE *und* SNAIL

▸ ***Verb*** **1** (ab)schreiten ◇ *pace up and down* auf- und abgehen ◇ *Ted paced the floor restlessly.* Ted lief unaufhörlich im Zimmer auf und ab. **2** das Tempo bestimmen für ◇ *One runner was selected to pace the race.* Ein Läufer wurde als Schrittmacher ausgesucht. **3** **~ yourself** den richtigen Rhythmus finden, sich die Zeit gut einteilen **PHRV** **ˌpace sth off/out** etw abschreiten

pace² /ˈpɑːkeɪ, ˈpɑːtʃeɪ, ˈpeɪsi/ *Präp* **~ sb** ohne jdm zu nahetreten zu wollen

pace·maker /ˈpeɪsmeɪkə(r)/ *Nomen* **1** (MED) Schrittmacher **2** *(bes AmE* **ˈpace·setter**) Schrittmacher(in) *(auch fig)* **3** *(bes AmE* **ˈpace·setter**) Spitzenreiter(in)

pachy·derm /ˈpækɪdɜːm; *AmE* -dɜːrm/ *Nomen (Fachspr)* Dickhäuter

Pacific /pəˈsɪfɪk/ *Nomen, Adj*

▸ ***Nomen*** **the Pacific (Ocean)** der Pazifik

▸ ***Adj*** pazifisch

pa·cif·ic /pəˈsɪfɪk/ *Adj (gehoben)* friedfertig

paci·fi·ca·tion /ˌpæsɪfɪˈkeɪʃn/ *Nomen* Befriedung

the Paˌcific ˈRim *Nomen* [Sing] der pazifische Raum

paci·fier /ˈpæsɪfaɪə(r)/ *Nomen (AmE)* Schnuller

paci·fism /ˈpæsɪfɪzəm/ *Nomen* Pazifismus

paci·fist /ˈpæsɪfɪst/ *Nomen, Adj*

▸ ***Nomen*** Pazifist(in)

▸ ***Adj*** pazifistisch

pacify /ˈpæsɪfaɪ/ *Verb* (**-fies, -fying, -fied, -fied**) **1** besänftigen, beruhigen **2** befrieden

pack /pæk/ *Verb, Nomen*

▸ ***Verb*** **1** (ein)packen ◇ *He packed a bag with a few things./He packed a few things into a bag.* Er packte ein paar Sachen in eine Tasche. **2** **~ sth (up) (in/into sth)** etw (in etw) (ein-/ver)packen ◇ *I carefully packed up the gifts.* Ich packte die Geschenke sorgfältig ein. **3** füllen ◇ *Fans packed the hall.* Die Halle war voll gestopft mit Fans. → *Siehe auch* PACKED *und* PACKED OUT **4** sich zwängen ◇ *We all packed together into one car.* Wir zwängten uns alle in ein Auto. **5** **~ sth (down)** etw festdrücken **6** *(AmE, umgs)* (bei sich) tragen ◇ *to pack a gun* eine Pistole bei sich tragen **IDM** **pack a (powerful, real, etc.) ˈpunch** *(umgs)* **1** einen harten Schlag haben **2** einen starken Eindruck hinterlassen **pack your ˈbags** *(umgs)* seine Koffer packen → *Siehe auch* SEND **PHRV** **ˌpack aˈway** sich (weg)packen lassen **ˌpack sth aˈway** etw wegpacken **ˌpack sb ˈin** *(kein Passiv)* jdn in Scharen anziehen ◇ *The show is still packing them in.* Das Stück ist immer noch ein Publikumsmagnet. **ˌpack sth ˈin** *(umgs)* etw aufgeben, (mit etw) aufhören ◇ *Pack it in!* Hör auf (damit)! **ˌpack sb ˈin/ˈinto sth** jdn in etw hineinpferchen **ˌpack sth ˈin/ˈinto sth** etw in etw (hinein)packen, etw in etw (hinein) stopfen **ˌpack ˈinto sth** sich in etw drängen **ˌpack sb ˈoff (to …)** *(umgs)* jdn (in/zu/nach …) schicken **ˌpack sth ˈout** etw bis auf den letzten Platz füllen **ˌpack ˈup** *(bes BrE, umgs) (Maschine, Gerät etc.)* seinen Geist aufgeben **ˌpack (sth) ˈup** **1** (etw) zusammenpacken ◇ *Are you packing up already? It's only 4 o'clock.* Machst du schon Feierabend? Es ist doch erst 4 Uhr. **2** *(BrE, umgs) (Job)* aufgeben

▸ ***Nomen*** **1** *(bes AmE)* Schachtel, Packung → *Siehe auch* SIX-PACK **2** Broschüre **3** Set **4** Bündel, Last ◇ *a pack of lies* ein Haufen Lügen **5** Rucksack **6** [mit Verb im Sing/Pl] Rudel, Meute *(auch fig)* **7** [mit Verb im Sing/Pl] (SPORT) Pulk *(auch fig)* ◇ *measures aimed at keeping the company ahead of the pack* Maßnahmen, die gewährleisten sollen, dass die Firma der Konkurrenz auch weiterhin einen Schritt voraus ist **8** *(BrE)* Spielkarten **9** [mit Verb im Sing/Pl] *(Pfadfinder)* Gruppe **10** *(für Wunden, Kosmetik)* Packung

pack·age 🔑 /ˈpækɪdʒ/ *Nomen, Verb*
▸ ***Nomen*** **1** (*bes AmE*) Paket **2** (*AmE*) Schachtel, Verpackung **3** (*auch* **ˈpackage deal**) Paket ◇ *an aid package* ein Hilfspaket **4** (*auch* **ˈsoftware package**) Softwarepaket
▸ ***Verb*** **1 ~ sth (up)** etw (ver)packen **2** (*fig*) **~ sb/sth (as sth)** jdn/etw (als etw) verpacken, jdn/etw (als etw) repräsentieren

ˈpackage tour (*BrE auch* **ˈpackage holiday**) *Nomen* Pauschalreise

pack·aging 🔑 /ˈpækɪdʒɪŋ/ *Nomen* [U] Verpackung (*auch fig*)

ˈpack animal *Nomen* Lasttier

packed /pækt/ *Adj* **1** (knall)voll ◇ *The show played to packed houses.* Das Stück spielte vor ausverkauften Häusern. ◇ *The book is packed with information.* Das Buch enthält eine Fülle von Informationen. **2** (dicht) aneinander gedrängt **3** (*umgs*) **be ~** gepackt haben ◇ *I'm all packed.* Ich habe alles gepackt.

ˌpacked ˈlunch *Nomen* (*BrE*) Lunchpaket

ˌpacked ˈout *Adj* [nicht vor Nomen] (*bes BrE, umgs*) knallvoll

pack·er /ˈpækə(r)/ *Nomen* **1** Packer(in) **2** Verpackungsmaschine

packet 🔑 /ˈpækɪt/ *Nomen* **1** (*BrE*) Schachtel, Packung **2** Päckchen **3** (*AmE*) Beutel **4** [Sing] (*umgs*) Stange Geld **5** (COMP) Datenpaket → *Siehe auch* PAY PACKET

pack·horse /ˈpækhɔːs; *AmE* -hɔːrs/ *Nomen* Packpferd

ˈpack ice *Nomen* Packeis

pack·ing /ˈpækɪŋ/ *Nomen* **1** Packen **2** (*BrE*) Verpackung

ˈpacking case *Nomen* (*BrE*) Kiste

ˈpack rat *Nomen* (*AmE*) Hamsterer

pact /pækt/ *Nomen* Pakt

pacy /ˈpeɪsi/ *Adj* **1** rasant ◇ *a pacy thriller* ein Thriller mit einer rasanten Handlung **2** schnell

pad /pæd/ *Nomen, Verb*
▸ ***Nomen*** **1** Bausch ◇ *sanitary pads* Damenbinden ◇ *brake pads* Bremsbeläge ◇ *a scouring pad* ein Topfkratzer → *Siehe auch* INK PAD *und* SHOULDER PAD **2** (Schreib)block → *Siehe auch* SCRATCH PAD **3** (*eines Tieres*) Ballen, Pfote **4** Abschussrampe, (Hubschrauber-) Landeplatz **5** (SPORT) Beinschützer, Knieschützer **6** (*umgs, veraltet*) Bude
▸ ***Verb*** (**-dd-**) **1** polstern, wattieren **2** tappen **3** (*AmE*) (*Rechnung*) fälschen PHR V **ˌpad sth ˈout** **1** etw polstern **2** (*Aufsatz etc.*) = mit überflüssigen Informationen, Zitaten etc. auffüllen

ˌpadded ˈcell *Nomen* Gummizelle

pad·ding /ˈpædɪŋ/ *Nomen* **1** Polsterung **2** Füllsel

pad·dle /ˈpædl/ *Nomen, Verb*
▸ ***Nomen*** **1** Paddel **2** Rührschaufel **3 a ~** [Sing] (*BrE*) ◇ *Let's go for a paddle.* Komm, gehen wir planschen. **4** (*AmE*) Tischtennisschläger **5** (*AmE*) = hölzernes Züchtigungsinstrument für Kinder IDM → CREEK
▸ ***Verb*** **1** paddeln **2** (*BrE*) planschen, (durchs Wasser) waten

paddle·board·ing /ˈpædlbɔːdɪŋ; *AmE* -bɔːrdɪŋ/ *Nomen* **1** Paddelboarden **2** (*auch* **stand-up paddle·board·ing**) Stehpaddeln

paddle·boat /ˈpædlbəʊt; *AmE* -boʊt/ (*BrE auch* **ˈpaddle steamer**) *Nomen* Raddampfer

ˈpaddling pool *Nomen* (*BrE*) Planschbecken

pad·dock /ˈpædək/ *Nomen* **1** Koppel **2** (*Pferderennsport*) Sattelplatz; (*Motorrennsport*) Fahrerlager

Paddy /ˈpædi/ *Nomen* (*umgs, beleidigend*) (*Spitzname der Iren*) Paddy

paddy /ˈpædi/ *Nomen* (*Pl* **-ies**) **1** (*auch* **ˈpaddy field**) Reisfeld **2** [meist Sing] (*BrE, umgs*) Wutanfall

ˈpaddy wagon *Nomen* (*AmE, umgs*) grüne Minna

pad·lock /ˈpædlɒk; *AmE* -lɑːk/ *Nomen, Verb*
▸ ***Nomen*** Vorhängeschloss
▸ ***Verb*** mit einem Vorhängeschloss (ver)schließen ◇ *She always padlocked her bike to the railings.* Sie machte ihr Rad immer mit einem Vorhängeschloss am Geländer fest.

padre /ˈpɑːdreɪ/ *Nomen* Militärgeistlicher; (*Anrede*) Herr Pfarrer

paean /ˈpiːən/ *Nomen* (*gehoben*) Preislied

paedi·at·ric (*AmE* **pedi·at·ric**) /ˌpiːdiˈætrɪk/ *Adj* (MED) Kinder-, pädiatrisch

paedi·at·ri·cian (*AmE* **ped·iat·ri·cian**) /ˌpiːdiəˈtrɪʃn/ *Nomen* Kinderarzt, -ärztin

paedi·at·rics (*AmE* **pedi·at·rics**) /ˌpiːdiˈætrɪks/ *Nomen* [U] Kinderheilkunde, Pädiatrie

paedo·phile (*AmE* **pedo·phile**) /ˈpiːdəfaɪl; *AmE auch* ˈped-/ *Nomen* Pädophile(r)

paedo·philia (*AmE* **pedo·philia**) /ˌpiːdəˈfɪliə; *AmE auch* ˌped-/ *Nomen* Pädophilie

pagan /ˈpeɪgən/ *Nomen, Adj*
▸ ***Nomen*** **1** Heide, Heidin **2** Ungläubige(r)
▸ ***Adj*** heidnisch

pa·gan·ism /ˈpeɪgənɪzəm/ *Nomen* Heidentum

page 🔑 /peɪdʒ/ *Nomen, Verb*
▸ ***Nomen*** **1** (*Abk* **p**) Seite ◇ *over the page* auf der nächsten Seite ◇ *turn (over) the page* umblättern → *Siehe auch* HOMEPAGE **2** (*gehoben*) (*in der Geschichte*) Kapitel **3** (*BrE*) Hotelpage **4** Page **5** (*auch* **page·boy**) (*bei einer Hochzeit*) ≈ Blumenkind **6** (*AmE*) = Student(in), der/die als Assistent(in) eines Kongressabgeordneten arbeitet
▸ ***Verb*** **1** ausrufen **2** anpiepsen

pa·geant /ˈpædʒənt/ *Nomen* **1** historischer Umzug **2** (*AmE*) Schönheitswettbewerb

pa·geant·ry /ˈpædʒəntri/ *Nomen* Pomp, Prunk

page·boy /ˈpeɪdʒbɔɪ/ *Nomen* **1** (*BrE*) Hotelpage **2** = PAGE **3** (*Frisur*) Pagenkopf

pager /ˈpeɪdʒə(r)/ *Nomen* Piepser, Pager

pa·goda /pəˈgəʊdə; *AmE* pəˈgoʊ-/ *Nomen* Pagode

pah /pɑː/ *Ausruf* pah, pfui

paid /peɪd/ *Adj* bezahlt ◇ *a well-paid job* eine gut bezahlte Stelle ◇ *a poorly paid teacher* ein schlecht bezahlter Lehrer → *Siehe auch* PAY IDM → PAY

ˈpaid-up *Adj* [nur vor Nomen] **1** ◇ *a fully paid-up member* ein Mitglied ohne Beitragsrückstände **2** (*umgs*) überzeugt, engagiert ◇ *a fully paid-up environmental campaigner* ein sehr engagierter Umweltschützer

pail /peɪlfʊl/ *Nomen* (*BrE, veraltet oder AmE*) Eimer

pain 🔑 /peɪn/ *Nomen, Verb*
▸ ***Nomen*** **1** Schmerz(en) ◇ *He was in a lot of pain.* Er hatte starke Schmerzen. ◇ *She screamed in pain.* Sie schrie vor Schmerzen. → *Siehe auch* PAINS **2** Schmerz, Kummer ◇ *the pain of separation* der Trennungsschmerz **3** (*umgs*) Plage ◇ *She can be a real pain.* Sie kann einem wirklich auf den Wecker gehen. ◇ *It's a pain having to go all that way.* Es ist lästig, so weit fahren zu müssen. IDM **be a pain in the ˈneck** (*BrE auch* **be a pain in the ˈarse/ˈbackside**) (*AmE auch* **be a pain in the ˈass/ˈbutt**) (*umgs*) jdm auf den Geist gehen **on/under pain of sth** (*gehoben*) bei/unter Androhung von etw
▸ ***Verb*** (*nicht in der Verlaufsform*) (*gehoben*) schmerzen

pained /peɪnd/ *Adj* gequält

pain·ful 🔑 /ˈpeɪnfl/ *Adj* **1** schmerzhaft ◇ *Is your back still painful?* Tut dir der Rücken noch weh? ◇ *a painful death* ein qualvoller Tod **2** schmerzlich ◇ *Their efforts were painful to watch.* Es tat weh, ihren Anstrengungen zuzusehen. **3** beschwerlich, mühsam

pain·ful·ly /ˈpeɪnfəli/ *Adv* **1** furchtbar, äußerst ◇ *painfully shy* furchtbar schüchtern **2** schmerzhaft, schmerzlich

pain·kill·er /ˈpeɪnkɪlə(r)/ *Nomen* Schmerzmittel ◇ *She's on painkillers.* Sie nimmt Schmerztabletten.

pain·kill·ing /ˈpeɪnkɪlɪŋ/ *Adj* schmerzstillend

pain·less /ˈpeɪnləs/ *Adj* (*Adv* **pain·less·ly**) schmerzlos (*auch fig*)

pains /peɪnz/ *Nomen* [Pl] IDM **be at ˈpains to do sth** sich große Mühe geben etw zu tun **for your ˈpains** (*bes BrE*) (*oft ironisch*) als Dank für seine Mühe **take (great) pains (to do sth)**; **go to great pains (to do sth)** sich (große) Mühe geben (etw zu tun) **take (great) pains with/over sth** sich (große) Mühe mit etw geben

pains·tak·ing /ˈpeɪnzteɪkɪŋ/ *Adj* (*Adv* **pains·tak·ing·ly**) sorgfältig ◇ *painstaking research* gewissenhafte Forschung ◇ *He described it in painstaking detail.* Er hat es bis ins Kleinste beschrieben.

paint 0-w /peɪnt/ *Nomen, Verb*

▸ ***Nomen*** Farbe; (*für Autos*) Lack ◇ *oil paints* Ölfarben ◇ *a fresh coat of paint* ein neuer Anstrich ◇ *Wet paint!* Frisch gestrichen!

▸ ***Verb*** **1** streichen, lackieren ◇ *have the house painted* das Haus streichen lassen **2** malen ◇ *She paints in oils.* Sie malt mit Ölfarben. **3** **~ sb/sth (as sth)** jdn/etw (als etw) darstellen **4** ◇ *paint your face* sich anmalen IDM **paint a (grim, gloomy, rosy, etc.) picture of sb/sth** ein (düsteres, gutes etc.) Bild von jdm/etw zeichnen ◇ *The report paints a vivid picture of life in the city.* Der Bericht schildert das Stadtleben in lebhaften Farben. **paint the town ˈred** (*umgs*) die Stadt unsicher machen **paint sth with a ˌbroad ˈbrush** etw grob schildern → *Siehe auch* BLACK PHRV **ˌpaint sth ˈout** etw übermalen, etw überstreichen **ˌpaint ˈover sth** etw übermalen, etw überstreichen

paint·ball /ˈpeɪntbɔːl/ *Nomen* Paintball, Gotcha

paint·box /ˈpeɪntbɒks; *AmE* -bɑːks/ *Nomen* Malkasten

paint·brush /ˈpeɪntbrʌʃ/ *Nomen* Pinsel

paint·er 0-w /ˈpeɪntə(r)/ *Nomen* **1** Maler(in), Anstreicher(in) **2** Fangleine

paint·ing 0-w /ˈpeɪntɪŋ/ *Nomen* **1** Gemälde, Bild **2** Malerei, Malen **3** (An)streichen

paint·work /ˈpeɪntwɜːk; *AmE* -wɜːrk/ *Nomen* Anstrich, Lack ◇ *The paintwork is scratched.* Der Lack ist zerkratzt.

pair 0-w /peə(r); *AmE* per/ *Nomen, Verb*

▸ ***Nomen*** **1** Paar ◇ *a pair of gloves* ein Paar Handschuhe ◇ *a huge pair of eyes* zwei riesige Augen **2** ◇ *a pair of trousers* eine Hose ◇ *two pairs of jeans* zwei Jeans ◇ *a pair of gloves which were new* ein Paar Handschuhe, das neu war **3** [mit Verb im Sing/Pl] ◇ *a pair of children* zwei Kinder ◇ *The pair are planning a trip to India.* Die beiden wollen nach Indien fahren. ◇ *Go away, the pair of you!* Haut ab, alle beide! ◇ *pair work* Partnerarbeit **4** [mit Verb im Sing/Pl] Paar, Pärchen ◇ *a pair of swans* ein Schwanenpaar IDM **in ˈpairs** paarweise; zu zweit **I've only got one pair of hands** (*umgs*) ich habe nur zwei Hände **a pair of ˈhands** (*umgs*) ◇ *We need an extra pair of hands.* Wir brauchen noch jemanden, der uns hilft. ◇ *He's regarded as a safe pair of hands.* Man hält ihn für besonnen und zuverlässig.

▸ ***Verb*** **1** (*meist passiv*) **~ A with B**; **~ A and B (together)** A und B (einander) zuordnen **2** (*Fachspr*) sich paaren PHRV **pair off (with sb)** (mit jdm) ein Paar bilden **ˌpair sb ˈoff (with sb)** jdn (mit jdm) verkuppeln **ˌpair ˈup (with sb)** (mit jdm) eine Zweiergruppe bilden **ˌpair sb ˈup (with sb)** jdn (mit jdm) in eine Zweiergruppe stecken

pair·ing /ˈpeərɪŋ; *AmE* ˈperɪŋ/ *Nomen* **1** Paarung **2** Paar

pais·ley /ˈpeɪzli/ *Adj* Paisley- ◇ *a paisley tie* eine Krawatte mit Paisley-Muster

pa·ja·mas (*AmE*) = PYJAMAS

pak choi /ˌpæk ˈtʃɔɪ/ *Nomen* (*BrE*) Pak Choi, chinesischer Senfkohl

pakora /pəˈkɔːrə/ *Nomen* = indischer Snack, bei dem Gemüse- oder Fleischstückchen zunächst in Kichererbsenmehl gewälzt und dann frittiert werden

pal /pæl/ *Nomen, Verb*

▸ ***Nomen*** **1** (*umgs, veraltet*) Kumpel **2** (*umgs*) (*als unfreundliche Anrede eines Mannes*) ◇ *If I were you, pal, I'd stay away from her!* An deiner Stelle, Alter, würde ich die Finger von ihr lassen!

▸ ***Verb*** (-ll-) PHRV **ˌpal aˈround (with sb)** (*bes AmE, umgs*) (mit jdm) gut befreundet sein **ˌpal ˈup (with sb)** (*BrE, umgs*) sich (mit jdm) anfreunden

pal·ace 0-w /ˈpæləs/ *Nomen* **1** Palast, Schloss **2** (*meist* **the Palace**) [Sing] das Königshaus ◇ *a Palace spokesman* ein Sprecher des Königshauses

Palaeo·lith·ic (*bes AmE* **Paleo-**) /ˌpæliəˈlɪθɪk, ˌpeɪli-/ *Adj* paläolitisch, altsteinzeitlich

palae·on·tolo·gist (*AmE meist* **pale·on·tolo·gist**) /ˌpæliɒnˈtɒlədʒɪst, ˌpeɪli-; *AmE* ˌpeɪliɑːnˈtɑːlə-/ *Nomen* Paläontologe, Paläontologin

palae·on·tology (*AmE meist* **pale·on·tology**) /ˌpæliɒnˈtɒlədʒi, ˌpeɪli-; *AmE* ˌpeɪliɑːnˈtɑːlə-/ *Nomen* Paläontologie

pal·at·able /ˈpælətəbl/ *Adj* **1** schmackhaft, trinkbar, süffig **2** **~ (to sb)** ansprechend (für jdn)

pal·atal /ˈpælətl/ *Nomen, Adj*

▸ ***Nomen*** Palatallaut

▸ ***Adj*** palatal, Gaumen-

pal·ate /ˈpælət/ *Nomen* Gaumen

pa·la·tial /pəˈleɪʃl/ *Adj* palastartig; (*Zimmer*) riesig

pa·la·ver /pəˈlɑːvə(r); *AmE auch* pəˈlævər/ *Nomen* **1** (*BrE*) Theater, Getue **2** (*AmE*) Unsinn, Quatsch

pale 0-w /peɪl/ *Adj, Verb, Nomen*

▸ ***Adj*** (*Adv* **pale·ly** /ˈpeɪlli/) **1** blass ◇ *go/turn pale* blass werden ◇ *pale blue* blassblau ◇ *a pale sky* ein bleicher Himmel **2** fahl

▸ ***Verb*** **~ (at sth)** (*gehoben*) (bei etw) blass werden, (bei etw) erblassen IDM **ˈpale beside/next to sth**; **ˈpale in comparison with/to sth** neben etw verblassen **ˈpale into insignificance** unbedeutend erscheinen

▸ ***Nomen*** IDM **beˌyond the ˈpale** ◇ *His remarks were clearly beyond the pale.* Seine Bemerkungen gingen eindeutig zu weit. ◇ *She has put herself beyond the pale.* Sie hat sich unmöglich gemacht.

pale·ness /ˈpeɪlnəs/ *Nomen* Blässe

Pal·es·tin·ian /ˌpæləˈstɪniən/ *Adj, Nomen*

▸ ***Adj*** palästinensisch

▸ ***Nomen*** Palästinenser(in)

pal·ette /ˈpælət/ *Nomen* Palette

pali·mony /ˈpælɪməni/ *Nomen* (*bes AmE, umgs*) = Unterhaltszahlungen für eine(n) nichteheliche(n) Partner(in)

pal·in·drome /ˈpælɪndrəʊm; *AmE* -droʊm/ *Nomen* Palindrom

pal·ing /ˈpeɪlɪŋ/ *Nomen* [meist Pl] **1** Zaunpfahl, Latte **2** [U] Lattenzaun

pal·is·ade /ˌpælɪˈseɪd/ *Nomen* **1** Palisadenzaun **2** **palisades** [Pl] (*AmE*) Steilufer

pall /pɔːl/ *Nomen, Verb*

▸ ***Nomen*** **1** [meist Sing] Wolke ◇ *a pall of smoke* eine Rauchwolke ◇ (*fig*) *Her death cast a pall over the event.* Ihr Tod warf einen Schatten auf das Ereignis. **2** Sargtuch

▸ ***Verb*** (*nicht in der Verlaufsform*) **~ (on sb)** (für jdn) an Reiz verlieren

ˈpall-bearer *Nomen* Sargträger

pal·let /ˈpælət/ *Nomen* **1** Palette **2** Pritsche, Strohsack

pal·lia·tive /ˈpæliətɪv/ *Nomen, Adj*

▸ ***Nomen*** (*gehoben*) **1** Palliativum **2** (*oft abwert*) Trost-

pflaster
▸ ***Adj*** palliativ, lindernd

pal·lid /ˈpælɪd/ *Adj (gehoben)* **1** bleich, blass **2** fahl

pal·lor /ˈpælə(r)/ *Nomen* Blässe

pally /ˈpæli/ *Adj (umgs)* befreundet ◇ *I got very pally with him.* Wir zwei wurden dicke Freunde.

palm /pɑːm/ *Nomen, Verb*
▸ ***Nomen*** **1** Hand(fläche) ◇ *read sb's palm* jdm aus der Hand lesen **2** *(auch* **ˈpalm tree***)* Palme ◇ *palm fronds* Palmwedel IDM **have sb in the ˌpalm of your ˈhand** **1** jdn in seinen Bann geschlagen haben **2** jdn (ganz) in der Hand haben → *Siehe auch* CROSS *und* GREASE
▸ ***Verb*** *(Karte, Münze etc.)* in der Hand verschwinden lassen PHR V **ˌpalm sb ˈoff (with sth)** *(umgs)* jdn (mit etw) abspeisen **ˌpalm sth ˈoff on/onto sb**; **ˌpalm sb ˈoff with sth** *(umgs)* jdm etw andrehen, jdm etw aufhalsen **ˌpalm sth ˈoff as sth** *(umgs)* etw als etw ausgeben

palm·ist /ˈpɑːmɪst/ *Nomen* Handleser(in)

ˌPalm ˈSunday *Nomen* Palmsonntag

palm·top /ˈpɑːmtɒp; *AmE* -tɑːp/ *Nomen* (COMP) Palmtop

ˈpalm tree /ˈpɑːm triː/ *Nomen* Palme

palp·able /ˈpælpəbl/ *Adj (Adv* **palp·ably** /-bli/) spürbar, offensichtlich

pal·pate /pælˈpeɪt/ *Verb* (MED) abtasten

pal·pi·ta·tions /ˌpælpɪˈteɪʃnz/ *Nomen* [Pl] Herzklopfen

palsy /ˈpɔːlzi/ *Nomen (veraltet)* Lähmung

pal·try /ˈpɔːltri/ *Adj* schäbig, lächerlich, läppisch

pam·per /ˈpæmpə(r)/ *Verb (manchmal abwertend)* verwöhnen, verhätscheln

pamph·let /ˈpæmflət/ *Nomen* Broschüre, Pamphlet

pan[1] 🔑 /pæn/ *Nomen* **1** Topf, Pfanne ◇ *pots and pans* Kochtöpfe **2** *(AmE)* Backform **3** Waagschale **4** *(BrE)* Toilettenschüssel IDM **go down the ˈpan** *(BrE, Slang)* den Bach runter gehen → *Siehe auch* FLASH

pan[2] 🔑 /pæn/ *Verb* **(-nn-)** **1** *(meist passiv) (umgs)* verreißen **2** *(Kamera)* schwenken **3** ~ **(for sth)** ◇ *pan for gold* Gold waschen PHR V **ˌpan ˈout** *(umgs)* sich entwickeln

pana·cea /ˌpænəˈsiːə/ *Nomen* Allheilmittel, Patentlösung

pan·ache /pəˈnæʃ, pæ-; *AmE auch* -ˈnɑːʃ/ *Nomen* Schwung, Elan

pan·cake /ˈpænkeɪk/ *Nomen* **1** Pfannkuchen, Eierkuchen **2** dicke Schminke, Theaterschminke IDM → FLAT

ˈPancake Day *Nomen (umgs)* Fastnachtsdienstag

pan·creas /ˈpæŋkriəs/ *Nomen* Bauchspeicheldrüse

pan·cre·at·ic /ˌpæŋkriˈætɪk/ *Adj* [nur vor Nomen] Bauchspeicheldrüsen-

panda /ˈpændə/ *Nomen* **1** *(auch* **ˌgiant ˈpanda***)* Riesenpanda **2** *(auch* **ˌred ˈpanda***)* Kleiner Panda

pan·dem·ic /pænˈdemɪk/ *Nomen, Adj*
▸ ***Nomen*** Seuche, Pandemie
▸ ***Adj*** seuchenartig, pandemisch, weitverbreitet

pan·de·mon·ium /ˌpændəˈməʊniəm; *AmE* -ˈmoʊ-/ *Nomen* [U] Tumult, Chaos

pan·der /ˈpændə(r)/ *Verb* PHR V **ˈpander to sth/sb** *(abwert)* etw/jdm (zu sehr) nachgeben ◇ *The magazine panders to the readers' baser instincts.* Die Zeitschrift appelliert an die niedrigsten Instinkte der Leser.

p. and h. *(auch* **p. & h.***)* /ˌpiː ənd ˈeɪtʃ/ *(AmE) Kurzform von* **postage and handling** Porto und Verpackung

Pan·dora's box /pænˌdɔːrəz ˈbɒks; *AmE* ˈbɑːks/ *Nomen* Büchse der Pandora

p. and p. *(auch* **p. & p.***)* /ˌpiː ən ˈpiː/ *(BrE) Kurzform von* **postage and packing** Porto und Verpackung

pane /peɪn/ *Nomen* (Glas)scheibe

panel 🔑 /ˈpænl/ *Nomen, Verb*
▸ ***Nomen*** **1** Platte, Tafel ◇ *the glass panels in the door* die Glasscheiben in der Tür → *Siehe auch* SOLAR PANEL **2** Karosserieteil **3** *(Stoff)* Streifen, Einsatz **4** [mit Verb im Sing/Pl] Gremium ◇ *a panel of experts* ein Sachverständigengremium ◇ *a panel discussion* ein Podiumsgespräch ◇ *We have two politicians on tonight's panel.* Heute Abend haben wir zwei Politiker in der Diskussionsrunde. **5** *(bes AmE)* = JURY **6** (Schalt)tafel, Anzeige(tafel) ◇ *an instrument panel* ein Armaturenbrett
▸ ***Verb*** **(-ll-**, *AmE* **-l-)** *(meist passiv)* täfeln ◇ *a glass-panelled door* eine Tür mit Glasausschnitt

ˈpanel beater *Nomen (BrE)* Karosseriespengler(in)

pan·el·ling *(AmE* **pan·el·ing***)* /ˈpænəlɪŋ/ *Nomen* Täfelung, Paneel

pan·el·list *(AmE* **pan·el·ist***)* /ˈpænəlɪst/ *Nomen* **1** Diskussionsteilnehmer(in) **2** Mitglied eines Rateteams

ˈpan-fry *Verb* **(-fries, -frying, -fried, -fried)** in der Pfanne braten

pang /pæŋ/ *Nomen* (plötzlicher) Schmerz, Stich ◇ *hunger pangs/pangs of hunger* (plötzliche) Hungergefühle ◇ *pangs of conscience* Gewissensbisse

pan·han·dle /ˈpænhændl/ *Verb* **1** betteln **2** erbetteln

pan·han·dler /ˈpænhændlə(r)/ *Nomen (AmE, umgs)* Bettler(in)

panic /ˈpænɪk/ *Nomen, Verb*
▸ ***Nomen*** [meist Sing] Panik ◇ *They were in a state of panic.* Sie waren von Panik ergriffen. ◇ *a panic decision* eine Kurzschlusshandlung IDM **ˈpanic stations** *(BrE, umgs)* Panik ◇ *It was panic stations when the deadline was brought forward by a week.* Alles war am Rotieren, als der Termin eine Woche vorverlegt wurde.
▸ ***Verb*** **(-ck-)** **1** in Panik geraten **2** in Panik versetzen **3** **be panicked into doing sth** in Panik geraten und etw tun ◇ *It's easy to be panicked into offering more than you can afford.* Es ist leicht, in Panik zu geraten, und mehr Geld zu bieten, als man sich leisten kann.

ˈpanic button *Nomen* Alarmknopf IDM **ˌpress/ˌpush the ˈpanic button** *(BrE)* die Panik kriegen; Alarm schlagen

pan·icky /ˈpænɪki/ *Adj (umgs)* in Panik, panisch

ˈpanic-stricken *Adj* von Panik ergriffen

pan·nier /ˈpæniə(r)/ *Nomen* Satteltasche; *(für Pferd oder Esel)* Tragkorb

pan·oply /ˈpænəpli/ *Nomen* [Sing/U] *(gehoben)* Spektrum, Palette

pan·or·ama /ˌpænəˈrɑːmə; *AmE* -ˈræmə/ *Nomen* **1** Panorama, Rundblick **2** Übersicht, Überblick

pan·or·am·ic /ˌpænəˈræmɪk/ *Adj* Panorama- ◇ *a panoramic view over the valley* ein Panoramablick auf das Tal

ˈpan pipes *Nomen* [Pl] *(AmE* **ˈpan·pipe***)* Panflöte

pansy /ˈpænzi/ *Nomen (Pl* **-ies***)* **1** (BOT) Stiefmütterchen **2** *(vulg, beleidigend)* Tunte, Schwuchtel

pant /pænt/ *Verb, Nomen*
▸ ***Verb*** keuchen, hecheln ◇ *She was panting for breath.* Sie schnappte nach Luft. IDM → PUFF PHR V **ˈpant for/after sb/sth** nach jdm/etw lechzen
▸ ***Nomen*** [meist Pl] Atemstoß ◇ *His breath came in short pants.* Er atmete stoßartig.

pan·the·ism /ˈpænθiɪzəm/ *Nomen* Pantheismus

pan·ther /ˈpænθə(r)/ *Nomen* **1** Panther **2** *(AmE)* Puma

pan·ties /ˈpæntiz/ *Nomen* [Pl] *(bes AmE)* (Damen)slip

pan·tile /ˈpæntaɪl/ *Nomen* Dachziegel

panto·mime /ˈpæntəmaɪm/ *Nomen (BrE, umgs* **panto** /ˈpæntəʊ; *AmE* -toʊ/ *(Pl* **pan·tos***))* **1** = Theaterstück, das traditionellerweise in der Weihnachtszeit in Großbritannien aufgeführt wird. **2** [meist Sing/U] (THEAT) Pantomime **3** [meist Sing] (*BrE*) (*fig*) Farce

pan·try /ˈpæntri/ *Nomen* (*Pl* **-ies**) Speisekammer

pants /pænts/ *Nomen* [Pl] **1** (*BrE*) Unterhose ◇ *a pair of pants* eine Unterhose **2** (*bes AmE*) Hose **3** (*BrE, Slang*) (*adjektivisch gebraucht*) lausig IDM **bore, scare, etc. the ˈpants off sb** (*umgs*) jdn zu Tode langweilen, erschrecken etc. → *Siehe auch* CATCH, SEAT, WEAR *und* WET

pant·suit /ˈpæntsuːt; *BrE auch* -sjuːt/ *Nomen* (*AmE*) Hosenanzug

panty·hose /ˈpæntihəʊz; *AmE* -hoʊz/ *Nomen* [Pl] (*AmE*) Strumpfhose

pap /pæp/ *Nomen* **1** (*abwert*) Schund(literatur) **2** Brei

papa /pəˈpɑː; *AmE* ˈpɑːpə/ *Nomen* (*umgs, veraltet, Kinderspr*) Papa

pap·acy /ˈpeɪpəsi/ *Nomen* **1 the papacy** [Sing] das Papsttum, das päpstliche Amt **2** [meist Sing] Pontifikat

papal /ˈpeɪpl/ *Adj* [nur vor Nomen] päpstlich

pap·ar·azzo /ˌpæpəˈrætsəʊ; *AmE* -soʊ/ *Nomen* (*Pl* **pap·ar·azzi** /-si/) [meist Pl] Paparazzo, (aufdringlicher) Pressefotograf

pa·paya /pəˈpaɪə/ *Nomen* Papaya

paper /ˈpeɪpə(r)/ *Nomen, Verb*

▸ ***Nomen*** **1** Papier ◇ *a sheet of paper* ein Blatt Papier **2** Zeitung **3** [meist Pl] Unterlage, Dokument **4 papers** [Pl] (Ausweis)papiere **5** (*BrE*) (*an der Universität*) Klausur; (*in der Schule*) (schriftliche) Prüfung **6** (*BrE*) (wissenschaftlicher) Aufsatz, Referat **7** Tapete IDM **on paper 1** schriftlich **2** theoretisch ◇ *It's a fine plan on paper, but will it work in practice?* Theoretisch ist es ein ausgezeichneter Plan, aber ist er praktisch durchführbar? → *Siehe auch* PEN *und* WORTH

▸ ***Verb*** tapezieren PHR V **ˌpaper ˈover sth 1** über etw tapezieren **2** (*fig*) etw übertünchen, etw vertuschen

paper·back /ˈpeɪpəbæk; *AmE* -pərbæk/ *Nomen* Taschenbuch

ˈpaper boy *Nomen* Zeitungsjunge

ˈpaper clip *Nomen* Büroklammer

ˌpaper ˈcup *Nomen* Pappbecher

ˈpaper cutter *Nomen* (*AmE*) Papierschneidemaschine

ˈpaper girl *Nomen* Zeitungsmädchen

paper·knife /ˈpeɪpənaɪf; *AmE* -pərnaɪf/ *Nomen* (*bes BrE*) Brieföffner

paper·less /ˈpeɪpələs; *AmE* -pərləs/ *Adj* papierlos

ˌpaper ˈplate *Nomen* Pappteller

ˈpaper round *Nomen* (*AmE* **ˈpaper route**) Zeitungenaustragen, Zeitungsrunde ◇ *I used to do a Sunday morning paper round.* Am Sonntagmorgen trug ich immer Zeitungen aus.

ˈpaper shop *Nomen* (*BrE*) Zeitungsladen

ˌpaper-ˈthin *Adj* hauchdünn

ˌpaper ˈtiger *Nomen* Papiertiger

ˌpaper ˈtowel *Nomen* **1** Papierhandtuch **2** (*AmE*) Küchenkrepp

ˈpaper trail *Nomen* (*bes AmE, umgs*) belastende Dokumente

paper·weight /ˈpeɪpəweɪt; *AmE* -pərweɪt/ *Nomen* Briefbeschwerer

paper·work /ˈpeɪpəwɜːk; *AmE* -pərwɜːrk/ *Nomen* [U] **1** Schreibarbeit **2** Unterlagen

pa·pery /ˈpeɪpəri/ *Adj* papierartig ◇ *wrinkled, papery skin* runzlige, papierartige Haut

pa·pier mâché /ˌpæpieɪ ˈmæʃeɪ; *AmE* ˌpeɪpər məˈʃeɪ, ˌpæpjeɪ məˈ-/ *Nomen* Papiermaschee

pap·ist /ˈpeɪpɪst/ *Nomen, Adj*

▸ ***Nomen*** (*beleidigend*) Papist(in)

▸ ***Adj*** (*beleidigend*) papistisch

pap·rika /pəˈpriːkə; *BrE auch* ˈpæprɪkə/ *Nomen* Paprika(pulver)

ˈPap smear *Nomen* (*AmE*) (MED) Pap-Test, Zellabstrich des Gebärmutterhalses

pa·pyrus /pəˈpaɪrəs/ *Nomen* (*Pl* **pa·pyri** /-riː/) Papyrus

par /pɑː(r)/ *Nomen* **1** (*Golf*) Par **2** (*auch* **ˈpar value**) Nennwert (*einer Aktie*) IDM **below/under ˈpar 1** nicht auf der Höhe **2** unter (dem zu erwartenden) Niveau ◇ *Teaching in some subjects has been well below par.* Die Unterrichtsqualität in manchen Fächern lag weit unter dem Erwartungshorizont. **be ˌpar for the ˈcourse** (*abwert*) zu erwarten sein; üblich sein **be on a par with sb/ˈsth** mit jdm/etw vergleichbar sein **put sb/sth on a par with sb/sth** jdn/etw mit jdm/etw auf eine Stufe stellen **up to ˈpar** auf der Höhe ◇ *I didn't think her performance was up to par.* Meiner Meinung nach war ihre Leistung nicht so gut wie sonst.

par. (*auch* **para.**) *Abk* = PARAGRAPH

para /ˈpærə/ (*umgs*) = PARATROOPER

par·able /ˈpærəbl/ *Nomen* Gleichnis

para·bola /pəˈræbələ/ *Nomen* (MATH) Parabel

para·bol·ic /ˌpærəˈbɒlɪk; *AmE* -ˈbɑːlɪk/ *Adj* parabelförmig, Parabol-

para·chute /ˈpærəʃuːt/ *Nomen, Verb*

▸ ***Nomen*** Fallschirm

▸ ***Verb*** **1** mit dem Fallschirm abspringen **2** mit dem Fallschirm absetzen/abwerfen

para·chut·ist /ˈpærəʃuːtɪst/ *Nomen* Fallschirmspringer(in)

par·ade /pəˈreɪd/ *Nomen, Verb*

▸ ***Nomen*** **1** Umzug, Prozession **2** Parade ◇ *soldiers on parade* Soldaten bei der Parade ◇ (*fig*) *The latest software will be on parade.* Es wird die neueste Software vorgeführt. **3** Reihe **4** [meist Sing] Zurschaustellung **5** (*bes BrE*) Promenade ◇ *a shopping parade* eine Ladenzeile

▸ ***Verb*** **1** marschieren, ziehen **2** promenieren **3** zur Schau stellen ◇ *parade your achievements* sich mit seinen Leistungen brüsten **4** aufmarschieren (lassen) **5 ~ as sth** sich als etw ausgeben; **~ sb/sth as sth** jdn/etw als etw ausgeben ◇ *myth parading as fact* als Tatsache hingestelltes Gerücht

paˈrade ground *Nomen* Exerzierplatz, Paradeplatz

para·digm /ˈpærədaɪm/ *Nomen* (*gehoben oder Fachspr*) Paradigma, Musterbeispiel

para·dig·mat·ic /ˌpærədɪgˈmætɪk/ *Adj* paradigmatisch

para·dise /ˈpærədaɪs/ *Nomen* Paradies ◇ (*fig*) *It's his idea of paradise.* Das ist für ihn der Himmel auf Erden.

para·dox /ˈpærədɒks; *AmE* -dɑːks/ *Nomen* **1** Paradox ◇ *He was a paradox.* Er steckte voller Widersprüche. **2** (LIT) Paradoxon ◇ *a work full of paradox* ein Werk voller Widersprüchlichkeit

para·dox·ical /ˌpærəˈdɒksɪkl; *AmE* -ˈdɑːk-/ *Adj* paradox

para·dox·ic·al·ly /ˌpærəˈdɒksɪkli; *AmE* -ˈdɑːk-/ *Adv* paradoxerweise

par·af·fin /ˈpærəfɪn/ *Nomen* **1** (*bes BrE* **ˈparaffin oil**) Petroleum ◇ *a paraffin heater* ein Kerosinofen **2** (*AmE*) (*BrE* **ˈparaffin wax**) Paraffin

paraglider /ˈpærəglaɪdə(r)/ *Nomen* **1** Gleitschirm **2** Gleitschirmflieger(in)

para·glid·ing /ˈpærəglaɪdɪŋ/ *Nomen* Gleitschirmfliegen

para·gon /ˈpærəgən; *AmE* -gɑːn/ *Nomen* Muster, Inbegriff

para·graph /ˈpærəgrɑːf; *AmE* -græf/ *Nomen* (*Abk* **par., para.**) **1** Absatz **2** Paragraf

para·keet /ˈpærəkiːt/ *Nomen* Sittich

para·legal /ˌpærəˈliːgl/ *Nomen* (*AmE*) Anwaltsgehilfe/-gehilfin

par·al·lel /ˈpærəlel/ *Adj, Adv, Nomen, Verb*
▸ ***Adj, Adv*** **1** ~ **(to/with sth)** parallel (zu etw) **2** Parallel-, parallel verlaufend, vergleichbar
▸ ***Nomen*** **1** Parallele **2** (*auch* **ˌparallel of ˈlatitude**) Breitengrad ◇ *the 49th parallel* der 49. Breitengrad IDM **in ˈparallel (with sth/sb)** parallel (zu etw/jdm)
▸ ***Verb*** **(-l-)** (*gehoben*) **1** ~ **sth** mit etw vergleichbar sein, mit etw einhergehen **2** ~ **sth** einer Sache gleichkommen

ˌparallel ˈbars *Nomen* [Pl] Barren

par·al·lel·ism /ˈpærəlelɪzəm/ *Nomen* (*gehoben*) Parallelität

par·al·lelo·gram /ˌpærəˈleləgræm/ *Nomen* Parallelogramm

Paralympian /ˌpærəˈlɪmpiən/ **1** *Nomen* Paralympionike, Paralympionikin **2** *Adj* paralympisch

Paralympics /ˌpærəˈlɪmpɪks/ **the Paralympics** *Nomen* [Pl] die Paralympischen Spiele

para·lyse (*AmE* **para·lyze**) /ˈpærəlaɪz/ *Verb* (*meist passiv*) **1** lähmen ◇ *paralysed from the waist down* querschnittsgelähmt **2** lahmlegen

par·aly·sis /pəˈræləsɪs/ *Nomen* (*Pl* **par·aly·ses** /-siːz/) **1** Lähmung **2** Lahmlegung

para·lyt·ic /ˌpærəˈlɪtɪk/ *Adj* **1** [nicht vor Nomen] (*BrE, umgs*) stockbetrunken **2** (*gehoben*) gelähmt, zur Lähmung führend ◇ *paralytic fear* lähmende Angst

para·med·ic /ˌpærəˈmedɪk/ *Nomen* Rettungssanitäter(in)

para·med·ic·al /ˌpærəˈmedɪkl/ *Adj* ◇ *paramedical staff* medizinisches Hilfspersonal

par·am·eter /pəˈræmɪtə(r)/ *Nomen* [meist Pl] Parameter ◇ *set the parameters* den Rahmen setzen

para·mili·tary /ˌpærəˈmɪlətri; *AmE* -teri/ *Adj, Nomen*
▸ ***Adj*** paramilitärisch
▸ ***Nomen*** (*Pl* **-ies**) [meist Pl] Paramilitär

para·mount /ˈpærəmaʊnt/ *Adj* **1** Haupt-, höchste(r,s) ◇ *Safety is paramount.* Sicherheit hat absoluten Vorrang. **2** (*gehoben*) oberste(r)

para·noia /ˌpærəˈnɔɪə/ *Nomen* **1** (MED) Paranoia **2** (*umgs*) Verfolgungswahn

para·noid /ˈpærənɔɪd/ (*seltener* **para·noiac** /ˌpærəˈnɔɪæk, -ˈnɔɪæk/) *Adj, Nomen*
▸ ***Adj*** **1** krankhaft misstrauisch ◇ *She's getting paranoid about what other people say about her.* Ihre Angst davor, was andere Leute über sie sagen, wird zur Manie. **2** paranoid
▸ ***Nomen*** Paranoiker(in)

para·nor·mal /ˌpærəˈnɔːml; *AmE* -ˈnɔːrml/ *Adj, Nomen*
▸ ***Adj*** übersinnlich
▸ ***Nomen*** **the paranormal** [Sing] das Übersinnliche

para·pet /ˈpærəpɪt, -pet/ *Nomen* Brüstung, Brustwehr ◇ (*fig*) *He was not prepared to put his head above the parapet.* Er wollte sich nicht in die Schusslinie begeben.

para·pher·na·lia /ˌpærəfəˈneɪliə; *AmE auch* -fərˈ-/ *Nomen* [U] **1** Ausrüstung, Zubehör **2** (*fig*) Instrumentarium

para·phrase /ˈpærəfreɪz/ *Verb, Nomen*
▸ ***Verb*** anders ausdrücken, umschreiben
▸ ***Nomen*** Umschreibung

para·ple·gia /ˌpærəˈpliːdʒə/ *Nomen* Querschnittslähmung

para·ple·gic /ˌpærəˈpliːdʒɪk/ *Nomen, Adj*
▸ ***Nomen*** Querschnittsgelähmte(r)
▸ ***Adj*** querschnittsgelähmt

para·site /ˈpærəsaɪt/ *Nomen* Parasit; (*fig*) Schmarotzer ◇ *parasites on society* Schmarotzer der Gesellschaft

para·sit·ic /ˌpærəˈsɪtɪk/ (*seltener* **para·sit·ical** /-tɪkl/) *Adj* (*Adv* **para·sit·ic·al·ly** /-kli/) **1** parasitär **2** Schmarotzer- **3** schmarotzerhaft

para·sol /ˈpærəsɒl; *AmE* -sɔːl/ *Nomen* **1** Parasol **2** Sonnenschirm

para·troop /ˈpærətruːp/ *Adj* [nur vor Nomen] Fallschirmjäger-

para·troop·er /ˈpærətruːpə(r)/ (*umgs* **para**) *Nomen* Fallschirmjäger

para·troops /ˈpærətruːps/ *Nomen* [Pl] Fallschirmjäger

par·boil /ˈpɑːbɔɪl; *AmE* ˈpɑːrbɔɪl/ *Verb* halbgar kochen

par·cel /ˈpɑːsl; *AmE* ˈpɑːrsl/ *Nomen, Verb*
▸ ***Nomen*** **1** (*bes BrE*) Paket **2** Stück Land IDM → PART
▸ ***Verb*** (*bes BrE*) **(-ll-**, *AmE* **-l-)** ~ **sth (up)** etw zu einem Paket verpacken PHR V **ˌparcel sth ˈout** etw aufteilen, etw verteilen

parch /pɑːtʃ; *AmE* pɑːrtʃ/ *Verb* austrocknen, ausdörren

parched /pɑːtʃt; *AmE* pɑːrtʃt/ *Adj* **1** ausgedörrt, ausgetrocknet **2** (*umgs*) sehr durstig

Par·cheesi™ /pɑːˈtʃiːzi; *AmE* pɑːrˈ-/ *Nomen* (*AmE*) (*Spiel*) Mensch ärgere dich nicht

parch·ment /ˈpɑːtʃmənt; *AmE* ˈpɑːrtʃ-/ *Nomen* **1** Pergament ◇ *parchment scrolls* Schriftrollen **2** Pergamentpapier ◇ *baking parchment* Backpapier

par·don /ˈpɑːdn; *AmE* ˈpɑːrdn/ *Ausruf, Nomen, Verb*
▸ ***Ausruf*** **1** wie bitte **2** Entschuldigung
▸ ***Nomen*** **1** Begnadigung ◇ *grant sb a pardon* jdn begnadigen **2** (*gehoben*) ~ **(for sth)** Verzeihung (für etw), Vergebung (für/von etw) ◇ *ask sb's pardon* jdn um Verzeihung bitten IDM → BEG
▸ ***Verb*** (*selten in der Verlaufsform*) **1** begnadigen **2** ◇ *Pardon me for interrupting you.* Entschuldigen Sie, wenn ich Sie unterbreche. ◇ *Pardon my asking, but …?* Entschuldigen Sie die Frage, aber …? ◇ (*BrE*) *You could be pardoned for thinking that …* Man könnte wirklich meinen, dass … IDM **ˌpardon ˈme** (*umgs*) **1** (*bes AmE*) wie bitte **2** Entschuldigung

par·don·able /ˈpɑːdnəbl; *AmE* ˈpɑːrd-/ *Adj* (*Adv* **par·don·ably** /-bli/) (*gehoben*) verständlich ◇ *a pardonable error* ein verzeihlicher Fehler

pare /peə(r); *AmE* per/ *Verb* **1** ~ **sth (off/away)** etw entfernen ◇ *She pared the apple.* Sie schälte den Apfel. **2** ~ **sth (back/down)** etw kürzen ◇ *be pared to the bone* auf ein Minimum reduziert werden

par·ent /ˈpeərənt; *AmE* ˈperənt/ *Nomen* **1** [meist Pl] Elternteil ◇ *his parents* seine Eltern ◇ *a good parent* ein guter Vater/eine gute Mutter **2** Elterntier, Mutterpflanze

par·ent·age /ˈpeərəntɪdʒ; *AmE* ˈper-/ *Nomen* Herkunft

par·en·tal /pəˈrentl/ *Adj* elterlich ◇ *the parental home* das Elternhaus

paˌrental conˈtrols *Nomen* [Pl] (*auch* **paˌrental ˈlock**) (*im Internet*) Kindersicherung

paˌrental ˈleave *Nomen* [U] Elternurlaub

ˈparent company *Nomen* Muttergesellschaft

par·en·thesis /pəˈrenθəsɪs/ *Nomen* (*Pl* **par·en·theses** /-siːz/) **1** Parenthese, Einschub ◇ *say sth in parenthesis* etw einflechten **2** [meist Pl] (*BrE, gehoben oder AmE*) (runde) Klammer

par·en·thet·ic /ˌpærənˈθetɪk/ (*auch* **par·en·thet·ical** /-tɪkl/) *Adj* (*Adv* **par·en·thet·ic·al·ly** /-kli/) (*gehoben*) parenthetisch ◇ *a parenthetical remark* eine Bemerkung am Rande

par·ent·hood /ˈpeərənthʊd; *AmE* ˈper-/ *Nomen* Elternschaft ◇ *the experience of parenthood* das Erlebnis, Vater/Mutter zu sein ◇ *the strains of lone parenthood* die Belastungen, denen Alleinerziehende ausgesetzt sind

par·ent·ing /ˈpeərəntɪŋ; *AmE* ˈper-/ *Nomen* elterliche Fürsorge

ˌparent-ˈteacher association = PTA

par ex·cel·lence /ˌpɑːr ˈeksələːns; *AmE* ˌpɑːr ˌeksəˈlɑːns/ *Adj* [nicht vor Nomen], *Adv* par excellence, schlechthin

par·iah /pəˈraɪə/ *Nomen* Paria, Ausgestoßene(r)

par·ish /ˈpærɪʃ/ *Nomen* **1** [mit Verb im Sing/Pl] Kirchengemeinde **2** [mit Verb im Sing/Pl] Gemeinde

pa·rish·ion·er /pəˈrɪʃənə(r)/ *Nomen* Gemeinde(mit)glied

ˌparish-ˈpump *Adj* (*BrE, abwert*) ◇ *parish-pump politics* Kirchturmpolitik

ˌparish ˈregister *Nomen* Kirchenbuch

par·ity /ˈpærəti/ *Nomen* (*Pl* **-ies**) **1** (*gehoben*) Gleichheit ◇ *pay parity* Lohngleichheit **2** (FINANZ) Parität

park 0→ /pɑːk; *AmE* pɑːrk/ *Nomen, Verb*

▸ ***Nomen*** **1** Park **2** (*in Zusammensetzungen*) -gebiet, -park ◇ *a business park* ein Gewerbegebiet → *Siehe auch* AMUSEMENT PARK, BALLPARK, CAR PARK *und* THEME PARK **3** (*AmE*) Sportplatz **4 the park** [Sing] (*BrE*) das Spielfeld

▸ ***Verb*** **1** parken **2 ~ yourself** (*umgs*) sich (hin)hocken, sich (hin)stellen PHR V **ˌpark (sth)ˈup** (etw) parken, (etw) abstellen ◇ *I couldn't get parked up anywhere near the restaurant.* Ich habe keinen Parkplatz in der Nähe des Kinos gefunden.

parka /ˈpɑːkə; *AmE* ˈpɑːrkə/ *Nomen* Parka

ˌpark and ˈride *Nomen* Park-and-ride-System

park·ing /ˈpɑːkɪŋ; *AmE* ˈpɑːrkɪŋ/ *Nomen* Parken ◇ *a parking space* ein Parkplatz ◇ *a parking fine* eine Geldbuße für falsches Parken ◇ *The hotel has ample free parking.* Das Hotel bietet reichlich gebührenfreie Parkplätze.

ˈparking brake *Nomen* (*AmE*) Handbremse

ˈparking garage *Nomen* (*AmE*) Parkhaus

ˈparking lot *Nomen* (*AmE*) Parkplatz

ˈparking meter (*auch* **meter**) *Nomen* Parkuhr

ˈparking ticket (*auch* **ticket**) *Nomen* Strafzettel (für falsches Parken)

Par·kin·son's dis·ease /ˈpɑːkɪnsnz dɪziːz; *AmE* ˈpɑːrkɪnsnz/ (*auch* **Par·kin·son·ism** /ˈpɑːkɪnsənɪzəm; *AmE* ˈpɑːrk-/) *Nomen* die Parkinsonsche Krankheit

ˈParkinson's law *Nomen* (*hum*) Parkinsons Gesetz: die Theorie, dass eine Arbeit sich ausdehnt, sodass sie immer die ganze verfügbare Zeit in Anspruch nimmt

park·land /ˈpɑːklænd; *AmE* ˈpɑːrklænd/ *Nomen* Parklandschaft, Grünland

parkour /pɑːˈkuə(r); *AmE* pɑːrˈkʊr/ *Nomen* [U] Parkour, Free Running

park·way /ˈpɑːkweɪ; *AmE* ˈpɑːrkweɪ/ *Nomen* (*AmE*) Allee

par·lance /ˈpɑːləns; *AmE* ˈpɑːrləns/ *Nomen* (*gehoben*) Sprache, Sprachgebrauch ◇ *in common parlance* im allgemeinen Sprachgebrauch ◇ *in legal parlance* in der Rechtssprache

par·lay /ˈpɑːleɪ; *AmE* ˈpɑːrleɪ/ *Verb* PHR V **parlay sth into sth** (*AmE*) etw (als Sprungbrett) für etw nutzen

par·ley /ˈpɑːli; *AmE* ˈpɑːrli/ *Verb, Nomen*

▸ ***Verb*** (*veraltet*) **~ (with sb)** (mit jdm) verhandeln

▸ ***Nomen*** (*veraltet*) Verhandlungen

par·lia·ment 0→ /ˈpɑːləmənt; *AmE* ˈpɑːrlə-/ *Nomen* [mit Verb im Sing/Pl] **1** [mit Verb im Sing/Pl] Parlament **2** Legislaturperiode

par·lia·men·tar·ian /ˌpɑːlənmənˈteəriən; *AmE* ˌpɑːrləmənˈter-/ *Nomen* Parlamentarier(in)

par·lia·men·tary /ˌpɑːləˈmentri; *AmE* ˌpɑːrləˈ-/ *Adj* parlamentarisch ◇ *parliamentary elections* Parlamentswahlen

par·lour (*AmE* **par·lor**) /ˈpɑːlə(r); *AmE* ˈpɑːrlər/ *Nomen* **1** (*veraltet*) Wohnzimmer, Salon **2** (*in Zusammensetzungen*) (*bes AmE*) ◇ *a beauty parlour* ein Schönheitssalon ◇ *an ice-cream parlour* eine Eisdiele → *Siehe auch* FUNERAL HOME *und* MASSAGE PARLOUR

ˈparlour game (*AmE* **ˈparlor game**) *Nomen* Gesellschaftsspiel

par·lous /ˈpɑːləs; *AmE* ˈpɑːrləs/ *Adj* (*gehoben*) prekär

Par·mesan /ˈpɑːmɪzæn, ˌpɑːmɪˈzæn; *AmE* ˈpɑːrməzɑːn, -zæn/ *Nomen* Parmesan

pa·ro·chial /pəˈrəukiəl; *AmE* pəˈrou-/ *Adj* **1** (*gehoben*) Gemeinde- ◇ *parochial schools* Konfessionsschulen ◇ *the parochial church council* der Gemeindekirchenrat **2** (*abwert*) beschränkt, engstirnig

pa·ro·chial·ism /pəˈrəukɪzəm; *AmE* pəˈrou-/ *Nomen* Beschränktheit, Engstirnigkeit

par·od·ist /ˈpærədɪst/ *Nomen* Parodist(in)

par·ody /ˈpærədi/ *Nomen, Verb*

▸ ***Nomen*** (*Pl* **-ies**) **1** Parodie ◇ *a parody of a horror film* eine Parodie auf einen Horrorfilm **2** (*abwert*) Zerrbild, Verzerrung ◇ *The trial was a parody of justice.* Der Prozess sprach allem Recht Hohn.

▸ ***Verb*** (**par·odies, par·ody·ing, par·odied, par·odied**) parodieren

par·ole /pəˈrəul; *AmE* pəˈroul/ *Nomen, Verb*

▸ ***Nomen*** bedingter Straferlass ◇ *He was released on parole.* Er wurde auf Bewährung entlassen. ◇ *She was let out on parole for her mother's funeral.* Für die Beerdigung ihrer Mutter bekam sie Kurzurlaub vom Gefängnis.

▸ ***Verb*** (*meist passiv*) auf Bewährung entlassen

par·ox·ysm /ˈpærəksɪzəm/ *Nomen* (*gehoben*) Anfall, Krampf ◇ *paroxysms of hate* Hassausbrüche

par·quet /ˈpɑːkeɪ; *AmE* pɑːrˈkeɪ/ *Nomen* Parkett ◇ *parquet flooring* Parkett

parri·cide /ˈpærɪsaɪd/ *Nomen* (*gehoben*) **1** Vater-/Muttermord, Verwandtenmord **2** Vater-/Muttermörder(in), Verwandtenmörder(in)

par·rot /ˈpærət/ *Nomen, Verb*

▸ ***Nomen*** Papagei IDM → SICK

▸ ***Verb*** (*abwert*) nachplappern

ˈparrot-fashion *Adv* (*BrE, abwert*) papageienhaft; (*lernen*) mechanisch

parry /ˈpæri/ *Verb, Nomen*

▸ ***Verb*** (**par·ries, parry·ing, par·ried, par·ried**) abwehren, parieren (*auch fig*)

▸ ***Nomen*** (*Pl* **-ies**) Abwehr; (*beim Fechten*) Parade

Par·see (*auch* **Parsi**) /ˌpɑːˈsiː, ˈpɑːsiː; *AmE* ˌpɑːrˈsiː, ˈpɑːrsiː/ *Nomen* Parse

par·si·mo·ni·ous /ˌpɑːsɪˈməuniəs; *AmE* ˌpɑːrsəˈmou-/ *Adj* (*Adv* **par·si·mo·ni·ous·ly**) (*gehoben*) geizig

par·si·mony /ˈpɑːsɪməni; *AmE* ˈpɑːrsəmouni/ *Nomen* (*gehoben*) Geiz

pars·ley /ˈpɑːsli; *AmE* ˈpɑːrsli/ *Nomen* Petersilie

pars·nip /ˈpɑːsnɪp; *AmE* ˈpɑːrs-/ *Nomen* Pastinake

par·son /ˈpɑːsn; *AmE* ˈpɑːrsn/ *Nomen* (*veraltet*) Pfarrer

par·son·age /ˈpɑːsənɪdʒ; *AmE* ˈpɑːrsə-/ *Nomen* Pfarrhaus

ˌparson's ˈnose *Nomen* Bürzel

part 0→ /pɑːt; *AmE* pɑːrt/ *Nomen, Verb, Adv*

▸ ***Nomen*** **1** Teil ◇ *Part of me feels sorry for him.* Irgendwie tut er mir leid. ◇ *The novel is good in parts.* Teilweise ist der Roman gut. ◇ *The worst part was having to wait three hours.* Das Schlimmste war, dass wir drei Stunden warten mussten. ◇ *You need to be able to work as part of a team.* Sie müssen in einem Team mitarbeiten können. **2** (Einzel)teil, (Maschinen)teil, (Bau)teil ◇ *spare parts* Ersatzteile **3** (Körper)teil → *Siehe auch* PRIVATE PARTS **4** Gegend, Teil ◇

Come and visit us if you're ever in our part of the world. Besuchen Sie uns, wenn Sie mal in unserer Gegend sind. **5 parts** [Pl] (*veraltet*) Gegend ◇ *He's just arrived back from foreign parts.* Er ist gerade aus dem Ausland zurückgekehrt. **6** (*Abk* **pt**) (*einer Serie*) Folge; (*bei Veröffentlichungen*) Lieferung **7** (*Theater, Film etc.*) Rolle (*fig*) ◇ *He's always playing a part.* Er spielt den Leuten immer etwas vor. **8** (MUS) Stimme, Part ◇ *four-part harmony* vierstimmige Harmonie **9** (Bruch)teil ◇ *Add three parts wine to one part water.* Fügen Sie zu einer Menge Wasser die dreifache Menge Wein hinzu. ◇ *fluoride levels of 0.2 parts per million* ein Fluoridgehalt von 0,2 Promille **10** (*AmE*) Scheitel IDM **be ˌpart of the ˈfurniture** zum Inventar gehören **the best/better part of sth** mehr als die Hälfte einer Sache ◇ *the best part of an hour* fast eine Stunde **dress the ˈpart** sich entsprechend kleiden **for the ˈmost part** größtenteils; zum größten Teil **for ˈmy, ˈhis, ˈtheir, etc. part** ich für mein(en) Teil, er für sein(en) Teil, sie für ihr(en) Teil, etc.; was mich/ihn/sie etc. betrifft **have a part to play (in sth)** (zu etw) beitragen können; einen Beitrag (zu etw) leisten können **have/play a part (in sth)** (bei etw) eine Rolle spielen ◇ *She plays an active part in local politics.* Sie ist in der Kommunalpolitik aktiv. **have/play/take no ˈpart in sth** mit etw nichts zu tun haben; an etw nicht beteiligt sein **in ˈpart** teilweise; zum Teil **look the ˈpart** genau richtig (für eine Rolle) aussehen **a man/woman of (many) ˈparts** ein vielseitiger Mann/eine vielseitige Frau **on the part of sb/on sb's part** seitens einer Person ◇ *It was an error on my part.* Es war ein Versehen meinerseits. **part and parcel of sth** ein wesentlicher Bestandteil von etw **take sth in good ˈpart** (*BrE*) etw nicht übel nehmen **take ˈpart (in sth)** (an etw) teilnehmen **take sb's ˈpart** (*BrE*) jds/für jdn Partei ergreifen; sich auf jds Seite stellen → *Siehe auch* LARGE *und* SUM

▸ ***Verb*** **1 ~ (from sb)** (*gehoben*) sich (von jdm) trennen ◇ *his parting words* seine Abschiedsworte **2 ~ sb (from sb)** (*gehoben*) jdn (von jdm) trennen **3** (sich) teilen, (sich) öffnen ◇ *The crowd parted in front of them.* Die Menge teilte sich vor ihnen. ◇ *She parted the curtains a little.* Sie schob die Vorhänge einen Spaltbreit auseinander. **4** scheiteln ◇ *He parts his hair in the middle.* Er trägt einen Mittelscheitel. IDM **part ˈcompany (with/from sb)** **1** sich (von jdm) trennen **2** (mit jdm) nicht übereinstimmen PHR V **ˈpart with sth** sich von etw trennen ◇ *Make sure you read the contract before parting with any money.* Lies bloß den Vertrag, ehe du irgendwas bezahlst.

▸ ***Adv*** teils, zum Teil, halb ◇ *He is part owner of a restaurant.* Er ist Mitbesitzer eines Restaurants.

par·take /pɑːˈteɪk; *AmE* pɑːrˈ-/ *Verb* (**-took** /-ˈtʊk/, **-taken** /-ˈteɪkən/) (*gehoben*) **1 ~ (of sth)** (*veraltet oder hum*) etw zu sich nehmen **2 ~ (in sth)** (*veraltet*) (an etw) teilnehmen

ˌpart exˈchange *Nomen* (*BrE*) Inzahlungnahme

par·tial /ˈpɑːʃl; *AmE* ˈpɑːrʃl/ *Adj* **1** teilweise, Teil-, partiell **2** [nicht vor Nomen] **be ~ to sb/sth** eine Schwäche für jdn/etw haben; **not be ~ to sb/sth** sich nichts aus jdm/etw machen **3 ~ (towards sb/sth)** (*abwert*) voreingenommen (gegenüber jdm/etw) ◇ *The referee was accused of being partial.* Dem Schiedsrichter wurde vorgeworfen parteiisch zu sein.

par·ti·al·ity /ˌpɑːʃiˈæləti; *AmE* ˌpɑːrʃiˈ-/ *Nomen* **1** (*abwert*) Voreingenommenheit **2 ~ for sb/sth** Schwäche für jdn/etw

par·tial·ly /ˈpɑːʃəli; *AmE* ˈpɑːrʃə-/ *Adv* teilweise, zum Teil ◇ *partially sighted* sehbehindert

par·tici·pant /pɑːˈtɪsɪpənt; *AmE* pɑːrˈ-/ *Nomen* **~ (in sth)** Teilnehmer(in) (an etw)

par·tici·pate /pɑːˈtɪsɪpeɪt; *AmE* pɑːrˈ-/ *Verb* (*gehoben*) **~ (in sth)** (an etw) teilnehmen, sich (an etw) beteiligen

par·tici·pa·tion /pɑːˌtɪsɪˈpeɪʃn; *AmE* pɑːrˌ-/ *Nomen* **~ (in sth)** Teilnahme (an etw), Beteiligung (an etw)

par·ti·ci·pial /ˌpɑːtɪˈsɪpiəl; *AmE* ˌpɑːrt-/ *Adj* (LING) Partizipial-, partizipial

par·ti·ciple /pɑːˈtɪsɪpl; *AmE* ˈpɑːrtɪsɪpl/ *Nomen* (LING) Partizip, Mittelwort

par·ticle /ˈpɑːtɪkl; *AmE* ˈpɑːrt-/ *Nomen* **1** Teilchen, Körnchen **2** (LING) Partikel

par·ticu·lar 🔑 /pəˈtɪkjələ(r); *AmE* pərˈ-/ *Adj, Nomen*

▸ ***Adj*** **1** [nur vor Nomen] bestimmt, speziell **2** [nur vor Nomen] besondere(r,s) ◇ *We must pay particular attention to this.* Dies müssen wir besonders beachten. **3 ~ (about/over sth)** wählerisch (in Bezug auf etw) ◇ *She's very particular about her clothes.* Sie nimmt es sehr genau mit ihrer Kleidung. IDM **anything/nothing in parˈticular** etwas/nichts Besonderes **anyone/no one in parˈticular** jemand/niemand Bestimmter **in parˈticular** vor allem; ganz besonders ◇ *Is there anything in particular you'd like for dinner?* Hast du einen besonderen Wunsch fürs Abendessen?

▸ ***Nomen*** [meist Pl] (*gehoben*) Einzelheit ◇ *The nurse asked me for my particulars.* Die Krankenschwester fragte mich nach meinen Personalien.

par·ticu·lar·ity /pəˌtɪkjuˈlærəti; *AmE* pərˌ-/ *Nomen* (*gehoben*) **1** Besonderheit **2** Genauigkeit **3 particularities** [Pl] Einzelheiten

par·ticu·lar·ly 🔑 /pəˈtɪkjələli; *AmE* pərˈtɪkjələrli/ *Adv* besonders, vor allem, insbesondere

particulate /pɑːˈtɪkjələt, -leɪt; *AmE* pɑːrˈ-/ *Nomen, Adj*

▸ ***Nomen*** **particulates** [Pl] Feinstaub

▸ ***Adj*** Feinstaub- ◇ *particulate pollution in the air* die Feinstaubbelastung in der Luft

part·ing /ˈpɑːtɪŋ; *AmE* ˈpɑːrtɪŋ/ *Nomen, Adj*

▸ ***Nomen*** **1** Abschied **2** (*BrE*) Scheitel IDM **a/the parting of the ˈways** eine/die Trennung

▸ ***Adj*** [nur vor Nomen] Abschieds- ◇ *a parting kiss* ein Abschiedskuss IDM **ˌparting ˈshot** (boshafte) Abschiedsbemerkung

par·ti·san /ˌpɑːtɪˈzæn, ˈpɑːtɪzæn; *AmE* ˈpɑːrtəzn/ *Adj, Nomen*

▸ ***Adj*** (*oft abwert*) parteiisch ◇ *Most newspapers are politically partisan.* Die meisten Zeitungen sind politisch nicht neutral.

▸ ***Nomen*** **1** Anhänger(in) **2** Partisane, Partisanin

par·ti·san·ship /ˈpɑːtɪzænʃɪp; *AmE* ˈpɑːrtəzn-/ *Nomen* Parteilichkeit

par·ti·tion /pɑːˈtɪʃn; *AmE* pɑːrˈ-/ *Nomen, Verb*

▸ ***Nomen*** **1** Trennwand **2** [U] (*eines Landes*) Teilung

▸ ***Verb*** (*meist passiv*) (*Land, Zimmer, etc.*) teilen PHR V **parˈtition sth off** etw abteilen

part·ly 🔑 /ˈpɑːtli; *AmE* ˈpɑːrt-/ *Adv* zum Teil, teilweise ◇ *I feel partly responsible.* Ich fühle mich mitverantwortlich.

part·ner 🔑 /ˈpɑːtnə(r); *AmE* ˈpɑːrt-/ *Nomen, Verb*

▸ ***Nomen*** **1** Partner(in) **2** (WIRTSCH) Gesellschafter (in), Teilhaber(in) **3** Partner(land), Partner(organisation) ◇ *trading partners* Handelspartner → *Siehe auch* SLEEPING PARTNER *und* SPARRING PARTNER

▸ ***Verb*** Partner(in) sein

part·ner·ship 🔑 /ˈpɑːtnəʃɪp; *AmE* ˈpɑːrtnərʃɪp/ *Nomen* **1** Partnerschaft, Zusammenarbeit **2** (Personen) gesellschaft

ˌpart of ˈspeech *Nomen* (LING) Wortart

par·took *Form von* PARTAKE

par·tridge /ˈpɑːtrɪdʒ; *AmE* ˈpɑːrtrɪdʒ/ *Nomen* (*Pl* **partridges** *oder* **par·tridge**) Rebhuhn

ˌpart-ˈtime *Adj, Adv*

▸ ***Adj*** (*Abk* **PT**, **P/T**) Teilzeit-

▸ ***Adv*** (*Abk* **PT**, **P/T**) halbtags

ˌpart-ˈtimer *Nomen* Teilzeitkraft

ˈpart-work *Nomen (BrE)* = Nachschlagewerk in einzelnen Heften

party /ˈpɑːti; *AmE* ˈpɑːrti/ *Nomen, Verb*
▸ ***Nomen*** *(Pl* **-ies)** **1** [mit Verb im Sing/Pl] *(auch* **Party**) Partei ◇ *the ruling party* die Regierungspartei **2** Party ➔ *Siehe auch* DINNER PARTY, HEN PARTY *und* STAG NIGHT **3** [mit Verb im Sing/Pl] Gruppe ◇ *a party of forty children* eine Gruppe von vierzig Kindern ➔ *Siehe auch* SEARCH PARTY *und* WORKING PARTY **4** *(gehoben)* (Vertrags)partei ◇ *the guilty party* der/die Schuldige ➔ *Siehe auch* INJURED PARTY *und* THIRD PARTY IDM **be (a) party to sth** *(gehoben)* an etw beteiligt sein; sich an etw beteiligen
▸ ***Verb*** **(par·ties, party·ing, par·tied, par·tied)** *(umgs)* feiern

ˈparty favor *(auch* **favor**) *Nomen (AmE)* = kleines Partygeschenk

ˈparty-goer *Nomen* **1** Partygast **2** ◇ *She's always been an enthusiastic party-goer.* Sie ist immer gern zu Partys gegangen.

ˌparty ˈline *Nomen* Parteilinie

ˈparty piece *Nomen (BrE, umgs)* = Lied oder Sonstiges von Unterhaltungswert, das man auf Partys zum Besten gibt

ˌparty poˈlitical *Adj* [nur vor Nomen] *(bes BrE)* parteipolitisch

ˌparty ˈpolitics *Nomen* [mit Verb im Sing/Pl] Parteipolitik

party pooper /ˈpɑːti puːpə(r); *AmE* ˈpɑːrti/ *Nomen (umgs)* Partymuffel

ˌparty ˈwall *Nomen* Mauer zum Nachbargrundstück/-gebäude

pass /pɑːs; *AmE* pæs/ *Verb, Nomen*
▸ ***Verb***
• **Bewegung** **1** **~ (sb/sth)** (an jdm/etw) vorbeigehen/-fahren/-fliegen ◇ *I hailed a passing taxi.* Ich winkte einem vorbeifahrenden Taxi. ◇ *Let me pass!* Lass mich vorbei! **2** *(Sperre etc.)* passieren **3** *(mit Präpositionen oder Adverbien)* gehen, fahren, kommen; *(Wasser)* fließen; *(Gas)* strömen ◇ *The procession passed slowly along the street.* Die Prozession zog langsam die Straße entlang. ◇ *A plane passed low overhead.* Ein Flugzeug flog tief über uns hinweg. ◇ *We passed through Iowa on our way to Ohio.* Auf unserem Weg nach Ohio kamen wir durch Iowa. **4** vorübergehen, aufhören; *(Sturm)* sich legen; *(Gewitter)* vorüberziehen **5** *(fig)* überschreiten, übersteigen ◇ *It passes belief.* Es ist kaum zu fassen. ◇ *It passes my comprehension.* Das geht über meinen Verstand.
• **geben** **6** **~ sth (to sb); ~ sb sth** jdm etw reichen, jdm etw geben ◇ *Pass that book over.* Reich mir bitte das Buch dort. ◇ *They passed the photo around.* Man ließ das Foto herumgehen. **7** **~ (sth) (to sb)** (SPORT) (etw) (jdm) zuspielen, (etw) (an jdn) abgeben, (etw) (zu jdm) passen **8** **~ to sb** auf jdn übergehen ◇ *On his death, the title passed to his son.* Nach seinem Tod ging der Titel auf seinen Sohn über. **9** **~ sth through, round, etc. sth** etw durch, um etc. etw führen ◇ *He passed the rope around the post.* Er wickelte das Seil um den Pfosten.
• **Zeit** **10** vergehen ◇ *We grew more anxious with each passing day.* Mit jedem Tag wuchs unsere Besorgnis. **11** vertreiben, verbringen ◇ *We sang songs to pass the time.* Wir sangen Lieder um uns die Zeit zu vertreiben.
• **Prüfung** **12** bestehen **13** **~ sb** jdn bestehen lassen
• **genehmigen** **14** *(Gesetz)* verabschieden; *(Antrag etc.)* genehmigen **15** durchgehen lassen, hingenommen werden ◇ *I couldn't let that pass without comment.* Ich konnte das nicht kommentarlos durchgehen lassen.
• **geschehen** **16** vorfallen, passieren ◇ *His departure passed unnoticed.* Niemand bemerkte, dass er wegging. ◇ *A few remarks passed between them.* Sie wechselten ein paar Worte. **17** **~ from sth to/into sth** von etw in etw übergehen ◇ *She had passed from childhood to early womanhood.* Aus dem Kind war eine junge Frau geworden.
• **aufgeben** **18** *(in Kartenspielen)* passen **19** **~ (on sth)** ◇ *Thanks. I'm going to pass on dessert, if you don't mind.* Nein danke. Keine Nachspeise für mich. **20** **~ (on sth)** *(nicht weiterwissen)* (bei etw) passen
• **andere Ausdrücke** **21** *(Bemerkung)* machen; *(Urteil)* fällen; *(Strafe)* verhängen **22** (MED) ausscheiden ◇ *If you're passing blood you ought to see a doctor.* Bei Blut im Urin oder Stuhl sollten Sie zum Arzt gehen. ◇ *pass water* Wasser lassen
IDM **come to pass** *(veraltet) (geschehen)* sich begeben **not pass your lips** **1** nicht über die Lippen kommen **2** ◇ *He never allowed a drop of alcohol to pass his lips.* Er hat nie im Leben auch nur einen Tropfen Alkohol getrunken. **pass the ˈhat round/around** *(umgs)* den Hut herumgehen lassen **pass ˈmuster** akzeptabel sein **pass the time of ˈday (with sb)** (mit jdm) ein paar Worte wechseln
PHR V **ˈpass as sb/sth** = pass for/as sb/sth **ˌpass aˈway**; **pass ˈon** **1** verscheiden **2** untergehen ◇ *civilizations that have passed away* untergangene Kulturen **ˌpass ˈby (sb/sth)** (an jdm/etw) vorbeigehen/-fahren/-ziehen **ˌpass sb/sth ˈby** an jdm/etw vorübergehen ◇ *She feels that life is passing her by.* Sie hat das Gefühl, dass das Leben an ihr vorübergeht. ◇ *The whole business passed him by.* Die ganze Angelegenheit hat ihn kaum berührt. **ˌpass sth ˈdown** *(oft passiv)* etw weitergeben, etw überliefern **ˈpass for/as sb/sth** für jdn/etw gehalten werden ◇ *He speaks the language so well he could easily pass for a German.* Sein Deutsch ist so gut, dass man ihn leicht für einen Deutschen halten könnte. **ˈpass into sth** in etw eingehen ◇ *Many foreign words have passed into the English language.* Das Englische hat viele Fremdwörter übernommen. ◇ *His deeds have passed into legend.* Seine Taten sind Legende geworden. **ˌpass ˈoff** *(BrE)* verlaufen **ˌpass sb/yourself/sth ˈoff as sb/sth** jdn/sich/etw als jdn/etw ausgeben **ˌpass ˈon** = PASS **ˌpass ˈon (to sth)** zu etw übergehen ◇ *Let's pass on to the next item on the agenda.* Gehen wir zum nächsten Punkt auf der Tagesordnung über. **ˌpass sth ˈon (to sb)** etw (an jdn) weitergeben ◇ *Pass the book on to me when you've finished with it.* Gib mir das Buch, wenn du damit fertig bist. **ˌpass ˈout** ohnmächtig werden **ˌpass ˈout (of sth)** *(BrE)* seine Ausbildung (an einer Militärakademie) abschließen **ˌpass sb ˈover** jdn übergehen ◇ *He was passed over in favour of a younger man.* Man überging ihn zugunsten eines jüngeren Mannes. **ˌpass ˈover sth** etw (stillschweigend) übergehen **ˌpass ˈthrough** durchreisen ◇ *be passing through* auf der Durchreise sein **ˌpass sth ˈup** *(umgs)* sich etw entgehen lassen
▸ ***Nomen*** **1** *(bes BrE)* bestandene Prüfung ◇ *She got a pass in French.* Sie hat ihre Französischprüfung bestanden. ◇ *There were 21 passes and 3 fails.* 21 haben bestanden und drei sind durchgefallen. ◇ *Two A-level passes are needed for this course.* Für dieses Studium muss man „A-Level"-Abschlüsse in zwei Fächern haben. ◇ *The pass mark is 50%.* Zum Bestehen der Klausur müssen mindestens 50% der Punkte erreicht werden. ◇ *The school has a 90% pass rate.* An dieser Schule bestehen 90% der Schüler ihre Abschlussprüfungen. **2** Ausweis ◇ *a monthly bus pass* eine Monatskarte für den Bus ◇ *a security pass* ein Passierschein **3** (SPORT) Pass, Vorlage **4** *(Gebirgs-)* Pass **5** ◇ *The helicopter made several passes over the village.* Der Hubschrauber flog mehrere Male über das Dorf. **6** Arbeitsschritt IDM **come to such a ˈpass**; **come to a pretty ˈpass** *(veraltet oder*

hum) ◇ *Things have come to a pretty pass when we can't afford to pay the heating bills!* So weit ist es also gekommen, dass wir nicht einmal die Heizrechnung bezahlen können! **make a pass at sb** (*umgs*) jdn anmachen

pass·able /ˈpɑːsəbl; *AmE* ˈpæsə-/ *Adj* **1** passabel **2** befahrbar, gangbar

pass·ably /ˈpɑːsəbli; *AmE* ˈpæsə-/ *Adv* leidlich, einigermaßen

pas·sage 0➡ /ˈpæsɪdʒ/ *Nomen* **1** (*auch* ˈ**pas·sage·way**) (Durch)gang, Korridor ◇ *a secret underground passage* ein geheimer unterirdischer Gang **2** (ANAT) (*Gehör- etc.*) Gang; (*Atem-/Harn- etc.*) Weg(e); (*Verdauungs-*) Trakt ◇ *blocked nasal passages* eine verstopfte Nase ◇ *the back passage* der After **3** (*eines Buches/Musikstücks etc.*) Passage **4 in/with the ~ of time** (*gehoben*) im Verlauf der Zeit, mit der Zeit **5** (*einer Gesetzesvorlage*) parlamentarische Behandlung, Verabschiedung ◇ *The bill is now guaranteed an easy passage through the House of Representatives.* Der Gesetzesentwurf wird nun vom Repräsentantenhaus ohne größere Schwierigkeiten angenommen werden. **6** [Sing] Überfahrt **7** [Sing] **a ~ (through sth)** ein Durchgang (durch etw), eine Durchfahrt (durch etw) ◇ *The officers forced a passage through the crowd.* Die Beamten bahnten sich einen Weg durch die Menge. **8** (*gehoben*) Durchgehen **9** [meist Sing/U] Durchreise(erlaubnis) ➔ *Siehe auch* BIRD OF PASSAGE *und* RITE OF PASSAGE

pass·book /ˈpɑːsbʊk; *AmE* ˈpæs-/ *Nomen* Sparbuch

passé /ˈpæseɪ, ˈpɑːseɪ; *AmE* pæˈseɪ/ *Adj* überholt, passé

pas·sen·ger 0➡ /ˈpæsɪndʒə(r)/ *Nomen* **1** Passagier(in), Fluggast, Mitfahrer(in), Beifahrer(in) ◇ *a passenger train* ein Personenzug **2** (*bes BrE, umgs, abwert*) Drückeberger(in), Nichtstuer(in) ◇ *The firm cannot afford to carry passengers.* Die Firma kann es sich nicht leisten Leute durchzuschleppen.

ˌ**passer-ˈby** *Nomen* (*Pl* **passers-by**) Passant(in)

ˌ**pass-ˈfail** *Adj, Adv* (*AmE*) = beschreibt eine Methode der Leistungsmessung, in der es keine Noten, sondern nur „bestanden" oder „nicht bestanden" gibt

pas·sim /ˈpæsɪm/ *Adv* passim, an verschiedenen Stellen

pass·ing 0➡ /ˈpɑːsɪŋ; *AmE* ˈpæsɪŋ/ *Nomen, Adj*

▸ ***Nomen*** **1 the ~ of time/the years** das Vergehen der Zeit ◇ *with the passing of time* im Lauf der Zeit **2** (*gehoben*) Niedergang; (*eines Jahres*) Ausklang; (*Tod*) Hinscheiden **3** (*einer Gesetzesvorlage etc.*) Verabschiedung IDM **in passing** beiläufig

▸ ***Adj*** [nur vor Nomen] **1** vorübergehend; (*Blick, Gedanke, Ähnlichkeit*) flüchtig; (*Bemerkung, Hinweis*) beiläufig **2** vorbeifahrend, vorbeikommend

pas·sion /ˈpæʃn/ *Nomen* **1** Leidenschaft ◇ *a crime of passion* ein Verbrechen aus Leidenschaft ◇ *Passions were running high at the meeting.* In der Versammlung schlug die Erregung hohe Wellen. **2** [Sing] (*gehoben*) erregter Zustand ◇ *fly into a passion* einen Wutanfall bekommen **3 the Passion** [Sing] die Passion, die Leiden Christi ◇ *a passion play* ein Passionsspiel

pas·sion·ate /ˈpæʃənət/ *Adj* (*Adv* **pas·sion·ate·ly**) leidenschaftlich

ˈ**passion flower** *Nomen* Passionsblume

ˈ**passion fruit** *Nomen* (*Pl* **pas·sion fruit**) Maracuya, Passionsfrucht

pas·sion·less /ˈpæʃnləs/ *Adj* (*selten*) leidenschaftslos

pas·sive /ˈpæsɪv/ *Adj, Nomen*

▸ ***Adj*** (*Adv* **pas·sive·ly**) **1** passiv **2** (LING) passiv, Passiv-

▸ ***Nomen*** (*auch* ˌ**passive** ˈ**voice**) (LING) Passiv

ˌ**passive** ˈ**smoking** *Nomen* passives Rauchen

pas·siv·ity /pæˈsɪvəti/ *Nomen* Passivität

ˈ**pass key** *Nomen* Hauptschlüssel, Generalschlüssel

Pass·over /ˈpɑːsəʊvə(r); *AmE* ˈpæsoʊ-/ *Nomen* Passah

pass·port 0➡ /ˈpɑːspɔːt; *AmE* ˈpæspɔːrt/ *Nomen* **1** (Reise)pass **2** (*fig*) **~ to sth** Schlüssel zu etw ◇ *the passport to success* der Schlüssel zum Erfolg

pass·word /ˈpɑːswɜːd; *AmE* ˈpæswɜːrd/ *Nomen* **1** Kennwort **2** (COMP) Passwort

past 0➡ /pɑːst; *AmE* pæst/ *Adj, Nomen, Präp, Adv*

▸ ***Adj*** **1** [nur vor Nomen] vergangene(r,s), frühere(r,s), ehemalige(r,s) ◇ *come to terms with past events* mit den Ereignissen der Vergangenheit fertig werden ◇ *from past experience* aus Erfahrung ◇ *in times past* in alten/früheren/vergangenen Zeiten ◇ *It's all past history.* Das ist alles Vergangenheit. **2** [nur vor Nomen] letzte(r,s) ◇ *in the past few weeks* in den letzten Wochen **3** [nicht vor Nomen] vorbei ◇ *The time for discussion is past.* Die Zeit für Diskussionen ist vorbei. **4** (LING) [nur vor Nomen] Vergangenheits-

▸ ***Nomen*** **1** Vergangenheit ◇ *the recent past* die jüngste Vergangenheit ◇ *I used to go there often in the past.* Dort bin ich früher oft hingegangen. **2 the past** = PAST TENSE IDM ➔ DISTANT *und* LIVE[1]

▸ ***Präp*** **1** (*bei Zeitangaben*) nach ◇ *ten past six* zehn nach sechs ◇ *half past two* halb drei ◇ *It's well past your bedtime.* Du solltest schon längst im Bett sein. **2** (*bei Ortsangaben*) nach, hinter **3** an … vorbei, an … vorüber ◇ *He just walked straight past us!* Er lief einfach an uns vorbei! **4** über (etw hinaus) ◇ *She's past forty.* Sie ist über vierzig. ◇ *Unemployment is now past the 3 million mark.* Die Arbeitslosigkeit hat jetzt die 3-Millionen-Grenze überschritten. ◇ *The flowers are past their best.* Die Blumen sind nicht mehr frisch. ◇ *I'm past caring what happens.* Es kümmert mich nicht mehr, was passiert. ◇ *I didn't get past the first question in the exam.* Ich kam über die erste Frage im Examen nicht hinaus. IDM ˈ**past it** (*BrE, umgs*) zu alt ◇ *That overcoat is looking decidedly past it.* Der Mantel sieht ziemlich abgetragen aus. ➔ *Siehe auch* PUT

▸ ***Adv*** vorbei, vorüber ◇ *walk past* vorbeigehen ◇ *A week went past.* Eine Woche verging.

pasta /ˈpæstə; *AmE* ˈpɑːstə/ *Nomen* [U] Teigwaren, Nudeln

paste /peɪst/ *Nomen, Verb*

▸ ***Nomen*** **1** [Sing] Brei **2** (*meist in Zusammensetzungen*) Paste, (Brot)aufstrich ◇ *tomato paste* Tomatenmark **3** Kleister **4** Strass

▸ ***Verb*** **1** (an-/ein-/zusammen)kleben **2** (COMP) einfügen

pas·tel /ˈpæstl; *AmE* pæˈstel/ *Nomen* **1** [U] Pastell **2 pastels** [Pl] Pastellstifte, Pastellkreiden **3** Pastellzeichnung **4** Pastellton

pas·tern /ˈpæstən; *AmE* -stərn/ *Nomen* (*beim Pferd*) Fessel

pas·teur·iza·tion (*BrE auch* **-isa·tion**) /ˌpɑːstʃəraɪˈzeɪʃn; *AmE* ˌpæstʃərə-/ *Nomen* Pasteurisierung

pas·teur·ize (*BrE auch* **-ise**) /ˈpɑːstʃəraɪz; *AmE* ˈpæs-/ *Verb* pasteurisieren

pas·tiche /pæˈstiːʃ/ *Nomen* **1** Persiflage ◇ *a pastiche of the classic detective story* eine Persiflage auf den klassischen Detektivroman **2** Pastiche

pas·tille /ˈpæstəl; *AmE* pæˈstiːl/ *Nomen* (*bes BrE*) Pastille

pas·time /ˈpɑːstaɪm; *AmE* ˈpæstaɪm/ *Nomen* Zeitvertreib, Hobby

past·ing /ˈpeɪstɪŋ/ *Nomen* [Sing] (*bes BrE, umgs*) **1 get/take a ~** in die Pfanne gehauen werden **2 give sb a ~** jdn in die Pfanne hauen

ˌ**past** ˈ**master** *Nomen* (*fig*) Meister(in) ◇ *She's a past master at getting what she wants.* Sie versteht es meisterhaft, ihren Willen durchzusetzen.

pas·tor /ˈpɑːstə(r); *AmE* ˈpæstər/ *Nomen* Pfarrer(in), Pastor(in)

pas·tor·al /ˈpɑːstərəl; *AmE* ˈpæstə-/ *Adj* **1** seelsorgerisch, pastoral ◇ *pastoral care* Seelsorge ◇ *pastoral care of students* soziale Betreuung der Schüler/Studenten **2** ländlich, idyllisch, pastoral ◇ *a pastoral poem* ein Hirten-/Schäfergedicht **3** (*Landwirtschaft*) Weide-

past ˈparticiple *Nomen* (LING) Partizip Perfekt

ˌpast ˈperfect (*auch* **ˌpast ˌperfect ˈtense**) *Nomen* (LING) Plusquamperfekt

pas·trami /pæˈstrɑːmi/ *Nomen* = stark gewürztes geräuchertes Rindfleisch

pas·try /ˈpeɪstri/ *Nomen* (*Pl* **-ies**) **1** (*für Pasteten etc.*) Teig **2** Gebäck(stück)

ˈpastry cook *Nomen* Konditor(in)

ˌpast ˈtense (*auch* **past**) *Nomen* (LING) Vergangenheit

pas·ture /ˈpɑːstʃə(r); *AmE* ˈpæs-/ *Nomen, Verb*

▸ ***Nomen*** Weide(land), Weidegrund ◇ *The cattle were put out to pasture.* Das Vieh wurde auf die Weide getrieben. ◇ (*fig*) *She decided it was time to move on to pastures new.* Sie fand, dass es an der Zeit war, sich nach etwas Neuem umzusehen.

▸ ***Verb*** weiden (lassen)

pas·ture·land /ˈpɑːstʃəlænd; *AmE* ˈpæstʃərlænd/ (*Fachspr* **pas·tur·age** /ˈpɑːstʃərɪdʒ; *AmE* ˈpæs-/) *Nomen* Weideland

pasty[1] /ˈpæsti/ *Nomen* (*Pl* **-ies**) (*BrE*) Pastete mit Fleisch- oder Gemüsefüllung ➔ *Siehe auch* CORNISH PASTY

pasty[2] /ˈpeɪsti/ *Adj* blass, käsig

pat /pæt/ *Verb, Nomen, Adj, Adv*

▸ ***Verb*** (**-tt-**) tätscheln ◇ *She patted the dog on the head.* Sie tätschelte dem Hund den Kopf. ◇ *pat your face dry* sich das Gesicht trocken tupfen IDM **pat sb/yourself on the ˈback** sich/jdm auf die Schulter klopfen

▸ ***Nomen*** **1** Klaps ◇ *He gave her knee an affectionate pat.* Er tätschelte ihr liebevoll das Knie. **2** (*Butter*) Stückchen IDM **a ˌpat on the ˈback (for sth)** ein Lob (für etw) ◇ *He deserves a pat on the back for all his hard work.* Man muss ihn wirklich loben für seine harte Arbeit.

▸ ***Adj*** (*abwert*) (zu) einfach, (zu) schnell

▸ ***Adv*** IDM **have/know sth off ˈpat** (*AmE* **have/know sth down ˈpat**) etw auswendig können ◇ *He had all the answers off pat.* Er hatte alle Antworten parat. **stand ˈpat** (*bes AmE*) keinen Zollbreit nachgeben

patch /pætʃ/ *Nomen, Verb*

▸ ***Nomen*** **1** Fleck, Stelle ◇ *patches of dense fog* stellenweise dichter Nebel ◇ *The ground is wet in patches.* Der Boden ist stellenweise nass. **2** Flicken **3** Augenklappe **4** (*bes AmE*) Abzeichen aus Stoff **5** Pflaster ◇ *nicotine patches* Nikotinpflaster **6** (*Land*) Stück ◇ *a vegetable patch* ein Gemüsebeet **7** (*BrE, umgs*) Revier ◇ *She had a lot of success in her home patch.* In ihrer Heimat war sie sehr erfolgreich. **8** (*umgs*) Phase ◇ *go through a bad/sticky patch* eine schwierige Phase durchmachen ➔ *Siehe auch* PURPLE PATCH IDM **not be a ˈpatch on sb/sth** nicht mit jdm/etw mithalten können

▸ ***Verb*** **~ sth (with sth)** etw (mit etw) flicken PHR V **ˌpatch sb ˈthrough (to sb/sth)** jdn (mit jdm/etw) telefonisch verbinden **ˌpatch sth toˈgether** etw zusammenschustern **ˌpatch sb ˈup** jdn zusammenflicken **ˌpatch sth ˈup** **1** etw zusammenflicken, etw notdürftig reparieren ◇ *They've patched up their marriage.* Sie haben ihre Ehe wieder gekittet. **2** (*Differenzen etc.*) beilegen ◇ *Have you tried patching things up with her?* Hast du versucht, dich mit ihr auszusöhnen? **3** etw zusammenschustern

patch·ily *Adv* ➔ PATCHY

patchi·ness /ˈpætʃinəs/ *Nomen* Unregelmäßigkeit; (*eines Buches, Films etc.*) unterschiedliche Qualität

patch·ouli /ˈpætʃʊli, pəˈtʃuːli/ *Nomen* Patschuli

patch·work /ˈpætʃwɜːk; *AmE* -wɜːrk/ *Nomen* **1** Patchwork ◇ *a patchwork quilt* eine Patchworkdecke **2** [Sing] bunte Mischung ◇ *a patchwork of fields* ein bunter Teppich von Feldern

patchy /ˈpætʃi/ *Adj* (*Adv* **patch·ily** /-tʃəli/) **1** stellenweise ◇ *patchy fog* stellenweise Nebel ◇ *patchy clouds* wechselnd bewölkt ◇ *patchy rain* gelegentliche Regenfälle **2** ungleichmäßig, uneinheitlich; (*Buch, Film, Darbietung etc.*) von unterschiedlicher Qualität; (*Wissen, Kenntnis etc.*) lückenhaft

pate /peɪt/ *Nomen* (*veraltet oder hum*) Kopf, Birne

pâté /ˈpæteɪ; *AmE* pɑːˈteɪ/ *Nomen* (*Leber-, etc.*) Pastete

pa·tel·la /pəˈtelə/ *Nomen* (*Pl* **pa·tel·lae** /-liː/) (ANAT) Kniescheibe

pa·tent *Nomen, Adj, Verb*

▸ ***Nomen*** /ˈpætnt; *BrE auch* ˈpeɪtnt/ Patent ◇ *obtain a patent on sth* etw patentieren lassen ◇ *protected by patent* patentrechtlich gesetzlich geschützt

▸ ***Adj*** /ˈpeɪtnt; *AmE auch* ˈpætnt/ [nur vor Nomen] **1** Patent- ◇ *patent applications* Patentanmeldungen **2** Marken- ◇ *patent medicines* Markenmedizin/patentrechtlich geschützte Arzneimittel **3** (*gehoben*) offenkundig, offensichtlich

▸ ***Verb*** /ˈpætnt; *BrE auch* ˈpeɪtnt/ patentieren lassen

pa·tent lea·ther /ˌpeɪtnt ˈleðə(r); *AmE meist* ˈpætnt leðər/ *Nomen* Lackleder ◇ *patent leather shoes* Lackschuhe

pa·tent·ly /ˈpætəntli; *BrE auch* ˈpeɪt-/ *Adv* (*gehoben*) offensichtlich, offenkundig ◇ *It was patently obvious that she was lying.* Es lag auf der Hand, dass sie log.

pa·ter·nal /pəˈtɜːnl; *AmE* pəˈtɜːrnl/ *Adj* (*Adv* **pa·ter·nal·ly** /-nəli/) väterlich ◇ *my paternal grandmother* meine Großmutter väterlicherseits

pa·ter·nal·ism /pəˈtɜːnəˌlɪzəm; *AmE* pəˈtɜːrn-/ *Nomen* (*manchmal abwertend*) Bevormundung

pa·ter·nal·is·tic /pəˌtɜːnəˈlɪstɪk; *AmE* pəˌtɜːrn-/ (*auch* **pater·nal·ist**) *Adj* paternalistisch, bevormundend

pa·ter·nity /pəˈtɜːnəti; *AmE* pəˈtɜːrn-/ *Nomen* (*gehoben*) Vaterschaft

paˈternity leave *Nomen* Vaterschaftsurlaub

paˈternity suit (*auch* **paˈternity case**) *Nomen* Vaterschaftsklage

path 0➔ /pɑːθ; *AmE* pæθ/ *Nomen* **1** Weg (*auch fig*), Pfad ◇ *the path to victory* der Weg zum Sieg ➔ *Siehe auch* FOOTPATH **2** Bahn, Weg ◇ *Three men blocked her path.* Drei Männer stellten sich ihr in den Weg. ◇ *He threw himself into the path of an oncoming car.* Er warf sich vor ein fahrendes Auto. ➔ *Siehe auch* FLIGHT PATH IDM ➔ BEAT, CROSS, LEAD[1] *und* SMOOTH

path·et·ic /pəˈθetɪk/ *Adj* (*Adv* **path·et·ic·al·ly** /-kli/) **1** Mitleid erregend, jämmerlich ◇ *a pathetic and lonely old man* ein jämmerlicher, einsamer alter Mann ◇ *The starving children were a pathetic sight.* Die hungernden Kinder waren ein Bild des Jammers. **2** (*umgs, abwert*) kläglich, jämmerlich, armselig ◇ *I know it sounds pathetic, but I can't ride a bike.* Ich weiß, es klingt lächerlich, aber ich kann nicht Rad fahren. ◇ *a pathetically small sum* eine lächerlich kleine Summe

paˌthetic ˈfallacy *Nomen* Vermenschlichung der Natur

patho·gen /ˈpæθədʒən/ *Nomen* (*Fachspr*) Krankheitserreger

patho·logic·al /ˌpæθəˈlɒdʒɪkl; *AmE* -ˈlɑːdʒɪ-/ *Adj* (*Adv* **patho·logic·al·ly** /-kli/) pathologisch, krankhaft

path·olo·gist /pəˈθɒlədʒɪst; *AmE* pəˈθɑːlə-/ *Nomen* Pathologe, Pathologin

path·ology /pəˈθɒlədʒi; *AmE* pəˈθɑːlə-/ *Nomen* Pathologie

pathos /ˈpeɪθɒs; *AmE* -θɑːs/ *Nomen* Pathos

path·way /ˈpɑːθweɪ; *AmE* ˈpæθ-/ *Nomen* Weg

pa·tience 0→ /ˈpeɪʃns/ *Nomen* **1** Geduld ◇ *My patience is wearing thin.* Meine Geduld geht zu Ende. ◇ *She has little patience with such views.* Für solche Ansichten hat sie nicht viel übrig. ◇ *People have lost patience with the slow pace of reform.* Die Leute haben das langsame Tempo der Reformen satt. **2** (*BrE*) Patience IDM → TRY

pa·tient 0→ /ˈpeɪʃnt/ *Nomen, Adj*

▸ ***Nomen*** Patient(in)

▸ ***Adj*** (*Adv* **pa·tient·ly** /-li/) geduldig ◇ *She's very patient with young children.* Sie hat viel Geduld mit kleinen Kindern. ◇ *You'll just have to be patient.* Du musst dich eben gedulden.

pat·ina /ˈpætɪnə; *AmE* pəˈtiːnə/ *Nomen* [meist Sing] **1** Patina **2** (Alters)glanz ◇ (*fig*) *the patina of success* der Glanz des Erfolges

patio /ˈpætiəʊ; *AmE* -tioʊ/ *Nomen* (*Pl* **-os**) Terrasse

pat·ois /ˈpætwɑː/ *Nomen* (*Pl* **pat·ois** /-wɑːz/) Mundart

patri·arch /ˈpeɪtriɑːk; *AmE* -ɑːrk/ *Nomen* **1** Familienoberhaupt **2** (ehrwürdiger) Greis **3** (REL) Patriarch

patri·arch·al /ˌpeɪtriˈɑːkl; *AmE* -ˈɑːrkl/ *Adj* patriarchalisch

patri·arch·ate /ˈpeɪtriɑːkət; *AmE* -ɑːrkət/ *Nomen* (*gehoben*) (*Gesellschaftsordnung*) Patriarchat

patri·archy /ˈpeɪtriɑːki; *AmE* -ɑːrki/ *Nomen* Patriarchat

pa·tri·cian /pəˈtrɪʃn/ *Nomen, Adj*

▸ ***Nomen*** Patrizier(in)

▸ ***Adj*** (*gehoben*) Patrizier-, patrizisch

patri·cide /ˈpætrɪsaɪd/ *Nomen* (*gehoben*) **1** Vatermord **2** Vatermörder(in)

patri·mony /ˈpætrɪməni; *AmE* -moʊni/ *Nomen* [Sing] (*gehoben*) **1** väterliches Erbe **2** (*Kultur-, Kunst-, etc.*) Erbe, Patrimonium

pat·riot /ˈpeɪtriət; *BrE auch* ˈpæt-/ *Nomen* Patriot(in)

pat·ri·ot·ic /ˌpeɪtriˈɒtɪk, ˌpæt-; *AmE* -ˈɑːtɪk/ *Adj* (*Adv* **pat·ri·oti·cal·ly** /-kli/) patriotisch

pat·ri·ot·ism /ˈpeɪtriətɪzəm; *BrE auch* ˈpæt-/ *Nomen* Patriotismus

pa·trol /pəˈtrəʊl; *AmE* pəˈtroʊl/ *Verb, Nomen*

▸ ***Verb*** (**-ll-**) ~ (**sth**) (in, durch, etc. etw) patrouillieren, (in, durch, etc. etw) Streife gehen/fahren

▸ ***Nomen*** **1** Streife, Runde, Rundgang ◇ *a police car on patrol* ein Polizeiwagen auf Streife ◇ *a police patrol* eine Polizeistreife **2** (MIL) Patrouille

pa·trol·man /pəˈtrəʊlmən; *AmE* pəˈtroʊl-/ *Nomen* (*Pl* **-men** /-mən/) **1** (*in den USA*) (Streifen)polizist **2** (*in GB*) Mitarbeiter der Straßenwacht

paˈtrol wagon *Nomen* (*AmE*) Gefangenenwagen

pa·trol·woman /pəˈtrəʊlwʊmən; *AmE* pəˈtroʊl-/ (*Pl* **-women** /-wɪmɪn/) *Nomen* (Streifen)polizistin

pat·ron /ˈpeɪtrən/ *Nomen* **1** Gönner(in), Mäzen **2** Schirmherr(in) → *Siehe auch* PATRON SAINT **3** (*gehoben*) Kunde, Kundin; (*Hotel- etc.*) Gast; (*Theater- etc.*) Besucher(in)

pat·ron·age /ˈpætrənɪdʒ, ˈpeɪt-/ *Nomen* **1** (finanzielle) Förderung **2** Schirmherrschaft **3** (*bes AmE*) Kundschaft

pat·ron·ize (*BrE auch* **-ise**) /ˈpætrənaɪz; *AmE* ˈpeɪt-/ *Verb* **1** (*abwert*) von oben herab behandeln, herablassend behandeln, gönnerhaft behandeln ◇ *Don't patronize me!* Red nicht in so einem gönnerhaften Ton mit mir! ◇ *Some television programmes patronize children.* Manche Kinderprogramme nehmen die Kinder nicht ernst genug. **2** (*gehoben*) frequentieren **3** fördern, unterstützen

pat·ron·iz·ing (*BrE auch* **-is·ing**) /ˈpætrənaɪzɪŋ; *AmE* ˈpeɪt-/ *Adj* (*Adv* **pat·ron·iz·ing·ly**, **-is·ing·ly**) (*abwert*) herablassend, gönnerhaft, überlegen ◇ *I was only trying to explain; I didn't want to sound patronizing.* Ich wollte es nur erklären; ich wollte nicht schulmeisterlich klingen.

ˌpatron ˈsaint *Nomen* Schutzheilige(r), Schutzpatron(in)

patsy /ˈpætsi/ *Nomen* (*Pl* **-ies**) (*bes AmE, umgs, abwert*) Einfaltspinsel, Schwächling, Sündenbock

pat·ter /ˈpætə(r)/ *Nomen, Verb*

▸ ***Nomen*** **1** [Sing] Getrappel; (*von Regen*) Prasseln **2** [U/Sing] Sprüche ◇ *sales patter* Vertretersprüche IDM **the patter of tiny ˈfeet** (*umgs oder hum*) ◇ *We can't wait to hear the patter of tiny feet.* Wir können es kaum erwarten, Kinder zu kriegen

▸ ***Verb*** **1** prasseln **2** trappeln, trippeln

pat·tern 0→ /ˈpætn; *AmE* -tərn/ *Nomen, Verb*

▸ ***Nomen*** **1** Schema, Muster ◇ *changing patterns of behaviour* sich ändernde Verhaltensmuster ◇ *an irregular sleeping pattern* ein unregelmäßiger Schlafrhythmus **2** [meist Sing] Vorbild, Muster(beispiel) **3** (*Verzierung, Probe*) Muster **4** Vorlage, Schnitt(muster), Strickanleitung

▸ ***Verb*** **1** (*mit Mustern versehen*) mustern **2** (*Fachspr*) (*Verhalten etc.*) prägen PHR V **ˈpattern sth on sth** (*AmE* **pattern sth after sth**) (*meist passiv*) etw einer Sache nachbilden, etw nach dem Vorbild einer Sache gestalten

pat·terned /ˈpætənd; *AmE* -tərnd/ *Adj* gemustert

patty /ˈpæti/ *Nomen* (*Pl* **-ies**) (*bes AmE*) Frikadelle

pau·city /ˈpɔːsəti/ *Nomen* [Sing] (*gehoben*) ~ (**of sth**) Mangel (an etw) ◇ *a paucity of information* ein Informationsdefizit

paunch /pɔːntʃ/ *Nomen* (dicker) Bauch

pau·per /ˈpɔːpə(r)/ *Nomen* (*veraltet*) Arme(r)

pause 0→ /pɔːz/ *Verb, Nomen*

▸ ***Verb*** **1** eine Pause einlegen/machen, pausieren, innehalten; (*im Reden*) zögern ◇ *pause for breath* Luft holen **2** (*CD etc.*) anhalten

▸ ***Nomen*** Pause ◇ *There was a long pause before she answered.* Sie schwieg lange, bevor sie antwortete. IDM **give (sb) pause** (*BrE auch* **give (sb) pause for thought**) (*gehoben*) (jdm) zu denken geben

pave /peɪv/ *Verb* (*oft passiv*) ~ **sth** (**with sth**) etw (mit etw) pflastern IDM **pave the ˈway (for sb/sth)** (jdm/etw) den Weg ebnen → *Siehe auch* STREET

pave·ment /ˈpeɪvmənt/ *Nomen* **1** (*BrE*) Bürgersteig, Gehsteig ◇ *a pavement cafe* ein Straßencafé **2** (*BrE*) Pflaster **3** (*AmE*) Fahrbahn

pa·vil·ion /pəˈvɪliən/ *Nomen* **1** (*auf einer Messe etc.*) Stand **2** (*BrE*) Klubhaus **3** (*AmE*) = Sporthalle **4** Pavillon

pav·ing /ˈpeɪvɪŋ/ *Nomen* [U] **1** Pflaster → *Siehe auch* CRAZY PAVING **2** Pflastersteine, Bodenplatten

ˈpaving stone *Nomen* Pflasterstein, Bodenplatte

paw /pɔː/ *Nomen, Verb*

▸ ***Nomen*** Pfote (*auch fig*), Pranke

▸ ***Verb*** **1** ~ (**at**) **sth** etw mit der Pfote/Tatze berühren, (an etw) scharren **2** (*manchmal hum*) befummeln

pawn /pɔːn/ *Nomen, Verb*

▸ ***Nomen*** **1** (*Schach*) Bauer **2** (*fig*) Schachfigur IDM **in ˈpawn** verpfändet; versetzt

▸ ***Verb*** verpfänden, versetzen

pawn·broker /ˈpɔːnbrəʊkə(r); *AmE* -broʊ-/ *Nomen* Pfandleiher(in)

pawn·shop /ˈpɔːnʃɒp; *AmE* -ʃɑːp/ *Nomen* Pfandleihe, Pfandhaus

paw·paw /ˈpɔːpɔː/ *Nomen* (*BrE*) Papaya

pay 0-**π** /peɪ/ *Nomen, Verb*

▸ ***Nomen*** Gehalt, Lohn, Bezahlung ◇ *They accepted a 3% pay offer.* Sie nahmen das Angebot einer Tariferhöhung von 3% an. ◇ *holiday pay* Lohnfortzahlung während des Urlaubs ◇ *make a pay claim* eine Gehaltserhöhung fordern ➜ *Siehe auch* SICK PAY **IDM** **be in the pay of sb/sth** (*meist abwert*) für jdn arbeiten

▸ ***Verb*** (**pay·ing, paid, paid** /peɪd/) **1** zahlen; **~ for sth** etw bezahlen ◇ *Are you paying in cash or by credit card?* Zahlen Sie bar oder mit Kreditkarte? ◇ *pay cash* bar zahlen ◇ *Her parents paid for her to go to Canada.* Ihre Eltern bezahlten ihr die Reise nach Kanada. ◇ *I paid her for the tickets.* Ich habe ihr das Geld für die Karten gegeben. ◇ *Would you mind paying the taxi driver?* Würdest du das Taxi zahlen? ◇ *We paid him $3 000 for the car.* Wir haben ihm 3 000 $ für den Wagen gezahlt. ◇ *Membership fees should be paid to the secretary.* Mitgliedsbeiträge sollten bei der Sekretärin entrichtet werden. ◇ *I'm paid €100 a day.* Ich bekomme 100€ pro Tag. ➜ *Siehe auch* LOW-PAID **2** rentabel sein ◇ *It's hard to make farming pay.* Es ist schwierig Landwirtschaft rentabel zu machen. **3** sich bezahlt machen, sich lohnen ◇ *Crime doesn't pay.* Verbrechen lohnt sich nicht. ◇ *It would probably pay you to hire an accountant.* Es würde sich für dich wahrscheinlich lohnen einen Steuerberater einzustellen. **4** ~ (**for sth**) (für etw) büßen ◇ *Many people paid with their lives.* Viele Leute mussten mit dem Leben bezahlen. **5** (*mit bestimmten Nomina*) ◇ *pay a call/a visit on sb* jdm einen Besuch abstatten ◇ *I didn't pay attention.* Ich habe nicht aufgepasst. ◇ *I didn't pay attention to what she was saying.* Ich schenkte ihren Worten keine Beachtung. ◇ *The director paid tribute to all she had done for the charity.* Der Direktor würdigte ihre Arbeit für die Wohlfahrtsorganisation. ◇ *pay sb compliments* jdm Komplimente machen **IDM** **the 'devil/'hell to pay** (*umgs*) ◇ *There'll be hell to pay when he finds out.* Wenn er draufkommt, wird der Teufel los sein. **he who pays the piper calls the 'tune** wes Brot ich ess, des Lied ich sing **pay 'court to sb** (*veraltet*) jdn hofieren **pay 'dividends** sich auszahlen; sich rentieren **ˌpay for it'self** sich bezahlt machen **pay its 'way** rentabel sein **pay the 'penalty (for sth)**; **pay a/the 'price (for sth)** (für etw) büßen müssen; einen/den Preis (für etw) zahlen **pay your re'spects (to sb)** (*gehoben*) jdm seine Aufwartung machen ◇ *pay your last respects to sb* jdm die letzte Ehre erweisen **pay through the 'nose (for sth)** (*umgs*) (für etw) tief in die Tasche greifen müssen **pay your 'way** (*umgs*) für sich selbst aufkommen **put 'paid to sth** (*umgs*) etw zunichtemachen ➜ *Siehe auch* ARM, HEED *und* LIPSERVICE **PHR V** **ˌpay sb (sth) 'back** jdm etw zurückzahlen **ˌpay sth 'back (to sb)** etw (jdm) zurückzahlen ◇ *I'll pay you back next week.* Ich zahle es dir nächste Woche zurück. **ˌpay sb 'back** es jdm heimzahlen **ˌpay sb 'back for sth** jdm etw heimzahlen ◇ *I'll pay him back for making me look like a fool in front of everyone.* Das wird er mir büßen, dass er mich vor allen Leuten blamiert hat. **ˌpay sth 'down** (*AmE*) abzahlen, abstottern ◇ *She used the money to pay down her mortgage.* Sie nahm das Geld, um einen Teil ihrer Hypothek abzuzahlen. **ˌpay sth 'in** etw einzahlen **'pay sth into sth** etw auf etw einzahlen **ˌpay 'off** (*umgs*) sich auszahlen **ˌpay sb 'off** **1** jdn ausbezahlen **2** (*umgs*) jdm Schmiergeld zahlen, jdn bestechen **ˌpay sth 'off** etw abzahlen **ˌpay sth 'out** **1** etw ausgeben ◇ *I had to pay out £500 to get my car repaired.* Die Reparatur an meinem Auto hat mich £500 gekostet. **2** (*Seil, Tau etc.*) etw ablaufen lassen **ˌpay 'up** zahlen ◇ *I had a hard time getting him to pay up.* Es war schwer, das Geld aus ihm rauszukriegen.

pay·able /'peɪəbl/ *Adj* [nicht vor Nomen] **1** zahlbar, fällig ◇ *A 10% deposit is payable in advance.* Eine Anzahlung von 10% ist im Voraus zu zahlen. **2 make a cheque ~ to sb** einen Scheck auf jdn ausstellen

ˌpay as you 'earn = PAYE

pay·back /'peɪbæk/ *Nomen* **1** Rendite, Amortisation **2** Belohnung, Gegenleistung, Revanche

'pay channel *Nomen* Pay-TV-Kanal

'pay cheque (*AmE* **pay·check** /'peɪtʃek/) *Nomen* **1** Gehaltsscheck ◇ *when my pay check arrives* wenn mein Gehalt überwiesen wird **2** (*bes AmE*) Gehalt ◇ *a huge paycheck* ein fürstliches Gehalt

pay·day /'peɪdeɪ/ *Nomen* Zahltag

'pay dirt *Nomen* (*bes AmE*) abbauwürdiges Erzlager **IDM** **hit/strike 'pay dirt** (*umgs*) einen Volltreffer landen

PAYE /ˌpiː eɪ waɪ 'iː/ *Kurzform von* **pay as you earn** = System, bei dem die Lohnsteuer direkt abgezogen wird

payee /ˌpeɪ'iː/ *Nomen* (*Fachspr*) Zahlungsempfänger(in)

payer /'peɪə(r)/ *Nomen* Zahler(in) ◇ *mortgage payers* Hypothekenschuldner(in) ◇ *The company are not very good payers.* Die Firma hat eine schlechte Zahlungsmoral.

ˌpaying 'guest *Nomen* zahlender Gast

pay·load /'peɪləʊd; *AmE* -loʊd/ *Nomen* (*Fachspr*) **1** Nutzlast **2** Ladung **3** Bombenladung

pay·mas·ter /'peɪmɑːstə(r); *AmE* -mæstər/ *Nomen* **1** (*meist abwert*) Geldgeber(in) **2** Zahlmeister(in)

pay·ment 0-**π** /'peɪmənt/ *Nomen* **1** (Be)zahlung, Begleichung, Abzahlung ◇ *method of payment* Zahlungsweise ◇ *the payments on my car* die Abzahlungen für mein Auto ◇ *ten monthly payments of £50* zehn Monatsraten von 50 Pfund ◇ *We need to agree on a figure as payment for the work.* Wir müssen einen Betrag als Entlohnung für die Arbeit festlegen. ➜ *Siehe auch* BALANCE OF PAYMENTS **2** [U/Sing] (*fig*) Entgelt, Lohn

'pay-off *Nomen* (*umgs*) **1** Schmiergeld, Bestechungsgeld **2** Abfindungssumme **3** (*fig*) Belohnung, Vorteil

pay·out /'peɪaʊt/ *Nomen* Auszahlung

'pay packet *Nomen* (*BrE*) Lohntüte

pay·phone /'peɪfəʊn; *AmE* -foʊn/ *Nomen* öffentliches Telefon, Münztelefon

pay·roll /'peɪrəʊl; *AmE* -roʊl/ *Nomen* **1** Lohn-/Gehaltsliste ◇ *We have 500 people on the payroll.* Wir haben 500 Beschäftigte. **2** Lohn-/Gehaltssumme

pay·slip /'peɪslɪp/ *Nomen* (*BrE*) Lohn-/Gehaltsstreifen

PC /ˌpiː 'siː/ **1** *Kurzform von* **personal computer** PC **2** *Kurzform von* **police constable** (*BrE*) Polizeimeister ➜ *Siehe auch* WPC **3** *Kurzform von* **politically correct** politisch korrekt

PCSO /ˌpiː siː es 'əʊ; *AmE* 'oʊ/ *Abk Kurzform von* **police community support officer** (*in England und Wales*) Hilfspolizist(in)

PDA /ˌpiː diː 'eɪ/ *Kurzform von* **personal digital assistant** PDA

PDF /ˌpiː diː 'ef/ (*auch* **ˌPD'F file**) *Kurzform von* **Portable Document Format** (COMP) PDF-Datei

PE (*AmE* **P.E.**) /ˌpiː 'iː/ *Kurzform von* **physical education** [U] (Schul)sport, Leibesübungen ◇ *a PE lesson* eine Sport-/Turnstunde

pea /piː/ *Nomen* Erbse ➜ *Siehe auch* CHICKPEA, MUSHY PEAS, SPLIT PEA *und* SWEET PEA

peace 0-**π** /piːs/ *Nomen* **1** Friede(n) ◇ *A UN force has been sent to keep the peace.* Eine UN-Einheit wurde zur Sicherung des Friedens entsandt. **2** Ruhe ◇ *I need to phone him, just for my own peace of mind.* Ich muss ihn anrufen, sonst habe ich keine Ruhe. ◇ *He never felt really at peace (with himself).* Er ist nie so recht mit sich (selbst) ins Reine gekommen. **3** Frieden ◇ *They can't live in peace with each other.* Sie können nicht in Frieden miteinander leben. ◇ *She felt at peace with the world.* Sie fühlte sich in Eintracht mit der Welt. → *Siehe auch* BREACH *und* JUSTICE OF THE PEACE **IDM** ˌ**hold your ˈpeace/ˈtongue** (*veraltet*) schweigen **make (your) peace with sb** sich mit jdm aussöhnen → *Siehe auch* WICKED

peace·able /ˈpiːsəbl/ *Adj* (*Adv* **peace·ably** /-bli/) **1** friedlich **2** friedfertig

peace·ful 0➡ /ˈpiːsfl/ *Adj* (*Adv* **peace·ful·ly** /-fəli/) **1** friedlich **2** ruhig ◇ *The baby slept peacefully in the corner.* Das Baby schlief ruhig in der Ecke. **3** friedfertig

peace·keep·ing /ˈpiːskiːpɪŋ/ *Adj* [nur vor Nomen] Friedens- ◇ *peacekeeping operations* Maßnahmen zur Friedenssicherung ◇ *a United Nations peacekeeping force* eine UN-Friedenstruppe

peace·maker /ˈpiːsmeɪkə(r)/ *Nomen* Friedensstifter(in)

ˈ**peace offering** *Nomen* Versöhnungsgeschenk

peach /piːtʃ/ *Nomen, Adj*
▸ ***Nomen*** **1** Pfirsich **2** (*umgs, veraltet*) ◇ *an absolute peach of a job* ein Traumjob **3** (*Farbe*) Pfirsichton
▸ ***Adj*** pfirsichfarben

peachy /ˈpiːtʃi/ *Adj* **1** Pfirsich- ◇ *pale peachy skin* blasse Pfirsichhaut **2** (*AmE, umgs*) klasse

pea·cock /ˈpiːkɒk; *AmE* -kɑːk/ *Nomen* Pfau

ˌ**pea-ˈgreen** *Adj* erbsengrün

pea·hen /ˈpiːhen/ *Nomen* Pfauenhenne

peak 0➡ /piːk/ *Nomen, Verb, Adj*
▸ ***Nomen*** **1** [meist Sing] Höhepunkt, Höchststand ◇ *the peaks and troughs of married life* die Höhen und Tiefen des Ehelebens → *Siehe auch* OFF-PEAK **2** Gipfel ◇ *halfway up the peak* auf halbem Weg zum Gipfel **3** Spitze **4** (*BrE*) (*Mützen-*) Schirm
▸ ***Verb*** den Höhepunkt erreichen, den Höchststand erreichen; (*Sportler*) in Höchstform sein
▸ ***Adj*** [nur vor Nomen] Höchst-, Spitzen- ◇ *the peak summer season* die Hochsaison im Sommer ◇ (*BrE*) *peak viewing time* Hauptsendezeit ◇ (*BrE*) *peak rate telephone calls* Telefongespräche zum Spitzentarif → *Siehe auch* OFF-PEAK

peaked /piːkt/ *Adj* **1** spitz **2** (*AmE*) kränklich

peaky /ˈpiːki/ *Adj* (*BrE, umgs*) kränklich

peal /piːl/ *Nomen, Verb*
▸ ***Nomen*** **1** ◇ *peals of laughter* schallendes Gelächter ◇ *peals of thunder* Donnerschläge **2** ~ **of bells** Glockengeläut(e), Kirchenglocken
▸ ***Verb*** **1** ~ **(out)** läuten **2** schallen ◇ *peal with laughter* schallend lachen

pea·nut /ˈpiːnʌt/ *Nomen* **1** Erdnuss ◇ *peanut butter* Erdnussbutter **2 peanuts** [Pl] (*umgs*) (*wenig Geld*) ein Klacks ◇ *work for peanuts* für einen Hungerlohn arbeiten ◇ *sell sth for peanuts* etw für ein Butterbrot verkaufen

pear /peə(r); *AmE* per/ *Nomen* Birne → *Siehe auch* PRICKLY PEAR

pearl /pɜːl; *AmE* pɜːrl/ *Nomen* **1** Perle (*auch fig*) **2** = MOTHER-OF-PEARL **3** [meist Sing] Tropfen ◇ *pearls of dew* Tautropfen **IDM** **cast, throw, etc. pearls beˌfore ˈswine** Perlen vor die Säue werfen **a ˌpearl of ˈwisdom** (*iron*) eine Weisheit ◇ *Thank you for those pearls of wisdom.* Deine Weisheiten kannst du für dich behalten.

pearly /ˈpɜːli; *AmE* ˈpɜːrli/ *Adj* perlmuttern ◇ *pearly white* perlweiß

ˈ**pear-shaped** *Adj* birnenförmig **IDM** **go ˈpear-shaped** (*BrE, umgs*) danebengehen

peas·ant /ˈpeznt/ *Nomen* **1** (Klein)bauer ◇ *a peasant woman* eine Bäuerin/Bauersfrau **2** (*umgs, abwert*) Prolet; (*ignorante Person*) Banause

peas·ant·ry /ˈpezntri/ *Nomen* [mit Verb im Sing/Pl] Bauernschaft, Bauerntum

pea-shoot·er /ˈpiː ʃuːtə(r)/ *Nomen* (*BrE*) Pusterohr

peat /piːt/ *Nomen* Torf

peaty /ˈpiːti/ *Adj* torfig, Torf-

peb·ble /ˈpebl/ *Nomen* Kieselstein

pecan /ˈpiːkən, pɪˈkæn; *AmE* pɪˈkɑːn/ *Nomen* Pekannuss

pecca·dillo /ˌpekəˈdɪləʊ; *AmE* -loʊ/ *Nomen* (*Pl* **-oes** *oder* **-os**) (*gehoben*) Fehltritt, Ausrutscher, Kavaliersdelikt

peck /pek/ *Verb, Nomen*
▸ ***Verb*** **1** ~ **(at sth)** (an etw) picken **2** ~ **sb (on sth)** (*umgs*) jdm (auf etw) ein Küßchen geben **IDM** **a/the ˈpecking order** (*umgs, oft hum*) eine/die Hackordnung; eine/die Rangordnung **PHR V** ˈ**peck at sth** (*beim Essen*) in etw herumstochern
▸ ***Nomen*** Küßchen

peck·er /ˈpekə(r)/ *Nomen* (*bes AmE, Slang*) (*Penis*) Schwanz **IDM** **keep your ˈpecker up** (*BrE, umgs*) die Ohren steif halten

peck·ish /ˈpekɪʃ/ *Adj* (*BrE, umgs*) (ein wenig) hungrig

pec·tin /ˈpektɪn/ *Nomen* Pektin

pec·toral /ˈpektərəl/ *Adj* Brust-, pektoral

pec·torals /ˈpektərəlz/ (*umgs* **pecs** /peks/) *Nomen* [Pl] Brustmuskeln

pe·cu·liar /pɪˈkjuːliə(r)/ *Adj* **1** sonderbar, eigenartig ◇ *He died in very peculiar circumstances.* Er starb unter sehr merkwürdigen Umständen. **2** ~ **(to sb/sth)** (jdm/etw) eigen, charakteristisch (für jdn/etw) ◇ *He has his own peculiar style which you soon get used to.* Er hat seinen eigenen Stil, an den man sich schnell gewöhnt. ◇ *a species of bird peculiar to Asia* eine Vogelart, die nur in Asien vorkommt **3** (*BrE, umgs*) unwohl

pe·cu·li·ar·ity /pɪˌkjuːliˈærəti/ *Nomen* (*Pl* **-ies**) **1** [U] Eigentümlichkeit, Eigenartigkeit **2** Eigenheit, Merkmal, Besonderheit ◇ *the cultural peculiarities of the English* die kulturellen Eigenheiten der Engländer **3** [U] Absonderlichkeit, Verschrobenheit

pe·cu·li·ar·ly /pɪˈkjuːliəli; *AmE* -ərli/ *Adv* (*meist gehoben*) **1** besonders **2** rein, ausschließlich ◇ *a peculiarly British problem* ein rein britisches Problem **3** seltsam, eigenartig

pe·cu·ni·ary /pɪˈkjuːniəri; *AmE* -nieri/ *Adj* (*gehoben*) finanziell, pekuniär

peda·gogic /ˌpedəˈgɒdʒɪk; *AmE* -ˈgɑːdʒɪk/ (*auch* **peda·gogic·al** /-dʒɪkl/) *Adj* (*Adv* **peda·gogic·ally** /-kli/) (*gehoben*) pädagogisch

peda·gogue /ˈpedəgɒg; *AmE* -gɑːg/ *Nomen* (*veraltet oder gehoben*) Pädagoge, Pädagogin

peda·gogy /ˈpedəgɒdʒi; *AmE* -gɑːdʒi/ *Nomen* (*Fachspr*) Pädagogik

pedal /ˈpedl/ *Nomen, Verb*
▸ ***Nomen*** Pedal ◇ *She pressed her foot down sharply on the brake pedal.* Sie trat voll auf die Bremse.
▸ ***Verb*** (**-ll-**, *AmE auch* **-l-**) **1** Rad fahren, radeln ◇ *I saw her pedalling along the canal bank.* Ich sah, wie sie mit dem Rad am Kanal entlangfuhr. **2** in die Pedale treten, strampeln (auf) ◇ *She was pedalling her exercise bike.* Sie war auf ihrem Heimtrainer. → *Siehe auch* BACK-PEDAL

ˈ**pedal bin** *Nomen* (*BrE*) Treteimer

ped·alo /ˈpedələʊ; *AmE* -loʊ/ *Nomen* (*Pl* **-oes** *oder* **-os**) (*BrE*) Tretboot

ped·ant /ˈpednt/ *Nomen* (*abwert*) Pedant(in)

pe·dan·tic /pɪˈdæntɪk/ *Adj* (*Adv* **pe·dan·tic·al·ly** /-kli/) (*abwert*) pedantisch

ped·ant·ry /ˈpedntri/ *Nomen* [U] (*abwert*) Pedanterie

ped·dle /ˈpedl/ *Verb* **1** hausieren (gehen), handeln mit ◇ *peddle illegal drugs* mit Drogen handeln **2** verbreiten ◇ *This line is being peddled by ministers.* Diese Linie wird von den Ministern vertreten.

ped·dler *Nomen (AmE)* = PEDLAR

ped·es·tal /ˈpedɪstl/ *Nomen* Sockel ◇ *a pedestal basin* ein Waschbecken mit Standsäule IDM **put/place sb on a ˈpedestal** jdn in den Himmel heben; jdn vergöttern → *Siehe auch* KNOCK

ped·es·trian /pəˈdestriən/ *Nomen, Adj*

▸ ***Nomen*** Fußgänger(in)

▸ ***Adj*** **1** [nur vor Nomen] Fußgänger- ◇ *a pedestrian crossing* ein Fußgängerüberweg ◇ *pedestrian accidents* Unfälle, bei denen Fußgänger betroffen sind **2** langweilig, fantasielos, fad

ped·es·tri·an·iza·tion (*BrE auch* **-isa·tion**) /pəˌdestriənaɪˈzeɪʃn; *AmE* -nəˈ-/ *Nomen* Einführung von Fußgängerzonen, Umwandlung in eine Fußgängerzone

ped·es·tri·an·ize (*BrE auch* **-ise**) /pəˈdestriənaɪz/ *Verb* in eine Fußgängerzone umwandeln

peˌdestrian ˈprecinct *Nomen (BrE)* Fußgängerzone

pedi·at·ri·cian, pedi·at·rics (*AmE*) = PAEDIATRICIAN *und* PAEDIATRICS

pedi·cure /ˈpedɪkjʊə(r); *AmE* -jʊr/ *Nomen* Fußpflege

pedi·gree /ˈpedɪɡriː/ *Nomen, Adj*

▸ ***Nomen*** Stammbaum, Ahnentafel; (*fig*) Vorgeschichte ◇ *She was proud of her long pedigree.* Auf ihre lange Ahnenreihe war sie stolz.

▸ ***Adj*** (*AmE* **pedi·greed**) [nur vor Nomen] (*Tier*) mit Stammbaum, Zucht-, reinrassig

pedi·ment /ˈpedɪmənt/ *Nomen* Giebel(dreieck)

ped·lar (*AmE* **ped·dler**) /ˈpedlə(r)/ *Nomen* Hausierer(in)

ped·ometer /peˈdɒmɪtə(r); *AmE* peˈdɑːm-/ *Nomen* Pedometer, Schrittzähler

pedo·phile, pedo·philia (*AmE*) = PAEDOPHILE *und* PAEDOPHILIA

pee /piː/ *Verb, Nomen*

▸ ***Verb*** (**peed, peed**) (*umgs*) pinkeln

▸ ***Nomen*** (*umgs*) **1** [Sing] (*BrE*) ◇ *go for a pee* pinkeln gehen ◇ (*BrE*) *have a pee* pinkeln ◇ (*AmE*) *take a pee* pinkeln gehen **2** Urin, Pipi

peek /piːk/ *Verb, Nomen*

▸ ***Verb*** **1** gucken; **~ at sth** etw verstohlen ansehen **2 ~ out/over/through, etc.** herausgucken, hervorgucken

▸ ***Nomen*** [Sing] kurzer Blick ◇ *I took a quick peek inside.* Ich guckte schnell mal rein.

peek·aboo /ˈpiːkəbuː/ *Nomen (bes AmE)* Guck-Guck-Spiel

peel /piːl/ *Verb, Nomen*

▸ ***Verb*** **1** (sich) schälen **2 ~ away/off/back** sich ablösen; **~ sth away/off/back** etw ablösen **3 ~ (off)** sich lösen **4** abblättern IDM → EYE PHR V **ˌpeel ˈoff 1** ausscheren **2** sich ausziehen **ˌpeel sth ˈoff** (*umgs*) etw abstreifen

▸ ***Nomen*** **1** (*Zitronen- etc.*) Schale **2 peels** [Pl] (*AmE*) Schalen

peel·er /ˈpiːlə(r)/ *Nomen (meist in Zusammensetzungen)* Schälmesser

peel·ings /ˈpiːlɪŋz/ *Nomen* [Pl] Schalen

peep /piːp/ *Verb, Nomen*

▸ ***Verb*** **1** (verstohlen) gucken, linsen; **~ at sth** einen Blick auf etw werfen ◇ *Could I just peep inside?* Könnte ich mal kurz reingucken? **2** (*gehoben*) hervorgucken **3** piepsen

▸ ***Nomen*** **1** [meist Sing] kurzer Blick, verstohlener Blick ◇ *He took a quick peep at the last page.* Er überflog kurz die letzte Seite. **2** [Sing] (*umgs*) Ton, Pieps, Mucks **3** (*von Vogel*) Piepsen **4** (*auch* **peep ˈpeep**) tut, tut

peep-bo /ˈpiːpbəʊ, ˈpi pəʊ; *AmE* ˈpiːpboʊ, ˈpiːpoʊ/ *Nomen (BrE)* Guck-Guck-Spiel

peep·hole /ˈpiːphəʊl; *AmE* -hoʊl/ *Nomen* Guckloch

ˌPeeping ˈTom *Nomen (abwert)* Spanner, Voyeur

ˈpeep show *Nomen* **1** Guckkasten(schau) **2** Peepshow

peer /pɪə(r); *AmE* pɪr/ *Nomen, Verb*

▸ ***Nomen*** **1** [meist Pl] Ebenbürtige(r), Gleichaltrige(r) ◇ *She enjoys the respect of her peers.* Sie genießt unter ihresgleichen großen Respekt. ◇ *Peer pressure is strong among young people.* Bei jungen Leuten ist der Einfluss der Clique stark. **2** (*in GB*) = Mitglied des hohen Adels → *Siehe auch* LIFE PEER

▸ ***Verb*** angestrengt schauen ◇ *We peered into the shadows.* Wir starrten in die Dunkelheit. ◇ *She kept peering over her shoulder.* Sie sah sich dauernd um. ◇ *He peered closely at the photograph.* Er betrachtete das Foto ganz genau.

peer·age /ˈpɪərɪdʒ; *AmE* ˈpɪrɪdʒ/ *Nomen* **1** [Sing] = Gesamtheit der Peers ◇ *a member of the peerage* ein Mitglied des Adels ◇ *be elevated to the peerage* in den Adelsstand erhoben werden **2** Peerswürde ◇ *accept a peerage* eine Ernennung zum Peer annehmen

peer·ess /ˈpɪəres; *AmE* ˈpɪrəs/ *Nomen* **1** weibliches Mitglied des hohen Adels in Großbritannien **2** Frau eines Peers

ˈpeer group *Nomen* Peergroup ◇ *She gets on well with her peer group.* Mit den anderen Gleichaltrigen kommt sie gut zurecht. ◇ *peer-group pressure* Druck der Clique

peer·less /ˈpɪələs; *AmE* ˈpɪrləs/ *Adj* (*gehoben*) unvergleichlich

peeve /piːv/ *Nomen* (*umgs*) IDM **be sb's ˌpet ˈpeeve** (*AmE*) jdm ein Dorn im Auge sein ◇ *Do you have a pet peeve?* Worüber ärgern Sie sich am meisten?

peeved /piːvd/ *Adj* (*umgs*) sauer, pikiert

peev·ish /ˈpiːvɪʃ/ *Adj* (*Adv* **peev·ish·ly**) gereizt, quengelig

pee·wit /ˈpiːwɪt/ *Nomen* Kiebitz

peg /peɡ/ *Nomen, Verb*

▸ ***Nomen*** **1** Haken, Pflock **2** = TENT PEG **3** (*BrE*) = CLOTHES PEG **4** = TUNING PEG IDM **ˌoff the ˈpeg** (*BrE*) von der Stange ◇ *off-the-peg fashions* Konfektionskleidung **ˌbring/ˌtake sb ˈdown a peg (or two)** jdn in seine Schranken weisen **a peg to ˈhang sth on** ein Aufhänger für etw → *Siehe auch* SQUARE

▸ ***Verb*** (**-gg-**) **1 ~ sth (out)** etw aufhängen; (*Zelt*) etw festpflocken **2** (*meist passiv*) **~ sth (at/to sth)** etw (auf etw) festsetzen ◇ *peg the exchange rate to the dollar* den Wechselkurs an den Dollar binden ◇ *Admission prices have been pegged.* Die Eintrittspreise wurden eingefroren. **3 ~ sb as sth** (*AmE, umgs*) jdn für etw halten ◇ *She pegged him as a big spender.* Ihrer Ansicht nach saß bei ihm das Geld locker. IDM → LEVEL PHR V **ˌpeg aˈway (at sth)** (*bes BrE, umgs*) (mit etw) weitermachen ◇ *She kept pegging away at her novel.* Sie arbeitete verbissen an ihrem Roman. **ˌpeg sb/sth ˈback** jdn/etw einholen **ˌpeg ˈout** (*BrE, umgs*) (*sterben*) abkratzen

ˈpeg leg *Nomen* (*umgs*) Holzbein

pe·jora·tive /pɪˈdʒɒrətɪv; *AmE* pɪˈdʒɔːr-/ *Adj* (*Adv* **pe·jora·tive·ly**) (*gehoben*) pejorativ, abwertend

Pe·kin·ese (*auch* **Pe·king·ese**) /ˌpiːkɪˈniːz/ *Nomen* (*Pl* **Pe·ki·ese** *oder* **Pe·kin·eses**) (*Hund*) Pekinese

peli·can /ˈpelɪkən/ *Nomen* Pelikan

ˌpelican ˈcrossing *Nomen* (*BrE*) = durch eine Ampel geregelter Fußgängerüberweg

pel·let /ˈpelɪt/ *Nomen* **1** Kügelchen, Pellet ◇ *slug pellets* Schneckenkörner **2** Schrotkugel

pel·met /ˈpelmɪt/ *Nomen* (*BrE*) Schabracke; (*aus Stoff*) Querbehang

pelt /pelt/ *Verb, Nomen*
- ***Verb*** **1** bewerfen, bombardieren **2** ~ (**down**) (herunter) prasseln ◇ *By now the rain was pelting down.* Inzwischen goss es in Strömen. **3** (*umgs*) rasen
- ***Nomen*** Fell IDM (**at**) ˈ**full pelt/tilt** mit Karacho

pel·vic /ˈpelvɪk/ *Adj* [nur vor Nomen] (ANAT) Becken-

pel·vis /ˈpelvɪs/ *Nomen* (ANAT) Becken

pen 0‑ᵣ /pen/ *Nomen, Verb*
- ***Nomen*** **1** Stift, Füller ◇ *Have you got a pen?* Hast du was zum Schreiben? ◇ *a pen-and-ink drawing* eine Federzeichnung ◇ *a new book from the pen of Martin Amis* ein neues Buch von Martin Amis **2** Pferch, Koben **3** (*AmE, Slang*) Knast IDM **put pen to ˈpaper** schreiben → *Siehe auch* SLIP
- ***Verb*** (**-nn-**) **1** (*gehoben*) schreiben, verfassen **2** ~ **sb/sth** (**in/up**) jdn/etw einpferchen, jdn/etw einsperren

penal /ˈpiːnl/ *Adj* **1** strafrechtlich, Straf- ◇ *the penal laws* das Strafgesetz ◇ *the penal system* das Strafrecht ◇ *a penal offence* eine Straftat ◇ *penal reforms* Strafrechtsreformen ◇ *a penal colony* eine Strafkolonie ◇ *penal servitude* Zwangsarbeit **2** harsch ◇ *penal rates of interest* völlig überhöhte Zinssätze

ˈ**penal code** *Nomen* Strafgesetzbuch, Strafgesetzordnung

pen·al·ize (*BrE auch* **-ise**) /ˈpiːnəlaɪz/ *Verb* **1** bestrafen, eine Strafe verhängen gegen **2** benachteiligen, diskriminieren

pen·alty /ˈpenəlti/ *Nomen* (*Pl* **-ies**) **1** Strafe ◇ *You can withdraw money from the account without penalty.* Sie können ohne Zinsverlust Geld von dem Konto abheben. **2** Nachteil **3** (SPORT) Strafstoß, Strafpunkt **4** (*Fußball*) Elfmeter IDM → PAY

ˈ**penalty area** (*auch* **area**; *BrE auch* ˈ**penalty box**) *Nomen* Strafraum

ˈ**penalty point** *Nomen* (*BrE*) Strafpunkt

ˌ**penalty ˈshoot-out** *Nomen* Elfmeterschießen

pen·ance /ˈpenəns/ *Nomen* **1** [meist Sing] (REL) Buße **2** [Sing] (*fig*) Strafe ◇ *She regards living here as a penance.* Hier zu leben ist eine Strafe für sie.

pence 0‑ᵣ *Form von* PENNY

pen·chant /ˈpɒ̃ʃɒ̃; *AmE* ˈpentʃənt/ *Nomen* (*gehoben*) Vorliebe, Schwäche

pen·cil 0‑ᵣ /ˈpensl/ *Nomen, Verb*
- ***Nomen*** Bleistift
- ***Verb*** (**-ll-**, *AmE* **-l-**) mit Bleistift zeichnen, schreiben etc. PHR V ˌ**pencil sth/sb ˈin** jdn/etw (vorläufig) vormerken

ˈ**pencil case** *Nomen* Federmäppchen

ˈ**pencil pusher** *Nomen* (*AmE, umgs, abwert*) Büromensch

ˈ**pencil sharpener** *Nomen* Bleistiftspitzer

pen·dant /ˈpendənt/ *Nomen* (*Schmuck*) Anhänger

pend·ing /ˈpendɪŋ/ *Präp, Adj*
- ***Präp*** (*gehoben*) bis zu ◇ *pending elections in May* bis zu den Wahlen im Mai ◇ *He was released pending further inquiries.* Er wurde freigelassen, während weitere Nachforschungen angestellt wurden.
- ***Adj*** (*gehoben*) **1** [nicht vor Nomen] (noch) unentschieden ◇ *Nine cases are still pending.* Neun Fälle sind noch anhängig. **2** ◇ *a pending tray* ein Ablagekorb (für noch nicht Erledigtes) **3** bevorstehend

ˈ**pen drive** *Nomen* Flash-Speicher

pen·du·lous /ˈpendjələs; *AmE* -dʒə-/ *Adj* (*gehoben*) herabhängend, Hänge-

pen·du·lum /ˈpendjələm; *AmE* -dʒə-/ *Nomen* Pendel (*auch fig*)

pene·trate /ˈpenətreɪt/ *Verb* **1** ~ (**into**) **sth** in etw eindringen, in etw vorstoßen **2** ~ (**through**) **sth** etw durchdringen ◇ *The knife had penetrated his chest.* Das Messer hatte seine Brust durchstochen. ◇ (*fig*) *The war penetrates every area of the nation's life.* Der Krieg ist in allen Lebensbereichen des Landes spürbar. **3** infiltrieren **4** durchschauen, ergründen **5** verstanden werden ◇ *None of my advice seems to have penetrated his thick skull.* Keiner meiner Ratschläge scheint ihm eingegangen zu sein. **6** (*sexuell*) eindringen in, penetrieren

pene·trat·ing /ˈpenətreɪtɪŋ/ *Adj* **1** durchdringend **2** (*Bemerkung etc.*) scharfsinnig

pene·tra·tion /ˌpenəˈtreɪʃn/ *Nomen* **1** Eindringen, Durchdringen ◇ *the penetration of overseas markets* die Eroberung ausländischer Märkte **2** (*sexuell*) Eindringen, Penetration

pene·tra·tive /ˈpenətrətɪv; *AmE* -treɪtɪv/ *Adj* **1** ◇ *penetrative sex* Geschlechtsverkehr mit Penetration **2** eindringend ◇ *the penetrative power of the weapon* die Durchschlagskraft der Waffe **3** eingehend

pen·friend /ˈpenfrend/ *Nomen* (*BrE*) Brieffreund(in)

pen·guin /ˈpeŋgwɪn/ *Nomen* Pinguin

peni·cil·lin /ˌpenɪˈsɪlɪn/ *Nomen* Penizillin

pen·in·sula /pəˈnɪnsjələ; *AmE* -sə-/ *Nomen* Halbinsel

pen·in·su·lar /pəˈnɪnsjələ(r); *AmE* -sə-/ *Adj* Halbinsel-

penis /ˈpiːnɪs/ *Nomen* Penis

peni·tence /ˈpenɪtəns/ *Nomen* (*gehoben*) Reue

peni·tent /ˈpenɪtənt/ *Adj, Nomen*
- ***Adj*** (*gehoben*) reuig, zerknirscht
- ***Nomen*** Büßer(in), reuige(r) Sünder(in)

peni·ten·tial /ˌpenɪˈtenʃl/ *Adj* (*gehoben*) reumütig

peni·ten·tiary /ˌpenɪˈtenʃəri/ *Nomen* (*Pl* **-ies**) (*umgs* **pen**) (*AmE*) Strafanstalt

pen·knife /ˈpennaɪf/ *Nomen* (*Pl* **-knives** /-naɪvz/) Taschenmesser

ˈ**pen name** *Nomen* Pseudonym, Schriftstellername

pen·nant /ˈpenənt/ *Nomen* **1** Wimpel **2** (*AmE*) (SPORT) Meisterschaftswimpel

pen·ni·less /ˈpeniləs/ *Adj* mittellos, arm

penny 0‑ᵣ /ˈpeni/ *Nomen* (*Pl* **pen·nies** /-niz/ *oder* **pence** /pens/) **1** (*BrE*) (*Abk* **p**) Penny **2** (*AmE*) Cent IDM ˌ**every ˈpenny** jeder Pfennig ˌ**in for a ˈpenny, ˌin for a ˈpound** (*BrE*) wennschon, dennschon **not a ˈpenny** kein(en) Pfennig; gar nichts ◇ *She hasn't got a penny to her name.* Sie hat keinen roten Heller. **the ˈpenny drops** (*bes BrE, umgs*) der Groschen fällt **a ˌpenny for your ˈthoughts; a penny for them** woran denkst du gerade? **turn up like a bad ˈpenny** (*umgs*) immer wieder auftauchen ˌ**two/ˌten a ˈpenny** **1** spottbillig **2** wie Sand am Meer → *Siehe auch* PINCH, PRETTY, SPEND *und* TWO

ˈ**penny-farthing** *Nomen* (*BrE*) Hochrad

ˈ**penny-pinching** *Adj, Nomen*
- ***Adj*** (*abwert*) knauserig
- ***Nomen*** Knauserei, Pfennigfuchserei

ˌ**penny ˈwhistle** *Nomen* Blechflöte

penny·worth /ˈpeniwɜːθ; *AmE* -wɜːrθ/ *Nomen* (*BrE, veraltet*) **1** ◇ *a pennyworth of sweets* Süßigkeiten für einen Penny **2** ◇ *It doesn't make a pennyworth of difference.* Es macht nicht den geringsten Unterschied. ◇ *I'm going to add my pennyworth.* Ich werde meinen Teil dazu sagen.

ˈ**pen pal** *Nomen* (*bes AmE*) Brieffreund(in)

ˈ**pen-pusher** *Nomen* (*bes BrE, umgs, abwert*) Büromensch

pen·sion[1] 0‑ᵣ /ˈpenʃn/ *Nomen* **1** Rente ◇ *take out a private pension* eine private Rentenversicherung abschließen **2** Pension

pen·sion[2] 0‑ᵣ /ˈpenʃn/ *Verb* PHR V ˌ**pension sb ˈoff** (*bes BrE*) (*meist passiv*) jdn (vorzeitig) pensionieren

pen·sion·able /ˈpenʃənəbl/ *Adj* zu einer Rente berechtigend/berechtigt ◇ *people of pensionable age* Leute im Rentenalter

pen·sion·er /ˈpenʃənə(r)/ *Nomen (bes BrE)* Rentner(in) ◇ *old-age pensioners* Rentner

ˈpension plan *(BrE auch* **ˈpension scheme**) *Nomen* Rentenversicherung

pen·sive /ˈpensɪv/ *Adj (Adv* **pen·sive·ly**) nachdenklich

penta·gon /ˈpentəgən; *AmE* -gɑːn/ *Nomen* **1** Fünfeck **2 the Pentagon** [Sing] das Pentagon

pen·tagon·al /penˈtægənl/ *Adj* fünfeckig

penta·gram /ˈpentəgræm/ *Nomen* = Pentagramm, Drudenfuß

pen·tam·eter /penˈtæmɪtə(r)/ *Nomen* Pentameter

pent·ath·lon /penˈtæθlən/ *Nomen* Fünfkampf

Pente·cost /ˈpentɪkɒst; *AmE* -kɔːst/ *Nomen* **1** Pfingsten **2** *(jüdisch)* Shawuoth, Wochenfest

Pente·cos·tal /ˌpentɪˈkɒstl; *AmE* -ˈkɔːs-/ *Adj* Pfingst-

Pente·cos·talist /ˌpentɪˈkɒstəlɪst; *AmE* -ˈkɔːstə-/ *Nomen* Anhänger(in) der Pfingstbewegung

pent·house /ˈpenthaʊs/ *Nomen* Penthouse, Dachterrassenwohnung

pent-up /ˌpent ˈʌp/ *Adj* **1** *(Gefühle, Energie etc.)* aufgestaut **2** aufgewühlt

pen·ul·ti·mate /penˈʌltɪmət/ *Adj* [nur vor Nomen] *(gehoben)* vorletzte(r,s)

pen·ury /ˈpenjəri/ *Nomen (gehoben)* Armut

peon /ˈpiːən/ *Nomen* **1** Tagelöhner(in) *(in Lateinamerika)* **2** *(AmE, hum)* Arbeitstier

peony /ˈpiːəni/ *Nomen (Pl* **-ies**) Pfingstrose

people 0-m /ˈpiːpl/ *Nomen, Verb*

▸ ***Nomen*** **1** [Pl] Leute, Menschen ◇ *He doesn't care what people think of him.* Es ist ihm egal, was die Leute von ihm denken. ◇ *People often say that.* Das wird oft gesagt. ◇ *sports people* Sportler **2** Volk ◇ *the French people* die Franzosen ◇ *the native peoples of Siberia* die Ureinwohner Sibiriens **3 the people** [Pl] die (einfachen) Leute ◇ *the life of the common people* das Leben der einfachen Leute **4** [Pl] *(veraltet)* Familie → *Siehe auch* LITTLE PEOPLE, STREET PEOPLE *und* TRADESPEOPLE IDM **of ˈall people** ausgerechnet; gerade ◇ *She of all people should know.* Gerade sie sollte es wissen. **people (who live) in glass houses shouldn't throw ˈstones** wer im Glashaus sitzt, soll nicht mit Steinen werfen → *Siehe auch* THING

▸ ***Verb*** *(meist passiv) (gehoben)* bevölkern

ˈpeople carrier *(auch* **ˈpeople mover**) *Nomen (BrE)* Großraumlimousine

pep /pep/ *Verb, Nomen*

▸ ***Verb*** **(-pp-)** PHR V **ˌpep sb/sth ˈup** *(umgs)* jdn/etw in Schwung bringen ◇ *Pep up meals by adding more unusual spices.* Kochen Sie pikanter mit ausgefalleneren Gewürzen.

▸ ***Nomen*** Schwung, Elan

pep·per 0-m /ˈpepə(r)/ *Nomen, Verb*

▸ ***Nomen*** **1** Pfeffer **2** *(BrE) (Gemüse)* Paprika(schote)

▸ ***Verb*** pfeffern PHR V **ˈpepper sth with sth** etw mit etw spicken

pep·per·corn /ˈpepəkɔːn; *AmE* -pərkɔːrn/ *Nomen* Pfefferkorn

ˌpeppercorn ˈrent *Nomen (BrE)* symbolische Miete

pep·per·mint /ˈpepəmɪnt; *AmE* -pərmɪnt/ *Nomen* **1** Pfefferminze **2** Pfefferminzbonbon

pep·per·oni /ˌpepəˈrəʊni; *AmE* -ˈroʊ-/ *Nomen* Pepperoni, scharf gewürzte Salami

ˈpepper pot *(AmE meist* **ˈpep·per·shaker**) *Nomen* Pfefferstreuer

pep·pery /ˈpepəri/ *Adj* **1** pfeffrig **2** hitzig, jähzornig

ˈpep pill *Nomen (umgs)* Aufputschtablette

ˈpep rally *Nomen (Pl* **-ies**) *(AmE, umgs)* **1** (SPORT) = Veranstaltung zur Aufheizung der Stimmung (vor einem Spiel) **2** (POL) = Wahlkampfveranstaltung

ˈpep talk *Nomen (umgs)* aufmunternde Worte

pep·tic ulcer /ˌpeptɪk ˈʌlsə(r)/ *Nomen* Magengeschwür

per 0-m /pə(r), *betont* pɜː(r)/ *Präp* pro IDM **ˈas per sth** *(umgs)* einer Sache gemäß **ˌas per ˈnormal/ˈusual** wie gewöhnlich/üblich

per annum /pər ˈænəm/ *Adv* pro Jahr

per cap·ita /pə ˈkæpɪtə; *AmE* pər ˈ-/ *Adj, Adv* pro Kopf

per·ceive /pəˈsiːv; *AmE* pərˈ-/ *Verb (gehoben)* **1** wahrnehmen, erkennen **2 ~ sb/sth as sth** jdn/etw für etw halten, jdn/etw als etw betrachten **3** *(meist passiv)* ◇ *They were widely perceived to have been unlucky.* Viele meinten, dass sie Pech gehabt hätten. ◇ *He was perceived to have failed.* Er wurde als Versager angesehen.

per cent 0-m /pə ˈsent; *AmE* pər ˈ-/ *Nomen, Adj, Adv*

▸ ***Nomen*** *(AmE meist* **per·cent**) *(Pl* **per cent, per·cent**) Prozent ◇ *25% of the population of the population is affected.* 25% der Bevölkerung sind betroffen.

▸ ***Adj, Adv*** *(AmE meist* **per·cent**) von … Prozent, -prozentig ◇ *a 5 per cent rise in price* ein fünfprozentiger Preisanstieg ◇ *House prices rose five per cent last year.* Die Hauspreise sind im vergangenen Jahr um fünf Prozent gestiegen.

per·cent·age /pəˈsentɪdʒ; *AmE* pərˈ-/ *Nomen* **1** [mit Verb im Sing/Pl] Prozentsatz, (prozentualer) Anteil ◇ *Interest rates are expected to rise by one percentage point.* Man erwartet einen Zinsanstieg von einem Prozentpunkt. ◇ *The figure is expressed as a percentage.* Die Zahl ist in Prozenten ausgedrückt. ◇ *The results were analysed in percentage terms.* Die Ergebnisse wurden prozentual ausgewertet. **2** [meist Sing] prozentuale Beteiligung am Umsatz, Prozente

per·cent·ile /pəˈsentaɪl *AmE* pərˈ-/ *Nomen (Fachspr)* Perzentil

per·cep·tible /pəˈseptəbl; *AmE* pərˈ-/ *Adj (gehoben)* wahrnehmbar, spürbar

per·cept·ibly /pəˈseptəbli; *AmE* pərˈ-/ *Adv* deutlich, spürbar

per·cep·tion /pəˈsepʃn; *AmE* pərˈ-/ *Nomen* **1** *(gehoben oder Fachspr)* Wahrnehmung **2** *(gehoben)* Verständnis ◇ *He had an acute perception of their problems.* Er verstand ihre Probleme genau. **3** *(gehoben)* Vorstellung ◇ *the public perception of the police* das Bild, das die Öffentlichkeit von der Polizei hat

per·cep·tive /pəˈseptɪv; *AmE* pərˈ-/ *Adj (Adv* **per·cep·tive·ly**) **1** scharfsinnig **2** Wahrnehmungs-

per·cep·tive·ness /pəˈseptɪvnəs; *AmE* pərˈ-/ *Nomen* Scharfsinn

perch /pɜːtʃ; *AmE* pɜːrtʃ/ *Verb, Nomen*

▸ ***Verb*** **1** *(Vogel)* sich niederlassen **2 ~ (on sth)** (auf etw) sitzen **3 ~ sb/yourself (on sth)** jdn/sich (auf etw) setzen **4 ~ (on sth)** *(Haus etc.)* (hoch) (auf etw) stehen

▸ ***Nomen*** **1** (Sitz)stange, Ast, Hühnerstange **2** (hoher) Sitz, Platz **3** *(Pl* **perch**) Flussbarsch IDM → KNOCK

per·chance /pəˈtʃɑːns; *AmE* pərˈtʃæns/ *Adv (veraltet)* vielleicht

perched /pɜːtʃt; *AmE* pɜːrtʃt/ *Adj* **1** ◇ *There was a bird perched on the roof.* Auf dem Dach saß ein Vogel. **2** ◇ *a hotel perched high on the mountain* ein Hotel, das hoch auf dem Berg steht

per·co·late /ˈpɜːkəleɪt; *AmE* ˈpɜːrk-/ *Verb* **1** (durch) sickern **2** mit der Kaffeemaschine zubereiten **3** *(Kaffee)* durchlaufen

per·co·la·tor /ˈpɜːkəleɪtə(r); *AmE* ˈpɜːrk-/ *Nomen* ≈Kaffeemaschine

per·cus·sion /pəˈkʌʃn; *AmE* pərˈ-/ *Nomen* **1** Schlagzeug ◇ *percussion instruments* Schlaginstrumente **2 the percussion** [Sing] (*auch* **perˈcus·sion section**) (*im Orchester*) das Schlagzeug

per·cus·sion·ist /pəˈkʌʃənɪst; *AmE* pərˈ-/ *Nomen* Schlagzeuger(in)

per diem /ˌpɜː ˈdiːem; *AmE* ˌpɜːr ˈ-/ *Nomen* (*bes AmE*) Tagegeld

pere·grine /ˈperɪɡrɪn/ (*auch* **ˌpereg·rine ˈfal·con**) *Nomen* Wanderfalke

per·emp·tory /pəˈremptəri/ *Adj* (*Adv* **per·emp·tor·ily** /-trəli/) (*gehoben, abwert*) herrisch, gebieterisch ◇ *She peremptorily dismissed the idea.* Sie hat die Idee ohne Diskussion kategorisch abgelehnt.

per·en·nial /pəˈreniəl/ *Adj, Nomen*
▸ ***Adj*** **1** ewig, immer während, immer wiederkehrend **2** (*Pflanze*) mehrjährig
▸ ***Nomen*** mehrjährige Pflanze

per·en·ni·al·ly /pəˈreniəli/ *Adv* ständig, immer wieder ◇ *perennially popular* immer wieder beliebt

per·fect 🗝 *Adj, Nomen, Verb*
▸ ***Adj*** /ˈpɜːfɪkt; *AmE* ˈpɜːrfɪkt/ **1** einwandfrei, makellos, vollkommen **2** perfekt ◇ *The suit was a perfect fit.* Der Anzug saß wie angegossen. ◇ *What perfect timing!* Gerade im rechten Augenblick! **3** ausgezeichnet ◇ *The weather was perfect.* Das Wetter war herrlich. **4** ideal **5** [nur vor Nomen] (*umgs*) völlig ◇ *a perfect stranger* ein Wildfremder **6** (LING) **the ~ tense** das Perfekt → *Siehe auch* PAST PERFECT **IDM** → PRACTICE *und* WORLD
▸ ***Nomen*** /ˈpɜːfɪkt; *AmE* ˈpɜːrfɪkt/ (LING) Perfekt → *Siehe auch* PAST PERFECT
▸ ***Verb*** /pəˈfekt; *AmE* pərˈ-/ perfektionieren, vervollkommnen

per·fec·tion /pəˈfekʃn; *AmE* pərˈ-/ *Nomen* **1** Perfektion, Vollkommenheit ◇ *The fish was cooked to perfection.* Der Fisch war perfekt zubereitet. **2** Perfektionierung, Vervollkommnung

per·fec·tion·ism /pəˈfekʃənɪzəm; *AmE* pərˈ-/ *Nomen* Perfektionismus

per·fec·tion·ist /pəˈfekʃənɪst; *AmE* pərˈ-/ *Nomen* Perfektionist(in)

per·fect·ly 🗝 /ˈpɜːfɪktli; *AmE* ˈpɜːrfɪkt-/ *Adv* **1** völlig, ganz ◇ *You know perfectly well what I mean.* Du weißt ganz genau, was ich meine. **2** tadellos, perfekt

ˌperfect ˈpitch *Nomen* (MUS) das absolute Gehör

per·fidi·ous /pəˈfɪdiəs; *AmE* pərˈ-/ *Adj* (*Adv* **per·fid·ous·ly**) (*gehoben*) verräterisch, perfid(e)

per·for·ate /ˈpɜːfəreɪt; *AmE* ˈpɜːrfə-/ *Verb* durchlöchern, perforieren, durchbrechen

per·for·ation /ˌpɜːfəˈreɪʃn; *AmE* ˌpɜːrfə-/ *Nomen* **1** [meist Pl] Perforation **2** (MED) Durchbruch

per·force /pəˈfɔːs; *AmE* pərˈfɔːrs/ *Adv* (*veraltet oder gehoben*) notgedrungen

per·form 🗝 /pəˈfɔːm; *AmE* pərˈfɔːrm/ *Verb* **1** durchführen; (*Pflicht, Aufgabe etc.*) erfüllen; (*Zeremonie*) vollziehen **2** vorführen, aufführen ◇ *I'm looking forward to seeing you perform.* Ich freue mich schon auf deinen Auftritt. ◇ *I'd like to hear it performed live.* Ich würde es gern in einer Liveaufführung hören. **3** eine Vorstellung geben, auftreten ◇ *perform on the flute* Flöte spielen **4** (*funktionieren, Leistung bringen*) gehen, laufen ◇ *The engine performs well.* Der Motor zeigt eine gute Leistung. ◇ *The company has been performing poorly over the past year.* Die Firma hatte im letzten Jahr schlechte Ergebnisse. ◇ *If Owen performs then England can win.* Wenn Owen gut spielt, kann England gewinnen. ◇ *She performed less well in the second test.* Im zweiten Test war sie weniger gut. **IDM** → MIRACLE

per·form·ance 🗝 /pəˈfɔːməns; *AmE* pərˈfɔːrməns/ *Nomen* **1** Aufführung, Vorführung ◇ *a live performance* ein Liveauftritt **2** darstellerische Leistung **3** Leistung ◇ *performance-related pay* leistungsorientierte Vergütung **4** (*gehoben*) Erfüllung, Durchführung ◇ *the performance of her duties* die Erfüllung ihrer Pflichten ◇ *He did not want a repeat performance of that humiliating defeat.* Er wollte keine Wiederholung seiner demütigenden Niederlage. **5** [Sing] (*bes BrE, umgs*) Umstand, Theater

perˈformance-enhancing *Adj* [nur vor Nomen] leistungssteigernd

per·form·er 🗝 /pəˈfɔːmə(r); *AmE* pərˈfɔːrmər/ *Nomen* **1** Künstler(in) **2** ◇ *He was a poor performer at school.* Er war kein guter Schüler.

the perˌforming ˈarts *Nomen* [Pl] die darstellenden Künste

per·fume /ˈpɜːfjuːm; *AmE* pərˈfjuːm/ *Nomen, Verb*
▸ ***Nomen*** **1** Parfum **2** Duft
▸ ***Verb*** (*oft passiv*) **1** (*gehoben*) mit Wohlgeruch erfüllen **2** parfümieren

per·fumed /ˈpɜːfjuːmd; *AmE* ˈpɜːrfjuːmd/ *Adj* parfümiert

per·fumery /pəˈfjuːməri; *AmE* pərˈ-/ *Nomen* (*Pl* **-ies**) **1** Parfümerie **2** Parfümherstellung

per·func·tory /pəˈfʌŋktəri; *AmE* pərˈ-/ *Adj* (*Adv* **per·func·tor·ily** /-trəli/) (*gehoben*) der Form halber, flüchtig

per·gola /ˈpɜːɡələ; *AmE* ˈpɜːrɡ-/ *Nomen* Pergola

per·haps 🗝 /pəˈhæps, præps; *AmE* pərˈhæps/ *Adv* **1** vielleicht **2** (*abschwächend*) möglicherweise, wohl ◇ *This is perhaps his best novel.* Dies ist wohl sein bester Roman.

peril /ˈperəl/ *Nomen* (*gehoben*) Gefahr **IDM do sth at your (own) ˈperil** etw auf eigene Gefahr tun

per·il·ous /ˈperələs/ *Adj* (*Adv* **per·il·ous·ly**) (*gehoben*) gefährlich

per·im·eter /pəˈrɪmɪtə(r)/ *Nomen* **1** Rand, Grenze ◇ *Guards patrol the perimeter of the camp.* Wachmänner patrouillieren um das Lager. ◇ *a perimeter fence* eine Umzäunung **2** (MATH) Umfang

period 🗝 /ˈpɪəriəd; *AmE* ˈpɪr-/ *Nomen, Adv, Adj*
▸ ***Nomen*** **1** Zeit, Zeitraum, Zeitspanne **2** Epoche, Zeitalter ◇ *Picasso's Cubist period* Picassos kubistische Periode **3** (GEOL) Periode, Formation ◇ *the Jurassic period* der Jura **4** (Schul)stunde ◇ *a free period* eine Freistunde **5** Periode ◇ *period pains* Menstruationsschmerzen **6** (*AmE*) (*Satzzeichen*) Punkt
▸ ***Adv*** (*bes AmE, umgs*) (und damit) basta
▸ ***Adj*** [nur vor Nomen] zeitgenössisch, im Zeitstil ◇ *period costumes* zeitgenössische Kostüme ◇ *period furniture* antike Möbel

peri·od·ic /ˌpɪəriˈɒdɪk; *AmE* ˌpɪriˈɑːdɪk/ (*seltener* **peri·odi·cal** /ˌpɪəriˈɒdɪkl; *AmE* ˌpɪriˈɑːd-/) *Adj* (*Adv* **peri·od·ic·al·ly** /-kli/) regelmäßig

peri·od·ical /ˌpɪəriˈɒdɪkl; *AmE* ˌpɪriˈɑːd-/ *Nomen* Zeitschrift

the ˌperiodic ˈtable *Nomen* [Sing] (CHEM) das Periodensystem

ˈperiod piece *Nomen* **1** (*Theaterstück etc.*) Zeitstück **2** (*Möbelstück etc.*) antikes Stück

peri·pat·et·ic /ˌperipəˈtetɪk/ *Adj* (*gehoben*) umherreisend ◇ *peripatetic music teachers* Musiklehrer, die an mehreren Schulen unterrichten

per·iph·eral /pəˈrɪfərəl/ *Adj, Nomen*
▸ ***Adj*** **1** Rand- ◇ *peripheral areas* Randgebiete **2 ~ (to sth)** (*gehoben*) nebensächlich (für etw) **3** (*Fachspr*) peripher **4** (COMP) Peripherie-
▸ ***Nomen*** (COMP) Peripheriegerät

per·iph·er·al·ly /pəˈrɪfərəli/ *Adv* am Rande
per·iph·ery /pəˈrɪfəri/ *Nomen* (*Pl* **-ies**) [meist Sing] (*gehoben*) Rand ◇ *on the periphery of the town* am Stadtrand
peri·scope /ˈperɪskəʊp; *AmE* -skoʊp/ *Nomen* Periskop
per·ish /ˈperɪʃ/ *Verb* **1** (*gehoben*) umkommen **2** (*gehoben*) zerfallen **3** (*BrE*) (*Gummi etc.*) brüchig werden, altern IDM ˌ**perish the ˈthought** (*umgs*) Gott bewahre!
per·ish·able /ˈperɪʃəbl/ *Adj* verderblich
per·ish·ables /ˈperɪʃəblz/ *Nomen* [Pl] (*Fachspr*) (leicht) verderbliche Waren
per·ished /ˈperɪʃt/ *Adj* [nicht vor Nomen] (*BrE, umgs*) durchgefroren
per·ish·ing /ˈperɪʃɪŋ/ *Adj* (*BrE, umgs*) **1** eiskalt ◇ *I'm perishing!* Ich erfriere! **2** (*veraltet*) elend, verdammt
peri·ton·itis /ˌperɪtəˈnaɪtɪs/ *Nomen* (MED) Bauchfellentzündung
peri·win·kle /ˈperiwɪŋkl/ *Nomen* **1** Immergrün **2** Strandschnecke
per·jure /ˈpɜːdʒə(r); *AmE* ˈpɜːrdʒər/ *Verb* **~ yourself** einen Meineid leisten
per·jurer /ˈpɜːdʒərə(r); *AmE* ˈpɜːrdʒə-/ *Nomen* Meineidige(r)
per·jury /ˈpɜːdʒəri; *AmE* ˈpɜːrdʒə-/ *Nomen* [U] Meineid ◇ *commit perjury* einen Meineid leisten
perk /pɜːk; *AmE* pɜːrk/ *Nomen, Verb*
▸ ***Nomen*** [meist Pl] Vergünstigung; (*fig*) Vorteil
▸ ***Verb*** PHR V ˌ**perk ˈup** (*umgs*) **1** munter werden, aufleben **2** sich beleben ˌ**perk sb ˈup** (*umgs*) jdn munter machen, jdn aufmuntern ˌ**perk sth ˈup** (*umgs*) **1** etw beleben **2** etw aufpeppen
perky /ˈpɜːki; *AmE* ˈpɜːrki/ *Adj* (**perk·ier**, **perk·iest**) (*umgs*) lebhaft, munter
perm /pɜːm; *AmE* pɜːrm/ *Nomen, Verb*
▸ ***Nomen*** Dauerwelle
▸ ***Verb*** ◇ *have your hair permed* sich eine Dauerwelle machen lassen ◇ *permed hair* dauergewelltes Haar
per·man·ence /ˈpɜːmənəns; *AmE* ˈpɜːrm-/ (*seltener* **per·man·ency** /-nənsi/) *Nomen* Dauerhaftigkeit, Beständigkeit
per·man·ent 🔑 /ˈpɜːmənənt; *AmE* ˈpɜːrm-/ *Adj* Dauer-, fest, (be)ständig ◇ *permanent damage* bleibende Schäden ◇ *be a permanent fixture* zum Inventar gehören
per·man·ent·ly 🔑 /ˈpɜːmənəntli; *AmE* ˈpɜːrm-/ *Adv* dauerhaft, auf Dauer, dauernd
ˌ**Permanent ˈUndersecretary** (*auch* ˌ**Permanent ˈSecretary**) *Nomen* (*in GB*) Staatssekretär(in)
per·me·able /ˈpɜːmiəbl; *AmE* ˈpɜːrm-/ *Adj* (*Fachspr*) durchlässig
per·me·ate /ˈpɜːmieɪt; *AmE* ˈpɜːrm-/ *Verb* (*gehoben*) **1** **~ (through) sth** etw durchdringen ◇ *The smell of leather permeated the room.* Der Geruch von Leder durchdrang den Raum. **2** dringen; **~ down to sth** zu etw durchdringen; **~ into sth** in etw vordringen
per·mis·sible /pəˈmɪsəbl; *AmE* pərˈ-/ *Adj* (*gehoben*) zulässig
per·mis·sion 🔑 /pəˈmɪʃn; *AmE* pərˈ-/ *Nomen* Genehmigung, Erlaubnis ◇ *ask permission for sth* für etw um Erlaubnis bitten
per·mis·sive /pəˈmɪsɪv; *AmE* pərˈ-/ *Adj* freizügig; (*Erziehungsstil*) nachgiebig
per·mis·sive·ness /pəˈmɪsɪvnəs; *AmE* pərˈ-/ *Nomen* Freizügigkeit, Nachgiebigkeit
per·mit 🔑 *Verb, Nomen*
▸ ***Verb*** /pəˈmɪt; *AmE* pərˈ-/ (**-tt-**) (*gehoben*) **~ sb to do sth** jdm gestatten, etw zu tun, jdm erlauben, etw zu tun; **~ sb sth** jdm etw gestatten
▸ ***Nomen*** /ˈpɜːmɪt; *AmE* ˈpɜːrmɪt/ Genehmigung, Erlaubnis

per·mu·ta·tion /ˌpɜːmjuˈteɪʃn; *AmE* ˌpɜːrm-/ *Nomen* Anordnung, Gruppierung
per·ni·cious /pəˈnɪʃəs; *AmE* pərˈ-/ *Adj* (*gehoben*) schädlich, bösartig
per·nick·ety /pəˈnɪkəti; *AmE* pərˈ-/ *Adj* (*BrE, umgs, abwert*) pingelig
per·ox·ide /pəˈrɒksaɪd; *AmE* pəˈrɑːk-/ *Nomen* (Wasserstoff)peroxid ◇ *a woman with peroxide blonde hair* eine Frau mit wasserstoffblondem Haar
per·pen·dicu·lar /ˌpɜːpənˈdɪkjələ(r); *AmE* ˌpɜːrp-/ *Adj, Nomen*
▸ ***Adj*** (*meist Fachspr*) senkrecht
▸ ***Nomen*** (*meist* **the perpendicular**) [Sing] (die) Senkrechte ◇ *The wall is a little out of the perpendicular.* Die Wand ist nicht ganz senkrecht.
per·pet·rate /ˈpɜːpətreɪt; *AmE* ˈpɜːrp-/ *Verb* (*gehoben*) begehen; **~ sth (against/upon/on sb)** etw (an jdm) verüben
per·pet·ra·tion /ˌpɜːpəˈtreɪʃn; *AmE* ˌpɜːrp-/ *Nomen* (*gehoben*) Begehung, Verübung
per·pet·ra·tor /ˈpɜːpətreɪtə(r); *AmE* ˈpɜːrp-/ *Nomen* (*gehoben*) Täter(in)
per·pet·ual /pəˈpetʃuəl *AmE* pərˈ-/ *Adj* **1** (*Adv* **per·pet·ual·ly** /-əli/) ewig, (an)dauernd, ständig **2** [nur vor Nomen] auf Lebenszeit
per·petu·ate /pəˈpetʃueɪt; *AmE* pərˈ-/ *Verb* (*gehoben*) aufrechterhalten
per·petu·ation /pəˌpetʃuˈeɪʃn; *AmE* pərˌ-/ *Nomen* (*gehoben*) Aufrechterhaltung
per·petu·ity /ˌpɜːpəˈtjuːəti; *AmE* ˌpɜːrpəˈtuː-/ *Nomen* IDM **in perpetuity** (*gehoben*) für alle Zeiten
per·plex /pəˈpleks; *AmE* pərˈ-/ *Verb* (*meist passiv*) verwirren, verblüffen
per·plexed /pəˈplekst; *AmE* pərˈ-/ *Adj* verwirrt, verblüfft, perplex
per·plex·ing /pəˈpleksɪŋ; *AmE* pərˈ-/ *Adj* verwirrend, kompliziert
per·plex·ity /pəˈpleksəti; *AmE* pərˈ-/ *Nomen* (*Pl* **-ies**) (*gehoben*) **1** Verwirrung, Ratlosigkeit **2** [meist Pl] Kompliziertheit
per·quis·ite /ˈpɜːkwɪzɪt; *AmE* ˈpɜːrkwɪ-/ *Nomen* (*gehoben*) **1** Vergünstigung **2** Privileg, Vorrecht
per se /ˌpɜː ˈseɪ; *AmE* ˌpɜːr ˈ-/ *Adv* per se, an sich
per·se·cute /ˈpɜːsɪkjuːt; *AmE* ˈpɜːrsɪk-/ *Verb* (*oft passiv*) **~ sb (for sth)** jdn (wegen einer Sache) verfolgen
per·se·cu·tion /ˌpɜːsɪˈkjuːʃn; *AmE* ˌpɜːrsɪˈ-/ *Nomen* Verfolgung ◇ *a persecution complex* Verfolgungswahn
per·se·cu·tor /ˈpɜːsɪkjuːtə(r); *AmE* ˈpɜːrsɪk-/ *Nomen* Verfolger(in), Peiniger(in)
per·se·ver·ance /ˌpɜːsɪˈvɪərəns; *AmE* ˌpɜːrsəˈvɪrəns/ *Nomen* Ausdauer, Beharrlichkeit
per·se·vere /ˌpɜːsɪˈvɪə(r); *AmE* ˌpɜːrsəˈvɪr/ *Verb* durchhalten, beharrlich sein; **~ in sth** etw nicht aufgeben; **~ with sth** mit etw weitermachen
per·se·ver·ing /ˌpɜːsɪˈvɪərɪŋ; *AmE* ˌpɜːrsəˈvɪrɪŋ/ *Adj* beharrlich, ausdauernd
Per·sian /ˈpɜːʃn, ˈpɜːʒn *AmE* ˈpɜːrʒn/ *Nomen, Adj*
▸ ***Nomen*** **1** Perser(in) **2** Persisch
▸ ***Adj*** persisch
per·sim·mon /pəˈsɪmən; *AmE* pərˈ-/ *Nomen* Persimone
per·sist /pəˈsɪst; *AmE* pərˈ-/ *Verb* **1** beharren; **~ in sth** etw unbeirrt fortsetzen; etw beharrlich verfolgen; **~ in doing sth** darauf beharren, etw zu tun; **~ with sth** mit etw beharrlich fortfahren **2** anhalten, fortbestehen

per·sist·ence /pəˈsɪstəns; *AmE* pərˈ-/ *Nomen* **1** Beharrlichkeit, Hartnäckigkeit **2** Anhalten, Fortbestehen

per·sist·ent /pəˈsɪstənt; *AmE* pərˈ-/ *Adj* (*Adv* **per·sist·ent·ly**) **1** beharrlich, hartnäckig ◇ *a persistent offender* ein(e) Wiederholungstäter(in) **2** anhaltend, ständig

per·snick·ety /pəˈsnɪkəti; *AmE* pərˈ-/ *Adj* (*AmE, umgs, abwert*) pingelig

per·son 🔑 /ˈpɜːsn; *AmE* ˈpɜːrsn/ *Nomen* (*Pl* **people** *oder offiz* **per·sons**) **1** Mensch ◇ *He's just the person we need for the job.* Er ist genau der Richtige für den Job. **2** (*gehoben oder abwert*) Person ◇ *a certain person* ein gewisser Jemand **3 -person** (*in Zusammensetzungen*) ◇ *a salesperson* ein(e) Verkäufer(in) ◇ *a spokesperson* ein(e) Sprecher(in) **4** (LING) Person ◇ *the first person singular* die erste Person Singular IDM **about/on your ˈperson 1** bei sich **2** (*auch* **about/on sb's person**) bei jdm **in ˈperson** persönlich **in the person of sb** (*gehoben*) ◇ *Help arrived in the person of his mother.* Hilfe kam in der Person seiner Mutter. → *Siehe auch* RESPECTER

per·sona /pəˈsəʊnə; *AmE* pərˈsoʊ-/ *Nomen* (*Pl* **per·so·n·ae** /-niː, -naɪ/ *oder* **per·sonas**) (*gehoben*) Erscheinung(sbild), Persönlichkeit → *Siehe auch* PERSONA NON GRATA

per·son·able /ˈpɜːsənəbl; *AmE* ˈpɜːrsə-/ *Adj* sympathisch, angenehm

per·son·age /ˈpɜːsənɪdʒ; *AmE* ˈpɜːrsə-/ *Nomen* (*gehoben*) Persönlichkeit ◇ *a royal personage* ein(e) Angehörige(r) der königlichen Familie

per·son·al 🔑 /ˈpɜːsənl; *AmE* ˈpɜːrsə-/ *Adj* **1** [nur vor Nomen] persönlich ◇ *a personal best* eine persönliche Bestleistung ◇ *The President made a personal appearance.* Der Präsident erschien persönlich. ◇ *personal cleanliness/hygiene* Körperpflege **2** privat ◇ *my personal life* mein Privatleben **3** (*ausfallend, anzüglich*) persönlich ◇ *Nothing personal, but I do have to go now.* Nichts gegen Sie, aber ich muss jetzt gehen.

ˌpersonal asˈsistant *Nomen* (*bes BrE*) (*Abk* **PA**) persönliche(r) Referent(in), Chefsekretär(in), persönliche(r) Assistent(in)

ˌpersonal column *Nomen* = Rubrik für private Kleinanzeigen

ˌpersonal comˈputer *Nomen* = PC

per·son·al·ity 🔑 /ˌpɜːsəˈnæləti; *AmE* ˌpɜːrsə-/ *Nomen* (*Pl* **-ies**) **1** Persönlichkeit, Charakter ◇ *There is a personality clash between my daughter and her teacher.* Meine Tochter und ihr Lehrer kommen einfach nicht miteinander aus. **2** Ausstrahlung **3** (prominente) Persönlichkeit

persoˈnality cult *Nomen* (*abwert*) Personenkult

per·son·al·ize (*BrE auch* **-ise**) /ˈpɜːsənəlaɪz; *AmE* ˈpɜːrsə-/ *Verb* **1** (*meist passiv*) persönlich(er) gestalten, individuell gestalten ◇ *The towels were personalized with their initials.* Die Handtücher waren mit ihren Initialen versehen. ◇ *Our courses are personalized to the needs of the individual.* Unsere Kurse werden an die individuellen Bedürfnisse der Teilnehmer angepasst. **2** personalisieren

per·son·al·ly 🔑 /ˈpɜːsənəli; *AmE* ˈpɜːrsə-/ *Adv* **1** persönlich ◇ *Personally, I prefer the second option.* Ich persönlich bevorzuge die zweite Möglichkeit. **2** privat IDM **take sth ˈpersonally** etw persönlich nehmen

ˌpersonal orgaˈnizer (*BrE auch* **-iser**) *Nomen* Terminplaner, elektronisches Notizbuch

ˌpersonal ˈpronoun *Nomen* (LING) Personalpronomen

ˌpersonal ˈspace *Nomen* persönlicher Raum ◇ *He had invaded her personal space.* Er war ihr zu nahe gekommen.

ˌpersonal ˈstatement *Nomen* = Übersicht über jds Interessen und bisherige Leistungen als Text einer Bewerbung, ähnlich dem deutschen Motivationsschreiben

ˌpersonal ˈstereo *Nomen* Walkman®

per·sona non grata /pɜːˌsəʊnə nɒn ˈgrɑːtə, nəʊn; *AmE* pɜːrˌsoʊnə nɑːn/ *Nomen* Persona non grata

per·soni·fi·ca·tion /pəˌsɒnɪfɪˈkeɪʃn; *AmE* pərˌsɑːn-/ *Nomen* [meist Sing] Verkörperung, Personifizierung ◇ *the personification of elegance* die Eleganz in Person

per·son·ify /pəˈsɒnɪfaɪ; *AmE* pərˈsɑːn-/ *Verb* (**-fies, -fy·ing, -fied, -fied**) verkörpern, personifizieren ◇ *He is kindness personified.* Er ist die Freundlichkeit in Person.

per·son·nel /ˌpɜːsəˈnel; *AmE* ˌpɜːrsəˈ-/ *Nomen* **1** [Pl] Personal **2** [mit Verb im Sing/Pl] (*auch* **personˈnel department**) Personalabteilung

ˌpersonˈnel carrier *Nomen* Mannschaftstransportwagen

ˌperson-to-ˈperson *Adj* **1** direkt **2** (*bes AmE*) (*Anruf*) mit Voranmeldung

per·spec·tive /pəˈspektɪv; *AmE* pərˈ-/ *Nomen* **1** Perspektive, Blickwinkel **2** ◇ *She was losing all sense of perspective.* Sie verlor den Bezug zur Realität. ◇ *Talking to others can often help to put your own problems into perspective.* Mit anderen reden kann oft dazu beitragen, eigene Probleme objektiver zu sehen. ◇ *Try to keep these issues in perspective.* Versuch, diese Sache gelassen zu nehmen. **3** (KUNST) Perspektive ◇ *We learnt how to draw buildings in perspective.* Wir haben gelernt, wie man Gebäude perspektivisch zeichnet. **4** Aussicht

Per·spex™ /ˈpɜːspeks; *AmE* ˈpɜːrspeks/ *Nomen* Plexiglas®

per·spi·ca·cious /ˌpɜːspɪˈkeɪʃəs; *AmE* ˌpɜːrspɪˈ-/ *Adj* (*gehoben*) scharfsinnig

per·spir·ation /ˌpɜːspəˈreɪʃn; *AmE* ˌpɜːrspəˈ-/ *Nomen* **1** Schweiß **2** Schwitzen, Transpiration

per·spire /pəˈspaɪə(r); *AmE* pərˈ-/ *Verb* (*gehoben*) schwitzen, transpirieren

per·suade 🔑 /pəˈsweɪd; *AmE* pərˈ-/ *Verb* **1 ~ sb (into sth)** jdn (zu etw) überreden; **~ sb (into doing sth)** jdn (dazu) überreden (etw zu tun) ◇ *I'm sure he'll come with a bit of persuading.* Ich bin sicher, dass er sich dazu überreden lässt zu kommen. **2 ~ sb (of sth)** jdn (von etw) überzeugen

per·sua·sion /pəˈsweɪʒn; *AmE* pərˈ-/ *Nomen* **1** Überredung ◇ *It didn't take much persuasion to get her to tell us where he was.* Wir brauchten sie nicht lange zu überreden, uns zu sagen, wo er war. ◇ *her powers of persuasion* ihre Überredungskünste ◇ *I'm open to persuasion.* Ich lasse mich gern überreden. **2** Überzeugung IDM **of (a/the) ... persuasion** (*gehoben oder hum*) der ... Überzeugung

per·sua·sive /pəˈsweɪsɪv; *AmE* pərˈ-/ *Adj* (*Adv* **per·sua·sive·ly**) überzeugend ◇ *He can be very persuasive.* Er kann einen leicht überreden.

per·sua·sive·ness /pəˈsweɪsɪvnəs; *AmE* pərˈ-/ *Nomen* **1** Überredungskunst **2** Überzeugungskraft

pert /pɜːt; *AmE* pɜːrt/ *Adj* (*Adv* **pert·ly**) **1** kess **2** (*Körperteil*) hübsch

per·tain /pəˈteɪn; *AmE* pərˈ-/ *Verb* (*gehoben*) existieren, gelten PHR V **perˈtain to sb/sth** (*gehoben*) jdn/etw betreffen ◇ *the laws pertaining to adoption* die Gesetze bezüglich der Adoption

per·tin·acious /ˌpɜːtɪˈneɪʃəs; *AmE* ˌpɜːrtnˈeɪ-/ *Adj* (*gehoben*) beharrlich

per·tin·ence /ˈpɜːtɪnəns; *AmE* ˈpɜːrtnəns/ *Nomen* (*gehoben*) Relevanz

per·tin·ent /ˈpɜːtɪnənt; *AmE* ˈpɜːrtnənt/ *Adj* ~ (**to sth**) (*gehoben*) relevant (für etw)

per·tin·ent·ly /ˈpɜːtɪnəntli; *AmE* ˈpɜːrtnəntli/ *Adv* (*gehoben*) ganz richtig ◇ *More pertinently, …* Was noch wichtiger ist, …

pert·ly *Adv* → PERT

per·turb /pəˈtɜːb; *AmE* pərˈtɜːrb/ *Verb* (*gehoben*) beunruhigen

per·turb·ation /ˌpɜːtəˈbeɪʃn; *AmE* ˌpɜːrtərˈ-/ *Nomen* **1** (*gehoben*) Beunruhigung **2** (TECH) Störung, Veränderung

per·turbed /pəˈtɜːbd; *AmE* pərˈtɜːrbd/ *Adj* beunruhigt ◇ *She didn't seem perturbed at the news.* Die Nachricht schien sie nicht zu beunruhigen.

per·usal /pəˈruːzl/ *Nomen* (*gehoben*) Lektüre

per·use /pəˈruːz/ *Verb* (*gehoben oder hum*) (genau) durchlesen

per·vade /pəˈveɪd; *AmE* pərˈ-/ *Verb* (*gehoben*) durchziehen ◇ *a pervading mood of fear* eine allgemein verbreitete Angst

per·va·sive /pəˈveɪsɪv; *AmE* pərˈ-/ *Adj* (*Adv* **per·va·sive·ly**) durchdringend ◇ *His influence was all pervasive.* Sein Einfluss war überall spürbar.

per·verse /pəˈvɜːs; *AmE* pərˈvɜːrs/ *Adj* pervers, abwegig, unsinnig ◇ *It would be perverse to quit now that we're almost finished.* Es wäre unsinnig gerade jetzt aufzuhören, wo wir fast fertig sind. ◇ *She finds a perverse pleasure in upsetting her parents.* Paradoxerweise macht es ihr Spaß, ihren Eltern Kummer zu bereiten. ◇ *Do you mean that or are you just being deliberately perverse?* Ist das dein Ernst oder willst du mir nur widersprechen?

per·verse·ly /pəˈvɜːsli; *AmE* pərˈvɜːrsli/ *Adv* seltsam, paradoxerweise ◇ *She seemed perversely proud of her criminal record.* Sie schien seltsam stolz darauf zu sein, dass sie bereits vorbestraft war.

per·ver·sion /pəˈvɜːʃn; *AmE* pərˈvɜːrʒn/ *Nomen* **1** Perversion **2** Pervertierung

per·vers·ity /pəˈvɜːsəti; *AmE* pərˈvɜːrsə-/ *Nomen* Perversität, Trotz, Unsinnigkeit ◇ *He refused out of sheer perversity.* Er weigerte sich aus reinem Trotz.

per·vert *Verb, Nomen*

▸ ***Verb*** /pəˈvɜːt; *AmE* pərˈvɜːrt/ **1** pervertieren **2** verderben IDM **perˌvert the course of ˈjustice** (RECHT) die Justiz behindern

▸ ***Nomen*** /ˈpɜːvɜːt; *AmE* ˈpɜːrvɜːrt/ Perverse(r)

per·verted /pəˈvɜːtɪd; *AmE* pərˈvɜːrtɪd/ *Adj* pervers

pesky /ˈpeski/ *Adj* [nur vor Nomen] (*bes AmE, umgs*) lästig, verdammt

pes·sary /ˈpesəri/ *Nomen* (*Pl* **-ies**) **1** Scheidenzäpfchen **2** (MED) Cerclage-Pessar

pes·sim·ism /ˈpesɪmɪzəm/ *Nomen* Pessimismus

pes·sim·ist /ˈpesɪmɪst/ *Nomen* Pessimist(in)

pes·sim·is·tic /ˌpesɪˈmɪstɪk/ *Adj* (*Adv* **pes·sim·is·tic·al·ly** /-kli/) pessimistisch

pest /pest/ *Nomen* **1** Schädling **2** (*umgs*) Plage, Nervensäge

pes·ter /ˈpestə(r)/ *Verb* belästigen ◇ *The kids kept pestering me to read to them.* Die Kinder lagen mir in den Ohren, ihnen etwas vorzulesen.

pesti·cide /ˈpestɪsaɪd/ *Nomen* Schädlingsbekämpfungsmittel, Pestizid

pesti·lence /ˈpestɪləns/ *Nomen* [U/Sing] (*veraltet oder gehoben*) Seuche, Pest

pes·tle /ˈpesl/ *Nomen* Stößel

pesto /ˈpestəʊ; *AmE* -stoʊ/ (*auch* **ˌpesto ˈsauce**) *Nomen* Pesto

pet 0-w /pet/ *Nomen, Verb, Adj*

▸ ***Nomen*** **1** Haustier ◇ *a pet shop* eine Tierhandlung **2** (*meist abwert*) Liebling ◇ *She's the teacher's pet.* Sie ist der Liebling des Lehrers. **3** (*BrE, umgs*) (*Kosewort*) Schatz

▸ ***Verb*** (**-tt-**) **1** (*bes AmE*) streicheln, liebkosen **2** (*umgs*) fummeln, knutschen

▸ ***Adj*** [nur vor Nomen] Lieblings- ◇ *It's his pet subject.* Das ist sein Lieblingsthema. IDM **pet hate** (*BrE*) etw, was man auf den Tod nicht ausstehen kann

petal /ˈpetl/ *Nomen* Blütenblatt

pe·tard /peˈtɑːd; *AmE* pəˈtɑːrd/ *Nomen* IDM → HOIST

Peter /ˈpiːtə(r)/ *Nomen* IDM → ROB

peter /ˈpiːtə(r)/ *Verb* PHRV **peter ˈout** (allmählich) zu Ende gehen ◇ *The campaign petered out for lack of support.* Mangels Unterstützung verlief die Kampagne im Sande. ◇ *The road petered out into a dirt track.* Die Straße verlief sich in einen Feldweg.

petit bour·geois (*auch* **petty bour·geois**) /ˌpeti ˈbʊəʒwɑː; *AmE* ˈbʊrʒ-/ *Nomen, Adj*

▸ ***Nomen*** (*Pl* **petits/petty bourgeois**) (*abwert*) Kleinbürger(in)

▸ ***Adj*** kleinbürgerlich

pe·tite /pəˈtiːt/ *Adj* zierlich

the peˌtite ˌbourgeoiˈsie (*auch* **petty bour·geoisie**) *Nomen* [Sing] das Kleinbürgertum

petit four /ˌpeti ˈfɔː(r)/ *Nomen* (*Pl* **petits fours** /ˌpeti ˈfɔː(r)/) [meist Pl] Gebäck(stück), Petit four

pe·ti·tion /pəˈtɪʃn/ *Nomen, Verb*

▸ ***Nomen*** **1** Petition, Unterschriftensammlung **2** (RECHT) Antrag **3** (*gehoben*) Bittgebet, Bittgesuch

▸ ***Verb*** **1** ~ **for/against sth** eine Petition für/gegen etw einreichen **2** ~ **sb** (**for sth**) jdn (um etw) ersuchen **3** (RECHT) beantragen ◇ *petition for divorce* die Scheidung einreichen

pe·ti·tion·er /pəˈtɪʃənə(r)/ *Nomen* **1** = jd, der eine Unterschriftensammlung durchführt, oder jd, der eine Petition unterschreibt **2** (RECHT) Kläger(in) **3** (*gehoben*) Antragssteller(in)

ˈpet name *Nomen* Kosename

pet·rel /ˈpetrəl/ *Nomen* Sturmvogel

Petri dish /ˈpetri dɪʃ, ˈpiːtri/ *Nomen* Petrischale

petri·fied /ˈpetrɪfaɪd/ *Adj* **1 be ~ (of sth)** vor etw entsetzliche Angst haben ◇ *a petrified expression* ein vor Angst erstarrtes Gesicht ◇ *They were petrified with fear.* Sie waren starr vor Schreck. **2** [nur vor Nomen] versteinert

pet·rify /ˈpetrɪfaɪ/ *Verb* (**-fies, -fy·ing, -fied, -fied**) **1** ◇ *Just the thought of it petrifies me.* Der bloße Gedanke daran jagt mir entsetzliche Angst ein. **2** versteinern

petro·chem·ical /ˌpetrəʊˈkemɪkl; *AmE* -troʊ-/ *Nomen* petrochemisches Erzeugnis ◇ *the petrochemical industry* die petrochemische Industrie

petro·dol·lar /ˈpetrəʊdɒlə(r); *AmE* -troʊdɑːlər/ *Nomen* Petrodollar

pet·rol 0-w /ˈpetrəl/ *Nomen* (*BrE*) Benzin ◇ *fill a car up with petrol* ein Auto volltanken

pet·rol·atum /ˌpetrəˈleɪtəm/ *Nomen* (*AmE*) Vaseline

ˈpetrol bomb *Nomen* (*BrE*) Benzinbombe, Molotowcocktail

pet·rol·eum /pəˈtrəʊliəm; *AmE* pəˈtroʊ-/ *Nomen* Petroleum

peˌtroleum ˈjelly *Nomen* Vaseline

ˈpetrol station *Nomen* (*BrE*) Tankstelle

petti·coat /ˈpetɪkəʊt; *AmE* -koʊt/ *Nomen* (*veraltend*) Unterrock, Unterkleid

petti·fog·ging /ˈpetɪfɒgɪŋ; *AmE* -fɔːgɪŋ/ *Adj* [nur vor Nomen] (*selten, veraltet*) kleinlich

petti·ness /ˈpetinəs/ *Nomen* Kleinlichkeit, Kleingeistigkeit

pet·ting /ˈpetɪŋ/ *Nomen* Petting
petting zoo *Nomen* (*AmE*) = Streichelzoo
petty /ˈpeti/ *Adj* (*abwert*) **1** klein, belanglos ◇ *petty crime* Kleinkriminalität ◇ *petty theft* kleinere Diebstähle ◇ *a petty official* ein kleiner Beamter **2** kleinlich, kleingeistig
petty bour·geois, **the petty bourgeoisie** = PETIT BOURGEOIS *und* PETITE BOURGEOISIE
ˌ**petty ˈcash** *Nomen* [U] Portokasse
ˌ**petty ˈofficer** *Nomen* (*Abk* **PO**) (*oft als Titel gebraucht*) (*bei der Marine*) ≈ Maat
petu·lance /ˈpetjuləns; *AmE* -tʃələns/ *Nomen* Trotz, Bockigkeit
petu·lant /ˈpetjulənt; *AmE* -tʃələnt/ *Adj* (*Adv* **petu·lant·ly**) (*gehoben*) trotzig, bockig
pe·tu·nia /pəˈtjuːniə; *AmE* pəˈtuː-/ *Nomen* Petunie
pew /pjuː/ *Nomen* Kirchenbank IDM ˌ**Take a ˈpew!** (*BrE, umgs, hum*) Setz dich!; Setzt euch!
pew·ter /ˈpjuːtə(r)/ *Nomen* Zinn
PG /ˌpiː ˈdʒiː/ *Abk* (*BrE*) = Bezeichnung für Filme, die Kinder nur in Begleitung Erwachsener sehen dürfen
PGCE /ˌpiː dʒiː siː ˈiː/ *Nomen* = Lehrqualifikation in Großbritannien, die nach einem Fachstudium erworben werden kann
pH /ˌpiː ˈeɪtʃ/ *Nomen* [Sing] pH-Wert
phal·anx /ˈfælæŋks/ *Nomen* (*gehoben*) Phalanx, geschlossene Reihe
phal·lic /ˈfælɪk/ *Adj* phallisch
phal·lus /ˈfæləs/ *Nomen* Phallus
phantom /ˈfæntəm/ *Nomen, Adj*
▸ ***Nomen*** **1** Geist, Gespenst **2** Phantom, Wahnvorstellung
▸ ***Adj*** [nur vor Nomen] **1** Geister- ◇ *a phantom horseman* ein Geisterreiter **2** Phantom-, eingebildet **3** Schein- ◇ *phantom companies* Scheinfirmen
phar·aoh /ˈfeərəʊ; *AmE* ˈferoʊ/ *Nomen* Pharao
pharma·ceut·ical /ˌfɑːməˈsuːtɪkl, -ˈsjuː-; *AmE* ˌfɑːrməˈsuː-/ *Adj, Nomen*
▸ ***Adj*** [nur vor Nomen] pharmazeutisch, Pharma-
▸ ***Nomen*** [meist Pl] (*Fachspr*) Arzneimittel
pharma·cist /ˈfɑːməsɪst; *AmE* ˈfɑːrm-/ *Nomen* (*BrE*) Apotheker(in) ◇ *at the pharmacist's* in der Apotheke
pharma·co·logic·al /ˌfɑːməkəˈlɒdʒɪkl; *AmE* ˌfɑːrməkəˈlɑːdʒɪ-/ *Adj* pharmakologisch
pharma·col·ogy /ˌfɑːməˈkɒlədʒi; *AmE* ˌfɑːrməˈkɑːlə-/ *Nomen* Pharmakologie
phar·macy /ˈfɑːməsi; *AmE* ˈfɑːrm-/ *Nomen* (*Pl* **-ies**) **1** Apotheke **2** Krankenhausapotheke **3** Pharmazie
phase 0‑ᴗ /feɪz/ *Nomen, Verb*
▸ ***Nomen*** Phase, Abschnitt ◇ *His anxiety was just a passing phase.* Seine Ängste waren nur vorübergehend. IDM **in phase/out of phase (with sth)** (*BrE*) phasengleich/nicht phasengleich; synchronisiert/nicht synchronisiert (mit etw) ◇ *The traffic lights were out of phase.* Die Ampeln waren nicht aufeinander abgestimmt. ◇ *This idea was out of phase with the spirit of the age.* Diese Vorstellung entsprach nicht dem Zeitgeist.
▸ ***Verb*** (*meist passiv*) stufenweise durchführen ◇ *the phased withdrawal of troops* das schrittweise Abziehen der Truppen PHR V ˌ**phase sth ˈin** etw stufenweise einführen ˌ**phase sth ˈout** (*beenden*) etw auslaufen lassen
phat /fæt/ *Adj* (*Slang, bes AmE*) super, cool, abgefahren
PhD (*bes AmE* **Ph.D.**) /ˌpiː eɪtʃ ˈdiː/ *Nomen* Doktor(grad) ◇ *Has he got a PhD?* Hat er promoviert? ◇ *She's doing a PhD in chemistry.* Sie promoviert in Chemie.

phea·sant /ˈfeznt/ *Nomen* (*Pl* **phea·sant** *oder* **phea·sants**) Fasan
phe·nol /ˈfiːnɒl; *AmE* -nɔːl/ *Nomen* (NATURW) Phenol
phe·nom·enal /fəˈnɒmɪnl; *AmE* fəˈnɑːm-/ *Adj* (*Adv* **phe·nom·en·al·ly** /-nəli/) phänomenal, unglaublich, außerordentlich
phe·nom·enon /fəˈnɒmɪnən; *AmE* fəˈnɑːm-/ *Nomen* (*Pl* **phe·nom·ena** /-nə/) Phänomen, Erscheinung
phero·mone /ˈferəməʊn; *AmE* -moʊn/ *Nomen* (BIOL) Pheromon, Lockstoff
phew /fjuː/ *Ausruf* (*BrE*) (*bei Hitze, Müdigkeit oder Erleichterung*) puh ◇ *Phew, I'm glad that's all over.* Mensch, bin ich froh, dass das vorbei ist.
phial /ˈfaɪəl/ *Nomen* Fläschchen
phil·an·throp·ic /ˌfɪlənˈθrɒpɪk; *AmE* -ˈθrɑːpɪk/ *Adj* (*Adv* **phil·an·throp·ic·ally** /-kli/) philanthropisch, menschenfreundlich, karitativ
phil·an·throp·ist /fɪˈlænθrəpɪst/ *Nomen* Philanthrop(in), Menschenfreund(in)
phil·an·thropy /fɪˈlænθrəpi/ *Nomen* Philanthropie, Wohltätigkeit
phila·tel·ist /fɪˈlætəlɪst/ *Nomen* (*Fachspr*) Philatelist(in)
phil·ately /fɪˈlætəli/ *Nomen* (*Fachspr*) Philatelie
phil·har·mon·ic /ˌfɪlɑːˈmɒnɪk; *AmE* -lərˈmɑːnɪk/ *Adj* (*in Orchester- und Chornamen*) philharmonisch
phil·is·tine /ˈfɪlɪstaɪn; *AmE* -stiːn/ *Nomen, Adj*
▸ ***Nomen*** (*abwert*) (Kultur)banause
▸ ***Adj*** (*abwert*) banausisch
phil·is·tin·ism /ˈfɪlɪstɪnɪzəm/ *Nomen* Banausentum
philo·logic·al /ˌfɪləˈlɒdʒɪkl; *AmE* -ˈlɑːdʒɪ-/ *Adj* philologisch
phil·olo·gist /fɪˈlɒlədʒɪst; *AmE* fɪˈlɑːlə-/ *Nomen* Philologe, Philologin
phil·ology /fɪˈlɒlədʒi; *AmE* fɪˈlɑːlə-/ *Nomen* **1** Philologie **2** (*AmE*) Literaturwissenschaft
phil·oso·pher /fəˈlɒsəfə(r); *AmE* fəˈlɑːsə-/ *Nomen* Philosoph(in)
philo·soph·ical /ˌfɪləˈsɒfɪkl; *AmE* -ˈsɑːfɪ-/ (*auch* **philo·soph·ic** /-fɪk/) *Adj* (*Adv* **philo·soph·ic·al·ly** /-kli/) **1** philosophisch **2** gelassen
philo·so·phize (*BrE auch* **-ise**) /fəˈlɒsəfaɪz; *AmE* fəˈlɑːsə-/ *Verb* ~ **(about/on sth)** (über etw) philosophieren
phil·oso·phy 0‑ᴗ /fəˈlɒsəfi; *AmE* fəˈlɑːsə-/ *Nomen* (*Pl* **-ies**) Philosophie
phish·ing /ˈfɪʃɪŋ/ *Nomen* [U] Internet-Betrug durch Webseiten oder E-Mails, die den Nutzer zur Herausgabe von persönlichen Daten, Kontonummern etc. verleiten wollen, Phishing
phlegm /flem/ *Nomen* **1** (*bei einer Erkältung etc.*) Schleim **2** (*gehoben*) Phlegma, Gleichmut, Gemütsruhe
phleg·mat·ic /flegˈmætɪk/ *Adj* phlegmatisch, gleichmütig ◇ *a phlegmatic man* ein Phlegmatiker
pho·bia /ˈfəʊbiə; *AmE* ˈfoʊ-/ *Nomen* Phobie, krankhafte Angst
pho·bic /ˈfəʊbɪk; *AmE* ˈfoʊ-/ *Nomen, Adj*
▸ ***Nomen*** = jd, der eine Phobie hat
▸ ***Adj*** phobisch
phoe·nix /ˈfiːnɪks/ *Nomen* Phönix
phone 0‑ᴗ /fəʊn; *AmE* foʊn/ *Nomen, Verb*
▸ ***Nomen*** **1** Telefon ◇ *They like to do business by phone/over the phone.* Sie wickeln ihre Geschäfte gern telefonisch ab. **2** (Telefon)hörer ◇ *pick up the phone* abheben ◇ *put the phone down* auflegen ◇ *leave the phone off the hook* den Hörer (absichtlich) nicht auflegen IDM **be on the ˈphone** **1** telefonieren **2** (*BrE*) ein Telefon haben
▸ ***Verb*** (*bes BrE*) (*BrE auch* **phone (sb) ˈup**) anrufen ◇ *Someone phone for an ambulance!* Kann jemand den Krankenwagen rufen! ◇ *Don't forget to phone New*

York. Vergiss nicht, in New York anzurufen. PHR V ˌphone (sb) ˈback (jdn) zurückrufen ˌphone ˈin (*bes BrE*) (*im Büro, bei einem Sender*) anrufen ◇ *She's phoned in sick.* Sie hat angerufen und sich krank gemeldet. ◇ *Listeners can phone in with their comments.* Die Hörer können anrufen und ihre Meinung sagen. ˌphone sth ˈin (*bes BrE*) etw telefonisch durchgeben

ˈphone book *Nomen* Telefonbuch

ˈphone booth (*auch* ˈtelephone booth) *Nomen* Telefonzelle

ˈphone box (*auch* ˈtelephone box, ˈtelephone kiosk) *Nomen* (*BrE*) Telefonzelle

ˈphone call (*auch* call) *Nomen* Anruf, (Telefon)gespräch ◇ *I have to make a phone call.* Ich muss telefonieren. ◇ *give sb a call* jdn anrufen

phone·card /ˈfəʊnkɑːd; *AmE* ˈfoʊnkɑːrd/ *Nomen* (*BrE*) Telefonkarte

ˈphone hacking *Nomen* [U] = das illegale Abhören oder Abfangen von Anrufen oder Voicemail-Nachrichten ◇ *the phone hacking scandal* der Abhörskandal

ˈphone-in *Nomen* (*BrE*) Phone-in-Sendung

phon·eme /ˈfəʊniːm; *AmE* ˈfoʊ-/ *Nomen* Phonem

phon·em·ic /fəˈniːmɪk/ *Adj* phonemisch

ˈphone tapping *Nomen* = TELEPHONE TAPPING

phon·et·ic /fəˈnetɪk/ *Adj* (*Adv* phon·et·ic·al·ly /-kli/) phonetisch, lautlich ◇ *the International Phonetic Alphabet* die internationale Lautschrift

phon·et·ics /fəˈnetɪks/ *Nomen* [U] Phonetik

pho·ney /ˈfəʊni; *AmE* ˈfoʊ-/ *Adj, Nomen*

▸ ***Adj*** (*bes AmE* pho·ny) (**pho·nier**, **pho·ni·est**) (*umgs, abwert*) falsch, unecht, gefälscht ◇ *She spoke with a phoney Russian accent.* Sie sprach mit einem gespielten russischen Akzent. ◇ *the phoney war* der Scheinkrieg

▸ ***Nomen*** (*bes AmE* pho·ny) (*Pl* **-neys** *oder* **-nies**) (*umgs, abwert*) Schwindler(in), Täuscher(in)

phono·logic·al /ˌfəʊnəˈlɒdʒɪkl, ˌfɒn-; *AmE* ˌfoʊnəˈlɑːdʒɪ-, ˌfɑːn-/ *Adj* phonologisch

phon·ology /fəˈnɒlədʒi; *AmE* fəˈnɑːlə-/ *Nomen* **1** Phonologie **2** Lautsystem

phos·phate /ˈfɒsfeɪt; *AmE* ˈfɑːs-/ *Nomen* Phosphat

phos·phor·es·cence /ˌfɒsfəˈresns; *AmE* ˌfɑːs-/ *Nomen* Phosphoreszenz

phos·phor·es·cent /ˌfɒsfəˈresnt; *AmE* ˌfɑːs-/ *Adj* (*Fachspr*) phosphoreszierend, leuchtend

phos·phorus /ˈfɒsfərəs; *AmE* ˈfɑːs-/ *Nomen* Phosphor

photo 0-π /ˈfəʊtəʊ; *AmE* ˈfoʊtoʊ/ *Nomen* (*Pl* **-os** /-z/) Foto

photobomb /ˈfəʊtəʊbɒm; *AmE* ˈfoʊtoʊbɑːm/ *Verb Nomen*

▸ ***Verb*** = eine Aufnahme (von jdm) ruinieren, indem man genau in dem Moment ins Bild springt oder Faxen macht, wenn das Foto aufgenommen wird ◇ *My dog is always photobombing my pictures.* Mein Hund rennt immer genau dann ins Bild, wenn ich abdrücke.

▸ ***Nomen*** **1** = ruinierte Fotoaufnahme, bei der jemand mit Absicht ins Bild gesprungen ist oder Faxen gemacht hat **2** = das Ruinieren einer Fotoaufnahme, indem man genau dann ins Bild springt oder Faxen macht, wenn die Aufnahme entsteht

ˈphoto booth *Nomen* Fotoautomat

photo·call /ˈfəʊtəʊkɔːl; *AmE* ˈfoʊtoʊ-/ *Nomen* Fototermin

photo·copier /ˈfəʊtəʊkɒpiə(r); *AmE* ˈfoʊtoʊkɑːp-/ (*bes AmE* copier) *Nomen* Kopierer

photo·copy 0-π /ˈfəʊtəʊkɒpi; *AmE* ˈfoʊtoʊkɑːpi/ *Nomen, Verb*

▸ ***Nomen*** (*auch* copy) (*Pl* **-ies**) (Foto)kopie

▸ ***Verb*** (**-copies**, **-copy·ing**, **-cop·ied**, **-cop·ied**) (*bes BrE* copy) **1** fotokopieren **2** ~ **well/badly** sich gut/schlecht fotokopieren lassen

ˌphoto ˈfinish *Nomen* [meist Sing] Fotofinish

photofit /ˈfəʊtəʊfɪt; *AmE* ˈfoʊtoʊ-/ *Nomen* (*BrE*) Phantombild

photo·gen·ic /ˌfəʊtəʊˈdʒenɪk; *AmE* ˌfoʊtoʊ-/ *Adj* fotogen

photo·graph 0-π /ˈfəʊtəgrɑːf; *AmE* ˈfoʊtəgræf/ *Nomen, Verb*

▸ ***Nomen*** Fotografie, Foto ◇ *aerial photographs* Luftaufnahmen

▸ ***Verb*** **1** fotografieren ◇ *a beautifully photographed book* ein Buch mit wunderschönen Fotos **2** ~ **well, badly, etc.** sich gut, schlecht etc. fotografieren lassen ◇ *Some people just don't photograph well.* Manche Leute sind einfach nicht fotogen.

pho·tog·raph·er 0-π /fəˈtɒgrəfə(r); *AmE* fəˈtɑːg-/ *Nomen* Fotograf(in)

photo·graph·ic /ˌfəʊtəˈgræfɪk; *AmE* ˌfoʊ-/ *Adj* (*Adv* photo·graph·ic·al·ly /-kli/) Foto-, fotografisch ◇ *photographic equipment* Fotoausrüstung ◇ *a photographic record* eine Bilddokumentation ◇ *His paintings are almost photographic in detail.* Seine Gemälde sind fast naturgetreu. ◇ *a photographic memory* ein fotografisches Gedächtnis

pho·tog·raphy 0-π /fəˈtɒgrəfi; *AmE* fəˈtɑːg-/ *Nomen* [U] Fotografie, Kameraführung ◇ *aerial photography* Luftaufnahmen

pho·ton /ˈfəʊtɒn; *AmE* ˈfoʊtɑːn/ *Nomen* (PHYSIK) Photon

ˈphoto opportunity *Nomen* Fototermin

ˈphoto shoot *Nomen* Fotoshooting ◇ *I went on a photo shoot to Rio with him.* Ich begleitete ihn zu einem Fotoshooting nach Rio.

photo·shop /ˈfəʊtəʊʃɒp; *AmE* ˈfoʊtoʊʃɑːp/ (*auch* Photoshop) *Verb* (**-pp-**) ~ **sth** etw digital bearbeiten, etw photoshoppen

photo·syn·thesis /ˌfəʊtəʊˈsɪnθəsɪs; *AmE* ˌfoʊtoʊ-/ *Nomen* (BIOL) Photosynthese

phrasal verb /ˌfreɪzl ˈvɜːb; *AmE* ˈvɜːrb/ *Nomen* = Verb mit Präposition und/oder Adverb, z.B. „call in"

phrase 0-π /freɪz/ *Nomen, Verb*

▸ ***Nomen*** **1** (LING) Satzglied **2** Formulierung ◇ *in Adorno's phrase* wie Adorno es formulierte **3** (MUS) Phrase IDM → COIN *und* TURN

▸ ***Verb*** **1** ~ **sth** (**as sth**) etw (als etw) formulieren **2** (MUS) phrasieren

ˈphrase book *Nomen* Sprachführer

phrase·ology /ˌfreɪziˈɒlədʒi; *AmE* -ˈɑːlə-/ *Nomen* (*gehoben*) **1** Ausdrucksweise **2** Phraseologie

phras·ing /ˈfreɪzɪŋ/ *Nomen* [U] **1** Formulierung **2** (MUS) Phrasierung

phylum /ˈfaɪləm/ *Nomen* (*Pl* **phyla** /-lə/) (BIOL) Stamm

phys·ic·al 0-π /ˈfɪzɪkl/ *Adj, Nomen*

▸ ***Adj*** **1** körperlich, physisch, Körper- ◇ *his physical appearance* sein Äußeres **2** [nur vor Nomen] stofflich, materiell ◇ *the physical world* die materielle Welt ◇ *the physical environment* die konkrete Umgebung **3** [nur vor Nomen] physikalisch ◇ *It is a physical impossibility for one person to do all that.* Es ist einfach nicht möglich, dass einer das alles schafft. **4** körperlich, sexuell **5** (*umgs*) sinnlich ◇ *She's not very physical.* Sie ist nicht sehr sinnlich.

▸ ***Nomen*** (*auch* physical examiˈnation) ärztliche Untersuchung, Musterung

physical eduˈcation *Nomen* = PE

phys·ic·al·ity /ˌfɪzɪˈkæləti/ *Nomen* Körperlichkeit

phys·ic·al·ly 0-π /ˈfɪzɪkli/ *Adv* **1** körperlich, physisch ◇ *He was physically attractive.* Er hatte ein ansprechendes Äußeres. ◇ *They were physically prevented from entering the building.* Sie wurden gewaltsam am Betreten des Gebäudes gehindert. ◇ *Physically, she hadn't changed much.* Rein äußerlich hatte sie sich nicht sehr verändert. **2** praktisch ◇ *It's physically impossible to finish by Friday.* Es ist völlig unmöglich, bis Freitag fertig zu sein.

ˌphysical ˈscience *Nomen* [U] (*auch* **the physical sciences** [Pl]) = Naturwissenschaften wie Physik, Chemie, Astronomie, die sich mit Naturphänomenen befassen, im Gegensatz zu Biologie und Medizin

ˌphysical ˈtherapist *Nomen* (*AmE*) Physiotherapeut(in)

ˌphysical ˈtherapy *Nomen* (*AmE*) Physiotherapie

ˌphysical ˈtraining *Nomen* = PT

phys·ician /fɪˈzɪʃn/ *Nomen* (*bes AmE, gehoben*) Arzt, Ärztin

physi·cist /ˈfɪzɪsɪst/ *Nomen* Physiker(in)

phys·ics 0➡ /ˈfɪzɪks/ *Nomen* **1** Physik ◇ *nuclear physics* Kernphysik ◇ *the laws of physics* die physikalischen Gesetze **2** physikalische Eigenschaften, physikalische Prinzipien

physio /ˈfɪziəʊ; *AmE* -zioʊ/ *Nomen* (*Pl* **-os**) (*BrE, umgs*) **1** = PHYSIOTHERAPY **2** = PHYSIOTHERAPIST

physi·ognomy /ˌfɪziˈɒnəmi; *AmE* -ˈɑːn-/ *Nomen* (*Pl* **-ies**) (*gehoben*) Physiognomie, Gesichtszüge

physio·logic·al /ˌfɪziəˈlɒdʒɪkl; *AmE* -ˈlɑːdʒ-/ *Adj* (*Adv* **physio·lo·gic·al·ly** /-kli/) physiologisch, körperlich

physi·olo·gist /ˌfɪziˈɒlədʒɪst; *AmE* -ˈɑːlə-/ *Nomen* Physiologe, Physiologin

physi·ology /ˌfɪziˈɒlədʒi; *AmE* -ˈɑːlə-/ *Nomen* Physiologie

physio·ther·ap·ist /ˌfɪziəʊˈθerəpɪst; *AmE* -zioʊ-/ (*umgs* **physio**) *Nomen* Physiotherapeut(in)

physio·ther·apy /ˌfɪziəʊˈθerəpi; *AmE* -zioʊ-/ *Nomen* (*umgs* **physio**) Physiotherapie

phys·ique /fɪˈziːk/ *Nomen* Körperbau, Statur

pi /paɪ/ *Nomen* (*Geometrie*) Pi

pi·an·ist /ˈpɪənɪst; *AmE* ˈpiːənɪst/ *Nomen* Pianist(in)

piano 0➡ /piˈænəʊ; *AmE* -noʊ/ *Nomen, Adv, Adj*

▸ ***Nomen*** (*Pl* **-os**) Klavier ◇ *play the piano* Klavier spielen

▸ ***Adv, Adj*** (*Abk* **p**) (MUS) piano, Piano-

piano acˈcordion (*BrE*) = ACCORDION

pic /pɪk/ *Nomen* (*umgs*) Bild

pic·ay·une /ˌpɪkəˈjuːn/ *Adj* (*AmE, umgs*) banal, unbedeutend

pic·colo /ˈpɪkələʊ; *AmE* -loʊ/ *Nomen* (*Pl* **-os**) Pikkoloflöte

pick 0➡ /pɪk/ *Verb, Nomen*

▸ ***Verb*** **1** aussuchen, auswählen ◇ *He has been picked to play in the match.* Er ist für das Spiel aufgestellt worden. **2** (*Blumen, Beeren etc.*) pflücken ◇ *go blackberry picking* Brombeeren suchen gehen **3** abzupfen ◇ *She picked bits of fluff from her sweater.* Sie zupfte ein paar Fusseln von ihrem Pullover. **4** ◇ *pick your nose* in der Nase bohren ◇ *pick your teeth* in den Zähnen stochern ◇ *The dogs picked the bones clean.* Die Hunde nagten die Knochen restlos ab. **5** (*bes AmE*) (MUS) zupfen **6** (*Schloss*) knacken IDM **pick and ˈchoose** wählerisch sein **pick sb's ˈbrains** (*umgs*) jdn ausquetschen **pick a ˈfight/ˈquarrel (with sb)** einen Streit (mit jdm) anfangen **pick ˈholes in sth** etw kritisieren; (*Argumente*) zerpflücken **pick sb's ˈpocket** jdn bestehlen ◇ *How can you avoid having your pockets picked?* Wie kann man es vermeiden, einem Taschendieb zum Opfer zu fallen? **pick up the ˈbill, ˈtab, etc. (for sth)** (*umgs*) die Rechnung (für etw) bezahlen; die Kosten (für etw) übernehmen **pick up the ˈpieces** die Scherben aufsammeln; etw wieder geradebiegen **pick up ˈspeed** schneller werden **pick up the ˈthreads** sich in etw wieder hineinfinden **pick your ˈway (through, etc. sth)** sich einen Weg (durch etc.) suchen **pick a ˈwinner** **1** auf das richtige Pferd setzen **2** (*umgs*) eine gute Wahl treffen → *Siehe auch* BONE *und* PIECE PHR V **ˈpick at sth** **1** in etw herumstochern **2** an etw herumzupfen **ˌpick sb ˈoff** (*umgs*) jdn abknallen **ˌpick sth ˈoff** etw abzupfen, etw abpflücken **ˈpick on sb/sth** **1** auf jdm/etw herumhacken **2** jdn/etw heraussuchen **ˌpick sb/sth ˈout** **1** jdn/etw auswählen, jdn/etw heraussuchen **2** jdn/etw ausmachen ◇ *See if you can pick me out in this photo.* Schau mal, ob du mich auf diesem Foto finden kannst. **ˌpick sth ˈout** **1** etw heraussuchen, etw herausgreifen ◇ *Pick out the most important aspects.* Suchen Sie die wichtigsten Aspekte heraus. **2** etw hervorheben ◇ *The car lights picked out the sign for Burnham.* Im Scheinwerferlicht leuchtete das Ortsschild auf: Burnham. **3** (*Melodie*) klimpern **ˌpick sth ˈover; pick through sth** etw durchsehen **ˌpick ˈup** **1** sich erholen, sich beleben, zunehmen **2** (*umgs*) weitermachen ◇ *Let's pick up where we left off yesterday.* Machen wir da weiter, wo wir gestern aufgehört haben. **3** (*bes AmE, umgs*) aufräumen **ˌpick sb ˈup** **1** jdn abholen **2** jdn mitnehmen ◇ *The bus picks up passengers outside the airport.* Fahrgäste können vor dem Flughafen in den Bus einsteigen. **3** jdn bergen **4** (*umgs, abwert*) jdn aufreißen **5** (*umgs*) jdn aufgreifen **6** jdn beleben, jdn wieder auf die Beine stellen **ˌpick sb/sth ˈup** **1** jdn/etw aufheben, jdn/etw hochheben ◇ *He picked up the phone.* Er nahm den Hörer ab. **2** (*Signal etc.*) empfangen **ˌpick sth ˈup** **1** etw aufschnappen; (*Sprache, Kenntnisse*) sich etw aneignen ◇ *I picked up a bit of Spanish on holiday.* Im Urlaub habe ich ein paar Brocken Spanisch gelernt. **2** etw erkennen **3** etw abholen ◇ *I picked up my coat from the cleaner's.* Ich habe meinen Mantel von der Reinigung geholt. **4** etw mitbringen, etw kaufen ◇ *I'll pick up some bread.* Ich bringe Brot mit. **5** etw kaufen ◇ *We picked up a bargain at the auction.* Wir haben bei der Versteigerung ein Schnäppchen gemacht. **6** (*Virus etc.*) sich etw holen **7** etw verdienen ◇ *She picked up a million in sponsorship deals.* Sie hat eine Million mit Werbeverträgen verdient. **8** (*Spur, Fährte*) wieder aufnehmen ◇ *We can pick up the motorway in Slough.* In Slough können wir dann auf die Autobahn. **9** (*Thema*) wieder aufnehmen ◇ *He picks up this theme again in later chapters.* Er nimmt dieses Thema in späteren Kapiteln wieder auf. **10** (*Geräusch*) ausmachen **11** (*bes AmE*) etw wegräumen **12** (*AmE*) (*Zimmer, Wohnung*) aufräumen **pick ˈup on sth** **1** etw bemerken, auf etw reagieren **2** auf etw zurückkommen **pick sb ˈup on sth** jdm etw vorhalten **ˌpick yourself ˈup** wieder aufstehen, sich wieder aufrappeln

▸ ***Nomen*** **1** [Sing] Wahl ◇ *Take your pick.* Suchen Sie sich etwas aus. ◇ *The winner gets first pick of the prizes.* Der Gewinner darf sich als Erster einen Preis aussuchen **2** [Sing] **the ~ of sth** der/die/das Beste von etw ◇ *I think we got the pick of the bunch.* Meiner Meinung nach haben wir die Allerbesten bekommen. **3** Spitzhacke

ˈpick-and-mix *Adj* (*BrE*) beliebig kombinierbar

pick·axe (*AmE auch* **pick·ax**) /ˈpɪkæks/ *Nomen* Spitzhacke

pick·er /ˈpɪkə(r)/ *Nomen* Pflücker(in), Pflückmaschine

picket /ˈpɪkɪt/ *Nomen, Verb*

▸ ***Nomen*** **1** Streikposten **2** Vorposten **3** Pfahl ◇ *a picket fence* ein Palisadenzaun

▸ ***Verb*** Streikposten stehen (vor)

pick·et·er /ˈpɪkɪtə(r)/ *Nomen* (*AmE*) (*Person*) Streikposten

picket·ing /ˈpɪkɪtɪŋ/ *Nomen* Aufstellen von Streikposten

pick·ings /ˈpɪkɪŋz/ *Nomen* [Pl] (Aus)beute

pickle /ˈpɪkl/ *Nomen, Verb*

▸ ***Nomen*** **1** (*BrE*) = in Essig oder Salzwasser eingelegtes Gemüse **2** [U] (*BrE*) = kalte, würzige Soße aus gekochtem Obst und Gemüse, die zu Käse, kaltem Fleisch etc. gegessen wird **3** (*AmE*) saure Gurken IDM **in a ˈpickle** in der Klemme

▸ ***Verb*** einlegen

pick-me-up /ˈpɪk miː ʌp/ *Nomen* (*umgs*) Muntermacher, Stärkung(smittel)

pick·pocket /ˈpɪkpɒkɪt; *AmE* -pɑːkɪt/ *Nomen* Taschendieb(in)

pick·up /ˈpɪkʌp/ *Nomen* **1** (*auch* **ˈpickup truck**) Pritschenwagen **2** (*umgs*) Zufallsbekanntschaft ◇ *Is he looking for a pick-up?* Will er jemanden aufreißen? **3** Verbesserung; (*Preise*) Anstieg **4** Abholung

picky /ˈpɪki/ *Adj* (*umgs*) wählerisch, pingelig

pic·nic /ˈpɪknɪk/ *Nomen, Verb*

▸ ***Nomen*** Picknick ◇ *have a picnic* ein Picknick machen ◇ *We'll have a picnic lunch.* Wir werden mittags draußen Picknick machen. ◇ *I had a picnic lunch.* Ich habe mittags draußen gepicknickt. IDM **be no ˈpicnic** (*umgs*) kein Honiglecken sein

▸ ***Verb*** (**-ck-**) picknicken

pic·nick·er /ˈpɪknɪkə(r)/ *Nomen* = jd, der picknickt

picto·gram /ˈpɪktəɡræm/ *Nomen* Piktogramm

pic·tor·ial /pɪkˈtɔːriəl/ *Adj* Bild-, bildlich, illustriert ◇ *a pictorial encyclopedia* ein Bildlexikon

pic·tori·al·ly /pɪkˈtɔːriəli/ *Adv* bildlich, in Bildern

pic·ture 0‑ /ˈpɪktʃə(r)/ *Nomen, Verb*

▸ ***Nomen*** **1** Bild, Zeichnung, Gemälde **2** Foto **3** (*Fernseh-*) Bild **4** Darstellung **5** Vorstellung **6 the picture** [Sing] die Lage **7** Film **8 the pictures** [Pl] (*umgs, veraltet*) Kino IDM **be/look a ˈpicture** bildschön sein/aussehen **be the picture of ˈguilt/ˈhealth** (*umgs*) aussehen wie das personifizierte schlechte Gewissen/das blühende Leben **be the picture of ˈmisery** (*umgs*) ein Bild des Elends bieten **get the ˈpicture** (*umgs*) verstehen; begreifen **be in/out of the ˈpicture** (*umgs*) dabei/nicht mehr dabei sein **keep sb in the ˈpicture** (*umgs*) jdn auf dem Laufenden halten **put sb in the ˈpicture** (*umgs*) jdn ins Bild setzen

▸ ***Verb*** **1 ~ sb/sth** jdn/etw (vor sich) sehen **2 ~ sb/sth (as sth)** sich jdn/etw (als etw) vorstellen **3 ~ sb/sth as sth** jdn/etw als etw darstellen **4** (*meist passiv*) abbilden

ˌpicture book *Nomen* Bilderbuch, Bildband

ˌpicture-ˈperfect *Adj* (*AmE*) bilderbuchmäßig

ˌpicture ˈpostcard *Nomen* (*veraltet*) Ansichtskarte

ˈpicture rail *Nomen* Bilderleiste

pic·tur·esque /ˌpɪktʃəˈresk/ *Adj* (*Adv* **pic·tur·esque·ly**) **1** malerisch, pittoresk **2** bildreich, anschaulich

pid·dle /ˈpɪdl/ *Verb* (*umgs, veraltet*) pinkeln

pidgin /ˈpɪdʒɪn/ *Nomen* **1** Pidgin **2 Pidgin** Tok Pisin

pie /paɪ/ *Nomen* **1** gedeckter Obstkuchen, Obsttörtchen ◇ *a slice of apple pie* ein Stück Apfelkuchen **2** (*bes BrE*) Pastete IDM **ˌpie in the ˈsky** (*umgs*) Luftschlösser **a ˌpiece/ˌslice/ˌshare of the ˈpie** (*AmE*) ein Stück vom Kuchen → *Siehe auch* AMERICAN, EASY, EAT *und* FINGER

pie·bald /ˈpaɪbɔːld/ *Adj* gescheckt

piece 0‑ /piːs/ *Nomen, Verb*

▸ ***Nomen*** **1** (*meist mit „of" und nicht zählbaren konkreten Nomina verwendet*) Stück ◇ *a piece of machinery* ein Gerät/eine Maschine **2** Scherbe ◇ *smash sth to pieces* etw in Stücke schlagen **3** [meist Pl] Bestandteil ◇ *take sth to pieces* etw in seine Einzelteile zerlegen ◇ *by the piece* stückweise ◇ *a 50-piece orchestra* ein 50-köpfiges Orchester **4 ~ of sth** (*mit vielen unzählbaren abstrakten Nomen verwendet, um ein einzelnes Beispiel oder eine Menge von etw zu bezeichnen*) ◇ *a piece of advice* ein Ratschlag ◇ *Isn't that a piece of luck?* Wenn das kein Glücksfall ist! **5** Werk ◇ *a piece of art* ein Kunstwerk ◇ *a piece of poetry* ein Gedicht **6** (*Zeitungs-*) Artikel; (*Fernseh-, Radio-*) Sendung **7** Münze **8** Figur, Stein (*eines Brettspiels*) **9** [Sing] (*bes BrE*) (WIRTSCH) Anteil(e) **10** (*AmE, Slang*) (*Waffe*) Knarre IDM **be (all) of a ˈpiece** aus einem Guss sein; zusammenpassen **be (all) of a ˈpiece with sth** (*gehoben*) (genau) mit etw übereinstimmen **fall to ˈpieces** (*meist in der Verlaufsform*) auseinanderfallen; kaputtgehen **give sb a piece of your ˈmind** (*umgs*) jdm ordentlich seine Meinung sagen **go to ˈpieces** (*umgs*) zusammenbrechen **(all) in one ˈpiece** (*umgs*) unversehrt; heil **(all) of a piece** in einem Stück **pick/pull/tear sb/sth to ˈpieces/ˈshreds** (*umgs*) jdn/etw in der Luft zerreißen **a ˌpiece of ˈcake** (*umgs*) ein Kinderspiel **a ˌpiece of ˈpiss** (*BrE, Slang*) ein Kinderspiel **a/some ˌpiece of ˈwork** (*AmE, umgs*) ◇ *You're some piece of work, Jack!* Du bist vielleicht einer, Jack! → *Siehe auch* ACTION, BIT, LONG, NASTY, PICK, PIE, SAY *und* VILLAIN

▸ ***Verb*** PHR V **ˌpiece sth toˈgether** **1** etw rekonstruieren **2** etw zusammensetzen

pièce de ré·sist·ance /ˌpjes də reˈzɪstɒ̃s; *AmE* ˌpjes də ˌreziːˈstɑːns/ *Nomen* (*Pl* **pièces de ré·sist·ance** /ˌpjes də reˈzɪstɒ̃s; *AmE* ˌpjes də ˌreziːˈstɑːns/) [meist Sing] (*gehoben*) Krönung, Höhepunkt, Glanzstück

piece·meal /ˈpiːsmiːl/ *Adj, Adv*

▸ ***Adj*** (*oft abwert*) zusammengestückelt, wenig systematisch

▸ ***Adv*** Stück für Stück, stückweise

piecework /ˈpiːswɜːk; *AmE* -wɜːrk/ *Nomen* Stückarbeit, Akkordarbeit

ˈpie chart *Nomen* Tortendiagramm

pied /paɪd/ *Adj* gescheckt, gefleckt

pier /pɪə(r); *AmE* pɪr/ *Nomen* Pier, Landungsbrücke, Anlegestelle

pierce /pɪəs; *AmE* pɪrs/ *Verb* **1** piercen ◇ *have your ears pierced* sich Ohrlöcher stechen lassen **2 ~ (through) sth** etw durchbohren, etw durchstechen **3 ~ sth in sth** etw in etw bohren, etw in etw stechen **4 ~ (through) sth** (*gehoben*) etw durchdringen, etw durchbrechen

pier·cing /ˈpɪəsɪŋ; *AmE* ˈpɪrsɪŋ/ *Adj, Nomen*

▸ ***Adj*** (*Adv* **pier·cing·ly**) **1** stechend, durchdringend **2** gellend, schrill **3** schneidend, beißend **4** [nur vor Nomen] (*Stacheln etc.*) scharf

▸ ***Nomen*** Piercing

piety /ˈpaɪəti/ *Nomen* Frömmigkeit, Pietät

pig 0‑ /pɪɡ/ *Nomen, Verb*

▸ ***Nomen*** **1** Schwein **2** (*umgs, abwert*) (*Mensch*) Schwein, Sau ◇ *make a pig of yourself with sth* sich den Bauch mit etw vollschlagen **3** (*Slang, beleidigend*) (*Polizist*) Bulle IDM **make a ˈpig's ear (out) of sth** (*BrE, umgs*) etw versauen **(buy) a pig in a ˈpoke** die Katze im Sack (kaufen) **pig/piggy in the ˈmiddle** (*BrE*) **1** = Ballspiel, bei dem ein(e) in der Mitte stehende(r) Spieler(in) den Ball, den sich die anderen zuwerfen, zu fangen versucht **2** = jd, der zwischen zwei streitende oder kämpfende Personen oder Gruppen gerät **pigs might ˈfly** (*AmE* **when pigs ˈfly**) (*umgs, iron*) wer's glaubt, wird selig **a pig of a sth** (*BrE, umgs*) ein(e) Scheiß-; ein(e) Drecks- ◇ *a pig of a day* ein Scheißtag

▸ ***Verb*** (**-gg-**) (*BrE, umgs*) **~ sth** etw auffressen; **~ yourself (on sth)** sich (mit etw) vollstopfen PHR V **ˌpig ˈout (on sth)** (*umgs*) sich den Bauch (mit etw) vollschlagen

pi·geon /ˈpɪdʒɪn/ *Nomen* Taube IDM **sb's pigeon** (*BrE, veraltet*) jds Angelegenheit → *Siehe auch* CAT

pigeon·hole /ˈpɪdʒɪnhəʊl; *AmE* -hoʊl/ *Nomen, Verb*

▸ ***Nomen*** (*Post-*) Fach

▸ ***Verb*** **1 ~ sb (as sth)** jdn (als etw) einordnen, jdn (zu/als etw) abstempeln **2** (*Pläne etc.*) auf Eis legen

ˌpigeon-ˈtoed *Adj* x-beinig

pig·gery /ˈpɪgəri/ *Nomen* (*Pl* **-ies**) Schweinefarm

piggy /ˈpɪgi/ *Nomen, Adj*
▸ ***Nomen*** (*Pl* **-ies**) Schweinchen **IDM** → PIG
▸ ***Adj*** [nur vor Nomen] (*umgs, abwert*) Schweins- ◇ *piggy eyes* Schweinsäuglein

pig·gy·back /ˈpɪgibæk/ *Nomen* ◇ *Give me a piggyback, Daddy!* Trag mich huckepack, Papi!

ˈpiggy bank *Nomen* Sparschwein

pig-headed /ˌpɪgˈhedɪd/ *Adj* stur

ˈpig iron *Nomen* Gusseisen

pig·let /ˈpɪglət/ *Nomen* Ferkel

pig·ment /ˈpɪgmənt/ *Nomen* **1** Pigment **2** Farbstoff

pig·men·ta·tion /ˌpɪgmenˈteɪʃn/ *Nomen* [U] Pigmentierung

pig·ment·ed /pɪgˈmentɪd/ *Adj* pigmentiert

pigmy = PYGMY

pig·sty /ˈpɪgstaɪ/ (*auch* **sty**) *Nomen* (*Pl* **-ies**) (*AmE auch* **ˈpig·pen**) **1** Schweinestall **2** [Sing] (*umgs*) (*fig*) Saustall

pig·swill /ˈpɪgswɪl/ (*auch* **swill**) *Nomen* Schweinefutter

pig·tail /ˈpɪgteɪl/ *Nomen* (*BrE*) Zopf

pike /paɪk/ *Nomen* **1** (*Pl* **pike**) Hecht **2** Pike, Spieß **3** (*AmE*) = TURNPIKE **IDM** **come down the ˈpike** (*AmE, umgs*) vor der Tür stehen; in Entwicklung sein

pike·perch /ˈpaɪkpɜːtʃ; *AmE* -pɜːrtʃ/ *Nomen* (*Pl* **-perch**) Zander

pike·staff /ˈpaɪkstɑːf; *AmE* -stæf/ *Nomen* **IDM** → PLAIN

pilaf /ˈpiːlæf; *AmE* pɪˈlɑːf/ (*auch* **pilau** /ˈpiːlaʊ/) *Nomen* Pilaw

Pilates /pɪˈlɑːtiːz/ *Nomen* Pilates

pil·chard /ˈpɪltʃəd; *AmE* -tʃərd/ *Nomen* Sardine

pile 0‑ᵣ /paɪl/ *Nomen, Verb*
▸ ***Nomen*** **1** Stapel, Haufen, Stoß ◇ *piles of dirty washing* Berge von schmutziger Wäsche **2** [meist Pl] Menge ◇ *I've got piles of work to do.* Ich habe eine Menge Arbeit. **3** (*bei Samt, Teppichen etc.*) Flor **4** Pfeiler **5** (*gehoben oder hum*) Bauwerk → *Siehe auch* PILES **IDM** **at the bottom of the ˈpile** ganz unten **at the top of the ˈpile** an der Spitze **make a ˈpile** (*umgs*) ein Vermögen machen
▸ ***Verb*** **1** **~ sth (up)** etw (auf)stapeln ◇ *The clothes were piled high on the chair.* Auf dem Stuhl türmten sich die Kleidungsstücke. ◇ *Snow was piled up against the door.* Die Tür war vom Schnee zugeweht. **2** **~ A in (to) B** A in B stopfen ◇ *She piled everything into her suitcase.* Sie stopfte alles in ihren Koffer. **3** **~ A on (to) B** A auf B stapeln ◇ *He piled as much food as he could onto his plate.* Er häufte so viel Essen wie er nur konnte auf seinen Teller. **4** **~ B with A** B mit A beladen ◇ *The desk was piled with papers.* Auf dem Schreibtisch stapelten sich Papiere. **5** (*umgs*) (sich) drängen ◇ *They all piled into the car.* Sie stiegen alle in den Wagen. **IDM** **pile on the ˈagony/ˈgloom** (*bes BrE, umgs*) etw (noch) schlimmer machen **PHRV** **ˈpile sth on** **1** etw anhäufen ◇ *The team piled on the points in the first half of the game.* In der ersten Spielhälfte sammelte die Mannschaft eine Menge Punkte. ◇ *I've been piling on the pounds.* Ich habe ziemlich viel zugenommen. ◇ *Our boss is piling on the pressure.* Der Chef setzt uns immer mehr unter Druck. **2** etw übertreiben **ˈpile sth on(to) sb** jdn mit etw überhäufen **ˌpile ˈup** sich häufen, sich auftürmen

piles /paɪlz/ *Nomen* [Pl] Hämorrhoiden

ˈpile-up *Nomen* Massenkarambolage

pil·fer /ˈpɪlfə(r)/ *Verb* klauen

pil·fering /ˈpɪlfərɪŋ/ *Nomen* Diebstahl ◇ *We know that pilfering goes on.* Wir wissen, dass geklaut wird.

pil·grim /ˈpɪlgrɪm/ *Nomen* Pilger(in)

pil·grim·age /ˈpɪlgrɪmɪdʒ/ *Nomen* Pilgerfahrt, Wallfahrt (*auch fig*)

pill 0‑ᵣ /pɪl/ *Nomen* **1** Pille, Tablette **2** **the pill, the Pill** die Pille ◇ *be/go on the pill* die Pille nehmen ◇ *come off the pill* die Pille absetzen **3** (*AmE*) (*Mensch*) Ekel **IDM** **sugar/sweeten the pill** die bittere Pille versüßen → *Siehe auch* BITTER

pil·lage /ˈpɪlɪdʒ/ *Verb, Nomen*
▸ ***Verb*** plündern
▸ ***Nomen*** (*gehoben*) Plünderung

pil·lar /ˈpɪlə(r)/ *Nomen* **1** Säule, Pfeiler **2** (*fig*) Stütze; (*eines Systems, einer Theorie*) Stützpfeiler ◇ *She's a pillar of strength in a crisis.* In einer Krise ist sie wie ein Fels in der Brandung. **IDM** **from ˌpillar to ˈpost** von Pontius zu Pilatus

ˈpillar box *Nomen* (*BrE, veraltet*) (*von der Post aufgestellter*) Briefkasten

pil·lion /ˈpɪliən/ *Nomen, Adv*
▸ ***Nomen*** Soziussitz
▸ ***Adv*** ◇ *ride pillion* auf dem Soziussitz mitfahren

pil·lock /ˈpɪlək/ *Nomen* (*BrE, Slang*) Schwachkopf

pil·lory /ˈpɪləri/ *Verb, Nomen*
▸ ***Verb*** (**pil·lor·ies, pil·lory·ing, pil·lor·ied, pil·lor·ied**) (*gehoben*) an den Pranger stellen
▸ ***Nomen*** (*Pl* **-ies**) Pranger

pil·low /ˈpɪləʊ; *AmE* -loʊ/ *Nomen, Verb*
▸ ***Nomen*** **1** Kopfkissen ◇ *pillow talk* Bettgeflüster **2** (*AmE*) Kissen
▸ ***Verb*** (*gehoben*) betten

pil·low·case /ˈpɪləʊkeɪs; *AmE* -loʊ-/ (*auch* **pil·low·slip**) *Nomen* Kopfkissenbezug

pilot 0‑ᵣ /ˈpaɪlət/ *Nomen, Verb, Adj*
▸ ***Nomen*** **1** Pilot(in) ◇ *an airline pilot* ein (für eine Fluggesellschaft fliegender) Pilot → *Siehe auch* AUTOMATIC PILOT **2** Lotse, Lotsin **3** Pilotsendung **4** (*auch* **ˈpilot light**) (*am Gasboiler*) Zündflamme
▸ ***Verb*** **1** fliegen **2** lotsen (*auch fig*) **3** probeweise testen
▸ ***Adj*** [nur vor Nomen] Pilot- ◇ *a pilot study* eine Pilotstudie

ˈpilot officer *Nomen* (*Abk* **PO**) (*in der britischen Luftwaffe*) Leutnant

pi·mento /pɪˈmentəʊ; *AmE* -toʊ/ *Nomen* (*Pl* **-os**) Piment

pimp /pɪmp/ *Nomen, Verb*
▸ ***Nomen*** Zuhälter
▸ ***Verb*** **1** **~ (for sb)** (jds) Zuhälter sein **2** aufrüsten, aufpeppen

pim·per·nel /ˈpɪmpənel; *AmE* -pərnel/ *Nomen* Gauchheil

pim·ple /ˈpɪmpl/ *Nomen* Pickel, Pustel → *Siehe auch* GOOSE PIMPLES

pim·ply /ˈpɪmpli/ *Adj* pickelig

PIN /pɪn/ (*auch* **ˈPIN number, personal identification number**) Geheimzahl, PIN

pin 0‑ᵣ /pɪn/ *Nomen, Verb*
▸ ***Nomen*** **1** Stecknadel → *Siehe auch* SAFETY PIN **2** (Ansteck)nadel **3** (*AmE*) Brosche **4** (*bes AmE*) Abzeichen **5** (MED) Stift, Nagel **6** Pol ◇ *a 3-pin plug* ein dreipoliger Stecker **7** Kegel **8** (*Golf*) Flaggenstock **9** (*bei Granaten*) Sicherungsstift **10** **pins** [Pl] (*umgs*) Beine → *Siehe auch* PINS AND NEEDLES **IDM** **for two ˈpins** (*BrE, veraltet*) liebend gern → *Siehe auch* HEAR
▸ ***Verb*** (**-nn-**) **1** heften, stecken **2** pressen, drücken ◇ *They found him pinned under the wreckage of the car.* Man fand ihn unter dem Autowrack eingeklemmt. **IDM** **ˌpin (all) your ˈhopes on sb/sth; ˌpin your ˈfaith on sb/sth** seine ganze Hoffnung auf etw/jdn setzen **PHRV** **ˌpin sb ˈdown** jdn zu Boden drücken **ˌpin sb ˈdown (to sth)** jdn (auf etw) festnageln **ˌpin sth ˈdown** etw (genau) feststellen **ˌpin sth ˈon sb** jdm die Schuld für etw zuschieben

pina·fore /ˈpɪnəfɔː(r)/ *Nomen* **1** (*BrE*) Schürze **2** (*auch* **ˈpinafore dress**) (*bes BrE*) Trägerkleid, Schürzenkleid

pin·ball /ˈpɪnbɔːl/ *Nomen* Flippern ◇ *a pinball machine* ein Flipperautomat

pince-nez /ˌpæs ˈneɪ/ *Nomen* (*Pl* **pince-nez**) Pincenez, Kneifer

pin·cer /ˈpɪnsə(r)/ *Nomen* **1 pincers** [Pl] Zange **2** (ZOOL) Schere, Zange

ˈpincer movement *Nomen* Zangenbewegung

pinch /pɪntʃ/ *Verb, Nomen*

▸ ***Verb*** **1** kneifen, zwicken ◇ *pinch sb's arm* jdn in den Arm kneifen **2** zusammendrücken ◇ *a pinched nerve* ein eingeklemmter Nerv **3** (*Schuhe*) drücken **4** (*BrE, umgs*) klauen IDM **pinch ˈpennies** knausern PHR V **ˌpinch sth ˈoff/ˈout** etw abknipsen

▸ ***Nomen*** **1** Kniff ◇ *She gave him a pinch on the arm.* Sie kniff ihn in den Arm. **2** Prise IDM **at a ˈpinch** (*AmE* **in a ˈpinch**) zur Not **take sth with a pinch of ˈsalt** etw nicht für bare Münze nehmen → *Siehe auch* FEEL

pinched /pɪntʃt/ *Adj* (*Gesicht*) ausgehungert, bleich, verfroren

ˈpinch-hit *Verb* (*AmE*) **1** (*Baseball*) = Ersatzspieler sein **2 ~ (for sb)** (*umgs*) (für jdn) einspringen

ˈpinch point *Nomen* Engpass

pin·cush·ion /ˈpɪnkʊʃn/ *Nomen* Nadelkissen

pine /paɪn/ *Nomen, Verb*

▸ ***Nomen*** **1** (*auch* **ˈpine tree**) Kiefer **2** (*auch* **pine·wood**) Kiefernholz

▸ ***Verb*** sich (vor Kummer) verzehren PHR V **ˌpine aˈway** vor Gram vergehen **ˈpine for sb/sth** sich nach jdm/etw sehnen

pine·apple /ˈpaɪnæpl/ *Nomen* Ananas

ˈpine cone *Nomen* Kiefernzapfen

ˈpine marten *Nomen* Baummarder

ˈpine nut (*BrE auch* **ˈpine kernel**) *Nomen* Pinienkern

pine·wood /ˈpaɪnwʊd/ *Nomen* = PINE

ping /pɪŋ/ *Nomen, Verb*

▸ ***Nomen*** Klingeln ◇ *The bell went ping.* Die Glocke klingelte.

▸ ***Verb*** **1** klingeln **2** (*AmE*) (*Motor*) klopfen **3** [+ Obj] pingen **4** [+ Obj] (*umgs*) mailen, simsen

ˈping-pong *Nomen* (*umgs*) Tischtennis

pin·head /ˈpɪnhed/ *Nomen* Stecknadelkopf

pin·hole /ˈpɪnhəʊl; *AmE* -hoʊl/ *Nomen* (nadelfeines) Loch

pin·ion /ˈpɪnjən/ *Verb* **~ sb/sth (against/to sth)** jdn/etw (an etw) binden, jdn/etw (an etw) drücken

pink 0→ /pɪŋk/ *Adj, Nomen, Verb*

▸ ***Adj*** **1** rosa ◇ *She went bright pink with embarrassment.* Sie wurde ganz rot vor Verlegenheit. **2** [nur vor Nomen] ◇ *the pink dollar* die Kaufkraft der Homosexuellen als Wirtschaftsfaktor **3** (POL) (*umgs, abwert*) rot angehaucht IDM → TICKLE

▸ ***Nomen*** **1** Rosa ◇ *pale pinks and blues* blasse Rosa- und Blautöne **2** (Garten)nelke IDM **in the ˈpink** (*umgs, veraltet*) kerngesund

▸ ***Verb*** (*BrE*) (*Motor*) klopfen

pink ˈgin *Nomen* = Gin und Angostura

pinkie /ˈpɪŋki/ *Nomen* (*SchotE oder AmE*) kleiner Finger

ˈpink·ing shears *Nomen* [Pl] Zackenschere

pink·ish /ˈpɪŋkɪʃ/ *Adj* rötlich

pink ˈslip *Nomen* (*AmE, umgs*) Entlassungsschreiben

ˈpin money *Nomen* (*selbstverdientes*) Taschengeld

pin·na·cle /ˈpɪnəkl/ *Nomen* **1** [meist Sing] Höhepunkt **2** (*auf einem Dach*) Türmchen **3** Gipfel

pinny /ˈpɪni/ *Nomen* (*Pl* **-ies**) (*BrE, umgs*) Schürze

pin·point /ˈpɪnpɔɪnt/ *Verb, Nomen, Adj*

▸ ***Verb*** genau lokalisieren; (*Zeitpunkt, Ursache, etc.*) genau feststellen; (*Ziel etc.*) genau festlegen

▸ ***Nomen*** (Steck)nadelspitze

▸ ***Adj*** IDM **with pinpoint accuracy** mit hoher Genauigkeit

pin·prick /ˈpɪnprɪk/ *Nomen* **1** (Licht)punkt **2** Nadelstich **3** Kleinigkeit

ˌpins and ˈneedles *Nomen* Kribbeln (in eingeschlafenen Gliedern) ◇ *I've got pins and needles in my leg.* Mein Bein ist eingeschlafen. IDM **be on ˌpins and ˈneedles** (*AmE*) wie auf glühenden Kohlen sitzen

pin·stripe /ˈpɪnstraɪp/ *Nomen* **1** Nadelstreifen **2** Stoff mit Nadelstreifen

pin·striped /ˈpɪnstraɪpt/ *Adj* [nur vor Nomen] Nadelstreifen- ◇ *a pinstriped suit* ein Nadelstreifenanzug

pint 0→ /paɪnt/ *Nomen* **1** (*Abk* **pt**) = Flüssigkeitsmaß, entspricht 0,57 Liter, in den USA 0,47 Liter **2** (*BrE*) Halbe, Glas Bier ◇ *go for a pint* auf ein Bier gehen

ˈpint-sized *Adj* (*umgs*) winzig

ˈpin-up *Nomen* **1** Pin-up(-Foto) **2** Pin-up-Modell

pin·wheel /ˈpɪnwiːl/ *Nomen* (*AmE*) Feuerrad

pi·on·eer /ˌpaɪəˈnɪə(r); *AmE* -ˈnɪr/ *Nomen, Verb*

▸ ***Nomen*** Pionier(in) (*auch fig*) ◇ *a pioneer project* ein bahnbrechendes Projekt

▸ ***Verb*** zum ersten Mal anwenden, entwickeln

pi·on·eer·ing /ˌpaɪəˈnɪərɪŋ; *AmE* -ˈnɪrɪŋ/ *Adj* bahnbrechend, Pionier-

pious /ˈpaɪəs/ *Adj* (*Adv* **pi·ously**) **1** fromm ◇ *a pious hope* ein frommer Wunsch **2** (*abwert*) scheinheilig

pip /pɪp/ *Nomen, Verb*

▸ ***Nomen*** **1** (*bes BrE*) (*eines Apfels etc.*) Kern **2 the pips** [Pl] (*BrE, veraltet*) (*im Radio*) Zeitzeichen **3** (*AmE*) (*auf Spielkarten, Dominosteinen etc.*) Punkt, Auge

▸ ***Verb*** (**-pp-**) (*BrE, umgs*) knapp besiegen IDM **sb is pipped at/to the post** jdm wird etw vor der Nase weggeschnappt

pipe 0→ /paɪp/ *Nomen, Verb*

▸ ***Nomen*** **1** Rohr, Leitung ◇ *a burst pipe* ein Rohrbruch **2** Pfeife **3** (MUS) Flöte; (*in Orgel*) Pfeife → *Siehe auch* PAN PIPES **4 pipes** [Pl] Dudelsack **5** (COMP) senkrechter Strich IDM **put ˈthat in your pipe and smoke it** lass dir das gesagt sein; schreib dir das hinter die Löffel

▸ ***Verb*** **1** (in Rohren) leiten **2** (*meist passiv*) übertragen ◇ *piped music* Hintergrundmusik **3** Flöte spielen, Dudelsack spielen **4** piepsen **5** (*Glasur*) spritzen PHR V **ˌpipe ˈdown** (*umgs*) ruhig sein **ˌpipe ˈup (with sth)** sich (mit etw) melden, sich (mit etw) vernehmen lassen

ˈpipe cleaner *Nomen* Pfeifenreiniger

pipe dream /ˈpaɪp driːm/ *Nomen* Luftschloss

pipe·line /ˈpaɪplaɪn/ *Nomen* Pipeline IDM **in the ˈpipeline** in Vorbereitung

ˈpipe organ *Nomen* = ORGAN

piper /ˈpaɪpə(r)/ *Nomen* Dudelsackpfeifer(in), Flötenspieler(in) IDM → PAY

pip·ette /pɪˈpet; *AmE* paɪˈ-/ *Nomen* Pipette

pipe·work /ˈpaɪpwɜːk; *AmE* -wɜːrk/ *Nomen* [U] Rohrleitungen

pip·ing /ˈpaɪpɪŋ/ *Nomen, Adj*

▸ ***Nomen*** [U] **1** Rohrleitung **2** Paspel; (*an Uniform*) Biese **3** Spritzgussverzierung **4** Pfeifen

▸ ***Adj*** (*Stimme*) piepsend

ˌpiping ˈhot *Adj* kochend heiß

pip·squeak /ˈpɪpskwiːk/ *Nomen* (*umgs, abwert*) (*Mensch*) Würstchen

pi·quancy /ˈpiːkənsi/ *Nomen* [U] (*gehoben*) **1** pikanter Geschmack **2** (*fig*) Pikanterie

pi·quant /ˈpiːkənt/ *Adj* (*gehoben*) pikant (*auch fig*)

pique /piːk/ *Nomen, Verb*

▸ ***Nomen*** (*gehoben*) verletzter Stolz

▸ ***Verb*** *(gehoben)* kränken; *(Stolz)* verletzen IDM **,pique sb's 'interest, curi'osity, etc.** *(bes AmE)* jds Interesse, Neugier etc. wecken

pir·acy /ˈpaɪrəsi/ *Nomen* **1** Piraterie **2** Raubdruck, Raubpressung, illegale Vervielfältigung

pi·ranha /pɪˈrɑːnə/ *Nomen (Pl* **-as**) Piranha

pir·ate /ˈpaɪrət/ *Nomen, Verb*

▸ ***Nomen*** **1** Pirat(in) **2** Raubdrucker(in), Raubkopierer(in) ◇ *a pirate copy* eine Raubkopie ◇ *a pirate radio station* ein Piratensender

▸ ***Verb*** unerlaubt nachdrucken, raubkopieren ◇ *pirated books* Raubdrucke ◇ *pirated videos* Raubkopien von Videos

pir·at·ical /ˌpaɪˈrætɪkl/ *Adj* piratenhaft, seeräuberisch

pirou·ette /ˌpɪruˈet/ *Nomen, Verb*

▸ ***Nomen*** Pirouette

▸ ***Verb*** pirouettieren

Pis·cean /ˈpaɪsiən/ *Nomen, Adj*

▸ ***Nomen*** *(unter dem Sternzeichen geborener Mensch)* Fisch

▸ ***Adj*** *(bezüglich des Sternzeichens)* Fisch-

Pis·ces /ˈpaɪsiːz/ *Nomen (Sternzeichen, Mensch)* Fische ◇ *I'm a Pisces.* Ich bin Fisch.

piss /pɪs/ *Verb, Nomen*

▸ ***Verb*** *(vulg, Slang)* pissen IDM **'piss yourself (laughing)** sich einen Bruch lachen PHR V **,piss sb a'bout/a'round** *(BrE)* jdm Schwierigkeiten machen **'piss down** *(regnen)* schiffen **,piss 'off** *(bes BrE)* sich verpissen **,piss sb 'off** jdn ankotzen ◇ *be pissed off with sb/sth* von jdm/etw die Schnauze voll haben

▸ ***Nomen*** *(vulg, Slang)* **1** Pisse **2** [Sing] ◇ *go for a piss* pissen gehen IDM **be on the 'piss** *(BrE)* sich (in einer Kneipe) vollaufen lassen **take the 'piss (out of sb/sth)** *(BrE)* jdn/etw verarschen ➔ *Siehe auch* PIECE

'piss artist *Nomen (BrE, vulg, Slang)* **1** Säufer(in) **2** Idiot(in)

pissed /pɪst/ *Adj* **1** *(BrE, vulg, Slang)* besoffen **2** *(AmE, Slang)* stocksauer IDM **(as) pissed as a 'newt** *(BrE)* sternhagelvoll

'piss-up *Nomen (BrE, Slang)* Besäufnis

pis·ta·chio /pɪˈstæʃiəʊ, pɪˈstɑːʃi-; *AmE* -ʃioʊ/ *Nomen (Pl* **-os**) **1** *(auch* **pi'stachio nut**) Pistazie **2** Pistaziengrün

piste /piːst/ *Nomen* Piste ◇ *skiing off piste* abseits der Piste fahren

pis·til /ˈpɪstɪl/ *Nomen* (BOT) Stempel

pis·tol /ˈpɪstl/ *Nomen* Pistole

'pistol-whip *Verb* mit der Pistole schlagen

pis·ton /ˈpɪstən/ *Nomen* Kolben

pit /pɪt/ *Nomen, Verb*

▸ ***Nomen*** **1** Grube ◇ *a chalk pit* ein Kalksteinbruch **2** (Kohlen)grube, Zeche **3** Narbe **4** *(bes AmE)* Kern **5 the pits** [Pl] *(AmE* **the pit**) *(Motorrennsport)* Box **6** Orchestergraben **7** *(AmE, umgs)* Achselhöhle **8** *(AmE) (in einem Börsensaal)* Maklerstand ◇ *the corn pit* der Maklerstand für Getreide IDM **be the 'pits** *(umgs)* das Allerletzte sein **in the pit of your/the 'stomach** in der Magengrube ➔ *Siehe auch* BOTTOMLESS

▸ ***Verb*** **(-tt-) 1** *(meist passiv)* (mit Vertiefungen) bedecken ◇ *Smallpox scars had pitted his face.* Sein Gesicht war voller Pockennarben. **2** entkernen PHR V **'pit sb/sth against sb/sth** jdn/etw gegen jdn/etw einsetzen ◇ *pit your wits against sb/sth* seinen Verstand an jdm/etw messen

pita = PITTA

pit-a-pat /ˌpɪt ə ˈpæt/ *Adv, Nomen*

▸ ***Adv*** **go ~** trippeln; *(Herz)* pochen

▸ ***Nomen*** *(Schritte)* Getrippel; *(Herz-)* Pochen

,pit bull 'terrier *(auch* **'pit bull**) *Nomen* Pitbull

pitch 0‑w /pɪtʃ/ *Nomen, Verb*

▸ ***Nomen*** **1** *(BrE) (Sport-)* Platz, (Spiel)feld **2** [Sing] Intensität(sgrad) ◇ *a frenetic pitch of activity* hektische Betriebsamkeit **3** (MUS) Tonhöhe; *(Stimme)* Stimmlage ➔ *Siehe auch* PERFECT PITCH **4** Verkaufsgespräch ◇ *the candidate's campaign pitch* die Wahlrede des Kandidaten **5** *(Baseball)* Pitch, Wurf **6** *(aus Erdöl)* Pech **7** *(bes BrE) (Verkaufs-, Markt-)* Stand **8** *(Schiff)* Stampfen; *(Flugzeug)* Absacken **9** *(Dach-)* Schräge, Neigung IDM **make a 'pitch for sb/sth** *(bes AmE)* jdn/etw zu gewinnen versuchen **make a 'pitch to sb** *(bes AmE)* sich sehr um jdn bemühen ➔ *Siehe auch* QUEER

▸ ***Verb*** **1** schleudern, werfen **2** *(Ball)* werfen, schlagen **3** *(Ball)* aufschlagen **4** stürzen, fallen **5** *(Schiff)* stampfen; *(Flugzeug)* absacken **6** abstimmen, ansetzen ◇ *They have pitched their prices too high.* Sie haben ihre Preise zu hoch angesetzt. ◇ *The test was pitched at too low a level.* Bei der Prüfung war der Schwierigkeitsgrad zu niedrig angesetzt worden. **7 ~ sth at sb** etw (auf jdn) zuschneiden **8 ~ sth as sth** etw (als etw) anbieten **9** (MUS) (an)stimmen ◇ *You pitched that note a little flat.* Du hast die Note etwas zu tief gespielt. ◇ *The song was pitched too low for my voice.* Das Lied war zu tief für meine Stimme. **10 ~ (for sth)** (für etw) werben **11** *(Zelt)* aufstellen; *(Lager)* aufschlagen IDM **,pitch a 'story/'line/'yarn (to sb)** *(umgs)* (jdm) ein Märchen auftischen PHR V **,pitch 'in (with sth)** (bei etw) (mit)helfen, (bei etw) mit anpacken **,pitch 'in with sth** *(umgs)* etw zur Verfügung stellen **,pitch sth 'in** etw beisteuern **,pitch 'into sb** *(umgs)* über jdn herfallen **,pitch 'into sth** *(umgs)* sich an etw machen **'pitch up** *(BrE, umgs)* kommen

,pitch-'black *Adj* stockfinster, kohlrabenschwarz

,pitch-'dark *Adj* stockfinster

pitched /pɪtʃt/ *Adj (Dach)* schräg

,pitched 'battle *Nomen* **1** Massenschlägerei **2** Schlacht auf offenem Feld

pitch·er /ˈpɪtʃə(r)/ *Nomen* **1** *(AmE)* Krug **2** *(BrE)* Henkelkrug **3** *(Baseball)* Werfer

pitch·fork /ˈpɪtʃfɔːk; *AmE* -fɔːrk/ *Nomen* Forke, Heugabel

pit·eous /ˈpɪtiəs/ *Adj (Adv* **pit·eous·ly**) *(gehoben)* jämmerlich

pit·fall /ˈpɪtfɔːl/ *Nomen* Fallgrube, Gefahr

pith /pɪθ/ *Nomen* **1** weiße Haut unter der Schale von Zitrusfrüchten **2** Kern

pithy /ˈpɪθi/ *Adj (Adv* **pith·ily** /-θɪli/) prägnant ◇ *pithy sayings* markige Sprüche

piti·able /ˈpɪtiəbl/ *Adj (gehoben)* **1** bemitleidenswert **2** kläglich

piti·ful /ˈpɪtɪfl/ *Adj (Adv* **piti·fully** /-fəli/) **1** jämmerlich **2** kläglich

piti·less /ˈpɪtiləs/ *Adj (Adv* **piti·less·ly**) erbarmungslos, unbarmherzig

'pit stop *Nomen* **1** Boxenstopp **2** *(AmE, umgs)* Rast

pitta *(bes AmE* **pita**) /ˈpiːtə; *BrE auch* ˈpɪtə/ *(auch* **'pitta bread, 'pita bread**) *Nomen* Pittabrot

pit·tance /ˈpɪtns/ *Nomen* [meist Sing] Hungerlohn ◇ *She could barely survive on the pittance she received as a pension.* Von ihrer kärglichen Rente konnte sie kaum leben.

pit·ted /ˈpɪtɪd/ *Adj* **1** löchrig; *(Haut)* pockennarbig; *(Mond)* voller Krater **2** entsteint

pitter-patter /ˈpɪtə pætə(r); *AmE* -tər pæ-/ *Adv, Nomen*

▸ ***Adv*** **go ~** trippeln; *(Herz)* pochen

▸ ***Nomen*** *(Schritte)* Getrippel; *(Herz-)* Pochen

pi·tu·it·ary /pɪˈtjuːɪtəri; *AmE* pɪˈtuːəteri/ *(auch* **pi'tuitary gland**) *Nomen* Hirnanhangsdrüse

pity 0‑w /ˈpɪti/ *Nomen, Verb*

▸ ***Nomen*** **1 ~ (for sb/sth)** Mitleid (mit jdm/etw) ◇ *He had no pity for her.* Er hatte kein Mitleid mit ihr. ◇ *She took pity on them and let them in.* Sie erbarmte sich und ließ sie hinein. **2** [Sing] **a ~** schade ◇ *It's a pity*

that you can't stay. Schade, dass du nicht bleiben kannst. ◇ (*What a*) *pity.* (Wie) schade! **IDM** **for pity's 'sake** (*umgs*) um Himmels willen **more's the 'pity** (*BrE, umgs*) leider
▸ ***Verb*** (**pit·ies, pity·ing, pit·ied, pit·ied**) (*nicht in der Verlaufsform*) bedauern ◇ *I pity her having to work such long hours.* Sie tut mir leid, dass sie so lange arbeiten muss.

pity·ing /ˈpɪtiɪŋ/ *Adj* (*Adv* **pity·ing·ly**) mitleidig

pivot /ˈpɪvət/ *Nomen, Verb*
▸ ***Nomen*** **1** Angel, Zapfen **2** Dreh- und Angelpunkt
▸ ***Verb*** **1** sich drehen **2** drehbar lagern **PHR V** **'pivot on/around sth** sich auf etw stützen

piv·otal /ˈpɪvətl/ *Adj* (*gehoben*) zentral, Schlüssel-

pixel /ˈpɪksl/ *Nomen* (COMP) Pixel

pix·el·ated (*auch* **pix·el·lated**) /ˈpɪksəleɪtɪd/ *Adj* verpixelt

pixie /ˈpɪksi/ *Nomen* Kobold

pizza /ˈpiːtsə/ *Nomen* Pizza

pizz·azz /pɪˈzæz/ *Nomen* (*umgs*) Schwung

piz·zeria /ˌpiːtsəˈriːə/ (*AmE auch* **'pizza parlor**) *Nomen* Pizzeria

Pl. (*in Straßennamen*) *Abk* = PLACE

pl. *Abk* = PLURAL

plac·ard /ˈplækɑːd; *AmE* -kɑːrd/ *Nomen* Plakat

pla·cate /pləˈkeɪt; *AmE* ˈpleɪkeɪt/ *Verb* beschwichtigen, besänftigen

pla·ca·tory /pləˈkeɪtəri; *AmE* ˈpleɪkətɔːri/ *Adj* (*gehoben*) beschwichtigend

place 0‑ᴦ /pleɪs/ *Nomen, Verb*
▸ ***Nomen*** **1** Stelle ◇ *This is the place where it happened.* An dieser Stelle ist es passiert. **2** Platz ◇ *swap places* die Plätze tauschen ◇ *Four places were laid.* Vier Gedecke waren aufgelegt. ◇ *the place of honour* der Ehrenplatz ◇ *This is a great place to work.* Es macht Spaß, hier zu arbeiten. ◇ *Is there a place for bicycles here?* Kann man sein Fahrrad hier abstellen? ◇ *We're looking for a place to stay.* Wir suchen eine Unterkunft. ◇ *factories and places like that* Fabriken und Ähnliches **3** Ort, Stätte ◇ *the place where I was born* mein Geburtsort ◇ *a place of worship* eine Andachtsstätte ◇ *at his place of work* an seinem Arbeitsplatz ◇ *Paris is a big place.* Paris ist eine große Stadt. ◇ *a meeting-place* ein Treffpunkt ◇ *a hiding-place* ein Versteck ◇ *a place of learning* eine Stätte der Gelehrsamkeit **4** [Sing] Rolle ◇ *He is assured of his place in history.* Er wird in die Geschichte eingehen. ◇ *There's no place for sentiment here.* Sentimentalität ist hier fehl am Platz. ◇ *Accurate reporting takes second place to lurid detail.* Sensationslüsterne Details sind wichtiger als akkurate Berichterstattung. ◇ *know your place* wissen, wo man hingehört ◇ *It's not your place to give advice.* Es steht dir nicht zu, anderen Leuten Ratschläge zu geben. **5** [Sing] Haus, Wohnung ◇ *a place of my own* eine eigene Wohnung ◇ *at my place* bei mir **6 Place** [Sing] (*Abk* **Pl.**) (*in Straßennamen*) Platz, Straße **IDM** **all 'over the place** (*BrE, umgs*) **1** überall **2** ganz durcheinander ◇ *Your calculations are all over the place.* Deine Berechnungen stimmen hinten und vorne nicht. **be 'going places** es zu etwas bringen ◇ *They are really going places.* Ihnen winkt eine große Zukunft. **change/swap 'places (with sb)** (mit jdm) tauschen **fall/slot into 'place** klar werden **give 'place to sth** (*gehoben*) einer Sache weichen **in the 'first place** ◇ *Why did you take the job in the first place?* Warum hast du die Stelle überhaupt angenommen? ◇ *Why didn't you tell us that in the first place?* Warum haben Sie uns das nicht gleich gesagt? **in the 'first, 'second, etc. place** erstens, zweitens etc. **in 'her, 'your, etc. place** an ihrer, deiner etc. Stelle **in/into 'place** ◇ *All the arrangements are now in place.* Alles steht bereit. ◇ *How long has the ban been in place?* Seit wann ist das Verbot in Kraft? ◇ *click into place* einrasten **in place of sb/sth; in sb's/sth's 'place** anstelle von jdm/etw **out of 'place 1** nicht am richtigen Platz **2** fehl am Platz ◇ *The furniture is out of place in a modern house.* Diese Möbel passen nicht in ein modernes Haus. **a place in the 'sun** ein Platz an der Sonne **put sb in their 'place** jdn in seine Schranken weisen **put yourself in sb else's/sb's 'place** sich in jds Lage versetzen **take 'place** stattfinden **take sb's/sth's 'place; take the place of sb/sth** jdn/etw ersetzen **take your place** seinen Platz einnehmen
→ *Siehe auch* HEART, PRIDE *und* ROCK
▸ ***Verb*** **1** legen, stellen **2** (*mit bestimmten Nomina*) ◇ *place an order* einen Auftrag erteilen ◇ *place sb under arrest* jdn verhaften **3** (*in verneinten Sätzen*) einordnen **4 ~ sb (in sth); ~ sb (with sb/sth)** jdn (in etw/bei jdm/etw) unterbringen **5** zählen ◇ *I would place her among the top ten players.* Ich zähle sie zu den zehn besten Spielerinnen. **6** (SPORT) ◇ *He was placed fifth.* Er kam auf den fünften Platz. **IDM** **be well, ideally, uniquely, better, etc. 'placed for sth/to do sth** in einer guten, idealen, einzigartigen, besseren etc. Lage sein für etw/etw zu tun ◇ *be well placed for a wide range of jobs* vielfältige Einsatzmöglichkeiten haben ◇ *The hotel is well placed for restaurants and bars.* Vom Hotel aus sind Restaurants und Bars gut zu erreichen.
→ *Siehe auch* PEDESTAL, PREMIUM *und* RECORD

pla·cebo /pləˈsiːbəʊ; *AmE* -boʊ/ *Nomen* (*Pl* **-os**) Placebo

'place mat *Nomen* (*Tisch-*) Set

place·ment /ˈpleɪsmənt/ *Nomen* **1** Unterbringung, Vermittlung **2** (*BrE*) Praktikum ◇ *A year is spent on placement.* Ein Jahr wird als Praktikum absolviert. **3** Anlegen

pla·centa /pləˈsentə/ (*meist* **the placenta**) *Nomen* Plazenta, Mutterkuchen

'place setting *Nomen* Gedeck

pla·cid /ˈplæsɪd/ *Adj* (*Adv* **pla·cid·ly**) ruhig, friedlich

pla·cing /ˈpleɪsɪŋ/ *Nomen* Platzierung

pla·giar·ism /ˈpleɪdʒərɪzəm/ *Nomen* (*abwert*) Plagiat

pla·giar·ist /ˈpleɪdʒərɪst/ *Nomen* Plagiator(in)

pla·giar·ize (*BrE auch* **-ise**) /ˈpleɪdʒəraɪz/ *Verb* plagiieren ◇ *He plagiarized his colleague's results.* Er hat die Ergebnisse seines Kollegen als die eigenen ausgegeben.

plague /pleɪɡ/ *Nomen, Verb*
▸ ***Nomen*** **1** (*meist* **the plague**) Pest **2** Seuche **3** Plage **IDM** → AVOID
▸ ***Verb*** **1** plagen ◇ *plagued by doubts* von Zweifeln geplagt **2** belästigen

plaice /pleɪs/ *Nomen* (*Pl* **plaice**) Scholle

plaid /plæd/ *Nomen* **1** Schottenstoff **2** = über die Schulter getragener Schal als Teil der schottischen Nationalkleidung

plain 0‑ᴦ /pleɪn/ *Adj, Nomen, Adv*
▸ ***Adj*** **1** (*Adv* **plain·ly**) klar, deutlich ◇ *She made her annoyance plain.* Sie brachte ihre Verärgerung klar zum Ausdruck. ◇ *Plainly something was wrong.* Es war klar, dass etwas nicht stimmte. **2** (*Adv* **plain·ly**) offen ◇ *I'll be plain with you.* Ich werde es Ihnen offen sagen. ◇ *He has a reputation for plain speaking.* Er ist dafür bekannt, dass er kein Blatt vor den Mund nimmt. **3** (*Adv* **plain·ly**) einfach, schlicht ◇ *The plain fact/truth is that …* Die schlichte Wahrheit ist, dass … ◇ *plain cooking* gutbürgerliche Küche **4** gewöhnlich ◇ *You just need plain common sense.* Man braucht nur gesunden Menschenverstand. **5** ohne Muster, einfarbig ◇ *plain paper* unliniertes Papier **6** (*Schokolade*) halbbitter, zartbitter; (*Joghurt etc.*) Natur- **7** (*Frau, Mädchen*) wenig attraktiv **IDM** **in plain 'English** in einfachen Worten; in klarer Sprache **(as) plain as 'day;**

(as) plain as the nose on your 'face sonnenklar **(as) plain as a 'pikestaff** 1 sehr unscheinbar 2 völlig klar → *Siehe auch* SAILING
▸ ***Nomen*** (*auch* **plains** [Pl]) Ebene ◇ *the flat coastal plain of Thassos* das Küstenflachland von Thassos ◇ *the Great Plains* die Prärie
▸ ***Adv*** (*umgs*) (*verstärkend*) (ganz) einfach

plain·chant /ˈpleɪntʃɑːnt; *AmE* -tʃænt/ *Nomen* [U] gregorianischer Gesang

ˌplain ˈchocolate *Nomen* (*BrE*) Bitterschokolade

ˌplain ˈclothes *Nomen* [Pl] Zivil(kleidung) ◇ *plain-clothes policemen* Polizeibeamte in Zivil

ˌplain ˈflour *Nomen* = Mehl ohne Zusatz von Backpulver

plain·ly *Adv* → PLAIN

plain·song /ˈpleɪnsɒŋ; *AmE* -sɔːŋ/ *Nomen* [U] gregorianischer Gesang

plain·tiff /ˈpleɪntɪf/ *Nomen* (*BrE*) (RECHT) Kläger(in)

plaint·ive /ˈpleɪntɪv/ *Adj* (*Adv* **plaint·ive·ly**) (*gehoben*) klagend, leidend

plait /plæt/ *Nomen, Verb*
▸ ***Nomen*** (*BrE*) Zopf
▸ ***Verb*** (*BrE*) flechten

plan 0-ᴡ /plæn/ *Nomen, Verb*
▸ ***Nomen*** **1** Plan ◇ *Everything went according to plan.* Alles verlief planmäßig. ◇ *Your best plan would be to go by car.* Es wäre am besten, wenn du mit dem Auto fahren würdest. ◇ *unless there's a change of plan* wenn sich nichts ändert **2** Plan, Entwurf ◇ *a street plan* ein Stadtplan
▸ ***Verb*** (**-nn-**) **1** planen ◇ *They planned that the two routes would connect.* Sie planten eine Verbindung zwischen den beiden Strecken. ◇ *Everything went exactly as planned.* Alles verlief genau nach Plan. ◇ *plan for the future* Pläne für die Zukunft machen **2** vorhaben ◇ *We're planning a trip to France.* Wir haben vor, nach Frankreich zu fahren. **3 ~ on (doing) sth** etw vorhaben ◇ *I was planning on an early night.* Ich hatte vor, früh ins Bett zu gehen. **4** planen, entwerfen PHR V **ˌplan sth ˈout** etw durchplanen

plane 0-ᴡ /pleɪn/ *Nomen, Verb*
▸ ***Nomen*** **1** (*BrE auch* **aero·plane**; *AmE auch* **air·plane**) Flugzeug ◇ *go by plane* fliegen ◇ *I caught the next plane to Dublin.* Ich nahm den nächsten Flug nach Dublin. **2** (MATH) Ebene **3** Ebene ◇ *exist on a different spiritual plane* in einer höheren geistigen Sphäre leben **4** Hobel
▸ ***Verb*** **1** (ab)hobeln **2** gleiten

planet 0-ᴡ /ˈplænɪt/ *Nomen* **1** Planet **2 the planet** [Sing] die Erde, die Umwelt, unser Planet IDM **be on another ˈplanet** (*hum*) auf einem anderen Stern leben **what ˈplanet is sb on?** (*hum*) auf welchem Stern lebt jd?

plan·et·arium /ˌplænɪˈteəriəm; *AmE* -ˈter-/ *Nomen* (*Pl* **-iums**) Planetarium

plan·et·ary /ˈplænətri; *AmE* -teri/ *Adj* [nur vor Nomen] (*Fachspr*) Planeten-, planetarisch

ˈplane tree *Nomen* Platane

plan·gent /ˈplændʒənt/ *Adj* (*gehoben*) klangvoll, getragen, klagend

plank /plæŋk/ *Nomen* **1** (*schmales*) Brett **2** (*Thema*) Punkt ◇ *the central plank of their policy* der Schwerpunkt ihrer Politik IDM → THICK *und* WALK

plank·ton /ˈplæŋktən/ *Nomen* [mit Verb im Sing/Pl] Plankton

plan·ner /ˈplænə(r)/ *Nomen* **1** = TOWN PLANNER **2** Planer(in) ◇ *curriculum planners* Lehrplaner **3** (*Software, Wandkalender etc.*) Planer ◇ *year planner* Jahresplaner

plan·ning 0-ᴡ /ˈplænɪŋ/ *Nomen* **1** Planung ◇ *curriculum planning* Erstellung von Lehrplänen **2** = TOWN PLANNING

ˈplanning permission *Nomen* [U] Baugenehmigung

plant 0-ᴡ /plɑːnt; *AmE* plænt/ *Nomen, Verb*
▸ ***Nomen*** **1** Pflanze ◇ *the animal and plant life of this area* die Fauna und Flora dieses Gebietes **2** Fabrik, Werk ◇ *a nuclear reprocessing plant* eine atomare Wiederaufbereitungsanlage **3** [U] Maschinen ◇ *a power plant* ein Generator **4** (*umgs*) ◇ *The drugs in my luggage were a plant.* Die Drogen in meinem Gepäck sind mir untergeschoben worden. **5** Spitzel
▸ ***Verb*** **1** (an)pflanzen, setzen, säen ◇ *plant and harvest rice* Reis anbauen und ernten **2 ~ sth (with sth)** etw (mit etw) bepflanzen **3** (sich) aufbauen ◇ *They planted themselves in front of us.* Sie pflanzten sich vor uns auf. **4** (*Bombe etc.*) legen **5** (*umgs*) einschmuggeln; **~ sth on sb** jdm etw unterschieben **6 ~ sb (in sth)** (*Spitzel etc.*) (in etw) einschleusen **7 ~ sth in sb's mind etc.** jdm etw in den Kopf setzen ◇ *He planted the first seeds of doubt in my mind.* Er säte in mir die ersten Zweifel. ◇ *with this intention firmly planted in her mind* nachdem sie sich dies fest vorgenommen hatte PHR V **ˌplant sth ˈout** etw auspflanzen

plan·tain /ˈplæntɪn/ *Nomen* **1** Kochbanane **2** Wegerich

plantar wart /ˌplæntə ˈwɔːt; *AmE* -tər ˈwɔːrt/ *Nomen* (*AmE*) (Dorn)warze

plan·ta·tion /plɑːnˈteɪʃn; *AmE* plænˈ-/ *Nomen* **1** Plantage **2** (*Wald*) Schonung, Waldanpflanzung

plant·er /ˈplɑːntə(r); *AmE* ˈplæn-/ *Nomen* **1** Blumentopf, Blumenkübel **2** Plantagenbesitzer(in) **3** Sämaschine

plant·ing /ˈplɑːntɪŋ; *AmE* ˈplæn-/ *Nomen* Pflanzung ◇ *tree planting* das Pflanzen von Bäumen

plaque /plæk; *BrE auch* plɑːk/ *Nomen* **1** Gedenktafel **2** [U] Zahnbelag

plasma /ˈplæzmə/ (*auch* **plasm** /ˈplæzəm/) *Nomen* Plasma

plas·ter /ˈplɑːstə(r); *AmE* ˈplæstər/ *Nomen, Verb*
▸ ***Nomen*** **1** Verputz **2** Gips ◇ *Her leg's in plaster.* Sie hat ein Gipsbein. **3** (*BrE*) = STICKING PLASTER
▸ ***Verb*** **1** verputzen **2** voll kleistern ◇ *Her picture was plastered all over the newspapers.* Ihr Bild prangte in allen Zeitungen. **3 ~ sb/sth in/with sth** jdn/etw über und über mit etw einschmieren ◇ *We were plastered from head to foot with mud.* Wir waren von Kopf bis Fuß mit Schlamm beschmiert. **4** (an)klatschen ◇ *His wet hair was plastered to his head.* Sein nasses Haar klebte ihm am Kopf. PHR V **ˌplaster sth ˈover** etw zugipsen

plas·ter·board /ˈplɑːstəbɔːd; *AmE* ˈplæstərbɔːrd/ *Nomen* [U] Gipskartonplatte(n)

ˌplaster ˈcast *Nomen* **1** (*auch* **cast**) Gipsverband **2** Gipsabdruck

plas·tered /ˈplɑːstəd; *AmE* ˈplæstərd/ *Adj* [nicht vor Nomen] (*umgs*) besoffen

plas·terer /ˈplɑːstərə(r); *AmE* ˈplæstə-/ *Nomen* Gipser(in)

plas·ter of Paris /ˌplɑːstər əv ˈpærɪs; *AmE* ˌplæstər/ *Nomen* Gips

plas·tic 0-ᴡ /ˈplæstɪk/ *Nomen, Adj*
▸ ***Nomen*** **1** Kunststoff, Plastik **2 plastics** [U] Kunststoffherstellung **3** (*umgs*) Plastikgeld ◇ *Do they take plastic?* Nehmen sie Kreditkarten?
▸ ***Adj*** **1** Plastik-, Kunststoff- **2** formbar **3** (*abwert*) künstlich (*fig*) ◇ *plastic food with little taste* Essen, das künstlich schmeckt

ˌplastic ˈbullet *Nomen* Plastikgeschoss

ˌplastic exˈplosive *Nomen* Plastiksprengstoff

Plas·ti·cine™ /ˈplæstəsiːn/ *Nomen* (*BrE*) Plastilin®

ˌplastic ˈsurgeon *Nomen* Facharzt/-ärztin für plastische Chirurgie, Schönheitschirurg(in)

ˌplastic ˈsurgery *Nomen* plastische Chirurgie

ˌplastic wrap *Nomen* (*AmE*) Frischhaltefolie

plastinate /ˈplæstɪneɪt/ *Verb* (*oft passiv*) plastinieren

plastination /ˌplæstɪˈneɪʃn/ *Nomen* Plastination

plate 0-π /pleɪt/ *Nomen, Verb*

▸ ***Nomen*** **1** Teller **2** Platte ◇ *tectonic plates* tektonische Erdplatten **3** (Metall)schild **4** = LICENSE PLATE *und* NUMBER PLATE **5** vergoldetes Metall, versilbertes Metall **6** = Tafelgeschirr aus Gold oder Silber **7** (*Buchdruck*) Tafel **8** Gaumenplatte **9** (*AmE*) = HOME PLATE IDM **have enough/a lot/too much on your ˈplate** genug/viel/zu viel am Hals haben → *Siehe auch* HAND

▸ ***Verb*** (*meist passiv*) **1** (*mit Gold, Silber etc.*) überziehen **2** panzern

plat·eau /ˈplætəʊ; *AmE* plæˈtoʊ/ *Nomen* (*Pl* **plat·eaux** *oder* **plat·eaus** /ˈplætəʊz; *AmE* plæˈtoʊz/) Hochebene, Plateau ◇ (*fig*) *Inflation has reached a plateau.* Die Inflationsrate hat sich stabilisiert.

plate·ful /ˈpleɪtfʊl/ *Nomen* Teller (voll)

ˌplate ˈglass *Nomen* Tafelglas

plate·let /ˈpleɪtlət/ *Nomen* (BIOL) Blutplättchen

plat·form 0-π /ˈplætfɔːm; *AmE* -fɔːrm/ *Nomen* **1** (*BrE*) Bahnsteig ◇ *The train at platform 1 is for Leeds.* Der Zug auf Gleis 1 fährt nach Leeds. **2** Podium **3** Plattform ◇ *an oil platform* eine Erdölbohrinsel ◇ *a launch platform* eine Startrampe ◇ *She used the newspaper column as a platform for her feminist views.* Sie benutzte die Zeitungskolumne als Forum für ihre feministischen Ansichten. ◇ *They are campaigning on an anti-immigration platform.* Ihr Wahlkampf basiert auf einer einwanderungsfeindlichen Politik. **4** Plateausohle

plat·ing /ˈpleɪtɪŋ/ *Nomen* ◇ *gold plating and other plating techniques* Vergoldung und andere Beschichtungsverfahren ◇ *steel plating* Stahlverkleidung ◇ *armour plating* Panzerung

plat·inum /ˈplætɪnəm/ *Nomen* Platin

ˌplatinum ˈblonde *Nomen, Adj* (*umgs*)

▸ ***Nomen*** platinblonde Frau

▸ ***Adj*** platinblond

plati·tude /ˈplætɪtjuːd; *AmE* -tuːd/ *Nomen* (*gehoben, abwert*) Plattitüde, Plattheit

pla·ton·ic /pləˈtɒnɪk; *AmE* -ˈtɑːnɪk/ *Adj* platonisch

pla·toon /pləˈtuːn/ *Nomen* (MIL) Zug

plat·ter /ˈplætə(r)/ *Nomen* (*Servier-*) Platte IDM → SILVER

platy·pus /ˈplætɪpəs; *AmE* -pʊs/ *Nomen* (*Pl* **platy·puses**) = DUCK-BILLED PLATYPUS

plau·dits /ˈplɔːdɪts/ *Nomen* [Pl] (*gehoben*) Beifall (*fig*)

plausi·bil·ity /ˌplɔːzəˈbɪləti/ *Nomen* Plausibilität, Glaubwürdigkeit

plaus·ible /ˈplɔːzəbl/ *Adj* (*Adv* **plaus·ibly** /-bli/) **1** plausibel, glaubwürdig, einleuchtend, wahrscheinlich **2** (*abwert*) überzeugend

play 0-π /pleɪ/ *Verb, Nomen*

▸ ***Verb*** **1** spielen; **~ sb (at sth)** (etw) mit jdm spielen ◇ *You played out of turn!* Du warst gar nicht dran! ◇ *There's a time to work and a time to play.* Erst die Arbeit, dann das Vergnügen. **2** spielen lassen **3** (*Schach etc.*) einen Zug machen (mit) ◇ *She played her bishop.* Sie machte einen Zug mit dem Läufer. **4** (MUS) **~ (sth) (on sth)** (etw) (auf etw) spielen ◇ *play the piano* Klavier spielen ◇ *Play that new piece to us./Play us that new piece.* Spiel uns das neue Stück vor. ◇ *Play their new CD for me, please./Play me their new CD, please.* Spiel mir bitte ihre neue CD vor. **5** (*kein Passiv*) (*so tun als ob*) spielen ◇ *play dead* sich tot stellen **6** (*Theaterstück etc.*) aufgeführt werden ◇ *The production is playing to packed houses.* Das Stück wird vor ausverkauften Häusern aufgeführt. **7** handhaben, angehen ◇ *He played the situation quite carefully.* Er ging ziemlich vorsichtig vor. ◇ *I decided to play it safe.* Ich beschloss auf Nummer sicher zu gehen. **8** (*Brunnen*) plätschern IDM **have money, time, etc. to ˈplay with** (*umgs*) zeitlich, finanziell etc. viel Spielraum haben **play it/your cards right** es geschickt anstellen **what is he/are you etc. ˈplaying at?** (*drückt Ärger oder Ungeduld aus*) ◇ *What do you think you are playing at?* Was glaubst du eigentlich, was du da tust? ℹ Für andere Redewendungen mit **play** siehe die Einträge für die Nomina, Adjektive etc. **Play the game** z. B. steht unter **game**. PHR V **ˌplay aˈbout/aˈround (with sth)** (mit etw) herumspielen ◇ *Stop playing around and get to work.* Hör auf herumzutrödeln und fang an zu arbeiten. **ˌplay aˈbout/aˈround (with sb)** (mit jdm) eine Affäre haben **ˌplay aˈlong (with sb)** (jdm) zum Schein zustimmen **ˌplay aˈlong (with sth)** (bei etw) zum Schein mitmachen **ˌplay sth ˈback** etw abspielen ◇ *Play that last section back to me again.* Spiel mir den letzten Abschnitt noch einmal vor. **ˌplay sth ˈdown** (*etw als unwichtig darstellen*) etw herunterspielen **play A off against B** (*AmE* **play A off B**) A gegen B ausspielen **play A and B off against each other** A und B gegeneinander ausspielen **ˌplay ˈon** (SPORT) weiterspielen **ˈplay on/upon sth** sich etw (geschickt) zunutzemachen **ˌplay sth ˈout** etw aufführen, etw (vor)spielen ◇ *The dispute was played out on a national stage.* Der Streit wurde auf nationaler Ebene ausgetragen. **ˌplay yourself/itself ˈout** sich erschöpfen, zu einem Ende kommen ◇ *Wait until events have played themselves out.* Warte bis all die Aufregung vorbei ist. ◇ *Events must play themselves out to logical conclusions.* Die Ereignisse müssen zu einem logischen Ergebnis führen. **ˌplay (sb) ˈup** (*umgs*) (jdm) Schwierigkeiten machen ◇ *The kids have been playing up all day.* Die Kinder haben den ganzen Tag verrückt gespielt. **ˌplay sth ˈup** etw hochspielen **play with yourself** (*umgs*) an sich herumspielen

▸ ***Nomen*** **1** Spiel (*auch fig*) ◇ *the happy sounds of children at play* der fröhliche Lärm spielender Kinder ◇ *There was some excellent play in yesterday's match.* Im gestrigen Match wurde zeitweise hervorragend gespielt. ◇ *during play* während des Spiels **2** Theaterstück ◇ *a radio play* ein Hörspiel **3** Spielraum ◇ *We need some more play in the rope.* Wir müssen das Seil etwas lockern. IDM **in/out of ˈplay** (SPORT) im Spiel/im Aus **make great/much ˈplay of sth** viel Aufhebens um etw machen **make a ˈplay for sb** (*bes AmE*) bei jdm Annäherungsversuche machen **make a ˈplay for sth** (*bes AmE*) es auf etw abgesehen haben **a play on ˈwords** ein Wortspiel → *Siehe auch* CALL, CHILD *und* STATE

play·able /ˈpleɪəbl/ *Adj* **1** spielbar, nicht schwierig **2** (*Spielfeld etc.*) bespielbar

ˈplay-act *Verb* (*fig*) (*vortäuschen*) Theater spielen

ˈplay-acting *Nomen* (*fig*) Schauspielerei ◇ *Stop your play-acting!* Hör auf Theater zu spielen!

play·back /ˈpleɪbæk/ *Nomen* [meist Sing] Wiedergabe, Abspielen

play·boy /ˈpleɪbɔɪ/ *Nomen* Playboy

ˌplay-by-ˈplay *Nomen* [meist Sing] (*AmE*) (SPORT) Spielkommentar

ˌplayed ˈout *Adj* [nicht vor Nomen] (*umgs*) erschöpft, erledigt

play·er 0-π /ˈpleɪə(r)/ *Nomen* **1** Spieler(in) **2** (*gehoben*) (*fig*) Akteur(in) ◇ *a major player* ein Hauptakteur ◇ *a major player in educational publishing* einer der wichtigsten Schulbuchverlage **3** (*meist in Zusammensetzungen*) (*Kassetten- etc.*) Spieler **4** (*meist in Zusammen-*

setzungen) (MUS) Spieler(in) ◇ *a cello player* ein(e) Cellist(in) **5** (*veraltet*) Schauspieler(in)

play·ful /ˈpleɪfl/ *Adj* (*Adv* **play·ful·ly** /-fəli/) **1** verspielt **2** (*Bemerkung, Handlung etc.*) scherzhaft, im Spaß

play·ful·ness /ˈpleɪflnəs/ *Nomen* Verspieltheit

play·ground /ˈpleɪgraʊnd/ *Nomen* **1** Spielplatz **2** Tummelplatz

play·group /ˈpleɪgruːp/ *Nomen* (*BrE*) Spielgruppe

play·house /ˈpleɪhaʊs/ *Nomen* **1** (*oft in Theaternamen*) Schauspielhaus **2** (*für Kinder*) Spielhaus

play·ing /ˈpleɪɪŋ/ *Nomen* **1** [Pl] (MUS) Spiel ◇ *The orchestral playing is superb.* Das Orchester spielt großartig. **2** ◇ *after repeated playings of the National Anthem* nachdem die Nationalhymne wiederholt gespielt wurde

ˈplaying card (*auch* **card**) *Nomen* Spielkarte

ˈplaying field *Nomen* Sportplatz **IDM** → LEVEL

play·mate /ˈpleɪmeɪt/ *Nomen* Spielkamerad(in)

ˈplay-off *Nomen* Entscheidungsspiel

play·pen /ˈpleɪpen/ *Nomen* Laufgitter

play·room /ˈpleɪruːm, -rʊm/ *Nomen* Spielzimmer

playschool /ˈpleɪskuːl/ *Nomen* (*BrE*) Spielgruppe

play·thing /ˈpleɪθɪŋ/ *Nomen* Spielzeug (*auch fig*)

play·time /ˈpleɪtaɪm/ *Nomen* **1** (*bes BrE*) (*Schul-*) Pause **2** [U] Freizeit

play·wright /ˈpleɪraɪt/ *Nomen* Dramatiker(in), Stückeschreiber(in)

plaza /ˈplɑːzə; *AmE* ˈplæzə/ *Nomen* (*bes AmE*) **1** Platz **2** kleines Einkaufszentrum

plc (*auch* **PLC**) /ˌpiː el ˈsiː/ *Kurzform von* **Public Limited Company** (*BrE*) ≈ Aktiengesellschaft

plea /pliː/ *Nomen* **1** (*gehoben*) ~ **(for sth)** Plädoyer (für etw), Appell (zu etw), Bitte (um etw) **2** (RECHT) ◇ *enter a plea of (not) guilty* auf (nicht) schuldig plädieren/sich (nicht) schuldig bekennen **3** ~ **of sth** (RECHT) Grund (*auch fig*) ◇ *He got off on a plea of insanity.* Er wurde wegen Unzurechnungsfähigkeit freigesprochen. (*fig*) ◇ *She went to bed on the plea of a headache.* Sie sagte, sie hätte Kopfschmerzen und ging zu Bett. **IDM** → COP

ˈplea bargain *Nomen* (*auch* **ˈplea bargaining**) (RECHT) = Übereinkommen zwischen Ankläger und Angeklagtem, demzufolge sich der Angeklagte eines geringeren Vergehens für schuldig bekennt und so auf Strafmilderung hofft

plead /pliːd/ *Verb* (**pleaded, pleaded**, *AmE auch* **pled, pled** /pled/) **1** ~ **(for sth)** (um etw) flehen ◇ *She pleaded with him not to go.* Sie flehte ihn an nicht zu gehen. **2** (RECHT) plädieren, sich bekennen ◇ *plead (not) guilty* auf (nicht) schuldig plädieren/sich (nicht) schuldig bekennen ◇ *How do you plead?* Bekennen Sie sich schuldig? ◇ *unfit to plead* nicht verhandlungsfähig **3** (RECHT) geltend machen, sich berufen auf **4** (RECHT) vor Gericht vertreten **5** ~ **sth (for sth)** sich mit etw (für etw) entschuldigen, etw (für etw) als Grund angeben **6** ~ **(for sb/sth)** sich (für jdn/etw) einsetzen, sich (für jdn/etw) aussprechen

plead·ing /ˈpliːdɪŋ/ *Nomen, Adj*
▸ ***Nomen*** **1** Flehen **2** [meist Pl] (RECHT) Schriftsatz
▸ ***Adj*** flehend

plead·ing·ly /ˈpliːdɪŋli/ *Adv* flehentlich

pleas·ant 0‑ /ˈpleznt/ *Adj* (*Adv* **pleas·ant·ly**) /-zntli/ **1** angenehm, schön **2** freundlich ◇ *Please try to be pleasant to our guests.* Sei bitte nett zu unseren Gästen. ◇ *'Can I help you?' he asked pleasantly.* „Kann ich Ihnen helfen?" fragte er höflich.

pleas·ant·ness /ˈplezntnəs/ *Nomen* **1** Freundlichkeit **2** ◇ *She remembered the pleasantness of the evening.* Sie dachte daran, wie nett der Abend gewesen war.

pleas·ant·ry /ˈplezntri/ *Nomen* (*Pl* **-ies**) [meist Pl] (*gehoben*) (*Bemerkung etc.*) Höflichkeit, Nettigkeit

please 0‑ /pliːz/ *Ausruf, Verb*
▸ ***Ausruf*** bitte
▸ ***Verb*** **1** gefallen; ~ **sb** jdn zufrieden stellen ◇ *eager to please* gefällig **2** mögen, wollen ◇ *I'm free now to live wherever I please.* Ich kann jetzt leben, wo immer es mir gefällt. **IDM** **if you ˈplease 1** (*gehoben, veraltet*) wenn ich bitten darf **2** (*bes BrE, veraltet*) stell dir vor; stellen Sie sich vor **ˌplease the ˈeye** schön anzusehen sein **ˌplease yourˈself!** (*umgs*) mach doch, was du willst! **ˌplease yourˈself**; **ˌdo as you ˈplease** machen, was einem gefällt; machen, was man will

pleased 0‑ /pliːzd/ *Adj* zufrieden, froh, erfreut ◇ *Pleased to meet you.* Freut mich Sie kennenzulernen. ◇ (*bes BrE, umgs*) *I am pleased to inform you that …* Es freut mich Ihnen mitteilen zu können, dass … **IDM** **be (as) ˌpleased as ˈPunch** (*BrE*) sich freuen wie ein Schneekönig **far from ˈpleased**; **none too ˈpleased** nicht gerade erfreut **sb is only too ˈpleased (to do sth)** jdm ist es wirklich eine Freude (etw zu tun) **pleased with yourself** (*oft abwert*) selbstzufrieden; zufrieden mit sich

pleas·ing 0‑ /ˈpliːzɪŋ/ *Adj* (*Adv* **pleas·ing·ly**) ansprechend, angenehm, erfreulich

pleas·ur·able /ˈpleʒərəbl/ *Adj* angenehm, vergnüglich

pleas·ur·ably /ˈpleʒərəbli/ *Adv* genüsslich, angenehm

pleas·ure 0‑ /ˈpleʒə(r)/ *Nomen* **1** Vergnügen, Freude, Spaß ◇ *He takes no pleasure in his work.* Seine Arbeit macht ihm keinen Spaß. ◇ *'Thanks.' 'It's a pleasure.'* „Danke." „Gern geschehen." **2** Freude(n), angenehme Seite(n) **IDM** **at sb's pleasure** (*gehoben*) nach jds Belieben **with ˈpleasure** (*gehoben*) gern; mit Vergnügen

pleat /pliːt/ *Nomen* Falte

pleat·ed /ˈpliːtɪd/ *Adj* gefältelt ◇ *a pleated skirt* ein Faltenrock

plebe /pliːb/ *Nomen* (*AmE, umgs*) = Student(in) im ersten Jahr der Militär- oder Marineakademie in den USA

ple·beian /pləˈbiːən/ *Adj, Nomen*
▸ ***Adj*** **1** plebejisch **2** (*abwert*) ordinär
▸ ***Nomen*** (*meist abwert*) Plebejer(in)

pleb·is·cite /ˈplebɪsɪt, -saɪt/ *Nomen* (POL) Volksabstimmung, Plebiszit

plebs /plebz/ *Nomen* [Pl] (*umgs*) Plebs

plec·trum /ˈplektrəm/ *Nomen* (*Pl* **plec·trums** *oder* **plec·tra** /-trə/) Plektrum, Plektron

pled *Form von* PLEAD

pledge /pledʒ/ *Nomen, Verb*
▸ ***Nomen*** **1** Versprechen ◇ *a pledge of help* ein Versprechen zu helfen ◇ *the pledge of allegiance* der Treueeid **2** Pfand **IDM** **sign/take the ˈpledge** (*veraltet*) dem Alkohol abschwören
▸ ***Verb*** **1** ~ **sth (to sb/sth)** (*gehoben*) (jdm/etw) etw geloben ◇ *pledge allegiance to the flag* den Treueeid auf die Fahne leisten **2** ~ **sb/yourself (to sth)** jdn/sich (zu etw) verpflichten **3** verpfänden **4** (*AmE*) = sich einer Studentenvereinigung anschließen

plen·ary /ˈpliːnəri/ *Adj* [nur vor Nomen] (*gehoben*) **1** Plenar-, Voll- ◇ *a plenary session* eine Plenarsitzung **2** uneingeschränkt, umfassend

plen·ti·ful /ˈplentɪfl/ *Adj* (*Adv* **plen·ti·ful·ly** /-fəli/) reichlich, im Überfluss (vorhanden)

plenty 0‑ /ˈplenti/ *Pron, Adv, Nomen*
▸ ***Pron*** ~ **(of)** reichlich ◇ *We've got plenty of time.* Wir haben jede Menge Zeit.
▸ ***Adv*** **1** ~ **more (of sth)** viel mehr (von etw) ◇ *We have plenty more of them.* Wir haben noch viel mehr davon. **2** ~ **big, long etc. enough** (*umgs*) groß, lang etc. genug
▸ ***Nomen*** [U] (*gehoben*) Überfluss

ple·num /ˈpliːnəm/ *Nomen* Plenum, Vollversammlung

pleth·ora /ˈpleθərə/ *Nomen* [Sing] (*gehoben*) Fülle

pleur·isy /ˈplʊərəsi; *AmE* ˈplʊr-/ *Nomen* [U] (MED) Rippenfellentzündung

plexus → SOLAR PLEXUS

pli·able /ˈplaɪəbl/ *Adj* **1** biegsam, geschmeidig **2** fügsam, nachgiebig

pli·ant /ˈplaɪənt/ *Adj* (*Adv* **pli·ant·ly**) (*gehoben*) **1** geschmeidig, anschmiegsam **2** (*manchmal abwertend*) gefügig, fügsam

pli·ers /ˈplaɪəz; *AmE* -ərz/ *Nomen* [Pl] Zange ◇ *a pair of pliers* eine Zange

plight /plaɪt/ *Nomen, Verb*

▸ ***Nomen*** [Sing] Notlage, Elend

▸ ***Verb*** IDM **plight your ˈtroth (to sb)** (*veraltet, hum*) (jdm) die Ehe versprechen

plim·soll /ˈplɪmsəl/ *Nomen* (*BrE*) Turnschuh, Leinenschuh

plinth /plɪnθ/ *Nomen* Sockel

plod /plɒd; *AmE* plɑːd/ *Verb* **(-dd-)** trotten, stapfen PHR V **ˌplod aˈlong/ˈon** **1** weitertrotten, weiterstapfen **2** sich weiterkämpfen, mühsam vorwärtskommen

plod·ding /ˈplɒdɪŋ; *AmE* ˈplɑːdɪŋ/ *Adj* **1** hart arbeitend **2** schwerfällig, mühsam, langwierig

plonk /plɒŋk; *AmE* plɑːŋk/ *Verb, Nomen*

▸ ***Verb*** (*bes BrE, umgs*) **1** hinwerfen, hinknallen **2** ~ **(yourself) (down)** sich hinhauen

▸ ***Nomen*** (*bes BrE, umgs*) **1** [U] billiger Wein, Gesöff **2** [meist Sing] Knall

plonk·er /ˈplɒŋkə(r); *AmE* ˈplɑːŋ-/ *Nomen* (*BrE, Slang*) Niete

plop /plɒp; *AmE* plɑːp/ *Nomen, Verb*

▸ ***Nomen*** [meist Sing] Platsch

▸ ***Verb*** **(-pp-)** **1** plumpsen, platschen, klatschen **2** plumpsen lassen, klatschen **3** ~ **(yourself) (down)** sich (hin)plumpsen lassen

plo·sive /ˈpləʊsɪv; *AmE* ˈploʊ-/ *Nomen, Adj*

▸ ***Nomen*** (LING) Verschlusslaut

▸ ***Adj*** Verschluss-, plosiv

plot 0ᵚ /plɒt; *AmE* plɑːt/ *Nomen, Verb*

▸ ***Nomen*** **1** Handlung **2** Verschwörung, Komplott **3** Stück (Land) ◇ *a plot of land* ein Grundstück ◇ *a vegetable plot* ein Gemüsebeet IDM **lose the plot** (*BrE, umgs*) überschnappen; nicht mehr wissen, was man tut **the plot ˈthickens** die Lage spitzt sich zu

▸ ***Verb*** **(-tt-)** **1** ~ **(with sb) (against sb)** sich (mit jdm) (gegen jdn) verschwören **2** (heimlich) planen **3** ~ **sth (on sth)** etw (auf/in etw) (ein)zeichnen, etw (in etw) eintragen **4** die Handlung entwerfen ◇ *a tightly-plotted thriller* ein Thriller mit einer dichten Handlung

plot·ter /ˈplɒtə(r); *AmE* ˈplɑːtər/ *Nomen* **1** Verschwörer(in) **2** (COMP) Plotter

plough (*AmE* **plow**) /plaʊ/ *Nomen, Verb*

▸ ***Nomen*** **1** Pflug **2 the Plough** (*BrE*) [Sing] (ASTRON) der Große Wagen

▸ ***Verb*** pflügen; (*Furche*) ziehen IDM **ˌplough a lonely, your own, etc. furrow** (*gehoben*) **1** allein auf weiter Flur stehen **2** sein eigenes Ding durchziehen PHR V **ˌplough sth back (in)** **1** etw wieder unterpflügen **2** (*Gewinne*) wieder hineinstecken **ˌplough sth into sth** etw in etw investieren **plough into sb/sth** in jdn/etw (hinein)rasen, in jdn/etw (hinein)rasseln **plough on** weitermachen **plough on with sth** etw durchziehen **plough through sth** durch etw (hindurch)rasen **plough your way through sth** **1** sich einen Weg durch etw bahnen **2** sich durch etw (hindurch)kämpfen **plough sth up** etw aufwühlen

plough·man (*AmE* **plow·man**) /ˈplaʊmən/ *Nomen* (*Pl* **-men** /-mən/) Pflüger

ˌploughman's ˈlunch (*auch* **ploughman's**) *Nomen* (*BrE*) Imbiss aus Käse, Brot, Pickle und Salat

plough·share (*AmE* **plow·share**) /ˈplaʊʃeə(r); *AmE* -ʃer/ (*AmE auch* **share**) *Nomen* Pflugschar IDM → SWORD

plover /ˈplʌvə(r)/ *Nomen* Regenpfeifer

plow, plow·man, plow·share (*AmE*) = PLOUGH, PLOUGHMAN *und* PLOUGHSHARE

ploy /plɔɪ/ *Nomen* Trick, Masche

pluck /plʌk/ *Verb, Nomen*

▸ ***Verb*** **1** ~ **sth (out)** (sich) etw (aus)zupfen, (sich) etw (aus)ziehen **2** (*Huhn etc.*) rupfen **3** (MUS) zupfen **4** ~ **sb/sth (from sth)** (*gehoben*) jdn/etw (aus etw) (heraus)ziehen ◇ *He plucked the wallet from her grasp.* Er riss ihr die Brieftasche aus der Hand. **5** ~ **sth (from sth)** (*veraltet oder gehoben*) etw (von etw) (ab)pflücken IDM **pluck sth out of the ˈair** etw aus der Luft greifen **ˌpluck up courage** all seinen Mut zusammennehmen PHR V **ˈpluck at sth** an etw zupfen

▸ ***Nomen*** [U] (*umgs, veraltet*) Mut, Schneid

plucky /ˈplʌki/ *Adj* (*umgs*) tapfer, mutig

plug 0ᵚ /plʌg/ *Nomen, Verb*

▸ ***Nomen*** **1** Stecker **2** (*bes BrE, umgs*) Steckdose **3** = SPARK PLUG **4** Stöpsel, Pfropfen **5** Dübel **6** (*umgs*) (Schleich)werbung ◇ *get in a plug for sth* für etw Schleichwerbung machen IDM → PULL

▸ ***Verb*** **(-gg-)** **1** ~ **sth (up)** etw (zu)stopfen, etw (ver)schließen **2** ~ **sth** für etw (Schleich)werbung machen PHR V **ˌplug aˈway (at sth)** sich (mit etw) abschuften **ˌplug sth ˈin** etw anschließen **ˌplug ˈinto sth** **1** an etw angeschlossen werden, in etw eingestöpselt werden **2** (*fig*) in/bei etw einsteigen, etw aufgreifen **ˌplug sth ˈinto sth** etw an etw anschließen, etw in etw (ein)stecken

plug·hole /ˈplʌghəʊl; *AmE* -hoʊl/ *Nomen* (*BrE*) Abfluss

plum /plʌm/ *Nomen, Adj*

▸ ***Nomen*** Pflaume

▸ ***Adj*** (*BrE*) **1** pflaumenblau **2** Bomben-, traumhaft

plum·age /ˈpluːmɪdʒ/ *Nomen* Gefieder

plumb /plʌm/ *Verb, Adv*

▸ ***Verb*** **1** ausloten **2** (*gehoben*) ergründen IDM **plumb the depths of sth** in die Tiefen von etw vordringen **plumb new depths** einen neuen Tiefstand erreichen PHR V **ˌplumb sth ˈin** (*bes BrE*) etw anschließen (*an die Wasserversorgung*)

▸ ***Adv*** **1** (*vor Präpositionen*) genau ◇ *plumb in the middle of the road* mitten auf der Straße **2** (*AmE, umgs, veraltet*) total

plumb·er /ˈplʌmə(r)/ *Nomen* Installateur(in)

plumb·ing /ˈplʌmɪŋ/ *Nomen* [U] **1** Wasserrohre **2** Klempnerarbeiten

plume /pluːm/ *Nomen* **1** Wolke ◇ *a plume of smoke* eine Rauchfahne **2** Feder **3** Federbusch

plumed /pluːmd/ *Adj* mit Federschmuck

plum·met /ˈplʌmɪt/ *Verb* **1** stürzen **2** (*fig*) fallen, (ab)sacken

plummy /ˈplʌmi/ *Adj* **1** (*BrE, umgs, meist abwert*) vornehm, affektiert **2** wie Pflaumen

plump /plʌmp/ *Adj, Verb*

▸ ***Adj*** **1** mollig, rundlich **2** fleischig ◇ *plump cushions* dicke, weiche Kissen

▸ ***Verb*** ~ **sth (up)** etw aufschütteln PHR V **ˈplump for sb/sth** (*umgs*) sich für jdn/etw entscheiden

plump·ness /ˈplʌmpnəs/ *Nomen* Molligkeit, Rundlichkeit

ˌplum ˈpudding *Nomen* (*BrE, veraltet*) = aus Rosinen, Orangen, Nüssen, Nierenfett etc. zubereiteter Nachtisch, der zu Weihnachten heiß mit einer Soße serviert wird

plun·der /ˈplʌndə(r)/ *Verb, Nomen*
▸ **Verb** plündern
▸ **Nomen 1** Plünderung **2** Beute

plunge /plʌndʒ/ *Verb, Nomen*
▸ **Verb 1** stürzen **2** stürzen lassen **3** (*Preise, Temperaturen etc.*) fallen, absacken ◇ *Stock markets plunged.* Das Börsengeschäft ging drastisch zurück. **4** (*Straße etc.*) steil abfallen **5** (*Pferd*) bocken PHRV ˌplunge ˈin (to sth) **1** (in etw) hineinspringen **2** sich (in etw) hineinstürzen ˌplunge sth ˈin(to sth) etw (in etw) stoßen, etw (in etw) (hinein)tauchen plunge (sb/sth) into sth (jdn/etw) in etw stürzen ◇ *The whole street was plunged into darkness.* Die ganze Straße war plötzlich in Dunkelheit getaucht.
▸ **Nomen** [meist Sing] **1** Sturz ◇ *Here the river begins a headlong plunge.* Der Fluss beginnt hier nach unten zu stürzen. **2** Sprung ◇ (*fig*) *a plunge into the commercial market* ein Sprung in den kommerziellen Markt IDM take the ˈplunge **1** springen **2** (*fig*) den Sprung wagen

plun·ger /ˈplʌndʒə(r)/ *Nomen* **1** Tauchkolben **2** Pümpel, Gummiglocke

plunk /plʌŋk/ *Verb, Nomen*
▸ **Verb** (*AmE*) **1** hinwerfen, hinknallen **2** (herum)klimpern auf
▸ **Nomen** Klimpern, Geklimper

plu·per·fect /ˌpluːˈpɜːfɪkt; *AmE* -ˈpɜːrfɪkt/ *Nomen* Plusquamperfekt, Vorvergangenheit

plural /ˈplʊərəl; *AmE* ˈplʊrəl/ *Nomen, Adj*
▸ **Nomen** (*Abk* **pl.**) Plural, Mehrzahl
▸ **Adj 1** (*Abk* **pl.**) Plural-, Mehrzahl- **2** pluralistisch

plur·al·ism /ˈplʊərəlɪzəm; *AmE* ˈplʊr-/ *Nomen* (*gehoben*) **1** Pluralismus **2** (*meist abwert*) Ämterhäufung

plur·al·ist /ˈplʊərəlɪst; *AmE* ˈplʊr-/ *Adj, Nomen*
▸ **Adj** (*auch* **plur·al·is·tic** /ˌplʊərəˈlɪstɪk; *AmE* ˌplʊr-/) pluralistisch
▸ **Nomen 1** Pluralist(in) **2** Inhaber(in) mehrerer (Kirchen)ämter

plur·al·ity /plʊəˈræləti; *AmE* plʊˈ-/ *Nomen* (*Pl* **-ies**) **1** (*gehoben*) Vielzahl, Vielfalt **2** (*bes AmE*) [meist Sing] (POL) einfache Mehrheit

plus 0‑ᴡ /plʌs/ *Präp, Nomen, Adj, Konj*
▸ **Präp** (*beim Rechnen*) plus, und ◇ *£22 plus postage* £22 zuzüglich Porto IDM plus or minus plus/minus ◇ *plus or minus 3%* plus/minus 3%
▸ **Nomen 1** (*umgs*) Plus(punkt) **2** (*auch* ˈplus sign) Pluszeichen
▸ **Adj 1** über, mehr als ◇ *It will cost £10 000 plus.* Es wird über 10 000 Pfund kosten. **2** plus, über Null **3** [nur vor Nomen] Plus- ◇ *the plus side of working at home* der Vorteil, wenn man zu Hause arbeitet
▸ **Konj** (*umgs*) und dazu, außerdem

plush /plʌʃ/ *Adj, Nomen*
▸ **Adj 1** (*umgs*) feudal ◇ *a plush hotel* ein feudales Hotel **2** Plüsch-
▸ **Nomen** Plüsch

ˈ**plus size** *Nomen* Übergröße

Pluto /ˈpluːtəʊ; *AmE* -toʊ/ *Nomen* Pluto → *Beispiele bei* MERKUR

plu·to·nium /pluːˈtəʊniəm; *AmE* -ˈtoʊ-/ *Nomen* Plutonium

ply /plaɪ/ *Verb, Nomen*
▸ **Verb** (**plies, ply·ing, plied, plied**) (*gehoben*) **1** (*Schiff, Bus etc.*) verkehren ◇ *Ferries ply across the channel.* Fährschiffe fahren über den Kanal. **2** (*Schiff, Bus etc.*) befahren **3** (*Werkzeug etc.*) handhaben IDM ply for ˈhire (*BrE*) auf Kundschaft warten ply for ˈtrade/ˈbusiness (*BrE*) seine Dienste anbieten ply your ˈtrade (*gehoben*) seiner Arbeit nachgehen PHRV ˈply sb with questions jdn mit Fragen überhäufen ˈply sb with sth jdn reichlich mit etw versorgen
▸ **Nomen** (*meist in Zusammensetzungen*) (Einzel)faden, Strang, Schicht ◇ *four-ply knitting yarn* vierfädige Strickwolle

ply·wood /ˈplaɪwʊd/ *Nomen* Sperrholz

PM /ˌpiː ˈem/ *Abk* (*bes BrE, umgs*) = PRIME MINISTER

p.m. 0‑ᴡ (*AmE auch* **P.M.**) /ˌpiː ˈem/ *Abk* (*Latein: post meridiem*) nachmittags, abends ◇ *3 p.m.* 3 Uhr nachmittags/15 Uhr ◇ *8 p.m.* 8 Uhr abends/20 Uhr

PMT /ˌpiː em ˈtiː/ (*BrE auch* **PMS** /ˌpiː em ˈes:/; premenstrual tension/syndrome) [U] prämenstruelles Syndrom

pneu·mat·ic /njuːˈmætɪk; *AmE* nuːˈ-/ *Adj* **1** Luft- ◇ *a pneumatic tyre* ein Luftreifen **2** pneumatisch, Pressluft-

pneu·mo·nia /njuːˈməʊniə; *AmE* nuːˈmoʊ-/ *Nomen* Lungenentzündung

PO /ˌpiː ˈəʊ; *AmE* ˈoʊ/ *Abk* **1** = POST OFFICE **2** = POSTAL ORDER

poach /pəʊtʃ; *AmE* poʊtʃ/ *Verb* **1** pochieren **2** wildern, unerlaubt jagen **3** stehlen; (*Angestellte etc.*) abwerben ◇ *I hope I'm not poaching on your territory.* Hoffentlich komme ich Ihnen damit nicht ins Gehege.

poach·er /ˈpəʊtʃə(r); *AmE* ˈpoʊ-/ *Nomen* **1** Wilddieb(in) **2** (*auch* ˈegg poacher) = Eierkocher für pochierte Eier

ˈ**PO box** *Nomen* (*auch* ˈpost office box) Postfach

pocked /pɒkt; *AmE* pɑːkt/ *Adj* **1** narbig **2 ~ with …** übersät mit …

pocket 0‑ᴡ /ˈpɒkɪt; *AmE* ˈpɑːkɪt/ *Nomen, Verb*
▸ **Nomen 1** (*Hosen- etc.*) Tasche **2** Fach, Ablage, Innentasche **3** (*fig*) Geldbeutel ◇ *holidays to suit every pocket* Ferien für jeden Geldbeutel ◇ *pay for sth out of your own pocket* etw selbst bezahlen ◇ *have very deep pockets* sehr reich sein **4** Gebiet ◇ *a pocket of air* ein Luftloch ◇ *pockets of resistance* Widerstandsnester IDM be/live in each other's ˈpockets (*BrE*) dauernd zusammen sein be ˌin/ˌout of ˈpocket (*bes BrE*) einen Gewinn/Verlust gemacht haben ◇ *That left him several hundred out of pocket.* Das hat ihn mehrere hundert gekostet. be in sb's ˈpocket von jdm finanziell abhängig sein have sb/sth in your ˈpocket jdn/etw in der Tasche haben put your ˌhand in your ˈpocket (*BrE*) in die Tasche greifen ◇ *I've heard he doesn't like putting his hand in his pocket.* Ich habe gehört, dass er knauserig ist. → *Siehe auch* BURN, DIG, LINE *und* PICK
▸ **Verb 1** einstecken **2** in die eigene Tasche stecken **3** kassieren **4** (*Billard etc.*) einlochen

pock·et·book /ˈpɒkɪtbʊk; *AmE* ˈpɑːk-/ *Nomen* **1** (*AmE*) Brieftasche **2** (*bes BrE*) Notizbuch **3** (*AmE, veraltet*) Handtasche

pock·et·ful /ˈpɒkɪtfʊl; *AmE* ˈpɑːk-/ *Nomen* (*Hosen- etc.*) Tasche voll ◇ *a pocketful of coins* eine Tasche voller Münzen

pocket·knife /ˈpɒkɪtnaɪf; *AmE* ˈpɑːk-/ *Nomen* (*bes AmE*) Taschenmesser

ˈ**pocket money** *Nomen* (*bes BrE*) Taschengeld

ˈ**pocket-sized** (*auch* ˈpocket-size) *Adj* im Taschenformat

pock·mark /ˈpɒkmɑːk; *AmE* ˈpɑːkmɑːrk/ *Nomen* Pockennarbe

ˈ**pock-marked** *Adj* pockennarbig; **~ with …** übersät mit …

pod /pɒd; *AmE* pɑːd/ *Nomen* **1** Hülse, Schote **2** (*an Flugzeugen*) Außentank, Außenbehälter

podcast /ˈpɒdkɑːst; *AmE* ˈpɑːdkæst/ *Nomen, Verb*
▸ **Nomen** (COMP) Podcast
▸ **Verb** (**podcast, podcast**) podcasten ◇ *Part two will be podcast next week.* Teil 2 wird nächste Woche gepodcastet.

podgy /ˈpɒdʒi; *AmE* ˈpɑːdʒi/ *Adj* (*BrE, umgs, abwert*) dicklich

po·dia·trist /pəˈdaɪətrɪst/ *Nomen* (*bes AmE*) Fußpfleger(in)

po·dia·try /pəˈdaɪətri/ *Nomen* (*bes AmE*) Fußpflege

po·dium /ˈpəʊdiəm; *AmE* ˈpoʊ-/ *Nomen* **1** Podest **2** (*AmE*) (Lehr)pult

poem /ˈpəʊɪm; *AmE* ˈpoʊəm/ *Nomen* Gedicht

poet /ˈpəʊɪt; *AmE* ˈpoʊət/ *Nomen* Dichter(in)

poet·ess /ˌpəʊɪˈtes; *AmE* ˌpoʊəˈ-/ *Nomen* (*veraltet*) Dichterin

poet·ic /pəʊˈetɪk; *AmE* poʊˈ-/ (*auch* **poet·ic·al** /-tɪkl/) *Adj* (*Adv* **poet·ic·al·ly** /-kli/) **1** [nur vor Nomen] dichterisch **2** poetisch

poˌetic ˈjustice *Nomen* ausgleichende Gerechtigkeit

poˌetic ˈlicence *Nomen* dichterische Freiheit

ˌPoet ˈLaureate (*auch* **Laure·ate**) *Nomen* **1** Hofdichter(in), Poeta laureatus **2** (*bes AmE*) Nationaldichter(in), anerkannte(r) Dichter(in) (*als Vertreter(in) einer bestimmten Region*)

poet·ry /ˈpəʊətri; *AmE* ˈpoʊ-/ *Nomen* **1** Dichtung, Lyrik ◇ *his poetry* seine Gedichte **2** Poesie

po-faced /ˈpəʊ feɪst; *AmE* ˈpoʊ/ *Adj* (*BrE, umgs, abwert*) grimmig

pog·rom /ˈpɒgrəm; *AmE* ˈpoʊgrəm/ *Nomen* Pogrom

poign·ancy /ˈpɔɪnjənsi/ *Nomen* Schmerzlichkeit, Wehmut ◇ *of particular poignancy* besonders ergreifend

poign·ant /ˈpɔɪnjənt/ *Adj* (*Adv* **poign·ant·ly**) ergreifend, wehmütig, schmerzlich

poin·set·tia /ˌpɔɪnˈsetiə/ *Nomen* (BOT) Weihnachtsstern

point /pɔɪnt/ *Nomen, Verb*

▸ ***Nomen*** **1** Argument, Sache ◇ *He's just saying that to prove a point.* Das sagt er nur der Sache wegen. ◇ *get to the point* zur Sache kommen ◇ *I take your point.* Ich verstehe, was Sie sagen. ◇ *OK, you've made your point.* Gut, wir wissen jetzt, wie du darüber denkst. ◇ *Do you see my point?* Verstehen Sie, was ich meine? ◇ *You've missed the point.* Du hast nicht verstanden, worum es geht. ◇ *You have a point.* Da haben Sie recht. ◇ *That's the whole point.* Das ist es ja gerade. ◇ *That's beside the point.* Darum geht es nicht. **2** Sinn, Zweck ◇ *There's no point in getting angry.* Es hat keinen Zweck, sich aufzuregen. ◇ *What's the point of that?* Was soll das? **3** Punkt ◇ *the main points of the news* die wichtigsten Nachrichten ◇ *learn the program's finer points* die Feinheiten des Programms lernen **4** Seite ◇ *his strong/weak points* seine Stärken/Schwächen ◇ *Living alone has its good points.* Allein zu leben hat seine Vorteile. **5** (Zeit)punkt ◇ *at the point of death* an der Schwelle des Todes ◇ *We were on the point of giving up.* Wir wollten gerade aufgeben. ◇ *at this point in time* jetzt **6** Punkt, Stelle ◇ *a meeting point* ein Treffpunkt ◇ *There is no parking beyond this point.* Ab hier ist Parkverbot. ◇ *the points of the compass* die Himmelsrichtungen **7** Punkt ◇ *win on points* nach Punkten gewinnen **8** (*vor Dezimalstellen*) Komma ◇ *2.4/two point four* zwei Komma vier **9** Spitze, Landspitze **10** Steckdose **11** **points** [Pl] (*Ballett*) Spitzen **12** **points** [Pl] (*BrE*) Weichen IDM **if/when it comes to the ˈpoint** wenn es hart auf hart geht **in point of ˈfact** eigentlich **make a ˈpoint of doing sth** darauf achten etw zu tun; Wert darauf legen etw zu tun **ˌmore to the ˈpoint** was noch wichtiger ist **on point** (*AmE*) **1** relevant ◇ *The quotation was directly on point.* Das Zitat war absolut treffend. ◇ *Let's stay on point.* Lasst uns nicht abschweifen. **2** (*umgs*) genau richtig **ˌpoint of ˈcontact** **1** Kontaktstelle **2** (*Person*) Kontakt **a ˌpoint of deˈparture** (ein) Ausgangspunkt **a ˌpoint of ˈhonour** (eine) Ehrensache **the ˌpoint of ˌno reˈturn** der Punkt, von dem es kein Zurück gibt **ˌpoint ˈtaken** gut, Sie haben recht **to the ˈpoint** treffend **to the ˈpoint of …** in einem Maße, dass … ◇ *He was rude to the point of being aggressive.* Er war so unhöflich, dass er schon fast aggressiv war. **up to a (certain) ˈpoint** bis zu einem gewissen Grad → *Siehe auch* CASE, FINE, LABOUR, MOOT, SCORE, SORE *und* STRETCH

▸ ***Verb*** **1** **~ (at/to/towards sb/sth)** (auf jdn/etw) zeigen ◇ *She pointed her finger in my direction.* Sie zeigte mit dem Finger in meine Richtung. **2** **~ sth at sb/sth** (*Gewehr etc.*) etw auf jdn/etw richten **3** zeigen, weisen ◇ *The telescope was pointing in the wrong direction.* Das Teleskop war in die falsche Richtung gerichtet. ◇ *The evidence seems to point in that direction.* Die Beweise scheinen darauf hinzudeuten. **4** ◇ *Can you point me in the right direction for the station?* Können Sie mir den Weg zum Bahnhof zeigen? **5** (*Mauer*) ausfugen IDM **point a/the ˈfinger at sb** jdn anklagen ◇ *The article points an accusing finger at the authorities.* Der Artikel prangert die Behörden an. **point the ˌfinger of susˈpicion at sb** jdn anklagen **point the ˈway (to/towards sth)** den Weg (zu etw) weisen PHR V **ˌpoint sb/sth ˈout (to sb)** jdm jdn/etw zeigen **ˌpoint sth ˈout (to sb)** (jdn) auf etw hinweisen **ˈpoint to sth** **1** auf etw hinweisen **2** auf etw hindeuten **ˌpoint sth ˈup** (*gehoben*) etw verdeutlichen

ˌpoint-ˈblank *Adj* [nur vor Nomen], *Adv* **1** (*Schuss*) aus kürzester Entfernung **2** direkt ◇ *a point-blank refusal* eine glatte Absage

point·ed /ˈpɔɪntɪd/ *Adj* **1** spitz ◇ *a pointed arch* ein Spitzbogen **2** (*Adv* **point·ed·ly**) deutlich, unmissverständlich ◇ *a pointed remark* eine spitze Bemerkung

point·er /ˈpɔɪntə(r)/ *Nomen* **1** Hinweis, Tipp **2** **~ (to sth)** Anzeichen (für etw) **3** Zeiger **4** Zeigestock **5** Pointer, Vorstehhund

point·less /ˈpɔɪntləs/ *Adj* (*Adv* **point·less·ly**) sinnlos

point·less·ness /ˈpɔɪntləsnəs/ *Nomen* Sinnlosigkeit

ˈpoint man *Nomen* **1** Späher(in) **2** (*AmE, fig*) verantwortlicher Experte, verantwortliche Expertin

ˌpoint of ˈorder *Nomen* (*Pl* **points of order**) (*gehoben*) Frage zur Geschäftsordnung

ˌpoint of ˈreference *Nomen* (*Pl* **points of reference**) Bezugspunkt

ˌpoint of ˈview *Nomen* (*Pl* **points of view**) **1** Meinung, Standpunkt ◇ *from my point of view* von meinem Standpunkt aus gesehen **2** Perspektive, Gesichtspunkt

ˌpoint-to-ˈpoint *Nomen* (*BrE*) Geländerennen

pointy /ˈpɔɪnti/ *Adj* (*umgs*) spitz

poise /pɔɪz/ *Nomen, Verb*

▸ ***Nomen*** **1** Selbstsicherheit, Gelassenheit ◇ *She quickly recovered her poise.* Sie fing sich schnell wieder. **2** Haltung

▸ ***Verb*** balancieren ◇ *He was poising himself to launch a final attack.* Er machte sich bereit einen letzten Angriff zu starten.

poised /pɔɪzd/ *Adj* **1** [nicht vor Nomen] bereit ◇ *The cat crouched in the grass, poised to jump.* Die Katze kauerte sprungbereit im Gras. ◇ *Her hand was poised over the telephone.* Ihre Hand schwebte über dem Telefon. ◇ *The economy is poised for recovery.* Die Wirtschaft steht vor einem Aufschwung. ◇ *The team is poised to win the title.* Die Mannschaft ist auf dem besten Weg den Titel zu gewinnen. **2** [nicht vor Nomen] **be ~ (in, on, above, etc. sth)** (in, auf, über etc. etw) balancieren, (in, auf, über etc. etw) stehen **3** selbstsicher, gelassen

poi·son /ˈpɔɪzn/ *Nomen, Verb*

▸ ***Nomen*** Gift (*auch fig*)

▸ ***Verb*** vergiften (*auch fig*) IDM **a poisoned ˈchalice** (*bes BrE*) = Aufgabe oder Ehre, die demjenigen, der sie annimmt, später Nachteile bringt

poi·son·er /ˈpɔɪzənə(r)/ *Nomen* Giftmörder(in)

poi·son·ing /ˈpɔɪzənɪŋ/ *Nomen* Vergiftung

poi·son·ous 🔑 /ˈpɔɪzənəs/ *Adj* giftig ◇ *(fig) the poisonous atmosphere in the office* die vergiftete Atmosphäre im Büro

ˌpoison ˈpen letter *Nomen* = Verleumdungen oder Drohungen enthaltender anonymer Brief

poke /pəʊk; *AmE* poʊk/ *Verb, Nomen*
▸ ***Verb*** **1** stoßen ◇ *I poked him.* Ich stieß ihn an. ◇ *She poked her elbow into his ribs.* Sie stieß ihm den Ellbogen in die Rippen. ◇ *She poked the fire.* Sie schürte das Feuer. **2** stecken ◇ *He poked his head around the corner.* Er guckte um die Ecke. ◇ *Don't poke her eye out with that stick!* Stich ihr mit dem Stock nicht das Auge aus! **3 ~ a hole in sth (with sth)** (mit etw) ein Loch in etw bohren IDM **poke ˈfun at sb/sth** sich über jdn/etw lustig machen → *Siehe auch* NOSE PHRV **ˌpoke aˈbout/ aˈround** *(umgs)* herumstöbern, herumschnüffeln **ˈpoke at sth** in etw herumstochern **ˌpoke ˈout of/ through sth** (aus etw) herausgucken
▸ ***Nomen*** Stoß ◇ *give the fire a poke* das Feuer schüren IDM **have a ˌpoke aˈround** *(umgs)* herumschnüffeln **take a ˈpoke at sb/sth** *(AmE, umgs)* jdn/etw runtermachen; sich über jdn/etw lustig machen → *Siehe auch* PIG

poker /ˈpəʊkə(r); *AmE* ˈpoʊ-/ *Nomen* **1** Poker **2** Schürhaken

ˈpoker face *Nomen (umgs)* Pokergesicht, Pokerface

ˈpoker-faced *Adj (umgs)* mit unbewegter Miene

poky /ˈpəʊki; *AmE* ˈpoʊ-/ *Adj* **1** *(umgs)* winzig, eng **2** *(AmE* **pokey)** langsam

pol /pɒl; *AmE* pɑːl/ *Nomen (AmE, umgs)* Politiker(in)

po·lar /ˈpəʊlə(r); *AmE* ˈpoʊ-/ *Adj* [nur vor Nomen] **1** Polar- **2** (TECH) polar **3** *(gehoben)* diametral entgegengesetzt

ˈpolar bear *Nomen* Eisbär

po·lar·ity /pəˈlærəti/ *Nomen (gehoben oder Fachspr)* Polarität

po·lar·iza·tion *(BrE auch* **-isa·tion)** /ˌpəʊləraɪˈzeɪʃn; *AmE* ˌpoʊlərəˈ-/ *Nomen* Polarisierung

po·lar·ize *(BrE auch* **-ise)** /ˈpəʊləraɪz; *AmE* ˈpoʊ-/ *Verb* **1** (sich) polarisieren, (sich) spalten **2** (PHYSIK) polarisieren

Po·lar·oid™ /ˈpəʊlərɔɪd; *AmE* ˈpoʊ-/ *Nomen* **1** *(auch* **ˌPolaroid ˈcamera)** Sofortbildkamera, Polaroidkamera® **2** Polaroidfoto®

pole 🔑 /pəʊl; *AmE* poʊl/ *Nomen* **1** Pol *(auch fig)* ◇ *Their opinions were at opposite poles of the debate.* Sie vertraten in der Debatte völlig entgegengesetzte Ansichten. **2** Stange ◇ *a telegraph pole* ein Telegrafenmast ◇ *a ski pole* ein Skistock IDM **be ˈpoles apart** durch Welten getrennt sein **be up the ˈpole** *(BrE, umgs)* eine Schraube locker haben

pole·axe *(AmE* **pole·ax)** /ˈpəʊlæks; *AmE* ˈpoʊ-/ *Verb* **1** zu Boden schlagen **2** *(fig)* jdn verblüffen

pole·cat /ˈpəʊlkæt; *AmE* ˈpoʊl-/ *Nomen* **1** Iltis **2** *(AmE)* Stinktier

po·lem·ic /pəˈlemɪk/ *Nomen (gehoben)* **1** scharfer Angriff, leidenschaftliche Verteidigung **2** *(auch* **po·lem·ics)** [Pl] Polemik

po·lem·ic·al /pəˈlemɪkl/ *(auch* **po·lem·ic)** *Adj (gehoben)* polemisch

po·lemi·cist /pəˈlemɪsɪst/ *Nomen* Polemiker(in)

ˈpole position *Nomen* Poleposition

ˈPole Star *Nomen* Polarstern

the ˈpole vault *Nomen* der Stabhochsprung

ˈpole-vaulter *Nomen* Stabhochspringer(in)

ˈpole-vaulting *Nomen* Stabhochsprung

po·lice 🔑 /pəˈliːs/ *Nomen, Verb*
▸ ***Nomen*** [Pl] Polizei ◇ *hundreds of police* hunderte von Polizisten
▸ ***Verb*** überwachen, kontrollieren

poˈlice ˈconstable *Nomen (Abk* **PC**, **con·stable)** Polizeimeister(in)

poˈlice department *Nomen (AmE)* = Polizei ◇ *The New York Police Department has 37 000 officers.* Bei der New Yorker Polizei arbeiten 37 000 Polizisten.

poˈlice force *Nomen* Polizei

po·lice·man /pəˈliːsmən/ *Nomen (Pl* **-men** /-mən/) Polizist

poˈlice officer *(auch* **of·fi·cer)** *Nomen* Polizeibeamter, -beamtin

poˈlice state *Nomen (abwert)* Polizeistaat

poˈlice station *Nomen* Polizeirevier

po·lice·wo·man /pəˈliːswʊmən/ *Nomen (Pl* **-women** /-wɪmɪn/) Polizistin

po·licing /pəˈliːsɪŋ/ *Nomen* Kontrolle, Überwachung

pol·icy 🔑 /ˈpɒləsi; *AmE* ˈpɑːlə-/ *Nomen (Pl* **-ies)** **1** Politik, Linie, Vorgehensweise ◇ *US foreign/domestic policy* die Außenpolitik/Innenpolitik der USA ◇ *the government's policy on education* die Bildungspolitik der Regierung ◇ *The company has adopted a firm policy on shoplifting.* Die Firma geht bei Ladendiebstahl streng vor. **2** *(gehoben)* Methode, Politik ◇ *Honesty is the best policy.* Ehrlich währt am längsten. **3** (Versicherungs)police

pol·icy·hold·er /ˈpɒləsihəʊldə(r); *AmE* ˈpɑːləsihoʊl-/ *Nomen* Versicherungsnehmer(in), Versicherte(r)

polio /ˈpəʊliəʊ; *AmE* ˈpoʊlioʊ/ *(gehoben* **polio·my·el·itis** /ˌpəʊliəʊˌmaɪəˈlaɪtɪs; *AmE* ˌpoʊlioʊ-/) *Nomen* Polio, Kinderlähmung

pol·ish 🔑 /ˈpɒlɪʃ; *AmE* ˈpɑːlɪʃ/ *Nomen, Verb*
▸ ***Nomen*** **1** Poliermittel, Politur ◇ *floor polish* Bohnerwachs ◇ *shoe polish* Schuhcreme **2** [Sing] ◇ *give sth a polish* etw polieren ◇ *Your shoes could do with a polish.* Deine Schuhe müssten mal geputzt werden. **3** [Sing] Glanz, Politur **4** *(einer Vorstellung etc.)* Brillanz **5** *(im Benehmen etc.)* Schliff IDM → SPIT
▸ ***Verb*** **1** polieren; *(Schuhe, Brille)* putzen **2 ~ sth (up)** *(fig)* etw (auf)polieren ◇ *The statement was carefully polished and checked before release.* Die Erklärung wurde vor der Veröffentlichung sorgfältig überarbeitet. ◇ *The hotel has polished up its act.* Das Hotel hat sich sehr verbessert. PHRV **ˌpolish sth ˈoff** *(umgs)* etw wegputzen **ˌpolish sb ˈoff** *(bes AmE, umgs)* jdn erledigen

pol·ished /ˈpɒlɪʃt; *AmE* ˈpɑːlɪʃt/ *Adj* **1** poliert **2** geschliffen, brillant

po·lite 🔑 /pəˈlaɪt/ *Adj (Adv* **po·lite·ly)** **1** höflich ◇ *make polite conversation* Konversation machen **2** [nur vor Nomen] *(Gesellschaft)* fein ◇ *in polite company* in feiner Gesellschaft

po·lite·ness /pəˈlaɪtnəs/ *Nomen* Höflichkeit

pol·it·ic /ˈpɒlətɪk; *AmE* ˈpɑːlə-/ *Adj (gehoben)* klug → *Siehe auch* BODY POLITIC

pol·it·ical 🔑 /pəˈlɪtɪkl/ *Adj (Adv* **pol·it·ic·al·ly** /-kli/) **1** politisch **2** politisch engagiert ◇ *She became very political at university.* An der Universität fing sie an, sich politisch stark zu engagieren. ◇ *a political animal* ein politisch engagierter Mensch

poˌlitical aˈsylum *(auch* **asy·lum)** *Nomen (gehoben)* politisches Asyl

poˌlitical corˈrectness *Nomen (manchmal abwertend)* Political Correctness

poˌlitical eˈconomy *Nomen* Volkswirtschaft

poˌlitical geˈography *Nomen* politische Geografie

pol·it·ic·al·ly 🔑 /pəˈlɪtɪkli/ *Adv* → POLITICAL

poˌlitically corˈrect *Adj (Abk* **PC)** politisch korrekt

poˌlitically incorˈrect *Adj* politisch nicht korrekt

po͵litical ˈscience (*auch* **pol·it·ics**) *Nomen* Politologie

po͵litical ˈscientist *Nomen* Politologe, Politologin

pol·it·ician 🗝 /ˌpɒləˈtɪʃn; *AmE* ˌpɑːləˈ-/ *Nomen* Politiker(in)

pol·iti·ciza·tion (*BrE auch* **-isa·tion**) /pəˌlɪtɪsaɪˈzeɪʃn; *AmE* -səˈ-/ *Nomen* Politisierung

pol·iti·cize (*BrE auch* **-ise**) /pəˈlɪtɪsaɪz/ *Verb* (*oft passiv*) politisieren

pol·it·ico /pəˈlɪtɪkəʊ; *AmE* -koʊ/ *Nomen* (*Pl* **-os**) (*umgs, abwert*) Politiker(in)

pol·it·ics 🗝 /ˈpɒlətɪks; *AmE* ˈpɑːlə-/ *Nomen* **1** [U] Politik ◇ *local politics* Kommunalpolitik ◇ *go into politics* in die Politik gehen **2** [Pl] politische Ansichten **3** [U] Politikwissenschaft **4** (*abwert*) (Interessen)politik, Machenschaften ◇ *I don't want to get involved in office politics.* Ich will mich nicht in die Machtkämpfe im Büro einmischen. ◇ *sexual politics* Sexualpolitik

pol·ity /ˈpɒləti; *AmE* ˈpɑːlə-/ *Nomen* (*Pl* **-ies**) (*Fachspr*) **1** Staatswesen **2** [U] Regierungsform, Verfassung

polka /ˈpɒlkə; *AmE* ˈpoʊl-/ *Nomen* Polka

ˈpolka dot *Nomen* Tupfen

poll /pəʊl; *AmE* poʊl/ *Nomen, Verb*

▸ ***Nomen*** **1** (*auch* **oˈpinion poll**) Umfrage **2** (*auch* **the polls** [Pl]) Wahl ◇ *the final result of the poll* das endgültige Wahlergebnis ◇ *Polls close at 9 p.m.* Die Wahllokale schließen um 9 Uhr. **3** [Sing] Stimmen(anzahl) ◇ *Labour is ahead in the poll.* Labour hat einen Stimmenvorsprung. ◇ *They gained 20% of the poll.* Sie gewannen 20% der Stimmen. ➜ *Siehe auch* DEED POLL, EXIT POLL *und* STRAW POLL

▸ ***Verb*** **1** (*Stimmen*) erhalten ◇ *They polled 39% of the vote.* Sie erhielten 39% der Stimmen. ◇ *The Republicans have polled well in recent elections.* Die Republikaner haben bei den letzten Wahlen gut abgeschnitten. **2** (*meist passiv*) befragen

pol·lard /ˈpɒləd, -lɑːd; *AmE* ˈpɑːlərd/ *Verb* (*meist passiv*) (*Baum*) kappen

pol·len /ˈpɒlən; *AmE* ˈpɑːlən/ *Nomen* Blütenstaub

ˈpollen count *Nomen* [meist Sing] Pollenzahl, Pollenwerte

pol·lin·ate /ˈpɒləneɪt; *AmE* ˈpɑːlə-/ *Verb* (BOT) bestäuben

pol·lin·ation /ˌpɒləˈneɪʃn; *AmE* ˌpɑːləˈ-/ *Nomen* (BOT) Bestäubung

poll·ing /ˈpəʊlɪŋ; *AmE* ˈpoʊ-/ *Nomen* [U] **1** Stimmabgabe, Wahlbeteiligung **2** Befragung

ˈpolling booth *Nomen* (*bes BrE*) Wahlkabine

ˈpolling day *Nomen* (*BrE*) Wahltag

ˈpolling station (*AmE meist* **ˈpolling place**) *Nomen* Wahllokal

poll·ster /ˈpəʊlstə(r); *AmE* ˈpoʊl-/ *Nomen* Meinungsforscher(in)

ˈpoll tax *Nomen* Kopfsteuer

pol·lu·tant /pəˈluːtənt/ *Nomen* (*gehoben*) Schadstoff

pol·lute /pəˈluːt/ *Verb* **1** ~ **sth (with sth)** etw (mit etw) verschmutzen, etw (mit etw) verunreinigen **2** (*fig*) korrumpieren, verderben

pol·luter /pəˈluːtə(r)/ *Nomen* Umweltsünder(in), Umweltverschmutzer(in)

pol·lu·tion 🗝 /pəˈluːʃn/ *Nomen* [U] **1** (Umwelt)verschmutzung **2** Schadstoffe ◇ *beaches covered with pollution* verschmutzte Strände **3 noise** ~ Lärmbelästigung; **light** ~ Lichtverschmutzung

polo /ˈpəʊləʊ; *AmE* ˈpoʊloʊ/ *Nomen* Polo ➜ *Siehe auch* WATER POLO

ˈpolo neck *Nomen* (*BrE*) Rollkragen

ˈpolo shirt *Nomen* Polohemd, Poloshirt

pol·ter·geist /ˈpəʊltəgaɪst, ˈpɒl-; *AmE* ˈpoʊltərgaɪst/ *Nomen* Poltergeist

poly /ˈpɒli; *AmE* ˈpɑːli/ *Nomen* (*Pl* **polys**) (*BrE, umgs*) = POLYTECHNIC

poly- /ˈpɒli; *AmE* ˈpɑːli/ *Vorsilbe* viel- (*mit Adjektiven und Nomina verbunden*) ◇ *polygamy* Polygamie ◇ *polyphonic* polyfon

poly·es·ter /ˌpɒliˈestə(r); *AmE* ˌpɑːliˈ-, ˈpɑːliestər/ *Nomen* Polyester

poly·ethyl·ene /ˌpɒliˈeθəliːn; *AmE* ˌpɑːliˈ-/ *Nomen* (*AmE*) Polyäthylen

pol·yg·am·ous /pəˈlɪgəməs/ *Adj* polygam

pol·yg·amy /pəˈlɪgəmi/ *Nomen* (*Fachspr*) Polygamie

poly·glot /ˈpɒliglɒt; *AmE* ˈpɑːliglɑːt/ *Adj* (*gehoben*) polyglott

poly·gon /ˈpɒlɪgən; *AmE* ˈpɑːligɑːn/ *Nomen* Polygon, Vieleck

pol·yg·on·al /pəˈlɪgənl/ *Adj* polygonal, vieleckig

poly·graph /ˈpɒligrɑːf, -græf; *AmE* ˈpɑːligræf/ *Nomen* (*Fachspr*) Lügendetektor

poly·math /ˈpɒlimæθ; *AmE* ˈpɑːli-/ *Nomen* (*gehoben*) Mensch, der vielseitig gebildet ist

poly·mer /ˈpɒlɪmə(r); *AmE* ˈpɑːlɪ-/ *Nomen* (NATURW) Polymer

polyp /ˈpɒlɪp; *AmE* ˈpɑːlɪp/ *Nomen* Polyp

poly·phon·ic /ˌpɒliˈfɒnɪk; *AmE* ˌpɑːliˈfɑːnɪk/ *Adj* (MUS) polyfon

pol·yph·ony /pəˈlɪfəni/ *Nomen* (MUS) Polyphonie

poly·pro·pyl·ene /ˌpɒˌliˈprəʊpəliːn; *AmE* ˌpɑːliˈproʊ-/ *Nomen* Polypropylen

poly·sem·ous /ˌpɒliˈsiːməs; *AmE* ˌpɑːliˈ-/ *Adj* (LING) polysem ◇ *polysemous words* Wörter mit mehreren Bedeutungen

poly·styr·ene /ˌpɒliˈstaɪriːn; *AmE* ˌpɑːliˈ-/ *Nomen* Styropor®

poly·syl·lab·ic /ˌpɒlisɪˈlæbɪk; *AmE* ˌpɑːli-/ *Adj* mehrsilbig, vielsilbig

poly·syl·lable /ˈpɒlisɪləbl; *AmE* ˈpɑːli-/ *Nomen* (*Fachspr*) vielsilbiges Wort

poly·tech·nic /ˌpɒliˈteknɪk; *AmE* ˌpɑːliˈ-/ (*BrE, umgs* **poly**) *Nomen* ≈ Fachhochschule

poly·the·ism /ˈpɒliθiɪzəm; *AmE* ˈpɑːli-/ *Nomen* Polytheismus

poly·the·is·tic /ˌpɒliθiˈɪstɪk; *AmE* ˌpɑːli-/ *Adj* polytheistisch

poly·thene /ˈpɒlɪθiːn; *AmE* ˈpɑːlɪ-/ *Nomen* (*BrE*) Polyäthylen ◇ *a polythene bag* eine Plastiktüte

poly·un·sat·ur·ated /ˌpɒliʌnˈsætʃəreɪtɪd; *AmE* ˌpɑːli-/ *Adj* mehrfach ungesättigt

poly·ur·eth·ane /ˌpɒliˈjʊərəθeɪn; *AmE* ˌpɑːliˈjʊr-/ *Nomen* Polyurethan

pom /pɒm; *AmE* pɑːm/ *Nomen* = POMMY

po·man·der /pəˈmændə(r); *AmE* ˈpoʊmændər/ *Nomen* Duftkugel

pom·egran·ate /ˈpɒmɪgrænɪt; *AmE* ˈpɑːm-/ *Nomen* Granatapfel

pom·mel /ˈpɒml; *AmE* ˈpɑːml/ *Nomen* **1** Sattelknopf **2** Schwertknauf

pommy /ˈpɒmi; *AmE* ˈpɑːmi/ *Nomen* (*Pl* **-ies**) (*auch* **pom**) (*AusE, NeusE, umgs, oft abwert*) Brite, Britin

pomp /pɒmp; *AmE* pɑːmp/ *Nomen* Pomp IDM **ˌpomp and ˈcircumstance** Pomp und Prunk

pom-pom /ˈpɒm pɒm; *AmE* ˈpɑːm pɑːm/ (*auch* **pom·pon**) *Nomen* Pompon, Quaste

pom·pos·ity /pɒmˈpɒsəti; *AmE* pɑːmˈpɑːsə-/ *Nomen* Aufgeblasenheit, Wichtigtuerei, Schwülstigkeit

pom·pous /ˈpɒmpəs; *AmE* ˈpɑːm-/ *Adj* (*Adv* **pom·pous·ly**) (*abwert*) aufgeblasen, wichtigtuerisch; (*Sprache*) schwülstig

ponce /pɒns; *AmE* pɑːns/ *Nomen* (*BrE, umgs*) **1** Zuhälter **2** (*beleidigend*) Schwuler

pon·cho /ˈpɒntʃəʊ; *AmE* ˈpɑːntʃoʊ/ *Nomen (Pl* **-os**) Poncho

pond /pɒnd; *AmE* pɑːnd/ *Nomen* Teich IDM **across the ˈpond** *(umgs)* über den großen Teich

pon·der /ˈpɒndə(r); *AmE* ˈpɑːn-/ *Verb* **1 ~ (about/on/over sth)** *(gehoben)* nachdenken (über etw) **2 ~ sth** etw bedenken **3** überlegen ◇ *They are pondering whether the money could be better used elsewhere.* Sie überlegen, ob das Geld woanders besser eingesetzt werden könnte.

pon·der·ous /ˈpɒndərəs; *AmE* ˈpɑːn-/ *Adj (Adv* **pon·der·ous·ly**) *(gehoben, abwert)* schwerfällig

pon·der·ous·ness /ˈpɒndərəsnəs; *AmE* ˈpɑːn-/ *Nomen* Schwerfälligkeit

pone /pəʊn; *AmE* poʊn/ *Nomen (AmE)* = CORN PONE

pong /pɒŋ; *AmE* pɑːŋ/ *Nomen, Verb*
- ▸ ***Nomen*** *(BrE, umgs)* Gestank
- ▸ ***Verb*** *(BrE, umgs)* stinken

pon·tiff /ˈpɒntɪf; *AmE* ˈpɑːn-/ *Nomen (gehoben)* Papst

pon·tifi·cate *Verb, Nomen*
- ▸ ***Verb*** /pɒnˈtɪfɪkeɪt; *AmE* pɑːnˈ-/ **~ (about/on sth)** *(abwert)* in dozierendem Ton reden (über etw)
- ▸ ***Nomen*** /pɒnˈtɪfɪkət; *AmE* pɑːnˈ-/ Pontifikat

pon·toon /pɒnˈtuːn; *AmE* pɑːnˈ-/ *Nomen* **1** Ponton **2** *(BrE) (Kartenspiel)* Siebzehnundvier

pony /ˈpəʊni; *AmE* ˈpoʊ-/ *Nomen (Pl* **-ies**) **1** Pony **2** *(BrE, Slang)* 25 Pfund IDM → SHANK

ponytail /ˈpəʊniteɪl; *AmE* ˈpoʊ-/ *Nomen (Frisur)* Pferdeschwanz

ˈpony-trekking *Nomen (BrE)* Pony-trekking, Wanderritt

poo *(auch* **pooh**) /puː/ *Nomen, Verb*
- ▸ ***Nomen*** *(BrE, Kinderspr)* Aa, Kacke
- ▸ ***Verb*** *(Kinderspr)* Aa machen, kacken

pooch /puːtʃ/ *Nomen (bes AmE, umgs)* Hündchen

poo·dle /ˈpuːdl/ *Nomen* **1** Pudel **2** *(BrE, umgs) (fig)* Lakei

poof /pʊf/ *Nomen, Ausruf*
- ▸ ***Nomen*** *(auch* **poof·ter** /ˈpʊftə(r)/) *(BrE, Slang, beleidigend)* Schwuler
- ▸ ***Ausruf*** puff ◇ *All of a sudden he was gone—poof!* Plötzlich war er weg. Puff!

pooh /puː/ *Ausruf*
- ▸ ***Ausruf*** **1** pfui **2** pah
- ▸ = POO

ˌpooh-ˈpooh *Verb (umgs)* zurückweisen, (verächtlich) abtun

pool 🔑 /puːl/ *Nomen, Verb*
- ▸ ***Nomen*** **1** = SWIMMING POOL **2** Tümpel ◇ *freshwater pools* Süßwassertümpel → *Siehe auch* ROCK POOL **3** Pfütze, Lache **4** Pool ◇ *a pool of software engineers* ein Pool von Softwareingenieuren ◇ *the ministerial car pool* der Wagenpark des Ministeriums ◇ *measures to encourage car pools* Maßnahmen, die die Bildung von Fahrgemeinschaften fördern sollen **5** Poolbillard ◇ *shoot pool* Billard spielen **6 the pools** → FOOTBALL POOLS
- ▸ ***Verb*** zusammenlegen, vereinigen

pool·side /ˈpuːlsaɪd/ *Nomen* [Sing] Schwimmbeckenrand

poop /puːp/ *Nomen, Verb*
- ▸ ***Nomen*** **1** *(auch* **ˈpoop deck**) Hinterdeck, Achterdeck **2** *(bes AmE, umgs)* Kacke
- ▸ ***Verb*** *(AmE, umgs)* **1** kacken **2 ~ sb (out)** jdn schlauchen PHR V **ˌpoop ˈout** *(Maschine, Gerät etc.)* streiken

pooped /puːpt/ *(auch* **ˌpooped ˈout**) *Adj* [nicht vor Nomen] *(bes AmE, umgs)* geschlaucht

poor 🔑 /pɔː(r); *BrE auch* pʊə(r); *AmE auch* pʊr/ *Adj, Nomen*
- ▸ ***Adj*** **1** arm ◇ *poor old Harry* der arme Harry ◇ *a country poor in natural resources* ein rohstoffarmes Land **2** schlecht, schwach, minderwertig ◇ *poor quality* mindere Qualität ◇ *He's a poor swimmer.* Er kann nicht gut schwimmen. ◇ *I'm a poor sailor.* Ich werde leicht seekrank. ◇ *have a poor opinion of sb* keine hohe Meinung von jdm haben IDM **be/come a poor ˈsecond, ˈthird, etc.** *(bes BrE)* mit großem Abstand Zweiter, Dritter werden **the ˌpoor man's ˈsb/ˈsth** jd/etw des kleinen Mannes
- ▸ ***Nomen*** **the poor** [Pl] die Armen

poor·house /ˈpɔːhaʊs, ˈpʊəhaʊs; *AmE* ˈpɔːrhaʊs, ˈpʊr-/ *Nomen* Armenhaus

poor·ly /ˈpɔːli, ˈpʊəli; *AmE* ˈpʊrli, ˈpɔːr-/ *Adv, Adj*
- ▸ ***Adv*** schlecht ◇ *poorly organized/paid* schlecht organisiert/bezahlt ◇ *The meeting was poorly attended.* Nicht viele Leute sind zu der Besprechung gekommen.
- ▸ ***Adj*** *(BrE, umgs)* krank ◇ *She felt/looked poorly.* Sie fühlte sich krank./Sie sah krank aus.

pop 🔑 /pɒp; *AmE* pɑːp/ *Nomen, Verb, Adj, Adv*
- ▸ ***Nomen*** **1** *(auch* **ˈpop music**) Pop **2** [Sing] *(bes AmE, umgs)* Papa, Vati **3** Knall **4** *(BrE, umgs, veraltet)* Limonade IDM **have/take a pop at sb** *(BrE, umgs)* auf jdn losgehen; sich mit jdm anlegen
- ▸ ***Verb*** **(-pp-) 1** knallen (lassen), platzen (lassen) **2** *(BrE, umgs) (schnell)* gehen ◇ *I'll pop over and see you this evening.* Ich komme heute Abend auf einen Sprung zu dir. ◇ *I'm just popping out to the shops.* Ich gehe nur mal schnell was einkaufen. ◇ *Why don't you pop in for a coffee.* Komm doch auf einen Kaffee vorbei. **3** *(bes BrE, umgs)* stecken, schieben ◇ *He popped his head around the door and said hello.* Er steckte den Kopf zur Tür rein und sagte Hallo. ◇ *I'll pop the books in on my way home.* Ich bring die Bücher auf dem Nachhauseweg vorbei. **4** (plötzlich) auftauchen ◇ *An idea suddenly popped into his head.* Er hatte plötzlich eine Idee. **5** *(Ohren)* knacken, aufgehen **6** *(Augen)* aus dem Kopf fallen ◇ *Her eyes nearly popped out of her head when she saw him.* Ihr fielen fast die Augen aus dem Kopf, als sie ihn sah. **7** *(umgs) (Pillen)* schlucken IDM **pop your ˈclogs** *(BrE, hum)* sterben **pop the ˈquestion** *(umgs)* jdm einen Heiratsantrag machen PHR V **ˌpop ˈoff** *(umgs)* sterben **ˌpop sth ˈon** *(BrE, umgs)* **1** sich etw anziehen **2** etw anschalten, etw anmachen
- ▸ ***Adj*** Pop- ◇ *a pop concert* ein Popkonzert ◇ *pop culture* die Popkultur
- ▸ ***Adv*** IDM **go ˈpop** *(BrE)* platzen

pop. *Abk* = POPULATION

ˈpop art *(auch* **ˈPop Art**) *Nomen* Pop-Art

pop·corn /ˈpɒpkɔːn; *AmE* ˈpɑːpkɔːrn/ *Nomen* Popcorn

pope /pəʊp; *AmE* poʊp/ *Nomen* Papst

ˌpope's ˈnose *Nomen (AmE)* Bürzel

pop·ish /ˈpəʊpɪʃ; *AmE* ˈpoʊ-/ *Adj (beleidigend)* papistisch

pop·lar /ˈpɒplə(r); *AmE* ˈpɑːplər/ *Nomen* Pappel

poppa /ˈpɒpə; *AmE* ˈpɑːpə/ *Nomen (AmE, umgs, Kinderspr)* Papa

pop·pa·dom /ˈpɒpədəm; *AmE* ˈpɑːp-/ *Nomen* = knuspriger hauchdünner frittierter Fladen der indischen Küche

pop·per /ˈpɒpə(r); *AmE* ˈpɑːpər/ *Nomen (BrE)* Druckknopf

pop·pet /ˈpɒpɪt; *AmE* ˈpɑːpɪt/ *Nomen (BrE, umgs)* Schätzchen

poppy /ˈpɒpi; *AmE* ˈpɑːpi/ *Nomen (Pl* **-ies**) Mohn(blume)

ˈpop quiz *Nomen (Pl* **pop quizzes**) *(AmE)* = kurzer Test, der nicht vorher angesagt wurde

Pop·sicle™ /ˈpɒpsɪkl; *AmE* ˈpɑːp-/ *Nomen (AmE)* Eis am Stiel

popu·lace /ˈpɒpjələs; *AmE* ˈpɑːp-/ (*meist* **the populace**) *Nomen* [mit Verb im Sing/Pl] (*gehoben*) Bevölkerung, Volk

popu·lar /ˈpɒpjələ(r); *AmE* ˈpɑːp-/ *Adj* **1** ~ (**with sb**) populär (bei jdm), beliebt (bei jdm) ◇ *I'm not very popular with my parents at the moment.* Meine Eltern sind zur Zeit nicht gut auf mich zu sprechen. **2** [nur vor Nomen] (*manchmal abwertend*) populär, Massen-, Volks- ◇ *the popular press* die Regenbogenpresse ◇ *popular music* Unterhaltungsmusik ◇ *popular fiction* Trivialliteratur ◇ *popular pressure* der Druck der Öffentlichkeit **3** [nur vor Nomen] weitverbreitet ◇ *contrary to popular belief/opinion* im Gegensatz zur vorherrschenden Meinung ◇ *by popular demand* auf allgemeinen Wunsch

popu·lar·ity /ˌpɒpjuˈlærəti; *AmE* ˌpɑːp-/ *Nomen* Beliebtheit, Popularität ◇ *win/lose popularity with sb* bei jdm an Beliebtheit gewinnen/verlieren

popu·lar·iza·tion (*BrE auch* **-isa·tion**) /ˌpɒpjələraɪˈzeɪʃn; *AmE* ˌpɑːpjələrəˈ-/ *Nomen* [U] Popularisierung

popu·lar·ize (*BrE auch* **-ise**) /ˈpɒpjələraɪz; *AmE* ˈpɑːp-/ *Verb* (*gehoben*) **1** populär machen, bekannt machen **2** für die Allgemeinheit verständlich darstellen

popu·lar·ly /ˈpɒpjələli; *AmE* ˈpɑːpjələrli/ *Adv* **1** allgemein ◇ *a popularly held belief* ein verbreiteter Glaube **2** demokratisch

popu·late /ˈpɒpjuleɪt; *AmE* ˈpɑːp-/ *Verb* (*oft passiv*) bevölkern, besiedeln

popu·la·tion /ˌpɒpjuˈleɪʃn; *AmE* ˌpɑːp-/ *Nomen* [mit Verb im Sing/Pl] Bevölkerung ◇ *countries with ageing populations* Länder mit einer alternden Bevölkerungsstruktur ◇ *areas of dense/sparse population* dicht/dünn besiedelte Gebiete ◇ *The prison population is continuing to rise.* Die Anzahl der Gefängnisinsassen steigt weiter an. ◇ *fish populations* die Fischbestände

popu·lism /ˈpɒpjəlɪzəm; *AmE* ˈpɑːp-/ *Nomen* [U] Populismus

popu·list /ˈpɒpjəlɪst; *AmE* ˈpɑːp-/ *Nomen, Adj*
▸ ***Nomen*** Populist(in)
▸ ***Adj*** [nur vor Nomen] populistisch

popu·lous /ˈpɒpjələs; *AmE* ˈpɑːp-/ *Adj* (*gehoben*) bevölkerungsreich, einwohnerstark

ˈpop-up *Nomen Adj*
▸ ***Nomen*** **1** (COMP) Pop-up ◇ *The ad appears in a pop-up.* Die Werbung erscheint als Pop-up. **2** Pop-up-Laden/Restaurant
▸ ***Adj*** [nur vor Nomen] **1** (*Computer, Grußkarten*) Pop-up- **2** (*Toaster*) mit Auswurfmechanismus

por·cel·ain /ˈpɔːsəlɪn; *AmE* ˈpɔːrsə-/ *Nomen* Porzellan

porch /pɔːtʃ; *AmE* pɔːrtʃ/ *Nomen* **1** Vorbau, Portal **2** (*AmE*) Veranda

por·cu·pine /ˈpɔːkjupaɪn; *AmE* ˈpɔːrk-/ *Nomen* Stachelschwein ◇ *porcupine fish* Igelfisch

pore /pɔː(r)/ *Nomen, Verb*
▸ ***Nomen*** Pore
▸ ***Verb*** PHR V **ˈpore over sth** etw genau studieren, über etw brüten

pork /pɔːk; *AmE* pɔːrk/ *Nomen* Schweinefleisch ◇ *roast pork* Schweinebraten ◇ *a leg of pork* eine Schweinshaxe

porker /ˈpɔːkə(r); *AmE* ˈpɔːrkər/ *Nomen* Mastschwein

ˌpork ˈpie *Nomen* (*BrE*) Schweinefleischpastete

porky /ˈpɔːki; *AmE* ˈpɔːrki/ *Nomen* (*Pl* **-ies**) (*auch* **ˌporky ˈpie**) (*BrE, Slang*) Schwindelei ◇ *tell porkies* schwindeln

porn /pɔːn; *AmE* pɔːrn/ *Nomen* (*umgs*) = PORNOGRAPHY → *Siehe auch* HARD PORN *und* SOFT PORN

porno /ˈpɔːnəʊ; *AmE* ˈpɔːrnoʊ/ *Adj* (*umgs*) = PORNOGRAPHIC

porn·og·raph·er /pɔːˈnɒɡrəfə(r); *AmE* pɔːrˈnɑːɡ-/ *Nomen* (*abwert*) Pornograf(in), Pornohändler(in)

porno·graph·ic /ˌpɔːnəˈɡræfɪk; *AmE* ˌpɔːrn-/ (*umgs* **porno**) *Adj* (*abwert*) Porno-, pornografisch

porn·og·raphy /pɔːˈnɒɡrəfi; *AmE* pɔːrˈnɑːɡ-/ (*umgs* **porn**) *Nomen* (*abwert*) Pornografie

por·os·ity /pɔːˈrɒsəti; *AmE* -ˈrɑːsə-/ *Nomen* (*Fachspr*) Porosität

por·ous /ˈpɔːrəs/ *Adj* porös, durchlässig

por·poise /ˈpɔːpəs; *AmE* ˈpɔːrpəs/ *Nomen* (*Meeressäugetier*) Tümmler

por·ridge /ˈpɒrɪdʒ; *AmE* ˈpɔːrɪdʒ/ *Nomen* (*bes BrE*) [U] Haferbrei ◇ *porridge oats* Haferflocken

port /pɔːt; *AmE* pɔːrt/ *Nomen, Verb*
▸ ***Nomen*** **1** (*Abk* **Pt.**) Hafen(stadt) ◇ *They reached port.* Sie erreichten den Hafen. **2** Portwein **3** Backbord IDM **any port in a ˈstorm** in der Not frisst der Teufel Fliegen
▸ ***Verb*** (COMP) portieren

port·ab·il·ity /ˌpɔːtəˈbɪləti; *AmE* ˌpɔːrt-/ *Nomen* Tragbarkeit

port·able /ˈpɔːtəbl; *AmE* ˈpɔːrt-/ *Adj, Nomen*
▸ ***Adj*** **1** (*Fernseher etc.*) tragbar **2** (*Darlehen etc.*) übertragbar
▸ ***Nomen*** = kleines tragbares Gerät, z. B. ein Fernseher oder ein Computer

por·tal /ˈpɔːtl; *AmE* ˈpɔːrtl/ *Nomen* **1** [meist Pl] (*gehoben*) Portal, Tor **2** (COMP) Portal ◇ *an internet shopping portal* ein Internet-Shopping-Portal

port·cul·lis /pɔːtˈkʌlɪs; *AmE* pɔːrtˈ-/ *Nomen* Fallgitter

por·tend /pɔːˈtend; *AmE* pɔːrˈ-/ *Verb* (*gehoben*) ~ **sth** auf etw hindeuten, etw bedeuten

por·tent /ˈpɔːtent; *AmE* ˈpɔːrtent/ *Nomen* (*gehoben*) Vorzeichen, Vorbote

por·tent·ous /pɔːˈtentəs; *AmE* pɔːrˈ-/ *Adj* (*Adv* **por·tentous·ly**) **1** (*gehoben*) unheilvoll, bedeutungsvoll **2** (*gehoben, abwert*) gewichtig, bedeutungsschwanger

por·ter /ˈpɔːtə(r); *AmE* ˈpɔːrtər/ *Nomen* **1** Gepäckträger(in), Lastenträger(in) **2** (*bes BrE*) = jd, der beim Hol- und Bringedienst in einem Krankenhaus arbeitet **3** (*BrE*) Pförtner(in), Portier, Portiersfrau **4** (*AmE*) Schlafwagenschaffner(in)

port·folio /pɔːtˈfəʊliəʊ; *AmE* pɔːrtˈfoʊlioʊ/ *Nomen* (*Pl* **-os**) **1** Mappe **2** (FINANZ) (*Aktien-*) Portefeuille, Paket **3** (*bes BrE, gehoben*) Geschäftsbereich (*eines Ministers*) ◇ *She resigned her portfolio.* Sie trat von ihrem Amt zurück. **4** Sortiment, Angebot, Kollektion

port·hole /ˈpɔːthəʊl; *AmE* ˈpɔːrthoʊl/ *Nomen* Bullauge

por·tico /ˈpɔːtɪkəʊ; *AmE* ˈpɔːrtɪkoʊ/ *Nomen* (*Pl* **-oes** *oder* **-os**) (*gehoben*) Portikus, Säulenvorbau

por·tion /ˈpɔːʃn; *AmE* ˈpɔːrʃn/ *Nomen* **1** (An)teil **2** Portion **3** (*einer Eintrittskarte*) Abschnitt

port·ly /ˈpɔːtli; *AmE* ˈpɔːrt-/ *Adj* beleibt, korpulent

port·man·teau /pɔːtˈmæntəʊ; *AmE* pɔːrtˈmæntoʊ/ *Nomen, Adj*
▸ ***Nomen*** (*Pl* **-eaus**, **-eaux**) (*veraltet*) (*großer, schwerer*) Reisekoffer
▸ ***Adj*** [nur vor Nomen] Kombinations- ◇ *a portmanteau course* ein Kombinationsstudiengang

ˌport of ˈcall *Nomen* (*Pl* **ports of call**) **1** Anlaufhafen **2** (*umgs*) Anlaufstelle

por·trait /ˈpɔːtreɪt, -trət; *AmE* ˈpɔːrtrət/ *Nomen, Adj*
▸ ***Nomen*** Porträt
▸ ***Adj*** im Hochformat

por·trait·ist /ˈpɔːtreɪtɪst, -trətɪst; *AmE* ˈpɔːrtrətɪst/ *Nomen* Porträtist(in)

por·tray /pɔːˈtreɪ; *AmE* pɔːrˈ-/ *Verb* ~ **sb/sth** (**as sb/sth**) jdn/etw (als jdn/etw) darstellen

por·tray·al /pɔːˈtreɪəl; *AmE* pɔːrˈ-/ *Nomen* Darstellung, Schilderung

pose 0‑ᵣ /pəʊz; *AmE* poʊz/ *Verb, Nomen*
▸ ***Verb*** **1** darstellen; *(Problem etc.)* aufwerfen **2** posieren **3 ~ as sb** sich als jd ausgeben
▸ ***Nomen*** Pose, Haltung, Stellung IDM → STRIKE

poser /ˈpəʊzə(r); *AmE* ˈpoʊ‑/ *Nomen* **1** *(umgs)* knifflige Frage, schwieriges Problem **2** *(auch* **pos·eur** /pəʊˈzɜː(r); *AmE* poʊˈ‑/*)* *(abwert)* Blender(in), Angeber(in)

posh /pɒʃ; *AmE* pɑːʃ/ *Adj (umgs)* **1** nobel, edel **2** *(Adv* **posh***)* *(BrE)* *(manchmal abwertend)* vornehm, piekfein

posit /ˈpɒzɪt; *AmE* ˈpɑːzɪt/ *Verb (gehoben)* postulieren; *(Theorie)* aufstellen

pos·ition 0‑ᵣ /pəˈzɪʃn/ *Nomen, Verb*
▸ ***Nomen*** **1** Platz, Stelle, Standort ◇ *get into position* sich in Position begeben **2** Haltung, Stellung, Positur ◇ *in an upright/a horizontal position* stehend/liegend **3** [meist Sing] Lage, Situation ◇ *I am not in a position to help you.* Ich bin nicht in der Lage Ihnen zu helfen. **4** Standpunkt, Haltung ◇ *declare your position* seinen Standpunkt darlegen **5** Rang, (gesellschaftliche) Stellung ◇ *What's his position in class?* Wie steht er in der Klasse? **6** *(gehoben)* *(Arbeits‑)* Stelle, Stellung **7** Platz(ierung), Stellung ◇ *United's 3–0 win moved us up to third position.* Der 3:0‑Sieg von United ließ uns auf Platz drei aufsteigen. **8** (SPORT) Position *(auf dem Spielfeld)* **9** [meist Pl] (MIL) Stellung ◇ *the enemy positions* die feindlichen Stellungen
▸ ***Verb*** (auf)stellen, platzieren ◇ *be well positioned* sich in einer guten Position befinden ◇ *Position your hands correctly on the shaft of the club.* Halten Sie den Schaft des Schlägers wie vorgeschrieben.

pos·ition·al /pəˈzɪʃənl/ *Adj* [nur vor Nomen] (TECH, SPORT) Stellungs‑ ◇ *make positional changes* Stellungswechsel vornehmen

pos·ition·ing /pəˈzɪʃnɪŋ/ *Nomen* [U] Platzierung, Aufstellung

poˈsition paper *Nomen* Grundsatzpapier

posi·tive 0‑ᵣ /ˈpɒzətɪv; *AmE* ˈpɑːzə‑/ *Adj, Nomen*
▸ ***Adj*** **1** positiv ◇ *She tried to be more positive about her new job.* Sie versuchte, in Bezug auf ihre neue Arbeit positiver eingestellt zu sein. ◇ *on the positive side* auf der Plusseite ◇ *He tested positive for steroids.* Sein Steroid‑Test fiel positiv aus. **2** konstruktiv **3** eindeutig, sicher ◇ *be positive about sth* sich einer Sache sicher sein ◇ *'Are you sure?' 'Positive.'* „Bist du sicher?" „Absolut." ◇ *This requires positive action.* Das erfordert entschiedenes Handeln. **4** *(verstärkend)* wahr, echt, wirklich ◇ *It was a positive miracle that we survived.* Es war ein wahres Wunder, dass wir überlebt haben.
▸ ***Nomen*** **1** Positivum ◇ *accentuate the positive* das Positive betonen **2** (FOTO) Positiv **3** positives Ergebnis

ˌpositive disˌcriminˈation *Nomen (BrE)* positive Diskriminierung

posi·tive·ly /ˈpɒzətɪvli; *AmE* ˈpɑːzə‑/ *Adv* **1** wirklich, geradezu **2** positiv **3** eindeutig

ˌpositive ˈvetting *Nomen (BrE)* Sicherheitsüberprüfung

posi·tiv·ism /ˈpɒzətɪvɪzəm; *AmE* ˈpɑːzə‑/ *Nomen* Positivismus

posi·tiv·ist /ˈpɒzətɪvɪst; *AmE* ˈpɑːzə‑/ *Adj, Nomen*
▸ ***Adj*** positivistisch
▸ ***Nomen*** Positivist(in)

poss /pɒs; *AmE* pɑːs/ *Adj* [nicht vor Nomen] *(BrE, umgs)* möglich ◇ *as soon as poss* so schnell wie möglich

posse /ˈpɒsi; *AmE* ˈpɑːsi/ *Nomen* **1** *(umgs)* Schar, Gruppe **2** *(früher, in den USA)* vom Sheriff organisierter Suchtrupp

pos·sess 0‑ᵣ /pəˈzes/ *Verb* **1** *(gehoben)* besitzen ◇ *He was charged with possessing a shotgun without a licence.* Er wurde wegen des Besitzes einer Schusswaffe ohne Waffenschein angeklagt. **2** *(gehoben)* haben ◇ *He doesn't possess a sense of humour.* Er hat keinen Sinn für Humor. **3 ~ sb** *(gehoben)* von jdm Besitz ergreifen, jdn ergreifen ◇ *I don't know what possessed him.* Ich weiß nicht, was in ihn gefahren ist.

pos·sessed /pəˈzest/ *Adj* [nicht vor Nomen] **~ (by sth)** (von etw) besessen IDM **be possessed of sth** *(gehoben)* über etw verfügen **like a man/woman posˈsessed; like one posˈsessed** wie ein(e) Besessene(r)

pos·ses·sion 0‑ᵣ /pəˈzeʃn/ *Nomen* **1** [U] *(gehoben)* Besitz ◇ *be caught in possession of stolen goods* im Besitz gestohlener Ware ertappt werden **2** [meist Pl] Habe, Besitz ◇ *She lost all her possessions.* Sie verlor alles. ◇ *He put her possessions into the car.* Er verstaute ihre Sachen im Auto. **3** (SPORT) Ballbesitz ◇ *have possession of the ball* in Ballbesitz sein **4** (RECHT) Drogen‑/Waffenbesitz **5** *(gehoben)* Besitzung ◇ *the former colonial possessions* die ehemaligen Kolonien IDM → FIELD

pos·ses·sive /pəˈzesɪv/ *Adj, Nomen*
▸ ***Adj*** **1** *(Adv* **pos·ses·sive·ly***)* besitzergreifend, eifersüchtig ◇ *They are too possessive of their children.* Sie lassen ihren Kindern zu wenig Freiraum. ◇ *He's very possessive about his toys.* Er teilt seine Spielsachen mit niemandem. **2** (LING) Possessiv‑
▸ ***Nomen*** (LING) **1** Possessivpronomen **2 the possessive** [Sing] der Genitiv

pos·ses·sive·ness /pəˈzesɪvnəs/ *Nomen* besitzergreifende Art, Eifersucht

pos·ses·sor /pəˈzesə(r)/ *Nomen (gehoben oder hum)* Besitzer(in)

pos·si·bil·ity 0‑ᵣ /ˌpɒsəˈbɪləti; *AmE* ˌpɑːsəˈ‑/ *Nomen (Pl* **‑ies***)* **1** Möglichkeit ◇ *Is there any possibility that we can meet?* Ist es irgendwie möglich, dass wir uns treffen? ◇ *Bankruptcy is a distinct possibility.* Ein Bankrott ist nicht auszuschließen. **2** [meist Pl] Chance, Möglichkeit ◇ *career possibilities for women* Karriereaussichten für Frauen **3 possibilities** [Pl] Potenzial ◇ *The house has possibilities.* Aus dem Haus lässt sich etwas machen.

pos·sible 0‑ᵣ /ˈpɒsəbl; *AmE* ˈpɑːsə‑/ *Adj, Nomen*
▸ ***Adj*** **1** möglich ◇ *a possible future president* ein potenzieller Präsident ◇ *Would it be possible for me to leave a message for her?* Könnte ich eine Nachricht für sie hinterlassen? ◇ *It's just possible that I gave them the wrong number.* Es könnte sein, dass ich ihnen die falsche Nummer gegeben habe. ◇ *Suggest possible ways in which you would improve the existing program.* Machen Sie Vorschläge, wie Sie das jetzige Programm verbessern würden. ◇ *all that is humanly possible* alles Menschenmögliche ◇ *Buy a larger size to allow for any possible shrinking.* Kaufen Sie eine größere Nummer für den Fall, dass es einläuft. **2** *(nach Adjektiven, zur Verstärkung)* ◇ *the worst possible solution* von allen möglichen Lösungen die schlechteste ◇ *until the last possible moment* bis zum allerletzten Augenblick ◇ *It was the best possible surprise.* Es war die allerbeste Überraschung. IDM → WORLD
▸ ***Nomen*** *(Person)* (möglicher) Kandidat, (mögliche) Kandidatin, Anwärter(in); *(Sache)* Möglichkeit

pos·sibly 0‑ᵣ /ˈpɒsəbli; *AmE* ˈpɑːsə‑/ *Adv* **1** möglicherweise, vielleicht ◇ *Quite possibly.* Schon möglich. **2** *(umgs)* *(zur Verstärkung gebraucht)* ◇ *You can't possibly mean that!* Das kann doch nicht dein Ernst sein! ◇ *How could I possibly have phoned you?* Wie hätte ich dich denn anrufen sollen? **3** *(umgs)* *(in höflichen Bitten)* vielleicht ◇ *Could you possibly open the door for me?* Könnten Sie mir vielleicht die Tür aufmachen? **4** *(drückt aus, dass jd alles, was in seiner Macht steht, tut/getan hat)* ◇ *I will come as soon as I possibly can.* Ich komme so bald ich nur kann. **5** *(umgs)* *(in verneinten Sätzen)* ◇ *John couldn't possibly have murdered her.*

John hätte sie ganz bestimmt nicht umbringen können. ◇ *'Let me buy it for you.' 'That's very kind of you, but I couldn't possibly.'* „Kommen Sie, ich kaufe es Ihnen." „Das ist sehr nett von Ihnen, aber das kann ich nicht annehmen."

pos·sum /ˈpɒsəm; *AmE* ˈpɑːsəm/ *Nomen* Opossum **IDM play ˈpossum** (*umgs*) sich schlafend stellen

post /pəʊst; *AmE* poʊst/ *Nomen, Verb*
▸ ***Nomen*** **1** (*BrE*) Post ◇ *I'll put/get the information in the post to you.* Ich schicke Ihnen die Informationen mit der Post. **2** Briefkastenleerung, Postzustellung ◇ *catch the post* rechtzeitig zur Briefkastenleerung kommen ◇ *The parcel came in this morning's post.* Das Paket kam heute Morgen mit der Post. ◇ *by return of post* postwendend **3** Stelle, Posten ◇ *an administrative post* eine Stelle in der Verwaltung **4** (MIL) Posten → *Siehe auch* LAST POST, STAGING POST *und* TRADING POST **5** (*oft in Zusammensetzungen*) Pfosten, Pfahl ◇ *corner posts* Eckpfosten → *Siehe auch* BEDPOST, GATEPOST, LAMP POST *und* SIGNPOST **6 the post** [Sing] die Ziellinie ◇ *the first horse past the post* das erste Pferd im Ziel → *Siehe auch* FIRST-PAST-THE-POST *und* WINNING POST **7** = GOALPOST **8** (COMP) Posting **IDM** → PILLAR *und* PIP
▸ ***Verb*** **1** (*BrE*) **~ sth (off) (to sb)** etw (an jdn) (ab)schicken; **~ sb sth** jdm etw schicken **2** (*BrE*) aufgeben **3** (ein)werfen **4** (*meist passiv*) versetzen ◇ *He was posted abroad/to Tokyo.* Er wurde ins Ausland/nach Tokio versetzt. **5** (*Wachposten etc.*) aufstellen, postieren **6** (*meist passiv*) anschlagen ◇ *The letter was posted on the noticeboard.* Der Brief wurde am schwarzen Brett angeschlagen. **7** (*bes AmE*) bekannt geben ◇ *The company posted a $1.1 billion loss.* Die Firma verzeichnete einen Verlust von 1,1 Milliarden Dollar. ◇ *be posted missing* als vermisst gemeldet werden **8 ~ bail/(a) bond** (*bes AmE*) eine Kaution hinterlegen **9 ~ (sth) (on sth)** (etw) (auf/in etw) posten ◇ *The results will be posted on the Internet.* Die Ergebnisse werden im Internet veröffentlicht. ◇ *The photos have been provided by fans who post on the forum.* Die Fotos stammen von Fans, die im Forum posten. **IDM keep sb ˈposted (about/on sth)** jdn (über etw) auf dem Laufenden halten

post- /pəʊst; *AmE* poʊst/ *Vorsilbe* (*in Nomina, Verben und Adjektiven verwendet*) nach ◇ *the post-war years* die Nachkriegsjahre ◇ *the post-1945 period* der Zeitabschnitt nach 1945 ◇ *post-industrial* postindustriell ◇ *post-date* mit einem späteren Datum versehen

post·age /ˈpəʊstɪdʒ; *AmE* ˈpoʊ-/ *Nomen* [U] **1** Porto, Postgebühr **2 ~ and packing** (*AmE*) **~ and handling** Porto und Verpackung

ˈpostage stamp *Nomen* (*gehoben*) (*auch* **stamp**) Briefmarke

pos·tal /ˈpəʊstl; *AmE* ˈpoʊs-/ *Adj* [nur vor Nomen] **1** Post- ◇ *your full postal address* Ihre vollständige Adresse ◇ *postal services* Dienstleistungen der Post **2** (*bes BrE*) per Post ◇ *postal bookings* Buchungen per Post

ˈpostal ballot *Nomen* (*BrE*) Briefwahl

ˈpostal code *Nomen* (*BrE*) Postleitzahl

ˈpostal order *Nomen* (*BrE*) (*Abk* **PO**) Zahlungsanweisung

ˈpostal service *Nomen* **1** Post(dienst) **2 the Postal Service** (*AmE*) die Post

ˈpostal vote *Nomen* (*BrE*) Briefwahl(stimme) ◇ *have a postal vote* das Recht haben, per Briefwahl zu wählen

post·bag /ˈpəʊstbæg; *AmE* ˈpoʊst-/ *Nomen* (*BrE*) Postsack ◇ *We had a huge postbag on the subject from our readers.* Wir bekamen eine Menge Leserbriefe zu diesem Thema.

post·box /ˈpəʊstbɒks; *AmE* ˈpoʊstbɑːks/ *Nomen* (*BrE*) Briefkasten

post·card /ˈpəʊstkɑːd; *AmE* ˈpoʊstkɑːrd/ *Nomen* Postkarte, Ansichtskarte

post·code /ˈpəʊstkəʊd; *AmE* ˈpoʊstkoʊd/ *Nomen* (*BrE*) Postleitzahl

ˌpost-ˈdate *Verb* **1** vordatieren **2** späteren Datums sein

post·doc·tor·al /ˌpəʊstˈdɒktərəl; *AmE* ˌpoʊstˈdɑːk-/ *Adj* im Anschluss an die Promotion ◇ *postdoctoral assistants* promovierte Assistent(inn)en

pos·ter /ˈpəʊstə(r); *AmE* ˈpoʊ-/ *Nomen* **1** Plakat ◇ *a wanted poster* ein Steckbrief **2** Poster

poste rest·ante /ˌpəʊst ˈrestɑːnt; *AmE* ˌpoʊst reˈstɑːnt/ *Nomen, Adv*
▸ ***Nomen*** (*BrE*) [U] Schalter für postlagernde Sendungen
▸ ***Adv*** (*BrE*) postlagernd

pos·ter·ior /pɒˈstɪəriə(r); *AmE* pɑːˈstɪr-/ *Adj, Nomen*
▸ ***Adj*** [nur vor Nomen] (*gehoben*) hintere(r,s)
▸ ***Nomen*** (*hum*) Hinterteil

pos·ter·ity /pɒˈsterəti; *AmE* pɑːˈ-/ *Nomen* [U] (*gehoben*) Nachwelt

post·gradu·ate /ˌpəʊstˈgrædʒuət; *AmE* ˌpoʊst-/ *Nomen* = jd, der nach dem ersten akademischen Grad ein weiterführendes Studium macht ◇ *a postgraduate course* ein weiterführendes Studium

post·hu·mous /ˈpɒstjʊməs; *AmE* ˈpɑːstʃəməs/ *Adj* (*Adv* **post·hu·mous·ly**) postum

post·ing /ˈpəʊstɪŋ; *AmE* ˈpoʊ-/ *Nomen* **1** (*bes BrE*) Versetzung, Abkommandierung ◇ *get an overseas posting* ins Ausland versetzt werden ◇ *accept an overseas posting* eine Stelle im Ausland annehmen **2** (COMP) Posting

ˈPost-it™ (*auch* **ˈPost-it note**) *Nomen* Haftnotiz-Zettel

post·man /ˈpəʊstmən; *AmE* ˈpoʊst-/ (*Pl* **-men** /-mən/) *Nomen* Briefträger

post·mark /ˈpəʊstmɑːk; *AmE* ˈpoʊstmɑːrk/ *Nomen, Verb*
▸ ***Nomen*** Poststempel
▸ ***Verb*** (*meist passiv*) abstempeln

post·mas·ter /ˈpəʊstmɑːstə(r); *AmE* ˈpoʊst-/ *Nomen* Leiter eines Postamtes

post·mis·tress /ˈpəʊstmɪstrəs; *AmE* ˈpoʊst-/ *Nomen* Leiterin eines Postamtes

post·mod·ern /ˌpəʊstˈmɒdn; *AmE* ˌpoʊstˈmɑːdərn/ *Adj* postmodern

post·mod·ern·ism /ˌpəʊstˈmɒdənɪzəm; *AmE* ˌpoʊstˈmɑːdərn-/ *Nomen* die Postmoderne

post·mod·ern·ist /ˌpəʊstˈmɒdənɪst; *AmE* ˌpoʊstˈmɑːdərnɪst/ *Nomen, Adj*
▸ ***Nomen*** Postmodernist(in)
▸ ***Adj*** postmodern

post-mortem /ˌpəʊst ˈmɔːtəm; *AmE* ˌpoʊst ˈmɔːrtəm/ *Nomen* **1** (*auch* **post-ˌmortem examiˈnation**) Obduktion ◇ *the post-mortem on the child* die Obduktion des Kindes **2** Überlegungen, was schiefgelaufen ist ◇ *They held a post-mortem on the election defeat.* Sie suchten nach Gründen für die Wahlniederlage.

postnatal /ˌpəʊstˈneɪtl; *AmE* ˌpoʊst-/ *Adj* [nur vor Nomen] nach der Geburt, postnatal

ˈpost office *Nomen* Post, Postamt

ˈpost office box *Nomen* = PO BOX

ˌpost-ˈop·era·tive *Adj* [nur vor Nomen] nach der Operation, postoperativ

post·pone /pəˈspəʊn; *AmE* poʊˈspoʊn/ *Verb* verschieben, aufschieben ◇ *We'll have to postpone the meeting until/to Monday.* Wir müssen die Besprechung auf Montag verschieben. ◇ *They postponed their mar-*

riage for/by a year. Sie verschoben ihre Hochzeit um ein Jahr.

post·pone·ment /pəˈspəʊnmənt; *AmE* poʊˈspoʊn-/ *Nomen* Verschiebung, Aufschub

post·script /ˈpəʊstskrɪpt; *AmE* ˈpoʊst-/ *Nomen* (*Abk* **PS**) Postskript ◇ (*fig*) *As a postscript, they did marry in the end.* Im Nachhinein sollte noch gesagt werden, dass sie tatsächlich heirateten. ◇ (*fig*) *There is a tragic postscript to the tale.* Die Geschichte hatte ein tragisches Nachspiel.

ˌpost-ˌtraumatic ˈstress disorder *Nomen* (MED) Posttraumatische Belastungsstörung

ˌpost-ˈtruth *Adj* postfaktisch

pos·tu·late *Verb, Nomen*

▸ ***Verb*** /ˈpɒstjuleɪt; *AmE* ˈpɑːstʃəleɪt/ (*gehoben*) postulieren, ausgehen von

▸ ***Nomen*** /ˈpɒstjʊlət; *AmE* ˈpɑːstʃələt/ (*gehoben*) (*These*) Postulat

pos·tural /ˈpɒstʃərəl; *AmE* ˈpɑːs-/ *Adj* (*gehoben*) Haltungs- ◇ *bad postural habits* schlechte Körperhaltung

pos·ture /ˈpɒstʃə(r); *AmE* ˈpɑːs-/ *Nomen, Verb*

▸ ***Nomen*** Haltung (*auch fig*) ◇ *bad posture* schlechte Körperhaltung ◇ *He adopted a relaxed posture leaning against the bar.* Er lehnte sich entspannt an die Theke.

▸ ***Verb*** **~ (as sth)** (*gehoben*) sich (als etw) in Pose werfen ◇ *He postures as a political activist.* Er gibt sich als politischer Aktivist aus.

pos·tur·ing /ˈpɒstʃərɪŋ; *AmE* ˈpɑːs-/ *Nomen* (*abwert*) Gehabe

ˌpost-ˈwar *Adj* Nachkriegs-, der Nachkriegszeit

post·woman /ˈpəʊstwʊmən; *AmE* ˈpoʊst-/ (*Pl* **-women** /-wɪmɪn/) *Nomen* Briefträgerin

posy /ˈpəʊzi; *AmE* ˈpoʊ-/ *Nomen* (*Pl* **-ies**) Sträußchen

pot 0⁻ /pɒt; *AmE* pɑːt/ *Nomen, Verb*

▸ ***Nomen*** **1** Topf **2** (*bes BrE*) Gefäß, Glas, Becher, Kanne ◇ *a pepper pot* ein Pfefferstreuer **3** Tonware **4 the pot** [Sing] (*bes AmE*) der Gesamteinsatz, der Pot **5 the pot** [Sing] (*bes AmE*) Pot, gemeinsame Kasse **6** (*umgs*) (*Marihuana*) Pot **7** = POTSHOT **8** (*Billard*) Einlochen **9** (*umgs*) (*Spitz-*) Bauch = POT BELLY **IDM go to ˈpot** (*umgs*) den Bach hinuntergehen; vor die Hunde gehen **the pot calling the kettle ˈblack** (*umgs*) ◇ *You say I'm nosy, but talk about the pot calling the kettle black!* Und du sagst, ich bin neugierig! Fass dich doch mal an deiner eigenen Nase! **ˌpot ˈluck** ◇ *It's pot luck whether you get good service or not.* Es ist Glückssache, ob man gut bedient wird oder nicht. ◇ *You're welcome to stay to supper, but you'll have to take pot luck.* Du kannst gern zum Abendessen bleiben, aber du musst essen, was es gibt. → *Siehe auch* POTLUCK **ˈpots of money** (*BrE, umgs*) Geld wie Heu → *Siehe auch* GOLD *und* QUART

▸ ***Verb*** **(-tt-) 1** eintopfen **2** (*Billard*) einlochen **3** schießen

pot·able /ˈpəʊtəbl; *AmE* ˈpoʊ-/ *Adj* (*gehoben*) Trink-, trinkbar

pot·ash /ˈpɒtæʃ; *AmE* ˈpɑːtæʃ/ *Nomen* Pottasche

po·tas·sium /pəˈtæsiəm/ *Nomen* Kalium

po·tato 0⁻ /pəˈteɪtəʊ; *AmE* -toʊ/ *Nomen* (*Pl* **-oes**) Kartoffel (*BrE*) ◇ *mashed potato* Kartoffelbrei ◇ *boiled potatoes* Salzkartoffeln ◇ *jacket potatoes* Backkartoffeln

poˌtato ˈcrisp (*auch* **crisp**) *Nomen* (*BrE*) Kartoffelchip

ˌpot-ˈbellied *Adj* dickbäuchig

ˌpot ˈbelly /ˌpɒt ˈbeli; *AmE* ˌpɑːt/ (*umgs* **pot**) *Nomen* (*Spitz-*) Bauch

po·tency /ˈpəʊtnsi; *AmE* ˈpoʊ-/ *Nomen* (*Pl* **-ies**) **1** Stärke, Wirksamkeit, Macht **2** (*sexuelle*) Potenz

po·tent /ˈpəʊtnt; *AmE* ˈpoʊ-/ *Adj* (*Adv* **po·tent·ly**) **1** stark, mächtig, wirkungsvoll ◇ *a potent argument* ein durchschlagendes Argument ◇ *a potent reason* ein gewichtiger Grund **2** (*sexuell*) potent

po·ten·tate /ˈpəʊtnteɪt; *AmE* ˈpoʊ-/ *Nomen* (*gehoben, abwert*) Potentat(in)

po·ten·tial 0⁻ /pəˈtenʃl/ *Adj, Nomen*

▸ ***Adj*** (*Adv* **po·ten·tial·ly** /-ʃəli/) [nur vor Nomen] potenziell ◇ *This is a potential source of confusion.* Dies könnte möglicherweise verwirrend sein.

▸ ***Nomen*** Potenzial ◇ *The European marketplace offers excellent potential for increasing sales.* Der europäische Markt bietet ein hervorragendes Potenzial zur Absatzsteigerung. ◇ *reach/realize your full potential* seine volle Leistungsfähigkeit ausschöpfen ◇ *She has great potential as an artist.* Sie hat das Zeug zur Künstlerin. ◇ *The house has a lot of potential.* Aus dem Haus lässt sich einiges machen.

po·ten·ti·al·ity /pəˌtenʃiˈæləti/ *Nomen* (*Pl* **-ies**) (*gehoben*) Möglichkeit(en), Potenzial

pot·hole /ˈpɒthəʊl; *AmE* ˈpɑːthoʊl/ *Nomen* **1** Schlagloch **2** Höhle

pot·hol·ing /ˈpɒthəʊlɪŋ; *AmE* ˈpɑːthoʊ-/ *Nomen* Höhlenforschen

po·tion /ˈpəʊʃn; *AmE* ˈpoʊ-/ *Nomen* (*gehoben*) Trank ◇ *a magic/love potion* ein Zauber-/Liebestrank ◇ *I've tried all sorts of pills and potions.* Ich habe alle möglichen Medikamente probiert.

pot·luck /pɒtˈlʌk; *AmE* pɑːt'-/ *Nomen* (*AmE*) = Essen, zu dem jeder etwas mitbringt, was man sich dann teilt

ˈpot plant *Nomen* Topfpflanze

pot·pourri /ˌpəʊ pʊˈriː; *AmE* ˌpoʊ/ *Nomen* [Sing] Potpourri (*auch fig*)

pot·shot /ˈpɒtʃɒt; *AmE* ˈpɑːtʃɑːt/ (*auch* **pot**) *Nomen* (*umgs*) ◇ *Somebody took a potshot at him.* Jemand schoss aufs Geratewohl auf ihn. ◇ (*fig*) *The newspapers took constant potshots at the president.* Die Presse griff den Präsidenten unentwegt an.

pot·ted /ˈpɒtɪd; *AmE* ˈpɑːtɪd/ *Adj* [nur vor Nomen] **1** (*Pflanze*) Topf- **2** (*BrE*) (*Buch, Geschichte etc.*) gekürzt, Kurz- ◇ *a potted history of England* eine Kurzfassung der englischen Geschichte **3** (*BrE*) (*Pasteten*) aus dem Glas

pot·ter /ˈpɒtə(r); *AmE* ˈpɑːtər/ *Verb, Nomen*

▸ ***Verb*** (*BrE*) (herum)schlendern, herumwerkeln, (herum)wursteln

▸ ***Nomen*** Töpfer(in)

ˌpotter's ˈwheel *Nomen* Töpferscheibe

pot·tery /ˈpɒtəri; *AmE* ˈpɑːt-/ *Nomen* (*Pl* **-ies**) **1** Töpferware ◇ *Roman pottery* römische Keramik **2** Ton ◇ *a pottery casserole dish* ein Schmortopf aus Ton **3** Töpfern **4** (*Werkstatt*) Töpferei

potty /ˈpɒti; *AmE* ˈpɑːti/ *Adj, Nomen*

▸ ***Adj*** (*BrE, umgs, veraltet*) verrückt ◇ *He's potty about you!* Er ist verrückt nach dir!

▸ ***Nomen*** (*umgs*) (*Kindertoilette*) Töpfchen

ˈpotty-train *Verb* (*einem Kind*) beibringen aufs Töpfchen zu gehen

ˈpotty-trained *Adj* (*Kleinkind*) sauber

pouch /paʊtʃ/ *Nomen* **1** Beutel **2** Postsack **3** (*beim Hamster, Pelikan etc.*) (Backen)tasche

poult·ice /ˈpəʊltɪs; *AmE* ˈpoʊl-/ *Nomen* Breiumschlag

poult·ry /ˈpəʊltri; *AmE* ˈpoʊl-/ *Nomen* [Pl] Geflügel

pounce /paʊns/ *Verb* ◇ *pounce on/upon sb/sth* sich auf jdn/etw stürzen ◇ *The cat pounced.* Die Katze stürzte sich auf ihre Beute. ◇ *The killers pounced.* Die Mörder schlugen zu. ◇ *The lion crouched ready to pounce.* Der Löwe kauerte sprungbereit.

pound 0⁻ /paʊnd/ *Nomen, Verb*

▸ ***Nomen*** **1** (*Fachspr* **ˌpound ˈsterling**) (britisches) Pfund

◇ *a ten-pound note* ein Zehnpfundschein **2** (*Abk* **lb**) (*AmE*) (*Abk* **lb.**) = Gewichtseinheit, entspricht 0,454 kg **3** = Abstellplatz für amtlich abgeschleppte Fahrzeuge **4** = Zwinger für streunende Hunde IDM **(have, get, want, etc.) your pound of 'flesh** ◇ *She's insisting on having her pound of flesh.* Sie pocht auf das, was ihr zusteht. → *Siehe auch* PENNY

▸ ***Verb* 1** hämmern, schlagen, stampfen ◇ *She pounded him with her fists.* Sie schlug mit den Fäusten auf ihn ein. ◇ *The machinery pounded away day and night.* Die Maschinen stampften Tag und Nacht ohne Unterlass. ◇ *Heavy rain pounded on the roof.* Heftiger Regen trommelte auf das Dach. ◇ *Rock music was pounding out from the jukebox.* Rockmusik dröhnte aus der Musikbox. **2** pochen **3 ~ sth (to/into sth)** etw (zu etw) zerstoßen **4** beschießen PHR V **,pound sth 'out** (*an der Schreibmaschine, am Klavier*) etw herunterhämmern

pound·age /'paʊndɪdʒ/ *Nomen* **1** (*Fachspr*) Gebühr pro Pfund **2** (*umgs*) Gewicht

'pound cake *Nomen* (*AmE*) ≈ Sandkuchen

pound·er /'paʊndə(r)/ *Nomen* (*in Zusammensetzungen*) -pfünder ◇ *a quarter pounder* ein Viertelpfünder

pound·ing /'paʊndɪŋ/ *Nomen* **1** Hämmern, Klopfen, Dröhnen ◇ *There was a pounding in his head.* In seinem Kopf dröhnte es. **2** ◇ *The boat took a pounding in the gale.* Das Schiff hat bei dem Sturm ganz schön was abbekommen. ◇ (*fig*) *The team took a pounding.* Die Mannschaft musste eine schwere Schlappe einstecken.

'pound sign *Nomen* **1** Pfundzeichen **2** (*AmE*) Doppelkreuz **3** (*AmE*) Rautetaste

pour 0⁻ᵂ /pɔː(r)/ *Verb* **1** gießen, schütten **2** strömen ◇ *Thick black smoke was pouring out of the roof.* Dichter schwarzer Rauch quoll aus dem Dach. ◇ (*fig*) *Letters of complaint continue to pour in.* Die Flut von Beschwerdebriefen reißt nicht ab. **3 ~ (sth) (out)** (etw) einschenken **4 ~ (down) (with rain)** (in Strömen) gießen IDM **pour oil on troubled 'water(s)** Öl auf die Wogen gießen → *Siehe auch* COLD *und* HEART PHR V **,pour sth 'into sth** (*Geld*) in etw pumpen **,pour 'out** herausströmen ◇ *The whole story then came pouring out.* Dann kam die ganze Geschichte hervorgesprudelt. **,pour sth 'out** etw erzählen; (*Gefühle*) zum Ausdruck bringen ◇ *She poured out her troubles to me.* Sie schüttete mir ihr Herz aus. → *Siehe auch* OUTPOURING

pout /paʊt/ *Verb, Nomen*

▸ ***Verb* ~ (your lips)** einen Schmollmund machen, eine Schnute ziehen

▸ ***Nomen*** Schmollmund, Schnute

pov·erty /'pɒvəti; *AmE* 'pɑːvərti/ *Nomen* **1** Armut **2** (*fig*) Mangel

the 'poverty line (*bes AmE* **the 'poverty level**) *Nomen* [Sing] die Armutsgrenze

'poverty-stricken *Adj* Not leidend

'poverty trap *Nomen* [meist Sing] Armutsfalle

POW /ˌpiː əʊ 'dʌbljuː; *AmE* oʊ/ *Abk* = PRISONER OF WAR

pow /paʊ/ *Ausruf* bum, peng

pow·der 0⁻ᵂ /'paʊdə(r)/ *Nomen, Verb*

▸ ***Nomen* 1** Pulver ◇ *powder skiing* Skilaufen in Pulverschnee **2** Puder **3** = GUNPOWDER IDM **keep your 'powder dry** (*veraltet*) sein Pulver trocken halten **take a 'powder** (*AmE, umgs*) sich schnell verziehen; türmen

▸ ***Verb*** pudern IDM **powder your 'nose** (*veraltet*) (*zur Toilette gehen*) kurz verschwinden

,powder 'blue *Adj* hellblau, taubenblau

pow·dered /'paʊdəd; *AmE* -dərd/ *Adj* **1** Trocken- ◇ *powdered milk* Trockenmilch **2** pulverisiert **3** gepudert

'powdered sugar *Nomen* (*AmE*) Puderzucker

'powder keg *Nomen* (*auch fig*) Pulverfass

'powder puff *Nomen* Puderquaste

'powder room *Nomen* **1** (*verhüll*) Damentoilette **2** (*AmE*) (Gäste)toilette

pow·dery /'paʊdəri/ *Adj* pulvrig, gepudert, pudrig ◇ *powdery snow* Pulverschnee

power 0⁻ᵂ /'paʊə(r)/ *Nomen, Verb*

▸ ***Nomen* 1** Macht ◇ *be in power* an der Macht sein ◇ *world powers* Weltmächte ◇ *have sb in your power* jdn in seiner Gewalt haben **2** (*auch* **powers** [Pl]) Vermögen ◇ *his powers of persuasion* seine Überredungskünste **3** (*auch* **powers** [Pl]) Fähigkeiten ◇ *He is at the height of his powers.* Er ist auf der Höhe seiner Leistungsfähigkeit. **4** Kompetenz, Befugnis ◇ *have the power of veto* das Vetorecht haben **5** Kraft, Stärke ◇ *the power of her arguments* die Überzeugungskraft ihrer Argumentation ◇ *the power of a microscope* die Vergrößerungskraft eines Mikroskops **6** Energie ◇ *solar power* Sonnenenergie ◇ *increase engine power* die Motorleistung erhöhen **7** (ELEK) Strom **8** (MATH) Potenz ◇ *4 to the power of 3* 4 hoch 3 IDM **do sb a 'power of good** (*umgs, veraltet*) jdm wirklich gut tun **more power to sb's 'elbow** (*BrE, umgs, veraltet*) weiter so ◇ *More power to his elbow.* Ich wünsche ihm viel Erfolg damit. **the (real) power behind the 'throne** die graue Eminenz; der/die Drahtzieher(in) **the ,powers that 'be** (*oft iron*) die maßgeblichen Stellen; die da oben → *Siehe auch* CORRIDOR *und* SWEEP

▸ ***Verb* 1** (*meist passiv*) antreiben, mit Energie versorgen ◇ *The aircraft is powered by a jet engine.* Das Flugzeug wird von einem Düsentriebwerk angetrieben. **2** rasen ◇ *He powered through the water.* Er pflügte durchs Wasser. **3** (*Ball etc.*) donnern PHR V **power sth 'up** etw starten; (*Computer*) hochfahren

,power-assisted 'steering *Nomen* (*BrE*) Servolenkung

'power base *Nomen* Machtbasis

power·boat /'paʊəbəʊt; *AmE* -ərboʊt/ *Nomen* Powerboot

'power broker *Nomen* (POL) jd, der im Hintergrund die Fäden zieht

'power cut *Nomen* (*BrE*) Stromausfall, Stromsperre

'power dressing *Nomen* Managerkleidung

powered /'paʊəd; *AmE* -ərd/ *Adj* (*meist in Zusammensetzungen*) ◇ *a powered wheelchair* ein elektrischer Rollstuhl ◇ *solar-powered* mit Sonnenenergie betrieben ◇ *battery-powered* mit Batterieantrieb

power·ful 0⁻ᵂ /'paʊəfl; *AmE* -ərfl/ *Adj* **1** mächtig, einflussreich **2** (*Adv* **power·ful·ly** /-fəli/) stark, kräftig; (*Waffe, Werkzeug etc.*) effektiv ◇ *a powerful car* ein Auto mit starkem Motor ◇ *I traded my computer in for a more powerful model.* Ich tauschte meinen Computer gegen einen leistungsstärkeren aus. ◇ *a powerful argument* ein überzeugendes Argument ◇ *He is powerfully built.* Er ist kräftig gebaut.

power·house /'paʊəhaʊs; *AmE* -ərhaʊs/ *Nomen* **1** treibende Kraft ◇ *economic powerhouse* wirtschaftliche Macht ◇ *a powerhouse of ideas* ein Quell innovativer Ideen **2** (*Person*) Energiebündel

power·less /'paʊələs; *AmE* -ərləs/ *Adj* **1** machtlos **2 be ~ to do sth** nicht in der Lage sein, etw zu tun

power·less·ness /'paʊələsnəs; *AmE* -ərləs-/ *Nomen* Machtlosigkeit, Ohnmacht

'power line *Nomen* Starkstromleitung ◇ *overhead power lines* Überlandleitungen

,power of at'torney *Nomen* (*Pl* **powers of at·tor·ney**) (RECHT) Vollmacht

'power outage *Nomen (AmE)* Stromausfall, Stromsperre

'power plant *Nomen* Kraftwerk

'power point *Nomen (BrE)* Steckdose

'power politics *Nomen* [mit Verb im Sing/Pl] Machtpolitik

'power-sharing *Nomen* [U] Teilhabe an der Macht, Machtaufteilung ◇ *enter into a power-sharing agreement* eine Vereinbarung treffen, sich die Macht zu teilen

'power station *Nomen (BrE)* Kraftwerk

'power steering *Nomen* Servolenkung

pow·wow /'paʊwaʊ/ *Nomen* **1** = Versammlung von Indianern **2** *(umgs, hum)* Versammlung, Kriegsrat

pox /pɒks; *AmE* pɑːks/ *Nomen* **the pox** [Sing] *(veraltet)* **1** Syphilis **2** Pocken

poxy /'pɒksi; *AmE* 'pɑːk-/ *Adj* [nur vor Nomen] *(BrE)* mickrig

pp *Abk* **1 pp.** = PAGES **2** *(bes BrE* **p.p.***)* per procura, im Auftrag von

PPS /ˌpiː piː 'es/ *Nomen (BrE) Kurzform von* **Parliamentary Private Secretary** = Abgeordnete(r), die (der) für eine(n) Minister(in) arbeitet

PR /ˌpiː 'ɑː(r)/ *Abk* **1** = PUBLIC RELATIONS **2** = PROPORTIONAL REPRESENTATION

prac·tic·abil·ity /ˌpræktɪkə'bɪləti/ *Nomen (gehoben)* Durchführbarkeit

prac·tic·able /'præktɪkəbl/ *Adj (gehoben)* durchführbar, praktikabel ◇ *at the earliest practicable date* zum frühestmöglichen Zeitpunkt

prac·tical 0‑m /'præktɪkl/ *Adj, Nomen*

▸ ***Adj*** **1** praktisch ◇ *In practical terms, it means spending less.* In der Praxis bedeutet das geringere Ausgaben. ◇ *Let's be practical and work out the cost first.* Lass uns die Sache praktisch angehen und zuerst die Kosten ausrechnen. **2** sinnvoll, vernünftig **3** praktisch veranlagt, geschickt **4** [nur vor Nomen] ◇ *She married a practical stranger.* Sie heiratete praktisch einen Fremden. ◇ *They're a practical certainty to win the game.* Es ist so gut wie sicher, dass sie das Spiel gewinnen. IDM **for (all) 'practical purposes** praktisch

▸ ***Nomen*** *(BrE, umgs)* praktische Prüfung, praktische Unterrichtsstunde

prac·ti·cal·ity /ˌpræktɪ'kæləti/ *Nomen* **1** Durchführbarkeit **2** Funktionalität **3** praktisches Wesen, praktische Veranlagung **4 practicalities** [Pl] praktische Einzelheiten/Dinge

practical 'joke *Nomen* Streich

practical 'joker *Nomen* Witzbold

prac·tic·al·ly 0‑m /'præktɪkli/ *Adv* **1** so gut wie, praktisch **2** in der Praxis, praktisch ◇ *practically oriented* praxisbezogen ◇ *Practically speaking, we can't afford it.* Realistisch betrachtet können wir uns das nicht leisten.

practical 'nurse *Nomen (AmE)* Hilfsschwester → *Siehe auch* LPN

prac·tice 0‑m /'præktɪs/ *Nomen* **1** Praxis **2** Vorgehensweise, übliche Verfahrensweise ◇ *be common practice* allgemein üblich sein ◇ *working practices* Arbeitsmethoden **3** Brauch, Gewohnheit ◇ *It is his practice to read several books a week.* Er liest gewöhnlich mehrere Bücher pro Woche. **4** Übung, Training ◇ *She does an hour's piano practice.* Sie übt eine Stunde Klavier. ◇ *a choir practice* eine Chorprobe **5** *(Arzt-, Rechtanwalts-)* Praxis ◇ *the practice of medicine* der Arztberuf ◇ *He set up in practice in London.* Er ließ sich als Arzt/Rechtsanwalt in London nieder. ◇ *My solicitor is no longer in practice.* Mein Rechtsanwalt praktiziert nicht mehr. ◇ *a practice nurse* ein(e) Arzthelfer(in) **6** *(einer Religion)* Ausübung IDM **be/get out of 'practice** aus der Übung sein/kommen **in 'practice** in der Praxis **ˌpractice makes 'perfect** Übung macht den Meister

prac·tise 0‑m *(AmE* **prac·tice***)* /'præktɪs/ *Verb* **1** trainieren, üben; **~ sth on sb/sth** etw an jdm/etw ausprobieren ◇ *She's practising for her piano exam.* Sie übt für ihre Klavierprüfung. ◇ *He wanted to practise his English on me.* Er wollte sein Englisch an mir ausprobieren. **2 ~ sth** etw praktizieren, etw (aus)üben ◇ *practise self-restraint* Selbstbeherrschung üben **3 ~ (as sth)** (als etw) praktizieren IDM **ˌpractise what you 'preach** seine Lehren in die Tat umsetzen

prac·tised *(AmE* **prac·ticed***)* /'præktɪst/ *Adj* geübt, erfahren

prac·tis·ing *(AmE* **prac·ticing***)* /'præktɪsɪŋ/ *Adj* [nur vor Nomen] praktizierend, aktiv ◇ *practising teachers* Lehrer, die ihren Beruf ausüben

prac·ti·tion·er /præk'tɪʃənə(r)/ *Nomen* **1** Praktiker(in) ◇ *medical practitioners* praktische Ärzte ◇ *dental practitioners* Zahnärzte ◇ *legal practitioners* Rechtsanwälte **2** *(gehoben)* Fachmann, Fachfrau

prae·sid·ium *(bes BrE)* = PRESIDIUM

prag·mat·ic /præg'mætɪk/ *Adj (Adv* **prag·mat·ic·al·ly** /-kli/*)* pragmatisch

prag·mat·ics /præg'mætɪks/ *Nomen* [U] (LING) Pragmatik

prag·ma·tism /'prægmətɪzəm/ *Nomen (gehoben)* Pragmatismus

prag·ma·tist /'prægmətɪst/ *Nomen* Pragmatiker(in)

prairie /'preəri; *AmE* 'preri/ *Nomen (in Nordamerika)* Prärie, Grasland

praise 0‑m /preɪz/ *Nomen, Verb*

▸ ***Nomen*** [U] **1** *(seltener* **praises** [Pl]*)* Lob ◇ *The coach singled out two players for special praise.* Der Trainer zollte zwei Spielern ein besonderes Lob. ◇ *poems in praise of freedom* Loblieder auf die Freiheit **2** (REL) Lob(preis) ◇ *Praise be (to God)!* Gelobt sei der Herr! IDM → DAMN

▸ ***Verb*** **1** loben, rühmen **2** (REL) (lob)preisen ◇ *Allah be praised.* Gelobt sei Allah. IDM **praise sb/sth to the 'skies** jdn/etw in den Himmel heben

praise·worthy /'preɪzwɜːði; *AmE* -wɜːrði/ *Adj (gehoben)* lobenswert

pra·line /'prɑːliːn, 'preɪliːn/ *Nomen* Krokant

pram /præm/ *Nomen* Kinderwagen

prance /prɑːns; *AmE* præns/ *Verb* tänzeln ◇ *prance about/around* herumhüpfen/-tanzen

prank /præŋk/ *Nomen, Verb*

▸ ***Nomen*** Streich

▸ ***Verb*** *(umgs)* **~ sb** jdm einen Streich spielen

prank·ster /'præŋkstə(r)/ *Nomen* Witzbold

prat /præt/ *Nomen (BrE, umgs)* Trottel

prate /preɪt/ *Verb (veraltet, abwert)* **~ (on)** (daher) schwatzen

prat·tle /'prætl/ *Verb, Nomen*

▸ ***Verb*** **~ (on/away)** *(veraltet, oft abwert)* (drauflos) plappern, (daher) schwafeln

▸ ***Nomen*** [U] *(veraltet, oft abwert)* Geplapper, Geschwätz

prawn /prɔːn/ *Nomen (bes BrE)* Garnele, Krabbe ◇ *prawn crackers* Krabbenchips

pray /preɪ/ *Verb, Adv*

▸ ***Verb*** **1 ~ (to sb) (for sb/sth)** (zu jdm) (für jdn/um etw) beten ◇ *He prayed to be forgiven.* Er betete um Vergebung. **2 ~ (for sth)** (auf etw) hoffen

▸ ***Adv*** *(veraltet oder iron)* bitte

pray·er 0‑m /preə(r); *AmE* prer/ *Nomen* **1** Gebet ◇ *say your prayers* beten **2** *(auch* **pray·ers** [Pl]*)* Andacht **3** [meist Sing] inständiger Wunsch, Hoffnung IDM → WING

ˌprayer book *Nomen* Gebetbuch

ˈprayer rug (*auch* **ˈprayer mat**) *Nomen* Gebetsteppich

ˌpraying ˈmantis (*auch* **man·tis**) *Nomen* (*Insekt*) Gottesanbeterin

pre- /priː/ *Vorsilbe* (*mit Nomina, Verben und Adjektiven verwendet*) vor ◇ *precautions* Vorsichtsmaßnahmen ◇ *pre-heat* vorwärmen ◇ *pre-war buildings* Vorkriegsbauten

preach /priːtʃ/ *Verb* **1** predigen ◇ *preach a sermon* eine Predigt halten **2** verkündigen, propagieren **3** (*abwert*) eine Moralpredigt halten IDM **preach to the conˈverted** offene Türen einrennen → *Siehe auch* PRACTISE

preach·er /ˈpriːtʃə(r)/ *Nomen* Prediger(in)

preachy /ˈpriːtʃi/ *Adj* (*umgs, abwert*) moralisierend

pre·amble /priˈæmbl, ˈpriːæmbl/ *Nomen* (*gehoben*) Präambel, Vorwort, Einleitung

pre·arranged /ˌpriːəˈreɪndʒd/ *Adj* verabredet, vorher vereinbart

pre·car·ious /prɪˈkeəriəs; *AmE* -ˈker-/ *Adj* (*Adv* **pre·car·ious·ly**) **1** unsicher, gefährlich **2** prekär, ungesichert ◇ *He earned a precarious living as an artist.* Als Künstler hatte er kein gesichertes Einkommen.

pre·cau·tion /prɪˈkɔːʃn/ *Nomen* (*oft Pl*) **1** (Sicherheits)vorkehrung, Vorsichtsmaßnahme ◇ *precautions against fire* Brandschutzmaßnahmen ◇ *as a precaution* zur Sicherheit **2 precautions** [Pl] Verhütungsmittel

pre·cau·tion·ary /prɪˈkɔːʃənəri; *AmE* -neri/ *Adj* vorbeugend, vorsorglich, Vorsichts-, Sicherheits- ◇ *as a precautionary measure* vorsichtshalber

pre·cede /prɪˈsiːd/ *Verb* (*gehoben*) vorausgehen, vorangehen ◇ *The conference was preceded by a training session.* Der Tagung ging ein Seminar voraus. ◇ *She preceded me in the job.* Sie war meine Vorgängerin in der Stelle. PHR V **precede sth with sth** einer Sache etw vorausschicken

pre·ce·dence /ˈpresɪdəns/ *Nomen* [U] vorrangige Stellung, Vorrang, Priorität ◇ *Writing the report takes precedence over filing.* Der Bericht ist wichtiger als die Datenablage. ◇ *in order of precedence* der Rangordnung entsprechend

pre·ce·dent /ˈpresɪdənt/ *Nomen* **1** Präjudiz **2** Präzedenzfall, Beispiel **3** [U] Tradition ◇ *break with precedent* mit der Tradition brechen

pre·cept /ˈpriːsept/ *Nomen* (*gehoben*) Grundsatz, Prinzip

pre·cinct /ˈpriːsɪŋkt/ *Nomen* **1** (*BrE*) (*Geschäfts-*) Zone **2** (*AmE*) (*Wahl-*) Bezirk **3** (*AmE*) (*Polizei-*) Revier **4** [meist Pl] Gelände ◇ *the cathedral precinct* der Domplatz

pre·cious /ˈpreʃəs/ *Adj, Adv*

▸ ***Adj*** **1** wertvoll, kostbar ◇ *Water is a precious commodity.* Wasser ist etwas Kostbares. **2** lieb (geworden) **3** [nur vor Nomen] (*umgs, iron*) heiß geliebt, kostbar **4** (*abwert*) geziert, affektiert

▸ ***Adv*** (*umgs*) **~ little/few** herzlich wenig/wenige

ˌprecious ˈmetal *Nomen* Edelmetall

pre·cious·ness /ˈpreʃəsnəs/ *Nomen* [U] **1** Kostbarkeit, Wert **2** Geziertheit, Affektiertheit

ˌprecious ˈstone (*auch* **stone**) *Nomen* Edelstein

preci·pice /ˈpresəpɪs/ *Nomen* Abgrund (*auch fig*) ◇ *on the edge of a/the precipice* am Rande des Abgrunds

pre·cipi·tate *Verb, Adj, Nomen*

▸ ***Verb*** /prɪˈsɪpɪteɪt/ **1 ~ sth** etw auslösen, zu etw führen **2 ~ sb/sth into sth** jdn/etw in etw stürzen

▸ ***Adj*** /prɪˈsɪpɪtət/ (*Adv* **pre·cipi·tate·ly**) (*gehoben*) überstürzt, voreilig

▸ ***Nomen*** /prɪˈsɪpɪteɪt/ (*Chemie*) Niederschlag

pre·cipi·ta·tion /prɪˌsɪpɪˈteɪʃn/ *Nomen* **1** [U] (*Fachspr*) (*Regen etc.*) Niederschlag **2** (*Chemie*) Ausfällung, Ausflockung **3** Voreiligkeit

pre·cipit·ous /prɪˈsɪpɪtəs/ *Adj* (*Adv* **pre·cipit·ous·ly**) (*gehoben*) **1** steil **2** rapide, rasant **3** überstürzt, voreilig

pre·cis /ˈpreɪsiː; *AmE* preɪˈsiː/ *Nomen, Verb*

▸ ***Nomen*** (*Pl* **pre·cis** /-siːz/) Zusammenfassung, Inhaltsangabe

▸ ***Verb*** (**pre·cises** /-siːz/, **pre·cis·ing** /-siːɪŋ/, **pre·cised, pre·cised** /-siːd/) zusammenfassen

pre·cise 0‑w /prɪˈsaɪs/ *Adj* **1** präzise, genau, exakt ◇ *be precise about sth* etw präzise angeben **2** gewissenhaft, sorgfältig, exakt IDM **to be (more) preˈcise** um genau(er) zu sein; genau(er) gesagt

pre·cise·ly 0‑w /prɪˈsaɪsli/ *Adv* **1** genau ◇ *at 2 o'clock precisely* um Punkt 2 Uhr **2** präzise, exakt **3** (*zur Verstärkung*) gerade ◇ *I did it precisely because I love you.* Gerade weil ich dich liebe, habe ich es getan. IDM **more preˈcisely** genauer gesagt

pre·ci·sion /prɪˈsɪʒn/ *Nomen* [U] Genauigkeit, Präzision

pre·clude /prɪˈkluːd/ *Verb* (*gehoben*) **~ sth** etw ausschließen; **~ sb from doing sth** jdn daran hindern, etw zu tun

pre·co·cious /prɪˈkəʊʃəs; *AmE* -ˈkoʊ-/ *Adj* (*Adv* **pre·co·cious·ly**) (*manchmal abwertend*) frühreif, altklug ◇ *a precociously talented child* ein Kind mit einer frühen Begabung

pre·co·cious·ness /ˌprɪˈkəʊʃəsnəs; *AmE* -ˈkoʊ-/ (*auch* **pre·co·city** /prɪˈkɒsəti; *AmE* -ˈkɑːsə-/) *Nomen* Frühreife

pre·con·ceived /ˌpriːkənˈsiːvd/ *Adj* [nur vor Nomen] vorgefasst

pre·con·cep·tion /ˌpriːkənˈsepʃn/ *Nomen* vorgefasste Meinung, Vorstellung

pre·con·di·tion /ˌpriːkənˈdɪʃn/ *Nomen* (*gehoben*) Vorbedingung, Voraussetzung

pre·cooked /ˌpriːˈkʊkt/ *Adj* vorgekocht

pre·cur·sor /priːˈkɜːsə(r); *AmE* -ˈkɜːrsər/ *Nomen* (*gehoben*) **1** Vorläufer(in), Wegbereiter(in) **2** Vorbote, Vorbotin **3** Vorgänger(in)

pre·date /ˌpriːˈdeɪt/ *Verb* **1 ~ sth** aus der Zeit vor etw stammen, einer Sache vorausgehen **2** (*Brief etc.*) zurückdatieren

preda·tor /ˈpredətə(r)/ *Nomen* **1** Raubtier ◇ *Some animals have no natural predators.* Einige Tiere haben keine natürlichen Feinde. **2** (*abwert*) Ausbeuter(in), Halsabschneider(in) ◇ *protect the company from foreign predators* die Firma davor schützen, von ausländischen Investoren geschluckt zu werden

preda·tory /ˈpredətri; *AmE* -tɔːri/ *Adj* **1** (*Fachspr*) Raub-, räuberisch ◇ *predatory birds* Raubvögel **2** (*gehoben*) aggressiv, gierig ◇ *predatory young women* junge Frauen, die auf Männer aus sind

pre·de·cease /ˌpriːdɪˈsiːs/ *Verb* (RECHT) **~ sb** früher sterben als jd

pre·de·ces·sor /ˈpriːdɪsesə(r); *AmE* ˈpredəse-/ *Nomen* Vorgänger(in), Vorläufer(in)

pre·des·tin·ation /ˌpriːdestɪˈneɪʃn/ *Nomen* Vorherbestimmung, Prädestination

pre·des·tined /ˌpriːˈdestɪnd/ *Adj* (*gehoben*) prädestiniert, bestimmt ◇ *It seems she was predestined to be famous.* Es scheint, dass es ihr bestimmt war, berühmt zu sein.

pre·de·ter·mine /ˌpriːdɪˈtɜːmɪn; *AmE* -ˈtɜːrmɪn/ *Verb* (*gehoben*) vorher festlegen, im Voraus bestimmen

pre·de·ter·miner /ˌpriːdɪˈtɜːmɪnə(r); *AmE* -ˈtɜːrm-/ *Nomen* = einem Bestimmungswort vorausgehende(s) Wort(e), z.B. „all" in „all the boys"

pre·dica·ment /prɪˈdɪkəmənt/ *Nomen* Dilemma, Zwangslage

predi·cate *Nomen, Verb*
▸ ***Nomen*** /ˈpredɪkət/ (LING) Prädikat
▸ ***Verb*** /ˈpredɪkeɪt/ *(gehoben)* **1** *(meist passiv)* **~ sth on/ upon sth** etw auf etw gründen **2** behaupten

pre·dica·tive /prɪˈdɪkətɪv; *AmE* ˈpredɪkeɪtɪv/ *Adj (Adv* **pre·dica·tive·ly**) (LING) prädikativ

pre·dict 0-π /prɪˈdɪkt/ *Verb* vorher-/voraussagen, prophezeien ◇ *The trial is predicted to last for months.* Der Prozess wird voraussichtlich Monate dauern.

pre·dict·abil·ity /prɪˌdɪktəˈbɪləti/ *Nomen* Vorhersagbarkeit

pre·dict·able /prɪˈdɪktəbl/ *Adj* **1** *(Adv* **pre·dict·ably** /-bli/) vorhersehbar, vorhersagbar ◇ *Prices were predictably high.* Wie vorauszusehen waren die Preise sehr hoch. **2** *(oft abwert)* berechenbar, durchschaubar ◇ *I find him so predictable.* Bei ihm weiß man schon im Voraus, wie er reagieren wird. ◇ *Rock music is getting so predictable these days.* Rockmusik heutzutage folgt immer demselben Muster.

pre·dic·tion /prɪˈdɪkʃn/ *Nomen* Voraussage, Vorhersage, Prophezeiung

pre·dict·ive /prɪˈdɪktɪv/ *Adj (gehoben)* vorhersagend, Vorhersage- ◇ *This is usually predictive of a good result.* Dies ist meist ein Vorzeichen für ein gutes Ergebnis. ◇ *The predictive validity of the test is high.* Der Test ermöglicht eine genaue Vorhersage. ◇ *predictive texting* vorhersagende Text-Eingabe-Hilfe

pre·dic·tor /prɪˈdɪktə(r)/ *Nomen (gehoben)* Vorzeichen, Anzeichen

pre·digest·ed /ˌpriːdaɪˈdʒestɪd/ *Adj (fig)* häppchenweise, vereinfacht

pre·di·lec·tion /ˌpriːdɪˈlekʃn; *AmE* ˌpredlˈek-/ *Nomen* [meist Sing] *(gehoben)* Vorliebe

pre·dis·pose /ˌpriːdɪˈspəʊz; *AmE* -ˈspoʊz/ *Verb (gehoben)* **1** anfällig machen, prädisponieren **2 be predisposed to sth** für etw anfällig sein, zu etw neigen, gegenüber etw positiv eingestellt sein **3 be predisposed towards sb** gegenüber jdm positiv eingestellt sein

pre·dis·pos·ition /ˌpriːdɪspəˈzɪʃn/ *Nomen (gehoben)* Neigung, Anfälligkeit, Veranlagung

pre·dom·in·ance /prɪˈdɒmɪnəns; *AmE* -ˈdɑːm-/ *Nomen* **1** Vorherrschaft, Vormachtstellung **2** [Sing] Überwiegen

pre·dom·in·ant /prɪˈdɒmɪnənt; *AmE* -ˈdɑːm-/ *Adj* vorherrschend, dominierend

pre·dom·in·ant·ly /prɪˈdɒmɪnəntli; *AmE* -ˈdɑːm-/ *Adv* überwiegend

pre·dom·in·ate /prɪˈdɒmɪneɪt; *AmE* -ˈdɑːm-/ *Verb* **1** vorherrschen, überwiegen, beherrschen **2 ~ (over sb/sth)** (etw/jdn) beherrschen ◇ *Private interest must not predominate over the public good.* Das Allgemeinwohl muss vor den Privatinteressen Vorrang haben.

pree·mie /ˈpriːmi/ *Nomen (AmE, umgs)* Frühgeburt, Frühchen

ˌpre-ˈeminence *Nomen* herausragende Stellung, Vorrangstellung

ˌpre-ˈeminent *Adj* herausragend, überragend

ˌpre-ˈeminently *Adv* **1** hauptsächlich, in erster Linie **2** überaus

pre-empt /priˈempt/ *Verb* **1** verhindern ◇ *A good training course will pre-empt many problems.* Ein guter Ausbildungslehrgang wird viele Probleme gar nicht erst aufkommen lassen. **2** zuvorkommen ◇ *I do not want to pre-empt anything that the treasurer is going to say.* Ich will dem Schatzmeister nichts vorwegnehmen. **3** *(AmE) (beim Fernsehprogramm etc.)* ersetzen

pre-emption /priˈempʃn/ *Nomen* (WIRTSCH) Vorkaufsrecht ◇ *pre-emption rights* Vorkaufsrechte

pre-emptive /priˈemptɪv/ *Adj* Präventiv-

preen /priːn/ *Verb* **1 ~ (yourself)** *(Vogel etc.)* sich putzen; *(Mensch)* sich herausputzen **2** *(Federn)* putzen **3 ~ yourself (on sth)** sich (mit etw) brüsten

ˌpre-eˈxist *Verb* vorher vorhanden sein, (bereits) vorher existieren

ˌpre-eˈxistent *Adj* vorher dagewesen, vorher vorhanden

pre·fab /ˈpriːfæb/ *Nomen (umgs)* Fertighaus

pre·fab·ri·cated /ˌpriːˈfæbrɪkeɪtɪd/ *Adj* vorgefertigt ◇ *prefabricated houses* Fertighäuser

pre·fab·ri·ca·tion /ˌpriːfæbrɪˈkeɪʃn/ *Nomen* Vorfabrikation, Vorfertigung

pref·ace /ˈprefəs/ *Nomen, Verb*
▸ ***Nomen*** Vorwort
▸ ***Verb*** **~ sth by/with sth** etw mit etw einleiten, einer Sache etw voranstellen; *(Buch etc.)* mit einem Vorwort versehen

pre·fect /ˈpriːfekt/ *Nomen* **1** *(bes BrE)* = ältere(r) Schüler(in), der/die die Aufsicht führt **2** *(auch* **Prefect**) (POL) Präfekt(in)

pre·fec·ture /ˈpriːfektʃə(r)/ *Nomen* Präfektur

pre·fer 0-π /prɪˈfɜː(r)/ *Verb* **(-rr-)** **~ sth (to sth)** *(nicht in der Verlaufsform)* etw (einer Sache) vorziehen ◇ *I would prefer it if you didn't tell anyone.* Es wäre mir sehr recht, wenn du es niemandem sagen würdest. ◇ *Would you prefer me to stay?* Wäre es dir lieber, wenn ich bliebe? IDM → CHARGE

pref·er·able /ˈprefrəbl/ *Adj* vorzuziehen ◇ *It would be preferable to wait.* Es wäre besser zu warten.

pref·er·ably /ˈprefrəbli/ *Adv* am besten, am liebsten

pref·er·ence 0-π /ˈprefrəns/ *Nomen* Vorliebe ◇ *Many people expressed a strong preference for the original plan.* Vielen Leuten gefiel der ursprüngliche Entwurf viel besser. ◇ *in order of preference* nach Präferenz (geordnet) IDM **give (a) ˈpreference to sb/sth** jdm/etw den Vorzug geben **in preference to sb/sth** ◇ *She was chosen in preference to me.* Bei der Auswahl wurde sie mir vorgezogen.

pref·er·en·tial /ˌprefəˈrenʃl/ *Adj (Adv* **pref·er·en·tial·ly** /-ʃəli/) [nur vor Nomen] bevorzugt, Sonder-

pre·fer·ment /prɪˈfɜːmənt; *AmE* -ˈfɜːrmənt/ *Nomen (gehoben)* Beförderung

pre·fig·ure /ˌpriːˈfɪgə(r); *AmE* -ˈfɪgjər/ *Verb (gehoben)* ankündigen

pre·fix /ˈpriːfɪks/ *Nomen, Verb*
▸ ***Nomen*** **1** (LING) Präfix, Vorsilbe **2** Vorsatz ◇ *goods with the UN prefix* Güter, die die Buchstaben UN vorangestellt haben **3** *(veraltet)* Namenszusatz
▸ ***Verb*** **~ A to B; ~ B with A** A vor B setzen ◇ *The numbers are prefixed with US.* Den Zahlen sind die Buchstaben US vorangestellt.

preg·nancy /ˈpregnənsi/ *Nomen (Pl* **-ies**) Schwangerschaft, Trächtigkeit

preg·nant 0-π /ˈpregnənt/ *Adj* **1** schwanger, trächtig ◇ *a heavily pregnant woman* eine hochschwangere Frau ◇ *She's six months pregnant.* Sie ist im sechsten Monat schwanger. ◇ *Tom got his girlfriend pregnant.* Toms Freundin ist schwanger von ihm. **2** *(gehoben)* bedeutungsvoll ◇ *a pregnant pause* eine bedeutungsvolle Pause ◇ *Her silences were pregnant with criticism.* Ihr Schweigen war voller Kritik.

pre·heat /ˌpriːˈhiːt/ *Verb* vorheizen

pre·hen·sile /prɪˈhensaɪl; *AmE* -sl/ *Adj (Fachspr)* Greif- ◇ *the monkey's prehensile tail* der Greifschwanz des Affen

pre·his·toric /ˌpriːhɪˈstɒrɪk; *AmE* -ˈstɔːrɪk/ *Adj* vorgeschichtlich, prähistorisch

pre·his·tory /ˌpriːˈhɪstri/ *Nomen* Vorgeschichte ◇ *throughout prehistory* während der gesamten prähistorischen Zeit

pre·judge /ˌpriːˈdʒʌdʒ/ *Verb (gehoben)* vorschnell/voreilig urteilen, vorverurteilen

preju·dice /ˈpredʒudɪs/ *Nomen, Verb*

▸ ***Nomen*** Vorurteil, Voreingenommenheit ◇ *colour prejudice* Vorurteile aufgrund der Hautfarbe ◇ *I must admit to a prejudice in favour of British universities.* Ich muss zugeben, dass ich britische Universitäten für besser halte. IDM **without ˈprejudice** (RECHT) ohne Präjudiz **without ˈprejudice to sth** (RECHT) unbeschadet einer Sache

▸ ***Verb*** **1** beeinflussen, einnehmen **2** *(gehoben)* gefährden, beeinträchtigen

preju·diced /ˈpredʒədɪst/ *Adj* voreingenommen, befangen ◇ *be racially prejudiced* Rassenvorurteile haben

preju·di·cial /ˌpredʒuˈdɪʃl/ *Adj (gehoben)* abträglich, nachteilig

prel·ate /ˈprelət/ *Nomen (gehoben)* Prälat

pre·lim·in·ary /prɪˈlɪmɪnəri; *AmE* -neri/ *Adj, Nomen*

▸ ***Adj*** vorangehend, einleitend, Vor- ◇ *discussions preliminary to negotiations* den Verhandlungen vorangehende Diskussionen ◇ *preliminary findings* erste Befunde ◇ *the preliminary rounds* die Vorrunden ◇ *preliminary results* vorläufige Ergebnisse

▸ ***Nomen*** *(Pl* **-ies***)* **1** Vorbereitung, Einleitung ◇ *Research will be needed as a preliminary to taking a decision.* Bevor eine Entscheidung getroffen wird, müssen Nachforschungen unternommen werden. ◇ *I'll skip the usual preliminaries.* Ich möchte gleich zur Sache kommen. **2** Vorrunde

prel·ude /ˈprelju:d/ *Nomen* **1** (MUS) Vorspiel, Präludium **2** *(gehoben) (fig)* Auftakt

pre·mar·ital /ˌpriːˈmærɪtl/ *Adj* [nur vor Nomen] vorehelich

pre·ma·ture /ˈpremətʃə(r); *AmE* ˌpriːməˈtʃʊr, -ˈtʊr/ *Adj* *(Adv* **pre·ma·ture·ly***)* **1** vorzeitig, frühzeitig **2** verfrüht ◇ *The baby was four weeks premature.* Das Baby wurde vier Wochen zu früh geboren. ◇ *a premature birth* eine Frühgeburt **3** voreilig

pre·medi·tated /ˌpriːˈmedɪteɪtɪd/ *Adj* vorsätzlich

pre·medi·ta·tion /ˌpriːˌmedɪˈteɪʃn/ *Nomen* Vorsatz

pre·men·strual /ˌpriːˈmenstruəl/ *Adj* prämenstruell

prem·ier /ˈpremiə(r); *AmE* prɪˈmɪr, -ˈmjɪr/ *Adj, Nomen*

▸ ***Adj*** [nur vor Nomen] Spitzen-, Top-, führend ◇ *the Premier League* die Erste Liga

▸ ***Nomen*** Premierminister(in)

premi·ere /ˈpremieə(r); *AmE* prɪˈmɪr, -ˈmjɪr/ *Nomen, Verb*

▸ ***Nomen*** Premiere, Uraufführung

▸ ***Verb*** **1** uraufführen, erstaufführen **2** uraufgeführt werden, erstaufgeführt werden

prem·ier·ship /ˈpremiəʃɪp; *AmE* prɪˈmɪrʃɪp, -ˈmjɪr-/ *Nomen* [Sing] **1** Amtsperiode als Premierminister(in) **2** Amt des Premierministers/der Premierministerin **3** *(auch* **the Premiership***)* (SPORT) ≈ Bundesliga

prem·ise *(BrE auch* **prem·iss***)* /ˈpremɪs/ *Nomen (gehoben)* Prämisse, Voraussetzung

prem·ised /ˈpremɪst/ *Adj* **be ~ on/upon sth** *(gehoben)* auf etw basieren

prem·ises 🔑 /ˈpremɪsɪz/ *Nomen* [Pl] Gelände; *(in einem Gebäude)* Räumlichkeiten ◇ *business premises* Geschäftsräume ◇ *Police escorted her off the premises.* Die Polizei sorgte dafür, dass sie ging.

pre·mium /ˈpriːmiəm/ *Nomen, Adj*

▸ ***Nomen*** **1** Versicherungsprämie **2** Aufgeld, Aufpreis, Zuschlag ◇ *He was willing to pay a premium for a house near the sea.* Er war bereit, für ein Haus am Meer einen hohen Preis zu zahlen. **3** *(bei Ausbezahlung)* Bonus, Prämie IDM **at a ˈpremium** **1** sehr gefragt; knapp **2** über dem Wert **put/place/set a premium on sb/sth** großen Wert auf jdn/etw legen

▸ ***Adj*** [nur vor Nomen] **1** Höchst- ◇ *premium prices* extrem hohe Preise **2** erstklassig, Spitzen-

ˈPremium Bond *Nomen* Losanleihe

pre·mon·ition /ˌpriːməˈnɪʃn, ˌprem-/ *Nomen* Vorahnung ◇ *I had a premonition of disaster.* Ich ahnte eine Katastrophe.

pre·natal /ˌpriːˈneɪtl/ *Adj (bes AmE)* pränatal, vor der Geburt

pre·occu·pa·tion /priˌɒkjuˈpeɪʃn; *AmE* -ˌɑːk-/ *Nomen* **~ (with sth)** *(gedanklich)* Beschäftigtsein (mit etw) ◇ *She found his preoccupation with money irritating.* Es störte sie, dass er immer nur an Geld dachte. ◇ *She spoke slowly, in a state of preoccupation.* Sie sprach langsam, da sie mit ihren Gedanken ganz woanders war.

pre·occu·pied /priˈɒkjupaɪd; *AmE* -ˈɑːk-/ *Adj (gedanklich)* beschäftigt ◇ *She seemed preoccupied.* Sie schien mit ihren Gedanken ganz woanders zu sein.

pre·occupy /priˈɒkjupaɪ; *AmE* -ˈɑːk-/ *Verb* **(-pies, -py·ing, -pied, -pied)** *(die Gedanken)* (ständig) beschäftigen, völlig in Anspruch nehmen

pre·or·dained /ˌpriːɔːˈdeɪnd; *AmE* -ɔːrˈ-/ *Adj (gehoben)* vorherbestimmt

prep /prep/ *Nomen, Verb*

▸ ***Nomen*** *(BrE)* **1** Hausaufgaben **2** = Arbeitsstunde/Studierzeit (v.a. in Internaten), in der die Hausaufgaben gemacht werden → *Siehe auch* PREPARATORY SCHOOL

▸ ***Verb*** *(bes AmE)* vorbereiten

ˌpre-ˈpacked *(auch* **ˌpre-ˈpackaged***)* *Adj* abgepackt

pre·paid /ˌpriːˈpeɪd/ *Adj* vorausbezahlt ◇ *a prepaid envelope* ein frankierter Umschlag

prep·ar·ation 🔑 /ˌprepəˈreɪʃn/ *Nomen* **1** Vorbereitung; *(von Essen etc.)* Zubereitung **2** (CHEM, MED) Präparat

pre·para·tory /prɪˈpærətri; *AmE* -tɔːri/ *Adj* [nur vor Nomen] *(gehoben)* vorbereitend ◇ *preparatory work* Vorarbeiten ◇ *Security checks had been carried out preparatory to the President's visit.* Im Vorfeld des Präsidentenbesuchs wurden Sicherheitsüberprüfungen durchgeführt.

preˈparatory school *(auch* **ˈprep school***)* *Nomen* **1** *(BrE)* Privatschule für Kinder zwischen 7 und 13 Jahren **2** *(AmE)* (meist private) Schule, die Schüler auf die Universität vorbereitet

pre·pare 🔑 /prɪˈpeə(r); *AmE* -ˈper/ *Verb* **1** vorbereiten **2 ~ (yourself) (for sth)** sich (auf etw) vorbereiten ◇ *You must prepare yourselves for the worst.* Sie müssen sich auf das Schlimmste gefasst machen. ◇ *I was preparing to leave.* Ich machte mich bereit zu gehen. ◇ *The troops prepared themselves to go into battle.* Die Truppen rüsteten sich zum Kampf. **3** *(Mahlzeit)* zubereiten **4 ~ sth (from sth)** etw (aus etw) herstellen IDM **prepare the ˈground (for sth)** (einer Sache) den Weg ebnen

pre·pared 🔑 *Adj* /prɪˈpeəd; *AmE* -ˈperd/ **1** [nicht vor Nomen] **~ (for sth)** (auf etw) vorbereitet **2 ~ to do sth** bereit, etw zu tun

pre·pared·ness /prɪˈpeərɪdnəs; *AmE* -ˈperdnəs/ *Nomen (gehoben)* **1** Vorbereitetsein **2** Bereitschaft

pre·pay·ment /ˌpriːˈpeɪmənt/ *Nomen* Vorauszahlung

pre·pon·der·ance /prɪˈpɒndərəns; *AmE* -ˈpɑːn-/ *Nomen* (zahlenmäßiges) Übergewicht

prep·os·ition /ˌprepəˈzɪʃn/ *Nomen* Präposition

prep·os·ition·al /ˌprepəˈzɪʃənl/ *Adj* präpositional, Präpositional-

pre·pos·ter·ous /prɪˈpɒstərəs; *AmE* -ˈpɑːstə-/ *Adj* (*Adv* **pre·pos·ter·ous·ly**) (*gehoben*) **1** ungeheuerlich **2** grotesk

prep·py (*auch* **prep·pie**) /ˈprepi/ *Nomen, Adj* (*AmE, umgs*)
▸ ***Nomen*** (*Pl* **-ies**) = (ehemalige(r)) Schüler(in) einer teuren Privatschule (mit entsprechenden Allüren)
▸ ***Adj*** für einen „Preppy" typisch, preppy ◇ *preppy clothes* Kleidung im College-Stil

ˈprep school *Nomen* = PREPARATORY SCHOOL

pre·quel /ˈpriːkwəl/ *Nomen* Prequel

Pre-Raphael·ite /ˌpriː ˈræfəlaɪt/ *Nomen, Adj*
▸ ***Nomen*** (KUNST) Präraffaelit(in)
▸ ***Adj*** präraffaelitisch

ˌpre-reˈcord *Verb* vorher aufnehmen, vorher aufzeichnen ◇ *a pre-recorded tape* ein bespieltes Band

pre·regis·ter /ˌpriːˈredʒɪstə(r)/ *Verb* (*bes AmE*) sich voranmelden

pre·regis·tra·tion /ˌpriːredʒɪˈstreɪʃn/ *Nomen* Voranmeldung

pre·requis·ite /ˌpriːˈrekwəzɪt/ *Nomen, Adj*
▸ ***Nomen*** [meist Sing] (*gehoben*) Voraussetzung
▸ ***Adj*** [nur vor Nomen] (*gehoben*) erforderlich

pre·roga·tive /prɪˈrɒɡətɪv; *AmE* -ˈrɑːɡ-/ *Nomen* (*gehoben*) Vorrecht, Privileg ◇ *the royal prerogative* die königliche Prärogative

pres·age /ˈpresɪdʒ/ *Verb, Nomen*
▸ ***Verb*** (*gehoben*) ankünden
▸ ***Nomen*** Ankündigung, Vorbote

Pres·by·ter·ian /ˌprezbɪˈtɪəriən; *AmE* -ˈtɪr-/ *Nomen, Adj*
▸ ***Nomen*** Presbyterianer(in)
▸ ***Adj*** presbyterianisch

Pres·by·teri·an·ism /ˌprezbɪˈtɪəriənɪzəm; *AmE* -ˈtɪr-/ *Nomen* Presbyterianismus

pres·by·tery /ˈprezbɪtri; *AmE* -teri/ *Nomen* (*Pl* **-ies**) **1** Presbyterium **2** (katholisches) Pfarrhaus

pre·school /ˈpriːskuːl/ *Nomen, Adj*
▸ ***Nomen*** (*bes AmE*) Vorschule, Kindergarten
▸ ***Adj*** [nur vor Nomen] Vorschul-, Kindergarten-

pre·schooler /ˈpriːskuːlə(r)/ *Nomen* (*bes AmE*) Vorschüler(in), Kindergartenkind

pres·ci·ence /ˈpresiəns/ *Nomen* (*gehoben*) Voraussicht

pres·ci·ent /ˈpresiənt/ *Adj* (*gehoben*) ◇ *prescient remarks* Bemerkungen, die sich im Nachhinein als richtig erweisen

pre·scribe /prɪˈskraɪb/ *Verb* **1** ~ **(sb) sth (for sth)** (jdm) etw (gegen etw) verschreiben **2** vorschreiben

pre·scrip·tion /prɪˈskrɪpʃn/ *Nomen* **1** (*Anweisung eines Arztes*) Rezept (*auch fig*) ◇ *prescription drugs* rezeptpflichtige Arzneimittel **2** Arznei **3** (*von Medikamenten*) Verschreiben, Verordnen

pre·scrip·tive /prɪˈskrɪptɪv/ *Adj* **1** präskriptiv **2** (*Fachspr*) gewohnheitsrechtlich

pres·ence 0‑ᵣ /ˈprezns/ *Nomen* **1** Anwesenheit, Gegenwart ◇ *She felt a presence behind her.* Sie fühlte, dass hinter ihr irgendwas war. ◇ *in the presence of three witnesses* in Anwesenheit dreier Zeugen **2** Vorhandensein **3** [Sing] Präsenz ◇ *military presence* Militärpräsenz **4** Ausstrahlung IDM **make your presence ˈfelt** sich bemerkbar machen

ˌpresence of ˈmind *Nomen* Geistesgegenwart

pres·ent 0‑ᵣ *Adj, Nomen, Verb*
▸ ***Adj*** /ˈpreznt/ **1** [nur vor Nomen] gegenwärtig ◇ *at the present time* zum gegenwärtigen Zeitpunkt ◇ *in the present case* im vorliegenden Fall ◇ *club members past and present* frühere und jetzige Vereinsmitglieder **2** [nicht vor Nomen] ~ **(at sth)** anwesend (bei etw) **3** [nicht vor Nomen] ~ **(in sth)** vorhanden (in etw) IDM **all present and correct** (*AmE* **all present and acˈcounted for**) alle(s) da **present company exˈcepted** (*umgs*) Anwesende ausgenommen
▸ ***Nomen*** /ˈpreznt/ **1** Geschenk **2** (*meist* **the present**) [Sing] Gegenwart ◇ *He's out at present.* Er ist im Moment nicht da. **3 the present** [Sing] (LING) = PRESENT TENSE IDM → MOMENT *und* TIME
▸ ***Verb*** /prɪˈzent/ **1** überreichen ◇ *The sword was presented to the museum.* Das Schwert wurde dem Museum gestiftet. **2** präsentieren, vorlegen ◇ *Are you presenting a paper at the conference?* Hältst du bei der Konferenz einen Vortrag? **3** zeigen, präsentieren ◇ *You need to present yourself better.* Du musst dich in einem günstigeren Licht zeigen. ◇ *As soon as the opportunity presented itself, she got another job.* Sobald sich die Gelegenheit bot, wechselte sie die Stelle. **4** ~ **sb with sth** jdn mit etw konfrontieren; ~ **sth** etw bieten ◇ *Use of these chemicals may present a fire risk.* Beim Gebrauch dieser Chemikalien entsteht ein Feuerrisiko. **5** moderieren **6** aufführen, zeigen **7** ~ **sb (to sb)** (*gehoben*) jdn (jdm) vorstellen **8** ~ **yourself** (*gehoben*) erscheinen **9** ~ **sth (to sb)** (*gehoben*) (jdm gegenüber) etw zum Ausdruck bringen IDM **preˌsent ˈarms** das Gewehr präsentieren

pre·sent·able /prɪˈzentəbl/ *Adj* **1** vorzeigbar ◇ *I must go and make myself presentable.* Ich muss mich noch zurechtmachen. ◇ *I've got nothing presentable to wear.* Ich habe nichts Anständiges anzuziehen. **2** akzeptabel

pre·sen·ta·tion 0‑ᵣ /ˌpreznˈteɪʃn; *AmE* ˌpriːzenˈteɪʃn/ *Nomen* **1** Vorlage, Überreichung ◇ *The Mayor will make the presentation herself.* Die Bürgermeisterin wird den Preis selbst überreichen. **2** Präsentation ◇ *The sales manager will give a presentation on the new products.* Der Verkaufsleiter wird die neuen Waren präsentieren. **3** Aufführung **4** Geburtslage

pre·sen·ta·tion·al /ˌpreznˈteɪʃənl; *AmE* ˌpriːzenˈteɪʃənl/ *Adj* [nur vor Nomen] Präsentations- ◇ *presentational skills* Präsentationsfähigkeiten

the ˌpresent ˈday *Nomen* [Sing] der heutige Tag, die Gegenwart

present-ˈday *Adj* [nur vor Nomen] heutig

pre·sent·er /prɪˈzentə(r)/ *Nomen* **1** Moderator(in) **2** (*bei Vorträgen*) Referent(in)

pre·sen·ti·ment /prɪˈzentɪmənt/ *Nomen* (*gehoben*) Vorahnung

pres·ent·ly /ˈprezntli/ *Adv* **1** zurzeit **2** (*gehoben*) gleich darauf **3** bald

ˌpresent ˈparticiple *Nomen* Partizip Präsens

the ˌpresent ˈperfect *Nomen* [Sing] das Perfekt

ˌpresent ˈtense (*auch* **the present**) *Nomen* [meist Sing] Präsens

pre·ser·va·tion /ˌprezəˈveɪʃn; *AmE* -zərˈ-/ *Nomen* Erhaltung, Bewahrung ◇ *food preservation* Nahrungsmittelkonservierung

preserˈvation order *Nomen* = Verordnung, die etw unter Denkmalschutz/Naturschutz stellt

pre·ser·va·tive /prɪˈzɜːvətɪv; *AmE* -ˈzɜːrv-/ *Nomen, Adj*
▸ ***Nomen*** Konservierungsmittel ◇ *wood preservative* Holzschutzmittel
▸ ***Adj*** [nur vor Nomen] konservierend, Konservierungs-

pre·serve 0‑ᵣ /prɪˈzɜːv; *AmE* -ˈzɜːrv/ *Verb, Nomen*
▸ ***Verb*** **1** (be)wahren, erhalten ◇ *He's remarkably well preserved for his age.* Er hat sich bemerkenswert gut gehalten. **2** konservieren; (*Nahrungsmittel*) haltbar machen ◇ *olives preserved in brine* in Salzlake eingelegte Oliven
▸ ***Nomen*** **1** [Sing] ~ **(of sb)** Domäne **2** (*gehoben*) [meist Pl] Konfitüre **3** [meist Pl] Eingemachtes **4** (*AmE*) Reservat **5** Jagdrevier, Angelrevier

pre·server /prɪˈzɜːvə(r); *AmE* -ˈzɜːrvər/ *Nomen* **1** Hüter(in) **2** Holzschutzmittel → *Siehe auch* LIFE PRESERVER

pre·set /ˌpriːˈset/ *Verb* (**-setting**, **-set**, **-set**) **1** (vorher) einstellen **2** (vorher) vereinbaren

pre·side /prɪˈzaɪd/ *Verb* **~ (at/over sth)** (etw) leiten, (bei etw) den Vorsitz haben

presi·dency /ˈprezɪdənsi/ *Nomen* (*Pl* **-ies**) Präsidentschaft; (*eines Rats, Gremiums*) Vorsitz ◇ *elect sb to the presidency* jdm zum Präsidenten wählen ◇ *during his presidency* während seiner Amtszeit

presi·dent 0-w /ˈprezɪdənt/ *Nomen* **1** (*auch* **President**) Präsident(in); (*eines Vereins, Gremiums etc. auch*) Vorsitzende(r) **2** (*bes AmE*) Aufsichtsratsvorsitzende(r)

ˌpresident-eˈlect *Nomen* (*Pl* **presidents-elect**) designierte(r) Präsident(in), designierte(r) Vorsitzende(r)

presi·den·tial /ˌprezɪˈdenʃl/ *Adj* **1** Präsidentschafts- ◇ *a presidential system of government* ein Präsidialsystem ◇ *1884 was a presidential year.* 1884 wurden Präsidentschaftswahlen abgehalten. **2** Präsidenten-

ˈPresidents' Day *Nomen* = amerikanischer Nationalfeiertag am dritten Montag im Februar zum Gedenken an die Geburtstage von G. Washington und A. Lincoln

pre·sid·ium (*BrE auch* **prae·sid·ium**) /prɪˈsɪdiəm/ *Nomen* Präsidium

press 0-w /pres/ *Nomen, Verb*

▸ ***Nomen*** **1** [mit Verb im Sing/Pl] (*oft* **the Press**) Presse, Zeitungen ◇ *The event attracted wide press coverage.* Über das Ereignis wurde groß in der Presse berichtet. ◇ *the popular press* die Massenblätter → *Siehe auch* GUTTER PRESS **2** (Drucker)presse ◇ *These prices are correct at the time of going to press.* Diese Preise sind gültig zum Zeitpunkt der Drucklegung. ◇ *news hot off the press* brandaktuelle Nachrichten → *Siehe auch* STOP PRESS **3** Verlag **4** (*meist in Zusammensetzungen*) Presse ◇ *a trouser press* eine Bügelpresse **5** [meist Sing] Druck, Drücken ◇ *He gave the bell another press.* Er drückte noch einmal auf die Klingel. **6** ◇ *Those shirts need a press.* Die Hemden müssen gebügelt werden. **7** Gedränge ◇ *He glimpsed a taxi among the press of cars.* Im Gewühl der Autos sah er ein Taxi. **8** (*Möbelstück*) Schrank

▸ ***Verb*** **1** drücken ◇ *She pressed her lips together.* Sie presste die Lippen zusammen. **2 ~ sb** jdn bedrängen; **~ sb for sth** jdn zu etw drängen; **~ sb into sth** jdn drängen, etw zu tun ◇ *When pressed he admitted he had known.* Als man ihn unter Druck setzte, gab er zu, dass er davon gewusst hatte. **3 ~ sth** auf etw beharren, auf etw nachdrücklich bestehen ◇ *I don't wish to press the point, but …* Ich will nicht darauf herumreiten, aber … ◇ *They were determined to press their case at the highest level.* Sie waren entschlossen, ihren Fall auch vor der höchsten Instanz zu verfechten. **4** (*Menschenmenge*) (sich) drängen **5** (*Sorgen etc.*) lasten **6** (*Äpfel, Oliven etc.*) pressen; (*Trauben auch*) auspressen **7** (*CD, Metall, Blumen*) pressen **8** (*Kleidung*) bügeln IDM **ˌpress (the) ˈflesh** (*umgs*) Hände schütteln **ˌpress sth ˈhome** (*Vorteil*) ausnutzen; (*Angriff*) durchführen; (*Argument*) durchsetzen **ˌpress sb/sth into ˈservice** jdn/etw einspannen ◇ *Every available boat was pressed into service.* Jedes Schiff wurde eingesetzt. → *Siehe auch* CHARGE *und* PANIC BUTTON PHR V **ˌpress aˈhead/ˈon** weiterfahren/-gehen; (*ohne Pause*) durchfahren **ˌpress aˈhead/ˈon with sth** etw durchziehen ◇ *The company is pressing ahead with its plans.* Die Firma will ihre Pläne durchziehen. **ˈpress for sth** auf etw drängen **ˈpress sth on sb** jdm etw aufdrängen

ˈpress agent *Nomen* Presseagent(in)

ˈpress box *Nomen* Pressetribüne

ˈpress card *Nomen* Presseausweis

ˈpress clipping (*BrE auch* **ˈpress cutting**) *Nomen* Zeitungsausschnitt

ˈpress conference *Nomen* (*bes BrE*) Pressekonferenz

ˈpress corps *Nomen* (*Pl* **press corps**) Pressekorps

pressed /prest/ *Adj* **1 be ~ (for sth)** wenig (von etw) haben ◇ *I'm rather pressed (for time) right now.* Ich habe jetzt gerade gar keine Zeit. ◇ *pressed for cash* knapp bei Kasse → *Siehe auch* HARD-PRESSED **2** (*Blumen etc.*) gepresst; (*Kleidung*) gebügelt

ˈpress gallery *Nomen* Pressetribüne

ˈpress gang *Nomen* (GESCH) (*für die Marine etc.*) Werber

ˈpress-gang *Verb* (*umgs*) **~ sb (into sth)** jdn (zu etw) zwingen; **~ sb (into doing sth)** jdn zwingen (etw zu tun)

pres·sie = PREZZIE

press·ing /ˈpresɪŋ/ *Adj, Nomen*

▸ ***Adj*** **1** dringend **2** (*Einladung*) nachdrücklich

▸ ***Nomen*** **1** (*Schallplattenherstellung*) Pressung **2** (*Anzahl*) Auflage

press·man /ˈpresmæn/ *Nomen* (*Pl* **-men** /-men/) (*BrE, umgs*) Pressemann, Reporter

ˈpress office *Nomen* Pressebüro, Pressestelle

ˈpress officer *Nomen* Pressesprecher(in)

ˈpress release *Nomen* Pressemitteilung

ˈpress secretary *Nomen* Pressesprecher(in), Pressesekretär(in)

ˈpress stud *Nomen* (*BrE*) Druckknopf

ˈpress-up *Nomen* (*BrE*) [meist Pl] Liegestütz

pres·sure 0-w /ˈpreʃə(r)/ *Nomen, Verb*

▸ ***Nomen*** **1** Druck (*auch fig*) ◇ *The government bowed to popular pressure.* Die Regierung gab dem Druck der Bevölkerung nach. ◇ *Teenagers find it difficult to resist peer pressure.* Teenagern fällt es schwer, sich dem Gruppendruck zu widersetzen. ◇ *a pressure gauge* ein Druckmesser ◇ *I applied pressure to his arm to stop the bleeding.* Ich versuchte durch Abdrücken des Arms die Blutung zu stillen. ◇ *social pressures* gesellschaftliche Zwänge **2** [Pl] Belastung, Stress ◇ *the pressures of city life* das stressige Großstadtleben ◇ *She was unable to attend because of the pressure of work.* Weil sie zu viel zu tun hatte, konnte sie nicht kommen. ◇ *This will take the pressure off our department.* Das wird unsere Abteilung entlasten. **3** Luftdruck ◇ *a band of high pressure* ein Hochdruckgebiet IDM **put ˈpressure on sb** auf jdn Druck ausüben **under ˈpressure** unter Druck (*auch fig*) ◇ *put sb under pressure* jdn unter Druck setzen

▸ ***Verb*** (*bes AmE*) (*oft passiv*) **~ sb (into sth)** jdn (zu etw) drängen

ˈpressure cooker *Nomen* Schnellkochtopf

ˈpressure group *Nomen* Pressuregroup, Lobby

ˈpressure point *Nomen* **1** (ANAT) Druckpunkt **2** (*fig*) Reizthema; (*Gebiet*) Konfliktherd

pres·sur·iza·tion (*BrE auch* **-isa·tion**) /ˌpreʃəraɪˈzeɪʃn; *AmE* -rəˈ-/ *Nomen* Druckausgleich

pres·sur·ize (*BrE auch* **-ise**) /ˈpreʃəraɪz/ *Verb* **1** (*BrE*) **~ sb (into sth)** jdn (zu etw) drängen ◇ *She was pressurized into accepting the job.* Man setzte sie unter Druck, damit sie die Stelle annahm. ◇ *He felt that he was being pressurized to resign.* Er hatte das Gefühl, dass man ihn zur Kündigung zwingen wollte. **2** (*meist passiv*) auf Normaldruck halten ◇ *a pressurized cabin* eine Druckkabine

pres·tige /preˈstiːʒ/ *Nomen, Adj*

▸ ***Nomen*** Prestige ◇ *jobs with low prestige* Berufe mit geringem Ansehen

▸ ***Adj*** [nur vor Nomen] **1** renommiert, Prestige-, prestigeträchtig ◇ *a prestige job* ein angesehener Beruf **2** Luxus-

pres·ti·gious /preˈstɪdʒəs/ *Adj* angesehen, renommiert

presto /ˈprestəʊ; *AmE* -stoʊ/ *Ausruf* (*AmE*) Tata, Simsalabim IDM → HEY

pre·sum·ably 0-w /prɪˈzjuːməbli; *AmE* -ˈzuː-/ *Adv* vermutlich

pre·sume /prɪˈzjuːm; *AmE* -ˈzuːm/ *Verb* **1** annehmen, vermuten ◇ *I presumed him to be her husband.* Ich hielt ihn für ihren Mann. ◇ *15 passengers are missing, presumed dead.* 15 Passagiere werden vermisst; man nimmt an, dass sie tot sind. ◇ *Defendants are presumed innocent until proved guilty.* Der Angeklagte gilt als unschuldig, bis ihm seine Schuld nachgewiesen wird. **2** (*gehoben*) voraussetzen **3** (*gehoben*) **~ to do sth** sich anmaßen, etw zu tun PHR V **preˈsume on/upon sb/sth** (*gehoben*) jdn/etw ausnutzen

pre·sump·tion /prɪˈzʌmpʃn/ *Nomen* **1** Annahme, Vermutung **2** (*gehoben*) Anmaßung, Dreistigkeit

pre·sump·tive /prɪˈzʌmptɪv/ *Adj* (*Fachspr*) vermutlich ◇ *a presumptive diagnosis of cancer* eine Diagnose, die auf Krebs hinweist → *Siehe auch* HEIR PRESUMPTIVE

pre·sump·tu·ous /prɪˈzʌmptʃuəs/ *Adj* anmaßend, dreist

pre·sup·pose /ˌpriːsəˈpəʊz; *AmE* -ˈpoʊz/ *Verb* (*gehoben*) **1** voraussetzen **2** zur Voraussetzung haben

pre·sup·pos·ition /ˌpriːsʌpəˈzɪʃn/ *Nomen* (*gehoben*) **1** Annahme **2** Voraussetzung, Prämisse ◇ *theories based on presupposition* Theorien, die auf Annahmen basieren

ˌpre-ˈtax *Adj* [nur vor Nomen] vor Abzug der Steuern

pre-teen /ˌpriː ˈtiːn/ *Adj, Nomen*

▸ ***Adj*** ◇ *the pre-teen years* die Jahre vor dem Teenageralter ◇ *pre-teen taste* der Geschmack der 10- bis 12-Jährigen

▸ ***Nomen*** = Kind im Alter von 10 bis 12 Jahren

pre·tence (*AmE* **pre·tense**) /prɪˈtens; *AmE* ˈpriːtens/ *Nomen* **1** Anschein, Heuchelei ◇ *Their friendliness was only pretence.* Ihre Freundlichkeit war nur geheuchelt. ◇ *She abandoned all/any pretence of being interested.* Sie gab auf, so zu tun, als ob sie interessiert wäre. ◇ *He made no pretence of great musical knowledge.* Er gab nicht etwa vor, dass er viel von Musik verstünde. **2** (*gehoben*) **~ (to sth)** Anspruch (auf etw) ◇ *I make no pretence to being an expert.* Ich erhebe gar keinen Anspruch darauf, ein Experte zu sein. ◇ *a woman with some pretence to beauty* eine Frau, die zweifellos sehr schön ist IDM → FALSE

pre·tend 0-w /prɪˈtend/ *Verb, Adj*

▸ ***Verb*** **1** so tun, als ob ◇ *She didn't love him, though she pretended to.* Sie liebte ihn nicht, obwohl sie so tat. ◇ *I'm tired of having to pretend all the time.* Ich bin es leid, mich die ganze Zeit verstellen zu müssen. ◇ *Of course I was wrong; it would be hypocritical to pretend otherwise.* Natürlich war ich im Unrecht; es wäre heuchlerisch, etwas anderes zu behaupten. ◇ *She pretended (that) she was his niece.* Sie gab vor, seine Nichte zu sein. ◇ *I pretended to be asleep.* Ich stellte mich schlafend. ◇ *She pretended an interest she did not feel.* Sie täuschte ein Interesse vor, das gar nicht bestand. **2** spielen ◇ *Let's pretend (that) we're astronauts.* Lass uns Astronauten spielen. ◇ *They didn't have any real teacups so they had to pretend.* Sie hatten keine richtigen Teetassen, daher taten sie nur so. **3** **~ (to sth)** (*meist in Fragen und verneinten Sätzen*) (auf etw) Anspruch erheben ◇ *I can't pretend to any great musical talent.* Ich habe kein großes musikalisches Talent. ◇ *I can't pretend I know much about the subject.* Ich kann nicht behaupten, dass ich darüber viel weiß.

▸ ***Adj*** (*umgs*) (*häufig von Kindern benutzt*) **1** Spiel- ◇ *pretend money* Spielgeld **2** ◇ *The child offered round pretend cakes.* Das Kind tat so, als ob es Kuchen verteilen würde.

pre·tend·er /prɪˈtendə(r)/ *Nomen* **~ (to sth)** Prätendent(in) (auf etw)

pre·tense (*AmE*) = PRETENCE

pre·ten·sion /prɪˈtenʃn/ *Nomen* **1** [meist Pl/U] Ambition; (*negativ*) Anmaßung ◇ *The play mocks the pretensions of the nouveaux riches.* Das Theaterstück macht sich über das Getue der Neureichen lustig. **2** Anspruch

pre·ten·tious /prɪˈtenʃəs/ *Adj* (*Adv* **pre·ten·tious·ly**) (*abwert*) prätentiös, anmaßend, protzig; (*Name, Worte, Stil*) hochtrabend

pre·ten·tious·ness /prɪˈtenʃəsnəs/ *Nomen* Prätention, Anmaßung

pre·ter·natural /ˌpriːtəˈnætʃrəl; *AmE* -tərˈ-/ *Adj* (*Adv* **pre·ter·nat·ur·al·ly** /-rəli/) [nur vor Nomen] (*gehoben*) **1** übernatürlich, übersinnlich **2** außergewöhnlich

pre·text /ˈpriːtekst/ *Nomen* Vorwand ◇ *He left on/under the pretext of having work to do.* Er ging unter dem Vorwand, dass er noch arbeiten müsse.

pret·tify /ˈprɪtɪfaɪ/ *Verb* (**-fies**, **-fy·ing**, **-fied**, **-fied**) (*meist abwert*) herausputzen

pret·tily /ˈprɪtɪli/ *Adv* (*bes BrE*) hübsch, nett

pret·ti·ness /ˈprɪtinəs/ *Nomen* Hübschheit, Anmut

pretty 0-w /ˈprɪti/ *Adv, Adj*

▸ ***Adv*** (*umgs*) (*vor Adjektiven und Adverbien*) ziemlich, ganz IDM **pretty ˈmuch/ˈwell** (*umgs*) fast; ungefähr ◇ *One dog looks pretty much like another to me.* Für mich sieht ein Hund so ziemlich aus wie der andere. **pretty ˈnearly** (*AmE* **pretty ˈnear**) (*umgs*) fast; ungefähr → *Siehe auch* SIT

▸ ***Adj*** (**pret·tier**, **pret·ti·est**) **1** hübsch **2** schön, nett IDM **as ˌpretty as a ˈpicture** (*veraltet*) bildhübsch **not just a pretty ˈface** (*hum*) ◇ *'I didn't know you could play the piano.' 'I'm not just a pretty face, you know!'* „Ich wusste nicht, dass du Klavier spielen kannst." „Ja, du hast mich unterschätzt." **ˌnot a pretty ˈsight** (*hum*) kein schöner Anblick **a pretty ˈpenny** (*veraltet*) viel Geld → *Siehe auch* PASS

pret·zel /ˈpretsl/ *Nomen* Brezel

pre·vail /prɪˈveɪl/ *Verb* **1** (*gehoben*) (vor)herrschen ◇ *Those beliefs still prevail here.* Das sind hier immer noch gängige Vorstellungen. **2** **~ (against/over sth)** (*gehoben*) (über etw) siegen, sich (gegen etw) durchsetzen **3** **~ (against/over sb)** (*gehoben*) (über jdn) die Oberhand gewinnen, sich (gegen jdn) durchsetzen PHR V **preˈvail on/upon sb to do sth** (*gehoben*) jdn dazu bewegen, etw zu tun

pre·vail·ing /prɪˈveɪlɪŋ/ *Adj* [nur vor Nomen] (*gehoben*) (vor)herrschend

preva·lence /ˈprevələns/ *Nomen* Verbreitung, Häufigkeit

preva·lent /ˈprevələnt/ *Adj* weitverbreitet, gängig

pre·vari·cate /prɪˈværɪkeɪt/ *Verb* (*gehoben*) ausweichen ◇ *prevaricate on the issue* dem Thema ausweichen ◇ *Stop prevaricating.* Hör auf Ausflüchte zu machen.

pre·vari·ca·tion /prɪˌværɪˈkeɪʃn/ *Nomen* (*gehoben*) Ausflucht, Ausweichen ◇ *She accused him of prevarication.* Sie warf ihm vor, Ausflüchte zu machen.

pre·vent 0-w /prɪˈvent/ *Verb* **1** verhindern ◇ *prevent the fire (from) spreading* verhindern, dass das Feuer sich ausbreitet **2** **~ sb** jdn zurückhalten; **~ sb (from) doing sth** jdn (daran) hindern, etw zu tun ◇ *He is prevented by law from holding a licence.* Er kann laut Gesetz keinen Führerschein besitzen.

pre·vent·able /prɪˈventəbl/ *Adj* vermeidbar

pre·ven·tion /prɪˈvenʃn/ *Nomen* Verhütung ◇ *fire prevention* Brandschutz IDM **prevention is better than ˈcure** (*BrE*) Vorbeugen ist besser als Heilen

pre·vent·ive /prɪˈventɪv/ (*auch* **pre·venta·tive** /-tətɪv/) *Adj* [nur vor Nomen] Präventiv-, vorbeugend

pre·view /ˈpriːvjuː/ *Nomen, Verb*
▸ ***Nomen*** **1** Vorpremiere, Vorbesichtigung **2** Vorschau
▸ ***Verb*** **1** *(Film, Fernsehprogramm)* (vorab) besprechen **2** *(bes AmE)* **~ sth** eine Vorschau auf etw geben

pre·vi·ous /ˈpriːviəs/ *Adj* [nur vor Nomen] früher, Vor-, vorherig ◊ *previous convictions* Vorstrafen ◊ *He was unable to attend because of a previous engagement.* Aufgrund anderweitiger Verpflichtungen konnte er nicht kommen. ◊ *No previous experience is necessary for the job.* Für den Job wird keine Berufserfahrung vorausgesetzt. ◊ *I had seen him the previous day.* Ich hatte ihn am Tag davor gesehen.

pre·vi·ous·ly /ˈpriːviəsli/ *Adv* vorher, zuvor

pre·vi·ous to /ˈpriːviəs tə, *vor Vokalen* tu/ *Präp (umgs)* vor, bis ◊ *Previous to this, she'd been well.* Bis dahin war sie gesund gewesen.

ˌpre-ˈwar *Adj* Vorkriegs-, vor dem Krieg

prey /preɪ/ *Nomen, Verb*
▸ ***Nomen*** Beute ◊ *birds of prey* Raubvögel IDM **be/fall ˈprey to sth** *(gehoben)* **1** von etw gefressen werden **2** einer Sache zum Opfer fallen
▸ ***Verb*** IDM **prey on sb's ˈmind** jdm keine Ruhe lassen PHR V **ˈprey on sb** sich jdn als Opfer aussuchen **ˈprey on/upon sth** auf etw Jagd machen

prez·zie *(auch* **pres·sie***)* /ˈprezi/ *Nomen (BrE, umgs)* Geschenk

price /praɪs/ *Nomen, Verb*
▸ ***Nomen*** **1** Preis ◊ *Computers have come down in price.* Die Preise für Computer sind gesunken. ◊ *Can you give me a price for the work?* Können Sie mir sagen, was das kosten wird? ◊ *share prices* Aktienkurse → *Siehe auch* ASKING PRICE, COST PRICE, CUT-PRICE, HALF-PRICE, LIST PRICE, MARKET PRICE *und* SELLING PRICE **2** [Sing] *(fig)* Preis ◊ *Criticism is part of the price of leadership.* Als Führungskraft muss man Kritik in Kauf nehmen. ◊ *even at the price of ruining their relationship* selbst auf die Gefahr hin, ihre Beziehung zu zerstören **3** *(Pferderennen)* (Wett)quote IDM **at ˈany price** um jeden Preis **at a ˈprice** zum entsprechenden Preis **beyond ˈprice** *(gehoben)* unbezahlbar; von unschätzbarem Wert **everyone has their ˈprice** jeder Mensch ist käuflich **not at ˈany price** um keinen Preis **put a ˈprice on sth 1** den Geldwert von etw bestimmen **2** etw mit Gold aufwiegen **there's a ˈprice on sb's head** auf jds Kopf ist eine Belohnung ausgesetzt **ˈwhat price ...?** *(BrE, umgs)* **1** ◊ *What price fame and fortune?* Was sind Ruhm und Reichtum? **2** wie stehen die Chancen für ...? → *Siehe auch* CHEAP *und* PAY
▸ ***Verb*** **1** *(meist passiv)* ◊ *They are priced at $100 each.* Sie kosten 100 Dollar pro Stück. ◊ *They are priced too high.* Sie sind überteuert. ◊ *a reasonably priced house* ein Haus zu einem annehmbaren Preis **2 ~ sth (up)** etw auszeichnen **3** etw im Preis vergleichen ◊ *We priced various models.* Wir haben die Preise von verschiedenen Modellen verglichen. IDM **price yourself/sth out of the ˈmarket** sich/etw durch hohe Preise konkurrenzunfähig machen

ˈprice-fixing *Nomen* [U] Preisabsprache(n)

ˈprice index *Nomen* = RETAIL PRICE INDEX

price·less /ˈpraɪsləs/ *Adj* **1** unbezahlbar, von unschätzbarem Wert **2** *(umgs) (unterhaltsam)* köstlich, unbezahlbar

ˈprice tag *Nomen* Preisschild *(auch fig)*

pricey /ˈpraɪsi/ *Adj* (**prici·er**, **prici·est**) *(umgs)* teuer

pri·cing /ˈpraɪsɪŋ/ *Nomen* [U] Preis(e)

prick /prɪk/ *Verb, Nomen*
▸ ***Verb*** **1 ~ sth (with sth)** (mit etw) (in) etw stechen ◊ *Prick holes in the paper with a pin.* Stechen Sie mit einer Nadel Löcher ins Papier. **2 ~ sth (on sth)** sich/jdn (mit etw) in etw stechen ◊ *She pricked her finger on a needle.* Sie hat sich mit einer Nadel in den Finger gestochen. **3** stechen, brennen ◊ *He felt a pricking sensation in his throat* Er spürte ein Stechen in der Kehle. ◊ *Tears pricked her eyes.* Tränen brannten in ihren Augen. IDM **your ˈconscience pricks you** man hat Gewissensbisse **sth pricks your ˈconscience** etw verursacht einem Gewissensbisse **prick (up) your ˈears** die Ohren spitzen **your ˈears prick up** man spitzt die Ohren PHR V **ˌprick sth ˈout** etw (aus)pflanzen, etw pikieren
▸ ***Nomen*** **1** *(vulg, Slang) (Penis)* Schwanz **2** *(vulg, Slang) (Mann)* Idiot, blöder Hund **3** Stich **4** Stechen, Brennen ◊ *(fig) the prick of conscience* Gewissensbisse

prickle /ˈprɪkl/ *Verb, Nomen*
▸ ***Verb*** **1 ~ (sth)** (auf etw) kratzen **2** prickeln, brennen ◊ *The hairs on the back of my neck prickled.* Mir stellten sich die Nackenhaare auf. ◊ *Her eyes prickled with tears.* In ihren Augen brannten Tränen. **3** gereizt reagieren
▸ ***Nomen*** **1** Stachel **2** Prickeln

prick·ly /ˈprɪkli/ *Adj* **1** stachelig, dornig **2** prickelnd ◊ *The sweat made my skin feel all prickly.* Der Schweiß prickelte auf meiner Haut. **3** *(umgs) (Mensch)* reizbar, empfindlich **4** *(Thema, Entscheidung etc.)* haarig, schwierig

ˌprickly ˈpear *Nomen* **1** Feigenkaktus **2** Kaktusfeige

pride /praɪd/ *Nomen, Verb*
▸ ***Nomen*** **1** Stolz, Genugtuung ◊ *He felt a glow of pride.* Er glühte vor Stolz. ◊ *We take great pride in offering the best service in town.* Wir sind sehr stolz darauf, dass wir den besten Service der Stadt bieten. ◊ *take pride in your appearance* Wert auf sein Äußeres legen ◊ *I take (a) pride in my work.* Ich gebe mir immer Mühe mit meiner Arbeit. **2** *(abwert)* Hochmut **3** [mit Verb im Sing/Pl] *(Löwen-)* Rudel IDM **sb's pride and ˈjoy** jds ganzer Stolz **pride comes/goes before a ˈfall** Hochmut kommt vor dem Fall **pride of ˈplace** der Ehrenplatz
▸ ***Verb*** PHR V **ˈpride yourself on sth** *(kein Passiv)* auf etw stolz sein, sich mit etw brüsten können

priest /priːst/ *Nomen* Priester(in) ◊ *He's the parish priest.* Er ist der Pfarrer. ◊ *women priests* weibliche Priester

priest·ess /ˈpriːstes/ *Nomen* Priesterin

priest·hood /ˈpriːsthʊd/ *Nomen* **the priesthood** [Sing] **1** das Priesteramt ◊ *enter the priesthood* Priester(in) werden **2** die Geistlichkeit

priest·ly /ˈpriːstli/ *Adj* Priester-, priesterlich

prig /prɪɡ/ *Nomen (abwert)* Tugendbold

prig·gish /ˈprɪɡɪʃ/ *Adj (abwert)* selbstgefällig, pedantisch

prim /prɪm/ *Adj (Adv* **prim·ly***)* **1** *(abwert)* spröde, prüde ◊ *prim and proper* etepetete **2** korrekt, streng

prima bal·ler·ina /ˌpriːmə ˌbæləˈriːnə/ *Nomen* Primaballerina

pri·macy /ˈpraɪməsi/ *Nomen (Pl* **-ies***) (gehoben)* **1** Vorrang(stellung), Primat **2** *(kirchlich)* Primat

prima donna /ˌpriːmə ˈdɒnə; *AmE* ˈdɑːnə/ *Nomen (auch fig)* Primadonna

prim·aeval = PRIMEVAL

prima facie /ˌpraɪmə ˈfeɪʃi/ *Adj, Adv*
▸ ***Adj*** [nur vor Nomen] (RECHT) auf dem ersten Anschein basierend, Prima-facie- ◊ *prima facie evidence* Anscheinsbeweis
▸ ***Adv*** (RECHT) prima facie, allem Anschein nach

primal /ˈpraɪml/ *Adj* [nur vor Nomen] *(gehoben)* ursprünglich, Ur- ◊ *the primal hunter-gatherer* der Jäger und Sammler der Urzeit

pri·mar·ily /praɪˈmerəli; *BrE auch* ˈpraɪmərəli/ *Adv* hauptsächlich, vor allem, in erster Linie

pri·mary 🔑 /ˈpraɪməri; *AmE* -meri/ *Adj, Nomen*
▸ ***Adj*** **1** grundlegend, Haupt-, hauptsächlich ◇ *That's of primary importance.* Das ist von größter Wichtigkeit. **2** Anfangs-, ursprünglich ◇ *primary causes* Primärursachen **3** (*bes BrE*) [nur vor Nomen] = die Schulbildung von Kindern im Alter von etwa 5 bis 11 Jahren betreffend ◇ *primary teachers* Grundschullehrer → *Siehe auch* PRIMARY SCHOOL
▸ ***Nomen*** (*Pl* **-ies**) (*auch* **ˌprimary eˈlection**) (POL) (*in den USA*) Vorwahl ◇ *the presidential primaries* die Vorwahlen um die Präsidentschaftskandidatur

ˌprimary ˈcolour (*AmE* **ˌprimary ˈcolor**) *Nomen* Grundfarbe

ˌprimary ˈhealth care *Nomen* [U] primärärztliche Versorgung

ˈprimary school *Nomen* (*BrE*) ≈ Grundschule → *Siehe auch* SECONDARY SCHOOL

ˌprimary source *Nomen* Primärquelle

ˌprimary ˈstress *Nomen* (LING) Hauptakzent

pri·mate /ˈpraɪmeɪt/ *Nomen* **1** (ZOOL) Primat **2** (*Erzbischof*) Primas

prime 🔑 /praɪm/ *Adj, Nomen, Verb*
▸ ***Adj*** [nur vor Nomen] **1** Haupt-, hauptsächlich ◇ *That's of prime importance.* Das ist von größter Wichtigkeit. ◇ *the prime candidate for the job* der aussichtsreichste Bewerber für die Stelle ◇ *The house is a prime target for burglars.* Das Haus bietet sich Einbrechern geradezu an. **2** erstklassig, hervorragend ◇ *prime (cuts of) beef* Rindfleisch erster Güteklasse
▸ ***Nomen*** [Sing] Blüte(zeit), beste Zeit ◇ *a young woman in her prime* eine junge Frau in der Blüte ihrer Jahre
▸ ***Verb*** **1 ~ sb** jdn instruieren; **~ sb (for/with sth)** jdn (auf/mit etw) vorbereiten ◇ *They had been primed with good advice.* Man hatte ihnen gute Ratschläge mit auf den Weg gegeben. **2** einsatzbereit machen; (*Bombe*) scharf machen **3** grundieren IDM **prime the ˈpump** ◇ *The money was intended to prime the community care pump.* Mit dem Geld sollte die Gemeindepflege in Gang gebracht werden.

ˌprime ˈminister 🔑 (*auch* **Prime Minister**) *Nomen* (*bes BrE, umgs*) (*Abk* **PM**) Premierminister(in)

ˌprime ˈmover *Nomen* treibende Kraft

ˌprime ˈnumber *Nomen* (MATH) Primzahl

primer *Nomen* **1** /ˈpraɪmə(r)/ Grundierfarbe, Grundierung **2** /ˈpraɪmə(r); *AmE* ˈprɪ-/ (*AmE*) Fibel

ˈprime rate *Nomen* (*bes AmE*) Vorzugszinssatz

ˈprime time *Nomen* Hauptsendezeit

pri·meval (*auch* **prim·aeval**) /praɪˈmiːvl/ *Adj* Ur-, urzeitlich

primi·tive /ˈprɪmətɪv/ *Adj, Nomen*
▸ ***Adj*** **1** primitiv **2** Ur-, urzeitlich
▸ ***Nomen*** **1** = Künstler(in) der Vorrenaissance **2** naive(r) Maler(in)

primi·tive·ness /ˈprɪmətɪvnəs/ *Nomen* **1** Primitivität **2** Ursprünglichkeit

prim·ly *Adv* → PRIM

primo·geni·ture /ˌpraɪməʊˈdʒenɪtʃə(r); *AmE* -moʊ-/ *Nomen* (*gehoben oder Fachspr*) Erstgeburt(srecht)

prim·or·dial /praɪˈmɔːdiəl; *AmE* -ˈmɔːrd-/ *Adj* (*gehoben*) Ur-, primordial

prim·rose /ˈprɪmrəʊz; *AmE* -roʊz/ *Nomen* **1** Primel **2** (*auch* **ˌprimrose ˈyellow**) [U] Blassgelb

prim·ula /ˈprɪmjələ/ *Nomen* Primel

Pri·mus™ /ˈpraɪməs/ (*auch* **ˈPrimus stove**) *Nomen* Primuskocher

prince 🔑 /prɪns/ *Nomen* **1** Prinz **2** Fürst **3 the ~ of sth; a ~ among sth** (*gehoben*) ◇ *the prince of comedy* der König der Komödie ◇ *a prince among men* ein außergewöhnlicher Mensch

Prince ˈConsort *Nomen* Prinzgemahl

prince·ling /ˈprɪnslɪŋ/ *Nomen* (*meist abwert*) Prinzchen, Duodezfürst

prince·ly /ˈprɪnsli/ *Adj* **1** (*gehoben, veraltet*) stattlich, fürstlich **2** Prinzen-, prinzlich, Fürsten-, fürstlich

prin·cess 🔑 /ˌprɪnˈses, ˈprɪnses/ *Nomen* **1** Prinzessin **2** Fürstin

Princess ˈRoyal *Nomen* = Titel, der oft an die älteste Tochter des Monarchen/der Monarchin verliehen wird

prin·ci·pal /ˈprɪnsəpl/ *Adj, Nomen*
▸ ***Adj*** [nur vor Nomen] Haupt-, wichtigste(r,s)
▸ ***Nomen*** **1** (*BrE*) Rektor(in) **2** [meist Sing] (FINANZ) (Investitions)kapital, Kreditsumme **3** Hauptdarsteller(in)

prin·ci·pal·ity /ˌprɪnsɪˈpæləti/ *Nomen* (*Pl* **-ies**) **1** Fürstentum **2 the Principality** (*BrE*) Wales

prin·ci·pal·ly /ˈprɪnsəpli/ *Adv* hauptsächlich, in erster Linie

ˌprincipal ˈparts *Nomen* [Pl] (LING) Stammformen

prin·ciple 🔑 /ˈprɪnsəpl/ *Nomen* **1** Prinzip, Grundsatz ◇ *on principle* aus Prinzip ◇ *as a matter of principle* grundsätzlich **2** Grundlage ◇ *We must get back to first principles.* Wir müssen zu den Grundlagen zurückkehren. IDM **in ˈprinciple** **1** im Prinzip; im Grunde **2** prinzipiell; grundsätzlich

prin·cipled /ˈprɪnsəpld/ *Adj* **1** prinzipientreu **2** auf Grundsätzen beruhend ◇ *a principled policy* eine auf Prinzipien beruhende Politik

print 🔑 /prɪnt/ *Verb, Nomen*
▸ ***Verb*** **1** drucken, ausdrucken ◇ *printed matter/papers* Drucksache **2 ~ (A on) B; ~ B (with A)** B (mit A) bedrucken ◇ *They have printed their own design on the T-shirt.* Sie haben das T-Shirt mit ihrem eigenen Logo bedruckt. **3** (ab)drucken, veröffentlichen **4** (*Foto*) abziehen **5** in Druckschrift schreiben **6 ~ sth (in/on sth)** etw (in etw/einer Sache) einprägen ◇ *The tracks of the animal were clearly printed in the sand.* Das Tier hatte eine deutliche Fährte im Sand hinterlassen. IDM **the ˌprinted ˈword** das gedruckte Wort → *Siehe auch* LICENCE *und* WORTH PHRV **ˌprint sth ˈoff/ˈout** etw ausdrucken
▸ ***Nomen*** **1** Druck ◇ *in small/bold print* klein/fett gedruckt ◇ *print unions* die Gewerkschaften der Druckindustrie ◇ *a print run* eine Auflage **2** [meist Pl] Abdruck **3** (*Bild*) Druck **4** Foto, Abzug **5** bedruckter Stoff ◇ *a cotton print dress* ein bedrucktes Baumwollkleid **6** (Druck)muster ◇ *a floral print* ein aufgedrucktes Blumenmuster IDM **ˌget into ˈprint** erscheinen; veröffentlicht werden **in print** **1** gedruckt, veröffentlicht ◇ *It was the first time he had seen his name in print.* Es war das erste Mal, dass er etwas veröffentlicht hatte. **2** (*Buch*) lieferbar **ˌout of ˈprint** vergriffen; nicht mehr lieferbar

print·able /ˈprɪntəbl/ *Adj* (*meist in verneinten Sätzen gebraucht*) druckfähig

print·er 🔑 /ˈprɪntə(r)/ *Nomen* **1** Drucker ◇ *a laser printer* ein Laser-Drucker **2** (*Mensch*) Drucker(in) **3** Druckerei

print·ing 🔑 /ˈprɪntɪŋ/ *Nomen* [U] **1** Drucken, Buchdruck ◇ *the printing trade* die Druckindustrie **2** Auflage

ˈprinting press *Nomen* Druckerpresse

ˌprint on deˈmand *Nomen* (*Abk* **POD**) [U] Print-on-Demand, Drucken bei Bedarf

print·out /ˈprɪntaʊt/ *Nomen* (COMP) Ausdruck

prion /ˈpriːɒn; *AmE* ˈpriːɑːn/ *Nomen* (BIOL) Prion

prior 🔑 /ˈpraɪə(r)/ *Adj, Nomen*
▸ ***Adj*** [nur vor Nomen] **1** Vor-, vorherig, früher ◇ *Please give us prior notice if you need an evening*

meal. Bitte lassen Sie uns frühzeitig wissen, ob Sie zu Abend essen möchten. ◇ *They have a prior claim to the property.* Sie haben ältere Rechte auf den Besitz. **2** ˈ**prior to** (*gehoben*) vor

▸ ***Nomen*** Prior

pri·or·ess /ˈpraɪərəs; *BrE auch* ˌpraɪəˈres/ *Nomen* Priorin

pri·ori·tiza·tion (*BrE auch* **-isa·tion**) /praɪˌɒrətaɪˈzeɪʃn; *AmE* -ˌɔːrətəˈ-/ *Nomen* **1** Anordnung nach Priorität ◇ *Prioritization was necessary.* Es galt, Prioritäten zu setzen. **2** Priorisierung ◇ *She was criticized for excessive prioritization of foreign policy.* Man warf ihr vor, die Außenpolitik zu sehr in den Vordergrund zu stellen.

pri·ori·tize (*BrE auch* **-ise**) /praɪˈɒrətaɪz; *AmE* -ˈɔːr-/ *Verb* **1** Prioritäten setzen **2** der Wichtigkeit nach ordnen **3** (*gehoben*) **~ sth** einer Sache Priorität einräumen

pri·or·ity 0-w /praɪˈɒrəti; *AmE* -ˈɔːr-/ *Nomen* (*Pl* **-ies**) **1** Priorität ◇ *Education is a top priority.* Die Bildung hat höchste Priorität. ◇ (*BrE*) *You need to get your priorities right.* Du musst dir überlegen, was dir am wichtigsten ist. **2 ~ (over sth/sb)** Vorrang (vor etw/jdm) ◇ *The search for a new vaccine will take priority.* Die Suche nach einem neuen Impfstoff hat Vorrang. ◇ *priority cases* dringende Fälle **3** (*BrE*) Vorfahrt(srecht)

pri·ory /ˈpraɪəri/ *Nomen* (*Pl* **-ies**) Priorat

prise (*AmE* **prize**) /praɪz/ *Verb* mit Gewalt/Schwierigkeiten losmachen ◇ *She used a knife to prise open the lid.* Sie benutzte ein Messer, um den Deckel zu öffnen. ◇ *He prised her fingers from the bag and took it from her.* Er löste ihre Finger von der Tasche und nahm sie ihr weg. **PHR V** ˌ**prise sth ˈout (of sb)**; ˈ**prise sth from sb** etw (aus jdm) herausbekommen, etw aus jdm herausquetschen

prism /ˈprɪzəm/ *Nomen* Prisma

prison 0-w /ˈprɪzn/ *Nomen* **1** Gefängnis (*auch fig*) ◇ *a five-year prison sentence* eine Freiheitsstrafe von 5 Jahren ◇ *go to prison* ins Gefängnis kommen ◇ *She is in prison awaiting trial.* Sie sitzt in Untersuchungshaft. ◇ *the prison population* die Zahl der Strafgefangenen ◇ *prison officers* Gefängniswärter **2** Strafvollzug ◇ *the prison service/system* das Strafvollzugssystem

ˈ**prison camp** *Nomen* Gefangenenlager

pris·on·er 0-w /ˈprɪznə(r)/ *Nomen* Gefangene(r), Untersuchungshäftling ◇ *the prisoner at the bar* der Angeklagte ◇ *He was taken prisoner.* Er wurde gefangen genommen. ◇ *hold sb prisoner* jdn gefangen halten

ˌ**prisoner of ˈconscience** *Nomen* (*Pl* **pris·on·ers of con·science**) Gefangene(r) aus Gewissensgründen

ˌ**prisoner of ˈwar** *Nomen* (*Pl* **pris·on·ers of war**) (*Abk* **POW**) Kriegsgefangene(r)

prissy /ˈprɪsi/ *Adj* (*umgs, abwert*) etepetete, brav

pris·tine /ˈprɪstiːn/ *Adj* **1** tadellos, makellos **2** unberührt

priv·acy /ˈprɪvəsi; *AmE* ˈpraɪ-/ *Nomen* **1** Alleinsein, Ruhe ◇ *He read the letter later in the privacy of his own room.* Er las den Brief später, als er allein in seinem Zimmer war. **2** Privatsphäre, Intimsphäre

pri·vate 0-w /ˈpraɪvət/ *Adj, Nomen*

▸ ***Adj*** (*Adv* **pri·vate·ly**) privat ◇ (*BrE*) *private patients* Privatpatienten ◇ *patients who decide to go private* Patienten, die beschließen, privat zum Arzt zu gehen ◇ *a privately owned company* eine Firma in Privatbesitz ◇ *Their children were educated privately.* Ihre Kinder gingen auf eine Privatschule. ◇ *return state companies to private ownership* staatliche Unternehmen reprivatisieren ◇ *private talks* persönliche Gespräche ◇ *They were sharing a private joke.* Sie lachten zusammen über irgendetwas. ◇ *her private thoughts* ihre geheimen Gedanken ◇ *Let's go somewhere a bit more private.* Lass uns irgendwo hingehen, wo wir alleine sind. ◇ *She smiled, but privately she was furious.* Sie lächelte, aber innerlich war sie wütend. ◇ *a room with a private bathroom* ein Zimmer mit Bad

▸ ***Nomen*** **1** (*BrE*) (*Abk* **Pte**) Grenadier, Gefreite(r) **2** (*AmE*) Obergefreite **3 privates** [Pl] (*umgs, verhüll*) Geschlechtsteile **IDM** **in private** privat; persönlich; unter vier Augen; in den eigenen vier Wänden

ˌ**private ˈcompany** = PRIVATE LIMITED COMPANY

ˌ**private deˈtective** (*auch* ˌ**private inˈvestigator**; *umgs* ˌ**private ˈeye**) *Nomen* Privatdetektiv(in)

ˌ**private ˈenterprise** *Nomen* [U] **1** freies Unternehmertum, Privatwirtschaft **2** Eigeninitiative

pri·vat·eer /ˌpraɪvəˈtɪə(r); *AmE* -ˈtɪr/ *Nomen* Kaperschiff

ˌ**private ˈlaw** *Nomen* Privatrecht

ˌ**private ˌlimited ˈcompany** (*auch* ˌ**private ˈcompany**) *Nomen* (*Pl* **-ies**) WIRTSCH) ≈ Gesellschaft mit beschränkter Haftung

ˌ**private ˈmember** *Nomen* = Abgeordnete(r) im britischen Unterhaus, der/die keinen Ministerposten innehat

ˌ**private ˈparts** *Nomen* [Pl] (*verhüll*) Geschlechtsteile

ˌ**private ˈpractice** *Nomen* **1** ◇ *Most solicitors in England and Wales are in private practice.* Die meisten Rechtsanwälte in England und Wales sind selbstständig oder arbeiten in kleinen Kanzleien. **2** (*in GB*) = medizinische Betreuung von Patienten außerhalb des staatlichen Gesundheitswesens ◇ *They set up a private practice.* Sie haben eine Privatpraxis aufgemacht.

ˌ**private ˈsecretary** *Nomen* **1** Privatsekretär(in) **2** Staatssekretär(in)

the ˌprivate ˈsector *Nomen* die Privatwirtschaft

ˌ**private ˈview** (*auch* ˌ**private ˈviewing**) *Nomen* Vernissage

pri·va·tion /praɪˈveɪʃn/ *Nomen* (*gehoben*) Not, Entbehrung ◇ *They endured years of suffering and privation.* Jahrelang erlitten sie Not und Elend.

pri·vat·iza·tion (*BrE auch* **-isa·tion**) /ˌpraɪvətaɪˈzeɪʃn; *AmE* -təˈ-/ *Nomen* Privatisierung

pri·vat·ize (*BrE auch* **-ise**) /ˈpraɪvətaɪz/ *Verb* privatisieren

privet /ˈprɪvɪt/ *Nomen* Liguster

priv·il·ege /ˈprɪvəlɪdʒ/ *Nomen, Verb*

▸ ***Nomen*** **1** Privileg ◇ *a life of wealth and privilege* ein Leben des Wohlstands und der Privilegien **2** [Sing] Ehre **3** (POL) Immunität ◇ *parliamentary privilege* Immunität der Abgeordneten

▸ ***Verb*** (*gehoben*) privilegieren, bevorzugen

priv·il·eged /ˈprɪvəlɪdʒd/ *Adj* **1** privilegiert **2** [nicht vor Nomen] ◇ *We are privileged to welcome him here this evening.* Es ist uns eine Ehre, ihn heute Abend bei uns willkommen zu heißen. **3** (RECHT) vertraulich ◇ *act on privileged information* aufgrund von Insiderwissen handeln

privy /ˈprɪvi/ *Adj, Nomen*

▸ ***Adj*** (*gehoben*) **~ to sth** in etw eingeweiht

▸ ***Nomen*** (*Pl* **-ies**) (*veraltet*) (Außen)toilette

the ˌPrivy ˈCouncil *Nomen* [mit Verb im Sing/Pl] (*in Großbritannien*) Geheimer Staatsrat

ˌ**Privy ˈCouncillor** *Nomen* (*in Großbritannien*) Geheimer Staatsrat, Geheime Staatsrätin

the ˌprivy ˈpurse *Nomen* [Sing] (*BrE*) = Gelder, die der Staat dem König/der Königin für seine/ihre privaten Ausgaben zur Verfügung stellt

prize 0-w /praɪz/ *Nomen, Adj, Verb*

▸ ***Nomen*** **1** Preis ◇ *I won $500 prize money.* Ich habe einen Geldpreis von 500 Dollar gewonnen. ◇ *a prize* *draw* eine Lotterie ◇ *There are no prizes for guessing who it was.* Dreimal darfst du raten, wer das war. **2** Lohn ◇ *World peace is the greatest prize of all.* Der Weltfrieden ist das allerhöchste Gut.

▸ ***Adj*** [nur vor Nomen] **1** preisgekrönt ◇ *prize cattle* prämiertes Zuchtvieh **2** Muster- ◇ *a prize student* ein vorbildlicher Student ◇ *a prize specimen* ein Prachtexemplar ◇ *(umgs) What a prize idiot he is!* So ein Vollidiot!

▸ ***Verb*** **1 ~ sth (for sth)** *(meist passiv)* etw (wegen einer Sache) (hoch) schätzen **2** *(AmE)* = PRISE

prized /praɪzd/ *Adj* [nur vor Nomen] wertvoll, hoch geschätzt ◇ *my most prized possessions* mein wertvollster Besitz ◇ *his prized collection of beer mats* seine heiß geliebte Bierdeckelsammlung

prize·fight /ˈpraɪzfaɪt/ *Nomen* Preisboxkampf

prize·fight·er /ˈpraɪzfaɪtə(r)/ *Nomen* Preisboxer(in)

prize·fight·ing /ˈpraɪzfaɪtɪŋ/ *Nomen* Preisboxen

ˈprize-giving *Nomen (BrE)* Preisverleihung

prize·win·ner /ˈpraɪzwɪnə(r)/ *Nomen* Preisträger(in), Gewinner(in)

prize·win·ning /ˈpraɪzwɪnɪŋ/ *Adj* preisgekrönt, prämiert ◇ *the prizewinning numbers* die Gewinnzahlen

pro /prəʊ; *AmE* proʊ/ *Nomen, Adj*

▸ ***Nomen*** *(Pl* **pros***) (umgs)* Profi IDM **the ˌpros and ˈcons** das Für und Wider

▸ ***Adj*** [nur vor Nomen] *(bes AmE)* (SPORT) Profi- ◇ *pro football* Profifußball

pro- /prəʊ; *AmE* proʊ/ *Vorsilbe (in Adjektiven benutzt)* für ◇ *pro-democracy* prodemokratisch ◇ *pro-European* pro-europäisch ◇ *pro-German* deutschfreundlich

pro·active /ˌprəʊˈæktɪv; *AmE* ˌproʊ-/ *Adj (Adv* **pro·active·ly***)* proaktiv

ˌpro-ˈam *Adj, Nomen*

▸ ***Adj*** [nur vor Nomen] (SPORT) (SPORT) für Profis und Amateure

▸ ***Nomen*** Wettbewerb für Profis und Amateure

prob·abil·ist·ic /ˌprɒbəbɪˈlɪstɪk; *AmE* ˌprɑːb-/ *Adj (Fachspr)* probabilistisch

prob·abil·ity /ˌprɒbəˈbɪləti; *AmE* ˌprɑːb-/ *Nomen (Pl* **-ies***)* Wahrscheinlichkeit ◇ *The probability is that …* Es ist wahrscheinlich, dass … IDM **in ˌall probaˈbility** *(gehoben)* aller Wahrscheinlichkeit nach

prob·able /ˈprɒbəbl; *AmE* ˈprɑːb-/ *Adj, Nomen*

▸ ***Adj*** *(Adv* **prob·ably** /-bli/*)* **1** wahrscheinlich ◇ *highly probable* höchstwahrscheinlich **2** voraussichtlich

▸ ***Nomen*** **~ (for sth)** *(bes BrE)* = jd, der wahrscheinlich etw gewinnt oder für eine Mannschaft etc. ausgewählt wird

pro·bate /ˈprəʊbeɪt; *AmE* ˈproʊ-/ *Nomen, Verb*

▸ ***Nomen*** (RECHT) gerichtliche Testamentsbestätigung

▸ ***Verb*** *(AmE) (Testament)* beglaubigen, bestätigen

pro·ba·tion /prəˈbeɪʃn; *AmE* proʊˈ-/ *Nomen* **1** (RECHT) Bewährung ◇ *be on probation* unter Bewährung stehen **2** Probe(zeit) **3** *(AmE) (für Schüler)* Bewährungsfrist

pro·ba·tion·ary /prəˈbeɪʃnri; *AmE* proʊˈbeɪʃəneri/ *Adj* Probe- ◇ *on a probationary basis* auf Probe

pro·ba·tion·er /prəˈbeɪʃnə(r); *AmE* proʊˈ-/ *Nomen* **1** = jd, der in der Probezeit ist **2** unter Bewährung Stehende(r)

proˈbation officer *Nomen* Bewährungshelfer(in)

probe /prəʊb; *AmE* proʊb/ *Verb, Nomen*

▸ ***Verb*** **1 ~ (into) sth** etw untersuchen ◇ *The media were probing into his past.* Die Medien stocherten in seiner Vergangenheit herum. ◇ *Searchlights probed the night sky.* Scheinwerfer suchten den Nachthimmel ab. **2** nachforschen, nachfragen

▸ ***Nomen*** **1 ~ (into sth)** Nachforschung (über etw), Untersuchung (einer Sache) **2** = SPACE PROBE **3** *(Fachspr)* Sonde

prob·ing /ˈprəʊbɪŋ; *AmE* ˈproʊ-/ *Adj* **1** gründlich; *(Fragen)* bohrend **2** durchdringend, prüfend

pro·biot·ic /ˌprəʊbaɪˈɒtɪk; *AmE* ˌproʊbaɪˈɑːtɪk/ *Adj* probiotisch ◇ *probiotic products/yogurt/cheese* probiotische Produkte/Jogurt/Käse

prob·ity /ˈprəʊbəti; *AmE* ˈproʊ-/ *Nomen (gehoben)* Integrität

prob·lem 0-π /ˈprɒbləm; *AmE* ˈprɑːbləm/ *Nomen, Adj*

▸ ***Nomen*** **1** Problem ◇ *There's no history of heart problems in our family.* In unserer Familie war noch nie jemand herzkrank. ◇ *the magazine's problem page* die Kummerseite der Zeitschrift **2** (MATH) Aufgabe IDM **Do you have a ˈproblem with that?** *(umgs)* Stört dich das? **no ˈproblem** *(umgs)* **1** kein Problem **2** gern geschehen; macht nichts **not a ˈproblem** *(umgs)* kein Problem **What's ˈyour problem?** *(umgs)* Hast du damit vielleicht ein Problem?; Passt dir vielleicht etwas nicht?

▸ ***Adj*** [nur vor Nomen] Problem-

prob·lem·at·ic /ˌprɒbləˈmætɪk; *AmE* ˌprɑːb-/ *(auch* **prob·lem·at·ical** /-tɪkl/*) Adj* problematisch

ˈproblem-solving *Nomen* Problemlösung

pro·bos·cis /prəˈbɒsɪs; *AmE* -ˈbɑːsɪs, -skɪs/ *(Pl* **pro·bos·ces** /-siːz/, **pro·bos·cises***) Nomen* **1** *(Insekten- etc.)* Rüssel **2** *(hum)* Nase

probs /prɒbz; *AmE* prɑːbz/ *Nomen* [Pl] IDM **no probs** *(umgs)* kein Problem

pro·ced·ural /prəˈsiːdʒərəl/ *Adj (gehoben)* verfahrenstechnisch, verfahrensrechtlich

pro·ced·ure 0-π /prəˈsiːdʒə(r)/ *Nomen* **1** Verfahren, Vorgehensweise ◇ *safety procedures* Sicherheitsvorschriften ◇ *Booking a room is quite a simple procedure.* Es ist relativ einfach ein Hotelzimmer zu reservieren. ◇ *What is the regular procedure?* Wie wird das normalerweise gehandhabt? **2** (MED) Eingriff

pro·ceed 0-π /prəˈsiːd; *AmE* proʊˈ-/ *Verb* **1** fortfahren, weitermachen **2** *(Fortschritte machen)* vorangehen **3** *(vorgehen)* verfahren **4 ~ to do sth** zu etw übergehen **5** *(gehoben)* gehen, fahren, sich begeben PHR V **proˈceed against sb** ein Verfahren gegen jdn einleiten **proˈceed from sth** *(gehoben)* von etw ausgehen, auf etw basieren

pro·ceed·ing /prəˈsiːdɪŋ/ *Nomen (gehoben)* **1** ◇ *this way of proceeding* diese Vorgehensweise **2** [meist Pl] **~ (against sb) (for sth)** Verfahren (gegen jdn) (wegen einer Sache) ◇ *start divorce proceedings* die Scheidung einreichen ◇ *bring legal proceedings against sb* gegen jdn gerichtlich vorgehen **3 proceedings** [Pl] Veranstaltung, Vorgänge **4 proceedings** [Pl] Protokoll, Tätigkeitsbericht

pro·ceeds /ˈprəʊsiːdz; *AmE* ˈproʊ-/ *Nomen* [Pl] Erlös

pro·cess[1] 0-π /ˈprəʊses; *AmE* ˈprɑːses, ˈproʊses/ *Nomen, Verb*

▸ ***Nomen*** **1** Prozess, Vorgang ◇ *a consultation process* eine Befragung ◇ *It's going to be a slow process.* Das wird eine Weile dauern. ◇ *We're in the process of selling our house.* Wir sind dabei unser Haus zu verkaufen. **2** Verfahren ◇ *manufacturing processes* Produktionsverfahren

▸ ***Verb*** **1** behandeln, verarbeiten; *(Film)* entwickeln ◇ *processed cheese* Schmelzkäse ◇ *a sewage processing plant* eine Abwasseraufbereitungsanlage **2** bearbeiten; *(Fahrgäste etc.)* abfertigen **3** (COMP) verarbeiten

pro·cess[2] 0-π /prəˈses/ *Verb (gehoben)* ziehen, schreiten

pro·cess·ing /ˈprəʊsesɪŋ; *AmE* ˈprɑːse-, ˈproʊse-/ *Nomen* Verarbeitung, Bearbeitung, Behandlung; *(Foto-)* Entwicklung ◇ *the food processing industry* die Lebensmittelindustrie

pro·ces·sion /prəˈseʃn/ *Nomen* **1** Prozession ◇ *a ceremonial procession* ein Umzug ◇ *a funeral procession* ein Trauerzug **2** Reihe (*von Menschen*)

pro·ces·sor /ˈprəʊsesə(r); *AmE* ˈprɑːse-, ˈproʊse-/ *Nomen* (COMP) Prozessor

ˌpro-ˈchoice *Adj* = die Meinung vertretend, dass eine Frau selbst entscheiden können sollte, ob sie abtreiben will oder nicht

pro·claim /prəˈkleɪm/ *Verb* **1** (*öffentlich verkündigen*) ausrufen, erklären **2** (*gehoben*) verraten ◇ *His accent proclaimed him a Scot/to be a Scot.* Sein Akzent verriet, dass er Schotte war.

pro·clama·tion /ˌprɒkləˈmeɪʃn; *AmE* ˌprɑːk-/ *Nomen* Proklamation, Verkündung, Bekanntmachung

pro·cliv·ity /prəˈklɪvəti/ *Nomen* (*Pl* **-ies**) (*gehoben*) Hang, Neigung

pro·cras·tin·ate /prəʊˈkræstɪneɪt; *AmE* proʊˈ-/ *Verb* (*gehoben, abwert*) = wichtige Dinge aufschieben(, weil man sie nicht erledigen will)

pro·cras·tin·ation /prəʊˌkræstɪˈneɪʃn; *AmE* proʊ-/ *Nomen* (*gehoben, abwert*) = das Aufschieben wichtiger Dinge(, weil man sie nicht erledigen will)

pro·cre·ate /ˈprəʊkrieɪt; *AmE* ˈproʊ-/ *Verb* (*gehoben*) sich fortpflanzen, zeugen

pro·cre·ation /ˌprəʊkriˈeɪʃn; *AmE* ˌproʊ-/ *Nomen* Fortpflanzung

proc·tor /ˈprɒktə(r); *AmE* ˈprɑːk-/ *Nomen* (*AmE*) (*Mensch*) Prüfungsaufsicht

pro·cure /prəˈkjʊə(r); *AmE* -ˈkjʊr/ *Verb* (*gehoben*) beschaffen

pro·cure·ment /prəˈkjʊəmənt; *AmE* -ˈkjʊrmənt/ *Nomen* (*gehoben*) Beschaffung

prod /prɒd; *AmE* prɑːd/ *Verb, Nomen*

▸ ***Verb*** (**-dd-**) **1** (*mit dem Finger*) (an)stoßen ◇ *She prodded him in the ribs.* Sie gab ihm einen Rippenstoß. ◇ *He prodded at his breakfast.* Er stocherte in seinem Frühstück herum. **2** (*umgs*) **~ sb (into sth)** jdn (zu etw) antreiben; **~ sb into doing sth** jdn dazu bringen, etw zu tun

▸ ***Nomen*** **1** Stoß (mit dem Finger) ◇ (*fig*) *This sight gave my memory a prod.* Dieser Anblick half meinem Gedächtnis auf die Sprünge. ◇ *Can you call them and give them a prod?* Kannst du sie anrufen und ein bisschen antreiben? **2** (*zum Antreiben von Tieren*) Stock

prod·igal /ˈprɒdɪgl; *AmE* ˈprɑːd-/ *Adj, Nomen* (*gehoben, abwert*)

▸ ***Adj*** verschwenderisch **IDM the/a ˌprodigal (ˈson)** der/ein verlorene(r) Sohn

▸ ***Nomen*** Verschwender(in)

pro·di·gious /prəˈdɪdʒəs/ *Adj* (*Adv* **pro·di·gious·ly**) (*gehoben*) erstaunlich, ungeheuer

prod·igy /ˈprɒdədʒi; *AmE* ˈprɑːd-/ *Nomen* (*Pl* **-ies**) außergewöhnliches Talent ◇ *a child/an infant prodigy* ein Wunderkind ◇ *a tennis prodigy* ein Tenniswunder

pro·duce ⊶ *Verb, Nomen*

▸ ***Verb*** /prəˈdjuːs; *AmE* -ˈduːs/ **1** herstellen, produzieren ◇ *Produced in Germany* Deutsches Erzeugnis **2** hervorbringen, produzieren ◇ *These shrubs produce red berries.* An diesen Büschen wachsen rote Beeren. ◇ *Our cat produced kittens last week.* Unsere Katze hat letzte Woche Junge bekommen. **3** schaffen, kreieren ◇ *She produced a delicious meal out of a few leftovers.* Sie zauberte aus ein paar Resten ein leckeres Essen. **4** erzielen, bewirken, hervorrufen **5 ~ sth (from/out of sth)** etw (aus etw) herausholen **6** vorzeigen, vorlegen **7** produzieren, inszenieren

▸ ***Nomen*** /ˈprɒdjuːs; *AmE* ˈprɑːduːs, ˈproʊduːs/ [U] (*Agrar-*) Produkt, Erzeugnis ◇ *local produce* landwirtschaftliche Erzeugnisse aus der Region

pro·du·cer ⊶ /prəˈdjuːsə(r); *AmE* -ˈduː-/ *Nomen* **1** Erzeuger(in), Hersteller(in), Produzent(in) ◇ *French wine producers* französische Weinbauern **2** Regisseur(in), Produzent(in)

prod·uct ⊶ /ˈprɒdʌkt; *AmE* ˈprɑːdʌkt/ *Nomen* **1** Produkt **2** Ergebnis

pro·duc·tion ⊶ /prəˈdʌkʃn/ *Nomen* **1** Produktion, Herstellung ◇ *The car went out of production in 1990.* Der Wagen wird seit 1990 nicht mehr hergestellt. ◇ *Production of the new aircraft will start next year.* Mit dem Bau des neuen Flugzeugtyps wird nächstes Jahr begonnen werden. **2** Produktion, Inszenierung ◇ *He wants a career in film production.* Er möchte Filmproduzent werden. ◇ *We're putting on a musical production.* Wir führen ein Musical auf. **IDM on proˈduction of sth** (*gehoben*) gegen Vorlage von etw

proˈduction line (*auch* **line**) *Nomen* Fließband, Fertigungsstraße

pro·duct·ive /prəˈdʌktɪv/ *Adj* **1** (*Adv* **pro·duct·ive·ly**) produktiv, ertragreich, leistungsfähig, fruchtbar ◇ *The time I spent in the library today was very productive.* Die Stunden in der Bibliothek heute waren sehr ergiebig. ◇ *productive investments* rentable Investitionen **2 ~ of sth** (*gehoben*) etw auslösend

prod·uct·iv·ity /ˌprɒdʌkˈtɪvəti; *AmE* ˌprɑːd-, ˌproʊd-/ *Nomen* Produktivität, Leistung ◇ *productivity bonus* Leistungszulage ◇ *the productivity of the soil* die Fruchtbarkeit des Bodens

Prof., prof = PROFESSOR

pro·fane /prəˈfeɪn/ *Adj, Verb*

▸ ***Adj*** (*gehoben*) **1** gotteslästerlich, respektlos **2** weltlich, profan

▸ ***Verb*** (*gehoben*) entweihen

pro·fan·ity /prəˈfænəti *AmE auch* proʊˈ-/ *Nomen* (*Pl* **-ies**) (*gehoben*) **1** Respektlosigkeit, Gotteslästerlichkeit **2** Gotteslästerung, Fluch

pro·fess /prəˈfes/ *Verb* (*gehoben*) **1** behaupten ◇ *She still professes her innocence.* Sie besteht immer noch darauf unschuldig zu sein. **2** erklären, bekunden ◇ *She professed herself satisfied with progress.* Sie erklärte, dass sie mit dem Lauf der Dinge zufrieden war. **3 ~ sth** (REL) sich zu etw bekennen

pro·fessed /prəˈfest/ *Adj* [nur vor Nomen] (*gehoben*) **1** erklärt **2** angeblich

pro·fes·sion ⊶ /prəˈfeʃn/ *Nomen* **1** Beruf ◇ *She's in the legal profession.* Sie ist Juristin. ◇ *by profession* von Beruf ◇ *She was at the very top of her profession.* Sie konnte beruflich nicht mehr weiter aufsteigen. **2** [mit Verb im Sing/Pl] (*alle Angehörigen einer Berufsgruppe*) ◇ *The legal profession has/have always resisted change.* Die Juristen haben sich immer gegen Änderungen gewehrt. **3 the professions** [Pl] die gehobenen/akademischen Berufe **4 ~ of sth** Bekenntnis einer Sache

pro·fes·sion·al ⊶ /prəˈfeʃənl/ *Adj, Nomen*

▸ ***Adj*** **1** [nur vor Nomen] beruflich, geschäftlich **2** in einem gehobenen Beruf tätig **3** fachmännisch, kompetent, professionell **4** Berufs-, Profi- ◇ *a professional cook* ein Profikoch

▸ ***Nomen*** **1** in einem gehobenen Beruf Tätige(r) ◇ *medical professionals* Angehörige medizinischer Berufe **2** (*umgs* **pro**) Fachmann, Fachfrau, Profi

proˌfessional ˈfoul *Nomen* (*BrE*) (SPORT) absichtliches Foul

pro·fes·sion·al·ism /prəˈfeʃənəlɪzəm/ *Nomen* **1** Professionalität **2** (SPORT) Profitum, Professionalismus

pro·fes·sion·al·iza·tion (*BrE auch* **-isa·tion**) /prəˌfeʃənəlaɪˈzeɪʃn; *AmE* -ləˈ-/ *Nomen* Professionalisierung

pro·fes·sion·al·ize (*BrE auch* **-ise**) /prəˈfeʃənəlaɪz/ *Verb* (*meist passiv*) professionalisieren

pro·fes·sion·al·ly /prəˈfeʃənəli/ *Adv* **1** beruflich, geschäftlich ◇ *professionally qualified staff* ausgebildete Fachkräfte **2** fachmännisch, kompetent, professionell **3** berufsmäßig

pro·fes·sor 0‑ /prəˈfesə(r)/ (*umgs* **prof**) *Nomen* (*Abk* **Prof.**) **1** (*AmE meist* **ˈfull professor**) Professor(in) **2** (*AmE*) Dozent(in)

pro·fes·sor·ial /ˌprɒfəˈsɔːriəl; *AmE* ˌprɑːfəˈ-/ *Adj* professoral, professorenhaft ◇ *a professorial post* eine Professur

pro·fes·sor·ship /prəˈfesəʃɪp; *AmE* -sərʃɪp/ *Nomen* Professur, Lehrstuhl

prof·fer /ˈprɒfə(r); *AmE* ˈprɑːfər/ *Verb* (*gehoben*) anbieten

pro·fi·ciency /prəˈfɪʃnsi/ *Nomen* [U] Können, Kenntnisse, Fähigkeiten ◇ *a high level of oral proficiency in English* ein hohes Niveau im gesprochenen Englisch ◇ *a certificate of language proficiency* ein Sprachzeugnis

pro·fi·cient /prəˈfɪʃnt/ *Adj* (*gehoben*) tüchtig, fähig, gut ◇ *She's proficient in several languages.* Sie beherrscht mehrere Sprachen.

pro·file /ˈprəʊfaɪl; *AmE* ˈproʊ-/ *Nomen, Verb*
▸ ***Nomen*** **1** Profil ◇ *his strong profile* sein markantes Profil ◇ *edit your profile* sein Profil bearbeiten **2** Beschreibung, Porträt **3** Image, Kontur(en) **4** Umriss IDM **have a ˌhigh ˈprofile** im Vordergrund stehen **keep a ˌlow ˈprofile** sich im Hintergrund halten
▸ ***Verb*** (*gehoben*) **1** beschreiben, porträtieren **2** im Profil darstellen

pro·fil·ing /ˈprəʊfaɪlɪŋ; *AmE* ˈproʊ-/ *Nomen* Erstellen eines Profils (einer Firma etc.)

profit 0‑ /ˈprɒfɪt; *AmE* ˈprɑːfɪt/ *Nomen, Verb*
▸ ***Nomen*** **1** Gewinn ◇ *sell sth at a profit* etw mit Gewinn verkaufen **2** [U] (*gehoben*) Nutzen, Vorteil
▸ ***Verb*** **1 ~ (by/from sth)** (*gehoben*) (von etw) profitieren **2 ~ by sth** aus etw lernen **3 ~ sb** jdm nützen

prof·it·abil·ity /ˌprɒfɪtəˈbɪləti; *AmE* ˌprɑːfɪ-/ *Nomen* [U] Rentabilität, Einträglichkeit

prof·it·able /ˈprɒfɪtəbl; *AmE* ˈprɑːfɪ-/ *Adj* (*Adv* **prof·it·ably** /-bli/) **1** gewinnbringend, einträglich **2** nutzbringend, nützlich

prof·it·eer /ˌprɒfɪˈtɪə(r); *AmE* ˌprɑːfəˈtɪr/ *Nomen* (*abwert*) Profiteur(in), Profithai

prof·it·eer·ing /ˌprɒfɪˈtɪərɪŋ; *AmE* ˌprɑːfəˈtɪrɪŋ/ *Nomen* (*abwert*) Profitmacherei, Wucher

pro·fit·er·ole /prəˈfɪtərəʊl; *AmE* -roʊl/ *Nomen* (*bes BrE*) = kleiner, mit Sahne gefüllter und meist mit Schokolade überzogener Windbeutel

ˈprofit margin (*auch* **mar·gin**) *Nomen* Gewinnspanne

ˈprofit-sharing *Nomen* [U] Gewinnbeteiligung

prof·li·gacy /ˈprɒflɪgəsi; *AmE* ˈprɑːflɪ-/ *Nomen* [U] (*gehoben, abwert*) Verschwendung(ssucht), Verworfenheit

prof·li·gate /ˈprɒflɪgət; *AmE* ˈprɑːflɪ-/ *Adj* (*gehoben, abwert*) verschwenderisch, verworfen

pro forma /ˌprəʊ ˈfɔːmə; *AmE* ˌproʊ ˈfɔːrmə/ *Adj, Nomen*
▸ ***Adj*** **1** Muster-, Standard- ◇ *a pro forma letter* ein Standardbrief ◇ *a pro forma invoice* ein Lieferschein **2** formal, Pro-forma- ◇ *give pro forma approval to sth* etw pro forma genehmigen **3** Schein- ◇ *a pro forma debate* eine Scheindebatte
▸ ***Nomen*** Formular, Vordruck

pro·found /prəˈfaʊnd/ *Adj* **1** (*Adv* **pro·found·ly**) tief (greifend), tief gehend, nachhaltig ◇ *profoundly moved* zutiefst gerührt **2** tief(gründig), tiefsinnig **3** (*Adv* **pro·found·ly**) (MED) schwer ◇ *profoundly deaf* gehörlos

pro·fund·ity /prəˈfʌndəti/ *Nomen* (*Pl* **-ies**) (*gehoben*) **1** Gründlichkeit, Tiefgründigkeit **2** Tiefe

pro·fuse /prəˈfjuːs/ *Adj* (*Adv* **pro·fuse·ly**) (über)reichlich, überschwänglich, üppig ◇ *profuse bleeding* starke Blutung

pro·fu·sion /prəˈfjuːʒn/ *Nomen* (*gehoben*) (Über)fülle ◇ *roses in profusion* Rosen in Hülle und Fülle

prog /prɒg; *AmE* ˈprɑːg/ *Nomen* (*umgs*) = PROGRAMME

pro·geni·tor /prəʊˈdʒenɪtə(r); *AmE* proʊˈ-/ *Nomen* (*gehoben*) **1** Vorfahr(in), Ahne **2** Vorläufer(in)

pro·geny /ˈprɒdʒəni; *AmE* ˈprɑːdʒə-/ *Nomen* [Pl] (*gehoben oder hum*) Nachkommen(schaft)

pro·ges·ter·one /prəˈdʒestərəʊn; *AmE* -roʊn/ *Nomen* [U] Progesteron, Gelbkörperhormon

prog·no·sis /prɒgˈnəʊsɪs; *AmE* prɑːgˈnoʊ-/ *Nomen* (*Pl* **prog·no·ses** /-siːz/) Prognose, Voraussage

pro·gram 0‑ /ˈprəʊgræm; *AmE* ˈproʊ-/ *Nomen, Verb*
▸ ***Nomen*** **1** (COMP) Programm **2** (*AmE*) = PROGRAMME
▸ ***Verb*** (**-mm-**, *AmE auch* **-m-**) **1** (COMP) programmieren **2** (*AmE*) = PROGRAMME

pro·gram·mable /ˈprəʊgræməbl, prəʊˈgræməbl; *AmE* ˈproʊ-, proʊˈ-/ *Adj* programmierbar

pro·gram·mat·ic /ˌprəʊgrəˈmætɪk; *AmE* ˌproʊ-/ *Adj* (*gehoben*) programmatisch

pro·gramme 0‑ (*AmE* **pro·gram**) /ˈprəʊgræm; *AmE* ˈproʊ-/ *Nomen, Verb*
▸ ***Nomen*** **1** Programm **2** (*umgs* **prog** /ˈprɒg; *AmE* ˈprɑːg/) (TV, RADIO) Sendung **3** (*AmE*) Studienplan, Lehrplan
▸ ***Verb*** (*meist passiv*) **1** planen, vorsehen **2** programmieren

pro·gram·mer /ˈprəʊgræmə(r); *AmE* ˈproʊ-/ *Nomen* Programmierer(in)

pro·gram·ming /ˈprəʊgræmɪŋ; *AmE* ˈproʊ-/ *Nomen* [U] **1** Programmierung, Programmieren **2** Programmgestaltung

pro·gress 0‑ *Nomen, Verb*
▸ ***Nomen*** /ˈprəʊgres; *AmE* ˈprɑːgres, -grəs/ [U] **1** Fortschritt(e) ◇ *a progress report* ein Zwischenbericht **2** Vorwärtskommen, Vorrücken ◇ *make good progress* gut vorankommen IDM **in progress** (*gehoben*) im Gange ◇ *Silence — examination in progress.* Prüfung — bitte Ruhe!
▸ ***Verb*** /prəˈgres/ **1** Fortschritte machen, vorankommen **2** sich (vorwärts) bewegen **3** fortschreiten ◇ *as the day progressed* im Laufe des Tages PHRV **progress to sth** zu etw übergehen

pro·gres·sion /prəˈgreʃn/ *Nomen* **1** Fortschreiten, (Weiter)entwicklung ◇ *opportunities for career progression* berufliche Aufstiegschancen **2** Reihe, Folge

pro·gres·sive /prəˈgresɪv/ *Adj, Nomen*
▸ ***Adj*** **1** fortschrittlich **2** fortschreitend **3** (LING) Verlaufs- ◇ *the progressive tenses* die Verlaufsformen
▸ ***Nomen*** [meist Pl] Progressive(r)

pro·gres·sive·ly /prəˈgresɪvli/ *Adv* (*oft mit Komparativen verwendet*) zunehmend

pro·gres·siv·ism /prəˈgresɪvɪzəm/ *Nomen* Fortschrittsdenken, Progressismus

pro·hibit /prəˈhɪbɪt; *AmE auch* proʊˈ-/ *Verb* (*gehoben*) **1 ~ (sb from doing sth)** (jdm) untersagen (etw zu tun) **2** verbieten; **~ sb from doing sth** jdn daran hindern, etw zu tun

pro·hib·ition /ˌprəʊɪˈbɪʃn; *AmE* ˌproʊəˈ-/ *Nomen* **1** Verbot **2 Prohibition** (GESCH) (*in den USA*) Prohibition

pro·hibi·tive /prəˈhɪbətɪv; *AmE auch* proʊˈ-/ *Adj* **1** unerschwinglich; (*Kosten*) untragbar **2** Verbots-, prohibitiv ◇ *prohibitive measures* Verbote

pro·hibi·tive·ly /prə'hɪbətɪvli; *AmE* proʊ'-/ *Adv* ungeheuer ◇ *prohibitively expensive* unerschwinglich

pro·ject *Nomen, Verb*

▸ **Nomen** /'prɒdʒekt; *AmE* 'prɑːdʒekt/ **1** Projekt, Vorhaben, Plan **2** Arbeit ◇ *a history/science project* eine geschichtliche/naturwissenschaftliche Arbeit **3** Programm **4** (*AmE*) = HOUSING PROJECT

▸ **Verb** /prə'dʒekt/ **1** (*meist passiv*) (voraus)planen **2** (*meist passiv*) voraussagen, hochrechnen, prognostizieren **3 ~ sth (on/onto sth)** etw (auf etw) projizieren, etw (auf etw) werfen **4** hervorragen, herausragen ◇ *balconies projecting out over the street* Balkons, die über die Straße ragen **5 ~ sth** etw vermitteln ◇ *She projects an air of self-confidence.* Sie strahlt Selbstvertrauen aus. **6 ~ yourself** sich darstellen **7** (*meist passiv*) schleudern, schießen ◇ *Actors learn to project their voices.* Schauspieler lernen, ihre Stimme zum Tragen zu bringen. ◇ (*fig*) *the men who would project him into the White House* die Männer, die ihn ins Weiße Haus lancieren würden PHR V **pro'ject sth onto sb** etw auf jdn projizieren

pro·ject·ile /prə'dʒektaɪl; *AmE* -tl/ *Nomen* (*gehoben oder Fachspr*) (Wurf)geschoss

pro·jec·tion /prə'dʒekʃn/ *Nomen* **1** Voraussage, Hochrechnung, Prognose **2** Projektion ◇ *laser projections* Laserbilder ◇ *a projection room* ein Vorführraum **3** (*etwas Hervorstehendes*) Vorsprung **4** ◇ *take lessons in voice projection* lernen, wie man seine Stimme zum Tragen bringt

pro·jec·tion·ist /prə'dʒekʃənɪst/ *Nomen* Filmvorführer(in)

pro·ject·or /prə'dʒektə(r)/ *Nomen* Projektor

pro·lapse /'prəʊlæps; *AmE* 'proʊ-/ *Nomen* (MED) Senkung, Vorfall

prole /prəʊl; *AmE* proʊl/ *Nomen* (*BrE, umgs, veraltet*) Prolet(in)

pro·le·tar·ian /ˌprəʊlə'teəriən; *AmE* ˌproʊlə'ter-/ *Adj, Nomen*

▸ **Adj** proletarisch ◇ *proletarian power* die Macht des Proletariats

▸ **Nomen** Proletarier(in)

pro·le·tar·iat /ˌprəʊlə'teəriət; *AmE* ˌproʊlə'ter-/ *Nomen* [mit Verb im Sing/Pl] **the proletariat** das Proletariat

ˌpro-'life *Adj* Anti-Abtreibungs- ◇ *the pro-life movement* die Anti-Abtreibungs-Bewegung

pro·lif·er·ate /prə'lɪfəreɪt/ *Verb* wuchern ◇ *Nuclear weapons proliferated.* Die Zahl der Atomwaffen hat stark zugenommen. ◇ *Expert advice proliferated.* Es gab eine Unzahl von Expertenratschlägen.

pro·lif·er·ation /prəˌlɪfə'reɪʃn/ *Nomen* Wucherung, starke Zunahme

pro·lif·ic /prə'lɪfɪk/ *Adj* **1** sehr produktiv ◇ *a prolific goalscorer* ein Goalgetter **2** fruchtbar, üppig **3** zahlreich

pro·lif·ic·al·ly /prə'lɪfɪkli/ *Adv* üppig, viel ◇ *animals that breed prolifically* Tiere, die sich schnell vermehren

pro·logue /'prəʊlɒg; *AmE* 'proʊlɔːg/ *Nomen* Prolog

pro·long /prə'lɒŋ; *AmE* -'lɔːŋ/ *Verb* verlängern ◇ *Don't prolong the agony—just tell us!* Spann uns nicht länger auf die Folter—sag es uns schon!

pro·longa·tion /ˌprəʊlɒŋ'geɪʃn; *AmE* ˌproʊlɔːŋ-/ *Nomen* (*gehoben*) Verlängerung

pro·longed /prə'lɒŋd; *AmE* -'lɔːŋd/ *Adj* [nur vor Nomen] lang (anhaltend) ◇ *the effects of prolonged exposure to the sun* die Folgen längerer Sonnenbestrahlung

prom /prɒm; *AmE* prɑːm/ *Nomen* **1** (*AmE*) Schülerball, Studentenball ◇ *the senior prom* der Schulabschlussball **2** (*BrE, umgs, veraltet*) = PROMENADE **3** (*BrE*) Promenadenkonzert

prom·en·ade /ˌprɒmə'nɑːd; *AmE* ˌprɑːmə'neɪd/ *Nomen, Verb*

▸ **Nomen** (*BrE* **prom**) **1** (*umgs, veraltet*) (Strand)promenade **2** (*veraltet*) Spaziergang, Promenade

▸ **Verb** (*veraltet*) promenieren

ˌpromenade 'concert *Nomen* (*BrE*) = PROM

prom·in·ence /'prɒmɪnəns; *AmE* 'prɑːm-/ *Nomen* Bekanntheit, Berühmtheit ◇ *come/rise to prominence* berühmt werden ◇ *give undue prominence to sth* etw zu sehr in den Vordergrund stellen

prom·in·ent /'prɒmɪnənt; *AmE* 'prɑːm-/ *Adj* **1** bekannt, bedeutend **2** (*Adv* **prom·in·ent·ly**) deutlich sichtbar ◇ *The tower was a prominent feature in the landscape.* Der Turm war in der Landschaft weithin zu sehen. ◇ *The story was given a prominent position on the front page.* Die Geschichte stand ganz groß auf der Titelseite. ◇ *These problems feature prominently in her novels.* Diese Problematik spielt in ihren Romanen eine große Rolle. **3** vorspringend, vorstehend

prom·is·cu·ity /ˌprɒmɪs'kjuːəti; *AmE* ˌprɑːməs-/ *Nomen* Promiskuität

pro·mis·cu·ous /prə'mɪskjuəs/ *Adj* (*abwert*) **1** promiskuitiv ◇ *a promiscuous man* ein Mann, der häufig die Partnerin wechselt ◇ *promiscuous behaviour* häufiger Partnerwechsel ◇ *be sexually promiscuous* häufig den Partner wechseln **2** (*gehoben*) kunterbunt

prom·ise /'prɒmɪs; *AmE* 'prɑːmɪs/ *Verb, Nomen*

▸ **Verb ~ sth (to sb)** (jdm) etw versprechen; **~ sb sth** jdm etw versprechen ◇ *Promise?* Versprochen? ◇ *I promised myself I would come back.* Ich nahm mir fest vor wiederzukommen. ◇ (*gehoben*) *dark clouds promising rain* dunkle Wolken, die Regen ankündigen IDM **I (can) 'promise you** (*umgs*) ich verspreche dir/euch ◇ *You'll regret it, I promise you.* Es wird dir noch leid tun, das kann ich dir sagen. **promise (sb) the 'earth/'moon/'world** (*umgs*) (jdm) das Blaue vom Himmel versprechen

▸ **Nomen** **1** Versprechen, Versprechung **2** [U] ◇ *Her work shows great promise.* Ihre Arbeit ist vielversprechend. ◇ *He failed to fulfil his early promise.* Er hat die in ihn gesetzten Hoffnungen nicht erfüllt. **3 ~ of sth** Aussicht auf etw

the ˌPromised 'Land *Nomen* [Sing] das Gelobte Land

prom·is·ing /'prɒmɪsɪŋ; *AmE* 'prɑːm-/ *Adj* (*Adv* **prom·ising·ly**) vielversprechend

prom·is·sory note /'prɒmɪsəri nəʊt; *AmE* 'prɑːmɪsɔːri noʊt/ *Nomen* (*Fachspr*) Schuldschein

prom·on·tory /'prɒməntri; *AmE* 'prɑːməntɔːri/ *Nomen* (*Pl* **-ies**) Kap, Landzunge

pro·mote /prə'məʊt; *AmE* -'moʊt/ *Verb* **1** fördern ◇ *promote economic growth* das Wirtschaftswachstum ankurbeln **2 ~ sth** für etw werben, für etw Werbung machen ◇ *promote the area as a tourist destination* die Gegend als Urlaubsziel bekannt machen **3 ~ sb (from sth) (to sth)** jdn (von etw) (zu etw) befördern **4 be promoted (from sth) (to sth)** (SPORT) (aus etw) (in etw) aufsteigen

pro·moter *Nomen* /prə'məʊtə(r); *AmE* -'moʊ-/ **1** Veranstalter(in), Promoter(in) **2** Befürworter(in)

pro·mo·tion /prə'məʊʃn; *AmE* -'moʊ-/ *Nomen* **1** Beförderung, Aufstieg ◇ *excellent promotion prospects* ausgezeichnete Aufstiegschancen **2** Werbung, Werbeaktion ◇ *We are doing a special promotion of Spanish wines.* Wir haben im Moment spanische Weine im Sonderangebot. **3** (*gehoben*) Förderung

pro·mo·tion·al /prə'məʊʃənl; *AmE* -'moʊ-/ *Adj* Werbe-

prompt 0‑ /prɒmpt; *AmE* prɑːmpt/ *Adj, Verb, Nomen, Adv*

▸ ***Adj*** (*Adv* **prompt·ly**) **1** prompt, unverzüglich ◇ *They were prompt to condemn the attack.* Sie haben den Anschlag unverzüglich verurteilt. **2** [nicht vor Nomen] pünktlich ◇ *Please be prompt.* Wir bitten um pünktliches Erscheinen. **3 be ~ to do sth** nicht zögern, etw zu tun

▸ ***Verb*** **1** veranlassen, hervorrufen ◇ *The discovery prompted an increase in security.* Diese Entdeckung löste eine Verstärkung der Sicherheitsmaßnahmen aus. **2** weiterhelfen, vorsagen ◇ *'And then?' he prompted.* „Und dann?" ermunterte er sie. **3 ~ (sb)** (jdm) soufflieren **4** (COMP) auffordern

▸ ***Nomen*** **1** ◇ *give sb a prompt* jdm soufflieren **2** Souffleur, Souffleuse **3** (COMP) Prompt, Eingabeaufforderung

▸ ***Adv*** ◇ *at ten o'clock prompt* (um) Punkt zehn Uhr

prompt·er *Nomen* /ˈprɒmptə(r); *AmE* ˈprɑːmp-/ Souffleur, Souffleuse

prompt·ing /ˈprɒmptɪŋ; *AmE* ˈprɑːmp-/ *Nomen* (*auch* **prompt·ings** [Pl]) Aufforderung ◇ *He did it without further prompting.* Er machte es, ohne dass man ihn zweimal bitten musste.

pro·mul·gate /ˈprɒmlgeɪt; *AmE* ˈprɑːm-/ *Verb* (*gehoben*) **1** (*meist passiv*) verbreiten **2** (*Gesetz*) verkünden

pro·mul·ga·tion /ˌprɒmlˈgeɪʃn; *AmE* ˌprɑːml-/ *Nomen* (*gehoben*) **1** Verbreitung **2** Verkündung

prone /prəʊn; *AmE* proʊn/ *Adj* **1 be ~ to sth** zu etw neigen, anfällig für etw sein → *Siehe auch* ACCIDENT-PRONE **2** (*gehoben*) ◇ *lie prone/in a prone position* auf dem Bauch liegen

prone·ness /ˈprəʊnnəs; *AmE* ˈproʊn-/ *Nomen* Neigung, Anfälligkeit

prong /prɒŋ; *AmE* prɔːŋ/ *Nomen* (*Gabel*) Zinke

-pronged /prɒŋd; *AmE* prɔːŋd/ (*in zusammengesetzten Adjektiven*) ◇ *a two-pronged fork* eine zweizinkige Gabel ◇ *a three-pronged attack* ein Angriff von drei Seiten

pro·nom·inal /prəʊˈnɒmɪnl; *AmE* proʊˈnɑːm-/ *Adj* Pronominal-, pronominal

pro·noun /ˈprəʊnaʊn; *AmE* ˈproʊ-/ *Nomen* Pronomen, Fürwort

pro·nounce 0‑ /prəˈnaʊns/ *Verb* **1** aussprechen **2** verkünden, erklären PHRV **proˈnounce for/against sb** (RECHT) ◇ *The judge pronounced for/against the defendant.* Die Richterin entschied zugunsten des/gegen den Angeklagten. **proˈnounce on/upon sth** (*gehoben*) zu etw Stellung nehmen

pro·nounced *Adj* /prəˈnaʊnst/ stark, ausgeprägt ◇ *walk with a pronounced limp* stark hinken

pro·nounce·ment /prəˈnaʊnsmənt/ *Nomen* **~ (on sth)** Erklärung (über etw), Stellungnahme (zu etw)

pronto /ˈprɒntəʊ; *AmE* ˈprɑːntoʊ/ *Adv* (*umgs*) dalli, schleunigst

pro·nun·ci·ation 0‑ /prəˌnʌnsiˈeɪʃn/ *Nomen* Aussprache

proof 0‑ /pruːf/ *Nomen, Adj, Verb*

▸ ***Nomen*** **1 ~ (of sth)** Beweis (für etw) ◇ *I don't have any proof yet.* Ich habe noch keine Beweise. ◇ *Can you provide any proof of identity?* Können Sie sich irgendwie ausweisen? ◇ *Keep the receipt as proof of purchase.* Heben Sie die Quittung als Kaufbestätigung auf. ◇ *Is the claim capable of proof?* Lässt sich diese Behauptung beweisen? **2** (MATH) Probe **3** [meist Pl] Korrektur(fahne) **4** Alkoholgehalt ◇ *What proof is this whisky?* Wie viel Prozent hat dieser Whisky? IDM **the proof of the ˈpudding (is in the ˈeating)** = man kann etwas erst beurteilen, wenn man es ausprobiert hat ◇ *Look at the sales figures. That's the proof of the pudding.* Schau dir doch die Verkaufszahlen an. Darin liegt der Beweis. → *Siehe auch* LIVING

▸ ***Adj*** **1 ~ against sth** (*gehoben*) sicher vor etw, gefeit gegen etw ◇ *The wall was not proof against the waves.* Die Mauer konnte den Wellen nicht standhalten. **2** (*in Zusammensetzungen*) ◇ *rainproof* regenfest ◇ *windproof* windundurchlässig ◇ *a car with childproof locks* ein Auto mit Kindersicherung

▸ ***Verb*** **1** imprägnieren **2** Korrekturfahnen herstellen von

ˌproof of ˈconcept *Nomen* Machbarkeitsnachweis

proof·read /ˈpruːfriːd/ *Verb* (**proof·read, proof·read** /-red/) **1** korrigieren **2** Korrektur lesen

proof·read·er /ˈpruːfriːdə(r)/ *Nomen* Korrektor(in)

prop /prɒp; *AmE* prɑːp/ *Nomen, Verb*

▸ ***Nomen*** **1** Stütze, Halt **2 props** [Pl] Requisiten **3** (*Rugby*) = Außenspieler in der vorderen Reihe des Gedränges

▸ ***Verb*** (**-pp-**) stützen, lehnen ◇ *He propped himself up on one elbow.* Er stützte sich auf einen Ellbogen auf. ◇ *The door was propped open with a stone.* Die Tür wurde mit einen Stein offen gehalten. PHRV **prop sth ˈup 1** etw abstützen **2** (*oft abwert*) etw (unter)stützen

propa·ganda /ˌprɒpəˈgændə; *AmE* ˌprɑːp-/ *Nomen* (*meist abwert*) Propaganda

propa·gand·ist /ˌprɒpəˈgændɪst; *AmE* ˌprɑːp-/ *Nomen, Adj* (*gehoben, meist abwert*)

▸ ***Nomen*** Propagandist(in)

▸ ***Adj*** [nur vor Nomen] Propaganda-, propagandistisch

propa·gate /ˈprɒpəgeɪt; *AmE* ˈprɑːp-/ *Verb* **1** (*gehoben*) propagieren, verbreiten **2** (*Fachspr*) ziehen, züchten **3** (*Fachspr*) sich züchten lassen

propa·ga·tion /ˌprɒpəˈgeɪʃn; *AmE* ˌprɑːp-/ *Nomen* **1** (*gehoben*) Propagierung, Verbreitung **2** (*Fachspr*) (*von Pflanzen*) Ziehen, Züchten

pro·pane /ˈprəʊpeɪn; *AmE* ˈproʊ-/ *Nomen* Propan ◇ *a propane gas cylinder* eine Propangasflasche

pro·pel /prəˈpel/ *Verb* (**-ll-**) (*oft passiv*) **1** antreiben (*auch fig*) ◇ *The plane is jet-propelled.* Das Flugzeug hat Düsenantrieb. **2** stoßen, schubsen

pro·pel·lant /prəˈpelənt/ *Nomen* **1** Treibgas **2** Treibstoff

pro·pel·ler /prəˈpelə(r)/ *Nomen* Propeller

pro·pen·sity /prəˈpensəti/ *Nomen* (*Pl* **-ies**) (*gehoben*) Neigung ◇ *a propensity for violence* ein Hang zur Gewalt ◇ *She has a propensity to exaggerate.* Sie neigt dazu zu übertreiben.

proper 0‑ /ˈprɒpə(r); *AmE* ˈprɑːpər/ *Adj* **1** [nur vor Nomen] (*bes BrE*) richtig ◇ *Please follow the proper procedures.* Bitte halten Sie sich an die ordnungsgemäße Vorgehensweise. **2** gebührend, angemessen ◇ *That's only right and proper.* Das ist nur recht und billig. **3** korrekt, anständig **4** (*dem Nomen nachgestellt*) eigentlich ◇ *The celebrations proper begin at 12.* Die eigentliche Feier beginnt um 12. **5** [nur vor Nomen] (*BrE, umgs*) echt, völlig ◇ *We're in a proper mess.* Wir sitzen echt in der Klemme. IDM **good and proper** (*BrE, umgs*) völlig

prop·er·ly 0‑ /ˈprɒpəli; *AmE* ˈprɑːpərli/ *Adv* **1** (*bes BrE*) richtig ◇ *If we're going to do it, then let's do it properly.* Wenn wir's schon machen, dann ordentlich. **2** anständig, angemessen **3** eigentlich ◇ *properly speaking* genau genommen

ˌproper ˈnoun (*auch* **ˌproper ˈname**) *Nomen* Eigenname

prop·er·tied /ˈprɒpətid; *AmE* ˈprɑːpərtid/ *Adj* [nur vor Nomen] (*gehoben*) begütert, besitzend

prop·erty 0‑ /ˈprɒpəti; *AmE* ˈprɑːpərti/ *Nomen* (*Pl* **-ies**) **1** [U] Eigentum → *Siehe auch* LOST PROPERTY *und* PUBLIC PROPERTY **2** [U] Immobilien ◇ *the price of property* die Immobilienpreise **3** Immobilie, Haus

◇ *empty properties* leerstehende Häuser **4** (*gehoben*) Eigenschaft ◇ *a plant with medicinal properties* eine Heilpflanze

proph·ecy /ˈprɒfəsi; *AmE* ˈprɑːfə-/ *Nomen* (*Pl* **-ies**) **1** Prophezeiung **2** (*gehoben*) Prophetie ◇ *have the gift of prophecy* in die Zukunft sehen können

proph·esy /ˈprɒfəsaɪ; *AmE* ˈprɑːfə-/ *Verb* (**-es·ies, -esy·ing, -es·ied, -es·ied**) prophezeien

prophet /ˈprɒfɪt; *AmE* ˈprɑːfɪt/ *Nomen* **1** Prophet **2 ~ (of sth)** Vorkämpfer(in) (von etw) IDM **prophet of doom** Schwarzsager(in)

proph·et·ess /ˈprɒfɪtes, ˌprɒfɪˈtes; *AmE* ˈprɑːfətes/ *Nomen* Prophetin

proph·et·ic /prəˈfetɪk/ *Adj* (*Adv* **proph·et·ic·al·ly** /-kli/) (*gehoben*) prophetisch ◇ *His warnings proved prophetic.* Seine Warnungen haben sich bewahrheitet.

prophy·lac·tic /ˌprɒfɪˈlæktɪk; *AmE* ˌproʊfə-/ *Adj, Nomen*

▸ ***Adj*** (MED) prophylaktisch, vorbeugend

▸ ***Nomen*** (*gehoben oder Fachspr*) **1** Prophylaktikum, Mittel zur Vorbeugung **2** (*AmE*) Kondom, Präservativ

pro·pi·tious /prəˈpɪʃəs/ *Adj* (*gehoben*) günstig

pro·pon·ent /prəˈpəʊnənt; *AmE* -ˈpoʊ-/ *Nomen* (*gehoben*) Befürworter(in), Anhänger(in)

pro·por·tion 0-w /prəˈpɔːʃn; *AmE* -ˈpɔːrʃn/ *Nomen* **1** [mit Verb im Sing/Pl] Anteil, Teil **2** Verhältnis ◇ *limestone and clay in the proportion 2:1* Kalk und Ton im Verhältnis 2:1 **3** Proportion ◇ *The figures in the foreground aren't in proportion.* Die Proportionen der Figuren im Vordergrund stimmen nicht. ◇ *The head is out of proportion to/with the body.* Der Kopf passt in seinen Proportionen nicht zum Körper. ◇ *Try to keep a sense of proportion.* Lassen Sie doch die Kirche im Dorf! ◇ *lose all sense of proportion* jegliches Augenmaß verlieren **4 proportions** [Pl] Ausmaß(e) ◇ *reach crisis proportions* zur Krise werden ◇ *a room of generous proportions* ein Zimmer von ansehnlicher Größe IDM **ˌkeep sth in proˈportion** etw im richtigen Licht sehen; bei etw nicht übertreiben **out of (all) proˈportion (to sth)** in keinem Verhältnis (zu etw) ◇ *They earn salaries out of all proportion to their ability.* Sie verdienen Gehälter, die in keinem Verhältnis zu ihren Fähigkeiten stehen. ◇ *The media have blown the incident up out of all proportion.* Der Vorfall wurde von den Medien unverhältnismäßig hochgespielt. ◇ *You're getting things out of proportion.* Jetzt übertreibst du aber!

pro·por·tion·al /prəˈpɔːʃənl; *AmE* -ˈpɔːrʃə-/ *Adj* (*Adv* **pro·por·tion·al·ly** /-ʃənli/) proportional ◇ *Salary is proportional to years of experience.* Das Gehalt hängt von den Berufsjahren ab.

pro·por·tion·al·ity /prəˌpɔːʃəˈnæləti; *AmE* -ˌpɔːrʃəˈ-/ *Nomen* (*gehoben*) Verhältnismäßigkeit, Proportionalität

proˌportional ˌrepresenˈtation *Nomen* (*Abk* **PR**) Verhältniswahlrecht

pro·por·tion·ate /prəˈpɔːʃənət; *AmE* -ˈpɔːrʃə-/ *Adj* (*Adv* **pro·por·tion·ate·ly**) (*gehoben*) proportional, entsprechend

pro·por·tioned /prəˈpɔːʃənd; *AmE* -ˈpɔːrʃənd/ *Adj* (*meist mit einem Adverb*) ◇ *a well-proportioned room* ein Zimmer mit guten Proportionen ◇ *perfectly proportioned* wohlproportioniert

pro·posal 0-w /prəˈpəʊzl; *AmE* -ˈpoʊ-/ *Nomen* **1** Vorschlag ◇ *The time was right for the proposal of new terms.* Es war der richtige Zeitpunkt, um neue Bedingungen vorzuschlagen. **2** Heiratsantrag

pro·pose 0-w /prəˈpəʊz; *AmE* -ˈpoʊz/ *Verb* **1** (*gehoben*) vorschlagen ◇ *I propose Tom Ellis for/as chairman.* Ich schlage Tom Ellis als Vorsitzenden vor. ◇ *propose a motion* einen Antrag stellen ◇ *propose an amendment* einen Änderungsantrag einbringen **2** (*gehoben*) unterbreiten, darlegen **3** beabsichtigen, gedenken **4** ~ **(marriage) (to sb)** (jdm) einen Heiratsantrag machen IDM **propose a toast (to sb)**; **propose sb's ˈhealth** einen Toast (auf jdn) ausbringen ◇ *I'd like to propose a toast to the bride and groom.* Trinken wir auf das Brautpaar.

pro·poser /prəˈpəʊzə(r); *AmE* -ˈpoʊ-/ *Nomen* Vorschlagende(r), Antragsteller(in)

prop·os·ition /ˌprɒpəˈzɪʃn; *AmE* ˌprɑːp-/ *Nomen, Verb*

▸ ***Nomen* 1** Vorschlag; (*geschäftlich auch*) Angebot ◇ *He tried to make it look like an attractive proposition.* Er versuchte seinen Vorschlag attraktiv erscheinen zu lassen. **2** Unterfangen, Sache ◇ *It is not always a simple proposition.* Das ist nicht immer so einfach. **3** (*auch* **Proposition**) (*in den USA*) = Vorschlag zur Gesetzesänderung oder -ergänzung, über die durch Abstimmung entschieden wird **4** (*gehoben*) These **5** (MATH) (Lehr)satz

▸ ***Verb*** (*mit sexueller Absicht*) anmachen

pro·pound /prəˈpaʊnd/ *Verb* (*gehoben*) darlegen

pro·pri·etary /prəˈpraɪətri; *AmE* -teri/ *Adj* **1** Marken- **2** Eigentums- ◇ *She cast a proprietary eye over her new car.* Sie betrachtete ihr neues Auto voll Besitzerstolz.

pro·pri·etor /prəˈpraɪətə(r)/ *Nomen* (*gehoben*) Inhaber(in), Besitzer(in)

pro·pri·etor·ial /prəˌpraɪəˈtɔːriəl/ *Adj* (*gehoben, abwert*) ◇ *proprietorial pride* Besitzerstolz ◇ *He laid a proprietorial hand on her arm.* Er legte seine Hand besitzergreifend auf ihren Arm. ◇ *She felt proprietorial about the valley.* Sie hatte das Gefühl, als ob das Tal ihr gehörte.

pro·pri·etor·ship /prəˈpraɪətəʃɪp; *AmE* -tərʃɪp/ *Nomen* (*gehoben*) Eigentum, Besitz ◇ *under his proprietorship* während er der Besitzer war

pro·pri·etress /prəˈpraɪətres/ *Nomen* (*veraltet*) Inhaberin, Besitzerin

pro·pri·ety /prəˈpraɪəti/ *Nomen* (*gehoben*) **1** Angemessenheit, Schicklichkeit ◇ *Nobody questioned the propriety of her being there alone.* Niemand empfand es als unschicklich, dass sie allein dort war. ◇ *He behaved with the utmost propriety.* Er war der vollendete Gentleman. **2 the proprieties** [Pl] die Anstandsregeln ◇ *They were careful to observe the proprieties.* Sie achteten sehr darauf, keinen Anstoß zu erregen.

pro·pul·sion /prəˈpʌlʃn/ *Nomen* (TECH) Antrieb(skraft)

pro·pul·sive /prəˈpʌlsɪv/ *Adj* (TECH) Antriebs-

pro rata /ˌprəʊ ˈrɑːtə; *AmE* ˌproʊ/ *Adj, Adv* (*gehoben*) anteilmäßig ◇ *Prices will increase pro rata.* Die Preise werden entsprechend steigen.

pro·sa·ic /prəˈzeɪɪk/ *Adj* (*gehoben, meist abwert*) **1** (*Adv* **pro·saic·al·ly** /-kli/) nüchtern, prosaisch **2** banal

pro·scen·ium /prəˈsiːniəm/ *Nomen* Vorbühne, Proszenium ◇ *a proscenium arch theatre* ein Theater mit einer Guckkastenbühne

pro·scribe /prəˈskraɪb; *AmE* proʊˈ-/ *Verb* (*gehoben*) verbieten

pro·scrip·tion /prəˈskrɪpʃn; *AmE* proʊˈ-/ *Nomen* Verbot, Verbieten

prose /prəʊz; *AmE* proʊz/ *Nomen* Prosa

pros·ecute /ˈprɒsɪkjuːt; *AmE* ˈprɑːsɪk-/ *Verb* **1 ~ sb (for sth)** jdn (wegen einer Sache) strafrechtlich verfolgen ◇ *The police decided not to prosecute.* Die Polizei entschied, keine strafrechtliche Verfolgung einzuleiten. ◇ *Trespassers will be prosecuted.* Betreten bei Strafe verboten. **2** die Anklage vertreten ◇ *Ian Kent, prosecuting, claimed that …* Ian Kent, der Vertreter der Anklage, behauptete, dass … ◇ *the pros-*

ecuting counsel der Staatsanwalt/die Staatsanwältin **3** (*gehoben*) (*Krieg*) weiterführen

pros·ecu·tion /ˌprɒsɪˈkjuːʃn; *AmE* ˌprɑːsɪ-/ *Nomen* **1** strafrechtliche Verfolgung, Anklage ◇ *He threatened to bring a private prosecution for murder against the doctor.* Er drohte, gegen den Arzt eine Privatklage wegen Mordes einzuleiten. **2** [mit Verb im Sing/Pl] **the prosecution** die (Vertreter der) Anklage ◇ *a witness for the prosecution* ein Zeuge der Anklage ◇ *a prosecution lawyer* ein(e) Staatsanwalt/-anwältin **3** (*gehoben*) (*eines Krieges*) Weiterführung

pros·ecu·tor /ˈprɒsɪkjuːtə(r); *AmE* ˈprɑːsɪk-/ *Nomen* **1** Ankläger(in) **2** Staatsanwalt, -anwältin

pros·elyt·ize (*BrE auch* **-ise**) /ˈprɒsələtaɪz; *AmE* ˈprɑːsə-/ *Verb* (*gehoben, oft abwert*) missionieren, bekehren ◇ *proselytizing zeal* missionarischer Eifer

pros·ody /ˈprɒsədi; *AmE* ˈprɑːsə-/ *Nomen* (*Fachspr*) Verslehre, Prosodie

pro·spect 🗝 *Nomen, Verb*

▸ ***Nomen*** /ˈprɒspekt; *AmE* ˈprɑːspekt/ **1** Aussicht (*auch fig*) ◇ *There's a reasonable prospect that debts will be paid.* Die Aussichten, dass die Schulden gezahlt werden, sind recht gut. **2** ~ (**for sth**) Anwärter(in) (auf etw)

▸ ***Verb*** /prəˈspekt; *AmE* ˈprɑːspekt/ **1** nach Bodenschätzen suchen **2** ~ **for sth** nach etw suchen ◇ (*fig*) *prospect for new clients* neue Kunden zu gewinnen suchen

pro·spect·ive /prəˈspektɪv/ *Adj* **1** voraussichtlich ◇ *a prospective buyer* ein potenzieller Käufer **2** zukünftig, bevorstehend

pro·spect·or /prəˈspektə(r); *AmE* ˈprɑːspektər/ *Nomen* Gold-/Erzsucher(in)

pro·spec·tus /prəˈspektəs/ *Nomen* **1** (*für Schulen, Universitäten*) Prospekt, Broschüre **2** (FINANZ) Emissionsprospekt

pros·per /ˈprɒspə(r); *AmE* ˈprɑːspər/ *Verb* florieren, gedeihen ◇ *He seems to be prospering.* Es scheint ihm finanziell sehr gut zu gehen.

pros·per·ity /prɒˈsperəti; *AmE* prɑːˈ-/ *Nomen* Wohlstand

pros·per·ous /ˈprɒspərəs; *AmE* ˈprɑːspə-/ *Adj* wohlhabend

pro·state /ˈprɒsteɪt; *AmE* ˈprɑːsteɪt/ (*auch* **ˈprostate gland**) *Nomen* Prostata, Vorsteherdrüse

pros·thesis /prɒsˈθiːsɪs; *AmE* prɑːsˈ-/ *Nomen* (*Pl* **prostheses** /-siːz/) (*Fachspr*) Prothese

pros·thet·ic /prɒsˈθetɪk; *AmE* prɑːsˈ-/ *Adj* (*Fachspr*) prothetisch ◇ *a prosthetic arm* eine Armprothese

pros·ti·tute /ˈprɒstɪtjuːt; *AmE* ˈprɑːstətuːt/ *Nomen, Verb*

▸ ***Nomen*** Prostituierte(r)

▸ ***Verb*** prostituieren

pros·ti·tu·tion /ˌprɒstɪˈtjuːʃn; *AmE* ˌprɑːstəˈtuː-/ *Nomen* Prostitution

pros·trate *Adj, Verb*

▸ ***Adj*** /ˈprɒstreɪt; *AmE* ˈprɑːstreɪt/ **1** flach (auf dem Bauch) ausgestreckt **2** ~ (**with sth**) (von etw) übermannt

▸ ***Verb*** /prɒˈstreɪt; *AmE* ˈprɑːstreɪt/ (*gehoben*) **1** ~ **yourself** sich niederwerfen **2** (*meist passiv*) niederschmettern, schwächen ◇ *prostrated with grief* vor Gram völlig gebrochen

pros·tra·tion /prɒˈstreɪʃn; *AmE* prɑːˈ-/ *Nomen* (*gehoben*) **1** Erschöpfung **2** Fußfall

prot·ag·on·ist /prəˈtæɡənɪst/ *Nomen* **1** (LIT) Protagonist(in) ◇ *the leading/main protagonist* die Hauptfigur **2** Hauptakteur(in) **3** Befürworter(in), Verfechter(in)

pro·tean /ˈprəʊtiən, prəʊˈtiːən; *AmE* ˈproʊ-, proʊˈ-/ *Adj* (*gehoben*) proteisch, wandelbar

pro·tect 🗝 /prəˈtekt/ *Verb* ~ **sb/sth** (**against sth**) jdn/etw (gegen/vor etw) schützen; ~ **sb/sth** (**from sth**) jdn/etw (vor etw) schützen ◇ *a protected area* ein Schutzgebiet ◇ *protected markets* (durch Schutzzoll) geschützte Märkte

pro·tec·tion 🗝 /prəˈtekʃn/ *Nomen* **1** Schutz ◇ *the conservation and protection of the environment* der Umweltschutz ◇ *data protection laws* Datenschutzgesetze ◇ *The government is ready to introduce protection for the car industry.* Die Regierung will für Autos Importzölle einführen, um die Autoindustrie zu schützen. **2** Schutzgeld ◇ *pay protection money* Schutzgeld zahlen ◇ *run a protection racket* Schutzgelder erpressen

pro·tec·tion·ism /prəˈtekʃənɪzəm/ *Nomen* (WIRTSCH) Protektionismus, Schutzzollpolitik

pro·tec·tion·ist /prəˈtekʃənɪst/ *Adj* protektionistisch

pro·tect·ive /prəˈtektɪv/ *Adj* **1** [nur vor Nomen] Schutz-, schützend **2** (*Adv* **pro·tect·ive·ly**) beschützend, fürsorglich ◇ *He put a protective arm around her shoulders.* Er legte beschützend den Arm um ihre Schulter. ◇ *parents who are over-protective of their children* Eltern, die ihre Kinder zu sehr behüten **3** (WIRTSCH) protektionistisch

proˌtective ˈcustody *Nomen* Schutzhaft

pro·tect·ive·ness /prəˈtektɪvnəs/ *Nomen* Fürsorge

pro·tect·or /prəˈtektə(r)/ *Nomen* **1** Beschützer(in) **2** Schutz, Schützer ◇ *ear protectors* Ohrenschützer

pro·tect·or·ate /prəˈtektərət/ *Nomen* Protektorat

pro·tégé (**pro·tégée**) /ˈprɒtəʒeɪ; *AmE* ˈproʊt-/ *Nomen* Schützling

pro·tein /ˈprəʊtiːn; *AmE* ˈproʊ-/ *Nomen* Protein, Eiweiß

pro tem /ˌprəʊ ˈtem; *AmE* ˌproʊ/ *Adv* vorübergehend

pro·test 🗝 *Nomen, Verb*

▸ ***Nomen*** /ˈprəʊtest; *AmE* ˈproʊ-/ Protest ◇ *She resigned in protest at the decision.* Sie trat aus Protest über die Entscheidung zurück. ◇ *a storm of protest* ein Proteststurm ◇ *The workers staged a protest against the changes.* Die Arbeiter organisierten eine Protestkundgebung gegen die Änderungen.

▸ ***Verb*** /prəˈtest; *AmE auch* ˈproʊtest/ **1** ~ (**about/against/at sth**); (*AmE auch*) ~ (**sth**) (gegen etw) protestieren ◇ *Students took to the streets to protest against the decision.* Die Studenten gingen auf die Straße, um gegen den Beschluss zu demonstrieren. **2** beteuern ◇ *protest your innocence* seine Unschuld beteuern ◇ *'It's not true!' Jane protested.* „Das stimmt nicht!" empörte sich Jane. **3** einwenden

Prot·est·ant /ˈprɒtɪstənt; *AmE* ˈprɑːt-/ *Nomen, Adj*

▸ ***Nomen*** Protestant(in) ◇ *He's a Protestant.* Er ist evangelisch.

▸ ***Adj*** protestantisch, evangelisch

Prot·est·ant·ism /ˈprɒtɪstəntɪzəm; *AmE* ˈprɑːt-/ *Nomen* Protestantismus

pro·test·ation /ˌprɒtəˈsteɪʃn; *AmE* ˌprɑːt-/ *Nomen* (*gehoben*) Beteuerung

pro·test·er *Nomen* /prəˈtestə(r); *BrE auch* ˈprəʊtestə(r); *AmE auch* ˈproʊ-/ Demonstrant(in)

proto- /ˈprəʊtəʊ; *AmE* ˈproʊtoʊ/ *Vorsilbe* (*mit Nomina und Adjektiven verwendet*) ur-, proto- ◇ *a prototype* ein Prototyp ◇ *prototypical* prototypisch

proto·col /ˈprəʊtəkɒl; *AmE* ˈproʊtəkɑːl/ *Nomen* Protokoll

pro·ton /ˈprəʊtɒn; *AmE* ˈproʊtɑːn/ *Nomen* (PHYSIK) Proton

proto·plasm /ˈprəʊtəplæzəm; *AmE* ˈproʊ-/ *Nomen* (BIOL) Protoplasma

proto·type /ˈprəʊtətaɪp; *AmE* ˈproʊ-/ *Nomen* Prototyp

proto·typ·ical /ˌprəʊtəˈtɪpɪkl; *AmE* ˌproʊ-/ *Adj* prototypisch

proto·zoan /ˌprəʊtəˈzəʊən; *AmE* ˌproʊtəˈzoʊ-/ *Nomen, Adj*
▸ ***Nomen*** (*auch* **proto·zoon** /-ˈzəʊɒn, -ˈzoʊɑːn/) (*Pl* **proto·zoans** *oder* **proto·zoa** /-ˈzəʊə, -ˈzoʊə/) Protozoon, Urtierchen
▸ ***Adj*** einzellig

pro·tracted /prəˈtræktɪd; *AmE auch* proʊˈ-/ *Adj* langwierig, ausgedehnt

pro·tract·or /prəˈtræktə(r); *AmE auch* proʊˈ-/ *Nomen* Winkelmesser

pro·trude /prəˈtruːd; *AmE* proʊˈ-/ *Verb* (*gehoben*) herausragen, hervorstehen ◇ *protruding teeth* vorstehende Zähne

pro·tru·sion /prəˈtruːʒn; *AmE* proʊˈ-/ *Nomen* (*gehoben*) **1** Vorsprung **2** Herausragen, Vorstehen

pro·tu·ber·ance /prəˈtjuːbərəns; *AmE* proʊˈtuː-/ *Nomen* (*gehoben*) Auswuchs, Beule

pro·tu·ber·ant /prəˈtjuːbərənt; *AmE* proʊˈtuː-/ *Adj* (*gehoben*) vorstehend, hervortretend

proud 🔑 /praʊd/ *Adj, Adv*
▸ ***Adj*** (*Adv* **proud·ly**) stolz ◇ *The car is his proudest possession.* Das Auto ist sein ganzer Stolz. ◇ *Don't be too proud to ask for help.* Genieren Sie sich nicht, um Hilfe zu bitten.
▸ ***Adv*** IDM **do sb 'proud** (*BrE, veraltet*) jdn fürstlich bewirten **do yourself/sb 'proud** sich/jdm Ehre antun

prov·able /ˈpruːvəbl/ *Adj* nachweisbar

prove 🔑 /pruːv/ *Verb* (**proved, proved** *oder bes AmE* **proved, proven** /ˈpruːvn, ˈprəʊvn; *AmE* ˈproʊ-/) **1** beweisen ◇ *She was determined to prove me wrong.* Sie wollte unbedingt beweisen, dass ich im Unrecht war. **2 ~ (yourself) sth** sich als etw erweisen **3 ~ yourself** sich beweisen, sich bewähren IDM → EXCEPTION

proven /ˈpruːvn/ *Adj* [nur vor Nomen] bewährt, erwiesen ◇ *a student of proven ability* ein nachweislich begabter Student → *Siehe auch* PROVE IDM **not 'proven** (*im schottischen Recht*) Schuldbeweis nicht erbracht

prov·en·ance /ˈprɒvənəns; *AmE* ˈprɑːv-/ *Nomen* (*gehoben*) Herkunft, Provenienz

prov·erb /ˈprɒvɜːb; *AmE* ˈprɑːvɜːrb/ *Nomen* Sprichwort

pro·verb·ial /prəˈvɜːbiəl; *AmE* -ˈvɜːrb-/ *Adj* (*Adv* **pro·verbial·ly** /-əli/) sprichwörtlich

pro·vide 🔑 /prəˈvaɪd/ *Verb* **1 ~ sb with sth** jdm etw zur Verfügung stellen, jdn mit etw versorgen; **~ sth (for sb)** etw (für jdn) zur Verfügung stellen ◇ *The report doesn't provide any answers.* Der Bericht bietet keine Lösungen an. **2** (*gehoben*) bestimmen, festsetzen PHR V **pro'vide for sb** für jdn sorgen ◇ *He didn't provide for them in his will.* Er hat in seinem Testament keine Vorsorge für sie getroffen. **pro'vide for sth** (*gehoben*) **1** für etw Vorkehrungen treffen ◇ *The system did not provide for the increase in demand.* Das System war auf diese Nachfrage nicht vorbereitet. **2** etw vorsehen ◇ *The legislation provides for the detention of suspected terrorists for up to seven days.* Die Gesetzgebung sieht eine bis zu siebentägige Untersuchungshaft für des Terrorismus verdächtigte Personen vor.

pro·vided 🔑 /prəˈvaɪdɪd/ *Konj* **~ (that) ...** vorausgesetzt, (dass) ...

provi·dence (*auch* **Providence**) /ˈprɒvɪdəns; *AmE* ˈprɑːv-/ *Nomen* Vorsehung ◇ *sent by providence* gottgegeben IDM → TEMPT

provi·dent /ˈprɒvɪdənt; *AmE* ˈprɑːv-/ *Adj* (*gehoben*) vorausschauend, sparsam

provi·den·tial /ˌprɒvɪˈdenʃl; *AmE* ˌprɑːv-/ *Adj* (*gehoben*) **1** günstig ◇ *be providential* ein Glücksfall sein **2** gottgegeben

pro·vider /prəˈvaɪdə(r)/ *Nomen* **1** Ernährer(in) **2** Anbieter ◇ *the largest providers of employment in the area* die größten Arbeitgeber der Region ◇ *information providers* Informationsvermittler → *Siehe auch* ISP

pro·vid·ing 🔑 /prəˈvaɪdɪŋ/ *Konj* **~ (that) ...** vorausgesetzt, (dass) ...

prov·ince /ˈprɒvɪns; *AmE* ˈprɑːvɪns/ *Nomen* **1** Provinz ◇ *Canada's western provinces* die westlichen Provinzen Kanadas **2 the provinces** [Pl] (*BrE*) die Provinz ◇ *from the provinces* aus der Provinz **3** [Sing] (*gehoben*) (Zuständigkeits)bereich

pro·vin·cial /prəˈvɪnʃl/ *Adj, Nomen*
▸ ***Adj*** Provinz-, provinziell
▸ ***Nomen*** Provinzler(in)

pro·vin·cial·ism /prəˈvɪnʃlɪzəm/ *Nomen* (*abwert*) Provinzialismus

'proving ground *Nomen* **1** Teststrecke **2** (*fig*) Bewährungsprobe

pro·vi·sion /prəˈvɪʒn/ *Nomen* **1** [meist Sing] Versorgung, Bereitstellung ◇ *housing provision* die Bereitstellung von Wohnraum ◇ *There is no provision for anyone to sit down here.* Hier gibt es überhaupt keine Sitzgelegenheiten. **2** Vorkehrungen, Vorsorge ◇ *You should make provision for things going wrong.* Sie sollten für den Fall, dass etwas schiefgeht, Vorkehrungen treffen. **3 provisions** [Pl] Vorräte, Proviant **4** Bestimmung ◇ *under the provisions of the lease* den Bestimmungen des Mietvertrags zufolge

pro·vi·sion·al /prəˈvɪʒənl/ *Adj* (*Adv* **pro·vi·sion·al·ly** /-nəli/) provisorisch, vorläufig ◇ *The booking is only provisional.* Die Buchung muss noch bestätigt werden.

pro,visional 'licence *Nomen* (*BrE*) vorläufige Fahrerlaubnis

pro·viso /prəˈvaɪzəʊ; *AmE* -zoʊ/ *Nomen* (*Pl* **-os**) Bedingung, Klausel

provo·ca·tion /ˌprɒvəˈkeɪʃn; *AmE* ˌprɑːv-/ *Nomen* Provokation, Herausforderung ◇ *He reacts violently under provocation.* Er wird gewalttätig, wenn man ihn provoziert. ◇ *at the slightest provocation* beim geringsten Anlass

pro·voca·tive /prəˈvɒkətɪv; *AmE* -ˈvɑːk-/ *Adj* (*Adv* **pro·voca·tive·ly**) **1** provozierend ◇ *He's being deliberately provocative.* Er will absichtlich provozieren. **2** aufreizend, erregend

pro·voke /prəˈvəʊk; *AmE* -ˈvoʊk/ *Verb* **1** auslösen **2** provozieren

prov·ost (*auch* **Provost**) /ˈprɒvəst; *AmE* ˈproʊvoʊst/ *Nomen* **1** (*BrE*) Leiter(in) eines Colleges **2** (*AmE*) = Mitglied der Universitätsleitung **3** (*in Schottland*) Bürgermeister(in) **4** Propst, Pröpstin

prow /praʊ/ *Nomen* (*gehoben*) Bug

prow·ess /ˈpraʊəs/ *Nomen* (*gehoben*) Leistungsfähigkeit, Können

prowl /praʊl/ *Verb, Nomen*
▸ ***Verb*** (umher)schleichen ◇ *He was seen prowling around outside the factory.* Er wurde gesehen, wie er um die Fabrik herumschlich.
▸ ***Nomen*** IDM **be/go on the 'prowl** herumschleichen ◇ *a fox on the prowl* ein Fuchs auf Streifzug

prowl·er /ˈpraʊlə(r)/ *Nomen* ◇ *Neighbours had seen a prowler in the garden.* Die Nachbarn hatten jemanden gesehen, der sich im Garten herumtrieb.

prox·im·ity /prɒkˈsɪməti; *AmE* prɑːkˈ-/ *Nomen (gehoben)* Nähe ◇ *in close proximity to each other* in unmittelbarer Nähe zueinander

proxy /ˈprɒksi; *AmE* ˈprɑːk-/ *Nomen (Pl* **-ies***)* **1** Vollmacht ◇ *a proxy vote* eine in Vertretung abgegebene Stimme **2** Bevollmächtigte(r) **3** *(gehoben oder Fachspr)* Anhaltspunkt, Maßstab

prude /pruːd/ *Nomen (abwert)* prüder Mensch

pru·dence /ˈpruːdns/ *Nomen (gehoben)* Vorsicht, Besonnenheit

pru·dent /ˈpruːdnt/ *Adj (Adv* **pru·dent·ly***)* besonnen, vorsichtig

prud·ery /ˈpruːdəri/ *Nomen* Prüderie

prud·ish /ˈpruːdɪʃ/ *Adj* prüde

prune /pruːn/ *Nomen, Verb*

▸ ***Nomen*** Backpflaume, Dörrpflaume

▸ ***Verb*** **~ sth (back)** **1** etw (zurück) schneiden **2** etw kürzen, etw stutzen ◇ *Staff numbers have been pruned back to 175.* Das Personal wurde auf 175 reduziert.

prun·ing /ˈpruːnɪŋ/ *Nomen* **1** Schneiden ◇ *Roses require annual pruning.* Rosen müssen jedes Jahr zurückgeschnitten werden. **2** Kürzen ◇ *The company would benefit from a little pruning.* Einige Kürzungen würden der Firma guttun.

pruri·ent /ˈprʊəriənt; *AmE* ˈprʊr-/ *Adj (gehoben)* lüstern

pry /praɪ/ *Verb* (**pries**, **pry·ing**, **pried**, **pried** /praɪd/) **1** herumschnüffeln ◇ *the prying eyes of the media* die zudringliche Schnüffelei der Medien ◇ *I'm sorry. I didn't mean to pry.* Entschuldigen Sie, ich wollte nicht indiskret sein. **2** *(bes AmE)* aufhebeln, ausheben ◇ *He managed to pry the lid off.* Es gelang ihm, den Deckel aufzuhebeln.

PS /ˌpiː ˈes/ *Abk* PS

psalm /sɑːm/ *Nomen* Psalm

pseph·olo·gist /siˈfɒlədʒɪst; *AmE* siˈfɑːlə-/ *Nomen* Wahlanalytiker(in)

pseph·ology /siˈfɒlədʒi; *AmE* siˈfɑːlə-/ *Nomen* Wahlanalytik

pseud /suːd; *BrE auch* sjuːd/ *Nomen (BrE, umgs, abwert)* Möchtegern, Angeber(in) ◇ *She's such a pseud!* Bei ihr ist alles Angeberei.

pseudo·nym /ˈsuːdənɪm; *BrE auch* ˈsjuː-/ *Nomen* Pseudonym

PSHEE /ˌpiː es eɪtʃ ˌiː ˈiː/ *Kurzform von* **personal, social health and economic education** = Fach an britischen Schulen, bei dem es um die emotionale und soziale Entwicklung geht, und das sich mit Themen wie Gesundheit, Geld, Sex, Drogen und Beziehungen zu anderen Menschen auseinandersetzt

psor·ia·sis /səˈraɪəsɪs/ *Nomen* (MED) Schuppenflechte

psst /pst/ *Ausruf (um sich bemerkbar zu machen)* st

psych /saɪk/ *Verb* PHR V **ˌpsych sb ˈout** *(umgs)* jdn psychologisch fertigmachen ◇ *He was psyched out of the match.* Er verlor das Spiel, weil sein Gegner ihn psychologisch fertiggemacht hatte. **ˌpsych sb/yourself ˈup (for sth)** *(umgs)* jdn/sich (für etw) hochputschen, jdn/sich seelisch (auf etw) vorbereiten

psy·che /ˈsaɪki/ *Nomen (gehoben)* Psyche ◇ *the national psyche* das nationale Bewusstsein

psyched /saɪkt/ *Adj* [nicht vor Nomen] *(bes AmE, umgs)* aufgeregt, aufgedreht

psy·che·del·ic /ˌsaɪkəˈdelɪk/ *Adj* psychedelisch; *(Droge)* bewusstseinserweiternd

psy·chi·at·ric /ˌsaɪkiˈætrɪk/ *Adj* psychiatrisch; *(Krankheit)* psychisch ◇ *a psychiatric nurse* eine Krankenschwester in der Psychiatrie

psych·iatrist /saɪˈkaɪətrɪst/ *Nomen* Psychiater(in)

psych·iatry /saɪˈkaɪətri/ *Nomen* Psychiatrie

psy·chic /ˈsaɪkɪk/ *Adj, Nomen*

▸ ***Adj*** *(seltener* **psych·ical** /ˈsaɪkɪkl/*)* **1** übersinnlich, übernatürlich ◇ *psychic healing* Wunderheilung ◇ *How was I supposed to know—I'm not psychic!* Woher sollte ich das wissen—ich kann doch nicht hellsehen! **2** *(Adv* **psych·ic·al·ly** /-kli/*) (gehoben)* psychisch, seelisch

▸ ***Nomen*** Hellseher(in), Medium

psy·cho /ˈsaɪkəʊ; *AmE* -koʊ/ *Nomen, Adj*

▸ ***Nomen*** *(Pl* **-os***) (umgs)* Verrückte(r)

▸ ***Adj*** *(umgs)* verrückt

psy·cho·ana·lyse *(AmE* **psy·cho·ana·lyze***)* /ˌsaɪkəʊˈænəlaɪz; *AmE* -koʊ-/ *Verb* psychoanalytisch behandeln, psychoanalysieren

psy·cho·analy·sis /ˌsaɪkəʊəˈnæləsɪs; *AmE* -koʊ-/ *Nomen* Psycholanalyse

psy·cho·ana·lyst /ˌsaɪkəʊˈænəlɪst; *AmE* -koʊ-/ *Nomen* Psychoanalytiker(in)

psy·cho·ana·lyt·ic /ˌsaɪkəʊˌænəˈlɪtɪk; *AmE* -koʊ-/ *Adj* [nur vor Nomen] *(Adv* **psy·cho·ana·lyt·ic·al·ly** /-kli/*)* psychoanalytisch

psy·cho·logic·al /ˌsaɪkəˈlɒdʒɪkl; *AmE* -ˈlɑːdʒɪ-/ *Adj (Adv* **psy·cho·logic·al·ly** /-kli/*)* **1** psychisch **2** [nur vor Nomen] psychologisch

psych·olo·gist /saɪˈkɒlədʒɪst; *AmE* -ˈkɑːlə-/ *Nomen* Psychologe, Psychologin

psych·ology /saɪˈkɒlədʒi; *AmE* -ˈkɑːlə-/ *Nomen* **1** Psychologie **2** [Sing] Psyche

psy·cho·met·ric /ˌsaɪkəˈmetrɪk/ *Adj* [nur vor Nomen] psychometrisch

psy·cho·path /ˈsaɪkəpæθ/ *Nomen* Psychopath(in)

psy·cho·path·ic /ˌsaɪkəˈpæθɪk/ *Adj* psychopathisch

psy·cho·path·ology /ˌsaɪkəʊpəˈθɒlədʒi; *AmE* -koʊpəˈθɑːlə-/ *Nomen* **1** Psychopathologie **2** Psychopathie

psych·osis /saɪˈkəʊsɪs; *AmE* -ˈkoʊ-/ *Nomen (Pl* **psych·oses** /-siːz/*)* Psychose

psy·cho·somat·ic /ˌsaɪkəʊsəˈmætɪk; *AmE* -koʊ-/ *Adj* psychosomatisch

psy·cho·ther·ap·ist /ˌsaɪkəʊˈθerəpɪst; *AmE* -koʊ-/ *(auch* **ther·ap·ist***) Nomen* Psychotherapeut(in)

psy·cho·ther·apy /ˌsaɪkəʊˈθerəpi; *AmE* -koʊ-/ *(auch* **ther·apy***) Nomen* Psychotherapie

psych·ot·ic /saɪˈkɒtɪk; *AmE* -ˈkɑːtɪk/ *Nomen, Adj*

▸ ***Nomen*** Psychotiker(in)

▸ ***Adj*** psychotisch

PT /ˌpiː ˈtiː/ *Abk* **1** *(BrE) Kurzform von* **physical training** Sport **2** *(auch* **P/T***)* = PART-TIME

pt *(auch* **pt.***) Abk* **1** = PART **2** *(Pl* **pts***)* = PINT **3** *(Pl* **pts***)* = POINT **4** **Pt.** = PORT

PTA /ˌpiː tiː ˈeɪ/ *Nomen Kurzform von* **parent-teacher association** ≈ Elternbeirat

Pte *Abk (BrE)* = PRIVATE

ptero·dac·tyl /ˌterəˈdæktɪl/ *Nomen* Pterodaktylus

PTO /ˌpiː tiː ˈəʊ; *AmE* ˈoʊ/ *(BrE) Kurzform von* **please turn over** b. w.

pub /pʌb/ *Nomen (BrE) (gehoben* **pub·lic house***)* Kneipe, Wirtschaft

ˈpub crawl *Nomen (BrE, umgs)* Kneipenbummel, Zechtour

pu·berty /ˈpjuːbəti; *AmE* -bərti/ *Nomen* Pubertät ◇ *reach (the age of) puberty* in die Pubertät kommen

pu·bes·cent /pjuːˈbesnt/ *Adj (gehoben)* pubertierend, heranreifend

pubic /ˈpjuːbɪk/ *Adj* [nur vor Nomen] Scham- ◇ *the pubic bone* das Schambein

pub·lic /ˈpʌblɪk/ *Adj, Nomen*

▸ ***Adj*** *(Adv* **pub·lic·ly***)* **1** [nur vor Nomen] öffentlich ◇ *a danger to public health* ein allgemeines Gesundheitsrisiko ◇ *public funding* Finanzierung aus öffentlichen Mitteln ◇ *be on public display* öffentlich ausgestellt sein ◇ *the public good* das Allgemeinwohl **2** [nur vor Nomen] Staats- ◇ *be in public office* im Staatsdienst sein ◇ *a publicly owned company* ein staatliches Unternehmen **3** allgemein bekannt ◇ *make sth public* etw öffentlich bekannt machen ◇ *a public figure* eine Persönlichkeit des öffentlichen Lebens **4** ◇ *Let's go somewhere a little less public.* Suchen wir uns ein ruhiges Plätzchen. IDM **go 'public** **1** etw an die Öffentlichkeit bringen; mit etw an die Öffentlichkeit treten **2** (FINANZ) an die Börse gehen **in the public 'eye** im Blickpunkt der Öffentlichkeit → *Siehe auch* KNOWLEDGE

▸ ***Nomen*** **1** [mit Verb im Sing/Pl] **the public** die Öffentlichkeit ◇ *several members of the public* mehrere Bürger **2** Publikum ◇ *the theatre-going public* Theaterbesucher IDM **in 'public** öffentlich; in aller Öffentlichkeit → *Siehe auch* WASH

ˌpublic 'access *Nomen* **1** Zugang für die Öffentlichkeit **2** (*AmE*) ◇ *a public access channel* ein offener Kanal

ˌpublic adˈdress system *Nomen* (*Abk* **PA**) Lautsprecheranlage, Verstärkeranlage

ˌpublic afˈfairs *Nomen* [Pl] öffentliche Angelegenheiten

pub·lican /ˈpʌblɪkən/ *Nomen* Gastwirt(in)

pub·lica·tion 0-w /ˌpʌblɪˈkeɪʃn/ *Nomen* Veröffentlichung ◇ *a specialist publication* eine Fachpublikation ◇ *the publication of the results* die Bekanntgabe der Ergebnisse

ˌpublic 'bar *Nomen* (*veraltet*) = einfach ausgestatteter Teil eines Pubs, wo das Bier billiger war

ˌpublic 'company *Nomen* ≈ Aktiengesellschaft

ˌpublic conˈvenience *Nomen* (*BrE, gehoben*) öffentliche Bedürfnisanstalt

ˌpublic corpoˈration *Nomen* **1** (*AmE*) ≈ Aktiengesellschaft **2** (*BrE*) öffentlich-rechtliche Anstalt

ˌpublic deˈfender *Nomen* (*AmE*) Pflichtverteidiger(in)

ˌpublic doˈmain *Nomen* [Sing] ◇ *be in the public domain* Allgemeingut sein

ˌpublic 'holiday *Nomen* gesetzlicher Feiertag

ˌpublic 'house (*BrE, gehoben*) = PUB

ˌpublic 'housing *Nomen* (*AmE*) [U] Sozialwohnungen

pub·li·cist /ˈpʌblɪsɪst/ *Nomen* Publicitymanager(in), Agent(in)

pub·li·city 0-w /pʌbˈlɪsəti/ *Nomen* **1** Publicity ◇ *The trial took place amid a blaze of publicity.* Der Prozess fand unter grossem Aufsehen statt. **2** Werbung ◇ *a publicity stunt* ein Werbegag

pub·li·cize (*BrE auch* **-ise**) /ˈpʌblɪsaɪz/ *Verb* **~ sth** auf etw aufmerksam machen; (*Film, Produkt*) für etw Werbung machen ◇ *a much/widely publicized speech* eine Rede, die große Verbreitung fand

ˌpublic ˌlimited 'company *Nomen* (*BrE*) = PLC

ˌpublic 'nuisance *Nomen* [Sing] (RECHT) öffentliches Ärgernis

ˌpublic 'property *Nomen* **1** öffentliches Eigentum **2** Allgemeingut

ˌpublic 'prosecutor *Nomen* (*BrE*) Staatsanwalt, -anwältin

the ˌPublic 'Record Office *Nomen* [Sing] (*BrE*) das Nationalarchiv

ˌpublic reˈlations *Nomen* (*Abk* **PR**) Public Relations, Öffentlichkeitsarbeit

ˌpublic 'school *Nomen* **1** (*BrE*) = Privatschule (oft als Internat) für Kinder von 13 bis 18 **2** **'public school** (*AmE*) staatliche Schule

the ˌpublic 'sector *Nomen* (WIRTSCH) der öffentliche Sektor ◇ *public sector housing* sozialer Wohnungsbau

ˌpublic 'service *Nomen* **1** öffentlicher Dienstleistungsbetrieb ◇ *a public-service broadcaster* ein öffentlich-rechtlicher Rundfunksender **2** Dienst an der Allgemeinheit **3** öffentlicher Dienst

ˌpublic 'spirit *Nomen* Gemeinsinn

ˌpublic-'spirited *Adj* von Gemeinsinn zeugend

ˌpublic uˈtility *Nomen* (*gehoben*) öffentlich-rechtlicher Versorgungsbetrieb

ˌpublic 'works *Nomen* staatliche Bauprojekte

pub·lish 0-w /ˈpʌblɪʃ/ *Verb* **1** veröffentlichen, herausbringen ◇ *The first edition was published in 1998.* Die erste Ausgabe ist 1998 erschienen. **2** (*gehoben*) publik machen, bekannt machen

pub·lish·er /ˈpʌblɪʃə(r)/ *Nomen* **1** Verleger(in) **2** Verlag

pub·lish·ing 0-w /ˈpʌblɪʃɪŋ/ *Nomen* Verlagswesen ◇ *a publishing house* ein Verlag(shaus)

puce /pjuːs/ *Adj* violett; (*Gesicht*) puterrot

puck /pʌk/ *Nomen* (*Eishockey*) Puck

puck·er /ˈpʌkə(r)/ *Verb* **1** sich verziehen, sich kräuseln **2** **~ sth (up)** etw kraus ziehen, etw kräuseln ◇ *puckered fabric* gekräuselter Stoff

pud·ding /ˈpʊdɪŋ/ *Nomen* **1** (*BrE*) (*umgs* **pud** /pʊd/) Nachspeise ◇ *What's for pudding?* Was gibt's zum Nachtisch? **2** (*BrE*) = warme, süße Mehlspeise ◇ *bread and butter pudding* Auflauf aus Brot, Butter, Milch und Rosinen **3** (*BrE*) = Art Fleischkasserolle, die mit einer Teigplatte aus Mehl und Nierenfett bedeckt ist und im Wasserbad gegart wird ◇ *a steak and kidney pudding* eine (im Wasserbad gekochte) Rindfleisch-Nieren-Pastete **4** (*AmE*) Pudding ◇ *chocolate pudding* Schokoladenpudding IDM → OVER-EGG *und* PROOF

pud·dle /ˈpʌdl/ *Nomen* Pfütze

pudgy /ˈpʌdʒi/ *Adj* (*umgs, abwert*) dicklich

pu·er·ile /ˈpjʊəraɪl; *AmE* ˈpjʊrəl/ *Adj* (*abwert*) kindisch, infantil

puff /pʌf/ *Verb, Nomen*

▸ ***Verb*** **1** **~ (at/on) (sth)** (etw) paffen, (etw) schmauchen **2** stoßweise entweichen **3** **~ sth (out)** etw (aus)stoßen, etw (aus)blasen ◇ *Chimneys were puffing out clouds of smoke.* Schornsteine stießen Rauchwolken aus. **4** keuchen, schnaufen **5** sich schnaufend vorwärtsbewegen IDM **be puffed up with 'pride, etc.** (zum Bersten) von Stolz etc. erfüllt sein **ˌpuff and 'pant**; **ˌpuff and 'blow** (*umgs*) pusten und schnaufen → *Siehe auch* HUFF PHR V **ˌpuff sth 'out/'up** etw aufblasen, etw (auf)blähen ◇ *The bird puffed up its feathers.* Der Vogel plusterte sich auf. **ˌpuff (yourself) 'up** sich aufblähen, sich aufplustern

▸ ***Nomen*** **1** Zug, Hub ◇ *He had a few puffs at the cigar.* Er zog ein paarmal an der Zigarre. ◇ *Take two puffs from the inhaler every four hours.* Nehmen Sie alle vier Stunden zwei Hübe aus dem Inhalator. **2** (*Wind-, Atem-*) Stoß; (*Luft-*) Zug; (*Dampf-, Rauch-*) Wolke ◇ *vanish in a puff of smoke* sich in Rauch auflösen **3** Blätterteigteilchen **4** (*bes BrE, umgs*) Puste

puff·ball /ˈpʌfbɔːl/ *Nomen* Bofist

puffed /pʌft/ (*auch* **ˌpuffed 'out**) *Adj* [nicht vor Nomen] (*BrE, umgs*) außer/aus der Puste

puff·er /ˈpʌfə(r)/ *Nomen* (*umgs*) (Inhalations)spray

puf·fin /ˈpʌfɪn/ *Nomen* Papageientaucher

puf·fi·ness /ˈpʌfinəs/ *Nomen* Verschwollenheit, Aufgedunsenheit

ˌpuff 'pastry *Nomen* Blätterteig

puffy /ˈpʌfi/ *Adj* (**puff·ier, puffi·est**) **1** verquollen, aufgedunsen **2** bauschig ◇ *puffy clouds* Wattebauschwolken

pug /pʌg/ *Nomen* Mops

pug·na·cious /pʌgˈneɪʃəs/ *Adj* (*Adv* **pug·na·cious·ly**) (*gehoben*) kampflustig, streitlustig

puke /pjuːk/ *Verb, Nomen*
▸ ***Verb*** (*umgs*) ~ **(sth) (up)** (etw) (aus)kotzen, (etw) (aus) spucken ◇ *That guy makes me puke!* Der Typ kotzt mich an!
▸ ***Nomen*** (*umgs*) Kotze

pukka /ˈpʌkə/ *Adj* (*BrE*) **1** (*veraltet*) echt, anständig **2** (*umgs*) erstklassig

pull 0‑ᴿ /pʊl/ *Verb, Nomen*
▸ ***Verb*** **1** ziehen ◇ *She pulled him gently towards her.* Sie zog ihn zärtlich an sich. ◇ *He pulled a gun on me.* Er zog eine Pistole und bedrohte mich damit. ◇ *John pulled himself free and ran off.* John riss sich los und rannte weg. **2** ~ **sth** an etw ziehen ◇ *Stop pulling her hair!* Hör auf sie an den Haaren zu ziehen! **3** (*Vorhänge etc.*) (zu)ziehen, (auf)ziehen ◇ *She pulled (down) the blinds.* Sie zog das Rollo runter. **4** ~ **sth** (*Muskel, Sehne etc.*) sich etw zerren **5** rudern **6** ~ **sb/sth (in)** jdn/etw anziehen ◇ *Their concerts pulled in huge crowds.* Ihre Konzerte zogen große Massen an. **7** (*BrE, umgs*) ~ **(sb)** bei jdm ankommen ◇ *He can still pull the girls.* Er kommt immer noch bei den Mädchen an. ◇ *She's hoping to pull tonight.* Sie hofft, heute Abend jemanden abzuschleppen. **8** (*umgs*) (*Trick, Verbrechen*) abziehen ◇ *What are you trying to pull?* Was versuchst du hier abzuziehen? **9** (*Bier*) zapfen **10** (*umgs*) absagen, streichen IDM **pull a ˈfast one (on sb)** (*Slang*) jdn übers Ohr hauen **pull sb's ˈleg** (*umgs*) jdn auf den Arm nehmen **pull the ˈother one (—it's got ˈbells on)** (*BrE, umgs*) das kannst du deiner Großmutter erzählen **pull out all the ˈstops** (*umgs*) alle Register ziehen **pull the ˈplug on sth** (*umgs*) etw stoppen **pull your ˈpunches** (*umgs*) (*meist in verneinten Sätzen*) sich zurückhalten; zimperlich sein **pull sth/a ˌrabbit out of the ˈhat** (*umgs*) etw aus dem Hut zaubern **pull ˈrank (on sb)** (jdm gegenüber) den Vorgesetzten herauskehren **pull the rug (out) from under sb's ˈfeet** (*umgs*) jdm den Boden unter den Füßen wegziehen **pull your ˈsocks up** (*BrE, umgs*) sich am Riemen reißen **pull ˈwires (for sb)** (seine) Beziehungen (für jdn) spielen lassen **pull the ˈstrings** die Fäden in der Hand halten **pull your ˈweight** sich voll einsetzen **pull the ˈwool over sb's eyes** (*umgs*) jdm etw vormachen → *Siehe auch* FACE *und* PIECE PHR V **ˌpull aˈhead (of sb/sth)** (vor jdm/etw) in Führung gehen **ˌpull sb aˈpart** (*Kämpfende*) trennen **ˌpull sth aˈpart** etw auseinanderziehen **ˈpull at sth** = PULL **ˌpull aˈway (from sb/sth)** **1** (von etw) wegfahren ◇ *They waved as the bus pulled away.* Sie winkten, als der Bus wegfuhr. **2** sich (von jdm/etw) losreißen **ˌpull ˈback** **1** sich zurückziehen **2** einen Rückzieher machen **3** (SPORT) aufholen ◇ *Rangers pulled back to 4-3.* Die Rangers holten zu einem 4:3 auf. **ˌpull sth ˈback** mit etw aufholen ◇ *They pulled back a goal just before half-time.* Sie holten kurz vor Ende der Halbzeit mit einem Tor auf. **ˌpull sb ˈdown** (*bes AmE*) jdn herunterziehen **ˌpull sth ˈdown** **1** etw abreißen **2** = PULL **ˌpull sb ˈin** (*umgs*) (*Verdächtige*) einkassieren **ˌpull sth ˈin**; **ˌpull sth ˈdown** (*umgs*) etw reinholen, etw verdienen **ˌpull ˈin (to sth)** **1** (*Zug, Bus*) (in etw) einfahren **2** (*BrE*) an den Straßenrand fahren **ˌpull ˈoff (sth)** (von etw) abfahren ◇ *pull off the motorway* von der Autobahn abfahren **ˌpull sth ˈoff** (*umgs*) etw an Land ziehen, etw schaffen; (*Sieg*) einfahren **ˈpull on sth**; **ˈpull at sth** (*Zigarette etc.*) an etw ziehen **ˌpull ˈout** (*Fahrzeug*) ausscheren **ˌpull ˈout (of sth)** **1** (aus etw) herausfahren **2** (*fig*) (aus etw) aussteigen **ˌpull sb/sth ˈout (of sth)** (*Truppen etc.*) jdn/etw (aus etw) abziehen **ˌpull ˈover** an den Rand fahren **ˌpull sb/sth ˈover** jdn/etw an den Rand winken **ˌpull sth ˈover** (*Fahrzeug*) an den Rand fahren **ˌpull ˈthrough** durchkommen **ˌpull ˈthrough sth** etw durchstehen **ˌpull sb ˈthrough** jdn durchbringen **ˌpull sb ˈthrough sth** jdn durch etw bringen **ˌpull toˈgether** am selben Strang ziehen **ˌpull yourself toˈgether** sich zusammenreißen **ˌpull ˈup** anhalten **ˌpull sb ˈup** (*BrE, umgs*) jdn zurechtweisen
▸ ***Nomen*** **1** Ziehen, Ruck ◇ *I gave the door a sharp pull.* Ich zog mit einem festen Ruck an der Tür. **2** Anziehungskraft, Sog (*auch fig*) ◇ *the earth's gravitational pull* die Anziehungskraft der Erde **3** (*umgs*) Einfluss **4** Zug, Schluck **5** (*BrE*) Aufstieg **6** (MED) Zerrung IDM **be on the ˈpull** (*BrE, Slang*) jdn aufreißen wollen

ˈpull date *Nomen* (*AmE*) (*auf Lebensmitteln*) letztes Verkaufsdatum

ˈpull-down *Adj* **1** herunterklappbar ◇ *a pull-down bed* Wand(klapp)bett **2** **ˌpull-down ˈmenu** (COMP) Pull-down-Menü

pul·ley /ˈpʊli/ *Nomen* Flaschenzug, Rolle

ˈpulling power *Nomen* (*BrE*) **1** Anziehungskraft **2** Zugkraft

ˈpull-out *Nomen* **1** heraustrennbarer Teil (*einer Zeitschrift etc.*) **2** Abzug, Ausstieg

pull·over /ˈpʊləʊvə(r); *AmE* -loʊ-/ *Nomen* (*bes BrE*) Pullover

ˈpull tab *Nomen* (*AmE*) Aufreißlasche

ˈpull-up *Nomen* Klimmzug

pul·mon·ary /ˈpʌlmənəri; *AmE* -neri/ *Adj* [nur vor Nomen] (*Fachspr*) Lungen-

pulp /pʌlp/ *Nomen, Verb, Adj*
▸ ***Nomen*** **1** Mus (*auch fig*) **2** (*Papier-, Holz-*) Brei **3** Fruchtfleisch
▸ ***Verb*** (zer)stampfen, zerdrücken; (*Bücher etc.*) einstampfen
▸ ***Adj*** [nur vor Nomen] Groschen-, Schund- ◇ *pulp fiction* Groschenromane

pul·pit /ˈpʊlpɪt/ *Nomen* Kanzel

pul·sar /ˈpʌlsɑː(r)/ *Nomen* (ASTRON) Pulsar

pul·sate /pʌlˈseɪt; *AmE* ˈpʌlseɪt/ *Verb* pulsieren, pochen, zucken ◇ *a pulsating game* ein aufregendes Spiel ◇ *The streets were pulsating with life.* In den Straßen pulsierte das Leben.

pul·sa·tion /pʌlˈseɪʃn/ *Nomen* Pulsieren, Pochen, Zucken

pulse /pʌls/ *Nomen, Verb*
▸ ***Nomen*** **1** Puls(schlag) ◇ *a high pulse rate* eine hohe Pulsfrequenz **2** Rhythmus **3** Impuls **4** **pulses** [Pl] Hülsenfrüchte IDM → FINGER
▸ ***Verb*** pulsieren, zucken

pul·ver·ize (*BrE auch* **-ise**) /ˈpʌlvəraɪz/ *Verb* pulverisieren, zerstampfen ◇ (*fig*) *We pulverized the opposition.* Wir haben die Opposition in Grund und Boden gestampft.

puma /ˈpjuːmə; *AmE* ˈpuː-/ *Nomen* (*bes BrE*) Puma

pum·ice /ˈpʌmɪs/ (*auch* **ˈpumice stone**) *Nomen* Bimsstein

pum·mel /ˈpʌml/ *Verb* (**-ll-**, *AmE* **-l-**) einschlagen auf, eintrommeln auf

pump /pʌmp/ *Nomen, Verb*
▸ ***Nomen*** **1** Pumpe (*BrE*) ◇ *a petrol pump* eine Zapfsäule **2** (*BrE, veraltet*) Turnschuh **3** (*bes AmE*) Pumps **4** (*BrE*) Tanzschuh, Gymnastikschuh IDM → PRIME
▸ ***Verb*** **1** pumpen **2** (*Flüssigkeit*) schießen ◇ *Blood was pumping out of the wound.* Blut schoss aus der Wunde. **3** (sich) heftig auf und ab bewegen ◇ *My heart was pumping with excitement.* Mein Herz pochte vor Aufregung. **4** ~ **sb for sth** (*umgs*) etw aus jdm herausholen ◇ *Try to pump him for more details.* Versuch noch mehr Einzelheiten aus ihm herauszuholen. IDM **ˌpump ˈbullets, ˈshots, etc. ˈinto sb** jdn mit Blei voll pumpen **pump sb full of sth** jdn mit etw voll pumpen **pump ˈiron** (*umgs*) Gewichte stemmen **pump sb's ˈstomach** jdm den Magen auspumpen PHR V **ˌpump**

sth into sth (*Geld etc.*) etw in etw hineinpumpen **pump sth ˈinto sb** etw in jdn hineinstopfen **ˌpump sth ˈout** (*umgs*) (*produzieren*) etw herauspumpen ◇ *loudspeakers pumping out rock music* Lautsprecher, aus denen Rockmusik dröhnt **ˌpump sth ˈup** **1** etw aufpumpen **2** (*umgs*) (*steigern*) etw erhöhen

pumped /pʌmpt/ (*auch* **ˌpumped ˈup**) *Adj* (*bes AmE, umgs*) aufgeregt

pump·kin /ˈpʌmpkɪn/ *Nomen* Kürbis

pun /pʌn/ *Nomen, Verb*
▸ ***Nomen*** Wortspiel
▸ ***Verb*** (**-nn-**) ein Wortspiel/Wortspiele machen

Punch /pʌntʃ/ *Nomen* IDM → PLEASED

punch 0→ /pʌntʃ/ *Verb, Nomen*
▸ ***Verb*** **1** mit der Faust/mit Fäusten schlagen, boxen ◇ *He was punching the air in triumph.* Triumphierend stieß er die Faust in die Luft. **2** lochen, stanzen **3** (*Taste, Knopf etc.*) drücken PHRV **punch ˈin/ˈout** (*AmE*) die Stechkarte stempeln, stechen **ˌpunch sth ˈin; punch sth into sth** (COMP) etw eingeben **ˌpunch sb ˈout** (*AmE, umgs*) jdn umhauen **punch sth ˈout** **1** (*Nummer, Code etc.*) eingeben **2** etw herausschlagen ◇ *He threatened to punch my teeth out.* Er drohte mir die Zähne auszuschlagen. **3** etw ausstanzen **punch sth up** (*AmE*) **1** (*ein Video o. Ä.*) aufrufen **2** (*umgs*) etw aufpeppen
▸ ***Nomen*** **1** (Faust)schlag **2** Pep, Schwung **3** Locher, Stanzgerät ◇ *a hole punch* ein Locher **4** (Früchte) punsch IDM → PACK, PULL *und* ROLL

Punch and Judy show /ˌpʌntʃ ən ˈdʒuːdi ʃəʊ; *AmE* ʃoʊ/ *Nomen* Kasper(le)theater

punch·bag /ˈpʌntʃbæg/ *Nomen* (*BrE*) (*Boxen*) Sandsack

punch·ball /ˈpʌntʃbɔːl/ *Nomen* Punchingball

ˈpunch-drunk *Adj* **1** (*Boxen*) hirngeschädigt (durch Schläge auf den Kopf) **2** benommen

ˈpunching bag *Nomen* (*AmE*) (*Boxen*) Sandsack

punch·line /ˈpʌntʃlaɪn/ *Nomen* Pointe

ˈpunch-up *Nomen* (*BrE, umgs*) Prügelei, Schlägerei

punchy /ˈpʌntʃi/ *Adj* prägnant, kraftvoll ◇ *a punchy style of writing* eine flotte Schreibe

punc·tili·ous /pʌŋkˈtɪliəs/ *Adj* (*Adv* **punc·tili·ous·ly**) (*gehoben*) (*Verhalten, Person*) (peinlich) korrekt, (peinlich) genau, übergenau

punc·tili·ous·ness /pʌŋkˈtɪliəsnəs/ *Nomen* (*gehoben*) Korrektheit, Genauigkeit

punc·tual /ˈpʌŋktʃuəl/ *Adj* (*Adv* **punc·tu·al·ly** /-əli/) pünktlich

punc·tu·al·ity /ˌpʌŋktʃuˈæləti/ *Nomen* Pünktlichkeit

punc·tu·ate /ˈpʌŋktʃueɪt/ *Verb* **1** (hin und wieder) unterbrechen **2** Satzzeichen setzen **3** mit Satzzeichen versehen

punc·tu·ation /ˌpʌŋktʃuˈeɪʃn/ *Nomen* Zeichensetzung

punctuˈation mark *Nomen* Satzzeichen

punc·ture /ˈpʌŋktʃə(r)/ *Nomen, Verb*
▸ ***Nomen*** **1** (*BrE*) (*Reifen*) Loch, Reifenpanne, Platten **2** Einstich
▸ ***Verb*** **1** **~ sth** ein Loch in etw stechen ◇ *She was taken to the hospital with a punctured lung.* Sie wurde mit perforierten Lunge ins Krankenhaus gebracht. **2** ein Loch bekommen ◇ *One of the front tyres had punctured.* Einer der Vorderreifen hatte ein Loch. **3** (*Stimmung etc.*) zerstören ◇ *puncture sb's complacency* an jds Selbstzufriedenheit kratzen

pun·dit /ˈpʌndɪt/ *Nomen* Experte, Expertin

pun·gency /ˈpʌndʒənsi/ *Nomen* (*von Geruch*) Schärfe

pun·gent /ˈpʌndʒənt/ *Adj* (*Adv* **pun·gent·ly**) **1** (*Geruch*) beißend, stechend, durchdringend **2** (*Worte etc.*) beißend, scharf

pun·ish 0→ /ˈpʌnɪʃ/ *Verb* bestrafen

pun·ish·able /ˈpʌnɪʃəbl/ *Adj* **~ (by/with sth)** (mit etw) strafbar ◇ *a crime punishable by/with imprisonment* ein Verbrechen, auf das Gefängnisstrafe steht

pun·ish·ing /ˈpʌnɪʃɪŋ/ *Adj* anstrengend, mörderisch

pun·ish·ment 0→ /ˈpʌnɪʃmənt/ *Nomen* **1** Strafe, Bestrafung **2** ◇ *This carpet takes the most punishment.* Dieser Teppich wird am meisten strapaziert.

pu·ni·tive /ˈpjuːnətɪv/ *Adj* (*Adv* **pu·ni·tive·ly**) (*gehoben*) **1** strafend, bestrafend, Straf- ◇ *punitive measures* Strafmaßnahmen **2** (*Steuer etc.*) extrem hoch

punk /pʌŋk/ *Nomen* **1** (*auch* **ˌpunk ˈrock**) Punk(rock) **2** (*auch* **ˌpunk ˈrocker**) Punker(in), Punkrocker(in) **3** (*bes AmE, umgs, abwert*) Rabauke

pun·net /ˈpʌnɪt/ *Nomen* (*BrE*) (*für Obst*) Körbchen

punt¹ /pʌnt/ *Nomen, Verb* → *Siehe auch* PUNT²
▸ ***Nomen*** **1** Stocherkahn **2** (*BrE, umgs*) Wette **3** (*Rugby etc.*) = Schuss, bei dem der Spieler den Ball aus der Hand fallen lässt und schießt, bevor der Ball den Boden berührt
▸ ***Verb*** **1** Stocherkahn fahren **2** **~ (a ball)** (einen Ball) weit schießen

punt² /pʊnt/ *Nomen* Punt, irisches Pfund

punt·er /ˈpʌntə(r)/ *Nomen* (*BrE, umgs*) **1** Kunde **2** (*Glücksspiel*) Wetter(in), Spieler(in)

puny /ˈpjuːni/ *Adj* (*abwert*) **1** mickrig **2** kläglich

pup /pʌp/ *Nomen* **1** = PUPPY **2** (*verschiedener Tierarten*) Junges ◇ *a seal pup* ein Robbenbaby

pupa /ˈpjuːpə/ *Nomen* (*Pl* **pupae** /-piː/) (*Insekt*) Puppe

pupil 0→ /ˈpjuːpl/ *Nomen* **1** (*bes BrE*) Schüler(in) **2** Pupille

pup·pet /ˈpʌpɪt/ *Nomen* **1** Handpuppe, Marionette **2** (*Person*) Marionette

puppy /ˈpʌpi/ *Nomen* (*Pl* **-ies**) (*auch* **pup**) junger Hund, Welpe

ˈpuppy fat *Nomen* Babyspeck

ˈpuppy love *Nomen* jugendliche Schwärmerei

pur·chase 0→ /ˈpɜːtʃəs; *AmE* ˈpɜːrtʃəs/ *Nomen, Verb*
▸ ***Nomen*** (*gehoben*) **1** Kauf, Anschaffung **2** (*Fachspr*) (*Stütze*) Halt
▸ ***Verb*** (*gehoben*) kaufen ◇ *The material can be purchased from your local supplier.* Das Material kann von Ihrem örtlichen Lieferanten bezogen werden. ◇ *Victory was purchased at too great a price.* Für den Sieg wurde ein zu hoher Preis bezahlt.

pur·chaser /ˈpɜːtʃəsə(r); *AmE* ˈpɜːrtʃə-/ *Nomen* (*gehoben*) Käufer(in)

ˈpurchasing power *Nomen* Kaufkraft

pure 0→ /pjʊə(r); *AmE* pjʊr/ *Adj* **1** rein, pur ◇ *They met by pure chance.* Sie trafen sich rein zufällig. ◇ *His motives were pure.* Seine Motive waren ehrbar. **2** sauber, rein IDM **ˌpure and ˈsimple** schlicht und einfach

ˈpure-bred *Adj* reinrassig

purée /ˈpjʊəreɪ; *AmE* pjʊˈreɪ/ *Nomen, Verb*
▸ ***Nomen*** Püree
▸ ***Verb*** (**pur·éed, pur·éed**) pürieren

pure·ly 0→ /ˈpjʊəli; *AmE* ˈpjʊrli/ *Adv* rein ◇ *She took the job purely for the money.* Sie nahm die Stelle schlicht und einfach wegen des Geldes an.

pur·ga·tory /ˈpɜːgətri; *AmE* ˈpɜːrgətɔːri/ *Nomen* (*Pl* **-ies**) **1** (*meist* **Purgatory**) das Fegefeuer **2** (*umgs oder hum*) Hölle

purge /pɜːdʒ; *AmE* pɜːrdʒ/ *Verb, Nomen*
▸ ***Verb*** **1** **~ sth (of sb)** etw (von jdm) säubern ◇ *He purged the party of extremists.* Er säuberte die Partei von Extremisten. **2** **~ sb (from sth)** jdn (aus etw) entfernen ◇ *He purged extremists from the party.* Er entfernte Extremisten aus der Partei. **3** **~ yourself/sb/sth (of sth)** sich/jdn/etw (von etw) befreien **4** **~ sth**

(**from sth**) etw (aus etw) vertreiben
▸ ***Nomen*** *(Politik, Gesellschaft)* Säuberung(saktion)

puri·fi·ca·tion /ˌpjʊərɪfɪˈkeɪʃn; *AmE* ˌpjʊr-/ *Nomen* Reinigung ◇ *a water-purification plant* eine Wasseraufbereitungsanlage

pur·ify /ˈpjʊərɪfaɪ; *AmE* ˈpjʊr-/ *Verb* (**-fies**, **-fy·ing**, **-fied**, **-fied**) **1** reinigen **2 ~ sth (from sth)** (TECH) etw (aus etw) extrahieren

pur·ism /ˈpjʊərɪzəm; *AmE* ˈpjʊr-/ *Nomen* Purismus

pur·ist /ˈpjʊərɪst; *AmE* ˈpjʊrɪst/ *Nomen* Purist(in)

pur·itan /ˈpjʊərɪtən; *AmE* ˈpjʊr-/ *Nomen, Adj*
▸ ***Nomen*** Puritaner(in)
▸ ***Adj*** puritanisch

pur·it·an·ical /ˌpjʊərɪˈtænɪkl; *AmE* ˌpjʊr-/ *Adj* *(meist abwert)* puritanisch

pur·itan·ism /ˈpjʊərɪtənɪzəm; *AmE* ˈpjʊr-/ *Nomen* [U] **1 Puritanism** Puritanismus **2** puritanische Einstellung

pur·ity /ˈpjʊərəti; *AmE* ˈpjʊr-/ *Nomen* Reinheit

purl /pɜːl; *AmE* pɜːrl/ *Nomen, Verb*
▸ ***Nomen*** [U] *(beim Stricken)* linke Masche
▸ ***Verb*** links stricken

pur·loin /pɜːˈlɔɪn, ˈpɜːlɔɪn; *AmE* pɜːrˈlɔɪn, ˈpɜːrlɔɪn/ *Verb* *(gehoben oder hum)* entwenden

pur·ple 🔑 /ˈpɜːpl; *AmE* ˈpɜːrpl/ *Adj, Nomen*
▸ ***Adj*** **1** lila, violett ◇ *a purple bruise* ein blauer Fleck ◇ *His face was purple with rage.* Sein Gesicht war dunkelrot vor Wut. **2 ~ prose** blumiger Prosastil; **a ~ passage** ein blumig formulierter Abschnitt
▸ ***Nomen*** Lila, Violett

ˌ**Purple ˈHeart** *Nomen* *(AmE)* = Verwundetenabzeichen

ˌ**purple patch** *Nomen* *(BrE)* Glückssträhne, Erfolgsphase

purp·lish /ˈpɜːpəlɪʃ; *AmE* ˈpɜːrp-/ *Adj* leicht violett ◇ *purplish lips/skin* blau angelaufene Lippen/Haut

pur·port /pəˈpɔːt; *AmE* pərˈpɔːrt/ *Verb* *(gehoben)* vorgeben

pur·ported /pəˈpɔːtɪd; *AmE* pərˈpɔːrtɪd/ *Adj* *(Adv* **pur·port·ed·ly***)* [nur vor Nomen] *(gehoben)* angeblich

pur·pose 🔑 /ˈpɜːpəs; *AmE* ˈpɜːrpəs/ *Nomen* **1** Zweck, Absicht **2** Sinn, Ziel **3** Entschlossenheit, Zielstrebigkeit ◇ *She has enormous confidence and strength of purpose.* Ihre Selbstsicherheit und Zielstrebigkeit sind enorm. IDM **on ˈpurpose** absichtlich; mit Absicht **to little/no ˈpurpose** *(gehoben)* mit wenig Erfolg/ohne Erfolg → *Siehe auch* INTENT *und* PRACTICAL

ˌ**purpose-ˈbuilt** *Adj* *(BrE)* eigens dafür gebaut, speziell entwickelt

pur·pose·ful /ˈpɜːpəsfl; *AmE* ˈpɜːrp-/ *Adj* *(Adv* **pur·pose·ful·ly** */-fəli/)* zielstrebig, zielgerichtet ◇ *Purposeful work is important for young offenders.* Sinnvolle Arbeit ist wichtig für jugendliche Straftäter.

pur·pose·less /ˈpɜːpəsləs; *AmE* ˈpɜːrp-/ *Adj* sinnlos, ziellos

pur·pose·ly /ˈpɜːpəsli; *AmE* ˈpɜːrp-/ *Adv* absichtlich

pur·pos·ive /ˈpɜːpəsɪv; *AmE* ˈpɜːrp-/ *Adj* *(gehoben)* gezielt, zielgerichtet

purr /pɜː(r)/ *Verb, Nomen*
▸ ***Verb*** **1** *(Katze)* schnurren **2** *(Motor etc.)* surren **3** gurren, säuseln
▸ ***Nomen*** *(auch* **pur·ring***)* /ˈpɜːrɪŋ/ [Sing] **1** Schnurren **2** Surren **3** Gurren

purse /pɜːs; *AmE* pɜːrs/ *Nomen, Verb*
▸ ***Nomen*** **1** *(bes BrE)* Portmonee, Geldbeutel *(auch fig)* ◇ *the public purse* die öffentlichen Kassen **2** *(AmE)* Handtasche **3** *(beim Boxen)* Preisgeld IDM → SILK
▸ ***Verb*** *(die Lippen)* schürzen

pur·ser /ˈpɜːsə(r); *AmE* ˈpɜːrsər/ *Nomen* Zahlmeister(in)

the ˈpurse strings *Nomen* [Pl] ◇ *Who holds the purse strings in your house?* Wer bestimmt in Ihrem Haus über die Finanzen? ◇ *The government will have to tighten the purse strings.* Die Regierung wird den Gürtel enger schnallen müssen.

pur·su·ance /pəˈsjuːəns; *AmE* pərˈsuː-/ *Nomen* IDM **in pursuance of sth** *(offiz)* **1** in Ausübung einer Sache; in Verfolgung einer Sache **2** *(eines Gesetzes, einer Verfügung etc.)* gemäß einer Sache

pur·su·ant /pəˈsjuːənt; *AmE* pərˈsuː-/ *Adj* **~ to sth** *(offiz)* gemäß einer Sache

pur·sue 🔑 /pəˈsjuː; *AmE* pərˈsuː/ *Verb* *(gehoben)* **1** verfolgen *(auch fig)* ◇ *She was hotly pursued by the press.* Die Presse folgte ihr dicht auf den Fersen. ◇ *Jake's been pursuing her for months.* Jake stellt ihr seit Monaten nach. **2** nachgehen *(auch fig)* ◇ *pursue an enquiry* eine Untersuchung durchführen **3** *(Klage, Anspruch)* erheben

pur·suer /pəˈsjuːə(r); *AmE* pərˈsuː-/ *Nomen* Verfolger(in)

pur·suit /pəˈsjuːt; *AmE* pərˈsuːt/ *Nomen* **1 ~ of sth** Streben nach etw, Jagd auf etw ◇ *the pursuit of profit* das Profitstreben **2** Verfolgung, Jagd ◇ *We drove away with two police cars in pursuit.* Wir fuhren davon, verfolgt von zwei Polizeifahrzeugen. ◇ *I galloped off with Rosie in hot pursuit.* Ich galoppierte los, mit Rosie dicht auf den Fersen. **3** [meist Pl] Betätigung, Beschäftigung ◇ *leisure pursuits* Freizeitbetätigungen

pur·vey /pəˈveɪ; *AmE* pərˈ-/ *Verb* *(gehoben)* **1** liefern, verkaufen **2** *(Ideen, Information)* vermitteln

pur·vey·or /pəˈveɪə(r); *AmE* pərˈ-/ *Nomen* *(gehoben)* **1** Lieferant(in) **2** Verbreiter ◇ *He was hardly a purveyor of great literature.* Er produzierte nicht gerade große Literatur.

pus /pʌs/ *Nomen* Eiter

push 🔑 /pʊʃ/ *Verb, Nomen*
▸ ***Verb*** **1** schieben, drücken, pressen ◇ *Push hard when I tell you to.* Fest drücken, wenn ich's dir sage. ◇ *He pushed at the door but it wouldn't budge.* Er drückte gegen die Tür, aber sie gab nicht nach. **2** schubsen, stoßen **3** (sich) drängeln ◇ *The fans pushed against the barrier.* Die Fans drängten gegen die Barriere. **4** treiben ◇ *This development could push the country into recession.* Diese Entwicklung könnte das Land in die Rezession stürzen. ◇ *The rise in interest rates will push prices up.* Die Erhöhung der Zinssätze wird die Preise in die Höhe treiben. **5** drängen, antreiben ◇ *My teacher pushed me into entering the competition.* Meine Lehrerin drängte mich dazu, an dem Wettbewerb teilzunehmen. ◇ *He really pushes his pupils.* Er fordert wirklich viel von seinen Schülern. ◇ *Lucy should push herself a little harder.* Lucy sollte sich etwas mehr bemühen. **6** *(umgs)* die Werbetrommel schlagen für, pushen **7** beharren auf, herumreiten auf ◇ *She didn't want to push the matter any further at the moment.* Sie wollte die Sache für den Moment ruhen lassen. **8** *(umgs)* ◇ *His parents are very tolerant, but sometimes he pushes them too far.* Seine Eltern sind sehr tolerant, aber manchmal geht er zu weit. **9** vorstoßen ◇ *The army pushed (on) towards the Nile.* Die Armee stieß (weiter) in Richtung des Nils vor. IDM **be ˌpushing ˈ40/ˈ50, etc.** *(umgs)* auf die 40/50 etc. zugehen **be ˌpushing up (the) ˈdaisies** *(veraltet, hum)* die Radieschen von unten ansehen **push the ˈboat out** *(BrE, umgs)* groß feiern; auf den Putz hauen **push your ˈluck**; **ˈpush it/things** übermütig werden ˌ**push sth to the back of your ˈmind** nicht mehr an etw denken ◇ *I tried to push the thought to the back of my mind.* Ich versuchte den Gedanken beiseitezuschieben. → *Siehe auch* PANIC BUTTON PHRV **push sb aˈbout/aˈround** jdn herumkommandieren ˌ**push**

a'head/'forward weitermachen **ˌpush a'head/'forward with sth** etw voran-/vorwärtstreiben **ˌpush sth 'aside** etw beiseiteschieben **push sth 'back** **1** etw zurückschieben; (*Hut, Ärmel*) hochschieben ◇ *She pushed back her hair from her face.* Sie strich sich das Haar aus dem Gesicht. **2** etw verschieben **'push for sth** für etw kämpfen, auf etw bestehen **'push sb for sth** etw von jdm fordern ◇ *I'm going to have to push you for an answer.* Ich muss auf einer Antwort bestehen. **ˌpush 'forward** vorstoßen **ˌpush sb 'forward** jdn in den Vordergrund schieben **ˌpush yourself 'forward** sich hervortun **ˌpush 'in** (*BrE*) sich vordrängeln **ˌpush 'off** **1** (*BrE, umgs*) abhauen **2** (*mit einem Boot etc.*) abstoßen; (*vom Schwimmbeckenrand*) sich abstoßen **push 'on** weitermachen ◇ *We decided to push on to the next town.* Wir entschieden uns, bis zur nächsten Stadt weiterzufahren. **ˌpush sb 'out** jdn hinausdrängen **ˌpush sb/sth 'out** jdn/etw verdrängen **push sth 'out** etw massenweise produzieren, etw am laufenden Band produzieren **ˌpush sb/sth 'over** jdn/etw umstoßen **ˌpush sth 'through** etw durchdrücken, etw durchsetzen

▸ ***Nomen*** **1** Schubs, Stoß, Pressen ◇ *Can you give the car a push?* Kannst du das Auto mal anschieben? ◇ *at the push of a button* auf Knopfdruck **2** Offensive, Vorstoß **3** Initiative, Kampagne **IDM** **at a 'push** (*BrE, gehoben*) wenn es sein muss; notfalls **get the 'push** (*BrE, umgs*) rausfliegen **give sb the 'push** (*BrE, umgs*) jdn rausschmeißen **when ˌpush comes to 'shove** wenn es hart auf hart geht

push·bike /ˈpʊʃbaɪk/ *Nomen* (*BrE, veraltet*) Fahrrad

'push-button *Adj, Nomen*

▸ ***Adj*** [nur vor Nomen] (Druck)tasten-

▸ ***Nomen*** (Druck)taste

push·chair /ˈpʊʃtʃeə(r); *AmE* -tʃer/ *Nomen* (*BrE*) (Kinder)sportwagen

pushed /pʊʃt/ *Adj* (*umgs*) **1 be ~ to do sth** Mühe haben, etw zu tun **2 be ~ for sth** zu wenig von etw haben ◇ *be pushed for money* knapp bei Kasse sein ◇ *be pushed for time* knapp dran sein **3 be ~** unter Druck stehen

push·er /ˈpʊʃə(r)/ *Nomen* (*umgs*) Pusher(in) → *Siehe auch* PEN-PUSHER

push·over /ˈpʊʃəʊvə(r); *AmE* -ʃoʊ-/ *Nomen* (*umgs*) **1** (*Leichtigkeit*) Kinderspiel **2** leichter Gegner ◇ *I don't think she'll agree—she's no pushover.* Ich glaube nicht, dass sie einverstanden ist—sie lässt sich nicht so schnell einschüchtern.

push·pin /ˈpʊʃpɪn/ *Nomen* (*AmE*) Pinnnadel

'push-start *Verb, Nomen*

▸ ***Verb*** (*bes BrE*) zum Starten anschieben, durch Anschieben starten

▸ ***Nomen*** Anschieben, Starten durch Anschieben

'push-up *Nomen* (*bes AmE*) Liegestütz

pushy /ˈpʊʃi/ *Adj* (**-ier, -iest**) (*umgs, abwert*) zudringlich, (übermäßig) ehrgeizig ◇ *a pushy salesman* ein aufdringlicher Verkäufer ◇ *Her parents were never pushy, although they encouraged her acting ambitions from an early age.* Ihre Eltern setzen sie nie unter Druck, auch wenn sie ihre Schauspielambitionen schon früh unterstützten.

pu·sil·lan·im·ous /ˌpjuːsɪˈlænɪməs/ *Adj* (*gehoben*) zaghaft, feige

puss /pʊs/ *Nomen* (*bes BrE*) (*verwendet, um eine Katze anzulocken*) Mieze

pussy /ˈpʊsi/ *Nomen* (*Pl* **-ies**) **1** (*auch* **'pussy cat**) (*Kindersp*r) Miezekatze **2** (*vulg, Slang*) Muschi

pussy·foot /ˈpʊsifʊt/ *Verb* **~ about/around** (*umgs, abwert*) um den heißen Brei herum schleichen

'pussy willow *Nomen* Salweide

pus·tule /ˈpʌstjuːl; *AmE* ˈpʌstʃuːl/ *Nomen* (*gehoben oder*) (MED) Pustel

put ⁰ /pʊt/ *Verb* (**put·ting, put, put**) **1** legen, stellen, setzen ◇ *Did you put sugar in my coffee?* Hast du Zucker in meinen Kaffee getan? ◇ *It's time to put the baby to bed.* Es ist Zeit das Baby ins Bett zu bringen. ◇ *He put his fist through a plate-glass door.* Er schlug eine Flachglastür ein. **2** einbauen **3** schicken ◇ *Her family put her into a nursing home.* Ihre Familie steckte sie in ein Pflegeheim. **4** (hin)schreiben ◇ *Did he put his signature to the document?* Hat er seine Unterschrift unter die Urkunde gesetzt? **5** bringen, versetzen ◇ *I was put in charge of the office.* Mir wurde die Leitung des Büros übertragen. ◇ *The incident put her in a bad mood.* Der Vorfall versetzte sie in schlechte Laune. ◇ *Let's put your suggestion into practice.* Lassen Sie uns Ihren Vorschlag in die Praxis umsetzen. ◇ *The injury to her back will put her out of action.* Ihre Rückenverletzung wird sie außer Gefecht setzen. **6 ~ sth on/onto/to sb/sth** jdn/etw unter etw setzen, jdn/etw einer Sache aussetzen ◇ *Her job puts a great strain on her.* Ihr Job setzt sie großer Belastung aus. ◇ *They put all the blame onto me.* Sie haben mir die ganze Schuld zugeschoben. **7 ~ sth on sth** (*Wert etc.*) auf etw legen **8** einordnen ◇ *I'd put her in the top rank of modern novelists.* Ich würde sie zur ersten Garde der modernen Romanschriftsteller zählen. **9** ausdrücken, formulieren ◇ *I was, to put it mildly, annoyed.* Ich war verärgert, um es milde auszudrücken. **10 ~ the shot** (SPORT) kugelstoßen **IDM** **put it about** (*BrE, umgs*) herumschlafen **I wouldn't put it 'past sb (to do sth)** (*umgs*) ich würde es jdm zutrauen(, dass er etw tut) ◇ *I wouldn't put it past him to steal from his own family!* Ich würde es ihm zutrauen, dass er seine eigene Familie bestiehlt! **put it to sb that …** ◇ *I put it to you that you are the only person who had a motive for the crime.* Ich behaupte, dass Sie die einzige Person sind, die ein Motiv für das Verbrechen hatte. ◇ *It was put to the Prime Minister that the new law would only make things worse.* Die Premierministerin wurde mit der Behauptung konfrontiert, dass das neue Gesetz die Lage nur verschlimmern würde. **put one 'over on sb** (*umgs*) jdn hereinlegen **put sb 'through it** (*umgs*) jdn durch die Mangel drehen **put to'gether** zusammen (genommen) ◇ *more than all the others put together* mehr als alle anderen zusammen ℹ Für andere Redewendungen mit **put** siehe die Einträge für die entsprechenden Nomina etc. **Put your foot in it** z.B. steht unter **foot**. **PHR V** **ˌput sth a'bout** (*BrE, umgs*) etw verbreiten ◇ *Someone's been putting it about that you plan to resign.* Jemand hat in Umlauf gebracht, dass du vorhast zurückzutreten.

'put sth above sth etw über etw stellen

ˌput sth a'cross/'over (to sb) (jdm) etw vermitteln **ˌput yourself a'cross/'over (to sb)** (bei jdm) einen Eindruck machen, sich (jdm) verständlich machen

ˌput sth a'side **1** etw beiseitelegen, etw beiseitelassen ◇ *They decided to put aside their differences.* Sie entschlossen sich, ihre Differenzen beiseite zu lassen. **2** etw zurücklegen, etw beiseitelegen

'put sth at sth etw auf etw festsetzen, etw auf etw schätzen

ˌput sb a'way (*oft passiv*) (*umgs*) jdn einlochen, jdn in ein Heim stecken **ˌput sth a'way** **1** etw wegräumen ◇ *I'm just going to put the car away.* Ich stelle noch gerade das Auto rein. **2** etw auf die Seite legen **3** (*umgs*) etw verdrücken ◇ *He must have put away half a bottle of whisky last night.* Er muss gestern Abend wohl eine halbe Flasche Whisky runtergekippt haben.

ˌput sth 'back **1** etw zurückstellen, etw zurücktun **2** (*Termin etc.*) verschieben **3** etw zurückwerfen ◇ *Poor trading figures put back our plans for expansion.* Schlechte Verkaufszahlen haben uns in unseren

Expansionsplänen zurückgeworfen. **4** *(Uhr)* zurückstellen
ˈput sth before sth etw vor/über etw stellen, etw Vorrang vor etw geben
ˌput sth beˈhind you einen Strich unter etw ziehen
ˌput sth ˈby etw beiseitelegen, etw zurücklegen
ˌput ˈdown landen ◇ *The helicopter put down in a field.* Der Helikopter landete auf einem Feld. **ˌput sb ˈdown 1** *(umgs)* jdn herabsetzen, jdn demütigen ◇ *He's always putting his wife down in public.* Er demütigt seine Frau immer vor anderen Leuten. **2** *(Baby)* ins Bett legen **ˌput sth ˈdown 1** etw hinlegen ◇ *It's a great book. I couldn't put it down.* Es ist ein großartiges Buch. Ich konnte es nicht aus der Hand legen. ◇ *She put the phone down on me.* Sie legte einfach auf. **2** etw aufschreiben, etw eintragen **3** etw anzahlen ◇ *We put a 5% deposit down on the house.* Wir machten eine Anzahlung von 5% auf das Haus. **4** *(Aufstand etc.)* niederschlagen **5** *(oft passiv)* *(Tier)* einschläfern **6** (POL) etw einbringen, etw vorlegen ◇ *put down a motion/an amendment* einen Antrag/einen Änderungsantrag vorlegen **ˌput sb ˈdown as sth** jdn für etw halten ◇ *I'd put them both down as retired teachers.* Ich würde sagen, sie sind beide pensionierte Lehrer. **ˌput sb ˈdown for sth** jdn für etw eintragen, jdn für etw anmelden ◇ *Put me down for three tickets for Saturday's performance.* Reservieren Sie mir drei Karten für die Vorstellung am Samstag. **ˈput sth down to sth** etw auf etw zurückführen ◇ *What do you put her success down to?* Wie erklärst du dir ihren Erfolg?
ˌput sth ˈforth *(gehoben)* etw hervorbringen, etw sprießen lassen
ˌput sb/sth ˈforward jdn/etw vorschlagen **ˌput yourself ˈforward** kandidieren, sich vorschlagen ◇ *He has put himself forward for a place on the national executive.* Er hat sich für eine Position im Landesvorstand vorgeschlagen. **ˌput sth ˈforward 1** etw vorverlegen **2** *(Uhr)* vorstellen **3** etw vorbringen, etw zur Diskussion stellen
ˌput sb ˈin jdn an die Regierung bringen **ˌput sth ˈin 1** etw einbauen, etw installieren ◇ *We're having a new shower put in.* Wir lassen eine neue Dusche einbauen. **2** etw einfügen, etw erwähnen **3** etw einwerfen, etw hinzufügen ◇ *Could I put in a word?* Dürfte ich mir eine Bemerkung erlauben? **4** *(Antrag etc.)* stellen, einreichen ◇ *They've put in a claim for damages.* Sie haben einen Antrag auf Schadenersatz gestellt. **5** *(auch* **ˌput sth ˈinto sth**) etw in etw hineinstecken, etw für etw aufwenden ◇ *She often puts in twelve hours' work a day.* Sie legt oft zwölf Stunden Arbeit am Tag ein. ◇ *He's putting a lot of work into improving his French.* Er arbeitet hart daran sein Französisch zu verbessern. **ˌput ˈin (at …)**; **ˈput into …** (NAUT) in … einlaufen **ˌput ˈin for sth** etw beantragen ◇ *He put in for a transfer.* Er hat seine Versetzung beantragt. ◇ *Are you going to put in for that job?* Wirst du dich um den Job bewerben? **ˌput yourself/sb/sth ˈin for sth** *(bei einem Wettbewerb)* sich/jdn/etw für etw aufstellen lassen
ˌput sth ˈinto sth 1 etw in etw hinein legen ◇ *He put as much feeling into his voice as he could.* Er legte so viel Gefühl in seine Stimme, wie er konnte. **2** = PUT
ˌput sb ˈoff 1 jdm absagen, jdn ausladen **2** jdn abschrecken **3 put sb off (sth)** jdn (bei etw) stören ◇ *Don't put me off when I'm trying to concentrate.* Stör mich nicht, wenn ich versuche, mich zu konzentrieren. **4** *(BrE)* jdn aussteigen lassen ◇ *I asked the bus driver to put me off.* Ich bat die Busfahrerin, mich aussteigen zu lassen. **ˌput sb ˈoff sth/sb** jdm etw/jdn verleiden ◇ *The accident put her off driving for life.* Wegen des Unfalls wollte sie nie wieder fahren. ◇ *The sight put me off my food.* Der Anblick hat mir den Appetit verdorben. **ˌput sth ˈoff** etw verschieben, etw aufschieben

ˌput sb ˈon; **ˌput sb on the ˈphone, etc.** jdn ans Telefon holen ◇ *Hi, Dad—can you put Nicky on?* Hi, Papa—kannst du mir mal Nicky geben? ◇ *After a while he put David on the phone.* Nach einer Weile gab er David den Hörer. **ˌput sth ˈon 1** etw anziehen **2** *(Make-up etc.)* auftragen **3** etw einschalten, etw anstellen ◇ *She put on the brakes suddenly.* Sie trat plötzlich auf die Bremse. **4** *(Topf etc.)* aufsetzen **5** *(Musik, CD etc.)* auflegen **6** etw zunehmen ◇ *She looks like she's put on weight.* Sie sieht so aus, als ob sie zugenommen hätte. **7** etw einsetzen ◇ *The city is putting on extra buses during the summer.* Die Stadt setzt im Sommer zusätzliche Busse ein. **8** *(Theaterstück etc.)* aufführen; *(Ausstellung)* zeigen **9** etw annehmen, etw vorgeben ◇ *She put on a wounded expression.* Sie setzte eine verletzte Miene auf. ◇ *I don't think he was hurt. He was putting it on.* Ich glaube nicht, dass er verletzt war. Er tat nur so. **ˌput sth ˈon sth 1 put A on B** B um A erhöhen, B um A heraufsetzen ◇ *The government has put ten pence on the price of twenty cigarettes.* Die Regierung hat den Preis von zwanzig Zigaretten um zehn Pence erhöht. **2** *(beim Wetten)* etw auf etw setzen
ˌput sb ˈonto sb/sth 1 jdn auf jds Spur/die Spur einer Sache bringen ◇ *What first put the police onto the scam?* Wie ist die Polizei dem Betrug zuerst auf die Spur gekommen? **2** jdn auf jdn/etw bringen ◇ *Who put you onto this restaurant—it's great!* Wie bist du an dieses Restaurant gekommen—es ist große Klasse!
ˌput ˈout *(AmE, Slang)* mit jdm ins Bett gehen ◇ *She won't put out on a first date.* Bei der ersten Verabredung geht sie mit keinem ins Bett. **ˌput sb ˈout 1** jdm Umstände machen **2 be put out** verärgert sein ◇ *She was most put out by his rudeness.* Seine Unhöflichkeit ärgerte sie sehr. ◇ *He looked really put out.* Er sah wirklich verärgert aus. **3** jdn bewusstlos machen, jdn außer Gefecht setzen **ˌput sth ˈout 1** etw nach draußen tun *(BrE)* ◇ *put the rubbish out* den Abfall rausbringen ◇ *Have you put the cat out?* Hast du die Katze rausgelassen? **2** etw auslegen, etw bereitstellen **3** etw (aus)löschen, etw ausmachen **4** etw produzieren **5** etw herausgeben ◇ *Police have put out a description of the man.* Die Polizei hat eine Beschreibung des Mannes durchgegeben. **6** etw vergeben ◇ *A lot of editing is put out to freelancers.* Es wird viel Redaktionsarbeit an Freiberufler vergeben. **7** ungenau machen ◇ *The rise in interest rates has put our estimates out by several thousands.* Wegen des Zinsanstiegs liegen wir mit unseren Schätzungen um mehrere Tausend daneben. **8** sich/jdm etw ausrenken ◇ *She fell off her horse and put her shoulder out.* Sie fiel vom Pferd und renkte sich die Schulter aus. **9** etw hervorbringen, etw sprießen lassen **ˌput ˈout (to … / from …)** (NAUT) (nach … /von …) auslaufen ◇ *put out to sea* in See stechen **ˌput yourself ˈout** *(umgs)* sich Mühe machen ◇ *Please don't put yourself out on my account.* Bitte machen Sie sich meinetwegen keine Umstände.
ˌput yourself/sth ˈover (to sb) sich/etw (jdm) verständlich machen
ˌput sth ˈthrough etw durchziehen ◇ *We managed to put the deal through.* Wir schafften es, das Geschäft zu tätigen. **ˌput sb ˈthrough sth 1** jdm etw zumuten ◇ *You have put your family through a lot recently.* Deinetwegen hat deine Familie in letzter Zeit viel durchmachen müssen. **2** *(Studium, Ausbildung etc.)* jdm etw bezahlen ◇ *He put all his children through college.* Er bezahlte all seinen Kindern das Studium. **ˌput sb/sth ˈthrough sth** jdn/etw einer Sache unterziehen **ˌput sb ˈthrough (to sb/sth)** jdn (mit jdm/etw) verbinden **ˌput sth ˈthrough (to sb/sth)** *(Anruf)* (zu jdm/etw) durchstellen, (jdn/etw) anrufen
ˈput sb to sth jdm etw bereiten ◇ *I hope we're not putting you to too much trouble.* Ich hoffe, wir bereiten Ihnen nicht zu viele Umstände. **ˈput sth to sb 1** jdm etw vorlegen ◇ *Your proposal will be put to the board of directors.* Ihr Vorschlag wird dem Vorstand vorgelegt werden. **2** *(Frage)* an jdn richten

ˌput sth toˈgether etw zusammenstellen ◇ *put together a model plane* ein Modellflugzeug zusammensetzen ◇ *We can put together a strong case for the defence.* Wir werden uns vor Gericht überzeugend verteidigen können. **ˈput sth towards sth** etw zu etw dazugeben ◇ *Here's $100 to put towards your ski trip.* Hier sind 100 Dollar als Beitrag zu deinem Skiurlaub. **ˌput ˈup sth 1** ◇ *They surrendered without putting up much of a fight.* Sie ergaben sich ohne viel Widerstand zu leisten. ◇ *They put up a good fight.* Sie kämpften tapfer. ◇ *The team put up a great performance.* Die Mannschaft zeigte eine großartige Leistung. **2** etw vorbringen, etw zur Debatte stellen ◇ *He put up a strong argument for keeping Barnes on the team.* Er nannte gute Gründe, warum Barnes Mannschaftsmitglied bleiben sollte. ◇ *put up a case for sth* für etw argumentieren **ˌput sb ˈup 1** jdn unterbringen **2** jdn aufstellen, jdn nominieren **ˌput sth ˈup 1** etw hochstecken ◇ *put up a flag* eine Fahne hissen ◇ *She's put her hair up.* Sie hat ihr Haar hochgesteckt. **2** etw errichten, etw aufstellen ◇ *put up a building/memorial* ein Gebäude/Denkmal errichten **3** etw aufhängen ◇ *put up a notice* eine Bekanntmachung anschlagen **4** etw erhöhen **5** (*Geld*) bereitstellen **put ˈup (at …)** (*bes BrE*) in … übernachten **ˌput ˈup for election** sich zur Wahl stellen **ˌput yourself ˈup for sth** sich für etw aufstellen lassen **ˌput sb ˈup to sth** (*umgs*) jdn zu etw anstiften **ˌput ˈup with sb/sth** jdn/etw ertragen ◇ *I don't know why you put up with it.* Ich weiß nicht, warum du dir das gefallen lässt.

puta·tive /ˈpjuːtətɪv/ *Adj* [nur vor Nomen] **1** (RECHT) mutmaßlich **2** (*gehoben*) möglich

ˈput-down *Nomen* (*umgs*) Abfuhr

ˈput-on *Nomen* [meist Sing] (*AmE*) Verarschung

pu·tre·fac·tion /ˌpjuːtrɪˈfækʃn/ *Nomen* (*gehoben*) Verwesung

pu·trefy /ˈpjuːtrɪfaɪ/ *Verb* (**-fies**, **-fy·ing**, **-fied**, **-fied**) (*gehoben*) verwesen

pu·trid /ˈpjuːtrɪd/ *Adj* **1** verwest, faulig **2** (*umgs*) scheußlich, ekelhaft

putsch /pʊtʃ/ *Nomen* Putsch

putt /pʌt/ *Verb, Nomen*
▸ ***Verb*** (*Golf*) putten
▸ ***Nomen*** (*Golf*) Putt

putt·er /ˈpʌtə(r)/ *Verb, Nomen*
▸ ***Verb* 1** (*BrE*) tuckern **2** (*bes AmE*) herumwerkeln
▸ ***Nomen*** (*Golf*) Putter

ˈputting green *Nomen* (*Golf*) = Übungsgelände zum Putten

putty /ˈpʌti/ *Nomen* Kitt IDM **(like) putty in sb's hands** (wie) Wachs in jds Händen

ˈput-upon *Adj* ausgenutzt

puz·zle /ˈpʌzl/ *Nomen, Verb*
▸ ***Nomen*** Rätsel (*auch fig*), Puzzle (*auch fig*) → *Siehe auch* JIGSAW
▸ ***Verb*** verwirren ◇ *What puzzles me is why …* Es ist mir ein Rätsel, warum … PHR V **ˈpuzzle over/about sth** sich über etw den Kopf zerbrechen **ˌpuzzle sth ˈout** etw herausknobeln, etw herausfinden

puz·zled /ˈpʌzld/ *Adj* verständnislos, perplex ◇ *He was puzzled by it.* Er konnte es sich nicht erklären.

puzzle·ment /ˈpʌzlmənt/ *Nomen* (*gehoben*) Verwirrung, Verständnislosigkeit

puz·zling *Adj* /ˈpʌzlɪŋ/ rätselhaft

PVC /ˌpiː viː ˈsiː/ *Kurzform von* **polyvinyl chloride** PVC

p.w. *Kurzform von* **per week** pro Woche

pygmy (*auch* **pigmy**) /ˈpɪgmi/ *Nomen, Adj*
▸ ***Nomen* 1** (*Pl* **-ies**) **Pygmy** Pygmäe, Pygmäin **2** (*Pl* **-ies**) (*abwert*) Zwerg
▸ ***Adj*** [nur vor Nomen] (BOT, ZOOL) Zwerg-

py·jama (*AmE* **pa·jama**) /pəˈdʒɑːmə; *AmE* pəˈdʒæmə/ *Adj* Schlafanzugs- ◇ *pyjama bottoms* eine Schlafanzughose

py·ja·mas (*AmE* **pa·ja·mas**) /pəˈdʒɑːməz; *AmE* pəˈdʒæməz/ *Nomen* [Pl] **1** (*auch* **a pair of pyjamas**) Schlafanzug **2** Pluderhose IDM → CAT

py·lon /ˈpaɪlən; *AmE auch* -lɑːn/ *Nomen* (Strom)mast

pyra·mid /ˈpɪrəmɪd/ *Nomen* Pyramide

pyr·am·idal /ˈpɪrəmɪdl/ *Adj* pyramidenförmig

ˌpyramid ˈselling *Nomen* (*BrE*) (Verkauf nach dem) Schneeballsystem

pyre /ˈpaɪə(r)/ *Nomen* Scheiterhaufen (zum Verbrennen von Leichen)

Pyrex™ /ˈpaɪreks/ *Nomen* feuerfestes Glas

pyr·ites /paɪˈraɪtiːz; *AmE* pə-/ *Nomen* Pyrit ◇ *iron/copper pyrites* Eisen-/Kupferkies

pyro·mania /ˌpaɪrəʊˈmeɪniə; *AmE* -roʊ-/ *Nomen* Pyromanie

pyro·maniac /ˌpaɪrəʊˈmeɪniæk; *AmE* -roʊ-/ *Nomen* Pyromane, Pyromanin

pyro·tech·nic /ˌpaɪrəˈteknɪk/ *Adj* pyrotechnisch, Feuerwerks-

pyro·tech·nics /ˌpaɪrəˈteknɪks/ *Nomen* [Pl] (*Fachspr oder gehoben*) Feuerwerk ◇ (*fig*) *verbal pyrotechnics* ein sprachliches Feuerwerk ◇ *guitar pyrotechnics* brillantes Gitarrenspiel

py·thon /ˈpaɪθən; *AmE* -θɑːn/ *Nomen* Python

Q q

Q, q /kjuː/ *Nomen, Abk*
▸ ***Nomen*** (*Pl* **Qs, Q's, q's**) (*Buchstabe*) Q, q → *Beispiele bei* A, A
▸ ***Abk*** = QUESTION

QC /ˌkjuː ˈsiː/ *Kurzform von* **Queen's Counsel** (*BrE*) (RECHT) = höchstrangige(r) Anwalt/Anwältin oder Staatsanwalt/-anwältin

QE /ˌkjuː ˈiː/ *Abk* = QUANTITATIVE EASING

Q.E.D. (*BrE auch* **QED**) /ˌkjuː iː ˈdiː/ *Abk* (*Latein: quod erat demonstrandum*) was zu beweisen war

QR code™ /ˌkjuː ˈɑː kəʊd; *AmE* ˈɑːr koʊd/ *Nomen* QR-Code®

qt *Abk* = QUART

ˈQ-tip™ *Nomen* (*bes AmE*) Wattestäbchen

qua /kweɪ, kwɑː/ *Präp* (*gehoben*) als

quack /kwæk/ *Nomen, Verb*
▸ ***Nomen* 1** Quaken **2** (*umgs, abwert*) Quacksalber
▸ ***Verb*** quaken

quad /kwɒd; *AmE* kwɑːd/ **1** = QUADRANGLE **2** = QUADRUPLET

ˈquad bike *Nomen* (*Motorrad*) Quad

quad·ran·gle /ˈkwɒdræŋgl; *AmE* ˈkwɑːd-/ (*auch* **quad**) *Nomen* Innenhof

quad·rant /ˈkwɒdrənt; *AmE* ˈkwɑːdrənt/ *Nomen* **1** Viertelkreis **2** Quadrant

quadra·phon·ic (*auch* **quadro·phon·ic**) /ˌkwɒdrəˈfɒnɪk; *AmE* ˌkwɑːdrəˈfɑːnɪk/ *Adj* (MUS) quadro(fonisch)

quad·rat·ic /kwɒˈdrætɪk; *AmE* kwɑːˈ-/ *Adj* (MATH) **a ~ equation** eine quadratische Gleichung

quad·ri·lat·eral /ˌkwɒdrɪˈlætərəl; *AmE* ˌkwɑːd-/ *Nomen, Adj*

▸ ***Nomen*** Viereck
▸ ***Adj*** vierseitig
quadri·ple·gic /ˌkwɒdrɪˈpliːdʒɪk; *AmE* ˌkwɑːd-/ *Nomen, Adj*
▸ ***Nomen*** Tetraplegiker(in)
▸ ***Adj*** tetraplegisch (gelähmt)
quadro·phon·ic = QUADRAPHONIC
quad·ru·ped /ˈkwɒdruped; *AmE* ˈkwɑːd-/ *Nomen* Vierfüßler
quad·ru·ple *Verb, Adj*
▸ ***Verb*** /kwɒˈdruːpl; *AmE* kwɑːˈ-/ (sich) vervierfachen
▸ ***Adj*** /ˈkwɒdrʊpl; *AmE* kwɑːˈdruːpl/ vierfach, Vierer- ◇ *a quadruple alliance* ein Viererbündnis
quad·ru·plet /ˈkwɒdrʊplət, kwɒˈdruːplət; *AmE* ˈkwɑːd-, kwɑːˈ-/ (*auch* **quad**) *Nomen* Vierling
quag·mire /ˈkwægmaɪə(r); *BrE auch* ˈkwɒg-/ *Nomen* **1** Morast **2** Schlamassel
quail /kweɪl/ *Nomen, Verb*
▸ ***Nomen*** (*Pl* **quails** *oder* **quail**) Wachtel
▸ ***Verb*** (*gehoben*) zittern; **~ at/before sb/sth** vor jdm/etw Angst haben
quaint /kweɪnt/ *Adj* (*Adv* **quaint·ly**) malerisch, urig ◇ *quaint old customs* kuriose alte Bräuche
quake /kweɪk/ *Verb*
▸ ***Verb*** zittern, beben ◇ *quake with fear* vor Angst zittern
▸ (*umgs*) = EARTHQUAKE
Quaker /ˈkweɪkə(r)/ *Nomen, Adj* Quäker(in)
quali·fi·ca·tion 🔑 /ˌkwɒlɪfɪˈkeɪʃn; *AmE* ˌkwɑːlɪ-/ *Nomen* **1** [meist Pl] Abschluss, Qualifikation ◇ *She has a nursing qualification.* Sie ist eine examinierte Krankenschwester. ◇ *a teaching qualification* eine Lehrbefähigung **2** Voraussetzung **3** Vorbehalt
quali·fied 🔑 /ˈkwɒlɪfaɪd; *AmE* ˈkwɑːlɪ-/ *Adj* **1** qualifiziert **2** [nicht vor Nomen] **~ (to do sth)** in der Lage (etw zu tun) ◇ *I don't feel qualified to comment.* Ich bin nicht in der Lage, einen Kommentar abzugeben. **3** nicht uneingeschränkt, bedingt
quali·fier /ˈkwɒlɪfaɪə(r); *AmE* ˈkwɑːlɪ-/ *Nomen* **1** Qualifikant(in) **2** Qualifikationsspiel **3** (LING) nähere Bestimmung
qual·ify 🔑 /ˈkwɒlɪfaɪ; *AmE* ˈkwɑːlɪ-/ *Verb* (**-fies, -fy·ing, -fied, -fied**) **1 ~ (as sth)** den Abschluss (in etw) machen ◇ *They qualified as swimming instructors.* Sie erhielten die Qualifikation zum Schwimmlehrer. ◇ *He qualified as a doctor.* Er hat seine Zulassung als Arzt bekommen. **2 ~ (sb) (for sth)** (jdn) (zu etw) berechtigen ◇ *The course will qualify you for a better job.* Der Kurs wird Ihnen die Voraussetzungen für eine bessere Stelle geben. **3 ~ (for sth)** sich (für etw) qualifizieren **4** infrage kommen ◇ *Do you think this dress qualifies as evening wear?* Glaubst du, dass man dieses Kleid als Abendkleid bezeichnen kann? **5 ~ sb/sth as sth** (*fig*) jdn/etw zu etw machen ◇ *It's an old building, but that doesn't qualify it as an ancient monument!* Es ist ein altes Gebäude, aber deswegen ist es noch lange kein historisches Denkmal. **6** modifizieren, einschränken ◇ *I want to qualify what I said earlier:…* Eine Anmerkung zu dem, was ich vorhin sagte: … **7** (LING) näher bestimmen
quali·ta·tive /ˈkwɒlɪtətɪv; *AmE* ˈkwɑːləteɪtɪv/ *Adj* (*Adv* **quali·ta·tive·ly**) (*gehoben*) qualitativ
qual·ity 🔑 /ˈkwɒləti; *AmE* ˈkwɑːlə-/ *Nomen, Adj*
▸ ***Nomen*** (*Pl* **-ies**) **1** Qualität ◇ *high-quality goods* Qualitätswaren ◇ *He is a writer of quality.* Er ist ein erstklassiger Schriftsteller. **2** Eigenschaft, Beschaffenheit ◇ *the melodic quality of his voice* der melodiöse Klang seiner Stimme
▸ ***Adj*** [nur vor Nomen] hochwertig, von hoher Qualität
ˌquality asˈsurance *Nomen* Qualitätssicherung
ˈquality control *Nomen* Qualitätskontrolle
qualm /kwɑːm, kwɔːm/ *Nomen* [meist Pl] ungutes Gefühl, Bedenken ◇ *have no qualms about doing sth* keine Bedenken haben, etw zu tun
quan·dary /ˈkwɒndəri; *AmE* ˈkwɑːn-/ *Nomen* (*Pl* **-ies**) [meist Sing] Dilemma
quango /ˈkwæŋgəʊ; *AmE* -goʊ/ *Nomen* (*Pl* **-os**) (*oft abwert*) = halbstaatliche Verwaltungseinrichtung
quanta *Form von* QUANTUM
quan·ti·fi·able /ˈkwɒntɪfaɪəbl, ˌkwɒntɪˈfaɪəbl; *AmE* ˈkwɑːn-, ˌkwɑːntɪˈ-/ *Adj* messbar, quantifizierbar
quan·ti·fica·tion /ˌkwɒntɪfɪˈkeɪʃn; *AmE* ˌkwɑːn-/ *Nomen* Quantifizierung
quan·tify /ˈkwɒntɪfaɪ; *AmE* ˈkwɑːn-/ *Verb* (**-fies, -fy·ing, -fied, -fied**) quantifizieren, in Zahlen ausdrücken
quan·ti·ta·tive /ˈkwɒntɪtətɪv; *AmE* ˈkwɑːntəteɪtɪv/ *Adj* quantitativ
ˌquan·ti·ta·tive ˈeasing (*auch* **QE**) *Nomen* [U] quantitative Lockerung
quan·tity 🔑 /ˈkwɒntəti; *AmE* ˈkwɑːn-/ *Nomen* (*Pl* **-ies**) **1** Menge **2** Quantität **3** Unmenge, große Menge IDM → UNKNOWN
ˈquantity surveyor *Nomen* (*BrE*) = Baukostensachverständige(r)
quan·tum /ˈkwɒntəm; *AmE* ˈkwɑːn-/ *Nomen* (*Pl* **quanta** /-tə/) (PHYSIK) Quant
ˌquantum ˈleap (*auch* **ˌquantum ˈjump**) *Nomen* Quantensprung; (*fig*) Riesenschritt
ˌquantum meˈchanics *Nomen* [U] (PHYSIK) Quantenmechanik
ˈquantum theory *Nomen* (PHYSIK) Quantentheorie
quar·an·tine /ˈkwɒrəntiːn; *AmE* ˈkwɔːr-/ *Nomen, Verb*
▸ ***Nomen*** Quarantäne
▸ ***Verb*** unter Quarantäne stellen
quark /kwɑːk; *AmE* kwɑːrk/ *Nomen* (PHYSIK) Quark
quar·rel /ˈkwɒrəl; *AmE* ˈkwɑːrəl/ *Nomen, Verb*
▸ ***Nomen*** **1** Streit **2 ~ (with sb/sth)** Einwand (gegen jdn/etw) ◇ *We have no quarrel with his methods.* Wir haben nichts gegen seine Methoden einzuwenden. IDM → PICK
▸ ***Verb*** (**-ll-**, *AmE* **-l-**) streiten, sich (zer)streiten ◇ *She quarrelled with her brother.* Sie stritt sich mit ihrem Bruder. PHR V **ˈquarrel with sb/sth** an jdm/etw etwas auszusetzen haben
quar·rel·some /ˈkwɒrəlsəm; *AmE* ˈkwɑːr-/ *Adj* streitsüchtig
quarry /ˈkwɒri; *AmE* ˈkwɑːri/ *Nomen, Verb*
▸ ***Nomen*** (*Pl* **-ies**) **1** Steinbruch **2** [Sing] Beute; (*Mensch*) Opfer
▸ ***Verb*** (**quar·ries, quarry·ing, quar·ried, quar·ried**) **~ (for) sth** etw abbauen; **~ sth (from/out of sth)** (*Stein etc.*) (aus etw) brechen
quart /kwɔːt; *AmE* kwɔːrt/ *Nomen* (*Abk* **qt**) Flüssigkeitsmaß (in Großbritannien 1,136 Liter, in den USA 0,946 Liter)
quar·ter 🔑 /ˈkwɔːtə(r); *AmE* ˈkwɔːrtər/ *Nomen, Verb*
▸ ***Nomen*** **1** Viertel ◇ *an hour and a quarter* eineinviertel Stunden **2** Vierteljahr, Quartal **3** (Stadt)viertel **4** Seite ◇ *support from an unexpected quarter* Hilfe von unerwarteter Seite ◇ *in some quarters* in manchen Kreisen **5** (*AmE*) Vierteldollar **6 quarters** [Pl] Quartier, Unterkunft **7** Gewichtseinheit, entspricht in Großbritannien 12,7 Kilo (28 pounds), in den USA 11,35 Kilo (25 pounds) **8** (*veraltet oder gehoben*) Pardon IDM → CLOSE[2]
▸ ***Verb*** **1** vierteln, in vier Teile teilen ◇ *She peeled and quartered an apple.* Sie schälte und viertelte einen Apfel. **2** vierteilen **3** (*gehoben*) einquartieren
quar·ter·back /ˈkwɔːtəbæk; *AmE* ˈkwɔːrtərbæk/ *Nomen* Quarterback
ˌquarter-ˈfinal *Nomen* Viertelfinale

quar·ter·ly /ˈkwɔːtəli; *AmE* ˈkwɔːrtərli/ *Adj, Adv, Nomen*
▸ ***Adj, Adv*** vierteljährlich
▸ ***Nomen*** (*Pl* **-ies**) Vierteljahresschrift

quar·ter·mas·ter /ˈkwɔːtəmɑːstə(r); *AmE* ˈkwɔːrtərmæstər/ *Nomen* Quartiermeister

ˈquarter note *Nomen* (*AmE*) (MUS) Viertelnote

quar·tet /kwɔːˈtet; *AmE* kwɔːrˈ-/ *Nomen* **1** [mit Verb im Sing/Pl] Quartett **2** Viererset ◇ *a quartet of novels* ein Zyklus von vier Romanen

quartz /kwɔːts; *AmE* kwɔːrts/ *Nomen* Quarz

qua·sar /ˈkweɪzɑː(r)/ *Nomen* (ASTRON) Quasar

quash /kwɒʃ; *AmE* kwɑːʃ/ *Verb* **1** (*Gerichtsurteil*) aufheben, für ungültig erklären **2** (*gehoben*) unterdrücken; (*Gerüchten*) ein Ende machen

quasi- /ˈkweɪzaɪ, ˈkweɪsaɪ, ˈkwɑːzi/ *Vorsilbe* (*mit Adjektiven und Nomina kombiniert, um zu zeigen, dass etwas nur teilweise oder scheinbar zutrifft*) ◇ *a quasi-official body* ein halbamtliches Gremium ◇ *a quasi-scientific explanation* eine quasi-wissenschaftliche Erklärung

quat·rain /ˈkwɒtreɪn; *AmE* ˈkwɑːtreɪn/ *Nomen* (LIT) Vierzeiler

qua·ver /ˈkweɪvə(r)/ *Verb, Nomen*
▸ ***Verb*** (*Stimme*) zittern
▸ ***Nomen*** **1** (*BrE*) (MUS) Achtelnote **2** Zittern, Vibrieren

qua·very /ˈkweɪvəri/ *Adj* (*Stimme*) zitternd

quay /kiː/ (*auch* **quay·side** /ˈkiːsaɪd/) *Nomen* Kai

queasi·ness /ˈkwiːzinəs/ *Nomen* Übelkeit

queasy /ˈkwiːzi/ *Adj* (*Adv* **queas·ily** /-zəli/) **1** übel, schlecht ◇ *His stomach felt queasy.* Ihm war komisch im Magen. **2** mulmig

queen 0‑ᵣ /kwiːn/ *Nomen* **1** Königin **2** Idol ◇ *the queen of fashion* die Modezarin ◇ *a movie queen* eine Leinwandgöttin **3** (*Schach, Karten*) Dame **4** (*vulg*) Tunte ◇ *a drag queen* ein Schwuler in Frauenkleidern IDM → ENGLISH *und* EVIDENCE

ˌqueen ˈbee *Nomen* Bienenkönigin ◇ (*fig*) *She's clearly the queen bee.* Es dreht sich eindeutig alles nur um sie.

ˌqueen ˈconsort *Nomen* Gemahlin eines regierenden Königs

ˌqueen ˈmother *Nomen* Königinmutter

ˌQueen's ˈCounsel *Nomen* = QC

ˈqueen-size *Adj* (*AmE*) = Maß, besonders für Betten (ca. 150 x 200 cm)

queer /kwɪə(r); *AmE* kwɪr/ *Adj, Nomen, Verb*
▸ ***Adj*** **1** (*Adv* **queer·ly**) (*veraltet*) merkwürdig, komisch **2** (*beleidigend*) schwul IDM → FISH
▸ ***Nomen*** (*umgs*) Schwule(r)
▸ ***Verb*** IDM **queer sb's ˈpitch**; **queer the ˈpitch (for sb)** (*BrE, umgs*) jdm einen Strich durch die Rechnung machen; jdm in die Quere kommen

quell /kwel/ *Verb* **1** (*Aufstand etc.*) unterdrücken, niederschlagen **2** (*Gefühle, Zweifel*) bezwingen, unterdrücken

quench /kwentʃ/ *Verb* **1** (*Durst*) stillen **2** (*gehoben*) (*Flammen, Feuer*) löschen

queru·lous /ˈkwerələs, ˈkwerjə-/ *Adj* (*Adv* **queru·lous·ly**) (*gehoben, abwert*) missmutig, verdrossen

query /ˈkwɪəri; *AmE* ˈkwɪri/ *Nomen, Verb*
▸ ***Nomen*** (*Pl* **-ies**) **1** Frage **2** Fragezeichen
▸ ***Verb*** (**quer·ies**, **query·ing**, **quer·ied**, **quer·ied**) **1** bezweifeln, infrage stellen; (*Rechnung*) beanstanden **2** (*gehoben*) fragen

quest /kwest/ *Nomen, Verb*
▸ ***Nomen*** (*gehoben*) ~ (**for sth**) Suche (nach etw), Streben (nach etw)
▸ ***Verb*** (*gehoben*) suchen, streben

ques·tion 0‑ᵣ /ˈkwestʃən/ *Nomen, Verb*
▸ ***Nomen*** **1** (*Abk* **q**) Frage; (*im Parlament*) Anfrage ◇ *ask a question* eine Frage stellen **2** Frage, Thema **3** Zweifel ◇ *Her honesty is beyond question.* Ihre Ehrlichkeit steht außer Zweifel. ◇ *Her story was accepted without question.* Ihre Darstellung wurde anstandslos akzeptiert. IDM **bring/throw sth into ˈquestion** etw infrage stellen **come into ˈquestion** infrage gestellt werden **in ˈquestion** **1** betreffend; fraglich **2** infrage; ungewiss ◇ *The future of nuclear power is not in question.* Die Zukunft der Kernenergie ist nicht in Gefahr. **it's just/merely/only a question of …** es geht nur um …; es ist lediglich eine Frage von … **out of the ˈquestion** ausgeschlossen **there is/was no question of (sth happening/sb doing sth)** ◇ *There's no question of anyone being made redundant.* Entlassungen sind ausgeschlossen. ◇ *There was no question of him cancelling the trip.* Es war klar, dass er die Reise nicht absagen würde. → *Siehe auch* BEG, CALL, MOOT *und* POP
▸ ***Verb*** **1** ~ **sb (about/on sth)** jdn (zu etw) befragen; (*Polizei*) jdn (zu etw) vernehmen ◇ *Over half of those questioned said …* Mehr als die Hälfte der Befragten sagte, … **2** bezweifeln, infrage stellen

ques·tion·able /ˈkwestʃənəbl/ *Adj* **1** fraglich **2** (*Adv* **ques·tion·ably** /-bli/) fragwürdig

ques·tion·er /ˈkwestʃənə(r)/ *Nomen* Fragesteller(in)

ques·tion·ing /ˈkwestʃənɪŋ/ *Nomen, Adj*
▸ ***Nomen*** Befragung, Vernehmung
▸ ***Adj*** (*Adv* **ques·tion·ing·ly**) fragend

ˈquestion mark *Nomen* Fragezeichen IDM **there's a question mark over/against sth** etw ist fraglich

ques·tion·naire /ˌkwestʃəˈneə(r); *AmE* -ˈner/ *Nomen* ~ (**on/about sth**) Fragebogen (zu etw) ◇ *complete a questionnaire* einen Fragebogen ausfüllen

ˈquestion tag *Nomen* (LING) Frageanhängsel

queue /kjuː/ *Nomen, Verb*
▸ ***Nomen*** **1** (*BrE*) Schlange ◇ *join a queue* sich anstellen **2** (COMP) Warteschlange IDM → JUMP
▸ ***Verb*** **1** (**queu·ing** *oder* **queue·ing**) (*BrE*) ~ (**up**) sich anstellen, anstehen **2** (COMP) eine Warteschlange bilden, in eine Warteschlange reihen PHR V **be ˌqueuing ˈup (for sth)** sich um etw reißen

quib·ble /ˈkwɪbl/ *Verb, Nomen*
▸ ***Verb*** ~ (**with sth**) (an etw) kritteln; ~ **about/over sth** sich über etw/wegen einer Sache streiten ◇ *I don't want to quibble, but …* Ich will ja nicht pingelig sein, aber …
▸ ***Nomen*** Spitzfindigkeit, Kleinigkeit ◇ *My only quibble is that …* Eine kleine Anmerkung: …

quick 0‑ᵣ /kwɪk/ *Adj, Adv, Nomen*
▸ ***Adj*** (*Adv* **quick·ly**) schnell ◇ *Be quick!* Mach schnell! ◇ *The kids were quick to learn.* Die Kinder lernten schnell. ◇ *He's very quick to criticize.* Er ist immer schnell dabei, andere zu kritisieren. ◇ (*AmE, umgs*) *He's a quick study.* Er lernt schnell. ◇ *a quick glance* ein flüchtiger Blick ◇ *his quick thinking* seine Geistesgegenwart ◇ *her quick wits* ihre Gewitztheit ◇ *There is no quick answer.* Es gibt keine einfache Lösung. IDM **have a quick ˈtemper** leicht aufbrausen **a quick ˈfix** (*umgs*) eine einfache (aber unzureichende) Lösung → *Siehe auch* BUCK, MARK *und* UPTAKE
▸ ***Adv*** schnell ◇ *Come as quick as you can!* Komm so schnell du kannst! ◇ *Let's see who can get there quickest.* Mal sehen, wer am schnellsten da hinkommt. ◇ *get rich quick* auf die Schnelle reich werden IDM **(as) quick as a flash** blitzschnell
▸ ***Nomen*** **the quick** [Sing] ◇ *bite your nails down to the quick* die Nägel bis zum Fleisch abkauen IDM **cut sb to the ˈquick** jdn bis ins Mark treffen **the quick and the ˈdead** die Lebenden und die Toten

quick·en /ˈkwɪkən/ *Verb* (*gehoben*) **1** (sich) beschleunigen **2** (*gehoben*) lebendig werden ◇ *His interest quickened.* Sein Interesse wuchs.

ˌquick-ˈfire *Adj* [nur vor Nomen] Schnellfeuer- ◇ *a series of quick-fire questions* eine Reihe von Fragen wie aus der Maschinenpistole geschossen

quickie /ˈkwɪki/ *Nomen* (*umgs*) **1** Sache auf die Schnelle ◇ *One question—it's just a quickie.* Eine kurze Frage. ◇ *a quickie divorce* eine Scheidung im Schnellverfahren **2** eine schnelle Nummer, ein Quickie

quick·lime /ˈkwɪklaɪm/ (*auch* **lime**) *Nomen* ungelöschter Kalk

quick·ly 0‑➔ /ˈkwɪkli/ *Adv* → QUICK

quick·ness /ˈkwɪknəs/ *Nomen* Schnelligkeit ◇ *the quickness of his wit* seine Gewitztheit

quick·sand /ˈkwɪksænd/ *Nomen* (*auch* **quick·sands** [Pl]) Treibsand (*auch fig*)

quick·sil·ver /ˈkwɪksɪlvə(r)/ *Nomen* (*veraltet*) Quecksilber

quick·step /ˈkwɪkstep/ *Nomen* Quickstepp

ˌquick-ˈtempered *Adj* leicht aufbrausend

ˌquick-ˈwitted *Adj* **1** schlagfertig **2** aufgeweckt

quid /kwɪd/ *Nomen* (*Pl* **quid**) (*BrE, umgs*) (*Geld*) Pfund IDM **be quids ˈin** gut verdienen; einen Reibach machen

qui·es·cence /kwiˈesns/ *Nomen* **1** (*gehoben*) Untätigkeit **2** (MED) Ruhezustand

qui·es·cent /kwiˈesnt/ *Adj* (*gehoben*) ◇ *be quiescent* stillhalten

quiet 0‑➔ /ˈkwaɪət/ *Adj, Nomen, Verb*

▸ ***Adj*** **1** leise, still ◇ *Keep the kids quiet.* Sorg dafür, dass die Kinder leise sind. ◇ *He suddenly went quiet.* Er wurde plötzlich still. **2** ruhig ◇ *a quiet evening at home* ein geruhsamer Abend zu Hause ◇ *a quiet word with sb* ein Gespräch unter vier Augen mit jdm ◇ *a quiet wedding* eine Hochzeit im engen Familienkreis IDM **keep ˈquiet about sth** Stillschweigen über etw bewahren **keep sth ˈquiet** etw geheim halten

▸ ***Nomen*** Ruhe, Stille IDM **on the ˈquiet** heimlich; unter der Hand

▸ ***Verb*** (*bes AmE*) **1 ~ (down)** sich beruhigen ◇ *The demonstrators quieted down.* Die Demonstranten gaben Ruhe. **2 ~ sb/sth (down)** (jdn/etw) beruhigen ◇ *quiet the kids* die Kinder zur Ruhe bringen

quiet·en /ˈkwaɪətn/ *Verb* (*BrE*) **1 ~ (down)** sich beruhigen, ruhig(er) werden **2 ~ sb/sth (down)** jdn/etw beruhigen

quiet·ly 0‑➔ /ˈkwaɪətli/ *Adv* leise, ruhig ◇ *a quietly-spoken man* ein Mann mit einer leisen Stimme ◇ *He is quietly confident that …* Er ist sich ziemlich sicher, dass … ◇ *The plan was quietly dropped.* Der Plan wurde stillschweigend fallen gelassen. ◇ *She was quietly getting on with her life.* Sie kümmerte sich währenddessen um ihre eigenen Angelegenheiten.

quiet·ness /ˈkwaɪətnəs/ *Nomen* Ruhe, ruhige Art

quiff /kwɪf/ *Nomen* Stirnlocke

quill /kwɪl/ *Nomen* **1** (*auch* **ˈquill feather**) Kielfeder **2** (*auch* **ˌquill ˈpen**) Feder(kiel) **3** Stachel

quilt /kwɪlt/ *Nomen* **1** Steppdecke ◇ *a patchwork quilt* eine Patchworkdecke **2** (*BrE*) Federbett

quilt·ed /ˈkwɪltɪd/ *Adj* gesteppt, Stepp-

quin /kwɪn/ (*BrE, umgs*) = QUINTUPLET

quince /kwɪns/ *Nomen* Quitte

quin·cen·ten·ary /ˌkwɪnsenˈtiːnəri; *AmE* -ˈteneri/ *Nomen* (*Pl* **-ies**) Fünfhundertjahrfeier, fünfhundertster Jahrestag

quin·ine /kwɪˈniːn, ˈkwɪniːn; *AmE auch* ˈkwaɪnaɪn/ *Nomen* Chinin

quint /kwɪnt/ (*AmE, umgs*) = QUINTUPLET

quint·es·sence /kwɪnˈtesns/ *Nomen* [Sing] (*gehoben*) **1** Inbegriff **2** Quintessenz, Kern

quint·es·sen·tial /ˌkwɪntɪˈsenʃl/ *Adj* archetypisch

quint·es·sen·tial·ly /ˌkwɪntɪˈsenʃəli/ *Adv* typisch, durch und durch

quin·tet /kwɪnˈtet/ *Nomen* [mit Verb im Sing/Pl] Quintett

quin·tu·plet /ˈkwɪntʊplət, kwɪnˈtjuːplət, -ˈtʌplət/ *Nomen* (*BrE auch, umgs* **quin**; *AmE auch, umgs* **quint**) Fünfling

quip /kwɪp/ *Nomen, Verb*

▸ ***Nomen*** geistreiche Bemerkung

▸ ***Verb*** (**-pp-**) witzeln

quirk /kwɜːk; *AmE* kwɜːrk/ *Nomen* **1** Marotte **2** Laune

quirky /ˈkwɜːki; *AmE* ˈkwɜːrki/ *Adj* schrullig

quit 0‑➔ /kwɪt/ *Verb* (**quit·ting, quit, quit,** *BrE auch* **quit·ted, quit·ted**) **1** (*umgs*) kündigen, aussteigen ◇ *quit school* die Schule schmeißen ◇ *quit as manager of the team* als Trainer aufhören ◇ *He gave them notice to quit.* Er hat ihnen die Wohnung gekündigt. **2** (*bes AmE, umgs*) aufhören ◇ *Just quit it!* Hör bloß auf! **3** verlassen IDM **be ˈquit of sb/sth** jdn/etw los sein → *Siehe auch* DOUBLE

quite 0‑➔ /kwaɪt/ *Adv* **1** (*BrE*) ziemlich, recht ◇ *He plays quite well.* Er spielt recht gut. ◇ *I quite like opera.* Ich mag Opern ganz gern. ◇ *quite hard* ziemlich schwer ◇ *for quite some time* ziemlich lange ◇ *It's quite a big change.* Das ist keine geringe Veränderung. **2** ganz, völlig ◇ *I can see it quite clearly* Ich sehe es ganz klar. ◇ *That's quite enough!* Das reicht jetzt wirklich! ◇ *I quite agree.* Ganz deiner Meinung. ◇ *I don't quite know what to do.* Ich weiß nicht genau, was ich tun soll. ◇ *I quite understand.* Ich verstehe voll und ganz. ◇ *That's quite all right.* Das ist vollkommen in Ordnung. **3** (*zur Verstärkung*) wirklich, äußerst ◇ *quite incredible* wirklich unglaublich ◇ *It was quite the most extraordinary experience.* Das war wirklich ein außergewöhnliches Erlebnis! ◇ *She performed quite brilliantly.* Sie gab eine wirklich glänzende Vorstellung. **4** (*BrE, gehoben*) (*auch* **quite so**) genau, in der Tat IDM **quite a ˈfew**; **quite a ˈlot (of)** ziemlich viel ◇ *quite a lot of the students* viele der Studenten **quite the ˈopposite/reˈverse** ganz im Gegenteil **quite ˈsomething** allerhand ◇ *That's quite something!* Gar nicht schlecht! **ˈquite a/the sth** (*umgs*) (*auch* **ˈquite some sth**) vielleicht ein ◇ *It must be quite some car.* Das muss ja ein tolles Auto sein! ◇ *We had quite a party.* Das war vielleicht eine Feier!

quits /kwɪts/ *Adj* IDM **be quits (with sb)** (*umgs*) (mit jdm) quitt sein → *Siehe auch* CALL *und* DOUBLE

quiver /ˈkwɪvə(r)/ *Verb, Nomen*

▸ ***Verb*** zittern

▸ ***Nomen*** **1** Zittern; (*Stimme*) Beben **2** (*beim Bogenschießen*) Köcher

quix·ot·ic /kwɪkˈsɒtɪk; *AmE* -ˈsɑːtɪk/ *Adj* (*gehoben*) lebensfremd, idealistisch

quiz /kwɪz/ *Nomen, Verb*

▸ ***Nomen*** (*Pl* **quiz·zes**) **1** Quiz **2** (*bes AmE*) Test

▸ ***Verb*** (**-zz-**) **1 ~ sb (about sb/sth)** jdn (zu jdm/etw) befragen; **~ sb (on/over sth)** jdn (nach etw) ausfragen **2** (*AmE*) prüfen

quiz·master /ˈkwɪzmɑːstə(r); *AmE* -mæstər/ *Nomen* Quizmaster

quiz·zical /ˈkwɪzɪkl/ *Adj* (*Adv* **quiz·zi·cal·ly** /-kli/) fragend

quoit /kɔɪt, kwɔɪt/ *Nomen* **1** Wurfring **2 quoits** [U] Ringewerfen

Quonset hut™ /ˈkwɒnset hʌt; *AmE* ˈkwɑːn-/ *Nomen* (*AmE*) Nissenhütte, Baracke

Quorn™ /kwɔːn; *AmE* kwɔːrn/ *Nomen* (*BrE*) = aus Pilzen gewonnener Fleischersatz

quorum /ˈkwɔːrəm/ *Nomen* [Sing] Quorum

quota /ˈkwəʊtə; *AmE* ˈkwoʊ-/ *Nomen* **1** Quote **2** Pensum **3** [Sing] (POL) erforderliche Stimmenzahl

quot·able /ˈkwəʊtəbl; *AmE* ˈkwoʊ-/ *Adj* zitierfähig, zitierbar

quota·tion /kwəʊˈteɪʃn; *AmE* kwoʊˈ-/ *Nomen* **1** (*umgs* **quote**) Zitat **2** (*umgs* **quote**) Kostenvoranschlag **3** (FINANZ) Notierung

quoˈtation marks (*umgs* **quotes**) *Nomen* [Pl] Anführungszeichen

quote /kwəʊt; *AmE* kwoʊt/ *Verb, Nomen*

▸ ***Verb*** **1** zitieren **2 ~ sb on sth** sich mit etw auf jdn berufen ◇ *Don't quote me on this, but …* Sagen Sie nicht, dass Sie das von mir haben, aber … **3** nennen, angeben ◇ *Can you quote me an instance of when this happened?* Können Sie mir ein Beispiel geben, wann so etwas passiert ist? **4 ~ (sb) (sth) (for sth)** (jdm) einen Kostenvoranschlag (von/über etw) (für etw) machen ◇ *They quoted us £300 for the shower.* Sie machten uns einen Kostenvoranschlag von £300 für die Dusche. **5 ~ sth (at sth)** (FINANZ) etw (mit etw) notieren ◇ *The euro was quoted at $1.0631.* Der Euro wurde mit $1,0631 notiert. ◇ *be quoted on the Stock Exchange* an der Börse notiert werden IDM **ˈquote (… ˈunquote)** Zitat (Anfang) (… Zitat Ende)

▸ ***Nomen*** (*umgs*) **1** = QUOTATION **2** = QUOTATION **3 quotes** [Pl] = QUOTATION MARKS

quo·tient /ˈkwəʊʃnt; *AmE* ˈkwoʊ-/ *Nomen* (MATH) Quotient

Qur'an = KORAN

q.v. /ˌkjuː ˈviː/ *Abk* (*Latein: quod vide*) siehe dort

R r

R, r /ɑː(r)/ *Nomen, Abk*

▸ ***Nomen*** (*Pl* **Rs, R's, r's** /ɑːz; *AmE* ɑːrz/) (*Buchstabe*) R, r → *Beispiele bei* A, A IDM → THREE

▸ ***Abk*** **1 R** (*BrE*) (*Latein; Regina/Rex*) Königin, König **2 R.** = RIVER **3 R** = REPUBLICAN **4 R** = ROYAL **5 R** *Kurzform von* **Restricted** (*AmE*) (*Film*) für Jugendliche nicht geeignet → *Siehe auch* R & D

rabbi /ˈræbaɪ/ *Nomen* (*Pl* **rabbis**) Rabbiner(in)

rab·bin·ical /rəˈbɪnɪkl/ (*auch* **rab·bin·ic** /-nɪk/) *Adj* rabbinisch

rab·bit /ˈræbɪt/ *Nomen, Verb*

▸ ***Nomen*** **1** Kaninchen **2** (*AmE*) Hase IDM → PULL

▸ ***Verb*** **go rabbiting** auf Kaninchenjagd gehen PHR V **ˌrabbit ˈon (about sb/sth)** (*BrE, umgs, abwert*) (von etw) quasseln

ˈrabbit warren (*auch* **war·ren**) *Nomen* **1** Kaninchenbau **2** (*abwert*) (*fig*) Labyrinth

rab·ble /ˈræbl/ *Nomen* (*abwert*) **1** (lärmender) Haufen **2** [mit Verb im Sing/Pl] **the rabble** der Pöbel

ˈrabble-rouser *Nomen* Aufwiegler(in), Aufhetzer(in)

ˈrabble-rousing *Adj, Nomen*

▸ ***Adj*** aufwieglerisch, hetzerisch

▸ ***Nomen*** Aufwieglerei, Hetzerei

rabid /ˈræbɪd, ˈreɪbɪd/ *Adj* **1** (*abwert*) (*Adv* **rabid·ly**) fanatisch, wütend **2** tollwütig

ra·bies /ˈreɪbiːz/ *Nomen* [U] Tollwut

RAC /ˌɑːr eɪ ˈsiː/ *Kurzform von* **Royal Automobile Club** = britischer Automobilklub

rac·coon (*auch* **ra·coon**) /rəˈkuːn; *AmE* ræˈ-/ *Nomen* **1** Waschbär **2** Waschbärfell

race /reɪs/ *Nomen, Verb*

▸ ***Nomen*** **1** (Wett)rennen, Wettlauf, Wettbewerb (*auch fig*) **2 the races** [Pl] das Pferderennen **3** Rasse ◇ *He's of mixed race.* Seine Eltern gehören verschiedenen Rassen an. **4** Volk, Stamm ◇ *people of all races* Menschen jeglicher Abstammung **5** (*von Tieren, Pflanzen*) Rasse, Gattung IDM **a ˌrace against ˈtime/the ˈclock** ein Wettlauf mit der Zeit → *Siehe auch* HORSE

▸ ***Verb*** **1 ~ (sb/sth); ~ against sb/sth** (mit jdm/etw) um die Wette laufen, schwimmen, segeln etc. ◇ *We raced each other back to the car.* Wir liefen um die Wette zum Auto zurück. ◇ (*fig*) *Television companies are racing to buy the broadcasting rights.* Fernsehgesellschaften konkurrieren um die Senderechte. **2 ~ sth** (*Tier, Fahrzeug*) etw ins Rennen schicken, mit etw an einem Rennen teilnehmen **3** rasen, jagen ◇ *My mind raced.* Ein Gedanke jagte den anderen. ◇ *The days seemed to race past.* Die Tage vergingen wie im Flug. **4** (*Motor*) hochjagen

ˈrace car *Nomen* (*AmE*) Rennwagen

race·course /ˈreɪskɔːs; *AmE* -skɔːrs/ *Nomen* (*BrE*) Rennbahn, Rennplatz

race·goer /ˈreɪsgəʊə(r); *AmE* -goʊ-/ *Nomen* (*BrE*) = Besucher(in) von Pferderennen

race·horse /ˈreɪshɔːs; *AmE* -hɔːrs/ *Nomen* Rennpferd

ˈrace meeting *Nomen* (*BrE*) Rennveranstaltung, Pferderennen

ra·cer /ˈreɪsə(r)/ *Nomen* **1** Läufer(in), Rennfahrer(in) **2** Rennwagen, -boot, -rad etc. ◇ *ocean racers* Rennjachten

ˌrace reˈlations *Nomen* [Pl] Beziehungen zwischen den Rassen

ˈrace riot *Nomen* Rassenkrawalle, Rassenunruhen

race·track /ˈreɪstræk/ *Nomen* **1** Rennbahn **2** (*AmE*) (Pferde)rennbahn

ra·cial /ˈreɪʃl/ *Adj* Rassen-, rassisch ◇ *racial tension* Spannungen zwischen den Rassen

ra·cial·ism /ˈreɪʃəlɪzəm/ *Nomen* (*BrE, veraltet*) Rassismus

ra·cial·ist /ˈreɪʃəlɪst/ *Nomen, Adj* (*BrE, veraltet*)

▸ ***Nomen*** Rassist(in)

▸ ***Adj*** rassistisch

ra·cial·ly /ˈreɪʃəli/ *Adv* rassisch ◇ *racially mixed schools* gemischtrassige Schulen

ra·cing /ˈreɪsɪŋ/ *Nomen* **1** Pferderennsport **2** (*meist in Zusammensetzungen*) Rennsport, Rennen ◇ *motor racing* Autorennsport ◇ *He's a racing driver.* Er ist Rennfahrer.

ˈracing car *Nomen* (*BrE*) Rennwagen

ra·cism /ˈreɪsɪzəm/ *Nomen* (*abwert*) Rassismus ◇ *a protest against racism* ein Protest gegen die Rassendiskriminierung

ra·cist /ˈreɪsɪst/ *Nomen, Adj*

▸ ***Nomen*** Rassist(in)

▸ ***Adj*** rassistisch

rack /ræk/ *Nomen, Verb*

▸ ***Nomen*** **1** (*oft in Zusammensetzungen*) Ständer, Gestell ◇ *a wine rack* ein Weinregal ◇ *a cake rack* ein Kuchengitter **2** (*meist* **the rack**) die Folter(bank) (*auch fig*) ◇ *put sb on the rack* jdn auf die Folter spannen IDM **go to ˌrack and ˈruin** verfallen; verkommen **ˌoff the ˈrack** (*AmE*) von der Stange

▸ ***Verb*** (*auch* **wrack**) (*oft passiv*) foltern, martern IDM **rack your ˈbrain(s)** sich den Kopf zermartern PHR V **ˌrack sth ˈup** (*bes AmE*) auf etw kommen

racket /ˈrækɪt/ *Nomen* **1** [Sing] (*umgs*) Krach, Lärm **2** (*umgs*) illegale Machenschaften, Schwindel ◇ *a protection racket* Schutzgelderpressung im großen Stil ◇ *a huge drugs racket* groß angelegte Drogengeschäfte **3** (*auch* **rac·quet**) (*Tennis-, Squash-*) Schläger **4 rackets, racquets** (*Hallenspiel*) Raquets

rack·et·eer /ˌrækəˈtɪə(r); *AmE* -ˈtɪr/ *Nomen* *(abwert)* Gauner(in), Halsabschneider(in)

rack·et·eer·ing /ˌrækəˈtɪərɪŋ; *AmE* -ˈtɪrɪŋ/ *Nomen* skrupellose Geschäftemacherei

ra·con·teur /ˌrækɒnˈtɜː(r); *AmE* -kɑːn-/ *Nomen* Geschichtenerzähler(in)

ra·coon = RACCOON

rac·quet = RACKET

rac·quet·ball /ˈrækɪtbɔːl/ *Nomen* *(bes AmE)* Racquetball

racy /ˈreɪsi/ *Adj* (**raci·er**, **raci·est**) spritzig, feurig, pikant

radar /ˈreɪdɑː(r)/ *Nomen* Radar

ˈradar trap *Nomen* *(BrE)* Radarfalle

ra·dial /ˈreɪdiəl/ *Adj, Nomen*

▸ ***Adj*** **1** *(Adv* **ra·di·al·ly** /-əli/*)* radial, strahlenförmig **2** (ANAT) Speichen-

▸ ***Nomen*** *(BrE auch* **ˌradial ˈtyre**; *AmE auch* **ˌradial ˈtire***)* Gürtelreifen

ra·di·ance /ˈreɪdiəns/ *Nomen* Strahlen, Leuchten

ra·di·ant /ˈreɪdiənt/ *Adj* **1** *(Adv* **ra·di·ant·ly***)* strahlend ◇ *She was radiant with health.* Sie strotzte vor Gesundheit. **2** [nur vor Nomen] (TECH) ◇ *a radiant heater* ein Heizstrahler ◇ *the radiant heat of the sun* die Wärmestrahlen der Sonne

ra·di·ate /ˈreɪdieɪt/ *Verb* **1** ausstrahlen **2** *(Energie, Wärme etc.)* abstrahlen **3** sternförmig ausgehen

ra·di·ation /ˌreɪdiˈeɪʃn/ *Nomen* **1** radioaktive Strahlung ◇ *high levels of radiation* eine hohe Strahlungsintensität ◇ *exposure to radiation* Strahlenbelastung ◇ *radiation sickness* Strahlenkrankheit **2** Strahlung ◇ *ultraviolet radiation* ultraviolette Strahlung **3** *(auch* **ˌradiˈation therapy***)* [U] Bestrahlungen

ra·di·ator /ˈreɪdieɪtə(r)/ *Nomen* **1** Heizkörper **2** *(beim Auto, Flugzeug)* Kühler

rad·ical /ˈrædɪkl/ *Adj, Nomen*

▸ ***Adj*** **1** *(Adv* **rad·ic·al·ly** /-kli/*)* grundlegend, fundamental, radikal **2** *(AmE, Slang)* super, geil

▸ ***Nomen*** Radikale(r) ◇ *feminist radicals* radikale Feministinnen

rad·ic·al·ism /ˈrædɪkəlɪzəm/ *Nomen* Radikalismus

rad·ic·al·iza·tion *(BrE auch* **-isa·tion***)* /ˌrædɪkəlaɪˈzeɪʃn; *AmE* -ləˈ-/ *Nomen* Radikalisierung

rad·ic·al·ize *(BrE auch* **-ise***)* /ˈrædɪkəlaɪz/ *Verb* radikalisieren

rad·icchio /ræˈdiːkiəʊ; *AmE* -kioʊ/ *Nomen* Radicchio

radii *Form von* RADIUS

radio 0▬ /ˈreɪdiəʊ; *AmE* -dioʊ/ *Nomen, Verb*

▸ ***Nomen*** **1** [U] Rundfunk ◇ *work in local radio* beim Lokalsender arbeiten **2** Radio ◇ *a radio alarm* ein Weckradio **3** Funk **4** Funkgerät

▸ ***Verb*** (**ra·dio·ing**, **ra·dioed**, **ra·dioed**) funken

radio·active /ˌreɪdiəʊˈæktɪv; *AmE* -dioʊ-/ *Adj* radioaktiv

radio·activ·ity /ˌreɪdiəʊækˈtɪvəti; *AmE* -dioʊ-/ *Nomen* [U] Radioaktivität

ˈradio button *Nomen* (COMP) Schaltknopf, Optionsschaltfläche

radio·car·bon /ˌreɪdiəʊˈkɑːbən; *AmE* -dioʊˈkɑːrbən/ *Nomen* radioaktiver Kohlenstoff

ˌradio-conˈtrolled *Adj* ferngesteuert

radi·og·raph·er /ˌreɪdiˈɒɡrəfə(r); *AmE* -ˈɑːɡ-/ *Nomen* Röntgenassistent(in)

radi·og·raphy /ˌreɪdiˈɒɡrəfi; *AmE* -ˈɑːɡ-/ *Nomen* Röntgenografie

radi·olo·gist /ˌreɪdiˈɒlədʒɪst; *AmE* -ˈɑːlə-/ *Nomen* Radiologe, Radiologin

radi·ology /ˌreɪdiˈɒlədʒi; *AmE* -ˈɑːlə-/ *Nomen* Radiologie

radio·thera·pist /ˌreɪdiəʊˈθerəpɪst; *AmE* -dioʊ-/ *Nomen* Strahlentherapeut(in)

radio·ther·apy /ˌreɪdiəʊˈθerəpi; *AmE* -dioʊ-/ *Nomen* Strahlentherapie

rad·ish /ˈrædɪʃ/ *Nomen* Radieschen

ra·dium /ˈreɪdiəm/ *Nomen* Radium

ra·dius /ˈreɪdiəs/ *Nomen* (*Pl* **-dii** /-diaɪ/) **1** Radius **2** Umkreis **3** (ANAT) Speiche

radon /ˈreɪdɒn; *AmE* -dɑːn/ *Nomen* Radon

RAF /ˌɑːr eɪ ˈef, ræf/ *Kurzform von* **Royal Air Force** britische Luftwaffe

raf·fia /ˈræfiə/ *Nomen* Bast

raff·ish /ˈræfɪʃ/ *Adj* verwegen

raf·fle /ˈræfl/ *Nomen, Verb*

▸ ***Nomen*** Tombola ◇ *a raffle ticket* ein Los

▸ ***Verb*** verlosen

raft /rɑːft; *AmE* ræft/ *Nomen* **1** Floß **2** Schlauchboot **3** **~ of sth** *(umgs)* Bündel (von etw) ◇ *a whole raft of new proposals* eine ganze Reihe neuer Vorschläge

raft·er /ˈrɑːftə(r); *AmE* ˈræf-/ *Nomen* Dachsparren

raft·ing /ˈrɑːftɪŋ; *AmE* ˈræf-/ *Nomen* (SPORT) Rafting

rag /ræɡ/ *Nomen, Verb*

▸ ***Nomen*** **1** Fetzen, Lappen, Lumpen **2** *(umgs, meist abwert)* Käseblatt **3** (MUS) Ragtime-Melodie **4** = Reihe studentischer Veranstaltungen zu Wohltätigkeitszwecken IDM **in ˈrags** zerlumpt ◇ *dressed in rags* in Lumpen gekleidet **(from) ˌrags to ˈriches** vom Aschenputtel zur Prinzessin ◇ *a rags-to-riches story* eine Aschenputtelgeschichte → *Siehe auch* RED

▸ ***Verb*** **(-gg-)** **~ sb (about sth)** *(BrE, veraltet)* jdn (mit etw) aufziehen

raga·muf·fin /ˈræɡəmʌfɪn/ *Nomen* *(veraltet)* Rotzbengel

rag·bag /ˈræɡbæɡ/ *Nomen* [Sing] Sammelsurium, Mischmasch

ˌrag ˈdoll *Nomen* Stoffpuppe

rage /reɪdʒ/ *Nomen, Verb*

▸ ***Nomen*** Wut, Rage IDM **be all the ˈrage** *(umgs)* der letzte Schrei sein

▸ ***Verb*** **1** toben, schreien **~ at/against sb/sth** gegen jdn/etw wettern; **~ about sb/sth** wegen jds/einer Sache in Wut geraten ◇ *He raged against the injustice.* Er wetterte gegen die Ungerechtigkeit. **2** **~ (on)** (weiter) wüten, (weiter) toben **3** *(Epidemie, Brand etc.)* wüten ◇ *Forest fires were raging out of control.* Die Waldbrände gerieten außer Kontrolle.

ragga /ˈræɡə/ *Nomen* (MUS) Ragga

rag·ged /ˈræɡɪd/ *Adj* *(Adv* **rag·ged·ly***)* **1** zerlumpt, abgerissen **2** ausgefranst ◇ *a ragged coastline* eine zerklüftete Küste **3** stockend, holprig

ra·ging /ˈreɪdʒɪŋ/ *Adj* [nur vor Nomen] **1** heftig, rasend ◇ *a raging thirst* ein brennender Durst ◇ *a raging debate* eine hitzige Debatte **2** *(Sturm, Fluss, Feuer)* tobend, reißend

rag·time /ˈræɡtaɪm/ *Nomen* (MUS) Ragtime

raid /reɪd/ *Nomen, Verb*

▸ ***Nomen*** **1** Angriff **2** Razzia ◇ *a dawn raid* eine Razzia in den frühen Morgenstunden **3** Überfall

▸ ***Verb*** **1** durchsuchen ◇ *The police raided the house in the early hours.* In den frühen Morgenstunden stürmte die Polizei das Haus. **2** überfallen **3** plündern

raid·er /ˈreɪdə(r)/ *Nomen* Einbrecher(in)

rail 0▬ /reɪl/ *Nomen, Verb*

▸ ***Nomen*** **1** Geländer ◇ *She leaned on the ship's rail.* Sie stützte sich auf die Reling. **2** Stange, Leiste ◇ *a towel rail* ein Handtuchhalter **3** Schiene, Gleis **4** die Bahn ◇ *rail travel* Reisen mit der Bahn ◇ *disruptions in rail services* Unterbrechungen im Zugverkehr

IDM **go off the ˈrails** (*umgs*) **1** auf die schiefe Bahn geraten **2** aus dem Gleis geraten **get back on the ˈrails** (*umgs*) ins rechte Gleis kommen → *Siehe auch* JUMP

▸ ***Verb*** **~ (at/against sth/sb)** (*gehoben*) (auf/über etw/jdn) schimpfen PHR V **ˌrail sth ˈin/ˈoff** etw absperren

rail·card /ˈreɪlkɑːd; *AmE* -kɑːrd/ *Nomen* (*BrE*) ≈ Bahncard®

rail·ing /ˈreɪlɪŋ/ *Nomen* [meist Pl] Geländer

rail·man /ˈreɪlmən/ *Nomen* (*BrE*) (*Pl* **-men** /-mən/) Eisenbahner

rail·road 0→ /ˈreɪlrəʊd; *AmE* -roʊd/ *Nomen, Verb*

▸ ***Nomen*** (*AmE*) Eisenbahn

▸ ***Verb*** **1 ~ sb into sth** jdn zu etw antreiben ◇ *I will not be railroaded into signing it.* Ich lasse mich nicht dazu zwingen, das zu unterschreiben. **2 ~ sth through (sth)** etw (in etw) durchpeitschen **3** (*AmE*) unrechtmäßig verurteilen

ˈrailroad crossing *Nomen* (*AmE*) (beschrankter) Bahnübergang

rail·road·er /ˈreɪlrəʊdə(r); *AmE* -roʊ-/ *Nomen* (*AmE*) Eisenbahner

rail·way 0→ /ˈreɪlweɪ/ *Nomen* (*BrE*) **1** (*auch* **ˈrailway line**) Bahnstrecke, Gleise **2** [meist Pl] (Eisen)bahn ◇ *Her father worked for the railways.* Ihr Vater war bei der Bahn beschäftigt. ◇ *a railway station* ein Bahnhof

rail·way·man /ˈreɪlweɪmən/ *Nomen* (*Pl* **-men** /-mən/) (*BrE*) Eisenbahner

rain 0→ /reɪn/ *Nomen, Verb*

▸ ***Nomen*** **1** Regen ◇ *It's pouring with rain.* Es gießt. **2 the rains** [Pl] die Regenzeit **3** [Sing] **~ of sth** (*Steine, Kugeln etc.*) Hagel von etw IDM **come ˌrain, come ˈshine; (come) ˌrain or ˈshine** bei jedem Wetter; was auch geschieht → *Siehe auch* RIGHT

▸ ***Verb*** **1** regnen **2 ~ (down)** niederprasseln; **~ sth (down)** etw niederprasseln lassen ◇ *Bombs rained (down) on the city.* Ein Bombenhagel ging auf die Stadt nieder. IDM **be raining cats and ˈdogs** (*umgs*) wie aus Kübeln gießen **it never rains but it ˈpours** (*AmE* **when it rains, it ˈpours**) ein Unglück kommt selten allein **ˌrain on sb's ˈparade** (*AmE*) jdm den Spaß verderben PHR V **be ˌrained ˈoff** (*AmE* **be ˌrained ˈout**) wegen Regens nicht stattfinden

rain·bow /ˈreɪnbəʊ; *AmE* -boʊ/ *Nomen* Regenbogen

ˈrain check *Nomen* (*bes AmE*) = Eintrittskarte für eine verschobene Veranstaltung IDM **take a rain check (on sth)** (*bes AmE, umgs*) auf etw später zurückkommen ◇ *'Are you coming for a drink?' 'Can I take a rain check?'* „Kommst du mit was trinken?" „Kann ich ein andermal darauf zurückkommen?"

rain·coat /ˈreɪnkəʊt; *AmE* -koʊt/ *Nomen* Regenmantel

ˈrain date *Nomen* (*AmE*) Ersatztermin (bei Schlechtwetter)

rain·drop /ˈreɪndrɒp; *AmE* -drɑːp/ *Nomen* Regentropfen

rain·fall /ˈreɪnfɔːl/ *Nomen* Niederschlag(smenge)

rain·forest /ˈreɪnfɒrɪst; *AmE* -fɔːrɪst/ *Nomen* Regenwald

rain·storm /ˈreɪnstɔːm; *AmE* -stɔːrm/ *Nomen* heftiger Regenguss, schwere Regenfälle

rain·water /ˈreɪnwɔːtə(r)/ *Nomen* Regenwasser

rainy /ˈreɪni/ *Adj* (**rain·ier, rain·iest**) regnerisch, verregnet ◇ *the rainy season* die Regenzeit ◇ *the rainiest place in the country* die regenreichste Gegend im Land IDM **save, keep, etc. sth for a ˌrainy ˈday** etw für schlechte Zeiten zurücklegen

raise 0→ /reɪz/ *Verb, Nomen*

▸ ***Verb*** **1** heben ◇ *She raised her eyes from her work.* Sie sah von ihrer Arbeit auf. **2** aufrichten **3** erhöhen ◇ *raise public awareness of the issue* das Thema mehr in den Blickpunkt der Öffentlichkeit rücken ◇ *We don't want to raise her hopes.* Wir wollen ihr keine Hoffnungen machen. ◇ *He never raises his voice.* Er wird nie laut. **4** beschaffen ◇ *raise a loan* einen Kredit aufnehmen ◇ *We are raising money for charity.* Wir sammeln Geld für Wohltätigkeitszwecke. ◇ *raise an army* ein Heer aufstellen **5** aufwerfen, zur Sprache bringen **6** hervorrufen ◇ *raise doubts about sth* Zweifel an etw aufkommen lassen ◇ *without raising suspicion* ohne Verdacht zu erregen ◇ *Their hooves raised a cloud of dust.* Ihre Hufe wirbelten eine Staubwolke auf. **7** (*bes AmE*) erziehen, aufziehen ◇ *I was born and raised a city boy.* Ich bin ein Stadtmensch durch und durch. **8** züchten **9** (*Verbot etc.*) aufheben; (*Belagerung*) beenden **10** erreichen ◇ *We managed to raise him on his mobile phone.* Wir haben ihn über sein Handy erreicht. **11 ~ sb from the dead** jdn von den Toten erwecken IDM **raise your ˈeyebrows (at sth)** (*oft passiv*) (über etw) die Stirn runzeln **raise your ˈglass (to sb)** das Glas (auf jdn) heben **raise a/your ˈhand against/to sb** **1** jdm mit dem Finger/der Faust drohen **2** jdn schlagen **raise ˈhell** (*umgs*) **1** ein Höllenspektakel machen **2** Krach schlagen **raise the ˈroof** das Haus zum Beben bringen **raise your ˈsights** sich höhere Ziele setzen **raise sb's ˈspirits** jdn aufmuntern → *Siehe auch* ANTE, HACKLES *und* TEMPERATURE PHR V **ˈraise sth to sb/sth** (*Denkmal*) jdm/einer Sache etw errichten

▸ ***Nomen*** (*AmE*) Gehaltserhöhung

raised /reɪzd/ *Adj* erhöht

rai·sin /ˈreɪzn/ *Nomen* Rosine

rai·son d'être /ˌreɪzɒ̃ ˈdetrə; *AmE* ˌreɪzɔːn ˈdetrə/ *Nomen* [Sing] Daseinszweck, Existenzberechtigung

the Raj /ðə ˈrɑːdʒ; *BrE auch* ˈrɑːʒ/ *Nomen* [Sing] = die britische Oberherrschaft in Indien vor 1947

raja (*auch* **rajah**) /ˈrɑːdʒə/ *Nomen* Radscha

rake /reɪk/ *Nomen, Verb*

▸ ***Nomen*** **1** Harke **2** (*veraltet*) Wüstling **3** [Sing] Schräge

▸ ***Verb*** **1** harken ◇ (*fig*) *She raked a comb through her hair.* Sie fuhr sich mit dem Kamm durch die Haare. **2** abtasten, schweifen über ◇ *rake the streets with machine-gun fire* die Straßen mit Maschinengewehrfeuer überziehen **3** suchen ◇ *rake around for sth* nach etw wühlen **4** zerkratzen PHR V **ˌrake sth ˈin** (*umgs*) etw kassieren ◇ *They're raking it in.* Sie kassieren ab. **ˌrake ˈover sth** (*umgs, abwert*) in etw wühlen (*auch fig*) **ˌrake sth ˈup** (*umgs, abwert*) etw aufrühren

ˈrake-off *Nomen* (*umgs*) (Gewinn)anteil ◇ *They all get a rake-off.* Sie machen alle einen guten Schnitt.

rak·ish /ˈreɪkɪʃ/ *Adj* **1** anrüchig **2** (*Adv* **rak·ish·ly**) keck, flott

rally /ˈræli/ *Nomen, Verb*

▸ ***Nomen*** (*Pl* **-ies**) **1** Versammlung, Treffen ◇ *a protest rally* eine Protestkundgebung **2** (*BrE*) Rallye **3** Ballwechsel **4** [Sing] (FINANZ, SPORT) Erholung ◇ *After a late rally, they finally scored.* Nachdem sie sich doch noch erholen konnten, punkteten sie endlich.

▸ ***Verb*** (**ral·lies, rally·ing, ral·lied, ral·lied**) **1 ~ around/behind/to sb/sth** sich hinter jdn/etw stellen ◇ *They rallied to his support.* Sie unterstützten ihn. **2 ~ sb** jdn um sich versammeln ◇ *rally the troops* die Truppen zusammenziehen **3 ~ sth** etw gewinnen **4** sich erholen (*auch fig*) ◇ *The euro rallied against the dollar.* Der Euro verbesserte sich gegenüber dem Dollar. PHR V **ˌrally ˈround/aˈround** sich zusammenschließen ◇ *The whole family rallied round when Mum was ill.* Die ganze Familie half mit, als Mutti krank war. **ˌrally ˈround/aˈround sb** jdn unterstützen

ˈrallying cry *Nomen* Schlachtruf, Parole

ˈrallying point *Nomen* **1** Sammelpunkt **2** = Person, Gruppe, Ereignis etc., die Menschen dazu veranlasst, sich zur Unterstützung zusammenzuschließen

RAM /ræm/ *Kurzform von* **random-access memory** RAM

ram /ræm/ *Verb, Nomen*

▸ ***Verb*** **(-mm-)** rammen ◇ *(fig)* *The cuts were rammed through Congress.* Die Kürzungen wurden durch den Kongress gepeitscht. **IDM** **ˌram sth ˈhome** *(bes BrE)* etw deutlich vor Augen führen → *Siehe auch* THROAT **PHR V** **ˌram ˈinto sth** auf etw aufprallen **ˌram sth ˈinto sth** etw in etw hineinrammen

▸ ***Nomen*** **1** Widder **2** Kolben ◇ *hydraulic rams* hydraulische Presskolben

Ram·adan /ˈræmədæn, ˌræməˈdæn/ *Nomen* Ramadan

ram·ble /ˈræmbl/ *Verb, Nomen*

▸ ***Verb*** **1** *(BrE)* wandern **2** **~ (on)** **(about sb/sth)** (über jdn/etw) faseln **3** *(Pflanze)* klettern

▸ ***Nomen*** Wanderung ◇ *go for/on a ramble* eine Wanderung machen

ram·bler /ˈræmblə(r)/ *Nomen* **1** *(bes BrE)* Wanderer, Wanderin **2** Kletterrose, Kletterpflanze

ram·bling /ˈræmblɪŋ/ *Adj, Nomen*

▸ ***Adj*** **1** weitläufig **2** umständlich, weitschweifig **3** kletternd, Kletter-

▸ ***Nomen*** **1** *(bes BrE)* Wandern ◇ *a rambling club* ein Wanderverein **2** [Pl] Geschwafel

ram·bunc·tious /ræmˈbʌŋkʃəs/ *Adj (bes AmE, umgs)* lebhaft

ram·ekin /ˈræməkɪn/ *Nomen* kleine Auflaufform

ram·ifi·ca·tion /ˌræmɪfɪˈkeɪʃn/ *Nomen* [meist Pl] **1** Auswirkung **2** Verästelung

ramp /ræmp/ *Nomen (BrE)* **1** Rampe **2** *(AmE)* Auffahrt, Abfahrt **3** *(bes AmE)* Gangway

ram·page *Nomen, Verb*

▸ ***Nomen*** /ˈræmpeɪdʒ/ Randale ◇ *go on the rampage* randalieren

▸ ***Verb*** /ræmˈpeɪdʒ, ˈræmpeɪdʒ/ randalieren ◇ *rampaging elephants* wild gewordene Elefanten

ram·pant /ˈræmpənt/ *Adj (Adv* **ram·pant·ly***)* **1** zügellos, grassierend **2** wuchernd *(auch fig)*

ram·part /ˈræmpɑːt; *AmE* -pɑːrt/ *Nomen* [meist Pl] (Schutz)wall ◇ *the castle ramparts* der Burgwall

ˈram-raid *Verb (BrE)* = einen Raubüberfall verüben, bei dem ein Auto durch ein Schaufenster gefahren wird

ˈram-raiding *Nomen (BrE)* = Raubüberfall, bei dem ein Auto durch ein Schaufenster gefahren wird

ram·rod /ˈræmrɒd; *AmE* -rɑːd/ *Nomen* Ladestock **IDM** **(as) stiff/straight as a ˈramrod**; **ˌramrod ˈstraight** stocksteif ◇ *He stood there straight as a ramrod.* Er stand da, als ob er einen Besenstiel verschluckt hätte.

ram·shackle /ˈræmʃækl/ *Adj* **1** baufällig, klapprig **2** wackelig

ran *Form von* RUN

ranch /rɑːntʃ; *AmE* ræntʃ/ *Nomen* Ranch, Viehfarm

ranch·er /ˈrɑːntʃə(r); *AmE* ˈræn-/ *Nomen* Rancher(in), Viehzüchter(in)

ˈranch house *Nomen* **1** = Wohnhaus auf einer Ranch **2** *(AmE)* Bungalow

ranch·ing /ˈrɑːntʃɪŋ; *AmE* ˈræn-/ *Nomen* Viehzucht

ran·cid /ˈrænsɪd/ *Adj* ranzig

ran·cor·ous /ˈræŋkərəs/ *Adj (gehoben)* bitter, erbittert, verbittert

ran·cour *(AmE* **ran·cor***)* /ˈræŋkə(r)/ *Nomen (gehoben)* Bitterkeit, Groll

rand /rænd, rɑːnt/ *Nomen (Währung)* Rand

R & B /ˌɑːr ən ˈbiː/ *Abk* = RHYTHM AND BLUES

R & D /ˌɑːr ən ˈdiː/ *Abk* = RESEARCH AND DEVELOPMENT

ran·dom /ˈrændəm/ *Adj, Nomen*

▸ ***Adj*** *(Adv* **ran·dom·ly***)* **1** wahllos, ziellos, willkürlich ◇ *a random sample* eine Stichprobe ◇ *in random order* in beliebiger Reihenfolge **2** [nur vor Nomen] *(umgs)* unbekannt ◇ *Some random guy gave me a hundred bucks* Irgendein Typ gab mir hundert Dollar. **3** *(umgs)* komisch, verrückt

▸ ***Nomen*** **IDM** **at ˈrandom** beliebig; wahllos; ziellos

ˌrandom ˈaccess *Nomen* (COMP) direkter Zugriff

ˌrandom-ˌaccess ˈmemory = RAM

ran·dom·ize *(BrE auch* **-ise***)* /ˈrændəmaɪz/ *Verb (Fachspr)* **1** randomisieren **2** beliebig anordnen

ran·dom·ness /ˈrændəmnəs/ *Nomen* Willkürlichkeit

randy /ˈrændi/ *Adj* **(ran·dier, ran·di·est)** *(BrE, umgs)* geil, scharf

rang *Form von* RING²

range 🔑 /reɪndʒ/ *Nomen, Verb*

▸ ***Nomen*** **1** [meist Sing] Reihe, Auswahl ◇ *a whole range of leisure activities* ein großes Freizeitangebot **2** Sortiment **3** [meist Sing] Spannbreite, Umfang ◇ *her vocal range* ihr Stimmumfang ◇ *in the 17-20 age range* in der Altersgruppe zwischen 17 und 20 ◇ *the range of ability in the class* die Leistungsstreuung der Schüler in der Klasse ◇ *an increase in the range of 0 to 3 per cent* ein Zuwachs in einer Größenordnung zwischen 0 und 3 Prozent ◇ *in our price range* in unserer Preislage **4** Hörweite, Sichtweite ◇ *out of range of vision* außer Sichtweite **5** Schussweite, Reichweite **6** *(Berg-)* Kette **7** Truppenübungsplatz, Schießanlage ◇ *a shooting range* ein Schießstand ◇ *a nuclear testing range* ein Testgebiet für Atomwaffen **8** = großer, traditioneller Küchenherd, der auch als Heizung und zur Warmwasserbereitung dient **9** *(AmE)* Gas/Elektroherd **10 the range** [Sing] *(AmE)* die Weide(fläche) → *Siehe auch* FREE-RANGE **IDM** **in/within ˈrange (of sth)** in Reich-/Sicht-/Hörweite (von etw) **out of ˈrange (of sth)** außer Reich-/Sicht-/Hörweite (von etw)

▸ ***Verb*** **1** sich erstrecken **~ (from A to B)** (von A bis B) reichen; **~ between A and B** zwischen A und B schwanken ◇ *The conversation ranged widely.* Die Unterhaltung erstreckte sich auf viele Themen. **2** *(meist passiv)* *(gehoben)* anordnen ◇ *They ranged themselves around the table.* Sie nahmen am Tisch Platz. ◇ *They were ranged along the route of the procession.* Sie säumten den Prozessionsweg. **3** (umher)streifen (in) ◇ *Her eyes ranged the room.* Ihr Blick streifte durchs Zimmer. ◇ *He ranges far and wide in search of inspiration.* Er sucht überall nach Inspiration. **PHR V** **ˈrange over sth** sich mit etw befassen, sich über etw erstrecken **ˌrange yourself/be ˌranged aˈgainst sb/sth** *(meist passiv)* sich gegen jdn/etw verbünden

ran·ger /ˈreɪndʒə(r)/ *Nomen* **1** Aufseher eines Naturparks **2** **ˈRanger (Guide)** *(BrE)* = Pfadfinderin in der Altersgruppe 14-19

rangy /ˈreɪndʒi/ *Adj (gehoben)* langbeinig

rank 🔑 /ræŋk/ *Nomen, Verb, Adj*

▸ ***Nomen*** **1** Stand ◇ *people of high social rank* Leute aus höheren Gesellschaftsschichten **2** [Sing] Rang ◇ *Britain is no longer in the front rank of world powers.* Großbritannien gehört nicht mehr zu den führenden Weltmächten. **3** Dienstgrad ◇ *be promoted to the rank of captain* zum Kapitän befördert werden ◇ *officers of senior rank* (rang)hohe Offiziere ◇ *a campaign to attract more women into the military ranks* eine Kampagne, um mehr Frauen für den Militärdienst anzuwerben ◇ *officers and other ranks* Offiziere, Unteroffiziere und Mannschaften **4 the ranks** [Pl] die Mannschaften ◇ *serve in the ranks* als Soldat dienen ◇ *He rose from the ranks to become a major.* Er diente sich vom Soldaten zum Major hoch. **5 ranks** [Pl] Mitglieder ◇ *join the ranks of the unemployed* dem

Heer der Arbeitslosen beitreten ◇ *in the party's own ranks* in den eigenen Reihen der Partei **6** Reihe ◇ *massed ranks of spectators* dichte Zuschauerreihen → *Siehe auch* TAXI STAND IDM **break 'ranks** **1** aus dem Glied treten **2** aus der Reihe tanzen → *Siehe auch* CLOSE[1] *und* PULL
▸ ***Verb*** (*nicht in der Verlaufsform*) **1** rangieren ◇ *She ranked second in the world.* Sie wurde weltweit auf Platz zwei notiert. ◇ *The restaurant ranks among the best in town.* Das Restaurant gilt als eines der besten der Stadt. **2 ~ sb/sth (as sth)** jdn/etw (als etw) einstufen ◇ *ranked in order of difficulty* nach Schwierigkeitsgrad geordnet ◇ *top-ranked players* Spitzenspieler ◇ *The university is ranked number one in the country for medicine.* Die Universität ist für Medizin die Nummer eins im Lande. **3** (*meist passiv*) in eine Reihe anordnen
▸ ***Adj*** **1** (*Geruch*) übel **2** [nur vor Nomen] absolut ◇ *rank stupidity* bodenlose Dummheit ◇ *The winning horse was a rank outsider.* Das Siegpferd war ein krasser Außenseiter. **3** (über)wuchernd

the ˌrank and 'file *Nomen* **1** (MIL) die Mannschaften **2** [mit Verb im Sing/Pl] die (einfachen) Mitglieder

rank·ing /ˈræŋkɪŋ/ *Nomen, Adj*
▸ ***Nomen*** **1** Ranglistenplatz ◇ *She has retained her No.1 world ranking.* Sie belegt auf der Weltrangliste weiterhin den ersten Platz. **2 the rankings** [Pl] der Tabellenstand, die Rangliste
▸ ***Adj*** **1** (*bes AmE*) ranghoch, ranghöchste(r) **2** (*in Zusammensetzungen*) -rangig ◇ *a top-ranking player* ein Spitzenspieler

ran·kle /ˈræŋkl/ *Verb* **~ (with sb)** (jdn) wurmen

ran·sack /ˈrænsæk/ *Verb* **~ sth (for sth)** etw (nach etw) durchsuchen ◇ *The house was ransacked by burglars.* Das Haus war von Einbrechern geplündert worden.

ran·som /ˈrænsəm/ *Nomen, Verb*
▸ ***Nomen*** Lösegeld ◇ *a ransom note* ein Erpresserbrief IDM **hold sb to 'ransom** **1** jdn als Geisel halten **2** (*abwert*) jdn erpressen; jdn unter Druck setzen → *Siehe auch* KING
▸ ***Verb*** Lösegeld bezahlen für, freikaufen

ran·som·ware /ˈrænsəmweə(r); *AmE* -wer/ *Nomen* [U] Erpressertrojaner, Ransomware

rant /rænt/ *Verb, Nomen*
▸ ***Verb*** **~ (on) (about sth)** (*abwert*) schimpfen über etw; **~ at sb** jdn anmeckern IDM **ˌrant and 'rave** (*abwert*) wettern
▸ ***Nomen*** Schimpfkanonade

rant·ings /ˈræntɪŋz/ *Nomen* [Pl] Geschimpfe

rap /ræp/ *Nomen, Verb*
▸ ***Nomen*** **1** Klopfen ◇ *There was a sharp rap on the door.* Es klopfte laut an der Tür. **2** (MUS) Rap **3** (*AmE, umgs*) Vorbestrafte(r) ◇ *a police rap sheet* ein polizeiliches Vorstrafenregister **4** [Sing] (*AmE, umgs*) ungerechtfertigte Kritik ◇ *I think it's a bum rap.* Ich finde die Kritik völlig ungerechtfertigt. ◇ *They get a bad rap.* Sie genießen einen üblen Ruf. IDM **get a rap on/over/across the 'knuckles** (*umgs*) eins auf die Finger bekommen **give sb a rap on/over/across the 'knuckles** (*umgs*) jdm auf die Finger klopfen **take the 'rap** (*umgs*) die Suppe auslöffeln; den Kopf hinhalten ◇ *It's not fair to let him take the rap.* Es ist ungerecht, dass er die Suppe auslöffeln muss.
▸ ***Verb*** **(-pp-)** **1** klopfen (auf) **2 ~ sth (out)** etw bellen **3 ~ sb/sth (for sth)** jdn/etw (wegen einer Sache) (scharf) angreifen **4** (MUS) rappen, Raps/einen Rap singen IDM **ˌrap sb on/over the 'knuckles; rap sb's 'knuckles** jdn scharf angreifen PHR V **ˌrap sth 'out** **1** etw bellen **2** (*Botschaft etc.*) klopfen

ra·pa·cious /rəˈpeɪʃəs/ *Adj* (*Adv* **ra·pa·cious·ly**) (*gehoben, abwert*) habgierig

rap·acity /rəˈpæsəti/ *Nomen* (*gehoben*) Habgier

rape /reɪp/ *Verb, Nomen*
▸ ***Verb*** vergewaltigen
▸ ***Nomen*** **1** Vergewaltigung (*auch fig*) **2** (*auch* **ˌoilseed 'rape**) Raps

rapid 0‑ᵣ /ˈræpɪd/ *Adj* (*Adv* **rap·id·ly**) rapide, schnell ◇ *a rapid pulse* ein schneller Puls ◇ *He fired four shots in rapid succession.* Er feuerte schnell hintereinander vier Schüsse ab. ◇ *The disease is spreading at a rapid rate.* Die Krankheit breitet sich schnell aus. ◇ *The patient made a rapid recovery.* Der Patient erholte sich schnell. ◇ *a rapid turnover of staff* ein enormer Verschleiß an Arbeitskräften

ˌrapid-'fire *Adj* [nur vor Nomen] **1** (*Fragen etc.*) wie aus der Pistole geschossen **2** (*Gewehr*) Schnellfeuer-

rap·id·ity /rəˈpɪdəti/ *Nomen* Schnelligkeit, Rasanz

ˌrapid-re'sponse *Adj* [nur vor Nomen] schnell einsetzbar ◇ *a UN rapid-response unit* eine schnelle Eingreiftruppe der UNO ◇ *a nurse in the rapid-response team* eine Krankenschwester im Soforteinsatzteam

rapids /ˈræpɪdz/ *Nomen* [Pl] Stromschnellen ◇ *shoot the rapids* die Stromschnellen überwinden

ˌrapid 'transit *Nomen* (*bes AmE*) Schnellverkehr

ra·pier /ˈreɪpiə(r)/ *Nomen* Rapier, Degen ◇ (*fig*) *rapier wit* Schlagfertigkeit

rap·ist /ˈreɪpɪst/ *Nomen* Vergewaltiger

rap·pel /ræˈpel/ *Verb, Nomen*
▸ ***Verb*** (*AmE*) abseilen
▸ ***Nomen*** (*AmE*) Abseiler

rap·per /ˈræpə(r)/ *Nomen* Rapper(in)

rap·port /ræˈpɔː(r)/ *Nomen* [Sing] **~ (with sb)** gutes Verhältnis (zu jdm) ◇ *There was little rapport between the two women.* Die beiden Frauen mochten sich nicht besonders. ◇ *his remarkable rapport with the audience* sein erstaunlicher Kontakt zum Publikum

rap·proche·ment /ræˈprɒʃmɒ̃, ræˈprəʊʃ-; *AmE* ˌræproʊʃˈmɑːn, -prɑːʃ-/ *Nomen* **~ (with sb)** (*gehoben*) (Wieder)annäherung (an jdn)

rapt /ræpt/ *Adj* (*gehoben*) gebannt ◇ *She listened with rapt attention.* Sie hörte gebannt zu. ◇ *He watched her with a rapt expression.* Er beobachtete sie mit verzückter Miene.

rap·tor /ˈræptə(r)/ *Nomen* (ZOOL) Raubvogel

rap·ture /ˈræptʃə(r)/ *Nomen* Begeisterung, Verzückung ◇ *The children gazed at her in rapture.* Die Kinder schauten sie hingerissen an. IDM **be in 'raptures (about/over sb/sth)** (von jdm/etw) hingerissen sein **go into 'raptures (about/over sb/sth)** ins Schwärmen geraten (über jdn/etw) **send sb into 'raptures** jdn in (rasende) Begeisterung versetzen

rap·tur·ous /ˈræptʃərəs/ *Adj* (*Adv* **rap·tur·ous·ly**) stürmisch, begeistert

rare 0‑ᵣ /reə(r); *AmE* rer/ *Adj* **1** (*Adv* **rare·ly** /ˈreəli; *AmE* ˈrerli/) selten ◇ *It's extremely rare for it to be this hot in April.* Es ist äußerst ungewöhnlich, dass es im April so heiß ist. ◇ *a rare honour* eine außergewöhnliche Ehre **2** (*Steak*) englisch ◇ *medium rare* halb durchgebraten

rar·efied /ˈreərɪfaɪd; *AmE* ˈrerəfaɪd/ *Adj* **1** (*oft abwert*) exklusiv **2** (*Luft*) dünn

rar·ing /ˈreərɪŋ; *AmE* ˈrerɪŋ/ *Adj* **be ~ to do sth** (*umgs*) es kaum erwarten können, etw zu tun

rar·ity /ˈreərəti; *AmE* ˈrer-/ *Nomen* (*Pl* **-ies**) **1** Seltenheit, Rarität **2** (*seltener* **rare·ness**) [U] Seltenheit (swert)

ras·cal /ˈrɑːskl; *AmE* ˈræs-/ *Nomen* **1** (*hum*) Schlingel, Bengel **2** (*veraltet*) Schurke

ras·cal·ly /ˈrɑːskəli; *AmE* ˈræskə-/ *Adj* (*veraltet*) niederträchtig, schurkisch

rash /ræʃ/ *Nomen, Adj*
▸ ***Nomen*** **1** (Haut)ausschlag **2** [Sing] Serie, Reihe

▸ ***Adj*** **1** (*Person*) impulsiv, unbesonnen **2** (*Adv* **rash·ly**) (*Handlung*) voreilig, überstürzt, vorschnell

rasher /ˈræʃə(r)/ *Nomen* (*bes BrE*) Speckscheibe

rash·ness /ˈræʃnəs/ *Nomen* Voreiligkeit, Impulsivität

rasp /rɑːsp; *AmE* ræsp/ *Nomen, Verb*

▸ ***Nomen*** **1** [Sing] schneidendes Geräusch; (*des Atems*) Rasseln **2** Raspel

▸ ***Verb*** **1** ~ **sth** (**out**) etw schnarren ◇ *'Where have you been?' she rasped.* „Wo warst du?" fragte sie mit schneidender Stimme. ◇ *a rasping cough* ein krampfartiger Husten ◇ *his rasping breath* sein rasselnder Atem **2** raspeln, feilen ◇ *The wind rasped his face.* Der Wind peitschte ihm ins Gesicht.

rasp·berry /ˈrɑːzbəri; *AmE* ˈræzberi/ *Nomen* (*Pl* **-ies**) **1** Himbeere **2** (*bes BrE, umgs*) ◇ *blow a raspberry at sb* jdm die Zunge herausstrecken und verächtlich prusten

raspy /ˈrɑːspi; *AmE* ˈræspi/ *Adj* (*Stimme*) rauh

Ras·ta·far·ian /ˌræstəˈfeəriən; *AmE* -ˈfer-/ (*umgs* **Rasta** /ˈræstə/) *Nomen, Adj*

▸ ***Nomen*** Rastafari, Rasta

▸ ***Adj*** Rasta-

Ras·ta·far·ian·ism /ˌræstəˈfeəriənɪzəm; *AmE* -ˈfer-/ *Nomen* Rastafarinismus

rat /ræt/ *Nomen, Verb*

▸ ***Nomen*** **1** Ratte **2** (*umgs, abwert*) Schwein, Hund, Verräter **IDM** → SINK *und* SMELL

▸ ***Verb*** (**-tt-**) **PHRV** **ˈrat on sb** (*umgs*) jdn verpfeifen, jdn verraten **ˈrat on sth** (*BrE, umgs*) etw widerrufen; (*Wort, Versprechen*) nicht halten

rata → PRO RATA

ˈrat-arsed *Adv* (*BrE, Slang*) stinkbesoffen

ratchet /ˈrætʃɪt/ *Nomen* Ratsche

rate 0‑ᴡ /reɪt/ *Nomen, Verb*

▸ ***Nomen*** **1** Tempo, Geschwindigkeit **2** Rate, Quote ◇ *Local businesses are closing at a/the rate of three a year.* Pro Jahr schließen im Ort durchschnittlich drei Geschäfte. ◇ *His pulse rate dropped suddenly.* Sein Puls fiel plötzlich. → *Siehe auch* DEATH RATE **3** Gebühr, Satz ◇ *advertising rates* Anzeigekosten ◇ *a low hourly rate of pay* ein niedriger Stundenlohn ◇ *the exchange rate/rate of exhange* der Wechselkurs ◇ *at a reduced rate* zum ermäßigten Tarif → *Siehe auch* BASE RATE **4 rates** [Pl] (*BrE, veraltet*) ≈ Gemeindesteuer(n) ◇ *business rates* Gewerbesteuer ◇ *water rates* Wassergebühren **IDM** **at ˈany rate** **1** (*umgs*) auf jeden Fall; jedenfalls **2** zumindest **at a rate of ˈknots** (*BrE, umgs*) sehr schnell **at ˈthis/ˈthat rate** (*umgs*) wenn das so weitergeht → *Siehe auch* GOING

▸ ***Verb*** **1** (*nicht in der Verlaufsform*) (ein)schätzen, (be)werten ◇ *Voters rate education high on their list of priorities.* Das Thema Erziehungswesen wird von den Wählern als äußerst wichtig angesehen. ◇ *She's rated among the best players of all time.* Sie gilt als eine der besten Spielerinnen in der Geschichte des Sports. **2** (*meist passiv*) einstufen ◇ *a top-rated programme* ein Spitzenprogramm ◇ *She is currently rated number two in the world.* Zurzeit ist sie die Nummer zwei in der Weltrangliste. **3** gelten ◇ *She rates as an expert.* Sie gilt als Expertin. ◇ *The match rated as one of their worst defeats.* Das Spiel wurde als eine ihrer schlimmsten Niederlagen verbucht. ◇ *I'm afraid our needs do not rate very high with this administration.* Ich fürchte, dass unsere Bedürfnisse dieser Regierung nicht sehr wichtig sind. **4** (*umgs*) gut finden ◇ *What did you think of the movie? I didn't rate it myself.* Wie fanden Sie den Film? Ich hielt nicht viel davon. **5** verdienen ◇ *The incident didn't even rate a mention in the press.* Der Vorfall wurde in der Presse nicht einmal einer Erwähnung gewürdigt. **6** (*meist passiv*) (*Film, Video*) klassifizieren ◇ *The film was rated 12.* Der Film wurde für 12 Jahre freigegeben. → *Siehe auch* X-RATED *und* ZERO-RATED

rate of reˈturn *Nomen* (*Pl* **rates of reˈturn**) Rendite

rate·pay·er /ˈreɪtpeɪə(r)/ *Nomen* Gemeindesteuerzahler(in)

ra·ther 0‑ᴡ /ˈrɑːðə(r); *AmE* ˈræðər/ *Adv, Ausruf*

▸ ***Adv*** **1** ziemlich ◇ *It was a rather/rather a difficult question.* Die Frage war ziemlich schwierig. ◇ *rather a lot of money* ziemlich viel Geld ◇ *It's rather a shame that Anne missed the concert.* Es ist sehr schade, dass Anne das Konzert verpasst hat. ◇ *I didn't fail the exam; in fact I did rather well!* Ich bin nicht durchs Examen gefallen, sondern habe sogar recht gut abgeschnitten! **2** um einiges, etwas **3** (*vor Verben*) fast, eigentlich ◇ *I rather suspect we're making a big mistake.* Ich fürchte fast, dass wir einen großen Fehler machen. ◇ *We were rather hoping you'd be free.* Wir haben eigentlich gehofft, dass du Zeit hättest. **4 or ~** (oder) genauer gesagt, beziehungsweise, oder vielmehr **5** eher **6 ~ than** statt ◇ *It's management that's at fault rather than the workforce.* Es ist die Geschäftsleitung, die Schuld hat, nicht die Belegschaft. **IDM** **rather you, him, etc. than ˈme** (*umgs*) lieber du, er etc. als ich **would rather ... (than)** ◇ *Would you rather walk or take the bus?* Willst du lieber laufen oder den Bus nehmen? ◇ *'Do you mind if I smoke?' 'Well, I'd rather you didn't.'* „Macht es Ihnen etwas aus, wenn ich rauche?" „Mir wäre es lieber, Sie würden es lassen." ◇ *'Do you want to come with us?' 'No, I'd rather not.'* „Kommst du mit?" „Nein, ich glaube nicht."

▸ ***Ausruf*** (*BrE, veraltet*) und ob, prima

rati·fi·ca·tion /ˌrætɪfɪˈkeɪʃn/ *Nomen* Ratifizierung

rat·ify /ˈrætɪfaɪ/ *Verb* (**-fies, -fy·ing, -fied, -fied**) (*gehoben*) ratifizieren

rat·ing /ˈreɪtɪŋ/ *Nomen* **1** Einschätzung ◇ *The poll gave a popular approval rating of 39% for the President.* In der Umfrage sprachen sich 39% der Befragten für den Präsidenten aus. ◇ *Education has been given a high-priority rating.* Dem Erziehungswesen wird hohe Priorität eingeräumt. **2 the ratings** [Pl] die (Einschalt)quote **3** (*BrE*) Matrose **4** Filmklassifizierung ◇ *The film was given a 15 rating.* Der Film wurde ab 15 Jahren freigegeben. ◇ *The movie carries an R rating.* Dieser Film hat die Klassifizierung R.

ratio /ˈreɪʃiəʊ; *AmE* -ʃioʊ/ *Nomen* (*Pl* **-os**) Verhältnis

ra·tion /ˈræʃn/ *Nomen, Verb*

▸ ***Nomen*** **1** Ration ◇ *a ration book* ein Kuponheft **2 rations** [Pl] Ration ◇ *We're on short rations.* Wir sind auf halbe Ration gesetzt.

▸ ***Verb*** (*oft passiv*) **1** rationieren **2 ~ sb to sth** jdm etw zuteilen ◇ *The villagers are rationed to two litres of water a day.* Den Dorfbewohnern werden pro Tag zwei Liter Wasser zugeteilt.

ra·tion·al /ˈræʃnəl/ *Adj* (*Adv* **ra·tion·al·ly** /-əli/) rational, vernünftig ◇ *rational analysis* sachliche Analyse ◇ *a society that values rational thought* eine Gesellschaft, die logisches Denken schätzt

ra·tion·ale /ˌræʃəˈnɑːl; *AmE* -ˈnæl/ *Nomen* (*gehoben*) Begründung ◇ *What is the rationale behind these new exams?* Auf welchen Überlegungen beruhen die neuen Prüfungen?

ra·tion·al·ism /ˈræʃnəlɪzəm/ *Nomen* Rationalismus

ra·tion·al·ist /ˈræʃnəlɪst/ *Nomen, Adj*

▸ ***Nomen*** Rationalist(in)

▸ ***Adj*** (*auch* **ra·tion·al·is·tic** /ˌræʃnəˈlɪstɪk/) rationalistisch

ra·tion·al·iza·tion (*BrE auch* **-isa·tion**) /ˌræʃnəlaɪˈzeɪʃn; *AmE* -lə'-/ *Nomen* **1** Rationalisierung **2** logische Erklärung ◇ *No amount of rationalization could justify his actions.* Keine noch so rationale Aufarbeitung der Motive kann seine Handlungen rechtfertigen.

ra·tion·al·ize (*BrE auch* **-ise**) /ˈræʃnəlaɪz/ *Verb* **1** erklären, rationalisieren **2** (*BrE*) (WIRTSCH) rationalisieren

ra·tion·al·ly *Adv* → RATIONAL

ra·tion·ing /ˈræʃənɪŋ/ *Nomen* Rationierung

the ˈrat race *Nomen* (*abwert*) der erbarmungslose Konkurrenzkampf, das Rattenrennen

rat·tan /ræˈtæn/ *Nomen* Rattan

rat·tle /ˈrætl/ *Verb, Nomen*

▸ ***Verb*** (*umgs*) **1** klappern, rasseln, rattern ◇ *When a bus went past, the windows rattled.* Wenn ein Bus vorbeifuhr, klirrten die Fenster. **2** verunsichern PHR V **ˌrattle aˈround (sth)** (*umgs*) (in etw) herumgeistern **ˌrattle sth ˈoff** etw herunterrasseln **ˌrattle ˈon (about sth)** (*umgs*) (über etw) quasseln, (über etw) plappern

▸ ***Nomen*** **1** [meist Sing] Rattern, Klappern, Knattern **2** Rassel **3** (*BrE*) Ratsche

rattle·snake /ˈrætlsneɪk/ (*umgs* **rat·tler** /ˈrætlə(r)/) *Nomen* Klapperschlange

ratty /ˈræti/ *Adj* (**rat·tier, rat·ti·est**) **1** (*BrE, umgs*) grantig, gereizt **2** (*AmE, umgs*) (*Kleidung etc.*) vergammelt **3** rattenähnlich, Ratten-

rau·cous /ˈrɔːkəs/ *Adj* (*Adv* **rau·cous·ly**) lärmend; (*Stimme, Gelächter etc.*) rau

raunchy /ˈrɔːntʃi/ *Adv* (*umgs*) **1** aufreizend, erotisch **2** (*AmE*) verkommen

rav·age /ˈrævɪdʒ/ *Verb* (*meist passiv*) verwüsten ◇ *The recession ravaged the textile industry.* Die Rezession hatte verheerende Folgen für die Textilindustrie.

rav·ages /ˈrævɪdʒɪz/ *Nomen* [Pl] Verheerungen ◇ *They're trying to preserve the ancient city from the ravages of time.* Sie versuchen, die alte Stadt gegen den Zahn der Zeit zu schützen.

rave /reɪv/ *Verb, Nomen*

▸ ***Verb*** **1 ~ (about sb/sth)** (von jdm/etw) schwärmen **2 ~ at sb** jdn anbrüllen ◇ *She was shouting and raving at them.* Sie schrie und brüllte sie an. **3** wirres Zeug reden IDM → RANT

▸ ***Nomen*** (*BrE*) **1** Rave-Party **2** (*AmE*) = RAVE REVIEW

raven /ˈreɪvn/ *Nomen, Adj*

▸ ***Nomen*** (Kolk)rabe

▸ ***Adj*** [nur vor Nomen] rabenschwarz

rav·en·ous /ˈrævənəs/ *Adj* (*Adv* **rav·en·ous·ly**) **1** ausgehungert; **be ~** einen Bärenhunger haben **2** [nur vor Nomen] (*Hunger, Appetit*) riesig

raver /ˈreɪvə(r)/ *Nomen* (*BrE, umgs*) **1** (*oft hum*) (*Frau*) Feger **2** Raver(in)

ˌrave reˈview (*AmE auch* **rave**) *Nomen* begeisterte Kritik

rav·ine /rəˈviːn/ *Nomen* Schlucht

rav·ing /ˈreɪvɪŋ/ *Adj, Adv*

▸ ***Adj*** [nur vor Nomen] **1** irre ◇ *The man's a raving lunatic.* Der Mann ist total verrückt. **2** wild; (*Schönheit*) hinreißend ◇ *a raving success* ein sensationeller Erfolg

▸ ***Adv*** IDM **(stark) raving ˈmad** (*auch* **(stark) raving ˈbonkers**) (*umgs*) total verrückt

rav·ings /ˈreɪvɪŋz/ *Nomen* [Pl] irres Gerede

rav·ish /ˈrævɪʃ/ *Verb* (*gehoben*) **1** schänden, vergewaltigen **2** (*meist passiv*) hinreißen

rav·ish·ing /ˈrævɪʃɪŋ/ *Adj* (*Adv* **rav·ish·ing·ly**) hinreißend, atemberaubend

raw 0➜ /rɔː/ *Adj* **1** roh ◇ *raw meat* rohes Fleisch ◇ *raw data* unaufbereitete Daten **2** (*Gefühle*) ursprünglich; (*Talent*) unverbildet **3** unerfahren ◇ *a raw beginner* ein blutiger Anfänger ◇ *raw recruits* frischgebackene Rekruten **4** (*Haut*) wund, aufgerieben; (*Wunde*) offen **5** (*Kante*) ungesäumt **6** (*Wetter*) rau, nasskalt **7** (*AmE*) (*Sprache*) vulgär IDM **get/have a raw ˈdeal** ungerecht behandelt werden → *Siehe auch* NERVE

ˌraw maˈterial *Nomen* Rohstoff, Rohmaterial (*auch fig*)

raw·ness /ˈrɔːnəs/ *Nomen* **1** Rohheit **2** Ursprünglichkeit **3** Unerfahrenheit **4** Rauheit **5** (*im Hals*) Kratzen

ray /reɪ/ *Nomen* **1** Strahl **2** Schimmer **3** (*Fisch*) Rochen **4** (*auch* **re**) (MUS) re IDM **a ˌray of ˈsunshine** (*umgs*) (*Ereignis*) ein Lichtblick; (*Mensch*) eine Frohnatur

raze /reɪz/ *Verb* (*meist passiv*) völlig zerstören ◇ *razed to the ground* dem Erdboden gleichgemacht

razor /ˈreɪzə(r)/ *Nomen* Rasierapparat, Rasierer

ˈrazor blade *Nomen* Rasierklinge

ˌrazor-ˈsharp *Adj* messerscharf

razz·ma·tazz /ˌræzməˈtæz/ (*auch* **raz·za·ma·tazz** /ˌræzəməˈtæz/) *Nomen* (*umgs*) Rummel, Spektakel

RC /ˌɑː ˈsiː; *AmE* ˌɑːr ˈ-/ *Abk* = ROMAN CATHOLIC

Rd *Abk* (*in Adressen*) = ROAD

RE /ˌɑːr ˈiː/ *Kurzform von* **religious education** Religionsunterricht

re[1] = RAY

re[2] /riː/ *Präp* betreffs

re- 0➜ /riː/ *Vorsilbe* (*in Adjektiven, Adverbien, Verben und verwandten Nomina gebraucht um auszudrücken, dass etwas erneut oder wieder getan wird*) wieder- ◇ *reusable* wiederverwendbar ◇ *reapply* sich nochmals bewerben ◇ *reincarnation* Wiedergeburt

reach 0➜ /riːtʃ/ *Verb, Nomen*

▸ ***Verb*** **1** erreichen ◇ *reach a conclusion/decision* zu einem Schluss/einer Entscheidung kommen ◇ *Through television we are able to reach a wider audience.* Über das Fernsehen können wir ein breiteres Publikum ansprechen ◇ *The negotiations have reached deadlock.* Die Verhandlungen haben sich festgefahren. **2** greifen, die Hand ausstrecken ◇ *She reached inside her bag for a pen.* Sie griff in ihre Tasche nach einem Kugelschreiber. **3** herankommen, heranreichen ◇ *Can you reach the switch?* Kommst du an den Schalter ran? **4 ~ sth (down) for sb; ~ sb (down) sth** etw für jdn (herunter) holen **5** gehen bis, reichen bis IDM **reach for the ˈstars** nach den Sternen greifen → *Siehe auch* EAR PHR V **ˌreach ˈout** die Hand/Hände ausstrecken **ˌreach sth ˈout** etw ausstrecken ◇ *He reached out his hand.* Er streckte seine Hand aus. **ˌreach ˈout to sb 1** (*fig*) auf jdn zugehen **2** (*bes AmE*) sich an jdn wenden

▸ ***Nomen*** **1** [Sing] Reichweite ◇ *Keep out of reach of children.* Vor Kindern geschützt aufbewahren. ◇ *Such matters are beyond the reach of the law.* Solche Sachen liegen außerhalb des Geltungsbereichs des Gesetzes. ◇ *Rents here are beyond the reach of many young couples.* Die hiesigen Mieten sind für viele junge Paare unerschwinglich. **2** [meist Pl] = Flussstrecke, vor allem zwischen zwei Windungen, oder eine Kanalstrecke zwischen zwei Schleusen ◇ *the upper reaches of the Nile* der Oberlauf des Nils **3 reaches** [Pl] Region **4 reaches** [Pl] Ränge ◇ *the upper reaches of the civil service* die höheren Ränge des Beamtentums IDM **within (easy) ˈreach (of sth)** in unmittelbarer Nähe (von etw) ◇ *The hotel is within easy reach of the town centre.* Vom Hotel aus ist die Innenstadt leicht zu erreichen.

reach·able /ˈriːtʃəbl/ *Adj* [nicht vor Nomen] erreichbar

react 0➜ /riˈækt/ *Verb* **1 ~ (to sth) (by doing sth)** (auf etw) (mit etw) reagieren ◇ *Fans reacted angrily to the sale of the player.* Der Verkauf des Spielers hat die Fans verärgert. **2 ~ to sth** etw schlecht vertragen **3 ~ (with sth)** (CHEM) (mit etw) reagieren; **~ together** miteinander reagieren PHR V **reˌact aˈgainst sb/sth** sich jdm/etw widersetzen

re·ac·tion 0➜ /riˈækʃn/ *Nomen* **1** Reaktion ◇ *There has been a mixed reaction to the decision.* Die Leute reagierten unterschiedlich auf die Entscheidung. ◇ *I had mixed reactions.* Meine Gefühle waren gemischt. ◇ *suffer/have an allergic reaction to sth* allergisch gegen etw sein **2 reactions** [Pl] Reaktionsvermögen **3** Gegenwirkung

re·ac·tion·ary /ri'ækʃənri; *AmE* -ʃəneri/ *Nomen, Adj*
▸ ***Nomen*** (*Pl* **-ies**) (*abwert*) Reaktionär(in)
▸ ***Adj*** reaktionär

re·acti·vate /ri'æktɪveɪt/ *Verb* (*gehoben*) reaktivieren

re·act·ive /ri'æktɪv/ *Adj* (*gehoben*) reaktiv

re·act·or /ri'æktə(r)/ *Nomen* = NUCLEAR REACTOR

read 0➡ /ri:d/ *Verb, Nomen, Adj*
▸ ***Verb*** (**read, read** /red/) **1** lesen ◇ *Don't believe everything you read in the papers.* Glaub nicht alles, was in der Zeitung steht. **2 ~ sth (to sb)** (jdm) etw vorlesen ◇ *He read the poem aloud.* Er las das Gedicht vor. **3 ~ sb's mind/thoughts** (*BrE*) jds Gedanken lesen **4 ~ sb's lips** (*Gehörlose*) von den Lippen ablesen **5 ~ sth (as sth)** etw (als etw) deuten **6** lauten ◇ *The sign reads 'closed'.* Auf dem Schild steht „Geschlossen“. **7** sich lesen (*lassen*) **8** anzeigen **9** (*Gaszähler etc.*) ablesen **10** (*Funkwesen*) verstehen **11 ~ A for B; ~ B as A** statt B soll es A heißen **12** (*BrE*) **~ sth** etw studieren **13** (*BrE*) **~ for sth** ◇ *read for a degree* studieren **14** (COMP) **~ sth** etw lesen; **~ sth into sth** etw in etw einlesen IDM **,read between the 'lines** zwischen den Zeilen lesen **,read sb like a 'book** in jdm lesen können wie in einem Buch **,read my 'lips** (*umgs*) höre/hören Sie mir genau zu **,read sb the 'Riot Act** (*BrE*) jdm die Leviten lesen **,take it/sth as 'read** (*als selbstverständlich annehmen*) von etw ausgehen PHR V **,read sth 'back** etw noch einmal vorlesen **,read sth 'into sth** etw in etw hineininterpretieren, etw in etw hineinlesen **,read 'on** weiterlesen **,read sth 'out** etw vorlesen **,read sth 'over/'through** etw durchlesen **,read (sb/sth) 'up**; **,read 'up (on sb/sth)** sich (über jdn/etw) informieren
▸ ***Nomen*** [Sing] (*umgs*) **1** (*bes BrE*) = Lesen ◇ *I was having a quiet read.* Ich saß gemütlich da und las. ◇ *Can I have a read of your newspaper when you've finished?* Kann ich kurz deine Zeitung haben, wenn du fertig bist? **2** (*interessante, spannende etc.*) Lektüre ◇ *His thrillers are always a gripping read.* Seine Krimis sind immer sehr spannend.
▸ ***Adj*** /red/ ◇ *She's very widely read in law.* Sie ist in der Rechtswissenschaft sehr belesen.

read·abil·ity /,ri:də'bɪləti/ *Nomen* Lesbarkeit

read·able /'ri:dəbl/ *Adj* lesenswert, lesbar

read·er 0➡ /'ri:də(r)/ *Nomen* **1** Leser(in) ◇ *He's a great reader of science fiction.* Er liest sehr gern Science-fiction. ◇ *I'm a slow reader.* Ich lese langsam. ◇ *Are you a Times reader?* Lesen Sie die Times? **2** Lesebuch **3** (*meist* **Reader**) = Universitätsdozent(in) an britischen Universitäten, der/die in der Rangordnung zwischen **lecturer** und **professor** steht **4** (COMP) Leser **5** (TECH) Lesegerät

read·er·ship /'ri:dəʃɪp; *AmE* -dərʃɪp/ *Nomen* Leserschaft ◇ *a readership of around 10 000* ungefähr 10 000 Leser ◇ *a wider readership* eine breitere Leserschicht

read·ily /'redɪli/ *Adv* **1** leicht **2** bereitwillig

readi·ness /'redinəs/ *Nomen* **1 ~ (for sth)** Bereitschaft (zu/für etw) **2** Bereitwilligkeit

read·ing 0➡ /'ri:dɪŋ/ *Nomen* **1** Lesen ◇ *reading glasses* eine Lesebrille ◇ *The report makes for very interesting reading.* Der Bericht ist sehr interessant zu lesen. ◇ *The article is not exactly light reading.* Der Artikel ist nicht gerade leicht zu lesen. ◇ *We expect a good reading knowledge of German.* Gute Lesefertigkeit im Deutschen wird vorausgesetzt. ◇ *the reading of a will* die Verlesung eines Testaments **2** (*eines Texts etc.*) Interpretation ◇ *a literal reading of the text* wenn man den Text wörtlich auslegt ◇ *My own reading of events is less optimistic.* Ich sehe die Ereignisse weniger optimistisch. **3** (*Zähler- etc.*) Stand **4** Lesung

'reading room *Nomen* Lesesaal

re·adjust /,ri:ə'dʒʌst/ *Verb* **1** sich umstellen, sich umgewöhnen; **~ to sth** sich (neu) auf etw einstellen, sich (wieder) an etw gewöhnen **2** neu einstellen, nachstellen, korrigieren ◇ *He readjusted his glasses.* Er rückte seine Brille gerade.

re·adjust·ment /,ri:ə'dʒʌstmənt/ *Nomen* **1** Wiederanpassung, Umstellung **2** Änderung, Korrektur

re·admis·sion /,ri:əd'mɪʃn/ *Nomen* **~ (to sth)** Wiederaufnahme (in etw)

re·admit /,ri:əd'mɪt/ *Verb* (**-tt-**) **1 ~ sb (to sth)** jdn wieder (in etw) aufnehmen **2** jdn wieder ins Krankenhaus einliefern

,read-'only *Adj* Nur-Lese- ◇ *This file is read-only. You can't modify it.* Diese Datei kannst du nur lesen. Ändern kannst du nichts.

,read-only 'memory *Nomen* = ROM

'read-out *Nomen* (COMP) Anzeige

ready 0➡ /'redi/ *Adj, Verb, Adv, Nomen*
▸ ***Adj*** (**read·ier, readi·est**) **1** [nicht vor Nomen] fertig, bereit ◇ *I'm not sure if Karen is ready for marriage yet.* Ich bin mir nicht sicher, ob Karen wirklich schon heiraten will. ◇ *Right, we're ready to go.* So, wir sind so weit. ◇ *She's always ready with advice.* Sie hat immer gleich einen Rat bei der Hand. **2 be ~ to do sth** kurz davor sein, etw zu tun ◇ *She looked ready to collapse at any minute.* Sie sah aus, als ob sie jeden Moment umfallen würde. **3 ~ for sth** ◇ *After the long walk, we were all ready for a beer.* Nach dem langen Spaziergang lechzten wir alle nach einem Bier. ◇ *I'm really tired. I'm ready for bed.* Ich bin todmüde. Ich muss ins Bett. **4** [nur vor Nomen] ◇ *He has great charm and a ready wit.* Er ist charmant und schlagfertig. ◇ *She's a girl with a ready smile.* Sie hat immer ein Lächeln auf den Lippen. **5** (*BrE*) ◇ *a ready meal* ein Fertiggericht ◇ *There was a ready supply of drink at the party.* Auf der Party gab es genug zu trinken. ◇ *Keep your dictionary ready to hand.* Sieh zu, dass du dein Wörterbuch immer griffbereit hast. IDM **make 'ready (for sth)** (*gehoben*) sich (für/auf etw) vorbereiten **(get) ready, (get) set, 'go** (*BrE auch* **ready, steady, 'go!**) (*umgs*) auf die Plätze, fertig, los! **,ready to 'roll** (*umgs*) startbereit ◇ *The show is just about ready to roll.* Die Show fängt gleich an.
▸ ***Verb*** (**read·ies, ready·ing, read·ied, read·ied**) (*gehoben*) **~ sb/sth/yourself (for sth)** jdn/etw/sich (auf/für etw) vorbereiten
▸ ***Adv*** (*oft in Zusammensetzungen*) fertig ◇ *ready-mixed concrete* Fertigzement ◇ *ready-pasted wallpaper* vorgekleisterte Tapeten
▸ ***Nomen*** **the ready** [Sing] (*auch* **read·ies** [Pl]) (*BrE, Slang*) (Geld)Kohle IDM **at the 'ready** griffbereit

,ready-'made *Adj* **1** Fertig- ◇ *ready-made pastry* Fertigteig **2** (*veraltet*) Konfektions- **3** vorgefertigt

'ready meal *Nomen* (*BrE*) Fertiggericht

,ready 'money (*auch* **,ready 'cash**) *Nomen* (*umgs*) das nötige Kleingeld

,ready-to-'wear *Adj* Konfektions-

re·affirm /,ri:ə'fɜ:m; *AmE* -'fɜ:rm/ *Verb* (*gehoben*) erneut bekräftigen, erneut bestätigen

re·affirm·ation /,ri:,æfə'meɪʃn; *AmE* -fər'-/ *Nomen* erneute Bestätigung, erneute Bekräftigung

re·agent /ri'eɪdʒənt/ *Nomen* (*Chemie*) Reagens

real 0➡ /'ri:əl; *meist* rɪəl/ *Adj, Adv*
▸ ***Adj*** wirklich, echt ◇ *Tell me the real reason.* Sag mir den wahren Grund. ◇ *What was her real purpose?* Was war ihre eigentliche Absicht? ◇ *I felt like a real*

idiot. Ich kam mir wirklich wie ein Idiot vor. ◇ *This represents a reduction of 5% in real terms.* Effektiv bedeutet das eine Reduzierung von 5%. IDM **for 'real** echt ◇ (*AmE*) *He managed to convince voters that he was for real.* Es gelang ihm, die Wähler zu überzeugen, dass er es ernst meinte. **get 'real** (*AmE, umgs*) ◇ *Get real, you won't be an actor!* Du wirst nie ein Schauspieler! Begreif das endlich! ◇ *The best player in America? Get real!* Der beste Spieler in Amerika? Jetzt hör bloß auf! **the ˌreal 'thing/Mc'Coy** (*umgs*) ◇ *Are you sure it's the real thing, not just infatuation?* Bist du sicher, dass es wahre Liebe ist, nicht nur Verliebtheit? ◇ *It's an American flying jacket, the real McCoy.* Das ist eine echte amerikanische Fliegerjacke.
▸ ***Adv*** (*umgs*) echt ◇ *I'm real sorry.* Es tut mir echt leid.

ˌreal 'ale *Nomen* (*BrE*) = traditionell gebrautes echtes Ale

'real estate *Nomen* (*bes AmE*) [U] **1** Immobilien **2** Immobilienhandel

'real estate agent *Nomen* (*AmE*) Immobilienmakler(in)

re·align /ˌriːəˈlaɪn/ *Verb* (*gehoben*) **1** (wieder) zurechtrücken **2** umorganisieren, umstellen **3 ~ yourself (with sb/sth)** (POL) sich (mit jdm/etw) verbünden

re·align·ment /ˌriːəˈlaɪnmənt/ *Nomen* Neuordnung ◇ *political realignments* neue politische Bündnisse

real·ism /ˈriːəlɪzəm; *BrE auch* ˈrɪəlɪzəm/ *Nomen* Realismus

real·ist /ˈriːəlɪst; *BrE auch* ˈrɪəlɪst/ *Nomen, Adj*
▸ ***Nomen*** Realist(in)
▸ ***Adj*** (LIT, KUNST) realistisch

real·is·tic 🔑 /ˌriːəˈlɪstɪk; *BrE auch* ˌrɪəˈlɪstɪk/ *Adj* (*Adv* **real·is·tic·al·ly** /-kli/) **1** realistisch ◇ *Realistically, there is little hope.* Realistisch gesehen gibt es kaum Hoffnung. **2** naturgetreu ◇ *a fireplace with realistically glowing coals* ein Kamin mit Kohlen, die glühen, als wären sie echt

real·ity 🔑 /riˈæləti/ *Nomen* (*Pl* **-ies**) Wirklichkeit, Realität ◇ *the realities of the political situation* die tatsächliche politische Situation ◇ *The reality is that there is not enough money.* In Wahrheit fehlt es an Geld. IDM **in re'ality** in Wirklichkeit

re'ality check *Nomen* [meist Sing] (*umgs*) Realitätscheck

reˌality T'V *Nomen* Reality-TV

real·iz·able (*BrE auch* **-is·able**) /ˈriːəlaɪzəbl; *BrE auch* ˈrɪəlaɪzəbl/ *Adj* **1** realisierbar **2** (*Wertanlagen etc.*) liquidierbar ◇ *realizable assets* realisierbares Vermögen

real·iza·tion (*BrE auch* **-isa·tion**) /ˌriːəlaɪˈzeɪʃn, ˌrɪəlaɪˈzeɪʃn; *AmE* ˌriːələˈzeɪʃn/ *Nomen* **1** [U/Sing] Erkenntnis ◇ *As realization dawned, he went pale.* Als er sich der Sache bewusst wurde, wurde er blass. **2** Verwirklichung, Realisierung **3** (*gehoben*) (FINANZ) (*von Besitz*) Liquidation; (*von Vermögenswerten*) Veräußerung **4** (*gehoben*) (*Film-, Ton- etc.*) Realisation

real·ize 🔑 (*BrE auch* **-ise**) /ˈriːəlaɪz; *BrE auch* ˈrɪəlaɪz/ *Verb* **1** (*nicht in der Verlaufsform*) **~ sth** sich einer Sache bewusst sein, etw bemerken ◇ *The moment I saw her, I realized something was wrong.* Als ich sie sah, begriff ich sofort, dass etwas nicht stimmte. **2** verwirklichen, realisieren, umsetzen ◇ *We help all students realize their full potential.* Wir helfen allen Schülern, ihr Potential voll auszuschöpfen. **3** (*meist passiv*) wahr werden ◇ *His worst fears were realized.* Seine schlimmsten Befürchtungen bestätigten sich. **4** (*gehoben*) (*Vermögenswerte*) veräußern; (*Besitz*) liquidieren **5** (*gehoben*) erbringen, erzielen

ˌreal-'life *Adj* [nur vor Nomen] wirklich, real, echt

re·allo·cate /ˌriːˈæləkeɪt/ *Verb* umverteilen, neu verteilen

re·allo·ca·tion /ˌriːˌæləˈkeɪʃn/ *Nomen* Umverteilung, Neuverteilung

real·ly 🔑 /ˈriːəli; *BrE auch* ˈrɪəli/ *Adv* **1** wirklich, tatsächlich ◇ *I want to help, I really do.* Ich will wirklich helfen. **2** eigentlich ◇ *I don't really agree with that.* Da kann ich eigentlich nicht zustimmen. **3** sehr ◇ *It's really big.* Es ist sehr groß.

realm /relm/ *Nomen* **1** Bereich ◇ *His ideas were entering the realms of fantasy.* Seine Ideen wurden immer abgehobener. **2** (*gehoben*) Königreich IDM **beyond/within the realms of possi'bility** außerhalb/im Bereich des Möglichen

real·poli·tik /reɪˈɑːlpɒlɪtiːk; *AmE* -pɑːlɪ-/ *Nomen* Realpolitik

ˌreal 'time *Nomen* (COMP) Echtzeit, Realzeit

real·tone /ˈriːəltəʊn, *meist* ˈrɪəltəʊn; *AmE* ˈriːəltoʊn/ *Nomen* (*bes BrE*) Realtone, Realtone-Klingelton

Real·tor™ /ˈriːəltə(r)/ *Nomen* (*AmE*) Immobilienmakler(in)

realty /ˈriːəlti/ *Nomen* (*bes AmE*) [U] Immobilien

ream /riːm/ *Nomen* **1 reams** [Pl] (*umgs*) (*fig*) ganze Romane **2** (*Fachspr*) = 500 Blatt Papier

re·ani·mate /riːˈænɪmeɪt/ *Verb* (*gehoben*) reanimieren, wieder beleben; (*fig*) neu beleben

reap /riːp/ *Verb* ernten; (*fig*) einstreichen IDM **reap a/the 'harvest** (*BrE*) Früchte ernten ◇ *He reaped the harvest of his inactivity* Er bekam das Resultat seiner Faulheit präsentiert. **you ˌreap what you 'sow** man erntet, was man sät

reap·er /ˈriːpə(r)/ *Nomen* **1** Mähbinder **2** Schnitter(in), Mäher(in) → *Siehe auch* GRIM REAPER

re·appear /ˌriːəˈpɪə(r); *AmE* -ˈpɪr/ *Verb* wieder erscheinen, wieder auftauchen

re·appear·ance /ˌriːəˈpɪərəns; *AmE* -ˈpɪrəns/ *Nomen* Wiedererscheinen, Wiederauftauchen

re·apply /ˌriːəˈplaɪ/ *Verb* (**-applies, -apply·ing, -applied, -applied**) **1** erneut auftragen **2 ~ (for sth)** erneut einen Antrag (auf etw) stellen, sich erneut (um etw) bewerben **3 ~ sth (to sth)** etw (auf etw) anwenden, etw (auf etw) übertragen

re·appoint /ˌriːəˈpɔɪnt/ *Verb* wieder ernennen, wieder einstellen ◇ *He was reappointed to the Cabinet.* Er wurde erneut ins Kabinett berufen. ◇ *He was reappointed (as) Foreign Secretary.* Er wurde als Außenminister in seinem Amt bestätigt.

re·appraisal /ˌriːəˈpreɪzl/ *Nomen* [meist Sing/U] Neubewertung ◇ *This needs reappraisal.* Das muss neu beurteilt werden.

re·appraise /ˌriːəˈpreɪz/ *Verb* (*gehoben*) neu bewerten ◇ *The system needs to be reappraised.* Das System muss kritisch überprüft werden.

rear 🔑 /rɪə(r); *AmE* rɪr/ *Nomen, Adj, Verb*
▸ ***Nomen*** **1** (*meist* **the rear**) [Sing] hinterer Teil, Heck ◇ *the rear of the house* die Rückseite des Hauses **2** (*auch* **ˌrear 'end**) [meist Sing] (*umgs*) Hintern IDM **ˌbring up the 'rear** die Nachhut bilden
▸ ***Adj*** [nur vor Nomen] hintere(r,s), Hinter- ◇ *a rear mirror* ein Rückspiegel ◇ *the rear end of the car* das Heck des Autos
▸ ***Verb*** **1** (*meist passiv*) aufziehen, großziehen **2** züchten **3 ~ (up)** (*Pferd etc.*) sich aufbäumen **4** (*fig*) aufragen, sich erheben IDM **sth rears its (ugly) 'head** etw kommt zum Vorschein; etw zeigt seine hässliche Fratze PHRV **'rear sb/sth on sth** (*meist passiv*) jdn/etw mit etw großziehen ◇ *I was reared on adventure stories.* Ich wuchs mit Abenteuergeschichten auf.

ˌrear 'admiral *Nomen* Konteradmiral

ˌrear-'end *Verb* (*bes AmE, umgs*) ◇ *He rear-ended me.* Er ist mir hinten reingefahren.

rear·guard /ˈrɪəgɑːd; *AmE* ˈrɪrgɑːrd/ *Nomen* [mit Verb im Sing/Pl] (*meist* **the rearguard**) (MIL) Nachhut

ˌrearguard ˈaction *Nomen* [meist Sing] (*fig*) Rückzugsgefecht

rear·ing /ˈrɪərɪŋ; *AmE* ˈrɪrɪŋ/ *Nomen* **1** Kindererziehung ◇ *the demands of child rearing* die anspruchsvolle Aufgabe Kinder großzuziehen **2** Aufzucht ◇ *livestock rearing* Viehzucht

rearm /riˈɑːm; *AmE* riˈɑːrm/ *Verb* wieder aufrüsten, wieder bewaffnen

re·arma·ment /riˈɑːməmənt; *AmE* riˈɑːrm-/ *Nomen* Wiederaufrüstung, Wiederbewaffnung

rear·most /ˈrɪəməʊst; *AmE* ˈrɪrmoʊst/ *Adj* (*gehoben*) hinterste(r,s)

re·arrange /ˌriːəˈreɪndʒ/ *Verb* **1** umstellen, ändern ◇ *She rearranged herself in another pose.* Sie veränderte ihre Pose. **2** verlegen

re·arrange·ment /ˌriːəˈreɪndʒmənt/ *Nomen* Änderung, Umstellung, Verlegung

ˌrear-view ˈmirror *Nomen* Rückspiegel

rear·ward /ˈrɪəwəd; *AmE* ˈrɪrwərd/ *Adj* (*gehoben*) hintere(r,s) ◇ *rearward seats* Rücksitze

rea·son 🔑 /ˈriːzn/ *Nomen, Verb*

▸ ***Nomen*** **1** Grund ◇ *He wants to leave for reasons best known to himself.* Aus unerfindlichen Gründen will er kündigen. ◇ *We have every reason to feel optimistic.* Wir haben guten Grund, optimistisch zu sein. ◇ *by reason of his age* aufgrund seines Alters ◇ *She complained, with reason, that she was underpaid.* Sie beklagte sich zu Recht, dass sie unterbezahlt war. **2** Verstand **3** Vernunft ◇ *Why can't they see reason?* Warum kommen sie nicht zur Vernunft? ◇ *be open to reason* auf die Stimme der Vernunft hören ◇ *I can't get her to listen to reason.* Sie lässt sich nichts sagen. ◇ *anything within reason* alles, solange es sich in Grenzen hält IDM **it ˌstands to ˈreason** (*umgs*) es ist logisch → *Siehe auch* RHYME

▸ ***Verb*** **1** schlussfolgern ◇ *They couldn't fire him, he reasoned.* Er rechnete sich aus, dass sie ihn nicht entlassen konnten. **2** logisch denken ◇ *the ability to reason* das logische Denkvermögen PHR V **ˌreason sth ˈout** etw herausfinden, zu einer Lösung gelangen **ˈreason with sb** mit jdm vernünftig reden

rea·son·able 🔑 /ˈriːznəbl/ *Adj* **1** vernünftig ◇ *It is reasonable to assume that he knew this.* Man kann wohl annehmen, dass er davon wusste. ◇ *The prosecution has to prove beyond reasonable doubt that he is guilty.* Die Anklage muss unzweifelhafte Beweise bringen, dass er schuldig ist. ◇ *We have reasonable grounds for believing that …* Wir haben guten Grund zu glauben, dass … ◇ *a perfectly reasonable request* eine völlig berechtigte Forderung **2** angemessen **3** (*Preis*) günstig **4** akzeptabel, ganz gut, passabel ◇ *There's a reasonable chance that he'll come.* Es besteht eine realistische Chance, dass er kommt.

rea·son·able·ness /ˈriːznəblnəs/ *Nomen* Vernünftigkeit, Angemessenheit

rea·son·ably 🔑 /ˈriːznəbli/ *Adv* **1** ziemlich **2** vernünftig ◇ *The apartments are reasonably priced.* Die Wohnungen sind nicht teuer. **3** durchaus ◇ *He can't reasonably be expected to pay that much.* Man kann nicht ernsthaft von ihm erwarten, dass er so viel zahlt.

rea·soned /ˈriːzənd/ *Adj* [nur vor Nomen] durchdacht

rea·son·ing /ˈriːzənɪŋ/ *Nomen* Argumentation, Logik

re·assem·ble /ˌriːəˈsembl/ *Verb* **1** wieder zusammenbauen **2** sich wieder versammeln

re·assert /ˌriːəˈsɜːt; *AmE* -ˈsɜːrt/ *Verb* **1** verteidigen **2** ~ **itself** sich wieder melden ◇ *His old behavioural patterns reasserted themselves.* Sein altes Verhaltensmuster kam wieder durch. **3** bekräftigen, mit Nachdruck wiederholen ◇ *She found it necessary to reassert her position.* Sie musste ihre Meinung mit Nachdruck wiederholen. ◇ *He tried to reassert his authority.* Er versuchte, seine Autorität wiederherzustellen.

re·asser·tion /ˌriːəˈsɜːʃn; *AmE* -ˈsɜːrʃn/ *Nomen* [Sing/U] Bekräftigung, Verteidigung

re·assess /ˌriːəˈses/ *Verb* überdenken, neu bewerten

re·assess·ment /ˌriːəˈsesmənt/ *Nomen* Neubewertung, Neuprüfung, Überprüfung

re·assign /ˌriːəˈsaɪn/ *Verb* (*meist passiv*) neu zuweisen ◇ *He was reassigned to the Diplomatic Service.* Er wurde in den diplomatischen Dienst versetzt.

re·assur·ance /ˌriːəˈʃʊərəns, -ˈʃɔːrəns; *AmE* -ˈʃʊrəns/ *Nomen* Bestätigung, Beteuerung, Versicherung ◇ *give sb reassurance* jdn beruhigen ◇ *We have been given reassurances that …* Man hat uns versichert, dass …

re·assure /ˌriːəˈʃʊə(r), -ˈʃɔː(r); *AmE* -ˈʃʊr/ *Verb* beruhigen ◇ *The doctor reassured him that he was fine.* Der Arzt versicherte ihm, dass ihm nichts fehlte.

re·assur·ing /ˌriːəˈʃʊərɪŋ, -ˈʃɔːrɪŋ; *AmE* -ˈʃʊrɪŋ/ *Adj* (*Adv* **re·assur·ing·ly**) beruhigend

re·awaken /ˌriːəˈweɪkən/ *Verb* (*gehoben*) wieder erwecken, neu entfachen ◇ *The place reawakened old memories.* Der Ort weckte alte Erinnerungen.

re·bate /ˈriːbeɪt/ *Nomen* **1** Rückzahlung ◇ *a tax rebate* eine Steuerrückzahlung **2** Preisnachlass, Rabatt

rebel *Nomen, Verb*

▸ ***Nomen*** /ˈrebl/ Aufständische(r), Rebell(in) (*auch fig*) ◇ *rebel forces* aufständische Streitkräfte

▸ ***Verb*** /rɪˈbel/ (**-ll-**) rebellieren

re·bel·lion /rɪˈbeljən/ *Nomen* Rebellion, Aufstand, Auflehnung ◇ *Some members are in rebellion against proposed cuts in spending.* Einige Abgeordnete lehnen sich gegen die geplanten Sparmaßnahmen auf.

re·bel·li·ous /rɪˈbeljəs/ *Adj* (*Adv* **re·bel·li·ous·ly**) rebellisch, aufständisch, widerspenstig

re·bel·li·ous·ness /rɪˈbeljəsnəs/ *Nomen* Widerspenstigkeit, Aufmüpfigkeit, Rebellion

re·birth /ˌriːˈbɜːθ; *AmE* -ˈbɜːrθ/ *Nomen* Wiedergeburt ◇ *Rock and roll is enjoying a rebirth.* Der Rock and Roll erfährt ein Revival.

re·boot /ˌriːˈbuːt/ *Verb* (COMP) neu starten, rebooten

re·born /ˌriːˈbɔːn; *AmE* -ˈbɔːrn/ *Verb* **be reborn** wiedergeboren sein; (*fig*) wieder aufleben

re·bound *Verb, Nomen*

▸ ***Verb*** /rɪˈbaʊnd/ **1** ~ **(from/off sth)** (von etw) zurückprallen, (von etw) abprallen **2** ~ **on sb** (*gehoben*) auf jdn zurückfallen **3** (WIRTSCH) sich erholen

▸ ***Nomen*** /ˈriːbaʊnd/ **1** (SPORT) Abpraller **2** (*Basketball*) Rebound **3** (WIRTSCH) Erholung IDM **on the ˈrebound** = in einer Phase der Enttäuschung und Verwirrung nach dem Ende einer Beziehung ◇ *She married him on the rebound.* Sie heiratete ihn, gleich nachdem ihre vorherige Beziehung in die Brüche gegangen war.

re·buff /rɪˈbʌf/ *Nomen, Verb*

▸ ***Nomen*** (*gehoben*) (schroffe) Zurückweisung

▸ ***Verb*** (schroff) zurückweisen

re·build /ˌriːˈbɪld/ *Verb* (**-built, -built** /-ˈbɪlt/) wieder aufbauen, wieder zusammenbauen

re·build·ing /ˌriːˈbɪldɪŋ/ *Nomen* Wiederaufbau

re·buke /rɪˈbjuːk/ *Verb, Nomen*

▸ ***Verb*** (*oft passiv*) (*gehoben*) ~ **sb (for sth)** jdn (für etw) tadeln

▸ ***Nomen*** (*gehoben*) Tadel

rebut /rɪˈbʌt/ *Verb* (**-tt-**) (*gehoben*) widerlegen

re·but·tal /rɪˈbʌtl/ *Nomen* (*offiz*) Widerlegung

re·cal·ci·trant /rɪˈkælsɪtrənt/ *Adj* (*gehoben*) widerspenstig, aufsässig

re·call 🔑 *Verb, Nomen*

▸ ***Verb*** /rɪˈkɔːl/ **1** (*gehoben*) (*nicht in der Verlaufsform*) ~ **(sth)** sich (an etw) erinnern **2** (*nicht in der Verlaufsform*) ~ **sth** an etw erinnern **3** zurückberufen, zurückbeordern, zurückrufen

▸ ***Nomen*** /rɪˈkɔːl, ˈriːkɔːl/ **1** [U] Gedächtnis ◇ *She has amazing powers of recall.* Sie hat ein erstaunliches Erinnerungsvermögen. ◇ *have instant recall* sich sofort erinnern (können) ◇ *have total recall* sich genau erinnern (können) **2** [Sing] Rückruf, Zurückbeorderung IDM **beyond reˈcall** unwiderruflich; unwiderbringlich

re·cant /rɪˈkænt/ *Verb* (*gehoben*) (öffentlich) widerrufen

re·can·ta·tion /ˌriːkænˈteɪʃn/ *Nomen* (*gehoben*) (öffentlicher) Widerruf

recap /ˈriːkæp/ **1** (**-pp-**) = RECAPITULATE **2** = RECAPITULATION

re·cap·itu·late /ˌriːkəˈpɪtʃuleɪt/ (*gehoben*) (*auch* **recap**) *Verb* rekapitulieren; ~ **(on) sth** etw zusammenfassen

re·cap·itu·la·tion /ˌriːkəpɪtʃuˈleɪʃn/ (*gehoben*) (*auch* **recap**) *Nomen* Rekapitulation, kurze Zusammenfassung

re·cap·ture /ˌriːˈkæptʃə(r)/ *Verb, Nomen*

▸ ***Verb*** **1** zurückerobern, wiedergewinnen **2** wieder einfangen, wieder ergreifen **3** wieder aufleben lassen

▸ ***Nomen*** **1** Wiedergewinnung, Rückeroberung **2** Wiederergreifung **3** Wiederauflebenlassen

re·cast /ˌriːˈkɑːst; *AmE* -ˈkæst/ *Verb* (**-cast, -cast**) **1** neu gestalten; ~ **sth as/in sth** etw (zu etw) umgestalten **2** ~ **sb** jdm eine neue Rolle geben **3** (*Theaterstück*) umbesetzen, neu besetzen

recce /ˈreki/ *Nomen* (*BrE, umgs*) Erkundung

re·cede /rɪˈsiːd/ *Verb* **1** (*gehoben*) (in der Ferne) verschwinden **2** (*gehoben*) zurückgehen, nachlassen **3** ◇ *with receding hair/a receding hairline* mit einer Stirnglatze ◇ *a receding chin* ein fliehendes Kinn

re·ceipt 🔑 /rɪˈsiːt/ *Nomen* **1** Quittung, Kassenbon ◇ *make out a receipt* eine Quittung ausstellen **2** [U] (*gehoben*) Empfang, Erhalt ◇ *students in receipt of a grant* Studenten, die ein Stipendium erhalten **3 receipts** [Pl] (WIRTSCH) Einnahmen

re·ceiv·able /rɪˈsiːvəbl/ *Adj* (WIRTSCH) ausstehend, offen ◇ *accounts receivable* Außenstände

re·ceiv·ables /rɪˈsiːvəblz/ *Nomen* [Pl] (WIRTSCH) Außenstände

re·ceive 🔑 /rɪˈsiːv/ *Verb* **1** (*gehoben*) erhalten, empfangen ◇ *He received severe injuries.* Er wurde schwer verletzt. **2** (*meist passiv*) aufnehmen ◇ *The play was well received by the critics.* Das Theaterstück wurde von den Kritikern gut aufgenommen. **3** (*meist passiv*) (*gehoben*) ~ **sb** (*Gast*) jdn empfangen **4** ~ **sb (into sth)** (*Kirche, Gruppe etc.*) jdn (in etw) aufnehmen **5** (*Funk etc.*) empfangen ◇ *I'm receiving you loud and clear.* Ich kann Sie laut und deutlich hören. **6** (*bes BrE*) ~ **(sth)** (mit etw) Hehlerei treiben IDM **be at/on the reˈceiving end (of sth)** (*umgs*) die Zielscheibe (von etw) sein; (etw) einstecken müssen

re·ceived /rɪˈsiːvd/ *Adj* [nur vor Nomen] (*gehoben*) allgemein anerkannt, landläufig (vertreten) ◇ *The received wisdom is that …* Man nimmt allgemein an, dass …

reˌceived pronunciˈation *Nomen* = RP

re·ceiver /rɪˈsiːvə(r)/ *Nomen* **1** (Telefon)hörer **2** (*Radio-, Fernseh-*) Empfänger **3** = OFFICIAL RECEIVER **4** Empfänger(in) **5** Hehler(in) **6** (*Football*) Receiver(in)

re·ceiv·er·ship /rɪˈsiːvəʃɪp; *AmE* -vərʃɪp/ *Nomen* [U] (RECHT) Konkurs(verwaltung) ◇ *go into receivership* in Konkurs gehen

re·cent 🔑 /ˈriːsnt/ *Adj* jüngst, aktuell ◇ *a recent discovery* eine kürzlich gemachte Entdeckung ◇ *in recent years* in den letzten Jahren

re·cent·ly 🔑 /ˈriːsntli/ *Adv* **1** vor kurzem, kürzlich, neulich ◇ *until as recently as the 1980s* noch bis in die Achtzigerjahre **2** in letzter Zeit

re·cep·tacle /rɪˈseptəkl/ *Nomen* **1** (*gehoben*) Behälter, Gefäß **2** (*AmE*) Steckdose

re·cep·tion 🔑 /rɪˈsepʃn/ *Nomen* **1** (*bes BrE*) Rezeption, Empfang ◇ *the reception desk* die Rezeption ◇ *meet at/in reception* sich an der Rezeption treffen ◇ *leave a message with reception* eine Nachricht an der Rezeption hinterlassen **2** (*Feierlichkeit, Radio-, Fernseh-*) Empfang **3** [Sing] Aufnahme ◇ *The play met with a mixed reception.* Das Stück wurde unterschiedlich aufgenommen. **4** (*BrE*) Aufnahme, Empfang ◇ *a reception class* eine erste Grundschulklasse

re·cep·tion·ist /rɪˈsepʃənɪst/ *Nomen* **1** Empfangschef, Empfangsdame **2** Sprechstundenhilfe

reˈception room *Nomen* (*BrE*) Wohnzimmer, Empfangszimmer

re·cep·tive /rɪˈseptɪv/ *Adj* ~ **(to sth)** aufgeschlossen (für etw), empfänglich für etw)

re·cep·tive·ness /rɪˈseptɪvnəs/ (*auch* **re·cep·tiv·ity** /ˌriːsepˈtɪvəti/) *Nomen* Aufgeschlossenheit, Empfänglichkeit

re·cep·tor /rɪˈseptə(r)/ *Nomen* (BIOL) Rezeptor

re·cess *Nomen, Verb*

▸ ***Nomen*** /rɪˈses, ˈriːses/ **1** (*des Parlaments etc.*) Ferien, (Sitzungs)pause ◇ *be in recess* in den Ferien sein **2** Verhandlungspause **3** (*AmE*) (*in der Schule*) Pause **4** Aussparung, Nische **5** [meist Pl] Tiefe, Winkel ◇ (*fig*) *in the deep recesses of her mind* tief in ihrem Inneren

▸ ***Verb*** /rɪˈses/ **1** (*AmE*) (*meist passiv*) vertagen, unterbrechen **2** (*AmE*) sich vertagen **3** (*meist passiv*) ~ **sth (in/into sth)** etw (in etw) einlassen ◇ *recessed shelves* in die Wand eingelassene Regale

re·ces·sion /rɪˈseʃn/ *Nomen* **1** Rezession **2** [U] (*gehoben*) Rückgang

re·ces·sion·ary /rɪˈseʃənri; *AmE* -ʃneri/ *Adj* [nur vor Nomen] Rezessions-

re·ces·sive /rɪˈsesɪv/ *Adj* (BIOL) rezessiv

re·charge /ˌriːˈtʃɑːdʒ; *AmE* -ˈtʃɑːrdʒ/ *Verb* **1** (sich) (wieder) aufladen **2** (*umgs*) auftanken IDM **recharge your ˈbatteries** neue Kräfte tanken

re·charge·able *Adj* /ˌriːˈtʃɑːdʒəbl; *AmE* -ˈtʃɑːrdʒə-/ wieder aufladbar

re·cher·ché /rəˈʃeəʃeɪ; *AmE* rəʃerˈʃeɪ/ *Adj* (*gehoben, meist abwert*) ausgefallen, gesucht

re·cipe /ˈresəpi/ *Nomen* (*Koch-*) Rezept ◇ (*fig*) *His plans are a recipe for disaster.* Seine Pläne enden mit Sicherheit in einer Katastrophe.

re·cipi·ent /rɪˈsɪpiənt/ *Nomen* (*gehoben*) Empfänger(in)

re·cip·ro·cal /rɪˈsɪprəkl/ *Adj* (*Adv* **re·cip·ro·cal·ly** /-kli/) gegenseitig, wechselseitig

re·cip·ro·cate /rɪˈsɪprəkeɪt/ *Verb* erwidern ◇ *I wanted to reciprocate their kindness.* Ich wollte mich für ihre Liebenswürdigkeit revanchieren.

re·cip·ro·ca·tion /rɪˌsɪprəˈkeɪʃn/ *Nomen* [U] Erwiderung, Revanche

reci·procity /ˌresɪˈprɒsəti; *AmE* -ˈprɑːsə-/ *Nomen* [U] (*gehoben*) Gegenseitigkeit

re·cital /rɪˈsaɪtl/ *Nomen* **1** (Solo)vortrag, Konzert ◇ *a song recital* ein Liederabend **2** (umständliche) Schilderung, Aufzählung

reci·ta·tion /ˌresɪˈteɪʃn/ *Nomen* **1** Rezitation **2** Aufzählung

reci·ta·tive /ˌresɪtəˈtiːv/ *Nomen* (MUS) Rezitativ

re·cite /rɪˈsaɪt/ *Verb* **1** vortragen, rezitieren, aufsagen **2** aufzählen, (auswendig) hersagen

reck·less /ˈrekləs/ *Adj* (*Adv* **reck·less·ly**) leichtsinnig, unbesonnen, rücksichtslos

reck·less·ness /ˈrekləsnəs/ *Nomen* Rücksichtslosigkeit, Leichtsinn(igkeit), Unbesonnenheit

reckon 0→ /ˈrekən/ *Verb* **1** (*umgs*) schätzen, glauben **2** **be reckoned as sth/to be sth** (*nicht in der Verlaufsform*) als etw gelten **3** (*umgs*) annehmen, erwarten **4** ~ **sth (at sth)** etw (auf etw) berechnen, etw (auf etw) ansetzen PHRV **ˈreckon on sth** mit etw rechnen **ˌreckon sth ˈup** (*bes BrE*) etw zusammenrechnen **ˈreckon with sb/sth** **1** (*meist passiv*) mit jdm/etw rechnen müssen ◇ *a political force to be reckoned with* eine politische Kraft, mit der man rechnen muss **2** (*meist in verneinten Sätzen*) mit jdm/etw rechnen, an jdn/etw denken **ˈreckon without sb/sth** (*bes BrE*) nicht mit jdm/etw rechnen

reck·on·ing /ˈrekənɪŋ/ *Nomen* **1** Berechnung, Schätzung ◇ *by my reckoning* nach meiner Rechnung **2** [meist Sing] Abrechnung ◇ *In the final reckoning truth is rewarded.* Die Wahrheit wird zuletzt immer belohnt. IDM **in/into/out of the ˈreckoning** in/nicht in Betracht

re·claim /rɪˈkleɪm/ *Verb* **1** ~ **sth (from sb/sth)** etw (von jdm/etw) zurückverlangen, sich etw (von jdm/etw) zurückholen **2** (*Land*) gewinnen, urbar machen ◇ *The site for the airport will be reclaimed from the swamp.* Das Gelände für den Flughafen wird dem Sumpf abgerungen werden. **3** (*meist passiv*) etw zurückerobern **4** ~ **sth (from sth)** etw (aus etw) wiedergewinnen **5** bekehren; ~ **sb from sth** jdn von etw abbringen

rec·lam·ation /ˌrekləˈmeɪʃn/ *Nomen* **1** (Wieder)gewinnung, Urbarmachung ◇ *land reclamation* Landgewinnung **2** Rückforderung

re·cline /rɪˈklaɪn/ *Verb* **1** (*gehoben*) lehnen **2** (*gehoben*) liegen, ruhen ◇ *a reclining figure* eine liegende Figur **3** (*gehoben*) sich zurücklehnen **4** (sich) nach hinten verstellen (lassen) ◇ *a reclining seat* ein Liegesitz

re·cluse /rɪˈkluːs; *AmE* ˈrekluːs/ *Nomen* Einsiedler(in)

re·clu·sive /rɪˈkluːsɪv/ *Adj* einsiedlerisch

rec·og·ni·tion 0→ /ˌrekəgˈnɪʃn/ *Nomen* **1** [U] (Wieder)erkennen, Erkennung **2** [Sing] Anerkennung IDM **have changed, altered, etc. beyond/out of (all) recogˈnition** nicht mehr wieder zu erkennen sein

rec·og·niz·able (*BrE auch* **-is·able**) /ˈrekəgnaɪzəbl, ˌrekəgˈnaɪzəbl/ *Adj* erkennbar ◇ *easily recognizable* leicht zu erkennen

rec·og·niz·ably (*BrE auch* **-is·ably**) /ˈrekəgnaɪzəbli, ˌrekəgˈnaɪzəbli/ *Adv* offensichtlich, deutlich, erkennbar

rec·og·nize 0→ (*BrE auch* **-ise**) /ˈrekəgnaɪz/ *Verb* (*nicht in der Verlaufsform*) **1** ~ **sb/sth (by/from sth)** jdn/etw (an/nach etw) (wieder) erkennen **2** erkennen, zugeben **3** anerkennen **4** **be recognized as sth** als etw gelten **5** (*Dienste etc.*) würdigen

re·coil *Verb, Nomen*

▸ ***Verb*** /rɪˈkɔɪl/ **1** (*gehoben*) ~ **(from sb/sth)** (vor jdm/etw) zurückweichen **2** (*gehoben*) ~ **(from sth)** (vor etw) zurückschrecken **3** (*Gewehr etc.*) einen Rückstoß haben

▸ ***Nomen*** /ˈriːkɔɪl/ **1** Rückstoß **2** Zurückspringen, Zurückschnellen

rec·ol·lect /ˌrekəˈlekt/ *Verb* (*nicht in der Verlaufsform*) (*gehoben oder veraltet*) ~ **(sth)** sich (an etw) erinnern

rec·ol·lec·tion /ˌrekəˈlekʃn/ *Nomen* (*gehoben*) Erinnerung ◇ *to the best of my recollection* soweit ich mich erinnern kann

re·com·mence /ˌriːkəˈmens/ *Verb* (*gehoben*) **1** wieder beginnen **2** wieder aufnehmen

rec·om·mend 0→ /ˌrekəˈmend/ *Verb* **1** ~ **sb/sth (to sb)** (jdm) jdn/etw empfehlen; ~ **sb to do sth** jdm empfehlen, etw zu tun ◇ *a recommended price of 50 dollars* eine unverbindliche Preisempfehlung von 50 Dollar ◇ *I recommend (that) he see a lawyer.* Ich würde ihm empfehlen, einen Rechtsanwalt aufzusuchen. ◇ *I wouldn't recommend (your) travelling on your own.* Ich würde dir davon abraten allein zu reisen. **2** ~ **sb/sth** für jdn/etw sprechen ◇ *This system has much to recommend it.* Es spricht vieles für dieses System.

rec·om·men·da·tion /ˌrekəmenˈdeɪʃn/ *Nomen* **1** ~ **(to sb) (for/on/about sth)** Empfehlung (an jdn) (für/zu/über etw) **2** (*bes AmE*) Empfehlungsschreiben

rec·om·pense /ˈrekəmpens/ *Nomen, Verb*

▸ ***Nomen*** Entschädigung

▸ ***Verb*** ~ **sb (for sth)** (*gehoben*) jdn (für etw) entschädigen

recon /rɪˈkɒn; *AmE* rɪˈkɑːn/ (*AmE, umgs*) = RECONNAISSANCE

rec·on·cil·able /ˌrekənˈsaɪləbl/ *Adj* (miteinander) vereinbar

rec·on·cile /ˈrekənsaɪl/ *Verb* **1** ~ **sth (with sth)** etw (mit etw) vereinbaren **2** (*meist passiv*) versöhnen **3** ~ **yourself (to sth)** sich (mit etw) abfinden, sich (mit etw) versöhnen; ~ **sb (to sth)** jdn (mit etw) versöhnen

rec·on·cili·ation /ˌrekənsɪliˈeɪʃn/ *Nomen* Versöhnung

re·con·di·tion /ˌriːkənˈdɪʃn/ *Verb* (*oft passiv*) generalüberholen ◇ *a reconditioned engine* ein Austauschmotor

re·con·nais·sance /rɪˈkɒnɪsns; *AmE* rɪˈkɑːn-/ (*BrE, umgs* **recce**; *AmE, umgs* **recon**) *Nomen* Aufklärung ◇ *make an aerial reconnaissance of the island* die Insel aus der Luft sondieren ◇ *a reconnaissance mission* ein Erkundungseinsatz

rec·on·noitre (*AmE* **rec·on·noiter**) /ˌrekəˈnɔɪtə(r); *AmE auch* ˌriːk-/ *Verb* auskundschaften

re·con·sider /ˌriːkənˈsɪdə(r)/ *Verb* (noch einmal) überdenken ◇ *This may persuade them to reconsider.* Dies könnte sie zu einer Revision bewegen.

re·con·sid·er·ation /ˌriːkənˌsɪdəˈreɪʃn/ *Nomen* Überdenken

re·con·sti·tute /ˌriːˈkɒnstɪtjuːt; *AmE* -ˈkɑːnstətuːt/ *Verb* **1** ~ **sth/itself (as sth)** (*gehoben*) etw/sich (zu etw) umbilden ◇ *The group reconstituted itself as a political party.* Die Gruppe rekonstituierte sich als politische Partei. **2** (*meist passiv*) rekonstituieren ◇ *reconstituted orange juice* aus Konzentrat hergestellter Orangensaft

re·con·sti·tu·tion /ˌriːˌkɒnstɪˈtjuːʃn; *AmE* -ˌkɑːnstəˈtuː-/ *Nomen* **1** Wiederherstellung **2** Rekonstitution

re·con·struct /ˌriːkənˈstrʌkt/ *Verb* **1** ~ **sth (from sth)** etw (aus etw) wieder aufbauen **2** rekonstruieren

re·con·struc·tion /ˌriːkənˈstrʌkʃn/ *Nomen* **1** Wiederaufbau **2** Nachbildung **3** Rekonstruktion

re·con·vene /ˌriːkənˈviːn/ *Verb* **1** fortsetzen, wieder einberufen **2** wieder zusammenkommen

re·cord 0→ *Nomen, Verb*

▸ ***Nomen*** /ˈrekɔːd; *AmE* -kərd/ **1** Aufzeichnung ◇ *the wettest summer on record* der nasseste Sommer seit Aufzeichnungen begannen ◇ *I keep a record of my expenses.* Ich führe über meine Ausgaben Buch. ◇ *dental records* zahnmedizinische Unterlagen **2** Schallplatte **3** Rekord **4** [Sing] ~ **(on sth)** Ruf (in Bezug auf etw) ◇ *The report criticizes the government's record on housing.* Der Bericht kritisiert die Leistungen der Regierung in der Wohnungspolitik. ◇ *He has an impressive record of achievement.* Er kann gute Leistungen vorweisen. **5** = CRIMINAL RECORD IDM **(just) for the ˈrecord** **1** für das Protokoll ◇ *Just for the record, turnover has increased.* Bitte nehmen Sie zu Protokoll, dass die Umsätze gestiegen sind. **2** um etw klar zu stellen ◇ *And, for the record, he would* *be the last person I'd ask.* Und um das mal klar zu stellen, er wäre der letzte Mensch, den ich fragen würde. **be/go on (the) ˈrecord (as saying ...)** offiziell verlauten lassen (, dass ...) ◇ *He didn't want to go on the record as praising the proposal.* Er wollte den Vorschlag nicht offiziell loben. **ˌoff the ˈrecord** inoffiziell **put/place sth on (the) ˈrecord** etw offiziell verlauten lassen ◇ *I should like to place on record my sincere thanks to all of you.* Ich möchte Ihnen allen meinen tiefsten Dank aussprechen. **put/set the ˈrecord straight** etw unmissverständlich sagen → *Siehe auch* MATTER

▸ ***Verb*** /rɪˈkɔːd; *AmE* rɪˈkɔːrd/ **1** aufzeichnen, dokumentieren ◇ *You should record all your expenses.* Sie sollten über alle Ihre Ausgaben Buch führen. **2** (*Film, Musik etc.*) aufnehmen ◇ *a recorded programme* eine Aufzeichnung **3** (*Urteil, Beschluss etc.*) erkennen **4** (*Messinstrument*) verzeichnen

ˈrecord-breaker *Nomen* Rekordbrecher(in)

ˈrecord-breaking *Adj* [nur vor Nomen] rekordbrechend, Rekord-

reˌcorded deˈlivery *Nomen* (*BrE*) Einschreiben

re·cord·er /rɪˈkɔːdə(r); *AmE* rɪˈkɔːrdər/ *Nomen* **1** (*in Zusammensetzungen*) -rekorder ◇ *a tape recorder* ein Tonbandgerät **2** Blockflöte **3** = zum nebenamtlichen Richter ernannter Rechtsanwalt in Teilen Großbritanniens und der USA

ˈrecord holder *Nomen* Rekordhalter(in)

re·cord·ing 🔑 /rɪˈkɔːdɪŋ; *AmE* rɪˈkɔːrdɪŋ/ *Nomen* **1** Aufzeichnung, Aufnahme **2** Dokumentierung

ˈrecord player *Nomen* Plattenspieler

re·count[1] /rɪˈkaʊnt/ *Verb* **~ sth (to sb)** (*gehoben*) (jdm) etw wiedergeben, (jdm) etw erzählen

re·count[2] /ˈriːkaʊnt/ *Verb, Nomen*

▸ ***Verb*** noch mal nachzählen

▸ ***Nomen*** Nachzählung

re·coup /rɪˈkuːp/ *Verb* wieder hereinbekommen

re·course /rɪˈkɔːs; *AmE* ˈriːkɔːrs/ *Nomen* (*gehoben*) Zuflucht ◇ *Your only recourse is legal action.* Das Einzige, was übrig bleibt, ist vor Gericht zu gehen. ◇ *have recourse to an expert* auf einen Experten zurückgreifen ◇ *They had no recourse to an industrial tribunal.* Sie konnten sich nicht auf ein Arbeitsgericht berufen.

re·cover 🔑 /rɪˈkʌvə(r)/ *Verb* **1 ~ (from sth)** sich (von etw) erholen **2 ~ sth (from sb/sth)** etw (von jdm/etw) zurückbekommen **3 ~ sth (from sth)** etw (aus etw) bergen ◇ *The police eventually recovered the stolen paintings.* Die Polizei fand nach langer Zeit die gestohlenen Gemälde wieder auf. **4** wiedererlangen ◇ *recover your sight* sein Sehvermögen wiedergewinnen ◇ *They recovered the lead.* Sie übernahmen wieder die Führung.

re·cov·er·able /rɪˈkʌvərəbl/ *Adj* **1** erstattungsfähig ◇ *recoverable damages* ersetzbarer Schaden **2** abbaubar, förderbar

re·cov·er·ed /rɪˈkʌvəd; *AmE* -vərd/ *Adj* [nicht vor Nomen] erholt

re·cov·ery /rɪˈkʌvəri/ *Nomen* (*Pl* **-ies**) **1** [meist Sing] Genesung ◇ *make a remarkable recovery* sich erstaunlich gut erholen **2** [meist Sing] Besserung ◇ *a recovery in consumer spending* ein ansteigende Bereitschaft der Konsumenten, wieder Geld auszugeben **3** Wiederbeschaffung, Wiedererlangung, Bergung **4** (*auch* **reˈcovery room**) Aufwachraum ◇ *Your mother is now in recovery.* Deine Mutter ist jetzt im Aufwachraum.

rec·re·ation /ˌrekriˈeɪʃn/ *Nomen* **1** Freizeit, Erholung **2** (*BrE*) Freizeitbeschäftigung

rec·re·ation·al /ˌrekriˈeɪʃənl/ *Adj* Freizeit-, Erholungs-

ˌrecreational ˈvehicle *Nomen* (*AmE*) (*Abk* **RV**) Wohnmobil

recreˈation ground *Nomen* (*BrE*) Freizeitgelände

recreˈation room (*AmE, umgs* **ˈrec room**) *Nomen* **1** Aufenthaltsraum **2** (*AmE*) Freizeitraum

re·crim·in·ation /rɪˌkrɪmɪˈneɪʃn/ *Nomen* [meist Pl] Gegenbeschuldigung

re·cruit /rɪˈkruːt/ *Verb, Nomen*

▸ ***Verb*** **1** anwerben ◇ *He's responsible for recruiting.* Er ist für Neueinstellungen verantwortlich. **2** heranziehen **3** zusammenstellen

▸ ***Nomen*** **1** Rekrut(in) ◇ *raw recruits* blutige Anfänger **2** Neuzugang ◇ *new recruits to the nursing profession* Neuzugänge zum Krankenpflegerberuf

re·cruit·er /rɪˈkruːtə(r)/ *Nomen* Anwerber(in)

re·cruit·ment /rɪˈkruːtmənt/ *Nomen* Anwerbung, Einstellung ◇ *a recruitment drive* eine Kampagne zur Mitgliederanwerbung

rec·tal /ˈrektəl/ *Adj* (ANAT) rektal ◇ *rectal cancer* Mastdarmkrebs

rect·angle /ˈrektæŋgl/ *Nomen* Rechteck

rect·angu·lar /rekˈtæŋgjələ(r)/ *Adj* rechteckig

rec·ti·fi·ca·tion /ˌrektɪfɪˈkeɪʃn/ *Nomen* (*gehoben*) Berichtigung

rect·ify /ˈrektɪfaɪ/ *Verb* (**-fies, -fy·ing, -fied, -fied**) (*gehoben*) berichtigen ◇ *They tried to rectify the situation.* Sie versuchten, die Sache wieder ins Lot zu bringen.

rec·ti·lin·ear /ˌrektɪˈlɪniə(r)/ *Adj* geradlinig

rec·ti·tude /ˈrektɪtjuːd; *AmE* -tuːd/ *Nomen* (*gehoben*) Redlichkeit

rec·tor /ˈrektə(r)/ *Nomen* **1** (*in der anglikanischen Kirche*) Pfarrer(in) **2** Rektor(in)

rec·tory /ˈrektəri/ *Nomen* (*Pl* **-ies**) Pfarrhaus

rec·tum /ˈrektəm/ *Nomen* (*Pl* **rec·tums** *oder* **recta** /-tə/) (ANAT) Mastdarm

re·cum·bent /rɪˈkʌmbənt/ *Adj* (*gehoben*) liegend

re·cu·per·ate /rɪˈkuːpəreɪt/ *Verb* (*gehoben*) **1 ~ (from sth)** sich (von etw) erholen **2** wettmachen, zurückbekommen

re·cu·per·ation /rɪˌkuːpəˈreɪʃn/ *Nomen* Erholung

re·cu·pera·tive /rɪˈkuːpərətɪv/ *Adj* (*gehoben*) stärkend

recur /rɪˈkɜː(r)/ *Verb* (**-rr-**) wiederkehren, wieder auftreten

re·cur·rence /rɪˈkʌrəns; *AmE* rɪˈkɜːrəns/ *Nomen* [meist Sing] Wiederauftreten

re·cur·rent /rɪˈkʌrənt; *AmE* rɪˈkɜːrənt/ *Adj* wiederkehrend

re·cyc·lable /ˌriːˈsaɪkləbl/ *Adj* wiederverwertbar

re·cycle /ˌriːˈsaɪkl/ *Verb* **1** wiederverwerten ◇ *made from recycled paper* aus Recyclingpapier **2** wieder verwenden

re·cy·cling /ˌriːˈsaɪklɪŋ/ *Nomen* Wiederverwertung, Recycling

red 🔑 /red/ *Adj, Nomen*

▸ ***Adj*** (**red·der, red·dest**) **1** rot ◇ *red-haired* rothaarig ◇ *a red squirrel* ein Eichhörnchen → *Beispiele bei* BLAU **2** gerötet **3** (*umgs*) (*manchmal abwertend*) (POL) rot IDM **(like) a red rag to a ˈbull** (wie) ein rotes Tuch für jdn ◇ *If you criticize him, it's like a red rag to a bull.* Wenn du ihn kritisierst, sieht er rot. → *Siehe auch* PAINT

▸ ***Nomen*** **1** Rot **2** Rotwein **3** (*umgs, abwert*) (POL) Rote(r) IDM **be in the ˈred** (*umgs*) in den roten Zahlen sein **see ˈred** rot sehen

re·dact /rɪˈdækt/ *Verb* unkenntlich machen; **~ sth (from sth)** etw aus etw entfernen ◇ *All sensitive personal information has been redacted from the public documents.* Alle sensiblen persönlichen Informationen wurden aus den öffentlichen Dokumenten entfernt.

red aˈlert *Nomen* höchste Alarmbereitschaft, Alarmstufe Rot

red-ˈblooded *Adj* (*umgs*) heißblütig

ˈred-brick *Adj* aus rotem Backstein

red·bush /ˈredbʊʃ/ *Nomen* Rooibos

red ˈcabbage *Nomen* Rotkohl

red ˈcard *Nomen* rote Karte

red ˈcarpet *Nomen* roter Teppich ◇ *be given the red carpet treatment* einen großen Bahnhof bekommen

red ˈcent *Nomen* [Sing] (*AmE*) (*meist nach einer Verneinung*) roter Heller

the Red ˈCrescent *Nomen* [Sing] der Rote Halbmond

the Red ˈCross *Nomen* [Sing] das Rote Kreuz

red·cur·rant /ˌredˈkʌrənt, ˈredkʌrənt; *AmE* -kɜːr-/ *Nomen* rote Johannisbeere

red·den /ˈredn/ *Verb* rot werden, erröten ◇ *The sky was reddening.* Der Himmel färbte sich rot.

red·dish /ˈredɪʃ/ *Adj* rötlich

re·dec·or·ate /ˌriːˈdekəreɪt/ *Verb* neu tapezieren/streichen

re·dec·or·ation /ˌriːˌdekəˈreɪʃn/ *Nomen* (*mit Tapeten oder Malerarbeiten*) Renovierung

re·deem /rɪˈdiːm/ *Verb* **1** wettmachen, aufwiegen ◇ *the only redeeming feature of the job* das einzig Gute an dem Job **2 ~ yourself** alles wiedergutmachen **3** (*Christentum*) erlösen **4** tilgen, abzahlen **5** einlösen

re·deem·able /rɪˈdiːməbl/ *Adj* **~ (against sth)** einlösbar (gegen etw)

Re·deem·er /rɪˈdiːmə(r)/ *Nomen* **the Redeemer** (*gehoben*) (*Jesus Christus*) der Erlöser, der Heiland

re·define /ˌriːdɪˈfaɪn/ *Verb* neu definieren, neu festlegen

re·def·in·ition /ˌriːdefɪˈnɪʃn/ *Nomen* Neudefinierung, Neufestlegung

re·demp·tion /rɪˈdempʃn/ *Nomen* **1** (*gehoben*) (REL) Erlösung **2** Tilgung **3** Einlösung IDM **beyond/past reˈdemption** nicht mehr zu retten

re·demp·tive /rɪˈdemptɪv/ *Adj* (*gehoben*) erlösend, rettend

re·deploy /ˌriːdɪˈplɔɪ/ *Verb* woandershin verlegen, woanders einsetzen

re·deploy·ment /ˌriːdɪˈplɔɪmənt/ *Nomen* Verlegung, Einsatz an anderer Stelle

re·develop /ˌriːdɪˈveləp/ *Verb* sanieren

re·devel·op·ment /ˌriːdɪˈveləpmənt/ *Nomen* Sanierung

ˈred-eye *Nomen* **1** (*auch* **ˌred-eye ˈflight**) (*bes AmE, umgs*) = Flug, auf dem man aufgrund der Zeitverschiebung nicht genug Schlaf bekommt **2** durch Blitzlicht entstandene rote Augen auf Fotos

red ˈgiant *Nomen* roter Riese

red-ˈhanded *Adj* IDM → CATCH

red·head /ˈredhed/ *Nomen* Rotschopf, Rotkopf

red-ˈheaded *Adj* rothaarig

red ˈherring *Nomen* falsche Spur

red-ˈhot *Adj* **1** (rot) glühend **2** (*Gefühle*) glühend **3** (*umgs*) brandaktuell **4** (*Favorit*) heiß

redial /ˈriːdaɪəl/ *Verb* noch einmal wählen

redid *Form von* REDO

Red ˈIndian *Nomen* (*veraltet, beleidigend*) Indianer(in)

re·dir·ect /ˌriːdəˈrekt, -daɪˈ-/ *Verb* **1** umverteilen, umleiten **2** (*BrE*) nachsenden **3** weiterleiten

re·dir·ec·tion /ˌriːdəˈrekʃn, -daɪˈ-/ *Nomen* [Sing] **1** Umverteilung, Umleitung ◇ *a sudden redirection of economic policy* ein plötzliches Umschwenken der Wirtschaftspolitik **2** (*BrE*) Nachsendung **3** Weiterleitung

re·dis·cover /ˌriːdɪˈskʌvə(r)/ *Verb* wiederentdecken, wiederfinden

re·dis·cov·ery /ˌriːdɪˈskʌvəri/ *Nomen* (*Pl* **-ies**) Wiederentdeckung

re·dis·trib·ute /ˌriːdɪˈstrɪbjuːt, ˌriːˈdɪstrɪb-/ *Verb* umverteilen

re·dis·tri·bu·tion /ˌriːdɪstrɪˈbjuːʃn/ *Nomen* Umverteilung

red-ˈletter day *Nomen* Tag, den man im Kalender rot anstreichen muss, besonderer Tag

red ˈlight *Nomen* rote Ampel

red-ˈlight district *Nomen* Rotlichtviertel

red ˈmeat *Nomen* [U] (*vom Rind, Lamm etc.*) dunkles Fleisch, rote Fleischsorten

red·neck /ˈrednek/ *Nomen* (*umgs, abwert*) = weiße Person, die im Süden der USA lebt, der Arbeiterklasse angehört und meist reaktionäre politische Ansichten vertritt

redo /ˌriːˈduː/ *Verb* (**re·does** /-ˈdʌz/, **re·did** /-ˈdɪd/, **re·done** /-ˈdʌn/) noch einmal machen, neu machen

redo·lent /ˈredələnt/ *Adj* [nicht vor Nomen] **~ of/with sth** (*gehoben*) **1** an etw erinnernd **2** nach etw duftend

re·double /ˌriːˈdʌbl/ *Verb* (*gehoben*) verstärken, erhöhen

re·doubt·able /rɪˈdaʊtəbl/ *Adj* (*gehoben*) Respekt gebietend

red ˈpanda *Nomen* kleiner Panda

red ˈpepper *Nomen* **1** rote Paprikaschote **2** (*bes AmE*) Cayennepfeffer

re·dress *Verb, Nomen*

▸ ***Verb*** /rɪˈdres/ (*gehoben*) wiedergutmachen, ausgleichen ◇ *redress a grievance* einer Beschwerde abhelfen IDM **redress the ˈbalance** das Gleichgewicht wiederherstellen

▸ ***Nomen*** /rɪˈdres, ˈriːdres/ (*gehoben*) Entschädigung, Wiedergutmachung

red·skin /ˈredskɪn/ *Nomen* (*veraltet, beleidigend*) Rothaut

red ˈtape *Nomen* (*abwert*) Papierkrieg, Behördenkram

ˈred-top *Nomen* (*BrE, umgs*) Boulevardzeitung

re·duce 0→ /rɪˈdjuːs; *AmE* rɪˈduːs/ *Verb* **1 ~ sth (from sth) (to sth)** etw (von etw) (auf etw) reduzieren; **~ sth (by sth)** etw (um etw) reduzieren ◇ *Reduce speed now.* Langsamer fahren. **2** (*Flüssigkeit*) einkochen (lassen) **3** (*AmE, umgs*) abnehmen ◇ *a reducing plan* eine Schlankheitskur **4** (MATH) kürzen IDM **reˌduced circumstances** ◇ *She was a divorcee, living in reduced circumstances.* Sie war geschieden und musste sich finanziell einschränken. PHR V **reˈduce sb/sth to sth** jdn/etw zu etw bringen ◇ *a beautiful building reduced to rubble* ein schönes Gebäude in Schutt und Asche gelegt ◇ *She was reduced to tears by their criticisms.* Ihre Kritik brachte sie zum Weinen. ◇ *They were reduced to begging in the streets.* Sie waren dazu gezwungen auf der Straße zu betteln. **reˈduce sth to sth** etw auf etw reduzieren

re·du·cible /rɪˈdjuːsəbl; *AmE* rɪˈduː-/ *Adj* **~ to sth** (*gehoben*) auf etw reduzierbar ◇ *The problem is not reducible to one of money.* Das Problem lässt sich nicht auf das Thema Geld reduzieren.

re·duc·tion 0→ /rɪˈdʌkʃn/ *Nomen* **1** Reduzierung, Verringerung ◇ *There has been some reduction in unemployment.* Die Arbeitslosigkeit hat etwas abgenommen. ◇ *a reduction in costs* eine Kostensenkung **2** Preisnachlass, Ermäßigung **3** Verkleinerung

re·dun·dancy /rɪˈdʌndənsi/ *Nomen* (*Pl* **-ies**) **1** (*BrE*) betriebsbedingte Kündigung, Entlassung ◇ *a redundancy payment* eine Abfindung **2** (*gehoben oder Fachspr*) Redundanz

re·dun·dant /rɪˈdʌndənt/ *Adj* **1** (*BrE*) (*arbeitslos*) entlassen ◇ *He was made redundant from his job.* Er verlor den Arbeitsplatz. **2** überflüssig, überschüssig

ˌred ˈwine *Nomen* Rotwein

red·wood /ˈredwʊd/ *Nomen* Sequoia, Mammutbaum

reed /riːd/ *Nomen* **1** Schilf(rohr) **2** Rohrblatt

ˌre-ˈeducate *Verb* umerziehen

ˌre-eduˈcation *Nomen* Umerziehung

reef /riːf/ *Nomen, Verb*

▸ ***Nomen*** **1** Riff **2** (*beim Segel*) Reff

▸ ***Verb*** (*beim Segeln*) reffen

ˈreef knot *Nomen* (*bes BrE*) Kreuzknoten, Weberknoten

reek /riːk/ *Verb, Nomen*

▸ ***Verb*** ~ **(of sth)** (nach etw) stinken

▸ ***Nomen*** [Sing] Gestank

reel /riːl/ *Nomen, Verb*

▸ ***Nomen*** **1** (*bes BrE*) Spule, Rolle ◇ *a cotton reel* eine Fadenrolle **2** = schneller schottischer oder irischer Volkstanz; Musikstück für diesen Tanz

▸ ***Verb*** **1** taumeln, torkeln **2** erschüttert sein ◇ *I was still reeling from the shock.* Ich war noch immer benommen von dem Schock. **3** sich zu drehen scheinen PHR V **ˌreel sth ˈin/ˈout** etw auf-/abrollen, etw auf-/abspulen ◇ *I slowly reeled the fish in.* Ich holte den Fisch langsam ein. **ˌreel sth ˈoff** etw herunterspulen

ˌre-eˈlect *Verb* wieder wählen

ˌre-eˈlection *Nomen* Wiederwahl

ˌre-eˈnact *Verb* (*eine Szene/Situation*) nachspielen, nachstellen

ˌre-eˈnactment *Nomen* (*einer Szene, Situation*) Nachspielen, Nachstellen

ˌre-ˈenter *Verb* wieder betreten, wieder einreisen in, wieder einsteigen in

ˌre-ˈentry *Nomen* Wiedereintritt, Wiedereinreise, Wiedereinstieg

ˌre-eˌxamiˈnation *Nomen* Überprüfung, nochmalige Prüfung

ˌre-eˈxamine *Verb* überprüfen, nochmals prüfen

ref /ref/ *Nomen* (*umgs*) = REFEREE

ref. *Abk* = REFERENCE

re·fec·tory /rɪˈfektri/ *Nomen* (*Pl* **-ies**) Refektorium, Mensa, Speisesaal

refer 🔑 /rɪˈfɜː(r)/ *Verb* (**-rr-**) PHR V **reˈfer to sb/sth** **1** von jdm/etw sprechen, jdn/etw erwähnen **2** sich auf jdn/etw beziehen **3** in etw nachschauen, bei jdm nachfragen ◇ *You may refer to your notes if you want.* Sie können Ihre Notizen zu Hilfe nehmen, wenn Sie wollen. **reˈfer sb/sth to sb/sth** jdn/etw an/auf jdn/etw verweisen ◇ *My doctor referred me to a psychiatrist.* Mein Arzt überwies mich an einen Psychiater.

ref·er·ee /ˌrefəˈriː/ *Nomen, Verb*

▸ ***Nomen*** **1** (*umgs* **ref**) Schieds-/Ring-/Kampfrichter(in) **2** (*BrE*) (*Mensch*) Referenz **3** Schlichter(in) **4** wissenschaftliche(r) Gutachter(in)

▸ ***Verb*** **1** Schieds-, Ring-, Kampfrichter(in) sein ◇ *He began refereeing in 1980.* Er fing 1980 als Schiedsrichter an. **2** ~ **sth** etw als Schieds-, Ring-, Kampfrichter(in) leiten ◇ *Who refereed the final?* Wer pfiff das Finale? **3** (wissenschaftlich) begutachten

ref·er·ence 🔑 /ˈrefrəns/ *Nomen, Verb*

▸ ***Nomen*** **1** Bemerkung, Erwähnung ◇ *She made no reference to her illness.* Sie erwähnte ihre Krankheit nicht. **2** Bezug ◇ *topical references* aktuelle Bezüge ◇ *The book is full of references to places I know.* Das Buch erwähnt oft Orte, die ich kenne. **3** ~ **(to sb/sth)** (*gehoben*) Konsultation (von jdm/etw) ◇ *The nurse can treat minor injuries without reference to a doctor.* Die Krankenschwester kann leichte Verletzungen behandeln ohne einen Arzt zu konsultieren. **4** Nachschlagen, Nachsehen ◇ *I wrote down the name of the hotel for future reference.* Ich habe den Namen des Hotels aufgeschrieben, falls ich ihn noch einmal brauche. **5** Quellenangabe **6** (*Abk* **ref.**) (*Hinweis*) Referenz ◇ *Please quote the reference when replying.* Bitte geben Sie in Ihrem Antwortschreiben die Referenznummer an. **7** (*zur Auskunft*) Referenz ◇ *You can use your employer as a reference.* Sie können Ihren Arbeitgeber als Referenz nehmen. IDM **in/with reference to sth** (*gehoben*) in/mit Bezug auf etw

▸ ***Verb*** (*gehoben*) mit Verweisen versehen

ˈreference book *Nomen* Nachschlagewerk

ˈreference library *Nomen* Präsenzbibliothek

ˈreference point *Nomen* Maßstab

ref·er·en·dum /ˌrefəˈrendəm/ *Nomen* (*Pl* **ref·er·en·dums** *oder* **ref·er·enda** /-də/) ~ **(on sth)** Volksentscheid (über etw)

re·fer·ral /rɪˈfɜːrəl/ *Nomen* Überweisung, Verweisung, Einweisung

re·fill *Verb, Nomen*

▸ ***Verb*** /ˌriːˈfɪl/ nachfüllen ◇ *He refilled her glass.* Er schenkte ihr nach.

▸ ***Nomen*** /ˈriːfɪl/ Nachfüllung, Nachfüllpackung ◇ *Would you like a refill?* Darf ich Ihnen nachschenken?

re·fine /rɪˈfaɪn/ *Verb* **1** raffinieren **2** verfeinern, verbessern

re·fined /rɪˈfaɪnd/ *Adj* **1** (*Substanz*) raffiniert **2** fein, kultiviert

re·fine·ment /rɪˈfaɪnmənt/ *Nomen* **1** Feinheit, Finesse **2** Weiterentwicklung **3** (*von Uran*) Reinigung **4** Kultiviertheit, Vornehmheit

re·finery /rɪˈfaɪnəri/ *Nomen* (*Pl* **-ies**) Raffinerie

refit *Verb, Nomen*

▸ ***Verb*** /ˌriːˈfɪt/ (**-tt-**) neu ausrüsten, überholen, instand setzen

▸ ***Nomen*** /ˈriːfɪt/ Neuausstattung, Überholung, Instandsetzung ◇ *The ship has undergone a complete refit.* Das Schiff ist generalüberholt worden.

re·fla·tion·ary /ˌriːˈfleɪʃnri; *AmE* -ʃneri/ *Adj* reflationär

re·flect 🔑 /rɪˈflekt/ *Verb* **1** (*meist passiv*) **be reflected (in sth)** (sich) (in etw) spiegeln ◇ *His face was reflected in the water.* Sein Gesicht spiegelte sich im Wasser. **2** reflektieren, zurückwerfen, zurückstrahlen **3** (*Ansicht, Gefühl etc.*) widerspiegeln **4** ~ **(on/upon sth)** (über etw) nachdenken, (etw) reflektieren IDM **reflect well, badly, etc. on sb/sth** ein gutes, schlechtes etc. Licht auf jdn/etw werfen

re·flec·tion (*BrE auch* **re·flex·ion**) /rɪˈflekʃn/ *Nomen* **1** Spiegelbild **2** (PHYSIK) Reflexion, Zurückwerfen **3** ◇ *Your clothes are often a reflection of your personality.* Kleidung kann sehr viel über die Persönlichkeit aussagen. ◇ *The poor exam results are no reflection on the quality of the teaching.* Die schlechten Prüfungsergebnisse sagen nichts über die Qualität des Unterrichts aus. ◇ *The increase in crime is a sad reflection on our society today.* Die zunehmende Kriminalität wirft ein trauriges Licht auf die heutige Gesellschaft. **4** Nachdenken, Überlegung ◇ *She decided on reflection to stay.* Nachdem sie darüber nachgedacht hatte, beschloss sie schließlich zu bleiben. **5** [meist Pl] Betrachtung, Reflexion ◇ *a book of her reflections on childhood* ein Buch mit ihren Betrachtungen über die Kindheit **6** Wiedergabe, Darstellung

re·flect·ive /rɪˈflektɪv/ *Adj* **1** (*Adv* **re·flect·ive·ly**) (*gehoben*) nachdenklich **2** reflektierend **3** (*gehoben*) **be ~ of sth** etw (aus)sagen über etw

re·flect·or /rɪˈflektə(r)/ *Nomen* **1** Reflektor **2** Rückstrahler

re·flex /ˈri:fleks/ *Nomen* Reflex ◇ *have quick reflexes* gute Reflexe haben ◇ *a reflex action* eine Reflexbewegung

ˌreflex ˈangle *Nomen* überstumpfer Winkel

re·flex·ion (*BrE*) = REFLECTION

re·flex·ive /rɪˈfleksɪv/ *Adj* reflexiv, rückbezüglich

re·for·est·ation /ˌri:fɒrɪˈsteɪʃn; *AmE* -fɔ:r-/ *Nomen* (*Fachspr*) Wiederaufforstung

re·form 0‑ᴡ /rɪˈfɔ:m; *AmE* rɪˈfɔ:rm/ *Verb, Nomen*
▸ ***Verb* 1** reformieren ◇ *The law needs to be reformed.* Das Gesetz muss geändert werden. **2** sich ändern, sich bessern; **~ sb** jdn ändern ◇ *a reformed alcoholic* ein ehemaliger Alkoholiker ◇ *She is a reformed character.* Sie ist vollkommen verwandelt.
▸ ***Nomen*** Reform

ˌre-ˈform *Verb* (sich) neu formieren

ref·or·ma·tion /ˌrefəˈmeɪʃn; *AmE* -fərˈ-/ *Nomen* **1** (*gehoben*) Reformierung, Besserung **2 the Reformation** [Sing] die Reformation

re·form·er /rɪˈfɔ:mə(r); *AmE* rɪˈfɔ:rmər/ *Nomen* Reformer(in), Reformator(in)

re·form·ist /rɪˈfɔ:mɪst; *AmE* rɪˈfɔ:rmɪst/ *Adj, Nomen*
▸ ***Adj*** reformistisch
▸ ***Nomen*** Reformist(in)

re·fract /rɪˈfrækt/ *Verb* (PHYSIK) brechen

re·frac·tion /rɪˈfrækʃn/ *Nomen* (PHYSIK) Brechung

re·frain /rɪˈfreɪn/ *Verb, Nomen*
▸ ***Verb* ~ (from sth)** (*gehoben*) etw unterlassen, sich (einer Sache) enthalten
▸ ***Nomen* 1** (Klage)lied, alte Leier **2** Refrain

re·fresh /rɪˈfreʃ/ *Verb* **1** erfrischen **2** (*bes AmE, umgs*) (*Glas etc.*) (wieder) auffüllen; (*Getränk*) nachschenken **3** (COMP) aktualisieren IDM **refresh your/sb's memory** sein/jds Gedächtnis auffrischen

reˈfresher course (*bes AmE* **re·fresh·er**) *Nomen* Auffrischungskurs

re·fresh·ing /rɪˈfreʃɪŋ/ *Adj* (*Adv* **re·fresh·ing·ly**) erfrischend ◇ *It made a refreshing change to be taken seriously for once.* Es war erfrischend, zur Abwechslung einmal ernst genommen zu werden.

re·fresh·ment /rɪˈfreʃmənt/ *Nomen* **1 refreshments** [Pl] Erfrischungen **2** (*gehoben*) Erfrischung, Stärkung ◇ (*hum*) *a liberal supply of liquid refreshment* jede Menge flüssige Nahrung **3** (*gehoben*) Erholung, Erfrischung

re·friger·ate /rɪˈfrɪdʒəreɪt/ *Verb* kühlen, im Kühlschrank aufbewahren

re·friger·ation /rɪˌfrɪdʒəˈreɪʃn/ *Nomen* Kühlung ◇ *keep sth under refrigeration* etw im Kühlschrank aufbewahren

re·friger·ator 0‑ᴡ /rɪˈfrɪdʒəreɪtə(r)/ *Nomen* (*gehoben oder AmE*) Kühlschrank

re·fuel /ˌri:ˈfju:əl/ *Verb* (**-ll-**, *AmE* **-l-**) auftanken

ref·uge /ˈrefju:dʒ/ *Nomen* **1** Zuflucht ◇ *A further 300 people have now taken refuge in the US embassy.* Weitere 300 Menschen haben sich in die amerikanische Botschaft geflüchtet. **2 ~ (from sb/sth)** Zufluchtsort (vor jdm/etw) ◇ *a wildlife refuge* ein Naturschutzpark **3** Heim, Asyl ◇ *a women's refuge* ein Frauenhaus **4** (*BrE*) Verkehrsinsel

refu·gee /ˌrefjuˈdʒi:/ *Nomen* Flüchtling

re·fund *Nomen, Verb*
▸ ***Nomen*** /ˈri:fʌnd/ Rückzahlung, (Rück)erstattung ◇ *claim a refund* sein Geld zurückfordern
▸ ***Verb*** /rɪˈfʌnd/ **~ sth (to sb)**; **~ sb sth** (jdm) etw zurückerstatten

re·fund·able /rɪˈfʌndəbl/ *Adj* (zu)rückzahlbar

re·fur·bish /ˌri:ˈfɜ:bɪʃ; *AmE* -ˈfɜ:rbɪʃ/ *Verb* renovieren, herrichten, aufarbeiten

re·fur·bish·ment /ˌri:ˈfɜ:bɪʃmənt; *AmE* -ˈfɜ:rb-/ *Nomen* Renovierung(sarbeiten)

re·fusal 0‑ᴡ /rɪˈfju:zl/ *Nomen* Ablehnung, Absage, (Ver)weigerung ◇ *His refusal to discuss the matter is annoying.* Es ist ärgerlich, dass er sich weigert, darüber zu sprechen.

re·fuse[1] 0‑ᴡ /rɪˈfju:z/ *Verb* **1** sich weigern ◇ *Go on, ask her; she can hardly refuse.* Los, frag sie; sie kann kaum Nein sagen. **2** ablehnen, ausschlagen **3** verweigern, abschlagen

re·fuse[2] 0‑ᴡ /ˈrefju:s/ *Nomen* (*offiz*) Müll, Abfall

ˈrefuse collector *Nomen* (*BrE, gehoben*) Müllmann, Müllwerker(in)

refu·ta·tion /ˌrefjuˈteɪʃn/ *Nomen* Widerlegung

re·fute /rɪˈfju:t/ *Verb* (*gehoben*) **1** widerlegen **2** zurückweisen, bestreiten

reg /redʒ/ *Abk* (*BrE, umgs*) → REGISTRATION (3)

re·gain /rɪˈgeɪn/ *Verb* **1** wiedergewinnen, wiedererlangen, zurückerobern ◇ *regain consciousness* das Bewusstsein wiedererlangen **2** (*gehoben*) wieder erreichen ◇ *They finally managed to regain the beach.* Endlich gelangten sie zurück an den Strand.

regal /ˈri:gl/ *Adj* (*Adv* **re·gal·ly** /-gəli/) königlich, majestätisch, hoheitsvoll

re·gale /rɪˈgeɪl/ *Verb* PHRV **reˈgale sb with sth** jdn mit etw unterhalten

re·galia /rɪˈgeɪliə/ *Nomen* [U] Insignien, Ornat

re·gard 0‑ᴡ /rɪˈgɑ:d; *AmE* rɪˈgɑ:rd/ *Verb, Nomen*
▸ ***Verb*** betrachten ◇ *She is widely regarded as his natural successor.* Sie gilt weithin als seine natürliche Nachfolgerin. ◇ *Her work is very highly regarded.* Ihre Arbeit wird sehr geschätzt. IDM **as regards sb/sth** (*gehoben*) was jdn/etw anbelangt ◇ *As regards the first point …* Bezüglich des ersten Punktes …
▸ ***Nomen* 1 ~ to/for sb/sth** (*gehoben*) Beachtung für jdn/etw, Rücksicht auf jdn/etw, Achtung vor jdm/etw **2 ~ (for sb/sth)** (*gehoben*) Achtung (für jdn/etw), Respekt (vor jdm/etw) ◇ *He held her in high regard.* Er schätzte sie sehr. **3 regards** [Pl] (*verwendet als Gruß am Ende eines Briefs oder wenn man einen Gruß ausrichten lässt*) ◇ *With kind regards, Yours …* Mit freundlichen Grüßen, Ihr(e) … ◇ *Give your brother my regards.* Grüß deinen Bruder von mir. IDM **have reˈgard to sth** (RECHT) etw beachten **in this/that reˈgard** (*gehoben*) diesbezüglich; in dieser Hinsicht **in/with regard to sb/sth** (*gehoben*) in Bezug auf jdn/etw; jdn/etw betreffend

re·gard·ing 0‑ᴡ /rɪˈgɑ:dɪŋ; *AmE* rɪˈgɑ:rdɪŋ/ *Präp* bezüglich, betreffend

re·gard·less /rɪˈgɑ:dləs; *AmE* rɪˈgɑ:rd-/ *Adv* trotzdem, dennoch

reˈgardless of *Präp* ungeachtet, ohne Rücksicht auf ◇ *The amount will be paid to everyone regardless of where they live.* Der Betrag wird an alle gezahlt, unabhängig davon, wo sie wohnen. ◇ *The club welcomes all new members regardless of age.* Der Klub freut sich über neue Mitglieder, ganz gleich welchen Alters.

re·gatta /rɪˈgætə/ *Nomen* Regatta

re·gency /ˈri:dʒənsi/ *Nomen* (*Pl* **-ies**) Regentschaft

re·gen·er·ate /rɪˈdʒenəreɪt/ *Verb* **1** neu beleben, regenerieren **2 ~ (itself)** (BIOL) sich regenerieren, sich erneuern

re·gen·er·ation /rɪˌdʒenəˈreɪʃn/ *Nomen* Regeneration, Neubelebung, Wiederbelebung

re·gent (*oft* **Regent**) /ˈri:dʒənt/ *Nomen* Regent(in)

reg·gae /ˈregeɪ/ *Nomen* Reggae

reg·icide /ˈredʒɪsaɪd/ *Nomen* (*gehoben*) **1** Königsmord **2** Königsmörder(in)

re·gime /reɪˈʒi:m/ *Nomen* **1** Regime **2** System **3** (Gesundheits)programm, Diät(plan)

regi·men /ˈredʒɪmən/ *Nomen* (*gehoben oder Fachspr*) (Gesundheits)programm, Diät(plan)

regi·ment /ˈredʒɪmənt/ *Nomen* **1** Regiment **2** (*fig, gehoben*) Heer, Masse

regi·men·tal /ˌredʒɪˈmentl/ *Adj* [nur vor Nomen] Regiments- ◇ *a regimental flag* eine Regimentsfahne

regi·men·ta·tion /ˌredʒɪmenˈteɪʃn/ *Nomen* Reglementierung ◇ *the regimentation of school life* der reglementierte Schulalltag

regi·ment·ed /ˈredʒɪmentɪd/ *Adj* (*abwert*) **1** reglementiert **2** streng angeordnet, in strenger Anordnung

re·gion 0➡ /ˈriːdʒən/ *Nomen* **1** Gebiet, Region, Gegend **2** Region, Bezirk **3 the regions** [Pl] (*BrE*) das ganze Landesgebiet außer der Hauptstadt IDM **in the region of** ungefähr ◇ (*somewhere*) *in the region of 60%* (so) um die 60%

re·gion·al 0➡ /ˈriːdʒənl/ *Adj* (*Adv* **re·gion·al·ly** /-nəli/) regional, Regional-

regis·ter 0➡ /ˈredʒɪstə(r)/ *Verb, Nomen*

▸ ***Verb*** **1** sich einschreiben, sich anmelden ◇ *Are you registered with a doctor?* Haben Sie einen Hausarzt? ◇ *register at a hotel* sich in einem Hotel ins Gästebuch eintragen **2 ~ sth (in sth)** etw (in etw) eintragen, etw (in etw) einschreiben, etw (in etw) registrieren ◇ *The father registered the birth.* Der Vater meldete die Geburt beim Standesamt. ◇ *The ship was registered in Panama.* Das Schiff fuhr unter panamaischer Flagge. **3 ~ sb (as) sth** jdn als etw registrieren ◇ *She is officially registered (as) disabled.* Sie hat einen Schwerbehindertenausweis. **4 ~ as sth** sich als etw registrieren lassen ◇ *They registered as Mr and Mrs Jones.* Sie trugen sich als Herr und Frau Jones ein. **5** bekunden, anmelden ◇ *register a protest* Protest einlegen **6** (*kein Passiv*) anzeigen, registrieren, verzeichnen ◇ *The earthquake registered 3 on the Richter scale.* Das Erdbeben erreichte die Stärke 3 auf der Richter-Skala. **7** (*kein Passiv*) (*gehoben*) zeigen, ausdrücken ◇ *Shock registered on everyone's face.* Auf allen Gesichtern zeigte sich Entsetzen. **8** (*kein Passiv*) (*oft in verneinten Sätzen*) wahrnehmen, registrieren ◇ *He barely registered our presence.* Er hat unsere Gegenwart kaum registriert. **9** (*kein Passiv*) (*oft in verneinten Sätzen*) wahrgenommen werden, registriert werden ◇ *I told her my name, but it obviously didn't register.* Ich habe ihr meinen Namen genannt, aber das hat sie offenbar nicht registriert. **10** (*meist passiv*) per Einschreiben (ver)schicken, eingeschrieben (ver)schicken

▸ ***Nomen*** **1** Register, Verzeichnis ◇ *a parish register* ein Kirchenbuch ◇ *the electoral register* die Wählerliste ◇ *the hotel register* das Gästebuch ◇ (*BrE*) *The teacher called the register.* Der Lehrer ging die Anwesenheitsliste durch. **2** Register, Stimmlage, Tonlage **3** (LING) Stilebene, Register **4** (*AmE*) Klappe, Schieber **5** (*AmE*) = CASH REGISTER

ˌregistered ˈmail (*BrE auch* **ˌregistered ˈpost**) *Nomen* Einschreiben, eingeschriebene Post

ˌregistered ˈnurse *Nomen* (*AmE*) examinierte Krankenschwester, examinierter Krankenpfleger

ˈregister office *Nomen* (*offiz*) Standesamt

regis·trar /ˌredʒɪˈstrɑː(r), ˈredʒɪstrɑː(r)/ *Nomen* **1** Standesbeamte, Standesbeamtin **2** = höchster Verwaltungsbeamte/höchste Verwaltungsbeamtin einer Universität **3** (*BrE*) = Arzt/Ärztin in der klinischen Fachausbildung

regis·tra·tion /ˌredʒɪˈstreɪʃn/ *Nomen* **1** Einschreibung, Registrierung, Anmeldung ◇ *the registration of students for a course* die Einschreibung der Studenten für einen Kursus ◇ *a car's registration document* der Kraftfahrzeugbrief eines Autos **2** = Zeit vor dem Vormittags- und Nachmittagsunterricht, wenn der Klassenlehrer die Anwesenheitsliste durchgeht ◇ *She wasn't here at registration.* Sie war nicht da, als man die Anwesenheitsliste durchging. **3** (*auch* **regis·tra·tion num·ber**; *umgs* **reg**) (*BrE*) polizeiliches Kennzeichen

regis·try /ˈredʒɪstri/ (*Pl* **-ies**) *Nomen* **1** Registratur **2** Register

ˈregistry office *Nomen* Standesamt ◇ *get married in/at a registry office* standesamtlich getraut werden

re·gress /rɪˈgres/ *Verb* **~ (to sth)** (*gehoben, meist abwert*) (auf etw) regredieren, sich (zu etw) zurückentwickeln

re·gres·sion /rɪˈgreʃn/ *Nomen* Regression, Rückentwicklung, Rückfall

re·gres·sive /rɪˈgresɪv/ *Adj* regressiv, rückschrittlich, Rück-

re·gret 0➡ /rɪˈgret/ *Verb, Nomen*

▸ ***Verb*** (**-tt-**) bedauern, bereuen ◇ *The decision could be one he lives to regret.* Die Entscheidung könnte ihm später noch einmal leidtun. ◇ *We regret to inform you …* Wir bedauern, Ihnen mitteilen zu müssen …

▸ ***Nomen*** Bedauern ◇ *What is your greatest regret?* Was bereust du am meisten?

re·gret·ful /rɪˈgretfl/ *Adj* bedauernd

re·gret·ful·ly /rɪˈgretfəli/ *Adv* **1** bedauernd, mit Bedauern **2** bedauerlicherweise, leider

re·gret·table /rɪˈgretəbl/ *Adj* bedauerlich

re·gret·tably /rɪˈgretəbli/ *Adv* bedauerlicherweise, leider

re·group /ˌriːˈgruːp/ *Verb* (sich) neu gruppieren, (sich) neu formieren

regu·lar 0➡ /ˈregjələ(r)/ *Adj, Nomen*

▸ ***Adj*** **1** regelmäßig ◇ *on a regular basis* regelmäßig ◇ *our regular customers* unsere Stammkunden **2** [nur vor Nomen] gewohnt, normal **3** geregelt ◇ *She couldn't find any regular employment.* Sie fand keine feste Stelle. **4** [nur vor Nomen] (*bes AmE*) normal ◇ *Regular or large fries?* Eine normale oder eine große Portion Pommes? ◇ *Regular or diet cola?* Eine normale Cola oder eine Diät-Cola? **5** [nur vor Nomen] Berufs- ◇ *a regular soldier* ein Berufssoldat **6** (*umgs*) (*zur Verstärkung gebraucht*) richtig, regelrecht

▸ ***Nomen*** **1** Stammkunde, Stammkundin, Stammgast **2** ◇ *six first-team regulars* sechs Stammspieler aus der ersten Mannschaft ◇ *She was a regular on the show.* Sie war regelmäßig bei der Show dabei. **3** Berufssoldat

re·gu·lar·ity /ˌregjuˈlærəti/ *Nomen* **1** Regelmäßigkeit **2** Gesetzmäßigkeit

regu·lar·ize (*BrE auch* **-ise**) /ˈregjələraɪz/ *Verb* (gesetzlich) regeln

regu·lar·ly 0➡ /ˈregjələli; *AmE* -lərli/ *Adv* **1** regelmäßig, gleichmäßig **2** oft

regu·late /ˈregjuleɪt/ *Verb* regulieren, regeln ◇ *regulated by law* gesetzlich geregelt ◇ *the regulating authority* die Aufsichtsbehörde

regu·la·tion 0➡ /ˌregjuˈleɪʃn/ *Nomen, Adj*

▸ ***Nomen*** **1** [meist Pl] Vorschrift, Bestimmung ◇ *fire regulations* Brandschutzbestimmungen **2** Kontrolle, Regulierung

▸ ***Adj*** [nur vor Nomen] vorgeschrieben

regu·la·tor /ˈregjuleɪtə(r)/ *Nomen* **1** (Vorstand der) Aufsichtsbehörde **2** (*Vorrichtung*) Regler

regu·la·tory /ˈregjələtəri; *AmE* -tɔːri/ *Adj* Aufsichts- ◇ *regulatory bodies/agencies* Aufsichtsorgane

re·gur·gi·tate /rɪˈgɜːdʒɪteɪt; *AmE* rɪˈgɜːrdʒɪ-/ *Verb* **1** (*gehoben*) hochwürgen herauswürgen **2** (*fig, abwert*) wiederkäuen

re·gur·gi·ta·tion /rɪˌgɜːdʒɪˈteɪʃn; *AmE* rɪˌgɜːrdʒɪˈ-/ *Nomen* (*gehoben*) **1** Hochwürgen **2** (*fig, abwert*) Wiederkäuen

rehab /ˈriːhæb/ *Nomen* (*bes AmE*) Entziehungskur ◇ *go into rehab* eine Entziehungskur machen ◇ *a rehab clinic* eine Entziehungsanstalt

re·habili·tate /ˌriːəˈbɪlɪteɪt/ *Verb* **1** rehabilitieren **2** renovieren

re·habili·ta·tion /ˌriːəˌbɪlɪˈteɪʃn/ *Nomen* **1** Rehabilitation **2** Sanierung

re·hash *Verb, Nomen*

▸ ***Verb*** /ˌriːˈhæʃ/ (*abwert*) (*Lied, Idee etc.*) aufwärmen, aufbereiten ◇ *He just rehashes songs from the 60s.* Er bringt bloß einen Neuaufguss von Songs aus den 60er-Jahren.

▸ ***Nomen*** /ˈriːhæʃ/ [Sing] Neuaufguss

re·hear·ing /ˌriːˈhɪərɪŋ; *AmE* -ˈhɪrɪŋ/ *Nomen* (RECHT) erneute Gerichtsverhandlung

re·hearsal /rɪˈhɜːsl; *AmE* rɪˈhɜːrsl/ *Nomen* **1** (*Theater etc.*) Probe ◇ *during rehearsal* während der Proben ◇ *A new production is currently in rehearsal.* Im Moment laufen die Proben für die neue Inszenierung. ◇ *have a rehearsal* proben **2** (*gehoben*) ◇ *We listened to his lengthy rehearsal of the arguments.* Wir hörten zu, wie er die Begründungen ausführlich wiederholte.

re·hearse /rɪˈhɜːs; *AmE* rɪˈhɜːrs/ *Verb* **1** ~ **(for sth)** (etw) proben **2** sich leise vorsagen, einüben **3** (*gehoben, abwert*) (erneut) anführen, aufzählen

re·heat /ˌriːˈhiːt/ *Verb* wieder aufwärmen

re·house /ˌriːˈhaʊz/ *Verb* ~ **sb** jdm eine neue Wohnung geben, jdn unterbringen, jdn umquartieren

reign /reɪn/ *Nomen, Verb*

▸ ***Nomen*** Herrschaft, Regentschaft ◇ *during his reign at Leeds United* während er bei Leeds United die Zügel in der Hand hatte ◇ *a reign of terror* eine Schreckensherrschaft

▸ ***Verb*** ~ **(over sb/sth)** (über jdn/etw) herrschen, (jdn/etw) regieren (*auch fig*) ◇ *the reigning champion* der amtierende Meister

re·im·burse /ˌriːɪmˈbɜːs; *AmE* -ˈbɜːrs/ *Verb* (*gehoben*) ~ **sth** etw zurückerstatten; ~ **sb (for sth)** jdn (für etw) entschädigen

re·im·burse·ment /ˌriːɪmˈbɜːsmənt; *AmE* -ˈbɜːrs-/ *Nomen* Entschädigung

rein /reɪn/ *Nomen, Verb*

▸ ***Nomen*** **1** Zügel **2 reins** [Pl] (*BrE*) (*für Kleinkinder*) Laufgurt **3 the reins** [Pl] (*fig*) die Zügel ◇ *hand over the reins of power* die Zügel aus der Hand geben ◇ *take up the reins of office* das Amt übernehmen IDM **give/allow sb free/full ˈrein** jdm alle Freiheiten einräumen **give/allow sth free/full ˈrein** einer Sache freien Lauf lassen → *Siehe auch* TIGHT

▸ ***Verb*** PHR V **ˌrein sth ˈin/ˈback** **1** (*fig*) etw unter Kontrolle halten **2** (*Pferd etc.*) etw zügeln

re·incar·nate /ˌriːɪnˈkɑːneɪt; *AmE* -ˈkɑːrneɪt/ *Verb* **be reincarnated (as sb/sth)** (als jd/etw) wieder geboren werden

re·incar·na·tion /ˌriːɪnkɑːˈneɪʃn; *AmE* -kɑːrˈ-/ *Nomen* Wiedergeburt, Reinkarnation

rein·deer /ˈreɪndɪə(r); *AmE* -dɪr/ *Nomen* (*Pl* **rein·deer** *oder* **rein·deers**) Rentier

re·inforce /ˌriːɪnˈfɔːs; *AmE* -ˈfɔːrs/ *Verb* verstärken, bestärken

re·inforce·ment /ˌriːɪnˈfɔːsmənt; *AmE* -ˈfɔːrs-/ *Nomen* **1 reinforcements** [Pl] Verstärkungstruppen **2** Verstärkung, Bekräftigung

re·instate /ˌriːɪnˈsteɪt/ *Verb* **1** ~ **sb (as sth)** jdn (als etw) wieder einsetzen ◇ *He was reinstated in his post.* Er erhielt seine Stelle zurück. **2** ~ **sth (as sth)** etw (als etw) wieder einführen, etw (als etw) wieder einsetzen

re·instate·ment /ˌriːɪnˈsteɪtmənt/ *Nomen* Wiedereinsetzung, Wiederherstellung, Wiedereinführung

re·inter·pret /ˌriːɪnˈtɜːprɪt; *AmE* -ˈtɜːrprɪt/ *Verb* neu auslegen, neu interpretieren

re·inter·pret·ation /ˌriːɪnˌtɜːprɪˈteɪʃn; *AmE* -ˌtɜːrp-/ *Nomen* neue Auslegung, neue Interpretation

re·intro·duce /ˌriːɪntrəˈdjuːs; *AmE* -ˈduːs/ *Verb* **1** wieder einführen **2** wieder heimisch machen

re·intro·duc·tion /ˌriːɪntrəˈdʌkʃn/ *Nomen* Wiedereinführung

re·invent /ˌriːɪnˈvent/ *Verb* ~ **yourself/sth** sich/einer Sache ein neues Image geben, sich/etw neu definieren IDM **reinvent the wheel** das Rad neu erfinden

re·invest /ˌriːɪnˈvest/ *Verb* reinvestieren, wieder investieren

re·issue /ˌriːˈɪʃuː/ *Verb, Nomen*

▸ ***Verb*** ~ **sth (as sth)** etw (als etw) neu herausgeben, etw (als etw) neu auflegen

▸ ***Nomen*** Neuauflage, Neuausgabe

re·iter·ate /riˈɪtəreɪt/ *Verb* (*gehoben*) wiederholen

re·iter·ation /riˌɪtəˈreɪʃn/ *Nomen* [Sing] (*gehoben*) Wiederholung

re·ject 0ᴛ *Verb, Nomen*

▸ ***Verb*** /rɪˈdʒekt/ **1** ablehnen, zurückweisen ◇ *reject an offer* ein Angebot ausschlagen ◇ *I was rejected by both universities.* Ich habe von beiden Universitäten eine Absage bekommen. **2** aussondern, aussortieren **3** (MED) abstoßen

▸ ***Nomen*** /ˈriːdʒekt/ **1** Ausschussware **2** Ausgestoßene(r)

re·jec·tion /rɪˈdʒekʃn/ *Nomen* Ablehnung, Zurückweisung ◇ *a rejection letter* eine Absage ◇ *feelings of rejection* das Gefühl zurückgewiesen worden zu sein

rejig /ˌriːˈdʒɪɡ/ *Verb* **(-gg-)** (*AmE* **rejig·ger** /ˌriːˈdʒɪɡə(r)/) (*umgs*) umändern, ummodeln

re·joice /rɪˈdʒɔɪs/ *Verb* ~ **(at/in/over sth)** (*gehoben*) sich sehr (über etw) freuen ◇ *They rejoiced to see their son well again.* Sie waren überglücklich darüber, dass es ihrem Sohn wieder gut ging. IDM **rejoice in the name of …** (*BrE, hum*) sich des Namens … erfreuen

re·joi·cing /rɪˈdʒɔɪsɪŋ/ *Nomen* (*auch* **re·joi·cings** [Pl]) Freude, Jubel

re·join¹ /ˌriːˈdʒɔɪn/ *Verb* **1** ~ **sth** (*einem Klub etc.*) wieder beitreten ◇ *rejoin a company* wieder bei einer Firma arbeiten **2** ~ **sb** jdn wieder treffen ◇ *She rejoined them at the table.* Sie setzte sich wieder zu ihnen an den Tisch. **3** ~ **sth** wieder auf etw treffen ◇ *The path rejoins the road here.* Der Weg mündet hier wieder in die Straße ein.

re·join² /ˌriːˈdʒɔɪn/ *Verb* (*gehoben*) erwidern

re·join·der /rɪˈdʒɔɪndə(r)/ *Nomen* [meist Sing] (*gehoben*) Erwiderung

re·ju·ven·ate /rɪˈdʒuːvəneɪt/ *Verb* **1** verjüngen **2** ~ **sb** jdm wieder Schwung geben

re·ju·ven·ation /rɪˌdʒuːvəˈneɪʃn/ *Nomen* Neubelebung, Wiederbelebung

re·kin·dle /ˌriːˈkɪndl/ *Verb* (*gehoben*) wieder erwecken, wieder aufleben lassen, wieder entfachen

re·lapse *Nomen, Verb*

▸ ***Nomen*** /rɪˈlæps, ˈriːlæps/ Rückfall ◇ *have/suffer a relapse* einen Rückfall erleiden

▸ ***Verb*** /rɪˈlæps/ rückfällig werden ◇ *They relapsed into silence.* Sie verfielen wieder in Schweigen. ◇ *Two days later she relapsed into a coma.* Zwei Tage später fiel sie wieder ins Koma.

re·late 0ᴛ /rɪˈleɪt/ *Verb* **1** ~ **A to B** A mit B in Zusammenhang bringen, zwischen A und B einen Zusammenhang sehen **2** ~ **sth (to sb)** (*gehoben*) (jdm) etw erzählen PHR V **reˈlate to sth/sb** **1** mit etw/jdm in Zusammenhang stehen, sich auf etw/jdn beziehen **2** zu jdm/etw einen Bezug haben ◇ *an image that people can relate to* ein Image, das den Leuten etwas sagt

re·lated 0-w /rɪˈleɪtɪd/ *Adj* ~ (**to sth/sb**) **1** (mit etw/jdm) in Zusammenhang stehend **2** verwandt

re·lated·ness /rɪˈleɪtɪdnəs/ *Nomen* **1** Verwandtschaft **2** Beziehung, Zusammenhang

re·la·tion 0-w /rɪˈleɪʃn/ *Nomen* **1 relations** [Pl] Beziehungen **2** Verhältnis ◇ *bear no relation to sth* in keinem Verhältnis zu etw stehen **3** (*gehoben*) Bezug ◇ *comments in relation to this matter* Anmerkungen in Bezug auf diese Angelegenheit **4** Verwandte(r) ◇ *a relation by marriage* ein(e) angeheiratete(r) Verwandte(r) ◇ *Is he any relation to you?* Ist er mit Ihnen verwandt?

re·la·tion·ship 0-w /rɪˈleɪʃnʃɪp/ *Nomen* **1** Verhältnis **2** Beziehung **3** Zusammenhang ◇ *bear no relationship to sth* in keinem Zusammenhang mit etw stehen **4** ~ (**to sth**) Relation (zu etw), Verhältnis (zu etw) **5** ~ (**between A and B**) Verwandtschaftsverhältnis (zwischen A und B)

rela·tive 0-w /ˈrelətɪv/ *Adj, Nomen*

▸ ***Adj*** (*gehoben*) **1** jeweilig **2** ~ **to sth** bezogen auf etw, verglichen mit etw ◇ *the position of the sun relative to the earth* die Konstellation zwischen Sonne und Erde **3** [nur vor Nomen] (*Adv* **rela·tive·ly**) verhältnismäßig, relativ ◇ *Relatively speaking, these jobs provide good salaries.* Diese Stellen werden relativ gut bezahlt. **4** ~ **to sth** (*gehoben*) etw betreffend **5** (LING) Relativ- ◇ *a relative clause* ein Relativsatz

▸ ***Nomen*** Verwandte(r)

rela·tiv·ism /ˈrelətɪvɪzəm/ *Nomen* (*gehoben*) Relativismus

rela·tiv·ist /ˈrelətɪvɪst/ *Adj, Nomen*

▸ ***Adj*** relativistisch

▸ ***Nomen*** Relativist(in)

rela·tiv·ity /ˌreləˈtɪvəti/ *Nomen* (PHYSIK) Relativität

re·launch /ˌriːˈlɔːntʃ/ *Verb, Nomen*

▸ ***Verb*** wieder einführen, neu gründen, wieder aufleben lassen

▸ ***Nomen*** Wiedereinführung, Neugründung, Wiederbelebung

relax 0-w /rɪˈlæks/ *Verb* **1** sich ausruhen; ~ (**with sth**) sich (bei etw) entspannen, (bei etw) ausspannen **2** sich beruhigen **3** ~ **sb** jdn beruhigen **4** sich lockern **5** ~ **sth** etw lockern ◇ (*fig*) *The dictator refuses to relax his grip on power.* Der Diktator will seine Machtposition um jeden Preis halten. **6** ~ **sth** (*Konzentration, Bemühungen etc.*) in etw nachlassen

re·lax·ation /ˌriːlækˈseɪʃn/ *Nomen* **1** [U] Entspannung, Erholung **2** [meist Sing] Lockerung

re·laxed 0-w /rɪˈlækst/ *Adj* **1** gelassen, ruhig **2** entspannt, gelöst **3** locker

re·lax·ing 0-w /rɪˈlæksɪŋ/ *Adj* beruhigend, entspannend, erholsam

relay *Verb, Nomen*

▸ ***Verb*** /ˈriːleɪ, rɪˈleɪ/ **1** weitergeben, weiterleiten, übermitteln **2** (*Radio, Fernsehen*) übertragen

▸ ***Nomen*** /ˈriːleɪ/ **1** (*auch* **ˈrelay race**) (SPORT) Staffel (lauf) ◇ *a relay team/squad* eine Staffel **2** (neue) Schicht, Ablösung; (*Pferde*) (frisches) Gespann **3** (*Radio, Fernsehen*) Relais

re·lease 0-w /rɪˈliːs/ *Verb, Nomen*

▸ ***Verb*** **1** ~ **sb** (**from sth**) jdn (aus etw) freilassen, jdn (aus etw) befreien **2** loslassen **3** freisetzen; ~ **sth** (**from sth**) etw (aus etw) ablassen **4** (*Gefühlen*) freien Lauf lassen **5** freigeben; ~ **sb** (**from sth**) jdn (von etw) freistellen; ~ **sb from sth** jdn von etw entbinden **6** lösen ◇ *release the clutch* auskuppeln **7** lockern **8** veröffentlichen, bekannt geben, herausbringen

▸ ***Nomen*** **1** Freilassung, Entlassung, Befreiung **2** [U] Veröffentlichung ◇ *The new software is planned for release in April.* Die neue Software soll im April herausgebracht werden. ◇ *The film goes on general release next week.* Der Film kommt nächste Woche überall in die Kinos. **3** Neuerscheinung **4** Freisetzung, Austritt, Ablassen **5** Erlösung

rele·gate /ˈrelɪɡeɪt/ *Verb* **1** (*meist passiv*) (*bes BrE*) (SPORT) absteigen lassen **2** ~ **sb/sth** (**to sth**) jdn/etw (zu etw) degradieren **3** verbannen, verweisen

rele·ga·tion /ˌrelɪˈɡeɪʃn/ *Nomen* **1** (*Sport*) Abstieg **2** Degradierung **3** Verbannung

re·lent /rɪˈlent/ *Verb* **1** sich erweichen lassen **2** nachlassen

re·lent·less /rɪˈlentləs/ *Adj* (*Adv* **re·lent·less·ly**) unerbittlich, unbarmherzig, schonungslos

rele·vance /ˈreləvəns/ *Nomen* Relevanz, Bedeutung ◇ *That has no direct relevance to this matter.* Das hat mit dieser Sache wenig zu tun.

rele·vant 0-w /ˈreləvənt/ *Adj* **1** ~ (**to sth/sb**) (*Adv* **rele·vant·ly**) relevant (für etw/jdn), wichtig (für etw/jdn) ◇ *The applicant has experience in teaching and, more relevantly, in industry.* Der Bewerber hat Erfahrung im Unterrichten und, was wichtiger ist, in der Industrie. ◇ *This is not relevant to the argument.* Das tut nichts zur Sache. ◇ *relevant information leading to the apprehension of the criminal* sachdienliche Hinweise, die zur Ergreifung des Täters führen **2** entsprechend, einschlägig ◇ *the relevant authorities* die zuständigen Behörden

re·li·abil·ity /rɪˌlaɪəˈbɪləti/ *Nomen* Zuverlässigkeit, Verlässlichkeit

re·li·able /rɪˈlaɪəbl/ *Adj* (*Adv* **re·li·ably** /-bli/) zuverlässig, verlässlich ◇ *I am reliably informed that …* Ich habe aus zuverlässiger Quelle erfahren, dass …

re·li·ance /rɪˈlaɪəns/ *Nomen* **1** [U/Sing] Abhängigkeit **2** Schwerpunkt, Gewicht **3** Vertrauen

re·li·ant /rɪˈlaɪənt/ *Adj* ~ **on/upon sb/sth** angewiesen auf jdn/etw, abhängig von jdm/etw

relic /ˈrelɪk/ *Nomen* **1** Überbleibsel, Relikt ◇ *His limp was the relic of a childhood accident.* Das Hinken ging auf einen Unfall in seiner Kindheit zurück. **2** (REL) Reliquie

re·lief 0-w /rɪˈliːf/ *Nomen* **1** Erleichterung ◇ *She heaved a sigh of relief.* Sie atmete erleichtert auf. ◇ *What a relief!* Mir fällt ein Stein vom Herzen! **2** Linderung, Entlastung **3** Hilfe **4** (*bes AmE*) Sozialhilfe, Wohlfahrt **5** = TAX RELIEF **6** Abwechslung ◇ *a few moments of light relief in an otherwise dull performance* wenige unterhaltsame Augenblicke in einer sonst langweiligen Vorstellung ◇ *There was little comic relief in his speech.* Seiner Rede fehlte der Humor. **7** [mit Verb im Sing/Pl] (*oft in Zusammensetzungen*) Ablösung, Ersatz, Verstärkung ◇ *relief drivers* Ersatzfahrer **8** [Sing] (MIL) Entsatz **9** (KUNST) Relief **10** (*fig*) Kontrast ◇ *The mountains stood out in sharp relief against the sky.* Die Berge hoben sich scharf vom Himmel ab. ◇ *jump out/spring/leap into sharp relief* deutlich hervortreten ◇ *bring/throw/put sth into sharp relief* etw deutlich hervortreten lassen

reˈlief map *Nomen* Reliefkarte

reˈlief road *Nomen* (*BrE*) Entlastungsstraße

reˈlief worker *Nomen* = Mitarbeiter(in) einer Hilfsorganisation

re·lieve /rɪˈliːv/ *Verb* **1** erleichtern **2** lindern, verringern, abbauen **3** auflockern, beleben; (*Monotonie*) durchbrechen; (*Langeweile*) vertreiben **4** ablösen **5** (MIL) befreien, entsetzen **6** ~ **yourself** (*verhüll*) (*zur Toilette gehen*) sich erleichtern PHR V **reˈlieve sb of sth** **1** jdm etw abnehmen **2** (*umgs*) (*stehlen*) jdn um etw erleichtern **3** (*Amt, Kommando etc.*) jdn einer Sache entheben

re·lieved /rɪˈliːvd/ *Adj* erleichtert

re·li·gion 0‑ /rɪˈlɪdʒən/ *Nomen* **1** Glaube **2** Religion ◇ (*fig*) *For him, football is an absolute religion.* Fußball ist ihm absolut heilig. IDM **get reˈligion** (*abwert*) fromm werden

re·li·gious 0‑ /rɪˈlɪdʒəs/ *Adj* **1** [nur vor Nomen] religiös ◇ *religious education* Religionsunterricht **2** gläubig, fromm

re·li·gious·ly /rɪˈlɪdʒəsli/ *Adv* **1** gewissenhaft ◇ *They trained religiously.* Sie trainierten äußerst gewissenhaft. **2** religiös

re·li·gious·ness /rɪˈlɪdʒəsnəs/ *Nomen* Religiosität, Frömmigkeit

re·lin·quish /rɪˈlɪŋkwɪʃ/ *Verb* (*gehoben*) aufgeben, abtreten

reli·quary /ˈrelɪkwəri; *AmE* -weri/ *Nomen* (*Pl* **-ies**) Reliquiar, Reliquienbehälter

rel·ish /ˈrelɪʃ/ *Verb, Nomen*
▸ ***Verb*** genießen ◇ *relish a challenge* eine Herausforderung lieben ◇ *I don't relish the prospect of getting up early tomorrow.* Die Aussicht, morgen früh aufstehen zu müssen, begeistert mich nicht.
▸ ***Nomen*** **1** (*gehoben*) Vorliebe, Genuss **2** = kalte pikante Soße

re·live /ˌriːˈlɪv/ *Verb* noch einmal durchleben

re·load /ˌriːˈləʊd; *AmE* -ˈloʊd/ *Verb* **1** nachladen ◇ *reload the camera* einen neuen Film in die Kamera einlegen **2** (COMP) neu laden **3** neu beladen

re·locate /ˌriːləʊˈkeɪt; *AmE* ˌriːˈloʊkeɪt/ *Verb* **1** versetzen, den Standort verlegen ◇ *The company relocated its head office to Stamford.* Die Firma hat ihren Hauptsitz nach Stamford verlegt. **2** umsiedeln, umziehen ◇ *Some were unwilling to relocate.* Einige wollten sich nicht versetzen lassen.

re·loca·tion /ˌriːləʊˈkeɪʃn; *AmE* -loʊ-/ *Nomen* Standortwechsel, Umsiedlung, Umzug, Versetzung (*von Arbeitnehmern*) ◇ *relocation costs* Umzugskosten

re·luc·tance /rɪˈlʌktəns/ *Nomen* Widerwille ◇ *There is still some reluctance on the part of employers.* Die Arbeitgeber sträuben sich immer noch.

re·luc·tant /rɪˈlʌktənt/ *Adj* (*Adv* **re·luc·tant·ly**) widerwillig, zögernd ◇ *She was reluctant to admit she was wrong.* Es widerstrebte ihr zuzugeben, dass sie unrecht hatte. ◇ *I'm reluctant to let her go.* Ich lasse sie nur ungern gehen. ◇ *a reluctant hero* ein Held wider Willen

rely 0‑ /rɪˈlaɪ/ *Verb* (**re·lies**, **rely·ing**, **re·lied**, **re·lied**) PHRV **reˈly on/upon sb/sth** **1** auf jdn/etw angewiesen sein **2** sich auf jdn/etw verlassen ◇ *He can't be relied on to tell the truth.* Man kann sich nicht darauf verlassen, dass er die Wahrheit sagt.

REM /rem, ˌɑːr iː ˈem/ *Kurzform von* **rapid eye movement** ◇ *REM sleep* REM-/Traumschlaf

re·made *Form von* REMAKE

re·main 0‑ /rɪˈmeɪn/ *Verb* (*gehoben*) (*selten in der Verlaufsform, obwohl das Partizip „remaining" verwendet wird*) **1** bleiben ◇ *remain seated* sitzen bleiben ◇ *remain silent* schweigen ◇ *That remains to be seen.* Das bleibt abzuwarten. ◇ *Questions remain about the president's honesty.* Bezüglich der Ehrlichkeit des Präsidenten bleiben noch Fragen offen. ◇ *The plane remained on the ground.* Das Flugzeug blieb auf dem Rollfeld stehen. ◇ *I feel sorry for her, but the fact remains (that) she lied to us.* Sie tut mir leid, aber das ändert nichts an der Tatsache, dass sie uns angelogen hat. **2** übrig bleiben ◇ *There were only ten minutes remaining.* Es blieben nur noch zehn Minuten.

re·main·der /rɪˈmeɪndə(r)/ *Nomen, Verb*
▸ ***Nomen*** **1** Rest **2** Restauflage
▸ ***Verb*** (*meist passiv*) (*Bücher*) verramschen

re·mains 0‑ /rɪˈmeɪnz/ *Nomen* [Pl] **1** Reste **2** Überreste, Relikte **3** (*gehoben*) sterbliche Überreste

re·make *Verb, Nomen*
▸ ***Verb*** /ˌriːˈmeɪk/ (**-made**, **-made** /-ˈmeɪd/) neu verfilmen; (*Musik*) neu aufnehmen
▸ ***Nomen*** /ˈriːmeɪk/ Neuverfilmung, Neuaufnahme

re·mand /rɪˈmɑːnd; *AmE* rɪˈmænd/ *Verb, Nomen*
▸ ***Verb*** (*meist passiv*) **~ sb in custody** jdn in Untersuchungshaft nehmen **~ sb on bail** jdn gegen Kaution freilassen
▸ ***Nomen*** [U] Untersuchungshaft ◇ *He is currently being held on remand.* Er sitzt zurzeit in Untersuchungshaft.

reˈmand centre *Nomen* (*BrE*) Untersuchungshaftanstalt für Jugendliche

re·mark 0‑ /rɪˈmɑːk; *AmE* rɪˈmɑːrk/ *Nomen, Verb*
▸ ***Nomen*** **1** Bemerkung **2** (*veraltet oder gehoben*) Beachtung ◇ *nothing that is worthy of remark* nichts Bemerkenswertes ◇ *It passed without remark.* Es geschah unbemerkt.
▸ ***Verb*** bemerken; **~ (on/upon sth/sb)** (über etw/jdn) eine Bemerkung machen, sich (über etw/jdn) äußern

re·mark·able 0‑ /rɪˈmɑːkəbl; *AmE* rɪˈmɑːrk-/ *Adj* beachtlich, erstaunlich ◇ *The area is remarkable for its scenery.* Die Gegend zeichnet sich durch ihre landschaftliche Schönheit aus.

re·mark·ably 0‑ /rɪˈmɑːkəbli; *AmE* rɪˈmɑːrk-/ *Adj* **1** bemerkenswert, erstaunlich **2** erstaunlicherweise ◇ *Remarkably, nobody was killed.* Erstaunlicherweise kam niemand zu Tode.

re·mar·riage /ˌriːˈmærɪdʒ/ *Nomen* Wiederverheiratung

re·marry /ˌriːˈmæri/ *Verb* (**-marry·ing**, **-mar·ries**, **-mar·ried**, **-mar·ried**) wieder heiraten

re·mas·ter /ˌriːˈmɑːstə(r); *AmE* -ˈmæstər/ *Verb* (*Tonaufnahmen*) aufbereiten

re·match /ˈriːmætʃ/ *Nomen* Wiederholungsspiel, Rückkampf

re·med·ial /rɪˈmiːdiəl/ *Adj* [nur vor Nomen] **1** Heil-, Hilfs- ◇ *remedial treatment* eine Heilbehandlung ◇ *remedial measures* Hilfsmaßnahmen **2** Förder- ◇ *a remedial class* eine Förderklasse für Leistungsschwache

rem·edy /ˈremədi/ *Nomen, Verb*
▸ ***Nomen*** (*Pl* **-ies**) **~ (for/to sth)** **1** Allheilmittel (gegen etw), Abhilfe (gegen etw) ◇ *There are a number of possible remedies to this problem.* Dieses Problem lässt sich auf verschiedene Weisen lösen. **2** (Heil)mittel (gegen etw) ◇ *a home remedy for sore throats* ein Hausmittel gegen Halsschmerzen **3 ~ (against sth)** Rechtsmittel (gegen etw)
▸ ***Verb*** (**rem·edy·ing**, **rem·ed·ies**, **remed·ied**, **rem·ed·ied**) beheben

re·mem·ber 0‑ /rɪˈmembə(r)/ *Verb* (*nicht in der Verlaufsform*) **1 ~ (sb/sth)** sich (an jdn/etw) erinnern ◇ *Do you remember her?* Erinnerst du dich noch an sie? ◇ *He still remembered her as a teenager.* Er hatte sie noch als Teenager in Erinnerung. ◇ *Do you remember switching the lights off?* Weißt du noch, ob du das Licht ausgeschaltet hast? ◇ *Remember to switch the lights off!* Denk dran, das Licht auszuschalten. ◇ *I vaguely remember hearing him come in.* Ich erinnere mich vage daran, dass ich ihn habe reinkommen hören. **2** denken an, nicht vergessen ◇ *Remember that we're going out tonight.* Denk daran, dass wir heute Abend ausgehen. ◇ *Did you remember the newspaper?* Hast du an die Zeitung gedacht? ◇ *I can never remember names.* Ich kann mir Namen einfach nicht merken. **3** bedenken ◇ *Remember (that) you may feel sleepy after taking the pills.* Bedenken Sie, dass man nach Einnahme der Pillen schläfrig werden kann. ◇ *His grandfather remembered him in his will.* Sein Großvater bedachte ihn in seinem Testament. **4** gedenken ◇ *a* *church service to remember the war dead* ein Gottesdienst zum Gedenken an die Opfer des Krieges IDM **be re'membered as sth** als etw bekannt sein **be re'membered for sth** für etw bekannt sein PHR V **re'member sb to sb** (*bes BrE*) ◇ *Remember me to your parents.* Grüß deine Eltern von mir. ◇ *Jenny asked to be remembered to you.* Jenny lässt dich grüßen.

re·mem·brance /rɪ'membrəns/ *Nomen* **1** Erinnerung, Gedenken **2** (*gehoben*) Andenken

Re,membrance 'Sunday (*auch* **Re'membrance Day**) *Nomen* = der dem 11. November nächste Sonntag, an dem in Großbritannien der Gefallenen hauptsächlich der beiden Weltkriege gedacht wird

re·mind 0→ /rɪ'maɪnd/ *Verb* **~ sb (about/of sth)** jdn (an etw) erinnern ◇ *That reminds me, I must get some milk.* Dabei fällt mir ein, ich muss noch Milch kaufen. ◇ *Passengers are reminded (that) smoking is not allowed on this train.* Fahrgäste werden darauf hingewiesen, dass das Rauchen im Zug verboten ist. PHR V **re'mind sb of sb/sth** jdn an jdn/etw erinnern

re·mind·er /rɪ'maɪndə(r)/ *Nomen* **1** Erinnerung, Mahnung ◇ *The house was a painful reminder of their life together.* Das Haus erinnerte sie schmerzlich an ihr gemeinsames Leben. **2** (*Brief*) Mahnung

rem·in·isce /ˌremɪ'nɪs/ *Verb* **~ (about sth/sb)** (über etw/jdn) in Erinnerungen schwelgen

rem·in·is·cence /ˌremɪ'nɪsns/ *Nomen* **1** [meist Pl] (Lebens)erinnerung **2** Zurückdenken **3** [meist Pl] Reminiszenz

rem·in·is·cent /ˌremɪ'nɪsnt/ *Adj* **1 be ~ of sb/sth** an jdn/etw erinnern ◇ *The way he laughed was strongly reminiscent of his father.* Die Art, wie er lachte, erinnerte stark an seinen Vater. **2** [nur vor Nomen] (*gehoben*) erinnerungsvoll

re·miss /rɪ'mɪs/ *Adj* [nicht vor Nomen] (*gehoben*) nachlässig

re·mis·sion /rɪ'mɪʃn/ *Nomen* **1** (MED) Remission **2** (*BrE*) Straferlass **3** (*gehoben*) (*von Gebühren etc.*) Nachlass

remit *Nomen, Verb*

▸ ***Nomen*** /'riːmɪt, rɪ'mɪt/ [meist Sing] (*BrE*) **1** Aufgabenbereich **2** Auftrag

▸ ***Verb*** /rɪ'mɪt/ (**-tt-**) (*gehoben*) **1 ~ sth (to sb)** (jdm) etw überweisen **2** (*Schulden, Strafe etc.*) erlassen PHR V **re'mit sth to sb** (RECHT) (*meist passiv*) etw an jdn verweisen

re·mit·tance /rɪ'mɪtns/ *Nomen* (*gehoben*) (Geld)überweisung, Zahlung

remix *Verb, Nomen*

▸ ***Verb*** /ˌriː'mɪks/ remixen

▸ ***Nomen*** /'riːmɪks/ Remix

rem·nant /'remnənt/ *Nomen* **1** [meist Pl] Überrest **2** (Stoff)rest

re·model /ˌriː'mɒdl; *AmE* -'mɑːdl/ *Verb* (**-ll-**, *AmE* **-l-**) umgestalten, neu gestalten

re·mold (*AmE*) = REMOULD

rem·on·strance /rɪ'mɒnstrəns; *AmE* rɪ'mɑːn-/ *Nomen* (*gehoben*) Protest

rem·on·strate /'remənstreɪt; *AmE* rɪ'mɑːnstreɪt/ *Verb* (*gehoben*) protestieren; **~ with sb (about sth)** jdm (wegen einer Sache) Vorhaltungen machen

re·morse /rɪ'mɔːs; *AmE* rɪ'mɔːrs/ *Nomen* Reue ◇ *She felt no remorse.* Sie hatte keine Gewissensbisse.

re·morse·ful /rɪ'mɔːsfl; *AmE* rɪ'mɔːrs-/ *Adj* (*Adv* **re·morse·ful·ly** /-fəli/) reumütig, reuig ◇ *She seemed genuinely remorseful for what she had done.* Sie schien aufrichtig zu bereuen, was sie getan hatte.

re·morse·less /rɪ'mɔːsləs; *AmE* rɪ'mɔːrsləs/ *Adj* (*Adv* **re·morse·less·ly**) **1** unerbittlich **2** erbarmungslos

re·mort·gage /ˌriː'mɔːgɪdʒ; *AmE* -'mɔːrgɪdʒ/ *Verb, Nomen*

▸ ***Verb*** = eine zweite/andere Hypothek auf sein Haus/seine Wohnung aufnehmen

▸ ***Nomen*** zweite Hypothek

re·mote 0→ /rɪ'məʊt; *AmE* rɪ'moʊt/ *Adj* **1** weit entfernt ◇ *a remote beach* ein abgelegener Strand ◇ *one of the remotest areas of the world* eine der entlegensten Regionen der Welt ◇ *remote from reality* weltfremd **2** [nur vor Nomen] (*in Zeit*) fern ◇ *a remote ancestor* ein Urahn **3** [nur vor Nomen] (*Verwandte*) entfernt **4** (COMP) Fern- ◇ *remote database access* Fernzugriff auf Datenbanken in offenen Rechnernetzen **5** (*Mensch, Verhalten*) unnahbar **6** (*Chance, Ahnung etc.*) gering

re,mote con'trol *Nomen* **1** Fernsteuerung, Fernlenkung **2** (*umgs* **re·mote**) Fernbedienung

re,mote-con'trolled *Adj* ferngesteuert, mit Fernbedienung

re·mote·ly /rɪ'məʊtli; *AmE* rɪ'moʊt-/ *Adv* **1** (*meist in verneinten Sätzen*) im Entferntesten, im Geringsten ◇ *The two incidents were only remotely connected.* Die beiden Vorfälle hatten kaum etwas miteinander zu tun. **2** fern- ◇ *remotely operated* ferngesteuert **3** weit entfernt ◇ *The church is remotely situated on the north coast.* Die Kirche liegt ganz abgelegen an der Nordküste.

re·mote·ness /rɪ'məʊtnəs; *AmE* rɪ'moʊt-/ *Nomen* **1** Abgelegenheit **2** Unnahbarkeit

re,mote 'sensing *Nomen* (Satellitenfern)erkundung

re·mould (*AmE* **re·mold**) /ˌriː'məʊld; *AmE* -'moʊld/ *Verb* (*BrE, gehoben*) umgestalten, neu gestalten

re·mount /ˌriː'maʊnt/ *Verb* **1** wieder besteigen **2** wieder aufsteigen

re·mov·able /rɪ'muːvəbl/ *Adj* abnehmbar, herausnehmbar, entfernbar

re·moval 0→ /rɪ'muːvl/ *Nomen* **1** Entfernung; (*von Gesetzen etc.*) Aufhebung ◇ *the removal of a number of trees* das Fällen mehrerer Bäume **2 ~ (of sb)** Entlassung (von jdm) ◇ *the removal of the president from office* die Absetzung des Präsidenten **3** (*BrE*) Umzug ◇ *a removal company* eine Speditionsfirma ◇ *removal men* Möbelpacker

re'moval van *Nomen* Möbelwagen

re·move 0→ /rɪ'muːv/ *Verb* **1** (*gehoben*) entfernen, wegnehmen ◇ *She has had the tumour removed.* Sie hat sich den Tumor entfernen lassen. ◇ *The vehicles will be removed.* Die Fahrzeuge werden abgeschleppt. ◇ *He has been removed from the school for theft.* Er ist wegen Diebstahls von der Schule verwiesen worden. ◇ *remove obstacles* Hindernisse aus dem Weg räumen ◇ *remove objections* Einwände beseitigen ◇ *The news removed any doubts.* Die Nachricht zerstreute alle Zweifel. ◇ *His name was removed from the list.* Sein Name wurde von der Liste gestrichen. **2** (*gehoben*) (*Kleidung etc*) ausziehen, abnehmen **3** (*im Beruf etc.*) entlassen IDM **be far removed from sth** weit von etw entfernt sein (*auch fig*) **once, twice, etc. re'moved** (*Cousin etc.*) ersten, zweiten, etc. Grades ◇ *several times removed* entfernt verwandt

re·mover /rɪ'muːvə(r)/ *Nomen* **1** (*meist in Zusammensetzungen*) Entferner ◇ *nail varnish remover* Nagellackentferner **2** [meist Pl] (*BrE*) Möbelpacker

re·mu·ner·ate /rɪ'mjuːnəreɪt/ *Verb* **~ sb (for sth)** (*meist passiv*) (*gehoben*) jdn (für etw) entlohnen

re·mu·ner·ation /rɪˌmjuːnə'reɪʃn/ *Nomen* (*gehoben*) Lohn, Entlohnung, Belohnung ◇ *This job offers an attractive remuneration package.* Diese Position wird großzügig vergütet.

re·mu·nera·tive /rɪˈmjuːnərətɪv/ *Adj (gehoben)* einträglich

REN /ˌɑːr iː ˈen/ *Kurzform von* **ˌregistered enˌrolled ˈnurse** *Nomen* staatlich geprüfte Krankenschwester, staatlich geprüfter Krankenpfleger

re·nais·sance /rɪˈneɪsns; *AmE* ˈrenəsɑːns/ *Nomen* [Sing] **1 the Renaissance** die Renaissance **2** Wiedergeburt, Revival

renal /ˈriːnl/ *Adj* (MED) Nieren-

re·name /ˌriːˈneɪm/ *Verb* umbenennen, umtaufen

rend /rend/ *Verb* (**rent, rent** /rent/) *(veraltet oder gehoben)* zerreißen *(auch fig)*

ren·der /ˈrendə(r)/ *Verb* **1** *(gehoben)* machen ◇ *render sth harmless/ineffective* etw unschädlich/unwirksam machen ◇ *Flooding rendered the pitch useless.* Wegen der Überflutung konnte das Spielfeld nicht benutzt werden. ◇ *They were rendered homeless by the earthquake.* Sie wurden durch das Erdbeben obdachlos. **2 ~ sth (to sb/sth); ~ (sb) sth** *(gehoben) (Dienst)* (jdm) etw erweisen; *(Hilfe)* (jdm) etw leisten ◇ *for services rendered* für erwiesene Dienstleistungen **3** *(gehoben) (Bericht, Rechnung etc.)* vorlegen **4** *(Musik)* vortragen; *(Kunst)* darstellen **5** *(Text etc.)* übersetzen **6** *(BrE) (Gebäude etc.)* verputzen **7 ~ sth (down)** *(Fett)* auslassen

ren·der·ing /ˈrendərɪŋ/ *Nomen* **1** Vortrag; *(Theaterstück)* Aufführung; *(Rolle)* Darstellung **2** *(eines Textes)* Übersetzung **3** *(Gebäude etc.)* Putz, Verputz

ren·dez·vous /ˈrɒndɪvuː, -deɪ-; *AmE* ˈrɑːn-/ *Nomen, Verb*

▸ ***Nomen*** *(Pl* **ren·dez·vous** /-vuːz/) **1** Rendezvous, Verabredung **2** Treffpunkt ◇ *a rendezvous point* ein Treffpunkt

▸ ***Verb*** (**ren·dez·voused, rendez·voused** /-vuːd/) sich treffen

ren·di·tion /renˈdɪʃn/ *Nomen* **1** *(eines Liedes etc.)* Vortrag **2** *(auch* **exˌtraordinary renˈdition**) [U] = außerordentliche heimliche Überstellung von Terrorverdächtigen in Drittstaaten

rene·gade /ˈrenɪɡeɪd/ *Nomen (gehoben, abwert)* **1** *(oft als Adjektiv verwendet)* Abtrünnige(r) ◇ *a renegade priest* ein abtrünniger Priester **2** Rebell(in) ◇ *teenage renegades* rebellische Jugendliche

re·nege /rɪˈniːɡ, rɪˈneɪɡ/ *Verb* **~ (on sth)** *(gehoben) (Versprechen, Abkommen)* nicht einhalten

renew /rɪˈnjuː; *AmE* rɪˈnuː/ *Verb* **1** erneuern, wieder aufnehmen ◇ *The army renewed its assault on the capital.* Die Armee griff die Stadt erneut an. ◇ *She renewed her efforts to escape.* Sie unternahm erneute Anstrengungen zu fliehen. ◇ *renew acquaintance with old friends* alte Bekanntschaften auffrischen **2** wiederholen → *Siehe auch* RENEWED **3** erneuern → *Siehe auch* RENEWED **4** verlängern ◇ *I'd like to renew these library books.* Ich möchte diese Bücher verlängern lassen.

re·new·able /rɪˈnjuːəbl; *AmE* rɪˈnuː-/ *Adj* **1** erneuerbar **2** verlängerbar

re·new·ables /rɪˈnjuːəblz; *AmE* rɪˈnuː-/ *Nomen* [Pl] erneuerbare Energien

re·newal /rɪˈnjuːəl; *AmE* rɪˈnuː-/ *Nomen* **1** Erneuerung, Wiederaufnahme ◇ *a renewal of interest in traditional teaching methods* ein erneutes Interesse an altbewährten Unterrichtsmethoden **2** Verlängerung ◇ *The lease comes up for renewal at the end of the month.* Der Pachtvertrag kann am Ende des Monats verlängert werden. **3** Erneuerung, Regeneration ◇ *urban renewal* Stadterneuerung

re·newed /rɪˈnjuːd; *AmE* rɪˈnuːd/ *Adj* neuerlich, erneut, neu

ren·net /ˈrenɪt/ *Nomen* Lab

re·nounce /rɪˈnaʊns/ *Verb (gehoben)* **1 ~ sth** auf etw verzichten, etw aufgeben **2 ~ sth/sb** etw/jdm abschwören, sich von jdm/etw lossagen

reno·vate /ˈrenəveɪt/ *Verb* renovieren, restaurieren

reno·va·tion /ˌrenəˈveɪʃn/ *Nomen* Renovierung, Restaurierung

re·nown /rɪˈnaʊn/ *Nomen (gehoben)* guter Ruf, Ansehen ◇ *He won renown as a fair judge.* Er hat sich als gerechter Richter einen Namen gemacht. ◇ *a bookshop of renown* eine renommierte Buchhandlung

re·nowned /rɪˈnaʊnd/ *Adj* **~ (as/for sth)** (für etw) berühmt, (als/für etw) bekannt

rent 🔑 /rent/ *Nomen, Verb* → *Siehe auch* REND

▸ ***Nomen*** **1** *(BrE)* Miete, Pacht **2** *(AmE)* Miete, Leihgebühr **3** Riss, Spalte **IDM** **for rent** *(bes AmE) (besonders auf Schildern)* zu vermieten

▸ ***Verb*** **1 ~ sth (from sb)** etw (von jdm) mieten, etw (von jdm) pachten → *Siehe auch* RENTED **2 ~ sth (out) (to sb)** etw (an jdn) vermieten, etw (an jdn) verpachten **3** *(bes AmE)* leihen, mieten ◇ *rent a movie* ein Video ausleihen **4** *(AmE)* vermietet werden, verpachtet werden, verliehen werden ◇ *The apartment rents for $500 a month.* Die Miete für die Wohnung beträgt $500 im Monat.

ˈrent-a- *(vor Nomina gebraucht um auszudrücken, dass etw gemietet werden kann)* ◇ *rent-a-mob* gekaufte Demonstranten

ren·tal /ˈrentl/ *Nomen* **1** [meist Sing] Miete, Leihgebühr **2** Verleih ◇ *a minimum rental period of three months* eine Mietzeit von mindestens drei Monaten **3** *(bes AmE)* Mietsache, Mietgegenstand ◇ *rental car* Mietwagen ◇ *'Is this your own car?' 'No, it's a rental.'* „Gehört der Wagen dir?" „Nein, er ist gemietet." ◇ *(AmE) rental library* Leihbücherei

ˈrent boy *Nomen (BrE)* Strichjunge

rent·ed 🔑 /ˈrentɪd/ *Adj* gemietet

rent·er /ˈrentə(r)/ *Nomen* **1** Mieter(in), Pächter(in) **2** *(AmE)* Vermieter(in) ◇ *the nation's biggest automobile renter* die größte Autoverleihfirma des Landes

ˌrent-ˈfree *Adj, Adv* mietfrei

ˈrent-seeking *Nomen* [U] *(abwert)* (WIRTSCH, *von bestimmten Interessensgruppen)* = das Beeinflussen der öffentlichen Politik, um sich eigene wirtschaftliche Vorteile zu sichern

re·nun·ci·ation /rɪˌnʌnsiˈeɪʃn/ *Nomen (gehoben)* Verzicht, Aufgabe, Entsagung

re·open /ˌriːˈəʊpən; *AmE* -ˈoʊ-/ *Verb* **1** wieder (er)öffnen **2** wieder aufnehmen ◇ *reopen the case* den Fall neu aufrollen ◇ *The trial reopened on 6 March.* Der Prozess wurde am 6. März fortgesetzt. **IDM** **reˌopen old ˈwounds** alte Wunden aufreißen

re·open·ing /ˌriːˈəʊpənɪŋ; *AmE* -ˈoʊ-/ *Nomen* Wiedereröffnung, Wiederaufnahme

re·order /ˌriːˈɔːdə(r); *AmE* -ˈɔːrdər/ *Verb* **1** nachbestellen **2** neu ordnen, umstellen, umordnen

re·organ·iza·tion *(BrE auch* **-isa·tion**) /riˌɔːɡənaɪˈzeɪʃn; *AmE* riˌɔːrɡənəˈ-/ *Nomen* Neuorganisation, Neugliederung, Umorganisation

re·organ·ize *(BrE auch* **-ise**) /riˈɔːɡənaɪz; *AmE* riˈɔːrɡ-/ *Verb* umorganisieren, neu gliedern, umordnen, neu einteilen

Rep. *Abk* **1** *(in der amerikanischen Politik)* = REPRESENTATIVE **2** *(AmE)* = REPUBLICAN **3** = REPUBLIC

rep /rep/ *Nomen (umgs)* **1** = SALES REPRESENTATIVE **2** = REPRESENTATIVE ◇ *a union rep* ein Gewerkschaftssprecher **3** = REPERTORY

re·paid *Form von* REPAY

re·pair 🔑 /rɪˈpeə(r); *AmE* rɪˈper/ *Verb, Nomen*

▸ ***Verb*** **1** reparieren ◇ *repair a road* eine Straße ausbessern **2** wieder gutmachen, wieder wettmachen **PHR V** **reˈpair to ...** *(gehoben oder hum)* sich auf/in/

nach/zu etw begeben
▸ *Nomen* Reparatur ◇ *The building was in need of repair.* Das Gebäude war renovierbedürftig. ◇ *damaged beyond repair* nicht mehr zu reparieren IDM **in good, bad, etc. re'pair; in a good, bad, etc. state of re'pair** (*gehoben*) in gutem, schlechtem etc. Zustand

re·pair·er /rɪˈpeərə(r); *AmE* rɪˈperər/ *Nomen* (*bes BrE*) Mechaniker, Techniker, Handwerker

re·pair·man /rɪˈpeəmæn; *AmE* rɪˈpermæn/ *Nomen* (*Pl* **-men** /-men/) Mechaniker, Techniker, Handwerker

rep·ar·ation /ˌrepəˈreɪʃn/ *Nomen* (*gehoben*) **1 reparations** [Pl] Entschädigung, Reparationen **2** Wiedergutmachung

rep·ar·tee /ˌrepɑːˈtiː; *AmE* -pɑːrˈ-/ *Nomen* [U] **1** schlagfertige Bemerkungen **2** (*Eigenschaft*) Schlagfertigkeit **3** Schlagabtausch

re·past /rɪˈpɑːst; *AmE* rɪˈpæst/ *Nomen* (*veraltet*) Mahl

re·pat·ri·ate /ˌriːˈpætrieɪt; *AmE* -ˈpeɪt-/ *Verb* in das Heimatland zurückführen, repatriieren

re·pat·ri·ation /ˌriːˌpætriˈeɪʃn; *AmE* -ˌpeɪt-/ *Nomen* Repatriierung, Rückführung

repay /rɪˈpeɪ/ *Verb* (**-paid, -paid** /rɪˈpeɪd/) **1 ~ sth (to sb); ~ (sb)** (jdm) etw zurückzahlen ◇ *When are you going to repay them?* Wann zahlst du ihnen das Geld zurück? **2 ~ sb (for sth)** sich bei jdm (für etw) revanchieren; **~ sth (with sth)** etw (mit etw) vergelten **3** (*BrE, gehoben*) ◇ *The report repays careful reading.* Es lohnt sich, den Bericht sorgfältig zu lesen.

re·pay·able /rɪˈpeɪəbl/ *Adj* rückzahlbar

re·pay·ment /rɪˈpeɪmənt/ *Nomen* Rückzahlung

re·peal /rɪˈpiːl/ *Verb, Nomen*
▸ *Verb* (*Gesetz etc.*) aufheben
▸ *Nomen* Aufhebung

re·peat 0-w /rɪˈpiːt/ *Verb, Nomen*
▸ *Verb* **1** wiederholen ◇ *a repeating pattern* ein sich wiederholendes Muster ◇ *They have been repeating their calls for his resignation.* Sie haben wiederholt seinen Rücktritt gefordert. ◇ *He's fond of repeating that …* Er wird nicht müde zu betonen, dass … ◇ *Such scenes of desolation are repeated all over the country.* Solche Szenen der Verwüstung findet man im ganzen Land. **2 ~ sth (to sb)** (jdm) etw weitererzählen ◇ *The rumour has been widely repeated in the press.* Das Gerücht fand in der Presse weite Verbreitung. **3 ~ (sth) (after sb)** (jdm) (etw) nachsprechen **4 ~ on sb** (*BrE, umgs*) jdm aufstoßen
▸ *Nomen* Wiederholung ◇ *She didn't want a repeat performance of what had happened the night before.* Sie wollte nicht noch einmal das gleiche Theater, das sich in der vorigen Nacht abgespielt hatte. ◇ *a repeat order* eine Nachbestellung

re·peat·able /rɪˈpiːtəbl/ *Adj* wiederholbar ◇ *His joke was not repeatable.* Seinen Witz möchte ich hier nicht wiederholen.

re·peated 0-w /rɪˈpiːtɪd/ *Adj* [nur vor Nomen] (*Adv* **re·peatedly**) wiederholt

repel /rɪˈpel/ *Verb* (**-ll-**) **1** (*gehoben*) (*Feind, Angriff etc.*) abwehren ◇ *repel an invader* einen Angreifer zurückschlagen ◇ (*fig*) *The reptile's prickly skin repels nearly all of its predators.* Die stachelige Haut des Reptils wirkt auf fast all seine Feinde abschreckend. **2** abweisen, vertreiben ◇ *The fabric repels water.* Der Stoff ist wasserabweisend. ◇ *I was repelled by the smell.* Der Geruch stieß mich ab. **3** (PHYSIK) abstoßen ◇ *Like poles repel each other.* Gleiche Pole stoßen sich ab.

re·pel·lent /rɪˈpelənt/ *Adj, Nomen*
▸ *Adj* **1** (*gehoben*) **~ (to sb)** abstoßend (für jdn) **2** (*in Zusammensetzungen*) abstoßend ◇ *water-repellent* wasserabweisend
▸ *Nomen* **1** Schutzmittel **2** Imprägniermittel

re·pent /rɪˈpent/ *Verb* (*gehoben*) **1** Reue empfinden **2 ~ (of) sth** etw bereuen

re·pent·ance /rɪˈpentəns/ *Nomen* Reue

re·pent·ant /rɪˈpentənt/ *Adj* reuig, reumütig

re·per·cus·sion /ˌriːpəˈkʌʃn; *AmE* -pərˈ-/ *Nomen* [meist Pl] (*gehoben*) Konsequenzen, Nachspiel

rep·er·toire /ˈrepətwɑː(r); *AmE* -pərt-/ *Nomen* **1** Repertoire **2** Bandbreite ◇ *a young child's growing verbal repertoire* der wachsende Wortschatz eines Kleinkindes

rep·er·tory /ˈrepətri; *AmE* -pərtɔːri/ *Nomen* **1** (*umgs* **rep**) [U] Repertoiretheater ◇ *a repertory actor* ein Schauspieler am Repertoiretheater **2** (*gehoben*) Repertoire

repe·ti·tion /ˌrepəˈtɪʃn/ *Nomen* Wiederholung

repe·ti·tious /ˌrepəˈtɪʃəs/ *Adj* (*Adv* **repe·ti·tious·ly**) (*oft abwert*) sich wiederholend, voller Wiederholungen; (*Arbeit*) monoton

repe·ti·tive /rɪˈpetətɪv/ *Adj* (*Adv* **re·peti·tive·ly**) wiederholt, sich ständig wiederholend; (*Arbeit*) monoton

re·phrase /ˌriːˈfreɪz/ *Verb* umformulieren, anders ausdrücken

re·place 0-w /rɪˈpleɪs/ *Verb* **1** ersetzen ◇ *The new design will replace all existing models.* Das neue Design wird alle bestehenden Modelle ablösen. **2** erneuern, austauschen ◇ *All the old carpets need replacing.* Alle alten Teppiche müssen erneuert werden. **3** zurückstellen/-legen ◇ *replace the receiver/handset* den Hörer auflegen

re·place·able /rɪˈpleɪsəbl/ *Adj* ersetzbar; (*Teile*) austauschbar, auswechselbar

re·place·ment /rɪˈpleɪsmənt/ *Nomen* **1** Auswechseln, Austauschen **2** Ersatz ◇ *a hip replacement* ein künstliches Hüftgelenk

re·play *Nomen, Verb*
▸ *Nomen* /ˈriːpleɪ/ **1** (*BrE*) (SPORT) Wiederholungsspiel **2** Wiederholung; (*eines Films, Tonbands, etc.*) nochmaliges Abspielen → *Siehe auch* ACTION REPLAY
▸ *Verb* /ˌriːˈpleɪ/ **1** (*meist passiv*) (*Match*) wiederholen **2** (*Aufnahme, Band*) (nochmals) abspielen (*auch fig*)

re·plen·ish /rɪˈplenɪʃ/ *Verb* (*gehoben*) (wieder) auffüllen

re·plen·ish·ment /rɪˈplenɪʃmənt/ *Nomen* **1** [U] (Wieder)auffüllen **2 replenishments** [Pl] Nachschub

re·plete /rɪˈpliːt/ *Adj* **1** [nicht vor Nomen] (*gehoben*) **~ (with sth)** voll (von etw), reich (an etw) **2** (*veraltet oder gehoben*) satt, gesättigt

rep·lica /ˈreplɪkə/ *Nomen* Modell, Nachbildung; (*von Menschen*) Ebenbild ◇ *replica guns* Waffenimitationen

rep·li·cate /ˈreplɪkeɪt/ *Verb* (*gehoben*) **1** nachbilden, reproduzieren, wiederholen **2** sich wiederholen; (BIOL) **~ (itself)** sich replizieren

rep·li·ca·tion /ˌreplɪˈkeɪʃn/ *Nomen* **1** (BIOL) Replikation **2** Wiederholen

reply 0-w /rɪˈplaɪ/ *Verb, Nomen*
▸ *Verb* (**-plies, -ply·ing, -plied, -plied**) **1 ~ (to sb)** (jdm) antworten; **~ to sth** etw beantworten, auf etw antworten **2** (*als Reaktion*) erwidern, antworten
▸ *Nomen* Antwort ◇ *She made no reply.* Sie gab keine Antwort. ◇ *in reply to your letter of 16 March* in Beantwortung Ihres Schreibens vom 16. März ◇ *a reply-paid envelope* ein Freiumschlag

re·port 0-w /rɪˈpɔːt; *AmE* rɪˈpɔːrt/ *Verb, Nomen*
▸ *Verb* **1 ~ (on sth)** (über etw) berichten; **~ sth** etw (ver)melden ◇ *The pilot reported engine trouble.* Der Pilot meldete Probleme mit dem Triebwerk. ◇ *The doctor reported the patient fully recovered.* Der Arzt gab an, dass der Patient vollständig wiederhergestellt

war. ◇ *reporting restrictions* Beschränkungen der Berichterstattung ◇ *She is reported to earn over $10 million a year.* Es heißt, dass sie über $10 Millionen im Jahr verdient. ◇ *The house was reported as being in excellent condition.* Von dem Haus hieß es, dass es in ausgezeichnetem Zustand war. ◇ *The President is reported as saying that …* Der Präsident hat angeblich gesagt, dass … ◇ *She was reported by the doctor to be making excellent progress.* Dem Arzt zufolge geht es ihr bereits viel besser. **2** (*bei Behörden, Polizei etc.*) melden, anzeigen ◇ *She has reported her daughter missing.* Sie hat ihre Tochter als vermisst gemeldet. ◇ *They were reported for smoking in the toilets.* Sie wurden bei der Schulleitung gemeldet, weil sie in der Toilette rauchten. **3** sich melden ◇ *Report for duty at 9.30 a.m.* Melden Sie sich morgen um 9.30 zum Dienst. PHR V **re,port 'back** sich zurückmelden **re,port 'back (on sth) (to sb)** (jdm) (über etw) Bericht erstatten **re'port to sb** (*nicht in der Verlaufsform*) (*in der Arbeitswelt*) jdm unterstellt sein ◇ *Who do you report to?* Wer ist Ihr Vorgesetzter?

▸ ***Nomen*** **1** ~ **(on/of sth)** Bericht (über etw) **2** Gutachten **3** (*AmE* **re'port card**) (SCHULE) Zeugnis **4** (*gehoben*) (*Geräusch*) Knall ◇ *They heard the report of a gun.* Sie hörten einen Schuss.

re·por·tage /rɪˈpɔːtɪdʒ, ˌrepɔːˈtɑːʒ; *AmE* rɪˈpɔːrtɪdʒ, ˌrepɔːrˈtɑːʒ/ *Nomen* (*gehoben*) **1** Reportage **2** Reportagestil

re·port·ed·ly /rɪˈpɔːtɪdli; *AmE* rɪˈpɔːrt-/ *Adv* angeblich

re,ported 'question *Nomen* indirekte Frage

re,ported 'speech *Nomen* indirekte Rede

re·port·er /rɪˈpɔːtə(r); *AmE* rɪˈpɔːrtər/ *Nomen* Reporter(in), Berichterstatter(in)

re·port·ing /rɪˈpɔːtɪŋ; *AmE* rɪˈpɔːrtɪŋ/ *Nomen* Berichterstattung

re·pose /rɪˈpəʊz; *AmE* rɪˈpoʊz/ *Nomen, Verb*

▸ ***Nomen*** (*gehoben*) Ruhe ◇ *in repose* im entspannten Zustand

▸ ***Verb*** (*gehoben*) **1** sich befinden **2** (*Person*) ruhen, sich ausruhen

re·posi·tory /rɪˈpɒzətri; *AmE* rɪˈpɑːzətɔːri/ *Nomen* (*Pl* **-ies**) (*gehoben*) **1** Lager **2** (*Mensch*) Quelle

re·pos·sess /ˌriːpəˈzes/ *Verb* beschlagnahmen

re·pos·ses·sion /ˌriːpəˈzeʃn/ *Nomen* **1** Beschlagnahmung ◇ *a repossession order* eine Pfändungsverfügung **2** beschlagnahmter Gegenstand ◇ *Auctions are the best place for buying repossessions.* Versteigerungen sind der beste Ort zum Kauf von beschlagnahmten Gegenständen.

rep·re·hen·sible /ˌreprɪˈhensəbl/ *Adj* (*gehoben*) verwerflich

rep·re·sent 0⊸ /ˌreprɪˈzent/ *Verb* **1** (*oft passiv*) vertreten, repräsentieren ◇ *They are well represented on the committee.* Sie sind im Ausschuss stark vertreten. **2** (*nicht in der Verlaufsform*) darstellen (*auch fig*) ◇ *Does this substance represent a threat to human health?* Stellt diese Substanz eine gesundheitliche Bedrohung dar? ◇ *This contract represents 20% of the annual revenue.* Dieser Vertrag macht 20% der Jahreseinkünfte aus. ◇ *The peace plan represents weeks of negotiation.* Dem Friedensplan liegen wochenlange Verhandlungen zugrunde. ◇ *Those comments do not represent the views of us all.* Solche Kommentare sind nicht repräsentativ für unsere Ansichten. **3** (*nicht in der Verlaufsform*) symbolisieren ◇ *Each colour on the chart represents a different department.* Jede Farbe auf der Grafik steht für eine andere Abteilung. **4** (*gehoben*) darlegen, unterbreiten

rep·re·sen·ta·tion /ˌreprɪzenˈteɪʃn/ *Nomen* **1** Darstellung **2** Vertretung ◇ *They should have equal representation in Parliament.* Sie sollten im Parlament gleich stark vertreten sein. **3 representations** [Pl] (*bes BrE, gehoben*) Protest, Ersuchen ◇ *We have made representations to the prime minister.* Wir wurden beim Premierminister vorstellig. ➔ *Siehe auch* PROPORTIONAL REPRESENTATION

rep·re·sen·ta·tion·al /ˌreprɪzenˈteɪʃənl/ *Adj* **1** (*Fachspr*) (KUNST) gegenständlich **2** (POL, PSYCH) repräsentativ

rep·re·sen·ta·tive 0⊸ /ˌreprɪˈzentətɪv/ *Nomen, Adj*

▸ ***Nomen*** **1** Vertreter(in) ◇ *He was the Queen's representative at the ceremony.* Er hat die Königin bei der Zeremonie vertreten. **2** (*umgs* **rep**) = SALES REPRESENTATIVE **3 Representative, Rep.** (POL) (*im amerikanischen Unterhaus*) Abgeordnete(r)

▸ ***Adj*** ~ **(of sb/sth)** repräsentativ (für jdn/etw); (*Beispiel etc.*) typisch (für jdn/etw)

re·press /rɪˈpres/ *Verb* **1** unterdrücken **2** (PSYCH) verdrängen

re·pressed /rɪˈprest/ *Adj* unterdrückt; (PSYCH) verdrängt

re·pres·sion /rɪˈpreʃn/ *Nomen* Unterdrückung; (PSYCH) Verdrängung

re·pres·sive /rɪˈpresɪv/ *Adj* (*Adv* **re·pres·sive·ly**) repressiv

re·prieve /rɪˈpriːv/ *Verb, Nomen*

▸ ***Verb*** (*meist passiv*) **1** (*nicht in der Verlaufsform*) ~ **sb** jdn begnadigen, jds Strafe aufschieben **2** ~ **sth** einer Sache eine Gnadenfrist gewähren ◇ *The future of the reprieved factories is still uncertain.* Die Zukunft der verschonten Fabriken ist noch ungewiss.

▸ ***Nomen*** [meist Sing] **1** Begnadigung **2** Aufschub, Gnadenfrist

rep·ri·mand /ˈreprɪmɑːnd; *AmE* -mænd/ *Verb, Nomen*

▸ ***Verb*** ~ **sb (for sth)** (*gehoben*) jdn (wegen einer Sache) tadeln

▸ ***Nomen*** (*gehoben*) Tadel, Rüge

re·print *Verb, Nomen*

▸ ***Verb*** /ˌriːˈprɪnt/ (*meist passiv*) nachdrucken, neu auflegen

▸ ***Nomen*** /ˈriːprɪnt/ Neuauflage, Nachdruck

re·prisal /rɪˈpraɪzl/ *Nomen* (*gehoben*) Vergeltungsakt ◇ *in reprisal for the attack* aus Vergeltung für das Attentat

re·prise /rɪˈpriːz/ *Nomen, Verb*

▸ ***Nomen*** [meist Sing] Reprise

▸ ***Verb*** wiederholen, wieder spielen ◇ *The actors in the original cast will be reprising their roles.* Die Schauspieler der Originalbesetzung werden die gleichen Rollen spielen. ◇ *A few of the popular songs will be reprised in the show.* Einige der populären Songs werden in die Show übernommen.

re·proach /rɪˈprəʊtʃ; *AmE* rɪˈproʊtʃ/ *Nomen, Verb*

▸ ***Nomen*** (*gehoben*) **1** Vorwurf ◇ *His voice was full of reproach.* Seine Stimme klang sehr vorwurfsvoll. ◇ *above/beyond reproach* über jeden Vorwurf erhaben **2** Schande

▸ ***Verb*** (*gehoben*) ~ **sb (for/with sth)** jdm (wegen einer Sache) Vorwürfe machen

re·proach·ful /rɪˈprəʊtʃfl; *AmE* rɪˈproʊtʃ-/ *Adj* (*Adv* **re·proach·ful·ly** /-fəli/) vorwurfsvoll

rep·ro·bate /ˈreprəbeɪt/ *Nomen, Adj*

▸ ***Nomen*** (*gehoben oder hum*) Schurke, verkommenes Subjekt

▸ ***Adj*** (*gehoben oder hum*) verwerflich, schändlich, verkommen

re·pro·duce 0⊸ /ˌriːprəˈdjuːs; *AmE* -ˈduːs/ *Verb* **1** reproduzieren, wiedergeben ◇ *All illustrations are reproduced by kind permission of the artist.* Alle Abbildungen sind mit freundlicher Genehmigung des Künstlers abgedruckt. **2** simulieren, wiedergeben ◇ *He was never able to reproduce this level of per-*

formance. Er konnte diese Leistung nie wiederholen. **3** sich fortpflanzen, sich vermehren

re·pro·du·cible /ˌriːprəˈdjuːsəbl; *AmE* -ˈduː-/ *Adj* reproduzierbar

re·pro·duc·tion /ˌriːprəˈdʌkʃn/ *Nomen* **1** Reproduktion, Fortpflanzung, Vermehrung **2** Vervielfältigung **3** Wiedergabe **4** Nachbildung, Reproduktion ◇ *colour reproductions of the paintings* farbige Abbildungen der Gemälde ◇ *reproduction furniture* Stilmöbel

re·pro·duct·ive /ˌriːprəˈdʌktɪv/ *Adj* [nur vor Nomen] Fortpflanzungs-, Geschlechts- ◇ *reproductive medicine* Reproduktionsmedizin

re·proof /rɪˈpruːf/ *Nomen* (*gehoben*) Tadel, Zurechtweisung

re·prove /rɪˈpruːv/ *Verb* (*gehoben*) tadeln, zurechtweisen

re·prov·ing /rɪˈpruːvɪŋ/ *Adj* (*Adv* **re·prov·ing·ly**) (*gehoben*) tadelnd

rep·tile /ˈreptaɪl; *AmE auch* -tl/ *Nomen* Reptil

rep·til·ian /repˈtɪliən/ *Adj* reptilartig, Reptilien- ◇ (*fig*) *unpleasantly reptilian* Abscheu erregend

re·pub·lic /rɪˈpʌblɪk/ *Nomen* (*Abk* **Rep.**) Republik

re·pub·lic·an /rɪˈpʌblɪkən/ *Nomen, Adj*
▸ ***Nomen*** (*Abk* **R**, **Rep.**) Republikaner(in)
▸ ***Adj*** republikanisch

re·pub·lic·an·ism (*auch* **Re·pub·lic·an·ism**) /rɪˈpʌblɪkənɪzəm/ *Nomen* Republikanismus

the Re'publican Party *Nomen* [Sing] die Republikanische Partei

re·pudi·ate /rɪˈpjuːdieɪt/ *Verb* (*gehoben*) **1** ablehnen **2** zurückweisen **3** nicht anerkennen **4** (*veraltet*) verstoßen

re·pudi·ation /rɪˌpjuːdiˈeɪʃn/ *Nomen* (*gehoben*) **1** Zurückweisung **2** Nichtanerkennung **3** Ablehnung **4** Verstoßung

re·pug·nance /rɪˈpʌgnəns/ *Nomen* (*gehoben*) Abscheu, Widerwillen

re·pug·nant /rɪˈpʌgnənt/ *Adj* ~ (**to sb**) (*gehoben*) (jdm) widerwärtig

re·pulse /rɪˈpʌls/ *Verb* (*gehoben*) **1** (*meist passiv*) abstoßen **2** abwehren, zurückschlagen **3** zurückweisen

re·pul·sion /rɪˈpʌlʃn/ *Nomen* **1** Widerwillen, Abscheu **2** (PHYSIK) Abstoßung

re·pul·sive /rɪˈpʌlsɪv/ *Adj* **1** (*Adv* **re·pul·sive·ly**) widerwärtig, abstoßend **2** (PHYSIK) abstoßend

re·pul·sive·ness /rɪˈpʌlsɪvnəs/ *Nomen* Widerwärtigkeit

rep·ut·able /ˈrepjətəbl/ *Adj* angesehen, seriös

repu·ta·tion 0-π /ˌrepjuˈteɪʃn/ *Nomen* Ruf ◇ *I'm aware of Mark's reputation for being late*. Ich weiß, dass Mark dafür bekannt ist, dass er immer zu spät kommt. ◇ *The weather in England was living up to its reputation*. Das Wetter in England entsprach genau den Erwartungen.

re·pute /rɪˈpjuːt/ *Nomen* (*gehoben*) Ruf, Ansehen ◇ *I know him only by repute*. Ich kenne ihn nur vom Hörensagen.

re·puted /rɪˈpjuːtɪd/ *Adj* ◇ *He is reputed to be the best heart surgeon in the country*. Er ist angeblich der beste Herzchirurg des Landes. ◇ *The house is wrongly reputed to have been the poet's birthplace*. Es wird fälschlicherweise angenommen, dass dies Haus das Geburtshaus des Dichters ist. ◇ *She sold it for a reputed seven million*. Sie verkaufte es für angeblich sieben Millionen.

re·puted·ly /rɪˈpjuːtɪdli/ *Adv* angeblich, dem Vernehmen nach

re·quest 0-π /rɪˈkwest/ *Nomen, Verb*
▸ ***Nomen*** Bitte ◇ *They made a request for further aid*. Sie baten um weitere Unterstützung. ◇ *The writer's name was withheld by request*. Auf Bitte des Verfassers wurde sein Name verschwiegen. ◇ *available on request* auf Wunsch erhältlich ◇ *a radio request programme* ein Wunschkonzert im Radio
▸ ***Verb*** (*gehoben*) ~ **sth** (**from sb**) (jdn) um etw bitten ◇ *You can request a free copy of the leaflet*. Sie können eine Kopie der Broschüre anfordern.

re·quiem /ˈrekwiəm, -kwiem/ (*auch* ˌ**requiem** ˈ**mass**) *Nomen* Requiem, Totenmesse

re·quire 0-π /rɪˈkwaɪə(r)/ *Verb* (*selten in der Verlaufsform*) (*gehoben*) **1** brauchen, benötigen ◇ *This condition requires urgent treatment*. Dieses Leiden muss dringend behandelt werden. ◇ (*bes AmE*) *The situation required that he be present*. Die Situation machte seine Anwesenheit erforderlich. **2** (*oft passiv*) ~ **sth** (**of sb**) etw (von jdm) verlangen ◇ *The wearing of seat belts is required by law*. Das Gesetz schreibt das Anlegen von Sicherheitsgurten vor. ◇ *'Hamlet' is required reading*. „Hamlet" ist Pflichtlektüre. ◇ *reach the required standard* das erforderliche Niveau erreichen ◇ *You will be required to take a short test*. Sie werden sich einer kurzen Prüfung unterziehen müssen.

re·quire·ment 0-π *Nomen* /rɪˈkwaɪəmənt; *AmE* -ərmənt/ (*gehoben*) **1** (*meist* **requirements**) [Pl] Bedürfnis, Bedarf ◇ *Our immediate requirement is extra staff*. Wir brauchen dringend zusätzliches Personal. **2** Anspruch, Anforderung, Voraussetzung ◇ *the entrance requirements* die Zulassungsbedingungen ◇ *a visa requirement* eine Visumspflicht

requis·ite /ˈrekwɪzɪt/ *Adj, Nomen*
▸ ***Adj*** [nur vor Nomen] (*gehoben*) notwendig, erforderlich
▸ ***Nomen*** (*gehoben*) **1** Erfordernis, Voraussetzung **2** [meist Pl] Artikel ◇ *toilet requisites* Toilettenartikel

requi·si·tion /ˌrekwɪˈzɪʃn/ *Nomen, Verb*
▸ ***Nomen*** Requirierung, Beschlagnahmung
▸ ***Verb*** requirieren, beschlagnahmen

re·quite /rɪˈkwaɪt/ *Verb* (*gehoben*) erwidern, vergelten

re·route /ˌriːˈruːt; *AmE auch* -ˈraʊt/ *Verb* umleiten ◇ *reroute a road* eine Umverlegung einer Straße vornehmen

rerun *Nomen, Verb*
▸ ***Nomen*** /ˈriːrʌn/ Wiederholung
▸ ***Verb*** /ˌriːˈrʌn/ (**-run·ning**, **-ran** /-ˈræn/, **-run**) wiederholen

re·sale /ˈriːseɪl, ˌriːˈseɪl/ *Nomen* Wiederverkauf, Weiterverkauf ◇ *the resale value* der Wiederverkaufswert

re·sched·ule /ˌriːˈʃedjuːl; *AmE* -ˈskedʒuːl/ *Verb* **1** ~ **sth** (**for/to sth**) etw (auf etw) verlegen **2** refinanzieren ◇ *Repayments on the loan have been rescheduled over 20 years*. Die Umschuldung zur Tilgung des Darlehens beläuft sich jetzt auf 20 Jahre.

re·sched·ul·ing /ˌriːˈʃedjuːlɪŋ; *AmE* -ˈskedʒuː-/ *Nomen* **1** Verlegung **2** Refinanzierung

re·scind /rɪˈsɪnd/ *Verb* (*gehoben*) aufheben, widerrufen

res·cue 0-π /ˈreskjuː/ *Verb, Nomen*
▸ ***Verb*** retten, bewahren
▸ ***Nomen*** Rettung ◇ *She came to their rescue*. Sie kam ihnen zu Hilfe. ◇ *a mountain rescue team* eine Rettungsmannschaft der Bergwacht

res·cuer /ˈreskjuːə(r)/ *Nomen* Retter(in)

re·search 0-π *Nomen, Verb*
▸ ***Nomen*** /rɪˈsɜːtʃ, ˈriːsɜːtʃ; *AmE* -sɜːrtʃ/ **1** Forschung, Untersuchung(en), Erforschung ◇ *a research student* ein(e) Doktorand(in) ◇ *research on animals* Tierexperimente **2** Nachforschung, Erkundigung
▸ ***Verb*** /rɪˈsɜːtʃ; *AmE* rɪˈsɜːrtʃ/ ~ (**into/on sth**) (etw) erfor-

schen, (etw) untersuchen ◇ *She's researching her new book.* Sie recherchiert ihr neues Buch.

reˌsearch and deˈvelopment *Nomen* (*Abk* **R & D**) Forschung und Entwicklung

re·search·er /rɪˈsɜːtʃə(r), ˈriːsɜːtʃə(r); *AmE* -sɜːrtʃ-/ *Nomen* Forscher(in)

re·sell /ˌriːˈsel/ *Verb* (**re·sold, re·sold** /-ˈsəʊld; *AmE* -ˈsoʊld/) weiterverkaufen

re·sem·blance /rɪˈzembləns/ *Nomen* Ähnlichkeit

re·sem·ble /rɪˈzembl/ *Verb* **~ sb/sth/each other** (*nicht in der Verlaufsform*) jdm/etw/sich ähneln, jdm/etw/sich gleichen

re·sent /rɪˈzent/ *Verb* übel nehmen ◇ *She resented him making all the decisions.* Sie ärgerte sich darüber, dass er alle Entschlüsse fasste.

re·sent·ful /rɪˈzentfl/ *Adj* (*Adv* **re·sent·ful·ly** /-fəli/) verärgert, grollend ◇ *feel resentful about sth* etw übel nehmen ◇ *They seemed to be resentful of our presence there.* Sie schienen etwas gegen unsere Anwesenheit zu haben.

re·sent·ment /rɪˈzentmənt/ *Nomen* Unmut, Groll, Ressentiment

re·ser·va·tion 0-ᵖ /ˌrezəˈveɪʃn; *AmE* -zərˈ-/ *Nomen* **1** Reservierung **2** Zweifel ◇ *without reservation* ohne Vorbehalt. ◇ *with reservations* mit Einschränkungen **3** Reservat → *Siehe auch* CENTRAL RESERVATION

re·serve 0-ᵖ /rɪˈzɜːv; *AmE* rɪˈzɜːrv/ *Verb, Nomen*

▸ **Verb** **1** reservieren ◇ *I've reserved a room.* Ich habe ein Zimmer gebucht. **2** vorsehen, aufsparen ◇ *I'd prefer to reserve (my) judgement until I know all the facts.* Ich halte mich mit meinem Urteil zurück, bis ich den ganzen Sachverhalt kenne. **3** (*Recht etc.*) (sich) vorbehalten

▸ **Nomen** **1** [meist Pl] Reserve, Vorkommen ◇ *reserve assets* Reserveguthaben **2** Schutzgebiet → *Siehe auch* GAME RESERVE *und* NATURE RESERVE **3** Reservat **4** Zurückhaltung, Reserve **5** Vorbehalt ◇ *The estimates should be treated with reserve.* Die Schätzungen sind mit Vorsicht zu genießen. **6** (SPORT) Reservespieler(in) **7 the reserves** [Pl] (SPORT) die Reservemannschaft **8** (*auch* **the reserve** [Sing], **the reserves** [Pl]) die Reserve ◇ *the army reserve(s)* die Reserveeinheit(en) ◇ *the reserve police* die Polizeireserve **9** (*BrE auch* **reˈserve price**) Mindestgebot IDM **in reˈserve** in Reserve ◇ *The money was being kept in reserve for their retirement.* Das Geld wurde für ihren Ruhestand zurückgelegt.

re·served /rɪˈzɜːvd; *AmE* rɪˈzɜːrvd/ *Adj* zurückhaltend, reserviert ◇ *a reserved man* ein zurückhaltender Mann

re·serv·ist /rɪˈzɜːvɪst; *AmE* rɪˈzɜːrvɪst/ *Nomen* Reservist(in)

res·er·voir /ˈrezəvwɑː(r); *AmE* -zərv-/ *Nomen* **1** Stausee, Reservoir **2** (*gehoben*) Reservoir ◇ *a reservoir of infection* ein Infektionsherd **3** (TECH) Behälter, Speicher

reset /ˌriːˈset/ *Verb* (**-set·ting, -set, -set**) **1** umstellen, neu einstellen **2** (*oft passiv*) (*Knochen*) richten **3** (COMP) rücksetzen

re·set·tle /ˌriːˈsetl/ *Verb* **1** umsiedeln, (sich) ansiedeln **2** wieder besiedeln **3** sich niederlassen

re·set·tle·ment /ˌriːˈsetlmənt/ *Nomen* **1** Umsiedlung **2** Neubesiedlung

re·shape /ˌriːˈʃeɪp/ *Verb* umgestalten, radikal ändern

re·shuf·fle *Verb, Nomen*

▸ **Verb** /ˌriːˈʃʌfl/ (POL) umbilden ◇ *He decided against reshuffling the Cabinet.* Er entschied sich gegen eine Umbildung des Kabinetts.

▸ **Nomen** /ˈriːʃʌfl/ Umbildung

res·ide /rɪˈzaɪd/ *Verb* **1** (*gehoben*) wohnhaft sein, residieren, ansässig sein **2** (COMP) abgelegt sein PHR V **reˈside in sth** in etw liegen **reˈside in/with sb/sth** bei jdm/etw liegen ◇ *The ultimate authority resides with them.* Die maßgebliche Verantwortung liegt bei ihnen.

resi·dence /ˈrezɪdəns/ *Nomen* (*gehoben*) **1** Anwesen, Residenz, Sitz **2** [U] ◇ *They were not able to take up residence in their new home.* Sie konnten ihr neues Haus nicht beziehen. ◇ *her place of residence* ihr Wohnsitz ◇ *a hall of residence* ein Studentenwohnheim **3** Aufenthalt ◇ *a residence permit* eine Aufenthaltsgenehmigung IDM **in ˈresidence 1** anwesend ◇ *The flag flies when the queen is in residence.* Wenn die Königin anwesend ist, wird die Flagge gehisst. **2** (*Künstler, Schriftsteller, Musiker*) = in einer Universität, Museum etc. zu Gast ◇ *an artist in residence at the Tate* ein(e) Künstler(in) zu Gast in der Tate Galerie

resi·dency /ˈrezɪdənsi/ *Nomen* (*Pl* **-ies**) (*gehoben*) **1** Aufenthalt ◇ *She has been granted permanent residency in Britain.* Großbritannien hat ihr eine unbefristete Aufenthaltsgenehmigung erteilt. **2** (*bes AmE*) ≈ Assistenzzeit im Krankenhaus **3** Residenz, Amtssitz

resi·dent 0-ᵖ /ˈrezɪdənt/ *Nomen, Adj*

▸ **Nomen** **1** Bewohner(in), Einwohner(in), Anwohner(in) ◇ *residents' parking* Parkplätze für Anlieger **2** Hotelgast ◇ *The hotel restaurant is open to non-residents.* Das Hotelrestaurant steht auch Tagesgästen zur Verfügung. **3** (*AmE*) Assistenzarzt, -ärztin

▸ **Adj** wohnhaft, ansässig ◇ *Tom's our resident expert on foreign movies.* Tom ist unser hauseigener Experte für ausländische Filme.

resi·den·tial /ˌrezɪˈdenʃl/ *Adj* **1** Wohn-, Wohnungs- **2** ◇ *a three-day residential course* ein dreitägiger Kurs mit Übernachtung ◇ *a residential home for the elderly* ein Altenwohnheim ◇ *residential care for children* Heimunterbringung für Kinder

ˈresidents' association *Nomen* = Anwohnerverein

re·sidual /rɪˈzɪdjuəl; *AmE* -dʒu-/ *Adj* (*gehoben*) [nur vor Nomen] restlich, verbleibend, Rest- ◇ *residual herbicides* Herbizide, die Rückstände bilden ◇ *residual income* Nettoeinkommen

re·sidu·ary /rɪˈzɪdjuəri; *AmE* -dʒueri/ *Adj* (RECHT) = aus dem reinen Nachlass

resi·due /ˈrezɪdjuː; *AmE* -duː/ *Nomen* **1** Rückstand **2** (RECHT) reiner Nachlass

re·sign /rɪˈzaɪn/ *Verb* **1** zurücktreten, austreten **2** aufgeben ◇ *She resigned her directorship.* Sie gab ihren Direktorposten auf. PHR V **reˈsign yourself to sth** sich mit etw abfinden

res·ig·na·tion /ˌrezɪɡˈneɪʃn/ *Nomen* **1** Rücktritt **2** Kündigung **3** Resignation, Ergebung

re·signed /rɪˈzaɪnd/ *Adj* (*Adv* **re·sign·ed·ly**) /rɪˈzaɪnɪdli/ resigniert, resignierend ◇ *He was resigned to never seeing her again.* Er fand sich damit ab, dass er sie nie wiedersehen würde.

re·sili·ence /rɪˈzɪliəns/ (*seltener* **re·sili·ency** /-ənsi/) *Nomen* **1** Unverwüstlichkeit, Belastbarkeit **2** Elastizität

re·sili·ent /rɪˈzɪliənt/ *Adj* **1** unverwüstlich, robust ◇ *Young people are amazingly resilient.* Junge Menschen lassen sich nicht so leicht unterkriegen. **2** elastisch

resin /ˈrezɪn; *AmE* -zn/ *Nomen* (Kunst)harz

res·in·ous /ˈrezɪnəs; *AmE* -zənəs/ *Adj* harzig

re·sist 0-ᵖ /rɪˈzɪst/ *Verb* **1** sich widersetzen, widerstehen ◇ *The bank strongly resisted cutting interest rates.* Die Bank wehrte sich entschieden dagegen, den Zinssatz herabzusetzen. **2** Widerstand leisten (gegen), sich wehren (gegen) (*auch fig*) ◇ *He was charged with resisting arrest.* Er wurde wegen Widerstandes bei der Festnahme angeklagt. **3** (*meist in ver-*

neinten Sätzen) (*Versuchung etc.*) widerstehen ◇ *Eric couldn't resist a smile.* Eric konnte sich ein Lächeln nicht verkneifen. **4** standhalten ◇ *This paint is designed to resist heat.* Dieser Lack soll hitzebeständig sein. ◇ *A healthy diet should help your body resist infection.* Eine gesunde Ernährung sollte dem Körper helfen, Abwehrkräfte gegen Infektionen zu mobilisieren.

re·sist·ance 0→ /rɪˈzɪstəns/ *Nomen* **1** Widerstand **2** Widerstandskraft, Resistenz ◇ *AIDS lowers the body's resistance to infection.* Aids reduziert die Abwehrkräfte des Körpers gegen Infektionen. **3** [mit Verb im Sing/Pl] (*meist* **the Resistance**) Widerstand(sbewegung) **4** ◇ *water resistance* Wasserfestigkeit ◇ *heat resistance* Hitzebeständigkeit IDM → LINE

re·sist·ant /rɪˈzɪstənt/ *Adj* **1** widerstandsfähig, resistent **2 be ~ to sth** sich einer Sache widersetzen **3 -resistant** (*in zusammengesetzten Adjektiven*) -resistent, -beständig

re·sist·er /rɪˈzɪstə(r)/ *Nomen* jd, der Widerstand leistet

re·sis·tor /rɪˈzɪstə(r)/ *Nomen* (ELEK) Widerstand

resit *Verb, Nomen*

▸ **Verb** /ˌriːˈsɪt/ (**-sit·ting, -sat, -sat** /-ˈsæt/) (*BrE*) (*Prüfung*) wiederholen

▸ **Nomen** /ˈriːsɪt/ (*BrE*) Wiederholungsprüfung ◇ *Students are only allowed one resit.* Die Studenten können die Prüfung nur einmal wiederholen.

reso·lute /ˈrezəluːt/ *Adj* (*Adv* **reso·lute·ly**) entschlossen, entschieden, resolut, energisch ◇ *resolute leadership* eine straffe Führung

reso·lute·ness /ˈrezəluːtnəs/ *Nomen* Entschlossenheit, Bestimmtheit

reso·lution /ˌrezəˈluːʃn/ *Nomen* **1** Beschluss, Resolution **2** [U/Sing] Lösung ◇ *the resolution of a dispute* die Beilegung eines Streits **3** Entschlossenheit **4 ~ (to do sth)** Vorsatz (etw zu tun) ◇ *make New Year's resolutions* gute Vorsätze für das neue Jahr fassen **5** (COMP) Auflösung ◇ *high-resolution graphics* hochauflösende Grafiken

re·solve 0→ /rɪˈzɒlv; *AmE* rɪˈzɑːlv/ *Verb, Nomen*

▸ **Verb** (*gehoben*) **1** (*Problem, Konflikt*) lösen; (*Zweifel*) zerstreuen; (*Streit*) beilegen; (*Unstimmigkeiten*) klären **2 ~ (to do sth)** beschließen (etw zu tun) PHR V **reˈsolve into sth** ◇ *The discussion resolved into two main points.* In der Diskussion kristallisierten sich zwei Schwerpunkte heraus. **reˈsolve sth into sth** etw in etw zerlegen, etw in etw aufsplitten

▸ **Nomen** Entschlossenheit

re·solved /rɪˈzɒlvd; *AmE* rɪˈzɑːlvd/ *Adj* [nicht vor Nomen] **~ (to do sth)** (*gehoben*) (fest) entschlossen (etw zu tun)

res·on·ance /ˈrezənəns/ *Nomen* **1** (*gehoben*) (voller) Klang **2** (*Fachspr*) Resonanz **3** (*gehoben*) (*fig*) Resonanz, Widerhall, Nachklang

res·on·ant /ˈrezənənt/ *Adj* **1** (*Adv* **res·on·ant·ly**) (*gehoben*) klangvoll, voll **2** (*Adv* **res·on·ant·ly**) nachhallend, hallend ◇ (*fig*) *resonant imagery* ausdrucksstarke Bilder **3** (*gehoben*) **~ with sth** reich an etw **4 be ~ of sth** an etw erinnern

res·on·ate /ˈrezəneɪt/ *Verb* (*gehoben*) **1** (wider)hallen; **~ with sth** von etw hallen **2 ~ with sb** bei jdm Anklang finden; **~ with sth** mit etw übereinstimmen ◇ *These issues resonated with the voters.* Diese Themen kamen bei den Wählern gut an. **3 ~ with sth** (*gehoben*) reich an etw sein

res·on·ator /ˈrezəneɪtə(r)/ *Nomen* (*Fachspr*) Resonator, Resonanzkasten

re·sort 0→ /rɪˈzɔːt; *AmE* rɪˈzɔːrt/ *Nomen, Verb*

▸ **Nomen 1** Ferienort ◇ *a seaside resort* ein Seebad ◇ *a ski resort* ein Wintersportort **2** Zuflucht ◇ *The conflict can be resolved without resort to violence.* Der Konflikt kann ohne Gewaltanwendung gelöst werden. IDM **in the last/final resort 1** letzten Endes **2** im schlimmsten Fall **a/the last/final resort** die letzte Möglichkeit **sb's last resort** die letzte Rettung für jdn

▸ **Verb** PHR V **reˈsort to sth** auf etw zurückgreifen

re·sound /rɪˈzaʊnd/ *Verb* (*gehoben*) **1 ~ (through sth)** (durch etw) hallen ◇ (*fig*) *The tragedy resounded around the world.* Die ganze Welt erfuhr von der Tragödie. **2 ~ with/to sth** vom Klang von etw erfüllt sein

re·sound·ing /rɪˈzaʊndɪŋ/ *Adj* (*Adv* **re·sound·ing·ly**) [nur vor Nomen] **1** gewaltig, durchschlagend ◇ *a resounding victory/win* ein glorreicher Sieg **2** schallend, hallend

re·source 0→ /rɪˈsɔːs, rɪˈzɔːs; *AmE* ˈriːsɔːrs, rɪˈsɔːrs/ *Nomen, Verb*

▸ **Nomen 1** [meist Pl] Mittel, Ressource ◇ *mineral resources* Bodenschätze **2** Hilfsmittel ◇ *resource books for teachers* Lehrmittelhilfen für den Unterricht **3 resources** [Pl] (*fig*) (seelische oder geistige) Stärken ◇ *She has considerable inner resources.* Sie hat enorme innere Reserven.

▸ **Verb** finanzieren

re·source·ful /rɪˈsɔːsfl, rɪˈzɔːs-; *AmE* rɪˈsɔːrs-/ *Adj* (*Adv* **re·source·ful·ly** /-fəli/) einfallsreich, findig

re·source·ful·ness /rɪˈsɔːsflnəs, rɪˈzɔːs-; *AmE* rɪˈsɔːrs-/ *Nomen* Einfallsreichtum, Findigkeit

re·spect 0→ /rɪˈspekt/ *Nomen, Verb*

▸ **Nomen 1** Achtung, Respekt, Rücksicht ◇ *have respect for sb* Achtung vor jdn haben ◇ *show a lack of respect for authority* keinen Respekt vor der Autorität haben ◇ *He has no respect for her feelings.* Er nimmt keine Rücksicht auf ihre Gefühle. **2** Hinsicht, Beziehung ◇ *In this respect we are very fortunate.* In dieser Hinsicht haben wir großes Glück. **3 respects** [Pl] (*gehoben*) Grüße IDM **in respect of sth** (*gehoben*) **1** bezüglich; hinsichtlich **2** (WIRTSCH) als Vergütung **with reˈspect; with all due reˈspect** (*gehoben*) bei allem Respekt **with respect to sth** (*gehoben*) was ... betrifft → *Siehe auch* DUE *und* PAY

▸ **Verb 1** (*selten in der Verlaufsform*) **~ sb/sth (for sth)** jdn/etw (wegen einer Sache) achten, jdn/etw (wegen einer Sache) respektieren ◇ *a highly respected teacher* ein sehr geachteter Lehrer **2 ~ sth** auf etw Rücksicht nehmen

re·spect·abil·ity /rɪˌspektəˈbɪləti/ *Nomen* (gesellschaftliches) Ansehen, Ehrbarkeit, Anständigkeit

re·spect·able /rɪˈspektəbl/ *Adj* (*Adv* **re·spect·ably** /-bli/) **1** angesehen, ehrbar, anständig ◇ *a respectable neighbourhood* eine bessere Wohngegend ◇ *Go and make yourself look respectable.* Geh und zieh dir was Anständiges an. **2** beachtlich, beträchtlich

re·spect·er /rɪˈspektə(r)/ *Nomen* IDM **be no respecter of ˈpersons** alle Menschen gleich behandeln

re·spect·ful /rɪˈspektfl/ *Adj* (*Adv* **re·spect·ful·ly** /-fəli/) respektvoll ◇ *be respectful of authority* Autorität respektieren ◇ *at a respectful distance* in angemessener Entfernung ◇ *Respectfully yours* Hochachtungsvoll

re·spect·ing /rɪˈspektɪŋ/ *Präp* (*gehoben*) bezüglich

re·spect·ive /rɪˈspektɪv/ *Adj* [nur vor Nomen] jeweilig

re·spect·ive·ly /rɪˈspektɪvli/ *Adv* beziehungsweise ◇ *Julie and Mark, aged 17 and 19 respectively* Julie und Mark, 17, beziehungsweise 19 Jahre alt

res·pir·ation /ˌrespəˈreɪʃn/ *Nomen* [U] (*gehoben*) Atmung

res·pir·ator /ˈrespəreɪtə(r)/ *Nomen* **1** (MED) Respirator, Beatmungsmaschine **2** Atemschutzmaske

re·spira·tory /rəˈspɪrətri, ˈrespərətri; *AmE* ˈrespərətɔːri/ *Adj* Atmungs-, Atem- ◇ *the respiratory tract* die Atemwege ◇ *respiratory diseases* Erkrankungen der Atemwege ◇ *respiratory problems* Atembeschwerden

re·spire /rɪˈspaɪə(r)/ *Verb* (*Fachspr*) atmen

res·pite /ˈrespaɪt; *AmE* -spɪt/ *Nomen* [U] **1** Pause, Unterbrechung, Erholung ◇ *a brief respite from the pain* eine kurze Erleichterung der Schmerzen **2** Aufschub

re·splen·dent /rɪˈsplendənt/ *Adj* (*Adv* **re·splen·dent·ly**) (*gehoben*) ~ **(in sth)** strahlend (in etw)

re·spond 0-w /rɪˈspɒnd; *AmE* rɪˈspɑːnd/ *Verb* **1** (*gehoben*) antworten **2** reagieren ◇ *The infection did not respond to the drugs.* Die Infektion hat auf die Medikamente nicht angesprochen.

re·spond·ent /rɪˈspɒndənt; *AmE* rɪˈspɑːn-/ *Nomen* **1** Befragte(r) **2** (RECHT) Beklagte(r)

re·sponse 0-w /rɪˈspɒns; *AmE* rɪˈspɑːns/ *Nomen* **1** Antwort ◇ *She made no response.* Sie gab keine Antwort. ◇ *In response to your inquiry …* Bezüglich Ihrer Anfrage … **2** Reaktion ◇ *There has been little response to our appeal.* Unser Spendenaufruf fand wenig Resonanz. ◇ *We sent out over 1 000 letters but the response rate has been low.* Wir haben 1 000 Briefe weggeschickt, aber das Echo war gering. **3** [meist Pl] (REL) Responsorium

re·spon·si·bil·ity 0-w /rɪˌspɒnsəˈbɪləti; *AmE* rɪˌspɑːn-/ *Nomen* (*Pl* **-ies**) **1** Verantwortung ◇ *accept/take/bear responsibility for sth* die Verantwortung für etw übernehmen ◇ *be in a position of responsibility* eine verantwortungsvolle Position haben ◇ *It is our responsibility to ensure that the rules are enforced.* Wir sind dafür verantwortlich, dass die Regeln durchgesetzt werden. ◇ *Nobody has claimed responsibility for the bombing.* Niemand hat sich zu dem Bombenanschlag bekannt. ◇ *parental rights and responsibilities* elterliche Rechte und Pflichten **2** Verpflichtung, Verantwortung

re·spon·sible 0-w /rɪˈspɒnsəbl; *AmE* rɪˈspɑːn-/ *Adj* **1** verantwortlich ◇ *He cannot be held responsible for his actions.* Er kann für seine Handlungen nicht zur Verantwortung gezogen werden. ◇ *Everything will be done to bring those responsible to justice.* Wir werden alles tun, um die Schuldigen zur Verantwortung zu ziehen. **2** ~ **to sb/sth** jdm/etw unterstellt **3** (*Adv* **re·spon·sibly** /-bli/) verantwortungsbewusst, zuverlässig **4** (*Stellung etc.*) verantwortungsvoll

re·spon·sive /rɪˈspɒnsɪv; *AmE* rɪˈspɑːn-/ *Adj* (*Adv* **re·spon·sive·ly**) interessiert, empfänglich ◇ *be responsive to consumer demand* auf die Wünsche der Kunden eingehen ◇ *a responsive audience* ein Publikum, das mitgeht ◇ *a flu virus that is not responsive to treatment* ein Grippevirus, der auf keine Behandlung anspricht

re·spon·sive·ness /rɪˈspɒnsɪvnəs; *AmE* rɪˈspɑːn-/ *Nomen* ~ **(to sth)** Empfänglichkeit (für etw), (positive) Reaktion (auf etw) ◇ *They show a lack of responsiveness to client needs.* Sie gehen auf Kundenwünsche nicht ein.

re·spray *Verb, Nomen*
▸ ***Verb*** /ˌriːˈspreɪ/ (*Auto etc.*) umlackieren
▸ ***Nomen*** /ˈriːspreɪ/ neue Lackierung

rest 0-w /rest/ *Nomen, Verb*
▸ ***Nomen*** **1** [Sing] **the ~ (of sth)** der Rest (von etw) ◇ *the rest of the day* der restliche Tag ◇ *the rest of the world* die übrige Welt ◇ *He's human, like the rest of us.* Er ist auch nur ein Mensch, wie wir alle. **2** Ruhe, Pause, Erholung ◇ *I had a good night's rest.* Ich schlief gut. ◇ *Try to get some rest.* Ruh dich aus. ◇ *have/take a rest from all your hard work* sich von seiner schweren Arbeit ausruhen **3** (*oft in Zusammensetzungen*) Lehne ◇ *an armrest* eine Armlehne ◇ *a headrest* eine Kopfstütze **4** (MUS) Pause IDM **and (all) the ˈrest (of it)** (*umgs*) und so weiter und so fort ◇ *He wants a big house and all the rest of it.* Er will ein großes Haus und was so alles dazugehört. **and the ˈrest!** (*BrE, umgs*) bei weitem mehr! **at ˈrest 1** in Ruhestellung **2** (*tot*) zur letzten Ruhe gebettet **come to ˈrest** zum Stillstand kommen **for the ˈrest** (*BrE, gehoben*) abgesehen davon **give sth a ˈrest** (*umgs*) mit etw aussetzen **Give it a ˈrest!** (*umgs*) Hör doch auf! **lay sb to ˈrest** jdn zur letzten Ruhe betten **lay/put sth to ˈrest** etw zum Schweigen bringen **the rest is ˈhistory** der Rest ist bekannt → *Siehe auch* MIND *und* WICKED
▸ ***Verb*** **1** (aus)ruhen ◇ *The doctor told me to rest.* Der Arzt hat mir Ruhe verordnet. ◇ *He won't rest until he finds her.* Er wird keine Ruhe geben, bis er sie findet. ◇ *Now I can rest easy.* Jetzt kann ich mich entspannen. **2** stützen ◇ *His chin rested on his hand.* Er hatte das Kinn auf die Hand gestützt. ◇ *Rest your head on my shoulder.* Lehn deinen Kopf an meine Schulter. ◇ *The bikes were resting against the wall.* Die Fahrräder lehnten an der Wand. **3** (*gehoben*) ruhen ◇ *The matter cannot rest there.* Die Angelegenheit kann man nicht auf sich beruhen lassen. ◇ *May he rest in peace.* Er ruhe in Frieden. IDM **I ˌrest my ˈcase** (*Fachspr oder hum*) ich habe nichts mehr zu sagen **rest as'sured (that …)** (*gehoben*) seien Sie versichert (dass …) **rest your ˈeyes on sb/sth** den Blick auf jdn/etw ruhen lassen → *Siehe auch* GOD *und* LAUREL PHRV **ˈrest on/upon sb** bei jdm liegen ◇ *All our hopes now rest on you.* Wir setzen all unsere Hoffnungen nun auf dich. **ˈrest on/upon sth** (*auch fig*) sich auf etw stützen ◇ *Our success rests on several factors.* Unser Erfolg basiert auf mehreren Faktoren. **ˈrest with sb (to do sth)** (*gehoben*) bei jdm liegen (etw zu tun)

ˈrest area *Nomen* (*AmE*) Rastplatz

re·start *Verb, Nomen*
▸ ***Verb*** /ˌriːˈstɑːt; *AmE* -ˈstɑːrt/ **1** wieder aufnehmen, neu beginnen, fortsetzen; (*Auto, Motor*) wieder anlassen; (*Herz*) wieder zum Schlagen bringen **2** wieder anfangen, wieder aufgenommen werden
▸ ***Nomen*** /ˈriːstɑːt; *AmE* -stɑːrt/ neuer Start, Wiederaufnahme, Fortsetzung

re·state /ˌriːˈsteɪt/ *Verb* (*gehoben*) **1** noch einmal sagen **2** neu formulieren, anders darstellen **3** (MUS) wieder aufnehmen

re·state·ment /ˌriːˈsteɪtmənt/ *Nomen* **1** nochmalige Darstellung **2** Neuformulierung, andere Darstellung **3** (MUS) Wiederaufnahme

res·taur·ant 0-w /ˈrestrɒnt; *AmE* -strɑːnt, -stərɑːnt/ *Nomen* Restaurant, Gaststätte

ˈrestaurant car *Nomen* (*BrE*) Speisewagen

res·taura·teur /ˌrestərəˈtɜː(r)/ *Nomen* (*gehoben*) Gastronom(in)

rest·ful /ˈrestfl/ *Adj* ruhig, beruhigend, erholsam

ˈrest home *Nomen* Altersheim, Pflegeheim

ˈresting place *Nomen* **1** (letzte) Ruhestätte **2** Rastplatz

res·ti·tu·tion /ˌrestɪˈtjuːʃn; *AmE* -ˈtuː-/ *Nomen* **1** (*gehoben*) Rückgabe, Rückerstattung **2** (RECHT) Entschädigung, Schadenersatz

rest·ive /ˈrestɪv/ *Adj* (*gehoben*) unruhig, aufsässig

rest·less /ˈrestləs/ *Adj* (*Adv* **rest·less·ly**) unruhig, rastlos

rest·less·ness /ˈrestləsnəs/ *Nomen* [U] Unruhe, Rastlosigkeit

re·stock /ˌriːˈstɒk; *AmE* -ˈstɑːk/ *Verb* **1** wieder auffüllen ◇ *restock the river with fish* den Fluss wieder mit Fischen besetzen **2** den Tierbestand erneuern, die Bestände auffüllen

res·tor·ation /ˌrestəˈreɪʃn/ *Nomen* **1** Restaurierung **2** Wiederherstellung ◇ *the restoration of diplomatic relations* die Wiederaufnahme diplomatischer Beziehungen **3** Rückgabe **4 the Restoration** [Sing] (GESCH) = (die Zeit nach der) Wiederherstellung der britischen Monarchie im Jahre 1660 ◇ *Restoration comedies* Restaurationskomödien

re·stora·tive /rɪ'stɔːrətɪv/ *Adj, Nomen*
▸ ***Adj*** **1** (*gehoben*) stärkend, belebend **2** (MED) restorativ, Wiederherstellungs-
▸ ***Nomen*** (*veraltet*) Stärkungsmittel

re·store /rɪ'stɔː(r)/ *Verb* **1** wiederherstellen ◇ *restore the garden to its former glory* den Garten in seiner alten Pracht wiederherstellen ◇ *He is now fully restored to health.* Seine Gesundheit ist jetzt völlig wiederhergestellt. **2 ~ sth to sb** jdm etw zurückgeben **3** (*Gebäude etc.*) restaurieren **4** (*Tradition etc.*) wieder einführen ◇ *restore ancient rights* alte Rechte wieder einsetzen

re·storer /rɪ'stɔːrə(r)/ *Nomen* Restaurator(in)

re·strain /rɪ'streɪn/ *Verb* **1** zurückhalten, bändigen, mit Gewalt festhalten **2 ~ sb/sth from doing sth** jdn/etw davon abhalten, etw zu tun **3** (*Zorn, Wunsch etc.*) unterdrücken; **~ yourself** sich beherrschen; **~ yourself from doing sth** sich zurückhalten, um etw nicht zu tun **4** einschränken, in Schranken halten

re·strained /rɪ'streɪnd/ *Adj* **1** zurückhaltend, beherrscht ◇ *They have been very restrained.* Sie haben sich sehr zurückgehalten. **2** unaufdringlich, dezent

re'straining order *Nomen* (*bes AmE*) gerichtliche Verfügung

re·straint /rɪ'streɪnt/ *Nomen* **1** [meist Pl] Einschränkung, Beschränkung ◇ *social restraints* gesellschaftliche Zwänge **2** Zurückhaltung ◇ *exercise restraint* sich zurückhalten **3** (Selbst)beherrschung ◇ *The police appealed to the crowd for restraint.* Die Polizei appellierte an die Menge, Ruhe zu bewahren. **4** (*gehoben*) gewaltsames Festhalten **5** (*offiz*) Sicherheitsgurt ◇ *a child restraint* ein Kindersitz

re·strict /rɪ'strɪkt/ *Verb* **1 ~ sth (to sb/sth)** etw (auf jdn/etw) beschränken ◇ *Access to the club is restricted to members only.* Der Zutritt zum Klub ist nur Mitgliedern gestattet. **2** einschränken

re·stricted /rɪ'strɪktɪd/ *Adj* **1** begrenzt **2** eingeschränkt **3** beschränkt ◇ *a restricted area* ein Gebiet mit Tempolimit bzw. Parkverbot **4** (*BrE*) geheim ◇ *a restricted document* ein Geheimdokument **5** = R, R

re·stric·tion /rɪ'strɪkʃn/ *Nomen* Beschränkung, Einschränkung ◇ *impose/place a restriction on sth* etw beschränken ◇ *clothes that prevent any restriction of movement* Kleidung, die völlige Bewegungsfreiheit gewährt

re·strict·ive /rɪ'strɪktɪv/ *Adj* einschränkend, restriktiv

re,strictive 'practices *Nomen* [Pl] (*BrE, oft abwert*) **1** = Arbeitspraktiken zum Schutz der Arbeitsplätze **2** = wettbewerbsbeschränkende Absprachen

rest·room /'restruːm, -rʊm/ *Nomen* (*AmE*) (*im Theater, Restaurant etc.*) Toilette

re·struc·ture /ˌriː'strʌktʃə(r)/ *Verb* umstrukturieren

re·struc·tur·ing /ˌriː'strʌktʃərɪŋ/ *Nomen* [meist Sing] Umstrukturierung

'rest stop *Nomen* (*AmE*) Rastplatz

re·sult /rɪ'zʌlt/ *Nomen, Verb*
▸ ***Nomen*** **1** Folge ◇ *She died as a result of her injuries.* Sie starb an ihren Verletzungen. **2** Ergebnis ◇ *the election result* das Wahlergebnis **3** [meist Pl] (*BrE*) (Prüfungs)ergebnis ◇ *Have you had your results yet?* Weißt du schon, wie du abgeschnitten hast? **4** (*BrE*) (SPORT) (*umgs*) Erfolg **5 results** [Pl] Resultate
▸ ***Verb*** **~ (from sth)** sich (aus etw) ergeben, (aus etw) resultieren PHR V **re'sult in sth** zu etw führen

re·sult·ant /rɪ'zʌltənt/ *Adj* [nur vor Nomen] (*gehoben*) sich daraus ergebend, daraus resultierend

re·sume /rɪ'zjuːm; *AmE* rɪ'zuːm/ *Verb* (*gehoben*) **1** (*Verhandlungen etc.*) wieder aufnehmen **2** wieder anfangen **3** (*Platz etc.*) wieder einnehmen

ré·sumé (*auch* **re·sumé**) /'rezjumeɪ; *AmE* -zəmeɪ/ *Nomen* **1** Zusammenfassung **2** (*AmE*) Lebenslauf

re·sump·tion /rɪ'zʌmpʃn/ *Nomen* [Sing] (*gehoben*) Wiederaufnahme, Wiederbeginn

re·sur·face /ˌriː'sɜːfɪs; *AmE* -'sɜːrfɪs/ *Verb* **1** wieder auftauchen (*auch fig*) **2** (*Gefühle etc.*) wieder hochkommen **3** ◇ *resurface the road* den Straßenbelag erneuern

re·sur·gence /rɪ'sɜːdʒəns; *AmE* rɪ'sɜːrdʒəns/ *Nomen* [Sing] Wiederaufleben

re·sur·gent /rɪ'sɜːdʒənt; *AmE* rɪ'sɜːrdʒənt/ *Adj* (*gehoben*) wieder auflebend

res·ur·rect /ˌrezə'rekt/ *Verb* **1** wieder aufleben lassen, wieder beleben **2** (*Tote*) wieder zum Leben erwecken

res·ur·rec·tion /ˌrezə'rekʃn/ *Nomen* **1 the Resurrection** [Sing] die Auferstehung (Christi) **2** (*fig*) Wiederbelebung, Wiederaufleben

re·sus·ci·tate /rɪ'sʌsɪteɪt/ *Verb* wiederbeleben (*auch fig*)

re·sus·ci·ta·tion /rɪˌsʌsɪ'teɪʃn/ *Nomen* Wiederbelebung → *Siehe auch* MOUTH-TO-MOUTH RESUSCITATION

re·tail[1] /'riːteɪl/ *Nomen, Adv, Verb*
▸ ***Nomen*** Einzelhandel ◇ *the retail trade* der Einzelhandel ◇ *the recommended retail price* die unverbindliche Preisempfehlung
▸ ***Adv*** im Einzelhandel
▸ ***Verb*** **1** (im Einzelhandel) verkaufen **2 ~ at/for ...** (WIRTSCH) einen Ladenpreis von ... haben

re·tail[2] /rɪ'teɪl/ *Verb* (*gehoben*) **~ sth (to sb)** (jdm) etw (weiter)erzählen, (jdm) von etw erzählen

re·tail·er /'riːteɪlə(r)/ *Nomen* (*gehoben*) Einzelhändler(in)

re·tail·ing /'riːteɪlɪŋ/ *Nomen* Einzelhandel

'retail park *Nomen* Einkaufspark

,retail 'price index (*auch* **'price index**) *Nomen* (*Abk* **RPI**) (*BrE*) Einzelhandelspreisindex

retail 'therapy *Nomen* (*hum*) Einkaufen als Aufmunterung

re·tain /rɪ'teɪn/ *Verb* (*gehoben*) **1** behalten, beibehalten **2** (*Rekord etc.*) halten; (*Titel etc.*) erfolgreich verteidigen **3** (*Feuchtigkeit, Daten*) speichern; (*im Gedächtnis*) sich merken **4** (*Anwalt etc.*) beauftragen

re·tain·er /rɪ'teɪnə(r)/ *Nomen* **1** = Honorar, das einen Freiberufler, Berater etc. dafür gezahlt wird, dass er zur Verfügung steht **2** (*BrE*) = reduzierte Miete für eine leer stehende Wohnung, z.B. während der Semesterferien **3** (*AmE*) Zahnspange **4** (*veraltet*) Faktotum

re·tain·ing /rɪ'teɪnɪŋ/ *Adj* [nur vor Nomen] (TECH) Befestigungs- ◇ *a retaining wall* eine Stützmauer

re·take *Verb, Nomen*
▸ ***Verb*** /ˌriː'teɪk/ (**-took** /-'tʊk/, **-taken** /-'teɪkən/) **1** zurückerobern (*auch fig*) **2** (*Prüfung*) wiederholen
▸ ***Nomen*** /'riːteɪk/ **1** (*Film*) Neuaufnahme ◇ *We had to do several retakes.* Wir mussten die Szene mehrere Male drehen. **2** Wiederholungsprüfung

re·tali·ate /rɪ'tælieɪt/ *Verb* Vergeltung üben, sich revanchieren, zurückschlagen

re·tali·ation /rɪˌtæli'eɪʃn/ *Nomen* Vergeltung, Revanche; (MIL) Vergeltungsschlag

re·tali·atory /rɪ'tæliətri; *AmE* -tɔːri/ *Adj* Vergeltungs-

re·tard *Verb, Nomen*
▸ ***Verb*** /rɪ'tɑːd; *AmE* rɪ'tɑːrd/ (*gehoben*) verlangsamen, verzögern
▸ ***Nomen*** /'riːtɑːd; *AmE* -tɑːrd/ (*Slang, beleidigend*) Idiot(in)

re·tard·ation /ˌriːtɑːˈdeɪʃn; *AmE* -tɑːr'-/ *Nomen* Verzögerung; (MED) Retardation

re·tard·ed /rɪˈtɑːdɪd; *AmE* rɪˈtɑːrdɪd/ *Adj* (*veraltet, beleidigend*) (geistig) zurückgeblieben

retch /retʃ/ *Verb* würgen ◇ *The smell made her retch.* Der Geruch verursachte ihr Brechreiz.

re·tell /ˌriːˈtel/ *Verb* (**-told**, **-told** /-ˈtəʊld; *AmE* -ˈtoʊld/) nacherzählen, noch einmal erzählen

re·ten·tion /rɪˈtenʃn/ *Nomen* (*gehoben*) **1** Beibehaltung ◇ *improve retention of staff* den Personalwechsel eindämmen **2** Speicherung **3** (MED) Retention

re·ten·tive /rɪˈtentɪv/ *Adj* (*Gedächtnis*) gut

re·think *Verb, Nomen*

▸ ***Verb*** /ˌriːˈθɪŋk/ (**-thought**, **-thought** /-ˈθɔːt/) **1** nochmals überdenken **2** umdenken

▸ ***Nomen*** /ˈriːθɪŋk/ (*auch* **re·think·ing** /ˌriːˈθɪŋkɪŋ/) [Sing] Überdenken, Umdenken

reti·cence /ˈretɪsns/ *Nomen* (*gehoben*) Zurückhaltung

reti·cent /ˈretɪsnt/ *Adj* (*gehoben*) zurückhaltend

ret·ina /ˈretɪnə; *AmE* -tənə/ *Nomen* (*Pl* **ret·inas** *oder* **ret·inae** /-niː/) Netzhaut

ret·inue /ˈretɪnjuː; *AmE* -tənuː/ *Nomen* [mit Verb im Sing/Pl] Gefolge

re·tire 0-ᴛ /rɪˈtaɪə(r)/ *Verb* **1** in Pension gehen, in den Ruhestand gehen ◇ *retire to a villa in France* sich in einer Villa in Frankreich zur Ruhe setzen **2** ~ **sb** jdn in den Ruhestand versetzen **3** (SPORT) aufgeben, ausscheiden **4** (*gehoben*) sich zurückziehen **5** (*gehoben*) zu Bett gehen

re·tired 0-ᴛ /rɪˈtaɪəd; *AmE* -ərd/ *Adj* pensioniert, im Ruhestand

re·tir·ee /rɪˌtaɪəˈriː/ *Nomen* (*AmE*) Rentner(in), Pensionär(in), Pensionist(in)

re·tire·ment 0-ᴛ /rɪˈtaɪəmənt; *AmE* -ərmənt/ *Nomen* **1** Ruhestand ◇ *take early retirement* in Frührente gehen ◇ *retirement age* Rentenalter ◇ *a retirement pension* eine Altersrente **2** (SPORT) ~ (**from sth**) Rücktritt (von etw)

re·tirement home *Nomen* Altersheim

re·tir·ing /rɪˈtaɪərɪŋ/ *Adj* zurückhaltend

re·told *Form von* RETELL

re·took *Form von* RETAKE

re·tool /ˌriːˈtuːl/ *Verb* **1** umrüsten **2** (*AmE, umgs*) ändern, umgestalten

re·tort /rɪˈtɔːt; *AmE* rɪˈtɔːrt/ *Verb, Nomen*

▸ ***Verb*** entgegnen

▸ ***Nomen*** **1** Erwiderung **2** (NATURW) Retorte

re·touch /ˌriːˈtʌtʃ/ *Verb* retuschieren

re·trace /rɪˈtreɪs/ *Verb* **1** zurückverfolgen ◇ *retrace your steps* denselben Weg zurückgehen **2** nachvollziehen ◇ (*fig*) *Her mind retraced the dramatic events of the previous night.* In Gedanken spielte sie die dramatischen Ereignisse der vergangenen Nacht nochmals ab. **3** rekonstruieren

re·tract /rɪˈtrækt/ *Verb* **1** widerrufen; (*Behauptung*) zurücknehmen; (*Angebot*) zurückziehen **2** (TECH) einziehen **3** sich zurückziehen

re·tract·able /rɪˈtræktəbl/ *Adj* einziehbar

re·trac·tion /rɪˈtrækʃn/ *Nomen* (*gehoben*) **1** Widerruf, Zurücknahme **2** (TECH) Einziehen

re·train /ˌriːˈtreɪn/ *Verb* **1** umschulen **2** umgeschult werden, sich umschulen lassen

re·train·ing /ˌriːˈtreɪnɪŋ/ *Nomen* Umschulung

re·tread /ˈriːtred/ *Nomen* **1** runderneuerter Reifen **2** (*AmE, abwert*) (*Buch, Film etc.*) Aufguss

re·treat /rɪˈtriːt/ *Verb, Nomen*

▸ ***Verb*** **1** sich zurückziehen, zurückgehen **2** ~ **from sth** (*fig*) von etw abgehen

▸ ***Nomen*** **1** Rückzug ◇ *The army was in full retreat.* Die Armee war auf dem Rückzug. **2** ~ (**from/into sth**) Flucht (aus/in etw) **3** [meist Sing] Rückzieher **4** Refugium, Meditationszentrum **5** (REL) Meditationstag(e), Besinnungstag(e) IDM → BEAT

re·trench /rɪˈtrentʃ/ *Verb* (*gehoben*) Einsparungen machen

re·trench·ment /rɪˈtrentʃmənt/ *Nomen* (*gehoben*) Einsparung(en), Sparmaßnahme(n)

re·trial /ˌriːˈtraɪəl, ˈriːtraɪəl/ *Nomen* Wiederaufnahmeverfahren, Wiederaufnahme des Verfahrens

ret·ri·bu·tion /ˌretrɪˈbjuːʃn/ *Nomen* (*gehoben*) Vergeltung ◇ *an act of retribution* ein Vergeltungsschlag ◇ *fear of divine retribution* Angst vor der Strafe Gottes

re·trieval /rɪˈtriːvl/ *Nomen* **1** (*gehoben*) Rückgewinnung, Bergung ◇ *baggage retrieval* Gepäckausgabe ◇ (*fig*) *The situation was beyond retrieval.* Die Situation war hoffnungslos. **2** (COMP) Abfrage

re·trieve /rɪˈtriːv/ *Verb* **1** (*gehoben*) zurückholen, herausholen, zurückbekommen **2** (COMP) abrufen **3** (*Lage*) retten

re·triever /rɪˈtriːvə(r)/ *Nomen* (*Jagdhund*) Retriever

retro- /ˈretrəʊ; *AmE* -troʊ/ *Vorsilbe* (*in Nomina, Adjektiven und Adverbien verwendet*) Rück-, rück- ◇ *retrograde* rückläufig ◇ *retrospective* rückblickend/retrospektiv

retro·active /ˌretrəʊˈæktɪv; *AmE* -troʊ-/ *Adj* (*Adv* **retro·active·ly**) (*gehoben*) rückwirkend

retro·fit /ˈretrəʊfɪt; *AmE* -troʊ-/ *Verb* (**-tt-**) nachträglich einbauen

retro·grade /ˈretrəgreɪd/ *Adj* (*gehoben, abwert*) rückläufig, rückschrittlich ◇ *a retrograde step* ein Rückschritt

retro·gres·sive /ˌretrəˈgresɪv/ *Adj* (*gehoben, abwert*) rückschrittlich

retro·spect /ˈretrəspekt/ *Nomen* IDM **in retrospect** im Nachhinein; im Rückblick

retro·spect·ive /ˌretrəˈspektɪv/ *Adj, Nomen*

▸ ***Adj*** **1** nachträglich ◇ *a retrospective exhibition* eine Retrospektive **2** rückwirkend

▸ ***Nomen*** Retrospektive

retro·spect·ive·ly /ˌretrəˈspektɪvli/ *Adv* **1** rückblickend, im Rückblick **2** rückwirkend

retry /ˌriːˈtraɪ/ *Verb* (**-tries**, **-try·ing**, **-tried**, **-tried**) **1** (RECHT) (*Fall*) neu verhandeln; (*Person*) wieder vor Gericht bringen **2** nochmals versuchen

re·turn 0-ᴛ /rɪˈtɜːn; *AmE* rɪˈtɜːrn/ *Verb, Nomen*

▸ ***Verb*** **1** zurückkommen, zurückkehren, wiederkommen ◇ *I waited a long time for him to return.* Ich wartete lange auf seine Rückkehr. **2** zurückgeben, zurückbringen, zurücksenden, zurückschicken ◇ *I returned the letter unopened.* Ich ließ den Brief ungeöffnet zurückgehen. **3** ~ **to sth** etw wiederaufnehmen; (*Thema*) auf etw zurückkommen ◇ *The doctor may allow her to return to work next week.* Der Arzt erlaubt ihr vielleicht nächste Woche wieder zu arbeiten. ◇ *Train services have returned to normal after the strike.* Die Züge verkehren nach dem Streik wieder normal. **4** erwidern ◇ *return a favour/an invitation* sich revanchieren ◇ *return a call* zurückrufen **5** (*Ball*) zurückschlagen, zurückwerfen **6** (RECHT) ◇ *The jury returned a verdict of guilty/not guilty.* Die Geschworenen erkannten auf schuldig/nicht schuldig. ◇ *return a verdict of murder* jdn des Mordes für schuldig befinden **7** (*meist passiv*) (*BrE*) (POL) ~ **sb** (**to sth**) jdn (zu etw) wählen; ~ **sb** (**as sth**) jdn (als etw) wählen **8** (FINANZ, WIRTSCH) abwerfen; (*Zinsen*) tragen; (*Verlust*) verzeichnen

▸ ***Nomen*** **1** [Sing] Rückkehr ◇ *On his return to London he set up his own business.* Er kehrte nach London zurück und machte sein eigenes Geschäft auf. ◇ *on the return flight* auf dem Rückflug ◇ *after his return* *to power* nachdem er wieder an die Macht gelangt war ◇ *It was a return to form for them.* Sie hatten zu ihrer vorherigen Form zurückgefunden. **2** Rückgabe ◇ *your return address* Ihre Rückanschrift **3** Ertrag **4** ◇ *census returns* Volkszählungsstatistiken ◇ *election returns* Wahlergebnisse **5** (*BrE*) Rückfahrkarte **6** (COMP) Eingabetaste **7** zurückgegebene Karte **8** (SPORT) Return IDM **by re'turn (of 'post)** (*BrE*) postwendend **in re'turn (for sth)** als Gegenleistung (für etw) ◇ *I'd like to do something in return.* Ich möchte mich revanchieren. ◇ *I asked her opinion, but she just asked me a question in return.* Ich bat sie um ihre Meinung, aber sie stellte mir nur eine Gegenfrage. → *Siehe auch* HAPPY, POINT *und* SALE

re·turn·able /rɪˈtɜːnəbl; *AmE* rɪˈtɜːrn-/ *Adj* **1** (*offiz*) ◇ *A returnable deposit is payable on arrival.* Eine Kaution muss bei der Ankunft hinterlegt werden. ◇ *The application form is returnable not later than 7th June.* Das Formular muss spätestens bis zum 7. Juni zurückgeschickt werden. **2** Pfand-, Mehrweg-

re·turn·ee /rɪˌtɜːˈniː; *AmE* rɪˌtɜːrˈ-/ *Nomen* [meist Pl] (*bes AmE*) Heimkehrer(in)

re·turn·er /rɪˈtɜːnə(r); *AmE* rɪˈtɜːrnər/ *Nomen* (*BrE*) Wiedereinsteiger(in) ins Berufsleben ◇ *women returners* Frauen, die wieder ins Berufsleben einsteigen

re'turning officer *Nomen* (*BrE*) Wahlleiter(in)

re'turn key *Nomen* (COMP) Eingabetaste

reˌturn 'match (*auch* **reˌturn 'game**) *Nomen* (*bes BrE*) Rückspiel

reˌturn 'ticket *Nomen* (*BrE*) Rückfahrkarte

reˌturn 'visit *Nomen* **1** zweiter Besuch ◇ *make a return visit to Ireland* wieder nach Irland fahren **2** Gegenbesuch

retweet *Verb, Nomen*

▸ /ˌriːˈtwiːt/ ***Verb*** [+ Obj] retweeten

▸ /ˈriːtwiːt/ ***Nomen*** Retweet

re·uni·fica·tion /ˌriːˌjuːnɪfɪˈkeɪʃn/ *Nomen* Wiedervereinigung

re·unify /ˌriːˈjuːnɪfaɪ/ (**-fies, -fy·ing, -fied, -fied**) *Verb* (*oft passiv*) wiedervereinigen

re·union /ˌriːˈjuːniən/ *Nomen* **1** Treffen **2** Wiedersehen **3** Wiedervereinigung

re·unite /ˌriːjuːˈnaɪt/ *Verb* (sich) wiedervereinigen ◇ *She was reunited with her child.* Sie war wieder mit ihrem Kind vereint. ◇ *The band is to reunite for a world tour.* Die Band soll wieder zusammen auf eine Welttournee gehen.

re·us·able /ˌriːˈjuːzəbl/ *Adj* wiederverwendbar

reuse *Verb, Nomen*

▸ ***Verb*** /ˌriːˈjuːz/ wiederverwenden

▸ ***Nomen*** /ˌriːˈjuːs/ Wiederverwendung

Rev. *Abk* = REVEREND

rev /rev/ *Verb, Nomen*

▸ ***Verb*** (**-vv-**) (*Motor*) **1** aufheulen **2** ~ **sth up** etw auf Touren bringen, etw aufheulen lassen

▸ ***Nomen*** [meist Pl] (*umgs*) Umdrehung ◇ *a rev counter* ein Drehzahlmesser

re·valu·ation /ˌriːvæljuˈeɪʃn/ *Nomen* [meist Sing] **1** Neubewertung **2** (FINANZ) Aufwertung

re·value /ˌriːˈvæljuː/ *Verb* **1** neu bewerten, neu schätzen **2** (*Währung*) aufwerten

re·vamp *Verb, Nomen*

▸ ***Verb*** /ˌriːˈvæmp/ aufmöbeln, aufpolieren

▸ ***Nomen*** /ˈriːvæmp/ [Sing] (*meist mit einem Verb übersetzt*) ◇ *Your kitchen could do with a revamp.* Du solltest deine Küche etwas aufmöbeln.

Revd. *Abk* (*BrE*) = REVEREND

re·veal 0‑w /rɪˈviːl/ *Verb* **1** ~ **sth (to sb)** (jdm) etw verraten **2** offenbaren, zeigen, erkennen lassen ◇ *He refused to reveal his identity.* Er weigerte sich, seinen Namen preiszugeben. ◇ *The report reveals (that) …* Aus dem Bericht geht hervor, dass … ◇ *It was revealed that important evidence had been suppressed.* Es stellte sich heraus, dass wichtige Beweise unterdrückt worden waren.

re·veal·ing /rɪˈviːlɪŋ/ *Adj* **1** aufschlussreich **2** (*Kleid, Bluse etc.*) offenherzig

re·veal·ing·ly /rɪˈviːlɪŋli/ *Adv* **1** offenherzig **2** interessanterweise

re·veille /rɪˈvæli; *AmE* ˈrevəli/ *Nomen* [U] (MIL) Wecksignal

revel /ˈrevl/ *Verb, Nomen*

▸ ***Verb*** (**-ll-**, *AmE* **-l-**) feiern PHR V **'revel in sth** etw genießen, an etw Spaß haben

▸ ***Nomen*** [meist Pl] (*gehoben*) Festlichkeit

reve·la·tion /ˌrevəˈleɪʃn/ *Nomen* **1** Enthüllung **2** [U] Enthüllung, Aufdeckung **3** Offenbarung IDM **come as/be a revelation (to sb)** völlig überraschend kommen; eine Offenbarung (für jdn) sein

rev·ela·tory /ˌrevəˈleɪtəri; *AmE* ˈrevələtɔːri/ *Adj* (*gehoben*) aufschlussreich, unglaublich

rev·el·ler (*AmE* **rev·el·er**) /ˈrevələ(r)/ *Nomen* Feiernde (r)

rev·el·ry /ˈrevlri/ *Nomen* (*auch* **rev·el·ries** [Pl]) Feiern, Festlichkeit(en)

re·venge /rɪˈvendʒ/ *Nomen, Verb*

▸ ***Nomen*** **1** Vergeltung, Rache ◇ *take (your) revenge on sb* sich an jdm rächen ◇ *The bombing was in revenge for the assassination.* Der Bombenanschlag war eine Vergeltungsaktion für das Attentat. **2** (SPORT) Revanche

▸ ***Verb*** PHR V **re'venge yourself on sb**; **be re'venged on sb** (*gehoben*) sich an jdm rächen

rev·enue /ˈrevənjuː; *AmE* -nuː/ (*auch* **rev·enues** [Pl]) *Nomen* Einkünfte, (öffentliche) Einnahmen ◇ *tax revenue* Steuereinnahmen ◇ *the company's annual revenues* die jährlichen Einnahmen der Firma

ˌRevenue and 'Customs = HM REVENUE AND CUSTOMS

re·ver·ber·ate /rɪˈvɜːbəreɪt; *AmE* rɪˈvɜːrb-/ *Verb* **1** (wider)hallen ◇ *Her voice reverberated around the hall.* Ihre Stimme hallte durch den Saal. **2** ~ **(with/to sth)** vibrieren (von etw) **3** (*gehoben*) nachhallen

re·ver·ber·ation /rɪˌvɜːbəˈreɪʃn; *AmE* rɪˌvɜːrb-/ *Nomen* **1** [meist Pl] Echo, Nachklang **2** **reverberations** [Pl] Nachwirkungen

re·vere /rɪˈvɪə(r); *AmE* rɪˈvɪr/ *Verb* (*meist passiv*) ~ **sb (as sth)** (*gehoben*) jdn (als etw) verehren

rev·er·ence /ˈrevərəns/ *Nomen* (*gehoben*) ~ **(for sb/sth)** Verehrung (für jdn/etw), Ehrfurcht (vor jdm/etw)

rev·er·end /ˈrevərənd/ *Adj* (*Abk* **Rev.**; *BrE auch* **Revd.**) Hochwürden ◇ *Good morning, Reverend.* Guten Morgen Herr Pfarrer.

ˌReverend 'Mother *Nomen* Mutter Oberin

rev·er·ent /ˈrevərənt/ *Adj* (*Adv* **rev·er·ent·ly**) (*gehoben*) ehrfürchtig

rev·er·en·tial /ˌrevəˈrenʃl/ *Adj* (*Adv* **rev·er·en·tial·ly** /-ʃəli/) (*gehoben*) ehrfürchtig

rev·erie /ˈrevəri/ *Nomen* (*gehoben*) Träumerei

re·ver·sal /rɪˈvɜːsl; *AmE* rɪˈvɜːrsl/ *Nomen* **1** Umkehr(ung), Wende ◇ *the reversal of a decision* die Aufhebung einer Entscheidung ◇ *Then came a sudden reversal of fortune.* Dann wendete sich das Blatt plötzlich. **2** Rückschlag, Niederlage **3** Tausch ◇ *a role reversal/reversal of roles* ein Rollentausch

re·verse 0‑w /rɪˈvɜːs; *AmE* rɪˈvɜːrs/ *Verb, Nomen, Adj*

▸ ***Verb*** **1** umkehren ◇ *Writing is reversed in a mirror.* In einem Spiegel sieht man die Schrift seitenverkehrt. **2** rückgängig machen ◇ *reverse a judgement* ein Urteil aufheben **3** ~ **(the) charges** (*BrE*) ein R-Gespräch führen **4** vertauschen **5** ~ **yourself (on sth)** (*AmE*) seine

Meinung (zu etw) ändern **6** (*bes BrE*) rückwärtsfahren, zurücksetzen ◇ *reverse into a parking space* rückwärts einparken

▸ ***Nomen*** **1 the reverse** [Sing] das Gegenteil ◇ *The reverse is true.* Es ist genau umgekehrt. ◇ *quite the reverse* ganz im Gegenteil **2 the reverse** [Sing] die Rückseite, die linke Seite **3** (*auch* **re,verse 'gear**) [U] Rückwärtsgang ◇ *put the car in/into reverse* den Rückwärtsgang einlegen **4** (*gehoben*) Rückschlag ◇ *Property values have suffered another reverse.* Die Grundstückspreise sind wieder gefallen. **IDM** **go into re'verse** zurückgehen **in re'verse** umgekehrt **put sth into re'verse** etw rückläufig machen; etw umdrehen

▸ ***Adj*** [nur vor Nomen] **1** umgekehrt, entgegengesetzt **2** Rück- ◇ *iron sth on the reverse side* etw von links bügeln

re·vers·ible /rɪ'vɜːsəbl; *AmE* rɪ'vɜːrsə-/ *Adj* **1** beidseitig verwendbar; (*Kleidungsstück*) beidseitig tragbar ◇ *a reversible jacket* eine Wendejacke **2** umkehrbar; (MED) reversibel ◇ *The damage is not reversible.* Der Schaden kann nicht rückgängig gemacht werden.

re'versing light *Nomen* (*BrE*) Rückfahrscheinwerfer

re·ver·sion /rɪ'vɜːʃn; *AmE* rɪ'vɜːrʒn/ *Nomen* [Sing] Rückkehr, Rückfall

re·vert /rɪ'vɜːt; *AmE* rɪ'vɜːrt/ *Verb* **PHR V** **re'vert to sth** **1** (*gehoben*) zu etw zurückkehren, in etw zurückfallen ◇ *She reverted to her maiden name.* Sie nahm wieder ihren Mädchennamen an. ◇ *The area has reverted back to a wilderness.* Die Gegend ist wieder verwildert. **2** (*gehoben*) auf etw zurückkommen **re'vert to sb/sth** (RECHT) an jdn/etw zurückfallen

re·view 0→ /rɪ'vjuː/ *Nomen, Verb*

▸ ***Nomen*** **1** Überprüfung ◇ *When is the list up for review?* Wann wird die Liste nochmals überprüft? ◇ *The terms of the contract are under review.* Die Vertragsbedingungen werden überprüft. ◇ *a salary review* eine Gehaltsrevision **2** Besprechung, Rezension, Kritik ◇ *He submitted his latest novel for review.* Er legte seinen neuesten Roman zur Rezension vor. **3** Übersicht, Bericht ◇ *a review of the past year* eine Rückschau auf das vergangene Jahr **4** (MIL) Inspektion, Parade

▸ ***Verb*** **1** überprüfen ◇ *Staff performance is reviewed annually.* Die Leistungen der Belegschaft werden jedes Jahr neu bewertet. **2** überdenken ◇ *She had been reviewing the events of the previous week.* Sie hatte sich die Ereignisse der letzten Woche durch den Kopf gehen lassen. **3** besprechen, rezensieren **4** (MIL) inspizieren ◇ *The Commander-in-Chief reviewed the troops.* Der Oberbefehlshaber nahm eine Inspektion der Truppen vor. **5** (*bes AmE*) (*Lehrstoff*) wiederholen

re·view·er /rɪ'vjuːə(r)/ *Nomen* **1** Kritiker(in), Rezensent(in) **2** (*BrE*) Prüfer(in), Revisor(in)

re·vile /rɪ'vaɪl/ *Verb* (*gehoben*) schmähen

re·vise 0→ /rɪ'vaɪz/ *Verb* **1** revidieren, ändern **2** überarbeiten ◇ *a revised edition of a textbook* eine neu bearbeitete Ausgabe eines Lehrbuches **3** (*BrE*) (*Lehrstoff*) wiederholen ◇ *I can't come out tonight. I have to revise for the test tomorrow.* Ich kann heute Abend nicht ausgehen. Ich muss für die Arbeit morgen lernen.

re·vi·sion 0→ /rɪ'vɪʒn/ *Nomen* **1** Korrektur, Änderung **2** Überarbeitung ◇ *a system in need of revision* ein revisionsbedürftiges System ◇ *a revision of trading standards* eine Überprüfung der Handelsrichtlinien **3** (*BrE*) (*von Lehrstoff*) Wiederholen

re·vi·sion·ism /rɪ'vɪʒənɪzəm/ *Nomen* (POL) Revisionismus

re·vi·sion·ist /rɪ'vɪʒənɪst/ *Nomen, Adj*

▸ ***Nomen*** Revisionist(in)

▸ ***Adj*** revisionistisch

re·visit /ˌriː'vɪzɪt/ *Verb* (*gehoben*) **1** wieder besuchen **2** zurückkommen auf

re·vit·al·iza·tion (*BrE auch* **-isa·tion**) /riːˌvaɪtəlaɪ'zeɪʃn; *AmE* -lə'-/ *Nomen* Neubelebung, Wiederbelebung

re·vit·al·ize (*BrE auch* **-ise**) /riː'vaɪtəlaɪz/ *Verb* wieder beleben

re·vival /rɪ'vaɪvl/ *Nomen* **1** Wiederbelebung ◇ *an economic revival* ein wirtschaftlicher Aufschwung ◇ *a revival of interest in folk music* ein erneutes Interesse an Folkmusic **2** (THEAT) Wiederaufführung

re·vival·ism /rɪ'vaɪvəlɪzəm/ *Nomen* **1** (REL) Erweckungsbewegung **2** = Rückbesinnung auf und Wiederaufgreifen von vorhergehenden Kunstformen etc.

re·vival·ist /rɪ'vaɪvəlɪst/ *Adj* erneuernd ◇ *a revivalist movement in architecture* eine Architekturrichtung, die frühere Formen aufgreift ◇ *a revivalist preacher* ein(e) Prediger(in) der Erweckungsbewegung

re·vive /rɪ'vaɪv/ *Verb* **1** sich erholen **2** wieder beleben **3** wieder aufleben lassen ◇ *She has been trying to revive the debate over equal pay.* Sie hat versucht, die Debatte über gleiche Bezahlung wieder in Gang zu bringen. ◇ *The competition was revived in 2000.* Der Wettbewerb wurde 2000 wieder aufgenommen. **4** wieder auf die Bühne bringen

revo·ca·tion /ˌrevə'keɪʃn/ *Nomen* (*gehoben*) Entzug, Aufhebung

re·voke /rɪ'vəʊk; *AmE* rɪ'voʊk/ *Verb* (*gehoben*) entziehen, aufheben

re·volt /rɪ'vəʊlt; *AmE* rɪ'voʊlt/ *Nomen, Verb*

▸ ***Nomen*** Aufstand, Revolte ◇ *stage a revolt* sich erheben ◇ *The people rose in revolt.* Das Volk lehnte sich auf.

▸ ***Verb*** **1** sich auflehnen **2** rebellieren **3** mit Abscheu erfüllen, abstoßen

re·volt·ing /rɪ'vəʊltɪŋ; *AmE* rɪ'voʊl-/ *Adj* (*Adv* **re·volt·ing·ly**) ekelhaft, widerlich

revo·lu·tion 0→ /ˌrevə'luːʃn/ *Nomen* **1** Revolution **2** (*von Planeten*) Umlauf **3** (*umgs* **rev**) Umdrehung ◇ *rotate at 300 revolutions per minute* eine Drehzahl von 300 pro Minute haben

revo·lu·tion·ary /ˌrevə'luːʃənəri; *AmE* -neri/ *Adj, Nomen*

▸ ***Adj*** revolutionär, Revolutions-, umwälzend ◇ *a revolutionary idea* eine bahnbrechende Idee

▸ ***Nomen*** (*Pl* **-ies**) Revolutionär(in)

revo·lu·tion·ize (*BrE auch* **-ise**) /ˌrevə'luːʃənaɪz/ *Verb* revolutionieren, grundlegend verändern

re·volve /rɪ'vɒlv; *AmE* rɪ'vɑːlv/ *Verb* sich drehen

re·volver /rɪ'vɒlvə(r); *AmE* rɪ'vɑːl-/ *Nomen* Revolver

re·volv·ing /rɪ'vɒlvɪŋ; *AmE* rɪ'vɑːl-/ *Adj* Dreh- ◇ *a revolving door* eine Drehtür

revue /rɪ'vjuː/ *Nomen* Revue, Kabarett

re·vul·sion /rɪ'vʌlʃn/ *Nomen* ~ **(at/against/from sth)** (*gehoben*) Abscheu (vor/gegen etw)

re·ward 0→ /rɪ'wɔːd; *AmE* rɪ'wɔːrd/ *Nomen, Verb*

▸ ***Nomen*** **1** Belohnung ◇ *a cash reward* ein Entgelt ◇ *The company is now reaping the rewards of their investments.* Die Firma erntet jetzt die Früchte ihrer guten Investitionen. **2** Finderlohn

▸ ***Verb*** belohnen ◇ *Our patience was finally rewarded.* Unsere Geduld zahlte sich schließlich aus.

re·ward·ing /rɪ'wɔːdɪŋ; *AmE* rɪ'wɔːrdɪŋ/ *Adj* lohnend ◇ *Teaching is not very financially rewarding.* Der Lehrberuf ist nicht sehr einträglich.

re·wild·ing /ˌriː'waɪldɪŋ/ *Nomen* [U] Renaturierung, Auswilderung

re·wind /ˌriː'waɪnd/ *Verb* (**-wound, -wound** /-'waʊnd/) zurückspulen

re·wire /ˌriːˈwaɪə(r)/ *Verb* neu verkabeln
re·word /ˌriːˈwɜːd; *AmE* -ˈwɜːrd/ *Verb* (*gehoben*) umformulieren
re·work /ˌriːˈwɜːk; *AmE* -ˈwɜːrk/ *Verb* neu fassen, überarbeiten
re·work·ing /ˌriːˈwɜːkɪŋ; *AmE* -ˈwɜːrkɪŋ/ *Nomen* Neubearbeitung
re·write *Verb, Nomen*
▸ ***Verb*** /ˌriːˈraɪt/ (**re·wrote** /-ˈrəʊt; *AmE* -ˈroʊt/, **rewrit·ten** /-ˈrɪtn/) umschreiben, neu schreiben
▸ ***Nomen*** /ˈriːraɪt/ Neufassung
Rhaeto-Romance /ˌriːtəʊrəʊˈmæns; *AmE* -toʊroʊ-/ Rätoromanisch
rhap·sody /ˈræpsədi/ *Nomen* (*Pl* **-ies**) **1** (MUS) Rhapsodie **2** (*gehoben*) Schwärmerei
rhe·sus factor /ˈriːsəs fæktə(r)/ *Nomen* Rhesusfaktor
rhe·sus monkey /ˈriːsəs mʌŋki/ *Nomen* Rhesusaffe
rhet·oric /ˈretərɪk/ *Nomen* **1** Rhetorik, Redekunst **2** (*abwert*) Phrasendrescherei
rhet·oric·al /rɪˈtɒrɪkl; *AmE* rɪˈtɔːr-/ *Adj* **1** (*Adv* **rhet·oric·al·ly** /-kli/) rhetorisch **2** (*abwert*) floskelhaft, phrasenhaft
rheum·at·ic /ruˈmætɪk/ *Adj* rheumatisch ◇ *rheumatic fever* rheumatisches Fieber
rheuma·tism /ˈruːmətɪzəm/ *Nomen* Rheuma
rheuma·toid arth·ritis /ˌruːmətɔɪd ɑːˈθraɪtɪs; *AmE* ɑːrˈ-/ *Nomen* Gelenkrheumatismus
rhine·stone /ˈraɪnstəʊn; *AmE* -stoʊn/ *Nomen* Rheinkiesel, Strass
rhino /ˈraɪnəʊ; *AmE* -noʊ/ *Nomen* (*Pl* **-os**) (*umgs*) = RHINOCEROS
rhi·noceros /raɪˈnɒsərəs; *AmE* -ˈnɑːsə-/ *Nomen* (*Pl* **rhi·noceros** *oder* **rhi·nocer·oses**) (*auch* **rhino**) Rhinozeros, Nashorn
rhodo·den·dron /ˌrəʊdəˈdendrən; *AmE* ˌroʊ-/ *Nomen* Rhododendron
rhom·boid /ˈrɒmbɔɪd; *AmE* ˈrɑːm-/ *Nomen* Rhomboid
rhom·bus /ˈrɒmbəs; *AmE* ˈrɑːm-/ *Nomen* Rhombus, Raute
rhu·barb /ˈruːbɑːb; *AmE* -bɑːrb/ *Nomen* Rhabarber
rhumba (*AmE*) = RUMBA
rhyme /raɪm/ *Nomen, Verb*
▸ ***Nomen*** **1** Reim ◇ *Can you think of a rhyme for 'beauty'?* Kannst du ein Wort finden, das sich auf „beauty" reimt? **2** Vers IDM **there's no ˌrhyme or ˈreason to/for sth** es gibt keinen ersichtlichen Grund für etw; ohne ersichtlichen Grund **without ˌrhyme or ˈreason** ohne ersichtlichen Grund
▸ ***Verb*** **1** ~ (**with sth**) sich (mit etw) reimen ◇ *'Though' and 'through' don't rhyme.* „Though" und „through" reimen sich nicht. ◇ *rhyming couplets* Reimpaare **2** ~ **sth** (**with sth**) etw (auf/mit etw) reimen ◇ *You can rhyme 'girl' with 'curl'.* Man kann „girl" auf „curl" reimen.
ˈrhyme scheme *Nomen* Reimschema
ˈrhyming slang *Nomen* [U] = für den Cockney-Dialekt typische Art des Sprechens, in der man einzelne Wörter durch andere ersetzt, die sich mit dem gemeinten Wort reimen. Man sagt z.B. „apples (and pears)" statt „stairs"
rhythm 0-ᴛ /ˈrɪðəm/ *Nomen* Rhythmus, Takt ◇ *the rhythm of the seasons* der Wechsel der Jahreszeiten
ˌrhythm and ˈblues (*auch* **R and B**) *Nomen* Rhythm & Blues
rhyth·mic /ˈrɪðmɪk/ (*seltener* **rhyth·mic·al** /-mɪkl/) *Adj* (*Adv* **rhyth·mic·al·ly** /-kli/) rhythmisch, gleichmäßig
ˈrhythm section *Nomen* Rhythmusgruppe
rib /rɪb/ *Nomen* **1** (ANAT) Rippe **2** Rippe(nstück) **3** Rippenmuster
rib·ald /ˈrɪbld, ˈraɪbɔːld/ *Adj* (*gehoben*) anzüglich, derb
rib·bed /rɪbd/ *Adj* gerippt
rib·bon /ˈrɪbən/ *Nomen* **1** Band, Schleife **2** Streifen **3** Farbband IDM **cut, tear, etc. sth to ˈribbons** etw in Fetzen schneiden, reißen etc.
rib·cage /ˈrɪbkeɪdʒ/ *Nomen* Brustkorb
rice 0-ᴛ /raɪs/ *Nomen* Reis
ˌrice ˈpudding *Nomen* Milchreis
rich 0-ᴛ /rɪtʃ/ *Adj, Nomen*
▸ ***Adj*** **1** reich ◇ *filthy rich* steinreich ◇ *a rich and varied life* ein erfülltes und abwechslungsreiches Leben **2** gehaltvoll, reichhaltig **3** fruchtbar **4** (*Farbe, Klang*) satt; (*Aroma*) voll **5** (*gehoben*) prachtvoll, üppig, teuer **6** (*bes BrE, umgs*) köstlich, stark ◇ *Me lazy? That's rich coming from you!* Ich und faul? Das musst du gerade sagen! IDM → STRIKE
▸ ***Nomen*** **the rich** die Reichen
riches /ˈrɪtʃɪz/ *Nomen* [Pl] (*gehoben*) Reichtum, Reichtümer ◇ *material riches* materielle Reichtümer IDM → RAG
rich·ly /ˈrɪtʃli/ *Adv* **1** prachtvoll, üppig, teuer **2** reich, prächtig, intensiv **3** reich, reichlich **4** voll und ganz ◇ *richly deserved success* wohlverdienter Erfolg **5** überaus ◇ *a richly atmospheric novel* ein Roman voller Atmosphäre
rich·ness /ˈrɪtʃnəs/ *Nomen* [U] Reichtum, Reichhaltigkeit, Fülle
the Rich·ter scale /ðə ˈrɪktə skeɪl; *AmE* -tər skeɪl/ *Nomen* die Richterskala
rick /rɪk/ *Verb* (*BrE*) ~ **sth** sich etw verrenken
rick·ets /ˈrɪkɪts/ *Nomen* [U] Rachitis
rick·ety /ˈrɪkəti/ *Adj* wackelig, klapperig
rick·shaw /ˈrɪkʃɔː/ *Nomen* Rikscha
rico·chet /ˈrɪkəʃeɪ; *BrE auch* -ʃet/ *Verb, Nomen*
▸ ***Verb*** (**rico·chet·ing** /ˈrɪkəʃeɪɪŋ/, **rico·cheted**, **rico·cheted** /-ʃeɪd/) (*BrE auch* **rico·chet·ting** /-ʃetɪŋ/, **rico·chet·ted**, **rico·chet·ted** /-ʃetɪd/) abprallen
▸ ***Nomen*** Abpraller, Querschläger
rid 0-ᴛ /rɪd/ *Verb* (**rid·ding**, **rid**, **rid**) IDM **be ˈrid of sb/sth** jdn/etw los sein ◇ *He was a nuisance and we're all well rid of him.* Er war lästig, und es ist gut, dass wir ihn los sind. **get ˈrid of sb/sth** jdn/etw loswerden **want ˈrid of sb/sth** (*BrE, umgs*) jdn/etw los sein wollen PHR V **ˈrid yourself/sb/sth of sb/sth** (*gehoben*) sich/jdn/etw von jdm/etw befreien
rid·dance /ˈrɪdns/ *Nomen* IDM **good ˈriddance (to sb/sth)** ◇ *'Good riddance,' she said to him angrily as he left.* „Ein Glück, dass ich dich los bin!" sagte sie wütend zu ihm, als er wegging.
rid·den /ˈrɪdn/ *Adj* (*meist in Zusammensetzungen*) geplagt ◇ *a class-ridden society* eine Klassengesellschaft → *Siehe auch* RIDE
rid·dle /ˈrɪdl/ *Nomen, Verb*
▸ ***Nomen*** Rätsel
▸ ***Verb*** (*meist passiv*) durchlöchern PHR V **be ˈriddled with sth** von/mit etw durchsetzt sein, voll von etw sein
ride 0-ᴛ /raɪd/ *Verb, Nomen*
▸ ***Verb*** (**rode** /rəʊd; *AmE* roʊd/, **rid·den** /ˈrɪdn/) **1** reiten ◇ *go riding* reiten gehen ◇ *We rode the mountain trails.* Wir ritten die Bergpfade entlang. **2** fahren ◇ *They were riding their bikes.* Sie fuhren Fahrrad. ◇ (*AmE*) *She rode the bus to school every day.* Sie fuhr jeden Tag mit dem Bus zur Schule. **3** ~ (**sth**) (auf etw) dahingleiten, sich (von etw) tragen lassen ◇ *The ship was riding at anchor in the harbour.* Das Schiff lag im Hafen vor Anker. IDM **be riding for a ˈfall** sein Schicksal herausfordern **be riding ˈhigh** Oberwasser haben **let sth ˈride** etw auf sich beruhen lassen **ride ˈherd on sb/sth** (*AmE, umgs*) jdn/etw genau im Auge behalten **ride ˈshotgun** (*AmE, umgs*) vorne sitzen PHR V **ˈride on sth** (*meist in der Verlaufsform*) von etw abhängen **ˌride**

sth ˈout etw überstehen ˌride ˈup hochrutschen

▸ ***Nomen*** **1** Fahrt ◇ *We went for a ride on our bikes.* Wir machten eine Fahrradtour. ◇ *give sb a ride* jdn mitnehmen ◇ *She let me have a ride on her bike.* Sie hat mich mit ihrem Fahrrad fahren lassen. ◇ *get a ride* mitgenommen werden ◇ *hitch a ride* per Anhalter fahren **2** Ritt, Ausritt **3** Fahrgeschäft IDM **come/go along for the ˈride** (*umgs*) nur zum Vergnügen mitkommen/mitgehen **give sb a rough/an easy ˈride** (*umgs*) es jdm schwer/leicht machen **have a rough/an easy etc. ˈride** es schwer/leicht haben ◇ (*fig*) *The new legislation faces a bumpy ride.* Der neue Gesetzesentwurf wird es schwer haben. **take sb for a ˈride** (*umgs*) jdn reinlegen

rider 0‑▾ /ˈraɪdə(r)/ *Nomen* **1** Reiter(in) **2** Fahrer(in) ◇ *a motorcycle dispatch rider* ein Motorradbote **3** (*bei Dokumenten*) Zusatz

ridge /rɪdʒ/ *Nomen* **1** Grat, Kamm; (*Dach-*) First **2** Rippe **3** ~ (**of high pressure**) (*Fachspr*) Hoch(druckgebiet)

ridged /rɪdʒd/ *Adj* gerillt, geriffelt

ridi·cule /ˈrɪdɪkjuːl/ *Nomen, Verb*

▸ ***Nomen*** Spott ◇ *hold sb up to ridicule* jdn lächerlich machen

▸ ***Verb*** verspotten

ri·dicu·lous 0‑▾ /rɪˈdɪkjələs/ *Adj* lächerlich, albern IDM → SUBLIME

ri·dicu·lous·ly /rɪˈdɪkjələsli/ *Adv* lächerlich ◇ *The meal was ridiculously cheap.* Das Essen war unglaublich billig.

ri·dicu·lous·ness /rɪˈdɪkjələsnəs/ *Nomen* Lächerlichkeit

rid·ing 0‑▾ /ˈraɪdɪŋ/ (*BrE auch* **ˈhorse riding**) *Nomen* Reiten ◇ *go riding* reiten gehen ◇ *riding boots* Reitstiefel

rife /raɪf/ *Adj* [nicht vor Nomen] **1** weitverbreitet **2** ~ **with sth** voll (von etw)

riff /rɪf/ *Nomen, Verb*

▸ ***Nomen*** **1** (MUS) Riff **2** ~ (**on sth**) = Rede aus dem Stand, bei der man sich über ein bestimmtes Thema auslässt und es auf die Schippe nimmt

▸ ***Verb*** [ohne Obj] **1** ein Riff spielen **2** = sich aus dem Stand über ein bestimmtes Thema auslassen, meist auf lustige Art

rif·fle /ˈrɪfl/ *Verb* ~ (**through**) **sth** in etw blättern, etw durchblättern

riff-raff /ˈrɪf ræf/ *Nomen* [mit Verb im Sing/Pl] (*abwert*) Gesindel

rifle /ˈraɪfl/ *Nomen, Verb*

▸ ***Nomen*** Gewehr, Büchse

▸ ***Verb*** **1** ~ (**through**) **sth** etw durchwühlen **2** plündern **3** (*Fußball*) hämmern

ˈrifle range *Nomen* **1** Schießstand, Schießplatz **2** [U] Schussweite

rift /rɪft/ *Nomen* **1** Kluft ◇ *a marriage rift* eine Ehekrise **2** Spalte, Riss

ˈrift valley *Nomen* Graben(bruch)

rig /rɪg/ *Verb, Nomen*

▸ ***Verb*** (**-gg-**) (*meist passiv*) **1** manipulieren **2** ~ **sth** (**with sth**) etw (mit etw) (auf)takeln **3** ~ **sth** (**up**) etw (provisorisch) aufbauen, etw (provisorisch) montieren PHR V **ˌrig sth ˈup** etw (provisorisch) aufbauen

▸ ***Nomen*** **1** (*besonders in Zusammensetzungen*) Förderturm, Bohrinsel **2** Takelung **3** (*AmE, umgs*) Sattelschlepper **4** Ausrüstung

rig·ging /ˈrɪgɪŋ/ *Nomen* **1** Takelage **2** Manipulation

right 0‑▾ /raɪt/ *Adj, Adv, Nomen, Verb, Ausruf*

▸ ***Adj*** **1** richtig, recht ◇ *That's right.* Das stimmt. ◇ *You're right.* Du hast recht. ◇ *He's the right man for the job.* Er ist der Richtige für den Posten. ◇ (*umgs*) *Let me get this right ...* Verstehe ich das richtig ... ◇ (*umgs*) *It was Monday you went to see Angie, right?* Du warst am Montag bei Angie, stimmt's? ◇ *'I'll have to do it again.' 'Too right you will.'* „Das muss ich wohl noch mal machen." „Und ob du das musst!" ◇ *Am I right in thinking that ...* Gehe ich recht in der Annahme, dass ... **2** genau, passend ◇ *Have you got the right time?* Wie spät ist es? **3** [nicht vor Nomen] in Ordnung, gut **4** [nur vor Nomen] rechte(r,s) ◇ *my right eye* mein rechtes Auge **5** [nur vor Nomen] (*BrE, umgs, oft abwert*) komplett, total ◇ *I felt a right idiot.* Ich kam mir total bescheuert vor. IDM **ˌgive your right ˈarm for sth** (*umgs*) sonst was um etw geben **(not) in your right ˈmind** (nicht) bei klarem Verstand **(as) right as ˈrain** (*umgs*) gesund wie ein Fisch im Wasser **right eˈnough** (*umgs*) ◇ *'It was busy in town today.' 'Yes, it was busy right enough.'* „Es war voll heute in der Stadt." „Ja, das kannst du laut sagen." ◇ *You heard me right enough.* Du hast mich schon gehört. **ˌright side ˈup** (*AmE*) mit der richtigen Seite nach oben → *Siehe auch* HEART, MR, SIDE *und* TRACK

▸ ***Adv*** **1** direkt, genau ◇ *right on time* genau pünktlich **2** völlig, ganz ◇ *a fence right around the garden* ein Zaun, der um den ganzen Garten herum verläuft ◇ *I'm right behind you on this one.* Da stehe ich voll hinter dir. ◇ *I'm right out of ideas.* Mir fällt gar nichts mehr ein. ◇ *She kept right on swimming.* Sie schwamm immer weiter. **3** (*umgs*) sofort, gleich ◇ *I'll be right back.* Ich bin gleich wieder zurück. **4** richtig, korrekt ◇ *Nothing's going right for me today.* Heute klappt bei mir aber auch gar nichts. **5** rechts → *Siehe auch* RIGHTLY IDM **ˌright and ˈleft** überall; an allen Ecken und Enden **right aˈway/ˈoff** sofort; gleich **right ˈnow** **1** im Augenblick; gerade **2** (jetzt) sofort **see sb ˈright** (*AmE auch* **do sb ˈright**) (*umgs*) sich um jdn kümmern; jdm helfen → *Siehe auch* ALLEY, LEFT *und* SERVE

▸ ***Nomen*** **1** Recht ◇ *You did right to tell me about it.* Es war richtig von dir, dass du mir davon erzählt hast. ◇ *It was difficult to establish the rights and wrongs of the matter.* Es war schwierig zu beurteilen, was in diesem Fall richtig und was falsch war. **2** ~ (**to sth**) (An)recht (auf etw), Anspruch (auf etw); ~ (**to do sth**) Recht (etw zu tun) ◇ *Education is provided by the state as of right.* Es besteht ein gesetzlicher Anspruch auf eine Schulbildung. ◇ *She had every right to be angry.* Sie hatte guten Grund ärgerlich zu sein. ◇ *You're quite within your rights to ask for your money back.* Es ist Ihr gutes Recht, das Geld zurückzufordern. ◇ *by rights* von Rechts wegen ◇ *There is no right of appeal against the decision.* Gegen dieses Urteil kann keine Berufung eingelegt werden. ◇ *The property belongs to her by right.* Diese Immobilie gehört rechtlich ihr. ◇ *fight for equal rights* für die Gleichberechtigung kämpfen ◇ *animal rights campaigners* Tierschützer **3 rights** [Pl] Rechte ◇ *all rights reserved* alle Rechte vorbehalten **4** Rechte ◇ *on her right* rechts von ihr ◇ *Take the first right.* Nehmen Sie die erste Straße rechts. **5 make a** ~; (*AmE auch, umgs*) **hang a** ~ rechts abbiegen **6** [mit Verb im Sing/Pl] (POL) **the right/Right** die Rechte ◇ *He's on the right of the Labour Party.* Er gehört zum rechten Flügel der Labour Partei. IDM **do ˈright by sb** (*veraltet*) jdn gerecht behandeln; jdm gegenüber fair sein **in your own ˈright** selbst ◇ *Her husband's a poet, and she's also an author in her own right.* Ihr Mann ist Dichter, und sie selbst ist auch Schriftstellerin. ◇ *sociolinguistics as a discipline in its own right* Soziolinguistik als eigenständige Disziplin **put/set sth/sb to ˈrights** etw/jdn in Ordnung bringen → *Siehe auch* WORLD *und* WRONG

▸ ***Verb*** **1** (wieder) aufrichten ◇ *The plane righted itself.* Das Flugzeug gelangte wieder in die richtige Lage. **2** (*fig*) (wieder) in Ordnung bringen IDM **right a ˈwrong** ein Unrecht wiedergutmachen

▸ ***Ausruf*** (*BrE, umgs*) **1** okay, in Ordnung ◇ *'I'll have a* *coffee.' 'Right you are, sir.'* „Einen Kaffee, bitte." „Jawohl der Herr." **2** oder nicht?, ja? **3** weißt du ◇ *And I didn't think any more of it, right, but then ...* Ich dachte gar nicht mehr daran, weißt du, aber dann ...

ˈright angle *Nomen* rechter Winkel

ˈright-angled *Adj* rechtwinklig, 90-Grad-

ˌright-ˈclick *Verb* rechts klicken **~ (on) sth** etw mit der rechten Maustaste anklicken

right·eous /ˈraɪtʃəs/ *Adj (gehoben) (Adv* **right·eous·ly***)* **1** rechtschaffen, gerecht **2** gerechtfertigt

right·eous·ness /ˈraɪtʃəsnəs/ *Nomen (gehoben)* Gerechtigkeit, Rechtschaffenheit

right·ful /ˈraɪtfl/ *Adj* [nur vor Nomen] *(Adv* **right·ful·ly** */-fəli/) (gehoben)* rechtmäßig, richtig

ˈright-hand *Adj* [nur vor Nomen] rechte(r,s)

ˌright-hand ˈdrive *Adj (Fahrzeug)* mit Rechtssteuerung

ˌright-ˈhanded *Adj, Adv*
- ***Adj*** **1** rechtshändig **2** für Rechtshänder
- ***Adv*** rechtshändig, mit der rechten Hand

ˌright-ˈhander *Nomen* **1** Rechtshänder(in) **2** *(Schlag, Haken)* Rechte

ˌright-hand ˈman *Nomen* [Sing] *(Mensch)* rechte Hand

ˌRight ˈHonourable *Adj* [nur vor Nomen] *(Abk* **Rt Hon***)* **1 the Right Honourable ...** = Teil der Anrede für hochgestellte Persönlichkeiten, z.B. einen Lord **2 the/my Right Honourable ...** = Teil der Anrede für Regierungsmitglieder im Parlament ◇ *my Right Honourable friend, the Secretary of State for Defence* der Verteidigungsminister

right·ist /ˈraɪtɪst/ *Nomen, Adj*
- ***Nomen*** (POL) Rechte(r)
- ***Adj*** rechtsorientiert, rechte(r,s)

right·ly 🗝 /ˈraɪtli/ *Adv* **1** mit/zu Recht ◇ *He was proud of it, and rightly so.* Er war stolz darauf, und zwar zu Recht. **2** richtig ◇ *(umgs) I can't rightly say what happened.* Ich kann nicht genau sagen, was passiert ist.

ˌright-ˈminded *Adj* vernünftig

right·ness /ˈraɪtnəs/ *Nomen* Richtigkeit, Gerechtigkeit

righto /ˈraɪtəʊ; *AmE* -toʊ/ *Ausruf (BrE, umgs, veraltet)* okay, verstanden

ˌright of aˈbode *Nomen* Recht des Wohnsitzes

ˌright of ˈway *Nomen (Pl* **rights of way***)* **1** *(bes BrE)* Wegerecht ◇ *Private property—no right of way.* Privatgrundstück. Kein Durchgang. **2** *(bes BrE)* = öffentlicher Weg, der durch ein Privatgrundstück führt **3** *(im Verkehr)* Vorfahrt

ˌright-ˈon *Adj (umgs, oft abwert)* linksliberal, modischliberal

ˌRight ˈReverend *Adj* [nur vor Nomen] *(Abk* **Rt Revd***)* = Anrede für einen Bischof

ˈrights issue *Nomen* (FINANZ) Bezugsrechtsemission

right·ward /ˈraɪtwəd; *AmE* -wərd/ *(bes BrE* **right·wards** */-wədz; AmE -wərdz/) Adj, Adv* rechts, nach rechts

the ˌright ˈwing *Nomen* **1** [mit Verb im Sing/Pl] (POL) der rechte Flügel **2** (SPORT) der/die Rechtsaußen ◇ *He plays on the right wing.* Er spielt rechts außen.

ˌright-ˈwing *Adj* (POL) rechte(r,s), rechtsgerichtet

ˌright-ˈwinger *Nomen* **1** (POL) Rechte(r) ◇ *Tory right-wingers* Vertreter des rechten Flügels der Konservativen **2** (SPORT) Rechtsaußen

righty-ho /ˈraɪti həʊ; *AmE* hoʊ/ *Ausruf (BrE, umgs, veraltet)* okay, verstanden

rigid /ˈrɪdʒɪd/ *Adj* **1** *(Adv* **ri·gid·ly***) (oft abwert)* starr, strikt, rigide, unflexibel ◇ *rigid attitudes* festgefahrene Meinungen **2** steif, fest ◇ *a rigid support for the tent* ein steifer Stützmast für das Zelt ◇ *(fig) I was bored rigid.* Ich habe mich zu Tode gelangweilt.

ri·gid·ity /rɪˈdʒɪdəti/ *Nomen* **1** *(oft abwert)* Striktheit, Rigidität, Unflexibilität **2** *(Material)* Festigkeit, Unnachgiebigkeit

rig·mar·ole /ˈrɪɡmərəʊl; *AmE* -roʊl/ *Nomen* **1** Prozedur **2** Geschwafel

rigor mor·tis /ˌrɪɡə ˈmɔːtɪs; *AmE* -ɡər ˈmɔːrtɪs/ *Nomen* Totenstarre

rig·or·ous /ˈrɪɡərəs/ *Adj (Adv* **rig·or·ous·ly***)* **1** *(sorgfältig)* gründlich ◇ *in rigorous detail* peinlich genau **2** streng, rigoros

rig·our *(AmE* **rigor***)* /ˈrɪɡə(r)/ *Nomen* **1** Genauigkeit, Sorgfalt, Konsequenz **2** *(gehoben)* Härte, Strenge

rile /raɪl/ *Verb* ärgern **IDM** **be/get (all) ˌriled ˈup** *(bes AmE, umgs)* sich aufregen

rim /rɪm/ *Nomen, Verb*
- ***Nomen*** **1** Rand; *(von Hut)* Krempe **2** *(von Reifen)* Felge
- ***Verb*** **(-mm-)** *(oft passiv) (gehoben)* umranden → *Siehe auch* -RIMMED

rime /raɪm/ *Nomen (gehoben)* Raureif

rim·less /ˈrɪmləs/ *Adj* [nur vor Nomen] *(Brille)* randlos

-rimmed /rɪmd/ *(in Zusammensetzungen)* ◇ *gold-rimmed spectacles* eine Brille mit Goldrand ◇ *red-rimmed eyes* rot geränderte Augen

rind /raɪnd/ *Nomen (von Obst)* Schale; *(Käse-)* Rinde; *(Speck-)* Schwarte

ring¹ 🗝 /rɪŋ/ *Nomen, Verb* → *Siehe auch* RING²
- ***Nomen*** **1** Ring ◇ *He blew smoke rings.* Er blies Rauchkringel in die Luft. **2** Kreis **3** Arena, Ring ◇ *a circus ring* eine Zirkusmanege **4** *(bes BrE)* Herdplatte; *(bei Gasherd)* Gasbrenner **IDM** **run ˈrings around/round sb** *(umgs)* jdn in die Tasche stecken → *Siehe auch* HAT
- ***Verb*** **(ringed, ringed)** **1** *(oft passiv)* umringen **2** *(Vogel)* beringen **3** *(bes BrE)* umkringeln, einkreisen

ring² 🗝 /rɪŋ/ *Verb, Nomen* → *Siehe auch* RING¹
- ***Verb*** **(rang** /ræŋ/, **rung** /rʌŋ/) **1** *(BrE)* **~ (sb/sth) (up)** (jdn/bei etw) anrufen ◇ *He rang New York.* Er rief in New York an. ◇ *Could you ring for a cab?* Könnten Sie mir ein Taxi rufen? **2** klingeln, läuten ◇ *She rang for the nurse.* Sie läutete nach der Schwester. **3 ~ (with sth)** *(gehoben)* ◇ *Applause rang through the hall.* Applaus schallte durch den Saal. ◇ *The house rang with their laughter.* Ihr Lachen erfüllte das Haus. ◇ *His words rang with pride.* Seine Worte waren voller Stolz. **4** *(in den Ohren)* dröhnen **IDM** **ring a ˈbell** *(umgs)* ◇ *His name rings a bell.* Sein Name kommt mir bekannt vor. **ring the ˈchanges (with sth)** *(BrE)* (mit etw) für etwas Abwechslung sorgen **ˌring in your ˈears/ˈhead** (noch) in den Ohren klingen **ˌring off the ˈhook** *(AmE) (meist in der Verlaufsform) (Telefon)* ununterbrochen klingeln **ring true/ˈhollow/ˈfalse** glaubhaft/hohl/unglaubwürdig klingen → *Siehe auch* ALARM **PHR V** **ˌring (sb) ˈback** *(BrE)* (jdn) zurückrufen **ˌring ˈin** *(BrE)* anrufen ◇ *Sue has rung in sick.* Sue hat angerufen und sich krank gemeldet. **ˌring ˈoff** *(BrE) (Telefon)* auflegen **ˌring ˈout** ertönen ◇ *A number of shots rang out.* Mehrere Schüsse fielen. **ˌring ˈround (sb/sth)** *(BrE)* (bei jdm/etw) herumtelefonieren **ˌring ˈthrough (to sb)** *(BrE)* (jdn) anrufen **ˌring sth ˈup** *(in die Kasse)* etw eintippen ◇ *(fig) The company rang up sales of 166 million dollars.* Die Verkaufszahlen der Firma betrugen 166 Millionen Dollar.
- ***Nomen*** **1** Klingeln, Läuten ◇ *There was a ring at the door.* Es hat geklingelt. **2** Klirren ◇ *the ring of horse's hooves* das Klappern von Pferdehufen **3** [Sing] **~ (of sth)** ◇ *His explanation has a ring of truth about/to it.* Seine Erklärung klingt glaubhaft. ◇ *The story had a*

familiar ring to it. Die Geschichte kam mir bekannt vor. IDM **give sb a 'ring** (*BrE, umgs*) jdn anrufen

'ring binder *Nomen* Ringmappe

ringed /rɪŋd/ *Adj* beringt

ringer /'rɪŋə(r)/ *Nomen* **1** = BELL-RINGER **2** (*AmE*) = beim Pferderennen illegal vertauschtes Pferd IDM → DEAD

'ring-fence *Verb* (*BrE, Fachspr*) (*Geldsumme*) = für einen bestimmten Verwendungszweck sichern

ring·ing /'rɪŋɪŋ/ *Adj, Nomen*

▸ ***Adj*** [nur vor Nomen] **1** volltönend; (*Gelächter*) schallend ◇ *a ringing voice* eine volle Stimme **2** nachdrücklich

▸ ***Nomen*** [Sing] Läuten, Klingeln ◇ *There was an unpleasant ringing in my ears.* Ich hatte Ohrensausen.

ring·lead·er /'rɪŋliːdə(r)/ *Nomen* (*abwert*) Anführer(in)

ring·let /'rɪŋlət/ *Nomen* [meist Pl] Ringellocke

ring·mas·ter /'rɪŋmɑːstə(r); *AmE* -mæstər/ *Nomen* Zirkusdirektor(in)

'ring pull *Nomen* (*BrE*) (*bei Dosen*) Ring-pull-Verschluss

'ring road *Nomen* (*BrE*) Umgehungsstraße

ring·side /'rɪŋsaɪd/ *Nomen* **1 at the ~** am Ring, an der Manege **2 a ~ seat** ein Platz direkt am Ring, ein Logenplatz (*auch fig*)

ring·tone /'rɪŋtəʊn; *AmE* -toʊn/ *Nomen* Klingelton

ring·toss /'rɪŋtɒs; *AmE* -tɔːs/ *Nomen* (*AmE*) Ringwerfen

ring·worm /'rɪŋwɜːm; *AmE* -wɜːrm/ *Nomen* Hautpilz

rink /rɪŋk/ *Nomen* **1** = ICE RINK **2** = SKATING RINK

rinky-dink /'rɪŋki dɪŋk/ *Adj* (*AmE*) altmodisch, billig, mies ◇ *a rinky-dink rhinestone necklace* eine billigen Strasskette ◇ *a rinky-dink little town* eine miese Kleinstadt

rinse /rɪns/ *Verb, Nomen*

▸ ***Verb*** spülen, abspülen PHRV **,rinse sth 'out** etw ausspülen

▸ ***Nomen*** **1** Spülen ◇ *I gave the glass a rinse.* Ich habe das Glas ausgespült. ◇ *Fabric conditioner is added during the final rinse.* Weichspüler wird im letzten Spülgang dazugegeben. **2** (*für Haare*) Tönung **3** Mundwasser, Mundspülung

riot /'raɪət/ *Nomen, Verb*

▸ ***Nomen*** **1** Aufruhr, Krawall ◇ *food riots* Ausschreitungen wegen Lebensmittelknappheit **2** [Sing] **~ of sth** (*gehoben*) Vielfalt an etw ◇ *a riot of colour* eine Farbenpracht ◇ *a riot of emotions* ein Gefühlschaos **3 a riot** (*umgs, veraltet*) ◇ *He's an absolute riot!* Er ist einfach zum Schießen! IDM **run 'riot 1** randalieren ◇ *They let their kids run riot.* Sie lassen ihre Kinder machen, was sie wollen. **2** (*Vorstellung*) ausufern ◇ *My imagination ran riot.* Meine Fantasie ist mit mir durchgegangen. **3** (*Pflanzen*) wuchern → *Siehe auch* READ

▸ ***Verb*** randalieren, aufständisch werden

riot·er /'raɪətə(r)/ *Nomen* Aufrührer(in), Randalierer(in)

'riot gear *Nomen* [U] Schutzausrüstung

riot·ing /'raɪətɪŋ/ *Nomen* [U] Ausschreitungen, Krawalle

riot·ous /'raɪətəs/ *Adj* **1** (*gehoben oder Fachspr*) aufrührerisch, randalierend ◇ *be charged with riotous assembly* wegen Zusammenrottung angeklagt werden **2** ausgelassen ◇ *riotous laughter* wildes Gelächter

riot·ous·ly /'raɪətəsli/ *Adv* äußerst

'riot police *Nomen* [Pl] Bereitschaftspolizei

'riot shield (*auch* **shield**) *Nomen* Schutzschild

rip /rɪp/ *Verb, Nomen*

▸ ***Verb*** **(-pp-) 1** (zer)reißen ◇ *They had been ripped in two.* Sie waren mitten durchgerissen worden. **2** abreißen, herunterreißen ◇ *He ripped off his tie.* Er zerrte sich die Krawatte vom Hals. ◇ *Half of the house was ripped away.* Das halbe Haus wurde weggerissen. IDM **let 'rip** (*umgs*) loslegen **let 'rip at sb** (*umgs*) (*beschimpfen*) auf jdn losgehen **let (sth) 'rip** (*umgs*) Vollgas geben ◇ *Come on—let her rip.* Los, Vollgas! **rip sb/sth a'part/to 'shreds/to 'bits, etc.** jdn/etw in Stücke reißen → *Siehe auch* HEART *und* LIMB PHRV **'rip at sth** an etw zerren, an etw reißen **,rip 'into sb** jdm gründlich die Meinung sagen **rip 'into sb/sth** in jdn/etw eindringen **,rip sb 'off** (*meist passiv*) (*umgs*) jdn übers Ohr hauen, jdn abzocken **,rip sth 'off** (*Slang*) (*stehlen*) etw mitgehen lassen **rip 'through sb/sth** durch jdn/etw (hindurch)dringen ◇ *An explosion ripped through their home.* Eine Explosion verwüstete ihr Haus. **,rip sth 'up** etw zerreißen

▸ ***Nomen*** [meist Sing] Riss

R.I.P. (*BrE auch* **RIP**) /ˌɑːr aɪ 'piː/ *Kurzform von* **rest in peace** R.i.P., Ruhe in Frieden

rip·cord /'rɪpkɔːd; *AmE* -kɔːrd/ *Nomen* Reißleine

ripe /raɪp/ *Adj* **1** reif (*auch fig*) ◇ *land ripe for development* ein Grundstück, das man bebauen kann **2** (*Käse, Wein*) ausgereift **3** (*Geruch*) unangenehm IDM **a/the ripe old age (of …)** ◇ *He lived to the ripe old age of 91.* Er starb im hohen Alter von 91 Jahren.

ripen /'raɪpən/ *Verb* reifen (lassen)

ripe·ness /'raɪpnəs/ *Nomen* Reife

'rip-off *Nomen* [meist Sing] (*umgs*) **1** Nepp, Betrug **2** Kopie, Abklatsch

ri·poste /rɪ'pɒst; *AmE* rɪ'poʊst/ *Nomen, Verb*

▸ ***Nomen*** **1** (*gehoben*) Entgegnung **2** Gegenstoß

▸ ***Verb*** (*gehoben*) entgegnen

ripped /rɪpt/ *Adj* **1** (*of clothes or fabric*) zerrissen **2** (*umgs*) muskulös ◇ *I'm not trying to get ripped—I just want to stay fit.* Ich will kein Muskelprotz werden—ich will einfach nur fit bleiben.

rip·ple /'rɪpl/ *Nomen, Verb*

▸ ***Nomen*** **1** kleine Welle ◇ *There was hardly a ripple on the pond's surface.* Die Oberfläche des Teiches kräuselte sich kaum. **2** Riffel **3** [meist Sing] ◇ *a ripple of applause* kurzer Beifall ◇ *Her visit caused barely a ripple of interest.* Ihr Besuch erregte kaum Aufsehen. ◇ *a ripple of unease* ein Schauder

▸ ***Verb*** **1** sich kräuseln; (*Getreide*) wogen; (*Muskeln*) spielen ◇ *Laughter rippled through the crowd.* Ein Lachen ging durch die Menge. **2** kräuseln; (*Muskeln*) spielen lassen

'ripple effect *Nomen* Dominoeffekt

'rip-roaring *Adj* [nur vor Nomen] (*umgs*) **1** Wahnsinns- ◇ *a rip-roaring celebration* eine Mordsfeier **2 ~ drunk** völlig besoffen

rise 🔑 /raɪz/ *Nomen, Verb*

▸ ***Nomen*** **1 ~ (in sth)** Anstieg (von etw), Zunahme (von etw) ◇ *There has been a sharp rise in the number of people out of work.* Die Arbeitslosenzahlen sind stark gestiegen. **2** (*BrE*) Gehaltserhöhung **3** [Sing] Aufstieg ◇ *the rise and fall of the British Empire* der Aufstieg und Niedergang des Britischen Weltreichs **4** Heben ◇ *She watched the gentle rise and fall of his chest as he slept.* Sie beobachtete, wie sich seine Brust im Schlaf leicht hob und senkte. **5** Anhöhe → *Siehe auch* HIGH-RISE IDM **get a rise out of sb** jdn reizen **give 'rise to sth** (*gehoben*) zu etw führen

▸ ***Verb*** (**rose** /rəʊz; *AmE* roʊz/, **risen** /'rɪzn/) **1** (auf)steigen; (*Vorhang im Theater*) sich heben ◇ (*gehoben*) *Her spirits rose at the news.* Die Neuigkeit ließ ihre Stimmung steigen. **2** (*erfolgreich sein*) aufsteigen ◇ *a rising young politician* ein aufstrebender junger Politiker ◇ *rise to power* an die Macht kommen ◇ *rise to fame* Berühmtheit erlangen ◇ *She rose through the ranks to become managing director.* Sie hat sich bis zur Geschäftsführerin hochgearbeitet. **3** (*Sonne, Teig*) aufgehen **4** (an)steigen, zunehmen ◇ *Air pollution*

has risen above an acceptable level. Die Luftverschmutzung liegt über dem Grenzwert. **5** (*gehoben*) aufstehen ◊ *He rose to his feet.* Er stand auf. **6** (*gehoben*) (*Stimme*) lauter werden **7** (*Wind*) stärker werden **8 ~ (up) (against sb/sth)** (*aufbegehren*) sich erheben (gegen jdn/etw) **9** (*Berge etc.*) aufragen, sich erheben **10** (*Boden*) ansteigen **11** (*Fluss*) entspringen **12 ~ (from sth)** (von etw) auferstehen ◊ *Can a new party rise from the ashes of the old one?* Kann eine neue Partei aus den Trümmern der alten entstehen? **13** (*Haare*) sich sträuben **14** (*gehoben*) (*Gesichtsfarbe*) rot werden **15** (*gehoben*) die Sitzung beenden ◊ *The House rose at 10 p.m.* Das Unterhaus beendete seine Sitzung um 10 Uhr abends. IDM **ˌrise and ˈshine** (*veraltet*) raus aus den Federn! → *Siehe auch* HACKLES *und* HEIGHT
PHR V **ˌrise aˈbove sth** (*gehoben*) **1** über etw stehen **2** über etw hinausgehen **ˈrise to sth 1** sich etw gewachsen zeigen **2** auf etw reagieren ◊ *As soon as I mentioned money he rose to the bait.* Sobald ich von Geld sprach, zeigte er Interesse.

riser /ˈraɪzə(r)/ *Nomen* **early/late ~** Frühaufsteher(in)/Spätaufsteher(in)

ris·ible /ˈrɪzəbl/ *Adj* (*gehoben, abwert*) lächerlich

ris·ing *Nomen* /ˈraɪzɪŋ/ Aufstand

ˌrising ˈaction *Nomen* steigende Handlung, steigende Spannung

ˌrising ˈdamp *Nomen* (*BrE*) aufsteigende Feuchtigkeit

risk 🗝 /rɪsk/ *Nomen, Verb*

▸ ***Nomen*** **1** Risiko ◊ *a health risk* eine Gesundheitsgefahr ◊ *The chemicals pose little risk to human health.* Die Chemikalien sind nicht gesundheitsgefährdend. **2** (FINANZ) **a good/bad/poor ~** ◊ *She is a good risk.* Bei ihr besteht ein geringes Risiko. ◊ *With five previous claims, he's now a bad insurance risk.* Mit fünf vorausgehenden Schadensforderungen ist er jetzt ein Versicherungsnehmer, bei dem ein beträchtliches Risiko besteht. IDM **at ˈrisk** gefährdet ◊ *Innocent lives will be put at risk.* Die Leben Unschuldiger werden aufs Spiel gesetzt. **at the ˈrisk of …** auf die Gefahr hin … **at risk to yourself/sb/sth** unter Gefährdung von sich selbst/jdm/etw ◊ *He dived in at considerable risk to his own life.* Unter Einsatz seines Lebens sprang er ins Wasser. **do sth at your ˌown ˈrisk** etw auf eigene Gefahr tun ◊ *Valuables are left at their owner's risk.* Für Wertgegenstände wird keine Haftung übernommen. **run the ˈrisk (of doing sth)** Gefahr laufen (etw zu tun) **run ˈrisks** etwas riskieren **take a ˈrisk** ein Risiko eingehen ◊ *That's a risk I'm not prepared to take.* Zu diesem Risiko bin ich nicht bereit. **take ˈrisks** Risiken eingehen ◊ *You have no right to take risks with the children's lives.* Sie haben kein Recht, das Leben der Kinder aufs Spiel zu setzen.

▸ ***Verb*** riskieren, wagen; (*Leben etc.*) aufs Spiel setzen ◊ *They knew they risked being arrested.* Sie wussten, dass sie riskierten, verhaftet zu werden. ◊ *If they stayed, they risked death.* Wenn sie bleiben würden, liefen sie Gefahr umzukommen. IDM **risk ˌlife and ˈlimb/risk your ˈneck** sein Leben aufs Spiel setzen

ˈrisk-averse *Adj* risikoscheu

riski·ness /ˈrɪskinəs/ *Nomen* Riskantheit

ˈrisk-taking *Nomen* Eingehen von Risiko, Risikobereitschaft

risky /ˈrɪski/ *Adj* (**risk·ier, riski·est**) (*Adv* **risk·ily** /-skɪli/) riskant

ris·qué /ˈrɪskeɪ; *AmE* rɪˈskeɪ/ *Adj* gewagt, schlüpfrig

ris·sole /ˈrɪsəʊl; *AmE* -soʊl/ *Nomen* Frikadelle

rite /raɪt/ *Nomen* Ritus → *Siehe auch* LAST RITES

ˌrite of ˈpassage *Nomen* [meist Pl] Übergangsritus

rit·ual /ˈrɪtʃuəl/ *Nomen, Adj*

▸ ***Nomen*** Ritual

▸ ***Adj*** [nur vor Nomen] **1** rituell, Ritual- **2** üblich, immer gleich

ritu·al·is·tic /ˌrɪtʃuəˈlɪstɪk/ *Adj* **1** rituell **2** üblich, immergleich

ritu·al·ize (*BrE auch* **-ise**) /ˈrɪtʃuəlaɪz/ *Verb* (*meist passiv*) (*gehoben*) ritualisieren

ritu·al·ly /ˈrɪtʃuəli/ *Adv* in einem rituellen Akt

ritzy /ˈrɪtsi/ *Adj* (*umgs*) schick, nobel

rival 🗝 /ˈraɪvl/ *Nomen, Adj, Verb*

▸ ***Nomen*** Rivale, Rivalin, Konkurrent(in) ◊ *This latest design has no rivals.* An diesen neuen Entwurf kommt kein anderer heran.

▸ ***Adj*** [nur vor Nomen] **1** rivalisierend, gegnerisch, konkurrierend ◊ *a rival offer* ein Angebot der Konkurrenz ◊ *a rival company* eine Konkurrenzfirma **2** (*Theorie, Erklärung, System*) verschieden

▸ ***Verb*** (**-ll-**, *AmE auch* **-l-**) **~ sb/sth (for/in sth)** mit jdm/etw (um/in etw) rivalisieren, jdm/etw (an/in etw) nicht nachstehen ◊ *Their new fleet will rival any other.* Ihre neue Flotte kann es mit allen anderen aufnehmen. ◊ *Their competitors have nothing to rival the new product.* Die Konkurrenz hat nichts, das ihrem neuen Produkt gleichkommt.

ri·val·ry /ˈraɪvlri/ *Nomen* (*Pl* **-ries**) Rivalität ◊ *a fierce rivalry for world supremacy* ein erbitterter Wettstreit um die Weltherrschaft ◊ *sibling rivalry* Rivalität zwischen Geschwistern

riven /ˈrɪvn/ *Adj* [nicht vor Nomen] **~ (by/with sth)** (*gehoben*) **1** zerrissen (von etw) ◊ *riven with doubts* von Zweifeln geplagt **2** zerspalten

river 🗝 /ˈrɪvə(r)/ *Nomen* (*Abk* **R**) Fluss, Strom ◊ *the River Thames* die Themse ◊ *travel up/down river* flussaufwärts/flussabwärts fahren ◊ *a house on the river* ein Haus am Fluss IDM → SELL

ˈriver bed *Nomen* Flussbett

river·front /ˈrɪvəfrʌnt *AmE* -vərfrʌnt/ *Nomen* [Sing] (*bes AmE*) am Fluss gelegenes Viertel

river·side /ˈrɪvəsaɪd; *AmE* -vərsaɪd/ *Nomen* [Sing] Flussufer ◊ *a riverside cafe* ein Café am Fluss

rivet /ˈrɪvɪt/ *Nomen, Verb*

▸ ***Nomen*** Niete

▸ ***Verb*** (*meist passiv*) **1** fesseln ◊ *My eyes were riveted on the figure lying in the road.* Ich starrte gebannt auf den Körper, der auf der Straße lag. **2** (ver)nieten IDM **be riveted to the spot/ground** wie angewachsen dastehen

rivet·ing /ˈrɪvɪtɪŋ/ *Adj* fesselnd

rivu·let /ˈrɪvjələt/ *Nomen* (*gehoben*) Bach, Rinnsal

RM /ˌɑːr ˈem/ *Kurzform von* **Royal Marine** = Eliteeinheit der britischen Kriegsmarine

RN /ˌɑːr ˈen/ *Abk* **1** = REGISTERED NURSE **2** = ROYAL NAVY

RNA /ˌɑːr en ˈeɪ/ *Nomen* (NATURW) RNS

roach /rəʊtʃ; *AmE* roʊtʃ/ *Nomen* **1** (*AmE, umgs*) Kakerlak, Schabe **2** (*Pl* **roach**) Plötze **3** (*Slang*) Joint(kippe)

road 🗝 /rəʊd; *AmE* roʊd/ *Nomen* **1** (*Abk* **Rd**) Straße ◊ *a main road* eine Hauptstraße ◊ *It takes about five hours by road.* Man fährt ungefähr fünf Stunden mit dem Auto. ◊ *transport goods by road* Waren per Spedition transportieren ◊ *road accidents* Verkehrsunfälle ◊ *It's just along the road from the hotel.* Es ist ein Stückchen weiter als das Hotel. **2** Weg ◊ *We have discussed privatization, but we would prefer not to go down that particular road.* Wir haben über eine Privatisierung gesprochen, aber es wäre uns lieber, wenn wir diesen Weg nicht einschlagen würden. IDM **ˈany road** (*Dialekt*) sowieso **have one for the ˈroad** (*umgs*) vor dem Gehen noch einen trinken **on the ˈroad 1** unterwegs; auf Tournee **2** ◊ *It will cost a lot to get the car back on the road.* Es wird viel kosten, um das

Auto wieder verkehrstauglich zu machen. **3** auf der Straße → *Siehe auch* END, FURTHER, HIT *und* SHOW

road·block /ˈrəʊdblɒk; *AmE* ˈroʊdblɑːk/ *Nomen* **1** Straßensperre **2** (*AmE*) (*fig*) Hürde

ˈroad hog *Nomen* (*umgs, abwert*) Verkehrsrowdy

roadie /ˈrəʊdi; *AmE* ˈroʊ-/ *Nomen* (*umgs*) Roadie

ˈroad map *Nomen* **1** Autokarte **2** Roadmap, strategischer Fahrplan

ˈroad rage *Nomen* = Gewalt im Straßenverkehr

road·run·ner /ˈrəʊdrʌnə(r); *AmE* ˈroʊ-/ *Nomen* Rennkuckuck

road·show /ˈrəʊdʃəʊ; *AmE* ˈroʊdʃoʊ/ *Nomen* Roadshow

road·side /ˈrəʊdsaɪd; *AmE* ˈroʊd-/ *Nomen* (**by the**) ~ (am) Straßenrand

ˈroad sign *Nomen* Verkehrszeichen

ˈroad tax *Nomen* (*BrE*) ≈ Kraftfahrzeugsteuer

ˈroad test *Nomen* Probefahrt

ˈroad-test *Verb* Probe fahren

road·way /ˈrəʊdweɪ; *AmE* ˈroʊd-/ *Nomen* Fahrbahn

road·works /ˈrəʊdwɜːks; *AmE* ˈroʊdwɜːrks/ *Nomen* [Pl] (*BrE*) Straßenbauarbeiten, Baustelle

road·worthi·ness /ˈrəʊdwɜːðinəs; *AmE* ˈroʊdwɜːrð-/ *Nomen* Verkehrstauglichkeit

road·worthy /ˈrəʊdwɜːði; *AmE* ˈroʊdwɜːrði/ *Adj* verkehrstauglich

roam /rəʊm; *AmE* roʊm/ *Verb* **1** umherstreifen; **~ sth** durch etw ziehen ◇ *roam the countryside* durchs Land ziehen ◇ *groups of youths roaming the streets* in den Straßen herumstreunende Jugendbanden **2** **~ (over) sth/sb** ◇ *His gaze roamed over her.* Er musterte sie von Kopf bis Fuß. ◇ *Her eyes roamed the room.* Ihr Blick wanderte durch das Zimmer. ◇ *Her hands roamed across his back.* Ihre Hände glitten über seinen Rücken.

roam·ing /ˈrəʊmɪŋ; *AmE* ˈroʊ-/ *Nomen* Roaming

roan /rəʊn; *AmE* roʊn/ *Nomen, Adj*

▸ ***Nomen*** stichelhaariges Pferd ◇ *a strawberry roan* ein Rotschimmel

▸ ***Adj*** [nur vor Nomen] stichelhaarig

roar /rɔː(r)/ *Verb, Nomen*

▸ ***Verb*** **1** brüllen; (*Wasser, Sturm*) tosen; (*Motor*) dröhnen ◇ *roar with laughter* vor Lachen brüllen ◇ *The guns roared deafeningly.* Das Donnern der Geschütze war ohrenbetäubend. ◇ *The engine roared to life.* Der Motor sprang dröhnend an. ◇ *The crowd roared.* Die Menge tobte. **2** (*schnell fahren*) donnern, brausen **3** (*Feuer*) prasseln

▸ ***Nomen*** **1** Brüllen, Gebrüll ◇ *He was greeted by a roar of applause.* Er wurde mit donnerndem Applaus begrüßt. ◇ *roars of laughter* schallendes Gelächter **2** Tosen

roar·ing /ˈrɔːrɪŋ/ *Adj* [nur vor Nomen] **1** brüllend; (*Sturm, Wasser*) tosend **2** (*Feuer*) prasselnd IDM **do a ˈroaring trade (in sth)** (*umgs*) einen schwunghaften Handel (mit etw) treiben **ˌroaring ˈdrunk** sternhagelvoll **a ˌroaring sucˈcess** (*umgs*) ein Riesenerfolg

roast /rəʊst; *AmE* roʊst/ *Verb, Nomen, Adj*

▸ ***Verb*** **1** (im Backofen) braten **2** rösten **3** (*umgs*) (*in der Sonne*) schmoren **4** (*umgs oder hum*) zur Schnecke machen **5** (*AmE, umgs*) auf die Schippe nehmen

▸ ***Nomen*** **1** Braten **2** (*AmE*) (*oft in Zusammensetzungen*) Grillparty **3** (*AmE*) = Feier für jdn, bei der Anekdoten über ihn/sie erzählt werden

▸ ***Adj*** [nur vor Nomen] Brat-, geröstet ◇ *roast beef* Rinderbraten ◇ *roast potatoes* im Backofen in Fett gebratene Kartoffeln

roast·ing /ˈrəʊstɪŋ; *AmE* ˈroʊ-/ *Adj, Nomen*

▸ ***Adj*** **1** [nur vor Nomen] Brat- ◇ *a roasting dish* ein Bräter **2** knallheiß

▸ ***Nomen*** [Sing] (*umgs*) IDM **get a ˈroasting** zurechtgewiesen werden **give sb a ˈroasting** jdm eine Standpauke halten

rob 0‑w /rɒb; *AmE* rɑːb/ *Verb* (**-bb-**) **~ sb/sth (of sth)** jdn/etw (einer Sache) berauben; **~ sth** etw ausrauben, **~sb** jdn bestehlen ◇ *rob a bank* eine Bank überfallen IDM **ˌrob sb ˈblind** (*umgs*) jdn ausnehmen bis aufs letzte Hemd **rob ˌPeter to pay ˈPaul** sich von jdm Geld leihen, um seine Schulden bei jd anderem zu bezahlen PHR V **ˈrob sb/sth of sth** (*oft passiv*) jdn/etw um etw bringen ◇ *He had been robbed of his dignity.* Man hatte ihm seine Würde genommen.

rob·ber /ˈrɒbə(r); *AmE* ˈrɑːbər/ *Nomen* Räuber(in)

rob·bery /ˈrɒbəri; *AmE* ˈrɑːb-/ *Nomen* (*Pl* **-ies**) Raub(überfall)

robe /rəʊb; *AmE* roʊb/ *Nomen, Verb*

▸ ***Nomen*** **1** (*auch* **robes** [Pl]) Talar, Ornat **2** = BATHROBE

▸ ***Verb*** (*meist passiv*) (*gehoben*) ◇ *The priests were robed in black.* Die Priester trugen schwarze Talare.

robin /ˈrɒbɪn; *AmE* ˈrɑːbɪn/ *Nomen* **1** Rotkehlchen **2** Wanderdrossel → *Siehe auch* ROUND ROBIN

robot /ˈrəʊbɒt; *AmE* ˈroʊbɑːt/ *Nomen* Roboter

ro·bot·ic /rəʊˈbɒtɪk; *AmE* roʊˈbɑːtɪk/ *Adj* Roboter-, roboterhaft ◇ *a robotic arm* ein Roboterarm

ro·bot·ics /rəʊˈbɒtɪks; *AmE* roʊˈbɑːtɪks/ *Nomen* [U] Robotertechnik, Robotik

ro·bust /rəʊˈbʌst; *AmE* roʊˈ-/ *Adj* (*Adv* **ro·bust·ly**) **1** kräftig, robust ◇ *a robust appetite* ein gesunder Appetit ◇ *robust economic growth* anhaltendes Wirtschaftswachstum **2** robust; (*Material*) unverwüstlich; (*Bau, Gefüge*) stabil **3** entschieden; (*Glaube*) fest

ro·bust·ness /rəʊˈbʌstnəs; *AmE* roʊˈ-/ *Nomen* Robustheit

rock 0‑w /rɒk; *AmE* rɑːk/ *Nomen, Verb*

▸ ***Nomen*** **1** Stein, Gestein, Fels(en), Felsbrocken; (*im Meer*) Klippe ◇ *Danger: falling rocks!* Achtung, Steinschlag! **2** (*BrE auch* **ˈrock music**) Rock, Rockmusik **3** (*BrE*) Zuckerstange **4** [meist Pl] (*AmE, umgs*) (*Edelstein*) Klunker IDM **caught/stuck between a ˌrock and a ˈhard place** in einer Zwickmühle **on the ˈrocks** **1** kaputt; (*Geschäft, Firma*) pleite **2** (*Getränk*) mit Eis → *Siehe auch* STEADY

▸ ***Verb*** **1** **~ sb/sth** jdn/etw schaukeln, jdn/etw wiegen **2** sich wiegen, schaukeln ◇ *rock with laughter* sich vor Lachen krümmen ◇ *The whole house rocked when the bomb exploded.* Das ganze Haus zitterte, als die Bombe explodierte. **3** **~ sb/sth** (*gehoben*) jdn/etw erschüttern (*auch fig*) **4** (*veraltet*) rocken IDM **rock the ˈboat** (*umgs*) Ärger machen → *Siehe auch* FOUNDATION

rocka·billy /ˈrɒkəbɪli; *AmE* ˈrɑːk-/ *Nomen* Rockabilly

ˌrock and ˈroll *Nomen* Rock and Roll

ˌrock ˈbottom *Nomen* (*umgs*) Tiefpunkt, Nullpunkt

ˌrock-ˈbottom *Adj* niedrigste(r,s) ◇ *rock-bottom prices* Tiefstpreise

ˌrock ˈcandy *Nomen* [U] (*AmE*) Zuckerstange

ˈrock climbing *Nomen* Felsklettern

rock·er /ˈrɒkə(r); *AmE* ˈrɑːkər/ *Nomen* **1** (*Wiege etc.*) Kufe **2** (*bes AmE*) Schaukelstuhl **3** **Rocker** (*BrE*) Rocker IDM **be ˌoff your ˈrocker** (*umgs*) übergeschnappt sein

rock·ery /ˈrɒkəri; *AmE* ˈrɑːk-/ *Nomen* (*Pl* **-ies**) Steingarten

rocket /ˈrɒkɪt; *AmE* ˈrɑːkɪt/ *Nomen, Verb*

▸ ***Nomen*** **1** Rakete **2** Feuerwerksrakete **3** (*BrE*) Rucola

▸ ***Verb*** **1** in die Höhe schnellen **2** kometenhaft aufsteigen ◇ *The band rocketed to stardom.* Die Band wurde über Nacht berühmt. **3** rasen, schießen **4** mit Raketen beschießen

ˈrocket-fuelled (*AmE* **ˈrocket-fueled**) *Adj* raketenartig (steigend) ◊ *There are already signs of rocket-fuelled growth.* Es gibt bereits Anzeichen eines raketenartigen Wachstums.

ˈrocket science *Nomen* IDM **it's not ˈrocket science** es ist nicht hohe Wissenschaft ◊ *Football is a simple game—it's not exactly rocket science.* Fußball ist ein einfaches Spiel—man muss kein Genie sein, um es zu verstehen.

ˈrock face *Nomen* [U] Felswand

ˈrock garden *Nomen* Steingarten

ˌrock-ˈhard *Adj* steinhart

ˈrocking chair *Nomen* Schaukelstuhl

ˈrocking horse *Nomen* Schaukelpferd

ˈrock music *Nomen* Rockmusik

ˌrock 'n' ˈroll *Nomen* Rock 'n' Roll

ˈrock pool *Nomen* (*BrE*) = Ansammlung von Wasser, das sich bei Ebbe zwischen Felsen bildet

ˌrock ˈsolid *Adj* stabil (*auch fig*), absolut zuverlässig ◊ *rock solid support for the party* hundertprozentige Unterstützung für die Partei ◊ *The ice on the river was rock solid.* Das Eis auf dem Fluss war fest gefroren.

rocky /ˈrɒki; *AmE* ˈrɑːki/ *Adj* (**rock·ier**, **rock·iest**) **1** felsig, steinig ◊ *a rocky coastline* eine Felsküste **2** (*fig*) wackelig ◊ *a rocky marriage* eine Ehe, in der es kriselt

ro·coco (*auch* **Ro·coco**) /rəˈkəʊkəʊ; *AmE* rəˈkoʊkoʊ/ *Adj, Nomen*
▸ ***Adj*** Rokoko- ◊ *a rococo palace* ein Rokokoschloss
▸ ***Nomen*** Rokoko

rod /rɒd; *AmE* rɑːd/ *Nomen* **1** (*oft in Zusammensetzungen*) Stange; (*kürzer*) Stab **2** Angelrute **3** (*auch* **the rod**) Rute **4** (*AmE, Slang*) Schießeisen IDM **make a rod for your own ˈback** sich das Leben schwer machen → *Siehe auch* BEAT *und* RULE

rode *Form von* RIDE

ro·dent /ˈrəʊdnt; *AmE* ˈroʊ-/ *Nomen* Nagetier

rodeo /ˈrəʊdiəʊ, rəʊˈdeɪəʊ; *AmE* ˈroʊdioʊ, roʊˈdeɪoʊ/ *Nomen* (*Pl* **-os**) Rodeo

roe /rəʊ; *AmE* roʊ/ *Nomen* **1** (*Fischeier*) Rogen **2** (*Fischsamen*) Milch

ˈroe deer *Nomen* (*Pl* **roe deer**) (*auch* **roe**) Reh

ROFL (*auch* **ROTFL**) *Kurzform von* **roll(ing) on the floor laughing** (*umgs*) (*Netzjargon*) = Ausdruck, dass man etwas sehr lustig gefunden hat

roger /ˈrɒdʒə(r); *AmE* ˈrɑːdʒər/ *Ausruf, Verb*
▸ ***Ausruf*** (*Funk etc.*) verstanden!
▸ ***Verb*** (*BrE, Slang*) **~ sb** (*Sex*) jdn bumsen

rogue /rəʊg; *AmE* roʊg/ *Nomen, Adj*
▸ ***Nomen*** **1** (*hum*) Gauner **2** (*veraltet*) Schurke
▸ ***Adj*** [nur vor Nomen] **1** (ZOOL) einzelgängerisch, Einzelgänger- **2** abnormal, entartet ◊ *a rogue gene* ein defektes Gen

roguish /ˈrəʊgɪʃ; *AmE* ˈroʊ-/ *Adj* (*Adv* **roguish·ly**) schelmisch, spitzbübisch

role 0‑ /rəʊl; *AmE* roʊl/ *Nomen* Rolle

ˈrole model *Nomen* Vorbild

ˈrole-play *Nomen, Verb*
▸ ***Nomen*** Rollenspiel
▸ ***Verb*** **1** ein Rollenspiel machen **2** **~ sth** etw in einem Rollenspiel darstellen

roll 0‑ /rəʊl; *AmE* roʊl/ *Nomen, Verb*
▸ ***Nomen*** **1** Rolle; (*Stoff*) Ballen **2** Brötchen **3** (*Bewegung*) Rollen; (*Schiff*) Schlingern; (SPORT) Rolle, Purzelbaum **4** **~ of fat** Fettwulst **5** Namensliste, Register ◊ *the electoral roll* das Wählerverzeichnis ◊ *The chairman called/took the roll.* Der Vorsitzende rief die Namen auf. **6** (*Geräusch*) Rollen; (*Donner*) Grollen ◊ *a drum roll* ein Trommelwirbel **7** Würfeln ◊ *The order of play is decided by the roll of a dice.* Es wird darum gewürfelt, wer zuerst spielt. IDM **be on a ˈroll** (*umgs*) eine Glückssträhne haben
▸ ***Verb*** **1** rollen ◊ *Her eyes rolled.* Ihre Augen verdrehten sich. **2** schaukeln; (*Schiff*) schlingern ◊ *a rolling gait* ein wiegender Gang **3** **~ sth** etw (ein)rollen ◊ *roll a cigarette* eine Zigarette drehen ◊ *She rolled her eyes.* Sie verdrehte die Augen. ◊ *He rolled himself up in the blanket.* Er wickelte sich in die Decke ein. **4** sich drehen, sich wälzen **5** vorbeiziehen, rollen; (*Wolken*) ziehen ◊ *Cars rolled off the assembly line.* Die Autos rollten vom Fließband. ◊ *Mist rolled in from the sea.* Nebelschwaden zogen ins Land. **6** (*Geräusch*) rollen; (*Donner*) grollen ◊ *rolling drums* Trommelwirbel **7** (*Maschine etc.*) laufen ◊ *The camera rolled.* Die Kamera lief. **8** **~ sth** etw laufen lassen ◊ *Roll the cameras!* Aufnahme! IDM **be ˈrolling in money/it** (*umgs*) im Geld schwimmen **ˈheads will roll (for sth)** (*umgs, meist hum*) Köpfe werden (wegen einer Sache) rollen **rolled into ˈone** in einem ◊ *He's a scientist and a businessman rolled into one.* Er ist Wissenschaftler und Geschäftsmann in einem. **ˌrolling in the ˈaisles** ◊ *She had us rolling in the aisles.* Sie schaffte es, dass wir uns vor Lachen kugelten. **ˈroll on ... !** (*BrE, umgs*) wenn doch schon ... wäre! **roll up your ˈsleeves** die Ärmel hochkrempeln **roll with the ˈpunches** sich der Situation anpassen → *Siehe auch* BALL, GRAVE[1], READY *und* TONGUE PHR V **roll a ˈround** (*BrE auch* **ˌroll aˈbout**) sich vor Lachen kugeln **ˌroll sth ˈback** **1** etw zurückdrehen ◊ *roll back the frontiers of space* in den Weltraum vorstoßen **2** (*AmE*) (*Preise etc.*) senken **ˌroll sth ˈdown** etw herunterlassen ◊ *roll down a car window* ein Autofenster herunterkurbeln **ˌroll ˈin** **1** hereinströmen; (*Briefe etc.*) eingehen **2** (*Mensch*) eintrudeln **ˌroll sth ˈout** **1** etw ausrollen; (*Metall*) auswalzen **2** (*neues Produkt etc.*) herausbringen **ˌroll ˈover** (*im Bett etc.*) sich (her)umdrehen **roll sb/sth over** jdn/etw (um)drehen ◊ *I rolled the baby over onto its stomach.* Ich drehte das Baby auf den Bauch. **roll ˈup** **1** (*umgs*) aufkreuzen ◊ *Roll up!* Treten Sie näher! **2** **~ (into sth)** sich (zu etw) zusammenrollen **ˌroll sth ˈup** **1** (*Fenster etc.*) hochkurbeln; (*Ärmel etc.*) hochkrempeln **2** **~ (into sth)** etw (zu etw) zusammenrollen

roll·back /ˈrəʊlbæk; *AmE* ˈroʊl-/ *Nomen* [Sing] (*AmE*) Senkung der Preise/Löhne auf den früheren Stand

ˈroll call *Nomen* [U/Sing] Namensaufruf; (MIL) Appell

roll·er /ˈrəʊlə(r); *AmE* ˈroʊ-/ *Nomen* **1** (*oft in Zusammensetzungen*) Rolle ◊ *a paint roller* ein Farbroller ◊ *a roller blind* ein Rollo **2** Roller **3** (*veraltet*) Lockenwickler

Roll·er·blade™ /ˈrəʊləbleɪd; *AmE* ˈroʊlərbleɪd/ *Nomen, Verb*
▸ ***Nomen*** (*AmE* **Roller Blade™**) Inliner
▸ ***Verb*** inlineskaten, rollerbladen

ˈroller coaster *Nomen* **1** Achterbahn **2** (*fig*) Berg-und-Tal-Fahrt

ˈroller skate *Nomen, Verb*
▸ ***Nomen*** (*auch* **skate**) Rollschuh
▸ ***Verb*** (*auch* **skate**) Rollschuh laufen

ˈroller skating (*auch* **skat·ing**) *Nomen* Rollschuhlaufen, Rollschuhlauf

rol·lick·ing /ˈrɒlɪkɪŋ; *AmE* ˈrɑːlɪ-/ *Adj, Nomen*
▸ ***Adj*** [nur vor Nomen] ausgelassen
▸ ***Nomen*** (*BrE, umgs*) Standpauke

roll·ing /ˈrəʊlɪŋ; *AmE* ˈroʊ-/ *Adj* [nur vor Nomen] **1** (*Landschaft*) leicht hügelig; (*Hügel*) sanft **2** (*Plan, Programm etc.*) fortlaufend, kontinuierlich

ˈrolling pin *Nomen* Nudelholz, Teigrolle

ˈrolling stock *Nomen* (*Fachspr*) (EISENB) rollendes Material

ˌroll-on *Adj, Nomen*
▸ ***Adj*** [nur vor Nomen] ◇ *a roll-on deodorant* ein Deoroller
▸ ***Nomen*** Deoroller

roll-ˌon roll-ˈoff *Adj* (*auch* **ro-ro**) (*BrE*) Ro-Ro

ˈroll-out *Nomen* Roll-out, Markteinführung

roll·over /ˈrəʊləʊvə(r); *AmE* ˈroʊloʊ-/ *Nomen* **1** (*Fachspr*) Roll-over Kredit **2** (*BrE*) ◇ *a rollover jackpot* ein Jackpot **3** (*bes AmE*) Überschlagen

roly-poly /ˌrəʊli ˈpəʊli; *AmE* ˌroʊli ˈpoʊ-/ *Adj* [nur vor Nomen] (*umgs*) pummelig

ROM /rɒm; *AmE* rɑːm/ *Kurzform von* **read-only memory** ROM

ro·maine /rəʊˈmeɪn; *AmE* roʊˈ-/ *Nomen* (*AmE*) römischer Salat, Romana-Salat

Roman /ˈrəʊmən; *AmE* ˈroʊ-/ *Adj, Nomen*
▸ ***Adj*** **1** römisch ◇ *a Roman road* eine Römerstraße ◇ *Roman Britain* Britannien unter den Römern **2** von/in Rom ◇ *my Roman friends* meine Freunde in/aus Rom **3** römisch-katholisch **4 roman** (*Schriftart*) Antiqua-
▸ ***Nomen*** **1** Römer(in) **2 roman** (*Schriftart*) Antiqua
IDM → ROME

the ˌRoman ˈalphabet *Nomen* [Sing] das lateinische Alphabet

ˌRoman ˈCatholic (*auch* **Cath·olic**) *Nomen, Adj*
▸ ***Nomen*** (*Abk* **RC**) Katholik(in)
▸ ***Adj*** römisch-katholisch

ˌRoman Caˈtholicism (*auch* **Cath·oli·cism**) *Nomen* Katholizismus

Ro·mance /rəʊˈmæns, ˈrəʊmæns; *AmE* ˈroʊ-/ *Adj* [nur vor Nomen] romanisch

ro·mance /rəʊˈmæns, ˈrəʊmæns; *AmE* ˈroʊ-/ *Nomen, Verb*
▸ ***Nomen*** **1** Romanze ◇ *medieval romances* mittelalterliche Romanzen **2** Romantik **3** romantische Liebesgeschichte, Liebesroman
▸ ***Verb*** (*gehoben*) **1** fantasieren **2 ~ sb** jdn umwerben **3** eine Romanze mit jdm haben

Ro·man·esque /ˌrəʊməˈnesk; *AmE* ˌroʊ-/ *Adj* (ARCHIT) romanisch

ˌRoman ˈnose *Nomen* Römernase

ˌRoman ˈnumeral *Nomen* römische Ziffer

ro·man·tic 0-ᴡ (*auch* **Romantic**) /rəʊˈmæntɪk; *AmE* roʊˈ-/ *Adj, Nomen*
▸ ***Adj*** (*Adv* **ro·man·tic·al·ly** /-kli/) romantisch ◇ *the Romantic movement* die Romantik ◇ *a Romantic poet* ein Dichter der Romantik ◇ *a romantic relationship* eine Liebesbeziehung
▸ ***Nomen*** Romantiker(in)

ro·man·ti·cism (*auch* **Romanticism**) /rəʊˈmæntɪsɪzəm; *AmE* roʊˈ-/ *Nomen* Romantik

ro·man·ti·cist /rəʊˈmæntəsɪst; *AmE* roʊˈ-/ *Nomen* Romantiker(in)

ro·man·ti·cize (*BrE auch* **-ise**) /rəʊˈmæntɪsaɪz; *AmE* roʊˈ-/ *Verb* romantisieren ◇ *a romanticized view* eine romantisch verklärte Vorstellung

Rom·any /ˈrɒməni, ˈrəʊm-; *AmE* ˈrɑːm-, ˈroʊm-/ *Nomen, Adj*
▸ ***Nomen*** **1** (*Pl* **-ies**) Zigeuner(in), Roma **2** (*Sprache*) Romani
▸ ***Adj*** Zigeuner-, Roma-; (*Sprache*) Romani- ◇ *a Romany gypsy* ein(e) Zigeuner(in)

Rome /rəʊm; *AmE* roʊm/ *Nomen* Rom IDM **Rome wasn't built in a ˈday** Rom ist auch nicht an einem Tag erbaut worden. **when in ˈRome (do as the Romans do)** andere Länder, andere Sitten

romp /rɒmp; *AmE* rɑːmp/ *Verb, Nomen*
▸ ***Verb*** herumtollen IDM **romp home/to victory** spielend gewinnen PHR V **ˌromp aˈway/aˈhead** (*BrE, umgs*) davonziehen ◇ *Share prices continue to romp ahead.* Die Aktionkurse ziehen weiter stark an. **ˌromp ˈthrough (sth)** (*BrE, umgs*) (etw) spielend schaffen, (mit etw) spielend fertig werden
▸ ***Nomen*** (*umgs*) **1** [Sing] Herumtollen, Tollerei **2** (*Film*) unterhaltsame Komödie **3** (*hum*) (*Sex*) ◇ *a romp in the hay* eine Nummer im Heu ◇ *a three-in-a-bed sex romp* ein flotter Dreier

roo /ruː/ *Nomen* (*umgs*) Känguru

roof 0-ᴡ /ruːf/ *Nomen, Verb*
▸ ***Nomen*** **1** Dach **2 ~ of your mouth** Gaumen IDM **go through the ˈroof** (*umgs*) **1** (*Preise etc.*) in die Höhe schnellen **2** (*auch* **hit the ˈroof**) an die Decke gehen **have a ˈroof over your head** ein Dach über dem Kopf haben **under one ˈroof**; **under the same ˈroof** unter einem Dach **under sb's ˈroof** in jds Haus → *Siehe auch* RAISE
▸ ***Verb*** **~ sth (in/over)** etw überdachen; **~ sth (with/in sth)** etw (mit etw) decken

-roofed /ruːft/ (*in Zusammensetzungen*) -gedeckt ◇ *a flat-roofed building* ein Gebäude mit einem Flachdach

roof·ing /ˈruːfɪŋ/ *Nomen* **1** Material zum Dachdecken ◇ *roofing felt* Dachpappe **2** Dachdecken ◇ *a roofing contractor* ein Dachdecker

ˈroof rack *Nomen* (*BrE*) Dachgepäckträger

roof·top /ˈruːftɒp; *AmE* -tɑːp/ *Nomen* Dach IDM **ˌshout, etc. sth from the ˈrooftops** etw ausposaunen

rook /rʊk/ *Nomen* **1** Saatkrähe **2** (*beim Schach*) Turm

rookie /ˈrʊki/ *Nomen* (*bes AmE, umgs*) Neuling

room 0-ᴡ /ruːm, rʊm/ *Nomen, Verb*
▸ ***Nomen*** **1** Zimmer ◇ *They were in the next room.* Sie waren im Zimmer nebenan. **2 rooms** [Pl] (*BrE, veraltet*) möblierte Zimmer **3** [U] **~ (for sb/sth)** Platz (für jdn/etw); **~ (to do sth)** Platz (zum ...) ◇ *Is there enough room for me in the car?* Ist im Wagen noch Platz für mich? ◇ *make room for the furniture* Platz für die Möbel schaffen → *Siehe auch* STANDING ROOM **4 ~ for sth** Spielraum für etw, Freiraum ◇ *The government has little room for manoeuvre.* Die Regierung hat wenig Spielraum. ◇ *There was no room for doubt.* Es durfte keine Zweifel geben. ◇ *There's some room for improvement in your work.* Es gibt noch einiges, das Sie besser machen könnten. IDM **no room to swing a ˈcat** (*umgs*) sehr wenig Platz
▸ ***Verb*** (*AmE*) **~ (with sb)**; **~ (together)** (mit jdm zusammen) wohnen

-roomed /ruːmd, rʊmd/ (*in Zusammensetzungen*) ◇ *a three-roomed apartment* eine Dreizimmerwohnung

room·ful /ˈruːmfʊl, ˈrʊm-/ *Nomen* **a ~ of ...** ein Zimmer voller ...

ˈrooming house *Nomen* (*AmE*) = Mietshaus mit möblierten Zimmern

room·mate /ˈruːmmeɪt, ˈrʊm-/ *Nomen* **1** Zimmergenosse, -genossin **2** (*AmE*) Mitbewohner(in)

ˈroom service *Nomen* Zimmerservice

roomy /ˈruːmi, ˈrʊmi/ *Adj* (**room·ier**, **roomi·est**) geräumig

roost /ruːst/ *Nomen, Verb*
▸ ***Nomen*** (*von Vögeln*) Schlafplatz IDM → RULE
▸ ***Verb*** (*Vögel*) ruhen, sich (zum Schlafen) niederlassen IDM → HOME

roost·er /ˈruːstə(r)/ *Nomen* (*bes AmE*) (*Vogel*) Hahn

root 0-ᴡ /ruːt/ *Nomen, Verb*
▸ ***Nomen*** **1** Wurzel (*auch fig*) ◇ *I pulled the plant up by the roots.* Ich zog die Pflanze an der Wurzel heraus. ◇ *my Italian roots* meine italienische Abstammung ◇ *We have to get to the root of the problem.* Wir müssen dem Problem auf den Grund gehen. ◇ *the root cause of the problem* der eigentliche Grund für das Problem → *Siehe auch* GRASS ROOTS *und* SQUARE ROOT **2**

(LING) Stamm ◇ *'Feminine' comes from the Latin root 'femina'.* „Feminin" geht auf das lateinische Wort „femina" zurück. IDM **put down 'roots** Wurzeln schlagen **root and 'branch** mit Stumpf und Stiel **take 'root** **1** Wurzeln schlagen **2** (*fig*) Fuß fassen
▸ ***Verb*** **1** Wurzeln schlagen **2** wurzeln lassen **3 ~ (about/around) (for sth)** (nach etw) wühlen; **~ through sth (for sth)** etw (nach etw) durchwühlen PHRV **'root for sb/sth** (*umgs*) jdm die Daumen drücken, jdn unterstützen ◇ *We're rooting for the Bulls.* Wir sind für die Bulls. **root sb 'out** jdn entfernen **root sth 'out** **1** (*fig*) etw mit der Wurzel ausreißen **2** (*fig*) etw (wieder) ausgraben **root sb to 'sth** jdn wie angewurzelt dastehen lassen ◇ *Embarrassment rooted her to the spot.* Aus Verlegenheit stand sie wie angewurzelt da. **root sth 'up** etw mit der Wurzel herausreißen

'root beer *Nomen* (*AmE*) Kräuterlimonade

root·ed *Adj* /'ru:tɪd/ verwurzelt (*auch fig*) ◇ *He was rooted to his chair.* Er saß wie angewurzelt auf dem Stuhl. IDM **rooted to the 'spot** angewurzelt

root·less /'ru:tləs/ *Adj* wurzellos (*auch fig*)

root·less·ness /'ru:tləsnəs/ *Nomen* Wurzellosigkeit

rope /rəʊp; *AmE* roʊp/ *Nomen, Verb*
▸ ***Nomen*** **1** Seil, Tau **2 the ropes** [Pl] (*beim Boxen etc.*) die Seile IDM **be on the 'ropes** (*umgs*) in den Seilen hängen; in der Klemme sitzen **give sb enough 'rope (and he/she will hang himself/herself)** jdm die Gelegenheit geben, sich selbst einen Strick zu drehen **know the 'ropes** (*umgs*) sich auskennen **learn the 'ropes** (*umgs*) sich (in etw) einarbeiten **show sb the 'ropes** (*umgs*) jdn (in etw) einweihen; jdn (in etw) einarbeiten → *Siehe auch* END *und* MONEY
▸ ***Verb*** **1 ~ A and B together** A und B zusammenbinden; **~ A to B** A an B festbinden **2** verschnüren **3** (*bes AmE*) mit dem Lasso (ein)fangen PHRV **rope sb 'in**; **rope sb 'into sth** (*meist passiv*) (*umgs*) jdn (zu etw) einspannen **rope sth 'off** etw (mit einem Seil) absperren

'rope ladder *Nomen* Strickleiter

ropy (*auch* **ropey**) /'rəʊpi; *AmE* 'roʊ-/ *Adj* (*BrE, umgs*) **1** schäbig, mitgenommen **2** (*Person*) nicht ganz auf der Höhe, angeschlagen

ro-ro /'rəʊ rəʊ; *AmE* 'roʊ roʊ/ *Adj* = ROLL-ON ROLL-OFF

ros·ary /'rəʊzəri; *AmE* 'roʊ-/ *Nomen* (*Pl* **-ies**) Rosenkranz ◇ *say the rosary* den Rosenkranz beten

rose /rəʊz; *AmE* roʊz/ *Nomen, Adj*
▸ ***Nomen*** **1** Rose **2** (*auch* **rose 'pink**) Rosa(rot) **3** (*von einer Gießkanne*) Brause IDM **be coming up 'roses** (*umgs*) (*fig*) rosig aussehen **put 'roses in sb's cheeks** (*BrE, umgs*) Farbe in jds Gesicht bringen → *Siehe auch* BED *und* SMELL
▸ ***Adj*** (*auch* **rose 'pink**) rosa(rot)

rosé /'rəʊzeɪ; *AmE* roʊ'zeɪ/ *Nomen* Rosé(wein)

rose·bud /'rəʊzbʌd; *AmE* 'roʊz-/ *Nomen* Rosenknospe

'rose-coloured (*AmE* **'rose-colored**) *Adj* **1** rosa **2** (*auch* **'rose-tinted**) (*fig*) rosa(rot)

'rose hip (*auch* **hip**) *Nomen* Hagebutte

rose·mary /'rəʊzməri; *AmE* 'roʊzmeri/ *Nomen* Rosmarin

ros·ette /rəʊ'zet; *AmE* roʊ'-/ *Nomen* Rosette

'rose water *Nomen* Rosenwasser

rose 'window *Nomen* Fensterrosette

rose·wood /'rəʊzwʊd; *AmE* 'roʊz-/ *Nomen* Rosenholz

Rosh Hash·ana (*auch* **Rosh Hash·anah**) /ˌrɒʃ hə'ʃɑ:nə; *AmE* ˌrɑ:ʃ/ *Nomen* Roschha-Schana, jüdisches Neujahrsfest

rosin /'rɒzɪn; *AmE* 'rɑ:zn/ *Nomen, Verb*
▸ ***Nomen*** Kolophonium
▸ ***Verb*** mit Kolophonium einreiben

ros·ter /'rɒstə(r); *AmE* 'rɑ:stər/ *Nomen, Verb*
▸ ***Nomen*** **1** Dienstplan ◇ *a duty roster* ein Dienstplan **2** Namensliste
▸ ***Verb*** (*BrE*) zum Dienst einteilen

ros·trum /'rɒstrəm; *AmE* 'rɑ:strəm/ *Nomen* (*Pl* **ros·trums** *oder* **ros·tra** /'rɒstrə; *AmE* 'rɑ:strə/) Podest

rosy /'rəʊzi; *AmE* 'roʊ-/ *Adj* (**rosi·er**, **rosi·est**) rosig (*auch fig*)

rot /rɒt; *AmE* rɑ:t/ *Verb, Nomen*
▸ ***Verb*** (**-tt-**) verrotten (lassen), verfaulen (lassen) ◇ *Too much sugar will rot your teeth.* Von zu viel Zucker bekommt man schlechte Zähne.
▸ ***Nomen*** **1** Fäulnis ◇ *The wood must not get damp as rot can quickly result.* Das Holz darf nicht feucht werden, sonst modert es schnell. **2 the rot** der Verfall **3** (*BrE, umgs, veraltet*) Quatsch

rota /'rəʊtə; *AmE* 'roʊ-/ *Nomen* Dienstplan ◇ *Dave organized a cleaning rota.* Dave erstellte einen Putzplan.

ro·tary /'rəʊtəri; *AmE* 'roʊ-/ *Adj, Nomen*
▸ ***Adj*** [nur vor Nomen] rotierend, Dreh-
▸ ***Nomen*** (*Pl* **-ies**) (*AmE*) Kreisverkehr

ro·tate /rəʊ'teɪt; *AmE* 'roʊteɪt/ *Verb* **1 ~ (about/around sth)** (um etw) rotieren, sich (um etw) drehen **2 ~ sth (around/about sth)** etw (um etw) rotieren lassen ◇ *Rotate the wheel through 180 degrees.* Drehen Sie das Rad um 180 Grad. ◇ *Rotate the ankle five times.* Lassen Sie den Knöchel fünf Mal kreisen. **3** turnusmäßig wechseln ◇ *The presidency rotates among the members.* Die Mitglieder übernehmen reihum die Präsidentschaft. **4 ~ sth** sich bei etw abwechseln ◇ *We rotate the night shift.* Wir wechseln uns mit der Nachtschicht ab.

ro·tat·ing /rəʊ'teɪtɪŋ; *AmE* 'roʊteɪtɪŋ/ *Adj* [nur vor Nomen] rotierend ◇ *a rotating presidency* eine reihum wechselnde Präsidentschaft

ro·ta·tion /rəʊ'teɪʃn; *AmE* roʊ'-/ *Nomen* **1** Drehen, Rotation **2** Umdrehung ◇ *the number of rotations per minute* die Umdrehungszahl pro Minute **3** (turnusmäßiger) Wechsel ◇ *crop rotation* Fruchtwechsel IDM **in ro'tation** abwechselnd; im Turnus ◇ *The committee is chaired by all the members in rotation.* Die Mitglieder des Komitees übernehmen reihum den Vorsitz.

ro·ta·tion·al /rəʊ'teɪʃənl; *AmE* roʊ'-/ *Adj* **1** Rotations- **2** [nur vor Nomen] abwechselnd

rote /rəʊt; *AmE* roʊt/ *Nomen* ◇ *learn by rote* auswendig lernen ◇ *rote learning* das Auswendiglernen

rotor /'rəʊtə(r); *AmE* 'roʊ-/ *Nomen* Rotor

rot·ten /'rɒtn; *AmE* 'rɑ:tn/ *Adj, Adv*
▸ ***Adj*** **1** faul, verdorben ◇ *The fruit is starting to go rotten.* Das Obst beginnt zu verfaulen. ◇ *rotten floorboards* morsche Dielen **2** (*umgs*) scheußlich, mies ◇ *What rotten luck!* Was für ein Pech! ◇ *She's a rotten singer.* Sie singt miserabel. **3** (*umgs*) korrupt ◇ *rotten to the core* durch und durch korrupt **4** [nicht vor Nomen] (*umgs*) (*kränklich*) elend **5** [nicht vor Nomen] (*umgs*) gemein ◇ *I felt rotten about lying to her.* Ich kam mir fies vor, weil ich sie anlog. **6** [nur vor Nomen] (*umgs*) verdammt ◇ *You can keep your rotten money!* Du kannst dein verdammtes Geld behalten!
▸ ***Adv*** (*umgs*) total ◇ *She spoils him rotten.* Sie verwöhnt ihn total. ◇ (*BrE*) *He fancies you (something) rotten.* Er steht total auf dich.

rot·ter /'rɒtə(r); *AmE* 'rɑ:tər/ *Nomen* (*BrE, umgs, veraltet*) mieser Typ

Rott·weiler /'rɒtwaɪlə(r), 'rɒtvaɪ-; *AmE* 'rɑ:t-/ *Nomen* Rottweiler

ro·tund /rəʊ'tʌnd; *AmE* roʊ'-/ *Adj* (*gehoben oder hum*) (*Person*) rundlich

ro·tunda /rəʊ'tʌndə; *AmE* roʊ'-/ *Nomen* Rotunde, Rundbau

rou·ble (*AmE meist* **ruble**) /'ru:bl/ *Nomen* Rubel

rouge /ruːʒ/ *Nomen, Verb*
▸ ***Nomen*** Rouge
▸ ***Verb*** Rouge auflegen

rough 0‑w /rʌf/ *Adj, Nomen, Verb, Adv*
▸ ***Adj*** **1** rau, uneben ◇ *rough material* grobes Material ◇ *rough edges* scharfe Kanten ◇ *a rough voice* eine schroffe Stimme ◇ *Your engine sounds a bit rough.* Dein Motor hört sich nicht gut an. **2** (*Verhalten etc.*) grob, brutal ◇ *rough behaviour* ungehobeltes Benehmen ◇ *That area of the city is quite rough.* In diesem Stadtteil herrschen raue Sitten. **3** (*Meer, Wetter*) stürmisch, rau **4** (*Arbeit, Probleme*) anstrengend, hart ◇ *He's had a rough time.* Er hat eine schwere Zeit durchgemacht. **5** (*umgs*) (*krank*) mies **6** (*Schätzung, Entwurf*) Roh-, grob, ungefähr ◇ *a rough draft* ein Rohentwurf ◇ *Give me a rough idea of your plans.* Sag mir ungefähr, was du vorhast. **7** einfach ◇ *rough wooden tables* einfache Holztische ◇ *rough paper* Notizpapier IDM **a rough 'deal** eine ungerechte Behandlung
▸ ***Nomen*** **1 the rough** [Sing] (*beim Golf*) das Rough **2** (TECH) Rohentwurf **3** (*umgs, veraltet*) Rowdy, Schlägertyp IDM **in 'rough** (*BrE*) als Entwurf; als Konzept ◇ *Write it out in rough first.* Mach erst einen Rohentwurf. **take the ˌrough with the 'smooth** die Dinge so nehmen, wie sie kommen
▸ ***Verb*** IDM **'rough it** (*umgs*) primitiv leben; auf (jeglichen) Komfort verzichten PHR V **ˌrough sth 'out** etw grob entwerfen, etw (grob) skizzieren ◇ *rough out a few ideas* ein paar Ideen aufs Papier werfen **ˌrough sb 'up** (*umgs*) jdn zusammenschlagen
▸ ***Adv*** grob IDM **live/sleep 'rough** (*BrE*) auf der Straße leben

rough·age /ˈrʌfɪdʒ/ *Nomen* [U] Ballaststoffe

ˌrough-and-'ready *Adj* **1** grob ◇ *a rough-and-ready picnic* ein improvisiertes Picknick **2** (*Person*) raubeinig

ˌrough and 'tumble *Nomen* (wildes) Handgemenge; (*Kinder, Tiere*) Balgerei; (*fig*) erbitterter Kampf ◇ *the rough and tumble of politics* das harte Leben der Politik

rough·cast /ˈrʌfkɑːst; *AmE* -kæst/ *Nomen, Adj*
▸ ***Nomen*** Rauputz
▸ ***Adj*** mit Rauputz verputzt

ˌrough 'diamond *Nomen* (*BrE*) ungehobelter, aber gutherziger Mensch

rough·en /ˈrʌfn/ *Verb* **1** aufrauen, anrauen **2** rau werden

ˌrough-'hewn *Adj* **1** grob behauen ◇ *the rough-hewn features of his face* seine groben Gesichtszüge **2** ungehobelt

ˌrough 'justice *Nomen* [U] **1** unverdiente Strafe **2** (ausgleichende) Gerechtigkeit

rough·ly 0‑w /ˈrʌfli/ *Adv* **1** ungefähr ◇ *Roughly speaking, we received about fifty letters.* Wir bekamen ungefähr fünfzig Briefe. **2** grob ◇ *roughly plastered walls* grob verputzte Wände ◇ *'What do you want?' she demanded roughly.* „Was wollen Sie?" fragte sie barsch.

rough·neck /ˈrʌfnek/ *Nomen* **1** (*bes AmE*) Grobian, Schlägertyp **2** Bohrarbeiter

rough·ness /ˈrʌfnəs/ *Nomen* Rauheit, Unebenheit, Grobheit

rough·shod /ˈrʌfʃɒd; *AmE* -ʃɑːd/ *Adv* IDM **ride, etc. 'roughshod over sb/sth** (*AmE meist* **run 'roughshod over sb/sth**) jdn/etw mit Füßen treten

roul·ette /ruːˈlet/ *Nomen* Roulette

round 0‑w /raʊnd/ *Adj, Adv, Nomen, Präp, Verb*
▸ ***Adj*** **1** rund, rundlich ◇ *In round figures, we've spent $3 000* Wir haben rund $3 000 ausgegeben. **2** (*Figur in der Literatur*) komplex
▸ ***Adv*** (*bes BrE*) ℹ Für Verben mit **round** siehe die Einträge für die Verben. **Come round** z.B. steht unter **come**. **1** (rund)herum ◇ *Everybody joins hands and dances round.* Alle reichen sich die Hände und tanzen im Kreis. ◇ *The child was spinning round and round.* Das Kind drehte sich im Kreis herum. ◇ *A large crowd had gathered round to watch.* Eine große Zuschauermenge hatte sich ringsherum versammelt. ◇ *a tree measuring four metres round* ein Baum mit vier Meter Umfang ◇ *for one mile round* im Umkreis von einer Meile ◇ *all year round* das ganze Jahr über ◇ *The news was quickly passed round.* Die Nachricht verbreitete sich rasch. ◇ *Have we enough cups to go round?* Haben wir genug Tassen für alle? **2** herum ◇ *He went round interviewing people.* Er ging herum und befragte Leute. ◇ *move the furniture round* die Möbel umstellen **3** um ◇ *He turned the car round and drove back.* Er drehte um und fuhr zurück. ◇ *She turned round.* Sie drehte sich um. **4** (außen) herum ◇ *We walked round to the back of the house.* Wir gingen um das Haus herum. ◇ *a long way round* ein Umweg **5** (*umgs*) rüber ◇ *I'll send somebody round.* Ich schicke jemanden vorbei. ◇ *We've invited the Frasers round this evening.* Wir haben die Frasers für heute Abend zu uns eingeladen. ◇ *I'll be round in an hour.* Ich bin in einer Stunde da. IDM **ˌround a'bout** (*umgs*) **1** rundherum ◇ *the villages round about* die umliegenden Dörfer **2** ungefähr (um) ◇ *We're leaving round about ten.* Wir fahren ungefähr um zehn los. ◇ *round about 3 000* so um die 3 000
▸ ***Nomen*** **1** Runde ◇ *the final round of voting in the election* die letzte Abstimmungsrunde der Wahlen ◇ *It's my round.* Dies Runde geht auf mich. ◇ *during ward rounds* bei der Visite **2** Alltag ◇ *the daily round of school life* der Schulalltag ◇ *Her life is one long round of parties and fun.* Sie feiert eine Party nach der anderen. → *Siehe auch* MILK ROUND *und* PAPER ROUND **3** (*BrE*) Scheibe ◇ *a round of toast* eine Scheibe Toast **4** Kreis ◇ *Cut the pastry into rounds.* Den Teig kreisförmig ausstechen. **5 ~ of applause/cheers** Beifallssturm **6** Ladung; (*Schuss*) shot ◇ *They fired several rounds at the crowd.* Sie feuerten mehrere Schüsse in die Menge. **7** (MUS) Kanon IDM **do/go the 'rounds** (*AmE* **make the 'rounds**) (*Witz, Gerücht*) die Runde machen **do/go the 'rounds (of sth)**; **make the 'rounds (of sth)** etw abklappern ◇ *He's doing the rounds of insurance firms.* Er klappert die Versicherungsfirmen ab. **in the 'round** **1** (KUNST) vollplastisch ◇ *see sth in the round* etw von allen Seiten betrachten **2** (THEAT) in der Arenabühne
▸ ***Präp*** (*AmE meist* **around**) **1** um (herum) ◇ *sail round the world* um die Welt segeln **2** in (herum) ◇ *She looked all round the room.* Sie blickte sich im Zimmer um. ◇ *There were soldiers positioned all round the town.* Soldaten waren überall in der Stadt stationiert. **3** ◇ *He has to organize his life round the kids.* Er muss sein Leben auf die Kinder einstellen. IDM **ˌround 'here** hier (in der Gegend)
▸ ***Verb*** **1** umrunden ◇ *The boat rounded the tip of the island.* Das Boot umrundete die Spitze der Insel. ◇ *We rounded the bend at high speed.* Wir nahmen die Kurve mit hoher Geschwindigkeit. **2 ~ sth (up/down) (to sth)** etw (auf etw) (auf/ab)runden **3** sich runden; (*Augen*) sich weiten **4** rund machen; (*Lippen*) spitzen PHR V **ˌround sth 'off (with sth)** **1** (*AmE auch* **round sth 'out**) etw (mit etw) abschließen ◇ *A picnic rounded the day off perfectly.* Ein Picknick war der perfekte Abschluss für den Tag. **2** (*Ecken, Kanten*) (mit etw) abrunden **'round on sb** jdm anfahren **ˌround sb/sth 'up** **1** jdn/etw zusammentrommeln **2** jdn/etw zusammentreiben

round·about /ˈraʊndəbaʊt/ *Nomen, Adj*
▸ ***Nomen*** (*BrE*) **1** Kreisverkehr, Verkehrskreisel **2** Karussell IDM → SWING
▸ ***Adj*** umständlich

round·ed 🔑 /ˈraʊndɪd/ *Adj* **1** rund, rundlich **2** abgerundet (*auch fig*) **3** (*Ton, Geschmack*) harmonisch ◇ *a fully rounded education* eine ausgewogene Bildung → *Siehe auch* WELL ROUNDED

round·ers /ˈraʊndəz; *AmE* -dərz/ *Nomen* Schlagball

round·ly /ˈraʊndli/ *Adv* entschieden

round·ness /ˈraʊndnəs/ *Nomen* Rundlichkeit

ˌround ˈrobin *Nomen* **1** Petition, Unterschriftensammlung **2** (SPORT) = Wettkampf, in dem jeder gegen jeden spielt

ˌround-ˈshouldered *Adj* mit (einem) Rundrücken

ˌround-ˈtable *Adj* [nur vor Nomen] ◇ *round-table negotiations* Verhandlungen am runden Tisch ◇ *round-table talks* Gespräche am Verhandlungstisch

ˌround-the-ˈclock (*auch* **aˌround-the-ˈclock**) *Adj* [nur vor Nomen] rund um die Uhr

ˌround ˈtrip *Nomen* Hin- und Rückfahrt, Hin-und Rückflug

ˌround-ˈtrip *Adj* (*AmE*) Hin- und Rückfahr-, Hin-und Rückflug-

ˈround-up *Nomen* [meist Sing] **1** Zusammenfassung (*der Nachrichten etc.*) **2** Zusammentreiben

round·worm /ˈraʊndwɜːm; *AmE* -wɜːrm/ *Nomen* Spulwurm

rouse /raʊz/ *Verb* **1 ~ sb (from sleep/bed)** (*gehoben*) jdn (aus dem Schlaf) wecken **2 ~ sb (to sth)** jdn (zu etw) bewegen **3 ~ yourself (to sth)** sich (zu etw) aufraffen **4** (*gehoben*) erregen ◇ *What roused your suspicions?* Was hat dein Misstrauen erregt? ◇ *rouse sb's fear* jdm Angst einflößen ◇ *rouse sb's curiosity* jds Neugierde entfachen **5** (*meist passiv*) aufrütteln, aufstacheln ◇ *The singing and chanting really roused the crowd.* Das Singen und die Sprechchöre rüttelten die Massen wirklich auf. **6** reizen ◇ *Chris is not easily roused.* Chris regt sich nicht schnell auf.

rous·ing /ˈraʊzɪŋ/ *Adj* (*Rede*) mitreißend; (*Jubel, Empfang*) stürmisch

roust /raʊst/ *Verb* (*AmE*) **~ sb (from sth)** **1** jdn (von etw) verscheuchen **2** jdn (aus etw) aufscheuchen

roust·about /ˈraʊstəbaʊt/ *Nomen* (*bes AmE*) Hilfsarbeiter(in)

rout /raʊt/ *Nomen, Verb*

▸ ***Nomen*** [Sing] verheerende Niederlage **IDM** **put sb to ˈrout** (*gehoben*) jdn in die Flucht schlagen; jdn vernichtend schlagen

▸ ***Verb*** vernichtend schlagen

route 🔑 /ruːt; *AmE auch* raʊt/ *Nomen, Verb*

▸ ***Nomen*** **1** Strecke, Route ◇ *a cycle route* eine Fahrradroute ◇ *a coastal route* eine Küstenstraße ◇ *an escape route* ein Fluchtweg **2** Linie ◇ *shipping routes* Schifffahrtsstraßen **3** Weg ◇ *the route to fame* der Weg zum Ruhm **4** (*verwendet mit einer Nummer, um eine wichtige Verkehrsstrecke in den USA zu bezeichnen*) ◇ *Route 66* Straße 66

▸ ***Verb*** (**rout·ing** *oder* **route·ing, rout·ed, rout·ed**) **1** verschicken, leiten **2** ◇ *The flight to Sydney is routed via Tokyo.* Der Flug nach Sydney geht über Tokio.

router /ˈruːtə(r); *AmE auch* ˈraʊtər/ *Nomen* (COMP) Router

rou·tine 🔑 /ruːˈtiːn/ *Nomen, Adj*

▸ ***Nomen*** **1** Routine, Trott ◇ *We're trying to get the baby into a routine for feeding and sleeping.* Wir versuchen das Baby an regelmäßige Essens- und Schlafenszeiten zu gewöhnen. ◇ *the daily routine of a patient* der Tagesablauf eines Patienten ◇ *We clean the machines as a matter of routine.* Wir säubern die Maschinen routinemäßig. **2** (*Vorstellung*) Nummer ◇ *a dance routine* eine Tanznummer

▸ ***Adj*** (*Adv* **rou·tine·ly**) routinemäßig, Routine- ◇ *This type of work rapidly becomes routine.* Diese Art von Arbeit wird schnell zur Routine.

roux /ruː/ *Nomen* (*Pl* **roux** /ruː/) Mehlschwitze

rove /rəʊv; *AmE* roʊv/ *Verb* **1** (*gehoben*) umherziehen; **~ (around, over, etc.) sth** etw durchstreifen **2** schweifen ◇ *Ali's eyes roved over the map.* Alis Augen schweiften über die Landkarte. ◇ *His hands roved around her body.* Seine Hände tasteten über ihren Körper.

rover /ˈrəʊvə(r); *AmE* ˈroʊ-/ *Nomen* (*gehoben*) Vagabund(in)

rov·ing /ˈrəʊvɪŋ; *AmE* ˈroʊ-/ *Adj* reisend, Wander- ◇ *a roving reporter for the BBC* ein rasender Reporter für die BBC ◇ *a roving exhibition* eine Wanderausstellung ◇ *His roving lifestyle takes him between London and Los Angeles.* Sein Nomadenleben lässt ihn zwischen London und Los Angeles pendeln.

row¹ 🔑 /rəʊ; *AmE* roʊ/ *Nomen, Verb* → *Siehe auch* ROW²

▸ ***Nomen*** **1** Reihe; (*Häuser-*) Zeile ◇ *sit in the front/back row* in der ersten/letzten Reihe sitzen **2** [meist Sing] Ruderfahrt ◇ *We went for a row on the lake.* Wir gingen auf dem See rudern. → *Siehe auch* DEATH ROW *und* SKID ROW **IDM** **in a ˈrow** hintereinander

▸ ***Verb*** rudern

row² 🔑 /raʊ/ *Nomen, Verb* → *Siehe auch* ROW¹

▸ ***Nomen*** (*bes BrE, umgs*) **1** Streit, Krach **2** (*Lärm*) Krach ◇ *Who's making that row?* Wer macht da solchen Krach?

▸ ***Verb*** (*BrE, umgs*) (sich) streiten

rowan /ˈraʊən; *BrE auch* ˈrəʊ-; *AmE auch* ˈroʊ-/ (*auch* **ˈrowan tree**) *Nomen* Eberesche

row·boat /ˈrəʊbəʊt; *AmE* ˈroʊboʊt/ *Nomen* (*AmE*) Ruderboot

row·di·ness /ˈraʊdinəs/ *Nomen* [U] Lärmen, Krawall

rowdy /ˈraʊdi/ *Adj, Nomen*

▸ ***Adj*** (**row·dier, row·diest**) (*Adv* **row·dily** /-dəli/) laut, randalierend

▸ ***Nomen*** (*Pl* **-ies**) Randalierer(in)

rower /ˈrəʊə(r); *AmE* ˈroʊ-/ *Nomen* Ruderer, Ruderin

row house /ˈrəʊ haʊs; *AmE* ˈroʊ/ *Nomen* (*AmE*) Reihenhaus

row·ing /ˈrəʊɪŋ; *AmE* ˈroʊ-/ *Nomen* Rudern ◇ *go rowing* rudern gehen

ˈrowing boat *Nomen* (*BrE*) Ruderboot

ˈrowing machine *Nomen* Rudergerät

row·lock /ˈrɒlək, ˈrəʊlɒk; *AmE* ˈrɑːlək, ˈroʊlɑːk/ *Nomen* (*BrE*) Dolle

royal 🔑 /ˈrɔɪəl/ *Adj, Nomen*

▸ ***Adj*** [nur vor Nomen] königlich ◇ *the royal family* die Königsfamilie **IDM** **the royal 'we'** das königliche „wir"

▸ ***Nomen*** [meist Pl] (*umgs*) = Angehörige(r) der königlichen Familie

ˌroyal ˈblue *Adj* königsblau

ˌRoyal Comˈmission *Nomen* = offiziell ernannte Kommission, die ein bestimmtes Gesetz oder Thema untersucht und gesetzliche Neuerungen vorschlägt

ˌRoyal ˈHighness *Nomen* Königliche Hoheit

roy·al·ist /ˈrɔɪəlɪst/ *Nomen, Adj*

▸ ***Nomen*** Royalist(in)

▸ ***Adj*** Royalisten-, royalistisch

roy·al·ly /ˈrɔɪəli/ *Adv* (*veraltet*) wie die Könige, königlich

the ˌRoyal ˈNavy *Nomen* (*BrE*) die königliche Kriegsmarine

roy·alty /ˈrɔɪəlti/ *Nomen* (*Pl* **-ies**) **1** [U] Mitglied(er) des Königshauses ◇ *The gala evening was attended by royalty.* Auf dem Gala-Abend waren Mitglieder des Königshauses anwesend. ◇ *Hollywood royalty* Hollywood-Superstars **2** [meist Pl] Tantieme **3** [meist Pl] (*bei Öl und Minenförderung*) Lizenzgebühr

RP /ˌɑː ˈpiː; *AmE* ˌɑːr ˈ-/ *Kurzform von* **received pronunciation** = normierte britische Aussprache, die auf dem in Südengland gesprochenen Englisch basiert und als hochsprachlich gilt

RPG /ˌɑː piː ˈdʒiː; *AmE* ˌɑːr piː ˈ-/ *Kurzform von* **role-playing game** Rollenspiel

RPI /ˌɑː piː ˈaɪ; *AmE* ˌɑːr piː ˈ-/ *Abk* = RETAIL PRICE INDEX

rpm /ˌɑː piː ˈem; *AmE* ˌɑːr piː ˈ-/ *Kurzform von* **revolutions per minute** U/min, Umdrehungen pro Minute

RRP /ˌɑːr ɑː ˈpiː; *AmE* ɑːr ˈ-/ *Kurzform von* **recommended retail price** unverbindliche Preisempfehlung

RSI /ˌɑːr es ˈaɪ/ *Kurzform von* **repetitive strain injury** RSI, Mausarm

R.S.V.P. (*BrE auch* **RSVP**) /ˌɑːr es viː ˈpiː/ *Abk* (*auf Einladungen*) u.A.w.g.

Rt Hon *Abk* (*BrE*) = RIGHT HONOURABLE

Rt Revd (*auch* **Rt. Rev.**) *Abk* (*BrE*) = RIGHT REVEREND

rub 0━ /rʌb/ *Verb, Nomen*

▸ ***Verb*** **(-bb-) 1** reiben ◇ *He rubbed his hands in delight.* Er rieb sich vor Vergnügen die Hände. ◇ *She rubbed her hair dry with a towel.* Sie frottierte sich das Haar mit einem Handtuch. ◇ *I rubbed at the stain on the cloth.* Ich rubbelte an dem Flecken auf dem Tuch. ◇ *Rub the surface with sandpaper before painting.* Vor dem Anstreichen die Oberfläche abschmirgeln. **2 ~ (on/against sth)** (sich) (an/gegen etw) scheuern ◇ *The wheel is rubbing on the mudguard.* Das Rad scheuert gegen das Schutzblech. ◇ *The horse's neck was rubbed raw.* Der Hals des Pferdes war wund gescheuert. **3** einreiben ◇ *Rub salt over the fish before cooking.* Den Fisch vor dem Kochen mit Salz einreiben. ◇ *She rubbed the lotion into her skin.* Sie rieb sich die Haut mit Lotion ein. **IDM** **rub sb's ˈnose in it** (*umgs*) es jdm ständig unter die Nase reiben **rub ˈsalt into the wound; rub ˈsalt into sb's wounds** Salz in die Wunde streuen; Salz in jds Wunde streuen **rub ˈshoulders with sb** (*AmE auch* **rub ˈelbows with sb**) mit jdm in Berührung kommen; auf Tuchfühlung mit jdm sein **rub sb up the wrong ˈway** (*AmE* **rub sb the wrong ˈway**) (*umgs*) jdm auf den Schlips treten → *Siehe auch* TWO **PHR V** **ˌrub aˈlong (with sb/together)** (*BrE, umgs*) (gut) (mit jdm/miteinander) auskommen **ˌrub sb/yourself/sth ˈdown** jdn/sich/etw abreiben ◇ *I came out of the water and rubbed myself down with a towel.* Ich kam aus dem Wasser und rieb mich mit einem Handtuch ab. **ˌrub sth ˈdown** etw abschmirgeln **ˌrub sth ˈin** (*kein Passiv*) etw jdm dauernd unter die Nase reiben **ˌrub ˈoff** sich abreiben **ˌrub ˈoff (on/onto sb)** (auf jdn) abfärben ◇ *Let's hope some of his good luck rubs off on me!* Hoffentlich überträgt sich etwas von seinen Glück auf mich. **ˌrub sth ˈoff (sth)** etw (von etw) wegreiben, etw (von etw) abreiben; (*von einer Tafel etc.*) etw (von etw) wegwischen **ˌrub sb ˈout** (*AmE, Slang*) jdn auslöschen **ˌrub sth ˈout** (*BrE*) etw ausradieren

▸ ***Nomen*** **1** [meist Sing] ◇ *She gave her knee a rub.* Sie rieb sich das Knie. ◇ *He gave the nameplate a quick rub.* Er wischte kurz über das Namenschild. **2 the rub** (*gehoben oder hum*) der Haken

rub·ber 0━ /ˈrʌbə(r)/ *Nomen* **1** Gummi, Kautschuk **2** (*BrE*) (*für Kreide*) Schwamm, Radiergummi **3** (*bes AmE, umgs, veraltet*) (*Kondom*) Gummi **4** (*Karten*) Rubber

ˌrubber ˈband *Nomen* Gummiband

ˌrubber ˈboot *Nomen* (*AmE*) Gummistiefel

ˌrubber ˈbullet *Nomen* Gummigeschoss

ˌrubber ˈdinghy (*auch* **dinghy**) *Nomen* Schlauchboot

rub·ber·neck /ˈrʌbənek; *AmE* -bərnek/ *Verb* (*bes AmE, umgs*) gaffen

ˈrubber plant *Nomen* Gummibaum

ˌrubber ˈstamp *Nomen* **1** Gummistempel **2** (*abwert*) = Person oder Gruppe, die alles ohne Weiteres genehmigt

ˌrubber-ˈstamp *Verb* (*oft abwert*) absegnen, ohne Weiteres genehmigen

rub·bery /ˈrʌbəri/ *Adj* **1** gummiartig, wie Gummi ◇ *rubbery lips* wulstige Lippen **2** (*Beine, Knie*) wabbelig

rub·bing /ˈrʌbɪŋ/ *Nomen* = Kopie, die entsteht, wenn man auf ein Relief Papier legt und mit Malkreide, Bleistift o.ä. darüber reibt → *Siehe auch* BRASS RUBBING

rub·bish 0━ /ˈrʌbɪʃ/ *Nomen, Verb*

▸ ***Nomen*** [U] **1** (*bes BrE*) Abfall, Müll **2** (*umgs*) Mist **3** (*umgs*) (*adjektivisch gebraucht*) schlecht, lausig ◇ *Do we have to listen to this rubbish music?* Müssen wir uns diese Scheißmusik anhören? ◇ *They're a rubbish team.* Die Mannschaft ist echt schwach. **4** (*umgs*) Quatsch ◇ *You're talking a load of rubbish!* Du erzählst vielleicht einen Quatsch!

▸ ***Verb*** (*BrE, umgs*) verreißen

rub·ble /ˈrʌbl/ *Nomen* Schutt

ru·bella /ruːˈbelə/ *Nomen* Röteln

ruble (*bes AmE*) = ROUBLE

ru·bric /ˈruːbrɪk/ *Nomen* (*gehoben*) (Prüfungs)anweisungen

ruby /ˈruːbi/ *Nomen, Adj*

▸ ***Nomen*** (*Pl* **-ies**) **1** Rubin **2** Rubinrot

▸ ***Adj*** rubinrot

ˌruby ˈwedding *Nomen* 40. Hochzeitstag, Rubinhochzeit

RUC /ˌɑː juː ˈsiː; *AmE* ˌɑːr juː ˈ-/ *Kurzform von* **Royal Ulster Constabulary** = (bis 2001) Polizei in Nordirland

ruched /ruːʃt/ *Adj* gerüscht, Rüschen- ◇ *ruched curtains* geraffte Vorhänge

ruck /rʌk/ *Nomen, Verb*

▸ ***Nomen*** **1** (*im Rugby*) offenes Gedränge **2** Gedränge, (Hand)gemenge **3 the ruck** (*abwert*) die (breite) Masse

▸ ***Verb*** (*im Rugby*) sich am Gedränge beteiligen **PHR V** **ˌruck ˈup** sich hochschieben **ˌruck sth ˈup** etw hochschieben

ruck·sack /ˈrʌksæk/ *Nomen* (*BrE*) Rucksack

ruckus /ˈrʌkəs/ *Nomen* [Sing] (*bes AmE, umgs*) Rabatz, Krawall

ruc·tions /ˈrʌkʃnz/ *Nomen* [Pl] (*bes BrE*) Krach, Aufruhr ◇ *The announcement caused serious ructions.* Die Bekanntmachung löste Proteststürme aus.

rud·der /ˈrʌdə(r)/ *Nomen* (Steuer)ruder

rud·der·less /ˈrʌdələs; *AmE* -dərləs/ *Adj* (*gehoben*) ohne Ruder, führerlos ◇ *Without his wife he felt lost and rudderless.* Ohne seine Frau hatte er seinen Halt verloren.

ruddy /ˈrʌdi/ *Adj, Adv*

▸ ***Adj*** **1** rot ◇ *a ruddy complexion* eine gesunde Gesichtsfarbe **2** (*gehoben*) rötlich ◇ *a ruddy sky* ein rötlicher Himmel **3** [nur vor Nomen] (*BrE, umgs*) verdammt, verflixt

▸ ***Adv*** (*BrE, umgs*) verdammt, verflixt

rude 0━ /ruːd/ *Adj* **1** (*Adv* **rude·ly**) unhöflich, unverschämt ◇ *She was very rude about my driving.* Sie hat über meinen Fahrstil gelästert. ◇ *Why are you so rude to your mother?* Warum bist du so frech zu deiner Mutter? ◇ *They brushed rudely past us.* Sie drängten sich ohne Rücksicht an uns vorbei. ◇ *'What do you want?' she asked rudely.* „Was willst du?", fragte sie unwirsch. **2** (*bes BrE*) unanständig **3** [nur vor Nomen] (*Adv* **rude·ly**) (*gehoben*) unsanft ◇ *a rude awakening* ein böses Erwachen **4** [nur vor Nomen] (*veraltet oder gehoben*) primitiv **IDM** **in rude ˈhealth** (*BrE, veraltet*) kerngesund

rude·ness /ˈruːdnəs/ *Nomen* **1** Unhöflichkeit, Unverschämtheit **2** Unanständigkeit

ru·di·men·tary /ˌruːdɪˈmentri/ *Adj* **1** (*gehoben*) Grund- ◇ *His understanding/grasp of the language is very ru-*

dimentary. Er hat in der Sprache nur Grundkenntnisse. **2** (*gehoben oder Fachspr*) primitiv, rudimentär

ru·di·ments /ˈruːdɪmənts/ *Nomen* [Pl] (*gehoben*) Grundlagen, Grundkenntnisse

rue /ruː/ *Verb* (**rue·ing** *oder* **ruing**, **rued**, **rued**) (*gehoben, veraltet*) bereuen ◇ *He rued the day they had bought such a large house.* Er verwünschte den Tag, an dem sie solch ein großes Haus gekauft hatten.

rue·ful /ˈruːfl/ *Adj* (*Adv* **rue·ful·ly** /-fəli/) (*gehoben*) reumütig

ruff /rʌf/ *Nomen* Halskrause

ruf·fian /ˈrʌfiən/ *Nomen* (*veraltet*) Raufbold, Schläger

ruf·fle /ˈrʌfl/ *Verb, Nomen*

▸ ***Verb*** **1 ~ sth (up)** etw zausen ◇ *She ruffled his hair affectionately.* Sie zerzauste liebevoll sein Haar. ◇ *The bird ruffled up its feathers.* Der Vogel plusterte sich auf. ◇ *A light breeze ruffled the surface of the lake.* In der leichten Brise kräuselte sich die Oberfläche des Sees. **2** (*oft passiv*) aus der Fassung bringen **IDM** **ruffle sb's/a few ˈfeathers** (*umgs*) jdn verärgern → *Siehe auch* SMOOTH

▸ ***Nomen*** [meist Pl] Rüsche, Krause

rug /rʌg/ *Nomen* **1** Teppich, Läufer, Brücke ◇ *a hearthrug* ein Kaminvorleger ◇ *a sheepskin rug* ein Schafsfell **2** (*BrE*) Wolldecke ◇ *a car/travelling rug* eine Reisedecke ◇ *a tartan rug* ein Plaid **IDM** → PULL *und* SWEEP

rugby /ˈrʌgbi/ (*auch* **Rugby**, **ˌRugby ˈfootball**) *Nomen* Rugby

rug·ged /ˈrʌgɪd/ *Adj* (*Adv* **rug·ged·ly**) **1** rau, zerklüftet, unwegsam ◇ *the rugged beauty of the coastline* die wilde Schönheit der Küste **2** markant ◇ *She was attracted by his rugged good looks.* Sie fand sein markantes Aussehen sehr anziehend. **3** unverwüstlich **4** robust

rug·ged·ness /ˈrʌgɪdnəs/ *Nomen* **1** Rauheit, Wildheit **2** Unverwüstlichkeit, Robustheit

rug·ger /ˈrʌgə(r)/ *Nomen* (*bes BrE, umgs*) Rugby

ruin O-ᴡ /ˈruːɪn/ *Verb, Nomen*

▸ ***Verb*** **1** verderben, zunichtemachen **2** zerstören, vernichten **3** ruinieren

▸ ***Nomen*** **1** Verfall ◇ *The church had been left to go to ruin.* Man hatte die Kirche dem Verfall überlassen. ◇ *The terrorist attack had left the city in a state of ruin.* Der Angriff der Terroristen hatte die Stadt völlig zerstört. **2** Ruin, Verderben, Untergang ◇ *save sb from financial ruin* jdn vor dem finanziellen Ruin bewahren ◇ *Gambling was his ruin.* Glücksspiele waren sein Verderben. **3** (*auch* **ruins** [Pl]) Ruine, Trümmer (*auch fig*) **IDM** **in ˈruins** zerstört → *Siehe auch* RACK

ruin·ation /ˌruːɪˈneɪʃn/ *Nomen* (*gehoben*) Zerstörung, Ruin

ru·ined O-ᴡ /ˈruːɪnd/ *Adj* [nur vor Nomen] verfallen

ruin·ous /ˈruːɪnəs/ *Adj* (*gehoben*) **1** (*Adv* **ruin·ous·ly**) ruinös ◇ *They were forced to sell out at a ruinous loss.* Sie waren gezwungen mit schwerem Verlust zu verkaufen. ◇ *ruinously expensive* sündhaft teuer **2** katastrophal ◇ *This would be ruinous to her career.* Dies würde sich katastrophal auf ihre Karriere auswirken. **3** (*gehoben*) verfallen ◇ *a ruinous chapel* eine verfallene Kapelle

rule O-ᴡ /ruːl/ *Nomen, Verb*

▸ ***Nomen*** **1** Regel, Vorschrift ◇ *It's against all the rules.* Das verstößt gegen alle Regeln. ◇ *break a rule* gegen eine Regel verstoßen ◇ *He makes it a rule never to borrow money.* Er hat es sich zur Regel gemacht, sich nie Geld zu leihen. ◇ *an unwritten rule* ein ungeschriebenes Gesetz ◇ *Normal competition rules apply.* Es gelten die normalen Teilnahmebedingungen. ◇ *the house rules* die Hausordnung → *Siehe auch* GROUND RULE **2** Herrschaft ◇ *under colonial/military rule* unter Kolonial-/Militärherrschaft ◇ *majority rule* Mehrheitsregierung ◇ *In 1972 the Westminster Parliament reimposed direct rule in Northern Ireland.* 1972 stellte das Londoner Parlament Nordirland wieder unter britische Direktverwaltung. **3** Maß(stab) → *Siehe auch* SLIDE RULE **IDM** **as a rule** in der Regel **bend/stretch the ˈrules** über die Regeln hinwegsehen; ein Auge zudrücken **play by your own ˈrules** sich keinem Diktat unterwerfen **play by sb's ˈrules** sich an jds Spielregeln halten **play by the ˈrules** sich an die Spielregeln halten **the rule of ˈlaw** die Rechtsstaatlichkeit; das Gesetz **a rule of ˈthumb** eine Faustregel **work to ˈrule** Dienst nach Vorschrift machen **the rules of the ˈgame** die Spielregeln → *Siehe auch* EXCEPTION

▸ ***Verb*** **1 ~ (over sb/sth)** (über jdn/etw) herrschen ◇ *Eighty million years ago, dinosaurs ruled the earth.* Vor achtzig Millionen Jahren beherrschten Dinosaurier die Erde. ◇ *Charles I ruled for eleven years.* Charles I. regierte elf Jahre lang. **2** (*oft passiv*) (*abwert*) bestimmen ◇ *The pursuit of money ruled his life.* Die Jagd nach Geld bestimmte sein Leben. ◇ *We live in a society where we are ruled by the clock.* Wir leben in einer Gesellschaft, in der wir alle unter Zeitdruck stehen. **3 ~ (on sth)** (RECHT) (über etw) entscheiden ◇ *The court will rule on the legality of the action.* Der Gerichtshof wird über die Legalität der Maßnahme entscheiden. ◇ *The judge ruled against the plaintiff.* Der Richter entschied gegen den Kläger. **4** erklären ◇ *The deal may be ruled illegal.* Das Geschäft kann für illegal erklärt werden. ◇ *The defendant was ruled not guilty.* Der Angeklagte wurde freigesprochen. **5** (*Strich, Linie*) ziehen **IDM** **rule the ˈroost** (*umgs*) den Ton angeben; das Sagen haben **rule (sb/sth) with a rod of ˈiron** (jdn/etw) mit eiserner Faust regieren → *Siehe auch* DIVIDE *und* HEART **PHR V** **ˌrule (sth) ˈoff** einen Schlussstrich (unter etw) ziehen **ˌrule sb/sth ˈout** **1** jdn/etw ausschließen **2** jdn/etw ablehnen ◇ *His age ruled him out as a possible candidate.* Aufgrund seines Alters wurde er als möglicher Kandidat abgelehnt. **ˌrule sb ˈout of sth** (*meist passiv*) jdn von etw ausschließen

ˈrule book *Nomen* [Sing] (Spiel)regeln

ruled /ruːld/ *Adj* liniert

ruler O-ᴡ /ˈruːlə(r)/ *Nomen* **1** Herrscher(in) **2** Lineal

rul·ing /ˈruːlɪŋ/ *Nomen, Adj*

▸ ***Nomen*** **~ (on sth)** Entscheid (über etw)

▸ ***Adj*** [nur vor Nomen] herrschend, regierend, amtierend ◇ *the ruling party* die Regierungspartei

rum /rʌm/ *Nomen, Adj*

▸ ***Nomen*** **1** Rum **2** Glas Rum

▸ ***Adj*** (*BrE, umgs, veraltet*) kauzig, seltsam

rumba (*AmE auch* **rhumba**) /ˈrʌmbə/ *Nomen* Rumba

rum·ble /ˈrʌmbl/ *Verb, Nomen*

▸ ***Verb*** **1** grollen, rumpeln, rattern ◇ *My stomach's rumbling.* Mein Magen knurrt. ◇ *The train rumbled nearer.* Das Rattern des Zuges kam näher. **2** (*BrE, umgs*) durchschauen **3** (*AmE, umgs*) sich eine (Straßen)schlacht liefern **PHR V** **ˌrumble ˈon** (*bes BrE, gehoben*) sich dahinziehen, sich in die Länge ziehen

▸ ***Nomen*** **1** Grollen, Rumpeln, Rattern ◇ *the rumble of laughter* dröhnendes Lachen ◇ *Inside, the noise of the traffic was reduced to a distant rumble.* Drinnen war der Verkehrslärm auf ein gedämpftes Rauschen reduziert. ◇ (*fig*) *rumbles of resentment* Stimmen des Unmuts **2** (*AmE, umgs*) (Straßen)schlacht

ˈrumble strip *Nomen* (*umgs*) = Abfolge erhobener Streifen auf der Straße, die bei Befahrung ein Geräusch erzeugen, um den Fahrer darauf aufmerksam zu machen, dass er zu schnell oder zu nahe am Straßenrand fährt

rum·bling /ˈrʌmblɪŋ/ *Nomen* **1** Grollen, Dröhnen ◇ *a rumbling noise* ein donnerndes Geräusch **2** (*fig*) ◇ *the* *rumblings of discontent* (die) Stimmen des Unmuts **3** [meist Pl] Gerücht ◇ *There are rumblings that the election may have to be postponed.* Es gehen Gerüchte um, dass die Wahl eventuell verschoben werden muss.

rum·bus·tious /rʌmˈbʌstʃəs/ *Adj* (*bes BrE, umgs*) wild, ausgelassen

ru·min·ant /ˈruːmɪnənt/ *Nomen, Adj*
▸ ***Nomen*** (*Fachspr*) Wiederkäuer
▸ ***Adj*** wiederkäuend

ru·min·ate /ˈruːmɪneɪt/ *Verb* (*gehoben*) ~ (**on/over/about sth**) (über etw) nachsinnen

ru·mina·tive /ˈruːmɪnətɪv; *AmE* -neɪtɪv/ *Adj* (*Adv* **ru·mina·tive·ly**) (*gehoben*) nachdenklich

rum·mage /ˈrʌmɪdʒ/ *Verb, Nomen*
▸ ***Verb*** kramen, stöbern
▸ ***Nomen*** [Sing] Stöbern ◇ *Have a rummage around in the drawer and see if you can find a pen.* Kram mal in der Schublade, ob du da einen Kuli findest.

ˈrummage sale *Nomen* (*bes AmE*) Ramschverkauf

rummy /ˈrʌmi/ *Nomen* Rommee

ru·mour 🔑 (*AmE* **ru·mor**) /ˈruːmə(r)/ *Nomen, Verb*
▸ ***Nomen*** Gerücht ◇ *Rumour has it that he was murdered.* Es geht das Gerücht um, dass er ermordet worden sei.
▸ ***Verb*** ◇ *It's widely rumoured that she's getting promoted.* Man munkelt allgemein, dass sie befördert wird. ◇ *He was rumoured to be involved in the crime.* Es hieß, dass er in das Verbrechen verwickelt war.

ru·moured /ˈruːməd; *AmE* -mərd/ *Adj* [nur vor Nomen] angeblich ◇ *The rumoured figure is 5 million.* Gerüchten zufolge sind es 5 Millionen.

rump /rʌmp/ *Nomen* **1** Hinterbacke **2** (*auch* ˌ**rump ˈsteak**) Rumpsteak **3** [meist Sing] (*hum*) Hinterteil **4** [Sing] (*BrE*) kümmerlicher Rest ◇ *The election reduced the party to a rump.* Durch die Wahl schrumpfte die Partei zu einem kümmerlichen Rest.

rum·ple /ˈrʌmpl/ *Verb* zerknittern, zerzausen

rum·pus /ˈrʌmpəs/ *Nomen* [meist Sing] (*umgs*) Krach

run 🔑 /rʌn/ *Verb, Nomen*
▸ ***Verb*** (**run·ning, ran** /ræn/, **run**)

• **Bewegung, Richtung** **1** laufen, rennen ◇ *She came running to meet us.* Sie lief uns entgegen. ◇ *A shiver ran down my spine.* Ein Schauer lief mir über den Rücken. ◇ *run the marathon* am Marathonlauf teilnehmen ◇ *Run and get your swimsuits, kids.* Beeilt euch, Kinder, und holt eure Badesachen. **2** hetzen ◇ *I've been running around town all morning.* Ich bin den ganzen Morgen durch die Stadt gehetzt. **3** sich ziehen, verlaufen ◇ *He had a scar running down his left cheek.* Eine Narbe zog sich seine linke Wange hinunter. ◇ *The road runs parallel to the river.* Die Straße verläuft parallel zum Fluss. ◇ (*fig*) *Her life had always run smoothly before.* Ihr Leben war vorher immer glatt verlaufen. **4** (*Kabel etc.*) legen, verlegen ◇ *We ran a cable from the lights to the stage.* Wir zogen ein Kabel von den Lampen zur Bühne. **5** fahren ◇ *She ran her fingers nervously through her hair.* Sie fuhr sich nervös mit den Fingern durch die Haare. ◇ *I ran my eyes over the page.* Mein Blick überflog die Seite.

• **Flüssigkeiten** **6** laufen, tränen ◇ *Your nose is running.* Deine Nase läuft. **7** fließen, sich ergießen ◇ *The Rhine runs into the North Sea.* Der Rhein fließt in die Nordsee. **8** ~ **sth** (**for sb**); ~ (**sb**) **sth** (jdm) etw einlaufen lassen ◇ *I'll run you a hot bath.* Ich lasse dir ein heißes Bad einlaufen. ◇ *run the hot tap* das heiße Wasser laufen lassen **9** ~ **with sth** (*meist in der Verlaufsform*) ◇ *The bathroom floor was running with water.* Auf dem Badezimmerboden stand das Wasser. ◇ *His face was running with sweat.* Sein Gesicht war schweißüberströmt. **10** (ab)färben ◇ *My red T-shirt ran and made all my underwear pink.* Mein rotes T-Shirt hat gefärbt und meine ganze Unterwäsche ist jetzt rosa. ◇ *I washed the blouse and the dye ran.* Ich habe die Bluse gewaschen, und sie hat abgefärbt. **11** zerfließen, zerlaufen ◇ *The wax began to run.* Das Wachs begann zu schmelzen.

• **Maschinen, Fahrzeuge, Verkehrsmittel** **12** fahren, verkehren ◇ *All the trains are running late.* Alle Züge haben Verspätung. **13** einsetzen ◇ *They run extra trains during the rush hour.* Während der Stoßzeiten werden mehr Züge eingesetzt. **14** fahren ◇ *Our van runs on diesel.* Unser Lieferwagen fährt mit Diesel. **15** laufen lassen ◇ *Could you run the engine for a moment?* Könnten Sie den Motor einen Augenblick laufen lassen? **16** (*Auto*) halten ◇ *I can't afford to run a car on my salary.* Bei meinem Gehalt kann ich mir kein Auto halten. **17** (*umgs*) fahren, bringen ◇ *Shall I run you home?* Soll ich dich nach Hause fahren?

• **organisieren** **18** leiten ◇ *a badly-run company* eine schlecht geführte Firma ◇ *state-run industries* staatliche Industrien ◇ *Stop trying to run my life for me.* Sag mir nicht ständig, was ich zu tun und lassen habe. **19** (*oft passiv*) (*Rennen*) austragen **20** abhalten, anbieten ◇ *The college runs summer courses.* Die Hochschule bietet Sommerkurse an.

• **geschehen, stattfinden, fortdauern** **21** laufen ◇ *Programmes are running a few minutes late this evening.* Die Programme laufen heute Abend mit einigen Minuten Verspätung. ◇ *Her last musical ran for six months.* Ihr letztes Musical lief sechs Monate lang. ◇ *This debate could run and run!* Dieses Thema ist noch lange nicht abgeschlossen. ◇ *The permit runs for three months.* Die Genehmigung ist drei Monate lang gültig.

• **andere Ausdrücke** **22** heißen, lauten ◇ *She poisoned her husband, or so the story runs.* Es heißt, sie habe ihren Mann vergiftet. **23** ~ **at sth** bei etw liegen ◇ *Inflation was running at 26%.* Die Inflation lag bei 26%. **24** (*Bericht etc.*) bringen, (ab)drucken **25** ~ **a test/check** einen Test durchführen ◇ *They ran tests on the blood samples.* Sie testeten die Blutproben. **26** ~ (**for sb/sth**) (als/für etw) kandidieren; ~ (**in sth**) (bei etw) kandidieren ◇ *He's running for President.* Er kandidiert für die Präsidentschaft. **27** schmuggeln **28** (*AmE*) eine Laufmasche haben **29** (*mit Adjektiven und Adverbien*) ◇ *We've run short of milk.* Uns geht die Milch aus. ◇ *The river ran dry.* Der Fluss trocknete aus. ◇ *Supplies are running low.* Die Vorräte gehen zur Neige. ◇ *They're running scared.* Sie haben es mit der Angst zu tun bekommen.

IDM **come ˈrunning** (an)gelaufen kommen **ˈrun for it** so schnell laufen, wie man kann; sich aus dem Staub machen ˌ**up and ˈrunning** in Betrieb ℹ Für andere Redewendungen mit **run** siehe die Einträge für die Nomina, Adjektive etc. **Run amok** z.B. steht unter **amok**.

PHR V **ˈrun across sb/sth** jdn/etw treffen ◇ *I ran across him in Paris last week.* Letzte Woche lief er mir in Paris über den Weg.

ˌ**run ˈafter sb** (*umgs*) hinter jdm her sein, jdm hinterherlaufen ˌ**run ˈafter sb/sth** jdm/etw hinterherlaufen

ˌ**run aˈlong** (*umgs, veraltet*) ◇ *Run along now, children, I'm busy.* Trollt euch, Kinder, ich habe zu tun.

ˌ**run aˈround with sb** (*AmE auch* **ˈrun with sb**) (*meist abwert*) sich mit jdm herumtreiben

ˈrun at sb (*kein Passiv*) auf jdn zustürzen, sich auf jdn stürzen ◇ *He ran at me with a knife.* Er stürzte mit einem Messer auf mich zu.

ˌ**run aˈway** weglaufen ˌ**run aˈway from sth** vor etw davonlaufen ˌ**run aˈway/ˈoff (with sb)** (mit jdm) durchbrennen **ˌrun aˈway with sth** **1** etw spielend leicht gewinnen ◇ *The champion ran away with the match.* Der Meister gewann das Spiel mit Leichtigkeit. **2** (*umgs*) etw irrtümlich annehmen **ˌrun aˈway with you** ◇ *Her imagination tends to run away with her.* Ihre Fantasie geht oft mit ihr durch.

ˌrun back ˈover sth etw noch einmal durchgehen **ˌrun sth ˈback** etw zurückspulen

ˌrun sth ˈby/ˈpast sb (*umgs*) jdm etw vorlegen, jdm etw erzählen ◇ *I've got a few ideas I'd like to run past you.* Ich hab ein paar Ideen, die ich Ihnen gern mal vorlegen möchte.

ˌrun ˈdown **1** leer werden, aufgebraucht sein ◇ *My car battery has run down.* Meine Autobatterie ist leer. **2** dahinschwinden, abgebaut werden **ˌrun sb/sth ˈdown** **1** jdn/etw überfahren **2** jdn/etw heruntermachen **3** jdn/etw aufspüren, jdn/etw ausfindig machen **ˌrun sth ˈdown** **1** etw leer machen, etw aufbrauchen ◇ *If you leave your headlights on you'll soon run down the battery.* Wenn Sie Ihre Scheinwerfer anlassen, ist die Batterie bald leer. **2** etw abbauen, etw aufbrauchen ◇ *The company is running down its sales force.* Die Firma baut das Verkaufspersonal ab.

ˌrun sb ˈin (*umgs, veraltet*) (*festnehmen*) sich jdn schnappen **ˌrun sth ˈin** (*BrE*) (*Auto etc.*) einfahren

ˌrun ˈinto sb jdn zufällig treffen **ˈrun into sth** **1** in etw (hinein)geraten ◇ *run into trouble/difficulties* in Schwierigkeiten geraten **2** (*kein Passiv*) etw erreichen ◇ *Her income runs into six figures.* Sie hat ein sechsstelliges Einkommen. **ˈrun into sb/sth** in jdn/etw hineinfahren **ˈrun sth into sb/sth** mit etw in/gegen jdn/etw fahren ◇ *He ran his car into a tree while reversing.* Beim Zurückstoßen fuhr er mit seinem Auto gegen einen Baum.

ˌrun ˈoff (*BrE*) (*Flüssigkeit*) auslaufen, ablaufen **ˌrun sth ˈoff** **1** von etw Kopien machen, etw abziehen **2** (*Rennen etc.*) austragen ◇ *The heats of the 200 metres will be run off tomorrow.* Die Vorläufe des 200-Meter-Laufs werden morgen ausgetragen. **3** (*Flüssigkeit*) ablassen, ablaufen lassen **ˌrun ˈoff with sb** = RUN AWAY/OFF (WITH SB) **ˌrun ˈoff with sth** mit etw abhauen

ˌrun ˈon sich hinziehen, sich in die Länge ziehen **ˈrun on sth** (*kein Passiv*) sich mit etw befassen, sich um etw drehen ◇ *His thoughts kept running on what her remarks could have meant.* Seine Gedanken kreisten ständig darum, welche Bedeutung ihre Bemerkungen wohl gehabt haben könnten.

ˌrun ˈout **1** zu Ende gehen ◇ *Time is running out for the trapped miners.* Die Zeit wird knapp für die eingeschlossenen Bergleute. **2** ablaufen ◇ *My visa has run out.* Mein Visum ist abgelaufen. **ˌrun ˈout (of sth)** ◇ *We ran out of fuel.* Uns ging der Treibstoff aus. ◇ *Have you got any sugar? I seem to have run out.* Hast du Zucker? Ich habe keinen mehr. **ˌrun ˈout on sb** (*umgs*) jdn verlassen, jdn sitzen lassen **ˌrun sb ˈout** (*oft passiv*) (*beim Schlagball*) = einen Spieler aus dem Spiel ausschalten durch Abtreffen etc.

ˌrun ˈover überlaufen **ˌrun sb/sth ˈover** jdn/etw überfahren **ˌrun ˈover sth** etw überfliegen, etw (schnell) durchgehen

ˌrun sth ˈpast sb = RUN STH BY/PAST SB

ˌrun sb ˈthrough (*gehoben*) jdn durchbohren **ˌrun ˈthrough sth** **1** (*kein Passiv*) durch etw gehen ◇ *Thoughts of revenge kept running through his mind.* Rachegedanken gingen ihm fortwährend durch den Kopf. **2** (*kein Passiv*) etw durchziehen ◇ *A deep melancholy runs through her poetry.* Eine tiefe Melancholie durchzieht ihre Lyrik. **3** etw (schnell) durchgehen **4** etw durchspielen **5** (*Geld etc.*) durchbringen

ˈrun to sth **1** sich auf etw belaufen ◇ *The book runs to nearly 800 pages.* Das Buch umfasst beinahe 800 Seiten. **2** für etw reichen ◇ *Our funds won't run to a trip abroad this year.* Für eine Auslandsreise wird unser Geld dieses Jahr nicht reichen. **3** sich etw leisten können ◇ *We can't run to a new car.* Wir können uns kein neues Auto leisten.

ˌrun ˈup Anlauf nehmen **ˌrun sth ˈup** **1** etw anhäufen ◇ *How had he managed to run up so many debts?* Wie konnte er so viele Schulden machen? ◇ *She ran up a huge phone bill.* Sie hat Unmengen vertelefoniert. **2** etw schnell zusammennähen **3** (*Fahne etc.*) hochziehen, hissen **ˌrun ˈup against sth** auf etw stoßen

▸ ***Nomen*** **1** Lauf ◇ *I go for a run every morning.* Ich gehe jeden Morgen laufen. ◇ *Catching sight of her he broke into a run.* Als er sie sah, fing er an zu rennen. ◇ *I decided to make a run for it.* Ich beschloss wegzurennen. **2** Fahrt ◇ *They took the car out for a run.* Sie machten eine Spazierfahrt. ◇ *an enemy aircraft on a bombing run* ein feindliches Flugzeug bei einem Zielanflug **3** (*BrE*) Strecke **4** Folge, Reihe ◇ *a run of good luck* eine Glückssträhne **5** (THEAT, FILM) Spielzeit, Laufzeit **6** (*von Büchern etc.*) Auflage, Ausstoß **7** [meist Sing] Ansturm; **~ on sth** Run auf etw **8** [Sing] Verlauf ◇ *In the normal run of things* im Normalfall ◇ (*BrE*) *Wise scored in the 15th minute against the run of play.* In der 15. Minute schoss Wise entgegen des Spielverlaufs ein Tor. **9** (*Ski*) Piste; (*Rodel- etc.*) Bahn **10** (*Kricket, Baseball*) Lauf → *Siehe auch* HOME RUN **11** [Sing] (*AmE*) (POL) Kandidatur **12** (*oft in Zusammensetzungen*) Auslauf, Gehege **13** (MUS) Lauf **14** (*bei Kartenspielen*) Sequenz **15** Laufmasche **16 the runs** [Pl] (*umgs*) Durchfall IDM **the common, general, ordinary, usual run (of sth)** ◇ *He was very different from the general run of American movie stars.* Er war ganz anders als der durchschnittliche amerikanische Filmstar. ◇ *The usual run of food in those days was very dull.* Das damals übliche Essen war sehr langweilig. **get/have the ˈrun of sth** etw zur Verfügung haben ◇ *Her dogs have the run of the house.* Ihre Hunde dürfen im ganzen Haus herumlaufen. **give sb a (good) run for their ˈmoney** es jdm nicht leicht machen **give sb the ˈrun of sth** jdm etw zur Verfügung stellen **on the ˈrun** **1** auf der Flucht **2** (*umgs*) auf Trab → *Siehe auch* LONG *und* SHORT

run·about /ˈrʌnəbaʊt/ *Nomen* (*BrE, umgs*) Flitzer

run·around /ˈrʌnəraʊnd/ *Nomen* IDM **give sb the ˈrunaround** (*umgs*) jdn an der Nase herumführen

run·away /ˈrʌnəweɪ/ *Adj, Nomen*

▸ ***Adj*** [nur vor Nomen] **1** flüchtig, ausgerissen **2** ◇ *a runaway horse* ein durchgegangenes Pferd ◇ *a runaway car* ein außer Kontrolle geratenes Auto **3** überwältigend ◇ *She was the runaway winner.* Sie gewann mit Abstand. ◇ *runaway inflation* galoppierende Inflation

▸ ***Nomen*** Ausreißer(in)

run·down /ˈrʌndaʊn/ *Nomen* [meist Sing] **1 ~ (in/of sth)** (*BrE*) Abbau (von etw), Reduzierung (von etw) **2 ~ (on/of sth)** Beschreibung (von etw), Überblick (über etw)

ˌrun-ˈdown *Adj* **1** heruntergekommen, verkommen **2** abgebaut, heruntergewirtschaftet **3** [nicht vor Nomen] erschöpft, mitgenommen ◇ *I'm feeling a bit run-down.* Ich bin etwas mitgenommen.

rune /ruːn/ *Nomen* Rune

rung /rʌŋ/ *Nomen* Sprosse ◇ *get a foot on the bottom rung of the career ladder* in seiner beruflichen Laufbahn Fuß fassen ◇ *She was a few rungs above him on the social ladder.* Gesellschaftlich war sie höher gestellt als er. → *Siehe auch* RING[2]

runic /ˈruːnɪk/ *Adj* Runen-, runisch

ˈrun-in *Nomen* **1** (*umgs*) Streit **2 ~ (to sth)** (*BrE*) ◇ *the run-in to the World Cup* die Zeit vor der Weltmeisterschaft

run·nel /ˈrʌnl/ *Nomen* (*gehoben*) Rinnsal

run·ner 0-ㅠ /ˈrʌnə(r)/ *Nomen* **1** Läufer(in) → *Siehe auch* FRONT RUNNER **2** Rennpferd **3** (*meist in Zusammensetzungen*) Schmuggler(in) ◇ *a drug runner* ein(e) Drogenkurier(in) **4** Laufschiene, Gleitrolle; (*von*

Schlitten) Kufen **5** (BOT) Ausläufer **6** (*Teppich*) Läufer **7** Laufbursche, Bote, Botin IDM **do a 'runner** (*BrE, umgs*) sich aus dem Staub machen

ˌrunner 'bean *Nomen* (*BrE*) Stangenbohne

ˌrunner-'up *Nomen* (*Pl* **runners-up**) Zweite(r) ◇ *The runners-up will all receive a prize.* Alle Platzierten werden einen Preis bekommen.

run·ning /'rʌnɪŋ/ *Nomen, Adj*

▸ ***Nomen*** **1** Laufen ◇ *running shoes* Rennschuhe **2** (*einer Firma, Organisation, etc.*) Leitung; (*von Maschinen*) Betrieb **3 -running** (*in Zusammensetzungen*) -schmuggel ◇ *gunrunning* Waffenschmuggel IDM **be in the 'running (for sth)** (*umgs*) (für etw) im Rennen liegen **be out of the 'running** aus dem Rennen sein **make the 'running** (*BrE, umgs*) **1** an der Spitze liegen **2** den Ton angeben

▸ ***Adj*** **1** hintereinander ◇ *It was the third day running that he'd been late.* Es war der dritte Tag in Folge, dass er zu spät kam. **2** (*Wasser*) fließend **3 -running** (*in Zusammensetzungen*) laufend ◇ *a fast-running river* ein schnell fließender Fluss **4** ständig ◇ *have a running argument with sb* mit jdm ständig Streit haben ◇ *His old raincoat became a running joke.* Sein alter Regenmantel gab immer wieder Anlass zum Spott. → *Siehe auch* RUNNING MATE IDM **(go and) take a running 'jump** (*umgs, veraltet*) jdm den Buckel runterrutschen → *Siehe auch* ORDER

ˌrunning 'commentary *Nomen* Live-Kommentar ◇ *He gave a running commentary on the game.* Er kommentierte das Spiel live. ◇ *The little boy kept up a running commentary on everything.* Der kleine Junge musste aber auch alles kommentieren.

'running mate *Nomen* [meist Sing] (POL) = Person, die bei einer Wahl vom Kandidaten als sein(e) Stellvertreter(in) genannt wird

'running order *Nomen* [Sing] Reihenfolge, Abfolge; (SPORT) Aufstellung IDM → ORDER

ˌrunning re'pairs *Nomen* [Pl] Instandhaltung

ˌrunning 'sore *Nomen* nässende Wunde

'running time *Nomen* Dauer; (*von Filmen*) Spielzeit; (*von Reisen*) Fahrtzeit

ˌrunning 'total *Nomen* fortlaufende Summe ◇ *I try to keep a running total of how much I'm spending.* Ich bemühe mich, über meine Ausgaben laufend Buch zu führen.

runny /'rʌni/ *Adj* (**run·nier, run·ni·est**) **1** (*Nase*) laufend; (*Augen*) tränend ◇ *I've got a runny nose.* Meine Nase läuft. **2** flüssig ◇ *runny honey* dünnflüssiger Honig

'run-off *Nomen* **1** Entscheidungsrunde; (POL) Stichwahl **2** Abwasser **3** (*von Wasser, Düngemitteln, etc.*) Abfluss

ˌrun-of-the-'mill *Adj* (*oft abwert*) ganz gewöhnlich, Durchschnitts-

runt /rʌnt/ *Nomen* **1** = schwächstes Tier eines Wurfs **2** (*Slang, abwert*) Winzling

'run-through *Nomen* Probe

'run-up *Nomen* (*BrE*) **1** ~ (**to sth**) Vorbereitungszeit (für etw) ◇ *in the run-up to Christmas* in der Vorweihnachtszeit ◇ *during the run-up to the election* im Vorfeld der Wahl **2** (SPORT) Anlauf

run·way /'rʌnweɪ/ *Nomen* **1** Startbahn, Landebahn **2** (*bes AmE*) Laufsteg

rupee /ru:'pi:/ *Nomen* Rupie

rup·ture /'rʌptʃə(r)/ *Nomen, Verb*

▸ ***Nomen*** **1** (MED) Bruch ◇ *the rupture of a blood vessel* das Platzen eines Blutgefäßes **2** (*gehoben*) Abbruch

▸ ***Verb*** **1** (MED) platzen, reißen ◇ *He ruptured himself.* Er zog sich einen Bruch zu. **2** (zer)bersten, (zer)brechen ◇ *A pipe ruptured.* Es kam zu einem Rohrbruch. **3** (*gehoben*) (*Beziehungen etc.*) abbrechen

rural /'rʊərəl; *AmE* 'rʊrəl/ *Adj* ländlich, Land- ◇ *rural America* die ländlichen Regionen Amerikas

ˌrural 'dean *Nomen* (*in der anglikanischen Kirche*) Dekan

ruse /ru:z/ *Nomen* (*gehoben*) List

rush /rʌʃ/ *Verb, Nomen*

▸ ***Verb*** **1** sich beeilen, eilen, hetzen ◇ *Don't rush off, I haven't finished.* Nicht so eilig, ich bin noch nicht fertig. ◇ *I've been rushing around all day.* Ich bin den ganzen Tag rumgehetzt. ◇ *My college years seemed to rush past.* Meine Studienzeit verging im Flug. ◇ *the sound of rushing water* das Rauschen von fließendem Wasser **2 ~ sth** sich mit etw beeilen, etw schnell machen ◇ *We had to rush our meal.* Wir mussten uns mit dem Essen beeilen. **3** schnell hinbringen ◇ *Relief supplies were rushed in.* Hilfsgüter wurden auf schnellstem Wege herangeschafft. **4 ~ (into sth/ into doing sth)** etw überstürzt tun **5 ~ sb (into sth/ into doing sth)** jdn (zu etw) drängen ◇ *I'm not going to be rushed into anything.* Ich werde nichts überstürzen. **6** überrumpeln, stürmen **7** (*AmE*) (*beim Football*) stürmen, losstürmen, durchbrechen **8** (*AmE*) = (an amerikanischen Universitäten) jdn als Mitglied einer Studentenverbindung anwerben IDM → FOOT PHR V **ˌrush sth 'out** schnell etw herausbringen **ˌrush sth 'through** etw in aller Eile durchbringen ◇ *The product was rushed through without adequate safety testing.* Das Produkt wurde ohne ausreichende Sicherheitstests durchgeschleust. **ˌrush sth 'through sth** etw durch etw peitschen

▸ ***Nomen*** **1** [Sing] Ansturm ◇ *Shoppers made a rush for the exits.* Die Kunden stürmten zu den Ausgängen. ◇ *the headlong rush into war* der überstürzte Eintritt in den Krieg ◇ *The evening rush was just starting.* Der Feierabendverkehr fing gerade an. ◇ *the Christmas rush* der Weihnachtsrummel ◇ *They listened to the rush of the sea below.* Sie lauschten dem Rauschen des Meeres unter ihnen. **2** [Sing] Eile ◇ *What's the rush?* Warum so eilig? ◇ *'I'll let you have the book back tomorrow.' 'There's no rush.'* „Ich werde dir das Buch morgen zurückgeben." „Das hat keine Eile." ◇ *The words came out in a rush.* Die Worte sprudelten nur so heraus. ◇ *I'm not in any rush to get back to work.* Ich habe es überhaupt nicht eilig, wieder zur Arbeit zu gehen. ◇ *The trip to Paris was all a mad rush.* Die Parisreise war einfach zu hektisch. ◇ *I had a rush job on.* Ich musste schnell was fertig machen. **3** [Sing] Stoß ◇ *a rush of adrenalin* ein Adrenalinstoß ◇ *She felt a rush of blood to her cheeks.* Sie spürte, wie ihr das Blut in die Wangen schoss. **4** [Sing] ~ (**of sth**) (*von Gefühlen*) Anwandlung ◇ *a sudden rush of anger* ein Wutanfall **5** [meist Pl] (BOT) Binse **6 rushes** [Pl] Filmmaster, erste Probekopie **7** (*AmE*) = Kampagne zur Mitgliederwerbung für Studentenverbindungen an amerikanischen Universitäten

'rush hour *Nomen* [meist Sing] Hauptverkehrszeit, Stoßzeit ◇ *rush-hour traffic* Berufsverkehr, Stoßverkehr

rusk /rʌsk/ *Nomen* (*bes BrE*) Zwieback

rus·set /'rʌsɪt/ *Adj* rotbraun, rostfarben

Russian roulette /ˌrʌʃn ru:'let/ *Nomen* russisches Roulette

rust /rʌst/ *Nomen, Verb*

▸ ***Nomen*** **1** Rost **2** Rostpilz

▸ ***Verb*** rosten (lassen), verrosten ◇ *old rusting cars* alte verrostete Autos PHR V **ˌrust a'way** verrosten

'rust belt (*auch* **the Rust Belt**) *Nomen* (*bes AmE*) = wirtschaftlich unbedeutend gewordener Industriegürtel

rust·ed /'rʌstɪd/ *Adj* verrostet

rus·tic /'rʌstɪk/ *Adj, Nomen*

▸ ***Adj*** **1** ländlich, bäuerlich **2** (*Möbel*) rustikal

▸ ***Nomen*** (*oft abwert oder hum*) Bauerntölpel

rus·tle /ˈrʌsl/ *Verb, Nomen*
▸ ***Verb*** **1** rauschen, rascheln **2** *(Vieh)* stehlen PHR V **ˌrustle sth ˈup** *(umgs)* etw auftreiben, etw organisieren ◇ *I'm sure I can rustle you up a meal.* Ich kann dir schnell was zu essen machen. ◇ *They have been busy rustling up new business.* Sie haben viel getan, um neue Aufträge aufzutreiben.
▸ ***Nomen*** [Sing] Rascheln, Rauschen
rust·ler /ˈrʌslə(r)/ *Nomen* Viehdieb(in)
rust·ling /ˈrʌslɪŋ/ *Nomen* **1** Rascheln, Rauschen **2** Viehdiebstahl
rust·proof /ˈrʌstpruːf/ *Adj* rostfrei
rusty /ˈrʌsti/ *Adj* **1** rostig, verrostet **2** *(umgs)* ◇ *My French is very rusty these days.* Mein Französisch ist ziemlich eingerostet. ◇ *I haven't played the piano for ages—I may be a bit rusty.* Ich habe länger nicht mehr Klavier gespielt—ich bin wahrscheinlich aus der Übung.
rut /rʌt/ *Nomen* **1** Spurrille, Furche **2** Trott ◇ *get into a rut* in Routine verfallen **3** *(auch* **the rut***)* [Sing] Brunft
ru·ta·baga /ˌruːtəˈbeɪɡə/ *Nomen (AmE)* Kohlrübe, Steckrübe
ruth·less /ˈruːθləs/ *Adj (Adv* **ruth·less·ly***)* *(abwert)* rücksichtslos, skrupellos ◇ *a ruthless dictator* ein unbarmherziger Diktator ◇ *He has a ruthless determination to succeed.* Er ist wild entschlossen Erfolg zu haben. ◇ *ruthlessly honest* schonungslos ehrlich
ruth·less·ness /ˈruːθləsnəs/ *Nomen* Skrupellosigkeit, Gnadenlosigkeit
rut·ted /ˈrʌtɪd/ *Adj* zerfurcht
rut·ting /ˈrʌtɪŋ/ *Adj (Hirsch)* brunstig
RV /ˌɑː ˈviː; *AmE* ˌɑːr ˈ-/ *Abk* = RECREATIONAL VEHICLE
Rx /ˌɑːr ˈeks/ *Abk, Nomen (AmE)*
▸ ***Abk*** = PRESCRIPTION
▸ ***Nomen*** Patentrezept
rye /raɪ/ *Nomen* Roggen ◇ *rye whisky* Bourbon

S s

S, s /es/ *Nomen, Abk*
▸ ***Nomen*** *(Pl* **Ss, S's, s's***)* *(Buchstabe)* S, s → *Siehe auch* S-BEND → *Beispiele bei* A, A
▸ ***Abk*** **1 S** *(Pl* **SS***)* = SAINT **2 S** = SMALL **3 S** *(AmE auch* **So.***)* = SOUTH *und* SOUTHERN → *Siehe auch* S AND H
sab·bath /ˈsæbəθ/ *Nomen* **the Sabbath 1** der Sabbat **2** der Sonntag
sab·bat·ic·al /səˈbætɪkl/ *Nomen* Forschungsurlaub
sable /ˈseɪbl/ *Nomen* Zobel(fell)
sabo·tage /ˈsæbətɑːʒ/ *Nomen, Verb*
▸ ***Nomen*** Sabotage
▸ ***Verb*** **1** sabotieren **2** zunichtemachen
sabo·teur /ˌsæbəˈtɜː(r)/ *Nomen* Saboteur(in) *(BrE)* ◇ *hunt saboteurs* Gegner der Fuchsjagd, die versuchen, die Jagd zu verhindern
sabre *(AmE* **saber***)* /ˈseɪbə(r)/ *Nomen* Säbel
ˈsabre-rattling *(AmE* **ˈsaber rattling***)* *Nomen* Säbelrasseln
sac /sæk/ *Nomen* (ZOOL) Sack; (BOT) Beutel
sac·charin /ˈsækərɪn/ *Nomen* Saccharin
sac·char·ine *(seltener* **sac·char·in***)* /ˈsækəriːn, -rɪn/ *Adj (abwert)* süßlich
sacer·dotal /ˌsæsəˈdəʊtl; *AmE* -sərˈdoʊ-/ *Adj (gehoben)* priesterlich
sa·chet /ˈsæʃeɪ; *AmE* sæˈʃeɪ/ *Nomen* **1** *(BrE)* Päckchen, Tütchen **2** Duftkissen

sack 0→ /sæk/ *Nomen, Verb*
▸ ***Nomen*** **1** Sack **2 the sack** [Sing] *(bes AmE, umgs)* das Bett ◇ *in the sack* im Bett **3** [Sing] *(gehoben)* Plünderung, Zerstörung IDM **get the ˈsack** *(umgs)* *(entlassen werden)* rausfliegen **give sb the ˈsack** *(umgs)* *(entlassen)* jdn rausschmeißen → *Siehe auch* HIT
▸ ***Verb*** **1** *(entlassen)* rausschmeißen **2** plündern, zerstören **3** *(AmE)* *(im Football)* zu Boden reißen PHR V **ˌsack ˈout** *(AmE, umgs)* einpennen, sich in die Falle hauen
sack·cloth /ˈsækklɒθ; *AmE* -klɔːθ/ *Nomen* Sackleinen IDM **wear, put on, etc ˌsackcloth and ˈashes** in Sack und Asche gehen
sack·ful /ˈsækfʊl/ *Nomen (Menge)* Sack
sack·ing /ˈsækɪŋ/ *Nomen* **1** *(Entlassung)* Rausschmiss **2** Sackleinen
sac·ra·ment /ˈsækrəmənt/ *Nomen* Sakrament
sac·ra·men·tal /ˌsækrəˈmentl/ *Adj* sakramental ◇ *sacramental wine* Messwein
sac·red /ˈseɪkrɪd/ *Adj* **1** heilig **2** geistlich
sac·red·ness /ˈseɪkrɪdnəs/ *Nomen* Heiligkeit
sac·ri·fice /ˈsækrɪfaɪs/ *Nomen, Verb*
▸ ***Nomen*** Opfer ◇ *There had been no sacrifice of quality.* An der Qualität waren keine Abstriche gemacht worden.
▸ ***Verb*** opfern ◇ *He sacrificed a football game to go out with her.* Er hat auf ein Fußballspiel verzichtet, um mit ihr auszugehen. ◇ *Clarity is sacrificed to brevity.* Klarheit fällt der Kürze zum Opfer.
sac·ri·fi·cial /ˌsækrɪˈfɪʃl/ *Adj* Opfer-
sac·ri·lege /ˈsækrəlɪdʒ/ *Nomen* [U/Sing] Sakrileg, Frevel
sac·ri·le·gious /ˌsækrəˈlɪdʒəs/ *Adj* gotteslästerlich, frevelhaft
sac·ris·tan /ˈsækrɪstən/ *Nomen* Küster(in), Kirchendiener(in)
sac·risty /ˈsækrɪsti/ *Nomen (Pl* **-ies***)* Sakristei
sacro·sanct /ˈsækrəʊsæŋkt; *AmE* -roʊ-/ *Adj* (absolut) heilig
SAD /sæd/ = SEASONAL AFFECTIVE DISORDER
sad 0→ /sæd/ *Adj* **(sad·der, sad·dest) 1** traurig ◇ *I was sad that she had to go.* Ich fand es schade, dass sie gehen musste. ◇ *He was sadder and wiser.* Durch Schaden war er klug geworden. ◇ *It is sad that the diary has been lost.* Es ist sehr bedauerlich, dass das Tagebuch verloren gegangen ist. ◇ *sad to say* leider **2** erbärmlich **3** *(Slang)* bedauernswert, bemitleidenswert ◇ *You're really sad!* Du kannst einem nur leid tun.
sad·den /ˈsædn/ *Verb (oft passiv)* *(gehoben)* betrüben
sad·dle /ˈsædl/ *Nomen, Verb*
▸ ***Nomen*** **1** Sattel **2** *(Fleisch)* Rücken IDM **in the ˈsaddle** im Sattel
▸ ***Verb*** satteln PHR V **saddle (sth) ˈup** (etw) (auf)satteln **ˈsaddle sb/yourself with sth** *(oft passiv)* jdm/sich etw aufhalsen ◇ *be saddled with debts* Schulden am Hals haben
saddle·bag *Nomen* /ˈsædlbæɡ/ Satteltasche
sad·dler /ˈsædlə(r)/ *Nomen* Sattler(in)
sad·dlery /ˈsædləri/ *Nomen* [U] **1** Sattlerei **2** Sattlerwaren
ˈsaddle sore *Adj* wund vom Reiten
saddo /ˈsædəʊ; *AmE* -doʊ/ *Nomen (Pl* **-os***)* *(BrE, umgs)* uncooler Langweiler, traurige Gestalt ◇ *a bunch of saddos who spend their lives playing computer games* ein Haufen Idioten, die die ganze Zeit mit Computerspielen verbringen
sad·ism /ˈseɪdɪzəm/ *Nomen* Sadismus

sad·ist /ˈseɪdɪst/ *Nomen* Sadist(in)
sad·is·tic /səˈdɪstɪk/ *Adj* (*Adv* **sad·is·tic·al·ly** /-kli/) sadistisch
sadly 0-w /ˈsædli/ *Adv* **1** leider, bedauerlicherweise **2** traurig **3** sehr ◇ *You're sadly mistaken.* Da hast du dich gründlich getäuscht. ◇ *be sadly in need of sth* etw bitter benötigen
sad·ness 0-w /ˈsædnəs/ *Nomen* Traurigkeit
sado·maso·chism /ˌseɪdəʊˈmæsəkɪzəm; *AmE* -doʊ-/ *Nomen* Sadomasochismus
sado·maso·chist /ˌseɪdəʊˈmæsəkɪst; *AmE* -doʊ-/ *Nomen* Sadomasochist(in)
sado·maso·chis·tic /ˌseɪdəʊˌmæsəˈkɪstɪk; *AmE* -doʊ-/ *Adj* sadomasochistisch
sae /ˌes eɪ ˈiː/ *Nomen* (*BrE*) *Kurzform von* **stamped addressed/self-addressed envelope** adressierter und frankierter Rückumschlag
sa·fari /səˈfɑːri/ *Nomen* (*Pl* **-is**) Safari
safe 0-w /seɪf/ *Adj, Nomen*
▸ ***Adj*** **1** [nicht vor Nomen] ~ **(from sb/sth)** sicher (vor jdm/etw), in Sicherheit (vor jdm/etw) ◇ *Is the water safe to drink?* Kann man das Wasser trinken? ◇ *The street is not safe for children to play in.* Es ist gefährlich für Kinder auf dieser Straße zu spielen. ◇ *make the building safe* das Gebäude sichern ◇ *It's safe to assume that.* Davon kann man mit Sicherheit ausgehen. **2** wohlbehalten ◇ *We knew she was safe.* Wir wussten, dass ihr nichts passiert war. **3** (RECHT) (*Urteil*) juristisch haltbar **4** (*BrE, umgs*) (*in der Jugendsprache*) okay, in Ordnung ◇ *I like him, he's safe.* Ich mag ihn, er ist in Ordnung. **5** (*BrE, umgs*) (*in der Jugendsprache, wenn etw angeboten wird*) ja, gern ◇ *'You want some?' 'Yeah, safe.'* "Möchtest du etwas?" "Ja, super." **IDM** **ˌbetter ˌsafe than ˈsorry** Vorsicht ist besser als Nachsicht **in safe ˈhands** in sicheren Händen **in the safe ˈhands of sb** bei jdm in sicheren Händen **on the ˈsafe side** zur Sicherheit **play (it) ˈsafe** auf Nummer Sicher gehen **(as) ˌsafe as ˈhouses** (*BrE*) hundertprozentig sicher ◇ *We're as safe as houses.* Uns kann nichts mehr passieren. **safe in the knowledge that …** im sicheren Wissen, dass … **safe ˈjourney** (*BrE*) gute Fahrt **a safe pair of hands** (*bes BrE*) (*bei der Arbeit*) jd, der zuverlässig ist → *Siehe auch* BET
▸ ***Nomen*** Safe
safe ˈconduct *Nomen* freies Geleit
ˈsafe deposit box *Nomen* Banksafe
safe·guard /ˈseɪfgɑːd; *AmE* -gɑːrd/ *Verb, Nomen*
▸ ***Verb*** ~ **sth (against/from sth)** (*gehoben*) etw (gegen/vor etw) schützen ~ **against sth** sich gegen etw schützen, etw verhindern ◇ *safeguard jobs* Arbeitsplätze sichern
▸ ***Nomen*** ~ **(against sth)** Schutz (vor/gegen etw) ◇ *Stronger legal safeguards are needed to protect the consumer.* Der Verbraucherrechtsschutz muss verbessert werden.
ˌsafe ˈhaven *Nomen* sicherer Hafen, Schutzzone
ˈsafe house *Nomen* Fluchthaus, geheimer Unterschlupf
ˌsafe ˈkeeping *Nomen* **1** (sichere) Aufbewahrung **2** sichere Verwahrung
safe·ly 0-w /ˈseɪfli/ *Adv* **1** wohlbehalten ◇ *arrive safely* heil ankommen **2** sicher, gefahrlos ◇ *Drive safely!* Fahr vorsichtig! **3** mit (ziemlicher) Sicherheit **4** ◇ *When he was safely out of the way, they came out of their hiding place.* Als er nicht mehr in Sicht war, kamen sie aus ihrem Versteck. ◇ *once the children were safely tucked up in bed* als die Kinder endlich im Bett lagen **5** ruhig
ˈsafe mode *Nomen* [U] (COMP) abgesicherter Modus
ˌsafe ˈseat *Nomen* (*BrE*) = sicherer Wahlkreis
ˌsafe ˈsex *Nomen* Safersex
safety 0-w /ˈseɪfti/ *Nomen* (*Pl* **-ies**) **1** Sicherheit ◇ *We watched the lions from the safety of the car.* Wir saßen im Auto und beobachteten die Löwen aus sicherer Entfernung. ◇ *They can play in safety here.* Hier können sie gefahrlos spielen. **2** (*AmE*) = SAFETY CATCH **IDM** **ˌsafety ˈfirst** Sicherheit geht vor **there's ˌsafety in ˈnumbers** Gemeinsamkeit macht stark
ˈsafety belt *Nomen* Sicherheitsgurt
ˈsafety catch (*AmE meist* **safety**) *Nomen* (Abzugs)sicherung ◇ *Is the safety catch on?* Ist das Gewehr gesichert?
ˈsafety deposit box *Nomen* Banksafe
ˈsafety glass *Nomen* Sicherheitsglas
ˈsafety island *Nomen* (*AmE*) Verkehrsinsel
ˈsafety lamp *Nomen* Grubenlampe
ˈsafety net *Nomen* **1** Sicherheitsnetz ◇ *a financial safety net* eine finanzielle Absicherung **2** (*für Akrobaten*) (Sprung)netz
ˈsafety pin *Nomen* Sicherheitsnadel
ˈsafety valve *Nomen* **1** Sicherheitsventil **2** (*zum Abbau von Stress, Wut etc.*) Ventil
saf·fron /ˈsæfrən/ *Nomen, Adj*
▸ ***Nomen*** **1** Safran **2** Safrangelb
▸ ***Adj*** safrangelb
sag /ˌes eɪ ˈdʒiː/ *Verb* (**-gg-**) **1** durchhängen, (herab)hängen **2** erschlaffen **3** sinken **IDM** → JAW
saga /ˈsɑːgə/ *Nomen* **1** Saga, Heldensage ◇ *a family saga* ein Familienroman **2** Geschichte, Story
sa·ga·city /səˈgæsəti/ *Nomen* (*gehoben*) Klugheit
sage /seɪdʒ/ *Nomen, Adj*
▸ ***Nomen*** **1** Salbei **2** (*gehoben*) Weise(r)
▸ ***Adj*** (*Adv* **sage·ly**) (*gehoben*) weise
Sa·git·tar·ian /ˌsædʒɪˈteəriən; *AmE* -ˈter-/ *Nomen, Adj*
▸ ***Nomen*** (*unter dem Sternzeichen geborener Mensch*) Schütze
▸ ***Adj*** (*bezüglich des Sternzeichens*) Schützen-
Sa·git·tar·ius /ˌsædʒɪˈteəriəs; *AmE* -ˈter-/ *Nomen* (*Sternzeichen, Mensch*) Schütze
sago /ˈseɪgəʊ; *AmE* -goʊ/ *Nomen* Sago
sahib /sɑːb, ˈsɑːɪb/ *Nomen* Sahib
said /sed/ *Adj* [nur vor Nomen] (*offiz*) besagt ◇ *the said company* die besagte Firma → *Siehe auch* SAY
sail 0-w /seɪl/ *Verb, Nomen*
▸ ***Verb*** **1** (mit dem Schiff) fahren, segeln ◇ *The ferry sails from Dover to Calais.* Die Fähre verkehrt zwischen Dover und Calais. ◇ *He sailed the boat between the rocks.* Er steuerte das Boot zwischen den Felsen hindurch. ◇ *sail the Atlantic* den Atlantik überqueren **2** (*meist* **go sailing**) segeln **3** auslaufen, in See stechen **IDM** **sail close to the ˈwind** ein gewagtes Spiel spielen **PHR V** **ˌsail ˈthrough** = es spielend schaffen
▸ ***Nomen*** **1** Segel **2** [Sing] Fahrt, Segeltörn ◇ *We went for a sail.* Wir gingen segeln. **3** (*Mühle*) Flügel **IDM** **set ˈsail** (*gehoben*) in See stechen ◇ *We set sail at high tide.* Wir sind mit der Flut ausgelaufen. → *Siehe auch* WIND[1]
sail·board /ˈseɪlbɔːd; *AmE* -bɔːrd/ *Nomen* Surfbrett zum Windsurfen
sail·ing 0-w /ˈseɪlɪŋ/ *Nomen* **1** Segeln **2** Überfahrt **IDM** **be plain sailing** (*AmE* **be clear sailing**) ganz einfach sein; problemlos laufen
ˈsailing boat (*AmE* **sail·boat** /ˈseɪlbəʊt; *AmE* -boʊt/) *Nomen* Segelboot
ˈsailing ship *Nomen* Segelschiff
sail·or 0-w /ˈseɪlə(r)/ *Nomen* Seemann, Matrose **IDM** **be a good/bad ˈsailor** seefest/nicht seefest sein
saint /seɪnt, snt/ *Nomen* **1** (*Abk* **S, St**) Heilige(r) ◇ *St Moritz* Sankt Moritz ◇ *St Paul's* die Paulskirche **2**

Engel ◇ *have the patience of a saint* eine Engelsgeduld haben

saint·hood /ˈseɪnthʊd/ *Nomen* Heiligkeit, Heiligsprechung

saint·li·ness /ˈseɪntlinəs/ *Nomen* Heiligkeit

saint·ly /ˈseɪntli/ *Adj* heilig, fromm

ˈsaint's day *Nomen* Tag einer/eines Heiligen

sake /seɪk/ *Nomen* IDM **for Christ's/God's/goodness'/heaven's/pity's etc. ˈsake** ◇ *For pity's sake, help me!* Um Himmels willen, so hilf mir doch! ◇ *Oh, for heaven's sake!* Jetzt reicht's aber! ◇ *Do be careful, for goodness' sake.* Um Himmels willen sei vorsichtig. **for sth's ˈown sake** um einer Sache selbst willen **for the sake of it** ohne Grund ◇ *Don't get married just for the sake of it.* Heirate bloß nicht wegen des Rings. **for the sake of sb; for sb's sake** jdm zuliebe ◇ *They stayed together for the sake of the children.* Sie blieben wegen der Kinder zusammen. ◇ *for all our sakes* in unser aller Interesse **for the sake of sth** einer Sache zuliebe ◇ *for the sake of her health* ihrer Gesundheit zuliebe ◇ *for the sake of simplicity* der Einfachheit halber ◇ *for the sake of a few dollars* um ein paar Dollar zu sparen ◇ *Let's suppose, for the sake of argument ...* Nehmen wir einmal rein theoretisch an, dass ... **for the sake of doing sth** um etw zu tun ◇ *for the sake of maintaining the status quo* um nichts ändern zu müssen → *Siehe auch* OLD

sal·acious /səˈleɪʃəs/ *Adj* (*gehoben*) anzüglich

salad 0‒ /ˈsæləd/ *Nomen* Salat ◇ *a side salad* eine Salatbeilage IDM **in your ˈsalad days** (*veraltet oder gehoben*) als man noch jung war

ˈsalad cream *Nomen* (*BrE*) Salatcreme

ˈsalad dressing (*auch* **dress·ing**) *Nomen* Salatsoße

sala·man·der /ˈsæləmændə(r)/ *Nomen* Salamander

sa·lami /səˈlɑːmi/ *Nomen* (*Pl* **sa·lamis**) Salami

sal·ar·ied /ˈsælərid/ *Adj* **1** ◇ *a salaried employee* ein(e) Angestellte(r) **2** ◇ *a salaried position* eine Stelle mit festem Gehalt

sal·ary 0‒ /ˈsæləri/ *Nomen* (*Pl* **-ies**) Gehalt ◇ *be on a salary of £50 000* ein Jahresgehalt von £50 000 haben

sale 0‒ /seɪl/ *Nomen* **1** Verkauf, Abschluss **2 sales** [Pl] Umsatz; (*Börse*) Abschlüsse ◇ *retail sales* Einzelhandelsumsatz ◇ *a sales drive* eine Verkaufsaktion **3 sales** Verkauf ◇ *She works in sales.* Sie arbeitet im Verkauf. ◇ *the sales force* das Verkaufspersonal **4** Ausverkauf, Schlussverkauf **5** Versteigerung IDM **for ˈsale** zu verkaufen ◇ *They've put their house up for sale.* Sie bieten ihr Haus zum Verkauf an. **on ˈsale 1** erhältlich ◇ *They go on sale next month.* Sie werden ab nächsten Monat im Handel sein. **2** (*bes AmE*) im Angebot **(on) ˌsale or reˈturn** (*BrE*) Verkauf mit Rückgaberecht; in Kommission

sale·able /ˈseɪləbl/ *Adj* verkäuflich, absetzbar

sale·room /ˈseɪlruːm, -rʊm/ *Nomen* (*BrE*) Auktionshalle

ˈsales clerk *Nomen* (*AmE*) Verkäufer(in)

sales·man /ˈseɪlzmən/ *Nomen* (*Pl* **-men** /-mən/) Verkäufer

sales·man·ship /ˈseɪlzmənʃɪp/ *Nomen* Verkaufstalent

sales·per·son /ˈseɪlzpɜːsn; *AmE* -pɜːrsn/ *Nomen* (*Pl* **-people** /-piːpl/) Verkäufer(in)

ˈsales pitch *Nomen* Verkaufstaktik

ˈsales representative (*umgs* **ˈsales rep**, **rep**) *Nomen* Vertreter(in), Vertriebsbeauftragte(r)

sales·room /ˈseɪlzruːm, -rʊm/ *Nomen* (*AmE*) Auktionshalle

ˈsales slip *Nomen* (*AmE*) Kassenzettel

ˈsales talk *Nomen* Reklame

ˈsales tax *Nomen* Umsatzsteuer

sales·woman /ˈseɪlzwʊmən/ *Nomen* (*Pl* **-wo·men** /-wɪmɪn/) Verkäuferin

sa·li·ent /ˈseɪliənt/ *Adj* [nur vor Nomen] herausragend, Haupt-

sa·line /ˈseɪlaɪn; *AmE* -liːn/ *Adj, Nomen*

▸ **Adj** (*Fachspr*) Salz- ◇ *saline solution* Salzlösung ◇ *a saline drip* eine Tropfinfusion

▸ **Nomen** (*Fachspr*) Kochsalzlösung

sal·in·ity /səˈlɪnəti/ *Nomen* (*Fachspr*) Salzgehalt

sal·iva /səˈlaɪvə/ *Nomen* Speichel

sali·vate /ˈsælɪveɪt/ *Verb* (*gehoben*) Speichel produzieren ◇ *I was salivating at the prospect of the money.* Die Aussicht auf das Geld ließ mein Herz höher schlagen.

sali·va·tion /ˌsælɪˈveɪʃn/ *Nomen* (*gehoben*) Speichelfluss

sal·low /ˈsæləʊ; *AmE* -loʊ/ *Adj* (*Gesicht*) gelb

sally /ˈsæli/ *Nomen, Verb*

▸ **Nomen** (*Pl* **-ies**) witzige Bemerkung

▸ **Verb** (**sal·lies, sally·ing, sal·lied, sal·lied**) PHRV **ˌsally ˈforth/ˈout** (*veraltet oder gehoben*) sich aufmachen

sal·mon /ˈsæmən/ *Nomen* (*Pl* **sal·mon**) Lachs

sal·mon·ella /ˌsælməˈnelə/ *Nomen* [U] Salmonelle

ˌsalmon ˈpink *Adj* lachsfarben → *Beispiele bei* BLAU

salon /ˈsælɒn; *AmE* səˈlɑːn/ *Nomen* Salon

sal·oon /səˈluːn/ *Nomen* **1** (*BrE*) (*auch* **saˈloon car**) Limousine **2** (*auch* **saˈloon bar**) (*veraltet*) = vornehmerer Teil eines Pubs **3** Saloon **4** (*Schiff*) Salon

salsa /ˈsælsə; *AmE* ˈsɑːl-/ *Nomen* **1** Salsa **2** Salsa-Dip

sal·sify /ˈsælsəfi/ *Nomen* (*BrE*) Schwarzwurzel

salt 0‒ /sɔːlt; *BrE auch* sɒlt/ *Nomen, Verb, Adj*

▸ **Nomen** Salz, Kochsalz IDM → DOSE, PINCH, RUB *und* WORTH

▸ **Verb 1** (*meist passiv*) salzen ◇ *salted peanuts* gesalzene Erdnüsse **2** pökeln **3** ◇ *salt the roads* Salz streuen PHRV **ˌsalt sth aˈway** etw heimlich beiseitelegen

▸ **Adj** [nur vor Nomen] Salz- ◇ *salt water* Salzwasser ◇ *salt beef* gepökeltes Rindfleisch

ˈsalt cellar *Nomen* **1** (*AmE* **ˈsalt shaker**) Salzstreuer **2** Salznapf

salti·ness /ˈsɔːltinəs; *BrE auch* ˈsɒl-/ *Nomen* Salzigkeit

salt·petre (*AmE* **salt·peter**) /ˌsɔːltˈpiːtə(r); *BrE auch* ˌsɒlt-/ *Nomen* Salpeter

ˈsalt truck *Nomen* (*AmE*) Streuwagen

salt·water /ˈsɔːltwɔːtə(r); *BrE auch* ˈsɒlt-/ *Adj* [nur vor Nomen] Meereswasser-, Salzwasser-

salty 0‒ /ˈsɔːlti; *BrE auch* ˈsɒl-/ *Adj* (**salt·ier, salti·est**) salzig, salzhaltig

sa·lu·bri·ous /səˈluːbriəs/ *Adj* (*gehoben*) angenehm, gesund ◇ *none too salubrious* eher zweifelhaft

salu·tary /ˈsæljətri; *AmE* -teri/ *Adj* heilsam, lehrreich

sa·lu·ta·tion /ˌsæljuˈteɪʃn/ *Nomen* **1** (*gehoben*) Begrüßung **2** Anrede

sa·lute /səˈluːt/ *Verb, Nomen*

▸ **Verb 1** salutieren, (militärisch) grüßen **2** (*gehoben*) würdigen

▸ **Nomen 1** militärischer Gruß ◇ *take the salute* die Parade abnehmen **2** Würdigung, Gruß **3** Salut

sal·vage /ˈsælvɪdʒ/ *Nomen, Verb*

▸ **Nomen 1** Bergung ◇ *a salvage operation* eine Bergungsaktion **2** Bergungsgut

▸ **Verb ~ sth (from sth)** etw (aus etw) bergen, etw (aus etw) retten

sal·va·tion /sælˈveɪʃn/ *Nomen* **1** Erlösung **2** Rettung

the Salˌvation ˈArmy *Nomen* die Heilsarmee

salve *Nomen, Verb*
▸ ***Nomen*** /sælv/ Balsam
▸ ***Verb*** /sælv; *AmE auch* sæv/ *(gehoben) (Gewissen)* beruhigen; *(Ehre)* retten

sal·ver /ˈsælvə(r)/ *Nomen* Tablett

salvo /ˈsælvəʊ; *AmE* -voʊ/ *Nomen (Pl* **-os** *oder* **-oes)** Salve ◇ *The article was the opening salvo.* Der Artikel eröffnete das Feuer.

Sa·mar·itan /səˈmærɪtən/ *Nomen* **1** Samariter **2 the Samaritans** die Telefonseelsorge IDM **a ˌgood Saˈmaritan** ein barmherziger Samariter

samba /ˈsæmbə/ *Nomen* Samba

same /seɪm/ *Adj, Pron, Adv*
▸ ***Adj* the ~ … (as sb/sth)** der-/die-/dasselbe … (wie jd/etw), der/die/das Gleiche … (wie jd/etw) ◇ *I left that same day.* Ich ging noch am gleichen Tag. ◇ *much the same thing* so ziemlich das Gleiche ◇ *This works in exactly the same way.* Das funktioniert genauso. ℹ Für Redewendungen mit **same** siehe die Einträge für die Nomina und Verben. **Be in the same boat** steht z.B. unter **boat**.
▸ ***Pron* the ~ (as …)** der-/die-/dasselbe (wie …), der/die/das Gleiche (wie …) ◇ *I would do the same again.* Ich würde es wieder so machen. ◇ *Just do the same as me!* Mach es mir einfach nach! ◇ *They're not all the same.* Sie sind nicht alle gleich. ◇ *I'd like one the same as yours.* Ich möchte genauso einen wie du. IDM **ˌall/ˌjust the ˈsame** trotzdem **be all the ˈsame to sb** jdm egal sein **ˌone and the ˈsame** ein und dieselbe Person/Sache; ein und dasselbe **(the) ˌsame aˈgain** *(umgs)* ◇ *Same again, please!* Das Gleiche noch mal! **ˌsame ˈhere** *(umgs)* ich auch (nicht) ◇ *'I hate him.' 'Same here.'* „Ich hasse ihn.“ „Ich auch.“ **(the) ˌsame to ˈyou** gleichfalls
▸ ***Adv* the same** genau so ◇ *Babies all look the same to me.* Ich finde Babys sehen alle gleich aus.

same·ness /ˈseɪmnəs/ *Nomen* Eintönigkeit

ˈsame-sex *Adj* [nur vor Nomen] gleichgeschlechtlich

samey /ˈseɪmi/ *Adj (BrE, umgs, abwert)* eintönig, einförmig

samosa /səˈməʊsə; *AmE* səˈmoʊ-/ *Nomen* = frittierte, dreieckige, mit scharf gewürztem Gemüse oder Fleisch gefüllte Teigtasche

samo·var /ˈsæməvɑː(r)/ *Nomen* Samowar

sam·ple /ˈsɑːmpl; *AmE* ˈsæm-/ *Nomen, Verb*
▸ ***Nomen*** **1** Auswahl, Querschnitt, Beispiel ◇ *a random sample of students* Studenten, die nach dem Zufallsprinzip ausgewählt wurden ◇ *a sample survey* eine Stichprobenerhebung **2** Probe ◇ *a blood sample* eine Blutprobe **3** Muster, Probe(packung)
▸ ***Verb*** **1** *(Speisen etc.)* probieren **2** *(Fachspr)* eine Umfrage durchführen ◇ *12% of the children sampled* 12% der befragten Kinder

sam·pler /ˈsɑːmplə(r); *AmE* ˈsæm-/ *Nomen* **1** Stickarbeit **2** Auswahl; (MUS) Sampler

sam·pling /ˈsɑːmplɪŋ; *AmE* ˈsæm-/ *Nomen* **1** Stichprobenverfahren ◇ *statistical sampling* Stichprobenerhebung **2** *(Musik)* Sampeln

sam·urai /ˈsæmuraɪ/ *Nomen (Pl* **sam·urai)** Samurai

sana·tor·ium /ˌsænəˈtɔːriəm/ *(auch* **sani·tar·ium** /-ˈteər-; *AmE* -ˈter-/) *Nomen (Pl* **-riums** *oder* **-ria** /-riə/) Sanatorium

sanc·ti·fica·tion /ˌsæŋktɪfɪˈkeɪʃn/ *Nomen* Heiligung

sanc·tify /ˈsæŋktɪfaɪ/ *Verb* **(-fies, -fy·ing, -fied, -fied)** *(gehoben)* **1** heiligen, weihen **2** legitimieren

sanc·ti·mo·ni·ous /ˌsæŋktɪˈməʊniəs; *AmE* -ˈmoʊ-/ *Adj (Adv* **sanc·ti·mo·ni·ous·ly)** *(abwert)* scheinheilig

sanc·ti·mo·ni·ous·ness /ˌsæŋktɪˈməʊniəsnəs; *AmE* -ˈmoʊ-/ *Nomen (abwert)* Scheinheiligkeit

sanc·tion /ˈsæŋkʃn/ *Nomen, Verb*
▸ ***Nomen*** **1** (POL) Sanktion ◇ *lift economic sanctions* Wirtschaftssanktionen aufheben ◇ *the ultimate sanction* das letzte Zwangsmittel **2** *(gehoben)* Zustimmung, Sanktionierung ◇ *This will require the sanction of the court.* Das muss vom Gericht sanktioniert werden.
▸ ***Verb*** **1** *(gehoben)* sanktionieren **2** Sanktionen gegen jdn verhängen

sanc·tity /ˈsæŋktəti/ *Nomen* Heiligkeit ◇ *a place of sanctity* ein heiliger Ort ◇ *the sanctity of human life* die Unantastbarkeit des Lebens

sanc·tu·ary /ˈsæŋktʃuəri; *AmE* -tʃueri/ *Nomen (Pl* **-ies)** **1** Schutzgebiet ◇ *a wildlife sanctuary* ein Naturschutzgebiet **2** Zuflucht ◇ *offer sanctuary to refugees* Flüchtlingen Asyl anbieten **3** [meist Sing] Zufluchtsort **4** Heiligtum, Altarraum, Sanktuarium

sanc·tum /ˈsæŋktəm/ *Nomen* [meist Sing] **1** heiliger Ort **2** *(fig)* Allerheiligstes

sand /sænd/ *Nomen, Verb*
▸ ***Nomen*** **1** Sand ◇ *a grain of sand* ein Sandkorn **2** [meist Pl] (Sand)strand ◇ *miles of golden sands* ein kilometerlanger Sandstrand IDM **the sands are runˌning ˈout** die Zeit/Uhr läuft ab → *Siehe auch* HEAD *und* SHIFT
▸ ***Verb* ~ sth (down)** etw abschmirgeln ◇ *sand the floor smooth* den Fußboden abschleifen

san·dal /ˈsændl/ *Nomen* Sandale

san·dalled *(AmE* **san·daled)** /ˈsændld/ *Adj* [nur vor Nomen] in Sandalen

san·dal·wood /ˈsændlwʊd/ *Nomen* Sandelholz

sand·bag /ˈsændbæg/ *Nomen, Verb*
▸ ***Nomen*** Sandsack
▸ ***Verb*** **(-gg-)** **1** mit Sandsäcken schützen **2** *(bes AmE, umgs)* **~ sb** jdn heftig angreifen

sand·bank /ˈsændbæŋk/ *Nomen* Sandbank

sand·bar /ˈsændbɑː(r)/ *Nomen* Sandbank

sand·blast /ˈsændblɑːst; *AmE* -blæst/ *Verb* sandstrahlen

sand·box /ˈsændbɒks; *AmE* -bɑːks/ *Nomen (AmE)* Sandkasten

sand·cas·tle /ˈsændkɑːsl; *AmE* -kæsl/ *Nomen* Sandburg

ˈsand dune *(auch* **dune)** *Nomen* Sanddüne

sand·er /ˈsændə(r)/ *Nomen* Schleifmaschine

s and h /ˌes ənd ˈeɪtʃ/ *(auch* **s & h, shipping and handling)** *(AmE)* Versandkosten

sand·man /ˈsændmæn/ *Nomen* [Sing] Sandmann

sand·paper /ˈsændpeɪpə(r)/ *Nomen, Verb*
▸ ***Nomen*** Sandpapier
▸ ***Verb* ~ sth (down)** etw abschmirgeln

sand·piper /ˈsændpaɪpə(r)/ *Nomen* (ZOOL) Strandläufer

sand·pit /ˈsændpɪt/ *Nomen (BrE)* Sandkasten

sand·stone /ˈsændstəʊn; *AmE* -stoʊn/ *Nomen* Sandstein

sand·storm /ˈsændstɔːm; *AmE* -stɔːrm/ *Nomen* Sandsturm

ˈsand trap *(auch* **trap)** *Nomen (AmE)* Bunker

sand·wich /ˈsænwɪtʃ, -wɪdʒ/ *Nomen, Verb*
▸ ***Nomen*** **1** Sandwich ◇ *a sandwich bar* eine Snackbar **2** *(BrE) (oft in Zusammensetzungen)* ◇ *a chocolate sponge sandwich* eine mehrschichtige Schokoladentorte ◇ *a sandwich tin* eine Kuchenbackform
▸ ***Verb*** PHR V **ˈsandwich sb/sth between sb/sth** jdn/etw zwischen jdm/etw einzwängen **ˌsandwich A and B toˈgether (with sth)** A und B (mit etw) zusammenfügen ◇ *Sandwich the cakes together with cream.* Bestreichen

Sie die Kuchen mit Sahne und legen Sie sie aufeinander.

'sandwich board *Nomen* = Reklametafel, die auf Bauch und Rücken getragen wird

'sandwich course *Nomen (BrE)* = Kurs, bei dem sich theoretische und praktische Ausbildung abwechseln

sandy /'sændi/ *Adj* **1** sandig ◇ *a sandy beach* ein Sandstrand **2** *(Farbe)* rotblond

sane /seɪn/ *Adj* **1** normal, geistig gesund ◇ *My children keep me sane.* Ohne meine Kinder hätte ich schon längst den Verstand verloren. **2** vernünftig

sang *Form von* SING

sang·froid /sɒŋ'frwɑː; *AmE* sɑːŋ'-/ *Nomen* Gelassenheit

san·gria /'sæŋgriə, sæŋ'griːə/ *Nomen* Sangria

san·guine /'sæŋgwɪn/ *Adj (gehoben)* zuversichtlich

sani·tar·ium /ˌsænə'teəriəm; *AmE* -'ter-/ *Nomen (Pl* **-riums** *oder* **-ria** /-riə/) Sanatorium

sani·tary /'sænətri; *AmE* -teri/ *Adj* **1** [nur vor Nomen] sanitär ◇ *sanitary facilities* sanitäre Anlagen **2** hygienisch

'sanitary towel *(AmE* **'sanitary napkin**) *Nomen* Damenbinde

sani·ta·tion /ˌsænɪ'teɪʃn/ *Nomen* [U] sanitäre Anlagen

sani·tize *(BrE auch* **-ise**) /'sænɪtaɪz/ *Verb (gehoben)* **1** *(abwert) (fig)* entschärfen, aufpolieren ◇ *a sanitized account of his life* eine geschönte Version seines Lebenslaufes ◇ *a sanitized version of events* eine verharmlosende Version der Ereignisse **2** keimfrei machen

san·ity /'sænəti/ *Nomen* **1** geistige Gesundheit, Verstand **2** Vernünftigkeit

sank *Form von* SINK

sans serif *(auch* **san·serif**) /ˌsæn 'serɪf/ *Nomen (Fachspr)* serifenlose Schrift, Grotesk(schrift)

Santa Claus /'sæntə klɔːz/ *(umgs* **Santa**) *Nomen* der Weihnachtsmann

sap /sæp/ *Nomen, Verb*

▸ ***Nomen*** **1** (BOT) Saft **2** *(bes AmE, umgs)* Trottel

▸ ***Verb*** **(-pp-)** schwächen, untergraben ◇ *The sun sapped our energy.* Die Sonne machte uns müde.

sap·ling /'sæplɪŋ/ *Nomen* junger Baum

sap·per /'sæpə(r)/ *Nomen (BrE)* (MIL) Pionier

sap·phire /'sæfaɪə(r)/ *Nomen, Adj*

▸ ***Nomen*** **1** Saphir **2** Saphirblau

▸ ***Adj*** saphirblau

sappy /'sæpi/ *Adj* **1** *(AmE, umgs)* schmalzig **2** *(Pflanzen etc.)* saftig

sar·casm /'sɑːkæzəm; *AmE* 'sɑːrk-/ *Nomen* Sarkasmus ◇ *with heavy sarcasm* voller Sarkasmus

sar·cas·tic /sɑː'kæstɪk; *AmE* sɑːr'-/ *(BrE auch, umgs* **sarky**) *Adj (Adv* **sar·cas·tic·al·ly** /-kli/) sarkastisch

sar·copha·gus /sɑː'kɒfəgəs; *AmE* sɑːr'kɑːfə-/ *Nomen (Pl* **sar·coph·agi** /-gaɪ/) Sarkophag

sar·dine /ˌsɑː'diːn; *AmE* ˌsɑːr'-/ *Nomen* Sardine **IDM** **(packed, crammed, etc.) like sar'dines** *(umgs)* wie die Sardinen

sar·don·ic /sɑː'dɒnɪk; *AmE* sɑːr'dɑːnɪk/ *Adj (Adv* **sar·donic·al·ly** /-kli/) *(gehoben, abwert)* boshaft, sardonisch

sarge /sɑːdʒ; *AmE* sɑːrdʒ/ *(umgs)* = SERGEANT

sari /'sɑːri/ *Nomen* Sari

sarky /'sɑːki; *AmE* 'sɑːrki/ *Adj (BrE, umgs)* = SARCASTIC

sar·nie /'sɑːni; *AmE* 'sɑːrni/ *Nomen (BrE, umgs)* Sandwich

sar·ong /sə'rɒŋ; *AmE* sə'rɔːŋ/ *Nomen* Sarong

sar·tor·ial /sɑː'tɔːriəl; *AmE* sɑːr'-/ *Adj (Adv* **sar·tor·ial·ly** /-əli/) [nur vor Nomen] *(gehoben)* Kleidungs- ◇ *his sartorial elegance* die Eleganz seiner Kleidung

SAS /ˌes eɪ 'es/ *Kurzform von* **Special Air Service** Spezialeinheit der britischen Armee

SASE /ˌes eɪ ˌes 'iː/ *Nomen (AmE) Kurzform von* **self-addressed stamped envelope** frankierter und adressierter Rückumschlag

sash /sæʃ/ *Nomen* **1** Schärpe **2** = SASH WINDOW

sashay /'sæʃeɪ; *AmE* sæ'ʃeɪ/ *Verb (umgs)* stolzieren

ˌsash 'window *Nomen* Schiebefenster

sass /sæs/ *Nomen, Verb*

▸ ***Nomen*** [U] *(bes AmE, umgs)* Frechheit

▸ ***Verb*** *(AmE, umgs)* **~ sb** zu jdm frech sein ◇ *Don't sass your mother!* Sei nicht so frech zu deiner Mutter!

Sas·sen·ach /'sæsənæk, -næx/ *Nomen (SchotE, abwert oder hum)* Engländer(in)

sassy /'sæsi/ *Adj (bes AmE, umgs)* **1** *(abwert)* frech **2** schick

SAT *Nomen* **1** /ˌes eɪ 'tiː/ **SAT™** *(AmE) Kurzform von* **Scholastic Aptitude Test** = Zulassungsprüfung für ein Universitätsstudium **2** /sæt/ *(BrE) Kurzform von* **Standard Assessment Task** = Standardtest in den Hauptfächern für alle Schüler einer bestimmten Altersstufe, heute National Curriculum Test genannt

sat *Form von* SIT

Sat. *Abk* = SATURDAY

Satan /'seɪtn/ *Nomen* Satan

sa·tan·ic /sə'tænɪk; *AmE auch* seɪ'-/ *Adj (oft* **Sa·ta·nic**) satanisch, teuflisch

sa·tan·ism /'seɪtənɪzəm/ *Nomen* Satanismus, Satanskult

sa·tan·ist /'seɪtənɪst/ *Nomen* Satanist(in)

satchel /'sætʃəl/ *Nomen* Schulranzen, Schultasche

sated /'seɪtɪd/ *Adj (gehoben)* gesättigt, übersättigt

sat·el·lite /'sætəlaɪt/ *Nomen* **1** Satellit ◇ *by satellite* über Satellit **2** Trabant ◇ *satellite town* Trabantenstadt

'satellite dish *Nomen* Satellitenschüssel

'satellite station *Nomen* **1** Satellitensender **2** Satellitenstation

sa·ti·ate /'seɪʃieɪt/ *Verb (gehoben)* stillen, sättigen

sa·ti·ation /ˌseɪʃi'eɪʃn/ *Nomen (gehoben)* (Über)sättigung

satin /'sætɪn; *AmE* -tn/ *Nomen, Adj*

▸ ***Nomen*** Satin

▸ ***Adj*** [nur vor Nomen] seidig ◇ *satin finish* Seidenglanz

sat·ire /'sætaɪə(r)/ *Nomen* Satire ◇ *social satire* Gesellschaftssatire

sa·tir·ic·al /sə'tɪrɪkl/ *(auch* **sa·tir·ic** /-rɪk/) *Adj (Adv* **sa·tir·ic·al·ly** /-kli/) satirisch, ironisch

sat·ir·ist /'sætərɪst/ *Nomen* Satiriker(in)

sat·ir·ize *(BrE auch* **-ise**) /'sætəraɪz/ *Verb* satirisch darstellen

sat·is·fac·tion 0‑ᴡ /ˌsætɪs'fækʃn/ *Nomen* **1** Zufriedenheit, Genugtuung, Befriedigung ◇ *a smile of satisfaction* ein zufriedenes Lächeln **2** *(gehoben) (Schulden)* Tilgung; *(von Konditionen, Vertrag)* Erfüllung **IDM** **to sb's satis'faction** **1** zu jds Zufriedenheit **2** überzeugend ◇ *Can you demonstrate this to our satisfaction?* Können Sie uns das überzeugend darlegen?

sat·is·fact·or·ily /ˌsætɪs'fæktərəli/ *Adv* zufrieden stellend ◇ *The case has never been satisfactorily solved.* Der Fall ist niemals ganz aufgeklärt worden.

sat·is·fac·tory /ˌsætɪs'fæktəri/ *Adj* zufrieden stellend, befriedigend

sat·is·fied 0‑ᴡ /'sætɪsfaɪd/ *Adj* **1** zufrieden **2** **~ (that ...)** überzeugt (dass ...) ◇ *I'm satisfied that they are telling the truth.* Ich bin überzeugt, dass sie die Wahrheit sagen.

sat·isfy 0-w /ˈsætɪsfaɪ/ *Verb* (**-fies**, **-fy·ing**, **-fied**, **-fied**) **1 ~ sb** (*nicht in der Verlaufsform*) jdn zufrieden stellen ◇ *Nothing satisfies him.* Nichts ist ihm recht. ◇ *Did the meal satisfy you?* Bist du von dem Essen satt geworden? **2 ~ sth** etw gerecht werden, etw befriedigen ◇ *satisfy sb's hunger/curiosity* jds Hunger/Neugier stillen ◇ *satisfy the requirements* die Bedingungen erfüllen **3** (*nicht in der Verlaufsform*) **~ sb** (**of sth**) jdn (von etw) überzeugen ◇ *I satisfied myself (that) it was the right decision.* Ich gelangte zu der Überzeugung, dass die Entscheidung richtig war.

sat·is·fy·ing 0-w /ˈsætɪsfaɪɪŋ/ *Adj* (*Adv* **sat·is·fy·ing·ly**) befriedigend, zufrieden stellend

sat nav (*auch* **sat nav**) /ˈsætnæv/ *Nomen* **1** (*auch* **satellite navigation**) (*bes BrE*) Satellitennavigation **2** Navigationssystem, Navigationsgerät, Navi

sat·suma /sætˈsuːmə/ *Nomen* (*BrE*) Satsuma

sat·ur·ate /ˈsætʃəreɪt/ *Verb* **1** durchtränken, durchnässen **2** (*oft passiv*) sättigen

sat·ur·ated /ˈsætʃəreɪtɪd/ *Adj* **1** durchnässt **2** (*Fette, Chemikalien*) gesättigt ◇ *high in saturated fats* reich an gesättigten Fettsäuren **3** (*gehoben*) (*Farben*) satt

sat·ur·ation /ˌsætʃəˈreɪʃn/ *Nomen* [U] Sättigung (*auch fig*) ◇ *market saturation* ein gesättigter Markt ◇ *saturation bombing of the city* völliges Zerbomben der Stadt ◇ *saturation coverage of the accident* eine exzessive Berichterstattung des Unfalls

satuˈration point *Nomen* [U/Sing] Sättigungspunkt

Sat·ur·day 0-w /ˈsætədeɪ, -di; *AmE* -tərd-/ *Nomen* (*Abk* **Sat.**) Samstag, Sonnabend → *Beispiele bei* MONTAG

Sat·urn /ˈsætɜːn, -tən; *AmE* -tɜːrn/ *Nomen* Saturn → *Beispiele bei* MERKUR

sat·ur·nine /ˈsætənaɪn; *AmE* -tərnaɪn/ *Adj* finster

satyr /ˈsætə(r); *AmE auch* ˈseɪtər/ *Nomen* Satyr

sauce 0-w /sɔːs/ *Nomen* **1** Soße → *Siehe auch* WHITE SAUCE **2** [U] (*BrE, umgs, veraltet*) Frechheit IDM **what's ˌsauce for the ˈgoose is ˌsauce for the ˈgander** (*veraltet*) was dem einen recht ist, ist dem anderen billig

ˈsauce boat *Nomen* Sauciere

sauce·pan /ˈsɔːspən; *AmE* -spæn/ *Nomen* (*bes BrE*) Kochtopf

sau·cer /ˈsɔːsə(r)/ *Nomen* Untertasse

saucy /ˈsɔːsi/ *Adj* (**-ier**, **-iest**) (*Adv* **sau·cily** /-sɪli/) frech, anzüglich; (*Witz, Bemerkung*) schlüpfrig

sauer·kraut /ˈsaʊəkraʊt; *AmE* -ərkraʊt/ *Nomen* Sauerkraut

sauna /ˈsɔːnə, ˈsaʊnə/ *Nomen* Sauna ◇ *have/take a sauna* in die Sauna gehen

saun·ter /ˈsɔːntə(r)/ *Verb, Nomen*
- ▸ ***Verb*** schlendern
- ▸ ***Nomen*** [Sing] Bummel

saus·age /ˈsɒsɪdʒ; *AmE* ˈsɔːsɪdʒ/ *Nomen* Wurst IDM **not a ˈsausage** (*BrE, umgs, veraltet*) (rein) gar nichts

ˈsausage dog *Nomen* (*BrE, umgs*) Dackel

ˈsausage meat *Nomen* Wurstmasse, Wurstbrät

ˌsausage ˈroll *Nomen* (*BrE*) Blätterteigrolle mit Wurstfüllung

sauté /ˈsəʊteɪ; *AmE* soʊˈteɪ/ *Verb, Adj*
- ▸ ***Verb*** (**sauté·ing**, **sautéed**, **sautéed** *oder* **sautéd**, **sautéd**) sautieren, kurz (an)braten
- ▸ ***Adj*** [nur vor Nomen] sautiert, kurz (an)gebraten ◇ *sauté potatoes* Bratkartoffeln

sav·age /ˈsævɪdʒ/ *Adj, Nomen, Verb*
- ▸ ***Adj*** **1** (*Adv* **sav·age·ly**) wild, brutal, aggressiv ◇ *savage dogs* scharfe Hunde **2** (*Adv* **sav·age·ly**) (*fig*) drastisch; (*Kritik etc.*) schonungslos **3** [nur vor Nomen] (*veraltet, beleidigend*) primitiv, wild ◇ *a savage tribe* ein primitiver Stamm
- ▸ ***Nomen*** (*veraltet, beleidigend*) Wilde(r), Barbar(in)
- ▸ ***Verb*** (*meist passiv*) **1** anfallen ◇ *She was savaged to death by a bear.* Sie wurde von einem Bären zerfleischt. **2** (*gehoben*) (*kritisieren*) verreißen

sav·agery /ˈsævɪdʒri/ *Nomen* Brutalität, Grausamkeit, Härte

sa·van·nah (*auch* **sa·vanna**) /səˈvænə/ *Nomen* Savanne

sav·ant /ˈsævənt; *AmE* sæˈvɑːnt/ *Nomen* (*gehoben*) **1** Gelehrte(r) **2** = geistig Behinderte(r) mit ungewöhnlichen Begabungen

save 0-w /seɪv/ *Verb, Nomen, Präp, Konj*
- ▸ ***Verb*** **1 ~ sb/sth** (**from sth**) jdn/etw (vor/aus etw) retten, jdn/etw (vor etw) bewahren **2** sparen ◇ *We've been saving up to go to Australia.* Wir haben gespart, um nach Australien zu reisen. ◇ *I save on fares by walking to work.* Ich spare Fahrgeld, indem ich zu Fuß zur Arbeit gehe. **3** sammeln ◇ *If you save ten tokens you can get a T-shirt.* Für zehn gesammelte Marken bekommt man ein T-Shirt. **4** aufheben, aufsparen ◇ *He's saving his strength for the last part of the race.* Er spart sich seine Kräfte für den letzten Teil des Rennens auf. **5** ersparen ◇ *She did it herself to save argument.* Sie machte es selbst, um einen Streit zu vermeiden. ◇ *If you phone for an appointment, it'll save you waiting.* Wenn du telefonisch einen Termin vereinbarst, dann brauchst du nicht zu warten. **6** (*Ball*) halten, abwehren ◇ *The goalie saved brilliantly from Johnson's shot.* Der Tormann hat Johnsons Schuss ausgezeichnet gehalten. **7** (COMP) (ab)speichern (lassen) ◇ *The graphics won't save.* Die Grafiken lassen sich nicht speichern. IDM **not be able to do sth to ˌsave your ˈlife** (*umgs*) etw partout nicht können **save sb's ˈbacon/ˈneck** jds Haut retten **save the ˈday/situˈation** die Situation retten ◇ *Owen's goal saved the day for Liverpool.* Owens Tor war die Rettung für Liverpool. **save ˈface** das Gesicht wahren **save sb's ˈface** jdm helfen, sein/ihr Gesicht zu wahren **save your ˈbreath** (*umgs*) spare dir deine Worte **save your (own) ˈskin/ˈhide/ˈneck** seine (eigene) Haut retten
- ▸ ***Nomen*** (*Ballsport*) Ballabwehr, Parade
- ▸ ***Präp*** (*auch* **save for**) (*veraltet oder gehoben*) außer, mit Ausnahme von
- ▸ ***Konj*** (*veraltet oder gehoben*) außer, abgesehen von

saver /ˈseɪvə(r)/ *Nomen* **1** Sparer(in) **2** (*oft in Zusammensetzungen*) Sparer ◇ *a time saver* etw, das Zeit spart → *Siehe auch* LIFESAVER

sav·ing 0-w /ˈseɪvɪŋ/ *Nomen* **1** Einsparung, Ersparnis **2 savings** [Pl] Ersparnisse **3 -saving** (*in Adjektiven*) -sparend ◇ *a life-saving operation* eine lebensrettende Operation → *Siehe auch* FACE-SAVING

ˌsaving ˈgrace *Nomen* [meist Sing] das einzig Gute an jdm/etw

ˈsavings account *Nomen* Sparkonto

ˌsavings and ˈloan association *Nomen* (*AmE*) Sparkasse

sa·viour (*AmE* **sa·vior**) /ˈseɪvjə(r)/ *Nomen* **1** Retter(in) **2** (REL) **the Saviour** der Erlöser, der Heiland

sav·oir faire /ˌsævwɑː ˈfeə(r); *AmE* -wɑːr ˈfer/ *Nomen* Gewandtheit

sa·vory (*AmE*) = SAVOURY

sa·vour (*AmE* **sa·vor**) /ˈseɪvə(r)/ *Verb, Nomen*
- ▸ ***Verb*** genießen, auskosten
- ▸ ***Nomen*** [meist Sing] (*gehoben*) Geschmack; (*fig*) Reiz

sa·voury (*AmE* **sa·vory**) /ˈseɪvəri/ *Adj, Nomen*
- ▸ ***Adj*** **1** pikant, herzhaft **2** lecker
- ▸ ***Nomen*** (*Pl* **-ies**) [meist Pl] (pikantes) Häppchen

savoy cab·bage /səˌvɔɪ ˈkæbɪdʒ/ *Nomen* Wirsing

savvy /ˈsævi/ *Nomen, Adj*
▸ ***Nomen*** *(umgs)* Know-how
▸ ***Adj*** *(bes AmE, umgs)* mit Durchblick/Köpfchen, gewieft

saw /sɔː/ *Nomen, Verb* → *Siehe auch* SEE
▸ ***Nomen*** **1** Säge → *Siehe auch* JIGSAW **2** *(veraltet)* (Lebens)Weisheit, Sprichwort
▸ ***Verb*** (**sawed, sawn** /sɔːn/, *AmE auch* **sawed, sawed**) **1** sägen **2** ~ **(away) (at sth)** (an/auf etw) (herum)sägen PHR V **ˌsaw sth ˈdown** *(Baum)* umsägen; *(Ast, Flinte etc.)* absägen **ˌsaw sth ˈoff (sth)** etw (von etw) absägen **ˌsaw sth ˈup (into sth)** etw (in etw) zersägen

saw·dust /ˈsɔːdʌst/ *Nomen* Sägemehl

sawm /sɔːm/ *Nomen* [U] Fasten (im Ramadan)

saw·mill /ˈsɔːmɪl/ *Nomen* Sägemühle, Sägewerk

sax /sæks/ *(umgs)* = SAXOPHONE

Saxon /ˈsæksn/ *Nomen, Adj*
▸ ***Nomen*** *(Mitglied des im 5. und 6. Jahrhundert nach England eingewanderten Volkes)* Sachse, Sächsin → *Siehe auch* ANGLO-SAXON
▸ ***Adj*** sächsisch ◊ *Saxon churches/kings* angelsächsische Kirchen/Könige

saxo·phone /ˈsæksəfəʊn; *AmE* -foʊn/ *(umgs* **sax**) *Nomen* Saxofon

sax·opho·nist /sækˈsɒfənɪst; *AmE* ˈsæksəfoʊnɪst/ *Nomen* Saxofonist(in)

say 0‑ /seɪ/ *Verb, Nomen, Ausruf*
▸ ***Verb*** (**says** /sez/, **said** /sed/, **said** /sed/) **1** sagen ◊ *That's a terrible thing to say.* So was zu sagen ist schrecklich. ◊ *'It's possible!' 'So you say, but I've yet to be convinced.'* „Das ist möglich!" „Das sagen Sie, aber mich müssen Sie noch überzeugen." ◊ *She said to meet her here.* Sie sagte, dass ich sie hier treffen soll. ◊ *Say what you like about her, she's still a fine singer.* Du kannst über sie sagen, was du willst, sie ist auf jeden Fall eine gute Sängerin. ◊ *I say we go without them.* Ich würde sagen, wir gehen ohne sie. ◊ *I wouldn't say they were rich.* Ich würde nicht gerade sagen, dass sie reich sind. ◊ *'When will it be finished?' 'I couldn't say.'* „Wann ist es fertig?" „Das kann ich nicht sagen". ◊ *in, let's say, three months* in, sagen wir mal, drei Monaten ◊ *Having said that, the book is still well worth reading.* Abgesehen davon ist das Buch absolut lesenswert. ◊ *I'll say this for them, they're a very efficient company.* Sie sind eine sehr effiziente Firma, das muss man ihnen lassen. ◊ *If you're not back by midnight, your father will have something to say about it.* Wenn du um Mitternacht nicht zurück bist, dann wird dir dein Vater etwas erzählen. ◊ *It's said that the house is haunted/The house is said to be haunted.* Es heißt, dass es in dem Haus spukt. ◊ *That's not to say it's a bad movie.* Das soll nicht heißen, dass es ein schlechter Film ist. ◊ *Say you lose your job: what would you do then?* Angenommen, du würdest deine Stelle verlieren: was würdest du dann tun? **2** aufsagen ◊ *say a prayer* ein Gebet sprechen **3** *(kein Passiv)* *(Schild, Buch, Uhr, etc.)* ◊ *The notice said 'Keep Out'.* Auf dem Schild hieß es: „Zutritt verboten". ◊ *The clock says three o'clock.* Die Uhr zeigt drei Uhr. ◊ *The instructions say (that) …* In der Anweisung heißt es, dass … ◊ *The book doesn't say where he was born.* Im Buch steht nichts darüber, wo er geboren wurde. IDM **go without ˈsaying** selbstverständlich sein; sich von selbst verstehen **have something, nothing, etc. to ˈsay for yourself** ◊ *She doesn't have much to say for herself.* Sie ist recht still. ◊ *He had plenty to say for himself.* Er redete sehr viel. ◊ *Late again—what have you got to say for yourself?* Schon wieder zu spät. Was hast du zu deiner Entschuldigung zu sagen? **ˈI'll say!** *(umgs, veraltet)* und wie!; das kann man wohl sagen! **I ˈmust say** *(umgs)* Ich muss schon sagen **ˌI ˈsay** *(BrE, umgs, veraltet)* **1** Donnerwetter; meine Güte **2** *(um Aufmerksamkeit auf sich zu lenken)* Entschuldigung; hallo; hören Sie **3** *(um auf ein anderes Thema überzuleiten)* da fällt mir ein; ganz was anderes **it says a ˈlot, very ˈlittle, etc. for sb/sth** *(umgs)* das spricht für, nicht gerade für etc. jdn/etw **I ˌwouldn't say ˈno to …** *(umgs)* ich hätte nichts gegen … **ˌleast ˈsaid ˌsoonest ˈmended** vieles Reden macht die Sache nur schlimmer **the less/least said the ˈbetter** je weniger man darüber spricht, desto besser ◊ *'How did you get on in your driving test?' 'The less said the better.'* „Wie war deine Führerscheinprüfung?" „Sprechen wir nicht darüber." **ˌnever say ˈdie** nur nicht den Mut verlieren **ˈnot to say** um nicht zu sagen **say ˈcheese** *(beim Fotografieren)* bitte recht freundlich **say ˈno (to sth)** (etw) ausschlagen **ˌsay no ˈmore** *(umgs)* ich verstehe **ˌsay your ˈpiece** sagen, was man zu sagen hat; seine Meinung sagen **say ˈwhat?** *(AmE, umgs) (überrascht)* wie bitte? **say ˈwhen** *(beim Einschenken etc.)* sag stop **ˈthat is to say** das heißt **that's not ˈsaying much** das will nicht viel heißen **there's no ˈsaying** niemand kann (das) sagen **there's something/not much to be said for sth** es spricht viel/nicht viel für etw **to ˌsay the ˈleast** gelinde gesagt **to say ˈnothing of sth** ganz abgesehen von etw; ganz zu schweigen von etw **Well ˈsaid!** *(umgs)* Genau!; Ganz richtig! **ˌwhat do/would you ˈsay …** *(umgs)* Was hältst du von …; was halten Sie von… ◊ *What do you say?* Was hältst du davon? **what/whatever sb says, ˈgoes** *(umgs, oft hum)* was (auch immer) jd sagt, wird gemacht **whatever you ˈsay** *(umgs)* ganz wie du willst; ganz wie Sie wünschen **when ˌall is said and ˈdone** letzten Endes **who can ˈsay (…)?** Wer weiß schon (…)?; Wer kann schon sagen (…)? **who ˈsays?** *(umgs)* **1** wer sagt das? **2** *(auch* **who ˈsays … ?**) wer sagt (…)? **who's to say (…)?** *(umgs)* wer kann schon sagen (…)? **you can say ˈthat again** *(umgs)* das kannst du (aber) laut sagen; das kann man wohl sagen **you can't say ˈfairer (than ˈthat)** *(BrE, umgs)* ein besseres Angebot (als das) kann man nicht machen **you don't ˈsay!** *(umgs)* wirklich? **you ˈsaid it!** *(umgs)* **1** *(BrE)* das hast du gesagt! **2** *(AmE)* Sie sagen es!; du sagst es! ℹ Für andere Redewendungen mit **say** siehe die Einträge für die Nomina, Adjektive etc. **Easier said than done** z.B. steht unter **easy**.
▸ ***Nomen*** ~ **(in sth)** Mitspracherecht (in/bei etw) ◊ *Who has the final say?* Wer hat das letzte Wort? IDM **have your ˈsay** *(umgs)* seine Meinung äußern
▸ ***Ausruf*** *(AmE, umgs)* **1** Mensch! ◊ *Say, that's nice!* Mensch, das ist ja schön **2** hör mal, he

say·ing /ˈseɪɪŋ/ *Nomen* Redensart, Sprichwort ◊ *'Practice makes perfect', as the saying goes.* „Übung macht den Meister", wie es so schön heißt.

ˈsay-so *Nomen* [Sing] *(umgs)* Zustimmung ◊ *He has the final say-so on these matters.* Er hat bei diesen Sachen das letzte Wort. IDM **on sb's ˈsay-so** nur weil jd es sagt

ˈS-bend *Nomen* S-Kurve

scab /skæb/ *Nomen* **1** (Wund)schorf **2** *(Tierkrankheit)* Räude, Krätze **3** *(Pflanzenkrankheit)* Schorf **4** *(umgs, abwert)* Streikbrecher(in)

scab·bard /ˈskæbəd; *AmE* -bərd/ *Nomen* *(Schwert-)* Scheide

sca·bies /ˈskeɪbiːz/ *Nomen* Krätze; *(bei Tieren)* Räude

scaf·fold /ˈskæfəʊld; *AmE* -foʊld/ *Nomen* **1** Schafott **2** (Bau)gerüst

scaf·fold·ing /ˈskæfəldɪŋ/ *Nomen* [U] (Bau-)gerüst

sca·lar /ˈskeɪlə(r)/ *Adj, Nomen*
▸ ***Adj*** (MATH) skalar, Skalar-
▸ ***Nomen*** Skalar

scala·wag /ˈskæləwæg/ *Nomen* *(AmE, umgs)* Schlingel

scald /skɔːld/ *Verb, Nomen*
▸ ***Verb*** verbrühen ◇ (*fig*) *Tears scalded her eyes.* Sie weinte heiße Tränen.
▸ ***Nomen*** Verbrühung

scald·ing /ˈskɔːldɪŋ/ *Adj, Adv* siedend (heiß); (*Tränen*) heiß ◇ *scalding hot* siedend heiß

scale ⊶ /skeɪl/ *Nomen, Verb*
▸ ***Nomen*** **1** [Sing] Umfang, Ausmaß, Größenordnung ◇ *They entertain on a large scale.* Sie geben Partys im großen Stil. ◇ *Here was corruption on a grand scale.* Hier haben wir mit Korruption im großen Stil zu tun. ◇ *on a global scale* weltweit gesehen ◇ *economies of scale in production* die Kostendegression in der Produktion **2** Skala (*auch fig*) ◇ *a scale of fees/charges* eine Gebührenordnung ◇ *the social scale* die soziale Leiter → *Siehe auch* SLIDING SCALE *und* TIMESCALE **3 scales** [Pl] (*AmE auch* **scale**) Waage **4** Maßstab ◇ *a scale model* ein maßstabgetreues Modell ◇ *Is this diagram to scale?* Ist diese Abbildung maßstabgetreu? **5** (MUS) Tonleiter **6** (*bei Fischen, Reptilien*) Schuppe **7** (*in Wasserrohren, Kesseln etc.*) Kesselstein **8** Zahnstein IDM → TIP
▸ ***Verb*** **1** (*gehoben*) erklimmen (*auch fig*) ◇ *the first woman to scale Mount Everest* die erste Frau, die den Mount Everest bestieg ◇ *He has scaled the heights of his profession.* In seinem Beruf hat er sich an die Spitze hochgearbeitet. **2** (*Fisch*) (ab)schuppen **3** (*Zähne*) ◇ *have your teeth scaled* Zahnstein entfernen lassen **4** (TECH) (maßstäblich) vergrößern/verkleinern ◇ *Text can be scaled from 4 points to 108 points.* Der Text kann von 4 auf 108 Punkt Schriftgröße vergrößert werden. PHR V **ˌscale sth ˈdown** (*AmE auch* **ˌscale sth ˈback**) etw verkleinern, etw nach unten revidieren ◇ *We scaled down our training programme.* Wir haben unser Ausbildungsprogramm gekürzt. **ˌscale sth ˈup** etw vergrößern

scal·lion /ˈskæliən/ *Nomen* (*AmE*) **1** Frühlingszwiebel **2** Schalotte

scal·lop /ˈskɒləp; *AmE* ˈskæləp/ *Nomen* **1** (ZOOL) Kammmuschel; (GASTRON) Jakobsmuschel **2** bogenförmige Verzierung, Feston

scally·wag /ˈskæliwæg/ *Nomen* (*BrE, umgs*) Schlingel

scalp /skælp/ *Nomen, Verb*
▸ ***Nomen*** **1** Kopfhaut **2** (*eines Indianers*) Skalp; (*fig*) Trophäe ◇ *They claimed their rivals' scalp in the final.* Sie bezwangen ihre Rivalen im Finale.
▸ ***Verb*** **1** skalpieren **2** (*AmE*) (*Eintrittskarten*) = auf dem Schwarzmarkt verkaufen

scal·pel /ˈskælpəl/ *Nomen* Skalpell

scal·per /ˈskælpə(r)/ *Nomen* (*AmE*) Kartenschwarzhändler(in)

scaly /ˈskeɪli/ *Adj* (*Haut*) schuppig

scam /skæm/ *Nomen* (*umgs*) Betrug

scamp /skæmp/ *Nomen* (*veraltet*) Lausebengel

scam·per /ˈskæmpə(r)/ *Verb* (*Kinder, Welpen etc.*) tollen, flitzen; (*Hasen*) hoppeln; (*Mäuse etc.*) huschen

scampi /ˈskæmpi/ *Nomen* [mit Verb im Sing/Pl] (*BrE*) Scampi

scan /skæn/ *Verb, Nomen*
▸ ***Verb*** (**-nn-**) **1 ~ sth (for sth)** etw (nach etw) absuchen ◇ *She scanned his face anxiously.* Sie ließ ihre Augen besorgt über sein Gesicht wandern. **2 ~ (through) sth (for sth)** etw (nach etw) überfliegen ◇ *I scanned the list quickly for my name.* Ich überflog die Liste schnell nach meinem Namen. **3 ~ sth** (MED) etw einscannen, einen Ultraschall/ein Röntgenbild von etw machen **4** (*Gedicht*) das richtige Versmaß haben **5** (COMP) **~ sth (in)** etw einscannen; **~ sth (into sth)** etw in etw einscannen
▸ ***Nomen*** **1** (MED) Scan, Ultraschalluntersuchung ◇ *have a brain scan* einen Gehirnscan machen lassen **2** [Sing] ◇ *I had a scan down the guest list but couldn't see my name.* Ich überflog die Gästeliste, konnte meinen Namen jedoch nicht finden.

scan·dal /ˈskændl/ *Nomen* **1** Skandal **2** (böswilliger) Klatsch

scan·dal·ize (*BrE auch* **-ise**) /ˈskændəlaɪz/ *Verb* schockieren

scan·dal·mon·ger /ˈskændlmʌŋgə(r)/ *Nomen* (*abwert*) Klatschmaul

scan·dal·ous /ˈskændələs/ *Adj* (*Adv* **scan·dal·ous·ly**) **1** skandalös **2** [nur vor Nomen] Skandal- ◇ *scandalous stories* Skandalgeschichten

Scan·di·navian /ˌskændɪˈneɪviən/ *Adj, Nomen*
▸ ***Adj*** skandinavisch
▸ ***Nomen*** Skandinavier(in)

scan·ner /ˈskænə(r)/ *Nomen* **1** Scanner ◇ *an ultrasound scanner* ein Ultraschallgerät **2** (*Radar*) Radarantenne

scant /skænt/ *Adj* [nur vor Nomen] gering ◇ *pay scant attention to sth* etw kaum beachten ◇ *There is scant evidence for this theory.* Es gibt kaum Beweise für diese Theorie.

scanty /ˈskænti/ *Adj* (**-ier, -iest**) (*Adv* **scant·ily** /-təli/) spärlich ◇ *scantily dressed* spärlich bekleidet ◇ *a scanty bikini* ein knapper Bikini ◇ *Details of his life are scanty.* Aus seinem Leben ist kaum etwas bekannt.

scape·goat /ˈskeɪpgəʊt; *AmE* -goʊt/ *Nomen, Verb*
▸ ***Nomen*** Sündenbock
▸ ***Verb*** **~ sb** jdn zum Sündenbock machen

scar /skɑː(r)/ *Nomen, Verb*
▸ ***Nomen*** **1** Narbe (*auch fig*) ◇ *The town still bears the scars of war.* Die Stadt ist immer noch vom Krieg gezeichnet. **2** felsiger Grund ohne Graswuchs
▸ ***Verb*** (**-rr-**) **~ sb/sth** an etw/bei jdm Narben hinterlassen (*auch fig*) ◇ *a scarred face* ein vernarbtes Gesicht ◇ *He will be scarred for life.* Er wird die Narben sein ganzes Leben lang behalten. ◇ *The experience scarred her for life.* Das Erlebnis hat sie fürs Leben gezeichnet.

scarce /skeəs; *AmE* skers/ *Adj, Adv*
▸ ***Adj*** knapp ◇ *Details are scarce.* Einzelheiten sind kaum bekannt. IDM **make yourself ˈscarce** (*umgs*) sich aus dem Staub machen
▸ ***Adv*** (*gehoben*) kaum

scarce·ly /ˈskeəsli; *AmE* ˈskersli/ *Adv* **1** kaum ◇ *Scarcely had the game started when it began to rain.* Kaum hatte das Spiel begonnen, fing es zu regnen an. ◇ *We scarcely ever meet.* Wir treffen uns fast nie. **2** (wohl) kaum, schwerlich

scar·city /ˈskeəsəti; *AmE* ˈskersə-/ *Nomen* (*Pl* **-ies**) Knappheit ◇ *a time of scarcity* eine Zeit der Not

scare ⊶ /skeə(r); *AmE* sker/ *Verb, Nomen*
▸ ***Verb*** **1 ~ sb** jdn erschrecken, jdm Angst machen **2** Angst bekommen ◇ *He doesn't scare easily.* Er hat so schnell keine Angst. IDM **scare the ˈshit out of sb; scare sb ˈshitless** (*Slang*) jdn zu Tode erschrecken → *Siehe auch* DAYLIGHTS, DEATH *und* LIFE PHR V **ˌscare sb aˈway/ˈoff** jdn verscheuchen **ˈscare sb into doing sth** jdn so einschüchtern, dass er etw tut **ˌscare sb ˈoff** jdn abschrecken **ˌscare sb/sth ˈup** (*AmE, umgs*) jdn/etw auftreiben
▸ ***Nomen*** **1** (*besonders Pressejargon*) Panik(stimmung), (allgemeine) Hysterie ◇ *cause a scare* eine Panik auslösen ◇ *a bomb scare* eine Bombendrohung ◇ *a scare story* ein Schauerbericht **2** [Sing] Schrecken ◇ *You gave me a scare!* Du hast mir einen Schrecken eingejagt!

scare·crow /ˈskeəkrəʊ; *AmE* ˈskerkroʊ/ *Nomen* Vogelscheuche

scared 🔑 /skeəd; *AmE* skerd/ *Adj* **be ~ (of sb/sth)** (vor jdm/etw) Angst haben ◇ *She is scared of going out alone.* Sie hat Angst, allein auszugehen. ◇ *She's scared of heights.* Sie leidet unter Höhenangst. ◇ *The thieves got scared and ran away.* Die Diebe bekamen Angst und rannten davon. ◇ *a scared face* ein ängstlicher Gesichtsausdruck ◇ *I was scared to death/scared stiff.* Ich hatte fürchterliche Angst.

scare·mon·ger /ˈskeəmʌŋɡə(r); *AmE* ˈskerm-/ *Nomen* Panikmacher(in)

scare·monger·ing /ˈskeəmʌŋɡərɪŋ; *AmE* ˈskerm-/ *Nomen* Panikmache

ˈscare quotes *Nomen* [Pl] (warnende) Anführungszeichen ◇ *The journal doesn't use the word 'terrorist', at least not without scare quotes.* Das Magazin gebraucht das Wort Terrorist nicht, jedenfalls nicht ohne warnende Anführungszeichen

scarf /skɑːf; *AmE* skɑːrf/ *Nomen* (*Pl* **scarves** /skɑːvz; *AmE* skɑːrvz/ *oder* **scarfs**) Schal, Halstuch, Kopftuch

scar·let /ˈskɑːlət; *AmE* ˈskɑːrlət/ *Adj, Nomen*
- ▸ ***Adj*** (scharlach)rot
- ▸ ***Nomen*** Scharlachrot

ˌscarlet ˈfever *Nomen* Scharlach

ˌscarlet ˈwoman *Nomen* (*veraltet*) Schlampe, liederliche Frau

scarp /skɑːp; *AmE* skɑːrp/ *Nomen* (TECH) Steilhang

scar·per /ˈskɑːpə(r); *AmE* ˈskɑːrpər/ *Verb* (*BrE, umgs*) abhauen

scarves *Form von* SCARF

scary /ˈskeəri; *AmE* ˈskeri/ *Adj* (**scari·er, scari·est**) (*umgs*) unheimlich, beängstigend ◇ *a scary movie* ein gruseliger Film

scath·ing /ˈskeɪðɪŋ/ *Adj* (*Adv* **scath·ing·ly**) vernichtend, verächtlich ◇ *He was scathing about the government's plans.* Er äußerte sich vernichtend über die Pläne der Regierung.

scat·ter /ˈskætə(r)/ *Verb, Nomen*
- ▸ ***Verb*** **1** verstreuen, verteilen **2 ~ sth with sth** etw mit etw bestreuen ◇ *Scatter the lawn with grass seed.* Bestreuen Sie den Rasen mit Grassamen. **3** sich zerstreuen ◇ *At the first gunshot, the crowd scattered.* Beim ersten Schuss lief die Menge auseinander. **4 ~ sb/sth** jdm/etw auseinandertreiben
- ▸ ***Nomen*** (*auch* **scat·ter·ing**) [Sing] Streuung ◇ *a scatter of houses* vereinzelte Häuser

scat·ter·brain /ˈskætəbreɪn; *AmE* -tərbreɪn/ *Nomen* (*umgs*) Schussel

scat·ter·brained /ˈskætəbreɪnd; *AmE* -tərbreɪnd/ *Adj* schusselig, zerstreut

scat·tered /ˈskætəd; *AmE* -tərd/ *Adj* verstreut, vereinzelt

scatty /ˈskæti/ *Adj* (*BrE, umgs*) schusselig, zerstreut

scav·enge /ˈskævɪndʒ/ *Verb* **1 ~ (for sth)** (im Müll) nach etw suchen; **~ sth** etw im Müll finden ◇ *Dogs scavenged through the dustbins for something to eat.* Hunde stöberten in den Mülltonnen nach Essbarem. ◇ *Their furniture was scavenged from other people's garbage.* Sie haben sich ihre Möbel aus dem Sperrmüll zusammengesucht. **2** (ZOOL) Aas fressen, Aasfresser sein ◇ *Crows scavenge carrion.* Krähen fressen Aas. ◇ *Some fish scavenge on other dead fish.* Es gibt Fische, die andere tote Fische fressen.

scav·en·ger /ˈskævɪndʒə(r)/ *Nomen* Aasfresser

scen·ario /səˈnɑːriəʊ; *AmE* səˈnæriou/ *Nomen* (*Pl* **-os**) Szenarium, Szenario

scene 🔑 /siːn/ *Nomen* **1** Schauplatz, Bildfläche ◇ *She just vanished from the scene.* Sie verschwand einfach von der Bildfläche. ◇ *Firefighters arrived on the scene immediately.* Die Feuerwehr war sofort zur Stelle. ◇ *the scene of the crime* der Tatort **2** Anblick, Szenerie; (*Vorfall*) Szene ◇ *scenes of joy* Freudenszenen ◇ *She witnessed distressing scenes.* Sie wurde Zeugin erschütternder Szenen. ◇ *a change of scene* ein Tapetenwechsel **3** (*Film, Theater*) Szene (*auch fig*) ◇ *She made a scene.* Sie machte eine Szene. **4 the scene, the … scene** [Sing] (*umgs*) die Szene, die -szene ◇ *the music scene* die Musikszene ◇ *the social scene* das gesellschaftliche Leben IDM **behind the ˈscenes** hinter den Kulissen **not sb's ˈscene** (*umgs*) nicht jds Fall **set the ˈscene (for sth)** **1** den Rahmen für etw abgeben **2** (*Informationen etc.*) den Rahmen vorgeben ◇ *The introduction was just setting the scene.* Die Einleitung gab lediglich den Rahmen vor.

scen·ery /ˈsiːnəri/ *Nomen* **1** Landschaft **2** (THEAT) Bühnenbild

scenic /ˈsiːnɪk/ *Adj* **1** landschaftlich schön ◇ *an area of scenic beauty* eine malerische Gegend ◇ *a scenic drive* eine Fahrt durch eine schöne Landschaft **2** [nur vor Nomen] Bühnen- ◇ *scenic design* Bühnenbild

scen·ic·al·ly /ˈsiːnɪkli/ *Adv* landschaftlich ◇ *scenically attractive areas* landschaftlich schöne Gegenden

scent /sent/ *Nomen, Verb*
- ▸ ***Nomen*** **1** Duft **2** [meist Sing] Fährte, Witterung ◇ *The dog must have lost her scent.* Der Hund muss ihre Spur verloren haben. ◇ *The scent of victory was in my nostrils.* Ich konnte den Sieg bereits riechen. **3** (*bes BrE*) Parfum IDM **on the ˈscent (of sth)** einer Sache auf der Spur **put/throw sb off the ˈscent** jdn von der Fährte abbringen
- ▸ ***Verb*** **1** wittern (*auch fig*) **2** parfümieren

scent·ed /ˈsentɪd/ *Adj* duftend, parfümiert

scep·ter (*AmE*) = SCEPTRE

scep·tic (*AmE* **skep·tic**) /ˈskeptɪk/ *Nomen* Skeptiker(in)

scep·tical (*AmE* **skep·tical**) /ˈskeptɪkl/ *Adj* (*Adv* **scep·tic·al·ly**; *AmE* **skep·tic·al·ly** /-kli/) **~ (about/of sth)** (in Bezug auf etw) skeptisch

scep·ti·cism (*AmE* **skep·ti·cism**) /ˈskeptɪsɪzəm/ *Nomen* Skepsis ◇ *express scepticism about sth* sich gegenüber etw skeptisch äußern

sceptre (*AmE* **scep·ter**) /ˈseptə(r)/ *Nomen* Zepter

sched·ule 🔑 /ˈʃedjuːl; *AmE* ˈskedʒuːl/ *Nomen, Verb*
- ▸ ***Nomen*** **1** (Zeit)plan, Programm ◇ *We are trying to keep to our schedule.* Wir versuchen, unseren Zeitplan einzuhalten. ◇ *a tight schedule* ein knapp bemessener Zeitplan ◇ *on schedule* planmäßig ◇ *two years ahead of schedule* zwei Jahre früher als geplant ◇ *fall behind schedule* im Verzug sein **2** (*bes AmE*) Fahrplan **3** Fernsehprogramm **4** (*Fachspr*) (*von Preisen etc.*) Verzeichnis
- ▸ ***Verb*** **1 ~ sth (for sth)** etw (für etw) ansetzen ◇ *The meeting is scheduled for Friday.* Die Besprechung ist für Freitag angesetzt. ◇ *One of the scheduled events is a talk on Japan.* Einer der Programmpunkte ist ein Vortrag über Japan. ◇ *longer than scheduled* länger als geplant ◇ *I'm scheduled to arrive in LA at 5 o'clock.* Ich soll um 5 Uhr in LA ankommen. **2 ~ sth (as sth)** (*gehoben*) etw (als etw) aufführen ◇ *The substance has been scheduled as poison.* Der Stoff wird als Gift aufgeführt.

ˌscheduled ˈflight *Nomen* Linienflug

schema /ˈskiːmə/ *Nomen* (*Pl* **sche·mas** *oder* **sche·mata** /-tə, skiːˈmɑːtə/) Schema

sche·mat·ic /skiːˈmætɪk/ *Adj* (*Adv* **sche·mat·ic·al·ly** /-kli/) schematisch

scheme 🔑 /skiːm/ *Nomen, Verb*
- ▸ ***Nomen*** **1** (*BrE*) Programm, Projekt ◇ *a training scheme* ein Ausbildungsprogramm ◇ *the company pension scheme* die betriebliche Rentenversicherung **2** (raffinierter) Plan IDM **the ˈscheme of things** die höhere Ordnung ◇ *My personal problems are not real-*

ly important in the overall scheme of things. Global betrachtet sind meine Probleme nicht wirklich wichtig.
▸ ***Verb*** (*abwert*) intrigieren, Pläne aushecken; **~ sth** etw aushecken ◇ *She was busily scheming to get rid of him.* Sie schmiedete Pläne, wie sie ihn loswerden konnte.

schemer /ˈskiːmə(r)/ *Nomen* (*abwert*) Intrigant(in)

schem·ing /ˈskiːmɪŋ/ *Adj* (*gehoben*) intrigant, raffiniert

schism /ˈskɪzəm, ˈsɪ-/ *Nomen* (*gehoben*) Spaltung; (REL) Schisma

schiz·oid /ˈskɪtsɔɪd/ *Adj* (*Fachspr*) schizoid

schizo·phre·nia /ˌskɪtsəˈfriːniə/ *Nomen* (MED) Schizophrenie

schizo·phren·ic /ˌskɪtsəˈfrenɪk/ *Nomen, Adj*
▸ ***Nomen*** Schizophrene(r)
▸ ***Adj*** schizophren

schlep (*auch* **schlepp**) /ʃlep/ *Verb, Nomen*
▸ ***Verb*** (**-pp-**) (*bes AmE, umgs*) **1** sich schleppen **2** schleppen
▸ ***Nomen*** [Sing] mühsamer Weg

schlock /ʃlɒk; *AmE* ʃlɑːk/ *Nomen* (*AmE, umgs*) Ramsch, Schund

schmaltz /ʃmɔːlts/ *Nomen* (*umgs, abwert*) (*zu romantisch*) Schmalz

schmaltzy /ˈʃmɔːltsi/ *Adj* (*umgs, abwert*) schmalzig

schmo /ʃməʊ; *AmE* ʃmoʊ/ (*auch* **schmuck** /ʃmʌk/) *Nomen* (*bes AmE*) Schwachkopf

schmooze /ʃmuːz/ *Verb* (*bes AmE, umgs*) plaudern, quatschen

schnapps /ʃnæps/ *Nomen* Schnaps

scholar /ˈskɒlə(r); *AmE* ˈskɑːlər/ *Nomen* **1** Gelehrte(r) ◇ *a biblical scholar* ein(e) Bibelforscher(in) ◇ *classical scholars* Experten der klassischen Literatur ◇ *I was never much of a scholar.* Ich war nie ein guter Schüler. **2** Stipendiat(in)

schol·ar·ly /ˈskɒləli; *AmE* ˈskɑːlərli/ *Adj* **1** wissenschaftlich **2** gelehrt

schol·ar·ship /ˈskɒləʃɪp; *AmE* ˈskɑːlərʃɪp/ *Nomen* **1** Stipendium ◇ *He went to drama school on a scholarship.* Er hatte ein Stipendium für die Schauspielschule. **2** Gelehrsamkeit ◇ *a magnificent work of scholarship* ein wissenschaftlich ausgezeichnetes Werk

scho·las·tic /skəˈlæstɪk/ *Adj* [nur vor Nomen] (*gehoben*) schulisch, akademisch

school 🔑 /skuːl/ *Nomen, Verb*
▸ ***Nomen*** **1** Schule (*gehoben*) ◇ *Children start school at six in Germany.* Kinder werden in Deutschland mit sechs eingeschult. ◇ *I am still at school.* Ich gehe noch zur Schule. **2** (*AmE*) College, Universität ◇ *famous schools like Yale and Harvard* berühmte Universitäten wie Yale und Harvard ◇ *Where did you go to school?* Wo hast du studiert? **3** (*an einer Hochschule*) Fakultät, Institut **4** (*Fisch-*) Schwarm IDM **school of ˈthought** (Lehr)meinung → *Siehe auch* OLD
▸ ***Verb*** **1 ~ sb (in sth)** jdn (etw) lehren; **~ yourself** etw üben; **~ yourself in sth** sich in etw üben **2** (*Pferd*) dressieren

ˈschool age *Nomen* Schulalter, schulpflichtiges Alter ◇ *children of school age/school-age children* Kinder im schulpflichtigen Alter

school·boy /ˈskuːlbɔɪ/ *Nomen* Schuljunge, Schüler

school·child /ˈskuːltʃaɪld/ *Nomen* (*Pl* **-chil·dren** /-tʃɪldrən/) Schulkind

school·days /ˈskuːldeɪz/ *Nomen* [Pl] Schulzeit

ˈschool district *Nomen* (*AmE*) ≈ Schulbezirk

ˈschool friend *Nomen* (*bes BrE*) Schulfreund(in)

school·girl /ˈskuːlgɜːl; *AmE* -gɜːrl/ *Nomen* Schülerin, Schulmädchen

school·ing /ˈskuːlɪŋ/ *Nomen* Schulunterricht, Schulbildung ◇ *secondary schooling* Unterricht an weiterführenden Schulen ◇ *He had very little schooling.* Er hatte keine richtige Schulbildung. ◇ *Compulsory schooling starts here at five.* Die Schulpflicht beginnt hier mit fünf.

school·kid /ˈskuːlkɪd/ *Nomen* (*umgs*) Schulkind

school-ˈleaver *Nomen* (*BrE*) Schulabgänger(in)

school·marm /ˈskuːlmɑːm; *AmE* -mɑːrm/ *Nomen* (*bes AmE, abwert*) Schulmeisterin

school·marm·ish /ˈskuːlmɑːmɪʃ; *AmE* -mɑːrmɪʃ/ *Adj* (*bes AmE, abwert*) schulmeisterlich, belehrend

school·mas·ter /ˈskuːlmɑːstə(r); *AmE* -mæstər/ *Nomen* (*bes BrE, veraltet*) (Privatschul)lehrer, Schulmeister

school·mate /ˈskuːlmeɪt/ *Nomen* (*bes BrE*) Mitschüler(in)

school·mis·tress /ˈskuːlmɪstrəs/ *Nomen* (*bes BrE, veraltet*) (Privatschul)lehrerin, Schulmeisterin

ˈschool run *Nomen* [Sing] (*BrE*) = Hinbringen und Abholen der Kinder von der Schule im Auto ◇ *I have to get back in time to do the school run.* Ich muss rechtzeitig zurück sein, um die Kinder von der Schule abzuholen.

school·teach·er /ˈskuːltiːtʃə(r)/ *Nomen* Lehrer(in)

schooner /ˈskuːnə(r)/ *Nomen* **1** Schoner **2** (*BrE*) hohes Glas für Sherry; (*AmE*) hohes Glas für Bier

schwa /ʃwɑː/ *Nomen* (*Phonetik*) Schwa

sci·at·ica /saɪˈætɪkə/ *Nomen* Ischias

sci·ence 🔑 /ˈsaɪəns/ *Nomen* **1** Naturwissenschaft, Wissenschaft ◇ *the laws of science* naturwissenschaftliche Gesetzmäßigkeiten → *Siehe auch* LIFE SCIENCES, NATURAL SCIENCE, POLITICAL SCIENCE *und* SOCIAL SCIENCE **2** [Sing] Lehre IDM → BLIND

ˌscience ˈfiction (*umgs* **ˈsci-fi**) *Nomen* Sciencefiction

ˈscience park *Nomen* Technologiepark

sci·en·tif·ic 🔑 /ˌsaɪənˈtɪfɪk/ *Adj* (*Adv* **sci·en·tif·ic·al·ly** /-kli/) **1** wissenschaftlich, naturwissenschaftlich **2** systematisch ◇ *We need to be more scientific about this problem.* Wir müssen dieses Problem systematischer angehen.

sci·en·tist 🔑 /ˈsaɪəntɪst/ *Nomen* Naturwissenschaftler(in), Wissenschaftler(in) ◇ *a research scientist* ein naturwissenschaftlicher Forscher → *Siehe auch* POLITICAL SCIENTIST *und* SOCIAL SCIENTIST

sci·en·tolo·gist /ˌsaɪənˈtɒlədʒɪst; *AmE* -ˈtɑːlə-/ *Nomen* Anhänger(in) der Scientology

Sci·en·tol·ogy™ /ˌsaɪənˈtɒlədʒi; *AmE* -ˈtɑːlə-/ *Nomen* Scientology

sci-fi /ˈsaɪ faɪ/ *Nomen* (*umgs*) = SCIENCE FICTION

scimi·tar /ˈsɪmɪtə(r)/ *Nomen* Krummsäbel

scin·tilla /sɪnˈtɪlə/ *Nomen* [Sing] (*gehoben*) Fünkchen, Spur

scin·til·lat·ing /ˈsɪntɪleɪtɪŋ/ *Adj* glänzend, geistreich, faszinierend

scion /ˈsaɪən/ *Nomen* (*gehoben*) Spross

scis·sor /ˈsɪzə(r)/ *Adj* Scheren- ◇ *a scissor action* eine Scherenbewegung

scis·sors 🔑 /ˈsɪzəz; *AmE* -zərz/ *Nomen* [Pl] Schere ◇ *a pair of scissors* eine Schere

scler·osis /skləˈrəʊsɪs; *AmE* -ˈroʊ-/ *Nomen* (MED) Sklerose → *Siehe auch* MULTIPLE SCLEROSIS

scoff /skɒf; *AmE* skɑːf/ *Verb* **1** spotten; **~ at sb/sth** sich über jdn/etw lustig machen **2** (*BrE, umgs*) verschlingen, auffressen

scold /skəʊld; *AmE* skoʊld/ *Verb* **~ sb (for sth)** (*gehoben*) jdn (wegen einer Sache) ausschimpfen

scold·ing /ˈskəʊldɪŋ; *AmE* ˈskoʊl-/ *Nomen* Schelte

scone /skɒn, skəʊn; *AmE* skɑːn, skoʊn/ *Nomen* = weiches Milchbrötchen, oft leicht gesüßt und mit Rosinen

scoop /skuːp/ *Nomen, Verb*

▸ ***Nomen*** **1** Schaufel, Portionierer **2** Portion; (*von Eis*) Kugel **3** Erstmeldung (in einer Zeitung), Scoop

▸ ***Verb*** **1** löffeln **2 ~ sth (out)** etw (heraus)schaufeln ◇ *Scoop out the melon flesh.* Höhlen Sie die Melone aus. **3 ~ sb/sth (up)** jdn/etw an sich raffen ◇ *She scooped the child up in her arms.* Sie nahm das Kind in die Arme. **4** (*mit einer Story*) zuvorkommen ◇ *The paper scooped all its rivals.* Mit dieser Meldung gelang der Zeitung ein Scoop. **5** (*umgs*) gewinnen

scoot /skuːt/ *Verb* (*umgs*) abhauen

scoot·er /ˈskuːtə(r)/ *Nomen* **1** (*BrE*) Motorroller **2** Roller

scope /skəʊp; *AmE* skoʊp/ *Nomen* [U] **1** Raum, Möglichkeit ◇ *There's still plenty of scope for improvement.* Es gibt immer noch Verbesserungsmöglichkeiten. ◇ *First try to do something that is within your scope.* Versuche erst einmal etwas zu tun, das im Bereich deiner Fähigkeiten liegt. **2** Umfang ◇ *Our powers are limited in scope.* Unser Einfluss ist beschränkt. ◇ *This subject lies beyond the scope of our investigation.* Diese Sache sprengt den Rahmen unserer Ermittlungen.

scorch /skɔːtʃ; *AmE* skɔːrtʃ/ *Verb* **1** versengen, versengt werden **2** (*BrE, umgs*) rasen

scorched ˈearth policy *Nomen* Politik der verbrannten Erde

scorch·er /ˈskɔːtʃə(r); *AmE* ˈskɔːrtʃər/ *Nomen* (*umgs*) **1** ◇ *It's a real scorcher today.* Heute ist eine Affenhitze. **2** (*BrE*) ◇ *a scorcher of a free kick* ein scharfer Freistoß

scorch·ing /ˈskɔːtʃɪŋ; *AmE* ˈskɔːrtʃɪŋ/ *Adj* (*umgs*) **1** glühend (heiß) **2** (*bes BrE*) vernichtend

score 🔑 /skɔː(r)/ *Nomen, Verb*

▸ ***Nomen*** **1** Punktestand, Spielstand ◇ *The score is 3-2 to Oxford.* Es steht 3:2 für Oxford. ◇ *What's the score now?* Wie steht es gerade? ◇ *the final score* der Endstand ◇ *I'll keep (the) score.* Ich zähle mit. **2** Punktzahl, Punkte ◇ *a test score* Punktzahl, die bei einer Prüfung erreicht wird ◇ *an IQ score of 120* ein IQ von 120 ◇ *a perfect score* eine volle Punktzahl **3** (MUS) Noten, Partitur ◇ *an orchestral score* eine Orchesterpartitur **4** (Film)musik **5** (*Pl* **score**) zwanzig ◇ *She had admirers by the score.* Sie hatte Dutzende von Verehrern. ◇ *the biblical age of three score years and ten* das biblische Alter von 70 Jahren **6 scores** [Pl] Unmengen **7** Kerbe **8 the score** (*umgs*) Situation ◇ *What's the score?* Was gibt's? ◇ *You don't have to lie to me. I know the score.* Du brauchst nicht lügen. Ich weiß Bescheid. **IDM** **on ˈthat/ˈthis score** deswegen → *Siehe auch* EVEN *und* SETTLE

▸ ***Verb*** **1** (ein Tor) erzielen ◇ *Fraser scored again in the second half.* Fraser schoss in der zweiten Halbzeit wieder ein Tor. **2** (Punkte) erzielen; (*gut, schlecht*) abschneiden ◇ *She scored 98% in the French test.* Im Französischtest hat sie 98% der Gesamtpunktzahl erzielt. ◇ *Girls usually score highest in language exams.* Mädchen schneiden in Sprachprüfungen meist am besten ab. **3** (*wert sein*) zählen ◇ *Each correct answer will score two points.* Für jede richtige Antwort gibt es zwei Punkte. **4** Erfolg haben ◇ *She's scored again with her latest blockbuster.* Mit ihrem neuesten Knüller hat sie wieder Erfolg gehabt. ◇ *Bicycles score over other forms of transport in towns.* In Städten sind Fahrräder anderen Verkehrsmitteln überlegen. **5** ◇ *The army continued to score successes in the south.* Im Süden konnte die Armee weiterhin Erfolge verbuchen. ◇ *score a victory* siegen **6** (*bei Spielen, Wettbewerben*) Punkte anschreiben, zählen **7** (*bei Tests etc.*) Punkte geben, bewerten ◇ *Score each criterion on a scale of 1 to 5.* Bewerten Sie jedes Kriterium mit einer Punktzahl von 1 bis 5. ◇ *a scoring system* ein Punktebewertungssystem **8** (MUS) schreiben, komponieren; **~ a film** die Musik zu einem Film schreiben **9** einkerben, einschneiden **10** (*Slang*) ◇ *Did you score with her last night?* Hast du sie gestern Abend flach gelegt? **11** (*Slang*) (*Drogen*) (Stoff) auftreiben **IDM** **ˌscore a ˈpoint/ˈpoints off/against/over sb** jdn als dumm hinstellen **PHR V** **ˈscore off sb** (*kein Passiv*) (*bes BrE*) jdn als dumm hinstellen **ˌscore sth ˈout/ˈthrough** etw aus-/durchstreichen

score·board /ˈskɔːbɔːd; *AmE* ˈskɔːrbɔːrd/ *Nomen* Anzeigetafel

score·card /ˈskɔːkɑːd; *AmE* ˈskɔːrkɑːrd/ *Nomen* Zählkarte, Scorekarte; (*des Schiedsrichters etc.*) Spielberichtsbogen

ˌscore draw *Nomen* (*BrE*) (*Fußball*) Unentschieden (bei dem Tore erzielt werden)

score·less /ˈskɔːləs; *AmE* ˈskɔːrləs/ *Adj* torlos, ohne Punkte

score·line /ˈskɔːlaɪn; *AmE* ˈskɔːrlaɪn/ *Nomen* (*BrE*) Endergebnis

scorer /ˈskɔːrə(r)/ *Nomen* **1** Torschütze, -schützin ◇ *the top scorer* der erfolgsreichste Torschütze **2** Anschreiber(in) **3** ◇ *He was among the highest scorers in the test.* Er gehörte zu denen, die die meisten Punkte erzielten.

ˈscore sheet *Nomen* (*BrE*) Spielberichtsbogen ◇ *He got his name on the score sheet.* Er hat ein Tor geschossen.

scorn /skɔːn; *AmE* skɔːrn/ *Nomen, Verb*

▸ ***Nomen*** Verachtung ◇ *Her colleagues poured scorn on her proposal.* Ihre Kollegen taten ihren Vorschlag verächtlich ab.

▸ ***Verb*** **1** verachten ◇ *She scorned their views as old-fashioned.* Sie tat ihre Ansichten verächtlich als altmodisch ab. **2** (*gehoben*) verschmähen **IDM** → HELL

scorn·ful /ˈskɔːnfl; *AmE* ˈskɔːrn-/ *Adj* (*Adv* **scorn·ful·ly** /-fəli/) verächtlich; **be ~ of sth** etw verachten

Scor·pio /ˈskɔːpiəʊ; *AmE* ˈskɔːrpioʊ/ *Nomen* (*Pl* **-os**) (*Sternzeichen, Mensch*) Skorpion

scor·pion /ˈskɔːpiən; *AmE* ˈskɔːrp-/ *Nomen* Skorpion

Scot /skɒt; *AmE* skɑːt/ *Nomen* Schotte, Schottin

Scotch /skɒtʃ; *AmE* skɑːtʃ/ *Nomen, Adj*

▸ ***Nomen*** schottischer Whisky

▸ ***Adj*** schottisch

scotch /skɒtʃ; *AmE* skɑːtʃ/ *Verb* zunichtemachen, vereiteln; (*Gerücht*) ein Ende machen

ˌScotch ˈegg *Nomen* (*BrE*) = hartgekochtes Ei, das mit einer Wurstbrätmischung umhüllt und paniert in Fett gebacken wird.

ˌScotch tape™ *Nomen* (*AmE*) ≈ Tesafilm®

ˌscot-ˈfree *Adv* (*umgs*) ungeschoren

ˌScot·land Yard /ˌskɒtlənd ˈjɑːd; *AmE* ˌskɑːtlənd ˈjɑːrd/ *Nomen* [mit Verb im Sing/Pl] = Hauptsitz der Londoner Polizei; Abteilung, die sich mit schweren Verbrechen befasst

Scots /skɒts; *AmE* skɑːts/ *Adj, Nomen*

▸ ***Adj*** schottisch

▸ ***Nomen*** (*Sprache*) Schottisch → *Siehe auch* SCOT

Scot·tish /ˈskɒtɪʃ; *AmE* ˈskɑːtɪʃ/ *Adj, Nomen*

▸ ***Adj*** schottisch

▸ ***Nomen*** **the Scottish** [Pl] (*selten*) die Schotten

scoun·drel /ˈskaʊndrəl/ *Nomen* (*veraltet*) Schurke

scour /ˈskaʊə(r)/ *Verb* **1 ~ sth (for sb/sth)** etw (nach jdm/etw) absuchen **2 ~ sth (out)** (*Töpfe, Pfannen*) etw (aus)scheuern

scour·er /ˈskaʊərə(r)/ (*auch* ˌ**scouring pad**) *Nomen* Topfkratzer

scourge /skɜːdʒ; *AmE* skɜːrdʒ/ *Nomen, Verb*
▸ ***Nomen*** (*gehoben*) Geißel
▸ ***Verb*** **1** (*gehoben*) plagen **2** (*veraltet*) geißeln

Scouse /skaʊs/ *Nomen, Adj (BrE, umgs)*
▸ ***Nomen*** **1** (*auch* **Scouser** /ˈskaʊsə(r)/) Liverpooler(in) **2** [U] Liverpooler Akzent
▸ ***Adj*** von Liverpool ◇ *a Scouse accent* ein Liverpooler Akzent

scout /skaʊt/ *Nomen, Verb*
▸ ***Nomen*** **1** Pfadfinder(in) **2** (*Mensch*) Späher(in); (*Flugzeug*) Aufklärer **3** = TALENT SCOUT
▸ ***Verb*** **1** ~ **(around)** **(for sb/sth)** sich (nach jdm/etw) umsehen **2** nach Talenten suchen PHR V ˌ**scout sth ˈout** etw auskundschaften ◇ *We went ahead to scout out the lie of the land.* Wir gingen voraus, um die Lage auszukundschaften.

Scout·er /ˈskaʊtə(r)/ *Nomen* (*bei Pfadfindern*) Gruppenführer(in)

scowl /skaʊl/ *Verb, Nomen*
▸ ***Verb*** ein missmutiges Gesicht machen; **~ at sb/sth** jdn/etw missmutig ansehen
▸ ***Nomen*** missmutiger Gesichtsausdruck

scrab·ble /ˈskræbl/ *Verb* (*bes BrE*) (herum)fummeln; ~ **(around/about)** **(for sth)** (nach etw) (herum)wühlen ◇ *He was scrabbling for a hold on the steep slope.* An dem steilen Hang tastete er nach einem Halt. ◇ *a sound like rats scrabbling on the other side of the wall* ein Geräusch, als würden Ratten auf der anderen Seite der Wand scharren

scrag·gly /ˈskrægli/ *Adj* (*AmE, umgs*) dünn

scraggy /ˈskrægi/ *Adj* (*abwert*) dürr, ausgemergelt

scram·ble /ˈskræmbl/ *Verb, Nomen*
▸ ***Verb*** **1** klettern, krabbeln ◇ *He scrambled to his feet.* Er rappelte sich auf. ◇ *They finally scrambled ashore.* Mit Mühe gelangten sie an Land. **2** ~ **(for sth)** (nach etw) drängeln, (zu etw) drängen **3** (*meist passiv*) (*Ei*) verquirlen ◇ *scrambled eggs* Rühreier **4** (*Signale etc.*) verschlüsseln **5** durcheinanderbringen ◇ *Alcohol seemed to have scrambled his brain.* Der Alkohol hatte ihm scheinbar den Kopf vernebelt. **6** (*Flugzeuge etc.*) bei Alarm aufsteigen (lassen)
▸ ***Nomen*** **1** [Sing] Kletterpartie **2** [Sing] ~ **(for sth)** Gerangel (um etw), Gedränge (nach etw) **3** Motocrossrennen

scram·bling /ˈskræmblɪŋ/ *Nomen* (*BrE*) Motocross

scrap /skræp/ *Nomen, Verb*
▸ ***Nomen*** **1** Stückchen, Fetzen ◇ *scraps of information* bruchstückhafte Informationen ◇ *She was just a scrap of a thing.* Sie war nur ein kleines, mageres Ding. **2** [Sing] Spur ◇ *a barren landscape without a scrap of vegetation* ein unfruchtbarer Landstrich ohne eine Spur von Vegetation ◇ *It won't make a scrap of difference.* Das macht nicht den geringsten Unterschied. **3** **scraps** [Pl] Reste **4** Schrott ◇ *We sold the car for scrap.* Wir haben das Auto zum Verschrotten verkauft. **5** (*umgs*) Rauferei
▸ ***Verb*** (**-pp-**) **1** aufgeben, wegwerfen ◇ *Scrap what I just said.* Vergiss, was ich gerade gesagt habe. **2** verschrotten **3** (*umgs*) raufen

scrap·book /ˈskræpbʊk/ *Nomen* Sammelalbum

scrape /skreɪp/ *Verb, Nomen*
▸ ***Verb*** **1** (ab)kratzen; (*Karotten etc.*) abschaben ◇ *Bushes scraped against the car windows.* Büsche streiften die Autofenster. **2** abschürfen, aufschürfen, (auf)schrammen **3** mit Mühe erreichen, gerade schaffen ◇ *I just scraped a pass in the exam.* Ich habe die Prüfung mit Mühe und Not bestanden. ◇ *scrape a living* sich mehr schlecht als recht seinen Lebensunterhalt verdienen ◇ *The government scraped home by three votes.* Die Regierung ist gerade so mit drei Stimmen durchgerutscht. **4** ~ **sth (out)** etw (aus)scharren IDM **scrape (the bottom of) the ˈbarrel** (*abwert*) auf etw Zweitrangiges zurückgreifen → *Siehe auch* BOW[1] PHR V ˌ**scrape ˈby (on sth)** sich gerade so (mit etw) über Wasser halten ˌ**scrape ˈin** gerade noch schaffen ˌ**scrape ˈinto sth** gerade noch in etw hineinrutschen ˌ**scrape sth ˈout** etw (her)ausschaben ˌ**scrape ˈthrough (sth)** gerade so (bei etw) durchkommen ˌ**scrape sth toˈgether/ˈup** etw zusammenkratzen
▸ ***Nomen*** **1** Kratzen **2** Schramme **3** (*veraltet*) Patsche

scraper /ˈskreɪpə(r)/ *Nomen* Kratzer, Schaber

scrap·heap /ˈskræphiːp/ *Nomen* Schrotthaufen IDM **be on the ˈscrapheap** (*umgs*) zum alten Eisen gehören

scra·pie /ˈskreɪpi/ *Nomen* = Traberkrankheit

scrap·ing /ˈskreɪpɪŋ/ *Nomen* [meist Pl] Rest

ˈ**scrap paper** *Nomen* Schmierpapier

scrappy /ˈskræpi/ *Adj* (**scrap·pier**, **scrap·pi·est**) **1** zusammengestoppelt, zusammengewürfelt ◇ *a scrappy essay* ein zusammenhangloser Aufsatz **2** (*bes BrE*) unordentlich, lausig ◇ *The note was written on a scrappy bit of paper.* Die Notiz war auf einen Fresszettel geschrieben.

scrap·yard /ˈskræpjɑːd; *AmE* -jɑːrd/ *Nomen* (*BrE*) Schrottplatz

scratch 0‒ /skrætʃ/ *Verb, Nomen, Adj*
▸ ***Verb*** **1** (sich) kratzen ◇ *John scratched his chin.* John kratzte sich am Kinn. **2** (*aus Versehen*) ~ **yourself on sth** sich an etw kratzen, sich an etw aufschrammen; ~ **sth on sth** sich etw an etw aufkratzen, sich etw an etw aufschrammen ◇ *She scratched herself on a nail.* Sie ritzte sich an einem Nagel. **3** zerkratzen **4** ~ **sth in/on sth** etw in etw ritzen; ~ **sth off (sth)**; ~ **sth away (from sth)** etw (von etw) abkratzen ◇ *You can scratch my name off the list.* Sie können meinen Namen von der Liste streichen. **5** ~ **a living** sich mühselig durchbringen **6** absagen, zurückziehen ◇ *She had scratched because of a knee injury.* Sie hatte ihre Teilnahme wegen einer Knieverletzung zurückgezogen. IDM **scratch your ˈhead (over sth)** sich (über etw) den Kopf zerbrechen **scratch the ˈsurface (of sth)** etw nur ganz oberflächlich berühren ˌ**you scratch ˈmy back and ˌI'll scratch ˈyours** eine Hand wäscht die andere PHR V ˌ**scratch aˈbout/aˈround (for sth)** (nach etw) herumsuchen ˌ**scratch sth ˈout** etw (aus) streichen
▸ ***Nomen*** **1** Kratzer ◇ *Her hands were covered in scratches from the brambles.* Ihre Hände waren von den Brombeerranken ganz zerkratzt. **2** Kratzen ◇ *Go on, have a good scratch!* Los, kratz dich mal so richtig! IDM **be/come up to ˈscratch** den Anforderungen entsprechen ◇ *His work simply isn't up to scratch.* Seine Arbeit ist einfach nicht gut genug. **bring sb/sth up to ˈscratch** jdn/etw auf Vordermann bringen **from ˈscratch** ganz von vorne; von Grund auf
▸ ***Adj*** (*BrE*) **1** (bunt) zusammengewürfelt, improvisiert ◇ *a scratch team* eine hastig zusammengestellte Mannschaft **2** ohne Vorgabe

scratch·card /ˈskrætʃkɑːd; *AmE* -kɑːrd/ *Nomen* Rubbelkarte, Rubbellos

ˈ**scratch pad** *Nomen* (*bes AmE*) Notizblock

scratchy /ˈskrætʃi/ *Adj* **1** kratzig; (*Aufnahme*) knisternd ◇ *a scratchy pen* eine kratzende Feder **2** kritzlig

scrawl /skrɔːl/ *Verb, Nomen*
▸ ***Verb*** kritzeln, schmieren
▸ ***Nomen*** Gekritzel ◇ *The paper was covered in scrawls.* Das Papier war vollgekritzelt.

scrawny /ˈskrɔːni/ *Adj* (*abwert*) dürr, mager

scream 🔑 /skriːm/ *Verb, Nomen*
▸ ***Verb* 1** schreien ◇ *He screamed at me to stop.* Er schrie, dass ich aufhören sollte. **2** *(Motor)* aufheulen; *(Reifen)* quietschen; *(Säge)* kreischen; *(Wind)* heulen ◇ *Sirens screamed.* Sirenen heulten. ◇ *The powerboat screamed out to sea.* Das Rennboot fuhr mit aufheulendem Motor aufs Meer hinaus. IDM **scream blue 'murder** *(AmE* **scream bloody 'murder***)* Zeter und Mordio schreien PHR V **,scream 'out (for sth)** nach etw schreien
▸ ***Nomen* 1** Schrei ◇ *She let out a scream of pain.* Sie stieß einen Schmerzensschrei aus. ◇ *He drove off with a scream of tyres.* Er fuhr mit quietschenden Reifen davon. **2** *(umgs, veraltet)* zum Schreien

scream·ing·ly /ˈskriːmɪŋli/ *Adv* äußerst ◇ *It was screamingly obvious what we should do next.* Es war völlig klar, was wir als Nächstes tun sollten.

scree /skriː/ *Nomen* Geröll

screech /skriːtʃ/ *Verb, Nomen*
▸ ***Verb*** kreischen; *(Reifen, Bremsen)* quietschen ◇ *The car screeched to a halt.* Das Auto hielt mit quietschenden Reifen. ◇ *He screeched something at me.* Er schrie mir etwas zu. ◇ *The wind screeched in his ears.* Der Wind heulte ihm in den Ohren.
▸ ***Nomen*** Kreischen, Schrei; *(Reifen, Bremsen)* Quietschen

screed /skriːd/ *Nomen (schriftlich)* langatmige Ausführung ◇ *She wrote whole screeds to him.* Sie hat ganze Romane an ihn geschrieben.

screen 🔑 /skriːn/ *Nomen, Verb*
▸ ***Nomen* 1** Bildschirm ◇ *Move your cursor to the top of the screen.* Bewegen Sie den Cursor an den oberen Bildrand. → *Siehe auch* ON-SCREEN **2** Leinwand ◇ *an eight-screen cinema* ein Kino mit acht Vorführräumen ◇ *The movie will be coming to your screens shortly.* Der Film wird bald in Ihr Kino kommen. **3 the screen** [Sing] die Leinwand, das Fernsehen ◇ *She was a star of stage and screen.* Sie war ein Bühnen- und Filmstar. → *Siehe auch* SILVER SCREEN *und* SMALL SCREEN **4** Wandschirm, Paravent, Trennwand, Stellwand **5** Abschirmung ◇ *We planted a screen of tall trees.* Wir pflanzten einen Sichtschutz aus hohen Bäumen. ◇ *A screen of bodyguards protected the President.* Bodyguards schirmten den Präsidenten ab. ◇ *The research was conducted behind a screen of secrecy.* Die Forschung wurde streng geheim durchgeführt. **6** *(bes AmE)* Fliegengitter **7** Lettner
▸ ***Verb* 1 ~ sb/sth (from sb/sth)** jdn/etw (von jdm/etw) abschirmen, jdn/etw (von jdm/etw) schützen ◇ *screen your calls* seine Anrufe aussieben **2 ~ sb from sb/sth** jdn vor jdm/etw decken **3 ~ (sb) (for sth)** (MED) (jdn) (auf etw) untersuchen **4** überprüfen **5** *(meist passiv) (Filme etc.)* zeigen; *(im Kino auch)* vorführen; *(im Fernsehen)* senden PHR V **,screen sth 'off** etw mit einem Wandschirm/Vorhang etc. abtrennen **,screen sb 'out** jdn (nach einer Überprüfung) abweisen **,screen sth 'out** etw herausfiltern

screen·ing /ˈskriːnɪŋ/ *Nomen* **1** Vorführung; *(im Fernsehen)* Sendung **2** Reihenuntersuchung

screen·play /ˈskriːnpleɪ/ *Nomen* Drehbuch

'screen saver *Nomen* Bildschirmschoner, Screen Saver

'screen test *Nomen* Probeaufnahmen ◇ *She was offered a screen test in Hollywood.* Sie wurde zu Probeaufnahmen nach Hollywood eingeladen.

screen·writer /ˈskriːnraɪtə(r)/ *Nomen* Drehbuchautor(in)

screw 🔑 /skruː/ *Nomen, Verb*
▸ ***Nomen* 1** Schraube; *(an Flugzeug)* Propeller **2** [Sing] *(Slang) (Sex)* Nummer ◇ *He hadn't had a screw for weeks.* Er hatte seit Wochen nicht gevögelt. **3** [Sing] *(Slang)* ◇ *They say he's a good screw.* Er soll gut vögeln. **4** *(BrE, Slang)* Schließer(in), Wachtel IDM **have a 'screw loose** eine Schraube locker haben **put the 'screws on (sb)** (jdm) die Daumenschrauben anlegen
▸ ***Verb* 1** schrauben ◇ *The bookcase is screwed to the wall.* Das Bücherregal ist an der Wand festgeschraubt. ◇ *The lid simply screws on.* Der Deckel wird einfach aufgeschraubt. ◇ *Screw the bolt tight.* Ziehen Sie die Schraube fest. **2 ~ sth up (into sth)** etw (zu etw) zusammenknüllen; **~ sth (up) into sth** etw zu etw zusammenknüllen **3 ~ sb (for sth)** *(Slang) (betrügen)* ◇ *We've been screwed.* Wir sind übers Ohr gehauen worden. ◇ *How much did they screw you for?* Wie viel haben sie dir aus der Tasche gezogen? **4** *(Slang)* bumsen IDM **have your 'head screwed on (the right way)** *(umgs)* sehr vernünftig sein; ein vernünftiger Mensch sein **screw 'you, 'him etc.** *(Slang)* zum Teufel mit dir, ihm etc. **screw up your 'courage** allen Mut zusammennehmen PHR V **,screw a'round** *(Slang)* herumvögeln **,screw sth 'from/'out of sb** etw aus jdm herauspressen **,screw 'up** *(bes AmE, Slang)* Mist bauen **,screw sb 'up** *(Slang)* jdn verrückt machen ◇ *Her father's death really screwed her up.* Seit dem Tod ihres Vaters hat sie einen Knacks weg. **,screw sth 'up 1** etw zusammenschrauben **2** etw zuschrauben **3** *(Slang)* etw vermasseln, etw versauen **,screw your 'eyes up** die Augen zusammenkneifen **,screw your 'face up** das Gesicht verziehen

screw·ball /ˈskruːbɔːl/ *Nomen (bes AmE, umgs)* Spinner(in)

screw·driver /ˈskruːdraɪvə(r)/ *Nomen* Schraubenzieher

,screwed-'up *Adj* **1** *(umgs)* neurotisch **2** zusammengeknüllt **3** *(Gesicht)* verzogen; *(Augen)* zusammengekniffen

'screw-top *(auch* **'screw-topped***)* *Adj* [nur vor Nomen] mit Schraubverschluss

screwy /ˈskruːi/ *Adj (umgs)* verrückt

scrib·ble /ˈskrɪbl/ *Verb, Nomen*
▸ ***Verb* ~ (sth)** kritzeln; **~ sth down** etw schnell (auf) schreiben
▸ ***Nomen*** Gekritzel

scrib·bler /ˈskrɪblə(r)/ *Nomen (abwert oder hum)* Schreiberling

scribe /skraɪb/ *Nomen* Schreiber, Skriptor

scrim·mage /ˈskrɪmɪdʒ/ *Nomen* **1** Gerangel **2** *(amerikanischer Fußball)* Gedränge **3** *(AmE)* Trainingsspiel

scrimp /skrɪmp/ *Verb* knausern, sparen

scrip /skrɪp/ *Nomen* (FINANZ) Gratisaktie

script /skrɪpt/ *Nomen, Verb*
▸ ***Nomen* 1** Text, Manuskript, Drehbuch, Skript **2** Schrift, Handschrift **3** *(BrE)* (schriftliche) Prüfungsarbeit
▸ ***Verb* ~ sth** das Skript/Manuskript/Drehbuch zu etw schreiben

script·ed /ˈskrɪptɪd/ *Adj (mit Manuskript)* ◇ *The talk show seemed scripted.* In der Talkshow schien alles vorher abgesprochen zu sein. ◇ *The comedy was scripted.* Das war keine Stegreifkomödie.

scrip·tural /ˈskrɪptʃərəl/ *Adj* biblisch, Bibel-

scrip·ture /ˈskrɪptʃə(r)/ *Nomen* **1 Scripture, the Scriptures** [Pl] die Heilige Schrift, die Bibel **2 scriptures** [Pl] heilige Schriften

script·writer /ˈskrɪptraɪtə(r)/ *Nomen* Drehbuchautor(in), Hörspielautor(in)

scroll /skrəʊl; *AmE* skroʊl/ *Nomen, Verb*
▸ ***Nomen* 1** Schriftrolle **2** Volute; *(an Geigen etc.)*

Schnecke
▸ ***Verb*** (COMP) scrollen

ˈscroll bar *Nomen* Scroll-Balken, Rollbalken

Scrooge /skruːdʒ/ *Nomen (meist im Sing) (umgs, abwert)* Geizhals

scro·tum /ˈskrəʊtəm; *AmE* ˈskroʊ-/ *Nomen (Pl* **scro·tums** *oder* **scrota** /-tə/*)* Hodensack, Skrotum

scrounge /skraʊndʒ/ *Verb, Nomen*
▸ ***Verb*** **~ (sth) (off/from sb)** *(umgs, abwert)* (etw) (bei/von jdm) schnorren ◇ *I don't want to spend the rest of my life scrounging off other people.* Ich will nicht bis an mein Lebensende anderen Leuten auf der Tasche liegen.
▸ ***Nomen*** IDM **on the ˈscrounge** *(umgs, abwert)* am Schnorren

scroun·ger /ˈskraʊndʒə(r)/ *Nomen* Schnorrer(in)

scrub /skrʌb/ *Verb, Nomen*
▸ ***Verb*** **(-bb-) 1 ~ sth (down)** etw schrubben, etw scheuern; **~ (at sth)** an etw rubbeln ◇ *Scrub the vegetables clean.* Putzen Sie das Gemüse. **2** *(umgs) (absagen)* etw abblasen PHR V **ˌscrub sth ˈoff (sth)** etw (von etw) abschrubben **ˌscrub sth ˈout** etw ausschrubben, etw ausscheuern **ˌscrub ˈup** (MED) sich die Hände und Unterarme desinfizieren
▸ ***Nomen*** **1** Schrubben, Scheuern ◇ *I've given the floor a good scrub.* Ich habe den Boden gründlich geschrubbt. **2** Gebüsch **3** = SCRUBLAND

scrub·ber /ˈskrʌbə(r)/ *Nomen* **1** *(BrE, umgs, abwert)* Flittchen, Nutte **2** Topfkratzer, Topfbürste

ˈscrubbing brush *(AmE* **ˈscrub-brush***) Nomen* Scheuerbürste

scrubby /ˈskrʌbi/ *Adj* **1** mit Gestrüpp bewachsen **2** *(Bäume etc.)* kümmerlich

scrub·land /ˈskrʌblənd/ *(auch* **scrub***) Nomen* Gestrüpp

scruff /skrʌf/ *Nomen (BrE, umgs)* abgerissener Typ, schlampig aussehende Frau ◇ *He's a right scruff.* Er sieht total abgerissen aus. IDM **by the scruff of the/my, your, his etc. ˈneck** am Kragen/Genick ◇ *She grabbed him by the scruff of the neck.* Sie packte ihn am Kragen.

scruffi·ness /ˈskrʌfinəs/ *Nomen* Schlampigkeit, Schmuddeligkeit

scruffy /ˈskrʌfi/ *Adj* **(scruff·ier, scruffi·est)** *(Adv* **scruff·ily** /-fəli/*) (umgs)* schmuddelig, schlampig, vergammelt

scrum /skrʌm/ *Nomen (gehoben* **scrum·mage***)* Gedränge

ˌscrum ˈhalf *Nomen* Gedrängehalbspieler(in)

scrum·mage /ˈskrʌmɪdʒ/ *Verb (auch* **ˌscrum ˈdown***)* (SPORT) ein Gedränge bilden

scrummy /ˈskrʌmi/ *Adj (umgs)* lecker

scrump·tious /ˈskrʌmpʃəs/ *Adj (umgs)* lecker

scrumpy /ˈskrʌmpi/ *Nomen (BrE)* = starker Apfelmost aus Südwestengland

scrunch /skrʌntʃ/ *Verb, Nomen*
▸ ***Verb*** **1** knirschen **2 ~ sth (up)** etw zusammenknüllen, etw zusammendrücken
▸ ***Nomen*** Knirschen

scrunchy /ˈskrʌntʃi/ *Nomen* Haarband

scru·ple /ˈskruːpl/ *Nomen, Verb*
▸ ***Nomen*** [meist Pl] Skrupel, Bedenken
▸ ***Verb*** **not ~ to do sth** *(gehoben)* keine Skrupel haben, etw zu tun

scru·pu·lous /ˈskruːpjələs/ *Adj (Adv* **scru·pu·lous·ly***)* peinlich; *(Mensch)* gewissenhaft; *(Ehrlichkeit etc.)* unbedingt ◇ *scrupulous attention to detail* peinlich genaue Beachtung aller Einzelheiten ◇ *scrupulously fair* äußerst gerecht

scru·tin·eer /ˌskruːtəˈnɪə(r); *AmE* -ˈnɪr/ *Nomen (BrE)* Wahlbeobachter(in)

scru·tin·ize *(BrE auch* **-ise***)* /ˈskruːtənaɪz/ *Verb (gehoben)* genau untersuchen, genau ansehen, überprüfen

scru·tiny /ˈskruːtəni/ *Nomen (gehoben)* Untersuchung, Überprüfung, forschender Blick ◇ *The documents should be available for public scrutiny.* Die Dokumente sollten zur öffentlichen Einsicht verfügbar sein.

scuba-diving /ˈskuːbə daɪvɪŋ/ *(auch* **scuba***) Nomen* Sporttauchen ◇ *go scuba-diving* tauchen gehen

scud /skʌd/ *Verb* **(-dd-)** *(gehoben)* jagen, fegen

scuff /skʌf/ *Verb, Nomen*
▸ ***Verb*** **1 ~ sth (on sth)** etw (an etw) zerkratzen, etw (an etw) zerschrammen **2 ~ your feet, heels, etc.** schlurfen
▸ ***Nomen*** = SCUFF MARK

scuffed /skʌfd/ *Adj* zerkratzt, zerschrammt

scuf·fle /ˈskʌfl/ *Nomen, Verb*
▸ ***Nomen*** Handgemenge, Rauferei
▸ ***Verb*** **1** raufen ◇ *She scuffled with photographers as she left her hotel.* Es kam zu Handgreiflichkeiten mit den Fotografen, als sie aus dem Hotel kam. **2** *(Tiere)* rascheln, scharren **3** schlurfen

scuf·fling /ˈskʌflɪŋ/ *Nomen* **1** *(Tiere)* Rascheln, Scharren **2** schlurfendes Geräusch

ˈscuff mark *(auch* **scuff***) Nomen* Kratzer, Schramme

scull /skʌl/ *Nomen, Verb*
▸ ***Nomen*** **1** Skull **2 sculls** [Pl] Skullrennen ◇ *single/double sculls* Einer-/Zweier-Rennen **3** Skullboot
▸ ***Verb*** rudern, skullen

scull·er /ˈskʌlə(r)/ *Nomen* Skuller(in)

scull·ery /ˈskʌləri/ *Nomen (Pl* **-ies***)* Spülküche

scull·ing /ˈskʌlɪŋ/ *Nomen* Skullrennen

sculpt /skʌlpt/ *Verb* **1** bildhauern **2 ~ sth in/from/out of sth** etw aus etw modellieren, etw aus etw hauen **3** *(gehoben)* formen

sculp·tor /ˈskʌlptə(r)/ *Nomen* Bildhauer

sculp·tress /ˈskʌlptrəs/ *Nomen* Bildhauerin

sculp·tural /ˈskʌlptʃərəl/ *Adj* bildhauerisch, plastisch ◇ *sculptural decoration* Skulpturenschmuck

sculp·ture /ˈskʌlptʃə(r)/ *Nomen* **1** Skulptur, Plastik **2** Bildhauerkunst, Bildhauerei

sculp·tured /ˈskʌlptʃəd; *AmE* -tʃərd/ *Adj* **1** modelliert, geschnitzt, gehauen, gemeißelt **2** *(Gesichtszüge)* ausgeprägt

scum /skʌm/ *Nomen* **1** Schaum, Schicht **2** *(umgs)* Abschaum, Gesindel

scum·bag /ˈskʌmbæg/ *Nomen (Slang) (fieser Typ)* Schwein

scummy /ˈskʌmi/ *Adj* dreckig

scup·per /ˈskʌpə(r)/ *Verb (BrE, umgs)* über den Haufen werfen, ruinieren

scur·ril·ous /ˈskʌrələs; *AmE* ˈskɜːr-/ *Adj (Adv* **scur·ri·l·ously***) (gehoben)* **1** verleumderisch, beleidigend **2** *(Witze etc.)* derb

scurry /ˈskʌri; *AmE* ˈskɜːri/ *Verb, Nomen*
▸ ***Verb*** **(scur·ries, scurry·ing, scur·ried, scur·ried)** eilig trippeln, eilen ◇ *Ants scurried around.* Ameisen rannten emsig herum.
▸ ***Nomen*** [Sing] eiliges Trippeln, Eilen

scurvy /ˈskɜːvi; *AmE* ˈskɜːrvi/ *Nomen* Skorbut

scut·tle /ˈskʌtl/ *Verb*
▸ ***Verb*** **1** eilig trippeln, eilen, huschen **2** vereiteln **3** *(Schiff)* versenken
▸ = COAL SCUTTLE

scuttle·butt /ˈskʌtlbʌt/ *Nomen (AmE, Slang)* Tratsch

scuzzy /ˈskʌzi/ *Adj (bes AmE, umgs)* eklig

scythe /saɪð/ *Nomen, Verb*
▸ ***Nomen*** Sense
▸ ***Verb*** (mit der Sense) mähen

ˌSˈD card /ˌesˈdiː kɑːd; *AmE* kɑːrd/ *Kurzform von* **secure digital card** *Nomen* SD-Karte

SDLP /ˌes diː elˈpiː/ *Kurzform von* **Social and Democratic Labour Party** *Nomen* = sozialdemokratische Partei in Nordirland, die hauptsächlich von Katholiken unterstützt wird. Sie setzt sich für die Schaffung eines vereinigten Irlands mit konstitutionellen Mitteln ein und lehnt die gewalttätigen Methoden der IRA ab.

SE *Abk* = SOUTH-EAST *und* SOUTH-EASTERN

sea /siː/ *Nomen* Meer, See ◇ *travel by sea* mit dem Schiff fahren ◇ *The sea was very rough.* Es war hoher Seegang. ➔ *Siehe auch* HIGH SEAS IDM **at ˈsea** **1** auf See **2** ratlos ◇ *I'm all at sea with these new regulations.* Ich blicke bei diesen neuen Vorschriften nicht durch. **go to ˈsea** zur See gehen **out to ˈsea** aufs offene Meer **put (out) to ˈsea** in See stechen ➔ *Siehe auch* DEVIL *und* FISH

the sea·bed /ðə ˈsiːbed/ *Nomen* der Meeresboden

sea·board /ˈsiːbɔːd; *AmE* -bɔːrd/ *Nomen* Küste

sea·borne /ˈsiːbɔːn; *AmE* -bɔːrn/ *Adj* [nur vor Nomen] (*Angriff etc.*) vom Meer her

ˈsea change *Nomen* [meist Sing] (*gehoben*) grundlegender Wandel

sea·farer /ˈsiːfeərə(r); *AmE* -ferər/ *Nomen* (*veraltet oder gehoben*) Seefahrer(in)

sea·far·ing /ˈsiːfeərɪŋ; *AmE* -ferɪŋ/ *Adj* [nur vor Nomen] Seefahrer- ◇ *seafaring men* Seefahrer

sea·food /ˈsiːfuːd/ *Nomen* [U] Meeresfrüchte

sea·front /ˈsiːfrʌnt/ *Nomen* [Sing] Strandpromenade

sea·going /ˈsiːɡəʊɪŋ; *AmE* -ɡoʊ-/ *Adj* [nur vor Nomen] Hochsee-

ˌsea-ˈgreen *Adj* meergrün

sea·gull /ˈsiːɡʌl/ (*auch* **gull**) *Nomen* Möwe

sea·horse /ˈsiːhɔːs; *AmE* -hɔːrs/ *Nomen* Seepferdchen

seal /siːl/ *Nomen, Verb*
▸ ***Nomen*** **1** Robbe, Seehund **2** Siegel ◇ *put a seal on the safe* den Safe verplomben ◇ *The project has been given the government's seal of approval.* Das Projekt hat die offizielle Zustimmung der Regierung erhalten. **3** (Ab)dichtung ◇ *a jar with a rubber seal* ein Glas mit Gummiring **4** Versiegelung IDM **set the ˈseal on sth** (*gehoben*) **1** etw besiegeln **2** etw krönen **under ˈseal** (*gehoben*) versiegelt; beurkundet
▸ ***Verb*** **1 ~ sth (up/down)** etw zukleben ◇ *a sealed bid* ein Angebot im geschlossenen Umschlag **2 ~ sth (up) (with sth)** etw (mit etw) abdichten ◇ *The organs are kept in sealed plastic bags.* Die Organe sind in Plastiktüten luftdicht aufbewahrt. **3 ~ sth (with sth)** etw (mit etw) versiegeln ◇ *sealed with varnish* mit Lack versiegelt **4** (*gehoben*) (*Geschäft, Schicksal etc.*) besiegeln **5** abriegeln IDM ➔ LIP *und* SIGN PHR V **ˌseal sth ˈin** etw einschließen ◇ *Fry quickly to seal in the flavour.* Schnell anbraten, damit der Geschmack erhalten bleibt. **ˈseal sth in sth** etw in etw versiegeln ◇ *The body was sealed in a lead coffin.* Die Leiche wurde in einem Bleisarg gelegt, der versiegelt wurde. **ˌseal sth ˈoff** etw abriegeln

ˈsea legs *Nomen* [Pl] ◇ *find your sea legs* seefest werden

seal·er /ˈsiːlə(r)/ *Nomen* **1** (*auch* **seal·ant** /ˈsiːlənt/) Dichtungsmaterial **2** Robbenfänger(in)

ˈsea level *Nomen* Meeresspiegel

seal·ing /ˈsiːlɪŋ/ *Nomen* Robbenjagd

ˈsealing wax *Nomen* Siegellack

ˈsea lion *Nomen* Seelöwe

seam /siːm/ *Nomen* **1** Naht **2** Schicht, Flöz (*fig*) ◇ *a rich seam of information* eine reiche Informationsquelle IDM **be bursting/bulging at the ˈseams** (*umgs*) aus allen Nähten platzen **be falling/coming apart at the ˈseams** (*umgs*) zusammenbrechen

sea·man /ˈsiːmən/ *Nomen* (*Pl* **-men** /-mən/) Matrose ➔ *Siehe auch* ABLE SEAMAN

sea·man·ship /ˈsiːmənʃɪp/ *Nomen* Seemannschaft

seamed /siːmd/ *Adj* **1** mit Naht **2** (*gehoben*) (*Gesicht etc.*) zerfurcht

ˈsea mile *Nomen* Seemeile

seam·less /ˈsiːmləs/ *Adj* (*Adv* **seam·less·ly**) nahtlos

seam·stress /ˈsiːmstrəs, ˈsem-/ *Nomen* (*veraltet*) Näherin

seamy /ˈsiːmi/ *Adj* (**seam·ier**, **seam·iest**) zwielichtig, verwerflich

se·ance (*auch* **sé·ance**) /ˈseɪɒ̃s; *AmE* ˈseɪɑːns/ *Nomen* spiritistische Sitzung

sea·plane /ˈsiːpleɪn/ *Nomen* Wasserflugzeug

sea·port /ˈsiːpɔːt; *AmE* -pɔːrt/ *Nomen* Seehafen

ˈsea power *Nomen* **1** Seeherrschaft **2** Seemacht

sear /sɪə(r); *AmE* sɪr/ *Verb* **1** verbrennen ◇ *spicy food that sears the mouth* scharfes Essen, an dem man sich den Mund verbrennt **2** (*Fleisch*) scharf anbraten **3** (*gehoben*) (*Schmerz etc.*) durchzucken ➔ *Siehe auch* SEARING

search /sɜːtʃ; *AmE* sɜːrtʃ/ *Nomen, Verb*
▸ ***Nomen*** Suche ◇ *They carried out a thorough search of the building.* Das Gebäude wurde gründlich durchsucht. ◇ *They came here in search of work.* Sie sind hierher gekommen, um Arbeit zu finden. ◇ *a mountain search and rescue team* eine Bergwacht- und Rettungsmannschaft ◇ *a search engine* eine Suchmaschine
▸ ***Verb*** **1 ~ (for sth/sb)** (nach etw/jdm) suchen ◇ *I've searched high and low for it.* Ich habe überall danach gesucht. **2 ~ sth (for sth/sb)** etw (nach etw/jdm) durchsuchen ◇ *Police searched the area for clues.* Die Polizei suchte die Umgebung nach Spuren ab. **3 ~ sb (for sth)** jdn (nach etw) durchsuchen IDM **ˌsearch ˈme** (*umgs*) keine Ahnung PHR V **ˌsearch sth/sb ˈout** etw/jdn aufspüren

ˈsearch engine *Nomen* (COMP) Suchmaschine

search·er /ˈsɜːtʃə(r); *AmE* ˈsɜːrtʃər/ *Nomen* **1** Suchende(r) **2** Fahnder(in)

search·ing /ˈsɜːtʃɪŋ; *AmE* ˈsɜːrtʃɪŋ/ *Adj* (*Adv* **search·ing·ly**) prüfend, forschend

search·light /ˈsɜːtʃlaɪt; *AmE* ˈsɜːrtʃlaɪt/ *Nomen* Suchscheinwerfer

ˈsearch party *Nomen* [mit Verb im Sing/Pl] Suchmannschaft

ˈsearch warrant *Nomen* Durchsuchungsbefehl

sear·ing /ˈsɪərɪŋ; *AmE* ˈsɪrɪŋ/ *Adj* (*Adv* **sear·ing·ly**) (*gehoben*) **1** brennend ◇ *the searing heat* die glühende Hitze **2** scharf

sea·scape /ˈsiːskeɪp/ *Nomen* **1** Seestück **2** Blick auf das Meer

ˈsea shanty (*auch* **shanty**; *AmE* **chanty**, **chantey**) Seemannslied, Shanty

sea·shell /ˈsiːʃel/ *Nomen* Muschel

sea·shore /ˈsiːʃɔː(r)/ *Nomen* Strand

sea·sick /ˈsiːsɪk/ *Adj* seekrank

sea·sick·ness /ˈsiːsɪknəs/ *Nomen* Seekrankheit

sea·side /ˈsiːsaɪd/ *Nomen* (*bes BrE*) ◇ *a day at/by the seaside* ein Tag am Meer ◇ *a seaside resort* ein Seebad

sea·son 0‑ /ˈsiːzn/ *Nomen, Verb*
▸ ***Nomen*** **1** Jahreszeit ◇ *the wet season* die Regenzeit **2** Saison ◇ *during the peak season* in der Hochsaison ◇ *(BrE) the festive season* die Weihnachtszeit ◇ *the breeding season* die Brutzeit ➔ *Siehe auch* CLOSE SEASON, HIGH SEASON, LOW SEASON, OFF-SEASON *und* SILLY SEASON **3** Spielzeit ◇ *a season of films by Alfred Hitchcock* eine Reihe von Hitchcock-Filmen IDM **in ˈseason 1** ◇ *Strawberries are now in season.* Jetzt ist Erdbeersaison. **2** läufig **out of ˈseason** außerhalb der Saison **season's ˈgreetings** *(auf Weihnachtskarten)* fröhliche Weihnachten und ein glückliches Neues Jahr
▸ ***Verb*** (mit Salz und Pfeffer) würzen

sea·son·al /ˈsiːzənl/ *Adj* (*Adv* **sea·son·al·ly** /-nəli/) **1** Saison-, jahreszeitlich (bedingt) ◇ *seasonally adjusted unemployment figures* saisonbereinigte Arbeitslosenzahlen **2** der Jahreszeit gemäß ◇ *seasonal decorations* Weihnachtsschmuck

ˌseasonal afˈfective disorder *Nomen* [U] (*Abk* **SAD**) Winterdepression

sea·soned /ˈsiːznd/ *Adj* **1** erfahren **2** (mit Salz und Pfeffer) gewürzt **3** *(Holz)* abgelagert

sea·son·ing /ˈsiːzənɪŋ/ *Nomen* Salz und Pfeffer, Würze

ˈseason ticket *Nomen* **1** Zeitkarte ◇ *an annual season ticket* eine Jahreskarte **2** *(Theater etc.)* Abonnement

seat 0‑ /siːt/ *Nomen, Verb*
▸ ***Nomen*** **1** Sitz, Platz ◇ *Please take a seat.* Bitte nehmen Sie Platz. ➔ *Siehe auch* BACK SEAT, HOT SEAT *und* LOVE SEAT **2** Sitzfläche **3** *(Parlament, Ausschuss etc.)* Sitz ◇ *a seat on the city council* ein Sitz im Stadtrat ◇ *(BrE) take your seat* sein Mandat aufnehmen ➔ *Siehe auch* SAFE SEAT **4** *(gehoben)* **~ of sth** ◇ *the seat of government* der Regierungssitz ◇ *a seat of learning* eine Stätte des Lernens **5** *(BrE)* Landsitz **6** Gesäß **7** Hosenboden IDM **be in the ˈdriving seat** (*AmE* **be in the ˈdriver's seat**) die Zügel in der Hand haben **(fly) by the seat of your ˈpants** nach Gespür (handeln) ➔ *Siehe auch* BACK SEAT, BUM *und* EDGE
▸ ***Verb*** **1** *(gehoben)* ◇ *He seated himself behind the desk.* Er nahm hinter dem Schreibtisch Platz. ◇ *Please wait to be seated.* Bitte warten Sie, bis Ihnen ein Platz zugewiesen wird. ◇ *Please be seated.* Bitte nehmen Sie Platz. ◇ *Please remain seated.* Bitte bleiben Sie sitzen. ◇ *The bus can carry 42 seated passengers.* Der Bus hat 42 Sitzplätze. **2** ◇ *The aircraft seats 200 passengers.* Das Flugzeug hat 200 Sitzplätze.

ˈseat belt *Nomen* Sicherheitsgurt

-seater /ˈsiːtə(r)/ *(in Nomina und Adjektiven)* ◇ *a two-seater* ein Zweisitzer ◇ *a ten-seater minibus* ein Minibus mit zehn Sitzplätzen ◇ *(BrE) It's an all-seater stadium.* Das Stadion ist durchweg bestuhlt.

seat·ing /ˈsiːtɪŋ/ *Nomen* [U] Sitzplätze ◇ *the seating arrangements* die Sitzordnung

ˈsea turtle *Nomen (AmE)* Meeresschildkröte

ˈsea urchin (*auch* **ur·chin**) *Nomen* Seeigel

ˌsea ˈwall *Nomen* Strandmauer

sea·ward /ˈsiːwəd; *AmE* -wərd/ *Adj, Adv*
▸ ***Adj*** seewärtig
▸ ***Adv*** (*auch* **sea·wards** /ˈsiːwədz; *AmE* -wərdz/) seewärts

sea·way /ˈsiːweɪ/ *Nomen* Wasserstraße

sea·weed /ˈsiːwiːd/ *Nomen* Seetang

sea·worthy /ˈsiːwɜːði; *AmE* -wɜːrði/ *Adj* seetüchtig

se·ba·ceous /sɪˈbeɪʃəs/ *Adj* (ANAT) Talg- ◇ *the sebaceous glands* die Talgdrüsen

se·bum /ˈsiːbəm/ *Nomen* (ANAT) Talg

Sec. *Abk* = SECRETARY

sec /sek/ *Nomen* **a sec** [Sing] *(umgs)* eine Sekunde ◇ *I'll be back in a sec.* Ich komme gleich wieder.

sec. *Abk* = SECOND[1] (1)

seca·teurs /ˌsekəˈtɜːz; *AmE* -ˈtɜːrz/ *Nomen* [Pl] *(BrE)* Gartenschere

se·cede /sɪˈsiːd/ *Verb (gehoben)* sich abspalten ◇ *the right to secede* das Recht auf Autonomie

se·ces·sion /sɪˈseʃn/ *Nomen* Abspaltung

se·ces·sion·ist /sɪˈseʃənɪst/ *Nomen, Adj*
▸ ***Nomen*** Separatist(in)
▸ ***Adj*** [nur vor Nomen] Separatisten-, Sezessions-

se·cluded *Adj* /sɪˈkluːdɪd/ **1** abgeschieden **2** zurückgezogen

se·clu·sion /sɪˈkluːʒn/ *Nomen* Abgeschiedenheit

sec·ond[1] 0‑ /ˈsekənd/ *Adj, Pron, Adv, Nomen, Verb* ➔ *Siehe auch* SECOND[2]
▸ ***Adj, Pron*** zweite(r,s), Zweit- ◇ *the second of June/June the second* der zweite Juni ◇ *He was the second to arrive.* Er kam als Zweiter. ◇ *the second-largest city* die zweitgrößte Stadt ◇ *second to none* unübertroffen ◇ *a second home in France* ein Ferienhaus in Frankreich ◇ *English as a second language* Englisch als Zweitsprache ➔ *Beispiele bei* SECHSTE(R,S) IDM ➔ THOUGHT
▸ ***Adv*** **1** an zweiter Stelle ◇ *She came second in the marathon.* Sie wurde im Marathon Zweite. ◇ *He's a writer first and a scientist second.* Er ist in erster Linie Schriftsteller und erst dann Wissenschaftler. **2** zweitens
▸ ***Nomen*** **1** (*Abk* **sec.**) Sekunde ➔ *Siehe auch* SPLIT SECOND **2 seconds** [Pl] *(umgs)* zweite Portion ◇ *Seconds, anybody?* Will jemand noch Nachschlag? **3** [meist Pl] zweite Wahl **4** zweiter Gang **5** = SECOND CLASS **6** Sekundant(in) IDM ➔ JUST *und* WAIT
▸ ***Verb*** *(Antrag)* unterstützen *(umgs)* ◇ *'Thank God that's finished.' 'I'll second that!'* „Gott sei Dank ist das vorbei." „Das kannst du laut sagen."

se·cond[2] 0‑ /sɪˈkɒnd; *AmE* sɪˈkɑːnd/ *Verb (meist passiv) (bes BrE)* vorübergehend versetzen

sec·ond·ary 0‑ /ˈsekəndri; *AmE* -deri/ *Adj* **1** zweitrangig **2** (*Adv* **sec·ond·ar·ily** /ˈsekəndrəli; *AmE* ˌsekənˈderəli/) sekundär ◇ *a secondary effect* ein Nebeneffekt ◇ *secondary smoking* passives Rauchen **3** [nur vor Nomen] ◇ *children at secondary school* Schüler der Sekundarstufe ◇ *secondary teachers* Lehrer der Sekundarstufe

ˌsecondary eduˈcation *Nomen (bes BrE)* höhere Schulbildung ◇ *primary and secondary education* Ausbildung an Grund- und weiterführenden Schulen ◇ *children in secondary education* Kinder an weiterführenden Schulen

ˌsecondary ˈmodern *Nomen* = in Großbritannien (besonders bis in die 70er- Jahre) Schule für Jugendliche von 11 bis 16 Jahren

ˈsecondary school *Nomen* weiterführende Schule

ˌsecondary ˈstress *Nomen* (LING) Nebenakzent

ˌsecond ˈbest *Adj, Nomen*
▸ ***Adj*** zweitbeste(r,s) ◇ *come off second best* den Kürzeren ziehen
▸ ***Nomen*** Zweitbeste(r,s) ◇ *Don't accept second best.* Gib dich nicht mit halben Sachen zufrieden.

ˌsecond ˈchamber *Nomen* zweite Kammer

ˌsecond ˈclass *Nomen* **1** zweite Klasse ◇ *travel in second class* zweiter Klasse fahren **2** *(BrE)* = Zweite-Klasse-Post **3** *(AmE)* = in den USA das System, Zeitungen und Zeitschriften mit der Post zu verschicken **4** (*auch* **se·cond**) = zweitbeste Note für einen Universitätsabschluss, oft unterteilt in **upper second** und **lower second class**

ˌsecond-ˈclass *Adv, Adj*
▸ ***Adv*** zweiter Klasse ◇ *send a letter second-class* einen Brief zweiter Klasse abschicken
▸ ***Adj*** **1** zweiter Klasse ◇ *second-class citizens* Bürger zweiter Klasse **2** zweitklassig **3** (*AmE*) = per Zeitungspost **4** (*BrE*) = bezieht sich auf die zweitbeste Note an britischen Universitäten

ˌsecond ˈcousin *Nomen* Cousin/Kusine zweiten Grades

ˌsecond-deˈgree *Adj* **1** (*bes AmE*) = bezeichnet ein kriminelles Vergehen, das weniger schwerwiegend ist als ein **first-degree crime** ◇ *second-degree murder* Totschlag ◇ *second-degree assault* einfache Körperverletzung **2** (*Verbrennung*) zweiten Grades

sec·ond·er /ˈsekəndə(r)/ *Nomen* Befürworter(in)

ˌsecond-ˈguess *Verb* **1** vorhersagen **2** (*bes AmE*) im Nachhinein verurteilen

ˈsecond hand *Nomen* Sekundenzeiger

ˌsecond-ˈhand *Adj, Adv* **1** gebraucht, aus zweiter Hand ◇ *a second-hand bookshop* ein Antiquariat **2** (*AmE*) (*Rauch, Rauchen*) passiv

ˌsecond ˈhome *Nomen* **1** Zweitwohnung, Ferienhaus **2** [Sing] zweites Zuhause

ˌsecond in comˈmand *Nomen* Stellvertreter(in), stellvertretende(r) Kommandant(in)

ˌsecond ˈlanguage *Nomen* Zweitsprache

ˌsecond lieuˈtenant *Nomen* ≈ Leutnant(in)

sec·ond·ly /ˈsekəndli/ *Adv* zweitens

ˈsecond name *Nomen* (*bes BrE*) **1** Nachname **2** zweiter Vorname

ˌsecond ˈnature *Nomen* **become ~ (to sb)** (jdm) zur zweiten Natur werden; **be ~ (to sb)** (jdm) in Fleisch und Blut übergegangen sein

the ˌsecond ˈperson *Nomen* (LING) die zweite Person

ˌsecond-ˈrate *Adj* zweitklassig

ˌsecond ˈsight *Nomen* das zweite Gesicht

ˌsecond ˈstring *Nomen* Reservespieler(in), Reservemannschaft

ˌsecond ˈwind *Nomen* (*umgs*) (neuer) Auftrieb

se·crecy /ˈsiːkrəsi/ *Nomen* Geheimhaltung, Verschwiegenheit ◇ *The whole affair is still shrouded in secrecy.* Die ganze Sache ist noch immer geheim.

se·cret 🔑 /ˈsiːkrət/ *Adj, Nomen*
▸ ***Adj*** **1** geheim, Geheim- ◇ *He tried to keep it secret from his family.* Er versuchte, es vor seiner Familie geheim zu halten. **2** [nur vor Nomen] heimlich ◇ *He's a secret drinker.* Er trinkt heimlich. **3** **~ (about sth)** geheimnisvoll ◇ *They were so secret about everything.* Sie taten so geheimnisvoll mit allem.
▸ ***Nomen*** Geheimnis ◇ *He made no secret of his ambition.* Er machte kein Hehl aus seinem Ehrgeiz. ◇ *Careful planning is the secret of success.* Sorgfältige Planung ist ein sicherer Weg zum Erfolg. ◇ *She still looks so young. What's her secret?* Sie sieht noch immer so jung aus. Wie macht sie das nur? IDM **in ˈsecret** im Geheimen

ˌsecret ˈagent (*auch* **agent**) *Nomen* Geheimagent(in)

sec·re·tar·ial /ˌsekrəˈteəriəl; *AmE* -ˈter-/ *Adj* Sekretariats-, Sekretärinnen-, Sekretärs- ◇ *secretarial work* Büroarbeit

sec·re·tar·iat /ˌsekrəˈteəriət, -riæt; *AmE* -ˈteriət/ *Nomen* Sekretariat (*einer großen internationalen oder politischen Organisation*)

sec·re·tary 🔑 /ˈsekrətri; *AmE* -teri/ *Nomen* (*Pl* **-ies**) (*Abk* **Sec.**; *AmE* **Secy.**) **1** Sekretär(in) ◇ *He's a legal secretary.* Er ist Rechtsanwaltsgehilfe. **2** **Secretary** (*BrE*) = SECRETARY OF STATE **3** (*AmE*) Minister(in) ◇ *Secretary of the Treasury* Finanzminister(in) **4** Schriftführer(in), Geschäftsführer(in) (*eines Vereins etc.*) ◇ *She's the membership secretary.* Sie führt das Mitgliederregister. **5** Staatssekretär(in); (*Vertreter des Botschafters*) Legationsrat, -rätin

ˌsecretary ˈgeneral *Nomen* Generalsekretär(in)

ˌSecretary of ˈState *Nomen* **1** (*auch* **Sec·re·tary**) (*in GB*) Minister(in) **2** (*in den USA*) Außenminister(in)

se·crete /sɪˈkriːt/ *Verb* **1** absondern **2** **~ sth (in sth)** (*gehoben*) etw (in etw) verbergen

se·cre·tion /sɪˈkriːʃn/ *Nomen* **1** (*Fachspr*) Absonderung, Sekretion **2** [meist Pl] Sekret

se·cret·ive /ˈsiːkrətɪv/ *Adj* (*Adv* **se·cret·ive·ly**) verschlossen, geheimnistuerisch ◇ *He's very secretive about his work.* Er tut sehr geheimnisvoll mit seiner Arbeit.

se·cret·ly 🔑 /ˈsiːkrətli/ *Adv* heimlich, insgeheim

ˌsecret poˈlice *Nomen* [mit Verb im Sing/Pl] Geheimpolizei

ˌsecret ˈservice *Nomen* Geheimdienst

sect /sekt/ *Nomen* Sekte

sect·ar·ian /sekˈteəriən; *AmE* -ˈter-/ *Adj* (*oft abwert*) konfessionell begründet, Konfessions- ◇ *sectarian violence* konfessionell motivierte Gewalt ◇ *the sectarian divide in Northern Ireland* die Kluft zwischen den Konfessionen in Nordirland

sect·ar·ian·ism /sekˈteəriənɪzəm; *AmE* -ˈter-/ *Nomen* (*oft abwert*) Sektierertum

sec·tion 🔑 /ˈsekʃn/ *Nomen, Verb*
▸ ***Nomen*** **1** Teil(stück) ◇ *That section of the road is still closed.* Der Teil der Strecke ist noch gesperrt. **2** (Einzel)teil, (Bau)element **3** (An)teil, Gruppe ◇ *the woodwind section of an orchestra* die Holzbläser eines Orchesters **4** Abschnitt ◇ *the sports section of the paper* der Sportteil der Zeitung **5** (RECHT) Paragraf **6** Abteilung **7** (ARCHIT, MED) Schnitt ◇ *The architect drew the house in section.* Der Architekt zeichnete einen Schnitt des Hauses. **8** (MED) Gewebeprobe
▸ ***Verb*** **1** (MED) einen Schnitt machen durch **2** (BIOL) Gewebeschnitte machen **3** (*oft passiv*) (*BrE*) (in die Psychiatrie) zwangseinweisen PHR V **ˌsection sth ˈoff** etw abtrennen, etw absperren

sec·tion·al /ˈsekʃənl/ *Adj* **1** Gruppen-, partikularistisch **2** Sektions-, Teil- ◇ *sectional heads* Gruppenleiter **3** zerlegbar, zusammensetzbar **4** im Querschnitt

sec·tor 🔑 /ˈsektə(r)/ *Nomen* **1** Sektor, Bereich **2** (*Gebiet*) Abschnitt, Sektor **3** Kreisausschnitt

secu·lar /ˈsekjələ(r)/ *Adj* **1** weltlich, profan **2** Welt-

secu·lar·ism /ˈsekjələrɪzəm/ *Nomen* (*Fachspr*) Säkularismus

secu·lar·ist /ˈsekjələrɪst/ *Adj* säkularistisch

secu·lar·ization (*BrE auch* **-isation**) /ˌsekjələraɪˈzeɪʃn; *AmE* -rəˈ-/ *Nomen* Verweltlichung, Säkularisierung

secu·lar·ize (*BrE auch* **-ise**) /ˈsekjələraɪz/ *Verb* (*meist passiv*) verweltlichen, säkularisieren

se·cure 🔑 /sɪˈkjʊə(r); *AmE* səˈkjʊr/ *Adj, Verb*
▸ ***Adj*** **1** sicher, geborgen ◇ *secure in the knowledge that …* in dem sicheren Bewusstsein, dass … ◇ *They feel secure about the future.* Sie können der Zukunft mit Zuversicht entgegensehen. **2** gesichert, sicher ◇ *a secure job* ein sicherer Arbeitsplatz **3** **~ (against/from sth)** (vor etw) geschützt **4** (*Adv* **se·cure·ly**) (einbruchs)sicher, fest verschlossen ◇ *She locked the door securely behind her.* Sie schloss die Tür fest hinter sich zu. **5** (*Psychiatrie, Gefängnis*) geschlossen ◇ *She was in secure accommodation.* Sie befand sich in Sicherheitsverwahrung. **6** (*Adv* **se·cure·ly**) fest, stabil ◇ *The aerial doesn't look very secure to me.* Die Antenne sieht nicht so aus, als sei sie richtig befestigt.

◇ *a secure basis for future developments* eine solide Grundlage für zukünftige Entwicklungen
▸ ***Verb* 1** (*gehoben*) **~ sth** sich etw sichern; **~ sth for sb/ sth; ~ sb sth** etw für jdn/etw sichern ◇ *She secured 2 000 votes.* Sie gewann 2 000 Stimmen. **2 ~ sth (to sth)** etw (an etw) befestigen ◇ *She secured the rope firmly to the back of the car.* Sie befestigte das Seil sicher am Heck des Wagens. ◇ *The tables on board were secured firmly to the floor.* Die Tische an Bord waren fest am Boden verschraubt. **3 ~ sth (against sth)** etw (gegen etw) (ab)sichern ◇ *secure a property against intruders* ein Gebäude vor Eindringlingen schützen **4** (*Darlehen*) absichern

se·cur·ity /sɪˈkjʊərəti; *AmE* səˈkjʊr-/ *Nomen* (*Pl* **-ies**) **1** Sicherheit(smaßnahmen) ◇ *The visit took place amidst tight security.* Der Besuch fand unter strengen Sicherheitsvorkehrungen statt. ◇ *a security video* ein Überwachungsvideo **2** Geborgenheit, Sicherheit ◇ *Job security is a thing of the past.* Sichere Arbeitsplätze gehören der Vergangenheit an. **3** Sicherheit (*für ein Darlehen etc.*) **4** [mit Verb im Sing/Pl] Sicherheitsdienst **5 securities** [Pl] (FINANZ) Wertpapiere

seˈcurity guard *Nomen* Wachmann, -frau

Seˈcurity Service *Nomen* Geheimdienst

Secy. *Abk* (*AmE*) = SECRETARY

sedan /sɪˈdæn/ *Nomen* (*AmE*) Limousine

seˈdan chair *Nomen* Sänfte

sed·ate /sɪˈdeɪt/ *Adj, Verb*
▸ ***Adj*** (*Adv* **sed·ate·ly**) **1** ruhig, gemächlich **2** geruhsam, beschaulich **3** (*Mensch*) gesetzt, bedächtig
▸ ***Verb*** **be sedated** ruhiggestellt sein, sediert sein

sed·ation /sɪˈdeɪʃn/ *Nomen* Ruhigstellung (*mit Beruhigungsmitteln*) ◇ *be under sedation* sediert sein

seda·tive /ˈsedətɪv/ *Nomen, Adj*
▸ ***Nomen*** Beruhigungsmittel
▸ ***Adj*** beruhigend

sed·en·tary /ˈsedntri; *AmE* -teri/ *Adj* sitzend ◇ *a sedentary lifestyle* eine Lebensweise, bei der man viel sitzt

sedge /sedʒ/ *Nomen* Riedgras

sedi·ment /ˈsedɪmənt/ *Nomen* **1** (Boden)satz **2** (GEOL) Ablagerung, Sediment

sedi·ment·ary /ˌsedɪˈmentri/ *Adj* sedimentär, Sediment-

sedi·men·ta·tion /ˌsedɪmenˈteɪʃn/ *Nomen* Sedimentation, Ablagerung

se·di·tion /sɪˈdɪʃn/ *Nomen* (*gehoben*) Volksverhetzung, Aufwiegelung ◇ *be charged with sedition* wegen Aufruhrs angeklagt sein

se·di·tious /sɪˈdɪʃəs/ *Adj* aufwieglerisch, aufrührerisch ◇ *seditious activity* Volksverhetzung

se·duce /sɪˈdjuːs; *AmE* sɪˈduːs/ *Verb* **1** verführen **2 ~ sb (into sth)** jdn (zu etw) verleiten

se·du·cer /sɪˈdjuːsə(r); *AmE* sɪˈduː-/ *Nomen* Verführer(in)

se·duc·tion /sɪˈdʌkʃn/ *Nomen* **1** Verführung **2** [meist Pl] Verlockung

se·duc·tive /sɪˈdʌktɪv/ *Adj* (*Adv* **se·duc·tive·ly**) **1** verführerisch **2** verlockend

se·duc·tress /sɪˈdʌktrəs/ *Nomen* Verführerin

see /siː/ *Verb, Nomen*
▸ ***Verb*** (**saw** /sɔː/, **seen** /siːn/) **1** sehen ◇ *She was seen running away.* Sie ist gesehen worden, wie sie davonlief. ◇ *I saw you put the key in your pocket.* Ich habe gesehen, wie Sie den Schlüssel in die Tasche gesteckt haben. ◇ *He was seen to enter the building about the time the crime was committed.* Er wurde etwa zur Tatzeit beim Betreten des Gebäudes gesehen. ◇ *I don't know what she sees in him.* Ich weiß nicht, was sie an ihm findet. **2** (*selten in der Verlaufsform*) (an)sehen ◇ *In the evening we went to see a movie.* Abends gingen wir ins Kino. **3 come/go and ~ sb** jdn besuchen **4 ~ sb (about sth)** jdn (wegen einer Sache) aufsuchen, jdn (wegen einer Sache) sprechen ◇ *You ought to see a doctor about that cough.* Du solltest mit deinem Husten mal zum Arzt gehen. **5** empfangen ◇ *The manager can only see you for five minutes.* Der Geschäftsführer hat nur fünf Minuten Zeit für Sie. **6** (*oft in der Verlaufsform*) sehen, treffen ◇ *Are you seeing anyone?* Bist du mit jemandem zusammen? ◇ *They've been seeing a lot of each other recently.* Sie haben sich in letzter Zeit oft getroffen. **7** (*selten in der Verlaufsform*) einsehen, verstehen ◇ *He didn't see the joke.* Er verstand nicht, was daran so komisch war. ◇ *I don't think she saw the point of the story.* Ich glaube nicht, dass sie verstanden hat, worum es in der Geschichte ging. ◇ *'It opens like this.' 'Oh, I see.'* „Es geht so auf." „Ach so." ◇ *'Can we go swimming?' 'I don't see why not.'* „Können wir schwimmen gehen?" „Ja, warum nicht?" ◇ *I don't see that it matters what Josh thinks.* Für mich spielt es keine Rolle, was Josh denkt. ◇ *make sb see sense/reason* jdn zur Vernunft bringen **8** (*selten in der Verlaufsform*) sehen, betrachten ◇ *as I see it* meiner Ansicht nach **9 ~ sb/sth (as sth)** (*nicht in der Verlaufsform*) sich jdn/etw (als etw) vorstellen ◇ *I can't see her changing her mind.* Ich kann mir nicht vorstellen, dass sie ihre Meinung ändert. **10 go and ~** nachsehen **11 (wait and) ~** abwarten, sehen ◇ *I'll see what I can do to help.* Mal sehen, wie ich ihnen helfen kann. **12** (*selten in der Verlaufsform*) zusehen ◇ *See that all the doors are locked before you leave.* Achten Sie darauf, dass alle Türen verschlossen sind, wenn Sie gehen. **13** (*nicht in der Verlaufsform*) erleben ◇ *These shoes have seen a lot of wear.* Diese Schuhe haben schon einiges mitgemacht. ◇ *She had seen it all before.* Sie kannte das alles schon. **14** (*nicht in der Verlaufsform*) = Zeitpunkt eines Geschehens sein ◇ *That year saw the bicentenary of Schubert's birth.* In diesem Jahr wurde der 200ste Geburtstag Schuberts begangen. **15** (*nicht in der Verlaufsform*) Schauplatz sein ◇ *This stadium has seen many thrilling football games.* Dieses Stadion war bereits Schauplatz zahlreicher spannender Fußballspiele. **16** begleiten, bringen ◇ *I saw the old lady across the road.* Ich half der alten Dame über die Straße. IDM **for all (the world) to ˈsee** für alle sichtbar; vor aller Augen; in aller Öffentlichkeit **see sth ˈcoming** etw kommen sehen **ˌsee for yourˈself** sich selbst überzeugen **see sb/sth for what they ˈare/it ˈis** den wahren Charakter von jdm/etw erkennen **seeing that …** (*umgs* **seeing as (how) …**) da; in Anbetracht der Tatsache, dass … **ˈsee you (aˈround); (I'll) be ˈseeing you; ˌsee you ˈlater** (*umgs*) bis bald **you ˈsee** (*umgs*) (*einer Erklärung nachgestellt*) nämlich ◇ *Can we meet on Tuesday? I play tennis on Mondays, you see.* Können wir uns am Dienstag treffen? Montags spiele ich nämlich Tennis. ℹ Für andere Redewendungen mit **see** siehe die Einträge für die Nomina, Adjektive etc. **See the light** z.B. steht unter **light**. PHR V **ˈsee about sth** sich um etw kümmern ◇ *I'll have to see about getting that roof repaired.* Ich muss mich darum kümmern, dass das Dach repariert wird. ◇ *He says he won't help, does he? Well, we'll soon see about that.* Er will also nicht helfen, sagt er? Na, das werden wir ja sehen. **ˌsee sb ˈoff 1** jdn verabschieden **2** jdn verjagen **3** (SPORT) jdn erledigen, jdn abhängen **ˌsee sb ˈout** jdn hinausbegleiten ◇ *Can you see yourself out?* Finden Sie allein hinaus? **ˌsee sth ˈout** (*nicht in der Verlaufsform*) ◇ *We have enough fuel to see the winter out.* Wir haben genug Brennstoff, um über den Winter zu kommen. ◇ *He will see out his career in Italy.* Er wird bis zu seiner Pensionierung in Italien bleiben. **ˌsee ˈover sth** (*Haus*

etc.) sich etw ansehen **ˌsee ˈthrough sb/sth** (*nicht in der Verlaufsform*) jdn/etw durchschauen **ˌsee sth ˈthrough** (*selten in der Verlaufsform*) etw zu Ende bringen **ˌsee sb ˈthrough** (*nicht in der Verlaufsform*) jdn durchbringen ◇ *Her courage and good humour saw her through.* Ihr Mut und ihre gute Laune haben ihr über alles hinweggeholfen. **ˌsee sb ˈthrough sth** (*nicht in der Verlaufsform*) ◇ *I only have $20 to see me through the week.* Ich habe nur 20$; die müssen für den Rest der Woche reichen. **ˈsee to sth** sich um etw kümmern **ˈsee to it that ...** dafür sorgen, dass ... ◇ *See to it that you're ready on time!* Sieh zu, dass du rechtzeitig fertig bist!
▸ ***Nomen*** (*gehoben*) = Sitz eines Bischofs oder Erzbischofs ◇ *the Holy See* der Heilige Stuhl

seed 0‑ /siːd/ *Nomen, Verb*
▸ ***Nomen*** **1** Samen ◇ *sunflower seeds* Sonnenblumenkerne ◇ *seed potatoes* Saatkartoffeln **2** (*AmE*) Kern **3** [meist Pl] Keim ◇ *This planted the seeds of doubt in my mind.* Das hat Zweifel in mir aufkommen lassen. **4** (SPORT) gesetzte(r) Spieler(in) **5** (*veraltet oder hum*) (*Sperma*) Samen **6** (*gehoben*) Nachkommen, Same IDM **go/run to ˈseed 1** (*Pflanzen*) schießen **2** herunterkommen
▸ ***Verb*** **1** Samen bilden **2 ~ itself** sich aussäen **3** (*meist passiv*) säen; **~ sth with sth** etw mit etw besäen ◇ *a newly seeded lawn* ein frisch gesäter Rasen **4** (*meist passiv*) (SPORT) setzen

seed·bed *Nomen* /ˈsiːdbed/ **1** Saatbeet **2** (*fig*) Brutstätte

ˈseed cake *Nomen* Kümmelkuchen

ˈseed corn *Nomen* **1** Saatkorn, Saatgetreide **2** (*fig*) Zukunftskapital

seed·ed /ˈsiːdɪd/ *Adj* **1** (SPORT) gesetzt **2** entkernt, kernlos

seedi·ness /ˈsiːdinəs/ *Nomen* Zwielichtigkeit

seed·less /ˈsiːdləs/ *Adj* kernlos

seed·ling /ˈsiːdlɪŋ/ *Nomen* Sämling

ˈseed money *Nomen* Anfangskapital, Startkapital

ˈseed pearl *Nomen* Zuchtperle

seedy /ˈsiːdi/ *Adj* (**seed·ier, seedi·est**) (*abwert*) **1** zwielichtig **2** schäbig

ˌSeeing ˈEye dog™ *Nomen* (*AmE*) Blindenhund

seek 0‑ /siːk/ *Verb* (**sought, sought** /sɔːt/) (*gehoben*) **1 ~ (for sb/sth)** (nach jdm/etw) suchen **2 ~ sth (from sb)** (jdn) um etw ersuchen ◇ *seek advice from a solicitor* sich von einem Rechtsanwalt beraten lassen **3 ~ (to do sth)** versuchen etw zu tun IDM **seek your ˈfortune** (*gehoben*) sein Glück suchen PHRV **ˌseek sb/sth ˈout** jdn/etw ausfindig machen

seek·er /ˈsiːkə(r)/ *Nomen* (*oft in Zusammensetzungen*) Sucher(in), Suchende(r)

seem 0‑ /siːm/ *Verb* (*nicht in der Verlaufsform*) **1** scheinen, erscheinen ◇ *I can't seem to get started today.* Heute komme ich scheinbar nicht auf Touren. **2 it seems; it would ~** es sieht so aus ◇ *It seems only reasonable to ask students to buy a dictionary.* Es ist wohl angemessen, von den Studenten zu verlangen, dass sie ein Wörterbuch kaufen.

seem·ing /ˈsiːmɪŋ/ *Adj* [nur vor Nomen] (*gehoben*) scheinbar

seem·ing·ly /ˈsiːmɪŋli/ *Adv* **1** scheinbar **2** anscheinend

seem·ly /ˈsiːmli/ *Adj* (*veraltet oder gehoben*) schicklich

seen *Form von* SEE

seep /siːp/ *Verb* sickern

seep·age /ˈsiːpɪdʒ/ *Nomen* [meist Pl] Versickern ◇ *oil seepages* Ölaustritte

seer /sɪə(r); *AmE* sɪr/ *Nomen* Seher(in)

seer·sucker /ˈsɪəsʌkə(r); *AmE* ˈsɪrsʌ-/ *Nomen* Seersucker

seesaw /ˈsiːsɔː/ *Nomen, Verb*
▸ ***Nomen*** **1** Wippe **2** Auf und Ab
▸ ***Verb*** schwanken

seethe /siːð/ *Verb* **1 ~ (with sth)** (vor etw) schäumen ◇ *She seethed silently in the corner.* Sie saß wütend in der Ecke. **2 ~ (with sth)** (*gehoben*) (von etw) wimmeln ◇ *a seething mass of arms and legs* ein Gewimmel von Armen und Beinen **3** (*gehoben*) brodeln

ˈsee-through *Adj* durchsichtig

seg·ment *Nomen, Verb*
▸ ***Nomen*** /ˈsegmənt/ Segment, Teil
▸ ***Verb*** /segˈment/ (*oft passiv*) aufteilen ◇ *The worm has a segmented body.* Der Wurm hat einen aus Segmenten bestehenden Körper.

seg·men·ta·tion /ˌsegmenˈteɪʃn/ *Nomen* Unterteilung; (BIOL) Zellteilung

seg·re·gate /ˈsegrɪgeɪt/ *Verb* trennen, segregieren ◇ *a racially segregated society* eine Gesellschaft der Rassentrennung

seg·re·ga·tion /ˌsegrɪˈgeɪʃn/ *Nomen* Segregation, Trennung ◇ *racial segregation* Rassentrennung

seg·re·ga·tion·ist /ˌsegrɪˈgeɪʃənɪst/ *Nomen, Adj*
▸ ***Nomen*** Befürworter(in) der Trennung nach Hautfarbe, Religion oder Geschlecht
▸ ***Adj*** segregationistisch die Trennung von ethnischen, religiösen etc. Gruppen befürwortend ◇ *segregationist policies* eine Politik, die die Segregation befürwortet

segue /ˈsegweɪ/ *Verb* übergehen

seis·mic /ˈsaɪzmɪk/ *Adj* seismisch

seis·mo·graph /ˈsaɪzməgrɑːf; *AmE* -græf/ *Nomen* Seismograf

seis·mo·logic·al /ˌsaɪzməˈlɒdʒɪkl; *AmE* -ˈlɑːdʒɪ-/ *Adj* seismologisch

seis·molo·gist /ˌsaɪzˈmɒlədʒɪst; *AmE* -ˈmɑːlə-/ *Nomen* Seismologe, Seismologin

seis·mol·ogy /saɪzˈmɒlədʒi; *AmE* -ˈmɑːlə-/ *Nomen* Seismologie

seize /siːz/ *Verb* **1** ergreifen, packen ◇ *She tried to seize the gun from him.* Sie versuchte, ihm das Gewehr wegzunehmen. ◇ *The army has seized control of the country.* Die Armee hat im Land die Kontrolle übernommen. ◇ *They seized the airport in a surprise attack.* Bei einem Überraschungsangriff haben sie den Flughafen eingenommen. **2** festnehmen **3** beschlagnahmen PHRV **ˈseize on/upon sth** sich auf etw stürzen **ˌseize ˈup** klemmen; (*Motor*) versagen ◇ *If I sit down for too long, my legs begin to seize up.* Wenn ich zu lange sitze, werden meine Beine ganz steif.

seiz·ure /ˈsiːʒə(r)/ *Nomen* **1** Beschlagnahmung **2** Ergreifung **3** (*veraltet*) Anfall

sel·dom /ˈseldəm/ *Adv* selten

se·lect 0‑ /sɪˈlekt/ *Verb, Adj*
▸ ***Verb*** **1** (aus)wählen ◇ *He hasn't been selected for the team.* Man hat ihn nicht für die Mannschaft aufgestellt. ◇ *a randomly selected sample* eine Stichprobe **2** (*Mannschaft*) aufstellen
▸ ***Adj*** **1** [nur vor Nomen] auserlesen, auserwählt **2** exklusiv

seˌlect comˈmittee *Nomen* (*BrE*) Sonderausschuss

se·lec·tion 0‑ /sɪˈlekʃn/ *Nomen* **1** Auswahl **2** (*Mannschaft*) Aufstellung

se·lect·ive /sɪˈlektɪv/ *Adj* (*Adv* **se·lect·ive·ly**) selektiv ◇ *selective strike action* punktuelle Streiks ◇ *Their admissions policy is very selective.* Sie haben ein sehr strenges Zulassungsverfahren. ◇ *The product will be selectively marketed.* Das Erzeugnis wird gezielt vermarktet werden. ◇ *We've got to be more selective.* Wir müssen bei der Auswahl kritischer sein.

se·lect·iv·ity /səˌlekˈtɪvəti/ *Nomen* Selektivität

se·lect·or /sɪˈlektə(r)/ *Nomen* **1** (*BrE*) = jd, der eine Mannschaft aufstellt **2** Schalter ◇ *a selector lever* ein Schalthebel ◇ *a selector switch* ein Wahlschalter

sel·en·ium /səˈliːniəm/ *Nomen* Selen

self 0-π /self/ *Nomen* (*Pl* **selves** /selvz/) Selbst, Ich ◇ *You'll soon be feeling your old self again.* Du wirst bald wieder der Alte sein. ◇ *He's not his usual happy self this morning.* Heute Morgen ist er nicht gut drauf. ◇ *Her spiteful remark revealed her true self.* Ihre gehässige Bemerkung hat ihr eigentliches Wesen gezeigt. ◇ *his private self* seine private Seite IDM **be a shadow/ghost of your former ˈself** → FORMER

ˌself-abˈsorbed *Adj* mit sich selbst beschäftigt, selbstversunken

ˌself-abˈsorp·tion *Nomen* Selbstversunkenheit

ˌself-ˈaccess *Nomen* Selbststudium

ˌself-adˈhesive *Adj* selbstklebend

ˌself-adˈvertise·ment *Nomen* Reklame in eigener Sache

ˌself-anˈalysis *Nomen* Selbstanalyse

ˌself-apˈpoint·ed *Adj* (*abwert*) selbst ernannt

ˌself-apˈprais·al *Nomen* Selbstbeurteilung

ˌself-asˈsembly *Nomen* (*BrE*) Selbstmontage

ˌself-asˈsertion *Nomen* Selbstbehauptung

ˌself-asˈsert·ive *Adj* selbstbewusst

ˌself-asˈsert·ive·ness *Nomen* Selbstbewusstsein, Durchsetzungsvermögen

ˌself-asˈsess·ment *Nomen* **1** Selbstbeurteilung **2** (*BrE*) (FINANZ) Selbstveranlagung

ˌself-asˈsurance *Nomen* Selbstbewusstsein

ˌself-asˈsured *Adj* selbstbewusst

ˌself-aˈware *Adj* = sich seiner selbst bewusst

ˌself-aˈwareness *Nomen* Selbsterkenntnis

ˌself-ˈcatering *Nomen, Adj*

▸ ***Nomen*** (*BrE*) Selbstverpflegung ◇ *All prices are based on a week's self-catering.* Alle Preise sind für eine Woche Unterkunft mit Selbstverpflegung.

▸ ***Adj*** (*BrE*) mit Selbstverpflegung

ˌself-ˈcentred (*AmE* **ˌself-ˈcentered**) *Adj* (*abwert*) egozentrisch

ˌself-ˈcentred·ness (*AmE* **ˌself-ˈcentered·ness**) *Nomen* Egozentrik

ˌself-conˈfessed *Adj* [nur vor Nomen] erklärt ◇ *He was a self-confessed killer.* Er war nach eigener Aussage ein Mörder.

ˌself-ˈconfidence *Nomen* Selbstbewusstsein, Selbstvertrauen

ˌself-ˈconfident *Adj* selbstsicher, selbstbewusst

ˌself-congratuˈla·tion *Nomen* (*meist abwert*) Eigenlob, Selbstgefälligkeit

ˌself-conˈgratu·la·tory *Adj* (*meist abwert*) selbstgefällig

ˌself-ˈconscious *Adj* **1 ~ (about sth)** gehemmt (wegen einer Sache), befangen (wegen einer Sache) ◇ *He's always been self-conscious about being so short.* Er hatte schon immer einen Komplex, weil er so klein ist. **2** (*abwert*) bewusst, beabsichtigt

ˌself-ˈconsciously *Adv* **1** verlegen **2** bewusst

ˌself-ˈconscious·ness *Nomen* **1** Verlegenheit **2** Bewusstheit

ˌself-conˈtained *Adj* **1** selbstgenügsam **2** unabhängig ◇ *Each chapter is self-contained.* Jedes Kapitel ist in sich abgeschlossen. **3** (*BrE*) (*mit eigenem Eingang*) abgeschlossen

ˌself-contraˈdic·tion *Nomen* Widerspruch (in sich selbst), innerer Widerspruch

ˌself-contraˈdict·ory *Adj* (in sich selbst) widersprüchlich

ˌself-conˈtrol *Nomen* Selbstbeherrschung

ˌself-conˈtrolled *Adj* selbstbeherrscht

ˌself-ˈcritical *Adj* selbstkritisch

ˌself-ˈcriticism *Nomen* Selbstkritik

ˌself-deˈception *Nomen* Selbsttäuschung, Selbstbetrug

ˌself-deˈfeat·ing *Adj* das Gegenteil bewirkend

ˌself-deˈfence (*AmE* **ˌself-deˈfense**) *Nomen* **1** Notwehr **2** Selbstverteidigung

ˌself-deˈlusion *Nomen* Selbsttäuschung

ˌself-deˈnial *Nomen* Verzicht, Selbstverleugnung

ˌself-ˈdeprecat·ing *Adj* **1** sich selbst herabwürdigend **2** bescheiden

ˌself-depreˈca·tion *Nomen* **1** Selbstherabwürdigung **2** Bescheidenheit

ˌself-deˈstruct *Verb* sich selbst zerstören

ˌself-deˈstruc·tion *Nomen* Selbstzerstörung

ˌself-deˈstructive *Adj* selbstzerstörerisch

ˌself-deˌtermiˈn·ation *Nomen* Selbstbestimmung

ˌself-ˈdiscip·line *Nomen* Selbstdisziplin

ˌself-ˈdoubt *Nomen* Selbstzweifel

ˌself-ˈdrive *Adj* [nur vor Nomen] (*BrE*) **1 ~ car** Mietauto **2 ~ holiday** Ferienreise mit dem eigenen Auto

ˌself-ˈeducated *Adj* autodidaktisch

ˌself-efˈface·ment *Nomen* Zurückhaltung

ˌself-efˈfacing *Adj* zurückhaltend

ˌself-emˈployed *Adj* (*nicht angestellt*) selbstständig ◇ *a self-employed musician* ein freischaffender Musiker

ˌself-emˈploy·ment *Nomen* Selbstständigkeit

ˌself-eˈsteem *Nomen* Selbstachtung

ˌself-ˈevident *Adj* (*Adv* **ˌself-ˈevident·ly**) offensichtlich, offenkundig

ˌself-exˌamiˈn·ation *Nomen* **1** Selbstprüfung **2** Selbstuntersuchung

ˌself-exˈplana·tory *Adj* ohne Weiteres verständlich

ˌself-exˈpres·sion *Nomen* Selbstausdruck

ˌself-fulˈfil·ling *Adj* sich selbst erfüllend

ˌself-fulˈfil·ment (*AmE* **ˌself-fulˈfillment**) *Nomen* Selbsterfüllung

ˌself-ˈgovern·ing *Adj* sich selbst verwaltend, autonom

ˌself-ˈgovern·ment *Nomen* Selbstverwaltung, Autonomie

ˌself-ˈhelp *Nomen, Adj*

▸ ***Nomen*** Selbsthilfe

▸ ***Adj*** [nur vor Nomen] Selbsthilfe-

selfie /ˈselfiː/ *Nomen* Selfie

selfie stick *Nomen* Selfiestick

ˌself-ˈimage *Nomen* Selbstbild

ˌself-imˈport·ance *Nomen* (*abwert*) Selbstgefälligkeit, Dünkelhaftigkeit

ˌself-imˈport·ant *Adj* (*Adv* **ˌself-imˈport·ant·ly**) (*abwert*) selbstgefällig, dünkelhaft

ˌself-imˈposed *Adj* selbst auferlegt

ˌself-inˈduced *Adj* selbst verursacht

ˌself-inˈdulgence *Nomen* (*abwert*) **1** Zügellosigkeit **2** Selbstgefälligkeit

ˌself-inˈdulgent *Adj* (*abwert*) **1** zügellos **2** selbstgefällig

ˌself-inˈflict·ed *Adj* selbst beigebracht, selbst verschuldet

ˌself-ˈinterest *Nomen* (*abwert*) Eigeninteresse
ˌself-ˈinterest·ed *Adj* (*abwert*) eigennützig
self·ish /ˈselfɪʃ/ *Adj* (*Adv* **self·ish·ly**) egoistisch, selbstsüchtig
self·ish·ness /ˈselfɪʃnəs/ *Nomen* Egoismus, Selbstsucht
self·less /ˈselfləs/ *Adj* (*Adv* **self·less·ly**) selbstlos
ˌself-ˈmade *Adj* aus eigener Kraft hochgearbeitet
ˌself-mutiˈla·tion *Nomen* Selbstverstümmelung
ˌself-oˈpinion·ated *Adj* (*abwert*) rechthaberisch
ˌself-ˈpity *Nomen* (*oft abwert*) Selbstmitleid
ˌself-ˈpitying *Adj* (*oft abwert*) voller Selbstmitleid
ˌself-ˈportrait *Nomen* Selbstporträt
ˌself-posˈsessed *Adj* selbstbeherrscht
ˌself-preserˈva·tion *Nomen* Selbsterhaltung
ˌself-proˈclaimed *Adj* (*oft abwert*) selbst ernannt
ˌself-raising ˈflour *Nomen* (*BrE*) = Mehl, dem bereits Backpulver beigemischt ist
ˌself-reˈliance *Nomen* Selbstständigkeit
ˌself-reˈliant *Adj* selbstständig
ˌself-reˈspect *Nomen* Selbstachtung
ˌself-reˈspect·ing *Adj* [nur vor Nomen] (*meist in verneinten Sätzen*) anständig ◇ *No self-respecting journalist would ever work for that newspaper.* Kein Journalist, der etwas auf sich hält, würde je für diese Zeitung arbeiten.
ˌself-reˈstraint *Nomen* Selbstbeherrschung
ˌself-ˈrighteous *Adj* (*Adv* **ˌself-ˈrighteous·ly**) (*abwert*) selbstgerecht
ˌself-ˈrighteous·ness *Nomen* (*abwert*) Selbstgerechtigkeit
ˌself-rising ˈflour *Nomen* (*AmE*) = Mehl, dem bereits Backpulver beigemischt ist
ˌself-ˈrule *Nomen* Selbstverwaltung
ˌself-ˈsacrifice *Nomen* Selbstaufopferung
ˌself-ˈsacrifi·cing *Adj* aufopfernd
self·same /ˈselfseɪm/ *Adj* [nur vor Nomen] (*gehoben*) **the, this, etc. selfsame …** der-/die-/dasselbe …
ˌself-satisˈfac·tion *Nomen* Selbstzufriedenheit
ˌself-ˈsatisfied *Adj* (*abwert*) selbstzufrieden
ˌself-ˈseeking *Adj, Nomen*
▸ ***Adj*** (*abwert*) selbstsüchtig
▸ ***Nomen*** (*abwert*) Selbstsucht
ˌself-ˈservice *Adj, Nomen*
▸ ***Adj*** Selbstbedienungs- ◇ *a self-service restaurant* ein Selbstbedienungsrestaurant
▸ ***Nomen*** Selbstbedienung
ˌself-ˈserving *Adj* (*abwert*) eigennützig
ˌself-ˈstarter *Nomen* jd der eigenständig arbeitet, Self-Starter
ˌself-ˈstyled *Adj* [nur vor Nomen] (*abwert*) selbst gekürt
ˌself-sufˈficiency *Nomen* Unabhängigkeit
ˌself-sufˈficient *Adj* unabhängig ◇ *The country is totally self-sufficient in food production.* Das Land deckt seinen Nahrungsmittelbedarf ganz allein.
ˌself-supˈport·ing *Adj* finanziell unabhängig
ˌself-ˈtaught *Adj* autodidaktisch ausgebildet ◇ *a self-taught artist* ein Künstler, der Autodidakt ist
ˌself-ˈwilled *Adj* (*abwert*) eigensinnig
ˌself-ˈworth *Nomen* Selbstwertgefühl
sell 0→ /sel/ *Verb, Nomen*
▸ ***Verb*** (**sold, sold** /səʊld; *AmE* soʊld/) **1** verkaufen **2** sich verkaufen ◇ *The magazine sells 300 000 copies a week.* Die Zeitschrift hat pro Woche eine Auflage von 300 000 Stück. ◇ *The pens sell for very little.* Die Kugelschreiber kosten nur wenig. **3** für Absatz sorgen IDM **be ˈsold on sth** (*umgs*) von etw begeistert sein **sell sb down the ˈriver** (*umgs*) jdn betrügen; jdn verschaukeln **sell sb/yourself ˈshort** sich/jdn unterschätzen **sell your ˈsoul (to the devil)** seine Seele (dem Teufel) verkaufen → *Siehe auch* HOT PHR V **ˌsell sth ˈoff 1** etw abstoßen **2** etw verkaufen **ˌsell ˈout**; **be ˌsold ˈout** ausverkaufen, ausverkauft sein ◇ *We've sold out of bread.* Wir haben leider kein Brot mehr. **ˌsell ˈout (to sb/sth)** (*abwert*) sich (an jdn/etw) verkaufen **ˌsell ˈup** (*bes BrE*) seinen ganzen Besitz verkaufen, alles verkaufen
▸ ***Nomen*** [Sing] (*BrE, umgs*) Betrug → *Siehe auch* HARD SELL
ˈsell-by date *Nomen* (*BrE*) Haltbarkeitsdatum ◇ (*fig*) *He is past his sell-by date.* Er hat seine besten Tage hinter sich.
sell·er /ˈselə(r)/ *Nomen* **1** Verkäufer(in) **2 a good, poor, etc. ~** ein gut, schlecht etc. gehender (Verkaufs)artikel IDM **a ˌseller's ˈmarket** ein Verkäufermarkt ◇ *It's a seller's market for today's job seekers.* Arbeitssuchende sind zur Zeit auf dem Arbeitsmarkt im Vorteil.
ˈselling point *Nomen* Verkaufsanreiz
ˈselling price *Nomen* Verkaufspreis
ˈsell-off *Nomen* **1** (*BrE*) Verkauf **2** (*AmE*) = Verkauf einer großen Menge von Aktien an der Börse, der oft zu Kursstürzen führt
Sel·lo·tape™ /ˈseləteɪp/ *Nomen* Tesafilm®, Klebeband
sel·lo·tape /ˈseləteɪp/ *Verb* **~ sth (to sth)** etw mit Tesafilm (an etw) kleben
ˈsell-out *Nomen* [meist Sing] **1** ausverkaufte Veranstaltung **2** (*Missachtung*) Ausverkauf ◇ *The workers see the deal as a union sell-out to management.* Die Arbeiter sehen das Abkommen als Kapitulation.
selt·zer /ˈseltsə(r)/ *Nomen* Selterswasser
selves *Form von* SELF
se·man·tic /sɪˈmæntɪk/ *Adj* (*Adv* **se·man·tic·al·ly** /-kli/) semantisch
se·man·tics /sɪˈmæntɪks/ *Nomen* [U] (LING) Semantik
sema·phore /ˈseməfɔː(r)/ *Nomen, Verb*
▸ ***Nomen*** Flaggenwinken
▸ ***Verb*** mit Winkerflaggen signalisieren
semb·lance /ˈsembləns/ *Nomen* (*gehoben*) Anschein
semen /ˈsiːmən/ *Nomen* Samenflüssigkeit, Sperma
se·mes·ter /sɪˈmestə(r)/ *Nomen* Semester
semi /ˈsemi/ *Nomen* (*Pl* **semis**) (*BrE, umgs*) Doppelhaushälfte
semi- /ˈsemi/ *Vorsilbe* (*mit Adjektiven und Nomina verwendet*) halb ◇ *semicircular* halbkreisförmig ◇ *semifinal* Halbfinale
ˌsemi-autoˈmat·ic *Adj, Nomen*
▸ ***Adj*** halbautomatisch
▸ ***Nomen*** halbautomatische Waffe
semi·breve /ˈsemibriːv/ *Nomen* (*bes BrE*) (MUS) ganze Note
semi·circle /ˈsemisɜːkl; *AmE* -sɜːrkl/ *Nomen* Halbkreis ◇ *a semicircle of chairs* im Halbkreis aufgestellte Stühle
semi·cir·cu·lar /ˌsemiˈsɜːkjələ(r); *AmE* -ˈsɜːrk-/ *Adj* halbkreisförmig
semi·colon /ˌsemiˈkəʊlən; *AmE* ˈsemikoʊlən/ *Nomen* Semikolon, Strichpunkt
semi·con·duct·or /ˌsemikənˈdʌktə(r)/ *Nomen* (TECH) Halbleiter
ˌsemi-deˈtached *Adj, Nomen*
▸ ***Adj*** (*BrE*) ◇ *The house is semi-detached.* Das ist eine Doppelhaushälfte.
▸ ***Nomen*** Doppelhaushälfte

ˌsemi-ˈfinal *Nomen* Halbfinale

ˌsemi-ˈfinalist *Nomen* Halbfinalteilnehmer(in)

sem·inal /ˈsemɪnl/ *Adj* **1** *(gehoben)* bedeutend **2** Samen-

sem·inar /ˈsemɪnɑː(r)/ *Nomen* Seminar

sem·in·ar·ian /ˌsemɪˈneəriən; *AmE* -ˈner-/ *Nomen* Seminarist(in)

sem·in·ary /ˈsemɪnəri; *AmE* -neri/ *Nomen (Pl* **-ies**) *(Priester-, Prediger-, Rabbiner-)* Seminar

semi·ot·ic /ˌsemiˈɒtɪk; *AmE* -ˈɑːtɪk/ *Adj* semiotisch

semi·ot·ics /ˌsemiˈɒtɪks; *AmE* -ˈɑːtɪks/ *Nomen* [U] Semiotik

ˌsemi-ˈprecious *Adj* Halbedel-

ˌsemi-proˈfes·sion·al *Adj, Nomen*
▸ ***Adj*** halbprofessionell
▸ ***Nomen*** Halbprofi

semi·quaver /ˈsemikweɪvə(r)/ *Nomen (bes BrE)* (MUS) Sechzehntelnote

ˌsemi-ˈskilled *Adj* angelernt

ˌsemi-ˈskimmed *Adj (BrE) (Milch)* halbfett

Sem·ite /ˈsemaɪt/ *Nomen* Semit(in)

Sem·it·ic /səˈmɪtɪk/ *Adj* semitisch

semi·tone /ˈsemitəʊn; *AmE* -toʊn/ *Nomen (BrE)* (MUS) Halbton

ˌsemi-ˈtropic·al *Adj* subtropisch

semi·vowel /ˈsemivaʊəl/ *Nomen* Halbvokal

semo·lina /ˌseməˈliːnə/ *Nomen* **1** Grieß **2** Grießbrei, (warmer) Grießpudding

Sen. *Abk* = SENATOR

sen·ate 🔑 /ˈsenət/ *Nomen (meist* **the Senate**) Senat

sen·ator 🔑 /ˈsenətə(r)/ *Nomen (Abk* **Sen.**) Senator

sen·at·or·ial /ˌsenəˈtɔːriəl/ *Adj* [nur vor Nomen] Senats-

send 🔑 /send/ *Verb* (**sent, sent** /sent/) **1 ~ sth (to sb)** (jdm) etw schicken; **~ sb sth** jdm etw schicken ◇ *send sth by post* etw mit der Post schicken ◇ *A radio signal was sent to the spacecraft.* Ein Radiosignal wurde an das Raumfahrzeug gesendet. ◇ *My parents send their love.* Meine Eltern lassen grüßen. ◇ *He sent me word to come.* Er ließ mir ausrichten, dass ich kommen sollte. **2** lassen ◇ *The punch sent him flying.* Der Schlag ließ ihn zu Boden gehen. ◇ *The report sent share prices down.* Der Bericht ließ die Aktienwerte fallen. ◇ *Every step he took sent the pain shooting up his leg.* Bei jedem Schritt durchzuckte ein stechender Schmerz sein Bein. ◇ *His voice sent a shiver down her spine.* Als sie seine Stimme hörte, lief es ihr eiskalt den Rücken herunter. **3 ~ sb (to/into sth)** ◇ *It nearly sent him crazy.* Es machte ihn beinahe verrückt. ◇ *Her music always sends me to sleep.* Bei ihrer Musik schlafe ich immer ein. ◇ *Her account of the visit sent us into fits of laughter.* Ihre Schilderung des Besuchs ließ uns vor Lachen beinahe platzen. IDM **send sb ˈpacking** *(umgs)* jdn rausschmeißen; jdn wegschicken ➜ *Siehe auch* COVENTRY PHR V **ˌsend aˈway (to sb) for sth** = SEND OFF FOR STH **ˌsend sb ˈdown** *(BrE)* **1** *(umgs)* jdn ins Gefängnis schicken **2** *(veraltet)* jdn von der Universität verweisen **ˈsend for sb** jdn kommen lassen ◇ *Send for a doctor, quickly!* Ruf schnell einen Arzt! **ˈsend for sth** (sich) etw kommen/bringen lassen **ˌsend sb ˈin** jdn einsetzen **ˌsend sth ˈin** etw einschicken **ˌsend ˈoff for sth**; **ˌsend aˈway (to sb) for sth** sich etw (von jdm) schicken lassen **ˌsend sb ˈoff** *(BrE)* (SPORT) jdn vom Platz stellen **ˌsend sth ˈoff** etw abschicken **ˌsend sth ˈon 1** etw vorausschicken **2** etw nachschicken **3** etw weiterleiten ◇ *They arranged for the information to be sent on to us.* Sie ließen die Informationen an uns weiterleiten. **ˌsend ˈout for sth** sich etw kommen lassen **ˌsend sth ˈout 1** etw verschicken **2** etw ausstrahlen **ˌsend sb/sth ˈup** *(umgs)* jdn/etw verulken

send·er /ˈsendə(r)/ *Nomen* Absender(in)

ˌsending-ˈoff *Nomen (Pl* **sendings-off**) *(BrE)* (SPORT) Platzverweis

ˈsend-off *Nomen (umgs)* Abschiedsfeier, Abschied

ˈsend-up *Nomen (umgs)* Verulkung

se·nile /ˈsiːnaɪl/ *Adj* senil ◇ *senile dementia* Altersdemenz

sen·il·ity /səˈnɪləti/ *Nomen* Senilität

se·nior 🔑 /ˈsiːniə(r)/ *Adj, Nomen*
▸ ***Adj*** **1** älter, ranghöher ◇ *a senior officer* ein höherer Offizier ◇ *a senior manager* ein(e) leitende(r) Angestellte(r) ◇ *a senior partner in a law firm* ein Hauptteilhaber einer Anwaltskanzlei ◇ *a senior post* eine leitende Stellung ◇ *He is senior to me.* Er hat eine höhere Stellung als ich. **2** (SPORT) für Erwachsene, für Fortgeschrittene; *(Golf, Tennis)* Senior- **3 Senior, Snr., Sr** *(nach Namen)* senior **4** [nur vor Nomen] *(Schule)* weiterführend **5** [nur vor Nomen] *(AmE)* der Abschlussklasse, Abschlussklassen- ◇ *the senior prom* der Schülerball der obersten Klasse
▸ ***Nomen*** **1** ◇ *She was ten years his senior.* Sie war 10 Jahre älter als er. ◇ *My brother is my senior by two years.* Mein Bruder ist um zwei Jahre älter als ich. **2** *(bes AmE) (auch* **ˌsenior ˈcitizen**) Senior(in) **3** Vorgesetzte(r) **4** (SPORT) Erwachsene(r), Fortgeschrittene(r), Senior **5** *(BrE)* Schüler(in) einer weiterführenden Schule **6** *(AmE)* Student(in) oder Schüler(in) im letzten Studien- /Schuljahr

ˌsenior ˈhigh school *(auch* **ˌsenior ˈhigh**) *Nomen* = Schule in den USA für junge Leute zwischen 14 und 18 Jahren

se·ni·or·ity /ˌsiːniˈɒrəti; *AmE* -ˈɔːr-/ *Nomen* **1** höhere Stellung ◇ *a position of seniority* eine höhere Stellung **2** Betriebszugehörigkeit ◇ *a lawyer with five years' seniority* ein Rechtsanwalt, der fünf Jahre bei der Firma ist

sen·sa·tion /senˈseɪʃn/ *Nomen* **1** Gefühl **2** [meist Sing] Sensation ◇ *The news caused a sensation.* Die Nachricht erregte großes Aufsehen.

sen·sa·tion·al /senˈseɪʃənl/ *Adj (Adv* **sen·sa·tion·al·ly** /-nəli/) **1** sensationell **2** *(abwert)* reißerisch **3** *(umgs)* sagenhaft

sen·sa·tion·al·ism /senˈseɪʃənəlɪzəm/ *Nomen (abwert)* Sensationsmache

sen·sa·tion·al·ist /senˈseɪʃənəlɪst/ *Adj (abwert)* reißerisch

sen·sa·tion·al·ize *(BrE auch* **-ise**) /senˈseɪʃənəlaɪz/ *Verb (abwert)* reißerisch aufmachen

sense 🔑 /sens/ *Nomen, Verb*
▸ ***Nomen*** **1** Sinn ◇ *He was a true friend, in every sense of the word.* Er war ein Freund im wahrsten Sinn des Wortes. ◇ *She has lost all sense of direction in her life.* Sie hat jegliche Orientierung in ihrem Leben verloren. ◇ *He doesn't have any dress sense.* Er hat keine Ahnung, wie man sich schick kleidet. ◇ *In a sense it doesn't matter any more.* In gewisser Hinsicht spielt es keine Rolle mehr. ◇ *(gehoben) In no sense can the issue be said to be resolved.* Wie man es auch betrachtet, man kann nicht sagen, dass die Angelegenheit gelöst ist. ◇ *a belief that contradicts the evidence of the senses* ein Glaube, der dem Wahrgenommenen widerspricht **2** Gefühl ◇ *a strong sense of duty* ein starkes Pflichtbewusstsein **3** Vernunft ◇ *You should have the sense to take the doctor's advice.* Du solltest klug genug sein, den Rat des Arztes zu befolgen. ◇ *Can't you talk sense?* Kannst du nichts Vernünftiges sagen? **4 senses** [Pl] Vernunft ◇ *(veraltet) She must have taken leave of her senses.* Sie muss den Verstand verloren haben. IDM **knock/talk some ˈsense into sb**

(*umgs*) jdn zur Vernunft bringen **make 'sense** **1** Sinn ergeben **2** sinnvoll sein **3** sich klar ausdrücken ◊ *John wasn't making much sense on the phone.* Was John am Telefon sagte, ergab nicht viel Sinn. **make 'sense of sth** etw verstehen **see 'sense** zur Vernunft kommen **a sense of oc'casion** ein Gefühl für das Besondere einer Situation ◊ *Candles on the table gave the evening a sense of occasion.* Die Kerzen am Tisch gaben dem Abend etwas Besonderes.

▸ ***Verb*** (*nicht in der Verlaufsform*) **1** spüren ◊ *That, she sensed, could only mean trouble.* Sie hatte das Gefühl, dass es nur Ärger machen würde. **2** (*Gerät*) registrieren ◊ *equipment that senses the presence of toxic gases* ein Gerät, das das Vorkommen von Giftgasen anzeigt

sense·less /'sensləs/ *Adj* (*Adv* **sense·less·ly**) **1** (*abwert*) sinnlos **2** bewusstlos ◊ *She drank herself senseless.* Sie betrank sich bis zur Besinnungslosigkeit. **3** unvernünftig

sens·ibil·ity /ˌsensə'bɪləti/ *Nomen* (*Pl* **-ies**) **1** Sensibilität ◊ *a man of charm and sensibility* ein Mann mit Charme und Einfühlungsvermögen ◊ *musical sensibility* Empfänglichkeit für Musik **2 sensibilities** [Pl] Gefühle

sens·ible 0-w /'sensəbl/ *Adj* (*Adv* **sens·ibly** /-bli/) **1** vernünftig ◊ *The sensible thing would be to take a taxi home.* Am vernünftigsten wäre es, mit dem Taxi heimzufahren. **2** praktisch ◊ *sensible shoes* vernünftige Schuhe **3** (*gehoben*) bewusst

sen·si·tive 0-w /'sensətɪv/ *Adj* (*Adv* **sen·si·tive·ly**) **1** einfühlsam ◊ *A nurse must be sensitive to the psychological needs of the patients.* Eine Krankenschwester muss auf die psychologischen Bedürfnisse der Patienten Rücksicht nehmen. **2** empfindsam **3** empfindlich ◊ *She's very sensitive to criticism.* Sie reagiert sehr empfindlich auf Kritik. **4** heikel

sen·si·tiv·ity /ˌsensə'tɪvəti/ *Nomen* (*Pl* **-ies**) **1** ~ (**to sth**) Einfühlungsvermögen (gegenüber etw) **2** Empfindsamkeit **3** Empfindlichkeit ◊ *She was blind to the feelings and sensitivities of other people.* Sie war den Gefühlen anderer Leute gegenüber blind. ◊ *allergies and sensitivities* Allergien und Überempfindlichkeiten ◊ *Some children develop a sensitivity to cow's milk.* Manche Kinder entwickeln eine Unverträglichkeit gegenüber Kuhmilch. **4** Brisanz ◊ *We are aware of the sensitivity of the issue.* Wir sind uns bewusst, wie heikel die Angelegenheit ist.

sen·si·tiza·tion (*BrE auch* **-isa·tion**) /ˌsensətaɪ'zeɪʃn; *AmE* -tə'-/ *Nomen* Sensibilisierung

sen·si·tize (*BrE auch* **-ise**) /'sensətaɪz/ *Verb* sensibilisieren ◊ *People are becoming more sensitized to the dangers threatening the environment.* Die Leute werden sich der Gefahren, die die Umwelt bedrohen, immer mehr bewusst.

sen·sor /'sensə(r)/ *Nomen* Sensor

sens·ory /'sensəri/ *Adj* (*Fachspr*) sensorisch, Sinnes- ◊ *sensory organs* Sinnesorgane ◊ *sensory deprivation* Reizentzug

sens·ual /'senʃuəl/ *Adj* (*Adv* **sen·su·al·ly** /-əli/) sinnlich ◊ *sensual pleasure/delight* Sinnenfreude ◊ *He was darkly sensual and mysterious.* Er strahlte eine dunkle, geheimnisvolle Sinnlichkeit aus.

sen·su·al·ity /ˌsenʃu'æləti/ *Nomen* Sinnlichkeit

sen·su·ous /'senʃuəs/ *Adj* (*Adv* **sen·su·ous·ly**) sinnlich, Sinnes-

sen·su·ous·ness /'senʃuəsnəs/ *Nomen* Sinnlichkeit

sent *Form von* SEND

sen·tence 0-w /'sentəns/ *Nomen, Verb*

▸ ***Nomen*** **1** (LING) Satz **2** (RECHT) Strafe ◊ *be under sentence of death* zum Tode verurteilt sein ◊ *The judge passed sentence.* Der Richter verkündete das Urteil. → *Siehe auch* LIFE SENTENCE

▸ ***Verb*** ~ **sb** (**to sth**) jdn (zu etw) verurteilen

sen·ten·tious /sen'tenʃəs/ *Adj* (*Adv* **sen·ten·tious·ly**) (*gehoben, abwert*) wichtigtuerisch, schulmeisterhaft

sen·tient /'sentiənt, 'senʃnt/ *Adj* (*gehoben*) empfindungsfähig

sen·ti·ment /'sentɪmənt/ *Nomen* **1** (*gehoben*) Ansicht, Meinung **2** (*manchmal abwertend*) Gefühl, Sentimentalität

sen·ti·men·tal /ˌsentɪ'mentl/ *Adj* (*Adv* **sen·ti·men·tal·ly** /-təli/) **1** emotional, gefühlsmäßig ◊ *She kept the letters for sentimental reasons.* Sie hob die Briefe aus Sentimentalität auf. ◊ *The ring had great sentimental value .* Der Ring hatte einen hohen ideellen Wert. **2** (*oft abwert*) sentimental

sen·ti·men·tal·ity /ˌsentɪmen'tæləti/ *Nomen* (*abwert*) Sentimentalität

sen·ti·men·tal·ize (*BrE auch* **-ise**) /ˌsentɪ'mentəlaɪz/ *Verb* (*abwert*) sentimental darstellen, verklären

sen·ti·men·tal·ly *Adv* → SENTIMENTAL

sen·ti·nel /'sentɪnl/ *Nomen* (*gehoben, oft fig*) Wache ◊ *a tall tower standing sentinel over the river* ein hoher Turm, der am Fluss gleichsam Wache steht

sen·try /'sentri/ *Nomen* (*Pl* **-ies**) Wache, Wachtposten ◊ *be on sentry duty* Wachdienst haben

sepal /'sepl/ *Nomen* (BOT) Kelchblatt

sep·ar·abil·ity /ˌseprə'bɪləti/ *Nomen* Trennbarkeit

sep·ar·able /'sepərəbl/ *Adj* trennbar ◊ *The moral question is not entirely separable from the financial one.* Die moralische Frage lässt sich nicht gänzlich von der finanziellen trennen.

sep·ar·ate 0-w *Adj, Verb*

▸ ***Adj*** /'seprət/ **1** getrennt, separat ◊ *These issues are quite separate from the general economic malaise.* Diese Probleme haben nichts mit der allgemeinen Wirtschaftskrise zu tun. **2** verschieden **3** einzeln ◊ *Boxed sets take up more space than separate discs.* Sets nehmen mehr Platz ein als einzelne CDs. **4** eigen, für sich ◊ *words that have a separate entry* Wörter, die einen eigenen Eintrag haben ◊ *That's a separate issue.* Das ist eine Frage für sich. IDM **go your separate 'ways** **1** sich trennen **2** ◊ *When we arrived in London we went our separate ways.* In London trennten sich unsere Wege. → *Siehe auch* COVER

▸ ***Verb*** /'sepəreɪt/ **1** ~ (**from sb/sth**) sich (von jdm/etw) trennen; ~ **sb/sth** (**from sb/sth**) jdn/etw (von jdm/etw) trennen ◊ *They separated last year.* Sie trennten sich letztes Jahr. ◊ *Separate the eggs.* Trennen Sie das Eigelb vom Eiweiß. ◊ *Those suffering from infectious diseases were separated from the other patients.* Die an ansteckenden Krankheiten Leidenden wurden von den anderen Patienten abgesondert. **2** (*Landmasse etc.*) sich spalten; ~ **from sth** sich von etw abspalten **3** ~ **into sth** sich in etw (auf)teilen; ~ **sb/sth into sth** jdn/etw in etw (auf)teilen IDM → MAN, SHEEP *und* WHEAT PHR V **separate 'out** sich teilen **separate sth 'out** etw aussondern, etw trennen

sep·ar·ated 0-w /'sepəreɪtɪd/ *Adj* getrennt

sep·ar·ate·ly 0-w /'sepərətli/ *Adv* getrennt, einzeln, separat

sep·ar·ate·ness /'seprətnəs/ *Nomen* Getrenntheit, Anderssein

sep·ar·ates /'seprəts/ *Nomen* [Pl] = Kleidungsstücke, die man kombiniert oder einzeln tragen kann

sep·ar·ation 0-w /ˌsepə'reɪʃn/ *Nomen* [U/Sing] Trennung; (POL) Abspaltung

sep·ar·at·ism /'seprətɪzəm/ *Nomen* Separatismus

sep·ar·at·ist /ˈseprətɪst/ *Nomen, Adj*
▸ ***Nomen*** Separatist(in)
▸ ***Adj*** separatistisch, Separatisten-

sepia /ˈsiːpiə/ *Nomen, Adj*
▸ ***Nomen*** **1** Sepia **2** Sepiabraun
▸ ***Adj*** sepia(farben)

sep·sis /ˈsepsɪs/ *Nomen* (MED) Sepsis

Sep·tem·ber 0╼ /sepˈtembə(r)/ *Nomen* (*Abk* **Sept.**) September → *Beispiele bei* JANUAR

sep·tet /sepˈtet/ *Nomen* [mit Verb im Sing/Pl] (MUS) Septett

sep·tic /ˈseptɪk/ *Adj* septisch ◇ *a septic finger* ein vereiterter Finger ◇ *A dirty cut may go septic.* Eine schmutzige Wunde kann eitrig werden.

septi·cae·mia (*AmE* **septi·ce·mia**) /ˌseptɪˈsiːmiə/ *Nomen* (MED) Blutvergiftung

septic ˈtank *Nomen* Senkgrube

sep·tua·gen·ar·ian /ˌseptjuədʒəˈneəriən; *AmE* -tʃuədʒəˈner-/ *Nomen* (*gehoben*) Siebzigjährige(r)

sep·ul·chre (*AmE* **sep·ul·cher**) /ˈseplkə(r)/ *Nomen* (*veraltet*) Grab(stätte)

se·quel /ˈsiːkwəl/ *Nomen* **1** (*Buch, Film etc.*) Fortsetzung **2** [Sing] Nachspiel

se·quence /ˈsiːkwəns/ *Nomen, Verb*
▸ ***Nomen*** **1** Reihenfolge, Abfolge ◇ *Number the pages in sequence.* Nummerieren Sie die Seiten fortlaufend. ◇ *These pages are out of sequence.* Diese Seiten sind nicht in der richtigen Reihenfolge. **2** (MATH) Reihe **3** (*Musik, Film, Kartenspiel, EDV*) Sequenz
▸ ***Verb*** (*Fachspr*) sequenzieren

the ˌsequence of ˈtenses *Nomen* [Sing] die Zeitenfolge

se·quen·cing /ˈsiːkwənsɪŋ/ *Nomen* Sequenzierung

se·quen·tial /sɪˈkwenʃl/ *Adj* (*Adv* **se·quen·tial·ly** /-ʃəli/) **1** (*gehoben*) aufeinanderfolgend, fortlaufend **2** (*Fachspr*) sequenziell

se·ques·ter /sɪˈkwestə(r)/ *Verb* **1** (RECHT) sequestrieren, beschlagnahmen **2** ~ **the jury** über die Geschworenen Kontaktsperre verhängen

se·ques·trate /ˈsiːkwəstreɪt; *BrE auch* sɪˈkwestreɪt/ *Verb* (RECHT) sequestrieren, beschlagnahmen

se·ques·tra·tion /ˌsiːkwəˈstreɪʃn/ *Nomen* (RECHT) Sequestration, Sequestrierung, Beschlagnahme

se·quin /ˈsiːkwɪn/ *Nomen* Paillette

se·quinned /ˈsiːkwɪnd/ *Adj* mit Pailletten besetzt

se·quoia /sɪˈkwɔɪə/ *Nomen* Sequoia, Mammutbaum

sera *Form von* SERUM

ser·aph /ˈserəf/ *Nomen* (*Pl* **ser·aph·im** /-rəfɪm/ *oder* **ser·aphs**) Seraph

ser·aph·ic /səˈræfɪk/ *Adj* (*gehoben*) **1** seraphisch, engelhaft **2** verzückt ◇ *a seraphic smile* ein verzücktes Lächeln

ser·en·ade /ˌserəˈneɪd/ *Nomen, Verb*
▸ ***Nomen*** **1** Ständchen **2** Serenade
▸ ***Verb*** ~ **sb** jdm ein Ständchen bringen

ser·en·dip·ity /ˌserənˈdɪpəti/ *Nomen* (*gehoben, selten*) glücklicher Zufall

se·rene /səˈriːn/ (*Adv* **se·rene·ly**) *Adj* ruhig, gelassen, heiter

se·ren·ity /səˈrenəti/ *Nomen* Gelassenheit, Ruhe

serf /sɜːf; *AmE* sɜːrf/ *Nomen* Leibeigene(r)

serf·dom /ˈsɜːfdəm; *AmE* ˈsɜːrf-/ *Nomen* Leibeigenschaft

serge /sɜːdʒ; *AmE* sɜːrdʒ/ *Nomen* (*Stoff*) Serge

ser·geant /ˈsɑːdʒənt; *AmE* ˈsɑːrdʒənt/ *Nomen* (*Abk* **Sergt**, **Sgt**; *AmE* **Sgt.**) **1** Unteroffizier, Feldwebel → *Siehe auch* FLIGHT SERGEANT *und* STAFF SERGEANT **2** Polizeihauptmeister(in)

ˌsergeant ˈmajor *Nomen* ≈ Hauptfeldwebel

ser·ial /ˈsɪəriəl; *AmE* ˈsɪr-/ *Nomen, Adj*
▸ ***Nomen*** Fernsehfilm in mehreren Teilen, Fortsetzungsgeschichte
▸ ***Adj*** **1** (*Fachspr*) seriell → *Siehe auch* SERIAL NUMBER **2** Serien- ◇ *a serial killer* ein Serienmörder **3** Fortsetzungs- ◇ *a novel in serial form* ein Fortsetzungsroman

seri·al·iza·tion (*BrE auch* **-isa·tion**) /ˌsɪəriəlaɪˈzeɪʃn; *AmE* ˌsɪriələˈ-/ *Nomen* Sendung in Fortsetzungen, Fortsetzungsgeschichte ◇ *the newspaper serialization of the book* die Erscheinung des Buches als Fortsetzungsgeschichte in der Zeitung

seri·al·ize (*BrE auch* **-ise**) /ˈsɪəriəlaɪz; *AmE* ˈsɪr-/ *Verb* in Fortsetzungen veröffentlichen, in Fortsetzungen senden

seri·al·ly /ˈsɪəriəli; *AmE* ˈsɪr-/ *Adv* seriell, in Fortsetzungen, als Serie

ˈserial number *Nomen* Fabrikationsnummer

ser·ies 0╼ /ˈsɪəriːz; *AmE* ˈsɪriːz/ *Nomen* (*Pl* **ser·ies**) **1** [meist Sing] Serie, Reihe ◇ *a series of events* eine Kette von Ereignissen **2** (*Fernseh-, Radio-*) Serie, Sendereihe

serif /ˈserɪf/ *Nomen* Serife → *Siehe auch* SANS SERIF

ser·ious 0╼ /ˈsɪəriəs; *AmE* ˈsɪr-/ *Adj* **1** ernst, schwer **2** ernsthaft, ernst; (*Zeitung*) seriös ◇ *serious talks* ernsthafte Gespräche ◇ *Be serious for a moment; this is important.* Sei doch einen Augenblick ernst; es ist wichtig. **3** (*Vorschlag, Gegner, Argument*) ernst zu nehmend **4 be ~ (about sb/sth)** es (mit jdm/etw) ernst meinen; **be ~ about doing sth** etw wirklich tun wollen ◇ *Believe me, I'm deadly serious .* Glauben Sie mir, mir ist es todernst. ◇ *You can't be serious!* Das ist doch wohl nicht dein Ernst! ◇ *Is she serious about wanting to sell the house?* Will sie das Haus im Ernst verkaufen? **5** (*umgs*) groß, schwer ◇ *You can earn serious money doing that.* Damit kannst du schwer Geld verdienen. ◇ *There are serious bargains to be had.* Es gibt fantastische Angebote.

ser·ious·ly 0╼ /ˈsɪəriəsli; *AmE* ˈsɪr-/ *Adv* **1** ernsthaft, ernstlich ◇ *seriously ill/damaged* schwer krank/beschädigt **2** (*umgs*) im Ernst ◇ *You're not seriously expecting me to believe that?* Du erwartest doch wohl nicht im Ernst, dass ich dir das glaube? **3** (*umgs*) sehr ◇ *They're seriously rich.* Sie sind schwerreich. ◇ *a seriously odd design* ein äußerst ungewöhnliches Design IDM **take sb/sth ˈseriously** jdn/etw ernst nehmen

ser·ious·ness /ˈsɪəriəsnəs; *AmE* ˈsɪr-/ *Nomen* Ernst, Ernsthaftigkeit IDM **in all ˈseriousness** (*umgs*) ganz im Ernst; allen Ernstes

ser·mon /ˈsɜːmən; *AmE* ˈsɜːrmən/ *Nomen* **1** Predigt **2** (*umgs, abwert*) Moralpredigt

ser·pent /ˈsɜːpənt; *AmE* ˈsɜːrpənt/ *Nomen* (*gehoben*) Schlange

ser·pen·tine /ˈsɜːpəntaɪn; *AmE* ˈsɜːrpəntiːn/ *Adj* (*gehoben*) gewunden, kurvenreich

ser·rated /səˈreɪtɪd/ *Adj* gezackt ◇ *a serrated knife* ein Sägemesser

ser·ried /ˈserid/ *Adj* (*gehoben*) (*Reihe*) dicht, geschlossen

serum /ˈsɪərəm; *AmE* ˈsɪrəm/ *Nomen* (*Pl* **sera** /ˈsɪərə; *AmE* ˈsɪrə/ *oder* **ser·ums**) (*Blut-, Immun- etc.*) Serum

ser·vant 0╼ /ˈsɜːvənt; *AmE* ˈsɜːrvənt/ *Nomen* **1** Diener(in), Bedienstete(r) **2** Angestellte(r) ◇ *a public servant* ein(e) Angestellte(r) im öffentlichen Dienst → *Siehe auch* CIVIL SERVANT **3** (*fig*) Sklave

serve 0╼ /sɜːv; *AmE* sɜːrv/ *Nomen, Verb*
▸ ***Nomen*** (SPORT) Aufschlag
▸ ***Verb*** **1** servieren ◇ *Shall I serve?* Soll ich auftragen?

2 (*Gericht*) reichen für ◇ *This dish will serve four people.* Dieses Gericht reicht für vier Leute. **3** (*bes BrE*) bedienen ◇ *Are you being served?* Werden Sie schon bedient? **4** dienen ◇ *He served as a captain in the army.* Er diente als Hauptmann in der Armee. ◇ *The old building has served its purpose.* Das alte Gebäude hat seinen Zweck erfüllt. ◇ *Their military training served them well.* Ihre militärische Ausbildung erwies sich als nützlich. ◇ *He served under Tony Blair in the 1990s.* Er war in den 90er Jahren unter Tony Blair im Amt. **5** versorgen ◇ *The city is served by three hospitals.* Die Stadt hat drei Krankenhäuser. ◇ *The town is well served with buses and major road links.* Die Stadt besitzt gute Bus- und Straßenverbindungen. **6** (*Haftstrafe*) absitzen, verbüßen; (*Lehre etc.*) absolvieren ◇ *She is serving two years for theft.* Sie sitzt zwei Jahre wegen Diebstahls. ◇ *He has served time before.* Er war schon mal im Gefängnis. **7** ~ **sth (on sb)**; ~ **sb with sth** (RECHT) (jdm) etw zustellen ◇ *serve sb with a summons* jdm eine Gerichtsvorladung zustellen **8** (SPORT) aufschlagen, servieren **IDM** **it serves sb 'right** es geschieht jdm recht **serve your/its 'turn** (*BrE*) seinen Zweck erfüllen **serve two 'masters** zwei Herren dienen → *Siehe auch* FIRST *und* MEMORY **PHRV** **,serve sth 'out** **1** (*Dienst etc.*) ableisten; (*Haftstrafe*) absitzen ◇ (*BrE*) *They didn't want me to serve out my notice.* Sie wollten nicht, dass ich bis Ende der Kündigungsfrist arbeite. **2** = SERVE STH UP **,serve sth 'up** **1** (*BrE auch* **,serve sth 'out**) etw servieren **2** (*Ausrede etc.*) auftischen

ser·ver /'sɜːvə(r); *AmE* 'sɜːrvər/ *Nomen* **1** (COMP) Server **2** (SPORT) Aufschläger(in) **3** [meist Pl] Servierlöffel ◇ *salad servers* Salatbesteck **4** (*AmE*) Kellner(in) **5** Ministrant(in), Messdiener(in)

ser·vice 0→ /'sɜːvɪs; *AmE* 'sɜːrvɪs/ *Nomen, Verb*

▸ ***Nomen*** **1** Dienst ◇ *the ambulance/telephone service* der Rettungs-/Telefondienst ◇ *She has just celebrated 25 years' service with the company.* Sie hat gerade ihr 25-jähriges Dienstjubiläum in der Firma gefeiert. ◇ *That computer gave us very good service.* Der Computer hat uns gute Dienste geleistet. ◇ *voluntary service* ehrenamtliche Arbeit ◇ *The employees have good conditions of service.* Die Angestellten haben gute Arbeitsbedingungen. ◇ *The ship will be taken out of service within two years.* Binnen zwei Jahren wird das Schiff aus dem Verkehr gezogen werden. ◇ *You need the services of a good lawyer.* Sie brauchen einen guten Anwalt. ◇ *He offered his services as a driver.* Er bot sich als Fahrer an. → *Siehe auch* CIVIL SERVICE, DIPLOMATIC SERVICE, EMERGENCY SERVICES, JURY DUTY, POSTAL SERVICE, SECRET SERVICE, SECURITY SERVICE *und* SOCIAL SERVICES **2** -wesen ◇ *the prison service* das Gefängniswesen → *Siehe auch* FIRE SERVICE, HEALTH SERVICE, INTERNAL REVENUE SERVICE *und* NATIONAL HEALTH SERVICE **3** Dienstleistung(sbetrieb) ◇ *public services* öffentliche Dienstleistungen ◇ *financial services* Finanzdienstleistungen ◇ *Essential services will be maintained.* Die lebenswichtigen Versorgungseinrichtungen werden aufrecht erhalten. **4** Zug(verbindung), Bus(verbindung) ◇ *The 10.15 service to Glasgow has been cancelled.* Der Zug um 10.15 nach Glasgow fällt aus. ◇ *There is a regular bus service into Oxford.* Es gibt eine regelmäßige Busverbindung nach Oxford. **5** Bedienung → *Siehe auch* ROOM SERVICE *und* SELF-SERVICE **6** Kundenbetreuung ◇ *We guarantee (an) excellent service.* Wir garantieren einen ausgezeichneten Dienst am Kunden. ◇ *Our main concern is to provide quality customer service.* Unser Hauptbestreben ist es, eine gute Kundenbetreuung zu bieten. ◇ *after-sales service* Kundendienst **7** Wartung, Inspektion ◇ *I took the car in for a service.* Ich habe das Auto zur Inspektion gebracht. **8** [meist Pl] Militär ◇ *a service family* eine Soldatenfamilie **9** [U] Militärdienst ◇ *He saw service in the Boer War.* Er hat im Burenkrieg gekämpft. → *Siehe auch* MILITARY SERVICE *und* NATIONAL SERVICE **10** Gottesdienst **11** [mit Verb im Sing/Pl] **services** (*BrE*) Raststätte → *Siehe auch* SERVICE AREA *und* SERVICE STATION **12** (SPORT) Aufschlag **13** Service ◇ *a tea service* ein Teeservice **14** (*veraltet*) Dienst, Stellung ◇ *be in/go into service* in Stellung sein/gehen **15** (RECHT) Zustellung **IDM** **be at the 'service of sb/sth**; **be at sb's 'service** jdm/etw zur Verfügung stehen ◇ (*gehoben oder hum*) *If you need anything I am at your service.* Wenn du etwas brauchst, stehe ich dir zu Diensten. **be of 'service (to sb)** (*gehoben*) (jdm) behilflich sein ◇ *Can I be of service to anyone?* Kann ich jemandem behilflich sein? **do sb a 'service** (*gehoben*) jdm einen Dienst erweisen → *Siehe auch* PRESS

▸ ***Verb*** **1** (*meist passiv*) (*Maschine etc.*) warten ◇ *We need to have the car serviced.* Wir müssen das Auto zur Inspektion bringen. **2** (*gehoben*) versorgen **3** (*Fachspr*) (*Schulden*) bedienen

ser·vice·able /'sɜːvɪsəbl; *AmE* 'sɜːrv-/ *Adj* brauchbar, verwendbar; (*Stoff, Schuhe etc.*) haltbar

'service area *Nomen* (*BrE*) (*Autobahn-*) Raststätte

'service charge *Nomen* **1** Bedienung(sgeld) **2** = Gebühr für Hausmeistertätigkeiten

ser·vice·man /'sɜːvɪsmən; *AmE* 'sɜːrv-/ *Nomen* (*Pl* **-men** /-mən/) Militärangehöriger

'service member *Nomen* (*AmE*) Angehörige(r) der Streitkräfte

'service road *Nomen* = kleine Straße, die parallel zu einer größeren verläuft

'service station *Nomen* **1** Tankstelle **2** (*BrE*) (*Autobahn-*) Raststätte

ser·vice·woman /'sɜːvɪswʊmən; *AmE* 'sɜːrv-/ *Nomen* (*Pl* **-women** /-wɪmɪn/) Militärangehörige

ser·vicing /'sɜːvɪsɪŋ; *AmE* 'sɜːrv-/ *Nomen* **1** Wartung **2** (*von Schulden*) Bedienung

ser·vi·ette /,sɜːvi'et; *AmE* ,sɜːrv-/ *Nomen* (*BrE*) Serviette

ser·vile /'sɜːvaɪl; *AmE* 'sɜːrvl, -vaɪl/ *Adj* (*abwert*) unterwürfig

ser·vil·ity /sɜː'vɪləti; *AmE* sɜːr'-/ *Nomen* Unterwürfigkeit, Kriecherei

serv·ing /'sɜːvɪŋ; *AmE* 'sɜːrvɪŋ/ *Nomen* Portion

ser·vi·tude /'sɜːvɪtjuːd; *AmE* 'sɜːrvətuːd/ *Nomen* (*gehoben*) Knechtschaft, Sklaverei

servo /'sɜːvəʊ; *AmE* 'sɜːrvoʊ/ *Nomen* (*Pl* **-os**) (TECH) Servomechanismus

ses·ame /'sesəmi/ *Nomen* Sesam → *Siehe auch* OPEN SESAME

ses·sion 0→ /'seʃn/ *Nomen* **1** Treffen, Termin ◇ *a recording session* eine Aufnahme ◇ *a training session* eine Trainingsstunde **2** Sitzung ◇ *a session of the UN General Assembly* eine Sitzung der UN-Generalversammlung ◇ *The court is now in session.* Das Gericht tagt jetzt. ◇ *The committee met in closed session.* Die Komiteesitzung fand unter Ausschluss der Öffentlichkeit statt. **3** Legislaturperiode **4** (*in Schottland*) Studienjahr, Schuljahr

set 0→ /set/ *Verb, Nomen, Adj*

▸ ***Verb*** (**set·ting**, **set**, **set**) **1** legen, stellen, setzen ◇ *They ate everything that was set in front of them.* Sie aßen alles, was man ihnen vorsetzte. ◇ *The house is set in beautiful grounds.* Das Haus steht in einem schönen Park. ◇ *set sth in motion* etw in Gang setzen ◇ *set sth on fire* etw in Brand stecken ◇ *set sb free* jdn freilassen ◇ *set sth right* etw in Ordnung bringen ◇ *set light* *to sth* etw anzünden ◇ *Her manner immediately set everyone at their ease.* Ihre Art nahm sofort allen ihre Befangenheit. ◇ *His remarks set me thinking.* Seine Bemerkungen gaben mir zu denken. **2** (*meist passiv*) (*Handlung eines Romans etc.*) spielen lassen ◇ *The novel is set in London.* Der Roman spielt in London. **3** (*Wecker, Gerät etc.*) stellen **4** (*Tisch*) decken **5** (*meist passiv*) (*Edelstein*) **~ sth in sth** etw in etw fassen; **~ sth with sth** etw mit etw besetzen **6** (*Termin, Ort etc.*) festsetzen, festlegen ◇ *The government has set strict limits on public spending.* Die Regierung hat die öffentlichen Ausgaben stark eingeschränkt. **7** (*Maßstäbe, Trend*) setzen; (*Rekord*) aufstellen; (*Beispiel*) geben; (*Präzedenzfall*) schaffen **8** (*Aufgabe*) stellen; (*Hausaufgabe*) aufgeben ◇ *Who will be setting the French exam?* Wer wird die Fragen für das französische Examen zusammenstellen? ◇ *What books have been set for the English course?* Welche Bücher sind für den Englischkurs vorgeschrieben? → *Siehe auch* SET BOOK **9 ~ sb to do sth** jdn etw tun lassen ◇ *I've set myself to finish the job by Friday.* Ich habe mir vorgenommen, diese Arbeit bis Freitag abzuschließen. **10** (*Beton etc.*) hart werden **11** (*meist passiv*) ◇ *Her jaw was set in a determined manner.* Sie streckte entschlossen ihr Kinn vor. ◇ *His mouth was set in a grim line.* Er presste verbissen die Lippen zusammen. **12** (*Haare*) legen **13** (*Knochen*) (ein)richten, einrenken **14** (*Fachspr*) (*für den Druck*) setzen **15** (*Text, Gedicht etc.*) vertonen **16** (*Sonne, Mond*) untergehen PHR V **ˈset about sb** (*umgs, veraltet*) jdn angreifen **ˈset about sth** (*kein Passiv*) etw in Angriff nehmen, sich an etw machen

ˌset sb aˈgainst sb jdn gegen jdn aufhetzen **set sth (off) against sth** **1** einer Sache etw gegenüberstellen **2** (FINANZ) etw von etw absetzen

ˌset sb/sth aˈpart (from sb/sth) jdn/etw (von jdm/etw) abheben **ˌset sth aˈpart (for sth)** (*meist passiv*) etw (für etw) reservieren

ˌset sth ˈaside **1** etw zur Seite legen **2** (*Geld etc.*) beiseitelegen; (*Zeit*) einplanen **3** etw beiseitelassen; (*Plan*) aufschieben; (*Formalitäten*) auf etw verzichten ◇ *Let's set aside my personal feelings for now.* Vergessen wir mal meine persönlichen Gefühle für den Augenblick. **4** (*Urteil, Entscheidung*) aufheben

ˌset sb ˈback jdn zurückwerfen **ˌset sth ˈback** etw verzögern, etw aufhalten **ˌset sb ˈback sth** (*kein Passiv*) (*umgs*) jdn etw kosten ◇ *The repairs could set you back over $200.* Die Reparaturen könnten dich über 200 Dollar kosten. **ˌset sth ˈback (from sth)** (*meist passiv*) etw (von etw) zurücksetzen ◇ *The hotel is set well back from the road.* Das Hotel liegt ein gutes Stück von der Straße ab.

ˌset sb ˈdown (*BrE*) (*Fahrgast*) absetzen **ˌset sth ˈdown** **1** etw niederschreiben **2** etw festlegen

ˌset ˈforth (*gehoben*) sich auf den Weg machen **ˌset sth ˈforth** (*gehoben*) etw darlegen

ˌset ˈin (*beginnen*) einsetzen ◇ *The rain seemed to have set in for the day.* Es schien sich eingeregnet zu haben.

ˌset sth ˈin/ˈinto sth etw in etw einsetzen

ˌset ˈoff aufbrechen ◇ *We set off for London at ten.* Um zehn brachen wir nach London auf. **ˌset sth ˈoff** **1** etw explodieren lassen; (*Feuerwerk*) abbrennen **2** (*Alarm etc.*) auslösen **3** zu etw führen, etw auslösen **4** etw hervorheben, etw zur Geltung bringen **ˌset sb ˈoff (doing sth)** ◇ *That set us off laughing.* Das brachte uns zum Lachen. ◇ *Don't set her off again.* Hör auf, sonst fängt sie wieder an.

ˈset on/upon sb (*meist passiv*) jdn anfallen **ˈset sb/sth on sb** etw/jdn auf jdn ansetzen ◇ *The farmer set his dogs on them.* Der Bauer hetzte seine Hunde auf sie.

ˌset ˈout **1** aufbrechen ◇ *They set out on the last stage of their journey.* Sie brachen zum letzten Abschnitt ihrer Reise auf. **2** sich vornehmen ◇ *She set out to break the world record.* Sie nahm sich vor, den Weltrekord zu brechen. **ˌset sth ˈout** **1** etw anordnen ◇ *We'll need to set out some chairs for the meeting.* Für das Treffen müssen wir ein paar Stühle aufstellen. **2** etw darlegen

ˌset ˈto (*umgs, veraltet*) sich an die Arbeit machen, sich dahinterklemmen

ˌset sb ˈup **1** ◇ *A bank loan helped to set him up in business.* Ein Bankkredit ermöglichte es ihm, sein eigenes Geschäft zu gründen. ◇ *Financially, I'm set up for life.* Finanziell habe ich ausgesorgt. **2** (*umgs*) jdn kräftigen ◇ *The break from work really set me up for the new year.* Der Urlaub hat mich für das neue Jahr wieder fit gemacht. **3** (*umgs*) jdn reinlegen

ˌset sb ˈup for sth jdm etw in die Schuhe schieben **ˌset sth ˈup** **1** etw errichten ◇ *The police set up roadblocks on routes out of the city.* An den Ausfallstraßen der Stadt errichtete die Polizei Straßensperren. **2** etw aufbauen, etw aufstellen ◇ *She set up her stereo in her bedroom.* Sie baute ihre Stereoanlage in ihrem Schlafzimmer auf. **3** etw arrangieren ◇ *I've set up a meeting for Friday.* Ich habe für Freitag eine Besprechung arrangiert. **4** etw gründen ◇ *set up a business* ein Geschäft gründen **5** etw auslösen ◇ *The slump on Wall Street set up a chain reaction in stock markets around the world.* Der Kurseinbruch an der Wall Street löste auf allen Börsenmärkten der Welt eine Kettenreaktion aus. **6** (*Gebrüll etc.*) anstimmen **ˌset (yourself) ˈup (as sth)** **1** sich (als etw) niederlassen ◇ *She took out a bank loan and set up on her own.* Sie nahm einen Bankkredit auf und machte sich selbstständig. **2** (*fig*) ◇ *He doesn't set himself up as an expert.* Er erhebt nicht den Anspruch, ein Experte zu sein. ℹ Für andere Redewendungen mit **set** siehe die Einträge für die Nomina, Adjektive etc. **Set the pace** z.B. steht unter **pace**.

▸ ***Nomen*** **1** Satz, Set, Paar, Garnitur ◇ *a construction set* ein Bausatz ◇ *a set of six chairs* sechs passende Stühle ◇ *a 24-piece cutlery set* ein 24-teiliges Besteck ◇ *a set of false teeth* ein Gebiss ◇ *a new set of equipment* eine neue Ausrüstung **2** Kategorie, Gruppe **3** Reihe ◇ *a different set of priorities* andere Prioritäten **4** Spiel ◇ *a chess set* ein Schachspiel **5** (*Radio-, Fernseh-*) Gerät **6** Bühnenbild, Szenenbild ◇ *The cast must all be on (the) set by 7.* Alle Mitwirkenden müssen bis spätestens 7 Uhr bei den Dreharbeiten/auf der Bühne sein. **7** (SPORT) Satz ◇ *She won in straight sets.* Sie gewann glatt in zwei Sätzen. **8** [mit Verb im Sing/Pl] Clique, Kreis ◇ *the smart set* die Schickeria **9** (MATH) Menge ◇ *set theory* die Mengenlehre **10** (*BrE*) = Gruppe von Schülern und Schülerinnen mit vergleichbaren Fähigkeiten in einem bestimmten Fach, die zu einem Kurs zusammengefasst werden **11** [Sing] Stellung, Haltung (*des Körpers*) ◇ *She admired the firm set of his jaw.* Ihr gefiel sein energisches Kinn. **12** [Sing] (*Frisieren*) Legen, Wasserwelle ◇ *a shampoo and set* Waschen und Legen **13** = SETT

▸ ***Adj*** **1** (*in einer bestimmten Position*) gelegen, stehend ◇ *a house set in parkland* ein in einem Park gelegenes Haus ◇ *close-set eyes* eng zusammenstehende Augen **2** bestimmt, fest(gesetzt), vorgeschrieben ◇ *a set menu/meal* ein Menü **3** starr, unbeweglich ◇ *As people get older, they get set in their ways.* Mit zunehmendem Alter wird man festgefahren in seinen Gewohnheiten. **4 ~ for sth** auf etw eingestellt; **~ to do sth** darauf eingestellt, etw zu tun ◇ *Interest rates are set to rise.* Die Zinssätze werden steigen. **5** (*Blick, Lächeln etc.*) starr IDM **be (dead) set against sth** (absolut) gegen etw sein ◇ *Why are you so dead set against the idea?* Warum sind Sie denn so strikt dagegen? **be ˈset on sth** zu etw (fest) entschlossen sein → *Siehe auch* MARK

ˈset-aside *Nomen* [U] **1** Flächenstillegung **2** stillgelegte Flächen

set·back /ˈsetbæk/ *Nomen* Rückschlag

ˌset ˈbook *Nomen* (*BrE*) Prüfungstext, Pflichtlektüre

ˌset ˈpiece *Nomen* **1** = eigenständige Passage/Szene in einem Roman, Film, Theater- oder Musikstück etc., die besonders kunstvoll oder nach konventionellem Muster arrangiert ist, um den größtmöglichen Effekt zu erzielen ◇ *a set piece fireworks display* ein meisterhaft inszeniertes Feuerwerk **2** (*BrE*) (SPORT) Standardsituation

ˈset square *Nomen* (*BrE*) Zeichendreieck

sett (*auch* **set**) /set/ *Nomen* (*Dachs-*) Bau

set·tee /seˈtiː/ *Nomen* (*BrE*) Couch

set·ter /ˈsetə(r)/ *Nomen* **1** (*Hund*) Setter **2** (*oft in Zusammensetzungen*) ◇ *a quiz setter* jd, der ein Quiz entwirft ◇ *a standard setter* jd, der einen Standard setzt

ˌset ˈtext *Nomen* (*BrE*) Prüfungstext, Pflichtlektüre

set·ting /ˈsetɪŋ/ *Nomen* **1** Umgebung, Rahmen, Umfeld **2** Schauplatz ◇ *stories with a contemporary setting* Geschichten, die in der Gegenwart spielen **3** (*AmE*) Bühnenbild, Szenenbild **4** (*Motor, Heizung etc.*) Einstellung, Stufe **5** (MUS) Vertonung **6** (*eines Edelsteins*) Fassung **7** Gedeck ◇ *a place setting* ein Gedeck

set·tle 🔑 /ˈsetl/ *Verb* **1** (*Streit*) beilegen, bereinigen **2** zu einer Einigung kommen ◇ *They agreed to settle out of court.* Sie haben einem Vergleich zugestimmt. **3** (*Angelegenheit*) klären, regeln, in Ordnung bringen **4** (*oft passiv*) vereinbaren, abmachen, festlegen ◇ *Good, that's settled, then.* Gut, das ist also klar. ◇ (*umgs*) *Bob will be there? That settles it. I'm not coming.* Bob ist auch da? Alles klar, dann komme ich nicht. **5** sich niederlassen **6** (*meist passiv*) besiedeln **7** ~ (**back**) es sich bequem machen ◇ *Ellie settled back in her seat.* Ellie lehnte sich in den Sitz zurück. **8** ~ **sb** (**back**) es jdm bequem machen **9** zurechtlegen, zurechtrücken ◇ *She settled the blanket around her knees.* Sie legte sich die Decke um ihre Knie. **10** sich beruhigen **11** ~ **sb/sth** jdn/etw beruhigen **12** ~ (**on/over sth**) sich (auf etw) niederlassen ◇ *Dust had settled on everything.* Alles war mit Staub bedeckt. ◇ *His gaze settled on her face.* Sein Blick ruhte auf ihrem Gesicht. ◇ *The snow didn't settle.* Der Schnee blieb nicht liegen. **13** sich (ab)setzen **14** bezahlen, begleichen **15** ~ (**up**) (**with sb**) (mit jdm) abrechnen ◇ *Let me settle with you for the meal.* Ich muss dir noch das Geld für das Essen geben. IDM **settle an old ˈscore** eine alte Rechnung begleichen **settle a ˈscore/an acˈcount (with sb)** (mit jdm) abrechnen → *Siehe auch* DUST PHR V **ˌsettle ˈdown 1** es sich bequem machen **2** zur Ruhe kommen, sesshaft werden ◇ *When are you going to get married and settle down?* Wann hast du vor zu heiraten und eine Familie zu gründen? **3** Ruhe geben ◇ *It always takes the class a while to settle down at the start of the lesson.* Es dauert immer eine Weile, bis die Klasse am Anfang der Stunde zur Ruhe kommt. **ˌsettle sb ˈdown 1** es jdm bequem machen ◇ *Feed the baby and settle him down.* Füttere das Baby und bring es ins Bett. ◇ *I settled her down in front of the fire.* Ich setzte sie vor den Kamin. **2** jdn beruhigen **settle (down) to sth** sich an etw machen ◇ *He found it hard to settle to his work.* Es fiel ihm schwer, sich auf seine Arbeit zu konzentrieren. **ˈsettle for sth** sich mit etw zufrieden geben ◇ *settle for second best* sich mit dem Zweitbesten zufrieden geben **ˌsettle ˈin** sich einleben, sich eingewöhnen **ˌsettle ˈinto sth** sich in etw eingewöhnen **ˈsettle on sth** sich (für etw) entscheiden **ˈsettle sth on sb** (RECHT) etw auf jdn überschreiben, jdm etw vermachen

set·tled /ˈsetld/ *Adj* **1** beständig, geregelt ◇ *He never had a settled home as a child.* Er hatte nie ein richtiges Zuhause als Kind. **2** heimisch, wohl

settle·ment /ˈsetlmənt/ *Nomen* **1** Einigung, Übereinkunft **2** Beilegung, Ausgleich **3** Klärung, Lösung **4** (RECHT) Vergleich, Abkommen **5** Begleichung, Bezahlung ◇ *a cheque in settlement of a bill* ein Scheck zur Begleichung einer Rechnung **6** Siedlung **7** Besiedlung

set·tler /ˈsetlə(r)/ *Nomen* Siedler(in)

ˌset-ˈto *Nomen* [Sing] (*bes BrE, umgs*) Krach, Streiterei

ˈset-up *Nomen* [meist Sing] (*umgs*) **1** System, Regelung, Zustände ◇ *I don't really know the set-up yet.* Ich habe noch keinen rechten Überblick. **2** Falle, abgekartetes Spiel

seven 🔑 /ˈsevn/ *Zahl* sieben → *Beispiele bei* SECHS IDM **the seven-year ˈitch** (*umgs, hum*) das verflixte siebte Jahr → *Siehe auch* SIX

seven·teen 🔑 /ˌsevnˈtiːn/ *Zahl* siebzehn → *Beispiele bei* SECHS

seven·teenth 🔑 /ˌsevnˈtiːnθ/ *Adj, Pron* siebzehnte(r,s) → *Beispiele bei* SECHSTE(R,S)

sev·enth 🔑 /ˈsevnθ/ *Adj, Pron, Nomen*
▸ ***Adj, Pron*** siebte(r,s) → *Beispiele bei* SECHSTE(R,S) IDM **in seventh ˈheaven** im siebten Himmel
▸ ***Nomen*** Siebtel

seven·ti·eth 🔑 /ˈsevntiəθ/ *Adj, Pron, Nomen*
▸ ***Adj, Pron*** siebzigste(r,s) → *Beispiele bei* SECHSTE(R,S)
▸ ***Nomen*** Siebzigstel

sev·enty 🔑 /ˈsevnti/ *Zahl, Nomen*
▸ ***Zahl*** siebzig → *Beispiele bei* SECHZIG
▸ ***Nomen*** **the seventies** [Pl] → *Beispiele bei* SIXTY IDM **in your ˈseventies** ◇ *She's in her seventies.* Sie ist in den Siebzigern.

sever /ˈsevə(r)/ *Verb* (*gehoben*) **1** durchtrennen, abtrennen **2** (*Beziehung etc.*) abbrechen, lösen

sev·eral 🔑 /ˈsevrəl/ *Adj, Pron*
▸ ***Adj, Pron*** mehrere, einige ◇ *several times* mehrmals ◇ *Several more people than usual came.* Es kamen ein paar Leute mehr als sonst.
▸ ***Adj*** (*gehoben*) ◇ *They said goodbye and went their several ways.* Sie verabschiedeten sich und gingen ihrer Wege.

sev·er·al·ly /ˈsevrəli/ *Adv* (*gehoben oder offiz*) einzeln ◇ *be jointly and severally liable* gesamtschuldnerisch haftbar sein

sev·er·ance /ˈsevərəns/ *Nomen* (*gehoben*) **1** [Sing] Abbruch, Trennung **2** [U] Kündigung, Entlassung ◇ *be given notice of severance* die Kündigung erhalten ◇ *severance pay* eine Abfindung

se·vere 🔑 /sɪˈvɪə(r); *AmE* sɪˈvɪr/ *Adj* (*Adv* **se·vere·ly**) **1** schwer, erheblich ◇ *severe weather conditions* schlechte Wetterbedingungen **2** (*Strafe, Urteil, Kritik etc.*) streng, hart ◇ *The courts are becoming more severe on/with young offenders.* Die Gerichte gehen strenger mit jungen Straftätern um. ◇ *a severely critical report* ein äußerst kritischer Bericht **3** (*Person, Blick etc.*) ernst, streng **4** schwierig, hart **5** (*abwert*) (*Stil, Aussehen*) nüchtern, streng

se·ver·ity /sɪˈverəti/ *Nomen* **1** Schwere, Ernst ◇ *We underestimated the severity of the problem.* Wir haben unterschätzt, wie ernst das Problem ist. **2** Stärke **3** Strenge, Nüchternheit

Seville orange /ˌsevɪl ˈɒrɪndʒ; *AmE* ˈɔːrɪndʒ/ *Nomen* Bitterorange, Pomeranze

sew 🔑 /səʊ; *AmE* soʊ/ *Verb* (**sewed**, **sewn** /səʊn; *AmE* soʊn/ *oder* **sewed**) nähen; ~ **sth on** etw annähen; ~ **sth together** etw zusammennähen PHR V **ˌsew sth ˈup 1** etw (zu)nähen **2** (*oft passiv*) (*umgs*) etw unter Dach und Fach bringen ◇ *They think they have the election sewn up.* Sie glauben, sie haben die Wahl schon gewonnen.

sew·age /ˈsuːɪdʒ; *BrE auch* ˈsjuː-/ *Nomen* [U] Abwasser

sewage ˈtreatment plant (*auch* **ˈsewage plant**) *Nomen* (*bes AmE*) Kläranlage

ˈsewage works (*auch* **sewage ˈtreatment works, sewage disˈposal works**) *Nomen* [mit Verb im Sing/Pl] (*BrE*) Klärwerk, Kläranlage

sewer /ˈsuːə(r); *BrE auch* ˈsjuː-/ *Nomen* **1** Abwasserkanal **2 sewers** [Pl] Kanalisation(ssystem)

sew·er·age /ˈsuːərɪdʒ; *BrE auch* ˈsjuː-/ *Nomen* [U] Abwasserbeseitigung

ˈsewer grate *Nomen* (*AmE*) Kanalgitter

sew·ing 🔑 /ˈsəʊɪŋ; *AmE* ˈsoʊ-/ *Nomen* **1** Nähen **2** Näharbeit ◇ *a pile of sewing* ein Stapel von Sachen, die genäht werden müssen

ˈsewing machine *Nomen* Nähmaschine

sewn *Form von* SEW

sex 🔑 /seks/ *Nomen, Verb*

▸ ***Nomen*** **1** Geschlecht ◇ *How can you tell what sex a fish is?* Woran sieht man, welches Geschlecht ein Fisch hat? ◇ *sex discrimination* Diskriminierung aufgrund des Geschlechts ◇ *the male sex hormone* das männliche Sexualhormon ◇ *single-sex schools* reine Jungen- bzw. Mädchenschulen **2** Sex, Geschlechtsverkehr ◇ *gay sex* Sex unter Schwulen ◇ *a sex attack* ein sexueller Übergriff ◇ *a sex crime* ein Sexualverbrechen

▸ ***Verb*** (*Fachspr*) **~ sth** das Geschlecht von etw bestimmen

ˈsex appeal *Nomen* Sexappeal ◇ *He exudes sex appeal.* Er ist unheimlich sexy.

ˈsex change *Nomen* [meist Sing] Geschlechtsumwandlung

-sexed /sekst/ (*in Zusammensetzungen*) ◇ *a highly-sexed woman* eine Frau mit starkem Geschlechtstrieb

sex·ily *Adv* → SEXY

sexi·ness /ˈseksinəs/ *Nomen* Sexappeal

sex·ism /ˈseksɪzəm/ *Nomen* Sexismus

sex·ist /ˈseksɪst/ *Nomen, Adj*

▸ ***Nomen*** (*abwert*) Sexist(in)

▸ ***Adj*** sexistisch

sex·less /ˈseksləs/ *Adj* **1** geschlechtslos **2** ohne Sex

ˈsex life *Nomen* Geschlechtsleben, Liebesleben

ˈsex object *Nomen* Lustobjekt, Sexualobjekt

ˈsex offender *Nomen* Sexualtäter

sex·olo·gist /sekˈsɒlədʒɪst; *AmE* -ˈsɑːlə-/ *Nomen* Sexualwissenschaftler(in)

ˈsex symbol *Nomen* Sexidol

sex·tant /ˈsekstənt/ *Nomen* Sextant

sex·tet /seksˈtet/ *Nomen* [mit Verb im Sing/Pl] Sextett

sex·ton /ˈsekstən/ *Nomen* Kirchendiener(in), Küster(in)

sex·tu·plet /ˈsekstʊplət, sekˈstjuːplət, -ˈstʌplət/ *Nomen* Sechsling

sex·ual 🔑 /ˈsekʃuəl/ *Adj* (*Adv* **sex·ual·ly** /-ʃəli/) **1** Sexual-, sexuell **2** Geschlechts-, geschlechtlich ◇ *sexually mature* geschlechtsreif

sexual ˈharassment *Nomen* sexuelle Belästigung

sexual ˈintercourse *Nomen* (*gehoben*) Geschlechtsverkehr

sexu·al·ity /ˌsekʃuˈæləti/ *Nomen* Sexualität

ˌsexually transˌmitted diˈsease *Nomen* (*Abk* **STD**) Geschlechtskrankheit

sexy /ˈseksi/ *Adj* (**sex·ier, sexi·est**) (*Adv* **sex·ily** /-səli/) **1** sexy **2** betörend, verführerisch **3** (sexuell) erregt ◇ *The music began to make him feel sexy.* Die Musik törnte ihn an. **4** aufregend, spannend

Sgt. (*bes BrE* **Sgt**) *Abk* = SERGEANT

sh (*auch* **shh**) /ʃ/ *Ausruf* pst ◇ *Sh! Keep your voice down!* Pst! Sprich nicht so laut!

shab·bi·ness /ˈʃæbinəs/ *Nomen* Schäbigkeit

shabby /ˈʃæbi/ *Adj* (**shab·bier, shab·bi·est**) (*Adv* **shab·bily** /-bɪli/) **1** schäbig, verlottert, heruntergekommen **2** gemein, übel

shack /ʃæk/ *Nomen, Verb*

▸ ***Nomen*** Baracke, Hütte

▸ ***Verb*** PHR V **be ˌshacked ˈup with sb** (*Slang*) mit jdm zusammenleben **ˌshack ˈup with sb** (*Slang*) mit jdm zusammenziehen

shackle /ˈʃækl/ *Verb* **1** in Ketten legen; **~ sb to sth** jdn an etw (an)ketten **2** (*meist passiv*) (*fig*) an die Kette legen

shackles /ˈʃæklz/ *Nomen* [Pl] **1** Ketten, (Fuß)fesseln **2** (*fig*) Fesseln, Restriktionen

shade 🔑 /ʃeɪd/ *Nomen, Verb*

▸ ***Nomen*** **1** [U] Schatten **2** (*Lampen-, Augen- etc.*) Schirm **3** (*AmE*) = WINDOW SHADE **4** (Farb)ton ◇ *a delicate shade of blue* ein zarter Blauton **5** [meist Pl] **~ of sth** Schattierung ◇ *politicians of all shades of opinion* Politiker jeglicher Couleur ◇ *The word can have many shades of meaning.* Das Wort hat viele Nuancen. **6 a shade** [Sing] (*gehoben*) ein bisschen ◇ *He was feeling a shade disappointed.* Er war etwas enttäuscht. **7 shades** [Pl] (*umgs*) Sonnenbrille **8 shades** [Pl] (*umgs*) **~ of sb/sth** (*verwendet für etw, das einen an eine bestimmte Person, Sache oder Zeit erinnert*) ◇ *Shades of Henry James.* Das erinnert an Henry James. ◇ *short skirts and long boots — shades of the 1960s* kurze Röcke und hohe Stiefel — ein Hauch der Sechziger **9** (*gehoben*) Geist, Schatten IDM **put sb/sth in the ˈshade** jdn/etw in den Schatten stellen

▸ ***Verb*** **1** beschatten; **~ sb/sth from/against sth** jdn/etw vor/gegen etw abschirmen ◇ *The courtyard was shaded by high trees.* Der Hof lag im Schatten hoher Bäume. **2** (*meist passiv*) (*Lampe etc.*) abdunkeln, abschirmen **3** (KUNST) **~ sth (in)** etw (ab)schattieren, etw (aus)schraffieren ◇ *the shaded areas on the map* die schraffierten Flächen auf der Karte **4** (*BrE, umgs*) knapp gewinnen PHR V **ˌshade ˈinto sth** in etw übergehen

shad·ing /ˈʃeɪdɪŋ/ *Nomen* Schattierung, Schraffierung

shadow 🔑 /ˈʃædəʊ; *AmE* -doʊ/ *Nomen, Verb, Adj*

▸ ***Nomen*** **1** Schatten ◇ *The sail cast a shadow on the water.* Das Segel warf einen Schatten auf das Wasser. ◇ (*fig*) *He didn't want to cast a shadow on their happiness.* Er wollte ihr Glück nicht trüben. **2** (*auch* **shadows** [Pl]) Dunkel ◇ *His face was deep in shadow.* Sein Gesicht war völlig im Dunkel. ◇ *I saw a figure standing in the shadows.* Ich sah eine Gestalt, die im Dunkel stand. **3** [Sing] **a ~ of sth** ein Hauch von etw ◇ *a shadow of a smile* die Andeutung eines Lächelns ◇ *beyond/without a shadow of a doubt* ohne den geringsten Zweifel **4** [Sing] (*fig*) **the ~ of sth** ◇ *They had lived for years under the shadow of fear.* Ihr Leben wurde jahrelang von Angst überschattet. ◇ *She was living with the shadow of illness hanging over her.* Ihr Leben war von Krankheit überschattet. **5** (*Verfolger, Beobachter*) Schatten **6 shadows** [Pl] Augenringe, dunkle Ränder **7** Phantom, Hirngespinst IDM **be/live in/under the ˈshadow of sb** in jds Schatten stehen **in/under the ˈshadow of sth** direkt neben etw ◇ *The new market is in the shadow of the City Hall.* Der neue Markt liegt direkt neben dem Rathaus. → *Siehe auch* FORMER

▸ ***Verb*** **1 ~ sb** jdn überwachen, jdn beschatten **2 ~ sb** bei jdm hospitieren **3 ~ sth** einen Schatten auf etw werfen

▸ ***Adj*** [nur vor Nomen] (*BrE*) (POL) Schatten- ◇ *the shadow Chancellor* der Finanzminister des Schattenkabinetts

ˈshadow-boxing *Nomen* Schattenboxen

shad·owy /ˈʃædəʊi; *AmE* -doʊ-/ *Adj* **1** dunkel ◇ *The room was plunged into a shadowy darkness.* Das Zimmer war in dunkle Schatten getaucht. ◇ (*fig*) *the shadowy world of terrorism* die dunkle Welt des Terrorismus **2** schemenhaft, verschwommen

shady /ˈʃeɪdi/ *Adj* (**shadi·er**, **shadi·est**) **1** schattig **2** (*Baum etc.*) Schatten spendend **3** (*umgs*) zwielichtig

shaft /ʃɑːft; *AmE* ʃæft/ *Nomen, Verb*

▸ ***Nomen*** **1** (*oft in Zusammensetzungen*) Schacht ◇ *a ventilation shaft* ein Lüftungsschacht ◇ *a lift shaft* ein Aufzugsschaft **2** (*von Werkzeug, Schläger etc.*) Schaft **3** (*oft in Zusammensetzungen*) (TECH) Welle ◇ *a gear shaft* eine Getriebewelle **4** [meist Pl] (*von Karren etc.*) Deichsel **5** (*gehoben*) (*Licht-*) Strahl **6** (*gehoben*) (*fig*) ◇ *Shafts of fear ran through him.* Angstschauer liefen ihm über den Rücken. ◇ *She felt a shaft of pain shoot through her.* Ein stechender Schmerz durchfuhr sie. ◇ *a shaft of inspiration* eine Erleuchtung **7** (*gehoben*) (*Bemerkung*) Spitze ◇ *a shaft of wit* eine geistreiche Spitze IDM **give sb the shaft** (*AmE, umgs*) jdn unfair behandeln

▸ ***Verb*** (*umgs*) **1 ~ sb** jdn hereinlegen, jdn in etw hineinreiten **2 be shafted** in der Scheiße sitzen

shag /ʃæg/ *Nomen, Verb, Adj*

▸ ***Nomen*** **1** (*Tabak*) Shag, Feinschnitt **2** Krähenscharbe **3** [meist Sing] (*BrE, vulg, Slang*) Sexnummer ◇ *Fancy a shag?* Willst du mit mir ins Bett gehen?

▸ ***Verb*** (**-gg-**) (*BrE, vulg, Slang*) ficken, bumsen

▸ ***Adj*** [nur vor Nomen] (*Teppich*) zottelig

shagged /ʃægd/ (*auch* ˌ**shagged ˈout**) *Adj* [nicht vor Nomen] (*BrE, Slang*) fix und fertig

shaggy /ˈʃægi/ *Adj* zottelig, zottig

ˌ**shaggy-ˈdog story** *Nomen* = endlos lange Geschichte ohne Pointe

shah /ʃɑː/ *Nomen* Schah

shaikh = SHEIKH

shake 🔑 /ʃeɪk/ *Verb, Nomen*

▸ ***Verb*** (**shook** /ʃʊk/, **shaken** /ˈʃeɪkən/) **1** schütteln ◇ *She shook her hair loose.* Sie löste ihre Frisur und schüttelte ihr Haar. **2** erschüttern (*auch fig*) **3** zittern, wackeln, beben ◇ *He was shaking with fear.* Er zitterte vor Angst. **4 ~ sb (up)** (*nicht in der Verlaufsform*) jdn erschüttern, jdm einen Schock versetzen **5 ~ sth (off)** etw loswerden **6 ~ sb's hand; ~ sb by the hand** jdm die Hand schütteln/geben; **~ hands (with sb) on sth** etw (mit jdm) per Handschlag besiegeln **7 ~ your fist (at sb)** (jdm) mit der Faust drohen IDM **shake in your ˈshoes** (*umgs*) vor Angst schlottern **Shake a ˈleg!** (*umgs, veraltet*) Rühr dich mal ein wenig!; Leg einen Zahn zu! → *Siehe auch* FOUNDATION PHR V ˌ**shake ˈdown** (*umgs*) sich eingewöhnen ˌ**shake sb ˈdown** (*AmE, umgs*) **1** jdn durchsuchen **2** jdn (um etw) betrügen, jdn um etw erleichtern ˌ**shake sth ˈdown** (*AmE, umgs*) mit etw eine Testfahrt machen ˌ**shake sb ˈoff** jdn abschütteln ˈ**shake on sth** etw per Handschlag besiegeln ˌ**shake sth ˈout** etw ausschütteln ˌ**shake sb ˈup** jdn aufrütteln ˌ**shake sth ˈup** (*fig*) etw umkrempeln

▸ ***Nomen*** **1** [meist Sing] Schütteln ◇ *Give the bottle a good shake before opening.* Die Flasche vor dem Öffnen gut schütteln. **2 the shakes** [Pl] (*umgs*) das Zittern ◇ *I always get the shakes before exams.* Vor Prüfungen bekomme ich immer zittrige Knie. **3** = MILKSHAKE IDM **in two ˈshakes; in a couple of ˈshakes** (*umgs*) im Nu → *Siehe auch* GREAT

shake·down /ˈʃeɪkdaʊn/ *Nomen* (*AmE, umgs*) **1** Erpressung **2** Durchsuchung, Razzia **3** Testfahrt ◇ *a shakedown flight* ein Probeflug

shaken /ˈʃeɪkən/ (*auch* **shaken ˈup**) *Adj* erschüttert, verstört, geschockt

ˈ**shake-out** *Nomen* [meist Sing] **1** (WIRTSCH) Gesundschrumpfung; (*bei einzelnen Unternehmen*) Personalabbau, Rationalisierung **2** (WIRTSCH) Umstrukturierung

shaker *Nomen* /ˈʃeɪkə(r)/ **1** (*oft in Zusammensetzungen*) Mixbecher, Shaker ◇ *a salt shaker* ein Salzstreuer **2 Shaker** (REL) Shaker IDM → MOVER

ˈ**shake-up** *Nomen* Umstrukturierung, Reorganisation

shak·ing /ˈʃeɪkɪŋ/ *Nomen* [Sing] Schütteln ◇ *There was a lot of shaking of heads.* Viele schüttelten den Kopf.

shaky /ˈʃeɪki/ *Adj* (**shaki·er**, **shaki·est**) **1** (*Adv* **shaki·ly** /-kɪli/) zittrig, wacklig, schwach ◇ *My legs still felt quite shaky.* Ich hatte immer noch weiche Knie. ◇ *After a shaky start, they fought back.* Nach einem holprigen Auftakt schlugen sie zurück. **2** (*fig*) unsicher, ungewiss ◇ *You're on shaky ground there.* Du bewegst dich auf unsicherem Boden.

shale /ʃeɪl/ *Nomen* Schiefer

shall 🔑 /ʃəl, *betont* ʃæl/ *Modalvb* (**should** /*betont* ʃʊd/) **1** (*veraltend*) (*als Alternative zu „will" in der ersten Person des Futurs verwendet*) ◇ *I shall go.* Ich werde gehen. **2** (*veraltet oder offiz*) sollen ◇ *Candidates shall remain in their seats until the papers have been collected.* Die Prüflinge müssen sitzen bleiben, bis alle Klausurarbeiten eingesammelt worden sind. **3** (*in Vorschlägen*) ◇ *Shall I open the window?* Soll ich das Fenster aufmachen? ◇ (*AmE*) *Should I open the window?* Soll ich das Fenster aufmachen? ◇ *Shall we go out for a meal today?* Wollen wir heute essen gehen?

shal·lot /ʃəˈlɒt; *AmE* ʃəˈlɑːt/ *Nomen* Schalotte

shal·low 🔑 /ˈʃæləʊ; *AmE* -loʊ/ *Adj* **1** flach; (*Gewässer*) seicht ◇ *They buried her body in a shallow grave.* Sie verscharrten ihre Leiche. **2** (*abwert*) (*fig*) oberflächlich, seicht

shal·low·ly /ˈʃæləʊli; *AmE* -loʊ-/ *Adv* flach; (*fig*) nicht sehr ausgeprägt ◇ *He was breathing shallowly.* Seine Atmung war flach.

shal·low·ness /ˈʃæləʊnəs; *AmE* -loʊ-/ *Nomen* Flachheit, Seichtheit; (*fig*) Oberflächlichkeit

shal·lows /ˈʃæləʊz; *AmE* -loʊz/ **the shallows** *Nomen* [Pl] Flachwasser, seichte Stelle, Untiefe

sham /ʃæm/ *Nomen, Adj, Verb*

▸ ***Nomen*** (*abwert*) **1** Heuchelei ◇ *a sham of a marriage* eine Ehe, die nur auf dem Papier besteht **2** [meist Sing] Heuchler(in)

▸ ***Adj*** [nur vor Nomen] (*abwert*) geheuchelt, vorgetäuscht ◇ *a sham marriage* eine Scheinehe

▸ ***Verb*** (**-mm-**) (*gehoben*) simulieren ◇ *animals that sham dead* Tiere, die sich tot stellen

shaman /ˈʃeɪmən, ˈʃɑːmən, ˈʃæmən/ *Nomen* Schamane

sham·ble /ˈʃæmbl/ *Verb* trotten

sham·bles /ˈʃæmblz/ *Nomen* [Sing] (*umgs*) Durcheinander, Chaos ◇ *He's made an absolute shambles of his career.* Er hat seine Karriere völlig verpfuscht.

sham·bol·ic /ʃæmˈbɒlɪk; *AmE* -ˈbɑːlɪk/ *Adj* (*BrE, umgs*) chaotisch, katastrophal

shame 🔑 /ʃeɪm/ *Nomen, Verb*

▸ ***Nomen*** **1** Scham ◇ *She hung her head in shame.* Sie senkte beschämt den Kopf. ◇ *Have you no shame?* Schämst du dich gar nicht? ◇ *He could not live with the shame of it.* Er konnte mit der Schmach nicht leben. **2 a shame** [Sing] ein Jammer, schade **3** Schande ◇ *To my shame I only speak one language.* Ich muss zu meiner Schande gestehen, dass ich keine Fremdsprachen spreche. IDM **put sb/sth to ˈshame** jdn/etw in den Schatten stellen ˈ**shame on you, him, etc.** (*umgs*) du, er etc. sollte(st) dich, sich etc. (was) schämen

▸ *Verb* **1** (*gehoben*) beschämen **2** (*gehoben*) Schande machen ◇ *You have shamed your family.* Du hast Schande über deine Familie gebracht. PHR V **'shame sb into doing sth** jdm ins Gewissen reden (damit er etw tut)

shame·faced /ˌʃeɪmˈfeɪst/ *Adj* (*Adv* **shame·faced·ly**) /ˌʃeɪmˈfeɪstli, -ˈfeɪsɪdli/ beschämt, betreten

shame·ful /ˈʃeɪmfl/ *Adj* beschämend ◇ *There is nothing shameful about being poor.* Es braucht sich niemand zu schämen, arm zu sein.

shame·ful·ly /ˈʃeɪmfəli/ *Adv* **1** schändlich ◇ *The buildings have been shamefully neglected.* Man hat die Gebäude sträflich vernachlässigt. ◇ *Some companies are shamefully slow in fulfilling orders.* Es ist eine Schande, wie langsam manche Firmen bei der Bearbeitung von Aufträgen sind. **2** verschämt

shame·less /ˈʃeɪmləs/ *Adj* (*Adv* **shame·less·ly**) (*abwert*) schamlos

shame·less·ness /ˈʃeɪmləsnəs/ *Nomen* (*abwert*) Schamlosigkeit

sham·ing /ˈʃeɪmɪŋ/ *Adj* beschämend

sham·poo /ʃæmˈpuː/ *Nomen, Verb*

▸ *Nomen* (*Pl* **-oos**) **1** Shampoo ◇ *carpet shampoo* Teppichschaum **2** [meist Sing] Waschen, (Ein)schamponieren; (*Teppich auch*) Reinigung

▸ *Verb* (**sham·pooed, sham·pooed**) (mit Shampoo) waschen, schamponieren

sham·rock /ˈʃæmrɒk; *AmE* -rɑːk/ *Nomen* Klee, Kleeblatt

shandy /ˈʃændi/ *Nomen* (*Pl* **-ies**) (*BrE*) Bier mit Limonade, Radler, Alsterwasser

shang·hai /ʃæŋˈhaɪ/ *Verb* (**shang·hai·ing** /-ɪŋ/, **shang·haied** /-ˈhaɪd/) (*umgs, veraltet*) **~ sb** jdn zwingen; **~ sb into doing sth** jdn dazu bringen, etw zu tun

shank /ʃæŋk/ *Nomen* **1** Schaft, Stiel **2** Unterschenkel; (*eines Tieres auch*) Hachse IDM **(on) Shanks's 'pony** (*BrE, umgs*) auf Schusters Rappen

shan't /ʃɑːnt; *AmE* ʃænt/ = SHALL NOT

shanty /ˈʃænti/ *Nomen* (*Pl* **-ies**) **1** (*in Slums etc.*) Baracke **2** = SEA SHANTY

'shanty town *Nomen* Elendsviertel

shape /ʃeɪp/ *Nomen, Verb*

▸ *Nomen* **1** Form ◇ *circular in shape* kreisförmig ◇ *Will new technology change the shape of broadcasting?* Wird die neue Technologie den Rundfunk und das Fernsehen verändern? **2** Gestalt **3** Zustand, Form ◇ *She's out of shape.* Sie ist nicht in Form. ◇ *He's not in any shape to be working.* Seine Verfassung ist zu schlecht, als dass er arbeiten könnte. IDM **get (yourself) into 'shape** fit werden; sich in Form bringen **get/knock/lick sb into 'shape** jdn fit machen **get/knock/lick sth into 'shape** etw auf Vordermann bringen **give 'shape to sth** (*gehoben*) etw ausdrücken **in 'any (way,) shape or form** (*umgs*) **1** aller Art **2** in irgendeiner Weise **out of 'shape** **1** aus der Form ◇ *The wheel had been twisted out of shape.* Das Rad war verbogen worden. **2** in schlechter Verfassung; (*sportlich*) nicht fit **the ˌshape of ˌthings to 'come** die Zukunft **take 'shape** Gestalt/Form annehmen

▸ *Verb* **1 ~ A (into B)** A (zu B) formen **2** (*fig*) prägen ◇ *She had a leading role in shaping party policy.* Sie spielte bei der Gestaltung der Parteipolitik eine wichtige Rolle. IDM **'shape up or ship 'out** (*AmE, umgs*) ◇ *His band finally told him to shape up or ship out.* Seine Band machte ihm klar, er müsse sich mehr anstrengen, andernfalls würde er rausfliegen. PHR V **ˌshape 'up** **1** sich entwickeln ◇ *How's the new secretary shaping up?* Wie macht sich die neue Sekretärin? **2** (*umgs*) sich zusammenreißen

shaped /ʃeɪpt/ *Adj* -förmig ◇ *beautifully shaped flowers* wunderschön geformte Blüten ◇ *alphabet-shaped pasta* Buchstabennudeln

shape·less /ˈʃeɪpləs/ *Adj* (*Adv* **shape·less·ly**) (*meist abwert*) unförmig, formlos

shape·less·ness /ˈʃeɪpləsnəs/ *Nomen* (*meist abwert*) Unförmigkeit, Formlosigkeit

shape·ly /ˈʃeɪpli/ *Adj* wohlproportioniert, wohlgeformt

shard /ʃɑːd; *AmE* ʃɑːrd/ *Nomen* (*gehoben*) Scherbe

share /ʃeə(r); *AmE* ʃer/ *Verb, Nomen*

▸ *Verb* **1 ~ (sth) (with sb)** (sich) (etw) (mit jdm) teilen ◇ *The conference is a good place to share information.* Die Konferenz ist ein guter Ort, um Informationen auszutauschen. ◇ *shared values* allgemein gültige Anschauungen ◇ *Both drivers shared the blame for the accident.* Beide Fahrer waren an dem Unfall schuld. ◇ *There isn't an empty table. Would you mind sharing?* Es ist kein Tisch frei. Macht es dir etwas aus, wenn wir uns irgendwo dazusetzen? ◇ (*bes AmE*) *The group listens while one person shares.* Die Gruppe hört zu während eine Person seine Erlebnisse mit ihnen teilt. **2 ~ sth out (among/between sb)** etw (unter jdm) aufteilen, etw (unter jdm) verteilen **3 ~ in sth** sich (an) etw beteiligen, etw teilen IDM **share and share a'like** (es wird) brüderlich geteilt

▸ *Nomen* **1** [meist Sing] **~ (of/in sth)** Anteil (von/an etw) ◇ *I've done my share of worrying for one day!* Für heute habe ich mir genug Sorgen gemacht! ◇ (*BrE*) *I'm looking for a flat share.* Ich suche eine WG. **2** [Sing] Teil ◇ *We all did our share.* Jeder leistete seinen Beitrag. **3** (FINANZ) **~ (in sth)** Aktie (von etw) ◇ *There's been a fall in share prices.* Die Aktienkurse sind gefallen. ◇ *the share index* der Aktienindex → *Siehe auch* ORDINARY SHARE *und* TIMESHARE **4** (*AmE*) = PLOUGHSHARE IDM → CAKE, FAIR, LION *und* PIE

share·crop·per /ˈʃeəkrɒpə(r); *AmE* ˈʃerkrɑːpər/ *Nomen* (*bes AmE*) (*in USA*) = Farmpächter, der seine Pacht mit einem Teil seiner Ernte entrichtet

share·hold·er /ˈʃeəhəʊldə(r); *AmE* ˈʃerhoʊl-/ *Nomen* Aktionär(in)

share·hold·ing /ˈʃeəhəʊldɪŋ; *AmE* ˈʃerhoʊl-/ *Nomen* (FINANZ) Beteiligung ◇ *They have a 51% shareholding in the business.* Sie haben 51% der Geschäftsanteile.

'share-out *Nomen* [meist Sing] (*BrE*) **1** Aufteilung, Verteilung **2** Anteil

share·ware /ˈʃeəweə(r); *AmE* ˈʃerwer/ *Nomen* (COMP) Shareware

sha·ria (*auch* **sha·riah**) /ʃəˈriːə/ *Nomen* Scharia

shark /ʃɑːk; *AmE* ʃɑːrk/ *Nomen* **1** Hai(fisch) **2** (*umgs, abwert*) Gauner, Schlitzohr ◇ *property sharks* Immobilienhaie → *Siehe auch* LOAN SHARK

sharp /ʃɑːp; *AmE* ʃɑːrp/ *Adj, Adv, Nomen*

▸ *Adj* **1** (*Adv* **sharp·ly**) scharf (*auch fig*) ◇ *The issue must be brought into sharper focus.* Die Frage muss schärfer umrissen werden. ◇ *Their experiences contrast sharply with those of other children.* Ihre Erfahrungen unterscheiden sich gravierend von denen anderer Kinder. ◇ *He rapped sharply on the window.* Er pochte heftig ans Fenster. ◇ *a sharp frost* ein beißender Frost → *Siehe auch* RAZOR-SHARP **2** (*Adv* **sharp·ly**) spitz (*auch fig*) ◇ *Emma has a sharp tongue.* Emma hat eine spitze Zunge. ◇ *He was very sharp with me when I forgot my book.* Er war ziemlich schroff mit mir, weil ich mein Buch vergessen hatte. **3** (*Adv* **sharp·ly**) drastisch, rapide ◇ *There was a sharp intake of breath from Bond.* Bond zog hörbar die Luft ein. **4** (*Fotos, Umriss*) scharf, klar **5** (*Mensch*) scharfsinnig, intelligent; (*Gehör, Nase*) fein ◇ *have sharp eyes* ein scharfes Auge haben **6** (*Obst etc.*) sauer **7** (*abwert*) gerissen, raffiniert ◇ *His lawyer's a sharp operator.* Sein

Anwalt ist ein gerissener Kerl. **8** (*Adv* **sharp·ly**) (*Kleidung*) schick ◇ *Todd is a really sharp dresser!* Todd ist immer todschick angezogen! **9** (*Gesichtszüge*) kantig **10** (MUS) = um einen Halbton erhöht ◇ *in C sharp minor* in cis-Moll IDM **at the ˈsharp end** (*BrE, umgs*) **1** an der Spitze **2** in vorderster Front ◇ *He found himself at the sharp end of everyone's complaints.* Alle Beschwerden landeten bei ihm. **look ˈsharp** (*BrE, umgs*) beeil dich

▸ ***Adv*** **1** genau ◇ *seven o'clock sharp* Punkt sieben Uhr **2 ~ left/right** (*BrE*) scharf links/rechts **3** (MUS) zu hoch

▸ ***Nomen*** (MUS) erhöhter Ton; (*Symbol*) Kreuz

sharp·en /ˈʃɑːpən; *AmE* ˈʃɑːrpən/ *Verb* **1** schärfen, schleifen, wetzen, spitzen **2** (*fig*) anregen, verstärken **3** sich verschärfen; (*Tonfall*) schärfer werden ◇ *The outline of the trees sharpened as it grew lighter.* Als es heller wurde, zeichneten sich die Umrisse der Bäume schärfer ab. ◇ *Her thirst sharpened.* Ihr Durst wurde schlimmer. ◇ *His gaze sharpened.* Sein Blick wurde durchdringender. **4 ~ sth (up)** etw aufpolieren **5 ~ (up)** sich verbessern

sharp·en·er /ˈʃɑːpnə(r); *AmE* ˈʃɑːrp-/ *Nomen* (*meist in Zusammensetzungen*) Schleifstein, Wetzstahl; (*Bleistift-*) Spitzer

ˌsharp-ˈeyed *Adj* scharfsichtig ◇ *be sharp-eyed* ein scharfes Auge haben

sharp·ish /ˈʃɑːpɪʃ; *AmE* ˈʃɑːrpɪʃ/ *Adv* (*BrE, umgs*) schnell, unverzüglich

sharp·ness /ˈʃɑːpnəs; *AmE* ˈʃɑːrp-/ *Nomen* **1** Schärfe (*auch fig*) **2** Schroffheit **3** (*bei Obst etc.*) Säure **4** Scharfsinn

ˌsharp ˈpractice *Nomen* unlautere Praktiken

sharp·shoot·er /ˈʃɑːpʃuːtə(r); *AmE* ˈʃɑːrp-/ *Nomen* Scharfschütze

shat *Form von* SHIT

shat·ter /ˈʃætə(r)/ *Verb* **1** zerbrechen (*auch fig*) ◇ *Anna's self-confidence had been completely shattered.* Annas Selbstvertrauen war völlig zerstört. **2 ~ sb** jdn erschüttern, jdn schwer mitnehmen

shat·ter·ing /ˈʃætərɪŋ/ *Adj* (*Adv* **shat·ter·ing·ly**) **1** entsetzlich, erschütternd **2** ohrenbetäubend

ˈshatter-proof *Adj* bruchsicher

shave 0-π /ʃeɪv/ *Verb, Nomen*

▸ ***Verb*** **1** (sich) rasieren ◇ *a shaved head* ein kahl geschorener Kopf → *Siehe auch* SHAVEN **2** (*Preise etc.*) leicht senken PHR V **ˌshave sth ˈoff** **1** etw abrasieren **2** (*Holz*) abhobeln **3** etw leicht senken, etw leicht kürzen ◇ *He shaved a tenth of a second off his best time.* Er verbesserte seine Bestzeit um eine Zehntelsekunde.

▸ ***Nomen*** Rasur, Rasieren ◇ *have a shave* sich rasieren IDM → CLOSE[2]

shaven /ˈʃeɪvn/ *Adj* rasiert; (*Kopf etc.*) kahl geschoren

shaver /ˈʃeɪvə(r)/ *Nomen* Rasierapparat

ˈshaving cream (*auch* **ˈshaving foam**) *Nomen* Rasiercreme, Rasierschaum

shav·ings /ˈʃeɪvɪŋz/ *Nomen* [Pl] Späne

shawl /ʃɔːl/ *Nomen* (Umhänge)tuch; (*für Babys*) dünne Decke

she 0-π /ʃi, *betont* ʃiː/ *Pron, Nomen*

▸ ***Pron*** sie

▸ ***Nomen*** **1** [Sing] (*umgs*) Weibchen **2 she-** (*in Zusammensetzungen*) (*bei Tieren*) weiblich ◇ *a she-wolf* eine Wölfin

sheaf /ʃiːf/ *Nomen* (*Pl* **sheaves** /ʃiːvz/) **1** Bündel **2** Garbe

shear /ʃɪə(r); *AmE* ʃɪr/ *Verb* (**sheared, shorn** /ʃɔːn; *AmE* ʃɔːrn/ *oder* **sheared**) **1** scheren ◇ *sheep shearing* Schafschur **2** (*gehoben*) abrasieren **3 ~ (off)** (TECH) (*Metall etc.*) abbrechen, abscheren **4 ~ sth off (sth)** etw (von etw) abschlagen, etw (von etw) abreißen **5 ~ through sth** etw durchbohren PHR V **be ˈshorn of sth** (*gehoben*) einer Sache beraubt sein/werden

shears /ʃɪəz; *AmE* ʃɪrz/ *Nomen* [Pl] (große) Schere ◇ *a pair of garden shears* eine Heckenschere → *Siehe auch* PINKING SHEARS

sheath /ʃiːθ/ *Nomen* (*Pl* **sheaths** /ʃiːðz/) **1** (*Schwert- etc.*) Scheide **2** (*von Kabel*) Mantel **3** (*BrE*) Kondom **4** Etuikleid, Futteralkleid

sheathe /ʃiːð/ *Verb* **1** (*gehoben*) (*Schwert, Messer etc.*) in die Scheide stecken **2 ~ sth (in/with sth)** (*meist passiv*) etw (mit etw) umhüllen, etw (in etw) einhüllen

sheaves *Form von* SHEAF

she·bang /ʃɪˈbæŋ/ *Nomen* IDM **the whole sheˈbang** (*umgs*) die ganze Sache

she·been /ʃɪˈbiːn/ *Nomen* (*umgs*) (*in Irland*) Lokal, in dem illegal Alkohol ausgeschenkt wird

shed /ʃed/ *Nomen, Verb*

▸ ***Nomen*** (*oft in Zusammensetzungen*) **1** Schuppen ◇ *a bicycle shed* ein Fahrradschuppen **2** (*BrE*) (Fabrik)halle, Lagerhalle

▸ ***Verb*** (**shed·ding, shed, shed**) **1** (*oft im Pressejargon*) loswerden; (*Stellen*) abbauen **2** verlieren ◇ *A duck's feathers shed water immediately.* Wasser perlt von Entenfedern sofort ab. **3 ~ its skin** sich häuten **4** (*gehoben*) (*Kleidung*) ablegen ◇ *Luke shed his clothes onto the floor.* Luke legte seine Kleider ab und ließ sie auf den Boden fallen. **5** (*Licht*) verbreiten **6** (*gehoben*) (*Tränen, Blut*) vergießen **7** (*bei Tieren*) haaren IDM → LIGHT

she'd /ʃiːd/ **1** = SHE HAD **2** = SHE WOULD

shed·load /ˈʃedləʊd; *AmE* -loʊd/ *Nomen* (*BrE, umgs*) (Riesen)menge

sheen /ʃiːn/ *Nomen* [Sing] Glanz

sheep 0-π /ʃiːp/ *Nomen* (*Pl* **sheep**) Schaf IDM **like ˈsheep** (*abwert*) wie eine Schafherde **sort out/separate the ˌsheep from the ˈgoats** die Schafe von den Böcken trennen → *Siehe auch* COUNT *und* WOLF

ˈsheep dip *Nomen* Desinfektionsbad für Schafe

sheep·dog /ˈʃiːpdɒg; *AmE* -dɔːg/ *Nomen* Hütehund → *Siehe auch* OLD ENGLISH SHEEPDOG

sheep·herd·er /ˈʃiːphɜːdə(r); *AmE* -hɜːrdər/ *Nomen* (*AmE*) Schäfer, Schafhirte

sheep·ish /ˈʃiːpɪʃ/ *Adj* (*Adv* **sheep·ish·ly**) verlegen, betreten

sheep·skin /ˈʃiːpskɪn/ *Nomen* Schaffell

sheer /ʃɪə(r); *AmE* ʃɪr/ *Adj, Adv, Verb*

▸ ***Adj*** **1** [nur vor Nomen] rein ◇ *The concert was sheer delight.* Das Konzert war der reinste Genuss. ◇ *out of sheer desperation* aus purer Verzweiflung ◇ *the sheer size of the building* die gewaltige Größe des Bauwerks **2** sehr steil, schroff ◇ *a sheer drop down to the sea* ein steiler Abfall zum Meer hin **3** (*Stoff*) (hauch) dünn

▸ ***Adv*** sehr steil, jäh ◇ *The cliffs rise sheer from the beach.* Am Strand ragen Klippen senkrecht empor. ◇ *The ground dropped sheer away at our feet.* Vor uns klaffte ein Abgrund.

▸ ***Verb*** PHR V **sheer aˈway/ˈoff (from sth)** (etw) ausweichen (*auch fig*); (*Gedanken*) verdrängen ◇ *Her mind sheered away from unpleasant images.* Sie verdrängte unangenehme Vorstellungen.

sheesh /ʃiːʃ/ *Ausruf* (*umgs*) mein Gott

sheet 0-π /ʃiːt/ *Nomen* **1** Betttuch, Laken ◇ *Have you changed the sheets?* Hast du das Bett frisch bezogen? **2** (*Papier*) Blatt ◇ *a sheet of A4* ein DIN-A4-Bogen → *Siehe auch* BALANCE SHEET *und* CHARGE SHEET **3** Platte, Scheibe ◇ *sheet metal* dünnes Blech ◇ *a bak-*

ing sheet ein Backblech **4** (*auf einer Oberfläche*) Schicht, Decke **5** (*Feuer-, Wasser-*) Massen ◇ *a sheet of flame* ein Flammenmeer ◇ *The rain came down in sheets.* Es regnete in Strömen. **6** Schot IDM → CLEAN

sheet·ing /ˈʃiːtɪŋ/ *Nomen* **1** (*aus Metall etc.*) Blech **2** (*aus Plastik etc.*) Plane ◇ *plastic sheeting* eine Plastikplane **3** Betttuchstoff, Haustuch

ˌsheet ˈlightning *Nomen* Flächenblitz, Wetterleuchten

ˈsheet music *Nomen* [U] Notenblätter

sheikh /ʃeɪk, ʃiːk/ *Nomen* Scheich

sheikh·dom /ˈʃeɪkdəm, ˈʃiːk-/ *Nomen* Scheichtum

sheila /ˈʃiːlə/ *Nomen* (*AusE, NeusE, Slang*) (*junge Frau*) Puppe

shekel /ˈʃekl/ *Nomen* Schekel

shelf 0-π /ʃelf/ *Nomen* (*Pl* **shelves** /ʃelvz/) **1** Regal(brett), Bord ◇ *empty shelves* leere Regale **2** (GEOL) Riff ◇ *the continental shelf* der Festlandsockel → *Siehe auch* SHELVE IDM **be on the ˈshelf** (*umgs*) **1** auf dem Abstellgleis sein ◇ *Retired people should not be made to feel left on the shelf.* Den Rentnern sollte nicht das Gefühl gegeben werden, dass sie zum alten Eisen gehören. **2** (*veraltet*) sitzen bleiben ◇ *Women used to think they were on the shelf at 30.* Früher dachten Frauen bereits mit 30, dass sie alte Jungfern seien. **off the ˈshelf** aus dem Laden

ˈshelf life *Nomen* [meist Sing] Lagerfähigkeit ◇ *The product has a shelf life of 60 days.* Das Produkt kann 60 Tage gelagert werden.

shell 0-π /ʃel/ *Nomen, Verb*

▸ ***Nomen*** **1** Schale; (*Schnecken-*) Haus; (*Schildkröten-*) Panzer → *Siehe auch* TORTOISESHELL **2** Muschel(schale) ◇ *pasta shells* muschelförmige Nudeln **3** (MIL) Artilleriegeschoss, Granate **4** (MIL) (*AmE*) Patrone **5** Ruine; (*beim Hausbau*) Rohbau; (*fig*) Gerippe, Gehäuse ◇ *the body shell of the car* die Autokarosserie ◇ *My life has been an empty shell since he died.* Seit er gestorben ist, ist mein Leben leer. IDM **come out of your ˈshell** aus sich herausgehen; aus seinem Schneckenhaus herauskommen **go/retreat etc. into your ˈshell** sich in sein Schneckenhaus zurückziehen

▸ ***Verb*** **1** (MIL) (mit Artillerie) beschießen **2** schälen, knacken; (*Krabben auch*) pulen PHR V **ˌshell (sth) ˈout (for sth)** (*umgs*) (etw) (für etw) blechen, (etw) (für etw) hinblättern

she'll /ʃiːl/ = SHE WILL

shel·lac /ʃəˈlæk, ˈʃelæk/ *Nomen* Schellack

shell·fire /ˈʃelfaɪə(r)/ *Nomen* (MIL) Artilleriefeuer

shell·fish /ˈʃelfɪʃ/ *Nomen* (*Pl* **shell·fish**) Schalentier

shell·ing /ˈʃelɪŋ/ *Nomen* (MIL) Artilleriefeuer

ˈshell shock *Nomen* [U] Kriegsneurose

ˈshell-shocked *Adj* **1** verstört **2** (PSYCH) an einer Kriegsneurose leidend

ˈshell suit *Nomen* (*BrE*) Trilobalanzug

shel·ter 0-π /ˈʃeltə(r)/ *Nomen, Verb*

▸ ***Nomen*** **1** Obdach, Unterkunft; (*Obdachlosen-*) Asyl; (*Tier-*) Heim **2** (*oft in Zusammensetzungen*) Unterstand ◇ *an air-raid shelter* Luftschutzraum/-bunker → *Siehe auch* BUS SHELTER **3** ~ **(from sth)** Schutz (vor etw), Zuflucht (vor etw) ◇ *The fox ran for the shelter of the trees.* Der Fuchs suchte im Gebüsch Zuflucht.

▸ ***Verb*** **1** schützen, Schutz geben, Zuflucht bieten ◇ *shelter the homeless* Obdachlosen Asyl geben ◇ *Perhaps I sheltered my daughter too much.* Vielleicht habe ich meine Tochter zu sehr behütet. **2** Zuflucht/Schutz suchen; (*bei Regen etc.*) sich unterstellen

shel·tered /ˈʃeltəd; *AmE* -tərd/ *Adj* **1** geschützt **2** (*oft abwert*) (*Person*) behütet **3** [nur vor Nomen] (*BrE*) betreut ◇ *a sheltered workshop for the blind* eine Blindenwerkstätte

shelve /ʃelv/ *Verb* **1** (*fig*) auf Eis legen **2** ins Regal stellen **3** (*Boden etc.*) abfallen

shelves *Form von* SHELF

shelv·ing /ˈʃelvɪŋ/ *Nomen* [U] Regale, Regalbretter

she·nani·gans /ʃɪˈnænɪɡənz/ *Nomen* [Pl] (*umgs*) Unfug, Faxen

shep·herd /ˈʃepəd; *AmE* -pərd/ *Nomen, Verb*

▸ ***Nomen*** Schäfer, Schafhirte

▸ ***Verb*** führen ◇ *He shepherded her to the door.* Er dirigierte sie zur Tür.

shep·herd·ess /ˌʃepəˈdes, ˈʃepədəs; *AmE* ʃepərˈdes, ˈʃepərdəs/ *Nomen* (*veraltet*) Schäferin, Schafhirtin

ˌshepherd's ˈpie *Nomen* (*BrE*) = Auflauf aus Hackfleisch mit einer Schicht Kartoffelbrei darüber

sher·bet /ˈʃɜːbət; *AmE* ˈʃɜːrbət/ *Nomen* **1** (*BrE*) Brausepulver **2** (*AmE, veraltend*) Sorbet

sherd /ʃɜːd; *AmE* ʃɜːrd/ *Nomen* Scherbe

sher·iff /ˈʃerɪf/ *Nomen* **1** (*in den USA*) Sheriff **2** (*oft* **ˌHigh ˈSheriff**) (*in England, Wales*) = hohe(r) Verwaltungsbeamter/beamtin, dem/der gerichtliche und repräsentative Verpflichtungen obliegen **3** (*in Schottland*) Richter(in)

ˈsheriff court *Nomen* (*in Schottland*) = Bezirksgericht mit Zuständigkeit in Zivil- und Strafsachen

Sherpa /ˈʃɜːpə; *AmE* ˈʃɜːrpə/ *Nomen* Sherpa

sherry /ˈʃeri/ *Nomen* (*Pl* **-ies**) Sherry

she's /ʃiːz/ **1** = SHE IS **2** = SHE HAS

shh = SH

Shia (*auch* **Shi'a**) /ˈʃiːə/ *Nomen* (*Pl* **Shia** *oder* **Shias**) **1** (REL) Schia **2** Schiit(in)

shib·bo·leth /ˈʃɪbəleθ/ *Nomen* (*gehoben*) **1** alter Zopf, alte Konvention **2** Erkennungszeichen, Parole

shied *Form von* SHY

shield /ʃiːld/ *Nomen, Verb*

▸ ***Nomen*** **1** (MIL) Schild **2** (*an Maschinen, vor Strahlung etc.*) Schutz, Schutzschirm, Schutzschild (*auch fig*) ◇ *She hid her feelings behind a shield of indifference.* Sie verbarg ihre Gefühle hinter einer Mauer der Gleichgültigkeit. → *Siehe auch* RIOT SHIELD **3** (*bei Wettbewerben*) Trophäe (in Form eines Schildes) **4** Wappen(schild) **5** (*AmE*) (*von Polizisten*) Dienstmarke

▸ ***Verb*** **1** ~ **sb/sth (from sb/sth)** jdn/etw (vor jdm/etw) schützen, jdn/etw (vor jdm/etw) abschirmen ◇ *Police believe that somebody is shielding the killer.* Die Polizei nimmt an, dass jemand den Mörder deckt. **2** (*Maschine etc.*) absichern

shift 0-π /ʃɪft/ *Verb, Nomen*

▸ ***Verb*** **1** sich verändern, sich verlagern ◇ *The action of the novel shifted from Paris to London.* Die Handlung des Romans wechselte von Paris nach London. **2** (*Mensch*) rücken, rutschen ◇ *I shifted uneasily under his gaze.* Sein Blick machte mich unruhig und zappelig. **3** verrücken; (*an einen anderen Ort*) verlegen; (*fig*) verlagern ◇ *He shifted his gaze from the child to her.* Sein Blick wanderte von dem Kind zu ihr. ◇ *He shifted his weight restlessly from one foot to the other.* Er trat unruhig von einem Fuß auf den anderen. ◇ *We need to shift the focus of this debate.* Wir müssen andere Themen in den Mittelpunkt rücken. **4** ~ **responsibility/blame (for sth) onto sb** jdm (für etw) die Verantwortung/Schuld zuschieben **5** (*BrE, umgs*) eilen; ~ **yourself** sich beeilen **6** (*Flecken etc.*) entfernen, rausbekommen **7** (ab)verkaufen, an den Mann bekommen **8** (*AmE*) (*Gang*) schalten IDM **shift your ˈground** (*abwert*) (*in einer Diskussion*) umschwenken **(the) ˌshifting ˈsands** (der) Flugsand ◇ *the shifting sands of world affairs* der schwankende Boden der Weltpolitik PHR V **ˌshift for yourˈself** (*BrE*) allein zurechtkommen

▸ ***Nomen*** **1 a ~ (in sth)** eine Verlagerung (von etw), ein Wandel (bei etw), eine Verschiebung (bei etw) ◇ *a gradual shift away from the countryside to the towns* ein allmähliches Abwandern vom Land in die Stadt ◇ *a dramatic shift in public opinion* ein dramatischer Meinungsumschwung in der Bevölkerung ◇ *a shift of resources* ein anderer Schwerpunkt bei der Vergabe von Geldern **2** (*in der Arbeit*) Schicht ◇ *be on the night shift* Nachtschicht haben ◇ *work in shifts* Schicht arbeiten **3** (*beim Computer etc.*) Umschaltung ◇ *the shift key* die Umschalttaste **4** Hängekleid **5** Unterkleid

shift·less /ˈʃɪftləs/ *Adj* (*abwert*) träge, ambitionslos

shifty /ˈʃɪfti/ *Adj* (*Adv* **shift·ily** /-tɪli/) (*umgs*) zwielichtig, verschlagen ◇ *They looked shiftily at each other.* Sie sahen sich mit verschlagenen Blicken an.

Shi·ite (*auch* **Shi'·ite**) /ˈʃiːaɪt/ *Nomen, Adj*

▸ ***Nomen*** Schiit(in)

▸ ***Adj*** schiitisch

shil·ling /ˈʃɪlɪŋ/ *Nomen* **1** = alte britische Münze, die bis 1971 im Umlauf war **2** (*in Afrika*) Shilling

shilly-shally /ˈʃɪli ʃæli/ *Verb* (**-shallies, -shally·ing, -shallied, -shallied**) (*umgs, abwert*) zaudern, schwanken

shim·mer /ˈʃɪmə(r)/ *Verb, Nomen*

▸ ***Verb*** schimmern, flimmern

▸ ***Nomen*** Schimmer(n)

shimmy /ˈʃɪmi/ *Verb* (**shim·mies, shimmy·ing, shim·mied, shim·mied**) sich hüftschwingend bewegen, tanzen

shin /ʃɪn/ *Nomen, Verb*

▸ ***Nomen*** Schienbein

▸ ***Verb*** (**-nn-**) (*BrE*) PHR V **ˈshin up/down (sth)** (*umgs*) (etw) hinauf-/hinunterklettern

ˈshin bone *Nomen* Schienbein

shin·dig /ˈʃɪndɪg/ *Nomen* (*umgs*) (wilde) Party

shine 0‑ᵥ /ʃaɪn/ *Verb, Nomen*

▸ ***Verb*** (**shone, shone** /ʃɒn; *AmE* ʃoʊn/) **1** scheinen, glänzen (*auch fig*) **2** leuchten mit ◇ *He shone a torch in my face.* Er leuchtete mir mit einer Taschenlampe ins Gesicht. ◇ *I shone the flashlight around the cellar.* Ich leuchtete den Keller mit der Taschenlampe ab. ◇ (*fig*) *Campaigners are shining a spotlight on whaling.* Die Tierschützer lenken unsere Aufmerksamkeit auf den Walfang. **3** (**shined, shined**) polieren; (*Schuhe*) putzen **4** (*fig*) (*brillieren*) glänzen ◇ *He didn't shine academically.* In akademischen Fächern war er keine Leuchte. ◇ *He has set a shining example.* Er ist ein leuchtendes Beispiel. IDM → HAY, KNIGHT *und* RISE PHR V **ˌshine ˈthrough** (*fig*) deutlich zu sehen sein

▸ ***Nomen*** [Sing] Glanz IDM **take the ˈshine off sth** (*umgs*) einer Sache den Glanz nehmen **take a ˈshine to sb/sth** (*umgs*) jdn/etw ins Herz schließen → *Siehe auch* RAIN

shin·gle /ˈʃɪŋgl/ *Nomen* **1** [U] Kieselsteine ◇ *a shingle beach* ein Kiesstrand **2** (Dach)schindel **3** (*AmE*) (*bei Ärzten, Anwälten*) (Praxis)schild ◇ *He hung out his own shingle.* Er ließ sich (als Arzt/Anwalt) nieder.

shin·gled /ˈʃɪŋgld/ *Adj* mit Schindeln gedeckt/verkleidet

shin·gles /ˈʃɪŋglz/ *Nomen* [U] Gürtelrose

ˈshin guard (*BrE auch* **ˈshin pad**) *Nomen* Schienbeinschützer

shinny /ˈʃɪni/ *Verb* (**shin·nies, shinny·ing, shin·nied, shin·nied**) (*AmE*) klettern

shinty /ˈʃɪnti/ *Nomen* = schottische Sportart, die dem Hockey ähnelt

shiny 0‑ᵥ /ˈʃaɪni/ *Adj* (**shini·er, shini·est**) glänzend

ship 0‑ᵥ /ʃɪp/ *Nomen, Verb*

▸ ***Nomen*** Schiff ◇ *on board ship* an Bord des Schiffes IDM → JUMP, SINK *und* TIGHT

▸ ***Verb*** (**-pp-**) **1** verschicken, verfrachten, verschiffen ◇ *He was arrested and shipped back to the UK.* Er wurde verhaftet und nach Großbritannien zurückgeschickt. **2** erhältlich sein **3 ~ sth** etw ausliefern **4** (NAUT) **~ water** Wasser übernehmen IDM → SHAPE PHR V **ˌship sb ˈoff to ...** (*abwert*) jdn nach ... schicken ◇ *They were shipped off to a boarding school.* Sie wurden ins Internat gesteckt.

ship·board /ˈʃɪpbɔːd; *AmE* -bɔːrd/ *Adj* [nur vor Nomen] an Bord ◇ *shipboard romances* Romanzen an Bord

ship·build·er /ˈʃɪpbɪldə(r)/ *Nomen* **1** Schiffbauer(in) **2** Schiffbaufirma

ship·build·ing /ˈʃɪpbɪldɪŋ/ *Nomen* Schiffbau

ship·load /ˈʃɪpləʊd; *AmE* -loʊd/ *Nomen* Schiffsladung

ship·mate /ˈʃɪpmeɪt/ *Nomen* Schiffskamerad(in)

ship·ment /ˈʃɪpmənt/ *Nomen* **1** Versand, Transport ◇ *ready for shipment* versandfertig ◇ *shipment costs* Frachtkosten **2** Ladung, Sendung

ship·owner /ˈʃɪpəʊnə(r); *AmE* -poʊ-/ *Nomen* Schiffseigner(in), Reeder(in)

ship·per /ˈʃɪpə(r)/ *Nomen* Spediteur(in), Speditionsfirma

ship·ping /ˈʃɪpɪŋ/ *Nomen* [U] **1** Schifffahrt, Schiffe ◇ *the shipping forecast* der Seewetterbericht ◇ *a shipping line* eine Reederei **2** Verschiffung

ˈship's chandler (*auch* **chand·ler**) *Nomen* Schiffsausrüster

ship·shape /ˈʃɪpʃeɪp/ *Adj* tipptopp, in bester Ordnung

ship·wreck /ˈʃɪprek/ *Nomen, Verb*

▸ ***Nomen*** **1** Schiffbruch **2** Wrack

▸ ***Verb*** **be shipwrecked** Schiffbruch erleiden

ship·wrecked /ˈʃɪprekt/ *Adj* schiffbrüchig

ship·yard /ˈʃɪpjɑːd; *AmE* -jɑːrd/ *Nomen* (Schiffs)werft

shire /ˈʃaɪə(r), ʃə(r)/ *Nomen* (*BrE*) **1** (*veraltet*) Grafschaft **2 the Shires, the Shire Counties** [Pl] = die Grafschaften Mittelenglands

ˈshire horse *Nomen* schweres Zugpferd

shirk /ʃɜːk; *AmE* ʃɜːrk/ *Verb* **~ (from) (sth)** sich (vor etw) drücken ◇ *Burglars will not shirk from breaking a window.* Einbrecher werden nicht zögern, ein Fenster einzuschlagen.

shirk·er /ˈʃɜːkə(r); *AmE* ˈʃɜːrkər/ *Nomen* Drückeberger(in)

shirt 0‑ᵥ /ʃɜːt; *AmE* ʃɜːrt/ *Nomen* Hemd, Hemdbluse IDM **keep your ˈshirt on** (*umgs*) reg dich nicht auf **put your ˈshirt on sb/sth** (*BrE, umgs*) seinen letzten Pfennig auf jdn/etw setzen **the ˌshirt off sb's ˈback** jds letztes Hemd

ˈshirt front *Nomen* Hemdbrust

shirt·sleeve /ˈʃɜːtsliːv; *AmE* ˈʃɜːrt-/ *Nomen* Hemdsärmel IDM **in (your) ˈshirtsleeves** in Hemdsärmeln

ˈshirt tail *Nomen* Hemdzipfel

shirty /ˈʃɜːti; *AmE* ˈʃɜːrti/ *Adj* **~ (with sb)** (*BrE, umgs*) böse (auf jdn) ◇ *Don't get shirty with me!* Reg dich nicht auf!

shish kebab /ˈʃɪʃ kɪbæb; *AmE* -bɑːb/ *Nomen* (*bes AmE*) Kebab

shit /ʃɪt/ *Ausruf, Nomen, Verb, Adj*

▸ ***Ausruf*** (*vulg, Slang*) Scheiße

▸ ***Nomen*** (*vulg, Slang*) **1** Scheiße (*auch fig*) ◇ *I'm not going to take any shit from them.* Ich lass mir von denen nicht auf den Kopf scheißen. **2** [Sing] ◇ *have a shit* scheißen ◇ *need a shit* scheißen müssen **3** (*abwert*) Arschloch IDM **beat, kick, etc. the ˈshit out of sb** jdn zusammenschlagen **in the ˈshit; in ˌdeep ˈshit** in der Scheiße ◇ *You're in deep shit now.* Jetzt sitzt du ganz schön in der Scheiße. **like ˈshit** wie Dreck ◇ *I*

felt like shit. Ich fühlte mich hundeelend. **No 'shit!** (*oft iron*) (*überrascht, beeindruckt etc.*) Verarsch mich nicht! **not give a 'shit** sich einen Scheißdreck kümmern ◇ *He doesn't give a shit about anybody else.* Alle anderen sind ihm scheißegal. **when the ˌshit hits the 'fan** wenn die Kacke am Dampfen ist → *Siehe auch* CROCK *und* SCARE
▸ ***Verb*** (**shit·ting, shit, shit** *oder* **shat, shat** /ʃæt/, *BrE auch* **shitted, shitted**) (*Slang, beleidigend*) **1** scheißen **2 ~ yourself** sich (vor Angst) in die Hosen scheißen
▸ ***Adj*** (*bes BrE, vulg, Slang*) beschissen

shite /ʃaɪt/ *Ausruf, Nomen* (*BrE, vulg, Slang*) Scheiße

shit·less /'ʃɪtləs/ *Adj* (*vulg, Slang*) IDM → SCARE

ˌshit-'scared *Adj* [nicht vor Nomen] (*vulg, Slang*) ◇ *be shit-scared* Schiss haben

shitty /'ʃɪti/ *Adj* (*vulg, Slang*) **1** beschissen, Scheiß- **2** mies

shiver /'ʃɪvə(r)/ *Verb, Nomen*
▸ ***Verb*** **~ (with sth)** (vor etw) zittern ◇ *He shivered at the thought of it.* Ihm schauderte bei dem Gedanken daran.
▸ ***Nomen*** **1** Schauer, Schauder **2 the shivers** [Pl] Schüttelfrost

shiv·ery /'ʃɪvəri/ *Adj* fröstelnd ◇ *He felt shivery.* Er zitterte.

shoal /ʃəʊl; *AmE* ʃoʊl/ *Nomen* **1** (*von Fischen*) Schwarm **2** Untiefe, Sandbank

shock 0→ /ʃɒk; *AmE* ʃɑːk/ *Nomen, Verb*
▸ ***Nomen*** **1** Schock, Schreck ◇ *The village was in a state of shock.* Das Dorf stand unter Schock. ◇ (*umgs*) *You're in for a shock.* Du wirst dich wundern. ◇ *a shock defeat* eine überraschende Niederlage **2** [U] (MED) Schock ◇ *be in (a state of) shock* unter Schock stehen ◇ *suffering from shock* in einem Schockzustand → *Siehe auch* SHELL SHOCK **3** (*bei Aufprall, Explosion*) Wucht, Erschütterung **4** = ELECTRIC SHOCK **5 ~ of hair** (Haar)schopf IDM **ˌshock 'horror** (*BrE, umgs, oft hum*) Schreck lass nach
▸ ***Verb*** **1** erschüttern ◇ *They are shocked that this could happen here.* Sie sind entsetzt, dass so etwas hier passieren konnte. ◇ *We were shocked to hear of his death.* Wir waren bestürzt, als wir von seinem Tod hörten. ◇ *She stood in shocked silence.* Sie stand stumm vor Schreck da. **2** schockieren, schocken

'shock absorber *Nomen* Stoßdämpfer

shock·er /'ʃɒkə(r); *AmE* 'ʃɑːkər/ *Nomen* (*umgs*) Schocker

shock·ing 0→ /'ʃɒkɪŋ; *AmE* 'ʃɑːkɪŋ/ *Adj* (*Adv* **shock·ing·ly**) **1** erschütternd, schockierend, erschreckend **2** (*bes BrE, umgs*) furchtbar, schrecklich

ˌshocking 'pink *Adj* pink

'shock tactics *Nomen* [Pl] Schocktaktik

'shock therapy (*auch* **'shock treatment**) *Nomen* [U] Elektroschocktherapie

'shock troops *Nomen* [Pl] Stoßtruppen

'shock wave *Nomen* **1** Druckwelle **2** (*fig*) Erschütterung ◇ *The murder sent shock waves through the whole community.* Der Mordfall erschütterte die Allgemeinheit.

shod /ʃɒd; *AmE* ʃɑːd/ *Adj* (*gehoben*) beschuht → *Siehe auch* SHOE

shoddy /'ʃɒdi; *AmE* 'ʃɑːdi/ *Adj* (**shod·dier, shod·di·est**) (*Adv* **shod·dily** /-dəli/) **1** (*Arbeit etc.*) schluderig; (*Ware*) minderwertig **2** (*Behandlung etc.*) schäbig

shoe 0→ /ʃuː/ *Nomen, Verb*
▸ ***Nomen*** **1** Schuh ◇ *What's your shoe size?* Welche Schuhgröße haben Sie? **2** = HORSESHOE IDM **be in sb's shoes** in jds Haut stecken **if ˌI were in 'your shoes** an deiner/Ihrer Stelle **if the shoe fits (, wear it)** (*AmE*) wem die Jacke passt(, der soll sie sich anziehen) **put yourself in sb's shoes** sich in jds Lage versetzen **the shoe is on the other 'foot** (*AmE*) die Rollen sind vertauscht → *Siehe auch* FILL, SHAKE *und* STEP
▸ ***Verb*** (**shoe·ing, shod, shod** /ʃɒd; *AmE* ʃɑːd/) (*Pferd*) beschlagen

shoe·horn /'ʃuːhɔːn; *AmE* -hɔːrn/ *Nomen, Verb*
▸ ***Nomen*** Schuhanzieher, Schuhlöffel
▸ ***Verb*** zwängen

shoe·lace /'ʃuːleɪs/ (*auch* **lace**; *AmE auch* **shoe·string**) *Nomen* Schnürsenkel

shoe·shine /'ʃuːʃaɪn/ *Nomen* (*bes AmE*) Schuheputzen ◇ *a shoeshine boy/man* ein Schuhputzer

shoe·string /'ʃuːstrɪŋ/ *Nomen* (*AmE*) = SHOELACE IDM **on a 'shoestring** (*umgs*) mit ganz wenig Geld

shone *Form von* SHINE

shoo /ʃuː/ *Verb, Ausruf*
▸ ***Verb*** (**shoo·ing, shooed, shooed**) (ver)scheuchen
▸ ***Ausruf*** sch ◇ *Shoo, all of you, I'm busy!* Verschwindet alle, ich habe zu tun!

'shoo-in *Nomen* (*AmE, umgs*) sicherer Tip ◇ *He's a shoo-in.* Er wird garantiert gewinnen.

shook *Form von* SHAKE

shoot 0→ /ʃuːt/ *Verb, Nomen, Ausruf*
▸ ***Verb*** (**shot, shot** /ʃɒt; *AmE* ʃɑːt/) **1** (ab)schießen ◇ *shoot a gun* ein Gewehr abfeuern ◇ *shoot to kill* gezielte Todesschüsse abgeben ◇ *They shot the lock off.* Sie durchschossen das Türschloss. **2** schießen, anschießen, erschießen ◇ *A man was shot in the leg.* Einem Mann wurde ins Bein geschossen. ◇ *Three people were shot dead during the robbery.* Bei dem Raubüberfall wurden drei Menschen erschossen. **3** (*oft* **go shooting**) auf die Jagd gehen **4** (*fig*) schießen, jagen ◇ *His hand shot out to grab her.* Er streckte blitzschnell seine Hand aus, um sie festzuhalten. ◇ *The single shot straight to number one in the charts.* Die Single stürmte sofort an die Spitze der Hitparade. **5** ◇ *The pain shot up her arm.* Der Schmerz durchzuckte ihren Arm. ◇ *shooting pains* stechende Schmerzen **6 ~ sth at sb; ~ sb sth** (*kein Passiv*) (*Fragen*) auf jdn abfeuern; (*Blick*) jdm etw zuwerfen **7** (*Film*) drehen; (*Fotografie*) fotografieren ◇ *She was shot for a magazine cover.* Sie wurde für ein Titelbild fotografiert. **8 ~ (at sth)** (SPORT) (auf etw) schießen **9** (*umgs*) (*Golf*) ◇ *She shot (a) 75 in the first round.* Sie brauchte 75 Schläge für Runde eins. **10** (*bes AmE*) (*Billard, Würfel, Karten etc.*) spielen ◇ *shoot baskets* Basketball spielen **11 shoot!** (*bes AmE, umgs*) schieß los! → *Siehe auch* SHOOT IDM **be/get 'shot of sth/sb** (*BrE, umgs*) etw/jdn los sein/loswerden **have shot your 'bolt** (*umgs*) sein Pulver verschossen haben **shoot the 'breeze/'bull** (*AmE, umgs*) sich unterhalten; schwatzen **ˌshoot from the 'hip** aus der Hüfte schießen **ˌshoot it 'out (with sb)** (*umgs*) sich (mit jdm) ein Feuergefecht liefern **ˌshoot your 'mouth off (about sth)** (*umgs*) **1** (mit etw) prahlen **2** (über etw) tratschen **shoot the 'rapids** über die Stromschnellen jagen **ˌshoot yourself in the 'foot** (*umgs*) sich ins eigene Fleisch schneiden PHRV **ˌshoot sb/sth 'down 1** jdn/etw abschießen **2** (*fig*) jdn/etw in der Luft zerreißen **'shoot for sth** (*AmE, umgs*) auf etw aus sein **ˌshoot 'off** (*umgs*) losdüsen ◇ *I had to shoot off at the end of the meeting.* Ich musste nach der Besprechung schnell los. **ˌshoot 'through** (*AusE, NeusE, umgs*) abhauen **ˌshoot 'up 1** in die Höhe schießen **2** in die Höhe schnellen **3** sich einen Schuss setzen **ˌshoot sth 'up 1** etw zusammenschießen **2** (*kein Passiv*) (*Slang*) (*Heroin etc.*) schießen
▸ ***Nomen*** **1** (BOT) Trieb ◇ *bamboo shoots* Bambusschösslinge **2** (Film)aufnahme ◇ *a fashion shoot* eine Fotosession für eine Modezeitschrift **3** (*bes BrE*)

Jagd(revier)
▸ ***Ausruf*** *(AmE)* Mist

ˈshoot-ˈem-up *Adj (umgs)* ◇ *shoot-'em-up games* Ballerspiele

shoot·er /ˈʃuːtə(r)/ *Nomen* **1** *(umgs)* Schießeisen **2** Schütze, Schützin

shoot·ing /ˈʃuːtɪŋ/ *Nomen* **1** Schießerei **2** [U] Jagd ◇ *grouse shooting* Moorhuhnjagd **3** [U] *(Film)* Dreharbeiten

ˈshooting gallery *Nomen* Schießstand, Schießbude

ˈshooting match *Nomen* IDM **the whole ˈshooting match** *(BrE, umgs)* der ganze Kram; alles

ˌshooting ˈstar *Nomen* Sternschnuppe

ˈshoot-out *Nomen* Schießerei → *Siehe auch* PENALTY SHOOT-OUT

shop /ʃɒp; *AmE* ʃɑːp/ *Nomen, Verb*
▸ ***Nomen*** **1** *(bes BrE)* Geschäft, Laden ◇ *a pet shop* eine Tierhandlung ◇ *(BrE) I'm just going down to the shops.* Ich gehe kurz einkaufen. ◇ *(BrE) a butcher's shop* eine Fleischerei → *Siehe auch* COFFEE SHOP *und* CORNER SHOP **2** *(meist in Zusammensetzungen)* Werkstatt ◇ *a repair shop* eine Reparaturwerkstatt ◇ *a paint shop* eine Lackiererei → *Siehe auch* BODY SHOP **3** *(BrE)* [Sing] *(umgs)* Einkauf ◇ *I do my weekly shop at the supermarket.* Ich mache meinen Wocheneinkauf im Supermarkt. **4** = SHOP CLASS **5** *(AmE)* *(im Haus)* Werkstatt IDM **all ˈover the shop** *(BrE, umgs)* **1** überall **2** total chaotisch **ˌset up ˈshop** eine Firma gründen ◇ *The firm set up shop in Warsaw in 1990.* Die Firma eröffnete 1990 in Warschau eine Geschäftsstelle. → *Siehe auch* BULL, HIT, MIND, SHUT *und* TALK
▸ ***Verb*** **(-pp-) 1 ~ (for sth)** (etw) (ein)kaufen **2 go shopping** einkaufen gehen **3 ~ sb (to sb)** *(BrE, umgs)* jdn (bei jdm) verpfeifen PHRV **ˌshop aˈround (for sth)** sich (nach etw) umsehen (um das günstigste Angebot zu finden) ◇ *Shop around for the best deal.* Vergleichen Sie die Preise und suchen Sie das günstigste Angebot.

ˈshop assistant *(auch* **as·sist·ant***)* *Nomen (BrE)* Verkäufer(in)

ˈshop-bought *Adj* [nur vor Nomen] *(BrE)* (im Geschäft) gekauft, nicht selbst gemacht

ˈshop class *(auch* **shop***)* *Nomen (AmE)* *(als Schulfach)* Werken

shop·fit·ter /ˈʃɒpfɪtə(r); *AmE* ˈʃɑːp-/ *Nomen* **1** Ladenbauer **2** Ladenbaufirma

shop·fit·ting /ˈʃɒpfɪtɪŋ; *AmE* ˈʃɑːp-/ *Nomen* Ladenbau

ˌshop ˈfloor *Nomen* [Sing] *(BrE)* **1** Produktionsstätte ◇ *work on the shop floor* in der Produktion arbeiten **2** **the shop floor** die Arbeiter ◇ *The decisions are taken on the shop floor.* Die Entscheidungen werden von den Arbeitern getroffen.

shop·front /ˈʃɒpfrʌnt; *AmE* ˈʃɑːp-/ *Nomen (BrE)* Geschäftsfassade

shop·keep·er /ˈʃɒpkiːpə(r); *AmE* ˈʃɑːp-/ *Nomen (bes BrE)* Ladenbesitzer(in)

shop·lift /ˈʃɒplɪft; *AmE* ˈʃɑːplɪft/ *Verb* Ladendiebstahl begehen

shop·lift·er /ˈʃɒplɪftə(r); *AmE* ˈʃɑːp-/ *Nomen* Ladendieb(in)

shop·lift·ing /ˈʃɒplɪftɪŋ; *AmE* ˈʃɑːp-/ *Nomen* Ladendiebstahl

shop·per /ˈʃɒpə(r); *AmE* ˈʃɑːpər/ *Nomen* Käufer(in) ◇ *Christmas shoppers* Weihnachtseinkäufer

shop·ping /ˈʃɒpɪŋ; *AmE* ˈʃɑːpɪŋ/ *Nomen* [U] **1** Einkaufen ◇ *(BrE) do the shopping* einkaufen gehen ◇ *the weekly shopping* der wöchentliche Einkauf **2** *(bes BrE)* Einkäufe

ˈshopping arcade *(auch* **ar·cade***)* *Nomen (BrE)* (Einkaufs)passage

ˈshopping centre *(AmE* **ˈshopping center***)* *Nomen* Einkaufszentrum

ˈshopping list *Nomen* Einkaufszettel ◇ *(fig) a shopping list of demands* eine Liste von Forderungen

ˈshopping mall *(auch* **mall***)* *Nomen (bes AmE)* Einkaufszentrum

ˈshop-soiled *Adj (BrE)* angeschmutzt, leicht beschädigt

ˌshop ˈsteward *Nomen (bes BrE)* (gewerkschaftlicher) Vertrauensmann, (gewerkschaftliche) Vertrauensfrau

shop·worn /ˈʃɒpwɔːn; *AmE* ˈʃɑːpwɔːrn/ *Adj (AmE)* angeschmutzt, leicht beschädigt

shore /ʃɔː(r)/ *Nomen, Verb*
▸ ***Nomen*** **1** Ufer, Strand ◇ *a house on the shores of the lake* ein Haus am Seeufer ◇ *The ship was anchored off shore.* Das Schiff ankerte vor der Küste. **2 shores** [Pl] *(gehoben)* Land, Gestade
▸ ***Verb*** PHRV **ˌshore sth ˈup** **1** etw (ab)stützen **2** *(fig)* etw (unter)stützen

shore·line /ˈʃɔːlaɪn; *AmE* ˈʃɔːrlaɪn/ *Nomen* Ufer(linie), Küste

shorn *Form von* SHEAR

short /ʃɔːt; *AmE* ʃɔːrt/ *Adj, Adv, Nomen, Verb*
▸ ***Adj*** **1** kurz ◇ *Voters have a short memory.* Die Wähler vergessen schnell. ◇ *It was all over in a relatively short space of time.* Es dauerte nur relativ kurz. ◇ *Just two short years ago he was the best player in the country.* Noch vor zwei Jahren war er der beste Spieler des Landes. **2** *(Mensch, Schritt)* klein ◇ *I'm too short to reach the top shelf.* Ich bin zu klein, um ans oberste Regal heranzukommen. **3 be ~ (of sth)** (von etw) zu wenig haben ◇ *I'm a bit short of money this week.* Ich bin diese Woche etwas knapp bei Kasse. ◇ *We are five players short.* Uns fehlen fünf Spieler. ◇ *She is not short of excuses when things go wrong.* Sie hat immer eine Ausrede parat, wenn etwas schiefgeht. ◇ *I must hurry, I'm a bit short of time.* Ich muss mich beeilen, die Zeit wird knapp. **4 be ~ of sth** etw verfehlen ◇ *Her last throw was only 3 centimetres short of the world record.* Ihr letzter Wurf verfehlte den Weltrekord um nur 3 Zentimeter. ◇ *He was just short of his 80th birthday when he died.* Er starb kurz vor seinem 80. Geburtstag. **5** [nicht vor Nomen] knapp ◇ *Water is short at this time of year.* Wasser ist in dieser Jahreszeit knapp. ◇ *just short of two hours* knapp zwei Stunden **6 ~ of breath** kurzatmig **7 be ~ on sth** *(umgs)* etw nicht haben, zu wenig von etw haben ◇ *He's short on tact.* Er hat wenig Taktgefühl. ◇ *He was a big strapping guy but short of brains.* Er war groß und stark, aber nicht sehr intelligent. ◇ *Her books are pretty short on originality.* Ihren Büchern fehlt es an Originalität. **8 ~ for sth** kurz für etw ◇ *Her name is 'Frances', or 'Fran' for short.* Sie heißt „Frances" oder kurz „Fran". **9 ~ (with sb)** kurz angebunden (mit jdm) → *Siehe auch* SHORT TEMPER **10** [nur vor Nomen] *(Teig)* mürbe IDM **be a ˌbrick short of a ˈload; be two ˌsandwiches short of a ˈpicnic, etc.** *(umgs)* nicht alle beisammen haben **get the ˌshort end of the ˈstick** *(AmE)* den Kürzeren ziehen **get ˌshort ˈshrift** kurz abgefertigt werden **give sb/sth ˌshort ˈshrift** jdn/etw kurz abfertigen **have/be on a ˌshort ˈfuse** *(Mensch)* leicht explodieren **in ˌshort ˈorder** in kurzer Zeit **in the ˈshort run** kurzfristig **in ˌshort supˈply** knapp; rar **little/nothing short of ˈsth** an etw grenzend ◇ *Our escape was little short of miraculous.* Unser Entkommen grenzte an ein Wunder. ◇ *This is nothing short of a disaster.* Das ist eine glatte Katastrophe. **make ˌshort ˈwork of sth/sb** kurzen Prozess mit etw/jdm machen **ˌshort and ˈsweet**

(*oft iron*) kurz (und schmerzlos); kurz und ergreifend ◇ *I'll keep this short and sweet.* Ich fasse mich kurz. → *Siehe auch* DRAW, LONG, MEASURE, NOTICE, TERM *und* THICK

▸ ***Adv*** **1 go/run ~ of sth** nicht genug von etw haben ◇ *I'd never let you go short of anything.* Ich werde immer dafür sorgen, dass es dir an nichts fehlt. ◇ *Mothers often go short of food to ensure their children have enough.* Mütter sparen selbst oft am Essen, damit ihre Kinder genug haben. ◇ *They had run short of fuel.* Sie hatten nur noch wenig Benzin. **2** zu kurz ◇ *He pitched the ball short.* Er warf den Ball zu kurz. **3** plötzlich, abrupt ◇ *She stopped short when she saw him.* Sie hielt abrupt an, als sie ihn sah. IDM **be caught 'short; be taken 'short 1** (*bes BrE, umgs*) plötzlich dringend müssen **2** überrumpelt werden **cut sb 'short** jdn unterbrechen **cut sth 'short** etw plötzlich abbrechen **fall 'short of sth** etw nicht erreichen; etw nicht erfüllen ◇ *The money collected fell short of the amount required.* Das gesammelte Geld blieb unterhalb der benötigten Summe. **short of (doing 'sth)** ◇ *Short of a miracle, we're certain to lose.* Wenn kein Wunder geschieht, werden wir verlieren. ◇ *We did everything short of stealing to get the money.* Wir haben jedes erdenkliche Mittel versucht, um das Geld zu bekommen, mit der Ausnahme von Diebstahl. → *Siehe auch* SELL *und* STOP

▸ ***Nomen*** (*umgs*) **1** (*BrE*) (*alkoholisches Getränk*) Kurzer **2** Kurzfilm **3** = SHORT CIRCUIT → *Siehe auch* SHORTS IDM **in 'short** kurz gesagt → *Siehe auch* LONG

▸ ***Verb*** (*umgs*) = SHORT-CIRCUIT

short·age /ˈʃɔːtɪdʒ; *AmE* ˈʃɔːrtɪdʒ/ *Nomen* Knappheit, Mangel ◇ *a shortage of funds* Geldknappheit ◇ *There is no shortage of things to do here.* Hier findet man immer etwas zu tun.

ˌshort ˌback and ˈsides *Nomen* (*BrE*) [Sing] (*veraltet*) = Haarschnitt, der hinten und an den Seiten kurz ist

short·bread /ˈʃɔːtbred; *AmE* ˈʃɔːrt-/ *Nomen* [U] = Keks aus Butterteig

short·cake /ˈʃɔːtkeɪk; *AmE* ˈʃɔːrt-/ *Nomen* [U] **1** (*BrE*) Keks aus Butterteig **2** Obstkuchen aus Mürbeteig

ˌshort-ˈchange *Verb* (*oft passiv*) **~ sb 1** jdm zu wenig Wechselgeld herausgeben **2** jdn übers Ohr hauen ◇ *The fans felt short-changed when United turned up without their top stars.* Die Fans hatten das Gefühl, nicht auf ihre Kosten gekommen zu sein, als United ohne seine Spitzenspieler antrat.

ˌshort ˈcircuit (*umgs* **short**) *Nomen* Kurzschluss

ˌshort-ˈcircuit *Verb* **1** (*auch* **short (out)**) einen Kurzschluss haben **2 ~ sth** (*auch* **short sth (out)**) einen Kurzschluss in etw verursachen **3** (*Verfahren, Prozess etc.*) abkürzen, beschleunigen

short·com·ing /ˈʃɔːtkʌmɪŋ; *AmE* ˈʃɔːrt-/ *Nomen* [meist Pl] Unzulänglichkeit, Mangel

short·crust pastry /ˌʃɔːtkrʌst ˈpeɪstri; *AmE* ˌʃɔːrt-/ *Nomen* Mürbeteig

short·cut /ˈʃɔːtkʌt; *AmE* ˈʃɔːrt-/ *Nomen* **1** (*kürzerer Weg*) Abkürzung **2** (*fig*) Schnellverfahren ◇ *There are no shortcuts to economic recovery.* Die Erholung der Wirtschaft lässt sich nicht beschleunigen.

short·en /ˈʃɔːtn; *AmE* ˈʃɔːrtn/ *Verb* **1** (ver)kürzen ◇ *Injury problems could shorten his career.* Verletzungsprobleme könnten seiner Karriere ein vorzeitiges Ende setzen. ◇ *a shortened version of the game* eine kürzere Spielvariante **2** kürzer werden **3 ~ sth (to sth)** etw (mit/zu etw) abkürzen

short·en·ing /ˈʃɔːtnɪŋ; *AmE* ˈʃɔːrt-/ *Nomen* Backfett (*für Mürbeteig*)

short·fall /ˈʃɔːtfɔːl; *AmE* ˈʃɔːrt-/ *Nomen* **~ (in sth)** Defizit (an etw), Mangel (an etw)

short·hand /ˈʃɔːthænd; *AmE* ˈʃɔːrt-/ *Nomen* **1** Kurzschrift, Stenografie **2 ~ (for sth)** Kurzformel (für etw) ◇ *Doctors use the term as shorthand for a variety of diseases.* Ärzte verwenden den Begriff als Sammelbezeichnung für verschiedene Krankheiten.

ˌshort-ˈhanded *Adj* [nicht vor Nomen] **be ~** zu wenig Personal haben

ˌshort-haul *Adj* [nur vor Nomen] Kurzstrecken- ◇ *a short-haul airliner* ein Kurzstreckenflugzeug

short·list /ˈʃɔːtlɪst; *AmE* ˈʃɔːrt-/ *Nomen, Verb*

▸ ***Nomen*** Auswahlliste ◇ *He's on the shortlist.* Er ist in der engeren Wahl.

▸ ***Verb*** (*meist passiv*) (*BrE*) **~ sb/sth (for sth)** jdn/etw in die engere Wahl nehmen (für etw) ◇ *candidates who are shortlisted for interview* Kandidaten, die zum Vorstellungsgespräch eingeladen werden

ˌshort-ˈlived *Adj* kurzlebig ◇ *Her success was great, but short-lived.* Sie hatte großen Erfolg, aber er war von kurzer Dauer.

short·ly 0→ /ˈʃɔːtli; *AmE* ˈʃɔːrt-/ *Adv* **1** kurz ◇ *She arrived shortly after us.* Sie kam kurz nach uns. **2** in Kürze, bald ◇ *I'll be ready shortly.* Ich bin gleich fertig. **3** kurz (angebunden), barsch

short·ness /ˈʃɔːtnəs; *AmE* ˈʃɔːrt-/ *Nomen* **1** Kürze **2** geringe (Körper)größe **3 ~ of breath** Kurzatmigkeit

ˌshort-order ˈcook *Nomen* Schnellimbisskoch, -köchin

ˌshort-ˈrange *Adj* **1** Kurzstrecken- **2** kurzfristig

shorts /ʃɔːts; *AmE* ʃɔːrts/ *Nomen* [Pl] **1** Shorts, kurze Hosen **2** (*AmE*) Unterhose

ˌshort-ˈsighted *Adj* (*Adv* **ˌshort-ˈsightedly**) **1** (*bes BrE*) kurzsichtig **2** (*Politik etc.*) kurzsichtig

ˌshort-ˈsightedness *Nomen* Kurzsichtigkeit (*auch fig*)

ˌshort-ˈstaffed *Adj* **be ~** zu wenig Personal haben, unterbesetzt sein

ˌshort-ˈstay *Adj* [nur vor Nomen] Kurzzeit- ◇ *a short-stay car park* ein Kurzzeitparkplatz

ˌshort ˈstory *Nomen* Kurzgeschichte

ˌshort ˈtemper *Nomen* [Sing] aufbrausendes Temperament

ˌshort-ˈtempered *Adj* gereizt, leicht aufbrausend, unbeherrscht

ˌshort-ˈterm *Adj* kurzfristig ◇ *find work on a short-term contract* kurzfristig Arbeit finden ◇ *our short-term goal* unser Nahziel ◇ *the short-term memory* das Kurzzeitgedächtnis

ˌshort-ˈtermism *Nomen* kurzfristiges Denken, Kurzsichtigkeit

ˌshort ˈtime *Nomen* (*BrE*) Kurzarbeit

ˌshort ˈwave *Nomen* (*Abk* **SW**) Kurzwelle

shot 0→ /ʃɒt; *AmE* ʃɑːt/ *Nomen, Adj* → *Siehe auch* SHOOT

▸ ***Nomen*** **1 ~ (at sb/sth)** Schuss (auf jdn/etw) (*auch fig*) ◇ *Someone took a shot at the car.* Jemand schoss auf das Auto. **2** Schütze, Schützin ◇ *a good/bad shot* ein guter/schlechter Schütze **3** = LEAD SHOT **4** (*Pl* **shot**) Geschoss, (Kanonen)kugel **5** [meist Sing] Versuch ◇ *I'll have a shot at it./I'm willing to give it a shot.* Ich bin bereit es zu versuchen. ◇ *Just give it your best shot and you'll be fine.* Tu dein Bestes, dann wird es schon klappen. **6** (SPORT) Schuss, Schlag, Wurf **7** (*oft* **the shot**) [Sing] Kugelstoßen, Kugel ◇ *put/throw the shot* kugelstoßen → *Siehe auch* SHOT-PUT **8** (*Fotografie*) Aufnahme; (*Film*) Einstellung, Szene **9** (*bes AmE, umgs*) Spritze ◇ *a polio shot* eine Polioschutzimpfung **10** (*umgs*) (*von Getränken*) Schuss ◇ *a shot of whisky* ein Schuss Whisky **11** (*einer Rakete*) Abschuss, Start **12** [Sing] (*bei Pferderennen etc.*) = Pferd, Hund etc. mit einer bestimmten Gewinnchance ◇ *The horse is a 10-1* *shot.* Die Chancen stehen 10:1. **IDM** **like a 'shot** sofort; wie der Blitz **a shot across the/sb's 'bows** ein Schuss vor den/jds Bug **a shot in the 'arm** Belebung; Auftrieb → *Siehe auch* BIG, CALL, DARK, LONG *und* PARTING

▸ ***Adj*** **1 ~ (with sth)** durchzogen (von etw) ◇ *shot silk* changierende Seide ◇ *black hair shot with grey* grau meliertes Haar **2** [nicht vor Nomen] (*umgs*) kaputt, im Eimer ◇ *I'm shot—I'm too old for this job.* Ich bin am Ende—ich bin zu alt für diesen Job. ◇ *After the accident his nerves were shot to pieces.* Nach dem Unfall war er völlig mit den Nerven fertig. **IDM** **be/get 'shot of sb/sth** (*BrE, umgs*) jdn/etw loswerden **shot through with sth** voll von etw; von etw durchzogen; von etw durchdrungen ◇ *a deep red shot through with gold* ein dunkles Rot mit Gold durchzogen ◇ *His films are always shot through with emotion and humanity.* Seine Filme sind immer von Gefühl und Menschlichkeit durchdrungen.

shot·gun /ˈʃɒtɡʌn; *AmE* ˈʃɑːt-/ *Nomen* (Schrot)flinte

ˌshotgun ˈwedding (*auch* **ˌshotgun ˈmarriage**) *Nomen* (*veraltet*) Mussheirat

the ˈshot-put *Nomen* [Sing] (*auch* **ˈshot-putting**) das Kugelstoßen

should 0‑m /ʃəd, *betont* ʃʊd/ *Modalvb* (*verneint* **should not**, *Kurzform* **shouldn't** /ˈʃʊdnt/) **1** ◇ *You should phone him.* Du solltest ihn anrufen. ◇ *You shouldn't leave small children alone.* Kleine Kinder soll man nicht allein lassen. ◇ *I shouldn't have gone to bed so late.* Ich hätte nicht so spät ins Bett gehen sollen! ◇ *It should never have happened* Das hätte nicht passieren dürfen. ◇ *He should have arrived by now.* Er müsste eigentlich schon da sein. ◇ *You should have seen her face!* Du hättest ihr Gesicht sehen sollen! **2** (*für den Fall, dass*) ◇ *If it should rain, we'll postpone it.* Sollte es regnen, verschieben wir es. ◇ *If she should ring you, let me know.* Sollte sie dich anrufen, sag Bescheid. **3** (*in der indirekten Rede*) ◇ *He asked what time he should come.* Er fragte, um wie viel Uhr er kommen solle. **IDM** **I should hope so!** das will ich schwer hoffen! **I should think so** ich glaube schon ◇ *'Will this be enough?' 'I should think so.'* „Wird das reichen?" „Ich glaube schon."

shoul·der 0‑m /ˈʃəʊldə(r); *AmE* ˈʃoʊl-/ *Nomen, Verb*

▸ ***Nomen*** **1** Schulter ◇ *She shrugged her shoulders.* Sie zuckte mit den Achseln. ◇ *an off-the-shoulder dress* ein schulterfreies Kleid **2** (*Fleisch*) Schulter(stück) **3** (*einer Flasche*) Ausbuchtung **4** (*AmE*) (*an Straßen*) Seitenstreifen, Bankett → *Siehe auch* HARD SHOULDER, SOFT SHOULDER *und* -SHOULDERED **IDM** **be looking over your 'shoulder** in Angst leben **have a good 'head on your shoulders** vernünftig sein **be/stand head and 'shoulders above sb/sth** jdm/etw haushoch überlegen sein **on sb's shoulders** auf jds Schultern ◇ *put the blame on sb's shoulders* jdm die Schuld zuschieben **put your shoulder to the 'wheel** sich ins Zeug legen **a shoulder to 'cry on** jd, bei dem man sich ausweinen kann **ˌshoulder to 'shoulder** **1** Schulter an Schulter **2** gemeinsam → *Siehe auch* CHIP, COLD, OLD, RUB *und* STRAIGHT

▸ ***Verb*** **1** (*Verantwortung, Schuld etc.*) auf sich nehmen **2** (mit der Schulter) stoßen, drängen ◇ *He shouldered his way through the crowd.* Er bahnte sich einen Weg durch die Menge. **3** auf die Schulter nehmen, schultern

ˈshoulder bag *Nomen* Umhängetasche

ˈshoulder blade *Nomen* Schulterblatt

-shouldered /ˈʃəʊldəd; *AmE* ˈʃoʊldərd/ (*in Adjektiven*) -schultrig ◇ *broad-shouldered* breitschultrig → *Siehe auch* ROUND-SHOULDERED

ˌshoulder-ˈhigh *Adj, Adv*

▸ ***Adj*** schulterhoch

▸ ***Adv*** auf den Schultern ◇ *They carried him shoulder-high through the crowd.* Sie trugen ihn auf den Schultern durch die Menge.

ˈshoulder-length *Adj* schulterlang

ˈshoulder pad *Nomen* [meist Pl] Schulterpolster

ˈshoulder strap *Nomen* **1** (*an Kleidern etc.*) Träger **2** Schulterriemen

ˈshoulder surfing *Nomen* [U] (*umgs*) Blick über die Schulter, Shoulder-Surfing ◇ *The PIN numbers were obtained by shoulder surfing.* Die PIN-Nummern wurden durch einen Blick über die Schulter herausgefunden.

shout 0‑m /ʃaʊt/ *Verb, Nomen*

▸ ***Verb*** **1** schreien, rufen, brüllen ◇ *We shouted encouragement as they ran past.* Wir feuerten sie an, als sie vorbeiliefen. **2 ~ at sb** jdn anschreien **3 ~ for sb/sth** nach jdm/etw rufen **4 ~ sth at/to sb** jdm etw zurufen; **~ sth at sb to do sth** jdm zurufen, etw zu tun ◇ *She shouted at him to shut the gate.* Sie rief ihm zu, das Tor zu schließen. ◇ *shout abuse at sb* jdn beschimpfen **5 ~ (out)** aufschreien ◇ *She shouted out in pain.* Sie schrie vor Schmerz auf. **PHR V** **ˌshout sb 'down** jdn niederschreien **ˌshout sth 'out** etw (aus) rufen, etw herausschreien

▸ ***Nomen*** **1** Schrei, Ruf **2** (*BrE, umgs*) (*von Getränken*) Runde ◇ *What are you drinking? It's my shout.* Was wollt ihr trinken? Es ist meine Runde. **IDM** **be ˌin with a 'shout (of doing sth)** (*umgs*) eine Chance haben (etw zu tun) **ˌgive sb a 'shout** (*umgs*) jdn rufen

shout·ing *Nomen* /ˈʃaʊtɪŋ/ Geschrei, Schreien **IDM** **be all over bar the 'shouting** (*BrE*) so gut wie gelaufen sein **within 'shouting distance** in Hörweite

ˈshout-out *Nomen* (*bes AmE*) Anerkennung, Gruß

shove /ʃʌv/ *Verb, Nomen*

▸ ***Verb*** **1** schieben, stoßen ◇ *He shoved her down the stairs.* Er stieß sie die Treppe hinunter. **2** drängeln, drücken ◇ *The crowd was pushing and shoving to get a better view.* Die Menge stieß und drängelte, um besser zu sehen. **3** (*umgs*) schmeißen, stopfen ◇ *Shove your suitcase under the bed.* Schmeiß deinen Koffer unters Bett. ◇ *He shoved a piece of paper into my hand.* Er drückte mir ein Stück Papier in die Hand. **PHR V** **'shove it** (*bes AmE, umgs*) steck's dir wohin **ˌshove 'off** (*BrE, umgs*) abschieben ◇ *Shove off and leave me alone!* Schieb ab und lass mich in Ruhe! **ˌshove 'up** (*BrE, umgs*) rücken ◇ *Shove up! Jan wants to sit down.* Rück mal! Jan will sich hinsetzen.

▸ ***Nomen*** [meist Sing] Stoß, Schubs **IDM** → PUSH

shovel /ˈʃʌvl/ *Nomen, Verb*

▸ ***Nomen*** Schaufel

▸ ***Verb*** (**-ll-**, *AmE* **-l-**) **1** schaufeln (*auch fig*) **2** (*AmE*) (*Einfahrt etc.*) freischaufeln

shovel·ful /ˈʃʌvlfʊl/ *Nomen* eine Schaufel ◇ *two shovelfuls of earth* zwei Schaufeln Erde

show 0‑m /ʃəʊ; *AmE* ʃoʊ/ *Verb, Nomen*

▸ ***Verb*** (**showed**, **shown** /ʃəʊn; *AmE* ʃoʊn/ *oder seltener* **showed**) **1 ~ (sth to sb)**; **~ (sb sth)** (jdm etw) zeigen, (jdm etw) deutlich machen ◇ *The figures clearly show that her claims are false.* Die Zahlen zeigen klar, dass ihre Behauptungen falsch sind. ◇ *a report showing the company's current situation* ein Bericht, der die derzeitige Situation der Firma deutlich macht ◇ *Can you show me how to do it?* Kannst du mir zeigen, wie man es macht? ◇ *His new book shows him to be a first-rate storyteller.* Sein neues Buch zeigt, dass er ein erstklassiger Erzähler ist. ◇ *She showed the technique to her students.* Sie führte ihren Studenten die Methode vor. ◇ *You have to show your ticket as you go in.* Man muss seine Karte vorzeigen, wenn man hineingeht. ◇ *They* *showed no respect for their parents./They showed their parents no respect.* Sie hatten keinen Respekt vor ihren Eltern. **2** (*Mut, Entschlossenheit etc.*) beweisen **3** **~ yourself (to be) sth** sich als etw erweisen **4** verraten ◇ *Her expression showed her disappointment.* Ihr Gesicht verriet ihre Enttäuschung. ◇ *Their new white carpet showed every mark.* Auf ihrem neuen weißen Teppich waren alle Flecken zu sehen. **5** sich zeigen, sichtbar sein ◇ *Fear showed in his eyes.* Angst stand in seinen Augen. ◇ *She had a woollen hat on that left only her eyes and nose showing.* Sie hatte eine Wollmütze auf, sodass nur ihre Augen und Nase zu sehen waren. **6** (an)zeigen ◇ *The map shows the principal towns and rivers.* Auf der Karte sind die wichtigsten Städte und Flüsse eingezeichnet. **7** führen ◇ *He showed us to our seats.* Er führte uns zu unseren Plätzen. **8** (*Film, Tiere*) vorführen; (*Theaterstück*) aufführen; (*Kunstwerk*) ausstellen ◇ *The movie is being shown now.* Der Film läuft jetzt. **9** (*bes AmE, umgs*) kommen, auftauchen ◇ *I waited an hour but he didn't show.* Ich wartete eine Stunde, aber er kam nicht. IDM **it goes to 'show** da sieht man's mal wieder **it goes to 'show that, how, etc. ...** das beweist mal wieder, dass, wie etc. ... **show sb the 'door** jdm die Tür weisen **show your 'face** sich blicken lassen **show your 'hand/'cards** (*BrE*) seine Karten auf den Tisch legen **show the 'way** den Weg zeigen **show sb who's 'boss** jdm zeigen, wer das Sagen hat **show 'willing** guten Willen zeigen **(have) something, nothing, etc. to 'show for sth** am Ende etwas, nichts etc. für etw vorzuweisen (haben) → *Siehe auch* FLAG, PACE[1] *und* ROPE PHR V **ˌshow sb aˈround/ˈround (sth)** jdn (in etw) herumführen **ˌshow 'off** (*umgs, abwert*) angeben **ˌshow sb/sth 'off** jdn/etw vorführen ◇ *He likes to show off how well he speaks French.* Er gibt gern mit seinem Französisch an. **ˌshow sth 'off** etw zur Geltung bringen ◇ *a dress that shows off her figure* ein Kleid, das ihre Figur zur Geltung bringt **ˌshow 'through** durchscheinen ◇ (*fig*) *When he spoke, his bitterness showed through.* Als er sprach, war seine Bitterkeit zu spüren. **ˌshow 'through sth** durch/unter etw zu sehen sein **ˌshow 'up** **1** (*umgs*) kommen, auftauchen **2** sichtbar werden ◇ *A broken bone showed up on the X-ray.* Das Röntgenbild zeigte einen Knochenbruch. **ˌshow sb 'up** **1** (*BrE, umgs*) jdn in eine peinliche Situation bringen **2** jdn blamieren, jdn bloßstellen ◇ *Don't worry about being shown up by the kids—they've always used computers.* Es macht nichts, wenn du dich vor den Kindern blamierst—sie haben schon von klein auf Computer benutzt. **ˌshow sth 'up** etw (deutlich) zeigen ◇ *The harsh light showed up the lines on her face.* In dem grellen Licht konnte man die Falten in ihrem Gesicht deutlich sehen.

▸ ***Nomen*** **1** Show; (*Theater-*) Aufführung ◇ *see/watch/go to a show* ins Theater gehen → *Siehe auch* FLOOR SHOW *und* ROADSHOW **2** (Unterhaltungs)sendung → *Siehe auch* CHAT SHOW, GAME SHOW *und* TALK SHOW **3** Ausstellung ◇ *the Paris fashion shows* die Pariser Modenschauen → *Siehe auch* PEEP SHOW **4** **be on ~** ausgestellt sein; **go on ~** ausgestellt werden; **put sth on ~** etw ausstellen **5** Zurschaustellung, Zeichen ◇ *He doesn't go in for shows of emotion.* Er zeigt nicht gern seine Gefühle. ◇ *a show of support/unity* eine Solidaritätsbekundung ◇ *a show of force* eine Machtdemonstration **6** [U/Sing] Schau ◇ *He may seem charming, but it's all show!* Er wirkt vielleicht charmant, aber es ist alles nur Schau! ◇ *He made a great show of affection, but I knew he didn't mean it.* Er legte viel Gefühl an den Tag, aber ich wusste, dass er es nicht ernst meinte. **7** Pracht ◇ *We have a lovely show of flowers in the garden at the moment.* Die Blumen in unserem Garten sind eine wahre Pracht. **8** [Sing] (*Sache, Unternehmung etc.*) Laden ◇ *She runs the whole show.* Sie schmeißt den Laden. ◇ *I won't interfere—it's your show.* Ich mische mich nicht ein —es ist dein Bier. **9** [meist Sing] (*bes BrE, umgs*) Leistung ◇ *The team put on a good show.* Die Mannschaft zeigte eine gute Leistung. ◇ *It's a poor show if he forgets your birthday.* Es ist traurig, wenn er deinen Geburtstag vergisst. IDM **for 'show** zur Dekoration **get the ˌshow on the 'road** (*umgs*) anfangen ◇ *Let's get this show on the road!* Fangen wir an! **(jolly) good 'show!** (*BrE, umgs, veraltet*) bravo! **a show of 'hands** (Abstimmung durch) Handaufheben → *Siehe auch* STEAL

'show business (*umgs* **show·biz** /ˈʃəʊbɪz; *AmE* ˈʃoʊ-/) *Nomen* Showgeschäft, Showbusiness

show·case /ˈʃəʊkeɪs; *AmE* ˈʃoʊ-/ *Nomen, Verb*

▸ ***Nomen*** **1** [meist Sing] **~ (for sb/sth)** Schaufenster (für jdn/etw) **2** Vitrine, Schaukasten

▸ ***Verb*** zur Schau stellen

show·down /ˈʃəʊdaʊn; *AmE* ˈʃoʊ-/ *Nomen* [meist Sing] Kraftprobe, Showdown

shower 🔑 /ˈʃaʊə(r)/ *Nomen, Verb*

▸ ***Nomen*** **1** Dusche ◇ *have a shower* (sich) duschen ◇ (*bes AmE*) *take a shower* (sich) duschen **2** Schauer ◇ *April showers* Aprilregen ◇ *We were caught in a heavy shower.* Wir kamen in einen schweren Regenschauer. **3** (*fig*) Schwall, Hagel ◇ *a shower of sparks* ein Funkenregen **4** (*AmE*) = Party für eine Braut oder eine werdende Mutter, bei der sie Geschenke bekommt

▸ ***Verb*** **1** (sich) duschen **2** **~ (down) on sb/sth** auf jdn/etw (herab)regnen; **~ down** herabregnen **3** **~ sb with sth** ◇ *The bride and groom were showered with rice.* Braut und den Bräutigam wurden mit Reis beworfen. ◇ *The roof collapsed, showering us with dust and debris.* Das Dach stürzte ein und es regnete Staub und Schutt auf uns herab. **4** **~ sb with sth** jdn mit etw überhäufen; **~ sth on sb** etw auf jdn häufen

show·ery /ˈʃaʊəri/ *Adj* ◇ *a showery day* ein Tag mit Schauern ◇ *showery weather* Schauerwetter

show·ing /ˈʃəʊɪŋ; *AmE* ˈʃoʊ-/ *Nomen* **1** Vorführung **2** [meist Sing] Leistung, Abschneiden

show·jump·ing /ˈʃəʊdʒʌmpɪŋ; *AmE* ˈʃoʊ-/ *Nomen* Springreiten

show·man /ˈʃəʊmən; *AmE* ˈʃoʊ-/ *Nomen* (*Pl* **-men** /-mən/) **1** Showman, Unterhalter **2** Schausteller ◇ *travelling showmen* reisende Schausteller

show·man·ship /ˈʃəʊmənʃɪp; *AmE* ˈʃoʊ-/ *Nomen* Showtalent

shown *Form von* SHOW

'show-off *Nomen* (*umgs, abwert*) Angeber(in)

show·piece /ˈʃəʊpiːs; *AmE* ˈʃoʊ-/ *Nomen* Paradestück, Prachtstück

show·room /ˈʃəʊruːm, -rʊm; *AmE* ˈʃoʊ-/ *Nomen* Ausstellungsraum ◇ *a car showroom* ein Autohaus

show·room·ing /ˈʃəʊruːmɪŋ, -rʊmɪŋ; *AmE* ˈʃoʊ-/ *Nomen* = das Anschauen eines Produkts in einem Laden, bevor man es später günstiger im Internet bestellt

'show-stopper *Nomen* (*umgs*) Riesenhit

'show trial *Nomen* Schauprozess

showy /ˈʃəʊi; *AmE* ˈʃoʊi/ *Adj* (*oft abwert*) auffällig, auffallend

shrank *Form von* SHRINK

shrap·nel /ˈʃræpnəl/ *Nomen* [U] Granatsplitter, Bombensplitter ◇ *a piece of shrapnel* ein Bomben-/Granatsplitter

shred /ʃred/ *Verb, Nomen*

▸ ***Verb*** **(-dd-)** **1** zerfetzen ◇ *shredded lettuce* Salatstreifen **2** im Reißwolf vernichten

▸ ***Nomen*** **1** [meist Pl] Fetzen ◇ *shreds of paper* Papierschnipsel ◇ *Cut the orange peel into thin shreds.* Die Orangenschale in dünne Streifen schneiden. **2** [meist Sing] **~ of sth** Spur von etw ◇ *There is not a shred of evidence.* Es gibt nicht den geringsten Beweis. IDM **in 'shreds 1** ruiniert ◇ *Her nerves were in shreds.* Ihre Nerven waren zerrüttet. **2** zerrissen → *Siehe auch* PIECE

shred·der /ˈʃredə(r)/ *Nomen* Reißwolf

shrew /ʃruː/ *Nomen* **1** Spitzmaus **2** (*veraltet*) zänkische Frau

shrewd /ʃruːd/ *Adj* (*Adv* **shrewd·ly**) klug, scharfsinnig, geschickt ◇ *a shrewd businessman* ein cleverer Geschäftsmann ◇ *She is a shrewd judge of character.* Sie kann Personen gut einschätzen. ◇ *a shrewd guess* gut geraten ◇ *a shrewd move* ein raffinierter Zug ◇ *I have a shrewd idea who the mystery caller was.* Es ist mir ziemlich klar, wer der anonyme Anrufer war. ◇ *give sb a shrewd look* jdn prüfend ansehen

shrewd·ness /ˈʃruːdnəs/ *Nomen* Scharfsinn, Klugheit, Geschick

shrew·ish /ˈʃruːɪʃ/ *Adj* (*veraltet*) zänkisch

shriek /ʃriːk/ *Verb, Nomen*

▸ ***Verb*** **1 ~ (with/in sth)** (vor etw) aufschreien ◇ *shriek with laughter* vor Lachen kreischen **2** schreien; **~ at sb** jdn anschreien ◇ *She was shrieking abuse at them.* Sie stieß wilde Flüche aus.

▸ ***Nomen*** Schrei

shrift /ʃrɪft/ *Nomen* IDM → SHORT

shrill /ʃrɪl/ *Adj, Verb*

▸ ***Adj*** (*Adv* **shrilly** /ˈʃrɪlli/) **1** schrill **2** lautstark

▸ ***Verb*** (*gehoben*) schrillen, kreischen

shrill·ness /ˈʃrɪlnəs/ *Nomen* Schrillheit

shrimp /ʃrɪmp/ *Nomen* **1** Shrimp, Krevette **2** (*AmE*) Garnele

shrimp·er /ˈʃrɪmpə(r)/ *Nomen* (*bes AmE*) Krabbenfänger(in)

shrine /ʃraɪn/ *Nomen* **1** Heiligtum, Gedenkstätte **2** (*fig*) Wallfahrtsort, Mekka

shrink /ʃrɪŋk/ *Verb, Nomen*

▸ ***Verb*** (**shrank** /ʃræŋk/, **shrunk** /ʃrʌŋk/ *oder* **shrunk**, **shrunk**) schrumpfen (lassen), einlaufen (lassen) ◇ *Television has in a sense shrunk the world.* Das Fernsehen hat gewisserweise die Welt kleiner gemacht. IDM **a ˌshrinking ˈviolet** (*hum*) ein schüchternes Pflänzchen PHRV **ˌshrink ˈback/aˈway** zurückweichen **ˈshrink from sth** (*gehoben*) vor etw zurückschrecken

▸ ***Nomen*** (*Slang, hum*) Seelendoktor

shrink·age /ˈʃrɪŋkɪdʒ/ *Nomen* [U] Einlaufen, Schwund, Rückgang ◇ *She bought a slightly larger size to allow for shrinkage.* Sie kaufte eine etwas größere Größe, falls es einlaufen sollte.

ˌshrink-ˈwrapped *Adj* eingeschweißt

shrivel /ˈʃrɪvl/ *Verb* (**-ll-**, *AmE* **-l-**) **1 ~ (up)** verschrumpeln **2 ~ sth (up)** etw verschrumpeln lassen

shriv·elled /ˈʃrɪvld/ *Adj* schrumpelig, verrunzelt

shroud /ʃraʊd/ *Nomen, Verb*

▸ ***Nomen*** **1** Leichentuch, Totenhemd **2** (*gehoben*) (*fig*) Schleier ◇ *cloaked in a shroud of secrecy* geheimnisumwittert

▸ ***Verb*** (*meist passiv*) (*auch fig*) hüllen ◇ *furniture shrouded in dust sheets* mit Tüchern bedeckte Möbel ◇ *His family background is shrouded in mystery.* Seine Herkunft ist ein großes Geheimnis.

Shrove Tues·day /ˌʃrəʊv ˈtjuːzdeɪ, -di; *AmE* ˌʃroʊv ˈtuːz-/ *Nomen* Faschingsdienstag, Fastnachtsdienstag

shrub /ʃrʌb/ *Nomen* Strauch, Busch

shrub·bery /ˈʃrʌbəri/ *Nomen* (*Pl* **-ies**) Gebüsch, Sträucher

shrug /ʃrʌg/ *Verb, Nomen*

▸ ***Verb*** (**-gg-**) (*kein Passiv*) mit den Achseln zucken ◇ *'I don't know,' she replied, shrugging her shoulders.* „Ich weiß nicht", antwortete sie achselzuckend. PHRV **ˌshrug sth ˈoff/aˈside** (*Einwände etc. beiseiteschieben*) etw mit einem Achselzucken abtun **ˌshrug sb/sth ˈoff/aˈway** jdn/etw abschütteln ◇ *He shrugged off his coat.* Er schlüpfte aus dem Mantel.

▸ ***Nomen*** **1** [meist Sing] Achselzucken ◇ *He gave a shrug.* Er zuckte mit den Achseln. **2** Ärmelschal, Shrug

shrunk *Form von* SHRINK

shrunk·en /ˈʃrʌŋkən/ *Adj* schrumpelig, verschrumpelt ◇ *a shrunken head* ein Schrumpfkopf

shuck /ʃʌk/ *Nomen, Verb*

▸ ***Nomen*** (*AmE*) (*von Nüssen, Austern etc.*) Schale

▸ ***Verb*** (*AmE*) schälen, knacken

shucks /ʃʌks/ *Ausruf* (*AmE, umgs, veraltet*) (*drückt Enttäuschung oder Verlegenheit aus*) Unsinn, Mensch

shud·der /ˈʃʌdə(r)/ *Verb, Nomen*

▸ ***Verb*** **1 ~ (with sth)** (vor etw) zittern; **sb shudders at sth** jdn schaudert (bei etw) ◇ *She shuddered with fear.* Sie zitterte vor Angst. ◇ *Just thinking about it makes me shudder.* Wenn ich bloß daran denke, überkommt mich ein Schauder. ◇ *I shudder to think how much this is all going to cost.* Mir graut, wenn ich daran denke, wie viel das alles kosten wird. **2** schütteln, beben

▸ ***Nomen*** [meist Sing] Schauder, Zittern ◇ *She gave an involuntary shudder.* Sie zitterte unwillkürlich. ◇ *The elevator rose with a shudder.* Der Aufzug fuhr rüttelnd nach oben.

shuf·fle /ˈʃʌfl/ *Verb, Nomen*

▸ ***Verb*** **1** schlurfen ◇ *The queue shuffled forward a little.* Die Schlange schob sich etwas vorwärts. **2** mit den Füßen scharren ◇ *She shuffled her feet.* Sie trat von einem Fuß auf den anderen. **3** (*Spielkarten*) mischen **4** ◇ *He shuffled the documents on his desk.* Er kramte in seinen Unterlagen herum.

▸ ***Nomen*** [meist Sing] **1** Schlurfen ◇ *walk with a shuffle* beim Gehen schlurfen **2** Mischen ◇ *Give the cards a good shuffle.* Mischen Sie die Karten gut. IDM **on ˈshuffle** auf/per Zufallsauswahl ◇ *The song came up on shuffle.* Der Song wurde per Zufallsauswahl gespielt.

shun /ʃʌn/ *Verb* (**-nn-**) (*gehoben*) meiden ◇ *She was shunned by her family.* Sie wurde von ihrer Familie geschnitten. ◇ *an author who shuns publicity* ein Schriftsteller, der die Öffentlichkeit scheut

shunt /ʃʌnt/ *Verb* **1** rangieren **2** (*meist abwert*) abschieben

shush /ʃʊʃ/ *Ausruf, Verb*

▸ ***Ausruf*** pst

▸ ***Verb*** **~ sb** jdm bedeuten ruhig zu sein ◇ *Lyn shushed the children.* Lyn brachte die Kinder mit einem „Pst!" zum Schweigen.

shut 0‑ᴛ /ʃʌt/ *Verb, Adj*

▸ ***Verb*** (**shut·ting, shut, shut**) (sich) schließen ◇ *I can't shut my suitcase.* Ich kann meinen Koffer nicht zumachen. ◇ *He shut his book.* Er klappte sein Buch zu. ◇ *The window won't shut.* Das Fenster geht nicht zu. ◇ (*BrE*) *The bank shuts at 4.* Die Bank schließt um 4. IDM **ˌshut your ˈmouth/ˈface!** (*Slang*) halt deinen Mund/die Schnauze! **shut up ˈshop** (*BrE, umgs*) **1** einen Laden dicht machen **2** Feierabend machen → *Siehe auch* DOOR, EAR, EYE *und* MOUTH PHRV **ˌshut sb/sth aˈway** jdn/etw wegschließen **ˌshut yourself aˈway** sich zurückziehen **ˌshut ˈdown** schließen, dichtmachen **ˌshut sth ˈdown** etw schließen, etw stilllegen, etw abschalten **ˌshut sb/yourself**

ˈin (sth) jdn/sich (in etw) einschließen ˈshut sth in sth etw in etw einklemmen ◇ *Sam shut his finger in the car door.* Sam klemmte sich den Finger in der Autotür ein. ˌshut ˈoff (sich) abschalten shut sth ˈoff etw abstellen ˌshut yourself ˈoff (from sth) sich (aus/von etw) zurückziehen, sich (von etw) abkapseln ˌshut sb/sth ˈoff from sth jdn/etw von etw abschneiden, jdn/etw von etw trennen ◇ *Bosnia is shut off from the Adriatic by the mountains.* Bosnien ist von der Adria durch die Berge getrennt. ˌshut sb/sth ˈout (of sth) jdn/etw (aus etw) aussperren ◇ *If you shut me out, how can I help you?* Wenn du mich nicht an dich ranlässt, wie kann ich dir dann helfen? ˌshut ˈup (*umgs*) den Mund halten ˌshut sb ˈup jdn zum Schweigen bringen ˌshut sth ˈup etw verschließen ◇ *shut up a house for the winter* ein Haus winterdicht machen ˌshut sb/sth ˈup (in sth) jdn/etw (in etw) einsperren

▸ **Adj** [nicht vor Nomen] geschlossen, zu ◇ *She slammed the door shut.* Sie schlug die Tür zu. ◇ *Keep your eyes shut!* Lass die Augen zu!

shut·down /ˈʃʌtdaʊn/ *Nomen* Schließung, Stilllegung

shut·ter /ˈʃʌtə(r)/ *Nomen* **1** [meist Pl] Fensterladen ◇ (*fig*) *put up the shutters* den Laden dichtmachen **2** (FOTO) Verschluss, Auslöser IDM ˌbring/ˌput down the ˈshutters niemanden mehr an sich ranlassen; dichtmachen

shut·tle /ˈʃʌtl/ *Nomen, Verb*

▸ **Nomen** **1** Shuttlebus, Shuttle-Zubringer ◇ *a shuttle service* Pendelverkehr **2** = SPACE SHUTTLE **3** (*beim Weben*) Schiffchen

▸ **Verb** **1** ~ (**between A and B**) (zwischen A und B) (hin- und her)pendeln **2** hin- und herfahren, hin- und hertransportieren

shuttle·cock /ˈʃʌtlkɒk; *AmE* -kɑːk/ *Nomen* (*Ball*) Federball

shy 🔑 /ʃaɪ/ *Adj, Verb*

▸ **Adj** **1** (*Adv* **shyly**) schüchtern, scheu ◇ *painfully shy* furchtbar schüchtern ◇ *work-shy* arbeitsscheu ◇ *She's very shy with adults.* Sie ist sehr gehemmt im Umgang mit Erwachsenen. **2** **be ~ of/about sth** etw scheuen ◇ *He was not shy of saying so.* Er scheute sich nicht, es zu sagen. **3** [nicht vor Nomen] ~ (**of sth/sb**) (*bes AmE, umgs*) ◇ *a month shy of his 90th birthday* einen Monat vor seinem 90. Geburtstag ◇ *We are still two players shy.* Uns fehlen noch zwei Spieler zur vollen Mannschaft. IDM → FIGHT *und* ONCE

▸ **Verb** (**shies, shy·ing, shied, shied**) ~ (**at sth**) vor etw scheuen ◇ *My horse shied at the noise.* Mein Pferd scheute vor dem Geräusch. PHR V ˌshy aˈway (from sth) (vor etw) zurückscheuen, (vor etw) zurückschrecken

shy·ness /ˈʃaɪnəs/ *Nomen* Schüchternheit, Scheu

shy·ster /ˈʃaɪstə(r)/ *Nomen* (*bes AmE, umgs*) Gauner(in)

SI /ˌes ˈaɪ/ *Abk* SI ◇ *SI units* SI-Einheiten

Siam·ese cat /ˌsaɪəmiːz ˈkæt/ (*auch* **Siam·ese**) *Nomen* Siamkatze

Siamese ˈtwin *Nomen* siamesischer Zwilling

sibi·lant /ˈsɪbɪlənt/ *Adj, Nomen*

▸ **Adj** (*gehoben*) zischend, Zisch-

▸ **Nomen** (LING) Zischlaut

sib·ling /ˈsɪblɪŋ/ *Nomen* (*gehoben*) Bruder, Schwester; (*im Plural*) Geschwister

sic /sɪk, siːk/ *Adv, Verb*

▸ **Adv** sic

▸ **Verb** (**-cc-**) (*AmE, umgs*) **1** (*Hund*) angreifen ◇ *Sic him, Duke!* Fass, Duke! **2** ◇ *sic a dog on sb* einen Hund auf jdn hetzen

sick 🔑 /sɪk/ *Adj, Nomen, Verb*

▸ **Adj** **1** krank ◇ *She's very sick.* Sie ist schwer krank. ◇ *He's off sick.* Er ist krank gemeldet. ◇ *Jo's just called in sick.* Jo hat gerade angerufen, dass sie krank ist. ◇ (*AmE*) *get sick* krank werden **2** schlecht, übel ◇ *I feel sick.* Mir ist schlecht. ◇ *She had a sick feeling in her stomach.* Sie hatte ein ungutes Gefühl im Magen. **3** **be ~ of sb/sth** (*umgs*) jdn/etw satt haben ◇ *I'm sick and tired of your moaning!* Ich kann dein Gejammer nicht mehr hören! ◇ *I'm sick to death of you all!* Ihr hängt mir alle zum Hals raus! **4** (*umgs*) geschmacklos ◇ *That's really sick.* Das ist ja abartig. **5** (*umgs*) pervers ◇ *have a sick mind* pervers sein IDM be ˈsick (*BrE*) brechen; sich übergeben (müssen) be (as) sick as a ˈdog (*umgs*) **1** kotzen müssen **2** ◇ *He was as sick as a dog.* Ihm war speiübel. be worried ˈsick; be ˈsick with worry krank vor Sorge sein ◇ *I've been worried sick about you.* Ich habe mir schreckliche Sorgen um dich gemacht. make sb ˈsick jdn ankotzen (as) sick as a ˈparrot (*BrE, hum*) total frustriert sick at ˈheart (*gehoben*) todtraurig sick to your ˈstomach **1** ◇ *She turned sick to her stomach on hearing this news.* Als sie die Nachricht hörte, wurde ihr ganz schlecht. **2** (*AmE*) ◇ *I feel sick to my stomach.* Mir ist schlecht. take ˈsick (*gehoben*) krank werden

▸ **Nomen** **1** (*BrE, umgs*) Kotze **2** **the sick** [Pl] die Kranken

▸ **Verb** PHR V ˌsick sth ˈup (*BrE, umgs*) etw erbrechen

sick·bay /ˈsɪkbeɪ/ *Nomen* Krankenzimmer, Krankenrevier

sick·bed /ˈsɪkbed/ *Nomen* [Sing] Krankenbett

sick·en /ˈsɪkən/ *Verb* (*BrE*) **1** anwidern ◇ *His hypocrisy sickened her.* Seine Heuchelei kotzte sie an. **2** (*veraltet*) krank werden **3** (*BrE*) **be sickening for sth** (*Krankheit*) ausbrüten

sick·en·ing /ˈsɪkənɪŋ/ *Adj* (*Adv* **sick·en·ing·ly**) **1** widerlich, abscheulich **2** (*umgs*) erschreckend, bedrohlich ◇ *with a sickening thud* mit einem erschreckenden, dumpfen Geräusch **3** (*umgs*) unverschämt ◇ *How sickening!* So eine Gemeinheit!

sickie /ˈsɪki/ *Nomen* (*BrE, umgs*) = Tag, an dem man krankfeiert

sickle /ˈsɪkl/ *Nomen* Sichel

ˈsick leave *Nomen* [U] = Fehlen wegen Krankheit ◇ *be on sick leave* krank geschrieben sein

sick·ly /ˈsɪkli/ *Adj* **1** kränklich **2** schwächlich, kränkelnd **3** widerlich ◇ *sickly sweet* widerlich süß

sick·ness /ˈsɪknəs/ *Nomen* **1** Krankheit ◇ *insurance against sickness and unemployment* Kranken- und Arbeitslosenversicherung **2** (*bes BrE*) Übelkeit, Erbrechen **3** [Sing] Niedergeschlagenheit

ˈsickness benefit *Nomen* [U] (*BrE*) Krankengeld

sicko /ˈsɪkəʊ; *AmE* -koʊ/ *Nomen* (*Pl* **-os**) (*bes AmE, umgs*) Irre(r), Perverse(r)

sick·out /ˈsɪkaʊt/ *Nomen* (*AmE*) = Streik, bei dem alle Mitarbeiter einer Firma geschlossen krankfeiern

ˈsick pay *Nomen* [U] Krankengeld

sick·room /ˈsɪkruːm, -rʊm/ *Nomen* Krankenzimmer

side 🔑 /saɪd/ *Nomen, Verb*

▸ **Nomen** **1** Seite ◇ *on either side of the door* zu beiden Seiten der Tür ◇ *She tilted her head to one side.* Sie legte den Kopf zur Seite. ◇ *the side entrance* der Seiteneingang ◇ *the wrong side of the fabric* die linke Seite des Stoffes ◇ *The side of the car was dented.* Das Auto war seitlich eingedrückt. ◇ *an uncle on my father's side* ein Onkel väterlicherseits ◇ *a six-sided coin* eine sechseckige Münze ◇ *I'd like to hear her side of the story.* Ich würde die Geschichte gern aus ihrer Sicht hören. ◇ *There are arguments on both sides.* Es gibt Argumente dafür und dagegen. ◇ *drive on the left-hand side of the road* links fahren ◇ *Will you keep your side of the bargain?* Werden Sie ihren Teil der Abmachung einhalten? ◇ *I'll take care of that side of things.*

Um diese Sachen kümmere ich mich. **2** Hälfte ◇ *in the left side of the brain* in der linken Gehirnhälfte ◇ *a side of beef* eine Rinderhälfte **3** Ende ◇ *go over to the far side of the room* zum anderen Ende des Raums gehen **4** Kante, Rand ◇ *sit on the side of the bed* auf der Bettkante sitzen ◇ *by the side of the pool* am Beckenrand **5** [Sing] ◇ *Keep close to my side.* Bleib dicht neben mir. ◇ *He stood at her side.* Er stand neben ihr. **6** (*BrE*) Mannschaft ◇ *the winning side* die Sieger **7** (*BrE, umgs, veraltet*) (*Fernsehen*) Sender IDM **be on sb's side** auf jds Seite stehen ◇ *Whose side are you on anyway?* Für wen bist du überhaupt? **come down on 'one side of the fence or the 'other** sich für eine der beiden Möglichkeiten entscheiden **from ˌside to 'side** hin und her ◇ *He shook his head slowly from side to side.* Er schüttelte langsam den Kopf. **get on the right 'side of sb** jdn für sich einnehmen **get on the wrong 'side of sb** es sich mit jdm verderben **have sth on your 'side** etw auf seiner Seite haben ◇ *We've got time on our side.* Die Zeit spricht für uns. **let the 'side down** (*bes BrE*) jdn im Stich lassen **not leave sb's 'side** nicht von jds Seite weichen **on/from all 'sides; on/from every 'side** von allen Seiten; (von) überall **on the 'big, 'small, 'high, etc. side** (*umgs*) etwas zu groß, klein, hoch etc. **on the other side of the 'fence** auf der anderen Seite; von der anderen Warte **on the ˌright/ˌwrong side of 'forty, 'fifty, etc** (*umgs*) noch nicht/schon über vierzig, fünfzig etc. **on the 'side** (*umgs*) **1** nebenbei ◇ *earn a little on the side* sich ein bisschen nebenbei verdienen **2** nebenher ◇ *He has a girlfriend on the side.* Er hat nebenher noch eine Freundin. **3** (*bes AmE*) als Beilage **on/to one 'side** zur Seite; beiseite ◇ *Leaving that to one side for a moment, are there any other questions?* Wenn wir das einen Moment beiseite lassen, gibt es noch weitere Fragen? **the other side of the 'coin** die Kehrseite der Medaille **ˌside by 'side 1** Seite an Seite; nebeneinander **2** zusammen; nebeneinander **take 'sides** Partei ergreifen **take/draw sb to one 'side** jdn beiseite nehmen **this side of …** vor … ◇ *They won't be here this side of midnight.* Vor Mitternacht sind sie nicht hier. → *Siehe auch* BED, BIT, BRIGHT, CREDIT, ERR, GRASS, KNOW, LAUGH, RIGHT, SAFE, SPLIT, THORN, TIME, TWO *und* WRONG

▸ ***Verb*** PHRV **'side with sb** sich auf jds Seite stellen

sidebar /ˈsaɪdbɑː(r)/ *Nomen* **1** = kleiner Zusatzartikel neben dem Hauptartikel, in dem man weitere Informationen findet **2** (COMP) Seitenleiste

side·board /ˈsaɪdbɔːd; *AmE* -bɔːrd/ *Nomen* **1** Büffet, Anrichte **2** *BrE* **sideboards** (*auch* **side·burns** /ˈsaɪdbɜːnz; *AmE* -bɜːrnz/) [Pl] (*Bart*) Koteletten

side·car /ˈsaɪdkɑː(r)/ *Nomen* Beiwagen (*eines Motorrads*)

'side dish *Nomen* Beilage

'side effect *Nomen* [meist Pl] Nebenwirkung

'side issue *Nomen* Randproblem

side·kick /ˈsaɪdkɪk/ *Nomen* (*umgs*) Gehilfe, Gehilfin

side·light /ˈsaɪdlaɪt/ *Nomen* **1** ~ **(on sth)** Einblick (in etw) ◇ *interesting sidelights on officers' views* interessante Aufschlüsse über die Ansichten der Offiziere **2** (*BrE*) Standlicht ◇ *drive on sidelights* mit Standlicht fahren

side·line /ˈsaɪdlaɪn/ *Nomen, Verb*

▸ ***Nomen*** **1** Nebenbeschäftigung **2 sidelines** [Pl] (SPORT) Seitenlinie ◇ *stand on the sidelines* am Spielfeldrand stehen IDM **on/from the 'sidelines** ◇ *He was content to watch from the sidelines.* Er gab sich mit seiner Zuschauerrolle zufrieden.

▸ ***Verb*** (*meist passiv*) **1** (SPORT) ◇ *be sidelined by a knee injury* wegen einer Knieverletzung nicht spielen können **2** ausgrenzen, ausschließen

side·long /ˈsaɪdlɒŋ; *AmE* -lɔːŋ/ *Adj, Adv*

▸ ***Adj*** [nur vor Nomen] Seiten- ◇ *a sidelong glance* ein Seitenblick

▸ ***Adv*** ◇ *She looked sidelong at him.* Sie sah ihn verstohlen an.

ˌside-'on *Adv* (*BrE*) ◇ *The car hit us side-on.* Das Auto prallte gegen die Seite unseres Wagens.

'side order *Nomen* Beilage

'side road *Nomen* Nebenstraße

'side-saddle *Adv* ◇ *ride side-saddle* im Damensitz reiten

side·show /ˈsaɪdʃəʊ; *AmE* -ʃoʊ/ *Nomen* **1** Nebenattraktion, Schaubude **2** Randereignis

side·step /ˈsaɪdstep/ *Verb* **(-pp-)** ausweichen, umgehen

'side street *Nomen* Seitenstraße

side·swipe /ˈsaɪdswaɪp/ *Nomen, Verb*

▸ ***Nomen*** **1** (*AmE*) ◇ *A sideswipe by a truck cut our holiday short.* Wir mussten unseren Urlaub abbrechen, nachdem uns ein Lkw seitlich angefahren hatte. **2** (*umgs*) Seitenhieb ◇ *take a sideswipe at sb* jdm einen Seitenhieb verpassen

▸ ***Verb*** (*AmE*) seitlich anfahren

side·track /ˈsaɪdtræk/ *Verb* (*meist passiv*) ablenken

side·walk /ˈsaɪdwɔːk/ *Nomen* (*AmE*) Bürgersteig

side·ways 0‑ᴿ /ˈsaɪdweɪz/ *Adv, Adj*

▸ ***Adv*** von der Seite, seitwärts, zur Seite ◇ *He has been moved sideways.* Er ist auf der gleichen Ebene versetzt worden.

▸ ***Adj*** Seiten- IDM → KNOCK

sid·ing /ˈsaɪdɪŋ/ *Nomen* **1** Abstellgleis **2** (*AmE*) (*Gebäude*) Verkleidung

sidle /ˈsaɪdl/ *Verb* schleichen ◇ *He sidled up to me.* Er schlich sich an mich heran.

SIDS /ˌes aɪ diː ˈes, sɪdz/ *Kurzform von* **sudden infant death syndrome** plötzlicher Säuglings-/Kindstod

siege /siːdʒ/ *Nomen* **1** Belagerung **2** Umzingelung (*durch die Polizei*) IDM **lay 'siege to sth** etw belagern **under 'siege 1** belagert; umzingelt **2** unter Druck

'siege mentality *Nomen* Bunkermentalität

si·enna /siˈenə/ *Nomen* Ocker(gelb) ◇ *burnt sienna* Rotbraun

si·erra /siˈerə/ *Nomen* Sierra

si·esta /siˈestə/ *Nomen* Siesta ◇ *have/take a siesta* eine Siesta machen

sieve /sɪv/ *Nomen, Verb*

▸ ***Nomen*** Sieb IDM **have a memory/mind like a 'sieve** (*umgs*) ein Gedächtnis wie ein Sieb haben

▸ ***Verb*** sieben, (durch ein Sieb) passieren

sift /sɪft/ *Verb* **1** (*Mehl etc.*) sieben **2** ~ **(through) sth** etw gründlich durchsuchen ◇ *Computers are being used to sift the information.* Computer werden für die genaue Analyse der Daten genutzt. **3** ~ **sth (out) from sth** etw von etw trennen, etw aus etw herausfiltern PHRV **ˌsift sth 'out 1** etw aussieben **2** etw aussortieren

sift·er /ˈsɪftə(r)/ *Nomen* **1** (*AmE*) Sieb **2** Streuer

sigh /saɪ/ *Verb, Nomen*

▸ ***Verb*** **1** seufzen ◇ *sigh with relief* erleichtert aufatmen **2** (*gehoben*) (*Wind*) säuseln

▸ ***Nomen*** Seufzer ◇ *'No,' he said with a sigh.* „Nein", sagte er seufzend. ◇ *breath a sigh of relief* erleichtert aufatmen

sight 0‑ᴿ /saɪt/ *Nomen, Verb*

▸ ***Nomen*** **1** Sehvermögen, Sehkraft ◇ *lose your sight* erblinden ◇ *She has very poor sight.* Sie kann sehr schlecht sehen. ◇ *He has very little sight in his right eye.* Auf dem rechten Auge sieht er sehr schlecht. **2**

~ **(of sb/sth)** Anblick (von jdm/etw) ◇ *We had our first sight of land.* Wir bekamen zum ersten Mal Land zu sehen. ◇ *catch sight of sb* jdn erblicken ◇ *shoot on sight* ohne Vorwarnung schießen ◇ *The museum attempts to recreate the sights and sounds of the past.* Das Museum versucht, die Vergangenheit erlebbar zu machen. **3** Sichtweite, Sicht ◇ *At last we came in sight of a few houses.* Endlich kamen ein paar Häuser in Sicht. ◇ *Leave any valuables in your car out of sight.* Verstauen Sie alle Wertgegenstände in ihrem Auto so, dass sie nicht zu sehen sind. ◇ *keep out of sight* sich versteckt halten ◇ *She never lets her daughter out of her sight.* Sie lässt ihre Tochter nie aus den Augen. ◇ *Get out of my sight!* Geh mir aus den Augen! ◇ *hidden from sight* vor Blicken geschützt **4 sights** [Pl] Sehenswürdigkeiten ◇ *see the sights* sich die Sehenswürdigkeiten anschauen **5 a sight** [Sing] (*bes BrE, umgs*) ◇ *look a sight* unmöglich aussehen ◇ *What a sight he looks!* Wie der aussieht! **6** [meist Pl] (*Gewehr, Fernrohr*) Visier ◇ (*fig*) *She always had Hollywood firmly in her sights.* Von Anfang an hatte sie Hollywood anvisiert. IDM **at first ˈsight** auf den ersten Blick **hate, be sick of, etc. the ˈsight of sb/sth** (*umgs*) jdn/etw nicht mehr sehen, ausstehen etc. können **in the sight of sb/in sb's sight** (*gehoben*) in jds Augen **lose ˈsight of sb/sth** jdn/etw aus den Augen verlieren **ˌout of ˈsight, ˌout of ˈmind** aus den Augen, aus dem Sinn **set your sights on sth** sich etw zum Ziel setzen **a (damn, etc.) sight better, too good, etc.** (*umgs*) entschieden besser, zu gut etc. ◇ *She's done a damn sight better than I have.* Sie hat viel besser abgeschnitten als ich. **a ˌsight for sore ˈeyes** (*umgs*) eine Augenweide **sight unˈseen** unbesehen → *Siehe auch* HEAVE, KNOW, LOWER[1], NOWHERE, PRETTY *und* RAISE

▸ ***Verb*** (*gehoben*) sichten

sight·ed /ˈsaɪtɪd/ *Adj* sehend ◇ *partially sighted* sehbehindert → *Siehe auch* LONG-SIGHTED *und* SHORT-SIGHTED

sight·ing /ˈsaɪtɪŋ/ *Nomen* Sichten ◇ *There was a reported sighting of the Loch Ness monster.* Es gab eine Meldung, dass das Ungeheuer von Loch Ness gesichtet worden war.

sight·less /ˈsaɪtləs/ *Adj* (*gehoben*) blind ◇ *with sightless eyes* mit toten Augen

ˈsight-read *Verb* vom Blatt spielen/singen

sight·see·ing /ˈsaɪtsiːɪŋ/ *Nomen* [U] Besichtigungen ◇ *go sightseeing* sich Sehenswürdigkeiten ansehen ◇ *a sightseeing tour of the city* eine Stadtrundfahrt

sight·seer /ˈsaɪtsiːə(r); *AmE* -sɪr/ *Nomen* Tourist(in)

sign O▬ /saɪn/ *Nomen, Verb*

▸ ***Nomen*** **1** Zeichen, Anzeichen ◇ *a sign of stress* ein Anzeichen von Stress ◇ *There is no sign of him anywhere.* Er ist nirgendwo zu sehen. ◇ *There's no sign of improvement.* Eine Besserung ist nicht in Sicht. **2** Schild **3** (*umgs*) = STAR SIGN IDM **a ˌsign of the ˈtimes** ein Zeichen der Zeit

▸ ***Verb*** **1** unterschreiben, unterzeichnen ◇ *Sign (your name) here, please.* Bitte hier unterschreiben. ◇ *sign autographs for fans* Fans Autogramme geben **2** unter Vertrag nehmen **3** einen Vertrag unterschreiben **4** **~ to sb to do sth** jdm ein Zeichen geben, etw zu tun ◇ *He signed to the porter to pick up my case.* Er gab dem Portier ein Zeichen, meinen Koffer zu tragen. **5** die Gebärdensprache gebrauchen IDM **ˌsigned and ˈsealed; ˌsigned, ˌsealed and deˈlivered** unter Dach und Fach **sign on the dotted ˈline** (*umgs*) (einen Vertrag) unterschreiben → *Siehe auch* PLEDGE PHRV **ˌsign sth aˈway** auf etw verzichten **ˈsign for sth** etw quittieren **ˌsign ˈin/ˈout** sich ein-/austragen **ˌsign sb ˈin/ˈout** jdn ein-/austragen **ˌsign ˈoff** **1** (*BrE*) einen Brief beenden ◇ *She signed off with 'Yours, Janet'.* Sie unterschrieb den Brief mit „Deine Janet". **2** (*im Radio, Fernsehen*) sich verabschieden **ˌsign sth ˈoff** etw abzeichnen **ˌsign ˈoff on sth** (*AmE, umgs*) etw abzeichnen **ˌsign ˈon** (*BrE, umgs*) sich arbeitslos melden **ˌsign ˈon/ˈup** sich verpflichten ◇ *sign on for five years* sich für fünf Jahre verpflichten **ˌsign sb ˈon/ˈup** jdn verpflichten **ˌsign sth ˈover (to sb)** (jdm) etw überschreiben, (jdm) etw übertragen **ˌsign ˈup (for sth)** sich (für etw) einschreiben

sig·nal O▬ /ˈsɪɡnəl/ *Nomen, Verb, Adj*

▸ ***Nomen*** **1** Signal, Zeichen ◇ *a danger signal* ein Warnsignal ◇ *a distress signal* ein Notsignal → *Siehe auch* TURN SIGNAL **2** (*Straßen-, Bahn-, Funk-*) Signal ◇ *traffic signals* Verkehrsampeln/Lichtsignalanlagen ◇ *a sound signal* ein akustisches Signal

▸ ***Verb*** (**-ll-**, *AmE* **-l-**) **1** ein Zeichen geben, winken ◇ *She signalled him to follow.* Sie gab ihm ein Zeichen ihr zu folgen. ◇ *The car signalled right.* Das Auto blinkte rechts. **2** signalisieren

▸ ***Adj*** [nur vor Nomen] (*gehoben*) (*Erfolg, Sieg etc.*) beachtlich; (*Misserfolg, Dummheit etc.*) eklatant

ˈsignal box *Nomen* (*BrE*) Stellwerk

sig·nal·ler (*AmE auch* **sig·nal·er**) /ˈsɪɡnələ(r)/ *Nomen* **1** Stellwerksmeister(in) **2** Funker(in)

sig·nal·ly /ˈsɪɡnəli/ *Adv* (*gehoben*) eklatant

sig·nal·man /ˈsɪɡnəlmən/ *Nomen* (*Pl* **-men** /-mən/) **1** Stellwerksmeister **2** Funker

sig·nal·woman /ˈsɪɡnəlwʊmən/ (*Pl* **-women** /-wɪmɪn/) *Nomen* **1** Stellwerksmeisterin **2** Funkerin

sig·na·tory /ˈsɪɡnətri; *AmE* -tɔːri/ *Nomen* (*Pl* **-ies**) (*gehoben*) **1** Unterzeichner(in) **2** Unterzeichnerstaat

sig·na·ture O▬ /ˈsɪɡnətʃə(r)/ *Nomen* **1** Unterschrift **2** [meist Sing] typisches Kennzeichen ◇ *Bright colours are his signature.* Kräftige Farben sind typisch für ihn. → *Siehe auch* KEY SIGNATURE *und* TIME SIGNATURE

ˈsignature tune *Nomen* (*BrE*) Erkennungsmelodie

sign·board /ˈsaɪnbɔːd; *AmE* -bɔːrd/ *Nomen* Schild

sign·er /ˈsaɪnə(r)/ *Nomen* **1** Unterzeichner(in) **2** = jd, der in Gebärdensprache dolmetscht

ˈsig·net ring /ˈsɪɡnət rɪŋ/ *Nomen* Siegelring

sig·nifi·cance /sɪɡˈnɪfɪkəns/ *Nomen* Bedeutung ◇ *be of no significance* belanglos sein

sig·nifi·cant O▬ /sɪɡˈnɪfɪkənt/ *Adj* **1** bedeutend, wichtig; (*statistisch*) signifikant ◇ *Your work has shown a significant improvement.* Du hast dich in deiner Arbeit deutlich verbessert. ◇ *This fact will have no significant effect on our decision.* Diese Tatsache wird keinen besonderen Einfluss auf unsere Entscheidung ausüben. **2** bezeichnend, bedeutsam; (*Lächeln, Blick*) vielsagend

sig·nifi·cant·ly O▬ /sɪɡˈnɪfɪkəntli/ *Adv* **1** erheblich, wesentlich **2** bezeichnenderweise **3** bedeutungsvoll, vielsagend ◇ *He paused significantly before he answered.* Er machte eine bedeutungsvolle Pause, bevor er antwortete.

sigˌnificant ˈother *Nomen* (*hum*) Freund(in), Partner(in)

sig·nify /ˈsɪɡnɪfaɪ/ *Verb* (**-fies, -fy·ing, -fied, -fied**) (*gehoben*) **1** bedeuten **2** signalisieren, zu verstehen geben

sign·ing /ˈsaɪnɪŋ/ *Nomen* **1** Unterzeichnung **2** (*BrE*) Neuverpflichtung; (SPORT) Neuzugang **3** Verpflichten **4** Gebärdensprache

ˈsign language *Nomen* Gebärdensprache

sign-off /ˈsaɪn ɒf; *AmE* ɔːf/ *Nomen* **1** Schlussformel, Abschluss ◇ *He ended each broadcast with his trademark sign-off.* Er beendete jede Sendung mit seinem typischen Schlusssatz. **2** Unterschrift

sign·post /ˈsaɪnpəʊst; *AmE* -poʊst/ *Nomen, Verb*

▸ ***Nomen*** Wegweiser (*auch fig*)

▸ *Verb* (*BrE*) (*meist passiv*) beschildern; (*Route, Umleitung etc.*) ausschildern

Sikh /siːk/ *Nomen, Adj*

▸ *Nomen* Sikh

▸ *Adj* Sikh-

sil·age /ˈsaɪlɪdʒ/ *Nomen* Silage, Gärfutter

si·lence /ˈsaɪləns/ *Nomen, Verb*

▸ *Nomen* **1** Stille **2** Schweigen ◇ *He was reduced to silence.* Er wusste nichts zu erwidern. ◇ *I got used to his long silences.* Ich hatte mich daran gewöhnt, dass er oft sehr schweigsam war. ◇ *They sat in silence.* Sie saßen schweigend da. ◇ *She lapsed into silence again.* Sie schwieg wieder. ◇ *There was a deafening silence.* Es herrschte Totenstille. ◇ *There was a two-minute silence in honour of the victims.* Die Todesopfer wurden durch zwei Schweigeminuten geehrt. ◇ *The accused exercised his right to silence.* Der Angeklagte machte von seinem Aussageverweigerungsrecht Gebrauch. ◇ *The phone call came after months of silence.* Der Telefonanruf kam nach Monaten ohne Nachricht. ◇ *Silence in court!* Ruhe im Gerichtssaal! IDM **ˌsilence is ˈgolden** Reden ist Silber, Schweigen ist Gold → *Siehe auch* HEAVY

▸ *Verb* zum Schweigen bringen

si·len·cer /ˈsaɪlənsə(r)/ *Nomen* **1** (*BrE*) Auspufftopf **2** Schalldämpfer

si·lent /ˈsaɪlənt/ *Adj* **1** still ◇ *The audience fell silent.* Das Publikum wurde still. ◇ *At last the traffic fell silent.* Endlich verstummte der Verkehrslärm. ◇ *He was silent for a moment.* Einen Augenblick lang schwieg er. **2** [nur vor Nomen] schweigsam **3** [nur vor Nomen] lautlos, still **4 be/remain/keep ~ (on/about sth)** sich nicht äußern (zu/über etw) ◇ *The report is strangely silent on this issue.* Der Bericht hat merkwürdigerweise zu diesem Thema nichts zu sagen. ◇ *the right to remain silent* das Aussageverweigerungsrecht **5** [nur vor Nomen] Stumm- ◇ *a silent film/movie* ein Stummfilm **6** (LING) nicht gesprochen

si·lent·ly /ˈsaɪləntli/ *Adv* **1** schweigend **2** lautlos ◇ *He silently agreed with much of what she had said.* Er stimmte insgeheim mit vielem, was sie gesagt hatte, überein. IDM **sit/stand ˌsilently ˈby** schweigend zusehen

the ˌsilent maˈjority *Nomen* die schweigende Mehrheit

ˌsilent ˈpartner *Nomen* (*AmE*) stille(r) Partner(in), stille(r) Teilnehmer(in)

sil·hou·ette /ˌsɪluˈet/ *Nomen, Verb*

▸ *Nomen* **1** Silhouette ◇ *The mountains stood out in silhouette.* Die Berge hoben sich als Silhouette vom Himmel ab. **2** Scherenschnitt

▸ *Verb* **be silhouetted** sich als Silhouette abheben

sil·ica /ˈsɪlɪkə/ *Nomen* Kieselerde

sili·cate /ˈsɪlɪkeɪt/ *Nomen* Silikat

sil·icon /ˈsɪlɪkən/ *Nomen* Silicium

ˌsilicon ˈchip *Nomen* (Silicium)chip

sili·cone /ˈsɪlɪkəʊn; *AmE* -koʊn/ *Nomen* (*Chemie*) Silikon

silk /sɪlk/ *Nomen* **1** Seide **2** Nähseide **3 silks** [Pl] Seidengewänder; (*im Pferderennsport*) Rennfarben **4** (*BrE*) (*oberster Staatsanwalt in GB*) Kronanwalt, -anwältin ◇ *take silk* Kronanwalt/-anwältin werden IDM **make a silk ˌpurse out of a sow's ˈear** aus einem Ackergaul ein Rennpferd machen

silk·en /ˈsɪlkən/ *Adj* (*gehoben*) **1** seiden, Seiden- ◇ *silken ribbons* Seidenbänder **2** seidig

silki·ness /ˈsɪlkinəs/ *Nomen* seidiger Glanz

ˈsilk screen *Nomen* Seidensiebdruck

silk·worm /ˈsɪlkwɜːm; *AmE* -wɜːrm/ *Nomen* Seidenraupe

silky /ˈsɪlki/ *Adj* **1** seidig **2** (*Adv* **silk·ily** /-kəli/) (*Stimme*) samtig; (*Ton*) sanft **3** seiden, Seiden-

sill /sɪl/ *Nomen* **1** = WINDOWSILL **2** (untere) Türleiste

sil·li·ness /ˈsɪlinəs/ *Nomen* [U] Albernheit

silly /ˈsɪli/ *Adj, Nomen*

▸ *Adj* (**sil·lier, sil·li·est**) **1** dumm, blöd ◇ *That was a silly thing to do!* Das war dumm von dir! **2** albern, lächerlich ◇ *She had a silly grin on her face.* Sie grinste albern. ◇ *a silly price* ein lächerlicher Preis

▸ *Nomen* (*auch* **ˌsilly ˈbilly**) [Sing] (*umgs*) Dummerchen

the ˈsilly season *Nomen* [Sing] (*BrE*) (*in der Presse*) das Sommerloch

silo /ˈsaɪləʊ; *AmE* -loʊ/ *Nomen* (*Pl* **-os**) **1** Silo **2** (Raketen)silo

silt /sɪlt/ *Nomen, Verb*

▸ *Nomen* Schlick

▸ *Verb* PHR V **ˌsilt ˈup** verschlammen **ˌsilt sth ˈup** etw verschlämmen

silty *Adj* /ˈsɪlti/ verschlammt, schlammig

sil·ver /ˈsɪlvə(r)/ *Nomen, Adj, Verb*

▸ *Nomen* **1** Silber **2** Silbermünzen, Kleingeld **3** Silber(geschirr) **4** Silber(farbe) **5** = SILVER MEDAL IDM **(hand sb sth) on a silver ˈplatter** (jdm etw) auf dem Silbertablett (servieren) → *Siehe auch* BORN, CLOUD *und* CROSS

▸ *Adj* Silber-, silbern, silberfarben ◇ *silver hair* silberweißes Haar

▸ *Verb* (*meist passiv*) versilbern (*auch fig*)

ˌsilver anniˈversary *Nomen* (*bes AmE*) **1** silberne Hochzeit **2** silbernes Jubiläum

ˌsilver ˈbirch *Nomen* (Weiß)birke

sil·ver·fish /ˈsɪlvəfɪʃ; *AmE* -vərfɪʃ/ *Nomen* (*Pl* **sil·ver·fish**) Silberfischchen

ˌsilver ˈfoil (*auch* **foil**) *Nomen* (*BrE*) Silberfolie

ˌsilver ˈjubilee *Nomen* (*BrE*) silbernes Jubiläum

ˌsilver ˈmedal *Nomen* (*auch* **sil·ver**) Silbermedaille

ˌsilver ˈmedallist (*AmE* **ˌsilver ˈmedalist**) *Nomen* Silbermedaillengewinner(in)

ˌsilver ˈpaper *Nomen* (*BrE*) Silberpapier, Stanniol

ˌsilver ˈplate *Nomen* versilberte Ware ◇ *be made of silver plate* versilbert sein

ˌsilver-ˈplated *Adj* versilbert

the ˌsilver ˈscreen *Nomen* [Sing] (*veraltet*) die Leinwand

sil·ver·smith /ˈsɪlvəsmɪθ; *AmE* -vərs-/ *Nomen* Silberschmied(in)

ˌsilver-ˈtongued *Adj* (*gehoben*) zungenfertig

sil·ver·ware /ˈsɪlvəweə(r); *AmE* -vərwer/ *Nomen* **1** Silbergeschirr, Silberbesteck **2** (*AmE*) Besteck

ˌsilver ˈwedding *Nomen* (*BrE*) silberne Hochzeit

sil·very /ˈsɪlvəri/ *Adj* **1** silbrig **2** (*gehoben*) silberhell

SIM card /ˈsɪm kɑːd; *AmE* kɑːrd/ *Nomen* SIM-Karte

simi·lar /ˈsɪmələ(r)/ *Adj* ~ **(to sb/sth)** (jdm/etw) ähnlich ◇ *The two houses are similar in size.* Die beiden Häuser sind ungefähr gleich groß.

simi·lar·ity /ˌsɪməˈlærəti/ *Nomen* (*Pl* **-ies**) **1** ~ **(to sb/sth)** Ähnlichkeit (mit jdm/etw) ◇ *She bears a remarkable similarity to her mother.* Sie sieht ihrer Mutter erstaunlich ähnlich. **2** Gemeinsamkeit ◇ *similarities in/of style* stilistische Gemeinsamkeiten

simi·lar·ly *Adv* /ˈsɪmələli; *AmE* -lərli/ **1** ähnlich **2** ebenso

sim·ile /ˈsɪməli/ *Nomen* (LING) Vergleich

sim·mer /ˈsɪmə(r)/ *Verb, Nomen*

▸ *Verb* **1** auf kleiner Flamme ziehen (lassen) **2** (*fig*) ~ **(with sth)** (vor etw) kochen **3** (*fig*) (*Konflikt etc.*) schwelen PHR V **ˌsimmer ˈdown** (*umgs*) sich beruhigen

▸ ***Nomen*** [Sing] **bring sth to a ~** etw zum Kochen bringen; **keep sth at a ~** etw auf kleiner Flamme ziehen lassen

sim·per /ˈsɪmpə(r)/ *Verb, Nomen*
▸ ***Verb*** albern lächeln
▸ ***Nomen*** [Sing] albernes Lächeln

sim·per·ing·ly /ˈsɪmpərɪŋli/ *Adv* albern lächelnd

sim·ple 🔑 /ˈsɪmpl/ *Adj* **1** einfach ◇ *The simplest thing would be …* Das Einfachste wäre … ◇ *It's just a simple headache.* Es sind bloß Kopfschmerzen. **2** schlicht, einfach **3** primitiv ◇ *simple forms of life* primitive Lebensformen **4** einfältig IDM → PURE

ˌsimple ˈfracture *Nomen* einfacher Bruch

ˌsimple ˈinterest *Nomen* (FINANZ) Kapitalzins(en)

ˌsimple-ˈminded *Adj* (*abwert*) einfältig; (*Sichtweise etc.*) naiv

simple·ton /ˈsɪmpltən/ *Nomen* (*veraltet*) Einfaltspinsel

sim·pli·city /sɪmˈplɪsəti/ *Nomen* (*Pl* **-ies**) **1** Einfachheit ◇ *for (the sake of) simplicity* der Einfachheit halber **2** Schlichtheit IDM **be simˌplicity itˈself** ein Kinderspiel sein

sim·pli·fi·ca·tion /ˌsɪmplɪfɪˈkeɪʃn/ *Nomen* **1** Vereinfachung **2** (*eines Problems etc.*) Simplifizierung

sim·plify /ˈsɪmplɪfaɪ/ *Verb* (**-fies**, **-fy·ing**, **-fied**, **-fied**) vereinfachen

sim·plis·tic /sɪmˈplɪstɪk/ *Adj* (*Adv* **simp·lis·tic·al·ly** /-kli/) (*abwert*) (all)zu simpel, simplistisch

sim·ply 🔑 /ˈsɪmpli/ *Adv* **1** einfach ◇ *to put it simply* um es einfach auszudrücken ◇ *That was simply ages ago.* Das war aber ewig her. **2** nur, bloß ◇ *I don't want to be rude, it's simply that we have to go now.* Ich will nicht unhöflich sein, wir müssen bloß jetzt gehen.

simu·late /ˈsɪmjuleɪt/ *Verb* **1** vortäuschen, heucheln **2** (*Bedingungen etc.*) simulieren **3** aussehen wie

simu·lated /ˈsɪmjuleɪtɪd/ *Adj* [nur vor Nomen] **1** geheuchelt, gespielt **2** (*Bedingungen etc.*) simuliert **3** Kunst-, künstlich

simu·la·tion /ˌsɪmjuˈleɪʃn/ *Nomen* **1** (*von Bedingungen etc.*) Simulation **2** Vortäuschung

simu·la·tor /ˈsɪmjuleɪtə(r)/ *Nomen* Simulator

sim·ul·cast /ˈsɪmlkɑːst; *AmE* ˈsɪmlkæst, ˈsaɪ-/ *Verb, Nomen*
▸ ***Verb*** (**-cast**, **-cast**) (*bes AmE*) (*im Radio, Fernsehen etc.*) gleichzeitig übertragen
▸ ***Nomen*** gleichzeitige Übertragung

sim·ul·tan·eous /ˌsɪmlˈteɪniəs; *AmE* ˌsaɪml-/ *Adj* (*Adv* **sim·ul·tan·eous·ly**) gleichzeitig, simultan, Simultan-

sin /sɪn/ *Nomen, Verb, Abk*
▸ ***Nomen*** Sünde → *Siehe auch* MORTAL SIN *und* ORIGINAL SIN IDM **(as) miserable/ugly as ˈsin** todunglücklich/hässlich wie die Sünde → *Siehe auch* COVER *und* LIVE[1]
▸ ***Verb*** (**-nn-**) sündigen ◇ *He was more sinned against than sinning.* Er hat mehr Unrecht erlitten als begangen.
▸ ***Abk*** (MATH) = SINE

ˈsin bin *Nomen* (*umgs*) (SPORT) Strafbank

since 🔑 /sɪns/ *Präp, Konj, Adv*
▸ ***Präp*** seit ◇ *We've lived here since 1994.* Wir wohnen hier seit 1994. ◇ *He's been working in a bank since leaving school.* Er arbeitet seit seinem Schulabgang in einer Bank. ◇ *That was years ago. I've changed jobs since then.* Das ist schon Jahre her. Ich habe seither meine Stelle gewechselt.
▸ ***Konj*** **1** seit ◇ *Cath hasn't phoned since she went to Berlin.* Cath hat nicht angerufen, seit sie in Berlin ist. ◇ *It's twenty years since I've seen her.* Ich habe sie seit zwanzig Jahren nicht gesehen. ◇ *How long is it since we last went to the cinema?* Wie lange ist es her, dass wir das letzte Mal im Kino waren? **2** da ◇ *We thought that, since we were in the area, we'd call in and see them.* Wir dachten, da wir in der Gegend waren, würden wir sie besuchen.
▸ ***Adv*** **1** seitdem ◇ *He left home two weeks ago and we haven't heard from him since.* Er ist vor zwei Wochen ausgezogen und seitdem haben wir nichts von ihm gehört. ◇ *The building has long since been demolished.* Das Gebäude ist schon vor langer Zeit abgerissen worden. **2** inzwischen ◇ *We were divorced two years ago and she has since remarried.* Wir ließen uns vor zwei Jahren scheiden, und sie hat inzwischen wieder geheiratet.

sin·cere 🔑 /sɪnˈsɪə(r); *AmE* -ˈsɪr/ *Adj* aufrichtig, ehrlich ◇ *a sincere attempt to resolve the problem* ein ernsthafter Versuch das Problem zu lösen ◇ *Please accept our sincere apologies.* Wir bitten vielmals um Entschuldigung.

sin·cere·ly 🔑 /sɪnˈsɪəli; *AmE* -ˈsɪrli/ *Adv* ehrlich ◇ *'I won't let you down.' 'I sincerely hope not.'* „Ich lass dich nicht im Stich." „Das will ich aber auch schwer hoffen." IDM **Yours sincerely** (*AmE* **Sincerely (yours)**) (*gehoben*) (*als Briefabschluss*) mit freundlichen Grüßen

sin·cer·ity /sɪnˈserəti/ *Nomen* Aufrichtigkeit

sine /saɪn/ *Nomen* (*Abk* **sin**) (MATH) Sinus

sine·cure /ˈsɪnɪkjʊə(r), ˈsaɪ-; *AmE* ˈsaɪnɪkjʊr/ *Nomen* (*gehoben*) Pfründe

sine qua non /ˌsɪneɪ kwɑː ˈnəʊn; *AmE* ˈnoʊn/ *Nomen* [Sing] (*gehoben*) Conditio sine qua non, unerlässliche Voraussetzung

sinew /ˈsɪnjuː/ *Nomen* **1** Sehne **2** [meist Pl] (*gehoben*) Stärke IDM → STRAIN

sinewy /ˈsɪnjuːi/ *Adj* sehnig

sin·ful /ˈsɪnfl/ *Adj* (*Adv* **sin·ful·ly** /-fəli/) (*gehoben*) sündig, sündhaft ◇ (*umgs*) *It's sinful to waste good food!* Es ist eine Sünde, gutes Essen wegzuwerfen!

sin·ful·ness /ˈsɪnflnəs/ *Nomen* Sündigkeit, Sündhaftigkeit

sing 🔑 /sɪŋ/ *Verb, Nomen*
▸ ***Verb*** (**sang** /sæŋ/, **sung** /sʌŋ/) **1** singen ◇ *He was singing softly to the baby.* Er sang dem Baby leise etwas vor. ◇ *She sang the baby to sleep.* Sie sang das Kind in den Schlaf. **2** (*Geschoss*) sirren, pfeifen; (*Kessel*) summen; (*Wind, Blut*) sausen IDM **sing a different ˈtune** seine Meinung ändern PHR V **ˌsing aˈlong** mitsingen **ˌsing aˈlong to sth** mit etw mitsingen **ˌsing aˈlong (with sb/sth)** (mit jdm/etw) mitsingen **ˈsing of sth** (*veraltet oder gehoben*) etw besingen **ˌsing ˈout** laut erklingen, laut tönen **ˌsing ˈup** (*AmE* **ˌsing ˈout**) lauter singen
▸ ***Nomen*** [Sing] **have a ~** singen

sing·along /ˈsɪŋəlɒŋ; *AmE* -lɔːŋ/ *Nomen* gemeinschaftliches Singen

singe /sɪndʒ/ *Verb* (**singe·ing**, **singed**, **singed**) ansengen, versengen

sing·er 🔑 /ˈsɪŋə(r)/ *Nomen* Sänger(in)

sing·ing 🔑 /ˈsɪŋɪŋ/ *Nomen* Gesang, Singen ◇ *There was singing and dancing all night.* Die ganze Nacht durch wurde gesungen und getanzt. ◇ *a beautiful singing voice* eine schöne Singstimme

sin·gle 🔑 /ˈsɪŋgl/ *Adj, Nomen, Verb*
▸ ***Adj*** **1** [nur vor Nomen] einzig ◇ *not a single thing* nichts ◇ *a single-sex school* eine reine Jungen-/Mädchenschule ◇ *the European single currency* die gemeinsame europäische Währung ◇ (*fig*) *speak with a single voice* mit einer Stimme sprechen **2** [nur vor Nomen] einzeln ◇ *We eat rice every single day!* Wir essen jeden Tag Reis! ◇ *the single most important factor* der wichtigste Faktor **3** ledig, unverheiratet → *Siehe auch* SINGLE PARENT **4** [nur vor

Nomen] Einzel- ◇ *a single bed* ein Einzelbett **5** [nur vor Nomen] (*BrE*) (*Fahrkarte*) einfach IDM → FILE *und* GLANCE

▸ ***Nomen*** **1** (*BrE*) Einzelfahrschein, Einzelfahrkarte **2** (*CD etc.*) Single **3** Einzelzimmer **4 singles** [Pl] Ledige, Singles ◇ *a singles club* eine Single-Gruppe **5 singles** [mit Verb im Sing/Pl] (*im Tennis etc.*) Einzel ◇ *a singles match* ein Einzel(spiel) **6** (*beim Kricket*) = Schlag für einen Lauf **7** (*beim Baseball*) = Lauf zum ersten Mal

▸ ***Verb*** PHR V **ˌsingle sb/sth ˈout** jdn/etw herausgreifen, jdn/etw auswählen ◇ *She was singled out for particular criticism.* Sie wurde besonders kritisiert. ◇ *He was singled out as an outstanding performer.* Er wurde als herausragender Akteur ausgezeichnet.

ˌsingle-ˈbreasted *Adj* (*Anzug etc.*) einreihig

ˌsingle ˈcombat *Nomen* Zweikampf, Nahkampf

ˌsingle ˈcream *Nomen* (*BrE*) = Sahne mit vermindertem Fettgehalt

ˌsingle-ˈdecker *Nomen* einstöckiger Bus

ˌsingle ˈfigures *Nomen* [Pl] einstellige Zahlen ◇ *Inflation is down to single figures.* Die Inflationsrate ist auf unter 10% gesunken.

ˌsingle-ˈhanded *Adv, Adj*

▸ ***Adv*** (*auch* **single-handed·ly**) /ˌsɪŋgl ˈhændɪdli/ (ganz) allein, im Alleingang

▸ ***Adj*** **1** ohne fremde Hilfe durchgeführt, alleinig; (*Segeln*) Einhand- **2** einhändig

ˌsingle ˈmarket *Nomen* [Sing] gemeinsamer Markt

ˌsingle-ˈminded *Adj* (*Adv* **single-minded·ly**) zielstrebig, zielbewusst ◇ *She is very single-minded about her career.* Sie denkt an nichts anderes als ihre Karriere. ◇ *single-minded determination* unbeirrbare Entschlossenheit

ˌsingle-ˈmindedness *Nomen* Zielstrebigkeit, Beharrlichkeit

single·ness /ˈsɪŋglnəs/ *Nomen* **1 ~ of purpose** Zielstrebigkeit **2** Ehelosigkeit

ˌsingle ˈparent *Nomen* Alleinerziehende(r) ◇ *a single-parent family* eine Einelternfamilie

sing·let /ˈsɪŋglət/ *Nomen* (*BrE*) Unterhemd, Trikot

sin·gly /ˈsɪŋgli/ *Adv* einzeln

ˈsing-song *Nomen, Adj*

▸ ***Nomen*** **1** (*BrE*) gemeinschaftliches Singen **2** [Sing] Singsang

▸ ***Adj*** [nur vor Nomen] ◇ *in a sing-song voice* in einem Singsang

sin·gu·lar /ˈsɪŋgjələ(r)/ *Nomen, Adj*

▸ ***Nomen*** (LING) Singular, Einzahl

▸ ***Adj*** **1** (LING) Singular- ◇ *a singular noun* ein Nomen im Singular **2** (*gehoben*) einzigartig, außergewöhnlich **3** (*gehoben*) eigentümlich, seltsam

sin·gu·lar·ity /ˌsɪŋgjuˈlærəti/ *Nomen* (*Pl* **-ies**) **1** (*gehoben*) Eigenartigkeit, Sonderbarkeit **2** (PHYSIK, MATH) Singularität

sin·gu·lar·ly /ˈsɪŋgjələli; *AmE* -lərli/ *Adv* (*gehoben*) außergewöhnlich, außerordentlich

Sin·hal·ese /ˌsɪnhəˈliːz, ˌsɪnəhəˈliːz/ *Nomen, Adj*

▸ ***Nomen*** (*Pl* **Sin·hal·ese**) **1** Singhalese, Singhalesin **2** (*Sprache*) Singhalesisch

▸ ***Adj*** singhalesisch

sin·is·ter /ˈsɪnɪstə(r)/ *Adj* **1** unheimlich, finster **2** beunruhigend, bedrohlich **3** niederträchtig, böse ◇ *There was no sinister motive for what she did.* Sie hat nicht aus zweifelhaften Motiven heraus gehandelt.

sink 0‑ /sɪŋk/ *Verb, Nomen*

▸ ***Verb*** (**sank** /sæŋk/, **sunk** /sʌŋk/ *oder* **sunk, sunk**) **1** (*Mensch, Schiff, Wasserspiegel, Preise, Währung*) sinken ◇ *sink to the bottom* auf den Grund sinken ◇ *He is clearly sinking fast.* Er verfällt zusehends. **2** versinken ◇ *sink beneath the waves* in den Wellen versinken **3** (*Gebäude, Land*) sich senken, absinken **4** (*gehoben*) (*Stimme*) sich senken ◇ *His voice sank to a whisper.* Er senkte die Stimme zu einem Flüstern. **5** versenken; (*Rohre etc.*) verlegen **6** (*Brunnen, Schacht etc.*) bohren; (*Grube*) ausheben **7** (*umgs*) zunichtemachen ◇ *I've just sunk my chances of getting the job.* Ich habe die Chance, die Stelle zu bekommen, gerade verspielt. ◇ *If the car breaks down, we'll be sunk.* Wenn wir eine Panne haben, sind wir aufgeschmissen. **8** (*umgs*) (*Golf-, Snookerball*) einlochen, ins Loch schlagen **9** (*BrE, umgs*) (*Schnaps etc.*) (hinunter)kippen IDM **be ˈsunk in sth** in etw versunken sein ◇ *She just sat there, sunk in thought.* Sie saß einfach da, ganz in Gedanken versunken. **(like rats) deserting/leaving a sinking ˈship** (*hum, abwert*) (wie Ratten, die) ein sinkendes Schiff verlassen **leave sb to ˌsink or ˈswim** jdn (einfach) seinem Schicksal überlassen **sink your ˈdifferences** seine Streitigkeiten begraben **a/that ˈsinking feeling** (*umgs*) ein/dieses flaues Gefühl (im Magen) **ˌsink so ˈlow; sink to sth** so tief sinken ◇ *I can't believe that anyone would sink to such depths.* Ich kann nicht glauben, dass jemand so tief sinken würde. → *Siehe auch* HEART PHR V **ˌsink ˈin** (*Worte etc.*) ins Bewusstsein dringen, voll verstanden werden **ˌsink ˈinto sth 1** (*Flüssigkeit*) in etw (ein)sickern **2** sich in etw graben ◇ *I felt her nails sink into my wrist.* Ich spürte, wie sich ihre Nägel in mein Handgelenk gruben. **ˈsink into sth** in etw versinken **ˌsink sth ˈinto sth 1** (*Messer etc.*) etw in etw stoßen; (*Zähne, Klauen etc.*) etw in etw schlagen ◇ *The dog sank its teeth into my leg.* Der Hund biss mich ins Bein. **2** (*Geld, Ersparnisse etc.*) etw in etw stecken

▸ ***Nomen*** **1** Spülbecken, Spüle **2** Waschbecken IDM → KITCHEN

sink·er /ˈsɪŋkə(r)/ *Nomen* Senkblei IDM → HOOK

sin·ner /ˈsɪnə(r)/ *Nomen* (*gehoben*) Sünder(in)

Sino- (*auch* **sino-**) /ˈsaɪnəʊ; *AmE* -noʊ/ (*in Zusammensetzungen*) sino-, Sino- ◇ *Sino-Japanese relations* chinesisch-japanische Beziehungen

sinu·ous /ˈsɪnjuəs/ *Adj* (*Adv* **sinu·ous·ly**) (*gehoben*) **1** (*Bewegung etc.*) geschmeidig **2** (*Flusslauf etc.*) gewunden

si·nus /ˈsaɪnəs/ *Nomen* (Nasen)nebenhöhle, Stirnhöhle

si·nus·itis /ˌsaɪnəˈsaɪtɪs/ *Nomen* Sinusitis, Nebenhöhlen-/Stirnhöhlenentzündung

sip /sɪp/ *Verb, Nomen*

▸ ***Verb*** (**-pp-**) **~ (sth); ~ (at sth)** (etw) in kleinen Schlucken trinken, (an etw) nippen

▸ ***Nomen*** (kleiner) Schluck

si·phon /ˈsaɪfn/ *Nomen, Verb*

▸ ***Nomen*** (*auch* **sy·phon**) Siphon, (Saug)heber

▸ ***Verb*** **1** (*Flüssigkeit*) absaugen, mit einem Heber umfüllen **2** (*umgs*) (*Geld*) abzweigen

sir 0‑ /sɜː(r), sə(r)/ *Nomen* **1** (*Anrede für einen Kunden oder einen Vorgesetzten, im britischen Englisch auch für einen Lehrer*) ◇ *Good morning, sir. Can I help you?* Guten Morgen. Kann ich Ihnen behilflich sein? ◇ *'Report to me tomorrow, corporal!' 'Yes, sir!'* „Statten Sie mir morgen Bericht ab, Korporal!" „Jawohl, Herr Oberst/Leutnant etc!" **2 Dear Sir** (*in einem Brief*) Sehr geehrter Herr; **Dear Sirs** Sehr geehrte Herren; **Dear Sir or Madam** Sehr geehrte Damen und Herren **3 Sir** (*britischer Adelstitel*) Sir IDM **ˌno ˈsir!**; **ˌno sirˈree!** (*bes AmE*) auf keinen Fall! **ˌyes ˈsir!**; **ˌyes sirˈree!** (*verstärkend*) jawohl!

sire /ˈsaɪə(r)/ *Nomen, Verb*

▸ ***Nomen*** **1** (*Fachspr*) Zuchthengst, Beschäler **2** (*veraltet*) Sire, Majestät

▸ ***Verb*** **1** zeugen **2** (*veraltet oder hum*) in die Welt setzen

siren /ˈsaɪrən/ *Nomen* **1** (*technisches Gerät, Sagengestalt*) Sirene (*auch fig*) **2** **~ voices/song/call** (*gehoben*) (*verführerische Worte*) Sirenengesang

sir·loin /ˈsɜːlɔɪn; *AmE* ˈsɜːrlɔɪn/ (*auch* ˌ**sirloin** ˈ**steak**) *Nomen* (*Rinder-*) Lendenstück

sisal /ˈsaɪsl/ *Nomen* Sisal

sissy (*BrE auch* **cissy**) /ˈsɪsi/ *Nomen* (*Pl* **-ies**) (*umgs, abwert*) Memme, Waschlappen

sis·ter 0▬ /ˈsɪstə(r)/ *Nomen* **1** Schwester ◇ *a kid sister* eine jüngere Schwester ◇ *Do you have any brothers or sisters?* Hast du Geschwister? ➔ *Siehe auch* HALF-SISTER **2** (*in einer Organisation*) Schwester, Kollegin **3** **Sister** (*BrE*) Oberschwester, Stationsschwester **4** **Sister** (REL) (Ordens)schwester **5** (*in den USA*) = Studentin in einer Studentenvereinigung **6** (*in Zusammensetzungen*) Schwester- ◇ *our sister company* unsere Schwesterfirma

sis·ter·hood *Nomen* /ˈsɪstəhʊd; *AmE* -stərhʊd/ **1** Schwesternschaft, schwesterliches Verhältnis **2** [mit Verb im Sing/Pl] Schwesternorden

ˈ**sister-in-law** *Nomen* (*Pl* **sisters-in-law**) Schwägerin

sis·ter·ly /ˈsɪstəli; *AmE* -stərli/ *Adj* schwesterlich

sit 0▬ /sɪt/ *Verb* (**sit·ting, sat, sat** /sæt/) **1** sitzen ◇ *We sat talking for hours.* Wir saßen stundenlang zusammen und redeten. ◇ *May I sit here?* Ist dieser Platz frei? **2** sich setzen ➔ *Siehe auch* SIT DOWN **3** **~ sb on etc. sth** jdn auf etc. etw setzen; **~ sb (down)** jdn bitten Platz zu nehmen ◇ *He lifted the child and sat her on the wall.* Er hob das Mädchen hoch und setzte es auf die Mauer. ◇ *She sat him down in front of the fire.* Sie ließ ihn am Kamin Platz nehmen. **4** stehen, liegen; (*Kleidung*) sitzen, passen ◇ *The letter sat on the table for days.* Der Brief lag tagelang auf dem Tisch. **5** sitzen, amtieren ◇ *She sat on a number of committees.* Sie saß in mehreren Ausschüssen. ◇ *For years he sat for Henley.* Er war jahrelang der Abgeordnete für Henley. ◇ *They both sat as MPs in the House of Commons.* Sie waren beide Abgeordnete im Unterhaus. **6** (*Parlament*) tagen **7** (*BrE*) **~ (for) sth** (*Prüfung*) ablegen ◇ *Most of the pupils sit at least 5 GCSEs.* Die meisten Schüler legen GCSE-Prüfungen in mindestens 5 Fächern ab. **8** (*Vogel*) sitzen, brüten **9** **~ (for sb)** babysitten (für jdn) ➔ *Siehe auch* HOUSE-SIT IDM **be** ˌ**sitting** ˈ**pretty** (*umgs*) sein Schäfchen im Trockenen haben; gut lachen haben **sit at sb's** ˈ**feet** ein(e) Verehrer(in) von jdm sein; ein(e) Anhänger(in) von jdm sein **sit comfortably/easily/well, etc. (with sth)** (*gehoben*) sich (mit etw) (gut) vereinbaren lassen **sit in** ˈ**judgement (on/over/upon sb)** sich als (jds) Richter aufwerfen **sit on the** ˈ**fence** sich nicht einmischen; neutral bleiben ˌ**sit** ˈ**tight** **1** sich nicht wegrühren **2** sich nicht beirren lassen ➔ *Siehe auch* BOLT, LAUREL *und* SILENTLY PHR V ˌ**sit a'bout/a'round** (*oft abwert*) herumsitzen ˌ**sit** ˈ**back** **1** sich, zurücklehnen **2** die Hände in den Schoß legen ˌ**sit** ˈ**by** tatenlos zusehen ˌ**sit** ˈ**down**; ˌ**sit yourself** ˈ**down** sich (hin)setzen, Platz nehmen ◇ *Come in and sit yourselves down.* Kommt rein und setzt euch. **sit down and do sth** in Ruhe etw tun ˈ**sit for sb** (*kein Passiv*) jdm Modell sitzen/stehen ˈ**sit for sth** (*kein Passiv*) sich malen lassen, sich fotografieren lassen ◇ *sit for your portrait* sich porträtieren lassen ˌ**sit** ˈ**in** ein Sit-In veranstalten ˌ**sit** ˈ**in for sb** jdn vertreten ˌ**sit** ˈ**in (on sth)** (bei etw) anwesend sein ˈ**sit on sth** auf etw sitzen, etw (unbearbeitet) liegen lassen ◇ *They sat on my application for a month.* Sie ließen meine Bewerbung einen Monat lang unbeantwortet. ˌ**sit sth** ˈ**out** **1** auf das Ende einer Sache warten ◇ *We sat out the storm in a cafe.* Wir saßen in einem Café und warteten, bis das Gewitter vorüber war. **2** bei etw nicht mitmachen ˈ**sit through sth** etw aushalten ◇ *We had to sit through nearly two hours of speeches.* Zwei Stunden lang mussten wir Reden über uns ergehen lassen. ˌ**sit** ˈ**up** **1** sich aufsetzen ◇ *Sit up straight.* Sitz gerade. **2** aufbleiben ◇ *We sat up half the night, talking.* Wir blieben die halbe Nacht auf und redeten. ˌ**sit** ˈ**up (and do sth)** (*umgs*) aufhorchen ◇ *The proposal made his clients sit up and take notice.* Der Vorschlag ließ seine Kunden aufhorchen. ˌ**sit sb** ˈ**up** jdn aufsetzen

sitar /sɪˈtɑː(r), ˈsɪtɑː(r)/ *Nomen* Sitar

sit·com /ˈsɪtkɒm; *AmE* -kɑːm/ *Kurzform von* **situation comedy** *Nomen* Situationskomödie

ˈ**sit-down** *Nomen, Adj*

▸ ***Nomen*** **1** Sitzstreik, Sitzblockade **2** [Sing] (*BrE, umgs*) (Verschnauf)pause ◇ *I need a sit-down.* Ich muss mich mal kurz hinsetzen.

▸ ***Adj*** [nur vor Nomen] Sitz- ◇ *a sit-down protest* eine Sitzblockade

site 0▬ /saɪt/ *Nomen, Verb*

▸ ***Nomen*** **1** Stelle, Standort, Platz ◇ *a building site* ein Baugelände ◇ *a caravan site* ein Campingplatz für Wohnwagen **2** Stätte, Schauplatz **3** (COMP) Seite

▸ ***Verb*** **1** platzieren **2** **be sited** gelegen sein, liegen

ˈ**sit-in** *Nomen* Sit-in

sit·ter /ˈsɪtə(r)/ *Nomen* **1** (*eines Künstlers*) Modell **2** (*bes AmE*) Babysitter(in) **3** (*BrE, umgs*) (*im Fußball*) hundertprozentige Torchance

sit·ting /ˈsɪtɪŋ/ *Nomen* **1** (*eines Ausschusses etc., für ein Porträt*) Sitzung **2** (*auch fig*) ◇ *There are two sittings for lunch.* Das Mittagessen wird in zwei Schichten serviert. ◇ *I read the book in/at one sitting.* Ich las das Buch in einem Zug.

ˌ**sitting** ˈ**duck** *Nomen* leichte Beute

ˈ**sitting room** *Nomen* Wohnzimmer

ˌ**sitting** ˈ**tenant** *Nomen* (*BrE*) (derzeitiger) Mieter

situ ➔ IN SITU

situ·ate /ˈsɪtʃueɪt/ *Verb* (*gehoben*) **1** platzieren, ansiedeln **2** (*fig*) ◇ *Our aim is to situate Freud in history.* Wir wollen Freud in einem historischen Zusammenhang begreifen.

situ·ated /ˈsɪtʃueɪtɪd/ *Adj* [nicht vor Nomen] **1** **be ~** liegen, gelegen sein **2** (*gehoben*) **be well ~ (to do sth)** in einer guten Position sein (etw zu tun) ◇ *Small businesses are particularly well situated to benefit from the single market.* Vor allem kleine Unternehmen werden vom gemeinsamen Markt profitieren können.

situ·ation 0▬ /ˌsɪtʃuˈeɪʃn/ *Nomen* **1** Situation, Lage ◇ *He could see no way out of the situation.* Er sah einfach keinen Ausweg. ◇ *This is a crisis situation.* Wir befinden uns in einer Krise. **2** (*gehoben*) (*Standort*) Lage **3** (*veraltet oder gehoben*) Stelle ◇ *Situations Vacant* Stellenangebote IDM ➔ CHICKEN *und* SAVE

ˌ**situation** ˈ**comedy** *Nomen* (*gehoben*) = SITCOM

ˈ**sit-up** *Nomen* Rumpfheben aus der Rückenlage

six 0▬ /sɪks/ *Zahl* sechs ➔ *Beispiele bei* SECHS IDM **at** ˌ**sixes and** ˈ**sevens** (*umgs*) in einem heillosen Durcheinander ◇ *I'm all at sixes and sevens.* Bei mir geht alles drunter und drüber. **hit/knock sb for** ˈ**six** (*BrE*) jdn schwer treffen **it's six of** ˌ**one and half a dozen of the** ˈ**other** das ist Jacke wie Hose; das ist gehupft wie gesprungen

ˌ**six-**ˈ**figure** *Adj* [nur vor Nomen] sechsstellig

six·fold /ˈsɪksfəʊld; *AmE* -foʊld/ *Adj, Adv* ➔ -FOLD

ˈ**six-gun** *Nomen* sechsschüssiger Revolver

ˈ**six-pack** *Nomen* Sechserpack

six·pence /ˈsɪkspəns/ *Nomen* (*brit. Münze bis 1971*) Sixpence, sechs alte Pence

ˈ**six-shooter** *Nomen* (*bes AmE*) sechsschüssiger Revolver

six·teen 0▬ /ˌsɪksˈtiːn/ *Zahl* sechzehn ➔ *Beispiele bei* SECHS

six·teenth /ˌsɪksˈtiːnθ/ *Adj, Pron* sechzehnte(r,s) → *Beispiele bei* SECHSTE(R,S)

ˌsix'teenth note *Nomen (AmE)* (MUS) Sechzehntelnote

sixth /sɪksθ/ *Adj, Pron, Nomen*
▸ ***Adj, Pron*** sechste(r,s) → *Beispiele bei* SECHSTE(R,S) → *Siehe auch* SIXTH SENSE
▸ ***Nomen*** **1** Sechstel **2** (MUS) Sexte

'sixth form *Nomen* [meist Sing] *(BrE)* ≈ 12. und 13. Klasse eines Gymnasiums

'sixth-form college *Nomen (BrE)* ≈ Oberstufenzentrum

'sixth-former *Nomen (BrE)* ≈ Schüler(in) der 12./13. Klasse

ˌsixth 'sense *Nomen* [Sing] sechster Sinn

six·ti·eth /ˈsɪkstiəθ/ *Adj, Pron, Nomen*
▸ ***Adj, Pron*** sechzigste(r,s) → *Beispiele bei* SECHSTE(R,S)
▸ ***Nomen*** Sechzigstel

sixty /ˈsɪksti/ *Zahl, Nomen*
▸ ***Zahl*** sechzig → *Beispiele bei* SECHZIG
▸ ***Nomen*** **the sixties** [Pl] ◇ *records from the sixties* Platten aus den Sechzigerjahren ◇ *The number of members is in the sixties.* Die Mitgliederzahl liegt zwischen sechzig und siebzig. ◇ *The temperature will be in the high sixties.* Die Temperaturen werden bei fast siebzig Grad Fahrenheit liegen.
▸ IDM **in your 'sixties** in den Sechzigern

size /saɪz/ *Nomen, Verb*
▸ ***Nomen*** **1** Größe; *(Rechnung, Schulden etc.)* Höhe ◇ *an area the size of Wales* ein Gebiet in der Größe von Wales ◇ *a town that size* eine Stadt von dieser Größe ◇ *The kitchen is a good size.* Die Küche ist recht groß. ◇ *It's similar in size to a tomato.* Es ist ungefähr so groß wie eine Tomate. ◇ *The glass can be cut to size for you.* Wir können Ihnen die Glasscheibe in der richtigen Größe schneiden. **2** Ausmaß **3** *(Kleider-/Schuh-)* Größe; *(Kragen-/Taillen-)* Weite ◇ *I need a bigger/smaller size.* Ich brauche eine Nummer größer/kleiner. **4 -sized, -size** *(in Adjektiven)* -groß ◇ *a medium-sized house* ein mittelgroßes Haus ◇ *bite-size pieces* mundgerechte Happen → *Siehe auch* KING-SIZE, PINT-SIZED *und* QUEEN-SIZE IDM **cut sb down to 'size** jdn in die Schranken verweisen **that's about the 'size of it** *(umgs)* es scheint so
▸ ***Verb*** *(meist passiv)* **~ sth 1** etw in einer bestimmten Größe herstellen **2** die Größe von etw verändern ◇ *The fonts can be sized according to what effect you want.* Die Schriftgröße kann verändert werden, je nachdem, welche Wirkung man erzielen möchte. PHR V **ˌsize sb/sth 'up** *(umgs)* jdn/etw taxieren, jdn/etw abschätzen

size·able *(auch* **siz·able***)* /ˈsaɪzəbl/ *Adj* ziemlich groß, beträchtlich

siz·zle /ˈsɪzl/ *Verb, Nomen*
▸ ***Verb*** brutzeln, zischen
▸ ***Nomen*** [Sing] Zischen

siz·zling /ˈsɪzlɪŋ/ *Adj* **1** glühend heiß **2** aufregend ◇ *a sizzling love affair* eine leidenschaftliche Liebesbeziehung

skanky /ˈskæŋki/ *Adj (bes AmE, umgs)* eklig, widerlich

skate /skeɪt/ *Verb, Nomen*
▸ ***Verb*** **1** Schlittschuh laufen, eislaufen ◇ *He skated an exciting programme.* Er legte ein aufregendes Programm aufs Eis. **2** Skateboard fahren **3** Rollschuh laufen IDM → THIN PHR V **ˌskate 'over sth** über etw hinweggehen, etw übergehen
▸ ***Nomen*** **1** = ICE SKATE *und* ROLLER SKATE **2** *(Pl* **skate** *oder* **skates***)* Rochen IDM **get/put your 'skates on** *(BrE, umgs)* sich sputen

skate·board /ˈskeɪtbɔːd; *AmE* -bɔːrd/ *Nomen, Verb*
▸ ***Nomen*** Skateboard
▸ ***Verb*** Skateboard fahren

skate·board·er /ˈskeɪtbɔːdə(r); *AmE* -bɔːrdər/ *Nomen* Skateboardfahrer(in)

skate·board·ing /ˈskeɪtbɔːdɪŋ; *AmE* -bɔːrdɪŋ/ *Nomen* Skateboardfahren

skater *Nomen* /ˈskeɪtə(r)/ Schlittschuhläufer(in), Rollschuhläufer(in) ◇ *a figure skater* ein(e) Eiskunstläufer(in) ◇ *a speed skater* ein(e) Eisschnellläufer(in)

skat·ing /ˈskeɪtɪŋ/ *Nomen* **1** = ICE SKATING → *Siehe auch* FIGURE-SKATING *und* SPEED SKATING **2** = ROLLER SKATING

'skating rink *(auch* **rink***)* *Nomen* **1** Eisbahn **2** Rollschuhbahn

skeet shooting /ˈskiːt ʃuːtɪŋ/ *Nomen (AmE)* Skeetschießen, Tontaubenschießen

skein /skeɪn/ *Nomen (Wolle)* Strang; *(Garn)* Docke

skel·etal /ˈskelətl/ *Adj* **1** *(Fachspr)* Skelett- **2** skelettartig **3** skizzenhaft

skel·eton /ˈskelɪtn/ *Nomen* **1** Skelett **2** [meist Sing] *(eines Gebäudes etc.)* Gerippe **3** [meist Sing] *(eines Textes etc.)* Aufbau, Gliederung, Gerüst **4 ~ staff, crew, etc.** ◇ *There will only be a skeleton staff on duty over the holiday.* Während der Feiertage wird nur eine Notbesatzung Dienst haben. ◇ *The bus company will operate a skeleton service during the strike.* Während des Streiks wird die Busgesellschaft einen Notfahrplan einführen. **5** (SPORT) Skeleton(schlitten) ◇ *The skeleton slider broke his back in the race.* Der Skeletonfahrer brach sich bei dem Rennen den Rücken. **6** (SPORT) [U] Skeleton IDM **a skeleton in the 'closet** *(BrE auch* **a skeleton in the 'cupboard***)* *(umgs)* eine Leiche im Keller; ein düsteres Familiengeheimnis

'skeleton key *Nomen* Hauptschlüssel, Dietrich

skep·tic, skeptical, skepticism *(AmE)* = SCEPTIC, SCEPTICAL *und* SCEPTICISM

sketch /sketʃ/ *Nomen, Verb*
▸ ***Nomen*** **1** Skizze **2** Sketch
▸ ***Verb*** **1** skizzieren **2 ~ sth (out)** etw in groben Zügen umreißen **3** *(gehoben)* andeuten ◇ *He sketched a smile.* Er deutete ein Lächeln an. PHR V **ˌsketch sth 'in** etw ausführlicher erläutern, etw in Einzelheiten ausarbeiten

sketch·book /ˈsketʃbʊk/ *(auch* **'sketch pad***)* *Nomen* Skizzenbuch

sketchi·ness /ˈsketʃinəs/ *Nomen* Flüchtigkeit, Oberflächlichkeit

sketchy /ˈsketʃi/ *Adj* (**sketch·ier**, **sketch·iest**) *(Adv* **sketch·ily** /-tʃəli/*)* **1** skizzenhaft, lückenhaft, oberflächlich **2** zwielichtig

skew /skjuː/ *Verb* verzerren

skewed /skjuːd/ *Adj* **1** verzerrt ◇ *skewed statistics* verzerrte Statistiken **2 ~ (towards sb/sth)** (an jdn/etw) gerichtet ◇ *The book is heavily skewed towards American readers.* Das Buch richtet sich vornehmlich an amerikanische Leser. **3** schief, schräg

skew·er /ˈskjuːə(r)/ *Nomen, Verb*
▸ ***Nomen*** *(Brat-)* Spieß
▸ ***Verb*** aufspießen

ˌskew-'whiff *Adj (BrE, umgs)* schief

ski /skiː/ *Nomen, Verb*
▸ ***Nomen*** *(Pl* **skis***)* **1** Ski ◇ *a pair of skis* ein Paar Skier **2** = WATERSKI
▸ ***Verb*** (**ski·ing, skied, skied** /skiːd/) **1** Ski laufen **2 go skiing** Skilaufen gehen → *Siehe auch* SKIING *und* WATERSKI

'ski cross *Nomen* Skicross

skid /skɪd/ *Verb, Nomen*
▸ ***Verb*** **(-dd-)** schleudern, schlittern, (aus)rutschen ◇ *The car skidded to a halt just in time.* Der Wagen kam gerade noch schleudernd zum Stehen.
▸ ***Nomen*** **1** Schleudern ◇ *go into a skid* ins Schleudern geraten ◇ *skid marks* Bremsspuren **2** Gleitkufe IDM **sb/sth is on the 'skids** *(umgs)* mit jdm/etw geht es abwärts **put the 'skids under sb/sth** *(umgs)* jdn/etw zu Fall bringen

ˌskid 'row *Nomen (bes AmE, umgs)* Armenviertel ◇ *be on skid row* heruntergekommen sein

skier /ˈskiːə(r)/ *Nomen* Skiläufer(in), Skifahrer(in)

skies *Form von* SKY

skiff /skɪf/ *Nomen (Sportruderboot)* Skiff, Einer

skif·fle /ˈskɪfl/ *Nomen* (MUS) Skiffle

ski·ing /ˈskiːɪŋ/ *Nomen* Skilaufen ◇ *go downhill/cross-country skiing* Skilaufen/Langlaufen gehen

ˈski jump *Nomen* Sprungschanze

ˈski jumper *Nomen* Skispringer(in)

ˈski jumping *Nomen* Skispringen, Skisprung

skil·ful 0-w (*AmE* **skill·ful**) /ˈskɪlfl/ *Adj (Adv* **skil·ful·ly**; *AmE* **skill·ful·ly** /-fəli/) geschickt, gut ◇ *a skilful player* ein guter Spieler

ˈski lift *Nomen* Skilift

skill 0-w /skɪl/ *Nomen* **1** [U] Geschick, Fähigkeit ◇ *It takes great skill to make such beautiful jewellery.* Es gehört großes Können dazu, solch schönen Schmuck zu machen. **2** Fertigkeit ◇ *management skills* Führungsqualitäten

skilled 0-w /skɪld/ *Adj* **1** geschickt **2** ausgebildet, qualifiziert, Fach- ◇ *Furniture-making is very skilled work.* Die Möbelschreinerei ist echte Facharbeit.

skil·let /ˈskɪlɪt/ *Nomen (bes AmE)* Bratpfanne

skill·ful 0-w (*AmE*) = SKILFUL

ˈskill set *Nomen* Fähigkeiten, Kompetenzen

skim /skɪm/ *Verb* **(-mm-)** **1** abschöpfen, abschäumen **2** *(kein Passiv)* ~ **(along/over, etc.) sth** über etw fliegen, über etw gleiten; *(Steine)* über etw hüpfen **3** ~ **sth (across/over, etc. sth)** *(Steine)* (auf etw) hüpfen lassen **4** *(Thema etc.)* nur oberflächlich berühren **5** ~ **(through/over) sth** *(schnell lesen)* etw überfliegen PHRV **ˌskim sth/sb 'off** jdn/etw absahnen

ˌskimmed 'milk *(bes AmE* **ˌskim 'milk**) *Nomen* entrahmte Milch, Magermilch

ˈski mountaineering *Nomen* Skibergsteigen

skimp /skɪmp/ *Verb* ~ **(on sth)** (an etw) sparen, (mit etw) knausern

skimpy /ˈskɪmpi/ *Adj* **(skimp·ier, skimpi·est)** **1** *(Kleidungsstück)* knapp, winzig **2** *(abwert)* dürftig, spärlich

skin 0-w /skɪn/ *Nomen, Verb*
▸ ***Nomen*** **1** Haut ◇ *Prick the skins of the sausages before grilling.* Vor dem Grillen die Haut der Würste einstechen. → *Siehe auch* FORESKIN *und* REDSKIN **2** *(oft in Zusammensetzungen)* Fell, Haut **3** *(von Früchten, Gemüse)* Schale, Haut, Pelle **4** *(eines Flugzeugs etc.)* Außenhaut ◇ *the outer skin of the earth* die äußere Schicht der Erde → *Siehe auch* OILSKIN **5** *(für MP3-Spieler etc.)* Schutzhülle IDM **by the ˌskin of your 'teeth** *(umgs)* um Haaresbreite; mit knapper Not; gerade noch **get under sb's 'skin** *(umgs)* jdm auf die Nerven gehen ◇ *Don't let him get under your skin.* Lass dich nicht von ihm nerven. **have got sb under your 'skin** *(umgs)* von jdm angetan sein; jdm verfallen sein **it's no skin off 'my, 'your, 'his, etc. nose** *(umgs)* das juckt mich/dich/ihn etc. nicht **sth makes sb's 'skin crawl** jd bekommt von etw eine Gänsehaut ◇ *Just the sight of him makes my skin crawl.* Wenn ich ihn nur sehe, läuft mir eine Gänsehaut über den Rücken. **(nothing but/all/only) skin and 'bone** *(umgs)* (nur noch) Haut und Knochen → *Siehe auch* JUMP, SAVE, THICK *und* THIN
▸ ***Verb*** **(-nn-)** **1** (ent)häuten, schälen **2** aufschürfen IDM → EYE

ˌskin-'deep *Adj* oberflächlich IDM → BEAUTY

ˈskin-diver *Nomen* Taucher(in)

ˈskin-diving *Nomen* Tauchen

skin·flint /ˈskɪnflɪnt/ *Nomen (umgs, abwert)* Geizkragen

skin·ful /ˈskɪnfʊl/ *Nomen* [meist Sing] *(BrE, Slang)* **have had a ~** einen über den Durst getrunken haben

skin·head /ˈskɪnhed/ *Nomen* Skinhead

-skinned /skɪnd/ *(in Adjektiven)* -häutig ◇ *dark-skinned* dunkelhäutig → *Siehe auch* THICK-SKINNED *und* THIN-SKINNED

skinny /ˈskɪni/ *Adj* **(skin·nier, skin·ni·est)** **1** *(umgs, meist abwert)* mager, dürr **2** *(Kleidungsstücke)* eng anliegend

skint /skɪnt/ *Adj* [nicht vor Nomen] *(BrE, umgs)* pleite

skin·tight /skɪnˈtaɪt/ *Adj* hauteng

skip /skɪp/ *Verb, Nomen*
▸ ***Verb*** **(-pp-)** **1** hüpfen **2** *(AmE* **ˌskip 'rope**) seilspringen **3** *(Frühstück etc.)* ausfallen lassen; *(Schule etc.)* schwänzen **4** *(Kapitel etc.)* überspringen, auslassen **5** springen ◇ *She kept skipping from one topic of conversation to another.* Dauernd sprang sie von einem Gesprächsthema zum anderen. **6** (heimlich) verlassen ◇ *skip the country* das Land verlassen **7** *(Steine)* hüpfen lassen IDM **'skip it** *(umgs)* vergiss es PHRV **ˌskip 'off/'out** abhauen **ˌskip 'out on sb** *(AmE)* jdn sitzen lassen
▸ ***Nomen*** **1** Hüpfer, Hopser **2** *(BrE)* Absetzmulde, Container

skip·per /ˈskɪpə(r)/ *Nomen, Verb*
▸ ***Nomen*** **1** Kapitän, Skipper **2** *(bes BrE, umgs)* (SPORT) (Mannschafts)kapitän
▸ ***Verb*** ~ **sth** Kapitän von etw sein ◇ *He skippered the team to victory.* Er führte die Mannschaft zum Sieg.

ˈskipping rope *Nomen (BrE)* Sprungseil

skir·mish /ˈskɜːmɪʃ; *AmE* ˈskɜːrmɪʃ/ *Nomen, Verb*
▸ ***Nomen*** **1** (kleines) Gefecht **2** Auseinandersetzung
▸ ***Verb*** **1** sich Gefechte liefern **2** (sich) streiten

skir·mish·er /ˈskɜːmɪʃə(r); *AmE* ˈskɜːrm-/ *Nomen* Kämpfende(r)

skir·mish·ing /ˈskɜːmɪʃɪŋ; *AmE* ˈskɜːrm-/ *Nomen* [U] Gefecht, Zusammenstoß

skirt 0-w /skɜːt; *AmE* skɜːrt/ *Nomen, Verb*
▸ ***Nomen*** **1** *(Frauen-)* Rock **2** *(auch* **skirts** [Pl]) *(eines Mantels etc.)* Schoß **3** Schutzleiste; *(eines Luftkissenboots)* Schürze
▸ ***Verb*** **1** ~ **sth** um etw führen, um etw herumgehen **2** ~ **(around/round sth)** *(Thema, Frage etc.)* umgehen, einer Sache ausweichen

ˈskirting board *(auch* **ˈskirt·ing**) *Nomen (BrE)* Fußleiste

ˈski run *(auch* **run**) *Nomen* Skipiste

skit /skɪt/ *Nomen* ~ **(on sth)** (parodistischer) Sketch (über etw)

skit·ter /ˈskɪtə(r)/ *Verb* **1** huschen **2** rutschen

skit·tish /ˈskɪtɪʃ/ *Adj (Adv* **skit·tish·ly**) **1** *(Pferd)* nervös, schreckhaft **2** kapriziös **3** *(bes AmE)* (WIRTSCH) launenhaft

skit·tle /ˈskɪtl/ *Nomen* **1** Kegel **2** **skittles** [U] Kegeln ◇ *play skittles* kegeln

skive /skaɪv/ *Verb* ~ **(off)** *(BrE, umgs)* blaumachen; *(Schule)* schwänzen ◇ *She always skives off early on Fridays.* Freitags verdrückt sie sich immer früh.

skivvy /ˈskɪvi/ *Nomen, Verb*
▸ ***Nomen*** *(Pl* **-ies**) *(BrE, umgs)* Dienstmädchen
▸ ***Verb*** **(skiv·vies, skivvy·ing, skiv·vied, skiv·vied)** *(BrE, umgs)* Schmutzarbeiten im Haus verrichten

skua /ˈskjuːə/ *Nomen* Skua, Raubmöwe

skul·dug·gery (*auch* **skull·dug·gery**) /skʌlˈdʌgəri/ *Nomen* [U] (*veraltet oder hum*) Schwindel, Intrigen, schmutzige Tricks

skulk /skʌlk/ *Verb* (*abwert*) lauern, herumschleichen

skull /skʌl/ *Nomen* Schädel

ˌskull and ˈcrossbones *Nomen* [Sing] Totenkopf (mit gekreuzten Knochen)

skull·cap /ˈskʌlkæp/ *Nomen* Scheitelkäppchen

skunk /skʌŋk/ *Nomen* Skunk, Stinktier

sky /skaɪ/ *Nomen* [Sing] (*Pl* **skies**) Himmel ◇ *What's that in the sky?* Was ist denn das am Himmel? ◇ *The skies were ablaze with a spectacular firework display.* Der Himmel war von einem spektakulären Feuerwerk illuminiert. IDM **the sky's the ˈlimit** (*umgs*) nach oben sind keine Grenzen gesetzt ◇ *With a talent like his, the sky's the limit.* Bei so einer Begabung stehen ihm alle Möglichkeiten offen. → *Siehe auch* GREAT, PIE *und* PRAISE

ˌsky-ˈblue *Adj* himmelblau

sky·diver /ˈskaɪdaɪvə(r)/ *Nomen* Skydiver(in), Freifaller(in)

sky·div·ing /ˈskaɪdaɪvɪŋ/ *Nomen* Skydiving, Freifallen

ˌsky-ˈhigh *Adj, Adv* schwindelnd hoch; (*Preis etc.*) astronomisch ◇ *His confidence is still sky-high.* Er ist immer noch voller Selbstbewusstsein.

sky·lark /ˈskaɪlɑːk; *AmE* -lɑːrk/ *Nomen* (Feld)lerche

sky·light /ˈskaɪlaɪt/ *Nomen* Dachfenster

sky·line /ˈskaɪlaɪn/ *Nomen* Horizont, Silhouette, Skyline

Skype /skaɪp/ *Nomen, Verb*

▸ ***Nomen*** **Skype™** Skype®

▸ ***Verb*** **Skype (with) sb** (mit jdm) skypen ◇ *Skype me later!* Skype nachher mal mit mir! ◇ *She Skypes with her grandchildren in New Zealand.* Sie skypt mit ihren Enkeln in Neuseeland.

sky·rocket /ˈskaɪrɒkɪt; *AmE* -rɑːkɪt/ *Verb* in die Höhe schnellen

sky·scraper /ˈskaɪskreɪpə(r)/ *Nomen* Wolkenkratzer

sky·wards /ˈskaɪwədz; *AmE* -wərdz/ (*auch* **sky·ward**) *Adv* himmelwärts, zum Himmel (hinauf) ◇ *The rocket soared skywards.* Die Rakete stieg in den Himmel.

slab /slæb/ *Nomen* **1** Platte ◇ *a slab of marble* eine Marmorplatte ◇ *a dead body on the slab* eine Leiche im Leichenschauhaus **2** (*Fleisch-, Brot- etc.*) (dicke) Scheibe, (großes) Stück, Tafel (*Schokolade*)

slack /slæk/ *Adj, Nomen, Verb*

▸ ***Adj*** **1** (*Adv* **slack·ly**) schlaff, locker ◇ *slack muscles* schlaffe Muskeln ◇ *The rope suddenly went slack.* Das Seil hing plötzlich durch. **2** (*Geschäft, Konjunktur*) flau; (*Nachfrage*) gering ◇ *a slack period* eine Flaute **3** (*abwert*) nachlässig, schlampig ◇ *Discipline in the classroom is very slack.* In der Schule mangelt es an Disziplin.

▸ ***Nomen*** **1** (*durchhängendes Tau*) Lose ◇ *There's too much slack in the towrope.* Das Abschleppseil hängt zu sehr durch. **2** Spielraum, brachliegende Ressourcen ◇ *There's very little slack in the budget.* Der Haushaltsplan lässt sehr wenig Spielraum. **3** (*Kohlenstaub*) Grus IDM **take up the ˈslack 1** das Seil straffen **2** (*fig*) die Lücke füllen

▸ ***Verb*** bummeln PHRV **ˌslack ˈoff (on sth)** leiser treten (in Bezug auf etw)

slack·en /ˈslækən/ *Verb* **1** lockern ◇ *He slackened the ropes slightly.* Er lockerte die Stricke etwas. ◇ *She slackened her pace a little.* Sie ging etwas langsamer. **2** sich lockern ◇ *His grip slackened.* Sein Griff lockerte sich. **3 ~ (off)** nachlassen

slack·er /ˈslækə(r)/ *Nomen* (*umgs, abwert*) Faulpelz

slack·ness /ˈslæknəs/ *Nomen* **1** Schlaffheit **2** (WIRTSCH) Flaute **3** Nachlässigkeit

slacks /slæks/ *Nomen* [Pl] Hose ℹ Im britischen Englisch ist **slacks** veraltet; im amerikanischen eher gehoben.

slag /slæg/ *Nomen, Verb*

▸ ***Nomen*** **1** Schlacke **2** (*BrE, Slang*) Schlampe

▸ ***Verb*** (**-gg-**) PHRV **ˌslag sb ˈoff** (*BrE, Slang*) über jdn herziehen

ˈslag heap *Nomen* (*BrE*) Schlackenhalde

slain *Form von* SLAY

slake /sleɪk/ *Verb* (*gehoben*) (*Durst*) stillen (*auch fig*)

sla·lom /ˈslɑːləm/ *Nomen* Slalom

slam /slæm/ *Verb, Nomen*

▸ ***Verb*** (**-mm-**) **1** zuschlagen, zuknallen **2** (hin)knallen ◇ *She slammed the phone down angrily.* Sie knallte den Hörer wütend hin. ◇ *He slammed on the brakes.* Er stieg voll auf die Bremse. **3** (*in der Presse*) verreißen, scharf angreifen IDM → DOOR PHRV **slam ˈinto/aˈgainst sb/sth** gegen jdn/etw knallen **slam sth ˈinto/aˈgainst sb/sth** etw gegen jdn/etw schleudern

▸ ***Nomen*** [meist Sing] **1** Knall **2** (*in Kartenspielen*) Schlemm → *Siehe auch* GRAND SLAM

slam·mer /ˈslæmə(r)/ *Nomen* **the slammer** [Sing] (*Slang*) der Knast

slan·der /ˈslɑːndə(r); *AmE* ˈslæn-/ *Nomen, Verb*

▸ ***Nomen*** Verleumdung

▸ ***Verb*** verleumden

slan·der·ous /ˈslɑːndərəs; *AmE* ˈslæn-/ *Adj* verleumderisch

slang /slæŋ/ *Nomen* Slang, Jargon → *Siehe auch* RHYMING SLANG

ˈslanging match *Nomen* (*BrE, umgs*) gegenseitige (wüste) Beschimpfungen ◇ *They were having a real slanging match.* Sie beschimpften sich wüst.

slangy /ˈslæŋi/ *Adj* Slang-; (*Stil*) salopp

slant /slɑːnt; *AmE* slænt/ *Verb, Nomen*

▸ ***Verb*** **1** (sich) neigen (*gehoben*) ◇ *The sun slanted through the window.* Die Sonnenstrahlen fielen schräg durchs Fenster. **2** (*abwert*) (*einseitig darstellen*) färben ◇ *They slanted their report towards the rebels.* Ihre Berichterstattung war zugunsten der Rebellen gefärbt.

▸ ***Nomen*** **1** Schräge, Neigung ◇ *The sofa faced the fire at a slant.* Das Sofa stand schräg gegenüber vom Kamin. ◇ *Cut the flower stems on the slant.* Schneiden Sie Blumenstängel schräg ab. **2** (persönliche) Sichtweise ◇ *She put a new slant on the play.* Sie hat das Stück neu interpretiert.

slant·ed /ˈslɑːntɪd; *AmE* ˈslæn-/ *Adj* **1** schräg **2** tendenziös, gefärbt ◇ *The book is slanted towards American business methods.* Das Buch ist auf amerikanische Geschäftsmethoden ausgerichtet.

slant·ing /ˈslɑːntɪŋ; *AmE* ˈslæn-/ *Adj* schräg

slap /slæp/ *Verb, Nomen, Adv*

▸ ***Verb*** (**-pp-**) **1** schlagen ◇ *She slapped him across the face.* Sie gab ihm eine Ohrfeige. ◇ *slap sb on the back* jdm auf die Schulter klopfen **2** knallen ◇ *He slapped the newspaper down on the desk.* Er knallte die Zeitung auf den Schreibtisch. **3** (*Wellen, Regen etc.*) klatschen PHRV **ˌslap sb aˈbout/aˈround** (*umgs*) jdn (ver)prügeln **ˌslap sb ˈdown** (*umgs*) jdm eins auf den Deckel geben **ˌslap sth ˈdown** (*umgs*) etw heruntermachen, etw niedermachen **ˌslap sth ˈon (sth)** etw (auf etw) draufklatschen **ˈslap sth on sb/sth** (*umgs*) (*Strafe, Verbot etc.*) über jdn/etw verhängen **ˌslap sth ˈon sth** (*umgs*) etw auf etw aufschlagen

▸ ***Nomen*** **1** Schlag ◇ *She gave him a slap across the*

face. Sie gab ihm eine Ohrfeige. ◇ *He gave me a hearty slap on the back.* Er klopfte mir kräftig auf den Rücken. **2** (*von Wellen, Regen etc.*) Klatschen **3** (*umgs*) Make-up IDM **slap and 'tickle** (*BrE, umgs, veraltet*) Knutscherei **a slap in the 'face** ein Schlag ins Gesicht **a slap on the 'wrist** (*umgs*) ein Rüffel; ein Denkzettel
▸ ***Adv*** (*auch* **ˌslap 'bang**) (*umgs*) **1** voll, mit Karacho **2** genau

slap·dash /ˈslæpdæʃ/ *Adj* schludrig

ˌslap-'happy *Adj* (*umgs*) **1** unbekümmert **2** (*bes AmE*) benommen

slap·head /ˈslæphed/ *Nomen* (*umgs, abwert*) Glatzkopf

slap·stick /ˈslæpstɪk/ *Nomen* Slapstick

'slap-up *Adj* [nur vor Nomen] (*BrE, umgs*) (*Essen*) toll

slash /slæʃ/ *Verb, Nomen*
▸ ***Verb*** **1** aufschlitzen, zerfetzen; (*Pulsadern*) aufschneiden ◇ *We had to slash our way through the undergrowth with sticks.* Wir mussten uns mit Stöcken einen Weg durch das Dickicht schlagen. **2** (drastisch) reduzieren, (drastisch) senken PHR V **'slash at sb/sth (with sth)** auf jdn/etw (mit etw) einhauen, auf jdn/etw (mit etw) losgehen
▸ ***Nomen*** **1** Schnitt(wunde); (*fig*) Schlitz ◇ *He took a slash at her with a knife.* Er ging mit einem Messer auf sie los. **2** Schrägstrich → *Siehe auch* BACKSLASH **3 have/take a ~** (*BrE, Slang*) schiffen

slat /slæt/ *Nomen* Latte; (*in Jalousie*) Lamelle

slate /sleɪt/ *Nomen, Verb*
▸ ***Nomen*** **1** Schiefer **2** Schieferplatte **3** (*AmE*) (POL) Liste ◇ *the Democratic slate* die Kandidatenliste der Demokraten **4** Schiefertafel IDM → CLEAN *und* WIPE
▸ ***Verb*** **1** (*BrE, gehoben*) (*kritisieren*) verreißen **2** (*meist passiv*) ansetzen ◇ *The store is slated to open in spring.* Das Geschäft soll im Frühjahr eröffnet werden. ◇ *slated for demolition* zum Abriss freigegeben **3 ~ sb (for sth)** (*bes AmE, umgs*) (*meist passiv*) jdn (für etw) vorschlagen ◇ *He is slated to play the lead in Spielberg's next movie.* Er soll die Hauptrolle in Spielbergs nächstem Film spielen.

ˌslate-'grey *Adj* schiefergrau

slather /ˈslæðə(r)/ *Verb* PHR V **ˌslather sth 'on** etw dick auftragen **'slather sth on sth** etw dick auf etw auftragen **'slather sth with/in sth** etw dick mit etw beschmieren

slat·ted /ˈslætɪd/ *Adj* Latten-, Lamellen-

slat·tern /ˈslætən; *AmE* -tərn/ *Nomen* (*veraltet*) Schlampe

slat·tern·ly /ˈslætənli; *AmE* -tərn-/ *Adj* (*veraltet*) schlampig

slaty (*auch* **slatey**) /ˈsleɪti/ *Adj* **1** schieferfarben, schiefergrau **2** schiefrig, Schiefer-

slaugh·ter /ˈslɔːtə(r)/ *Nomen, Verb*
▸ ***Nomen*** **1** Schlachten, Schlachtung **2** Gemetzel, Abschlachten IDM → LAMB
▸ ***Verb*** **1** schlachten **2** niedermetzeln, abschlachten **3** (*umgs*) (SPORT) vom Platz fegen

slaugh·ter·house /ˈslɔːtəhaus; *AmE* -tərhaus/ *Nomen* Schlachthof, Schlachthaus

Slav /slɑːv/ *Nomen* Slawe, Slawin

slave /sleɪv/ *Nomen, Verb*
▸ ***Nomen*** Sklave, Sklavin (*auch fig*)
▸ ***Verb*** **~ (away) (at sth)** sich (mit etw) abplagen ◇ *I haven't got time to spend hours slaving over a hot stove.* Ich habe keine Zeit stundenlang am Herd zu stehen.

'slave-driver *Nomen* (*abwert*) Sklaventreiber(in), Leuteschinder(in)

ˌslave 'labour (*AmE* **ˌslave 'labor**) *Nomen* **1** Sklavenarbeit **2** (*umgs*) Ausbeutung

slaver¹ /ˈslævə(r)/ *Verb* sabbern

slaver² /ˈsleɪvə(r)/ *Nomen* **1** Sklavenhändler(in) **2** Sklavenschiff

slav·ery /ˈsleɪvəri/ *Nomen* Sklaverei

'slave trade *Nomen* [Sing] Sklavenhandel

Slav·ic /ˈslɑːvɪk/ *Adj* slawisch

slav·ish /ˈsleɪvɪʃ/ *Adj* (*Adv* **slav·ish·ly**) (*abwert*) sklavisch

Sla·von·ic /sləˈvɒnɪk; *AmE* -ˈvɑːnɪk/ *Adj* slawisch

slay /sleɪ/ *Verb* (**slew** /sluː/, **slain** /sleɪn/) **1** (*veraltet oder gehoben*) erschlagen **2** (*bes AmE*) ermorden **3** (*bes AmE, umgs, veraltet*) ◇ *Those old movies still slay me!* Über diese alten Filme kann ich mich immer noch totlachen!

slay·er /ˈsleɪə(r)/ *Nomen* (*veraltet oder gehoben*) Mörder(in)

slay·ing /ˈsleɪɪŋ/ *Nomen* (*bes AmE*) Mord, Ermordung

sleaze /sliːz/ *Nomen* **1** (*BrE*) Korruption **2** (*bes AmE* **sleaze·bag** /ˈsliːzbæg/; **sleaze·ball** /-bɔːl/) Dreckskerl

sleazy /ˈsliːzi/ *Adj* (**sleaz·ier**, **sleazi·est**) (*umgs*) anrüchig, heruntergekommen

sled /sled/ *Nomen, Verb* (*bes AmE*)
▸ ***Nomen*** Schlitten
▸ ***Verb*** (**-dd-**) Schlitten fahren, rodeln

sledge /sledʒ/ *Nomen, Verb* (*BrE*)
▸ ***Nomen*** Schlitten
▸ ***Verb*** Schlitten fahren, rodeln

sledge·ham·mer /ˈsledʒhæmə(r)/ *Nomen* Vorschlaghammer IDM **use a ˌsledgehammer to crack a 'nut** mit Kanonen auf Spatzen schießen

sleek /sliːk/ *Adj* **1** glatt, (seidig) glänzend, geschmeidig **2** (*Adv* **sleek·ly**) elegant; (*Wagen etc.*) schnittig **3** (*abwert*) (*Mensch*) aalglatt

sleek·ness /ˈsliːknəs/ *Nomen* **1** (seidiger) Glanz, Geschmeidigkeit **2** Eleganz **3** aalglatte Art

sleep 0-w /sliːp/ *Verb, Nomen*
▸ ***Verb*** (**slept**, **slept** /slept/) **1** schlafen ◇ *I slept right through the storm.* Ich bin durch das Gewitter nicht aufgewacht. ◇ *We sometimes sleep late at the weekends.* Am Wochenende stehen wir manchmal spät auf. ◇ *Her bed hadn't been slept in.* Ihr Bett war unberührt. **2** (*kein Passiv*) ◇ *The apartment sleeps six.* Das Appartement ist für sechs Personen. ◇ *The hotel sleeps 120 guests.* Das Hotel hat 120 Betten. IDM **let sleeping dogs 'lie** schlafende Hunde soll man nicht wecken **sleep like a 'log/'baby** (*umgs*) wie ein Stein/Murmeltier schlafen **sleep 'tight** (*umgs*) schlaf gut → *Siehe auch* ROUGH *und* WINK PHR V **ˌsleep a'round** (*umgs, abwert*) mit jedem schlafen **ˌsleep 'in** ausschlafen **ˌsleep sth 'off** etw ausschlafen **'sleep on sth** (*umgs*) etw überschlafen **ˌsleep 'over** übernachten **ˌsleep 'out** im Freien schlafen **'sleep together** (*umgs*) miteinander schlafen **'sleep with sb** mit jdm schlafen
▸ ***Nomen*** Schlaf ◇ *It took me ages to get to sleep.* Ich konnte lange nicht einschlafen. ◇ *Go to sleep.* Schlaf jetzt. ◇ *Try to get back to sleep.* Versuch wieder einzuschlafen. ◇ *be in a deep sleep* fest schlafen ◇ *I'll feel better after a good night's sleep.* Wenn ich mich ausgeschlafen habe, werde ich mich besser fühlen. ◇ *His talk nearly sent me to sleep.* Ich bin fast eingeschlafen bei seinem Vortrag. IDM **be able to do sth in your 'sleep** (*umgs*) etw im Schlaf können **ˌgo to 'sleep** (*umgs*) einschlafen ◇ *My foot's gone to sleep.* Mein Fuß ist eingeschlafen. **put sb to 'sleep** (*umgs*) jdn narkotisieren **put sth to 'sleep** etw einschläfern lassen → *Siehe auch* WINK

sleep·er /ˈsliːpə(r)/ *Nomen* **1** Schläfer(in), Schlafende(r) ◇ *be a heavy/light sleeper* einen festen/leichten

Schlaf haben **2** Nachtzug (mit Schlafwagen) **3** Schlafwagen **4** (*BrE*) (*Bahn-*) Schwelle **5** (*bes AmE, umgs*) ◇ *The film was a sleeper.* Dem Film gelang erst viel später der Durchbruch.

sleep·ily *Adv* → SLEEPY

ˈsleeping bag *Nomen* Schlafsack

ˈsleeping car *Nomen* Schlafwagen

ˌsleeping ˈpartner *Nomen* (*BrE*) stille(r) Teilhaber(in)

ˈsleeping pill (*BrE auch* **ˈsleeping tablet**) *Nomen* Schlaftablette

ˌsleeping poˈliceman *Nomen* (*BrE, umgs*) (*zur Verkehrsberuhigung*) Bodenschwelle

ˈsleeping sickness *Nomen* Schlafkrankheit

sleep·less /ˈsliːpləs/ *Adj* (*Adv* **sleep·less·ly**) schlaflos

sleep·less·ness /ˈsliːpləsnəs/ *Nomen* Schlaflosigkeit

sleep·over /ˈsliːpəʊvə(r); *AmE* -poʊ-/ *Nomen* = Party mit Übernachtung

sleep·walk /ˈsliːpwɔːk/ *Verb* schlafwandeln

sleep·walk·er /ˈsliːpwɔːkə(r)/ *Nomen* Schlafwandler(in)

sleepy /ˈsliːpi/ *Adj* (**sleep·ier**, **sleepi·est**) **1** (*Adv* **sleep·ily** /-pɪli/) schläfrig **2** (*Ort*) verschlafen

sleet /sliːt/ *Nomen, Verb*

▸ ***Nomen*** Schneeregen

▸ ***Verb*** ◇ *It was sleeting.* Es fiel Schneeregen.

sleeve 0━ /sliːv/ *Nomen* **1** Ärmel **2** (*Schallplatten-*) Hülle ◇ *sleeve notes* Covertext **3** (TECH) Muffe IDM **have/keep sth up your ˈsleeve** etw in petto haben → *Siehe auch* ACE, CARD, LAUGH, ROLL, TRICK *und* WEAR

-sleeved /sliːvd/ (*in Adjektiven*) -ärmelig ◇ *a short-sleeved shirt* ein kurzärmeliges Hemd

sleeve·less /ˈsliːvləs/ *Adj* ärmellos

sleigh /sleɪ/ *Nomen* (Pferde)schlitten ◇ *a sleigh ride* eine Schlittenfahrt

sleight /slaɪt/ *Nomen* IDM **ˌsleight of ˈhand** **1** Fingerfertigkeit **2** Taschenspielertrick

slen·der /ˈslendə(r)/ *Adj* **1** schlank; (*Buch, Band*) schmal **2** (*Vorsprung, Mehrheit*) knapp; (*Chance, Hoffnung*) gering ◇ *These claims are based on slender evidence.* Für diese Behauptungen gibt es keine eindeutigen Beweise.

slept *Form von* SLEEP

sleuth /sluːθ/ *Nomen* (*veraltet oder hum*) Detektiv

slew /sluː/ *Verb, Nomen* → *Siehe auch* SLAY

▸ ***Verb*** (herum)schwenken ◇ *He slewed the motorbike over.* Er schwenkte das Motorrad herum. ◇ *The car slewed sideways.* Das Auto schleuderte zur Seite.

▸ ***Nomen*** [Sing] (*umgs*) Menge

slice 0━ /slaɪs/ *Nomen, Verb*

▸ ***Nomen*** **1** Scheibe **2** (*umgs*) Stück, Teil, Anteil **3** (*Braten-*) Wender **4** (*in Golf, Tennis*) Slice IDM **a ˌslice of ˈlife** ein Ausschnitt aus dem Leben → *Siehe auch* ACTION, CAKE *und* PIE

▸ ***Verb*** **1** ~ **sth** (**up**) etw in Scheiben schneiden **2** (durch)schneiden ◇ (*fig*) *Her speech sliced through all the confusion.* Ihre Rede machte der Verwirrung ein Ende. **3** (SPORT) (an)schneiden, slicen **4** (*AmE, umgs*) kürzen IDM **ˌslice and ˈdice (sth)** (COMP) Blickwinkel und Verdichtungsstufe (von etw) wechseln ◇ *The software lets you slice and dice the data and display it in different formats.* Mit dieser Software können Sie Blickwinkel und Verdichtungsstufe der Daten wechseln und in verschiedenen Formaten darstellen → *Siehe auch* THING *und* WAY PHRV **ˌslice sth ˈoff/aˈway** etw abschneiden **ˌslice sth ˈoff sth** etw von etw abschneiden (*fig*) ◇ *He sliced two seconds off the world record.* Er verbesserte den Weltrekord um zwei Sekunden.

slick /slɪk/ *Adj, Nomen, Verb*

▸ ***Adj*** **1** (*Adv* **slick·ly**) clever, professionell **2** gewieft ◇ *Her reply was too slick.* Ihre Antwort war zu glatt. **3** glatt, geschickt ◇ *the team's slick passing* das gezielte Zuspiel der Mannschaft **4** rutschig

▸ ***Nomen*** **1** (*auch* **ˈoil slick**) Ölteppich **2** Fleck

▸ ***Verb*** (*Haare*) anklatschen, glatt striegeln

slick·er /ˈslɪkə(r)/ *Nomen* (*AmE*) Regenmantel → *Siehe auch* CITY SLICKER

slick·ness /ˈslɪknəs/ *Nomen* (*von Inszenierung etc.*) professionelle Aufmachung; (*eines Menschen*) Gewieftheit

slide 0━ /slaɪd/ *Verb, Nomen*

▸ ***Verb*** (**slid**, **slid** /slɪd/) **1** rutschen, gleiten ◇ *Shares slid to a new low.* Die Aktien rutschten auf ein neues Tief. ◇ *The drawers slide in and out easily.* Die Schubladen lassen sich leicht auf- und zuziehen. ◇ *She slid out while no one was looking.* Sie schlich sich hinaus, als niemand guckte. **2** schieben, gleiten lassen ◇ *She slid her hand along the rail.* Sie ließ ihre Hand die Reling entlang gleiten. **3** (*fig*) schlittern ◇ *They were sliding towards bankruptcy.* Sie schlitterten in die Pleite. ◇ *let things slide* die Dinge schleifen lassen

▸ ***Nomen*** **1** [meist Sing] Abrutschen, Abgleiten ◇ *The economy is on the slide.* Die Wirtschaft befindet sich in einer Rezession. **2** [Sing] Rutschen ◇ *Her car went into a slide.* Ihr Auto geriet ins Schleudern. **3** Rutschbahn, Rutsche **4** Erdrutsch → *Siehe auch* LANDSLIDE **5** Dia(positiv) **6** (*für Mikroskope*) Objektträger **7** Schieber; (*an einer Posaune*) Zug **8** = HAIRSLIDE

ˈslide rule *Nomen* Rechenschieber

ˌsliding ˈdoor *Nomen* Schiebetür

ˌsliding ˈscale *Nomen* gleitende Skala

slight 0━ /slaɪt/ *Adj, Nomen, Verb*

▸ ***Adj*** **1** gering; (*Fehler, Verspätung, Unterschied, Besserung, Problem*) klein; (*Hoffnung*) schwach; (*Schmerzen, Brise*) leicht ◇ *She takes offence at the slightest thing.* Sie ist bei der kleinsten Kleinigkeit beleidigt. ◇ *The picture was at a slight angle.* Das Bild hing leicht schräg. ◇ *I haven't the slightest idea.* Ich habe nicht die leiseste Ahnung. **2** schmächtig, zierlich **3** trivial (*gehoben*) IDM **not in the ˈslightest** nicht im Geringsten

▸ ***Nomen*** ~ (**on sb/sth**) Affront (gegen jdn/etw)

▸ ***Verb*** (*meist passiv*) brüskieren, beleidigen

slight·ly 0━ /ˈslaɪtli/ *Adv* **1** ein bisschen, etwas ◇ *slightly bigger* etwas größer **2** flüchtig **3** zierlich

slim /slɪm/ *Adj, Verb*

▸ ***Adj*** (**slim·mer**, **slim·mest**) **1** schlank, schmal, dünn **2** gering, klein ◇ *The party was returned to power with a slim majority.* Die Partei kam mit einer knappen Mehrheit wieder an die Macht.

▸ ***Verb*** (**-mm-**) (*BrE*) (*meist in der Verlaufsform*) eine Schlankheitskur machen PHRV **ˌslim ˈdown** abnehmen **ˌslim sth ˈdown** etw reduzieren ◇ *The industry has to slim down even further.* Die Industrie muss noch mehr abspecken. ◇ *the new, slimmed-down company* die neue, schlankere Firma

slime /slaɪm/ *Nomen* Schleim ◇ *The pond was full of green slime.* Der Teich war voll von grünem Schlick.

slim·line /ˈslɪmlaɪn/ *Adj* [nur vor Nomen] **1** schlank, dünn ◇ *a slimline phone* ein flaches Telefon **2** (*BrE*) kalorienarm

slim·mer /ˈslɪmə(r)/ *Nomen* (*BrE*) jd, der eine Schlankheitskur macht

slim·ming /ˈslɪmɪŋ/ *Nomen* (*BrE*) Schlankheitskur ◇ *a slimming club* ein Diätklub

slim·ness /ˈslɪmnəs/ *Nomen* Schlankheit

slimy /ˈslaɪmi/ *Adj* (**slimi·er**, **slimi·est**) schleimig, schmierig

sling /slɪŋ/ *Verb, Nomen*
▸ ***Verb*** (**slung** /slʌŋ/, **slung**) **1** (*bes BrE, umgs*) werfen, schmeißen **2** (*oft passiv*) hängen ◇ *Her bag was slung over her shoulder.* Die Tasche hing über ihrer Schulter. IDM **sling your 'hook** (*BrE, umgs*) Leine ziehen
▸ ***Nomen*** **1** (MED) Schlinge **2** Hebevorrichtung **3** Babytrage **4** Schleuder

sling·back /ˈslɪŋbæk/ *Nomen* Damenschuh mit Fersenriemen

sling·shot /ˈslɪŋʃɒt; *AmE* -ʃɑːt/ *Nomen* (*AmE*) Steinschleuder

slink /slɪŋk/ *Verb* (**slunk, slunk** /slʌŋk/) schleichen ◇ *The dog slunk away.* Der Hund verzog sich.

slinky /ˈslɪŋki/ *Adj* **1** hauteng **2** sexy

slip 0-w /slɪp/ *Verb, Nomen*
▸ ***Verb*** (**-pp-**) **1** ~ (**over**) rutschen ◇ (*fig*) *She was careful not to let her control slip.* Sie war darauf bedacht, nicht die Selbstkontrolle zu verlieren. **2** schlüpfen ◇ *The ship slipped into the harbour.* Das Schiff glitt in den Hafen. ◇ (*fig*) *She knew that time was slipping away.* Sie wusste, dass die Zeit verrann. ◇ *He slipped a coat over his sweatshirt.* Er streifte einen Mantel über sein Sweatshirt. **3** stecken ◇ *Anna slipped her hand into his.* Anna schob ihre Hand in seine. ◇ *I managed to slip in a few jokes.* Ich schaffte es ein paar Witze anzubringen. **4** ~ **sb sth** jdm etw zustecken **5** (*schlechter werden*) nachlassen ◇ *I must be slipping!* Ich lasse wohl nach! **6** geraten ◇ *The patient had slipped into a coma.* Der Patient war ins Koma gefallen. **7** sich lösen ◇ *The animal had slipped free and escaped.* Das Tier hatte sich freigemacht und war entkommen. IDM **let sth 'slip** etw verraten; etw ausplaudern **let sth 'slip (through your fingers)** sich etw entgehen lassen **slip sb's 'mind** jdm entfallen **ˌslip one 'over on sb** (*umgs*) jdn reinlegen **slip through the 'net** durch die Maschen schlüpfen → *Siehe auch* GEAR *und* TONGUE PHRV **ˌslip a'way 1** (ver)schwinden **2** sterben **ˌslip 'out** (*Bemerkung*) herausrutschen **ˌslip 'up** (*umgs*) einen Schnitzer machen ◇ *We can't afford to slip up.* Wir können uns keine Schnitzer leisten.
▸ ***Nomen*** **1** Schnitzer, Ausrutscher **2** Zettel ◇ *a betting slip* ein Wettschein **3** ◇ *One slip and you could fall to your death.* Wenn du ausrutschst, könntest du in den Tod stürzen. **4** Unterrock, Unterkleid **5** (*beim Kricket*) Position seitlich hinter dem Wicket IDM **give sb the 'slip** (*umgs*) jdm entwischen **a 'slip of a boy, girl, etc.** (*veraltet*) ein kleiner Junge, ein kleines Mädchen etc. **a slip of the 'pen/'tongue** ein Schreibfehler/ein Versprecher

slip·cover /ˈslɪpkʌvə(r)/ *Nomen* (*AmE*) (*Bezug*) Überzug

'slip-on *Nomen* Slipper

slip·page /ˈslɪpɪdʒ/ *Nomen* [meist Sing] **1** Rückstand, Verzug **2** Rückgang

ˌslipped 'disc *Nomen* Bandscheibenvorfall

slip·per /ˈslɪpə(r)/ *Nomen* Hausschuh

slip·pery /ˈslɪpəri/ *Adj* **1** (*umgs* **slippy** /-pi/) rutschig, glatt **2** (*umgs*) aalglatt ◇ *He's a slippery customer.* Er ist aalglatt. **3** (*umgs*) heikel IDM **the/a slippery 'slope** Weg nach unten ◇ *He was on the slippery slope towards a life of crime.* Er war auf dem besten Weg, in die Kriminalität abzurutschen.

'slip road *Nomen* (*BrE*) Autobahnauffahrt, Autobahnausfahrt

slip·shod /ˈslɪpʃɒd; *AmE* -ʃɑːd/ *Adj* schlampig, schludrig

slip·stream /ˈslɪpstriːm/ *Nomen* [Sing] Windschatten

'slip-up *Nomen* (*umgs*) Schnitzer

slip·way /ˈslɪpweɪ/ *Nomen* = zum Wasser geneigte Ebene für den Stapellauf oder in eine Helling

slit /slɪt/ *Nomen, Verb*
▸ ***Nomen*** Schlitz
▸ ***Verb*** (**slit·ting, slit, slit**) aufschlitzen ◇ *Her skirt was slit at both sides.* Ihr Rock hatte Schlitze an beiden Seiten.

slither /ˈslɪðə(r)/ *Verb* gleiten, rutschen, schlittern

sliver /ˈslɪvə(r)/ *Nomen* Splitter ◇ (*fig*) *A sliver of light showed under the door.* Ein Lichtstreifen war unter der Tür sichtbar.

slob /slɒb; *AmE* slɑːb/ *Nomen* (*umgs, abwert*) fauler Sack

slob·ber /ˈslɒbə(r); *AmE* ˈslɑːbər/ *Verb* sabbern PHRV **'slobber over sb/sth** (*umgs, abwert*) jdn/etw anschmachten

sloe /sləʊ; *AmE* sloʊ/ *Nomen* Schlehe

slog /slɒg; *AmE* slɑːg/ *Verb, Nomen*
▸ ***Verb*** (**-gg-**) (*umgs*) **1** schuften ◇ *He's been slogging away at that piece of music for weeks.* Er hat sich wochenlang mit dem Musikstück abgeplagt. **2** sich schleppen **3** (*einen Ball*) dreschen IDM **ˌslog it 'out** (*BrE, umgs*) kämpfen → *Siehe auch* GUT
▸ ***Nomen*** [meist Sing] Schufterei, Schinderei

slo·gan /ˈsləʊgən; *AmE* ˈsloʊ-/ *Nomen* Slogan, Parole

slo·gan·eer·ing /ˌsləʊgəˈnɪərɪŋ; *AmE* ˌsloʊgəˈnɪrɪŋ/ *Nomen* (*abwert*) Gebrauch von Slogans

sloop /sluːp/ *Nomen* Slup

slop /slɒp; *AmE* slɑːp/ *Verb, Nomen*
▸ ***Verb*** (**-pp-**) **1** (über)schwappen **2** (*ausschütten*) kippen PHRV **ˌslop a'bout/a'round** (*BrE, umgs*) **1** (*nichts tun*) herumhängen **2** herumplanschen **ˌslop 'out** (*BrE*) (*Gefängnisinsassen*) die Toiletteneimer leeren
▸ ***Nomen*** (*auch* **slops** [Pl]) **1** Speisereste **2** Schmutzwasser

slope 0-w /sləʊp; *AmE* sloʊp/ *Nomen, Verb*
▸ ***Nomen*** **1** (Ab)hang ◇ *ski slopes* Skipisten **2** [Sing] Neigung, Gefälle IDM → SLIPPERY
▸ ***Verb*** **1** sich neigen ◇ *The path sloped gently down.* Der Weg fiel sanft ab. ◇ *sloping shoulders* abfallende Schultern ◇ *His handwriting slopes backwards.* Seine Schrift neigt sich nach links. ◇ *an old house with sloping walls* ein altes Haus mit schrägen Wänden **2** (*BrE, umgs*) gehen ◇ *slope off* sich verdrücken

slop·pi·ness /ˈslɒpinəs; *AmE* ˈslɑːp-/ *Nomen* Schludrigkeit

sloppy /ˈslɒpi; *AmE* ˈslɑːpi/ *Adj* (**slop·pier, slop·pi·est**) (*Adv* **slop·pily** /-pɪli/) **1** nachlässig, schlampig, schludrig **2** schlabberig **3** (*bes BrE, umgs*) rührselig **4** wässrig, dünn ◇ (*umgs*) *a big sloppy kiss* ein dicker nasser Kuss

sloppy joe /ˌslɒpi ˈdʒəʊ; *AmE* ˌslɑːpi ˈdʒoʊ/ *Nomen* (*AmE*) = mit Hackfleisch in Tomatensoße gefülltes Brötchen

slosh /slɒʃ; *AmE* slɑːʃ/ *Verb* (*umgs*) **1** schwappen **2** schütten **3** planschen PHRV **ˌslosh a'bout/a'round** (*BrE, umgs*) ◇ *There's a lot of money sloshing around in professional tennis.* Das professionelle Tennis schwimmt im Geld.

sloshed /slɒʃt; *AmE* slɑːʃt/ *Adj* (*Slang*) (*betrunken*) blau

slot /slɒt; *AmE* slɑːt/ *Nomen, Verb*
▸ ***Nomen*** **1** Schlitz **2** Platz ◇ *Their album occupied the number one slot for weeks.* Ihr Album war wochenlang die Nummer eins. ◇ *the airport's take-off and landing slots* die Start- und Landeslots des Flughafens
▸ ***Verb*** (**-tt-**) hineinstecken, hineinpassen ◇ *slot a SIM card into a phone* eine SIM-Karte in ein Handy einschieben ◇ *The sections can be slotted together.* Die Einzelteile lassen sich zusammensetzen. IDM → PLACE PHRV **ˌslot sb/sth 'in** jdn/etw einschieben

◇ *I can slot you in at 4.* Ich kann Sie um 4 Uhr einschieben.

sloth /sləʊθ; *AmE* sloʊθ/ *Nomen* **1** Faultier **2** (*gehoben*) Trägheit

ˈslot machine *Nomen* **1** Automat **2** (*bes AmE*) Spielautomat

slot·ted /ˈslɒtɪd; *AmE* ˈslɑːtɪd/ *Adj* mit Schlitz(en)

ˌslotted ˈspoon *Nomen* Schaumkelle

slouch /slaʊtʃ/ *Verb, Nomen*

▸ ***Verb*** **1** sich lümmeln ◇ *Several students were slouching against the wall.* Mehrere Studenten lehnten lässig an der Wand. **2** schlurfen

▸ ***Nomen*** [meist Sing] schlaffe Haltung ◇ *He has a slouch from working at a computer.* Er hat eine krumme Haltung, weil er viel am Computer arbeitet. IDM **be no ˈslouch** (*umgs*) verdammt gut sein ◇ *She's no slouch on the guitar.* Sie ist verdammt gut auf der Gitarre.

slouchy /ˈslaʊtʃi/ *Adj* (**slouch·ier, slouchi·est**) **1** (*abwert*) (*Körperhaltung*) krumm ◇ *his slouchy posture* seine schlechte Haltung **2** knautschig (weich), bequem und weich

slough[1] /slʌf/ *Verb* **~ sth (off)** etw abstreifen ◇ *a snake sloughing its skin* eine Schlange, die sich häutet ◇ *Slough off dead skin cells with a facial scrub.* Entfernen Sie abgestorbene Hautzellen mit einer Rubbelcreme fürs Gesicht.

slough[2] /slaʊ; *AmE* sluː/ *Nomen* (*gehoben*) Sumpf (*auch fig*)

slov·en·ly /ˈslʌvnli/ *Adj* schlampig, nachlässig

slow 0‑ /sləʊ; *AmE* sloʊ/ *Adj, Adv, Verb*

▸ ***Adj*** **1** langsam ◇ *They were very slow paying me.* Sie ließen sich Zeit, bis sie mich bezahlten. ◇ *She wasn't slow to realize what was going on.* Sie brauchte nicht lange, bevor sie merkte, was los war. ◇ *Sales are slow.* Der Absatz ist flau. ◇ *We drove in the slow lane.* Wir fuhren auf der Kriechspur. **2 be ~** (*Uhr*) nachgehen ◇ *My watch is five minutes slow.* Meine Uhr geht fünf Minuten nach. **3** (FOTO) wenig lichtempfindlich IDM **do a slow ˈburn** (*AmE, umgs*) langsam zornig werden ➔ *Siehe auch* MARK *und* UPTAKE

▸ ***Adv*** langsam ◇ *Could you go a little slower?* Könnten Sie etwas langsamer fahren? IDM **go ˈslow (on sth)** keine Eile (mit etw) haben

▸ ***Verb*** **1** sich verlangsamen, langsamer werden ◇ *The bus slowed to a halt.* Der Bus kam zum Halten. ◇ *The car slowed down as it approached the junction.* Der Wagen bremste ab, als er sich der Kreuzung näherte. ◇ *You must slow down a little or you'll make yourself ill.* Du musst etwas langsamer treten, sonst wirst du noch krank. **2** verlangsamen ◇ *The ice on the roads was slowing us down.* Wegen des Glatteises kamen wir nur langsam voran. ◇ *We hope to slow the spread of the disease.* Wir hoffen, die Verbreitung der Krankheit einzudämmen.

slow·coach /ˈsləʊkəʊtʃ; *AmE* ˈsloʊkoʊtʃ/ *Nomen* (*BrE, umgs*) Langweiler(in), Trödler(in)

slow·down /ˈsləʊdaʊn; *AmE* ˈsloʊ-/ *Nomen* **1** Verlangsamung **2** (*AmE*) Bummelstreik

ˈslow lane *Nomen* [Sing] Kriechspur (*auch fig*)

slow·ly 0‑ /ˈsləʊli; *AmE* ˈsloʊ-/ *Adv* langsam ◇ *Don't rush into a decision. Take it slowly.* Überstürz die Entscheidung nicht. Lass dir Zeit. IDM **ˌslowly but ˈsurely** langsam, aber sicher

ˌslow ˈmotion *Nomen* Zeitlupe

slow·ness /ˈsləʊnəs; *AmE* ˈsloʊ-/ *Nomen* Langsamkeit ◇ *There was impatience over the slowness of reform.* Es kam Ungeduld auf, weil die Reform so langsam voranging.

slow·poke /ˈsləʊpəʊk; *AmE* ˈsloʊpoʊk/ *Nomen* (*AmE, umgs*) Langweiler(in), Trödler(in)

ˌslow-ˈwitted *Adj* begriffsstutzig, beschränkt

ˈslow-worm *Nomen* Blindschleiche

SLR /ˌes el ˈɑː(r)/ *Kurzform von* **single-lens reflex** Spiegelreflex-

sludge /slʌdʒ/ *Nomen* **1** Schlamm, Bodensatz **2** Klärschlamm ◇ *industrial sludge* Industrieschlamm

slug /slʌg/ *Nomen, Verb*

▸ ***Nomen*** **1** Nacktschnecke **2** (*umgs*) Schluck **3** (*bes AmE, umgs*) Gewehrkugel

▸ ***Verb*** (**-gg-**) **1** (*umgs*) boxen **2** (*Baseball*) hart schlagen IDM **slug it ˈout** (miteinander) kämpfen

slug·fest /ˈslʌgfest/ *Nomen* (*umgs, bes AmE*) Schlammschlacht ◇ *The battle between the two Democrats is turning into a nasty little slugfest.* Der Kampf zwischen den beiden Demokraten entwickelt sich zu einer hässlichen Schlammschlacht.

slug·gish /ˈslʌgɪʃ/ *Adj* (*Adv* **slug·gish·ly**) träge ◇ *sluggish traffic* schleppender Verkehr

slug·gish·ness /ˈslʌgɪʃnəs/ *Nomen* Trägheit

sluice /sluːs/ *Nomen, Verb*

▸ ***Nomen*** (*auch* **ˈsluice gate**) Schleuse(ntor)

▸ ***Verb*** **1 ~ sth (down/out)** etw abspritzen **2** strömen

slum /slʌm/ *Nomen, Verb*

▸ ***Nomen*** Slum, Elendsviertel

▸ ***Verb*** (**-mm-**) (*umgs*) (*meist* **be slumming**) ◇ *You can cut costs on your trip without slumming.* Sie können bei Ihrer Reise sparen, ohne gleich primitiv zu leben. IDM **ˈslum it** seine Ansprüche senken ◇ *Several businessmen had to slum it in economy class.* Einige Geschäftsleute mussten sich mit der Touristenklasse begnügen.

slum·ber /ˈslʌmbə(r)/ *Nomen, Verb* (*gehoben*)

▸ ***Nomen*** [Sing] Schlummer

▸ ***Verb*** schlummern

slump /slʌmp/ *Verb, Nomen*

▸ ***Verb*** **1 ~ (by sth)** (um etw) fallen; **~ (from sth) (to sth)** (von etw) (auf etw) sinken ◇ *Sales have slumped this year.* Die Verkaufszahlen sind in diesem Jahr stark zurückgegangen. **2** fallen, zusammensacken ◇ *The old man slumped down in his chair.* Der alte Mann ließ sich in seinen Sessel fallen. ◇ *She slumped to her knees.* Sie sank in die Knie.

▸ ***Nomen*** **1 ~ (in sth)** starker Rückgang (von etw) ◇ *a slump in property prices* ein Preissturz bei Immobilien **2** Wirtschaftskrise

slumped /slʌmpt/ *Adj* **~ (against sth)** (an etw) gelehnt; **~ (over sth)** (über etw) zusammengesunken

slung *Form von* SLING

slunk *Form von* SLINK

slur /slɜː(r)/ *Verb, Nomen*

▸ ***Verb*** (**-rr-**) **1** lallen ◇ *Her speech was slurred.* Sie lallte. **2** ◇ *He had a tendency to slur his speech.* Er sprach oft undeutlich. **3** (MUS) gebunden singen/spielen **4** verunglimpfen, verleumden

▸ ***Nomen*** **1 ~ (on sb/sth)** Beleidigung (für jdn/etw), Verleumdung (von jdm/etw) ◇ *She had cast a slur on his character.* Sie hatte seinen Charakter in schlechtem Licht erscheinen lassen. ◇ (*bes AmE*) *The crowd started shouting racial slurs.* Die Menge fing an, rassistische Parolen zu rufen. **2** (MUS) Bindebogen

slurp /slɜːp; *AmE* slɜːrp/ *Verb, Nomen*

▸ ***Verb*** (*umgs*) **1** schlürfen **2** schwappen

▸ ***Nomen*** [meist Sing] Schlürfen, Schluck

slurry /ˈslʌri; *AmE* ˈslɜːri/ *Nomen* **1** Gülle **2** (*Zementbrühe*) Suspension

slush /slʌʃ/ *Nomen* **1** Schneematsch **2** (*umgs, abwert*) Kitsch, Schmarren, Schmalz

ˈslush fund *Nomen (abwert)* Fonds für Bestechungsgelder

slushy /ˈslʌʃi/ *Adj* **1** matschig **2** kitschig, schmalzig

slut /slʌt/ *Nomen (abwert, beleidigend)* Schlampe

slut·tish /ˈslʌtɪʃ/ *Adj* liederlich, schlampig

sly /slaɪ/ *Adj (Adv* **slyly***)* **1** *(abwert)* schlau, hinterhältig, gerissen **2** *(Lächeln, Blick etc.)* vielsagend, wissend IDM **on the ˈsly** heimlich

sly·ness /ˈslaɪnəs/ *Nomen* Gerissenheit, Schlauheit

smack /smæk/ *Verb, Nomen, Adv*

▸ ***Verb*** **1** *(bes BrE)* einen Klaps geben ◇ *You'll get your bottom smacked.* Du kriegst gleich eine auf den Hintern. **2** knallen ◇ *Two players smacked into each other.* Zwei Spieler sind zusammengestoßen. IDM → LIP PHR V **ˈsmack of sth** nach etw riechen ◇ *Her behaviour smacks of hypocrisy.* Ihr Verhalten kommt mir scheinheilig vor.

▸ ***Nomen*** **1** *(bes BrE)* Schlag, Klaps **2** *(umgs)* Faustschlag **3** [meist Sing] Knall **4** *(umgs)* Schmatz **5** *(Slang)* Heroin **6** *(BrE)* Fischkutter

▸ ***Adv*** *(umgs)* **1** *(AmE auch* **ˈsmack-dab***)* direkt ◇ *It landed smack in the middle of the carpet.* Es landete mitten auf dem Teppich. **2** mit einem Bums ◇ *The car drove smack into a brick wall.* Das Auto knallte gegen eine Mauer.

smack·er /ˈsmækə(r)/ *Nomen* **1** *(umgs)* Schmatz **2** *(Slang)* Pfund, Dollar

smack·ing /ˈsmækɪŋ/ *Nomen* **1** [Sing] *(bes BrE)* Haue **2** Hauen

small 🔑 /smɔːl/ *Adj, Adv, Nomen*

▸ ***Adj*** **1** klein, gering ◇ *That dress is too small for you.* Das Kleid ist dir zu klein. ◇ *They're having a small wedding.* Sie feiern die Hochzeit in kleinem Rahmen. ◇ *'I don't agree,' he said in a small voice.* „Ich bin damit nicht einverstanden", sagte er mit leiser Stimme. ◇ *the small intestine* der Dünndarm ◇ *It was no small achievement.* Es war eine beachtliche Leistung. ◇ *a small claims court* ein Gericht für Fälle mit niedrigem Streitwert ◇ *Do you spell that with a small letter?* Schreibt man das klein? ◇ *a small 'g'* ein kleines „g" **2** klein, Klein- ◇ *a small farmer* ein Kleinbauer ◇ *small businesses* Kleinunternehmen **3** [nur vor Nomen] *(mit unzählbaren Nomina)* wenig ◇ *They have small hope of succeeding.* Sie haben wenig Hoffnung auf Erfolg. **4** *(Abk* **S***)* *(Größenbezeichnung)* klein ◇ *This is too big—have you got a small one?* Das ist zu groß—haben Sie es in klein? IDM **be grateful/thankful for small ˈmercies** nicht zu viel verlangen; nicht undankbar sein **it's a ˌsmall ˈworld** die Welt ist klein **look/feel ˈsmall** sich dumm vorkommen; dumm dastehen; sich schämen ◇ *There's no need to make me look small in front of all these people.* Es gibt keinen Grund, mich vor all diesen Leuten bloßzustellen. → *Siehe auch* GREAT, WAY *und* WONDER

▸ ***Adv*** klein

▸ ***Nomen*** **1 the ~ of the/sb's back** [Sing] das Kreuz **2 smalls** [Pl] *(BrE, umgs, veraltet)* Unterwäsche

ˈsmall ads *Nomen* [Pl] *(BrE, umgs)* Kleinanzeigen

ˈsmall arms *Nomen* [Pl] Handfeuerwaffen

ˌsmall ˈbeer *Nomen* [U] *(BrE, umgs)* eine Lappalie, ein kleiner Fisch

ˌsmall ˈchange *Nomen* **1** Kleingeld **2** Kleinkram, Lappalie

ˈsmall fry *Nomen* [mit Verb im Sing/Pl] *(umgs)* kleine Fische, Lappalie

small·hold·er /ˈsmɔːlhəʊldə(r); *AmE* -hoʊl-/ *Nomen* *(BrE)* Kleinbauer, Kleinbäuerin

small·hold·ing /ˈsmɔːlhəʊldɪŋ; *AmE* -hoʊl-/ *Nomen* *(BrE)* landwirtschaftlicher Kleinbetrieb

small·ish /ˈsmɔːlɪʃ/ *Adj* ziemlich klein

ˌsmall-ˈminded *Adj (abwert)* intolerant, engstirnig

small·ness /ˈsmɔːlnəs/ *Nomen* **1** geringe Größe ◇ *I was struck by the smallness of the kitchen.* Ich war überrascht, wie klein die Küche war. **2** Bedeutungslosigkeit

ˌsmall poˈtatoes *Nomen (AmE)* [U] eine Lappalie, ein kleiner Fisch

small·pox /ˈsmɔːlpɒks; *AmE* -pɑːks/ *Nomen* [U] Pocken

the ˈsmall print *Nomen* das Kleingedruckte

ˌsmall-ˈscale *Adj* **1** Klein-, klein angelegt ◇ *small-scale farming* Landwirtschaft in Kleinbetrieben **2** *(Landkarten etc.)* mit kleinem Maßstab

the ˌsmall ˈscreen *Nomen* [Sing] das Fernsehen

ˈsmall talk *Nomen* Smalltalk

ˈsmall-time *Adj* [nur vor Nomen] *(umgs, abwert)* *(unbedeutend)* klein

ˈsmall-town *Adj* [nur vor Nomen] **1** Kleinstadt-, kleinstädtisch ◇ *small-town America* die amerikanische Provinz **2** *(abwert)* kleinkariert, spießig

smarmy /ˈsmɑːmi; *AmE* ˈsmɑːrmi/ *Adj* **(-ier, -iest)** *(BrE, umgs, abwert)* schleimig, kriecherisch ◇ *a smarmy person* ein Schleimscheißer

smart 🔑 /smɑːt; *AmE* smɑːrt/ *Adj, Verb*

▸ ***Adj*** **1** *(bes BrE)* *(Adv* **smart·ly***)* schick ◇ *I have to be smart for work.* Für die Arbeit muss ich gepflegt aussehen. ◇ *a smart car* ein flottes Auto **2** *(bes AmE)* clever, raffiniert ◇ *The smart money is on Helen Hunt for best actress.* Favoritin für Beste Schauspielerin ist Helen Hunt. **3** *(bes BrE)* *(Hotels, Restaurants etc.)* edel, fein ◇ *She mixes with the smart set.* Sie verkehrt mit der Schickeria. **4** *(Adv* **smart·ly***)* hart, flink ◇ *We set off at a smart pace.* Wir gingen schnellen Schrittes los. ◇ *He was struck with a smart crack on the head.* Er erhielt einen kräftigen Schlag auf den Kopf. **5** *(Waffe, Bombe etc.)* intelligent

▸ ***Verb*** **1** brennen **2 ~ (from/over sth)** (unter/an etw) leiden

smart alec *(AmE* **smart aleck***)* /ˈsmɑːt ælɪk; *AmE* ˈsmɑːrt/ *(BrE auch* **ˈsmart-arse***; AmE auch* **ˈsmart-ass***)* *Nomen (umgs, abwert)* Klugscheißer(in)

ˈsmart card *Nomen* Chipkarte

smart·en /ˈsmɑːtn; *AmE* ˈsmɑːrtn/ *Verb* PHR V **ˌsmarten sb/sth ˈup** *(bes BrE)* jdn/etw herrichten ◇ *The hotel has been smartened up by the new owners.* Das Hotel ist von den neuen Besitzern aufgemöbelt worden. ◇ *He needs smartening up a bit.* Er sollte sich mehr um ein gepflegtes Äußeres bemühen. ◇ *You need to smarten up your act/ideas.* Du musst dich am Riemen reißen. **ˌsmarten (yourself) ˈup** *(bes BrE)* sich zurechtmachen

smart·ly *Adv* → SMART

smart·ness /ˈsmɑːtnəs; *AmE* ˈsmɑːrt-/ *Nomen* Eleganz, Schick

smart·phone /ˈsmɑːtfəʊn; *AmE* ˈsmɑːrtfoʊn/ *Nomen* Smartphone

smarts /smɑːts; *AmE* smɑːrts/ *Nomen (AmE, umgs)* Intelligenz, Cleverness

smart·watch /ˈsmɑːtwɒtʃ; *AmE* ˈsmɑːrtwɑːtʃ/ *Nomen* Smartwatch

smarty-pants /ˈsmɑːti pænts; *AmE* ˈsmɑːrti/ *Nomen* Schlauberger(in)

smash 🔑 /smæʃ/ *Verb, Nomen*

▸ ***Verb*** **1** zerschlagen; *(Tür, Fenster)* einschlagen ◇ *smash a drugs ring* einen Drogenring zerschlagen **2** zerbrechen **3** brechen ◇ *We had to smash the door open.* Wir mussten die Tür aufbrechen. ◇ *She has smashed the world record.* Sie hat den Weltrekord haushoch gebrochen. **4 ~ (your way) through sth** sich gewaltsam einen Weg durch etw bahnen; ~

your way in(to sth) gewaltsam (in etw) eindringen **5** schmettern ◇ *Mark smashed his fist down on the desk.* Mark schlug mit der Faust auf den Tisch. **6** prallen ◇ *The car smashed into a tree.* Das Auto krachte gegen einen Baum. ◇ *waves smashing against the rocks* Wellen, die gegen die Felsen schlagen **7 ~ sth (up)** etw kaputtfahren PHR V **ˌsmash sth ˈdown** etw einschlagen **ˌsmash sth ˈin** etw einschlagen ◇ (*umgs*) *I wanted to smash his face in.* Ich hätte ihm am liebsten die Fresse poliert. **ˌsmash sth ˈup** etw zertrümmern, etw kaputtschlagen
▸ ***Nomen* 1** [Sing] Krachen, Klirren ◇ *The cup hit the floor with a smash.* Die Tasse fiel scheppernd auf den Boden. **2** (*BrE*) Zusammenstoß ◇ *a car smash* ein Autounfall **3** (*Tennis*) Schmetterball **4** (*auch* **ˌsmash ˈhit**) Kassenschlager ◇ *her latest chart smash* ihr neuester Riesenhit

ˌsmash-and-ˈgrab (raid) *Nomen* (*BrE*) Schaufenstereinbruch

smashed /smæʃt/ *Adj* [nicht vor Nomen] (*Slang*) besoffen

smash·ing /ˈsmæʃɪŋ/ *Adj* (*BrE, umgs, veraltet*) toll

smat·ter·ing /ˈsmætərɪŋ/ *Nomen* [Sing] **1** geringe Kenntnisse ◇ *He only has a smattering of French.* Er kann nur ein paar Brocken Französisch. **2** ein bisschen, ein paar ◇ *a smattering of applause* vereinzelter Applaus

smear /smɪə(r); *AmE* smɪr/ *Verb, Nomen*
▸ ***Verb* 1 ~ sth on/over sth** etw auf etw schmieren; **~ sth with sth** etw mit etw beschmieren ◇ *His face was smeared with blood.* Sein Gesicht war blutbeschmiert. **2** verschmieren; (*Schrift, Zeichnung*) verwischen, verwischt werden **3** diffamieren
▸ ***Nomen* 1** Fleck, Schliere **2** Verleumdung **3** (*BrE*) (*auch* **ˈsmear test**) Abstrich

smell 🔑 /smel/ *Verb, Nomen*
▸ ***Verb* (smelled, smelled**, *BrE auch* **smelt, smelt**/smelt/) **1 ~ (of sth)** (nach etw) riechen, (nach etw) duften ◇ *He said he could smell gas.* Er sagte, dass es nach Gas riecht. ◇ *Can you smell something burning?* Riecht es angebrannt? ◇ *I bent down to smell the flowers.* Ich bückte mich, um an den Blumen zu riechen. **2** (*nicht in der Verlaufsform*) schlecht riechen ◇ *The drains smell.* Der Abfluss stinkt. **3** (*gehoben*) wittern ◇ *I can smell trouble.* Es riecht nach Ärger. IDM **come up/out of sth smelling of ˈroses** (*umgs*) etw ungeschoren überstehen; etw mit intaktem Ruf überstehen **ˌsmell a ˈrat** (*umgs*) Lunte riechen PHR V **ˌsmell sb/sth ˈout** jdn/etw aufspüren ◇ *He could always smell out fear.* Er spürte immer, wenn jemand Angst hatte.
▸ ***Nomen* 1** Geruch ◇ *There was a smell of burning in the air.* Es roch nach Verbranntem. **2** [Sing] Gestank **3** Geruchssinn **4** Riechen ◇ *He took one smell of the liquid and his eyes began to water.* Er schnupperte nur an der Flüssigkeit, und seine Augen begannen zu tränen. IDM → SWEET

ˈsmelling salts *Nomen* [Pl] Riechsalz

smelly /ˈsmeli/ *Adj* (**smell·ier, smell·iest**) (*umgs*) stinkend ◇ *smelly feet* Schweißfüße

smelt /smelt/ *Verb* (*Erze*) verhütten → *Siehe auch* SMELL

smelt·er /ˈsmeltə(r)/ *Nomen* Schmelzhütte

smidgen (*auch* **smidg·eon, smid·gin**) /ˈsmɪdʒən/ *Nomen* [Sing] (*umgs*) **a ~** ein bisschen, ein wenig

smile 🔑 /smaɪl/ *Verb, Nomen*
▸ ***Verb*** lächeln; **~ at sb/sth** jdn/etw anlächeln ◇ *She smiled her thanks.* Sie lächelte dankbar. ◇ *He smiled a knowing smile.* Er lächelte wissend. IDM → EAR PHR V **ˈsmile on sb/sth** (*gehoben*) (*Glück*) jdm/etw lachen
▸ ***Nomen*** Lächeln ◇ *She gave a wry smile.* Sie lächelte ironisch. ◇ *He had a big smile on his face.* Er strahlte übers ganze Gesicht. ◇ *I'm going to wipe that smile off your face.* Ich werde dafür sorgen, dass dir das Lachen noch vergeht. IDM **sb is all ˈsmiles** jd strahlt übers ganze Gesicht **it is all smiles** alles ist in Butter

smiley /ˈsmaɪli/ *Nomen* Smiley, Emoticon

smil·ing·ly /ˈsmaɪlɪŋli/ *Adv* lächelnd

smirk /smɜːk; *AmE* smɜːrk/ *Verb, Nomen*
▸ ***Verb*** grinsen ◇ *He smirked unpleasantly.* Er lächelte süffisant.
▸ ***Nomen*** Grinsen ◇ *She had a self-satisfied smirk on her face.* Sie lächelte überheblich.

smite /smaɪt/ *Verb* (**smote** /sməʊt; *AmE* smoʊt/, **smit·ten** /ˈsmɪtn/) (*veraltet oder gehoben*) **1** schlagen **2** ergreifen → *Siehe auch* SMITTEN

smith /smɪθ/ *Nomen* Schmied(in) → *Siehe auch* BLACKSMITH, GUNSMITH *und* LOCKSMITH

smith·er·eens /ˌsmɪðəˈriːnz/ *Nomen* [Pl] IDM **smash, blow, etc. sth to smitheˈreens** (*umgs*) etw in tausend Stücke schlagen, sprengen etc. ◇ *The bomb blew the car to smithereens.* Die Bombe zerfetzte das Auto in tausend Stücke.

smithy /ˈsmɪði; *AmE* ˈsmɪθi/ *Nomen* (*Pl* **-ies**) Schmiede

smit·ten /ˈsmɪtn/ *Adj* [nur vor Nomen] **1 be ~ (with/by sb/sth)** (*oft hum*) (jdm/etw) erliegen ◇ *From the moment they met, he was completely smitten by her.* Vom ersten Augenblick an war er völlig in sie vernarrt. **2 be ~ with/by sth** von etw geplagt sein, von etw befallen werden → *Siehe auch* SMITE

smock /smɒk; *AmE* smɑːk/ *Nomen* **1** weite Bluse (mit Passe), Biesenhemd; (*Kleid*) Hänger **2** Kittel

smog /smɒg; *AmE* smɑːg/ *Nomen* Smog

smoke 🔑 /sməʊk; *AmE* smoʊk/ *Nomen, Verb*
▸ ***Nomen* 1** Rauch **2** [meist Sing] (*umgs*) ◇ *have a smoke* eine rauchen ◇ *Are you coming outside for a smoke?* Kommst du auf eine Zigarette raus? IDM **go up in ˈsmoke 1** in Rauch aufgehen **2** sich in Rauch auflösen **in a smoke-filled ˈroom** (*abwert*) hinter verschlossenen Türen **(there is) no smoke without ˈfire** (*AmE* **where there's smoke, there's ˈfire**) wo Rauch ist, ist auch Feuer
▸ ***Verb* 1** rauchen, qualmen **2** (*meist passiv*) (*Fisch, Schinken etc.*) räuchern PHR V **ˌsmoke sb/sth ˈout** jdn/etw ausräuchern (*auch fig*)

ˈsmoke bomb *Nomen* Rauchbombe

ˈsmoke-free *Adj* rauchfrei

smoke·less /ˈsməʊkləs; *AmE* ˈsmoʊ-/ *Adj* rauchlos ◇ *smokeless fuels* nicht qualmende Brennstoffe

smoker *Nomen* /ˈsməʊkə(r); *AmE* ˈsmoʊ-/ Raucher(in) ◇ *a heavy smoker* ein starker Raucher

smoke·screen /ˈsməʊkskriːn; *AmE* ˈsmoʊk-/ *Nomen* **1** Vernebelungstaktik, Ablenkungsmanöver ◇ *The export business was just a smokescreen for his activities as a spy.* Das Exportgeschäft war nur ein Deckmantel für seine Spionagetätigkeit. **2** (MIL) künstliche Nebelwand

smoke·stack /ˈsməʊkstæk; *AmE* ˈsmoʊk-/ *Nomen* (*bes AmE*) Schornstein

smok·ing 🔑 /ˈsməʊkɪŋ; *AmE* ˈsmoʊ-/ *Nomen* Rauchen

ˈsmoking jacket *Nomen* = früher von Männern zu Hause getragene Jacke, oft aus Samt

smoky /ˈsməʊki; *AmE* ˈsmoʊ-/ *Adj* (**smoki·er, smoki·est**) **1** verraucht **2** qualmend **3** (*Geruch, Geschmack*) rauchig **4** Rauch-, rauchfarben ◇ *smoky blue glass* rauchblaues Glas

smol·der (*AmE*) = SMOULDER

smooch /smuːtʃ/ *Verb* (*umgs*) **1** knutschen **2** eng umschlungen tanzen

smooth 0‑▬ /smuːð/ *Adj, Verb*
▸ ***Adj*** **1** glatt ◇ *The water was as smooth as glass.* Das Wasser war spiegelglatt. ◇ *Mix the flour with the milk to form a smooth paste.* Das Mehl mit der Milch glatt rühren. **2** reibungslos, problemlos **3** ruhig; *(Bewegung etc.)* gleichmäßig, geschmeidig ◇ *The plane made a smooth landing.* Das Flugzeug landete weich. **4** *(oft abwert)* *(Mensch, Verhalten)* glatt ◇ *He's something of a smooth operator.* Er ist ziemlich gewieft. **5** *(Geschmack, Kaffee etc.)* mild **6** *(Stimme, Musik etc.)* sanft ◇ *a smooth, flowing melody* eine sanft fließende Melodie IDM **(as) smooth as 'silk** seidenweich → *Siehe auch* ROUGH
▸ ***Verb*** **1** glätten; **~ sth back** etw zurückstreichen; **~ sth down/out** etw glatt streichen **2 ~ sth on/into/over sth** etw auf/in/über etw streichen IDM **smooth the 'path/'way** den Weg ebnen **smooth sb's ruffled 'feathers** jdn besänftigen PHR V **ˌsmooth sth a'way/ 'out** *(Probleme etc.)* ausräumen **ˌsmooth sth 'over** *(Schwierigkeiten, Differenzen etc.)* bereinigen

smoothie /ˈsmuːði/ *Nomen* **1** *(umgs)* aalglatter Typ **2** = Mixgetränk aus Früchten mit Milch, Joghurt oder Speiseeis

smooth·ly 0‑▬ /ˈsmuːðli/ *Adv* **1** reibungslos, flüssig ◇ *The engine was running smoothly.* Der Motor lief rund. **2** glatt, geschmeidig **3** gewandt, souverän

smooth·ness /ˈsmuːðnəs/ *Nomen* **1** Geschmeidigkeit, Weichheit **2** Glattheit **3** Reibungslosigkeit, Gleichmäßigkeit

ˌsmooth-'talking *Adj (meist abwert)* schönrednerisch

smote *Form von* SMITE

smother /ˈsmʌðə(r)/ *Verb* **1 ~ sb/sth** jdn/etw ersticken **2 ~ sth/sb with/in sth** etw/jdn mit etw bedecken ◇ *a dessert smothered in cream* ein Dessert mit reichlich Sahne ◇ *She smothered him with kisses.* Sie übersäte ihn mit Küssen. **3** unterdrücken **4** erdrücken ◇ *She felt smothered.* Sie fühlte sich eingeengt.

smoul·der *(AmE* **smol·der***)* /ˈsməʊldə(r); *AmE* ˈsmoʊl-/ *Verb* schwelen ◇ *a smouldering cigarette* eine glimmende Zigarette ◇ *Anger smouldered in his eyes.* Seine Augen glühten vor Wut. ◇ *Her eyes were smouldering with resentment.* Unmut sprach aus ihren Augen. ◇ *a smouldering beauty* eine feurige Schönheit

SMS /ˌes em ˈes/ *Kurzform von* **short message service**
▸ ***Nomen*** SMS
▸ ***Verb*** **~ (sb)** (jdm) simsen, (jdm) eine SMS schreiben

smudge /smʌdʒ/ *Nomen, Verb*
▸ ***Nomen*** Fleck ◇ *a smudge of lipstick on the cup* eine Lippenstiftspur an der Tasse
▸ ***Verb*** verwischen, (sich) verschmieren

smudgy /ˈsmʌdʒi/ *Adj* **1** verwischt, verschmiert **2** verschwommen

smug /smʌg/ *Adj (Adv* **smug·ly***)* *(abwert)* selbstgefällig, selbstzufrieden

smug·gle /ˈsmʌgl/ *Verb* schmuggeln

smug·gler /ˈsmʌglə(r)/ *Nomen* Schmuggler(in)

smug·gling /ˈsmʌglɪŋ/ *Nomen* Schmuggel, Schmuggeln

smug·ness /ˈsmʌgnəs/ *Nomen (abwert)* Selbstgefälligkeit, Selbstzufriedenheit

smut /smʌt/ *Nomen* **1** [U] *(umgs)* Schweinereien **2** Ruß(fleck), Schmutz(fleck)

smutty /ˈsmʌti/ *Adj (umgs)* schweinisch, schmutzig

snack /snæk/ *Nomen, Verb*
▸ ***Nomen*** *(umgs)* Snack, Imbiss ◇ *a snack lunch* eine Kleinigkeit zu Mittag
▸ ***Verb* ~ on sth** etw zwischendurch essen, etw naschen

'snack bar *Nomen* Schnellimbiss, Kiosk

snaf·fle /ˈsnæfl/ *Verb (BrE, umgs)* klauen

snafu /snæˈfuː/ *Nomen* [Sing] *(AmE, umgs)* Chaos, Schlamassel

snag /snæg/ *Nomen, Verb*
▸ ***Nomen*** **1** Haken, Schwierigkeit **2** scharfe Kante
▸ ***Verb*** **(-gg-) 1 ~ sth (on/in sth)** mit etw (an/in etw) hängen bleiben **2** zerreißen ◇ *The fence snagged my sweater.* Ich habe mir am Zaun ein Loch in meinem Pulli gerissen. **3** sich verfangen **4** *(AmE)* **~ sth** *(umgs)* sich etw unter den Nagel reißen, sich etw schnappen ◇ *I snagged a ride from Joe.* Ich konnte bei Joe mitfahren.

snail /sneɪl/ *Nomen* Schnecke IDM **at a 'snail's pace** im Schneckentempo

'snail mail *Nomen (umgs, hum)* = der herkömmliche Postweg im Gegensatz zur E-Mail

snake 0‑▬ /sneɪk/ *Nomen, Verb*
▸ ***Nomen*** Schlange IDM **a ˌsnake (in the 'grass)** *(abwert)* eine falsche Schlange; ein falscher Kerl
▸ ***Verb*** *(gehoben)* sich schlängeln, sich winden

snake·bite /ˈsneɪkbaɪt/ *Nomen* Schlangenbiss

'snake charmer *Nomen* Schlangenbeschwörer(in)

ˌsnakes and 'ladders *Nomen (BrE)* *(Brettspiel mit Würfeln für Kinder)* Schlangen und Leitern

snake·skin /ˈsneɪkskɪn/ *Nomen* Schlangenhaut, Schlangenleder

snap /snæp/ *Verb, Nomen, Adj, Ausruf*
▸ ***Verb*** **(-pp-) 1 ~ (sth)** (etw) auseinanderbrechen; **~ (sth) off** (etw) abbrechen ◇ *The wind snapped the tree in two.* Der Wind brach den Baum entzwei. ◇ *Suddenly, the rope snapped.* Plötzlich riss das Seil. **2** *(Deckel, Augen etc.)* ◇ *She snapped the bag shut.* Sie klappte die Tasche zu. ◇ *The lid snapped shut.* Der Deckel schnappte zu. ◇ *His eyes snapped open.* Er schlug die Augen auf. ◇ *He snapped to attention and saluted.* Er stand stramm und salutierte. **3** fauchen; **~ at sb** jdn anschnauzen **4 ~ (at sb/sth)** (nach jdm/ etw) schnappen **5** *(umgs)* *(Fotos)* knipsen **6** ausflippen, ausrasten ◇ *My patience finally snapped.* Schließlich riss mir der Geduldsfaden. **7** *(AmE)* *(mit Druckknöpfen)* zumachen, zugemacht werden IDM **snap your 'fingers** mit den Fingern schnippen **ˌsnap 'out of it/sth** *(kein Passiv)* *(umgs)* sich zusammenreißen; sich aufraffen **snap sb 'out of it/sth** *(kein Passiv)* *(umgs)* ◇ *Perhaps a vacation would snap him out of his black mood.* Vielleicht würde ein Urlaub ihn aus seiner Depression herausreißen. **ˌsnap 'to it** *(umgs)* aber ein bisschen zack zack → *Siehe auch* HEAD PHR V **ˌsnap sth 'out** etw schnauzen **ˌsnap sth 'up** sich etw schnappen ◇ *All the best bargains were snapped up immediately.* Die besten Sonderangebote waren sofort weg.
▸ ***Nomen*** **1** *(Geräusch)* Knacken, Klicken **2** = SNAPSHOT **3 Snap** Schnippschnapp **4** *(AmE)* Druckknopf → *Siehe auch* BRANDY SNAP *und* COLD SNAP IDM **be a 'snap** *(AmE, umgs)* ein Kinderspiel sein
▸ ***Adj*** [nur vor Nomen] schnell ◇ *a snap election* eine Blitzwahl
▸ ***Ausruf*** **1** *(im Kartenspiel)* ≈ Schnippschnapp **2** *(BrE, umgs)* = überraschter Ausruf, wenn man sieht, dass zwei Sachen identisch sind ◇ *Snap! I've just bought that CD too!* Ich habe gerade die gleiche CD wie du gekauft!

snap·per /ˈsnæpə(r)/ *Nomen* **1** *(Fisch)* Schnapper **2** *(BrE, umgs)* *(Zeitungs-)* Fotograf(in)

snappy /ˈsnæpi/ *Adj* **(snap·pier, snap·pi·est)** *(Adv* **snap·pily** /-pəli/*)* **1** treffend ◇ *a snappy title* ein griffiger Titel ◇ *He summarized the speech snappily.* Er fasste die Rede kurz und prägnant zusammen. **2** *(umgs)* schick ◇ *She's a snappy dresser.* Sie ist immer schick angezogen. **3** gereizt, bissig **4** lebhaft ◇ *a snappy tune* eine spritzige Melodie ◇ *He's a snappy tennis player.* Beim Tennis ist er auf Zack. IDM ˌ**make it ˈsnappy** (*umgs*) mach schnell; aber zack zack

snap·shot /ˈsnæpʃɒt; *AmE* -ʃɑːt/ *Nomen* **1** (*auch* **snap**) Schnappschuss **2** [meist Sing] (*fig*) Momentaufnahme, Kurzdarstellung

snare /sneə(r); *AmE* sner/ *Nomen, Verb*
▸ ***Nomen*** **1** Falle **2** (*gehoben*) (*fig*) Fallstrick
▸ ***Verb*** (*in einer Falle*) fangen ◇ *snare a rich husband* sich einen reichen Mann angeln

ˈsnare drum *Nomen* Wirbeltrommel, kleine Trommel

snarl /snɑːl; *AmE* snɑːrl/ *Verb, Nomen*
▸ ***Verb*** **1** knurren ◇ *The dog snarled at us.* Der Hund knurrte uns an. **2 ~ sth** etw schnauzen; **~ at sb** jdn anschnauzen PHR V ˌ**snarl ˈup 1** zusammenbrechen, zum Erliegen kommen **2** sich verheddern ˌ**snarl sth ˈup 1** etw zum Erliegen bringen, etw aufhalten **2** etw verheddern
▸ ***Nomen*** **1** [meist Sing] Knurren, Fauchen **2** [meist Sing] Schnauben, Knurren ◇ *with a snarl of rage* wutschnaubend **3** (*auch* **ˈsnarl-up**) (*BrE, umgs*) Stau

snatch /snætʃ/ *Verb, Nomen*
▸ ***Verb*** **1** schnappen ◇ *She snatched the gun from his hand.* Sie riss ihm die Waffe aus der Hand. ◇ *Hey, you kids! Don't all snatch!* He Kinder! Rafft nicht so! **2** stehlen ◇ *The baby was snatched from the car.* Das Baby wurde aus dem Auto entführt. **3** (*fig*) ergattern; (*Zeit auch*) stehlen ◇ *She snatched a quick glance.* Sie erhaschte einen kurzen Blick. ◇ *He snatched a smoke.* Er rauchte schnell eine. PHR V ˈ**snatch at sth** etw packen ◇ *The wind snatched at our clothes.* Der Wind zerrte an unseren Kleidern. ◇ *He snatched at the chance to talk to her.* Er stürzte sich auf die Gelegenheit mit ihr zu reden.
▸ ***Nomen*** **1** (*Wort-, Musik-*) Fetzen **2** Griff ◇ *a bag snatch* ein Handtaschenklau ◇ *a cash snatch* ein Geldraub ◇ *make a snatch at sth* nach etw greifen IDM **in ˈsnatches** bruchstückhaft ◇ *Sleep came to him in brief snatches.* Er wachte immer wieder auf.

snatch·er /ˈsnætʃə(r)/ *Nomen* (*oft in Zusammensetzungen*) Dieb ◇ *a handbag snatcher* ein Handtaschendieb

snazzy /ˈsnæzi/ *Adj* (**snaz·zier, snaz·zi·est**) (*Adv* **snaz·zily** /-zɪli/) (*umgs*) peppig, flott

sneak /sniːk/ *Verb, Nomen, Adj*
▸ ***Verb*** (**sneaked** *oder bes AmE* **snuck** /snʌk/) **1** schleichen **2 ~ sth** etw heimlich tun ◇ *We sneaked a look at her diary.* Wir schauten heimlich in ihr Tagebuch. **3** (ein)schmuggeln ◇ *I managed to sneak a note to him.* Ich konnte ihm eine Nachricht zuschmuggeln. **4** (*umgs*) klauen ◇ *I sneaked a peach.* Ich stibitzte einen Pfirsich. **5** (*BrE, veraltet, abwert*) petzen; **~ on sb (to sb)** jdn (bei jdm) verpetzen PHR V ˌ**sneak ˈup (on sb/sth)** sich (an jdn/etw) heranschleichen
▸ ***Nomen*** (*BrE, umgs, veraltet, abwert*) Petze
▸ ***Adj*** Überraschungs-, ohne Vorwarnung ➔ *Siehe auch* SNEAK PREVIEW

sneak·er /ˈsniːkə(r)/ *Nomen* (*AmE*) Turnschuh

sneak·ily *Adv* ➔ SNEAKY

sneak·ing /ˈsniːkɪŋ/ *Adj* [nur vor Nomen] geheim ◇ *I have a sneaking suspicion that …* Ich habe den leisen Verdacht, dass …

ˌ**sneak ˈpreview** *Nomen* Vorpremiere ◇ *have a sneak preview of sth* etw im Voraus zu sehen bekommen

ˈ**sneak thief** *Nomen* Einschleichdieb

sneaky /ˈsniːki/ *Adj* (**-ier, -iest**) (*Adv* **sneak·ily** /-kɪli/) (*umgs*) **1** hinterhältig ◇ *That was a sneaky trick to play!* Das war aber ein gemeiner Trick! **2** heimlich ◇ *I took a sneaky glance at my watch.* Ich sah unauffällig auf meine Uhr.

sneer /snɪə(r); *AmE* snɪr/ *Verb, Nomen*
▸ ***Verb*** **1** höhnisch lachen, spotten ◇ *a sneering comment* ein spöttischer Kommentar **2 ~ at sb/sth** jdn/etw verspotten
▸ ***Nomen*** [meist Sing] höhnisches Grinsen, spöttischer Gesichtsausdruck/Ton ◇ *a sneer of satisfaction* ein höhnisch-triumphierender Gesichtsausdruck

sneer·ing /ˈsnɪərɪŋ; *AmE* ˈsnɪrɪŋ/ *Adj* (*Adv* **sneer·ing·ly**) spöttisch, höhnisch, hohnlächelnd

sneeze /sniːz/ *Verb, Nomen*
▸ ***Verb*** niesen IDM **not to be ˈsneezed at** (*umgs*) nicht zu verachten
▸ ***Nomen*** Niesen

snicker /ˈsnɪkə(r)/ *Verb, Nomen* (*bes AmE*)
▸ ***Verb*** (boshaft) kichern
▸ ***Nomen*** (boshaftes) Kichern

snide /snaɪd/ *Adj* abfällig

sniff /snɪf/ *Verb, Nomen*
▸ ***Verb*** **1** schniefen **2 ~ (at) (sth)** (an) (etw) schnuppern, (etw) einatmen ◇ *sniff glue* Klebstoff schnüffeln **3** naserümpfend sagen IDM **not to be ˈsniffed at** nicht zu verachten PHR V ˌ**sniff aˈround/ˈround** (*umgs*) herumschnüffeln ˈ**sniff around/round sb** (*kein Passiv*) (*bes BrE*) um jdn herumschwänzeln ˈ**sniff at sth** die Nase über etw rümpfen ˌ**sniff sb/sth ˈout** jdn/etw wittern, jdn/etw aufspüren
▸ ***Nomen*** **1** Schniefen **2** Schnuppern ◇ *She took a deep sniff of the perfume.* Sie atmetete das Parfum tief ein. ◇ *They backed down at the first sniff of trouble.* Als sie Schwierigkeiten witterten, machten sie sofort einen Rückzieher. ◇ *He didn't get even a sniff at a medal.* Er kam nicht mal in die Nähe einer Medaille. **3** Nasenrümpfen ◇ *She gave a sniff of disapproval.* Sie rümpfte missbilligend die Nase.

ˈ**sniffer dog** *Nomen* (*bes BrE, umgs*) Spürhund

snif·fle /ˈsnɪfl/ *Verb, Nomen*
▸ ***Verb*** schniefen
▸ ***Nomen*** Schniefen IDM **get/have the ˈsniffles** einen Schnupfen bekommen/haben

sniffy /ˈsnɪfi/ *Adj* (*umgs*) naserümpfend, hochnäsig

snif·ter /ˈsnɪftə(r)/ *Nomen* **1** (*bes AmE*) Kognakschwenker **2** (*BrE, umgs, veraltet*) (*Schnaps*) Kurzer

snig·ger /ˈsnɪɡə(r)/ *Verb, Nomen* (*BrE*)
▸ ***Verb*** (boshaft) kichern
▸ ***Nomen*** (boshaftes) Kichern

snip /snɪp/ *Verb, Nomen*
▸ ***Verb*** (**-pp-**) **~ (through) sth** etw (durch)schneiden; **~ (at) sth** an etw schnippeln PHR V **snip sth ˈoff** etw abschneiden
▸ ***Nomen*** **1** Schnitt ◇ *Snip, snip, went the scissors.* Schnipp, schnipp, machte die Schere. **2 snips** [Pl] Blechschere **3 a snip** [Sing] (*BrE, umgs*) ein Schnäppchen

snipe /snaɪp/ *Verb, Nomen*
▸ ***Verb*** **~ (at sb/sth) 1** aus dem Hinterhalt (auf jdn/etw) schießen **2** (jdn/etw) kritisieren
▸ ***Nomen*** (*Pl* **snipe**) (*Vogel*) Schnepfe

sniper /ˈsnaɪpə(r)/ *Nomen* Heckenschütze, -schützin ◇ *killed by sniper fire* von Heckenschützen getötet

snip·ing /ˈsnaɪpɪŋ/ *Nomen* [U] **1** Schüsse aus dem Hinterhalt **2** Kritisieren

snip·pet /ˈsnɪpɪt/ *Nomen* **1** Informationsschnipsel ◇ *Have you got any interesting snippets for me?* Haben Sie irgendwelche Neuigkeiten für mich? **2** (*Wort-, Musik-*) Fetzen, Bruchstück

snippy /ˈsnɪpi/ *Adj* (*AmE, umgs*) schnippisch, schroff

snitch /snɪtʃ/ *Verb, Nomen*
▸ ***Verb*** (*umgs, abwert*) petzen; **~ on sb (to sb)** jdn (bei

jdm) verpetzen
▸ ***Nomen*** Petze

snivel /ˈsnɪvl/ *Verb* (**-ll-**, *AmE* **-l-**) weinerlich jammern

sniv·el·ling (*AmE* **sniv·el·ing**) /ˈsnɪvlɪŋ/ *Adj* [nur vor Nomen] greinend, weinerlich

snob /snɒb; *AmE* snɑːb/ *Nomen* (*abwert*) Snob

snob·bery /ˈsnɒbəri; *AmE* ˈsnɑːb-/ *Nomen* (*abwert*) Snobismus

snob·bish /ˈsnɒbɪʃ; *AmE* ˈsnɑːbɪʃ/ (*umgs* **snobby** /ˈsnɒbi; *AmE* ˈsnɑːbi/) *Adj* (*abwert*) snobistisch

snob·bish·ness /ˈsnɒbɪʃnəs; *AmE* ˈsnɑːb-/ *Nomen* (*abwert*) Snobismus

snog /snɒg; *AmE* snɑːg/ *Verb, Nomen*
▸ ***Verb*** (**-gg-**) (*BrE, umgs*) knutschen
▸ ***Nomen*** [Sing] Kuss ◇ *have a snog* knutschen

snook *Nomen* IDM ➔ COCK

snook·er /ˈsnuːkə(r)/ *Nomen, Verb*
▸ ***Nomen*** (*Billard*) Snooker
▸ ***Verb*** (*meist passiv*) **1** ~ (**sb**) (*beim Snooker*) (jdm) einen Snooker legen **2** (*BrE, umgs*) vereiteln; ~ **sb** jdm einen Strich durch die Rechnung machen **3** (*AmE, umgs*) täuschen, betrügen

snoop /snuːp/ *Verb, Nomen*
▸ ***Verb*** (*umgs, abwert*) schnüffeln, spionieren ◇ *journalists snooping on politicians* Journalisten, die hinter Politikern herschnüffeln
▸ ***Nomen*** **1** (*auch* **snoop·er** /ˈsnuːpə(r)/) Schnüffler(in) **2** [Sing] ◇ *He had a snoop around her office.* Er schnüffelte in ihrem Büro herum.

snooti·ness /ˈsnuːtinəs/ *Nomen* (*abwert*) Hochnäsigkeit

snooty /ˈsnuːti/ *Adj* (**-ier, iest**) (*abwert*) hochnäsig

snooze /snuːz/ *Verb, Nomen*
▸ ***Verb*** (*umgs*) dösen ◇ *He was snoozing on the sofa.* Er machte ein Nickerchen auf dem Sofa.
▸ ***Nomen*** [Sing] Nickerchen

snore /snɔː(r)/ *Verb, Nomen*
▸ ***Verb*** schnarchen
▸ ***Nomen*** Schnarchen

snorer /ˈsnɔːrə(r)/ *Nomen* Schnarcher(in)

snor·ing /ˈsnɔːrɪŋ/ *Nomen* [U] Schnarchen

snor·kel /ˈsnɔːkl; *AmE* ˈsnɔːrkl/ *Nomen, Verb*
▸ ***Nomen*** Schnorchel
▸ ***Verb*** (**-ll-**, *AmE* **-l-**) schnorcheln

snor·kel·ling (*AmE* **snorkel·ing**) /ˈsnɔːkəlɪŋ; *AmE* ˈsnɔːrk-/ *Nomen* Schnorcheln

snort /snɔːt; *AmE* snɔːrt/ *Verb, Nomen*
▸ ***Verb*** **1** schnauben ◇ *She snorted with laughter.* Sie prustete vor Lachen. **2** (*Slang*) (*Kokain etc.*) sniffen
▸ ***Nomen*** **1** Schnauben ◇ *give a snort of laughter* vor Lachen prusten **2** (*Slang*) (*Kokain etc.*) Sniff

snot /snɒt; *AmE* snɑːt/ *Nomen* (*umgs, vulg*) Rotz

snotty /ˈsnɒti; *AmE* ˈsnɑːti/ (*auch* **ˌsnotty-ˈnosed**) *Adj* (*umgs*) **1** hochnäsig **2** rotznäsig, Rotz-

snout /snaʊt/ *Nomen* **1** Schnauze, Rüssel **2** (*umgs, hum*) (*Nase*) Zinken **3** (*Pistole*) Lauf

snow O━ /snəʊ; *AmE* snoʊ/ *Nomen, Verb*
▸ ***Nomen*** Schnee ◇ *Snow was falling heavily.* Es schneite stark. ◇ (*gehoben*) *the snows of Everest* der Schnee auf dem Everest IDM **as clean, pure, etc. as the driven ˈsnow** unschuldig; rein
▸ ***Verb*** **1** schneien **2** (*AmE, umgs*) beschwatzen, beeindrucken IDM **be snowed ˈin/ˈup** eingeschneit sein **be snowed ˈunder (with sth)** ◇ *We're completely snowed under (with work).* Wir stecken bis über beide Ohren in Arbeit. ◇ *be snowed under with letters* eine Fülle von Briefen bekommen **be snowed ˈup** (*Straße*) zugeschneit sein

snow·ball /ˈsnəʊbɔːl; *AmE* ˈsnoʊ-/ *Nomen, Verb*
▸ ***Nomen*** **1** Schneeball **2** [Sing] rollende Lawine ◇ *This had a snowball effect on the demand for mobile phones.* Das führte zu einer lawinenartigen Nachfrage nach Mobiltelefonen.
▸ ***Verb*** eskalieren, lawinenartig zunehmen

snow·board /ˈsnəʊbɔːd; *AmE* ˈsnoʊbɔːrd/ *Nomen* Snowboard

snow·board·er /ˈsnəʊbɔːdə(r); *AmE* ˈsnoʊbɔːrdər/ *Nomen* Snowboarder(in)

snow·board·ing /ˈsnəʊbɔːdɪŋ; *AmE* ˈsnoʊbɔːrdɪŋ/ *Nomen* Snowboarden ◇ *go snowboarding* snowboarden

snow·bound /ˈsnəʊbaʊnd; *AmE* ˈsnoʊ-/ *Adj* **1** eingeschneit **2** vom Schnee abgeschnitten; (*Straße*) zugeschneit

ˈsnow-capped *Adj* (*gehoben*) schneebedeckt

ˈsnow chains *Nomen* [Pl] Schneeketten

ˈsnow-covered (*gehoben* **ˈsnow-clad**) *Adj* schneebedeckt, verschneit

snow·drift /ˈsnəʊdrɪft; *AmE* ˈsnoʊ-/ *Nomen* Schneewehe

snow·drop /ˈsnəʊdrɒp; *AmE* ˈsnoʊdrɑːp/ *Nomen* Schneeglöckchen

snow·fall /ˈsnəʊfɔːl; *AmE* ˈsnoʊ-/ *Nomen* Schnee(fall) ◇ *an area of low snowfall* ein schneearmes Gebiet ◇ *the average snowfall* die durchschnittliche Schneemenge pro Jahr

snow·field /ˈsnəʊfiːld; *AmE* ˈsnoʊ-/ *Nomen* Schneefeld

snow·flake /ˈsnəʊfleɪk; *AmE* ˈsnoʊ-/ *Nomen* Schneeflocke

ˈsnow job *Nomen* (*AmE, umgs*) Täuschung, Irreführung

snow·line /ˈsnəʊlaɪn; *AmE* ˈsnoʊ-/ **the snowline** *Nomen* die Schneegrenze

snow·man /ˈsnəʊmæn; *AmE* ˈsnoʊ-/ *Nomen* (*Pl* **-men** /-men/) Schneemann

snow·mobile /ˈsnəʊməbiːl; *AmE* ˈsnoʊmoʊbiːl/ *Nomen* Schneemobil

ˈsnow pea *Nomen* [meist Pl] (*AmE*) Zuckererbse

snow·plough (*AmE* **snow·plow**) /ˈsnəʊplaʊ; *AmE* ˈsnoʊ-/ *Nomen, Verb*
▸ ***Nomen*** Schneepflug
▸ ***Verb*** im Schneepflug fahren/anhalten

snow·shoe /ˈsnəʊʃuː; *AmE* ˈsnoʊ-/ *Nomen* Schneeschuh

snow·storm /ˈsnəʊstɔːm; *AmE* ˈsnoʊstɔːrm/ *Nomen* Schneesturm

ˌsnow-ˈwhite *Adj* schneeweiß

snowy /ˈsnəʊi; *AmE* ˈsnoʊi/ *Adj* (**snow·ier, snowi·est**) **1** schneebedeckt, verschneit **2** schneereich ◇ *a snowy weekend* ein verschneites Wochenende **3** (*gehoben*) schneeweiß

SNP /ˌes en ˈpiː/ *Nomen Kurzform von* **the Scottish National Party** = die Schottische Nationalpartei

snub /snʌb/ *Verb, Nomen, Adj*
▸ ***Verb*** (**-bb-**) **1** vor den Kopf stoßen, schneiden **2** boykottieren
▸ ***Nomen*** ~ (**to sb**) Abfuhr (an jdn)
▸ ***Adj*** ◇ *a snub nose* eine Stupsnase

ˌsnub-ˈnosed *Adj* ◇ *a snub-nosed child* ein Kind mit Stupsnase ◇ *a snub-nosed revolver* ein Revolver mit kurzem Lauf

snuck *Form von* SNEAK

snuff /snʌf/ *Verb, Nomen*
▸ ***Verb*** **1** ~ **sth** (**out**) (*Kerze, Flamme*) (aus)löschen **2** schnüffeln, schnuppern IDM **ˌsnuff it** (*BrE, hum, Slang*) (*sterben*) abkratzen PHR V **ˌsnuff sth ˈout** (*gehoben*) etw zunichtemachen
▸ ***Nomen*** Schnupftabak

snuff·box /ˈsnʌfbɒks; *AmE* -bɑːks/ *Nomen* Schnupftabaksdose

snuf·fle /ˈsnʌfl/ *Verb, Nomen*
▸ ***Verb*** **1** schniefen, schnüffeln **2 ~ (about/around)** (*Tier*) (herum) schnüffeln
▸ ***Nomen*** (*seltener* **snuf·fling**) [Sing] Schnüffeln, Schniefen IDM **get, have, etc. the ˈsnuffles** (*umgs*) einen Schnupfen bekommen/haben

snug /snʌg/ *Adj, Nomen*
▸ ***Adj*** (*Adv* **snug·ly**) **1** behaglich ◇ *a snug little house* ein gemütliches Häuschen ◇ *snug and warm in bed* warm eingekuschelt im Bett ◇ *The village nestles snugly in a valley.* Das Dorf schmiegt sich in ein Tal. **2** anliegend ◇ *a nice snug fit* ein guter Sitz. ◇ *These jeans are a bit snug.* Diese Jeans sind ein bisschen eng.
▸ ***Nomen*** (*BrE*) = kleines gemütliches Nebenzimmer in einem Pub

snug·gle /ˈsnʌgl/ *Verb* sich kuscheln; **~ up to sb/sth** sich an jdn/etw schmiegen ◇ *He snuggled down under the bedclothes.* Er kuschelte sich ins Bett.

So. *Abk* (*AmE*) = SOUTH *und* SOUTHERN

so 0-w /səʊ; *AmE* soʊ/ *Adv, Konj, Nomen*
▸ ***Adv*** **1** so ◇ *The weather wasn't so bad as to stop us travelling.* Das Wetter war nicht so schlecht, als dass es uns am Reisen gehindert hätte. ◇ *I'm looking forward to it so much.* Ich freue mich so sehr darauf. ◇ *It's so very English!* Das ist so englisch! ◇ (*BrE*) *I do love it so.* Ich mag's ja so sehr. ◇ (*gehoben*) *So it was that he finally returned home.* Und so kam es, dass er wieder nach Hause zurückkehrte. ◇ *The article was just so much nonsense.* Der Artikel war einfach Mist. ◇ *There are only so many hours in a day.* Der Tag hat nun mal nur 24 Stunden. **2 not ~ … (as …)** (*in Vergleichen*) nicht so … (wie …) ◇ *I haven't enjoyed myself so much for a long time.* Ich habe mich schon lange nicht mehr so gut amüsiert. ◇ *It's not so much a hobby as a career.* Es ist weniger ein Hobby als ein Beruf. ◇ (*abwert*) *Off he went, without so much as a 'goodbye'.* Er ging los, ohne auch nur ein Wort des Abschieds. **3** (*verwendet, wenn man sich auf vorher Genanntes bezieht*) ◇ *'Is he coming?' 'I hope so.'* „Kommt er?" „Ich hoffe doch." ◇ *'Did she mind?' 'I don't think so.'* „War sie sauer?" „Ich glaube nicht." ◇ *If she notices, she never says so.* Wenn sie's merkt, dann sagt sie zumindest nichts. ◇ *It says so in the paper.* So steht's in der Zeitung. ◇ *'Is it a good play?' 'So the critics say.'* „Ist es ein gutes Stück?" „Den Kritikern nach ja." ◇ *They asked me to call them and I did so.* Sie haben gesagt, ich soll anrufen, und das habe ich auch gemacht. ◇ *If so, I won't be able to come.* In dem Fall kann ich nicht kommen. **4** wahr ◇ *That just isn't so.* Das stimmt nicht. ◇ *'She's very unreliable.' 'Is that so?'* „Sie ist sehr unzuverlässig." „Wirklich?" **5** (*nicht mit verneinten Verben*) auch ◇ *'We've been to Moscow.' 'So have I.'* „Wir waren in Moskau." „Ich auch." ◇ *'I prefer the first version.' 'So do we.'* „Mir hat die erste Version besser gefallen." „Uns auch." **6** (*verwendet, um Zustimmung auszudrücken*) ◇ *'There's another one.' 'So there is.'* „Da ist noch einer." „Tatsächlich." ◇ *'You were at school with her.' 'So I was, I'd forgotten.'* „Du warst mit ihr in der Schule." „Stimmt, das hatte ich vergessen." **7** (*umgs*) so sehr, absolut ◇ *I've so messed up.* Ich hab' so einen Blödsinn gemacht. ◇ *It's so not cool.* Das ist absolut nicht cool. **8** (*umgs*) (*besonders von Kindern verwendet, um einer Sache zu widersprechen*) ◇ *'You're not telling the truth, are you?' 'I am, so!'* „Du hast wohl nicht die Wahrheit gesagt?" „Doch." IDM **and ˈso forth; and ˈso on (and ˈso forth)** und so weiter **… or so** ungefähr **so as to do sth** um etw zu tun **so ˈbe it** (*gehoben*) so sei es **ˈso many/much/long** soundso viele/viel/lange ◇ *so many nights at so much per night* soundso viele Nächte zu dem und dem Preis **ˌso much for ˈsth 1** soweit zu etw **2** (*umgs*) ◇ *So much for that idea!* Das hat sich also erledigt. **so … that** (*gehoben*) so … dass ◇ *The programme has been so organized that none of the talks overlap.* Das Programm ist so organisiert worden, dass sich keine Vorträge überschneiden.
▸ ***Konj*** **1** also **2 ~ (that …)** sodass **3 ~ (that …)** damit ◇ *I gave you a map so you wouldn't get lost.* Ich habe Ihnen eine Karte gegeben, damit Sie sich nicht verfahren. **4** (*beim Erzählen*) ◇ *So after shouting and screaming for an hour, she left.* Nachdem sie also eine Stunde lang herumgeschrien hatte, ging sie. **5** (*umgs*) (na) und ◇ *So I had a couple of drinks. What's wrong with that?* Ok, ich habe zwei Gläschen getrunken. Was ist denn dabei? **6** na, also ◇ *So, how was it?* Und, wie war es? IDM **so ˈwhat?** (*umgs*) (na) und? ◇ *So what if nobody else agrees with me?* Was soll's, wenn mir sonst keiner zustimmt?
▸ ***Nomen*** → SOH

soak /səʊk; *AmE* soʊk/ *Verb, Nomen*
▸ ***Verb*** **1** einweichen ◇ *I'm going to go and soak in the bath.* Ich werde ein langes Bad nehmen. **2** durchnässen, (völlig) nass machen **3** (*umgs*) schröpfen PHR V **ˈsoak into/through sth** (*Flüssigkeit*) in etw einziehen, durch etw durchdringen **ˌsoak sth ˈoff** etw abweichen **ˌsoak sth ˈout** etw durch Einweichen entfernen **ˌsoak sth ˈup 1** etw aufsaugen **2** etw in sich aufnehmen ◇ *We sat soaking up the atmosphere.* Wir saßen da und ließen die Atmosphäre auf uns wirken.
▸ ***Nomen*** (*auch* **soak·ing**) [Sing] **1** Einweichen ◇ *Give the shirt a soak.* Weich das Hemd ein. ◇ *They got a good soaking.* Sie wurden völlig nass. **2** (*umgs*) Bad

soaked /səʊkt; *AmE* soʊkt/ *Adj* **1** durchnässt ◇ *soaked through* völlig durchnässt ◇ *soaked with sweat* schweißgebadet ◇ *soaked to the skin* nass bis auf die Haut **2 -soaked** (*in Zusammensetzungen*) -nass, -getränkt ◇ *sun-soaked beaches* Sonnenstrände

soak·ing /ˈsəʊkɪŋ; *AmE* ˈsoʊ-/ (*auch* **ˌsoaking ˈwet**) *Adj* durchgeweicht, völlig durchnässt

so-and-so /ˈsəʊ ən səʊ; *AmE* ˈsoʊ ən soʊ/ *Nomen* (*Pl* **so-and-sos**) (*umgs*) **1** [meist Sing] ◇ *Let's imagine Mrs So-and-so walks in.* Nehmen wir mal an, Frau X käme herein. ◇ *He would always ask me, 'what do you think about so-and-so?'* Er hat mich ständig gefragt, was ich von dem und dem halten würde. ◇ *People think they need so-and-so.* Die Leute denken, sie müssten dieses oder jenes haben. **2** (*verhüllend verwendet für „bastard", „bitch", etc.*) Biest ◇ *He's an ungrateful so-and-so.* Er ist ein undankbarer Kerl.

soap 0-w /səʊp; *AmE* soʊp/ *Nomen, Verb*
▸ ***Nomen*** **1** Seife **2** = SOAP OPERA
▸ ***Verb*** einseifen

soap·box /ˈsəʊpbɒks; *AmE* ˈsoʊpbɑːks/ *Nomen* Apfelsinenkiste ◇ *a soapbox orator* ein Volksredner IDM **get/be on your ˈsoapbox** (*umgs*) laut seine Meinung äußern

ˈsoap flakes *Nomen* [Pl] Seifenflocken

ˈsoap opera (*umgs* **soap**) *Nomen* Seifenoper

ˈsoap powder *Nomen* (*BrE*) Waschpulver

soap·stone /ˈsəʊpstəʊn; *AmE* ˈsoʊpstoʊn/ *Nomen* Speckstein

soap·suds /ˈsəʊpsʌdz; *AmE* ˈsoʊp-/ (*auch* **suds**) *Nomen* [Pl] Seifenschaum

soapy /ˈsəʊpi; *AmE* ˈsoʊ-/ *Adj* **1** Seifen-, eingeseift **2** seifig

soar /sɔː(r)/ *Verb* **1** in die Höhe schnellen, steil ansteigen **2** (auf)steigen ◇ *The rocket soared (up) into the air.* Die Rakete stieg steil in den Himmel. **3** hoch oben fliegen, hoch oben schweben **4** hoch aufragen **5** (*Stimme, Musik*) anschwellen, sich emporschwingen

SOB /ˌes əʊ ˈbiː; *AmE* oʊ/ *Abk* (*bes AmE, Slang*) = SON OF A BITCH

sob /sɒb; *AmE* sɑːb/ *Verb, Nomen*

▸ ***Verb*** **(-bb-)** **1** schluchzen **2 ~ sth (out)** etw unter Schluchzen hervorbringen ◇ *He sobbed out his troubles.* Er klagte schluchzend sein Leid. IDM **sob your ˈheart out** bitterlich weinen

▸ ***Nomen*** Schluchzer, Schluchzen ◇ *Her body was racked with sobs.* Ihr Körper wurde von heftigem Weinen geschüttelt.

sober /ˈsəʊbə(r); *AmE* ˈsoʊ-/ *Adj, Verb*

▸ ***Adj*** (*Adv* **sober·ly**) **1** nüchtern **2** solide **3** sachlich, ernst **4** (*Farbe, Kleidung*) dezent IDM → STONE COLD

▸ ***Verb*** **1** ernüchtern **2** ernst werden PHR V **ˌsober ˈup** ausnüchtern, wieder nüchtern werden **ˌsober sb ˈup** jdn wieder nüchtern machen

sober·ing /ˈsəʊbərɪŋ; *AmE* ˈsoʊ-/ *Adj* ernüchternd

so·bri·ety /səˈbraɪəti/ *Nomen* (*gehoben*) Nüchternheit (*auch fig*) ◇ *She was a model of sobriety and honesty.* Sie war das Musterbeispiel einer soliden, ehrlichen Frau.

so·bri·quet /ˈsəʊbrɪkeɪ; *AmE* ˈsoʊ-/ *Nomen* (*gehoben*) Spitzname

ˈsob story *Nomen* (*umgs, abwert*) rührselige Geschichte

Soc. *Abk* = SOCIETY

ˌso-ˈcalled *Adj* sogenannt

soc·cer /ˈsɒkə(r); *AmE* ˈsɑːkər/ *Nomen* Fußball

so·ci·abil·ity /ˌsəʊʃəˈbɪləti; *AmE* ˌsoʊ-/ *Nomen* [U] **1** (*Charakter*) geselliges Wesen **2** Geselligkeit

so·ci·able /ˈsəʊʃəbl; *AmE* ˈsoʊ-/ *Adj* gesellig ◇ *I'm not feeling very sociable.* Mir ist im Moment nicht nach Gesellschaft. ◇ *We had a very sociable weekend.* Wir haben am Wochenende viel mit Freunden unternommen.

so·cial 🔑 /ˈsəʊʃl; *AmE* ˈsoʊ-/ *Adj, Nomen*

▸ ***Adj*** (*Adv* **so·cial·ly** /-ʃəli/) **1** [nur vor Nomen] sozial, Sozial-, gesellschaftlich, Gesellschafts- ◇ *a social conscience* ein soziales Gewissen ◇ *social engineering* soziales Engineering ◇ *socially acceptable* akzeptabel **2** [nur vor Nomen] gesellig, privat ◇ *Is there a good social life here?* Ist hier viel los? ◇ *He has no social life.* Er kommt nicht unter die Leute. ◇ *join a social club* einem Klub beitreten ◇ *This isn't a social visit.* Ich bin nicht privat hier. **3** [nur vor Nomen] gesellig (lebend)

▸ ***Nomen*** **1** (*veraltet*) geselliges Beisammensein **2 the social** (*BrE, umgs*) die Sozialhilfe

ˌsocial ˈclimber *Nomen* (*abwert*) soziale(r) Aufsteiger(in)

ˌsocial deˈmocracy *Nomen* Sozialdemokratie

ˌsocial ˈdemocrat *Nomen* Sozialdemokrat(in)

ˌsocial demoˈcratic *Adj* [nur vor Nomen] sozialdemokratisch

ˌsocial fund *Nomen* [meist Sing] Sozialfonds

ˌsocial ˈhousing *Nomen* sozialer Wohnungsbau, Sozialwohnungen

so·cial·ism /ˈsəʊʃəlɪzəm; *AmE* ˈsoʊ-/ *Nomen* Sozialismus

so·cial·ist /ˈsəʊʃəlɪst; *AmE* ˈsoʊ-/ *Nomen, Adj*

▸ ***Nomen*** Sozialist(in)

▸ ***Adj*** sozialistisch

so·cial·is·tic /ˌsəʊʃəˈlɪstɪk; *AmE* ˌsoʊ-/ *Adj* sozialistisch gefärbt, sozialistisch angehaucht

so·cial·ite /ˈsəʊʃəlaɪt; *AmE* ˈsoʊ-/ *Nomen* Persönlichkeit des gesellschaftlichen Lebens, Angehörige(r) der Schickeria

so·cial·iza·tion (*BrE auch* **-isa·tion**) /ˌsəʊʃəlaɪˈzeɪʃn; *AmE* ˌsoʊʃələˈ-/ *Nomen* (*gehoben*) Sozialisation

so·cial·ize (*BrE auch* **-ise**) /ˈsəʊʃəlaɪz; *AmE* ˈsoʊ-/ *Verb* **1** unter die Leute gehen; **~ with sb** sich mit jdm treffen **2** (*oft passiv*) (*gehoben*) sozialisieren **3** (*meist passiv*) = nach den Prinzipien des Sozialismus organisieren

ˌsocial ˈnetwork *Nomen* **1** soziales Netzwerk **2** soziales Netz ◇ *She has a broad social network.* Sie hat viele soziale Kontakte.

ˌsocial ˈnetworking *Nomen* (COMP) Social-Networking, soziales Netzwerk ◇ *tips for safe blogging and social networking* Tipps zum sicheren Bloggen und Social-Networking ◇ *a social networking site* ein Website zum Knüpfen von Kontakten

ˌsocial ˈscience *Nomen* Sozialwissenschaft

ˌsocial ˈscientist *Nomen* Sozialwissenschaftler(in)

ˌsocial seˈcurity *Nomen* **1** (*BrE*) Sozialhilfe ◇ *the Department of Social Security* das Ministerium für Soziales **2 Social Security** (*AmE*) = Sozialversicherung

ˌsocial ˈservices *Nomen* [Pl] **1** das Sozialamt **2** Sozialeinrichtungen

ˌsocial ˈstudies *Nomen* [Pl] Sozialwissenschaften

ˈsocial work *Nomen* Sozialarbeit

ˈsocial worker *Nomen* Sozialarbeiter(in)

so·ci·ety 🔑 /səˈsaɪəti/ *Nomen* (*Pl* **-ies**) **1** Gesellschaft ◇ *in society today* in der heutigen Gesellschaft **2** Verein, Vereinigung, Gesellschaft, Klub ◇ *a drama society* eine Laienspielgruppe **3** [U] die höheren Kreise ◇ *a society wedding* eine Hochzeit der Highsociety

socio- /ˈsəʊsiəʊ; *AmE* ˈsoʊsioʊ/ (*in Zusammensetzungen*) Sozio-, sozio- ◇ *socio-political* soziopolitisch

socio·logic·al /ˌsəʊsiəˈlɒdʒɪkl; *AmE* ˌsoʊsiəˈlɑːdʒɪ-/ *Adj* (*Adv* **socio·logic·al·ly** /-kli/) soziologisch

soci·olo·gist /ˌsəʊsiˈɒlədʒɪst; *AmE* ˌsoʊsiˈɑːlə-/ *Nomen* Soziologe, Soziologin

soci·ology /ˌsəʊsiˈɒlədʒi; *AmE* ˌsoʊsiˈɑːlə-/ *Nomen* Soziologie

sock 🔑 /sɒk; *AmE* sɑːk/ *Nomen, Verb*

▸ ***Nomen*** **1** Socke ◇ *knee socks* Kniestrümpfe ◇ *ankle socks* Söckchen **2** (*umgs*) Schlag (mit der Faust) ◇ *give sb a sock in the jaw* jdm eine reinhauen IDM **blow/knock sb's ˈsocks off** jdn umhauen **put a ˈsock in it** (*BrE, umgs, veraltet*) halt die Klappe; hör auf damit → *Siehe auch* PULL

▸ ***Verb*** (*umgs*) schlagen ◇ *She socked him in the eye.* Sie verpasste ihm eins aufs Auge. ◇ *The banks are socking customers with higher charges.* Die Banken brummen ihren Kunden höhere Gebühren auf. IDM **ˈsock it to sb** (*umgs oder hum*) es jdm zeigen PHR V **ˌsock sth a ˈway** (*AmE*) etw auf die hohe Kante legen

socket /ˈsɒkɪt; *AmE* ˈsɑːkɪt/ *Nomen* **1** (*BrE*) Steckdose ◇ *a mains/wall socket* eine (Netz)steckdose **2** Buchse, Fassung **3** (Augen)höhle **4** (Gelenk)pfanne ◇ *He nearly pulled my arm out of its socket.* Er hat mir fast den Arm ausgerissen.

sod /sɒd; *AmE* sɑːd/ *Nomen, Verb*

▸ ***Nomen*** **1** (*BrE, vulg, Slang*) Schwein **2** (*BrE, vulg, Slang*) (*in Verbindung mit Adjektiven*) Luder, Schwein ◇ *the poor old sod* das arme Schwein ◇ *You lucky sod!* Du Glückspilz! **3** (*BrE, vulg, Slang*) Scheißding ◇ *a real sod of a job* eine Scheißarbeit **4** [Sing] (*gehoben*) (Gras)sode ◇ *under the sod* unter der Erde

▸ ***Verb*** **(-dd-)** (*BrE, vulg, Slang*) (*in Kraftausdrücken*) ◇ *Sod this car!* Scheißwagen! ◇ *Oh, sod it!* Verdammt! ◇ *Sod the expense.* Die Kosten sind mir scheißegal. ◇ *Sod you!* Du kannst mich mal! IDM → LARK PHR V **ˌsod ˈoff** (*BrE, vulg, Slang*) sich wegscheren ◇ *Sod off!* Verpiss dich!

soda /ˈsəʊdə; *AmE* ˈsoʊ-/ *Nomen* **1** (*auch* **ˈsoda water**) Sodawasser **2** (*veraltet* **ˈsoda pop**) (*AmE*) Limonade **3** Natriumkarbonat, Soda ◇ *baking soda* Natron → *Siehe auch* CAUSTIC SODA

ˈsoda fountain *Nomen* (*AmE, veraltet*) = Stehcafé, wo Erfrischungsgetränke und Eis verkauft werden

ˌsod ˈall *Nomen* (*BrE, vulg, Slang*) rein gar nichts

sod·den /ˈsɒdn; *AmE* ˈsɑːdn/ *Adj* **1** durchnässt, pitschnass **2 -sodden** durchnässt ◇ *a rain-sodden jacket* eine vom Regen völlig durchnässte Jacke

sod·ding /ˈsɒdɪŋ; *AmE* ˈsɑːdɪŋ/ *Adj* [nur vor Nomen] (*BrE, vulg, Slang*) verdammt, Scheiß-

so·dium /ˈsəʊdiəm; *AmE* ˈsoʊ-/ *Nomen* Natrium

ˌsodium biˈcarbonate (*umgs* **bi·carb**) *Nomen* doppeltkohlensaures Natrium, Natron

sodium car·bon·ate /ˌsəʊdiəm ˈkɑːbənət; *AmE* ˌsoʊdiəm ˈkɑːrb-/ *Nomen* Natriumkarbonat, Soda

ˌsodium ˈchloride *Nomen* Natriumchlorid, Kochsalz

sod·om·ize (*BrE auch* **-ise**) /ˈsɒdəmaɪz; *AmE* ˈsɑːd-/ *Verb* (*abwert*) sodomisieren

sod·omy /ˈsɒdəmi; *AmE* ˈsɑːd-/ *Nomen* Analverkehr, Sodomie

ˌSod's ˈLaw *Nomen* (*BrE, hum*) etwas, das so kommen muss ◇ *We always play better when we're not being recorded—but that's Sod's Law, isn't it?* Wir spielen immer besser, wenn wir nicht aufgenommen werden, aber das ist wohl immer so. ◇ *It was Sod's Law.* Es war ja klar, dass das so kommen würde.

sofa /ˈsəʊfə; *AmE* ˈsoʊ-/ *Nomen* Sofa

ˈsofa bed *Nomen* Sofabett, Schlafcouch

soft 0‑ /sɒft; *AmE* sɔːft/ *Adj* **1** (*Adv* **soft·ly**) weich ◇ *a softly tailored dress* ein weich fallendes Kleid ◇ *soft margarine* ungehärtete Margarine **2** (*Adv* **soft·ly**) zart, sanft, gedämpft, leise ◇ *a soft voice* eine leise Stimme ◇ *a soft breeze* eine leichte Brise **3 ~ (on sb/sth)**; **~ (with sb)** (*meist abwert*) nachgiebig (gegenüber jdm/etw) ◇ *The government is accused of being soft on crime.* Der Regierung wird vorgeworfen, bei der Verbrechensbekämpfung nicht hart genug durchzugreifen. **4** (*umgs, abwert*) verrückt, dumm ◇ *He must be going soft in the head.* Er ist wohl nicht ganz richtig. **5** (*umgs, abwert*) verweichlicht, bequem IDM **have a soft ˈspot for sb/sth** (*umgs*) eine Schwäche für jdn/etw haben → *Siehe auch* OPTION *und* TOUCH

soft·ball /ˈsɒftbɔːl; *AmE* ˈsɔːft-/ *Nomen* Softball

ˌsoft-ˈboiled *Adj* weich (gekocht)

ˌsoft ˈdrink *Nomen* alkoholfreies Getränk

ˌsoft ˈdrug *Nomen* weiche Droge

soft·en /ˈsɒfn; *AmE* ˈsɔːfn/ *Verb* **1** weich(er) werden; (*fig*) milder werden ◇ *Fry the onions until they soften.* Die Zwiebeln weich dünsten. ◇ *She felt herself softening towards him.* Sie war ihm gegenüber ein wenig milder gestimmt. ◇ *His face softened.* Sein Gesichtsausdruck wurde sanft. **2** weich(er) machen; (*Konturen etc.*) abschwächen; (*Eindruck*) auflockern ◇ *Airbags are designed to soften the impact of a car crash.* Airbags sollen die Wucht des Aufpralls verringern. ◇ *She softened her tone a little.* Sie mäßigte ihren Ton ein wenig. PHR V **ˌsoften sb ˈup** (*umgs*) **1** jdn milde stimmen, jdn weichklopfen **2** jdn schwächen

soft·en·er /ˈsɒfnə(r); *AmE* ˈsɔːf-/ *Nomen* **1** Weichmacher ◇ *a water softener* ein Wasserenthärter **2** Weichspüler **3** Wasserenthärtungssystem

ˌsoft ˈfruit *Nomen* Beerenobst

ˌsoft ˈfurnishings *Nomen* [Pl] (*BrE*) Raumtextilien

ˌsoft-ˈhearted *Adj* weichherzig

softie (*auch* **softy**) /ˈsɒfti; *AmE* ˈsɔːf-/ *Nomen* (*Pl* **-ies**) (*umgs*) gutmütiger Mensch, sentimentaler Mensch

ˈsoft key *Nomen* Softkey

soft·ly 0‑ *Adv* → SOFT

ˌsoftly-ˈsoftly *Adj* (*BrE, umgs*) vorsichtig, sachte

ˌsoftly-ˈspoken *Adj* ◇ *He was a softly-spoken man.* Er hatte eine leise Stimme.

soft·ness /ˈsɒftnəs; *AmE* ˈsɔːft-/ *Nomen* **1** Weichheit **2** Zartheit, Gedämpftheit ◇ *the softness of her voice* ihre sanfte Stimme

ˌsoft ˈporn *Nomen* Softpornografie

ˌsoft power *Nomen* [U] weiche Macht

ˌsoft ˈshoulder *Nomen* (*AmE*) (*Straßenrand*) Bankett

ˌsoft ˈsoap *Nomen* [U] Schmeichelei

ˌsoft-ˈsoap *Verb* (*umgs*) **~ sb** jdm Honig um den Mund schmieren, jdn einseifen

ˌsoft-ˈspoken *Adj* ◇ *He was a soft-spoken man.* Er hatte eine angenehm ruhige Stimme.

ˈsoft-top *Nomen* **1** Kabrio(lett) **2** Verdeck eines Kabrios

ˌsoft ˈtoy *Nomen* (*BrE*) Stofftier

soft·ware 0‑ /ˈsɒftweə(r); *AmE* ˈsɔːftwer/ *Nomen* [U] Software

ˈsoftware engineer *Nomen* Programmierer(in)

ˈsoftware package (*auch* **pack·age**) *Nomen* Softwarepaket

soft·wood /ˈsɒftwʊd; *AmE* ˈsɔːft-/ *Nomen* Weichholz

softy *Nomen* = SOFTIE

soggy /ˈsɒgi; *AmE* ˈsɑːgi/ *Adj* (**sog·gier**, **sog·gi·est**) durchweicht, matschig

soh (*auch* **so**) /səʊ; *AmE* soʊ/ *Nomen* (MUS) so

soil 0‑ /sɔɪl/ *Nomen, Verb*

▸ ***Nomen*** Erde, Boden

▸ ***Verb*** (*oft passiv*) (*gehoben*) beschmutzen (*auch fig*), schmutzig machen → *Siehe auch* SHOP-SOILED

soirée /ˈswɑːreɪ; *AmE* swɑːˈreɪ/ *Nomen* (*gehoben*) Abendgesellschaft, Soirée

so·journ /ˈsɒdʒən; *AmE* ˈsoʊdʒɜːrn/ *Nomen, Verb*

▸ ***Nomen*** (*gehoben*) (vorübergehender) Aufenthalt

▸ ***Verb*** verweilen

sol /sɒl; *AmE* soʊl/ *Nomen* (MUS) so

sol·ace /ˈsɒləs; *AmE* ˈsɑːləs/ *Nomen* (*gehoben*) Trost

solar /ˈsəʊlə(r); *AmE* ˈsoʊ-/ *Adj* [nur vor Nomen] Sonnen-, Solar- ◇ *solar heating* Solarheizung

ˌsolar ˈcell *Nomen* Solarzelle

ˌsolar ˈfarm *Nomen* Solarfarm

sol·ar·ium /səˈleəriəm; *AmE* səˈler-/ *Nomen* Solarium

ˌsolar ˈpanel *Nomen* Sonnenkollektor

solar plexus /ˌsəʊlə ˈpleksəs; *AmE* ˌsoʊlər ˈ-/ *Nomen* [Sing] **1** (ANAT) Solarplexus, Sonnengeflecht **2** (*umgs*) Magengrube

ˈsolar system *Nomen* [Sing] Sonnensystem

ˌsolar ˈyear *Nomen* Sonnenjahr

sold *Form von* SELL

sol·der /ˈsəʊldə(r), ˈsɒl-; *AmE* ˈsɑːdər/ *Nomen, Verb*

▸ ***Nomen*** Lötzinn

▸ ***Verb*** löten; **~ sth (to/onto sth)** etw (mit etw) verlöten; **~ A and B together** A und B miteinander verlöten

ˈsoldering iron *Nomen* Lötkolben

sol·dier 0‑ /ˈsəʊldʒə(r); *AmE* ˈsoʊl-/ *Nomen, Verb*

▸ ***Nomen*** Soldat

▸ ***Verb*** PHR V **ˌsoldier ˈon** (unermüdlich) weitermachen

sol·dier·ing /ˈsəʊldʒərɪŋ; *AmE* ˈsoʊl-/ *Nomen* Soldatenleben

sol·dier·ly /ˈsəʊldʒəli; *AmE* ˈsoʊldʒərli/ *Adj* soldatisch

ˌsoldier of ˈfortune *Nomen* Söldner(in)

ˌsold ˈout *Adj* ausverkauft

sole /səʊl; *AmE* soʊl/ *Adj, Nomen, Verb*

▸ ***Adj*** [nur vor Nomen] **1** einzig **2** alleinig

▸ ***Nomen*** **1** Fußsohle **2** Sohle **3** (*Pl* **sole**) Seezunge ◇

lemon sole Rotzunge
▸ ***Verb*** (*meist passiv*) besohlen

sol·ecism /ˈsɒlɪsɪzəm; *AmE* ˈsɑːlɪ-/ *Nomen* (*gehoben*) **1** sprachlicher Fehler, Solözismus **2** Fauxpas

-soled /səʊld; *AmE* soʊld/ (*in Adjektiven*) -besohlt ◇ *rubber-soled shoes* Schuhe mit Gummisohlen

sole·ly /ˈsəʊlli; *AmE* ˈsoʊl-/ *Adv* allein, ausschließlich ◇ *He became solely responsible.* Er übernahm die alleinige Verantwortung.

sol·emn /ˈsɒləm; *AmE* ˈsɑːləm/ *Adj* (*Adv* **sol·emn·ly**) **1** ernst **2** (*Eid, Versprechen*) heilig **3** feierlich

so·lem·nity /səˈlemnəti/ *Nomen* Ernst, Feierlichkeit

so·licit /səˈlɪsɪt/ *Verb* **1** (*gehoben*) **~ sth (from sb)** etw (von jdm) erbitten; **~ (sb) for sth** (jdn) um etw bitten ◇ *They send representatives abroad to solicit customers.* Sie schicken Vertreter ins Ausland, um Kunden anzuwerben. **2** (*Prostituierte*) sich anbieten

so·lici·ta·tion /səˌlɪsɪˈteɪʃn/ *Nomen* **1** (*bes AmE*) Erbitten, Anwerben ◇ *the solicitation of money for election funds* Aufruf zu Geldspenden für die Wahlfonds **2** (*Prostitution*) Sichanbieten

so·lici·tor /səˈlɪsɪtə(r)/ *Nomen* (*BrE*) Rechtsanwalt, -anwältin

so·lici·tous /səˈlɪsɪtəs/ (*Adv* **so·lici·tous·ly**) *Adj* (*gehoben*) besorgt, aufmerksam

so·lici·tude /səˈlɪsɪtjuːd; *AmE* -tuːd/ *Nomen* **~ (for sb/sth)** (*gehoben*) Besorgtheit (um jdn/etw)

solid 🔑 /ˈsɒlɪd; *AmE* ˈsɑːlɪd/ *Adj, Nomen*
▸ ***Adj*** **1** fest ◇ *The boat bumped against a solid object.* Das Boot stieß gegen etwas Festes. ◇ *The stream had frozen solid.* Der Fluss war zugefroren. ◇ *solid fuel* Festbrennstoffe **2** massiv, dicht ◇ *a solid gold bracelet* ein Armband aus massivem Gold ◇ *The stores were packed solid.* Die Geschäfte waren gerammelt voll. **3** (*Adv* **sol·id·ly**) kräftig, solide ◇ *a solidly built house* ein solide gebautes Haus ◇ *He stood solidly in my path.* Er stellte sich mir breitbeinig in den Weg. **4** tüchtig ◇ *2016 was a year of solid achievement.* 2016 war ein Jahr beachtlicher Erfolge. ◇ *a solid player* ein verlässlicher Spieler **5** (*Adv* **sol·id·ly**) (*umgs*) ununterbrochen, pausenlos ◇ *The essay represents a solid week's work.* Das Schreiben des Aufsatzes nahm eine volle Woche in Anspruch. **6** einfarbig ◇ *One cat is black and white, the other solid black.* Eine Katze ist schwarz und weiß, die andere ganz schwarz. **7** (*in der Geometrie*) dreidimensional **8** (*Adv* **sol·id·ly**) einstimmig ◇ *Her colleagues were solidly behind her.* Ihre Kollegen standen geschlossen hinter ihr. ◇ *The strike was solid, supported by all the members.* Der Streik wurde von allen Mitgliedern unterstützt. ◇ *The state is solidly Republican.* Dieser Bundesstaat ist durch und durch republikanisch.
▸ ***Nomen*** **1** fester Stoff, feste Masse ◇ *The baby is not yet on solids.* Das Kind isst noch keine feste Nahrung. **2** (geometrischer) Körper

soli·dar·ity /ˌsɒlɪˈdærəti; *AmE* ˌsɑːlɪˈ-/ *Nomen* Solidarität ◇ *express/show solidarity with sb* sich mit jdm solidarisch erklären/zeigen

so·lid·ify /səˈlɪdɪfaɪ/ *Verb* (**-fies, -fy·ing, -fied, -fied**) **1** **~ (into sth)** (zu etw) erstarren ◇ *The paint had solidified.* Die Farbe war eingetrocknet. **2** (sich) festigen

so·lid·ity /səˈlɪdəti/ *Nomen* Festigkeit, Unangreifbarkeit ◇ *the solidity of Romanesque architecture* die Massivität der romanischen Architektur

sol·id·ly *Adv* → SOLID

so·lilo·quize (*BrE auch* **-ise**) /səˈlɪləkwaɪz/ *Verb* (THEAT) monologisieren, Selbstgespräche führen

so·lilo·quy /səˈlɪləkwi/ *Nomen* (*Pl* **-ies**) (THEAT) Monolog (*allein auf der Bühne*)

sol·ip·sis·tic /ˌsɒlɪpˈsɪstɪk; *AmE* ˌsɑːlɪp-/ *Adj* solipsistisch

soli·taire /ˌsɒlɪˈteə(r); *AmE* ˈsɑːləter/ *Nomen* **1** (*BrE*) (*Spiel*) Solitär **2** [U] (*AmE*) Patience **3** Solitär

soli·tary /ˈsɒlətri; *AmE* ˈsɑːləteri/ *Adj* **1** einsam, solitär ◇ *He was a solitary child.* Als Kind war er ein Einzelgänger. **2** einzeln ◇ *a solitary farm* ein abgelegenes Gehöft **3** (*besonders in verneinten Sätzen und Fragen*) einzig

solitary conˈfinement (*umgs* **soli·tary**) *Nomen* Einzelhaft

soli·tude /ˈsɒlɪtjuːd; *AmE* ˈsɑːlətuːd/ *Nomen* Alleinsein, Einsamkeit

solo /ˈsəʊləʊ; *AmE* ˈsoʊloʊ/ *Adj, Adv, Nomen*
▸ ***Adj*** [nur vor Nomen] **1** Allein- ◇ *a solo effort* eine Einzelleistung **2** Solo-
▸ ***Adv*** allein ◇ *After three years with the band he decided to go solo.* Nach drei Jahren bei der Band beschloss er, eine Solokarriere zu starten.
▸ ***Nomen*** (*Pl* **solos**) **1** Solo **2** Alleinflug

solo·ist /ˈsəʊləʊɪst; *AmE* ˈsoʊloʊ-/ *Nomen* Solist(in)

sol·stice /ˈsɒlstɪs; *AmE* ˈsɑːlstəs/ *Nomen* Sonnenwende

solu·bil·ity /ˌsɒljuˈbɪləti; *AmE* ˌsɑːl-/ *Nomen* Löslichkeit

sol·uble /ˈsɒljəbl; *AmE* ˈsɑːl-/ *Adj* **1** löslich ◇ *Glucose is soluble in water.* Traubenzucker ist wasserlöslich. **2** (*gehoben*) lösbar

so·lu·tion 🔑 /səˈluːʃn/ *Nomen* **1** Lösung ◇ *the solution to last week's quiz* die Auflösung der Quizfragen von letzter Woche ◇ *saline solution* Salzlösung ◇ *an alkaline solution* eine Lauge **2** (NATURW) Auflösen

solve 🔑 /sɒlv; *AmE* sɑːlv/ *Verb* lösen ◇ *solve a crime* ein Verbrechen aufklären

solv·ency /ˈsɒlvənsi; *AmE* ˈsɑːl-/ *Nomen* Zahlungsfähigkeit, Solvenz

solv·ent /ˈsɒlvənt; *AmE* ˈsɑːl-/ *Nomen, Adj*
▸ ***Nomen*** Lösungsmittel
▸ ***Adj*** **1** zahlungsfähig **2** (*Fachspr*) -lösend, löslich

ˈsolvent abuse *Nomen* Lösungsmittelmissbrauch

solv·er /ˈsɒlvə(r); *AmE* ˈsɑːl-/ *Nomen* ◇ *She's a good problem solver.* Sie kann gut Probleme lösen.

sombre (*AmE* **som·ber**) /ˈsɒmbə(r); *AmE* ˈsɑːm-/ *Adj* (*Adv* **sombre·ly**; *AmE* **som·berly**) **1** dunkel **2** düster, getrübt ◇ *The year ended on a sombre note.* Das Jahr ging in einer gedrückten Stimmung zu Ende.

some 🔑 *Adj, Pron, Adv*
▸ /səm, *betont* sʌm/ ***Adj*** **1** etwas, ein paar, einige ◇ *some sugar* etwas Zucker **2** /sʌm/ manche(r,s) **3** /sʌm/ ziemliche(r,s), mehrere ◇ *It was with some surprise that I heard the news.* Ich war ziemlich überrascht, als ich die Nachricht hörte. **4** /sʌm/ ein wenig, etwas ◇ *There is some hope that things will improve.* Es gibt einige Hoffnung, dass die Lage sich bessern wird. **5** irgendein ◇ *He's in some kind of trouble.* Er hat irgendwelche Schwierigkeiten. ◇ *I'll call you some time.* Ich rufe dich irgendwann an. **6** /sʌm/ (*umgs*) vielleicht ein(e) ◇ *That was some party!* Das war vielleicht eine Party!
▸ /sʌm/ ***Pron*** einige, manche ◇ *You'll find some in the drawer.* In der Schublade sind welche. IDM **... and ˈthen some** (*umgs*) und noch einige(s) mehr ◇ *infinite possibilities and then some* unendliche Möglichkeiten und noch viel mehr ◇ *You could be the richest person in the world and then some, and you still couldn't afford it.* Auch wenn du noch reicher als der reichste Mensch der Welt wärst, könntest du dir das nicht leisten.
▸ /sʌm/ ***Adv*** **1** ungefähr ◇ *some thirty people* etwa dreißig Leute **2** (*AmE, umgs*) etwas ◇ *He needs feed-*

ing up some. Er muss ein bisschen aufgepäppelt werden.

some·body 0‑w /ˈsʌmbədi/ *Pron* (irgend)jemand ◇ *somebody or other* irgendjemand ◇ *Somebody should have told me.* Man hätte mir das sagen sollen.

ˈsome day (*auch* **some·day**) *Adv* eines Tages, irgendwann einmal

some·how 0‑w /ˈsʌmhaʊ/ *Adv* irgendwie ◇ *Somehow or other I must get a job.* Irgendwie muss ich eine Arbeit finden.

some·one 0‑w /ˈsʌmwʌn/ *Pron* jemand ◇ *Should we call a plumber or someone?* Sollten wir nicht einen Klempner oder so was rufen?

some·place /ˈsʌmpleɪs/ *Adv* (*bes AmE*) irgendwo, irgendwohin ◇ *It has to go someplace.* Es muss irgendwohin. ◇ *someplace else* woanders

som·er·sault /ˈsʌməsɔːlt; *AmE* -mərsɔːlt/ *Nomen, Verb*
▸ ***Nomen*** Purzelbaum, Salto ◇ *back somersaults* Rückwärtssaltos
▸ ***Verb*** einen Purzelbaum machen, einen Salto machen; (*fig*) sich überschlagen

some·thing 0‑w /ˈsʌmθɪŋ/ *Pron, Adv, Nomen*
▸ ***Pron*** **1** (irgend)etwas ◇ *I need something to eat.* Ich muss was essen. ◇ *something or other* irgendetwas ◇ *There's something about this place that frightens me.* Irgendwas an diesem Ort macht mir Angst. ◇ *His name is Alan something.* Er heißt Alan Soundso. ◇ *The car hit a tree or something.* Der Wagen prallte gegen einen Baum oder so was. **2** (*umgs*) (schon) etwas ◇ *It's quite something to have a job at all these days.* Heutzutage ist es schon etwas, überhaupt einen Job zu haben. **3** (*umgs*) (*drückt aus, dass eine Beschreibung, Mengenangabe etc. nicht exakt ist*) ◇ *She called at something after ten o'clock.* Sie rief kurz nach zehn Uhr an. ◇ *a new comedy aimed at thirty-somethings* eine neue Komödie, die sich an Dreißig- bis Vierzigjährige richtet ◇ *It tastes something like melon.* Es schmeckt ein bisschen wie Melone. ◇ *They pay ten pounds an hour. Something like that.* Sie zahlen so um die zehn Pfund pro Stunde. ◇ *She found herself something of a celebrity.* Plötzlich war sie so was wie ein Star. IDM **something ˈelse** **1** noch etwas **2** (*umgs*) etwas Besonderes
▸ ***Adv*** (*umgs*) (*zur Verstärkung von Adjektiven gebraucht*) ◇ *She was swearing something terrible.* She schimpfte fürchterlich.
▸ ***Nomen*** **a little ~** eine Kleinigkeit; **a certain ~** ein gewisses Etwas

some·time /ˈsʌmtaɪm/ *Adv, Adj*
▸ ***Adv*** (*auch* **ˈsome time**) irgendwann
▸ ***Adj*** (*gehoben*) **1** ehemalig, früher **2** (*AmE*) nebenamtlich ◇ *a sometime contributor to this magazine* ein freier Mitarbeiter der Zeitschrift

some·times 0‑w /ˈsʌmtaɪmz/ *Adv* manchmal

some·way /ˈsʌmweɪ/ (*auch* **some·ways**) *Adv* (*AmE, umgs*) irgendwie

some·what 0‑w /ˈsʌmwɒt; *AmE* -wʌt/ *Adv* etwas, ziemlich

some·where 0‑w /ˈsʌmweə(r); *AmE* -wer/ *Adv* irgendwo, irgendwohin ◇ *I've already looked there —it must be somewhere else.* Dort habe ich schon nachgesehen, es muss woanders sein. ◇ *I need to find somewhere to stay.* Ich muss eine Unterkunft finden. ◇ *I know somewhere (where) we can go.* Ich weiß, wohin wir gehen können. IDM **ˈget somewhere** (*umgs*) vorankommen **somewhere around, about, between, etc. sth** ungefähr; etwa

som·no·lent /ˈsɒmnələnt; *AmE* ˈsɑːm-/ *Adj* (*gehoben*) **1** schläfrig; (*Dorf etc.*) verschlafen **2** einschläfernd

son 0‑w /sʌn/ *Nomen* **1** Sohn **2** [Sing] (*umgs*) (*als Anrede*) mein Junge **3 my son** (*gehoben*) (*als Anrede von einem Priester gebraucht*) mein Sohn **4 the Son** [Sing] der Sohn (Gottes) ➔ *Siehe auch* SON-IN-LAW IDM ➔ FATHER, FAVOURITE *und* PRODIGAL

sonar /ˈsəʊnɑː(r); *AmE* soʊ-/ *Nomen* Sonar(gerät)

son·ata /səˈnɑːtə/ *Nomen* Sonate

song 0‑w /sɒŋ; *AmE* sɔːŋ/ *Nomen* **1** Lied, Song ◇ *a pop song* ein Schlager **2** Gesang ◇ *Suddenly he broke/burst into song.* Plötzlich fing er an zu singen. IDM **for a ˈsong** (*umgs*) für ein Butterbrot **on ˈsong** (*umgs*) in Hochform **a song and ˈdance (about sth)** (*BrE, umgs, abwert*) ein großes Trara/Theater (um etw)

song·bird /ˈsɒŋbɜːd; *AmE* ˈsɔːŋbɜːrd/ *Nomen* Singvogel

song·book /ˈsɒŋbʊk; *AmE* ˈsɔːŋ-/ *Nomen* Liederbuch

song·ster /ˈsɒŋstə(r); *AmE* ˈsɔːŋ-/ *Nomen* (*veraltet*) **1** Sänger **2** Singvogel

song·stress /ˈsɒŋstrəs; *AmE* ˈsɔːŋ-/ *Nomen* Sängerin

song·writer /ˈsɒŋraɪtə(r); *AmE* ˈsɔːŋ-/ *Nomen* Liedermacher(in), Songschreiber(in)

song·writ·ing /ˈsɒŋraɪtɪŋ; *AmE* ˈsɔːŋ-/ *Nomen* Songschreiben

sonic /ˈsɒnɪk; *AmE* ˈsɑːnɪk/ *Adj* Schall- ◇ *sonic waves* Schallwellen

ˌsonic ˈboom *Nomen* Überschallknall

ˈson-in-law *Nomen* (*Pl* **sons-in-law**) Schwiegersohn

son·net /ˈsɒnɪt; *AmE* ˈsɑːnɪt/ *Nomen* Sonett

sonny /ˈsʌni/ *Nomen* [Sing] (*veraltet*) (*Anrede*) Kleiner

ˌson of a ˈbitch *Nomen* (*Pl* **sons of bitches**) (*bes AmE* **SOB**) (*vulg, Slang, beleidigend*) Hurensohn

ˌson of a ˈgun *Nomen* (*AmE, umgs*) **1** Scheißkerl, Scheißding **2** (*veraltet*) (*Anrede*) alter Junge

son·or·ity /səˈnɒrəti; *AmE* səˈnɔːr-/ *Nomen* (*gehoben*) (Wohl)klang, Klangfülle

son·or·ous /ˈsɒnərəs; *AmE* ˈsɑːn-/ *Adj* (*Adv* **son·or·ous·ly**) (*gehoben*) klangvoll; (*Stimme*) sonor

soon 0‑w /suːn/ *Adv* **1** bald ◇ *See you soon!* Bis bald! **2** früh, schnell ◇ *How soon can you get here?* Wann kannst du frühestens hier sein? ◇ *Next Monday is the soonest we can deliver.* Wir können frühestens Montag liefern. ◇ *The sooner we set off, the sooner we will arrive.* Je eher wir losfahren, desto früher sind wir dort. **3** kurz ◇ *soon after three* kurz nach drei IDM **as ˈsoon as** sobald **I, etc. would sooner do sth (than sth else)** ich etc. würde lieber etw tun(, als etw anderes) **no sooner said than ˈdone** gesagt, getan **no sooner … than …** (*gehoben*) kaum …, da … ◇ *No sooner had she said it than she burst into tears.* Kaum hatte sie es gesagt, da fing sie an zu weinen. **the ˌsooner the ˈbetter** je eher/früher, desto besser **ˌsooner or ˈlater** früher oder später **ˌsooner rather than ˈlater** lieber früher als später ➔ *Siehe auch* ANY TIME, JUST *und* SAY

soot /sʊt/ *Nomen* Ruß

soothe /suːð/ *Verb* **1** beruhigen **2** (*Schmerzen*) lindern PHR V **ˈsoothe sth away** (*Schmerzen*) lindern; (*Angst, Sorgen etc.*) vertreiben

sooth·ing /ˈsuːðɪŋ/ *Adj* beruhigend, schmerzlindernd; (*Bad etc.*) entspannend

sooth·ing·ly /ˈsuːðɪŋli/ *Adv* beruhigend, besänftigend

sooth·say·er /ˈsuːθseɪə(r)/ *Nomen* (*veraltet*) Wahrsager(in)

sooty /ˈsʊti/ *Adj* **1** verrußt, rußig **2** schwarz

sop /sɒp; *AmE* sɑːp/ *Nomen* [meist Sing] Beschwichtigungsmittel

so·phis·ti·cate /səˈfɪstɪkeɪt/ *Nomen* (*gehoben*) Mann/Frau von Welt

so·phis·ti·cated /səˈfɪstɪkeɪtɪd/ *Adj* **1** kultiviert, weltgewandt **2** (*Maschine, System*) hoch entwickelt ◇ *Medical techniques are becoming more sophisticated all* *the time.* Medizinische Techniken verfeinern sich immer mehr. **3** subtil, raffiniert, (geistig) anspruchsvoll

so·phis·ti·ca·tion /səˌfɪstɪˈkeɪʃn/ *Nomen* **1** Kultiviertheit **2** hoher (technischer) Entwicklungsstand **3** hohes (geistiges) Niveau

soph·is·try /ˈsɒfɪstri; *AmE* ˈsɑːfɪ-/ *Nomen (Pl* **-ies**) *(gehoben)* Sophisterei

sopho·more /ˈsɒfəmɔː(r); *AmE* ˈsɑːfə-/ *Nomen (AmE)* **1** = Student(in) im zweiten Studienjahr **2** Schüler(in) in der 10. Klasse einer amerikanischen High School

sop·or·if·ic /ˌsɒpəˈrɪfɪk; *AmE* ˌsɑːp-/ *Adj (gehoben)* einschläfernd

sop·ping /ˈsɒpɪŋ; *AmE* ˈsɑːpɪŋ/ *(auch* **ˌsopping ˈwet**) *Adj* völlig durchnässt, triefend nass

soppy /ˈsɒpi; *AmE* ˈsɑːpi/ *Adj (bes BrE, umgs)* sentimental ◇ *She is soppy about cats.* Sie ist ganz vernarrt in Katzen.

sop·rano /səˈprɑːnəʊ; *AmE* -noʊ, səˈprænoʊ/ *Nomen, Adj*

▸ ***Nomen*** *(Pl* **-os**) **1** Sopran, Sopranistin **2** Sopranstimme → *Siehe auch* MEZZO-SOPRANO

▸ ***Adj*** [nur vor Nomen] Sopran- ◇ *a soprano saxophone* ein Sopransaxofon

sor·bet /ˈsɔːbeɪ; *AmE* ˈsɔːrbət/ *Nomen* Sorbet, Wassereis

sor·cer·er /ˈsɔːsərə(r); *AmE* ˈsɔːrsə-/ *Nomen* Zauberer

sor·cer·ess /ˈsɔːsərəs; *AmE* ˈsɔːrsə-/ *Nomen* Zauberin

sor·cery /ˈsɔːsəri; *AmE* ˈsɔːrsə-/ *Nomen* Zauberei

sor·did /ˈsɔːdɪd; *AmE* ˈsɔːrdɪd/ *Adj* schmutzig *(auch fig)* ◇ *people living in sordid conditions* Leute, die in unzumutbaren Verhältnissen leben

sore 0-ᴿ /sɔː(r)/ *Adj, Nomen*

▸ ***Adj*** **1** wund ◇ *have a sore throat* Halsschmerzen haben ◇ *My knee is sore.* Mein Knie tut weh. ◇ *She's still a bit sore after the operation.* Sie hat noch ein wenig Schmerzen nach der Operation. **2** [nicht vor Nomen] *(bes AmE, umgs)* ~ **(at sb/about sth)** sauer (auf jdn/wegen einer Sache) **IDM** **a ˌsore ˈpoint** ein wunder Punkt **stand/stick out like a sore ˈthumb** (unangenehm) auffallen ◇ *The blue building stood out like a sore thumb among the whitewashed villas.* Das blaue Gebäude passte überhaupt nicht zu den weiß getünchten Villen. → *Siehe auch* SIGHT

▸ ***Nomen*** wunde Stelle → *Siehe auch* BEDSORE, CANKER SORE *und* COLD SORE

sore·ly /ˈsɔːli; *AmE* ˈsɔːrli/ *Adv (gehoben)* sehr ◇ *I was sorely tempted to complain.* Es hat mich gejuckt, mich zu beschweren. ◇ *Our patience was sorely tested.* Unsere Geduld wurde auf eine harte Probe gestellt.

sor·or·ity /səˈrɒrəti; *AmE* səˈrɔːr-/ *Nomen (Pl* **-ies**) *(AmE)* Studentinnenvereinigung

sor·rel /ˈsɒrəl; *AmE* ˈsɔːrəl/ *Nomen* Sauerampfer

sor·row /ˈsɒrəʊ; *AmE* ˈsɑːroʊ/ *Nomen, Verb*

▸ ***Nomen*** **1** Traurigkeit, Trauer, Kummer, Leid **2** Unglück ◇ *the joys and sorrows of childhood* die Freuden und Leiden der Kindheit **IDM** → DROWN

▸ ***Verb*** ~ **(over sb/sth)** *(gehoben)* trauern (um jdn/etw)

sor·row·ful /ˈsɒrəʊfl; *AmE* ˈsɑːroʊ-/ *Adj (Adv* **sor·row·ful·ly** /-fəli/) *(gehoben)* traurig

sorry 0-ᴿ /ˈsɒri; *AmE* ˈsɑːri/ *Adj, Ausruf*

▸ ***Adj*** **(sor·rier, sor·ri·est) 1** [nicht vor Nomen] **sb is ~** es tut jdm leid ◇ *You'll be sorry if I catch you!* Wenn ich dich kriege, wirst du es bereuen! **2** [nur vor Nomen] traurig, jämmerlich **IDM** **A is/feels sorry for B** B tut A leid ◇ *I feel sorry for them.* Sie tun mir leid. **feel sorry for yourself** *(umgs, abwert)* sich selbst bemitleiden **I'm ˈsorry to say** leider ◇ *He didn't accept the job, I'm sorry to say.* Er hat die Stelle leider nicht angenommen. **say sorry** sich entschuldigen **(I'm) sorry 1** (es) tut mir leid ◇ *Sorry to bother you.* Entschuldigen Sie, dass ich Sie störe. **2** leider ◇ *I'm sorry to have to tell you you've failed.* Ich muss Ihnen leider mitteilen, dass Sie nicht bestanden haben. → *Siehe auch* SAFE

▸ ***Ausruf*** **1** Entschuldigung! **2** *(bes BrE)* wie bitte?

sort 0-ᴿ /sɔːt; *AmE* sɔːrt/ *Nomen, Verb*

▸ ***Nomen*** **1** Art, Sorte ◇ *'What sort of music do you like?' 'Oh, all sorts.'* „Was für Musik magst du?" „Ach, alles mögliche." ◇ *That's the sort of car I'd like to have.* So ein Auto möchte ich haben. ◇ *There are all sorts of jobs you could do.* Es gibt alle möglichen Jobs, die du machen könntest. ◇ *Most people went on training courses of one sort or another.* Die meisten Leute haben irgendeinen Schulungskurs belegt. ◇ *What sort of price did you want to pay?* Welche Preislage haben Sie sich denn vorgestellt? ◇ *What sort of time do you call this?* Was glaubst du eigentlich, wie viel Uhr es ist? **2** *(bes BrE, umgs)* Sorte Mensch ◇ *He would never cheat on his wife; he's not that sort.* Er würde seine Frau nie betrügen; so einer ist er nicht. **3** (COMP) [Sing] Sortieren ◇ *do a sort* sortieren **IDM** **it takes all sorts (to make a world)** es gibt solche und solche **of ˈsorts** *(umgs)* eine Art von ◇ *He offered us an apology of sorts.* Er brachte eine Art von Entschuldigung vor. **out of ˈsorts** *(bes BrE)* schlecht gelaunt; krank **sort of** *(umgs)* **1** irgendwie ◇ *'Do you understand?' 'Sort of.'* „Verstehst du?" „Ja, so in etwa." **2** *(BrE* **sort of like**) *(umgs)* ◇ *'What does it look like?' 'Well, it's sort of like a … cage.'* „Wie sieht es aus?" „Na ja, so … irgendwie wie ein Käfig." **a sort of sth** *(umgs)* so eine Art von ◇ *I had a sort of feeling he wouldn't come.* Ich hatte so irgendwie das Gefühl, dass er nicht kommen würde. → *Siehe auch* KIND

▸ ***Verb*** **1** sortieren ◇ *The computer sorts the words into alphabetical order.* Der Computer ordnet die Wörter alphabetisch. → *Siehe auch* SORT STH OUT **2** *(bes BrE, umgs)* in Ordnung bringen ◇ *It's time you got yourself sorted.* Es wird Zeit, dass du deine Angelegenheiten in Ordnung bringst. ◇ *It's our problem. We'll get it sorted.* Es ist unser Problem. Wir finden schon eine Lösung. **IDM** → MAN, SHEEP *und* WHEAT **PHR V** **ˌsort itself ˈout** sich von selbst lösen **ˌsort sb ˈout 1** sich um jdn kümmern **2** *(umgs)* jdm zeigen, wo's langgeht **ˌsort sth ˈout 1** etw in Ordnung bringen; *(Schrank etc.)* aufräumen **2** *(umgs)* etw organisieren **3** etw aussortieren **4** sich um etw kümmern **ˌsort sth ˈout from sth** etw von etw trennen **ˈsort through sth** etw durchsehen **ˌsort yourself ˈout** sich über sich selbst klar werden

sor·tie /ˈsɔːti; *AmE* ˈsɔːrti/ *Nomen* **1** (MIL) Angriff, Einsatz **2** Ausflug **3** ~ **into sth** Einstieg in etw

SOS /ˌes əʊ ˈes; *AmE* oʊ/ *Nomen* [Sing] **1** SOS(-Ruf) **2** Hilferuf

so-ˈso *Adj* [nicht vor Nomen], *Adv (umgs)* (mittel)mäßig, soso

sotto voce /ˌsɒtəʊ ˈvəʊtʃi; *AmE* ˌsɑːtoʊ ˈvoʊ-/ *Adv, Adj*

▸ ***Adv*** *(gehoben)* leise; (MUS) sotto voce

▸ ***Adj*** *(gehoben)* leise

sou·bri·quet /ˈsuːbrɪkeɪ/ *Nomen (gehoben)* Spitzname

souf·flé /ˈsuːfleɪ; *AmE* suːˈfleɪ/ *Nomen* Soufflé

sought *Form von* SEEK

ˈsought after *Adj* begehrt, gefragt

soul 0-ᴿ /səʊl; *AmE* soʊl/ *Nomen* **1** Seele **2** Herz, Innerstes **3** Gefühl, (künstlerischer) Ausdruck **4** **the ~ of sth** der, die, das … selbst ◇ *He is the soul of discretion.* Er ist die Verschwiegenheit selbst. **5** Mensch ◇ *You're a brave soul.* Du bist tapfer. ◇ *Don't tell a soul.* Sag es niemandem. **6** *(auch* **ˈsoul music**) (MUS) Soul **IDM** **sth is good for the ˈsoul** *(hum)* etw tut jdm gut → *Siehe auch* BARE, BODY, GOD, HEART, LIFE *und* SELL

ˈsoul-destroying *Adj* nervtötend, geisttötend

ˈsoul food *Nomen* = traditionelle Küche der schwarzen Bevölkerung in den Südstaaten der USA

soul·ful /ˈsəʊlfl; *AmE* ˈsoʊl-/ *Adj* (*Adv* **soul·ful·ly** /-fəli/) gefühlvoll, schwermütig

soul·less /ˈsəʊlləs; *AmE* ˈsoʊl-/ *Adj* **1** seelenlos **2** (*Mensch*) gefühllos

soul·mate /ˈsəʊlmeɪt; *AmE* ˈsoʊl-/ *Nomen* Seelenverwandte(r)

ˈsoul music *Nomen* Soulmusik

ˈsoul-searching *Nomen* Gewissenserforschung

sound 0-ᴛ /saʊnd/ *Nomen, Verb, Adj, Adv*

▸ ***Nomen*** **1** Geräusch, Ton, Laut ◇ *a buzzing sound* ein Summen ◇ *I heard the sound of footsteps.* Ich hörte Schritte. ◇ *The sirens are a familiar sound.* Man hört die Sirenen oft. **2** (PHYSIK) Schall **3** (*Film, Radio etc.*) Ton ◇ *Could you turn the sound down?* Kannst du es leiser stellen? **4** (*von Sängern, Bands*) Sound **5** ◇ *I like the sound of that!* Das klingt gut! ◇ *He didn't like the sound of it.* Das hörte sich für ihn nicht gut an. **6** (*oft in Ortsnamen*) Meerenge, Sund **IDM** **by the ˈsound of it/things** (so,) wie es sich anhört **like the sound of your own ˈvoice** (*abwert*) sich selbst gern sprechen hören **within (the) sound of sth** (*BrE*) in Hörweite von etw

▸ ***Verb*** **1** (*selten in der Verlaufsform*) klingen, sich anhören ◇ *He makes it sound so easy.* Wenn man ihn hört, klingt es so einfach. ◇ *It sounds as if she killed herself.* Sie scheint Selbstmord begangen zu haben. **2** ertönen (lassen) ◇ *The bell sounded for the end of the class.* Es klingelte zum Ende der Stunde. ◇ *They sounded their horns.* Sie hupten. ◇ *sound the alarm* Alarm schlagen **3** (*Fachspr*) (*Laut, Buchstaben, etc.*) aussprechen **4** (*Fachspr*) (*Wassertiefe*) ausloten **IDM** → SUSPICIOUS **PHR V** **ˌsound ˈoff (about sth)** (*umgs, abwert*) sich (über etw) auslassen **ˌsound sb ˈout (about/on sth)** jdn (über etw) aushorchen ◇ *I wanted to sound him out about a job.* Ich wollte ihm wegen eines Jobs auf den Zahn fühlen. **ˌsound sth ˈout** etw herausbekommen ◇ *They wanted to sound out her interest in the project.* Sie wollten herausbekommen, ob sie an dem Projekt interessiert war.

▸ ***Adj*** **1** vernünftig ◇ *The proposal makes sound commercial sense.* Der Plan ist wirtschaftlich sehr vernünftig. ◇ *a person of sound judgement* ein Mensch mit gutem Urteilsvermögen ◇ *a sound basis* eine solide Basis **2** [nur vor Nomen] gut, solide ◇ *a sound tennis player* ein guter Tennisspieler ◇ *He has a sound grasp of the issues.* Er versteht die Probleme sehr gut. **3** gesund, solide ◇ *be of sound mind* bei klarem Verstand sein ◇ *The roof is sound.* Das Dach ist in gutem Zustand. **4** (*Schlaf*) fest ◇ *He's a sound sleeper.* Er hat einen gesunden Schlaf. **5** (*Tracht Prügel*) gehörig **IDM** **(as) sound as a ˈbell** kerngesund

▸ ***Adv*** **be ~ asleep** fest schlafen

ˈsound barrier *Nomen* [Sing] Schallmauer

ˈsound bite *Nomen* = prägnantes Zitat (aus einem Interview, einer Rede)

ˈsound card *Nomen* (COMP) Soundkarte

sound·check *Nomen* Soundcheck

ˈsound effect *Nomen* [meist Pl] Geräuscheffekt

ˈsound engineer *Nomen* Toningenieur(in)

ˈsounding board *Nomen* = Zuhörer (an dem/denen man seine Ideen austesten kann)

sound·ings /ˈsaʊndɪŋz/ *Nomen* [Pl] **1** Lotungen **2** Sondierungen ◇ *take soundings among party members* bei den Parteimitgliedern das Terrain sondieren

sound·less /ˈsaʊndləs/ *Adj* (*Adv* **sound·less·ly**) lautlos

sound·ly /ˈsaʊndli/ *Adv* **1** (*schlafen*) fest **2** vernünftig ◇ *a soundly-based conclusion* ein vernünftiger Schluss **3** gründlich ◇ *The team was soundly defeated.* Die Mannschaft wurde vernichtend geschlagen. **4** solide **5** gut **6** (*verhauen*) ordentlich

sound·ness /ˈsaʊndnəs/ *Nomen* **1** Vernünftigkeit ◇ *soundness of judgement* ein gutes Urteilsvermögen **2** Solidität ◇ *financial soundness* finanzielle Stabilität

sound·proof /ˈsaʊndpruːf/ *Adj, Verb*

▸ ***Adj*** (*auch* **sound·proofed**) schalldicht

▸ ***Verb*** schalldicht machen, schalldämmen

ˈsound system *Nomen* Tonanlage, Verstärkeranlage

sound·track /ˈsaʊndtræk/ *Nomen* **1** (*Film*) Tonspur **2** Filmmusik, Soundtrack(-Album)

ˈsound wave *Nomen* Schallwelle

soup 0-ᴛ /suːp/ *Nomen, Verb*

▸ ***Nomen*** Suppe

▸ ***Verb*** **PHR V** **ˌsoup sth ˈup** (*umgs*) (*Auto, Rechner etc.*) frisieren, aufmotzen

soup·çon /ˈsuːpsɒn; *AmE* -sɑːn/ *Nomen* [Sing] (*manchmal hum*) Spur ◇ *a soupçon of malice* ein Anflug von Bosheit

ˈsoup kitchen *Nomen* Armenküche, Suppenküche

sour 0-ᴛ /ˈsaʊə(r)/ *Adj, Verb*

▸ ***Adj*** **1** sauer, säuerlich **2** (*Adv* **sour·ly**) (*fig*) griesgrämig, verdrießlich ◇ *The meeting ended on a sour note.* Die Sitzung endete mit einem Missklang. **IDM** **go/turn ˈsour** sich verschlechtern; fehlschlagen ◇ *The dream has turned sour.* Der Traum ist ausgeträumt. **sour ˈgrapes** Neid ◇ *That's just sour grapes.* Die Trauben hängen zu hoch.

▸ ***Verb*** **1** (sich) verschlechtern **2** (*Milch*) sauer werden (lassen)

source 0-ᴛ /sɔːs; *AmE* sɔːrs/ *Nomen, Verb*

▸ ***Nomen*** **1** Quelle ◇ *Government sources indicated that …* Aus Regierungskreisen verlautete, dass … **2** Ursache ◇ *be a source of confusion* zu Unklarheit führen ◇ *be a source of anxiety* Angstgefühle auslösen **IDM** **at ˈsource** direkt

▸ ***Verb*** **~ sth (from …)** (WIRTSCH) etw (von/aus …) beziehen

ˈsource code *Nomen* (COMP) Quellcode

ˌsour ˈcream (*BrE auch* **ˌsoured ˈcream**) *Nomen* saure Sahne, Sauerrahm

sour·dough /ˈsaʊədəʊ; *AmE* -ərdoʊ/ *Nomen* (*bes AmE*) **1** Sauerteig **2** = mit Sauerteig gebackenes Brot

sour·ly /ˈsaʊəli; *AmE* -ərli/ *Adv* → SOUR

sour·ness /ˈsaʊənəs; *AmE* -ərnəs/ *Nomen* **1** Säuerlichkeit **2** Verdrießlichkeit

sour·puss /ˈsaʊəpʊs; *AmE* -ərpʊs/ *Nomen* (*umgs*) Sauertopf, Miesepeter

souse /saʊs/ *Verb* (durch)tränken

soused /saʊst/ *Adj* **1** eingelegt **2** (*umgs*) besoffen

south 0-ᴛ /saʊθ/ *Nomen, Adj, Adv*

▸ ***Nomen*** (*Abk* **S**) Süden ◇ *to the south of Paris* südlich von Paris ◇ *the South of France* Südfrankreich

▸ ***Adj*** [nur vor Nomen] (*Abk* **S**; *AmE auch* **So.**) Süd-, südlich ◇ *the south wind* der Südwind

▸ ***Adv*** nach Süden ◇ *south of Bath* südlich von Bath **IDM** **down ˈsouth** (*umgs*) im Süden; in den Süden **ˈsouth of sth** (*umgs*) (FINANZ) unter etw ◇ *revenues just south of one billion* Einnahmen knapp unter einer Milliarde

south·bound /ˈsaʊθbaʊnd/ *Adj* in Richtung Süden ◇ *the southbound carriageway of the motorway* die Autobahn in Richtung Süden

ˌsouth-ˈeast *Nomen, Adv, Adj*

▸ ***Nomen*** (*Abk* **SE**) Südosten

▸ ***Adv, Adj*** nach Südosten, südöstlich, Südost-

south-ˈeasterly *Adj* **1** [nur vor Nomen] (*Richtung*) südöstlich **2** (*Wind*) Südost-

south-ˈeastern *Adj* [nur vor Nomen] (*Abk* **SE**) südöstlich → *Beispiele bei* NORTH-EASTERN

south-ˈeastwards (*auch* **south-ˈeastward**) *Adv, Adj* südostwärts, nach Südosten

south·er·ly /ˈsʌðəli; *AmE* -ðərli/ *Adj, Nomen*
▸ ***Adj*** **1** [nur vor Nomen] (*Richtung*) südlich **2** (*Wind*) Süd-
▸ ***Nomen*** (*Pl* **-ies**) Südwind

south·ern /ˈsʌðən; *AmE* -ðərn/ *Adj* (*Abk* **S**; *AmE auch* **So.**) Süd-, südlich ◇ *the southern slopes of the mountains* die südlichen Hänge der Berge

south·ern·er /ˈsʌðənə(r); *AmE* -ðərnər/ *Nomen* = Bewohner(in) des Südens eines Landes

south·ern·most /ˈsʌðənməʊst; *AmE* -ðərnmoʊst/ *Adj* südlichste(r,s)

south·paw /ˈsaʊθpɔː/ *Nomen* (*bes AmE, umgs*) Linkshänder(in)

the ˌSouth ˈPole *Nomen* der Südpol

south·wards /ˈsaʊθwədz; *AmE* -wərdz/ (*auch* **south·ward** /-wəd; *AmE* -wərd/) *Adv, Adj* südwärts, nach Süden

south-ˈwest *Nomen, Adv, Adj*
▸ ***Nomen*** (*Abk* **SW**) Südwesten
▸ ***Adv, Adj*** nach Südwesten, südwestlich, Südwest-

south-ˈwesterly *Adj* **1** [nur vor Nomen] (*Richtung*) südwestlich **2** (*Wind*) Südwest-

south-ˈwestern *Adj* [nur vor Nomen] (*Abk* **SW**) südwestlich → *Beispiele bei* NORTH-EASTERN

south-ˈwestwards (*auch* **south-ˈwestward**) *Adv, Adj* südwestwärts, nach Südwesten

sou·venir /ˌsuːvəˈnɪə(r); *AmE* -ˈnɪr, ˈsuːvənɪr/ *Nomen* Andenken, Souvenir

souˈwester /saʊˈwestə(r)/ *Nomen* **1** (*Hut*) Südwester **2** Südwest(wind)

sov·er·eign /ˈsɒvrɪn; *AmE* ˈsɑːvrən/ *Nomen, Adj*
▸ ***Nomen*** **1** (*gehoben*) Souverän, König(in) **2** (*früher in GB*) = 20-Shilling-Goldmünze
▸ ***Adj*** (*gehoben*) souverän; (*Herrscher auch*) unumschränkt ◇ *Parliament must always remain sovereign.* Die höchste Staatsgewalt steht immer dem Parlament zu.

sov·er·eign·ty /ˈsɒvrənti; *AmE* ˈsɑːv-/ *Nomen* (*gehoben*) Souveränität, Oberherrschaft ◇ (*fig*) *the idea of consumer sovereignty* das Konzept, dass der Kunde König ist

So·viet /ˈsəʊviət, ˈsɒv-; *AmE* ˈsoʊviet, ˈsɑːviət/ *Adj* sowjetisch, Sowjet-

so·viet /ˈsəʊviət, ˈsɒv-; *AmE* ˈsoʊviet, ˈsɑːviət/ *Nomen* **1** Sowjet **2 the Soviets** [Pl] (*bes AmE*) die Sowjets

sow[1] /səʊ; *AmE* soʊ/ *Verb* (**sowed, sown** /səʊn; *AmE* soʊn/ *oder* **sowed, sowed**) säen (*auch fig*); **~ sth (with sth)** etw (mit etw) besäen ◇ *sow doubt in sb's mind* jdm Zweifel eingeben ◇ *sow confusion* Verwirrung stiften **IDM** **sow the seeds of sth** den Keim zu etw legen; den Boden für etw bereiten **sow (your) wild ˈoats** sich die Hörner abstoßen

sow[2] /saʊ/ *Nomen* Sau **IDM** → SILK

sower /ˈsəʊə(r); *AmE* ˈsoʊ-/ *Nomen* **1** Säer(in) **2** Sämaschine

soya /ˈsɔɪə/ (*AmE* **soy** /sɔɪ/) *Nomen* [U] Soja(bohnen)

ˈsoya bean (*AmE* **soy·bean** /ˈsɔɪbiːn/) *Nomen* Sojabohne

ˌsoy ˈsauce (*auch* **ˌsoya ˈsauce**) *Nomen* Sojasoße

soz·zled /ˈsɒzld; *AmE* ˈsɑːzld/ *Adj* (*BrE, umgs*) besoffen

spa /spɑː/ *Nomen* **1** Heilbad; (*in Ortsnamen*) Bad ◇ *a spa town/resort* ein Heilbad ◇ *spa waters* Heilwasser **2** (*bes AmE*) Fitness-Center **3** (*bes AmE*) Whirlpool

space /speɪs/ *Nomen, Verb*
▸ ***Nomen*** **1** [U] Platz ◇ *There was not enough space to print all the letters.* Aus Platzmangel konnten wir nicht alle Briefe drucken. ◇ *provide more living space* die Wohnfläche vergrößern ◇ *office space* Büroräume ◇ *hard disk space* Speicherkapazität ◇ *storage space* Stauraum ◇ *a feeling of space* ein Eindruck von Geräumigkeit **2** Raum, Platz ◇ *a space two metres by three metres* eine Fläche von zwei mal drei Metern ◇ *a parking space* eine Parklücke ◇ *Put it in the space between the table and the wall.* Stell es zwischen den Tisch und die Wand. **3** Leerstelle ◇ *Leave a space after the comma.* Lassen Sie nach dem Komma eine Leerstelle frei. **4** (*auch* **ˌouter ˈspace**) Weltraum ◇ *visitors from outer space* außerirdische Besucher **5** [meist Sing] Zeitraum ◇ *within/in the space of five days* innerhalb von fünf Tagen ◇ *in a short space of time* in kurzer Zeit **6** (offenes) Land ◇ *the wide open spaces of the prairies* das weite, offene Land der Prärie ◇ *a city with plenty of open space* eine Stadt mit vielen Grünflächen **7** (*fig*) Freiraum ◇ *She was upset and needed space.* Sie war unglücklich und wollte allein sein. **8** (PHYSIK) Raum ◇ *space and time* Raum und Zeit **IDM** **look/stare/gaze into ˈspace** ins Leere starren → *Siehe auch* WASTE *und* WATCH
▸ ***Verb*** in (regelmäßigen) Abständen anordnen ◇ *evenly spaced plants* Pflanzen in regelmäßigen Abständen ◇ *Space the posts about a metre apart.* Stellen Sie die Pfosten in Abständen von einem Meter auf. **PHR V** **ˌspace ˈout** (*bes AmE, umgs*) (völlig) wegtreten **ˌspace sth ˈout** etw (räumlich) verteilen ◇ *The houses are spaced out in this area of town.* In diesem Stadtteil stehen die Häuser nicht so eng beieinander.

ˈspace-age *Adj* (*umgs*) ultramodern

ˈspace bar *Nomen* Leertaste

space·craft /ˈspeɪskrɑːft; *AmE* -kræft/ (*Pl* **space·craft**) *Nomen* Raumfahrzeug

ˌspaced ˈout *Adj* (*umgs*) (völlig) weggetreten

ˈspace heater *Nomen* (*AmE*) elektrisches Heizgerät

space·man /ˈspeɪsmæn/ *Nomen* (*Pl* **-men** /-men/) (*umgs*) **1** Raumfahrer **2** außerirdisches Wesen

ˈspace probe (*auch* **probe**) *Nomen* Raumsonde

space·ship /ˈspeɪsʃɪp/ *Nomen* Raumschiff

ˈspace shuttle (*auch* **shut·tle**) *Nomen* Raumfähre

ˈspace station *Nomen* Raumstation

space·suit /ˈspeɪssuːt; *BrE auch* -sjuːt/ *Nomen* Raumanzug

ˈspace-time *Nomen* [U] (PHYSIK) Raum-Zeit-Kontinuum

space·woman /ˈspeɪswʊmən/ *Nomen* (*Pl* **-women** /-wɪmɪn/) Raumfahrerin

spacey /ˈspeɪsi/ *Adj* (völlig) weggetreten

spa·cial = SPATIAL

spa·cing /ˈspeɪsɪŋ/ *Nomen* [U] Abstand

spa·cious /ˈspeɪʃəs/ *Adj* (*Adv* **spa·cious·ly**) geräumig

spa·cious·ness /ˈspeɪʃəsnəs/ *Nomen* Geräumigkeit

spade /speɪd/ *Nomen* **1** Spaten ◇ *They took their buckets and spades.* Sie nahmen ihre Schaufeln und Eimer mit. **2 spades** [Pl/U] (*Spielkartenfarbe*) Pik ◇ *the ace of spades* das Pikass **3** (*Spielkarte*) Pik **IDM** **in ˈspades** (*umgs*) zur Genüge → *Siehe auch* CALL

spade·work /ˈspeɪdwɜːk; *AmE* -wɜːrk/ *Nomen* [U] (mühevolle) Vorarbeit

spa·ghetti /spəˈgeti/ *Nomen* [U] Spaghetti

spake /speɪk/ (*veraltet*) *Form von* SPEAK

spam /spæm/ *Nomen, Verb*
▸ ***Nomen*** [U] **1 Spam™** Frühstücksfleisch **2** (*umgs*)

unerwünschte E-Mail-Werbung, Spam
▸ ***Verb*** **1** Spammails verschicken **2 ~ sb** jdn mit Spammails bombardieren

spam·mer /ˈspæmə(r)/ *Nomen* Spammer

spammy /ˈspæmi/ *Adj* (**spam·mier**, **spam·mi·est**) (*umgs*) verspamt, voller Spam

span /spæn/ *Nomen, Verb, Adj*
▸ ***Nomen*** **1** Zeitspanne, Zeitraum ◇ *Small children have a short attention/concentration span.* Kleine Kinder können sich nicht lange konzentrieren. **2** Bandbreite, Umfang ◇ *Managers have a wide span of control.* Manager haben viel Personal unter sich. ◇ *These forests cover a broad span of latitudes.* Diese Wälder erstrecken sich über viele Breitengrade. **3** (Brücken)bogen **4** Spannweite
▸ ***Verb*** (**-nn-**) **1** umfassen ◇ *family photos spanning five generations* Familienfotos aus fünf Generationen **2** überspannen
▸ ***Adj*** IDM → SPICK

span·dex /ˈspændeks/ *Nomen* Lycra®

span·gle /ˈspæŋgl/ *Verb, Nomen*
▸ ***Verb*** besetzen, übersäen ◇ *spangled costumes* mit Pailletten besetzte Kostüme
▸ ***Nomen*** Paillette

span·iel /ˈspænjəl/ *Nomen* Spaniel

Spanish moss /ˌspænɪʃ ˈmɒs; *AmE* ˈmɔːs/ *Nomen* Spanisches Moos

spank /spæŋk/ *Verb, Nomen*
▸ ***Verb*** schlagen, einen Klaps geben
▸ ***Nomen*** Schlag, Klaps

spank·ing /ˈspæŋkɪŋ/ *Nomen, Adv, Adj*
▸ ***Nomen*** Schläge
▸ ***Adv*** (*umgs*) ◇ *spanking new* funkelnagelneu
▸ ***Adj*** (*umgs*) hervorragend ◇ *at a spanking pace* in flottem Tempo

span·ner /ˈspænə(r)/ *Nomen* (*BrE*) Schraubenschlüssel IDM **a ˈspanner in the works** (*BrE*) ein Hemmschuh ◇ *throw a spanner in the works* Sand ins Getriebe streuen

spar /spɑː(r)/ *Verb, Nomen*
▸ ***Verb*** (**-rr-**) **~ (with sb)** **1** (*Boxen*) (mit jdm) sparren **2** sich (mit jdm) kabbeln
▸ ***Nomen*** **1** (*Schiff*) Rundholz, Spiere **2** (*Flugzeug*) Holm

spare 0‑m /speə(r); *AmE* sper/ *Adj, Verb, Nomen*
▸ ***Adj*** **1** übrig, überzählig ◇ *a spare bedroom* ein Gästezimmer ◇ *Are there any tickets going spare?* Sind noch Karten übrig? **2** Ersatz- ◇ *Take some spare clothes.* Nimm Kleider zum Wechseln mit. **3** (*Zeit*) frei ◇ *in his spare time* in seiner Freizeit ◇ *I haven't had a spare moment this morning.* Heute Morgen habe ich keine freie Minute gehabt. **4** (*gehoben*) hager IDM **go ˈspare** (*BrE, umgs*) durchdrehen; verrückt werden
▸ ***Verb*** **1** entbehren ◇ *We can only spare one room for you.* Wir können dir nur ein Zimmer geben. ◇ *Could you spare somebody to help us out?* Könnten Sie uns jemanden zur Aushilfe überlassen? ◇ *Spare a thought for the cleaner.* Denk auch an die Putzfrau. ◇ *Can you spare me a few minutes?* Hast du ein paar Minuten Zeit für mich? **2 ~ sb/yourself (from) sth** jdm/sich etw ersparen ◇ *She was spared from the ordeal of appearing in court.* Es blieb ihr erspart, vor Gericht erscheinen zu müssen. **3 ~ sb/sth (from sth)** (*gehoben*) jdn/etw (vor etw) verschonen **4 ~ no effort, expense, etc.** keine Mühe, Kosten etc. scheuen ◇ *He spared no effort to make her happy again.* Er setzte alles daran, sie wieder glücklich zu machen. **5 not ~ yourself** sich nicht schonen IDM **spare sb's ˈblushes** (*BrE*) jdn nicht in Verlegenheit bringen **spare sb's ˈfeelings** auf jds Gefühle Rücksicht nehmen **to ˈspare** übrig ◇ *We arrived at the airport with five minutes to spare.* Wir waren fünf Minuten vor Abflug am Flughafen.
▸ ***Nomen*** **1** Ersatz **2** Reserverad, Ersatzrad **3 spares** [Pl] (*bes BrE*) Ersatzteile

ˌspare ˈpart *Nomen* [meist Pl] Ersatzteil

ˌspare ˈrib *Nomen* Rippchen, Spare Rib

ˌspare ˈtyre (*AmE* **ˌspare ˈtire**) *Nomen* **1** Reserverad, Ersatzrad **2** (*BrE, umgs*) (*fig*) Rettungsring

spar·ing /ˈspeərɪŋ; *AmE* ˈsperɪŋ/ *Adj* (*Adv* **spar·ing·ly**) sparsam ◇ *He was always sparing with his praise.* Er geizte immer mit Lob.

spark /spɑːk; *AmE* spɑːrk/ *Nomen, Verb*
▸ ***Nomen*** **1** Funke (*auch fig*) ◇ *a shower of sparks* ein Funkenregen **2 a ~ of sth** ein Fünkchen (von etw) **3** Pep **4** (*fig*) Zündstoff ◇ *These were the sparks of revolution.* Das war der Zündstoff für die Revolution. IDM → BRIGHT
▸ ***Verb*** **1 ~ sth (off)** etw auslösen; (*Interesse*) wecken **2** sprühen ◇ *The game suddenly sparked to life.* Plötzlich kam Leben in das Spiel.

spar·kle /ˈspɑːkl; *AmE* ˈspɑːrkl/ *Verb, Nomen*
▸ ***Verb*** **1** funkeln, glitzern **2** glänzen, sprühen
▸ ***Nomen*** **1** Glitzern, Funkeln ◇ *There was a sparkle of excitement in her eyes.* Ihre Augen sprühten vor Aufregung. **2** Schwung, Pep

spark·ler /ˈspɑːklə(r); *AmE* ˈspɑːrklər/ *Nomen* Wunderkerze

spark·ling /ˈspɑːklɪŋ; *AmE* ˈspɑːrklɪŋ/ *Adj* **1** (*umgs* **sparkly** /-kli/) glitzernd, funkelnd **2** (*Getränk*) schäumend ◇ *sparkling wine* Schaumwein ◇ *sparkling mineral water* kohlensäurehaltiges Mineralwasser **3** (*fig*) sprühend **4** (*hervorragend*) brillant, glänzend

ˈspark plug (*auch* **plug**; *BrE auch* **ˈsparking plug**) *Nomen* Zündkerze

sparky /ˈspɑːki; *AmE* ˈspɑːrki/ *Adj* (*BrE, umgs*) vor Leben sprühend

ˈsparring partner *Nomen* Sparringspartner(in) (*auch fig*)

spar·row /ˈspærəʊ; *AmE* -roʊ/ *Nomen* Sperling, Spatz

spar·row·hawk /ˈspærəʊhɔːk; *AmE* -roʊ-/ *Nomen* Sperber

sparse /spɑːs; *AmE* spɑːrs/ *Adj* (*Adv* **sparse·ly**) spärlich ◇ *a sparsely populated area* eine dünn besiedelte Gegend

sparse·ness /ˈspɑːsnəs; *AmE* ˈspɑːrs-/ *Nomen* Spärlichkeit ◇ *the sparseness of the population* die geringe Bevölkerungsdichte

spar·tan /ˈspɑːtn; *AmE* ˈspɑːrtn/ *Adj* (*gehoben*) spartanisch

spasm /ˈspæzəm/ *Nomen* **1** (*Muskel-*) Krampf **2 ~ (of sth)** Anfall (von etw)

spas·mod·ic /spæzˈmɒdɪk; *AmE* -ˈmɑːdɪk/ *Adj* (*Adv* **spasmod·ic·al·ly** /-kli/) **1** sporadisch **2** (*Fachspr*) spasmodisch, krampfartig

spas·tic /ˈspæstɪk/ *Adj, Nomen*
▸ ***Adj*** (*veraltet oder Fachspr*) spastisch
▸ ***Nomen*** (*veraltet*) Spastiker(in)

spat /spæt/ *Nomen* **1** (*umgs*) Kabbelei, Streiterei **2** Halbgamasche → *Siehe auch* SPIT

spate /speɪt/ *Nomen* [meist Sing] **~ of sth** Serie von etw IDM **in (full) ˈspate** (*bes BrE*) Hochwasser führend ◇ (*fig*) *Celia was in full spate.* Celia war nicht zu bremsen.

spa·tial (*auch* **spa·cial**) /ˈspeɪʃl/ *Adj* (*Adv* **spa·tial·ly** /-ʃəli/) (*gehoben*) räumlich

spat·ter /ˈspætə(r)/ *Verb, Nomen*
▸ ***Verb*** **1** (be)spritzen ◇ *blood-spattered walls* blutbespritzte Wände **2** (*Regen etc.*) prasseln, klatschen
▸ ***Nomen*** (*auch* **spat·ter·ing**) [Sing] Spritzer ◇ *a spattering of blood* Blutspritzer

spat·ula /ˈspætʃələ/ *Nomen* **1** Spachtel **2** (*bes AmE*) Bratenwender **3** (*BrE*) (MED) Spatel

spawn /spɔːn/ *Verb, Nomen*
▸ ***Verb*** **1** (ZOOL) laichen **2** (*fig*) hervorbringen
▸ ***Nomen*** (ZOOL) Laich → *Siehe auch* FROGSPAWN

spay /speɪ/ *Verb* (*Tier*) sterilisieren

speak /spiːk/ *Verb* (**spoke** /spəʊk; *AmE* spoʊk/, **spoken** /ˈspəʊkən; *AmE* ˈspoʊ-/) **1** sprechen ◇ *I've spoken to the manager about it.* Ich habe mit dem Leiter darüber gesprochen. ◇ (*bes AmE*) *Can I speak with you for a minute?* Kann ich Sie eine Minute sprechen? ◇ *'Can I speak to Susan?' 'Speaking.'* „Kann ich Susan sprechen?" „Am Apparat." ◇ *a speaking voice* eine (Sprech)stimme ◇ *Speaking of travelling, …* Da wir gerade vom Reisen sprechen, … ◇ *Witnesses spoke of a great ball of flame.* Augenzeugen beschrieben einen großen Feuerball. ◇ *'Do you know him?' 'Not to speak to.'* „Kennst du ihn?" „Nur vom Sehen." ◇ *He doesn't speak Spanish.* Er kann nicht Spanisch. **2 … speaking** … gesprochen, vom … Standpunkt aus ◇ *figuratively speaking* bildlich gesprochen ◇ *environmentally speaking* vom Umweltstandpunkt aus ◇ *personally speaking* was mich betrifft **3** eine Rede halten, einen Vortrag halten ◇ *She spoke in favour of the new tax.* Sie sprach sich für die neue Steuer aus. **4 ~ sth** etw sagen, etw sprechen ◇ *speak the truth* die Wahrheit sagen ◇ *He hasn't spoken a word yet.* Er hat noch kein Wort gesprochen. **5 -speaking** (*in Adjektiven*) -sprachig ◇ *French-speaking Canada* der französischsprachige Teil Kanadas ◇ *non-English-speaking students* Studenten ohne Englisch-Kenntnisse IDM **be on ˈspeaking terms (with sb)**; **be ˈspeaking (to sb)** mit jdm reden ◇ *We are not on speaking terms.* Wir reden nicht miteinander. **no sth to ˈspeak of** kaum etw ◇ *They've got no friends to speak of.* Sie haben kaum Freunde. **not to ˈspeak of** ganz zu schweigen von **nothing to ˈspeak of** so gut wie nichts **ˌso to ˈspeak** sozusagen; gleichsam **speak for your ˈself** (*umgs*) ◇ *'We didn't play very well.' 'Speak for yourself!'* „Wir haben nicht sehr gut gespielt."–„Das gilt vielleicht für dich, aber nicht für mich." **speaking as sth** als etw ◇ *Speaking as a teacher, I disagree.* Als Lehrer bin ich da anderer Meinung. **speak your ˈmind** seine Meinung sagen; sagen, was man denkt **sb ˌspeaks out of ˈturn** es steht jdm nicht zu, das/so etwas zu sagen ◇ *My secretary spoke out of turn.* Es stand meiner Sekretärin nicht zu, das zu sagen. ◇ *I'm sorry if I spoke out of turn.* Das hätte ich nicht sagen sollen. **speak ˈvolumes (about/for sth/sb)** Bände sprechen (über etw/jdn) **speak ˈwell/ˈill of sb** (*gehoben*) gut/schlecht über jdn sprechen → *Siehe auch* ACTION, DEVIL, FACT, LANGUAGE *und* MANNER PHRV **ˈspeak for sb** für jdn sprechen **ˈspeak of sth** (*gehoben*) von etw zeugen **ˌspeak ˈout (against sth)** sich gegen etw aussprechen **ˌspeak ˈup** lauter sprechen **ˌspeak ˈup (for sb/sth)** sich (für jdn/etw) einsetzen

-speak /spiːk/ (*in Nomina*) (*umgs, oft abwert*) -jargon ◇ *computerspeak* Computerjargon

speak·easy /ˈspiːkiːzi/ *Nomen* (*Pl* **-ies**) = Lokal, in dem während der Prohibitionszeit in Amerika illegal Alkohol ausgeschenkt wurde

speak·er /ˈspiːkə(r)/ *Nomen* **1** Redner(in) ◇ *She was a brilliant public speaker.* Sie war eine glänzende Rednerin. **2** Sprecher(in) ◇ *French speakers* Leute, die Französisch sprechen ◇ *native speakers of English* englische Muttersprachler **3 Speaker** ≈ Parlamentspräsident(in) **4** Lautsprecher, Box

speak·er·phone /ˈspiːkəfəʊn; *AmE* -kərfoʊn/ *Nomen* Freisprechtelefon

spear /spɪə(r); *AmE* spɪr/ *Nomen, Verb*
▸ ***Nomen*** **1** Speer, Lanze **2** Halm
▸ ***Verb*** aufspießen ◇ *spear fish* Fische mit Speeren fangen

spear·head /ˈspɪəhed; *AmE* ˈspɪrhed/ *Nomen, Verb*
▸ ***Nomen*** [meist Sing] (*gehoben*) Angriffsspitze ◇ *The new party was the spearhead of popular discontent.* Die neue Partei war der Anführer allgemeiner Unzufriedenheit.
▸ ***Verb*** (*gehoben*) anführen

spear·mint /ˈspɪəmɪnt; *AmE* ˈspɪrmɪnt/ *Nomen* Grüne Minze

spec /spek/ *Nomen* [Sing] (*BrE*) Spezifikationen → *Siehe auch* SPECIFICATION IDM **on ˈspec** (*BrE, umgs*) auf gut Glück

spe·cial /ˈspeʃl/ *Adj, Nomen*
▸ ***Adj*** **1** besondere(r,s), Sonder- ◇ *As an only child she got special attention.* Als Einzelkind schenkte man ihr immer ganz besondere Aufmerksamkeit. ◇ *There is something special about this place.* Dieser Ort hat etwas Besonderes an sich. ◇ *What are your special interests?* Wofür interessierst du dich besonders? ◇ *Please take special care of it.* Bitte pass ganz besonders gut darauf auf. ◇ *Our special guest on next week's show will be …* Unser Ehrengast bei der nächsten Show ist … ◇ *Don't lose it—it's special.* Verlier es nicht—es bedeutet mir viel. **2** speziell, Spezial-; (*Zweck*) bestimmt ◇ *This type of wood needs special treatment.* Diese Art von Holz benötigt eine Spezialbehandlung. **3** eigen ◇ *She has a special way of smiling.* Sie hat eine eigene Art zu lächeln.
▸ ***Nomen*** **1** (*TV, Radio*) Sondersendung; (*Presse*) Sonderausgabe; (*auf einer Speisekarte*) Tagesgericht **2** (*AmE, umgs*) Sonderangebot

ˌspecial ˈagent *Nomen* Geheimdienstagent(in)

ˌSpecial ˈBranch *Nomen* [mit Verb im Sing/Pl] = britische Sicherheitspolizei

ˌspecial ˈconstable *Nomen* (*in der britischen Polizei*) Hilfspolizist(in)

ˌspecial deˈlivery *Nomen* Eilzustellung

ˌspecial eduˈcation *Nomen* Sonderschulwesen, Sonderschulpädagogik

ˌspecial efˈfects *Nomen* [Pl] Spezialeffekte

spe·cial·ism /ˈspeʃəlɪzəm/ *Nomen* **1** Spezialgebiet **2** Spezialisierung

spe·cial·ist /ˈspeʃəlɪst/ *Nomen, Adj*
▸ ***Nomen*** **1** Spezialist(in), Fachmann, Fachfrau **2** Facharzt, Fachärztin
▸ ***Adj*** [nur vor Nomen] Fach-, Spezial- ◇ *You need some specialist advice.* Du brauchst den Rat eines Fachmanns.

spe·ci·al·ity /ˌspeʃiˈæləti/ *Nomen* (*BrE*) (*Pl* **-ies**) **1** Spezialität **2** Spezialgebiet, Fachgebiet

spe·cial·iza·tion (*BrE auch* **-isa·tion**) /ˌspeʃəlaɪˈzeɪʃn; *AmE* -ləˈ-/ *Nomen* Spezialisierung

spe·cial·ize (*BrE auch* **-ise**) /ˈspeʃəlaɪz/ *Verb* **~ (in sth)** sich (auf etw) spezialisieren

spe·cial·ized (*BrE auch* **-ised**) /ˈspeʃəlaɪzd/ *Adj* Spezial-, Fach-

spe·cial·ly /ˈspeʃəli/ *Adv* **1** speziell, extra ◇ *We came specially to see you.* Wir sind extra deinetwegen gekommen. **2** (*umgs*) besonders ◇ *I hate homework. Specially history.* Ich hasse Hausaufgaben—besonders Geschichte.

ˌspecial ˈneeds *Nomen* [Pl] (*bes BrE*) ◇ *children with special needs* lernbehinderte Kinder ◇ *special needs teachers* Sonderschullehrer

ˌspecial ˈoffer *Nomen* Sonderangebot ◇ *We have a special offer on perfume this week.* Wir haben Parfum diese Woche im Sonderangebot.

special ˈpleading *Nomen* **1** einseitige Beweisführung **2** Bitte um Sonderbehandlung

ˌspecial ˈschool *Nomen* Schule für Behinderte, Sonderschule

spe·cialty /ˈspeʃəlti/ *Nomen* (*Pl* **-ies**) (*bes AmE*) **1** Spezialität **2** Spezialgebiet, Fachgebiet

spe·cies /ˈspiːʃiːz/ *Nomen* (*Pl* **spe·cies**) (BIOL) Art

spe·cif·ic 🔑 /spəˈsɪfɪk/ *Adj* **1** genau, präzise **2** bestimmt, spezifisch ◇ *These viruses are specific to insects.* Diese Viren greifen nur Insekten an. ◇ *This teaching method is not specific to any particular language.* Die Lehrmethode kann auf jede Sprache angewendet werden.

spe·cif·ic·al·ly 🔑 /spəˈsɪfɪkli/ *Adv* **1** ausdrücklich **2** eigens, besonders **3** (**more**) ~ genauer gesagt

speci·fi·ca·tion /ˌspesɪfɪˈkeɪʃn/ *Nomen* Spezifikation ◇ *The office is furnished to a high specification.* Die Ausstattung des Büros entspricht den höchsten Maßstäben.

speˌcific ˈgravity *Nomen* spezifisches Gewicht

speci·fi·city /ˌspesɪˈfɪsəti/ *Nomen* (*gehoben*) Genauigkeit

spe·cif·ics /spəˈsɪfɪks/ *Nomen* [Pl] Einzelheiten, Details

spe·cify /ˈspesɪfaɪ/ *Verb* (**-fies**, **-fy·ing**, **-fied**, **-fied**) **1** angeben ◇ *by the specified date* bis zum genannten Zeitpunkt **2** vorschreiben ◇ *The contract clearly specifies who can operate the machinery.* Im Vertrag ist genau festgelegt, wer die Maschinen betätigen darf.

speci·men /ˈspesɪmən/ *Nomen* **1** (*Blut-, Urin-*) Probe ◇ *specimens of rock* Gesteinsproben **2** Exemplar

spe·cious /ˈspiːʃəs/ *Adj* (*gehoben*) trügerisch, fadenscheinig

speck /spek/ *Nomen* Pünktchen, Fleck; (*Staub-*) Körnchen

speckle /ˈspekl/ *Nomen* Tupfen, Sprenkel

speck·led /ˈspekld/ *Adj* gesprenkelt

specs /speks/ *Nomen* [Pl] **1** (*bes BrE, umgs*) Brille **2** (*AmE*) Spezifikationen

spec·tacle /ˈspektəkl/ *Nomen* **1** **spectacles** [Pl] (*gehoben*) Brille **2** Schauspiel, Spektakel **3** Anblick IDM **make a ˈspectacle of yourself** sich lächerlich machen

spec·tacu·lar /spekˈtækjələ(r)/ *Adj, Nomen*
▸ ***Adj*** spektakulär
▸ ***Nomen*** Show

spec·tacu·lar·ly /spekˈtækjələli; *AmE* -lərli/ *Adv* **1** unglaublich **2** sensationell

spec·tate /spekˈteɪt/ *Verb* zuschauen

spec·ta·tor /spekˈteɪtə(r); *AmE* ˈspekteɪtər/ *Nomen* Zuschauer(in)

specˈtator sport *Nomen* Zuschauersport

spec·tra *Form von* SPECTRUM

spec·tral /ˈspektrəl/ *Adj* **1** (*gehoben*) gespenstisch, geisterhaft **2** (PHYSIK) spektral, Spektral-

spectre (*AmE* **spec·ter**) /ˈspektə(r)/ *Nomen* **1** Schreckgespenst **2** (*gehoben*) Gespenst

spec·trom·eter /spekˈtrɒmɪtə(r); *AmE* -ˈtrɑːm-/ *Nomen* Spektrometer

spec·tros·copy /spekˈtrɒskəpi; *AmE* -ˈtrɑːskə-/ *Nomen* Spektroskopie

spec·trum /ˈspektrəm/ *Nomen* (*Pl* **spec·tra** /-trə/) Spektrum (*auch fig*)

specu·late /ˈspekjuleɪt/ *Verb* **1** ~ (**about/on sth**) (über etw) Vermutungen anstellen, (über etw) spekulieren ◇ *We can speculate that …* Man darf vermuten, dass … **2** ~ (**in/on sth**) (WIRTSCH) (in/an etw) spekulieren

specu·la·tion /ˌspekjuˈleɪʃn/ *Nomen* **1** Spekulation, Vermutung ◇ *There was widespread speculation that she was going to resign.* Es wurde von vielen Seiten vermutet, dass sie zurücktreten würde. **2** ~ (**in sth**) (WIRTSCH) Spekulation (in etw)

specu·la·tive /ˈspekjələtɪv; *AmE auch* -leɪtɪv/ *Adj* (*gehoben*) **1** spekulativ ◇ *a speculative look* ein fragender Blick **2** (WIRTSCH) Spekulations-

specu·la·tor /ˈspekjuleɪtə(r)/ *Nomen* Spekulant(in)

sped *Form von* SPEED

speech 🔑 /spiːtʃ/ *Nomen* **1** Rede ◇ *freedom of speech* Redefreiheit ◇ *She has the longest speech in the play.* Sie hat den längsten Text in dem Stück. **2** Sprach-/Sprechvermögen ◇ *a speech defect* ein Sprachfehler **3** Sprechweise **4** gesprochene Sprache

ˈspeech bubble *Nomen* Sprechblase

ˈspeech day *Nomen* (*BrE*) = Feier mit Zeugnisvergabe

speechi·fy·ing /ˈspiːtʃɪfaɪɪŋ/ *Nomen* (*umgs, abwert*) Redenschwingen

speech·less /ˈspiːtʃləs/ *Adj* (*Adv* **speech·less·ly**) wortlos, sprachlos ◇ *His words left her speechless.* Seine Worte verschlugen ihr die Sprache.

speech·less·ness /ˈspiːtʃləsnəs/ *Nomen* Sprachlosigkeit

ˈspeech marks *Nomen* [Pl] Anführungszeichen

ˈspeech ˈtherapist *Nomen* Sprachtherapeut(in), Logopäde, Logopädin

ˌspeech ˈtherapy *Nomen* Sprachtherapie

speed 🔑 /spiːd/ *Nomen, Verb*
▸ ***Nomen*** **1** Geschwindigkeit, Tempo, Schnelligkeit ◇ *at full/top speed* mit Höchstgeschwindigkeit ◇ *at the speed of light* mit Lichtgeschwindigkeit ◇ *He reduced speed.* Er bremste. ◇ *pick up speed* schneller werden ◇ *gather speed* beschleunigen ◇ *We aim to increase the speed of delivery.* Wir beabsichtigen unsere Lieferzeit zu verkürzen. ◇ *She was overtaken by the speed of events.* Die Ereignisse brachen über sie herein. **2** (*von Film*) Lichtempfindlichkeit **3** (*von Kameras*) Verschlussgeschwindigkeit **4** (*meist in Zusammensetzungen*) (*im Auto etc.*) Gang ◇ *a four-speed gearbox* ein 4-Gang-Getriebe **5** (*umgs*) (*Droge*) Speed IDM **full speed/steam aˈhead** volle Kraft voraus **up to ˈspeed** auf dem neuesten Stand; auf dem Laufenden → *Siehe auch* HASTE *und* TURN
▸ ***Verb*** (**speed·ed**, **speed·ed**, **sped**, **sped** /sped/) ℹ In Bedeutung 1 und 2 auch **sped**, **sped** -/sped//. **1** (*gehoben*) rasen **2** (*gehoben*) rasch befördern ◇ *The cab speeded them into the city centre.* Das Taxi brachte sie schnell in die Innenstadt. **3** (*gehoben*) beschleunigen **4** (*meist in der Verlaufsform*) zu schnell fahren, die Geschwindigkeit übertreten PHR V **ˌspeed (sth) ˈup** (etw) beschleunigen

speed·boat /ˈspiːdbəʊt; *AmE* -boʊt/ *Nomen* Schnellboot, Rennboot

ˈspeed camera *Nomen* (*BrE*) (RECHT) Radarkamera, Blitzer ◇ *He was caught on speed camera.* Er wurde geblitzt.

ˈspeed hump (*AmE meist* **ˈspeed bump**) *Nomen* Bodenschwelle

speed·ing /ˈspiːdɪŋ/ *Nomen* zu schnelles Fahren, Geschwindigkeitsüberschreitung

ˈspeed limit *Nomen* Geschwindigkeitsbegrenzung

speed·om·eter /spiːˈdɒmɪtə(r); *AmE* -ˈdɑːm-/ *Nomen* Tachometer

ˈspeed skating *Nomen* Eisschnelllauf

ˈspeed trap *Nomen* Radarfalle

speed·way /ˈspiːdweɪ/ *Nomen* **1** (*BrE*) Speedwayrennen **2** (*AmE*) Rennstrecke

speed·well /ˈspiːdwel/ *Nomen* (BOT) Ehrenpreis

speedy /ˈspiːdi/ *Adj* (**speed·ier**, **speedi·est**) (*Adv* **speed·ily** /-dəli/) schnell ◇ *a speedy reply* eine umgehende Antwort

spele·olo·gist /ˌspiːliˈɒlədʒɪst; *AmE* -ˈɑːlə-/ *Nomen* Höhlenforscher(in)

spele·ology /ˌspiːliˈɒlədʒi; *AmE* -ˈɑːlə-/ *Nomen* Höhlenforschung

spell 0‐ /spel/ *Verb, Nomen*

▸ ***Verb*** (**spelt**, **spelt** /spelt/ *oder* **spelled**, **spelled**) **1** buchstabieren, (richtig) schreiben ◇ *How do you spell your name?* Wie schreibt man Ihren Namen? ◇ *I've never been able to spell.* Meine Rechtschreibung war noch nie gut. **2** ergeben **3 ~ sth (for sb/sth)** etw (für jdn/etw) bedeuten PHRV **ˌspell sth ˈout 1** etw klar machen **2** etw buchstabieren

▸ ***Nomen*** **1** Weile, kurze Zeit ◇ *She had a spell as a singer before becoming an actress.* Sie war eine Zeit lang Sängerin, bevor sie Schauspielerin wurde. ◇ *a hot spell* eine Hitzewelle ◇ *dizzy spells* Schwindelanfälle **2** Zauberspruch ◇ *put a spell on sb* jdn verhexen ◇ *be under a spell* verhext sein **3** [Sing] (*fig*) Bann, Zauber ◇ *I completely fell under her spell.* Ich war völlig in ihrem Bann. IDM → CAST *und* WEAVE

spell·bind·ing /ˈspelbaɪndɪŋ/ *Adj* fesselnd

spell·bound /ˈspelbaʊnd/ *Adj* (wie) gebannt ◇ *hold sb spellbound* jdn in seinen Bann ziehen

spell·check /ˈspeltʃek/ *Verb, Nomen*

▸ ***Verb*** **1** (COMP) die Rechtschreibung prüfen **2 ~ sth** etw durch die Rechtschreibprüfung laufen lassen

▸ ***Nomen*** Rechtschreibprüfung

spell·checker /ˈspeltʃekə(r)/ *Nomen* (COMP) Rechtschreibprüfung

spell·er /ˈspelə(r)/ *Nomen* ◇ *He's a bad speller.* Seine Rechtschreibung ist schlecht.

spell·ing 0‐ /ˈspelɪŋ/ *Nomen* **1** Rechtschreibung ◇ *spelling mistakes* Rechtschreibfehler **2** Schreibweise ◇ *a list of difficult spellings* eine Liste mit schwierigen Wörtern

ˈspell·ing bee *Nomen* (*AmE*) Rechtschreibwettbewerb

spelt /spelt/ *Nomen, Verb*

▸ ***Nomen*** Dinkel

▸ ***Verb*** *Form von* SPELL

spe·lunk·er /spɪˈlʌŋkə(r)/ *Nomen* (*AmE*) Höhlenforscher(in)

spe·lunk·ing /spɪˈlʌŋkɪŋ/ *Nomen* (*AmE*) Höhlenforschung

spend 0‐ /spend/ *Verb, Nomen*

▸ ***Verb*** (**spent**, **spent** /spent/) **1 ~ sth (on sth)** etw (für etw) ausgeben **2** (*Zeit*) verbringen ◇ *How long did you spend on your homework?* Wie lange hast du für die Hausaufgaben gebraucht? **3** verbrauchen ◇ *Their energy was completely spent.* Sie hatten ihre ganze Energie erschöpft. IDM **spend the ˈnight with sb 1** bei jdm übernachten **2** die Nacht mit jdm verbringen **spend a ˈpenny** (*BrE, umgs, veraltet*) (*zur Toilette gehen*) verschwinden

▸ ***Nomen*** [Sing] (*umgs*) Ausgabe(n) ◇ *The average spend was $20.* Jeder gab durchschnittlich $20 aus.

spend·er /ˈspendə(r)/ *Nomen* ◇ *She's a big spender.* Bei ihr sitzt das Geld locker. ◇ *He's a compulsive spender.* Er hat ein zwanghaftes Kaufverhalten.

spend·ing /ˈspendɪŋ/ *Nomen* Ausgaben, Etat

ˈspending money *Nomen* Taschengeld

spend·thrift /ˈspendθrɪft/ *Nomen, Adj* (*abwert*)

▸ ***Nomen*** Geldverschwender(in)

▸ ***Adj*** verschwenderisch

spent /spent/ *Adj* **1** verbraucht ◇ *spent blooms* verblühte Blumen **2** (*gehoben*) erschöpft IDM **a ˌspent ˈforce** jemand, dessen Macht sich erschöpft hat; jemand, der nichts mehr zu sagen hat → *Siehe auch* SPEND

sperm /spɜːm; *AmE* spɜːrm/ *Nomen* (*Pl* **sperm** *oder* **sperms**) **1** Samenzelle ◇ *a sperm bank* eine Samenbank ◇ *a low sperm count* eine geringe Spermienzahl **2** Sperma, Samenflüssigkeit

sperm·ato·zoon /ˌspɜːmətəˈzəʊən; *AmE* ˌspɜːrmətəˈzoʊ-/ *Nomen* (*Pl* **sperm·ato·zoa** /-ˈzəʊə; *AmE* -ˈzoʊə/) (BIOL) Samenzelle, Spermium

spermi·cidal /ˌspɜːmɪˈsaɪdl; *AmE* ˌspɜːrm-/ *Adj* [nur vor Nomen] samenabtötend

spermi·cide /ˈspɜːmɪsaɪd; *AmE* ˈspɜːrm-/ *Nomen* Spermizid

ˈsperm whale *Nomen* Pottwal

spew /spjuː/ *Verb* **1** ausspeien ◇ *Flames spewed from the engine.* Flammen schlugen aus dem Motor. **2 ~ (sth) (up)** (*BrE, umgs*) (etw) speien

sphag·num /ˈsfægnəm/ (*auch* **ˈSphagnum moss**) *Nomen* Torfmoos

sphere /sfɪə(r); *AmE* sfɪr/ *Nomen* **1** Kugel **2** Bereich, Sphäre ◇ *the sphere of influence of the US* der amerikanische Einflussbereich ◇ *the political sphere* die Politik ◇ *different social spheres* verschiedene Gesellschaftskreise

spher·ic·al /ˈsferɪkl; *AmE auch* ˈsfɪr-/ *Adj* kugelförmig, rund

spher·oid /ˈsfɪərɔɪd; *AmE* ˈsfɪrɔɪd/ *Nomen* kugelförmiger Körper

sphinc·ter /ˈsfɪŋktə(r)/ *Nomen* (ANAT) Schließmuskel

sphinx /sfɪŋks/ *Nomen* Sphinx

spic /spɪk/ *Nomen* (*bes AmE, Slang, beleidigend*) = abwertendes Wort für jdn, der aus einem Spanisch sprechenden Land, wie z.B. Mexiko oder Puerto Rico, kommt IDM → SPICK

spice 0‐ /spaɪs/ *Nomen, Verb*

▸ ***Nomen*** **1** Gewürz ◇ *a spice rack* ein Gewürzregal **2** (*fig*) Würze, Reiz IDM → VARIETY

▸ ***Verb*** **~ sth (up) (with sth) 1** etw (mit etw) würzen **2** (*fig*) etw (mit etw) aufpeppen, etw (durch etw) interessanter machen ◇ *spice up a story* eine Geschichte ausschmücken

spick /spɪk/ *Adj* IDM **ˌspick and ˈspan**; **ˌspic and ˈspan** blitzsauber; blitzblank

spicy 0‐ /ˈspaɪsi/ *Adj* (**spici·er**, **spici·est**) **1** würzig **2** (*umgs*) (*fig*) pikant

spider 0‐ /ˈspaɪdə(r)/ *Nomen* Spinne

ˈspider monkey *Nomen* Klammeraffe

ˈspider's web (*auch* **web**; *bes AmE* **ˈspider web**) *Nomen* **1** Spinnennetz, Spinnwebe **2** (*fig*) Netz

spi·dery /ˈspaɪdəri/ *Adj* spinnenhaft ◇ *spidery writing* krakelige Schrift

spied *Form von* SPY

spiel /ʃpiːl, spiːl/ *Nomen* (*umgs, meist abwert*) Sermon

spiff /spɪf/ *Verb* PHRV **ˌspiff sb/sth ˈup** (*AmE, umgs*) ◇ *She spiffed up her old shoes.* Sie polierte ihre alten Schuhe auf. ◇ *He got all spiffed up.* Er machte sich schick.

spiffy /ˈspɪfi/ *Adj* (*AmE, umgs*) schick

spigot /ˈspɪgət/ *Nomen* **1** (*Fachspr*) Spund **2** (*AmE*) Leitungs-/Wasserhahn

spike /spaɪk/ *Nomen, Verb*

▸ ***Nomen*** **1** Spitze ◇ *Her hair stood up in spikes.* Sie hatte eine Stachelfrisur. **2** [meist Pl] (*an Schuhen*) Spike **3 spikes** [Pl] (*Schuhe*) Spikes **4** (BOT) Ähre

▸ ***Verb*** **1** aufspießen **2 ~ sth (with sth)** ◇ *Her drink had been spiked.* Man hatte ihr etwas in den Drink gemischt. ◇ *a drink spiked with tranquillizers* ein Getränk, in das Betäubungsmittel gemischt wurden ◇ (*fig*) *Her words were spiked with malice.* Ihre

Worte waren voller Bosheit. **3** (*Zeitungsartikel etc.*) ablehnen **4** (*Mühe etc.*) zunichtemachen IDM **spike sb's 'guns** (*BrE*) jdm einen Strich durch die Rechnung machen

spiked /spaɪkt/ *Adj* stachelig ◇ *spiked running shoes* Laufschuhe mit Spikes ◇ *short spiked hair* ein Igelschnitt ◇ *a spiked helmet* eine Pickelhaube

spike 'heel *Nomen* Stilettoabsatz, Pfennigabsatz

spiky /ˈspaɪki/ *Adj* **1** spitz, stachelig **2** (*BrE, umgs*) empfindlich

spill /spɪl/ *Verb, Nomen*

▸ ***Verb*** (**spilled, spilled**, *BrE auch* **spilt, spilt** /spɪlt/) **1** sich ergießen, strömen **2 ~ sth** etw verschütten IDM **spill the 'beans** (*umgs*) etw ausplaudern **spill (sb's) 'blood** (*gehoben*) (jds) Blut vergießen **spill your 'guts (to sb)** (*AmE, umgs*) (jdm) sein Herz ausschütten PHR V **ˌspill 'out** strömen, sich ergießen **ˌspill sth 'out** ◇ *Has she been spilling out her troubles to you?* Hat sie dir ihr Herz ausgeschüttet? ◇ *The bag fell to the floor and spilled out its contents.* Die Tüte fiel auf den Boden und der Inhalt purzelte heraus. **ˌspill 'over** überlaufen ◇ *Her emotions suddenly spilled over.* Sie konnte ihre Gefühle plötzlich nicht mehr beherrschen. **ˌspill 'over into sth** auf etw übergreifen

▸ ***Nomen*** **1** verschüttete Menge, Lache ◇ *I wiped up the coffee spills.* Ich wischte den verschütteten Kaffee auf. ◇ *Many seabirds died as a result of the oil spill.* Viele Seevögel kamen durch den Ölteppich um. **2** Fidibus **3** [meist Sing] Sturz ◇ *take a spill* stürzen/fallen IDM → THRILL

spill·age /ˈspɪlɪdʒ/ *Nomen* (*gehoben*) **1** Verschütten **2** verschüttete Menge, Lache

spill·over /ˈspɪləʊvə(r); *AmE* -loʊ-/ *Nomen* Ausbreiten, Überschwappen ◇ *The developments will create spillovers for neighbouring regions.* Die Entwicklungen werden sich auf die Nachbarregionen ausbreiten. ◇ *A second room was needed for the spillover of staff.* Man benötigte einen zweiten Raum für die Angestellten, für die kein Platz mehr war. ◇ *spillover effects* Nebenwirkungen

spim /spɪm/ *Nomen* [U] (*umgs*) Spim, Spam per Instant Messenger

spin 0‑ᴡ /spɪn/ *Verb, Nomen*

▸ ***Verb*** (**spin·ning, spun, spun** /spʌn/) **1 ~ (round/around)** sich (herum)drehen, herumwirbeln ◇ *My head is spinning.* Mir schwirrt der Kopf. ◇ *He spun around to face her.* Er fuhr herum und sah sie an. **2 ~ sth (round/around)** etw herumdrehen, etw kreisen lassen ◇ *spin a coin* eine Münze hochwerfen **3** spinnen **4** rasen **5** (*Wäsche*) schleudern **6** (*Tatsachen*) verschönern IDM **spin a 'yarn** Seemannsgarn spinnen **spin sb a 'yarn** jdm eine Lügengeschichte erzählen → *Siehe auch* HEEL PHR V **ˌspin 'off (from sth)** (von etw) ein Nebenprodukt sein **ˌspin sth 'off** (*bes AmE*) (WIRTSCH) etw abspalten, etw ausgliedern **ˌspin sth 'out** etw in die Länge ziehen

▸ ***Nomen*** **1** Drehung, Rotation ◇ *Give the washing a short spin.* Schleudern Sie die Wäsche kurz. **2** [meist Sing] (*von Flugzeug etc.*) Trudeln **3** (*umgs, veraltend*) (*mit dem Auto etc.*) Spritztour **4** (*von Ball*) Spin, Drall ◇ *She puts a lot of spin on the ball.* Sie schneidet den Ball stark an. **5** [Sing] (*umgs*) (*bei Meinungsäußerung*) Interpretation ◇ *Politicians put their own spin on the economic situation.* Die Politiker legen die wirtschaftliche Lage zu ihrem eigenen Nutzen aus. IDM **in a (flat) 'spin** am Rotieren ◇ *It put me in a spin.* Das brachte mich zum Rotieren.

spina bif·ida /ˌspaɪnə ˈbɪfɪdə/ *Nomen* (MED) offene Wirbelsäule, Spina bifida

spin·ach /ˈspɪnɪtʃ, -nɪdʒ/ *Nomen* Spinat

spinal /ˈspaɪnl/ *Adj* Rückgrat- ◇ *the spinal column* die Wirbelsäule ◇ *the spinal cord* das Rückenmark ◇ (*AmE*) *a spinal tap* eine Lumbalpunktion

spin·dle /ˈspɪndl/ *Nomen* Spindel

spindly /ˈspɪndli/ *Adj* (*umgs, oft abwert*) spindeldürr

'spin doctor *Nomen* (*umgs*) = Person, deren Aufgabe es ist, eine Partei, Organisation etc. in der Öffentlichkeit in möglichst positivem Licht zu präsentieren

ˌspin-'dry *Verb* (*BrE*) schleudern

ˌspin 'dryer (*auch* **ˌspin 'drier**) *Nomen* (*BrE*) Wäscheschleuder

spine /spaɪn/ *Nomen* **1** Rückgrat **2** Stachel, Dorn **3** Buchrücken

'spine-chilling *Adj* gruselig

spine·less /ˈspaɪnləs/ *Adj* **1** wirbellos, ohne Rückgrat (*auch fig*) **2** stachellos, dornenlos

spi·net /spɪˈnet; *AmE* ˈspɪnət/ *Nomen* **1** Spinett **2** (*AmE*) kleines Klavier

'spine-tingling *Adj* schaurig, (einen angenehmen) Schauder erregend

spin·naker /ˈspɪnəkə(r)/ *Nomen* Spinnaker

spin·ner /ˈspɪnə(r)/ *Nomen* **1** = Werfer beim Kricket, der dem Ball einen Drall gibt **2** Spinner(in) **3** Spinnköder, Spinner

spin·ney /ˈspɪni/ *Nomen* (*BrE*) Wäldchen

spin·ning /ˈspɪnɪŋ/ *Nomen* Spinnen

'spinning wheel *Nomen* Spinnrad

'spin-off *Nomen* Nebenprodukt; (*fig*) Nebeneffekt ◇ *The TV series is a spin-off of the original movie.* Die Fernsehserie geht auf den Film zurück. ◇ *spin-off merchandise from the latest Disney movie* Merchandise-Produkte des neuesten Disney-Films

spin·ster /ˈspɪnstə(r)/ *Nomen* (*veraltet, oft abwert*) alte Jungfer

spiny /ˈspaɪni/ *Adj* stachelig, dornig

spiral /ˈspaɪrəl/ *Nomen, Adj, Verb*

▸ ***Nomen*** Spirale ◇ *spirals of smoke* Rauchkringel ◇ *the upward spiral of sales* die steigende Verkaufsspirale ◇ *His career continued on a downward spiral.* Mit seiner Karriere ging es stetig abwärts.

▸ ***Adj*** (*Adv* **spir·al·ly** /-rəli/) spiralförmig ◇ *a spiral staircase* eine Wendeltreppe

▸ ***Verb*** (**-ll-**, *AmE meist* **-l-**) **1** spiralförmig aufsteigen/fallen **2** (*fig*) (nach oben) klettern ◇ *spiralling unemployment* die rapide ansteigende Arbeitslosigkeit ◇ *Prices are spiralling out of control.* Die Preisspirale ist nicht mehr zu kontrollieren. PHR V **ˌspiral 'down/'downward** abwärts kreisen; (*fig*) fallen ◇ *a downward spiralling economy* eine Wirtschaft, mit der es rapide abwärtsgeht

spire /ˈspaɪə(r)/ *Nomen* Turm(spitze)

spirit 0‑ᴡ /ˈspɪrɪt/ *Nomen, Verb*

▸ ***Nomen*** **1** Geist, Seele **2** (*fig*) Sinn, Geist ◇ *community spirit* Gemeinschaftssinn ◇ *the spirit of the times* der Zeitgeist ◇ *Where's your spirit of adventure?* Wo ist dein Unternehmungsgeist? **3 spirits** [Pl] Stimmung ◇ *be in high/low spirits* in guter/gedrückter Stimmung sein ◇ *Try and keep your spirits up.* Lass den Mut nicht sinken. **4** Einstellung, Gemütsverfassung ◇ *That's the spirit!* Das ist die richtige Einstellung! ◇ *Everyone entered into the spirit of things.* Alle machten mit. **5** Elan, Mut ◇ *The team played with tremendous spirit.* Die Mannschaft spielte mit großartigem Einsatz. **6** (*in Verbindung mit einem Adjektiv*) Mensch ◇ *a generous spirit* ein großzügiger Mensch ◇ *kindred spirits* gleich Gesinnte ◇ *She was one of the leading spirits of the reform.* Sie war eine der treibenden Kräfte der Reform. **7** Spiritus, Alkohol → *Siehe* *auch* METHYLATED SPIRIT, SURGICAL SPIRIT *und* WHITE SPIRIT **8** [meist Pl] (*bes BrE*) Spirituose IDM **in 'spirit** im Geiste **the ˌspirit is 'willing (but the ˌflesh is 'weak)** (*hum*) der Geist ist willig, aber das Fleisch ist schwach **as/when/if the ˌspirit 'moves you** wie/wenn man gerade Lust hat → *Siehe auch* FIGHT *und* RAISE

▸ ***Verb*** zaubern ◇ *The band was spirited away before their fans could get near them.* Die Band verschwand, bevor die Fans in ihre Nähe kommen konnten.

spir·it·ed /ˈspɪrɪtɪd/ *Adj* (*Adv* **spir·it·ed·ly**) temperamentvoll, energiegeladen ◇ *a spirited horse* ein feuriges Pferd ◇ *She put up a spirited defence of her client.* Sie verteidigte ihren Klienten energisch. → *Siehe auch* HIGH-SPIRITED *und* PUBLIC-SPIRITED

ˈspirit level (*auch* **level**) *Nomen* Wasserwaage

spir·it·ual 0‑‑ /ˈspɪrɪtʃuəl/ *Adj, Nomen*

▸ ***Adj*** (*Adv* **spir·itu·al·ly** /-əli/) **1** geistig-seelisch ◇ *his spiritual life* sein Seelenleben ◇ *spiritual welfare* Seelenheil ◇ *a spiritually uplifting book* ein erhebendes Buch **2** geistlich ◇ *a spiritual leader* ein geistlicher Führer IDM **sb's ˌspiritual 'home** jds geistige Heimat

▸ ***Nomen*** (MUS) Spiritual

spir·itu·al·ism /ˈspɪrɪtʃuəlɪzəm/ *Nomen* Spiritismus

spir·itu·al·ist /ˈspɪrɪtʃuəlɪst/ *Nomen* Spiritist(in)

spir·itu·al·ity /ˌspɪrɪtʃuˈæləti/ *Nomen* Spiritualität

spir·itu·al·ly *Adv* → SPIRITUAL

spit /spɪt/ *Verb, Nomen*

▸ ***Verb*** (**spit·ting, spat, spat** /spæt/, *AmE auch* **spit, spit**) **1** ~ **sth (out)** etw (aus)spucken **2** ~ **(at/on sb/sth)** (auf jdn/etw) spucken **3** hervorstoßen, fauchen **4** (*Katze etc.*) fauchen; (*Schlange*) zischen **5** (*in der Pfanne*) spritzen; (*im Feuer*) Funken schlagen **6** (*umgs*) (*nur in der Verlaufsform*) (*regnen*) tröpfeln IDM **ˌspit it 'out** (*umgs*) spuck's aus; raus damit **within 'spitting distance (of sth)** (*BrE, umgs*) ganz in der Nähe (von etw) → *Siehe auch* IMAGE

▸ ***Nomen*** **1** Spucke **2** Ausspucken **3** Landzunge **4** (GASTRON) Spieß IDM **ˌspit and 'polish** (*umgs*) Wienern

spite 0‑‑ /spaɪt/ *Nomen, Verb*

▸ ***Nomen*** Boshaftigkeit IDM **in 'spite of sth** trotz einer Sache ◇ *In spite of his age, he's still very active.* Trotz seines Alters ist er immer noch sehr aktiv. **in 'spite of yourself** ohne es zu wollen; gegen seinen Willen

▸ ***Verb*** (*nur im to-Infinitiv*) ärgern ◇ *They're doing it just to spite us.* Sie machen das nur, um uns zu ärgern. IDM → NOSE

spite·ful /ˈspaɪtfl/ *Adj* (*Adv* **spite·ful·ly** /-fəli/) boshaft, gehässig

spite·ful·ness /ˈspaɪtflnəs/ *Nomen* Gehässigkeit

spit·tle /ˈspɪtl/ *Nomen* (*veraltet*) Speichel

spit·toon /spɪˈtuːn/ *Nomen* Spucknapf

spiv /spɪv/ *Nomen* (*BrE, Slang, abwert*) Gauner

splash /splæʃ/ *Verb, Nomen*

▸ ***Verb*** **1** spritzen, platschen **2** ~ **sth on/onto/over sb/sth** etw auf/über jdn/etw spritzen; ~ **sb/sth (with sth)** jdn/etw (mit etw) bespritzen ◇ *He splashed cold water on his face./He splashed his face with cold water.* Er spritzte sich kaltes Wasser ins Gesicht. **3** planschen **4** **splashed with red, yellow, etc.** mit großen roten, gelben etc. Farbtupfern PHR V **ˌsplash sth across/over sth** ◇ *The story was splashed across the front pages of the papers.* Die Story wurde in großer Aufmachung auf der ersten Seite der Zeitungen gebracht. ◇ *The name of their sponsor is splashed across their shirts.* Der Name ihres Sponsors steht groß und deutlich auf ihren Trikots. **ˌsplash 'down** (*Raumschiff*) wassern **ˌsplash 'out (on sth)** (*BrE, umgs*) (für etw) eine Menge Geld ausgeben ◇ *We splashed out and bought a new car.* Wir haben uns einfach ein neues Auto geleistet. **ˌsplash sth 'out (on/for sth)** (*BrE, umgs*) etw (für etw) ausgeben ◇ *He splashed out a million to buy the house.* Er hat eine Million für das Haus hingelegt.

▸ ***Nomen*** **1** Platschen, Klatschen ◇ *We heard the splash when she fell into the pool.* Wir hörten es klatschen, als sie ins Schwimmbecken fiel. **2** Spritzer ◇ *splashes of mud* Dreckflecken **3** (*Farb-, Licht-*) Fleck **4** [Sing] (*BrE, umgs*) (*in Getränken*) Schuss, Spritzer **5** [Sing] Aufmacher IDM **make/cause, etc. a 'splash** (*umgs*) Aufsehen erregen; großen Eindruck machen

splash·down /ˈsplæʃdaʊn/ *Nomen* (*eines Raumschiffs*) Wasserung

splat /splæt/ *Nomen, Adv*

▸ ***Nomen*** (*umgs*) Klatsch

▸ ***Adv*** (*umgs*) platschend

splat·ter /ˈsplætə(r)/ *Verb* **1** prasseln **2** (be)spritzen, (be)kleckern

splay /spleɪ/ *Verb* **1** ~ **sth (out)** etw spreizen **2** ~ **(out)** sich spreizen

spleen /spliːn/ *Nomen* **1** Milz **2** (*gehoben*) Wut ◇ *He vented his spleen on us.* Er ließ seine Wut an uns aus.

splen·did /ˈsplendɪd/ *Adj* (*Adv* **splen·did·ly**) **1** (*bes BrE, veraltet*) großartig **2** prachtvoll, herrlich ◇ *The hotel stands in splendid isolation on the hill.* Das Hotel ist weit und breit das einzige Gebäude auf dem Hügel.

splen·dour (*AmE* **splen·dor**) /ˈsplendə(r)/ *Nomen* Glanz, Pracht ◇ *The palace has been restored to its former splendour.* Der Palast wurde restauriert und erstrahlt wieder in altem Glanz.

splice /splaɪs/ *Verb, Nomen*

▸ ***Verb*** ~ **sth (together)** **1** etw verspleißen **2** (*Film, Tonband*) zusammenkleben IDM **get 'spliced** (*BrE, umgs, veraltet*) heiraten

▸ ***Nomen*** Spleiß; (*Film, Tonband*) Klebestelle

spliff /splɪf/ *Nomen* (*BrE, Slang*) Joint

splint /splɪnt/ *Nomen* (MED) Schiene ◇ *put a leg in splints* ein Bein schienen

splin·ter /ˈsplɪntə(r)/ *Nomen, Verb*

▸ ***Nomen*** Splitter

▸ ***Verb*** zersplittern ◇ *The impact splintered the wood.* Durch den Aufprall zerbarst das Holz.

ˈsplinter group *Nomen* Splittergruppe

split 0‑‑ /splɪt/ *Verb, Nomen*

▸ ***Verb*** (**split·ting, split, split**) **1** spalten ◇ *a debate that has split the country down the middle* eine Debatte, die das Land in zwei Lager gespalten hat **2** sich spalten ◇ *The committee split over subsidies.* Der Ausschuss war sich in der Frage der Zuschüsse uneins. **3** ~ **sth (into sth)** etw (in etw) aufteilen **4** ~ **(into sth)** sich (in etw) aufteilen ◇ *The results split into two groups.* Die Ergebnisse lassen sich zwei Gruppen zuordnen. **5** ~ **sth (between sb/sth)** etw (zwischen jdm/etw) aufteilen ◇ *We share a house and split all the bills.* Wir wohnen zusammen und teilen uns alle Ausgaben. ◇ *His time is split between London and Paris.* Er verbringt einen Teil seiner Zeit in London und den Rest in Paris. **6** ~ **sth (with sb)** sich etw (mit jdm) teilen **7** ~ **(open)** (auf)reißen, (auf)platzen **8** ~ **sth (open)** etw aufreißen, etw aufspalten **9** ~ **sth (open)** (*Kopf etc.*) aufschlagen **10** ~ **(from/with sb)** sich (von jdm) trennen **11** (*umgs, veraltet*) abhauen IDM **split 'hairs** Haarspalterei betreiben **split an in'finitive** im Englischen ein Adverb zwischen den Infinitiv und „to“ einschieben **split your 'sides (laughing/with laughter)** vor Lachen platzen **split the 'ticket** (*AmE*) (POL) seine Stimme splitten PHR V **ˌsplit a'way/'off (from sth)** sich (von etw) absplittern **ˌsplit sth a'way/'off (from sth)** etw (von etw) absplittern **ˌsplit on sb (to sb)** (*BrE, umgs*) jdn (bei jdm) verpfeifen **ˌsplit 'up** sich aufteilen **ˌsplit 'up (with sb)** sich (von jdm) trennen **ˌsplit sb 'up**

jdn trennen ◇ *My friend is doing her best to split us up.* Meine Freundin tut, was sie kann, um uns auseinanderzubringen. **split sb/sth 'up** jdn/etw aufteilen
▸ ***Nomen*** **1** Bruch ◇ *a split within the party leadership* eine Spaltung innerhalb der Parteiführung ◇ *following his split with his wife* nach der Trennung von seiner Frau **2** [Sing] (Auf)teilung ◇ *He demanded a 50-50 split in the profits.* Er verlangte, dass die Gewinne halbe-halbe geteilt würden. **3** Riss **4** **banana ~** Bananensplit **5 the splits** [Pl] (*AmE auch* **split** [Sing]) (*Turnen*) Spagat

ˌsplit 'ends *Nomen* [Pl] Spliss

ˌsplit inˈfinitive *Nomen* Infinitivkonstruktion im Englischen, bei der ein Adverb zwischen „to" und Verb eingeschoben wird, z.B. „to boldly go"

ˌsplit-level *Adj* auf zwei Ebenen ◇ *a split-level bedroom* ein Schlafzimmer auf zwei Ebenen

ˌsplit 'pea *Nomen* [meist Pl] getrocknete (halbe) Erbse

ˌsplit 'second *Nomen* Bruchteil einer Sekunde

ˌsplit-'second *Adj* [nur vor Nomen] ◇ *She had to make a split-second decision.* Sie musste sich in Sekundenschnelle entscheiden. ◇ *The raid depends on split-second timing.* Die Aktion muss auf die Sekunde genau ausgeführt werden.

ˌsplit 'ticket *Nomen* = in den USA Wahlzettel, auf dem Stimmen für Kandidaten unterschiedlicher Parteien abgegeben werden

split·ting /ˈsplɪtɪŋ/ *Adj* [nur vor Nomen] (*Kopfschmerzen*) rasend, heftig

splodge /splɒdʒ; *AmE* splɑːdʒ/ (*auch* **splotch** /splɒtʃ; *AmE* splɑːtʃ/) *Nomen* Fleck, Klecks

splurge /splɜːdʒ; *AmE* splɜːrdʒ/ *Nomen, Verb*
▸ ***Nomen*** [meist Sing] (*umgs*) ◇ *I had a splurge and bought two new suits.* Im Kaufrausch habe ich mir zwei neue Anzüge gekauft.
▸ ***Verb*** **~ (sth) (on sth)** (*umgs*) (etw) (für etw) ausgeben ◇ *She won $500 and then splurged it all on new clothes.* Sie hat $500 gewonnen und dann alles für neue Kleider rausgeworfen.

splut·ter /ˈsplʌtə(r)/ *Verb, Nomen*
▸ ***Verb*** **1 ~ sth (out)** etw stotternd hervorstoßen **2 ~ (with sth)** (vor etw) schnauben **3** zischen, stottern
▸ ***Nomen*** Stottern ◇ *The car started with a splutter.* Das Auto sprang unter Stottern an.

spoil 0-m /spɔɪl/ *Verb, Nomen*
▸ ***Verb*** (**spoiled, spoiled** /spɔɪld/, *BrE auch* **spoilt, spoilt** /spɔɪlt/) **1** verderben ◇ *The tall buildings have spoiled the view.* Die hohen Gebäude haben die Aussicht verschandelt. ◇ (*BrE*) *spoiled ballot papers* ungültige Stimmzettel **2** verwöhnen **3** schlecht werden, verderben IDM **be 'spoiling for a fight** Streit suchen
→ *Siehe auch* COOK
▸ ***Nomen*** **the spoils** [Pl] (*gehoben*) die Beute

spoiled /spɔɪld/ (*BrE auch* **spoilt** /spɔɪlt/) *Adj* verzogen, verwöhnt ◇ *He's spoilt rotten.* Er ist total verzogen. IDM **be spoiled for 'choice** (*BrE*) die Qual der Wahl haben

spoil·er /ˈspɔɪlə(r)/ *Nomen* **1** Bremsklappe **2** (*am Auto*) Spoiler **3** (*bes AmE*) (POL) = schwacher Kandidat, der einem starken Kandidaten die Stimmen wegnimmt **4** = Artikel, Buch, Produkt etc., dessen Erscheinen auf dem Markt die Aufmerksamkeit von der Konkurrenz ablenkt **5** (*Film, Fernsehsendung*) Spoiler ◇ *Spoiler alert: The following article …* Achtung, Spoiler: Der folgende Artikel …

spoil·sport /ˈspɔɪlspɔːt; *AmE* -spɔːrt/ *Nomen* (*umgs*) Spielverderber(in)

spoke /spəʊk; *AmE* spoʊk/ *Nomen, Verb*
▸ ***Nomen*** Speiche
▸ ***Verb*** *Form von* SPEAK

spoken 0-m /ˈspəʊkən; *AmE* ˈspoʊ-/ **-spoken** (*in Adjektiven*) mit … Stimme ◇ *quietly-/softly-spoken* mit leiser Stimme ◇ *well-spoken* mit kultivierter Stimme
→ *Siehe auch* SPEAK

'spoken for *Adj* [nicht vor Nomen] vergeben

the ˌspoken 'word *Nomen* [Sing] die gesprochene Sprache ◇ *spoken-word cassettes* Hörbücher

spokes·man /ˈspəʊksmən; *AmE* ˈspoʊks-/ *Nomen* (*Pl* **-men** /-mən/) Sprecher

spokes·per·son /ˈspəʊkspɜːsn; *AmE* ˈspoʊkspɜːrsn/ *Nomen* (*Pl* **-per·sons** *oder* **-people**) Sprecher(in)

spokes·woman /ˈspəʊkswʊmən; *AmE* ˈspoʊks-/ *Nomen* (*Pl* **-women** /-wɪmɪn/) Sprecherin

sponge /spʌndʒ/ *Nomen, Verb*
▸ ***Nomen*** **1** Schwamm **2** Schaumgummi **3** (*BrE*) = SPONGE CAKE
▸ ***Verb*** **1 ~ sb/yourself/sth (down)** jdn/sich/etw mit einem Schwamm waschen **2** (*Kleidung, Möbel*) mit einem Schwamm abwischen ◇ *We tried to sponge the blood off my shirt.* Wir haben versucht, das Blut von meinem Hemd zu wischen. **3 ~ (off/on sb)** (*umgs, abwert*) (bei jdm) schnorren

'sponge bag *Nomen* (*BrE*) Kulturbeutel

'sponge cake (*auch* **sponge**) *Nomen* Biskuitkuchen, Rührkuchen

ˌsponge 'pudding *Nomen* (*BrE*) = warmer Nachtisch aus Biskuitteig mit Früchten oder Konfitüre

spon·ger /ˈspʌndʒə(r)/ *Nomen* (*abwert*) Schnorrer(in), Schmarotzer(in)

spongi·form /ˈspʌndʒɪfɔːm; *AmE* -fɔːrm/ *Adj* (MED) schwammartig

spongy /ˈspʌndʒi/ *Adj* schwammig, weich

spon·sor /ˈspɒnsə(r); *AmE* ˈspɑːn-/ *Nomen, Verb*
▸ ***Nomen*** **1** Sponsor(in) ◇ *attract sponsors* Sponsoren gewinnen **2** = jd, der jdm Geld gibt, um an einer Veranstaltung für Wohltätigkeitszwecke teilzunehmen ◇ *I'm collecting sponsors for next week's charity run.* Für den Wohltätigkeitslauf in der nächsten Woche suche ich noch Sponsoren. **3** (POL) Antragssteller(in) **4** Bürge, Bürgin **5** (REL) Pate, Patin
▸ ***Verb*** **1** sponsern ◇ *sports events sponsored by the tobacco industry* von der Tabakindustrie gesponserte Sportveranstaltungen **2** (*jds Studium etc.*) finanzieren ◇ *She found a company to sponsor her through college.* Sie fand eine Firma, die ihr das Studium finanzierte. **3** (*Fachspr*) (*Gesetzesvorlage*) einbringen

spon·sor·ship /ˈspɒnsəʃɪp; *AmE* ˈspɑːnsərʃɪp/ *Nomen* **1** finanzielle Förderung, Sponsorengeld **2** Förderung, Empfehlung ◇ *the senator's sponsorship of the job training legislation* die Unterstützung des Senators für die Gesetzgebung zur Berufsausbildung **3** Patenschaft, Bürgschaft

spon·tan·eity /ˌspɒntəˈneɪəti; *AmE* ˌspɑːn-/ *Nomen* Spontaneität

spon·tan·eous /spɒnˈteɪniəs; *AmE* spɑːnˈ-/ *Adj* (*Adv* **spon·tan·eous·ly**) **1** spontan **2** ungezwungen, natürlich

sponˌtaneous comˈbustion *Nomen* Selbstentzündung

spoof /spuːf/ *Nomen, Verb*
▸ ***Nomen*** (*umgs*) Parodie
▸ ***Verb*** parodieren

spook /spuːk/ *Nomen, Verb*
▸ ***Nomen*** (*umgs*) **1** Geist **2** (*bes AmE*) Spion(in)
▸ ***Verb*** (*bes AmE, umgs*) (*meist passiv*) **1 ~ sb** jdm einen Schrecken einjagen ◇ *We were spooked by the strange noises.* Die seltsamen Geräusche haben uns einen Schrecken eingejagt. **2** Angst bekommen ◇ *The*

horse spooked at the siren. Das Pferd wurde durch die Sirene erschreckt.

spooky /ˈspu:ki/ *Adj* (**spook·ier**, **spooki·est**) (**More spooky** *und* **most spooky** *sind auch möglich.*) (*umgs*) gespenstisch, unheimlich ◇ *a spooky feeling* ein unheimliches Gefühl

spool /spu:l/ *Nomen, Verb*
▸ ***Nomen*** (*bes AmE*) (*Garn- etc.*) Rolle
▸ ***Verb*** spulen, auf-/abspulen

spoon /spu:n/ *Nomen, Verb*
▸ ***Nomen*** Löffel
▸ ***Verb*** **~ sth into, onto, over, etc. sth** etw mit einem Löffel in, auf, über etc. etw geben

spoon·er·ism /ˈspu:nərɪzəm/ *Nomen* = witziges Vertauschen der Anfangsbuchstaben von zwei oder mehreren Wörtern wie z.B. „well-boiled icicle" anstelle von „well-oiled bicycle"

ˈspoon-feed *Verb* (**-fed, -fed**) **1** (*abwert*) **~ sb** jdm alles vorkauen; **~ sth to sb** jdm etw idiotensicher beibringen **2** (mit dem Löffel) füttern

spoon·ful /ˈspu:nfʊl/ *Nomen* (*Pl* **-fuls**) (*Menge*) Löffel

spoor /spʊə(r); *AmE* spʊr/ *Nomen* Fährte

spor·ad·ic /spəˈrædɪk/ *Adj* (*Adv* **spor·ad·ic·al·ly** /-kli/) (*gehoben*) sporadisch, vereinzelt

spore /spɔ:(r)/ *Nomen* (BIOL) Spore

spor·ran /ˈspɒrən; *AmE* ˈspɑ:rən/ *Nomen* = (über dem Schottenrock getragene) Felltasche

sport /spɔ:t; *AmE* spɔ:rt/ *Nomen, Verb*
▸ ***Nomen*** **1** [U] (*AmE* **sports** [Pl]) Sport ◇ *There are excellent facilities for sport.* Es gibt hier ausgezeichnete Sportanlagen. **2** Sport(art) ◇ *team sports* Mannschaftssport **3** (*umgs*) (*Anrede besonders im australischen Englisch*) Kumpel **4** [U] (*gehoben*) Spaß ◇ *make sport of sb/sth* sich über jdn/etw lustig machen IDM **be a (good) ˈsport** (*umgs*) ◇ *She's a good sport.* Sie ist (echt) in Ordnung. ◇ *Go on, be a sport.* Komm, sei kein Spielverderber.
▸ ***Verb*** **1** (*Kleidungsstück etc.*) (stolz) tragen **2** (*gehoben*) (herum)tollen

sport·ing /ˈspɔ:tɪŋ; *AmE* ˈspɔ:rtɪŋ/ *Adj* **1** Sport- ◇ *a range of sporting activities* eine Reihe von sportlichen Aktivitäten ◇ *His main sporting interest is golf.* Die Sportart, für die er sich hauptsächlich interessiert, ist Golf. **2** (*Adv* **sport·ing·ly**) (*bes BrE*) (*fair*) anständig ◇ *a sporting loser* ein guter Verlierer IDM **a ˌsporting ˈchance** eine gute Chance

ˈsports car (*AmE auch* **ˈsport car**) *Nomen* Sportwagen

sports·cast /ˈspɔ:tskɑ:st; *AmE* ˈspɔ:rtskæst/ *Nomen* (*AmE*) Sportsendung

sports·cast·er /ˈspɔ:tskɑ:stə(r); *AmE* ˈspɔ:rtskæstər/ *Nomen* (*AmE*) Sportmoderator(in)

ˈsports centre *Nomen* (*BrE*) Sportzentrum

ˈsports day *Nomen* (*BrE*) Schulsportfest

ˈsports jacket (*AmE auch* **ˈsport jacket**) *Nomen* Sportsakko

sports·man /ˈspɔ:tsmən; *AmE* ˈspɔ:rts-/ *Nomen* (*Pl* **-men** /-mən/) (*bes BrE*) Sportler

sports·man·like /ˈspɔ:tsmənlaɪk; *AmE* ˈspɔ:rts-/ *Adj* fair, sportlich

sports·man·ship /ˈspɔ:tsmənʃɪp; *AmE* ˈspɔ:rts-/ *Nomen* Fairness, sportliches Verhalten

sports·per·son /ˈspɔ:tspɜ:sn; *AmE* ˈspɔ:rtspɜ:rsn/ *Nomen* (*Pl* **-per·sons** *oder* **-people**) (*bes BrE*) Sportler(in)

ˈsports shirt (*AmE auch* **ˈsport shirt**) *Nomen* Polohemd

sports·wear /ˈspɔ:tsweə(r); *AmE* ˈspɔ:rtswer/ *Nomen* Sportbekleidung, Freizeitkleidung

sports·woman /ˈspɔ:tswʊmən; *AmE* ˈspɔ:rts-/ (*Pl* **-women** /-wɪmɪn/) *Nomen* Sportlerin

sporty /ˈspɔ:ti; *AmE* ˈspɔ:rti/ *Adj* (**sport·ier**, **sporti·est**) (*bes BrE, umgs*) sportlich

spot /spɒt; *AmE* spɑ:t/ *Nomen, Verb*
▸ ***Nomen*** **1** Punkt, Tupfen **2** Fleck **3** [meist Pl] (*auf der Haut*) Pickel ◇ *The baby's whole body was covered in small red spots.* Das Baby hatte einen Ausschlag am ganzen Körper. **4** Stelle, Ort ◇ *She stood rooted to the spot with fear.* Sie blieb vor Schreck wie angewurzelt stehen. ➔ *Siehe auch* BLACK SPOT, HOT SPOT *und* TROUBLE SPOT **5** [meist Sing] **a ~ of sth** (*BrE, umgs*) ein bisschen, ein paar ◇ *Would you like a spot of lunch?* Möchtest du einen Bissen zu Mittag essen? **6** (*einer Flüssigkeit*) Tropfen **7** Sendezeit ◇ *a solo spot* ein Soloauftritt **8** Position ◇ *two teams battling for top spot* zwei Mannschaften, die um den ersten Platz kämpfen **9** (*umgs*) = SPOTLIGHT **10** [Sing] (WIRTSCH) (*in Zusammensetzungen*) Bar- ◇ *spot prices* Barpreise ◇ *spot goods* sofort lieferbare Waren IDM **in a (tight) ˈspot** (*umgs*) in der Klemme **on the ˈspot 1** sofort; auf der Stelle ◇ *an on-the-spot fine* eine sofortige Geldstrafe **2** an Ort und Stelle ◇ *an on-the-spot report* ein Bericht vom Ort des Geschehens **put sb on the ˈspot** jdn in Verlegenheit bringen ➔ *Siehe auch* BRIGHT, GLUE, HIT, KNOCK, LEOPARD, RIVET *und* SOFT
▸ ***Verb*** (**-tt-**) **1** (*nicht in der Verlaufsform*) entdecken ◇ *No one spotted that the gun was a fake.* Niemand sah, dass die Waffe eine Attrappe war. **2** (*AmE*) (*Tor*) schenken IDM **be spotted with sth** ◇ *His shirt was spotted with oil.* Sein Hemd war voller Ölflecke.

ˌspot ˈcheck *Nomen* Stichprobe ◇ *carry out random spot checks on vehicles* Fahrzeuge stichprobenweise überprüfen

spot·less /ˈspɒtləs; *AmE* ˈspɑ:t-/ *Adj* (*Adv* **spot·less·ly**) makellos (sauber) (*auch fig*)

spot·light /ˈspɒtlaɪt; *AmE* ˈspɑ:t-/ *Nomen, Verb*
▸ ***Nomen*** **1** (*umgs* **spot**) Scheinwerfer(licht), Spot **2** **the spotlight** [Sing] Rampenlicht, Scheinwerferlicht ◇ *The issue will come under the spotlight next year.* Die Angelegenheit wird im nächsten Jahr in den Blickpunkt der Öffentlichkeit rücken.
▸ ***Verb*** (**-lit, -lit**) ℹ In Bedeutung 2 auch **-lighted, -lighted.** **1** anstrahlen **2** **~ sth** auf etw aufmerksam machen

ˌspot ˈon *Adj* [nicht vor Nomen] (*BrE, umgs*) haargenau richtig

spot·ted /ˈspɒtɪd; *AmE* ˈspɑ:tɪd/ *Adj* **1** gepunktet, getupft **2** gefleckt

ˌspotted ˈdick *Nomen* (*BrE*) = Biskuit mit Rosinen, der warm als Nachtisch gegessen wird

spotty /ˈspɒti; *AmE* ˈspɑ:ti/ *Adj* **1** (*BrE, meist abwert*) picklig **2** (*AmE*) lückenhaft

spou·sal /ˈspaʊzl, ˈspaʊsl/ *Adj* (*AmE, gehoben*) des Ehegatten, der Ehegattin ◇ *spousal consent* Einwilligung des Ehegatten

spouse /spaʊs, spaʊz/ *Nomen* (*gehoben oder offiz*) Gatte, Gattin

spout /spaʊt/ *Nomen, Verb*
▸ ***Nomen*** **1** Ausfluss(rohr); (*bei Kannen*) Tülle **2** Fontäne IDM **be/go up the ˈspout** (*BrE, umgs*) im Eimer sein; ins Wasser fallen
▸ ***Verb*** **1** (*von Flüssigkeiten*) spritzen, schießen ◇ *The wound was still spouting blood.* Aus der Wunde strömte immer noch Blut. **2** **~ (off/on)** (*umgs, abwert*) schwafeln **3** von sich geben ◇ *He could spout poetry for hours.* Er konnte stundenlang Gedichte deklamieren. ◇ *She could do nothing but spout insults.* Sie konnte nichts als Beleidigungen vom Stapel lassen.

sprain /spreɪn/ *Verb, Nomen*
▸ ***Verb*** verstauchen
▸ ***Nomen*** Verstauchung

sprang *Form von* SPRING
sprat /spræt/ *Nomen* Sprotte
sprawl /sprɔːl/ *Verb, Nomen*
▸ ***Verb*** **1** ausgestreckt liegen/sitzen, der Länge nach hinfallen **2** sich ausbreiten
▸ ***Nomen*** Ausbreitung
sprawled /sprɔːld/ *Adj* ausgestreckt
sprawl·ing /ˈsprɔːlɪŋ/ *Adj* [nur vor Nomen] ausladend ◇ *a modern, sprawling town* eine moderne, sich ausbreitende Stadt
spray 🔑 /spreɪ/ *Nomen, Verb*
▸ ***Nomen*** **1** Sprühnebel, Gischt ◇ (*fig*) *a spray of bullets* eine Salve Gewehrkugeln **2** Spray(dose) **3** Besprühen, Einsprühen ◇ *I'll give the plants a quick spray.* Ich werde die Pflanzen kurz besprühen. **4** Zweig **5** (*Ornament an der Kleidung*) Sträußchen
▸ ***Verb*** **1** (be)sprühen (*auch fig*) ◇ *Champagne sprayed everywhere.* Champagner spritzte überallhin. ◇ *She's had the car sprayed blue.* Sie hat das Auto blau lackieren lassen. ◇ *The gunman sprayed the building with bullets.* Der Schütze ließ einen Kugelhagel los auf das Gebäude. **2** (*Kater*) markieren
ˈspray can *Nomen* Spraydose, Sprühdose
spray·er /ˈspreɪə(r)/ *Nomen* Sprühgerät
ˈspray gun *Nomen* Spritzpistole
ˈspray-on *Adj* (*bes BrE*) aufsprühbar
ˈspray paint *Nomen* Sprühfarbe
ˈspray-paint *Verb* mit Farbe besprühen
spread 🔑 /spred/ *Verb, Nomen*
▸ ***Verb*** (**spread**, **spread**) **1** (sich) ausbreiten **2** (sich) verbreiten ◇ *Use of computers spread rapidly.* Der Gebrauch von Computern nahm rasch zu. **3** verstreuen **4** verteilen ◇ *spread butter on toast* Butter auf Toast streichen **5** bestreichen IDM **spread like ˈwildfire** sich in Windeseile verbreiten **spread your ˈnet** sich umsehen **spread your ˈwings** sich auf eigene Füße stellen **spread the ˈword** es weitersagen PHR V **ˌspread ˈout**; **ˌspread yourself ˈout** **1** sich ausstrecken, sich ausbreiten **2** sich verteilen
▸ ***Nomen*** **1** [meist Sing] Ausbreitung, Ausdehnung ◇ *The company has a good geographical spread of hotels in this country.* Das Unternehmen hat Hotels überall im Land. → *Siehe auch* MIDDLE-AGE SPREAD **2** Streuung ◇ *a broad spread of investments* eine breite Fächerung von Investitionen ◇ *a broad spread of opinions* ein breites Spektrum von Meinungen **3** (Brot) aufstrich ◇ *cheese spread* Streichkäse **4** ~ **(of sth)** Spannweite (von etw) ◇ *The bird's wings have a spread of nearly a metre.* Der Vogel hat eine Flügelspanne von fast einem Meter. **5** Doppelseite ◇ *The story continued with a double-page spread on the inside pages.* Die Story wurde auf einer Doppelseite im Innenteil der Zeitung fortgesetzt. **6** (*umgs*) Festessen **7** (*AmE*) Fläche ◇ *a vast spread of water* eine riesige Wasserfläche ◇ *They have a huge spread in California.* Sie haben ausgedehnte Ländereien in Kalifornien. **8** (FINANZ) (Preis)differenz **9** (*AmE*) = BEDSPREAD
spread·eagle /ˌspredˈiːgl/ *Verb* die Arme und Beine breit ausstrecken
spread·eagled /ˌspredˈiːgld/ *Adj* (*BrE*) mit breit ausgestreckten Armen und Beinen
spread·er /ˈspredə(r)/ *Nomen* **1** ◇ *a spreader of gossip* ein Verbreiter von Klatsch **2** Spachtel **3** Streugerät
spread·sheet /ˈspredʃiːt/ *Nomen* (COMP) Tabellenkalkulationsprogramm, Spreadsheet
spree /spriː/ *Nomen* Rausch ◇ *a spending spree* eine Einkaufstour ◇ *He's out on a spree.* Er macht einen drauf. ◇ *go on a killing spree* in einen Mordrausch verfallen sein ◇ *go on a wrecking spree* seine Zerstörungswut auslassen
sprig /sprɪg/ *Nomen* Zweig
sprigged /sprɪgd/ *Adj* mit Zweigmuster
spright·li·ness /ˈspraɪtlinəs/ *Nomen* Munterkeit, Lebhaftigkeit; (*bei alten Menschen*) Rüstigkeit
spright·ly /ˈspraɪtli/ *Adj* munter, lebhaft; (*alter Mensch*) rüstig
spring 🔑 /sprɪŋ/ *Nomen Verb*
▸ ***Nomen*** **1** Frühling, Frühjahr → *Beispiele bei* SOMMER **2** (TECH) Feder ◇ *bed springs* Matratzenfedern **3** Federung ◇ *The mattress has lost its spring.* Die Matratze federt nicht mehr. **4** Quelle ◇ *spring water* Quellwasser **5** [U/Sing] Schwung ◇ *She walked along with a spring in her step.* Sie ging beschwingten Schrittes daher. **6** Sprung, Satz ◇ *With a spring, the cat leapt onto the table.* Mit einem Satz sprang die Katze auf den Tisch. IDM → JOY
▸ ***Verb*** (**sprang** /spræŋ/, **sprung** /sprʌŋ/, *AmE auch* **sprung**, **sprung**) **1** springen ◇ *The cat crouched ready to spring.* Die Katze lauerte sprungbereit. ◇ (*fig*) *spring to sb's assistance* zu jds Hilfe eilen ◇ *The branch sprang back and hit him in the face.* Der Ast schnellte zurück und schlug ihm ins Gesicht. **2** ~ **sth (on sb)** (jdn) mit etw überraschen ◇ *She sprang a surprise by winning the tournament.* Sie gewann das Tournier völlig überraschend. **3** (*plötzlich kommen*) schießen ◇ *Tears sprang to her eyes.* Ihr schossen Tränen in die Augen. **4** (*umgs*) (*befreien*) rausholen IDM **ˌspring into ˈaction**; **ˌspring into/to ˈlife** in Aktion treten **spring a ˈleak** ein Leck bekommen **ˌspring a ˈtrap** **1** eine Falle zuschnappen lassen **2** eine Falle stellen → *Siehe auch* MIND PHR V **ˈspring from sth** (*gehoben*) von etw herrühren **ˈspring from …** (*umgs*) aus … kommen ◇ *Where on earth did you spring from?* Wo kommst du denn her? **ˌspring ˈup** aus dem Boden schießen
spring·board /ˈsprɪŋbɔːd; *AmE* -bɔːrd/ *Nomen* Sprungbrett (*auch fig*) ◇ *The document provided a springboard for discussion.* Das Dokument bot einen Ausgangspunkt für die Diskussion.
spring·bok /ˈsprɪŋbɒk; *AmE* -bɑːk/ *Nomen* Springbock
ˌspring ˈchicken *Nomen* IDM **be no ˌspring ˈchicken** (*hum*) nicht mehr der/die Jüngste sein
ˌspring ˈclean *Nomen* [Sing] (*BrE*) gründlicher Hausputz
ˌspring-ˈclean *Verb* gründlich putzen
ˌspring-ˈloaded *Adj* mit Sprungfeder
ˌspring ˈonion *Nomen* (*BrE*) Frühlingszwiebel
ˌspring ˈroll *Nomen* (*bes BrE*) Frühlingsrolle
ˌspring ˈtide *Nomen* Springflut
spring·time /ˈsprɪŋtaɪm/ *Nomen* (*gehoben*) Frühling(szeit)
springy /ˈsprɪŋi/ *Adj* (**spring·ier**, **springi·est**) elastisch, federnd
sprin·kle /ˈsprɪŋkl/ *Verb, Nomen*
▸ ***Verb*** **1** (be)streuen, (be)träufeln **2** ~ **sth with sth** etw mit etw spicken ◇ *His poems are sprinkled with quotations from ancient Greek.* Seine Gedichte sind mit Zitaten aus dem Altgriechischen gespickt. **3** nieseln
▸ ***Nomen*** **1** Prise, Spritzer **2** (*AmE*) (*Regen*) paar Tropfen
sprink·ler /ˈsprɪŋklə(r)/ *Nomen* **1** (Rasen)sprenger **2** Sprinkler(anlage)
sprink·ling /ˈsprɪŋklɪŋ/ *Nomen* ein paar (vereinzelte), ein bisschen
sprint /sprɪnt/ *Verb, Nomen*
▸ ***Verb*** rennen, sprinten, spurten ◇ *He sprinted for the line.* Er legte einen Endspurt hin.
▸ ***Nomen*** **1** (Kurzstrecken)lauf ◇ *the world sprint*

champion der Sprintweltmeister **2** [meist Sing] Spurt ◇ *a sprint for the line* ein Endspurt

sprint·er /ˈsprɪntə(r)/ *Nomen* Kurzstreckenläufer(in)

sprite /spraɪt/ *Nomen* Elfe, Kobold

spritz /sprɪts/ *Verb, Nomen*
▸ ***Verb*** benetzen
▸ ***Nomen*** Spritzer

spritz·er /ˈsprɪtsə(r)/ *Nomen* (Wein)schorle

sprocket /ˈsprɒkɪt; *AmE* ˈsprɑːkɪt/ *Nomen* (*auch* ˈ**sprocket wheel**) **1** Zahnrad **2** (*an einem Zahnrad*) Zahn

sprog /sprɒg; *AmE* sprɑːg/ *Nomen* (*BrE, umgs, hum*) Sprössling, Nachwuchs

sprout /spraʊt/ *Verb, Nomen*
▸ ***Verb*** **1** (hervor)sprießen **2** wachsen lassen
▸ ***Nomen*** **1** = BRUSSELS SPROUT **2** Spross

spruce /spruːs/ *Nomen, Verb, Adj*
▸ ***Nomen*** **1** Fichte **2** Fichtenholz
▸ ***Verb*** PHRV ˌ**spruce (yourself) ˈup** sich zurechtmachen ˌ**spruce sb/sth ˈup** jdn/etw verschönern, jdn/etw zurechtmachen ◇ *The city is sprucing up its museums and galleries.* Die Stadt bringt ihre Museen und Galerien auf Vordermann.
▸ ***Adj*** gepflegt

sprung /sprʌŋ/ *Adj* (*mit Metallfedern*) gefedert → *Siehe auch* SPRING

spry /spraɪ/ *Adj* munter, lebhaft; (*alter Mensch*) rüstig

spud /spʌd/ *Nomen* (*BrE, umgs*) Kartoffel

spume /spjuːm/ *Nomen* (*gehoben*) Gischt

spun *Form von* SPIN

spunk /spʌŋk/ *Nomen* **1** (*umgs*) Mumm **2** (*BrE, Slang*) (*Sperma*) Soße **3** (*AusE, umgs*) scharfer Typ, toller Typ

spunky /ˈspʌŋki/ *Adj* (*umgs*) resolut, mutig, schwungvoll

spur /spɜː(r)/ *Nomen, Verb*
▸ ***Nomen*** **1** (*im Reitsport*) Sporn **2** ~ **(to sth)** Ansporn (zu etw) **3** (Berg)vorsprung **4** Zubringer(straße), Nebengleis IDM **on the ˌspur of the ˈmoment** ganz spontan ◇ *It was an idea I had on the spur of the moment/a spur-of-the-moment idea.* Es war eine ganz spontane Idee von mir. **win/earn your ˈspurs** (*gehoben*) sich die Sporen verdienen
▸ ***Verb*** **(-rr-)** **1** ~ **sb/sth (on)** jdn/etw anspornen **2** beschleunigen **3** (*einem Pferd*) die Sporen geben

spuri·ous /ˈspjʊəriəs; *AmE* ˈspjʊr-/ *Adj* falsch, unecht; (*Ausrede, Begründung*) fadenscheinig

spuri·ous·ly /ˈspjʊəriəsli; *AmE* ˈspjʊr-/ *Adv* fälschlicherweise, falsch

spurn /spɜːn; *AmE* spɜːrn/ *Verb* verschmähen; (*Einladung, Angebot*) ablehnen

spurt /spɜːt; *AmE* spɜːrt/ *Verb, Nomen*
▸ ***Verb*** **1** (heraus)spritzen (aus) ◇ *Her nose was spurting blood.* Aus ihrer Nase spritzte Blut. ◇ *Red and yellow flames spurted out of the fire.* Aus dem Feuer loderten rote und gelbe Flammen. ◇ *The volcano spurted ash high into the air.* Der Vulkan stieß Asche hoch in die Luft. **2** spurten
▸ ***Nomen*** **1** (*Wasser-*) Strahl; (*Feuer*) Stichflamme **2** (SPORT) Spurt ◇ *put on a spurt* einen Spurt einlegen **3** Anfall, Schub ◇ *a sudden spurt of anger* ein plötzlicher Wutanfall ◇ *growth spurts* Wachstumsschübe

sput·ter /ˈspʌtə(r)/ *Verb* **1** zischen; (*Motor*) stottern **2** fauchen

spu·tum /ˈspjuːtəm/ *Nomen* (MED) Sputum, Auswurf

spy /spaɪ/ *Nomen, Verb*
▸ ***Nomen*** (*Pl* **-ies**) Spion(in), Spitzel ◇ *a spy satellite* ein Spionagesatellit ◇ *a spy ring* ein Spionagering ◇ *video spy cameras* versteckte Videokameras
▸ ***Verb*** **(spies, spy·ing, spied, spied)** **1** spionieren, Spionage treiben **2** (*gehoben*) erspähen IDM ˌ**spy out the ˈland** die Lage erkunden PHRV ˈ**spy on sb** jdm nachspionieren, jdn bespitzeln ˌ**spy sth ˈout** etw ausspionieren

spy·mas·ter /ˈspaɪmɑːstə(r); *AmE* -mæsər/ *Nomen* Chef(in) eines Spionagerings, Agentenführer(in)

Sq. *Kurzform von* **square** (*in Adressen*) Platz

sq *Abk* = SQUARE

squab·ble /ˈskwɒbl; *AmE* ˈskwɑːbl/ *Verb, Nomen*
▸ ***Verb*** ~ **(with sb) (about/over sth)** sich (mit jdm) (wegen einer Sache/um etw) streiten
▸ ***Nomen*** Streit ◇ *family squabbles* Familienstreitigkeiten

squad /skwɒd; *AmE* skwɑːd/ *Nomen* [mit Verb im Sing/Pl] **1** Einsatzkommando, Dezernat ◇ *an anti-terrorist squad* eine Antiterroreinheit → *Siehe auch* FLYING SQUAD **2** (SPORT) Kader **3** (MIL) Trupp → *Siehe auch* FIRING SQUAD **4** (*Mord-*) Kommando

ˈ**squad car** *Nomen* Streifenwagen

squad·die /ˈskwɒdi; *AmE* ˈskwɑːdi/ *Nomen* (*BrE, Slang*) (einfacher) Soldat

squad·ron /ˈskwɒdrən; *AmE* ˈskwɑːdrən/ *Nomen* [mit Verb im Sing/Pl] Geschwader, Staffel

ˈ**squadron leader** *Nomen* (*in der britischen Luftwaffe*) Major(in)

squalid /ˈskwɒlɪd; *AmE* ˈskwɑːlɪd/ *Adj* (*abwert*) schmutzig (*auch fig*) ◇ *They were living in squalid conditions.* Sie lebten unter menschenunwürdigen Bedingungen.

squall /skwɔːl/ *Nomen, Verb*
▸ ***Nomen*** Bö
▸ ***Verb*** (*meist in der Verlaufsform*) schreien

squally /ˈskwɔːli/ *Adj* böig

squalor /ˈskwɒlə(r); *AmE* ˈskwɑːlər/ *Nomen* Schmutz ◇ *live in squalor* in menschenunwürdigen Verhältnissen leben

squan·der /ˈskwɒndə(r); *AmE* ˈskwɑːn-/ *Verb* vergeuden; (*Chance*) vergeben; (*Gelegenheit*) nicht nutzen

square 0→ /skweə(r); *AmE* skwer/ *Adj, Nomen, Verb, Adv*
▸ ***Adj*** **1** (MATH) quadratisch **2** rechtwinklig, rechteckig **3** (*Abk* **sq**) Quadrat- ◇ *36 square metres* 36 Quadratmeter ◇ *a carpet four metres square* ein vier mal vier Meter großer Teppich **4** vierschrötig, stämmig; (*Schultern*) breit; (*Kinn*) kantig **5** ~ **(with sth)** parallel (zu etw) **6** quitt **7** punktgleich ◇ *The teams were all square at half-time.* Zur Halbzeit stand es unentschieden. **8** ehrlich; (*Geschäft, Handel*) reell ◇ *Are you being square with me?* Ist das die Wahrheit? **9** ~ **with sth** in Einklang mit etw **10** (*umgs, abwert*) spießig, streberhaft IDM **a square ˈmeal** ein ordentliches Essen **be a square ˈpeg (in a round ˈhole)** (*BrE, umgs*) nicht in/zu etw passen
▸ ***Nomen*** **1** (MATH) Quadrat ◇ *The square of 7 is 49.* 7 im Quadrat ist 49. → *Siehe auch* SET SQUARE *und* T-SQUARE **2** (*auf einem Schachbrett etc.*) Feld; (*auf Papier*) Kästchen; (*auf Stoff*) Karo ◇ *First break the chocolate into squares.* Brechen Sie die Schokolade zuerst in Stücke. **3** Platz **4** (*umgs, abwert*) Spießer(in), Streber(in) IDM **be back to square ˈone** wieder von vorn anfangen (müssen)
▸ ***Verb*** **1** ~ **sth (off)** etw rechtwinklig machen **2** (MATH) quadrieren ◇ *Four squared equals 16.* Vier im Quadrat ist 16. **3** ~ **yourself/your shoulders** die Schultern straffen **4** (*bes BrE*) (*Spielstand*) ausgleichen ◇ *His goal squared the game 1–1.* Sein Tor glich zum 1:1 aus. **5** (*umgs*) bestechen IDM ˈ**square it with sb** jdn (um Erlaubnis) fragen PHRV ˌ**square sth aˈway** (*AmE*) etw in Ordnung bringen ˌ**square ˈoff** (*AmE*) in Kampfstellung gehen ˌ**square ˈup** sich rüsten, in Kampfstellung gehen ˌ**square ˈup to sb** sich vor jdm

aufpflanzen, vor jdm in Kampfstellung gehen **ˌsquare ˈup to sth** sich einer Sache stellen **ˈsquare ˈup (with sb)** (mit jdm) abrechnen **ˈsquare with sth** mit etw übereinstimmen **ˈsquare sth with sth** etw mit etw in Einklang bringen

▸ ***Adv*** direkt, genau ◇ *I looked her square in the face.* Ich sah ihr direkt ins Gesicht. IDM → FAIR

ˌsquare ˈbracket *Nomen (BrE)* eckige Klammer

squared /skweəd; *AmE* skwerd/ *Adj* **1** kariert **2** im Quadrat ◇ *What is three squared?* Was ist drei im Quadrat?

ˈsquare dance *Nomen* Squaredance

ˈsquare knot *Nomen (AmE)* Kreuzknoten

square·ly /ˈskweəli; *AmE* ˈskwerli/ *Adv* **1** direkt, genau ◇ *We must meet the challenge squarely.* Wir müssen der Herausforderung fest ins Auge blicken. **2** eindeutig ◇ *The show is aimed squarely at people under the age of 25.* Die Show richtet sich gezielt an die unter 25-Jährigen. IDM → FAIRLY

ˌsquare ˈroot *Nomen* Quadratwurzel

squar·ish /ˈskweərɪʃ; *AmE* ˈskwerɪʃ/ *Adj* beinahe quadratisch

squash /skwɒʃ; *AmE* skwɑːʃ/ *Verb, Nomen*

▸ ***Verb*** **1** (zer)drücken ◇ *The tomatoes had been squashed.* Die Tomaten waren zerquetscht. **2** (sich) quetschen ◇ *She was squashed between the door and the table.* Sie war zwischen Tür und Tisch eingezwängt. **3** zunichtemachen, im Keim ersticken; *(Aufstand)* niederschlagen PHRV **ˌsquash ˈup** sich zusammenpressen ◇ *We squashed up to make room for Chris.* Wir quetschten uns zusammen, um Platz für Chris zu machen. **ˌsquash ˈup against sb/sth** sich gegen jdn/etw pressen **ˌsquash sb/sth ˈup** jdn/etw zusammenpressen **ˌsquash sb/sth ˈup against sb/sth** jdn/etw gegen jdn/etw pressen

▸ ***Nomen*** **1** *(gehoben* **ˈsquash rackets***)* Squash **2** *(BrE)* Fruchtsaftkonzentrat, Orangen-/Zitronengetränk **3** *(Pl* **squash**, *BrE auch* **squashes***)* Kürbis **4** *(umgs)* Gedränge

squashy /ˈskwɒʃi; *AmE* ˈskwɑːʃi/ *Adj* weich

squat /skwɒt; *AmE* skwɑːt/ *Verb, Nomen, Adj*

▸ ***Verb*** **(-tt-) 1 ~ (down)** (sich) (hin)hocken **2 ~ in sth** *(ein leeres Gebäude etc.)* besetzen

▸ ***Nomen*** **1** = (von Hausbesetzern) besetztes Gebäude **2** Hockstellung

▸ ***Adj*** gedrungen

squat·ter /ˈskwɒtə(r); *AmE* ˈskwɑːtər/ *Nomen* Hausbesetzer(in), Landbesetzer(in); *(historisch)* illegale(r) Siedler(in)

squaw /skwɔː/ *Nomen (veraltet, abwert)* Squaw

squawk /skwɔːk/ *Verb, Nomen*

▸ ***Verb*** krähen, gackern, schnattern; *(Mensch)* kreischen

▸ ***Nomen*** Krächzen, Gackern, Schnattern, Kreischen ◇ *The bird gave a startled squawk.* Der Vogel kreischte erschreckt auf. ◇ *a squawk of protest* ein Protestschrei

squeak /skwiːk/ *Verb, Nomen*

▸ ***Verb*** **1** quietschen, quieken, quieksen **2 ~ in/through** knapp durchkommen **3 ~ in/through sth** knapp in/durch etw kommen, etw mit Mühe und Not schaffen

▸ ***Nomen*** Quietschen, Quieken, Quieksen ◇ *Shirley gave a little squeak of surprise.* Shirley quiekste überrascht.

squeaky /ˈskwiːki/ *Adj* quietschend ◇ *a high squeaky voice* eine hohe Piepsstimme

ˌsqueaky ˈclean *Adj (umgs)* blitzsauber

squeal /skwiːl/ *Verb, Nomen*

▸ ***Verb*** **1** quieken, quietschen ◇ *The car squealed to a halt.* Das Auto blieb quietschend stehen. **2** aufschreien, kreischen **3 ~ (on sb)** *(umgs, abwert)* jdn verpfeifen

▸ ***Nomen*** Schrei, Kreischen, Quieken; *(von Reifen, Bremsen)* Quietschen ◇ *He gave a squeal of delight.* Er kreischte vor Vergnügen.

squeam·ish /ˈskwiːmɪʃ/ *Adj* zimperlich, empfindlich, zart besaitet ◇ *This movie is not for the squeamish.* Dieser Film ist nicht für zarte Gemüter.

squee·gee /ˈskwiːdʒiː/ *Nomen* **1** Fensterwischer **2** Bodenwischer

squeeze /skwiːz/ *Verb, Nomen*

▸ ***Verb*** **1** drücken ◇ *squeeze the trigger* abdrücken **2 ~ sth (out of/from sth)** etw (aus etw) (heraus)pressen; **~ sth (out)** etw ausdrücken ◇ *He took off his wet clothes and squeezed the water out.* Er zog seine nassen Kleider aus und wrang sie aus. **3** (sich) zwängen, (sich) quetschen ◇ *If you move forward a little, I can squeeze past.* Wenn Sie ein wenig vorrücken, kann ich mich vorbeiquetschen. ◇ *We managed to squeeze a lot into a week.* Wir haben viel in einer Woche gemacht. **4** unter Druck setzen ◇ *The banks have had their profits squeezed this year.* Die Banken haben in diesem Jahr starke Gewinneinbußen erlitten. IDM **ˌsqueeze sb ˈdry** jdn ausnehmen, jdn auspressen PHRV **ˈsqueeze sb for sth** etw aus jdm herauspressen **ˌsqueeze sb/sth ˈin** jdn/etw einschieben **ˌsqueeze sb/sth ˈout (of sth)** jdn/etw (aus etw) verdrängen **ˌsqueeze sth ˈout of/from sb** etw aus jdm herauspressen **ˌsqueeze ˈup** sich zusammendrängen, zusammenrücken **ˌsqueeze ˈup against sb/sth** sich an jdn/etw drücken **ˌsqueeze sb ˈup against sb/sth** jdn an jdn/etw drücken

▸ ***Nomen*** **1** Drücken ◇ *He gave my hand a little squeeze.* Er drückte meine Hand ein wenig. **2** Spritzer **3** Gedränge ◇ *It was a tight squeeze, but we finally got everything into the case.* Schließlich haben wir es doch geschafft, alles in den Koffer zu stopfen. ◇ *Seven people in the car was a bit of a squeeze.* Mit sieben Leuten im Auto war es ein bisschen eng. **4** Einschränkung ◇ *Industry is facing a squeeze on profits.* Die Industrie muss sich auf Ertragseinbußen gefasst machen. ◇ *a squeeze on benefits* eine Kürzung der Sozialhilfe **5** [Sing] *(bes AmE, umgs)* Freund(in) IDM **put the ˈsqueeze on sb (to do sth)** *(umgs)* jdn unter Druck setzen (etw zu tun)

squelch /skweltʃ/ *Verb, Nomen*

▸ ***Verb*** **1** patschen; *(Schuhe, Schlamm)* quatschen **2** *(AmE)* unterdrücken ◇ *squelch a rumour* ein Gerücht zum Schweigen bringen ◇ *squelch a fire* ein Feuer ersticken

▸ ***Nomen*** [meist Sing] quatschendes Geräusch

squelchy /ˈskweltʃi/ *Adj* matschig

squib /skwɪb/ *Nomen* Knallfrosch IDM → DAMP

squid /skwɪd/ *Nomen (Pl* **squid** *oder* **squids***)* Tintenfisch

squidgy /ˈskwɪdʒi/ *Adj (bes BrE, umgs)* weich, matschig

squiffy /ˈskwɪfi/ *Adj (BrE, umgs)* angesäuselt

squig·gle /ˈskwɪgl/ *Nomen* Schnörkel

squig·gly /ˈskwɪgli/ *Adj* schnörkelig

squint /skwɪnt/ *Verb, Nomen*

▸ ***Verb*** **1** blinzeln, spähen; *(Augen)* zusammenkneifen **2** *(BrE)* schielen

▸ ***Nomen*** **1** Schielen ◇ *He was born with a squint.* Er schielt von Geburt an. **2** [Sing] *(BrE, umgs)* kurzer Blick ◇ *Have a squint at this.* Sieh dir das kurz an.

squire /ˈskwaɪə(r)/ *Nomen* **1** *(auch* **Squire***)* ≈ Gutsherr **2 Squire** *(BrE, umgs) (Anrede)* Alter **3** Knappe

squirm /skwɜːm; *AmE* skwɜːrm/ *Verb* sich winden, hin und her rutschen ◇ *Someone grabbed her but she managed to squirm free.* Jemand packte sie, aber es gelang ihr, sich ihm zu entwinden. ◇ (*fig*) *It made him squirm to think about the interview.* An das Vorstellungsgespräch nur zu denken war ihm furchtbar peinlich.

squir·rel /ˈskwɪrəl; *AmE* ˈskwɜːrəl/ *Nomen, Verb*
▸ ***Nomen*** Eichhörnchen
▸ ***Verb*** (**-ll-**, *AmE* **-l-**) PHR V **ˌsquirrel sth aˈway** etw horten, etw verstecken

squirt /skwɜːt; *AmE* skwɜːrt/ *Verb, Nomen*
▸ ***Verb*** (be)spritzen
▸ ***Nomen*** **1** Spritzer **2** (*umgs, abwert*) kleiner Scheißer

squish /skwɪʃ/ *Verb* (*umgs*) **1** zermatschen **2** quatschen

squishy /ˈskwɪʃi/ *Adj* (*umgs*) matschig

Sr (*bes AmE* **Sr.**) *Abk* = SENIOR

SS *Abk* **1** = SAINT ◇ *SS Philip and James* St. Philip und St. James **2** /ˌes ˈes/ = STEAMSHIP

St *Abk* **1** (*bes AmE* **St.**) = STREET **2** **St.** (*AmE*) = STATE **3** (*bes AmE* **St.**) = SAINT

st (*bes AmE* **st.**) *Abk* = STONE

stab /stæb/ *Verb, Nomen*
▸ ***Verb*** (**-bb-**) (er)stechen, niederstechen ◇ *He was stabbed to death.* Er wurde erstochen. ◇ *He stabbed his finger angrily at my chest.* Er stach mir wütend seinen Finger in die Brust. IDM **stab sb in the ˈback** jdm in den Rücken fallen
▸ ***Nomen*** **1** Stich ◇ *She felt a sudden stab of pain in the chest.* Sie fühlte plötzlich einen stechenden Schmerz in der Brust. ◇ *a stab of guilt* ein Gewissensbiss ◇ *a stab of fear* plötzliche Angst **2** [meist Sing] (*umgs*) Versuch; **make/have a ~ (at sth)** etw probieren IDM **a ˌstab in the ˈback** ein Verrat

stab·bing /ˈstæbɪŋ/ *Nomen, Adj*
▸ ***Nomen*** Messerstecherei
▸ ***Adj*** (*Schmerz*) stechend

sta·bil·ity /stəˈbɪləti/ *Nomen* Stabilität

sta·bil·iza·tion (*BrE auch* **-isa·tion**) /ˌsteɪbəlaɪˈzeɪʃn; *AmE* -ləˈ-/ *Nomen* Stabilisierung

sta·bil·ize (*BrE auch* **-ise**) /ˈsteɪbəlaɪz/ *Verb* (sich) stabilisieren ◇ *Doctors stabilized the patient's condition.* Die Ärzte haben den Zustand des Patienten unter Kontrolle bekommen.

sta·bil·izer /ˈsteɪbəlaɪzə(r)/ *Nomen* **1** Stabilisator; (*eines Flugzeugs*) Höhenflosse **2** **stabilizers** [Pl] (*BrE*) Stützräder

stable 🔑 /ˈsteɪbl/ *Adj, Nomen, Verb*
▸ ***Adj*** **1** stabil ◇ *a stable relationship* eine feste Beziehung **2** gefestigt, ausgeglichen
▸ ***Nomen*** **1** (Pferde)stall **2** [mit Verb im Sing/Pl] (*BrE auch* **stables**) (Renn)stall **3** (*fig*) ◇ *the latest printer from the Epson stable* der neueste Drucker aus dem Hause Epson IDM **close, lock, etc. the stable door after the horse has ˈbolted** (*BrE*) den Brunnen zudecken, wenn das Kind hineingefallen ist
▸ ***Verb*** in den Stall bringen, unterbringen, (im Stall) halten

ˈstable boy (*BrE auch* **ˈstable lad**) *Nomen* Stalljunge

ˈstable girl *Nomen* Stallmädchen

stable·man /ˈsteɪblmæn/ *Nomen* (*Pl* **-men** /-men/) Stallbursche

stac·cato /stəˈkɑːtəʊ; *AmE* -toʊ/ *Adj, Adv*
▸ ***Adj*** **1** (MUS) staccato gespielt/gesungen/gesetzt, Stakkato- **2** abgehackt ◇ *a peculiar staccato voice* eine seltsam abgehackte Stimme
▸ ***Adv*** staccato, in Stakkato

stack /stæk/ *Nomen, Verb*
▸ ***Nomen*** **1** Stoß, Stapel ◇ *a stack hi-fi system* ein Hi-Fi-Turm **2** (*bes BrE, umgs*) (*sehr viel*) Haufen ◇ *stacks of money* ein Haufen Geld **3** Schornstein, (Fabrik)schlot **4** (COMP) Stapelspeicher IDM → BLOW
▸ ***Verb*** **1** **~ sth (up)** etw (auf)stapeln ◇ *logs stacked up against a wall* an einer Wand aufgeschichtete Holzscheite **2** **~ (up)** sich stapeln lassen **3** **~ sth (with sth)** etw (mit etw) auffüllen **4** **~ sth (up)** (*Flugzeug*) Warteschleifen fliegen lassen PHR V **ˌstack ˈup** **1** sich stapeln ◇ *Cars quickly stacked up behind the bus.* Hinter dem Bus stauten sich sofort die Autos. **2** (*umgs*) sich entwickeln; **~ against sb/sth** sich mit jdm/etw messen lassen ◇ *Let's see how he stacks up.* Mal sehen, wie er sich macht. ◇ *This year's figures didn't stack up to those of 2016.* Die Zahlen aus diesem Jahr kamen an die von 2016 nicht heran.

stacked /stækt/ *Adj* beladen, vollgestellt ◇ *shelves stacked with files* mit Aktenordnern vollgestopfte Regale IDM **the cards/odds are stacked in your ˈfavour/aˈgainst you** man hat gute/schlechte Karten

sta·dium /ˈsteɪdiəm/ *Nomen* (*Pl* **sta·diums** *oder* **-dia** /-diə/) Stadion

staff 🔑 /stɑːf; *AmE* stæf/ *Nomen, Verb*
▸ ***Nomen*** [meist Sing/U] **1** Personal, Belegschaft ◇ (*BrE*) *the teaching staff of the school* die Lehrer(schaft) der Schule ◇ (*BrE*) *We have 20 part-time members of staff.* Wir beschäftigen 20 Teilzeitkräfte. ◇ *The staff in this shop are very helpful.* Das Personal in diesem Laden ist sehr hilfsbereit. ◇ (*AmE*) *staff members* Mitarbeiter ◇ *a staff restaurant* ein Betriebsrestaurant ◇ (*bes BrE*) *a lawyer on the staff of the Worldwide Fund for Nature* ein Mitarbeiter der Rechtsabteilung des Weltnaturschutzverbandes **2** (*AmE*) = Personal an Schulen, Universitäten etc., das nicht zum Lehrkörper gehört ◇ *students, faculty and staff* Studenten, akademisches und nicht akademisches Personal **3** Stab ◇ *a staff officer* ein Stabsoffizier ◇ *the President and his staff* der Präsident und sein Stab **4** (*veraltet oder gehoben*) Stock, Stab **5** (*bes AmE*) (MUS) Notenlinien IDM **the ˌstaff of ˈlife** (*gehoben*) das Grundnahrungsmittel ◇ *bread, the staff of life* Grundnahrungsmittel Brot
▸ ***Verb*** **1** (mit Personal) besetzen, betreiben ◇ *The advice centre is staffed entirely by volunteers.* Die Beratungsstelle wird nur von freiwilligen Mitarbeitern betrieben. **2** mit Personal ausstatten

staff·ing /ˈstɑːfɪŋ; *AmE* ˈstæfɪŋ/ *Nomen* personelle Besetzung ◇ *staffing levels* Personalbestand ◇ *extra resources and improved staffing* eine bessere finanzielle und personelle Ausstattung

ˈstaff nurse *Nomen* (*BrE*) = examinierte Pflegekraft (*meist in einem Krankenhaus*)

ˈstaff officer *Nomen* (*BrE*) Stabsoffizier

ˈstaff sergeant *Nomen* Oberfeldwebel; (*in der US-Luftwaffe*) Feldwebel

stag /stæg/ *Nomen* Hirsch

stage 🔑 /steɪdʒ/ *Nomen, Verb*
▸ ***Nomen*** **1** Stadium, Phase ◇ *This technology is still in its early stages.* Diese Technologie ist noch im Anfangsstadium. ◇ *At one stage it looked as though they would win.* Einmal sah es aus, als ob sie gewinnen würden. ◇ *at some stage* irgendwann **2** Abschnitt, Etappe ◇ *in stages* stufenweise ◇ *We can take the argument one stage further and …* Wir können noch einen Schritt weiter gehen und … **3** Bühne ◇ *She was forced to the centre of the political stage.* Sie wurde in den Mittelpunkt der politischen Szene gedrängt. **4** (*oft* **the stage**) [Sing] das Theater **5** (*umgs, veraltet*) = STAGECOACH IDM **set the ˈstage for sth** einer Sache den Weg bereiten
▸ ***Verb*** **1** aufführen ◇ *We are staging a production of 'Hamlet'.* Wir führen „Hamlet" auf. **2** veranstalten ◇ *stage an event* eine Veranstaltung organisieren ◇ *a carefully staged photo opportunity* ein sorgfältig inszenierter Fototermin ◇ *London's bid to stage the*

Olympics Londons Bewerbung um die Ausrichtung der Olympiade ◇ *The dollar staged a recovery today.* Der Dollar erholte sich heute. IDM → DISAPPEAR

stage·coach /ˈsteɪdʒkəʊtʃ; *AmE* -koʊtʃ/ *Nomen* (*umgs* **stage**) (*veraltet*) Postkutsche

ˈstage direction *Nomen* Regieanweisung

ˌstage ˈdoor *Nomen* Bühneneingang

ˈstage fright *Nomen* Lampenfieber

stage·hand /ˈsteɪdʒhænd/ *Nomen* Bühnenarbeiter(in)

ˌstage ˈleft *Adv* rechte Bühnenseite

ˌstage-ˈmanage *Verb* **1** inszenieren, veranstalten **2** Inspizient(in) sein bei

ˌstage ˈmanager *Nomen* Inspizient(in)

ˈstage name *Nomen* Künstlername

ˌstage ˈright *Adv* linke Bühnenseite

ˈstage-struck *Adj* theaterbesessen

ˌstage ˈwhisper *Nomen* **1** für alle hörbar geflüsterte Worte **2** beiseite gesprochene Worte

stagey = STAGY

stag·ger /ˈstægə(r)/ *Verb, Nomen*

▸ ***Verb*** **1** taumeln, torkeln, schwanken ◇ *The injured woman staggered to her feet.* Die verletzte Frau stand schwankend auf. ◇ *We seem to stagger from one crisis to the next.* Wir scheinen von einer Krise in die andere zu schlittern. **2** erschüttern, umhauen **3** staffeln, versetzt anordnen

▸ ***Nomen*** Taumeln, Torkeln, Schwanken

stag·gered /ˈstægəd; *AmE* -gərd/ *Adj* **1** verblüfft, geschockt ◇ *I was staggered at the price.* Mir blieb die Sprache weg, als ich den Preis erfuhr. **2** gestaffelt, versetzt angeordnet ◇ *a staggered introduction of the new system* eine stufenweise Einführung des neuen Systems

stag·ger·ing /ˈstægərɪŋ/ *Adj* (*Adv* **stag·ger·ing·ly**) umwerfend, erschütternd ◇ *a staggering $1 million* die schwindelerregende Summe von einer Million Dollar

sta·ging /ˈsteɪdʒɪŋ/ *Nomen* **1** (THEAT) Inszenierung **2** Gerüst, Plattform, (Arbeits)bühne

ˈstaging post *Nomen* Zwischenstation

stag·nant /ˈstægnənt/ *Adj* **1** (*Wasser*) stehend ◇ *a stagnant pond* ein Teich mit stehendem Wasser **2** stagnierend

stag·nate /stægˈneɪt; *AmE* ˈstægneɪt/ *Verb* **1** stagnieren ◇ *I feel I'm stagnating in this job.* Ich habe das Gefühl, in diesem Job entwickle ich mich nicht weiter. **2** abstehen ◇ *The water in the pond was stagnating.* Das Wasser im Teich wurde faulig.

stag·na·tion /stægˈneɪʃn/ *Nomen* Stagnation, Stillstand

ˈstag night *Nomen* (*BrE*) **1** = Abend vor der Hochzeit eines Mannes, an dem er meistens mit seinen Freunden feiert **2** (*auch* **ˈstag party**) Junggesellenabschied (des Bräutigams)

stagy (*auch* **stagey**) /ˈsteɪdʒi/ *Adj* theatralisch

staid /steɪd/ *Adj* gesetzt, bieder

stain /steɪn/ *Verb, Nomen*

▸ ***Verb*** **1** **~ sth** auf etw Flecken machen/hinterlassen **2** Flecken bekommen ◇ *This carpet stains easily.* Dieser Teppich bekommt leicht Flecken. **3** beizen, färben **4** (*Ruf*) (be)schädigen

▸ ***Nomen*** **1** Fleck ◇ *stain-resistant* Schmutz abweisend **2** Beize, Färbemittel **3** Schandfleck, Makel

stained /steɪnd/ *Adj* fleckig, befleckt

ˌstained ˈglass *Nomen* Buntglas, farbiges Glas

stain·less steel /ˌsteɪnləs ˈstiːl/ *Nomen* Edelstahl, rostfreier Stahl

stair 0→ /steə(r); *AmE* ster/ *Nomen* **1 stairs** [Pl] Treppe ◇ *three flights of stairs* drei Treppen **2** (Treppen)stufe **3** [Sing] (*gehoben*) = STAIRCASE IDM **below ˈstairs** (*BrE, veraltet*) beim Hauspersonal

stair·case /ˈsteəkeɪs; *AmE* ˈsterkeɪs/ (*gehoben* **stair**) *Nomen* Treppe(nhaus) ◇ *a spiral staircase* eine Wendeltreppe

stair·way /ˈsteəweɪ; *AmE* ˈsterweɪ/ *Nomen* Treppe (naufgang)

stair·well /ˈsteəwel; *AmE* ˈsterwel/ *Nomen* Treppenhaus

stake /steɪk/ *Nomen, Verb*

▸ ***Nomen*** **1** Pfahl, Stab, Pflock **2 the stake** [Sing] = der Pfahl auf dem Scheiterhaufen ◇ *Joan of Arc was burnt at the stake.* Jeanne d Arc wurde auf dem Scheiterhaufen verbrannt. **3** Anteil ◇ (*fig*) *She has a personal stake in the success of the play.* Sie hat viel in den Erfolg des Stückes investiert. **4** [meist Pl] Einsatz ◇ *They were playing for high stakes.* Sie spielten mit hohem Einsatz. ◇ *The stakes are high.* Es steht viel auf dem Spiel. **5 stakes** [Pl] (*beim Pferderennen*) Gewinn IDM **be at ˈstake** auf dem Spiel stehen ◇ *The prize at stake is a place in the final.* Es geht um einen Platz im Finale. **go to the ˈstake over/for sth** sich für etw kreuzigen lassen **in the … stakes** was … angeht ◇ *She liked to stay ahead in the fashion stakes.* Sie kleidete sich immer nach der neuesten Mode.

▸ ***Verb*** **1 ~ sth (on sth)** etw (auf etw) setzen ◇ *He staked his political career on tax reform.* Er hat seine politische Karriere für die Steuerreform aufs Spiel gesetzt. ◇ *I'd stake my life on it.* Darauf würde ich meinen Kopf verwetten. **2 ~ sth (up)** etw (an einem Pfahl) anbinden IDM **stake (out) a/your ˈclaim (to/for/on sth)** einen/seinen Anspruch (auf etw) anmelden PHR V **ˌstake sth ˈout** **1** (die Grenzen von) etw abstecken, etw eingrenzen **2** (*Standpunkt*) klarmachen **3** etw überwachen

stake·hold·er /ˈsteɪkhəʊldə(r); *AmE* -hoʊl-/ *Nomen* **1** Teilhaber(in) ◇ *The employees are stakeholders in the company.* Die Angestellten sind am Gewinn der Firma beteiligt. **2** Bankhalter

ˈstake-out *Nomen* Überwachung

stal·ac·tite /ˈstæləktaɪt; *AmE* stəˈlæktaɪt/ *Nomen* Stalaktit

stal·ag·mite /ˈstæləgmaɪt; *AmE* stəˈlægmaɪt/ *Nomen* Stalagmit

stale /steɪl/ *Adj* **1** (*Brot etc.*) alt(backen); (*Bier etc.*) abgestanden, schal **2** (*Luft etc.*) muffig, verbraucht ◇ *stale cigarette smoke* kalter Zigarettenrauch ◇ *stale sweat* alter Schweiß **3** abgedroschen, abgenutzt ◇ *stale news* veraltete Nachrichten **4** verbraucht, lustlos, ohne Schwung

stale·mate /ˈsteɪlmeɪt/ *Nomen* (*Schach*) Patt (*auch fig*) ◇ *The talks ended in (a) stalemate.* Die Gespräche sind in eine Sackgasse geraten.

stale·ness /ˈsteɪlnəs/ *Nomen* **1** Verbrauchtheit, Abgestandenheit **2** Ausgelaugtheit, Ermüdung(serscheinungen)

stalk /stɔːk/ *Nomen, Verb*

▸ ***Nomen*** **1** (BOT) Stängel, Stiel, Strunk **2** (ZOOL) Stiel ◇ *Crabs and lobsters have eyes on stalks.* Krabben und Hummer haben Stielaugen.

▸ ***Verb*** **1 ~ sb/sth** sich an jdn/etw heranpirschen **2 ~ sb** jdm nachstellen **3** stolzieren, stelzen **4** (*gehoben*) = auf bedrohliche Weise umgehen ◇ (*fig*) *Fear stalks the streets of the city at night.* Nachts geht die Angst um in den Straßen der Stadt.

stalk·er /ˈstɔːkə(r)/ *Nomen* **1** = Mensch, der jdm (besonders einer bekannten Persönlichkeit) über einen längeren Zeitraum auf belästigende oder Angst einflößende Weise nachstellt **2** Jäger(in) auf Pirschgang

stalk·ing /'stɔːkɪŋ/ *Nomen* = das Vergehen, einer (oft prominenten) Person über einen längeren Zeitraum nachzustellen

'stalking horse *Nomen* **1** Vorwand, Testballon **2** = Politiker(in), der/die gegen den/die Parteivorsitzende(n) antritt, um herauszufinden, wie stark dessen/deren Rückhalt in der Partei ist. Ein(e) aussichtsreichere(r) Kandidat(in) kann dann mit ernsten Absichten für den Parteivorsitz kandidieren.

stall /stɔːl/ *Nomen, Verb*
▸ ***Nomen*** **1** (*Markt- etc.*) Stand, Bude **2** (*für Vieh*) Bucht, Box **3** (*bes AmE*) (*Dusch-, Toiletten-*) Kabine **4 the stalls** [Pl] (*BrE*) das Parkett **5** [meist Pl] Chorgestühl **6** [meist Sing] (*eines Motors*) Stehenbleiben **7** [meist Sing] (AERO) Absacken
▸ ***Verb*** **1** (*Motor*) stehen bleiben ◇ *I kept stalling.* Der Motor ging dauernd aus. **2** abwürgen ◇ *I stalled the car three times.* Ich habe dreimal den Motor abgewürgt. **3** Zeit schinden; **~ on/over sth** etw hinauszögern ◇ *She was stalling for time.* Sie wollte nur Zeit gewinnen. **4** aufhalten **5** ins Stocken geraten

stall·hold·er /'stɔːlhəʊldə(r); *AmE* -hoʊl-/ *Nomen* (*BrE*) Standinhaber(in)

stal·lion /'stæliən/ *Nomen* Hengst

stal·wart /'stɔːlwət; *AmE* -wərt/ *Adj, Nomen*
▸ ***Adj*** **1** (ge)treu **2** (*gehoben*) stark, robust
▸ ***Nomen*** treue(r) Anhänger(in)

sta·men /'steɪmən/ *Nomen* (BOT) Staubgefäß, Staubblatt

stam·ina /'stæmɪnə/ *Nomen* Durchhaltevermögen, Ausdauer ◇ *exercises aimed at increasing stamina* Übungen zur Verbesserung der Kondition

stam·mer /'stæmə(r)/ *Verb, Nomen*
▸ ***Verb*** stottern, stammeln
▸ ***Nomen*** [Sing] Stottern, Stammeln ◇ *She spoke with a stammer.* Sie stotterte.

stam·merer /'stæmərə(r)/ *Nomen* Stotterer, Stotterin

stamp 0‑ /stæmp/ *Nomen, Verb*
▸ ***Nomen*** **1** (Brief)marke **2** Stempel ◇ (*fig*) *The project has the government's stamp of approval.* Das Projekt hat die offizielle Zustimmung der Regierung. **3** Gebührenmarke, Stempelmarke **4** [Sing] (*gehoben*) (*Menschen-*) Schlag ◇ *men of a different stamp* Menschen eines anderen Schlages **5** Stampfen
▸ ***Verb*** **1** (auf)stampfen ◇ *I stamped my feet to keep warm.* Ich stampfte mit den Füßen, um mich warm zu halten. **2** stampfen, trampeln ◇ *She turned and stamped out of the room.* Sie drehte sich um und stapfte aus dem Zimmer. **3** (ab)stempeln **4 ~ sth (on sth)** etw (auf etw) (auf)stempeln ◇ *The maker's name was stamped in gold on the box.* Der Name des Herstellers war in Gold auf das Kästchen geprägt. **5 ~ A with B** B auf A aufprägen ◇ *The box was stamped with the maker's name.* Das Kästchen trug den aufgeprägten Namen des Herstellers. **6** kennzeichnen ◇ *The crime had revenge stamped all over it.* Das Verbrechen trug die unverkennbaren Merkmale eines Racheakts. ◇ *Terror was stamped across her face.* Ihr Gesicht war von panischer Angst gezeichnet. **7** frankieren **8 ~ sth out (of sth)** etw (aus etw) ausstanzen; **~ sth from sth** etw aus etw ausstanzen
PHR V **'stamp on sth** **1** auf etw treten, etw zertreten **2** etw unterdrücken, etw stoppen **'stamp sth on sth** einer Sache den Stempel von etw aufdrücken ◇ *She stamped her own interpretation on the role.* Sie gab der Rolle ihr eigenes Gepräge. ◇ *The date is forever stamped on her memory.* Das Datum hat sich ihrem Gedächtnis unauslöschlich eingeprägt. **,stamp sth 'out** **1** etw bekämpfen, etw beseitigen **2** (*Feuer*) austreten

'stamp collecting *Nomen* Briefmarkensammeln

'stamp collector *Nomen* Briefmarkensammler(in)

,stamped addressed 'envelope *Nomen* (*Abk* **SAE**) (*BrE*) frankierter Rückumschlag

stam·pede /stæm'piːd/ *Verb, Nomen*
▸ ***Verb*** **1** in Panik fliehen **2** in die Flucht schlagen **3** stürmen ◇ *The kids came stampeding down the corridor.* Die Kinder kamen den Flur heruntergestürmt. **4** (*meist passiv*) **~ sb (into sth/doing sth)** jdn (dazu) drängen (etw zu tun)
▸ ***Nomen*** [meist Sing] **1** panische Flucht **2** Massenansturm

stance /stæns; *BrE auch* stɑːns/ *Nomen* [meist Sing] **1** **~ (on sth)** Einstellung (zu etw) **2** (SPORT) Stellung ◇ *Widen your stance.* Stell dich mit den Füßen weiter auseinander hin.

stanch /stɔːntʃ, stæntʃ/ *Verb* (*bes AmE*) stauen, stillen

stan·chion /'stæntʃən, 'stɑːn-/ *Nomen* (*gehoben*) Stütze

stand 0‑ /stænd/ *Verb, Nomen*
▸ ***Verb*** (**stood, stood** /stʊd/) **1** stehen ◇ *stand on your head/hands* einen Kopfstand/Handstand machen **2** **~ (up)** aufstehen **3** stellen ◇ *Stand the ladder up against the wall.* Stellen Sie die Leiter an die Mauer. **4** sein ◇ *You never know where you stand with her.* Man weiß nie, woran man mit ihr ist. ◇ *As things stand, there is little chance of a quick settlement of the dispute.* Wie die Dinge liegen, besteht wenig Aussicht auf eine baldige Beilegung des Disputs. **5** (*nicht in der Verlaufsform*) hoch sein ◇ *The mountain stands at over 10 000 metres.* Der Berg ist über 10 000 Meter hoch. **6** **~ at sth** bei etw liegen; (*Thermometer*) auf etw stehen **7** (*Angebot, Versprechen, Rekord*) gelten ◇ *My offer still stands.* Mein Angebot gilt nach wie vor. **8** ◇ *You stand to make a lot from this deal.* Sie könnten an diesem Geschäft viel verdienen. ◇ *He stands to lose all his money on this bet.* Bei dieser Wette könnte er sein ganzes Geld verlieren. **9** **~ (on sth)** einen Standpunkt (in etw) vertreten ◇ *Where do you stand on abortion?* Wie stehen Sie zur Abtreibung? **10** (*kein Passiv*) (*nicht in der Verlaufsform*) ausstehen, aushalten ◇ *I can't stand the sight of blood.* Ich kann kein Blut sehen. ◇ *She couldn't stand being kept waiting.* Sie konnte es nicht leiden, wenn man sie warten ließ. **11** standhalten, ertragen ◇ *His heart won't stand the strain much longer.* Sein Herz wird den Strapazen nicht viel länger standhalten. **12** (*kein Passiv*) spendieren ◇ *He stood drinks all round.* Er hat eine Runde ausgegeben. **13** (*bes BrE*) **~ (for/as sth)** (für etw) kandidieren ⓘ Für andere Redewendungen mit **stand** siehe die Einträge für die Nomina, Adjektive etc. **Stand on ceremony** z.B. steht unter **ceremony**.
PHR V **,stand a'side** **1** beiseite treten **2** tatenlos herumstehen **,stand 'back (from sth)** **1** (von etw) zurücktreten **2** abliegen ◇ *The house stands back a little.* Das Haus liegt etwas von der Straße ab. **3** Abstand nehmen **,stand 'by** **1** tatenlos zusehen **2** bereitstehen **'stand by sb** zu jdm halten, jdm beistehen **'stand by sth** zu etw stehen **,stand 'down** **1** zurücktreten **2** den Zeugenstand verlassen **'stand for sth** (*kein Passiv*) **1** (*nicht in der Verlaufsform*) für etw stehen **2 not stand for sth** sich etw nicht gefallen lassen **,stand 'in (for sb)** Vertretung (für jdn) machen, (für jdn) einspringen **,stand 'out (as sth)** (als etw) herausragen ◇ *Four points stand out as being more important than the rest.* Vier Punkte rangieren vor allen anderen. **,stand 'out (from/against sth)** sich (von/gegen etw) abheben ◇ *She's the sort of person who stands out in a crowd.* Sie ist ein Mensch, der aus der Menge hervorsticht. **,stand 'over sb** jdm über die Schulter

sehen ˌ**stand ˈup** **1** stehen ◇ *You'll look taller if you stand up straight.* Du wirkst größer, wenn du gerade stehst. **2** bestehen ◇ *This document will never stand up in a court of law.* Dieses Dokument wird vor Gericht nicht bestehen. ˌ**stand sb ˈup** (*umgs*) jdn sitzen lassen ◇ *I've been stood up!* Ich bin versetzt worden! ˌ**stand ˈup for sb/sth** sich für jdn/etw einsetzen ◇ *You must stand up for yourself/your rights.* Sie müssen für sich selbst/Ihre Rechte eintreten. ◇ *She had learnt to stand up for herself.* Sie hatte gelernt, sich zu behaupten. ˌ**stand ˈup to sb** jdm die Stirn bieten ˌ**stand ˈup to sth** **1** etw aushalten **2** einer Sache standhalten

▸ ***Nomen*** **1** [Sing] Standpunkt ◇ *take a firm/strong stand on sth* zu etw ganz klar Stellung beziehen ◇ *his tough stand on immigration* seine strenge Haltung in Bezug auf Einwanderung **2** [meist Sing] Widerstand ◇ *We must make a stand against job losses.* Wir müssen uns Arbeitsplatzverlusten widersetzen. ◇ *the rebels' last stand* das letzte Gefecht der Rebellen **3** Stand, Bude **4** (*bes BrE*) (*Messe-*) Stand **5** (*oft in Zusammensetzungen*) Gestell, Ständer ◇ *a cake stand* eine Tortenplatte **6** Tribüne **7** [meist Sing] Zeugenstand ◇ *He took the stand as the first witness.* Er trat als Erster in den Zeugenstand. IDM → FIRM

ˈ**stand-alone** *Adj* (COMP) eigenständig

stand·ard /ˈstændəd; *AmE* -dərd/ *Nomen, Adj*

▸ ***Nomen*** **1** Niveau ◇ *a fall in academic standards* eine Abnahme des akademischen Niveaus **2** Maßstäbe, Anforderungen, Ansprüche ◇ *Who sets the standard for water quality?* Wer setzt die Maßstäbe für die Wasserqualität? ◇ *These beaches fail to meet European standards on cleanliness.* Diese Strände genügen den europäischen Sauberkeitskriterien nicht. ◇ *It was a simple meal by Eddie's standards.* Für Eddies Verhältnisse war es eine einfache Mahlzeit. ◇ *The equipment is slow and heavy by modern standards.* Die Ausrüstung ist aus moderner Sicht langsam und schwer. **3 standards** [Pl] Prinzipien ◇ *Standards aren't what they used to be.* Die Wertvorstellungen sind nicht mehr die alten. **4** Norm ◇ *industry standards* Industrienormen **5** Standarte **6** Klassiker; (*Jazz-*) Standard

▸ ***Adj*** **1** Standard-, üblich ◇ *a standard letter* ein Schemabrief ◇ *Televisions are a standard feature in most hotel rooms.* Fernseher gehören zur Standardausrüstung der meisten Hotelzimmer. ◇ *the standard rate of tax* der Einheitssteuersatz ◇ *It is standard practice.* Es ist so üblich. **2** Normal-, Einheits- ◇ *standard measurements* Einheitsmaße **3** hochsprachlich

ˈ**standard-bearer** *Nomen* (*gehoben*) Anführer(in)

ˌ**standard deˈduction** *Nomen* [meist Sing] (*AmE*) Steuerfreibetrag

ˌ**standard deviˈation** *Nomen* (MATH) Standardabweichung

ˈ**Standard Grade** *Nomen* = Prüfung, die Schüler in Schottland mit 16 Jahren in mehreren Fächern machen

ˌ**standard ˈissue** *Nomen* [U] Grundausstattung ◇ *CS gas has been standard issue in the police force for some time.* CS-Gas gehört seit einiger Zeit bei der Polizei zur Grundausstattung. ◇ (*fig*) *Tans and perfect teeth are standard issue in this movie.* Gebräunter Teint und perfekte Zähne gehören in diesem Film zum Standard.

ˌ**standard-ˈissue** *Adj* [nur vor Nomen] Standard-

stand·ard·iza·tion (*BrE auch* **-isation**) /ˌstændədaɪˈzeɪʃn; *AmE* -dərdəˈ-/ *Nomen* [U] Standardisierung, Normung

stand·ard·ize (*BrE auch* **-ise**) /ˈstændədaɪz; *AmE* -dərdaɪz/ *Verb* standardisieren, normen ◇ *attempts to standardize legislation* Versuche, die Gesetzgebung zu vereinheitlichen ◇ *a standardized contract* ein Standardvertrag

ˈ**standard lamp** *Nomen* (*BrE*) Stehlampe

ˌ**standard of ˈliving** *Nomen* (*Pl* **stand·ards of liv·ing**) Lebensstandard

ˈ**standard time** *Nomen* Normalzeit

stand·by /ˈstændbaɪ/ *Nomen, Adj*

▸ ***Nomen*** (*Pl* **stand·bys**) Reserve ◇ *I always keep a pizza in the freezer as a standby.* Ich habe zur Reserve immer eine Pizza in der Tiefkühltruhe. ◇ *a standby electricity generator* ein Generator als Notaggregat IDM **on ˈstandby** **1** in Bereitschaft ◇ *The emergency services were put on standby.* Die Notdienste wurden in Alarmbereitschaft versetzt. **2** auf der Warteliste (*für ein Stand-by-Ticket*)

▸ ***Adj*** [nur vor Nomen] Stand-by

ˈ**stand-in** *Nomen* **1** Vertreter(in) ◇ *the stand-in captain* der vertretende Kapitän **2** Double

stand·ing /ˈstændɪŋ/ *Nomen, Adj*

▸ ***Nomen*** [U] **1** Rang, Ansehen ◇ *The contract has no legal standing.* Der Vertrag ist rechtlich nicht bindend. **2** ◇ *a friendship of many years' standing* eine langjährige Freundschaft ◇ *a resident of ten years' standing* ein Bewohner seit zehn Jahren **3 standings** [Pl] Rangliste

▸ ***Adj*** **1** ständig ◇ *a standing army* ein stehendes Heer ◇ (*BrE*) *a standing charge* eine Grundgebühr ◇ *It's a standing joke.* Es ist zum Witz geworden. ◇ *We have a standing invitation to visit them any time.* Sie haben uns eingeladen, sie jederzeit zu besuchen. **2** (*Sprung, Start*) aus dem Stand

standing ˈorder *Nomen* Dauerauftrag

ˈ**standing room** *Nomen* [U] Platz zum Stehen ◇ *It was standing room only at the meeting.* Es gab nur noch Stehplätze auf der Versammlung.

ˈ**stand-off** *Nomen* Patt ◇ *There was a stand-off between the cult members and the authorities.* Die Kultmitglieder und die Behörden standen einander unnachgiebig gegenüber.

stand-off·ish /ˌstænd ˈɒfɪʃ; *AmE* ˈɔːfɪʃ/ *Adj* (*umgs*) distanziert

stand·pipe /ˈstændpaɪp/ *Nomen* Steigrohr

stand·point /ˈstændpɔɪnt/ *Nomen* [meist Sing] Standpunkt

stand·still /ˈstændstɪl/ *Nomen* [Sing] Stillstand ◇ *The traffic is at a complete standstill.* Der Verkehr ist völlig zum Erliegen gekommen.

ˈ**stand-up** *Adj, Nomen*

▸ ***Adj*** [nur vor Nomen] **1** ◇ *a stand-up act* ein Stand-up-Auftritt ◇ *a stand-up comedian* ein(e) Alleinunterhalter(in) ◇ *a stand-up fight* eine Schlägerei **2** Steh-, aufrecht stehend ◇ *a stand-up collar* ein Stehkragen **3** Steh- ◇ *a stand-up meeting* eine Besprechung im Stehen

▸ ***Nomen*** **1** Stand-up-Comedy **2** Stand-up-Komiker(in), Stand-up-Comedian

stank *Form von* STINK

Stan·ley knife™ /ˈstænli naɪf/ *Nomen* (*BrE*) Teppichmesser

stanza /ˈstænzə/ *Nomen* (*Fachspr*) Strophe

staple /ˈsteɪpl/ *Nomen, Adj, Verb*

▸ ***Nomen*** **1** Heftklammer **2** Krampe **3** Grundnahrungsmittel **4** Haupterzeugnis **5** Hauptbestandteil ◇ *Royal gossip is a staple of the tabloid press.* Die Boulevardpresse lebt hauptsächlich vom Klatsch um die königlichen Familien.

▸ ***Adj*** [nur vor Nomen] Grund-, Haupt- ◇ *The staple crop is rice.* Als Grundnahrungsmittel wird Reis ange-

baut. ◇ *Jeans are a staple part of everyone's wardrobe.* Jeans gehören zur Grundausstattung der Garderobe.
▸ **Verb** heften

ˌstaple ˈdiet *Nomen* **1** Grundnahrung **2** Hauptelement, Grundlage ◇ *the staple diet of television drama* die Hauptthemen für Fernsehdramen

stapler /ˈsteɪplə(r)/ *Nomen* Hefter

star /stɑː(r)/ *Nomen, Verb*
▸ **Nomen** **1** Stern ◇ *What star rating does this restaurant have?* Wie viele Sterne hat dieses Restaurant? ◇ *I've put a star by the names.* Ich habe die Namen mit einem Sternchen versehen. **2** Star ◇ *The best models receive star treatment.* Die besten Models werden wie Stars behandelt. ◇ *the star role/part* die Hauptrolle **3** Haupt- ◇ *the star attraction* die Hauptattraktion ◇ *He was the star performer at the championships.* Er war der Star bei den Meisterschaften. ◇ *a star student* ein herausragender Student **4** [meist Sing] (*umgs*) Engel ◇ *Thanks! You're a star!* Danke! Du bist ein Engel! **5 stars** [Pl] Horoskop IDM **see ˈstars** (*umgs*) Sterne sehen → *Siehe auch* REACH *und* THANK
▸ **Verb** (-rr-) **1** ~ **(in sth)** (in etw) die/eine Hauptrolle spielen ◇ *He starred opposite Liz Taylor in 'Cleopatra'.* Er spielte neben Liz Taylor eine Hauptrolle in „Kleopatra". ◇ *the starring role* die Hauptrolle **2** (*kein Passiv*) in der Hauptrolle haben ◇ *a movie starring Tom Cruise and Demi Moore* ein Film mit Tom Cruise und Demi Moore in den Hauptrollen **3** (*meist passiv*) mit einem Sternchen versehen

star·board /ˈstɑːbəd; *AmE* ˈstɑːrbərd/ *Nomen* Steuerbord

starch /stɑːtʃ; *AmE* stɑːrtʃ/ *Nomen, Verb*
▸ **Nomen** Stärke ◇ *rice starch* Reisstärke ◇ *spray starch* Sprühstärke
▸ **Verb** (*Wäsche*) stärken

starchy /ˈstɑːtʃi; *AmE* ˈstɑːrtʃi/ *Adj* stärkehaltig

ˈstar-crossed *Adj* (*gehoben*) unter einem unglücklichen Stern stehend

star·dom /ˈstɑːdəm; *AmE* ˈstɑːrdəm/ *Nomen* Ruhm ◇ *The group is being tipped for stardom.* Die Gruppe gilt als zukünftige Starband. ◇ *She shot to stardom.* Sie wurde über Nacht zum Star.

stare /steə(r); *AmE* ster/ *Nomen, Verb*
▸ **Nomen** anhaltender Blick ◇ *She gave him a blank stare.* Sie starrte ihn verständnislos an.
▸ **Verb** starren; ~ **at sb/sth** jdn/etw anstarren ◇ *He sat staring into space.* Er starrte vor sich hin. ◇ *She looked at him with staring eyes.* Sie schaute ihn mit starrem Blick an. IDM **be staring sb in the ˈface** **1** jdm ins Auge springen; klar auf der Hand liegen **2** jdm drohen ◇ *Death was staring them in the face.* Sie blickten dem Tod ins Auge. PHR V **ˌstare sb ˈout** (*bes AmE* **ˌstare sb ˈdown**) jdn so lange anstarren, bis er wegschaut

star·fish /ˈstɑːfɪʃ; *AmE* ˈstɑːrfɪʃ/ *Nomen* (*Pl* **star·fish**) Seestern

ˈstar fruit *Nomen* (*Pl* **star·fruit**) Karambole, Sternfrucht

star·gazer /ˈstɑːgeɪzə(r); *AmE* ˈstɑːrg-/ *Nomen* (*umgs*) Sterngucker(in)

star·gazing /ˈstɑːgeɪzɪŋ; *AmE* ˈstɑːrg-/ *Nomen* Sternguckerei

stark /stɑːk; *AmE* stɑːrk/ *Adj* (*Adv* **stark·ly**) **1** kahl, karg ◇ *The hills stood stark against the winter sky.* Die Hügel hoben sich scharf vom winterlichen Himmel ab. ◇ *The interior is starkly simple.* Das Innere ist äußerst schlicht. **2** krass, unangenehm ◇ *stark differences* krasse Unterschiede ◇ *They face a stark choice.* Sie stehen vor einer unangenehmen Wahl. ◇ *a stark warning* eine unmissverständliche Warnung ◇ *The remains of the building stand as a stark reminder of the fire.* Die Ruine des Gebäudes bleibt als düsteres Mahnmal des Brands stehen. ◇ *a stark contrast* ein scharfer Kontrast **3** [nur vor Nomen] vollkommen ◇ *They watched in stark terror.* Sie schauten in Todesangst zu. IDM **ˌstark ˈnaked** splitternackt → *Siehe auch* RAVING

stark·ers /ˈstɑːkəz; *AmE* ˈstɑːrkərz/ *Adj* [nicht vor Nomen] (*BrE, umgs, oft hum*) splitternackt

stark·ness /ˈstɑːknəs; *AmE* ˈstɑːrk-/ *Nomen* **1** Kargheit **2** Krassheit

star·less /ˈstɑːləs; *AmE* ˈstɑːrləs/ *Adj* sternlos

star·let /ˈstɑːlət; *AmE* ˈstɑːrlət/ *Nomen* (*manchmal abwertend*) Filmsternchen

star·light /ˈstɑːlaɪt; *AmE* ˈstɑːrlaɪt/ *Nomen* Sternenlicht

star·ling /ˈstɑːlɪŋ; *AmE* ˈstɑːrlɪŋ/ *Nomen* Star

star·lit /ˈstɑːlɪt; *AmE* ˈstɑːrlɪt/ *Adj* (*gehoben*) sternhell

Star of David /ˌstɑːr əv ˈdeɪvɪd/ *Nomen* (*Pl* **Stars of David**) Davidsstern

starry /ˈstɑːri/ *Nomen* **1** sternklar **2** sternförmig **3** (*Augen*) strahlend

ˌstarry-ˈeyed *Adj* (*umgs*) blauäugig ◇ *a starry-eyed idealist* ein verträumter Idealist

the ˌStars and ˈStripes *Nomen* das Sternenbanner

ˈstar sign (*umgs*) (*auch* **sign**) *Nomen* Sternzeichen

ˈstar-studded *Adj* mit großem Staraufgebot ◇ *a star-studded cast* eine Starbesetzung

start /stɑːt; *AmE* stɑːrt/ *Nomen, Verb*
▸ **Nomen** **1** [meist Sing] Anfang ◇ *at the start of the year* zu Beginn des Jahres ◇ *The meeting got off to a good start.* Die Besprechung fing gut an. ◇ (*umgs*) *This could be the start of something good.* Es könnte was Gutes daraus werden. ◇ *make a start on sth* mit etw anfangen ◇ *I want to make an early start in the morning.* Ich möchte morgen frühzeitig aufbrechen. ◇ *make a fresh start* noch einmal von vorn anfangen **2** gute Ausgangsposition ◇ *The job gave him his start in journalism.* Der Job ermöglichte ihm den Eintritt in den Journalismus. **3 the start** die Startlinie **4** Vorsprung → *Siehe auch* HEAD START **5** [meist Pl] (SPORT) Start **6** [meist Sing] Zusammenzucken ◇ *She woke from the dream with a start.* Sie schreckte aus dem Traum auf. ◇ *You gave me quite a start!* Du hast mir vielleicht einen Schreck eingejagt! IDM **for a ˈstart** (*umgs*) fürs Erste ◇ *I'm not working there — for a start, it's too far to travel.* Ich arbeite dort nicht. Zuerst mal ist die Fahrt zu weit. → *Siehe auch* FLYING START
▸ **Verb** **1** anfangen ◇ *The trail starts just outside the town.* Die Wanderroute beginnt unmittelbar vor der Stadt. ◇ *Have you any idea where the rumour started?* Haben Sie eine Ahnung, wo das Gerücht herstammt? ◇ *start a new job* eine neue Stelle antreten ◇ *The kids start school next week.* Die Kinder müssen nächste Woche wieder zur Schule. ◇ *Jan starts school next year.* Jan kommt nächstes Jahr in die Schule. ◇ *The news started me thinking.* Die Nachricht machte mich nachdenklich. ◇ *It's time you started on your homework.* Es ist an der Zeit, dass du dich an deine Hausaufgaben machst. **2** anbrechen ◇ *start a new jar of coffee* ein neues Glas Kaffee anbrechen **3** ~ **a fire** Feuer legen, einen Brand auslösen **4** (*Auto etc.*) anspringen **5** (*Motor etc.*) anlassen, starten **6** ~ **(up)** (*Geschäft*) aufmachen ◇ *There are a lot of small businesses starting up in that area.* Es werden viele kleine Firmen in diesem Bereich gegründet. **7** ~ **sth (up)** etw gründen ◇ *They decided to start a catering business.* Sie beschlossen, einen Gastronomiebetrieb zu eröffnen. **8** ~ **(out)** aufbrechen ◇ *What time are we starting tomorrow?* Um wie viel Uhr brechen wir morgen auf? **9** gehen ◇ *He started for the door, but I blocked his way.* Er ging auf die Tür zu, aber ich ver-

sperrte ihm den Weg. ◇ *I started after her to tell her the news.* Ich ging ihr nach, um ihr Bescheid zu sagen. **10 ~ (out/off) (as sth)** (als etw) anfangen; **~ (out/off) sth (as sth)** etw (als etw) anfangen ◇ *The company started out with 30 employees.* Die Firma fing mit 30 Angestellten an. ◇ *The building started life as a factory.* Das Gebäude war zunächst eine Fabrik. **11** zusammenfahren, aufschrecken IDM **ˌdon't (you) ˈstart** (umgs) hör bloß auf ◇ *Don't start! I told you I'd be late.* Fang bloß nicht an! Ich habe dir gesagt, dass ich spät komme. **ˈstart something** (umgs) etwas anrichten **to ˈstart with 1** erstens; zuerst mal ◇ *To start with it's much too expensive …* Erstens ist es viel zu teuer … **2** zunächst ◇ *I'll have melon to start with.* Ich nehme Melone als Vorspeise. → *Siehe auch* ALARM *und* BALL PHRV **ˌstart ˈback** sich auf den Rückweg machen **ˌstart ˈoff 1** losgehen ◇ *The horse started off at a steady trot.* Das Pferd trabte los. **2** anfangen ◇ *We started off by introducing ourselves.* Als Erstes stellten wir uns vor. ◇ *The leaves start off green but turn red later.* Die Blätter sind zunächst grün, werden aber später rot. **ˌstart sb ˈoff (on sth)** (kein Passiv) jdn auf etw bringen ◇ *Don't say anything to her — you'll start her off again.* Sagen Sie nichts zu ihr — sonst geht's wieder los. ◇ *Kevin started us all off laughing.* Kevin hat uns alle zum Lachen gebracht. ◇ *My mother started me off on the piano when I was three.* Meine Mutter setzte mich mit drei Jahren zum ersten Mal ans Klavier. **ˈstart on sb** (kein Passiv) jdn angreifen **ˌstart ˈon about sth** (umgs) mit etw anfangen ◇ *Don't start on about him not having a job.* Fang nicht wieder damit an, dass er keinen Job hat. **ˌstart ˈon at sb** (umgs) (kritisieren) jdn traktieren **ˌstart ˈout 1** beginnen ◇ *She started out on her legal career in 1963.* Sie begann 1963 ihre juristische Laufbahn. **2** zunächst beginnen ◇ *I started out to write a short story, but it soon developed into a novel.* Ich begann zunächst, eine Kurzgeschichte zu schreiben, aber sie wuchs sich schon bald zu einem Roman aus. **ˌstart ˈover** (bes AmE) von vorn anfangen **ˌstart ˈup 1** anfangen ◇ *advice to people who want to start up in business* Rat für Leute, die ins Geschäftsleben einsteigen wollen **2** (Motor) anspringen **ˌstart sth ˈup 1** (Geschäft etc.) aufmachen **2** (Motor) anlassen

start·er /ˈstɑːtə(r); AmE ˈstɑːrtər/ *Nomen* **1** (bes BrE) Vorspeise **2** (Sport) Starter(in) → *Siehe auch* NON-STARTER **3** Anlasser, Starter **4** Anfänger(in), Beginner(in) ◇ *He was a late starter.* Er war ein Spätzünder. ◇ *She was a slow starter.* Sie kam nur langsam in Schwung. **5** (oft als Adjektiv gebraucht) ◇ *The article served as a starter for the discussion.* Der Artikel diente als Aufhänger für die Diskussion. ◇ *a starter kit* eine Erstausstattung ◇ *a starter home* ein erstes Eigenheim ◇ *a starter pack* ein Startpaket IDM **for ˈstarters** (umgs) zuerst einmal; erstens einmal ◇ *The winners will be flown to Paris — and that's just for starters.* Die Gewinner werden nach Paris fliegen — und das ist erst der Anfang. **under ˌstarter's ˈorders** zum Start bereit; in den Startblöcken

ˈstarting blocks (auch **the blocks**) *Nomen* [Pl] Startblöcke

ˈstarting gate *Nomen* Startmaschine

ˈstarting point *Nomen* Ausgangspunkt

ˈstarting price *Nomen* Buchmacherschlusskurs

star·tle /ˈstɑːtl; AmE ˈstɑːrtl/ *Verb* erschrecken, aufschrecken

star·tled /ˈstɑːtld; AmE ˈstɑːrtld/ *Adj* erschrocken, aufgeschreckt

start·ling /ˈstɑːtlɪŋ; AmE ˈstɑːrt-/ *Adj* (*Adv* **start·ling·ly**) **1** verblüffend **2** (Farbe) auffallend

ˈstart-up *Adj, Nomen*
▸ *Adj* [nur vor Nomen] Start-
▸ *Nomen* (AmE auch **ˈstart·up**) Startup

ˌstar ˈturn *Nomen* Star (einer Show)

star·va·tion /stɑːˈveɪʃn; AmE stɑːrˈ-/ *Nomen* Verhungern ◇ *die of/from starvation* verhungern ◇ *Millions face starvation.* Millionen droht der Hungertod. ◇ *a starvation diet* eine Hungerdiät ◇ *They were on starvation wages.* Sie bekamen einen Hungerlohn.

starve /stɑːv; AmE stɑːrv/ *Verb* hungern (lassen); **~ (sb) (to death)** (jdn) verhungern (lassen) ◇ *She's starving herself to try to lose weight.* Sie hungert um abzunehmen. IDM **be ˈstarving** (bes AmE **be ˈstarved**) (umgs) einen Wahnsinnshunger haben PHRV **starve sb into sth/into doing sth** jdn durch Aushungern zu etw zwingen/dazu zwingen, etw zu tun **ˌstarve sb/sth of ˈsth** (AmE auch **ˌstarve sb/sth for ˈsth**) jdm/etw etw vorenthalten ◇ *The children were starved of affection.* Die Kinder bekamen nicht genug Zuneigung. **ˌstarve sb ˈout** jdn aushungern

-starved /stɑːvd; AmE stɑːrvd/ (in Zusammensetzungen) ausgehungert nach … ◇ *sleep-starved parents* Eltern, die nicht genug Schlaf bekommen ◇ *supply-starved villages* Dörfer, denen es an Nachschub fehlt → *Siehe auch* CASH-STARVED

stash /stæʃ/ *Verb, Nomen*
▸ *Verb* (umgs) beiseiteschaffen, verstecken
▸ *Nomen* [meist Sing] (umgs) geheimes Lager ◇ *a stash of money* gehortetes Geld

state 0→ /steɪt/ *Nomen, Adj, Verb*
▸ *Nomen* **1** Zustand, Lage ◇ *The building is in a bad state of repair.* Das Gebäude ist in schlechtem baulichen Zustand. ◇ *You're not in a fit state to drive.* Sie können in dem Zustand nicht fahren. ◇ *his state of mind* sein Geisteszustand ◇ *a confused state of mind* ein Zustand geistiger Verwirrung ◇ *She was in a state of shock.* Sie stand unter Schock. ◇ *Look at the state of you!* Wie siehst du nur aus! **2** (auch **State**) Staat ◇ *the State of Israel* der Staat Israel ◇ *European Union member states* Mitgliedstaaten der Europäischen Union → *Siehe auch* CITY STATE *und* NATION STATE **3** (auch **the State**) [U/Sing] der Staat ◇ *matters of state* Staatsangelegenheiten **4** (auch **State, St.**) Gliedstaat, Bundesstaat; (in Deutschland, Österreich) (Bundes)land ◇ *the southern States of the US* die Südstaaten der USA **5 the States** [Pl] (umgs) die Vereinigten Staaten, die USA IDM **be in/get into a ˈstate** (bes BrE, umgs) **1** aufgeregt sein/sich aufregen **2** in einem unbeschreiblichen Zustand sein/in einen unbeschreiblichen Zustand geraten ◇ *What a state this place is in!* Wie sieht es hier bloß aus! **in a ˌstate of ˈgrace** im Stand der Gnade **in ˈstate** feierlich **state of afˈfairs** Situation **the state of ˈplay 1** der Stand der Dinge ◇ *What is the current state of play in the peace talks?* Wie ist der gegenwärtige Stand der Friedensverhandlungen? **2** (SPORT) (bes BrE) Spielstand **turn ˌState's ˈevidence** (AmE) als Kronzeuge/Kronzeugin auftreten → *Siehe auch* LIE[1] *und* NANNY
▸ *Adj* (auch **State**) /steɪt/ [nur vor Nomen] **1** staatlich, Staats- ◇ *families dependent on state benefits* Familien, die von staatlicher Unterstützung leben ◇ *the state opening of Parliament* die feierliche Parlamentseröffnung **2** bundesstaatlich, des Bundesstaates
▸ *Verb* erklären, angeben, sagen ◇ *There's no need to state the obvious.* Das ist ja allgemein bekannt und braucht nicht noch extra gesagt zu werden.

the ˈState Department *Nomen* das (US-)Außenministerium

state·hood /ˈsteɪthʊd/ *Nomen (gehoben)* **1** Eigenstaatlichkeit **2** ◇ *West Virginia was granted statehood in 1863.* West Virginia wurde 1863 als Bundesstaat aufgenommen.

ˌstate house *Nomen* [meist Sing] *(in den USA)* Parlamentsgebäude (eines Bundesstaates)

state·less /ˈsteɪtləs/ *Adj* staatenlos

state·less·ness /ˈsteɪtləsnəs/ *Nomen* Staatenlosigkeit

ˌstate ˈline *Nomen* Staatsgrenze *(zwischen zwei Bundesstaaten in den USA)*

state·li·ness /ˈsteɪtlinəs/ *Nomen* **1** Stattlichkeit **2** Würde, Gemessenheit

state·ly /ˈsteɪtli/ *Adj* **1** stattlich **2** würdevoll, gemessen ◇ *The procession made its stately progress through the streets.* Die Prozession zog feierlich durch die Straßen.

ˌstately ˈhome *Nomen (BrE)* Herrenhaus

state·ment 0┳ /ˈsteɪtmənt/ *Nomen, Verb*

▸ ***Nomen*** **1** Aussage, Feststellung **2 ~ (on/about sth)** Erklärung (zu etw); *(vor Gericht, bei der Polizei)* Aussage (zu etw) ◇ *A government spokesperson made a statement to the press.* Ein Regierungssprecher gab eine Presseerklärung ab. ◇ *The police asked me to make a statement.* Die Polizei verlangte eine schriftliche Aussage von mir. **3** Beleg; *(einer Firma)* Finanzbericht; *(von einem Bankkonto)* Auszug **4** sonderpädagogisches Gutachten *(BrE)*

▸ ***Verb*** offiziell entscheiden und dokumentieren, dass ein Kind sonderpädagogischen Förderbedarf hat ◇ *statemented children* Kinder, die offiziell sonderpädagogischen Förderbedarf haben

ˌstate of ˈsiege *Nomen* Belagerungszustand

ˌstate of the ˈart *Adj* dem neuesten Stand der Technik entsprechend ◇ *The system was state of the art.* Das System war auf dem neuesten Stand der Technik. ◇ *a state-of-the-art system* ein dem neuesten Stand der Technik entsprechendes System

state·room /ˈsteɪtruːm, -rʊm/ *Nomen* **1** Luxuskabine **2** Staatsgemach

ˈstate school *Nomen (BrE)* öffentliche Schule

state·side /ˈsteɪtsaɪd/ *Adj, Adv (AmE, umgs)* in den/die Vereinigten Staaten

states·man /ˈsteɪtsmən/ *Nomen (Pl* **-men** */-mən/)* Staatsmann

states·man·like /ˈsteɪtsmənlaɪk/ *Adj* staatsmännisch

states·man·ship /ˈsteɪtsmənʃɪp/ *Nomen* staatsmännisches Handeln, Staatskunst

state·wide /ˈsteɪtwaɪd/ *Adj, Adv (in den USA)* im ganzen (Bundes)staat ◇ *She won 10% of the vote statewide.* Sie errang 10% der Stimmen im ganzen Bundesstaat.

static /ˈstætɪk/ *Adj, Nomen*

▸ ***Adj*** **1** gleichbleibend, unverändert ◇ *Prices on the stock market, which have been static, are now rising again.* Die Börsenkurse, die in letzter Zeit stagnierten, steigen jetzt wieder. **2** (PHYSIK) statisch

▸ ***Nomen*** [U] **1** atmosphärische Störung **2** *(auch* **ˌstatic elecˈtricity***)* Reibungselektrizität **3 statics** Statik

sta·tion 0┳ /ˈsteɪʃn/ *Nomen, Verb*

▸ ***Nomen*** **1** Bahnhof ◇ *(BrE) an underground station* eine U-Bahn-Station **2** *(meist in Zusammensetzungen)* ◇ *a police station* eine Polizeiwache ◇ *(AmE) a gas station* eine Tankstelle ◇ *an agricultural research station* eine landwirtschaftliche Versuchsanstalt ◇ *a monitoring station* eine Überwachungsstelle ➔ *Siehe auch* SPACE STATION **3** *(oft in Zusammensetzungen)* Sender **4** Position, Stellung **5** *(meist in Zusammensetzungen)* Farm *(in Australien oder Neuseeland)* **6** Stützpunkt ◇ *a naval station* ein Flottenstützpunkt ➔ *Siehe auch* ACTION STATIONS **7** *(veraltet oder gehoben)* Rang, Stand ◇ *She was definitely getting ideas above her station.* Sie hielt sich offensichtlich für etwas Besseres. IDM ➔ PANIC

▸ ***Verb*** **1** stationieren **2 ~ sb/yourself** *(gehoben)* jdn/sich postieren, jdn/sich (auf)stellen

ˈstation agent *Nomen (AmE)* Bahnhofsvorsteher(in)

sta·tion·ary /ˈsteɪʃənri; *AmE* -ʃəneri/ *Adj* **1** bewegungslos, stehend ◇ *He remained stationary.* Er bewegte sich nicht. ◇ *a stationary exercise bike* ein Fahrrad-Heimtrainer **2** gleichbleibend

sta·tion·er /ˈsteɪʃənə(r)/ *Nomen (bes BrE)* Schreibwarenhändler(in)

sta·tion·ery /ˈsteɪʃənri; *AmE* -ʃəneri/ *Nomen* [U] **1** Schreibwaren **2** Briefpapier

ˈstation house *Nomen (AmE)* Polizeiwache

sta·tion·mas·ter /ˈsteɪʃnmɑːstə(r); *AmE* -mæstər/ *Nomen (BrE)* Bahnhofsvorsteher(in)

ˈstation wagon *Nomen (AmE)* Kombi(wagen)

stat·is·tic /stəˈtɪstɪk/ *Nomen* **1 statistics**; *umgs* **stats** /stæts/ [Pl/U] Statistik ◇ *unemployment statistics* Arbeitslosenstatistik ◇ *according to official statistics* laut offizieller Statistik ◇ *These statistics are misleading.* Diese Statistiken sind irreführend. ◇ *There is a compulsory course in statistics.* Es gibt einen Pflichtkurs in Statistik. ➔ *Siehe auch* VITAL STATISTICS **2** statistische Tatsache, statistische Größe ◇ *I felt I was no longer being treated as a person but as a statistic.* Ich fühlte mich nicht mehr als Mensch behandelt, sondern nur als Nummer.

stat·is·tic·al /stəˈtɪstɪkl/ *Adj (Adv* **stat·is·tic·al·ly** */-kli/)* statistisch

stat·is·ti·cian /ˌstætɪˈstɪʃn/ *Nomen* Statistiker(in)

ˌstative ˈverb /ˈsteɪtɪv vɜːb; *AmE* vɜːrb/ *Nomen* Zustandsverb

statu·ary /ˈstætʃuəri; *AmE* -tʃueri/ *Nomen* [U] *(gehoben)* Statuen

statue 0┳ /ˈstætʃuː/ *Nomen* Statue

statu·esque /ˌstætʃuˈesk/ *Adj (gehoben)* stattlich, statuenhaft

statu·ette /ˌstætʃuˈet/ *Nomen* Statuette

stat·ure /ˈstætʃə(r)/ *Nomen* [U] *(gehoben)* **1** *(Niveau)* Format ◇ *The orchestra has grown in stature.* Das Orchester hat an Profil gewonnen. **2** Statur ◇ *a woman of short stature* eine Frau von kleiner Statur ◇ *He is small in stature.* Er ist von kleiner Statur.

sta·tus 0┳ /ˈsteɪtəs; *AmE auch* ˈstætəs/ *Nomen* [meist Sing] **1** Status, (gesellschaftliche) Stellung ◇ *her legal status* ihr Rechtsstatus ◇ *They were granted refugee status.* Sie wurden als Flüchtlinge anerkannt. ◇ *She achieved celebrity status overnight.* Sie wurde über Nacht berühmt. **2** Stand ◇ *marital status* Familienstand ◇ *What is the current status of our application?* Wie steht es gegenwärtig um unseren Antrag?

sta·tus quo /ˌsteɪtəs ˈkwəʊ; *AmE* ˈkwoʊ/ *Nomen* [Sing] Status quo

ˈstatus symbol *Nomen* Statussymbol

stat·ute /ˈstætʃuːt/ *Nomen* **1** Gesetz **2** Satzung, Statut

ˈstatute book *Nomen* Gesetzbuch ◇ *It's not yet on the statute book.* Es hat noch keine Gesetzeskraft.

ˈstatute law *Nomen* schriftlich festgelegtes Recht

ˌstatute of limiˈtations *Nomen* (RECHT) gesetzliche Verjährungsfrist

statu·tory /ˈstætʃətri; *AmE* -tɔːri/ *Adj (Adv* **statu·tor·ily** */ˈstætʃətrəli; AmE ˌstætʃəˈtɔːrəli/)* gesetzlich (vorgeschrieben) ◇ *statutory rights* verbriefte Rechte

ˌstatutory ofˈfence *Nomen* (RECHT) strafbare Handlung

ˌstatutory ˈrape *Nomen (AmE)* (RECHT) Geschlechtsverkehr mit Minderjährigen

staunch /stɔːntʃ/ *Adj, Verb*
▸ ***Adj*** (*Adv* **staunch·ly**) treu, überzeugt, standhaft
▸ ***Verb*** (*gehoben*) stillen

staunch·ness /ˈstɔːntʃnəs/ *Nomen* Standhaftigkeit

stave /steɪv/ *Nomen, Verb*
▸ ***Nomen*** **1** Knüppel **2** Pfahl, Brett, Daube **3** (*BrE*) (MUS) Notenlinien
▸ ***Verb*** (**staved, staved** *oder* **stove, stove** /stəʊv; *AmE* stoʊv/) PHR V ˌ**stave sth ˈin** etw einschlagen, etw eindrücken ˌ**stave sth ˈoff** etw abwehren, etw abwenden, etw hinauszögern

stay /steɪ/ *Verb, Nomen*
▸ ***Verb*** **1** bleiben ◇ *Can you stay and keep an eye on the baby?* Könntest du hierbleiben und auf das Baby aufpassen? ◇ *'Do you want a drink?' 'No, thanks, I can't stay.'* „Möchtest du was trinken?" „Nein danke, ich muss gehen." ◇ *He never stays angry for long.* Sein Zorn hält nie lange an. ◇ *I can't stay awake any longer.* Ich kann mich nicht länger wach halten. ◇ *The store stays open until late.* Das Geschäft hat abends lange auf. **2** sich aufhalten, übernachten ◇ *We found out we were staying in the same hotel.* Wir entdeckten, dass wir im gleichen Hotel wohnten. ◇ *My sister's coming to stay next week.* Meine Schwester kommt nächste Woche zu Besuch. IDM **be here to ˈstay**; **have come to ˈstay** sich fest eingebürgert haben; zum Dauerzustand geworden sein **stay the ˈcourse** (bis zum Ende) durchhalten **stay sb's ˈhand** (*veraltet oder gehoben*) jdn zurückhalten **stay the ˈnight** (*bes BrE*) übernachten **stay ˈput** (*umgs*) (da)bleiben; bleiben, wo man ist → *Siehe auch* CLEAR *und* LOOSE PHR V ˌ**stay aˈround** (*umgs*) (da)bleiben ˌ**stay aˈway (from sb/sth)** (von jdm/etw) wegbleiben, sich von jdm/etw fernhalten ◇ *I want you to stay away from my daughter.* Ich will, dass Sie meine Tochter in Ruhe lassen. ˌ**stay ˈin** zu Hause bleiben ˌ**stay ˈon** noch (da)bleiben ◇ *He didn't want to stay on at school.* Er wollte nicht mit der Schule weitermachen. ˌ**stay ˈout 1** nicht nach Hause gehen/kommen, draußenbleiben ◇ *I don't like you staying out so late.* Es gefällt mir nicht, dass du erst so spät nach Hause kommst. **2** weiter streiken ˌ**stay ˈout of sth 1** sich aus etw heraushalten **2** etw vermeiden ◇ *stay out of trouble* keine Dummheiten machen ◇ *stay out of sight* sich nicht blicken lassen ˌ**stay ˈover** über Nacht bleiben ˌ**stay ˈup** aufbleiben
▸ ***Nomen*** **1** Aufenthalt ◇ *an overnight stay* eine Übernachtung **2** Halteseil, Stag IDM **a ˌstay of exeˈcution** (RECHT) ein Aufschub des Vollzugs

ˈstay-at-home *Nomen* (*umgs, abwert*) Stubenhocker(in)

stay·er /ˈsteɪə(r)/ *Nomen* (*BrE*) ausdauernder Mensch; (*Pferd*) Steher

ˈstaying power *Nomen* Ausdauer, Durchhaltevermögen

St Ber·nard /ˌsnt ˈbɜːnəd; *AmE* ˌseɪnt bɜːrˈnɑːrd/ *Nomen* (*Hund*) Bernhardiner

STD /ˌes tiː ˈdiː/ *Abk* **1** = SEXUALLY TRANSMITTED DISEASE **2** (*BrE*) *Kurzform von* **subscriber trunk dialling** Selbstwählferndienst

stead /sted/ *Nomen* IDM **in sb's/sth's ˈstead** (*gehoben*) an jds Stelle/anstelle von etw **stand sb in good ˈstead** jdm zugutekommen; jdm zustatten kommen

stead·fast /ˈstedfɑːst; *AmE* -fæst/ *Adj* (*Adv* **stead·fast·ly**) (*gehoben*) standhaft, unerschütterlich, fest

stead·fast·ness /ˈstedfɑːstnəs; *AmE* -fæst-/ *Nomen* Standhaftigkeit, Unerschütterlichkeit, Festigkeit

stead·ily /ˈstedəli/ *Adv* **1** stetig, ständig **2** fest

steadi·ness /ˈstedinəs/ *Nomen* **1** Festigkeit, Stabilität **2** Stetigkeit

steady /ˈstedi/ *Adj, Verb, Adv, Ausruf*
▸ ***Adj*** (**stead·ier, steadi·est**) **1** stetig **2** gleichmäßig ◇ *His breathing was steady.* Sein Atem ging gleichmäßig. **3** fest ◇ *He held the boat steady as she got in.* Er hielt das Boot fest, als sie einstieg. ◇ *a steady boyfriend* ein fester Freund ◇ *Such fine work requires a good eye and a steady hand.* Diese Arbeit erfordert ein gutes Auge und eine sichere Hand. **4** zuverlässig IDM **be (as) steady as a ˈrock** wie ein Fels in der Brandung sein → *Siehe auch* READY
▸ ***Verb*** (**stead·ies, steady·ing, stead·ied, stead·ied**) **1** etw (wieder) ins Gleichgewicht bringen; **~ yourself** wieder ins Gleichgewicht kommen ◇ *She steadied herself against the wall.* Sie stützte sich an der Wand ab. **2** sich stabilisieren **3** beruhigen ◇ *He took a few deep breaths to steady his nerves.* Er atmete ein paar Mal tief durch, um sich zu beruhigen.
▸ ***Adv*** fest, stabil IDM **go ˈsteady on sth 1** nicht zu viel von etw nehmen **2** etw nicht überstürzen **go ˈsteady (with sb)** (*veraltet, umgs*) mit jdm (fest) gehen
▸ ***Ausruf*** (*umgs*) **1 ~ on** (*veraltet*) nun mal sachte, nun aber mal halblang **2** Vorsicht ◇ *Steady! You're going to fall if you're not careful.* Vorsicht! Wenn du nicht aufpasst, fällst du.

steak /steɪk/ *Nomen* **1** Steak ◇ *How would you like your steak done?* Wie möchten Sie Ihr Steak gebraten haben? ◇ *a pork steak* ein Schweinesteak **2** (*oft in Zusammensetzungen*) Rindfleisch, Rindergulasch ◇ *braising steak* Rinderschmorfleisch ◇ *a steak and kidney pie* eine mit Rindfleisch und Nieren gefüllte Pastete

steal /stiːl/ *Verb, Nomen*
▸ ***Verb*** (**stole** /stəʊl; *AmE* stoʊl/, **stolen** /ˈstəʊlən; *AmE* ˈstoʊ-/) **1** stehlen ◇ *We found out he'd been stealing from us for years.* Wir entdeckten, dass er uns seit Jahren bestohlen hatte. ◇ *stolen goods* Diebesgut **2** sich stehlen ◇ *She stole out of the room.* Sie stahl sich aus dem Zimmer. **3** (*Baseball*) = auf eigenes Risiko bereits zum nächsten Base loslaufen, während der Ball noch zum Schläger/zur Schlägerin geworfen wird IDM **steal a ˈglance/ˈlook (at sb/sth)** (*gehoben*) einen verstohlenen Blick auf jdn/etw werfen **steal sb's ˈheart** (*gehoben*) jds Herz erobern **steal a ˈkiss (from sb)** (*gehoben*) (jdm) einen Kuss rauben **steal a ˈmarch (on sb)** (*gehoben*) (*kein Passiv*) (jdm) zuvorkommen **steal the ˈshow** (*kein Passiv*) der Publikumsliebling sein; glänzen **steal sb's ˈthunder** jdm die Schau stehlen
▸ ***Nomen*** (*AmE*) (*Baseball*) = gestohlenes Base IDM **be a ˈsteal** (*bes AmE*) ein Schnäppchen sein

stealth /stelθ/ *Nomen, Adj*
▸ ***Nomen*** Heimlichkeit ◇ *The government was accused of trying to introduce the tax by stealth.* Man warf der Regierung vor, sie hätte versucht, die Steuer heimlich, still und leise einzuführen. ◇ *Lions rely on stealth when hunting.* Löwen schleichen sich an ihre Beute heran.
▸ ***Adj*** [nur vor Nomen] (MIL) Tarnkappen-

stealthy /ˈstelθi/ *Adj* (*Adv* **stealth·ily** /-θɪli/) heimlich, verstohlen ◇ *a stealthy animal* ein lautloses Tier ◇ *She crept stealthily along the corridor.* Sie schlich auf leisen Sohlen den Gang hinunter.

steam /stiːm/ *Nomen, Verb*
▸ ***Nomen*** [U] **1** Dampf ◇ *the introduction of steam in the 18th century* die Einführung der Dampfkraft im 18. Jahrhundert **2** Kondensation ◇ *She wiped the steam from her glasses.* Sie putze ihre beschlagene Brille. IDM **get etc. somewhere under your own ˈsteam** (*BrE, umgs*) ohne fremde Hilfe irgendwohin gelangen ◇ *I'll get there under my own steam.* Ich komme da schon alleine hin. ˌ**get up/ˌpick up ˈsteam 1** (*umgs*) in Schwung kommen **2** beschleunigen ˌ**let off ˈsteam** (*umgs*) Dampf ablassen ˌ**run out of ˈsteam** (*umgs*) Schwung verlieren → *Siehe auch* SPEED

▸ ***Verb*** **1** dampfen **2** dämpfen (lassen), dünsten (lassen) **3** (mit Volldampf) rennen etc. ◇ *(fig) The company is steaming ahead with its investment programme.* Die Firma treibt ihr Investitionsprogramm voran. IDM **be/get (all) steamed 'up (about/over sth)** *(AmE* **be 'steamed (about sth)**) *(umgs)* sich (wegen einer Sache) aufregen PHR V **ˌsteam sth 'off (sth)** etw (von etw) über (heißem) Wasserdampf ablösen **ˌsteam sth 'open** etw mit (heißem) Wasserdampf öffnen **ˌsteam 'up** *(Brille etc.)* beschlagen **ˌsteam sth 'up** etw beschlagen lassen

steam·boat /'sti:mbəʊt; *AmE* -boʊt/ *Nomen* Dampfschiff, Dampfer

steam·er /'sti:mə(r)/ *Nomen* **1** Dampfschiff, Dampfer **2** Dämpfsieb, Dampfgarer

steam·roll·er /'sti:mrəʊlə(r); *AmE* -roʊ-/ *Nomen, Verb*

▸ ***Nomen*** Dampfwalze

▸ ***Verb*** *(AmE meist* **'steamroll**) **1** ◇ *The team steamrollered their way to victory.* Die Mannschaft steuerte unaufhaltsam dem Sieg entgegen. ◇ *They steamrollered the bill through Parliament.* Sie peitschten das Gesetz im Parlament durch. **2 ~ sb** jdn überrollen

steam·ship /'sti:mʃɪp/ *Nomen (Abk* **SS**) Dampfschiff, Dampfer

steamy /'sti:mi/ *Adj* **1** voller Dampf ◇ *steamy windows* beschlagene Fenster ◇ *the steamy heat of Tokyo* die feuchte Hitze in Tokio **2** *(umgs) (erotisch)* heiß ◇ *a steamy love scene* eine heiße Liebesszene

steed /sti:d/ *Nomen (gehoben oder hum)* Ross

steel 🔑 /sti:l/ *Nomen, Verb*

▸ ***Nomen*** Stahl ◇ *the clash of steel* das Klirren von Stahl auf Stahl → *Siehe auch* STAINLESS STEEL IDM **of 'steel** aus Stahl ◇ *She felt a hand of steel on her arm.* Sie fühlte eine stählerne Hand auf ihrem Arm.

▸ ***Verb*** **~ yourself (for/against sth)** sich (für/gegen etw) wappnen ◇ *He steeled himself to tell them the truth.* Er nahm allen Mut zusammen, um ihnen die Wahrheit zu sagen.

ˌsteel 'band *Nomen* Steelband

steel·work·er /'sti:lwɜ:kə(r); *AmE* -wɜ:rkər/ *Nomen* Stahlarbeiter(in)

steel·works /'sti:lwɜ:ks; *AmE* -wɜ:rks/ *Nomen* [mit Verb im Sing/Pl] *(Pl* **steel·works**) Stahlwerk

steely /'sti:li/ *Adj* **1** stählern, (stahl)hart **2** stahlgrau, stahlblau

steep 🔑 /sti:p/ *Adj, Verb*

▸ ***Adj*** **1** *(Adv* **steep·ly**) steil ◇ *steeply sloping roofs* steile Dächer ◇ *a steep decline in the birth rate* ein starker Rückgang der Geburtenrate **2** *(umgs)* happig

▸ ***Verb*** IDM **be 'steeped in sth** *(gehoben)* von etw durchdrungen sein ◇ *a city steeped in history* eine geschichtsträchtige Stadt PHR V **'steep sth in sth** etw in etw einweichen, etw in etw ziehen lassen **'steep yourself in sth** *(gehoben)* sich in etw vertiefen

steep·en /'sti:pən/ *Verb* **1** steiler werden **2** steiler machen

steeple /'sti:pl/ *Nomen* (spitzer) Kirchturm

steeple·chase /'sti:pltʃeɪs/ *(auch* **chase**) *Nomen* **1** Steeplechase, Hindernisrennen **2** Hindernislauf

steeple·chaser /'sti:pltʃeɪsə(r)/ *Nomen* **1** *(Pferd)* Steepler **2** Reiter(in) in einer Steeplechase **3** Läufer(in) in einem Hindernislauf

steeple·jack /'sti:pldʒæk/ *Nomen* = jd, der Arbeiten an Kirchtürmen, Schornsteinen etc. ausführt

steep·ly 🔑 *Adv* → STEEP

steep·ness /'sti:pnəs/ *Nomen* Steilheit

steer 🔑 /stɪə(r); *AmE* stɪr/ *Verb, Nomen*

▸ ***Verb*** lenken, steuern ◇ *(fig) He took her arm and steered her towards the door.* Er nahm sie am Arm und führte sie in Richtung Tür. ◇ *She steered the team to victory.* Sie führte die Mannschaft zum Sieg. IDM → CLEAR

▸ ***Nomen*** junger Ochse

steer·age /'stɪərɪdʒ; *AmE* 'stɪrɪdʒ/ *Nomen* [U] Zwischendeck

steer·ing /'stɪərɪŋ; *AmE* 'stɪrɪŋ/ *Nomen* Lenkung, Steuerung

'steering column *Nomen* Lenksäule

'steering committee *(auch* **'steering group**) *Nomen* Lenkungsausschuss

'steering wheel *(auch* **wheel**) *Nomen* Lenkrad, Steuerrad

stel·lar /'stelə(r)/ *Adj* **1** *(Fachspr)* stellar **2** *(umgs)* erstklassig, Spitzen-

STEM /stem/ *Kurzform von* **science, technology, engineering and mathematics** MINT

stem /stem/ *Nomen, Verb*

▸ ***Nomen*** **1** Stängel, Stamm, Stiel ◇ *long, trailing stems of ivy* lange Efeuranken ◇ *a tall plant with branching stems* eine hohe Pflanze mit Seitensprossen → *Siehe auch* -STEMMED **2** (LING) Stamm IDM **from ˌstem to 'stern** vom Bug bis zum Heck

▸ ***Verb*** **(-mm-)** eindämmen; *(Blutung)* stillen PHR V **'stem from sth** *(nicht in der Verlaufsform)* von etw herrühren

'stem cell *Nomen* Stammzelle

-stemmed /stemd/ *(in Adjektiven)* -stielig ◇ *long-stemmed roses* langstielige Rosen

stench /stentʃ/ *Nomen* [Sing] Gestank *(auch fig)*

sten·cil /'stensl/ *Nomen, Verb*

▸ ***Nomen*** Schablone, schabloniertes Muster

▸ ***Verb*** **(-ll-,** *AmE auch* **-l-)** *(Muster)* schablonieren; *(Oberfläche)* mithilfe von Schablonen verzieren ◇ *walls stencilled with flowers* Wände mit schablonierten Blumen

steno /'stenəʊ; *AmE* -noʊ/ *Nomen (AmE, umgs)* **1** *(Pl* **-os**) *(auch* **sten·og·raph·er** /stə'nɒgrəfə(r); *AmE* -'nɑ:g-/) Stenograf(in) **2** *(auch* **sten·og·raphy** /stə'nɒgrəfi; *AmE* -'nɑ:g-/) Stenografie

sten·tor·ian /sten'tɔ:riən/ *Adj (gehoben)* laut, gewaltig

step 🔑 /step/ *Nomen, Verb*

▸ ***Nomen*** **1** Schritt *(auch fig)* ◇ *He turned around and retraced his steps.* Er drehte sich um und ging zurück. → *Siehe auch* GOOSE-STEP *und* QUICKSTEP **2** Stufe ◇ *a short flight of steps* eine kurze Treppe **3** *(oft in Zusammensetzungen)* ◇ *step aerobics* Steppaerobic ◇ *a step class* ein Steppaerobic-Kurs **4 steps** [Pl] *(BrE)* Stehleiter ◇ *a pair of steps* eine Trittleiter **5** *(AmE)* Tonschritt, halber Tonschritt IDM **break 'step** aus dem Schritt kommen **fall into 'step (beside/with sb)** *(gehoben)* mit jdm in Gleichschritt fallen **in 'step (with sb/sth)** im Gleichschritt (mit jdm/etw) ◇ *Growth here has kept in step with other areas.* Das Wirtschaftswachstum hier hat mit dem anderer Gegenden Schritt gehalten. **out of 'step (with sb/sth) 1** nicht im Gleichschritt (mit jdm/etw) **2** nicht im Einklang (mit jdm/etw) ◇ *The party is out of step with the voters.* Die Partei ist nicht auf der selben Wellenlänge wie die Wähler. **mind/watch your 'step 1** vorsichtig gehen **2** sich vorsehen ◇ *You'd better watch your step with him if you don't want trouble.* Sieh dich vor, wenn du keinen Ärger mit ihm willst. **a/one step a'head (of sb/sth)** (jdm/etw) einen Schritt voraus

▸ ***Verb*** **(-pp-)** *(einen Schritt tun)* treten ◇ *step onto/off a bus* in einen Bus einsteigen/aus einem Bus aussteigen ◇ *We stepped carefully over the broken glass.* Wir stiegen vorsichtig über die Glasscherben. ◇ *Going into* *the hotel is like stepping back in time.* Wenn man das Hotel betritt, wird man in die Vergangenheit zurückversetzt. IDM **step into the 'breach** in die Bresche springen **step into sb's 'shoes** jds Stelle übernehmen **'step on it** (*umgs*) (*schneller fahren*) auf die Tube drücken **step out of 'line**; **be/get out of 'line** aus der Reihe tanzen **step up to the 'plate** (*bes AmE*) das Nötige tun ◇ *It's important for politicians to step up to the plate and honour their commitments on global warming.* Es ist wichtig, dass die Politiker das Nötige tun, um ihre Versprechungen zum Klimaschutz in die Tat umzusetzen. → *Siehe auch* TOE PHR V **,step a'side/ 'down** zurücktreten **,step 'back (from sth)** (von etw) Abstand nehmen **,step 'forward** sich melden **,step 'in** eingreifen ◇ *A businessman stepped in with a large donation for the school.* Ein Geschäftsmann half der Schule mit einer großen Spende aus der Klemme. **,step 'out** (*bes AmE*) hinausgehen **,step 'up** vortreten **,step sth 'up** etw steigern

step- /step/ Stief- ◇ *her stepmother* ihre Stiefmutter

step·lad·der /ˈsteplædə(r)/ *Nomen* Stehleiter

steppe /step/ *Nomen* Steppe

'stepping stone *Nomen* **1** Trittstein **2** (*fig*) Sprungbrett

stereo /ˈsteriəʊ; *AmE* -rioʊ/ *Nomen, Adj*

▸ ***Nomen*** (*Pl* **-os**) **1** (*auch* **'stereo system**) Stereogerät, Stereoanlage ◇ *a personal stereo* ein Walkman **2** Stereo ◇ *broadcast in stereo* in Stereo senden

▸ ***Adj*** (*gehoben* **stereo·phon·ic** /ˌsteriəˈfɒnɪk; *AmE* -ˈfɑːnɪk/) [nur vor Nomen] Stereo- ◇ *stereo sound* Stereoklang

stereo·type /ˈsteriətaɪp/ *Nomen, Verb*

▸ ***Nomen*** Klischee, Stereotyp ◇ *gender stereotypes* geschlechtsspezifische Klischees

▸ ***Verb*** (*oft passiv*) **~ sb** jdn in ein Klischee zwängen; **~ sb as sth** jdn als etw abstempeln

stereo·typed /ˈsteriətaɪpt/ *Adj* klischeehaft, stereotyp

stereo·typ·ical /ˌsteriəˈtɪpɪkl/ *Adj* klischeehaft, stereotyp

stereo·typ·ing /ˈsteriətaɪpɪŋ/ *Nomen* [U] Klischieren ◇ *the danger of gender stereotyping in schools* die Gefahr, Kinder in der Schule in Geschlechterrollen zu zwängen

ster·ile /ˈsteraɪl; *AmE* -rəl/ *Adj* **1** unfruchtbar **2** steril ◇ *He felt creatively and emotionally sterile.* Er fühlte sich unkreativ und emotional leer. **3** fruchtlos ◇ *a sterile debate* eine fruchtlose Debatte

ster·il·ity /stəˈrɪləti/ *Nomen* **1** Unfruchtbarkeit **2** Fruchtlosigkeit

ster·il·iza·tion (*BrE auch* **-isa·tion**) /ˌsterəlaɪˈzeɪʃn; *AmE* -ləˈ-/ *Nomen* Sterilisation

ster·il·ize (*BrE auch* **-ise**) /ˈsterəlaɪz/ *Verb* sterilisieren

ster·il·izer (*BrE auch* **-iser**) /ˈsterəlaɪzə(r)/ *Nomen* Sterilisator, Sterilisierapparat

ster·il·iz·ing (*BrE auch* **-is·ing**) /ˈsterəlaɪzɪŋ/ *Adj* [nur vor Nomen] Sterilisier- ◇ *sterilizing tablets* Sterilisiertabletten

ster·ling /ˈstɜːlɪŋ; *AmE* ˈstɜːrlɪŋ/ *Nomen, Adj*

▸ ***Nomen*** [U] (*britische Währung*) (Pfund) Sterling

▸ ***Adj*** (*gehoben*) ausgezeichnet, erstklassig

,sterling 'silver *Nomen* Sterlingsilber

stern /stɜːn; *AmE* stɜːrn/ *Adj, Nomen*

▸ ***Adj*** **1** (*Adv* **stern·ly**) streng, ernst **2** (*schwierig*) hart ◇ *We face stern opposition.* Wir werden auf hartnäckigen Widerstand stoßen. IDM **be made of sterner 'stuff** aus härterem Holz geschnitzt sein

▸ ***Nomen*** Heck IDM → STEM

stern·ness /ˈstɜːnnəs; *AmE* ˈstɜːrn-/ *Nomen* Strenge, Ernst

ster·num /ˈstɜːnəm; *AmE* ˈstɜːrnəm/ *Nomen* (*Pl* **sternums** *oder* **sterna** /ˈstɜːnə; *AmE* ˈstɜːrnə/) Brustbein

ster·oid /ˈsterɔɪd; *BrE auch* ˈstɪərɔɪd; *AmE auch* ˈstɪrɔɪd/ *Nomen* Steroid

stetho·scope /ˈsteθəskəʊp; *AmE* -skoʊp/ *Nomen* Stethoskop

stet·son /ˈstetsn/ (*AmE* **Stetson™**) *Nomen* Stetson, Cowboyhut

steve·dore /ˈstiːvədɔː(r)/ *Nomen* Schauermann

stew /stjuː; *AmE* stuː/ *Nomen, Verb*

▸ ***Nomen*** Eintopf(gericht) IDM **be in a 'stew (about/ over sth)** (*umgs*) (wegen einer Sache) in heller Aufregung sein **get (yourself) in a 'stew (about/over sth)** (*umgs*) (wegen einer Sache) in Aufregung geraten ◇ *There's no point getting in a stew about it.* Es hat keinen Sinn, sich deswegen aufzuregen.

▸ ***Verb*** **1** schmoren (lassen), dünsten ◇ *stewed apples* Apfelkompott ◇ (*fig*) *Leave him to stew.* Lass ihn schmoren. → *Siehe auch* STEWED **2** sich den Kopf zerbrechen IDM **let sb stew in their own 'juice** (*umgs*) jdn im eigenen Saft schmoren lassen

stew·ard /ˈstjuːəd; *AmE* ˈstuːərd/ *Nomen* **1** Steward **2** (*Guts-*) Verwalter(in) **3** (*BrE*) Ordner(in) **4** (*BrE*) = jd, der für die Versorgung eines Vereins oder Colleges mit Speisen und Getränken verantwortlich ist → *Siehe auch* SHOP STEWARD

stew·ard·ess /ˌstjuːəˈdes, ˈstjuːədes; *AmE* ˈstuːərdəs/ *Nomen* Stewardess

stew·ard·ship /ˈstjuːədʃɪp; *AmE* ˈstuːərd-/ *Nomen* (*gehoben*) Verwaltung

stewed /stjuːd; *AmE* stuːd/ *Adj* (*Tee*) zu lange gezogen → *Siehe auch* STEW

stick 0-w /stɪk/ *Verb, Nomen*

▸ ***Verb*** (**stuck, stuck** /stʌk/) **1** stecken ◇ *The nurse stuck the needle into my arm.* Die Schwester stach mir die Nadel in den Arm. ◇ *Stick your bags down there.* Leg deine Taschen dorthin. ◇ *Can you stick this on the noticeboard?* Kannst du das ans Anschlagbrett hängen? ◇ (*umgs*) *Stick 'em up!* Hände hoch! **2** kleben ◇ *The glue's useless—the pieces just won't stick.* Der Kleber ist unbrauchbar—die Teile haften nicht. **3 ~ (in sth)** (in etw) stecken bleiben, (in etw) klemmen ◇ *The key has stuck in the lock.* Der Schlüssel steckt im Schloss fest. ◇ *This drawer keeps sticking.* Diese Schublade klemmt immer. **4** (*BrE, umgs*) (*meist in Fragen und verneinten Sätzen*) aushalten, ausstehen ◇ *My mother can't stick my boyfriend.* Meine Mutter kann meinen Freund nicht ausstehen. **5** (haften) bleiben ◇ *The police couldn't make the charges stick.* Die Polizei kam mit der Anklage nicht durch. **6** (*Karten*) halten → *Siehe auch* STUCK IDM **stick in sb's 'mind** jdm im Gedächtnis bleiben **stick in your 'throat/'craw** (*umgs*) **1** ◇ *She wanted to say how sorry she was but the words seemed to stick in her throat.* Sie wollte sich entschuldigen, aber sie brachte die Worte nicht über die Lippen. **2** jdm gegen den Strich gehen **stick your 'neck out** (*umgs*) etwas wagen **stick to your 'guns** (*umgs*) hart bleiben; auf seinem Standpunkt beharren → *Siehe auch* BOOT, FINGER, KNIFE, MILE, NOSE, OAR, SORE *und* TELL PHR V **,stick a'round** (*umgs*) (da)bleiben **'stick at sth** an etw dranbleiben ◇ *If you want to play an instrument well, you've got to stick at it.* Wenn du ein Instrument gut spielen willst, musst du fleißig üben. **'stick by sb** (*kein Passiv*) zu jdm halten **'stick by sth** (*kein Passiv*) bei etw bleiben, zu etw stehen **,stick sth 'down** (*umgs*) etw (hin)schreiben **,stick 'out** auffallen **,stick 'out (of sth)** (aus etw) vorstehen, (aus etw) herausgucken **,stick sth 'out (of sth)** etw (aus etw) (her)ausstrecken ◇ *His ears* *stick out.* Er hat abstehende Ohren. **ˌstick it/sth ˈout** (*umgs*) durchhalten **ˌstick ˈout for sth** (*umgs*) auf etw bestehen **ˈstick to sth** **1** etw durchhalten ◊ *She finds it impossible to stick to a diet.* Sie kann sich einfach nicht an eine Diät halten. **2** bei etw bleiben, an etw festhalten ◊ *He promised to help us and he stuck to his word.* Er versprach uns zu helfen und er hielt sein Wort. **ˌstick toˈgether** (*umgs*) zusammenhalten **ˌstick ˈup** in die Höhe stehen ◊ *The branch was sticking up out of the water.* Der Zweig ragte aus dem Wasser. **ˌstick ˈup for sb/sth** (*kein Passiv*) sich für jdn/etw einsetzen ◊ *Stick up for what you believe.* Setz dich für deine Überzeugungen ein. **ˌstick ˈup for yourself** sich behaupten **ˈstick with sb** (*kein Passiv*) (*umgs*) sich an jdn halten **ˈstick with sth** (*kein Passiv*) bei etw bleiben

▸ ***Nomen*** **1** Stock, Zweig ◊ *Her arms and legs were like sticks.* Ihre Arme und Beine waren spindeldürr. **2** (*bes BrE*) = WALKING STICK **3** (SPORT) Schläger ◊ *a hockey stick* ein Hockeyschläger **4** (*oft in Zusammensetzungen*) Stange, Stift, Stäbchen ◊ *carrot sticks* Karottenstifte ◊ *pieces of pineapple on sticks* Ananasstücke auf Cocktailstäbchen → *Siehe auch* FRENCH LOAF **5** (*bes AmE, umgs*) Steuerknüppel → *Siehe auch* JOYSTICK **6** (*bes AmE, umgs*) Schalthebel → *Siehe auch* STICK SHIFT **7** Taktstock **8** [U] (*BrE, umgs*) Kritik ◊ *The referee got a lot of stick from the home fans.* Der Schiedsrichter wurde heftig von den Fans der Heimmannschaft kritisiert. **9 the sticks** [Pl] (*umgs*) die Pampa ◊ *We live out in the sticks.* Wir wohnen in der Pampa. **10** (*BrE, umgs, veraltet*) Mensch ◊ *He's not such a bad old stick.* Er ist gar kein übler Kerl. IDM → BEAT, BIG, CARROT, CLEFT, SHORT, UP *und* WRONG

stick·er /ˈstɪkə(r)/ *Nomen* Aufkleber, Sticker

ˈstick figure *Nomen* Strichmännchen

stick·ily *Adv* → STICKY

sticki·ness /ˈstɪkinəs/ *Nomen* **1** Klebrigkeit **2** Schwüle

ˈsticking plaster (*auch* **plas·ter**) *Nomen* (*BrE*) Heftpflaster

ˈsticking point *Nomen* Streitpunkt, Kontroverse

ˈstick insect *Nomen* Gespenstheuschrecke

ˈstick-in-the-mud *Nomen* (*umgs*) Langweiler

stickle·back /ˈstɪklbæk/ *Nomen* Stichling

stick·ler /ˈstɪklə(r)/ *Nomen* = jd, der es mit etw sehr genau nimmt, Pedant

ˈstick-on *Adj* [nur vor Nomen] selbstklebend

ˈstick shift *Nomen* (*AmE*) **1** Schalthebel **2** Fahrzeug mit Gangschaltung

sticky 0-▭ /ˈstɪki/ *Adj* (**stick·ier, sticki·est**) **1** (*Adv* **stick·ily** /-kɪli/) klebrig **2** selbstklebend **3** (*Adv* **stick·ily**) (*umgs*) schwül **4** (*umgs*) verschwitzt **5** (*umgs*) heikel ◊ *Their relationship is going through a sticky patch.* Ihre Beziehung ist gerade in einer schwierigen Phase. IDM **have sticky ˈfingers** (*umgs*) (*zum Stehlen neigen*) klebrige Finger/Hände haben **a ˌsticky ˈwicket** (*BrE, umgs*) eine vertrackte Situation ◊ *on a sticky wicket* in einer schwierigen Lage → *Siehe auch* END

ˈsticky tape *Nomen* (*BrE*) Klebstreifen, Klebeband

stiff 0-▭ /stɪf/ *Adj, Adv, Nomen, Verb*

▸ ***Adj*** **1** (*Adv* **stiff·ly**) steif ◊ *Whisk the egg whites until stiff.* Das Eiweiß zu Schnee schlagen. ◊ *a stiff brush* eine harte Bürste ◊ *The windows were stiff.* Die Fenster klemmten. ◊ *I'm really stiff after that bike ride.* Nach der Fahrradtour habe ich jetzt Muskelkater. **2** schwierig; (*Wettbewerb*) hart ◊ *The new proposals have met with stiff opposition.* Die neuen Vorschläge sind auf heftigen Widerstand gestoßen. ◊ *stiff fines* hohe Geldstrafen ◊ *a stiff wind* ein starker Wind **3** (*umgs*) (*Preis*) happig **4** [nur vor Nomen] (*alkoholisches Getränk*) hochprozentig ◊ *a stiff whisky* ein starker Whisky IDM **(keep) a stiff upper ˈlip** Haltung (bewahren)

▸ ***Adv*** **1** (*umgs*) (*verstärkend*) wahnsinnig ◊ *be scared stiff* wahnsinnig Angst haben ◊ *be bored stiff* sich zu Tode langweilen **2 frozen ~** steif gefroren

▸ ***Nomen*** (*Slang*) Leiche

▸ ***Verb*** (*AmE, umgs*) (*um Geld etc.*) bescheißen

stiff·en /ˈstɪfn/ *Verb* **1** steif werden, (sich) versteifen **2 ~ (in/with sth)** (vor etw) erstarren **3 ~ sth** etw steif machen; (*Stoffe etc.*) stärken ◊ *I stiffened my back and faced him.* Ich richtete mich auf und sah ihm in die Augen. ◊ *The threat of punishment has only stiffened their resolve.* Die Androhung von Strafe hat ihre Entschlossenheit nur noch verstärkt. **4 ~ up** steif werden ◊ *My muscles had stiffened up after the climb.* Nach dem Aufstieg hatte ich Muskelkater.

ˌstiff-ˈnecked *Adj* steif

stiff·ness /ˈstɪfnəs/ *Nomen* Steifheit

stifle /ˈstaɪfl/ *Verb* **1** unterdrücken **2** ersticken

stif·ling /ˈstaɪflɪŋ/ *Adj* **1** erdrückend ◊ *a stifling smell* ein atemberaubender Gestank ◊ *There was a stifling smell in the air.* Der Geruch verschlug einem den Atem. **2** stickig

stigma /ˈstɪɡmə/ *Nomen* Stigma, Makel

stig·mata /ˈstɪɡmətə, stɪɡˈmɑːtə/ *Nomen* (REL) [Pl] Wundmale, Stigmata

stig·ma·tiza·tion (*BrE auch* **-isa·tion**) /ˌstɪɡmətaɪˈzeɪʃn; *AmE* -təˈ-/ *Nomen* Stigmatisierung

stig·ma·tize (*BrE auch* **-ise**) /ˈstɪɡmətaɪz/ *Verb* (*gehoben*) (*meist passiv*) stigmatisieren; **~ sb/sth as sth** jdn/etw als etw brandmarken

stile /staɪl/ *Nomen* Zauntritt

stil·etto /stɪˈletəʊ/ *Nomen* (*Pl* **-os** *oder* **-oes**) **1** (*bes BrE* **stiˌletto ˈheel**) Pfennigabsatz **2** (*Schuh*) Schuh mit Pfennigabsatz **3** Stilett

still 0-▭ /stɪl/ *Adv, Adj, Nomen, Verb*

▸ ***Adv*** **1** (immer) noch **2** dennoch **3** (*intensivierend*) noch ◊ *The next day was warmer still.* Der nächste Tag war noch wärmer. **4 ~ more/another** noch mehr IDM → LESS

▸ ***Adj*** **1** still, ruhig ◊ *We stayed in a village where time had stood still.* Wir wohnten in einem Dorf, wo die Zeit stehen geblieben war. **2** (wind)still **3** (*BrE*) (*Getränk*) ohne Kohlensäure IDM **the still of the ˈnight** (*gehoben*) die Stille der Nacht **a/the still small ˈvoice** die innere Stimme **still waters run ˈdeep** stille Wasser sind tief

▸ ***Nomen*** **1** Standfoto ◊ *The police studied the stills from the security video.* Die Polizei studierte die Aufnahmen der Überwachungskamera. **2** Destillierapparat

▸ ***Verb*** (*gehoben*) **1** sich beruhigen ◊ *The wind stilled.* Der Wind legte sich. **2** beruhigen; (*Hunger*) stillen ◊ *still sb's fears* jdm die Angst nehmen

still·birth /ˈstɪlbɜːθ; *AmE* -bɜːrθ/ *Nomen* Totgeburt

still·born /ˈstɪlbɔːn; *AmE* -bɔːrn/ *Adj* tot geboren (*auch fig*) ◊ *The proposal was stillborn.* Die Idee war ein tot geborenes Kind.

ˌstill ˈlife *Nomen* (*Pl* **still lifes**) Stillleben

still·ness /ˈstɪlnəs/ *Nomen* **1** Stille **2** Unbewegtheit, Reglosigkeit

stilt /stɪlt/ *Nomen* [meist Pl] **1** Pfahl **2** Stelze

stilt·ed /ˈstɪltɪd/ *Adj* (*Adv* **stilted·ly**) (*abwert*) gestelzt ◊ *stilted conversation* eine angestrengte Unterhaltung

stimu·lant /ˈstɪmjələnt/ *Nomen* **1** Anregungsmittel, Aufputschmittel ◊ *Coffee and tea are mild stimulants.* Kaffee und Tee haben leicht anregende Wirkung. **2** Ansporn, Anreiz

stimu·late /ˈstɪmjuleɪt/ *Verb* anregen, stimulieren; (*sexuell*) erregen ◊ *The exhibition has stimulated* *interest in her work.* Die Ausstellung hat Interesse an ihrem Werk geweckt.

stimu·lat·ing /ˈstɪmjuleɪtɪŋ/ *Adj* **1** anregend ◇ *a stimulating teacher* ein inspirierender Lehrer **2** belebend

stimu·la·tion /ˌstɪmjuˈleɪʃn/ *Nomen* Anregung, Stimulierung; *(sexuell)* Erregung

stimu·lus /ˈstɪmjələs/ *Nomen (Pl* **stim·uli** /-laɪ/*)* **1** [meist Sing] Anregung, Anreiz **2** Stimulus, Reiz

sting 0‑ /stɪŋ/ *Verb, Nomen*

▸ ***Verb*** **(stung, stung** /stʌŋ/**)** **1** stechen; *(Nesseln)* brennen **2** *(schmerzen)* brennen ◇ *My eyes were stinging from the smoke.* Mir brannten die Augen von dem Qualm. **3 ~ sb** *(beleidigen)* jdn treffen; **~ sb into doing sth** jdn herausfordern etw zu tun ◇ *They launched a stinging attack on the government.* Sie griffen die Regierung scharf an. **4** *(oft passiv)* **~ sb for sth** *(umgs)* jdm etw abknöpfen ◇ *I got stung for a $100 meal.* Man hat mir 100 Dollar für ein Essen abgeknöpft. PHR V **ˈsting sb for sth** *(BrE, umgs)* etw von jdm pumpen

▸ ***Nomen*** **1** Stachel **2** (Insekten)stich **3** stechender Schmerz ◇ *the sting of salt in a wound* das Brennen von Salz in einer Wunde ◇ *She felt the sting of tears in her eyes.* Tränen brannten in ihren Augen. ◇ *There was a sting of sarcasm in his voice.* In seiner Stimme war beißender Sarkasmus. ◇ *He tried to take the sting out of his words.* Er versuchte, seinen Worten die Schärfe zu nehmen. **4** *(bes AmE, umgs)* geheime Polizeiaktion IDM **a ˌsting in the ˈtail** *(umgs)* das dicke Ende

stingi·ness /ˈstɪndʒinəs/ *Nomen* Knauserigkeit

ˈstinging nettle *(auch* **net·tle***)* *Nomen* Brennnessel

sting·ray /ˈstɪŋreɪ/ *Nomen* Stachelrochen

stingy /ˈstɪndʒi/ *Adj (umgs)* knauserig

stink /stɪŋk/ *Verb, Nomen*

▸ ***Verb*** **(stank** /stæŋk/**, stunk** /stʌŋk/ *oder* **stunk, stunk)** **~ (of sth)** *(umgs)* (nach etw) stinken *(auch fig)* PHR V **ˌstink sth ˈout** etw verstänkern

▸ ***Nomen*** *(umgs)* **1** Gestank **2** [Sing] Stunk, Ärger

ˈstink bomb *Nomen* Stinkbombe

stink·er /ˈstɪŋkə(r)/ *Nomen (umgs)* Mistkerl; *(komplizierte Sache)* harte Nuss ◇ *It's been a real stinker of a day.* Es war ein wirklich lausiger Tag.

stink·ing /ˈstɪŋkɪŋ/ *Adj, Adv*

▸ ***Adj*** **1** stinkend **2** [nur vor Nomen] *(bes BrE, umgs)* furchtbar, Scheiß- **3** [nur vor Nomen] *(BrE, umgs)* wütend

▸ ***Adv*** *(meist abwert, umgs)* stink- ◇ *They must be stinking rich.* Sie müssen stinkreich sein.

stint /stɪnt/ *Nomen, Verb*

▸ ***Nomen*** (Arbeits)pensum, (Arbeits)zeit ◇ *He did a stint abroad early in his career.* Am Anfang seiner Karriere hat er einige Zeit im Ausland verbracht. ◇ *I've done my stint in the kitchen for today.* Für heute habe ich meinen Küchendienst hinter mir.

▸ ***Verb*** **~ (on sth)** (an etw) sparen; **~ (yourself)** (sich) einschränken

sti·pend /ˈstaɪpend/ *Nomen (gehoben)* Gehalt, Besoldung

sti·pen·diary /staɪˈpendiəri; *AmE* -dieri/ *Nomen (Pl* **-ies***)* *(auch* **stiˌpendiary ˈmagistrate***)* = Friedensrichter(in), der/die ein Gehalt erhält

stip·ple /ˈstɪpl/ *Verb (meist passiv)* (KUNST) pointillieren

stip·pling /ˈstɪplɪŋ/ *Nomen* (KUNST) Pointillieren

stipu·late /ˈstɪpjuleɪt/ *Verb (gehoben)* **1** fordern ◇ *The advert stipulates a degree.* Die Stellenanzeige verlangt ein abgeschlossenes Hochschulstudium. **2** festlegen

stipu·la·tion /ˌstɪpjuˈleɪʃn/ *Nomen (gehoben)* Bedingung, Forderung

stir 0‑ /stɜː(r)/ *Verb, Nomen*

▸ ***Verb*** **(-rr-)** **1** (um)rühren **2** sich rühren, sich bewegen ◇ *You haven't stirred from that chair all evening!* Du hast dich den ganzen Abend nicht aus deinem Sessel erhoben! **3** anregen, bewegen ◇ *A noise stirred me from sleep.* Ein Geräusch weckte mich auf. **4** *(Gefühle)* sich regen **5** *(BrE, umgs, abwert)* Ärger machen IDM **stir your ˈstumps** *(BrE, umgs, veraltet)* sich sputen PHR V **ˌstir sb ˈup** jdn aufrütteln **ˌstir sth ˈup** **1** etw erregen, etw schüren ◇ *stir up a debate* eine Debatte entzünden **2** *(Staub etc.)* aufwirbeln

▸ ***Nomen*** **1** Aufsehen **2** Rühren ◇ *Could you give the rice a stir?* Könntest du den Reis mal umrühren?

ˈstir-crazy *Adj (bes AmE, umgs)* = am Gefängniskoller leidend

ˈstir-fry *Verb, Nomen*

▸ ***Verb*** **(-fries, -fry·ing, -fried, -fried)** = (Gemüse- oder Fleischstücke) unter Rühren scharf anbraten

▸ ***Nomen*** *(Pl* **-fries***)* = Gericht aus unter Rühren kurz angebratenen Zutaten, z.B. kleine Stücke Fleisch, Fisch und/oder Gemüse

stir·rer /ˈstɜːrə(r)/ *Nomen (BrE, umgs, abwert)* Unruhestifter(in)

stir·ring /ˈstɜːrɪŋ/ *Nomen, Adj*

▸ ***Nomen*** **~ (of sth)** ◇ *She felt a stirring of anger.* Sie fühlte, wie die Wut in ihr hochkam. ◇ *the first stirrings of spring* die ersten Anzeichen von Frühling

▸ ***Adj*** *(meist vor Nomen)* **1** bewegend, aufwühlend **2** mitreißend

stir·rup /ˈstɪrəp/ *Nomen* Steigbügel

stitch /stɪtʃ/ *Nomen, Verb*

▸ ***Nomen*** **1** Masche; *(in Zusammensetzungen auch)* Muster **2** *(beim Nähen, Sticken)* Stich ◇ *I'm having my stitches out today.* Mir werden heute die Fäden gezogen. **3** Seitenstechen IDM **be in ˈstitches** *(umgs)* sich vor Lachen biegen **not have a stitch ˈon; not be wearing a ˈstitch** *(umgs)* splitter(faser)nackt sein **a stitch in ˈtime (saves ˈnine)** was du heute kannst besorgen, das verschiebe nicht auf morgen

▸ ***Verb*** nähen, (be)sticken ◇ *Her wedding dress was stitched by hand.* Ihr Hochzeitskleid war handgenäht. ◇ *A pocket was stitched to the front.* Vorne war eine Tasche aufgenäht. ◇ *An agreement was hastily stitched together.* Ein Abkommen wurde hastig zusammengenagelt. PHR V **ˌstitch sb ˈup** *(BrE, umgs)* jdn reinlegen **ˌstitch sth ˈup** **1** etw (zu)nähen **2** *(BrE, umgs)* ◇ *stitch up a deal* ein Geschäft machen ◇ *They think they have the US market stitched up.* Sie glauben, dass sie den US-Markt in der Tasche haben.

stitch·ing /ˈstɪtʃɪŋ/ *Nomen* Naht, Ziernaht, Stickerei ◇ *The stitching is very neat.* Es ist sehr sauber genäht.

stoat /stəʊt; *AmE* stoʊt/ *Nomen* Hermelin

stock 0‑ /stɒk; *AmE* stɑːk/ *Nomen, Verb, Adj*

▸ ***Nomen*** **1** Vorrat, (Waren)bestand ◇ *a country's housing stock* der Wohnungsbestand eines Landes ◇ *a fast turnover of stock* ein schneller Warenumschlag ◇ *That particular model is not currently in stock.* Das fragliche Modell ist zurzeit nicht auf Lager. ◇ *a large stock of pine furniture* eine große Auswahl an Kiefernmöbeln **2** (FINANZ) Aktienkapital **3** (FINANZ) [meist Pl] Aktie ◇ *stock prices* Aktienwerte ◇ *stocks and shares* Aktien und Wertpapiere **4** (FINANZ) *(BrE)* öffentliche Anleihe ◇ *government stock* Staatsanleihe **5** [U] Viehbestand ◇ *breeding stock* Zuchtvieh **6** Abstammung, Herkunft **7** *(klare Suppe)* Brühe **8** **stocks** [Pl] Pranger **9** *(gehoben)* Ansehen **10** *(bei einem Gewehr)* Schaft **11** (BOT) Levkoje **12** (BOT) Propfreis, Propfunterlage **13** *(AmE)* = STOCK COMPANY → *Siehe auch* LAUGHING STOCK *und* ROLLING

STOCK IDM **be on the 'stocks** in Arbeit/Produktion/Vorbereitung sein **take 'stock (of sth)** (über etw) Bilanz ziehen → *Siehe auch* LOCK
▸ ***Verb* 1** *(Waren)* führen **2 ~ sth (with sth)** etw (mit etw) ausstatten ◇ *The pond was well stocked with fish.* Der Teich war gut mit Fischen besetzt. PHR V **,stock sth 'up** etw auffüllen **,stock 'up (on/with sth)** sich (mit etw) eindecken
▸ ***Adj*** [nur vor Nomen] **1** *(abwert)* üblich, Standard- **2** vorrätig

stock·ade /stɒˈkeɪd; *AmE* stɑː'-/ *Nomen* Palisade

stock·broker /ˈstɒkbrəʊkə(r); *AmE* ˈstɑːkbroʊ-/ *(auch* **broker)** *Nomen* Börsenmakler(in)

stock·brok·ing /ˈstɒkbrəʊkɪŋ; *AmE* ˈstɑːkbroʊ-/ *Nomen* Börsenhandel

'stock car *Nomen* Stockcar

'stock-car racing *Nomen (BrE)* Stockcarrennen

'stock company *Nomen (AmE)* **1** (FINANZ) Aktiengesellschaft **2** *(auch* **stock)** Repertoiregruppe

'stock cube *Nomen* Brühwürfel

'stock exchange *Nomen* Börse

stock·hold·er /ˈstɒkhəʊldə(r); *AmE* ˈstɑːkhoʊl-/ *Nomen (bes AmE)* (FINANZ) Aktionär(in)

stock·ily /ˈstɒkəli; *AmE* ˈstɑːk-/ *Adv* **~ built** stämmig

stock·ing /ˈstɒkɪŋ; *AmE* ˈstɑːkɪŋ/ *Nomen* **1** Strumpf **2** = CHRISTMAS STOCKING IDM **in your ,stocking(ed) 'feet** in Strümpfen

'stocking filler *Nomen (BrE)* = kleines Weihnachtsgeschenk → *Siehe auch* CHRISTMAS STOCKING

,stock-in-'trade *Nomen* Spezialität

stock·ist /ˈstɒkɪst; *AmE* ˈstɑːkɪst/ *Nomen (BrE)* Fachgeschäft, Fachhandel

stock·man /ˈstɒkmən; *AmE* ˈstɑːk-/ *Nomen (Pl* **-men** /-mən/) **1** *(AusE)* Stallknecht **2** *(AmE)* Viehzüchter **3** *(AmE)* Lagerverwalter

'stock market *(auch* **mar·ket)** *Nomen* Börse

stock·pile /ˈstɒkpaɪl; *AmE* ˈstɑːk-/ *Nomen, Verb*
▸ ***Nomen*** Vorrat
▸ ***Verb*** horten

stock·room /ˈstɒkruːm, -rʊm; *AmE* ˈstɑːk-/ *Nomen* (Waren)lager

,stock-'still *Adv* bewegungslos, stockstill

stock·tak·ing /ˈstɒkteɪkɪŋ; *AmE* ˈstɑːk-/ *Nomen* **1** *(bes BrE)* Inventur **2** *(fig)* Bestandsaufnahme

stocky /ˈstɒki; *AmE* ˈstɑːki/ *Adj* **(stock·ier, stocki·est)** stämmig

stodge /stɒdʒ; *AmE* stɑːdʒ/ *Nomen (BrE, umgs, meist abwert)* schweres Essen, Papp

stodgy /ˈstɒdʒi; *AmE* ˈstɑːdʒi/ *Adj (bes BrE, umgs, abwert)* **1** pappig, schwer **2** schwerfällig, schwer verdaulich

stogy *(auch* **sto·gie)** /ˈstəʊgi; *AmE* ˈstoʊ-/ *Nomen (Pl* **-ies)** *(AmE)* dünne Zigarre

stoic /ˈstəʊɪk; *AmE* ˈstoʊ-/ *Nomen, Adj*
▸ ***Nomen*** *(gehoben)* Stoiker(in)
▸ ***Adj*** *(auch* **sto·ic·al** /ˈstəʊɪkl; *AmE* ˈstoʊ-/) *(Adv* **sto·ic·al·ly** /-kli/) stoisch

sto·icism /ˈstəʊɪsɪzəm; *AmE* ˈstoʊ-/ *Nomen (gehoben)* Stoizismus ◇ *She endured it with stoicism.* Sie ertrug es mit stoischer Gelassenheit.

stoke /stəʊk; *AmE* stoʊk/ *Verb* **1 ~ sth (up) (with sth)** etw (mit etw) beheizen ◇ *stoke the fire with more coal* Kohle nachlegen ◇ *stoke a furnace* einen Hochofen beschicken **2 ~ sth (up)** etw anfachen, etw schüren

stoker /ˈstəʊkə(r); *AmE* ˈstoʊ-/ *Nomen* Heizer

stole /stəʊl; *AmE* stoʊl/ *Nomen* Stola → *Siehe auch* STEAL

stolen *Form von* STEAL

stolid /ˈstɒlɪd; *AmE* ˈstɑːlɪd/ *Adj (Adv* **stol·id·ly)** *(meist abwert)* stur

stol·id·ity /stəˈlɪdəti/ *Nomen* Sturheit

stom·ach 0-ᴡ /ˈstʌmək/ *Nomen, Verb*
▸ ***Nomen*** Magen, Bauch ◇ *(BrE) a stomach upset* ein verdorbener Magen ◇ *a stomach pump* eine Magenpumpe ◇ *Don't drink on an empty stomach.* Trink niemals Alkohol auf nüchternen Magen. IDM **turn your 'stomach** einem den Magen umdrehen → *Siehe auch* BUTTERFLY, EYE, PIT, PUMP, SICK *und* STRONG
▸ ***Verb* 1** vertragen, ertragen, ausstehen **2** herunterbekommen

'stomach ache *Nomen* Bauchweh, Magenschmerzen

stomp /stɒmp; *AmE* stɑːmp/ *Verb (umgs)* stapfen, stampfen

stone 0-ᴡ /stəʊn; *AmE* stoʊn/ *Nomen, Verb*
▸ ***Nomen* 1** Stein **2** = PRECIOUS STONE **3** *(bes BrE)* Kern **4** *(Pl* **stone)** *(Abk* **st)** = britische Gewichtseinheit von 6,35 kg IDM **leave no stone un'turned** nichts unversucht lassen **a 'stone's throw** ein Katzensprung → *Siehe auch* BLOOD, HEART, KILL *und* PEOPLE
▸ ***Verb* 1** *(meist passiv)* mit Steinen bewerfen ◇ *be stoned to death* gesteinigt werden **2** *(BrE)* entkernen

the 'Stone Age *Nomen* [Sing] die Steinzeit

,stone 'cold *Adj* eiskalt IDM **,stone-cold 'sober** stocknüchtern

stoned /stəʊnd; *AmE* stoʊnd/ *Adj (Slang)* zu ◇ *get stoned* sich zurauchen

,stone 'dead *Adj* mausetot ◇ *That killed the story stone dead.* Damit war die Geschichte gestorben.

,stone 'deaf *Adj* stocktaub

stone·ground /ˈstəʊngraʊnd; *AmE* ˈstoʊn-/ *Adj* mit Mühlsteinen gemahlen

stone·mason /ˈstəʊnmeɪsn; *AmE* ˈstoʊn-/ *Nomen* Steinmetz(in)

stone·wall /,stəʊnˈwɔːl; *AmE* ˈstoʊnwɔːl/ *Verb (bes BrE, umgs)* **1** mauern **2** obstruieren

stone·ware /ˈstəʊnweə(r); *AmE* ˈstoʊnwer/ *Nomen* Steingut

stone·work /ˈstəʊnwɜːk; *AmE* ˈstoʊnwɜːrk/ *Nomen* Mauerwerk

ston·ily /ˈstəʊnɪli; *AmE* ˈstoʊ-/ *Adv* mit steinerner Miene

stony /ˈstəʊni; *AmE* ˈstoʊ-/ *Adj* **(stoni·er, stoni·est) 1** steinig **2** frostig, steinern IDM **fall on stony 'ground** nicht auf fruchtbaren Boden fallen ◇ *His smile fell on stony ground with her.* Sein Lächeln ließ sie völlig kalt. **stony 'broke** *(BrE, umgs)* total pleite

,stony-'faced *Adj* mit steinerner Miene

stood *Form von* STAND

stooge /stuːdʒ/ *Nomen* **1** *(umgs, meist abwert)* Büttel **2** Hanswurst

stool /stuːl/ *Nomen* **1** Hocker, Schemel **2** (MED) Stuhl(gang) IDM → TWO

'stool pigeon *Nomen (umgs)* Polizeispitzel

stoop /stuːp/ *Verb, Nomen*
▸ ***Verb* 1 ~ (down)** sich bücken **2** eine krumme Haltung haben IDM **stoop so 'low (as to do sth)** *(gehoben)* sich dazu herablassen(, etw zu tun); sich so weit erniedrigen(, etw zu tun) PHR V **'stoop to sth** sich zu etw herablassen, sich zu etw hergeben ◇ *I didn't think he'd stoop to blackmail.* Ich hätte nicht gedacht, dass er bis zur Erpressung gehen würde.
▸ ***Nomen* 1** gebeugte Haltung **2** *(AmE)* kleine Terrasse vor der Tür

stop 0-ᴡ /stɒp; *AmE* stɑːp/ *Verb, Nomen*
▸ ***Verb*** **(-pp-) 1** (an)halten, stehen bleiben ◇ *stop at a pub* in eine Kneipe einkehren ◇ *Stop me if I'm boring you.* Unterbrich mich, wenn ich dich langweile. **2** auf-

hören (mit) ◇ *Stop crying.* Hör auf zu weinen. ◇ *We stopped taking pictures.* Wir hörten mit dem Fotografieren auf. ◇ *We stopped to take pictures.* Wir hielten an, um zu fotografieren. ◇ (*umgs*) *Stop it!* Hör auf! ◇ *The bus service stops at midnight.* Die Busse fahren bis Mitternacht. ◇ *The music stopped.* Die Musik verstummte. **3** stoppen ◇ *stop the bleeding* die Blutung stillen **4 ~ sb/sth (doing sth); ~ sb/sth (from doing sth)** jdn/etw (daran) hindern (etw zu tun), jdn (davon) abhalten (etw zu tun) ◇ *stop pollution* der Umweltverschmutzung Einhalt gebieten ◇ *There's no stopping us now.* Jetzt kann uns nichts mehr aufhalten. ◇ *stop a rumour spreading* verhindern, dass ein Gerücht sich ausbreitet ◇ *You can't stop people from saying what they think.* Man kann den Leuten nicht den Mund verbieten. ◇ *I couldn't stop myself.* Ich konnte einfach nicht anders. **5** eine Pause machen ◇ *People just don't stop to think about the consequences.* Die Leute nehmen sich einfach nicht die Zeit, um über die Folgen nachzudenken. **6** stillstehen **7** (*Scheck*) sperren lassen **8 ~ (for sth)** (*BrE, umgs*) (zu etw) bleiben ◇ *I'm not stopping.* Ich kann nicht lange bleiben. **9 ~ sth (from sth)** (*Geld etc.*) (von etw) abziehen **10 ~ sth (up) (with sth)** etw (mit etw) (zu)stopfen ◇ *Stop up the other end of the hose, will you?* Kannst du das andere Ende des Schlauches zuhalten? ◇ *I stopped my ears.* Ich hielt mir die Ohren zu. IDM **stop at 'nothing** vor nichts zurückschrecken ◇ *She'll stop at nothing to make money.* Wenn's ums Geldmachen geht, ist ihr jedes Mittel recht. **ˌstop the 'clock** die Uhr anhalten **ˌstop 'short** plötzlich anhalten; plötzlich abbrechen ◇ *He stopped short when he heard his name.* Er stutzte, als er seinen Namen hörte. **ˌstop sb 'short** jdn stutzen lassen ◇ *'I'm pregnant,' she said. That stopped him short.* „Ich bin schwanger," sagte sie. Da war er sprachlos. **stop short of sth/doing sth** über etw nicht hinausgehen ◇ *She stopped short of calling him a liar.* Es fehlte nicht viel und sie hätte ihn einen Lügner genannt. ◇ *The protest stopped short of a violent confrontation.* Bei dem Protest wäre es um ein Haar zu Ausschreitungen gekommen. → *Siehe auch* BUCK *und* TRACK PHR V **ˌstop 'by** vorbeischauen **ˌstop 'in** (*BrE, umgs*) zu Hause bleiben **ˌstop 'off** Zwischenstation machen ◇ *We stopped off at a hotel for the night.* Wir haben in einem Hotel übernachtet. **ˌstop 'out** (*BrE, umgs*) spät in der Nacht nach Hause kommen ◇ *He never stops out late.* Er bleibt abends nie bis in die Puppen weg. **ˌstop 'over** Zwischenstation machen, eine Zwischenlandung machen **ˌstop 'up** (*BrE, umgs*) lange aufbleiben

▸ ***Nomen* 1** (An)halten; (*Stillstand*) Halt ◇ *an overnight stop in Rome* eine Übernachtung in Rom ◇ *She brought the car to a stop.* Sie brachte das Auto zum Stehen. ◇ *Work has come to a stop.* Die Arbeit ist eingestellt worden. ◇ *It is time to put a stop to the violence.* Es ist Zeit, der Gewalttätigkeit Einhalt zu gebieten. ◇ *grow in stops and starts* schubweise wachsen **2** Haltestelle, Station **3** = FULL STOP **4** (*Orgel*) Register(zug) **5** Verschlusslaut IDM → FULL STOP *und* PULL

stop·cock /ˈstɒpkɒk; *AmE* ˈstɑːpkɑːk/ (*auch* **cock**) *Nomen* Absperrhahn, Haupthahn

stop·gap /ˈstɒpɡæp; *AmE* ˈstɑːp-/ *Nomen* Notbehelf, Notlösung ◇ *a stopgap measure* eine Behelfsmaßnahme

ˌstop-'go *Adj* (*BrE, abwert*) (WIRTSCH) Stop-and-Go-

'stop light *Nomen* **1** (*BrE*) rote Ampel **2** (*auch* **stop·lights** [Pl] *AmE*) Ampel **3** (*AmE*) Bremslicht

stop·over /ˈstɒpəʊvə(r); *AmE* ˈstɑːpoʊ-/ *Nomen* Zwischenaufenthalt, Zwischenlandung

stop·page /ˈstɒpɪdʒ; *AmE* ˈstɑːpɪdʒ/ *Nomen* **1** Streik ◇ *400 workers were involved in the stoppage.* 400 Arbeiter legten die Arbeit nieder. **2** (SPORT) (Spiel)unterbrechung ◇ *in the fourth minute of stoppage time* in der vierten Minute der Verlängerung **3** Stockung, Stau ◇ *a stoppage of blood to the heart* eine Durchblutungsstörung des Herzens **4 stoppages** [Pl] (*BrE, veraltet, offiz*) Abzüge

stop·per /ˈstɒpə(r); *AmE* ˈstɑːpər/ *Nomen* Stöpsel

'stopping train *Nomen* (*BrE*) Personenzug

ˌstop 'press *Nomen* [U] (*BrE*) letzte Meldungen

stop·watch /ˈstɒpwɒtʃ; *AmE* ˈstɑːpwɑːtʃ/ *Nomen* Stoppuhr

stor·age /ˈstɔːrɪdʒ/ *Nomen* [U] **1** (Ein)lagerung, Aufbewahrung ◇ *put furniture in storage* Möbel in einem Lager unterstellen **2** (COMP) Speicherung **3** Abstellplatz, Lagerraum

'storage heater *Nomen* (*BrE*) (Nacht)speicherofen

store /stɔː(r)/ *Nomen, Verb*

▸ ***Nomen* 1** Geschäft ◇ *a department store* ein Kaufhaus **2** (*AmE*) Laden ◇ *a health food store* ein Reformhaus ◇ *a liquor store* eine Spirituosenhandlung **3** Vorrat ◇ *a vast store of knowledge* ein riesiger Wissensschatz **4 stores** [Pl] Bestände **5** (*oft* **stores**) [Pl] Lager ◇ *weapons stores* Waffenlager ◇ *a grain store* ein Getreidespeicher IDM **in store (for sb)** ◇ *What does life hold in store for them?* Was hält das Leben für sie bereit? ◇ *if she had known what lay in store for her* hätte sie gewusst, was ihr bevorstand ◇ *They have a surprise in store.* Es kommt noch eine Überraschung. **set/put (great, etc.) 'store by sth** (großen etc.) Wert auf etw legen ◇ *It is unwise to put too much store by these statistics.* Es ist unklug, diesen Statistiken allzu viel Bedeutung beizumessen. → *Siehe auch* HIT

▸ ***Verb* 1 ~ sth (away/up)** etw aufbewahren, etw (ein)lagern ◇ *animals storing up food for the winter* Tiere, die sich einen Futtervorrat für den Winter anlegen ◇ *The electronic equipment was safely stored away.* Die elektronischen Geräte waren sicher verstaut. **2** speichern PHR V **ˌstore sth 'up** etw anstauen, etw aufstauen ◇ *store up trouble for yourself* sich Probleme einhandeln

'store-bought *Adj* (*AmE*) (*nicht selbst gemacht*) gekauft

'store-brand *Adj* (*AmE*) ◇ *store-brand goods* Eigenmarken

'store card *Nomen* Kundenkreditkarte

'store detective *Nomen* Kaufhausdetektiv(in)

store·front /ˈstɔːfrʌnt; *AmE* ˈstɔːrfrʌnt/ *Nomen* (*AmE*) **1** Fassade eines Geschäftes ◇ *storefront windows* Schaufenster **2** Ladengeschäft

store·house /ˈstɔːhaʊs; *AmE* ˈstɔːrhaʊs/ *Nomen* (*Pl* **-houses** /-ˈhaʊzɪz/) **1** Lagerhaus **2** Fundgrube, Schatzkammer

store·keep·er /ˈstɔːkiːpə(r); *AmE* ˈstɔːrk-/ *Nomen* (*bes AmE*) Ladenbesitzer(in)

store·room /ˈstɔːruːm, -rʊm/ *Nomen* Lagerraum

storey (*AmE meist* **story**) /ˈstɔːri/ *Nomen* (*Pl* **stor·eys**, *AmE* **stor·ies**) Stock(werk) ◇ *a single-storey building* ein einstöckiges Gebäude

-storeyed (*AmE* **-storied**) /ˈstɔːrid/ (*in zusammengesetzten Adjektiven*) -stöckig ◇ *a four-storeyed building* ein vierstöckiges Gebäude

stor·ied /ˈstɔːrid/ *Adj* (*AmE*) [nur vor Nomen] legendär, sagenumwoben

stork /stɔːk; *AmE* stɔːrk/ *Nomen* Storch

storm /stɔːm; *AmE* stɔːrm/ *Nomen, Verb*

▸ ***Nomen* 1** Unwetter, Gewitter, Sturm **2 ~ of sth** ◇ *a storm of controversy* eine heftige Kontroverse ◇ *a storm of blows* ein Hagel von Schlägen IDM **a storm in a 'teacup** (*BrE*) ein Sturm im Wasserglas **take sth by 'storm 1** etw im Sturm erobern **2** etw im Sturm ein-

nehmen → *Siehe auch* CALM *und* PORT
▸ ***Verb*** **1** stürmen ◇ *She stormed into my office.* Sie kam in mein Büro gestürmt. ◇ *He stormed off.* Er stürmte davon. **2** (*gehoben*) wettern, donnern

ˈstorm cloud *Nomen* [meist Pl] Gewitterwolke ◇ *Storm clouds were gathering.* Ein Gewitter zog sich zusammen. ◇ (*fig*) *The storm clouds of revolution were gathering.* Dunkle Wolken zogen am Horizont auf und kündigten die Revolution an.

ˈstorm door *Nomen* (äußere) Windfangtür

ˈstorm-tossed *Adj* [nur vor Nomen] (*gehoben*) sturmgepeitscht

ˈstorm troops (*auch* **ˈstorm troopers**) *Nomen* [Pl] Sturmtruppen

stormy /ˈstɔːmi; *AmE* ˈstɔːrmi/ *Adj* (**storm·ier, stormi·est**) **1** stürmisch **2** hitzig ◇ *a stormy relationship* eine turbulente Beziehung

story 0‑ /ˈstɔːri/ *Nomen* (*Pl* **-ies**) **1** Geschichte ◇ *The full story was never made public.* Die volle Wahrheit kam nie an die Öffentlichkeit. ◇ *The police didn't believe her story.* Die Polizei hat ihrer Aussage nicht geglaubt. ◇ *We must stick to our story about the accident.* Wir müssen bei unserer Version von dem Unfall bleiben. ◇ *I can't decide until I've heard both sides of the story.* Ich kann keine Entscheidung treffen, ehe ich nicht beide Seiten gehört habe. **2** Bericht, Story ◇ *Now for a summary of tonight's main news stories.* Jetzt kurz der Nachrichtenüberblick vom heutigen Abend. ◇ *a front-page story* eine Titelgeschichte **3** (*auch* **story·line**) (*Roman, Film etc.*) Handlung **4** (*umgs*) Märchen ◇ *The child had been telling stories again.* Das Kind hatte wieder einmal Märchen erzählt. **5** (*AmE*) = STOREY **IDM** **the story goes (that) …** man sagt, dass …; man erzählt sich, dass … **so the story goes** so erzählt man ◇ *She never saw him again … or so the story goes.* Sie hat ihn nie wiedergesehen — wird jedenfalls behauptet. **that's the ˌstory of my ˈlife** (*umgs*) ich bin's ja schon gewöhnt ◇ *Another missed opportunity … that's the story of my life!* Wieder eine verpasste Gelegenheit — es ist immer das Gleiche. → *Siehe auch* LIKELY, LONG, OLD, PITCH *und* TELL

story·board /ˈstɔːribɔːd; *AmE* -bɔːrd/ *Nomen* (*Filmentwurf in Bildern*) Storyboard

story·book /ˈstɔːribʊk/ *Nomen* Geschichtenbuch, Märchenbuch

story·line /ˈstɔːrilaɪn/ *Nomen* Handlung

story·tell·er /ˈstɔːritelə(r)/ *Nomen* (Geschichten)erzähler(in)

story·tell·ing /ˈstɔːritelɪŋ/ *Nomen* Geschichtenerzählen

stoup /stuːp/ *Nomen* Weihwasserbecken

stout /staʊt/ *Adj, Nomen*
▸ ***Adj*** (*Adv* **stout·ly**) **1** korpulent **2** fest, robust ◇ *a stout rope* ein starkes Seil ◇ *a stout stick* ein kräftiger Stock ◇ *stoutly built* kräftig gebaut **3** (*gehoben*) tapfer, wacker ◇ *put up a stout defence* sich energisch verteidigen ◇ *'I disagree,' said Polly stoutly.* „Ich bin dagegen", sagte Polly entschieden.
▸ ***Nomen*** dunkles Starkbier

stout·ness /ˈstaʊtnəs/ *Nomen* **1** Korpulenz **2** Festigkeit **3** Tapferkeit

stove 0‑ /stəʊv; *AmE* stoʊv/ *Nomen* **1** Ofen **2** (*bes AmE*) Herd → *Siehe auch* STAVE

stow /stəʊ; *AmE* stoʊ/ *Verb* **~ sth (away) (in sth)** etw (in etw) verstauen **PHR V** **ˌstow aˈway** als blinder Passagier reisen, sich als blinder Passagier verstecken

stow·age /ˈstəʊɪdʒ; *AmE* ˈstoʊ-/ *Nomen* Stauraum

stow·away /ˈstəʊəweɪ; *AmE* ˈstoʊ-/ *Nomen* blinder Passagier

strad·dle /ˈstrædl/ *Verb* **1** rittlings sitzen auf, mit gespreizten Beinen stehen auf ◇ *He swung his leg over the motorcycle, straddling it easily.* Er schwang ein Bein mühelos über das Motorrad. **2** überspannen, sich erstrecken über ◇ *a writer who straddles two cultures* ein Schriftsteller, der in zwei verschiedenen Kulturen zu Hause ist

strafe /strɑːf; *AmE* streɪf/ *Verb* aus der Luft unter Beschuss nehmen

strag·gle /ˈstræɡl/ *Verb* **1** kriechen, wirr hängen (*fig*) ◇ *The town straggled to an end.* Am Stadtrand gab es nur noch vereinzelt Häuser. **2** zurückbleiben, streunen ◇ *They straggled behind us.* Sie blieben hinter uns zurück.

strag·gler /ˈstræɡlə(r)/ *Nomen* [meist Pl] Nachzügler

strag·gly /ˈstræɡli/ *Adj* wirr, zottig ◇ *a straggly hedge* eine ungepflegte Hecke

straight 0‑ /streɪt/ *Adj, Adv, Nomen*
▸ ***Adj*** **1** gerade; (*Haar*) glatt ◇ *straight-backed chairs* Stühle mit gerader Lehne ◇ *Is my tie straight?* Sitzt mein Schlips gerade? **2** gerade geschnitten **3** direkt ◇ *a straight punch to the face* eine Gerade ins Gesicht **4** [nicht vor Nomen] in Ordnung, aufgeräumt ◇ *get the house straight* das Haus in Ordnung bringen **5** offen (und ehrlich); (*Weigerung*) unmissverständlich ◇ *He's (as) straight as a die.* Er ist grundehrlich. **6** [nur vor Nomen] klar ◇ *It was a straight choice between taking the job and staying out of work.* Die Wahl war klar: den Job annehmen oder arbeitslos bleiben. ◇ (*BrE*) *a straight fight between the two main parties* ein direkter Kampf zwischen den beiden führenden Parteien **7** [nur vor Nomen] (*Theater*) ernst ◇ *a straight actor* ein Schauspieler vom ernsten Fach **8** [nur vor Nomen] nacheinander ◇ *The team had five straight wins.* Die Mannschaft hat fünf Spiele hintereinander gewonnen. **9** (*AmE*) pur **10** (*umgs*) konventionell **11** (*umgs*) hetero **IDM** **get sth ˈstraight** etw klarstellen ◇ *Let's get this straight — you really had no idea where he was?* Verstehen wir uns richtig? Sie wussten wirklich nicht, wo er war? **put/set sb ˈstraight (about/on sth)** jdn (über etw) aufklären **(earn/get) straight ˈA's** (*bes AmE*) lauter Einsen (bekommen) ◇ *a straight A student* ein Schüler mit Einsen durch die Bank **the ˌstraight and ˈnarrow** (*umgs*) der Pfad der Tugend ◇ *She is trying to keep him on the straight and narrow.* Sie versucht, ihn davor zu bewahren, auf die schiefe Bahn zu geraten. **a straight ˈface** ◇ *I could hardly keep a straight face.* Ich konnte mir das Lachen kaum verbeißen. → *Siehe auch* RAMROD *und* RECORD
▸ ***Adv*** **1** geradeaus ◇ *I can't shoot straight.* Ich kann nicht genau schießen. **2** sofort, geradewegs **3** offen, unverblümt ◇ *Are you playing straight with me?* Spielst du ein ehrliches Spiel mit mir? **4** ununterbrochen **IDM** **go ˈstraight** (*umgs*) keine krummen Sachen mehr machen **play it ˈstraight** ein ehrliches Spiel spielen **ˌstraight aˈway** sofort **ˌstraight from the ˈshoulder** ohne Umschweife **ˌstraight ˈoff/ˈout** (*umgs*) rundheraus **ˌstraight ˈup** (*BrE, umgs*) Ehrenwort; ehrlich → *Siehe auch* THINK
▸ ***Nomen*** **1** (*umgs*) Hetero **2** (*bei einer Rennstrecke oder Straße*) Gerade

straight ˈarrow *Nomen* (*AmE, umgs*) ernsthafter, konventioneller Mensch

straight·away /ˌstreɪtəˈweɪ/ *Adv, Nomen*
▸ ***Adv*** sofort
▸ ***Nomen*** (*AmE*) (*bei einer Rennstrecke oder Straße*) Gerade

straight·en /ˈstreɪtn/ *Verb* **1 ~ (out)** gerade werden **2 ~ sth (out)** etw gerade machen ◇ *I straightened my tie.* Ich rückte meinen Schlips gerade. **3 ~ (up)** sich aufrichten **4 ~ sth (up)** etw strecken ◇ *He straight-*

ened his shoulders. Er straffte die Schultern. PHR V **,straighten sb 'out** jdn auf die richtige Bahn bringen ◇ *He thought he was the boss, but I soon straightened him out.* Er dachte, er sei der Boss, aber ich habe ihm schnell den Kopf zurechtgerückt. **,straighten sth 'out** etw in Ordnung bringen **,straighten sth 'up** etw aufräumen

straightener /ˈstreɪtnə(r)/ *Nomen* **1 straighteners** (*auch* **'hair straighteners**) [Pl] Glätteisen, Haarglätter **2** Haarglättemittel

,straight-'faced *Adj* ernst ◇ *'Really?' he said, straight-faced.* „Wirklich?" fragte er, ohne die Miene zu verziehen.

straight·for·ward /ˌstreɪtˈfɔːwəd; *AmE* -ˈfɔːrwərd/ *Adj* (*Adv* **straight·for·ward·ly**) **1** einfach ◇ *Let me put it more straightforwardly.* Lassen Sie mich es klarer ausdrücken. **2** aufrichtig, freimütig ◇ *a straightforwardly pleasant man* ein richtig netter Mann

straight·for·ward·ness /ˌstreɪtˈfɔːwədnəs; *AmE* -ˈfɔːrwərd-/ *Nomen* **1** Einfachheit **2** Aufrichtigkeit, Freimütigkeit

straight·jacket = STRAITJACKET

,straight-'laced = STRAIT-LACED

'straight man *Nomen* = Person, deren Rolle es ist, einem Komiker das Stichwort für seine Witze zu geben

straight·ness /ˈstreɪtnəs/ *Nomen* **1** Geradheit **2** Offenheit

strain 0-ᴛ /streɪn/ *Nomen, Verb*

▸ ***Nomen*** **1** (*Stress*) Belastung, Druck ◇ *the stresses and strains of working life* der Stress und der Druck des Berufslebens ◇ *I found it a strain having to concentrate for so long.* Ich fand es schwierig, mich so lange konzentrieren zu müssen. ◇ *There are strains in relations between the two countries.* Die Beziehungen zwischen den beiden Ländern sind gespannt. **2** (*durch eine Kraft*) Belastung, Spannung ◇ *The ground here cannot take the strain of a large building.* Der Untergrund hier kann die Last eines großen Gebäudes nicht tragen. **3** Zerrung **4** (*Biologie*) Form, Art **5** Hang, Anflug **6** [meist Pl] (*gehoben*) (*Musik*) Klang

▸ ***Verb*** **1** (*sich verletzen*) zerren, verrenken, überlasten **2** sich anstrengen ◇ *People were straining to see what was going on.* Die Leute verrenkten sich die Hälse, um sehen zu können, was los war. ◇ *He was straining for air.* Er schnappte nach Luft. **3** überbeanspruchen ◇ *His constant complaints were straining our patience.* Seine dauernden Beschwerden stellten unsere Geduld auf eine harte Probe. ◇ *This has strained relations between the two countries.* Das hat die Beziehungen zwischen den beiden Ländern belastet. **4** an etw zerren, sich gegen etw stemmen **5 ~ sth (off)** etw (durch)seihen, etw abgießen IDM **strain at the 'leash** (*umgs*) es kaum abwarten können **strain every 'nerve/'sinew (to do sth)** (*gehoben*) sich mit allen Kräften bemühen (etw zu tun) → *Siehe auch* CREAK

strained /streɪnd/ *Adj* **1** angespannt **2** gezwungen

strain·er /ˈstreɪnə(r)/ *Nomen* Sieb

strait /streɪt/ *Nomen* **1** (*auch* **straits** [Pl]) Meerenge ◇ *the Strait(s) of Gibraltar* die Straße von Gibraltar **2 straits** [Pl] (finanzielle) Schwierigkeiten

strait·ened /ˈstreɪtnd/ *Adj* [nur vor Nomen] (*gehoben*) (materiell) beschränkt

strait·jacket (*auch* **straight·jacket**) /ˈstreɪtdʒækɪt/ *Nomen* Zwangsjacke (*auch fig*)

strait-laced (*auch* **straight-laced**) /ˌstreɪt ˈleɪst/ *Adj* (*abwert*) puritanisch, prüde

strand /strænd/ *Nomen, Verb*

▸ ***Nomen*** **1** Faden ◇ *a few strands of dark hair* ein paar dunkle Haare ◇ *She wore a single strand of pearls.* Sie trug eine einreihige Perlenkette. **2** (*fig*) Faden, Komponente ◇ *We heard every strand of political opinion.* Wir hörten jede nur erdenkliche politische Meinung. ◇ *The author draws the different strands of the plot together in the final chapter.* Im letzten Kapitel lässt der Autor alle Handlungsstränge zusammenlaufen. **3** (*gehoben*) Gestade

▸ ***Verb*** (*meist passiv*) stranden (lassen) ◇ *The strike left us stranded at the airport.* Aufgrund des Streiks saßen wir am Flughafen fest.

strange 0-ᴛ /streɪndʒ/ *Adj* **1** (*Adv* **strange·ly**) seltsam, sonderbar, merkwürdig ◇ *Strange to say, I don't really enjoy television.* So seltsam es klingen mag, ich mache mir nichts aus Fernsehen. ◇ *Strangely enough, I don't feel at all nervous.* Sonderbarerweise bin ich gar nicht nervös. **2** fremd IDM **feel 'strange** sich unwohl (in seiner Haut) fühlen → *Siehe auch* TRUTH

strange·ness /ˈstreɪndʒnəs/ *Nomen* **1** Merkwürdigkeit **2** Fremdheit

strang·er 0-ᴛ /ˈstreɪndʒə(r)/ *Nomen* Fremde(r) ◇ *They got on well although they were total strangers.* Sie kamen gut miteinander aus, obwohl sie sich überhaupt nicht kannten. ◇ *She remained a stranger to me.* Sie blieb mir fremd. ◇ *Sorry, I'm a stranger here myself.* Tut mir leid, ich bin selbst fremd hier. IDM **be no/a 'stranger to sth** (*gehoben*) mit etw vertraut/nicht vertraut sein ◇ *He's no stranger to controversy.* Kontroversen sind ihm nicht fremd.

stran·gle /ˈstræŋgl/ *Verb* **1** erwürgen, erdrosseln **2** (*gehoben*) (*fig*) ersticken ◇ *Their monetary policy is strangling the economy.* Ihre Finanzpolitik hat eine nachteilige Auswirkung auf die Wirtschaft.

stran·gled /ˈstræŋgld/ *Adj* [nur vor Nomen] (*Schrei, Stimme*) erstickt

strangle·hold /ˈstræŋglhəʊld; *AmE* -hoʊld/ *Nomen* [Sing] **1** Würgegriff **2 ~ (on sth)** totale Gewalt (über etw) ◇ *The company now has a stranglehold on the market.* Die Firma beherrscht den Markt nun völlig.

stran·gler /ˈstræŋglə(r)/ *Nomen* Würger(in)

stran·gu·lated /ˈstræŋgjuleɪtɪd/ *Adj* **1** (MED) ◇ *a strangulated hernia* ein eingeklemmter Leistenbruch **2** (*gehoben*) (*Laut*) erstickt

stran·gu·la·tion /ˌstræŋgjuˈleɪʃn/ *Nomen* Strangulation, Erwürgen ◇ *die of strangulation* erwürgt werden ◇ *the strangulation of the human spirit* die Unterdrückung des menschlichen Geistes

strap /stræp/ *Nomen, Verb*

▸ ***Nomen*** Riemen ◇ *the shoulder straps of her dress* die Träger ihres Kleides ◇ *a watch with a leather strap* eine Uhr mit einem Lederband

▸ ***Verb*** **(-pp-)** **1** festschnallen **2 ~ sth (up)** etw bandagieren ◇ *I have to keep my leg strapped up.* Ich muss eine Bandage am Bein tragen.

strap·less /ˈstræpləs/ *Adj* trägerlos

strapped /stræpt/ *Adj* **~ (for cash, funds, etc.)** (*umgs*) knapp bei Kasse

strap·ping /ˈstræpɪŋ/ *Adj, Nomen*

▸ ***Adj*** [nur vor Nomen] (*umgs*) stramm

▸ ***Nomen*** [U] Bandage

strata *Form von* STRATUM

strata·gem /ˈstrætədʒəm/ *Nomen* (*gehoben*) List

stra·tegic /strəˈtiːdʒɪk/ *Adj* (*Adv* **stra·tegic·al·ly** /-kli/) strategisch

strat·egist /ˈstrætədʒɪst/ *Nomen* Stratege, Strategin

strat·egy 0-ᴛ /ˈstrætədʒi/ *Nomen* (*Pl* **-ies**) Strategie ◇ *an overall strategy* eine Gesamtstrategie

strati·fi·ca·tion /ˌstrætɪfɪˈkeɪʃn/ *Nomen* (*Fachspr*) Schichtung

strat·ify /ˈstrætɪfaɪ/ *Verb* (**-fies**, **-fy·ing**, **-fied**, **-fied**) (*meist passiv*) (*gehoben oder Fachspr*) schichten ◇ *a highly stratified society* eine vielschichtige Gesellschaft

strato·sphere /ˈstrætəsfɪə(r); *AmE* -fɪr/ *Nomen* **the stratosphere** die Stratosphäre

strato·spher·ic /ˌstrætəˈsferɪk; *AmE auch* -ˈsfɪrɪk/ *Adj* stratosphärisch

stra·tum /ˈstrɑːtəm; *AmE* ˈstreɪtəm/ *Nomen* (*Pl* **strata** /ˈstrɑːtə; *AmE* ˈstreɪtə/) (*Fachspr oder gehoben*) Schicht (*auch fig*)

straw /strɔː/ *Nomen* **1** Stroh **2** Strohhalm **3** Trinkhalm IDM **clutch/grasp at ˈstraws** sich an einen Strohhalm klammern **a straw in the ˈwind** (*BrE*) ein Vorzeichen **the last/final ˈstraw; the ˌstraw that breaks the camel's ˈback** der Tropfen, der das Fass zum Überlaufen bringt ➔ *Siehe auch* DRAW

straw·berry /ˈstrɔːbəri; *AmE* -beri/ *Nomen* (*Pl* **-ies**) Erdbeere

ˌstraw ˈpoll *Nomen* nicht repräsentative Umfrage

stray /streɪ/ *Verb, Adj, Nomen*

▸ ***Verb*** **1** sich verirren, geraten ◇ *Her eyes kept straying over to the clock.* Ihre Augen wanderten immer wieder zu der Uhr. **2** (*fig*) abkommen, abschweifen ◇ *My mind kept straying back to our last talk.* Meine Gedanken kehrten immer wieder zu unserem letzten Gespräch zurück. **3** eine Affäre haben

▸ ***Adj*** [nur vor Nomen] **1** streunend, herrenlos **2** vereinzelt ◇ *A civilian was killed by a stray bullet.* Ein Zivilist wurde von einer verirrten Kugel getötet.

▸ ***Nomen*** **1** streunendes Tier, herrenloses Tier **2** Abtrünnige(r), Verirrte(r)

streak /striːk/ *Nomen, Verb*

▸ ***Nomen*** **1** Streifen, Strähne **2** (*Charakter-*) Zug ◇ *a streak of cruelty* ein Hang zur Grausamkeit **3** (*von Glück etc.*) Strähne ◇ *be on a losing streak* eine Pechsträhne haben

▸ ***Verb*** **1** ~ **sth (with sth)** etw (mit etw) verschmieren ◇ *Tears streaked her face.* Ihr Gesicht war tränenverschmiert. ◇ *She's had her hair streaked.* Sie hat sich Strähnchen ins Haar färben lassen. **2** flitzen ◇ *A car pulled out and streaked off down the road.* Ein Wagen scherte aus und brauste die Straße hinunter. **3** (*umgs*) (*nackt laufen*) blitzen

streak·er /ˈstriːkə(r)/ *Nomen* (*umgs*) Blitzer(in)

streaky /ˈstriːki/ *Adj* streifig ◇ (*BrE*) *streaky bacon* durchwachsener Speck

stream 0‑ /striːm/ *Nomen, Verb*

▸ ***Nomen*** **1** Bach **2** Strom, Schwall, Flut (*auch fig*) ◇ *The agency provided me with a steady stream of work.* Die Agentur gab mir regelmäßig Arbeit. **3** (*bes BrE*) Leistungsgruppe IDM **be/come on ˈstream** in Betrieb sein/genommen werden

▸ ***Verb*** **1** strömen ◇ *Her head was streaming with blood.* Aus ihrer Kopfwunde strömte Blut. ◇ *a streaming cold* ein fürchterlicher Schnupfen ◇ *Black smoke streamed from the exhaust.* Schwarzer Rauch kam aus dem Auspuff. **2** flattern, wehen **3** (*meist passiv*) (*bes BrE*) in Leistungsgruppen einteilen

stream·er /ˈstriːmə(r)/ *Nomen* **1** Luftschlange **2** Band

stream·ing /ˈstriːmɪŋ/ *Nomen* (*bes BrE*) Einteilung in Leistungsgruppen

stream·line /ˈstriːmlaɪn/ *Verb* (*meist passiv*) **1** Stromlinienform geben ◇ *a streamlined design* ein neues stromlinienförmiges Design **2** rationalisieren

ˌstream of ˈconsciousness *Nomen* Bewusstseinsstrom

street 0‑ /striːt/ *Nomen* (*Abk* **St**, **st**) Straße ◇ *10 Downing Street* Downing Street Nr. 10 ◇ *a street map/plan* ein Stadtplan ◇ *My office is at street level.* Mein Büro ist im Erdgeschoss. ◇ *The bank is just across the street.* Die Bank ist gleich gegenüber. ➔ *Siehe auch* HIGH STREET *und* SIDE STREET IDM **be on/walking the ˈstreets** auf den Strich gehen **be ˈstreets ahead (of sb/sth)** (*BrE, umgs*) (jdm/einer Sache) weit voraus sein **(out) on the ˈstreets/ˈstreet** (*umgs*) auf der Straße ◇ *the problems of young people living on the streets* die Probleme der obdachlosen Jugendlichen ◇ *If it was up to me I'd put him out on the street.* Wenn es nach mir ginge, würde ich ihn vor die Tür setzen. **the streets are ˌpaved with ˈgold** das Geld liegt auf der Straße **(right) up your ˈstreet** (*bes BrE, umgs*) jds Fall sein ➔ *Siehe auch* EASY, HIT *und* MAN

street·car /ˈstriːtkɑː(r)/ *Nomen* (*AmE*) Straßenbahn

ˈstreet cred *Nomen* (*umgs*) (*auch* **cred**; *seltener* **ˈstreet credibility**) (cooles) Image

ˌstreet ˈfurniture *Nomen* (*Fachspr*) Straßenausstattung

ˈstreet light (*BrE auch* **ˈstreet lamp**) *Nomen* Straßenlaterne

ˈstreet people *Nomen* [Pl] (*bes AmE*) Obdachlose

street-smart /ˈstriːt smɑːt; *AmE* smɑːrt/ *Adj* (*AmE*) gerissen, gewieft

ˈstreet value *Nomen* Straßenverkaufswert

street·walk·er /ˈstriːtwɔːkə(r)/ *Nomen* (*veraltet*) Prostituierte, Straßenmädchen

street·wise /ˈstriːtwaɪz/ *Adj* (*umgs*) gerissen, gewieft

strength 0‑ /streŋθ/ *Nomen* **1** (*Körper-*) Kraft ◇ *It may take weeks to build up your strength again.* Es wird vielleicht Wochen dauern, bis Sie wieder zu Kräften kommen. **2** Stärke, Kraft ◇ *This view has recently gathered strength.* Diese Ansicht hat in letzter Zeit immer mehr Anklang gefunden. ◇ *the strength of the box* die Stabilität der Kiste ◇ *The protesters turned out in strength.* Die Demonstranten erschienen in großer Zahl. ◇ *Cuts have left the local police under strength.* Sparmaßnahmen haben dazu geführt, dass die hiesige Polizei unterbesetzt ist. IDM **go from ˌstrength to ˈstrength** immer erfolgreicher werden **on the strength of sth** aufgrund einer Sache ➔ *Siehe auch* TOWER

strength·en /ˈstreŋθn/ *Verb* (ver)stärken, stärker werden ◇ *The yen strengthened against the dollar.* Der Kurs des Yen ist gegenüber dem Dollar gestiegen. ◇ *Their attitude only strengthened his resolve.* Ihre Einstellung bestärkte ihn nur in seinem Entschluss.

strenu·ous /ˈstrenjuəs/ *Adj* (*Adv* **strenu·ous·ly**) **1** anstrengend ◇ *Avoid strenuous exercise.* Vermeiden Sie größere Anstrengungen. **2** energisch, unermüdlich

strep throat /ˌstrep ˈθrəʊt; *AmE* ˈθroʊt/ *Nomen* (*AmE, umgs*) Halsentzündung

strepto·coc·cus /ˌstreptəˈkɒkəs; *AmE* -ˈkɑːkəs/ *Nomen* (*Pl* **-cocci** /-kaɪ/) (MED) Streptokokkus

stress 0‑ /stres/ *Nomen, Verb*

▸ ***Nomen*** **1** Stress ◇ *the stresses and strains of working life* der Stress und der Druck des Berufslebens ◇ *stress management* Stressbewältigung **2** ~ **(on sth)** Belastung (einer Sache) **3** Betonung, Gewicht ◇ *She lays great stress on punctuality.* Sie legt großen Wert auf Pünktlichkeit. **4** (LING, MUS) Betonung ➔ *Siehe auch* PRIMARY STRESS *und* SECONDARY STRESS

▸ ***Verb*** betonen

stressed 0‑ /strest/ *Adj* **1** (*umgs* **ˌstressed ˈout**) [nicht vor Nomen] gestresst **2** (LING) betont **3** [nur vor Nomen] (TECH) einer großen Belastung ausgesetzt

stress·ful /ˈstresfl/ *Adj* anstrengend, stressig

ˈstress mark *Nomen* Betonungszeichen

stretch 0‑ /stretʃ/ *Verb, Nomen*

▸ ***Verb*** **1** (sich) dehnen **2** (*Schuhe, Pullover etc.*) (sich) weiten **3** (*Stoff, Seil etc.*) spannen **4** strecken ◇ *I stretched* *out a hand.* Ich streckte eine Hand aus. **5** sich strecken ◇ *He stretched and yawned.* Er streckte sich und gähnte. ◇ *She stretched across the table for the butter.* Sie reichte über den Tisch, um an die Butter zu kommen. **6** sich erstrecken ◇ *The town's history stretches back to before 1500.* Die Geschichte der Stadt reicht bis in die Zeit vor 1500 zurück. ◇ *The talks look set to stretch into a second week.* Es sieht so aus, als ob die Gespräche noch bis in die zweite Woche andauern. **7** ~ **(to sth)** *(in Fragen und verneinten Sätzen) (Geld, Vorräte etc.)* (für etw) reichen **8** beanspruchen, strapazieren ◇ *He had stretched the truth.* Er hatte es mit der Wahrheit nicht allzu genau genommen. ◇ *The plot stretches credulity to the limit.* Die Handlung ist völlig unglaubwürdig. **9** fordern ◇ *She was never really stretched at school.* Sie ist in der Schule nie richtig gefordert worden. ◇ *We're fully stretched.* Wir sind voll ausgelastet. IDM **stretch your 'legs** *(umgs)* sich die Beine vertreten **stretch a 'point** **1** ein Auge zudrücken **2** übertreiben → *Siehe auch* RULE PHRV **,stretch (yourself) 'out** sich ausstrecken

▸ ***Nomen*** **1** Stück, Abschnitt **2** (Zeit)abschnitt ◇ *She read for hours at a stretch.* Sie las stundenlang ohne Unterbrechung. **3** [meist Sing] *(umgs)* Haftstrafe ◇ *do a stretch* im Knast sitzen **4** Strecken, Dehnungsübung ◇ *We had a good stretch.* Wir haben uns tüchtig gestreckt. ◇ *Feel the stretch in your legs.* Fühlen Sie, wie Ihre Beine gedehnt werden. **5** Dehnbarkeit ◇ *a material with plenty of stretch in it* ein Stoff, der sehr dehnbar ist **6** [meist Sing] ◇ *the finishing/home stretch* die Zielgerade ◇ *The electoral campaign has entered its final stretch.* Der Wahlkampf ist jetzt in der Schlussphase. IDM **at full 'stretch** auf Hochtouren; voll ausgelastet ◇ *Fire crews have been operating at full stretch.* Die Feuerwehr war in vollem Einsatz. **not by any/by no stretch of the imagination** beim besten Willen nicht

stretch·er /ˈstretʃə(r)/ *Nomen, Verb*
▸ ***Nomen*** (Trag)bahre ◇ *stretcher cases* Schwerverletzte (, die liegend transportiert werden)
▸ ***Verb*** auf einer Tragbahre (weg)transportieren

'stretcher-bearer *Nomen* Krankenträger(in)

,stretch 'limo *Nomen (Pl* **stretch limos**) *(gehoben* **,stretch limou'sine**) Stretchlimousine

'stretch marks *Nomen* [Pl] Schwangerschaftsstreifen

stretchy /ˈstretʃi/ *Adj (umgs)* elastisch, dehnbar

strew /struː/ *Verb* (**strewed, strewed** *oder* **strewed, strewn** /struːn/) **1** ~ **A on, over, across, etc. B**; ~ **B with A** B mit A bestreuen ◇ *Clothes were strewn across the floor./The floor was strewn with clothes.* Überall lagen Kleider auf dem Boden verstreut herum. ◇ *(fig) The way ahead is strewn with difficulties.* Die Zukunft ist voller Schwierigkeiten. **2** bedecken

strewth /struːθ/ *Ausruf (BrE, Slang, veraltet) (überrascht, wütend)* Herrschaftszeiten!

stricken /ˈstrɪkən/ *Adj* **1** Not leidend; *(Gesicht)* schmerzerfüllt ◇ *the stricken boat* das in Seenot geratene Schiff **2** ~ **with sth** von etw heimgesucht; *(Angst etc.)* von etw erfüllt **3** *(in Zusammensetzungen)* ◇ *drought-stricken* von Dürre heimgesucht → *Siehe auch* PANIC-STRICKEN, GRIEF-STRICKEN *und* STRIKE

strict /strɪkt/ *Adj* **1** streng, strikt ◇ *She's on a very strict diet.* Sie hält sehr streng Diät. **2** strenggläubig **3** genau ◇ *It wasn't illegal in the strict sense (of the word).* Es war genau genommen nicht illegal.

strict·ly /ˈstrɪktli/ *Adv* **1** streng ◇ *strictly private and confidential* streng vertraulich **2** ganz ◇ *This is not strictly true.* Das ist nicht ganz richtig. **3** rein, ausschließlich IDM **'strictly speaking** genau genommen

strict·ness /ˈstrɪktnəs/ *Nomen* Strenge, Genauigkeit

stric·ture /ˈstrɪktʃə(r)/ *Nomen (gehoben)* **1** [meist Pl] ~ **(on sb/sth)** (scharfe) Kritik (an jdm/etw) **2** ~ **(against/on sth)** Beschränkung (einer Sache)

stride /straɪd/ *Verb, Nomen*
▸ ***Verb*** (**strode** /strəʊd; *AmE* stroʊd/) *(nicht im Perfekt verwendet)* (mit großen Schritten) gehen, schreiten ◇ *She came striding along to meet me.* Sie kam mir mit großen Schritten entgegen.
▸ ***Nomen*** **1** (großer) Schritt **2** *(Art des Gehens)* Gang **3** Fortschritt IDM **get into your 'stride** *(AmE* **hit (your) 'stride**) in Schwung kommen; seinen Rhythmus finden **match sb ,stride for 'stride; be, run, go, etc. ,stride for 'stride with sb** mit jdm mithalten **put sb off their 'stride** jdn aus dem Konzept bringen **take sth in your 'stride** *(AmE* **take sth in 'stride**) etw leicht schaffen; mit etw gut fertig werden **without breaking 'stride** *(bes AmE)* ohne stehen zu bleiben; ohne einzuhalten

stri·dency /ˈstraɪdənsi/ *Nomen* **1** Schrillheit **2** Schärfe

stri·dent /ˈstraɪdnt/ *Adj (Adv* **stri·dent·ly**) **1** schrill, durchdringend, grell **2** lautstark; *(Kritik)* scharf

strife /straɪf/ *Nomen* [U] *(gehoben)* Auseinandersetzungen, Zwietracht ◇ *civil strife* Auseinandersetzungen in der Bevölkerung ◇ *political strife* politische Auseinandersetzungen

strike /straɪk/ *Verb, Nomen*
▸ ***Verb*** (**struck, struck** /strʌk/, *AmE auch* **struck, stricken** /ˈstrɪkən/) **1** *(gehoben)* schlagen ◇ *He struck the table with his fist.* Er schlug mit der Faust auf den Tisch. ◇ *be struck dumb/deaf/blind* mit Stummheit/Taubheit/Blindheit geschlagen werden **2** *(gehoben)* treffen ◇ *The ship struck a rock.* Das Schiff lief auf einen Felsen auf. ◇ *The child was struck by a car.* Das Kind wurde von einem Auto erfasst. ◇ *He fell, striking his head on the edge of the table.* Er fiel und stieß sich den Kopf an der Tischkante. **3** *(Ball etc.)* schießen, schlagen **4** *(Raubtier, Mörder etc.)* zuschlagen ◇ *The lion crouched ready to strike.* Der Löwe duckte sich, zum Angriff bereit. **5** *(gehoben) (Unglück etc.)* hereinbrechen (über); *(Krankheit)* heimsuchen **6** ~ **sb (as …)** jdm (als …) vorkommen ◇ *His reaction struck me as odd.* Seine Reaktion kam mir seltsam vor. ◇ *How does the idea strike you?* Was halten Sie von der Idee? ◇ *It strikes me that nobody is really in favour.* Ich habe den Eindruck, dass niemand wirklich dafür ist. **7** *(nicht in der Verlaufsform)* ~ **sb** *(Idee, Gedanke)* jdm kommen ◇ *It suddenly struck me how …* Auf einmal fiel mir auf, wie … ◇ *I was struck by her resemblance to my aunt.* Mir ist ihre Ähnlichkeit mit meiner Tante aufgefallen. **8** *(Licht)* auftreffen auf, fallen auf **9** *(Arbeiter etc.)* streiken **10** *(Streichholz)* (an)zünden **11** *(Uhr)* schlagen ◇ *Four o'clock had just struck.* Es hatte gerade vier Uhr geschlagen. **12** *(Note, Akkord)* anschlagen **13** *(Gold, Öl etc.)* stoßen auf **14** ~ **(off/out)** sich aufmachen ◇ *We left the road and struck off across the fields.* Wir verließen die Straße und machten uns auf den Weg über die Felder. IDM **be 'struck by/on/with sb/sth** *(umgs)* von jdm/etw beeindruckt sein **strike a 'balance (between A and B)** das richtige Verhältnis (zwischen A und B) finden **strike a 'bargain/'deal** **1** ein Geschäft abschließen **2** zu einer Einigung kommen **strike a blow against sth** einen Schlag gegen etw führen **strike a blow for sth** eine Lanze für etw brechen **strike fear, etc. into sb/sb's heart** *(gehoben)* jdn mit Angst etc. erfüllen **strike 'gold** großen Erfolg haben; das große Geld machen **strike it rich** *(umgs)* das große Geld machen **strike (it) 'lucky** *(umgs)* (großes) Glück haben

strike a 'pose/an 'attitude eine Pose/Haltung einnehmen strike while the iron is 'hot das Eisen schmieden, solange es heiß ist within 'striking distance (of sth) in Reichweite (von etw) ◇ *The beach is within striking distance.* Der Strand ist ganz in der Nähe. → *Siehe auch* CHORD, HARD, HOME, LIGHTNING, NOTE *und* PAY DIRT PHR V 'strike at sb/sth 1 nach jdm/etw schlagen 2 *(fig)* jdn/etw treffen ◇ *strike at the root of the problem* das Problem an der Wurzel packen ◇ *criticisms that strike at the heart of the party's policies* Kritik, die an der Parteipolitik rüttelt ,strike 'back zurückschlagen ,strike 'back at/against sb sich gegen jdn wehren ,strike sb 'down 1 *(Krankheit etc.)* ◇ *He was struck down by cancer at the age of thirty.* Er erkrankte mit dreißig Jahren an Krebs. ◇ *I was struck down by flu.* Die Grippe hat mich erwischt. 2 jdn zu Boden schlagen ,strike sth 'off etw abschlagen ,strike sb/sth 'off (sth) jdn/etw (von etw) streichen ◇ *The doctor was struck off.* Dem Arzt wurde die Zulassung entzogen. ,strike 'out 1 sich selbstständig machen 2 *(AmE, umgs) (Film etc.)* durchfallen 3 losziehen ,strike 'out (at sb/sth) 1 (nach jdm/etw) schlagen ◇ *He lost his temper and struck out wildly.* Er verlor die Beherrschung und schlug wild um sich. 2 *(fig)* (jdn/etw) angreifen ,strike sth 'out/'through etw (durch) streichen ,strike 'out for/towards sth auf etw zuhalten ◇ *He struck out towards the shore.* Er schwamm aufs Ufer zu. ,strike 'up *(Orchester etc.)* anfangen zu spielen ,strike 'up (with) sth *(Musikstück)* anstimmen, anfangen etw zu spielen ,strike 'up sth (with sb) *(Gespräch, Freundschaft etc.)* etw (mit jdm) anknüpfen

▸ ***Nomen*** 1 Streik ◇ *an unofficial strike* ein wilder Streik ◇ *come out on/go on strike* in den Streik treten ◇ *be (out) on strike* streiken ◇ *They have voted to take strike action.* Sie haben für Streikaktionen gestimmt. 2 Angriff ◇ *a pre-emptive strike* ein Präventivschlag 3 Treffer 4 *(beim Baseball)* Fehlschlag, Strike 5 *(beim Bowling)* Abräumen aller Pins im ersten Wurf 6 [meist Sing] *(von Erdöl etc.)* Fund

'strike-bound *Adj* bestreikt

'strike-breaker *Nomen* Streikbrecher(in)

'strike-break·ing [U], *Nomen* Streikbruch

'strike force *Nomen* [mit Verb im Sing/Pl] Einsatzkommando

strike·out /'straɪkaʊt/ *Nomen (beim Baseball)* Aus nach drei Fehlschlägen

striker /'straɪkə(r)/ *Nomen* 1 Streikende(r) 2 *(beim Fußball)* Stürmer(in)

'strike rate *Nomen* [meist Sing] Trefferquote

strik·ing O┳ /'straɪkɪŋ/ *Adj (Adv* strik·ing·ly*)* 1 auffallend, erstaunlich ◇ *a striking example* ein hervorragendes Beispiel 2 *(Frau, Aussehen etc.)* apart

string O┳ /strɪŋ/ *Nomen, Verb, Adj*

▸ ***Nomen*** 1 Schnur, Bindfaden → *Siehe auch* DRAWSTRING 2 Kette ◇ *a string of pearls* eine Perlenkette 3 Reihe ◇ *a string of successes* eine Reihe von Erfolgen 4 (COMP) Zeichenfolge 5 *(bei Instrumenten, Schlägern)* Saite 6 **the strings** [Pl] die Streicher, die Streichinstrumente IDM have another string/more strings to your bow *(BrE)* noch ein/ein paar Eisen im Feuer haben; noch eine Möglichkeit/noch andere Möglichkeiten haben (with) no 'strings (attached) ohne Bedingungen → *Siehe auch* APRON, LONG *und* PULL

▸ ***Verb*** (**strung, strung** /strʌŋ/) 1 ◇ *We strung lanterns up in the trees.* Wir haben an den Bäumen Laternen aufgehängt. ◇ *Flags were strung out along the route.* Entlang der Route hingen Fähnchen. ◇ *He had a long scarf strung around his neck.* Er trug einen langen Schal um den Hals gewickelt. 2 auffädeln 3 *(Schläger)* bespannen; *(Instrument)* besaiten PHR V ,string sb a'long *(umgs)* jdn hinhalten ,string a'long (with sb) *(BrE, umgs)* sich (jdm) anschließen ,string sth 'out etw in die Länge ziehen, etw hinausziehen ,string sth to'gether etw hervorbringen, etw aneinanderreihen ,string sb 'up *(umgs)* jdn aufhängen

▸ ***Adj*** [nur vor Nomen] 1 Streich- ◇ *a string player* ein Streicher 2 Netz- ◇ *a string vest* ein Netzhemd ◇ *a string bag* ein Einkaufsnetz

,string 'bean *Nomen* 1 *(BrE)* Stangenbohne 2 *(AmE)* grüne Bohne

,stringed 'instrument *Nomen* Saiteninstrument

strin·gency /'strɪndʒənsi/ *Nomen* 1 Strenge 2 ◇ *a period of financial stringency* eine Zeit der Sparmaßnahmen

strin·gent /'strɪndʒənt/ *Adj (Adv* strin·gent·ly*) (gehoben)* streng

string·er /'strɪŋə(r)/ *Nomen* = freie(r) Mitarbeiter(in) bei einer Zeitung

stringy /'strɪŋi/ *Adj* 1 *(Haare)* strähnig 2 *(Fleisch, Gemüse etc.)* faserig 3 *(Mensch, Hals)* sehnig

strip O┳ /strɪp/ *Verb, Nomen*

▸ ***Verb*** (**-pp-**) 1 ~ **(off)** sich ausziehen; ~ **(down to sth)** sich (bis auf etw) ausziehen 2 ~ **sth (off)** etw ausziehen 3 ~ **sb** jdn ausziehen ◇ *He was stripped naked and left in a cell.* Er wurde bis auf die Haut ausgezogen und in einer Zelle gelassen. ◇ *He stood there, stripped to the waist.* Er stand mit entblößtem Oberkörper da. 4 ~ **sth (off)** etw entfernen; *(Farbe)* abkratzen; *(Rinde)* abschälen; ~ **sth (off/from sth)** etw (von etw) abmachen 5 ◇ *The wind stripped the trees (of their leaves).* Der Wind hatte die Bäume entlaubt. 6 *(Bett)* abziehen 7 ~ **sth (out)** etw entfernen, etw ausräumen ◇ *Thieves had stripped the house bare.* Die Diebe hatten das Haus völlig leer geräumt. 8 ~ **sth (down)** etw auseinandernehmen, etw zerlegen 9 ~ **sb of sth** jdn einer Sache berauben, jdm etw aberkennen PHR V ,strip sth a'way 1 etw entfernen 2 *(fig)* etw beseitigen ◇ *The movie aims to strip away the lies surrounding his life.* Der Film soll den seinem Leben anhaftenden Lügen ein Ende setzen.

▸ ***Nomen*** 1 Streifen 2 [meist Sing] *(BrE)* (SPORT) Dress 3 Striptease ◇ *do a strip* strippen 4 *(AmE)* Boulevard 5 *(AmE)* = COMIC STRIP IDM → TEAR[1]

,strip car'toon *Nomen (BrE)* Comic(strip)

'strip club *(bes AmE* 'strip joint*) Nomen* Stripteaselokal

stripe O┳ /straɪp/ *Nomen* 1 Streifen 2 (MIL) (Ärmel) streifen

striped O┳ /straɪpt/ *Adj* gestreift

stripey = STRIPY

'strip light *Nomen* Neonröhre

'strip lighting *Nomen* Neonbeleuchtung, Neonlicht

strip·ling /'strɪplɪŋ/ *Nomen (gehoben oder hum)* Bürschchen

'strip mining *Nomen (AmE)* Tagebau

strip·per /'strɪpə(r)/ *Nomen* 1 Stripper(in) ◇ *a male stripper* ein Stripper 2 *(meist in Zusammensetzungen)* ◇ *paint stripper* Farbentferner

'strip search *Nomen* = Leibesvisitation, zu der man sich ausziehen muss

'strip-search *Verb* = einer Leibesvisitation unterziehen ◇ *They were strip-searched.* Sie mussten sich zur Durchsuchung ausziehen.

strip·tease /'strɪptiːz/ *Nomen* Striptease

stripy *(auch* stripey*)* /'straɪpi/ *Adj (BrE, umgs)* gestreift

strive /straɪv/ *Verb* (**strove** /strəʊv/; *AmE* stroʊv/, **striven** /'strɪvn/ *oder seltener* **strived, strived**) *(gehoben)* ~ **for sth** nach etw streben; ~ **against sth** gegen etw ankämpfen; ~ **to do sth** bemüht sein etw zu tun

striv·ing /ˈstraɪvɪŋ/ *Nomen* Streben

strobe /strəʊb; *AmE* stroʊb/ (*auch* **ˈstrobe light**) *Nomen* Stroboskoplicht

strode *Form von* STRIDE

stroke /strəʊk; *AmE* stroʊk/ *Nomen, Verb*

▸ ***Nomen*** **1** Schlag ◇ *on the stroke of three* um Punkt drei Uhr **2** (*Schwimmbewegung*) Zug **3** Schwimmart **4** (*beim Rudern*) Schlagmann **5** [meist Sing] (*bes BrE*) Streicheln ◇ *He gave the cat a stroke.* Er streichelte die Katze. **6** Strich ◇ *at the stroke of a pen* mit einem Federstrich **7** ◇ *a stroke of luck* ein Glücksfall ◇ *Your idea was a stroke of genius.* Dein Einfall war genial. ◇ *She never does a stroke (of work).* Sie tut keinen Strich. ◇ *It was a bold stroke.* Es war sehr gewagt. → *Siehe auch* MASTER STROKE **8** (MED) Schlag(anfall) IDM **at a (single) ˈstroke; at one ˈstroke** mit einem Schlag **put sb off their ˈstroke** (*BrE*) jdn aus dem Konzept bringen

▸ ***Verb*** **1** (*bes BrE*) (*Tier*) streicheln **2** streichen, streicheln ◇ *He stroked her hair affectionately.* Er strich ihr zärtlich übers Haar. **3** (*bes AmE, umgs*) ~ **sb** jdn umschmeicheln, zu jdm nett sein

stroll /strəʊl; *AmE* stroʊl/ *Verb, Nomen*

▸ ***Verb*** spazieren (gehen), schlendern

▸ ***Nomen*** Spaziergang, Bummel ◇ *We went for a stroll.* Wir gingen spazieren.

stroll·er /ˈstrəʊlə(r); *AmE* ˈstroʊ-/ *Nomen* **1** Spaziergänger(in) **2** (*AmE*) (Kinder)sportwagen

strong /strɒŋ; *AmE* strɔːŋ/ *Adj, Nomen*

▸ ***Adj*** **1** stark ◇ *strong muscles* kräftige Muskeln ◇ *She wasn't a strong swimmer.* Sie war keine gute Schwimmerin. ◇ *a face with strong features* ein Gesicht mit markanten Zügen ◇ *She has a strong will.* Sie ist sehr eigenwillig. ◇ *strong mustard* scharfer Senf **2** (*Argument, Beweis etc.*) überzeugend ◇ *You have a strong case for getting your job back.* Du hast gute Chancen, die Stelle zurückzubekommen. **3** [nur vor Nomen] (*Mensch*) überzeugt ◇ *a strong opponent of the government* ein scharfer Gegner der Regierung **4** (*Meinung, Glaube, Charakter etc.*) fest ◇ *strong support for the government* massive Unterstützung für die Regierung ◇ *People have strong feelings about this issue.* Den Leuten liegt sehr viel an dieser Sache. ◇ *a strong sense of justice* ein ausgeprägter Sinn für Gerechtigkeit ◇ *have strong reservations* starke Bedenken haben **5** (*haltbar*) stabil, solid ◇ *a strong stick* ein dicker Stock ◇ *strong links with local industry* sehr gute Beziehungen zur örtlichen Industrie **6** aussichtsreich, stark ◇ *She's a strong candidate for the job.* Sie hat gute Chancen, die Stelle zu bekommen. ◇ *There's a strong possibility that …* Es ist sehr wahrscheinlich, dass … **7** stark, gut ◇ *Mathematics was never my strong point.* Ich war nie sehr gut in Mathematik. ◇ *Their business remained strong.* Ihr Betrieb ging weiter gut. ◇ *a strong cast* eine ausgezeichnete Besetzung ◇ *strong share prices* hohe Aktienwerte **8** (*nach Zahlen*) stark ◇ *a 5 000-strong crowd* eine 5 000 Kopf starke Menge ◇ *The crowd was 5 000 strong.* 5 000 Menschen waren da. **9** (*gesund*) gut ◇ *Are you feeling stronger now?* Fühlst du dich jetzt besser? **10** (*Sprache, Ausdrucksweise*) ◇ *These were strong words.* Das war sehr deutlich gesagt. ◇ *Strong words were exchanged.* Es gab ein heftiges Wortgefecht. ◇ *strong language* Kraftausdrücke **11** (*Silbe*) betont **12** (*Warnung*) dringend IDM **be a bit ˈstrong** (*BrE, umgs*) etwas zu weit gehen **be ˈstrong on sth 1** ◇ *I'm not very strong on dates.* Daten sind nicht meine Stärke. **2** großen Wert auf etw legen **3** in Bezug auf etw sehr ausführlich sein ◇ *The report is strong on criticism, but short on practical suggestions.* Der Bericht ist voller Kritik, bietet aber kaum praktische Lösungsvorschläge an. **be sb's ˈstrong suit** jds Stärke sein **come on ˈstrong** (*umgs*) **1** sich behaupten **2** an Bedeutung zunehmen **going ˈstrong** (*umgs*) gut in Form **have a strong ˈstomach** einiges vertragen können → *Siehe auch* CARD

▸ ***Nomen*** **the strong** [Pl] die Mächtigen

ˈstrong-arm *Adj* [nur vor Nomen] (*abwert*) Gewalt- ◇ *strong-arm tactics* eine Taktik der Einschüchterung

strong·box /ˈstrɒŋbɒks; *AmE* ˈstrɔːŋbɑːks/ *Nomen* (*Kasten*) Kassette

strong·hold /ˈstrɒŋhəʊld; *AmE* ˈstrɔːŋhoʊld/ *Nomen* **1** Hochburg, Zentrum **2** Festung, Stützpunkt **3** (*für Tiere*) Biotop, Lebensraum

strong·ly /ˈstrɒŋli; *AmE* ˈstrɔːŋ-/ *Adv* **1** stark ◇ *a strongly built boat* ein solide gebautes Boot **2** heftig, entschieden ◇ *a strongly worded protest* ein in heftigen Worten abgefasster Protest ◇ *He was strongly opposed to the idea.* Er lehnte die Idee entschieden ab. **3** fest ◇ *I feel strongly that …* Ich bin der festen Überzeugung, dass … ◇ *I don't feel strongly enough about it.* Es ist mir nicht wichtig genug. **4** intensiv

strong·man /ˈstrɒŋmæn; *AmE* ˈstrɔːŋ-/ *Nomen* (*Pl* **-men** /-men/) **1** Diktator, starker Mann **2** Muskelmann

ˌstrong-ˈminded *Adj* willensstark

strong·room /ˈstrɒŋruːm, -rʊm; *AmE* ˈstrɔːŋ-/ *Nomen* Tresorraum

ˌstrong-ˈwilled *Adj* resolut, eigensinnig

stron·tium /ˈstrɒntiəm, ˈstrɒnʃi-; *AmE* ˈstrɑːn-/ *Nomen* Strontium

strop /strɒp; *AmE* strɑːp/ *Nomen* (*BrE, umgs*) ◇ *Don't get in a strop.* Reg dich nicht so auf.

stroppy /ˈstrɒpi; *AmE* ˈstrɑːpi/ *Adj* (*BrE, umgs*) fuchtig ◇ *Don't get stroppy with me.* Werd nicht pampig.

strove *Form von* STRIVE

struck *Form von* STRIKE

struc·tural /ˈstrʌktʃərəl/ *Adj* (*Adv* **struc·tur·al·ly** /-rəli/) **1** strukturell, Struktur-, baulich, Bau- ◇ *Storms caused structural damage to many homes.* Der Sturm hat die Bausubstanz vieler Häuser schwer beschädigt. ◇ *The building is structurally sound.* Die Bausubstanz ist in gutem Zustand. **2** statisch ◇ *a structural survey* ein bautechnisches Gutachten

ˌstructural engiˈneer *Nomen* Bauingenieur(in), Statiker(in)

struc·tur·al·ism /ˈstrʌktʃərəlɪzəm/ *Nomen* Strukturalismus

struc·tur·al·ist /ˈstrʌktʃərəlɪst/ *Adj, Nomen*

▸ ***Adj*** strukturalistisch

▸ ***Nomen*** Strukturalist(in)

struc·tur·al·ly *Adv* → STRUCTURAL

struc·ture /ˈstrʌktʃə(r)/ *Nomen, Verb*

▸ ***Nomen*** **1** Struktur **2** Bau(werk), Konstruktion **3** Aufbau, Gliederung

▸ ***Verb*** (*meist passiv*) strukturieren, aufbauen

strug·gle /ˈstrʌgl/ *Verb, Nomen*

▸ ***Verb*** **1** kämpfen, sich wehren ◇ *She struggled for breath.* Sie rang nach Atem. ◇ *a struggling artist* ein Künstler, der am Hungertuch nagt ◇ *They struggled just to pay their bills.* Sie konnten kaum ihre Rechnungen bezahlen. ◇ *He was injured as he struggled with the raiders.* Bei einem Handgemenge mit den Einbrechern wurde er verletzt. **2** sich abmühen ◇ *I struggled up the hill.* Ich quälte mich den Hügel hinauf. ◇ *He struggled out of his wheelchair.* Er arbeitete sich mühsam aus seinem Rollstuhl hoch. ◇ *She had to struggle into the tight dress.* Sie zwängte sich in das enge Kleid. PHR V **struggle aˈlong/ˈon** weiterkämpfen, sich durchschlagen ◇ *The business struggled along for some time.* Der Betrieb machte noch eine Zeitlang mit Müh und Not weiter.

▸ ***Nomen*** **1 ~ (for/against sth)** Kampf (um/gegen etw) ◇ *give up without a struggle* kampflos aufgeben ◇ *They are locked in a struggle for the title.* Sie kämpfen um den Titel. ◇ *After a short struggle, I managed to get the knife away from him.* Nach einem kurzen Handgemenge gelang es mir, ihm das Messer wegzunehmen. **2** [Sing] Anstrengung ◇ *It was a real struggle to finish.* Ich hatte große Mühe, fertig zu werden.

strum /strʌm/ *Verb* **(-mm-) ~ (on) sth** auf etw klimpern

strung *Form von* STRING

ˌstrung ˈout *Adj* [nicht vor Nomen] **1** ◇ *a group of riders strung out along the beach* eine Gruppe von Reitern, die in weiten Abständen den Strand entlang ritten ◇ *houses strung out along the bay* entlang der Bucht liegende Häuser **2 ~ (on sth)** *(Slang)* *(Heroin etc.)* zu (mit etw)

ˌstrung ˈup *Adj* [nicht vor Nomen] *(BrE, umgs)* nervös

strut /strʌt/ *Verb, Nomen*

▸ ***Verb*** **(-tt-)** stolzieren IDM **ˌstrut your ˈstuff** *(umgs)* zeigen, was man hat; herumstolzieren; sich zur Schau stellen

▸ ***Nomen*** **1** Strebe, Stütze ◇ *wheel struts* Speichen **2** [Sing] *(abwert)* wichtigtuerischer Gang

stub /stʌb/ *Nomen, Verb*

▸ ***Nomen*** **1** Stummel **2** (Kontroll)abschnitt

▸ ***Verb*** **(-bb-) ~ your toe (against/on sth)** sich den Zeh (an etw) stoßen PHRV **ˌstub sth ˈout** *(Zigarette etc.)* ausdrücken

stub·ble /ˈstʌbl/ *Nomen* **1** Stoppeln **2** Bartstoppeln

stub·bly /ˈstʌbli/ *Adj* stoppelig

stub·born /ˈstʌbən; *AmE* -bərn/ *Adj* *(Adv* **stub·born·ly)** **1** *(oft abwert)* stur, störrisch ◇ *stubborn pride* unbeugsamer Stolz **2** hartnäckig ◇ *stubborn problems* vertrackte Probleme

stub·born·ness /ˈstʌbənnəs; *AmE* -bərn-/ *Nomen* Sturheit, Hartnäckigkeit

stubby /ˈstʌbi/ *Adj* Stummel-, kurz (und dick), gedrungen ◇ *stubby fingers* Wurstfinger

stucco /ˈstʌkəʊ; *AmE* -koʊ/ *Nomen* Stuck

stuc·coed /ˈstʌkəʊd; *AmE* -koʊd/ *Adj* mit Stuck verziert, Stuck-

stuck /stʌk/ ➔ *Siehe auch* STICK *Adj* [nicht vor Nomen] **1 be/get ~** stecken bleiben, klemmen ◇ *She got the key stuck in the lock.* Sie konnte den Schlüssel nicht aus dem Schloss herausbekommen. **2 be ~** festsitzen ◇ *I hate being stuck here all day.* Ich hasse es, den ganzen Tag hier zu hocken. **3 be/get ~ (on sth)** *(Frage, Problem etc.)* nicht weiterkommen (mit/bei etw) **4 be ~ (for sth)** (um etw) verlegen sein ◇ *Are you stuck for something to do tonight?* Weißt du nichts, was du heute Abend tun könntest? **5 be ~ with sb/sth** *(umgs)* jdn/etw am Hals haben ◇ *I'm stuck with this job for the moment.* Ich kann den Job im Moment nicht aufgeben. IDM **ˌget stuck ˈin** *(BrE, umgs)* **1** zugreifen **2** sich hineinknien **ˌget stuck ˈinto sth** *(BrE, umgs)* etw in Angriff nehmen; sich in etw hineinknien ➔ *Siehe auch* GROOVE, ROCK *und* TIME WARP

ˌstuck-ˈup *Adj* *(umgs, abwert)* hochnäsig

stud /stʌd/ *Nomen, Verb*

▸ ***Nomen*** **1** *(Ohr-/Nasen- etc.)* Stecker **2** Beschlagnagel, Niete **3** [meist Pl] *(BrE)* *(an Sportschuhen)* Stollen **4** Kragenknopf ➔ *Siehe auch* PRESS STUD **5** Zuchthengst ◇ *The horse was put out to stud.* Das Pferd wurde nur noch zur Zucht benutzt. **6** = STUD FARM **7** *(umgs)* *(fig)* scharfer Typ

▸ ***Verb*** **(-dd-)** übersäen

stud·ded /ˈstʌdɪd/ *Adj* **1** mit Nägeln/Nieten beschlagen **2 ~ with sth** *(gehoben)* mit etw übersät ➔ *Siehe auch* STAR-STUDDED

stu·dent 🔑 /ˈstjuːdnt; *AmE* ˈstuː-/ *Nomen* **1** Student(in) ◇ *a student teacher* ein Referendar ◇ *a student grant* ein Stipendium ◇ *She's a third-year student at the College of Art.* Sie studiert im dritten Studienjahr an der Kunstakademie. ➔ *Siehe auch* MATURE STUDENT **2** Kursteilnehmer(in) ◇ *a student nurse* ein(e) Schwesternschüler(in) **3** *(bes AmE)* Schüler(in) **4 ~ of sth** Beobachter(in) von etw

stu·dent·ship /ˈstjuːdəntʃɪp; *AmE* ˈstuː-/ *Nomen* *(BrE)* Stipendium

ˌstudents' ˈunion *(auch* **ˌstudent ˈunion)** *Nomen* **1** = Studentenvertretung, die das Bindeglied zwischen Universität und Studenten darstellt, und die Veranstaltungen, Partys etc. organisiert **2** = Gebäude der Studentenvertretung

ˈstud farm *(auch* **stud)** *Nomen* Gestüt

stud·ied /ˈstʌdid/ *Adj* [nur vor Nomen] *(gehoben)* betont, ostentativ

stu·dio 🔑 /ˈstjuːdiəʊ; *AmE* ˈstuːdioʊ/ *Nomen* *(Pl* **-os)** **1** Studio, Filmstudio **2** Filmgesellschaft **3** Atelier **4** *(BrE auch* **ˈstudio flat**; *AmE auch* **ˈstudio apartment)** Einzimmerwohnung

stu·di·ous /ˈstjuːdiəs; *AmE* ˈstuː-/ *Adj* fleißig, lernbegierig

stu·di·ous·ly /ˈstjuːdiəsli; *AmE* ˈstuː-/ *Adv* sorgfältig, bewusst, absichtlich

study 🔑 /ˈstʌdi/ *Nomen, Verb*

▸ ***Nomen*** *(Pl* **-ies)** **1** [U] Lernen, Studium ◇ *good study skills* eine gute Lerntechnik ◇ *the study of how living things work* die Lehre von den Lebensvorgängen im Organismus **2 studies** [Pl] *(gehoben)* Studium **3** [mit Verb im Sing/Pl] **studies** *(in Bezeichnungen für Studienfächer)* Wissenschaft ◇ *business studies* Betriebswirtschaft(slehre) ◇ *American studies* Amerikanistik **4** [U] Untersuchung ◇ *These proposals deserve careful study.* Diese Pläne sollten sorgfältig geprüft werden. **5** Studie, Untersuchung ➔ *Siehe auch* CASE STUDY **6** Arbeitszimmer **7** *(Malerei)* Studie **8** *(BrE)* (MUS) Etüde **9** [Sing] **~ (in sth)** *(gehoben)* Musterbeispiel (an etw) ◇ *Her face was a study.* Ihr Gesicht war ein Bild für (die) Götter.

▸ ***Verb*** **(stud·ies, study·ing, stud·ied, stud·ied)** **1** studieren; **~ (for sth)** (für etw) lernen ◇ *He studied under Boulanger.* Er hat bei Boulanger studiert. ◇ *She's studying to be an architect.* Sie studiert Architektur. ◇ *How long have you been studying English?* Seit wann lernst du Englisch? ◇ *We're studying 'Hamlet' this year.* Wir nehmen dieses Jahr „Hamlet" durch. **2** beobachten, untersuchen, prüfen

ˈstudy hall *Nomen* *(AmE)* = Schulstunde, in der die Schüler für sich lernen, meist unter Aufsicht eines Lehrers

stuff 🔑 /stʌf/ *Nomen, Verb*

▸ ***Nomen*** **1** *(umgs)* *(manchmal abwertend)* Zeug ◇ *Where's all my stuff?* Wo sind alle meine Sachen? ◇ *This wine is good stuff.* Das ist ein guter Wein. ➔ *Siehe auch* FOODSTUFF **2** *(umgs)* ◇ *I've got loads of stuff to do.* Ich habe eine Menge zu tun. ◇ *I like reading and stuff.* Ich mag Bücher und so was. ◇ *The band did some great stuff on their first album.* Die Band hat ein paar tolle Sachen auf ihrem ersten Album. ◇ *This is all good stuff. Well done!* Das ist alles sehr gut. Bravo! ◇ *What's all this 'Mrs Smith' stuff? Call me Anna.* Was soll der „Mrs Smith"-Quatsch? Nenn mich Anna. **3** *(gehoben)* **~ (of sth)** Essenz (einer Sache) ◇ *the stuff of which dreams are made* der Stoff, aus dem die Träume sind ◇ *be the very stuff of politics* ein wesentlicher Bestandteil der Politik sein ◇ *Let's see what stuff you're made of.* Jetzt werden wir sehen, aus welchem Holz du geschnitzt bist. → *Siehe auch* HOT STUFF **IDM** **do your 'stuff** (*umgs*) seinen Beitrag leisten ◇ (*fig*) *The medicine has clearly done its stuff.* Die Medizin hat offensichtlich gewirkt. **not give a 'stuff** (*BrE, Slang*) sich um etw nicht scheren → *Siehe auch* KID, KNOW, STERN, STRUT *und* SWEAT

▸ ***Verb*** **1** stecken, stopfen ◇ *She had 500 envelopes to stuff with leaflets.* Sie musste 500 Prospekte in Briefumschläge stecken. ◇ *The fridge is stuffed to bursting.* Der Kühlschrank ist zum Bersten voll. ◇ *My nose is stuffed up.* Ich habe eine verstopfte Nase. **2** (*Kochen*) füllen **3 ~ yourself/your face** (*umgs*) sich den Bauch vollstopfen ◇ (*umgs*) *I'm stuffed.* Ich bin voll. **4** (*meist passiv*) (*Tierleiche*) ausstopfen **IDM** **get 'stuffed** (*BrE, umgs*) du kannst mich mal **'stuff it** (*umgs*) ◇ *I didn't want to go, then I thought—stuff it—why not?* Ich wollte nicht gehen, dann dachte ich, verdammt noch mal — warum denn eigentlich nicht? ◇ *Stuff it. At my age it doesn't matter.* Na wenn schon. In meinem Alter spielt das keine Rolle. **you, etc. can 'stuff sth** (*umgs*) du etc. kannst dir etw an den Hut stecken

ˌstuffed 'animal *Nomen* **1** (*bes AmE*) Stofftier **2** ausgestopftes Tier

stuffi·ness /ˈstʌfinəs/ *Nomen* **1** Stickigkeit **2** Steifheit, Biederkeit **3** Prüderie

stuff·ing /ˈstʌfɪŋ/ *Nomen* **1** (*Kochen*) Füllung **2** (*Kissen etc.*) Füllmaterial, Füllung **IDM** → KNOCK

stuffy /ˈstʌfi/ *Adj* (**stuff·ier, stuffi·est**) **1** stickig **2** (*umgs, abwert*) bieder, steif, gezwungen **3** (*abwert*) prüde

stul·tify /ˈstʌltɪfaɪ/ *Verb* (**-fies, -fy·ing, -fied, -fied**) lähmen, abtöten

stul·ti·fy·ing /ˈstʌltɪfaɪɪŋ/ *Adj* (*Adv* **stul·ti·fy·ing·ly**) (*gehoben*) lähmend, abstumpfend

stum·ble /ˈstʌmbl/ *Verb, Nomen*

▸ ***Verb*** **1 ~ (over/on sth)** (über etw) stolpern **2** torkeln **3** stottern, stocken, sich verhaspeln ◇ *She stumbled over her words.* Sie stotterte. ◇ *I stumbled through the piano piece with difficulty.* Ich spielte das Klavierstück holperig und mit großer Mühe. **PHR V** **'stumble across/on/upon sth/sb** auf etw/jdn stoßen **'stumble into sth** zufällig an/in etw geraten

▸ ***Nomen*** Stolpern, Sturz

'stumbling block *Nomen* **~ (to sth)** Hindernis (für etw)

stump /stʌmp/ *Nomen, Verb*

▸ ***Nomen*** **1** (*Arm-, Bein-, Baum-*) Stumpf **2** Stummel **3** [meist Pl] (*Kricket*) Stab **4 the stump** [Sing] (*bes AmE, umgs*) ◇ *politicians on the stump* Politiker, die im Wahlkampf Reden halten ◇ *his standard stump speech* seine übliche Wahlrede

▸ ***Verb*** **1** (*meist passiv*) (*umgs*) überfragen ◇ *Kate was stumped for words.* Kate war um eine Antwort verlegen. **2** stapfen **3** (*AmE*) **~ (around) sth** = etw als Wahlkämpfer bereisen **4** (*Kricket*) = den Schlagmann durch Umwerfen der Stäbchen ausschalten **PHR V** **ˌstump 'up (for sth)** (*BrE, umgs*) (für etw) blechen **ˌstump 'up sth (for sth)** (*BrE, umgs*) (*Geld*) (für etw) aufbringen

stumpy /ˈstʌmpi/ *Adj* (*abwert*) kurz (und dick), gedrungen ◇ *stumpy fingers* Wurstfinger ◇ *a stumpy tail* ein Stummelschwanz

stun /stʌn/ *Verb* (**-nn-**) **1** betäuben ◇ *The fall stunned me for a moment.* Ich war von dem Sturz einen Augenblick lang ganz benommen. **2** verblüffen, sprachlos machen **3** (*beeindrucken*) überwältigen

stung *Form von* STING

'stun gun *Nomen* Schießstock

stunk *Form von* STINK

stunned /stʌnd/ *Adj* fassungslos ◇ *She was too stunned to speak.* Sie war vor Verblüffung sprachlos.

stun·ner /ˈstʌnə(r)/ *Nomen* (*umgs*) **1** (*Frau*) Schönheit ◇ *She's a real stunner.* Sie sieht fantastisch aus. **2** tolle Sache ◇ *Visually the film's a stunner.* Der Film ist eine wahre Augenfreude. **3** niederschmetternde Nachricht

stun·ning /ˈstʌnɪŋ/ *Adj* (*Adv* **stun·ning·ly**) (*umgs*) **1** fantastisch, umwerfend ◇ *a stunningly simple idea* eine verblüffend einfache Idee **2** (*Schlag, Niederlage*) schwer

stunt /stʌnt/ *Nomen, Verb*

▸ ***Nomen*** **1** Stunt **2** Gag ◇ *a publicity stunt* ein Werbegag **3** (*umgs*) ◇ *I've had enough of her childish stunts.* Ich habe genug von ihren Kindereien. ◇ *Never pull a stunt like that again!* Mach so etwas nie wieder!

▸ ***Verb*** hemmen, beeinträchtigen

stunt·ed /ˈstʌntɪd/ *Adj* verkümmert ◇ *stunted trees* verkrüppelte Bäume

stunt·man /ˈstʌntmæn/ *Nomen* (*Pl* **-men** /-men/) Stuntman

stunt·woman /ˈstʌntwʊmən/ *Nomen* (*Pl* **-women** /-wɪmɪn/) Stuntfrau

stu·pe·fac·tion /ˌstjuːpɪˈfækʃn; *AmE* ˌstuː-/ *Nomen* (*gehoben*) Verblüffung, Fassungslosigkeit

stu·pefy /ˈstjuːpɪfaɪ; *AmE* ˈstuː-/ *Verb* (**-fies, -fy·ing, -fied, -fied**) **~ sb (with sth)** (*oft passiv*) **1** jdn (mit etw) verblüffen, jdn (mit etw) fassungslos machen **2** (*Alkohol, Drogen*) jdn (mit etw) betäuben

stu·pen·dous /stjuːˈpendəs; *AmE* stuːˈ-/ *Adj* (*Adv* **stu·pen·dous·ly**) (*Anstrengungen, Kosten etc.*) enorm; (*Auftritt, Aussicht*) fantastisch

stu·pid 0→ /ˈstjuːpɪd; *AmE* ˈstuː-/ *Adj, Nomen*

▸ ***Adj*** dumm, blöd

▸ ***Nomen*** [Sing] (*umgs*) Blödmann

stu·pid·ity /stjuːˈpɪdəti; *AmE* stuːˈ-/ *Nomen* (*Pl* **-ies**) Dummheit

stu·pid·ly /ˈstjuːpɪdli; *AmE* ˈstuː-/ *Adv* **1** dummerweise **2** (wie) blöd

stu·por /ˈstjuːpə(r); *AmE* ˈstuː-/ *Nomen* [Sing] (*gehoben*) Benommenheit ◇ *He was in a drunken stupor.* Er war sinnlos betrunken.

stur·di·ness /ˈstɜːdinəs; *AmE* ˈstɜːrd-/ *Nomen* Stabilität, Widerstandsfähigkeit

sturdy /ˈstɜːdi; *AmE* ˈstɜːrdi/ *Adj* (**stur·dier, stur·di·est**) (*Adv* **stur·dily** /-dɪli/) **1** robust, stabil ◇ *sturdy boots* feste Schuhe **2** kräftig ◇ *sturdy legs* stämmige Beine **3** standhaft, entschlossen

stur·geon /ˈstɜːdʒən; *AmE* ˈstɜːrdʒən/ *Nomen* (*Pl* **stur·geon** *oder* **stur·geons**) Stör

stut·ter /ˈstʌtə(r)/ *Verb, Nomen*

▸ ***Verb*** stottern

▸ ***Nomen*** Stottern ◇ *He had a terrible stutter.* Er stotterte fürchterlich.

sty /staɪ/ *Nomen* **1** (*Pl* **sties**) = PIGSTY **2** (*auch* **stye**) (*Pl* **sties** *oder* **styes**) Gerstenkorn

style 0→ /staɪl/ *Nomen, Verb*

▸ ***Nomen*** **1** Stil ◇ *Italian-style gardens* Gärten im italienischen Stil ◇ *Caution was not her style.* Vorsicht war nicht ihre Art. **2** (*Haar-*) Schnitt **3** [Sing] Mode ◇ *style-conscious teenagers* modebewusste Teenager **4** Eleganz **IDM** **in (great, grand, etc.) style** in großem etc. Stil ◇ *He won the championship in fine/great style.* Er gewann die Meisterschaft souverän. **sth is more sb's ~** jd steht eher auf etw ◇ *A motorbike? Aren't big cars more his style?* Ein Motorrad? Steht er nicht eher auf große Autos? → *Siehe auch* CRAMP

▸ ***Verb*** **1** (*Kleidung*) schneiden; (*Haare*) stylen **2** (*gehoben*) nennen **PHR V** **'style sth on sth** etw einer Sache nachempfinden **'style yourself on sb** jdn nachmachen

◇ *He styled himself on James Dean.* Er machte auf James Dean.

styl·ing /ˈstaɪlɪŋ/ *Nomen* **1** Styling **2** Design

styl·ish /ˈstaɪlɪʃ/ *Adj* (*Adv* **styl·ish·ly**) elegant, modisch, stilvoll ◇ *a stylish restaurant* ein schickes Restaurant

styl·ist /ˈstaɪlɪst/ *Nomen* **1** Friseur(in) **2** (*Mode- etc.*) Stylist(in) **3** (*Schriftsteller*) Stilist(in)

styl·is·tic /staɪˈlɪstɪk/ *Adj* (*Adv* **styl·is·tic·al·ly** /-kli/) [nur vor Nomen] stilistisch ◇ *stylistic analysis* Stilanalyse ◇ *stylistic devices* Stilmittel

styl·is·tics /staɪˈlɪstɪks/ *Nomen* [U] Stilistik

styl·ized (*BrE auch* **-ised**) /ˈstaɪlaɪzd/ *Adj* stilisiert

sty·lus /ˈstaɪləs/ *Nomen* (*Pl* **sty·luses** *oder* **sty·li**) /-laɪ/ **1** (Abtast)nadel **2** (COMP) Stylus

Styro·foam™ /ˈstaɪrəfəʊm; *AmE* -foʊm/ *Nomen* (*bes AmE*) Styropor®

suave /swɑːv/ *Adj* (*Adv* **suave·ly**) weltmännisch, gewandt

sub /sʌb/ *Nomen* (*umgs*) **1** = SUBMARINE **2** = SUBSTITUTE **3** (*BrE*) = SUBSCRIPTION **4** (*BrE*) = SUBEDITOR

sub- /sʌb/ *Vorsilbe* **1** (*in Nomina und Adjektiven verwendet*) unter- ◇ *sub-zero temperatures* Temperaturen unter Null **2** (*in Verben und Nomina benutzt, um eine Unterteilung oder einen kleineren Teil von etwas zu bezeichnen*) unter- ◇ *subdivide* unterteilen ◇ *a subset* eine Untergruppe

sub·al·tern /ˈsʌbltən; *AmE* səˈbɔːltərn/ *Nomen* (*BrE*) = Unteroffizier in der britischen Armee

sub-aqua /ˌsʌb ˈækwə/ *Adj* Unterwasser- ◇ *sub-aqua diving* Tauchen

sub·atom·ic /ˌsʌbəˈtɒmɪk; *AmE* -ˈtɑːmɪk/ *Adj* subatomar

sub·com·mit·tee /ˈsʌbkəmɪti/ *Nomen* [mit Verb im Sing/Pl] Unterausschuss

sub·com·pact /ˈsʌbkəmpækt/ *Nomen* (*AmE*) Kleinstwagen

sub·con·scious /ˌsʌbˈkɒnʃəs; *AmE* -ˈkɑːn-/ *Adj, Nomen*

▸ ***Adj*** im Unterbewusstsein vorhanden ◇ *the subconscious mind* das Unterbewusstsein ◇ *Many advertisements work at a subconscious level.* Viele Werbesendungen sprechen das Unterbewusstsein an.

▸ ***Nomen*** **the/your subconscious** [Sing] das Unterbewusstsein

sub·con·scious·ly /ˌsʌbˈkɒnʃəsli; *AmE* -ˈkɑːn-/ *Adv* im Unterbewusstsein

sub·con·tin·ent /ˌsʌbˈkɒntɪnənt; *AmE* -ˈkɑːn-/ *Nomen* Subkontinent

sub·con·tract *Verb, Nomen*

▸ ***Verb*** /ˌsʌbkənˈtrækt; *AmE* ˌsʌbˈkɑːntrækt/ **~ sth (to sb)** (*Auftrag*) (an jdn) weitergeben

▸ ***Nomen*** /ˌsʌbˈkɒntrækt; *AmE* -ˈkɑːn-/ Subunternehmervertrag

sub·con·tract·or /ˌsʌbkənˈtræktə(r); *AmE* sʌbˈkɑːntræktər/ *Nomen* Subunternehmer(in)

sub·cul·ture /ˈsʌbkʌltʃə(r)/ *Nomen* Subkultur

sub·cuta·ne·ous /ˌsʌbkjuˈteɪniəs/ *Adj* (*Adv* **sub·cuta·neous·ly**) (*meist vor Nomen*) (*Fachspr*) subkutan

sub·div·ide /ˈsʌbdɪvaɪd, ˌsʌbdɪˈvaɪd/ *Verb* **1 ~ (sth) (into sth)** (etw) (in etw) unterteilen **2** sich aufteilen

sub·div·ision *Nomen* **1** /ˌsʌbdɪˈvɪʒn/ Unterteilung **2** /ˈsʌbdɪvɪʒn/ Untergruppe; (*Polizei, Armee*) Unterabteilung **3** /ˈsʌbdɪvɪʒn/ (*AmE*) Parzelle

sub·due /səbˈdjuː; *AmE* -ˈduː/ *Verb* **1** (*Volk etc.*) unterwerfen; (*Aufstand*) niederschlagen **2** (*Gefühle etc.*) unterdrücken

sub·dued /səbˈdjuːd; *AmE* -ˈduːd/ *Adj* **1** niedergeschlagen ◇ *She was in a subdued mood.* Sie war bedrückt. ◇ *The reception was a subdued affair.* Die Stimmung auf dem Empfang war gedrückt. **2** (*Beleuchtung, Farben*) gedämpft **3** (WIRTSCH) ruhig

sub·edi·tor /ˌsʌbˈedɪtə(r)/ (*umgs* **sub**) *Nomen* Redaktionsassistent(in)

sub·group /ˈsʌbgruːp/ *Nomen* Untergruppe

sub·head·ing /ˌsʌbˈhedɪŋ/ *Nomen* Kapitelüberschrift

sub·human /ˌsʌbˈhjuːmən/ *Adj* (*abwert*) **1** unmenschlich **2** menschenunwürdig

sub·ject 🔑 *Nomen, Adj, Verb*

▸ ***Nomen*** /ˈsʌbdʒɪkt, -dʒekt/ **1** Thema ◇ *on the subject of space travel* zum Thema Raumfahrt ◇ *This is still very much a subject for debate.* Das ist immer noch ein umstrittenes Thema. **2** (*Schul-*) Fach **3** (*Bild-*) Motiv **4** Proband(in) **5** (LING) Subjekt **6** Staatsbürger(in)

▸ ***Adj*** /ˈsʌbdʒɪkt, -dʒekt/ **1 be ~ to sth** zu etw neigen ◇ *Flights are subject to delay.* Viele Flüge haben Verspätung. **2** vorbehaltlich ◇ *The article is ready to publish, subject to your approval.* Der Artikel ist publikationsfertig, vorausgesetzt Sie sind einverstanden. ◇ *All offers are subject to availability.* Alle Angebote gelten, solange der Vorrat reicht. **3 be ~ to sth** einer Sache unterliegen ◇ *As a diplomat, he is not subject to local laws.* Als Diplomat untersteht er keinen Landesgesetzen. **4** [nur vor Nomen] (*gehoben*) unterjocht

▸ ***Verb*** /səbˈdʒekt/ (*gehoben*) unterwerfen PHRV **subˈject sb/sth to sth** (*gehoben*) jdn/etw einer Sache aussetzen ◇ *They were subjected to a series of questions.* Sie mussten sich einer Reihe von Fragen unterziehen.

sub·jec·tion /səbˈdʒekʃn/ *Nomen* Unterwerfung ◇ *the subjection of women* die Unterdrückung der Frauen

sub·ject·ive /səbˈdʒektɪv/ *Adj* (*Adv* **sub·ject·ive·ly**) subjektiv

sub·ject·iv·ity /ˌsʌbdʒekˈtɪvəti/ *Nomen* Subjektivität

ˈsubject matter *Nomen* Gegenstand, Thema

sub ju·dice /ˌsʌb ˈdʒuːdəsi, -seɪ, -dəkeɪ/ *Adj* (RECHT) anhängig

sub·ju·gate /ˈsʌbdʒugeɪt/ *Verb* (*gehoben*) unterwerfen ◇ *Her personal ambitions had been subjugated to the needs of her family.* Sie hatte ihre persönlichen Ambitionen den Bedürfnissen ihrer Familie untergeordnet.

sub·ju·ga·tion /ˌsʌbdʒuˈgeɪʃn/ *Nomen* (*gehoben*) Unterwerfung, Unterdrückung

sub·junct·ive /səbˈdʒʌŋktɪv/ *Nomen, Adj*

▸ ***Nomen*** **the subjunctive** (LING) der Konjunktiv

▸ ***Adj*** Konjunktiv- ◇ *the subjunctive mood* der Konjunktiv

sub·let /ˌsʌbˈlet/ *Verb* **(-let·ting, -let, -let) ~ (sth) (to sb)** (jdm) (etw) untervermieten

ˌsub lieuˈtenant *Nomen* ≈ Leutnant zur See

sub·lim·ate /ˈsʌblɪmeɪt/ *Verb* sublimieren

sub·lim·ation /ˌsʌblɪˈmeɪʃn/ *Nomen* Sublimierung

sub·lime /səˈblaɪm/ *Adj, Nomen*

▸ ***Adj*** (*Adv* **sub·lime·ly**) **1** (*gehoben*) erhaben, hervorragend ◇ *a sublime combination of flavours* eine geniale Kombination von Geschmacksrichtungen ◇ *She dances sublimely.* Sie ist eine hervorragende Tänzerin. **2** (*gehoben, abwert*) vollkommen ◇ *He battled on, in the sublime conviction that he was in the right.* Er kämpfte weiter in der irrigen Annahme, dass er im Recht war.

▸ ***Nomen*** **the sublime** (*gehoben*) das Erhabene IDM **from the sublime to the riˈdiculous** von einem Extrem zum anderen ◇ *That's going from the sublime to the ridiculous.* Das ist ein echter Abstieg.

sub·lim·inal /ˌsʌbˈlɪmɪnl/ *Adj* (*Adv* **sub·lim·in·al·ly** /-mɪnli/) unterschwellig, versteckt

sub·lim·ity /səˈblɪməti/ *Nomen* Erhabenheit

ˌsub-ˈmachine gun *Nomen* Maschinenpistole

sub·mar·ine /ˌsʌbməˈriːn, ˈsʌbməriːn/ *Nomen, Adj*
▸ ***Nomen*** (*umgs* **sub**) **1** U-Boot **2** (*auch* ˌ**submarine ˈsandwich**) (*AmE*) = langes Brötchen mit dickem Belag
▸ ***Adj*** [nur vor Nomen] unterseeisch

sub·mar·iner /səbˈmærɪnə(r); *AmE auch* ˌsʌbməˈriːnər/ *Nomen* U-Boot-Fahrer(in)

sub·merge /səbˈmɜːdʒ; *AmE* -ˈmɜːrdʒ/ *Verb* **1** eintauchen, untertauchen **2** ~ **sth** etw mit Wasser bedecken, etw überschwemmen

sub·merged /səbˈmɜːdʒd; *AmE* -ˈmɜːrdʒd/ *Adj* **1** überschwemmt, mit Wasser bedeckt ◇ *submerged plants* Wasserpflanzen **2** vergessen

sub·mers·ible /səbˈmɜːsəbl; *AmE* -ˈmɜːrsə-/ *Nomen* Tauchboot

sub·mer·sion /səbˈmɜːʃn; *AmE* -ˈmɜːrʒn/ *Nomen* Untertauchen, Überschwemmung

sub·mis·sion /səbˈmɪʃn/ *Nomen* **1** Unterordnung, Gehorsam ◇ *beat sb into submission* jdn so lange schlagen, bis er sich ergibt **2** Einreichung, Abgabe ◇ *They prepared a report for submission to the committee.* Sie bereiteten einen Bericht zur Vorlage im Ausschuss vor. ◇ *Late submissions will not be marked.* Zu spät eingereichte Arbeiten werden nicht benotet. **3** (RECHT) Aussage

sub·mis·sive /səbˈmɪsɪv/ *Adj* (*Adv* **sub·mis·sive·ly**) gehorsam, unterwürfig

sub·mis·sive·ness /səbˈmɪsɪvnəs/ *Nomen* Gehorsam, Unterwürfigkeit

sub·mit /səbˈmɪt/ *Verb* (**-tt-**) **1** einreichen **2** ~ **(yourself) (to sb/sth)** sich (jdm/etw) beugen, sich (jdm/etw) unterordnen ◇ *She refused to submit to threats.* Sie weigerte sich, den Drohungen nachzugeben. ◇ *He submitted himself to a search by the guards.* Er ließ sich vom Wachpersonal durchsuchen. **3** (*gehoben oder Fachspr*) ◇ *The counsel for the defence submitted that the evidence was inadmissible.* Die Verteidigung wandte ein, dass das Beweismaterial unzulässig war.

sub·nor·mal /ˌsʌbˈnɔːml; *AmE* -ˈnɔːrml/ *Adj* **1** (*veraltet, oft abwert*) minderbegabt ◇ *educationally subnormal children* minderbegabte Kinder **2** unterdurchschnittlich

sub·or·din·ate *Adj, Nomen, Verb*
▸ ***Adj*** /səˈbɔːdɪnət; *AmE* səˈbɔːrd-/ ~ **(to sb/sth)** (jdm/etw) untergeordnet
▸ ***Nomen*** /səˈbɔːdɪnət; *AmE* səˈbɔːrd-/ Untergebene(r)
▸ ***Verb*** /səˈbɔːdɪneɪt; *AmE* səˈbɔːrd-/ ~ **sb/sth (to sb/sth)** jdn/etw (jdm/etw) unterordnen

suˌbordinate ˈclause *Nomen* (untergeordneter) Nebensatz

sub·or·din·ation /səˌbɔːdɪˈneɪʃn; *AmE* səˌbɔːrd-/ *Nomen* Unterordnung

sub·orn /səˈbɔːn; *AmE* səˈbɔːrn/ *Verb* (*gehoben*) bestechen, beeinflussen

sub·plot /ˈsʌbplɒt; *AmE* -plɑːt/ *Nomen* Nebenhandlung

sub·poena /səˈpiːnə/ *Nomen, Verb*
▸ ***Nomen*** (RECHT) Vorladung ◇ *She is appearing today under subpoena.* Sie ist für heute vorgeladen worden.
▸ ***Verb*** (RECHT) vorladen

sub·prime /ˌsʌbˈpraɪm/ *Adj* (FINANZ) zweitklassig, Subprime-

sub·scribe /səbˈskraɪb/ *Verb* **1** ~ **(to sth)** (etw) abonnieren, (etw) beziehen **2** ~ **(to sth)** Mitgliedsbeiträge (an etw) bezahlen **3** ~ **(for sth)** (FINANZ) (etw) zeichnen **4** sich einschreiben ◇ *The course is fully subscribed.* Der Kurs ist voll. **PHR V** **subˈscribe to sth** (*gehoben*) etw gutheißen, sich einer Sache anschließen ◇ *They no longer subscribe to the view that …* Sie sind nicht mehr der Ansicht, dass …

sub·scriber /səbˈskraɪbə(r)/ *Nomen* **1** Abonnent(in), Empfänger(in) **2** (*BrE*) = Mitglied einer Wohltätigkeitsorganisation, das durch Beiträge deren Arbeit unterstützt

sub·scrip·tion /səbˈskrɪpʃn/ *Nomen* **1** ~ **(to/for sth)** Abonnement (für etw) ◇ *take out a subscription to a magazine* eine Zeitschrift abonnieren ◇ *available by subscription* im Abo erhältlich **2** (*BrE, umgs*) Mitgliedsbeitrag **3** Spende

sub·sec·tion /ˈsʌbsekʃn/ *Nomen* Unterabschnitt

sub·se·quent /ˈsʌbsɪkwənt/ *Adj* [nur vor Nomen] nachfolgend ◇ *Subsequent events confirmed our doubts.* Die danach folgenden Ereignisse bestätigten unsere Zweifel.

sub·se·quent·ly /ˈsʌbsɪkwəntli/ *Adv* später, daraufhin

ˈ**subsequent to** *Präp* (*gehoben*) nach, in Folge von

sub·ser·vi·ence /səbˈsɜːviəns; *AmE* -ˈsɜːrv-/ *Nomen* Unterwürfigkeit

sub·ser·vi·ent /səbˈsɜːviənt; *AmE* -ˈsɜːrv-/ *Adj* **1** (*abwert*) unterwürfig, unterworfen ◇ *She could not accept her subservient role.* Sie konnte ihre untergeordnete Rolle nicht akzeptieren. **2** ~ **(to sth)** (*gehoben*) (einer Sache) untergeordnet

sub·side /səbˈsaɪd/ *Verb* **1** nachlassen ◇ *Eventually the storm subsided.* Schließlich flaute der Sturm ab. **2** zurückgehen ◇ *The flood waters gradually subsided.* Das Hochwasser ging allmählich zurück. **3** (ver)sinken, absacken

sub·sid·ence /səbˈsaɪdns, ˈsʌbsɪdns/ *Nomen* (Boden)senkung, Absackung ◇ *The houses in this area are liable to subsidence.* Es besteht die Gefahr, dass sich die Häuser in dieser Gegend senken.

sub·sid·iary /səbˈsɪdiəri; *AmE* -dieri/ *Adj, Nomen*
▸ ***Adj*** **1** untergeordnet, Neben- ◇ *a subsidiary subject* ein Nebenfach ◇ *a subsidiary question* eine Zusatzfrage **2** (WIRTSCH) Tochter-
▸ ***Nomen*** (*Pl* **-ies**) Tochtergesellschaft

sub·sid·iza·tion (*BrE auch* **-isa·tion**) /ˌsʌbsɪdaɪˈzeɪʃn; *AmE* -dəˈ-/ *Nomen* Subventionierung

sub·sid·ize (*BrE auch* **-ise**) /ˈsʌbsɪdaɪz/ *Verb* subventionieren, finanziell unterstützen

sub·sidy /ˈsʌbsədi/ *Nomen* (*Pl* **-ies**) Subvention

sub·sist /səbˈsɪst/ *Verb* ~ **(on sth)** (*gehoben*) (von etw) leben

sub·sist·ence /səbˈsɪstəns/ *Nomen* [U] Lebensunterhalt, Existenz, Subsistenz ◇ *Many families are living below the level of subsistence.* Viele Familien leben unter dem Existenzminimum. ◇ *They had no visible means of subsistence.* Sie hatten keine erkennbaren Unterhaltsmittel. ◇ *subsistence agriculture/farming* Subsistenzlandwirtschaft ◇ *a subsistence economy* eine Versorgungswirtschaft ◇ *He worked a 16-hour day for a subsistence wage.* Er arbeitete 16 Stunden am Tag, um die Grundbedürfnisse decken zu können.

sub·soil /ˈsʌbsɔɪl/ *Nomen* Untergrund, Unterboden

sub·son·ic /ˌsʌbˈsɒnɪk; *AmE* -ˈsɑːnɪk/ *Adj* Unterschall-

sub·stance 0→ /ˈsʌbstəns/ *Nomen* **1** Stoff **2** Substanz ◇ *It was malicious gossip, completely without substance.* Es war bösartiger Klatsch, der jeder Grundlage entbehrte. **3** Wesentliche, Essenz ◇ *I agree with what she said in substance.* Ich stimme mit dem, was sie sagte, im Wesentlichen überein. ◇ *Love and guilt form the substance of his new book.* Liebe und Schuld stehen im Mittelpunkt seines neuen Buches. **4** (*gehoben*) Gewicht ◇ *matters of substance* gewichtige Fragen

ˌ**sub-ˈstandard** *Adj* minderwertig

sub·stan·tial 0→ /səbˈstænʃl/ *Adj* **1** beträchtlich, erheblich, wesentlich ◇ *He ate a substantial break-*

fast. Er hat ausgiebig gefrühstückt. **2** (*gehoben*) solide, stattlich

sub·stan·tial·ly /səbˈstænʃəli/ *Adv* **1** beträchtlich, erheblich, wesentlich **2** (*gehoben*) im Wesentlichen

sub·stan·ti·ate /səbˈstænʃieɪt/ *Verb* (*gehoben*) **~ sth** etw bestätigen, einer Sache Gewicht verleihen ◇ *They made accusations which could not be substantiated.* Sie machten Anschuldigungen, für die keine Beweise erbracht werden konnten.

sub·stan·tive /səbˈstæntɪv, ˈsʌbstəntɪv/ *Adj, Nomen*
▸ ***Adj*** (*gehoben*) **1** wesentlich **2** stichhaltig
▸ ***Nomen*** (*veraltet*) Substantiv

sub·sta·tion /ˈsʌbsteɪʃn/ *Nomen* Umspannwerk

sub·sti·tute /ˈsʌbstɪtjuːt; *AmE* -tuːt/ *Nomen, Verb*
▸ ***Nomen*** **1** Ersatz ◇ *a substitute family* eine Ersatzfamilie ◇ *There's no substitute for practical experience.* Es geht nichts über praktische Erfahrung. **2** (*umgs* **sub**) Ersatzspieler(in)
▸ ***Verb*** **1 ~ (B with/by A); ~ A for B** (B durch A) ersetzen ◇ *Margarine can be substituted for butter in this recipe./Butter can be substituted with margarine in this recipe.* In diesem Rezept kann die Butter durch Margarine ersetzt werden. ◇ *He was substituted in the second half.* Er wurde in der zweiten Halbzeit ausgetauscht. **2 ~ for sb/sth** jdn/etw ersetzen ◇ *Nothing can substitute for the advice your doctor is able to give you.* Die Beratung durch Ihren Arzt kann durch nichts ersetzt werden. **3 ~ for sb** für jdn einspringen, jdn vertreten

ˌsubstitute ˈteacher *Nomen* (*AmE*) Aushilfslehrer(in), Vertretungslehrer(in)

sub·sti·tu·tion /ˌsʌbstɪˈtjuːʃn; *AmE* -ˈtuː-/ *Nomen* **1** Ersetzung, Ersatz; **~ of A for B** Ersetzung von B durch A ◇ *the substitution of low-fat spreads for butter* die Verwendung von fettarmen Aufstrichen statt Butter **2** (SPORT) Spielerwechsel, Auswechslung

sub·stra·tum /ˈsʌbstrɑːtəm; *AmE* -streɪtəm/ *Nomen* (*Pl* **sub·strata** /-tə/) (*Fachspr*) Untergrund, untere Schicht

sub·struc·ture /ˈsʌbstrʌktʃə(r)/ *Nomen* Fundament (*auch fig*), Unterbau (*auch fig*)

sub·sume /səbˈsjuːm; *AmE* -ˈsuːm/ *Verb* (*meist passiv*) (*gehoben*) unterordnen, eingliedern

sub·ter·fuge /ˈsʌbtəfjuːdʒ; *AmE* -tərfjuːdʒ/ *Nomen* (*gehoben*) List, Täuschungsmanöver

sub·ter·ra·nean /ˌsʌbtəˈreɪniən/ *Adj* (*gehoben*) unterirdisch

sub·text /ˈsʌbtekst/ *Nomen* eigentliche Bedeutung, Subtext

sub·title /ˈsʌbtaɪtl/ *Nomen, Verb*
▸ ***Nomen*** Untertitel
▸ ***Verb*** (*meist passiv*) untertiteln ◇ *a Spanish film subtitled in English* ein spanischer Film mit englischen Untertiteln ◇ *The book is subtitled 'A long journey'.* Das Buch hat den Untertitel „Eine lange Reise".

sub·tle /ˈsʌtl/ *Adj* **1** zart, fein ◇ *subtle changes* kaum merkliche Veränderungen ◇ *She's been dropping subtle hints about what she'd like as a present.* Sie hat leise Andeutungen gemacht, was sie als Geschenk haben möchte. **2** raffiniert, subtil ◇ *There was nothing subtle about him.* Ihm ging jegliches Feingefühl ab.

subtle·ty /ˈsʌtlti/ *Nomen* (*Pl* **-ies**) **1** Zartheit, Feinheit **2** Subtilität, Feingefühl

subtly /ˈsʌtli/ *Adv* **1** leicht, geringfügig ◇ *Government policy has shifted subtly.* Die Politik der Regierung hat sich unmerklich geändert. **2** subtil ◇ *Not very subtly, he raised the subject of money.* Auf sehr direkte Art brachte er das Thema Geld zur Sprache.

sub·total /ˈsʌbtəʊtl; *AmE* -toʊ-/ *Nomen* Zwischensumme

sub·tract /səbˈtrækt/ *Verb* abziehen, subtrahieren

sub·trac·tion /səbˈtrækʃn/ *Nomen* Subtraktion

sub·trop·ic·al /ˌsʌbˈtrɒpɪkl; *AmE* -ˈtrɑːp-/ *Adj* subtropisch

sub·urb /ˈsʌbɜːb; *AmE* -bɜːrb/ *Nomen* Vorort ◇ *They live in the suburbs.* Sie wohnen am Stadtrand.

sub·ur·ban /səˈbɜːbən; *AmE* səˈbɜːrbən/ *Adj* **1** Vorort-, Vorstadt- ◇ *suburban areas* Randbezirke ◇ *life in suburban London* das Leben in Londons Vororten **2** (*abwert*) kleinbürgerlich, bieder

sub·ur·bia /səˈbɜːbiə; *AmE* səˈbɜːrb-/ *Nomen* [U] **1** die Vororte **2** (*oft abwert*) = das vorstädtische Bürgertum

sub·ven·tion /səbˈvenʃn/ *Nomen* (*gehoben*) Subvention

sub·ver·sion /səbˈvɜːʃn; *AmE* -ˈvɜːrʒn/ *Nomen* Subversion, Unterminierung

sub·ver·sive /səbˈvɜːsɪv; *AmE* -ˈvɜːrsɪv/ *Adj, Nomen*
▸ ***Adj*** (*Adv* **sub·ver·sive·ly**) subversiv, umstürzlerisch
▸ ***Nomen*** Subversive(r), Umstürzler(in)

sub·vert /səbˈvɜːt; *AmE* -ˈvɜːrt/ *Verb* (*gehoben*) unterminieren, untergraben

sub·way /ˈsʌbweɪ/ *Nomen* **1** (*BrE*) Unterführung **2** (*AmE*) U-Bahn

ˌsub-ˈzero *Adj* unter Null, unter dem Gefrierpunkt

suc·ceed /səkˈsiːd/ *Verb* **1** gelingen **2 ~ in doing sth** es schaffen etw zu tun ◇ *I only succeeded in making her angry.* Ich erreichte nur, dass sie wütend wurde. **3 ~ (in sth/as sth)** (mit/als etw) Erfolg haben, (mit/als etw) erfolgreich sein **4** folgen auf ◇ *Strands of DNA are reproduced through succeeding generations.* DNS-Stränge werden von nachfolgenden Generationen reproduziert. **5 ~ sb** jds Nachfolge antreten ◇ *Who succeeded Kennedy as President?* Wer war Präsident Kennedys Nachfolger? **6 ~ to sth** etw erben ◇ *She succeeded to the throne in 1558.* Sie trat 1558 die Thronfolge an. IDM **nothing succeeds like sucˈcess** ein Erfolg zieht den nächsten nach sich

suc·cess /səkˈses/ *Nomen* Erfolg ◇ *Their plan will probably meet with little success.* Ihr Plan wird voraussichtlich wenig Erfolg haben. ◇ *She wasn't a success as a teacher.* Als Lehrerin war sie kein Erfolg. ◇ *He was determined to make a success of the business.* Er war entschlossen, das Geschäft zum Erfolg zu führen. IDM → ROARING, SUCCEED *und* SWEET

suc·cess·ful /səkˈsesfl/ *Adj* (*Adv* **suc·cess·ful·ly** /-fəli/) erfolgreich; **be ~ in/at sth** etw mit Erfolg tun, etw erfolgreich tun ◇ *They were successful in winning the contract.* Es gelang ihnen, den Vertrag zu bekommen.

suc·ces·sion /səkˈseʃn/ *Nomen* **1** Folge, Abfolge ◇ *a succession of problems* eine Reihe von Problemen ◇ *He's been hit by a succession of injuries.* Er hat sich eine Verletzung nach der anderen zugezogen. ◇ *They had three children in quick succession.* Sie bekamen schnell nacheinander drei Kinder. **2** Nachfolge ◇ *She's third in order of succession to the throne.* Sie steht an dritter Stelle der Thronfolge.

suc·ces·sive /səkˈsesɪv/ *Adj* [nur vor Nomen] aufeinanderfolgend ◇ *This was their fourth successive win.* Dies war ihr vierter Gewinn in Folge. ◇ *There has been low rainfall for two successive years.* Zwei Jahre nacheinander ist nur wenig Regen gefallen.

suc·ces·sively /səkˈsesɪvli/ *Adv* hintereinander, nacheinander

suc·ces·sor /səkˈsesə(r)/ *Nomen* Nachfolger(in) ◇ *He is the successor to the throne.* Er ist der Thronfolger.

sucˈcess story *Nomen* Erfolgsstory, Erfolg

suc·cinct /sək'sɪŋkt/ *Adj* (*Adv* **suc·cinct·ly**) kurz und treffend, prägnant

suc·cour (*AmE* **suc·cor**) /'sʌkə(r)/ *Nomen, Verb*
- ***Nomen*** (*gehoben*) Beistand
- ***Verb*** (*gehoben*) beistehen

suc·cu·lence /'sʌkjələns/ *Nomen* Saftigkeit

suc·cu·lent /'sʌkjələnt/ *Adj, Nomen*
- ***Adj*** **1** saftig **2** (BOT) sukkulent, fleischig
- ***Nomen*** (BOT) Sukkulente

suc·cumb /sə'kʌm/ *Verb* ~ (**to sth**) (*gehoben*) einer Sache erliegen, (einer Sache) unterliegen ◇ *He succumbed to cancer.* Er erlag einem Krebsleiden. ◇ *They were all offered bribes and some of them succumbed.* Man hat allen Schmiergelder angeboten und einige erlagen der Versuchung.

such 🔑 /sʌtʃ/ *Adj, Pron*
- ***Adj*** **1** so ein(e,s), solche(r,s) ◇ *He said he didn't have time or made some such excuse.* Als Ausrede sagte er, er hätte keine Zeit oder etwas in der Art. ◇ *Such advice as he was given has proved almost worthless.* Er bekam nur wenig Rat und der stellte sich noch als nutzlos heraus. ◇ *There is no such thing as ghosts.* Es gibt keine Geister. **2** so ◇ *Why are you in such a hurry?* Warum bist du so in Eile? ◇ *It's such a beautiful day!* Heute ist so ein schöner Tag! ◇ *The knot was fastened in such a way that it was impossible to undo.* Der Knoten war so geknüpft, dass man ihn unmöglich aufmachen konnte.
- ***Pron*** solche(r,s), so ◇ *We were second-class citizens and they treated us as such.* Wir waren Bürger zweiter Klasse und wurden als solche behandelt. ◇ *Accountants were boring. Such was her opinion before meeting Ian.* Buchhalter sind langweilig! So lautete ihre Meinung, bevor sie Ian traf. ◇ *The damage was such that it would cost thousands to repair.* Der Schaden war so groß, dass eine Reparatur in die Tausende gehen würde. IDM **... and such** und Ähnliches **as 'such** an sich ◇ *'Well, did they offer it to you?' 'No, not as such, but they said I had a good chance.'* „Also, haben Sie es Ihnen angeboten?" „Nein, nicht direkt, aber sie sagten, ich hätte gute Aussichten." **such as** wie (zum Beispiel) ◇ *'There are loads of things to do.' 'Such as?'* „Es gibt eine Menge zu tun." „Zum Beispiel?" **ˌsuch as it 'is/ they 'are** (*gebraucht um zu sagen, dass es von einer Sache nicht viel gibt oder dass sie minderwertig ist*) soweit vorhanden ◇ *Dinner, such as it was, was served at nine o'clock.* Das, was sich Abendessen nannte, wurde um neun Uhr serviert.

'such-and-such *Pron* der und der, die und die, das und das ◇ *Always say at the start of an application that you're applying for such-and-such a job because ...* Geben Sie bei einer Bewerbung immer zuerst an, dass Sie sich für die und die Stelle bewerben, weil ...

such·like /'sʌtʃlaɪk/ *Pron, Adj*
- ***Pron*** dergleichen
- ***Adj*** derartige

suck 🔑 /sʌk/ *Verb, Nomen*
- ***Verb*** **1** saugen; (*am Strohhalm*) ziehen **2** ~ (**at/on**) **sth** (an) etw lutschen ◇ *She sucked (on) a mint.* Sie lutschte ein Pfefferminz. ◇ *The baby sucked at its mother's breast.* Das Baby nuckelte an der Brust der Mutter. **3** aussaugen, absaugen **4 sth sucks** (*Slang*) etw ist Mist IDM **ˌsuck it and 'see** (*BrE, umgs*) da hilft nur ausprobieren **ˌsuck it 'up** (*AmE, umgs*) sich mit etw abfinden; in den sauren Apfel beißen → *Siehe auch* DRY *und* TEACH PHRV **ˌsuck sb/sth 'down/'under** jdn/etw hinunterziehen **ˌsuck sb 'in(to sth)** (*meist passiv*) jdn (in etw) hineinziehen **ˌsuck sth 'in** etw einziehen **ˌsuck 'up (to sb)** (*umgs, abwert*) sich (bei jdm) einschmeicheln **ˌsuck sth 'up** etw aufsaugen
- ***Nomen*** **have/take a ~** mal lutschen, mal saugen

suck·er /'sʌkə(r)/ *Nomen* **1** (*umgs*) Trottel **2 be a ~ for sb/sth** (*umgs*) eine Schwäche für jdn/etw haben, auf jdn/etw hereinfallen **3** Saugnapf **4** (BOT) Ausläufer **5** (*AmE, umgs*) (Dauer)lutscher

suckle /'sʌkl/ *Verb* **1** säugen **2** (*veraltet*) stillen **3** gesäugt werden, gestillt werden

suck·ling /'sʌklɪŋ/ *Nomen* **1** Tier, das noch gesäugt wird **2** (*veraltet*) Säugling IDM → MOUTH

'suckling pig *Nomen* Spanferkel

su·crose /'su:krəʊz, -krəʊs; *AmE* -kroʊs, -kroʊz/ *Nomen* Saccharose

suc·tion /'sʌkʃn/ *Nomen* Saugwirkung, Sog ◇ *a suction pump* eine Saugpumpe

sud·den 🔑 /'sʌdn/ *Adj* (*Adv* **sud·den·ly**) plötzlich ◇ *Don't make any sudden movements.* Machen Sie keine abrupten Bewegungen. ◇ *His death was very sudden.* Sein Tod kam völlig unerwartet. ◇ *It all happened so suddenly.* Es kam alles so plötzlich. IDM **ˌall of a 'sudden** (ganz) plötzlich; auf einmal

ˌsudden 'death *Nomen* Suddendeath

sud·den·ness /'sʌdnnəs/ *Nomen* Plötzlichkeit

su·do·ku /ˌsu'dəʊku:, -'dɒku:; *AmE* -'doʊ-, -'dɑ:ku:/ *Nomen* Sudoku

suds /sʌdz/ *Nomen* [Pl] **1** Seifenschaum **2** (*AmE, umgs, veraltet*) Bier

sue /su:; *BrE auch* sju:/ *Verb* **1** klagen, Klage erheben; ~ **sb** (**for sth**) jdn (auf/wegen einer Sache) verklagen ◇ *They threatened to sue.* Sie drohten mit Klage. ◇ *sue sb for ten million* zehn Millionen von jdm einklagen **2** ~ **for sth** (*gehoben*) um etw nachsuchen ◇ *sue for divorce* die Scheidung einreichen

suede /sweɪd/ *Nomen* Wildleder

suet /'su:ɪt; *BrE auch* 'sju:-/ *Nomen* Nierenfett ◇ *a suet pudding* mit Nierenfett und Mehl zubereitetes Gericht.

suf·fer 🔑 /'sʌfə(r)/ *Verb* **1** ~ (**from sth**) (an/unter etw) leiden ◇ *road accident victims suffering from shock* unter Schock stehende Verkehrsopfer **2** ~ (**for sth**) (für etw) büßen **3** erleiden IDM **not suffer fools 'gladly** ◇ *She was a forceful personality who didn't suffer fools gladly.* Sie war eine energische Person, die ihre Zeit nicht gern an Dummköpfe verschwendete.

suf·fer·ance /'sʌfərəns/ *Nomen* IDM **on 'sufferance** ◇ *He's only staying here on sufferance.* Er wird hier nur stillschweigend geduldet.

suf·fer·er /'sʌfərə(r)/ *Nomen* (*meist in Zusammensetzungen*) Kranke(r), Leidende(r) ◇ *fellow sufferers* Leidensgenossen

suf·fer·ing 🔑 /'sʌfərɪŋ/ *Nomen* [U] (*auch* **suf·fer·ings** [Pl]) Leiden, Leid

suf·fice /sə'faɪs/ *Verb* (*gehoben*) (*nicht in der Verlaufsform*) genügen IDM **suffice (it) to say (that) ...** nur so viel sei gesagt ...

suf·fi·ciency /sə'fɪʃnsi/ *Nomen* [Sing] (*gehoben*) ausreichende Menge, ausreichende Anzahl

suf·fi·cient 🔑 /sə'fɪʃnt/ *Adj* (*Adv* **suf·fi·cient·ly**) genug, genügend, ausreichend → *Siehe auch* SELF-SUFFICIENT

suf·fix /'sʌfɪks/ *Nomen* Nachsilbe

suf·fo·cate /'sʌfəkeɪt/ *Verb* ersticken ◇ (*fig*) *She felt suffocated by all the rules and regulations.* All die Regeln und Vorschriften erdrückten sie.

suf·fo·cat·ing /'sʌfəkeɪtɪŋ/ *Adj* **1** drückend, stickig **2** erdrückend

suf·fo·ca·tion /ˌsʌfə'keɪʃn/ *Nomen* Ersticken, Erstickung ◇ *die from/of suffocation* ersticken

suf·frage /ˈsʌfrɪdʒ/ *Nomen* Wahlrecht ◇ *universal suffrage* allgemeines Wahlrecht

suf·fra·gette /ˌsʌfrəˈdʒet/ *Nomen* Suffragette

suf·fuse /səˈfjuːz/ *Verb* (*meist passiv*) **~ sb/sth (with sth)** (*gehoben*) jdn/etw (mit etw) erfüllen ◇ *Colour suffused her face.* Die Röte stieg ihr ins Gesicht.

sugar /ˈʃʊɡə(r)/ *Nomen, Verb*

▸ ***Nomen*** **1** Zucker ◇ *This juice contains no added sugar.* Dieser Saft ist ohne Zuckerzusatz. ◇ *How many sugars do you take in coffee?* Wie viele Löffel Zucker nehmen Sie im Kaffee? **2** (*bes AmE, umgs*) (meine) Süße, (mein) Süßer

▸ ***Verb*** zuckern IDM → PILL

ˈsugar beet *Nomen* Zuckerrübe

ˈsugar cane *Nomen* Zuckerrohr

ˈsugar-coat *Verb* versüßen, beschönigen

ˌsugar-ˈcoated *Adj* **1** mit Zucker überzogen **2** (*abwert*) zuckersüß ◇ *a sugar-coated promise* ein verlockend klingendes Versprechen

ˈsugar cube *Nomen* (*bes AmE*) Zuckerwürfel

ˈsugar daddy *Nomen* (*umgs*) = reicher älterer Mann, der eine viel jüngere Frau aushält

ˈsugar lump (*auch* **lump**) *Nomen* (*BrE*) Zuckerwürfel

sug·ary /ˈʃʊɡəri/ *Adj* **1** süß, zuckerhaltig **2** (*abwert*) süßlich, zuckersüß ◇ *sugary pop music* schmalzige Schlager

sug·gest /səˈdʒest; *AmE auch* səɡˈ-/ *Verb* **1** vorschlagen ◇ *A solution soon suggested itself to me.* Mir fiel bald eine Lösung ein. ◇ *Can you suggest a good dictionary?* Können Sie ein gutes Wörterbuch empfehlen? ◇ *Can you suggest how I might contact him?* Haben Sie eine Idee, wie ich zu ihm Kontakt aufnehmen kann? **2** hinweisen auf, hindeuten auf ◇ *The symptoms suggest a heart attack.* Die Symptome lassen auf einen Herzinfarkt schließen. **3** unterstellen, andeuten ◇ *Are you suggesting I'm lazy?* Willst du damit sagen, dass ich faul bin?

sug·gest·ible /səˈdʒestəbl; *AmE auch* səɡˈ-/ *Adj* beeinflussbar

sug·ges·tion /səˈdʒestʃən; *AmE auch* səɡˈ-/ *Nomen* **1** Vorschlag, Anregung ◇ *We are open to suggestions.* Vorschläge sind willkommen. ◇ *a suggestion box* ein Meckerkasten **2** [meist Sing] Unterstellung, Anspielung, Hinweis ◇ *There was no suggestion that he was doing anything illegal.* Nichts deutete darauf hin, dass er illegal handelte. **3** Spur, Anflug ◇ *He spoke English with a suggestion of a French accent.* Er sprach Englisch mit einem ganz leichten französischen Akzent. **4** (*gehoben*) Suggestion IDM **at/on sb's sugˈgestion** auf jds Vorschlag hin

sug·gest·ive /səˈdʒestɪv; *AmE auch* səɡˈ-/ *Adj* **1 ~ (of sth)** (an etw) erinnernd ◇ *music that is suggestive of warm summer days* Musik, die an warme Sommertage erinnert **2** (*Adv* **sug·gest·ive·ly**) zweideutig, anzüglich

sui·cidal /ˌsuːɪˈsaɪdl; *BrE auch* ˌsjuː-/ *Adj* (*Adv* **sui·cid·ally** /-dəli/) **1** selbstmordgefährdet ◇ *On bad days I felt suicidal.* An schlechten Tagen spielte ich mit Selbstmordgedanken. ◇ *suicidal tendencies* Suizidtendenzen **2** selbstmörderisch (*auch fig*) ◇ *It would be suicidal to risk going out in this weather.* Es wäre Selbstmord, sich bei diesem Wetter nach draußen zu wagen.

sui·cide /ˈsuːɪsaɪd; *BrE auch* ˈsjuː-/ *Nomen* **1** Selbstmord (*auch fig*) ◇ *a suicide letter/note* ein Abschiedsbrief ◇ *a suicide pact* ein Selbstmordpakt **2** (*gehoben*) Selbstmörder(in)

sui gen·eris /ˌsuːi ˈdʒenərɪs, ˈɡe-, ˌsuːaɪˈ-/ *Adj* (*gehoben*) einzigartig

suit /suːt; *BrE auch* sjuːt/ *Nomen, Verb*

▸ ***Nomen*** **1** Anzug, Kostüm ◇ *a three-piece suit* ein Anzug mit Weste ◇ *a diving suit* ein Taucheranzug ◇ *a suit of armour* eine Rüstung → *Siehe auch* BOILER SUIT **2** (*beim Kartenspiel*) Farbe **3** = LAWSUIT IDM → BIRTHDAY, FOLLOW *und* STRONG

▸ ***Verb*** (*kein Passiv*) (*nicht in der Verlaufsform*) **1** passen ◇ *Choose a computer to suit your particular needs.* Wählen Sie einen Computer, der ihren besonderen Erfordernissen entspricht. ◇ *If you want to go by bus, that suits me fine.* Wenn du mit dem Bus fahren willst, ist mir das sehr recht. **2** (*Kleider, Farben etc.*) stehen ◇ *Blue suits you.* Blau steht dir. **3** (*bes BrE*) (*meist in verneinten Sätzen*) (*guttun*) bekommen ◇ *This hot weather doesn't suit me.* Dieses heiße Wetter bekommt mir nicht. IDM **suit your/sb's book** (*BrE, umgs*) jdm (gerade) recht sein **suit sb ˌdown to the ˈground** (*BrE, umgs*) genau das Richtige für jdn sein **ˌsuit yourˈself** (*umgs*) tun, was man will ◇ *I choose my assignments to suit myself.* Ich wähle meine Aufträge, wie es mir gerade passt. ◇ *Suit yourself!* Wie du willst! PHR V **ˈsuit sth to sth/sb** etw jdm/einer Sache anpassen

suit·abil·ity /ˌsuːtəˈbɪləti; *BrE auch* ˌsjuː-/ *Nomen* Eignung ◇ *There is no doubt about her suitability for the job.* Es besteht kein Zweifel, dass sie sich für die Stelle eignet.

suit·able /ˈsuːtəbl; *BrE auch* ˈsjuː-/ *Adj* passend, geeignet

suit·ably /ˈsuːtəbli; *BrE auch* ˈsjuː-/ *Adv* **1** entsprechend **2** gebührend

suit·case /ˈsuːtkeɪs; *BrE auch* ˈsjuːt-/ (*auch* **case**) *Nomen* Koffer

suite /swiːt/ *Nomen* **1** (*Zimmer, Musik*) Suite ◇ *a suite of rooms* eine Zimmerflucht ◇ *a suite of offices* Büroräume → *Siehe auch* EN SUITE **2** (*Einrichtung*) Garnitur ◇ *a bathroom suite* eine Sanitäreinrichtung **3** (COMP) Programmgruppe

suit·ed /ˈsuːtɪd; *BrE auch* ˈsjuː-/ *Adj* [nicht vor Nomen] **1 ~ (to/for sb/sth)** (für jdn/etw) geeignet ◇ *She was ideally suited to the part.* Die Rolle war ihr wie auf den Leib geschrieben. **2** zueinander passend **3 -suited** (*in Zusammensetzungen*) ◇ *sober-suited businessmen* Geschäftsleute in dezenten Anzügen

suitor /ˈsuːtə(r); *BrE auch* ˈsjuː-/ *Nomen* **1** (*veraltet*) Freier **2** (WIRTSCH) = Unternehmen, das eine Übernahmeofferte unterbreitet

sul·fate, **sulfide**, **sulfur**, **sulfuric acid**, **sulfurous** (*AmE*) = SULPHATE, SULPHIDE, SULPHUR, SULPHURIC ACID *und* SULPHUROUS

sulk /sʌlk/ *Verb, Nomen*

▸ ***Verb*** (*abwert*) schmollen, eingeschnappt sein, beleidigt sein ◇ *He went off to sulk in his room.* Er ging eingeschnappt in sein Zimmer.

▸ ***Nomen*** (*BrE auch* **the sulks**) [Pl] Schmollen, Eingeschnapptsein, Beleidigtsein ◇ *Jo was in a sulk in her bedroom.* Jo war in ihrem Zimmer und schmollte. ◇ *He's got the sulks.* Er ist beleidigt.

sulki·ness /ˈsʌlkinəs/ *Nomen* Schmollen, Eingeschnapptsein, Beleidigtsein

sulky /ˈsʌlki/ *Adj* (*Adv* **sulk·ily** /-kɪli/) (*abwert*) schmollend, eingeschnappt, beleidigt

sul·len /ˈsʌlən/ *Adj* (*Adv* **sul·len·ly**) (*abwert*) **1** mürrisch, missmutig **2** (*gehoben*) (*Himmel, Wetter*) düster

sul·len·ness /ˈsʌlənnəs/ *Nomen* Mürrischkeit, Missmut

sully /ˈsʌli/ *Verb* (**sul·lies**, **sully·ing**, **sul·lied**, **sul·lied**) (*gehoben*) besudeln, verschmutzen

sul·phate (*AmE* **sul·fate**) /ˈsʌlfeɪt/ *Nomen* Sulfat

sul·phide (*AmE* **sul·fide**) /ˈsʌlfaɪd/ *Nomen* Sulfid
sul·phur (*AmE* **sul·fur**) /ˈsʌlfə(r)/ *Nomen* Schwefel
ˌsulphur diˈoxide (*AmE* **ˌsulfur diˈoxide**) *Nomen* Schwefeldioxid
sul·phur·ic acid (*AmE* **sul·fur·ic acid**) /sʌlˌfjʊərɪk ˈæsɪd; *AmE* -ˌfjʊrɪk/ *Nomen* Schwefelsäure
sul·phur·ous (*AmE* **sul·fur·ous**) /ˈsʌlfərəs/ *Adj* schweflig, schwefelhaltig
sul·tan /ˈsʌltən/ *Nomen* Sultan
sul·tana /sʌlˈtɑːnə; *AmE* -ˈtænə/ *Nomen* (*BrE*) Sultanine
sul·tan·ate /ˈsʌltəneɪt/ *Nomen* Sultanat
sul·tri·ness /ˈsʌltrinəs/ *Nomen* **1** Schwüle **2** Sinnlichkeit
sul·try /ˈsʌltri/ *Adj* **1** schwül **2** (*gehoben*) sinnlich ◇ *a sultry singer* eine Sängerin mit erotischer Ausstrahlung
sum 0‑ /sʌm/ *Nomen, Verb*
▸ ***Nomen*** **1** Summe ◇ *You will be fined the sum of €200.* Sie müssen 200€ Strafe zahlen. **2** = SUM TOTAL **3** Rechenaufgabe ◇ *do a sum in your head* etwas im Kopf ausrechnen ◇ *I was good at sums at school.* In der Schule war ich im Rechnen gut. ◇ *If I've got my sums right, I should be able to afford that.* Wenn meine Rechnung stimmt, müsste ich mir das leisten können. IDM **be greater/more than the ˌsum of its ˈparts** größer als die Summe der Einzelergebnisse sein; zusammen effektiver/besser als alleine sein **in ˈsum** (*gehoben*) zusammenfassend; in einem Wort
▸ ***Verb*** (**-mm-**) PHR V **ˌsum (sth) ˈup** (etw) resümieren, (etw) zusammenfassen **ˌsum sb/sth ˈup** **1** jdn/etw charakterisieren **2** jdn/etw einschätzen
summa cum laude /ˌsʊmə ˌkʊm ˈlɔːdi, ˈlaudeɪ/ *Adv, Adj* summa cum laude
sum·mar·ize (*BrE auch* **-ise**) /ˈsʌməraɪz/ *Verb* zusammenfassen
sum·mary 0‑ /ˈsʌməri/ *Nomen, Adj*
▸ ***Nomen*** (*Pl* **-ies**) Zusammenfassung ◇ *a news summary* ein Nachrichtenüberblick ◇ *In summary, this was a disappointing result.* Zusammenfassend kann man wohl sagen, dass dies ein enttäuschendes Ergebnis war.
▸ ***Adj*** **1** (*gehoben*) summarisch **2** (*Adv* **sum·mar·ily** /ˈsʌmərəli; *AmE* səˈmerəli/) unverzüglich, summarisch ◇ *be summarily dismissed* fristlos entlassen werden ◇ *summary justice* Schnelljustiz
sum·mat /ˈsʌmət, ˈsəmət/ *Nomen* (*Schreibweise, die die Aussprache von „something" in Dialekten, die in Nordostengland gesprochen werden, wiedergibt*)
sum·ma·tion /sʌˈmeɪʃn/ *Nomen* (*selten, gehoben*) **1** Zusammenfassung; (*vor Gericht*) Plädoyer **2** Retrospektive
sum·mer 0‑ /ˈsʌmə(r)/ *Nomen* Sommer ◇ *two summers ago* im Sommer vor zwei Jahren ➔ *Beispiele bei* SOMMER
ˈsummer camp *Nomen* (*bes AmE*) Sommerlager
ˈsummer house *Nomen* Gartenhaus
ˌsummer ˈpudding *Nomen* (*BrE*) = Nachspeise aus Beeren und Weißbrotscheiben, die im Saft der Beeren getränkt sind
ˈsummer school *Nomen* Sommerkurs, Ferienkurs
ˈsummer time *Nomen* Sommerzeit
sum·mer·time /ˈsʌmətaɪm; *AmE* -mərtaɪm/ *Nomen* Sommer
sum·mery /ˈsʌməri/ *Adj* sommerlich
summing-ˈup (*Pl* **summings-up**) *Nomen* Resümee
sum·mit /ˈsʌmɪt/ *Nomen* **1** Gipfel (*auch fig*) **2** (POL) Gipfel(treffen)
sum·mon /ˈsʌmən/ *Verb* **1** (*gehoben*) vorladen ◇ *He was summoned to appear before the court.* Er wurde vor Gericht geladen. **2** (*gehoben*) (herbei)rufen **3** (*gehoben*) einberufen **4** ~ **sth** (**up**) etw aufbringen, etw aufbieten PHR V **ˌsummon sth ˈup** etw wecken
sum·mons /ˈsʌmənz/ *Nomen, Verb*
▸ ***Nomen*** (*Pl* **sum·monses** /ˈsʌmənzɪz/) Vorladung ◇ *issue a summons against sb* jdn vor Gericht laden ◇ *He obeyed a royal summons.* Er folgte dem Befehl, zum König zu kommen.
▸ ***Verb*** ~ **sb** (**for sth**) jdn (wegen einer Sache) vor Gericht laden ◇ *He was summonsed to appear in court.* Er wurde vor Gericht geladen.
sumo /ˈsuːməʊ; *AmE* -moʊ/ (*auch* **ˌsumo ˈwrestling**) *Nomen* Sumo
sump /sʌmp/ *Nomen* **1** Senkgrube; (*Bergbau*) Sumpf **2** Ölwanne
sump·tu·ous /ˈsʌmptʃuəs/ *Adj* (*Adv* **sump·tu·ous·ly**) (*gehoben*) luxuriös, aufwendig
sump·tu·ous·ness /ˈsʌmptʃuəsnəs/ *Nomen* Luxus, Aufwand
ˌsum ˈtotal (*auch* **sum**) *Nomen* [Sing] Gesamtheit ◇ *This is the sum of my achievements so far.* Dies ist bis jetzt alles, was ich erreicht habe.
sun 0‑ /sʌn/ *Nomen, Verb*
▸ ***Nomen*** (*auch* **the sun, the Sun**) Sonne IDM **under the ˈsun** ◇ *We talked about everything under the sun.* Wir haben uns über Gott und die Welt unterhalten. ◇ *I've been called all the names under the sun!* Man hat mich mit allen möglichen Schimpfwörtern bedacht! **with the ˈsun** mit der Sonne ➔ *Siehe auch* HAY *und* PLACE
▸ ***Verb*** (**-nn-**) ~ **yourself** sich sonnen
ˈsun-baked *Adj* **1** von der Sonne ausgedörrt **2** sonnenüberflutet
sun·bathe /ˈsʌnbeɪð/ *Verb* sonnenbaden
sun·beam /ˈsʌnbiːm/ *Nomen* Sonnenstrahl
sun·bed /ˈsʌnbed/ *Nomen* **1** Sonnenbank **2** Sonnenliege
Sun·belt /ˈsʌnbelt/ **the Sunbelt** *Nomen* [Sing] = die südlichen Staaten der USA
sun·block /ˈsʌnblɒk; *AmE* -blɑːk/ *Nomen* Sunblocker
sun·burn /ˈsʌnbɜːn; *AmE* -bɜːrn/ *Nomen* Sonnenbrand
sun·burned /ˈsʌnbɜːnd; *AmE* -bɜːrnd/ (*auch* **sun·burnt** /-bɜːnt; *AmE* -bɜːrnt/) *Adj* **1** ◇ *She was badly sunburned.* Sie hatte einen schlimmen Sonnenbrand. **2** (*BrE*) sonnengebräunt
sun·dae /ˈsʌndeɪ, -di/ *Nomen* Eisbecher
Sun·day 0‑ /ˈsʌndeɪ, -di/ *Nomen* (*Abk* **Sun.**) **1** Sonntag ➔ *Beispiele bei* MONTAG **2** [meist Pl] (*BrE, umgs*) Sonntagszeitung IDM **ˌSunday ˈbest** (*umgs, hum*) Sonntagsstaat ➔ *Siehe auch* MONTH
ˈSunday school *Nomen* ≈ Kindergottesdienst
sun·der /ˈsʌndə(r)/ *Verb* **1** ~ **sth/sb** (**from sth/sb**) (*gehoben*) etw/jdn (von etw/jdm) trennen **2** zerstören, zerbrechen
sun·dial /ˈsʌndaɪəl/ *Nomen* Sonnenuhr
sun·down /ˈsʌndaʊn/ *Nomen* (*bes AmE*) Sonnenuntergang
ˈsun-drenched *Adj* sonnenüberflutet
sun·dress /ˈsʌndres/ *Nomen* Strandkleid
ˈsun-dried *Adj* [nur vor Nomen] sonnengetrocknet
sun·dries /ˈsʌndriz/ *Nomen* [Pl] (*gehoben*) Verschiedenes, Diverses
sun·dry /ˈsʌndri/ *Adj* [nur vor Nomen] (*gehoben*) verschieden, divers IDM **ˌall and ˈsundry** (*umgs*) Gott und die Welt; Hinz und Kunz; jedermann
sun·flower /ˈsʌnflaʊə(r)/ *Nomen* Sonnenblume
sung *Form von* SING
sun·glasses /ˈsʌnglɑːsɪz; *AmE* -glæsɪz/ *Nomen* [Pl] Sonnenbrille

ˈsun hat *Nomen* Sonnenhut

sunk *Form von* SINK

sunk·en /ˈsʌŋkən/ *Adj* **1** [nur vor Nomen] gesunken, versunken **2** (*Augen*) eingesunken; (*Wangen*) eingefallen **3** [nur vor Nomen] tiefer liegend ◇ *a sunken bath* eine eingelassene Badewanne ◇ *a sunken garden* ein abgesenkter Garten

sun·lamp /ˈsʌnlæmp/ *Nomen* Höhensonne

sun·less /ˈsʌnləs/ *Adj* ohne Sonne ◇ *a sunless day* ein trüber Tag

sun·light /ˈsʌnlaɪt/ *Nomen* Sonnenlicht ◇ *a pool of sunlight* eine sonnige Stelle

sun·lit /ˈsʌnlɪt/ *Adj* (*gehoben*) sonnenbeschienen, sonnig

ˈsun lounge *Nomen* (*BrE*) Glasveranda

sun·loun·ger /ˈsʌnlaʊndʒə(r)/ (*auch* **loun·ger**) *Nomen* (*BrE*) Sonnenliege

Sunni /ˈsʊni, ˈsʌni/ *Nomen* (*Pl* **Sunni** *oder* **Sun·nis**) **1** Sunnismus **2** Sunnite, Sunnitin

Sun·nite /ˈsʊnaɪt, ˈsʌnaɪt/ *Adj* sunnitisch

sunny /ˈsʌni/ *Adj* (**sun·nier, sun·ni·est**) sonnig (*auch fig*)

ˈsunny side *Nomen* Sonnenseite (*auch fig*) IDM **ˌsunny-side ˈup** (*AmE*) ◇ *I'd like my egg sunny-side up.* Ich möchte ein Spiegelei.

sun·rise /ˈsʌnraɪz/ *Nomen* Sonnenaufgang

ˈsunrise industry *Nomen* Zukunftsindustrie

sun·roof /ˈsʌnruːf/ *Nomen* (*Pl* **-roofs**) Schiebedach

sun·room /ˈsʌnruːm, -rʊm/ *Nomen* (*bes AmE*) Glasveranda

sun·screen /ˈsʌnskriːn/ *Nomen* Sonnenschutzmittel

sun·set /ˈsʌnset/ *Nomen* Sonnenuntergang

sun·shade /ˈsʌnʃeɪd/ *Nomen* **1** Sonnenschirm **2 sunshades** [Pl] Sonnenbrille, Sonnengläser zum Aufstecken

sun·shine /ˈsʌnʃaɪn/ *Nomen* **1** Sonnenschein (*auch fig*) **2** (*BrE, umgs*) mein Lieber, meine Liebe IDM → RAY

sun·spot /ˈsʌnspɒt; *AmE* -spɑːt/ *Nomen* Sonnenfleck

sun·stroke /ˈsʌnstrəʊk; *AmE* -stroʊk/ *Nomen* Sonnenstich

sun·tan /ˈsʌntæn/ *Nomen, Adj*
- ▸ ***Nomen*** (*auch* **tan**) [meist Sing] Sonnenbräune
- ▸ ***Adj*** [nur vor Nomen] Sonnen- ◇ *suntan oil* Sonnenöl

sun·tanned /ˈsʌntænd/ (*auch* **tanned**) *Adj* (sonnen)gebräunt

sun·trap /ˈsʌntræp/ *Nomen* sonniges Plätzchen

sun·up /ˈsʌnʌp/ *Nomen* (*bes AmE*) Sonnenaufgang

ˈsun-worshipper *Nomen* (*umgs*) Sonnenanbeter(in)

sup /sʌp/ *Verb, Nomen*
- ▸ ***Verb*** (**-pp-**) (*veraltet*) trinken, nippen
- ▸ ***Nomen*** Schluck, Schlückchen

super /ˈsuːpə(r); *BrE auch* ˈsjuː-/ *Adj, Nomen*
- ▸ ***Adj*** (*Adv* **super**) (*umgs, veraltend*) super
- ▸ ***Nomen*** (*umgs*) = SUPERINTENDENT

super- /ˈsuːpə(r); *BrE auch* ˈsjuː-/ *Vorsilbe* (*in Nomina, Verben, Adjektiven und Adverbien gebraucht*) sehr, super, über ◇ *super-rich* superreich ◇ *superhuman* übermenschlich ◇ *superstructure* Überbau

super·abun·dance /ˌsuːpərəˈbʌndəns; *BrE auch* ˌsjuː-/ *Nomen* [Sing] (*gehoben*) Überfluss, Überschuss

su·per·abun·dant /ˌsuːpərəˈbʌndənt; *BrE auch* ˌsjuː-/ *Adj* (*gehoben*) überreichlich ◇ *superabundant imagination* blühende Fantasie

super·annu·ated /ˌsuːpərˈænjueɪtɪd; *BrE auch* ˌsjuː-/ *Adj* (*gehoben oder hum*) alt ◇ *superannuated rock stars* Rockopas/-omas

super·annu·ation /ˌsuːpərˌænjuˈeɪʃn; *BrE auch* ˌsjuː-/ *Nomen* (*bes BrE*) [U] (Betriebs)rente, Rentenbeitrag

su·perb /suːˈpɜːb, sjuːˈ-; *AmE* suːˈpɜːrb/ *Adj* (*Adv* **su·perbly**) großartig, ausgezeichnet

super·bug /ˈsuːpəbʌg, ˈsjuː-; *AmE* ˈsuːpərbʌg/ *Nomen* Supererreger, multiresistenter Krankheitserreger

super·charged /ˈsuːpətʃɑːdʒd, ˈsjuː-; *AmE* ˈsuːpərtʃɑːrdʒd/ *Adj* **1** mit Kompressor **2** (*umgs*) stark, emotional geladen

super·char·ger /ˈsuːpətʃɑːdʒə(r), ˈsjuː-; *AmE* ˈsuːpərtʃɑːrdʒər/ *Nomen* Kompressor

super·cili·ous /ˌsuːpəˈsɪliəs, ˌsjuː-; *AmE* ˌsuːpərˈ-/ *Adj* (*Adv* **super·cili·ous·ly**) (*abwert*) herablassend

super·cili·ous·ness /ˌsuːpəˈsɪliəsnəs, ˌsjuː-; *AmE* ˌsuːpərˈ-/ *Nomen* Herablassung

super·com·puter /ˈsuːpəkəmpjuːtə(r), ˈsjuː-; *AmE* ˈsuːpərk-/ *Nomen* Supercomputer

super·con·duct·iv·ity /ˌsuːpəˌkɒndʌkˈtɪvəti, ˌsjuː-; *AmE* ˌsuːpərˌkɑːn-/ *Nomen* (PHYSIK) Supraleitfähigkeit

super·con·duct·or /ˈsuːpəkəndʌktə(r), ˈsjuː-; *AmE* ˈsuːpərk-/ *Nomen* (PHYSIK) Supraleiter

super·ego /ˈsuːpəriːgəʊ, ˈsjuː-; *AmE* ˈsuːpəriːgoʊ/ *Nomen* (*Pl* **-os**) [meist Sing] (PSYCH) Überich

super·fast /ˈsuːpəfɑːst, ˈsjuː-; *AmE* ˈsuːpərfæst/ *Adj* extrem schnell, Highspeed-

super·fi·cial /ˌsuːpəˈfɪʃl, ˌsjuː-; *AmE* ˌsuːpərˈ-/ *Adj* (*Adv* **super·fi·cial·ly** /-ʃəli/) **1** (*oft abwert*) oberflächlich **2** leicht **3** (*Fachspr*) oben liegend

super·fici·al·ity /ˌsuːpəˌfɪʃiˈæləti, ˌsjuː-; *AmE* ˌsuːpərˌ-/ *Nomen* Oberflächlichkeit

super·flu·ity /ˌsuːpəˈfluːəti, ˌsjuː-; *AmE* ˌsuːpərˈ-/ *Nomen* (*gehoben*) Überfluss

su·per·flu·ous /suːˈpɜːfluəs, sjuːˈ-; *AmE* suːˈpɜːrflu-/ *Adj* überflüssig

su·per·flu·ous·ly /suːˈpɜːfluəsli, sjuːˈ-; *AmE* suːˈpɜːrflu-/ *Adv* überflüssigerweise

super·food /ˈsuːpəfuːd, ˈsjuː-; *AmE* ˈsuːpərfuːd/ Supernahrung, Fitmacher

super·glue /ˈsuːpəgluː, ˈsjuː-; *AmE* ˈsuːpərgluː/ *Nomen* Sekundenkleber

super·grass /ˈsuːpəgrɑːs, ˈsjuː-; *AmE* ˈsuːpərgræs/ *Nomen* (*BrE, umgs*) (wichtiger) Polizeispitzel

super·hero /ˈsuːpəhɪərəʊ, ˈsjuː-; *AmE* ˈsuːpərhɪroʊ, -hiːroʊ/ *Nomen* (*Pl* **-oes**) Superheld

super·high·way /ˌsuːpəˈhaɪweɪ, ˌsjuː-; *AmE* ˌsuːpərˈ-/ *Nomen* (COMP) Information Superhighway

super·human /ˌsuːpəˈhjuːmən, ˌsjuː-; *AmE* ˌsuːpərˈ-/ *Adj* übermenschlich

super·im·pose /ˌsuːpərɪmˈpəʊz, ˌsjuː-; *AmE* ˌsuːpərɪmˈpoʊz/ *Verb* **~ sth (on/onto sth)** etw (mit etw) überlagern, etw (auf etw) legen

super·im·pos·it·ion /ˌsuːpərˌɪmpəˈzɪʃn; *BrE auch* ˌsjuː-/ *Nomen* Überlagerung

super·in·tend /ˌsuːpərɪnˈtend; *BrE auch* ˌsjuː-/ *Verb* (*gehoben*) überwachen, beaufsichtigen

super·in·tend·ence /ˌsuːpərɪnˈtendəns; *BrE auch* ˌsjuː-/ *Nomen* Aufsicht

super·in·tend·ent /ˌsuːpərɪnˈtendənt; *BrE auch* ˌsjuː-/ *Nomen* **1** Leiter(in) **2** (*umgs* **super**) (*Abk* **Supt**) (*in GB*) Polizeirat, -rätin **3** (*Abk* **Supt**) (*in den USA*) Polizeipräsident(in) **4** (*AmE*) (*umgs* **super**) Hausverwalter(in)

su·per·ior /suːˈpɪəriə(r), sjuːˈ-; *AmE* suːˈpɪr-/ *Adj, Nomen*
- ▸ ***Adj*** **1 ~ (to sb/sth)** (jdm/etw) überlegen, besser (als jd/etw) ◇ *They won because of their superior numbers.* Sie gewannen dank ihrer zahlenmäßigen Überlegenheit. **2** höher ◇ *my superior officer* mein Vorgesetzter **3** (*abwert*) überheblich, überlegen **4** (*Werbesprache*) ausgezeichnet, hervorragend ◇ *su-*

perior wines erlesene Weine ◇ *superior apartments* Luxuswohnungen **5** (*Zahl, Zeichen*) hochgestellt
▸ ***Nomen*** **1** Vorgesetzte(r) **2** Überlegene(r) ◇ *your social superiors* gesellschaftlich höher Gestellte **3** Vorsteher(in) eines Klosters ◇ *Mother Superior* Schwester Oberin

su·per·ior·ity /suːˌpɪəriˈɒrəti, sjuː-; *AmE* suːˌpɪriˈɔːr-/ *Nomen* **1** Überlegenheit, bessere Qualität ◇ *have naval/air superiority* die Seeherrschaft/Luftherrschaft haben **2** Überheblichkeit, Überlegenheit ◇ *an air of superiority* ein überlegenes Auftreten

su·per·la·tive /suːˈpɜːlətɪv, sjuːˈ-; *AmE* suːˈpɜːrlə-/ *Adj, Nomen*
▸ ***Adj*** **1** (*Adv* **su·per·la·tive·ly**) unübertrefflich, überragend **2** superlativisch, im Superlativ
▸ ***Nomen*** Superlativ

super·man /ˈsuːpəmæn, ˈsjuː-; *AmE* ˈsuːpərmæn/ *Nomen* (*Pl* **-men** /-men/) Supermann, Übermensch

super·mar·ket 🔑 /ˈsuːpəmɑːkɪt, ˈsjuː-; *AmE* ˈsuːpərmɑːrkət/ *Nomen* Supermarkt

super·nat·ural /ˌsuːpəˈnætʃrəl, ˌsjuː-; *AmE* ˌsuːpərˈ-/ *Adj, Nomen*
▸ ***Adj*** übernatürlich
▸ ***Nomen*** **the ~** das Übernatürliche

super·nat·ur·al·ly /ˌsuːpəˈnætʃrəli, ˌsjuː-; *AmE* ˌsuːpər/ *Adv* auf übernatürliche Weise

super·nova /ˌsuːpəˈnəʊvə, ˌsjuː-; *AmE* ˌsuːpərˈnoʊ-/ *Nomen* (*Pl* **-novae** /-viː/ *oder* **-novas**) Supernova

super·numer·ary /ˌsuːpəˈnjuːmərəri, ˌsjuː-; *AmE* ˌsuːpərˈnuːməreri/ *Adj* (*selten, gehoben*) überzählig, zusätzlich

super·power /ˈsuːpəpaʊə(r), ˈsjuː-; *AmE* ˈsuːpərp-/ *Nomen* Supermacht

super·script /ˈsuːpəskrɪpt, ˈsjuː-; *AmE* ˈsuːpərskrɪpt/ *Adj, Nomen*
▸ ***Adj*** hochgestellt
▸ ***Nomen*** hochgestelltes Zeichen

super·sede /ˌsuːpəˈsiːd, ˌsjuː-; *AmE* ˌsuːpərˈ-/ *Verb* (*oft passiv*) ablösen

super·sonic /ˌsuːpəˈsɒnɪk, ˌsjuː-; *AmE* ˌsuːpərˈsɑːnɪk/ *Adj* Überschall-

super·star /ˈsuːpəstɑː(r), ˈsjuː-; *AmE* ˈsuːpərstɑːr/ *Nomen* Superstar

super·sti·tion /ˌsuːpəˈstɪʃn, ˌsjuː-; *AmE* ˌsuːpərˈ-/ *Nomen* (*oft abwert*) Aberglaube

super·sti·tious /ˌsuːpəˈstɪʃəs, ˌsjuː-; *AmE* ˌsuːpərˈ-/ *Adj* (*Adv* **super·sti·tious·ly**) abergläubisch

super·store /ˈsuːpəstɔː(r), ˈsjuː-; *AmE* ˈsuːpərstɔːr/ *Nomen* Großmarkt

super·struc·ture /ˈsuːpəstrʌktʃə(r), ˈsjuː-; *AmE* ˈsuːpərstrʌk-/ *Nomen* **1** Aufbau **2** (*gehoben*) Überbau

super·tank·er /ˈsuːpətæŋkə(r), ˈsjuː-; *AmE* ˈsuːpərt-/ *Nomen* Supertanker

super·vise /ˈsuːpəvaɪz, ˈsjuː-; *AmE* ˈsuːpərvaɪz/ *Verb* beaufsichtigen, überwachen

super·vi·sion /ˌsuːpəˈvɪʒn, ˌsjuː-; *AmE* ˌsuːpərˈ-/ *Nomen* Aufsicht, Beaufsichtigung

super·visor /ˈsuːpəvaɪzə(r), ˈsjuː-; *AmE* ˈsuːpərv-/ *Nomen* **1** Aufseher(in), Leiter(in) **2** Doktorvater/-mutter

super·vis·ory /ˌsuːpəˈvaɪzəri, ˌsjuː-; *AmE* ˌsuːpərˈ-/ *Adj* Aufsichts-, beaufsichtigend

su·pine /ˈsuːpaɪn; *BrE auch* ˈsjuː-/ *Adj* (*gehoben*) **1** auf dem Rücken liegend **2** (*abwert*) (*Adv* **su·pine·ly**) nachgiebig, rückgratlos

sup·per /ˈsʌpə(r)/ *Nomen* Abendessen, Abendbrot ◇ *have supper* zu Abend essen

sup·plant /səˈplɑːnt; *AmE* səˈplænt/ *Verb* (*gehoben*) ablösen, ersetzen

sup·ple /ˈsʌpl/ *Adj* geschmeidig, beweglich

sup·ple·ment *Verb, Nomen*
▸ ***Verb*** /ˈsʌplɪment/ **~ sth (with sth)** etw (mit etw) ergänzen ◇ *He supplements his income by giving private lessons.* Er verdient sich durch Privatstunden etwas dazu.
▸ ***Nomen*** /ˈsʌplɪmənt/ **1** Ergänzung ◇ *vitamin supplements* Vitaminpräparate **2** (*zu Zeitungen*) Beilage, Magazin **3** (*zu Büchern*) Nachtrag, Anhang, Ergänzungsband **4** Zuschlag

sup·ple·men·tary /ˌsʌplɪˈmentri/ (*AmE meist* **sup·ple·men·tal** /-tl/) *Adj* zusätzlich, Zusatz-

sup·ple·ness /ˈsʌplnəs/ *Nomen* Geschmeidigkeit, Beweglichkeit

sup·pli·cant /ˈsʌplɪkənt/ (*auch* **sup·pli·ant** /ˈsʌpliənt/) *Nomen* (*gehoben*) Bittsteller(in)

sup·pli·ca·tion /ˌsʌplɪˈkeɪʃn/ *Nomen* (*gehoben*) Flehen ◇ *my supplications* mein Flehen ◇ *She knelt in supplication.* Sie kniete flehend nieder.

sup·plier /səˈplaɪə(r)/ *Nomen* Lieferant(in)

sup·ply 🔑 /səˈplaɪ/ *Nomen, Verb*
▸ ***Nomen*** **1** Versorgung, Lieferung ◇ *The water supply is unsafe.* Das Wasser ist nicht trinkbar. ◇ *the supply of blood to the brain* die Versorgung des Gehirns mit Blut **2 supplies** [Pl] Vorräte IDM → SHORT
▸ ***Verb*** (**-plies, -ply·ing, -plied, -plied**) **1 ~ sb/sth (with sth)** jdn/etw (mit etw) beliefern, jdn/etw (mit etw) versorgen **2 ~ sth (to sb/sth)** (jdm/etw) etw liefern, (jdm/etw) etw zur Verfügung stellen ◇ *foods supplying our daily vitamin needs* Lebensmittel, die unseren täglichen Vitaminbedarf decken

supˌply and deˈmand *Nomen* Angebot und Nachfrage

supˈply-side *Adj* [nur vor Nomen] angebotsorientiert, Angebots-

supˈply teacher *Nomen* (*BrE*) Vertretung

sup·port 🔑 /səˈpɔːt; *AmE* səˈpɔːrt/ *Nomen, Verb*
▸ ***Nomen*** **1** Stütze (*auch fig*) ◇ *the supports under the bridge* die Stützpfeiler der Brücke ◇ *a bandage to give the ankle some support* ein Stützverband für den Knöchel ◇ *She held on to his arm for support.* Sie stützte sich auf seinen Arm. **2** Unterstützung ◇ *They spoke in support of the proposal.* Sie unterstützten den Vorschlag. ◇ *Can I rely on your support in the election?* Kann ich bei der Wahl auf Ihre Stimme zählen? ◇ *with no means of support* ohne Einkommensquelle **3** (moralische) Unterstützung, Beistand ◇ *Her friends have given her support.* Ihre Freunde haben ihr zur Seite gestanden. **4** Untermauerung ◇ *The statistics offer support for our theory.* Die Statistiken untermauern unsere Theorie.
▸ ***Verb*** **1** stützen, tragen **2** unterstützen ◇ *These measures are supported by environmental groups.* Diese Maßnahmen werden von den Umweltschützern befürwortet. ◇ *She supported her husband through difficult times.* Sie stand ihrem Mann in schwierigen Zeiten zur Seite. **3** (*Familie etc.*) unterhalten; (*Studium, Drogensucht etc.*) finanzieren **4** (*Aussage, Theorie*) untermauern **5** (*BrE*) Fan sein von ◇ *Which team do you support?* Welches ist deine Mannschaft?

sup·port·er 🔑 /səˈpɔːtə(r); *AmE* səˈpɔːrtər/ *Nomen* Anhänger(in), Fan

supˈport group *Nomen* Selbsthilfegruppe

sup·port·ing /səˈpɔːtɪŋ; *AmE* səˈpɔːrtɪŋ/ *Adj* [nur vor Nomen] **1** Stütz-, stützend ◇ *a supporting wall* eine Stützmauer **2** Neben- ◇ *a supporting actor* ein Nebendarsteller **3** ◇ *There was a wealth of supporting evidence.* Es gab ein Fülle von Beweisen, die es untermauerten.

sup·port·ive /sə'pɔːtɪv; *AmE* sə'pɔːrtɪv/ *Adj* hilfreich, verständnisvoll ◇ *She was very supportive during my illness.* Sie war mir eine große Stütze, als ich krank war.

sup·pose 0‑w /sə'pəʊz; *AmE* sə'poʊz/ *Verb* **1** annehmen, glauben ◇ *It's not as simple as you might suppose.* Es ist nicht so leicht, wie Sie denken. ◇ *I suppose you think that's funny?* Du findest das wohl lustig! **2 ~ sb/sth (to be) sth** (*gehoben*) jdn/etw für etw halten **3** sich vorstellen, annehmen ◇ *Suppose flights are fully booked—which other day could we go?* Angenommen, alle Flüge sind ausgebucht—wann könnten wir noch fliegen? ◇ (*gehoben*) *The theory supposes the existence of life on other planets.* Die Theorie setzt voraus, dass es auf anderen Planeten Leben gibt. **4** (*abschwächend*) ◇ *I could take you in the car, I suppose.* Ich könnte dich ja hinfahren. ◇ *I don't suppose (that) I could have a look at your newspaper, could I?* Ob ich wohl mal in Ihre Zeitung schauen könnte? ◇ *Suppose we take a later train?* Wie wär's, wenn wir mit einem späteren Zug fahren? ◇ *'Can we give him a lift?' 'Yes, I suppose so.'* „Können wir ihn mitnehmen?" „Na gut." IDM **be supposed to do/be sth** etw tun/sein sollen ◇ *You were supposed to be here at two!* Du hättest schon um zwei hier sein sollen! ◇ *How was I supposed to know?* Wie sollte ich das wissen? ◇ *What is that supposed to mean?* Was soll das heißen? ◇ *It's supposed to be a great movie.* Es soll ein toller Film sein. **not be supposed to do sth** etw nicht tun dürfen

sup·posed /sə'pəʊzd; *AmE* sə'poʊzd/ *Adj* [nur vor Nomen] (*Adv* **sup·posed·ly**) /sə'pəʊzɪdli; *AmE* sə'poʊ-/ angeblich

sup·pos·ing /sə'pəʊzɪŋ; *AmE* sə'poʊ-/ *Konj* **~ (that)** angenommen (, dass) ◇ *But supposing he sees us?* Aber wenn er uns sieht?

sup·pos·ition /ˌsʌpə'zɪʃn/ *Nomen* (*gehoben*) **1** Annahme, Vermutung ◇ *The police are working on the supposition that he was murdered.* Die Polizei geht von der Annahme aus, dass er ermordet wurde. **2** [U] Mutmaßung, Spekulation ◇ *What happened next is a matter of supposition.* Was dann geschah, kann man nur mutmaßen.

sup·posi·tory /sə'pɒzətri; *AmE* sə'pɑːzətɔːri/ *Nomen* (*Pl* **-ies**) Zäpfchen, Suppositorium

sup·press /sə'pres/ *Verb* unterdrücken; (*Erinnerungen etc.*) verdrängen; (*Appetit etc.*) hemmen

sup·pres·sant /sə'presnt/ *Nomen* Hemmer ◇ *an appetite suppressant* ein Appetitzügler

sup·pres·sion /sə'preʃn/ *Nomen* Unterdrückung, Verdrängung

sup·pres·sor /sə'presə(r)/ *Nomen* Unterdrücker

sup·pur·ate /'sʌpjureɪt/ *Verb* (*gehoben*) eitern

sup·pur·ation /ˌsʌpju'reɪʃn/ *Nomen* Eiterung, Eitern

supra·nation·al /ˌsuːprə'næʃnəl; *BrE auch* ˌsjuː-/ *Adj* (*gehoben*) übernational, supranational

su·prema·cist /suː'preməsɪst; *BrE auch* sjuː'-/ *Nomen* = jd, der die Vorherrschaft der eigenen Rasse anstrebt

su·prem·acy /suː'preməsi; *BrE auch* sjuː'-/ *Nomen* (*gehoben*) Überlegenheit, Vormacht(stellung)

su·preme /suː'priːm; *BrE auch* sjuː'-/ *Adj* **1** höchste(r,s) ◇ *the Supreme Commander* der Oberbefehlshaber ◇ *the supreme champion* der Weltmeister **2** größte(r,s), höchste(r,s), äußerste(r,s) ◇ *make the supreme sacrifice* sein Leben opfern ◇ *a supreme achievement* eine unübertroffene Leistung

the Suˌpreme 'Court *Nomen* [Sing] der Oberste Gerichtshof

su·preme·ly /suː'priːmli; *BrE auch* sjuː'-/ *Adv* (*gehoben*) äußerst ◇ *supremely happy* überaus glücklich ◇ *supremely confident* voller Zuversicht

su·premo /suː'priːməʊ, sjuː'-; *AmE* suː'priːmoʊ/ *Nomen* (*Pl* **-os**) (*BrE, umgs*) Boss

Supt *Abk* = SUPERINTENDENT

sur·charge /'sɜːtʃɑːdʒ; *AmE* 'sɜːrtʃɑːrdʒ/ *Nomen, Verb*
▸ ***Nomen*** Zuschlag
▸ ***Verb*** **~ sb** jdn mit einem Zuschlag belegen

sure 0‑w /ʃʊə(r), ʃɔː(r); *AmE* ʃʊr/ *Adj, Adv*
▸ ***Adj*** **1** sicher ◇ *I'm not sure whether I should tell you this.* Ich bin mir nicht sicher, ob ich dir das sagen sollte. ◇ *I hope you are sure of your facts.* Ich hoffe, Sie sind sich Ihrer Sache sicher. ◇ *She's a sure bet for promotion.* Sie wird bestimmt befördert. ◇ *Are you sure you don't mind?* Macht es Ihnen auch bestimmt nichts aus? **2** [nicht vor Nomen] **sb is ~ of sth** etw ist jdm sicher ◇ *You're always sure of a warm welcome there.* Ein freundlicher Empfang ist Ihnen dort immer sicher. **3 be ~ of doing sth; be ~ to do sth** etw auf jeden Fall tun, etw bestimmt tun ◇ *England must win to be sure of qualifying.* England muss gewinnen, wenn es sich qualifizieren will. ◇ *It's sure to rain.* Es wird bestimmt regnen. IDM **be sure to do sth/be sure and do sth** etw auf jeden Fall tun; nicht vergessen, etw zu tun **for sure** (*umgs*) ganz sicher; ganz bestimmt ◇ *I can't say for sure.* Ich kann es nicht mit Sicherheit sagen. ◇ *One thing is for sure ...* Eins ist sicher ... **make 'sure 1** dafür sorgen **2** nachsehen; sich vergewissern **make 'sure of sth/that ... 1** für etw sorgen/dafür sorgen, dass ... ◇ *They scored another goal and made sure of victory.* Sie schossen noch ein Tor und sicherten sich den Sieg. **2** sich einer Sache vergewissern/sich vergewissern, dass ... **'sure of yourself** (*manchmal abwertend*) selbstsicher **ˌsure 'thing** (*bes AmE, umgs*) na klar **to be 'sure** (*gehoben*) zugegeben
▸ ***Adv*** (*bes AmE, umgs*) **1** (*als zustimmende Antwort*) natürlich, klar ◇ *Did it hurt? Sure it hurt.* Ob es wehgetan hat? Und wie! **2** (*verstärkend*) wirklich ◇ *It sure is hot.* Das ist vielleicht eine Hitze. **3** bitte (schön) ◇ *'Thanks for the ride.' 'Sure—any time.'* „Vielen Dank fürs Mitnehmen." „Bitte, gern geschehen." IDM **(as) sure as eggs is 'eggs** (*BrE, umgs, veraltet*) so sicher wie das Amen in der Kirche **ˌsure e'nough** tatsächlich

'sure-fire *Adj* [nur vor Nomen] (*umgs*) todsicher

ˌsure-'footed *Adj* **1** trittsicher **2** gewandt, sicher

sure·ly 0‑w /'ʃʊəli, 'ʃɔːli; *AmE* 'ʃʊrli/ *Adv* **1** doch (sicher) ◇ *Surely we should do something about it?* Sollten wir nicht etwas tun? **2 surely (not)** doch wohl (nicht) ◇ *'They're getting married.' 'Surely not!'* „Sie wollen heiraten." „Das kann doch nicht wahr sein!" **3** (*gehoben*) sicher, bestimmt **4** (*AmE, umgs, veraltet*) (*zustimmend*) sicher, gern IDM → SLOWLY

sure·ness /'ʃʊənəs, 'ʃɔːnəs; *AmE* 'ʃʊrnəs/ *Nomen* (Selbst)sicherheit ◇ *an artist's sureness of touch* die sichere Hand eines Künstlers ◇ *the sureness of his judgement* sein sicheres Urteil

surety /'ʃʊərəti, 'ʃɔːr-; *AmE* 'ʃʊr-/ *Nomen* (*Pl* **-ies**) **1** Bürgschaft, Sicherheit, Kaution **2** Bürge, Bürgin ◇ *act as surety for sb* für jdn bürgen

surf /sɜːf; *AmE* sɜːrf/ *Nomen, Verb*
▸ ***Nomen*** Brandung
▸ ***Verb*** **1** (*oft* **go surfing**) surfen **2 ~ the Net/Internet** im Internet surfen **3** bummeln (durch), stöbern (in) ◇ *I found it when I was surfing at my local record store.* Ich habe es gefunden, als ich in meinem Plattenladen stöberte.

sur·face 0‑w /'sɜːfɪs; *AmE* 'sɜːrfɪs/ *Nomen, Verb*
▸ ***Nomen*** **1** Oberfläche (*auch fig*) ◇ *an uneven road surface* eine unebene Straßendecke ◇ *Teeth have a hard surface layer.* Die Zähne haben eine harte Außenschicht. **2** (Arbeits)fläche, (Arbeits)platte ◇ *the kit-*

chen surfaces die Arbeitsflächen in der Küche IDM **on the 'surface** oberflächlich betrachtet; nach außen hin → *Siehe auch* SCRATCH
▸ ***Verb*** **1** auftauchen (*auch fig*); (*Zweifel etc.*) aufkommen; (*Einzelheiten etc.*) bekannt werden **2** (*umgs*) aufstehen ◇ *He finally surfaced around noon.* Er stand schließlich gegen Mittag auf. **3** (*Straße etc.*) = mit einem Belag versehen

ˌsurface 'tension *Nomen* Oberflächenspannung

ˌsurface-to-'air *Adj* [nur vor Nomen] Boden-Luft-

ˌsurface-to-'surface *Adj* [nur vor Nomen] Boden-Boden-

surf·board /'sɜːfbɔːd; *AmE* 'sɜːrfbɔːrd/ (*auch* **board**) *Nomen* Surfbrett

sur·feit /'sɜːfɪt; *AmE* 'sɜːrfɪt/ *Nomen* (*gehoben*) Übermaß ◇ *a surfeit of violence on television* zu viel Gewalt im Fernsehen

surf·er /'sɜːfə(r); *AmE* 'sɜːrfər/ *Nomen* **1** Surfer(in) **2** = NET SURFER

surfie /'sɜːfi; *AmE* 'sɜːrfi/ *Nomen* (*AusE, umgs*) Surfer(in)

surf·ing /'sɜːfɪŋ; *AmE* 'sɜːrfɪŋ/ *Nomen* **1** Surfen, Wellenreiten ◇ *go surfing* surfen gehen **2** Surfen im Internet **3** (*beim Fernsehen*) ständiges Umschalten, Zappen

surge /sɜːdʒ; *AmE* sɜːrdʒ/ *Nomen, Verb*
▸ ***Nomen*** **1** Aufwallung, Welle ◇ *She felt a sudden surge of anger.* Sie fühlte, wie der Zorn in ihr aufwallte. **2** starker Anstieg, starke Zunahme ◇ *a power/an adrenalin surge* ein Spannungs-/Adrenalinstoß **3** Flut ◇ *a tidal surge* eine Flutwelle
▸ ***Verb*** **1** fluten, strömen ◇ *The crowd surged forward.* Die Menge drängte sich nach vorn. ◇ *He surged past the other runners.* Er zog an den anderen Läufern vorbei. **2** **~ through sb** jdn durchströmen **3** (*Preise etc.*) plötzlich ansteigen ◇ *Share prices surged.* Die Aktienkurse zogen stark an.

sur·geon /'sɜːdʒən; *AmE* 'sɜːrdʒən/ *Nomen* Chirurg(in)

ˌSurgeon 'General *Nomen* (*Pl* **Sur·geons Gen·eral**) (*in den USA*) Gesundheitsminister(in)

sur·gery /'sɜːdʒəri; *AmE* 'sɜːrdʒə-/ *Nomen* (*Pl* **-ies**) **1** Chirurgie ◇ *major/minor surgery* eine größere/kleinere Operation ◇ *have surgery* operiert werden **2** (*BrE*) (*von Ärzten, Abgeordneten*) Sprechstunde; (*Ort*) Sprechzimmer, Praxis ◇ *surgery hours* Sprechstunde

sur·gi·cal /'sɜːdʒɪkl; *AmE* 'sɜːrdʒɪ-/ *Adj* [nur vor Nomen] **1** chirurgisch ◇ *surgical gloves* Operationshandschuhe **2** ◇ *surgical strikes* gezielte Angriffe

sur·gi·cal·ly /'sɜːdʒɪkli; *AmE* 'sɜːrdʒɪk-/ *Adv* operativ

ˌsurgical 'spirit *Nomen* (*BrE*) Wundbenzin

sur·li·ness /'sɜːlinəs; *AmE* 'sɜːrli-/ *Nomen* Missmut

surly /'sɜːli; *AmE* 'sɜːrli/ *Adj* (**sur·lier**, **sur·li·est**) missmutig, mürrisch

sur·mise *Verb, Nomen*
▸ ***Verb*** /sə'maɪz; *AmE* sər'-/ (*gehoben*) vermuten
▸ ***Nomen*** /'sɜːmaɪz; *AmE* 'sɜːrmaɪz/ (*gehoben*) Vermutung

sur·mount /sə'maʊnt; *AmE* sər'-/ *Verb* (*gehoben*) **1** überwinden **2** krönen

sur·name 0-π /'sɜːneɪm; *AmE* 'sɜːrneɪm/ *Nomen* Familienname, Nachname

sur·pass /sə'pɑːs; *AmE* sər'pæs/ *Verb* (*gehoben*) übertreffen

sur·plice /'sɜːpləs; *AmE* 'sɜːrpləs/ *Nomen* Chorhemd

sur·plus /'sɜːpləs; *AmE* 'sɜːrplʌs/ *Nomen, Adj*
▸ ***Nomen*** Überschuss ◇ *Wheat was in surplus.* Es gab einen Weizenüberschuss. ◇ *The balance of payments was in surplus.* Die Handelsbilanz war positiv.
▸ ***Adj*** überschüssig ◇ *These items are surplus to requirements.* Diese Sachen werden nicht benötigt.

sur·prise 0-π /sə'praɪz; *AmE* sər'-/ *Nomen, Verb*
▸ ***Nomen*** Überraschung ◇ *It comes as no surprise to learn that …* Es ist keine Überraschung zu erfahren, dass … ◇ *much to my surprise* zu meiner großen Überraschung ◇ *Her letter came as a complete surprise.* Ihr Brief kam völlig überraschend. ◇ *She looked up in surprise.* Sie blickte überrascht auf. ◇ *I got a surprise when I saw the bill.* Ich war erstaunt, als ich die Rechnung sah. IDM **surˌprise, sur'prise** (*umgs*) **1** (*oft abwert, iron*) siehe da; welche Überraschung **2** Überraschung! ◇ *Surprise, surprise! Look who's here!* Überraschung! Schau, wer da ist! **take sb by sur'prise** jdn überraschen **take sth by sur'prise** etw in einem Überraschungsangriff nehmen
▸ ***Verb*** überraschen

sur·prised 0-π /sə'praɪzd; *AmE* sər'-/ *Adj* überrascht; **be ~ at sth** sich über etwas wundern ◇ *I'm surprised at you.* Ich muss mich doch wundern. ◇ *You'd be surprised.* Du würdest staunen.

sur·pris·ing 0-π /sə'praɪzɪŋ; *AmE* sər'-/ *Adj* überraschend ◇ *It's not surprising (that) they lost.* Es ist nicht verwunderlich, dass sie verloren haben.

sur·pris·ing·ly 0-π /sə'praɪzɪŋli; *AmE* sər'-/ *Adv* **1** erstaunlicherweise, überraschenderweise **2** erstaunlich, überraschend

sur·real /sə'riːəl/ *Adj* surreal

sur·real·ism /sə'riːəlɪzəm/ *Nomen* Surrealismus

sur·real·ist /sə'riːəlɪst/ *Adj, Nomen*
▸ ***Adj*** surrealistisch
▸ ***Nomen*** Surrealist(in)

sur·real·is·tic /səˌriːə'lɪstɪk/ *Adj* **1** surreal **2** surrealistisch

sur·ren·der /sə'rendə(r)/ *Verb, Nomen*
▸ ***Verb*** **1** kapitulieren; **~ (yourself)** sich ergeben **2** **~ sth/sb (to sb)** (*gehoben*) (jdm) etw/jdn übergeben ◇ *He agreed to surrender all claims to the property.* Er willigte ein, auf alle Besitzansprüche zu verzichten. ◇ *The defendant had to surrender her passport.* Die Angeklagte musste ihren Reisepass abgeben. PHR V **sur'render (yourself) to sth** (*gehoben*) sich einer Sache hingeben
▸ ***Nomen*** **1** [U/Sing] Kapitulation **2** Preisgabe, Auslieferung ◇ *They accused the government of a surrender to business interests.* Sie beschuldigten die Regierung, sich den Interessen der Unternehmen gebeugt zu haben. **3** Übergabe

sur·rep·ti·tious /ˌsʌrəp'tɪʃəs; *AmE* ˌsɜːr-/ *Adj* (*gehoben*) (*Adv* **sur·rep·ti·tious·ly**) heimlich, verstohlen

sur·ro·gacy /'sʌrəgəsi; *AmE* 'sɜːr-/ *Nomen* Leihmutterschaft

sur·ro·gate /'sʌrəgət; *AmE* 'sɜːr-/ *Nomen, Adj*
▸ ***Nomen*** (*gehoben*) Ersatz
▸ ***Adj*** (*gehoben*) Ersatz-

ˌsurrogate 'mother *Nomen* Leihmutter

sur·round 0-π /sə'raʊnd/ *Verb, Nomen*
▸ ***Verb*** **1** umgeben ◇ *the publicity surrounding the divorce* das öffentliche Aufsehen, das die Scheidung erregt **2** (*umzingeln*) umstellen ◇ *surrounded with a fence* umzäunt
▸ ***Nomen*** Einfassung, Umrandung

sur·round·ing 0-π /sə'raʊndɪŋ/ *Adj* [nur vor Nomen] umgebend, umliegend

sur·round·ings 0-π /sə'raʊndɪŋz/ *Nomen* [Pl] Umgebung

sur·tax /'sɜːtæks; *AmE* 'sɜːrtæks/ *Nomen* [U] Steuerzuschlag

sur·veil·lance /sɜːˈveɪləns; *AmE* sɜːrˈ-/ *Nomen* (*gehoben*) Überwachung ◇ *The police are keeping them under constant surveillance.* Die Polizei überwacht sie ständig.

sur·vey *Nomen, Verb*
▸ ***Nomen*** /ˈsɜːveɪ; *AmE* ˈsɜːrveɪ/ **1** Umfrage **2** (Land)vermessung ◇ *an aerial survey* eine Landvermessung aus der Luft **3** (*BrE*) (*eines Gebäudes*) Begutachtung; (*Bericht*) Gutachten ◇ *a structural survey* eine Begutachtung der Bausubstanz **4** Überblick
▸ ***Verb*** /səˈveɪ; *AmE* sərˈ-/ **1** betrachten **2** einen Überblick geben von **3** vermessen **4** (*BrE*) (*Gebäude*) begutachten ◇ *Have the house surveyed.* Lassen Sie die Bausubstanz des Hauses begutachten. **5** (*BrE*) (*in einer Umfrage*) befragen

sur·vey·or /səˈveɪə(r); *AmE* sərˈ-/ *Nomen* **1** Landvermesser(in), Gutachter(in) **2** (*BrE*) Inspektor(in) ◇ *the surveyor of public works* der Bauinspektor für öffentliche Einrichtungen

sur·vival /səˈvaɪvl; *AmE* sərˈ-/ *Nomen* **1** Überleben **2** ~ **(from sth)** Überbleibsel (aus/von etw) IDM **the sur,vival of the 'fittest** das Überleben der Stärksten

sur·vive /səˈvaɪv; *AmE* sərˈ-/ *Verb* **1** überleben ◇ *Some customs have survived.* Einige Bräuche sind erhalten geblieben. ◇ *He survived as party leader until his second election defeat.* Bis zu seiner zweiten Wahlniederlage hielt er sich als Parteiführer. ◇ (*hum*) *'How are you these days?' 'Oh, surviving.'* „Wie geht es dir denn so?" „Ach, man lebt." **2** überstehen **3** ~ **on sth** von etw leben

sur·vivor /səˈvaɪvə(r); *AmE* sərˈ-/ *Nomen* Überlebende(r) ◇ *There are only a few survivors from the original team.* Es sind nur noch wenige Spieler von der ursprünglichen Mannschaft übrig. ◇ *She's one of life's great survivors.* Sie ist eine wahre Überlebenskünstlerin.

sus = SUSS

sus·cep·ti·bil·ity /səˌseptəˈbɪləti/ *Nomen* (*Pl* **-ies**) (*gehoben*) **1** ~ **(to sth)** Anfälligkeit (für etw), Empfänglichkeit (für etw) **2 susceptibilities** [Pl] Gefühle, Feingefühl

sus·cep·tible /səˈseptəbl/ *Adj* **1** [nicht vor Nomen] ~ **(to sb/sth)** empfänglich (für jdn/etw) **2** ~ **(to sth)** anfällig (für etw) **3** beeindruckbar, leicht zu beeindrucken **4 be ~ of sth** (*gehoben*) etw zulassen ◇ *Is this situation not susceptible of improvement?* Lässt sich dieser Zustand nicht verbessern?

sushi /ˈsuːʃi/ *Nomen* [U] Sushi

sus·pect *Verb, Nomen, Adj*
▸ ***Verb*** /səˈspekt/ (*nicht in der Verlaufsform*) **1** vermuten ◇ *Suspecting nothing, he walked right into the trap.* Völlig ahnungslos spazierte er geradewegs in die Falle. **2** misstrauen **3** ~ **sb (of sth)** jdn (einer Sache) verdächtigen ◇ *The drug is suspected of causing over 200 deaths.* Es wird angenommen, dass die Droge über 200 Todesfälle verursacht hat.
▸ ***Nomen*** /ˈsʌspekt/ Verdächtige(r), mutmaßliche(r) Täter(in) ◇ *He is the prime suspect in the case.* Er ist in dem Fall der Hauptverdächtige.
▸ ***Adj*** /ˈsʌspekt/ verdächtig

sus·pected /səˈspektɪd/ *Adj* mutmaßlich, vermeintlich

sus·pend /səˈspend/ *Verb* **1** ~ **sth/sb (from sth) (by/on sth)** etw/jdn (von etw) (an etw) (auf)hängen ◇ *A lamp was suspended from the ceiling.* Eine Lampe hing von der Decke. **2** zeitweilig aufheben, zeitweilig einstellen ◇ *The constitution was suspended.* Die Verfassung wurde außer Kraft gesetzt. **3** aufschieben; (*Strafe etc.*) aussetzen ◇ *suspend judgement* sich des Urteils enthalten **4** (*meist passiv*) ~ **sb (from sth)** jdn (von etw) suspendieren **5** ~ **sb** (SPORT) jdn sperren **6 be suspended in sth** (CHEM) in etw suspendiert sein

su,spended ani'mation *Nomen* **1** Tod auf Zeit **2** Starre

su,spended 'sentence *Nomen* (Freiheits)strafe auf Bewährung

sus·pend·er /səˈspendə(r)/ *Nomen* **1** [meist Pl] (*BrE*) Strumpfhalter, Sockenhalter **2 suspenders** [Pl] (*AmE*) Hosenträger

su'spender belt *Nomen* (*BrE*) Strumpfhaltergürtel

sus·pense /səˈspens/ *Nomen* Spannung ◇ *Don't keep us in suspense.* Spann uns nicht auf die Folter.

sus·pen·sion /səˈspenʃn/ *Nomen* **1** (zeitweiliger) Ausschluss, Suspendierung **2** (SPORT) Sperre **3** [U/Sing] Aufschub **4** Federung **5** (CHEM) Suspension

su'spension bridge *Nomen* Hängebrücke

sus·pi·cion /səˈspɪʃn/ *Nomen* **1** Verdacht ◇ *My suspicions were confirmed.* Mein Verdacht bewahrheitete sich. **2** Misstrauen, Argwohn **3** [Sing] ~ **of sth** (*gehoben*) Hauch (von etw), Spur (von etw) ◇ *His mouth quivered in the suspicion of a smile.* Sein Mund zitterte unter dem Anflug eines Lächelns. IDM **above/beyond su'spicion** über jeden Verdacht erhaben **under su'spicion (of sth)** unter Verdacht (von etw) ◇ *The surgeons came under suspicion of unethical behaviour.* Die Chirurgen kamen in den Verdacht, gegen das Berufsethos verstoßen zu haben. → *Siehe auch* POINT

sus·pi·cious /səˈspɪʃəs/ *Adj* (*Adv* **sus·pi·cious·ly**) **1** misstrauisch, argwöhnisch ◇ *I was suspicious of his motives.* Ich war seinen Motiven gegenüber misstrauisch. ◇ *They became suspicious of his behaviour.* Sie wurden aufgrund seines Verhaltens misstrauisch. ◇ *You have a very suspicious mind.* Du bist sehr misstrauisch. **2** verdächtig IDM **look/sound suspiciously like sth** (*oft hum*) verdächtig ähnlich wie etw aussehen/klingen

suss (*auch* **sus**) /sʌs/ *Verb* (*BrE, umgs*) **1** dahinter kommen **2** ~ **sb/sth (out)** jdn/etw durchschauen ◇ *I think I've got him sussed.* Ich glaube, ich weiß was für ein Mensch er ist. ◇ *You have to suss out the competition.* Man muss herausbekommen, was die Konkurrenz macht.

sus·tain /səˈsteɪn/ *Verb* **1** (aufrecht)erhalten ◇ *Few planets can sustain life.* Nur auf wenigen Planeten kann sich Leben halten. ◇ *I only had a little chocolate to sustain me on my walk.* Auf meiner Wanderung hatte ich nur ein bisschen Schokolade zur Verpflegung dabei. ◇ *sustained economic growth* anhaltendes Wirtschaftswachstum ◇ *a sustained attack* anhaltende Angriffe ◇ *sustain a note* eine Note halten **2** (*gehoben*) erleiden **3** (*Meinung, Theorie etc.*) stützen **4** (*gehoben*) (*Gewicht*) tragen **5** (RECHT) bestätigen ◇ *Objection sustained!* Einspruch stattgegeben.

sus·tain·abil·ity /səˌsteɪnəˈbɪləti/ *Nomen* **1** Aufrechterhaltbarkeit **2** Nachhaltigkeit, Umweltschutz **3** nachhaltige Entwicklung

sus·tain·able /səˈsteɪnəbl/ *Adj* **1** nachhaltig, umweltgerecht **2** andauernd

sus·ten·ance /ˈsʌstənəns/ *Nomen* (*gehoben*) **1** Nahrung ◇ *Rice was the basis of daily sustenance.* Reis war der Grundbestandteil der täglichen Ernährung. ◇ *There's not much sustenance in a bowl of soup.* Ein Teller Suppe hat nicht viel Nährwert. ◇ (*fig*) *It would only give further sustenance to his allegations.* Das würde seinen Anschuldigungen nur noch mehr Nahrung geben. **2** ~ **(of sth)** Erhalt (von etw)

su·ture /ˈsuːtʃə(r)/ *Nomen, Verb*
▸ ***Nomen*** (MED) (Operations)naht
▸ ***Verb*** (MED) (*Wunde*) nähen

SUV /ˌes juː ˈviː/ *Nomen (bes AmE) Kurzform von* **sports utility vehicle** Geländewagen

su·zer·ainty /ˈsuːzəreɪnti, -rən-/ *Nomen (gehoben)* Oberhoheit über einen anderen Staat, Suzeränität

svelte /svelt, sfelt/ *Adj* grazil

SW *Abk* **1** = SHORT WAVE **2** = SOUTH-WEST **3** = SOUTH-WESTERN

swab /swɒb; *AmE* swɑːb/ *Nomen, Verb*
- ***Nomen*** **1** Tupfer **2** Abstrich
- ***Verb*** **(-bb-)** **1** abtupfen **2 ~ sth (down)** etw (auf)wischen ◇ *swab down the deck* das Deck schrubben

swad·dle /ˈswɒdl; *AmE* ˈswɑːdl/ *Verb (veraltet)* einwickeln, einmummeln

ˈ**swaddling clothes** *Nomen* [Pl] *(veraltet)* Windeln

swag /swæɡ/ *Nomen* **1** *(umgs, veraltet)* Beute **2** [meist Pl] *(Blumen, Papier)* Draperie

swag·ger /ˈswæɡə(r)/ *Verb, Nomen*
- ***Verb*** *(meist abwert)* stolzieren
- ***Nomen*** [Sing] *(abwert)* Stolzieren; *(Verhalten)* Gehabe ◇ *She walked to the front with a swagger.* Sie stolzierte großspurig nach vorne.

Swa·hili /swəˈhiːli, swɑːˈ-/ *Nomen* Suaheli

swain /sweɪn/ *Nomen (veraltet oder hum)* junger Verehrer, junger verliebter Mann

swal·low 0→ /ˈswɒləʊ; *AmE* ˈswɑːloʊ/ *Verb, Nomen*
- ***Verb*** **1** schlucken, verschlucken **2 ~ sb/sth (up)** jdn/etw (ver)schlucken, jdn/etw verschlingen **3** glauben **4** *(Gefühle)* hinunterschlucken IDM → BITTER
- ***Nomen*** **1** Schwalbe **2** Schluck

swam *Form von* SWIM

swami /ˈswɑːmi/ *Nomen* Swami

swamp /swɒmp; *AmE* swɑːmp/ *Nomen, Verb*
- ***Nomen*** Sumpf
- ***Verb*** **1 ~ sb/sth (with sth)** jdn/etw (mit etw) überschwemmen **2** überfluten, überspülen

swampy /ˈswɒmpi; *AmE* ˈswɑːm-/ *Adj* sumpfig

swan /swɒn; *AmE* swɑːn/ *Nomen, Verb*
- ***Nomen*** Schwan
- ***Verb*** **(-nn-)** *(BrE, umgs, abwert)* ◇ *They've gone swanning off to Rome.* Sie sind einfach nach Rom losgezogen. ◇ *They're swanning around the south of France.* Sie amüsieren sich in Südfrankreich. ◇ *when you swanned in* als du auf der Bildfläche erschienen bist

swank /swæŋk/ *Verb (BrE, umgs, veraltet, abwert)* arrogant auftreten

swanky /ˈswæŋki/ *Adj* **(swank·ier, swanki·est)** *(bes BrE, umgs) (bes AmE* **swank** */swæŋk/)* protzig ◇ *a swanky hotel* ein protziges Hotel

swan·song /ˈswɒnsɒŋ; *AmE* ˈswɑːnsɔːŋ/ *Nomen* [Sing] Schwanengesang

swap *(auch* **swop**) /swɒp; *AmE* swɑːp/ *Verb, Nomen*
- ***Verb*** **(-pp-)** **1 ~ (sth) (with sb)** (etw) (mit jdm) eintauschen; **~ sth for sth** etw für/gegen etw (ein)tauschen ◇ *We spent the evening in the pub swapping stories about our travels.* Wir verbrachten den Abend im Pub und tauschten Geschichten über unsere Reisen aus. **2 ~ (over)** wechseln **3 ~ sb/sth (for sb/sth)** *(bes BrE)* jdn/etw (für/gegen jdn/etw) (um)tauschen ◇ *I'm going to swap you over. Mike will go first and Jon will go second.* Ich werde die Reihenfolge ändern. Mike ist zuerst an der Reihe und dann kommt Jon dran. IDM → PLACE
- ***Nomen*** [meist Sing] Tausch(geschäft) ◇ *Let's do a swap.* Lass uns tauschen. ◇ *Most of my football stickers are swaps.* Die meisten meiner Fußballaufkleber habe ich eingetauscht.

sward /swɔːd; *AmE* swɔːrd/ *Nomen (gehoben)* Grasfläche

swarm /swɔːm; *AmE* swɔːrm/ *Nomen, Verb*
- ***Nomen*** **1** Schwarm ◇ *a swarm of bees* ein Bienenschwarm **2** Schar
- ***Verb*** (aus)schwärmen *(auch fig)* PHR V ˈ**swarm with sb/sth** von jdm/etw wimmeln

swar·thy /ˈswɔːði; *AmE* ˈswɔːrði/ *Adj* dunkel(häutig)

swash·buck·ling /ˈswɒʃbʌklɪŋ; *AmE* ˈswɑːʃ-/ *Adj* [nur vor Nomen] verwegen

swas·tika /ˈswɒstɪkə; *AmE* ˈswɑːstɪ-/ *Nomen* Hakenkreuz

swat /swɒt; *AmE* swɑːt/ *Verb, Nomen*
- ***Verb*** **(-tt-)** *(Fliege etc.)* totschlagen
- ***Nomen*** ◇ *She took a swat at the wasp.* Sie schlug nach der Wespe.

swatch /swɒtʃ; *AmE* swɑːtʃ/ *Nomen (Probe)* Muster(buch)

swathe /sweɪð/ *Nomen, Verb*
- ***Nomen*** *(auch* **swath** /swɒθ; *AmE* swɑːθ/) *(gehoben)* *(Land-, Stoff-, Wolken-, Licht-)* Streifen ◇ *vast swathes of countryside* viele ländliche Gegenden IDM **cut a ˈswathe through sth** eine Schneise der Verwüstung durch etw schneiden
- ***Verb*** *(meist passiv)* **~ sb/sth (in sth)** *(gehoben)* jdn/etw (in etw) (ein)wickeln

ˈ**SWAT team** *Nomen Kurzform von* **Special Weapons and Tactics team** *(bes AmE)* = Sondereinheit der Polizei

sway /sweɪ/ *Verb, Nomen*
- ***Verb*** **1** schwanken (lassen), (sich) wiegen **2** *(oft passiv)* beeinflussen ◇ *be swayed by sth* sich von etw beeinflussen lassen
- ***Nomen*** **1** Schwanken, Schaukeln, Wiegen **2** *(gehoben)* Einfluss, Macht ◇ *Rebel forces hold sway over the island.* Die Rebellen kontrollieren die Insel.

swear 0→ /sweə(r); *AmE* swer/ *Verb* **(swore** /swɔː(r)/, **sworn** /swɔːn; *AmE* swɔːrn/) **1** fluchen **2 ~ at sb/sth** jdn/etw beschimpfen **3** *(kein Passiv)* schwören ◇ *He swore he'd never fly again.* Er schwor sich, nie wieder in ein Flugzeug einzusteigen. ◇ *I could have sworn I heard the phone ring.* Ich könnte schwören, dass das Telefon geläutet hat. **4 ~ (on sth)** (auf etw) schwören, (auf etw) einen Eid leisten **5 ~ sb to secrecy/silence** jdn auf Geheimhaltung einschwören ◇ *Everyone was sworn to secrecy.* Alle mussten schwören, nichts zu sagen. → *Siehe auch* SWORN IDM **swear ˈblind** *(umgs)* hoch und heilig versichern; Stein und Bein schwören **swear like a ˈtrooper** *(BrE, veraltet)* wie ein Bierkutscher fluchen PHR V ˈ**swear by sb** bei jdm schwören ˈ**swear by sth** *(nicht in der Verlaufsform)* auf etw schwören ˌ**swear sb ˈin** *(oft passiv)* jdn vereidigen ˌ**swear sb ˈinto sth** *(oft passiv)* ◇ *She was sworn into office.* Sie legte den Amtseid ab. ˈ**swear to sth** *(umgs)* etw beschwören

swear·ing 0→ /ˈsweərɪŋ; *AmE* ˈswerɪŋ/ *Nomen* Fluchen

ˌ**swearing-ˈin** *Nomen* Vereidigung

ˈ**swear word** *Nomen* Kraftausdruck, Schimpfwort, Fluch

sweat 0→ /swet/ *Nomen, Verb*
- ***Nomen*** **1** Schweiß ◇ *I woke up in a sweat.* Ich wachte schweißgebadet auf. ◇ *work up a sweat* ins Schwitzen kommen ◇ *He breaks out in a sweat just at the thought of it.* Wenn er nur daran denkt, bricht ihm schon der Angstschweiß aus. → *Siehe auch* COLD SWEAT **2** *(umgs)* Plackerei **3 sweats** [Pl] *(bes AmE, umgs)* Trainingsanzug, Trainingshose IDM **be/get in a ˈsweat (about sth)** (wegen einer Sache) ins Schwitzen geraten **no ˈsweat** *(umgs)* kein Problem
- ***Verb*** **1** schwitzen ◇ *sweat buckets* stark schwitzen **2** *(BrE)* schmoren, dünsten IDM **don't ˈsweat it** *(AmE, umgs)* mach dir keine Sorgen **don't sweat the ˈsmall stuff** *(AmE, umgs)* reg dich wegen Kleinigkeiten nicht auf **make sb ˈsweat** **1** jdn in die Mangel nehmen; jdm

zusetzen **2** *(warten lassen)* jdn schmoren lassen **sweat 'blood** *(umgs)* **1** sich abrackern **2** Blut und Wasser schwitzen → *Siehe auch* GUT **PHR V** **,sweat sth 'off** etw abschwitzen **,sweat it 'out** *(umgs)* durchhalten

sweat·band /ˈswetbænd/ *Nomen* Schweißband

,sweated 'labour *Nomen (BrE)* [U] **1** unterbezahlte (Schwer)arbeit **2** billige Arbeitskräfte

sweat·er /ˈswetə(r)/ *Nomen* **1** Pullover **2** *(AmE)* Strickjacke

sweat·pants /ˈswetpænts/ *Nomen* [Pl] Trainingshose

sweat·shirt /ˈswetʃɜːt; *AmE* -tʃɜːrt/ *Nomen* Sweatshirt

sweat·shop /ˈswetʃɒp; *AmE* -tʃɑːp/ *Nomen (abwert)* = Betrieb mit ausbeuterischen Arbeitsbedingungen

sweat·suit /ˈswetsuːt; *BrE auch* -sjuːt/ *Nomen (AmE)* Trainingsanzug

sweaty /ˈsweti/ *Adj* **1** verschwitzt ◇ *sweaty feet* Schweißfüße **2** [nur vor Nomen] anstrengend

swede /swiːd/ *Nomen (BrE)* Kohlrübe, Steckrübe

sweep /swiːp/ *Verb, Nomen*

▸ ***Verb*** (**swept**, **swept** /swept/) **1** fegen, kehren ◇ *Her hair was swept back from her face.* Ihr Haar war aus dem Gesicht gekämmt. **2** (mit)reißen ◇ *The boat was swept out to sea.* Das Boot wurde aufs Meer hinaus getrieben. ◇ *The waves swept her overboard.* Die Wellen spülten sie über Bord. **3 ~ (through, over) sth** über/durch etw fegen; *(Feuer, Krankheit)* sich in etw ausbreiten; *(Mode)* etw überrollen ◇ *The rumours swept through the company.* Die Gerüchte verbreiteten sich wie ein Lauffeuer in der Firma. **4 ~ into/out of sth** in/aus etw rauschen ◇ *(fig) He swept into the lead.* Er ging souverän in Führung. **5** *(Handbewegung etc.)* ◇ *She kept sweeping one hand through her hair.* Sie strich sich immer wieder mit der Hand durchs Haar. ◇ *He swept his arms wide.* Er breitete seine Arme aus. **6** *(Empfindung)* überfallen ◇ *Memories came sweeping back.* Alte Erinnerungen wurden plötzlich wieder wach. **7** absuchen ◇ *His eyes swept around the room.* Seine Augen glitten suchend durchs Zimmer. ◇ *Searchlights swept the sky.* Suchscheinwerfer huschten über den Himmel. **8** sich (in weitem Bogen) erstrecken **IDM** **sweep the 'board** alle Preise einheimsen **,sweep sb off their 'feet** jds Herz im Sturm erobern **sweep to 'power** an die Macht gelangen **sweep sb to 'power** jdn an die Macht katapultieren **sweep sth under the 'carpet** *(AmE auch* **sweep sth under the 'rug***)* etw unter den Teppich kehren **PHR V** **,sweep sth a'side** etw ignorieren, etw beiseiteschieben **,sweep sth a'way** **1** etw wegreißen **2** etw aus dem Weg räumen, etw beseitigen **,sweep sth 'out** etw ausfegen **,sweep sb 'up** jdn hochheben **,sweep sth 'up** etw auffegen, etw aufkehren

▸ ***Nomen*** **1** ◇ *give sth a good sweep* etw gründlich fegen/kehren **2** schwungvolle Bewegung ◇ *He indicated the door with a sweep of his arm.* Mit einer schwungvollen Handbewegung wies er auf die Tür. **3** [meist Sing] Bogen, Schwung ◇ *the broad sweep of white cliffs around the bay* der weite Bogen weißer Klippen um die Bucht herum **4** [U] Bereich, Umfang, (zeitlicher) Bogen ◇ *Her book covers the long sweep of the country's history.* Der zeitliche Bogen ihres Buches reicht über die gesamte Geschichte des Landes. **5** (Such)einsatz ◇ *The helicopter made another sweep over the bay.* Der Hubschrauber suchte die Bucht noch einmal ab. **6** = CHIMNEY SWEEP **IDM** → CLEAN

sweep·er /ˈswiːpə(r)/ *Nomen* **1** Straßenfeger(in), Straßenkehrer(in) **2** Kehrmaschine → *Siehe auch* MINESWEEPER **3** *(BrE) (im Fußball)* Ausputzer

sweep·ing /ˈswiːpɪŋ/ *Adj* **1** *(Reformen, Programm, Maßnahmen etc.)* umfassend; *(Veränderungen, Machtbefugnisse)* weitreichend **2** *(abwert) (verallgemeinernd)* pauschal ◇ *a sweeping generalization* eine unzulässige Verallgemeinerung **3** *(Wahlsieg)* überwältigend **4** [nur vor Nomen] weit ausholend, schwungvoll ◇ *a sweeping staircase* eine geschwungene Treppe

sweep·stake /ˈswiːpsteɪk/ *(AmE auch* **sweep·stakes** [Pl]*) Nomen* = Wette, bei der der Gewinner alle Einsätze gewinnt

sweet /swiːt/ *Adj, Nomen*

▸ ***Adj*** **1** süß *(auch fig)* ◇ *I had a craving for something sweet.* Ich hatte Lust auf etwas Süßes. ◇ *Sweet dreams.* Träum süß. ◇ *I can't tell you how sweet this victory is.* Ich kann dir gar nicht sagen, wie glücklich mich dieser Sieg macht. **2** *(Stimme, Klang)* lieblich **3** *(bes BrE)* entzückend, süß **4** nett, lieb **5 Sweet!** *(AmE, umgs)* Toll! → *Siehe auch* BITTERSWEET **IDM** **be 'sweet on sb** *(umgs, veraltet)* in jdn verliebt sein **have a sweet 'tooth** *(umgs)* sehr gern Süßigkeiten essen **in your own sweet 'time/'way** wann/wie es einem passt **keep sb 'sweet** *(umgs)* jdn bei Laune halten **sweet F'A**; **sweet Fanny 'Adams** *(BrE, umgs)* überhaupt nichts **sweet 'nothings** Zärtlichkeiten **the sweet smell of suc'cess** *(umgs)* die Süße des Erfolgs → *Siehe auch* SHORT

▸ ***Nomen*** **1** *(BrE)* Süßigkeit, Bonbon ◇ *boiled sweets* Fruchtbonbons **2** *(BrE)* Nachspeise **3** *(veraltet) (Anrede)* Schatz, Liebling

,sweet-and-'sour *Adj* [nur vor Nomen] süßsauer

sweet·bread /ˈswiːtbred/ *Nomen* [meist Pl] Bries

sweet·corn /ˈswiːtkɔːn; *AmE* -kɔːrn/ *Nomen (BrE)* Mais

sweet·en /ˈswiːtn/ *Verb* **1** süßen **2 ~ sb (up)** *(umgs)* jdn gnädig stimmen **3** *(fig)* versüßen **IDM** → PILL

sweet·en·er /ˈswiːtnə(r)/ *Nomen* **1** Süßstoff **2** *(umgs)* Schmiergeld

sweet·heart /ˈswiːthɑːt; *AmE* -hɑːrt/ *Nomen* **1** [Sing] *(Anrede)* Liebling, Schatz **2** *(veraltend)* Liebste(r) ◇ *They were childhood sweethearts.* Sie waren schon als Kinder ein Pärchen.

sweetie /ˈswiːti/ *Nomen (umgs)* **1** *(BrE, Kinderspr)* Bonbon **2** *(Person)* Schatz **3** [Sing] *(Anrede)* Liebling, Schätzchen

sweet·ish /ˈswiːtɪʃ/ *Adj* süßlich

sweet·ly *Adv* /ˈswiːtli/ **1** süß, lieb **2** *(reibungslos)* glatt

sweet·meat /ˈswiːtmiːt/ *Nomen (veraltet)* Süßigkeit

sweet·ness /ˈswiːtnəs/ *Nomen* **1** Liebenswürdigkeit **2** süßer Geschmack, süßer Duft **IDM** **be (all) ,sweetness and 'light** **1** (sehr) freundlich sein **2** eitel Freude und Sonnenschein sein

,sweet 'pea *Nomen* Gartenwicke

,sweet po'tato *Nomen (Pl* **-oes***)* Batate, Süßkartoffel

'sweet talk *Nomen* [U] *(umgs)* Schmeichelei(en), Süßholzgeraspel

'sweet-talk *Verb (abwert)* beschwatzen

,sweet 'woodruff *(auch* **wood·ruff***) Nomen* Waldmeister

swell /swel/ *Verb, Nomen, Adj*

▸ ***Verb*** (**swelled** /sweld/, **swol·len** /ˈswəʊlən; *AmE* ˈswoʊ-/ *oder* **swelled**, **swelled**) **1 ~ (up)** anschwellen, aufquellen **2 ~ (out)** sich blähen; **~ sth (out)** etw blähen **3 ~ (to sth)** (auf etw) ansteigen, (auf etw) anwachsen **4 ~ sth (to sth)** etw (auf etw) erhöhen, etw (auf etw) vergrößern **5 ~ (with sth)** (vor etw) strahlen, sich (vor etw) aufblähen ◇ *swell with pride* sich vor Stolz aufblähen → *Siehe auch* SWOLLEN

▸ ***Nomen*** **1** Woge, Seegang **2** [Sing] *(gehoben)* Wölbung **3** [Sing] Anschwellen, Ansteigen → *Siehe auch* GROUNDSWELL **4** [Sing] Crescendo **5** *(umgs, veraltet)* hohes Tier, feiner Pinkel

▸ ***Adj*** *(AmE, umgs, veraltet)* toll

swell·ing /ˈswelɪŋ/ *Nomen* Schwellung, Beule

swel·ter /ˈsweltə(r)/ *Verb* (*vor Hitze*) verschmachten

swel·ter·ing /ˈsweltərɪŋ/ *Adj* (*Hitze*) glühend

swept *Form von* SWEEP

swerve /swɜːv; *AmE* swɜːrv/ *Verb, Nomen*

▸ ***Verb*** einen Bogen machen; (*Fahrzeug*) einen Schlenker machen ◇ *swerve to the right* nach rechts ausschwenken

▸ ***Nomen*** Ausweichbewegung, Schlenker

swift /swɪft/ *Adj, Nomen*

▸ ***Adj*** (*Adv* **swift·ly**) (*gehoben*) schnell, rasch ◇ *a swift reaction* eine prompte Reaktion ◇ *The White House was swift to deny the rumours.* Das Weiße Haus dementierte die Gerüchte sofort.

▸ ***Nomen*** Mauersegler

swift·ness /ˈswɪftnəs/ *Nomen* Schnelligkeit

swig /swɪɡ/ *Verb, Nomen*

▸ ***Verb*** **(-gg-)** (*umgs*) trinken, hinunterkippen

▸ ***Nomen*** (kräftiger) Schluck

swill /swɪl/ *Verb, Nomen*

▸ ***Verb*** **1 ~ sth (out/down)** (*bes BrE*) etw (aus)spülen **2 ~ sth (down)** (*umgs*) (*trinken*) etw hinunterkippen **3** schwappen **4 ~ sth (around)** etw herumschwenken **5 ~ sth away** etw wegspülen

▸ ***Nomen*** **1** = PIGSWILL **2** (*AmE*) Schmutzwasser

swim /swɪm/ *Verb, Nomen*

▸ ***Verb*** (**swim·ming, swam** /swæm/, **swum** /swʌm/) **1** schwimmen ◇ *go swimming* schwimmen gehen **2 ~ sth** etw durchschwimmen **3** verschwimmen **4** sich drehen ◇ *His head swam.* In seinem Kopf drehte sich alles. **IDM** → SINK

▸ ***Nomen*** [Sing] ◇ *Let's go for/have a swim.* Gehen wir schwimmen. **IDM** **in the ˈswim (of things)** (*umgs*) mitten im Geschehen ◇ *Since leaving the company, he's no longer in the swim of things.* Seitdem er die Firma verlassen hat, hat er den Anschluss verloren.

swim·mer /ˈswɪmə(r)/ *Nomen* Schwimmer(in) ◇ *He's a strong swimmer.* Er kann gut schwimmen.

swim·ming *Nomen* /ˈswɪmɪŋ/ Schwimmen ◇ *I don't like swimming.* Ich schwimme nicht gern.

ˈswimming bath *Nomen* [meist Pl] (*BrE, veraltet*) Schwimmbad

ˈswimming cap (*auch* **ˈswimming hat**) *Nomen* (*BrE*) Badekappe, Badehaube

ˈswimming costume (*auch* **cos·tume**) *Nomen* (*BrE*) Badeanzug

swim·ming·ly *Adv* /ˈswɪmɪŋli/ (*umgs*) reibungslos

ˈswimming pool (*auch* **pool**) *Nomen* Schwimmbad, Schwimmbecken ◇ *an indoor swimming pool* ein Hallenbad ◇ *an outdoor/open-air swimming pool* ein Freibad

ˈswimming trunks (*auch* **trunks**) *Nomen* [Pl] Badehose ◇ *a pair of swimming trunks* eine Badehose

swim·suit /ˈswɪmsuːt; *BrE auch* -sjuːt/ *Nomen* Badeanzug

swim·wear /ˈswɪmweə(r); *AmE* -wer/ *Nomen* (*gehoben*) Badebekleidung

swin·dle /ˈswɪndl/ *Verb, Nomen*

▸ ***Verb*** **~ sb (out of sth)** jdn (um etw) betrügen; **~ sth (out of sb)** etw (von jdm) erschwindeln

▸ ***Nomen*** Betrug, Schwindel

swind·ler /ˈswɪndlə(r)/ *Nomen* Betrüger(in), Schwindler(in)

swine /swaɪn/ *Nomen* (*Pl* **swines** *oder* **swine**) **1** (*umgs*) (*Schimpfwort*) Schwein **2 swine** [Pl] (*Fachspr oder veraltet*) Schweine ◇ *swine fever* Schweinepest **IDM** → PEARL

swing /swɪŋ/ *Verb, Nomen*

▸ ***Verb*** (**swung, swung** /swʌŋ/) **1** baumeln (lassen) ◇ *He sat on the stool, swinging his legs.* Er saß auf dem Hocker und ließ die Beine baumeln. **2** schwingen ◇ *He swung himself out of the car.* Er schwang sich aus dem Auto. ◇ *As he pushed her, she swung higher and higher.* Er stieß sie an und sie schaukelte höher und höher. **3** (*Tür etc.*) **~ open/to** auf-/zugehen **4 ~ sth open** etw aufstoßen **5** schwenken (*auch fig*) ◇ *The seat swung to Labour.* Die Wähler sind zur Labour-Partei geschwenkt. ◇ *The game could swing either way.* Der Ausgang des Spiels ist offen. ◇ *I managed to swing them round to my point of view.* Es gelang mir, sie auf meine Seite zu bringen. **6 ~ (sth) (at sb/sth)** zum Schlag (gegen jdn, etw) (mit etw) ausholen **7 ~ (between A and B)** (zwischen A und B) schwanken **8** (*umgs*) deichseln ◇ *Is there any chance of you swinging us a couple of tickets?* Kannst du uns vielleicht ein paar Eintrittskarten verschaffen? **9** (MUS) einen schwungvollen Rhythmus haben **10** (*umgs*) **be swinging** (*Party etc.*) toll sein **IDM** **swing the ˈbalance** den Ausschlag geben **swing both ˈways** (*umgs*) bisexuell sein **ˌswing into ˈaction** an die Arbeit gehen; (*Sache*) beginnen; losgehen → *Siehe auch* ROOM **PHR V** **ˌswing ˈby** (*AmE, umgs*) bei jdm vorbeischauen

▸ ***Nomen*** **1** Schwung, Schwingen ◇ *He took a wild swing at the ball.* Er holte aus und schlug mit viel Schwung nach dem Ball. ◇ *the swing of her hips* das Wiegen ihrer Hüften **2** Umschwung, Schwenk ◇ *abrupt swings of mood* starke Stimmungsschwankungen ◇ *a 10% swing to Labour* ein zehnprozentiger Umschwung zugunsten der Labour-Partei **3** Schaukel **4** (MUS) Swing **IDM** **get in/into the ˈswing (of sth)** (*umgs*) sich (in etw) einleben; sich (in etw) einarbeiten **go with a ˈswing** (*BrE*) **1** ◇ *The party went with a swing.* Die Party war toll. ◇ *She made the party go with a swing.* Sie brachte eine tolle Stimmung in die Party. **2** einen schwungvollen Rhythmus haben **in full ˈswing** in vollem Gange **ˌswings and ˈroundabouts** (*BrE, umgs*) ◇ *It's all swings and roundabouts.* Es ist gehupft wie gesprungen.

swing ˈbridge *Nomen* (*BrE*) Drehbrücke

swing ˈdoor *Nomen* (*BrE*) Pendeltür

swinge·ing /ˈswɪndʒɪŋ/ *Adj* (*BrE, gehoben*) **1** drastisch **2** (*Kritik etc.*) scharf

swing·er /ˈswɪŋə(r)/ *Nomen* (*umgs, veraltet*) **1** Partylöwe, -löwin **2** ◇ *He's a bit of a swinger.* Er schläft mit jeder.

swing·ing /ˈswɪŋɪŋ/ *Adj* (*umgs, veraltet*) lebenslustig

swinging ˈdoor *Nomen* (*AmE*) Pendeltür

swing ˈstate *Nomen* (POL) Wechselwähler-Staat

swing ˈvoter *Nomen* (*AmE*) Wechselwähler(in)

swipe /swaɪp/ *Verb, Nomen*

▸ ***Verb*** **1** schlagen; **~ at sth/sb** nach etw/jdm schlagen **2** (*umgs*) klauen **3** (*Kreditkarte etc.*) durchziehen **4** (kurz) wischen ◇ *Switch on the phone and swipe your finger across the screen to unlock it.* Schalten Sie Ihr Telefon ein und entsperren Sie es, indem Sie kurz mit dem Finger über den Bildschirm wischen. ◇ *Swipe right to switch between programs.* Wischen Sie kurz nach rechts, um zwischen den Programmen zu wechseln.

▸ ***Nomen*** (*umgs*) ◇ *She took a swipe at him with her stick.* Sie schlug mit ihrem Stock nach ihm. ◇ *He used the interview to take a swipe at his critics.* Er benutzte das Interview dazu, seine Kritiker anzugreifen.

ˈswipe card *Nomen* Magnetkarte

swirl /swɜːl; *AmE* swɜːrl/ *Verb, Nomen*

▸ ***Verb*** **1** wirbeln ◇ *Her skirt swirled around her ankles.* Ihr Rock flatterte um ihre Knöchel. ◇ *swirling mists* wallender Nebel **2** schwenken

▸ ***Nomen*** **1** Wirbel **2** Spirale

swish /swɪʃ/ *Verb, Nomen, Adj*
▸ ***Verb*** zischen (lassen), sausen (lassen) ◇ *Its tail swished.* Sein Schwanz schlug hin und her. ◇ *The pony swished its tail.* Das Pony schlug mit dem Schwanz.
▸ ***Nomen*** Zischen, Sausen, Rascheln
▸ ***Adj*** *(BrE, umgs)* schick, nobel

ˌSwiss ˈchard *(auch* **chard***)* *Nomen* Mangold

ˌSwiss ˈcheese *Nomen* Schweizer Käse

ˌSwiss ˈroll *Nomen (BrE)* Biskuitrolle

switch 0-w /swɪtʃ/ *Nomen, Verb*
▸ ***Nomen*** **1** Schalter ◇ *at the flick of a switch* per Knopfdruck **2** Änderung, Wechsel ◇ *a switch of priorities* eine Verschiebung der Prioritäten **3** *(AmE)* Weiche **4** Gerte
▸ ***Verb*** **1** wechseln; **~ (sth) (over) (to sth)** (etw) (auf etw) umstellen ◇ *switch between programs* von einem Programm aufs andere schalten ◇ *The meeting has been switched to next week.* Die Versammlung ist auf nächste Woche verlegt worden. **2 ~ sth (over/around/round)** etw vertauschen, etw umstellen **3** tauschen; **~ sth (over/around/round)** etw austauschen PHR V **ˌswitch ˈoff** *(umgs)* abschalten **ˌswitch (sth) ˈon/ˈoff** (etw) ein-/ausschalten, (etw) an-/abstellen **ˌswitch (sth) ˈover** *(BrE)* (etw) umschalten

switch·back /ˈswɪtʃbæk/ *Nomen* Serpentinenstraße, *(AmE)* Serpentine ◇ *a switchback railway* eine Berg-und-Talbahn

switch·blade /ˈswɪtʃbleɪd/ *Nomen (bes AmE)* Springmesser

switch·board /ˈswɪtʃbɔːd; *AmE* -bɔːrd/ *Nomen* Vermittlung, Zentrale ◇ *a switchboard operator* ein(e) Telefonist(in) ◇ *Fans jammed the switchboard for hours.* Fans blockierten stundenlang die Telefonleitungen.

swivel /ˈswɪvl/ *Nomen, Verb*
▸ ***Nomen*** Drehgelenk ◇ *a swivel chair* ein Drehstuhl
▸ ***Verb*** (**-ll-**, *AmE* **-l-**) (sich) drehen; **~ around** (sich) herumdrehen

swol·len 0-w /ˈswəʊlən; *AmE* ˈswoʊ-/ *Adj* geschwollen; *(Fluss)* angeschwollen → *Siehe auch* SWELL

swoon /swuːn/ *Verb, Nomen*
▸ ***Verb*** **1 ~ (over sb)** (für jdn) schwärmen **2** *(veraltet)* ohnmächtig werden
▸ ***Nomen*** [Sing] *(veraltet)* Ohnmacht

swoop /swuːp/ *Verb, Nomen*
▸ ***Verb*** **1** herabstoßen, nach unten fliegen ◇ *The aircraft swooped down over the buildings.* Das Flugzeug flog im Tiefflug über die Gebäude. **2 ~ (on sb/sth)** *(Polizei)* (über jdn/etw) herfallen, (auf jdn/etw) eine Razzia machen
▸ ***Nomen*** **1** Sturzflug **2 ~ (on sb/sth)** Razzia (bei jdm/in etw) IDM → FELL

swop = SWAP

sword /sɔːd; *AmE* sɔːrd/ *Nomen* Schwert IDM **put sb to the ˈsword** *(veraltet oder gehoben)* jdn hinrichten; jdn töten **turn swords into ˈploughshares** *(gehoben)* Schwerter zu Pflugscharen machen → *Siehe auch* CROSS *und* DOUBLE-EDGED

ˈsword dance *Nomen* Schwerttanz

sword·fish /ˈsɔːdfɪʃ; *AmE* ˈsɔːrd-/ *Nomen (Pl* **sword·fish***)* Schwertfisch

swords·man /ˈsɔːdzmən; *AmE* ˈsɔːrdz-/ *Nomen (Pl* **-men** /-mən/*)* Fechter

swore *Form von* SWEAR

sworn /swɔːn; *AmE* swɔːrn/ *Adj* [nur vor Nomen] **1** ◇ *a sworn witness* ein beeidigter Zeuge ◇ *a sworn statement* eine eidesstattliche Erklärung ◇ *sworn evidence* Aussage unter Eid **2 ~ enemies** Todfeinde → *Siehe auch* SWEAR

swot /swɒt; *AmE* swɑːt/ *Nomen, Verb*
▸ ***Nomen*** *(umgs, abwert)* Streber(in)
▸ ***Verb*** (**-tt-**) *(BrE, umgs)* büffeln PHR V **ˌswot sth ˈup**; **swot ˈup on sth** *(BrE, umgs)* etw büffeln ◇ *Swot up on the company before the interview.* Finde vor dem Vorstellungsgespräch alles über die Firma heraus.

swum *Form von* SWIM

swung *Form von* SWING

syb·ar·it·ic /ˌsɪbəˈrɪtɪk/ *Adj (selten, gehoben)* sybaritisch, Genuss- ◇ *his sybaritic lifestyle* sein üppiger Lebensstil

syca·more /ˈsɪkəmɔː(r)/ *Nomen* **1** *(bes BrE)* Bergahorn **2** *(bes AmE)* amerikanische Platane **3** Ahorn(holz)

syco·phancy /ˈsɪkəfənsi/ *Nomen* Kriecherei, Speichelleckerei

syco·phant /ˈsɪkəfænt/ *Nomen (gehoben, abwert)* Kriecher(in), Speichellecker(in)

syco·phan·tic /ˌsɪkəˈfæntɪk/ *Adj* kriecherisch, schmeichlerisch, devot

syl·lab·ic /sɪˈlæbɪk/ *Adj* **1** Silben- ◇ *syllabic stress* Silbenbetonung **2** silbisch

syl·lable /ˈsɪləbl/ *Nomen* Silbe ◇ *a two-syllable word* ein zweisilbiges Wort IDM → WORD

syl·la·bub /ˈsɪləbʌb/ *Nomen (BrE)* Weinschaumcreme

syl·la·bus /ˈsɪləbəs/ *Nomen (Pl* **syl·la·buses** *oder* **syl·labi** /-baɪ/*)* Lehrplan, Studienplan

syl·lo·gism /ˈsɪlədʒɪzəm/ *Nomen* (PHILOS) Syllogismus

syl·lo·gis·tic /ˌsɪləˈdʒɪstɪk/ *Adj* [nur vor Nomen] syllogistisch

syl·van /ˈsɪlvən/ *Adj (gehoben)* Wald-

sym·bi·osis /ˌsɪmbaɪˈəʊsɪs; *AmE* -ˈoʊ-/ *Nomen (Pl* **sym·bi·oses** /-siːz/*)* **1** (BIOL) Symbiose **2** Zweckgemeinschaft

sym·bi·ot·ic /ˌsɪmbaɪˈɒtɪk; *AmE* -ˈɑːtɪk/ *Adj (Adv* **sym·bi·ot·ic·al·ly** /-kli/*)* symbiotisch

sym·bol 0-w /ˈsɪmbl/ *Nomen* **1 ~ (of sth)** Symbol (für etw) **2** *(Fachspr)* Symbol, Zeichen

sym·bol·ic /sɪmˈbɒlɪk; *AmE* -ˈbɑːlɪk/ *Adj (Adv* **sym·bol·ical·ly** /-kli/*)* **~ (of sth)** symbolisch (für etw) ◇ *a symbolically significant gesture* eine Geste mit symbolischer Bedeutung

sym·bol·ism /ˈsɪmbəlɪzəm/ *Nomen* **1** Symbolik **2** (KUNST, LIT) Symbolismus

sym·bol·ist /ˈsɪmbəlɪst/ *Adj, Nomen*
▸ ***Adj*** (KUNST, LIT) symbolistisch
▸ ***Nomen*** Symbolist(in)

sym·bol·ize *(BrE auch* **-ise***)* /ˈsɪmbəlaɪz/ *Verb* symbolisieren ◇ *He came to symbolize justice.* Er wurde zum Symbol der Gerechtigkeit.

sym·met·rical /sɪˈmetrɪkl/ *(auch* **sym·met·ric** /-trɪk/*)* *Adj (Adv* **sym·met·ric·al·ly** /-kli/*)* symmetrisch

sym·metry /ˈsɪmətri/ *Nomen* Symmetrie

sym·pa·thet·ic 0-w /ˌsɪmpəˈθetɪk/ *Adj* **1** mitfühlend, verständnisvoll; **be ~ to/towards sb** (für jdn) Verständnis aufbringen ◇ *I'm here if you need a sympathetic ear.* Ich habe immer ein offenes Ohr für dich. ◇ *a sympathetic manner* eine verbindliche Art ◇ *a sympathetic response* eine tröstliche Antwort **2 ~ (to/towards sb/sth)** (für jdn/etw) zugänglich ◇ *The newspapers are sympathetic to the President.* Die Zeitungen stehen dem Präsidenten wohlwollend gegenüber. **3** sympathisch ◇ *a sympathetic character in the novel* eine sympathische Figur in dem Roman

sym·pa·thet·ic·al·ly /ˌsɪmpəˈθetɪkli/ *Adv* verständnisvoll, mitfühlend, wohlwollend

sym·pa·thize *(BrE auch* **-ise***)* /ˈsɪmpəθaɪz/ *Verb* **1 ~ (with sb/sth)** (mit jdm/etw) Mitleid haben, (für jdn/

etw) Verständnis haben **2** ~ **with sb/sth** jdn/etw unterstützen; *(Partei etc.)* mit jdm/etw sympathisieren

sym·pa·thizer *(BrE auch* **-iser***)* /ˈsɪmpəθaɪzə(r)/ *Nomen* Sympathisant(in)

sym·pathy 0➡ /ˈsɪmpəθi/ *Nomen (Pl* **-ies***)* **1** Mitgefühl, Mitleid, Verständnis ◇ *express sympathy for sb* jdm sein Mitgefühl aussprechen ◇ *(gehoben) May we offer our deepest sympathies.* Wir möchten Ihnen unser tiefstes Beileid aussprechen. **2** [meist Pl] Sympathie, Unterstützung ◇ *There was no sympathy between them.* Sie waren sich unsympathisch. IDM **be out of ˈsympathy with sb/sth** *(gehoben)* nicht mit jdm/etw übereinstimmen **in ˈsympathy with sth** *(gehoben)* in Solidarität mit etw ◇ *Share prices slipped in sympathy with events.* Der Fall der Aktienpreise ging einher mit den Ereignissen.

sym·phon·ic /sɪmˈfɒnɪk; *AmE* -ˈfɑːnɪk/ *Adj* sinfonisch

sym·phony /ˈsɪmfəni/ *Nomen (Pl* **-ies***)* Sinfonie

sym·po·sium /sɪmˈpəʊziəm; *AmE* -ˈpoʊ-/ *Nomen (Pl* **sympo·sia** /-ziə/ *oder* **sym·po·siums***)* Symposium, Tagung

symp·tom /ˈsɪmptəm/ *Nomen* Symptom, Anzeichen

symp·tom·at·ic /ˌsɪmptəˈmætɪk/ *Adj* ~ **(of sth)** *(gehoben)* (für etw) symptomatisch

symp·tom·ize /ˈsɪmptəmaɪz/ *Verb (AmE)* symptomatisch sein für

syna·gogue /ˈsɪnəɡɒɡ; *AmE* -ɡɑːɡ/ *Nomen* Synagoge

sync *(auch* **synch***)* /sɪŋk/ *Nomen, Verb (umgs)*
▸ ***Nomen*** = SYNCHRONIZATION IDM **in ˈsync** synchron **out of ˈsync** nicht in Einklang; *(Film)* nicht synchron
▸ ***Verb*** synchronisieren ➔ *Siehe auch* LIP-SYNC

syn·chron·iza·tion *(BrE auch* **-isa·tion***)* /ˌsɪŋkrənaɪˈzeɪʃn; *AmE* -nəˈ-/ *(umgs* **sync***) Nomen* Synchronisation

syn·chron·ize *(BrE auch* **-ise***)* /ˈsɪŋkrənaɪz/ *Verb* **1** ~ **sth (with sth)** etw (mit etw) synchronisieren, etw (auf etw) abstimmen ◇ *synchronized movements* aufeinander abgestimmte Bewegungen ◇ *Let's synchronize our watches.* Wir sollten unsere Uhren gleichstellen. **2** ~ **(with sth)** (mit etw) synchron sein, (mit etw) übereinstimmen

ˌ**synchronized ˈswimming** *(BrE auch* **-ised***) Nomen* Synchronschwimmen

syn·chron·ous /ˈsɪŋkrənəs/ *Adj (gehoben)* synchron, gleichzeitig

syn·co·pated /ˈsɪŋkəpeɪtɪd/ *Adj* (MUS) synkopiert

syn·co·pa·tion /ˌsɪŋkəˈpeɪʃn/ *Nomen* (MUS) Synkopierung

syn·dic·al·ism /ˈsɪndɪkəlɪzəm/ *Nomen* Syndikalismus

syn·dic·al·ist /ˈsɪndɪkəlɪst/ *Nomen, Adj*
▸ ***Nomen*** Syndikalist(in)
▸ ***Adj*** syndikalistisch

syn·di·cate *Nomen, Verb*
▸ ***Nomen*** /ˈsɪndɪkət/ Syndikat, Interessengemeinschaft ◇ *a syndicate of banks* ein Bankenkonsortium
▸ ***Verb*** /ˈsɪndɪkeɪt/ *(Fachspr)* syndizieren ◇ *His column is syndicated throughout the world.* Seine Kolumne wird in vielen Zeitungen in der ganzen Welt veröffentlicht.

syn·di·ca·tion /ˌsɪndɪˈkeɪʃn/ *Nomen* [U] *(Fachspr)* Syndizierung

syn·drome /ˈsɪndrəʊm; *AmE* -droʊm/ *Nomen* **1** Syndrom ➔ *Siehe auch* DOWN'S SYNDROME **2** Phänomen

syn·ec·doche /sɪˈnekdəki/ *Nomen (Fachspr)* (LIT) Synekdoche

syn·ergy /ˈsɪnədʒi; *AmE* -nərdʒi/ *Nomen (Pl* **-ies***)* Synergie

synod /ˈsɪnəd; *BrE auch* -nɒd/ *Nomen* (REL) Synode

syno·nym /ˈsɪnənɪm/ *Nomen* Synonym

syn·onym·ous /sɪˈnɒnɪməs; *AmE* sɪˈnɑːn-/ *Adj* **1** (LING) synonym **2** ~ **(with sth)** gleichbedeutend (mit etw)

syn·op·sis /sɪˈnɒpsɪs; *AmE* sɪˈnɑːp-/ *Nomen (Pl* **syn·op·ses** /-siːz/*)* Zusammenfassung

syn·op·tic /sɪˈnɒptɪk; *AmE* sɪˈnɑːp-/ *Adj (gehoben)* synoptisch, zusammenfassend

syn·tac·tic /sɪnˈtæktɪk/ *Adj (Adv* **syn·tac·tic·al·ly** /-kli/*)* (LING) syntaktisch

syn·tax /ˈsɪntæks/ *Nomen* Syntax; *(Grammatik auch)* Satzbau

syn·the·sis /ˈsɪnθəsɪs/ *Nomen (Pl* **syn·theses** /-siːz/*)* **1** Synthese ◇ *the synthesis of art with everyday life* die Verschmelzung der Kunst mit dem Alltag **2** Synthetisierung ◇ *the synthesis of penicillin* die synthetische Herstellung von Penicillin

syn·the·size *(BrE auch* **-ise***)* /ˈsɪnθəsaɪz/ *Verb* **1** synthetisieren, synthetisch herstellen **2** *(Ideen, Stile etc.)* zusammenbringen

syn·the·sizer *(BrE auch* **-iser***)* /ˈsɪnθəsaɪzə(r)/ *Nomen* Synthesizer

syn·thet·ic /sɪnˈθetɪk/ *Adj, Nomen*
▸ ***Adj*** *(Adv* **syn·thet·ic·al·ly** /-kli/*)* synthetisch, Kunst-
▸ ***Nomen*** **1** Kunststoff **2** Gewebe aus Kunstfasern ◇ *cotton fabrics and synthetics* Baumwollstoffe und Synthetik

syph·ilis /ˈsɪfɪlɪs/ *Nomen* Syphilis

syph·il·it·ic /ˌsɪfɪˈlɪtɪk/ *Adj* syphilitisch

sy·phon = SIPHON

syr·inge /sɪˈrɪndʒ/ *Nomen, Verb*
▸ ***Nomen*** Injektionsspritze
▸ ***Verb*** *(Ohren etc.)* ausspülen

syrup /ˈsɪrəp/ *Nomen* Sirup

syr·upy /ˈsɪrəpi/ *Adj* **1** sirupähnlich **2** *(abwert)* süßlich, schnulzig

sys·tem 0➡ /ˈsɪstəm/ *Nomen* **1** System ◇ *the British educational system* das britische Bildungswesen **2** (TECH) System, Anlage ➔ *Siehe auch* PUBLIC ADDRESS SYSTEM **3** Körper ◇ *You have to wait until the drugs have passed out of your system.* Sie müssen warten, bis die Drogen ausgeschieden werden. **4** ◇ *the respiratory system* der Atmungsapparat ◇ *the male reproductive system* die männlichen Fortpflanzungsorgane ➔ *Siehe auch* CENTRAL NERVOUS SYSTEM IDM **get sth out of your ˈsystem** *(umgs)* über etw hinwegkommen

sys·tem·at·ic /ˌsɪstəˈmætɪk/ *Adj (Adv* **sys·tem·at·ic·al·ly** /-kli/*)* systematisch

sys·tem·atiza·tion *(BrE auch* **-isa·tion***)* /ˌsɪstəmətaɪˈzeɪʃn; *AmE* -təˈ-/ *Nomen* Systematisierung

sys·tem·atize *(BrE auch* **-ise***)* /ˈsɪstəmətaɪz/ *Verb* systematisieren

sys·tem·ic /sɪˈstemɪk, sɪˈstiːmɪk/ *Adj (Adv* **sys·tem·ic·al·ly** /ˌsɪstəˈmætɪkli/*)* (BIOL, MED) systemisch

ˈ**systems analysis** *Nomen* Systemanalyse

ˈ**systems analyst** *Nomen* Systemanalytiker(in)

T t

T, t /tiː/ *Nomen, Abk*
▸ ***Nomen*** *(Pl* **Ts, T's, t's***)* T, t ➔ *Beispiele bei* A, A ➔ *Siehe auch* T-JUNCTION, T-SHIRT *und* T-SQUARE IDM **to a ˈT/ˈtee** *(umgs)* genau richtig; haargenau ➔ *Siehe auch* DOT
▸ ***Abk*** = TON *und* TONNE

TA /ˌtiː ˈeɪ/ *Abk* **1** (*BrE*) = TERRITORIAL ARMY **2** (*AmE*) = TEACHING ASSISTANT (2)

ta /tɑː/ *Ausruf* (*BrE, Slang*) danke

tab /tæb/ *Nomen* **1** Lasche; (*an Karteikarten etc.*) Tab, Reiter **2** = TAB STOP **3** (*AmE*) (*an Dosen*) Ringpull-Verschluss **4** Rechnung, Kosten ◇ *run up a bar tab* die Getränke anschreiben lassen **5** (*umgs*) Tablette IDM **keep (close) tabs on sb/sth** (*umgs*) jdn/etw (genau) im Auge behalten → *Siehe auch* PICK

tabby /ˈtæbi/ *Nomen* (*auch* **ˈtabby cat**) getigerte Katze

tab·er·nacle /ˈtæbənækl; *AmE* -bərn-/ *Nomen* **1** Gotteshaus, Kirche **2 the tabernacle** die Stiftshütte

table /ˈteɪbl/ *Nomen, Verb*

▸ ***Nomen*** **1** Tisch ◇ *at table* bei Tisch **2** (Tisch)runde **3** Verzeichnis, Tabelle → *Siehe auch* PERIODIC TABLE **4** (SPORT) Tabelle ◇ *They'll go to the top of the table.* Sie werden Tabellenführer sein. **5** = MULTIPLICATION TABLE IDM **put sth on the ˈtable 1** (*BrE*) (*Plan, Vorschlag etc.*) unterbreiten; vorlegen **2** (*bes AmE*) (*Plan, Vorschlag etc.*) zurückstellen; aufschieben **turn the ˈtables (on sb)** (jdm gegenüber) den Spieß umdrehen → *Siehe auch* CARD, DRINK *und* WAIT

▸ ***Verb*** **1** (*BrE*) vorlegen **2** (*AmE*) zurückstellen

tab·leau /ˈtæbləʊ; *AmE* -bloʊ/ *Nomen* (*Pl* **tab·leaux** /ˈtæbləʊ, -bləʊz; *AmE* ˈtæbloʊ, -bloʊz/) **1** Tableau **2** (*fig*) Szene

table·cloth /ˈteɪblklɒθ; *AmE* -klɔːθ/ *Nomen* Tischtuch

table d'hôte /ˌtɑːbl ˈdəʊt; *AmE* ˈdoʊt/ *Nomen* Tagesmenü ◇ *the table d'hôte menu* die Tageskarte

ˌtable ˈfootball *Nomen* Tischfußball

ˈtable manners *Nomen* [Pl] Tischmanieren

ˈtable mat *Nomen* (*BrE*) Untersetzer, Set

ˈtable napkin (*auch* **nap·kin**) *Nomen* Serviette

table·spoon /ˈteɪblspuːn/ *Nomen* **1** Servierlöffel **2** (*auch* **table·spoon·ful** /-fʊl/) (*Abk* **tbsp**) (*in Rezepten etc.*) Esslöffel 15 ml

tab·let /ˈtæblət/ *Nomen* **1** (*bes BrE*) Tablette **2** (*Stein-, Ton-*) Tafel ◇ *a memorial tablet* eine Gedenktafel ◇ (*fig*) *These regulations are not set in tablets of stone.* Diese Regelungen sind nicht in Stein gemeißelt. **3 ~ of soap** (*gehoben, veraltet*) Stück Seife **4** = TABLET PC™

ˈtable tennis *Nomen* Tischtennis

table·top /ˈteɪbltɒp; *AmE* -tɑːp/ *Nomen, Adj*

▸ ***Nomen*** Tischplatte

▸ ***Adj*** [nur vor Nomen] Tisch- ◇ *a tabletop machine* ein Tischgerät ◇ *a tabletop sale* ein Tischverkauf

ˌTablet PˈC™ (*auch* **tablet**) *Nomen* Tablet-PC™

table·ware /ˈteɪblweə(r); *AmE* -wer/ *Nomen* = Tischgeschirr, Gläser und Besteck

tab·loid /ˈtæblɔɪd/ *Nomen, Adj*

▸ ***Nomen*** (kleinformatiges) Boulevardblatt

▸ ***Adj*** [nur vor Nomen] Boulevard- ◇ *tabloid journalists* Reporter der Boulevardpresse

taboo /təˈbuː/ *Nomen, Adj*

▸ ***Nomen*** (*Pl* **ta·boos**) Tabu

▸ ***Adj*** tabu, Tabu-

ˈtab stop (*auch* **tab**) *Nomen* Tabulator

tabu·lar /ˈtæbjələ(r)/ *Adj* (*Fachspr*) tabellarisch, tabellenförmig

tabu·late /ˈtæbjuleɪt/ *Verb* tabellarisch anordnen, tabellarisieren

tabu·la·tion /ˌtæbjuˈleɪʃn/ *Nomen* tabellarische Darstellung, Tabellarisierung

tacho·graph /ˈtækəgrɑːf; *AmE* -græf/ *Nomen* Fahrtenschreiber, Tachograf

tach·om·eter /tæˈkɒmɪtə(r); *AmE* tæˈkɑːm-/ *Nomen* (*Fachspr*) Drehzahlmesser

tacit /ˈtæsɪt/ *Adj* (*Adv* **tacit·ly**) (*gehoben*) stillschweigend

taci·turn /ˈtæsɪtɜːn; *AmE* -tɜːrn/ *Adj* wortkarg, schweigsam

tack /tæk/ *Nomen, Verb*

▸ ***Nomen*** **1** [U/Sing] (*fig*) Richtung, Weg ◇ *a complete change of tack* ein völliger Richtungswechsel ◇ *She decided to try a different tack.* Sie versuchte es anders. **2** (NAUT) Kreuzen **3** (NAUT) (*Strecke*) Schlag ◇ *on (a) port/starboard tack* auf Backbord-/Steuerbordbug **4** kleiner Nagel, Stift **5** (*AmE*) Reißnagel, Reißzwecke **6** (*beim Nähen*) Heftstich **7** (*Fachspr*) Sattel- und Zaumzeug IDM → BRASS

▸ ***Verb*** **1** annageln **2** (*beim Nähen*) heften **3** (NAUT) lavieren, kreuzen PHR V **ˌtack sth ˈon(to sth)** etw (an etw) anfügen, etw (an etw) anhängen

tackle /ˈtækl/ *Verb, Nomen*

▸ ***Verb*** **1** angehen, in Angriff nehmen; (*erfolgreich*) bewältigen, meistern ◇ *They are determined to tackle inflation.* Sie sind fest entschlossen, die Inflation zu bekämpfen. **2 ~ sb (about sth)** jdn (auf etw) ansprechen, jdn (mit etw) konfrontieren **3** (*beim Fußball etc.*) angreifen; (*beim American Football, Rugby*) fassen **4** losgehen auf, packen

▸ ***Nomen*** **1** (*beim Fußball etc.*) Angriff, Tackling **2** (*AmE*) (*beim American Football*) = Spieler, der die gegnerische Abwehr angreift, bzw. seine Mitspieler vor den gegnerischen Verteidigern schützt **3** (*Ausrüstung*) Zeug **4** (*BrE, Slang*) (*männliche Geschlechtsteile*) Gerät, Gehänge → *Siehe auch* BLOCK AND TACKLE

tack·ler /ˈtæklə(r)/ *Nomen* (*BrE*) (SPORT) Angreifer(in) ◇ *He beat three tacklers.* Er spielte drei Gegner aus.

tacky /ˈtæki/ *Adj* **1** (*umgs*) kitschig, billig, geschmacklos **2** klebrig

tact /tækt/ *Nomen* Takt(gefühl)

tact·ful /ˈtæktfl/ *Adj* (*Adv* **tact·ful·ly** /-fəli/) taktvoll

tac·tic /ˈtæktɪk/ *Nomen* [meist Pl] Taktik ◇ *delaying tactics* eine Verzögerungstaktik

tac·tic·al /ˈtæktɪkl/ *Adj* (*Adv* **tac·tic·al·ly** /-kli/) taktisch ◇ *That was a tactical error.* Das war taktisch unklug.

tac·ti·cian /tækˈtɪʃn/ *Nomen* Taktiker(in)

tact·ile /ˈtæktaɪl; *AmE* -tl/ *Adj* (*gehoben*) taktil, Tast- ◇ *tactile fabric* Stoff, der sich gut anfühlt ◇ *He's a very tactile man.* Er ist sehr auf Körperkontakt aus.

tact·less /ˈtæktləs/ *Adj* (*Adv* **tact·less·ly**) taktlos

tact·less·ness /ˈtæktləsnəs/ *Nomen* Taktlosigkeit

tad /tæd/ *Nomen* [Sing] **a tad** (*umgs*) ein Tick, ein klein bisschen

tad·pole /ˈtædpəʊl; *AmE* -poʊl/ *Nomen* Kaulquappe

tae kwon do /ˌtaɪ ˌkwɒn ˈdəʊ; *AmE* ˌkwɑːn ˈdoʊ/ *Nomen* Taekwondo

taf·feta /ˈtæfɪtə/ *Nomen* Taft

Taffy /ˈtæfi/ *Nomen* (*Pl* **-ies**) (*auch* **Taff** /tæf/) (*BrE, umgs, oft abwert*) Waliser(in)

taffy /ˈtæfi/ *Nomen* (*AmE*) Toffee, Karamellbonbon

tag /tæg/ *Nomen, Verb*

▸ ***Nomen*** **1** (*oft in Zusammensetzungen*) Schild(chen), Etikett ◇ *a gift tag* ein Geschenkanhänger ◇ *electronic tags* elektronische Fesseln **2** [meist Sing] Beiname ◇ *The 'lucky' tag stuck for years.* „Glückspilz" war jahrelang sein zweiter Name. **3** (LING) = TAG QUESTION **4** Redensart **5** (*Spiel*) Fangen

▸ ***Verb*** (**-gg-**) **1** etikettieren, auszeichnen, mit einem Schild/Anhänger versehen ◇ *Each animal was tagged with a number.* Jedes Tier war mit einer Nummer versehen. **2** (*bei Facebook etc.*) markieren ◇ *tag sb in a photo* jdn auf einem Foto markieren **3 ~ sb/sth as sth** jdn/etw als etw bezeichnen ◇ *The country no longer wanted to be tagged as a Third World nation.* Das

Land wollte nicht mehr als Dritte-Welt-Land abgestempelt werden. PHR V ˌtag aˈlong behind sb hinter jdm her trotten ˌtag aˈlong (with sb) sich (jdm) anschließen ˌtag sth ˈon(to sth) etw (an etw) anhängen, etw (an etw) anfügen

ˈtag line *Nomen (AmE, umgs)* **1** Pointe **2** (Werbe)slogan

ˈtag question *(auch* **tag***) Nomen* Frageanhängsel

tˈai chi chˈuan /ˌtaɪ tʃiː ˈtʃwɑːn/ *(auch* **tˈai chi***) Nomen* Tai-Chi (Chuan)

tail 0-m /teɪl/ *Nomen, Verb*

▸ ***Nomen*** **1** Schwanz **2** Hinterteil; *(Flugzeug etc.)* Heck; *(Komet)* Schweif **3** Ende → *Siehe auch* TAILEND **4 tails** [Pl] Frack ◇ *The men all wore top hat and tails.* Alle Männer trugen Frack und Zylinder. → *Siehe auch* SHIRT TAIL **5 tails** *(Rückseite einer Münze)* Zahl **6** *(umgs)* Beschatter(in) ◇ *The police have put a tail on him.* Er wird von der Polizei beschattet. IDM **heads or ˈtails?** Kopf oder Zahl? **not make head nor ˈtail of sth** aus etw nicht schlau werden **on sb's ˈtail** *(umgs)* jdm auf den Fersen; jdm im Nacken **the tail (is) wagging the ˈdog** der Schwanz wackelt mit dem Hund **turn ˈtail** die Flucht ergreifen **with your tail between your ˈlegs** *(umgs)* mit eingezogenem Schwanz → *Siehe auch* NOSE *und* STING

▸ ***Verb*** beschatten IDM → TOP PHR V ˌ**tail aˈway/ˈoff** *(bes BrE)* schwächer werden, abnehmen ◇ *'But why ...?' Her voice tailed away.* „Aber warum ...?" Ihre Stimme wurde immer leiser. ˌ**tail ˈback** sich stauen, einen Stau bilden

tail·back /ˈteɪlbæk/ *Nomen (BrE)* Rückstau

tail·board /ˈteɪlbɔːd; *AmE* -bɔːrd/ *Nomen* Ladeklappe

tail·bone /ˈteɪlbəʊn; *AmE* -boʊn/ *Nomen (BrE)* Steißbein

tail·coat /ˈteɪlkəʊt; *AmE* -koʊt/ *Nomen* Frack

-tailed /teɪld/ *(in Zusammensetzungen)* ◇ *a white-tailed eagle* ein Adler mit weißen Schwanzfedern

tail ˈend *Nomen* [Sing] Ende

tail·gate /ˈteɪlgeɪt/ *Nomen, Verb*

▸ ***Nomen*** *(eines Lkw)* Ladeklappe; *(beim Auto)* Heckklappe

▸ ***Verb*** *(bes AmE)* (zu) dicht auffahren

ˈtail light *Nomen* Rücklicht

tailor /ˈteɪlə(r)/ *Nomen, Verb*

▸ ***Nomen*** Schneider(in)

▸ ***Verb*** schneidern; ~ **sth to/for sb/sth** *(fig)* etw auf jdn/ etw zuschneiden

tailored /ˈteɪləd; *AmE* -lərd/ *Adj* **1** gut geschnitten, gut sitzend **2** ~ **to sb/sth** auf jdn/etw zugeschnitten

tailor·ing /ˈteɪlərɪŋ/ *Nomen* **1** *(Kleidung)* Schnitt ◇ *Clever tailoring can flatter your figure.* Ein guter Schnitt kann Ihrer Figur schmeicheln. **2** Schneidern

ˌ**tailor-ˈmade** *Adj* ~ **(for sb/sth)** (auf jdn/etw) zugeschnitten; ~ **to sth** auf etw zugeschnitten ◇ *a tailor-made course of study* ein auf spezifische Bedürfnisse zugeschnittener Kurs ◇ *She seems tailor-made for the job.* Sie scheint für die Stelle wie geschaffen.

tail·piece /ˈteɪlpiːs/ *Nomen* **1** Anhang **2** (MUS) Saitenhalter

tail·pipe /ˈteɪlpaɪp/ *Nomen (bes AmE)* Auspuffendstück

tail·plane /ˈteɪlpleɪn/ *Nomen* Höhenleitwerk

tail·spin /ˈteɪlspɪn/ *Nomen* [Sing] *(eines Flugzeugs etc.)* Trudeln *(auch fig)*

tail·wind /ˈteɪlwɪnd/ *Nomen* Rückenwind

taint /teɪnt/ *Verb, Nomen*

▸ ***Verb*** *(gehoben)* **1** verderben; *(Ruf etc.)* beschmutzen, beflecken ◇ *The administration was tainted with scandal.* Der Ruf der Regierung war von Skandalen befleckt. **2** verseuchen, verunreinigen

▸ ***Nomen*** [meist Sing] Makel

taint·ed /ˈteɪntɪd/ *Adj* unrein, unsauber, verseucht

take 0-m /teɪk/ *Verb, Nomen*

▸ ***Verb*** **(took** /tʊk/, **taken** /ˈteɪkən/)

• **(weg-/mit-/an)nehmen** **1** nehmen, wegnehmen ◇ *Take a seat.* Nehmen Sie Platz. ◇ *Lots of couples have problems. Take Ann and Paul.* Viele Paare haben Probleme. Nimm zum Beispiel Ann und Paul. ◇ *These threats are not to be taken lightly.* Diese Drohungen sollten nicht auf die leichte Schulter genommen werden. ◇ *I took the knife off her.* Ich nahm ihr das Messer weg. ◇ *Are these seats taken?* Sind diese Plätze frei? ◇ *My name had been taken off the list.* Mein Name war von der Liste gestrichen worden. ◇ *(gehoben) The storms took the lives of 50 people.* 50 Menschen kamen bei dem Sturm ums Leben. **2** (mit)nehmen ◇ *Are you taking a coat?* Nimmst du einen Mantel mit? ◇ *I'm taking the kids swimming later.* Ich gehe später mit den Kindern schwimmen. **3** entnehmen ◇ *Part of her article is taken straight out of my book.* Ein Teil ihres Artikels ist direkt meinem Buch entnommen. ◇ *The machine takes its name from its inventor.* Die Maschine ist nach ihrem Erfinder benannt. **4** *(Stadt etc.)* einnehmen; *(Kontrolle)* übernehmen ◇ *The rebels took him prisoner.* Die Rebellen nahmen ihn gefangen. **5** *(gehoben) (Zeitung)* beziehen, lesen **6** ~ **A (away) (from B)** *(nicht in der Verlaufsform)* A (von B) abziehen ◇ *80 take away 5 is 75.* 80 weniger 5 ist 75. **7** (an)nehmen ◇ *I'll take the call in my office.* Ich nehme den Anruf in meinem Büro entgegen. ◇ *The school doesn't take boys.* Die Schule nimmt keine Jungen auf. ◇ *The store took $100 000 last week.* Der Laden nahm letzte Woche 100 000$ ein. ◇ *Will you take ten dollars for the book?* Verkaufen Sie mir das Buch für zehn Dollar?

• **(weg-/hin)bringen** **8** (hin)bringen ◇ *The boys were taken to see their grandparents most weekends.* An den meisten Wochenenden wurden die Jungen zu den Großeltern gebracht. ◇ *Shall I take my host family a gift?* Soll ich meiner Gastfamilie ein Geschenk mitbringen? ◇ *I'll take you by car.* Ich fahre dich mit dem Auto hin. **9** führen ◇ *The new loan takes the total debt to $100 000.* Der neue Kredit bringt die Gesamtschuld auf 100 000$. ◇ *Her energy and talent took her to the top of her profession.* Durch ihre Energie und ihre Fähigkeiten hat sie es geschafft, in ihrem Beruf an die Spitze zu kommen.

• **Notizen/Fotos** **10** aufschreiben, notieren ◇ *The police officer took my name and address.* Der Polizist nahm meine Personalien auf. ◇ *Did you take notes in the class?* Hast du in der Stunde mitgeschrieben? **11** *(Foto)* machen ◇ *have your picture taken* sich fotografieren lassen

• **Niederlage/Kritik** **12** *(erleben)* erleiden ◇ *The team took a terrible beating.* Die Mannschaft erlitt eine furchtbare Niederlage. ◇ *The school took the full force of the explosion.* Die Schule wurde voll von der Explosion getroffen. **13** *(kein Passiv)* ertragen ◇ *She can't take criticism.* Sie kann keine Kritik vertragen. ◇ *He took the criticism surprisingly well.* Er hat die Kritik überraschend gut aufgenommen. ◇ *I find his attitude a little hard to take.* Ich kann seine Einstellung nur schwer akzeptieren. **14** ~ **sth (as sth)** *(nicht in der Verlaufsform)* etw (als etw) auffassen, etw (als etw) verstehen ◇ *What did you take his comments to mean?* Wie hast du seine Bemerkungen verstanden? ◇ *Taken overall, the project was a success.* Alles in allem war das Projekt ein Erfolg.

• **Temperatur/Puls** **15** messen

• **Zeit** **16** *(kein Passiv)* brauchen, dauern ◇ *It took her three hours.* Sie brauchte drei Stunden. ◇ *I won't take long.* Ich brauche nicht lange. ◇ *It'll take time for her* *to recover from the illness.* Es wird lange dauern, bis sie sich von der Krankheit erholt hat.

• **andere Ausdrücke** **17** **~ sb/sth for sb/sth**; **~ sb/sth to be sb/sth** (*nicht in der Verlaufsform*) jdn/etw für jdn/etw halten **18** (*kein Passiv*) erfordern, brauchen, benötigen ◇ *It only takes one careless driver to cause an accident.* Ein einziger unvorsichtiger Fahrer reicht aus, um einen Unfall zu verursachen. ◇ *It doesn't take much to make her angry.* Sie wird leicht böse. ◇ *He didn't take much persuading.* Er war leicht zu überzeugen. ◇ *The verb 'rely' takes the preposition 'on'.* Das Verb „rely" wird mit der Präposition „on" gebraucht. ◇ *What size shoes do you take?* Welche Schuhgröße haben Sie? **19** (*nicht in der Verlaufsform*) (*kein Passiv*) (*Behälter, Fahrzeug etc.*) fassen ◇ *The bus can take 60 passengers.* In dem Bus haben 60 Passagiere Platz. **20** unterrichten; (*Andacht*) halten ◇ *The head teacher usually takes us for French.* Französisch haben wir gewöhnlich beim Direktor. **21** (*Pflanzen*) anwachsen; (*Transplantat*) angenommen werden

IDM **I, you, etc. can't take sb 'anywhere** (*umgs*) man kann jdn nirgendwohin mitnehmen **have (got) what it 'takes** (*umgs*) das Zeug (zu etw) haben ◇ *She's got what it takes.* Sie hat's wirklich drauf. **take sth as it 'comes/take sb as they 'come** etw/jdn nehmen, wie er/sie/es ist **take it as it 'comes** die Dinge nehmen, wie sie sind **'take it (that ...)** annehmen (, dass ...); etw so verstehen, dass ... ◇ *I take it you won't be coming to the party?* Ich gehe davon aus, dass du nicht zur Party kommst? **take it from 'me (that ...)** (*umgs*) du kannst mir glauben (, dass ...) **take it on/upon yourself to do sth** etw auf eigene Initiative hin tun **take it or 'leave it** **1** ja oder nein; entweder oder ◇ *That's all there is. Take it or leave it.* Mehr Auswahl gibt's nicht. Entweder du nimmst es, oder du lässt es. **2** ◇ *Sport? I can take it or leave it.* Sport? Da mache ich mir nicht viel draus. ◇ *Sugar in my tea? I can take it or leave it.* Zucker im Tee? Das ist mir egal. **take it/a lot 'out of sb** jdn ziemlich/sehr schlauchen ◇ *Taking care of small children takes it out of you.* Auf kleine Kinder aufzupassen ist ganz schön anstrengend. **take some/a lot of 'doing** (*umgs*) ganz schön schwierig sein ℹ Für andere Redewendungen mit **take** siehe die Einträge für die Nomina, Adjektive etc. **take advantage** z.B. steht unter **advantage**.

PHRV **,take sb a'back** (*meist passiv*) jdm den Atem verschlagen ◇ *Henry, taken aback, paused.* Henry hielt völlig perplex inne.

,take 'after sb (*kein Passiv*) **1** (*nicht in der Verlaufsform*) jdm ähneln, jdm nachschlagen **2** (*AmE, umgs*) jdm nachlaufen, jdn verfolgen

,take a'gainst sb/sth (*kein Passiv*) (*BrE*) eine Abneigung gegen jdn/etw fassen

,take sb a'part (*umgs*) **1** jdn vernichtend schlagen **2** (*kritisieren*) jdn in der Luft zerreißen **,take sth a'part** etw auseinandernehmen

,take sb a'round/'round (sth) jdn (irgendwo) herumführen **,take sb/sth a'round (to sb)** = TAKE SB/STH ROUND/AROUND (TO SB)

,take sth a'way **1** etw verschwinden lassen ◇ *I was given some pills to take away the pain.* Ich bekam Tabletten gegen die Schmerzen. **2** (*BrE*) (*vom Restaurant, Imbiss etc.*) etw mitnehmen ◇ *Two burgers to take away, please.* Zwei Hamburger zum Mitnehmen, bitte. **take a'way from sth** (*kein Passiv*) etw schmälern, etw beeinträchtigen

,take sb 'back (*Ehepartner, Exfreund etc.*) zurückkommen lassen, wieder aufnehmen **,take sb 'back (to ...)** jdn (in die Zeit ...) zurückversetzen ◇ *The smell took him back to his childhood.* Der Geruch weckte Kindheitserinnerungen in ihm. **,take sth 'back** **1** etw zurückbringen **2** (*Behauptung etc.*) etw zurücknehmen

,take sth 'down **1** etw herunternehmen, etw abnehmen **2** etw abbauen ◇ *take down a fence* einen Zaun wegreißen **3** (*Hose etc.*) herunterlassen **4** etw notieren, etw aufschreiben; (*bei Vortrag etc.*) mitschreiben

,take sb 'in **1** jdn (bei sich) aufnehmen; (*für Geld*) vermieten ◇ *take in lodgers* Zimmer vermieten **2** jdn hereinlegen, jdn täuschen ◇ *I was taken in by her story.* Ich fiel auf ihre Geschichte herein. ◇ *Don't be taken in by his charm.* Lass dich nicht von seinem Charme einwickeln. **,take sth 'in** **1** etw aufnehmen (*auch fig*) **2** etw enger machen **3** (*kein Passiv*) (*fig*) etw einschließen, etw abdecken ◇ *Her lecture took in all the recent developments.* Ihr Vortrag berücksichtigte alle die neuesten Entwicklungen. **4** (*kein Passiv*) (*besuchen*) etw mitnehmen **5** etw wahrnehmen, etw registrieren ◇ *She took in the scene at a glance.* Sie erfasste die Situation mit einem Blick.

,take 'off **1** (*Flugzeug*) starten, abheben **2** (*umgs*) sich davonmachen, sich aus dem Staub machen **3** (*Produkt, Kampagne etc.*) (gut) anlaufen, (gut) ankommen ◇ *Her singing career took off after her TV appearance.* Nach ihrem Fernsehauftritt startete sie als Sängerin durch.

,take sb 'off **1** jdn nachmachen, jdn imitieren **2** (SPORT) jdn vom Spielfeld nehmen, jdn auswechseln **,take sth 'off** **1** etw ausziehen; (*Hut, Brille etc.*) abnehmen **2** sich etw freinehmen ◇ *I'll take a few days off next week.* Ich werde mir nächste Woche ein paar Tage freinehmen. **3** (*Theaterstück, Serie etc.*) absetzen **4** (*Haare*) abschneiden; (*Gliedmaßen*) abnehmen ◇ *The explosion nearly took his arm off.* Die Explosion riss ihm beinahe den Arm ab. **,take yourself 'off (to ...)** (*umgs*) sich auf den Weg (nach/zu ...) machen **,take sb 'off (to ...)** (*umgs*) jdn wegbringen, jdn nach/zu ... bringen ◇ *take sb off to hospital* jdn ins Krankenhaus bringen ◇ *The police took him off to the station.* Die Polizei nahm ihn mit auf die Wache. **,take sb 'off sth** jdm etw entziehen ◇ *He's been taken off that project.* Er wurde von dem Projekt freigestellt. ◇ *The police officer has been taken off the case.* Dem Kriminalbeamten wurde der Fall entzogen. ◇ *After three days she was taken off the ventilator.* Nach drei Tagen konnte das Beatmungsgerät entfernt werden. ◇ *She had to be taken off the antibiotics.* Sie musste die Antibiotika absetzen. **,take sth 'off sth** **1** etw von etw abziehen ◇ *That experience took ten years off my life.* Das Ereignis hat mich um zehn Jahre gealtert. **2** (*oft passiv*) etw aus dem Handel ziehen ◇ *Doctors recommended that the pills should be taken off the market.* Die Ärzte rieten, die Tabletten vom Markt zu nehmen.

,take sb 'on **1** jdn einstellen, jdn anstellen ◇ *She was taken on as a secretary.* Sie wurde als Sekretärin eingestellt. **2** (*kein Passiv*) sich mit jdm anlegen; (*im Sport etc.*) gegen jdn antreten **3** jdn annehmen ◇ *We're not taking on any new clients at present.* Wir nehmen zur Zeit keine neuen Klienten an. **4** jdn an Bord nehmen, jdn ein-/zusteigen lassen **,take sth 'on** **1** (*kein Passiv*) (*Farbe, Ton, Ausdruck etc.*) annehmen **2** etw übernehmen; (*Auftrag etc.*) annehmen **3** etw laden; (*Benzin*) tanken

,take sb 'out **1** jdn ausführen, mit jdm ausgehen **2** (*umgs*) (MIL) jdn töten **,take sth 'out** **1** etw herausnehmen; (*Zahn*) ziehen **2** (*Versicherung, Abonnement etc.*) abschließen ◇ *take out a loan* einen Kredit aufnehmen ◇ *take out an ad in a newspaper* eine Zeitungsanzeige aufgeben ◇ *The police have taken out a summons against the driver of the car.* Der Fahrer des Wagens hat eine polizeiliche Vorladung bekommen. **3** (*umgs*) (MIL) etw zerstören ◇ *They took out two enemy planes.* Sie schossen zwei feindliche Flugzeuge ab. **4** (*AmE*) (*vom Restaurant, Imbiss etc.*) mitnehmen **,take sth 'out (of sth)** (*Geld etc.*) (von etw) abheben **,take sth 'out of sth** etw von etw abziehen ◇ *The fine will be taken out of your wages.* Die Strafe wird Ihnen vom Lohn abgezogen. **,take it/sth 'out on sb** etw an jdm auslassen **,take sb 'out of himself/herself** jdn auf andere Gedanken bringen

ˌtake ˈover **1** ◊ *The Communists took over in 1945.* Die Kommunisten übernahmen 1945 die Macht. ◊ *If you're tired of driving I'll take over for a while.* Wenn du müde bist, kann ich das Steuer für eine Weile übernehmen. ◊ *If she's not well, I'll have to take over.* Wenn sie krank ist, muss ich für sie einspringen. **2** (*fig*) überhandnehmen **ˌtake ˈover (from sb/sth)** jdn/etw ablösen **ˌtake sth ˈover** **1** etw übernehmen ◊ *In the film aliens take over the world.* Im Film übernehmen Außerirdische die Macht auf der Erde. **2** ◊ *The kids took over the whole house.* Die Kinder breiteten sich im ganzen Haus aus. ◊ *The job has taken over her life.* Der Job beherrscht ihr ganzes Leben.
ˌtake sb ˈround (sth) = TAKE SB AROUND/ROUND STH
ˌtake sb/sth ˈround/aˈround (to sb) jdn/etw (zu jdm) mitnehmen, jdn/etw zu jdm bringen
ˌtake sb ˈthrough sth etw mit jdm (genau) durchgehen
ˈtake to sth (*kein Passiv*) **1** sich irgendwohin flüchten ◊ *She took to her bed for a week.* Sie legte sich eine Woche ins Bett. ◊ *Thousands of people took to the streets to protest.* Tausende von Menschen gingen auf die Straße um zu protestieren. **2** anfangen etw zu tun ◊ *I've taken to waking up very early.* Ich wache jetzt immer sehr früh auf. **3** etw (leicht/schnell) lernen **ˈtake to sb/sth** (*kein Passiv*) an jdm/etw Gefallen finden ◊ *I took to my new boss immediately.* Mein neuer Chef war mir sofort sympathisch. ◊ *I didn't take kindly to being told how to run my life.* Ich mochte es nicht, dass mir jemand vorschrieb, wie ich mein Leben zu leben hatte.
ˌtake ˈup weitermachen **ˌtake sth ˈup** **1** etw in Anspruch nehmen, etw einnehmen **2** (*Kleidung etc.*) kürzen ◊ *This skirt needs taking up.* Dieser Rock muss gekürzt werden. **3** anfangen etw zu tun ◊ *She has taken up the oboe.* Sie lernt jetzt Oboe. **4** (*Stelle etc.*) antreten **5** (*beim Gesang etc.*) in etw einstimmen (*auch fig*) ◊ *Their protests were later taken up by other groups.* Später schlossen sich andere Gruppen ihrem Protest an. **6** mit etw fortfahren, etw aufgreifen **7** (*Position, Haltung*) einnehmen **8** (*Einladung etc.*) annehmen ◊ *take up a challenge* eine Herausforderung annehmen **ˌtake ˈup with sb** (*umgs*) sich mit jdm einlassen **ˌtake sb ˈup on sth** **1** bei jdm wegen einer Sache nachhaken ◊ *I must take you up on that point.* An dieser Stelle möchte ich etwas einwenden. **2** (*umgs*) jdn bezüglich einer Sache beim Wort nehmen ◊ *I'll take you up on the offer some time.* Ich werde irgendwann auf dein Angebot zurückkommen. **ˌtake sth ˈup with sb** sich wegen einer Sache an jdn wenden, etw bei jdm zur Sprache bringen **be ˌtaken ˈup with sth/sb** von etw/jdm in Anspruch genommen sein
be ˈtaken with sb/sth an jdm/etw Gefallen finden ◊ *I think he's quite taken with the idea.* Ich glaube, die Idee sagt ihm zu.
▸ ***Nomen*** **1** (*Film*) Einstellung, Take **2** [meist Sing] (*umgs*) Einnahme(n) **3** **~ on sth** (*umgs*) Einstellung zu etw ◊ *What's his take on the plan?* Was sagt er zu dem Plan? ◊ *a new take on the Romeo and Juliet story* eine Neuinterpretation der Romeo und Julia-Geschichte ➜ *Siehe auch* DOUBLE TAKE **IDM** **be on the ˈtake** (*umgs*) bestechlich sein

take·away /ˈteɪkəweɪ/ *Nomen* **1** (*AmE* **take·out** /ˈteɪkaʊt/) Restaurant mit Straßenverkauf, Imbissstube **2** (*auch* **take·out**) Essen zum Mitnehmen ◊ *Let's have a Chinese takeaway.* Holen wir uns etwas beim Chinesen. **3** Kernpunkt ◊ *The key takeaways from the presentation are: 1….* Die wichtigsten Punkte der Präsentation sind: 1.…

ˈtake-home pay *Nomen* [U] Nettolohn

ˈtake-off *Nomen* **1** (*Flugzeug*) Start ◊ *ready for take-off* startbereit ◊ *take-off speed* Abhebegeschwindigkeit ◊ (*fig*) *The economy is poised for take-off.* Die Wirtschaft steht vor dem Aufschwung. **2** (SPORT) Absprung **3** Parodie

take·over /ˈteɪkəʊvə(r); *AmE* -koʊ-/ *Nomen* **1** Übernahme **2** Machtübernahme

taker /ˈteɪkə(r)/ *Nomen* **1** [meist Pl] Interessent(in) **2** (*oft in Zusammensetzungen*) ◊ *hostage takers* Geiselnehmer ◊ *drug takers* Drogenkonsumenten ◊ *risk takers* Risikofreudige ◊ *It's better to be a giver than a taker.* Es ist besser zu geben als zu nehmen.

ˈtake-up *Nomen* [U/Sing] Inanspruchnahme ◊ *The take-up of language courses has been disappointing.* Die Zahl der Interessenten für Sprachkurse war enttäuschend.

tak·ings /ˈteɪkɪŋz/ *Nomen* [Pl] Einnahmen

tal·cum pow·der /ˈtælkəm paʊdə(r)/ (*umgs* **talc** /tælk/) *Nomen* (Körper)puder, Talkumpuder

tale /teɪl/ *Nomen* Erzählung, Geschichte ◊ *a fairy tale* ein Märchen ◊ (*fig*) *the team's tale of woe* das Trauerspiel mit dem Team **IDM** ➜ OLD *und* TELL

tal·ent /ˈtælənt/ *Nomen* **1** Begabung, Talent ◊ *a man of many talents* ein vielseitig begabter Mann ◊ *She showed considerable talent for getting what she wanted.* Sie hatte ein Talent dafür, immer ihren Willen durchzusetzen. ◊ *a wealth of young talent* viele junge Talente **2** [U] (*ErE, Slang*) ◊ *He spent his time chatting up the local talent.* Er machte sich an die Mädchen am Ort heran.

tal·ent·ed /ˈtæləntɪd/ *Adj* talentiert, begabt

ˈtalent scout (*auch* **scout**, **ˈtalent spotter**) *Nomen* Talentsucher(in)

tal·is·man /ˈtælɪzmən/ *Nomen* Talisman

talk 🗝 /tɔːk/ *Verb, Nomen*
▸ ***Verb*** **1** sprechen, reden ◊ *Mary is talking of looking for another job.* Mary spricht davon, dass sie sich eine andere Stelle suchen will. ◊ *The baby is just starting to talk.* Das Kind lernt gerade sprechen. ◊ *She's not talking to me.* Sie redet nicht mit mir. ◊ *We need to talk.* Wir müssen miteinander reden. ◊ *talk politics* über Politik reden ◊ *The two sides are ready to talk.* Die beiden Seiten sind zu Gesprächen bereit. ◊ *She talks a lot of sense.* Was sie sagt, klingt sehr vernünftig. ◊ *See if you can talk some sense into him.* Versuch doch, ihn zur Vernunft zu bringen. **2** (*umgs*) ◊ *We're talking €800 for three hours' work.* Mensch, das sind 800€ für drei Stunden Arbeit. **3** reden, klatschen, tratschen ◊ *That'll give people something to talk about.* Das wird für Gesprächsstoff sorgen. **IDM** **look who's ˈtalking**; **ˈyou can/can't talk**; **you're a ˈfine one to talk** (*umgs*) das musst du gerade sagen **now you're ˈtalking** (*umgs*) das klingt schon besser **ˈtalk about …** (*zur Verstärkung verwendet*) so was von … ◊ *Talk about mean!* So was von geizig! **talk ˈdirty** (*umgs*) über Sex reden **talk the hind leg off a ˈdonkey** (*umgs*) reden wie ein Wasserfall **talking of sb/sth** (*bes BrE, umgs*) wo wir gerade von jdm/etw reden **talk ˈshop** (*meist abwert*) über die Arbeit reden; fachsimpeln **talk through your ˈhat** (*umgs, veraltet*) dummes Zeug reden **talk ˈtough (on sth)** (*bes AmE, umgs*) harte Worte (zu etw) finden **talk ˈturkey** (*bes AmE, umgs*) zur Sache kommen; offen reden **talk your way out of sth** sich aus etw herausreden ◊ *I managed to talk my way out of having to give a speech.* Es gelang mir, eine Ausrede zu finden, warum ich keine Rede halten konnte. ➜ *Siehe auch* DEVIL, KNOW, LANGUAGE, MONEY, SENSE *und* TURN **PHR V** **ˌtalk aˈround/ˈround sth** um etw herumreden **ˈtalk at sb** auf jdn einreden **ˌtalk ˈback (to sb)** (jdm) frech antworten ➜ *Siehe auch* BACK TALK **ˌtalk sb/sth ˈdown** (*Pilot, Flugzeug*) an den Boden bringen **ˌtalk sth ˈdown** etw herunterspielen **ˌtalk ˈdown to sb** mit jdm von oben herab reden **ˌtalk sb ˈinto sth** jdn zu etw überreden **ˌtalk sb ˈout of sth** jdn von etw abbringen **ˌtalk sth ˈout** etw ausdiskutieren **ˌtalk sth ˈover (with sb)** (mit jdm) über etw reden, etw (mit jdm)

besprechen ˌ**talk sb 'round (to sth)** (*BrE*) jdn (zu etw) überreden ◇ *We managed to talk them round to our way of thinking.* Es gelang uns, sie von unserer Meinung zu überzeugen. ˌ**talk sth 'through** etw durchsprechen ˌ**talk sb/sth 'up** jdn/etw loben

▸ **Nomen 1** Gespräch ◇ *hold peace talks* Friedensgespräche führen ◇ *We need to have a serious talk about money matters.* Wir müssen ernsthaft über Geldangelegenheiten reden. **2 ~ (on sth)** Vortrag (über etw) **3** Gerede ◇ *Don't pay any attention to her—she's all talk.* Beachte sie nicht—sie führt bloß große Reden. ◇ *There was talk of sending in troops.* Es war davon die Rede, Truppen einzusetzen. ◇ *There's talk that he's in trouble.* Es heißt, dass er Schwierigkeiten hat. **4** (*oft in Zusammensetzungen*) ◇ *tough talk* harte Worte ◇ *girl talk* Gespräche unter Mädchen/Frauen ◇ *sales talk* Verkaufsgerede → *Siehe auch* SMALL TALK *und* SWEET TALK IDM **the talk of sth** ◇ *She became the talk of the town.* Die ganze Stadt sprach nur noch von ihr. → *Siehe auch* FIGHT

talka·tive /'tɔːkətɪv/ *Adj* gesprächig

talk·er /'tɔːkə(r)/ *Nomen* Redner(in) ◇ *She's a (great) talker.* Sie redet viel. IDM

talkie /'tɔːki/ *Nomen* [meist Pl] (*bes AmE, veraltet*) Tonfilm → *Siehe auch* WALKIE-TALKIE

'**talking point** *Nomen* **1** (*BrE*) Gesprächsthema **2** (*AmE*) Diskussionspunkt

'**talking-to** *Nomen* [Sing] Standpauke

'**talk show** *Nomen* (*bes AmE*) Talkshow ◇ *a talk-show host* eine Talkmaster(in)

tall 0→ /tɔːl/ *Adj* **1** hoch ◇ *the tallest building in the world* das höchste Gebäude der Welt **2** groß ◇ *How tall are you?* Wie groß sind Sie? IDM **be a ˌtall 'order** (*umgs*) ziemlich viel verlangt sein **stand 'tall** (*bes AmE*) den Kopf hoch tragen → *Siehe auch* WALK

tall·boy /'tɔːlbɔɪ/ *Nomen* (*BrE*) hohe Kommode

tall·ness /'tɔːlnəs/ *Nomen* Höhe, Größe

tal·low /'tæləʊ; *AmE* -loʊ/ *Nomen* Talg (*für Kerzen etc.*)

ˌ**tall 'story** (*AmE meist* ˌ**tall 'tale**) *Nomen* unglaubwürdige Geschichte

tally /'tæli/ *Nomen, Verb*

▸ **Nomen** (*Pl* **-ies**) Zahl ◇ *Keep a tally of how much you spend.* Führe Buch über deine Ausgaben. ◇ *his impressive tally of 45 goals this season* seine beeindruckende Leistung von 45 Toren in dieser Saison

▸ **Verb** (**tal·lies, tally·ing, tal·lied, tal·lied**) **1 ~ (with sth)** (mit etw) übereinstimmen **2 ~ sth (up)** etw zusammenrechnen

talon /'tælən/ *Nomen* Kralle

tam·bour·ine /ˌtæmbə'riːn/ *Nomen* Tamburin

tame /teɪm/ *Adj, Verb*

▸ **Adj 1** zahm **2** (*Adv* **tame·ly**) (*umgs*) lahm, bieder **3** (*Adv* **tame·ly**) (*umgs*) gefällig, treu ◇ *She won't tamely accept defeat.* Sie wird die Niederlage nicht so ohne Weiteres hinnehmen.

▸ **Verb** zähmen, bändigen

tamer /'teɪmə(r)/ *Nomen* (*meist in Zusammensetzungen*) Dompteur, Dompteuse ◇ *a lion-tamer* ein Löwenbändiger

Tamil /'tæmɪl/ *Nomen, Adj*

▸ **Nomen** Tamil

▸ **Adj** tamilisch

tamp /tæmp/ *Verb* **~ sth (down)** etw feststampfen ◇ *He tamped down the tobacco in his pipe.* Er stopfte den Tabak fest in die Pfeife.

tam·per /'tæmpə(r)/ *Verb* PHRV '**tamper with sth** an etw herumpfuschen

tam·pon /'tæmpɒn; *AmE* -pɑːn/ *Nomen* Tampon

tan /tæn/ *Verb, Nomen, Adj, Abk*

▸ **Verb** (**-nn-**) **1** bräunen **2** braun werden ◇ *My skin tans really easily.* Ich werde leicht braun. → *Siehe auch* SUNTANNED **3** gerben IDM → HIDE

▸ **Nomen 1** = SUNTAN **2** Gelbbraun

▸ **Adj** gelbbraun

▸ **Abk** = TANGENT

tan·dem /'tændəm/ *Nomen* Tandem IDM **in 'tandem (with sb/sth)** zusammen (mit jdm/etw); parallel (mit jdm/etw)

tang /tæŋ/ *Nomen* [meist Sing] scharfer/würziger Geruch/Geschmack ◇ *the tang of lemons* der säuerliche Geschmack von Zitronen

tan·gent /'tændʒənt/ *Nomen* (MATH) **1** Tangente ◇ (*fig*) *The path heads away to the left at a tangent.* Der Weg zweigt schräg nach links ab. **2** (*Abk* **tan**) Tangens IDM **fly/go off at a 'tangent** (*AmE* **go off on a 'tangent**) (*umgs*) vom Thema abschweifen

tan·gen·tial /tæn'dʒenʃl/ *Adj* **1** (*gehoben*) nebensächlich ◇ *be tangential to sth* etw nur am Rande berühren **2** (MATH) tangential

tan·ger·ine /ˌtændʒə'riːn; *AmE* 'tændʒəriːn/ *Nomen, Adj*

▸ **Nomen 1** Mandarine **2** Orangerot

▸ **Adj** orangerot

tan·gible /'tændʒəbl/ *Adj* (*Adv* **tan·gibly** /-bli/) spürbar, greifbar ◇ *tangible evidence* handfeste Beweise ◇ *tangible assets* Sachanlagen ◇ (*gehoben*) *the tangible world* die reale Welt ◇ *She felt it tangibly.* Sie spürte es deutlich.

tan·gle /'tæŋgl/ *Nomen, Verb*

▸ **Nomen 1** Gewirr, Wirrwarr ◇ *Her hair was a mass of tangles.* Ihr Haar war völlig verfilzt. ◇ *a tangle of lies* ein Lügengespinst **2** Durcheinander **3** (*umgs*) Schwierigkeiten

▸ **Verb 1 ~ (up)** sich verheddern, verfilzen **2 ~ sth (up)** etw durcheinanderbringen, etw verheddern PHRV '**tangle with sb/sth** mit jdm/etw aneinandergeraten

tan·gled /'tæŋgld/ *Adj* **1** verheddert, verfilzt **2** verworren, verwickelt

tango /'tæŋgəʊ; *AmE* -goʊ/ *Nomen, Verb*

▸ **Nomen** (*Pl* **-os**) Tango

▸ **Verb** (**tango·ing, tan·goed, tan·goed**) Tango tanzen

tangy /'tæŋi/ *Adj* scharf, säuerlich, würzig

tank 0→ /tæŋk/ *Nomen* **1** Tank ◇ *a hot-water tank* ein Heißwasserspeicher ◇ *a fish tank* ein Aquarium → *Siehe auch* SEPTIC TANK *und* THINK TANK **2** (MIL) Panzer

tank·ard /'tæŋkəd; *AmE* -kərd/ *Nomen* Bierkrug, Humpen

ˌ**tanked 'up** (*AmE* **tanked**) *Adj* (*umgs*) besoffen

tank·er /'tæŋkə(r)/ *Nomen* **1** Tanker **2** Tankwagen

tank·ful /'tæŋkfʊl/ *Nomen* Tank (voll) ◇ *on one tankful of petrol* mit einem Tank Benzin

tank·ini /ˌtæŋ'kiːni/ *Nomen* Tankini

'**tank top** *Nomen* **1** (*BrE*) Pullunder **2** (*AmE*) ärmelloses T-Shirt

tanned /tænd/ *Adj* = SUNTANNED

tan·ner /'tænə(r)/ *Nomen* Gerber(in)

tan·nery /'tænəri/ *Nomen* (*Pl* **-ies**) Gerberei

tan·nic /'tænɪk/ *Adj* tannisch ◇ *tannic acid* Gerbsäure

tan·nin /'tænɪn/ *Nomen* Tannin, Gerbsäure

Tan·noy™ /'tænɔɪ/ *Nomen* (*BrE*) Lautsprecheranlage

tan·tal·ize (*BrE auch* **-ise**) /'tæntəlaɪz/ *Verb* reizen, quälen

tan·tal·iz·ing (*BrE auch* **-is·ing**) /'tæntəlaɪzɪŋ/ *Adj* (*Adv* **tan·tal·iz·ing·ly**) (*BrE auch* **-is·ing·ly**) verlockend (aber unerreichbar) ◇ *The cherries were tantalizingly out* *of reach.* Die Kirschen waren verlockend nah, aber dennoch unerreichbar.

tan·ta·mount /'tæntəmaʊnt/ *Adj* [nicht vor Nomen] **be ~ to sth** *(gehoben)* einer Sache gleichkommen, auf etw hinauslaufen

tan·trum /'tæntrəm/ *Nomen* Wutanfall

Taoi·seach /'ti:ʃəx/ *Nomen* = Premierminister(in) der Republik Irland

tap 0-π /tæp/ *Verb, Nomen*

▸ ***Verb*** **(-pp-)** **1** (leise) klopfen, tippen ◇ *He tapped me on the shoulder.* Er tippte mir auf die Schulter. ◇ *Tap the icon to open the app.* Tippen Sie kurz auf das Icon, um die App zu öffnen. **2** trommeln ◇ *The music set everyone's feet tapping.* Alle begannen mit dem Fuß den Takt zu der Musik zu klopfen. **3 ~ (into) sth** etw erschließen, sich etw zunutzemachen ◇ *The movie seems to tap into a general sentimentality about animals.* Der Film scheint eine allgemeine Sentimentalität in Bezug auf Tiere anzusprechen. **4** *(Baum, Quelle, Telefon)* anzapfen ◇ *His phone was being tapped.* Seine Telefongespräche wurden abgehört. → *Siehe auch* WIRETAP **PHR V** **'tap sb for sth** *(BrE, umgs)* jdn (um etw) anpumpen **'tap sth 'in** (COMP) etw eingeben **'tap sth 'out 1** etw klopfen ◇ *She tapped out a beat on the table.* Sie trommelte einen Rhythmus auf den Tisch. **2** etw tippen

▸ ***Nomen*** **1** *(bes BrE)* Hahn ◇ *the hot tap* der Heißwasserhahn ◇ *a mixer tap* eine Mischbatterie ◇ *Don't leave the tap running.* Lass das Wasser nicht laufen. → *Siehe auch* TAP WATER **2** (leises) Klopfen; *(beim Smartphone o.Ä.)* (leichtes) Antippen ◇ *He felt a tap on his shoulder.* Er spürte, wie ihm jemand auf die Schulter tippte. **3** = WIRETAP **4** = TAP-DANCING **IDM** **on 'tap 1** (jederzeit) zur Verfügung **2** *(Bier)* vom Fass

'tap dance *Nomen* Stepptanz

'tap dancer *Nomen* Stepptänzer(in)

'tap-dancing *(auch* **tap***)* *Nomen* Steppen, Stepptanz

tape 0-π /teɪp/ *Nomen, Verb*

▸ ***Nomen*** **1** Tonband, Videoband **2** Kassette, Video(kassette) **3** **(adhesive/sticky) ~** Klebestreifen, Klebeband → *Siehe auch* MASKING TAPE *und* SCOTCH TAPE™ **4** *(aus Stoff)* Band → *Siehe auch* RED TAPE *und* TICKER TAPE **5** **(finishing) ~** *(Sport)* Zielband **6** = TAPE MEASURE

▸ ***Verb*** **1** (auf Band) aufnehmen ◇ *a taped announcement* eine Durchsage auf Band **2 ~ sth (up)** etw (mit Klebstreifen) zukleben, etw zusammenbinden **3** *(mit Klebstreifen)* ankleben **4** *(AmE)* **~ sth (up)** *(Wunde etc.)* verbinden **IDM** **have (got) sb 'taped** *(BrE, umgs)* jdn durchschaut haben **have (got) sth 'taped** *(BrE, umgs)* etw im Griff haben

'tape measure *(auch* **tape***)* *Nomen* Maßband

taper /'teɪpə(r)/ *Verb, Nomen*

▸ ***Verb*** **1** spitz zulaufen, sich verjüngen **2** zuspitzen, verengen **PHR V** **,taper 'off** langsam zurückgehen **,taper sth 'off** etw langsam auslaufen lassen

▸ ***Nomen*** **1** Fidibus **2** (lange, dünne) Kerze **3** [meist Sing] *(von Formen)* Verjüngung

'tape-record *Verb* auf Band aufnehmen

'tape recorder *Nomen* Tonbandgerät, Kassettenrekorder

'tape recording *Nomen* (Ton)bandaufnahme

tap·es·try /'tæpəstri/ *Nomen* *(Pl* **-ies***)* Tapisserie, Gobelin

tape·worm /'teɪpwɜ:m; *AmE* -wɜ:rm/ *Nomen* Bandwurm

tap·root /'tæpru:t/ *Nomen* Pfahlwurzel

'tap water *Nomen* Leitungswasser

tar /tɑ:(r)/ *Nomen, Verb*

▸ ***Nomen*** Teer

▸ ***Verb*** **(-rr-)** teeren **IDM** **be tarred with the same 'brush (as sb)** (mit jdm) über einen Kamm geschoren werden **tar and 'feather sb** jdn teeren und federn

ta·ran·tula /tə'ræntʃələ/ *Nomen* *(Pl* **-as***)* Tarantel

tardy /'tɑ:di; *AmE* 'tɑ:rdi/ *Adj* *(gehoben)* säumig; **be ~ in doing sth** etw ziemlich spät/langsam tun ◇ *(AmE) be tardy for school* zu spät zur Schule kommen

tar·get 0-π /'tɑ:gɪt; *AmE* 'tɑ:rgɪt/ *Nomen, Verb*

▸ ***Nomen*** **1** Ziel ◇ *meet a target date* einen (vorgesehenen) Termin einhalten ◇ *a target company* eine Gesellschaft, die zum Ziel eines Übernahmeangebots wird ◇ *a prime target for burglary* ein gefundenes Fressen für Einbrecher **2** Zielscheibe, Schießscheibe ◇ *target practice* Zielschießen

▸ ***Verb*** **(tar·get·ing, tar·get·ed, tar·get·ed)** *(meist passiv)* zielen auf ◇ *The missiles were targeted at the United States.* Die Raketen waren auf die Vereinigten Staaten gerichtet. ◇ *a new magazine that targets single men* eine neue Zeitschrift, die alleinstehende Männer als Zielgruppe hat

tar·iff /'tærɪf/ *Nomen* **1** Zoll **2** Tarif, Preisverzeichnis, Preisliste **3** (RECHT) Maß, Strafrichtlinien

Tar·mac™ /'tɑ:mæk; *AmE* 'tɑ:rmæk/ *Nomen* **1** *(seltener* **tar·mac·adam** /,tɑ:mə'kædəm; *AmE* ,tɑ:rm-/*)* Asphalt **2** **the tarmac** das Rollfeld

tar·mac /'tɑ:mæk; *AmE* 'tɑ:rmæk/ *Verb* **(-ck-)** asphaltieren

tarn /tɑ:n; *AmE* tɑ:rn/ *Nomen* kleiner Bergsee

tar·nish /'tɑ:nɪʃ; *AmE* 'tɑ:rnɪʃ/ *Verb, Nomen*

▸ ***Verb*** **1** *(beschlagen)* anlaufen (lassen) ◇ *The mirror had tarnished with age.* Der Spiegel war mit der Zeit blind geworden. **2** besudeln ◇ *the newspaper's tarnished public image* das leicht angeschlagene Image der Zeitung

▸ ***Nomen*** [Sing] Beschlag

tarot /'tærəʊ; *AmE* -roʊ/ *Nomen* [Sing] Tarot(karten)

tar·paulin /tɑ:'pɔ:lɪn; *AmE* tɑ:r'-/ *(AmE auch, umgs* **tarp***)* *Nomen* (Zelt)plane

tar·ra·gon /'tærəgən/ *Nomen* Estragon

tart /tɑ:t; *AmE* tɑ:rt/ *Nomen, Adj, Verb*

▸ ***Nomen*** **1** belegter (Obst)kuchen; *(klein)* Obsttörtchen **2** *(BrE, umgs, abwert)* Flittchen **3** *(Slang)* Nutte

▸ ***Adj*** **1** sauer **2** *(Adv* **tart·ly***)* *(Bemerkung etc.)* scharf

▸ ***Verb*** **PHR V** **,tart yourself 'up** *(BrE, umgs)* sich fein machen, sich aufdonnern **,tart sth 'up** *(BrE, umgs)* etw aufmotzen

tar·tan /'tɑ:tn; *AmE* 'tɑ:rtn/ *Nomen* **1** Schottenmuster **2** Clanmuster **3** Schottenstoff

tar·tar /'tɑ:tə(r); *AmE* 'tɑ:rtər/ *Nomen* **1** Zahnstein **2** *(veraltet)* Tyrann(in)

tar·tare sauce /,tɑ:tə 'sɔ:s; *AmE* ,tɑ:rtər '-/ *Nomen* Remoulade

tart·ly *Adv* → TART

tart·ness /'tɑ:tnəs; *AmE* 'tɑ:rt-/ *Nomen* **1** Säure **2** Schärfe

tarty /'tɑ:ti; *AmE* 'tɑ:rti/ *Adj* *(abwert)* nuttig

Taser /'teɪzə(r)/ *Nomen, Verb*

▸ ***Nomen*** **Taser™** Taser, Elektroschockpistole

▸ ***Verb*** *(auch* **tase** /teɪz/*)* tasern, mit einer Elektroschockpistole angreifen

task 0-π /tɑ:sk; *AmE* tæsk/ *Nomen* Aufgabe **IDM** **take sb to 'task (for/over sth)** jdn (wegen einer Sache) scharf kritisieren

taskbar /'tɑ:sk bɑ:(r); *AmE* 'tæsk/ *Nomen* Taskleiste

'task force *Nomen* **1** Sonderkommando, Kampfverband **2** Sonderkommission

task·mas·ter /ˈtɑːskmɑːstə(r); *AmE* ˈtæskmæstər/ *Nomen* Lehrmeister ◇ *be a hard taskmaster* hohe Anforderungen stellen

tas·sel /ˈtæsl/ *Nomen* Quaste

taste /teɪst/ *Nomen, Verb*

▸ ***Nomen* 1** Geschmack ◇ *I don't like the taste of olives.* Oliven schmecken mir nicht. ◇ *The soup has no taste.* Die Suppe ist fade. ◇ *He has very good taste in music.* Was Musik angeht, hat er einen sehr guten Geschmack. **2** Geschmackssinn **3** [Sing] Kostprobe (*auch fig*) ◇ *Just have a taste of this cheese.* Koste mal diesen Käse. ◇ *This was a taste of things to come.* Das gab uns einen Vorgeschmack auf das, was uns erwartete. IDM **be in bad, poor, the worst possible, etc. ˈtaste** geschmacklos sein ◇ *His jokes were in the worst possible taste.* Seine Witze waren an Geschmacklosigkeit nicht zu überbieten. **be in good, the best possible, etc. ˈtaste** geschmackvoll sein **leave a bad/nasty ˈtaste in the mouth** einen üblen Nachgeschmack hinterlassen **to ˈtaste** nach Geschmack → *Siehe auch* ACCOUNT, ACQUIRE *und* MEDICINE

▸ ***Verb* 1** (*nicht in der Verlaufsform*) **~ (of sth)** (nach etw) schmecken **2** kosten; (*auch fig*) erleben **3** essen, trinken

ˈtaste bud *Nomen* [meist Pl] Geschmacksknospe

taste·ful /ˈteɪstfl/ *Adj* (*Adv* **taste·ful·ly** /-fəli/) geschmackvoll

taste·less /ˈteɪstləs/ *Adj* (*Adv* **taste·less·ly**) geschmacklos

taster /ˈteɪstə(r)/ *Nomen* **1** Verkoster(in) **2** (*bes BrE, umgs*) Kostprobe ◇ *taster courses* Schnupperkurse

tast·ing /ˈteɪstɪŋ/ *Nomen* (*Wein- etc.*) Probe

tasty /ˈteɪsti/ *Adj* (**tasti·er, tasti·est**) **1** lecker, schmackhaft **2** (*BrE, umgs*) (*manchmal, beleidigend*) sexy

tat /tæt/ *Nomen* (*BrE, umgs*) Ramsch

ta-ta /ˌtæ ˈtɑː/ *Ausruf* (*BrE, umgs*) tschüs

tat·tered /ˈtætəd; *AmE* -tərd/ *Adj* **1** zerlumpt, zerrissen; (*Buch*) zerfleddert **2** (*fig*) ◇ *tattered relationships* zerrüttete Beziehungen ◇ *a tattered reputation* ein ramponierter Ruf

tat·ters /ˈtætəz; *AmE* -tərz/ *Nomen* [Pl] Lumpen, Fetzen IDM **in tatters 1** in Fetzen **2** ruiniert; ramponiert ◇ *Their education policy lies in tatters.* Ihre Bildungspolitik ist gescheitert.

tat·tie /ˈtæti/ *Nomen* (*SchotE, umgs*) Kartoffel

tat·tle /ˈtætl/ *Verb* (*bes AmE, umgs, abwert*) petzen; **~ on sb (to sb)** jdn (bei jdm) verpetzen

tat·tle·tale /ˈtætlteɪl/ *Nomen* (*AmE*) Petze

tat·too /təˈtuː; *AmE* tæˈ-/ *Nomen, Verb*

▸ ***Nomen*** (*Pl* **tat·toos**) **1** Tätowierung **2** Zapfenstreich ◇ *Her fingers tapped a tattoo on the table.* Sie trommelte mit den Fingern auf den Tisch.

▸ ***Verb*** tätowieren

tatty /ˈtæti/ *Adj* (*bes BrE, umgs*) schäbig ◇ *a tatty carpet* ein verschlissener Teppich

taught *Form von* TEACH

taunt /tɔːnt/ *Verb, Nomen*

▸ ***Verb* ~ sb (with sth)** jdn (mit etw) verhöhnen

▸ ***Nomen*** höhnische Bemerkung ◇ *racist taunts* rassistische Anmache

taupe /təʊp; *AmE* toʊp/ *Adj, Nomen*

▸ ***Adj*** taupe

▸ ***Nomen*** Taupe

Taur·ean /ˈtɔːriən/ *Nomen, Adj*

▸ ***Nomen*** (*unter dem Sternzeichen geborener Mensch*) Stier ◇ *He's a Taurean.* Er ist Stier.

▸ ***Adj*** (*bezüglich des Sternzeichens*) Stier-

Taurus /ˈtɔːrəs/ *Nomen* (*Sternzeichen, Mensch*) Stier

taut /tɔːt/ *Adj* (*Adv* **taut·ly**) **1** straff (gespannt) **2** angespannt **3** kurz; (*Stil*) knapp

taut·en /ˈtɔːtn/ *Verb* straffen, straff werden, (sich) (an)spannen

tauto·logic·al /ˌtɔːtəˈlɒdʒɪkl; *AmE* -ˈlɑːdʒɪ-/ (*auch* **tautologous** /tɔːˈtɒləgəs; *AmE* -ˈtɑːlə-/) *Adj* tautologisch

tau·tol·ogy /tɔːˈtɒlədʒi; *AmE* -ˈtɑːlə-/ *Nomen* (*Pl* **-ies**) Tautologie

tav·ern /ˈtævən; *AmE* -vərn/ *Nomen* (*veraltet*) Schenke

taw·dry /ˈtɔːdri/ *Adj* (*abwert*) **1** kitschig, billig **2** dubios, übel

tawny /ˈtɔːni/ *Adj* gelbbraun

ˈtawny owl *Nomen* Waldkauz

tax /tæks/ *Nomen, Verb*

▸ ***Nomen*** Steuer ◇ *before tax* vor Abzug der Steuern ◇ *a tax on cigarettes* eine Tabaksteuer

▸ ***Verb* 1** besteuern **2** (*BrE*) versteuern **3** anstrengen ◇ *The questions did not tax me.* Die Fragen bereiteten mir keine Schwierigkeiten. ◇ *The problem is currently taxing my brain.* Zurzeit schlage ich mich sehr mit dem Problem herum. PHR V **ˈtax sb with sth** (*gehoben*) jdn einer Sache beschuldigen

tax·able /ˈtæksəbl/ *Adj* steuerpflichtig

tax·ation /tækˈseɪʃn/ *Nomen* [U] **1** Steuern **2** Besteuerung

ˈtax avoidance *Nomen* Steuersparen, Nutzung von Steuervorteilen

ˈtax bracket *Nomen* Steuerklasse

ˈtax break *Nomen* (*bes AmE*) Steuervergünstigung

ˈtax collector *Nomen* Finanzbeamte, -beamtin

ˌtax-deˈductible *Adj* steuerlich absetzbar

ˈtax dodge *Nomen* (*umgs*) Steuertrick

ˈtax dodger *Nomen* Steuerbetrüger(in)

ˈtax evasion *Nomen* Steuerhinterziehung

ˌtax-eˈxempt *Adj* steuerfrei; (*Organisation*) steuerbefreit

ˈtax exile *Nomen* Steuerflüchtling

ˌtax-ˈfree *Adj* steuerfrei

ˈtax haven *Nomen* Steuerparadies, Steueroase

taxi /ˈtæksi/ *Nomen, Verb*

▸ ***Nomen*** (*auch* **taxi·cab** /ˈtæksikæb/) Taxi

▸ ***Verb*** (**taxi·ing, tax·ied, tax·ied**) (*Flugzeug*) rollen

taxi·der·mist /ˈtæksɪdɜːmɪst; *AmE* -dɜːrmɪst/ *Nomen* Tierpräparator(in), Taxidermist(in)

taxi·dermy /ˈtæksɪdɜːmi; *AmE* -dɜːrmi/ *Nomen* Präparation von Tieren, Taxidermie

tax·ing *Adj* /ˈtæksɪŋ/ anstrengend, anspruchsvoll, schwierig

ˈtax inspector *Nomen* (*BrE*) Finanzbeamte, -beamtin

ˈtaxi stand /ˈtæksi stænd/ (*BrE auch* **ˈtaxi rank**) *Nomen* Taxistand

taxi·way /ˈtæksiweɪ/ *Nomen* Rollfeld

tax·man /ˈtæksmæn/ *Nomen* (*Pl* **-men** /-men/) **1 the taxman** [Sing] (*umgs*) das Finanzamt **2** Finanzbeamte, -beamtin

tax·onomy /tækˈsɒnəmi; *AmE* -ˈsɑːn-/ *Nomen* Taxonomie

tax·pay·er /ˈtækspeɪə(r)/ *Nomen* Steuerzahler(in)

ˈtax relief (*auch* **re·lief**) *Nomen* [U] Steuererleichterung

ˈtax return *Nomen* Steuererklärung

ˈtax shelter *Nomen* steuersparende Maßnahme, Steuerersparnis

TB /ˌtiː ˈbiː/ *Abk* = TUBERCULOSIS

TBA /ˌtiː biː ˈeɪ/ *Kurzform von* **to be announced** Einzelheiten werden noch bekannt gegeben
TBC *Kurzform von* **to be confirmed** *(bei Terminankündigungen)* Bestätigung folgt, angefr.
tbsp *(auch* **tbs***) Abk (Pl* **tbsp** *oder* **tbsps***)* = TABLESPOON
TD /ˌtiː ˈdiː/ = Abgeordnete(r) des irischen Parlaments
te *(AmE* **ti***)* /tiː/ *Nomen* (MUS) si
tea 0→ /tiː/ *Nomen* **1** Tee ◊ *lemon tea* Tee mit Zitrone **2** Abendbrot **3** *(BrE)* = leichte Mahlzeit, die am Nachmittag oder frühen Abend eingenommen wird und bei der belegte Brote und/oder Kekse und Kuchen und Tee gereicht werden IDM **not for all the tea in 'China** nicht um alles in der Welt → *Siehe auch* CUP
'tea bag *Nomen* Teebeutel
'tea break *Nomen (BrE)* Kaffeepause
'tea caddy *(auch* **caddy***) Nomen (bes BrE)* Teedose
tea·cake /ˈtiːkeɪk/ *Nomen (BrE)* = flaches Rosinenbrötchen
tea·cart /ˈtiːkɑːt; *AmE* -kɑːrt/ *Nomen (AmE)* Teewagen
teach 0→ /tiːtʃ/ *Verb* (**taught, taught** /tɔːt/) **1** unterrichten, lehren ◊ *(AmE) teach school* an einer Schule unterrichten ◊ *He taught for several years.* Er arbeitete mehrere Jahre als Lehrer. ◊ *He teaches English to advanced students.* Er gibt Englischunterricht für Fortgeschrittene. **2 ~ sb sth** jdm etw beibringen **3** *(kein Passiv) (umgs)* ◊ *Lost all your money? That'll teach you to gamble.* Das ganze Geld beim Glückspiel verloren? Das soll dir eine Lehre sein. ◊ *I'll teach you to call me a liar!* Dir bringe ich bei, mich einen Lügner zu nennen! IDM **teach your grandmother to suck 'eggs** *(BrE, umgs)* ◊ *Don't try to teach your grandmother to suck eggs.* Das brauchst du mir nicht zu erzählen! **you can't teach an old dog new 'tricks** was Hänschen nicht lernt, lernt Hans nimmermehr
teach·er 0→ /ˈtiːtʃə(r)/ *Nomen* Lehrer(in)
ˌteacher 'trainer *Nomen* Lehrerausbilder(in)
ˌteacher 'training *Nomen* Lehrerausbildung
'tea chest *Nomen (BrE)* Holzkiste *(zum Transport von Tee)*
'teach-in *Nomen* Informationsveranstaltung
teach·ing 0→ /ˈtiːtʃɪŋ/ *Nomen* **1** Unterrichten, Lehren ◊ *She wants to go into teaching.* Sie möchte Lehrerin werden. ◊ *the teaching profession* der Lehrberuf **2** [meist Pl] *(Ideen)* Lehre ◊ *Christian teaching* christliche Lehren
'teaching assistant *Nomen* **1** Stützlehrer(in) **2** *(Abk* **TA***) (AmE)* wissenschaftliche(r) Assistent(in)
'tea cloth *Nomen (BrE)* Geschirrtuch
'tea cosy *(AmE* **'tea cozy***) Nomen (Pl* **-ies***)* Teewärmer
tea·cup /ˈtiːkʌp/ *Nomen* Teetasse IDM → STORM
teak /tiːk/ *Nomen* Teak
teal /tiːl/ *Nomen* **1** *(Pl* **teal***)* Krickente **2** *(bes AmE)* Blaugrün
team 0→ /tiːm/ *Nomen, Verb*
▸ ***Nomen*** **1** [mit Verb im Sing/Pl] Team, Mannschaft ◊ *a team event* ein Mannschaftswettbewerb ◊ *She is a team player.* Sie arbeitet gut im Team. **2** *(Tiere)* Gespann
▸ ***Verb*** *(meist passiv)* zusammenbringen ◊ *He was teamed with his brother in the doubles.* Im Doppel spielte er mit seinem Bruder zusammen. PHR V **ˌteam 'up (with sb)** sich (mit jdm) zusammentun
ˌteam 'handball *Nomen (AmE)* Handball
team·mate /ˈtiːmmeɪt/ *Nomen* Mannschaftskamerad(in)
ˌteam 'spirit *Nomen* Gemeinschaftsgeist; *(Sport)* Mannschaftsgeist
team·ster /ˈtiːmstə(r)/ *Nomen (AmE)* Lastwagenfahrer(in)

team·work /ˈtiːmwɜːk; *AmE* -wɜːrk/ *Nomen* Teamarbeit
'tea party *Nomen* Teegesellschaft
tea·pot /ˈtiːpɒt; *AmE* -pɑːt/ *Nomen* Teekanne IDM → TEMPEST
tear¹ 0→ /teə(r); *AmE* ter/ *Verb, Nomen* → *Siehe auch* TEAR²
▸ ***Verb*** (**tore** /tɔː(r)/, **torn** /tɔːn; *AmE* tɔːrn/) **1** (zer)reißen ◊ *He tore the letter in two.* Er riss den Brief durch. ◊ *He tore his clothes off.* Er riss sich die Kleider vom Leib. **2 ~ yourself (from sb/sth)** sich (von jdm/etw) losreißen ◊ *She tore herself free.* Sie riss sich los. **3** zerren, reißen **4** rasen ◊ *He tore off down the street.* Er raste die Straße runter. **5** *(in zusammengesetzten Adjektiven)* ◊ *strife-torn* von Unruhen erschüttert ◊ *strike-torn* von Streiks betroffen → *Siehe auch* WAR-TORN IDM **be in a tearing 'hurry/'rush** *(bes BrE)* es schrecklich eilig haben **tear sb/sth a'part, to 'shreds, to 'bits, etc.** *(kritisieren)* jdn/etw verreißen; *(besiegen)* jdn/etw auseinandernehmen **ˌtear at your 'heart**; **ˌtear your 'heart out** *(gehoben)* einem sehr zu Herzen gehen ◊ *It tears my heart out.* Das zerreißt mir das Herz. **tear your 'hair (out)** *(umgs)* sich die Haare raufen **tear sb 'off a strip**; **tear a 'strip off sb** *(BrE, umgs)* jdn zur Schnecke machen **ˌthat's 'torn it** *(BrE, umgs)* das hat alles vermasselt → *Siehe auch* HEART, LIMB *und* LOOSE PHR V **ˌtear sth a'part** **1** etw in Stücke reißen, etw zerreißen ◊ *They tore the room apart, looking for money.* Sie haben das Zimmer auf den Kopf gestellt, als sie nach Geld suchten. **2** jdm das Herz zerreißen **'tear at sth** an etw zerren, an etw reißen **ˌtear yourself a'way (from sth)** sich (von etw) losreißen **ˌtear sth a'way (from sth)** etw (von etw) wegreißen, etw (von etw) wegkriegen ◊ *She was unable to tear her eyes away from him.* Sie konnte nicht die Augen von ihm nehmen. **be torn between A and B** zwischen A und B hin und her gerissen sein **ˌtear sth 'down** etw abreißen **ˌtear 'into sb** über jdn herfallen **ˌtear into 'sth** sich auf etw stürzen **ˌtear sth 'up** etw zerreißen
▸ ***Nomen*** Riss IDM **be on a 'tear** *(AmE, umgs)* auf dem Höhenflug sein → *Siehe auch* WEAR
tear² 0→ /tɪə(r); *AmE* tɪr/ *Nomen* [meist Pl] → *Siehe auch* TEAR¹ Träne ◊ *She left the room in tears.* Sie verließ weinend das Zimmer. ◊ *They reduced him to tears.* Sie brachten ihn zum Weinen. IDM → BORED *und* CROCODILE
tear·away /ˈteərəweɪ; *AmE* ˈter-/ *Nomen (umgs)* Rabauke
tear·drop /ˈtɪədrɒp; *AmE* ˈtɪrdrɑːp/ *Nomen* Träne
tear·ful /ˈtɪəfl; *AmE* ˈtɪrfl/ *Adj* **1** weinend, weinerlich ◊ *She suddenly became very tearful.* Sie fing plötzlich zu weinen an. **2** tränenreich
tear·ful·ly /ˈtɪəfəli; *AmE* ˈtɪrfə-/ *Adv* unter Tränen, mit Tränen in den Augen
tear·ful·ness /ˈtɪəflnəs; *AmE* ˈtɪrfl-/ *Nomen* Weinen, Weinerlichkeit
'tear gas *Nomen* Tränengas
tear-jerker /ˈtɪə dʒɜːkə(r); *AmE* ˈtɪr dʒɜːrkər/ *Nomen (umgs)* Schnulze, Schmachtfetzen
'tea room *Nomen (BrE)* Teestube, Café
tease /tiːz/ *Verb, Nomen*
▸ ***Verb*** **1** Spaß machen **2** hänseln, aufziehen; *(Tier)* reizen **3** *(abwert)* aufgeilen **4** *(Wolle, Haar)* kämmen **5** *(AmE)* toupieren PHR V **ˌtease sth 'out** **1** etw auskämmen **2** etw herausarbeiten
▸ ***Nomen*** **1** Scherzbold **2** Scherz **3** *(abwert)* ◊ *They say she's a tease.* Man sagt, dass sie die Männer nur aufgeilt.

tea·sel (*auch* **tea·zel**, **tea·zle**) /ˈtiːzl/ *Nomen* (BOT) Karde

teaser /ˈtiːzə(r)/ *Nomen* (*umgs*) Denksportaufgabe, schwierige Frage

ˈ**tea service** *Nomen* Teeservice

ˈ**tea set** *Nomen* (*BrE*) Teeservice

ˈ**tea shop** *Nomen* (*BrE*) Teestube, Café

teas·ing·ly /ˈtiːzɪŋli/ *Adv* **1** neckend ◇ *'Maybe you're just too old,' she said teasingly.* „Vielleicht bist du bloß zu alt", frotzelte sie. **2** geheimnisvoll **3** aufreizend, auf aufreizende Weise

tea·spoon /ˈtiːspuːn/ *Nomen* (*auch* **tea·spoon·ful** /-fʊl/) (*Abk* **tsp**) Teelöffel

teat /tiːt/ *Nomen* **1** (*BrE*) (Gummi)sauger **2** Zitze

tea·time /ˈtiːtaɪm/ *Nomen* (*BrE*) **1** Spätnachmittag **2** Zeit zum Abendessen

ˈ**tea towel** (*BrE*) *Nomen* Geschirrtuch

ˈ**tea tree** *Nomen* Teebaum

ˈ**tea trolley** *Nomen* (*BrE*) (*AmE* ˈ**tea wagon**) Teewagen, Servierwagen

tea·zle = TEASEL

tech /tek/ *Nomen* **1** Technik **2** (*BrE, umgs*) Technische Fachschule

techie (*auch* **techy**) /ˈteki/ *Nomen, Adj* (*umgs*)
▸ ***Nomen*** (*Pl* **-ies**) Technikfreak
▸ ***Adj*** technikaffin, Technik-

tech·nical 0‑ /ˈteknɪkl/ *Adj* **1** technisch **2** fachlich, Fach- ◇ *technical terms* Fachausdrücke ◇ *The guide is too technical for me.* Das Handbuch ist für mich zu fachsprachlich. **3** [nur vor Nomen] (RECHT) formaljuristisch

ˌ**technical college** (*BrE auch, umgs* **tech**) *Nomen* Technische Fachschule

ˌ**technical ˈhitch** *Nomen* technisches Problem

tech·ni·cal·ity /ˌteknɪˈkæləti/ *Nomen* (*Pl* **-ies**) **1 technicalities** [Pl] technische Einzelheiten **2** (RECHT) juristische Feinheit ◇ *She was released on a technicality.* Sie wurde aufgrund einer Formsache freigelassen.

tech·nic·al·ly /ˈteknɪkli/ *Adv* **1** technisch ◇ *As a musician, she is technically accomplished.* Ihre musikalische Technik ist hervorragend. ◇ *Technically, he is a good goalkeeper.* Vom technischen Standpunkt her ist er ein guter Torwart. **2** genau genommen ◇ *It is still technically possible for them to win.* Im Prinzip können sie noch gewinnen.

tech·ni·cian /tekˈnɪʃn/ *Nomen* Techniker(in) ◇ *As a pianist, she's a brilliant technician.* Ihr Klavierspiel ist technisch brillant.

tech·ni·col·our (*AmE* **tech·ni·color**) /ˈteknɪkʌlə(r)/ *Nomen* (*umgs*) (Viel)farbigkeit ◇ *The walls were painted in glorious technicolour.* Die Wände waren knallbunt gestrichen.

tech·nique 0‑ /tekˈniːk/ *Nomen* Technik, Methode

techno /ˈteknəʊ; *AmE* -noʊ/ *Nomen* (MUS) Techno

tech·no·cracy /tekˈnɒkrəsi; *AmE* -ˈnɑːk-/ *Nomen* (*Pl* **-ies**) Technokratie

tech·no·crat /ˈteknəkræt/ *Nomen* Technokrat(in)

tech·no·crat·ic /ˌteknəˈkrætɪk/ *Adj* technokratisch

tech·no·logic·al /ˌteknəˈlɒdʒɪkl; *AmE* -ˈlɑːdʒɪ-/ *Adj* (*Adv* **tech·no·logic·al·ly** /-kli/) technologisch

tech·nolo·gist /tekˈnɒlədʒɪst; *AmE* -ˈnɑːlə-/ *Nomen* Technologe, Technologin

tech·nol·ogy 0‑ /tekˈnɒlədʒi; *AmE* -ˈnɑːlə-/ *Nomen* (*Pl* **-ies**) Technologie

tech·no·phobe /ˈteknəʊfəʊb; *AmE* -noʊfoʊb/ *Nomen* Technikfeind(in)

techy = TECHIE

tec·ton·ic /tekˈtɒnɪk; *AmE* -ˈtɑːnɪk/ *Adj* [nur vor Nomen] tektonisch

teddy bear /ˈtedi beə(r); *AmE* ber/ (*auch* **teddy**) (*Pl* **-ies**) *Nomen* Teddybär

ˈ**Teddy boy** (*umgs* **ted** /ted/) *Nomen* Teddyboy

te·di·ous /ˈtiːdiəs/ *Adj* (*Adv* **te·di·ous·ly**) langweilig

te·di·ous·ness /ˈtiːdiəsnəs/ *Nomen* Langweiligkeit

te·dium /ˈtiːdiəm/ *Nomen* Langweiligkeit, Eintönigkeit

tee /tiː/ *Nomen, Verb*
▸ ***Nomen*** **1** (*Golf*) Tee **2** T-Shirt
▸ ***Verb*** (**teed, teed**) PHR V ˌ**tee ˈoff** einen Ball vom (ersten) Abschlag spielen ◇ *The first pair are due to tee off at 10 o'clock.* Das erste Paar fängt um 10 Uhr an. ˌ**tee sb ˈoff** (*AmE, umgs*) jdn ankotzen ˌ**tee ˈup** den Ball auf das Tee legen ˌ**tee sth ˈup** etw auf das Tee legen

teem /tiːm/ *Verb* (*meist* **be teeming**) ◇ *The rain was teeming down./It was teeming down with rain.* Es regnete in Strömen. PHR V ˈ**teem with sth**; **be teeming with sth** von etw wimmeln

teem·ing /ˈtiːmɪŋ/ *Adj* wimmelnd

teen·age /ˈtiːneɪdʒ/ (*bes AmE, umgs* **teen** /tiːn/) *Adj* [nur vor Nomen] Teenager- ◇ *teenage girls* Mädchen im Teenageralter ◇ *teen magazines* Jugendzeitschriften

teen·aged /ˈtiːneɪdʒd/ *Adj* halbwüchsig, im Teenageralter

teen·ager /ˈtiːneɪdʒə(r)/ (*bes AmE, umgs* **teen**) *Nomen* Teenager

teens /tiːnz/ *Nomen* [Pl] Teenageralter ◇ *She began writing poetry in her teens.* Sie begann als Teenager Gedichte zu schreiben.

teeny /ˈtiːni/ *Adj* (**teen·ier, teeni·est**) (*umgs*) **1** (*auch* **teeny-weeny** /ˌtiːni ˈwiːni/, **teensy** /ˈtiːnzi/, **teensy-weensy** /ˌtiːnzi ˈwiːnzi/) klitzeklein **2** Teenager- ◇ *teeny magazines* Jugendzeitschriften

teenybopper /ˈtiːnibɒpə(r); *AmE* -bɑːpər/ *Nomen* (*umgs, veraltet*) = Mädchen zwischen 10 und 13, das sich für Popmusik und Mode interessiert

tee·pee *Nomen* = TEPEE

tee·ter /ˈtiːtə(r)/ *Verb* wanken IDM **teeter on the brink/edge of sth** am Rande einer Sache stehen

ˈ**teeter-totter** *Nomen* (*AmE*) Wippe

teeth *Form von* TOOTH

teethe /tiːð/ *Verb* zahnen

ˈ**teething troubles** (*auch* **teething problems**) *Nomen* [Pl] Anfangsschwierigkeiten, Kinderkrankheiten

tee·total /ˌtiːˈtəʊtl; *AmE* -ˈtoʊ-/ *Adj* abstinent

tee·total·ism /ˌtiːˈtəʊtəlɪzəm; *AmE* -ˈtoʊ-/ *Nomen* Abstinenz (vom Alkoholgenuss)

tee·total·ler (*AmE* **tee·total·er**) /ˌtiːˈtəʊtlə(r); *AmE* -ˈtoʊt-/ *Nomen* Antialkoholiker(in), Abstinenzler(in)

TEFL /ˈtefl/ (*BrE*) *Kurzform von* **teaching of English as a foreign language** = Unterrichten von Englisch als Fremdsprache

tel. (*auch* **Tel.**) *Abk* Telefonnummer, Tel.

tele·cast /ˈtelikɑːst; *AmE* -kæst/ *Nomen, Verb* (*AmE*)
▸ ***Nomen*** Fernsehsendung
▸ ***Verb*** (**tele·cast, tele·cast**) (im Fernsehen) übertragen

tele·com·mu·ni·ca·tions /ˌtelikəˌmjuːnɪˈkeɪʃnz/ (*umgs* **tele·coms** /ˈtelikɒmz; *AmE* -kɑːmz/) *Nomen* [Pl] Telekommunikation

tele·con·fer·ence /ˈtelikɒnfərəns; *AmE* -kɑːn-/ *Nomen* Telekonferenz

tele·gen·ic /ˌtelɪˈdʒenɪk/ *Adj* telegen

tele·gram /ˈtelɪɡræm/ *Nomen* Telegramm

tele·graph /ˈtelɪɡrɑːf; *AmE* -ɡræf/ *Nomen, Verb*
▸ ***Nomen*** Telegraf
▸ ***Verb*** **1** telegrafieren **2** offenlegen

tele·graph·ic /ˌtelɪˈɡræfɪk/ *Adj* telegrafisch

ˈtelegraph pole *Nomen (BrE)* Telegrafenmast

tele·mar·ket·ing /ˈtelimɑːkɪtɪŋ; *AmE* -mɑːrk-/ *Nomen* Tele(fon)marketing

tele·path·ic /ˌtelɪˈpæθɪk/ *Adj (Adv* **tele·path·ic·al·ly** /-kli/) telepathisch ◇ *How do I know what he's thinking? I'm not telepathic!* Wie soll ich wissen, was er denkt? Ich kann doch nicht Gedanken lesen!

tel·ep·athy /təˈlepəθi/ *Nomen* Telepathie

tele·phone 🔑 /ˈtelɪfəʊn; *AmE* -foʊn/ *Nomen, Verb*
▸ ***Nomen*** *(auch* **phone**) Telefon ◇ *You can reserve seats over the telephone.* Sie können telefonisch Plätze reservieren. ◇ *I need to make a telephone call.* Ich muss telefonieren. **IDM** **be on the ˈtelephone** **1** telefonieren **2** *(BrE)* Telefon haben
▸ ***Verb*** *(gehoben, bes BrE)* anrufen, telefonieren ◇ *Please telephone for details.* Einzelheiten sind telefonisch zu erfahren. ◇ *You can telephone your order.* Sie können Ihre Bestellung telefonisch durchgeben.

ˈtelephone book *(auch* **ˈphone book, ˈtelephone directory**) *Nomen* Telefonbuch

ˈtelephone booth = PHONE BOOTH

ˈtelephone box *(auch* **ˈtelephone kiosk**) *(BrE)* = PHONE BOX

ˈtelephone exchange *(auch* **ex·change**) *Nomen* Telefonzentrale

ˈtelephone number *(auch* **ˈphone number**) *Nomen* Telefonnummer

ˈtelephone pole *Nomen (AmE)* Telegrafenmast

ˈtelephone tapping *(auch* **ˈphone tapping**) *Nomen* Abhören von Telefongesprächen

tel·eph·ony /təˈlefəni/ *Nomen* Fernsprechwesen

tele·photo lens /ˌtelifəʊtəʊ ˈlenz; *AmE* -foʊtoʊ/ *Nomen* Teleobjektiv

tele·print·er /ˈteliprɪntə(r)/ *Nomen* Fernschreiber

tele·prompt·er /ˈteliprɒmptə(r); *AmE* -prɑːmp-/ *Nomen (bes AmE)* Teleprompter

tele·sales /ˈteliseɪlz/ *Nomen (BrE)* [U] Telefonverkauf

tele·scope /ˈtelɪskəʊp; *AmE* -skoʊp/ *Nomen, Verb*
▸ ***Nomen*** Teleskop
▸ ***Verb*** **1** ineinander schieben **2** sich ineinander schieben (lassen) **3** *(fig)* **~ sth (into sth)** etw (zu etw) komprimieren

tele·scop·ic /ˌtelɪˈskɒpɪk; *AmE* -ˈskɑːpɪk/ *Adj (Adv* **tele·scop·ic·al·ly** /-kli/) **1** teleskopisch ◇ *telescopic lenses* Fernrohrlinsen ◇ *a telescopic sight* ein Zielfernrohr **2** ausziehbar, zusammenschiebbar ◇ *a telescopic umbrella* ein Taschenschirm

tele·thon /ˈteləθɒn; *AmE* -θɑːn/ *Nomen* = Spendensammelaktion im Fernsehen

tele·type·writer /ˌteliˈtaɪpraɪtə(r)/ *Nomen (AmE)* Fernschreiber

tele·van·gel·ist /ˌtelɪˈvændʒəlɪst/ *Nomen* Fernsehprediger, Fernsehevangelist

tele·vise /ˈtelɪvaɪz/ *Verb* (im Fernsehen) übertragen ◇ *a televised debate* eine Fernsehdebatte ◇ *televise a novel* einen Roman fürs Fernsehen verfilmen

tele·vi·sion 🔑 /ˈtelɪvɪʒn/ *(Abk* **TV**) *Nomen* **1** *(auch* **ˈtelevision set**) Fernseher, Fernsehapparat **2** Fernsehen ◇ *I'd like to work in television.* Ich möchte gern beim Fernsehen arbeiten. ◇ *the television news* die Fernsehnachrichten ◇ *watch television* fernsehen **IDM** **on (the) ˈtelevision** *(umgs* **on TV**) im Fernsehen

tele·worker /ˈteliwɜːkə(r); *AmE* -wɜːrkər/ *Nomen* Telearbeiter(in)

tele·work·ing /ˈteliwɜːkɪŋ; *AmE* -wɜːrkɪŋ/ *Nomen (BrE)* Telearbeit

telex /ˈteleks/ *Nomen, Verb*
▸ ***Nomen*** Telex; *(Nachricht auch)* Fernschreiben; *(Gerät)* Fernschreiber
▸ ***Verb*** telexen, ein Fernschreiben schicken

tell 🔑 /tel/ *Verb* (**told, told** /təʊld; *AmE* toʊld/) **1** sagen, erzählen ◇ *Why wasn't I told about the accident?* Warum hat man mir nichts von dem Unfall gesagt? ◇ *Are you telling me you didn't have any help?* Willst du mir erzählen, dass dir niemand geholfen hat? ◇ *tell lies* lügen **2** *(Informationen geben)* sagen, anzeigen ◇ *The advertisement tells us very little about the product.* Die Anzeige sagt uns sehr wenig über das Produkt. ◇ *The sound of his breathing told her (that) he was asleep.* An seinen Atemzügen erkannte sie, dass er schlief. **3** *(Geheimnis)* verraten ◇ *Promise you won't tell.* Versprich mir, dass du nichts sagst. ◇ *'Who are you going out with tonight?' 'That would be telling!'* „Mit wem gehst du heute Abend aus?" „Das verrate ich nicht!" **4** sagen, auffordern ◇ *Do what I tell you.* Tu, was ich dir sage. ◇ *Don't tell me what to do!* Ich lasse mir von dir keine Vorschriften machen! **5** *(nicht in der Verlaufsform)* sagen, erkennen ◇ *It's hard to tell.* Es ist schwer zu sagen. ◇ *It was hard to tell the difference.* Der Unterschied war schwer zu erkennen. ◇ *As far as I can tell, she's enjoying the course.* Soweit ich es sagen kann, gefällt ihr der Kurs. **6** *(nicht in der Verlaufsform oder im Passiv)* **~ apart** auseinanderhalten; **~ A from B** A und B auseinanderhalten **7 ~ (on sb)** sich (bei jdm) bemerkbar machen ◇ *The strain was beginning to tell.* Die Anstrengung machte sich langsam bemerkbar. **IDM** **all ˈtold** insgesamt **don't ˈtell me** *(umgs)* sagen Sie/sag bloß ... **I/I'll ˌtell you ˈwhat** wissen Sie/weißt du was ... **I ˈtell you; I can ˈtell you; I'm ˈtelling you** *(umgs)* das kann ich Ihnen/dir sagen; das sage ich Ihnen/dir; das können Sie/kannst du mir glauben **I ˈtold you (so)** *(umgs)* das habe ich ja gleich gesagt **ˌlive, etc. to ˌtell the ˈtale** (es) überleben **tell a ˈdifferent story/tale** etwas anderes sagen **tell its own tale/story** für sich (selbst) sprechen **ˈtell me** sagen Sie/sag mal **ˈtell me about it** *(umgs)* Sie sagen/du sagst es! **tell me aˈnother!** *(umgs)* wer's glaubt, wird selig! **tell ˈtales (about sth)** *(BrE)* (über etw) petzen **tell ˈtales on sb** *(BrE)* jdn verpetzen **tell the time** *(AmE* **tell ˈtime**) die Uhr lesen können **tell sb where to get ˈoff/where they get ˈoff** *(BrE, umgs)* jdm gründlich die Meinung sagen **tell sb where to ˈput/ˈstick sth; tell sb what they can ˈdo with sth** *(umgs)* jdm sagen, wohin er sich etw stecken kann **there's no ˈtelling** man kann nie/nicht wissen **to tell (you) the ˈtruth** um ehrlich zu sein **you can never ˈtell; you never can ˈtell** man kann nie wissen **you're telling ˈme!** *(umgs)* wem sagen Sie/sagst du das! → *Siehe auch* HEAR, KISS, LITTLE, THING, TIME *und* TRUTH **PHR V** **ˌtell aˈgainst sb** *(BrE, gehoben)* ein Nachteil für jdn sein, sich nachteilig für jdn auswirken **ˈtell of sth** *(gehoben)* von etw erzählen **ˌtell sb ˈoff (for sth)** *(umgs)* jdn (wegen einer Sache) ausschimpfen **ˈtell on sb** *(umgs)* jdn verpetzen

tell·er /ˈtelə(r)/ *Nomen* **1** *(bei einer Bank)* Kassierer(in) **2** Geldautomat ◇ *automatic teller machines* Geldautomaten **3** Stimmenauszähler(in) **4** *(meist in Zusammensetzungen)* Erzähler(in) ◇ *a teller of lies* ein Lügner → *Siehe auch* FORTUNE TELLER *und* STORYTELLER

tell·ing /ˈtelɪŋ/ *Adj* **1** aufschlussreich ◇ *The number of homeless people is a telling comment on the state of society.* Die Zahl der Obdachlosen sagt viel über den Zustand der Gesellschaft aus. **2** wirkungsvoll ◇ *a telling argument* ein schlagendes Argument ◇ *He* *made a telling contribution to the game.* Seine Leistung war spielentscheidend.

tell·ing·ly /ˈtelɪŋli/ *Adv* **1** interessanterweise **2** deutlich

ˌtelling-ˈoff *Nomen* [meist Sing] (*BrE, umgs*) Standpauke, Rüffel; **give sb a ~** jdn ausschimpfen; **get a ~** Schimpfe kriegen

tell·tale /ˈtelteɪl/ *Adj, Nomen*
- ***Adj*** [nur vor Nomen] verräterisch
- ***Nomen*** (*BrE, umgs, abwert*) Petze(r)

telly /ˈteli/ *Nomen* (*Pl* **-ies**) (*BrE, umgs*) **1** Fernseher, Glotze **2** Fernsehen ◇ *watch telly* fernsehen

tem·er·ity /təˈmerəti/ *Nomen* (*gehoben*) Kühnheit, Frechheit ◇ *He had the temerity to call me a liar!* Er hatte die Stirn, mich einen Lügner zu nennen!

temp /temp/ *Nomen, Verb, Abk*
- ***Nomen*** Aushilfskraft, Zeitarbeiter(in)
- ***Verb*** als Aushilfskraft/Zeitarbeiter(in) arbeiten ◇ *a temping job* eine Stelle als Aushilfskraft
- ***Abk*** (*bes AmE* **temp.**) Temperatur

tem·per /ˈtempə(r)/ *Nomen, Verb*
- ***Nomen*** **1** (jähzorniges) Naturell ◇ *have a short temper* jähzornig sein ◇ *He must learn to control his temper.* Er muss lernen, sich zu beherrschen. ◇ *Tempers began to fray.* Die Gemüter begannen sich zu erhitzen. **2** Wut(anfall) ◇ *fly into a temper* einen Wutanfall kriegen ◇ *a fit of temper/a temper tantrum* ein Wutanfall **3** Laune ◇ *be in a foul temper* mies gelaunt sein **IDM** **keep your ˈtemper (with sb)** sich (bei jdm) beherrschen **lose your ˈtemper (with sb)** (bei jdm) die Beherrschung verlieren → *Siehe auch* QUICK
- ***Verb*** **1 ~ sth (with sth)** (*gehoben*) etw (durch etw) mildern ◇ *Justice must be tempered with mercy.* Man muss bei aller Gerechtigkeit Milde walten lassen. ◇ *His delight was tempered by regret.* Seine Freude war von Bedauern getrübt. **2** (*Metall*) tempern, härten

tem·pera /ˈtempərə/ *Nomen* **1** Tempera(farbe) **2** Tempera(malerei)

tem·pera·ment /ˈtemprəmənt/ *Nomen* **1** Veranlagung, Naturell ◇ *She has an artistic temperament.* Sie ist eine Künstlernatur. ◇ *She's a romantic by temperament.* Sie ist eine romantische Natur. **2** Temperament

tem·pera·men·tal /ˌtemprəˈmentl/ *Adj* **1** launenhaft ◇ (*fig*) *The printer's being temperamental this morning.* Der Drucker hat heute Morgen wieder seine Mucken. **2** (*Adv* **tem·pera·men·tal·ly** /-təli/) veranlagungsmäßig ◇ *They are firm friends in spite of temperamental differences.* Sie sind gute Freunde, obwohl sie so unterschiedlich veranlagt sind.

tem·per·ance /ˈtempərəns/ *Nomen* **1** (*veraltet*) Abstinenz (vom Alkoholgenuss) **2** (*gehoben*) Mäßigung, Maßhalten

tem·per·ate /ˈtempərət/ *Adj* **1** (*Fachspr*) (*Klima, Zone*) gemäßigt **2** (*Adv* **tem·per·ate·ly**) (*gehoben*) maßvoll

tem·pera·ture 0-ᴡ /ˈtemprətʃə(r); *AmE auch* -tʃʊr/ *Nomen* **1** (*Abk* **temp**) Temperatur ◇ *Heat the oven to a temperature of 200°C.* Erhitzen Sie den Backofen auf 200°C. **2** Temperatur, Fieber ◇ *take sb's temperature* bei jdm Fieber messen ◇ *She's running a temperature.* Sie hat Fieber. **IDM** **raise/lower the ˈtemperature** die Gemüter erhitzen/beruhigen; die Stimmung anheizen/dämpfen ◇ *lower the political temperature* die politische Situation entspannen

-tempered /ˈtempəd; *AmE* -pərd/ (*in Adjektiven*) gelaunt ◇ *good-/bad-tempered* gut/schlecht gelaunt ◇ *a sweet-tempered child* ein verträgliches Kind

tem·pest /ˈtempɪst/ *Nomen* (*gehoben*) Sturm **IDM** **a tempest in a ˈteapot** (*AmE*) ein Sturm im Wasserglas

tem·pes·tu·ous /temˈpestʃuəs/ *Adj* (*gehoben*) stürmisch (*auch fig*)

tem·plate /ˈtempleɪt; *AmE* -plət/ *Nomen* **1** Schablone **2** (*fig*) Vorlage, Muster **3** (COMP) Dokumentvorlage

tem·ple /ˈtempl/ *Nomen* **1** Tempel **2** (*AmE*) Synagoge **3** Schläfe

tempo /ˈtempəʊ; *AmE* -poʊ/ *Nomen* (*Pl* **-os** *oder Fachspr* **tempi** /-piː/) Tempo

tem·poral /ˈtempərəl/ *Adj* **1** (*gehoben*) weltlich **2** (*gehoben*) zeitlich **3** (ANAT) Schläfen-, Temporal-

tem·por·ary 0-ᴡ /ˈtemprəri; *AmE* -pəreri/ *Adj* (*Adv* **tem·porar·ily** /ˈtemprərəli; *AmE* ˌtempəˈrerəli/) **1** vorübergehend ◇ *temporary work* befristete Arbeit ◇ *Half the staff are temporary.* Die Hälfte des Personals ist nur auf Zeit angestellt. **2** provisorisch, behelfsmäßig

tempt /tempt/ *Verb* in Versuchung führen; **~ sb into sth** jdn (zu etw) verleiten, jdn (zu etw) verlocken ◇ *I was tempted by the dessert.* Ich fand den Nachtisch sehr verlockend. ◇ *I was tempted to take the day off.* Ich hätte mir am liebsten den Tag frei genommen. ◇ *How can we tempt young people into teaching?* Wie können wir junge Leute dazu bringen, den Lehrerberuf zu ergreifen? **IDM** **tempt ˈfate/ˈprovidence** das Schicksal herausfordern

temp·ta·tion /tempˈteɪʃn/ *Nomen* **1** Versuchung **2** Verlockung

tempt·er /ˈtemptə(r)/ *Nomen* Verführer, Versucher

tempt·ing /ˈtemptɪŋ/ *Adj* (*Adv* **tempt·ing·ly**) verführerisch, verlockend

temp·tress /ˈtemptrəs/ *Nomen* (*veraltet oder hum*) Verführerin

ten 0-ᴡ /ten/ *Zahl* zehn → *Beispiele bei* SECHS **IDM** **ˌten out of ˈten** (*BrE, oft iron*) ausgezeichnet ◇ *get ten out of ten* die beste Note bekommen ◇ *I'll give you ten out of ten for effort.* Du hast dir wirklich viel Mühe gegeben. **ˌten to ˈone** höchstwahrscheinlich

ten·able /ˈtenəbl/ *Adj* **1** haltbar; (*Standpunkt*) vertretbar **2** [nicht vor Nomen] (*Stelle*) befristet

ten·acious /təˈneɪʃəs/ *Adj* (*Adv* **ten·acious·ly**) (*gehoben*) hartnäckig, zäh ◇ *The party kept its tenacious hold on power.* Die Partei hat sich zäh an der Macht gehalten. ◇ *tenacious traditions* tief verwurzelte Traditionen

ten·acity /təˈnæsəti/ *Nomen* Hartnäckigkeit, Beharrlichkeit

ten·ancy /ˈtenənsi/ *Nomen* (*Pl* **-ies**) **1** Mietdauer, Pachtdauer ◇ *a tenancy agreement* ein Miet-/Pachtvertrag **2** Mietverhältnis, Pachtverhältnis

ten·ant /ˈtenənt/ *Nomen, Verb*
- ***Nomen*** Mieter(in), Pächter(in) ◇ *the previous tenants* die Vormieter ◇ *tenant farmers* Pächter
- ***Verb*** (*meist passiv*) zur Miete wohnen in, gepachtet haben ◇ *a tenanted farm* ein Pachthof

tench /tentʃ/ *Nomen* (*Pl* **tench**) Schleie

tend 0-ᴡ /tend/ *Verb* **1** tendieren ◇ *Women tend to live longer than men.* Frauen leben meist länger als Männer. ◇ *When I'm tired, I tend to make mistakes.* Wenn ich müde bin, mache ich leicht Fehler. ◇ *I tend to think that …* Ich neige zu der Annahme, dass … ◇ *Prices have tended downwards over recent years.* In den letzten Jahren war die Tendenz der Preise fallend. **2 ~ (to) sb/sth** sich um jdn/etw kümmern, jdn/etw pflegen ◇ *a shepherd tending his sheep* ein Hirte, der seine Schafe hütet **3** (*AmE*) bedienen ◇ *He had a job tending bar.* Er hatte eine Stelle als Barmann.

ten·dency 0-ᴡ /ˈtendənsi/ *Nomen* (*Pl* **-ies**) **1** Tendenz, Neigung ◇ *I have a tendency to talk too much.* Ich neige dazu, zu viel zu reden. ◇ *There is a tendency for this disease to run in families.* Diese Krankheit liegt oft in der Familie. **2** [mit Verb im Sing/Pl] (*BrE*) =

extremistische Gruppe in einer politischen Organisation

ten·den·tious /ten'denʃəs/ *Adj* (*gehoben, meist abwert*) tendenziös

ten·der /'tendə(r)/ *Adj, Nomen, Verb*

▸ ***Adj*** **1** (*Adv* **ten·der·ly**) zärtlich, liebevoll **2** (*Fleisch etc.*) zart **3** empfindlich IDM **at a ˌtender 'age** in jungen Jahren **at the tender age of …** im zarten Alter von …

▸ ***Nomen*** **1** Angebot ◇ *put sth out to tender* etw ausschreiben ◇ *sell land by tender* Land durch Ausschreibung verkaufen **2** Tender

▸ ***Verb*** **1 ~ (for sth)** ein Angebot (für etw) einreichen ◇ *competitive tendering* öffentliche Ausschreibung **2 ~ sth (to sb)** (*gehoben*) (jdm) etw anbieten, (jdm) etw geben ◇ *He tendered his resignation.* Er hat seinen Rücktritt angeboten.

tend·er·foot /'tendəfʊt; *AmE* -dərfʊt/ *Nomen* (*Pl* **tend·erfeet** *oder* **tend·er·foots**) (*AmE, umgs*) Anfänger(in), Greenhorn

ˌtender-'hearted *Adj* weichherzig

ten·der·ize (*BrE auch* **-ise**) /'tendəraɪz/ *Verb* (*Fleisch*) zart machen, weich klopfen

ten·der·loin /'tendəlɔɪn; *AmE* -dərlɔɪn/ *Nomen* Lendenstück

ten·der·ness /'tendənəs; *AmE* -dərnəs/ *Nomen* **1** Zärtlichkeit **2** Zartheit **3** Empfindlichkeit

ten·don /'tendən/ *Nomen* Sehne

ten·dril /'tendrəl/ *Nomen* **1** Ranke **2** Ringellocke

tene·ment /'tenəmənt/ *Nomen* Mietshaus, Mietskaserne ◇ *a tenement block* eine Mietskaserne

tenet /'tenɪt/ *Nomen* (*gehoben*) Grundsatz; (REL) Glaubenssatz

ten·fold /'tenfəʊld; *AmE* -foʊld/ *Adj, Adv* → -FOLD

ten·ner /'tenə(r)/ *Nomen* (*BrE, umgs*) **1** Zehnpfundschein **2** zehn Pfund

ten·nis /'tenɪs/ (*gehoben* **ˌlawn 'tennis**) *Nomen* Tennis

'tennis racket (*auch* **'tennis rac·quet**) *Nomen* Tennisschläger

tenor /'tenə(r)/ *Nomen, Adj*

▸ ***Nomen*** **1** Tenor ◇ *a tenor saxophone* ein Tenorsaxofon **2** Tenorstimme **3** [Sing] **the ~ of sth** (*gehoben*) ◇ *the general tenor of his remarks* der Tenor seiner Äußerungen

▸ ***Adj*** [nur vor Nomen] Tenor- ◇ *a tenor saxophone/trombone* Tenorsaxofon/-posaune

ˌten 'pence (*auch* **ˌten pence 'piece**; **10p** /ˌten 'pi:/) *Nomen* Zehnpencestück

ten·pin /'tenpɪn/ *Nomen* **1** (Bowling)kegel **2** **ten·pins** (*AmE*) [U] Bowling

ˌtenpin 'bowling (*bes BrE*) *Nomen* Bowling

tense /tens/ *Adj, Verb, Nomen*

▸ ***Adj*** (*Adv* **tense·ly**) **1** angespannt, verkrampft ◇ *He's a very tense person.* Er kann sich nicht entspannen. **2** (*Lage, Atmosphäre etc.*) gespannt; (*Diskussion etc.*) spannungsgeladen ◇ *I spent a tense week waiting.* Ich habe eine nervenaufreibende Woche lang gewartet. **3** (*Muskeln etc.*) verkrampft, verspannt **4** (*Draht etc.*) straff (gespannt)

▸ ***Verb*** **1 ~ (up)** sich verkrampfen; (*Muskeln*) sich anspannen; (*zu sehr*) sich verspannen ◇ *He tensed himself, listening.* Er lauschte angespannt. **2 ~ sth (up)** etw anspannen; (*zu sehr*) etw verkrampfen ◇ *get tensed up* sich verkrampfen

▸ ***Nomen*** (LING) Zeit, Tempus ◇ *the past tense* die Vergangenheit ◇ *the present tense* die Gegenwart

tense·ness /'tensnəs/ *Nomen* **1** Angespanntheit **2** Spannung

ten·sion 0‑**m** /'tenʃn/ *Nomen, Verb*

▸ ***Nomen*** **1** Spannung ◇ *the tension between the aims of the company and the wishes of the staff* der Konflikt zwischen den Zielen des Betriebs und den Wünschen der Mitarbeiter **2** Verspannung ◇ *muscular tension* Muskelverspannung **3** Maschenfestigkeit ◇ *check the tension* eine Maschenprobe machen

▸ ***Verb*** spannen, straffen

tent 0‑**m** /tent/ *Nomen* Zelt

ten·tacle /'tentəkl/ *Nomen* **1** Tentakel, Fangarm **2** **tentacles** [Pl] (*meist abwert*) (*fig*) Fangarme, Klauen

ten·ta·tive /'tentətɪv/ *Adj* (*Adv* **ten·ta·tive·ly**) **1** vorläufig ◇ *tentative conclusions* Vermutungen **2** zaghaft, zögernd ◇ *a tentative answer* eine tastende Antwort

tent·ed /'tentɪd/ *Adj* Zelt- ◇ *a tented village* eine Zeltstadt

ten·ter·hooks /'tentəhʊks; *AmE* -tərhʊks/ *Nomen* [Pl] IDM **(be) on 'tenterhooks** wie auf glühenden Kohlen (sitzen)

tenth 0‑**m** /tenθ/ *Adj, Pron, Nomen*

▸ ***Adj, Pron*** zehnte(r,s) → *Beispiele bei* SECHSTE(R,S)

▸ ***Nomen*** Zehntel

'tent peg (*auch* **peg**) *Nomen* Zeltpflock, Hering

tenu·ous /'tenjuəs/ *Adj* **1** (*Adv* **tenu·ous·ly**) schwach; (*Verbindung*) locker ◇ *his tenuous grasp of reality* sein mangelndes Realitätsverständnis **2** (*Faden etc.*) dünn, fein

ten·ure /'tenjə(r)/ *Nomen* [U] **1** Amtszeit ◇ *tenure of political office* die Ausübung eines politischen Amtes **2** Amtieren **3** (*an Universitäten etc.*) unbefristete Stelle **4** Besitztitel ◇ *have security of tenure* Kündigungsschutz genießen

ten·ured /'tenjəd; *AmE* -njərd/ *Adj* **1** (*Posten*) Dauer-, unbefristet **2** in Dauerstellung

tepee (*auch* **tee·pee**) /'ti:pi:/ *Nomen* Tipi

tepid /'tepɪd/ *Adj* lauwarm (*auch fig*)

te·quila /tə'ki:lə/ *Nomen* Tequila

ter·cen·ten·ary /ˌtɜ:sen'ti:nəri; *AmE* ˌtɜ:rsen'ten-/ *Nomen* (*Pl* **-ies**) Dreihundertjahrfeier, dreihundertster Jahrestag

term 0‑**m** /tɜ:m; *AmE* tɜ:rm/ *Nomen, Verb*

▸ ***Nomen*** → *Siehe auch* TERMS **1** Ausdruck, Begriff ◇ *a term of abuse* ein Schimpfwort **2** (*bes BrE*) Trimester **3** Dauer, Zeitraum, Laufzeit ◇ *the president's first term of/in office* die erste Amtsperiode des Präsidenten ◇ *a maximum jail term of 25 years* eine Höchststrafe von 25 Jahren Gefängnis **4** [Sing] (*gehoben*) Frist ◇ *His life had reached its natural term.* Sein Leben hatte sein natürliches Ende erreicht. ◇ *children born at full term* voll ausgetragene Kinder **5** (MATH) Term IDM **in the 'long/'short/'medium term** lang-/kurz-/mittelfristig

▸ ***Verb*** (*meist passiv*) (*gehoben*) bezeichnen als, nennen ◇ *He can hardly be termed a young man.* Man kann ihn kaum einen jungen Mann nennen.

ter·min·al /'tɜ:mɪnl; *AmE* 'tɜ:rm-/ *Nomen, Adj*

▸ ***Nomen*** **1** Terminal, Abfertigungsgebäude **2** (COMP) Terminal **3** (ELEK) Pol

▸ ***Adj*** **1** (*Adv* **ter·min·al·ly** /-nəli/) unheilbar ◇ (*fig*) *The industry is in terminal decline.* Mit der Industrie geht es unaufhaltsam bergab. ◇ *terminal boredom* schreckliche Langeweile **2** (*Patient*) unheilbar krank ◇ *a terminal case* ein hoffnungsloser Fall **3** [nur vor Nomen] (*gehoben oder Fachspr*) End-, Schluss- ◇ *terminal examinations* Abschlussprüfungen

ter·min·ate /'tɜ:mɪneɪt; *AmE* 'tɜ:rm-/ *Verb* (*gehoben*) **1** enden; (*Vertrag*) ablaufen **2** beenden; (*Vertrag*) auflösen, lösen; (*Schwangerschaft*) abbrechen **3** ◇ *The bus terminates at Victoria.* Der Bus fährt bis Victoria. ◇ *The train terminates here.* Der Zug endet hier.

ter·min·ation /ˌtɜːmɪˈneɪʃn; *AmE* ˌtɜːrm-/ *Nomen* **1** (*gehoben*) Beendigung, Ende; (*eines Vertrags*) Auflösung **2** (MED) Schwangerschaftsabbruch

ter·mino·logic·al /ˌtɜːmɪnəˈlɒdʒɪkl; *AmE* ˌtɜːrmənəˈlɑːdʒɪ-/ *Adj* terminologisch

ter·min·ology /ˌtɜːmɪˈnɒlədʒi; *AmE* ˌtɜːrməˈnɑːlə-/ *Nomen* (*Pl* **-ies**) Terminologie

ter·minus /ˈtɜːmɪnəs; *AmE* ˈtɜːrm-/ *Nomen* (*Pl* **ter·mini** /-naɪ/) Endstation, Endbahnhof

ter·mite /ˈtɜːmaɪt; *AmE* ˈtɜːrmaɪt/ *Nomen* Termite

term·ly /ˈtɜːmli; *AmE* ˈtɜːrm-/ *Adj* (*BrE*) Trimester- ◇ *pay fees in termly instalments* die Gebühren trimesterweise bezahlen

ˈterm paper *Nomen* (*AmE*) Referat, Seminararbeit

terms /tɜːmz; *AmE* tɜːrmz/ *Nomen* [Pl] **1** Bedingungen ◇ *terms and conditions of employment* Arbeitsvertragsbedingungen **2** Konditionen ◇ *buy sth on easy terms* etw auf Raten kaufen ◇ *My terms are €30 a lesson.* Ich verlange 30€ pro Stunde. **3** Worte ◇ *We protested in the strongest possible terms.* Wir protestierten ganz energisch. ◇ *The letter was couched in very polite terms.* Der Brief war sehr höflich abgefasst. IDM **be on good, friendly, bad, etc. ˈterms (with sb)** (mit jdm) auf gutem, freundschaftlichem, schlechtem etc. Fuß stehen ◇ *I had no idea you and he were on such intimate terms.* Ich hatte keine Ahnung, dass du mit ihm so eng befreundet bist. ◇ *I'm on first-name terms with him.* Ich duze mich mit ihm. **come to ˈterms (with sb)** sich (mit jdm) einigen **come to ˈterms with sth** sich mit etw abfinden **in … terms** … gesehen ◇ *in political terms* politisch gesehen ◇ *Costs have fallen in real terms.* Die Kosten sind real gesunken. **in terms of ˈsth** was etw angeht; was etw betrifft; von etw her ◇ *He's talking in terms of starting a new career.* Er spricht davon, eine neue Laufbahn einzuschlagen. **on your own ˈterms** wie man es für richtig hält; wie man es will ◇ *I'll only take the job on my own terms.* Ich nehme die Stellung nur an, wenn ich meine eigenen Bedingungen stellen kann. **on sb's terms** zu jds Bedingungen → *Siehe auch* CONTRADICTION, EQUAL, SPEAK *und* UNCERTAIN

ˌterms of reˈference *Nomen* [Pl] (*eines Komitees etc.*) Aufgabenbereich

ˈterm-time *Nomen, Adj* (*BrE*)
▸ ***Nomen*** Schulzeit; (*an der Universität*) Trimester
▸ ***Adj*** [nur vor Nomen] während der Schulzeit/des Trimesters ◇ *your term-time address* Ihre Semesteradresse

tern /tɜːn; *AmE* tɜːrn/ *Nomen* Seeschwalbe

ter·race /ˈterəs/ *Nomen* **1** (*BrE*) Häuserreihe **2** (*oft in Straßennamen*) = Straße mit Reihenhäusern **3** Terrasse **4 terraces** [Pl] (*BrE*) (*im Stadion*) Ränge

ter·raced /ˈterəst/ *Adj* **1** (*BrE*) Reihen- ◇ *terraced streets* Straßen mit Reihenhäusern **2** terrassenförmig angelegt, terrassiert

ˌterraced ˈhouse (*seltener* **ˌterrace ˈhouse**) *Nomen* (*Pl* **houses** /ˈhaʊzɪz/) (*BrE*) Reihenhaus

ter·ra·cing /ˈterəsɪŋ/ *Nomen* [U] **1** (*BrE*) (*im Stadion*) Ränge, Stehplätze **2** (*an einem Berghang*) Terrassen

terra·cotta /ˌterəˈkɒtə; *AmE* -ˈkɑːtə/ *Nomen* Terrakotta

terra firma /ˌterə ˈfɜːmə; *AmE* ˈfɜːrmə/ *Nomen* (*meist hum*) fester Boden ◇ *be back on terra firma* wieder festen Boden unter den Füßen haben

ter·rain /təˈreɪn/ *Nomen* (*gehoben*) Gelände, Terrain

terˈrain park *Nomen* Terrain Park

terra·pin /ˈterəpɪn/ *Nomen* Sumpfschildkröte

ter·rar·ium /teˈreəriəm; *AmE* teˈrer-/ *Nomen* (*Pl* **ter·rar·iums** *oder* **ter·raria** /-riə/) Terrarium

ter·res·trial /təˈrestriəl/ *Adj* **1** (*Fachspr*) Land-, landlebend **2** Erd-, irdisch **3** (TV) terrestrisch

ter·rible 0-w /ˈterəbl/ *Adj* (*Adv* **ter·ribly** /-bli/) **1** schrecklich, furchtbar, fürchterlich ◇ *I've just had a terrible thought.* Mir ist gerade etwas Furchtbares eingefallen. ◇ (*umgs*) *I had a terrible job to persuade her to come!* Es war ganz schön schwer, sie zum Kommen zu überreden! ◇ *I'm not terribly interested in politics.* Ich interessiere mich nicht sehr für Politik. **2** [nicht vor Nomen] elend ◇ *I feel terrible.* Ich fühle mich miserabel.

ter·rier /ˈteriə(r)/ *Nomen* Terrier

ter·rif·ic /təˈrɪfɪk/ *Adj* **1** (*umgs*) fantastisch, toll ◇ *She's doing a terrific job.* Sie macht das fantastisch. **2** (*Adv* **ter·rif·ic·al·ly** /-kli/) (*umgs*) unheimlich, sagenhaft

ter·ri·fied /ˈterɪfaɪd/ *Adj* angstvoll, entsetzt; **be ~ (of sb/sth)** (vor jdm/etw) schreckliche Angst haben ◇ *be terrified of heights* Höhenangst haben ◇ *She was terrified at the thought of being alone.* Der Gedanke, allein zu sein, machte ihr schreckliche Angst. IDM → WIT

ter·rify /ˈterɪfaɪ/ *Verb* (**-fies, -fy·ing, -fied, -fied**) **~ sb** jdm schreckliche Angst einjagen

ter·ri·fy·ing /ˈterɪfaɪɪŋ/ *Adj* (*Adv* **ter·ri·fy·ing·ly**) Furcht erregend, schrecklich, unheimlich

ter·rine /teˈriːn/ *Nomen* Pastete

Ter·ri·tor·ial /ˌterəˈtɔːriəl/ *Nomen* Soldat(in) des Territorialheers

ter·ri·tor·ial /ˌterəˈtɔːriəl/ *Adj* (*Adv* **ter·ri·tori·al·ly** /-əli/) territorial ◇ *territorial gains* Landgewinne ◇ *territorial disputes* Grenzstreitigkeiten ◇ *territorial waters* Hoheitsgewässer ◇ *territorial instincts* Revierinstinkte ◇ *Cats are very territorial.* Katzen verteidigen ihr Revier.

the ˌTerritorial ˈArmy *Nomen* [mit Verb im Sing/Pl] (*Abk* **TA**) (*in GB*) das Territorialheer

ter·ri·tory /ˈterətri; *AmE* -tɔːri/ *Nomen* (*Pl* **-ies**) **1** Staatsgebiet, Hoheitsgebiet ◇ *the occupied territories* die besetzten Gebiete **2** Revier, Territorium **3** (*Zuständigkeitsbereich*) Bezirk **4** Gebiet (*auch fig*) ◇ *unexplored territory* ein unerschlossenes Gebiet ◇ *This type of work is uncharted territory for us.* Diese Arbeit ist für uns Neuland. **5** (*auch* **Territory**) (*zu den USA, Australien oder Kanada gehörend*) Territorium ◇ *Guam is a US territory.* Guam ist ein amerikanisches Territorium. IDM **ˌcome/ˌgo with the ˈterritory** dazu gehören ◇ *When you're a professional athlete, injuries just go with the territory.* Für Berufssportler gehören Verletzungen einfach dazu. → *Siehe auch* NEUTRAL

ter·ror /ˈterə(r)/ *Nomen* **1** [U/Sing] (panische) Angst ◇ *Emma felt a moment of pure terror.* Emma packte die nackte Angst. **2** Schrecken ◇ *These street gangs have become the terror of the neighbourhood.* Diese Straßenbanden terrorisieren die ganze Gegend. ◇ *Death holds no terrors for me.* Der Tod schreckt mich nicht. **3** Terror **4** (*umgs*) (*Kind*) Ungeheuer

ter·ror·ism /ˈterərɪzəm/ *Nomen* Terrorismus

ter·ror·ist /ˈterərɪst/ *Nomen* Terrorist(in)

ter·ror·ize (*BrE auch* **-ise**) /ˈterəraɪz/ *Verb* terrorisieren ◇ *Thousands of people were terrorized into leaving their homes.* Tausende von Menschen wurden so terrorisiert, dass sie ihre Häuser verließen.

ˈterror-stricken *Adj* völlig verängstigt

terry /ˈteri/ *Nomen* Frottee

terse /tɜːs; *AmE* tɜːrs/ *Adj* (*Adv* **terse·ly**) (*Stil*) kurz und bündig, prägnant; (*Stellungnahme etc.*) knapp; (*Mensch*) kurz angebunden; (*Stimme*) barsch

ter·tiary /ˈtɜːʃəri; *AmE* ˈtɜːrʃieri, -ʃəri/ *Adj* tertiär

TESL /'tesl/ *Kurzform von* **teaching of English as a second language** (*bezieht sich auf den Englischunterricht in englischsprachigen Ländern, z.B. für ethnische Minderheiten*) Unterrichten des Englischen als Fremdsprache

test 0‐ᴛ /test/ *Nomen, Verb*

▸ ***Nomen* 1** Prüfung, Test, Klassenarbeit ◇ *take/do/sit a test* eine Prüfung machen **2** Test, Untersuchung ◇ *an HIV test* ein HIV-Test ◇ *an eye test* ein Sehtest ◇ *drugs tests* Dopingkontrollen → *Siehe auch* ACID TEST, BLOOD TEST, BREATH TEST, FIELD TEST, MEANS TEST *und* ROAD TEST **3** Prüfstein **4** (*umgs*) = TEST MATCH **IDM** **put sb/sth to the 'test** jdn/etw auf die Probe stellen **stand the test of 'time** die Zeit überdauern

▸ ***Verb* 1** prüfen, testen ◇ *Children are tested on core subjects.* Kinder müssen Prüfungen in den Hauptfächern machen. ◇ *test sb's eyesight* bei jdm einen Sehtest machen **2 ~ sb/sth (for sth)** jdn/etw (auf etw) untersuchen **3** ◇ *test positive/negative* ein positives/negatives Testergebnis haben ◇ *Two athletes tested positive for drugs.* Zwei Sportler fielen bei der Dopingkontrolle durch. **4 ~ sb/sth (for sth)** jdn/etw (auf etw) (über)prüfen ◇ *Our beauty products are not tested on animals.* Unsere Kosmetikprodukte werden nicht an Tieren getestet. **5** auf die Probe stellen **IDM** **test the 'waters** die Lage peilen → *Siehe auch* TRIED **PHR V** **'test for sth** nach etw suchen

test·able /'testəbl/ *Adj* überprüfbar

tes·ta·ment /'testəmənt/ *Nomen* (*gehoben*) **1 ~ (to sth)** Beweis (für etw) **2** Testament

'test ban *Nomen* Atomteststopp

'test case *Nomen* Musterprozess

'test drive *Nomen* Probefahrt

'test-drive *Verb* Probe fahren

test·er /'testə(r)/ *Nomen* **1** Prüfer(in) **2** Prüfgerät **3** (*Muster*) Probe

tes·tes *Form von* TESTIS

tes·ticle /'testɪkl/ *Nomen* Hoden

tes·ticu·lar /tes'tɪkjələ(r)/ *Adj* [nur vor Nomen] Hoden-

test·ify /'testɪfaɪ/ *Verb* (**-fies**, **-fy·ing**, **-fied**, **-fied**) **1** aussagen; **~ about sth** zu etw eine Aussage machen ◇ *He was summoned to testify before the Senate.* Er wurde als Zeuge vor den Senat geladen. **2** bezeugen **3** (*bes AmE*) Zeugnis von seinem Glauben ablegen **PHR V** **'testify to sth** (*gehoben*) von etw zeugen

test·ily *Adv* → TESTY

tes·ti·mo·nial /ˌtestɪ'məʊniəl; *AmE* -'moʊ-/ *Nomen* **1** Zeugnis ◇ *The catalogue is full of testimonials from satisfied customers.* Der Katalog enthält viele Zuschriften von zufriedenen Kunden. **2 ~ (game)** Abschiedsspiel, Ehrenspiel **3** ◇ *a testimonial dinner in his honour* ein Abendessen, das ihm zu Ehren gegeben wurde

tes·ti·mony /'testɪməni; *AmE* -moʊni/ *Nomen* (*Pl* **-ies**) **1** [U/Sing] Beweis, Zeugnis ◇ *bear testimony to sth* etw beweisen **2** (Zeugen)aussage ◇ *Can I refuse to give testimony?* Kann ich die Aussage verweigern?

test·ing /'testɪŋ/ *Nomen, Adj*

▸ ***Nomen*** Testen, Prüfen ◇ *nuclear testing* Atomtests

▸ ***Adj*** hart, schwer

'testing ground *Nomen* **1** Versuchsfeld **2** Versuchsgelände

tes·tis /'testɪs/ *Nomen* (*Pl* **tes·tes** /-stiːz/) Hoden

'Test match (*umgs* **Test**) *Nomen* (*Kricket, Rugby*) = internationales Spiel, oft in einer Reihe von Spielen

tes·tos·ter·one /te'stɒstərəʊn; *AmE* te'stɑːstəroʊn/ *Nomen* Testosteron

test 'run *Nomen* Probelauf, Test

'test tube *Nomen* Reagenzglas

'test-tube baby (*Pl* **-ies**) *Nomen* Retortenbaby

testy /'testi/ *Adj* (*Adv* **test·ily** /-stɪli/) (*gehoben*) gereizt

tet·anus /'tetənəs/ *Nomen* Tetanus

tetchy /'tetʃi/ *Adj* (*Adv* **tetch·ily** /-tʃɪli/) gereizt

tête-à-tête /ˌteɪt ɑː 'teɪt/ *Nomen* Tête-à-Tête, Gespräch unter vier Augen

tether /'teðə(r)/ *Verb, Nomen*

▸ ***Verb*** (*Tier*) anbinden

▸ ***Nomen*** Strick, Kette **IDM** → END

Teut·on·ic /tjuː'tɒnɪk; *AmE* tuː'tɑːnɪk/ *Adj* deutsch ◇ *Teutonic thoroughness* typisch deutsche Gründlichkeit

Tex-Mex /ˌteks 'meks/ *Adj* [nur vor Nomen] texanisch-mexikanisch

text 0‐ᴛ /tekst/ *Nomen, Verb*

▸ ***Nomen* 1** Text ◇ *The newspaper had printed the full text of the speech.* Die Zeitung hatte den vollen Wortlaut der Rede gedruckt. → *Siehe auch* SET TEXT **2** (*AmE*) Lehrbuch **3** = TEXT MESSAGE

▸ ***Verb* ~ sb** jdm eine SMS schicken, jdm simsen, jdm texten

text·book /'tekstbʊk/ *Nomen, Adj*

▸ ***Nomen*** (*AmE auch* **text**) Lehrbuch

▸ ***Adj*** [nur vor Nomen] Muster- ◇ *a textbook example* ein Musterbeispiel

tex·tile /'tekstaɪl/ *Nomen* **1** Stoff ◇ *a textile mill* eine Weberei **2 textiles** [Pl] die Textilindustrie

'text message (*auch* **text**) *Nomen* SMS

textspeak /'tekstspiːk/ *Nomen* SMS-Sprache

text·ual /'tekstʃuəl/ *Adj* (*gehoben*) Text-, textuell

tex·tural /'tekstʃərəl/ *Adj* strukturell, texturell ◇ *the textural subtlety of the painting* die differenzierte Oberflächenstruktur des Gemäldes

tex·ture /'tekstʃə(r)/ *Nomen* **1** Materialbeschaffenheit, Struktur, Textur ◇ *It has the soft texture of velvet.* Es fühlt sich weich wie Samt an. **2** (*von Lebensmitteln etc.*) Konsistenz

tex·tured *Adj* /'tekstʃəd; *AmE* -tʃərd/ strukturiert ◇ *textured wallpaper* Strukturtapete ◇ *a coarse-textured surface* eine raue Oberfläche

thal·ido·mide /θə'lɪdəmaɪd/ *Nomen* Contergan®

than 0‐ᴛ /ðən, *betont* ðæn/ *Präp, Konj* (*in Vergleichen*) als ◇ *It never takes more than an hour.* Es dauert nie länger als eine Stunde. ◇ *Hardly had we arrived than the problems started.* Wir waren kaum angekommen, da fingen die Schwierigkeiten schon an. **IDM** → OTHER

thank 0‐ᴛ /θæŋk/ *Verb* **~ sb (for sth)** jdm (für etw) danken, sich bei jdm (für etw) bedanken ◇ *She thanked us for coming.* Sie dankte uns für den Besuch. **IDM** **have sb to thank (for sth)** jdm etw zu verdanken haben **I'll thank you to do sth** (*in der gesprochenen, aber gehobenen Sprache gebraucht, um Verärgerung auszudrücken*) ich möchte mir doch ausbitten, dass Sie … **thank 'God/'goodness/'heaven(s) (for sth)** Gott sei Dank **thank your lucky 'stars** ◇ *Just thank your lucky stars you weren't in the house at the time.* Du kannst von Glück sagen, dass du zu dem Zeitpunkt nicht im Haus warst. **sb won't 'thank you for sth** jd wird es einem nicht danken

thank·ful /'θæŋkfl/ *Adj* [nicht vor Nomen] dankbar ◇ *I was thankful to see they'd arrived safely.* Ich war froh, dass sie sicher angekommen waren. **IDM** → SMALL

thank·ful·ly /'θæŋkfəli/ *Adv* **1** zum Glück **2** dankbar

thank·less /'θæŋkləs/ *Adj* undankbar

thanks 0‐ᴛ /θæŋks/ *Ausruf, Nomen*

▸ ***Ausruf*** (*umgs*) **1** danke ◇ *'More tea?' 'No thanks.'* „Noch Tee?" „Nein, danke." **2** (*wenn man etw annimmt*) ja, gerne, (ja) bitte

▸ ***Nomen*** [Pl] Dank ◇ *She murmured her thanks.* Sie murmelte ein Wort des Dankes. → *Siehe auch* VOTE

OF THANKS **IDM** **no thanks to sb/sth** trotz jdm/etw ◇ *We managed to get it finished in the end—no thanks to him.* Dass wir es schließlich doch geschafft haben, haben wir nicht ihm zu verdanken. **thanks to sb/sth** dank jdm/etw ◇ *It was all a great success—thanks to a lot of hard work.* Es war ein großer Erfolg—aufgrund vieler harter Arbeit. ◇ *Everyone knows about it now, thanks to you!* Dir habe ich es zu verdanken, dass es jetzt alle wissen!

thanks·giv·ing /ˌθæŋks'gɪvɪŋ/ *Nomen* **1 Thanksgiving (Day)** Feiertag in den USA und in Kanada, ursprünglich das Erntedankfest **2** [U] (*gehoben*) Dankgebet

'thank you 🔑 *Ausruf, Nomen*
▸ ***Ausruf*** **1** danke ◇ *Thank you very much for sending the photos.* Vielen Dank, dass Sie die Fotos geschickt haben. **2** (*wenn man etw annimmt*) bitte ◇ *'Would you like some help?' 'Oh, thank you.'* „Soll ich Ihnen helfen?" „Ja, bitte."
▸ ***Nomen*** Dankeschön ◇ *a thank-you letter* ein Dankbrief ◇ *She took the money without so much as a thank you.* Sie nahm das Geld und bedankte sich nicht einmal.

that 🔑 *Adj, Pron, Konj, Adv*
▸ ***Adj, Pron*** /ðæt/ (*Pl* **those** /ðəʊz; *AmE* ðoʊz/) der, die, das (dort), diese(r,s), jene(r,s) **IDM** **and (all) 'that** (*BrE*) und das ganze Zeug **that is (to say)** das heißt **ˌthat's 'that** und damit basta
▸ ***Pron*** /ðæt/ (*in Relativsätzen*) der, die, das
▸ ***Konj*** /ðət, ðæt/ dass ◇ *She said (that) the story was true.* Sie sagte, die Geschichte sei wahr.
▸ ***Adv*** /ðæt/ **1** so ◇ *I can't walk that far.* Ich kann nicht so weit gehen. ◇ *It's about that long.* Es ist ungefähr so lang. **2 not (all) ~** nicht so ◇ *It isn't all that cold.* So kalt ist es nun auch wieder nicht. ◇ *There aren't that many people here.* Es sind nicht allzu viele Leute hier. **3** (*BrE, umgs*) (*zur Verstärkung*) so ◇ *I was that scared I didn't know what to do.* Ich hatte solche Angst, dass ich nicht wusste, was ich tun sollte.

thatch /θætʃ/ *Verb, Nomen*
▸ ***Verb*** mit Stroh decken
▸ ***Nomen*** **1** Stroh ◇ *a roof made of thatch* ein Strohdach **2** Strohdach **3 ~ of hair** (*umgs*) (*Haar*) Mähne

thatched /θætʃt/ *Adj* strohgedeckt

thatch·er /'θætʃə(r)/ *Nomen* Dachdecker(in) für Reetbedachung

thaw /θɔː/ *Verb, Nomen*
▸ ***Verb*** **1 ~ (out)** schmelzen **2** tauen **3 ~ (sth) (out)** (etw) auftauen (lassen) (*auch fig*) ◇ *I could feel my ears start to thaw out.* Ich konnte fühlen, wie meine Ohren wieder warm wurden.
▸ ***Nomen*** Tauwetter (*auch fig*) ◇ *The river doubles in size during the spring thaw.* Zur Zeit der Schneeschmelze schwillt der Fluss auf seinen doppelten Umfang an.

the 🔑 /ðə, ði, *betont* ðiː/ *Artikel* der, die, das **IDM** **the more, less, etc. ... the more, less, etc. ...** je mehr, weniger etc. ..., desto mehr, weniger etc. ... ◇ *The less said about the whole affair, the happier I'll be.* Je weniger darüber gesagt wird, desto besser.

the·atre 🔑 (*AmE* **the·ater**) /'θɪətə(r); *AmE* 'θiːətər/ *Nomen* **1** Theater ◇ *I want to work in theatre.* Ich will zum Theater. ◇ *current ideas about what makes good theatre* die derzeitige Meinung, was bühnenwirksam ist → *Siehe auch* LECTURE THEATRE **2** (*AmE*) Kino, Filmtheater **3** (*BrE*) = OPERATING THEATRE **4** [meist Sing] (*gehoben*) (*Kriegs- etc.*) Schauplatz ◇ *an intelligence officer in the Pacific theatre* ein Nachrichtenoffizier im Pazifikraum

theatre·goer (*AmE* **theater·goer**) /'θɪətəgəʊə(r); *AmE* 'θiːətərgoʊər/ *Nomen* Theaterbesucher(in)

theatre·going (*AmE* **theater·going**) /'θɪətəgəʊɪŋ; *AmE* 'θiːətərgoʊɪŋ/ *Adj* theaterbegeistert ◇ *the theatregoing public* Theaterbesucher

the·at·ri·cal /θi'ætrɪkl/ *Adj* **1** [nur vor Nomen] Theater- **2** (*oft abwert*) theatralisch

the·at·ri·cal·ly /θi'ætrɪkli/ *Adv* **1** theatralisch **2** vom Theaterstandpunkt aus

the·at·ri·cals /θi'ætrɪklz/ *Nomen* [Pl] **1** Theateraufführungen **2** (*auch* **the·at·rics**) (*bes AmE*) Theatralik

thee /ðiː/ *Pron* (*veraltet*) dich; (*Dativ*) dir

theft /θeft/ *Nomen* Diebstahl

their 🔑 /ðeə(r); *AmE* ðer/ *Adj* (*mit Bezug auf „sie", Plural*) ihr

theirs 🔑 /ðeəz; *AmE* ðerz/ *Pron* (*mit Bezug auf „sie", Plural*) ihre(r,s)

the·ism /'θiːɪzəm/ *Nomen* Theismus

them 🔑 /ðəm, *betont* ðem/ *Pron* sie (ihnen)

the·mat·ic /θɪ'mætɪk, θiː'-/ *Adj* (*Adv* **the·mat·ic·al·ly** /-kli/) thematisch

theme 🔑 /θiːm/ *Nomen* **1** Thema **2** = THEME MUSIC **3** (*veraltet, AmE*) Aufsatz

themed /θiːmd/ *Adj* (*BrE*) Themen-, themenorientiert

'theme music *Nomen* [U] (*auch* **theme**, **'theme song**, **'theme tune**) Titelmelodie; (*einer Serie*) Erkennungsmelodie

'theme park *Nomen* Themenpark

them·selves 🔑 /ðəm'selvz/ *Pron* **1** sich **2** selbst, selber ℹ Für Redewendungen mit **themselves** siehe **yourself**.

then 🔑 /ðen/ *Adv, Adj*
▸ ***Adv*** **1** (*in der Vergangenheit*) damals, da; (*in der Zukunft*) dann ◇ *Things were very different back then.* Damals war alles ganz anders. ◇ *Just then there was a knock at the door.* Gerade da klopfte es. ◇ *I've been invited too, so I'll see you then.* Ich bin auch eingeladen, dann sehen wir uns. **2** (*nach Präpositionen*) ◇ *since then* seitdem ◇ *until then* bis dahin ◇ *They should have reached a decision by then.* Bis dahin müssten sie eine Entscheidung getroffen haben. ◇ *from then on* von da an **3** (*in einer Reihenfolge, Schlussfolgerung etc.*) dann ◇ *If you miss that train then you'll have to get a taxi.* Wenn du den Zug verpasst, dann musst du ein Taxi nehmen. ◇ *She's been very busy, and then there was that trouble with her son.* Sie hat sehr viel zu tun gehabt, und außerdem hatte sie Ärger mit ihrem Sohn. **4** also ◇ *Right then, where do you want the table?* Also, wo soll der Tisch hin? ◇ *OK then.* Also gut. **IDM** **and 'then some** (*umgs*) und viele/vieles mehr **but 'then; (but) then a'gain** (*umgs*) aber andererseits; aber auch ◇ *She was early, but then again, she always is.* Sie kam zu früh, aber das tut sie schließlich immer. **ˌthen and 'there; ˌthere and 'then** auf der Stelle → *Siehe auch* NOW
▸ ***Adj*** [nur vor Nomen] damalig

thence /ðens/ *Adv* (*veraltet oder gehoben*) von dort, danach

thence·forth /ˌðens'fɔːθ; *AmE* -'fɔːrθ/ (*auch* **thence·forward** /-'fɔːwəd; *AmE* -'fɔːrwərd/) *Adv* (*veraltet oder gehoben*) von da an, von der Zeit an

theo·lo·gian /ˌθiːə'ləʊdʒən; *AmE* -'loʊ-/ *Nomen* Theologe, Theologin

theo·logic·al /ˌθiːə'lɒdʒɪkl; *AmE* -'lɑːdʒɪ-/ *Adj* (*Adv* **theologic·al·ly** /-kli/) theologisch, Theologie-

the·ology /θi'ɒlədʒi; *AmE* θi'ɑːlə-/ *Nomen* (*Pl* **-ies**) Theologie

the·orem /'θɪərəm; *AmE* 'θiːərəm, 'θɪrəm/ *Nomen* (*Fachspr*) Lehrsatz, Satz

the·or·etic·al /ˌθɪəˈretɪkl; *AmE* ˌθiːəˈretɪkl/ *Adj* (*Adv* **the·or·etical·ly** /-kli/) theoretisch ◇ *It's a theoretical possibility.* Es wäre theoretisch möglich. ◇ *Such arguments are purely theoretical.* Solche Argumente sind reine Theorie.

the·or·ist /ˈθɪərɪst; *AmE* ˈθiːərɪst, ˈθɪrɪst/ (*auch* **the·or·et·ician** /ˌθɪərəˈtɪʃn; *AmE* ˌθiːərəˈtɪʃn, ˌθɪrəˈtɪʃn/) *Nomen* Theoretiker(in)

the·or·ize (*BrE auch* **-ise**) /ˈθɪəraɪz; *AmE* ˈθiːəraɪz/ *Verb* Theorien aufstellen, theoretisieren

the·ory 0‒ /ˈθɪəri; *AmE* ˈθɪri, ˈθiːəri/ *Nomen* (*Pl* **-ies**) Theorie IDM **in ˈtheory** theoretisch

thera·peut·ic /ˌθerəˈpjuːtɪk/ *Adj* **1** (*Adv* **thera·peut·ic·ally** /-kli/) therapeutisch, heilkräftig **2** entspannend

ther·ap·ist /ˈθerəpɪst/ *Nomen* **1** Therapeut(in) ◇ *a beauty therapist* eine Kosmetikerin **2** = PSYCHOTHERAPIST

ther·apy /ˈθerəpi/ *Nomen* (*Pl* **-ies**) **1** Therapie (*auch fig*) **2** = PSYCHOTHERAPY

there 0‒ /ðeə(r); *AmE* ðer/ *Adv, Ausruf*

▸ ***Adv*** **1 there is, are, was, were, etc.** es gibt, gab etc. ◇ *Has there been an accident?* Ist ein Unfall passiert? ◇ *There seemed to be no doubt about it.* Es schien keinen Zweifel zu geben. ◇ *There comes a point where you give up.* Irgendwann erreicht man den Punkt, wo man nicht mehr weiterkann. **2** da, dort; (*Richtung*) dahin, dorthin ◇ *I don't agree with you there.* Da stimme ich nicht mit ihnen überein. ◇ *Your pen is over there.* Ihr Kuli liegt da drüben. ◇ *Can I get there and back in a day?* Komme ich hin und zurück an einem Tag? ◇ *We're almost there.* Wir haben es beinahe geschafft. **3** (*umgs*) da ◇ *Hello, there!* Hallo! ◇ *There goes the last bus.* Da fährt der letzte Bus. ◇ *There goes the phone.* Das Telefon klingelt. ◇ (*hum*) *There goes my money!* Mein Geld kann ich wohl abschreiben! ◇ *So, there you have it: that's how it all started.* Das war's also: so hat alles angefangen. **4** ~ **to do sth** zu etw da IDM **be ˈthere for sb** für jdn da sein **ˌbeen ˈthere, ˌdone ˈthat** (*umgs*) das kenne ich schon **have been there beˈfore** (*umgs*) etw schon kennen **not all ˈthere** (*umgs*) nicht ganz richtig im Kopf **ˌthere it ˈis** (*umgs*) so ist es **ˈthere's a good boy, girl, dog, etc.** (*umgs*) (*zu kleinen Kindern, Tieren*) (schön) brav; sei schön brav; komm schon **ˌthere you ˈare; ˌthere you ˈgo** (*umgs*) **1** hier, bitte; bitte schön **2** schon ist es getan; sieh mal; sehen Sie ◇ *You switch on, push in the disk and there you are!* Man stellt es an, drückt die Diskette rein und fertig ist der Lack! ◇ *There you are! I told you it was easy!* Na also! Ich habe doch gesagt, es ist ganz leicht! **3** da sieht man's; da siehst du's ◇ *I know it's not ideal but there you go.* Ich weiß, es ist nicht ideal, aber so ist es nun mal. **ˌthere you go aˈgain** du tust es schon wieder ◇ *There you go again—jumping to conclusions.* Du ziehst schon wieder voreilige Schlüsse. ◇ *There they go again, always talking about the war!* Die gleiche alte Leier—immer sprechen sie über den Krieg. → *Siehe auch* FOR, HERE *und* THEN

▸ ***Ausruf*** siehst du, sehen Sie, bitte, nun bitte ◇ *There! That didn't hurt too much, did it?* Fertig! Das hat doch nicht wehgetan? IDM **ˌso ˈthere!** und damit basta!; fertig!; ätsch! **ˌthere, ˈthere!** na, na!

there·abouts /ˌðeərəˈbaʊts; *AmE* ˌðer-/ *Adv* **1** da in der Nähe, da irgendwo **2** ungefähr ◇ *They paid $100 or thereabouts.* Sie haben so um die $100 bezahlt.

there·after /ˌðeərˈɑːftə(r); *AmE* ˌðerˈæf-/ *Adv* (*gehoben*) danach

there·by /ˌðeəˈbaɪ; *AmE* ˌðerˈ-/ *Adv* (*gehoben*) dadurch

there·fore 0‒ /ˈðeəfɔː(r); *AmE* ˈðerfɔːr/ *Adv* deshalb, also

there·from /ˌðeəˈfrɒm; *AmE* ˌðerˈfrʌm/ *Adv* (*gehoben oder Fachspr*) daraus

there·in /ˌðeərˈɪn; *AmE* ˌðer-/ *Adv* (*gehoben oder Fachspr*) darin

there·of /ˌðeərˈɒv; *AmE* ˌðerˈʌv/ *Adv* (*gehoben oder Fachspr*) davon

there·on /ˌðeərˈɒn; *AmE* ˌðerˈɑːn/ *Adv* (*gehoben oder Fachspr*) darauf; (*bezüglich*) darüber

there's /ðeəz; *AmE* ðerz/ **1** = THERE IS **2** = THERE HAS

there·to /ˌðeəˈtuː; *AmE* ˌðerˈ-/ *Adv* (*gehoben oder Fachspr*) dazu

there·upon /ˌðeərəˈpɒn; *AmE* ˌðerəˈpɑːn/ *Adv* (*gehoben*) darauf; (*infolgedessen*) daraufhin

ther·mal /ˈθɜːml; *AmE* ˈθɜːrml/ *Adj, Nomen*

▸ ***Adj*** [nur vor Nomen] **1** (*Adv* **ther·mal·ly** /-məli/) (PHYSIK) thermisch; (*Einheit, Strahlung*) Wärme- ◇ *thermal imaging* Thermografie **2** kälteisolierend ◇ *thermal underwear* Thermounterwäsche **3** Thermal-

▸ ***Nomen*** **1** (PHYSIK) Thermik **2 thermals** [Pl] (*bes BrE*) Thermounterwäsche

thermo·dynam·ic /ˌθɜːməʊdaɪˈnæmɪk; *AmE* ˌθɜːrmoʊ-/ *Adj* thermodynamisch

thermo·dynam·ics /ˌθɜːməʊdaɪˈnæmɪks; *AmE* ˌθɜːrmoʊ-/ *Nomen* [U] Thermodynamik

therm·om·eter /θəˈmɒmɪtə(r); *AmE* θərˈmɑːm-/ *Nomen* Thermometer

thermo·nuclear /ˌθɜːməʊˈnjuːkliə(r); *AmE* ˌθɜːrmoʊˈnuː-/ *Adj* thermonuklear

Ther·mos™ /ˈθɜːməs; *AmE* ˈθɜːrməs/ *Nomen* (*auch* **ˈThermos flask**) Thermosflasche

thermo·stat /ˈθɜːməstæt; *AmE* ˈθɜːrm-/ *Nomen* Thermostat

thermo·stat·ic /ˌθɜːməˈstætɪk; *AmE* ˌθɜːrm-/ *Adj* (*Adv* **thermo·stat·ic·al·ly** /-kli/) [nur vor Nomen] thermostatisch ◇ *thermostatic control* automatische Temperaturregelung

the·saurus /θɪˈsɔːrəs/ *Nomen* (*Pl* **the·sauri** /-raɪ/ *oder* **the·saur·uses** /-rəsɪz/) Synonymwörterbuch

these /ðiːz/ *Form von* THIS

thesis /ˈθiːsɪs/ *Nomen* (*Pl* **theses** /-siːz/) **1** Diplomarbeit, Doktorarbeit **2** These

thes·pian /ˈθespiən/ *Nomen, Adj*

▸ ***Nomen*** (*oft hum*) Schauspieler(in)

▸ ***Adj*** (*oft hum*) schauspielerisch

they 0‒ /ðeɪ/ *Pron* **1** (*mit Bezug auf „sie", Plural*) sie **2** man ◇ *They told me to wait.* Man hat mir gesagt, ich soll warten.

they'd /ðeɪd/ **1** = THEY HAD **2** = THEY WOULD

they'll /ðeɪl/ = THEY WILL

they're /ðeə(r); *AmE* ðer, *unbetont* ðər/ = THEY ARE

they've /ðeɪv/ = THEY HAVE

thick 0‒ /θɪk/ *Adj, Adv, Nomen*

▸ ***Adj*** **1** dick; (*Flüssigkeiten auch*) dickflüssig ◇ *The walls are two feet thick.* Die Mauern sind zwei Fuß stark. **2** (*Wald, Nebel*) dicht ◇ *thick dark hair* volles, dunkles Haar **3** ~ **with sth** voll von etw ◇ *The atmosphere was thick with tension.* Die Atmosphäre war spannungsgeladen. **4** (*BrE, umgs*) dumm, blöd ◇ *Are you thick, or what?* Bist du so schwer von Begriff? **5** (*Akzent*) stark, ausgeprägt **6** ~ (**with sth**) (*Stimme*) belegt (vor etw), heiser (von etw) **7** ~ (**with sb**) (*umgs*) dick befreundet (mit jdm) IDM **be (as) thick as ˈthieves** (*umgs*) dicke Freunde sein **get a thick ˈear** ein paar hinter die Ohren kriegen **give sb a thick ˈear** (*BrE, umgs*) jdm ein paar hinter die Ohren geben **(as) thick as two short ˈplanks** (*BrE, umgs*) dumm wie Bohnenstroh **a thick ˈhead** (*umgs*) ein Brummschädel **sb's thick ˈhead** (*umgs*) ◇ *When will you get that into your thick head!* Schreib dir das endlich mal hinter die Löffel. **thick on the ˈground** zahlreich **a ˌthick ˈskin** ein dickes Fell

▸ ***Adv*** dick, dicht ◇ *Snow was lying thick on the ground.* Auf dem Boden lag tiefer Schnee. IDM **lay it on ˈthick** (*umgs*) dick auftragen **thick and ˈfast** Schlag auf Schlag; in rascher Folge ◇ *Questions were coming at them thick and fast.* Sie wurden mit Fragen überschüttet.

▸ ***Nomen*** IDM **in the ˈthick of sth** mitten in etw ◇ *He's always in the thick of the action.* Er ist immer mittendrin. **through ˌthick and ˈthin** durch dick und dünn

thick·en /ˈθɪkən/ *Verb* **1** dicker werden, dick werden; (*Nebel*) dichter werden **2** dicker machen; (*Soße*) eindicken IDM → PLOT

thicket /ˈθɪkɪt/ *Nomen* **1** Dickicht **2** (*fig*) Wust

thick·ly 0→ /ˈθɪkli/ *Adv* **1** dick ◇ *thickly carpeted rooms* mit einem dicken Teppich ausgelegte Räume **2** dicht **3** (*Stimme*) heiser, belegt

thick·ness 0→ /ˈθɪknəs/ *Nomen* **1** Dicke, Stärke **2** Schicht, Lage

thick·set /θɪkˈset/ *Adj* gedrungen

ˌthick-ˈskinned *Adj* **1** dickfellig **2** dickschalig

thief 0→ /θiːf/ *Nomen* (*Pl* **thieves** /θiːvz/) Dieb(in) IDM → HONOUR *und* THICK

thiev·ing /ˈθiːvɪŋ/ *Nomen, Adj* (*umgs*)

▸ ***Nomen*** Diebstahl

▸ ***Adj*** diebisch

thigh /θaɪ/ *Nomen* **1** Oberschenkel **2** Keule

ˈthigh bone *Nomen* Oberschenkelknochen

thim·ble /ˈθɪmbl/ *Nomen* Fingerhut

thin 0→ /θɪn/ *Adj, Adv, Verb*

▸ ***Adj*** (**thin·ner**, **thin·nest**) **1** schmal, dünn; (*Flüssigkeiten auch*) dünnflüssig **2** dünn, mager ◇ *He is as thin as a rake.* Er ist spindeldürr. **3** dünn, spärlich; (*Haar*) schütter **4** (*Luft etc.*) dünn; (*Nebel*) leicht **5** (*Stimme, Lächeln etc.*) schwach **6** (*schlecht*) dürftig, schwach ◇ *a thin excuse* eine fadenscheinige Ausrede IDM **be skating/walking on thin ˈice** sich aufs Glatteis begeben **be thin on ˈtop** (*umgs*) ◇ *He's starting to get a little thin on top.* Sein Haar beginnt sich zu lichten. **disappear, vanish, etc. into thin ˈair** sich in Luft auflösen **have a ˌthin ˈskin** empfindlich sein; dünnhäutig sein **have a thin ˈtime (of it)** (*BrE, umgs*) eine schwere Zeit durchmachen **out of thin ˈair** aus dem Nichts **the thin end of the ˈwedge** (*bes BrE*) die Spitze des Eisbergs **thin on the ˈground** dünn gesät → *Siehe auch* LINE, THICK *und* WEAR

▸ ***Adv*** dünn ◇ *Don't spread the butter too thin.* Streich die Butter nicht so dünn auf.

▸ ***Verb*** (**-nn-**) **1** ~ **sth** (**down**) (**with sth**) etw (mit etw) verdünnen **2** dünner werden ◇ *with thinning hair* mit schütterem Haar **3** ~ (**out**) sich lichten ◇ *The crowd had thinned out.* Die Menge war nicht mehr so dicht. **4** ~ **sth** (**out**) (Wald) lichten; (*Pflanzen*) verziehen, ausdünnen

thine /ðaɪn/ *Pron* (*veraltet*) deine(r,s), dein

thing 0→ /θɪŋ/ *Nomen* **1** Ding, Sache, Gegenstand ◇ *He's just bought one of those exercise things.* Er hat gerade so ein Trainingsdings gekauft. ◇ *She's very fond of sweet things.* Sie isst gern Süßes. ◇ *All living things are composed of cells.* Alle Lebewesen bestehen aus Zellen. **2 things** [Pl] Sachen ◇ *Put your things on and let's go.* Zieh dich an und lass uns gehen. **3** Sache ◇ *There are a lot of things she doesn't know about me.* Es gibt vieles, was sie von mir nicht weiß. ◇ *A terrible thing happened last night.* Gestern Abend ist etwas Schreckliches passiert. ◇ *Cooking is his thing.* Er ist ein begeisterter Koch. ◇ *She said the first thing that came into her head.* Sie sagte das Erstbeste, was ihr in den Sinn kam. ◇ *'Why did you tell her?' 'I did no such thing!'* „Warum hast du es ihr erzählt?" „Das habe ich nicht getan!" ◇ *Let's forget the whole thing.* Wir wollen das Ganze vergessen. ◇ *say the right/wrong thing* das Richtige/Falsche sagen ◇ *The best thing to do is to apologize.* Das Beste wäre es, sich zu entschuldigen. ◇ *What a nice thing to say!* Wie nett, so etwas zu sagen! **4 things** [Pl] die Dinge ◇ *Things haven't gone entirely to plan.* Es ist nicht ganz so gelaufen, wie es vorgesehen war. ◇ *How are things?* Wie geht's? ◇ *All things considered, she's done very well.* Alles in allem hat sie sehr gut abgeschnitten. ◇ *Why do you make things so difficult for yourself?* Warum machen Sie es sich so schwer? **5 not a thing** [Sing] nichts ◇ *I haven't got a thing to wear!* Ich habe nichts anzuziehen! ◇ *It doesn't mean a thing.* Es hat nichts zu bedeuten. **6** [Pl] (*gehoben*) **all things** (*vor einem Adjektiv*) alles ◇ *She loves all things Japanese.* Sie liebt alles Japanische. **7** (*mit einem Adjektiv gebraucht*) (*umgs*) Ding ◇ *You must be starving, you poor things.* Ihr müsst halb verhungert sein, ihr Armen! IDM **ˌall/ˌother things being ˈequal** wenn alles so bleibt; wenn sich nichts ändert **and ˈthings (like ˈthat)** (*umgs*) und solche Dinge; und so **be all things to all ˈmen/ˈpeople** **1** es allen recht machen **2** allen Ansprüchen gerecht werden **be a ˈgood thing (that) …** gut sein (, dass …); ein Glück sein (, dass …) **be no bad ˈthing (that) …** gar nicht so schlecht sein (, dass …) **be onto a good ˈthing** gut dran sein; fein raus sein **be ˈseeing/ˈhearing things** (*umgs*) nicht recht sehen/hören (*hum*) **the best thing since sliced ˈbread** (*umgs*) eine tolle Sache **come to/be the same ˈthing** auf das Gleiche herauskommen **ˈdo things to sb** (*umgs*) jdn aufwühlen; jdm unter die Haut gehen; jdn ergreifen **do your own ˈthing** (*umgs*) tun, was man will **ˌfirst/ˌlast ˈthing** früh am Morgen/spät am Abend **ˌfirst things ˈfirst** zuallererst **for ˈone thing** zum einen; zunächst einmal **have a ˈthing about sb/sth** (*umgs*) **1** nach jdm/etw verrückt sein **2** jdn/etw nicht ausstehen können **it isn't my, his, etc. ˈthing** es ist nicht mein, sein etc. Fall **it's a … thing** (*umgs*) es hat mit … zu tun ◇ *It's a girl thing.* Das ist was für Mädchen. **it's (just) ˌone of those ˈthings** so etwas kommt vor; das kann passieren **know a ˈthing or two (about sb/sth)** (*umgs*) sich (mit jdm/etw) auskennen **make a (big) ˈthing of/about sth** (*umgs*) viel Trara um etw machen **not ˌquite the ˈthing** unpassend **ˌone (damned/damn) thing after aˈnother** (*umgs*) eins nach dem andern **ˌone thing leads to aˈnother** eins kommt zum andern; eins ergibt sich aus dem andern **tell sb a ˈthing or two about sb/sth** jdm einiges (über jdn/etw) erzählen **there's only ˌone thing ˈfor it** da gibt's nur eins **the ˌthing ˈis …** (*umgs*) die Sache ist … **the ˌthing (about/with sth/sb) ˈis …** das Problem (mit etw/jdm) ist … ◇ *Yes, but the thing is …* Ja, aber … **the (whole) … thing** (*umgs*) die ganze … -sache; die ganze … -geschichte ◇ *She didn't want to be involved in the whole family thing.* Sie hatte keine Lust, in den ganzen Familienkram reingezogen zu werden. **ˌthings that go ˌbump in the ˈnight** (*umgs, hum*) nächtlicher Spuk **too ˈmuch of a good thing** zu viel des Guten **(what) with ˌone thing and aˈnother** (*umgs*) über alledem; bei alledem → *Siehe auch* CHANCE, CLOSE², DAY, DECENT, DONE, EASY, KNOW, NATURE, NEAR, ONLY, OVERDO, PUSH, REAL, SCHEME, SHAPE, SURE, TURN, WAY *und* WORK

thing·ummy /ˈθɪŋəmi/ *Nomen* (*Pl* **-ies**) (*auch* **thingy** /ˈθɪŋi/ (*Pl* **-ies**)) (*umgs*) Dingsbums, Dings, Dingsda

think 0→ /θɪŋk/ *Verb, Nomen*

▸ ***Verb*** (**thought**, **thought** /θɔːt/) **1** denken ◇ *We'll need about 20 chairs, I should think.* Wir brauchen ungefähr 20 Stühle, denke ich. ◇ *You're very quiet. What are you thinking?* Du bist so still. Woran denkst du? ◇ *I didn't think to tell her.* Ich habe nicht daran gedacht, es ihr zu sagen. ◇ *If you want to make money, you've got to think money.* Wenn man reich werden will, darf man nur ans Geld denken. ◇ *You need to think big.* Man muss im großen Stil planen. ◇ *I'm sorry, I wasn't thinking.* Entschuldigung, das war gedankenlos von mir. **2** glauben, meinen ◇ *It was once thought that the sun travelled around the earth.* Früher glaubte man, dass die Sonne um die Erde kreiste. ◇ *'Will we make it?' 'I think so.'* „Schaffen wir es?" „Ich glaube schon." ◇ *Twenty guests are enough, I would have thought.* Zwanzig Gäste reichen, würde ich meinen. ◇ *You'd think she'd have been grateful.* Man sollte meinen, dass sie dankbar gewesen wäre. ◇ *Am I right in thinking that …?* Gehe ich recht in der Annahme, dass …? **3** halten ◇ *I think it highly unlikely that I'll get the job.* Ich halte es für sehr unwahrscheinlich, dass ich die Stelle bekomme. ◇ *What do you think you're doing?* Was tust du denn da? **4** finden ◇ *She thought him kind and generous.* Sie fand ihn nett und großzügig. **5 be thought to be sth** als etw gelten, für etw gehalten werden **6** sich erinnern ◇ *I can't think where I put the keys.* Ich kann mich nicht erinnern, wo ich die Schlüssel hingelegt habe. **7** *(kein Passiv)* sich vorstellen, sich denken ◇ *Just think—we'll be lying on the beach this time tomorrow.* Stell dir vor, morgen um diese Zeit liegen wir schon am Strand. **8** überlegen, nachdenken ◇ *He was trying to think what to do.* Er überlegte, was er tun könnte. **9** *(in höflichen Aufforderungen etc.)* ◇ *Do you think you could open the window?* Ob Sie wohl das Fenster aufmachen könnten? IDM **come to 'think of it** wenn ich es mir recht überlege **I don't 'think so** *(umgs)* das glaube ich nicht; auf keinen Fall ◇ *Me? Fail? I don't think so.* Ich und durchfallen? Nie im Leben! **if/when you 'think about it** wenn man es sich (richtig) überlegt **I 'thought as much** ich habe nichts anderes erwartet; das habe ich mir gedacht **ˌthink aˈgain** es sich noch mal überlegen **think aˈloud** laut denken **think 'better of it/of doing sth** es sich anders überlegen **think (the) 'better of sb** eine bessere Meinung von jdm haben ◇ *She has behaved appallingly—I must say I thought better of her.* Sie hat sich unmöglich benommen! Ich muss sagen, das hätte ich nicht von ihr gedacht. **think not much, poorly, little, etc. of sb/sth** nicht viel von jdm/etw halten; eine geringe Meinung von jdm/etw haben **think nothing 'of it** *(gehoben)* keine Ursache **think 'nothing of sth/of doing sth** nichts dabei finden etw zu tun ◇ *She thinks nothing of walking twenty miles a day.* Jeden Tag zwanzig Meilen zu laufen ist für sie kein Problem. **think on your 'feet** schnell reagieren **'think straight** klar denken **think 'twice about sth** es sich zweimal überlegen; es sich gut überlegen **think the world, highly, a lot, etc. of sb/sth** eine hohe Meinung von jdm/etw haben; große Stücke auf jdn halten **to think (that …)** wenn man sich vorstellt (, dass …); wenn man bedenkt (, dass …) → *Siehe auch* FIT, ILL, LET *und* LIKE PHR V **'think about/of sb/sth** an jdn/etw denken **ˌthink aˈhead** vorausplanen, an die Zukunft denken **ˌthink aˈhead (to sth)** (bereits) an etw denken **ˌthink 'back (to sth)** (an etw) zurückdenken, sich (an etw) zurückerinnern **ˌthink for your'self** sich seine eigene Meinung bilden **'think of sth/sb 1** an etw/jdn denken **2** *(kein Passiv)* *(meist in Verbindung mit* **can***)* sich an etw/jdn erinnern ◇ *I can't think of her name at the moment.* Ich komme im Augenblick nicht auf ihren Namen. **'think of sb/sth as sb/sth** jdn/etw als jdn/etw betrachten, jdn/etw als jdn/etw ansehen → *Siehe auch* WELL THOUGHT OF **'think of sth 1** sich etw vorstellen, an etw denken ◇ *Just think of the expense!* Bedenk doch mal die Kosten! ◇ *I couldn't think of letting you take the blame.* Ich würde es nie zulassen, dass du die Schuld auf dich nimmst. **2** sich etw ausdenken, sich etw einfallen lassen **ˌthink sth 'out** etw durchdenken **ˌthink sth 'over** (sich) etw überlegen, über etw nachdenken ◇ *He'd like more time to think things over.* Er möchte etwas mehr Bedenkzeit. **ˌthink sth 'through** etw (gründlich) durchdenken **ˌthink sth 'up** *(umgs)* sich etw ausdenken ◇ *Can't you think up a better excuse than that?* Fällt dir keine bessere Ausrede ein?

▸ ***Nomen*** IDM **have a 'think (about sth)** *(umgs)* (sich etw) überlegen; (über etw) nachdenken **you've got another think 'coming** *(umgs)* da irrst du dich (aber) gewaltig

think·able /ˈθɪŋkəbl/ *Adj* [nicht vor Nomen] denkbar, vorstellbar

think·er /ˈθɪŋkə(r)/ *Nomen* Denker(in)

think·ing 0‑m /ˈθɪŋkɪŋ/ *Nomen, Adj*

▸ ***Nomen* 1** Denken, Nachdenken ◇ *I had to do some quick thinking.* Ich musste schnell überlegen. → *Siehe auch* LATERAL THINKING *und* WISHFUL THINKING **2** Meinung, Auffassung ◇ *She explained the thinking behind the campaign.* Sie erklärte die Ideen, die der Aktion zugrunde lagen. IDM → WAY

▸ ***Adj*** [nur vor Nomen] intelligent, vernünftig

'thinking cap *Nomen* IDM **put your 'thinking cap on** *(umgs)* scharf nachdenken; seine Gehirnzellen anstrengen

'think tank *Nomen* Think Tank, Expertenkommission

thin·ly /ˈθɪnli/ *Adv* **1** dünn ◇ *Sow the seeds thinly.* Die Saat dünn aussäen. **2** *(fig)* schwach, kaum ◇ *She smiled thinly.* Sie lächelte schwach. ◇ *his thinly veiled contempt* seine nur mühsam verborgene Verachtung ◇ *Jones, thinly disguised as …* Jones, in wenig überzeugender Verkleidung als …

thin·ner /ˈθɪnə(r)/ *Nomen* Verdünner, Verdünnungsmittel

thin·ness /ˈθɪnnəs/ *Nomen* Dünne, Dünnheit ◇ *(fig) The actors were unable to make up for the thinness of the script.* Es gelang den Darstellern nicht, die Schwächen des Drehbuchs auszugleichen.

ˌthin-'skinned *Adj* dünnhäutig *(auch fig)*, empfindlich

third 0‑m /θɜːd; *AmE* θɜːrd/ *Adj, Pron, Nomen*

▸ ***Adj, Pron*** dritte(r,s) → *Beispiele bei* SECHSTE(R,S) IDM **third time 'lucky** *(AmE auch* **third time is the 'charm***)* beim dritten Anlauf klappt's

▸ ***Nomen* 1** Drittel **2** *(Examensnote an britischen Universitäten)*

ˌthird 'class *Nomen* **1** *(bei Zug-, Schiffsreisen etc.)* dritte Klasse **2** *(bei der amerikanischen Postzustellung)* = Beförderungsart für Werbesendungen etc. **3** *(bei Examensnoten an britischen Universitäten)*

ˌthird-'class *Adj* **1** *(Adv* **third class***)* *(bei Zug-, Schiffsreisen etc.)* dritter Klasse **2** *(Adv* **third class***)* *(in den USA)* = (langsamere und billigere) Postzustellung für Werbesendungen etc. **3** [nur vor Nomen] *(Examensnote an britischen Universitäten)* = ohne Auszeichnung bestanden **4** *(abwert)* *(Menschen)* drittklassig, unterprivilegiert

third de'gree *Nomen* IDM **give sb the ˌthird de'gree** *(umgs)* jdn scharf ins Verhör nehmen

ˌthird-de'gree *Adj* **1 ~ burns** Verbrennungen dritten Grades **2** *(AmE)* **~ murder, assault, robbery, etc.** = Bezeichnung für ein kriminelles Vergehen, das weniger schwerwiegend ist als ein **second-degree crime**

third·ly /ˈθɜːdli; *AmE* ˈθɜːrd-/ *Adv* drittens

third 'party *Nomen* *(gehoben oder Fachspr)* Dritte(r)

ˌthird-party in'surance *Nomen* [U] Haftpflichtversicherung

the ˌthird 'person *Nomen* die dritte Person

ˌthird-'rate *Adj* drittklassig

the ˌThird ˈWorld *Nomen* die Dritte Welt

thirst /θɜːst; *AmE* θɜːrst/ *Nomen, Verb*
▸ ***Nomen*** Durst (*auch fig*) ◇ *die of thirst* verdursten
▸ ***Verb*** (*veraltet*) Durst haben, dürsten **PHR V** **ˈthirst for sth** (*gehoben*) nach etw dürsten

thirsty /ˈθɜːsti; *AmE* ˈθɜːrsti/ *Adj* (**thirst·ier, thirsti·est**) (*Adv* **thirst·ily** /-stɪli/) **1** durstig, dürstend (*auch fig*) ◇ *be thirsty* Durst haben ◇ *Gardening is thirsty work.* Gartenarbeit macht durstig. ◇ *He is thirsty for power.* Er ist machthungrig. **2** (*Pflanzen etc.*) ausgetrocknet

thir·teen /ˌθɜːˈtiːn; *AmE* ˌθɜːrˈ-/ *Zahl* dreizehn → *Beispiele bei* SECHS

thir·teenth /ˌθɜːˈtiːnθ; *AmE* ˌθɜːrˈ-/ *Adj, Pron* dreizehnte(r,s) → *Beispiele bei* SECHSTE(R,S)

thir·ti·eth /ˈθɜːtiəθ; *AmE* ˈθɜːrt-/ *Adj, Pron, Nomen*
▸ ***Adj, Pron*** dreißigste(r,s) → *Beispiele bei* SECHSTE(R,S)
▸ ***Nomen*** Dreißigstel

thirty /ˈθɜːti; *AmE* ˈθɜːrti/ *Zahl, Nomen*
▸ ***Zahl*** dreißig → *Beispiele bei* SECHZIG
▸ ***Nomen*** **the thirties** [Pl] → *Beispiele bei* SIXTY

this /ðɪs/ *Adj, Pron, Adv*
▸ ***Adj, Pron*** (*Pl* **these** /ðiːz/) **1** diese(r,s) **2** das ◇ *The boy was afraid and the dog had sensed this.* Der Junge hatte Angst und der Hund hatte das gespürt. ◇ *What's this I hear about you getting married?* Was höre ich da — Sie wollen heiraten? ◇ *Do it like this.* Mach es so. **3** (*wenn man jdn jdm vorstellt*) das; (*am Telefon*) hier ◇ *Jo, this is Kate.* Jo, das ist Kate. ◇ *Hello, this is Maria Diaz.* Hallo, hier spricht Maria Diaz. **4** (*mit Zeitangaben*) ◇ *this week/year* diese Woche/dieses Jahr ◇ *this morning* heute früh ◇ *this minute* sofort ◇ *these days* heutzutage **5** (*umgs*) so (ein) ◇ *There was this strange man sitting next to me on the plane.* Im Flugzeug saß so ein seltsamer Mann neben mir. ◇ *I've been getting these pains in my chest.* Ich habe manchmal so Schmerzen in der Brust. **IDM** **ˌthis and ˈthat; ˌthis, ˌthat and the ˈother** (*umgs*) dies und das
▸ ***Adv*** so ◇ *It's about this high.* Es ist ungefähr so hoch. ◇ *I didn't think we'd get this far.* Ich dachte nicht, dass wir so weit kommen würden.

this·tle /ˈθɪsl/ *Nomen* Distel

thistle·down /ˈθɪsldaʊn/ *Nomen* Distelwolle ◇ *as light as thistledown* federleicht

thither /ˈðɪðə(r)/ *Adv* (*veraltet*) dorthin, dahin **IDM** → HITHER

tho' (*umgs*) = THOUGH

thong /θɒŋ; *AmE* θɔːŋ/ *Nomen* **1** (Leder)riemen, Peitschenriemen **2** Tanga(slip) **3** (*AmE*) = Y-förmige Badesandale

thorax /ˈθɔːræks/ *Nomen* (*Pl* **thor·axes** *oder* **thor·aces** /-rəsiːz/) Brust(korb), Thorax

thorn /θɔːn; *AmE* θɔːrn/ *Nomen* **1** Dorn **2** Dornenbusch, Dornenstrauch **IDM** **be a thorn in sb's ˈflesh/ˈside** jdm ein Pfahl im Fleische sein; jdm ein Dorn im Auge sein

thorny /ˈθɔːni; *AmE* ˈθɔːrni/ *Adj* (**thorn·ier, thorni·est**) **1** heikel **2** dornig ◇ *a thorny bush* ein Dornenstrauch

thor·ough /ˈθʌrə; *AmE* ˈθɜːroʊ/ *Adj* **1** gründlich **2** (*BrE, umgs*) richtig, wirklich

thor·ough·bred /ˈθʌrəbred; *AmE* ˈθɜːroʊbred/ *Nomen, Adj*
▸ ***Nomen*** reinrassiges Tier; (*Pferd*) Vollblüter
▸ ***Adj*** reinrassig, Rasse-; (*Pferd*) Vollblut-

thor·ough·fare /ˈθʌrəfeə(r); *AmE* ˈθɜːroʊfer/ *Nomen* Durchfahrtsstraße, Durchgangsstraße ◇ *Cork's main thoroughfare* die Hauptverkehrsader Corks

thor·ough·going /ˌθʌrəˈɡəʊɪŋ; *AmE* ˌθɜːroʊˈɡoʊ-/ *Adj* [nur vor Nomen] (*gehoben*) **1** gründlich **2** völlig, wirklich ◇ *a thoroughgoing commitment* eine kompromisslose Verpflichtung ◇ *a thoroughgoing democrat* ein eingefleischter Demokrat ◇ *thoroughgoing materialism* extremer Materialismus

thor·ough·ly /ˈθʌrəli; *AmE* ˈθɜːr-/ *Adv* **1** völlig, total, zutiefst ◇ *We thoroughly enjoyed ourselves.* Wir haben uns blendend amüsiert. ◇ *I can thoroughly recommend it.* Ich kann es wärmstens empfehlen. **2** gründlich

thor·ough·ness /ˈθʌrənəs; *AmE* ˈθɜːroʊnəs/ *Nomen* Gründlichkeit

those *Form von* THAT

thou /ðaʊ/ *Pron* (*veraltet oder Dialekt*) du

though (*umgs* **tho'**) /ðəʊ; *AmE* ðoʊ/ *Konj, Adv*
▸ ***Konj*** **1** obwohl, obgleich ◇ *Strange though it may sound, …* So seltsam es auch klingen mag, … **2** wenn auch ◇ *His clothes, though old, looked clean.* Seine Kleidung war zwar alt, aber sauber. ◇ *He'll probably say no, though it's worth asking.* Er wird wahrscheinlich nein sagen, trotzdem wäre es einen Versuch wert, ihn zu fragen. **IDM** → AS *und* EVEN
▸ ***Adv*** trotzdem, aber ◇ *Our team lost. It was a good game though.* Unsere Mannschaft hat verloren. Dennoch war es ein gutes Spiel.

thought /θɔːt/ *Nomen* **1** Gedanke, Idee ◇ *The very thought of it makes me feel sick.* Beim bloßen Gedanken daran wird mir schlecht. ◇ *I don't like the thought of you walking home alone.* Der Gedanke, dass du allein zu Fuß nach Hause gehen willst, gefällt mir gar nicht. ◇ *Don't give it another thought.* Mach dir keine Gedanken darüber. ◇ *I've just had a thought.* Mir ist gerade eine Idee gekommen. ◇ *I'd like to hear your thoughts on the subject.* Ich würde gern hören, was Sie über das Thema denken. ◇ *Spare a thought for the homeless.* Denken Sie an die Obdachlosen. ◇ *It's the thought that counts.* Der gute Wille zählt. **2** Denken ◇ *He encouraged independence of thought.* Er förderte das selbstständige Denken. ◇ *She was lost in thought.* Sie war ganz in Gedanken verloren. **3** Nachdenken ◇ *I've given the matter careful thought.* Ich habe mir die Sache reiflich überlegt. ◇ *Not enough thought has gone into this essay.* Dieser Aufsatz ist nicht gut durchdacht. **4** Hoffnung, Absicht, Überlegung ◇ *She had given up all thought of changing her job.* Sie hatte den Gedanken, sich einen neuen Arbeitsplatz zu suchen, ganz aufgegeben. ◇ *He acted with no thoughts of personal gain.* Er wollte keinen persönlichen Vorteil für sich herausschlagen. **IDM** **have ˌsecond ˈthoughts** es sich anders überlegen **on ˈsecond thoughts** (*AmE* **on ˈsecond thought**) (*bei plötzlicher Meinungsänderung*) ◇ *I'll wait here. No, on second thoughts, I'll come with you.* Ich warte hier. Oder, Moment, ich komme doch mit! **without a second ˈthought** ohne zu überlegen → *Siehe auch* COLLECT, FOOD, PENNY, PERISH, SCHOOL *und* TRAIN → *Siehe auch* THINK

thought·ful /ˈθɔːtfl/ *Adj* (*Adv* **thought·ful·ly** /-fəli/) **1** nachdenklich, gedankenvoll **2** aufmerksam, rücksichtsvoll **3** wohl überlegt, gut durchdacht

thought·ful·ness /ˈθɔːtflnəs/ *Nomen* **1** Nachdenklichkeit **2** Aufmerksamkeit, Rücksicht **3** Wohlüberlegtheit

thought·less /ˈθɔːtləs/ *Adj* (*Adv* **thought·less·ly**) (*abwert*) gedankenlos, rücksichtslos

thought·less·ness /ˈθɔːtləsnəs/ *Nomen* Gedankenlosigkeit, Rücksichtslosigkeit

ˈthought-provoking *Adj* zum Nachdenken anregend, nachdenklich stimmend

thou·sand /ˈθaʊznd/ *Zahl* Tausend **IDM** → BAT

thou·sandth /ˈθaʊznθ/ *Adj, Pron, Nomen*
▸ ***Adj, Pron*** tausendste(r,s) ◇ *a thousandth part* ein Tausendstel

▸ ***Nomen*** Tausendstel ◇ *a/one thousandth of a second* eine tausendstel Sekunde

thrall /θrɔːl/ *Nomen (gehoben)* IDM **in (sb's) ˈthrall** in jds Bann **in ˈthrall to sb/sth** im Bann von jdm/etw ◇ *She was in thrall to her emotions.* Sie war von ihren Gefühlen völlig beherrscht.

thrash /θræʃ/ *Verb, Nomen*
▸ ***Verb*** **1** schlagen, (ver)prügeln **2** ~ **(about/around)** um sich schlagen **3** ~ **sth (about/around)** etw hin und her werfen, (mit) etw herumschlagen **4** *(bes BrE, umgs) (beim Sport)* vernichtend schlagen PHR V **ˌthrash sth ˈout** etw ausdiskutieren
▸ ***Nomen*** **1** (MUS) Thrash (Metal) **2** *(umgs, veraltet)* Fete, Party

thrash·ing /ˈθræʃɪŋ/ *Nomen* **1** Prügel ◇ *give sb a thrashing* jdn verprügeln **2** *(umgs) (beim Sport)* vernichtende Niederlage, schwere Schlappe

thread /θred/ *Nomen, Verb*
▸ ***Nomen*** **1** Faden *(auch fig)* ◇ *I lost the thread of the argument.* Ich habe den Faden verloren. **2** *(Licht-, Wasser- etc.)* feiner Strahl **3** *(einer Schraube)* Gewinde **4** **threads** [Pl] *(AmE, Slang, veraltet)* Klamotten **5** *(bei E-Mails etc.)* Thread IDM → HANG *und* PICK
▸ ***Verb*** **1** einfädeln, einführen **2** sich schlängeln **3** auffädeln, aufreihen ◇ *Thread the cubes of meat onto metal skewers.* Das gewürfelte Fleisch auf Metallspieße stecken. **4** *(meist passiv)* durchziehen ◇ *a robe threaded with gold and silver* eine mit Gold- und Silberfäden durchzogene Robe

thread·bare /ˈθredbeə(r); *AmE* -ber/ *Adj* **1** abgewetzt, abgenutzt **2** *(fig)* fadenscheinig, abgedroschen

thread·worm /ˈθredwɜːm; *AmE* -wɜːrm/ *Nomen* Fadenwurm

threat /θret/ *Nomen* **1** Drohung ◇ *death threats* Morddrohungen ◇ *crimes involving the threat of violence* unter Androhung von Gewalt begangene Verbrechen ◇ *make threats against sb* jdm drohen **2** [meist Sing] ~ **(to sth)** Bedrohung (für etw), Gefahr (für etw) ◇ *These ancient woodlands are under threat.* Diese alten Wälder sind bedroht.

threat·en /ˈθretn/ *Verb* (be)drohen; ~ **sb (with sth)** jdm (mit etw) (be)drohen ◇ *The threatened strike has been called off.* Der angedrohte Streik ist abgesagt worden. ◇ *The clouds threatened rain.* Die Wolken sahen bedrohlich nach Regen aus.

threat·en·ing /ˈθretnɪŋ/ *Adj (Adv* **threat·en·ing·ly***)* drohend, bedrohlich ◇ *threatening letters* Drohbriefe ◇ *threatening behaviour* Drohungen

three /θriː/ *Zahl* drei → *Beispiele bei* SECHS IDM **the three ˈRs** *(veraltet)* Lesen, Schreiben und Rechnen (Reading, (W)riting, (A)rithmetic) → *Siehe auch* TWO

ˌthree-ˈcornered *Adj* **1** dreieckig ◇ *a three-cornered hat* ein Dreispitz **2** Dreier- ◇ *a three-cornered contest* ein (Wett)kampf zwischen drei Parteien

ˌthree-ˈD *(auch* **3-D***) Nomen* 3-D

ˌthree-day eˈventing *(auch* **event·ing***) Nomen* (SPORT) Military

ˌthree-diˈmensional *Adj* dreidimensional

three·fold /ˈθriːfəʊld; *AmE* -foʊld/ *Adv, Adj* → -FOLD

ˌthree ˈfourths *Nomen* [Pl] *(AmE)* drei Viertel

three-legged race /ˌθriː ˈlegɪd reɪs/ *Nomen* = Wettlauf von Paaren, bei denen jeweils ein Bein mit einem Bein des Partners fest zusammengebunden ist, Dreibeinlauf

ˌthree-line ˈwhip *Nomen (BrE) (in Großbritannien)* = verbindliche Aufforderung an die Parlamentsabgeordneten einer Partei, an einer Plenarsitzung teilzunehmen und sich bei der Abstimmung dem Fraktionszwang zu beugen

three·pence /ˌθriːˈpens, ˈθrepəns/ *Nomen (BrE)* drei Pence

ˌthree-ˈpiece *Adj* [nur vor Nomen] dreiteilig

ˌthree-ply *Adj* dreischichtig, dreilagig; *(Wolle)* dreifach gezwirnt

ˌthree-point ˈturn *Nomen* Wenden in drei Zügen

ˌthree-ˈquarter *Adj* [nur vor Nomen] drei viertel ◇ *a three-quarter length coat* ein Dreiviertelmantel

three ˈquarters *Nomen* drei Viertel ◇ *three quarters of an hour* eine Dreiviertelstunde

ˌthree-ring ˈcircus *Nomen* [Sing] *(AmE, umgs)* Affenzirkus

three·some /ˈθriːsəm/ *Nomen* Trio, Dreigespann, Dreier

ˌthree-ˈway *Adj* [nur vor Nomen] Dreifach-, Dreiwege- ◇ *a three-way discussion* eine Diskussion zwischen drei Parteien

thresh /θreʃ/ *Verb* **1** dreschen **2** um sich schlagen, sich hin und her werfen **3** ~ **(with) sth** etw hin und her werfen, (mit) etw herumschlagen

thresh·ing /ˈθreʃɪŋ/ *Nomen* Dreschen ◇ *a threshing machine* eine Dreschmaschine

thresh·old /ˈθreʃhəʊld; *AmE* -hoʊld/ *Nomen* **1** (Tür)schwelle ◇ *He stepped across the threshold.* Er trat ein. **2** *(fig)* Schwelle ◇ *My earnings are just above the tax threshold.* Meine Einkünfte liegen nur ganz knapp über dem Steuerfreibetrag. ◇ *Parties have to exceed a five per cent threshold of votes.* Die Parteien müssen die Fünfprozenthürde überschreiten. ◇ *He has a low boredom threshold.* Er langweilt sich schnell.

threw *Form von* THROW

thrice /θraɪs/ *Adv (veraltet oder gehoben)* dreimal

thrift /θrɪft/ *Nomen* **1** Sparsamkeit **2** (BOT) Grasnelke

thrifty /ˈθrɪfti/ *Adj* sparsam, wirtschaftlich

thrill /θrɪl/ *Nomen, Verb*
▸ ***Nomen*** Erregung, Nervenkitzel ◇ *A thrill of alarm ran through him.* Ein Angstschauer durchlief ihn. ◇ *It was quite a thrill.* Das war echt aufregend. IDM **(the) thrills and ˈspills** *(umgs)* der Nervenkitzel
▸ ***Verb*** **1** erregen, fesseln **2** begeistern, überwältigen ◇ *I was thrilled by your news.* Ich habe mich sehr über deine Nachricht gefreut. → *Siehe auch* THRILLED PHR V **ˈthrill to sth** *(gehoben)* von etw begeistert sein

thrilled /θrɪld/ *Adj* ~ **(about/at/with sth)** (von etw) begeistert, sehr froh (über etw) ◇ *He was thrilled at the prospect of seeing them again.* Er freute sich riesig darauf, sie bald wiederzusehen. ◇ *(BrE) She was thrilled to bits.* Sie war vor Freude ganz aus dem Häuschen. ◇ *'Are you pleased?' 'I'm thrilled.'* „Freust du dich?" „Und wie!"

thrill·er /ˈθrɪlə(r)/ *Nomen* Thriller

thrill·ing /ˈθrɪlɪŋ/ *Adj (Adv* **thrill·ing·ly***)* /-li/ aufregend, spannend

thrive /θraɪv/ *Verb* gedeihen, florieren → *Siehe auch* THRIVING PHR V **ˈthrive on sth** bei/unter etw prächtig gedeihen; *(fig)* bei etw (richtig) aufblühen ◇ *He thrives on stress.* Er braucht den Stress. ◇ *Football thrives on scandal.* Fußball lebt vom Skandal.

thriv·ing /ˈθraɪvɪŋ/ *Adj* florierend, blühend

throat /θrəʊt; *AmE* θroʊt/ *Nomen* Hals, Kehle, Rachen IDM **be at each other's ˈthroats** sich in den Haaren liegen **cut your own ˈthroat** sich ins eigene Fleisch schneiden **force/thrust/ram sth down sb's ˈthroat** *(umgs)* jdm etw aufzwingen → *Siehe auch* CLEAR, FROG, JUMP, LUMP *und* STICK

-throated /ˈθrəʊtɪd; *AmE* ˈθroʊ-/ *(in Adjektiven)* ◇ *a deep-throated roar* ein tiefes Brüllen ◇ *a red-throated diver* ein Sterntaucher

throaty /ˈθrəʊti; *AmE* ˈθroʊ-/ *Adj* (*Adv* **throat·ily** /-ɪli/) kehlig, rau, heiser ◇ *The engine roared throatily into life.* Der Motor sprang röhrend an.

throb /θrɒb; *AmE* θrɑːb/ *Verb, Nomen*
▸ ***Verb*** (**-bb-**) pochen, pulsieren ◇ *My feet were throbbing after the long walk.* Meine Füße schmerzten nach dem langen Marsch. ◇ *The ship's engines throbbed quietly.* Die Schiffsmotoren tuckerten leise. ◇ (*fig*) *His voice was throbbing with emotion.* Seine Stimme bebte vor Ergriffenheit.
▸ ***Nomen*** (*auch* **throb·bing**) [Sing] Pochen, Hämmern, Dröhnen

throes /θrəʊz; *AmE* θroʊz/ *Nomen* [Pl] Qualen IDM **be in the throes of sth** mitten in etw stecken

throm·bosis /θrɒmˈbəʊsɪs; *AmE* θrɑːmˈboʊ-/ *Nomen* (*Pl* **throm·boses** /-siːz/) (MED) Thrombose

throne /θrəʊn; *AmE* θroʊn/ *Nomen* Thron ◇ *succeed to the throne* die Thronfolge antreten IDM → POWER

throng /θrɒŋ; *AmE* θrɔːŋ/ *Nomen, Verb* (*gehoben*)
▸ ***Nomen*** Menschenmenge, Schar
▸ ***Verb*** strömen, (sich) drängen ◇ *People are thronging to see his new play.* Die Leute kommen in Strömen, um sein neues Stück zu sehen. PHR V **ˈthrong with sb/sth**; **be ˈthronged with sb/sth** voll von jdm/etw sein, vor jdm/etw wimmeln

throt·tle /ˈθrɒtl; *AmE* ˈθrɑːtl/ *Verb, Nomen*
▸ ***Verb*** (er)würgen ◇ (*fig*) *The city is being throttled by traffic.* Die Stadt erstickt im Verkehr. PHR V **ˌthrottle ˈback/ˈdown** die Geschwindigkeit drosseln **ˌthrottle ˈup** beschleunigen
▸ ***Nomen*** (TECH) Drossel(klappe) ◇ *He drove at full throttle.* Er fuhr mit Vollgas. ◇ *open (up)/close the throttle* Gas geben/wegnehmen

through 🔑 /θruː/ *Präp, Adv, Adj*
▸ ***Präp*** ℹ Für Verben mit **through** siehe die Einträge für die Verben. **Get through sth** z.B. steht unter **get**. **1** durch, hindurch ◇ *Her knees had gone through her jeans.* Ihre Jeans waren an den Knien durchgewetzt. ◇ *He could make out three people through the mist.* Im Nebel konnte er drei Leute erkennen. ◇ *She will not live through the night.* Sie wird die Nacht nicht überleben. ◇ *He drove through a red light.* Er ist bei Rot über die Ampel gefahren. ◇ *The accident happened through no fault of mine.* An dem Unfall hatte ich keine Schuld. **2** (*AmE*) (*umgs* **thru**) bis (einschließlich)
▸ ***Adv*** ℹ Für Verben mit **through** siehe die Einträge für die Verben. **Carry sth through** z.B. steht unter **carry**. **1** durch ◇ *This train goes straight through to York.* Dieser Zug fährt direkt bis York durch. ◇ *I'll have to struggle through until pay day.* Ich muss mich bis zum Zahltag durchschlagen. ◇ *I haven't read it all the way through yet.* Ich habe es noch nicht ganz zu Ende gelesen. ◇ *Our team is through to the final.* Unsere Mannschaft hat das Finale erreicht. **2** (*auf ein Adjektiv folgend*) durch und durch, völlig IDM **ˌthrough and ˈthrough** durch und durch
▸ ***Adj*** **1** [nur vor Nomen] Durchgangs- ◇ *through traffic* Durchgangsverkehr ◇ *a through train* ein direkter Zug **2** [nicht vor Nomen] ~ (**with sb/sth**) (*bes AmE*) fertig (mit jdm/etw) ◇ *Todd and I are through.* Zwischen Todd und mir ist es aus.

through·out 🔑 /θruːˈaʊt/ *Präp, Adv*
▸ ***Präp*** **1** überall ◇ *throughout Britain* in ganz Großbritannien **2** (*zeitlich*) ◇ *The museum is open throughout the year.* Das Museum ist das ganze Jahr hindurch geöffnet. ◇ *throughout her lifetime* ihr ganzes Leben lang
▸ ***Adv*** **1** ganz ◇ *The house was in good condition throughout.* Das Haus war durchweg in gutem Zustand. **2** (*Zeit*) die ganze Zeit (hindurch)

through·put /ˈθruːpʊt/ *Nomen* [Sing] (*Fachspr*) Durchsatz ◇ *a high throughput of patients* hohe Patientenzahlen

throw 🔑 /θrəʊ; *AmE* θroʊ/ *Verb, Nomen*
▸ ***Verb*** (**threw** /θruː/, **thrown** /θrəʊn; *AmE* θroʊn/) **1** werfen ◇ *Can you throw me that towel?* Kannst du mir das Handtuch zuwerfen? ◇ *I threw my arms around him.* Ich schlang meine Arme um ihn. ◇ *The boat was thrown onto the rocks.* Das Boot wurde gegen die Felsen geschleudert. ◇ *The sea throws up all sorts of debris on the beach.* Das Meer spült viel Müll an den Strand. ◇ *I threw open the windows.* Ich riss die Fenster auf. ◇ *He threw a stone at the cat.* Er warf mit einem Stein nach der Katze. **2** (*Reiter*) abwerfen; (*Gegner*) zu Boden werfen **3** (*meist passiv*) ◇ *Hundreds were thrown out of work.* Hunderte wurden entlassen. ◇ *We were thrown into confusion by the news.* Die Neuigkeit hat uns verwirrt. ◇ *The problem was suddenly thrown into sharp focus.* Das Problem stand auf einmal im Mittelpunkt. **4** ◇ *He threw the question back at me.* Er gab die Frage an mich zurück. ◇ *throw doubt on the verdict* ein Urteil anzweifeln ◇ *throw insults at sb* jdn beleidigen ◇ *throw accusations at sb* jdn beschuldigen **5** ~ **sb** (**off**) (*umgs*) jdn aus dem Konzept bringen, jdn aus der Fassung bringen **6** würfeln ◇ *Throw the dice!* Würfle! **7** (*auf der Töpferscheibe*) drehen, töpfern **8** ~ **your voice** die Stimme verstellen **9** ~ **a punch** zuschlagen, boxen ◇ *He threw a punch at me.* Er hat mir einen Schlag versetzt. **10** (*Schalter etc.*) betätigen ◇ *throw the car into reverse* den Rückwärtsgang einlegen **11** (*Wutanfall etc.*) bekommen **12** ~ **a party** (*umgs*) eine Party schmeißen **13** (*umgs*) (*Spiel etc.*) absichtlich verlieren ℹ Für andere Redewendungen mit **throw** siehe die Einträge für die Nomina, Adjektive etc. **Throw your hat into the ring** z.B. steht unter **hat**. PHR V **ˌthrow sth aˈside** etw ablegen, etw verwerfen, etw aufgeben **ˈthrow yourself at sb** (*umgs, abwert*) sich jdm an den Hals werfen **ˈthrow yourself at sb/sth** sich auf jdn/etw stürzen **ˌthrow sth aˈway** **1** etw wegwerfen **2** (*fig*) etw verschenken, etw vergeuden **ˌthrow sth ˈback at sb** jdm etw vorhalten **be ˌthrown ˈback on sth** auf etw angewiesen sein, auf etw zurückgreifen müssen **ˌthrow sth ˈin** **1** etw (gratis) dazugeben **2** (*Bemerkung*) etw einwerfen **ˌthrow yourself ˈinto sth** (*fig*) sich in etw stürzen **ˌthrow sb/sth ˈoff** jdn/etw loswerden **ˌthrow sth ˈoff** (*Kleidung*) abstreifen, abwerfen **ˌthrow sth ˈon** (*Kleidung*) überwerfen **ˌthrow sth ˈopen (to sb)** etw (für jdn) öffentlich zugänglich machen, etw (für jdn) freigeben **ˌthrow sb ˈout (of sth)** jdn (aus etw) hinauswerfen **ˌthrow sth ˈout** **1** etw wegwerfen **2** etw verwerfen, etw ablehnen **3** etw äußern ◇ *throw out a suggestion* einen Vorschlag machen **4** etw abstrahlen, etw produzieren **ˌthrow sb ˈover** (*veraltet*) (*Freund(in) etc.*) fallen lassen, sitzen lassen **ˌthrow sb toˈgether** (*oft passiv*) jdn zusammenführen **ˌthrow sth toˈgether** etw zusammenwerfen, etw zusammenschustern ◇ *I threw together a quick meal.* Ich habe rasch einen kleinen Snack gezaubert. **ˌthrow ˈup** sich übergeben **ˌthrow sth ˈup** **1** etw erbrechen **2** etw aufwerfen, etw zutage bringen **3** etw hastig errichten, etw aus dem Boden stampfen **4** etw aufgeben, etw hinwerfen
▸ ***Nomen*** **1** Werfen, Wurf ◇ *It's your throw.* Du bist mit dem Werfen dran. **2** (*Sofa- etc.*) Überwurf IDM **$100 etc. a ˈthrow** (*umgs*) 100 $ etc. pro Stück → *Siehe auch* STONE

throw·away /ˈθrəʊəweɪ; *AmE* ˈθroʊ-/ *Adj* [nur vor Nomen] **1** (*Bemerkung, Kommentar*) achtlos, beiläufig **2** Einweg-, Wegwerf- (*auch fig*)

throw·back /ˈθrəʊbæk; *AmE* ˈθroʊ-/ *Nomen* [meist Sing] ~ (**to sth**) Rückkehr (zu etw), Revival (von etw)

throw·er /ˈθrəʊə(r); *AmE* ˈθroʊ-/ *Nomen* Werfer(in)

ˈthrow-in *Nomen* (SPORT) Einwurf

thrown *Form von* THROW

thru (*AmE, umgs*) = THROUGH

thrush /θrʌʃ/ *Nomen* **1** Drossel ◇ *a song thrush* eine Singdrossel **2** (MED) Mundsoor **3** (*BrE*) (MED) vaginale Hefepilzinfektion, vaginaler Soor

thrust /θrʌst/ *Verb, Nomen*

▸ ***Verb*** (**thrust, thrust**) **1** stoßen ◇ *He thrust at me with a knife.* Er stach mit einem Messer auf mich ein. ◇ *He thrust the money into my hand.* Er drückte mir das Geld in die Hand. ◇ *She thrust her hands deep into her pockets.* Sie vergrub ihre Hände tief in den Taschen. ◇ *Her chin was thrust forward aggressively.* Sie hatte das Kinn energisch vorgeschoben. **2** drängen, schieben ◇ (*fig*) *He tends to thrust himself forward too much.* Er neigt dazu, sich zu sehr in den Vordergrund zu drängen. IDM → THROAT PHR V **ˌthrust sth aˈside** etw beiseiteschieben **ˈthrust sb/sth on/upon sb** jdm jdn/etw aufdrängen, jdm jdn/etw aufbürden ◇ *Children of famous people have fame thrust upon them.* Kinder berühmter Eltern können dem Ruhm nicht entgehen.

▸ ***Nomen*** **1 the thrust** [Sing] der Kern, das Wesentliche **2** Stoß, Stich, Hieb **3** (TECH) Schubkraft IDM → CUT

thru·way /ˈθruːweɪ/ *Nomen* (*AmE*) Schnellstraße

thud /θʌd/ *Nomen, Verb*

▸ ***Nomen*** dumpfer Schlag

▸ ***Verb*** (**-dd-**) **1** dumpf aufschlagen ◇ *We heard him thudding up the stairs.* Wir hörten ihn mit dumpfen Schritten die Treppe heraufkommen. **2** (*Herz*) pochen

thug /θʌg/ *Nomen* Schläger(typ)

thug·gery /ˈθʌgəri/ *Nomen* [U] (*gehoben*) Gewalttaten

thug·gish /ˈθʌgɪʃ/ *Adj* gewalttätig, brutal

thumb 0‑w /θʌm/ *Nomen, Verb*

▸ ***Nomen*** Daumen IDM **be all (ˌfingers and) ˈthumbs** zwei linke Hände haben **thumbs ˈup/ˈdown** ◇ *Their proposals were given the thumbs down.* Ihre Vorschläge wurden abgelehnt. ◇ *It looks like it's thumbs up for their latest album.* Es sieht so aus, als ob ihr neuestes Album gut ankommt. **under sb's ˈthumb** unter jds Fuchtel; unter jds Pantoffel → *Siehe auch* RULE, SORE *und* TWIDDLE

▸ ***Verb*** **1** ~ (**a lift/ride**) per Anhalter fahren, trampen ◇ *We managed to thumb a lift/ride with a truck driver.* Wir schafften, dass ein Lkw-Fahrer anhielt und uns mitnahm. **2** mit dem Daumen schieben/drücken etc. → *Siehe auch* WELL THUMBED IDM **thumb your ˈnose at sb/sth** jdm/etw eine lange Nase machen PHR V **ˈthumb through sth** etw durchblättern

ˈthumb drive *Nomen* (*AmE*) Flash-Speicher

ˈthumb index *Nomen* Daumenregister

thumb·nail /ˈθʌmneɪl/ *Nomen* **1** Daumennagel **2** (COMP) Thumbnail, Vorschaubild

ˌthumbnail ˈsketch *Nomen* kurze/knappe Beschreibung

thumb·print /ˈθʌmprɪnt/ *Nomen* Daumenabdruck

thumb·screw /ˈθʌmskruː/ *Nomen* **1** Daumenschraube (*auch fig*) **2** (TECH) Flügelschraube

thumb·tack /ˈθʌmtæk/ *Nomen* (*AmE*) Reißnagel

thump /θʌmp/ *Verb, Nomen*

▸ ***Verb*** **1** (heftig) schlagen, (heftig) klopfen ◇ (*umgs*) *I'll thump you if you say that again.* Ich hau dir eine rein, wenn du das noch einmal sagst. ◇ (*fig*) *He thumped out a tune on the piano.* Er hämmerte eine Melodie auf dem Klavier. **2** geräuschvoll fallen lassen ◇ *He thumped the report down on my desk.* Er knallte mir den Bericht auf den Schreibtisch. **3** (dumpf) aufschlagen, plumpsen ◇ *A bird thumped against the window.* Ein Vogel knallte ans Fenster. **4** pochen ◇ *thumping music* stampfende Musik → *Siehe auch* TUB-THUMPING

▸ ***Nomen*** **1** (dumpfer) Schlag **2** (*BrE, umgs*) (kräftiges) Schlagen ◇ *She gave him a thump on the back.* Sie klopfte ihm kräftig auf den Rücken.

thump·ing /ˈθʌmpɪŋ/ *Adj* [nur vor Nomen], *Adv* (*umgs*) gewaltig, Mords- ◇ *a thumping success* ein Riesenerfolg

thun·der /ˈθʌndə(r)/ *Nomen, Verb*

▸ ***Nomen*** **1** Donner ◇ *a roll of thunder* ein Donnergrollen ◇ *a clap/crash of thunder* ein Donnerschlag **2** [Sing] Donnern IDM → FACE *und* STEAL

▸ ***Verb*** **1** donnern (*auch fig*) **2** dröhnen **3** (*gehoben*) brüllen; (*schimpfen*) wettern

thun·der·bolt /ˈθʌndəbəʊlt; *AmE* -dərboʊlt/ *Nomen* (*gehoben*) Blitzschlag ◇ *The news hit them like a thunderbolt.* Die Nachricht schlug bei ihnen wie ein Blitz ein.

thun·der·clap /ˈθʌndəklæp; *AmE* -dərklæp/ *Nomen* Donnerschlag

thun·der·cloud /ˈθʌndəklaʊd; *AmE* -dərklaʊd/ *Nomen* Gewitterwolke

thun·der·ous /ˈθʌndərəs/ *Adj* (*Adv* **thun·der·ous·ly**) (*gehoben*) **1** donnernd **2** zornig, wütend

thun·der·storm /ˈθʌndəstɔːm; *AmE* -dərstɔːrm/ *Nomen* Gewitter

thun·der·struck /ˈθʌndəstrʌk; *AmE* -dərstrʌk/ *Adj* wie vom Donner gerührt

thun·dery /ˈθʌndəri/ *Adj* gewittrig ◇ *thundery rain* Gewitterregen

Thurs·day 0‑w /ˈθɜːzdeɪ, -di; *AmE* ˈθɜːrz-/ *Nomen* (*Abk* **Thur.**, **Thurs.**) Donnerstag → *Beispiele bei* MONTAG

thus 0‑w /ðʌs/ *Adv* (*gehoben*) **1** so, auf diese Weise **2** somit, daher, folglich IDM → FAR

thwack /θwæk/ *Verb, Nomen*

▸ ***Verb*** schlagen

▸ ***Nomen*** Schlag ◇ *the thwack of bat on ball* das Geräusch, wenn der Ball das Schlagholz trifft

thwart /θwɔːt; *AmE* θwɔːrt/ *Verb* (*oft passiv*) durchkreuzen, vereiteln

thx /θæŋks/ (*auch* **tx**) *Abk* (*umgs*) (*Netzjargon*) danke

thy /ðaɪ/ (*auch* **thine**) *Adj* (*veraltet*) (*Die Form* **thine** *wurde vor Vokalen verwendet.*) dein

thyme /taɪm/ *Nomen* Thymian

thy·roid /ˈθaɪrɔɪd/ (*auch* **ˈthyroid gland**) *Nomen* Schilddrüse

thy·self /ðaɪˈself/ *Pron* (*veraltet oder Dialekt*) dich/dir selbst

ti (*AmE*) = TE

tiara /tiˈɑːrə/ *Nomen* Diadem

tibia /ˈtɪbiə/ *Nomen* (*Pl* **tib·iae** /-biiː/) (ANAT) Schienbein, Tibia

tic /tɪk/ *Nomen* Zucken, Tic

tick /tɪk/ *Verb, Nomen*

▸ ***Verb*** **1** ticken ◇ *While we waited the taxi's meter kept ticking away.* Während wir warteten, lief das Taxometer weiter. **2** (*BrE*) ein Häkchen (✔) machen, abhaken; (*Kästchen, Antwort*) ankreuzen IDM **what makes sb ˈtick** was in jdm vorgeht PHR V **ˌtick aˈway/ˈby/ˈpast** (*Zeit*) verstreichen **ˌtick sth aˈway** ◇ *The clock ticked away the minutes.* Auf der Uhr verstrichen die Minuten. **ˌtick sb ˈoff** **1** (*BrE, umgs*) jdn (aus)schimpfen ◇ *I was ticked off for messy work.* Ich bekam einen Anpfiff, weil ich zu schlampig arbeitete. **2** (*AmE, umgs*) jdn (ver)ärgern ◇ *I was really ticked off when she was so late.* Ich war echt sauer, als sie so spät erst kam. **ˌtick sb/sth ˈoff** (*BrE*) jdn/etw abhaken **ˌtick ˈover** (*BrE*) (*meist in der Verlaufsform*) **1** (*Motor*) im Leerlauf sein ◇ *The cab was waiting, the engine ticking over.* Das Taxi wartete mit laufendem Motor. **2** (*Geschäfte*

etc.) gemächlich laufen
▸ ***Nomen*** **1** (*BrE*) Häkchen ◇ *Put a tick in the appropriate box.* Kreuzen Sie das entsprechende Kästchen an. **2** (ZOOL) Zecke **3** Ticken (*einer Uhr etc.*) **4** (*BrE, umgs*) Augenblick ◇ *I'll be with you in two ticks.* Ich komme gleich. **5** (*BrE, umgs, veraltet*) **on ~** auf Pump

tick·er /ˈtɪkə(r)/ *Nomen* (*umgs, veraltet*) (*Herz*) Pumpe

ˈticker tape *Nomen* (*bes AmE*) Lochstreifen ◇ *a ticker-tape parade* eine Konfettiparade

ticket 0-π /ˈtɪkɪt/ *Nomen, Verb*
▸ ***Nomen*** **1** Karte, Ticket; (*Zug- etc.*) Fahrkarte, Fahrschein ◇ *a ticket office* ein Fahrkartenschalter ◇ *a ticket collector* ein Fahrkartenkontrolleur ◇ (*fig*) *She hoped that this would be her ticket to success.* Sie hoffte, dass dies ihr Schlüssel zum Erfolg sein würde. → *Siehe auch* MEAL TICKET *und* SEASON TICKET **2** Etikett **3** Lottoschein, Los **4** Bibliotheksausweis **5** Strafzettel ◇ *a parking ticket* ein Strafzettel für falsches Parken ◇ *a speeding ticket* ein Bußgeld für zu schnelles Fahren **6** [meist Sing] (*bes AmE*) (POL) Wahlliste ◇ *She ran for office on the Democratic ticket.* Sie kandidierte für die Demokraten. → *Siehe auch* DREAM TICKET **IDM** **ˈthat's the ticket** (*BrE, umgs, veraltet*) genau; gut → *Siehe auch* JUST *und* SPLIT
▸ ***Verb*** **1** (*Fachspr*) **~ sth** für etw Karten ausstellen/verkaufen; **~ sb** jdm eine Karte ausstellen/verkaufen ◇ *a ticketed exhibition* eine eintrittspflichtige Ausstellung ◇ *passengers ticketed on BA* auf BA gebuchte Passagiere **2** (*meist passiv*) (*bes AmE*) **~ sb** jdm einen Strafzettel geben **PHR V** **be ˈticketed for sth** (*bes AmE*) für etw bestimmt sein

ticket·ing /ˈtɪkɪtɪŋ/ *Nomen* Kartenverkauf ◇ *electronic ticketing* elektronische Buchungssysteme

ˈticket tout (*auch* **tout**) *Nomen* (*BrE*) (*für Karten*) Schwarzhändler(in)

tick·ing /ˈtɪkɪŋ/ *Nomen* **1** (*Stoffart*) Drell, Drillich **2** Ticken (*einer Uhr*)

ˌticking ˈoff *Nomen* (*BrE, umgs, veraltet*) Anpfiff, Rüge

tickle /ˈtɪkl/ *Verb, Nomen*
▸ ***Verb*** **1** kitzeln **2** kratzen, jucken ◇ *My throat tickles.* Ich habe einen Hustenreiz. ◇ *a tickling cough* ein Reizhusten **3** amüsieren ◇ *tickle sb's imagination* jds Fantasie anregen ◇ *tickle sb's curiosity* jdn neugierig machen ◇ *tickle sb's sense of humour* jdn amüsieren ◇ *I was tickled to discover that we'd both done the same thing.* Ich fand es amüsant, als ich entdeckte, dass wir beide das Gleiche gemacht hatten. **IDM** **be tickled ˈpink** (*umgs*) sich riesig freuen **tickle sb's ˈfancy** (*umgs*) jdm gefallen; jdn reizen
▸ ***Nomen*** **1** Kitzeln ◇ *She gave the child a little tickle.* Sie kitzelte das Kind ein bisschen. **2** Kratzen, Jucken ◇ *have a tickle in your throat* einen Hustenreiz haben **IDM** → SLAP

tick·lish /ˈtɪklɪʃ/ *Adj* **1** kitzelig ◇ *a dry ticklish cough* ein trockener Reizhusten **2** (*umgs*) heikel

tick-tock /ˌtɪk ˈtɒk; *AmE* ˈtɑːk/ *Nomen* Ticktack

ticky-tacky /ˌtɪki ˈtæki/ *Nomen* (*AmE, umgs*) qualitativ minderwertiges Baumaterial

tic-tac-toe (*auch* **tick-tack-toe**) /ˌtɪk tæk ˈtəʊ; *AmE* ˈtoʊ/ *Nomen* (*AmE*) Tic Tac Toe

tidal /ˈtaɪdl/ *Adj* Gezeiten-, Tide(n)- ◇ *a tidal river* ein Tidefluss ◇ *tidal forces* Flutmassen

ˈtidal wave *Nomen* **1** Flutwelle **2** (*fig*) Welle ◇ *a tidal wave of emotion* eine Gefühlswallung

tid·bit /ˈtɪdbɪt/ *Nomen* (*AmE*) **1** Leckerbissen **2** (*fig*) Häppchen ◇ *tidbits of information* Informationshäppchen

tid·dler /ˈtɪdlə(r)/ *Nomen* (*BrE, umgs*) kleines Fischchen

tid·dly /ˈtɪdli/ *Adj* (*BrE, umgs*) **1** beschwipst **2** winzig

tiddly·winks /ˈtɪdliwɪŋks/ *Nomen* (*Spiel*) Flohhüpfen

tide /taɪd/ *Nomen, Verb*
▸ ***Nomen*** **1** Tide, Gezeiten ◇ *the ebb and flow of the tide* die Gezeiten ◇ *The tide is in/out.* Es ist Flut/Ebbe. ◇ *The body was washed up on the beach by the tide.* Die Flut schwemmte die Leiche an den Strand. → *Siehe auch* HIGH TIDE, LOW TIDE *und* SPRING TIDE **2** [meist Sing] Trend, Strömung ◇ *speak out against the tide of opinion* der vorherrschenden Meinung widersprechen ◇ *There is a growing tide of opposition to the idea.* Gegen die Idee regt sich wachsender Widerstand. **3** [meist Sing] (*fig*) Welle ◇ *measures to stem the tide of pornography* Maßnahmen, um die Flut von Pornografie einzudämmen ◇ *a tide of optimism* eine Woge des Optimismus **4** [Sing] (*veraltet*) (*in Zusammensetzungen*) -zeit ◇ *Christmastide* die Weihnachtszeit **IDM** **go, swim, etc. against the ˈtide** gegen den Strom schwimmen **go, swim, etc. with the ˈtide** mit dem Strom schwimmen **the ˈtide has turned** **1** das Blatt hat sich gewendet **2** (*auch* **turn the ˈtide**) einen Umschwung herbeiführen; das Ruder herumreißen
▸ ***Verb*** **PHR V** **ˌtide sb ˈover (sth)** (*kein Passiv*) jdm (bei etw) aushelfen ◇ *Can you lend me some money to tide me over until I get paid?* Kannst du mir mit etwas Geld über die Runden helfen, bis ich bezahlt werde?

tide·mark /ˈtaɪdmɑːk; *AmE* -mɑːrk/ *Nomen* **1** Flutmarke **2** (*BrE, umgs*) (*in der Wanne etc.*) Schmutzrand

ˈtide pool *Nomen* (*AmE*) = Ansammlung von Wasser, das sich bei Ebbe zwischen Felsen bildet

tide·water /ˈtaɪdwɔːtə(r)/ *Nomen* **1** (*AmE*) Watt **2** Flutwasser

tidi·ly *Adv* → TIDY

tidi·ness /ˈtaɪdinəs/ *Nomen* (*bes BrE*) **1** Ordentlichkeit **2** Ordnung

tid·ings /ˈtaɪdɪŋz/ *Nomen* [Pl] (*veraltet oder hum*) Botschaft, Nachricht(en), Kunde

tidy 0-π /ˈtaɪdi/ *Adj, Verb, Nomen*
▸ ***Adj*** (**tidi·er**, **tidi·est**) **1** (*bes BrE*) (*Adv* **tidi·ly** /-dɪli/) ordentlich; (*Zimmer*) aufgeräumt ◇ *have tidy habits* ein ordentlicher Mensch sein **2** ◇ *a tidy profit* ein ordentlicher Gewinn ◇ *It must have cost a tidy sum.* Es muss eine Stange Geld gekostet haben.
▸ ***Verb*** (**tidies**, **tidy·ing**, **tidied**, **tidied**) **~ (sth) (up)** (*bes BrE*) (etw) aufräumen ◇ *tidy (up) papers* Papiere ordnen ◇ *tidy (up) your hair* sein Haar in Ordnung bringen **PHR V** **ˌtidy sth aˈway** (*BrE*) etw wegräumen **ˌtidy sth ˈup** etw in Ordnung bringen
▸ ***Nomen*** (*Pl* **-ies**) (*BrE*) (*meist in Zusammensetzungen*) Behälter ◇ *a desk tidy* ein Behälter für Schreibutensilien

tie 0-π /taɪ/ *Verb, Nomen*
▸ ***Verb*** (**ties**, **tying**, **tied**, **tied**) **1** (ver)schnüren ◇ *He had to tie her hands together.* Er musste ihr die Hände fesseln. **2** (*mit einer Schnur*) befestigen **3** binden ◇ *I tie back my hair when I'm cooking.* Beim Kochen binde ich meine Haare zurück. ◇ *I tied a knot in the rope.* Ich machte einen Knoten in das Seil. ◇ *Tie up your shoelaces!* Mach deine Schnürsenkel zu! **4** verknotet werden, gebunden werden ◇ *The skirt ties at the waist.* Der Rock wird in der Taille geschnürt. **5** (*meist passiv*) **~ sb/sth (to sth/sb)** jdn/etw (mit etw/jdm) verbinden ◇ *Pay increases are tied to inflation.* Lohnsteigerungen sind an die Inflation gebunden. ◇ *The house is tied to the job.* Das Haus ist eine Dienstwohnung. **6** (*meist passiv*) **~ sb (to sth)** jdn (an etw) binden ◇ *be tied by a contract* an einen Vertrag gebunden sein ◇ *I don't want to be tied to coming home at a particular time.* Ich möchte nicht

zu einer bestimmten Zeit nach Hause kommen müssen. **7** (SPORT) ◇ *The scores are tied at 3–3.* Es steht 3:3 unentschieden. ◇ *England tied 2–2 with Germany.* Die Begegnung England gegen Deutschland endete 2:2 unentschieden. ◇ *Yesterday's vote was tied.* Die gestrige Abstimmung ging unentschieden aus. ◇ *They tied for second place.* Sie teilten sich den zweiten Platz. **8** (MUS) *(Noten)* (aneinander) binden → *Siehe auch* TONGUE-TIED **IDM** **tie sb (up) in 'knots** jdn aus dem Konzept bringen **tie yourself (up) in 'knots** sich verheddern; sich in Widersprüche verwickeln **ˌtie the 'knot** *(umgs)* heiraten → *Siehe auch* APRON *und* HAND **PHR V** **ˌtie sb 'down (to sth)** jdn (an etw) binden ◇ *I don't want to tie myself down to coming back on a particular date.* Ich möchte mich nicht auf einen bestimmten Tag für die Rückfahrt festlegen. **ˌtie 'in (with sth)** (zu etw) passen ◇ *This evidence ties in closely with what we already know.* Diese Beweise passen genau zu dem, was wir schon wissen. ◇ *The concert will tie in with the festival of dance.* Dieses Konzert steht in Verbindung mit dem Tanzfestival. **ˌtie sth 'in with sth** etw auf etw abstimmen, etw mit etw verbinden **ˌtie sth 'off** etw abbinden ◇ *tie off a rope* am Ende des Seils einen Knoten machen **ˌtie 'up 1** (NAUT) anlegen, festmachen **2** sich zubinden lassen ◇ *I'm so fat my bathrobe won't tie up!* Ich bin so dick, dass ich meinen Bademantel nicht mehr zubekomme. **ˌtie sb 'up 1** jdn fesseln **2** *(meist passiv)* jdn beschäftigen ◇ *I'm tied up in a meeting until 3.* Ich bin bis 3 Uhr in einer Besprechung. **ˌtie sth 'up 1** etw festbinden, etw festmachen **2** etw zubinden, etw verschnüren **3** etw anbinden, etw anketten **4** *(meist passiv)* etw verbinden ◇ *Her behaviour is tied up with her feelings of guilt.* Ihr Verhalten hängt mit ihren Schuldgefühlen zusammen. **5** *(oft passiv)* (FINANZ) etw (fest) anlegen **6** *(Vertrag, Arbeit etc.)* abschließen ◇ *I tied up the loose ends.* Ich erledigte die letzten Kleinigkeiten.

▸ ***Nomen*** **1** Krawatte, Schlips ◇ *a collar and tie* Schlips und Kragen → *Siehe auch* BLACK TIE, BOW TIE, OLD SCHOOL TIE *und* WHITE TIE **2** *(zum Verschnüren, Verschließen)* Schnur, Draht ◇ *ties for closing plastic bags* Drahtverschlüsse für Plastikbeutel **3** [meist Pl] (Ver)bindung, Beziehung ◇ *family ties* familiäre Bindungen ◇ *diplomatic ties* diplomatische Beziehungen ◇ *He has cut his ties with the Church.* Er hat jegliche Verbindung zur Kirche abgebrochen. **4** *(Verpflichtung)* Bindung ◇ *He did not want any ties.* Er wollte nicht gebunden sein. **5** (SPORT) Unentschieden ◇ *There was a tie for first place between Scotland and Ireland.* Schottland lag punktgleich mit Irland auf dem ersten Platz. **6** *(BrE)* (SPORT) Spiel, Begegnung **7** (MUS) Haltebogen **8** *(AmE)* *(Bahn-)* Schwelle

tie·break /ˈtaɪbreɪk/ *Nomen (BrE)* Tiebreak

tie·breaker /ˈtaɪbreɪkə(r)/ *Nomen* **1** *(AmE)* Tiebreak **2** Stichfrage ◇ *Write a tiebreaker slogan saying why you would like to visit Rome.* Schreiben Sie uns Ihren Gewinnspruch, warum Sie Rom besuchen möchten.

tied /taɪd/ *Adj* [nur vor Nomen] *(BrE)* Dienst- ◇ *a tied house* eine Dienstwohnung ◇ *a tied cottage on an estate* ein Häuschen für Gutsarbeiter

ˌtied 'house *Nomen (BrE)* Brauereigaststätte

'tie-dye *Verb* = nach der Bindebatiktechnik batiken

'tie-in *Nomen* = Produkt, wie z.B. ein Buch oder Spiel, das zu einem Film, einer Serie etc. erscheint

tie·pin /ˈtaɪpɪn/ *(AmE auch* **'tie tack**) *Nomen* Krawattennadel

tier /tɪə(r); *AmE* tɪr/ *Nomen* **1** Lage, Reihe ◇ *a wedding cake with three tiers* eine dreistöckige Hochzeitstorte ◇ *The seating is arranged in tiers.* Die Sitzreihen sind ansteigend angeordnet. **2** *(fig)* Ebene, Stufe ◇ *a two-tier system* ein zweistufig aufgebautes System

tiered /tɪəd; *AmE* tɪrd/ *Adj* **1** gestuft, mehrstufig ◇ *tiered seating* ansteigende Sitzreihen ◇ *a tiered wedding cake* eine mehrstöckige Hochzeitstorte **2** **-tiered** *(in Zusammensetzungen)* -stufig

'tie-up *Nomen* **1** *(BrE)* (WIRTSCH) Zusammenschluss **2** *(BrE)* Verbindung, Zusammenhang **3** *(bes AmE)* Stillstand ◇ *a traffic tie-up* eine Verkehrsstockung

tiff /tɪf/ *Nomen* Streit

tig /tɪg/ *Nomen (BrE) (Kinderspiel)* Fangen

tiger /ˈtaɪgə(r)/ *Nomen* Tiger ◇ *She fought like a tiger.* Sie hat wie eine Löwin gekämpft.

tight 🔑 /taɪt/ *Adj, Adv*

▸ ***Adj*** **1** *(Adv* **tight·ly**) fest ◇ *He kept a tight grip on her arm.* Er hielt ihren Arm gut fest. ◇ *He held on tightly to her arm.* Er hielt ihren Arm gut fest. ◇ *The screw was tight.* Die Schraube saß fest. **2** *(Kleidung, Kurve, Freundschaft etc.)* eng ◇ *The sweater was a tight fit.* Der Pullover lag eng an. ◇ *The plane flew around in a tight circle.* Das Flugzeug flog eine enge Schleife. **3** streng; *(Organisation)* straff ◇ *We need tighter security.* Wir brauchen strengere Sicherheitskontrollen. **4** straff ◇ *The rope was stretched tight.* Das Seil war straff gespannt. **5** *(Adv* **tight·ly**) dicht, eng ◇ *a tight group of people* eine dichte Menschenmenge ◇ *With six of us in the car it was a tight squeeze.* Zu sechst war es im Wagen sehr eng. **6** *(Geld, Zeit, Rennen)* knapp **7** *(Gesichtsausdruck, Muskeln etc.)* verkniffen, verkrampft ◇ *in a tight voice* mit beherrschter Stimme **8** beklemmend, beengt ◇ *He complained of having a tight chest.* Er klagte über ein Druckgefühl in der Brust. ◇ *Her throat felt tight.* Sie hatte einen Kloß im Hals. **9** *(BrE, umgs, abwert)* knauserig, geizig **10** *(BrE, umgs, veraltet)* *(betrunken)* blau, voll **11** **-tight** *(in Zusammensetzungen)* -dicht ◇ *make a shed weathertight* einen Schuppen wetterfest machen **IDM** **keep a tight 'rein on sb** jdn an der Kandare halten **keep a tight 'rein on sth** etw fest im Griff (be)halten **run a tight 'ship** ein strenges Regiment führen **a tight 'spot/'corner** ◇ *I was in a tight spot.* Ich saß in der Klemme. ◇ *put sb in a tight spot* jdn in Schwierigkeiten bringen

▸ ***Adv*** fest, stramm ◇ *Hold tight!* Halt dich fest! ◇ *His fists were clenched tight.* Seine Hände waren zu Fäusten geballt. ◇ *My suitcase was packed tight.* Mein Koffer war randvoll. **IDM** → SIT *und* SLEEP

tight·en /ˈtaɪtn/ *Verb* **1** ~ **(up)** sich straffen; *(Muskeln etc.)* sich verkrampfen; *(Griff)* fester werden ◇ *The rope tightened and broke.* Das Seil spannte sich und riss. ◇ *His mouth tightened into a thin line.* Sein Mund wurde ganz schmal. **2** ~ **sth (up)** etw straff ziehen, etw anziehen ◇ *tighten a knot* einen Knoten festziehen ◇ *tighten a lid* einen Deckel festschrauben ◇ *The brake cable needs tightening up.* Das Bremskabel muss nachgezogen werden. ◇ *She tightened her grip on his arm.* Ihr Griff um seinen Arm wurde fester. **3** ~ **sth (up)** *(Maßnahmen, Kontrollen etc.)* verschärfen **IDM** **tighten your 'belt** den Gürtel enger schnallen **PHR V** **ˌtighten 'up (on sth)** (etw) verschärfen, (bei etw) härter durchgreifen

ˌtight-'fisted *Adj* geizig, knauserig

ˌtight-'fitting *Adj* eng anliegend; *(Deckel etc.)* gut schließend

ˌtight-'knit *(auch* **ˌtightly-'knit**) *Adj (Gemeinschaft etc.)* eng (verbunden)

ˌtight-'lipped *Adj* **1** verschwiegen **2** mit zusammengepressten Lippen, verbissen ◇ *He gave a tight-lipped reply.* Er presste eine Antwort zwischen den Zähnen hervor.

tight·ly 🔑 *Adv* → TIGHT

tight·ness /ˈtaɪtnəs/ *Nomen* [U] **1** Festigkeit, Festsitzen **2** Enge **3** Straffheit **4** Strenge **5** Knappheit; *(des Arbeitsmarkts etc.)* Angespanntheit **6** Verkniffenheit **7** Beengtheit ◇ *I've got that horrible tightness in my chest.* Ich habe diesen furchtbaren Druck auf der Brust. **8** Geiz

tight·rope /ˈtaɪtrəʊp; *AmE* -troʊp/ *Nomen* (Draht)seil ◇ *a tightrope walker* ein(e) Seiltänzer(in) IDM **tread/walk a ˈtightrope** einen Balanceakt vollbringen

tights /taɪts/ *Nomen* [Pl] **1** *(BrE)* (Fein)strumpfhose **2** *(für Tänzer)* Beintrikot

tight·wad /ˈtaɪtwɒd; *AmE* -wɑːd/ *Nomen (AmE, umgs)* Geizkragen

tig·ress /ˈtaɪgrəs/ *Nomen* Tigerin

tike = TYKE

til /tɪl/ *(auch* **ˈtil***)* → UNTIL

tilde /ˈtɪldə/ *Nomen* Tilde

tile /taɪl/ *Nomen, Verb*

▸ ***Nomen* 1** Fliese, Kachel **2** Dachziegel **3** *(Spielstein)* Plättchen IDM → NIGHT

▸ ***Verb* 1** kacheln, fliesen; *(Dach)* (mit Ziegeln) decken **2** (COMP) *(Fenster)* = nebeneinander anordnen

til·ing /ˈtaɪlɪŋ/ *Nomen* [U] **1** Kacheln, Fliesen, Ziegel **2** Fliesen(legen), Kacheln, (Dach)decken

till O─ /tɪl/ *Konj, Präp, Nomen, Verb*

▸ ***Konj, Präp*** bis → *Beispiele bei* UNTIL

▸ ***Nomen*** Kasse IDM → FINGER

▸ ***Verb*** (LANDW) *(veraltet)* bestellen

till·er /ˈtɪlə(r)/ *Nomen* Ruderpinne

tilt /tɪlt/ *Verb, Nomen*

▸ ***Verb* 1** kippen; *(Kopf)* (sich) neigen ◇ *She tilted her head back.* Sie legte ihren Kopf in den Nacken. ◇ *His hat was tilted slightly at an angle.* Sein Hut saß schief auf dem Kopf. ◇ *The hot conditions may tilt the balance in favour of the Kenyan runners.* Das heiße Wetter könnte den kenianischen Läufern den entscheidenden Vorteil bringen. **2** *(fig)* umkippen ◇ *Popular opinion has tilted in favour of the socialists.* Die öffentliche Meinung hat sich zugunsten der Sozialisten verschoben. IDM **tilt at ˈwindmills** gegen Windmühlen kämpfen PHR V **ˈtilt at sb/sth** *(BrE)* jdn/etw angreifen **ˈtilt at sth** *(BrE)* etw anvisieren

▸ ***Nomen* 1** Neigung, Schräglage ◇ *The table is at a slight tilt.* Der Tisch steht nicht gerade. ◇ *He indicated the guest with a tilt of his head.* Er deutete mit seinem Kopf auf den Gast. **2** Angriff ◇ *She aims to have a tilt at the world championship next year.* Sie will nächstes Jahr die Weltmeisterschaft anvisieren. IDM **(at) full ˈtilt/ˈpelt** mit voller Wucht

tim·ber /ˈtɪmbə(r)/ *Nomen* **1** (Bau)holz ◇ *houses built of timber* Holzhäuser **2** [meist Pl] (Holz)balken ◇ *roof timbers* Dachbalken

tim·bered /ˈtɪmbəd; *AmE* -bərd/ *Adj* Fachwerk-, Holz- *(Haus etc.)*

timbre /ˈtæmbə(r)/ *Nomen (gehoben)* Timbre

time O─ /taɪm/ *Nomen, Verb*

▸ ***Nomen* 1** Zeit ◇ *as time went by* im Laufe der Zeit ◇ *Perceptions change over time.* Mit der Zeit ändern sich die Anschauungen. ◇ *I can make the time to see them.* Die Zeit sie zu treffen kann ich mir schon nehmen. ◇ *in ancient times* vor langer, langer Zeit ◇ *free/spare time* Freizeit ◇ *I haven't taken much time off this year.* Ich habe dieses Jahr kaum Urlaub genommen. ◇ *Jane's worked here for some time.* Jane arbeitet hier schon eine ganze Weile. ◇ *Do it now please—not in three hours' time.* Mach es bitte jetzt—nicht erst in drei Stunden! → *Siehe auch* ANY TIME *und* CLOSING TIME **2** (Uhr)zeit ◇ *Greenwich Mean Time* westeuropäische Zeit ◇ *6 o'clock local time* 6 Uhr Ortszeit ◇ *this time tomorrow* morgen um diese Zeit ◇ *What time do you finish work?* Um wie viel Uhr hast du Feierabend? ◇ *Do you have the time?* Können Sie mir bitte sagen, wie spät es ist? ◇ *Look at the time!* Sieh nur, wie spät es ist! ◇ *My watch keeps perfect time.* Meine Uhr geht immer ganz genau. ◇ *(BrE) Can she tell the time yet?* Kann sie schon die Uhr lesen? ◇ *(BrE) What time do you make it?* Wie spät ist es auf deiner Uhr? **3** Zeitpunkt ◇ *This is hardly the time to discuss politics.* Das ist ein schlechter Zeitpunkt um über Politik zu diskutieren. ◇ *We stock six different beers at any one time.* Wir haben immer sechs verschiedene Biersorten auf Lager. ◇ *By the time you get there the meeting will be over.* Bis Sie da ankommen, wird die Versammlung vorüber sein. ◇ *when the time comes* wenn es so weit ist **4** [Sing] Weile; **a long ~** lange ◇ *Her parents died a long time ago.* Ihre Eltern starben vor langer Zeit. **5** Mal ◇ *every time* jedes Mal ◇ *(umgs) How many times do I have to tell you?* Wie oft muss ich dir das noch sagen? ◇ *(bes AmE) I remember one time we had to abandon our car in the snow.* Ich erinnere mich, dass wir unser Auto einmal im Schnee stehen lassen mussten. ◇ *(umgs) At no time did I give my consent to the plan.* Ich habe dem Plan niemals zugestimmt. **6** (MUS) Takt ◇ *This piece is in four-four time.* Dieses Stück ist im Viervierteltakt. ◇ *beat time* den Takt schlagen ◇ *He always plays in perfect time.* Er spielt immer im Takt. → *Siehe auch* BIG TIME, SMALL-TIME *und* TIMES IDM **(and) about ˈtime (ˈtoo); (and) not before ˈtime** *(umgs)* es wurde auch Zeit **against ˈtime** gegen die Zeit **ahead of/behind ˈtime** zu früh/spät **ahead of your ˈtime** seiner Zeit voraus ◇ *She was ahead of her time.* Sie war ihrer Zeit voraus. **all the ˈtime; the whole ˈtime** die ganze Zeit **at all ˈtimes** jederzeit; immer **at the ˈbest of times** im günstigsten Fall ◇ *The salad was horrible at the best of times, but on Saturdays it was worse.* Der Salat war immer schlecht, aber samstags war er besonders furchtbar. **at ˈone time** einmal ◇ *At one time Emily was my best friend.* Emily war einmal meine beste Freundin. **at the same ˈtime** gleichzeitig; zugleich **at ˈmy, ˈyour, ˈhis, etc. time of life** in meinem, deinem, seinem etc. Alter **at ˈtimes** manchmal ◇ *Outlook: rain at times.* Die Aussichten: zeitweilig Regen. **before my, your, his, etc. ˈtime 1** vor meiner/deiner/seiner etc. Zeit **2** (schon) früh **behind the ˈtimes** rückständig **do ˈtime** *(umgs) (im Gefängnis)* sitzen **every ˈtime** immer ◇ *I don't really like cities—give me the countryside every time.* Städte mag ich eigentlich nicht—mir ist das Land immer lieber. **for the time ˈbeing** vorübergehend; vorläufig **from ˌtime to ˈtime** ab und zu **have a lot of/not much/no time for sb/sth** *(bes BrE, umgs)* für jdn/etw viel/nicht viel/nichts übrig haben **have the ˌtime of your ˈlife** *(umgs)* sich blendend amüsieren; eine wunderbare Zeit verbringen **have time on your ˈhands; have time to ˈkill** *(umgs)* nichts zu tun haben; Zeit (übrig) haben **in good ˈtime** rechtzeitig **(all) in good ˈtime** *(umgs)* (alles) zu seiner Zeit **in (less than/next to) ˈno time** im Nu; bevor man sich's versieht **in ˈmy, etc. time** zu meiner etc. Zeit ◇ *Mr Curtis was the manager in my time.* Zu meiner Zeit war Herr Curtis der Leiter. **in ˈtime** mit der Zeit ◇ *They learned to accept their stepmother in time.* Mit der Zeit lernten sie, ihre Stiefmutter zu akzeptieren. **in time (for sth/to do sth)** ◇ *Will we be in time for the train?* Werden wir den Zug noch schaffen? ◇ *The ambulance got there just in time.* Der Krankenwagen schaffte es gerade noch rechtzeitig. **in your own (good) ˈtime** *(umgs)* ◇ *He'll do it in his own good time.* Er wird es schon noch machen. ◇ *He'll tell us in his own good time.* Er wird es uns schon sagen, wenn er so weit ist. **in your own time** in der Freizeit **it's aˌbout ˈtime** *(umgs)* es wird (aber auch) Zeit **it's ˌhigh ˈtime** (*umgs*) es wird höchste Zeit **keep up/move with the ˈtimes** mit der Zeit gehen **make good, etc. ˈtime** schnell vorankommen **ˈmany a time; ˈmany's the time (that) …** (*veraltet*) häufig; oft **(the) next, first, second, etc. time ˈround** beim nächsten, ersten, zweiten etc. Mal **ˌnine times out of ˈten; ˌninety-ˌnine times out of a ˈhundred** in den meisten Fällen; in 99% der Fälle **(there is) no time like the ˈpresent** am besten jetzt gleich **of all ˈtime** aller Zeiten **on time** pünktlich ◇ *The train arrived right on time.* Der Zug kam pünktlich auf die Minute an. **one at a ˈtime** einzeln **take your ˈtime (over sth); take your ˈtime (to do sth/doing sth)** **1** sich (mit etw) Zeit lassen **2** (für etw) lange brauchen ◇ *You certainly took your time getting here!* Du hast aber lange gebraucht, hierher zu kommen! **ˌtime after ˈtime; ˌtime and (ˌtime) aˈgain** immer wieder **time and a ˈhalf** 50% mehr **time is on your ˈside** die Zeit arbeitet für einen **time ˈwas (when) …** (*veraltet*) es gab Zeiten, da … **time (alone) will ˈtell; only time will ˈtell** das muss sich erst herausstellen ◇ *Only time will tell if the treatment has been successful.* Man wird erst später sagen können, ob die Behandlung erfolgreich war. **two, three etc. at a ˈtime** zwei, drei etc. auf einmal ◇ *She ran up the stairs two at a time.* Sie lief die Treppe hoch und nahm immer gleich zwei Stufen auf einmal. ℹ Für andere Redewendungen mit **time** siehe die Einträge für die Nomina, Adjektive etc. **Beat time (to sth)** z.B. steht unter **beat**.

▸ ***Verb*** **1** (*oft passiv*) zeitlich abstimmen, den richtigen Zeitpunkt abpassen ◇ *She timed her arrival for shortly after 3.* Sie arrangierte ihre Ankunft für kurz nach 3. ◇ *The bomb was timed to explode an hour later.* Die Bombe war so eingestellt, dass sie eine Stunde später explodieren sollte. ◇ *Their request was badly timed.* Ihre Anfrage kam zeitlich ungünstig. ◇ *'I hope we're not too early.' 'You couldn't have timed it better!'* „Ich hoffe, wir kommen nicht zu früh." „Nein, ihr kommt genau richtig." → *Siehe auch* ILL-TIMED *und* WELL TIMED **2** (*Zeit*) messen, stoppen PHR V **time ˈout** ◇ *My satellite connection timed out—it was so frustrating.* Meine Satellitenverbindung wurde unterbrochen, da ich mein Zeitlimit überschritten hatte. War das frustrierend! ◇ *Your session has timed out.* Ihre Sitzung wurde automatisch beendet.

ˌtime-and-ˈmotion study *Nomen* Arbeits(ablauf)-studie

ˈtime bomb *Nomen* Zeitbombe (*auch fig*)

ˈtime capsule *Nomen* Zeitkapsel

ˈtime card *Nomen* Stechkarte

ˈtime clock *Nomen* (*bes AmE*) Stechuhr

ˈtime-consuming *Adj* zeitraubend

ˈtime frame *Nomen* Zeitrahmen

ˈtime-honoured (*AmE* **ˈtime-honored**) *Adj* (*gehoben*) altehrwürdig, althergebracht

time·keep·er /ˈtaɪmkiːpə(r)/ *Nomen* Zeitnehmer(in) IDM **be a good/bad ˈtimekeeper** immer pünktlich/unpünktlich sein

time·keep·ing /ˈtaɪmkiːpɪŋ/ *Nomen* **1** Pünktlichkeit **2** Zeitmessung

ˈtime lag (*auch* **lag**, **ˈtime lapse**) *Nomen* (zeitliche) Verzögerung

time·less /ˈtaɪmləs/ *Adj* (*Adv* **time·less·ly**) (*gehoben*) zeitlos

time·less·ness /ˈtaɪmləsnəs/ *Nomen* Zeitlosigkeit

ˈtime limit *Nomen* Frist

time·line /ˈtaɪmlaɪn/ *Nomen* Zeitleiste

time·li·ness /ˈtaɪmlinəs/ *Nomen* Rechtzeitigkeit ◇ *improve the accuracy and timeliness of information* dafür sorgen, dass die Informationen genauer und aktueller sind

time·ly /ˈtaɪmli/ *Adj* rechtzeitig ◇ *This has been a timely reminder to us all.* Diese Mahnung ist für uns alle zum richtigen Zeitpunkt gekommen.

ˈtime machine *Nomen* Zeitmaschine

time·out /ˈtaɪmaʊt/ *Nomen* (*AmE*) (SPORT) Auszeit

time·piece /ˈtaɪmpiːs/ *Nomen* (*gehoben*) Uhr

ˌtime-ˈpoor *Adj* ◇ *a time-poor society* eine Gesellschaft, in der fast alle kaum noch Freizeit haben ◇ *products for customers who are time-poor but cash-rich* Produkte für Kunden mit viel Geld, aber wenig Zeit

timer /ˈtaɪmə(r)/ *Nomen* (*oft in Zusammensetzungen*) **1** Zeitmesser **2** Schaltuhr → *Siehe auch* EGG TIMER, FIRST-TIMER *und* OLD-TIMER

times /taɪmz/ *Präp*, *Nomen* [Pl] mal ◇ *Five times two is ten.* Fünf mal zwei ist zehn. ◇ *three times as long* dreimal so lang

ˈtime-saving *Adj* Zeit sparend

time·scale /ˈtaɪmskeɪl/ *Nomen* Zeitrahmen

ˈtime-server *Nomen* (*abwert*) = jd, der seine Arbeitszeit nur absitzt

time·share /ˈtaɪmʃeə(r); *AmE* -ʃer/ *Nomen* **1** (*auch* **ˈtime-sharing**) Timesharing, Miteigentum an einer Ferienwohnung **2** Ferienwohnung, an der man einen Besitzanteil hat, Timeshare

ˈtime sheet *Nomen* Stundenzettel

ˈtime signature *Nomen* Taktbezeichnung

ˈtime span *Nomen* Zeitraum, Zeitspanne

ˈtime switch *Nomen* Zeitschalter

time·table 🔑 /ˈtaɪmteɪbl/ *Nomen*, *Verb*

▸ ***Nomen*** **1** (*bes BrE*) Fahrplan **2** (*bes BrE*) Stundenplan ◇ *subjects on the school timetable* Schulfächer **3** Zeitplan ◇ *I have a busy timetable this week.* Ich habe diese Woche ein volles Programm.

▸ ***Verb*** (*meist passiv*) (*bes BrE*) zeitmäßig festlegen ◇ *The discussion groups have been timetabled for the afternoons.* An den Nachmittagen stehen die Diskussionsgruppen auf dem Programm. ◇ *How many timetabled hours do medical students have?* Wie viele Unterrichtsstunden haben Medizinstudenten?

ˈtime trial *Nomen* (*Sport*) Zeitrennen

ˈtime warp *Nomen* Zeitverzerrung IDM **be (stuck) in a ˈtime warp** in der Vergangenheit stecken geblieben sein

ˈtime-worn *Adj* **1** abgenutzt **2** (*Phrase etc.*) abgedroschen

ˈtime zone *Nomen* Zeitzone

timid /ˈtɪmɪd/ *Adj* (*Adv* **tim·id·ly**) ängstlich, schüchtern, scheu ◇ *They've been rather timid in the changes they've made.* Die Änderungen, die sie vorgenommen haben, sind eher vorsichtiger Natur.

tim·id·ity /tɪˈmɪdəti/ *Nomen* Ängstlichkeit, Schüchternheit, Scheu

tim·ing /ˈtaɪmɪŋ/ *Nomen* **1** Zeitpunkt **2** Timing ◇ *Your timing is perfect. I was just about to call you.* Du kommst gerade richtig. Ich wollte dich eben anrufen. **3** Rhythmik, rhythmisches Gefühl **4** (TECH) Zündeinstellung

tim·or·ous /ˈtɪmərəs/ *Adj* (*Adv* **tim·or·ous·ly**) (*gehoben*) ängstlich, zaghaft

tim·pani /ˈtɪmpəni/ *Nomen* [Pl] Timpani, Kesselpauken

tim·pan·ist /ˈtɪmpənɪst/ *Nomen* Timpanist(in), Paukist(in)

tin 🔑 /tɪn/ *Nomen* **1** Zinn, Blech **2** (*auch* **ˌtin ˈcan**) (*BrE*) Dose, Büchse **3** (*BrE*) ◇ *a cake tin* eine Backform ◇ *a roasting tin* ein Bräter

tinc·ture /ˈtɪŋktʃə(r)/ *Nomen* (*Fachspr*) Tinktur

tin·der /ˈtɪndə(r)/ *Nomen* Zunder

tin·der·box /ˈtɪndəbɒks; *AmE* -dərbɑːks/ *Nomen* **1** Zunderbüchse **2** (*fig*) Pulverfass

tine /taɪn/ *Nomen* (TECH) Zinke; (*Geweih*) Ende

tin·foil /ˈtɪnfɔɪl/ *Nomen* Stanniol(papier), Alufolie

tinge /tɪndʒ/ *Nomen, Verb*

▸ ***Nomen*** [meist Sing] **1** Tönung ◇ *There was a pink tinge to the sky.* Der Himmel war rosa getönt. **2** (*fig*) Anflug, Spur ◇ *a tinge of envy* ein Anflug von Neid

▸ ***Verb*** (*meist passiv*) **1** tönen ◇ *white petals tinged with blue* weiße Blütenblätter mit einem Stich ins Bläuliche **2** (*fig*) ◇ *She gave him a look of surprise tinged with disapproval.* Sie sah ihn überrascht und etwas missbilligend an. ◇ *Sadness tinged his voice.* In seiner Stimme lag ein Anflug von Traurigkeit.

tin·gle /ˈtɪŋgl/ *Nomen, Verb*

▸ ***Nomen*** [meist Sing] Kribbeln ◇ *He felt a tingle of excitement.* Er war vor Aufregung ganz kribbelig.

▸ ***Verb*** **1** kribbeln, prickeln **2 ~ with sth** (*fig*) vor etw ganz kribbelig sein

tin·ker /ˈtɪŋkə(r)/ *Nomen, Verb*

▸ ***Nomen*** Kesselflicker

▸ ***Verb*** **~ (with sth)** (an etw) herumbasteln, (an etw) herumpfuschen

tin·kle /ˈtɪŋkl/ *Verb, Nomen*

▸ ***Verb*** **~ (sth)** (mit etw) klingeln ◇ *tinkling laughter* helles Lachen

▸ ***Nomen*** [meist Sing] **1** (*auch* **tink·ling**) Klingeln, Klirren **2 have a ~** (*BrE, umgs*) pinkeln

tinned /tɪnd/ *Adj* (*BrE*) Dosen- ◇ *tinned soup* Dosensuppe

tin·nitus /ˈtɪnɪtəs/ *Nomen* Tinnitus

tinny /ˈtɪni/ *Adj* (*bes BrE, abwert*) blechern (klingend)

ˈtin opener *Nomen* (*BrE*) Dosenöffner

tin·plate /ˈtɪnpleɪt/ *Nomen* Weißblech, Zinnblech

tin·pot /ˈtɪnpɒt; *AmE* -pɑːt/ *Adj* [nur vor Nomen] (*BrE, abwert*) mickrig ◇ *a tinpot dictator* ein Operettendiktator

tin·sel /ˈtɪnsl/ *Nomen* Foliengirlande

tint /tɪnt/ *Verb, Nomen*

▸ ***Verb*** (*meist passiv*) tönen

▸ ***Nomen*** **1** Farbton ◇ *leaves with autumn tints* herbstlich gefärbte Blätter **2** Tönung

ˌtin ˈwhistle *Nomen* Blechflöte

tiny 0‑ /ˈtaɪni/ *Adj* (**tini·er**, **tini·est**) winzig IDM → PATTER

tip 0‑ /tɪp/ *Nomen, Verb*

▸ ***Nomen*** **1** Spitze **2 ~ (on/for sth/doing sth)** Tipp (für etw/wie man etw tut) **3** Trinkgeld ◇ *leave a tip* Trinkgeld geben **4** (*BrE*) Müllkippe **5** (*BrE, umgs, abwert*) (*fig*) Saustall IDM **be on the tip of sb's ˈtongue** jdm auf der Zunge liegen **the tip of the ˈiceberg** die Spitze des Eisbergs

▸ ***Verb*** **(-pp-) 1** kippen, schütten ◇ *She tipped the water down the drain.* Sie schüttete das Wasser in den Abfluss. **2 ~ (sth) (up)** (etw) kippen, (etw) umkippen ◇ *The seat tips forward.* Der Sitz lässt sich nach vorne kippen. ◇ *She tipped her head back and laughed loudly.* Sie lehnte den Kopf zurück und lachte laut. ◇ *We'll have to tip the sofa up to get it through the door.* Wir müssen das Sofa hochkant stellen, wenn wir es durch die Tür bringen wollen. **3** (an)stoßen **4** (*BrE*) Müll abladen **5 ~ (sb)** (jdm) (ein) Trinkgeld geben ◇ *tip heavily* gutes Trinkgeld geben ◇ *She tipped the waiter a pound.* Sie gab dem Kellner ein Pfund Trinkgeld. **6 ~ sb/sth** auf jdn/etw setzen ◇ *I had tipped him for gold.* Ich hatte darauf gesetzt, dass er Gold gewinnt. ◇ *The band is being tipped for the top.* Die Band gilt als zukünftiger Spitzenreiter. ◇ *She is tipped to win an Oscar.* Es wird allgemein erwartet, dass sie einen Oskar gewinnt. **7** ◇ *The wings are tipped with yellow.* Die Flügel haben gelbe Spitzen. IDM **it is ˈtipping (it) down** (*BrE, umgs*) es schüttet **tip the ˈbalance/ˈscales** den Ausschlag geben **tip your ˈhand** (*AmE*) sich in die Karten sehen lassen **tip the scales at sth** etw auf die Waage bringen **tip sb the ˈwink; tip the ˈwink to sb** (*BrE, umgs*) jdm einen Tipp geben PHR V **ˌtip sb ˈoff (about sth)** (*umgs*) jdm einen Tipp (über etw) geben

ˈtip-off *Nomen* (*umgs*) Tipp, Hinweis

Tipp-Ex™ /ˈtɪpeks/ *Nomen* (*BrE*) Tipp-Ex®

tip·pex /ˈtɪpeks/ *Verb* **~ sth (out)** etw mit Tipp-Ex® löschen

ˈtipping point *Nomen* Kipppunkt

tip·ple /ˈtɪpl/ *Nomen* [meist Sing] (*bes BrE, umgs*) (alkoholisches) Getränk

tip·pler /ˈtɪplə(r)/ *Nomen* (*bes BrE, umgs*) Trinker(in)

tip·ster /ˈtɪpstə(r)/ *Nomen* **1** = jd, der bei Pferderennen Tipps verkauft **2** (*bes AmE*) (Polizei)informant(in)

tipsy /ˈtɪpsi/ *Adj* (*umgs*) beschwipst

tip·toe /ˈtɪptəʊ; *AmE* -toʊ/ *Nomen, Verb*

▸ ***Nomen*** IDM **on ˈtiptoe/ˈtiptoes** auf Zehenspitzen

▸ ***Verb*** auf Zehenspitzen gehen

ˌtip-ˈtop *Adj* (*umgs*) tipptopp, erstklassig

tir·ade /taɪˈreɪd; *AmE* ˈtaɪreɪd/ *Nomen* Schimpfkanonade

tire 0‑ /ˈtaɪə(r)/ *Verb, Nomen*

▸ ***Verb*** ermüden, müde werden PHR V **ˈtire of sth/sb** einer Sache/jds überdrüssig werden, etw/jdn (bald) langweilig finden ◇ *He went to Yale—as he never tires of reminding us.* Er hat in Yale studiert—wie er uns immer wieder bis zum Überdruss erzählt. **ˌtire sb ˈout** jdn erschöpfen **ˌtire yourself ˈout** sich völlig verausgaben

▸ ***Nomen*** (*AmE*) = TYRE

tired 0‑ /ˈtaɪəd; *AmE* -ərd/ *Adj* **1** (*Adv* **tired·ly**) müde; **~ out** erschöpft **2 be ~ of sb/sth** jdn/etw satthaben **3** (*Witz etc.*) abgedroschen

tired·ness /ˈtaɪədnəs; *AmE* -ərd-/ *Nomen* Müdigkeit

ˈtire iron *Nomen* (*AmE*) (Reifen)montierhebel

tire·less /ˈtaɪələs; *AmE* -ərləs/ *Adj* (*Adv* **tire·less·ly**) unermüdlich ◇ *She was tireless in her efforts on our behalf.* Sie setzte sich unermüdlich für uns ein.

tire·some /ˈtaɪəsəm; *AmE* -ərsəm/ *Adj* lästig

tir·ing 0‑ /ˈtaɪərɪŋ/ *Adj* anstrengend, ermüdend

ˈtis /tɪz/ (*veraltet*) *Kurzform von* **it is**

tis·sue /ˈtɪʃuː; *BrE auch* ˈtɪsjuː/ *Nomen* **1** Gewebe **2** Papiertaschentuch **3** (*auch* **ˈtissue paper**) Seidenpapier IDM **a ˌtissue of ˈlies** (*gehoben*) ein Lügengespinst

tit /tɪt/ *Nomen* **1** (*vulg, Slang*) Titte **2** (*BrE, Slang*) Trottel **3** Meise ◇ *a great tit* eine Kohlmeise

Titan (*auch* **titan**) /ˈtaɪtn/ *Nomen* (*gehoben*) Titan(in), Gigant(in)

ti·tan·ic /taɪˈtænɪk/ *Adj* (*gehoben*) gigantisch

ti·tan·ium /tɪˈteɪniəm/ *Nomen* Titan

tit·bit /ˈtɪtbɪt/ *Nomen* (*BrE*) **1** Leckerbissen **2** (*fig*) Häppchen ◇ *She passed on a few titbits of gossip.* Sie gab den neuesten Klatsch weiter.

titch /tɪtʃ/ *Nomen* (*BrE, umgs, oft hum*) (*Anrede*) Kleine(r), Knirps

titchy /ˈtɪtʃi/ *Adj* (*BrE, umgs*) winzig

tithe /taɪð/ *Nomen* Zehnt(e) ◇ *pay tithes* den Zehnten bezahlen

tit·il·late /ˈtɪtɪleɪt/ *Verb* (*oft abwert*) anregen, erregen ◇ *titillating pictures* aufreizende Bilder

tit·il·la·tion /ˌtɪtɪˈleɪʃn/ *Nomen* Kitzel

title 0-ᵣ /ˈtaɪtl/ *Nomen, Verb*
▸ ***Nomen*** **1** Titel, Überschrift **2** Berufsbezeichnung **3** ~ (**to sth**) (Rechts)anspruch (auf etw)
▸ ***Verb*** (*meist passiv*) betiteln ◇ *The album was titled 'Ocean'.* Das Album hatte den Titel „Ocean".

titled /ˈtaɪtld/ *Adj* adlig

ˈtitle deed *Nomen* [meist Pl] Eigentumsurkunde

ˈtitle-holder *Nomen* **1** Titelhalter(in) **2** (*AmE*) (RECHT) Eigentümer(in)

ˈtitle page *Nomen* Titelseite

tit·ter /ˈtɪtə(r)/ *Verb, Nomen*
▸ ***Verb*** kichern
▸ ***Nomen*** Gekicher, Kichern

tittle-tattle /ˈtɪtl tætl/ *Nomen* (*umgs, abwert*) Geschwätz, Klatsch

titu·lar /ˈtɪtjulə(r); *AmE* -tʃələr/ *Adj* [nur vor Nomen] (*gehoben*) nominell

tizzy /ˈtɪzi/ (*auch* **tizz** /tɪz/) *Nomen* [Sing] (*umgs*) **be in a ~** schrecklich aufgeregt sein

ˈT-junction *Nomen* (*BrE*) T-Kreuzung

TLC /ˌtiː el ˈsiː/ *Kurzform von* **tender loving care** liebevolle Fürsorge

TM /ˌtiː ˈem/ **1** *Kurzform von* **trademark** **2** *Kurzform von* **transcendental meditation**

TNT /ˌtiː en ˈtiː/ *Nomen* TNT

to 0-ᵣ /tə, *vor Vokalen* tu, *betont* tuː/ *Präp, Adv*
▸ ***Präp*** ℹ Für Verben mit **to** siehe die Einträge für die Verben. **See to sth** z.B. steht unter **see**. **1** zu, nach, auf ◇ *I walked to the office.* Ich ging zum Büro. ◇ *He's going to Paris.* Er fährt nach Paris. ◇ *He pointed to something.* Er deutete auf etwas. ◇ *my first visit to Africa* mein erster Besuch in Afrika **2** ~ **the left, east, etc.** (**of sth**) links, östlich etc. (von etw) ◇ *Place the cursor to the left of the first word.* Positionieren Sie den Cursor links vom ersten Wort. ◇ *There are mountains to the north.* Im Norden sind Berge. **3** (*mit einem indirekten Objekt*) ◇ *She gave it to her sister.* Sie gab es ihrer Schwester. ◇ *Who did he address the letter to?* An wen hat er den Brief adressiert? ◇ *What have you done to your hair?* Was hast du mit deinen Haaren gemacht? **4** bis ◇ *children from 8 to 10* Kinder von 8 bis 10 ◇ *all kinds of music from opera to reggae* alle möglichen Arten von Musik, von Oper bis Reggae ◇ *How long is it to lunch?* Wie lange dauert es noch bis zum Mittagessen? ◇ *He was 25 to 30 years old.* Er war zwischen 25 und 30. **5** (*BrE*) (*bei Uhrzeiten*) vor ◇ *It's five to ten.* Es ist fünf vor zehn. **6** (*aneinander, verbunden*) an ◇ *They sat back to back.* Sie saßen Rücken an Rücken. ◇ *Attach this rope to the front of the car.* Mach das Seil vorne am Auto fest. **7** (*drückt eine Beziehung aus*) ◇ *She's married to an Italian.* Sie ist mit einem Italiener verheiratet. ◇ *the Japanese ambassador to France* der japanische Botschafter in Frankreich ◇ *the key to the garage* der Garagenschlüssel ◇ *the solution to the problem* die Lösung des Problems **8** (*in Vergleichen*) ◇ *I prefer walking to climbing.* Ich ziehe das Wandern dem Bergsteigen vor. ◇ *The industry today is nothing to what it once was.* Die Industrie ist heute nicht das, was sie einmal war. **9** (*in Relationen*) zu ◇ *We won by six goals to three.* Wir haben sechs zu drei gewonnen. ◇ *There are 2.54 centimetres to an inch.* Ein Inch hat 2,54 cm. ◇ *How many yen are there to the dollar?* Wie viel Yen bekommt man für einen Dollar? **10** ~ **sb** jds Ansicht nach ◇ *To me, it was wrong.* Meiner Ansicht nach war es falsch. **11** (*zu Ehren von*) ◇ *a monument to the soldiers who died in the war* ein Denkmal für die im Krieg gefallenen Soldaten ◇ *Let's drink to Julia!* Trinken wir auf Julia! **12** (*gleichzeitig mit*) unter ◇ *He left the stage to prolonged applause.* Er verließ unter anhaltendem Applaus die Bühne.
▸ ***Adv*** an ◇ *Push the door to.* Lehn die Tür an. IDM **ˌto and ˈfro** hin und her

toad /təʊd; *AmE* toʊd/ *Nomen* **1** Kröte **2** (*umgs, abwert*) Ekel

ˌtoad-in-the-ˈhole *Nomen* = im Pfannkuchenteig gebackene Würstchen

toad·stool /ˈtəʊdstuːl; *AmE* ˈtoʊd-/ *Nomen* Giftpilz

toady /ˈtəʊdi; *AmE* ˈtoʊ-/ *Nomen, Verb*
▸ ***Nomen*** (*Pl* **-ies**) (*abwert*) Kriecher(in)
▸ ***Verb*** (**toad·ies, toady·ing, toad·ied, toad·ied**) ~ (**to sb**) (*abwert*) (vor jdm) kriechen

toast /təʊst; *AmE* toʊst/ *Nomen, Verb*
▸ ***Nomen*** **1** Toast ◇ *cheese on toast* Toast mit Käse **2** Toast, Trinkspruch ◇ *The committee drank a toast to the new project.* Der Ausschuss stieß auf das neue Projekt an. **3 the ~ of …** der Star des/der …
▸ ***Verb*** **1** ~ **sb/sth** auf jdn/etw anstoßen, auf jdn/etw trinken **2** toasten, rösten **3** (*an Feuer etc.*) sich wärmen

toast·er /ˈtəʊstə(r); *AmE* ˈtoʊ-/ *Nomen* Toaster

toast·mas·ter /ˈtəʊstmɑːstə(r); *AmE* ˈtoʊstmæstər/ *Nomen* = jd, der bei einem offiziellen Diner die Toasts ausbringt und die Redner vorstellt

toasty /ˈtəʊsti; *AmE* ˈtoʊ-/ *Adj* (*bes AmE*) angenehm warm

to·bacco /təˈbækəʊ; *AmE* -koʊ/ *Nomen* (*Pl* **-os**) Tabak

to·bac·con·ist /təˈbækənɪst/ *Nomen* Tabakwarenhändler(in)

to·bog·gan /təˈbɒɡən; *AmE* təˈbɑːɡən/ *Nomen, Verb*
▸ ***Nomen*** Schlitten
▸ ***Verb*** Schlitten fahren

to·bog·gan·ing /təˈbɒɡənɪŋ; *AmE* təˈbɑːɡ-/ *Nomen* Schlittenfahren

tod /tɒd; *AmE* tɑːd/ *Nomen* IDM **on your ˈtod** (*BrE, umgs, veraltet*) allein

today 0-ᵣ /təˈdeɪ/ *Adv, Nomen* **1** heute ◇ *a week today/today week* heute in einer Woche **2** heutzutage

tod·dle /ˈtɒdl; *AmE* ˈtɑːdl/ *Verb* **1** (*Kleinkind*) laufen **2** (*umgs*) gehen

tod·dler /ˈtɒdlə(r); *AmE* ˈtɑːd-/ *Nomen* Kleinkind

toddy /ˈtɒdi; *AmE* ˈtɑːdi/ *Nomen* (*Pl* **-ies**) Grog

to-do /təˈduː/ *Nomen* (*umgs, veraltend*) (*Aufhebens*) Theater

toe 0-ᵣ /təʊ; *AmE* toʊ/ *Nomen, Verb*
▸ ***Nomen*** **1** Zehe **2** (*von Schuhen, Socken*) Spitze IDM **keep sb on their ˈtoes** jdn auf Trab halten **make sb's ˈtoes curl** zum Davonlaufen sein **ˌtread on sb's ˈtoes** (*AmE meist* **ˌstep on sb's ˈtoes**) (*umgs*) jdm auf die Füße treten → *Siehe auch* DIG, DIP, HEAD *und* TOP
▸ ***Verb*** IDM **toe the ˈline** (*AmE auch* **toe the ˈmark**) sich fügen ◇ *toe the party line* sich an die Parteilinie halten

toe·cap /ˈtəʊkæp; *AmE* ˈtoʊ-/ *Nomen* Vorderkappe

-toed /təʊd; *AmE* toʊd/ (*meist in Adjektiven*) ◇ *a three-toed sloth* ein dreizehiges Faultier ◇ *open-toed sandals* Sandalen, die vorne offen sind

TOEFL™ /ˈtəʊfl; *AmE* ˈtoʊ-/ *Kurzform von* **Test of English as a Foreign Language** (*AmE*) = Sprachtest für Leute, die an einer amerikanischen Universität studieren wollen und deren Muttersprache nicht Englisch ist

toe·hold /ˈtəʊhəʊld; *AmE* ˈtoʊhoʊld/ *Nomen* **1** Einstieg ◇ *They want to gain a toehold in the American market.* Sie wollen auf dem amerikanischen Markt Fuß fassen. **2** (*in Felswand*) Tritt

toe·nail /ˈtəʊneɪl; *AmE* ˈtoʊ-/ *Nomen* Zehennagel

toe·rag /ˈtəʊræg; *AmE* ˈtoʊ-/ *Nomen* (*BrE, Slang*) Mistkerl

toff /tɒf; *AmE* tɑːf/ *Nomen* (*BrE, umgs*) feiner Pinkel

tof·fee /ˈtɒfi; *AmE* ˈtɑːfi/ *Nomen* Karamell, Karamelle IDM **sb can't do sth for ˈtoffee** (*BrE, umgs, veraltet*) ◇ *He can't dance for toffee!* Er kann nicht für fünf Pfennig tanzen!

ˈtoffee apple *Nomen* (*BrE*) = mit Karamell überzogener Apfel an einem Stiel

ˈtoffee-nosed *Adj* (*BrE, umgs, veraltend*) hochnäsig

tofu /ˈtəʊfuː; *AmE* ˈtoʊ-/ *Nomen* Tofu

tog /tɒg; *AmE* tɑːg/ *Nomen, Verb*

▸ ***Nomen*** (*BrE*) **1 togs** [Pl] (*umgs, veraltend*) Klamotten **2** = Einheit für die Wärmehaltung von Bettdecken etc.

▸ ***Verb*** (-gg-) IDM **be ˌtogged ˈout/ˈup in sth** (*umgs*) etw anhaben

toga /ˈtəʊgə; *AmE* ˈtoʊ-/ *Nomen* Toga

to·gether 0-π /təˈgeðə(r)/ *Adv, Adj*

▸ ***Adv*** ℹ Für Verben mit **together** siehe die Einträge für die Verben. **Pull yourself together** z.B. steht unter **pull. 1** zusammen ◇ *They split up after ten years together.* Sie trennten sich nach zehn gemeinsamen Jahren. ◇ *The two sides in the dispute are no closer together.* Die beiden zerstrittenen Seiten sind sich nicht näher gekommen. **2 for hours, days etc. ~** (*gehoben*) stundenlang, tagelang etc.

▸ ***Adj*** (*umgs*) (*Mensch*) ausgeglichen und selbstbewusst

to·gether·ness /təˈgeðənəs; *AmE* -ðərnəs/ *Nomen* Zusammengehörigkeit

tog·gle /ˈtɒgl; *AmE* ˈtɑːgl/ *Nomen, Verb*

▸ ***Nomen* 1** (*Verschluss*) Knebel(knopf) **2** (*auch* **ˈtoggle switch**) Kippschalter **3** (*auch* **ˈtoggle switch**) (COMP) Umschalttaste, Toggleschalter

▸ ***Verb*** (COMP) umschalten ◇ *He toggled between the two windows.* Er schaltete zwischen den beiden Fenstern hin und her.

toil /tɔɪl/ *Verb, Nomen*

▸ ***Verb*** (*gehoben*) **1 ~ (away) (at/over sth)** sich (mit etw) plagen, sich (mit etw) abmühen **2** sich schleppen

▸ ***Nomen*** (*gehoben*) Mühe, harte Arbeit

toi·let 0-π /ˈtɔɪlət/ *Nomen* Toilette ◇ *toilet facilities* Toiletten

ˈtoilet bag *Nomen* (*BrE*) Kulturbeutel

ˈtoilet paper *Nomen* Toilettenpapier

toi·let·ries /ˈtɔɪlətriz/ *Nomen* [Pl] Toilettenartikel

ˈtoilet roll *Nomen* (*BrE*) Rolle Toilettenpapier

ˈtoilet soap *Nomen* Toilettenseife

ˈtoilet tissue *Nomen* Toilettenpapier

ˈtoilet-train *Verb* (*meist passiv*) (*einem Kleinkind*) beibringen auf die Toilette zu gehen

ˈtoilet-trained *Adj* (*Kleinkind*) sauber

ˈtoilet-training *Nomen* Sauberkeitserziehung

ˈtoilet water *Nomen* Toilettenwasser

toils /tɔɪlz/ *Nomen* [Pl] (*gehoben*) (*Fallstricke*) Schlingen

toing /ˈtuːɪŋ/ *Nomen* IDM **ˌtoing and ˈfroing** Hin und Her

token /ˈtəʊkən; *AmE* ˈtoʊ-/ *Nomen, Adj*

▸ ***Nomen* 1** (*Chip*) Jeton, Wertmarke ◇ *a parking token* eine Parkmünze **2** (*BrE*) (Geschenk)gutschein ◇ *a $20 book token* ein Büchergutschein über 20 $ **3** (Sammel)punkt **4** (*der Dankbarkeit etc.*) Zeichen IDM **by the same ˈtoken** ebenso; gleichzeitig

▸ ***Adj*** [nur vor Nomen] symbolisch ◇ *a token gesture* eine leere Geste ◇ *There was one token woman on the committee.* Im Ausschuss saß eine Alibifrau. ◇ *a token strike* ein Warnstreik

token·ism /ˈtəʊkənɪzəm; *AmE* ˈtoʊ-/ *Nomen* (*abwert*) Alibihandlung

told *Form von* TELL

tol·er·able /ˈtɒlərəbl; *AmE* ˈtɑːlə-/ *Adj* (*gehoben*) **1** annehmbar **2** erträglich

tol·er·ably /ˈtɒlərəbli; *AmE* ˈtɑːlə-/ *Adv* ziemlich, einigermaßen

tol·er·ance /ˈtɒlərəns; *AmE* ˈtɑːlə-/ *Nomen* **1 ~ (of/for sb/sth)** Verständnis (für jdn/etw), Toleranz (jdm/einer Sache gegenüber) ◇ *religious tolerance* Toleranz in religiösen Dingen **2** Toleranz, Verträglichkeit ◇ *tolerance to antibiotics* Antibiotikaverträglichkeit **3** (*Fachspr*) Toleranz, Abweichung

tol·er·ant /ˈtɒlərənt; *AmE* ˈtɑːlə-/ *Adj* **1 ~ (of/towards sb/sth)** tolerant (jdm/etw gegenüber), verständnisvoll (jdm/etw gegenüber) **2 ~ (of sth)** beständig (gegen etw)

tol·er·ant·ly /ˈtɒlərəntli; *AmE* ˈtɑːlə-/ *Adv* geduldig, verständnisvoll

tol·er·ate /ˈtɒləreɪt; *AmE* ˈtɑːlə-/ *Verb* **1** dulden, tolerieren **2** ertragen **3** vertragen

tol·er·ation /ˌtɒləˈreɪʃn; *AmE* ˌtɑːləˈ-/ *Nomen* Toleranz

toll /təʊl; *AmE* toʊl/ *Nomen, Verb*

▸ ***Nomen* 1** (*für die Benutzung von Straßen etc.*) Gebühr ◇ *a toll road* eine gebührenpflichtige Straße **2** [meist Sing] Zahl der Opfer, Schaden ◇ *The official death toll has now reached 7 000.* Die offizielle Zahl der Todesopfer hat jetzt 7 000 erreicht. **3** (Glocken)läuten **4** (*AmE*) Fernsprechgebühr IDM **take a heavy ˈtoll (on sb/sth); take its ˈtoll (on sb/sth)** einen hohen Tribut (von jdm/etw) fordern ◇ *Illness has taken a heavy toll on her.* Sie ist von Krankheit gezeichnet. ◇ *The recession is taking its toll on the housing market.* Die Rezession macht sich am Wohnungsmarkt bemerkbar.

▸ ***Verb*** (*Glocke*) läuten

toll·booth /ˈtəʊlbuːð; *AmE* ˈtoʊlbuːθ/ *Nomen* (*für Straßengebühren etc.*) Zahlstelle

ˌtoll-ˈfree *Adj* (*AmE*) (*Telefonanruf etc.*) gebührenfrei

Tom /tɒm; *AmE* tɑːm/ *Nomen* IDM **any/every ˌTom, ˌDick and ˈHarry** (*meist abwert*) jeder Hinz und Kunz

tom /tɒm; *AmE* tɑːm/ *Nomen* = TOMCAT

toma·hawk /ˈtɒməhɔːk; *AmE* ˈtɑːm-/ *Nomen* Tomahawk

to·mato 0-π /təˈmɑːtəʊ; *AmE* təˈmeɪtoʊ/ *Nomen* (*Pl* **-oes**) Tomate

tomb /tuːm/ *Nomen* Grab(mal)

tom·bola /tɒmˈbəʊlə; *AmE* tɑːmˈboʊ-/ *Nomen* (*BrE*) Tombola

tom·boy /ˈtɒmbɔɪ; *AmE* ˈtɑːm-/ *Nomen* (*Mädchen*) Wildfang

tomb·stone /ˈtuːmstəʊn; *AmE* -stoʊn/ *Nomen* Grabstein, Grabplatte

tom·cat /ˈtɒmkæt; *AmE* ˈtɑːm-/ (*auch* **tom**) *Nomen* Kater

tome /təʊm; *AmE* toʊm/ *Nomen* (*gehoben oder hum*) Foliant, Wälzer

tommy gun /ˈtɒmi gʌn; *AmE* ˈtɑːmi/ *Nomen* MI Maschinenpistole

to·mor·row 0-π /təˈmɒrəʊ; *AmE* təˈmɑːroʊ/ *Adv, Nomen* morgen ◇ *See you tomorrow.* Bis morgen. ◇ *a week tomorrow* morgen in einer Woche ◇ *the day after tomorrow* übermorgen IDM **do sth as if/like there's no toˈmorrow** etw tun, als gäbe es kein Morgen → *Siehe auch* JAM

ˈtom-tom *Nomen* Tomtom

ton 0-π /tʌn/ *Nomen* **1** (*Pl* **tons** *oder* **ton**) = Gewichtseinheit, in Großbritannien 1016 kg (**long ton**), in den USA 907 kg (**short ton**) ◇ (*umgs*) *This bag weighs a ton!* Diese Tasche ist wahnsinnig schwer! **2** Bruttoraumzahl **3 tons** [Pl] (*umgs*) jede Menge **4 a/the ton**

(*BrE, umgs*) 100 (Meilen/h) IDM **like a ton of 'bricks** (*umgs*) ◇ *They came down on him like a ton of bricks.* Sie haben ihn streng bestraft.

tonal /'təʊnl; *AmE* 'toʊ-/ *Adj* (*Adv* **tonal·ly** /-nəli/) **1** klanglich, Klang-, farblich, Farb- **2** (MUS) tonal

ton·al·ity /təʊ'næləti; *AmE* toʊ'-/ *Nomen* (*Pl* **-ies**) (MUS) Tonalität

tone /təʊn; *AmE* toʊn/ *Nomen, Verb*

▸ ***Nomen*** **1** Ton ◇ *speak in hushed tones* mit gedämpfter Stimme sprechen ◇ *Trust you to lower the tone of the conversation.* Du musst aber auch immer das Niveau der Unterhaltung senken! ◇ *the dial/dialling tone* das Freizeichen **2** Klang, Ton ◇ *the tone controls on a CD player* die Bass- und Höhenregler an einem CD-Spieler **3** Tonus **4** (MUS) (*BrE*) Ganzton → *Siehe auch* SEMITONE **5** Tonhöhe

▸ ***Verb*** **1 ~ sth (up)** etw straffen **2 ~ (in) (with sth)** (*BrE*) (farblich) (zu etw) passen PHRV **,tone sth 'down** **1** (*Rede etc.*) etw mäßigen **2** (*Farbe*) etw dämpfen

-toned /təʊnd; *AmE* toʊnd/ (*in zusammengesetzten Adjektiven*) ◇ *olive-toned skin* eine olivenfarbene Haut ◇ *a bright-toned soprano* ein heller Sopran

,tone-'deaf *Adj* unmusikalisch ◇ *I'm tone deaf.* Ich habe kein musikalisches Gehör.

tone·less /'təʊnləs; *AmE* 'toʊn-/ *Adj* (*Adv* **tone·less·ly**) tonlos, monoton

toner /'təʊnə(r); *AmE* 'toʊ-/ *Nomen* **1** Toner **2** Gesichtswasser

tongs /tɒŋz; *AmE* tɑːŋz/ *Nomen* [Pl] **1** Zange ◇ *a pair of tongs* eine Zange **2** Lockenstab IDM → HAMMER

tongue /tʌŋ/ *Nomen, Verb*

▸ ***Nomen*** **1** Zunge ◇ *She ran her tongue over her lips.* Sie leckte sich die Lippen. ◇ *I'll thank you to keep a civil tongue in your head.* Ich verbitte mir diesen Ton. **2** (*gehoben*) Sprache ◇ *his native tongue* seine Muttersprache IDM **get your 'tongue (a)round sth** ◇ *He was having trouble getting his tongue around my name.* Er hatte Schwierigkeiten meinen Namen auszusprechen. **hold your 'tongue** den Mund halten **roll/slip/trip off the 'tongue** jdm leicht von der Zunge gehen **set 'tongues wagging** (*umgs*) den Leuten etwas zu tratschen geben **with (your) tongue in (your) 'cheek** nicht ganz ernst; ironisch → *Siehe auch* BITE, FIND, LOOSE, LOOSEN, SLIP, TIP *und* WATCH

▸ ***Verb*** **1** (*bei Holzblasinstrumenten*) anschlagen **2** lecken

-tongued /tʌŋd/ (*in zusammengesetzten Adjektiven*) -züngig ◇ *sharp-tongued* scharfzüngig

tongue depressor /'tʌŋ dɪpresə(r)/ *Nomen* (*AmE*) (MED) Spachtel

,tongue-in-'cheek *Adj, Adv* ironisch, nicht ganz ernst

'tongue-tied *Adj* ◇ *He was tongue-tied.* Er brachte kein Wort heraus.

'tongue-twister *Nomen* Zungenbrecher

tonic /'tɒnɪk; *AmE* 'tɑːnɪk/ *Nomen* **1** (*auch* **'tonic water**) Tonic ◇ *a gin and tonic* ein Gin Tonic **2** Tonikum ◇ (*fig*) *The weekend break was just the tonic I needed.* Der Wochenendurlaub war genau die Erholung, die ich brauchte. **3** (MUS) Tonika

to·night /tə'naɪt/ *Adv, Nomen* heute Abend, heute Nacht

ton·nage /'tʌnɪdʒ/ *Nomen* **1** (*Schiffsraum*) Tonnage **2** Gesamtgewicht

tonne /tʌn/ (*Pl* **tonnes** *oder* **tonne**) *Nomen* Tonne → *Siehe auch* TON

ton·sil /'tɒnsl; *AmE* 'tɑːn-/ *Nomen* (ANAT) Mandel

ton·sil·litis /,tɒnsə'laɪtɪs; *AmE* ,tɑːn-/ *Nomen* [U] Mandelentzündung

ton·sure /'tɒnʃə(r); *AmE* 'tɑːn-/ *Nomen* Tonsur

too /tuː/ *Adv* **1** zu ◇ *This is too large a helping for me./This helping is too large for me.* Diese Portion ist mir zu groß. ◇ *all too often* allzu oft **2** auch ◇ *Can I come too?* Kann ich auch kommen? **3** noch dazu ◇ *She broke her leg last week—and on her birthday, too!* Sie brach sich letzte Woche das Bein—und das auch noch an ihrem Geburtstag! **4** sehr ◇ *I'm not too sure if this is right.* Ich bin mir nicht ganz sicher, ob das stimmt. ◇ *She's none too clever.* Sie ist nicht gerade die Schlauste. **5** (*zur Verstärkung*) wohl, auch ◇ *'He did apologize.' 'I should think so too!'* „Er hat sich entschuldigt." „Das will ich auch hoffen!" ◇ *About time too!* Das war ja auch Zeit! IDM **be too 'much (for sb)** zu viel (für jdn) sein

took *Form von* TAKE

tool /tuːl/ *Nomen, Verb*

▸ ***Nomen*** **1** Werkzeug (*auch fig*) ◇ *a tool kit* ein Werkzeugsatz ◇ *power tools* Elektrowerkzeuge ◇ *garden tools* Gartengeräte **2** Hilfsmittel ◇ *research tools like questionnaires* Forschungshilfsmittel, wie etwa Fragebögen **3** (*vulg, Slang*) (*Penis*) Schwanz IDM → DOWN

▸ ***Verb*** (*AmE, umgs*) herumkutschieren PHRV **,tool 'up** (TECH) sich (maschinell) ausrüsten **,tool sb/sth 'up** (*BrE*) (TECH) jdn/etw (maschinell) ausrüsten

tool·bar /'tuːlbɑː(r)/ *Nomen* (COMP) Symbolleiste

toot /tuːt/ *Nomen, Verb*

▸ ***Nomen*** Hupsignal, Pfeifton, Tuten ◇ *She gave a toot on her horn.* Sie drückte auf die Hupe.

▸ ***Verb*** (*bes BrE*) **~ (your horn)** hupen IDM → HORN

tooth /tuːθ/ *Nomen* (*Pl* **teeth** /tiːθ/) **1** Zahn ◇ *I've just had a tooth out.* Ich habe mir gerade einen Zahn ziehen lassen. ◇ *tooth decay* Karies ◇ *The cat sank its teeth into his finger.* Die Katze biss ihn in den Finger. **2** Zinke → *Siehe auch* FINE-TOOTH COMB IDM **cut a 'tooth** zahnen **cut your teeth on sth** bei etw seine ersten Erfahrungen sammeln ◇ *She cut her teeth on local radio.* Sie sammelte ihre ersten Erfahrungen beim Regionalsender. **get your 'teeth into sth** (*umgs*) sich in etw vertiefen ◇ *Choose an essay topic that you can really get your teeth into.* Wähl ein Aufsatzthema, das dich fordert. **have 'teeth** (*BrE, umgs*) (*Gesetz, Behörde etc.*) Durchschlagskraft haben **in the 'teeth of sth** ungeachtet einer Sache ◇ *The new policy was adopted in the teeth of fierce criticism.* Die neuen Praktiken wurden ungeachtet der heftigen Kritik eingeführt. **in the 'teeth of the wind, a gale etc.** gegen den Wind **set sb's 'teeth on edge** (*Geräusch*) jdm durch und durch gehen; (*Geschmack etc.*) jdm zuwider sein → *Siehe auch* ARM, BARE, BIT, EYE, EYE TEETH, FIGHT, GNASH, GRIT, HELL, KICK, LIE[2], LONG, SKIN *und* SWEET

tooth·ache /'tuːθeɪk/ *Nomen* [meist Sing/U] Zahnweh, Zahnschmerzen ◇ *I've got toothache.* Ich habe Zahnweh.

tooth·brush /'tuːθbrʌʃ/ *Nomen* Zahnbürste

toothed /tuːθt, tuːðd/ *Adj* [nur vor Nomen] **1** (*Fachspr*) gezahnt, mit Zähnen ◇ *a toothed whale* ein Zahnwal **2** **-toothed** (*in Zusammensetzungen*) ◇ *His face broke into a gap-toothed smile.* Er lächelte so dass man seine Zahnlücken sah. ◇ *a wide-toothed comb* ein grober Kamm

tooth·less /'tuːθləs/ *Adj* **1** zahnlos **2** (*gehoben*) ohne Durchschlagskraft, ohne Autorität

tooth·paste /'tuːθpeɪst/ *Nomen* Zahnpasta

tooth·pick /'tuːθpɪk/ *Nomen* Zahnstocher

toothy /'tuːθi/ *Adj* ◇ *He gave a toothy grin.* Er lächelte, wobei er seine Zähne entblößte.

too·tle /'tuːtl/ *Verb* (*umgs*) **1** zuckeln, schlendern **2** dudeln

top 0-m /tɒp; *AmE* tɑːp/ *Nomen, Adj, Verb*
▸ ***Nomen*** **1** oberes Ende, Spitze, oberer Teil ◇ *Write your name at the top.* Schreiben Sie oben Ihren Namen hin. ◇ *He filled my glass to the top.* Er füllte mein Glas bis zum Rand. ◇ *the mountain tops* die Berggipfel ◇ (*BrE*) *the top of the milk* die Rahmschicht (auf der Milch) ◇ *the tops of the trees* die Baumwipfel **2** Oberfläche ◇ *I dusted the top of the cupboard.* Ich habe oben auf dem Schrank Staub gewischt. ◇ *a desktop* eine Schreibtischplatte **3** [Sing] Spitze, Spitzenposition ◇ *He's at the top of his profession.* Er ist auf dem Höhepunkt seiner Karriere. ◇ *We have a lot of things to do, but packing is at the top of the list.* Es gibt noch viel zu tun, aber am wichtigsten ist Packen. ◇ *This decision came from the top.* Diese Entscheidung wurde an höchster Stelle getroffen. **4** Verschluss, Deckel, Kappe **5** Top, Oberteil → *Siehe auch* CROP TOP **6** [meist Pl] (*von Möhren etc.*) Kraut **7 tops** [Pl] (*BrE, umgs*) höchstens ◇ *not more than 50 dollars, tops* höchstens 50 Dollar **8** [Pl] (*umgs, veraltet*) Nummer eins, Platz eins **9** Kreisel ◇ *Her mind was spinning like a top.* Ihr schwirrte der Kopf. → *Siehe auch* BIG TOP IDM **at the top of the 'tree** ganz obenan **at the top of your 'voice** aus vollem Hals **come out on 'top** gewinnen **from ˌtop to 'bottom** von oben bis unten **from ˌtop to 'toe** von Kopf bis Fuß **get on 'top of sb** jdm über den Kopf wachsen **get on 'top of sth** etw in den Griff bekommen **off the ˌtop of your 'head** (*umgs*) aus dem Stegreif ◇ *I can't remember the name off the top of my head.* Ich kann mich im Moment nicht an den Namen erinnern. **on 'top 1** oben ◇ *a cake with cream on top* ein Kuchen mit Sahne oben drauf ◇ *Stand on top and look down.* Stell dich oben hin und schau hinunter. **2** ◇ *She remained on top for the rest of the match.* Sie lag das ganze restliche Match hindurch in Führung. **3** zusätzlich ◇ *Look, here's 30 euros, and I'll buy you lunch on top.* Da hast du 30 Euro und außerdem lade ich dich zum Mittagessen ein. **on top of sth 1** zusätzlich zu etw ◇ *On top of everything else, my car's been stolen.* Zu allem Überfluss wurde auch noch mein Auto gestohlen. **2** Herr einer Sache ◇ *Do you think he's really on top of his job?* Glaubst du, dass er seiner Arbeit gewachsen ist? **on top of sth/sb 1** oben auf/über etw/jdm ◇ *Books were piled on top of one another.* Die Bücher waren aufeinandergestapelt. ◇ *Many people were crushed when the building collapsed on top of them.* Viele Menschen wurden erdrückt, als das Gebäude über ihnen zusammenstürzte. **2** aufeinander/übereinander ◇ *We were all living on top of each other in that tiny apartment.* Wir lebten sehr beengt in der kleinen Wohnung. **on ˌtop of the 'world** überglücklich **ˌover the 'top; OTT** (*bes BrE, umgs*) übertrieben ◇ *His performance in the movie is completely over the top.* Seine Darstellung der Figur in dem Film ist vollkommen überzogen. **ˌtake sth from the 'top** (*umgs*) etw noch einmal von vorne machen **up 'top** (*BrE, umgs*) im Kopf ◇ *He hasn't got very much up top.* Er hat nur Stroh im Kopf. → *Siehe auch* BLOW, HEAP, PILE *und* THIN
▸ ***Adj*** **1** oberste(r,s), obere(r,s), höchste(r,s) ◇ *He finished top in the exam.* Er schnitt in der Prüfung am besten ab. **2** Spitzen-, Top- ◇ *at top speed* mit Höchstgeschwindigkeit
▸ ***Verb*** **(-pp-) 1** übertreffen, übersteigen **2 ~ sth** (*einer Tabelle etc.*) an der Spitze von etw stehen **3** (*meist passiv*) **~ sth (with sth)** etw (mit etw) krönen ◇ *fruit salad topped with cream* Obstsalat mit Sahne **4** überbieten, übertreffen ◇ *I'm afraid the other company has topped your offer.* Leider hat uns die andere Firma ein besseres Angebot gemacht. **5 ~ yourself** (*BrE, umgs*) sich umbringen **6** (*gehoben*) die Spitze/den Gipfel etc. erreichen IDM **to top/cap it 'all** (*umgs*) zu allem Überfluss **ˌtop and 'tail sth** (*BrE*) (*Gemüse*) die Enden von etw abschneiden PHR V **ˌtop sth 'off (with sth)** etw (mit etw) krönen **ˌtop 'out (at sth)** (mit etw) den Höhepunkt erreichen **ˌtop sb 'up** (*bes BrE*) jdm nachschenken **ˌtop sth 'up** (*bes BrE*) **1** etw auffüllen, etw nachfüllen ◇ *I need to top the car up with oil.* Ich muss beim Auto das Öl nachfüllen. ◇ *I need to top the oil up.* Ich muss das Öl nachfüllen. ◇ *Can I top your glass up?* Kann ich Ihnen nachschenken? **2** etw vollständig machen, etw ergänzen ◇ *She relies on tips to top up her wages.* Sie braucht die Trinkgelder, um einen anständigen Lohn zu haben. **3** (*Handy*) aufladen, nachladen ◇ *I need to top up my mobile phone.* Ich muss mein Handy-Guthaben aufladen.

topaz /ˈtəʊpæz; *AmE* ˈtoʊ-/ *Nomen* Topas

ˌtop 'brass *Nomen* [mit Verb im Sing/Pl] (*BrE, umgs*) (*wichtige Leute*) hohe Tiere ◇ *All the top brass was/were at the ceremony.* Alle die hohen Tiere waren bei der Feier.

ˌtop-'class *Adj* erstklassig

top·coat /ˈtɒpkəʊt; *AmE* ˈtɑːpkoʊt/ *Nomen* **1** oberste Farbschicht, Deckanstrich **2** (*veraltet*) Mantel

ˌtop 'dog *Nomen* (*umgs*) Boss, Obermacker

ˌtop-'down *Adj* **1** hierarchisch **2** vom Generellen zum Spezifischen **3** (COMP) Top-Down

ˌtop 'drawer *Nomen* [Sing] Oberschicht, Crème de la crème ◇ *a top-drawer performance* eine erstklassige Darbietung

ˌtop-'flight *Adj* erstklassig, Spitzen-

ˌtop 'gear *Nomen* (*BrE*) höchster Gang ◇ (*fig*) *Her career is moving into top gear.* Ihre Karriere verläuft steil nach oben. ◇ (*fig*) *The team was in top gear.* Die Mannschaft war in Topform. ◇ (*fig*) *The preparations have moved into top gear.* Die Vorbereitungen laufen jetzt auf Hochtouren.

ˌtop 'hat *Nomen* (*Hut*) Zylinder

ˌtop-'heavy *Adj* oberlastig, kopflastig (*auch fig*)

topi·ary /ˈtəʊpiəri; *AmE* ˈtoʊpieri/ *Nomen* Formschnitt (*bei Gehölzen*)

topic 0-m /ˈtɒpɪk; *AmE* ˈtɑːpɪk/ *Nomen* Thema

top·ic·al /ˈtɒpɪkl; *AmE* ˈtɑːp-/ *Adj* aktuell

top·ic·al·ity /ˌtɒpɪˈkæləti; *AmE* ˌtɑːp-/ *Nomen* Aktualität

top·knot /ˈtɒpnɒt; *AmE* ˈtɑːpnɑːt/ *Nomen* Dutt, Knoten

top·less /ˈtɒpləs; *AmE* ˈtɑːpləs/ *Adj, Adv*
▸ ***Adj*** Oben-ohne-
▸ ***Adv*** oben ohne

ˌtop-'level *Adj* [nur vor Nomen] Spitzen- ◇ *a top-level meeting* eine Sitzung auf höchster Ebene ◇ *top-level tennis* Weltklasse-Tennis

top·most /ˈtɒpməʊst; *AmE* ˈtɑːpmoʊst/ *Adj* [nur vor Nomen] (*gehoben*) oberste(r,s)

ˌtop-'notch *Adj* (*umgs*) erstklassig

ˌtop of the 'range *Adj* Spitzen- ◇ *a top-of-the-range model* ein Spitzenmodell

topo·graph·ic·al /ˌtɒpəˈɡræfɪkl; *AmE* ˌtɑːp-/ *Adj* (*Adv* **topo·graph·ic·al·ly** /-kli/) topografisch

top·og·raphy /təˈpɒɡrəfi; *AmE* təˈpɑːɡ-/ *Nomen* (*Fachspr*) Topografie

top·per /ˈtɒpə(r); *AmE* ˈtɑːpər/ *Nomen* (*umgs*) (*Hut*) Zylinder

top·ping /ˈtɒpɪŋ; *AmE* ˈtɑːpɪŋ/ *Nomen* Überzug, Belag ◇ *baked vegetables with a cheese topping* Gemüse mit Käse überbacken ◇ *ice cream with a chocolate topping* Eis mit Schokoladensoße

ˌtopping-'out ceremony *Nomen* (*Pl* **-ies**) Richtfest

top·ple /ˈtɒpl; *AmE* ˈtɑːpl/ *Verb* **1** (um)kippen **2** umwerfen **3** (*entmachten*) stürzen

ˌ**top-ˈranking** *Adj* [nur vor Nomen] von hohem Rang, Spitzen-

ˌ**top-ˈrated** *Adj* [nur vor Nomen] beliebteste(r,s), sehr beliebt

ˌ**top ˈsecret** *Adj* streng geheim

top·side /ˈtɒpsaɪd; *AmE* ˈtɑːp-/ *Nomen* (*BrE*) (*Rindfleisch*) Oberschale

top·soil /ˈtɒpsɔɪl; *AmE* ˈtɑːp-/ *Nomen* Mutterboden, Ackerkrume

top·spin /ˈtɒpspɪn; *AmE* ˈtɑːp-/ *Nomen* (SPORT) Topspin

topsy-turvy /ˌtɒpsi ˈtɜːvi; *AmE* ˌtɑːpsi ˈtɜːrvi/ *Adj* (*umgs*) auf den Kopf gestellt ◇ *Everything's topsy-turvy in my life at the moment.* Mein Leben ist im Moment ein einziges Durcheinander.

ˌ**top ˈtable** *Nomen* (*BrE*) Ehrentisch (*am oberen Ende des Saales*)

the ˌtop ˈten *Nomen* [Pl] (*Hitparade*) die Topten

ˈ**top-up** *Nomen* (*BrE*) **1** zusätzliches Geld, Zuschuss ◇ *top-up insurance* eine Zusatzversicherung ◇ *top-up fees* zusätzliche Studiengebühren **2** ◇ *I need to get a top-up for my mobile.* Ich muss mein Handy aufladen. ◇ *a top-up card* eine Aufladekarte **3** ◇ *Can I give anyone a top-up?* Kann ich jemandem nachschenken?

tor /tɔː(r)/ *Nomen* = Felsformation (*meist in Südwestengland*)

Torah /ˈtɔːrɑː, tɔːˈrɑː/ *Nomen* Thora

torch /tɔːtʃ; *AmE* tɔːrtʃ/ *Nomen, Verb*

▸ ***Nomen*** **1** (*BrE*) Taschenlampe **2** (*AmE*) (*Werkzeug*) Heißluftföhn **3** Fackel IDM **put sth to the ˈtorch** (*gehoben*) etw in Brand stecken → *Siehe auch* CARRY

▸ ***Verb*** in Brand stecken

torch·light /ˈtɔːtʃlaɪt; *AmE* ˈtɔːrtʃlaɪt/ *Nomen* Licht einer Taschenlampe/Fackel ◇ *a torchlight procession* ein Fackelzug

tore *Form von* TEAR[2]

tor·ment *Nomen, Verb*

▸ ***Nomen*** /ˈtɔːment; *AmE* ˈtɔːrment/ (*gehoben*) Qual ◇ *the cries of a man in torment* die Schreie eines Mannes, der Qualen erleidet

▸ ***Verb*** /tɔːˈment; *AmE* tɔːrˈ-/ **1** (*gehoben*) quälen, peinigen **2** (*reizen*) ärgern

tor·ment·or /tɔːˈmentə(r); *AmE* tɔːrˈ-/ *Nomen* (*gehoben*) Peiniger(in)

torn *Form von* TEAR[2]

tor·nado /tɔːˈneɪdəʊ; *AmE* tɔːrˈneɪdoʊ/ *Nomen* (*Pl* **-oes** *oder* **-os**) Tornado, Wirbelsturm

tor·pedo /tɔːˈpiːdəʊ; *AmE* tɔːrˈpiːdoʊ/ *Nomen, Verb*

▸ ***Nomen*** (*Pl* **-oes**) Torpedo

▸ ***Verb*** (**tor·pe·does, tor·pe·do·ing, tor·pe·doed, tor·pe·doed**) torpedieren (*auch fig*)

tor·pid /ˈtɔːpɪd; *AmE* ˈtɔːrpɪd/ *Adj* (*gehoben*) träge, schlaff

tor·por /ˈtɔːpə(r); *AmE* ˈtɔːrpər/ *Nomen* (*gehoben*) Trägheit

torque /tɔːk; *AmE* tɔːrk/ *Nomen* Drehmoment

tor·rent /ˈtɒrənt; *AmE* ˈtɔːrənt/ *Nomen* **1** reißender Strom ◇ *The rain was coming down in torrents.* Es regnete in Strömen. **2** (*fig*) Schwall, Flut

tor·ren·tial /təˈrenʃl/ *Adj* strömend, sintflutartig

tor·rid /ˈtɒrɪd; *AmE* ˈtɔːrɪd/ *Adj* [nur vor Nomen] **1** leidenschaftlich **2** (*gehoben*) (*Klima, Land etc.*) glühend heiß **3** (*BrE*) hart

tor·sion /ˈtɔːʃn; *AmE* ˈtɔːrʃn/ *Nomen* Torsion

torso /ˈtɔːsəʊ; *AmE* ˈtɔːrsoʊ/ *Nomen* (*Pl* **-os**) **1** Rumpf **2** Torso

tort /tɔːt; *AmE* tɔːrt/ *Nomen* (RECHT) (zivilrechtliches) Delikt

tor·toise /ˈtɔːtəs; *AmE* ˈtɔːrtəs/ *Nomen* Schildkröte

tor·toise·shell /ˈtɔːtəsʃel, -təʃel; *AmE* ˈtɔːrt-/ *Nomen* **1** Schildpatt **2** Schildpattkatze **3** (*Schmetterling*) Fuchs

tor·tu·ous /ˈtɔːtʃuəs; *AmE* ˈtɔːrtʃu-/ *Adj* (*Adv* **tor·tu·ous·ly**) (*gehoben*) **1** (*meist abwert*) verwickelt, kompliziert **2** (*Pfad etc.*) gewunden

tor·ture /ˈtɔːtʃə(r); *AmE* ˈtɔːrtʃər/ *Nomen, Verb*

▸ ***Nomen*** **1** Folter(ung) ◇ *Many of the refugees have suffered torture.* Viele der Flüchtlinge sind gefoltert worden. **2** (*umgs*) (*fig*) Qual ◇ *The interview was sheer torture.* Das Vorstellungsgespräch war die reinste Qual.

▸ ***Verb*** (*oft passiv*) **1** foltern ◇ *He was tortured into giving them the information.* Sie bekamen die Informationen durch Folter aus ihm heraus. **2** quälen ◇ *He was tortured by the memories of his childhood.* Er wurde von seinen Kindheitserinnerungen gequält.

tor·tured /ˈtɔːtʃəd; *AmE* ˈtɔːrtʃərd/ *Adj* [nur vor Nomen] gequält

tor·turer /ˈtɔːtʃərə(r); *AmE* ˈtɔːrtʃə-/ *Nomen* Folterer, Folterin

Tory /ˈtɔːri/ *Nomen* (*Pl* **-ies**) (*umgs*) = Mitglied oder Anhänger(in) der britischen Conservative Party ◇ *the Tory party* die konservative Partei ◇ *Tory policies* die Politik der Konservativen

Tory·ism /ˈtɔːriɪzəm/ *Nomen* Konservativismus

tosh /tɒʃ; *AmE* tɑːʃ/ *Nomen* (*BrE, Slang, veraltet*) Quatsch, Blödsinn

toss /tɒs; *AmE* tɔːs/ *Verb, Nomen*

▸ ***Verb*** **1** werfen ◇ *He tossed Anna the ball.* Er warf Anna den Ball zu. **2** (*Kopf*) zurückwerfen **3** schütteln ◇ *Our boat was being tossed by the huge waves.* Unser Boot wurde von den riesigen Wellen hin und her geworfen. **4** schaukeln ◇ *Branches were tossing in the wind.* Die Zweige schwankten im Wind. ◇ *I kept tossing and turning in bed all night.* Ich wälzte mich die ganze Nacht schlaflos im Bett herum. **5** (GASTRON) schwenken; (*Salat*) durchmischen ◇ *toss a pancake* einen Pfannkuchen (hochwerfen und) wenden **6 ~ (sb) for sth**; (*BrE auch*) **toss up (for sth)** (mit jdm) (um etw) eine Münze werfen ◇ *We tossed up to see who went first.* Wir knobelten, wer zuerst gehen sollte. ◇ (*fig*) *He had to toss up between paying the rent or buying food.* Er musste sich entscheiden, ob er die Miete bezahlen sollte oder Lebensmittel kaufen. PHR V ˌ**toss (yourself) ˈoff** (*BrE, vulg, Slang*) sich einen runterholen ˌ**toss sb ˈoff** (*BrE, vulg, Slang*) jdm einen runterholen ˌ**toss sth ˈoff** (*BrE*) (*etw schnell machen*) etw hinwerfen, etw hinhauen ◇ *I tossed off my article in half an hour.* Ich habe meinen Artikel in einer halben Stunde hingehauen.

▸ ***Nomen*** [meist Sing] **1** (*Knobeln*) Münzenwerfen **2** (*Slang*) **~ of your head** Zurückwerfen des Kopfes ◇ *She dismissed the question with a toss of her head.* Sie tat die Frage mit einer ungeduldigen Kopfbewegung ab. **3** Wurf IDM **not give a ˈtoss (about sb/sth)** (*BrE, Slang*) sich um jdn/etw nicht scheren → *Siehe auch* ARGUE

toss·er /ˈtɒsə(r); *AmE* ˈtɔːsər/ *Nomen* (*BrE, Slang*) Wichser

ˈ**toss-up** *Nomen* [Sing] (*umgs*) ◇ *'Have you decided on the colour yet?' 'It's a toss-up between the blue and the green.'* „Hast du dich schon für eine Farbe entschieden?" „Ich schwanke noch zwischen Blau und Grün." ◇ *It's a toss-up whether they'll get here in time.* Es ist noch völlig ungewiss, ob sie rechtzeitig eintreffen werden.

tot /tɒt; *AmE* tɑːt/ *Nomen, Verb*

▸ ***Nomen*** **1** (*umgs*) kleines Kind **2** (*bes BrE*) Schluck ◇ *a tot of whisky* ein Schluck Whisky

▸ ***Verb*** (-tt-) PHR V **ˌtot sth ˈup** (*bes BrE, umgs*) etw zusammenrechnen

total 0-ꭑ /ˈtəʊtl; *AmE* ˈtoʊ-/ *Adj, Nomen, Verb*

▸ ***Adj*** **1** Gesamt- ◇ *the total profit* der Gesamtgewinn ◇ *The club has a total membership of about 300.* Der Klub hat insgesamt ungefähr 300 Mitglieder. **2** völlig ◇ *The room was in total darkness.* Das Zimmer war völlig dunkel.

▸ ***Nomen*** Gesamtsumme, Gesamtzahl ◇ *His businesses are worth a combined total of 3 billion.* Der Gesamtwert seiner Betriebe ist 3 Milliarden. ◇ *Out of a total of 15 games, they only won two.* Von insgesamt 15 Spielen gewannen sie bloß zwei. → *Siehe auch* GRAND TOTAL, RUNNING TOTAL *und* SUM TOTAL

▸ ***Verb*** (-ll-, *AmE* -l-) **1** insgesamt betragen ◇ *Imports totalled 1.5 billion last year.* Die Importe beliefen sich letztes Jahr auf insgesamt 1,5 Milliarden. **2 ~ sth/sb (up)** etw/jdn zusammenzählen **3** (*bes AmE, umgs*) zu Schrott fahren

to·tali·tar·ian /təʊˌtæləˈteəriən; *AmE* toʊˌtæləˈter-/ *Adj* (*abwert*) totalitär

to·tali·tar·ian·ism /təʊˌtæləˈteəriənɪzəm; *AmE* toʊˌtæləˈter-/ *Nomen* Totalitarismus

to·tal·ity /təʊˈtæləti; *AmE* toʊˈ-/ *Nomen* (*gehoben*) Gesamtheit

tot·al·ly 0-ꭑ /ˈtəʊtəli; *AmE* ˈtoʊ-/ *Adv* **1** völlig **2** (*bes AmE, umgs*) total ◇ *a totally awesome experience* ein total irres Erlebnis ◇ *'She's so cute!' 'Totally!'* „Sie ist so süß!" „ Du hast völlig Recht!"

tote /təʊt; *AmE* toʊt/ *Nomen, Verb*

▸ ***Nomen*** **1 the Tote** (*beim Pferderennen*) das Toto **2** (*auch* **ˈtote bag**) (*AmE*) Tragetasche

▸ ***Verb*** (*bes AmE, umgs*) tragen, schleppen

totem /ˈtəʊtəm; *AmE* ˈtoʊ-/ *Nomen* Totem

to·tem·ic /təʊˈtemɪk; *AmE* toʊˈ-/ *Adj* totemistisch, Totem-

ˈtotem pole *Nomen* **1** Totempfahl **2** (*AmE, umgs*) Hierarchie

t'other /ˈtʌðə(r)/ *Adj, Pron* (*BrE*) (*Dialekt*) = THE OTHER

toto /ˈtəʊtəʊ; *AmE* ˈtoʊtoʊ/ → IN TOTO

tot·ter /ˈtɒtə(r); *AmE* ˈtɑːtər/ *Verb* **1** (*unsicher gehen*) wackeln, tapsen ◇ *She managed to totter back to her seat.* Sie schaffte es, zurück zu ihrem Sitz zu wanken. **2** wackelig sein, bröckeln (*auch fig*)

totty /ˈtɒti; *AmE* ˈtɑːti/ *Nomen* [U] (*BrE, Slang*) flotte Bienen

tou·can /ˈtuːkæn/ *Nomen* Tukan

touch 0-ꭑ /tʌtʃ/ *Verb, Nomen*

▸ ***Verb*** **1** (sich) berühren ◇ *He touched his lips to her cheek.* Er berührte mit den Lippen ihre Wange. **2** anfassen ◇ *His last film was a flop and now no studio will touch him.* Sein letzter Film war ein Reinfall, und jetzt lassen alle Studios die Finger von ihm. **3** anrühren **4** rühren **5** (*gehoben oder veraltet*) betreffen, angehen ◇ *issues that touch us all* Probleme, die uns alle angehen **6 ~ sb** an jdn heranreichen ◇ *No one can touch him when it comes to design.* Wenn es um Design geht, kann es niemand mit ihm aufnehmen. **7** (*Höhe, Geschwindigkeit etc.*) erreichen **8** ◇ *A smile touched the corners of his mouth.* Seine Mundwinkel verzogen sich zu einem Lächeln. IDM **be touched with sth** ◇ *His hair was touched with grey.* Er hatte ein paar graue Strähnen im Haar. ◇ *The poem is touched with real genius.* Das Gedicht hat etwas wirklich Geniales. **not touch sb/sth with a ˈbargepole** (*AmE* **not touch sb/sth with a ˈten-foot pole**) (*umgs*) jdn/etw nicht einmal mit der Kneifzange anfassen **touch ˈbase (with sb)** (*umgs*) (mit jdm) (wieder) Kontakt aufnehmen; sich (bei jdm) melden **touch ˈbottom** **1** den Grund berühren **2** (*BrE*) (*fig*) einen Tiefpunkt erreichen **ˌtouch ˈwood** (*BrE*) toi, toi, toi → *Siehe auch* CHORD, FORELOCK, HAIR *und* NERVE PHR V **ˌtouch ˈdown** **1** (*Flugzeug, Raumschiff*) landen, aufsetzen **2** (*beim Rugby*) einen Versuch erzielen **ˈtouch sb for sth** (*umgs*) jdn um etw anpumpen, jdn um etw anschnorren **ˌtouch sth ˈoff** etw auslösen **ˈtouch on/upon sth** (*Thema etc.*) kurz berühren, streifen **ˌtouch sb ˈup** (*BrE, umgs*) jdn begrapschen, jdn befummeln **ˌtouch sth ˈup** etw ausbessern; (*Foto etc.*) retuschieren; (*Make-up etc.*) auffrischen

▸ ***Nomen*** **1** Tastsinn, Tastgefühl ◇ *the sense of touch* der Tastsinn ◇ *Braille, which is read by touch* die Blindenschrift, die durch Abtasten gelesen wird **2** Berühren, Berührung; (*beim Klavier etc.*) Anschlag ◇ *at the touch of a button* auf Knopfdruck ◇ *a painter with a delicate touch* ein Maler mit einem feinen Pinselstrich ◇ *be cold to the touch* sich kalt anfühlen **3** Touch, Note ◇ *a personal touch* eine persönliche Note ◇ *I put the finishing touches to the report.* Ich gab dem Gutachten den letzten Schliff. ◇ *Meeting them at the airport was a nice touch.* Es war eine nette Geste, dass sie am Flughafen abgeholt wurden. **4** Geschick ◇ *He couldn't find his magic touch with the ball today.* Sein sonst so brilliantes Ballgefühl wollte sich heute nicht so recht einstellen. ◇ *I'm losing my touch.* Ich war schon mal besser in Form. **5** Spur ◇ *There was a touch of sarcasm in her voice.* In ihrer Stimme lag ein Anflug von Sarkasmus. ◇ *a touch of frost* leichter Frost ◇ *They had a touch of the sun.* Sie hatten einen leichten Sonnenstich. **6** [U] (*beim Rugby, Fußball*) Aus IDM **be, keep, etc. in ˈtouch (with sth)** (über etw) auf dem Laufenden sein, bleiben etc. **be out of ˈtouch (with sb)** (zu jdm) keinen Kontakt mehr haben **be, become, etc. out of ˈtouch (with sth)** (über etw) nicht (mehr) auf dem Laufenden sein ◇ *They are out of touch with the real world.* Sie wissen nicht, wie es in der Welt wirklich zugeht. **an easy/a soft ˈtouch** (*umgs*) jd, der sich leicht anpumpen lässt; jd, der leicht herumzukriegen ist **in ˈtouch (with sb)** (mit jdm) in Kontakt ◇ *Let's keep in touch.* Lasst uns Kontakt halten. ◇ *Thanks—we'll be in touch.* Vielen Dank —wir werden uns bei Ihnen melden. ◇ *I'm trying to get in touch with Jane. Do you have her number?* Ich will Jane anrufen. Hast du ihre Nummer? ◇ *I'll put you in touch with someone in your area.* Ich werde Sie mit jemandem in Ihrer Gegend in Verbindung bringen. **lose ˈtouch (with sb/sth)** den Kontakt (zu jdm/etw) verlieren; keinen Kontakt (zu jdm/etw) mehr haben ◇ *politicians who lose touch with ordinary people* Politiker, die nicht mehr wissen, wie es dem Normalbürger geht → *Siehe auch* COMMON *und* LIGHT

ˌtouch-and-ˈgo *Adj* (*umgs*) auf des Messers Schneide ◇ *She's fine now, but it was touch-and-go for a while.* Jetzt geht es ihr wieder gut, aber eine Weile hing ihr Leben am seidenen Faden.

touch·down /ˈtʌtʃdaʊn/ *Nomen* **1** (*eines Flugzeugs, Raumschiffs*) Aufsetzen, Landung ◇ *a smooth touchdown* eine sanfte Landung **2** (*beim Rugby*) = Versuch **3** (*im Football*) = Touchdown

tou·ché /ˈtuːʃeɪ; *AmE* tuːˈʃeɪ/ *Ausruf* eins zu null für dich

touched /tʌtʃt/ *Adj* [nicht vor Nomen] **1** gerührt, bewegt **2** (*umgs, veraltet*) übergeschnappt, meschugge

ˌtouch ˈfootball *Nomen* (*AmE*) = sanftere Version des American Football ohne Blocken, Halten oder Umwerfen des Gegners

touch·ing /ˈtʌtʃɪŋ/ *Adj* (*Adv* **touch·ing·ly**) bewegend, rührend

touch·line /ˈtʌtʃlaɪn/ *Nomen* (*Fußball, Rugby*) Seitenlinie, Auslinie

touchpad /ˈtʌtʃpæd/ *Nomen* (COMP) Touchpad

ˈtouch screen *Nomen* (COMP) Touchscreen, Berührungs-Bildschirm

ˈtouch-sensitive *Adj* berührungsempfindlich ◇ *a touch-sensitive screen* ein Touchscreen

touch·stone /ˈtʌtʃstəʊn; *AmE* -stoʊn/ *Nomen* (*gehoben*) Prüfstein

ˈTouch-Tone™ *Adj* Tonwahl-, Multifrequenz-

ˈtouch-type *Verb* blind tippen

touchy /ˈtʌtʃi/ *Adj* (**touch·ier**, **touchi·est**) **1** empfindlich **2** (*Angelegenheit, Thema*) heikel

ˌtouchy-ˈfeely *Adj* (*umgs, meist abwert*) (zu) gefühlsbetont

tough 0-ꞏ /tʌf/ *Adj, Nomen, Verb*

▸ ***Adj*** **1** hart, schwer, schwierig ◇ *She's been having a tough time of it lately.* Sie hatte es in letzter Zeit schwer. **2 be ~ (on/with sb/sth)** (mit jdm/etw) streng sein, (bei jdm/etw) hart durchgreifen ◇ *They are calling for tougher action against vandals.* Sie fordern strengere Maßnahmen gegen Randalierer. ◇ *The school takes a tough line on cheating.* Die Schule geht hart gegen Abschreiben vor. **3** ausdauernd, zäh **4** (*Person*) knallhart ◇ *She's a tough cookie/customer.* Sie ist eine harte Nuss. ◇ *You think you're so tough, don't you?* Du denkst wohl, dass du ein harter Typ bist, oder? **5** (*Fleisch*) zäh **6** fest, solide, widerstandsfähig **7 ~ (on sb)** (*umgs*) hart (für jdn) ◇ *It was tough on her being dropped from the team like that.* Es war hart für sie, dass sie so aus der Mannschaft genommen wurde. ◇ (*iron*) *'I can't get it finished in time.' 'Tough!'* „Ich kann nicht rechtzeitig damit fertig werden." „Das ist dein Pech!" IDM **(as) tough as old ˈboots** (*umgs*) **1** (so) zäh wie Leder **2** (*auch* **(as) tough as ˈnails**) knallhart **tough ˈluck** (*BrE, umgs*) (*auch iron*) so ein Pech ◇ *'If you take the car, I won't be able to go out.' 'Tough luck!'* „Wenn du das Auto nimmst, kann ich nicht ausgehen." „Dein Pech!" → *Siehe auch* HANG, NUT *und* TALK

▸ ***Nomen*** (*umgs, veraltet*) Schlägertyp, Rowdy

▸ ***Verb*** PHR V **ˌtough sth ˈout** etw durchstehen

tough·en /ˈtʌfn/ *Verb* **1** härten, widerstandsfähiger machen **2 ~ (up)** härter werden **3 ~ sth (up)** (*Gesetze etc.*) verschärfen, strenger machen **4 ~ sb (up)** jdn härter machen, jdn abhärten

tough·ly /ˈtʌfli/ *Adv* (knall)hart

tough·ness /ˈtʌfnəs/ *Nomen* **1** Härte (*auch fig*) ◇ *He had a reputation for toughness.* Er hatte den Ruf, ein knallharter Bursche zu sein. **2** Strenge **3** Ausdauer **4** Widerstandsfähigkeit, Strapazierfähigkeit **5** Zähheit

tou·pee /ˈtuːpeɪ; *AmE* tuːˈpeɪ/ *Nomen* Toupet

tour 0-ꞏ /tʊə(r), tɔː(r); *AmE* tʊr/ *Nomen, Verb*

▸ ***Nomen*** **1** Tour, Reise ◇ *a coach tour of Italy* eine Busreise durch Italien ◇ *a tour operator* ein Reiseveranstalter → *Siehe auch* PACKAGE TOUR **2** Rundgang ◇ *a guided tour of the palace* eine Führung durch den Palast **3** (*Konzert- etc.*) Tournee **4 ~ of duty** (*militärischer/diplomatischer Dienst*) Aufenthalt ◇ *The regiment is doing a tour of duty in Northern Ireland.* Das Regiment ist derzeit in Nordirland stationiert.

▸ ***Verb*** **1 ~ (sth)** eine Tournee (durch etw) machen, (durch etw) touren **2 ~ sth** mit etw auf Tournee gehen ◇ *We toured the show.* Wir waren mit der Show auf Tour.

tour de force /ˌtʊə də ˈfɔːs; *AmE* ˌtʊr də ˈfɔːrs/ *Nomen* (*Pl* **tours de force** /ˌtʊə də ˈfɔːs; *AmE* ˌtʊr də ˈfɔːrs/) Glanzleistung

ˈtour guide *Nomen* Reiseleiter(in); (*Stadt-, Schloss- etc.*) Führer(in)

tour·ism /ˈtʊərɪzəm, ˈtɔːr-; *AmE* ˈtʊr-/ *Nomen* Tourismus, Fremdenverkehr

tour·ist 0-ꞏ /ˈtʊərɪst, ˈtɔːrɪst; *AmE* ˈtʊrɪst/ *Nomen* **1** Tourist(in) ◇ *a popular tourist resort* ein beliebter Urlaubsort ◇ *the tourist sector* die Touristikbranche ◇ *the Italian tourist office* die italienische Touristikvertretung ◇ *the local tourist office* das örtliche Fremdenverkehrsbüro **2** (*BrE*) (SPORT) = Rugby- oder Kricketspieler, der mit seiner Mannschaft im Ausland tourt

ˈtourist class *Nomen* Touristenklasse

ˈtourist guide *Nomen* **1** Reiseleiter(in); (*Stadt- etc.*) Führer(in) **2** (*Buch*) Reiseführer

tour·isty /ˈtʊərɪsti, ˈtɔːr-; *AmE* ˈtʊr-/ *Adj* (*umgs, abwert*) touristisch, Touristen-

tour·na·ment /ˈtʊənəmənt, ˈtɜːn-, ˈtɔːn-; *AmE* ˈtʊrn-, ˈtɜːr-/ *Nomen* **1** (*AmE auch* **tour·ney** /ˈtʊəni, ˈtɜːni; *AmE* ˈtʊrni, ˈtɜːrni/) Turnier **2** Ritterturnier

tour·ni·quet /ˈtʊənɪkeɪ; *AmE* ˈtɜːrnəkət/ *Nomen* Aderpresse

tou·sled /ˈtaʊzld/ *Adj* (*Haar*) zerzaust

tout /taʊt/ *Verb, Nomen*

▸ ***Verb*** **1** pushen; **~ sb/sth as sth** jdn/etw als etw verkaufen (*auch fig*) ◇ *She's being touted as the next leader of the party.* Man versucht sie der Partei als zukünftige Chefin zu verkaufen. ◇ *the much-touted expansion plans* die viel gepriesenen Expansionspläne **2 be touted as sth** als etw gelten **3 ~ (for sth)** (*bes BrE*) (für etw) werben ◇ *He's busy touting his latest book around literary agents.* Er klappert gerade alle Literaturagenten ab, um sein neuestes Buch an den Mann zu bringen. ◇ *unlicensed taxi drivers touting for business* Taxifahrer ohne Lizenz, die auf Fahrgäste warten **4** (*BrE*) (*Eintrittskarten*) auf dem Schwarzmarkt verkaufen

▸ ***Nomen*** = TICKET TOUT

tow /təʊ; *AmE* toʊ/ *Verb, Nomen*

▸ ***Verb*** schleppen, ziehen ◇ *Our car was towed away by the police.* Unser Auto wurde abgeschleppt. → *Siehe auch* TOW BAR *und* TOW ROPE

▸ ***Nomen*** Abschleppen ◇ *give sb a tow* jdn ab-/anschleppen ◇ *a tow truck* ein Abschleppwagen IDM **in tow** im Schlepptau

to·wards 0-ꞏ /təˈwɔːdz; *AmE* tɔːrdz/ (*bes AmE* **to·ward** /təˈwɔːd; *AmE* tɔːrd/) *Präp* **1** (in) Richtung, auf ... zu ◇ *She was sitting with her back towards me.* Sie saß mit dem Rücken zu mir. **2** (*bei Zeitangaben*) gegen ◇ *towards the end of April* gegen Ende April **3** gegenüber ◇ *our attitude towards death* unsere Einstellung dem Tod gegenüber **4** ◇ *They provide help towards travel costs.* Sie schießen einen Teil der Fahrtkosten zu. ◇ *The money will go towards a new school building.* Das Geld wird für ein neues Schulgebäude verwendet werden. ◇ *It helps pupils towards an understanding of history.* Es hilft den Schülern, Geschichte besser zu verstehen.

ˈtow bar *Nomen* **1** Abschleppstange **2** Anhängerkupplung

towel 0-ꞏ /ˈtaʊəl/ *Nomen, Verb*

▸ ***Nomen*** Handtuch ◇ *a hand towel* ein Handtuch ◇ *a bath towel* ein Badetuch ◇ *a roll of kitchen towel* eine Rolle Küchenkrepp → *Siehe auch* SANITARY TOWEL *und* TEA TOWEL IDM **throw in the ˈtowel** (*umgs*) das Handtuch werfen

▸ ***Verb*** (**-ll-**, *AmE auch* **-l-**) **~ yourself/sb/sth (down)** sich/jdn/etw abtrocknen

tow·el·ling (*AmE* **tow·el·ing**) /ˈtaʊəlɪŋ/ *Nomen* Frottee

ˈtowel rail (*AmE* **ˈtowel rack**) *Nomen* Handtuchhalter

tower 0-ꞏ /ˈtaʊə(r)/ *Nomen, Verb*

▸ ***Nomen*** **1** Turm **2** (COMP) Tower IDM **a ˌtower of ˈstrength** ein fester Rückhalt

▸ *Verb* PHR V ˌ**tower ˈover/aˈbove sb/sth** jdn/etw überragen (*auch fig*) ◇ *The cliffs towered above them.* Die Klippen ragten empor. ◇ *He towered over them.* Er überragte sie.

ˈ**tower block** *Nomen* (*BrE*) Hochhaus

tower·ing /ˈtaʊərɪŋ/ *Adj* [nur vor Nomen] **1** (hoch) aufragend **2** überragend, hervorragend **3** (*Wut etc.*) maßlos, rasend

town 0‑ /taʊn/ *Nomen* Stadt ◇ *the town of Dover* die Stadt Dover ◇ *my home town* meine Heimatstadt ◇ *a nice part of town* ein schöner Stadtteil ◇ *He was from out of town.* Er war nicht von hier. → *Siehe auch* COUNTY TOWN, DORMITORY TOWN, NEW TOWN, OUT-OF-TOWN, SHANTY TOWN *und* TWIN TOWN IDM **go to ˈtown (on sth)** (*umgs*) (bei etw) in die Vollen gehen ◇ *They really went to town on the decorations for the party.* Sie haben mit der Festdekoration wirklich geklotzt. **(out) on the ˈtown** (*umgs*) ◇ *How about going out on the town tonight?* Wollen wir heute Abend einen draufmachen? ◇ *have a night on the town* eine Nacht durchmachen → *Siehe auch* MAN *und* PAINT

ˌ**town ˈcentre** *Nomen* (*BrE*) Stadtzentrum, Stadtmitte

ˌ**town ˈcrier** (*auch* **crier**) *Nomen* (städtischer) Ausrufer

townee = TOWNIE

ˌ**town ˈhall** *Nomen* Rathaus

ˌ**town house** *Nomen* **1** (*BrE*) (*eines Adligen*) Stadthaus **2** (*BrE*) = großes, aus dem 18. oder 19. Jahrhundert stammendes Stadthaus → *Siehe auch* TERRACED HOUSE **3** = schmales, mehrstöckiges, modernes Reihenhaus **4** (*meist* ˈ**townhouse**) (*AmE*) Reihenhaus

townie (*auch* **townee**) /ˈtaʊni/ *Nomen* (*abwert*) **1** Städter(in) **2** (*AmE*) (*in den USA*) = Bewohner(in) einer Universitätsstadt, der/die jedoch nicht der Universität angehört

ˌ**town ˈplanner** (*auch* **plan·ner**) *Nomen* Stadtplaner(in)

ˌ**town ˈplanning** (*auch* **plan·ning**) *Nomen* Stadtplanung, Städteplanung

town·scape /ˈtaʊnskeɪp/ *Nomen* **1** Stadtbild **2** (KUNST) Stadtansicht

towns·folk /ˈtaʊnsfəʊk; *AmE* -foʊk/ *Nomen* [Pl] Städter, Stadtbewohner

town·ship /ˈtaʊnʃɪp/ *Nomen* **1** (*früher in Südafrika*) Township **2** (*in den USA, Kanada*) Verwaltungseinheit innerhalb eines County

towns·people /ˈtaʊnzpiːpl/ *Nomen* [Pl] Städter, Stadtbewohner

tow·path /ˈtəʊpɑːθ; *AmE* ˈtoʊpæθ/ *Nomen* Leinpfad, Treidelpfad

ˈ**tow rope** *Nomen* Abschleppseil, Schleppseil

ˈ**tow truck** *Nomen* (*AmE*) Abschleppwagen

tox·ae·mia (*AmE* **tox·emia**) /tɒkˈsiːmiə; *AmE* tɑːkˈ-/ *Nomen* [U] (MED) Toxämie, Blutvergiftung

toxic /ˈtɒksɪk; *AmE* ˈtɑːk-/ *Adj* toxisch, giftig, Gift- ◇ *toxic waste* Giftmüll ◇ *highly toxic* hochgiftig

tox·icity /tɒkˈsɪsəti; *AmE* tɑːkˈ-/ *Nomen* (*Pl* **-ies**) (*Fachspr*) **1** Giftigkeit, Toxizität **2** [U] Giftgehalt

toxi·col·ogy /ˌtɒksɪˈkɒlədʒi; *AmE* ˌtɑːksɪˈkɑːlə-/ *Nomen* Toxikologie

toxin /ˈtɒksɪn; *AmE* ˈtɑːk-/ *Nomen* Gift(stoff), Toxin

toy 0‑ /tɔɪ/ *Nomen, Adj, Verb*

▸ *Nomen* Spielzeug (*auch fig*) ◇ *soft toys* Stofftiere

▸ *Adj* [nur vor Nomen] **1** Spielzeug- **2** (*Hund*) Zwerg- ◇ *a toy poodle* ein Zwergpudel

▸ *Verb* PHR V ˈ**toy with sth** mit etw (herum)spielen

ˈ**toy boy** *Nomen* (*BrE, umgs, hum*) = viel jüngerer Liebhaber

trace 0‑ /treɪs/ *Verb, Nomen*

▸ *Verb* **1** ~ **sb/sth** jdn/etw aufspüren, jdn/etw ausfindig machen **2** ~ **sth** etw verfolgen; ~ **sth (back) (to sth)** etw (bis etw) zurückverfolgen, etw (auf etw) zurückführen **3** ~ **sth (out)** etw (nach)zeichnen **4** abpausen, durchpausen

▸ *Nomen* **1** Spur ◇ *vanish without (a) trace* spurlos verschwinden **2** (*Fachspr*) (*Herzfrequenz- etc.*) Kurve **3** [meist Pl] (*beim Pferdegeschirr*) Zugriemen IDM → KICK

trace·able /ˈtreɪsəbl/ *Adj* **1** (zurück)verfolgbar ◇ *Most telephone calls are traceable.* Die meisten Telefongespräche kann man zurückverfolgen. ◇ *His work is only traceable in a few magazines.* Seine Werke kann man nur in wenigen Zeitschriften finden. **2** ~ **to sth** auf etw zurückführbar

ˈ**trace element** *Nomen* Spurenelement

tracer /ˈtreɪsə(r)/ *Nomen* **1** (*auch* ˈ**tracer bullet/shell**) Leuchtspurgeschoss **2** (*Fachspr*) Isotopenindikator

tra·cery /ˈtreɪsəri/ *Nomen* (*Pl* **-ies**) **1** [U] (ARCHIT) Maßwerk **2** [meist Sing] (*gehoben*) feine Musterzeichnung

trachea /trəˈkiːə; *AmE* ˈtreɪkiə/ *Nomen* (*Pl* **trach·eas** *oder* **trach·eae** /trəˈkiːiː; *AmE* ˈtreɪkiiː/) (ANAT) Luftröhre

ˈ**tracing paper** *Nomen* [U] Pauspapier

track 0‑ /træk/ *Nomen, Verb*

▸ *Nomen* **1** Pfad, (Feld)weg **2** [meist Pl] Spur ◇ *Police are on the track of the thieves.* Die Polizei ist den Dieben auf der Spur. ◇ *She is on the fast track to promotion.* Sie wird schnell befördert werden. **3** (Bahn)gleis → *Siehe auch* ONE-TRACK MIND **4** (*AmE*) Bahnsteig **5** (SPORT) Rennstrecke ◇ *a running track* eine Laufbahn → *Siehe auch* TRACK AND FIELD **6** (*auf einer CD etc.*) Stück, Lied **7** (*auf einer Diskette, Kassette etc.*) Spur ◇ *She sang on the backing track.* Sie sang auf der Aufnahme im Hintergrund. **8** Vorhangschiene **9** (*bei Planierraupe etc.*) Raupenkette IDM ˌ**back on ˈtrack** wieder in den richtigen Bahnen; wieder auf Kurs **be on ˈtrack** auf dem (richtigen) Weg sein **be on the right ˈtrack** auf dem richtigen Weg sein **be on the wrong ˈtrack** auf dem Holzweg sein **keep track of sb** über jdn auf dem Laufenden bleiben **keep track of sth** bei etw den Überblick behalten; etw im Auge behalten **lose track of sb** jdn aus den Augen verlieren **lose track of sth** den Überblick über etw verlieren; etw aus den Augen verlieren ◇ *I lost all track of time.* Ich habe gar nicht auf die Zeit geachtet. **make ˈtracks** (*umgs*) sich auf die Socken machen; sich auf den Weg machen **stop/halt/freeze in your ˈtracks** wie angewurzelt stehen bleiben **stop/halt sb in their ˈtracks** jdn (völlig) aus dem Konzept bringen → *Siehe auch* BEAT, COVER, HOT *und* WRONG

▸ *Verb* **1** ~ **sb/sth** jdn/etw aufspüren, die Fährte von jdm/etw verfolgen **2** verfolgen (*auch fig*) **3** (*Filmkamera*) fahren **4** (*AmE*) (SCHULE) in Leistungsgruppen einteilen **5** (*bes AmE*) ~ **sth (in)** (*Schmutz etc.*) hereintragen ◇ *Don't track mud on my clean floor.* Pass auf, dass du keine Spuren auf meinem sauberen Boden hinterlässt. PHR V ˌ**track sb/sth ˈdown** jdn/etw ausfindig machen, jdn/etw finden, jdn/etw aufstöbern

ˌ**track and ˈfield** *Nomen* (*AmE*) Leichtathletik

track·back /ˈtrækbæk/ *Nomen* (*in Blogs*) Trackback

track·ball /ˈtrækbɔːl/ (*auch* ˈ**tracker ball**) *Nomen* Trackball

track·er /ˈtrækə(r)/ *Nomen* **1** Fährtensucher(in) **2** Tracker, Peilsender

ˈ**tracker dog** *Nomen* Spürhund

ˈ**track event** *Nomen* [meist Pl] Laufdisziplin

ˈ**tracking station** *Nomen* Bodenstation

ˈtrack·less trol·ley *Nomen* (*AmE*) Oberleitungsbus

track·pad /ˈtrækpæd/ *Nomen* (COMP) Trackpad

ˈtrack record *Nomen* [Sing] ◇ *He has a proven track record in marketing.* Im Marketing hat er nachweisbar viel Erfahrung. ◇ *The company hasn't got a very good track record.* Die Firma hat keine großartigen Leistungen vorzuweisen.

track·suit /ˈtræksuːt; *BrE auch* -sjuːt/ *Nomen* (*BrE*) Trainingsanzug, Jogginganzug

tract /trækt/ *Nomen* **1** (*Verdauungs- etc.*) Trakt **2** Gebiet, Fläche **3** Traktat

tract·able /ˈtræktəbl/ *Adj* (*gehoben*) (leicht) formbar, leicht zu bearbeiten/bewältigen; (*fig*) überschaubar; (*Mensch, Tier*) fügsam

ˈtract house (*auch* **ˈtract home**) *Nomen* (*AmE*) = Haus in einer Neubausiedlung von vielen gleichartigen Häusern

trac·tion /ˈtrækʃn/ *Nomen* [U] **1** Ziehen, Traktion **2** Zugkraft ◇ (*fig*) *The president's message is gaining traction.* Die Botschaft des Präsidenten wird immer populärer. **3** (MED) Streckverband **4** (*von Reifen*) (Boden)haftung

ˈtraction engine *Nomen* Zugmaschine

trac·tive /ˈtræktɪv/ *Adj* ◇ *tractive force* Zugkraft

trac·tor /ˈtræktə(r)/ *Nomen* **1** Traktor **2** (*AmE*) Sattelzugmaschine

ˈtractor-trailer *Nomen* (*AmE*) Sattelschlepper

trad /træd/ *Nomen* (*BrE*) Traditional Jazz

trad·able (*auch* **trade·able**) /ˈtreɪdəbl/ *Adj* (WIRTSCH) absatzfähig, marktgängig

trade 0‒ /treɪd/ *Nomen, Verb*

▸ ***Nomen*** **1** Handel ◇ *foreign trade* der Außenhandel → *Siehe auch* BALANCE OF TRADE *und* FREE TRADE **2** Gewerbe, Branche ◇ *They offer discounts to the trade.* Sie gewähren einen Händlerrabatt. ◇ *He works in the retail trade.* Er ist im Einzelhandel tätig. ◇ *a trade journal* eine Fachzeitschrift → *Siehe auch* STOCK-IN-TRADE **3** (*Umsatz etc.*) die Geschäfte **4** Handwerk ◇ *He was a carpenter by trade.* Er war gelernter Tischler. ◇ *She was surrounded by the tools of her trade.* Sie war von ihrem Handwerkszeug umgeben. IDM → JACK, PLY, ROARING *und* TRICK

▸ ***Verb*** **1** Handel treiben, handeln, Geschäfte machen ◇ *trading partners* Handelspartner **2** **~ sth** etw vertreiben; (*Aktien etc.*) handeln ◇ *Our products are now traded worldwide.* Unsere Produkte werden jetzt weltweit vertrieben. **3** **~ (as sb/sth)** (als jd/etw) firmieren ◇ *The firm has now ceased trading.* Die Firma existiert nicht mehr. **4** (*an der Börse*) handeln **5** (*Aktien*) gehandelt werden **6** tauschen ◇ *She traded her violin for a tennis racket.* Sie hat ihre Geige gegen einen Tennisschläger eingetauscht. ◇ *trade insults* sich gegenseitig beleidigen ◇ *trade jokes* sich Witze erzählen PHRV **ˈtrade at sb/sth** (*AmE*) bei jdm/etw einkaufen **ˌtrade ˈdown** weniger ausgeben ◇ *trade down to a smaller house* sich ein kleineres Haus kaufen **ˌtrade sth ˈin (for sth)** etw (beim Kauf von etw) in Zahlung geben **ˌtrade sth ˈoff (against/for sth)** etw (für etw) eintauschen, etw (für etw) drangeben ◇ *They traded off inflation against unemployment.* Sie nahmen eine hohe Inflationsrate in Kauf, um die Arbeitslosigkeit zu bekämpfen. ◇ *The government traded off economic advantages for political gains.* Die Regierung setzte ihre politischen Ziele auf Kosten ökonomischer Vorteile durch. **ˈtrade on sth** (*abwert*) sich etw zunutzemachen **ˌtrade ˈup** **1** ◇ *He was going to trade up to the latest mobile phone.* Er wollte sich jetzt das neueste Handy kaufen. ◇ *We're going to trade up to a larger house.* Wir werden uns ein größeres Haus kaufen. **2** ◇ *Bring in your old bike and trade up for a new model.* Wir nehmen Ihr altes Fahrrad beim Kauf eines neuen Modells in Zahlung.

ˈtrade balance *Nomen* Handelsbilanz

ˈtrade deficit (*auch* **ˈtrade gap**) *Nomen* [meist Sing] (Außen)handelsdefizit

ˈtrade fair *Nomen* Handelsmesse

ˈtrade-in *Nomen* **1** Inzahlungnahme ◇ *the trade-in value of a car* der Gebrauchtwert eines Autos **2** in Zahlung genommener/gegebener Gegenstand

trade·mark /ˈtreɪdmɑːk; *AmE* -mɑːrk/ *Nomen* **1** Warenzeichen **2** (*fig*) Markenzeichen ◇ *Attention to detail is Anthea's trademark.* Anthea ist für ihre Detailgenauigkeit bekannt.

ˈtrade name *Nomen* **1** Markenname **2** Firmenname

ˈtrade-off *Nomen* ◇ *There is a trade-off between cost and perfection.* Irgendwo muss man Zugeständnisse machen: bei den Kosten oder beim Ergebnis. ◇ *There is a trade-off between the benefits of the drug and the risk of side effects.* Man muss den Nutzen des Medikaments gegen seine Nebenwirkungen abwägen.

trader /ˈtreɪdə(r)/ *Nomen* Händler(in) ◇ *a sole trader* ein Einzelkaufmann

ˈtrade school *Nomen* (*AmE*) Gewerbeschule, Berufsschule, Handelsschule

ˌtrade ˈsecret *Nomen* Betriebsgeheimnis, Geschäftsgeheimnis, Fabrikationsgeheimnis

ˈtrade show *Nomen* Handelsmesse

trades·man /ˈtreɪdzmən/ *Nomen* (*Pl* **-men** /-mən/) **1** Lieferant **2** (*bes BrE*) (Einzel)händler **3** (*bes AmE*) (Kunst)handwerker

trades·people /ˈtreɪdzpiːpl/ *Nomen* [Pl] **1** Geschäftsleute **2** Handwerker

the ˌTrades ˌUnion ˈCongress = TUC

ˌtrade ˈsurplus *Nomen* Außenhandelsüberschuss

ˌtrade ˈunion (*auch* **union**; *BrE* **ˌtrades ˈunion**) *Nomen* Gewerkschaft

ˌtrade ˈunionism *Nomen* Gewerkschaftswesen

ˌtrade ˈunionist (*auch* **union·ist**; *BrE auch* **ˌtrades ˈunionist**) *Nomen* Gewerkschaft(l)er(in)

ˈtrade wind *Nomen* Passat(wind)

trad·ing 0‒ /ˈtreɪdɪŋ/ *Nomen* Handel, Handeln ◇ *new laws on Sunday trading* neue Gesetze für verkaufsoffene Sonntage

ˈtrading estate *Nomen* (*BrE*) Industriegebiet, Gewerbegebiet

ˈtrading post *Nomen* Handelsposten

trad·ition 0‒ /trəˈdɪʃn/ *Nomen* Tradition ◇ *by tradition* nach altem Brauch ◇ *He's a politician in the tradition of Kennedy.* Er ist ein Politiker vom Schlage Kennedys.

trad·ition·al 0‒ /trəˈdɪʃənl/ *Adj* **1** traditionell ◇ *It's traditional in America to eat turkey on Thanksgiving Day.* In Amerika ist es Brauch, am Erntedanktag Truthahn zu essen. **2** (*manchmal abwertend*) konventionell

trad·ition·al·ism /trəˈdɪʃənəlɪzəm/ *Nomen* Traditionalismus

trad·ition·al·ist /trəˈdɪʃənəlɪst/ *Nomen, Adj*

▸ ***Nomen*** Traditionalist(in)

▸ ***Adj*** traditionalistisch

trad·ition·al·ly 0‒ /trəˈdɪʃənəli/ *Adv* traditionell, üblicherweise ◇ *Housework has traditionally been regarded as women's work.* Hausarbeit wird seit jeher als Frauenarbeit angesehen.

traf·fic 0‒ /ˈtræfɪk/ *Nomen, Verb*

▸ ***Nomen*** **1** Verkehr, Luftverkehr, Schiffsverkehr, Zugverkehr ◇ *local traffic* der innerstädtische Verkehr ◇ *through traffic* der Durchgangsverkehr ◇ *traffic congestion* Verkehrsstauungen ◇ *They were stuck in traffic.* Sie steckten im Stau. ◇ *air traffic con-*

trol die Flugsicherung ◇ *air traffic controllers* Fluglotsen **2 ~ (in sth)** (illegaler) Handel (mit etw)
▸ ***Verb*** (-ck-) PHR V **'traffic in sth** mit etw (illegal) handeln

'traffic calming *Nomen* (*BrE*) [U] Verkehrsberuhigung

'traffic circle *Nomen* (*AmE*) Verkehrskreisel, Kreisverkehr

'traffic cone (*auch* **cone**) *Nomen* Leitkegel

'traffic island (*BrE* **is·land**) *Nomen* Verkehrsinsel

'traffic jam *Nomen* (Verkehrs)stau

traf·fick·er /'træfɪkə(r)/ *Nomen* illegale(r) Händler(in) ◇ *a drugs trafficker* ein Drogenhändler

'traffic light *Nomen* (*auch* **'traffic lights** [Pl]) (Verkehrs)ampel

'traffic warden *Nomen* (*BrE*) Verkehrsüberwacher(in), Blaujacke, Politesse

tra·gedian /trə'dʒi:diən/ *Nomen* (*gehoben*) **1** Tragiker, Tragödiendichter(in) **2** Tragöde, Tragödin, Darsteller(in) tragischer Rollen

tra·gedy /'trædʒədi/ *Nomen* (*Pl* **-ies**) Trauerspiel, Tragödie (*auch fig*)

tra·gic /'trædʒɪk/ *Adj* tragisch ◇ *a tragic actor* ein Tragöde

tra·gic·al·ly /'trædʒɪkli/ *Adv* **1** tragisch ◇ *He died tragically young.* Es war tragisch, dass er so jung starben musste. **2** tragischerweise

tragi·com·edy /ˌtrædʒi'kɒmədi; *AmE* -'kɑ:m-/ *Nomen* (*Pl* **-ies**) Tragikomödie

tragi·com·ic /ˌtrædʒi'kɒmɪk; *AmE* -'kɑ:mɪk/ *Adj* tragikomisch

trail /treɪl/ *Nomen, Verb*
▸ ***Nomen*** **1** Spur ◇ *a trail of footprints* Fußspuren **2** Fährte, Spur **3** Weg, Pfad **4** Route ◇ *a tourist trail* eine Touristenroute ◇ *politicians on the campaign trail* Politiker auf Wahlkampftournee IDM → BLAZE, HIT *und* HOT
▸ ***Verb*** **1** hinterherziehen, schleifen ◇ *I trailed my hand in the water as the boat moved along.* Während das Boot dahinglitt, ließ ich meine Hand im Wasser baumeln. **2** hinterhergezogen werden ◇ *The bride's dress trailed behind her.* Das Kleid der Braut schleifte wie eine Schleppe hinter ihr her. **3** (hinterher)trotten **4** (SPORT) **~ (by/in sth)** (*meist in der Verlaufsform*) (mit etw) im Rückstand liegen **5 ~ sb/sth** jdn/etw verfolgen, jdm/etw auf den Fersen sein **6** (*Pflanzen etc.*) (sich) ranken; (*Kabel etc.*) herabhängen ◇ *Wires were trailing all over the floor.* Überall auf dem Fußboden schlängelten sich Leitungen. **7** (*Film, Sendung*) ankündigen, im Voraus bewerben PHR V **ˌtrail a'way/'off** (allmählich) schwächer werden ◇ *'I only hope …' She trailed off.* „Ich hoffe nur …" Ihre Stimme brach ab. ◇ *His voice trailed away to nothing.* Seine Stimme verstummte.

trail·blazer /'treɪlbleɪzə(r)/ *Nomen* Bahnbrecher(in), Wegbereiter(in)

trail·blaz·ing /'treɪlbleɪzɪŋ/ *Adj* bahnbrechend

trail·er /'treɪlə(r)/ *Nomen* **1** Anhänger; (*beim Sattelzug*) Sattelauflieger → *Siehe auch* TRACTOR-TRAILER **2** (*AmE*) Wohnwagen ◇ *a trailer park* eine Wohnwagensiedlung **3** (*bes BrE*) (Film)vorschau, Trailer

train 0‑ /treɪn/ *Nomen, Verb*
▸ ***Nomen*** **1** Zug ◇ *train services* Zugverbindungen ◇ *You have to change trains at Reading.* Sie müssen in Reading umsteigen. → *Siehe auch* GRAVY TRAIN **2** (*Menschen- etc.*) Schlange ◇ *a wagon train* eine Planwagenkolonne ◇ *a camel train* eine Kamelkarawane **3 ~ of events** Folge von Ereignissen, Ereigniskette **4** Schleppe IDM **bring sth in its 'train** (*gehoben*) etw mit sich bringen **in sb's 'train** (*gehoben*) im jds Gefolge **set sth in 'train** (*gehoben*) etwas in Gang setzen **a train of 'thought** ein Gedankengang
▸ ***Verb*** **1** ausbilden; (*Tiere*) dressieren; (*Hunde*) abrichten; (*Auge etc.*) schulen ◇ *Steve can't get a job, he's not trained in anything.* Steve kann keine Stelle finden, er hat keine Ausbildung. ◇ *You can train your mind to think positively.* Positives Denken kann man sich antrainieren. **2** ausgebildet werden, eine Ausbildung machen ◇ *She has trained in first aid.* Sie ist in Erster Hilfe ausgebildet. ◇ *Sue is training to be a mechanic.* Sue macht eine Ausbildung zur Mechanikerin. ◇ *He trained as a teacher.* Er hat eine Lehrerausbildung gemacht. **3** (*Sport*) (jdn) trainieren **4** (*Pflanzen*) (an etw hoch) ziehen, (an etw hoch) wachsen lassen ◇ *Roses had been trained around the door.* Man hatte Rosen um die Tür herum ranken lassen. PHR V **'train sth at/on sb/sth** (*gehoben*) etw auf jdn/etw richten

train·ee /ˌtreɪ'ni:/ *Nomen* Auszubildende(r), Trainee ◇ *a trainee salesman* ein kaufmännischer Auszubildender ◇ *a trainee teacher* ein(e) Lehramtsstudent(in)

train·er /'treɪnə(r)/ *Nomen* **1** [meist Pl] (*BrE*) Turnschuh **2** (*im Sport*) Trainer(in); (*von Tieren*) Dresseur(in), Dompteur, Dompteuse ◇ *a racehorse trainer* ein Trainer von Rennpferden

train·ing 0‑ /'treɪnɪŋ/ *Nomen* **1** Ausbildung; (*eines Tieres*) Dressur ◇ *staff training* eine Personalschulung **2** (SPORT) Trainieren, Training ◇ *be in training for a race* für ein Rennen trainieren

'training college *Nomen* (*BrE*) ≈ Berufsfachschule, Berufsakademie ◇ *a police training college* eine Polizeischule

'training shoe *Nomen* (*BrE*) Turnschuh

'training wheels *Nomen* (*AmE*) (*am Fahrrad*) Stützräder

train·man /'treɪnmən/ *Nomen* (*Pl* **-men** /-mən/) (*AmE*) Eisenbahner

'train set *Nomen* Modelleisenbahn

train·spot·ter /'treɪnspɒtə(r); *AmE* -spɑ:tər/ *Nomen* (*BrE*) **1** = Eisenbahnfan, der viel Zeit auf Bahnhöfen verbringt, um Züge zu betrachten und sich Loknummern zu notieren **2** (*abwert*) = jd, der altmodisch gekleidet ist und langweiligen Hobbys nachgeht

train·spot·ting /'treɪnspɒtɪŋ; *AmE* -spɑ:tɪŋ/ *Nomen* = Hobby, bei dem auf Bahnhöfen Züge betrachtet und Loknummern notiert werden

traipse /treɪps/ *Verb* (*umgs*) latschen

trait /treɪt/ *Nomen* Eigenschaft, Wesenszug

trai·tor /'treɪtə(r)/ *Nomen* Verräter(in) ◇ *turn traitor* zum Verräter werden ◇ *He was seen as a traitor to the socialist cause.* Er galt als Verräter des Sozialismus.

tra·jec·tory /trə'dʒektəri/ *Nomen* (*Pl* **-ies**) (*Fachspr*) Flugbahn ◇ (*fig*) *My career seemed to be on a downward trajectory.* Meine Karriere schien auf dem absteigenden Ast zu sein.

tram /træm/ (*auch* **tram·car**) *Nomen* (*BrE*) Straßenbahn, Tram(bahn)

tram·lines /'træmlaɪnz/ *Nomen* [Pl] **1** Straßenbahnschienen **2** (*BrE, umgs*) (*im Tennis, Badminton*) Seitenlinien, die den zusätzlichen Spielfeldbereich beim Doppel markieren; (*im Badminton auch*) hintere Aufschlaglinie für das Doppel und rückwärtige Begrenzungslinie

tram·mel /'træml/ *Verb* (**-ll-**, *AmE* **-l-**) (*oft passiv*) (*gehoben, selten*) einengen

tramp /træmp/ *Nomen, Verb*
▸ ***Nomen*** **1** Landstreicher(in), Stadtstreicher(in) **2** [Sing] schwere Schritte, Trampeln ◇ *the tramp of marching feet* Marschschritte **3** [meist Sing] langer

Marsch, Wanderung **4** (*AmE, veraltet, abwert*) Flittchen

▸ ***Verb*** (*AmE auch, umgs* **tromp**) stapfen ◇ *You could hear the sound of tramping feet.* Man konnte schwere Schritte vernehmen. ◇ (*fig*) *She's been tramping the streets looking for a job.* Sie hat die ganze Stadt abgelaufen, um Arbeit zu finden.

tram·ple /ˈtræmpl/ *Verb* (zer)trampeln; **~ sb/sth down** jdn/etw niedertrampeln; **~ on/over sb/sth** auf jdm/etw herumtrampeln (*auch fig*) ◇ *People were trampled underfoot in the rush for the exit.* Als alles zum Ausgang stürmte, wurden Menschen niedergetrampelt. ◇ *The government is trampling on our rights.* Die Regierung tritt unsere Rechte mit Füßen.

tram·po·line /ˈtræmpəliːn/ *Nomen, Verb*

▸ ***Nomen*** Trampolin

▸ ***Verb*** Trampolin springen

tram·po·lin·ing /ˈtræmpəliːnɪŋ/ *Nomen* Trampolinspringen, Trampolinturnen

tram·way /ˈtræmweɪ/ *Nomen* **1** Straßenbahnschienen **2** Straßenbahnlinie

trance /trɑːns; *AmE* træns/ *Nomen* Trance ◇ *go/fall into a trance* in Trance fallen

tranche /trɑːnʃ/ *Nomen* (*BrE*) (FINANZ) Tranche

tran·quil /ˈtræŋkwɪl/ *Adj* (*Adv* **tran·quil·ly** /-kwɪli/) (*gehoben*) ruhig, friedlich

tran·quil·lity (*BrE*) (*AmE auch* **tran·quil·ity**) /træŋˈkwɪləti/ *Nomen* (*gehoben*) Ruhe, Frieden

tran·quil·lize (*BrE auch* **-ise**) (*AmE auch* **tran·quil·ize**) /ˈtræŋkwəlaɪz/ *Verb* beruhigen, betäuben ◇ *a tranquillizing drug* ein Beruhigungsmittel

tran·quil·lizer (*BrE auch* **-iser**) (*AmE* **tran·quil·izer**) /ˈtræŋkwəlaɪzə(r)/ *Nomen* Beruhigungsmittel

trans /trænz/ *Adj* transsexuell, Transgender-

trans·act /trænˈzækt/ *Verb* (*gehoben*) (*Geschäfte etc.*) abwickeln, abschließen

trans·ac·tion /trænˈzækʃn/ *Nomen* **1** Geschäft, Transaktion **2 ~ of sth** (*gehoben*) Abwicklung von etw

trans·at·lan·tic /ˌtrænzətˈlæntɪk/ *Adj* [nur vor Nomen] **1** transatlantisch, Transatlantik- **2** (*auf der gegenüberliegenden Seite des Atlantiks*) Übersee- ◇ *transatlantic visitors to Europe* Amerikaner, die Europa besuchen

trans·ceiver /trænˈsiːvə(r)/ *Nomen* Sende- und Empfangsgerät

tran·scend /trænˈsend/ *Verb* (*gehoben*) übersteigen, hinausgehen über

tran·scend·ence /trænˈsendəns/ *Nomen* (*gehoben*) (PHILOS) Transzendenz, Erhabenheit

tran·scend·ent /trænˈsendənt/ *Adj* (*gehoben*) überragend; (PHILOS) transzendent

tran·scen·den·tal /ˌtrænsenˈdentl/ *Adj* **1** transzendental **2** (MATH) transzendent

ˌtranscenˌdental mediˈtation *Nomen* (*BrE*) Transzendentale Meditation

trans·con·tin·en·tal /ˌtrænzˌkɒntɪˈnentl, ˌtrænsˌ-; *AmE* -ˌkɑːn-/ *Adj* transkontinental

tran·scribe /trænˈskraɪb/ *Verb* **1** niederschreiben, aufschreiben, abschreiben ◇ *Clerks transcribe everything that is said in court.* Schriftführer protokollieren alles, was im Gerichtssaal gesagt wird. ◇ *The interview was recorded and then transcribed.* Das Interview wurde auf Band aufgenommen und später wurde eine Niederschrift angefertigt. **2** übertragen; (*in phonetische Lautschrift*) transkribieren **3** (MUS) transkribieren

tran·script /ˈtrænskrɪpt/ *Nomen* **1** Niederschrift, Protokoll **2** (*bes AmE*) (*von amerikanischen Studenten*) = Studienbuch mit Leistungsnachweisen

tran·scrip·tion /trænˈskrɪpʃn/ *Nomen* **1** Protokollieren, Abschreiben, Abschrift **2** Niederschrift **3** Umschrift ◇ *This dictionary gives phonetic transcriptions of all headwords.* Dieses Wörterbuch gibt für alle Einträge die phonetische Umschrift. **4** (MUS) Transkription

trans·ducer /trænzˈdjuːsə(r), trænsˈ-; *AmE* -ˈduː-/ *Nomen* (ELEK) (Um)wandler, Umformer

tran·sept /ˈtrænsept/ *Nomen* (ARCHIT) Querschiff

ˌtrans-ˈfat *Nomen* Transfett

trans·fer 0ᴡ *Verb, Nomen*

▸ ***Verb*** /trænsˈfɜː(r)/ (**-rr-**) **1** verlegen, versetzen ◇ *He was transferred from Spurs to Arsenal.* Er wurde von Spurs zu Arsenal transferiert. **2** (*Geld*) überweisen **3** umziehen, (über)wechseln ◇ *The film studio is transferring to Hollywood.* Das Filmstudio zieht nach Hollywood um. ◇ *He transferred to Everton for six million.* Er wechselte für sechs Millionen zu Everton. ◇ (*bes AmE*) *If I spend a semester in Madrid, will my credits transfer?* Wenn ich ein Semester in Madrid studiere, werden mir dann diese Scheine angerechnet? **4** umsteigen ◇ *I transferred at Bahrain for a flight to Singapore.* Ich stieg in Bahrain für den Flug nach Singapur um. **5** (*Krankheit*) sich übertragen **6 ~ sth (to sb)** etw (auf jdn) übertragen; (*Besitz etc.*) etw (auf jdn) überschreiben ◇ *Joe had already transferred his affections from Lisa to Jane.* Joe war jetzt nicht mehr Lisa zugeneigt, sondern Jane. ◇ *I decided to transfer my loyalty to my local team.* Ich entschloss mich, ab jetzt meine Heimatmannschaft zu unterstützen. **7 ~ sb (from A) (to B)** jdn (von A) (nach B) fahren/fliegen etc. ◇ *Passengers are transferred from the airport to the hotel by taxi.* Die Passagiere werden mit dem Taxi vom Flughafen zum Hotel gebracht. **8 ~ sth (from sth) (to sth)** etw (von etw) (auf etw) überspielen; (*fig*) etw (von etw) (auf etw) übertragen **9 ~ (to sth)** (*fig*) sich (auf etw) übertragen lassen

▸ ***Nomen*** /ˈtrænsfɜː(r)/ **1** Verlegung, Versetzung **2** (FINANZ) Überweisung, Transfer **3** Übertragung ◇ *data transfer* Datenübertragung **4** (SPORT) Transfer, Wechsel **5** Transfer ◇ *the transfer from the airport to the hotel* der Flughafentransfer zum Hotel **6** (*AmE*) Umsteigefahrkarte **7** Abziehbild

trans·fer·abil·ity /ˌtrænsˌfɜːrəˈbɪləti/ *Nomen* Übertragbarkeit

trans·fer·able /trænsˈfɜːrəbl/ *Adj* übertragbar ◇ *We aim to provide students with transferable skills.* Wir wollen den Studenten Fähigkeiten vermitteln, die sie in verschiedenen Berufen anwenden können.

trans·fer·ence /ˈtrænsfərəns; *AmE* trænsˈfɜːrəns/ *Nomen* (*Fachspr oder gehoben*) Übertragung, Transfer; (*von Vermögen*) Überschreibung

trans·fig·ur·ation /ˌtrænsˌfɪgəˈreɪʃn; *AmE* -ˌfɪgjə-/ *Nomen* Verklärung

trans·fig·ure /trænsˈfɪgə(r); *AmE* -ˈfɪgjər/ *Verb* (*oft passiv*) (*gehoben*) verklären

trans·fix /trænsˈfɪks/ *Verb* (*meist passiv*) lähmen ◇ *transfixed with shock* vor Schreck wie gelähmt

trans·form 0ᴡ /trænsˈfɔːm; *AmE* -ˈfɔːrm/ *Verb* **1** umwandeln **2** (völlig) verändern, umgestalten ◇ *He was transformed.* Er war wie verwandelt. **3** (ELEK) umspannen, transformieren

trans·form·ation /ˌtrænsfəˈmeɪʃn; *AmE* -fərˈ-/ *Nomen* **1** (TECH) Umwandlung; (MATH) Transformation **2** (grundlegende) Veränderung, Umgestaltung

trans·form·er /trænsˈfɔːmə(r); *AmE* -ˈfɔːrmər/ *Nomen* (ELEK) Transformator

trans·fuse /trænsˈfjuːz/ *Verb* (*Blut*) übertragen

trans·fu·sion /træns'fjuːʒn/ *Nomen* **1** = BLOOD TRANSFUSION **2** *(Geld)* ◇ *a transfusion of cash* eine Finanzspritze

trans·gen·der /trænz'dʒendə(r), træns'-/ *Adj* Transgender-

trans·gen·ic /ˌtrænz'dʒenɪk, ˌtræns'-/ *Adj* (BIOL) transgen

trans·gress /trænz'gres, træns'-/ *Verb* *(gehoben)* **1** gegen eine Regel verstoßen, sündigen **2** *(Grenze)* überschreiten; *(Regel)* verstoßen gegen

trans·gres·sion /trænz'greʃn, træns'-/ *Nomen* *(gehoben)* **1** Überschreitung, Verstoß *(gegen eine Regel)* **2** Sünde

tran·si·ence /'trænziəns; *AmE* 'trænʃəns/ *Nomen* *(gehoben)* Vergänglichkeit

tran·si·ent /'trænziənt; *AmE* 'trænʃnt/ *Adj, Nomen*
▸ ***Adj*** *(gehoben)* **1** flüchtig, vergänglich, vorübergehend **2** Durchgangs- ◇ *a city with a large transient population* eine Stadt mit einem großen nicht ansässigen Bevölkerungsanteil
▸ ***Nomen*** *(bes AmE)* **1** Durchreisende(r) **2** Saisonarbeiter(in)

tran·sis·tor /træn'zɪstə(r), -'sɪ-/ *Nomen* **1** Transistor **2** *(auch* **tranˌsistor 'radio***)* Transistorradio

tran·sit /'trænzɪt, 'trænsɪt/ *Nomen* **1** Transport **2** [meist Sing] Durchreise, Transit

'transit camp *Nomen* Durchgangslager

tran·si·tion 0-w /træn'zɪʃn, -'sɪ-/ *Verb, Nomen*
▸ ***Nomen*** Übergang
▸ ***Verb*** **1** übergehen, sich entwickeln ◇ *The 51-year-old is currently transitioning from male to female.* Der 51-Jährige unterzieht sich gerade einer Geschlechtsumwandlung. **2** umgestalten, umstellen

tran·si·tion·al /træn'zɪʃənl, -'sɪ-/ *Adj* Übergangs-

tran·si·tive /'trænsətɪv/ *Adj* *(Adv* **tran·si·tive·ly***)* (LING) transitiv

tran·si·tory /'trænsətri; *AmE* -tɔːri/ *Adj* *(gehoben)* vergänglich, vorübergehend

trans·late 0-w /træns'leɪt, trænz'-/ *Verb* **1** ~ **(sth) (as sth)** etw (mit etw) übersetzen **2** ~ **(as sth)** sich (mit etw) übersetzen lassen **3** (sich) umsetzen (lassen) ◇ *his attempt to translate Shakespeare to the small screen* sein Versuch, Shakespeare für das Fernsehen zu inszenieren **4** ~ **sth as sth** etw als etw auslegen

trans·la·tion 0-w /træns'leɪʃn, trænz'-/ *Nomen* **1** Übersetzung ◇ *an error in translation* ein Übersetzungsfehler **2** ~ **(of sth) into sth** Umsetzung (von etw) in etw

trans·la·tor /træns'leɪtə(r), trænz'-/ *Nomen* Übersetzer(in)

trans·lit·er·ate /træns'lɪtəreɪt, trænz'-/ *Verb* *(gehoben)* transliterieren

trans·lu·cent /træns'luːsnt, trænz'-/ *Adj* *(gehoben)* durchscheinend

trans·mi·gra·tion /ˌtrænzmaɪ'greɪʃn, ˌtrænsmaɪ-/ *Nomen* Seelenwanderung

trans·mis·sion /træns'mɪʃn, trænz'-/ *Nomen* *(gehoben)* **1** *(einer Krankheit, von Daten, Signalen)* Übertragung ◇ *the risk of transmission* das Infektionsrisiko **2** Sendung, Übertragung ◇ *a break in transmission* eine Sendestörung **3** *(eines Motors)* Antrieb, Getriebe

trans·mit /træns'mɪt, trænz'-/ *Verb* **(-tt-)** **1** senden, übertragen **2** *(Krankheit, Ängste etc.)* übertragen → *Siehe auch* SEXUALLY TRANSMITTED DISEASE **3** übermitteln, vermitteln, weitergeben **4** *(Licht)* durchlassen

trans·mit·ter /træns'mɪtə(r), trænz'-/ *Nomen* **1** Sender **2** ~ **of sth** *(gehoben)* Übermittler von etw

trans·mog·rify /ˌtrænz'mɒgrɪfaɪ, ˌtræns'-; *AmE* -'mɑːg-/ *Verb* **(-fies, -fy·ing, -fied, -fied)** *(oft passiv)* *(oft hum)* (auf wundersame Weise) verwandeln

trans·mu·ta·tion /ˌtrænzmjuː'teɪʃn, ˌtrænsm-/ *Nomen* Umwandlung, Verwandlung

trans·mute /trænz'mjuːt, træns'-/ *Verb* *(gehoben)* (sich) verwandeln

trans·nation·al /ˌtrænz'næʃnəl, ˌtræns'-/ *Adj* übernational

tran·som /'trænsəm/ *Nomen* **1** Querbalken **2** *(AmE)* Oberlicht, Fächerfenster

trans·par·ency /træns'pærənsi/ *Nomen* *(Pl* **-ies***)* **1** Diapositiv; *(für Overheadprojektor)* Folie **2** Durchsichtigkeit **3** Durchschaubarkeit, Fadenscheinigkeit **4** Verständlichkeit, Transparenz ◇ *a need for greater transparency in legal documents* die Notwendigkeit, juristische Dokumente verständlicher zu machen

trans·par·ent 0-w /træns'pærənt/ *Adj* **1** durchsichtig **2** durchschaubar, offenkundig **3** *(Sprache)* verständlich

trans·par·ent·ly /træns'pærəntli/ *Adv* offenkundig ◇ *transparently clear* völlig klar ◇ *transparently honest* durch und durch ehrlich

tran·spire /træn'spaɪə(r)/ *Verb* *(gehoben)* **1** *(selten in der Verlaufsform)* sich herausstellen **2** passieren **3** (BOT) transpirieren

trans·plant *Verb, Nomen*
▸ ***Verb*** /træns'plɑːnt, trænz'-; *AmE* -'plænt/ **1** *(Organ)* transplantieren, verpflanzen **2** verpflanzen *(auch fig)*
▸ ***Nomen*** /'trænsplɑːnt, 'trænzplɑːnt; *AmE* -plænt/ **1** Transplantation, Verpflanzung **2** verpflanztes Organ

trans·plan·ta·tion /ˌtrænsplɑːn'teɪʃn, ˌtrænzp-; *AmE* -plæn-/ *Nomen* Transplantation, Verpflanzung *(auch fig)*

trans·port 0-w *Nomen, Verb*
▸ ***Nomen*** /'trænspɔːt; *AmE* -spɔːrt/ **1** *(bes BrE)* Transport, Beförderung **2** *(BrE)* Verkehr ◇ *travel on/by public transport* mit öffentlichen Verkehrsmitteln fahren **3** *(BrE)* Beförderungsmittel ◇ *Applicants must have their own transport.* Bewerber müssen motorisiert sein. **4** Transporter **5 transports** [Pl] *(gehoben)* ◇ *It sent them into transports of delight.* Das versetzte sie in helles Entzücken.
▸ ***Verb*** /træn'spɔːt; *AmE* -'spɔːrt/ **1** befördern, transportieren ◇ *The book transports you to another world.* Das Buch versetzt einen in eine andere Welt. **2** *(früher)* deportieren

trans·port·able /træn'spɔːtəbl; *AmE* -'spɔːrt-/ *Adj* transportabel, transportierbar

trans·por·ta·tion 0-w /ˌtrænspɔː'teɪʃn; *AmE* -spɔːr'-/ *Nomen* [U] **1** *(bes AmE)* Transport, Beförderung ◇ *public transportation* öffentliche Verkehrsmittel **2** *(früher)* Deportation, Zwangsverschickung

'transport cafe *Nomen* *(BrE)* Fernfahrerlokal

trans·port·er /træn'spɔːtə(r); *AmE* -'spɔːrtər/ *Nomen* Transporter

trans·pose /træn'spəuz; *AmE* -'spouz/ *Verb* *(oft passiv)* **1** *(gehoben)* vertauschen **2** *(gehoben)* übertragen; *(Schauplatz etc.)* verlegen **3** (MUS) transponieren

trans·pos·ition /ˌtrænspə'zɪʃn/ *Nomen* **1** Vertauschung **2** (MUS) Transposition **3** Übertragung

trans·sex·ual /trænz'sekʃuəl, træns'-/ *Nomen* Transsexuelle(r)

tran·sub·stan·ti·ation /ˌtrænsəbˌstænʃi'eɪʃn/ *Nomen* (REL) Wandlung

trans·verse /'trænzvɜːs, 'trænsvɜːs; *AmE* -vɜːrs/ *Adj* *(Fachspr)* quer liegend

trans·vest·ite /trænz'vestaɪt, træns'-/ *Nomen* Transvestit(in)

trap 0‑ᴡ /træp/ *Nomen, Verb*
▸ ***Nomen*** **1** Falle (*auch fig*) → *Siehe auch* BOOBY TRAP *und* SPEED TRAP **2** [meist Sing] ausweglose Lage ◇ *the unemployment trap* der Teufelskreis der Arbeitslosigkeit → *Siehe auch* POVERTY TRAP **3** zweirädriger Einspänner **4** (*Slang*) (*Mund*) Klappe **5** (*bei Greyhoundrennen*) Box **6** = SAND TRAP IDM **fall into/avoid the trap of doing sth** den Fehler begehen/vermeiden, etw zu tun → *Siehe auch* SPRING
▸ ***Verb*** (**-pp-**) **1** (*oft passiv*) einschließen, fangen ◇ *We became trapped by the rising flood water.* Wir wurden von der steigenden Flut abgeschnitten. ◇ *I feel trapped in my job.* Ich sehe keine Möglichkeit, jemals aus diesem Job herauszukommen. **2** einklemmen **3** (*Wasser etc.*) auffangen, speichern **4** in eine Falle locken **5** (*Tier*) (mit einer Falle) fangen **6 ~ sb into doing sth** jdn durch eine List dazu bringen, etw zu tun

trap·door /ˈtræpdɔ:(r)/ *Nomen* Falltür; (*Bühne*) Versenkung

trap·eze /trəˈpi:z; *AmE* træˈ-/ *Nomen* Trapez

tra·pez·ium /trəˈpi:ziəm/ *Nomen* (*Pl* **tra·pez·iums** *oder* **tra·pezia** /-ziə/) **1** (*BrE*) (*Geometrie*) Trapez **2** (*AmE*) Trapezoid

trap·ez·oid /ˈtræpəzɔɪd/ *Nomen* **1** (*BrE*) (*Geometrie*) Trapezoid **2** (*AmE*) Trapez

trap·per /ˈtræpə(r)/ *Nomen* Fallensteller(in)

trap·pings /ˈtræpɪŋz/ *Nomen* [Pl] (*gehoben, oft abwert*) Drum und Dran, äußere Zeichen

trash /træʃ/ *Nomen, Verb*
▸ ***Nomen*** **1** (*AmE*) Abfall, Müll **2** (*BrE, umgs, abwert*) Mist ◇ *What's this trash you're watching?* Was ist denn das für ein Mist, den du dir da ansiehst? **3** (*AmE, umgs, beleidigend*) Gesindel
▸ ***Verb*** (*umgs*) **1** kaputtschlagen **2** heruntermachen **3** (*AmE*) wegwerfen

ˈtrash can *Nomen* (*AmE*) Abfalleimer, Mülltonne

trashy /ˈtræʃi/ *Adj* (*umgs*) minderwertig

trauma /ˈtrɔ:mə; *AmE* ˈtraʊmə/ *Nomen* **1** [U] (PSYCH, MED) Trauma **2** traumatisches Ereignis

trau·mat·ic /trɔ:ˈmætɪk; *AmE* traʊˈ-/ *Adj* (*Adv* **trau·mat·ic·al·ly** /-kli/) traumatisch → *Siehe auch* POST-TRAUMATIC STRESS DISORDER

trau·ma·tize (*BrE auch* **-ise**) /ˈtrɔ:mətaɪz; *AmE* ˈtraʊm-/ *Verb* (*meist passiv*) traumatisieren

trav·ail /ˈtræveɪl, trəˈveɪl/ *Nomen* [meist Pl] (*veraltet oder gehoben*) Mühsal, Schwierigkeit

travel 0‑ᴡ /ˈtrævl/ *Verb, Nomen*
▸ ***Verb*** (**-ll-**, *AmE meist* **-l-**) **1** reisen ◇ *travel around the world* eine Weltreise machen ◇ *I go to bed early if I'm travelling the next day.* Ich gehe früh ins Bett, wenn ich am nächsten Tag verreise. ◇ *I went travelling for six months.* Ich bin sechs Monate herumgereist. **2** fahren ◇ *I love travelling by train.* Ich fahre gern mit dem Zug. **3** befahren ◇ *He travelled the length of the Nile.* Er befuhr den Nil in seiner ganzen Länge. **4** sich fortbewegen; (*Licht, Schall etc.*) sich fortpflanzen; (*Neuigkeit, Gerücht*) sich verbreiten **5 ~ (well)** den Transport (gut) vertragen ◇ *Their humour doesn't travel well.* Ihr Humor kommt im Ausland nicht gut an. **6** (*Auto etc.*) schnell fahren; (*Pferd*) schnell sein **7** (*im Basketball*) einen Schrittfehler machen IDM **travel ˈlight** mit wenig Gepäck reisen
▸ ***Nomen*** **1** Reisen ◇ *air travel* das Fliegen ◇ *space travel* die Raumfahrt ◇ *foreign travel* Auslandsreisen ◇ *the travel industry* das Touristikgewerbe ◇ *The pass allows unlimited travel on all public transport in the city.* Der Ausweis berechtigt Sie zur uneingeschränkten Benutzung aller städtischen Verkehrsmittel. **2 travels** [Pl] Reisen ◇ *When are you off on your travels?* Wann verreisen Sie?

ˈtravel agency *Nomen* Reisebüro

ˈtravel agent *Nomen* **1** Reisebürokaufmann/-kauffrau **2 travel agent's** (*Pl* **travel agents**) Reisebüro

trav·elled (*AmE meist* **trav·eled**) /ˈtrævld/ *Adj* (*meist in Zusammensetzungen*) (*gehoben*) **1** ◇ *a much-travelled man* ein weit gereister Mann **2** (*Straße etc.*) (stark) befahren

trav·el·ler 0‑ᴡ (*AmE meist* **trav·el·er**) /ˈtrævələ(r)/ *Nomen* **1** Reisende(r) ◇ *She is a frequent traveller to Belgium.* Sie fährt häufig nach Belgien. ◇ *my fellow travellers* meine Reisegenossen ◇ *I'm not a good traveller.* Ich werde leicht reisekrank. **2** (*BrE*) = Person ohne festen Wohnsitz, die (meist) im Wohnwagen herumzieht

ˈtraveller's cheque (*AmE* **ˈtraveler's check**) *Nomen* Reisescheck

trav·el·ling /ˈtrævlɪŋ/ *Adj, Nomen*
▸ ***Adj*** [nur vor Nomen] **1** Wander- ◇ *the travelling public* die Reisenden ◇ (*BrE*) *travelling people* Leute ohne festen Wohnsitz, die (meist in Wohnwagen) herumziehen **2** Reise-
▸ ***Nomen*** Reisen ◇ *a travelling companion* ein(e) Reisegefährte/-gefährtin

ˌtravelling ˈsalesman (*AmE meist* **ˌtraveling ˈsalesman**) *Nomen* (*veraltet*) Vertreter, Handelsreisender

trav·el·ogue (*AmE auch* **trav·elog**) /ˈtrævəlɒg; *AmE* -lɔ:g/ *Nomen* Reisebericht, Reisebeschreibung; (*mit Dias*) Diavortrag (über eine Reise)

ˈtravel-sick *Adj* reisekrank

ˈtravel-sickness *Nomen* Reisekrankheit

tra·verse *Verb, Nomen*
▸ ***Verb*** /trəˈvɜ:s; *AmE* -ˈvɜ:rs/ (*gehoben oder Fachspr*) (durch)queren, überqueren, traversieren
▸ ***Nomen*** /ˈtrævɜ:s; *AmE* -vɜ:rs/ (*Fachspr*) Traversierung; (*im Skilauf*) Schrägfahrt

trav·esty /ˈtrævəsti/ *Nomen* (*Pl* **-ies**) Zerrbild ◇ *The trial was a travesty of justice.* Der Prozess sprach allem Recht Hohn.

trawl /trɔ:l/ *Verb, Nomen*
▸ ***Verb*** **1** durchsuchen, durchkämmen **2 ~ (for sth)** (nach etw) mit dem Schleppnetz fischen
▸ ***Nomen*** **1** Suche **2** (*auch* **ˈtrawl net**) Schleppnetz

trawl·er /ˈtrɔ:lə(r)/ *Nomen* Trawler

tray /treɪ/ *Nomen* **1** Tablett **2** (*bes BrE*) (*oft in Zusammensetzungen*) (flacher) Behälter; (*im Büro*) Ablagekorb ◇ *a cat's litter tray* ein Katzenklo → *Siehe auch* BAKING TRAY, IN TRAY *und* OUT TRAY

treach·er·ous /ˈtretʃərəs/ *Adj* (*Adv* **treach·er·ous·ly**) **1** heimtückisch, hinterhältig **2** verräterisch **3** tückisch, gefährlich

treach·ery /ˈtretʃəri/ *Nomen* (*Pl* **-ies**) Verrat ◇ *an act of treachery* ein Verrat

trea·cle /ˈtri:kl/ *Nomen* (*BrE*) **1** Melasse **2** Sirup

tread /tred/ *Verb, Nomen*
▸ ***Verb*** (**trod** /trɒd; *AmE* trɑ:d/, **trod·den** /ˈtrɒdn; *AmE* ˈtrɑ:dn/ *oder* **trod**) **1** treten **2** (*Trauben*) (zer)stampfen **3** (*gehoben*) (*Pfad, Weg*) beschreiten **4** (*gehoben*) gehen ◇ *He was treading quietly and cautiously.* Er ging leise und vorsichtig. IDM **tread ˈcarefully, ˈwarily, etc.** behutsam vorgehen **ˌtread a difficult, dangerous, solitary, etc. ˈpath** einen schwierigen, gefährlichen, einsamen etc. Weg beschreiten **ˌtread on sb's ˈheels** jdm auf den Fersen folgen **ˌtread on sb's ˈtoes** (*umgs*) jdm auf die Füße treten **ˌtread ˈwater 1** Wasser treten **2** (*fig*) auf der Stelle treten → *Siehe auch* LINE *und* TIGHTROPE
▸ ***Nomen*** **1** [Sing] Schritt, Tritt, Gang ◇ *I heard his heavy tread on the stairs.* Ich hörte seine schweren

Schritte auf der Treppe. **2** (Reifen)profil **3** (Tritt)stufe

treadle /'tredl/ *Nomen* Tretkurbel, Pedal

tread·mill /'tredmɪl/ *Nomen* **1** [Sing] (*fig*) Tretmühle **2** Tretrad **3** (*Übungsgerät*) Laufband

trea·son /'tri:zn/ (*auch* ˌ**high 'treason**) *Nomen* (Hoch)verrat

treas·on·able /'tri:zənəbl/ *Adj* verräterisch

treas·ure /'treʒə(r)/ *Nomen, Verb*

▸ ***Nomen*** **1** Schatz **2** Schatz, Kostbarkeit **3** (*Mensch*) Juwel, Schatz

▸ ***Verb*** schätzen, in Ehren halten

'treasure hunt *Nomen* Schnitzeljagd

treas·urer /'treʒərə(r)/ *Nomen* Schatzmeister(in), Kassenwart(in), Kämmerer

'treasure trove *Nomen* **1** Schatz **2** (*fig*) Fundgrube

treas·ury /'treʒəri/ *Nomen* (*Pl* **-ies**) **1** [mit Verb im Sing/Pl] **the Treasury** das Finanzministerium **2** Schatzkammer

treat 0‒ /tri:t/ *Verb, Nomen*

▸ ***Verb*** **1** behandeln ◇ *Treat your keyboard with care and it should last for years.* Wenn Sie vorsichtig mit ihrem Keyboard umgehen, wird es Jahre halten. **2** ~ **sth as sth** etw als etw nehmen, etw als etw ansehen, etw als etw behandeln **3** ~ **sb** (**to sth**) jdn (zu etw) einladen **4** ~ **yourself to sth** sich etw gönnen IDM **treat sb like 'dirt** (*umgs*) jdn wie Dreck behandeln PHRV **'treat sb to sth** jdm etw bieten ◇ *The crowd were treated to a superb display of tennis.* Dem Publikum wurde erstklassiges Tennis geboten.

▸ ***Nomen*** (besonderes) Vergnügen, (besonderer) Genuss, etwas Besonderes ◇ *Let's go out for lunch—my treat.* Gehen wir essen, ich lade dich ein. IDM **a 'treat** (*BrE, umgs*) wunderbar ◇ *His idea worked a treat.* Sein Plan klappte hervorragend. ◇ *She looks a treat.* Sie sieht toll aus. → *Siehe auch* TRICK

treat·able /'tri:təbl/ *Adj* behandelbar

trea·tise /'tri:tɪs, -tɪz/ *Nomen* Abhandlung

treat·ment 0‒ /'tri:tmənt/ *Nomen* Behandlung ◇ *He is receiving treatment for shock.* Er wird wegen Schock behandelt. ◇ *an effective treatment for malaria* ein wirksames Mittel gegen Malaria ◇ *the brutal treatment of political prisoners* die brutale Misshandlung politischer Gefangener ◇ *a sewage/water treatment plant* eine Klär-/Wasseraufbereitungsanlage

treaty /'tri:ti/ *Nomen* (*Pl* **-ies**) (Staats)vertrag

treble /'trebl/ *Nomen, Verb, Adv, Adj*

▸ ***Nomen*** **1** Diskant ◇ *turn up the treble on the stereo* den Höhenregler am Stereo höher stellen **2** (MUS) Knabensopran **3** [Sing] (MUS) Oberstimme **4** [Sing] Dreifachsieg

▸ ***Verb*** (sich) verdreifachen

▸ ***Adv*** dreifach ◇ *Capital expenditure was treble the 1998 level.* Die Kapitalaufwendungen waren dreimal so hoch wie 1998.

▸ ***Adj*** [nur vor Nomen] Sopran- ◇ *a treble voice* eine Sopranstimme ◇ *the treble clef* der Violinschlüssel

tree 0‒ /tri:/ *Nomen* Baum ◇ *an oak tree* eine Eiche IDM **not see the ˌwood for the 'trees** (*AmE* **not see the ˌforest for the 'trees**) den Wald vor lauter Bäumen nicht sehen → *Siehe auch* BARK, GROW *und* TOP

tree·less /'tri:ləs/ *Adj* baumlos

tree·line /'tri:laɪn/ *Nomen* Baumgrenze

'tree surgeon *Nomen* Baumchirurg(in)

'tree surgery *Nomen* Baumchirurgie

tree·top /'tri:tɒp; *AmE* -tɑ:p/ *Nomen* [meist Pl] (Baum)wipfel

trek /trek/ *Nomen, Verb*

▸ ***Nomen*** Marsch, Treck

▸ ***Verb*** (**-kk-**) **1** (*umgs*) latschen **2** (*auch* **go trekking**) trecken, wandern, marschieren → *Siehe auch* PONY-TREKKING

trel·lis /'trelɪs/ *Nomen* Gitter, Spalier

trem·ble /'trembl/ *Verb, Nomen*

▸ ***Verb*** **1** ~ (**with sth**) (vor etw) zittern ◇ *tremble all over* am ganzen Körper zittern **2** **sb trembles at sth** jdm wird bei etw bange

▸ ***Nomen*** [meist Sing] (*auch* **trem·bling**) Zittern

tre·men·dous /trə'mendəs/ *Adj* **1** gewaltig, enorm, ungeheuer **2** großartig

tre·men·dous·ly /trə'mendəsli/ *Adv* enorm, äußerst

trem·olo /'tremələʊ; *AmE* -loʊ/ *Nomen* (*Pl* **-os**) (MUS) Tremolo

tremor /'tremə(r)/ *Nomen* **1** Beben, Erschütterung ◇ *an earth tremor* ein Erdbeben **2** Zittern

tremu·lous /'tremjələs/ *Adj* (*Adv* **tremu·lous·ly**) (*gehoben*) zitternd; (*Lächeln*) zaghaft

trench /trentʃ/ *Nomen* **1** Graben **2** Schützengraben ◇ *trench warfare* Stellungskrieg

tren·chant /'trentʃənt/ *Adj* (*Adv* **tren·chant·ly**) (*gehoben*) prägnant; (*Kritik*) scharf; (*Ansicht*) dezidiert; (*Bemerkung*) bissig

'trench coat *Nomen* Trenchcoat

trend 0‒ /trend/ *Nomen, Verb*

▸ ***Nomen*** **1** ~ (**towards sth**) Trend (zu etw), Tendenz (zu etw) ◇ *a downward/upward trend in sales* fallende/steigende Verkaufszahlen **2** Mode

▸ ***Verb*** [ohne Obj] (*meist in der Verlaufsform*) **1** tendieren **2** (*in den sozialen Medien, auf einer Website*) (gerade) angesagt sein

trend·ily /'trendəli/ *Adv* modisch

trend·ing /'trendɪŋ/ *Adj* (*in den sozialen Medien, auf einer Website*) angesagt

trend·set·ter /'trendsetə(r)/ *Nomen* Trendsetter(in)

trend·set·ting /'trendsetɪŋ/ *Adj* [nur vor Nomen] wegweisend

trendy /'trendi/ *Adj, Nomen*

▸ ***Adj*** (**trend·ier, trendi·est**) (*umgs*) modisch, Schickimicki-

▸ ***Nomen*** (*Pl* **-ies**) (*BrE, umgs, meist abwert*) Schickimicki

trepi·da·tion /ˌtrepɪ'deɪʃn/ *Nomen* (*gehoben*) ängstliche Erwartung, Bangigkeit

tres·pass /'trespəs/ *Verb, Nomen*

▸ ***Verb*** **1** (RECHT) ~ (**on sth**) (etw) unbefugt betreten **2** ~ **against sth** (*veraltet*) (*Gesetz*) übertreten PHRV **'trespass on sth** (*gehoben*) etw über Gebühr in Anspruch nehmen

▸ ***Nomen*** **1** (RECHT) unbefugtes Betreten, Hausfriedensbruch **2** (*veraltet*) Vergehen, Verstoß; (REL) Sünde

tres·pass·er /'trespəsə(r)/ *Nomen* Unbefugte(r) ◇ *Trespassers will be prosecuted.* Betreten bei Strafe verboten.

tresses /'tresɪz/ *Nomen* [Pl] (*gehoben*) (langes) Haar

tres·tle /'tresl/ *Nomen* (Auflage)bock

'trestle table *Nomen* auf Böcken stehender Tisch, Tapeziertisch

triad /'traɪæd/ *Nomen* **1** (*gehoben*) Triade, Dreiheit **2** (MUS) Dreiklang **3** (*auch* **Triad**) (*chinesische Verbrecherorganisation*) Triade

tri·age /'tri:ɑ:ʒ; *AmE* tri:'ɑ:ʒ/ *Nomen* Ersteinschätzung, Triage

trial 0‒ /'traɪəl/ *Nomen, Verb*

▸ ***Nomen*** **1** Prozess, Gerichtsverfahren, Gerichtsverhandlung ◇ *He's on trial for murder.* Er steht wegen Mordes vor Gericht. ◇ *She will stand/go on trial for fraud.* Sie ist des Betrugs angeklagt. ◇ *They are await-*

ing trial on corruption charges. Sie stehen wegen Korruption unter Anklage. **2** Test, Probe ◇ *a trial separation* eine Ehetrennung auf Probe ◇ *She agreed to employ me for a trial period.* Sie war damit einverstanden, mich probeweise einzustellen. **3** [meist Pl] (SPORT) Ausscheidungsrennen, Ausscheidungsspiel, Ausscheidungswettkampf **4** [meist Pl] ◇ *horse trials* Reit- und Springturnier ◇ *sheepdog trials* Geschicklichkeitsprüfung für Hütehunde **5** ~ (**to sb**) Problem (für jdn), Plage (für jdn) ◇ *Getting there turned out to be a bit of a trial.* Den Weg zu finden erwies sich als etwas problematisch. IDM ˌ**trial and ˈerror** Ausprobieren ◇ *learn by trial and error* durch Ausprobieren lernen

▸ ***Verb*** (**-ll-**) (*BrE*) testen, ausprobieren

ˌ**trial ˈrun** *Nomen* Probelauf

tri·angle /ˈtraɪæŋgl/ *Nomen* **1** Dreieck **2** (MUS) Triangel **3** Dreiecksbeziehung **4** (*AmE*) Zeichendreieck

tri·angu·lar /traɪˈæŋgjələ(r)/ *Adj* **1** dreieckig **2** Dreipersonen-

tri·ath·lon /traɪˈæθlən/ *Nomen* Triathlon

tri·bal /ˈtraɪbl/ *Adj* Stammes-

tri·bal·ism /ˈtraɪbəlɪzəm/ *Nomen* **1** Tribalismus **2** Stammessystem

tribe /traɪb/ *Nomen* **1** (*manchmal beleidigend*) (*Volks-*) Stamm **2** (*manchmal abwertend*) Sippschaft **3** (BIOL) Gattung

tribes·man /ˈtraɪbzmən/ *Nomen* (*Pl* **-men** /-mən/) Stammesangehöriger

tribes·woman /ˈtraɪbzwʊmən/ *Nomen* (*Pl* **-women** /-wɪmɪn/) Stammesangehörige

tribu·la·tion /ˌtrɪbjuˈleɪʃn/ *Nomen* (*gehoben oder hum*) Sorge, Plage

tri·bu·nal /traɪˈbjuːnl/ *Nomen* [mit Verb im Sing/Pl] Gericht(shof), Untersuchungsausschuss → *Siehe auch* INDUSTRIAL TRIBUNAL

trib·une /ˈtrɪbjuːn/ *Nomen* **1** Volkstribun **2** (Redner-) tribüne

tribu·tary /ˈtrɪbjətri; *AmE* -teri/ *Nomen, Adj*

▸ ***Nomen*** (*Pl* **-ies**) Nebenfluss, Zufluss

▸ ***Adj*** [nur vor Nomen] Neben- ◇ *tributary rivers* Nebenflüsse

trib·ute /ˈtrɪbjuːt/ *Nomen* **1** Würdigung, Anerkennung, Tribut ◇ *Her boss paid tribute to her life and work.* Ihr Chef würdigte ihr Leben und ihre Arbeit. ◇ *Floral tributes were sent in.* Viele Leute schickten Blumen und Kränze. **2** [Sing] **a ~ to sb/sth** ◇ *His recovery is a tribute to the doctors' skill.* Seine Genesung macht den Künsten der Ärzte Ehre. **3** Tribut, Abgabe

trice /traɪs/ *Nomen* IDM **in a trice** im Nu; im Handumdrehen

tri·ceps /ˈtraɪseps/ *Nomen* (*Pl* **tri·ceps**) Trizeps

trick /trɪk/ *Nomen, Verb*

▸ ***Nomen*** **1** List, Trick ◇ *a trick question* eine Fangfrage → *Siehe auch* CONFIDENCE TRICK *und* DIRTY TRICK **2** (Sinnes)täuschung ◇ *Was it a trick of the light?* Täuschte nur das Licht? ◇ *trick photography* Trickaufnahmen **3** Kunststück, Trick ◇ *conjuring tricks* Zauberkunststücke → *Siehe auch* HAT-TRICK **4** [meist Sing] Trick, Dreh ◇ *Is there a trick to it?* Gibt's da einen besonderen Dreh dabei? **5** (*in Kartenspielen*) Stich IDM **a bag/box of ˈtricks** (*umgs*) eine Trickkiste **be up to your (old) ˈtricks** (*umgs, abwert*) wieder seine (alten) Mätzchen machen **do the ˈjob/ˈtrick** (*umgs*) funktionieren; (*Medikament etc.*) wirken ◇ *This piece of wood should do the trick.* Mit diesem Stück Holz müsste es gehen. **every trick in the ˈbook** alles Erdenkliche ◇ *He'll try every trick in the book to stop you from winning.* Er wird alles daransetzen, um dir den Sieg streitig zu machen. ◇ *He knows every trick in the book.* Er ist mit allen Wassern gewaschen. **have a ˈtrick, some more ˈtricks etc., up your sleeve** noch ein paar Tricks auf Lager haben **play a trick on sb** jdm einen Streich spielen ˌ**trick or ˈtreat** = Brauch zu Halloween (31. Oktober), bei dem die Kinder von Tür zu Tür gehen und mit dem Spruch „trick or treat" Geld oder kleine Geschenke von den Bewohnern „fordern". **the ˌtricks of the ˈtrade** Kniffe ˌ**turn a ˈtrick** (*AmE, Slang*) sich prostituieren → *Siehe auch* MISS *und* TEACH

▸ ***Verb*** täuschen, hereinlegen ◇ *I'd been tricked.* Man hatte mich übers Ohr gehauen. ◇ *He managed to trick his way past the security guards.* Mit einer List gelang es ihm, an der Wache vorbeizukommen. PHR V ˌ**trick sb ˈinto sth** jdn mit List /einem Trick zu etw bringen ˌ**trick sb ˈout of sth** jdn um etw prellen ˌ**trick sb/sth ˈout** (*gehoben*) jdn/etw herausputzen

trick·ery /ˈtrɪkəri/ *Nomen* Trickserei, Tricks

trickle /ˈtrɪkl/ *Verb, Nomen*

▸ ***Verb*** **1** tröpfeln, tropfen ◇ *Tears were trickling down her cheeks.* Tränen kullerten über ihre Wangen. **2** träufeln **3** (*fig*) trudeln ◇ *News is starting to trickle out.* Langsam sickern Nachrichten durch. PHR V ˌ**trickle ˈdown** (*Wohlstand etc.*) nach unten durchsickern

▸ ***Nomen*** **1** Rinnsal ◇ *There was a trickle of blood at the corner of his mouth.* Aus dem Mundwinkel floss ein dünner Blutfaden. **2** [meist Sing] kleiner, aber stetiger Strom ◇ *The museum has a steady trickle of visitors.* Das Museum hat eine kleine, aber regelmäßige Anzahl von Besuchern.

trick·ster /ˈtrɪkstə(r)/ *Nomen* Schwindler(in)

tricky /ˈtrɪki/ *Adj* (**trick·ier, tricki·est**) **1** schwierig; (*Frage/Lage*) verzwickt **2** durchtrieben, gerissen

tri·col·our (*AmE* **tri·color**) /ˈtrɪkələ(r); *AmE* ˈtraɪkʌlər/ *Nomen* Trikolore

tri·cycle /ˈtraɪsɪkl/ *Nomen* Dreirad

tri·dent /ˈtraɪdnt/ *Nomen* Dreizack

tried /traɪd/ *Form von* TRY IDM ˌ**tried and ˈtested/ˈtrusted** (*AmE* ˌ**tried and ˈtrue**) bewährt

tri·en·nial /traɪˈeniəl/ *Adj* dreijährlich, alle drei Jahre (stattfindend)

trier /ˈtraɪə(r)/ *Nomen* ◇ *He's a real trier.* Er gibt einfach nicht auf.

trifle /ˈtraɪfl/ *Nomen, Verb*

▸ ***Nomen*** **1 a trifle ...** [Sing] (*gehoben*) ein wenig ... ◇ *She seemed a trifle anxious.* Sie schien ein wenig besorgt. **2** Kleinigkeit **3** (*BrE*) = aus Götterspeise, Biskuit, Früchten, Vanillesoße und Sahne gemachter Nachtisch

▸ ***Verb*** PHR V ˈ**trifle with sb/sth** (*gehoben*) (*besonders in verneinten Aussagen*) mit jdm/etw spaßen, mit jdm/etw spielen ◇ *He is not a person to be trifled with.* Er lässt nicht mit sich spaßen.

trif·ling /ˈtraɪflɪŋ/ *Adj* (*gehoben*) unbedeutend

trig·ger /ˈtrɪgə(r)/ *Nomen, Verb*

▸ ***Nomen*** **1** (*eines Gewehrs*) Abzug ◇ *pull the trigger* abdrücken **2** Auslöser

▸ ***Verb*** **~ sth** (**off**) etw auslösen

ˈ**trigger-happy** *Adj* (*umgs, abwert*) schießwütig

ˈ**trigger warning** *Nomen* Triggerwarnung

trig·onom·etry /ˌtrɪgəˈnɒmətri; *AmE* -ˈnɑːm-/ *Nomen* Trigonometrie

trike /traɪk/ *Nomen* (*umgs*) Dreirad

trilby /ˈtrɪlbi/ *Nomen* (*Pl* **-ies**) (*bes BrE*) = Herrenhut aus Filz mit schmaler Krempe

trill /trɪl/ *Nomen, Verb*

▸ ***Nomen*** **1** Trillern **2** (MUS) Triller

▸ ***Verb*** **1** trillern, zwitschern; (*Telefon*) schrillen **2** (*Mensch*) zwitschern, flöten

tril·lion /ˈtrɪljən/ *Zahl* **1** Billion → *Beispiele bei* HUNDRED **2 a trillion** (*auch* **trillions**) (*umgs*) Abermillionen **3** (*BrE, veraltet*) Trillion

tril·ogy /ˈtrɪlədʒi/ *Nomen* (*Pl* **-ies**) Trilogie

trim /trɪm/ *Verb, Nomen, Adj*

▸ ***Verb*** (**-mm-**) **1** stutzen, zurechtschneiden; (*Haare*) nachschneiden **2** kürzen **3 ~ sth (off/away)** etw abschneiden, etw wegschneiden ◇ *50 seconds of violence were trimmed from the movie.* 50 Sekunden an Gewaltdarstellung wurden aus dem Film herausgeschnitten. **4** (*meist passiv*) **~ sth (with sth)** etw (mit etw) besetzen ◇ *gloves trimmed with fur* pelzbesetzte Handschuhe IDM **ˌtrim your ˈsails 1** die Segel trimmen; die Segel richtig stellen **2** kürzertreten; sparen PHR V **ˌtrim ˈdown** abnehmen **ˌtrim sth ˈdown** etw verringern, etw kürzen

▸ ***Nomen*** **1** Nachschneiden, Stutzen ◇ *The hedge needs a trim.* Die Hecke muss gestutzt werden. **2** [U/Sing] Zierleiste; (*bei Kleidung, Möbel etc.*) Bordüre ◇ *the interior trim of the car* die Innenausstattung des Autos IDM **in (good) ˈtrim** (*BrE, umgs*) (gut) in Form ◇ *get in trim* fit werden

▸ ***Adj*** **1** schlank, in Form **2** (*Erscheinung, Garten etc.*) gepflegt

tri·mes·ter /traɪˈmestə(r)/ *Nomen* **1** (MED) Trimenon (*der Schwangerschaft*) **2** (*AmE*) (SCHULE) Trimester

trim·mer /ˈtrɪmə(r)/ *Nomen* Elektro-Heckenschere; (*Rasen-*) Trimmer

trim·ming /ˈtrɪmɪŋ/ *Nomen* **1 trimmings** [Pl] Drum und Dran ◇ *a turkey with all the trimmings* ein Truthahn mit allem, was dazu gehört **2 trimmings** [Pl] Abfälle; (*Papier- etc.*) Schnipsel **3** [meist Pl] Besatz, Bordüre

trin·ity /ˈtrɪnəti/ *Nomen* **1** (REL) **the Trinity** die Dreifaltigkeit **2** (*gehoben*) Dreiheit

trin·ket /ˈtrɪŋkɪt/ *Nomen* (kleines, billiges) Schmuckstück

trio /ˈtriːəʊ; *AmE* ˈtriːoʊ/ *Nomen* (*Pl* **-os**) **1** [mit Verb im Sing/Pl] (*Gruppe*) Trio ◇ *a trio of English runners* drei englische Läufer(innen) **2** (*Musikstück*) Trio

trip 0ᵯ /trɪp/ *Nomen, Verb*

▸ ***Nomen*** **1** Ausflug, (kleine) Reise ◇ *a shopping trip* ein Einkaufsbummel ◇ *They took a trip down the river.* Sie haben eine Bootsfahrt auf dem Fluss gemacht. ◇ *We had to make several trips to bring it all over.* Wir mussten mehrmals fahren, um alles herzubringen. → *Siehe auch* FIELD TRIP *und* ROUND TRIP **2** (*Slang*) (*Drogen-*) Trip **3** Stolpern IDM → GUILT

▸ ***Verb*** (**-pp-**) **1 ~ (over/up)** stolpern; **~ over/on sth** über etw stolpern ◇ (*fig*) *He was tripping over his words in his excitement.* Er verhaspelte sich vor lauter Aufregung. **2** (*bes AmE*) **~ sb** jdm ein Bein stellen, jdn stolpern lassen **3** (*gehoben*) trippeln **4** (*Schalter*) betätigen; (*Alarm etc.*) auslösen **5** (*umgs*) auf einem Drogentrip sein IDM → MEMORY LANE *und* TONGUE PHR V **ˌtrip ˈup** sich vertun **ˌtrip sb ˈup 1** jdn aufs Glatteis führen, jdn in eine Falle locken **2** (*BrE*) jdm ein Bein stellen, jdn stolpern lassen

tri·par·tite /traɪˈpɑːtaɪt; *AmE* -ˈpɑːrtaɪt/ *Adj* (*gehoben*) dreigeteilt, dreiseitig, trilateral ◇ *a tripartite division* eine Dreiteilung ◇ *tripartite discussions* eine Diskussion zwischen drei Personen, Ländern etc.

tripe /traɪp/ *Nomen* [U] **1** Kutteln, Kaldaunen **2** (*umgs*) Quatsch, Mist

triple /ˈtrɪpl/ *Adj, Verb*

▸ ***Adj*** [nur vor Nomen] **1** dreifach, Dreier- ◇ *a triple alliance* eine Dreierallianz/ein Dreibund **2** dreimal so viel ◇ *be triple the weight* dreimal so schwer sein ◇ *Its population is about triple that of Venice.* Die Bevölkerung ist etwa die Dreifache von Venedig.

▸ ***Verb*** (sich) verdreifachen

the ˈtriple jump *Nomen* (SPORT) der Dreisprung

trip·let /ˈtrɪplət/ *Nomen* **1** Drilling **2** (MUS) Triole

trip·li·cate /ˈtrɪplɪkət/ *Nomen* IDM **in ˈtriplicate 1** dreimal ◇ *tested in triplicate* dreifach getestet **2** (*Dokument etc.*) in dreifacher Ausfertigung

tri·pod /ˈtraɪpɒd; *AmE* -pɑːd/ *Nomen* Stativ

trip·per /ˈtrɪpə(r)/ *Nomen* (*BrE*) Ausflügler(in)

trip·tych /ˈtrɪptɪk/ *Nomen* (*Fachspr*) Triptychon

trip·wire /ˈtrɪpwaɪə(r)/ *Nomen* Stolperdraht

trite /traɪt/ *Adj* (*Adv* **trite·ly**) banal, abgedroschen

tri·umph /ˈtraɪʌmf/ *Nomen, Verb*

▸ ***Nomen*** Triumph ◇ *a glance of triumph* ein triumphierender Blick

▸ ***Verb*** triumphieren, siegen

tri·umph·al /traɪˈʌmfl/ *Adj* triumphal, Triumph-, Sieges-

tri·umph·al·ism /traɪˈʌmfəlɪzəm/ *Nomen* (*abwert*) Triumphgeheul

tri·umph·al·ist /traɪˈʌmfəlɪst/ *Adj* triumphalistisch

tri·umph·ant /traɪˈʌmfənt/ *Adj* (*Adv* **tri·umph·ant·ly**) triumphierend ◇ *They emerged triumphant in the election.* Sie gingen siegreich aus der Wahl hervor.

tri·um·vir·ate /traɪˈʌmvərət/ *Nomen* (*gehoben*) Triumvirat

trivet /ˈtrɪvɪt/ *Nomen* **1** (dreifüßiger) Metalluntersetzer **2** (dreifüßiger) Metalleinsatz

trivia /ˈtrɪviə/ *Nomen* [U] **1** Belanglosigkeiten ◇ *domestic trivia* Alltagskram **2** (*meist in Zusammensetzungen*) ◇ *a trivia quiz* ein Allgemeinwissen-Quiz

triv·ial /ˈtrɪviəl/ *Adj* trivial, belanglos, unwichtig ◇ *I'll try to fix it—but it's not trivial.* Ich werde versuchen, es in Ordnung zu bringen—aber es ist nicht ganz ohne.

trivi·al·ity /ˌtrɪviˈæləti/ *Nomen* (*Pl* **-ies**) (*abwert*) Trivialität, Belanglosigkeit

trivi·al·iza·tion (*BrE auch* **-isa·tion**) /ˌtrɪviəlaɪˈzeɪʃn; *AmE* -ləˈ-/ *Nomen* (*meist abwert*) Trivialisierung

trivi·al·ize (*BrE auch* **-ise**) /ˈtrɪviəlaɪz/ *Verb* (*meist abwert*) trivialisieren, bagatellisieren

tro·chee /ˈtrəʊkiː; *AmE* ˈtroʊ-/ *Nomen* Trochäus

trod, trod·den *Form von* TREAD

Tro·jan /ˈtrəʊdʒən; *AmE* ˈtroʊ-/ *Nomen* **1** Trojaner(in) **2** (COMP) Trojaner, trojanisches Pferd IDM **work like a ˈTrojan** (*veraltet*) wie ein Pferd arbeiten

troll /trɒl, trəʊl; *AmE* troʊl/ *Nomen, Verb*

▸ ***Nomen*** Troll

▸ ***Verb*** **1** (*im Internet*) trollen **2 ~ (for sth)** (*bes AmE*) mit der Schleppangel (nach etw) fischen ◇ (*fig*) *troll for votes* auf Stimmenfang gehen

trol·ley /ˈtrɒli; *AmE* ˈtrɑːli/ *Nomen* **1** (*BrE*) (*Einkaufs-, Servier- etc.*) Wagen ◇ *a luggage trolley* ein Kofferkuli **2** (*AmE*) Straßenbahn → *Siehe auch* TRACKLESS TROLLEY IDM **be off your ˈtrolley** (*BrE, umgs*) eine Schraube locker haben

trol·ley·bus /ˈtrɒlibʌs; *AmE* ˈtrɑːli-/ *Nomen* (*BrE*) Oberleitungsbus

trol·lop /ˈtrɒləp; *AmE* ˈtrɑːləp/ *Nomen* (*veraltet, beleidigend*) **1** Schlampe **2** Flittchen

trom·bone /trɒmˈbəʊn; *AmE* trɑːmˈboʊn/ *Nomen* (MUS) Posaune

trom·bon·ist /trɒmˈbəʊnɪst; *AmE* trɑːmˈboʊ-/ *Nomen* (MUS) Posaunist(in)

tromp /trɒmp; *AmE* trɑːmp/ *Verb* (*AmE, umgs*) **1** stampfen, stapfen, trampeln **2 ~ sth** auf etw herumtrampeln, auf etw treten

troop /tru:p/ *Nomen, Verb, Adj*
▸ ***Nomen*** **1 troops** [Pl] Truppen, Soldaten ◇ *the withdrawal of 12 000 troops* der Abzug von 12 000 Soldaten **2** Trupp ◇ (*fig*) *A troop of guests was arriving.* Eine Schar von Gästen kam an. **3** (*Pfadfinder-*) Gruppe
▸ ***Verb*** (*Menschen*) strömen ◇ *We all trooped down to the beach.* Wir zogen gemeinsam zum Strand.
▸ ***Adj*** [nur vor Nomen] Truppen- ◇ *troop numbers* die Zahl der Soldaten

troop·er /ˈtru:pə(r)/ *Nomen* **1** (MIL) Kavallerist, Panzergrenadier **2** (*AmE*) Staatspolizist(in) IDM → SWEAR

troop·ship /ˈtru:pʃɪp/ *Nomen* (MIL) Truppentransporter

trop → DE TROP

trophy /ˈtrəʊfi; *AmE* ˈtroʊ-/ *Nomen* (*Pl* **-ies**) **1** Trophäe (*auch fig*) **2 Trophy** (*Wettbewerb, Rennen*) Pokal

trop·ic /ˈtrɒpɪk; *AmE* ˈtrɑ:pɪk/ *Nomen* **1** [meist Sing] (GEOGR) Wendekreis **2 the tropics** [Pl] die Tropen

trop·ic·al 0-π /ˈtrɒpɪkl; *AmE* ˈtrɑ:p-/ *Adj* tropisch, Tropen-

trot /trɒt; *AmE* trɑ:t/ *Verb, Nomen*
▸ ***Verb*** (**-tt-**) **1** (*Pferd*) traben (lassen) ◇ (*umgs*) *He led the way and we trotted along behind him.* Er ging voraus und wir trabten hinterher. **2** trippeln PHRV ˌ**trot sth** ˈ**out** (*umgs, abwert*) (*Ausreden etc.*) auftischen, mit etw kommen
▸ ***Nomen*** Trab ◇ *She broke into a trot and disappeared around the corner.* Sie trabte los und verschwand um die Ecke. IDM **on the** ˈ**trot** (*BrE, umgs*) **1** hintereinander; in Serie **2** auf Trab

troth /trəʊθ; *AmE* trɑ:θ/ *Nomen* IDM → PLIGHT

Trot·sky·ist /ˈtrɒtskiɪst; *AmE* ˈtrɑ:t-/ (*auch* **Trot·sky·ite** /-skiaɪt/) *Nomen, Adj*
▸ ***Nomen*** Trotskist(in)
▸ ***Adj*** trotskistisch

trot·ter /ˈtrɒtə(r); *AmE* ˈtrɑ:tər/ *Nomen* **1** Schweinsfuß **2** (*Pferd*) Traber

trou·ba·dour /ˈtru:bədɔ:(r)/ *Nomen* (*gehoben*) Troubadour

trouble 0-π /ˈtrʌbl/ *Nomen, Verb*
▸ ***Nomen*** **1** [U] Schwierigkeiten, Ärger ◇ *He could make trouble for me.* Er könnte mich in Schwierigkeiten bringen. ◇ *He's nothing but trouble.* Mit ihm hat man nichts als Ärger. ◇ *She's in trouble with the police.* Sie hat Ärger mit der Polizei. ◇ *She got me into trouble with the teacher.* Sie hat mich beim Lehrer verpetzt. **2** Problem ◇ *financial troubles* Geldsorgen → *Siehe auch* TEETHING TROUBLES **3** [U] (*Krankheit etc.*) Leiden ◇ *back trouble* Rückenbeschwerden ◇ *I've been having trouble with my knee.* Mein Knie macht mir zu schaffen. **4** [U] (*an einer Maschine etc.*) Störung, Defekt ◇ *mechanical trouble* technische Probleme **5** Unruhen ◇ *the troubles in Northern Ireland* die Unruhen in Nordirland **6** [U] Mühe, Umstände ◇ *I don't want to put you to a lot of trouble.* Ich möchte Ihnen nicht zu viel Umstände machen. ◇ *go to a lot of trouble* sich Umstände machen ◇ *I hope the children weren't too much trouble.* Ich hoffe, die Kinder haben Ihnen nicht zu viel Umstände bereitet. ◇ *It'll save you the trouble of going yourself.* Dann brauchst du nicht selbst gehen. ◇ *Nothing is too much trouble for her.* Nichts ist ihr zu viel. ◇ *I can call back later—it's no trouble.* Ich kann später zurückrufen—das tue ich gern. ◇ *I have trouble finding my way round in this website.* Ich finde mich auf dieser Website nur schwer zurecht. IDM **get sb into** ˈ**trouble** (*veraltet*) jdn schwängern **give (sb) (some, any, etc.)** ˈ**trouble** (jdm) Schwierigkeiten machen **give (sb) no** ˈ**trouble** (jdm) keine Schwierigkeiten machen. **look for** ˈ**trouble** Ärger suchen **take trouble over/with sth**; **take trouble doing/to do sth** sich mit etw (große) Mühe geben **take the trouble to do sth** sich die Mühe machen etw zu tun → *Siehe auch* ASK
▸ ***Verb*** **1** beunruhigen, bedrücken **2** belästigen, bemühen ◇ *Sorry to trouble you, but …* Entschuldigen Sie die Störung, aber … ◇ (*gehoben*) *Could I trouble you to open the window, please?* Wären Sie so freundlich, das Fenster zu öffnen? **3 ~ to do sth** (*BrE, gehoben*) (*meist in verneinten Sätzen*) sich die Mühe machen etw zu tun ◇ *Don't trouble to get up.* Bitte bleiben Sie sitzen. **4** (*Verletzung etc.*) Schwierigkeiten machen IDM → POUR

troubled /ˈtrʌbld/ *Adj* **1** beunruhigt, bekümmert, besorgt **2** unruhig ◇ *a troubled marriage* eine gestörte Ehe

trouble·maker /ˈtrʌblmeɪkə(r)/ *Nomen* Unruhestifter(in)

trouble·shoot·er /ˈtrʌblʃu:tə(r)/ *Nomen* Problemlöser(in), Vermittler(in); (COMP) Troubleshooter

trouble·some /ˈtrʌblsəm/ *Adj* lästig, schwierig

ˈ**trouble spot** *Nomen* Unruheherd, Krisengebiet

trough /trɒf; *AmE* trɔ:f/ *Nomen* **1** Trog ◇ (*fig*) *people with their nose in the trough* Leute, die an der Futterkrippe sitzen **2** (*fig*) Tief ◇ *peaks and troughs* Höhen und Tiefen **3** Tal, Wellental

trounce /traʊns/ *Verb* (*gehoben*) (SPORT) vernichtend schlagen

troupe /tru:p/ *Nomen* (*Schauspiel- etc.*) Truppe

trouper /ˈtru:pə(r)/ *Nomen* (*umgs*) **1** (*Schauspiel-*) Profi **2** erfahrene(r) Kollege/Kollegin

trou·ser /ˈtraʊzə(r)/ *Adj* [nur vor Nomen] Hosen-

trou·sers 0-π /ˈtraʊzəz; *AmE* -zərz/ *Nomen* [Pl] (*bes BrE*) Hose ◇ (*fig*) *I was still in short trousers then.* Damals war ich noch ein Kind. IDM → CATCH *und* WEAR

ˈ**trouser suit** *Nomen* (*BrE*) Hosenanzug

trous·seau /ˈtru:səʊ; *AmE* -soʊ/ *Nomen* (*Pl* **trous·seaus** *oder* **trous·seaux** /-səʊz; *AmE* -soʊz/) (*veraltet*) Aussteuer, Ausstattung

trout /traʊt/ *Nomen* **1** (*Pl* **trout**) Forelle ◇ *brown trout* Bachforellen **2** (*meist* **old trout**) [meist Sing] (*umgs, abwert*) (*Frau*) alte Ziege

trove /trəʊv; *AmE* troʊv/ *Nomen* → TREASURE TROVE

trowel /ˈtraʊəl/ *Nomen* **1** Pflanzschaufel **2** (*Maurer-*) Kelle IDM **lay it on with a** ˈ**trowel** (*umgs*) (zu) dick auftragen

tru·ancy /ˈtru:ənsi/ *Nomen* (*Schule-*) Schwänzen, unentschuldigtes Fernbleiben

tru·ant /ˈtru:ənt/ *Nomen, Verb*
▸ ***Nomen*** Schulschwänzer(in) IDM **play** ˈ**truant** (*BrE*) schwänzen
▸ ***Verb*** schwänzen, unentschuldigt fehlen

truce /tru:s/ *Nomen* Waffenstillstand ◇ *call a truce* (einen) Waffenstillstand schließen

truck 0-π /trʌk/ *Nomen, Verb*
▸ ***Nomen*** **1** (*bes AmE*) Last(kraft)wagen → *Siehe auch* DUMPER TRUCK, FORKLIFT TRUCK, PICKUP (1) *und* SALT TRUCK **2** (*BrE*) Güterwaggon **3** Karren, Wägelchen IDM **have/want no truck with sb/sth** (*BrE*) mit jdm/etw nichts zu tun haben/haben wollen
▸ ***Verb*** (*bes AmE*) mit dem Lastwagen transportieren

truck·er /ˈtrʌkə(r)/ *Nomen* (*bes AmE*) Lastwagenfahrer(in), Fernfahrer(in)

ˈ**truck farm** *Nomen* (*AmE*) Gemüsebaubetrieb

ˈ**truck farmer** *Nomen* (*AmE*) Gemüsebauer, -bäuerin

ˈ**truck farming** *Nomen* (*AmE*) Gemüse(an)bau

truck·ing /ˈtrʌkɪŋ/ *Nomen* [U] Lkw-Transport ◇ *trucking companies* Transportunternehmen

truck·load /ˈtrʌkləʊd; *AmE* -loʊd/ *Nomen* Wagenladung ◇ (*fig*) *Their new album is selling by the truckload.* Ihr neues Album geht weg wie warme Semmeln.

ˈtruck stop *Nomen* (*AmE*) (Fernfahrer)raststätte

trucu·lent /ˈtrʌkjələnt/ *Adj* (*Adv* **trucu·lent·ly**) (*gehoben, abwert*) ungehalten, aufsässig

trudge /trʌdʒ/ *Verb, Nomen*

▸ ***Verb*** stapfen, trotten, sich dahinschleppen

▸ ***Nomen*** [Sing] mühseliger Fußmarsch

true 🔑 /truː/ *Adj, Adv, Nomen*

▸ ***Adj*** **1** wahr, richtig, echt ◇ *She is not the true owner of this house.* Sie ist nicht die rechtmäßige Besitzerin dieses Hauses. ◇ *That's not strictly true.* Das entspricht nicht ganz der Wahrheit. ◇ *His excuse just doesn't ring true.* Seine Ausrede klingt einfach nicht glaubhaft. ◇ *These findings do not hold true for children.* Diese Ergebnisse treffen nicht auf Kinder zu. ◇ *You never spoke a truer word.* Du hast absolut recht. ◇ *Is it true she's leaving?* Stimmt es, dass sie geht? ◇ *The music is dull, and the same is true of the acting.* Die Musik ist öde, und dasselbe gilt für die Darstellung. **2** ~ **(to sb/sth)** (jdm/etw) treu ◇ *He was true to his word.* Er hielt sein Wort. **3** getreu, wahrheitsgetreu ◇ *The movie is not true to the book.* Der Film hält sich nicht an das Buch. ◇ *The painting is a true likeness of her.* Ihr Porträt ist lebensgetreu. **4** (*gehoben oder veraltet*) gerade ◇ *His aim was true and the bear fell to the ground.* Er hatte gut gezielt und der Bär fiel zu Boden. IDM **come ˈtrue** (*Traum etc.*) wahr werden; Wirklichkeit werden **too ˌgood to be ˈtrue** zu schön, um wahr zu sein **your true ˈcolours** (*oft abwert*) sein wahres Gesicht ◇ *I've seen him in his true colours now!* Inzwischen kenne ich sein wahres Gesicht! **true to ˈform** (*oft abwert*) wie üblich; erwartungsgemäß **true to ˈlife** lebensnah; lebensecht → *Siehe auch* RING[2] *und* TRIED

▸ ***Adv*** (*gehoben oder veraltet*) **1** genau ◇ *The arrow flew straight and true to the target.* Der Pfeil flog direkt ins Ziel. **2 speak ~** die Wahrheit sagen

▸ ***Nomen*** IDM **ˌout of ˈtrue** schief

ˌtrue-ˈblue *Adj* **1** (POL) = zur Anhängerschaft der britischen Konservativen gehörend ◇ *true-blue Tory voters* erzkonservative Wähler **2** (*bes AmE*) waschecht; (*Anhänger, Fan etc.*) treu, eingefleischt

ˌtrue-ˈlife *Adj* [nur vor Nomen] ◇ *a true-life story* eine auf einer wahren Begebenheit beruhende Geschichte

ˌtrue ˈnorth *Nomen* geografischer Norden

truf·fle /ˈtrʌfl/ *Nomen* Trüffel

trug /trʌg/ *Nomen* Gartenkorb

tru·ism /ˈtruːɪzəm/ *Nomen* Binsenweisheit

truly 🔑 /ˈtruːli/ *Adv* **1** wirklich → *Siehe auch* YOURS **2** wahrhaft IDM → WELL

trump /trʌmp/ *Nomen, Verb*

▸ ***Nomen*** **1** (*auch* **ˈtrump card**) Trumpf **2** [mit Verb im Sing/Pl] **trumps** Trumpf ◇ *Clubs are trumps.* Kreuz ist Trumpf. IDM **ˌcome up/ˌturn up ˈtrumps** sich bewähren ◇ *I didn't think he'd pass but he came up trumps.* Ich habe nicht gedacht, dass er bestehen würde, aber er hat überraschend gut abgeschnitten.

▸ ***Verb*** übertrumpfen PHR V **ˌtrump sth ˈup** etw erfinden ◇ *a trumped-up charge* eine falsche Beschuldigung

trum·pet /ˈtrʌmpɪt/ *Nomen, Verb*

▸ ***Nomen*** Trompete IDM → BLOW

▸ ***Verb*** **1** hinausposaunen ◇ *It was trumpeted as the social event of the year.* Es wurde groß angekündigt als gesellschaftliches Ereignis des Jahres. **2** (*Elefant*) trompeten

trum·pet·er /ˈtrʌmpɪtə(r)/ *Nomen* Trompeter(in)

trun·cate /trʌŋˈkeɪt; *AmE* ˈtrʌŋkeɪt/ *Verb* (*meist passiv*) (*gehoben*) kürzen, abschneiden

trun·cheon /ˈtrʌntʃən/ *Nomen* (*bes BrE*) Schlagstock

trun·dle /ˈtrʌndl/ *Verb* **1** schieben **2** rumpeln, rollen **3** stapfen ◇ *They trundled in from across Europe.* Sie trudelten von ganz Europa ein. PHR V **ˌtrundle sth ˈout** (*bes BrE, abwert*) etw (wieder) vorholen

trunk /trʌŋk/ *Nomen* **1** (*Baum-*) Stamm **2** (*AmE*) Kofferraum **3** (*Elefanten-*) Rüssel **4 trunks** [Pl] = SWIMMING TRUNKS **5** Überseekoffer, Kiste **6** Rumpf

ˈtrunk road *Nomen* (*BrE*) Fernstraße

truss /trʌs/ *Nomen, Verb*

▸ ***Nomen*** **1** Bruchband **2** Hängewerk, Träger

▸ ***Verb*** **1** ~ **sb/sth (up)** jdn/etw fesseln **2** (*Geflügel*) dressieren

trust 🔑 /trʌst/ *Nomen, Verb*

▸ ***Nomen*** **1** ~ **(in sb/sth)** Vertrauen (zu jdm/etw) ◇ *If you put your trust in me …* Wenn du mir dein Vertrauen schenkst … **2** (RECHT) Treuhandverhältnis, Treuhandvermögen ◇ *The money will be held in trust until she is 18.* Das Geld wird treuhänderisch verwaltet, bis sie 18 ist. → *Siehe auch* UNIT TRUST **3** (RECHT) Stiftung **4** (*bes AmE*) (WIRTSCH) Trust ◇ *the anti-trust laws* das Kartellgesetz IDM **in sb's ˈtrust**; **in the trust of sb** in jds Obhut **take sth on ˈtrust** etw für bare Münze nehmen

▸ ***Verb*** **1** vertrauen, trauen ◇ *You can trust me not to tell anyone.* Du kannst dich darauf verlassen, dass ich es niemandem sage. ◇ *He trusted her judgement.* Er verließ sich auf ihr Urteil. ◇ *Don't trust what the newspapers say!* Glaub nicht an das, was in den Zeitungen steht! **2** (*gehoben*) hoffen ◇ *I trust (that) …* Ich hoffe doch, dass … IDM **not trust sb an ˈinch** jdm nicht über den Weg trauen **trust ˈyou, ˈhim, ˈher, etc. (to do sth)** (*umgs*) ◇ *Trust John to forget Sue's birthday!* Typisch John, dass er Sues Geburtstag vergisst! ◇ *Trust you to know that!* Du weißt das natürlich! → *Siehe auch* TRIED PHR V **ˈtrust in sb/sth** (*gehoben*) zu jdm/etw Vertrauen haben, an jdn/etw glauben **ˈtrust to sth** (*kein Passiv*) sich auf etw verlassen, auf etw vertrauen **ˈtrust sb with sth/sb** jdm etw/jdn anvertrauen

trust·ee /trʌˈstiː/ *Nomen* **1** Treuhänder(in) **2** (*einer Stiftung*) Vermögensverwalter(in), Trustee, Mitglied des Kuratoriums ◇ *the board of trustees* der Vorstand

trustee·ship /trʌˈstiːʃɪp/ *Nomen* **1** = Amt eines Treuhänders **2** Treuhandverwaltung **3** Treuhandgebiet

ˈtrust fund *Nomen* Treuhandvermögen

trust·ing /ˈtrʌstɪŋ/ *Adj* (*Adv* **trust·ing·ly**) gutgläubig, vertrauensvoll

ˈtrust territory *Nomen* Treuhandgebiet

trust·worthi·ness /ˈtrʌstwɜːðinəs; *AmE* -wɜːrð-/ *Nomen* Vertrauenswürdigkeit

trust·worthy /ˈtrʌstwɜːði; *AmE* -wɜːrði/ *Adj* vertrauenswürdig

trusty /ˈtrʌsti/ *Adj, Nomen*

▸ ***Adj*** [nur vor Nomen] (*veraltet oder hum*) treu, zuverlässig

▸ ***Nomen*** (*Pl* **-ies**) = Strafgefangene(r), die/der Privilegien aufgrund guter Führung erhält

truth 🔑 /truːθ/ *Nomen* (*Pl* **truths** /truːðz/) Wahrheit ◇ *There is no truth in the rumours.* An den Gerüchten ist nichts Wahres. → *Siehe auch* HOME TRUTH IDM **if (the) ˌtruth be ˈknown/ˈtold** in Wirklichkeit; um ehrlich zu sein **in ˈtruth** (*gehoben*) in Wahrheit **ˌnothing could be ˌfurther from the ˈtruth** nichts könnte weiter entfernt von der Wahrheit sein **ˌtruth is stranger than ˈfiction** das Leben schreibt die wahren Geschichten **(the) ˌtruth will ˈout** die Sonne wird es an den Tag bringen → *Siehe auch* BEND, ECONOMICAL *und* MOMENT

truth·ful /ˈtruːθfl/ *Adj* (*Adv* **truth·ful·ly** /-fəli/) ehrlich ◇ *Are you being completely truthful with me?* Hast du mir auch die ganze Wahrheit gesagt? ◇ *To be quite truthful with you …* Ehrlich gesagt …

truth·ful·ness /ˈtruːθflnəs/ *Nomen* **1** Ehrlichkeit **2** Wahrheit(streue)

try /traɪ/ *Verb, Nomen*

▸ ***Verb*** (**tries**, **try·ing**, **tried**, **tried**) **1** (es) versuchen, sich bemühen ◇ *What are you trying to do?* Was machst du denn da? ◇ *I tried hard not to laugh.* Ich verbiss mir das Lachen. ◇ *She tried her best to solve the problem.* Sie tat ihr Bestes, das Problem zu lösen. ◇ *Just try your hardest.* Tu dein Bestes. **2** probieren, versuchen ◇ *You should try to eat more fruit.* Du solltest versuchen, mehr Obst zu essen ◇ *You should try eating more fruit.* Du solltest ausprobieren, ob du dich besser fühlst, wenn du mehr Obst isst. ◇ *Try these shoes for size.* Probier, ob diese Schuhe dir passen. ◇ *She tried the door, but it was locked.* Sie versuchte die Tür zu öffnen, aber sie war abgeschlossen. ◇ *He tried several shops.* Er hat es in mehreren Geschäften versucht. **3 ~ sb (for sth)** (RECHT) jdn (wegen einer Sache) vor Gericht stellen **4 ~ sth** (RECHT) etw verhandeln IDM **ˌnot for want/lack of ˈtrying** obwohl man sich redlich Mühe gegeben hat **try your ˈhand at sth** etw ausprobieren **ˌtry it ˈon (with sb)** (*BrE, umgs, abwert*) **1** sein Glück bei jdm versuchen ◇ *Children often try it on with new teachers.* Kinder versuchen oft, einen neuen Lehrer zu provozieren. **2** (*sexuell*) es (bei jdm) probieren **try your ˈluck (at sth)** sein Glück (mit etw) versuchen **try sb's ˈpatience** jds Geduld auf die Probe stellen → *Siehe auch* DAMNEDEST *und* LEVEL PHRV **ˈtry for sth** sich um etw bemühen **ˌtry sth ˈon** etw anprobieren **ˌtry ˈout for sth** (*bes AmE*) sich um einen Platz, eine Rolle etc. in etw bewerben **ˌtry sb/sth ˈout** jdn/etw ausprobieren

▸ ***Nomen*** (*Pl* **tries**) **1** [meist Sing] Versuch; **have a ~ (at sth)** (etw) versuchen; **have a ~ (at doing sth)** versuchen (etw zu tun) ◇ *I'll give it a try.* Ich probiere es mal. ◇ *Nice try!* Nicht schlecht! ◇ (*AmE*) *They decided to make another try.* Sie beschlossen, noch einen Versuch zu unternehmen. **2** (*Rugby*) Versuch

try·ing /ˈtraɪɪŋ/ *Adj* schwierig, anstrengend, schwer

try·out /ˈtraɪaʊt/ *Nomen* **1** ◇ *give sth a tryout* etw testen ◇ *The firm will give me a tryout for a week.* Die Firma gibt mir eine Woche Probezeit. **2** (*AmE*) (SPORT) Test(spiel)

tryst /trɪst/ *Nomen* (*gehoben oder hum*) Stelldichein

tsar (*auch* **tzar**, **czar**) /zɑː(r)/ *Nomen* Zar

tsar·ina (*auch* **tzar·ina**, **czar·ina**) /zɑːˈriːnə/ *Nomen* Zarin

tsar·ist (*auch* **tzar·ist**, **czar·ist**) /ˈzɑːrɪst/ *Nomen, Adj*

▸ ***Nomen*** Zarist(in)

▸ ***Adj*** zaristisch

tsetse fly /ˈtsetsi flaɪ/ (*auch* **tse·tse**) *Nomen* Tsetsefliege

ˈT-shirt *Nomen* T-Shirt

tsp *Abk* (*Pl* **tsp** *oder* **tsps**) = TEASPOON

ˈT-square *Nomen* Reißschiene

tsu·nami /tsuːˈnɑːmi/ *Nomen* Tsunami-Flutwelle

TTYL (*auch* **ttyl**) *Kurzform von* **talk to you later** (*umgs*) (*Netzjargon*) wir sprechen uns später

tub /tʌb/ *Nomen* **1** Kübel **2** Becher **3** (*bes AmE*) Wanne

tuba /ˈtjuːbə; *AmE* ˈtuː-/ *Nomen* Tuba

tubby /ˈtʌbi/ *Adj* (*umgs*) rundlich

tube /tjuːb; *AmE* tuːb/ *Nomen* **1** Rohr, Schlauch → *Siehe auch* INNER TUBE *und* TEST TUBE **2** Rolle **3** Tube **4** Röhre ◇ *bronchial tubes* die Bronchien → *Siehe auch* FALLOPIAN TUBE **5** (*oft* **the tube**) [Sing] (*BrE*) Londoner U-Bahn ◇ *a tube station* ein U-Bahnhof ◇ *We came by tube.* Wir sind mit der U-Bahn gekommen. **6 the tube** [Sing] (*AmE, umgs*) die Glotze IDM **go down the ˈtube/ˈtubes** (*umgs*) den Bach runtergehen

tuber /ˈtjuːbə(r); *AmE* ˈtuː-/ *Nomen* Knolle

tu·ber·cu·lar /tjuːˈbɜːkjələ(r); *AmE* tuːˈbɜːrk-/ *Adj* tuberkulös

tu·ber·cu·losis /tjuːˌbɜːkjuˈləʊsɪs; *AmE* tuːˌbɜːrkjəˈloʊ-/ *Nomen* (*Abk* **TB**) Tuberkulose

ˈtube top *Nomen* (*AmE*) trägerloses Oberteil

tub·ing /ˈtjuːbɪŋ; *AmE* ˈtuː-/ *Nomen* [U] Rohr, Schlauch

ˈtub-thumping *Nomen, Adj* (*BrE, abwert*)

▸ ***Nomen*** ◇ *Don't overdo the tub-thumping.* Hau nicht zu sehr auf die Pauke.

▸ ***Adj*** ◇ *He gave a tub-thumping speech.* Er hat ganz schön auf die Pauke gehauen.

tu·bu·lar /ˈtjuːbjələ(r); *AmE* ˈtuːb-/ *Adj* **1** Rohr- ◇ *a tubular chrome chair* ein verchromter Stahlrohrstuhl **2** röhrenförmig ◇ *tubular bells* Röhrenglocken

TUC /ˌtiː juː ˈsiː/ *Kurzform von* **Trades Union Congress** = britischer Gewerkschaftsbund

tuck /tʌk/ *Verb, Nomen*

▸ ***Verb*** **1** stecken ◇ *The sheet should be tucked in neatly.* Das Laken sollte glatt gezogen und festgesteckt werden. ◇ *tuck sth under your arm* etw unter den Arm klemmen **2** (weg)stecken ◇ *He sat with his legs tucked up under him.* Er saß mit untergeschlagenen Beinen da. **3** wickeln PHRV **ˌtuck sth aˈway 1 be tucked away** versteckt liegen **2** wegstecken, verstecken **3** (*BrE, umgs*) (*Essen*) verdrücken **ˌtuck ˈin** (*BrE, umgs*) zulangen **ˌtuck sb ˈin/ˈup** jdn zudecken ◇ *I tucked the children in.* Ich habe die Kinder ins Bett gesteckt. **ˌtuck ˈinto sth** (*BrE, umgs*) (*Essen*) verdrücken

▸ ***Nomen*** **1** Biese, Abnäher **2** (*umgs*) Liften ◇ *a tummy tuck* eine chirurgische Bauchreduktion **3** [U] (*BrE, umgs, veraltet*) Süßigkeiten

Tudor /ˈtjuːdə(r); *AmE* ˈtuː-/ *Adj* = zur Zeit der Tudors (englisches Herrschergeschlecht, 1485–1603) gehörend

Tues·day /ˈtjuːzdeɪ, -di; *AmE* ˈtuːz-/ *Nomen* (*Abk* **Tue.**, **Tues.**) Dienstag → *Beispiele bei* MONTAG

tuft /tʌft/ *Nomen* Büschel

tuft·ed /ˈtʌftɪd/ *Adj* büschelig ◇ *a tufted carpet* ein Tuftingteppich ◇ *a tufted duck* eine Reiherente ◇ *tufted grass* Grasbüschel

tug /tʌg/ *Verb, Nomen*

▸ ***Verb*** (**-gg-**) ziehen ◇ *The baby was tugging her hair.* Das Kind zog sie an den Haaren. ◇ *He tugged the door open.* Er zog die Tür auf. ◇ *a sad story that tugs at your heartstrings* eine traurige Geschichte, die einem ans Herz geht IDM → FORELOCK

▸ ***Nomen*** **1** (*auch* **tugboat** /ˈtʌgbəʊt; *AmE* -boʊt/) Schleppdampfer **2** Ziehen ◇ *She felt a tug at her sleeve.* Sie spürte, wie sie jemand am Ärmel zog. **3** ◇ *a tug of jealousy* ein Eifersuchtsanfall

ˌtug of ˈlove *Nomen* [Sing] (*BrE, umgs*) = Streit um das Sorgerecht

ˌtug of ˈwar *Nomen* [Sing] Tauziehen

tu·ition /tjuˈɪʃn; *AmE* tuˈ-/ *Nomen* [U] **1** (*gehoben*) Unterricht, Anleitung **2** (*auch* **tuˈition fees** [Pl]) Studiengebühren

tulip /ˈtjuːlɪp; *AmE* ˈtuː-/ *Nomen* Tulpe

tulle /tjuːl; *AmE* tuːl/ *Nomen* Tüll

tum /tʌm/ *Nomen* (*BrE umgs*) Bauch

tum·ble /ˈtʌmbl/ *Verb, Nomen*

▸ ***Verb*** **1** fallen, stürzen, purzeln **2** stoßen **3 ~ (down)** einstürzen PHRV **ˈtumble to sth/sb** (*BrE, umgs*) etw/jdn begreifen

▸ ***Nomen*** **1** Sturz ◇ *The jockey took a nasty tumble.* Der Jockey ist schlimm gestürzt. → *Siehe auch* ROUGH AND TUMBLE **2** [Sing] Durcheinander

tumble·down /ˈtʌmbldaʊn/ *Adj* abbruchreif, verfallen

ˌtumble ˈdryer (*auch* **ˌtumble-ˈdrier**) *Nomen* (*BrE*) (Wäsche)trockner, Heißlufttrockner

tum·bler /ˈtʌmblə(r)/ *Nomen* **1** Wasserglas **2** (*auch* **tumbler·ful** /ˈtʌmbləfʊl; *AmE* -blərfʊl/) Glas **3** (*veraltet*) = Akrobat(in)

tumble·weed /ˈtʌmblwiːd/ *Nomen* Steppenläufer

tum·bril /ˈtʌmbrəl/ *Nomen* Schinderkarren

tu·mes·cence /tjuːˈmesns; *AmE* tuːˈ-/ *Nomen* [U] (*gehoben*) Schwellung

tu·mes·cent /tjuːˈmesnt; *AmE* tuːˈ-/ *Adj* (*gehoben*) (*bei sexueller Erregung*) anschwellend

tummy /ˈtʌmi/ *Nomen* (*Pl* **-ies**) (*umgs*) (*bes Kinderspr*) Bauch

tu·mour (*AmE* **tu·mor**) /ˈtjuːmə(r); *AmE* ˈtuː-/ *Nomen* Tumor, Geschwulst

tu·mult /ˈtjuːmʌlt; *AmE* ˈtuː-/ *Nomen* (*gehoben*) **1** Tumult ◇ *the tumult of war* das Kriegsgetöse ◇ *a tumult of shouting and screaming* aufgeregtes Schreien und Kreischen **2** Verwirrung

tu·mul·tu·ous /tjuːˈmʌltʃuəs; *AmE* tuːˈ-/ *Adj* stürmisch, turbulent, tumultuös

tu·mu·lus /ˈtjuːmjələs; *AmE* ˈtuːm-/ *Nomen* (*Pl* **tu·muli** /-laɪ/) (vorgeschichtliches) Hügelgrab

tuna /ˈtjuːnə; *AmE* ˈtuː-/ *Nomen* (*Pl* **tuna** *oder* **tunas**) (*auch* **ˈtuna fish**) Thunfisch

tun·dra /ˈtʌndrə/ *Nomen* Tundra

tune 0-ʷ /tjuːn; *AmE* tuːn/ *Nomen, Verb*

▸ ***Nomen*** Melodie IDM **be ˌin/ˌout of ˈtune (with sb/sth)** (mit jdm/etw) (nicht) übereinstimmen; (nicht) im Einklang mit etw stehen **ˌin/ˌout of ˈtune** **1** (*singen*) richtig/falsch **2** (*Instrument*) (richtig) gestimmt/verstimmt **to the tune of sth** (*umgs*) in Höhe von etw ◇ *The hotel has been refurbished to the tune of a million dollars.* Das Hotel wurde für sage und schreibe eine Million Dollar renoviert. → *Siehe auch* CALL, CHANGE, DANCE, PAY *und* SING

▸ ***Verb*** **1** (*Musikinstrument*) stimmen **2** (*Motor*) einstellen **3** (*meist passiv*) **~ sth (in) (to sth)** (*Radio, TV*) (auf etw) einstellen ◇ *Stay tuned for the news coming up next.* Bleiben Sie dran, denn gleich kommen die Nachrichten. **4 ~ sth (to sth)** etw nach etw (aus)richten PHRV **ˌtune ˈin (to sth)** (etw) einschalten **ˌtune ˈin to sb/sth** sich auf jdn/etw einstellen **ˌtune (sb/sth) ˈout** (bei jdm/etw) abschalten **ˌtune (sth) ˈup** (*Orchester etc.*) stimmen

ˌtuned ˈin *Adj* [nicht vor Nomen] **~ to sth** abgestimmt auf etw, eingestellt auf etw

tune·ful /ˈtjuːnfl; *AmE* ˈtuːn-/ *Adj* (*Adv* **tune·ful·ly** /-fəli/) melodisch

tune·less /ˈtjuːnləs; *AmE* ˈtuːn-/ *Adj* (*Adv* **tune·less·ly**) unmelodisch

tuner /ˈtjuːnə(r); *AmE* ˈtuː-/ *Nomen* **1** (*meist in Zusammensetzungen*) (*Klavier- etc.*) Stimmer(in) **2** Einstellknopf **3** Tuner

tung·sten /ˈtʌŋstən/ *Nomen* Wolfram

tunic /ˈtjuːnɪk; *AmE* ˈtuː-/ *Nomen* **1** Tunika **2** Kasack **3** (*BrE*) Uniformjacke

ˈtuning peg (*auch* **peg**) *Nomen* Wirbel

tun·nel 0-ʷ /ˈtʌnl/ *Nomen, Verb*

▸ ***Nomen*** Tunnel IDM → LIGHT

▸ ***Verb*** (**-ll-**, *AmE auch* **-l-**) einen Tunnel graben, einen Tunnel bohren

ˌtunnel ˈvision *Nomen* Gesichtsfeldeinengung, Tunnelblick (*auch fig*)

tunny /ˈtʌni/ *Nomen* (*Pl* **tunny**) (*BrE*) Thunfisch

tup·pence /ˈtʌpəns/ *Nomen* (*BrE, umgs*) zwei Pence IDM **not care/give ˈtuppence for sb/sth** sich nicht die Bohne für jdn/etw interessieren

tur·ban /ˈtɜːbən; *AmE* ˈtɜːrbən/ *Nomen* Turban

tur·baned /ˈtɜːbənd; *AmE* ˈtɜːrbənd/ *Adj* Turban tragend

tur·bine /ˈtɜːbaɪn; *AmE* ˈtɜːrbaɪn/ *Nomen* Turbine

turbo·charged /ˈtɜːbəʊtʃɑːdʒd; *AmE* ˈtɜːrboʊtʃɑːrdʒd/ *Adj* mit Turbolader ◇ *turbocharged engines* Turbomotoren

turbo·char·ger /ˈtɜːbəʊtʃɑːdʒə(r); *AmE* ˈtɜːrboʊtʃɑːrdʒər/ (*auch* **turbo** (*Pl* **-os**)) *Nomen* Turbolader

turbo·jet /ˈtɜːbəʊdʒet; *AmE* ˈtɜːrboʊ-/ *Nomen* **1** Turbotriebwerk **2** Flugzeug mit Turbotriebwerk

turbo·prop /ˈtɜːbəʊprɒp; *AmE* ˈtɜːrboʊprɑːp/ *Nomen* **1** Turbo-Prop-Triebwerk **2** Turbo-Prop-Flugzeug

tur·bot /ˈtɜːbət; *AmE* ˈtɜːrbət/ *Nomen* (*Pl* **tur·bot** *oder* **tur·bots**) Steinbutt

tur·bu·lence /ˈtɜːbjələns; *AmE* ˈtɜːrb-/ *Nomen* [U] **1** Turbulenz, Aufruhr **2** Turbulenzen

tur·bu·lent /ˈtɜːbjələnt; *AmE* ˈtɜːrb-/ *Adj* **1** turbulent ◇ *This is a turbulent part of the world.* In diesem Teil der Welt gärt es. ◇ *a turbulent sea* ein aufgewühltes Meer **2** ungestüm

turd /tɜːd; *AmE* tɜːrd/ *Nomen* (*vulg, Slang*) **1** Scheißhaufen **2** Scheißkerl

tur·een /tjuˈriːn, təˈ-/ *Nomen* (*Schüssel*) Terrine

turf /tɜːf; *AmE* tɜːrf/ *Nomen, Verb*

▸ ***Nomen*** (*Pl* **turfs** *oder* **turves** /tɜːvz; *AmE* tɜːrvz/) **1** Rasen; (*Stück*) Rasensode **2** Torf; (*Stück*) Torfsode **3 the turf** Pferderennen **4** (*bes AmE, umgs*) Revier ◇ *He feels more confident on home turf.* Er fühlt sich sicherer in seinem gewohnten Revier.

▸ ***Verb*** mit Fertigrasen begrünen PHRV **ˌturf sb ˈoff (sth)** (*BrE, umgs*) jdn (aus etw) rausschmeißen **ˌturf sb ˈout (of sth)** (*BrE, umgs*) jdn (aus etw) rausschmeißen

ˈturf accountant *Nomen* (*BrE, gehoben*) Buchmacher(in)

tur·gid /ˈtɜːdʒɪd; *AmE* ˈtɜːrdʒɪd/ *Adj* (*gehoben*) **1** geschwollen, schwülstig **2** (*Wasser*) angeschwollen

tur·key /ˈtɜːki; *AmE* ˈtɜːrki/ *Nomen* **1** Truthahn, Truthenne **2** Puter, Pute ◇ *roast turkey* Putenbraten **3** (*AmE, umgs*) Reinfall **4** (*AmE, umgs*) Schwachkopf → *Siehe auch* COLD TURKEY IDM → TALK

Turk·ish bath /ˌtɜːkɪʃ ˈbɑːθ; *AmE* ˌtɜːrkɪʃ ˈbæθ/ *Nomen* türkisches Bad

ˌTurkish deˈlight *Nomen* Lokum

tur·meric /ˈtɜːmərɪk; *AmE* ˈtɜːrm-/ *Nomen* Kurkuma

tur·moil /ˈtɜːmɔɪl; *AmE* ˈtɜːrmɔɪl/ *Nomen* Aufruhr ◇ *emotional turmoil* seelische Qualen ◇ *Her mind was in (a) turmoil.* Sie war völlig durcheinander. ◇ *She felt calmer after the turmoil of the last week.* Sie fühlte sich nach dem Durcheinander der letzten Woche ruhiger.

turn 0-ʷ /tɜːn; *AmE* tɜːrn/ *Verb, Nomen*

▸ ***Verb*** **1** (sich) drehen ◇ *She turned the chair on its side to repair it.* Sie kippte den Stuhl auf die Seite, um ihn zu reparieren. ◇ *Turn the sweater inside out before you wash it.* Vor dem Waschen den Pullover wenden. **2** (sich) umdrehen ◇ *We turned and headed for home.* Wir kehrten um und gingen nach Hause. ◇ *He turned back to his work.* Er wandte sich wieder seiner Arbeit zu. ◇ *I turned away and looked out of the window.* Ich wandte mich ab und sah aus dem Fenster. ◇ *He turned his back to the wall.* Er stellte sich mit dem Rücken zur Wand. → *Siehe auch* TURN OVER **3** abbiegen ◇ *turn a corner* um die Ecke biegen ◇ *I turned the car into the* *car park.* Ich bog mit dem Auto in den Parkplatz ein. **4** gehen nach ◇ *The road turns to the left after the church.* Die Straße macht nach der Kirche eine Linksbiegung. **5** richten auf ◇ *He turned his anger on the children.* Er ließ seinen Ärger an den Kindern aus. ◇ *She turned her attention back to me.* Sie wandte mir wieder ihre Aufmerksamkeit zu. **6** ◇ *turn the dogs loose* die Hunde loslassen ◇ *They turned the horse into the field.* Sie ließen das Pferd auf die Wiese. **7** (*Gezeiten*) wechseln ◇ *The tide is turning.* Die Flut kommt. **8** umschlagen ◇ *She turned down the blanket.* Sie schlug die Decke zurück. ◇ *He turned up the collar of his coat.* Er schlug seinen Mantelkragen hoch. **9** umblättern ◇ *Turn to page 23.* Schlagen Sie Seite 23 auf. **10** ◇ *turn cartwheels* Rad schlagen ◇ *turn somersaults* Purzelbäume machen **11** ◇ *turn a game (around)* einem Spiel eine andere Wendung geben ◇ *The game turned (around).* Das Spiel wendete sich. **12** werden ◇ *He turned nasty.* Er wurde unangenehm. ◇ *He's a lawyer turned politician.* Er war Anwalt und wurde Politiker. ◇ *It's turned midnight.* Es ist Mitternacht geworden. ◇ *The lights turned from red to green.* Die Ampel schaltete auf Grün. ◇ *The leaves were already turning brown.* Die Blätter färbten sich bereits braun. **13** verwandeln ◇ *The heat turned the milk sour.* Durch die Hitze wurde die Milch sauer. ◇ *The sight of the corpse turned my stomach.* Beim Anblick der Leiche drehte sich mir der Magen um. **14** (*Holz*) drechseln IDM **as it/things turned 'out** wie sich herausstellte **be well, badly, etc. turned 'out** gut, schlecht etc. angezogen sein **turn around/round and do sth** (*umgs*) auf einmal etw tun ◇ *How could she turn round and say that, after all I've done for her?* Wie konnte sie das auf einmal sagen, nach all dem, was ich für sie getan habe. ⓘFür andere Redewendungen mit **turn** siehe die Einträge für die Nomina, Adjektive etc. **Not turn a hair** z.B. steht unter **hair**. PHR V **ˌturn aˈgainst sb** sich gegen jdn wenden **ˌturn sb aˈgainst sb** jdn gegen jdn aufbringen **ˌturn aˈround/ˈround 1** sich umdrehen **2** sich wenden ◇ *The market turned around within 2 years.* Innerhalb von 2 Jahren hatte sich der Markt völlig erholt. **ˌturn sb/sth aˈround/ˈround** jdn/etw umdrehen ◇ *I turned my chair round to face the fire.* Ich drehte meinen Stuhl zum Feuer. **ˌturn sth aˈround/ˈround** etw zum Guten wenden, etw aus der Krise führen **ˌturn sb aˈway** jdn abweisen, jdn wegschicken **ˌturn ˈback** umkehren ◇ *We said we would do it—there can be no turning back.* Wir sagten, dass wir es machen würden—davon können wir nicht abgehen. **ˌturn sb/sth ˈback** jdn/etw zurückschicken **ˌturn sb/sth ˈdown** jdn/etw ablehnen ◇ *He has been turned down for ten jobs so far.* Er hat bisher auf zehn Bewerbungen Absagen erhalten. ◇ *She turned him down.* Sie wies ihn ab. **ˌturn sth ˈdown** etw herunterdrehen ◇ *Please turn the volume down.* Bitte stell es leiser. **ˌturn ˈin 1** nach innen gebogen sein ◇ *Her feet turn in.* Sie dreht beim Laufen die Füße einwärts. **2** (*veraltet*) schlafen gehen **ˌturn sb ˈin** (*umgs*) jdn anzeigen ◇ *He decided to turn himself in.* Er beschloss, sich zu stellen. **ˌturn sth ˈin** etw abgeben, etw übergeben ◇ *The champion turned in a superb performance.* Die Meisterin legte eine hervorragende Leistung hin. **ˌturn ˈin on yourself** sich in sich selbst zurückziehen **ˌturn ˈinto sth** sich in etw verwandeln, zu etw werden **ˌturn sb/sth ˈinto sth** jdn/etw in etw verwandeln ◇ *The novel was turned into a film.* Der Roman wurde verfilmt. **ˌturn ˈoff** (*umgs*) abschalten **ˌturn ˈoff (sth)** (*kein Passiv*) (von etw) abbiegen ◇ *The car turned off the motorway.* Das Auto fuhr von der Autobahn ab. **ˌturn sb ˈoff 1** jdn anöden ◇ *People had been turned off by both candidates in the election.* Die Leute waren von beiden Wahlkandidaten abgekommen. **2** jdm die Lust nehmen **3** jdn anwidern → *Siehe auch* TURN-OFF **ˌturn sth ˈoff** etw ausschalten, etw abstellen ◇ *turn off the light/oven* das Licht/den Ofen ausmachen **ˌturn sb ˈoff sth** jdm etw verleiden **ˈturn on sb** über jdn herfallen **ˈturn on sth 1** (*BrE*) von etw abhängen **2** (*Diskussion etc.*) sich um etw drehen **ˌturn sb ˈon 1** (*umgs*) jdn antörnen, jdn scharf machen **2** ◇ *Jazz has never really turned me on.* Ich stand noch nie auf Jazz. **ˌturn sb ˈon to sth** (*umgs*) jdn für etw begeistern **ˌturn sth ˈon** etw anmachen ◇ *He really knows how to turn on the charm.* Er weiß genau, wie er seinen Charme einsetzen kann. **ˌturn ˈout 1** erscheinen **2** (*enden*) ausgehen ◇ *You never know how your children will turn out!* Man weiß nie, wie die Kinder sich entwickeln! ◇ *If the day turns out wet, we'll have to change our plans.* Wenn es regnet, müssen wir unsere Pläne ändern. **3** nach außen gebogen sein ◇ *Her toes turn out.* Beim Laufen dreht sie die Füße nach außen. **4** sich herausstellen ◇ *The job turned out to be harder than we thought.* Es stellte sich heraus, dass die Arbeit schwieriger als erwartet war. **ˌturn sb ˈout** jdn hervorbringen **ˌturn sb ˈout (of/from sth)** jdn (aus etw) werfen **ˌturn sth ˈout 1** etw produzieren **2** etw ausmachen **3** (*BrE*) etw aufräumen **4** etw leeren **5** etw nach außen biegen **ˌturn ˈover 1** sich umdrehen ◇ *The car skidded and turned over.* Das Auto kam ins Schleudern und überschlug sich. ◇ *The smell made my stomach turn over.* Der Geruch drehte mir den Magen um. **2** (*Motor*) laufen, anspringen **3** (*TV*) umschalten **ˌturn ˈover sth** etw umsetzen ◇ *The company turns over 3.5 million a year.* Die Firma macht einen Umsatz von 3,5 Millionen im Jahr. **ˌturn sth ˈover 1** etw umdrehen **2** etw hin und her überlegen ◇ *She kept turning over the events of the day in her mind.* Die Ereignisse des Tages gingen ihr immer wieder durch den Kopf. **3** (*Waren*) umsetzen **4** (*umgs*) etw ausrauben **5** (*Motor*) anlassen **ˌturn sb ˈover to sb** jdn jdm übergeben **ˌturn sth ˈover to sb** jdm etw übertragen **ˌturn sth ˈover to sth** etw auf etw umstellen **ˈturn to sb/sth** sich an jdn/etw wenden **ˌturn ˈup 1** auftauchen ◇ *He's hoping something will turn up.* Er hofft, dass noch was kommt. **2** kommen **ˌturn sth ˈup 1** etw lauter machen, etw höher stellen **2** (*BrE*) etw umnähen **3** etw finden, etw hervorbringen

▸ ***Nomen*** **1** Drehung ◇ *Give the handle a few turns.* Dreh den Griff ein paar Mal herum. **2** ◇ *make a left turn* nach links abbiegen → *Siehe auch* THREE-POINT TURN *und* U-TURN **3** (*bes AmE*) Abzweigung **4** Kurve **5** ◇ *It's my turn.* Ich bin dran. ◇ *Please wait your turn.* Bitte warten Sie, bis Sie an der Reihe sind. ◇ *Steve took a turn driving while I slept.* Steve fuhr eine Weile, während ich schlief. **6** Wende ◇ *His health has taken a turn for the worse.* Sein Befinden hat sich verschlechtert. ◇ *The book is, by turns, funny and very sad.* Das Buch ist abwechselnd lustig und sehr traurig. **7** Nummer ◇ *Everyone got up on stage to do a turn.* Jeder ging auf die Bühne, um etwas zum Besten zu geben. **8** (*veraltet*) Runde ◇ *We took a turn around the park.* Wir drehten eine Runde um den Park. **9** (*veraltet*) Anfall IDM **at every ˈturn 1** an jeder Ecke ◇ *At every turn I met with disappointment.* Überall stieß ich auf Enttäuschung. **2** immer wieder **be on the ˈturn** (*bes BrE*) sich wenden ◇ *His luck is on the turn.* Sein Glück wendet sich. **do sb a good ˈturn** jdm einen Gefallen tun **done to a ˈturn** (*BrE*) genau richtig gekocht/gebraten **give sb a ˈturn** (*veraltet*) jdm einen Schrecken einjagen **a good ˈturn** eine gute Tat **in ˈturn 1** der Reihe nach **2** wiederum **not do a hand's ˈturn** (*veraltet*) keinen Handschlag tun **one good turn deserves aˈnother** eine Hand wäscht die andere **speak/talk ˌout of ˈturn** ◇ *She was talking out of turn.* Es stand ihr nicht zu, das zu sagen. ◇

Your remark was out of turn. Ihre Bemerkung war fehl am Platz. **take 'turns (in sth/to do sth)** (*BrE auch* **take it in 'turns**) sich (mit/bei etw) abwechseln **the ˌturn of the 'century/'year** die Jahrhundertwende/die Jahreswende **a ˌturn of 'mind** eine Einstellung **a ˌturn of 'phrase** eine Ausdrucksweise **a ˌturn of 'speed** ◇ *He put on an impressive turn of speed in the last lap.* Er erhöhte seine Geschwindigkeit in der letzten Runde enorm. ◇ *The kangaroo has a fast turn of speed.* Känguru können sehr schnell laufen. → *Siehe auch* SERVE

turn·about /ˈtɜːnəbaʊt; *AmE* ˈtɜːrn-/ *Nomen* ~ **(in sth)** Kehrtwendung (in etw)

turn·around /ˈtɜːnəraʊnd; *AmE* ˈtɜːrn-/ (*BrE auch* **turn·round**) *Nomen* [meist Sing] **1** Abfertigungszeit **2** Bearbeitungszeit, Fertigstellungszeit **3** Aufschwung **4** Kehrtwendung

turn·coat /ˈtɜːnkəʊt; *AmE* ˈtɜːrnkoʊt/ *Nomen* (*abwert*) Überläufer(in)

turn·ing /ˈtɜːnɪŋ; *AmE* ˈtɜːrnɪŋ/ *Nomen* (*BrE*) Abzweigung ◇ *Take the first turning on the right.* Nehmen Sie die erste Straße rechts.

'turning circle *Nomen* (*von Autos*) Wendekreis

'turning point *Nomen* Wendepunkt

tur·nip /ˈtɜːnɪp; *AmE* ˈtɜːrnɪp/ *Nomen* Rübe

turn·key /ˈtɜːnkiː; *AmE* ˈtɜːrn-/ *Adj* gebrauchsfertig; (COMP) Turnkey-

'turn-off *Nomen* **1** Abzweigung, Abfahrt **2** [meist Sing] (*umgs*) ◇ *be a turn-off* abstoßend wirken ◇ *I find beards a real turn-off.* Männer mit Bart kann ich nicht ausstehen.

'turn-on *Nomen* [meist Sing] (*umgs*) ◇ *be a turn-on for sb* jdn anmachen ◇ *He finds leather a real turn-on.* Er findet Leder sehr aufreizend.

turn·out /ˈtɜːnaʊt; *AmE* ˈtɜːrnaʊt/ *Nomen* **1** Besucherzahl **2** Wahlbeteiligung

turn·over /ˈtɜːnəʊvə(r); *AmE* ˈtɜːrnoʊ-/ *Nomen* **1** [meist Sing] Umsatz ◇ *a rise in turnover* eine Umsatzsteigerung **2** Fluktuation, Personalwechsel **3** (*von Waren*) Umschlag **4** ◇ *an apple turnover* eine Apfeltasche

turn·pike /ˈtɜːnpaɪk; *AmE* ˈtɜːrn-/ (*auch* **pike**) *Nomen* (*AmE*) gebührenpflichtige Straße

turn·round /ˈtɜːnraʊnd; *AmE* ˈtɜːrn-/ *Nomen* (*BrE*) = TURNAROUND

'turn signal *Nomen* (*AmE*) Richtungsanzeiger, Blinker

turn·stile /ˈtɜːnstaɪl; *AmE* ˈtɜːrn-/ *Nomen* Drehkreuz

turn·table /ˈtɜːnteɪbl; *AmE* ˈtɜːrn-/ *Nomen* **1** Plattenspieler **2** Plattenteller **3** (*für Lokomotive*) Drehscheibe

'turn-up *Nomen* (*BrE*) **1** (*von Hosen*) Aufschlag **2** (*umgs*) Riesenüberraschung ◇ *That's a turn-up for the books!* Das muss man sich rot im Kalender anstreichen!

tur·pen·tine /ˈtɜːpəntaɪn; *AmE* ˈtɜːrp-/ (*umgs* **turps** /tɜːps; *AmE* tɜːrps/) *Nomen* Terpentin

tur·quoise /ˈtɜːkwɔɪz; *AmE* ˈtɜːrkwɔɪz/ *Adj, Nomen*
▸ ***Adj*** türkis(farben)
▸ ***Nomen*** Türkis

tur·ret /ˈtʌrət; *AmE* ˈtɜːrət/ *Nomen* **1** Türmchen **2** (*an Schiffen, Panzern*) Geschützturm

tur·ret·ed /ˈtʌrətɪd; *AmE* ˈtɜːr-/ *Adj* mit Türmchen

tur·tle /ˈtɜːtl; *AmE* ˈtɜːrtl/ *Nomen* **1** (*AmE auch* **'sea turtle**) Wasserschildkröte **2** (*AmE, umgs*) Schildkröte IDM **turn 'turtle** kentern

'turtle dove *Nomen* Turteltaube

turtle·neck /ˈtɜːtlnek; *AmE* ˈtɜːrt-/ (*auch* **ˌturtleneck 'sweater**) *Nomen* Rollkragen(pullover)

tusk /tʌsk/ *Nomen* Stoßzahn

tus·sle /ˈtʌsl/ *Nomen, Verb*
▸ ***Nomen*** Gerangel
▸ ***Verb*** rangeln

tus·sock /ˈtʌsək/ *Nomen* Grasbüschel

tut /tʌt/ (*auch* **ˌtut-'tut**) *Ausruf, Nomen, Verb*
▸ ***Ausruf, Nomen*** na, pfui ◇ *Tut-tut, I expected better of you.* Na, ich hätte Besseres von dir erwartet. ◇ *tut-tuts of disapproval* missbilligende Laute
▸ ***Verb*** (-tt-) missbilligend mit der Zunge schnalzen, seine Missbilligung zum Ausdruck bringen

tu·tel·age /ˈtjuːtəlɪdʒ; *AmE* ˈtuː-/ *Nomen* [U] (*gehoben*) **1** Anleitung **2** Vormundschaft; (*eines Landes*) Schutzherrschaft

tutor /ˈtjuːtə(r); *AmE* ˈtuː-/ *Nomen, Verb*
▸ ***Nomen*** **1** Privatlehrer(in) **2** (*in der Schule*) ≈ Klassenlehrer(in); (*an der Uni in GB*) Dozent(in), der/die für die individuelle Betreuung von Studenten zuständig ist; (*am College in den USA*) Assistent(in); (*in der Erwachsenenbildung*) Kursleiter(in) **3** Lehrbuch
▸ ***Verb*** **1** ~ **sb (in sth)** jdm (in etw) Stunden geben **2** unterrichten

'tutor group *Nomen* (*Unter-, Mittelstufe*) ≈ Klasse; (*Oberstufe*) Tutorengruppe

tu·tor·ial /tjuːˈtɔːriəl; *AmE* tuː-/ *Nomen, Adj*
▸ ***Nomen*** **1** Kolloquium, Tutorium **2** (*Schule*) Tutorenstunde **3** Leitfaden; (COMP) Hilfsprogramm
▸ ***Adj*** Tutoren- ◇ *tutorial staff* Tutoren

tu'torial college *Nomen* Privatschule zur Vorbereitung auf Examen

tutti-frutti /ˌtuːti ˈfruːti/ *Nomen* Tuttifrutti

tutu /ˈtuːtuː/ *Nomen* Tutu

tu-whit, tu-whoo /təˌwɪt təˈwuː/ *Ausruf* uhu

tux·edo /tʌkˈsiːdəʊ; *AmE* -doʊ/ *Nomen* (*Pl* **-os**) (*umgs* **tux** /tʌks/) (*bes AmE*) Smoking

TV 0→ /ˌtiː ˈviː/ *Nomen* Fernsehen, Fernseher ◇ *What's on TV?* Was gibt's im Fernsehen? ◇ *a TV set* ein Fernsehgerät

twad·dle /ˈtwɒdl; *AmE* ˈtwɑːdl/ *Nomen* (*umgs, veraltet*) Gewäsch, Quatsch

twang /twæŋ/ *Nomen, Verb*
▸ ***Nomen*** **1** Näseln **2** Tonfall, Akzent **3** (*von Bogensehne, Saiten eines Streichinstruments*) sirrendes Geräusch
▸ ***Verb*** **1** sirren (lassen) **2** (*Saiteninstrument*) klimpern auf

twat /twæt, twɒt; *AmE* twɑːt/ *Nomen* (*bes BrE, vulg, Slang*) **1** (*Idiot*) Arschloch **2** Fotze

tweak /twiːk/ *Verb, Nomen*
▸ ***Verb*** **1** kneifen ◇ *She tweaked his ear.* Sie zog ihn am Ohr. **2** (*Zahlen, Motor etc.*) frisieren
▸ ***Nomen*** **1 give sth a ~** an etw ziehen **2** geringfügige Verbesserung

twee /twiː/ *Adj* (*BrE, umgs, abwert*) schnuckelig, verniedlicht

tweed /twiːd/ *Nomen* **1** Tweed **2 tweeds** [Pl] Tweedkleidung

tweedy /ˈtwiːdi/ *Adj* Tweed-

tweet /twiːt/ *Nomen, Verb*
▸ ***Nomen*** **1** Piepsen **2** Tweet, Twitter-Nachricht
▸ ***Verb*** twittern, tweeten

tweet·er /ˈtwiːtə(r)/ *Nomen* Hochtonlautsprecher

tweez·ers /ˈtwiːzəz; *AmE* -zərz/ *Nomen* [Pl] Pinzette ◇ *a pair of tweezers* eine Pinzette

twelfth 0→ /twelfθ/ *Adj, Pron, Nomen*
▸ ***Adj, Pron*** zwölfte(r,s) → *Beispiele bei* SECHSTE(R,S)
▸ ***Nomen*** Zwölftel

twelve 0→ /twelv/ *Zahl* zwölf → *Beispiele bei* SECHS

twen·ti·eth 0→ /ˈtwentiəθ/ *Adj, Pron, Nomen*
▸ ***Adj, Pron*** zwanzigste(r,s) → *Beispiele bei* SECHSTE(R,S)
▸ ***Nomen*** Zwanzigstel

twenty 0-ᴡ /ˈtwenti/ *Zahl, Nomen*
▸ ***Zahl*** zwanzig → *Beispiele bei* SECHZIG
▸ ***Nomen*** **the twenties** [Pl] → *Beispiele bei* SIXTY

ˌtwenty-ˈfirst *Adj, Pron, Nomen*
▸ ***Adj, Pron*** einundzwanzigste(r,s) → *Beispiele bei* SECHSTE(R,S)
▸ ***Nomen*** [Sing] (*bes BrE, umgs*) 21. Geburtstag

ˌtwenty ˈpence (*auch* **ˌtwenty pence ˈpiece; 20p**) /ˌtwenti ˈpiː/ *Nomen* 20-Pence-Stück

ˌtwenty-ˌtwenty ˈvision (*auch* **20/20 vision**) *Nomen* hundertprozentiges Sehvermögen

twerp /twɜːp; *AmE* twɜːrp/ *Nomen* (*veraltet, umgs*) Blödmann

twice 0-ᴡ /twaɪs/ *Adv* **1** zweimal ◇ *a twice-monthly newsletter* ein Rundschreiben, das zweimal im Monat erscheint **2** doppelt ◇ *twice as much* doppelt soviel ◇ *an area twice the size of Wales* ein Gebiet doppelt so groß wie Wales ◇ *At 56 he's twice her age.* Mit 56 ist er doppelt so alt wie sie. ◇ *Charges have risen at twice the rate of inflation.* Gebühren sind um das Zweifache der Inflationsrate gestiegen. IDM **twice ˈover** gleich zweimal → *Siehe auch* LIGHTNING, ONCE *und* THINK

twid·dle /ˈtwɪdl/ *Verb, Nomen*
▸ ***Verb*** (*BrE*) **~ (with) sth** etw drehen, an etw herumspielen IDM **twiddle your thumbs** Däumchen drehen
▸ ***Nomen*** **1** (*BrE*) Drehung **2** Verzierung ◇ *twiddles on the clarinet* Schlenker auf der Klarinette

twig /twɪg/ *Nomen, Verb*
▸ ***Nomen*** (kleiner) Zweig
▸ ***Verb*** **(-gg-)** (*BrE, umgs*) kapieren

twi·light /ˈtwaɪlaɪt/ *Nomen, Adj*
▸ ***Nomen*** **1** Dämmerung **2 the ~ (of sth)** (*gehoben*) die Spätphase (von etw) ◇ *her twilight years* ihr Lebensabend
▸ ***Adj*** [nur vor Nomen] (*gehoben*) Zwielicht-, zwielichtig

twi·lit /ˈtwaɪlɪt/ *Adj* (*gehoben*) dämmerig

twill /twɪl/ *Nomen* Köper

twin 0-ᴡ /twɪn/ *Nomen, Verb, Adj*
▸ ***Nomen*** **1** Zwilling → *Siehe auch* IDENTICAL TWIN **2** Gegenstück, Pendant
▸ ***Verb*** **(-nn-) 1** (*meist passiv*) verschwistern ◇ *Oxford is twinned with Bonn.* Oxford und Bonn sind Partnerstädte. **2** verknüpfen, paaren
▸ ***Adj*** [nur vor Nomen] **1** Zwillings- **2** zwei, Doppel-

ˌtwin ˈbed *Nomen* **1 twin beds** zwei Einzelbetten **2** (*AmE*) Einzelbett

ˌtwin-ˈbedded *Adj* Zweibett-

ˌtwin ˈbedroom *Nomen* Zweibettzimmer

twine /twaɪn/ *Nomen, Verb*
▸ ***Nomen*** [U] Schnur
▸ ***Verb*** (sich) winden; **~ sth around/round sth** etw um etw herumwinden ◇ *She twined her arms around my neck.* Sie schlang ihre Arme um meinen Hals.

ˌtwin-ˈengined *Adj* zweimotorig

twinge /twɪndʒ/ *Nomen* Stechen, Stich ◇ *She felt a twinge of guilt.* Sie hatte Gewissensbisse.

twin·kle /ˈtwɪŋkl/ *Verb, Nomen*
▸ ***Verb*** **1** blinken, funkeln **2 ~ (with sth)** (vor etw) leuchten ◇ *twinkling blue eyes* strahlend blaue Augen **3 ~ (at sb)** jdm zuzwinkern
▸ ***Nomen*** [Sing] Funkeln, Blinken ◇ *He looked at me with a twinkle in his eye.* Er sah mich augenzwinkernd an.

twink·ling /ˈtwɪŋklɪŋ/ *Nomen* [Sing] Nu IDM **in the ˌtwinkling of an ˈeye** von einem Augenblick zum anderen

twin·set /ˈtwɪnset/ *Nomen* (*BrE*) Twinset

ˌtwin ˈtown *Nomen* Partnerstadt

twirl /twɜːl; *AmE* twɜːrl/ *Verb, Nomen*
▸ ***Verb*** **1 ~ (sb) (around/round)** (jdn) (herum)wirbeln **2 ~ sth (around/about)** etw drehen **3** zwirbeln
▸ ***Nomen*** Drehung

twist 0-ᴡ /twɪst/ *Verb, Nomen*
▸ ***Verb*** **1** biegen, drehen ◇ *Twist the wire to form a circle.* Biegen Sie den Draht zu einem Kreis. **2** verbiegen, verdrehen ◇ *She twisted her mouth into a mocking smile.* Sie verzog ihren Mund zu einem spöttischen Lächeln. ◇ *Her face twisted in anger.* Ihr Gesicht war wutverzerrt. ◇ *The newspaper was accused of twisting the facts.* Der Zeitung wurde eine Verzerrung der Tatsachen vorgeworfen. **3** (sich) (herum)drehen **4** (*Straße etc.*) sich winden **5** (*Körperteil*) verrenken **6** wickeln ◇ *The telephone cable has got twisted.* Die Telefonschnur hat sich verwickelt. IDM **twist sb's ˈarm** (*umgs*) auf jdn Druck ausüben → *Siehe auch* KNIFE *und* LITTLE FINGER PHR V **ˌtwist sth ˈoff** etw abdrehen, etw abschrauben
▸ ***Nomen*** **1** Drehung ◇ *give sth a twist* etw herumdrehen **2** Wendung ◇ *the twists and turns of his artistic career* die verschlungenen Wege seiner künstlerischen Laufbahn ◇ *The story has taken another twist.* Die Geschichte hat eine weitere Wende genommen. ◇ *By a curious twist of fate …* Durch eine seltsame Fügung des Schicksals … **3** Biegung **4** ◇ *a twist of paper* ein zusammengedrehtes Stück Papier ◇ *a cocktail with a twist of lemon* ein Cocktail mit einer Zitronenspirale **5 the twist** der Twist IDM **round the bend/twist** (*bes BrE, umgs*) verrückt → *Siehe auch* KNICKERS

twist·ed 0-ᴡ /ˈtwɪstɪd/ *Adj* **1** verbogen, verdreht ◇ *The car was a mass of twisted metal.* Das Auto war ein Schrotthaufen. ◇ *a twisted ankle* ein verrenkter Knöchel ◇ *She gave a small twisted smile.* Sie lächelte verkrampft. **2** verquer, pervers

twist·er /ˈtwɪstə(r)/ *Nomen* (*bes AmE, umgs*) Wirbelsturm

twisty /ˈtwɪsti/ *Adj* kurvenreich

twit /twɪt/ *Nomen* (*bes BrE, umgs*) Trottel

twitch /twɪtʃ/ *Verb, Nomen*
▸ ***Verb*** **1 ~ (sth)** (mit etw) zucken **2** zupfen an ◇ *He twitched the package out of my hands.* Er entriss mir das Paket.
▸ ***Nomen*** **1** Zucken; (MED) Tic **2** Ruck **3** Regung ◇ *At that moment she felt a twitch of anxiety.* In dem Augenblick spürte sie plötzlich Angst.

twitchy /ˈtwɪtʃi/ *Adj* (*umgs*) **1** nervös **2** zuckend

Twit·ter™ /ˈtwɪtə(r)/ *Nomen* [U] Twitter™

twit·ter /ˈtwɪtə(r)/ *Verb, Nomen*
▸ ***Verb*** **1** zwitschern **2 ~ (on) (about sth)** (*bes BrE*) (über etw) schnattern **3** tweeten, twittern
▸ ***Nomen*** [Sing] **1** (*auch* **twit·tering**) Gezwitscher **2** (*umgs*) ◇ *She had been all of a twitter since she heard the news.* Sie war ganz aufgeregt, seit sie die Nachricht gehört hatte.

Twit·ter·ati /ˌtwɪtəˈrɑːtiː/ *Nomen* [Pl] (*umgs*) Twitterliebhaber(innen), Twitteraner

ˈtwixt /twɪkst/ *Präp* (*veraltet*) zwischen

two 0-ᴡ /tuː/ *Zahl* zwei → *Beispiele bei* SECHS IDM **a ˈday, ˈmoment, etc. or two** ein paar Tage, Augenblicke etc. **fall between two ˈstools** (*BrE*) zwischen zwei Stühlen sitzen **in ˈtwo** entzwei; in zwei Teile **in ˌtwos and ˈthrees** zu zweit oder dritt; tröpfchenweise **it takes two to do sth** es gehören zwei dazu, etw zu tun **not have two beans, pennies, nickels, etc. to rub toˈgether** arm wie eine Kirchenmaus sein **not have two brain cells to rub toˈgether** strohdumm sein **put ˌtwo and ˌtwo toˈgether** sich etwas zusammenreimen; seine Schlüsse ziehen **that makes ˈtwo of us** (*umgs*) ich auch **ˌtwo heads are better than ˈone** vier

Augen sehen mehr als zwei; zusammen geht es leichter **two's ˈcompany (, three's a crowd)** ein(e) Dritte(r) würde nur stören **two ˌsides of the same ˈcoin** zwei Seiten der Medaille → *Siehe auch* MIND *und* SHAKE

ˈtwo-bit *Adj* [nur vor Nomen] (*bes AmE, umgs*) mies

ˌtwo ˈbits *Nomen* [Pl] (*AmE, umgs, veraltet*) 25 Cents

ˌtwo-diˈmensional *Adj* zweidimensional ◇ *The novel had two-dimensional characters.* Der Roman hatte oberflächlich gezeichnete Figuren.

ˌtwo-ˈedged *Adj* **1** zweischneidig **2** zweideutig

ˌtwo-ˈfaced *Adj* (*umgs, abwert*) heuchlerisch, falsch

ˌtwo ˈfingers *Nomen* [Pl] (*BrE, umgs*) der Stinkefinger

two·fold /ˈtuːfəʊld; *AmE* -foʊld/ *Adj, Adv*

▸ ***Adj*** (*gehoben*) **1** zweifach ◇ *The problem was twofold.* Das Problem hatte zwei Seiten. **2** doppelt ◇ *There was a twofold increase in demand.* Die Nachfrage stieg um das Doppelte.

▸ ***Adv*** ◇ *increase twofold* sich verdoppeln

ˌtwo-ˈhanded *Adj* mit beiden Händen, beidhändig

ˌtwo ˈpence (*auch* **ˌtwo pence ˈpiece**; **2p** /ˌtuː ˈpiː/) *Nomen* 2-Pence-Stück

ˌtwo-ˈpiece *Nomen, Adj*

▸ ***Nomen*** Zweiteiler

▸ ***Adj*** zweiteilig

ˈtwo-ply *Adj* zweischichtig; (*Papier etc.*) zweilagig; (*Wolle, Faden*) zweifädig

ˌtwo-ˈseater *Nomen* Zweisitzer

two·some /ˈtuːsəm/ *Nomen* Paar

ˈtwo-time *Verb* (*umgs*) (*Freund(in)*) betrügen

ˈtwo-timer *Nomen* (*umgs*) Betrüger(in)

ˈtwo-tone *Adj* [nur vor Nomen] **1** zweifarbig **2** Zweiklang-

ˌtwo-ˈway *Adj* **1** in beide Richtungen ◇ *two-way traffic* Gegenverkehr ◇ *two-way trade* bilateraler Handel ◇ *a two-way switch* ein Wechselschalter **2** gegenseitig ◇ *Friendship is a two-way process.* Zur Freundschaft gehören zwei. **3** ◇ *a two-way radio* ein Funksprechgerät

two-way ˈmirror *Nomen* Einwegspiegel

ty·coon /taɪˈkuːn/ *Nomen* Tycoon, Magnat ◇ *media tycoon* ein Medienzar ◇ *a business tycoon* ein Industriemagnat

tyke (*auch* **tike**) /taɪk/ *Nomen* (*umgs*) **1** Gör **2** (*BrE*) Mensch aus Yorkshire

type 0‑ᴡ /taɪp/ *Nomen, Verb*

▸ ***Nomen*** **1** Art, Sorte ◇ *a blood type* eine Blutgruppe **2** [Sing] (*umgs*) Typ **3 -type** (*in Zusammensetzungen*) ◇ *a continental-type cafe* ein Café im kontinentalen Stil **4** (*Druckwesen*) Type, Druck ◇ *in bold type* fett gedruckt

▸ ***Verb*** **1** tippen, Maschine schreiben ◇ *Type (in) the file name.* Geben Sie den Namen der Datei ein. **2** (*Fachspr*) typisieren ◇ *Blood samples were taken from patients for typing.* Von Patienten wurden Blutproben zur Feststellung der Blutgruppe genommen.

type·cast /ˈtaɪpkɑːst; *AmE* -kæst/ *Verb* (**-cast**, **-cast**) (*meist passiv*) **~ sb** (**as sth**) jdn (auf eine bestimmte Rolle) festlegen

type·face /ˈtaɪpfeɪs/ *Nomen* Schrift(art)

type·script /ˈtaɪpskrɪpt/ *Nomen* maschinegeschriebener Text

type·set /ˈtaɪpset/ *Verb* (**-set·ting**, **-set**, **-set**) (*Text*) setzen

type·set·ter /ˈtaɪpsetə(r)/ *Nomen* Schriftsetzer(in)

type·set·ting /ˈtaɪpsetɪŋ/ *Nomen* Setzen

type·writer /ˈtaɪpraɪtə(r)/ *Nomen* Schreibmaschine

type·writ·ing /ˈtaɪpraɪtɪŋ/ *Nomen* Maschineschreiben

type·writ·ten /ˈtaɪprɪtn/ *Adj* getippt, maschinegeschrieben

ty·phoid /ˈtaɪfɔɪd/ (*auch* **ˌtyphoid ˈfever**) *Nomen* Typhus

ty·phoon /taɪˈfuːn/ *Nomen* Taifun

ty·phus /ˈtaɪfəs/ *Nomen* Fleckfieber

typ·ical 0‑ᴡ /ˈtɪpɪkl/ *Adj* **~ (of sb/sth)** typisch (für jdn/etw), normal (für jdn/etw) ◇ *He spoke with typical enthusiasm.* Er sprach mit dem für ihn typischen Enthusiasmus.

typ·ic·al·ly 0‑ᴡ /ˈtɪpɪkli/ *Adv* **1** typisch, normal(erweise) **2** wie immer

typ·ify /ˈtɪpɪfaɪ/ *Verb* (**-fies**, **-fy·ing**, **-fied**, **-fied**) **1** verkörpern **2** typisch sein für

typ·ing /ˈtaɪpɪŋ/ *Nomen* [U] Tippen, Maschineschreiben

typ·ist /ˈtaɪpɪst/ *Nomen* **1** Schreibkraft **2** ◇ *I'm quite a fast typist.* Ich kann ziemlich schnell tippen.

typo /ˈtaɪpəʊ; *AmE* -poʊ/ *Nomen* (*Pl* **-os**) (*umgs*) Tippfehler, Druckfehler

typo·graph·ic·al /ˌtaɪpəˈɡræfɪkl/ (*auch* **typo·graph·ic** /-fɪk/) *Adj* (*Adv* **typo·graph·ic·al·ly** /-kli/) typografisch ◇ *a typographical error* ein Druckfehler

typ·og·raphy /taɪˈpɒɡrəfi; *AmE* -ˈpɑːɡ-/ *Nomen* Typografie

typ·ology /taɪˈpɒlədʒi; *AmE* -ˈpɑːlə-/ *Nomen* (*Pl* **-ies**) (*Fachspr*) Typologie

tyr·an·nical /tɪˈrænɪkl/ (*gehoben* **tyr·an·nous** /ˈtɪrənəs/) *Adj* tyrannisch

tyr·an·nize (*BrE auch* **-ise**) /ˈtɪrənaɪz/ *Verb* **~ (over) sb/sth** (*gehoben*) jdn/etw tyrannisieren

tyr·anny /ˈtɪrəni/ *Nomen* (*Pl* **-ies**) Tyrannei, Gewaltherrschaft

tyr·ant /ˈtaɪrənt/ *Nomen* Tyrann(in)

tyre 0‑ᴡ (*AmE* **tire**) /ˈtaɪə(r)/ *Nomen* Reifen ◇ *have a flat tyre* einen Platten haben

tyro /ˈtaɪrəʊ; *AmE* -roʊ/ *Nomen* (*Pl* **-os**) Anfänger(in)

tzar, **tzar·ina**, **tzar·ist** = TSAR, TSARINA *und* TSARIST

U u

U, u *Nomen* /juː/ **1** (*Pl* **Us**, **U's**, **u's**) (*Buchstabe*) U, u → *Siehe auch* U-BOAT *und* U-TURN → *Beispiele bei* A, A **2 U** (*BrE*) *Kurzform von* **universal** (*Film*) jugendfrei

UAV /ˌjuː eɪ ˈviː/ *Kurzform von* **unmanned aerial vehicle** (*Pl* **UAVs**) unbemanntes Luftfahrzeug

ubi·qui·tous /juːˈbɪkwɪtəs/ *Adj* (*Adv* **ubi·qui·tous·ly**) (*gehoben oder hum*) weitverbreitet, allgegenwärtig, unvermeidlich

ubi·quity /juːˈbɪkwəti/ *Nomen* Allgegenwart, weite Verbreitung

ˈU-boat *Nomen* (deutsches) U-Boot

UCAS /ˈjuːkæs/ *Kurzform von* **Universities and Colleges Admissions Service** ≈ (Zentralstelle für die Vergabe von Studienplätzen) ZVS

UDA /ˌjuː diː ˈeɪ/ *Kurzform von* **Ulster Defence Association** = illegale paramilitärische Gruppe in Nordirland

ud·der /ˈʌdə(r)/ *Nomen* Euter

UEFA /juˈeɪfə/ *Kurzform von* **Union of European Football Associations** Europäische Fußball-Union

UFO (*auch* **ufo**) /ˌjuː ef ˈəʊ, ˈjuːfəʊ; *AmE* ˌjuː ef ˈoʊ, ˈjuːfoʊ/ *Nomen* (*Pl* **UFOs**) UFO

ugh /ɜː, ʊx/ *Ausruf* igitt, i

Ugli™ /ˈʌɡli/ (*auch* **ˈUgli fruit**) *Nomen* Tangelo
ugli·ness /ˈʌɡlinəs/ *Nomen* Hässlichkeit
ugly /ˈʌɡli/ *Adj* (**ug·lier**, **ugli·est**) **1** hässlich **2** unangenehm, bedrohlich IDM → REAR *und* SIN
uh /ʌ, ɜː/ *Ausruf* äh ◇ *Uh, yeah, I guess so.* Äh, ja, vielleicht.
UHF /juː eɪtʃ ˈef/ *Kurzform von* **ultra-high frequency** UHF
uh-huh /ˈʌ hʌ/ *Ausruf* ja
uh-oh /ˈʌ əʊ; *AmE* oʊ/ *Ausruf* oje, ach je
UHT /juː eɪtʃ ˈtiː/ (*BrE*) *Kurzform von* **ultra heat treated** ultrahoch erhitzt ◇ *UHT milk* H-Milch
uh-uh /ˈʌ ʌ/ *Ausruf* nee
UK (*bes AmE* **U.K.**) /juː ˈkeɪ/ *Kurzform von* **United Kingdom** Vereinigtes Königreich
uku·lele /juːkəˈleɪli/ *Nomen* Ukulele
ulcer /ˈʌlsə(r)/ *Nomen* Geschwür
ulna /ˈʌlnə/ *Nomen* (*Pl* **ulnae** /-niː/) (ANAT) Elle
Ul·ster /ˈʌlstə(r)/ *Nomen* Ulster, Nordirland
ul·ter·ior /ʌlˈtɪəriə(r); *AmE* ʌlˈtɪr-/ *Adj* [nur vor Nomen] geheim, verborgen ◇ *an ulterior motive* ein Hintergedanke
ul·tim·ate /ˈʌltɪmət/ *Adj*, *Nomen*
▸ ***Adj*** [nur vor Nomen] **1** letzte(r,s) ◇ *our ultimate goal* unser Endziel ◇ *The ultimate responsibility lies with the government.* Die Regierung trägt letztendlich die Verantwortung dafür. ◇ *The ultimate decision lies with the parents.* Die endgültige Entscheidung wird von den Eltern getroffen. **2** größte(r,s) ◇ *A cruise is the ultimate luxury.* Eine Kreuzfahrt ist Luxus pur. **3** fundamental, Grund- ◇ *the ultimate source of the rumours* die ursprüngliche Quelle der Gerüchte
▸ ***Nomen*** **the ~ in sth** (*umgs*) das Höchste an etw ◇ *the ultimate in modern design* das Nonplusultra des modernen Designs
ul·tim·ate·ly /ˈʌltɪmətli/ *Adv* schließlich, letzten Endes
ul·ti·matum /ˌʌltɪˈmeɪtəm/ *Nomen* (*Pl* **ul·ti·matums** *oder* **ul·ti·ma·ta** /-tə/) Ultimatum
ultra- /ˈʌltrə/ *Vorsilbe* (*in Adjektiven und Nomina gebraucht*) sehr, ultra- ◇ *ultra-modern* hypermodern ◇ *ultraviolet* ultraviolett
ultra·mar·ine /ˌʌltrəməˈriːn/ *Nomen* Ultramarin
ultra·son·ic /ˌʌltrəˈsɒnɪk; *AmE* -ˈsɑːnɪk/ *Adj* Ultraschall-
ultra·sound /ˈʌltrəsaʊnd/ *Nomen* **1** Ultraschall **2** Ultraschalluntersuchung
ultra·vio·let /ˌʌltrəˈvaɪələt/ *Adj* (PHYSIK) ultraviolett
um /əm, ʌm/ *Ausruf* hm, äh
umami /uːˈmɑːmi/ *Nomen* [U] Umami ◇ *Umami is the savoury taste known as the 'fifth taste'.* Umami ist der pikant-würzige Geschmack, der als „fünfte Geschmacksrichtung" bekannt ist.
umber /ˈʌmbə(r)/ *Nomen* Umbra
um·bil·ical cord /ʌmˌbɪlɪkl ˈkɔːd; *AmE* ˈkɔːrd/ *Nomen* Nabelschnur
um·brage /ˈʌmbrɪdʒ/ *Nomen* IDM **take ˈumbrage (at sth)** (*gehoben oder hum*) (an etw) Anstoß nehmen
um·brella /ʌmˈbrelə/ *Nomen* **1** (Regen)schirm **2** ◇ *These groups now operate under the umbrella of a single authority.* Diese Gruppen sind jetzt zu einer einzigen Behörde zusammengeschlossen worden. ◇ *an umbrella term* ein Sammelbegriff **3** (*gehoben*) Schirmherrschaft, Schutzmacht
um·pire /ˈʌmpaɪə(r)/ *Nomen*, *Verb*
▸ ***Nomen*** (*AmE auch, umgs* **ump**) Schiedsrichter(in)
▸ ***Verb*** schiedsrichtern, Schiedsrichter sein (bei)
ump·teen /ˌʌmpˈtiːn/ *Adj*, *Pron*
▸ ***Adj*** (*umgs*) zig ◇ *I've told this story umpteen times.* Ich habe diese Geschichte x-mal erzählt.
▸ ***Pron*** viele, Unmengen
ump·teenth /ˌʌmpˈtiːnθ/ *Adj* x-te(r,s)
UN (*bes AmE* **U.N.**) /juː ˈen/ *Kurzform von* **United Nations** UNO, die Vereinten Nationen
un- /ʌn/ *Vorsilbe* **1** (*in Adjektiven, Adverbien und Nomina gebraucht*) nicht ◇ *unconsciously* unbewusst ◇ *untruth* Unwahrheit **2** (*in Verben gebraucht*) (*verkehrt die beschriebene Tätigkeit ins Gegenteil*) ◇ *unlock* aufschließen ◇ *unfold* ausbreiten ◇ *undo a mistake* einen Fehler ungeschehen machen
ˈun /ən/ *Pron* (*BrE*) = umgangssprachlich für „one" ◇ *a good 'un* 'n Guter ◇ *the little uns* die Kleinen
un·abashed /ˌʌnəˈbæʃt/ *Adj* (*Adv* **un·abashed·ly** /-ˈbæʃɪdli/) (*gehoben*) **1** unverfroren; (*Interesse*) unverhohlen **2** unbeeindruckt
un·abated /ˌʌnəˈbeɪtɪd/ *Adj* (*gehoben*) unvermindert
un·able /ʌnˈeɪbl/ *Adj* [nicht vor Nomen] **be ~ to do sth** außerstande sein etw zu tun, etw nicht können ◇ *I tried to contact him but was unable to.* Ich versuchte vergeblich ihn zu erreichen.
un·abridged /ˌʌnəˈbrɪdʒd/ *Adj* ungekürzt
un·accept·able /ˌʌnəkˈseptəbl/ *Adj* (*Adv* **un·accept·ably** /-bli/) untragbar, nicht akzeptabel ◇ *The noise has reached an unacceptable level.* Der Lärm ist unzumutbar geworden.
un·accom·pan·ied /ˌʌnəˈkʌmpənid/ *Adj* **1** ohne Begleitung ◇ *unaccompanied luggage* aufgegebenes Gepäck **2** (MUS) Solo- **3** (*gehoben*) **~ by sth** nicht begleitet von etw
un·account·able /ˌʌnəˈkaʊntəbl/ *Adj* (*gehoben*) **1** unerklärlich **2 be ~ (to sb/sth)** sich (jdm/etw gegenüber) nicht verantworten müssen
un·account·ably /ˌʌnəˈkaʊntəbli/ *Adv* (*gehoben*) aus unerklärlichen Gründen
un·account·ed for /ˌʌnəˈkaʊntɪd fɔː(r)/ *Adj* [nicht vor Nomen] **1** vermisst **2** ungeklärt
un·accus·tomed /ˌʌnəˈkʌstəmd/ *Adj* (*gehoben*) **1 be ~ to sth** etw nicht gewohnt sein; **be ~ to doing sth** nicht gewöhnt sein, etw zu tun **2** ungewohnt
un·achiev·able /ˌʌnəˈtʃiːvəbl/ *Adj* unerreichbar
un·acknow·ledged /ˌʌnəkˈnɒlɪdʒd; *AmE* -ˈnɑːlɪdʒd/ *Adj* **1** verkannt ◇ *the unacknowledged leader of the group* der inoffizielle Leiter der Gruppe **2** ungeingestanden
un·acquaint·ed /ˌʌnəˈkweɪntɪd/ *Adj* **be ~ (with sth/sb)** (*gehoben*) (mit etw/jdm) nicht vertraut sein
un·adorned /ˌʌnəˈdɔːnd; *AmE* -ˈdɔːrnd/ *Adj* (*gehoben*) schlicht, schmucklos, schnörkellos
un·adul·ter·ated /ˌʌnəˈdʌltəreɪtɪd/ *Adj* rein, unverfälscht ◇ *unadulterated pleasure* ungetrübtes Vergnügen
un·ad·ven·tur·ous /ˌʌnədˈventʃərəs/ *Adj* wenig unternehmungslustig, anspruchslos, einfallslos
un·affect·ed /ˌʌnəˈfektɪd/ *Adj* **1 ~ (by sth)** (von etw) nicht betroffen **2** ungekünstelt, natürlich, echt
un·affili·ated /ˌʌnəˈfɪlieɪtɪd/ *Adj* **~ (with sth)** (an etw) nicht angegliedert, unabhängig (von etw) ◇ *candidates unaffiliated with any political party* keiner Partei angehörende Kandidaten
un·afraid /ˌʌnəˈfreɪd/ *Adj* [nicht vor Nomen] **be ~ (of sth)** (vor etw) keine Angst haben; **be ~ (to do sth)** keine Angst haben (etw zu tun)
un·aid·ed /ʌnˈeɪdɪd/ *Adj*, *Adv* ohne (fremde) Hilfe, allein
un·alloyed /ˌʌnəˈlɔɪd/ *Adj* (*gehoben*) ungetrübt, rein

un·alter·able /ʌnˈɔːltərəbl/ *Adj* (*gehoben*) unabänderlich
un·altered /ʌnˈɔːltəd; *AmE* -tərd/ *Adj* (*gehoben*) unverändert
un·am·bigu·ous /ˌʌnæmˈbɪgjuəs/ *Adj* (*Adv* **un·am·biguous·ly**) eindeutig, unzweideutig
un·am·bi·tious /ˌʌnæmˈbɪʃəs/ *Adj* (*gehoben*) **1** ohne Ehrgeiz **2** anspruchslos, einfach
unan·im·ity /ˌjuːnəˈnɪməti/ *Nomen* (*gehoben*) Einstimmigkeit, Übereinstimmung
unani·mous /juˈnænɪməs/ *Adj* (*Adv* **unani·mous·ly**) einstimmig; **be ~ (in sth)** sich (in etw) einig sein ◇ *unanimous condemnation* einhellige Ablehnung
un·announced /ˌʌnəˈnaʊnst/ *Adj* unangemeldet, ohne Vorankündigung
un·answer·able /ʌnˈɑːnsərəbl; *AmE* ʌnˈæn-/ *Adj* **1** unwiderlegbar **2** ◇ *This question is unanswerable.* Diese Frage lässt sich nicht beantworten.
un·answered /ʌnˈɑːnsəd; *AmE* ʌnˈænsərd/ *Adj* (*gehoben*) unbeantwortet ◇ *Their cries for help went unanswered.* Ihre Hilferufe blieben ungehört.
un·antici·pated /ˌʌnænˈtɪsɪpeɪtɪd/ *Adj* (*gehoben*) unerwartet, unvorhergesehen
un·apolo·get·ic /ˌʌnəˌpɒləˈdʒetɪk; *AmE* -ˌpɑːlə-/ *Adj* (*Adv* **un·apolo·get·ic·al·ly** /-kli/) (*gehoben*) ◇ *The minister remained unapologetic.* Der Minister machte keine Anstalten sich zu entschuldigen. ◇ *an unapologetic admirer of Hitler* ein unverhohlener Bewunderer Hitlers ◇ *She was unapologetic about her decision.* Sie stand zu ihrer Entscheidung.
un·appeal·ing /ˌʌnəˈpiːlɪŋ/ *Adj* nicht sonderlich verlockend, nicht attraktiv
un·appe·tiz·ing (*BrE auch* **-is·ing**) /ʌnˈæpɪtaɪzɪŋ/ *Adj* unappetitlich
un·appre·ci·ated /ˌʌnəˈpriːʃieɪtɪd/ *Adj* (*gehoben*) unbeachtet, nicht gewürdigt ◇ *He felt unappreciated.* Er hatte das Gefühl, dass man ihn nicht zu schätzen wusste.
un·approach·able /ˌʌnəˈprəʊtʃəbl; *AmE* -ˈproʊ-/ *Adj* unnahbar
un·argu·able /ʌnˈɑːgjuəbl; *AmE* ʌnˈɑːrgju-/ *Adj* (*gehoben*) unwiderlegbar ◇ *unarguable logic* zwingende Logik
un·argu·ably /ʌnˈɑːgjuəbli; *AmE* ʌnˈɑːrgju-/ *Adv* zweifellos
un·armed /ˌʌnˈɑːmd; *AmE* -ˈɑːrmd/ *Adj* **1** unbewaffnet **2** ohne Waffen
un·ashamed /ˌʌnəˈʃeɪmd/ *Adj* unverhohlen, ungeniert ◇ *There were unashamed tears in his eyes.* Er schämte sich seiner Tränen nicht.
un·ashamed·ly /ˌʌnəˈʃeɪmɪdli/ *Adv* ohne Scham, unverhohlen ◇ *She wept unashamedly.* Sie weinte hemmungslos.
un·asked /ˌʌnˈɑːskt; *AmE* -ˈæskt/ *Adj* **1** ungefragt **2** ungebeten, unaufgefordert
un'asked for *Adj* unerwünscht, unwillkommen
un·assail·able /ˌʌnəˈseɪləbl/ *Adj* (*gehoben*) unanfechtbar; (*Vertrauen, Optimismus etc.*) unerschütterlich; (*Argument, Logik*) unwiderlegbar ◇ *an unassailable lead* ein nicht aufzuholender Vorsprung
un·assist·ed /ˌʌnəˈsɪstɪd/ *Adj* ohne (fremde) Hilfe
un·assum·ing /ˌʌnəˈsjuːmɪŋ; *AmE* -ˈsuː-/ *Adj* bescheiden
un·attached /ˌʌnəˈtætʃt/ *Adj* **1** ungebunden, alleinstehend **2** ohne Zugehörigkeit
un·attain·able /ˌʌnəˈteɪnəbl/ *Adj* (*gehoben*) unerreichbar
un·attend·ed /ˌʌnəˈtendɪd/ *Adj* unbewacht, unbeaufsichtigt
un·attract·ive /ˌʌnəˈtræktɪv/ *Adj* (*Adv* **un·attract·ive·ly**) **1** unattraktiv, unschön **2** uninteressant, wenig verlockend
un·author·ized (*BrE auch* **-ised**) /ʌnˈɔːθəraɪzd/ *Adj* (*gehoben*) unbefugt ◇ *an unauthorized biography* eine nicht autorisierte Biografie
un·avail·abil·ity *Nomen* /ˌʌnəveɪləˈbɪləti/ Nichtvorhandensein
un·avail·able /ˌʌnəˈveɪləbl/ *Adj* **~ (to sb/sth)** **1** (für jdn/etw) nicht erhältlich **2** nicht erreichbar ◇ *be unavailable* nicht zur Verfügung stehen ◇ *The minister was unavailable for comment.* Der Minister war für eine Stellungnahme nicht verfügbar.
un·avoid·able /ˌʌnəˈvɔɪdəbl/ *Adj* unvermeidbar
un·avoid·ably /ˌʌnəˈvɔɪdəbli/ *Adv* notgedrungen ◇ *I was unavoidably detained.* Ich war leider verhindert.
un·aware /ˌʌnəˈweə(r); *AmE* -ˈwer/ *Adj* [nicht vor Nomen] **be ~ of sth** sich einer Sache nicht bewusst sein ◇ *politically unaware* ohne politisches Bewusstsein ◇ *He was completely unaware of it all.* Er hatte von der ganzen Sache nichts gemerkt.
un·aware·ness *Nomen* /ˌʌnəˈweənəs; *AmE* -ˈwernəs/ Unkenntnis
un·awares /ˌʌnəˈweəz; *AmE* -ˈwerz/ *Adv* **1** unerwartet ◇ *The camera had caught her unawares.* Sie hatte nicht bemerkt, dass sie fotografiert wurde. ◇ *She came upon him unawares when he was searching her room.* Sie überraschte ihn dabei, wie er ihr Zimmer durchsuchte. **2** (*gehoben*) unbemerkt, unbeabsichtigt
un·bal·ance /ˌʌnˈbæləns/ *Verb* **1** das Gleichgewicht stören von **2** aus dem Gleichgewicht bringen
un·bal·anced /ˌʌnˈbælənst/ *Adj* **1** (*psychologisch*) gestört **2** unausgewogen ◇ *an unbalanced article* ein einseitiger Artikel
un·bear·able /ʌnˈbeərəbl; *AmE* ʌnˈber-/ *Adj* (*Adv* **un·bearably** /-bli/) unerträglich; (*Mensch*) unausstehlich
un·beat·able /ʌnˈbiːtəbl/ *Adj* **1** unschlagbar **2** unübertrefflich
un·beat·en /ʌnˈbiːtn/ *Adj* (SPORT) ungeschlagen; (*Rekord*) ungebrochen
un·be·com·ing /ˌʌnbɪˈkʌmɪŋ/ *Adj* (*gehoben*) **1** unvorteilhaft **2** **~ (to/of sb)** (für jdn) ungebührlich
un·be·known /ˌʌnbɪˈnəʊn; *AmE* -ˈnoʊn/ (*seltener* **un·beknownst** /-ˈnəʊnst; *AmE* -ˈnoʊnst/) *Adj* (*gehoben*) **~ to sb** ohne jds Wissen
un·believ·able /ˌʌnbɪˈliːvəbl/ *Adj* (*Adv* **un·believ·ably** /-bli/) **1** unglaublich **2** unglaubhaft ◇ *Unbelievably, it actually works.* Es ist kaum zu glauben, aber es funktioniert tatsächlich.
un·believer /ˌʌnbɪˈliːvə(r)/ *Nomen* (*gehoben*) Ungläubige(r)
un·believ·ing /ˌʌnbɪˈliːvɪŋ/ *Adj* (*gehoben*) ungläubig ◇ *She stared at us with unbelieving eyes.* Sie starrte uns fassungslos an.
un·bend /ˌʌnˈbend/ *Verb* (**un·bent, un·bent** /-ˈbent/) **1** aus sich herausgehen **2** gerade biegen
un·bend·ing /ˌʌnˈbendɪŋ/ *Adj* (*oft abwert*) unbeugsam
un·biased (*auch* **un·biassed**) /ʌnˈbaɪəst/ *Adj* unparteiisch, unvoreingenommen; (*Informationen*) objektiv; (*Richter*) unbefangen
un·bid·den /ʌnˈbɪdn/ *Adj* (*gehoben*) (*meist dem Verb nachgestellt*) unaufgefordert, ungebeten
un·bleached /ʌnˈbliːtʃt/ *Adj* ungebleicht
un·blem·ished /ʌnˈblemɪʃt/ *Adj* (*gehoben*) makellos
un·blink·ing /ʌnˈblɪŋkɪŋ/ *Adj* (*Adv* **un·blink·ing·ly**) (*gehoben*) unverwandt, starr

un·block /ˌʌnˈblɒk; *AmE* -ˈblɑːk/ *Verb* ◇ *unblock a pipe* ein verstopftes Rohr durchspülen ◇ *unblock the sink* die Verstopfung in der Spüle beseitigen

un·born /ˌʌnˈbɔːn; *AmE* -ˈbɔːrn/ *Adj* ungeboren

un·bound·ed /ʌnˈbaʊndɪd/ *Adj* (*gehoben*) grenzenlos

un·bowed /ˌʌnˈbaʊd/ *Adj* ungebeugt

un·break·able /ʌnˈbreɪkəbl/ *Adj* unzerbrechlich

un·bridge·able /ʌnˈbrɪdʒəbl/ *Adj* unüberbrückbar

un·bridled /ʌnˈbraɪdld/ *Adj* (*gehoben*) grenzenlos, ungezügelt

un·broken /ʌnˈbrəʊkən; *AmE* ʌnˈbroʊ-/ *Adj* **1** nicht durchbrochen, ununterbrochen **2** (*Rekord etc.*) ungebrochen

un·buckle /ˌʌnˈbʌkl/ *Verb* aufschnallen

un·bur·den /ˌʌnˈbɜːdn; *AmE* -ˈbɜːrdn/ *Verb* **1** (*gehoben*) **~ yourself** sich aussprechen; **~ yourself to sb** jdm sein Herz ausschütten; **~ yourself of sth** sich etw von der Seele reden **2 ~ sb/sth (of sth)** jdn/etw (von etw) befreien

un·but·ton /ˌʌnˈbʌtn/ *Verb* aufknöpfen

unˈcalled for *Adj* unnötig, unangebracht, deplatziert

un·canny /ʌnˈkæni/ *Adj* (*Adv* **un·can·nily** /-nɪli/) unheimlich

unˈcared for *Adj* ungepflegt, vernachlässigt

un·car·ing /ʌnˈkeərɪŋ; *AmE* ʌnˈkerɪŋ/ *Adj* (*abwert*) lieblos, gleichgültig, gefühllos

un·ceas·ing /ʌnˈsiːsɪŋ/ *Adj* (*Adv* **un·ceas·ing·ly**) (*gehoben*) unaufhörlich, kontinuierlich

un·cen·sored /ʌnˈsensəd; *AmE* -sərd/ *Adj* unzensiert

un·cere·mo·ni·ous /ˌʌnˌserəˈməʊniəs; *AmE* -ˈmoʊ-/ *Adj* (*gehoben*) grob, rüde

un·cere·mo·ni·ous·ly /ˌʌnˌserəˈməʊniəsli; *AmE* -ˈmoʊ-/ *Adv* (*gehoben*) kurzerhand

un·cer·tain 0‑ /ʌnˈsɜːtn; *AmE* ʌnˈsɜːrtn/ *Adj* **1** unsicher; **be ~ (about/of sth)** sich (einer Sache) nicht sicher sein **2** unberechenbar; (*Wetter*) unbeständig **3** ungewiss, unbestimmt ◇ *Our future looks uncertain.* Unsere Zukunft ist ungewiss. IDM **in ˌno unˌcertain ˈterms** (klar und) deutlich

un·cer·tain·ly /ʌnˈsɜːtnli; *AmE* ʌnˈsɜːrt-/ *Adv* unsicher

un·cer·tainty /ʌnˈsɜːtnti; *AmE* ʌnˈsɜːrt-/ *Nomen* (*Pl* **-ies**) Ungewissheit, Unsicherheit ◇ *He had an air of uncertainty about him.* Er wirkte recht unsicher.

un·chal·lenged /ʌnˈtʃælɪndʒd/ *Adj* **1** unbestritten, unwidersprochen, unangefochten ◇ *These ideas have gone/remained largely unchallenged for 60 years.* Diese Vorstellungen sind in den letzten 60 Jahren kaum infrage gestellt worden. **2** unbehelligt

un·change·able /ʌnˈtʃeɪndʒəbl/ *Adj* unabänderlich

un·changed /ʌnˈtʃeɪndʒd/ *Adj* unverändert

un·chan·ging /ʌnˈtʃeɪndʒɪŋ/ *Adj* unveränderlich

un·char·ac·ter·is·tic /ˌʌnˌkærəktəˈrɪstɪk/ *Adj* **~ (of sb)** (für jdn) uncharakteristisch, (für jdn) untypisch

un·char·ac·ter·is·tic·al·ly /ˌʌnˌkærəktəˈrɪstɪkli/ *Adv* auf ungewohnte Weise ◇ *The children were uncharacteristically quiet.* Die Kinder waren ungewöhnlich still.

un·char·it·able /ʌnˈtʃærɪtəbl/ *Adj* unbarmherzig, herzlos; (*Bemerkung*) unfreundlich

un·chart·ed /ˌʌnˈtʃɑːtɪd; *AmE* -ˈtʃɑːrtɪd/ *Adj* **1** unerforscht; (*Gewässer*) unbekannt ◇ (*fig*) *move into uncharted territory* in unbekannte Gefilde aufbrechen **2** auf keiner Landkarte verzeichnet

un·check /ˌʌnˈtʃek/ *Verb* Häkchen entfernen bei

un·checked /ˌʌnˈtʃekt/ *Adj* ungehindert, unkontrolliert

un·claimed /ˌʌnˈkleɪmd/ *Adj* herrenlos; (*Anspruch etc.*) nicht geltend gemacht ◇ *The prize has remained unclaimed.* Der Preis wurde nicht abgeholt.

un·clas·si·fied /ʌnˈklæsɪfaɪd/ *Adj* **1** nicht geheim **2** (*Fachspr*) nicht klassifiziert ◇ (*BrE*) *Some candidates get unclassified grades.* Einige Kandidaten fallen durch. **3** (*BrE*) (*Landstraße*) nicht ausgebaut

uncle 0‑ /ˈʌŋkl/ *Nomen* Onkel IDM → BOB

un·clean /ˌʌnˈkliːn/ *Adj* **1** (*gehoben*) unsauber, schmutzig **2** (REL) unrein

un·clear /ˌʌnˈklɪə(r); *AmE* -ˈklɪr/ *Adj* **1** unklar **2 ~ (about sth); ~ (as to sth)** (über etw) nicht klar, (über etw) im Unklaren

ˌUncle ˈSam *Nomen* (*umgs*) = Symbolfigur der USA, die oft als Mann mit Spitzbart und Zylinder dargestellt wird

un·clut·tered /ˌʌnˈklʌtəd; *AmE* -tərd/ *Adj* schlicht, nicht überladen

un·coil /ˌʌnˈkɔɪl/ *Verb* (sich) abwickeln, (sich) abspulen; (*Schlange*) sich entrollen

un·com·fort·able 0‑ /ʌnˈkʌmftəbl; *BrE auch* ʌnˈkʌmfətəbl; *AmE auch* -fərt-/ *Adj* **1** (*Adv* **un·com·fort·ably** /-bli/) unbequem; (*Platz etc.*) ungemütlich **2** (*Adv* **un·com·fort·ably**) unangenehm; (*Schweigen*) peinlich ◇ *She looked distinctly uncomfortable when the subject was mentioned.* Als man auf das Thema zu sprechen kam, war es ihr sichtlich unangenehm. ◇ *He shifted uncomfortably in his seat.* Er rutschte unbehaglich auf seinem Stuhl hin und her. **3** unerfreulich

un·com·mit·ted /ˌʌnkəˈmɪtɪd/ *Adj* **~ (to sb/sth)** nicht festgelegt (auf jdn/etw)

un·com·mon /ʌnˈkɒmən; *AmE* ʌnˈkɑːmən/ *Adj* (*Adv* **un·common·ly**) **1** ungewöhnlich, selten **2** (*gehoben*) außergewöhnlich

un·com·mu·ni·ca·tive /ˌʌnkəˈmjuːnɪkətɪv/ *Adj* (*abwert*) schweigsam, verschlossen

un·com·peti·tive /ˌʌnkəmˈpetətɪv/ *Adj* (WIRTSCH) nicht wettbewerbsfähig, nicht konkurrenzfähig

un·com·plain·ing /ˌʌnkəmˈpleɪnɪŋ/ *Adj* (*Adv* **un·com·plain·ing·ly**) klaglos, duldsam

un·com·pre·hend·ing /ˌʌnˌkɒmprɪˈhendɪŋ; *AmE* ˌʌnˌkɑːm-/ *Adj* (*Adv* **un·com·pre·hend·ing·ly**) (*gehoben*) verständnislos

un·com·prom·is·ing /ʌnˈkɒmprəmaɪzɪŋ; *AmE* ʌnˈkɑːm-/ *Adj* kompromisslos

un·com·prom·is·ing·ly /ʌnˈkɒmprəmaɪzɪŋli; *AmE* ʌnˈkɑːm-/ *Adv* kompromisslos, hundertprozentig ◇ *uncompromisingly hostile* absolut feindselig

un·con·cealed /ˌʌnkənˈsiːld/ *Adj* unverhohlen, offen

un·con·cerned /ˌʌnkənˈsɜːnd; *AmE* -ˈsɜːrnd/ *Adj* (*Adv* **uncon·cerned·ly** /-ˈsɜːnɪdli; *AmE* -ˈsɜːrnɪdli/) **1** unbekümmert; **~ (about/by sth)** (über etw) unbesorgt **2 ~ (with sb/sth)** (an jdm/etw) uninteressiert, gleichgültig (gegenüber jdm/etw)

un·con·di·tion·al /ˌʌnkənˈdɪʃənl/ *Adj* (*Adv* **un·con·di·tion·al·ly** /-nəli/) bedingungslos, vorbehaltlos

un·con·firmed /ˌʌnkənˈfɜːmd; *AmE* -ˈfɜːrmd/ *Adj* unbestätigt

un·con·nect·ed /ˌʌnkəˈnektɪd/ *Adj* **~ (with/to sth)** (mit etw) nicht zusammenhängend

un·con·scion·able /ʌnˈkɒnʃənəbl; *AmE* ʌnˈkɑːn-/ *Adj* (*gehoben*) **1** unverschämt, unerhört **2** (*oft hum*) übertrieben

un·con·scious 0‑ /ʌnˈkɒnʃəs; *AmE* ʌnˈkɑːn-/ *Nomen, Adj*

▸ ***Nomen*** **the unconscious** (PSYCH) das Unbewusste

▸ ***Adj*** **1** bewusstlos **2** (*Adv* **un·con·scious·ly**) unbewusst; (*Komik*) unfreiwillig **3 ~ of sth** sich einer Sache nicht bewusst; **~ of sb** sich jds Anwesenheit nicht bewusst

un·con·scious·ness /ʌnˈkɒnʃəsnəs; *AmE* ʌnˈkɑːn-/ *Nomen* Bewusstlosigkeit

un·con·sid·ered /ˌʌnkənˈsɪdəd; *AmE* -dərd/ *Adj* (*gehoben*) **1** unüberlegt, unbedacht **2** unberücksichtigt, unbeachtet

un·con·sti·tu·tion·al /ˌʌnˌkɒnstɪˈtjuːʃənl; *AmE* -ˌkɑːnstəˈtuː-/ *Adj* (*Adv* **un·con·sti·tu·tion·al·ly** /-nəli/) verfassungswidrig, satzungswidrig

un·con·test·ed /ˌʌnkənˈtestɪd/ *Adj* unangefochten ◇ *an uncontested election* eine Wahl ohne Gegenkandidaten

un·con·trol·lable /ˌʌnkənˈtrəʊləbl; *AmE* -ˈtroʊ-/ *Adj* (*Adv* **un·con·trol·lab·ly** /-bli/) unkontrollierbar, unbändig, unstillbar

un·con·trolled 0‑ /ˌʌnkənˈtrəʊld; *AmE* -ˈtroʊld/ *Adj* **1** unkontrolliert ◇ *uncontrolled anger* unbändige Wut ◇ *The thoughts rushed into my mind uncontrolled.* Die Gedanken schossen mir wild durch den Kopf. **2** ungeregelt

un·con·tro·ver·sial /ˌʌnˌkɒntrəˈvɜːʃl; *AmE* ˌʌnkɑːntrəˈvɜːrʃl/ *Adj* unverfänglich, unumstritten

un·con·ven·tion·al /ˌʌnkənˈvenʃənl/ *Adj* (*Adv* **un·con·ven·tion·al·ly** /-nəli/) unkonventionell

un·con·vinced /ˌʌnkənˈvɪnst/ *Adj* ~ **(of/by sth)** (von etw) nicht überzeugt

un·con·vin·cing /ˌʌnkənˈvɪnsɪŋ/ *Adj* (*Adv* **un·con·vin·cing·ly**) nicht überzeugend ◇ *He laughed unconvincingly.* Er lachte gezwungen.

un·cooked /ˌʌnˈkʊkt/ *Adj* roh, ungekocht

un·cool /ˌʌnˈkuːl/ *Adj* (*umgs*) nicht cool, uncool

un·co·opera·tive /ˌʌnkəʊˈɒpərətɪv; *AmE* -koʊˈɑːp-/ *Adj* unkooperativ, wenig hilfsbereit, wenig entgegenkommend ◇ *an uncooperative child* ein aufmüpfiges Kind

un·co·or·din·ated /ˌʌnkəʊˈɔːdɪneɪtɪd; *AmE* -koʊˈɔːrd-/ *Adj* unkoordiniert

un·cork /ˌʌnˈkɔːk; *AmE* -ˈkɔːrk/ *Verb* entkorken

un·cor·rob·or·ated /ˌʌnkəˈrɒbəreɪtɪd; *AmE* -ˈrɑːb-/ *Adj* unbestätigt

un·count·able /ʌnˈkaʊntəbl/ *Adj* (LING) nicht zählbar

un·couple /ˌʌnˈkʌpl/ *Verb* ~ **sth (from sth)** etw (von etw) abkoppeln

un·couth /ʌnˈkuːθ/ *Adj* ungehobelt, unflätig

un·cover /ʌnˈkʌvə(r)/ *Verb* freilegen, aufdecken (*auch fig*) ◇ *Uncover the pan.* Nehmen Sie den Deckel des Topfes ab.

un·covered /ʌnˈkʌvəd; *AmE* -vərd/ *Adj* unbedeckt; (*Topf*) ohne Deckel ◇ *His head was uncovered.* Er trug keine Kopfbedeckung.

un·crit·ic·al /ˌʌnˈkrɪtɪkl/ *Adj* (*Adv* **un·crit·ic·al·ly** /-kli/) (*meist abwert*) unkritisch ◇ *Her uncritical acceptance of everything irritated me.* Es irritierte mich, dass sie alles kritiklos hinnahm.

unc·tu·ous /ˈʌŋktjuəs; *AmE* -tʃu-/ *Adj* (*Adv* **unc·tu·ous·ly**) (*gehoben, abwert*) salbungsvoll

un·culti·vated /ʌnˈkʌltɪveɪtɪd/ *Adj* unkultiviert, brachliegend

un·curl /ˌʌnˈkɜːl; *AmE* -ˈkɜːrl/ *Verb* ~ **sth** etw auseinanderrollen; ~ **(yourself)** sich strecken ◇ *The snake uncurled.* Die Schlange entrollte sich.

uncut /ˌʌnˈkʌt/ *Adj* **1** ungeschnitten; (*Rasen*) ungemäht **2** (*Film, Buch etc.*) ungekürzt **3** (*Edelstein*) ungeschliffen **4** (*Brot etc.*) nicht aufgeschnitten

un·dam·aged /ʌnˈdæmɪdʒd/ *Adj* unbeschädigt, heil

un·daunt·ed /ˌʌnˈdɔːntɪd/ *Adj* (*gehoben*) unverzagt, unerschrocken, nicht entmutigt ◇ *Undaunted, she persevered.* Unbeirrt machte sie weiter.

undead /ʌnˈded/ *Adj* (*in Geschichten*) **1** untot **2 the undead** *Nomen* [Pl] die Untoten

un·decided /ˌʌndɪˈsaɪdɪd/ *Adj* **1** unschlüssig, unentschlossen ◇ *He was undecided as to what to do.* Er war unschlüssig, was er tun sollte. **2** nicht entschieden

un·declared /ˌʌndɪˈkleəd; *AmE* -ˈklerd/ *Adj* unerklärt; (*Einkommen*) nicht angegeben; (*Waren*) nicht deklariert

un·defeat·ed /ˌʌndɪˈfiːtɪd/ *Adj* unbesiegt, ungeschlagen

un·defend·ed /ˌʌndɪˈfendɪd/ *Adj* unverteidigt ◇ *undefended frontiers* ungeschützte Grenzen ◇ *an undefended case* ein Fall, in dem auf eine Verteidigung verzichtet wird

un·defined /ˌʌndɪˈfaɪnd/ *Adj* nicht (näher) definiert ◇ *for an undefined period of time* auf unbestimmte Zeit

un·demand·ing /ˌʌndɪˈmɑːndɪŋ/ *Adj* anspruchslos

un·demo·crat·ic /ˌʌndeməˈkrætɪk/ *Adj* undemokratisch

un·demon·stra·tive /ˌʌndɪˈmɒnstrətɪv; *AmE* -ˈmɑːn-/ *Adj* reserviert, zurückhaltend

un·deni·able /ˌʌndɪˈnaɪəbl/ *Adj* unbestreitbar, unleugbar

un·deni·ably /ˌʌndɪˈnaɪəbli/ *Adv* zweifellos, unbestreitbar

under 0‑ /ˈʌndə(r)/ *Präp, Adv, Adj*

▸ ***Präp*** **1** unter ◇ *He came out from under the table.* Er kam unter dem Tisch hervor. ◇ *The country is under martial law.* In dem Staat herrscht Kriegsrecht. **2** weniger als, unter ◇ *in under an hour* in weniger als einer Stunde **3** (*Gesetz, System etc.*) gemäß, laut ◇ *under the terms of the lease* laut Mietvertrag **4** (*in Verbindung mit bestimmten Nomina*) ◇ *under construction* im Bau ◇ *The matter is under investigation.* Die Angelegenheit wird gerade überprüft. ◇ *I'm under no illusions about this.* Ich mache mir keine Illusionen darüber. ◇ *Is the television still under guarantee?* Ist die Garantie für den Fernseher noch gültig? ◇ *She was kept under observation in hospital.* Man behielt sie zur Beobachtung im Krankenhaus. **IDM** **under ˈway**; **under·way** im Gange

▸ ***Adv*** **1** darunter ◇ *He pulled up the covers and crawled under.* Er zog die Decke hoch und schlüpfte drunter. ◇ *She took a deep breath and stayed under for more than a minute.* Sie atmete tief ein und blieb über eine Minute unter Wasser. **2** unter Narkose ◇ *He felt himself going under.* Er merkte, wie er in die Narkose versank.

▸ ***Adj*** [nur vor Nomen] Unter-, untere(s)

under- /ˈʌndə(r)/ *Vorsilbe* **1** (*in Nomina und Adjektiven verwendet*) Unter-, unter- ◇ *undergrowth* Unterholz ◇ *the under-fives* Kinder unter fünf Jahren ◇ *undercover* verdeckt **2** (*in Adjektiven und Verben verwendet*) nicht genügend, zu wenig ◇ *underripe* unreif ◇ *undercooked* noch nicht gar

under·achieve /ˌʌndərəˈtʃiːv/ *Verb* hinter dem Möglichen zurückbleiben, schlecht abschneiden

under·achieve·ment /ˌʌndərəˈtʃiːvmənt/ *Nomen* [U] schwache Leistungen

ˌunder ˈage *Adj* → AGE

under·arm /ˈʌndərɑːm; *AmE* -rɑːrm/ *Adj, Adv*

▸ ***Adj*** **1** [nur vor Nomen] Achsel- ◇ *underarm hair* Achselhaare **2** (*Wurf etc.*) von unten, Unterarm-

▸ ***Adv*** (*werfen etc.*) von unten

under·belly /ˈʌndəbeli; *AmE* -dərb-/ *Nomen* [Sing] **1** (*fig*) empfindlichste Stelle, Achillesferse **2** (*fig*) Schattenseite **3** Bauch

under·bid /ˌʌndəˈbɪd; *AmE* -dərˈ-/ *Verb* (**-bid·ding, -bid, -bid**) (WIRTSCH) unterbieten

under·brush /ˈʌndəbrʌʃ; *AmE* -dərbrʌʃ/ *Nomen* (*AmE*) Gestrüpp, Unterholz

under·car·riage /ˈʌndəkærɪdʒ; *AmE* -dərk-/ *Nomen* (AERO) Fahrwerk

under·charge /ˌʌndəˈtʃɑːdʒ; *AmE* -dərˈtʃɑːrdʒ/ *Verb* ~ **(sb) (for sth)** (jdm) (für etw) zu wenig berechnen

under·class /ˈʌndəklɑːs; *AmE* -dərklæs/ *Nomen* [Sing] Unterschicht

under·class·man /ˌʌndəˈklɑːsmən; *AmE* -dərˈklæs-/ *Nomen* (*Pl* **-men** /-mən/) (*AmE*) = Schüler/Student im ersten oder zweiten Jahr an einer amerikanischen Highschool oder einem College

under·class·woman /ˌʌndəˈklɑːswʊmən; *AmE* -dərˈklæs-/ *Nomen* (*Pl* **-women** /-wɪmɪn/) (*AmE*) = Schülerin/Studentin im ersten oder zweiten Jahr an einer amerikanischen Highschool oder einem College

under·clothes /ˈʌndəkləʊðz; *AmE* -dərkloʊðz/ *Nomen* [Pl] (*auch* **under·cloth·ing** /-kləʊðɪŋ; *AmE* -kloʊðɪŋ/) (*gehoben*) Unterwäsche

under·coat /ˈʌndəkəʊt; *AmE* -dərkoʊt/ *Nomen* Grundierung, Grundierfarbe

under·cover /ˌʌndəˈkʌvə(r); *AmE* -dərˈ-/ *Adj, Adv*

▸ ***Adj*** verdeckt, geheim ◇ *an undercover agent* ein(e) Geheimagent(in)

▸ ***Adv*** verdeckt

under·cur·rent /ˈʌndəkʌrənt; *AmE* -dərkɜːrənt/ *Nomen* Unterton, Unterströmung ◇ *I detect an undercurrent of resentment.* Ich kann unterschwellig die Abneigung spüren. ◇ *A nationalist undercurrent was developing.* Es entwickelte sich ein latenter Nationalismus.

under·cut *Verb, Nomen*

▸ ***Verb*** /ˌʌndəˈkʌt; *AmE* -dərˈ-/ (**-cut·ting**, **-cut**, **-cut**) **1** unterbieten **2** (*fig*) untergraben

▸ ***Nomen*** /ˈʌndəkʌt; *AmE* -dərkʌt/ Pilzkopf mit unterschnittenem Nacken

under·devel·oped /ˌʌndədɪˈveləpt; *AmE* -dərd-/ *Adj* unterentwickelt

under·dog /ˈʌndədɒg; *AmE* -dərdɔːg/ *Nomen* Underdog, Unterlegene(r), Schwächere(r)

under·done /ˌʌndəˈdʌn; *AmE* -dərˈ-/ *Adj* nicht durch, (noch) nicht gar

under·employed /ˌʌndərɪmˈplɔɪd/ *Adj* nicht ausgelastet

under·esti·mate *Verb, Nomen*

▸ ***Verb*** /ˌʌndərˈestɪmeɪt/ unterschätzen

▸ ***Nomen*** /ˌʌndərˈestɪmət/ (*auch* **under·esti·mation** /ˌʌndərˌestɪˈmeɪʃn/) Unterschätzung

under·expose /ˌʌndərɪkˈspəʊz; *AmE* -ˈspoʊz/ *Verb* (*meist passiv*) (FOTO) unterbelichten

under·fed /ˌʌndəˈfed; *AmE* -dərˈ-/ *Adj* unterernährt

under·floor /ˌʌndəˈflɔː(r); *AmE* -dərˈ-/ *Adj* [nur vor Nomen] unter dem Fußboden verlaufend ◇ *underfloor heating* Fußbodenheizung

under·foot /ˌʌndəˈfʊt; *AmE* -dərˈ-/ *Adv* ◇ *The ground was dry and firm underfoot.* Der Boden war trocken und fest. ◇ *I was nearly trampled underfoot by the crowd.* Ich wurde von den Menschenmassen fast niedergetrampelt.

under·fund·ed /ˌʌndəˈfʌndɪd; *AmE* -dərˈ-/ *Adj* unterfinanziert

under·gar·ment /ˈʌndəgɑːmənt; *AmE* -dərgɑːrmənt/ *Nomen* (*veraltet oder gehoben*) (Stück) Unterwäsche

under·go /ˌʌndəˈgəʊ; *AmE* -dərˈgoʊ/ *Verb* (**-went** /-ˈwent/, **-gone** /-ˈgɒn/; *AmE* -ˈgɔːn/) sich unterziehen, durchmachen ◇ *undergo repairs* repariert werden

under·gradu·ate /ˌʌndəˈgrædʒuət; *AmE* -dərˈ-/ *Nomen* Student(in) (*vor dem ersten Hochschulabschluss*) ◇ *an undergraduate degree* ein erster Hochschulabschluss

under·ground 🔑 *Adj, Adv, Nomen*

▸ ***Adj*** /ˈʌndəgraʊnd; *AmE* -dərgraʊnd/ [nur vor Nomen] **1** unterirdisch ◇ *underground cables* Erdkabel **2** Untergrund-

▸ ***Adv*** /ˌʌndəˈgraʊnd; *AmE* -dərˈ-/ **1** unter der Erde, unterirdisch **2** (*fig*) in dem/den Untergrund ◇ *He went underground to avoid arrest.* Er tauchte unter, um nicht verhaftet zu werden.

▸ ***Nomen*** /ˈʌndəgraʊnd; *AmE* -dərgraʊnd/ **1** (*meist* **the Underground**) (*BrE*) [Sing] U-Bahn **2** [mit Verb im Sing/Pl] **the underground** (POL) der Untergrund

under·growth /ˈʌndəgrəʊθ; *AmE* -dərgroʊθ/ *Nomen* (*BrE*) Unterholz

under·hand /ˌʌndəˈhænd; *AmE* -dərˈ-/ (*seltener* **under·hand·ed** /-ˈhændɪd/) *Adj* (*abwert*) hinterhältig

under·lay /ˈʌndəleɪ; *AmE* -dərleɪ/ *Nomen* Unterlage

under·lie /ˌʌndəˈlaɪ; *AmE* -dərˈ-/ *Verb* (**-lying**, **-lay** /-ˈleɪ/, **-lain** /-ˈleɪn/) (*gehoben*) zugrunde liegen

under·line /ˌʌndəˈlaɪn; *AmE* -dərˈ-/ *Verb* unterstreichen (*auch fig*)

under·ling /ˈʌndəlɪŋ; *AmE* -dərlɪŋ/ *Nomen* (*abwert*) Untergebene(r)

under·lying /ˌʌndəˈlaɪɪŋ; *AmE* -dərˈ-/ *Adj* [nur vor Nomen] **1** zugrunde liegend ◇ *the underlying cause of the disaster* der eigentliche Grund für die Katastrophe **2** darunter liegend

under·manned /ˌʌndəˈmænd; *AmE* -dərˈ-/ *Adj* (personell) unterbesetzt

under·mine /ˌʌndəˈmaɪn; *AmE* -dərˈ-/ *Verb* **1** unterhöhlen **2** (*fig*) untergraben, unterminieren

under·neath 🔑 /ˌʌndəˈniːθ; *AmE* -dərˈ-/ *Präp, Adv, Nomen*

▸ ***Präp*** unter

▸ ***Adv*** darunter

▸ ***Nomen*** **the underneath** [Sing] die Unterseite

under·nour·ished /ˌʌndəˈnʌrɪʃt; *AmE* -dərˈnɜːrɪʃt/ *Adj* unterernährt

under·nour·ish·ment /ˌʌndəˈnʌrɪʃmənt; *AmE* -dərˈnɜːr-/ *Nomen* Unterernährung

under·paid /ˌʌndəˈpeɪd; *AmE* -dərˈ-/ *Adj* unterbezahlt

under·pants /ˈʌndəpænts; *AmE* -dərpænts/ *Nomen* [Pl] (*BrE*) Unterhose

under·pass /ˈʌndəpɑːs; *AmE* -dərpæs/ *Nomen* Unterführung

under·pay /ˌʌndəˈpeɪ; *AmE* -dərˈ-/ *Verb* (**-paid**, **-paid** /-ˈpeɪd/) unterbezahlen

under·pin /ˌʌndəˈpɪn; *AmE* -dərˈ-/ *Verb* (**-nn-**) **1** (TECH) abstützen **2** (*fig*) stützen, untermauern ◇ *Objectivity underpins good journalism.* Objektivität ist die Grundlage des guten Journalismus.

under·pin·ning /ˌʌndəˈpɪnɪŋ; *AmE* -dərˈ-/ *Nomen* Unterbau (*auch fig*)

under·play /ˌʌndəˈpleɪ; *AmE* -dərˈ-/ *Verb* (*bes BrE, gehoben*) herunterspielen

under·priv·il·eged /ˌʌndəˈprɪvəlɪdʒd; *AmE* -dərˈ-/ *Adj, Nomen*

▸ ***Adj*** unterprivilegiert

▸ **the underprivileged** ***Nomen*** [Pl] die Unterprivilegierten

under·rate /ˌʌndəˈreɪt/ *Verb* unterschätzen

under·score /ˌʌndəˈskɔː(r); *AmE* -dərˈ-/ *Verb* (*bes AmE*) unterstreichen

under·sea /ˈʌndəsiː; *AmE* -dərsiː/ *Adj* [nur vor Nomen] Unterwasser- ◇ *undersea cables* Unterwasserkabel

under·sec·re·tary /ˌʌndəˈsekrətri; *AmE* -dərˈsekrəteri/ *Nomen* (*Pl* **-ies**) **1** (*in Großbritannien*) (parlamentarische(r)) Staatssekretär(in) **2** (*in den USA*) Unterstaatssekretär(in)

under·sell /ˌʌndəˈsel; *AmE* -dərˈ-/ *Verb* (**-sold**, **-sold** /-ˈsəʊld; *AmE* -ˈsoʊld/) **1** unterbieten **2** unter Wert verkaufen, verschleudern **3 ~ yourself** sich nicht gut verkaufen

under·shirt /ˈʌndəʃɜːt; *AmE* -dərʃɜːrt/ *Nomen* (*AmE*) Unterhemd

under·side /ˈʌndəsaɪd; *AmE* -dərsaɪd/ *Nomen* Unterseite

the under·signed /ðiˌʌndəˈsaɪnd; *AmE* -dərˈ-/ *Nomen* (*Pl* **the under·signed**) (*gehoben*) der/die Unterzeichnete, die Unterzeichneten

under·sized /ˌʌndəˈsaɪzd; *AmE* ˌʌdərˈ-/ *Adj* klein (geraten), zu klein

under·sold *Form von* UNDERSELL

under·staffed /ˌʌndəˈstɑːft; *AmE* -dərˈstæft/ *Adj* (personell) unterbesetzt

under·stand 🔑 /ˌʌndəˈstænd; *AmE* -dərˈ-/ *Verb* (**-stood**, **-stood** /-ˈstʊd/) (*nicht in der Verlaufsform*) **1** verstehen, begreifen **2** (*gehoben*) denken, gehört haben ◇ *I understand (that) you wish to see the manager.* Man sagt mir, dass Sie mit dem Geschäftsführer sprechen wollen. ◇ *Am I to understand that you refuse?* Soll das heißen, dass Sie ablehnen? ◇ *The Prime Minister is understood to have been extremely angry.* Der Premierminister soll sehr ärgerlich gewesen sein. **3 be understood** sich (von selbst) verstehen, selbstverständlich sein; (*Wort*) ausgelassen werden ◇ *I thought it was understood that my expenses would be paid.* Ich bin davon ausgegangen, dass meine Spesen bezahlt werden. **IDM** **ˌmake yourself underˈstood** sich verständlich machen → *Siehe auch* GIVE

under·stand·able /ˌʌndəˈstændəbl; *AmE* -dərˈ-/ *Adj* verständlich

under·stand·ably /ˌʌndəˈstændəbli; *AmE* -dərˈ-/ *Adv* verständlicherweise

under·stand·ing 🔑 /ˌʌndəˈstændɪŋ; *AmE* -dərˈ-/ *Nomen, Adj*

▸ ***Nomen*** **1** [U/Sing] Verständnis, Auffassung ◇ *My understanding of the situation is …* Ich verstehe die Situation so, dass … **2** (*zwischen Ländern, Völkern etc.*) Verständigung **3** [meist Sing] Abmachung ◇ *We finally came to an understanding about what hours we would work.* Wir einigten uns schließlich über unsere Arbeitszeiten. **4** [U/Sing] Kenntnis(se) ◇ *a sound understanding of grammar* gute Grammatikkenntnisse **IDM** **on the understanding that …** (*gehoben*) unter der Voraussetzung, dass …

▸ ***Adj*** verständnisvoll

under·state /ˌʌndəˈsteɪt; *AmE* -dərˈ-/ *Verb* herunterspielen

under·stated /ˌʌndəˈsteɪtɪd; *AmE* -dərˈ-/ *Adj* unaufdringlich

under·state·ment /ˈʌndəsteɪtmənt; *AmE* -dərsteɪt-/ *Nomen* Untertreibung, Understatement

under·stood *Form von* UNDERSTAND

under·study /ˈʌndəstʌdi; *AmE* -dərstʌ-/ *Nomen, Verb*

▸ ***Nomen*** (*Pl* **-ies**) **~ (to sb)** zweite Besetzung (für jdn)

▸ ***Verb*** (**-stud·ies**, **-study·ing**, **-stud·ied**, **-stud·ied**) **~ sb** die zweite Besetzung für jdn sein

under·take /ˌʌndəˈteɪk; *AmE* -dərˈ-/ *Verb* (**-took** /-ˈtʊk/, **-taken** /-ˈteɪkən/) (*gehoben*) **1** durchführen; (*Aufgabe etc.*) übernehmen **2 ~ to do sth** sich (dazu) verpflichten etw zu tun

under·taker /ˈʌndəteɪkə(r); *AmE* -dərt-/ *Nomen* Leichenbestatter(in), Bestattungsinstitut

under·tak·ing /ˌʌndəˈteɪkɪŋ; *AmE* -dərˈ-/ *Nomen* **1** Unternehmen, Projekt **2** (*gehoben*) Zusicherung ◇ *give an undertaking to do sth* sich (dazu) verpflichten etw zu tun **3** Bestattungsgewerbe

under-the-ˈcounter *Adj* (*umgs*) illegal ◇ *under-the-counter deals* schwarze Geschäfte

under·tone /ˈʌndətəʊn; *AmE* -dərtoʊn/ *Nomen* Unterton **IDM** **in an ˈundertone; in ˈundertones** mit gedämpfter Stimme

under·took → *Beispiele bei* UNDERTAKE

under·tow /ˈʌndətəʊ; *AmE* -dərtoʊ/ *Nomen* **1** Unterströmung; (*am Meer*) Sog **2** (*fig*) Unterton

under·use /ˌʌndəˈjuːs; *AmE* -dərˈ-/ *Nomen* mangelnde Nutzung

under·used /ˌʌndəˈjuːzd; *AmE* -dərˈ-/ *Adj* unzureichend genutzt

under·value /ˌʌndəˈvæljuː; *AmE* -dərˈ-/ *Verb* (*meist passiv*) unterbewerten ◇ *The house has been undervalued.* Der Wert des Hauses ist zu niedrig geschätzt worden.

under·water 🔑 /ˌʌndəˈwɔːtə(r); *AmE* -dərˈ-/ *Adj, Adv*

▸ ***Adj*** [nur vor Nomen] Unterwasser-

▸ ***Adv*** unter Wasser

under·way /ˌʌndəˈweɪ; *AmE* -dərˈ-/ *Adj* [nicht vor Nomen] **IDM** → UNDER

under·wear 🔑 /ˈʌndəweə(r); *AmE* -dərwer/ *Nomen* Unterwäsche

under·weight /ˌʌndəˈweɪt; *AmE* -dərˈ-/ *Adj* untergewichtig ◇ *She is a few pounds underweight for her height.* Für ihre Größe wiegt sie ein paar Pfund zu wenig.

under·went *Form von* UNDERGO

under·whelmed /ˌʌndəˈwelmd; *AmE* -dərˈ-/ *Adj* (*umgs, hum*) nicht gerade überwältigt

under·world /ˈʌndəwɜːld; *AmE* -dərwɜːrld/ *Nomen* [Sing] Unterwelt

under·write /ˌʌndəˈraɪt; *AmE* -dərˈ-/ *Verb* (**-wrote** /-ˈrəʊt; *AmE* -ˈroʊt/, **-writ·ten** /-ˈrɪtn/) (*Fachspr*) **1** finanzieren; (*Verlust, Kosten*) tragen **2** als Versicherer unterzeichnen, versichern **3** = bei Aktienemissionen die Übernahme von unverkauften Aktien garantieren

under·writer /ˈʌndəraɪtə(r)/ *Nomen* (*Fachspr*) **1** Versicherer(in), Versicherungsgesellschaft **2** Underwriter **3** Emissionsgarant

un·deserved /ˌʌndɪˈzɜːvd; *AmE* -ˈzɜːrvd/ *Adj* unverdient

un·deserved·ly /ˌʌndɪˈzɜːvɪdli; *AmE* -ˈzɜːrv-/ *Adv* unverdienterweise

un·deserv·ing /ˌʌndɪˈzɜːvɪŋ; *AmE* -ˈzɜːrvɪŋ/ *Adj* **~ (of sth)** (*gehoben*) (einer Sache) unwürdig

un·desir·able /ˌʌndɪˈzaɪərəbl/ *Adj, Nomen*

▸ ***Adj*** (*Adv* **un·desir·ably** /-bli/) unerwünscht, nicht wünschenswert

▸ ***Nomen*** [meist Pl] unerfreuliches Element

un·detect·ed /ˌʌndɪˈtektɪd/ *Adj* unentdeckt

un·deterred /ˌʌndɪˈtɜːd; *AmE* -ˈtɜːrd/ *Adj* nicht entmutigt ◇ *They were undeterred.* Sie ließen sich nicht abschrecken. ◇ *He continued undeterred.* Er machte trotzdem weiter.

un·devel·oped /ˌʌndɪˈveləpt/ *Adj* **1** (*Küste etc.*) unerschlossen **2** (*Land*) unterentwickelt **3** nicht voll ausgebildet

un·did *Form von* UNDO

un·dies /ˈʌndiz/ *Nomen* [Pl] (*umgs*) Unterwäsche

un·dif·fer·en·ti·ated /ˌʌndɪfəˈrenʃieɪtɪd/ *Adj* undifferenziert

un·dig·ni·fied /ʌnˈdɪɡnɪfaɪd/ *Adj* würdelos, unelegant

un·diluted /ˌʌndaɪˈluːtɪd; *BrE auch* -ˈljuː-/ *Adj* **1** unverdünnt **2** (*Freude etc.*) ungetrübt

un·dimin·ished /ˌʌndɪˈmɪnɪʃt/ *Adj* unvermindert

un·dis·charged /ˌʌndɪsˈtʃɑːdʒd; *AmE* -ˈtʃɑːrdʒd/ *Adj* (RECHT) ◇ *an undischarged bankrupt* ein noch unentlasteter Konkursschuldner

un·dis·cip·lined /ˌʌnˈdɪsəplɪnd/ *Adj* undiszipliniert

un·dis·closed /ˌʌndɪsˈkləʊzd; *AmE* -ˈkloʊzd/ *Adj* (*Summe etc.*) nicht genannt; (*Ort*) geheim gehalten

un·dis·cov·ered /ˌʌndɪˈskʌvəd; *AmE* -vərd/ *Adj* unentdeckt

un·dis·guised /ˌʌndɪsˈgaɪzd/ *Adj* unverhohlen

un·dis·puted /ˌʌndɪˈspjuːtɪd/ *Adj* **1** unbestritten **2** unangefochten

un·dis·tin·guished /ˌʌndɪˈstɪŋgwɪʃt/ *Adj* durchschnittlich, mittelmäßig

un·dis·turbed /ˌʌndɪˈstɜːbd; *AmE* -ˈstɜːrbd/ *Adj* **1** unberührt **2** ungestört **3** ungerührt ◇ *She was undisturbed by the news.* Die Nachricht ließ sie ungerührt.

un·div·ided /ˌʌndɪˈvaɪdɪd/ *Adj* ungeteilt (*auch fig*); (*Treue etc.*) absolut

undo 0-π /ʌnˈduː/ *Verb* (**-does** /ʌnˈdʌz/, **-did** /ʌnˈdɪd/, **-done** /ʌnˈdʌn/) **1** aufmachen **2** rückgängig machen, zunichtemachen **3** (*meist passiv*) (*gehoben*) zugrunde richten ◇ *The team was undone by the strength of their opponents.* Die Mannschaft scheiterte an der Stärke ihrer Gegner.

un·do·ing /ʌnˈduːɪŋ/ *Nomen* [Sing] Ruin, Verderben

un·done /ʌnˈdʌn/ *Adj* **1** offen ◇ *Her blouse had come undone.* Ihre Bluse war aufgegangen. **2** (*Arbeit etc.*) unerledigt **3** (*veraltet*) ruiniert

un·doubt·ed /ʌnˈdaʊtɪd/ *Adj* unbestritten, unzweifelhaft

un·doubt·ed·ly /ʌnˈdaʊtɪdli/ *Adv* zweifellos

undreamed-of /ʌnˈdriːmd əv/ (*auch* **undreamt-of** /ʌnˈdremt əv/) *Adj* ungeahnt

un·dress /ʌnˈdres/ *Verb, Nomen*

▸ ***Verb*** **1** sich ausziehen ◇ *He got undressed.* Er zog sich aus. **2** ausziehen

▸ ***Nomen*** (*gehoben*) ◇ *in a state of undress* nur halb angekleidet

un·dressed /ʌnˈdrest/ *Adj* ausgezogen, (noch) nicht angezogen

undue /ˌʌnˈdjuː; *AmE* -ˈduː/ *Adj* [nur vor Nomen] (*Adv* **un·duly**) (*gehoben*) übermäßig, ungebührlich

un·du·late /ˈʌndjuleɪt; *AmE* -dʒəleɪt/ *Verb* (*gehoben*) sich wellen, wogen

un·du·la·tion /ˌʌndjuˈleɪʃn; *AmE* -dʒəˈ-/ *Nomen* Welle, Wellenbewegung

un·dying /ʌnˈdaɪɪŋ/ *Adj* [nur vor Nomen] ewig, unvergänglich ◇ *undying love* unsterbliche Liebe

un·earned /ˌʌnˈɜːnd; *AmE* -ˈɜːrnd/ *Adj* unverdient ◇ *unearned income* Kapitaleinkommen

un·earth /ʌnˈɜːθ; *AmE* ʌnˈɜːrθ/ *Verb* **1** ausgraben **2** finden, aufstöbern, ans Licht bringen

un·earth·ly /ʌnˈɜːθli; *AmE* ʌnˈɜːrθ-/ *Adj* unheimlich **IDM** **at an unearthly ˈhour** (*umgs*) zu nachtschlafender Zeit; in aller Herrgottsfrühe

un·ease /ʌnˈiːz/ (*auch* **un·easi·ness** /ʌnˈiːzinəs/) *Nomen* Unbehagen

un·eas·ily /ʌnˈiːzɪli/ *Adv* mit Unbehagen, unruhig ◇ *His socialist views sit uneasily with his fortune.* Seine sozialistischen Ansichten passen schlecht zu seinem Vermögen.

un·easy /ʌnˈiːzi/ *Adj* **1** besorgt; (*Lächeln etc.*) nervös ◇ *He felt uneasy about their visit.* Er machte sich wegen ihres Besuchs Sorgen. ◇ *She felt uneasy about leaving the children with them.* Sie fühlte sich nicht wohl bei dem Gedanken, die Kinder bei ihnen zu lassen. ◇ *an uneasy feeling* ein ungutes Gefühl **2** unsicher, instabil ◇ *an uneasy compromise* ein mühsamer Kompromiss ◇ *an uneasy mix of humour and violence* eine eigenartige Mischung aus Humor und Gewalt **3** (*Schlaf, Nacht*) unruhig

un·eco·nom·ic /ˌʌnˌiːkəˈnɒmɪk, -ˌek-; *AmE* -ˈnɑːmɪk/ *Adj* **1** unrentabel **2** (*auch* **un·eco·nomic·al** /-mɪkl/) unwirtschaftlich, verschwenderisch

un·edify·ing /ʌnˈedɪfaɪɪŋ/ *Adj* (*bes BrE, gehoben*) unschön, wenig erbaulich

un·edu·cated /ʌnˈedʒukeɪtɪd/ *Adj* ungebildet

un·emo·tion·al /ˌʌnɪˈməʊʃənl; *AmE* -ˈmoʊ-/ *Adj* (*Adv* **unemo·tion·al·ly** /-ʃənli/) nüchtern, emotionslos

un·employ·able /ˌʌnɪmˈplɔɪəbl/ *Adj* nicht beschäftigbar

un·employed 0-π /ˌʌnɪmˈplɔɪd/ *Adj, Nomen*

▸ ***Adj*** arbeitslos

▸ ***Nomen*** **the unemployed** [Pl] die Arbeitslosen

un·employ·ment 0-π /ˌʌnɪmˈplɔɪmənt/ *Nomen* Arbeitslosigkeit ◇ *rising rates of unemployment* steigende Arbeitslosenquoten

unemˈployment benefit *Nomen* (*BrE*) (*auch* **unemˈployment benefits** [Pl]; *AmE auch* **unemˈployment compensation**) Arbeitslosenunterstützung

un·end·ing /ʌnˈendɪŋ/ *Adj* endlos ◇ *an unending supply of money* ein unerschöpflicher Geldvorrat

un·envi·able /ʌnˈenviəbl/ *Adj* wenig beneidenswert

un·equal /ʌnˈiːkwəl/ *Adj* **1** (*Adv* **un·equal·ly** /-kwəli/) ungleich **2** (*Adv* **un·equal·ly**) unterschiedlich **3** ~ **to sth** (*gehoben*) einer Sache nicht gewachsen

un·equalled (*AmE* **un·equaled**) /ʌnˈiːkwəld/ *Adj* unerreicht, unübertroffen ◇ *an unequalled range* eine einmalige Auswahl

un·equivo·cal /ˌʌnɪˈkwɪvəkl/ *Adj* (*Adv* **un·equivo·cal·ly** /-kəli/) (*gehoben*) eindeutig

un·err·ing /ʌnˈɜːrɪŋ/ *Adj* (*Adv* **un·err·ing·ly**) unfehlbar, untrüglich

un·eth·ic·al /ʌnˈeθɪkl/ *Adj* (*Adv* **un·eth·ic·al·ly** /-kli/) unmoralisch

un·even /ʌnˈiːvn/ *Adj* (*Adv* **un·even·ly**) **1** (*Boden etc.*) uneben **2** (*Atem, Zähne etc.*) ungleichmäßig, unregelmäßig **3** (*Wettbewerb, Spiel, Verteilung*) ungleich ◇ *an uneven performance* ein Auftritt mit Höhen und Tiefen ◇ *The teams are unevenly matched.* Die Mannschaften sind einander nicht ebenbürtig.

un·even·ness /ʌnˈiːvnnəs/ *Nomen* [U] **1** Unebenheit **2** (*fig*) Ungleichmäßigkeit

un·event·ful /ˌʌnɪˈventfl/ *Adj* (*Adv* **un·event·ful·ly** /-fəli/) ereignislos; (*Wochenende etc.*) ruhig

un·ex·cep·tion·able /ˌʌnɪkˈsepʃənəbl/ *Adj* **1** (*gehoben*) einwandfrei, untadelig **2** durchschnittlich

un·ex·cep·tion·al /ˌʌnɪkˈsepʃənl/ *Adj* durchschnittlich

un·ex·cit·ing /ˌʌnɪkˈsaɪtɪŋ/ *Adj* wenig aufregend, langweilig

un·ex·pect·ed 0-π /ˌʌnɪkˈspektɪd/ *Adj, Nomen*

▸ ***Adj*** (*Adv* **un·ex·pec·tedly**) unerwartet, überraschend ◇ *The plane was unexpectedly delayed.* Das Flugzeug hatte unerwarteterweise Verspätung.

▸ ***Nomen*** **the un·ex·pect·ed** [Sing] Unvorhergesehenes, unvorhergesehene Dinge

un·ex·plained /ˌʌnɪkˈspleɪnd/ *Adj* ungeklärt, unerklärt; (*Abwesenheit*) unbegründet

un·ex·plored /ˌʌnɪkˈsplɔːd; *AmE* -ˈsplɔːrd/ *Adj* unerforscht, unerschlossen

un·fail·ing /ʌnˈfeɪlɪŋ/ *Adj* nie versagend ◇ *unfailing support* uneingeschränkte Unterstützung

un·fail·ing·ly /ʌnˈfeɪlɪŋli/ *Adv* stets, immer

un·fair 0-π /ˌʌnˈfeə(r); *AmE* -ˈfer/ *Adj* ~ (**on/to sb**) ungerecht (jdm gegenüber), unfair (jdm gegenüber) ◇ *un-*

fair dismissal ungerechtfertigte Entlassung ◇ *unfair competition* unlauterer Wettbewerb

un·fair·ly 0‑ᵥ /ˌʌnˈfeəli; *AmE* -ˈferli/ *Adv* ungerecht(erweise), unfair, zu Unrecht ◇ *She claims to have been unfairly dismissed.* Sie behauptet, dass man sie ungerechtfertigt entlassen hat.

un·fair·ness /ˌʌnˈfeənəs; *AmE* -ˈfernəs/ *Nomen* Ungerechtigkeit

un·faith·ful /ʌnˈfeɪθfl/ *Adj* ~ (**to sb**) (jdm) untreu

un·faith·ful·ness /ʌnˈfeɪθflnəs/ *Nomen* Untreue

un·famil·iar /ˌʌnfəˈmɪliə(r)/ *Adj* **1** unbekannt, fremd, ungewohnt **2** ~ **with sth** nicht vertraut mit etw ◇ *students who are unfamiliar with computers* Studenten, die sich nicht mit Computern auskennen

un·famili·ar·ity /ˌʌnfəˌmɪliˈærəti/ *Nomen* **1** Fremdheit, Ungewohntheit **2** Unvertrautheit

un·fash·ion·able /ʌnˈfæʃnəbl/ *Adj* (*Adv* **un·fash·ion·ably** /-bli/) unmodern, altmodisch; (*Stadtteil etc.*) nicht schick

un·fas·ten /ʌnˈfɑːsn/; *AmE* ʌnˈfæsn/ *Verb* aufmachen, losmachen, lösen

un·fath·om·able /ʌnˈfæðəməbl/ *Adj* (*gehoben*) unergründlich, rätselhaft

un·favour·able (*AmE* **un·favor·able**) /ʌnˈfeɪvərəbl/ *Adj* (*Adv* **un·favour·ably**; *AmE* **un·favor·ably** /-bli/) **1** ~ (**for/to sth**) ungünstig (für etw) **2** negativ ◇ *an unfavourable comparison* ein unvorteilhafter Vergleich ◇ *In this respect, Italy compares unfavourably with other countries.* In dieser Hinsicht schneidet Italien bei einem Vergleich mit anderen Ländern schlecht ab.

un·fazed /ʌnˈfeɪzd/ *Adj* (*umgs*) ◇ *She was totally unfazed by the news.* Sie ließ sich durch die Nachricht keineswegs aus der Fassung bringen.

un·feel·ing /ʌnˈfiːlɪŋ/ *Adj* herzlos

un·fet·tered /ʌnˈfetəd; *AmE* -tərd/ *Adj* (*gehoben*) unbehindert, unbeschränkt, uneingeschränkt ◇ *unfettered by legal constraints* frei von rechtlichen Einschränkungen

un·filled /ʌnˈfɪld/ *Adj* **1** (*Arbeitsstelle*) offen **2** (*Kuchen*) ungefüllt **3** (*bes AmE*) (*Bestellung*) nicht ausgeführt

un·fin·ished /ʌnˈfɪnɪʃt/ *Adj* unvollendet ◇ *We have some unfinished business to discuss.* Wir müssen noch ein paar unerledigte Sachen besprechen.

unfit /ʌnˈfɪt/ *Adj* **1** ungeeignet, nicht geeignet ◇ *unfit for human habitation* unbewohnbar **2** ~ (**to do sth**) unfähig (etw zu tun) **3** (*bes BrE*) nicht fit **4** (MIL) untauglich

un·flag·ging /ˌʌnˈflægɪŋ/ *Adj* unermüdlich

un·flap·pable /ˌʌnˈflæpəbl/ *Adj* (*umgs*) unerschütterlich

un·flat·ter·ing /ʌnˈflætərɪŋ/ *Adj* wenig schmeichelhaft, unvorteilhaft

un·flinch·ing /ʌnˈflɪntʃɪŋ/ *Adj* (*Adv* **un·flinch·ing·ly**) unerschrocken, unbeirrbar

un·focused (*auch* **un·focussed**) /ʌnˈfəʊkəst; *AmE* ʌnˈfoʊ-/ *Adj* **1** (*Blick, Augen*) glasig **2** vage, diffus

un·fold /ʌnˈfəʊld; *AmE* ʌnˈfoʊld/ *Verb* **1** auseinanderfalten, auseinanderklappen **2** (*Geschichte*) sich entwickeln; (*Ereignisse*) sich abspielen **3** (*Landschaft etc.*) sich ausbreiten **4** (*Geschichte etc.*) eröffnen

unfollow /ˌʌnˈfɒləʊ; *AmE* -ˈfɑːloʊ/ *Verb* entfolgen

un·forced /ʌnˈfɔːst; *AmE* ʌnˈfɔːrst/ *Adj* ungezwungen

un·fore·see·able /ˌʌnfɔːˈsiːəbl; *AmE* -fɔːrˈ-/ *Adj* unvorhersehbar

un·fore·seen /ˌʌnfɔːˈsiːn; *AmE* -fɔːrˈ-/ *Adj* unvorhergesehen, unerwartet

un·for·get·table /ˌʌnfəˈgetəbl; *AmE* -fərˈ-/ *Adj* unvergesslich

un·for·giv·able /ˌʌnfəˈgɪvəbl; *AmE* -fərˈ-/ *Adj* (*Adv* **un·for·giv·ably** /-bli/) unverzeihlich

un·for·giv·ing /ˌʌnfəˈgɪvɪŋ; *AmE* -fərˈ-/ *Adj* (*gehoben*) **1** unnachgiebig, nachtragend **2** erbarmungslos; (*Ort*) unwirtlich

un·formed /ˌʌnˈfɔːmd; *AmE* -ˈfɔːrmd/ *Adj* (*gehoben*) unfertig; (*Ideen etc.*) unausgereift

un·for·tu·nate 0‑ᵥ /ʌnˈfɔːtʃənət; *AmE* ʌnˈfɔːrtʃə-/ *Adj*, *Nomen*

▸ ***Adj*** **1** unglücklich, glücklos ◇ *He was unfortunate to lose in the final round.* Es war Pech, dass er in der letzten Runde verlor. **2** (*gehoben*) bedauerlich ◇ *It was unfortunate that he couldn't speak English.* Schade, dass er nicht Englisch konnte. ◇ *You're putting me in a most unfortunate position.* Du bringst mich in eine äußerst peinliche Lage. **3** ungeschickt, unpassend

▸ ***Nomen*** (*gehoben*) Unglückliche(r)

un·for·tu·nate·ly 0‑ᵥ /ʌnˈfɔːtʃənətli; *AmE* ʌnˈfɔːrtʃə-/ *Adv* leider, unglücklich(erweise) ◇ *Unfortunately for him, the police were already there.* Zu seinem Pech war die Polizei schon da.

un·found·ed /ʌnˈfaʊndɪd/ *Adj* (*gehoben*) unbegründet

un·freeze /ˌʌnˈfriːz/ *Verb* (**-froze** /-ˈfrəʊz; *AmE* -ˈfroʊz/, **-frozen** /-ˈfrəʊzn; *AmE* -ˈfroʊzn/) **1** auftauen **2** (WIRTSCH) freigeben

un·friend /ˌʌnˈfrend/ *Verb* entfreunden

un·friend·ly 0‑ᵥ /ʌnˈfrendli/ *Adj* unfreundlich, feindselig ◇ *environmentally unfriendly* umweltschädlich

un·ful·filled /ˌʌnfʊlˈfɪld/ *Adj* **1** unerfüllt **2** unausgefüllt

un·furl /ˌʌnˈfɜːl; *AmE* -ˈfɜːrl/ *Verb* **1** entfalten, auseinanderrollen **2** sich entfalten

un·fur·nished /ʌnˈfɜːnɪʃt; *AmE* ʌnˈfɜːrnɪʃt/ *Adj* unmöbliert

un·gain·ly /ʌnˈgeɪnli/ *Adj* unbeholfen, ungraziös, unförmig, ungeschlacht

un·gentle·man·ly /ʌnˈdʒentlmənli/ *Adj* unfein

un·glam·or·ous /ʌnˈglæmərəs/ *Adj* nicht glamourös ◇ *an unglamorous job* ein wenig prestigeträchtiger Beruf

un·glued /ʌnˈgluːd/ *Adj* IDM **come un'glued** (*AmE*, *umgs*) **1** (*Mensch*) durchdrehen **2** (*System etc.*) zusammenbrechen; (*Plan etc.*) fehlschlagen

un·god·ly /ʌnˈgɒdli; *AmE* ʌnˈgɑːd-/ *Adj* (*veraltet*) gottlos IDM **at an ungodly 'hour** zu einer unchristlichen Zeit

un·gov·ern·able /ʌnˈgʌvənəbl; *AmE* -vərn-/ *Adj* (*gehoben*) **1** unregierbar **2** unbezähmbar, zügellos

un·gra·cious /ʌnˈgreɪʃəs/ *Adj* (*Adv* **un·gra·cious·ly**) (*gehoben*) unhöflich, undankbar

un·gram·mat·ical /ˌʌngrəˈmætɪkl/ *Adj* ungrammatisch, grammatikalisch falsch

un·grate·ful /ʌnˈgreɪtfl/ *Adj* (*Adv* **un·grate·ful·ly** /-fəli/) undankbar

un·guard·ed /ʌnˈgɑːdɪd; *AmE* ʌnˈgɑːrdɪd/ *Adj* **1** unbewacht **2** unvorsichtig ◇ *in an unguarded moment* in einem unbedachten Augenblick

un·hap·pily /ʌnˈhæpɪli/ *Adv* **1** unglücklich **2** (*gehoben*) leider, unglücklicherweise

un·hap·pi·ness 0‑ᵥ /ʌnˈhæpinəs/ *Nomen* Kummer, Unzufriedenheit, Traurigkeit

un·happy 0‑ᵥ /ʌnˈhæpi/ *Adj* (**un·hap·pier**, **un·happi·est**) (**More unhappy** *und* **most unhappy** *sind auch möglich*) **1** unglücklich **2** ~ (**about/at/with sth**) unzufrieden (mit etw) **3** (*gehoben*) bedauerlich ◇ *It was an unhappy choice of words.* Es war ungeschickt ausgedrückt.

un·harmed /ʌnˈhɑːmd; *AmE* ʌnˈhɑːrmd/ *Adj* unverletzt, unbeschädigt

un·health·ily /ʌnˈhelθɪli/ *Adv* ungesund, auf ungesunde Weise

un·healthy /ʌnˈhelθi/ *Adj* **1** ungesund ◇ *They looked unhealthy.* Sie sahen kränklich aus. ◇ *unhealthy living conditions* gesundheitsschädliche Lebensbedingungen **2** krankhaft

un·heard /ʌnˈhɜːd; *AmE* ʌnˈhɜːrd/ *Adj* **1** unbeachtet ◇ *Their protests went unheard.* Ihr Protest blieb unbeachtet. **2** ungehört

unheard-of /ʌnˈhɜːd əv; *AmE* ʌnˈhɜːrd/ *Adj* unerhört, unbekannt, noch nie da gewesen

un·heat·ed /ʌnˈhiːtɪd/ *Adj* ungeheizt

un·heed·ed /ʌnˈhiːdɪd/ *Adj* (*gehoben*) unbeachtet ◇ *Her warning went unheeded.* Ihre Warnung stieß auf taube Ohren.

un·help·ful /ʌnˈhelpfl/ *Adj* (*Adv* **un·help·ful·ly** /-fəli/) wenig hilfreich

un·hesi·tat·ing /ʌnˈhezɪteɪtɪŋ/ *Adj* **1** prompt **2** bereitwillig

un·hesi·tat·ing·ly /ʌnˈhezɪteɪtɪŋli/ *Adv* ohne zu zögern

un·hin·dered /ʌnˈhɪndəd; *AmE* -dərd/ *Adj* ungehindert, nicht behindert

un·hinge /ʌnˈhɪndʒ/ *Verb* (*meist passiv*) völlig verstören

un·holy /ʌnˈhəʊli; *AmE* ʌnˈhoʊ-/ *Adj* **1** (*Bündnis*) gefährlich **2** böse, gottlos **3** (*Freude*) diebisch **4** [nur vor Nomen] (*umgs*) fürchterlich

un·hook /ʌnˈhʊk/ *Verb* **1** (*Kleid etc.*) aufmachen **2** losmachen; (*Fisch*) vom Haken lösen ◇ *He unhooked his coat.* Er nahm seinen Mantel vom Haken.

un·hur·ried /ʌnˈhʌrid; *AmE* ʌnˈhɜːrid/ *Adj* (*Adv* **un·hur·riedly**) (*gehoben*) gelassen, gemächlich

un·hurt /ʌnˈhɜːt; *AmE* ʌnˈhɜːrt/ *Adj* [nicht vor Nomen] unverletzt

un·hygien·ic /ˌʌnhaɪˈdʒiːnɪk; *AmE meist* -ˈdʒenɪk/ *Adj* unhygienisch

uni /ˈjuːni/ (*BrE, umgs*) = UNIVERSITY

uni- /ˈjuːni/ *Vorsilbe* (*in Nomina, Adjektiven und Adverbien verwendet*) ein-, mit einem/einer ◇ *uniform* einheitlich ◇ *a unicameral parliament* ein Einkammerparlament ◇ *unilaterally* einseitig

uni·corn /ˈjuːnɪkɔːn; *AmE* -kɔːrn/ *Nomen* Einhorn

uni·cycle /ˈjuːnɪsaɪkl/ *Nomen* Einrad

un·iden·ti·fi·able /ˌʌnaɪˈdentɪfaɪəbl/ *Adj* nicht identifizierbar ◇ *Many of the bodies were unidentifiable except by dental records.* Viele Leichen konnten nur durch ihr Gebiss identifiziert werden.

un·iden·ti·fied /ˌʌnaɪˈdentɪfaɪd/ *Adj* unbekannt, nicht identifiziert ◇ *The vase was sold to an unidentified dealer.* Die Vase wurde an einen Händler verkauft, dessen Name nicht bekannt ist.

uni·fica·tion /ˌjuːnɪfɪˈkeɪʃn/ *Nomen* [U] Vereinigung

uni·form 0→ /ˈjuːnɪfɔːm; *AmE* -fɔːrm/ *Nomen, Adj*

▸ ***Nomen*** Uniform

▸ ***Adj*** (*Adv* **uni·formly**) einheitlich, gleichmäßig ◇ *The quality is uniformly high.* Die Qualität ist konstant hoch.

uni·formed /ˈjuːnɪfɔːmd; *AmE* -fɔːrmd/ *Adj* uniformiert

uni·form·ity /ˌjuːnɪˈfɔːməti; *AmE* -ˈfɔːrm-/ *Nomen* **1** Einheitlichkeit, Gleichmäßigkeit ◇ *They tried to ensure uniformity across the different departments.* Sie versuchten durchzusetzen, dass die verschiedenen Abteilungen einheitlich geführt wurden. **2** Eintönigkeit

unify /ˈjuːnɪfaɪ/ *Verb* (**-fies**, **-fy·ing**, **-fied**, **-fied**) **1** (ver)einigen **2** vereinheitlichen ◇ *a unified transport system* ein integriertes Verkehrssystem

uni·lat·eral /ˌjuːnɪˈlætrəl/ *Adj* (*Adv* **uni·lat·er·ally** /-trəli/) einseitig, unilateral

un·imagin·able /ˌʌnɪˈmædʒɪnəbl/ *Adj* (*Adv* **un·imagin·ably** /-bli/) (*gehoben*) unvorstellbar

un·imagina·tive /ˌʌnɪˈmædʒɪnətɪv/ *Adj* (*Adv* **un·imagina·tive·ly**) fantasielos, einfallslos

un·im·paired /ˌʌnɪmˈpeəd; *AmE* -ˈperd/ *Adj* (*gehoben*) unbeeinträchtigt, unvermindert

un·im·peach·able /ˌʌnɪmˈpiːtʃəbl/ *Adj* (*gehoben*) unanfechtbar; (*Quelle*) zuverlässig

un·im·peded /ˌʌnɪmˈpiːdɪd/ *Adj* (*gehoben*) ungehindert

un·im·port·ance /ˌʌnɪmˈpɔːtns; *AmE* -ˈpɔːrtns/ *Nomen* Unwichtigkeit, Bedeutungslosigkeit

un·im·port·ant 0→ /ˌʌnɪmˈpɔːtnt; *AmE* -ˈpɔːrtnt/ *Adj* unwichtig, unbedeutend

un·im·pressed /ˌʌnɪmˈprest/ *Adj* nicht beeindruckt

un·im·pres·sive /ˌʌnɪmˈpresɪv/ *Adj* wenig beeindruckend

un·in·forma·tive /ˌʌnɪnˈfɔːmətɪv; *AmE* -ˈfɔːrm-/ *Adj* nicht sehr informativ

un·in·formed /ˌʌnɪnˈfɔːmd; *AmE* -ˈfɔːrmd/ *Adj* uninformiert, schlecht informiert, unwissend; (*Kritik etc.*) unfundiert

un·in·hab·it·able /ˌʌnɪnˈhæbɪtəbl/ *Adj* unbewohnbar

un·in·hab·it·ed /ˌʌnɪnˈhæbɪtɪd/ *Adj* unbewohnt

un·in·hib·it·ed /ˌʌnɪnˈhɪbɪtɪd/ *Adj* ungehemmt, ohne Hemmungen ◇ *uninhibited by tradition* von der Tradition nicht behindert

un·initi·ated /ˌʌnɪˈnɪʃieɪtɪd/ *Adj, Nomen*

▸ ***Adj*** nicht eingeweiht

▸ **the uninitiated** ***Nomen*** [Pl] die Nichteingeweihten

un·in·jured /ʌnˈɪndʒəd *AmE* -dʒərd/ *Adj* unverletzt

un·in·spired /ˌʌnɪnˈspaɪəd; *AmE* -ərd/ *Adj* fantasielos, einfallslos

un·in·spir·ing /ˌʌnɪnˈspaɪərɪŋ/ *Adj* nicht gerade aufregend, langweilig

un·in·stall /ˌʌnɪnˈstɔːl/ *Verb* (COMP) deinstallieren

un·in·tel·li·gent /ˌʌnɪnˈtelɪdʒənt/ *Adj* unintelligent

un·in·tel·li·gible /ˌʌnɪnˈtelɪdʒəbl/ *Adj* (*Adv* **un·in·tel·li·gibly** /-bli/) unverständlich, nicht zu verstehen

un·in·tend·ed /ˌʌnɪnˈtendɪd/ *Adj* unbeabsichtigt, ungewollt

un·in·ten·tion·al /ˌʌnɪnˈtenʃənl/ *Adj* (*Adv* **un·in·ten·tional·ly** /-nəli/) unbeabsichtigt, unabsichtlich

un·inter·est·ed /ʌnˈɪntrəstɪd, -trestɪd/ *Adj* ~ (**in sb/sth**) desinteressiert (an jdm/etw) ◇ *He was totally uninterested in sport.* Er interessierte sich überhaupt nicht für Sport.

un·inter·est·ing /ʌnˈɪntrəstɪŋ, -trestɪŋ/ *Adj* uninteressant, langweilig

un·inter·rupt·ed /ˌʌnˌɪntəˈrʌptɪd/ *Adj* ununterbrochen, nicht unterbrochen, ungestört ◇ *We had an uninterrupted view of the stage.* Wir hatten eine unbehinderte Sicht der Bühne.

un·in·vited /ˌʌnɪnˈvaɪtɪd/ *Adj* un(ein)geladen

un·in·vit·ing /ˌʌnɪnˈvaɪtɪŋ/ *Adj* wenig einladend

union 0→ /ˈjuːniən/ *Nomen* **1** = TRADE UNION **2** Vereinigung, Verband ➔ *Siehe auch* STUDENTS' UNION **3** Union ◇ *the European Union* die Europäische Union **4 the Union** [Sing] die Vereinigten Staaten; (*im Sezessionskrieg*) die nördlichen Staaten ◇ *the State of the Union address by the President* die Regierungserklärung des Präsidenten zur Lage der Nation **5** [U/Sing] Vereinigung, Verbindung **6** (*veraltet*) Ehe

union·ism /ˈjuːniənɪzəm/ *Nomen* **1** Gewerkschaftswesen **2** (*in Nordirland*) Unionismus

union·ist /ˈjuːniənɪst/ *Nomen* **1** = TRADE UNIONIST **2** **Unionist** = Befürworter der Union zwischen Großbritannien und Nordirland **3** **Unionist** = Anhänger der Union im nordamerikanischen Sezessionskrieg

union·iza·tion (*BrE auch* **-isa·tion**) /ˌjuːniənaɪˈzeɪʃn; *AmE* -nəˈ-/ *Nomen* [U] gewerkschaftliche Organisation ◇ *a high level of unionization* ein hoher gewerkschaftlicher Organisierungsgrad

union·ize (*BrE auch* **-ise**) /ˈjuːniənaɪz/ *Verb* (sich) gewerkschaftlich organisieren

the ˌUnion ˈJack *Nomen* (*britische Flagge*) der Union Jack

unique /juˈniːk/ *Adj* **1** einzigartig, einmalig ◇ *The museum is unique in having a complete dinosaur.* Es ist das einzige Museum, das einen vollständig erhaltenen Dinosaurier hat. **2** **~ to sb/sth** jdm/etw eigen ◇ *an atmosphere that is unique to New York* eine Atmosphäre, die es nur in New York gibt ◇ *The koala is unique to Australia.* Der Koala kommt nur in Australien vor.

unique·ly /juˈniːkli/ *Adv* einzigartig, einmalig ◇ *Her past experience made her uniquely suited to lead the campaign.* Durch ihre Erfahrung auf diesem Gebiet war sie ganz besonders geeignet, die Kampagne zu leiten. ◇ *Britain, uniquely, has had to face this problem.* Nur Großbritannien war von diesem Problem betroffen. ◇ *a uniquely identifiable email address* eine eindeutig identifizierbare E-Mail-Adresse

unique·ness /juˈniːknəs/ *Nomen* Einzigartigkeit, Einmaligkeit

uni·sex /ˈjuːnɪseks/ *Adj* Unisex-

uni·son /ˈjuːnɪsn/ *Nomen* IDM **in unison** **1** (MUS) einstimmig **2** gleichzeitig **3** in Übereinstimmung

unit /ˈjuːnɪt/ *Nomen* **1** Einheit **2** (WIRTSCH) Stück, Einheit **3** (*im Krankenhaus*) Abteilung, Station **4** (*Möbelstück*) (Anbau)element **5** Gerät, Element **6** Lektion, Kapitel **7** Wohneinheit **8** (MATH) Einer

Uni·tar·ian /ˌjuːnɪˈteəriən; *AmE* -ˈter-/ *Nomen, Adj*
▸ ***Nomen*** Unitarier(in)
▸ ***Adj*** unitarisch

Uni·tar·ian·ism /ˌjuːnɪˈteəriənɪzəm; *AmE* -ˈter-/ *Nomen* Unitarismus

uni·tary /ˈjuːnətri; *AmE* -teri/ *Adj* Einheits-, zentralistisch

ˌunitary auˈthority *Nomen* (*BrE*) ≈ Bezirksverwaltung

unite /juˈnaɪt/ *Verb* **1** sich zusammenschließen ◇ *We will unite in fighting crime.* Wir werden das Verbrechen gemeinsam bekämpfen. **2** **~ sb/sth (with sb/sth)** jdn/etw (mit jdm/etw) vereinigen, jdn/etw (mit jdm/etw) verbinden ◇ *She unites keen business skills with a charming personality.* Sie hat einen ausgeprägten Geschäftssinn und ist zugleich sehr charmant. **3** **~ (with sb/sth)** sich (mit jdm/etw) vereinigen

united /juˈnaɪtɪd/ *Adj* vereinigt, vereint ◇ *They are united in their opposition to the plan.* Sie sind sich in ihrem Widerstand gegen den Plan einig. ◇ *present a united front* eine gemeinsame Front bilden

the Uˌnited ˈKingdom *Nomen* [Sing] (*Abk* **(the) UK**) das Vereinigte Königreich

the Uˌnited ˈNations *Nomen* [mit Verb im Sing/Pl] (*Abk* **(the) UN**) die Vereinten Nationen

the Uˌnited ˈStates (of Aˈmerica) *Nomen* [mit Verb im Sing/Pl] (*Abk* **(the) US, USA**) die Vereinigten Staaten (von Amerika)

ˌunit ˈtrust *Nomen* (*BrE*) ≈ Investmentfonds

unity /ˈjuːnəti/ *Nomen* (*Pl* **-ies**) **1** Einheit ◇ *unity of purpose* gemeinsame Ziele **2** Einheitlichkeit, (innere) Geschlossenheit **3** Einmütigkeit

Univ. *Abk* = UNIVERSITY

uni·ver·sal /ˌjuːnɪˈvɜːsl; *AmE* -ˈvɜːrsl/ *Adj* **1** allgemein, universal, universell **2** allgemein gültig

uni·ver·sal·ity /ˌjuːnɪvɜːˈsæləti; *AmE* -vɜːrˈ-/ *Nomen* **1** Universalität **2** Allgemeingültigkeit

uni·ver·sal·ly /ˌjuːnɪˈvɜːsəli; *AmE* -ˈvɜːrsə-/ *Adv* allgemein, überall

uni·verse /ˈjuːnɪvɜːs; *AmE* -vɜːrs/ *Nomen* **1** Universum, Kosmos **2** [Sing] (*fig*) Welt

uni·ver·sity /ˌjuːnɪˈvɜːsəti; *AmE* -ˈvɜːrsə-/ *Nomen* (*Pl* **-ies**) (*Abk* **Univ.**; *umgs* **uni**) Universität ◇ (*BrE*) *He's hoping to go to university next year.* Er möchte nächstes Jahr mit seinem Studium beginnen.

un·just /ˌʌnˈdʒʌst/ *Adj* ungerecht ◇ *an unjust accusation* eine ungerechtfertigte Anschuldigung

un·jus·ti·fi·able /ʌnˈdʒʌstɪfaɪəbl/ *Adj* ungerechtfertigt

un·jus·ti·fi·ably /ʌnˈdʒʌstɪfaɪəbli/ *Adv* ungerechtfertigt, zu Unrecht, grundlos

un·jus·ti·fied /ʌnˈdʒʌstɪfaɪd/ *Adj* ungerechtfertigt

un·just·ly /ˌʌnˈdʒʌstli/ *Adv* ungerecht, zu Unrecht

un·kempt /ˌʌnˈkempt/ *Adj* ungepflegt

un·kind /ˌʌnˈkaɪnd/ *Adj* (*Adv* **un·kind·ly**) unfreundlich, herzlos ◇ *It wasn't meant unkindly.* Es war nicht böse gemeint.

un·kind·ness /ˌʌnˈkaɪndnəs/ *Nomen* Unfreundlichkeit, Herzlosigkeit

un·know·able /ʌnˈnəʊəbl; *AmE* ʌnˈnoʊ-/ *Adj* (*gehoben*) unergründlich, nicht erfassbar

un·know·ing /ʌnˈnəʊɪŋ; *AmE* ʌnˈnoʊ-/ *Adj* (*gehoben*) unwissend, ahnungslos ◇ *He was the unknowing cause of all the misunderstanding.* Er war, ohne es zu wissen, der Grund des ganzen Missverständnisses.

un·know·ing·ly /ʌnˈnəʊɪŋli; *AmE* ʌnˈnoʊ-/ *Adv* unwissentlich, ohne es zu wissen

un·known /ˌʌnˈnəʊn; *AmE* -ˈnoʊn/ *Adj, Nomen*
▸ ***Adj*** **~ (to sb)** (jdm) unbekannt ◇ *It is not unknown for patients to have to wait several hours.* Es ist schon vorgekommen, dass die Patienten mehrere Stunden warten mussten. IDM **an ˌunknown ˈquantity** eine unbekannte Größe **unknown to sb** ohne jds Wissen
▸ ***Nomen*** **1** **the unknown** [Sing] das Unbekannte, das Ungewisse **2** Unbekannte(r) ◇ *A young unknown played the leading role.* Ein unbekannter junger Schauspieler spielte die Hauptrolle. **3** (*Faktor, Einfluss*) unbekannte Größe **4** (MATH) Unbekannte

un·lace /ʌnˈleɪs/ *Verb* (*Schuhe, Kleider etc.*) aufbinden, aufschnüren

un·laden /ˌʌnˈleɪdn/ *Adj* (TECH) unbeladen ◇ *an unladen weight of 3 000 kg* ein Leergewicht von 3 000 kg

un·law·ful /ʌnˈlɔːfl/ *Adj* (*Adv* **un·law·ful·ly** /-fəli/) (*gehoben*) gesetzwidrig, illegal

un·lead·ed /ˌʌnˈledɪd/ *Adj, Nomen*
▸ ***Adj*** bleifrei
▸ ***Nomen*** bleifreies Benzin

un·learn /ˌʌnˈlɜːn; *AmE* -ˈlɜːrn/ *Verb* **~ sth** sich etw abgewöhnen; (*absichtlich*) etw vergessen

un·leash /ʌnˈliːʃ/ *Verb* entfesseln, auslösen; **~ sth on/upon sb/sth** etw auf jdn/etw loslassen; (*Wut etc.*) etw an jdm/etw auslassen

un·leav·ened /ˌʌnˈlevnd/ *Adj* ungesäuert

un·less /ənˈles/ *Konj* es sei denn, außer (wenn), wenn … nicht ◇ *Unless I'm mistaken …* Wenn ich mich nicht irre … ◇ *Have a cup of tea—unless you'd prefer a cold drink?* Trinken Sie eine Tasse Tee—oder möchten Sie lieber etwas Kaltes?

un·licensed /ʌnˈlaɪsnst/ *Adj* nicht angemeldet ◇ *an unlicensed pistol* eine Pistole ohne Waffenschein ◇ *unlicensed traders* nicht konzessionierte Händler

un·like /ˌʌnˈlaɪk/ *Präp, Adj, Verb*
▸ ***Präp*** **1** anders als ◇ *The sound was not unlike that of birds singing.* Das Geräusch war ähnlich wie Vogelgezwitscher. ◇ *It's very unlike him to be late.* Es sieht ihm gar nicht ähnlich, unpünktlich zu sein. **2** im Gegensatz zu
▸ ***Adj*** [nicht vor Nomen] (*gehoben*) verschieden, unähnlich
▸ ***Verb*** (*umgs*) unliken

un·like·li·hood /ʌnˈlaɪklihʊd/ *Nomen* Unwahrscheinlichkeit

un·like·ly /ʌnˈlaɪkli/ *Adj* (**un·like·lier, un·likeli·est**) (**More unlikely** *und* **most unlikely** *sind gebräuchlicher*) **1** unwahrscheinlich ◇ *The project seemed unlikely to succeed.* Es schien unwahrscheinlich, dass das Projekt gelingen könnte. **2** [nur vor Nomen] ungeeignet, merkwürdig **3** [nur vor Nomen] (*Erklärung etc.*) unglaubwürdig

un·lim·it·ed /ʌnˈlɪmɪtɪd/ *Adj* unbegrenzt ◇ *You will be allowed unlimited access to the files.* Sie haben ungehindert Zugang zu den Akten.

un·lined /ˌʌnˈlaɪnd/ *Adj* **1** unliniert **2** (*Haut*) faltenlos **3** (*Kleidung*) ungefüttert

un·list·ed /ˌʌnˈlɪstɪd/ *Adj* nicht verzeichnet; (*Aktien etc.*) nicht notiert ◇ *an unlisted telephone number* eine Geheimnummer

unlit /ˌʌnˈlɪt/ *Adj* **1** unbeleuchtet **2** nicht angezündet

un·load /ˌʌnˈləʊd; *AmE* -ˈloʊd/ *Verb* **1** entladen, abladen, ausladen ◇ *unload the film* den Film herausnehmen **2** (*Waffe*) entladen **3 ~ sb/sth (on/onto sb)** (*umgs*) jdn/etw (bei jdm) abladen ◇ *He shouldn't unload his problems onto you.* Er sollte seine Probleme nicht auf dich abwälzen. **4** (*umgs*) loswerden, abstoßen; **~ sth on/onto sb** jdm etw andrehen

un·lock /ˌʌnˈlɒk; *AmE* -ˈlɑːk/ *Verb* **1** aufschließen **2** (*fig*) entschlüsseln, erschließen **3** (*Handy, Computerspiel etc.*) freischalten

un·locked *Adj* /ˌʌnˈlɒkt; *AmE* -ˈlɑːkt/ unverschlossen

unlooked-for /ʌnˈlʊkt fɔː(r)/ *Adj* (*gehoben*) unerwartet

un·loved /ˌʌnˈlʌvd/ *Adj* (*gehoben*) ungeliebt

un·love·ly /ˌʌnˈlʌvli/ *Adj* (*gehoben*) unschön

un·luck·ily *Adv* /ʌnˈlʌkɪli/ unglücklicherweise

un·lucky /ʌnˈlʌki/ *Adj* (**un·luck·ier, un·lucki·est**) (**More unlucky** *und* **most unlucky** *sind auch möglich*) **1** Unglücks-, unglücklich ◇ *by some unlucky chance* durch einen unglücklichen Zufall **2 be ~** Pech haben ◇ *He was very unlucky not to win.* Er hatte großes Pech, nicht zu gewinnen.

un·made /ˌʌnˈmeɪd/ *Adj* **1** (*Bett*) ungemacht **2** (*BrE*) (*Straße*) nicht asphaltiert

un·man·age·able /ʌnˈmænɪdʒəbl/ *Adj* unkontrollierbar, schwer zu handhaben

un·manned /ˌʌnˈmænd/ *Adj* unbemannt

un·marked /ʌnˈmɑːkt; *AmE* ʌnˈmɑːrkt/ *Adj* nicht gekennzeichnet ◇ *an unmarked police car* ein Zivilfahrzeug der Polizei ◇ *an unmarked grave* ein Grab ohne Grabstein

un·mar·ried /ˌʌnˈmærid/ *Adj* unverheiratet, ledig

un·mask /ˌʌnˈmɑːsk; *AmE* -ˈmæsk/ *Verb* entlarven

un·matched /ˌʌnˈmætʃt/ *Adj* (*gehoben*) unübertroffen

un·mem·or·able /ʌnˈmemərəbl/ *Adj* wenig denkwürdig

un·men·tion·able /ʌnˈmenʃənəbl/ *Adj* tabu ◇ *an unmentionable subject* ein Thema, über das man nicht spricht

unmet /ˌʌnˈmet/ *Adj* (*gehoben*) (*Bedürfnisse*) unbefriedigt; (*Forderungen*) unerfüllt

un·mis·tak·able (*seltener* **un·mis·take·able**) /ˌʌnmɪˈsteɪkəbl/ *Adj* (*Adv* **un·mis·tak·ably** /-bli/) unverkennbar

un·miti·gated /ʌnˈmɪtɪɡeɪtɪd/ *Adj* absolut; (*Fiasko etc.*) total

un·mol·est·ed /ˌʌnməˈlestɪd/ *Adj* (*gehoben*) unbelästigt

un·moved /ˌʌnˈmuːvd/ *Adj* ungerührt

un·music·al /ˌʌnˈmjuːzɪkl/ *Adj* **1** unmelodisch **2** unmusikalisch

un·named /ˌʌnˈneɪmd/ *Adj* ungenannt, nicht namentlich genannt ◇ *an unnamed source* eine anonyme Quelle

un·nat·ural /ʌnˈnætʃrəl/ *Adj* (*Adv* **un·nat·ur·al·ly** /-rəli/) unnatürlich ◇ *an unnatural death* kein natürlicher Tod ◇ *He gave an unnatural smile.* Er lächelte künstlich.

un·neces·sar·ily /ˌʌnˈnesəsərəli; *AmE* ˌʌnˌnesəˈserəli/ *Adv* unnötig(erweise)

un·neces·sary /ʌnˈnesəsəri; *AmE* -seri/ *Adj* unnötig ◇ *They were found guilty of causing unnecessary suffering to animals.* Sie wurden wegen Tierquälerei verurteilt.

un·nerve /ˌʌnˈnɜːv; *AmE* -ˈnɜːrv/ *Verb* **1** entnerven **2** beunruhigen

un·nerv·ing /ˌʌnˈnɜːvɪŋ; *AmE* -ˈnɜːrvɪŋ/ *Adj* (*Adv* **un·nerv·ing·ly**) **1** entnervend **2** beunruhigend, unheimlich

un·noticed /ˌʌnˈnəʊtɪst; *AmE* -ˈnoʊ-/ *Adj* [nicht vor Nomen] unbemerkt ◇ *Her death passed almost unnoticed.* Ihr Tod wurde kaum beachtet.

un·num·bered /ˌʌnˈnʌmbəd; *AmE* -bərd/ *Adj* nicht nummeriert

un·ob·jec·tion·able /ˌʌnəbˈdʒekʃənəbl/ *Adj* (*gehoben*) einwandfrei ◇ *They found a compromise that was unobjectionable.* Sie fanden einen Kompromiss, gegen den niemand etwas einzuwenden hatte.

un·ob·served /ˌʌnəbˈzɜːvd; *AmE* -ˈzɜːrvd/ *Adj* unbemerkt, unbeobachtet

un·ob·tain·able /ˌʌnəbˈteɪnəbl/ *Adj* nicht erhältlich

un·ob·tru·sive /ˌʌnəbˈtruːsɪv/ *Adj* (*Adv* **un·ob·tru·sive·ly**) (*gehoben*) unauffällig, unaufdringlich

un·occu·pied /ˌʌnˈɒkjupaɪd; *AmE* -ˈɑːk-/ *Adj* **1** (*Haus, etc.*) leer (stehend); (*Platz etc.*) frei **2** (MIL) unbesetzt

un·offi·cial /ˌʌnəˈfɪʃl/ *Adj* (*Adv* **un·offi·cial·ly** /-ʃəli/) inoffiziell ◇ *an unofficial strike* ein wilder Streik ◇ *an unofficial visit* ein Privatbesuch

un·opposed /ˌʌnəˈpəʊzd; *AmE* -ˈpoʊzd/ *Adj* unangefochten ◇ *She was elected unopposed.* Sie wurde ohne Gegenstimmen gewählt. ◇ *They crossed the border unopposed.* Sie überschritten die Grenze, ohne auf Widerstand zu stoßen.

un·organ·ized (*BrE auch* **-ised**) /ʌnˈɔːɡənaɪzd; *AmE* ʌnˈɔːrg-/ *Adj* **1** nicht gewerkschaftlich organisiert **2** ungeordnet

un·ortho·dox /ʌnˈɔːθədɒks; *AmE* ʌnˈɔːrθədɑːks/ *Adj* unorthodox, unkonventionell

un·pack /ˌʌnˈpæk/ *Verb* **1** auspacken **2** (*Theorie etc.*) in seine Bestandteile zerlegen

un·paid /ˌʌnˈpeɪd/ *Adj* unbezahlt

un·pal·at·able /ʌnˈpælətəbl/ *Adj* (*gehoben*) **1** ungenießbar **2** (*fig*) schwer zu akzeptieren

un·par·al·leled /ʌnˈpærəleld/ *Adj* (*gehoben*) beispiellos, einmalig

un·pat·ri·ot·ic /ˌʌnˌpætriˈɒtɪk; *AmE* -ˌpeɪtriˈɑːtɪk/ *Adj* unpatriotisch

un·per·turbed /ˌʌnpəˈtɜːbd; *AmE* -pərˈtɜːrbd/ *Adj* nicht beunruhigt, gelassen

un·pick /ˌʌnˈpɪk/ *Verb* **1** auftrennen **2** (*fig*) auseinandernehmen

un·placed /ˌʌnˈpleɪst/ *Adj* (*BrE*) nicht platziert

un·planned /ˌʌnˈplænd/ *Adj* ungeplant, nicht geplant

un·play·able /ˌʌnˈpleɪəbl/ *Adj* (*bes BrE*) unspielbar; (*Platz etc.*) unbespielbar

un·pleas·ant 0➡ /ʌnˈpleznt/ *Adj* (*Adv* **un·pleas·ant·ly**) **1** unangenehm, unerfreulich ◇ *The water is unpleasant to drink.* Das Wasser hat einen unangenehmen Geschmack. **2** unfreundlich ◇ *She said some very unpleasant things about you.* Sie hat ein paar sehr abfällige Bemerkungen über dich gemacht.

un·pleas·ant·ness /ʌnˈplezntnəs/ *Nomen* **1** Unstimmigkeit(en) **2** Unfreundlichkeit **3** Unerfreulichkeit

un·plug /ˌʌnˈplʌg/ *Verb* (**-gg-**) **~ sth** den Stecker von etw herausziehen

un·pol·luted /ˌʌnpəˈluːtɪd/ *Adj* sauber, unverschmutzt

un·popu·lar /ʌnˈpɒpjələ(r); *AmE* ʌnˈpɑːp-/ *Adj* unpopulär, unbeliebt ◇ *His ideas proved unpopular with the electorate.* Seine Ideen kamen bei den Wählern nicht an.

un·popu·lar·ity /ˌʌnˌpɒpjuˈlærəti; *AmE* -ˌpɑːp-/ *Nomen* Unbeliebtheit, Unpopularität

un·pre·ced·ent·ed /ʌnˈpresɪdentɪd/ *Adj* noch nie da gewesen, beispiellos, einmalig

un·pre·ced·ent·ed·ly /ʌnˈpresɪdentɪdli/ *Adv* außergewöhnlich

un·pre·dict·abil·ity /ˌʌnprɪˌdɪktəˈbɪləti/ *Nomen* Unvorhersehbarkeit, Unberechenbarkeit

un·pre·dict·able /ˌʌnprɪˈdɪktəbl/ *Adj* (*Adv* **un·pre·dict·ably** /-bli/) unvorhersehbar, unberechenbar

un·pre·ju·diced /ʌnˈpredʒədɪst/ *Adj* vorurteilslos, unvoreingenommen

un·pre·pared /ˌʌnprɪˈpeəd; *AmE* -ˈperd/ *Adj* **1** unvorbereitet, nicht vorbereitet **2 ~ (to do sth)** (*gehoben*) nicht bereit (etw zu tun)

un·pre·pos·sess·ing /ˌʌnˌpriːpəˈzesɪŋ/ *Adj* (*gehoben*) unansehnlich, wenig einnehmend

un·pre·ten·tious /ˌʌnprɪˈtenʃəs/ *Adj* einfach, natürlich, unprätentiös

un·prin·cipled /ʌnˈprɪnsəpld/ *Adj* ohne Prinzipien

un·print·able /ʌnˈprɪntəbl/ *Adj* (*anstößig*) nicht druckfähig

un·prob·lem·at·ic /ˌʌnˌprɒbləˈmætɪk; *AmE* -ˌprɑːb-/ (*auch* **un·prob·lem·at·ic·al** /-ɪkl/) *Adj* (*Adv* **un·prob·lem·at·ical·ly** /-kli/) unproblematisch

un·pro·duct·ive /ˌʌnprəˈdʌktɪv/ *Adj* (*Adv* **un·pro·duct·ive·ly**) unproduktiv; (*Boden*) unfruchtbar

un·pro·fes·sion·al /ˌʌnprəˈfeʃənl/ *Adj* (*Adv* **un·pro·fes·sion·al·ly** /-nəli/) unprofessionell, unfachmännisch ◇ *unprofessional conduct* berufswidriges Verhalten

un·prof·it·able /ʌnˈprɒfɪtəbl; *AmE* ʌnˈprɑːfɪ-/ *Adj* (*Adv* **unprof·it·ably** /-bli/) **1** unrentabel, keinen Gewinn bringend **2** (*gehoben*) nutzlos, sinnlos

un·prom·is·ing /ʌnˈprɒmɪsɪŋ; *AmE* ʌnˈprɑːm-/ *Adj* nicht sehr viel versprechend, wenig Erfolg versprechend

un·prompt·ed /ʌnˈprɒmptɪd; *AmE* ʌnˈprɑːmp-/ *Adj* spontan

un·pro·nounce·able /ˌʌnprəˈnaʊnsəbl/ *Adj* unaussprechbar

un·pro·tect·ed /ˌʌnprəˈtektɪd/ *Adj* **1** schutzlos, ungeschützt **2** (*Maschine etc.*) ohne Schutzvorrichtung

un·proven /ʌnˈpruːvn/ *Adj* unbewiesen

un·pro·voked /ˌʌnprəˈvəʊkt; *AmE* -ˈvoʊkt/ *Adj* grundlos ◇ *Her angry outburst was totally unprovoked.* Es gab überhaupt keinen Anlass für ihren Wutanfall.

un·pun·ished /ʌnˈpʌnɪʃt/ *Adj* (*gehoben*) unbestraft, ungestraft

un·quali·fied /ˌʌnˈkwɒlɪfaɪd; *AmE* -ˈkwɑːlɪ-/ *Adj* **1** unqualifiziert ◇ *I feel unqualified to comment on the subject.* Ich bin nicht qualifiziert, zu dieser Frage Stellung zu nehmen. **2** uneingeschränkt ◇ *an unqualified success* ein voller Erfolg ◇ *I gave her my unqualified support.* Ich unterstützte sie voll und ganz.

un·ques·tion·able /ʌnˈkwestʃənəbl/ *Adj* unbezweifelbar, unbestreitbar

un·ques·tion·ably /ʌnˈkwestʃənəbli/ *Adv* zweifellos

un·ques·tioned /ʌnˈkwestʃənd/ *Adj* (*gehoben*) **1** unbestritten **2** nicht hinterfragt

un·ques·tion·ing /ʌnˈkwestʃənɪŋ/ *Adj* (*Adv* **un·ques·tion·ing·ly**) (*gehoben*) bedingungslos ◇ *unquestioning obedience* blinder Gehorsam ◇ *They accepted the rules unquestioningly.* Sie akzeptierten die Regeln, ohne sie zu hinterfragen.

un·quote /ˌʌnˈkwəʊt; *AmE* -ˈkwoʊt/ *Nomen* IDM → QUOTE

un·ravel /ʌnˈrævl/ *Verb* (**-ll-**, *AmE* **-l-**) **1** (sich) entwirren, (sich) aufziehen **2** (*Rätsel*) (sich) lösen **3** auseinanderfallen

un·read /ˌʌnˈred/ *Adj* ungelesen

un·read·able /ʌnˈriːdəbl/ *Adj* **1** unlesbar, schwer zu lesen **2** unleserlich **3** (*Gesichtsausdruck*) unergründlich; (*Mensch*) verschlossen

un·real /ˌʌnˈrɪəl; *AmE* -ˈriːəl/ *Adj* **1** unwirklich **2** unrealistisch **3** (*umgs*) ◇ *'That's unreal!' she laughed.* „Das ist ja Wahnsinn!“, lachte sie.

un·real·is·tic /ˌʌnrɪəˈlɪstɪk; *AmE* -riːəˈlɪstɪk/ *Adj* (*Adv* **un·realistic·al·ly** /-kli/) unrealistisch

un·real·ity /ˌʌnriˈæləti/ *Nomen* Unwirklichkeit

un·rea·son·able 0➡ /ʌnˈriːznəbl/ *Adj* (*Adv* **un·rea·son·ably** /-bli/) unzumutbar, unvernünftig, übertrieben (hoch) ◇ *She made unreasonable demands on his time.* Sie nahm zu viel von seiner Zeit in Anspruch. ◇ *It would be unreasonable to expect …* Man kann ja nicht erwarten, dass … ◇ *You are being totally unreasonable!* Das ist wirklich zu viel verlangt!

un·rea·son·able·ness /ʌnˈriːznəblnəs/ *Nomen* Unvernünftigkeit, Unzumutbarkeit

un·rea·son·ing /ʌnˈriːzənɪŋ/ *Adj* [meist vor Nomen] (*gehoben*) unsinnig, irrational

un·rec·og·niz·able (*BrE auch* **-is·able**) /ˌʌnˈrekəgnaɪzəbl/ *Adj* nicht (wieder) zu erkennen

un·rec·og·nized (*BrE auch* **-ised**) /ʌnˈrekəgnaɪzd/ *Adj* **1** nicht beachtet, nicht erkannt **2** nicht anerkannt, nicht gewürdigt

un·re·con·struct·ed /ˌʌnriːkənˈstrʌktɪd/ *Adj* (*abwert*) unverändert, eingefleischt

un·re·cord·ed /ˌʌnrɪˈkɔːdɪd; *AmE* -ˈkɔːrdɪd/ *Adj* nicht festgehalten, nicht aufgezeichnet, nicht erfasst

un·re·fined /ˌʌnrɪˈfaɪnd/ *Adj* **1** nicht raffiniert ◇ *unrefined sugar/oil* Rohzucker/-öl **2** unkultiviert, unfein

un·re·lated /ˌʌnrɪˈleɪtɪd/ *Adj* **1** unzusammenhängend ◇ *The two events were totally unrelated.* Die beiden Ereignisse hatten nichts miteinander zu tun. **2** nicht (miteinander) verwandt

un·re·lent·ing /ˌʌnrɪˈlentɪŋ/ *Adj* (*Adv* **un·re·lent·ing·ly**) (*gehoben*) unerbittlich, nicht nachlassend ◇ *unrelenting criticism* anhaltende Kritik ◇ *The heat was unrelenting.* Die Hitze ließ nicht nach. ◇ *He was* *unrelenting in his search for the truth.* Er suchte unablässig nach der Wahrheit.

un·re·li·abil·ity /ˌʌnrɪˌlaɪəˈbɪləti/ *Nomen* Unzuverlässigkeit

un·re·li·able /ˌʌnrɪˈlaɪəbl/ *Adj* unzuverlässig

un·re·lieved /ˌʌnrɪˈliːvd/ *Adj* (*gehoben*) ungemindert, unaufhörlich, nicht aufgelockert

un·re·mark·able /ˌʌnrɪˈmɑːkəbl; *AmE* -ˈmɑːrk-/ *Adj* nicht sehr bemerkenswert, unauffällig

un·re·marked /ˌʌnrɪˈmɑːkt; *AmE* -ˈmɑːrkt/ *Adj* (*gehoben*) unbemerkt

un·re·mit·ting /ˌʌnrɪˈmɪtɪŋ/ *Adj* (*Adv* **un·re·mit·ting·ly**) (*gehoben*) unermüdlich, unaufhörlich ◇ *unremitting hostility* unversöhnliche Feindschaft ◇ *unremittingly gloomy weather* unablässig trübes Wetter

un·re·peat·able /ˌʌnrɪˈpiːtəbl/ *Adj* **1** nicht wiederholbar ◇ *She muttered something unrepeatable.* Sie murmelte etwas, das man nicht wiederholen kann. **2** einmalig

un·re·pent·ant /ˌʌnrɪˈpentənt/ *Adj* (*Adv* **un·re·pent·antly**) reuelos ◇ *She was unrepentant.* Sie zeigte überhaupt keine Reue.

un·rep·re·sen·ta·tive /ˌʌnˌreprɪˈzentətɪv/ *Adj* ~ (**of sb/sth**) nicht repräsentativ (für jdn/etw)

un·re·quit·ed /ˌʌnrɪˈkwaɪtɪd/ *Adj* (*gehoben*) (*Liebe*) unerwidert

un·re·served /ˌʌnrɪˈzɜːvd; *AmE* -ˈzɜːrvd/ *Adj* **1** nicht reserviert **2** (*Adv* **un·re·served·ly** /-ˈzɜːvɪdli; *AmE* -ˈzɜːrvɪdli/) (*gehoben*) uneingeschränkt, vorbehaltlos ◇ *He offered us his unreserved apologies.* Er entschuldigte sich vorbehaltlos.

un·re·solved /ˌʌnrɪˈzɒlvd; *AmE* -ˈzɑːlvd/ *Adj* (*gehoben*) ungelöst

un·re·spon·sive /ˌʌnrɪˈspɒnsɪv; *AmE* -ˈspɑːn-/ *Adj* (*gehoben*) teilnahmslos, gefühllos ◇ *a politician who is unresponsive to the mood of the country* ein Politiker, der nicht auf die Stimmung im Land reagiert ◇ *The illness seems to be unresponsive to treatment.* Die Krankheit scheint auf die Behandlung nicht anzusprechen.

un·rest /ʌnˈrest/ *Nomen* [U] Unruhen

un·re·strained /ˌʌnrɪˈstreɪnd/ *Adj* (*gehoben*) uneingeschränkt, unkontrolliert, hemmungslos

un·re·strict·ed /ˌʌnrɪˈstrɪktɪd/ *Adj* uneingeschränkt, unbeschränkt; (*Zugang*) ungehindert

un·re·ward·ed /ˌʌnrɪˈwɔːdɪd; *AmE* -ˈwɔːrdɪd/ *Adj* unbelohnt ◇ *Real talent often goes unrewarded.* Echtes Talent findet oft keine Anerkennung.

un·re·ward·ing /ˌʌnrɪˈwɔːdɪŋ; *AmE* -ˈwɔːrdɪŋ/ *Adj* unbefriedigend; (*Aufgabe*) undankbar ◇ *financially unrewarding work* Arbeit, die sich finanziell nicht lohnt

un·ripe /ˌʌnˈraɪp/ *Adj* (*Frucht*) unreif

un·rivalled (*AmE meist* **un·rivaled**) /ʌnˈraɪvld/ *Adj* (*gehoben*) unübertroffen, unvergleichlich

un·roll /ʌnˈrəʊl; *AmE* ʌnˈroʊl/ *Verb* **1** auseinanderrollen, entrollen **2** (*Ereignis*) sich abspielen, seinen Verlauf nehmen

un·ruf·fled /ʌnˈrʌfld/ *Adj* gelassen, ruhig, unerschüttert

un·ruly /ʌnˈruːli/ *Adj* wild, ungebärdig, widerspenstig ◇ *an unruly crowd* eine aufgebrachte Menge

un·sad·dle /ʌnˈsædl/ *Verb* **1** absatteln **2** (*Reiter*) abwerfen

un·safe /ʌnˈseɪf/ *Adj* **1** nicht sicher, gefährlich; (*Gebäude etc.*) baufällig; (*Fahrzeug*) nicht verkehrssicher ◇ *unsafe sex* ungeschützter Sex **2** (*Urteil etc.*) juristisch nicht haltbar

un·said /ʌnˈsed/ *Adj* [nicht vor Nomen] unausgesprochen, ungesagt

un·sale·able /ʌnˈseɪləbl/ *Adj* unverkäuflich ◇ *The house is now virtually unsaleable.* Das Haus lässt sich praktisch nicht verkaufen.

un·sani·tary /ʌnˈsænətri; *AmE* -teri/ *Adj* (*bes AmE*) unhygienisch

un·sat·is·fac·tory /ˌʌnˌsætɪsˈfæktəri/ *Adj* (*Adv* **un·sat·is·fac·tor·ily** /-rəli/) unbefriedigend, unzulänglich; (*schulische Leistung*) mangelhaft

un·sat·is·fied /ʌnˈsætɪsfaɪd/ *Adj* unbefriedigt; (*Bedürfnis, Wunsch etc.*) nicht befriedigt

un·sat·ur·ated /ʌnˈsætʃəreɪtɪd/ *Adj* (NATURW) ungesättigt

un·savoury (*AmE* **un·savory**) /ʌnˈseɪvəri/ *Adj* unangenehm; (*Ruf*) zweifelhaft; (*Charakter, Typ*) zwielichtig

un·scathed /ʌnˈskeɪðd/ *Adj* [nicht vor Nomen] unverletzt, unversehrt

un·sched·uled /ʌnˈʃedjuːld; *AmE* ʌnˈskedʒuːld/ *Adj* außer(fahr)planmäßig

un·sci·en·tif·ic /ˌʌnˌsaɪənˈtɪfɪk/ *Adj* (*oft abwert*) unwissenschaftlich

un·scram·ble /ˌʌnˈskræmbl/ *Verb* **1** (*Code etc.*) entschlüsseln **2** entwirren

un·screw /ˌʌnˈskruː/ *Verb* **1** losschrauben, abschrauben, aufschrauben **2** sich abschrauben lassen

un·script·ed /ʌnˈskrɪptɪd/ *Adj* improvisiert

un·scru·pu·lous /ʌnˈskruːpjələs/ *Adj* (*Adv* **un·scru·pu·lous·ly**) skrupellos, gewissenlos

un·sea·son·able /ʌnˈsiːznəbl/ *Adj* (*Adv* **un·sea·son·ably** /-bli/) (für die Jahreszeit) ungewöhnlich

un·sea·son·al /ʌnˈsiːzənl/ *Adj* der Jahreszeit nicht entsprechend

un·seat /ˌʌnˈsiːt/ *Verb* **1** seines Amtes entheben **2** (*Reiter*) abwerfen

un·seed·ed /ʌnˈsiːdɪd/ *Adj* (SPORT) nicht gesetzt, ungesetzt

un·see·ing /ˌʌnˈsiːɪŋ/ *Adj* (*gehoben*) blind; (*Blick, Augen*) leer

un·see·ing·ly /ˌʌnˈsiːɪŋli/ *Adv* (*gehoben*) mit leerem Blick

un·seem·ly /ʌnˈsiːmli/ *Adj* (*veraltet oder gehoben*) unschicklich, ungehörig, ungebührlich

un·seen /ˌʌnˈsiːn/ *Adj* **1** unsichtbar, ungesehen ◇ *I managed to slip out of the room unseen.* Es gelang mir, unbemerkt aus dem Zimmer zu schlüpfen. **2** nie zuvor gesehen **3** noch nie da gewesen **4** (*Übersetzung*) unvorbereitet

un·self·con·scious /ˌʌnselfˈkɒnʃəs; *AmE* -ˈkɑːn-/ *Adj* (*Adv* **un·self·con·scious·ly**) unbefangen

un·self·ish /ʌnˈselfɪʃ/ *Adj* (*Adv* **un·self·ish·ly**) uneigennützig, selbstlos

un·self·ish·ness /ʌnˈselfɪʃnəs/ *Nomen* Uneigennützigkeit, Selbstlosigkeit

un·sen·ti·men·tal /ˌʌnˌsentɪˈmentl/ *Adj* unsentimental

un·set·tle /ˌʌnˈsetl/ *Verb* aus dem Gleichgewicht bringen, verunsichern

un·set·tled /ʌnˈsetld/ *Adj* **1** ungewiss, wechselhaft, unbeständig **2** ruhelos ◇ *They all felt restless and unsettled.* Sie waren alle voll innerer Unruhe. **3** (*Frage etc.*) ungeklärt **4** (*Rechnung*) unbezahlt

un·set·tling /ʌnˈsetlɪŋ/ *Adj* beunruhigend, destabilisierend ◇ *Seeing him again after so long was an unsettling experience.* Ihn nach so langer Zeit wiederzusehen, brachte mich ganz aus dem Gleichgewicht.

un·shak·able (*BrE auch* **un·shake·able**) /ʌnˈʃeɪkəbl/ *Adj* unerschütterlich

un·shaven /ˌʌnˈʃeɪvn/ *Adj* unrasiert

un·sight·ly /ʌnˈsaɪtli/ *Adj* unschön, hässlich

un·skilled /ˌʌnˈskɪld/ *Adj* ungelernt ◇ *an unskilled job* ein Hilfsarbeiterjob

un·smil·ing /ʌnˈsmaɪlɪŋ/ *Adj* (*Adv* **un·smil·ing·ly**) (*gehoben*) unfreundlich

un·soci·able /ʌnˈsəʊʃəbl; *AmE* ʌnˈsoʊ-/ *Adj* **1** ungesellig ◇ *I was feeling very unsociable, so I didn't go to the party.* Ich wollte allein sein und ging daher nicht auf die Party. **2** = UNSOCIAL

un·social /ˌʌnˈsəʊʃl; *AmE* -ˈsoʊ-/ (*BrE, seltener* **unsoci·able**) *Adj* (*Arbeitszeiten*) ungewöhnlich ◇ *increased payments for unsocial hours* (Nacht)schichtzulagen

un·soli·cit·ed /ˌʌnsəˈlɪsɪtɪd/ *Adj* unerbeten, unangefordert

un·solved /ˌʌnˈsɒlvd; *AmE* -ˈsɑːlvd/ *Adj* ungelöst; (*Verbrechen*) unaufgeklärt

un·sophis·ti·cated /ˌʌnsəˈfɪstɪkeɪtɪd/ *Adj* einfach, simpel, unkompliziert

un·sound /ˌʌnˈsaʊnd/ *Adj* **1** nicht vertretbar; (*Argument*) nicht stichhaltig **2** unvernünftig; (*Methode etc.*) unzuverlässig **3** baufällig; (*Dielen etc.*) morsch IDM **of ˌunsound ˈmind** (RECHT) unzurechnungsfähig

un·speak·able /ʌnˈspiːkəbl/ *Adj* (*Adv* **un·speak·ably** /-bli/) (*gehoben*) **1** (*Leiden, Verzweiflung etc.*) unsäglich **2** abscheulich

un·speci·fied /ˌʌnˈspesɪfaɪd/ *Adj* nicht näher bezeichnet, nicht (genau) angegeben

un·spec·tacu·lar /ˌʌnspekˈtækjələ(r)/ *Adj* wenig eindrucksvoll, wenig Aufsehen erregend

un·spoiled /ˌʌnˈspɔɪld/ (*BrE auch* **un·spoilt** /-ˈspɔɪlt/) *Adj* unverdorben; (*Landschaft etc.*) unberührt

un·spoken /ˌʌnˈspəʊkən; *AmE* -ˈspoʊ-/ *Adj* (*gehoben*) unausgesprochen; (*Einverständnis etc.*) stillschweigend

un·sport·ing /ˌʌnˈspɔːtɪŋ; *AmE* -ˈspɔːrtɪŋ/ *Adj* (*abwert*) unfair, unsportlich

un·stable /ʌnˈsteɪbl/ *Adj* **1** unbeständig, unsicher ◇ *unstable share prices* schwankende Aktienwerte **2** labil ◇ *mentally unstable* geistig labil **3** (NATURW) instabil, nicht stabil

un·stated /ʌnˈsteɪtɪd/ *Adj* (*gehoben*) unausgesprochen

un·steady 🔑 /ʌnˈstedi/ *Adj* (*Adv* **un·stead·ily** /-dəli/) **1** wackelig; (*Schritt etc.*) unsicher **2** (*Hand, Stimme*) zitternd

un·stint·ing /ʌnˈstɪntɪŋ/ *Adj* (*Adv* **un·stint·ing·ly**) (*gehoben*) unermüdlich, großzügig ◇ *They were unstinting in their praise.* Sie sparten nicht mit Lob. ◇ *unstinting support* uneingeschränkte Unterstützung

un·stop·pable /ʌnˈstɒpəbl; *AmE* ʌnˈstɑːp-/ *Adj* unaufhaltsam; (*Schuss aufs Tor*) unhaltbar ◇ *On form, the team was simply unstoppable.* Wenn sie in Form war, war die Mannschaft einfach unschlagbar.

un·stressed /ʌnˈstrest/ *Adj* (LING) unbetont

un·stuck /ˌʌnˈstʌk/ *Adj* IDM **ˌcome unˈstuck** **1** sich lösen ◇ *The flap of the envelope had come unstuck.* Das Kuvert war aufgegangen. **2** (*BrE, umgs*) scheitern; schiefgehen

un·sub·scribe /ˌʌnsəbˈskraɪb/ *Verb* **~ (from sth)** (COMP) (etw) abbestellen, (etw) kündigen

un·sub·stan·ti·ated /ˌʌnsəbˈstænʃieɪtɪd/ *Adj* (*gehoben*) nicht bewiesen, unbewiesen; (*Anschuldigung etc.*) haltlos

un·suc·cess·ful 🔑 /ˌʌnsəkˈsesfl/ *Adj* (*Adv* **un·suc·cess·fully** /-fəli/) erfolglos, ergebnislos; (*Versuch, Bemühung*) vergeblich ◇ *They were unsuccessful in convincing the others.* Es gelang ihnen nicht, die anderen zu überzeugen.

un·suit·abil·ity /ˌʌnˌsuːtəˈbɪləti; *BrE auch* -ˌsjuː-/ *Nomen* Ungeeignetheit; (*für eine Stelle etc.*) mangelnde Eignung

un·suit·able /ʌnˈsuːtəbl; *BrE auch* ʌnˈsjuː-/ *Adj* ungeeignet, nicht geeignet, unpassend

un·suit·ably /ʌnˈsuːtəbli; *BrE auch* ʌnˈsjuː-/ *Adv* unpassend

un·suit·ed /ʌnˈsuːtɪd; *BrE auch* ʌnˈsjuː-/ *Adj* ungeeignet, untauglich ◇ *Jo and Al were totally unsuited.* Jo und Al passten einfach nicht zusammen.

un·sul·lied /ʌnˈsʌlid/ *Adj* (*gehoben*) unberührt; (*Ruf*) makellos

un·sung /ˌʌnˈsʌŋ/ *Adj* (*gehoben*) unbesungen

un·sup·port·ed /ˌʌnsəˈpɔːtɪd; *AmE* -ˈpɔːrtɪd/ *Adj* **1** unbewiesen, nicht bewiesen; (*Anschuldigung etc.*) haltlos ◇ *Their claims are unsupported by research findings.* Ihre Behauptungen sind durch keinerlei Forschungsdaten untermauert. **2** ohne finanzielle Unterstützung **3** nicht abgestützt, ohne Stütze

un·sure /ˌʌnˈʃʊə(r), -ˈʃɔː(r); *AmE* -ˈʃʊr/ *Adj* **1 be ~ (about/of sth)** sich (einer Sache) nicht sicher sein ◇ *They were unsure as to what the next move should be.* Sie waren sich nicht sicher, was sie als Nächstes tun sollten. ◇ *I was unsure of the facts.* Ich kannte die genauen Tatsachen nicht. **2 be ~ of yourself** unsicher sein ◇ *Like many teenagers, deep down she was unsure of herself.* Wie viele Teenager fühlte sie sich im Innersten unsicher.

un·sur·passed /ˌʌnsəˈpɑːst; *AmE* -sərˈpæst/ *Adj* (*gehoben*) unübertroffen

un·sur·pris·ing /ˌʌnsəˈpraɪzɪŋ; *AmE* -sərˈ-/ *Adj* nicht überraschend

un·sur·pris·ing·ly /ˌʌnsəˈpraɪzɪŋli; *AmE* -sərˈ-/ *Adv* wie zu erwarten war

un·sus·pect·ed /ˌʌnsəˈspektɪd/ *Adj* (*gehoben*) nicht vermutet, unvermutet, ungeahnt

un·sus·pect·ing /ˌʌnsəˈspektɪŋ/ *Adj* (*gehoben*) nichts ahnend, ahnungslos

un·sus·tain·able /ˌʌnsəˈsteɪnəbl/ *Adj* (*gehoben*) nicht aufrechtzuerhaltend

un·sweet·ened /ˌʌnˈswiːtnd/ *Adj* ungesüßt

un·swerv·ing /ʌnˈswɜːvɪŋ; *AmE* ʌnˈswɜːrvɪŋ/ *Adj* (*gehoben*) unerschütterlich, unbeirrbar ◇ *He is unswerving in pursuit of his aims.* Er lässt sich durch nichts von der Verfolgung seiner Ziele abbringen.

un·sym·pa·thet·ic /ˌʌnˌsɪmpəˈθetɪk/ *Adj* **1** (*Adv* **un·sym·pa·thet·ic·al·ly**) **~ (to/towards sb)** ohne Mitgefühl (für jdn) **2** (*Adv* **un·sym·pa·thet·ic·al·ly** /-kli/) **~ (to/towards sth)** (einer Sache gegenüber) ablehnend **3** unsympathisch

un·sys·tem·at·ic /ˌʌnˌsɪstəˈmætɪk/ *Adj* (*Adv* **un·sys·tem·at·ic·al·ly** /-kli/) unsystematisch, ohne System

un·taint·ed /ʌnˈteɪntɪd/ *Adj* (*gehoben*) unverdorben, unberührt

un·tamed /ˌʌnˈteɪmd/ *Adj* (*gehoben*) ungezähmt, wild

un·tan·gle /ˌʌnˈtæŋgl/ *Verb* entwirren (*auch fig*)

un·tapped /ˌʌnˈtæpt/ *Adj* (*gehoben*) unerschlossen, ungenutzt

un·ten·able /ʌnˈtenəbl/ *Adj* (*gehoben*) unhaltbar

un·test·ed /ˌʌnˈtestɪd/ *Adj* unerprobt, ungeprüft, nicht getestet

un·think·able /ʌnˈθɪŋkəbl/ *Adj* undenkbar, unvorstellbar ◇ *The time has come to think the unthinkable.* Der Zeitpunkt für ein radikales Umdenken ist gekommen.

un·think·ing /ʌnˈθɪŋkɪŋ/ *Adj* (*Adv* **un·think·ing·ly**) (*gehoben*) gedankenlos

un·tidi·ness /ʌnˈtaɪdinəs/ *Nomen* Unordentlichkeit

un·tidy 🔑 /ʌnˈtaɪdi/ *Adj* unordentlich; (*Haar*) ungepflegt ◇ *untidy writing* eine unsaubere Schrift

untie /ʌn'taɪ/ *Verb* (**-ties**, **-tying**, **-tied**, **-tied**) aufknoten; (*Menschen, Pferd etc.*) losbinden; (*Knoten, Leine*) lösen; (*Schuhe*) aufmachen

until /ən'tɪl/ *Präp, Konj*
▸ (*umgs* **till**; **til**, **'til**) ***Präp*** **1** bis ◊ *until now* bis jetzt ◊ *until then* bis dahin **2 not ~** erst ◊ *I didn't leave until six.* Ich bin erst um sechs gegangen.
▸ ***Konj*** (*umgs* **till**; **til**, **'til**) **1** bis ◊ *Let's wait until the rain stops.* Warten wir, bis der Regen aufhört. **2 not ~** erst wenn, erst als, nicht bevor, solange nicht ◊ *Don't start until I tell you.* Fangt erst an, wenn ich es sage. ◊ *Until she spoke I hadn't realized she wasn't English.* Erst als sie etwas sagte, merkte ich, dass sie keine Engländerin war. ◊ *You can't go out until you've finished your homework.* Solange du nicht mit den Hausaufgaben fertig bist, darfst du nicht raus.

un·time·ly /ʌn'taɪmli/ *Adj* **1** vorzeitig **2** ungelegen, unpassend, zur falschen Zeit

un·tir·ing /ʌn'taɪərɪŋ/ *Adj* unermüdlich

un·titled /ˌʌn'taɪtld/ *Adj* (*Bild etc.*) unbetitelt, ohne Titel

unto /'ʌntə, *vor Vokalen* -tu/ *Präp* (*veraltet*) **1** zu ◊ *The angel appeared unto him in a dream.* Der Engel erschien ihm im Traum. **2** bis zu ◊ *The knights swore loyalty unto death.* Die Ritter schworen Treue bis in den Tod.

un·told /ˌʌn'təʊld; *AmE* -'toʊld/ *Adj* **1** [nur vor Nomen] unermesslich; (*Leid, Elend etc.*) unsäglich **2** (*Geschichte*) nicht erzählt, unbekannt

un·touch·able /ʌn'tʌtʃəbl/ *Adj, Nomen*
▸ ***Adj*** **1** unantastbar **2** unberührbar
▸ ***Nomen*** (*oft* **Untouchable**) Unberührbare(r)

un·touched /ʌn'tʌtʃt/ *Adj* **1** unberührt, unversehrt ◊ *Some buildings had remained untouched by the explosion.* Einige Gebäude waren von der Explosion verschont geblieben. **2** (*Essen etc.*) unberührt **3** unverändert

un·to·ward /ˌʌntə'wɔːd; *AmE* ʌn'tɔːrd/ *Adj* ◊ *That's the plan—unless anything untoward happens.* Das ist jedenfalls der Plan—wenn nichts dazwischen kommt. ◊ *He had noticed nothing untoward.* Er hatte nichts Außergewöhnliches bemerkt. ◊ *They increased the dose without any untoward effects.* Die Dosis wurde erhöht, ohne dass unerwünschte Nebenwirkungen auftraten.

un·trained /ˌʌn'treɪnd/ *Adj* unausgebildet, ungeschult ◊ *untrained in statistics* ohne statistische Ausbildung

un·tram·melled (*AmE* **un·tram·meled**) /ʌn'træmld/ *Adj* (*gehoben*) uneingeschränkt, unbeschränkt, nicht eingeengt

un·treat·ed /ˌʌn'triːtɪd/ *Adj* unbehandelt; (*Abwässer*) ungeklärt

un·tried /ˌʌn'traɪd/ *Adj* (*gehoben*) **1** unerfahren **2** unerprobt, nicht getestet

un·true /ʌn'truː/ *Adj* **1** unwahr, falsch **2 ~** (**to sb/sth**) (*gehoben*) (jdm/etw) untreu

un·trust·worthy /ʌn'trʌstwɜːði; *AmE* -wɜːrði/ *Adj* unzuverlässig, nicht vertrauenswürdig

un·truth /ˌʌn'truːθ/ *Nomen* (*Pl* **un·truths** /-'truːðz, -'truːθs/) (*gehoben*) Unwahrheit

un·truth·ful /ʌn'truːθfl/ *Adj* unwahr, falsch; (*Mensch*) unaufrichtig

un·truth·ful·ly /ʌn'truːθfəli/ *Adv* nicht der Wahrheit entsprechend

un·turned /ˌʌn'tɜːnd; *AmE* -'tɜːrnd/ *Adj* IDM → STONE

un·tutored /ˌʌn'tjuːtəd; *AmE* -'tuːtərd/ *Adj* (*gehoben*) ungeschult

un·typ·ical /ʌn'tɪpɪkl/ *Adj* **~** (**of sb/sth**) untypisch (für jdn/etw)

un·typ·ic·al·ly /ʌn'tɪpɪkli/ *Adv* untypisch, ungewöhnlich(erweise)

un·usable /ˌʌn'juːzəbl/ *Adj* unbrauchbar

un·used[1] /ˌʌn'juːzd/ *Adj* unbenutzt, ungenutzt, ungebraucht

un·used[2] /ʌn'juːst/ *Adj* **be ~ to sth** etw nicht gewöhnt sein; **be ~ to doing sth** (es) nicht gewohnt sein, etw zu tun

un·usual /ʌn'juːʒuəl, -ʒəl/ *Adj* (*Adv* **un·usual·ly** /-li/) **1** ungewöhnlich ◊ *It's unusual for her to be late.* Sie kommt normalerweise nicht zu spät. ◊ *Unusually for him, he wore a tie.* Ganz gegen seine Gewohnheit trug er einen Schlips. **2** außergewöhnlich

un·utter·able /ʌn'ʌtərəbl/ *Adj* [nur vor Nomen] (*Adv* **unutter·ably** /-bli/) (*gehoben*) unsäglich, unsagbar

un·var·nished /ʌn'vɑːnɪʃt; *AmE* ʌn'vɑːrnɪʃt/ *Adj* [nur vor Nomen] (*gehoben*) **1** unlackiert **2** (*Wahrheit*) ungeschminkt

un·vary·ing /ʌn'veərɪŋ; *AmE* ʌn'ver-, ʌn'vær-/ *Adj* (*gehoben*) gleichbleibend, unveränderlich

un·veil /ˌʌn'veɪl/ *Verb* (*Denkmal etc.*) enthüllen; (*Produkt, Plan*) vorstellen

un·voiced /ˌʌn'vɔɪst/ *Adj* **1** unausgesprochen **2** (LING) (*Konsonant*) stimmlos

un·waged /ˌʌn'weɪdʒd/ *Adj, Nomen* (*gehoben*)
▸ ***Adj*** **1** (*BrE*) ohne Einkommen **2** (*BrE*) (*Arbeit*) freiwillig
▸ ***Nomen*** **the unwaged** [Pl] Personen ohne Einkommen

un·want·ed /ˌʌn'wɒntɪd; *AmE* -'wɑːn-/ *Adj* unerwünscht; (*Schwangerschaft*) ungewollt

un·war·rant·ed /ʌn'wɒrəntɪd; *AmE* ʌn'wɔːr-/ *Adj* (*gehoben*) ungerechtfertigt, unberechtigt

un·wary /ʌn'weəri; *AmE* ʌn'weri/ *Adj, Nomen*
▸ ***Adj*** [nur vor Nomen] unachtsam, unbedarft
▸ ***Nomen*** **the unwary** Unbedarfte

un·waver·ing /ʌn'weɪvərɪŋ/ *Adj* (*Adv* **un·waver·ing·ly**) (*gehoben*) unerschütterlich, beharrlich; (*Blick*) starr

un·wel·come /ʌn'welkəm/ *Adj* unwillkommen, unerwünscht, unerfreulich

un·wel·com·ing /ʌn'welkəmɪŋ/ *Adj* **1** unfreundlich, abweisend **2** ungastlich, ungemütlich

un·well /ʌn'wel/ *Adj* [nicht vor Nomen] krank; **sb feels ~** jdm ist nicht wohl

un·whole·some /ˌʌn'həʊlsəm; *AmE* -'hoʊl-/ *Adj* (*gehoben*) ungesund (*auch fig*)

un·wieldy /ʌn'wiːldi/ *Adj* **1** sperrig, unhandlich **2** (*Organisation, System*) kompliziert

un·will·ing /ʌn'wɪlɪŋ/ *Adj* **1 be ~ to do sth** nicht bereit sein, etw zu tun **2** [nur vor Nomen] (*Adv* **un·wil·ing·ly**) widerwillig; (*Komplize etc.*) unfreiwillig

un·will·ing·ness /ʌn'wɪlɪŋnəs/ *Nomen* Weigerung, mangelnde Bereitschaft

un·wind /ˌʌn'waɪnd/ *Verb* (**un·wound**, **un·wound** /-'waʊnd/) **1** abwickeln, abspulen ◊ *He unwound the scarf from his neck.* Er wickelte sich den Schal vom Hals. **2** (*Knäuel, Verband etc.*) sich abwickeln, sich aufrollen **3** sich entspannen, abschalten

un·wise /ˌʌn'waɪz/ *Adj* unklug, töricht

un·wise·ly /ˌʌn'waɪzli/ *Adv* unklug(erweise)

un·wit·ting /ʌn'wɪtɪŋ/ *Adj* [nur vor Nomen] (*Adv* **unwitting·ly**) (*gehoben*) unwissentlich, unbewusst

un·wont·ed /ʌn'wəʊntɪd; *AmE* ʌn'woʊn-/ *Adj* (*gehoben*) ungewohnt

un·work·able /ʌn'wɜːkəbl; *AmE* ʌn'wɜːrk-/ *Adj* undurchführbar; (*Verordnung etc.*) nicht durchsetzbar

un·world·ly /ʌn'wɜːldli; *AmE* ʌn'wɜːrld-/ *Adj* **1** nicht materialistisch, nicht weltlich **2** weltfremd, naiv **3** unirdisch, unwirklich

un·wor·ried /ʌnˈwʌrid; *AmE* ʌnˈwɜːrid/ *Adj* (*gehoben*) unbekümmert ◇ *She appeared unworried by criticism.* Kritik schien sie nicht zu kümmern.

un·worthi·ness /ʌnˈwɜːðinəs; *AmE* ʌnˈwɜːrð-/ *Nomen* Unwürdigkeit

un·worthy /ʌnˈwɜːði; *AmE* ʌnˈwɜːrði/ *Adj* (*gehoben*) unwürdig ◇ *Such opinions are unworthy of educated people.* Wie können gebildete Leute nur solche Ansichten vertreten!

un·wound *Form von* UNWIND

un·wrap /ʌnˈræp/ *Verb* (**-pp-**) auspacken, auswickeln

un·writ·ten /ˌʌnˈrɪtn/ *Adj* ungeschrieben (*auch fig*); (*Übereinstimmung*) stillschweigend

un·yield·ing /ʌnˈjiːldɪŋ/ *Adj* (*gehoben*) **1** (*Mensch*) unnachgiebig **2** (*Material etc.*) fest

unzip /ˌʌnˈzɪp/ *Verb* (**-pp-**) **1 ~ sth** den Reißverschluss von etw aufmachen **2** sich mit einem Reißverschluss aufmachen lassen **3** (COMP) entzippen, entpacken

up /ʌp/ *Adv, Präp, Adj, Verb, Nomen*

▸ ***Adv*** ℹ Für Verben mit **up** siehe die Einträge für die Verben. **Break up** z.B. steht unter **break**. **1** auf, hoch, nach oben, hinauf, herauf ◇ *The sun was already up.* Die Sonne war bereits aufgegangen. ◇ *Lay the cards face up on the table.* Legen Sie die Karten aufgedeckt auf den Tisch. ◇ *You look nice with your hair up.* Das hochgesteckte Haar steht dir gut. ◇ (*umgs*) *Up you come!* Hoch mit dir! ◇ *They've moved up north.* Sie sind in den Norden gezogen. ◇ *They live up in the mountains.* Sie leben oben in den Bergen. ◇ *Put the poster higher up.* Häng das Poster höher. ◇ *I wanted to climb Snowdon, but I only got halfway up.* Ich wollte den Snowdon besteigen, aber weiter als bis zur Hälfte kam ich nicht. **2** (*nicht mehr im Bett, Sessel etc.*) auf ◇ *He jumped up from his chair.* Er sprang von seinem Stuhl auf. ◇ (*BrE*) *He's up and about again after his illness.* Nach seiner Krankheit ist er jetzt wieder auf den Beinen. **3** (*höher, stärker etc.*) ◇ *Sales are well up on last year.* Die Verkaufszahlen liegen deutlich höher als im Vorjahr. ◇ *The wind is getting up.* Der Wind wird stärker. ◇ *United were 3-1 up at half time.* United lag zur Halbzeit mit 3:1 vorn. **4** auf ... zu ◇ *She went straight up to the door and knocked.* Sie ging geradewegs zur Tür und klopfte. ◇ *A car drove up and he got in.* Ein Auto fuhr vor, und er stieg ein. **5** (*in eine große/wichtige Stadt etc.*) ◇ *We're going up to New York for the day.* Wir fahren für einen Tag nach New York. ◇ (*BrE, gehoben*) *His son's up at Oxford.* Sein Sohn studiert in Oxford. **6** (*in Stücke, Teile*) auseinander ◇ *They've had the road up to lay some pipes.* Sie hatten die Straße aufgerissen, um Leitungen zu verlegen. ◇ *How shall we divide up the work?* Wie sollen wir die Arbeit aufteilen? **7** völlig ◇ *The stream has dried up.* Der Bach ist völlig ausgetrocknet. ◇ *We ate all the food up.* Wir haben das Essen aufgegessen. **8** zusammen ◇ *She gathered up her belongings.* Sie packte ihre Sachen zusammen. **9** (*bei Abschluss einer Tätigkeit*) fertig, zu Ende; (*Zeit*) um, abgelaufen ◇ *I have some paperwork to finish up.* Ich muss noch etwas Papierkram erledigen. **10** (*bei Verben des Verschließens*) ◇ *She tied the parcel up with string.* Sie verschnürte das Paket. **11** (*umgs*) los ◇ *Is anything up? You can tell me.* Stimmt etwas nicht? Du kannst es mir sagen. ◇ *What's up?* Was ist los? → *Siehe auch* UP TO DATE *und* MINUTE[1]
IDM **be up against sth** (*umgs*) einer Sache gegenüberstehen ◇ *Teachers are up against some major problems these days.* Heutzutage sind die Lehrer mit einigen schwerwiegenden Problemen konfrontiert. ◇ *They play better when they're up against it.* Sie spielen besser, wenn sie mit dem Rücken zur Wand stehen. ◇ *It's good to know what you're up against.* Es ist gut, wenn man weiß, was auf einen zukommt. **be up to sb 1** bei jdm liegen ◇ *'It's up to you.'* „Das musst du selbst entscheiden." **2** jds Sache sein ◇ *It's not up to you to tell me how to do my job.* Es steht dir nicht zu mir zu sagen, wie ich meine Arbeit tun soll. **not be ˈup to much** (*BrE*) nicht viel taugen **ˌup and ˈdown** auf und ab ◇ *Our relationship was up and down.* Unsere Beziehung war ein ständiges Auf und Ab. **ˌup and ˈrunning** in Betrieb; in Gang **up before sb/sth** ◇ *Once again John was up before the disciplinary panel.* Wieder einmal stand John vor dem Disziplinarausschuss. ◇ *She was brought up before the judge.* Sie wurde dem Richter vorgeführt. **up for sth 1** ◇ *The house is up for sale.* Das Haus steht zum Verkauf. **2** (*Kandidat*) ◇ *Two candidates are up for election.* Zwei Kandidaten stehen zur Wahl. **3** bei etw dabei ◇ *We're going clubbing tonight. Are you up for it?* Wir gehen heute Abend in die Disko. Kommst du mit? **up to ... 1** bis (zu) ... ◇ *The temperature went up to 35°C.* Die Temperatur ist bis auf 35° C gestiegen. **2** (*auch* **up until ...**) bis (zu) ... ◇ *Where were we up to?* Bis wohin sind wir gekommen? ◇ *Up to now he's been very quiet.* Bis jetzt ist er sehr still gewesen. **3 be up to sth** an etw heranreichen **4** (*auch* **up to doing sth**) fähig zu etw; zu etw in der Lage ◇ *He's not up to the job.* Er ist der Aufgabe nicht gewachsen. **5 be up to sth** (*umgs*) etw vorhaben; etw anstellen ◇ *What's she up to?* Was hat sie vor? ◇ *What've you been up to?* Was habt ihr angestellt? ◇ *I'm sure he's up to no good.* Ich bin mir sicher, dass er nichts Gutes im Schilde führt.

▸ ***Präp* 1** auf, hoch, nach oben, hinauf, herauf ◇ *The village is further up the valley.* Das Dorf liegt weiter oben im Tal. ◇ *She climbed up the flight of steps.* Sie ist die Treppe hinaufgestiegen. **2** (*eine Straße, den Fluss*) hinauf, entlang ◇ *We live just up the road.* Wir wohnen nur ein Stück weiter die Straße entlang. IDM **up and down sth** ◇ *I looked up and down the corridor.* Ich blickte den Gang auf und ab. ◇ *I've been running up and down stairs all day.* Ich laufe schon den ganzen Tag die Treppe rauf und runter. **ˌup ˈyours!** (*vulg, Slang*) du kannst mich mal!

▸ ***Adj* 1** [nur vor Nomen] Aufwärts- ◇ *the up escalator* die Rolltreppe nach oben **2** [nicht vor Nomen] (*umgs*) fröhlich; (*Stimmung*) ausgelassen **3** [nicht vor Nomen] (*Computer*) in Betrieb

▸ ***Verb*** (**-pp-**) **1 up and ...** (*umgs oder hum*) ◇ *He upped and left without telling anyone.* Er haute ganz plötzlich ab, ohne jemandem etwas zu sagen. **2** erhöhen, anheben IDM **ˌup ˈsticks** (*BrE, umgs*) die Zelte abbrechen → *Siehe auch* ANTE

▸ ***Nomen*** IDM **be on the ˈup** steigen ◇ *Business confidence is on the up.* Das Vertrauen in die Wirtschaft steigt. **be on the ˌup and ˈup** (*umgs*) **1** (*BrE*) sich auf dem aufsteigenden Ast befinden; steigen **2** (*AmE*) in Ordnung sein; ehrlich gemeint sein **ˌups and ˈdowns** Höhen und Tiefen

up- /ʌp/ *Vorsilbe* (*in Adjektiven, Verben und Nomina verwendet*) hoch, hinauf ◇ *upturned* nach oben gerichtet ◇ *uphill* bergauf ◇ *uproot* entwurzeln ◇ *upland* Hochland

ˌup-and-ˈcoming *Adj* [nur vor Nomen] (*umgs*) aufstrebend

up·beat /ˈʌpbiːt/ *Adj* (*umgs*) optimistisch, zuversichtlich, fröhlich

up·braid /ʌpˈbreɪd/ *Verb* (*gehoben*) **~ sb (for sth)** jdn (wegen einer Sache) rügen

up·bring·ing /ˈʌpbrɪŋɪŋ/ *Nomen* [Sing] Erziehung, Kinderstube ◇ *He was a Catholic by upbringing.* Er wurde katholisch erzogen. ◇ *have a sheltered upbringing* behütet aufwachsen

UPC /ˌjuː piː ˈsiː/ *Kurzform von* **Universal Product Code** (*AmE, Fachspr*) Strichkode

up·com·ing /ˈʌpkʌmɪŋ/ *Adj* [nur vor Nomen] (*bes AmE*) bevorstehend, kommend

up·date *Verb, Nomen*
▸ ***Verb*** /ˌʌpˈdeɪt/ **1** auf den neuesten Stand bringen, aktualisieren ◇ *Can you update me on the story?* Kannst du mir erzählen, was sich in dieser Sache Neues getan hat? **2** modernisieren
▸ ***Nomen*** /ˈʌpdeɪt/ Aktualisierung, aktualisierte Fassung, neueste Version ◇ *a news update* die neuesten Meldungen ◇ *The chairman gave an update on the project.* Der Vorsitzende berichtete, was sich bezüglich des Projektes getan hatte.

upend /ʌpˈend/ *Verb* umdrehen, hochkant stellen

up·field /ˌʌpˈfiːld/ *Adv* (SPORT) in Richtung des gegnerischen Tores

up·front /ˌʌpˈfrʌnt/ *Adj* **1** offen ◇ *He's been upfront about his intentions since the beginning.* Von Anfang an hat er aus seinen Absichten keinen Hehl gemacht. **2** [nur vor Nomen] (*Zahlung etc.*) Voraus-, im Voraus ➔ *Siehe auch* FRONT

up·grade *Verb, Nomen*
▸ ***Verb*** /ˌʌpˈgreɪd; *AmE auch* ˈʌpgreɪd/ (*oft passiv*) **1** (*Computer etc.*) aufrüsten **2** verbessern, ausbauen **3** ~ **sb** (**to sth**) (*im Flugzeug, Hotel etc.*) ◇ *On the flight back, we were upgraded to business class.* Auf dem Rückflug gab man uns ohne Aufpreis einen Sitz in der Business-class. **4** ~ **sb** (**to sth**) jdn (zu etw) befördern
▸ ***Nomen*** /ˈʌpgreɪd/ **1** (COMP) Upgrade **2** (*beim Fliegen, im Hotel etc.*) ◇ *Frequent flyers qualify for a free upgrade.* Vielflieger haben ohne Aufpreis Anspruch auf eine höhere Reiseklasse.

up·heav·al /ʌpˈhiːvl/ *Nomen* Aufruhr; (*politisch, sozial*) Umwälzung ◇ *a period of emotional upheaval* eine Zeit, in der die Gefühle in Aufruhr sind ◇ *the upheaval of moving house* das Chaos, das ein Umzug mit sich bringt

up·hill /ˌʌpˈhɪl/ *Adj, Adv*
▸ ***Adj*** **1** bergauf führend ◇ *The last part of the race is all uphill.* Bei der letzten Etappe geht es nur noch bergauf. ◇ *an uphill slope* ein ansteigendes Gelände **2** (*Aufgabe, Kampf etc.*) mühselig, hart
▸ ***Adv*** bergauf

up·hold /ʌpˈhəʊld; *AmE* ʌpˈhoʊld/ *Verb* (**-held, -held** /ʌpˈheld/) **1** unterstützen; (*Rechte, Tradition etc.*) wahren; (*Verfassung etc.*) schützen **2** (RECHT) (*Urteil, Berufung*) bestätigen, aufrechterhalten; (*Beschwerde*) anerkennen

up·hold·er /ʌpˈhəʊldə(r); *AmE* ʌpˈhoʊl-/ *Nomen* Befürworter(in), Verteidiger(in); (*einer Meinung*) Vertreter(in)

up·hol·ster /ʌpˈhəʊlstə(r); *AmE* ʌpˈhoʊl-/ *Verb* (*meist passiv*) ~ **sth** (**in sth**) etw (mit etw) polstern; (*mit Bezug*) etw (mit etw) beziehen

up·hol·ster·er /ʌpˈhəʊlstərə(r); *AmE* ʌpˈhoʊl-/ *Nomen* Polsterer, Polsterin

up·hol·stery /ʌpˈhəʊlstəri; *AmE* ʌpˈhoʊl-/ *Nomen* [U] **1** Polsterung, Bezug **2** Polstern, Polsterhandwerk

up·keep /ˈʌpkiːp/ *Nomen* **1** Instandhaltung, Unterhalt **2** Instandhaltungskosten, Unterhaltskosten

up·land /ˈʌplənd/ *Nomen, Adj*
▸ ***Nomen*** [meist Pl] Hochland
▸ ***Adj*** [nur vor Nomen] Hochland- ◇ *upland agriculture* Landwirtschaft im Hochland

up·lift *Nomen, Verb*
▸ ***Nomen*** /ˈʌplɪft/ **1** [U/Sing] Hebung ◇ *an uplift in sales* eine Umsatzsteigerung ◇ *an uplift bra* ein Stütz-BH **2** (*der Stimmung*) Auftrieb, Erbauung
▸ ***Verb*** /ˌʌpˈlɪft/ (*gehoben*) erbauen, aufbauen, aufrichten

up·lift·ed *Adj* /ˌʌpˈlɪftɪd/ **1** [nicht vor Nomen] erbaut **2** (*gehoben*) erhoben, nach oben gerichtet

up·lift·ing /ˌʌpˈlɪftɪŋ/ *Adj* erbaulich, aufbauend

up·mar·ket /ˌʌpˈmɑːkɪt; *AmE* -ˈmɑːrkɪt/ *Adj, Adv* (*BrE*)
▸ ***Adj*** exklusiv, gehoben, anspruchsvoll
▸ ***Adv*** ◇ *The company moved more upmarket.* Die Firma wendete sich gehobeneren Käuferschichten zu.

upon 🔑 /əˈpɒn; *AmE* əˈpɑːn/ *Präp* (*bes BrE, gehoben*) = ON **IDM** **sth is (almost) upon you** etw steht (fast) vor der Tür ➔ *Siehe auch* ONCE

upper 🔑 /ˈʌpə(r)/ *Adj, Nomen*
▸ ***Adj*** [nur vor Nomen] Ober-, obere(r,s), höhere(r,s) ◇ *the upper body* der Oberkörper ◇ *the upper reaches of the Rhine* der Oberrhein **IDM** **gain, get, have, etc. the ˌupper ˈhand** die Oberhand gewinnen, haben etc. ➔ *Siehe auch* STIFF
▸ ***Nomen*** [meist Pl] **1** (*bei Schuhen*) Obermaterial **2** (*umgs*) Aufputschmittel **IDM** **on your ˈuppers** (*BrE, gehoben*) (*ohne Geld*) auf dem Trockenen

ˌupper ˈcase *Nomen, Adj*
▸ ***Nomen*** [U] Großbuchstaben
▸ ***Adj*** (*Buchstabe*) groß

ˌupper ˈchamber *Nomen* Oberhaus

the ˌupper ˈclass *Nomen* [Sing] (*auch* **the ˌupper ˈclasses** [Pl]) die Oberschicht

ˌupper ˈclass *Adj* der Oberschicht (zugehörig), vornehm ◇ *He is very upper class.* Bei ihm erkennt man deutlich, dass er aus der Oberschicht kommt.

upper·class·man /ˌʌpəˈklɑːsmən; *AmE* -pərˈklæs-/ *Nomen* (*Pl* **-men** /-mən/) (*AmE*) = Schüler/Student in den letzten beiden Jahren an einer amerikanischen Highschool oder einem College

upper·class·woman /ˌʌpəˈklɑːswʊmən; *AmE* -pərˈklæs-/ *Nomen* (*Pl* **-women** /-wɪmɪn/) (*AmE*) = Schülerin/Studentin in den letzten beiden Jahren an einer amerikanischen Highschool oder einem College

the ˌupper ˈcrust *Nomen* [mit Verb im Sing/Pl] (*umgs*) die oberen Zehntausend

ˌupper-ˈcrust *Adj* (*umgs*) [nur vor Nomen] zu den oberen Zehntausend gehörend ◇ *an upper-crust voice* ein vornehmer Akzent

upper·cut /ˈʌpəkʌt; *AmE* ˈʌpərkʌt/ *Nomen* (*beim Boxen*) Aufwärtshaken

ˌupper ˈhouse *Nomen* Oberhaus

upper·most /ˈʌpəməʊst; *AmE* ˈʌpərmoʊst/ *Adj, Adv*
▸ ***Adj*** **1** (*gehoben*) höchste(r,s), oberste(r,s) **2** (*fig*) an erster Stelle
▸ ***Adv*** (*gehoben*) (nach) oben

ˈupper school *Nomen* (*BrE*) (*in Großbritannien*) = Schule oder Jahrgangsstufen, die von 14- bis 18-Jährigen besucht wird/werden

up·pity /ˈʌpəti/ *Adj* (*umgs, veraltet*) hochnäsig, schnippisch

up·raised /ˌʌpˈreɪzd/ *Adj* erhoben

up·right /ˈʌpraɪt/ *Adj, Nomen*
▸ ***Adj*** **1** aufrecht, senkrecht ◇ *Keep the bottle upright.* Stellen Sie die Flasche aufrecht. ◇ *He managed to pull himself upright.* Es gelang ihm, sich aufzusetzen. **2** ◇ *an upright freezer* ein Gefrierschrank ◇ *an upright chair* ein Stuhl mit einer geraden Lehne **3** (*Mensch*) rechtschaffen, aufrecht, anständig **IDM** ➔ BOLT
▸ ***Nomen*** **1** (Stütz)pfosten **2** (*auch* **ˌupright piˈano**) Klavier

up·ris·ing /ˈʌpraɪzɪŋ/ *Nomen* Aufstand ◇ *a popular uprising* ein Volksaufstand

up·river /ˌʌpˈrɪvə(r)/ *Adv* flussaufwärts

up·roar /ˈʌprɔː(r)/ *Nomen* [U/Sing] Aufruhr, Tumult

up·roari·ous /ʌpˈrɔːriəs/ *Adj* (*Adv* **up·roari·ous·ly**) (*gehoben*) **1** lärmend ◇ *an uproarious party* eine laute und ausgelassene Party ◇ *laugh uproariously* schallend lachen **2** zum Schreien komisch ◇ *uproariously funny* zum Totlachen

up·root /ˌʌpˈruːt/ *Verb* **1** (*Baum etc.*) entwurzeln **2** (*fig*) aus der gewohnten Umgebung reißen ◇ *He didn't want to uproot himself and move to Bali.* Er wollte nicht seine gewohnte Umgebung verlassen und nach Bali ziehen.

up·scale /ˌʌpˈskeɪl/ *Adj, Adv* (*AmE*)
▸ ***Adj*** exklusiv, gehoben, anspruchsvoll
▸ ***Adv*** ◇ *The neighbourhood has gone upscale.* Das Wohnviertel ist exklusiver geworden. ◇ *The company has to move upscale.* Die Firma muss sich gehobeneren Käuferschichten zuwenden.

upset 0‑w *Verb, Adj, Nomen*
▸ ***Verb*** /ʌpˈset/ (**-set·ting, -set, -set**) **1** aufregen, ärgern, erschüttern, aus der Fassung bringen ◇ *Don't upset yourself about it.* Reg dich darüber nicht auf. ◇ *The pictures of starving children upset her.* Die Bilder von verhungernden Kindern erschütterten sie. **2** (*Pläne etc.*) durcheinanderbringen **3 ~ sb's stomach** jdm nicht bekommen **4** umkippen, umstoßen IDM **upset the ˈapple cart** alles durcheinanderbringen
▸ ***Adj*** /ˌʌpˈset/ **1** [nicht vor Nomen] aufgeregt, mitgenommen, bestürzt ◇ *There's no point getting upset about it.* Es hat keinen Zweck, sich deswegen aufzuregen. ◇ *She was upset that he had left without saying goodbye.* Sie war enttäuscht, dass er gegangen war, ohne sich zu verabschieden. **2 an ˌupset ˈstomach** eine Magenverstimmung
▸ ***Nomen*** /ˈʌpset/ **1** Aufregung, Ärger, (böse) Überraschung ◇ *There is frequently a relationship between a child's emotional upset and an asthmatic attack.* Bei Kindern besteht häufig eine Verbindung zwischen emotionalen Erregungszuständen und Asthmaanfällen. **2** Überraschungssieg ◇ *The team could cause an upset on Saturday.* Die Mannschaft könnte am Samstag überraschend gewinnen. **3 (stomach) ~** Magenverstimmung

up·set·ting 0‑w /ʌpˈsetɪŋ/ *Adj* ärgerlich, verletzend, erschütternd ◇ *Moving can be an upsetting experience.* Ein Umzug kann einen sehr mitnehmen. ◇ *She finds the divorce too upsetting to talk about.* Die Scheidung geht ihr zu nahe, als dass sie darüber reden könnte.

up·shot /ˈʌpʃɒt; *AmE* -ʃɑːt/ *Nomen* **the upshot** [Sing] das (End)ergebnis, das Fazit

up·side 0‑w /ˈʌpsaɪd/ *Nomen* [Sing] gute Seite ◇ *On the upside, there is no immediate risk.* Das Positive daran ist, dass kein unmittelbares Risiko besteht.

ˌupside ˈdown 0‑w *Adv, Adj* verkehrt herum, auf dem Kopf ◇ *Turn the cake upside down and cover it with cream.* Drehen Sie den Kuchen um und bestreichen Sie ihn mit Sahne. IDM **turn sth ˌupside ˈdown** (*beim Suchen*) etw auf den Kopf stellen

up·skill /ˈʌpskɪl/ *Verb* **1 ~ sb** jdn fortbilden, jdn auf Fortbildungen schicken **2** sich fortbilden

up·stage *Adv, Adj, Verb* /ˌʌpˈsteɪdʒ/
▸ ***Adv*** in den/im Bühnenhintergrund
▸ ***Adj*** [nur vor Nomen] Bühnenhintergrund-, im Bühnenhintergrund
▸ ***Verb* ~ sb** jdm die Schau stehlen

up·stairs 0‑w /ˌʌpˈsteəz; *AmE* -ˈsterz/ *Adv, Adj, Nomen*
▸ ***Adv*** (*im oberen/ins obere Stockwerk*) (nach) oben ◇ *the people who live upstairs* die Leute, die über uns wohnen IDM → KICK
▸ ***Adj*** [nur vor Nomen] im Obergeschoss
▸ ***Nomen*** [Sing] Obergeschoss, oberes Stockwerk

up·stand·ing /ˌʌpˈstændɪŋ/ *Adj* (*gehoben*) rechtschaffen, aufrecht, anständig

up·start /ˈʌpstɑːt; *AmE* -stɑːrt/ *Nomen* (*abwert*) (besserwisserischer) Neuling

up·state /ˌʌpˈsteɪt/ *Adv, Adj* (*AmE*)
▸ ***Adv*** (*in den USA*) = in den/im nördlichen und abgelegenen Teil eines Bundesstaates
▸ ***Adj*** [nur vor Nomen] (*in den USA*) = zum nördlichen und abgelegenen Teil eines Bundesstaates gehörig ◇ *upstate Ohio* der nördliche Teil von Ohio

up·stream /ˌʌpˈstriːm/ *Adv* flussaufwärts

up·surge /ˈʌpsɜːdʒ; *AmE* -sɜːrdʒ/ *Nomen* [meist Sing] **~ (in/of sth)** (*gehoben*) Zunahme (von etw), Aufwallen (von etw)

up·swing /ˈʌpswɪŋ/ *Nomen* [meist Sing] **~ (in sth)** (*gehoben*) Aufschwung (bei/in etw)

up·take /ˈʌpteɪk/ *Nomen* **1** [U/Sing] (*Fachspr*) Aufnahme **2** Nutzungsgrad ◇ *There has been a high uptake of the free training.* Die kostenlose Fortbildung wurde sehr gut angenommen. IDM **be ˌquick/ˌslow on the ˈuptake** schnell/schwer von Begriff sein (*umgs*)

up·tempo /ˈʌptempəʊ; *AmE* -poʊ/ *Adj* schnell

up·tight /ˌʌpˈtaɪt/ *Adj* (*umgs*) **1** aufgeregt, gereizt, nervös ◇ *You're getting too uptight about it.* Du regst dich darüber zu sehr auf. **2** (*bes AmE*) verklemmt, verkrampft

ˌup to ˈdate *Adj* **1** modern, aktuell **2** auf dem neuesten Stand, auf dem Laufenden

ˌup-to-the-ˈminute *Adj* **1** allerneueste(r,s), allerletzte(r,s), aktuellste(r,s) **2** hochmodern

up·town /ˌʌpˈtaʊn/ *Adv, Adj*
▸ ***Adv*** (*AmE*) **1** außerhalb des Zentrums, am Stadtrand **2** stadtauswärts
▸ ***Adj*** [nur vor Nomen] (*AmE*) **1** außerhalb des Zentrums gelegen ◇ *an uptown district* ein Stadtrandbezirk **2** Richtung stadtauswärts

up·trend /ˈʌptrend/ *Nomen* [Sing] (*AmE*) Aufwärtstrend, Aufschwung

up·turn /ˈʌptɜːn; *AmE* -tɜːrn/ *Nomen* [meist Sing] **~ (in sth)** Aufwärtstrend (bei/in etw), Aufschwung (bei etw) ◇ *Their fortunes have taken an upturn.* Es geht aufwärts mit ihnen. ◇ *The economy is on the upturn.* Mit der Wirtschaft geht es aufwärts.

up·turned /ˌʌpˈtɜːnd; *AmE* -ˈtɜːrnd/ *Adj* **1** nach oben gerichtet ◇ *an upturned nose* eine Stupsnase **2** umgedreht ◇ *She clung to the upturned boat.* Sie hielt sich an dem gekenterten Boot fest.

up·vote /ˈʌpvəʊt; *AmE* -voʊt/ *Verb, Nomen*
▸ ***Verb*** hochvoten, upvoten
▸ ***Nomen*** Upvote

up·ward 0‑w /ˈʌpwəd; *AmE* -wərd/ *Adj* [nur vor Nomen] **1** nach oben (gerichtet) ◇ *an upward gaze/look* ein Blick nach oben **2** ansteigend ◇ *a sharp upward movement in property prices* ein plötzlicher Anstieg bei den Immobilienpreisen → *Siehe auch* UPWARDS

ˌupwardly ˈmobile *Adj* (sozial) aufsteigend

ˌupward moˈbility *Nomen* [U] sozialer Aufstieg

up·wards 0‑w /ˈʌpwədz; *AmE* -wərdz/ (*bes AmE* **upward**) *Adv* **1** nach oben ◇ *Bad weather forced the price of fruit upwards.* Schlechtes Wetter hat die Obstpreise in die Höhe getrieben. ◇ *from the neck upwards* vom Hals aufwärts **2 ~ of …** über …, mehr als …

up·wind /ˌʌpˈwɪnd/ *Adv, Adj* gegen den Wind ◇ *on the upwind side* auf der Windseite ◇ *The house was upwind of the factory and its smells.* Das Haus lag nicht in Windrichtung der Fabrik und des von dort kommenden Gestanks.

ur·an·ium /juˈreɪniəm/ *Nomen* Uran

Ura·nus /ˈjʊərənəs; *BrE auch* jʊˈreɪnəs; *AmE auch* ˈjʊr-/ *Nomen* Uranus → *Beispiele bei* MERKUR

urban 0‑w /ˈɜːbən; *AmE* ˈɜːrbən/ *Adj* **1** [nur vor Nomen] Stadt-, städtisch ◇ *urban regeneration* Stadterneuerung ◇ *The countryside is under pressure from urban* *development.* Ländliche Regionen sind durch das Wachstum der Städte bedroht. **2** (*Musik*) urban

ur·bane /ɜː'beɪn; *AmE* ɜːr'-/ *Adj* (*Adv* **ur·bane·ly**) (*gehoben*) gewandt, weltmännisch

urb·an·iza·tion (*BrE auch* **-isa·tion**) /ˌɜːbənaɪ'zeɪʃn; *AmE* ˌɜːrbənə'-/ *Nomen* Verstädterung, Urbanisierung

ur·ban·ized (*BrE auch* **-ised**) /'ɜːbənaɪzd; *AmE* 'ɜːrb-/ *Adj* verstädtert, urbanisiert

ˌurban 'myth (*auch* **ˌurban 'legend**) *Nomen* Großstadtlegende, moderner Mythos

ur·chin /'ɜːtʃɪn; *AmE* 'ɜːrtʃɪn/ *Nomen* **1** (*veraltet*) Gossenkind, Strolch **2** = SEA URCHIN

Urdu /'ʊəduː, 'ɜːduː; *AmE* 'ʊrduː, 'ɜːr-/ *Nomen* Urdu

ur·ethra /jʊ'riːθrə/ *Nomen* (ANAT) Harnröhre

urge /ɜːdʒ; *AmE* ɜːrdʒ/ *Verb, Nomen*

▸ ***Verb*** **1** eindringlich bitten, dringend raten, drängen **2** **~ sth (on/upon sb)** (jdm) zu etw dringend raten, jdm etw nahelegen **3** (*gehoben*) (an)treiben ◇ *He urged his horse forward.* Er trieb sein Pferd voran. PHR V **ˌurge sb 'on** jdn anfeuern, jdn antreiben

▸ ***Nomen*** Drang, Bedürfnis, Verlangen ◇ *creative urges* Schaffensdrang ◇ *their sexual urges* ihr Sexualtrieb

ur·gen·cy /'ɜːdʒənsi; *AmE* 'ɜːrdʒən-/ *Nomen* Dringlichkeit ◇ *This is a matter of some urgency.* Diese Sache ist ziemlich dringend.

ur·gent /'ɜːdʒənt; *AmE* 'ɜːrdʒənt/ *Adj* (*Adv* **ur·gent·ly**) **1** dringend ◇ *a problem that requires urgent attention* eine dringende Angelegenheit ◇ *The law is in urgent need of reform.* Das Gesetz muss dringend reformiert werden. **2** (*gehoben*) (ein)dringlich

ur·inal /jʊə'raɪnl, 'jʊərɪnl; *AmE* 'jʊrənl/ *Nomen* **1** Pissoir **2** Urinal(becken)

urin·ary /'jʊərɪnəri; *AmE* 'jʊrəneri/ *Adj* Harn-

urin·ate /'jʊərɪneɪt; *AmE* 'jʊrəneɪt/ *Verb* (*gehoben oder Fachspr*) urinieren

urin·ation /ˌjʊərɪ'neɪʃn; *AmE* ˌjʊrə'-/ *Nomen* Urinieren

urine /'jʊərɪn, -raɪn; *AmE* 'jʊrən/ *Nomen* Harn, Urin

URL /ˌjuː ɑːr 'el/ *Kurzform von* **uniform/universal resource locator** (COMP) URL

urn /ɜːn; *AmE* ɜːrn/ *Nomen* **1** Urne **2** (*Tee-, Kaffee-*) großer Wasserkessel ◇ *a tea urn* ein großer Teekessel

ur·olo·gist /jʊə'rɒlədʒɪst; *AmE* jʊ'rɑːlə-/ *Nomen* Urologe, Urologin

US (*bes AmE* **U.S.**) /ˌjuː 'es/ *Kurzform von* **United States (of America)** **1** Vereinigte Staaten (von Amerika) **2** US-amerikanisch

us /əs, *betont* ʌs/ *Pron* **1** uns **2** (*BrE, umgs*) mich, mir ◇ *Give us the newspaper, will you?* Gib mir bitte die Zeitung.

USA (*bes AmE* **U.S.A.**) /ˌjuː es 'eɪ/ *Abk* USA

us·able /'juːzəbl/ *Adj* verwendbar ◇ *The bike is rusty but usable.* Das Fahrrad ist rostig, aber man kann es noch benutzen.

USAF /ˌjuː es eɪ 'ef/ *Kurzform von* **United States Air Force** Luftwaffe der Vereinigten Staaten

usage /'juːsɪdʒ, 'juːzɪdʒ/ *Nomen* **1** Sprachgebrauch ◇ *It's not a word in common usage.* Es ist ein Wort, das nicht allgemein gebräuchlich ist. **2** Gebrauch ◇ *land usage* Bodennutzung

USB Flash drive /juː es biː 'flæʃ draɪv/ (*Abk* **UFD**) (*auch* **ˌUSB 'Flash disk**, **ˌUS'B drive**, **ˌUS'B stick**) *Nomen* (COMP) USB-Stick

use *Verb, Nomen*

▸ ***Verb*** /juːz/ (**used, used** /juːzd/) **1** **~ sth (for sth)** etw (für etw) benutzen; **~ sth (as sth)** etw (als etw) benutzen ◇ *How often do you use the bus?* Wie oft fahren Sie mit dem Bus? ◇ *use military force* militärische Gewalt anwenden **2** verbrauchen ◇ *I hope you haven't used all the milk.* Ich hoffe, du hast nicht die ganze Milch aufgebraucht. **3** (*abwert*) ausnutzen **4** (*Drogen*) nehmen ◇ (*Slang*) *She's been using since she was 13.* Sie nimmt schon Drogen seit sie dreizehn ist. IDM **I, you, etc. could use sth** (*umgs*) ich/du etc. könnte/könntest etc. etw gebrauchen ◇ *I think we could all use a drink after that!* Ich glaube, jetzt könnten wir alle was zu trinken vertragen! **use your 'head** (*BrE auch* **use your 'loaf**) (*umgs*) streng deinen Grips an PHR V **ˌuse sth 'up** etw aufbrauchen

▸ ***Nomen*** /juːs/ **1** [U/Sing] Gebrauch, Einsatz ◇ *These pesticides are gradually being phased out of use.* Diese Schädlingsbekämpfungsmittel kommen langsam außer Gebrauch. ◇ *When did this word come into common use?* Wann wurde dieses Wort allgemein gebräuchlich? ◇ *I'm not sure that this is the most valuable use of my time.* Ich bin nicht sicher, dass ich damit meine Zeit am besten nutze. ◇ *The bar is for the use of members only.* Die Bar steht nur Mitgliedern zur Verfügung. **2** Verwendung, Anwendung ◇ *This chemical has a wide range of industrial uses.* Dieser chemische Stoff hat einen großen industriellen Anwendungsbereich. **3** (*von Drogen etc.*) Konsum **4** **~ of sth** Recht/Möglichkeit, etw zu benutzen ◇ *I have the use of the car this week.* Ich kann diese Woche den Wagen benutzen. **5** ◇ *He lost the use of his legs in an accident.* Seine Beine sind seit einem Unfall gelähmt. ◇ *It took her months to regain the use of her hand.* Es dauerte Monate, bis sie ihre Hand wieder gebrauchen konnte. IDM **be no 'use** (*gehoben*) (*auch* **be of no 'use**) nicht zu gebrauchen sein ◇ *That's of no use to me.* Das kann ich nicht gebrauchen. ◇ *You can throw those away—they're no use to anyone.* Die kannst du wegwerfen—die sind unbrauchbar. **be of 'use (to sb)** (*gehoben*) jdm behilflich sein; jdm nützlich sein **come into/go out of 'use** in/außer Gebrauch kommen **have its/their/your 'uses** (*umgs, oft hum*) ganz nützlich sein **have no 'use for sb** für jdn nichts übrig haben **have no 'use for sth** etw nicht brauchen können **it's no 'use (doing sth)**; **What's the 'use (of doing sth)?** es hat keinen Zweck (etw zu tun); was nützt es (etw zu tun)? **make 'use of sth/sb** von etw/jdm Gebrauch machen ◇ *We could make better use of our resources.* Wir könnten unsere Mittel besser nutzen. **put sth to good 'use** etw (gut) nutzen ◇ *She'll be able to put her languages to good use in her new job.* Ihre Sprachkenntnisse werden ihr in der neuen Stellung nutzen.

used[1] /juːst/ *Adj* **~ to sth** an etw gewohnt; **~ to doing sth** gewöhnt, etw zu tun ◇ *I soon got used to the work.* Ich gewöhnte mich schnell an die Arbeit.

used[2] /juːzd/ *Adj* gebraucht ◇ *used cars* Gebrauchtwagen

used to /'juːst tə, *vor einem Vokal oder am Satzende* tu/ *Modalvb* ◇ *I used to live in London.* Ich habe früher in London gelebt. ◇ *I didn't use to like him much when we were at school.* In der Schule habe ich ihn nie gemocht.

use·ful /'juːsfl/ *Adj* **1** nützlich, geeignet ◇ *Your knowledge of German may come in useful.* Deine Deutschkenntnisse könnten irgendwann einmal nützlich sein. ◇ *Some products can be recycled at the end of their useful life.* Manche Produkte können am Ende ihrer Nutzungsdauer wieder aufbereitet werden. **2** (*BrE, umgs*) fähig

use·ful·ly /'juːsfəli/ *Adv* nutzbringend ◇ *Is there anything I can usefully do here?* Kann ich mich hier irgendwie nützlich machen?

use·ful·ness /'juːsfəlnəs/ *Nomen* Nützlichkeit, Eignung ◇ *The building has outlived its usefulness.* Das Gebäude hat ausgedient.

use·less 0┳ /ˈjuːsləs/ *Adj* **1** unbrauchbar ◇ *This pen is useless.* Dieser Kuli taugt nichts. **2** sinnlos **3** (*umgs*) unfähig ◇ *I'm useless at French.* Französisch liegt mir überhaupt nicht. ◇ *Don't ask her to help. She's useless.* Bitte sie nicht um Hilfe. Sie ist zu nichts zu gebrauchen.
use·less·ly /ˈjuːsləsli/ *Adv* unnütz
use·less·ness /ˈjuːsləsnəs/ *Nomen* **1** Nutzlosigkeit, Unbrauchbarkeit **2** Sinnlosigkeit
user 0┳ /ˈjuːzə(r)/ *Nomen* **1** Benutzer(in), Anwender(in) **2** (*Slang*) Drogensüchtige(r)
ˈuser fee *Nomen* (*AmE*) Benutzersteuer
ˌuser-ˈfriendli·ness *Nomen* Benutzerfreundlichkeit, Anwenderfreundlichkeit
ˌuser-ˈfriendly *Adj* benutzerfreundlich, anwenderfreundlich
usher /ˈʌʃə(r)/ *Nomen, Verb*
▸ ***Nomen*** **1** Platzanweiser(in) **2** Gerichtsdiener(in) **3** = Freund des Bräutigams, der bei einer Hochzeit bestimmte Aufgaben zu erfüllen hat
▸ ***Verb*** (*geleiten*) führen PHR V **ˌusher sth ˈin** (*gehoben*) (*etw Neues*) einleiten
ush·er·ette /ˌʌʃəˈret/ *Nomen* (*bes BrE*) Platzanweiserin
USN /ˌjuː es ˈen/ *Kurzform von* **United States Navy** Marine der Vereinigten Staaten
USS /ˌjuː es ˈes/ *Kurzform von* **United States Ship** Schiff der US-Marine
USSR /ˌjuː es es ˈɑː(r)/ *Kurzform von* **Union of Soviet Socialist Republics** UdSSR
usual 0┳ /ˈjuːʒuəl, -ʒəl/ *Adj, Nomen*
▸ ***Adj*** üblich, normal ◇ *He didn't sound like his usual happy self.* Er klang nicht so fröhlich wie sonst. IDM **as usual** wie immer; wie üblich → *Siehe auch* BUSINESS *und* PER
▸ ***Nomen*** **the usual** [Sing] (*umgs*) das Übliche
usu·al·ly 0┳ /ˈjuːʒuəli, ˈjuʒəli/ *Adv* gewöhnlich, normalerweise
us·urer /ˈjuːʒərə(r)/ *Nomen* (*veraltet, abwert*) Wucherer, Wucherin
usurp /juːˈzɜːp; *AmE* -ˈzɜːrp/ *Verb* (*gehoben*) sich widerrechtlich aneignen, usurpieren
usurp·ation /ˌjuːzɜːˈpeɪʃn; *AmE* -zɜːrˈ-/ *Nomen* widerrechtliche Aneignung/Übernahme, Usurpation
usurp·er /juːˈzɜːpə(r); *AmE* -ˈzɜːrpər/ *Nomen* Usurpator(in), Thronräuber(in)
usury /ˈjuːʒəri/ *Nomen* (*veraltet, abwert*) Wucher
ute /juːt/ *Nomen* (*AusE, NeusE, umgs*) Pick-up
uten·sil /juːˈtensl/ *Nomen* Utensil, Gerät
uter·ine /ˈjuːtəraɪn/ *Adj* [nur vor Nomen] Gebärmutter-
uterus /ˈjuːtərəs/ *Nomen* Gebärmutter
utili·tar·ian /ˌjuːtɪlɪˈteəriən; *AmE* -ˈter-/ *Adj* **1** (*gehoben*) funktionell **2** (PHILOS) utilitaristisch
util·ity /juːˈtɪləti/ *Nomen, Adj*
▸ ***Nomen*** (*Pl* **-ies**) **1** (*bes AmE*) Versorgungsbetrieb **2** (*gehoben*) Nützlichkeit, Nutzen **3** (COMP) Dienstprogramm
▸ ***Adj*** [nur vor Nomen] **1** Gebrauchs- **2** Vielzweck-, Mehrzweck-
uˈtility room *Nomen* Hauswirtschaftsraum
util·iza·tion (*BrE auch* **-isa·tion**) /ˌjuːtəlaɪˈzeɪʃn; *AmE* -ləˈ-/ *Nomen* Verwendung, Nutzung, Verwertung
util·ize (*BrE auch* **-ise**) /ˈjuːtəlaɪz/ *Verb* (*gehoben*) verwenden, nutzen, verwerten
ut·most /ˈʌtməʊst; *AmE* -moʊst/ *Adj, Nomen*
▸ ***Adj*** [nur vor Nomen] äußerst
▸ ***Nomen*** [Sing] das Äußerste, das Möglichste
Uto·pia /juːˈtəʊpiə; *AmE* -ˈtoʊ-/ *Nomen* Utopia
Uto·pian /juːˈtəʊpiən; *AmE* -ˈtoʊ-/ *Adj* utopisch
utter /ˈʌtə(r)/ *Adj, Verb*
▸ ***Adj*** (*Adv* **ut·ter·ly**) [nur vor Nomen] völlig
▸ ***Verb*** (*gehoben*) sagen, äußern; (*Schrei, Seufzer*) ausstoßen ◇ *utter a groan/moan* aufstöhnen
ut·ter·ance /ˈʌtərəns/ *Nomen* (*gehoben*) **1** Äußerung **2** Ausdruck
ut·ter·most /ˈʌtəməʊst; *AmE* ˈʌtərmoʊst/ *Adj* äußerst
ˈU-turn *Nomen* **1** Wende ◇ *do/make a U-turn* wenden **2** (*umgs*) Kehrtwende
uvula /ˈjuːvjələ/ *Nomen* (*Pl* **uvu·lae** /-liː/) (ANAT) Gaumenzäpfchen, Uvula

Vv

V, v /viː/ *Nomen, Abk*
▸ ***Nomen*** (*Pl* **Vs, V's, v's**) (*Buchstabe*) V, v → *Beispiele bei* A, A → *Siehe auch* V-NECK *und* V-SIGN
▸ ***Abk*** **1 V** = VOLT **2 v** = VERSUS **3 v** = VERSE **4** (*umgs*) = VERY
vac /væk/ *Nomen* (*BrE, umgs*) (*Universität*) Semesterferien
va·cancy /ˈveɪkənsi/ *Nomen* (*Pl* **-ies**) **1** (offene) Stelle ◇ *Vacancies for cleaning staff.* Reinigungskräfte gesucht. **2** (freies) Zimmer **3** (*gehoben*) Leere, Ausdruckslosigkeit ◇ *the vacancy of her expression* ihr ausdrucksloser Blick
va·cant /ˈveɪkənt/ *Adj* **1** (*Platz, Hotelzimmer, Haus, Toilette, Stelle etc.*) frei ◇ *vacant properties* leer stehende Wohnungen ◇ (*bes AmE*) *a vacant lot* ein unbebautes Grundstück ◇ *'Situations Vacant'* „Stellenangebote" **2** (*Adv* **va·cant·ly**) (*gehoben*) ausdruckslos, leer
vac·ate /vəˈkeɪt, veɪˈ-; *AmE auch* ˈveɪkeɪt/ *Verb* (*gehoben*) **1** (*Gebäude, Platz, Zimmer*) räumen **2** (*Stelle, Amt etc.*) aufgeben
vac·ation 0┳ /vəˈkeɪʃn, veɪˈ-/ *Nomen, Verb*
▸ ***Nomen*** **1** Semesterferien, Gerichtsferien; (*in den USA auch*) Schulferien **2** (*AmE*) Urlaub ◇ *on vacation* in Urlaub ◇ *take a vacation* Urlaub machen
▸ ***Verb*** (*AmE*) Urlaub machen
vac·ation·er /vəˈkeɪʃnə(r), veɪˈ-/ *Nomen* (*AmE*) Urlauber(in)
vac·cin·ate /ˈvæksɪneɪt/ *Verb* (*oft passiv*) **~ sb (against sth)** jdn (gegen etw) impfen
vac·cin·ation /ˌvæksɪˈneɪʃn/ *Nomen* (Schutz)impfung
vac·cine /ˈvæksiːn; *AmE* vækˈsiːn/ *Nomen* Impfstoff ◇ *a polio vaccine* ein Impfstoff gegen Polio
vacil·late /ˈvæsəleɪt/ *Verb* (*gehoben*) (*unsicher sein*) schwanken
va·cil·la·tion /ˌvæsəˈleɪʃn/ *Nomen* Schwanken, Unentschlossenheit
vacu·ous /ˈvækjuəs/ *Adj* (*Adv* **vacu·ous·ly**) (*gehoben*) ausdruckslos, nichtssagend, dümmlich
vac·uum /ˈvækjuəm/ *Nomen, Verb*
▸ ***Nomen*** **1** Vakuum (*auch fig*) **2** [meist Sing] Staubsaugen ◇ *I'll give the lounge a quick vacuum.* Ich sauge schnell das Wohnzimmer.
▸ ***Verb*** (staub)saugen
ˈvacuum cleaner *Nomen* Staubsauger
ˈvacuum flask (*BrE auch* **flask**; *AmE* **ˈvacuum bottle**) *Nomen* Thermosflasche®
vaga·bond /ˈvægəbɒnd; *AmE* -bɑːnd/ *Nomen* (*veraltet, abwert*) Vagabund(in), Landstreicher(in)
va·gar·ies /ˈveɪgəriz/ *Nomen* [Pl] Launen
va·gina /vəˈdʒaɪnə/ *Nomen* Scheide, Vagina

va·ginal /vəˈdʒaɪnl/ *Adj* [nur vor Nomen] Scheiden-, vaginal

va·grancy /ˈveɪgrənsi/ *Nomen* (RECHT) Landstreicherei, Stadtstreicherei

va·grant /ˈveɪgrənt/ *Nomen, Adj*
▸ ***Nomen*** *(gehoben oder Fachspr)* Landstreicher(in), Stadtstreicher(in)
▸ ***Adj*** umherziehend

vague /veɪg/ *Adj* **1** vage, unbestimmt, ungenau ◇ *He was accused of being deliberately vague.* Man warf ihm vor, dass er sich absichtlich unklar ausdrückte. **2 ~ (about sth)** ◇ *I'm a bit vague about it myself.* Ich bin mir darüber selbst nicht sicher. **3** geistesabwesend, zerstreut **4** verschwommen

vague·ly /ˈveɪgli/ *Adv* **1** vage **2** ein bisschen ◇ *There was something vaguely familiar about her face.* Ihr Gesicht kam mir irgendwie bekannt vor. ◇ *He was vaguely aware of footsteps behind him.* Er glaubte, Schritte hinter sich zu hören. **3** geistesabwesend, zerstreut

vague·ness /ˈveɪgnəs/ *Nomen* **1** Unbestimmtheit, Vagheit **2** Zerstreutheit

vain /veɪn/ *Adj* (*Adv* **vain·ly**) **1** vergeblich **2** *(abwert)* eitel **IDM** **in ˈvain** vergebens → *Siehe auch* NAME

val·ance /ˈvæləns/ *Nomen* **1** Volant **2** *(bes AmE)* Schabracke; *(aus Stoff)* Querbehang

vale /veɪl/ *Nomen (gehoben oder veraltet) (auch in Ortsnamen verwendet)* Tal

val·edic·tion /ˌvælɪˈdɪkʃn/ *Nomen (gehoben)* Abschied(sworte)

val·edic·tor·ian /ˌvælɪdɪkˈtɔːriən/ *Nomen (AmE)* = in amerikanischen Schulen der/die beste Schüler(in) des Jahrgangs, der/die eine Rede bei der Abschiedsfeier hält

val·edic·tory /ˌvælɪˈdɪktəri/ *Adj (gehoben)* Abschieds-

va·lency /ˈveɪlənsi/ *Nomen (Pl* **-ies***) (bes AmE* **va·lence** */-ləns/)* **1** (CHEM) Wertigkeit, Valenz **2** (LING) Valenz

val·en·tine /ˈvæləntaɪn/ *Nomen* **1** *(auch* **ˈvalentine card***)* Valentinskarte **2** = Person, der man am Valentinstag einen Gruß schickt

val·er·ian /vəˈlɪəriən; *AmE* vəˈlɪr-/ *Nomen* Baldrian

valet *Nomen, Verb*
▸ ***Nomen*** /ˈvæleɪ, -lɪt; *AmE auch* væˈleɪ/ **1** Kammerdiener **2** *(BrE) (Hotel)* Hausdiener **3** *(AmE)* = jd, der in einem Hotel oder Restaurant die Autos der Gäste zum Parkplatz und wieder zurück bringt
▸ ***Verb*** /ˈvælɪt/ **1** *(BrE) (Wagen)* reinigen **2** Diener sein

vali·ant /ˈvæliənt/ *Adj (Adv* **vali·ant·ly***) (gehoben)* tapfer, kühn ◇ *She made a valiant attempt not to laugh.* Sie gab sich die größte Mühe nicht zu lachen.

valid 🔑 /ˈvælɪd/ *Adj* **1** *(Adv* **val·id·ly***)* gültig **2** *(Adv* **val·id·ly***)* begründet, berechtigt **3** (COMP) zulässig

val·id·ate /ˈvælɪdeɪt/ *Verb (gehoben)* **1** bestätigen **2** rechtskräftig machen **3** *(Abschlüsse etc.)* anerkennen **4** (COMP) validieren

val·id·ation /ˌvælɪˈdeɪʃn/ *Nomen* **1** Bestätigung **2** Gültigkeitserklärung **3** Anerkennung **4** (COMP) Validierung

val·id·ity /vəˈlɪdəti/ *Nomen* **1** (Rechts)gültigkeit **2** Stichhaltigkeit

val·ley 🔑 /ˈvæli/ *Nomen* Tal

val·our *(AmE* **valor***)* /ˈvælə(r)/ *Nomen* Heldenmut, Tapferkeit

valu·able 🔑 /ˈvæljuəbl/ *Adj* nützlich, wertvoll ◇ *a valuable insight* ein aufschlussreicher Einblick

valu·ables /ˈvæljuəblz/ *Nomen* [Pl] Wertgegenstände, Wertsachen

valu·ation /ˌvæljuˈeɪʃn/ *Nomen* **1** Schätzung **2** (Schätz)wert ◇ *Experts set a high valuation on the painting.* Experten setzten den Schätzwert des Gemäldes hoch an. ◇ *(gehoben) She puts a high valuation on trust.* Sie legt großen Wert auf Vertrauen.

value 🔑 /ˈvæljuː/ *Nomen, Verb*
▸ ***Nomen*** **1** Wert ◇ *The jewellery was of little value.* Der Schmuck war nicht sehr wertvoll. ◇ *rising property values* steigende Grundstückspreise ◇ *The hotel is poor value.* Bei dem Hotel stimmt das Preis-Leistungs-Verhältnis nicht. ◇ *Charter flights give the best value for money.* Charterflüge sind am preisgünstigsten. **2** Nutzen ◇ *be of little/no value to sb* jdm wenig/nichts nützen ◇ *The arrival of canals was of great value to many industries.* Viele Industrien profitierten vom Bau der Kanäle. **3 values** [Pl] Werte ◇ *The young have a completely different set of values.* Junge Leute haben ganz andere Wertvorstellungen. **4** (MATH) (Zahlen)wert
▸ ***Verb*** schätzen ◇ *They don't value honesty very highly.* Sie legen keinen großen Wert auf Ehrlichkeit.

ˌvalue ˈadded tax *Nomen* = VAT

ˈvalue judgement *(bes AmE* **ˈvalue judgment***) Nomen (oft abwert)* Werturteil

value·less /ˈvæljuːləs/ *Adj (gehoben)* **1** wertlos **2** nutzlos

valuer /ˈvæljuːə(r)/ *Nomen* Schätzer(in)

valve /vælv/ *Nomen* **1** Ventil **2** (ANAT, MUS) Klappe

vamp /væmp/ *Nomen (veraltet, abwert)* Vamp

vam·pire /ˈvæmpaɪə(r)/ *Nomen* Vampir

ˈvampire bat *Nomen* (ZOOL) Vampir

van 🔑 /væn/ *Nomen* **1** Transporter ◇ *a delivery van* ein Lieferwagen ◇ *a furniture/removal van* ein Möbelwagen **2** *(AmE)* Kleinbus **3** *(BrE)* (EISENB) (geschlossener) Güterwagen ◇ *a luggage van* ein Gepäckwagen **IDM** **in the ˈvan** *(BrE, gehoben)* an der Spitze

ˈvan conversion *Nomen (AmE)* = Kleinbus oder Transporter mit einer wohnmobilähnlichen Ausstattung

van·dal /ˈvændl/ *Nomen* Wandale, Rowdy

van·dal·ism /ˈvændəlɪzəm/ *Nomen* Wandalismus ◇ *an act of vandalism* mutwillige Beschädigung/Zerstörung

van·dal·ize *(BrE auch* **-ise***)* /ˈvændəlaɪz/ *Verb (meist passiv)* mutwillig beschädigen/zerstören

vane /veɪn/ *Nomen (bei Windmühlen)* Flügel; *(bei Turbinen)* Schaufel; *(bei Propellern)* Blatt

van·guard /ˈvængɑːd; *AmE* -gɑːrd/ *Nomen (meist* **the vanguard***)* **1** Spitze **2** Avantgarde **3** (MIL) Vorhut

van·illa /vəˈnɪlə/ *Nomen, Adj*
▸ ***Nomen*** Vanille
▸ ***Adj*** **1** Vanille- ◇ *vanilla ice cream* Vanilleeis **2** *(bes AmE, umgs)* gewöhnlich, einfach ◇ *the vanilla version of the software* die einfache Version der Software ◇ *The city is pretty much plain vanilla.* Die Stadt ist nichts Besonderes.

van·ish /ˈvænɪʃ/ *Verb* **1** verschwinden **2** schwinden, aussterben ◇ *All thoughts of leaving vanished from his mind.* Er dachte nicht mehr daran zu gehen. **IDM** → ACT *und* FACE

ˈvanishing point *Nomen* Fluchtpunkt

van·ity /ˈvænəti/ *Nomen (Pl* **-ies***)* **1** *(abwert)* Eitelkeit **2** *(gehoben)* Vergänglichkeit, Vergeblichkeit **3** *(AmE)* Schminktisch

van·quish /ˈvæŋkwɪʃ/ *Verb (gehoben)* bezwingen

vant·age point /ˈvɑːntɪdʒ pɔɪnt; *AmE* ˈvæn-/ *(gehoben* **vant·age***) Nomen* **1** Aussichtspunkt **2** Sicht ◇ *From the vantage point of the 21st century, the war was* *pointless*. Aus der Sicht des 21. Jahrhunderts war der Krieg sinnlos.

vape /veɪp/ *Verb, Nomen*
▸ ***Verb*** eine E-Zigarette rauchen, dampfen
▸ ***Nomen*** (*umgs*) **1** E-Zigarette **2** Dampfen ◇ *I wanted to chill out and take a vape.* Ich wollte chillen und eine E-Zigarette dampfen.

vapid /ˈvæpɪd/ *Adj* (*gehoben, selten*) geistlos, leer

va·por (*AmE*) = VAPOUR

va·por·iza·tion (*BrE auch* **-isa·tion**) /ˌveɪpəraɪˈzeɪʃn; *AmE* -rəˈ-/ *Nomen* (*Fachspr*) Verdampfung, Verdunstung

va·por·ize (*BrE auch* **-ise**) /ˈveɪpəraɪz/ *Verb* (*Fachspr*) verdampfen, verdunsten

va·pour (*AmE* **va·por**) /ˈveɪpə(r)/ *Nomen* Dampf, Dunst

ˈvapour trail (*AmE* **ˈva·por trail**) *Nomen* Kondensstreifen

vari·abil·ity /ˌveəriəˈbɪləti; *AmE* ˌver-, ˌvær-/ *Nomen* [U] (*gehoben*) Variabilität, Schwankungen ◇ *climatic variability* Klimaschwankungen

vari·able /ˈveəriəbl; *AmE* ˈver-, ˈvær-/ *Adj, Nomen*
▸ ***Adj*** **1** veränderlich, variabel, unterschiedlich ◇ *variable temperatures* schwankende Temperaturen **2** regelbar
▸ ***Nomen*** Variable, veränderliche Größe

vari·ably /ˈveəriəbli; *AmE* ˈver-, ˈvær-/ *Adv* unterschiedlich, beliebig

vari·ance /ˈveəriəns; *AmE* ˈver-, ˈvær-/ *Nomen* (*gehoben*) Abweichung, Unterschied IDM **be at ˈvariance (with sb)** (*gehoben*) anderer Meinung sein (als jd) **be at ˈvariance (with sth)** (*gehoben*) im Widerspruch (zu etw) stehen

vari·ant /ˈveəriənt; *AmE* ˈver-, ˈvær-/ *Nomen, Adj*
▸ ***Nomen*** Variante
▸ ***Adj*** unterschiedlich ◇ *a variant form of oxygen* eine besondere Form des Sauerstoffs

vari·ation 0→ /ˌveəriˈeɪʃn; *AmE* ˌver-/ *Nomen* **1** Veränderung, Schwankung ◇ *seasonal variation* saisonbedingte Schwankungen ◇ *regional variation* regionale Unterschiede ◇ *The dial records very slight variations in pressure.* Die Skala zeigt die geringsten Druckabweichungen an. **2** ~ (**on sth**) Variante (einer Sache); (MUS) Variation (über etw) (*auch fig*)

vari·cose vein /ˌværɪkəʊs ˈveɪn; *AmE* -koʊs/ *Nomen* Krampfader

var·ied 0→ /ˈveərid; *AmE* ˈverid, ˈværid/ *Adj* **1** verschieden(artig) ◇ *a varied menu* eine Speisekarte mit reicher Auswahl **2** abwechslungsreich ◇ *a full and varied life* ein erfülltes und bewegtes Leben

varie·gated /ˈveəriəgeɪtɪd, -rɪgeɪtɪd; *AmE* ˈverɪgeɪtɪd/ *Adj* **1** mehrfarbig, panaschiert **2** (*gehoben, selten*) (bunt) gemischt

var·iety 0→ /vəˈraɪəti/ *Nomen* (*Pl* **-ies**) **1** ~ (**of sth**) Auswahl (an etw) ◇ *He resigned for a variety of reasons.* Er trat aus verschiedenen Gründen zurück. ◇ *This tool can be used in a variety of ways.* Dieses Werkzeug kann auf verschiedene Art benutzt werden. **2** Abwechslung **3** Sorte, Art ◇ *Apples come in a great many varieties.* Es gibt viele verschiedene Apfelsorten. ◇ *different varieties of English* verschiedene Varianten des Englischen **4** Varietee IDM **variety is the spice of ˈlife** Abwechslung muss sein

vaˈriety store *Nomen* (*AmE, veraltet*) Billigladen

vari·ous 0→ /ˈveəriəs; *AmE* ˈver-, ˈvær-/ *Adj* **1** verschiedene **2** (*gehoben*) vielgestaltig ◇ *a large and various country* ein großes, abwechslungsreiches Land

vari·ous·ly /ˈveəriəsli; *AmE* ˈver-, ˈvær-/ *Adv* unterschiedlich ◇ *He has been variously described as a hero, a genius and a tyrant.* Er wurde mal als Held, mal als Genie und mal als Tyrann beschrieben.

var·nish /ˈvɑːnɪʃ; *AmE* ˈvɑːrnɪʃ/ *Nomen, Verb*
▸ ***Nomen*** Lack ◇ *I'll give the shelves a coat of varnish.* Ich werde die Regale lackieren.
▸ ***Verb*** lackieren

var·sity /ˈvɑːsəti; *AmE* ˈvɑːrsə-/ *Nomen, Adj*
▸ ***Nomen*** (*Pl* **-ies**) (*AmE*) Universitäts-/Schulmannschaft
▸ ***Adj*** [nur vor Nomen] (*BrE, umgs, veraltet*) = beschreibt Sportveranstaltungen der Universitäten Oxford und Cambridge ◇ *the varsity match* das Oxford-Cambridge Spiel

vary 0→ /ˈveəri; *AmE* ˈveri, ˈværi/ *Verb* (**var·ies, vary·ing, var·ied, var·ied**) **1** unterschiedlich sein ◇ *His work varies considerably in quality.* Die Qualität seiner Arbeit ist unterschiedlich. ◇ *with varying degrees of success* mit unterschiedlichem Erfolg **2** schwanken, sich ändern, verschieden sein ◇ *The menu varies with the season.* Die Speisekarte ändert sich je nach Jahreszeit. ◇ *'What time do you start work?' 'It varies.'* „Wann fängst du mit der Arbeit an?" „Das ist verschieden." **3** ändern, abwandeln, abwechslungsreich gestalten ◇ *The job enables me to vary the hours I work.* Meine Arbeitszeit in diesem Job ist flexibel.

vas·cu·lar /ˈvæskjələ(r)/ *Adj* (*Fachspr*) Gefäß- ◇ *the vascular system* die Blutgefäße

vase /vɑːz; *AmE* veɪs, veɪz/ *Nomen* Vase

vas·ec·tomy /vəˈsektəmi/ *Nomen* (*Pl* **-ies**) (MED) Sterilisation (des Mannes), Vasektomie

Vas·el·ine™ /ˈvæsəliːn/ *Nomen* Vaseline

vas·sal /ˈvæsl/ *Nomen* **1** Vasall **2** Vasallenstaat

vast 0→ /vɑːst; *AmE* væst/ *Adj* riesig ◇ *a vast amount of money* ungeheuer viel Geld ◇ *in vast numbers* in großer Zahl ◇ *in the vast majority of cases* in den allermeisten Fällen

vast·ly /ˈvɑːstli; *AmE* ˈvæst-/ *Adv* erheblich, gewaltig ◇ *I'm a vastly different person now.* Ich bin jetzt ein völlig anderer Mensch. ◇ *The quality has vastly improved.* Die Qualität hat sich enorm verbessert.

vast·ness /ˈvɑːstnəs; *AmE* ˈvæst-/ *Nomen* (*gehoben*) Weite, riesiges Ausmaß

VAT /ˌviː eɪ ˈtiː, væt/ *Kurzform von* **value added tax** (*BrE*) Mehrwertsteuer

vat /væt/ *Nomen* Fass

Vati·can /ˈvætɪkən/ *Nomen* [mit Verb im Sing/Pl] **the Vatican** der Vatikan

vaude·ville /ˈvɔːdəvɪl/ *Nomen* (*AmE*) Varietee

vault /vɔːlt/ *Nomen, Verb*
▸ ***Nomen*** **1** Tresor(raum) ◇ *bank vaults* Banktresore **2** Gruft ◇ *the family vault* die Familiengruft **3** (ARCHIT) Gewölbe **4** (SPORT) Sprung
▸ ***Verb*** ~ (**over**) **sth** über etw springen

vault·ed /ˈvɔːltɪd/ *Adj* (ARCHIT) gewölbt ◇ *a vaulted cellar* ein Kellergewölbe

vault·ing /ˈvɔːltɪŋ/ *Nomen* (ARCHIT) Wölbung

ˈvaulting horse (*auch* **horse**) *Nomen* (*Turngerät*) Pferd

vaunt·ed /ˈvɔːntɪd/ *Adj* (*gehoben, oft abwert*) gepriesen

VC /ˌviː ˈsiː/ *Kurzform von* **Victoria Cross** = höchste britische Tapferkeitsmedaille

VCR /ˌviː siː ˈɑː(r)/ *Kurzform von* **video cassette recorder** (*bes AmE*) Videorekorder

VD /ˌviː ˈdiː/ *Abk* = VENEREAL DISEASE

VDT /ˌviː diː ˈtiː/ *Kurzform von* **video display terminal** (*AmE*) (COMP) Datensichtgerät, Bildschirm

VDU /ˌviː diː ˈjuː/ *Kurzform von* **visual display unit** (*BrE*) (COMP) Datensichtgerät, Bildschirm

veal /viːl/ *Nomen* Kalbfleisch

vec·tor /ˈvektə(r)/ *Nomen* **1** (MATH, PHYSIK, TECH) Vektor **2** (BIOL) Überträger

veep /viːp/ *Nomen* (*AmE*, *umgs*) Vizepräsident

veer /vɪə(r); *AmE* vɪr/ *Verb* **1** (*Fahrzeug*) ausscheren ◇ *The road veered to the left.* Die Straße machte eine scharfe Linkskurve. ◇ *The missile veered off course.* Die Rakete kam vom Kurs ab. ◇ (*fig*) *His emotions veered between fear and anger.* Seine Gefühle schwankten zwischen Angst und Zorn. **2** (*Wind*) (sich) drehen

veg /vedʒ/ *Nomen*, *Verb*

▸ ***Nomen*** (*Pl* **veg**) (*BrE*, *umgs*) Gemüse ◇ *meat and two veg* Fleisch mit Kartoffeln und Gemüse

▸ ***Verb*** (**-gg-**) PHR V **ˌveg ˈout** (*umgs*) abschalten ◇ *veg out in front of the telly* vor der Glotze hängen

vegan /ˈviːɡən/ *Nomen* Veganer(in)

Vege·bur·ger™ = VEGGIE BURGER

vege·table 0‑ /ˈvedʒtəbl/ *Nomen* **1** Gemüse ◇ *green/root vegetables* Grün-/Wurzelgemüse ◇ *vegetable oil* Pflanzenöl ◇ *vegetable matter* pflanzliche Stoffe **2** (*oft abwert*) = jd, der nur dahinvegetiert

vege·tar·ian /ˌvedʒəˈteəriən; *AmE* -ˈter-/ *Nomen*, *Adj*

▸ ***Nomen*** Vegetarier(in)

▸ ***Adj*** vegetarisch ◇ *Are you vegetarian?* Bist du Vegetarier?

vege·tar·ian·ism /ˌvedʒəˈteəriənɪzəm; *AmE* -ˈter-/ *Nomen* Vegetarismus

vege·tate /ˈvedʒəteɪt/ *Verb* vor sich hin vegetieren

vege·tated /ˈvedʒəteɪtɪd/ *Adj* bewachsen

vege·ta·tion /ˌvedʒəˈteɪʃn/ *Nomen* (*gehoben*) Vegetation

vege·ta·tive /ˈvedʒɪtətɪv; *AmE* -teɪtɪv/ *Adj* vegetativ

veg·gie /ˈvedʒi/ *Nomen*, *Adj* (*umgs*)

▸ ***Nomen*** **1** (*BrE*) Vegetarier(in) **2** (*bes AmE*) Gemüse

▸ ***Adj*** vegetarisch

ˈveggie burger *Nomen* Gemüseburger

vehe·mence /ˈviːəməns/ *Nomen* Heftigkeit

vehe·ment /ˈviːəmənt/ *Adj* (*Adv* **vehe·ment·ly**) (*gehoben*) vehement, heftig, scharf

ve·hicle 0‑ /ˈviːəkl; *AmE auch* ˈviːhɪkl/ *Nomen* **1** Fahrzeug ◇ *motor vehicles* Kraftfahrzeuge **2** Ausdrucksmittel, Medium ◇ *Art may be used as a vehicle for propaganda.* Kunst kann zu Propagandazwecken benutzt werden.

ve·hicu·lar /vəˈhɪkjələ(r); *AmE* viːˈ-/ *Adj* (*gehoben*) Fahrzeug- ◇ *vehicular access* Zufahrt

veil /veɪl/ *Nomen*, *Verb*

▸ ***Nomen*** Schleier (*auch fig*) ◇ *draw a veil over sth* den Schleier des Vergessens über etw breiten IDM **take the ˈveil** (*veraltet*) den Schleier nehmen

▸ ***Verb*** **1** verschleiern **2** (*fig*) verhüllen ◇ *eyes veiled with tears* Augen voller Tränen

veiled /veɪld/ *Adj* **1** verschleiert **2** (*fig*) verhüllt ◇ *a veiled reference* eine versteckte Anspielung

vein /veɪn/ *Nomen* **1** Vene **2** Ader; (*bei Holz*) Maserung ◇ *a vein of gold* eine Goldader **3** [Sing] ~ (**of sth**) Spur (von etw) ◇ *a rich vein of information* eine reiche Informationsquelle **4** Art ◇ *He continued in a similar vein.* Er fuhr auf die gleiche Art fort.

veined /veɪnd/ *Adj* geädert

velar /ˈviːlə(r)/ *Nomen*, *Adj*

▸ ***Nomen*** Velar(laut)

▸ ***Adj*** velar

Vel·cro™ /ˈvelkrəʊ; *AmE* -kroʊ/ *Nomen* Klettband, Klettverschluss

veld /velt/ *Nomen* (*in Südafrika*) Steppe

vel·lum /ˈveləm/ *Nomen* **1** Pergament **2** Velin(papier)

vel·ocity /vəˈlɒsəti; *AmE* vəˈlɑːsə-/ *Nomen* (*Pl* **-ies**) (*Fachspr*) Geschwindigkeit ◇ *gain/lose velocity* schneller/langsamer werden

velo·drome /ˈvelədrəʊm; *AmE* -droʊm/ *Nomen* Radrennbahn

vel·our /vəˈlʊə(r); *AmE* vəˈlʊr/ *Nomen* Velours

vel·vet /ˈvelvɪt/ *Nomen* Samt IDM → IRON

vel·vet·een /ˌvelvəˈtiːn/ *Nomen* Baumwollsamt

vel·vety /ˈvelvəti/ *Adj* samtig

venal /ˈviːnl/ *Adj* (*gehoben*) käuflich, bestechlich

ven·detta /venˈdetə/ *Nomen* **1** Blutrache **2** Hetzkampagne

vend·ing ma·chine /ˈvendɪŋ məʃiːn/ *Nomen* (Verkaufs)automat

vend·or /ˈvendə(r)/ *Nomen* Verkäufer(in) ◇ *street vendors* Straßenhändler

ven·eer /vəˈnɪə(r); *AmE* vəˈnɪr/ *Nomen*, *Verb*

▸ ***Nomen*** **1** Furnier **2** (*gehoben*) (*fig*) Fassade ◇ *She had a veneer of self-confidence.* Nach außen hin war sie selbstbewusst.

▸ ***Verb*** ~ **sth** (**with/in sth**) etw (mit etw) furnieren

ven·er·able /ˈvenərəbl/ *Adj* **1** (*gehoben*) ehrwürdig **2 the Venerable …** (*in der anglikanischen Kirche*) Erzdiakon … **3 the Venerable …** (*in der katholischen Kirche*) … der Ehrwürdige

ven·er·ate /ˈvenəreɪt/ *Verb* (*gehoben*) verehren

ven·er·ation /ˌvenəˈreɪʃn/ *Nomen* Verehrung

ven·ereal /vəˈnɪəriəl; *AmE* vəˈnɪr-/ *Adj* Geschlechts-

veˌnereal diˈsease *Nomen* (*Abk* **VD**) Geschlechtskrankheit

ven·etian blind /vəˌniːʃn ˈblaɪnd/ *Nomen* Jalousie

ven·geance /ˈvendʒəns/ *Nomen* (*gehoben*) Rache ◇ *take vengeance on sb* sich an jdm rächen IDM **with a ˈvengeance** (*umgs*) ◇ *She set to work with a vengeance.* Sie legte sich mächtig ins Zeug. ◇ *Soon the infection came back with a vengeance.* Bald kam die Infektion noch viel stärker zurück. ◇ *After a poor season last year, he's back with a vengeance.* Nach einer schlechten Saison im letzten Jahr spielt er besser als je zuvor.

venge·ful /ˈvendʒfl/ *Adj* (*Adv* **venge·ful·ly** /-fəli/) (*gehoben*) rachsüchtig

ve·nial /ˈviːniəl/ *Adj* (*gehoben*) verzeihlich; (*Sünde*) lässlich

ven·ison /ˈvenɪsn, -nɪzn/ *Nomen* Hirschfleisch, Rehfleisch

Venn dia·gram /ˈven daɪəɡræm/ *Nomen* (MATH) Venndiagramm

venom /ˈvenəm/ *Nomen* **1** Gift **2** (*gehoben*) Gehässigkeit, Boshaftigkeit ◇ *His voice was full of venom.* Seine Stimme war hasserfüllt.

ven·om·ous /ˈvenəməs/ *Adj* **1** giftig **2** (*Adv* **ven·om·ously**) (*gehoben*) gehässig, boshaft

vent /vent/ *Nomen*, *Verb*

▸ ***Nomen*** **1** Öffnung ◇ *air vents* Luftlöcher/Belüftungsschlitze **2** (*Fachspr*) (*bei Vögeln, Fischen etc.*) Kloake **3** (*bei Jacken und Mänteln*) Schlitz IDM **give (full) ˈvent to sth** (*gehoben*) einer Sache freien Lauf lassen; einer Sache Luft machen

▸ ***Verb*** ~ **sth** (**on sb**) (*gehoben*) etw (an jdm) auslassen

ven·ti·late /ˈventɪleɪt/ *Verb* **1** belüften, entlüften **2** (*gehoben*) erörtern, äußern

ven·ti·lation /ˌventɪˈleɪʃn/ *Nomen* Belüftung, Entlüftung ◇ *a ventilation shaft* ein Lüftungsschacht

ven·ti·la·tor /ˈventɪleɪtə(r)/ *Nomen* **1** Lüftung, Ventilator **2** Beatmungsgerät ◇ *He was put on a ventilator.* Er wurde künstlich beatmet.

ven·tricle /ˈventrɪkl/ *Nomen* **1** Ventrikel **2** Herzkammer

ven·trilo·quism /venˈtrɪləkwɪzəm/ *Nomen* Bauchreden

ven·trilo·quist /venˈtrɪləkwɪst/ *Nomen* Bauchredner(in)

ven·ture /ˈventʃə(r)/ *Nomen, Verb*

▸ ***Nomen*** Unternehmung, Unternehmen ◇ *a joint venture* ein Gemeinschaftsunternehmen ◇ *A disastrous business venture lost him thousands.* Bei einem katastrophalen Geschäft hat er Tausende verloren.

▸ ***Verb*** **1** sich wagen **2** (*gehoben*) wagen; (*Frage, Bemerkung*) sich erlauben; (*Vorschlag, Meinung*) zu äußern wagen ◇ *'And if I say no?' she ventured.* „Und wenn ich nein sage?", fragte sie vorsichtig. **3 ~ sth (on sth)** etw (bei etw) riskieren, etw (bei etw) aufs Spiel setzen IDM **nothing 'ventured, nothing 'gained** wer nicht wagt, der nicht gewinnt PHR V **'venture into/on sth** sich in etw/auf etw vorwagen

'venture capital *Nomen* Risikokapital

ven·ture·some /ˈventʃəsəm; *AmE* -tʃərsəm/ *Adj* (*gehoben*) wagemutig

venue /ˈvenjuː/ *Nomen* (Veranstaltungs)ort, Austragungsort

Venus /ˈviːnəs/ *Nomen* Venus → *Beispiele bei* MERKUR

ver·acity /vəˈræsəti/ *Nomen* (*gehoben*) Wahrheit, Richtigkeit, Aufrichtigkeit

ver·anda (*auch* **ver·an·dah**) /vəˈrændə/ *Nomen* (*bes BrE*) Veranda

verb /vɜːb; *AmE* vɜːrb/ *Nomen* Verb → *Siehe auch* PHRASAL VERB

ver·bal /ˈvɜːbl; *AmE* ˈvɜːrbl/ *Adj* (*Adv* **ver·bal·ly** /-bəli/) **1** sprachlich **2** mündlich, verbal ◇ *verbal abuse* Beschimpfungen **3** (LING) verbal, Verbal- ◇ *a verbal noun* ein Verbalsubstantiv

ver·bal·ize (*BrE auch* **-ise**) /ˈvɜːbəlaɪz; *AmE* ˈvɜːrb-/ *Verb* (*gehoben*) in Worte fassen, verbalisieren

ver·ba·tim /vɜːˈbeɪtɪm; *AmE* vɜːrˈ-/ *Adj, Adv* wörtlich, wortwörtlich

ver·bi·age /ˈvɜːbiɪdʒ; *AmE* ˈvɜːrb-/ *Nomen* (*gehoben, abwert*) Wortfülle

ver·bose /vɜːˈbəʊs; *AmE* vɜːrˈboʊs/ *Adj* (*gehoben, abwert*) wortreich, langatmig

ver·bos·ity /vɜːˈbɒsəti; *AmE* vɜːrˈbɑːsə-/ *Nomen* (*gehoben, abwert*) Wortreichtum, Langatmigkeit

ver·dant /ˈvɜːdnt; *AmE* ˈvɜːrdnt/ *Adj* (*gehoben*) (saftig) grün

ver·dict /ˈvɜːdɪkt; *AmE* ˈvɜːrdɪkt/ *Nomen* Urteil ◇ *The jury returned a verdict of guilty.* Die Geschworenen haben auf schuldig erkannt. → *Siehe auch* MAJORITY VERDICT *und* OPEN VERDICT

verge /vɜːdʒ; *AmE* vɜːrdʒ/ *Nomen, Verb*

▸ ***Nomen*** (*BrE*) Bankette, (grasbewachsener) Seitenstreifen ◇ *a grass verge* ein Grünstreifen IDM **on/to the verge of sth** am Rande von etw ◇ *He was on the verge of tears.* Er war den Tränen nahe. **on/to the verge of doing sth** kurz davor, etw zu tun ◇ *These events left her on the verge of having a nervous breakdown.* Diese Ereignisse haben sie an den Rand eines Nervenzusammenbruchs getrieben.

▸ ***Verb*** PHR V **'verge on sth** an etw grenzen

ver·ger /ˈvɜːdʒə(r); *AmE* ˈvɜːrdʒər/ *Nomen* (*bes BrE*) Küster(in)

veri·fi·able /ˈverɪfaɪəbl/ *Adj* nachweisbar

veri·fi·ca·tion /ˌverɪfɪˈkeɪʃn/ *Nomen* **1** Nachprüfung **2** Nachweis, Bestätigung

ver·ify /ˈverɪfaɪ/ *Verb* (**-fies, -fy·ing, -fied, -fied**) **1** nachprüfen **2** nachweisen, bestätigen

ver·ily /ˈverɪli/ *Adv* (*veraltet*) wahrlich

veri·sim·ili·tude /ˌverɪsɪˈmɪlɪtjuːd; *AmE* -tuːd/ *Nomen* (*gehoben*) Wahrheitsgehalt, Echtheit ◇ *To add verisimilitude, the stage is covered with sand for the desert scenes.* Um die Wüstenszenen realistischer zu machen, wird die Bühne mit Sand bedeckt.

ver·it·able /ˈverɪtəbl/ *Adj* [nur vor Nomen] (*gehoben oder hum*) wahr, richtig

ver·ity /ˈverəti/ *Nomen* (*Pl* **-ies**) (*meist im Plural*) (*gehoben*) Wahrheit

ver·mil·ion /vəˈmɪliən; *AmE* vərˈ-/ *Adj* zinnoberrot

ver·min /ˈvɜːmɪn; *AmE* ˈvɜːrmɪn/ *Nomen* [Pl] **1** Schädlinge, Ungeziefer **2** (*abwert*) Pack, Abschaum

ver·mouth /ˈvɜːməθ; *AmE* vərˈmuːθ/ *Nomen* Wermut

ver·nacu·lar /vəˈnækjələ(r); *AmE* vərˈ-/ *Nomen, Adj*

▸ ***Nomen*** **1 the vernacular** [Sing] die Landessprache, die Mundart **2** (*Fachspr*) traditionelle Bauweise

▸ ***Adj*** **1** landessprachlich, mundartlich **2** traditionell

ver·nal /ˈvɜːnl; *AmE* ˈvɜːrnl/ *Adj* [nur vor Nomen] (*gehoben*) Frühlings-, Frühjahrs-

ver·ruca /vəˈruːkə/ *Nomen* (*Pl* **ver·rucas**, *Fachspr* **ver·ru·cae** /-kiː/) (*BrE*) Dornwarze

ver·sa·tile /ˈvɜːsətaɪl; *AmE* ˈvɜːrsətl/ *Adj* vielseitig

ver·sa·til·ity /ˌvɜːsəˈtɪləti; *AmE* ˌvɜːrsəˈ-/ *Nomen* Vielseitigkeit

verse /vɜːs; *AmE* vɜːrs/ *Nomen* **1** Dichtung, Vers ◇ *Most of the play is written in verse.* Der größte Teil des Stückes ist in Versform geschrieben. → *Siehe auch* BLANK VERSE *und* FREE VERSE **2** Strophe, Vers **3 verses** [Pl] (*veraltet*) Gedichte IDM → CHAPTER

versed /vɜːst; *AmE* vɜːrst/ *Adj* **~ in sth** in etw beschlagen, in etw versiert ◇ *He had become well versed in employment law.* Er hatte sich gute Kenntnisse im Arbeitsrecht angeeignet.

ver·si·fi·ca·tion /ˌvɜːsɪfɪˈkeɪʃn; *AmE* ˌvɜːrsɪ-/ *Nomen* (*gehoben*) (Verse)dichten; (*Form*) Versbau

ver·sion /ˈvɜːʃn, ˈvɜːʒn; *AmE* ˈvɜːrʒn/ *Nomen* Version; (*Film, Buch etc.*) Fassung ◇ *the latest version of the Volkswagen Golf* das neueste Modell des VW Golf ◇ *the deluxe/luxury version* die Luxusausführung → *Siehe auch* COVER VERSION

ver·sus /ˈvɜːsəs; *AmE* ˈvɜːrsəs/ *Präp* **1** (*Abk* **v**, **vs**) (SPORT, RECHT) gegen **2** gegenüber ◇ *It's a question of quality versus price.* Es ist eine Frage von Qualität gegenüber Preis.

ver·tebra /ˈvɜːtɪbrə; *AmE* ˈvɜːrt-/ *Nomen* (*Pl* **ver·te·brae** /-breɪ, -briː/) (Rücken)wirbel

ver·te·bral /ˈvɜːtɪbrəl; *AmE* ˈvɜːrt-/ *Adj* Wirbel- ◇ *the vertebral column* die Wirbelsäule

ver·te·brate /ˈvɜːtɪbrət; *AmE* ˈvɜːrt-/ *Nomen, Adj*

▸ ***Nomen*** (*Fachspr*) Wirbeltier

▸ ***Adj*** Wirbel- ◇ *vertebrate evolution* die Evolution der Wirbeltiere

ver·tex /ˈvɜːteks; *AmE* ˈvɜːrteks/ *Nomen* (*Pl* **ver·ti·ces** /ˈvɜːtɪsiːz; *AmE* ˈvɜːrt-/ *oder* **ver·texes**) (*Fachspr*) Scheitel(punkt)

ver·ti·cal /ˈvɜːtɪkl; *AmE* ˈvɜːrt-/ *Adj, Nomen*

▸ ***Adj*** (*Adv* **ver·ti·cal·ly** /-kli/) senkrecht, vertikal ◇ *the vertical axis of the graph* die Y-Achse des Graphs

▸ ***Nomen*** **1** Senkrechte, Vertikale ◇ *The wall is several degrees off the vertical.* Die Mauer ist um mehrere Grade aus dem Lot. **2** Geschäftszweig

ver·tigin·ous /vɜːˈtɪdʒɪnəs; *AmE* vɜːrˈ-/ *Adj* (*gehoben*) schwindelerregend

ver·tigo /ˈvɜːtɪɡəʊ; *AmE* ˈvɜːrtɪɡoʊ/ *Nomen* Schwindel (gefühl)

verve /vɜːv; *AmE* vɜːrv/ *Nomen* (*gehoben*) Schwung

very /ˈveri/ *Adv, Adj*

▸ ***Adv*** (*Abk* **v**) **1 ~ (much)**sehr ◇ *Very few people know that.* Ganz wenige Leute wissen das. ◇ *Thanks very much.* Vielen Dank. ◇ *'Did you expect that?' 'Oh yes, very much so.'* „Hatten Sie das erwartet?" „Oh ja, durchaus." **2** aller- ◇ *Be back by six at the very latest.* Seid allerspätestens um sechs Uhr zurück. ◇ *At last he had his very own room.* Endlich hatte er ein Zimmer ganz für sich. **3 the ~ same** genau der-/die-/dasselbe ◇ *Mario said the very same thing.* Mario sagte genau dasselbe. IDM **very 'well** nun gut; einverstanden

▸ ***Adj*** **1** genau ◇ *Those were her very words.* Das waren genau ihre Worte. **2** (*intensivierend*) ◇ *It happens at the very beginning of the book.* Es passiert ganz am Anfang des Buches. **3** bloß ◇ *The very thought of food made him feel sick.* Beim bloßen Gedanken an Essen wurde ihm übel. IDM → EYE

ˌvery high 'frequency = VHF

ves·icle /ˈvesɪkl/ *Nomen* (BIOL, MED) Bläschen

ves·pers /ˈvespəz; *AmE* -spərz/ *Nomen* [U] (*Gottesdienst*) Vesper

ves·sel /ˈvesl/ *Nomen* **1** (*gehoben*) Schiff **2** Gefäß

vest /vest/ *Nomen, Verb*

▸ ***Nomen*** **1** (*BrE*) Unterhemd ◇ *a string vest* ein Netzunterhemd **2** (*in Zusammensetzungen*) ◇ *a running vest* ein Lauftrikot ◇ *a bulletproof vest* eine kugelsichere Weste **3** (*AmE*) Weste

▸ ***Verb*** PHR V **vest sth in sb/sth; vest sb with sth** (*gehoben*) **1** jdm etw verleihen **2** jdm etw übertragen

ˌvested 'interest *Nomen* persönliches Interesse ◇ *Powerful vested interests are opposing the plan.* Einflussreiche Interessengruppen sind gegen den Plan.

ves·ti·bule /ˈvestɪbjuːl/ *Nomen* (*gehoben*) Vorraum, Foyer

ves·tige /ˈvestɪdʒ/ *Nomen* (*gehoben*) Spur ◇ *There's not a vestige of truth in the rumour.* An dem Gerücht ist kein Fünkchen Wahrheit.

ves·tigial /veˈstɪdʒiəl/ *Adj* (*gehoben*) rudimentär; (*Organe auch*) verkümmert

vest·ment /ˈvestmənt/ *Nomen* (Priester-/Pfarrer)-gewand

ves·try /ˈvestri/ *Nomen* (*Pl* **-ies**) Sakristei

vet /vet/ *Nomen, Verb*

▸ ***Nomen*** **1** (*bes BrE*) (*gehoben* **'veterinary surgeon**; *AmE meist* **vet·er·in·ar·ian**) Tierarzt, -ärztin **2** (*AmE, umgs*) Veteran(in) ◇ *a Vietnam vet* ein Veteran des Vietnamkrieges

▸ ***Verb*** (**-tt-**) (*BrE*) überprüfen → *Siehe auch* POSITIVE VETTING

vet·eran /ˈvetərən/ *Nomen, Adj*

▸ ***Nomen*** Veteran(in)

▸ ***Adj*** [nur vor Nomen] altgedient

ˌveteran 'car *Nomen* (*BrE*) (*vor 1916 gebauter*) Oldtimer

'Veterans Day *Nomen* = Feiertag in den USA am 11. November, an dem der gefallenen Soldaten und anderen Kriegsopfer gedacht wird

vet·er·in·ar·ian /ˌvetərɪˈneəriən; *AmE* -ˈner-/ *Nomen* (*AmE*) = VET

vet·er·in·ary /ˈvetnri, -trənəri; *AmE* -tərəneri/ *Adj* tierärztlich, Tier-, veterinär

'veterinary surgeon *Nomen* (*BrE, gehoben*) = VET

veto /ˈviːtəʊ; *AmE* -toʊ/ *Nomen, Verb*

▸ ***Nomen*** (*Pl* **-oes**) Veto, Vetorecht ◇ *There was a veto on employing new staff.* Es gab einen Einstellungsstopp für neues Personal.

▸ ***Verb*** (**ve·toes, veto·ing, ve·toed, ve·toed**) sein Veto einlegen gegen ◇ *I wanted to go camping but the others quickly vetoed that idea.* Ich wollte zelten, aber die anderen haben die Idee sofort abgelehnt.

vex /veks/ *Verb* (*veraltet oder gehoben*) **1** ärgern **2** bedrücken, bekümmern

vex·ation /vekˈseɪʃn/ *Nomen* (*veraltet oder gehoben*) **1** Verärgerung, Ärger **2** Bekümmertheit **3** Ärgernis, Kummer

vex·atious /vekˈseɪʃəs/ *Adj* (*veraltet oder gehoben*) **1** ärgerlich **2** bedrückend

vexed /vekst/ *Adj* **1** [nur vor Nomen] verzwickt, schwierig **2 ~ (at/with sb/sth)** (*veraltet*) ärgerlich (auf jdn/über etw), verärgert (über jdn/etw), bekümmert (über jdn/etw)

vex·ing /ˈveksɪŋ/ *Adj* **1** lästig **2** verzwickt

VHF /ˌviː eɪtʃ ˈef/ *Kurzform von* **very high frequency** UKW

via /ˈvaɪə, ˈviːə/ *Präp* über, via

via·bil·ity /ˌvaɪəˈbɪləti/ *Nomen* **1** Realisierbarkeit, Durchführbarkeit **2** Lebensfähigkeit

vi·able /ˈvaɪəbl/ *Adj* **1** realisierbar, durchführbar **2** lebensfähig

via·duct /ˈvaɪədʌkt/ *Nomen* Viadukt

vial /ˈvaɪəl/ *Nomen* (*bes AmE*) Fläschchen

vibes /vaɪbz/ *Nomen* [Pl] **1** (*gehoben* **vi·bra·tions** [Pl]) (*auch* **vibe** [Sing]) (*umgs*) Ausstrahlung, Atmosphäre **2** [Pl] (*umgs*) = VIBRAPHONE

vi·brancy /ˈvaɪbrənsi/ *Nomen* **1** Dynamik **2** (*Farben*) Leuchtkraft **3** voller Klang

vi·brant /ˈvaɪbrənt/ *Adj* (*gehoben*) **1** dynamisch, voller Leben **2** (*Farben*) leuchtend, kräftig **3** (*Musik, Ton*) voll, volltönend

vi·bra·phone /ˈvaɪbrəfəʊn; *AmE* -foʊn/ *Nomen* (*umgs* **vibes** [Pl]) Vibrafon

vi·brate /vaɪˈbreɪt; *AmE meist* ˈvaɪbreɪt/ *Verb* vibrieren ◇ *The atmosphere seemed to vibrate with tension.* Die Atmosphäre war zum Zerreißen gespannt.

vi·bra·tion /vaɪˈbreɪʃn/ *Nomen* **1** Vibrieren, Vibration **2 vibrations** [Pl] (*gehoben*) = VIBES

vi·brato /vɪˈbrɑːtəʊ; *AmE* -toʊ/ *Nomen* (*Pl* **-os**) (MUS) Vibrato

vi·bra·tor /vaɪˈbreɪtə(r)/ *Nomen* Vibrator

vicar /ˈvɪkə(r)/ *Nomen* (*bes BrE*) Pfarrer(in)

vic·ar·age /ˈvɪkərɪdʒ/ *Nomen* (*BrE*) Pfarrhaus

vic·ari·ous /vɪˈkeəriəs; *AmE* vaɪˈker-/ *Adj* [nur vor Nomen] (*Adv* **vic·ari·ous·ly**) indirekt, mittelbar

vice /vaɪs/ *Nomen* **1** [U] Sittlichkeitsdelikte, Drogendelikte ◇ *the vice squad* die Sittenpolizei/Drogenfahndung **2** das Böse **3** Laster **4** (*AmE* **vise**) Schraubstock

vice- /vaɪs/ (*in Zusammensetzungen*) Vize-

ˌvice 'chancellor *Nomen* (*einer Universität in GB*) ≈ Präsident(in)

ˌvice-'president *Nomen* (*Abk* **VP**) **1** Vizepräsident(in) **2** (*AmE*) (WIRTSCH) Direktor(in)

vice·roy /ˈvaɪsrɔɪ/ *Nomen* Generalgouverneur, Vizekönig

vice versa /ˌvaɪs ˈvɜːsə, ˌvaɪsi ˈvɜːsə; *AmE* ˈvɜːrsə/ *Adv* umgekehrt

vicin·ity /vəˈsɪnəti/ *Nomen* Umgebung; **in the ~ of** in der Nähe von

vi·cious /ˈvɪʃəs/ *Adj* (*Adv* **vi·cious·ly**) **1** brutal ◇ *She has a vicious temper.* Sie ist sehr jähzornig. **2** (*Tier*) bösartig, bissig **3** boshaft, bösartig **4** (*umgs*) furchtbar

ˌvicious 'circle *Nomen* [Sing] Teufelskreis

vi·cious·ness /ˈvɪʃəsnəs/ *Nomen* Brutalität, Bösartigkeit, Boshaftigkeit

vi·cis·si·tudes /vɪˈsɪsɪtjuːdz; *AmE* -tuːdz/ *Nomen* [Pl] (*gehoben*) Unbeständigkeit, Auf und Ab

vic·tim 0‑ᴡ /ˈvɪktɪm/ *Nomen* Opfer ◇ *cancer victims* Krebskranke ◇ *They were the victims of a cruel hoax.* Sie waren auf einen gemeinen Trick hereingefallen. ◇ *She's a fashion victim.* Sie folgt sklavisch jeder Mode. IDM **fall 'victim (to sth)** (*gehoben*) (einer Sache) zum Opfer fallen

vic·tim·iza·tion (*BrE auch* **-isa·tion**) /ˌvɪktɪmaɪˈzeɪʃn; *AmE* -məˈ-/ *Nomen* Schikanierung, ungerechte Behandlung

vic·tim·ize (*BrE auch* **-ise**) /ˈvɪktɪmaɪz/ *Verb* schikanieren, ungerecht behandeln

vic·tor /ˈvɪktə(r)/ *Nomen* (*gehoben*) Sieger(in)

Vic·tor·ian /vɪkˈtɔːriən/ *Adj, Nomen*
▸ ***Adj*** viktorianisch; (*fig*) prüde, sittenstreng
▸ ***Nomen*** Viktorianer(in)

vic·tori·ous /vɪkˈtɔːriəs/ *Adj* (*Adv* **vic·tori·ous·ly**) ~ (**in sth**) siegreich (bei etw), erfolgreich (bei etw) ◇ *He emerged victorious in the elections.* Er ging als Sieger aus dem Wahlkampf hervor.

vic·tory 0‑ᴡ /ˈvɪktəri/ *Nomen* (*Pl* **-ies**) Sieg ◇ *win a narrow victory over sb* jdn knapp besiegen ◇ *She is confident of victory.* Sie ist siegessicher. IDM **roar, romp, sweep, etc. to victory** einen klaren Sieg erringen ◇ *He swept to victory in the final.* Er ging als klarer Sieger aus dem Finale hervor.

vict·uals /ˈvɪtlz/ *Nomen* [Pl] (*veraltet*) Nahrungsmittel; (*Reise*) Proviant

video 0‑ᴡ /ˈvɪdiəʊ; *AmE* -dioʊ/ *Nomen, Verb*
▸ ***Nomen*** (*Pl* **-os**) **1** Video, Videokassette ◇ *a video shop* eine Videothek **2** (*BrE*)
▸ ***Verb*** (*gehoben* **video·tape**) (auf Video) aufnehmen

ˈvideo camera *Nomen* Videokamera → *Siehe auch* CAMCORDER

video·con·fer·en·cing /ˈvɪdiəʊkɒnfərənsɪŋ; *AmE* -dioʊkɑːn-/ *Nomen* Video-Konferenzschaltung

video diˈsplay terminal = VDT

ˈvideo game *Nomen* Videospiel

ˌvideo ˈnasty *Nomen* (*BrE, umgs*) Gewaltvideo; (*pornografisch*) Sexvideo

video·tape /ˈvɪdiəʊteɪp; *AmE* -dioʊ-/ *Nomen, Verb*
▸ ***Nomen*** Video(band)
▸ ***Verb*** (*gehoben*) = VIDEO

vie /vaɪ/ *Verb* (**vies, vy·ing, vied, vied**) (*gehoben*) wetteifern; ~ **with sb for sth** mit jdm um etw wetteifern ◇ *Fans vied to get closer to the stage.* Fans kämpften darum, näher an die Bühne heranzukommen.

view 0‑ᴡ /vjuː/ *Nomen, Verb*
▸ ***Nomen*** **1** Sicht ◇ *You're blocking my view.* Du versperrst mir die Sicht. ◇ *The sun disappeared from view.* Die Sonne verschwand. ◇ *There was nobody in view.* Es war niemand zu sehen. ◇ *I didn't have a good view of the stage.* Ich konnte die Bühne nicht gut sehen. ◇ *He was shot in full view of the crowd.* Er wurde vor den Augen der Menge erschossen. **2** Aussicht ◇ *a sea view* ein Blick auf das Meer **3** Einblick; (*Foto, Bild etc.*) Ansicht ◇ *The book gives readers an inside view of political life.* Das Buch vermittelt dem Leser einen Einblick ins politische Leben. ◇ *a postcard with views of Paris* eine Postkarte mit Ansichten von Paris **4** ~ (**about/on sth**) Ansicht (über etw), Meinung (über etw) ◇ *We take the view that …* Wir sind der Meinung, dass … ◇ *In my view …* Meiner Ansicht nach … → *Siehe auch* POINT OF VIEW **5** ~ (**of sth**) Einstellung (zu etw) ◇ *He has an optimistic view of life.* Er hat eine optimistische Lebensauffassung. ◇ *the Christian view of the world* die christliche Weltanschauung IDM **have, etc. sth in ˈview** (*gehoben*) etw beabsichtigen **in view of sth** angesichts einer Sache **on ˈview** zu besichtigen **with a view to sth/to doing sth** (*gehoben*) im Hinblick auf etw; mit/in der Absicht etw zu tun ◇ *He's painting the house with a view to selling it.* Er streicht das Haus neu, weil er es verkaufen will. → *Siehe auch* BIRD, DIM, HEAVE *und* LONG
▸ ***Verb*** **1** betrachten, sehen (*auch fig*) ◇ *The eclipse should only be viewed through a special lens.* Die Sonnenfinsternis sollte nur durch eine Spezialbrille betrachtet werden. ◇ *Ten years ago the design was viewed as highly original.* Vor zehn Jahren fand man das Design sehr originell. **2** (*gehoben*) im Fernsehen anschauen ◇ *a viewing audience of six million* sechs Millionen Fernsehzuschauer **3** (*Wohnung etc.*) besichtigen

view·data /ˈvjuːdeɪtə; *AmE auch* -dætə/ *Nomen* Bildschirmtext, Videotext

view·er /ˈvjuːə(r)/ *Nomen* **1** (*TV*) Zuschauer(in) **2** Betrachter(in) **3** Diabetrachter

view·find·er /ˈvjuːfaɪndə(r)/ *Nomen* (FOTO) Sucher

view·point /ˈvjuːpɔɪnt/ *Nomen* **1** ~ (**on sth**) Standpunkt (in Bezug auf etw) ◇ *She has her own viewpoint on this matter.* Sie hat ihre eigene Meinung zu dieser Sache. **2** Blickwinkel

vigil /ˈvɪdʒɪl/ *Nomen* (Nacht)wache ◇ *He kept vigil at her bedside.* Er wachte an ihrem Bett.

vigi·lance /ˈvɪdʒɪləns/ *Nomen* (*gehoben*) Wachsamkeit

vigi·lant /ˈvɪdʒɪlənt/ *Adj* (*Adv* **vigi·lant·ly**) (*gehoben*) wachsam

vigi·lante /ˌvɪdʒɪˈlænti/ *Nomen* = Mitglied einer Selbstschutzgruppe oder einer Bürgerwehr

vi·gnette /vɪnˈjet/ *Nomen* (*gehoben*) **1** (*Literatur*) Skizze **2** (*Druckschrift*) Vignette

vig·or·ous /ˈvɪgərəs/ *Adj* (*Adv* **vig·or·ous·ly**) energisch, heftig, kräftig ◇ *a vigorous supporter of the government* ein leidenschaftlicher Anhänger der Regierung ◇ *vigorous exercise* körperliche Bewegung, bei der man sich richtig anstrengt ◇ *This plant is a vigorous grower.* Diese Pflanze wächst kraftvoll.

vig·our (*AmE* **vigor**) /ˈvɪgə(r)/ *Nomen* Energie, Kraft

Vi·king /ˈvaɪkɪŋ/ *Nomen* Wikinger(in)

vile /vaɪl/ *Adj* (*Adv* **vile·ly** /ˈvaɪlli/) **1** (*umgs*) scheußlich, widerlich, übel **2** (*gehoben*) (*Verhalten*) niederträchtig

vile·ness /ˈvaɪlnəs/ *Nomen* Abscheulichkeit, Niederträchtigkeit

vili·fi·ca·tion /ˌvɪlɪfɪˈkeɪʃn/ *Nomen* Diffamierung, Verleumdung

vil·ify /ˈvɪlɪfaɪ/ *Verb* (**-fies, -fy·ing, -fied, -fied**) diffamieren, verleumden

villa /ˈvɪlə/ *Nomen* **1** Villa **2** (*BrE*) Ferienhaus

vil·lage 0‑ᴡ /ˈvɪlɪdʒ/ *Nomen* Dorf

vil·la·ger /ˈvɪlɪdʒə(r)/ *Nomen* Dorfbewohner(in)

vil·lain /ˈvɪlən/ *Nomen* **1** (*Theater, Film etc.*) Schurke, Schurkin, Bösewicht **2** (*BrE, umgs*) Verbrecher(in) IDM **the ˈvillain of the piece** der Bösewicht

vil·lain·ous /ˈvɪlənəs/ *Adj* (*gehoben*) böse, niederträchtig

vil·lainy /ˈvɪləni/ *Nomen* [U] (*gehoben*) Gemeinheit, Niederträchtigkeit

vil·lein /ˈvɪleɪn/ *Nomen* Leibeigene(r)

vin·di·cate /ˈvɪndɪkeɪt/ *Verb* (*gehoben*) **1** rechtfertigen ◇ *I'm sure that this decision will be fully vindicated.* Ich bin sicher, dass sich diese Entscheidung als richtig erweisen wird. **2** (RECHT) rehabilitieren

vin·di·ca·tion /ˌvɪndɪˈkeɪʃn/ *Nomen* [U/Sing] Rechtfertigung; (RECHT) Rehabilitierung

vin·dic·tive /vɪnˈdɪktɪv/ *Adj* (*Adv* **vin·dic·tive·ly**) fies, rachsüchtig

vin·dic·tive·ness /vɪnˈdɪktɪvnəs/ *Nomen* Boshaftigkeit, Rachsucht

vine /vaɪn/ *Nomen* **1** Weinrebe ◇ *grapes on the vine* Trauben am Weinstock ◇ *vine leaves* Rebenblätter ➔ *Siehe auch* GRAPEVINE **2** Ranke

vin·egar /ˈvɪnɪɡə(r)/ *Nomen* Essig

vine·yard /ˈvɪnjəd; *AmE* -njərd/ *Nomen* Weinberg

vin·tage /ˈvɪntɪdʒ/ *Nomen, Adj*

▸ **Nomen** **1** (*Wein*) Jahrgang **2** Weinlese

▸ **Adj** [nur vor Nomen] **1** (*Wein etc.*) erlesen, edel **2** ausgezeichnet ◇ *The opera is vintage Rossini.* Diese Oper zeigt Rossini auf dem Höhepunkt seines Schaffens. ◇ *2016 was not a vintage year for the movies.* 2016 war kein besonders gutes Filmjahr.

ˌvintage ˈcar *Nomen* (*BrE*) (*zwischen 1919 und 1930 gebauter*) Oldtimer

vint·ner /ˈvɪntnə(r)/ *Nomen* (*gehoben, veraltet*) **1** Weinhändler(in) **2** Winzer(in)

vinyl /ˈvaɪnl/ *Nomen* Vinyl

viol /ˈvaɪəl/ *Nomen* (MUS) Viola

viola /viˈəʊlə; *AmE* viˈoʊ-/ *Nomen* (MUS) Bratsche

vio·late /ˈvaɪəleɪt/ *Verb* **1** (*gehoben*) (*Gesetz, Recht*) verletzen, verstoßen gegen; (*Vertrag, Versprechen*) brechen **2** (*gehoben*) (*Frieden*) stören ◇ *violate sb's privacy* in jds Privatsphäre eindringen **3** (*geweihten Ort*) schänden, entweihen **4** (*gehoben oder veraltet*) (*sexuell*) schänden, vergewaltigen

vio·la·tion /ˌvaɪəˈleɪʃn/ *Nomen* (*von Gesetzen, Rechten*) Verletzung; (*von Verträgen, Versprechen*) Bruch; (*der Ruhe etc.*) Störung; (*sexuell*) Vergewaltigung; (*eines geweihten Ortes*) Schändung ◇ *They were in open violation of the treaty.* Es war klarer Vertragsbruch ihrerseits. ◇ *a violation of the ceasefire agreement* ein Verstoß gegen das Waffenstillstandsabkommen

vio·la·tor /ˈvaɪəleɪtə(r)/ *Nomen* Gesetzesübertreter(in), Schänder

vio·lence 0⁻ /ˈvaɪələns/ *Nomen* **1** Gewalt(tätigkeit) ◇ *crimes of violence* Gewaltverbrechen ◇ *threats of violence* Gewaltandrohung ◇ *domestic violence* Gewalt in der Familie **2** Heftigkeit

vio·lent 0⁻ /ˈvaɪələnt/ *Adj* (*Adv* **vio·lent·ly**) **1** gewalttätig ◇ *violent crime* Gewaltverbrechen ◇ *die/meet with a violent death* eines gewaltsamen Todes sterben ◇ *violent movies* Filme mit vielen Gewaltszenen ◇ *The crowd reacted violently.* Die Menge reagierte mit Gewalt. **2** heftig ◇ *He was violently sick.* Er musste sich heftig übergeben. ◇ *a violent change* eine einschneidende Veränderung ◇ *shudder violently* am ganzen Leibe zittern ◇ *She is violently opposed to the idea.* Sie ist absolut gegen die Idee. **3** (*Farbe*) grell

vio·let /ˈvaɪələt/ *Adj, Nomen*

▸ **Adj** violett

▸ **Nomen** **1** (*Farbe*) Violett **2** (BOT) Veilchen IDM ➔ SHRINK

vio·lin /ˌvaɪəˈlɪn/ *Nomen* Violine, Geige

vio·lin·ist /ˌvaɪəˈlɪnɪst/ *Nomen* Geiger(in)

VIP /ˌviː aɪ ˈpiː/ *Kurzform von* **Very Important Person** Prominente(r) ◇ *get/give sb the VIP treatment* jdn als Ehrengast behandeln

viper /ˈvaɪpə(r)/ *Nomen* **1** Viper ◇ *the common viper* die Kreuzotter **2** (*gehoben*) (*Person*) falsche Schlange

vir·ago /vɪˈrɑːɡəʊ; *AmE* -ɡoʊ/ *Nomen* (*Pl* **-os**) (*abwert*) zänkisches Weib

viral /ˈvaɪrəl/ *Adj* **1** Virus- ◇ *viral infections* Virusinfektionen **2** (COMP) viral ◇ *viral marketing* virales Marketing ◇ *The petition went viral* Die Petition verbreitete sich rasend schnell im Internet.

vir·gin /ˈvɜːdʒɪn; *AmE* ˈvɜːrdʒɪn/ *Nomen, Adj*

▸ **Nomen** **1** Jungfrau ◇ *the (Blessed) Virgin* die Heilige Jungfrau Maria **2** Neuling ◇ *a political virgin* ein politischer Neuling

▸ **Adj** **1** jungfräulich **2** unberührt ◇ *virgin snow* frisch gefallener Schnee

vir·gin·al /ˈvɜːdʒɪnl; *AmE* ˈvɜːrdʒɪ-/ *Adj* jungfräulich

vir·gin·ity /vəˈdʒɪnəti; *AmE* vərˈ-/ *Nomen* Jungfräulichkeit, Unschuld

Virgo /ˈvɜːɡəʊ; *AmE* ˈvɜːrɡoʊ/ *Nomen* (*Pl* **-os**) (*Sternzeichen*) Jungfrau

vir·ile /ˈvɪraɪl; *AmE* -rəl/ *Adj* **1** männlich, potent **2** (*fig*) kraftvoll

vir·il·ity /vəˈrɪləti/ *Nomen* Männlichkeit, Potenz, Stärke (*auch fig*)

vir·olo·gist /vaɪˈrɒlədʒɪst; *AmE* -ˈrɑːlə-/ *Nomen* Virologe, Virologin

vir·ology /vaɪˈrɒlədʒi; *AmE* -ˈrɑːlə-/ *Nomen* Virologie

vir·tual /ˈvɜːtʃuəl; *AmE* ˈvɜːrtʃu-/ *Adj* [nur vor Nomen] **1** ◇ *The company has a virtual monopoly.* Die Firma hat so gut wie ein Monopol. ◇ *She was a virtual stranger to him.* Sie war quasi eine Fremde für ihn. **2** (COMP) virtuell

vir·tu·al·ly 0⁻ /ˈvɜːtʃuəli; *AmE* ˈvɜːrtʃu-/ *Adv* **1** praktisch, nahezu ◇ *virtually certain* so gut wie sicher ◇ *He virtually admitted he was guilty.* Er gab seine Schuld quasi zu. **2** (COMP) virtuell

ˌvirtual reˈality *Nomen* virtuelle Realität

vir·tue /ˈvɜːtʃuː; *AmE* ˈvɜːrtʃuː/ *Nomen* **1** (*gehoben*) Tugendhaftigkeit ◇ *a life of virtue* ein tugendhaftes Leben **2** Tugend **3** Vorteil, Vorzug ◇ *The plan has the virtue of simplicity.* Der Plan hat den Vorteil, dass er recht einfach ist. ◇ *They could see no virtue in discussing it further.* Sie konnten keinen Vorteil darin sehen, die Sache weiter zu besprechen. IDM **by/in virtue of sth** (*gehoben*) aufgrund von etw ◇ *She got the job by virtue of her experience.* Sie bekam die Stelle aufgrund ihrer Erfahrung. **make a ˌvirtue of neˈcessity** aus der Not eine Tugend machen

vir·tu·os·ity /ˌvɜːtʃuˈɒsəti; *AmE* ˌvɜːrtʃuˈɑːsə-/ *Nomen* (*gehoben*) Virtuosität

vir·tu·oso /ˌvɜːtʃuˈəʊsəʊ, -ˈəʊzəʊ; *AmE* ˌvɜːrtʃuˈoʊsoʊ, -ˈoʊzoʊ/ *Nomen, Adj*

▸ **Nomen** (*Pl* **vir·tu·osos** *oder* **vir·tu·osi** /-siː, -ziː/) Virtuose, Virtuosin

▸ **Adj** virtuos

vir·tu·ous /ˈvɜːtʃuəs; *AmE* ˈvɜːrtʃu-/ *Adj* (*Adv* **vir·tu·ous·ly**) **1** (*gehoben*) tugendhaft, rechtschaffen **2** (*abwert oder hum*) selbstzufrieden, selbstgerecht

viru·lence /ˈvɪrələns, ˈvɪrjə-/ *Nomen* Virulenz, Bösartigkeit, Heftigkeit

viru·lent /ˈvɪrələnt, ˈvɪrjə-/ *Adj* (*Adv* **viru·lent·ly**) virulent, bösartig, heftig ◇ *virulent nationalism* fanatischer Nationalismus

virus 0⁻ /ˈvaɪrəs/ *Nomen* Virus

visa /ˈviːzə/ *Nomen* Visum

vis·age /ˈvɪzɪdʒ/ *Nomen* (*gehoben*) Antlitz

vis-à-vis /ˌviːz ɑː ˈviː/ *Präp* (*gehoben*) **1** in Bezug auf, gegenüber **2** im Vergleich zu

vis·cera /ˈvɪsərə/ *Nomen* [Pl] (ANAT) Eingeweide

vis·ceral /ˈvɪsərəl/ *Adj* **1** (*gehoben*) gefühlsmäßig, instinktiv ◇ *She had a visceral dislike of all things foreign.* Sie hatte eine instinktive Abneigung gegenüber allem Fremden. **2** (*Fachspr*) Eingeweide-

vis·cose /ˈvɪskəʊz, -skəʊs; *AmE* -skoʊz, -skoʊs/ *Nomen* (*bes BrE*) Viskose

vis·cos·ity /vɪˈskɒsəti; *AmE* vɪˈskɑːsə-/ *Nomen* (*einer Flüssigkeit*) Zähigkeit

vis·count /ˈvaɪkaʊnt/ *Nomen* (*Adelstitel*) Viscount

vis·count·ess /ˈvaɪkaʊntəs/ *Nomen* (*Adelstitel*) Viscountess

vis·cous /ˈvɪskəs/ *Adj* (TECH) viskos, zähflüssig

vise (*AmE*) = VICE

vishing /ˈvɪʃɪŋ/ *Nomen* Vishing

visi·bil·ity /ˌvɪzəˈbɪləti/ *Nomen* **1** Sicht(weite) ◇ *poor visibility* schlechte Sicht **2** Sichtbarkeit ◇ *the company's visibility in the marketplace* die Präsenz der Firma auf dem Markt

vis·ible /ˈvɪzəbl/ *Adj* **1** sichtbar, erkennbar ◇ *visible to the naked eye* mit bloßem Auge erkennbar **2** (*Adv* **vis·ibly** /-bli/) (offen)sichtlich, merklich ◇ *visibly shocked* sichtlich schockiert ◇ *She made a visible effort to control her anger.* Es war ihr deutlich anzumerken, dass sie ihren Ärger zu unterdrücken versuchte.

vi·sion /ˈvɪʒn/ *Nomen* **1** Sehvermögen ◇ *have good vision* gute Augen haben ◇ *20–20 vision* hundertprozentige Sehkraft ◇ *Cats have good night vision.* Katzen können im Dunkeln gut sehen. ◇ *The couple moved outside her field of vision.* Das Paar verschwand aus ihrem Blickfeld. **2** Weitblick ◇ *a woman of vision* eine Frau mit Weitblick **3** Vorstellung, Fantasiebild ◇ *I had visions of us getting hopelessly lost.* Im Geiste sah ich vor mir, wie wir uns hoffnungslos verirrten. **4** Vision **5 a ~ (of sth)** (*gehoben*) (*fig*) ein Traum (von etw) ◇ *She was a vision of beauty.* Sie war traumhaft schön. **6** (*Fernsehen*) Bild ◇ *We apologize for the temporary loss of vision.* Wir bedauern die kurzfristige Bildstörung.

vi·sion·ary /ˈvɪʒənri; *AmE* -ʒəneri/ *Adj, Nomen*
▸ ***Adj*** visionär
▸ ***Nomen*** (*Pl* **-ies**) Mensch mit Weitblick

visit /ˈvɪzɪt/ *Verb, Nomen*
▸ ***Verb*** **1** besuchen ◇ *She went to visit her.* Sie besuchte sie. ◇ *The Prime Minister is visiting Japan.* Der Premierminister befindet sich auf Staatsbesuch in Japan. ◇ *visit the dentist* zum Zahnarzt gehen **2** auf Besuch sein **3** inspizieren PHR V **ˈvisit sth on/upon sb/sth** (*veraltet*) jdn/etw mit etw heimsuchen **ˈvisit with sb** (*AmE*) mit jdm plaudern
▸ ***Nomen*** **1** Besuch ◇ *a social visit* ein privater Besuch ◇ (*BrE*) *a home visit* ein Hausbesuch ◇ *She was on an exchange visit to France.* Sie war auf einem Schüleraustausch in Frankreich. ◇ *pay a visit to the museum* ins Museum gehen **2 ~ (with sb)** (*AmE, umgs*) Gespräch (mit jdm) ◇ *He had a visit with the President.* Er traf sich mit dem Präsidenten.

vis·it·ation /ˌvɪzɪˈteɪʃn/ *Nomen* **1** [U] (*AmE*) Besuchsrecht **2** (*gehoben*) offizieller Besuch; (*Geist*) Erscheinung; (REL) Heimsuchung

vis·it·ing /ˈvɪzɪtɪŋ/ *Adj* [nur vor Nomen] (*Professor etc.*) Gast-

ˈvisiting card (*BrE*) (*auch* **card**) *Nomen* Visitenkarte

vis·it·or /ˈvɪzɪtə(r)/ *Nomen* Besucher(in), Gast ◇ *We've got visitors coming.* Wir bekommen Besuch. ◇ *She's a frequent visitor to the US.* Sie reist oft in die USA. ◇ *visitors' book* Gästebuch → *Siehe auch* HEALTH VISITOR

visor /ˈvaɪzə(r)/ *Nomen* **1** (*Helm*) Visier **2** (*an Mützen etc.*) Schirm, Schild **3** (*Auto*) Sonnenblende

vista /ˈvɪstə/ *Nomen* (*gehoben*) Aussicht (*auch fig*) ◇ *It opened up whole new vistas for her.* Das hat ihr ganz neue Perspektiven eröffnet.

vis·ual /ˈvɪʒuəl/ *Adj, Nomen*
▸ ***Adj*** (*Adv* **vis·ual·ly** /-əli/) Seh-, optisch ◇ *the visual arts* die darstellenden Künste ◇ *a visual record of her travels* eine Bilddokumentation ihrer Reisen ◇ *visually handicapped/impaired* sehbehindert ◇ *the visual field* das Gesichtsfeld
▸ ***Nomen*** [meist Pl] **1** Anschauungsmaterial **2** Effekt

ˌvisual ˈaid *Nomen* [meist Pl] Anschauungsobjekt

ˌvisual diˈsplay unit = VDU

visu·al·iza·tion (*BrE auch* **-isa·tion**) /ˌvɪʒuəlaɪˈzeɪʃn; *AmE* -ləˈ-/ *Nomen* **1** Vorstellungsvermögen **2** (COMP) Visualisierung

visu·al·ize (*BrE auch* **-ise**) /ˈvɪʒuəlaɪz/ *Verb* **~ sth** sich etw (bildlich) vorstellen

vital /ˈvaɪtl/ *Adj* **1 ~ (for/to sth)** unerlässlich (für etw) ◇ *of vital importance* von existenzieller Bedeutung ◇ *a vital role* eine äußerst wichtige Rolle **2** [nur vor Nomen] lebenswichtig, Lebens- ◇ *vital signs* Lebenszeichen **3** (*gehoben*) vital, aufgeweckt

vi·tal·ity /vaɪˈtæləti/ *Nomen* Energie, Lebendigkeit

vi·tal·ly /ˈvaɪtəli/ *Adv* äußerst

the vi·tals /ðə ˈvaɪtlz/ *Nomen* [Pl] (*veraltet oder hum*) die lebenswichtigen Organe

ˌvital staˈtistics *Nomen* [Pl] **1** Bevölkerungsstatistik **2** (*BrE, umgs*) (*einer Frau*) Maße

vita·min /ˈvɪtəmɪn; *AmE* ˈvaɪ-/ *Nomen* Vitamin

viti·ate /ˈvɪʃieɪt/ *Verb* (*meist passiv*) (*gehoben, selten*) **1** beeinträchtigen, zunichtemachen **2** ungültig machen

viti·cul·ture /ˈvɪtɪkʌltʃə(r), ˈvaɪ-/ *Nomen* (*Fachspr*) Weinbau

vit·ri·ol·ic /ˌvɪtriˈɒlɪk; *AmE* -ˈɑːlɪk/ *Adj* (*gehoben*) beißend, ätzend

vi·tu·pera·tive /vɪˈtjuːpərətɪv; *AmE* vaɪˈtuːpəreɪtɪv/ *Adj* schmähend, Schmäh-, beißend

viv·acious /vɪˈveɪʃəs; *AmE auch* vaɪˈ-/ *Adj* (*Adv* **viv·acious·ly**) lebhaft

viv·acity /vɪˈvæsəti; *AmE auch* vaɪˈ-/ *Nomen* Lebhaftigkeit, Temperament

viva voce /ˌvaɪvə ˈvəʊtʃi; *AmE* ˈvoʊtʃi/ (*BrE auch* **viva**) *Nomen* mündliche Prüfung

vivid /ˈvɪvɪd/ *Adj* **1** (*Adv* **viv·id·ly**) lebhaft ◇ *He gave a vivid account of his life.* Er erzählte anschaulich über sein Leben. ◇ *a vivid imagination* eine blühende Fantasie **2** leuchtend ◇ *vivid blue* strahlend blau

viv·id·ness /ˈvɪvɪdnəs/ *Nomen* Lebhaftigkeit, Anschaulichkeit

vivi·sec·tion /ˌvɪvɪˈsekʃn/ *Nomen* Vivisektion

vixen /ˈvɪksn/ *Nomen* Füchsin

viz. /vɪz/ *Adv* (*bes BrE, gehoben*) nämlich

viz·ier /vɪˈzɪə(r); *AmE* vɪˈzɪr/ *Nomen* Wesir

VLE /ˌviː el ˈiː/ *Kurzform von* **ˌvirtual ˈlearning environment** virtuelle Lernumgebung

ˈV-neck *Nomen* (Pullover mit) V-Ausschnitt

ˈV-necked *Adj* mit V-Ausschnitt

vo·cabu·lary /vəˈkæbjələri; *AmE* -leri/ *Nomen* (*Pl* **-ies**) **1** Wortschatz ◇ *The word 'impossible' is not in his vocabulary.* Das Wort „unmöglich" existiert für ihn nicht. **2** Vokabular, (Fach)sprache **3** (*umgs* **vocab** /ˈvəʊkæb; *AmE* ˈvoʊ-/) Vokabelverzeichnis

vocal /ˈvəʊkl; *AmE* ˈvoʊ-/ *Adj, Nomen*
▸ ***Adj*** (*Adv* **vo·cal·ly** /-kəli/) **1** [nur vor Nomen] stimmlich, Stimm- ◇ *vocal music* Gesang **2** lautstark ◇ *He has been very vocal in his criticism of her.* Er hat sie lautstark kritisiert.
▸ ***Nomen*** [meist Pl] Gesang ◇ *backing vocals* Backgroundsänger ◇ *Armstrong himself is on vocals.* Armstrong singt hier selbst.

ˈvocal cords *Nomen* [Pl] Stimmbänder

vo·cal·ist /ˈvəʊkəlɪst; *AmE* ˈvoʊ-/ *Nomen* Sänger(in) ◇ *a backing vocalist* ein(e) Backgroundsänger(in)

vo·cal·iza·tion (*BrE auch* **-isa·tion**) /ˌvəʊkəlaɪˈzeɪʃn; *AmE* ˌvoʊkələˈ-/ *Nomen* (*gehoben*) **1** Laut **2** Vokalisierung

vo·ca·tion /vəʊˈkeɪʃn; *AmE* voʊˈ-/ *Nomen* Berufung ◇ *She is a doctor with a strong sense of vocation.* Sie ist Ärztin aus Berufung. ◇ *He has a vocation for teaching.* Er ist zum Lehrer berufen. ◇ *find your true vocation in life* seine wahre Lebensaufgabe finden ◇ *You missed your vocation.* Du bist im falschen Beruf.

vo·ca·tion·al /vəʊˈkeɪʃənl; *AmE* voʊˈ-/ *Adj* beruflich, Berufs-

vo·cif·er·ous /vəˈsɪfərəs; *AmE* voʊˈ-/ *Adj* (*Adv* **vo·cif·er·ous·ly**) (*gehoben*) lautstark

vodka /ˈvɒdkə; *AmE* ˈvɑːd-/ *Nomen* Wodka

vogue /vəʊg; *AmE* voʊg/ *Nomen* Mode, Trend ◇ *This novel had a great vogue ten years ago.* Dieser Roman war vor zehn Jahren sehr populär.

voice /vɔɪs/ *Nomen, Verb*

▸ **Nomen** **1** Stimme (*auch fig*) ◇ *a good singing voice* eine schöne Stimme ◇ *be in good voice* gut bei Stimme sein ◇ *speak in a soft voice* leise sprechen ◇ *Keep your voice down.* Sprich leise. ◇ *Don't take that tone of voice with me!* Sprich nicht in diesem Ton mit mir! ◇ *When did his voice break?* Wann ist er in den Stimmbruch gekommen? **2** [Sing] ~ (**in sth**) Mitspracherecht (bei etw) **3** [Sing] (LING) Genus verbi ◇ *the active/passive voice* das Aktiv/Passiv **4** (*Phonetik*) Stimmhaftigkeit IDM **give voice to sth** einer Sache Ausdruck verleihen **make your ˈvoice heard** sich Gehör verschaffen **with ˌone ˈvoice** einstimmig ◇ *The parties speak with one voice on this issue.* Die Parteien sind bezüglich dieser Frage einer Meinung. → *Siehe auch* FIND, SOUND *und* TOP

▸ **Verb** **1** zum Ausdruck bringen ◇ *voice complaints* sich beschweren ◇ *voice objections* Einwände vorbringen ◇ *Some parents have voiced concern about safety.* Manche Eltern haben Befürchtungen wegen der Sicherheit geäußert. **2** stimmhaft aussprechen ◇ *voiced consonants* stimmhafte Konsonanten

ˈvoice box *Nomen* Kehlkopf

voiced /vɔɪst/ *Adj* **1** (*Phonetik*) stimmhaft **2** **-voiced** (*in Zusammensetzungen*) ◇ *low-voiced* mit tiefer Stimme ◇ *squeaky-voiced* mit einer Piepsstimme

voice·less /ˈvɔɪsləs/ *Adj* (*Phonetik*) stimmlos

voice·mail /ˈvɔɪsmeɪl/ *Nomen* Voicemail

ˈvoice-over *Nomen* Filmkommentar, Offstimme

void /vɔɪd/ *Nomen, Adj, Verb*

▸ **Nomen** (*gehoben*) Leere, Nichts ◇ (*fig*) *the void left by his mother's death* die schmerzliche Lücke, die der Tod seiner Mutter hinterlassen hatte

▸ **Adj** **1** (*gehoben*) leer; ~ **of sth** frei von etw, ohne etw ◇ *The sky was void of stars.* Der Himmel war völlig sternenlos. **2** (RECHT) ungültig, nichtig **3** (*gehoben*) leer IDM → NULL

▸ **Verb** **1** (RECHT) für ungültig erklären **2** (*gehoben*) (*Blase, Darm*) entleeren

voile /vɔɪl/ *Nomen* (*Stoff*) Voile

VoIP /vɔɪp/ *Nomen* VoIP, Voice over IP

vol. *Abk* = VOLUME

vola·tile /ˈvɒlətaɪl; *AmE* ˈvɑːlətl/ *Adj* **1** wechselhaft, unbeständig ◇ *She is a very volatile person.* Sie ist sehr unberechenbar. **2** (*Situation*) brisant **3** (*Fachspr*) flüchtig; (*Öl*) ätherisch

vola·til·ity /ˌvɒləˈtɪləti; *AmE* ˌvɑːləˈ-/ *Nomen* **1** Unbeständigkeit **2** Brisanz **3** (*Fachspr*) Flüchtigkeit

vol-au-vent /ˈvɒl ə vɒ̃; *AmE* ˌvɔːl oʊ ˈvɑ̃ː/ *Nomen* Pastetchen

vol·can·ic /vɒlˈkænɪk; *AmE* vɑːlˈ-/ *Adj* vulkanisch, Vulkan-

vol·cano /vɒlˈkeɪnəʊ; *AmE* vɑːlˈkeɪnoʊ/ *Nomen* (*Pl* **-oes** *oder* **-os**) Vulkan

vole /vəʊl; *AmE* voʊl/ *Nomen* Wühlmaus → *Siehe auch* WATER VOLE

vol·ition /vəˈlɪʃn; *AmE auch* voʊˈ-/ *Nomen* (*gehoben*) Wille ◇ *of your own volition* aus freiem Willen

vol·ley /ˈvɒli; *AmE* ˈvɑːli/ *Nomen, Verb*

▸ **Nomen** **1** (*Sport*) Volley **2** (Schuss)salve; (*Stein-*) Hagel **3** (*von Fragen etc.*) Flut

▸ **Verb** (*Tennis*) einen Ball als Volley spielen; (*Fußball*) einen Ball volley nehmen/schießen

vol·ley·ball /ˈvɒlibɔːl; *AmE* ˈvɑːli-/ *Nomen* Volleyball

volt /vəʊlt, vɒlt; *AmE* voʊlt/ *Nomen* (*Abk* **V**) Volt

volt·age /ˈvəʊltɪdʒ; *AmE* ˈvoʊl-/ *Nomen* Spannung

volte-face /ˌvɒlt ˈfɑːs; *AmE* ˌvɔːlt/ *Nomen* [Sing] (*gehoben*) Kehrtwendung

volt·meter /ˈvəʊltmiːtə(r); *AmE* ˈvoʊlt-/ *Nomen* Voltmeter

vol·uble /ˈvɒljʊbl; *AmE* ˈvɑːljəbl/ *Adj* (*gehoben*) (*Adv* **vol·ubly** /-bli/) **1** redselig ◇ *She was very voluble on the subject.* Sie hatte dazu viel zu sagen. **2** (*Protest etc.*) wortreich

vol·ume /ˈvɒljuːm; *AmE* ˈvɑːl-, -jəm/ *Nomen* **1** Volumen ◇ *jars of different volumes* verschieden große Gläser ◇ *double in volume* sich verdoppeln **2** (*fig*) Menge, Ausmaß ◇ *the sheer volume of business* der gewaltige Umsatz ◇ *the increased volume of traffic* das steigende Verkehrsaufkommen ◇ *sales volumes* Verkaufszahlen **3** Lautstärke ◇ *Please turn the volume down!* Stell das bitte leiser! **4** (*Abk* **vol.**) Band **5** (*gehoben*) Buch, Band IDM → SPEAK

vo·lu·min·ous /vəˈluːmɪnəs/ *Adj* (*gehoben*) **1** (*Rock etc.*) weit **2** (*Text etc.*) umfangreich **3** (*Behälter etc.*) voluminös

vol·un·tary /ˈvɒləntri; *AmE* ˈvɑːlənteri/ *Adj, Nomen*

▸ **Adj** (*Adv* **vol·untar·ily** /ˈvɒləntrəli; *AmE* ˌvɑːlənˈterəli/) **1** freiwillig (*BrE*) ◇ *He took voluntary redundancy.* Er kündigte selbst und erhielt eine Abfindung. **2** (*Arbeit*) ehrenamtlich, unentgeltlich ◇ *She works on a voluntary basis.* Sie arbeitet ehrenamtlich. ◇ *the voluntary sector* karitative Einrichtungen **3** (*Fachspr*) (*Bewegung, Muskeln*) willkürlich

▸ **Nomen** (MUS) (Orgel)solo

vol·un·teer /ˌvɒlənˈtɪə(r); *AmE* ˌvɑːlənˈtɪr/ *Nomen, Verb*

▸ **Nomen** Freiwillige(r) ◇ *volunteer helpers* freiwillige Helfer ◇ *No volunteers came forward.* Niemand meldete sich freiwillig.

▸ **Verb** **1** ~ (**for/as sth**) sich freiwillig (für/zu/als etw) melden, sich (für/als etw) zur Verfügung stellen ◇ *officers who volunteer for 12 years* Offiziere, die sich für 12 Jahre verpflichten ◇ *Jill volunteered to pick him up.* Jill erklärte sich bereit ihn abzuholen. ◇ *volunteer for redundancy* sich abfinden lassen **2** anbieten, zur Verfügung stellen ◇ *He volunteered his services as a driver.* Er bot seine Dienste als Fahrer an. ◇ *volunteer advice* Ratschläge erteilen ◇ *volunteer information* Informationen geben **3** ~ **sb** jds Dienste anbieten ◇ *She had volunteered me to act as driver.* Sie hatte meine Dienste als Fahrer angeboten.

vo·lup·tu·ous /vəˈlʌptʃuəs/ *Adj* (*Adv* **vo·lup·tu·ous·ly**) (*gehoben*) **1** üppig ◇ *her voluptuous mouth* ihre vollen Lippen **2** sinnlich

vo·lup·tu·ous·ness /vəˈlʌptʃuəsnəs/ *Nomen* Üppigkeit, Sinnlichkeit

vomit /ˈvɒmɪt; *AmE* ˈvɑːmɪt/ *Verb, Nomen*

▸ **Verb** **1** sich erbrechen **2** ~ **sth** (**up**) etw erbrechen

▸ **Nomen** Erbrochenes

voo·doo /ˈvuːduː/ *Nomen* Wodu

vor·acious /vəˈreɪʃəs/ *Adj* (*Adv* **vor·acious·ly**) (*gehoben*) **1** gefräßig ◇ *have a voracious appetite* einen Riesenappetit haben **2** (*fig*) unersättlich ◇ *She's a voracious reader.* Sie verschlingt Bücher geradezu.

vor·tex /ˈvɔːteks; *AmE* ˈvɔːrteks/ *Nomen* (*Pl* **vor·texes** *oder* **vor·ti·ces** /ˈvɔːtɪsiːz; *AmE* ˈvɔːrt-/) Wirbel, Strudel (*auch fig*) ◇ *a whirling vortex of emotion* ein Rausch der Gefühle

vote /vəʊt; *AmE* voʊt/ *Nomen*, *Verb*

▸ ***Nomen*** **1** Stimme ◇ *cast your vote* seine Stimme abgeben ◇ *The motion was passed by 6 votes to 3.* Der Antrag wurde mit 6 zu 3 Stimmen angenommen. **2 ~ (on sth)** Abstimmung (über etw) ◇ *have/take a vote on an issue* über eine Sache abstimmen ◇ *The issue was put to the vote.* Man ließ über die Sache abstimmen. **3 the vote** [Sing] die Stimmen ◇ *The party increased their share of the vote.* Die Partei konnte ihren Stimmenanteil erhöhen. ◇ *the Conservative vote* die Stimmen für die Konservativen ◇ *elected by popular vote* vom Volk gewählt **4 the vote** das Wahlrecht ◇ *People get the vote at 18.* Man darf ab 18 wählen.

▸ ***Verb*** **1** wählen ◇ *We voted Democrat.* Wir wählten die Demokraten. ◇ *Only about half of the electorate bothered to vote.* Nur etwa die Hälfte der Wählerschaft ging zur Wahl. ◇ *Parliament voted to set up an inquiry.* Das Parlament beschloss, eine Untersuchung anzuordnen. **2 ~ (for/against sb/sth)** (für/gegen jdn/etw) stimmen **3 ~ (on sth)** (über etw) abstimmen **4 ~ sb sth** (*meist passiv*) jdn zu etw wählen **5 ~ sth sth** (*meist passiv*) etw zu etw erklären ◇ *The event was voted a great success.* Die Veranstaltung wurde zu einem großen Erfolg erklärt. **6 ~ sb sth** jdm etw (durch Abstimmung) bewilligen ◇ *The directors have voted themselves a pay increase.* Die Direktoren haben sich eine Gehaltserhöhung bewilligt. **7** vorschlagen ◇ *I vote (that) we go out to eat.* Ich bin dafür, dass wir in ein Lokal gehen. IDM ˌ**vote with your ˈfeet** mit den Füßen abstimmen ◇ *Shoppers voted with their feet and avoided the store.* Die Verbraucher brachten ihre Meinung dadurch zum Ausdruck, dass sie das Geschäft boykottierten. PHR V ˌ**vote sb/sth ˈdown** jdn/etw niederstimmen ˌ**vote sb ˈin** jdn wählen ˌ**vote sb ˈinto/ˈonto sth** jdn in/zu etw wählen ◇ *She was voted onto the board of governors.* Sie wurde in den Vorstand gewählt. ˌ**vote sb ˈout (of sth)**; ˌ**vote sb ˈoff (sth)** jdn abwählen ◇ *He was voted out of office.* Er wurde abgewählt. ˌ**vote sth ˈthrough** für etw stimmen ◇ *The proposal was voted through yesterday.* Der Antrag wurde gestern angenommen.

ˌ**vote of ˈconfidence** *Nomen* Vertrauensvotum

ˌ**vote of ˌno ˈconfidence** *Nomen* Misstrauensvotum

ˌ**vote of ˈthanks** *Nomen* Dank(esrede)

voter /ˈvəʊtə(r); *AmE* ˈvoʊ-/ *Nomen* Wähler(in) ◇ *60% of eligible voters* 60% der Wahlberechtigten

vot·ing /ˈvəʊtɪŋ; *AmE* ˈvoʊ-/ *Nomen* [U] Wahl ◇ *the first round of voting* die erste Wahlrunde ◇ *Voting will take place on May 1.* Die Wahlen finden am 1. Mai statt. ◇ *tactical voting* taktisches Wahlverhalten ◇ *be of voting age* im Wahlalter sein

ˈ**voting booth** *Nomen* (*bes AmE*) Wahlkabine

vouch /vaʊtʃ/ *Verb* PHR V ˈ**vouch for sb/sth** sich für jdn/etw verbürgen, für jdn/etw bürgen ˈ**vouch for sth** sich für etw verbürgen

vouch·er /ˈvaʊtʃə(r)/ *Nomen* (*BrE*) Gutschein

vouch·safe /ˌvaʊtʃˈseɪf/ *Verb* **~ sth (to sb)** (*veraltet oder gehoben*) **1** (jdm) etw gewähren **2** jdm etw anvertrauen

vow /vaʊ/ *Nomen*, *Verb*

▸ ***Nomen*** Gelübde, Gelöbnis

▸ ***Verb*** geloben, schwören

vowel /ˈvaʊəl/ *Nomen* Vokal

voy·age /ˈvɔɪɪdʒ/ *Nomen*, *Verb*

▸ ***Nomen*** (See)reise ◇ *a voyage in space* ein Raumflug ◇ *on its maiden voyage* auf der Jungfernfahrt

▸ ***Verb*** (*gehoben*) reisen, fliegen

voy·ager /ˈvɔɪɪdʒə(r)/ *Nomen* (*veraltet oder gehoben*) (See)reisende(r)

voy·eur /vwaɪˈɜː(r), vɔɪˈ-/ *Nomen* (*abwert*) Voyeur(in)

voy·eur·ism /vwaɪˈɜːrɪzəm, vɔɪˈ-/ *Nomen* Voyeurismus

voy·eur·is·tic /ˌvwaɪəˈrɪstɪk, ˌvɔɪ-/ *Adj* voyeuristisch

VP /ˌviː ˈpiː/ *Abk* = VICE-PRESIDENT

vs *Abk* (*bes AmE*) = VERSUS

ˈ**V-sign** *Nomen* **1** Victoryzeichen **2** =Leck-mich-Geste

vul·can·ized (*BrE auch* **-ised**) /ˈvʌlkənaɪzd/ *Adj* (TECH) vulkanisiert

vul·gar /ˈvʌlɡə(r)/ *Adj* (*Adv* **vul·gar·ly**) **1** geschmacklos, gewöhnlich **2** vulgär, ordinär ◇ *vulgar jokes* dreckige Witze

ˌ**vulgar ˈfraction** *Nomen* (*BrE*) (MATH) gemeiner Bruch

vul·gar·ity /vʌlˈɡærəti/ *Nomen* Geschmacklosigkeit, Vulgarität, ordinäres Benehmen

vul·ner·abil·ity /ˌvʌlnərəˈbɪləti/ *Nomen* Verletzlichkeit; **~ (of sb/sth) (to sth)** Anfälligkeit (von jdm/etw) (für etw) ◇ *their financial vulnerability* ihre schwache Finanzlage ◇ *political vulnerability* politische Verwundbarkeit

vul·ner·able /ˈvʌlnərəbl/ *Adj* **~ (to sth)** anfällig (für etw), verletzlich (für etw) ◇ *be vulnerable to attack* Angriffen schutzlos ausgesetzt sein ◇ *be in a very vulnerable position* in einer äußerst prekären Lage sein ◇ *the most vulnerable members of society* die wehrlosesten Mitglieder der Gesellschaft

vul·ner·ably /ˈvʌlnərəbli/ *Adv* ungeschützt, wehrlos

vul·ture /ˈvʌltʃə(r)/ *Nomen* Geier

vulva /ˈvʌlvə/ *Nomen* (ANAT) Vulva

vy·ing *Form von* VIE

W w

W, w /ˈdʌbljuː/ *Nomen*, *Abk*

▸ ***Nomen*** (*Pl* **Ws, W's, w's**) (*Buchstabe*) W, w → *Beispiele bei* A, A

▸ ***Abk*** **1 W** = WEST *und* WESTERN **2 W** = WATT

wacko /ˈwækəʊ; *AmE* -koʊ/ *Nomen*, *Adj*

▸ ***Nomen*** (*Pl* **-os, -oes**) (*bes AmE, umgs*) Verrückte(r), Durchgeknallte(r)

▸ ***Adj*** (*umgs, abwert*) verrückt

wacky (*auch* **whacky**) /ˈwæki/ *Adj* (**wack·ier, wacki·est**) (*umgs*) ausgeflippt ◇ *wacky humour* schräger Humor

wad /wɒd; *AmE* wɑːd/ *Nomen* **1** Bündel ◇ (*BrE, Slang*) *They had wads of money.* Sie hatten jede Menge Geld. **2** Bausch

wad·ding /ˈwɒdɪŋ; *AmE* ˈwɑːdɪŋ/ *Nomen* [U] Wattierung, Polsterung

wad·dle /ˈwɒdl; *AmE* ˈwɑːdl/ *Verb*, *Nomen*

▸ ***Verb*** watscheln

▸ ***Nomen*** Watscheln ◇ *walk with a waddle* einen watschelnden Gang haben

wade /weɪd/ *Verb* **1** waten **2** (*AmE*) mit nackten Füßen ins Wasser gehen PHR V ˌ**wade ˈin** (*umgs*) sich einmischen ˌ**wade ˈinto sb** (*umgs*) über jdn herfallen ˌ**wade ˈinto sth** (*umgs*) sich in etw einmischen ◇ *The police* *waded into the crowd with batons.* Die Polizei ging mit Schlagstöcken auf die Menge los. ˌ**wade 'through sth** (*kein Passiv*) sich durch etw arbeiten

wader /ˈweɪdə(r)/ *Nomen* **1** (*auch* ˈ**wading bird**) Watvogel **2 waders** [Pl] Watstiefel

wadi /ˈwɒdi; *AmE* ˈwɑːdi/ *Nomen* Wadi

ˈ**wading pool** *Nomen* (*AmE*) Planschbecken

wafer /ˈweɪfə(r)/ *Nomen* **1** Waffel **2** (*für Kommunion*) Oblate **3** sehr dünne Scheibe **4** (ELEK) Wafer

ˌ**wafer-ˈthin** *Adj* hauchdünn

waf·fle /ˈwɒfl; *AmE* ˈwɑːfl/ *Nomen, Verb*

▸ ***Nomen*** **1** Waffel **2** (*BrE, umgs*) Geschwafel

▸ ***Verb*** ~ (**on**) (*BrE, umgs, abwert*) schwafeln

waft /wɒft; *AmE* wɑːft, wæft/ *Verb, Nomen*

▸ ***Verb*** wehen, getragen werden ◇ *Delicious smells wafted up from the kitchen.* Köstliche Gerüche zogen aus der Küche herauf.

▸ ***Nomen*** (*gehoben*) Hauch

wag /wæg/ *Verb, Nomen*

▸ ***Verb*** (**-gg-**) wedeln (mit) ◇ *wag your head* mit dem Kopf schütteln ◇ *She wagged her finger at me.* Sie drohte mir mit dem Finger. **IDM** → TAIL *und* TONGUE

▸ ***Nomen*** **1** (*bes BrE, veraltet*) Witzbold **2** Wedeln, Schütteln ◇ *with a wag of the finger* mit drohendem Finger

wage /weɪdʒ/ *Nomen, Verb*

▸ ***Nomen*** [Sing] (*auch* **wages** [Pl]) (Wochen)lohn ◇ *people on low wages* Niedriglohnempfänger

▸ ***Verb*** ~ **sth** (**against/on sb/sth**) (*Krieg, Kampagne*) etw (gegen jdn/etw) führen

waged /weɪdʒd/ *Adj* **1** erwerbstätig **2** bezahlt

ˈ**wage earner** *Nomen* Lohnempfänger(in)

wager /ˈweɪdʒə(r)/ *Nomen, Verb*

▸ ***Nomen*** (*veraltet oder gehoben*) Wette

▸ ***Verb*** (*veraltet oder gehoben*) ~ (**sth**) (**on sth**) (etw) (auf etw) wetten

wag·gle /ˈwægl/ *Verb* wackeln (mit) ◇ *waggle your ears* mit den Ohren wackeln

wagon /ˈwægən/ *Nomen* **1** (*BrE*) Güterwagen **2** (*BrE auch* **wag·gon**) Fuhrwerk **3** (*AmE*) (*Servier-*) Wagen **IDM be/go on the ˈwagon** (*umgs*) keinen Tropfen (mehr) anrühren

ˈ**wagon train** *Nomen* Planwagenkolonne

wag·tail /ˈwægteɪl/ *Nomen* Bachstelze

waif /weɪf/ *Nomen* = verlassenes oder ausgehungertes Kind ◇ *the waifs and strays of our society* die heimatlosen und verwahrlosten Menschen in unserer Gesellschaft

ˈ**waif-like** *Adj* verlassen wirkend, ausgehungert aussehend

wail /weɪl/ *Verb, Nomen*

▸ ***Verb*** **1** heulen, klagen **2** jammern

▸ ***Nomen*** Klagen, Heulen ◇ *a wail of anguish* ein Schrei der Qual ◇ *the distant wail of sirens* das ferne Sirenengeheul

wail·ing /ˈweɪlɪŋ/ *Nomen* [U] Klagen, Gejammer, Geschrei

waist /weɪst/ *Nomen* Taille ◇ *paralysed from the waist down* querschnittgelähmt ◇ *stripped to the waist* mit nacktem Oberkörper

waist·band /ˈweɪstbænd/ *Nomen* (*an Röcken, Hosen*) Bund

waist·coat /ˈweɪskəʊt; *AmE meist* ˈweskət, ˈweɪskoʊt/ *Nomen* (*BrE*) Weste

-waisted /ˈweɪstɪd/ (*in zusammengesetzten Adjektiven*) ◇ *a high-waisted dress* ein Kleid mit hoher Taille ◇ *long-waisted* mit langem Oberkörper

ˌ**waist-ˈhigh** *Adj, Adv* hüfthoch

waist·line /ˈweɪstlaɪn/ *Nomen* Taille(numfang) ◇ *It won't do much for my waistline.* Das ist nicht gut für die schlanke Linie.

wait /weɪt/ *Verb, Nomen*

▸ ***Verb*** **1** ~ (**for sb/sth**) (auf jdn/etw) warten ◇ *I've been waiting (for) an hour.* Ich warte schon seit einer Stunde. ◇ *I waited my chance and slipped out.* Ich wartete eine günstige Gelegenheit ab und schlich mich raus. ◇ *No waiting.* Haltverbot. ◇ *Hurry up! We're waiting to go.* Beeilt euch! Wir wollen gehen. **2 be waiting** bereitstehen, warten ◇ *There's a letter waiting for you at home.* Zu Hause erwartet dich ein Brief. **IDM an acˈcident/a diˌsaster waiting to ˈhappen** ein vorprogrammierter Unfall **I, they, etc. can't ˈwait/can hardly ˈwait** ich etc. kann es kaum erwarten ◇ *They can't wait for Christmas to come.* Sie können Weihnachten kaum erwarten. **keep sb ˈwaiting** jdn warten lassen ˌ**wait and ˈsee** abwarten (und Tee trinken) ◇ *a wait-and-see policy* eine Politik des Abwartens **wait at ˈtable** (*gehoben*) bei Tisch bedienen ˈ**wait for it** **1** (*bes BrE, umgs*) stell dir vor; du wirst es kaum glauben **2** warten Sie (es) ab **wait a minute/moment/second** **1** einen Moment warten **2** Moment mal **wait on sb hand and ˈfoot** (*abwert*) jdn von vorn und hinten bedienen **wait ˈtables** (*AmE*) kellnern **what are we/you ˈwaiting for?** (*umgs*) Worauf warten wir/wartest du noch? **(just) you ˈwait** warte nur → *Siehe auch* WING **PHR V** ˌ**wait aˈbout/aˈround** warten, herumhängen ˌ**wait beˈhind** (*bes BrE*) zurückbleiben ˌ**wait ˈin** (*BrE*) zu Hause bleiben ˈ**wait on sb** jdn bedienen ˈ**wait on sth** (*bes AmE, umgs*) etw abwarten ˌ**wait sth ˈout** das Ende von etw abwarten ˌ**wait ˈup** (*AmE*) langsam ◇ *Wait up — you're walking too fast for me.* Warte auf mich — du läufst zu schnell für mich. ˌ**wait ˈup (for sb)** (wegen jds) aufbleiben

▸ ***Nomen*** Warten, Wartezeit ◇ *We had a long wait for the bus.* Wir mussten lange auf den Bus warten. **IDM** → LIE[1]

wait·er /ˈweɪtə(r)/ *Nomen* Kellner ◇ *Waiter, could I have the bill please?* Herr Ober, zahlen bitte.

ˈ**waiting game** *Nomen* [Sing] Hinhaltetaktik

ˈ**waiting list** *Nomen* Warteliste

ˈ**waiting room** *Nomen* Wartesaal, Wartezimmer

wait·person /ˈweɪtpɜːsn; *AmE* -pɜːrsn/ *Nomen* (*Pl* **-persons**) (*AmE*) Bedienung, Kellner(in)

wait·ress /ˈweɪtrəs/ *Nomen* Kellnerin

wait·staff /ˈweɪtstɑːf; *AmE* -stæf/ *Nomen* [U] (*AmE*) Bedienung

waive /weɪv/ *Verb* verzichten auf ◇ *waive the fees* die Gebühren erlassen

waiver /ˈweɪvə(r)/ *Nomen* (RECHT) Verzicht(erklärung), Erlass

wake /weɪk/ *Verb, Nomen*

▸ ***Verb*** (**woke** /wəʊk; *AmE* woʊk/, **woken** /ˈwəʊkən; *AmE* ˈwoʊ-/) **1** ~ (**up**) aufwachen ◇ (*gehoben*) *She had just woken from a deep sleep.* Sie war gerade aus tiefem Schlaf erwacht. ◇ *What time do you usually wake up in the morning?* Bis wann schlafen Sie normalerweise? **2** ~ **sb** (**up**) jdn (auf)wecken **3** (*gehoben*) (*Erinnerung etc.*) (er)wecken **IDM wake up and smell the coffee** (*umgs*) wach auf und schau den Tatsachen ins Auge **PHR V** ˌ**wake sb ˈup** jdn aufmuntern, jdn wachrütteln ˌ**wake up to sth** sich einer Sache bewusst werden

▸ ***Nomen*** **1** Totenwache **2** Kielwasser **IDM in the wake of sb/sth** unmittelbar nach jdm/etw ◇ *A group of reporters followed in her wake.* Sie hatte eine Gruppe Reporter im Schlepptau. ◇ *The storm left a* *trail of destruction in its wake.* Der Sturm hinterließ eine Spur der Verwüstung.

wake·board /ˈweɪkbɔːd; *AmE* -bɔːrd/ *Verb* Wakeboard fahren

wake·board·ing /ˈweɪkbɔːdɪŋ; *AmE* -bɔːrdɪŋ/ *Nomen* (SPORT) Wakeboarden

wake·ful /ˈweɪkfl/ *Adj* (*gehoben*) **1** wach **2** schlaflos

wake·ful·ness /ˈweɪkflnəs/ *Nomen* Schlaflosigkeit, Wachsein

waken /ˈweɪkən/ *Verb* (*gehoben*) **1** ~ (**up**) aufwachen ◇ *The child had just wakened.* Das Kind war gerade aufgewacht. **2** ~ **sb** (**up**) jdn (auf)wecken **3** (*Erinnerung etc.*) wecken, erwecken

ˈ**wake-up call** *Nomen* **1** Weckruf **2** (*fig*) ◇ *These riots should be a wake-up call for the government.* Diese Ausschreitungen sollten die Regierung wachrütteln.

wakey-wakey /ˌweɪki ˈweɪki/ *Ausruf* (*BrE, umgs, hum*) aufwachen!

wak·ing /ˈweɪkɪŋ/ *Adj, Nomen*

▸ ***Adj*** [nur vor Nomen] (*gehoben*) ◇ *spend every waking moment in the lab* von früh bis spät im Labor sein

▸ ***Nomen*** Wachsein

walk 0‑ᵀ /wɔːk/ *Verb, Nomen*

▸ ***Verb*** **1** laufen, (zu Fuß) gehen ◇ *walk with a limp* hinken ◇ *He walked slowly away from her.* Er entfernte sich langsam von ihr. ◇ *Suddenly Jo walked in.* Plötzlich kam Jo herein. ◇ *within easy walking distance of the station* vom Bahnhof aus leicht zu Fuß zu erreichen **2 go walking** (*bes BrE*) wandern **3** begleiten ◇ *He walked her home.* Er brachte sie nach Hause. **4** (aus)führen ◇ *She walked the horse around the ring.* Sie führte das Pferd in der Manege herum. **5** (*gehoben*) (*Gespenst*) umgehen IDM **run before you can ˈwalk** den zweiten Schritt vor dem ersten tun **walk ˈfree** freigesprochen werden ˈ**walk it** (*umgs*) **1** zu Fuß gehen **2** etw mit links erledigen ◇ *You'll walk it!* Das ist ein Kinderspiel für dich! **walk sb off their ˈfeet** (*umgs*) jdn bis zur Erschöpfung durch die Gegend schleifen **walk off the ˈjob** (*AmE*) die Arbeit niederlegen **walk the ˈplank** über die Planke laufen **walk the ˈstreets** durch die Straßen gehen **walk ˈtall** erhobenen Hauptes gehen ➜ *Siehe auch* AIR, AISLE, LINE, THIN *und* TIGHTROPE PHR V ˌ**walk aˈway (from sb/sth)** (vor jdm/etw) davonlaufen ˌ**walk aˈway with sth** (*umgs*) etw absahnen ˌ**walk ˈin on sb/sth** bei jdm/etw hereinplatzen ˌ**walk ˈinto sb** mit jdm zusammenstoßen ˌ**walk ˈinto sth** **1** gegen etw laufen **2** (*umgs*) (*Falle etc.*) in etw geraten **3** (*umgs*) ◇ *She walked straight into a job.* Ein Job fiel ihr sofort in den Schoß. ˌ**walk ˈoff** (beleidigt) weggehen ˌ**walk sth ˈoff** sich etw ablaufen ◇ *We walked off a heavy lunch.* Wir haben uns das schwere Essen abgelaufen. ˌ**walk ˈoff with sth** (*umgs*) **1** etw absahnen **2** etw einstecken, etw mitgehen lassen ˌ**walk ˈout** **1** (*umgs*) die Arbeit niederlegen **2** (unter Protest) gehen ˌ**walk ˈout of sth** etw (unter Protest) verlassen ˌ**walk ˈout on sb** (*umgs*) jdn sitzen lassen ◇ *How could she walk out on her kids?* Wie konnte sie nur ihre Kinder im Stich lassen? ˌ**walk ˈout on sth** (*umgs*) etw hinschmeißen ˌ**walk (all) ˈover sb** (*umgs*) **1** jdn unterbuttern ◇ *She lets them walk all over her.* Sie lässt sich von ihnen alles gefallen. **2** jdn niedermachen ˌ**walk ˈup (to sb/sth)** (auf jdn/etw) zugehen

▸ ***Nomen*** **1** Spaziergang, Wanderung ◇ *go for a walk* spazieren gehen ◇ *take the dog for a walk* den Hund ausführen ◇ *He set out on the long walk home.* Er machte sich auf den langen Rückmarsch. ◇ *a guided walk* eine Tour mit Führung ◇ *The office is ten minutes' walk from here.* Das Büro ist zehn Minuten zu Fuß von hier. ◇ *It's only a short walk to the beach.* Zum Strand ist es nicht weit zu gehen. **2** Spazierweg, Wanderweg ◇ *a circular walk* ein Rundweg **3** [Sing] Gang ◇ *I recognized him by his walk.* Ich erkannte ihn an seinem Gang. **4** [Sing] Schritt(tempo) **5** (*AmE*) Bürgersteig, Weg IDM **a walk of ˈlife** ◇ *success in any walk of life* Erfolg in jedem Beruf ◇ *people from all walks of life* Leute in allen Lebensbereichen ➜ *Siehe auch* MEMORY LANE

walk·about /ˈwɔːkəbaʊt/ *Nomen* (*BrE*) Bad in der Menge ◇ *go on a walkabout* sich unters Volk mischen

walk·er /ˈwɔːkə(r)/ *Nomen* **1** (*bes BrE*) Spaziergänger(in), Wanderer, Wanderin ◇ *She's a fast/slow walker.* Sie geht schnell/langsam. **2** (*AmE*) Gehbock **3** (*AmE*) = BABY WALKER

walkie-talkie /ˌwɔːki ˈtɔːki/ *Nomen* (*umgs*) Walkie-Talkie

ˈ**walk-in** *Adj* [nur vor Nomen] **1** begehbar **2** ohne Voranmeldung ◇ *a walk-in interview* ein Vorstellungsgespräch, das ohne Voranmeldung stattfindet **3** = bezieht sich auf eine Institution, eine Praxis etc., in der man keine Voranmeldung braucht ◇ *a walk-in clinic* eine Ambulanz

walk·ing 0‑ᵀ /ˈwɔːkɪŋ/ *Nomen, Adj*

▸ ***Nomen*** **1** (*bes BrE*) Spazieren(gehen), Wandern ◇ *go walking* wandern gehen ◇ *walking boots* Wanderschuhe **2** (SPORT) Walking

▸ ***Adj*** [nur vor Nomen] (*umgs*) wandelnd

ˈ**walking papers** *Nomen* [Pl] (*AmE, umgs*) Kündigung

ˈ**walking stick** (*bes BrE* **stick**) *Nomen* Spazierstock, Gehstock

Walk·man™ /ˈwɔːkmən/ *Nomen* (*Pl* **-mans** /-mənz/) Walkman®

ˈ**walk-on** *Adj* Statisten- ◇ *a walk-on part* eine Statistenrolle

walk·out /ˈwɔːkaʊt/ *Nomen* **1** Arbeitsniederlegung, Ausstand **2** = demonstratives Verlassen des Saales

walk·over /ˈwɔːkəʊvə(r); *AmE* -koʊ-/ *Nomen* leichter Sieg

walk-through *Nomen* **1** = Probe ohne Publikum **2** = detaillierte Anleitung (oft mit Videoanimation)

walk-up /ˈwɔːk ʌp/ *Nomen* (*AmE*) **1** = Hochhaus ohne Lift **2** = Büro/Wohnung in einem Hochhaus ohne Lift

walk·way /ˈwɔːkweɪ/ *Nomen* Fußweg, Laufgang

wall 0‑ᵀ /wɔːl/ *Nomen, Verb*

▸ ***Nomen*** **1** (*auch fig*) Mauer **2** Wand **3** (*bei Facebook*) Pinnwand IDM **go to the ˈwall** (*umgs*) pleitegehen **off the ˈwall** (*umgs*) ausgefallen; abgedreht **up the ˈwall** (*umgs*) ◇ *That noise is driving me up the wall.* Der Krach ist zum Verrücktwerden. ◇ *I mustn't be late or Dad will go up the wall.* Ich darf nicht zu spät kommen, sonst geht Papa an die Decke. ˌ**walls have ˈears** die Wände haben Ohren **the ˌwriting on the ˈwall** (*AmE* **the ˌhandwriting on the ˈwall**) die Vorzeichen ◇ *It is amazing that not one of them saw the writing on the wall.* Es ist erstaunlich, dass niemand die Warnsignale erkannt hat. ◇ *The writing is on the wall for them.* Es sieht nicht gut für sie aus. ➜ *Siehe auch* BACK, BRICK, FLY *und* FOUR

▸ ***Verb*** (*meist passiv*) ummauern ◇ *a walled city* eine von Stadtmauern umgebene Stadt PHR V ˌ**wall sth ˈin** (*meist passiv*) etw einmauern, eine Mauer um etw ziehen ˌ**wall sth ˈoff** (*meist passiv*) etw mit einer Mauer abtrennen ˌ**wall sb ˈup** (*meist passiv*) jdn einkerkern, jdn einmauern ˌ**wall sth ˈup** (*meist passiv*) etw zumauern

wal·laby /ˈwɒləbi; *AmE* ˈwɑːlə-/ *Nomen* (*Pl* **-ies**) Wallaby

wal·lah /ˈwɒlə; *AmE* ˈwɑːlə/ *Nomen* (*meist in Zusammensetzungen*) (*oft hum*) -fritze, -hengst ◇ *office wallahs* Bürohengste

wal·let 0-w /ˈwɒlɪt; *AmE* ˈwɑːlɪt/ *Nomen* **1** Brieftasche **2** (*BrE*) Aktenmappe

wall·flower /ˈwɔːlflaʊə(r)/ *Nomen* **1** Goldlack **2** (*umgs*) Mauerblümchen

wall·ing /ˈwɔːlɪŋ/ *Nomen* **1** Mauer(n) ◇ *stone/concrete walling* Stein-/Betonmauern **2** Mauerbau, Mauern

ˌwall-ˈmounted *Adj* Wand-, an die Wand montiert

wal·lop /ˈwɒləp; *AmE* ˈwɑːləp/ *Nomen, Verb*

▸ ***Nomen*** [Sing] (*umgs*) Hieb, Schlag

▸ ***Verb*** (*umgs*) **1** verprügeln, schlagen **2** (SPORT) besiegen, schlagen

wal·low /ˈwɒləʊ; *AmE* ˈwɑːloʊ/ *Verb, Nomen*

▸ ***Verb*** **~ (in sth)** **1** sich (in etw) wälzen, sich (in etw) suhlen **2** (in etw) schwelgen

▸ ***Nomen*** [Sing] (*auch fig*) (Schlamm)bad ◇ *The pigs were having a wallow in the mud.* Die Schweine suhlten sich im Schlamm. ◇ *She likes to have a good wallow in nostalgia.* Sie schwelgt gern in Erinnerungen.

ˈwall painting *Nomen* Wandmalerei, Wandgemälde

wall·paper /ˈwɔːlpeɪpə(r)/ *Nomen, Verb*

▸ ***Nomen*** Tapete ◇ *hang wallpaper* tapezieren

▸ ***Verb*** (*auch* **paper**) tapezieren

ˈWall Street *Nomen* = das US-amerikanische Finanzzentrum und die Börse in New York City

ˌwall-to-ˈwall *Adj* [nur vor Nomen] **1** = den ganzen Fußboden bedeckend ◇ *wall-to-wall carpets/carpeting* Teppichboden **2** (*umgs*) (*fig*) endlos, ununterbrochen ◇ *wall-to-wall TV sports coverage* ununterbrochene Sportberichterstattung im Fernsehen

wally /ˈwɒli; *AmE* ˈwɑːli/ *Nomen* (*Pl* **-ies**) (*BrE, umgs*) Blödmann, Trottel

wal·nut /ˈwɔːlnʌt/ *Nomen* **1** Walnuss **2** (*auch* **ˈwalnut tree**) Walnussbaum **3** Nussbaum(holz)

wal·rus /ˈwɔːlrəs/ *Nomen* Walross

waltz /wɔːls, wɔːlts/ *Nomen, Verb*

▸ ***Nomen*** Walzer

▸ ***Verb*** **1** Walzer tanzen ◇ *He waltzed her around the room.* Er tanzte mit ihr durch das Zimmer. **2** (*umgs*) **~ in** hereinspazieren, antanzen **3 ~ through sth** etw spielend schaffen PHR V **ˌwaltz ˈoff** (*umgs*) abrauschen **ˌwaltz ˈoff with sth/sb** (*umgs*) mit etw/jdm abhauen

WAN /wæn/ (*Pl* **WANs**) *Kurzform von* **wide area network** (COMP) WAN

wan /wɒn; *AmE* wɑːn/ *Adj* (*Adv* **wanly**) (*gehoben*) bleich, fahl, matt

wand /wɒnd; *AmE* wɑːnd/ *Nomen* **1** (*auch* **ˌmagic ˈwand**) Zauberstab **2** Stab ◇ *a mascara wand* eine Maskarabürste

wan·der 0-w /ˈwɒndə(r); *AmE* ˈwɑːn-/ *Verb, Nomen*

▸ ***Verb*** **1** wandern, schlendern **2 ~ away/off** weggehen, sich absetzen **3 ~ from/off sth** sich von etw entfernen **4** (*Gedanken*) (ab)schweifen, wandern **5** (*Blick*) schweifen **6** sich schlängeln, sich winden

▸ ***Nomen*** [Sing] Spaziergang, Bummel

wan·der·er /ˈwɒndərə(r); *AmE* ˈwɑːn-/ *Nomen* (*gehoben*) Wandervogel, Vagabund

wan·der·ings /ˈwɒndərɪŋz; *AmE* ˈwɑːn-/ *Nomen* [Pl] (*gehoben*) Wanderschaft, Streifzüge

wan·der·lust /ˈwɒndəlʌst; *AmE* ˈwɑːndərlʌst/ *Nomen* Reiselust, Fernweh

wane /weɪn/ *Verb, Nomen*

▸ ***Verb*** (*gehoben*) abnehmen, nachlassen IDM → WAX

▸ ***Nomen*** [Sing] IDM **on the ˈwane** (*gehoben*) im Schwinden (begriffen)

wan·gle /ˈwæŋɡl/ *Verb* **1** (*umgs*) organisieren, deichseln; **~ sth** sich etw verschaffen ◇ *He wangled his way onto the course.* Es gelang ihm, sich in den Kurs hineinzumogeln. **2 ~ sth from/out of sb** jdm etw abluchsen

wank /wæŋk/ *Verb, Nomen*

▸ ***Verb*** (*BrE, vulg, Slang*) (*masturbieren*) wichsen

▸ ***Nomen*** (*BrE, vulg, Slang*) (*Masturbation*) ◇ *have a wank* sich einen abwichsen

wank·er /ˈwæŋkə(r)/ *Nomen* (*BrE, vulg, Slang*) Wichser

wanna /ˈwɒnə; *AmE* ˈwɑːnə/ (*Schreibweise, die die umgangssprachliche Aussprache von „want to" oder „want a" wiedergibt*) ◇ *I wanna go home.* Ich will nach Hause. ◇ *Wanna drink?* Willst du was trinken?

wan·nabe /ˈwɒnəbi; *AmE* ˈwɑːn-/ *Nomen* (*umgs, abwert*) Möchtegern

want 0-w /wɒnt; *AmE* wɑːnt/ *Verb, Nomen*

▸ ***Verb*** (*selten in der Verlaufsform*) **1** wollen, mögen, sich wünschen ◇ *Do you want some more tea?* Möchten Sie noch etwas Tee? ◇ *The last thing I wanted was to upset you.* Ich wollte dich ganz bestimmt nicht ärgern. ◇ *The party wants her as leader.* Die Partei will sie zur Vorsitzenden machen. ◇ *We didn't want this to happen.* Das haben wir nicht gewollt. ◇ *I want you to do it as quickly as possible.* Ich will, dass du es so schnell wie möglich erledigst. **2** (*umgs*) brauchen ◇ *What this house wants is a good clean.* Dieses Haus müsste mal gründlich gereinigt werden. ◇ *The plants want watering.* Die Pflanzen müssen gegossen werden. **3** (*meist passiv*) verlangen ◇ *You're wanted on the phone.* Sie werden am Telefon verlangt. **4** (*umgs*) sollen ◇ *If possible, you want to avoid alcohol.* Wenn möglich, sollten Sie Alkohol vermeiden. ◇ *He wants to be more careful.* Er sollte vorsichtiger sein. **5** (*gehoben*) **sb wants sth** jdm fehlt es an etw ◇ *He doesn't want courage.* Es fehlt ihm nicht an Mut. IDM **not want to ˈknow (about sth)** (*umgs*) nichts (von etw) hören/wissen wollen ◇ *I've asked her to come with me, but she doesn't want to know.* Ich hätte gern, dass sie mitkommt, aber sie will nichts davon wissen. **want ˈrid of sb/sth** (*BrE, umgs*) jdn/etw los sein wollen **What do you ˈwant?** Was willst du denn? PHR V **ˈwant for sth** (*besonders in verneinten Sätzen*) (*gehoben*) **sb wants for sth** jdm fehlt es an etw **want sth from/out of sth/sb** etw von etw/jdm wollen **ˌwant ˈin/ˈout** (*bes AmE, umgs*) rein-/rauswollen **ˌwant ˈin (on) (sth)** (*umgs*) (in etw) einsteigen wollen **ˌwant ˈout (of sth)** (*umgs*) (aus etw) aussteigen wollen

▸ ***Nomen*** (*gehoben*) **1** [meist Pl] Bedürfnis, Wunsch **2** [U/Sing] **~ of sth** (*gehoben*) Mangel an etw **3** (*gehoben*) Not IDM **be in want of sth** (*gehoben*) einer Sache bedürfen **for (the) want of sth** aus Mangel an etw; in Ermangelung einer Sache ◇ *We went for a walk for want of something better to do.* Wir gingen spazieren, weil wir nichts Besseres zu tun hatten. **not for (the) want of doing sth** ◇ *If I don't get the job, it won't be for want of trying.* Wenn ich den Job nicht kriege, liegt das jedenfalls nicht daran, dass ich mich nicht bemüht hätte.

ˈwant ads *Nomen* [Pl] (*AmE*) Kleinanzeigen

want·ed /ˈwɒntɪd; *AmE* ˈwɑːn-/ *Adj* (polizeilich) gesucht

want·ing /ˈwɒntɪŋ; *AmE* ˈwɑːn-/ *Adj* [nicht vor Nomen] (*gehoben*) **1** unzulänglich, unzureichend ◇ *The new system was tried and found wanting.* Das neue System hat sich im Test als unzulänglich erwiesen. **2 sb/sth is ~ in sth** jdm/etw mangelt es an etw

wan·ton /ˈwɒntən; *AmE* ˈwɑːn-/ *Adj* (*Adv* **wan·tonly**) (*gehoben*) **1** mutwillig, sträflich **2** (*veraltet, abwert*) liederlich, schamlos

WAP /wæp/ *Kurzform von* **wireless application protocol** WAP ◇ *a WAP phone* ein WAP-Handy

wap·iti /ˈwɒpɪti; *AmE* ˈwɑːp-/ *Nomen* (*Pl* **wap·iti**) Wapiti

war 0‑ʀ /wɔː(r)/ *Nomen* **1** Krieg ◇ *declare war on sb* jdm den Krieg erklären ◇ *the theatre of war* der Kriegsschauplatz **2** (*fig*) Kampf, Krieg ◇ *the class war* der Klassenkampf ◇ *The government has declared war on drug dealers.* Die Regierung hat den Drogenhändlern den Kampf angesagt. IDM **have been in the ˈwars** (*umgs*) ◇ *You look like you've been in the wars — who gave you that black eye?* Du siehst wirklich übel mitgenommen aus — wer hat dir denn das blaue Auge verpasst? **ˌwar of ˈnerves** Nervenkrieg **ˌwar of ˈwords** Wortgefecht → *Siehe auch* FAIR

war·ble /ˈwɔːbl; *AmE* ˈwɔːrbl/ *Verb, Nomen*

▸ ***Verb* 1** (*hum*) quäken ◇ *He warbled his way through the song.* Er sang das Lied mit quäkender Stimme. **2** (*Vogel*) trillern

▸ ***Nomen* 1** Quäken **2** (*Vogel*) Trillern

warb·ler /ˈwɔːblə(r); *AmE* ˈwɔːrblər/ *Nomen* Grasmücke

ˈwar chest *Nomen* Kriegskasse

ˈwar crime *Nomen* Kriegsverbrechen

ˈwar criminal *Nomen* Kriegsverbrecher(in)

ˈwar cry *Nomen* Schlachtruf, Kriegsgeschrei

ward /wɔːd; *AmE* wɔːrd/ *Nomen, Verb*

▸ ***Nomen* 1** Station, Krankensaal **2** (*in GB*) Wahlbezirk **3** (RECHT) Mündel ◇ *The child was made a ward of court.* Das Kind wurde unter Amtsvormundschaft gestellt.

▸ ***Verb*** PHR V **ˌward sb ˈoff** jdn abwehren **ˌward sth ˈoff** etw abwehren, etw abwenden

ˈwar dance *Nomen* Kriegstanz

war·den /ˈwɔːdn; *AmE* ˈwɔːrdn/ *Nomen* **1** Vorsteher(in), Hüter(in) ◇ *the warden of the youth hostel* der Herbergsvater/die Herbergsmutter **2** Direktor(in), Rektor(in) **3** Aufseher(in), Wärter(in)

war·der /ˈwɔːdə(r); *AmE* ˈwɔːrdər/ *Nomen* (*BrE*) Aufseher, Wärter

ward·ress /ˈwɔːdrəs; *AmE* ˈwɔːrdrəs/ *Nomen* Aufseherin, Wärterin

ward·robe /ˈwɔːdrəʊb; *AmE* ˈwɔːrdroʊb/ *Nomen* **1** Kleiderschrank **2** [meist Sing] (*Kleidung*) Garderobe **3** [meist Sing] (Kostüm)fundus

ˈwardrobe mistress *Nomen* Gewandmeisterin

ward·room /ˈwɔːdruːm, -rʊm; *AmE* ˈwɔːrd-/ *Nomen* Offiziersmesse

ward·ship /ˈwɔːdʃɪp; *AmE* ˈwɔːrd-/ *Nomen* [U] (RECHT) Vormundschaft

ware /weə(r); *AmE* wer/ *Nomen* **1** [U] (*meist in Zusammensetzungen*) Erzeugnisse, Ware(n) ◇ *ceramic ware* Keramik ◇ *a collection of local ware* ein Sortiment hiesiger Erzeugnisse **2** [U] (*in Zusammensetzungen*) -geräte, -utensilien, -zubehör ◇ *bathroom ware* Badezimmerutensilien **3 wares** [Pl] (*veraltet*) Ware

ware·house /ˈweəhaʊs; *AmE* ˈwerhaʊs/ *Nomen* Lager(haus)

ware·hous·ing /ˈweəhaʊzɪŋ; *AmE* ˈwerhaʊ-/ *Nomen* Lagerung, Lagerhaltung

war·fare /ˈwɔːfeə(r); *AmE* ˈwɔːrfer/ *Nomen* **1** Krieg(führung) ◇ *naval warfare* Seekriege **2** Kampf, Krieg ◇ *class warfare* Klassenkampf

ˈwar game *Nomen* Kriegsspiel, Planspiel

war·head /ˈwɔːhed; *AmE* ˈwɔːrhed/ *Nomen* Sprengkopf

war·horse /ˈwɔːhɔːs; *AmE* ˈwɔːrhɔːrs/ *Nomen* Schlachtross

wari·ly *Adv* → WARY

wari·ness /ˈweərinəs; *AmE* ˈwer-/ *Nomen* Vorsicht, Argwohn, Misstrauen

war·like /ˈwɔːlaɪk; *AmE* ˈwɔːrlaɪk/ *Adj* (*gehoben*) **1** kriegerisch **2** Kriegs-

war·lock /ˈwɔːlɒk; *AmE* ˈwɔːrlɑːk/ *Nomen* Hexenmeister

war·lord /ˈwɔːlɔːd; *AmE* ˈwɔːrlɔːrd/ *Nomen* (*abwert*) Kriegsherr

warm 0‑ʀ /wɔːm; *AmE* wɔːrm/ *Adj, Verb, Nomen, Adv*

▸ ***Adj* 1** warm ◇ *You'll be as warm as toast in here.* Hier drin wird euch schön warm sein. ◇ *Are you warm enough?* Ist dir warm genug? ◇ *Keep guessing — you're getting warmer.* Rate nur weiter — es wird schon wärmer. **2** herzlich, freundlich

▸ ***Verb* 1** warm werden, sich erwärmen **2 ~ yourself/sb (up)** sich/jdn aufwärmen; **~ sth (up)** etw erwärmen, etw aufwärmen IDM **sth warms the ˈcockles (of sb's ˈheart)** (*BrE*) jdm wird bei etw ganz warm ums Herz → *Siehe auch* DEATH PHR V **ˈwarm to/towards sb** mit jdm warmwerden, sich für jdn erwärmen **ˈwarm to/towards sth** sich für etw erwärmen, sich mit etw anfreunden ◇ *The speaker was now warming to her theme.* Langsam fand sich die Rednerin in ihr Thema hinein. **ˌwarm ˈup 1** sich aufwärmen, sich eintrainieren **2** (*Motor, Maschine etc.*) warm werden **3** (*fig*) in Stimmung kommen, in Schwung kommen **ˌwarm yourself/sb/sth ˈup 1** sich/jdn/etw aufwärmen **2** (*fig*) sich/jdn/etw in Schwung bringen

▸ ***Nomen* the warm** das Warme, die Wärme

▸ ***Adv*** (*umgs*) warm ◇ *Wrap up warm!* Packt euch warm ein.

ˌwarm-ˈblooded *Adj* warmblütig

warm·er /ˈwɔːmə(r); *AmE* ˈwɔːrmər/ *Nomen* (*besonders in Zusammensetzungen*) -wärmer ◇ *a plate warmer* ein Tellerwärmer ◇ *leg warmers* Stulpen

ˌwarm-ˈhearted *Adj* warmherzig

warm·ing /ˈwɔːmɪŋ; *AmE* ˈwɔːrmɪŋ/ *Nomen, Adj*

▸ ***Nomen*** Wärmen, Erwärmung

▸ ***Adj*** wärmend

warm·ly /ˈwɔːmli; *AmE* ˈwɔːrm-/ *Adv* warm; (*empfangen*) herzlich; (*empfehlen*) wärmstens ◇ *The play was warmly received by the critics.* Das Stück wurde von der Kritik lobend aufgenommen.

war·mon·ger /ˈwɔːmʌŋgə(r); *AmE* ˈwɔːrm-/ *Nomen* (*gehoben, abwert*) Kriegstreiber(in), Kriegshetzer(in)

warmth 0‑ʀ /wɔːmθ; *AmE* wɔːrmθ/ *Nomen* **1** Wärme **2** Herzlichkeit ◇ *They were touched by the warmth of the welcome.* Sie waren ganz gerührt über die herzliche Aufnahme.

ˈwarm-up *Nomen* **1** Aufwärmen, Einspielen, Einsingen ◇ *He swam ten lengths of the pool as a warm-up.* Er schwamm zehn Längen, um sich aufzuwärmen. **2** Vorprogramm, Warm-up ◇ *a warm-up act* eine Nummer, die das Publikum in Stimmung bringt

warn 0‑ʀ /wɔːn; *AmE* wɔːrn/ *Verb* **1 ~ (sb) (of sth)** (jdn) (vor etw) warnen; **~ (sb) (about/against sb/sth)** (jdn) (vor jdm/etw) warnen ◇ *I had been warned what to expect.* Man hatte mir vorher gesagt, was mich erwartete. **2** verwarnen PHR V **ˌwarn sb ˈoff (sth) 1** jdn (von etw) verweisen ◇ *The farmer warned us off his land when we tried to camp there.* Der Bauer hat uns fortgejagt, als wir auf seinem Land zelten wollten. **2** jdn (vor etw) warnen, jdm (von etw) abraten

warn·ing 0‑ʀ /ˈwɔːnɪŋ; *AmE* ˈwɔːrnɪŋ/ *Nomen, Adj*

▸ ***Nomen* 1** Warnung, Vorwarnung, Vorankündigung ◇ *Doctors issued a warning against eating the fish.* Die Ärzte haben davor gewarnt, die Fische zu essen. ◇ *They gave us fair warning of their arrival.* Sie haben uns rechtzeitig über ihre Ankunft Bescheid gesagt. **2** Verwarnung

▸ ***Adj*** [nur vor Nomen] warnend, Warn- ◇ *Warning bells* *began to ring when her letters were returned unopened.* Sie wurde stutzig, als ihre Briefe ungeöffnet zurückkamen.

warp /wɔːp; *AmE* wɔːrp/ *Verb, Nomen*
▸ **Verb** (*meist passiv*) **1** sich verbiegen; (*Holz*) sich verziehen **2** entstellen, pervertieren, verfälschen; (*Urteil*) beeinträchtigen
▸ **Nomen the warp** [Sing] (TECH) die Kette, die Kettfäden

war·paint /ˈwɔːpeɪnt; *AmE* ˈwɔːrpeɪnt/ *Nomen* Kriegsbemalung

war·path /ˈwɔːpɑːθ; *AmE* ˈwɔːrpæθ/ *Nomen* IDM **(be/go) on the ˈwarpath** (*umgs*) auf dem Kriegspfad sein; auf den Kriegspfad gehen

warped /wɔːpt; *AmE* wɔːrpt/ *Adj* **1** (*abwert*) pervers, abartig ◇ *a warped sense of humour* ein seltsamer Humor **2** verbogen; (*Holz*) verzogen

war·rant /ˈwɒrənt; *AmE* ˈwɔːrənt/ *Nomen, Verb*
▸ **Nomen 1** richterliche Genehmigung ◇ *an arrest warrant* ein Haftbefehl ◇ *They had a warrant to search the house.* Sie hatten einen Durchsuchungsbefehl. **2** Berechtigungsschein; (*für Dividenden*) Anteilsschein **3** (*gehoben*) (*meist in verneinten Sätzen*) Rechtfertigung ◇ *There is no warrant for such criticism.* Eine solche Kritik ist nicht gerechtfertigt.
▸ **Verb** (*gehoben*) rechtfertigen IDM **I/I'll warrant (you)** (*veraltet*) das garantiere ich

ˈwarrant officer *Nomen* = Rang zwischen Offizier und Unteroffizier in der Armee, der britischen Luftwaffe und der US-Marine

war·ranty /ˈwɒrənti; *AmE* ˈwɔːr-/ *Nomen* (*Pl* **-ies**) Garantie

war·ren /ˈwɒrən; *AmE* ˈwɔːrən/ *Nomen* = RABBIT WARREN

war·ring /ˈwɔːrɪŋ/ *Adj* [nur vor Nomen] sich bekriegend, sich bekämpfend

war·rior /ˈwɒriə(r); *AmE* ˈwɔːr-/ *Nomen* **1** (*gehoben*) Krieger(in) ◇ *a warrior nation* ein kriegerisches Volk **2** (*meist abwert*) (*in Zusammensetzungen*) -kämpfer(in) ◇ *a class warrior* ein(e) Klassenkämpfer(in) ◇ *This laptop is a road warrior's dream.* Dieser Laptop ist ein Traum für alle, die beruflich viel reisen und unterwegs arbeiten möchten. ◇ *weekend warriors* Wochenendsportler ◇ *an eco-warrior* ein(e) Umweltaktivist(in)

war·ship /ˈwɔːʃɪp; *AmE* ˈwɔːrʃɪp/ *Nomen* Kriegsschiff

wart /wɔːt; *AmE* wɔːrt/ *Nomen* Warze IDM **ˌwarts and ˈall** (*umgs*) mit allen Fehlern und Schwächen; ungeschminkt

wart·hog /ˈwɔːthɒg; *AmE* ˈwɔːrthɑːg/ *Nomen* Warzenschwein

war·time /ˈwɔːtaɪm; *AmE* ˈwɔːrtaɪm/ *Nomen* [U] Kriegszeiten ◇ *wartime Germany* Deutschland während des Krieges ◇ *wartime films* während des Krieges gedrehte Filme

ˈwar-torn *Adj* [nur vor Nomen] (*gehoben*) kriegserschüttert

wary /ˈweəri; *AmE* ˈweri/ *Adj* (**wari·er**, **wari·est**) (*Adv* **wari·ly** /-rəli/) ~ (**of sb/sth**) vorsichtig (gegenüber jdm/etw), misstrauisch (gegen jdn/etw); **be ~ of doing sth** Bedenken haben etw zu tun ◇ *Be wary of strangers who offer you a ride.* Hüte dich vor fremden Leuten, die dich im Auto mitnehmen wollen. ◇ *keep a wary eye on sth* ein wachsames Auge auf etwas haben

was *Form von* BE

wasabi /wəˈsɑːbi/ *Nomen* Wasabi

wash 🔑 /wɒʃ; *AmE* wɑːʃ/ *Verb, Nomen*
▸ **Verb 1** waschen; (*Geschirr*) abwaschen, spülen; (*Boden*) aufwischen **2 ~ (yourself)** (*bes BrE*) sich waschen **3** (*Kleidung, Stoff etc.*) sich waschen lassen ◇ *This sweater washes well.* Dieser Pullover lässt sich gut waschen. **4** spülen IDM **wash your dirty linen in ˈpublic** (*BrE, abwert*) seine schmutzige Wäsche in der Öffentlichkeit waschen **wash your ˈhands of sb/sth** mit jdm/etw nichts (mehr) zu tun haben wollen ◇ *I've washed my hands of it.* Ich wasche meine Hände in Unschuld. **sth won't/doesn't ˈwash (with sb)** etw zieht (bei jdm) nicht PHR V **ˌwash sb/sth aˈway** jdn/etw wegspülen, jdn/etw wegschwemmen **ˌwash sth ˈdown (with sth) 1** etw (mit etw) abwaschen **2** etw (mit etw) hinunterspülen **ˌwash ˈoff** abgehen; (*aus Stoff*) herausgehen **ˌwash sth ˈoff (sth)** etw (von etw) abwaschen, etw (aus etw) herauswaschen **ˌwash ˈout** sich auswaschen lassen, herausgehen **ˌwash sth ˈout 1** etw auswaschen, etw ausspülen **2** etw wegen Regens ausfallen lassen, etw wegen Regens abbrechen ◇ *The game was completely washed out.* Das Spiel ist durch den Regen buchstäblich ins Wasser gefallen. **ˌwash ˈover sb 1** (*auch* **ˌwash ˈthrough sb**) (*gehoben*) jdn überkommen **2** jdn gar nicht berühren ◇ *She manages to let criticism just wash over her.* Sie kann Kritik einfach an sich abprallen lassen. **ˌwash ˈup 1** (*BrE*) abwaschen, Geschirr spülen **2** (*AmE*) sich Gesicht und Hände waschen, sich frisch machen **ˌwash sth ˈup 1** (*BrE*) etw abwaschen, etw spülen **2** etw anspülen
▸ **Nomen 1** (*bes BrE*) Waschen, Wäsche ◇ *I'll just have a quick wash.* Ich wasche mich schnell. ◇ *I'm doing a dark wash.* Ich wasche dunkle Sachen. **2 the wash** das Kielwasser, die Brandung **3** Tünche **4** Waschlotion IDM **it will (all) come out in the ˈwash** (*umgs*) **1** die Sonne bringt es an den Tag **2** es wird sich schon wieder alles einrenken

wash·able /ˈwɒʃəbl; *AmE* ˈwɑːʃə-/ *Adj* waschbar, abwaschbar ◇ *machine washable* waschmaschinenfest

wash·bag /ˈwɒʃbæg; *AmE* ˈwɑːʃ-/ *Nomen* (*BrE*) Kulturbeutel

wash·basin /ˈwɒʃbeɪsn; *AmE* ˈwɑːʃ-/ (*bes BrE* **basin**; *AmE auch* **wash·bowl** /-bəʊl; *AmE* -boʊl/) *Nomen* Waschbecken

wash·board /ˈwɒʃbɔːd; *AmE* ˈwɑːʃbɔːrd/ *Nomen* Waschbrett

wash·cloth /ˈwɒʃklɒθ; *AmE* ˈwɑːʃklɔːθ/ *Nomen* (*AmE*) Waschlappen

ˌwashed ˈout *Adj* **1** verwaschen **2** (*Mensch*) ausgelaugt

ˌwashed ˈup *Adj* (*umgs*) kaputt, am Ende

wash·er /ˈwɒʃə(r); *AmE* ˈwɑːʃər/ *Nomen* **1** Unterlegscheibe, Dichtungsring, Dichtungsscheibe **2** (*umgs*) Waschmaschine

wash·ing 🔑 /ˈwɒʃɪŋ; *AmE* ˈwɑːʃɪŋ/ *Nomen* **1** Waschen, Wäsche ◇ *do the washing* die Wäsche waschen **2** (*BrE*) (*Kleidung etc.*) Wäsche

ˈwashing line *Nomen* (*BrE*) Wäscheleine

ˈwashing machine *Nomen* Waschmaschine

ˈwashing powder *Nomen* (*BrE*) Waschpulver

ˌwashing-ˈup *Nomen* (*BrE*) Abwasch

washing-ˈup liquid *Nomen* (*BrE*) Spülmittel

wash·out /ˈwɒʃaʊt; *AmE* ˈwɑːʃaʊt/ *Nomen* (*umgs*) Pleite; (*Mensch*) Niete ◇ *There was torrential rain and the regatta was a total washout.* Es regnete in Strömen, und die Regatta fiel buchstäblich ins Wasser.

wash·room /ˈwɒʃruːm, -rʊm; *AmE* ˈwɑːʃ-/ *Nomen* (*AmE, veraltet*) Toilette, WC

wasn't /ˈwɒznt; *AmE* ˈwʌznt/ = WAS NOT

Wasp (*auch* **WASP**) /wɒsp; *AmE* wɑːsp/ *Nomen* (*bes AmE, meist abwert*) = Bezeichnung für weiße protestantische Nordamerikaner angelsächsischer Herkunft, die zur einflussreichsten Gesellschaftsschicht gehören

wasp /wɒsp; *AmE* wɑːsp/ *Nomen* Wespe

wasp·ish /ˈwɒspɪʃ; *AmE* ˈwɑːspɪʃ/ *Adj* (*Adv* **wasp·ishly**) (*gehoben*) bissig, gereizt, giftig

wast·age /ˈweɪstɪdʒ/ *Nomen* **1** Verschwendung **2** Abfall **3** (*BrE*) Arbeitsplatzabbau ohne Entlassungen ◇ *student wastage rates* Studienabbrecherzahlen

waste /weɪst/ *Verb, Nomen, Adj*

▸ ***Verb*** **1** verschwenden, vertun ◇ *She wasted no time in rejecting the offer.* Sie hat das Angebot ohne zu zögern abgelehnt. ◇ *Don't waste your sympathy on him.* Spar dir dein Mitleid. ◇ *Her comments were not wasted on Chris.* Chris hat ihre Bemerkungen sehr wohl verstanden. **2** (*bes AmE, umgs*) (*töten*) umlegen **3** (*AmE, umgs*) (*besiegen*) in die Pfanne hauen **IDM** **waste your ˈbreath** etw umsonst sagen ◇ *Don't waste your breath.* Spar dir deine Worte. **ˌwaste not, ˈwant not** spare in der Zeit, so hast du in der Not **PHR V** **ˌwaste aˈway** abmagern

▸ ***Nomen*** **1** [U/Sing] Verschwendung, Vergeudung ◇ *I hate to see good food go to waste.* Es geht mir gegen den Strich, wenn Lebensmittel verschwendet werden. **2** (*auch* **wastes** [Pl]) Abfall, Abfälle, Müll ◇ *waste pipes* Abflussrohre **3** **wastes** [Pl] (*gehoben*) Einöde, Wüste **IDM** **be a waste of ˈspace** (*umgs*) eine völlige Niete sein; nichts taugen

▸ ***Adj*** **1** brachliegend **2** Abfall- **IDM** **lay sth ˈwaste**; **lay ˈwaste (to) sth** (*gehoben*) etw verwüsten

waste·bas·ket /ˈweɪstbɑːskɪt; *AmE* -bæskɪt/ *Nomen* (*AmE*) = WASTE-PAPER BASKET

wasted /ˈweɪstɪd/ *Adj* **1** [nur vor Nomen] vergeudet; (*Mühe*) vergeblich ◇ *We had a wasted trip.* Wir sind umsonst hingefahren. **2** ausgezehrt **3** (*Slang*) (*betrunken*) voll, blau; (*von Drogen*) voll gedröhnt

ˈwaste-disposal unit (*auch* **ˈwaste disposer**; *AmE auch* **dis·posal**) *Nomen* Küchenabfallzerkleinerer

waste·ful /ˈweɪstfl/ *Adj* (*Adv* **waste·ful·ly** /-fəli/) verschwenderisch; (*Verfahren*) unwirtschaftlich ◇ *an engine that is wasteful of fuel* ein Motor, der unnötig viel Kraftstoff verbraucht

waste·land /ˈweɪstlænd/ *Nomen* Ödland, unbebautes Land ◇ *industrial wasteland* brachliegende Fabrikgelände ◇ (*fig*) *The mid-1970s are seen as a cultural wasteland for rock music.* Man kann sagen, dass Mitte der 70er-Jahre die Rockmusik brachlag.

ˌwaste ˈpaper *Nomen* Papierabfall, Altpapier

ˌwaste-ˈpaper basket (*AmE* **waste·basket**) *Nomen* Papierkorb

ˈwaste product *Nomen* Abfallprodukt

waster /ˈweɪstə(r)/ *Nomen* **1** (*oft in Zusammensetzungen*) Verschwender(in) ◇ *He's a time-waster.* Er stiehlt allen die Zeit. **2** (*umgs, abwert*) Taugenichts

waste·water /ˈweɪstwɔːtə(r)/ *Nomen* Abwasser

wast·ing /ˈweɪstɪŋ/ *Adj* (*Krankheit*) zehrend

wast·rel /ˈweɪstrəl/ *Nomen* (*gehoben*) Verschwender(in), Taugenichts

watch /wɒtʃ; *AmE* wɑːtʃ/ *Verb, Nomen*

▸ ***Verb*** **1** zusehen, zuschauen ◇ *watch television* fernsehen ◇ *Did you watch the news?* Hast du die Nachrichten gesehen? ◇ *watch a football game* ein Fußballspiel anschauen ◇ *Watch what I do, then you try.* Passt gut auf, was ich mache, und dann versucht ihr es. **2** beobachten, überwachen ◇ *We watched to see what would happen next.* Wir warteten, was nun passieren würde. **3** aufpassen auf, achten auf **4** (*umgs*) achten auf ◇ *Watch yourself!* Sieh dich vor! ◇ *Watch your head on the low ceiling.* Stoß dir nicht den Kopf an der niedrigen Decke. ◇ *Watch where you're going!* Passen Sie doch auf, wo Sie hintreten! **IDM** **watch the ˈclock** (*abwert*) keine Minute länger als nötig arbeiten **ˈwatch it** (*umgs*) pass bloß auf! **watch your ˈmouth/ˈtongue** **1** den Mund halten **2** aufpassen, was man sagt **watch this ˈspace** (*umgs*) Abwarten! **watch the ˈworld go by** den Leuten zusehen → *Siehe auch* LANGUAGE *und* STEP **PHR V** **ˈwatch for sb/sth** auf jdn/etw warten, nach jdm/etw Ausschau halten **ˌwatch ˈout** (*umgs*) aufpassen ◇ *Watch out! There's a car coming!* Vorsicht! Da kommt ein Auto! **ˌwatch ˈout for sb/sth** auf jdn/etw aufpassen, auf jdn/etw achten, nach jdm/etw Ausschau halten **ˌwatch ˈover sb/sth** (*gehoben*) sich um jdn/etw kümmern, über jdn/etw wachen

▸ ***Nomen*** **1** (Armband)uhr, Taschenuhr ◇ *My watch is fast/slow.* Meine Uhr geht vor/nach. **2** Wache ◇ *I go on watch in an hour.* Ich habe in einer Stunde Wache. **IDM** **be on the ˈwatch (for sb/sth)** auf jdn/etw achten; (nach jdm/etw) Ausschau halten ◇ *Be on the watch for thieves.* Hütet euch vor Taschendieben. → *Siehe auch* CLOSE²

watch·able /ˈwɒtʃəbl; *AmE* ˈwɑːtʃə-/ *Adj* (*umgs*) amüsant anzusehen, sehenswert

watch·band /ˈwɒtʃbænd; *AmE* ˈwɑːtʃ-/ *Nomen* (*AmE*) Uhrarmband

watch·dog /ˈwɒtʃdɒg; *AmE* ˈwɑːtʃdɔːg/ *Nomen* Überwachungsbeauftragte(r), Überwachungsgremium ◇ *a consumer watchdog* eine Verbraucherschutzbehörde

watch·er /ˈwɒtʃə(r); *AmE* ˈwɑːtʃər/ *Nomen* (*oft in Zusammensetzungen*) Beobachter(in) ◇ *royal watchers* Journalisten, die über Königsfamilien berichten

watch·ful /ˈwɒtʃfl; *AmE* ˈwɑːtʃ-/ *Adj* (*Adv* **watchful·ly** /-fəli/) wachsam

watch·ful·ness /ˈwɒtʃflnəs; *AmE* ˈwɑːtʃ-/ *Nomen* Wachsamkeit

ˌwatching ˈbrief *Nomen* [Sing] Kontrollfunktion

watch·maker /ˈwɒtʃmeɪkə(r); *AmE* ˈwɑːtʃ-/ *Nomen* Uhrmacher(in)

watch·man /ˈwɒtʃmən; *AmE* ˈwɑːtʃ-/ *Nomen* (*Pl* **-men** /-mən/) (*veraltet*) Wächter, Wachmann

ˈwatch strap *Nomen* (*BrE*) Uhrarmband

watch·tower /ˈwɒtʃtaʊə(r); *AmE* ˈwɑːtʃ-/ *Nomen* Wachturm

watch·word /ˈwɒtʃwɜːd; *AmE* ˈwɑːtʃwɜːrd/ *Nomen* Parole

water /ˈwɔːtə(r)/ *Nomen, Verb*

▸ ***Nomen*** **1** Wasser **2** **waters** [Pl] Wasser, Gewässer **3** **waters** [Pl] Hoheitsgewässer **IDM** **by water** (*gehoben*) auf dem Wasserweg; zu Wasser **it's (like) water off a ˌduck's ˈback** (*umgs*) es prallt alles an jdm ab **it's (all) water under the ˈbridge** (*umgs*) das ist Schnee von gestern **like ˈwater** (*umgs*) massenhaft; in großen Mengen ◇ *He spends money like water.* Er gibt das Geld mit beiden Händen aus. **keep your ˈhead above water** sich über Wasser halten **murky/uncharted ˈwaters** unsicheres/unbekanntes Terrain **not hold ˈwater** (*umgs*) nicht stichhaltig sein **take the ˈwaters** (*veraltet*) eine Trinkkur machen **sb's ˈwaters break** jds Fruchtblase springt; jds Fruchtwasser geht ab → *Siehe auch* COLD, DEAD, DEEP, DUCK, FISH, HELL, HOT, POUR, STILL, TEST *und* TREAD

▸ ***Verb*** **1** gießen, wässern, sprengen **2** tränen **3** wässern, wässrig werden ◇ *The smells made our mouths water.* Die Düfte ließen uns das Wasser im Munde zusammenlaufen. **4** (*Tier*) tränken **5** (*Fachspr*) bewässern **6** panschen **PHR V** **ˌwater sth ˈdown** **1** etw verdünnen **2** (*meist passiv*) etw abmildern, etw abschwächen

water·bed /ˈwɔːtəbed; *AmE* -tərbed/ *Nomen* Wasserbett

water·bird /ˈwɔːtəbɜːd; *AmE* -tərbɜːrd/ *Nomen* Wasservogel

ˈwater biscuit *Nomen* (*BrE*) Cracker

water·borne /ˈwɔːtəbɔːn; *AmE* -tərbɔːrn/ *Adj* (*Krankheit*) durch Wasser übertragen; (*Güter*) auf dem Wasserweg befördert ◇ *cholera and other waterborne diseases* Cholera und andere durch verseuchtes Wasser übertragene Krankheiten

ˈwater buffalo *Nomen* Wasserbüffel

ˈwater butt *Nomen* Regentonne

ˈwater cannon *Nomen* Wasserwerfer

ˈwater chestnut *Nomen* Wasserkastanie

water·col·our (*AmE* **water·color**) /ˈwɔːtəkʌlə(r); *AmE* -tərk-/ *Nomen* **1 watercolours** [Pl] Wasserfarben, Aquarellfarben **2** Aquarell

ˈwater cooler *Nomen* Trinkwasserkühler

water·course /ˈwɔːtəkɔːs; *AmE* -tərkɔːrs/ *Nomen* (*Fachspr*) Wasserlauf, Kanal

water·cress /ˈwɔːtəkres; *AmE* -tərkres/ *Nomen* Brunnenkresse

water·fall /ˈwɔːtəfɔːl; *AmE* -tərfɔːl/ *Nomen* Wasserfall

ˈwater fountain *Nomen* (*AmE*) Trinkwasserbrunnen

water·fowl /ˈwɔːtəfaʊl; *AmE* -tərfaʊl/ *Nomen* (*Pl* **water·fowl**) [meist Pl] Wasservogel

water·front /ˈwɔːtəfrʌnt; *AmE* -tərfrʌnt/ *Nomen* [meist Sing] Hafen, Hafenviertel ◇ *a waterfront restaurant* ein Restaurant direkt am Wasser

ˈwater gun *Nomen* (*AmE*) Wasserpistole

ˈwatering can *Nomen* Gießkanne

ˈwatering hole *Nomen* **1** (*auch* **water·hole** /ˈwɔːtəhəʊl; *AmE* -tərhoʊl/) Wasserloch **2** (*umgs, hum*) (*Kneipe*) Quelle

ˈwater level *Nomen* Wasserstand, Wasserspiegel

ˈwater lily *Nomen* Seerose

water·line /ˈwɔːtəlaɪn; *AmE* -tərlaɪn/ *Nomen* **the waterline** [Sing] die Wasserlinie

water·logged /ˈwɔːtəlɒgd; *AmE* -tərlɔːgd/ *Adj* **1** (*Boden*) unter Wasser, aufgeweicht **2** (*Boot*) voll Wasser

ˈwater main *Nomen* Hauptwasserleitung

water·mark /ˈwɔːtəmɑːk; *AmE* -tərmɑːrk/ *Nomen* Wasserzeichen

water·melon /ˈwɔːtəmelən; *AmE* -tərm-/ *Nomen* Wassermelone

water·mill /ˈwɔːtəmɪl; *AmE* -tərmɪl/ *Nomen* Wassermühle

ˈwater pistol *Nomen* (*BrE*) Wasserpistole

ˈwater polo *Nomen* Wasserball

ˈwater power *Nomen* Wasserkraft

water·proof /ˈwɔːtəpruːf; *AmE* -tərpruːf/ *Adj, Nomen, Verb*

▸ ***Adj*** wasserundurchlässig, wasserfest

▸ ***Nomen*** [meist Pl] wasserundurchlässiges Kleidungsstück, Regenmantel

▸ ***Verb*** wasserdicht machen, imprägnieren

ˈwater rat *Nomen* **1** Wasserratte **2** (*BrE*) Schermaus

ˈwater-repellent *Adj* wasserabweisend ◇ *a water-repellent spray* ein Imprägnierspray

ˈwater-resistant *Adj* wasserdicht, wasserfest

water·shed /ˈwɔːtəʃed; *AmE* -tərʃed/ *Nomen* **1** Wendepunkt **2** Wasserscheide **3 the watershed** = im britischen Fernsehen der Zeitpunkt, bis zu dem nur solche Programme ausgestrahlt werden sollten, die jugendfrei sind

water·side /ˈwɔːtəsaɪd; *AmE* -tersaɪd/ *Nomen* [Sing] Ufer ◇ *They strolled down to the waterside.* Sie gingen runter zum Wasser.

water·ski /ˈwɔːtəskiː; *AmE* -tərskiː/ *Verb, Nomen*

▸ ***Verb*** Wasserski fahren

▸ ***Nomen*** Wasserski

water·ski·ing /ˈwɔːtəskiːɪŋ; *AmE* -tərskiː-/ *Nomen* Wasserskifahren

ˈwater softener *Nomen* Wasserentkalker

water·spout /ˈwɔːtəspaʊt; *AmE* -tərspaʊt/ *Nomen* Wasserhose

ˈwater supply *Nomen* Wasserversorgung, Wasservorrat

ˈwater table *Nomen* Grundwasserspiegel

water·tight /ˈwɔːtətaɪt; *AmE* -tərtaɪt/ *Adj* **1** wasserdicht; (*fig*) hermetisch abgeschlossen **2** unanfechtbar, hieb- und stichfest

ˈwater tower *Nomen* Wasserturm

ˈwater vole *Nomen* Schermaus

water·way /ˈwɔːtəweɪ; *AmE* -tərweɪ/ *Nomen* Wasserstraße

water·wheel /ˈwɔːtəwiːl; *AmE* -tərwiːl/ *Nomen* Wasserrad

water·works /ˈwɔːtəwɜːks; *AmE* -tərwɜːrks/ *Nomen* (*Pl* **water·works**) **1** [mit Verb im Sing/Pl] Wasserwerk **2** [Pl] (*umgs oder hum*) ◇ *problems with your waterworks* Probleme beim Wasserlassen

watery /ˈwɔːtəri/ *Adj* **1** wässrig, Wasser- ◇ *His eyes were red and watery.* Seine Augen waren rot und tränten. ◇ *watery soup* dünne Suppe **2** blass, fahl ◇ *Her eyes were a watery blue.* Sie hatte blassblaue Augen. ◇ *a watery smile* ein müdes Lächeln

watt /wɒt; *AmE* wɑːt/ *Nomen* (*Abk* **W**) Watt ◇ *800 watts of power* eine Leistung von 800 Watt

watt·age /ˈwɒtɪdʒ; *AmE* ˈwɑːtɪdʒ/ *Nomen* [U] (*Fachspr*) Wattleistung

wat·tle /ˈwɒtl; *AmE* ˈwɑːtl/ *Nomen* **1** Flechtwerk ◇ *walls made of wattle and daub* mit Lehm verkleidete Flechtwerkwände **2** (*Truthahn etc.*) Kehllappen

wave 🔑 /weɪv/ *Nomen, Verb*

▸ ***Nomen*** **1** Welle ◇ *A wave of fear swept over him.* Angst überkam ihn. ◇ *A wave of panic spread through the crowd.* Panik erfasste die Menge. **2** ◇ *give sb a wave* jdm zuwinken ◇ *She declined with a wave of her hand.* Sie winkte ab. **3 the wave** (*AmE*) die La-Ola-Welle **4 the waves** [Pl] (*gehoben*) das Meer, die Meeresoberfläche IDM **make ˈwaves** (*umgs*) **1** Aufsehen erregen **2** viel Aufhebens machen ➔ *Siehe auch* CREST

▸ ***Verb*** **1** winken; **~ at/to sb** jdm zuwinken; **~ sth** mit etw winken, mit etw fuchteln; **~ sth at sb** jdm mit etw zuwinken; **~ sth (about/around)** etw schwenken ◇ *I waved goodbye to her/waved her goodbye.* Ich winkte ihr zum Abschied zu. ◇ *She waved the money under my nose.* Sie fuchtelte mir mit dem Geld vor der Nase herum. **2** eine Handbewegung machen ◇ *She waved me away impatiently.* Sie schickte mich mit einer ungeduldigen Handbewegung weg. ◇ *He waved a hand towards the trees.* Er deutete mit der Hand auf die Bäume. ◇ *He waved me through.* Er hat mich durchgewinkt. **3** (*Flagge*) wehen **4** (*Haare*) (sich) wellen IDM ➔ FLAG PHR V **ˌwave sth aˈside/aˈway** etw zurückweisen, etw abweisen **ˌwave sth/sb ˈdown** etw/jdn anhalten **ˌwave sb ˈoff** jdm nachwinken

wave·band /ˈweɪvbænd/ (*auch* **band**) *Nomen* Wellenbereich

wave·length /ˈweɪvleŋθ/ *Nomen* Wellenlänge IDM **be on sb's ˈwavelength** (*umgs*) die gleiche Wellenlänge wie jd haben **be on the same ˈwavelength** (*umgs*) die gleiche Wellenlänge haben

waver /ˈweɪvə(r)/ *Verb* **1** zittern, wanken ◇ *Her determination never wavered.* Ihre Entschlossenheit war unerschütterlich. **2** ~ (**between A and B**) (zwischen A und B) schwanken; ~ (**on/over sth**) sich (über etw) unschlüssig sein **3** flackern ◇ *wavering shadows* tanzende Schatten

waver·er /ˈweɪvərə(r)/ *Nomen* Zauderer, Zauderin, Unentschlossene(r)

wavy /ˈweɪvi/ *Adj* wellig ◇ *a pattern of wavy lines* ein Schlangenlinienmuster

wax /wæks/ *Nomen, Verb*

▸ ***Nomen*** **1** Wachs **2** Ohrenschmalz

▸ ***Verb*** **1** bohnern, wachsen **2** (*meist passiv*) wachsen ◇ *waxed paper* Wachspapier ◇ *a waxed jacket* eine Wachsjacke **3** (*meist passiv*) mit heißem Wachs enthaaren **4** (*Mond*) zunehmen **5** ~ **lyrical, eloquent, sentimental, etc.** (*gehoben*) ins Schwärmen geraten IDM **ˌwax and ˈwane** zu- und abnehmen

ˈwax bean *Nomen* (*AmE*) Wachsbohne

waxen /ˈwæksn/ *Adj* (*gehoben*) **1** Wachs- **2** (*Haut, Gesicht*) wächsern

ˈwax paper *Nomen* (*AmE*) Butterbrotpapier

wax·work /ˈwækswɜːk; *AmE* -wɜːrk/ *Nomen* **1** Wachsfigur **2 wax·works** (*Pl* **wax·works**) (*AmE meist* **ˈwax museum**) Wachsfigurenkabinett

waxy /ˈwæksi/ *Adj* wächsern, Wachs- ◇ *waxy potatoes* fest kochende Kartoffeln

way 0→ /weɪ/ *Nomen, Adv*

▸ ***Nomen*** **1** Art, Weise ◇ *I hate the way you leave your clothes lying around.* Ich kann es nicht leiden, dass du deine Sachen herumliegen lässt. ◇ *That's not the right way to hold a pair of scissors.* So hält man eine Schere nicht. ◇ *We should have done it my way!* Wir hätten es so machen sollen, wie ich gesagt habe. ◇ *We'll manage it one way or another.* Wir werden es irgendwie schaffen. ◇ *He said it in a friendly way.* Er hat es ganz freundlich gesagt. ◇ *He was showing off, as is the way with boys of his age.* Er gab an, wie es Jungen in dem Alter so an sich haben. **2 ways** [Pl] Eigenarten **3** [meist Sing] Weg ◇ *Can you tell me the way to the Tower?* Können Sie mir sagen, wie ich zum Tower komme? ◇ *We went the long way round.* Wir haben einen Umweg gemacht. ◇ *along the way* unterwegs **4** [meist Sing] Richtung ◇ *Look both ways before crossing the road.* Schau nach beiden Seiten, bevor du über die Straße gehst. ◇ *Make sure that sign's the right way up.* Pass auf, dass das Schild nicht auf dem Kopf steht. ◇ *Kids were running this way and that.* Kinder rannten mal hier-, mal dorthin. ◇ *split the money four ways* das Geld durch vier teilen ◇ *Which way are you going to vote?* Wie wirst du wählen? **5** [meist Sing] ◇ *the way in/out* der Ein-/Ausgang ◇ *They escaped out the back way.* Sie entkamen durch den Hinterausgang. **6** [Sing] (*AmE auch, umgs* **ways**) Stück ◇ *a little way up on the left-hand side* ein kleines Stück weiter auf der linken Seite ◇ *September was a long way off.* Bis September war es noch lange hin. ◇ (*AmE, umgs*) *We still have a ways to go.* Wir sind noch lange nicht so weit. **7** [Sing] (*umgs*) ◇ *next time I'm down your way* das nächste Mal, wenn ich in der Nähe bin ◇ *I think he lives somewhere over Thirsk way.* Ich glaube, er wohnt irgendwo in Richtung Thirsk. **8** Hinsicht ◇ *I've had a bad day, one way and another.* Es war ein ziemlich schlechter Tag für mich. **9** [Sing] Zustand ◇ *the way things are* so wie die Dinge liegen IDM **across the ˈway** (*BrE auch* **over the ˈway**) gegenüber ◇ *the house across the way* das Haus gegenüber **ˌall the ˈway 1** (*auch* **the ˌwhole ˈway**) auf der ganzen Strecke **2** voll und ganz **that's/it's always the ˈway** (*umgs*) so ist es immer **any way you ˈslice it** (*AmE, umgs*) wie man es auch dreht und wendet **be ˈborn/be ˈmade that way** nun einmal so sein **be ˌset in your ˈways** feste Gewohnheiten haben; eingefahrene Denkweisen haben **by the ˈway** (*umgs*) übrigens ◇ *What's the time, by the way?* Wie spät ist es überhaupt? **by way of …** über … ◇ *from Bulgaria by way of Vienna* aus Bulgarien über Wien **by way of/in the way of sth** als etw ◇ *He got €500 by way of compensation.* Als Entschädigung bekam er 500 €. **come your ˈway** ◇ *if a suitable man comes my way* wenn mir ein passender Mann über den Weg läuft ◇ *if the chance came my way* wenn ich die Gelegenheit hätte **cut both/two ˈways** eine zweischneidige Sache sein **either way; one way or the other** so oder so; wie auch immer **every ˈwhich way** (*umgs*) durcheinander **get into the way of (doing) sth** sich etw zur Gewohnheit machen **get in the way of sb doing sth** jdm bei etw in die Quere kommen **get out of the way of (doing) sth** sich etw abgewöhnen **give ˈway** nachgeben **give ˈway (to sb/sth) 1** sich (jdm/etw) fügen ◇ *He refused to give way on any of the points.* Er weigerte sich, auch nur in einem einzigen Punkt nachzugeben. **2** (*BrE*) (jdm/etw) die Vorfahrt lassen; (jdm/etw) Platz machen **give way to sth 1** sich einer Sache hingeben **2** von etw abgelöst werden; in etw übergehen ◇ *The storm gave way to bright sunshine.* Dem Sturm folgte strahlender Sonnenschein. **go all the ˈway (with sb)** (*umgs*) mit jdm ins Bett gehen **go a long/some way towards doing sth** zu einer Sache sehr/etwas beitragen **go out of your ˈway (to do sth)** sich besondere Mühe geben (etw zu tun) **go your own ˈway** eigene Wege gehen; seinen eigenen Kopf haben **go sb's way 1** in jds Richtung gehen **2** gut laufen für jdn **go the way of all ˈflesh** den Weg alles Irdischen gehen **have it your ˈown way!** (*umgs*) Wie du willst! **have it/things/everything your ˈown way** seinen eigenen Willen durchsetzen **have a way of doing sth** etw so an sich haben; zu etw neigen **have a way with sb/sth** gut mit jdm/etw umgehen können ◇ *She has a way with words.* Sie kann sich gut ausdrücken. **have/want it ˈboth ways** beides zugleich haben (wollen) **have your (wicked) way with sb** (*veraltet, hum*) jdn verführen **in a big/small way** in großem Umfang/ im Kleinen ◇ *The new service has taken off in a big way.* Der Service ist sehr gut angekommen. ◇ *It went wrong in a big way.* Es ist im großen Stil schiefgegangen. ◇ *investing in a small way* in bescheidenem Umfang investieren **in ˌmore ways than ˈone** in mehrfacher Hinsicht **in her, his, its, etc. (own) ˈway** auf ihre, seine etc. Art **in a ˈway; in ˈone way; in ˈsome ways** in gewisser Weise; eigentlich ◇ *In a way I quite like him.* Ich mag ihn irgendwie. **in sb's ˈway** jdm im Weg **in the ˈway** im Weg **in the way of sth** ◇ *What do you have left in the way of cakes?* Was haben Sie noch an Kuchen? ◇ *not much in the way of entertainment* nicht viel an Unterhaltung **keep/stay out of sb's ˈway** jdm aus dem Weg gehen **look the other ˈway** wegschauen **lose your ˈway 1** sich verlaufen **2** (*fig*) vom Weg abkommen **make your ˈway (to/towards sth)** sich (irgendwohin) begeben ◇ *Will you be able to make your own way to the airport?* Kommen Sie allein zum Flughafen? ◇ *make your way in the world* es zu etwas bringen **make ˈway (for sb/sth)** (jdm/etw) Platz machen **(there is) ˌno ˈway** (*umgs*) (das ist) ausgeschlossen; auf keinen Fall **on your/the/its ˈway 1** auf dem/den Weg ◇ *The letter should be on its way to you.* Der Brief müsste an Sie unterwegs sein. **2** unterwegs ◇

He stopped for breakfast on the way. Er hielt unterwegs an, um zu frühstücken. **3** (*Kind*) unterwegs **on the way 'out 1** beim Hinausgehen **2** ◇ *be on the way out* aus der Mode kommen **the ˌother way 'round 1** andersherum **2** umgekehrt **ˌout of sb's 'way** ◇ *get out of sb's way* jdm aus dem Weg gehen ◇ *keep out of sb's way* sich von jdm fernhalten ◇ *Out of my way!* Macht Platz! **ˌout of the 'way 1** aus dem Weg **2** hinter sich ◇ *That's that problem out of the way.* Dieses Problem ist gelöst. **3** abgelegen ◇ *an out-of-the-way place* ein abgelegener Ort **4** (*in verneinten Sätzen*) ungewöhnlich ◇ *nothing out of the way* nichts Ungewöhnliches **ˌout of your 'way** ein Umweg ◇ *Only if it's not out of your way.* Nur wenn es kein Umweg für Sie ist. **get/have your own 'way** seinen Willen durchsetzen **see your 'way ('clear) to doing sth/to do sth** etw für möglich halten **(not) stand in sb's 'way** jdm (nicht) im Weg stehen **there are no two ways a'bout it** da gibt es keinen Zweifel **to 'my way of thinking** meiner Meinung nach **way of 'life** Lebensweise; Lebensart **way to 'go!** (*AmE, umgs*) gut gemacht! **ˌwork your 'way through college, round the world, etc.** sein Studium/eine Weltreise etc. durch Jobs finanzieren **ˌwork your way 'through sth** sich durch etw durcharbeiten **ˌwork your way 'up** sich hinaufarbeiten ℹ Für andere Redewendungen mit **way** siehe die Einträge für die Nomina, Adjektive etc. **Show the way** z.B. steht unter **show** (*Verb*).

▸ ***Adv*** (*in Verbindung mit Präpositionen oder Adverbien*) weit ◇ *She finished way ahead of the others.* Sie kam weit vor den anderen ins Ziel. ◇ *It's way past my bedtime.* Ich müsste schon längst im Bett sein. ◇ *live way out in the suburbs* weit draußen in einem Vorort wohnen ◇ *way too short* viel zu kurz IDM **'way back (in ...)** vor langer Zeit (im Jahre ...)

way·farer /'weɪfeərə(r); *AmE* -ferər/ *Nomen* (*veraltet oder gehoben*) Wandersmann, Wanderer, Wanderin

way·lay /weɪ'leɪ/ *Verb* (**-laid, -laid** /-'leɪd/) **~ sb 1** jdn abfangen **2** jdm auflauern

way·mark /'weɪmɑːk; *AmE* -mɑːrk/ *Nomen* (*BrE*) Wegmarkierung

ˌway-'out *Adj* (*veraltet, umgs*) seltsam, ungewöhnlich

way·side /'weɪsaɪd/ *Nomen* [Sing] Weg(es)rand, Straßenrand ◇ *flowers growing by the wayside* am Wegrand wachsende Blumen ◇ *a wayside inn* ein an der Straße gelegener Gasthof IDM **fall by the 'wayside** auf der Strecke bleiben

'way station *Nomen* (*bes AmE*) Zwischenstation (*auch fig*)

way·ward /'weɪwəd; *AmE* -wərd/ *Adj* (*gehoben*) ungehörig ◇ *a wayward child* ein unartiges Kind

WC /ˌdʌbljuː 'siː/ *Nomen* (*BrE*) WC

we 🔑 /wi, *betont* wiː/ *Pron* wir IDM → ROYAL

weak 🔑 /wiːk/ *Adj, Nomen*

▸ ***Adj*** (*Adv* **weak·ly**) **1** schwach ◇ *a weak point/spot* ein Schwachpunkt ◇ *The team's weak points are in defence.* Die Schwächen der Mannschaft liegen in der Abwehr. ◇ *She suffered from a weak heart.* Sie litt an Herzschwäche. ◇ *weak with hunger* vom Hunger geschwächt ◇ *His legs felt weak and he couldn't get up the stairs.* Er war wackelig auf den Beinen und kam die Treppe nicht hinauf. ◇ *That bridge is too weak to carry heavy traffic.* Die Brücke ist für Schwerverkehr nicht stabil genug. ◇ *a weak and cowardly man* ein labiler und feiger Mann **2** (*Flüssigkeiten*) dünn **3** (LING) unbetont IDM **be/go ˌweak at the 'knees** (*umgs*) weiche Knie haben/kriegen **the weak link (in the 'chain)** das schwache Glied (in der Kette)

▸ ***Nomen* the weak** [Pl] die Schwachen

weak·en /'wiːkən/ *Verb* **1** schwächen (*auch fig*); (*Beweise, Vorwürfe etc.*) entkräften ◇ *Nothing could weaken his resolve to continue.* Nichts konnte seinen Vorsatz, weiterzumachen, erschüttern. ◇ *The explosion had weakened the building's foundations.* Die Explosion hatte die Grundmauern des Gebäudes in Mitleidenschaft gezogen. ◇ *The new evidence weakens the case against her.* Das neue Beweismaterial entlastet sie. **2** schwächer werden ◇ *You must not agree. Don't weaken.* Du darfst da nicht zustimmen. Bleib stark. ◇ *She felt her legs weaken.* Sie fühlte, wie ihr die Knie weich wurden.

ˌweak-'kneed *Adj* (*umgs*) **1** feige **2** mit weichen Knien

weak·ling /'wiːklɪŋ/ *Nomen* (*abwert*) Schwächling

weak·ly *Adv* → WEAK

weak·ness 🔑 /'wiːknəs/ *Nomen* Schwäche (*auch fig*) ◇ *Can you spot the weakness in her argument?* Könnt ihr den Schwachpunkt in ihrer Argumentation erkennen?

weal /wiːl/ *Nomen* Striemen

wealth 🔑 /welθ/ *Nomen* **1** Vermögen ◇ *the distribution of wealth in Britain* die Vermögensverteilung in Großbritannien ◇ *a person of wealth and influence* eine vermögende und einflussreiche Person **2** Reichtum, Wohlstand ◇ *create wealth* Wohlstand schaffen **3** [Sing] **~ of sth** Fülle von etw ◇ *a wealth of detail* Detailreichtum ◇ *a great wealth of experience* ein reicher Erfahrungsschatz

wealthy /'welθi/ *Adj, Nomen*

▸ ***Adj*** (**wealth·ier, wealthi·est**) reich, wohlhabend, vermögend

▸ **the wealthy *Nomen*** [Pl] die Reichen

wean /wiːn/ *Verb* abstillen; **~ sb/sth (off/from sth)** jdn/etw (einer Sache) entwöhnen PHRV **be 'weaned on sth** mit etw groß geworden sein

weapon 🔑 /'wepən/ *Nomen* Waffe (*auch fig*) ◇ *nuclear weapons* Atomwaffen IDM → DOUBLE-EDGED

weap·on·ry /'wepənri/ *Nomen* [U] (*gehoben*) Waffen

wear 🔑 /weə(r); *AmE* wer/ *Verb, Nomen*

▸ ***Verb*** (**wore** /wɔː(r)/, **worn** /wɔːn; *AmE* wɔːrn/) **1** (*Kleidung, Brille etc.*) tragen ◇ *She couldn't decide what to wear.* Sie wusste nicht, was sie anziehen sollte. ◇ *Was she wearing a seat belt?* Hatte sie den Sicherheitsgurt angelegt? **2** zur Schau tragen ◇ *He wore a puzzled look on his face./His face wore a puzzled look.* Er schaute verdutzt. **3** sich abnutzen, sich abtragen, sich durchscheuern ◇ *The carpets are starting to wear.* Die Teppiche sehen langsam abgetreten aus. ◇ *The material has worn thin.* Der Stoff ist inzwischen schon ganz dünn. ◇ *The stones have been worn smooth by the constant flow of water.* Die Steine sind vom ständigen Wasserstrahl glatt gewaschen worden. **4** ◇ *I've worn holes in all my socks.* Alle meine Socken haben inzwischen Löcher. ◇ *The water had worn a channel in the rock.* Das Wasser hatte einen Kanal durch den Fels gewaschen. **5 ~ well** sich (gut) halten ◇ *That carpet is wearing well, isn't it?* Dieser Teppich hat sich gut gehalten, nicht? ◇ (*fig, hum*) *You're wearing well!* Du hast dich gut gehalten! ◇ *This sole wears well.* Diese Sohle ist strapazierfähig. IDM **wear your ˌheart on your 'sleeve** seine Gefühle offen zur Schau tragen; das Herz auf der Zunge tragen **wear 'thin** ◇ *My patience is beginning to wear very thin.* Meine Geduld ist langsam erschöpft. ◇ *These excuses are wearing a little thin.* Diese Ausreden ziehen nicht mehr. **wear the 'trousers** (*AmE* **wear the 'pants**) (*oft abwert*) die Hosen anhaben → *Siehe auch* CAP PHRV **ˌwear a'way** sich abschleifen, verwittern ◇ *The inscription on the coin had worn away.* Die Inschrift auf der Münze war nicht mehr zu entziffern. **ˌwear sth a'way** etw aushöhlen; (*Stufen*) austreten;

(*Kanten etc.*) abschleifen **ˌwear ˈdown** sich abnutzen; (*Reifen*) sich abfahren **ˌwear sb/sth ˈdown** jdn/etw zermürben ◇ *This relentless pressure began to wear down their resistance.* Unter diesem anhaltenden Druck erlahmte ihr Widerstand allmählich. ◇ *Her persistence paid off and she eventually wore me down.* Durch ihre Hartnäckigkeit klopfte sie mich schließlich weich. **ˌwear sth ˈdown** etw abnutzen; (*Reifen*) abfahren **ˌwear ˈoff** nachlassen, sich legen ◇ *The medication was wearing off.* Die Wirkung des Medikaments ließ nach. **ˌwear ˈon** (*gehoben*) (*Zeit*) sich hinziehen ◇ *as the evening wore on …* im Laufe des Abends … **ˌwear ˈout** kaputtgehen, sich abnutzen **ˌwear sb ˈout** jdn erschöpfen, jdn fertigmachen **ˌwear sth ˈout** etw abnutzen; (*Schuhe*) ablaufen **ˌwear yourself ˈout** sich überanstrengen

▸ ***Nomen*** **1** (*meist in Zusammensetzungen*) Kleidung ◇ *casual wear* Freizeitkleidung ◇ *evening wear* Abendgarderobe **2** Tragen ◇ *casual clothes for everyday wear* legere Kleidung für jeden Tag **3** Haltbarkeit ◇ *You should get years of wear out of that carpet.* Dieser Teppich sollte viele Jahre halten. ◇ *I haven't had much wear out of these boots.* Diese Stiefel habe ich nicht oft getragen. **4** Verschleiß, Abnutzung ◇ *The machines are checked regularly for wear.* Die Maschinen werden regelmäßig auf Abnutzungserscheinungen hin geprüft. ◇ *show signs of wear* Abnutzungserscheinungen aufweisen ◇ *His shoes were beginning to show signs of wear.* Seine Schuhe sahen langsam etwas abgelaufen aus. IDM **ˌwear and ˈtear** Verschleiß; Abnutzung ➔ *Siehe auch* WORSE

wear·able /ˈweərəbl; *AmE* ˈwer-/ *Adj, Nomen*

▸ ***Adj*** (*Kleidung*) tragbar

▸ ***Nomen*** [meist Pl] **1** (*elektronisches Gerät am Körper*) Wearable **2** (*AmE*) Kleidungsstück

wear·er /ˈweərə(r); *AmE* ˈwerər/ *Nomen* Träger(in)

weari·ness /ˈwɪərinəs; *AmE* ˈwɪr-/ *Nomen* Müdigkeit, Erschöpfung; (*fig*) Überdruss

wear·ing /ˈweərɪŋ; *AmE* ˈwerɪŋ/ *Adj* ermüdend, anstrengend

weari·some /ˈwɪərisəm; *AmE* ˈwɪr-/ *Adj* (*gehoben*) ermüdend (*auch fig*) ◇ *a repetitive and wearisome task* eine monotone und langweilige Aufgabe

weary /ˈwɪəri; *AmE* ˈwɪri/ *Adj, Verb*

▸ ***Adj*** (**weari·er**, **weari·est**) **1** (*Adv* **wear·ily** /-rəli/) müde, erschöpft, matt **2** (*gehoben*) ermüdend, anstrengend **3 ~ of sth** (*gehoben*) einer Sache müde, einer Sache überdrüssig

▸ ***Verb*** (**wear·ies**, **weary·ing**, **wear·ied**, **wear·ied**) **1** (*gehoben*) ermüden, anstrengen **2 ~ of sth** einer Sache überdrüssig werden, einer Sache müde werden

weasel /ˈwiːzl/ *Nomen, Verb*

▸ ***Nomen*** Wiesel

▸ ***Verb*** (**-ll-**, *bes AmE* **-l-**) PHRV **ˌweasel ˈout (of sth)** (*bes AmE, umgs, abwert*) sich (aus etw) herausstehlen, sich (aus etw) herauswinden

ˈweasel word *Nomen* [meist Pl] (*umgs, abwert*) mehrdeutiger oder vager Begriff

wea·ther 🔑 /ˈweðə(r)/ *Nomen, Verb*

▸ ***Nomen*** **1** Wetter, Witterung ◇ *in this weather* bei diesem Wetter ◇ *if the weather holds/breaks* wenn das schöne Wetter anhält/umschlägt ◇ *We'll have the party outside, weather permitting.* Wir werden draußen feiern, wenn dies das Wetter zulässt. ◇ *a change in the weather* ein Wetterumschwung **2 the weather** (*umgs*) der Wetterbericht IDM **in ˈall weathers** (*BrE*) bei jedem Wetter **keep a ˈweather eye on sb/sth** ein wachsames Auge auf jdn/etw haben **under the ˈweather** (*umgs*) angeschlagen; unwohl ➔ *Siehe auch* BRASS *und* HEAVY

▸ ***Verb*** **1** verwittern; (*Haut*) gerben **2** (*Krise etc.*) überstehen ◇ *weather the storm* die Situation durchstehen

ˈweather-beaten *Adj* wettergegerbt

wea·ther·board /ˈweðəbɔːd; *AmE* -ðərbɔːrd/ *Nomen* Schalbrett ◇ *a weatherboard house* ein Haus mit Holzverschalung

wea·ther·cock /ˈweðəkɒk; *AmE* -ðərkɑːk/ *Nomen* Wetterhahn

ˈweather forecast (*auch* **fore·cast**) *Nomen* Wettervorhersage ◇ *There's a good weather forecast for today.* Laut Wettervorhersage soll es heute schön werden.

wea·ther·girl /ˈweðəgɜːl; *AmE* -ðərgɜːrl/ *Nomen* (*umgs*) Wetterfee

wea·ther·ize /ˈweðəraɪz/ *Verb* (*AmE*) wetterfest machen

wea·ther·man /ˈweðəmæn; *AmE* -ðərmæn/ (*Pl* **-men** /-men/) *Nomen* (*umgs*) Wettermann

wea·ther·proof /ˈweðəpruːf; *AmE* -ðərpruːf/ *Adj* wetterfest, witterungsbeständig

ˈweather station *Nomen* Wetterwarte

ˈweather strip *Nomen* (*AmE*) Dichtungsband

wea·ther·vane /ˈweðəveɪn; *AmE* -ðərveɪn/ *Nomen* Wetterfahne

weave /wiːv/ *Verb, Nomen*

▸ ***Verb*** **1** (**wove** /wəʊv; *AmE* woʊv/, **woven** /ˈwəʊvn; *AmE* ˈwoʊ-/) weben; (*Korb, Blumen etc.*) flechten; (*Spinnengewebe, Geschichte*) spinnen ◇ *The strips of willow are woven into baskets.* Die Weidenruten werden zu Körben geflochten. ◇ *threads woven together* miteinander verwebte Fäden ◇ *The biography weaves together the various strands of his life.* Die Biografie verwebt die verschiedenen Aspekte seines Lebens. **2** (**weaved**, **weaved**) sich (durch)schlängeln ◇ *He had to weave his way through the crowd.* Er musste sich durch das Gewühl durchschlängeln. IDM **weave your ˈmagic**; **weave a ˈspell** (*bes BrE*) seinen Zauber verbreiten **weave a ˈspell over sb** (*bes BrE*) jdn in seinen Bann ziehen

▸ ***Nomen*** **1** Webart, Webmuster **2** Gewebe

weaver /ˈwiːvə(r)/ *Nomen* Weber(in)

web 🔑 /web/ *Nomen* **1** = SPIDER'S WEB **2** (*fig*) Netz ◇ *a web of streets* ein Straßennetz **3** Schwimmhaut **4 the Web** = WORLD WIDE WEB

web·bed /webd/ *Adj* [nur vor Nomen] mit Schwimmhaut ◇ *webbed feet* Schwimmfüße

web·bing /ˈwebɪŋ/ *Nomen* [meist Pl] Gurtband

web·cam /ˈwebkæm/ (*AmE* **Webcam™**) *Nomen* (COMP) Webcam, Internetkamera

web·cast /ˈwebkɑːst; *AmE* -kæst/ *Nomen* (COMP) Übertragung im Internet

web·comic /ˈwebkɒmɪk; *AmE* -kɑːmɪk/ *Nomen* Webcomic

ˈWeb-enabled *Adj* internetfähig

ˈweb hosting *Nomen* Webhosting

webi·nar /ˈwebɪnɑː(r)/ *Nomen* Webinar®

web·log /ˈweblɒg; *AmE* -blɑːg/ *Nomen* (COMP) Weblog

web·master /ˈwebmɑːstə(r); *AmE* -mæstər/ *Nomen* (COMP) Webmaster

web·site 🔑 /ˈwebsaɪt/ *Nomen* (COMP) Website

we'd /wiːd, wid/ **1** = WE HAD **2** = WE WOULD

wed /wed/ *Verb* (**wed·ded**, **wed·ded** *oder* **wed**, **wed**) (*nicht in der Verlaufsform*) (*veraltet oder Pressejargon*) heiraten

wed·ded /ˈwedɪd/ *Adj* **1 be ~ to sth** (*gehoben*) (*fig*) sich etw verschrieben haben ◇ *She's wedded to her job.* Sie ist mit ihrer Arbeit verheiratet. **2 ~ (to sb)** (*veraltet oder gehoben*) (mit jdm) verheiratet ◇ *wedded bliss*

Eheglück ◇ *her lawfully wedded husband* ihr rechtmäßig angetrauter Ehemann **3 be ~ (to sth)** (*gehoben*) (mit etw) verbunden sein, (mit etw) zusammenhängen

wed·ding 0-w /ˈwedɪŋ/ *Nomen* Hochzeit, Trauung ◇ *a wedding reception* eine Hochzeitsfeier ◇ *a wedding anniversary* ein Hochzeitstag → *Siehe auch* SHOTGUN WEDDING

ˈwedding band *Nomen* Ehering, Trauring

ˈwedding breakfast *Nomen* (*BrE, gehoben*) Hochzeitsessen

ˈwedding ring *Nomen* Trauring, Ehering

wedge /wedʒ/ *Nomen, Verb*

▸ ***Nomen*** **1** Keil (*auch fig*) **2** (*Käse-*) Ecke; (*Kuchen- etc.*) Stück **3** (*Golfschläger*) Wedge IDM → THIN

▸ ***Verb*** **1** einkeilen, einklemmen ◇ *The phone was wedged under his chin.* Er hatte den Telefonhörer zwischen Ohr und Schulter geklemmt. ◇ *She wedged herself into the passenger seat.* Sie zwängte sich auf den Beifahrersitz. **2** festklemmen; (*Tür*) verkeilen ◇ *wedge the door open* die Tür mit einem Keil offen halten

wed·lock /ˈwedlɒk; *AmE* -lɑːk/ *Nomen* (*veraltet oder Fachspr*) Ehe ◇ *children born in/out of wedlock* ehelich/unehelich geborene Kinder

Wed·nes·day 0-w /ˈwenzdeɪ, -di/ *Nomen* (*Abk* **Wed.**, **Weds.**) Mittwoch → *Beispiele bei* MONTAG

wee /wiː/ *Adj, Nomen, Verb*

▸ ***Adj*** (*SchotE*) (*umgs*) klein IDM → HOUR

▸ ***Nomen*** (*auch* **ˈwee-wee**) (*bes BrE, umgs, meist Kinderspr*) [Sing] Pipi ◇ *do/have a wee* Pipi machen

▸ ***Verb*** (*auch* **ˈwee-wee**) (*bes BrE, umgs, meist Kinderspr*) Pipi machen

weed /wiːd/ *Nomen, Verb*

▸ ***Nomen*** **1** Unkraut **2** [U] in Teichen wachsende Wasserpflanzen **3 the weed** [Sing] (*hum*) Tabak, das (Tabak)rauchen **4** (*umgs*) (*Haschisch*) Gras **5** (*BrE, umgs, abwert*) Schwächling

▸ ***Verb*** (Unkraut) jäten PHR V **ˌweed sth/sb ˈout** etw/jdn aussondern

weed·kill·er /ˈwiːdkɪlə(r)/ *Nomen* Unkrautbekämpfungsmittel, Unkrautvernichter

weedy /ˈwiːdi/ *Adj* (**weed·ier**, **weedi·est**) **1** (*BrE, umgs, abwert*) (*Mensch*) schmächtig **2** voll Unkraut

week 0-w /wiːk/ *Nomen* Woche ◇ *all week* die ganze Woche ◇ *once a week* einmal die Woche ◇ *a week ago today* heute vor einer Woche ◇ (*BrE*) *in the week* unter der Woche ◇ *What day of the week is it?* Welchen Wochentag haben wir? ◇ *a two-week holiday* ein zweiwöchiger Urlaub IDM **ˌweek after ˈweek** (*umgs*) wochenlang **ˌweek by ˈweek** mit jeder Woche **a ˌweek from today, tomorrow, Monday, etc.** (*BrE auch* **today, etc. ˈweek**) heute, morgen, Montag etc. in einer Woche ◇ *I'll see you Thursday week.* Bis Donnerstag in einer Woche. **week ˌin, week ˈout** Woche um/für Woche **a ˌweek next/on/this ˈMonday, etc.** (*BrE*) nächsten/diesen Montag etc. in einer Woche **a ˌweek toˈmorrow, etc.** (*BrE*) morgen etc. in einer Woche **a ˌweek ˈyesterday, last ˈMonday, etc.** (*bes BrE*) gestern, Montag etc. vor einer Woche → *Siehe auch* OTHER

week·day /ˈwiːkdeɪ/ *Nomen* Wochentag, Werktag

week·days /ˈwiːkdeɪz/ *Adv* wochentags, an Werktagen

week·end 0-w /ˌwiːkˈend; *AmE* ˈwiːkend/ *Nomen* Wochenende ◇ *Are you doing anything over the weekend?* Hast du am Wochenende etwas vor? ◇ *a weekend break* ein Wochenendurlaub ◇ (*BrE, umgs*) *I like to go out on a weekend.* Am Wochenende gehe ich gern aus. ◇ (*BrE*) *The office is closed at the weekend.* Das Büro ist am Wochenende geschlossen.

week·end·er /ˌwiːkˈendə(r)/ *Nomen* **1** Wochenendler(in) **2** Wochenendurlauber(in)

ˈweek-long *Adj* (*gehoben*) einwöchig

week·ly 0-w /ˈwiːkli/ *Adj, Nomen*

▸ ***Adj*** (*Adv* **week·ly**) wöchentlich, Wochen- ◇ *The newspaper is published twice weekly.* Die Zeitschrift erscheint zweimal die Woche.

▸ ***Nomen*** (*Pl* **-ies**) Wochenzeitung, Wochenzeitschrift

week·night /ˈwiːknaɪt/ *Nomen* Abend unter der Woche

wee·nie /ˈwiːni/ *Nomen* (*AmE, umgs*) **1** (*abwert*) Waschlappen, Schwächling **2** Wiener, Frankfurter Würstchen

weeny /ˈwiːni/ *Adj* (*umgs*) klitzeklein

weep /wiːp/ *Verb, Nomen*

▸ ***Verb*** (**wept**, **wept** /wept/) **1** (*gehoben*) weinen ◇ *He wept for joy.* Er weinte vor Freude. ◇ *I wept to see him looking so sick.* Ich musste weinen, als ich ihn so krank sah. ◇ *I do not weep over his death.* Ich beweine seinen Tod nicht. **2** (*meist in der Verlaufsform*) (*Wunde*) nässen

▸ ***Nomen*** [Sing] Weinen ◇ *She felt better after she'd had a good weep.* Sie fühlte sich besser, nachdem sie sich ausgeweint hatte.

weep·ing /ˈwiːpɪŋ/ *Adj* [nur vor Nomen] (*in Baumnamen*) ◇ *a weeping willow* eine Trauerweide ◇ *a weeping fig* eine Birkenfeige

weepy /ˈwiːpi/ *Adj, Nomen*

▸ ***Adj*** (*umgs*) weinerlich ◇ *Weddings always made her feel weepy.* Bei Hochzeiten musste sie immer weinen.

▸ ***Nomen*** (*Pl* **-ies**) (*auch* **weepie**) (*umgs*) (*Film etc.*) Schmachtfetzen

wee·vil /ˈwiːvl/ *Nomen* Rüsselkäfer

ˈwee-wee = WEE

weft /weft/ *Nomen* **the weft** [Sing] der Schuss(faden)

weigh 0-w /weɪ/ *Verb* **1** wiegen **2 ~ sth (up); ~ (up) sth** etw abwägen ◇ *She weighed up all the evidence.* Sie wägte das ganze Beweismaterial gegeneinander ab. **3** gelten; **~ with sb** bei jdm Gewicht haben; **~ against sb/sth** gegen jdn/etw sprechen ◇ *The evidence weighs in her favour.* Die Beweise sprechen für sie. ◇ *This weighed against him with the court.* Das sprach vor Gericht gegen ihn. **4 ~ anchor** den Anker lichten IDM **weigh your ˈwords** seine Worte abwägen PHR V **ˌweigh sb ˈdown** jdn bedrücken, jdn belasten **ˌweigh sb/sth ˈdown** ◇ *I was weighed down with baggage.* Ich war mit Gepäck beladen. ◇ *She tried to swim to the surface, but her clothes weighed her down.* Sie versuchte, an die Oberfläche zu schwimmen, aber ihre Kleidung zog sie nach unten. **ˌweigh ˈin** (SPORT) sich wiegen lassen **ˌweigh ˈin at sth** etw auf die Waage bringen ◇ *Her baby daughter weighed in at 3 000 grams.* Ihre Tochter wog bei der Geburt 3 000 Gramm. **ˌweigh ˈin (with sth)** (*umgs*) sich (mit etw) einschalten, sich (durch etw) einbringen ◇ *We weighed in with our suggestions* Wir steuerten unsere Vorschläge bei. ◇ *Finally the government weighed in with financial aid.* Schließlich leistete die Regierung finanzielle Hilfe. **ˈweigh on sb/sth** auf jdm/etw lasten ◇ *Something was weighing on her mind.* Etwas lastete auf ihrer Seele. **ˌweigh sth ˈout** etw abwiegen **ˌweigh sb ˈup** jdn einschätzen, jdn beurteilen

weigh·bridge /ˈweɪbrɪdʒ/ *Nomen* Brückenwaage

ˈweigh-in *Nomen* (SPORT) Wiegen

weight 0-w /weɪt/ *Nomen, Verb*

▸ ***Nomen*** **1** Gewicht ◇ *Sam has a weight problem.* Sam hat Übergewicht. ◇ *It is about 76 kilos in weight.* Es wiegt ungefähr 76 Kilo. ◇ *lose weight* abnehmen ◇ *put on/gain weight* zunehmen ◇ *I just hoped the* *branch would take my weight.* Ich hoffte nur, dass der Ast mich tragen würde. ◇ *I can't put any weight on that foot.* Ich kann mit dem Fuß nicht auftreten. ◇ *The doctor said he shouldn't lift heavy weights.* Der Arzt sagte, dass er nichts Schweres heben sollte. **2** [Sing] *(fig)* Last, Belastung ◇ *The news was a weight off my mind.* Bei der Nachricht fiel mir ein Stein vom Herzen. **3** *(fig)* Gewicht, Bedeutung ◇ *He has offered to lend his weight to the project.* Er hat angeboten, sich für das Projekt einzusetzen. ◇ *Your opinion carries weight with the boss.* Deine Meinung gilt beim Chef sehr viel. ◇ *the weight of evidence* die Beweislast IDM **take the weight off your feet** *(umgs)* sich hinsetzen; sich ausruhen **throw your 'weight about/around** *(umgs)* sich wichtigmachen **throw/put your weight behind sth** sich (mit seinem ganzen Gewicht) für etw einsetzen; sich für etw starkmachen **weight of 'numbers** zahlenmäßige Überlegenheit → *Siehe auch* GROAN, PULL *und* WORTH

▸ ***Verb*** **1 ~ sth (down) (with sth)** etw (mit etw) beschweren **2** *(meist passiv)* gewichten ◇ *a weighted vote* eine Stimme, die einer Gewichtung entspricht ◇ *(AmE) a weighted grade* eine Note, die einer Gewichtung unterliegt

weight·ed /ˈweɪtɪd/ *Adj* **be ~ towards sb/sth; be ~ in favour of sb/sth** jdn/etw begünstigen; **be ~ against sb/sth** jdn/etw benachteiligen

weight·ily *Adv* → WEIGHTY

weighti·ness /ˈweɪtinəs/ *Nomen* Gewichtigkeit, Schwere

weight·ing /ˈweɪtɪŋ/ *Nomen* **1** *(BrE)* Ortszulage **2** Gewichtung

weight·less /ˈweɪtləs/ *Adj* schwerelos

weight·less·ness /ˈweɪtləsnəs/ *Nomen* Schwerelosigkeit

weight·lift·er /ˈweɪtlɪftə(r)/ *Nomen* Gewichtheber(in)

weight·lift·ing /ˈweɪtlɪftɪŋ/ *Nomen* Gewichtheben

weighty /ˈweɪti/ *Adj* **(weight·ier, weighti·est)** *(gehoben)* **1** schwer **2** *(Adv* **weight·ily** /-tɪli/) gewichtig, schwerwiegend

weir /wɪə(r); *AmE* wɪr/ *Nomen* Wehr

weird /wɪəd; *AmE* wɪrd/ *Adj (Adv* **weird·ly**) **1** seltsam ◇ *He's got some weird ideas.* Er hat ziemlich verrückte Ideen. ◇ *weird and wonderful creatures* bizarre Lebewesen **2** *(gehoben)* unheimlich

weirdo /ˈwɪədəʊ; *AmE* ˈwɪrdoʊ/ *Nomen (Pl* **-os** /ˈwɪədəʊz; *AmE* ˈwɪrdoʊz/) *(umgs, abwert)* seltsamer Typ, sonderbarer Kauz

wel·come 0━ /ˈwelkəm/ *Verb, Adj, Nomen, Ausruf*

▸ ***Verb*** **1** begrüßen, willkommen heißen ◇ *a welcoming smile* ein freundliches Lächeln ◇ *They welcomed us with open arms.* Sie empfingen uns mit offenen Armen. **2** *(Entscheidung etc.)* begrüßen

▸ ***Adj*** **1** willkommen ◇ *a welcome guest* ein gern gesehener Gast ◇ *a welcome sight* ein erfreulicher Anblick ◇ *Our neighbours made us welcome.* Wir wurden von unseren Nachbarn herzlich empfangen. **2 be ~ to (do) sth** ◇ *It's an awful job. If you want it, you're welcome to it!* Es ist eine schreckliche Arbeit. Wenn du sie willst, kannst du sie gern haben. ◇ *You're welcome to use the pool.* Du darfst gern den Pool benutzen. IDM **you're 'welcome** *(bes AmE)* keine Ursache; gern geschehen

▸ ***Nomen*** **1** Willkommen, Empfang ◇ *a smile of welcome* ein freundliches Lächeln zur Begrüßung **2** *(fig)* ◇ *The play deserves a warm welcome.* Das Stück verdient es, begeistert aufgenommen zu werden. ◇ *be given a cautious welcome* vorsichtig aufgenommen werden IDM **outstay/overstay your 'welcome** zu lange bleiben

▸ ***Ausruf*** willkommen ◇ *Welcome to Canada!* Willkommen in Kanada!

wel·com·ing /ˈwelkəmɪŋ/ *Adj* **1** freundlich **2** einladend

weld /weld/ *Verb, Nomen*

▸ ***Verb*** (zusammen)schweißen

▸ ***Nomen*** Schweißnaht, Schweißstelle

weld·er /ˈweldə(r)/ *Nomen* Schweißer(in)

wel·fare /ˈwelfeə(r); *AmE* -fer/ *Nomen* **1** Wohl **2** Wohlfahrt, Fürsorge ◇ *child welfare* Kinder- und Jugendhilfe ◇ *animal welfare* Tierschutz ◇ *welfare provision* soziale Versorgung ◇ *welfare services* soziale Einrichtungen **3** *(bes AmE)* Sozialhilfe ◇ *live on welfare* von der Sozialhilfe leben

ˌwelfare 'state *Nomen* Wohlfahrtsstaat

well 0━ /wel/ *Adv, Adj, Ausruf, Nomen, Verb*

▸ ***Adv*** **(bet·ter** /ˈbetə(r)/, **best** /best/) **1** gut ◇ *(umgs) Well done!* Gut (gemacht)! ◇ *People spoke well of him.* Man sagte ihm nur Gutes nach. ◇ *marry well* eine gute Partie machen **2** gründlich, gut ◇ *The surface must be well prepared.* Die Oberfläche muss gründlich vorbereitet werden. ◇ *He's well able to take care of himself.* Er kann sehr wohl für sich selbst sorgen. ◇ *She could well afford it.* Sie konnte es sich gut leisten. **3** sehr ◇ *He was driving at well over the speed limit.* Er fuhr sehr viel schneller als erlaubt. ◇ *The castle is well worth a visit.* Es lohnt sich auf jeden Fall die Burg zu besichtigen. ◇ *He liked her well enough.* Er fand sie so weit ganz nett. ◇ *(BrE, umgs) I was well annoyed, I can tell you.* Ich war richtig wütend, das kann ich dir sagen. **4** wohl, gut ◇ *You may well be right.* Du magst wohl recht haben. ◇ *It may well be that the train is delayed.* Es ist gut möglich, dass der Zug Verspätung hat. ◇ *I can't very well leave now.* Ich kann jetzt schlecht gehen. ◇ *'What are we doing here?' 'You may well ask.'* „Was machen wir hier?" „Gute Frage!" IDM **as well** auch ◇ *Are they coming as well?* Kommen sie auch? **... as well as ...** sowohl ... als auch ... **be 'well away** *(BrE, umgs)* **1** aus dem Gröbsten raus sein; es gut haben **2** hinüber sein **be ˌwell 'in with sb** *(umgs)* mit jdm auf gutem Fuß stehen **be ˌwell 'off** **1** reich sein **2** gut dran sein ◇ *Some people don't know when they're well off.* Manche Leute merken gar nicht, wenn es ihnen gut geht. **be ˌwell 'off for sth** viel von etw haben **be well on the way to sth** auf dem (besten) Weg zu etw sein ◇ *She is well on the way to recovery.* Sie ist wieder auf dem Weg der Besserung. **be ˌwell 'out of sth** *(BrE, umgs)* froh sein können, dass man mit etw nichts mehr zu tun hat **be ˌwell 'up in sth** sich mit etw gut auskennen **do 'well** **1** erfolgreich sein ◇ *She is doing very well at school.* Sie kommt in der Schule gut voran. ◇ *She did well in the exam.* Sie hat in der Prüfung gut abgeschnitten. **2** *(nur in der Verlaufsform)* ◇ *Mother and baby are doing well.* Mutter und Baby geht es gut. ◇ *He is doing well after his operation.* Er macht gute Fortschritte nach seiner Operation. **do 'well by sb** jdn großzügig behandeln **do 'well for yourself** erfolgreich sein **do 'well out of sb/sth** von jdm/etw profitieren **do 'well to do sth** gut daran tun, etw zu tun ◇ *He would do well to concentrate more on his work.* Er täte gut daran, sich mehr auf seine Arbeit zu konzentrieren. **leave/let well a'lone** *(AmE* **let well enough a'lone**) sich heraushalten; die Finger davonlassen **may/might (just) as well do sth** etw eigentlich (auch) tun können **ˌwell and 'truly** *(umgs)* gründlich; vollkommen → *Siehe auch* BLOODY[1], FUCKING, JOLLY, KNOW, MEAN *und* PRETTY

▸ ***Adj*** **(bet·ter** /ˈbetə(r)/, **best** /best/) **1** gesund ◇ *I don't feel very well.* Ich fühle mich nicht sehr wohl. ◇ *Is she* *well enough to travel?* Ist ihr Gesundheitszustand gut genug um zu reisen? ◇ *Get well soon!* Gute Besserung! ◇ *I'm better now, thank you.* Mir geht es inzwischen besser, danke. ◇ (*umgs*) *He's not a well man.* Er ist gesundheitlich angeschlagen. **2** [nicht vor Nomen] in Ordnung, gut ◇ *All's well that ends well.* Ende gut, alles gut. **3** [nicht vor Nomen] (**as**) ~ (**to do sth**) wohl besser (etw zu tun) ◇ *It would be just as well to let her know.* Es wäre wohl besser, ihr Bescheid zu sagen. IDM **all very 'well; all well and 'good** (*umgs*) gut und schön ◇ *That's all very well, but ...* Das is ja alles gut und schön, aber ... **it's all very 'well for sb to do sth** (*umgs*) es ist leicht für jdn etw zu tun ◇ *It's all very well for him to talk!* Er hat gut reden!

▸ ***Ausruf*** **1** also ◇ *Well, well — I would never have guessed it!* Also wirklich — das hätte ich nie vermutet! ◇ *Well, really! What a thing to say!* Also nein! Wie kann man das nur sagen! **2** na ja ◇ *Well, it can't be helped.* Na ja, da kann man nichts machen. **3** also gut ◇ *Oh, very well, then, if you insist.* Also gut, wenn es sein muss. **4** nun ◇ *Well? Are you going to tell us?* Nun? Sagen Sie es uns? **5** äh ◇ *I think it happened, well, last summer.* Ich glaube es passierte — äh — letzten Sommer. **6** nein, aber ◇ *There were thousands of people there — well, hundreds, anyway.* Es waren Tausende da, nein, aber bestimmt Hunderte. IDM **well I 'never ('did)!** (*veraltet*) Also nein!; Wirklich? → *Siehe auch* SAY

▸ ***Nomen*** **1** Brunnen **2** = OIL WELL **3** Schacht, Treppenhaus

▸ ***Verb*** ~ (**up**) **1** aufsteigen ◇ *Tears were welling up in her eyes.* Tränen stiegen ihr in die Augen. **2** (*gehoben*) (*Gefühl*) aufwallen

we'll /wiːl, wil/ **1** = WE WILL **2** = WE SHALL

ˌwell adˈjusted *Adj* gut angepasst

ˌwell adˈvised *Adj* [nicht vor Nomen] **be ~ (to do sth)** gut beraten sein (etw zu tun)

ˌwell apˈpointed *Adj* (*gehoben*) gut ausgestattet

ˌwell ˈbalanced *Adj* **1** ausgewogen **2** ausgeglichen

ˌwell beˈhaved *Adj* artig, gut erzogen ◇ *The audience was surprisingly well behaved.* Das Publikum benahm sich überraschend gut.

ˈwell-being *Nomen* Wohl(ergehen) ◇ *the children's emotional and physical well-being* das leibliche und seelische Wohl der Kinder

ˌwell ˈborn *Adj* (*gehoben*) aus guter Familie

ˌwell ˈbred *Adj* (*veraltet, gehoben*) vornehm ◇ *a well-bred young lady* eine junge Dame aus guter Familie

ˌwell ˈbuilt *Adj* **1** (*Mensch*) stämmig, kräftig **2** (*Gebäude, Maschine*) solide gebaut

ˌwell conˈnected *Adj* (*gehoben*) mit guten Beziehungen

ˌwell ˈcut *Adj* gut geschnitten

ˌwell deˈfined *Adj* klar definiert, klar formuliert

ˌwell deˈveloped *Adj* gut entwickelt, gut ausgeprägt

ˌwell disˈposed *Adj* ~ (**towards/to sb/sth**) (jdm/einer Sache) freundlich gesonnen

ˌwell ˈdocumented *Adj* ausführlich dokumentiert

ˌwell ˈdone *Adj* (*Fleisch*) durchgebraten

ˌwell ˈdressed *Adj* gut gekleidet

ˌwell ˈearned *Adj* wohlverdient

ˌwell eˈstablished *Adj* etabliert, alteingeführt ◇ *a well-established reputation* ein guter Ruf ◇ *He is now well established in his career.* Er hat sich in seinem Beruf einen Namen gemacht.

ˌwell ˈfed *Adj* gut ernährt

ˌwell ˈfounded *Adj* fundiert, (wohl) begründet

ˌwell ˈgroomed *Adj* gepflegt

ˌwell ˈgrounded *Adj* **1 be ~ in sth** gute Grundkenntnisse in etw haben **2** fundiert, (wohl) begründet

ˌwell ˈheeled *Adj* (*umgs*) (gut) betucht

ˌwell inˈformed *Adj* gut informiert, wohl unterrichtet ◇ *a well-informed decision* eine wohl begründete Entscheidung

wel·ling·ton /ˈwelɪŋtən/ (*auch* **ˌwellington ˈboot**) *Nomen* (*BrE*) Gummistiefel

ˌwell inˈtentioned *Adj* gut gemeint

ˌwell ˈkept *Adj* **1** gepflegt **2** (*Geheimnis*) streng gehütet

ˌwell ˈknown ⊶ *Adj* bekannt ◇ *It is a well-known fact that ...* Es ist bekannt, dass ...

ˌwell ˈmeaning *Adj* wohlmeinend ◇ *He's very well meaning.* Er meint es sehr gut.

ˌwell ˈmeant *Adj* gut gemeint

well·ness /ˈwelnəs/ *Nomen* (*bes AmE*) Gesundsein, Wellness

ˌwell-ˈnigh *Adv* nahezu, beinahe

ˌwell ˈoiled *Adj* (*gehoben*) gut geschmiert ◇ *run like a well-oiled machine* wie geschmiert laufen

ˌwell preˈserved *Adj* gut erhalten

ˌwell ˈread *Adj* belesen

ˌwell ˈrounded *Adj* **1** gereift **2** vielseitig, abgerundet **3** rundlich

ˌwell ˈrun *Adj* gut geführt

ˌwell ˈspoken *Adj* sich vornehm anhörend

ˌwell thought of *Adj* angesehen

ˌwell thought ˈout *Adj* gut durchdacht

ˌwell ˈthumbed *Adj* zerlesen

ˌwell ˈtimed *Adj* im richtigen Moment

ˌwell-to-ˈdo *Adj* wohlhabend, reich

ˌwell ˈtried *Adj* bewährt, erprobt

ˈwell-wisher *Nomen* **1** wohlmeinender Mensch **2** Gratulant

ˌwell ˈworn *Adj* **1** (*Weg*) ausgetreten **2** (*Jacke etc.*) viel getragen **3** abgedroschen

welly /ˈweli/ *Nomen* (*Pl* **-ies**) (*BrE, umgs*) Gummistiefel

Welsh /welʃ/ *Nomen, Adj*

▸ ***Nomen*** **1** Walisisch **2 the Welsh** [Pl] die Waliser

▸ ***Adj*** walisisch ◇ *the Welsh coast* die Küste von Wales ◇ *He's Welsh.* Er ist Waliser. ◇ *the Welsh Assembly* die Nationalversammlung für Wales

ˌWelsh ˈdresser *Nomen* (*BrE*) = Anrichte mit Tellerborden

welt /welt/ *Nomen* Striemen

wel·ter /ˈweltə(r)/ *Nomen* [Sing] (*gehoben*) Fülle ◇ *a welter of criticism* ein Sturm der Kritik

wel·ter·weight /ˈweltəweɪt; *AmE* -tərweɪt/ *Nomen* Weltergewicht

wench /wentʃ/ *Nomen* (*veraltet oder hum*) Maid, Mädchen ◇ *a serving wench* eine Magd

wend /wend/ *Verb* (*veraltet oder gehoben*) ziehen ◇ *wend your way home* sich auf den Heimweg machen

Wendy house /ˈwendi haʊs/ *Nomen* (*BrE*) Spielhaus

went *Form von* GO

wept *Form von* WEEP

were /wə(r), *betont* wɜː(r)/ *Form von* BE

we're /wɪə(r); *AmE* wɪr/ = WE ARE

weren't /wɜːnt; *AmE* wɜːrnt/ = WERE NOT

were·wolf /ˈweəwʊlf; *AmE* ˈwerwʊlf/ *Nomen* (*Pl* **-wolves** /ˈweəwʊlvz; *AmE* ˈwerwʊlvz/) Werwolf

west ⊶ /west/ *Nomen, Adj, Adv*

▸ ***Nomen*** (*Abk* **W**) Westen ◇ *to the west of the town* westlich der Stadt

▸ ***Adj*** [nur vor Nomen] (*Abk* **W**) West-, westlich ◇ *the west wind* der Westwind
▸ ***Adv*** nach Westen ◇ *west of Oxford* westlich von Oxford

west·bound /ˈwestbaʊnd/ *Adj* in Richtung Westen ◇ *the westbound carriageway of the motorway* die Autobahn in Richtung Westen

west·er·ly /ˈwestəli; *AmE* -stərli/ *Adj, Nomen*
▸ ***Adj*** **1** [nur vor Nomen] (*Richtung*) westlich **2** (*Wind*) West-
▸ ***Nomen*** (*Pl* **-ies**) Westwind

west·ern 0→ /ˈwestən; *AmE* -stərn/ *Adj, Nomen*
▸ ***Adj*** (*Abk* **W**) West-, westlich ◇ *Western Europe* Westeuropa ◇ *the western slopes of the mountains* die Westseite des Gebirges ◇ *Western art* die westliche Kunst
▸ ***Nomen*** (*Film, Buch*) Western

west·ern·er /ˈwestənə(r); *AmE* -stərnər/ *Nomen* Abendländer(in)

west·ern·iza·tion (*BrE auch* **-isa·tion**) /ˌwestənaɪˈzeɪʃn; *AmE* -stərnəˈ-/ *Nomen* Verwestlichung

west·ern·ize (*BrE auch* **-ise**) /ˈwestənaɪz; *AmE* -stərnaɪz/ *Verb* (*meist passiv*) verwestlichen

west·ern·ized (*BrE auch* **-ised**) /ˈwestənaɪzd; *AmE* -stərnaɪzd/ *Adj* verwestlicht

west·ern·most /ˈwestənməʊst; *AmE* -stərnmoʊst/ *Adj* westlichste(r,s)

west·wards /ˈwestwədz; *AmE* -wərdz/ (*auch* **west·ward**) *Adv, Adj* westwärts, nach Westen

wet 0→ /wet/ *Adj, Verb, Nomen*
▸ ***Adj*** (**wet·ter, wet·test**) **1** (*Adv* **wetly**) nass ◇ *dripping wet* tropfnass ◇ *wet through* völlig durchnässt ◇ *a wet climate* ein feuchtes Klima ◇ *It's wet outside.* Es regnet draußen. ◇ *Keep off! Wet paint.* Vorsicht! Frisch gestrichen. **2** (*BrE, umgs, abwert*) schlapp, schlappschwänzig ◇ *He's so wet!* Er ist so ein Waschlappen! IDM **(still) wet behind the ˈears** (*umgs, abwert*) (noch) nicht trocken hinter den Ohren
▸ ***Verb*** (**wet·ting, wet, wet** *oder* **wet·ting, wet·ted, wet·ted**) nass machen, anfeuchten IDM **wet the/your ˈbed** ins Bett machen **ˈwet yourself; wet your ˈpants/ˈknickers** sich in die Hose machen
▸ ***Nomen*** **1** Nässe ◇ *He stayed out in the wet.* Er blieb draußen im Nassen. **2** (*BrE, abwert*) = Konservative(r), der/die zur politischen Mitte tendiert **3** (*BrE, umgs, abwert*) Waschlappen

wet·back /ˈwetbæk/ *Nomen* (*AmE, umgs, beleidigend*) illegale(r) mexikanische(r) Einwanderer/Einwanderin

ˌwet ˈblanket *Nomen* (*umgs, abwert*) Spielverderber(in), Miesmacher(in)

ˌwet ˈdream *Nomen* feuchter Traum

wet·land /ˈwetlənd/ *Nomen, Adj*
▸ ***Nomen*** (*auch* **wet·lands** [Pl]) Feuchtgebiet, Sumpfgebiet
▸ ***Adj*** [nur vor Nomen] Feuchtgebiets-, Sumpf-

wet·ly /ˈwetli/ *Adv* nass, feucht

wet·ness /ˈwetnəs/ *Nomen* Nässe

ˈwet nurse *Nomen* Amme

wetsuit /ˈwetsuːt; *BrE auch* -sjuːt/ *Nomen* Taucheranzug

we've /wiːv/ = WE HAVE

whack /wæk/ *Verb, Nomen*
▸ ***Verb*** **1** (*umgs*) schlagen, hauen ◇ *He whacked the ball over the net.* Er knallte den Ball übers Netz. **2** (*umgs*) schmeißen, hauen **3** (*AmE, Slang*) umlegen, kaltmachen
▸ ***Nomen*** [meist Sing] (*umgs*) **1** Schlag ◇ *He gave the ball a good whack.* Er schlug den Ball mit aller Kraft. **2** (*BrE*) (An)teil ◇ *Everyone should do their fair whack.* Jeder sollte seinen Teil tun. ◇ *You have to pay the full whack.* Du musst voll zahlen. **3 have/take a ~ at (doing) sth** etw versuchen IDM **out of ˈwhack** (*AmE, umgs*) aus dem Gleichgewicht ◇ *Something is out of whack.* Da stimmt etwas nicht.

whacked /wækt/ (*auch* **ˌwhacked ˈout**) *Adj* [nicht vor Nomen] (*BrE, umgs*) (*erschöpft*) kaputt

whack·ing /ˈwækɪŋ/ (*auch* **ˈwhacking great**) *Adj* (*BrE, umgs*) Riesen-, Mords-

whacky = WACKY

whale /weɪl/ *Nomen* Wal IDM **have a ˈwhale of a time** (*umgs*) sich ganz toll amüsieren

whale·bone /ˈweɪlbəʊn; *AmE* -boʊn/ *Nomen* Fischbein

whaler /ˈweɪlə(r)/ *Nomen* **1** Walfangschiff, Walfänger **2** Walfänger(in)

whal·ing /ˈweɪlɪŋ/ *Nomen* Walfang

wham /wæm/ *Ausruf* (*umgs*) wumm

whammy /ˈwæmi/ *Nomen* (*Pl* **-ies**) (*umgs*) (*Problem etc.*) Schlag ◇ *a double whammy* ein Doppelschlag

wharf /wɔːf; *AmE* wɔːrf/ *Nomen* (*Pl* **wharves** /wɔːvz; *AmE* wɔːrvz/ *oder* **wharfs**) Kai

what 0→ /wɒt; *AmE* wɑːt, wʌt/ *Adj, Pron* **1** was ◇ *What does he do?* Was macht er beruflich? ◇ *What you need is a good meal.* Du brauchst etwas Ordentliches zu essen. ◇ *what little time I had* die wenige Zeit, die ich hatte **2** welche(r,s) ◇ *What car would you choose if you could have any one you wanted?* Welches Auto würdest du nehmen, wenn du jedes haben könntest? **3** was für ◇ *What awful weather!* Was für ein scheußliches Wetter! IDM **and ˈwhat not; and what ˈhave you** (*umgs*) und was sonst noch alles **get what ˈfor** (*BrE, umgs*) eins draufkriegen **give sb what ˈfor** (*BrE, umgs*) es jdm geben; jdm eins draufgeben ◇ *I'll give her what for.* Der werd ichs geben. **know what's ˈwhat** (*umgs*) sich (gut) auskennen **or ˈwhat** (*umgs*) **1** ◇ *Is he stupid or what?* Der ist aber wirklich blöd! **2** oder was ◇ *Are we going now or what?* Gehen wir jetzt oder was? **ˈWhat about ... ?** (*umgs*) **1** Wie wär's mit ... ? **2** Was ist mit ... ? **What are you ˈon?** (*umgs*) Was hast du denn eingeworfen? **ˈwhat-d'you-call-him/-her/-it/-them; ˈwhat's-his/-her/-its/-their-name** Dings(da) **what ˈfor?** wofür?; warum? **what ˈif ... ?** was ist, wenn ... ? **what ˈof it?** (*umgs*) na und? **What's with sb?** (*AmE, umgs*) Was ist mit jdm los? ◇ *What's with you?* Was ist denn mit dir los? **what's with ... ?** (*AmE, umgs*) was soll ... ? ◇ *What's with all this walking?* Was soll diese Lauferei? **what with ...** (*verwendet, um verschiedene Gründe für etw zu geben*) ◇ *What with homework and piano practice, I didn't go out.* Ich musste Hausaufgaben machen und Klavier üben, deshalb bin ich gar nicht rausgegangen.

whatch·am·acall·it /ˈwɒtʃəməkɔːlɪt; *AmE* ˈwɑːtʃə-, ˈwʌtʃə-/ *Nomen* (*umgs*) Dings(da)

what·ever 0→ /wɒtˈevə(r); *AmE* wətˈ-, wɑːtˈ-/ *Pron, Adv*
▸ ***Pron*** **1** was (auch) (immer) ◇ *Do whatever you like.* Tu, was du möchtest. **2** egal was/wie, was/wie auch immer ◇ *You have our support, whatever you do.* Wir stehen hinter dir, egal, was du tust. **3** (*bes BrE*) was ... bloß, was in aller Welt ◇ *Whatever do you mean?* Was meinst du bloß? ◇ *Cloning! Whatever next?* Klonen! Was kommt wohl als Nächstes? **4** (*umgs*) (*desinteressiert*) schon gut, was auch immer ◇ *'You should try a herbal remedy.' 'Yeah, whatever.'* „Du solltest es mit Heilkräutern versuchen." „Jaja, was auch immer." **5** (*umgs*) (es ist mir) egal IDM **or whatˈever** (*umgs*) oder so (was) **whatˈever you do** auf keinen Fall
▸ ***Adv*** **1** (*auch* **what·so·ever** /ˌwɒtsəʊˈevə(r); *AmE*

ˌwʌtsoʊ-/ ˌwɑːt-/) **no, nothing, none, etc. ~** überhaupt kein(e,r,s) ◇ *They received no help whatever.* Sie bekamen überhaupt keine Hilfe. **2** (*umgs*) in jedem Fall

what·not /ˈwɒtnɒt; *AmE* ˈwɑːtnɑːt/ *Nomen* (*umgs*) Dings(da); **and ~** und so was

whats·it /ˈwɒtsɪt; *AmE* ˈwɑːt-, ˈwʌt-/ *Nomen* (*bes BrE, umgs*) Dings(da), Dingens

wheat /wiːt/ *Nomen* Weizen IDM **sort out/separate the ˌwheat from the ˈchaff** die Spreu vom Weizen trennen

wheat·germ /ˈwiːtdʒɜːm; *AmE* -dʒɜːrm/ *Nomen* Weizenkeim

whee /wiː/ *Ausruf* juchhe

whee·dle /ˈwiːdl/ *Verb* (*abwert*) schmeicheln ◇ *wheedle sth out of sb* jdm etw abschwatzen ◇ *wheedle sb into doing sth* jdn dazu herumkriegen, etw zu tun ◇ *wheedle your way out of sth* sich vor etw drücken

wheel 🔑 /wiːl/ *Nomen, Verb*

▸ ***Nomen* 1** Rad ◇ *gear wheels* Zahnräder ◇ *a potter's wheel* eine Töpferscheibe **2** = STEERING WHEEL **3 wheels** [Pl] (*umgs*) ein fahrbarer Untersatz IDM **oil the ˈwheels** (*AmE* **grease the ˈwheels**) dafür sorgen, das alles wie geschmiert läuft **set the ˌwheels in ˈmotion** die Dinge in Gang bringen **the wheel of ˈFortune** das Glücksrad **the ˌwheels of burˈeaucracy/ˈgovernment/ˈjustice** die Mühlen der Bürokratie/Regierung/Justiz **ˌwheels within ˈwheels** ◇ *There are wheels within wheels in this organization.* Es gibt gewisse Verbindungen in dieser Organisation. ◇ *It's a case of wheels within wheels.* Die Sache ist schwer durchschaubar. → *Siehe auch* COG, REINVENT *und* SHOULDER

▸ ***Verb* 1** schieben, ziehen, fahren ◇ *She wheeled her bicycle across the road.* Sie schob ihr Fahrrad über die Straße. ◇ *The nurse wheeled him along the corridor.* Die Krankenschwester fuhr ihn den Flur entlang. **2** (*Vogel, Hubschrauber etc.*) kreisen **3** (sich) drehen; (*Mil*) schwenken; **~ (around)** kehrtmachen IDM **ˌwheel and ˈdeal** undurchsichtige Geschäfte machen; mauscheln PHRV **ˌwheel sth ˈout** etw hervorholen

wheel·bar·row /ˈwiːlbærəʊ; *AmE* -roʊ/ (*auch* **bar·row**) *Nomen* Schubkarre

wheel·base /ˈwiːlbeɪs/ *Nomen* [Sing] Radstand, Achsabstand

wheel·chair /ˈwiːltʃeə(r); *AmE* -tʃer/ *Nomen* Rollstuhl ◇ *Does the hotel have wheelchair access?* Ist das Hotel rollstuhlgerecht? ◇ *wheelchair users* Rollstuhlfahrer

ˈwheel clamp (*auch* **clamp**) *Nomen* (*BrE*) Parkkralle

-wheeled /wiːld/ (*in Zusammensetzungen*) ◇ *a sixteen-wheeled lorry* ein Lkw mit 16 Rädern

wheeler-dealer /ˌwiːlə ˈdiːlə(r); *AmE* -lər ˈ-/ *Nomen* (*umgs*) Mauschler(in)

wheel·house /ˈwiːlhaʊs/ *Nomen* **1** Ruderhaus **2** (*AmE*) Spezialgebiet ◇ *a role that is right in his wheelhouse* eine Rolle, die ihm wie auf den Leib geschneidert ist **3** = Zone beim Baseball, bei der der Ball vom Schlagmann optimal geschlagen werden kann

wheelie /ˈwiːli/ *Nomen* (*umgs*) Fahren auf dem Hinterrad

ˈwheelie bin *Nomen* (*BrE, umgs*) fahrbare Mülltonne

wheel·wright /ˈwiːlraɪt/ *Nomen* Stellmacher(in)

wheeze /wiːz/ *Verb, Nomen*

▸ ***Verb*** keuchen, pfeifend atmen

▸ ***Nomen* 1** pfeifender Atem, Pfeifen **2** (*BrE, umgs, veraltet*) Trick, Idee

wheezi·ness /ˈwiːzinəs/ *Nomen* Keuchen, Pfeifen

wheezy /ˈwiːzi/ *Adj* (*Adv* **wheez·ily** /-zɪli/) pfeifend ◇ *be wheezy* pfeifend atmen ◇ *a wheezy cough* ein keuchender Husten ◇ *a wheezy laugh* ein schnaufendes Lachen

whelk /welk/ *Nomen* Wellhornschnecke

whelp /welp/ *Nomen, Verb*

▸ ***Nomen*** (*Fachspr*) Welpe

▸ ***Verb*** (*Fachspr*) werfen

when 🔑 /wen/ *Adv, Pron, Konj*

▸ ***Adv, Pron* 1** wann ◇ *When did you see him?* Wann haben Sie ihn gesehen? **2** ◇ *in May, when you were away* im Mai, als du nicht da warst ◇ *Sunday is the day when I relax.* Sonntag ist der Tag, an dem ich ausspanne. ◇ *There are times when …* Manchmal …

▸ ***Konj* 1** als ◇ *We met when I was at school.* Wir lernten uns kennen, als ich in der Schule war. **2** wenn ◇ *Call me when you've finished.* Ruf mich, wenn du fertig bist. **3** wann ◇ *Let me know when it's convenient.* Sagen Sie mir, wann es Ihnen passt. **4** wo … doch ◇ *She claimed to be 18, when she's only 16.* Sie behauptete 18 zu sein, wo sie doch erst 16 ist. IDM → AS

whence /wens/ *Adv* (*veraltet*) woher

when·ever 🔑 /wenˈevə(r)/ *Konj, Adv*

▸ ***Konj* 1** wann (auch) immer ◇ *You can ask me whenever you want.* Sie können mich fragen, wann immer Sie möchten. **2** jedes Mal, wenn

▸ ***Adv*** wann … nur ◇ *Whenever did you find the time?* Wann hast du denn nur die Zeit gefunden?

where 🔑 /weə(r); *AmE* wer/ *Adv, Konj*

▸ ***Adv* 1** wo ◇ *Where do you live?* Wo wohnen Sie? **2 ~ … (to)** wohin; **~ … from** woher ◇ *Where are we going?* Wohin gehen wir? ◇ *Where do you come from?* Woher kommst du?

▸ ***Konj*** wo ◇ *This is where I live.* Hier wohne ich. ◇ *He gets bored where computers are concerned.* Wenn es um Computer geht, langweilt er sich. ◇ *That's where you're wrong.* Da irrst du dich.

where·abouts *Nomen, Adv*

▸ /ˈweərəbaʊts; *AmE* ˈwer-/ ***Nomen*** [mit Verb im Sing/Pl] Verbleib, Aufenthaltsort

▸ /ˌweərəˈbaʊts; *AmE* ˌwer-/ ***Adv*** wo (ungefähr)

where·as 🔑 /ˌweərˈæz; *AmE* ˌwer-/ *Konj* **1** während, dagegen ◇ *Some results were positive, whereas others were not.* Einige Ergebnisse waren positiv, andere dagegen nicht. **2** (RECHT) in Anbetracht dessen, dass

where·by /weəˈbaɪ; *AmE* werˈ-/ *Adv* (*gehoben*) wodurch

where·fore /ˈweəfɔː(r); *AmE* ˈwerfɔːr/ *Nomen* IDM → WHY

where·in /weərˈɪn; *AmE* werˈ-/ *Adv, Konj* (*gehoben*) worin

where·of /weərˈɒv; *AmE* werˈʌv/ *Konj* (*veraltet oder hum*) wovon, worüber

where·upon /ˌweərəˈpɒn; *AmE* ˌwerəˈpɑːn/ *Konj* (*gehoben*) worauf

wher·ever 🔑 /weərˈevə(r); *AmE* werˈ-/ *Konj, Adv*

▸ ***Konj* 1** wo (auch) immer ◇ *Sit wherever you like.* Nehmen Sie Platz, wo Sie möchten. **2** überall, wo ◇ *Wherever I go, he goes.* Egal, wo ich hingehe, er kommt mit. **3** wann immer ◇ *Use olive oil wherever possible.* Nehmen Sie Olivenöl, wann immer möglich. IDM **or wherˈever** (*umgs*) oder sonst wo/woher/wohin

▸ ***Adv*** wo … nur ◇ *Wherever has he gone to?* Wo ist er nur hingegangen?

where·withal /ˈweəwɪðɔːl; *AmE* ˈwerwɪ-/ *Nomen* **the wherewithal** [Sing] die nötigen Mittel, die nötigen Fähigkeiten

whet /wet/ *Verb* (**-tt-**) **1** (*Interesse etc.*) anregen **2** (*Messer etc.*) wetzen

whether 0-ᴛ /ˈweðə(r)/ *Konj* ob ◇ *It remains to be seen whether or not it will work.* Es bleibt abzuwarten, ob es klappt. ◇ *You're coming, whether you like it or not.* Du kommst mit, ob du willst oder nicht.

whet·stone /ˈwetstəʊn; *AmE* -stoʊn/ *Nomen* Wetzstein

whew /hwju:, fju:/ *Ausruf* (*erleichtert*) uff; (*überrascht*) oh

whey /weɪ/ *Nomen* Molke

which 0-ᴛ /wɪtʃ/ *Pron* **1** welche(r,s) ◇ *Which is better exercise—swimming or tennis?* Welcher Sport ist gesünder—Schwimmen oder Tennis? ◇ *Which way is the wind blowing?* Wohin weht der Wind? **2** (*in Relativsätzen*) der, die, das ◇ *the book which I bought yesterday* das Buch, das ich gestern gekauft habe **IDM** **know/tell etc. ˌwhich is ˈwhich** sie auseinanderhalten ◇ *I can't tell which is which.* Ich kann sie nicht auseinanderhalten.

which·ever /wɪtʃˈevə(r)/ *Adj, Pron* **1** derjenige, der/diejenige, die/dasjenige, das, wer/was (auch) (immer) ◇ *Whichever of you gets here first will get the prize.* Wer von euch zuerst hier ist, bekommt den Preis. ◇ *Choose whichever brand you prefer.* Suchen Sie die Marke aus, die Sie bevorzugen. **2** egal welche(r,s) ◇ *It takes three hours, whichever route you take.* Es dauert drei Stunden, egal welche Strecke du nimmst. ◇ *whichever way you look at it* wie man es auch sieht

whiff /wɪf/ *Nomen* **1** Hauch **2** Anflug, Spur

while 0-ᴛ /waɪl/ *Konj, Nomen, Verb*

▸ ***Konj*** (*bes BrE, gehoben* **whilst** /waɪlst/) **1** (*zeitlich*) während ◇ *We were burgled while we were asleep.* Bei uns ist eingebrochen worden, während wir schliefen. **2** (*vergleichend*) während ◇ *While Tom's very tall, his brother is short.* Während Tom sehr groß ist, ist sein Bruder klein. **3** obwohl ◇ *While I am willing to help, I do not have much time.* Ich würde zwar gern helfen, aber ich habe nicht viel Zeit.

▸ ***Nomen*** [Sing] Weile ◇ *I'll be back in a little while.* Ich bin gleich wieder da. ◇ *I haven't seen him for quite a while.* Ich hab ihn schon ziemlich lange nicht mehr gesehen. **IDM** → ONCE *und* WORTH

▸ ***Verb*** **PHRV** **ˌwhile sth aˈway** sich etw vertreiben

whim /wɪm/ *Nomen* Laune ◇ *We bought the house on a whim.* Wir kauften das Haus kurz entschlossen.

whim·per /ˈwɪmpə(r)/ *Verb, Nomen*

▸ ***Verb*** wimmern, winseln

▸ ***Nomen*** Wimmern, Winseln ◇ *without a whimper* ohne zu klagen

whim·si·cal /ˈwɪmzɪkl/ *Adj* (*Adv* **whim·si·cal·ly** /-kli/) (*gehoben*) **1** (*Humor etc.*) skurril **2** launenhaft

whimsy /ˈwɪmzi/ *Nomen* **1** Skurrilität **2** Launenhaftigkeit

whine /waɪn/ *Verb, Nomen*

▸ ***Verb*** jammern; (*Kind*) quengeln; (*Hund*) winseln; (*Maschine*) heulen

▸ ***Nomen*** Jammern; (*von Kind*) Quengeln; (*von Hund*) Winseln; (*von Maschine*) Heulen

whinge /wɪndʒ/ *Verb, Nomen*

▸ ***Verb*** (**whinge·ing** *oder* **whing·ing**) (*BrE, umgs, abwert*) **~ (about sb/sth)** (über jdn/etw) jammern

▸ ***Nomen*** Jammern

whin·ger /ˈwɪndʒə(r)/ *Nomen* Meckerer, Meckerin

whinny /ˈwɪni/ *Verb, Nomen*

▸ ***Verb*** (**whin·nies, whinny·ing, whin·nied, whin·nied**) wiehern

▸ ***Nomen*** (*Pl* **-ies**) Wiehern

whip /wɪp/ *Nomen, Verb*

▸ ***Nomen*** **1** Peitsche **2** (*im Parlament*) ≈ Einpeitscher(in) ◇ *the chief whip* der Fraktionsführer **3** Anordnung des Fraktionsführers/der Fraktionsführerin → *Siehe auch* THREE-LINE WHIP **4** Creme(speise) **IDM** **have/hold, etc. the ˈwhip hand (over sb/sth)** die Oberhand (über jdn/etw) haben

▸ ***Verb*** (**-pp-**) **1** peitschen (*auch fig*) ◇ *Her hair whipped around her face in the wind.* Der Wind peitschte ihr die Haare ins Gesicht. **2** = sich schnell bewegen, flitzen ◇ *She whipped round to face him.* Sie drehte sich schnell um und sah ihn an. ◇ *She whipped the mask off her face.* Sie riss sich die Maske vom Gesicht. ◇ *The man whipped out a knife.* Der Mann zückte plötzlich ein Messer. **3** reißen, schnell hinbringen **4 ~ sth (up)** etw schlagen ◇ *whipped cream* Schlagsahne **5** (*BrE, umgs*) klauen **IDM** **whip sb into a frenzy** jdn zum Rasen bringen **PHRV** **ˌwhip ˈthrough sth** (*umgs*) durch etw eilen ◇ *We whipped through customs in ten minutes.* Wir wurden vom Zoll in zehn Minuten abgefertigt. **ˌwhip sb/sth ˈup** jdn/etw aufpeitschen ◇ *He could really whip up a crowd.* Er konnte die Menge wirklich mitreißen. **ˌwhip sth ˈup** (*Interesse, Begeisterung etc.*) wecken; (*Unterstützung*) auftreiben; (*Mahlzeit etc.*) hinzaubern

whip·lash /ˈwɪplæʃ/ (*auch* **ˈwhiplash injury**) *Nomen* Schleudertrauma

whip·pet /ˈwɪpɪt/ *Nomen* (*Hund*) Whippet

whip·ping /ˈwɪpɪŋ/ *Nomen* [meist Sing] Tracht Prügel, Auspeitschen

ˈwhipping boy *Nomen* Prügelknabe

ˈwhipping cream *Nomen* Schlagsahne

ˈwhip-round *Nomen* (*BrE, umgs*) (Geld)sammlung ◇ *have a whip-round* den Hut herumgehen lassen

whir (*bes AmE*) = WHIRR

whirl /wɜ:l; *AmE* wɜ:rl/ *Verb, Nomen*

▸ ***Verb*** (herum)wirbeln ◇ *My mind was whirling from all that had happened.* Mir schwirrte der Kopf von alldem, was geschehen war.

▸ ***Nomen*** [Sing] **1** Wirbel ◇ *a whirl of dust* ein Staubwirbel ◇ (*fig*) *Her mind was in a whirl.* Ihr schwirrte der Kopf. **2** Trubel ◇ *Her life was one long whirl of parties.* In ihrem Leben gab es eine Party nach der anderen. **IDM** **give sth a ˈwhirl** (*umgs*) etw (aus)probieren

whirl·pool /ˈwɜ:lpu:l; *AmE* ˈwɜ:rl-/ *Nomen* **1** Strudel (*auch fig*) **2** (*auch* **ˌwhirlpool ˈbath**) Whirlpool

whirl·wind /ˈwɜ:lwɪnd; *AmE* ˈwɜ:rl-/ *Nomen, Adj*

▸ ***Nomen*** **1** Wirbelsturm, Wirbelwind **2** (*fig*) Wirbel, Trubel

▸ ***Adj*** [nur vor Nomen] stürmisch, Blitz- ◇ *a whirlwind tour* eine Blitztournee

whirr (*AmE meist* **whir**) /wɜ:(r)/ *Verb, Nomen*

▸ ***Verb*** (**-rr-**) surren

▸ ***Nomen*** (*auch* **whir·ring**) Surren

whisk /wɪsk/ *Verb, Nomen*

▸ ***Verb*** **1** (*mit einem Schneebesen*) verquirlen, schlagen **2** (schnell) wegnehmen ◇ *Jamie whisked her off to Paris for the weekend.* Jamie entführte sie übers Wochenende nach Paris.

▸ ***Nomen*** Schneebesen, Rührbesen

whis·ker /ˈwɪskə(r)/ *Nomen* **1** Schnurrhaar **2 whiskers** [Pl] (*veraltet oder hum*) Backenbart **IDM** **be, come, etc. within a whisker of sth/doing sth** ◇ *They came within a whisker of being killed.* Sie entgingen dem Tod nur um Haaresbreite. **by a ˈwhisker** um Haaresbreite → *Siehe auch* CAT

whis·kered /ˈwɪskəd; *AmE* -skərd/ (*auch* **whis·kery** /-skəri/) *Adj* backenbärtig, mit Schnurrhaaren (versehen)

whisky (*AmE* **whis·key**) /ˈwɪski/ *Nomen* (*Pl* **whis·kies, whis·keys**) Whisky

whis·per /ˈwɪspə(r)/ *Verb, Nomen*
▸ ***Verb*** **1** flüstern, tuscheln ◇ *She whispered something in his ear.* Sie flüsterte ihm etwas ins Ohr. **2** (*oft passiv*) munkeln ◇ *It was whispered that he would resign.* Das Gerücht ging um, dass er zurücktreten würde. **3** (*gehoben*) (*Wind, Blätter etc.*) säuseln
▸ ***Nomen*** **1** Flüstern ◇ *They spoke in whispers.* Sie sprachen im Flüsterton. → *Siehe auch* STAGE WHISPER **2** (*auch* **whis·per·ing**) (*gehoben*) Rauschen **3** Gerücht

ˈwhispering campaign *Nomen* Verleumdungskampagne

whist /wɪst/ *Nomen* Whist

whis·tle /ˈwɪsl/ *Nomen, Verb*
▸ ***Nomen*** **1** Pfeife ◇ *The referee finally blew the whistle to stop the game.* Endlich pfiff der Schiedsrichter das Spiel ab. → *Siehe auch* TIN WHISTLE **2** Pfiff ◇ *the final whistle* der Abpfiff → *Siehe auch* WOLF WHISTLE **3** Pfeifen IDM → BLOW *und* CLEAN
▸ ***Verb*** pfeifen ◇ *The referee whistled for a foul.* Der Schiedsrichter pfiff ein Foul. ◇ *The crowd whistled as he came onto the field.* Er wurde ausgepfiffen, als er aufs Spielfeld kam. ◇ *They whistled at her as she walked past.* Sie pfiffen ihr nach, als sie vorbeiging. IDM **sb can ˈwhistle for sth** (*BrE, umgs*) jd kann lange auf etw warten

ˈwhistle-blower *Nomen* (*Pressejargon*) = jd, der etw auffliegen lässt

ˈwhistle-stop *Adj* [nur vor Nomen] ◇ *a whistle-stop tour of Europe* eine Rundreise durch Europa mit vielen Kurzaufenthalten

Whit /wɪt/ *Adj* Pfingst- ◇ *Whit Sunday* Pfingstsonntag

whit /wɪt/ *Nomen* [Sing] (*veraltet*) IDM **not a ˈwhit; not one ˈwhit** kein bisschen; kein Funken

white /waɪt/ *Adj, Nomen*
▸ ***Adj*** **1** weiß **2** bleich ◇ *She went white as a sheet.* Sie wurde kreidebleich. **3** (*BrE*) (*Kaffee*) mit Milch
▸ ***Nomen*** **1** Weiß **2** [meist Pl] (*Mensch*) Weiße(r) **3** Weißwein **4** Eiweiß, Klar **5** [meist Pl] (*im Auge*) Weiße **6 whites** [Pl] Weißwäsche; (*Sport*) weißer Dress IDM → BLACK

white·bait /ˈwaɪtbeɪt/ *Nomen* [Pl] junge Heringe/Sprotten

white·board /ˈwaɪtbɔːd; *AmE* -bɔːrd/ *Nomen* Weißwandtafel ◇ *an interactive whiteboard* eine Multimedia-Tafel

white·caps /ˈwaɪtkæps/ *Nomen* [Pl] (*AmE*) Wellen mit Schaumkronen

ˌwhite-ˈcollar *Adj* ◇ *white-collar workers* Büroangestellte ◇ *a white-collar job* ein Büroberuf ◇ *white-collar crime* Weiße-Kragen-Kriminalität

ˌwhite ˈdwarf *Nomen* (ASTRON) weißer Zwerg

ˌwhite ˈelephant *Nomen* [meist Sing] nutzloser Besitz, Fehlinvestition

ˌwhite ˈflag *Nomen* [meist Sing] weiße Fahne

ˈwhite goods *Nomen* [Pl] (*BrE*) Haushaltsgeräte

White·hall /ˈwaɪthɔːl/ *Nomen* **1** = Londoner Straße, in der sich viele Regierungsgebäude befinden **2** [mit Verb im Sing/Pl] (*fig*) = die britische Regierung

ˌwhite ˈheat *Nomen* Weißglut

ˌwhite ˈhope *Nomen* [Sing] (*umgs*) (*Mensch*) große Hoffnung

ˌwhite ˈhorses *Nomen* (*BrE*) [Pl] Wellen mit Schaumkronen

ˌwhite-ˈhot *Adj* (weiß) glühend

the ˈWhite House *Nomen* [Sing] **1** das Weiße Haus **2** (*fig*) der/die amerikanische Präsident(in) und die Regierung

ˌwhite ˈknight *Nomen Finanz*) = Person oder Organisation, die eine Firma vor einem Aufkauf zu einem Niedrigpreis bewahrt

ˌwhite-ˈknuckle ride *Nomen* = aufregende Fahrt auf einer Achterbahn, Berg-und-Talbahn etc.

ˌwhite ˈlie *Nomen* Notlüge

ˌwhite ˈmeat *Nomen* helles Fleisch

whiten /ˈwaɪtn/ *Verb* **1** weiß werden **2** weiß machen

white·ness /ˈwaɪtnəs/ *Nomen* [Sing] Weiß(e), Blässe

ˌwhite ˈnoise *Nomen* weißes Rauschen

ˈwhite-out *Nomen* starkes Schneegestöber

ˌWhite ˈPaper *Nomen* (*BrE*) (POL) Weißbuch

ˌwhite ˈsauce *Nomen* helle Soße

ˌwhite ˈspirit *Nomen* (*BrE*) Terpentinersatz

ˌwhite ˈtie *Nomen, Adj*
▸ ***Nomen*** weiße Fliege
▸ ***Adj*** ◇ *Is it a white-tie affair?* Muss man Frack tragen?

white·wash /ˈwaɪtwɒʃ; *AmE* -wɑːʃ/ *Nomen, Verb*
▸ ***Nomen*** **1** (weiße) Tünche **2** [U/Sing] (*abwert*) Augenwischerei **3** (*umgs*) Zu-Null-Niederlage/Sieg
▸ ***Verb*** **1** (weiß) tünchen **2** (*abwert*) beschönigen; (*Ruf, Namen etc.*) rein waschen **3** (*bes BrE*) zu Null schlagen

ˌwhite ˈwater *Nomen* [U] **1** Wildwasser ◇ *white-water rafting* Wildwasserfahren **2** schäumende Wellen

ˌwhite ˈwedding *Nomen* Hochzeit in Weiß

ˌwhite ˈwine *Nomen* Weißwein

whither /ˈwɪðə(r)/ *Adv, Konj* (*veraltet oder gehoben*) wohin ◇ *Whither should they go?* Wohin sollen sie gehen? ◇ *Whither modern architecture?* Moderne Architektur, was nun?

whit·ing /ˈwaɪtɪŋ/ *Nomen* (*Pl* **whit·ing**) Weißling

whit·ish /ˈwaɪtɪʃ/ *Adj* weißlich

Whit·sun /ˈwɪtsn/ *Nomen* Pfingsten

ˌWhit ˈSunday *Nomen* (*BrE*) Pfingstsonntag

whit·tle /ˈwɪtl/ *Verb* schnitzen ◇ *He whittled the piece of wood into a simple toy.* Er schnitzte aus dem Holzstück ein einfaches Spielzeug. PHR V **ˌwhittle sth aˈway** etw dezimieren; (*Ersparnisse*) auffressen **ˌwhittle sth ˈdown** etw reduzieren, etw kürzen ◇ *I managed to whittle down the list to five.* Ich habe es geschafft, die Liste auf fünf Namen zu reduzieren.

whizz (*bes AmE* **whiz**) /wɪz/ *Verb, Nomen*
▸ ***Verb*** zischen, sausen (*auch fig*) ◇ *She whizzed through the work in an hour.* Sie arbeitete mit Volldampf und war in einer Stunde fertig.
▸ ***Nomen*** (*umgs*) Genie ◇ *She's a whizz at crosswords.* Beim Lösen von Kreuzworträtseln ist sie ein Genie.

ˈwhizz-kid (*AmE meist* **ˈwhiz-kid**) *Nomen* (*umgs*) Wunderkind, Genie, Senkrechtstarter(in)

whizzy /ˈwɪzi/ *Adj* pfiffig, ausgeklügelt

WHO /ˌdʌbljuː eɪtʃ ˈəʊ; *AmE* ˈoʊ/ *Kurzform von* **World Health Organization** Weltgesundheitsorganisation

who /huː/ *Pron* **1** (*Fragewort*) wer, wem, wen ◇ *Who's the money for?* Für wen ist das Geld? **2** (*in Relativsätzen*) der, die, das IDM **who am ˈI, who are ˈyou etc. to do sth?** ◇ *Who are you to tell me I can't park here?* Was glauben Sie eigentlich, wer Sie sind, dass Sie mir sagen können, dass ich hier nicht parken kann? ◇ *Who am I to object?* Wie könnte ich denn etwas dagegen haben? **who's ˈwho** wer ist wer ◇ *You'll soon find out who's who in the office.* Sie werden bald alle im Büro kennen lernen.

whoa /wəʊ; *AmE* woʊ/ *Ausruf* brr, halt

who'd /huːd/ **1** = WHO HAD **2** = WHO WOULD

who·dun·it (*BrE auch* **who·dun·nit**) /ˌhuːˈdʌnɪt/ *Nomen* (*umgs*) Krimi

who·ever 🔑 /huːˈevə(r)/ *Pron* **1** wer (immer) ◇ *Whoever says that is a liar.* Wer das sagt, der ist ein Lügner. ◇ *Send it to whoever is in charge of sales.* Schicken Sie es einfach an den Verkaufsleiter. **2** wer auch, egal wer ◇ *Come out of there, whoever you are.* Kommen Sie dort heraus, wer Sie auch sein mögen. **3** wer (bloß) ◇ *Whoever heard of such a thing!* Wer hat denn so etwas schon gehört!

whole 🔑 /həʊl; *AmE* hoʊl/ *Adj, Nomen*
▸ ***Adj*** ganz ◇ *a whole number* eine ganze Zahl ◇ *Let's forget the whole thing.* Vergessen wir das Ganze. ◇ *Owls usually swallow their prey whole.* Eulen verschlingen gewöhnlich ihre Beute im Ganzen. ◇ *the whole truth* die volle Wahrheit ◇ *That's the whole point.* Das ist es ja gerade. IDM **a ˈwhole lot** (*umgs*) (sehr) viel ◇ *I'm feeling a whole lot better.* Es geht mir viel besser. **a ˈwhole lot (of sth)** (*umgs*) eine ganze Menge (von etw) **the ˌwhole ˈlot** alles ℹ Für andere Redewendungen mit **whole** siehe die Einträge für die entsprechenden Nomina etc. **Go the whole hog** z.B. steht unter **hog**.
▸ ***Nomen*** **1** Ganze(s) ◇ *Four quarters make a whole.* Vier Viertel ergeben ein Ganzes. **2** [Sing] ◇ *I spent the whole of the morning cooking.* Ich habe den ganzen Vormittag gekocht. IDM **as a ˈwhole** als Ganzes ◇ *This is true in Europe as a whole.* Das trifft für ganz Europa zu. **on the whole** im Großen und Ganzen

whole·food /ˈhəʊlfuːd; *AmE* ˈhoʊl-/ *Nomen* (*auch* **whole·foods** [Pl]) Vollwertkost

whole·grain /ˈhəʊlgreɪn; *AmE* ˈhoʊl-/ *Adj* Vollkorn- ◇ *wholegrain mustard* grobkörniger Senf

whole·heart·ed /ˌhəʊlˈhɑːtɪd; *AmE* ˌhoʊlˈhɑːrtəd/ *Adj* (*Adv* **whole·heart·ed·ly**) uneingeschränkt, rückhaltlos

whole·meal /ˈhəʊlmiːl; *AmE* ˈhoʊl-/ *Adj* Vollkorn-

whole·ness /ˈhəʊlnəs; *AmE* ˈhoʊl-/ *Nomen* Ganzheit, Vollständigkeit

ˈwhole note *Nomen* (*AmE*) (MUS) ganze Note

whole·sale /ˈhəʊlseɪl; *AmE* ˈhoʊl-/ *Adj, Adv*
▸ ***Adj*** [nur vor Nomen] **1** Großhandels- **2** massenhaft
▸ ***Adv*** **1** im Großhandel **2** massenweise, massenhaft

whole·saler /ˈhəʊlseɪlə(r); *AmE* ˈhoʊl-/ *Nomen* Großhändler(in) ◇ *fruit and vegetable wholesalers* Obst- und Gemüsegroßhändler

whole·sal·ing /ˈhəʊlseɪlɪŋ; *AmE* ˈhoʊl-/ *Nomen* Großhandel

whole·some /ˈhəʊlsəm; *AmE* ˈhoʊl-/ *Adj* **1** gesund, bekömmlich **2** (*Einfluss*) positiv, erbaulich

whole·some·ness /ˈhəʊlsəmnəs; *AmE* ˈhoʊl-/ *Nomen* Gesundheit, Bekömmlichkeit

ˈwhole step *Nomen* (*AmE*) (MUS) Ganzton

whole·wheat /ˈhəʊlwiːt; *AmE* ˈhoʊl-/ *Adj* Vollkorn-

who'll /huːl/ = WHO WILL

whol·ly /ˈhəʊlli; *AmE* ˈhoʊl-/ *Adv* (*gehoben*) völlig, gänzlich ◇ *The government is not wholly to blame for the recession.* Die Regierung ist nicht allein verantwortlich für die Rezession.

whom 🔑 /huːm/ *Pron* **1** wen **2** (*in Relativsätzen*) den, die, das

whom·ever /ˌhuːmˈevə(r)/ (*auch* **whom·so·ever** /ˌhuːmsəʊˈevə(r); *AmE* -soʊ-/) *Pron* (*gehoben*) wen (auch immer), wem (auch immer), egal wen/wem

whoop /wuːp, huːp/ *Nomen, Verb*
▸ ***Nomen*** Schrei ◇ *a whoop of joy* ein Freudenschrei
▸ ***Verb*** (vor Freude) schreien IDM **ˌwhoop it ˈup** (*umgs*) **1** einen draufmachen; auf die Pauke hauen **2** (*AmE*) Stimmung machen

whoo·pee /ˈwʊˈpiː/ *Ausruf, Nomen*
▸ ***Ausruf*** (*der Freude*) yippieh
▸ ***Nomen*** IDM **make ˈwhoopee** (*umgs, veraltet*) auf den Putz hauen

whoop·ing cough /ˈhuːpɪŋ kɒf; *AmE* kɔːf/ *Nomen* Keuchhusten

whoops /wʊps/ *Ausruf* **1** upps, huch **2** oje

whoosh /wʊʃ, wuːʃ/ *Nomen, Verb*
▸ ***Nomen*** [meist Sing] (*umgs*) Rauschen, Zischen
▸ ***Verb*** (*umgs*) rauschen, zischen

whop·per /ˈwɒpə(r); *AmE* ˈwɑːpər/ *Nomen* (*umgs*) **1** Riesending **2** faustdicke Lüge

whop·ping /ˈwɒpɪŋ; *AmE* ˈwɑːpɪŋ/ (*auch* **ˈwhopping great**) *Adj* [nur vor Nomen] (*umgs*) Riesen-, Mords- ◇ *a whopping 5 million loss* ein Riesenverlust von 5 Millionen

whore /hɔː(r)/ *Nomen* Hure

who're /ˈhuːə(r)/ *Kurzform von* **who are**

whore·house /ˈhɔːhaʊs; *AmE* ˈhɔːrhaʊs/ *Nomen* (*veraltet*) Freudenhaus, Bordell

whorl /wɜːl; *AmE* wɜːrl/ *Nomen* **1** Spirale, spiralförmige Linie **2** (BOT) Quirl

who's /huːz/ **1** = WHO IS **2** = WHO HAS

whose 🔑 /huːz/ *Pron* dessen, deren

who·so·ever /ˌhuːsəʊˈevə(r); *AmE* -soʊ-/ *Pron* (*veraltet*) wer (auch immer), egal wer/wen/wem

Who's Who /ˌhuːz ˈhuː/ *Nomen* = jährlich erscheindendes britisches Lexikon, in dem berühmte Persönlichkeiten aufgeführt werden

who've /huːv/ = WHO HAVE

whup /wʌp/ *Verb* (**-pp-**) (*bes AmE, umgs*) schlagen, besiegen

why 🔑 /waɪ/ *Adv, Ausruf, Nomen*
▸ ***Adv*** **1** warum, weshalb ◇ *That's why I left so early.* Deswegen bin ich so früh gegangen. **2** wozu, wofür IDM **why ˈever** warum denn (bloß) ◇ *Why ever didn't you tell us before?* Warum hast du uns das denn nicht früher gesagt? **ˌwhy ˈnot?** warum nicht? ◇ *Why not write to her?* Schreib ihr doch!
▸ ***Ausruf*** (*BrE, veraltet oder AmE*) na, ach, aber
▸ ***Nomen*** IDM **the ˌwhys and (the) ˈwherefores** das Warum und Weshalb

WI **1** = WEST INDIES **2** /ˌdʌbljuː ˈaɪ/ *Kurzform von* **Women's Institute** = britischer Frauenverband, besonders in ländlichen Gegenden, in dem Frauen sich regelmäßig zu handwerklichen, kulturellen und sozialen Aktivitäten treffen

wick /wɪk/ *Nomen* Docht IDM **get on sb's ˈwick** (*BrE, umgs*) jdm auf den Wecker gehen

wicked /ˈwɪkɪd/ *Adj, Nomen*
▸ ***Adj*** (*Adv* **wick·ed·ly**) **1** böse, schlecht, schlimm **2** (*umgs*) frech, spitzbübisch, bissig ◇ *a wickedly funny comedy* eine Komödie voll von bissigem Humor **3** gefährlich, hart **4** (*Slang*) (*sehr gut*) geil, scharf, feist
▸ ***Nomen*** **the wicked** [Pl] die Bösen IDM **(there's) no peace/rest for the ˈwicked** (*hum*) nie kommt man zur Ruhe

wick·ed·ness /ˈwɪkɪdnəs/ *Nomen* [U] Schlechtigkeit, Gemeinheit, Niedertracht, Laster(haftigkeit)

wicker /ˈwɪkə(r)/ *Nomen* [U] Korbgeflecht ◇ *a wicker chair* ein Korbsessel

wick·er·work /ˈwɪkəwɜːk; *AmE* -kərwɜːrk/ *Nomen* [U] Korbgeflecht, Korbwaren

wicket /ˈwɪkɪt/ *Nomen* **1** (*Kricket*) Wicket, Tor **2** Spielbahn (*beim Kricket*) IDM **keep ˈwicket** (*Kricket*) Torwächter sein → *Siehe auch* STICKY

wicket gate *Nomen* = kleines Tor

wicket·keep·er /ˈwɪkɪtkiːpə(r)/ (*BrE, umgs* **keep·er**) *Nomen* (*Kricket*) Torwächter(in)

wide 🗝 /waɪd/ *Adj, Adv*

▸ ***Adj*** **1** breit **2** groß ◇ *the whole wide world* die ganze weite Welt ◇ *The incident has received wide coverage.* Über den Vorfall ist ausführlich berichtet worden. **3** (*nur in den Steigerungsformen*) weit(reichend) ◇ *wider problems* Probleme von größerer Reichweite ◇ *education in its widest sense* Bildung im weitesten Sinne **4** (*Augen*) weit geöffnet **5** daneben; **~ (of sth)** (an etw) vorbei ◇ *Her shot was wide (of the target).* Ihr Schuss ging daneben. **6** (*in Zusammensetzungen*) -weit ◇ *Europe-wide* europaweit IDM **give sb/sth a wide ˈberth** einen großen Bogen um jdn/etw machen **wide of the ˈmark** weit gefehlt; unzutreffend

▸ ***Adv*** weit ◇ *He stood with his legs wide apart.* Er stand breitbeinig da. ◇ *wide awake* hellwach IDM → CAST *und* FAR

wide-angle ˈlens *Nomen* Weitwinkelobjektiv

ˌwide boy *Nomen* (*BrE, umgs, abwert*) Gauner

ˌwide-ˈeyed *Adj* (*gehoben*) **1** großäugig ◇ *She stared at him in wide-eyed amazement.* Sie sah ihn mit großen, erstaunten Augen an. **2** naiv ◇ *a picture of wide-eyed innocence* ein Bild kindlicher Unschuld

wide·ly 🗝 /ˈwaɪdli/ *Adv* **1** weit(hin), allgemein ◇ *Her books are widely read.* Ihre Bücher werden viel gelesen. ◇ *a widely-read man* ein belesener Mann **2** erheblich, sehr

widen /ˈwaɪdn/ *Verb* **1** sich weiten, breiter werden **2** verbreitern, erweitern

ˌwide-ˈranging *Adj* (*gehoben*) weit reichend, umfassend

wide·screen /ˈwaɪdskriːn/ *Nomen* Breitbild

ˈwide shot *Nomen* (FILM) Totale

wide·spread /ˈwaɪdspred/ *Adj* (weit) verbreitet, allgemein, groß

widget /ˈwɪdʒɪt/ *Nomen* **1** (*umgs*) Produkt **2** (COMP) Widget

widow /ˈwɪdəʊ; *AmE* -doʊ/ *Nomen, Verb*

▸ ***Nomen*** Witwe

▸ ***Verb*** **be widowed** Witwe(r) werden

widowed /ˈwɪdəʊd; *AmE* -doʊd/ *Adj* verwitwet

wid·ow·er /ˈwɪdəʊə(r); *AmE* -doʊ-/ *Nomen* Witwer

widow·hood /ˈwɪdəʊhʊd; *AmE* -doʊ-/ *Nomen* Witwenschaft, Witwerschaft

width 🗝 /wɪdθ, wɪtθ/ *Nomen* Breite ◇ *10 metres in width* 10 Meter breit ◇ *He swam two widths.* Er hat das Schwimmbecken zweimal durchquert. ◇ *You'll need two widths of fabric for each curtain.* Sie brauchen zwei Bahnen Stoff für jede Gardine.

width·ways /ˈwɪdθweɪz, ˈwɪtθ-/ *Adv* quer, der Breite nach

wield /wiːld/ *Verb* **1** (*Macht*) ausüben **2** (*Schwert, Messer*) führen

wie·ner /ˈwiːnə(r)/ *Nomen* (*AmE*) Wiener/Frankfurter Würstchen

wife 🗝 /waɪf/ *Nomen* (*Pl* **wives** /waɪvz/) (Ehe)frau IDM → HUSBAND, OLD *und* WORLD

wife·ly /ˈwaɪfli/ *Adj* (*veraltet oder hum*) ehelich, einer Ehefrau

Wi-Fi™ /ˈwaɪ faɪ/ *Nomen* (COMP) Wi-Fi®, kabellose Datenübertragung, W-LAN

wig /wɪg/ *Nomen* Perücke

wig·gle /ˈwɪgl/ *Verb, Nomen*

▸ ***Verb*** (*umgs*) **1** **~ sth** mit etw wackeln, mit etw wedeln **2** (mit dem Hintern) wackeln

▸ ***Nomen*** Wackeln

ˈwiggle room *Nomen* (*umgs*) Spielraum

wig·gly /ˈwɪgli/ *Adj* (*umgs*) wellig ◇ *a wiggly line* eine Schlangenlinie

wig·wam /ˈwɪgwæm; *AmE* -wɑːm/ *Nomen* Wigwam

wiki /ˈwɪki/ *Nomen* (COMP) Wiki

wild 🗝 /waɪld/ *Adj, Nomen*

▸ ***Adj*** **1** (*Tiere, Pflanzen*) Wild-, wild ◇ *wild strawberries* Walderdbeeren **2** (*Landschaft*) urwüchsig, unberührt **3** (*Person*) ungezügelt, wild, rasend ◇ *The crowd went wild.* Die Menge raste. ◇ *He had a wild look in his eyes.* Er hatte einen irren Blick. **4** (*Gefühle*) überschäumend, unbändig, leidenschaftlich ◇ *wild applause* stürmischer Applaus **5** (*Äußerung etc.*) wüst, wild ◇ *He made a wild guess at the answer.* Er antwortete aufs Geratewohl. **6** (*umgs*) (*Erlebnis, Erfolg etc.*) fantastisch, toll **7** **be ~ about sb/sth** (*umgs*) auf jdn/etw wild sein ◇ *I'm not wild about the idea.* Ich bin nicht gerade begeistert von der Idee. **8** (*Wetter, See etc.*) stürmisch, rau IDM **beyond your wildest ˈdreams** ◇ *riches beyond my wildest dreams* Reichtümer, die meine kühnsten Träume übersteigen **run ˈwild** verwildern ◇ *Let your imagination run wild.* Lassen Sie Ihrer Fantasie freien Lauf. **wild ˈhorses would not drag, make, etc. me (do sth)** keine zehn Pferde würden mich dazu bringen (das zu tun) → *Siehe auch* SOW[1]

▸ ***Nomen*** **1** **the wild** [Sing] freie Wildbahn ◇ *survive in the wild* in freier Wildbahn überleben **2** **the wilds** [Pl] ◇ *in the wilds of Alaska* im tiefsten Alaska ◇ (*hum*) *She lives somewhere out in the wilds.* Sie lebt irgendwo draußen auf dem Land.

ˌwild ˈboar (*auch* **boar**) *Nomen* Wildschwein

ˈwild card *Nomen* **1** (*in Kartenspielen*) Joker **2** (*Tennis*) Wildcard; (*Mensch*) Wildcard-Inhaber(in) **3** (COMP) Platzhalter **4** unberechenbare Größe

wild·cat /ˈwaɪldkæt/ *Adj* [nur vor Nomen] **1** (*Streik*) wild **2** (*Projekt*) riskant

wilde·beest /ˈwɪldəbiːst/ *Nomen* (*Pl* **wilde·beest**) Gnu

wil·der·ness /ˈwɪldənəs; *AmE* -dərnəs/ *Nomen* [meist Sing] **1** Wildnis, Wüste **2** Dschungel IDM **in the ˈwilderness** in der Wüste

ˈwilderness area *Nomen* (*AmE*) Landschaftsschutzgebiet

wild·fire /ˈwaɪldfaɪə(r)/ *Nomen* Lauffeuer IDM → SPREAD

wild·fowl /ˈwaɪldfaʊl/ *Nomen* [Pl] Wildgeflügel

ˌwild ˈgoose chase *Nomen* Jagd nach einem Phantom ◇ *The police had been sent on a wild goose chase.* Die Polizei war auf eine falsche Fährte gesetzt worden.

wild·life /ˈwaɪldlaɪf/ *Nomen* [U] Tierwelt ◇ *a wildlife sanctuary* ein Wildreservat

wild·ly 🗝 /ˈwaɪldli/ *Adv* **1** wild, ungestüm, unkontrolliert ◇ *She looked wildly around for an escape.* Sie suchte verzweifelt nach einer Fluchtmöglichkeit. **2** maßlos, äußerst, wahnsinnig ◇ *It is not a wildly funny play.* Das Stück ist nicht sonderlich lustig.

wild·ness /ˈwaɪldnəs/ *Nomen* [U] Wildheit

the ˌWild ˈWest *Nomen* [Sing] der Wilde Westen

wiles /waɪlz/ *Nomen* [Pl] (*gehoben*) Schliche, Kniffe

wil·ful (*AmE meist* **will·ful**) /ˈwɪlfl/ *Adj* (*Adv* **wil·ful·ly** /-fəli/) (*abwert*) **1** vorsätzlich, mutwillig, schuldhaft **2** eigensinnig, halsstarrig

wil·ful·ness /ˈwɪlflnəs/ *Nomen* [U] (*abwert*) Eigensinn, Halsstarrigkeit, Mutwille

will 🗝 /wɪl/ *Hilfsvb, Verb, Nomen*

▸ ***Hilfsvb*** **(would)** (*verwendet, um das Futur auszudrücken*) werden ◇ *'You won't get there on time!' 'Yes, I will!'* „Du wirst nicht rechtzeitig hinkommen." „Doch!"

▸ ***Verb*** wollen ◇ *He won't come out of his bedroom.* Er will nicht aus seinem Zimmer kommen. ◇ *The car won't start.* Das Auto will nicht anspringen. ◇ (*veraltet*) *Call it what you will, it's still a problem.* Nennen Sie es, wie Sie wollen, es ist und bleibt ein Problem.

▸ ***Verb*** **1** durch Willenskraft geschehen lassen ◇ *She said she willed the glass to tip over.* Sie behauptete, das Glas durch bloße Willenskraft zum Umfallen gebracht zu haben. ◇ *He thought he could fly, if he willed it enough.* Er glaubte, er könnte fliegen, wenn er nur seinen ganzen Willen daran setzte. **2** zwingen ◇ *She willed her eyes to stay open.* Sie zwang sich, die Augen offen zu halten. **3** (*veraltet*) wollen ◇ *God had willed it.* Es war Gottes Wille. **4** vererben, vermachen ◇ *Joe had willed them everything./Joe had willed everything to them.* Joe hatte ihnen alles vermacht.

▸ ***Nomen*** **1** Wille ◇ *a clash of wills* ein Willenskampf **2** Testament IDM **against your 'will** gegen seinen Willen **at 'will** nach Belieben **where there's a ˌwill there's a 'way** wo ein Wille ist, ist auch ein Weg **with a 'will** (*gehoben*) mit großem Eifer **with the ˌbest will in the 'world** beim besten Willen

'will-call *Nomen* [U] (*AmE*) (*für bereits bezahlte Waren, z. B. Tickets*) Abholstelle, Abholservice

-willed /wɪld/ (*in Zusammensetzungen*) willens- ◇ *strong-willed* willensstark

will·ful (*AmE*) = WILFUL

wil·lie = WILLY

will·ing /'wɪlɪŋ/ *Adj* **1** bereit, gewillt **2** (bereit)willig, hilfsbereit ◇ *willing volunteers* Freiwillige IDM → GOD, SHOW *und* SPIRIT

will·ing·ly /'wɪlɪŋli/ *Adv* **1** bereitwillig, gern **2** willentlich, absichtlich

will·ing·ness /'wɪlɪŋnəs/ *Nomen* Bereitschaft, Bereitwilligkeit

will-o'-the-wisp /ˌwɪl ə ðə 'wɪsp/ *Nomen* [meist Sing] **1** Schimäre; (*Mensch*) Irrwisch **2** Irrlicht

wil·low /'wɪləʊ; *AmE* -loʊ/ *Nomen* **1** (*auch* **'willow tree**) Weide **2** Weidenholz

wil·lowy /'wɪləʊi; *AmE* -loʊ-/ *Adj* gertenschlank

will·power /'wɪlpaʊə(r)/ *Nomen* Willenskraft

willy (*auch* **wil·lie**) /'wɪli/ *Nomen* (*Pl* **-ies**) (*BrE, umgs*) Pimmel

willy-nilly /ˌwɪli 'nɪli/ *Adv* (*umgs*) **1** wohl oder übel **2** wahllos, aufs Geratewohl

wilt /wɪlt/ *Verb* **1** welken **2** (*umgs*) schlaff machen, nachlassen **3 thou wilt** (*veraltet*) du willst

wily /'waɪli/ *Adj* (**wili·er, wili·est**) gerissen, schlau

wimp /wɪmp/ *Nomen, Verb*

▸ ***Nomen*** (*umgs, abwert*) (*Mensch*) Waschlappen, Schlappschwanz

▸ ***Verb*** PHRV **ˌwimp 'out (of sth)** sich (vor etw) drücken

wimp·ish /'wɪmpɪʃ/ (*auch* **wimpy** /-pi/) *Adj* feige, lahm

wim·ple /'wɪmpl/ *Nomen* (Nonnen)schleier

win /wɪn/ *Verb, Nomen*

▸ ***Verb*** (**win·ning, won, won** /wʌn/) **1** gewinnen, siegen ◇ *You've won (yourself) a trip to New York.* Sie haben eine Reise nach New York gewonnen. **2** bekommen, gewinnen, ernten ◇ *The Conservatives won the seat from Labour in the last election.* Das Mandat ging in der letzten Wahl von Labour an die Konservativen über. IDM **you, he, etc. ˌcan't 'win** (*umgs*) wie man's macht, ist es verkehrt **you can't win them 'all**; **you 'win some, you 'lose some** (*umgs*) man kann nicht immer Glück haben **'you win** (*umgs*) du hast gewonnen; ich gebe mich geschlagen **win (sth) ˌhands 'down** (*umgs*) (etw) spielend gewinnen **win sb's 'heart** jds Herz gewinnen **ˌwin or 'lose** wie es auch ausgeht → *Siehe auch* DAY *und* SPUR PHRV **ˌwin sb a'round/'over/'round (to sth)** jdn (zu etw) herumkriegen, jdn (zu etw) umstimmen **ˌwin sth/sb 'back** jdn/etw zurückgewinnen, jdn/etw wiedergewinnen **ˌwin 'out/'through** (*umgs*) ans Ziel gelangen ◇ *We'll win through in the end.* Am Ende werden wir's schaffen.

▸ ***Nomen*** (*im Wettbewerb*) Sieg

wince /wɪns/ *Verb, Nomen*

▸ ***Verb*** **~ (at sth)** (bei etw) zusammenzucken; (*vor Verlegenheit*) sich (bei etw) winden

▸ ***Nomen*** [meist Sing] Zusammenzucken ◇ *A wince of pain passed over his face.* Er zuckte vor Schmerz zusammen.

winch /wɪntʃ/ *Nomen, Verb*

▸ ***Nomen*** (TECH) Winde, Haspel

▸ ***Verb*** mit einer Winde (hoch)ziehen/heben

wind¹ /wɪnd/ *Nomen, Verb* → *Siehe auch* WIND²

▸ ***Nomen*** **1** Wind ◇ *gale-force winds* Wind in Sturmstärke ◇ *a gust of wind* eine Windbö **2** (*BrE*) [U] Blähung(en) ◇ *You need to bring the baby's wind up.* Jetzt muss das Baby Bäuerchen machen. **3** Atem ◇ *I need time to get my wind back.* Ich bin immer noch außer Atem. ◇ *He kicked Gomez, knocking the wind out of him.* Er trat Gomez, der daraufhin keine Luft mehr bekam. → *Siehe auch* LONG-WINDED *und* SECOND WIND **4** [mit Verb im Sing/Pl] (*auch* **winds** [Pl]) (MUS) Bläser ◇ *the wind section* die Bläser ◇ *a wind band* ein Blasorchester IDM **be in the 'wind** in der Luft liegen **break 'wind** einen fahren lassen **get 'wind of sth** (*umgs*) Wind von etw bekommen **get/have the 'wind up (about sth)** (*umgs*) (wegen etw) Schiss kriegen/haben **like the 'wind** wie der Wind **put the 'wind up sb** (*BrE, umgs*) jdm Angst machen **see which way the 'wind is blowing** verstehen, woher der Wind weht **take the 'wind out of sb's sails** (*umgs*) jdm den Wind aus den Segeln nehmen **a wind/the winds of 'change** (*besonders Pressejargon*) ein frischer(er) Wind → *Siehe auch* CAUTION, FOLLOWING, ILL, SAIL *und* STRAW

▸ ***Verb*** **1** (*meist passiv*) **~ sb** jdm den Atem nehmen ◇ *He was winded by the blow.* Durch den Schlag bekam er keine Luft mehr. **2** (*BrE*) (*Baby*) aufstoßen lassen, ein Bäuerchen machen lassen

wind² /waɪnd/ *Verb, Nomen* → *Siehe auch* WIND¹

▸ ***Verb*** (**wound, wound** /waʊnd/) **1** sich winden, sich schlängeln **2** wickeln ◇ *She wound the wool into a ball.* Sie wickelte die Wolle zu einem Knäuel auf. **3 ~ sth (up)** etw aufziehen **4 ~ (sth) forward/back** (etw) vor-/zurückspulen **5** (*Kurbel*) drehen IDM → LITTLE FINGER PHRV **ˌwind 'down** **1** sich entspannen **2** (*Maschine*) herunterfahren; (*Uhr*) ablaufen ◇ *The festival is winding down now.* Das Festival nähert sich jetzt dem Ende. **ˌwind sth 'down** **1** etw zurückschrauben, etw allmählich einstellen ◇ *The department is being wound down.* Die Abteilung wird allmählich aufgelöst. **2** (*Autofenster*) herunterkurbeln, herunterlassen **ˌwind 'up** **1** (*umgs*) enden, landen ◇ *We eventually wound up staying in a hotel.* Am Ende übernachteten wir in einem Hotel. ◇ *If you take risks like that you'll wind up dead.* Wenn du solche Risiken eingehst, wirst du eines Tages dabei draufgehen. **2** zu einem Ende kommen ◇ *The speaker was just winding up.* Der Sprecher sprach gerade seine Schlussworte. **3** zum Aufziehen sein ◇ *a gramophone that winds up* ein Grammofon zum Aufziehen **ˌwind sb 'up** (*BrE, umgs*) jdn ärgern, jdn aufziehen **ˌwind sth 'up** **1** (*Rede, Versammlung etc.*) zu Ende bringen, beenden **2** (*Firma*) auflösen; (*Produktion*) auslaufen lassen **3** (*Autofenster*) hinaufkurbeln, hochfahren

▸ ***Nomen*** (Um)drehung ◇ *Give the handle another couple of winds.* Kurbele noch ein paar Mal.

wind·bag /'wɪndbæg/ *Nomen* (*umgs, abwert*) Schwätzer(in)

wind·blown /ˈwɪnd bləʊn; *AmE* bloʊn/ *Adj* **1** ◇ *wind-blown leaves* Blätter, die vom Wind hergetragen wurden ◇ *wind-blown dust* vom Wind aufgewirbelter Staub ◇ *Wind-blown snow enters narrow chinks in the roof.* Der Wind weht den Schnee in die Ritzen im Dach. **2** (vom Wind) zerzaust

wind·break /ˈwɪndbreɪk/ *Nomen* Windschutz

wind·cheat·er /ˈwɪndtʃiːtə(r)/ (*BrE, veraltet*) (*AmE* **wind·break·er** /ˈwɪndbreɪkə(r)/) *Nomen* Windjacke

wind chill /ˈwɪnd tʃɪl/ *Nomen* gefühlte Temperatur ◇ *the wind-chill factor* der Wind-Chill-Faktor

wind·fall /ˈwɪndfɔːl/ *Nomen* **1** unverhoffter Gewinn, unerwartete Einkünfte ◇ *windfall gains* unerwartete Gewinne **2** ◇ *windfalls* Fallobst ◇ *windfall apples* Falläpfel

wind farm /ˈwɪnd fɑːm; *AmE* fɑːrm/ *Nomen* Windpark

wind·ing /ˈwaɪndɪŋ/ *Adj* gewunden ◇ *a winding road* eine kurvenreiche Straße

winding sheet /ˈwaɪndɪŋ ʃiːt/ *Nomen* Leichentuch

wind in·stru·ment /ˈwɪnd ɪnstrəmənt/ *Nomen* Blasinstrument

wind·lass /ˈwɪndləs/ *Nomen* (TECH) Winde

wind·less /ˈwɪndləs/ *Adj* (*gehoben*) windstill

wind·mill /ˈwɪndmɪl/ *Nomen* **1** Windmühle **2** Windrad IDM → TILT

win·dow 0‐ /ˈwɪndəʊ; *AmE* -doʊ/ *Nomen* **1** Fenster ◇ *a window on the world* ein Fenster zur Welt ◇ *a broken window* eine kaputte Fensterscheibe → *Siehe auch* FRENCH WINDOW *und* ROSE WINDOW **2** Schaufenster **3** Schalter ◇ *a box-office window* eine Theaterkasse **4** [Sing] ~ **into sth** Einblick in etw **5** ~ (**of opportunity**) Gelegenheit, Chance IDM **fly/go out (of) the ˈwindow** (*umgs*) den Bach runtergehen

ˈwindow box *Nomen* Blumenkasten

ˈwindow dresser *Nomen* Schaufenstergestalter(in)

ˈwindow dressing *Nomen* [U] **1** Schaufensterdekoration **2** (*fig, abwert*) (reine) Show, Mache

ˈwindow ledge *Nomen* Fensterbank, Fensterbrett

win·dow·less /ˈwɪndəʊləs; *AmE* -doʊ-/ *Adj* fensterlos

win·dow·pane /ˈwɪndəʊpeɪn; *AmE* -doʊ-/ *Nomen* Fensterscheibe

ˈwindow shade (*auch* **shade**) *Nomen* (*AmE*) Jalousie

ˈwindow-shopping *Nomen* [U] Schaufensterbummeln

window·sill /ˈwɪndəʊsɪl; *AmE* -doʊ-/ (*auch* **sill**) *Nomen* Fensterbank, Fensterbrett

wind·pipe /ˈwɪndpaɪp/ *Nomen* (ANAT) Luftröhre

wind·screen /ˈwɪndskriːn/ *Nomen* (*BrE*) Windschutzscheibe

ˈwindscreen wiper (*auch* **wiper**) *Nomen* (*BrE*) Scheibenwischer

wind·shield /ˈwɪndʃiːld/ *Nomen* **1** (*AmE*) Windschutzscheibe **2** (*am Motorrad, Grill etc.*) Windschutz

ˈwindshield wiper (*auch* **wiper**) *Nomen* (*AmE*) Scheibenwischer

wind·sock /ˈwɪndsɒk; *AmE* -sɑːk/ *Nomen* Windsack

wind·surf /ˈwɪndsɜːf; *AmE* -sɜːrf/ *Verb* windsurfen

wind·surf·er /ˈwɪndsɜːfə(r); *AmE* -sɜːrfər/ *Nomen* **1** (*AmE auch* **Wind·surf·er™**) Windsurfbrett **2** Windsurfer(in)

wind·surf·ing /ˈwɪndsɜːfɪŋ; *AmE* -sɜːrfɪŋ/ *Nomen* Windsurfen

wind·swept /ˈwɪndswept/ *Adj* **1** windgepeitscht **2** vom Wind zerzaust

wind tun·nel /ˈwɪnd tʌnl/ *Nomen* Windkanal

wind turbine /ˈwɪnd tɜːbaɪn; *AmE* tɜːrbaɪn/ *Nomen* Windturbine

wind-up /ˈwaɪnd ʌp/ *Adj Nomen*

▸ ***Adj*** [nur vor Nomen] **1** zum Aufziehen ◇ *wind-up windows* Autofenster zum Kurbeln **2** Schluss- ◇ *a wind-up speech* eine Schlussrede

▸ ***Nomen*** (*BrE, umgs*) Spaß ◇ *Is this a wind-up?* Willst du mich ärgern/aufziehen?

wind·ward /ˈwɪndwəd; *AmE* -wərd/ *Adj, Nomen*

▸ ***Adj*** Wind-, auf der Windseite

▸ ***Nomen*** Windseite ◇ *sail to windward* gegen den Wind segeln → *Siehe auch* LEEWARD

windy /ˈwɪndi/ *Adj* (**wind·ier**, **windi·est**) **1** windig **2** (*umgs, abwert*) langatmig

wine 0‐ /waɪn/ *Nomen, Verb*

▸ ***Nomen*** **1** Wein ◇ *sparkling wine* Sekt **2** = WINE RED

▸ ***Verb*** IDM **ˌwine and ˈdine** schlemmen **ˌwine and ˈdine sb** jdn fürstlich bewirten; jdn in ein gutes Restaurant einladen

ˈwine bar *Nomen* Weinlokal

ˈwine cellar (*auch* **cel·lar**) *Nomen* Weinkeller

ˌwine ˈcooler *Nomen* **1** (*AmE*) = Weinschorle mit Fruchtsaft **2** **ˈwine cooler** Weinkühler

ˈwine glass *Nomen* Weinglas

wine·grow·er /ˈwaɪngrəʊə(r); *AmE* -groʊ-/ *Nomen* (LANDW) Winzer(in)

ˈwine list *Nomen* Weinkarte

wine·maker /ˈwaɪnmeɪkə(r)/ *Nomen* Kellermeister(in), Weinhersteller(in)

ˌwine ˈred (*auch* **wine**) *Adj* weinrot

win·ery /ˈwaɪnəri/ *Nomen* (*Pl* **-ies**) (*bes AmE*) Weingut

wing 0‐ /wɪŋ/ *Nomen, Verb*

▸ ***Nomen*** **1** Flügel ◇ *He plays on the left wing.* Er spielt links außen. **2** (*beim Flugzeug*) Tragfläche **3** (*BrE*) (*beim Auto etc.*) Kotflügel ◇ *a wing mirror* ein Außenspiegel **4** (SPORT) Außenstürmer(in), Flügelstürmer(in) **5** (THEAT) **the wings** [Pl] die Kulissen IDM **get your ˈwings** den Pilotenschein bekommen **(wait) in the ˈwings** in den Kulissen (stehen) ◇ *young managers waiting in the wings* junge Manager, die auf ihre Chance warten **on a ˌwing and a ˈprayer** auf gut Glück **on the ˈwing** (*gehoben*) im Flug **take sb under your ˈwing** jdn unter seine Fittiche nehmen **take ˈwing** (*gehoben*) **1** davonfliegen **2** Flügel bekommen → *Siehe auch* CLIP *und* SPREAD

▸ ***Verb*** fliegen ◇ *An invitation will be winging its way to you soon.* Eine Einladung wird Ihnen bald ins Haus flattern. ◇ (*gehoben*) *A seagull winged its way across the bay.* Eine Möwe flog über die Bucht. IDM **ˈwing it** (*umgs*) improvisieren

ˌwing ˈcollar *Nomen* Klappenkragen

ˈwing commander *Nomen* (*in der britischen Luftwaffe*) Oberstleutnant

winged /wɪŋd/ *Adj* **1** mit Flügeln, geflügelt **2** **-winged** (*in Zusammensetzungen*) mit … Flügeln, -flügelig ◇ *a long-winged bird* ein Vogel mit langen Flügeln

wing·er /ˈwɪŋə(r)/ *Nomen* (SPORT) Außenstürmer(in), Flügelstürmer(in)

wing·less /ˈwɪŋləs/ *Adj* flügellos

ˈwing nut *Nomen* Flügelmutter

wing·span /ˈwɪŋspæn/ *Nomen* Flügelspannweite, Flügelspanne

wing·tips /ˈwɪŋtɪps/ *Nomen* [Pl] (*AmE*) = feste Lederschuhe mit perforierter Kappe

wink /wɪŋk/ *Verb, Nomen*

▸ ***Verb*** **1** ~ (**at sb**) (jdm zu)zwinkern, (jdm zu)blinzeln **2** (*gehoben*) (*Licht*) blinken, funkeln PHR V **ˈwink at sth** etw geflissentlich übersehen

▸ **Nomen** Zwinkern, Blinzeln ◇ *with a wink* augenzwinkernd IDM **not get/have a 'wink of sleep; not sleep a 'wink** kein Auge zutun → *Siehe auch* NOD *und* TIP

win·kle /ˈwɪŋkl/ *Nomen, Verb*

▸ **Nomen** (*BrE*) Strandschnecke

▸ **Verb** (*BrE, umgs*) PHR V **ˌwinkle sth/sb 'out (of sth)** etw/jdn (aus etw) herausbekommen ◇ *They were winkled out of their positions of influence.* Sie wurden um ihre einflussreiche Position gebracht. **ˌwinkle sth 'out of sb** etw aus jdm herausbekommen

win·ner 0→ /ˈwɪnə(r)/ *Nomen* **1** Gewinner(in), Sieger(in) ◇ *The jockey rode his 48th winner.* Der Jockey konnte seinen 48. Sieg verbuchen. **2** [meist Sing] (*umgs*) (*Erfolg*) Hit, Renner ◇ *We could be onto a winner.* Das könnte ein Hit werden. **3** [Sing] (SPORT) Siegestreffer, Siegestor IDM → PICK

win·ning 0→ /ˈwɪnɪŋ/ *Adj* **1** [nur vor Nomen] siegreich ◇ *the winning goal* der Siegtreffer ◇ *the winning ticket* das Gewinnlos → *Siehe auch* AWARD-WINNING *und* PRIZEWINNING **2** (*Lächeln etc.*) gewinnend, einnehmend IDM → CARD

'winning post *Nomen* (*bes BrE*) (SPORT) Zielpfosten

win·nings /ˈwɪnɪŋz/ *Nomen* [Pl] Preisgelder; (*beim Wetten etc.*) Gewinn

win·now /ˈwɪnəʊ; *AmE* -noʊ/ *Verb* (*Getreide*) worfeln, reinigen PHR V **ˌwinnow sb/sth 'out (of sth)** (*gehoben*) jdn/etw (aus etw) aussieben

wino /ˈwaɪnəʊ; *AmE* -noʊ/ *Nomen* (*Pl* **-os**) (*umgs*) = Penner(in), der/die viel billigen Alkohol trinkt

win·some /ˈwɪnsəm/ *Adj* (*gehoben*) gewinnend, einnehmend; (*Person*) reizend

win·ter 0→ /ˈwɪntə(r)/ *Nomen, Verb*

▸ **Nomen** Winter → *Beispiele bei* SOMMER IDM → DEAD

▸ **Verb** den Winter verbringen; (*Tier*) überwintern

winter 'sports *Nomen* [Pl] Wintersport(arten)

win·ter·time /ˈwɪntətaɪm; *AmE* -tərtaɪm/ *Nomen* Winter(zeit)

win·try /ˈwɪntri/ *Adj* **1** winterlich **2** (*gehoben*) (*fig*) frostig, kühl

wipe /waɪp/ *Verb, Nomen*

▸ **Verb** **1** (ab)wischen ◇ *Please wipe your feet on the mat.* Bitte treten Sie Ihre Füße auf der Matte ab. ◇ *She wiped off her make-up.* Sie schminkte sich ab. **2** (*Datei, Kassette etc.*) löschen **3** ~ **sth from sth** (*aus dem Gedächtnis*) etw aus etw löschen IDM **wipe the 'floor with sb** (*umgs*) jdn auseinandernehmen; jdn fertigmachen **wipe sb/sth off the ˌface of the 'earth; wipe sth off the 'map** jdn/etw ausradieren ◇ *It's as if he's been wiped off the face of the earth.* Es ist als hätte ihn der Erdboden verschluckt. **wipe the slate 'clean** einen Schlussstrich ziehen; reinen Tisch machen PHR V **ˌwipe sth 'down** etw abwischen **wipe sth off** etw löschen **wipe sth off sth** **1** etw von etw löschen **2** (*fig*) ◇ *Wipe that stupid smile off your face.* Hör auf so blöd zu grinsen. **3** (FINANZ) ◇ *Billions of dollars were wiped off share prices today.* Heute kam es zu Aktienverlusten in Milliardenhöhe. **ˌwipe 'out** (*umgs*) (*beim Skifahren*) stürzen; (*beim Surfen*) ins Wasser fallen **ˌwipe sb/sth 'out** (*oft passiv*) jdn/etw auslöschen ◇ *The profits were virtually wiped out.* Die Gewinne wurden mehr oder weniger zunichtegemacht. ◇ *a campaign to wipe out malaria* ein Feldzug zur Ausrottung von Malaria **ˌwipe 'up** abtrocknen **ˌwipe sth 'up** **1** etw aufwischen **2** etw abtrocknen

▸ **Nomen** **1** ◇ *Can you give the table a wipe?* Kannst du den Tisch abwischen? **2** Feuchttuch

wiper /ˈwaɪpə(r)/ = WINDSCREEN WIPER *und* WINDSHIELD WIPER

wire 0→ /ˈwaɪə(r)/ *Nomen, Verb*

▸ **Nomen** **1** Draht ◇ *fuse wire* Sicherungsdraht → *Siehe auch* HIGHWIRE, HOT-WIRE *und* TRIPWIRE **2** Leitung ◇ *overhead wires* eine Oberleitung ◇ *The telephone wires had been cut.* Das Telefonkabel war gekappt worden. **3 the wire** der Drahtzaun **4** (*bes AmE, umgs*) Telegramm IDM **get your 'wires crossed** (*umgs*) sich missverstehen; aneinander vorbeireden **go, come, etc. (right) down to the 'wire** (*umgs*) im letzten Moment entschieden werden → *Siehe auch* LIVE[2] *und* PULL

▸ **Verb** **1** ~ **sth (up)** etw anschließen, etw verkabeln, in etw Leitungen verlegen ◇ *Make sure the plug is wired up correctly.* Achten Sie darauf, dass der Stecker richtig angeschlossen ist. ◇ *be wired for cable TV* verkabelt sein **2** ~ **sb/sth up (to sth)** jdn/etw (an etw) anschließen, jdn/etw (mit etw) verbinden; ~ **sb/sth to sth** jdn/etw an etw anschließen, jdn/etw mit etw verbinden **3** verwanzen, abhören ◇ *The room had been wired for sound.* Das Zimmer wurde verwanzt. **4** (*bes AmE*) telegrafieren **5** (*Geld*) überweisen **6** mit Draht verbinden/zusammenbinden → *Siehe auch* WIRED

'wire cutters *Nomen* [Pl] Drahtschere

wired /ˈwaɪəd; *AmE* -ərd/ *Adj* **1** (COMP) vernetzt **2** mit Draht verstärkt ◇ *wired glass* Drahtglas **3** (*umgs*) aufgeregt, überdreht **4** (*bes AmE, umgs*) (*alkoholisiert*) blau; (*auf Drogen*) high

wire·less /ˈwaɪələs; *AmE* -ərləs/ *Nomen, Adj*

▸ **Nomen** (*veraltet*) **1** (*bes BrE*) Radio(apparat) **2** Funk ◇ *wireless operators* Funker

▸ **Adj** drahtlos

ˌwire 'netting *Nomen* Maschendraht

wire·tap /ˈwaɪətæp; *AmE* -ərtæp/ *Verb, Nomen* (*auch* **tap**) (*bes AmE*)

▸ **Verb** (*Telefon*) anzapfen

▸ **Nomen** Telefonüberwachung

wire·tap·ping /ˈwaɪətæpɪŋ; *AmE* -ərt-/ *Nomen* Anzapfen von Telefonleitungen, Abhören

ˌwire 'wool *Nomen* (*BrE*) Stahlwolle

wir·ing /ˈwaɪərɪŋ/ *Nomen* [U] (ELEK) Leitungen, Kabel ◇ *a wiring diagram* ein Schaltplan

wiry /ˈwaɪəri/ *Adj* drahtig

wis·dom /ˈwɪzdəm/ *Nomen* Weisheit, Klugheit ◇ *words of wisdom* weise Worte ◇ *I question the wisdom of the move.* Ich bezweifle, dass der Schritt sinnvoll ist. IDM **conventional/received 'wisdom** die vorherrschende Meinung ◇ *Conventional wisdom has it that …* Viele Leute glauben, dass … **in its/his/her, etc. (infinite) 'wisdom** in seiner/ihrer etc. (unendlichen) Weisheit → *Siehe auch* PEARL

'wisdom tooth *Nomen* Weisheitszahn

wise 0→ /waɪz/ *Adj, Verb*

▸ **Adj** **1** weise ◇ *the three Wise Men* die drei Weisen **2** klug, vernünftig ◇ *The wisest course of action is just to say nothing.* Am klügsten ist es gar nichts zu sagen. IDM **be none the 'wiser; not be any the 'wiser** **1** kein bisschen/nicht viel klüger sein als vorher **2** nichts merken; nichts herausfinden **be wise after the e'vent** (*oft abwert*) ◇ *It's easy to be wise after the event.* Hinterher ist man immer klüger. **be/get 'wise to sb/sth** (*umgs*) jdn/etw durchschauen; jdm/etw auf die Schliche kommen **put sb 'wise (to sth)** (*umgs*) jdn (über etw) aufklären

▸ **Verb** PHR V **ˌwise 'up** sich informieren ◇ *Wise up, Buddy.* Wach auf, Mensch! **ˌwise 'up to sth** (*umgs*) etw erkennen, etw durchschauen

-wise /waɪz/ (*in Adjektiven und Adverbien*) **1** ◇ *lengthwise* der Länge nach ◇ *clockwise* im Uhrzeigersinn

◇ *likewise* ebenso **2** (*umgs*) -mäßig, was … betrifft ◇ *weather-wise* wettermäßig

wise·acre /ˈwaɪzeɪkə(r)/ *Nomen* (*bes AmE, umgs, veraltet*) Neunmalkluge(r), Klugschwätzer(in)

wise·crack /ˈwaɪzkræk/ *Nomen, Verb*
▸ ***Nomen*** (*umgs*) witzige Bemerkung, Witzelei
▸ ***Verb*** witzeln, flachsen

ˈwise guy *Nomen* (*bes AmE, umgs, abwert*) Besserwisser(in), Klugscheißer(in)

wise·ly /ˈwaɪzli/ *Adv* klug(erweise)

wish /wɪʃ/ *Verb, Nomen*
▸ ***Verb*** (*selten in der Verlaufsform*) (sich etw) wünschen ◇ *wish for sth* sich etw wünschen ◇ *We wish them both well.* Wir wünschen den beiden alles Gute. ◇ *I wish I hadn't eaten so much.* Hätte ich bloß nicht so viel gegessen. ◇ *'Where is he now?' 'I only wish I knew!'* „Wo ist er jetzt?" „Wenn ich das bloß wüsste!" ◇ *He was not sure whether he wished her to stay or go.* Er war sich nicht sicher, ob er wollte, dass sie blieb oder ging. ◇ *I don't wish to be rude, but …* Ich möchte nicht unhöflich sein, aber … **IDM** **I ˈwish!** (*umgs*) schön wär's! **PHR V** **ˌwish sth aˈway** etw wegwünschen, etw fortwünschen **ˈwish sb/sth on sb** (*umgs*) (*in verneinten Sätzen*) jdm/etw etw wünschen, etw jdm/etw aufhalsen
▸ ***Nomen*** **1 ~ (for sth)** Wunsch (nach etw) ◇ *Make a wish.* Wünsch dir etwas. ◇ *She expressed a wish to be alone.* Sie wollte allein gelassen werden. ◇ *He had no wish to start a fight.* Er wollte keinen Streit anfangen. **2 wishes** [Pl] (Glück)wünsche, Grüße ◇ *With best wishes.* Mit besten Grüßen. ◇ *Give him my good wishes.* Grüßen Sie ihn von mir. **IDM** **your wish is my comˈmand** (*hum*) dein Wunsch ist mir Befehl

wish·bone /ˈwɪʃbəʊn; *AmE* -boʊn/ *Nomen* Gabelbein

wishful ˈthinking *Nomen* Wunschdenken

ˈwish list *Nomen* (*umgs*) Wunschliste

wishy-washy /ˈwɪʃi wɒʃi; *AmE* wɑːʃi/ *Adj* (*umgs, abwert*) **1** Wischiwaschi-, vage **2** (*Farbe*) verwaschen

wisp /wɪsp/ *Nomen* **1** (*Haar-*) Strähne; (*Gras- etc.*) Halm **2** Rauchfahne, Wolken-/Nebelfetzen

wispy /ˈwɪspi/ *Adj* dünn, fein ◇ *wispy clouds* Wolkenfetzen

wis·teria /wɪˈstɪəriə; *AmE* wɪˈstɪr-/ (*auch* **wis·taria** /wɪˈsteə-; *AmE* wɪˈster-/) *Nomen* (BOT) Glyzine

wist·ful /ˈwɪstfl/ *Adj* (*Adv* **wist·ful·ly** /-fəli/) wehmütig

wist·ful·ness /ˈwɪstflnəs/ *Nomen* Wehmütigkeit, Wehmut

wit /wɪt/ *Nomen* **1** [U/Sing] Esprit, Schlagfertigkeit, Witz ◇ *have a quick/ready wit* schlagfertig und gewitzt sein ◇ *have a sharp wit* scharfsinnig sein ◇ *have a dry wit* einen trockenen Humor haben **2** geistreicher Mensch, gewitzter/schlagfertiger Mensch **3 wits** [Pl] Verstand ◇ *He needed all his wits to find his way out.* Er musste all seine Gehirnzellen anstrengen, um den Ausgang zu finden. ◇ *The game was a battle of wits.* Das Spiel war eine taktische Auseinandersetzung. ◇ *Kate gathered her wits.* Kate sammelte sich. → *Siehe auch* -WITTED **4** Verstand ◇ *It should not be beyond the wit of man to resolve this dispute.* Es sollte doch wohl nicht menschenunmöglich sein, diesen Streit beizulegen. **IDM** **be at your wits' ˈend** mit seiner Weisheit am Ende sein **be frightened/scared/terrified out of your ˈwits** eine Riesenangst haben; zu Tode erschreckt sein **have your ˈwits about you** alle fünf Sinne beisammenhaben **keep your ˈwits about you** einen klaren Kopf behalten **to ˈwit** (*gehoben, veraltet*) und zwar; nämlich → *Siehe auch* LIVE[1]

witch /wɪtʃ/ *Nomen* Hexe

witch·craft /ˈwɪtʃkrɑːft; *AmE* -kræft/ *Nomen* Hexerei, Zauberei

ˈwitch doctor *Nomen* Medizinmann

ˈwitch hazel *Nomen* (MED) Hamamelis

ˈwitch-hunt *Nomen* (*meist abwert*) Hexenjagd

the ˈwitching hour *Nomen* die Geisterstunde

Wite·out™ /ˈwaɪtaʊt/ *Nomen* (*AmE*) Korrekturflüssigkeit

with /wɪð, wɪθ/ *Präp* ℹ Für Verben mit **with** siehe die Einträge für die Verben. **Bear with sb** z.B. steht unter **bear**. **1** mit ◇ *Don't be angry with her.* Sei ihr nicht böse. ◇ *He behaved with great dignity.* Er benahm sich sehr würdevoll. **2** bei ◇ *I have a client with me right now.* Ich habe gerade einen Kunden bei mir. ◇ *With her it's pronunciation that's the problem.* Bei ihr ist die Aussprache das Problem. ◇ *I bank with HSBC.* Ich habe ein Konto bei der HSBC-Bank. ◇ *The keys are with reception.* Die Schlüssel sind an der Rezeption. ◇ *Leave it with me.* Überlassen Sie das mir. **3** vor ◇ *She blushed with embarrassment.* Sie errötete vor Verlegenheit. **4** trotz ◇ *With all her faults I still love her.* Trotz all ihrer Fehler liebe ich sie. **IDM** **be ˈwith sb** (*umgs*) jdm folgen können ◇ *Are you with me?* Können Sie mir folgen? **be ˈwith sb (on sth)** jdn (bei etw) unterstützen **ˈwith it** (*umgs*) **1** in; modern **2** auf der Höhe; voll da **with ˈthat** (*gehoben*) dann; daraufhin

with·draw /wɪðˈdrɔː, wɪθˈ-/ *Verb* (**-drew** /-ˈdruː/, **-drawn** /-ˈdrɔːn/) **1** (sich) zurückziehen; (MIL) abziehen ◇ *He was forced to withdraw from the competition because of injury.* Wegen einer Verletzung musste er vom Wettkampf zurücktreten. ◇ *Should they withdraw from the EU?* Sollen sie aus der EU austreten? **2 ~ sth (from sth)** etw (einer Sache) entziehen; (*Münzen, Banknoten*) aus dem Verkehr ziehen; (*Produkt*) vom Markt nehmen ◇ *The workers withdrew their labour.* Die Arbeiter legten ihre Arbeit nieder. **3** (*vom Konto*) abheben **4** (*gehoben*) (*Bemerkung etc.*) zurücknehmen, widerrufen

with·draw·al /wɪðˈdrɔːəl, wɪθˈ-/ *Nomen* **1** Zurückziehen; (MIL) Abzug, Rückzug ◇ *She is showing signs of withdrawal and depression.* Bei ihr finden sich Anzeichen von Zurückgezogenheit und Depression. ◇ *the withdrawal of a product from the market* der Rückruf eines Produktes ◇ *his withdrawal from the election* sein Zurücktreten von der Wahl ◇ *a campaign for withdrawal from the EU* eine Kampagne für den Austritt aus der EU **2** (*vom Konto*) Abheben ◇ *make withdrawals* Geld abheben **3** Entzug ◇ *withdrawal symptoms* Entzugserscheinungen **4** [meist Sing] (*einer Bemerkung etc.*) Widerruf, Zurücknahme

with·drawn /wɪðˈdrɔːn/ *Adj* zurückhaltend, verschlossen

wither /ˈwɪðə(r)/ *Verb* **1** verdorren (lassen) **2** (*fig*) **~ (away)** (dahin)schwinden

withered /ˈwɪðəd; *AmE* -ðərd/ *Adj* **1** vertrocknet, verdorrt **2** (*Mensch*) hutzelig **3** (*Gliedmaßen*) verkümmert

wither·ing /ˈwɪðərɪŋ/ *Adj* (*Adv* **wither·ing·ly**) (*Blick, Bemerkung, Angriff etc.*) vernichtend ◇ *withering scorn/contempt* beißender Hohn

with·ers /ˈwɪðəz; *AmE* -ðərz/ *Nomen* [Pl] Widerrist

with·hold /wɪðˈhəʊld, wɪθˈ-; *AmE* -ˈhoʊld/ *Verb* (**-held**, **-held** /-ˈheld/) **~ sth (from sb/sth)** (*gehoben*) (jdm/etw) etw vorenthalten, (jdm/etw) etw verweigern

withˈholding tax *Nomen* (*in den USA*) Quellensteuer

with·in /wɪˈðɪn/ *Präp, Adv*
▸ ***Präp*** **1** innerhalb, binnen **2** im Umkreis; **~ … (of**

sth) nicht weiter als ... (von etw) ◇ *Is it within walking distance?* Kann man es zu Fuß erreichen? ◇ *We are now within range of enemy fire.* Wir befinden uns jetzt in der feindlichen Schusslinie. **3** im Rahmen ◇ *He finds it hard to live within his income.* Es fällt ihm schwer, nicht über seine Verhältnisse zu leben. **4** (*gehoben*) im Inneren, innerhalb, in

▸ ***Adv*** (*gehoben*) innen, drinnen ◇ *Salesperson required. Apply within.* Verkäufer/in gesucht. Bitte im Laden anfragen.

with·out 0-ᴡ /wɪˈðaʊt/ *Präp, Adv* ohne ◇ *He brought her tea without her having to ask.* Er brachte ihr Tee, ohne dass sie ihn darum bitten musste. ◇ *I'm sure we'll manage without.* Ich bin sicher, dass wir es ohne schaffen werden.

with·stand /wɪðˈstænd, wɪθˈ-/ *Verb* (**-stood, -stood** /-ˈstʊd/) (*gehoben*) **~ sth** etw aushalten, einer Sache standhalten

wit·less /ˈwɪtləs/ *Adj* (*selten*) dumm, töricht IDM **be bored ˈwitless** (*umgs*) sich zu Tode langweilen **be scared ˈwitless** (*umgs*) zu Tode erschreckt sein

wit·ness 0-ᴡ /ˈwɪtnəs/ *Nomen, Verb*

▸ ***Nomen*** Zeuge, Zeugin ◇ *We have a witness to the killing.* Wir haben einen Zeugen für den Mord. ◇ *defence witnesses* Zeugen der Verteidigung/Entlastungszeugen ◇ *prosecution witnesses* Zeugen der Anklage/Belastungszeugen IDM **be (a) ˈwitness to sth** (*gehoben*) **1** Zeuge von etw sein **2** Zeugnis für etw sein; von etw zeugen **bear/give ˈwitness** bestätigen **bear/give ˈwitness to sth** etw bezeugen; von etw zeugen

▸ ***Verb*** **1** Zeuge sein, (mit)erleben ◇ *We are witnessing an increase in crime.* Wir erleben einen Anstieg der Verbrechen. ◇ *I couldn't bear to witness their suffering.* Ich konnte nicht mit ansehen, wie sie litten. **2** bezeugen ◇ *witness a signature* eine Unterschrift gegenzeichnen ◇ *The document was witnessed by a lawyer.* Das Dokument wurde notariell beglaubigt. **3** bestätigen, beweisen ◇ *There has been increasing interest in her life, as witnessed by these new biographies.* Es besteht ein wachsendes Interesse an ihrem Leben, was durch diese neuen Biografien bestätigt wird. ◇ (*gehoben*) *Italian cooking is very healthy—witness the low incidence of heart disease in Italy.* Die italienische Küche ist sehr gesund, was dadurch bestätigt wird, dass Herzkrankheiten in Italien eher selten sind. **4 ~ (to sth)** (*bes AmE*) (REL) (für etw) Zeugnis ablegen

ˈwitness box (*auch* **stand**; *AmE* **ˈwitness stand**) *Nomen* Zeugenstand

-witted /wɪtɪd/ (*in Adjektiven*) ◇ *They were a quick-witted group of students.* Die Studenten besaßen eine schnelle Auffassungsgabe. ◇ *dim-witted* beschränkt

wit·ter /ˈwɪtə(r)/ *Verb* **~ (on) (about sth)** (*BrE, umgs, meist abwert*) (über etw) labern

wit·ti·cism /ˈwɪtɪsɪzəm/ *Nomen* geistreiche/witzige Bemerkung

wit·ting·ly /ˈwɪtɪŋli/ *Adv* (*gehoben*) bewusst, wissentlich

witty /ˈwɪti/ *Adj* (**wit·tier, wit·ti·est**) (*Adv* **wit·tily** /-tɪli/) geistreich, witzig

wives *Form von* WIFE

wiz·ard /ˈwɪzəd; *AmE* -zərd/ *Nomen* **1** Zauberer **2** Leuchte, Genie

wiz·ard·ry /ˈwɪzədri; *AmE* -zərdri/ *Nomen* Zauberei; (*fig*) Künste, Kunststücke

wiz·ened /ˈwɪznd/ *Adj* (*gehoben*) schrumplig, verschrumpelt

WLAN /ˌdʌbljuː ˈlæn/ *Kurzform von* **wireless local area network** (COMP) WLAN → *Siehe auch* LAN *und* WAN

WLTM *Kurzform von* **would like to meet** (*in Kontaktanzeigen verwendet*) sucht

woad /wəʊd; *AmE* woʊd/ *Nomen* Waid

wob·ble /ˈwɒbl; *AmE* ˈwɑːbl/ *Verb, Nomen*

▸ ***Verb*** **1** schwanken, wackeln, eiern ◇ (*fig*) *Her voice wobbled with emotion.* Ihre Stimme bebte vor Ergriffenheit. **2 ~ sth** mit etw wackeln, an etw rütteln

▸ ***Nomen*** [meist Sing] Wackeln ◇ *The handlebars have developed a wobble.* Der Lenker wackelt seit kurzem.

wob·bly /ˈwɒbli; *AmE* ˈwɑːbli/ *Adj, Nomen*

▸ ***Adj*** (*umgs*) **1** wackelig ◇ *He's still a bit wobbly after the operation.* Seit der Operation ist er noch ein bisschen wackelig auf den Beinen. **2** (*fig*) holprig, unsicher

▸ ***Nomen*** IDM **throw a ˈwobbly** (*BrE, umgs*) wütend werden; ausrasten

wodge /wɒdʒ; *AmE* wɑːdʒ/ *Nomen* (*BrE, umgs*) Packen, Brocken; (*fig*) Haufen

woe /wəʊ; *AmE* woʊ/ *Nomen* (*veraltet oder hum*) **1 woes** [Pl] Sorgen **2** Kummer ◇ *I told him my tale of woe.* Ich klagte ihm mein Leid. IDM **ˌwoe beˈtide sb; ˈwoe to sb** (*gehoben oder hum*) wehe dem **ˌwoe is ˈme!** *Ausruf* (*veraltet oder hum*) weh(e) mir!

woe·be·gone /ˈwəʊbɪɡɒn; *AmE* ˈwoʊbɪɡɔːn/ *Adj* (*gehoben*) traurig, kummervoll

woe·ful /ˈwəʊfl; *AmE* ˈwoʊ-/ *Adj* (*Adv* **woe·ful·ly** /-fəli/) **1** erbärmlich, jämmerlich **2** (*gehoben*) traurig, kummervoll

wog /wɒɡ; *AmE* wɑːɡ/ *Nomen* (*BrE, vulg, Slang, beleidigend*) Kanake, Kaffer

wok /wɒk; *AmE* wɑːk/ *Nomen* Wok

woke, woken *Form von* WAKE

wolds /wəʊldz; *AmE* woʊldz/ *Nomen* [Pl] (*in britischen Ortsnamen*) Hochebene

wolf /wʊlf/ *Nomen, Verb*

▸ ***Nomen*** (*Pl* **wolves** /wʊlvz/) Wolf IDM **keep the ˈwolf from the door** (*umgs*) sich/jdn über Wasser halten **throw sb to the ˈwolves** jdn den Wölfen zum Fraß vorwerfen **a wolf in sheep's ˈclothing** ein Wolf im Schafspelz → *Siehe auch* CRY *und* LONE

▸ ***Verb*** (*umgs*) verschlingen; **~ sth down** etw hinunterschlingen

wolf·hound /ˈwʊlfhaʊnd/ *Nomen* Wolfshund

wolf·ish /ˈwʊlfɪʃ/ *Adj* (*gehoben*) **1** wölfisch, Wolfs- ◇ *wolfish yellow eyes* gelbe Augen wie ein Wolf **2** (*fig*) anzüglich

ˈwolf whistle *Nomen* anzügliches Pfeifen

ˈwolf-whistle *Verb* anzüglich pfeifen; **~ (at) sb** jdm hinterherpfeifen

wolves *Form von* WOLF

woman 0-ᴡ /ˈwʊmən/ *Nomen* (*Pl* **women** /ˈwɪmɪn/) **1** Frau ◇ *She's all woman!* Sie ist eine Frau durch und durch! ◇ *a woman doctor* eine Ärztin **2** (*in Zusammensetzungen*) ◇ *an Englishwoman* eine Engländerin ◇ *a businesswoman* eine Geschäftsfrau ◇ *a horsewoman* eine Reiterin **3** Hausangestellte, Bedienstete **4** [Sing] (*veraltet, umgs*) Weib, Frauenzimmer → *Siehe auch* KEPT WOMAN *und* OTHER WOMAN IDM → HEART, HELL, MAN, OWN, PART, POSSESSED, SUBSTANCE *und* WORLD

woman·hood /ˈwʊmənhʊd/ *Nomen* [U] (*gehoben*) **1** Frauenalter ◇ *He watched his daughters grow to womanhood.* Er sah, wie aus seinen Töchtern Frauen wurden. **2** Weiblichkeit **3** Frauen ◇ *the womanhood of this country* die Frauen dieses Landes

woman·izer (*BrE auch* **-iser**) /ˈwʊmənaɪzə(r)/ *Nomen* (*abwert*) Schürzenjäger

woman·kind /ˈwʊmənkaɪnd/ *Nomen* (*gehoben, veraltet*) Frauen, das weibliche Geschlecht

woman·li·ness /ˈwʊmənlinəs/ *Nomen* Fraulichkeit, Weiblichkeit

woman·ly /ˈwʊmənli/ *Adj* fraulich, weiblich

womb /wuːm/ *Nomen* Mutterleib, Gebärmutter

wom·bat /ˈwɒmbæt; *AmE* ˈwɑːm-/ *Nomen* Wombat

women·folk /ˈwɪmɪnfəʊk; *AmE* -foʊk/ *Nomen* [Pl] (*gehoben oder hum*) Frauen

ˌwomen's libeˈration *Nomen* (*veraltet*) **1** (*umgs* **ˌwomen's ˈlib** /ˌwɪmɪnz ˈlɪb/) Emanzipation **2** **Women's Liberation**; *umgs* **Women's Lib** Frauenrechtsbewegung

ˈwomen's studies *Nomen* [mit Verb im Sing/Pl] Frauenstudien, Frauenforschung

won *Form von* WIN

won·der /ˈwʌndə(r)/ *Verb, Nomen*

▸ ***Verb*** **1 ~ (about sth)** sich (etw) fragen ◇ *I wonder whether he'll ring.* Ich bin gespannt, ob er anruft. ◇ *'Why do you want to know?' 'I was just wondering.'* „Warum willst du das wissen?" „Nur so." ◇ *We were wondering about May for the wedding.* Wir dachten vielleicht an Mai für die Hochzeit. **2** (*in höflichen Fragen/Bitten*) ◇ *I wonder if you can help me.* Könnten Sie mir vielleicht helfen? ◇ *I was wondering whether you'd like to come.* Würdest du gerne mitkommen? **3 ~ (at sth)** (über etw) erstaunt sein, sich (über etw) wundern ◇ *I wonder (that) he didn't hurt himself.* Es wundert mich, dass er sich nicht verletzt hat. ◇ (*BrE, umgs*) *He'll be late again, I shouldn't wonder.* Es würde mich nicht wundern, wenn er wieder zu spät käme.

▸ ***Nomen*** **1** Staunen ◇ *She gazed down in wonder at the city.* Sie blickte bewundernd auf die Stadt herab. **2** Wunder ◇ *one of the natural wonders of the world* eines der Naturwunder dieser Erde **3** [Sing] (*umgs*) ◇ *Geoff, you're a wonder!* Geoff, du bist ein Genie! ◇ *a boy wonder* ein Wunderknabe ◇ *a wonder drug* eine Wundermedizin IDM **do ˈwonders (for sb/sth)** (wahre) Wunder (für jdn/etw) tun **it's a ˈwonder (that) …** (*umgs*) (es ist) ein Wunder, (dass …) **(it's) no/little/small ˈwonder (that) …** (es ist) nicht/kaum verwunderlich, (dass …) ◇ (*umgs*) *No wonder you're tired.* Kein Wunder, dass du müde bist. **wonders will never ˈcease** (*umgs, oft iron*) es geschehen (doch) noch Zeichen und Wunder **work ˈwonders** Wunder wirken → *Siehe auch* NINE

won·der·ful /ˈwʌndəfl; *AmE* -dərfl/ *Adj* **1** wunderbar **2** erstaunlich

won·der·ful·ly /ˈwʌndəfəli; *AmE* -dərfə-/ *Adv* (*gehoben*) **1** sehr, wunderbar **2** erstaunlich

won·der·ing·ly /ˈwʌndrɪŋli/ *Adv* (*gehoben*) **1** staunend **2** nachdenklich

won·der·land /ˈwʌndəlænd; *AmE* -dərlænd/ *Nomen* Wunderland

won·der·ment /ˈwʌndəmənt; *AmE* -dərmənt/ *Nomen* (*gehoben*) Staunen, staunende Bewunderung

won·drous /ˈwʌndrəs/ *Adj* (*Adv* **won·drous·ly**) (*gehoben*) wundersam

wonga /ˈwɒŋgə; *AmE* ˈwɑːŋ-/ *Nomen* (*BrE, Slang*) (*Geld*) Kohle

wonk /wɒŋk; *AmE* wɑːŋk/ *Nomen* (*AmE, umgs, abwert*) **1** Streber(in) **2** Eierkopf

wonky /ˈwɒŋki; *AmE* ˈwɑːŋ-/ *Adj* (*BrE, umgs*) wackelig

wont /wəʊnt; *AmE* wɔːnt/ *Adj, Nomen*

▸ ***Adj* be ~ to do sth** (*gehoben, veraltet*) es gewohnt sein, etw zu tun

▸ ***Nomen*** [Sing] (*gehoben, veraltet*) Gewohnheit ◇ *She got up early, as was her wont.* Sie stand früh auf, wie sie es immer zu tun pflegte.

won't /wəʊnt; *AmE* woʊnt/ = WILL NOT

woo /wuː/ *Verb* **1** (um)werben ◇ *woo customers into the store* Kunden in den Laden locken **2** (*veraltet*) freien, werben um

wood /wʊd/ *Nomen* **1** Holz ◇ *Cut out the old wood.* Die dürren Zweige wegschneiden. **2** (*auch* **woods** [Pl]) Wald **3** (*Rasenbowling*) Kugel **4** (*Golf*) Holz(schläger) IDM **not be ˌout of the ˈwoods** (*umgs*) nicht über den Berg sein → *Siehe auch* KNOCK, NECK, TOUCH *und* TREE

wood·carver /ˈwʊdkɑːvə(r); *AmE* -kɑːrvər/ *Nomen* Holzschnitzer(in)

wood·carv·ing /ˈwʊdkɑːvɪŋ; *AmE* -kɑːrvɪŋ/ *Nomen* **1** Schnitzen **2** (Holz)schnitzerei

wood·chuck /ˈwʊdtʃʌk/ *Nomen* Waldmurmeltier

wood·cock /ˈwʊdkɒk; *AmE* -kɑːk/ *Nomen* (*Pl* **wood·cock** *oder* **wood·cocks**) Waldschnepfe

wood·cut /ˈwʊdkʌt/ *Nomen* Holzschnitt

wood·cut·ter /ˈwʊdkʌtə(r)/ *Nomen* (*veraltet*) Holzfäller

wood·ed /ˈwʊdɪd/ *Adj* bewaldet

wood·en /ˈwʊdn/ *Adj* **1** hölzern, Holz- **2** (*Adv* **wood·en·ly**) (*ausdruckslos*) steif, hölzern

ˌwooden ˈspoon *Nomen* Kochlöffel IDM **get, win, take, etc. the ˌwooden ˈspoon** (*BrE, umgs*) Letzte(r) werden

wood·land /ˈwʊdlənd/ *Nomen* (*auch* **wood·lands** [Pl]) Wald(land)

wood·louse /ˈwʊdlaʊs/ *Nomen* (*Pl* **-lice** /-laɪs/) Assel

wood·man /ˈwʊdmən/ *Nomen* (*Pl* **-men** /-mən/) Waldarbeiter

wood·peck·er /ˈwʊdpekə(r)/ *Nomen* Specht

ˈwood pigeon *Nomen* Ringeltaube

ˈwood pulp *Nomen* Holzschliff

wood·ruff /ˈwʊdrʌf/ = SWEET WOODRUFF

wood·shed /ˈwʊdʃed/ *Nomen* Holzschuppen

woods·man /ˈwʊdzmən/ *Nomen* (*Pl* **-men** /-mən/) Waldarbeiter

woodsy /ˈwʊdzi/ *Adj* (*bes AmE, umgs*) waldig, Wald-

wood·wind /ˈwʊdwɪnd/ *Nomen* [mit Verb im Sing/Pl] (*bes AmE* **wood·winds** [Pl]) Holzblasinstrumente ◇ *the woodwind section* die Holzbläser

wood·work /ˈwʊdwɜːk; *AmE* -wɜːrk/ *Nomen* **1** Holz(werk) ◇ *He hit the woodwork twice before scoring.* Er traf zweimal den Torrahmen, bevor er ein Tor erzielte. **2** (*BrE*) = WOODWORKING IDM **blend/fade into the ˈwoodwork** sich im Hintergrund halten **come/crawl out of the ˈwoodwork** (*umgs, abwert*) (aus dem Nichts) auftauchen

wood·work·ing /ˈwʊdwɜːkɪŋ; *AmE* -wɜːrkɪŋ/ (*BrE auch* **wood·work**) *Nomen* Werken/Arbeiten mit Holz

wood·worm /ˈwʊdwɜːm; *AmE* -wɜːrm/ *Nomen* Holzwurm

woody /ˈwʊdi/ *Adj* **1** holzig **2** bewaldet

woof /wʊf/ *Ausruf, Verb, Nomen*

▸ ***Ausruf*** (*umgs*) wau, wau

▸ ***Verb*** bellen

▸ ***Nomen*** Schuss(faden)

woof·er /ˈwuːfə(r)/ *Nomen* Basslautsprecher

wool /wʊl/ *Nomen* Wolle → *Siehe auch* COTTON WOOL *und* DYED IN THE WOOL IDM → PULL

wool·len (*AmE* **wool·en**) /ˈwʊlən/ *Adj* wollen, Woll-

wool·lens (*AmE* **wool·ens**) /ˈwʊlənz/ *Nomen* [Pl] Wollsachen

wool·ly (*AmE auch* **wooly**) /ˈwʊli/ *Adj, Nomen*

▸ ***Adj*** **1** wollig **2** (*bes BrE, umgs*) wollen, Woll- **3** (*ungenau*) verwaschen

▸ *Nomen* (*Pl* **-ies**) (*BrE*, *umgs*, *veraltend*) (gestricktes) Kleidungsstück aus Wolle

woozy /'wu:zi/ *Adj* (*umgs*) **1** duselig **2** (*bes AmE*) ◇ *She felt woozy.* Ihr war übel.

wop /wɒp; *AmE* wɑ:p/ *Nomen* (*Slang*, *beleidigend*) Spaghettifresser(in), Itaker(in)

word 0→ /wɜ:d; *AmE* wɜ:rd/ *Nomen*, *Verb*

▸ *Nomen* **1** Wort ◇ *He never breathed a word of this to me.* Er hat mir darüber nie ein Sterbenswörtchen gesagt. ◇ *Could I have a quick word with you?* Könnte ich mal kurz mit Ihnen sprechen? ◇ *You'll have to take my word for it.* Du musst mir einfach glauben. → *Siehe auch* FOUR-LETTER WORD *und* HOUSEHOLD NAME **2** [Sing] ◇ *Word has it that she's leaving.* Es geht das Gerücht um, dass sie die Firma verlässt. ◇ *The word is they've split up.* Es heißt, dass sie sich getrennt haben. ◇ *There's been no word from them since then.* Seither haben wir nichts von ihnen gehört. ◇ *She sent word that she would be late.* Sie gab Bescheid, dass sie spät kommen würde. ◇ *If word gets out about it, he will have to resign.* Wenn das herauskommt, muss er zurücktreten. ◇ *He likes to spread the word about the importance of healthy eating.* Er sagt gern allen, wie wichtig es ist, gesund zu essen. **3 the Word, the ˌWord of 'God** [Sing] das Wort Gottes IDM **by ˌword of 'mouth** mündlich; durch Mundpropaganda **(right) from the word 'go** (*umgs*) gleich von Anfang an **(not) get a word in 'edgeways** (*AmE* **(not) get a word in 'edgewise**) (nicht) zu Wort kommen **have a word in sb's 'ear** (*BrE*) mit jdm unter vier Augen sprechen **have/exchange 'words (with sb) (about sth)** (*bes BrE*) (mit jdm) eine Auseinandersetzung (über etw) haben ◇ *Words were exchanged.* Es kam zu einer Auseinandersetzung. **in 'other words** in anderen Worten **(not) in so/as many 'words** (nicht) direkt **in a 'word** (*umgs*) mit einem Wort **in words of one 'syllable** **1** mit einfachen Worten **2** auf gut Deutsch **the last/final word (on sth)** das letzte Wort (bei/in etw) **(upon) my 'word** (*veraltet*) meine Güte **not have a good word to 'say for sb/sth** (*umgs*) nichts Gutes über jdn/etw zu sagen haben **put in a (good) 'word for sb** für jdn ein gutes Wort einlegen **put 'words into sb's mouth** jdm etw in den Mund legen **say/give the 'word** ◇ *Just say the word, and I'll go.* Du brauchst nur ein Wort zu sagen und ich gehe. **take sb at their 'word** jdn beim Wort nehmen **take the 'words right out of sb's mouth** jdm das Wort aus dem Mund nehmen **too funny, silly, ridiculous, etc. for 'words** unsäglich lustig, albern, lächerlich etc. **ˌword for 'word** Wort für Wort; wortwörtlich **sb's word is their 'bond** auf jds Wort kann man sich verlassen → *Siehe auch* ACTION, DIRTY, EAT, HANG, LAST[1], LOST, MINCE, MUM, OPERATIVE, PLAY, PRINT, WAR, WEIGH *und* WRITTEN

▸ *Verb* (*oft passiv*) formulieren, in Worte fassen

'word break (*auch* **'word division**) *Nomen* Worttrennung, Silbentrennung

'word class *Nomen* (LING) Wortart, Wortklasse

word·ing /'wɜ:dɪŋ; *AmE* 'wɜ:rdɪŋ/ *Nomen* Formulierung

word·less /'wɜ:dləs; *AmE* 'wɜ:rd-/ *Adj* (*Adv* **word·less·ly**) (*gehoben*) **1** stumm, wortlos **2** schweigsam

ˌword-'perfect *Adj* (*BrE*) textsicher

word·play /'wɜ:dpleɪ; *AmE* 'wɜ:rd-/ *Nomen* [U] Wortspiel

'word processing *Nomen* Textverarbeitung

'word processor *Nomen* Textverarbeitungssystem

'word search *Nomen* Wortsuchspiel

wordy /'wɜ:di; *AmE* 'wɜ:rdi/ *Adj* (*oft abwert*) langatmig, wortreich

wore *Form von* WEAR

work 0→ /wɜ:k; *AmE* wɜ:rk/ *Verb*, *Nomen*

▸ *Verb* **1** arbeiten ◇ *He worked his way to the top of his profession.* Er hat sich an die Spitze seines Berufs hinaufgearbeitet. **2 ~ yourself hard** sich abmühen, sich schinden **3 ~ sb hard** jdn antreiben, jdn hart herannehmen **4** (*Land*) bestellen; (*Mine*) ausbeuten ◇ (*fig*) *The salesmen work a large area.* Die Vertreter bereisen ein großes Gebiet. ◇ (*fig*) *She knows how to work a crowd.* Sie weiß, wie man eine Menge mitreißt. **5** bearbeiten; **~ sth into sth** etw zu etw verarbeiten ◇ *work clay* Ton kneten ◇ *work iron* Eisen schmieden **6** funktionieren **7** bedienen, betreiben **8 ~ (on sb/sth)** (bei jdm/etw) wirken **9** sich auswirken **10** bewirken **11** (*gehoben*) (*Körperteil*) zucken **12** ◇ *It will take a while for the drug to work out of your system.* Es wird eine Weile dauern, bis Ihr Organismus die Arznei ganz ausgeschieden hat. ◇ *I was tied up, but managed to work myself free.* Ich war gefesselt, konnte mich aber schließlich befreien. ◇ *The screw had worked loose.* Die Schraube hatte sich gelockert. IDM **'work it/things** (*umgs*) ◇ *Can you work it so that we get free tickets?* Kannst du es deichseln, dass wir Freikarten bekommen? ℹ Für andere Redewendungen mit **work** siehe die Einträge für die Nomina, Adjektive etc. **Work your fingers to the bone** z.B. steht unter **finger**. PHR V **ˌwork a'round/'round to sth/sb** das Gespräch auf etw/jdn (hin)lenken **ˌwork sth 'in** **1** etw einreiben, etw verteilen ◇ *Gradually work in the butter.* Rühren Sie die Butter nach und nach ein. **2** etw einbauen ◇ *Try and work in something about your own experience.* Versuch eigene Erfahrungen einzubauen. **work sth into sth** **1** etw in etw einbauen **2** etw in etw einrühren, etw in etw hineinarbeiten **ˌwork sth 'off** **1** etw abreagieren **2** (*Kredit*) abarbeiten **ˌwork 'out** **1** trainieren **2** klappen ◇ *My first job didn't work out.* In meiner ersten Stelle ist es nicht gut gelaufen. **ˌwork 'out at sth** sich auf etw belaufen ◇ *It'll work out cheaper to travel by bus.* Eine Busfahrt wird billiger kommen. **ˌwork sb 'out** jdn verstehen **ˌwork sth 'out** **1** etw ausrechnen **2** etw lösen, etw herausfinden **3** sich etw ausdenken **4** (*meist passiv*) (*Mine*) ausbeuten, bis die Vorräte erschöpft sind **5** ◇ *work out your notice* die Kündigungsfrist einhalten **ˌwork sb 'over** (*Slang*) jdn zusammenschlagen **'work to sth** sich an etw halten ◇ *work to a budget* sich mit den Ausgaben an einen Etat halten ◇ *We're working to a tight deadline.* Wir arbeiten unter großem Zeitdruck. **'work towards sth** auf etw hinarbeiten **ˌwork sth 'up** etw entwickeln ◇ *I can't work up any enthusiasm for it.* Ich kann dafür überhaupt keine Begeisterung aufbringen. ◇ *She soon worked up a sweat.* Sie geriet bald ins Schwitzen. **ˌwork yourself 'up** sich aufregen ◇ *I can't get worked up about cars.* Ich kann mich nicht für Autos begeistern. ◇ *He had worked himself up into a fury.* Er war furchtbar wütend geworden. **ˌwork sth 'up into sth** **1** ◇ *I'm working my notes up into a book.* Ich arbeite meine Aufzeichnungen zu einem Buch aus. **2** ◇ *He worked the crowd up into a frenzy.* Er peitschte die Menge auf. **ˌwork 'up to sth** sich zu etw steigern

▸ *Nomen* **1** Arbeit ◇ *She's planning to return to work.* Sie hat vor, wieder zu arbeiten. ◇ *out of work* arbeitslos ◇ *He started work as a security guard.* Er begann als Wachmann zu arbeiten. ◇ *What line of work are you in?* Was tun Sie beruflich? ◇ (*BrE*) *be in work* Arbeit haben ◇ *When do you leave for work?* Wann gehen Sie zur Arbeit? ◇ *health and safety at work* Gesundheit und Sicherheit am Arbeitsplatz ◇ *Work continues on renovating the hotel.* Die Renovierungsarbeiten an dem Hotel gehen weiter. ◇ *The work of building the* *bridge took six months.* Der Bau der Brücke hat sechs Monate gedauert. ◇ *She set them to work painting the fence.* Sie trug ihnen auf, den Gartenzaun zu streichen. **2** Werk ◇ *his life's work* sein Lebenswerk ◇ *Is this all your own work?* Hast du das alles ganz allein gemacht? **3 works** [mit Verb im Sing/Pl] *(oft in Zusammensetzungen)* Werk, Fabrik ◇ *a brickworks* eine Ziegelei **4 the works** [Pl] *(einer Maschine etc.)* Getriebe **5 the works** [Pl] *(umgs)* alles ◇ *We went to a restaurant and ordered the works.* Wir gingen in ein Restaurant und bestellten ein Essen mit allem Drum und Dran. IDM **at 'work 1** am Werk **2 ~ (on sth)** (mit etw) beschäftigt ◇ *He is still at work on the painting.* Er arbeitet immer noch an dem Gemälde. ◇ *Danger—men at work.* Achtung—Baustelle. **get (down) to/set to 'work** sich an die Arbeit machen **give sb the 'works** *(umgs)* **1** jdn zusammenschlagen; jdn fertig machen **2** alles für jdn tun **ˌgood 'works** gute Werke **go/set about your 'work** die Arbeit aufnehmen/tun **have your 'work cut out** *(umgs)* Schwierigkeiten haben ◇ *You'll have your work cut out to get there on time.* Du wirst kaum rechtzeitig dort sein können. **in the 'works** im Gange **the work of a 'moment, 'second, etc.** *(gehoben)* das Werk eines Augenblicks, einer Sekunde etc. → *Siehe auch* DAY, DIRTY, HARD, JOB, LIGHT, NASTY, NICE, SHORT *und* SPANNER

work·able /'wɜːkəbl; *AmE* 'wɜːrk-/ *Adj* **1** durchführbar ◇ *a workable solution* eine tragfähige Lösung **2** formbar ◇ *Add more water until the dough is workable.* Geben Sie mehr Wasser hinzu, bis Sie den Teig kneten können.

work·aday /'wɜːkədeɪ; *AmE* 'wɜːrk-/ *Adj (gehoben)* alltäglich, Alltags-, gewöhnlich

work·ahol·ic /ˌwɜːkə'hɒlɪk; *AmE* ˌwɜːrkə'hɑːlɪk/ *Nomen (umgs, meist abwert) (Mensch)* Arbeitstier

work·around /'wɜːkəraʊnd; *AmE* 'wɜːrk-/ *Nomen* (COMP) Workaround, Umgehungslösung

work·bench /'wɜːkbentʃ; *AmE* 'wɜːrk-/ *(auch* **bench***)* *Nomen* Werkbank

work·book /'wɜːkbʊk; *AmE* 'wɜːrk-/ *Nomen (BrE)* Arbeitsheft

work·day /'wɜːkdeɪ; *AmE* 'wɜːrk-/ *Nomen* **1** *(AmE)* Arbeitstag **2** Werktag

ˌworked 'up *Adj* [nicht vor Nomen] *(umgs)* aufgeregt ◇ *get worked up* sich aufregen

work·er 0-π /'wɜːkə(r); *AmE* 'wɜːrkər/ *Nomen* **1** *(oft in Zusammensetzungen)* Arbeiter(in), Kraft ◇ *office workers* Büroangestellte ◇ *aid workers* Entwicklungshelfer ◇ *research workers* Leute, die in der Forschung tätig sind ◇ *worker participation* Mitbestimmung der Arbeitnehmer ◇ *She's a quick worker.* Sie arbeitet schnell. **2** *(Biene)* Arbeiterin

'work experience *Nomen* **1** Arbeitserfahrung **2** *(BrE)* (Arbeits)praktikum

work·fare /'wɜːkfeə(r); *AmE* 'wɜːrkfer/ *Nomen* = Regelung, der zufolge Arbeitslose eine Tätigkeit annehmen müssen, um staatliche Unterstützung zu erhalten

work·force /'wɜːkfɔːs; *AmE* 'wɜːrkfɔːrs/ *Nomen* **1** Belegschaft **2** [mit Verb im Sing/Pl] Arbeitskräfte

work·horse /'wɜːkhɔːs; *AmE* 'wɜːrkhɔːrs/ *Nomen (Mensch, Maschine)* Arbeitspferd

work·house /'wɜːkhaʊs; *AmE* 'wɜːrk-/ *Nomen (BrE)* Armenhaus

work·ing 0-π /'wɜːkɪŋ; *AmE* 'wɜːrkɪŋ/ *Adj, Nomen*
▸ ***Adj*** [nur vor Nomen] **1** berufstätig **2** der Arbeiterklasse angehörend ◇ *a working man* ein Arbeiter **3** Arbeits- ◇ *I have a good working relationship with my boss.* Ich habe ein gutes kollegiales Verhältnis zu meinem Chef. ◇ *a working lunch* ein Arbeitsessen ◇ *a working knowledge* Grundkenntnisse ◇ *working parts* Verschleißteile ◇ *a working majority* eine arbeitsfähige Mehrheit IDM → ORDER
▸ ***Nomen*** **1** Arbeitsweise, Funktionsweise **2** *(in einer Mine)* Schächte

ˌworking 'capital *Nomen* (WIRTSCH) Betriebskapital

the ˌworking 'class *Nomen* [mit Verb im Sing/Pl] die Arbeiterklasse

ˌworking 'class *Adj* Arbeiter- ◇ *He has a working-class background.* Er kommt aus einer Arbeiterfamilie.

ˌworking 'day *Nomen (BrE)* **1** Arbeitstag **2** *(auch* **work·day***)* Werktag

'working girl *Nomen (umgs)* **1** *(veraltend)* Prostituierte **2** *(manchmal beleidigend)* berufstätige Frau

'working paper *Nomen* **1** Arbeitspapier **2 working papers** [Pl] Arbeitserlaubnis

'working party *(BrE auch* **'working group***)* *Nomen* [mit Verb im Sing/Pl] Arbeitsgruppe

ˌwork-life 'balance *Nomen* Work-Life-Balance, Balance zwischen Arbeit und Privatleben

work·load /'wɜːkləʊd; *AmE* 'wɜːrkloʊd/ *Nomen* Arbeitslast, Arbeitsbelastung

work·man /'wɜːkmən; *AmE* 'wɜːrk-/ *Nomen (Pl* **-men** */-mən/)* Arbeiter, Handwerker

work·man·like /'wɜːkmənlaɪk; *AmE* 'wɜːrk-/ *Adj* fachmännisch ◇ *It was a workmanlike performance from the team.* Die Mannschaft hat gute Arbeit geleistet.

work·man·ship /'wɜːkmənʃɪp; *AmE* 'wɜːrk-/ *Nomen* Arbeit(squalität)

work·mate /'wɜːkmeɪt; *AmE* 'wɜːrk-/ *Nomen (bes BrE)* Arbeitskollege, -kollegin

ˌwork of 'art *Nomen (Pl* **works of art***)* Kunstwerk

work·out /'wɜːkaʊt; *AmE* 'wɜːrkaʊt/ *Nomen* Fitnesstraining

work·place /'wɜːkpleɪs; *AmE* 'wɜːrk-/ *Nomen* Arbeitsplatz

'work release *Nomen (AmE)* offener Strafvollzug

work·room /'wɜːkruːm, -rʊm; *AmE* 'wɜːrk-/ *Nomen* Arbeitsraum

works → WORK

'works 'council *Nomen (bes BrE)* Betriebsrat

work·sheet /'wɜːkʃiːt; *AmE* 'wɜːrk-/ *Nomen* **1** Arbeitsblatt **2** Arbeitszettel

work·shop /'wɜːkʃɒp; *AmE* 'wɜːrkʃɑːp/ *Nomen* **1** Werkstatt **2** Workshop

'work-shy *Adj (BrE, abwert)* arbeitsscheu

work·sta·tion /'wɜːksteɪʃn; *AmE* 'wɜːrk-/ *Nomen* Computerterminal, Arbeitsplatz mit Computer

work·top /'wɜːktɒp; *AmE* 'wɜːrktɑːp/ *(BrE)* *(bes BrE* **'work surface***)* *Nomen* Arbeitsfläche, Arbeitsplatte

ˌwork-to-'rule *Nomen* Dienst nach Vorschrift

work·up /'wɜːkʌp; *AmE* 'wɜːrkʌp/ *Nomen (bes AmE)* Abklärung ◇ *a diagnostic workup* eine diagnostische Abklärung

work·week /'wɜːkwiːk; *AmE* 'wɜːrkwiːk/ *Nomen (AmE)* Arbeitswoche

world 0-π /wɜːld; *AmE* wɜːrld/ *Nomen* Welt ◇ *world leaders* Staats- und Regierungschefs der führenden Weltmächte ◇ *the natural world* die Natur ◇ *They are a couple in the real world as well as in the movie.* Sie sind sowohl in Wirklichkeit als auch im Film ein Paar. IDM **be/mean (all) the 'world to sb** jdm alles bedeuten **the best of 'both/'all possible worlds** das Beste von beidem/allem **be 'worlds apart** Welten voneinander entfernt sein **come into the 'world** *(gehoben)* zur Welt kommen **come/go 'up in the world** gesellschaftlich aufsteigen; es zu etw bringen **come/go 'down in the world** ◇ *He's really come down in the world.* Es ist abwärtsgegangen mit ihm. **do sb/sth the 'world of good** jdm/einer Sache unwahrscheinlich guttun **for all the world as if/though ...** **1** geradezu so, als ob ... **2** (*auch* **for all the world like sb/sth**) (*gehoben*) genau so wie jd/etw **have the world at your 'feet** die Welt zu seinen Füßen liegen haben **how, why, etc. in the 'world** (*umgs*) wie, warum, etc. um alles in der Welt **in an ideal/a perfect 'world** in einer idealen/perfekten Welt **in the 'world** in der Welt ◇ *You look as if you haven't got a care in the world!* Du siehst so aus, als hättest du überhaupt keine Sorgen. **(be/live) in a world of your 'own** in seiner eigenen Welt (sein/leben) **a man/woman of the 'world** ein Mann/eine Frau von Welt **not for (all) the 'world** um nichts in der Welt **the ... of this world** (*umgs*) die ... dieser Welt ◇ *We all envy the Bill Gateses of this world.* Wir alle beneiden die Bill Gatese dieser Welt. **,out of this 'world** (*umgs*) fabelhaft **see the 'world** die Welt sehen **set/put the world to 'rights** diskutieren, wie man die Welt verbessern kann **set the 'world on fire** (*BrE auch* **set the 'world alight**) (*umgs*) (*meist verneint*) ein umwerfender Erfolg sein **the ,way of the 'world** der Lauf der Dinge ◇ *That's the way of the world.* So ist das nun mal im Leben. **what is the world 'coming to?** wohin soll das führen? **(all) the ,world and his 'wife** (*BrE, umgs, hum*) Gott und die Welt **a 'world away (from sth)** Welten (von etw) entfernt **the ,world is your 'oyster** die Welt steht dir offen **a/the 'world of difference** (*umgs*) ein himmelweiter Unterschied **the (whole) world 'over** auf der (ganzen) Welt → *Siehe auch* BRAVE, DEAD, END, LOST, PROMISE, SMALL, TOP, WATCH, WILL *und* WORST

'world-beating *Adj* Spitze, Spitzen-

,world-'class *Adj* Weltklasse-, von Weltklasse

,world-'famous *Adj* weltberühmt

world·li·ness /'wɜːldlinəs; *AmE* 'wɜːrld-/ *Nomen* Weltlichkeit

world·ly /'wɜːldli; *AmE* 'wɜːrld-/ *Adj* (*gehoben*) **1** [nur vor Nomen] weltlich **2** (*auch* **,worldly-'wise**) welterfahren

'world-weariness *Nomen* Lebensüberdruss, Lebensmüdigkeit

'world-weary *Adj* (*gehoben*) lebensüberdrüssig, lebensmüde

world·wide /'wɜːldwaɪd; *AmE* 'wɜːrld-/ *Adj, Adv* weltweit

the ,World Wide 'Web (*auch* **the Web**, *Abk* **WWW**) *Nomen* das World Wide Web

worm /wɜːm; *AmE* wɜːrm/ *Nomen, Verb*

▸ ***Nomen*** **1** Wurm **2** Made **3** (*umgs, abwert*) (*verachtenswerter Mensch*) Stück Dreck IDM **the ,worm will 'turn** auch der Wurm krümmt sich, wenn er getreten wird → *Siehe auch* CAN²

▸ ***Verb*** **1** ~ **your way ...** sich schlängeln **2** entwurmen PHR V **,worm your way/yourself 'into sth** (*abwert*) sich in etw einschleichen **,worm sth 'out of sb** (*umgs*) jdm etw entlocken

'worm-eaten *Adj* wurmzerfressen, wurmstichig

worm·wood /'wɜːmwʊd; *AmE* 'wɜːrm-/ *Nomen* Wermut

worn /wɔːn; *AmE* wɔːrn/ *Adj* **1** abgenutzt ◇ *an old pair of worn jeans* ein Paar abgetragene Jeans ◇ *The steps were worn.* Die Stufen waren ausgetreten. **2** erschöpft → *Siehe auch* WEAR

,worn 'out *Adj* **1** abgenutzt ◇ *These shoes are worn out.* Diese Schuhe sind abgetragen. **2** erschöpft

wor·ried 0→ /'wʌrid; *AmE* 'wɜːrid/ *Adj* (*Adv* **wor·ried·ly**) besorgt, beunruhigt ◇ *Where have you been? I've been worried sick.* Wo bist du gewesen? Ich war fast krank vor Sorge. IDM **you had me 'worried** (*umgs*) ◇ *You had me worried there—I thought you were going to resign!* Du hast mir einen Schrecken eingejagt—ich dachte, du trittst zurück!

wor·rier /'wʌriə(r); *AmE* 'wɜːr-/ *Nomen* = jd, der sich leicht Sorgen macht

wor·ri·some /'wʌrisəm; *AmE* 'wɜːr-/ *Adj* (*bes AmE*) Besorgnis erregend

worry 0→ /'wʌri; *AmE* 'wɜːri/ *Verb, Nomen*

▸ ***Verb*** (**wor·ries, worry·ing, wor·ried, wor·ried**) **1** ~ **(about/over sb/sth)** sich (um jdn/etw) Sorgen machen **2** ~ **sb/yourself (about sb/sth)** jdm/sich (um jdn/etw) Sorgen machen ◇ *You worry me.* Du machst mir Sorgen. ◇ *He's worried sick about his daughter.* Er macht sich furchtbare Sorgen um seine Tochter. **3** belästigen ◇ *The noise doesn't seem to worry her.* Der Lärm scheint ihr nichts auszumachen. **4** (*von Hunden*) jagen IDM **,not to 'worry** (*bes BrE, umgs*) keine Sorge PHR V **'worry at sth** **1** an etw nagen ◇ *Rebecca worried at her lip.* Rebecca nagte an ihrer Lippe. ◇ *He began to worry at the knot.* Er versuchte, den Knoten mit den Zähnen aufzumachen. **2** sich über etw den Kopf zerbrechen

▸ ***Nomen*** (*Pl* **-ies**) Sorge ◇ *Going out at night is a real worry for many women.* Viele Frauen haben Angst, abends auszugehen. ◇ *be frantic with worry* vor Sorge außer sich sein IDM **no worries!** (*umgs*) kein Problem; kein Thema ◇ *'I'm really sorry.' 'Oh, no worries.'* „Es tut mir wirklich leid." „Ach, kein Thema."

worry·ing 0→ /'wʌriɪŋ; *AmE* 'wɜːr-/ *Adj* beunruhigend, sorgenvoll

worry·ing·ly /'wʌriɪŋli; *AmE* 'wɜːr-/ *Adv* beunruhigend(erweise)

worry·wart /'wʌriwɔːt; *AmE* 'wɜːriwɔːrt/ *Nomen* (*AmE, umgs*) jd, der sich leicht Sorgen macht

worse 0→ /wɜːs; *AmE* wɜːrs/ *Adj, Adv, Nomen*

▸ ***Adj, Adv*** (*Komparativ von „bad" oder „badly"*) schlechter, schlimmer ◇ *If he gets any worse, call the doctor.* Wenn sein Zustand sich verschlechtert, ruf den Arzt. IDM **be ,worse 'off** schlechter dran sein **come off 'worse** den Kürzeren ziehen; schlechter abschneiden **go from ,bad to 'worse** immer schlimmer werden **,worse 'luck!** (*BrE, umgs*) wie schade! **you can/could do worse than do sth** es ist/wäre bestimmt kein Fehler, etw zu tun → *Siehe auch* BARK *und* FATE

▸ ***Nomen*** Schlechtere(s), Schlimmere(s) ◇ *I'm afraid there is worse to come.* Ich fürchte, es kommt noch schlimmer. IDM **be none the 'worse (for sth)** (bei einer Sache) keinen Schaden davontragen **the ,worse for 'wear** (*umgs*) **1** abgenutzt **2** betrunken → *Siehe auch* BETTER *und* CHANGE

worsen /'wɜːsn; *AmE* 'wɜːrsn/ *Verb* (sich) verschlechtern, (sich) verschlimmern

wor·ship 0→ /'wɜːʃɪp; *AmE* 'wɜːrʃɪp/ *Nomen, Verb*

▸ ***Nomen*** **1** [U] Gottesverehrung, Gottesdienst **2** Verehrung **3 His, Your, etc. Worship** (*BrE, gehoben*) seine, Euer etc. Ehren

▸ ***Verb*** (**-pp-**, *AmE auch* **-p-**) **1** anbeten **2** an einem Gottesdienst teilnehmen **3** vergöttern, verehren

wor·ship·per (*AmE auch* **wor·ship·er**) /'wɜːʃɪpə(r); *AmE* 'wɜːrʃɪ-/ *Nomen* **1** Gottesdienstbesucher(in), Gläubige(r) **2** (*oft in Zusammensetzungen*) Anbeter(in) ◇ (*fig*) *sun worshippers* Sonnenanbeter

worst 0→ /wɜːst; *AmE* wɜːrst/ *Adj, Adv, Nomen, Verb*

▸ ***Adj*** (*Superlativ von „bad"*) schlechteste(r,s), schlimmste(r,s) IDM **be your ,own worst 'enemy** sich selbst der schlimmste Feind sein **come off 'worst** am schlechtesten abschneiden

▸ ***Adv*** (*Superlativ von „badly"*) am schlimmsten, am schlechtesten

▸ ***Nomen*** **the worst** das Schlimmste ◇ *The worst of the storm was over.* Der schlimmste Sturm war vorbei. ◇ *Things were at their worst, when …* Es konnte gar nicht schlimmer kommen, als … **IDM** **at (the) ˈworst** schlimmstenfalls **bring out the ˈworst in sb** jds negative Seiten aufzeigen **do your ˈworst** ◇ *Let them do their worst—we'll fight them all the way.* Lass sie machen, was sie wollen—wir werden sie bis zum bitteren Ende bekämpfen. ◇ *The storm had done its worst.* Der Sturm hatte großen Schaden angerichtet. **get the ˈworst of it** das Schlimmste abbekommen; den Kürzeren ziehen **if the ˌworst comes to the ˈworst** (*AmE auch* **if ˌworst comes to ˈworst**) wenn alle Stricke reißen; wenn es zum Schlimmsten kommt **the worst of ˈall (possible) worlds** die schlechteste aller Möglichkeiten

▸ ***Verb*** (*veraltet oder gehoben*) (*meist passiv*) (*besiegen*) schlagen

ˈworst-case *Adj* [nur vor Nomen] schlimmste(r,s), ungünstigste(r,s)

worst·ed /ˈwʊstɪd/ *Nomen* Kammgarn

worth 🔑 /wɜːθ; *AmE* wɜːrθ/ *Adj, Nomen*

▸ ***Adj*** [nicht vor Nomen] **1** wert ◇ *If you answer this question correctly, it's worth five points.* Wenn Sie diese Frage korrekt beantworten, bekommen Sie fünf Punkte. **2 be ~ doing sth** sich lohnen, etw zu tun ➔ *Siehe auch* WORTHWHILE **3** (*reich*) schwer ◇ *He's worth about $10 million.* Er ist um die 10 Millionen Dollar schwer. **IDM** **be ˌworth your/its ˌweight in ˈgold** nicht mit Gold zu bezahlen sein **for ˌall sb/it is ˈworth** so sehr es geht; so sehr man kann ◇ *He was rowing for all he was worth.* Er ruderte, was das Zeug hielt. **for ˌwhat it's ˈworth** (*umgs*) meiner (bescheidenen) Meinung nach **(the game is) not worth the ˈcandle** (*veraltet*) (die Sache ist) die Mühe nicht wert **not worth the paper it's ˈwritten/ˈprinted on** das Papier nicht wert, auf dem es geschrieben steht/gedruckt ist **ˌworth your/its ˈsalt** gut ◇ *Any boss worth his salt knows that.* Jeder Vorgesetzte, der etwas taugt, weiß das. **sth is ˌworth sb's ˈwhile** etw lohnt sich für jdn ◇ *He'll do the job if you make it worth his while.* Er macht das, wenn du ihm genug zahlst. ➔ *Siehe auch* BIRD *und* JOB

▸ ***Nomen*** Wert ◇ *a dollar's worth of change* Kleingeld im Wert von einem Dollar ◇ *a month's worth of supplies* Vorräte für einen Monat ◇ *This helps children to develop a sense of their own worth.* Dies hilft Kindern ihr Selbstwertgefühl zu entwickeln. **IDM** ➔ MONEY

wor·thily /ˈwɜːðili; *AmE* ˈwɜːrð-/ *Adv* **1** ehrenhaft, löblich **2** zu Recht

worthi·ness /ˈwɜːðinəs; *AmE* ˈwɜːrð-/ *Nomen* Wert, Ehrenhaftigkeit

worth·less /ˈwɜːθləs; *AmE* ˈwɜːrθ-/ *Adj* **1** wertlos **2** nichtsnutzig

worth·less·ness /ˈwɜːθləsnəs; *AmE* ˈwɜːrθ-/ *Nomen* Wertlosigkeit

worth·while /ˌwɜːθˈwaɪl; *AmE* ˌwɜːrθ-/ *Adj* lohnend ◇ *It didn't seem worthwhile trying again.* Es schien sich nicht zu lohnen, es noch mal zu versuchen. ◇ *The smile on her face made it all worthwhile.* Ihr Lächeln ließ alle Mühe vergessen. ◇ *a worthwhile cause* ein guter Zweck

worthy /ˈwɜːði; *AmE* ˈwɜːrði/ *Adj, Nomen*

▸ ***Adj*** (**wor·thier**, **wor·thi·est**) **1** (*gehoben*) würdig ◇ *He felt he was not worthy of her.* Er fühlte sich ihrer nicht würdig. ◇ *worthy of attention* beachtenswert ◇ *worthy of mention/note* erwähnenswert **2** achtbar, ehrenwert, lobenswert **3 -worthy** (*in Zusammensetzungen*) -würdig ◇ *trustworthy* vertrauenswürdig ◇ *roadworthy* fahrtüchtig ◇ *seaworthy* seetüchtig

▸ ***Nomen*** (*Pl* **-ies**) (*oft hum*) Größe, wichtige Persönlichkeit

wot /wɒt; *AmE* wɑːt, wʌt/ (*BrE, umgs, oft hum*) (*Schreibweise von „what", die eine betont umgangssprachliche Redeweise anzeigt*)

would 🔑 /*betont* wʊd, *unbetont* wəd, əd/ *Modalvb* (*Kurzform* **'d** /d/, *verneint* **would not**, *Kurzform* **wouldn't** /ˈwʊdnt/) **1** (*in der indirekten Rede als Vergangenheitsform von „will" und in Konditionalsätzen sowie in höflichen Bitten etc. gebraucht*) ◇ *She asked if I would help.* Sie fragte, ob ich helfen würde. ◇ *If I had seen the advertisement in time I would have applied for the job.* Wenn ich die Anzeige rechtzeitig gesehen hätte, hätte ich mich um die Stelle beworben. ◇ *They would never have met if she hadn't gone to Emma's party.* Sie wären sich nie begegnet, wenn sie nicht zu Emmas Party gegangen wäre. ◇ *He'd be a fool not to accept the offer.* Es wäre dumm von ihm, das Angebot abzulehnen. ◇ *I wish you'd be quiet for a minute.* Kannst du nicht mal einen Moment still sein? ◇ *Would you mind leaving us alone for a few minutes?* Würden Sie uns bitte ein paar Minuten allein lassen? ◇ *Would you open the door for me, please?* Würden Sie mir bitte die Tür aufmachen? ◇ *I wouldn't have any more to drink, if I were you.* Ich an Ihrer Stelle würde nichts mehr trinken. ◇ *I'd say he was about 50.* Ich würde sagen, er war so um die 50. ◇ *I would imagine the job will take about two days.* Ich denke, dass die Arbeit ungefähr zwei Tage dauern wird. **2 ~ like, love, hate, prefer, etc. sth/(sb) to do sth** ◇ *I'd be only too glad to help.* Ich möchte Ihnen sehr gerne helfen. ◇ *I'd hate you to think I was criticizing you.* Ich möchte nicht, dass du denkst, ich hätte dich kritisiert. ◇ *Would you prefer to stay here?* Möchtest du lieber hierbleiben? **3 ~ rather do sth/sb did sth** ◇ *I'd rather come with you.* Ich möchte lieber mit dir gehen. ◇ *I'd rather you came with us.* Mir wäre es lieber, wenn du mit uns kommen würdest. **4** (*drückt typische Ereignisse in der Vergangenheit aus*) ◇ *When my parents were away, my grandmother would take care of me.* Wenn meine Eltern fort waren, passte meine Großmutter auf mich auf. ◇ *He'd always be the first to offer to help.* Er war immer der Erste, der seine Hilfe anbot. **5** (*meist abwert*) (*drückt typisches Verhalten aus*) ◇ *'She said it was your fault.' 'Well, she would say that, wouldn't she? She's never liked me.'* „Sie sagte, dass es deine Schuld war." „Klar, dass sie das sagt. Sie hat mich nie gemocht." ◇ *'You would say that. You always support him.'* „Typisch, dass du das sagst. Du hältst immer zu ihm." **6 ~ that …** (*gehoben*) ◇ *Would that he had lived to see it.* Hätte er das doch noch miterleben können! **7** (*in Angeboten, Einladungen etc.*) ◇ *Would you like a biscuit?* Möchten Sie einen Keks? ◇ *I'd love a piece of cake.* Ich hätte gern ein Stück Kuchen. ◇ *Would you have dinner with me on Friday?* Möchten Sie am Freitag mit mir essen gehen?

ˈwould-be *Adj* [nur vor Nomen] künftige(r,s), angehende(r,s)

wound[1] 🔑 /wuːnd/ *Nomen, Verb* ➔ *Siehe auch* WOUND[2]

▸ ***Nomen*** Wunde (*auch fig*) ◇ *a bullet wound* eine Schusswunde **IDM** ➔ LICK, REOPEN *und* RUB

▸ ***Verb*** verwunden, verletzen (*auch fig*) ◇ *He was wounded in the arm.* Er wurde am Arm verwundet.

wound[2] 🔑 *Form von* WIND[2]

wound·ed 🔑 /ˈwuːndɪd/ *Adj, Nomen*

▸ ***Adj*** **1** verwundet, verletzt **2** (*fig*) verletzt, gekränkt

▸ **the wounded** ***Nomen*** [Pl] die Verwundeten

wound·ing /ˈwuːndɪŋ/ *Adj* verletzend

wove *Form von* WEAVE

wow /waʊ/ *Ausruf, Verb, Nomen*

▸ ***Ausruf*** *(auch* **wowee** /ˌwaʊˈiː/) *(umgs)* wow!, Mensch!

▸ ***Verb*** **~ sb** *(umgs)* jdn begeistern, jdn umhauen

▸ ***Nomen*** **1** *(umgs)* Wucht, Riesenerfolg **2** [U] *(bei einer Aufnahme)* Gleichlaufschwankungen, Jaulen

WPC /ˌdʌbljuː piː ˈsiː/ *(BrE) Kurzform von* **woman police constable** Polizeimeisterin

wpm /ˌdʌbljuː piː ˈem/ *Kurzform von* **words per minute** Worte pro Minute

wrack *(selten)* = RACK

wraith /reɪθ/ *Nomen (von kürzlich Verstorbenen)* Geist(ererscheinung) ◇ *a wraith-like figure* eine ätherische Erscheinung

wran·gle /ˈræŋgl/ *Nomen, Verb*

▸ ***Nomen*** Streit(erei) ◇ *a legal wrangle* ein Rechtsstreit

▸ ***Verb*** (sich) streiten, sich in den Haaren liegen

wran·gling /ˈræŋglɪŋ/ *Nomen* Streit(erei), Gezanke

wrap 0➡ /ræp/ *Verb, Nomen*

▸ ***Verb*** **(-pp-) 1 ~ sth (in sth)** etw (in etw) wickeln; **~ sth up (in sth)** etw (in etw) einwickeln, etw (in etw) einpacken ➔ *Siehe auch* GIFT-WRAP **2 ~ B round/around A** A in B einwickeln ➔ *Siehe auch* SHRINK-WRAPPED **3 ~ sth around/round sth/sb** etw um etw/jdn schlingen, etw um etw/jdn wickeln ◇ *His arms were wrapped around her waist.* Er hatte seine Arme um ihre Taille geschlungen. IDM **be ˌwrapped ˈup in sb/sth** mit jdm/etw total beschäftigt sein ◇ *They are completely wrapped up in their children.* Außer ihren Kindern kennen sie gar nichts anderes mehr. ➔ *Siehe auch* LITTLE FINGER PHRV **ˌwrap ˈup; ˌwrap it ˈup** *(Slang)* den Mund halten, still sein **ˌwrap ˈup** sich einpacken, sich warm anziehen **ˌwrap sb/yourself ˈup** sich/jdn einpacken, sich/jdn warm anziehen **ˌwrap sth ˈup** *(umgs)* etw abschließen ◇ *That just about wraps it up for today.* Das wär's dann für heute.

▸ ***Nomen*** **1** Tuch, Stola, Cape **2** [U] Verpackung, Hülle ◇ *gift wrap* Geschenkpapier ◇ *bubble wrap* Luftpolsterfolie ➔ *Siehe auch* PLASTIC WRAP **3** *(beim Filmen)* ◇ *Cut! That's a wrap.* Schnitt! Das ist im Kasten. IDM **under ˈwraps** *(umgs)* unter Verschluss; geheim

wrap·per /ˈræpə(r)/ *Nomen* Verpackung; *(Bonbon- etc.)* Papier

wrap·ping 0➡ /ˈræpɪŋ/ *Nomen (auch* **wrap·pings** [Pl]) Verpackung, Hülle ◇ *shrink wrapping* Einschweißfolie

ˈwrapping paper *Nomen* Geschenkpapier

wrath /rɒθ; *AmE* ræθ/ *Nomen (veraltet oder gehoben)* Zorn

wrath·ful /ˈrɒθfl; *AmE* ˈræθ-/ *Adj (Adv* **wrath·ful·ly** /-fəli/) *(veraltet oder gehoben)* zornig, wutentbrannt

wreak /riːk/ *Verb (gehoben) (Verwüstung, Schaden etc.)* anrichten; *(Rache)* üben ◇ *This wreaked havoc on the economy.* Das hatte verheerende Auswirkungen auf die Wirtschaft.

wreath /riːθ/ *Nomen (Pl* **wreaths** /riːðz/) **1** *(Blumen- etc.)* Kranz **2** *(gehoben) (Rauch-)* Kringel; *(Nebel-)* Schwaden

wreathe /riːð/ *Verb (gehoben)* **1** *(meist passiv)* **~ sth (in sth)** etw (in etw) hüllen; **~ sth (with sth)** etw (mit etw) umhüllen ◇ *(fig) Her face was wreathed in smiles.* Sie strahlte über das ganze Gesicht. **2** sich winden, sich kringeln

wreck /rek/ *Nomen, Verb*

▸ ***Nomen*** **1** Wrack *(auch fig)* ◇ *a nervous wreck* ein Nervenbündel **2** *(umgs) (Haus etc.)* Ruine; *(Auto etc.)* Schrotthaufen ◇ *(fig) They still hoped to salvage something from the wreck of their marriage.* Sie hofften immer noch, ihre kaputte Ehe zu retten. **3** *(AmE)* Unfall, Zusammenstoß ◇ *a train wreck* ein Eisenbahnunglück

▸ ***Verb*** **1** zerstören ◇ *He wrecked his car.* Er fuhr sein Auto zu Schrott. **2** *(fig)* ruinieren, zunichtemachen **3 be wrecked** Schiffbruch erleiden

wreck·age /ˈrekɪdʒ/ *Nomen* [U] Wrackteile, Trümmer *(auch fig)* ◇ *pieces of wreckage* Wrackteile

wrecked /rekt/ *Adj* **1** [nur vor Nomen] zerstört, ruiniert; *(Schiff)* havariert; *(Ehe)* gescheitert **2** [nicht vor Nomen] *(BrE, Slang)* besoffen

wreck·er /ˈrekə(r)/ *Nomen* **1** Zerstörer(in), Saboteur(in) **2** *(AmE)* Abschleppwagen ◇ *the wrecker's yard* der Schrottplatz

wren /ren/ *Nomen* Zaunkönig

wrench /rentʃ/ *Verb, Nomen*

▸ ***Verb*** **1** reißen, zerren ◇ *The bag was wrenched from her grasp.* Die Tasche wurde ihr entrissen. **2** *(fig)* ◇ *Guy wrenched his mind back to the present.* Guy zwang sich, sich wieder auf das Geschehen zu konzentrieren. ◇ *His words wrenched a sob from her.* Seine Worte lösten in ihr ein Schluchzen aus. ◇ *Her words wrenched at my heart.* Ihre Worte gingen mir zu Herzen. ◇ *a wrenching experience* eine schmerzliche Erfahrung **3** *(Knöchel etc.)* verrenken, verstauchen

▸ ***Nomen*** **1** *(bes AmE)* Schraubenschlüssel ➔ *Siehe auch* MONKEY WRENCH **2** Trennungsschmerz ◇ *Leaving home was a terrible wrench for me.* Von Zuhause fortzugehen war sehr schmerzlich für mich. **3** [meist Sing] Verrenkung, Verstauchung

wrest /rest/ *Verb* PHRV **ˈwrest sth from sb/sth** *(gehoben)* jdm/etw etw entreißen *(auch fig)*

wres·tle /ˈresl/ *Verb* ringen *(auch fig)*, kämpfen *(auch fig)* ◇ *Shoppers wrestled the raider to the ground.* Kunden zwangen den Täter zu Boden. ◇ *She wrestled to look serious.* Sie bemühte sich, ernst zu blicken.

wrest·ler /ˈreslə(r)/ *Nomen* Ringer(in)

wrest·ling /ˈreslɪŋ/ *Nomen* Ringen ◇ *a wrestling match* ein Ringkampf

wretch /retʃ/ *Nomen* **1** Geschöpf ◇ *a poor wretch* ein armer Teufel **2** *(oft hum)* Schuft, Luder, Nervensäge

wretch·ed /ˈretʃɪd/ *Adj* **1** *(Adv* **wretch·ed·ly**) unglücklich, elend **2** *(Adv* **wretch·ed·ly**) furchtbar, schrecklich **3** erbärmlich **4** [nur vor Nomen] verdammt, verflixt

wretch·ed·ness /ˈretʃɪdnəs/ *Nomen* [U] Elend, Erbärmlichkeit

wrig·gle /ˈrɪgl/ *Verb* **1** zappeln, sich winden; *(Schlange etc.)* sich schlängeln; **~ about/around** herumzappeln ◇ *He managed to wriggle free.* Es gelang ihm, sich loszuwinden. ◇ *He wriggled himself into a comfortable position.* Er rutschte so lange herum, bis er eine bequeme Stellung gefunden hatte. **2 ~ sth** mit etw wackeln PHRV **wriggle out of sth** *(umgs, abwert)* sich aus etw herauswinden

wriggle room /ˈrɪgl ruːm, rʊm/ *Nomen (umgs)* Spielraum

wring /rɪŋ/ *Verb* **(wrung, wrung** /rʌŋ/) **1 ~ sth (out)** etw auswringen **2** *(Hals)* umdrehen IDM **ˌwring sb's ˈhand** jdm kräftig die Hand schütteln **ˌwring your ˈhands** die Hände ringen PHRV **ˈwring sth from/out of sb** etw aus jdm herausquetschen, jdm etw abringen

wring·er /ˈrɪŋə(r)/ *Nomen* = Gerät, mit dem man Wäsche auswringt IDM **go through the ˈwringer** *(umgs)* in die Mangel genommen werden; durch die Mangel gedreht werden

ˌwringing ˈwet *Adj* klatschnass

wrin·kle /ˈrɪŋkl/ *Nomen, Verb*
▸ ***Nomen*** Falte
▸ ***Verb* 1 ~ (up)** sich in Falten legen ◇ *His face wrinkled in a grin.* Sein Gesicht verzog sich zu einem Grinsen. **2 ~ sth (up)** *(Stirn)* runzeln; *(Nase)* rümpfen ◇ *He wrinkled his brow.* Er runzelte die Stirn. **3** Falten werfen, knittern **4** verknittern

wrin·kled /ˈrɪŋkld/ *Adj* faltig, runzlig; *(Stoff, Papier)* zerknittert

wrin·kly /ˈrɪŋkli/ *Adj, Nomen*
▸ ***Adj*** *(umgs)* faltig, runzlig, zerknittert
▸ ***Nomen*** *(Pl* **-ies***)* *(BrE, umgs, beleidigend)* Alte(r), alter Knacker, alte Schachtel

wrist 🔑 /rɪst/ *Nomen* Handgelenk **IDM** → SLAP

wrist·band /ˈrɪstbænd/ *Nomen* Armband

wrist·watch /ˈrɪstwɒtʃ; *AmE* -wɑːtʃ/ *Nomen* Armbanduhr

writ /rɪt/ *Nomen, Verb*
▸ ***Nomen*** (RECHT) Verfügung ◇ *be served with a writ* eine Gerichtsvorladung erhalten ◇ *We intend to issue a writ against the newspaper.* Wir haben vor, die Zeitung vor Gericht zu bringen.
▸ ***Verb*** *(veraltet)* Form von WRITE **IDM** **ˌwrit ˈlarge** *(gehoben)* **1** deutlich **2** *(dem Nomen nachgestellt)* im großen Stil

write 🔑 /raɪt/ *Verb* (**wrote** /rəʊt; *AmE* roʊt/, **writ·ten** /ˈrɪtn/) **1** schreiben ◇ *Please write in pencil.* Bitte schreiben Sie mit Bleistift. ◇ *No decision has been made at the time of writing.* Zur Zeit der Niederschrift stand noch keine Entscheidung fest. ◇ *She wrote thanking us for the present.* Sie schrieb uns, um sich für das Geschenk zu bedanken. ◇ *I'm writing to enquire about language courses.* Ich möchte mich hiermit nach Sprachkursen erkundigen. **2 ~ sth (out)** *(Scheck, Quittung, Rezept etc.)* ausstellen **3** (COMP) **~ (sth) to/onto sth** (etw) in/auf etw schreiben **IDM** **be written all over sb's ˈface** jdm im Gesicht geschrieben stehen **have sth/sb written all ˈover it/sb** *(umgs)* ◇ *He had 'businessman' written all over him.* Man sah ihm sofort an, dass er Geschäftsmann war. ◇ *This essay has got Mike written all over it.* Dieser Aufsatz sieht ganz nach Mike aus. **nothing (much) to write ˈhome about** *(umgs)* nichts Besonderes → *Siehe auch* WORTH **PHR V** **ˌwrite aˈway** = write off/away (to sb/sth) for sth **ˌwrite ˈback (to sb)** (jdm) zurückschreiben, (jdm) antworten **ˌwrite sth ˈdown** **1** etw aufschreiben, etw notieren **2** (FINANZ) etw abschreiben **ˌwrite ˈin (for sth)** (wegen einer Sache) hinschreiben ◇ *She wrote in to the BBC to complain.* Sie schrieb an die BBC, um sich zu beschweren. **ˌwrite sb/sth ˈin** *(AmE)* (POL) = für einen Kandidaten/eine Kandidatin stimmen, der/die nicht auf dem Stimmzettel aufgeführt ist **ˌwrite sth ˈinto sth** etw in etw festlegen **ˌwrite ˈoff/aˈway (to sb/sth) for sth** etw (bei jdm/etw) anfordern ◇ *I've written off for the catalogue.* Ich habe den Katalog angefordert. **ˌwrite sth ˈoff** **1** (FINANZ) etw voll abschreiben **2** *(BrE)* *(Auto)* zu Schrott fahren **ˌwrite sb/sth ˈoff (as sth)** jdn/etw (als etw) abschreiben **ˌwrite sth ˈout** etw ausschreiben, etw ausarbeiten ◇ *Shall I write it out in neat now?* Soll ich es jetzt ins Reine schreiben? ◇ *He wrote out each word in block capitals.* Er schrieb extra jedes Wort in Großbuchstaben. **ˌwrite sb ˈout (of sth)** *(aus einem Drehbuch etc.)* jdn herausschreiben **ˌwrite sth ˈup** etw ausarbeiten ◇ *He wrote up the minutes of the meeting.* Er erstellte aus seiner Mitschrift ein Sitzungsprotokoll. ◇ *They had to do a survey of the island and write up their findings.* Sie mussten die Insel inspizieren und darüber einen Bericht schreiben.

ˈwrite-in *Nomen* *(AmE)* (POL) = Stimmabgabe für nicht auf dem Stimmzettel aufgeführte Kandidaten

ˈwrite-off *Nomen* **1** *(BrE)* *(Fahrzeug)* Totalschaden **2** [Sing] *(umgs)* vertane Zeit **3** (FINANZ) Abschreibung

ˌwrite-proˈtect *Verb* (COMP) schreibschützen

writer 🔑 /ˈraɪtə(r)/ *Nomen* **1** Schreiber(in), Schriftsteller(in), Autor(in) **2** Verfasser(in) **3** *(mit Adjektiven)* ◇ *a neat/messy writer* Person mit gut lesbarer/unordentlicher Handschrift

ˈwrite-up *Nomen* Pressebericht; *(Film-, Buch- etc.)* Kritik

writhe /raɪð/ *Verb* **~ (about/around) (in/with sth)** sich (vor etw) winden ◇ *(fig)* *He was writhing with embarrassment.* Ihm war es furchtbar peinlich.

writ·ing 🔑 /ˈraɪtɪŋ/ *Nomen* **1** Schreiben ◇ *essay writing* Aufsatzschreiben ◇ *a writing case* eine Schreibmappe ◇ *her talent for writing* ihr schriftstellerisches Talent **2** [U] Werk, Schriftstück ◇ *feminist writing* feministische Schriften ◇ *travel writing* Reiseberichte **3 writings** [Pl] Werke ◇ *the writings of Hegel* Hegels Werke **4** [U] Inschrift ◇ *There was writing all over the desk.* Der ganze Schreibtisch war vollgeschrieben. **5** [U] (Hand)schrift **IDM** **in ˈwriting** schriftlich → *Siehe auch* WALL

ˈwriting paper *Nomen* Briefpapier

writ·ten 🔑 /ˈrɪtn/ *Adj* schriftlich ◇ *written language* Schriftsprache **IDM** **the ˌwritten ˈword** das geschriebene Wort

wrong 🔑 /rɒŋ; *AmE* rɔːŋ/ *Adj, Adv, Nomen, Verb*
▸ ***Adj* 1** falsch ◇ *I got all the answers wrong.* Alle meine Antworten sind falsch. ◇ *That picture is the wrong way round.* Das Bild ist verkehrt herum. ◇ *I realized that it was the wrong thing to say.* Ich merkte, dass ich etwas Falsches gesagt hatte. ◇ *You've got the wrong number.* Sie haben sich verwählt. ◇ *do sth the wrong way* etw verkehrt machen **2** [nicht vor Nomen] **be ~** sich irren, sich täuschen; **prove sb ~** jdm beweisen, dass er sich getäuscht hat ◇ *They wanted to prove the critics wrong.* Sie wollten den Kritikern beweisen, dass sie sich geirrt hatten. **3** [nicht vor Nomen] **sth is ~ (with sb/sth)** (etw) stimmt nicht (mit jdm/etw) ◇ *What's wrong?* Was ist los? ◇ *The doctor could find nothing wrong with him.* Der Arzt konnte nichts feststellen bei ihm. ◇ *I have something wrong with my foot.* Mein Fuß ist nicht in Ordnung. **4 ~ (of/for sb) (to do sth)** nicht richtig (von jdm) (etw zu tun) ◇ *She acknowledged that she'd done wrong.* Sie gab zu, nicht richtig gehandelt zu haben. ◇ *This man has done nothing wrong.* Dieser Mann hat nichts Unrechtes getan. ◇ *What's wrong with eating meat?* Warum sollte man kein Fleisch essen? **5** *(bei Stoff)* **the ~ side** die linke Seite **IDM** **from/on the ˌwrong side of the ˈtracks** aus/in einem ärmlichen Stadtteil **get (hold of) the ˌwrong end of the ˈstick** *(BrE, umgs)* etw falsch verstehen **on the ˌwrong side of the ˈlaw** mit dem Gesetz in Konflikt **take sth the wrong ˈway** etw in den falschen Hals bekommen → *Siehe auch* BACK, BARK, BED, FAR, NOTE, RUB, SIDE *und* TRACK
▸ ***Adv*** *(nach Verben)* falsch ◇ *I was trying to apologize but it came out wrong.* Ich versuchte, mich zu entschuldigen, aber ich habe wohl das Falsche gesagt. ◇ *'I thought you were going out.' 'Well, you must have thought wrong, then!'* „Ich dachte, du wolltest ausgehen?" „Da musst du dich geirrt haben!" **IDM** **get sb ˈwrong** *(umgs)* jdn falsch verstehen **get sth ˈwrong** *(umgs)* **1** etw missverstehen; etw falsch verstehen **2** sich bei/mit etw vertun ◇ *I must have got the figures wrong.* Ich muss mich verrechnet haben. **go ˈwrong** **1** einen Fehler machen ◇ *If you do what she tells you, you won't go far wrong.* Wenn du machst, was sie dir sagt, kannst du nicht viel falsch machen. **2** kaputtgehen ◇

My watch keeps going wrong. Meine Uhr ist nicht in Ordnung. **3** schiefgehen; schieflaufen ◇ *Then the relationship started to go wrong.* In ihrer Beziehung begann es dann zu kriseln. **you can't go 'wrong (with sth)** (*umgs*) man kann (mit etw) nichts verkehrt machen → *Siehe auch* FOOT
▸ ***Nomen*** Unrecht IDM **be in the 'wrong** im Unrecht sein **two ˌwrongs don't make a 'right** ein Unrecht hebt das andere nicht auf → *Siehe auch* RIGHT
▸ ***Verb*** (*gehoben*) ~ **sb** jdn unrecht tun, jdn ungerecht behandeln

wrong·doer /ˈrɒŋduːə(r); *AmE* ˈrɔːŋ-/ *Nomen* (*gehoben*) Missetäter(in)

wrong·doing /ˈrɒŋduːɪŋ; *AmE* ˈrɔːŋ-/ *Nomen* (*gehoben*) Missetat(en), Vergehen, Verfehlung

ˌwrong-'foot *Verb* (*BrE*) aus dem Konzept bringen, auf dem falschen Fuß erwischen

wrong·ful /ˈrɒŋfl; *AmE* ˈrɔːŋ-/ *Adj* (RECHT) unrechtmäßig

wrong·ful·ly /ˈrɒŋfəli; *AmE* ˈrɔːŋ-/ *Adv* zu Unrecht, rechtswidrig

wrong·ly 0➡ /ˈrɒŋli; *AmE* ˈrɔːŋ-/ *Adv* **1** zu Unrecht, fälschlicherweise **2** falsch

wrote *Form von* WRITE

wrought /rɔːt/ *Verb* (*gehoben*) (*veraltete Form von „work", heute nur in der Vergangenheit gebraucht*) ◇ *The century wrought major changes in society.* Das Jahrhundert bewirkte große Veränderungen in der Gesellschaft. ◇ *The storm wrought havoc in the south.* Der Sturm richtete im Süden verheerenden Schaden an.

ˌwrought 'iron *Nomen* Schmiedeeisen

WRT (*auch* **w.r.t.**) *Kurzform von* **with reference to** (*Netzjargon*) bezüglich, was ... betrifft ◇ *And WRT your last point, ...* Und was deinen letzten Punkt angeht, ...

wrung *Form von* WRING

wry /raɪ/ *Adj* (*Adv* **wryly**) (*gehoben*) **1** ironisch ◇ *He pulled a wry face.* Er schnitt eine Grimasse. **2** (*Kommentar, Humor*) trocken

WTO /ˌdʌbljuː tiː ˈəʊ; *AmE* ˈoʊ/ *Kurzform von* **World Trade Organization** Welthandelsorganisation

wuss /wʊs/ *Nomen* (*Slang*) Dummkopf

WWW /ˌdʌbljuː dʌbljuː ˈdʌbljuː/ *Abk* = WORLD WIDE WEB

X x

X, x /eks/ *Nomen* (*Pl* **Xs, X's, x's**) **1** (*Buchstabe*) X, x → *Beispiele bei* A, A → *Siehe auch* X-RATED *und* X-RAY **2** Kreuzchen ◇ *Write X beside the candidate of your choice.* Machen Sie ein Kreuzchen neben den Namen des Kandidaten Ihrer Wahl. **3** = gebraucht, um eine vorgeschriebene Antwort als falsch zu markieren → *Siehe auch* TICK **4** (*am Briefende*) Küsse ◇ *Love from Kathy xxx* Gruß und Kuss von Kathy

xenon /ˈzenɒn, ˈziːnɒn; *AmE* -nɑːn/ *Nomen* (*Abk* **Xe**) (CHEM) Xenon

xeno·pho·bia /ˌzenəˈfəʊbiə; *AmE* -ˈfoʊ-/ *Nomen* (*abwert*) Fremdenfeindlichkeit, Xenophobie

xeno·pho·bic /ˌzenəˈfəʊbɪk; *AmE* -ˈfoʊ-/ *Adj* (*abwert*) fremdenfeindlich, xenophob

XL /ˌeks ˈel/ *Kurzform von* **extra large** XL

Xmas /ˈkrɪsməs, ˈeks-/ *Nomen* = geschriebene Kurzform für Weihnachten

XP /ˌeks ˈpiː/ (*auch* **XPs** /ˈpiːz/) *Abk* (*auch* **EXP, Exp, EXPs, Exps**) [Pl] = EXPERIENCE POINTS

ˈX-rated *Adj* (*Film*) nicht jugendfrei

X-ray /ˈeks reɪ/ *Nomen, Verb*
▸ ***Nomen*** **1** [meist Pl] Röntgenstrahl **2** Röntgenbild **3** Röntgenuntersuchung
▸ ***Verb*** röntgen

xylo·phone /ˈzaɪləfəʊn; *AmE* -foʊn/ *Nomen* Xylofon

Y y

Y, y /waɪ/ *Nomen, Abk*
▸ ***Nomen*** (*Pl* **Ys, Y's, y's**) (*Buchstabe*) Y, y → *Beispiele bei* A, A
▸ ***Abk*** **the Y** (*AmE, umgs*) = YMCA *und* YWCA

yacht /jɒt; *AmE* jɑːt/ *Nomen* Jacht ◇ *a yacht race* eine Segelregatta

yacht·ing /ˈjɒtɪŋ; *AmE* ˈjɑːtɪŋ/ *Nomen* Segeln

yachts·man /ˈjɒtsmən; *AmE* ˈjɑːts-/ *Nomen* (*Pl* **-men** /-mən/) Segler

yachts·woman /ˈjɒtswʊmən; *AmE* ˈjɑːts-/ *Nomen* (*Pl* **-women** /-wɪmɪn/) Seglerin

yada yada yada (*auch* **yadda yadda yadda**) /ˌjædə jædə ˈjædə/ *Ausruf* (*AmE, umgs*) blah blah blah ◇ *His new girlfriend is attractive, funny, smart, yada yada yada.* Seine neue Freundin sieht gut aus, hat Humor, ist schlau, blah blah blah.

yak /jæk/ *Nomen* Jak

y'all /jɔːl/ = YOU-ALL

yam /jæm/ *Nomen* Jamswurzel

Yank /jæŋk/ (*auch* **Yan·kee**) *Nomen* (*BrE, umgs, oft abwert*) Yankee, Ami

yank /jæŋk/ *Verb, Nomen*
▸ ***Verb*** (*umgs*) ziehen, reißen ◇ *He yanked her to her feet.* Er riss sie hoch.
▸ ***Nomen*** Ruck ◇ *She gave the rope a yank.* Sie zog kräftig am Seil.

Yan·kee /ˈjæŋki/ *Nomen* **1** (*AmE*) Nordstaatler, Einwohner von New England **2** = Soldat, der während des Bürgerkriegs für die Union (Nordstaaten) kämpfte **3** (*BrE, umgs*) = YANK

yap /jæp/ *Verb, Nomen*
▸ ***Verb*** **(-pp-)** **1** kläffen **2** (*umgs*) quatschen
▸ ***Nomen*** Gekläff

yard 0➡ /jɑːd; *AmE* jɑːrd/ *Nomen* **1** (*BrE*) Hof **2** (*AmE*) Garten **3** (*meist in Zusammensetzungen*) (Werk)gelände, Lagerplatz ◇ *a boat yard* eine Werft **4** (*Abk* **yd**) = Längenmaß, entspricht 0,914 m. Ein **yard** ist in 3 **feet** oder 36 **inches** unterteilt. **5** (NAUT) Rah IDM → INCH

yard·age /ˈjɑːdɪdʒ; *AmE* ˈjɑːrdɪdʒ/ *Nomen* **1** = in Yards angegebene Länge oder Flächengröße **2** (*beim Football*) = Entfernung in Yards, die die Spieler oder Mannschaft vorgerückt sind

Yardie /ˈjɑːdi; *AmE* ˈjɑːrdi/ *Nomen* = Mitglied einer organisierten Verbrecherbande in Jamaika

ˈyard sale *Nomen* (*AmE*) = Trödelverkauf in jds Garten oder Hof → *Siehe auch* GARAGE SALE

yard·stick /ˈjɑːdstɪk; *AmE* ˈjɑːrd-/ *Nomen* Maßstab (*auch fig*) ◇ *a yardstick by/against which to measure sth* ein Maßstab zur Bewertung von etw

yar·mulke (*auch* **yar·mulka**) /ˈjɑːmʊlkə; *AmE* ˈjɑːrm-/ *Nomen* = jüdisches Käppchen

yarn /jɑːn; *AmE* jɑːrn/ *Nomen* **1** Garn **2** (*umgs*) Geschichte, Seemannsgarn ◇ *He used to spin yarns about his time in the Army.* Er erzählte gern abenteuerliche Geschichten aus seiner Armeezeit. **IDM** → PITCH

yash·mak /ˈjæʃmæk/ *Nomen* Gesichtsschleier

yawn 🔑 /jɔːn/ *Verb, Nomen*
▸ ***Verb*** gähnen (*auch fig*) ◇ *a yawning gap* eine tiefe Kluft
▸ ***Nomen*** **1** Gähnen **2 be a ~** (*umgs*) todlangweilig sein

yd *Abk* (*Pl* **yds**) = YARD

ye /jiː/ *Pron, Artikel*
▸ ***Pron*** (*veraltet oder Dialekt*) ihr, euch
▸ ***Artikel*** (*anstelle von „the" gebraucht, vor allem in Namen von Pubs oder Geschäften, um ihnen ein historisches Flair zu geben*)

yea /jeɪ/ *Adv, Nomen* (*veraltet*) ja → *Siehe auch* NAY

yeah 🔑 /jeə/ *Adv* (*Schreibweise, die eine umgangssprachliche Aussprache von „yes" wiedergibt*) ja

year 🔑 /jɪə(r), jɜː(r); *AmE* jɪr/ *Nomen* (*Abk* **yr**) **1** Jahr ◇ *in a year's time* in einem Jahr ◇ *all (the) year round* das ganze Jahr (über) ◇ *for years* jahrelang ◇ *It's booked up for years to come.* Es ist auf Jahre hinaus ausgebucht. ◇ *That's the best movie I've seen in years.* Das ist der beste Film, den ich seit Jahren gesehen habe. **2** (*bes BrE*) Jahrgang, Klasse ◇ *We started German in year seven.* Wir haben mit Deutsch in der siebten Klasse angefangen. ◇ *a year-seven pupil* ein Schüler in der siebten Klasse **3** [meist Pl] Alter ◇ *She looks young for her years.* Sie sieht jung aus für ihr Alter. ◇ *She's getting on in years.* Sie kommt in die Jahre. **IDM** **not/never in a hundred, etc. ˈyears** (*umgs*) niemals im Leben **put ˈyears on sb** jdn um Jahre älter machen **take ˈyears off sb** jdn um Jahre jünger machen **ˌyear after ˈyear** Jahr für Jahr **the year ˈdot** (*AmE* **the year ˈone**) (*umgs*) ◇ *I've been going there since the year dot.* Ich bin da schon immer und ewig hingegangen. ◇ *They came to this country in the year dot.* Sie sind vor einer Ewigkeit ins Land gekommen. **year ˈin, year ˈout** jahrein, jahraus **ˌyear of ˈgrace**; **ˌyear of our ˈLord** (*gehoben*) im Jahre des Herrn **ˌyear on ˈyear** (WIRTSCH) Jahr um Jahr ◇ *a year-on-year increase in spending* ein alljährlicher Anstieg der Ausgaben → *Siehe auch* ADVANCED, DECLINE, DONKEY *und* TURN

year·book /ˈjɪəbʊk; *AmE* ˈjɪrbʊk/ *Nomen* Jahrbuch

year·ling /ˈjɪəlɪŋ; *AmE* ˈjɪrlɪŋ/ *Nomen* Jährling

ˌyear-ˈlong *Adj* [nur vor Nomen] einjährig ◇ *a year-long investigation* eine ein ganzes Jahr dauernde Untersuchung

year·ly /ˈjɪəli, ˈjɜːli; *AmE* ˈjɪrli/ *Adj, Adv*
▸ ***Adj*** **1** einmal im Jahr **2** Jahres-, jährlich ◇ *yearly income* Jahreseinkommen
▸ ***Adv*** jährlich, einmal im Jahr

yearn /jɜːn; *AmE* jɜːrn/ *Verb* **~ (for sth/sb)** (*gehoben*) sich (nach etw/jdm) sehnen

yearn·ing /ˈjɜːnɪŋ; *AmE* ˈjɜːrnɪŋ/ *Nomen* (*gehoben*) **~ (for sb/sth)** Sehnsucht (nach jdm/etw); **~ (to do sth)** Verlangen (etw zu tun)

yearn·ing·ly /ˈjɜːnɪŋli; *AmE* ˈjɜːrn-/ *Adv* sehnsüchtig

ˌyear-ˈround *Adj* ganzjährig, das ganze Jahr über

yeast /jiːst/ *Nomen* Hefe

ˈyeast infection *Nomen* (*AmE*) vaginale Hefepilzinfektion, vaginaler Soor

yeesh /jiːʃ/ *Ausruf* oh Gott

yell /jel/ *Verb, Nomen*
▸ ***Verb*** schreien; **~ at sb/sth** jdn/etw anschreien ◇ *She yelled out in pain.* Sie schrie vor Schmerzen.
▸ ***Nomen*** Schrei, Aufschrei ◇ *let out/give a yell* einen Schrei ausstoßen

yel·low 🔑 /ˈjeləʊ; *AmE* -loʊ/ *Adj, Nomen, Verb*
▸ ***Adj*** **1** gelb → *Beispiele bei* BLAU **2** (*umgs, abwert*) feige
▸ ***Nomen*** Gelb
▸ ***Verb*** (sich) gelb verfärben; (*Papier*) vergilben

ˌyellow ˈcard *Nomen* (*BrE*) (SPORT) Gelbe Karte

ˌyellow ˈfever *Nomen* Gelbfieber

yel·low·ham·mer /ˈjeləʊhæmə(r); *AmE* -loʊ-/ *Nomen* Goldammer

yel·low·ish /ˈjeləʊɪʃ; *AmE* -loʊ-/ (*seltener* **yel·lowy** /-ləʊi; *AmE* -loʊi/) *Adj* gelblich ◇ *The paper had a yellowish tinge.* Das Papier war vergilbt.

ˌyellow ˈline *Nomen* = gelbe Markierungslinie, die eingeschränktes Halteverbot bedeutet ◇ *double yellow lines* absolutes Halteverbot

ˌYellow ˈPages™ (*AmE* **ˌyellow ˈpages**) *Nomen* [Pl] Branchenverzeichnis, Gelbe Seiten®

yelp /jelp/ *Verb, Nomen*
▸ ***Verb*** aufschreien, jaulen
▸ ***Nomen*** Aufschrei, Jaulen

yen /jen/ *Nomen* **1** (*Pl* **yen**) Yen **2 ~ (for sth)** Drang (nach etw) ◇ *I've always had a yen to travel around the world.* Ich wollte schon immer um die Welt reisen.

yeo·man /ˈjəʊmən; *AmE* ˈjoʊ-/ *Nomen* (*Pl* **-men** /-mən/) (*früher in GB*) = Bauer, dem sein Land gehörte

yep /jep/ *Ausruf* (*umgs*) ja

yer /jə(r)/ *Pron* (*Schreibweise, die eine umgangssprachliche Aussprache von „you" oder „your" wiedergibt*) ◇ *What's yer name?* Wie heißt du?

yes 🔑 /jes/ *Ausruf, Nomen*
▸ ***Ausruf*** **1** ja ◇ *Will they say yes to our proposals?* Werden sie unseren Vorschlägen zustimmen? **2** (*als Antwort auf eine verneinte Aussage*) doch ◇ *'I've never met her before.' 'Yes, you have.'* „Ich habe sie noch nie gesehen." „Doch, hast du." **3** (*gebraucht, um zu fragen, was jd möchte*) ja, bitte? ◇ *Yes? How can I help you?* Ja, bitte? Kann ich Ihnen helfen? **4** ach, wirklich? ◇ *'Sorry I'm late—the bus didn't come.' 'Oh yes?'* „Tut mir leid, dass ich mich verspätet habe—der Bus ist nicht gekommen." „Ach, wirklich?" **5** (*zur Betonung des gerade Gesagten*) jawohl ◇ *Mrs Smith has just won 2 million pounds—yes!—2 million!* Frau Smith hat gerade 2 Millionen Pfund gewonnen—jawohl!—2 Millionen! **6 yes!** hurra!
▸ ***Nomen*** (*Pl* **yes·ses** *oder* **yeses** /ˈjesɪz/) Ja, Jastimme

ˈyes-man *Nomen* (*Pl* **-men** /ˈjes men/) (*abwert*) Jasager

yes·ter·day 🔑 /ˈjestədeɪ, -di; *AmE* -stərd-/ *Adv, Nomen*
▸ ***Adv*** gestern ◇ *the day before yesterday* vorgestern **IDM** → BORN
▸ ***Nomen*** **1** Gestern ◇ *yesterday's paper* die Zeitung von gestern ◇ *I spent the whole of yesterday cleaning.* Ich habe gestern den ganzen Tag mit Putzen verbracht. **2** (*auch* **yes·ter·days** [Pl]) ◇ *All her yesterdays had vanished without a trace.* Ihre ganze Vergangenheit war wie weggeblasen.

yes·ter·year /ˈjestəjɪə(r); *AmE* -stərjɪr/ *Nomen* (*veraltet oder gehoben*) **of ~** von früher, aus der Vergangenheit

yet 🔑 /jet/ *Adv, Konj*
▸ ***Adv*** **1** noch ◇ *Don't go yet.* Gehen Sie noch nicht. ◇ *He'll be busy for ages yet.* Er wird noch ein ganze Weile zu tun haben. ◇ *They won't arrive for at least two hours yet.* Sie werden frühestens in zwei Stunden kommen. ◇ (*gehoben*) *She could yet surprise us all.* Sie könnte uns noch alle überraschen. ◇ *She's bought yet another diet book.* Sie hat schon wieder ein Diätbuch gekauft. **2** (*in Fragen oder zur Verstärkung*) schon ◇ *Has it stopped raining yet?* Hat es schon aufgehört zu regnen? ◇ *yet again* wieder einmal **3** bis jetzt, bisher ◇

the most comprehensive study yet die bisher umfassendste Studie **IDM** **as 'yet** bis jetzt ◇ *an as yet unpublished report* ein bis jetzt unveröffentlichter Bericht
▸ ***Konj*** trotzdem, doch, aber

yeti /ˈjeti/ *Nomen* Yeti, Schneemensch

yew /juː/ *Nomen* (*auch* **'yew tree**) Eibe

'Y-Fronts™ *Nomen* [Pl] (*BrE*) (Herren-)Slip

YHA /ˌwaɪ eɪtʃ ˈeɪ/ *Kurzform von* **Youth Hostels Association** Jugendherbergsverband

yid /jɪd/ *Nomen* (*vulg, Slang, beleidigend*) Jud

Yid·dish /ˈjɪdɪʃ/ *Nomen, Adj*
▸ ***Nomen*** Jiddisch
▸ ***Adj*** jiddisch

yield /jiːld/ *Verb, Nomen*
▸ ***Verb*** **1** (hervor)bringen; (*Gewinn, Zinsen*) abwerfen; (*Resultat, Werte*) ergeben; (*Früchte*) tragen ◇ *The research has yielded useful information.* Die Forschung hat nützliche Erkenntnisse gebracht. **2** **~ (to sth/sb)** (etw/jdm) nachgeben ◇ *The lock would not yield.* Das Schloss gab nicht nach. ◇ *He reluctantly yielded to their demands.* Widerstrebend willigte er in ihre Forderungen ein. ◇ *yield to temptation* der Versuchung erliegen **3** **~ sth/sb (up) (to sb)** (*gehoben*) etw/jdn (jdm) übergeben ◇ *He refused to yield up his gun.* Er weigerte sich, sein Gewehr herzugeben. ◇ (*fig*) *The universe is slowly yielding up its secrets.* Das Universum gibt langsam seine Geheimnisse preis. **4** (*AmE, IrE*) die Vorfahrt beachten; **~ to sb/sth** jdm/etw die Vorfahrt lassen **PHR V** **'yield to sth** (*gehoben*) einer Sache weichen ◇ *Barges yielded to road vehicles for transporting goods.* Die Lastkähne wurden als Gütertransportmittel von Lkws verdrängt.
▸ ***Nomen*** Ertrag, Erträge ◇ *a yield of 10% on your investment* ein Zinsertrag von 10% ◇ *a reduction in milk yield* ein Abfall der Milchleistung

yield·ing /ˈjiːldɪŋ/ *Adj* (*gehoben*) **1** nachgebend; (*Mensch*) nachgiebig; (*Kissen etc.*) weich **2** (*mit Adverbien*) ◇ *high-yielding varieties* Hochertragssorten ◇ *high-yielding cows* Hochleistungskühe ◇ *low-yielding vines* Rebsorten mit niedrigem Ertrag

yin /jɪn/ *Nomen* (PHILOS) Yin

yip·pee /jɪˈpiː; *AmE* ˈjɪpi/ *Ausruf* (*umgs, veraltet*) hurra

YMCA /ˌwaɪ em siː ˈeɪ/ (*AmE auch, umgs* **the Y**; **Young Men's Christian Association**) ≈ Christlicher Verein Junger Männer

yo /jəʊ; *AmE* joʊ/ *Ausruf* (*Slang*) hallo

yob /jɒb; *AmE* jɑːb/ (*auch* **yobbo** /ˈjɒbəʊ; *AmE* ˈjɑːboʊ/ (*Pl* **-os**)) *Nomen* (*BrE, umgs*) Halbstarker, Rowdy

yodel /ˈjəʊdl; *AmE* ˈjoʊ-/ *Verb, Nomen*
▸ ***Verb*** (**-ll-**, *AmE* **-l-**) jodeln
▸ ***Nomen*** (*Lied, Ruf*) Jodler

yoga /ˈjəʊgə; *AmE* ˈjoʊ-/ *Nomen* Yoga

yogi /ˈjəʊgi; *AmE* ˈjoʊ-/ *Nomen* (*Pl* **yogis**) Yogi

yogic /ˈjəʊgɪk; *AmE* ˈjoʊ-/ *Adj* Yoga-

yog·urt (*auch* **yog·hurt**, **yog·hourt**) /ˈjɒgət; *AmE* ˈjoʊgərt/ *Nomen* Joghurt

yoke /jəʊk; *AmE* joʊk/ *Nomen, Verb*
▸ ***Nomen*** **1** Joch (*auch fig*) **2** Tragjoch **3** (*an Kleidung*) Sattel, Passe
▸ ***Verb*** **1** (ins Joch) spannen **2** (*meist passiv*) (*gehoben*) verbinden

yokel /ˈjəʊkl; *AmE* ˈjoʊ-/ *Nomen* (*oft hum*) (Bauern)tölpel

yolk /jəʊk; *AmE* joʊk/ *Nomen* Eigelb

Yom Kip·pur /ˌjɒm ˈkɪpə(r), kɪˈpʊə(r); *AmE* ˌjɔːm kɪˈpʊr/ *Nomen* Jom Kippur

yon /jɒn; *AmE* jɑːn/ *Adj, Adv*
▸ ***Adj*** (*veraltet oder Dialekt*) jene(r,s) ◇ *over yon hill* hinter jenem Hügel
▸ ***Adv*** (*veraltet oder Dialekt*) dort drüben **IDM** → HITHER

yon·der /ˈjɒndə(r); *AmE* ˈjɑːn-/ *Adj, Artikel, Adv*
▸ ***Adj, Artikel*** (*veraltet oder Dialekt*) jene(r,s) ◇ *under yonder tree* unter den Baum dort
▸ ***Adv*** (*veraltet oder Dialekt*) dort drüben

yonks /jɒŋks; *AmE* jɑːŋks/ *Nomen* [U] (*BrE, umgs, veraltend*) eine Ewigkeit

yoo-hoo /ˈjuː huː/ *Ausruf* (*umgs, veraltend*) juhu, hallo

yore /jɔː(r)/ *Nomen* **IDM** **of 'yore** (*veraltet oder gehoben*) vormals ◇ *in days of yore* in alten Zeiten

York·shire pud·ding /ˌjɔːkʃə ˈpʊdɪŋ; *AmE* ˌjɔːrkʃər ˈ-/ *Nomen* = aus Eierkuchenteig gebackene Beilage zu Rinderbraten

ˌYorkshire 'terrier *Nomen* Yorkshireterrier

you 🔑 /*betont* juː; *BrE auch* ju; *AmE auch* jə/ *Pron* **1** du (dich, dir), ihr (euch), Sie (Ihnen) **2** man (einen, einem) ◇ *You never know.* Man kann nie wissen.

you-all /ˈjuː ɔːl/ (*auch* **y'all**) *Pron* (*umgs*) (*in den Südstaaten der USA*) ihr/Sie ◇ *Have you-all brought swimsuits?* Habt ihr eure Badeanzüge dabei?

you'd /juːd/ **1** = YOU HAD **2** = YOU WOULD

you'll /juːl/ = YOU WILL

young 🔑 /jʌŋ/ *Adj, Nomen*
▸ ***Adj*** **1** jung ◇ *In his younger days he played rugby.* Als er jung war, hat er Rugby gespielt. ◇ *They have a young family.* Sie haben kleine Kinder. ◇ *a young company* eine neue Firma **2** jugendlich ◇ *young fashion* Jugendmode **3** **the younger** der/die jüngere ◇ *the younger Kennedy* der jüngere Kennedy ◇ (*BrE, gehoben*) *William Pitt the Younger* William Pitt der Jüngere **IDM** **not be getting any 'younger** (*umgs*) auch nicht jünger werden **ˌyoung at 'heart** (innerlich) jung geblieben → *Siehe auch* OLD *und* ONLY
▸ ***Nomen*** [Pl] **1** **the young** junge Leute, die Jugend ◇ *It's a book for young and old alike.* Es ist ein Buch für Jung und Alt. **2** (*Jungtiere*) Junge

young·ish /ˈjʌŋɪʃ/ *Adj* ziemlich jung

ˌyoung of'fender *Nomen* (*BrE*) jugendliche(r) Straftäter(in)

young·ster /ˈjʌŋstə(r)/ *Nomen* (*umgs*) Kind, Jugendliche(r)

ˌyoung 'thing *Nomen* (*umgs*) junge(r) Frau/Mann ◇ *bright young things working in computers* intelligente junge Leute, die in der Computerbranche arbeiten

your 🔑 /*unbetont* jə(r); *BrE auch* jɔː(r); *AmE auch* jʊr/ *Adj* (*Abk* **yr**) **1** dein, Ihr, euer **2** (*mit Bezug auf „man"*) sein **3** (*umgs*) ◇ *This is your typical English pub.* Das ist das typische englische Pub.

you're /jʊə(r), jɔː(r); *AmE* jʊr, *unbetont* jər/ = YOU ARE

yours 🔑 /jɔːz; *AmE* jərz, jɔːrz, jʊrz/ *Pron* **1** deine(r,s), Ihre(r,s), eure(r,s) **2** (*meist* **Yours**) (*am Ende eines Briefes*) dein(e), Ihr(e), euer, eure ◇ (*BrE*) *Yours sincerely/faithfully* Mit freundlichen Grüßen ◇ (*AmE*) *Sincerely Yours* Mit freundlichen Grüßen ◇ (*AmE*) *Yours Truly* Mit freundlichen Grüßen

your·self 🔑 /jɔːˈself, *unbetont* jəˈ-; *AmE* jɔːrˈ-, jʊrˈ-, *unbetont* jərˈ-/ *Pron* **1** dich, dir, sich ◇ *Look at yourself in the mirror!* Sieh dich doch mal im Spiegel an! ◇ *Have you hurt yourself?* Hast du dir weh getan/haben Sie sich verletzt? **2** selbst, selber ◇ *You can try it out for yourselves.* Ihr könnt es selbst ausprobieren. ◇ *You yourself are one of the chief offenders.* Du selbst bist einer der schlimmsten Übeltäter. **IDM** **(all) by your'self, my'self, etc.** (ganz) allein **(all) to your'self, my'self, etc.** ganz (für sich, mich etc.) allein ◇ *I had a whole pizza to myself.* Ich habe ganz allein eine Pizza gegessen. **be your'self, my'self, etc.** sich, ich etc.

selbst sein **feel your'self, my'self, etc.** sich wohlfühlen ◇ *I don't quite feel my'self today.* Ich fühle mich heute etwas daneben. **not seem your'self, etc.** nicht ganz beieinander sein ◇ *He didn't seem himself last night.* Gestern Abend war er nicht ganz beieinander.

your·selves /jɔː'selvz, *unbetont* jə'-; *AmE* jɔːr'-, jʊr'-, *unbetont* jər'-/ *Pron* **1** sich, euch **2** selbst, selber ℹ Für Redewendungen mit **yourselves** siehe **yourself**.

youth 0➡ /juːθ/ *Nomen* (*Pl* **youths** /juːðz/) **1** Jugend ◇ *in his youth* in seiner Jugend ◇ *The youth of today are more independent.* Heutzutage sind die Jugendlichen selbstständiger. **2** (*oft abwert*) Jugendlicher ◇ *a gang of youths* eine Bande Jugendlicher

'youth club *Nomen* Jugendklub

ˌyouth 'custody *Nomen* (*BrE*) Jugendstrafe

youth·ful /'juːθfl/ *Adj* (*Adv* **youth·ful·ly** /-fəli/) jugendlich

youth·ful·ness /'juːθflnəs/ *Nomen* Jugendlichkeit

'youth hostel *Nomen* Jugendherberge

you've /juːv/ = YOU HAVE

yowl /jaʊl/ *Verb, Nomen*

▸ ***Verb*** heulen, jaulen, kläglich miauen

▸ ***Nomen*** Heulen, Jaulen, (klägliches) Miauen

'Yo Yo™ (*auch* **'yo-yo**) *Nomen* (*Pl* **Yo Yos, yo-yos**) Jo-Jo

yr (*bes AmE* **yr.**) *Abk* **1** (*Pl* **yrs**) = YEAR **2** = YOUR

yuan /ju'ɑːn/ *Nomen* (*Pl* **yuan**) Yuan

yuck (*BrE auch* **yuk**) /jʌk/ *Ausruf* (*umgs*) igitt

yucky (*BrE auch* **yukky**) /'jʌki/ *Adj* (*umgs*) eklig, fies

Yule /juːl/ *Nomen* (*veraltet oder gehoben*) Jul(fest), Weihnachten

Yule·tide /'juːltaɪd/ *Nomen* (*veraltet oder gehoben*) Julzeit, Weihnachtszeit

yum /jʌm/ (*auch* **ˌyum-'yum**) *Ausruf* (*umgs*) lecker

yummy /'jʌmi/ *Adj* (*umgs*) lecker

'yummy mummy *Nomen* (*Pl* **-ies**) (*BrE, umgs*) leckere Mami, gepflegte Mutter

yup·pie (*auch* **yuppy**) /'jʌpi/ *Nomen* (*Pl* **-ies**) (*umgs*) (*oft*) (*abwert*) Yuppie

YWCA /ˌwaɪ dʌbljuː siː 'eɪ/ (*AmE auch, umgs* **the Y**; **Young Women's Christian Association**) ≈ Christlicher Verein Junger Frauen

Z z

Z, z /zed; *AmE* ziː/ *Nomen* **1** (*Pl* **Zs, Z's, z's**) (*Buchstabe*) Z, z → *Beispiele bei* A, A **2 Z's** [Pl] (*AmE, umgs, hum*) Schlaf ◇ *I need to catch some Z's.* Ich brauche etwas Schlaf. IDM → A, A

zan·der /'zændə(r)/ *Nomen* (*Pl* **zan·der**) Zander

zany /'zeɪni/ *Adj* (**zani·er, zani·est**) (*umgs*) verrückt, irre

zap /zæp/ *Verb* (**-pp-**) (*umgs*) **1** vernichten, kaltmachen, beseitigen ◇ *The monster got zapped by a flying saucer.* Das Ungeheuer wurde von einer fliegenden Untertasse erledigt. **2 ~ sb/sth** jdm/etw einen Schlag versetzen **3** rasen ◇ *I'm zapping through some modern novels at the moment.* Ich lese gerade im Eiltempo ein paar moderne Romane. **4** (*Fernsehkanal*) umschalten, zappen

zap·per /'zæpə(r)/ *Nomen* (*umgs*) **1** Fernbedienung **2** = Gerät/Waffe zum Vernichten von Ungeziefer etc.

zeal /ziːl/ *Nomen* (*gehoben*) Eifer, Begeisterung

zealot /'zelət/ *Nomen* (*oft abwert*) (Glaubens)eiferer, -eiferin, Fanatiker(in)

zeal·ot·ry /'zelətri/ *Nomen* (*oft abwert*) Glaubenseifer, Fanatismus

zeal·ous /'zeləs/ *Adj* (*Adv* **zeal·ous·ly**) (*gehoben*) eifrig, emsig, fanatisch

zebra /'zebrə, 'ziːbrə/ *Nomen* (*Pl* **zebra** *oder* **zebras**) Zebra

ˌzebra 'crossing *Nomen* (*BrE*) Zebrastreifen

Zen /zen/ *Nomen* Zen

zen·ith /'zenɪθ/ *Nomen* **1** (ASTRON) Zenit **2** (*gehoben*) Höhepunkt

zero 0➡ /'zɪərəʊ; *AmE* 'zɪroʊ, 'ziːroʊ/ *Zahl, Verb*

▸ ***Zahl*** null

▸ ***Verb*** (**zer·oes, zero·ing, zer·oed, zer·oed**) (*Instrument etc.*) auf null schalten PHR V **ˌzero 'in on sb/sth 1** seine Aufmerksamkeit auf jdn/etw richten **2** jdn/etw einkreisen

ˌzero-'carbon *Adj* CO2-neutral

'zero hour *Nomen* Stunde X

'zero-hours (*auch* **'zero-hour**) *Adj* [nur vor Nomen] (*BrE*) = bezieht sich auf einen Arbeitsvertrag ohne garantierte Mindeststundenzahl ◇ *a zero-hours contract* ein Nullstundenvertrag ◇ *zero-hours workers* Arbeitnehmer(innen) mit einem Nullstundenvertrag

ˌzero-'rated *Adj* (*BrE*) nicht mehrwertsteuerpflichtig

ˌzero 'tolerance *Nomen* = strenge Anwendung des Gesetzes, besonders in Bezug auf geringere Verbrechen ◇ *Howard County has a zero tolerance policy on alcohol use by teenagers.* Howard County greift hinsichtlich des Alkoholkonsums von Jugendlichen sehr streng durch.

zest /zest/ *Nomen* **1** [U/Sing] Begeisterung, Schwung ◇ *zest for life* Lebensfreude **2** [U/Sing] (*fig*) Würze, Pfiff **3** [U] (*einer Zitrusfrucht*) Schale

zeug·ma /'zjuːgmə; *AmE* 'zuːg-/ *Nomen* Zeugma

zig·zag /'zɪgzæg/ *Nomen, Adj, Verb*

▸ ***Nomen*** Zickzack(linie)

▸ ***Adj*** [nur vor Nomen] Zickzack-, zickzackförmig

▸ ***Verb*** (**-gg-**) im Zickzack fahren, (ver)laufen etc.

zilch /zɪltʃ/ *Nomen* (*umgs*) gar nichts

zil·lion /'zɪljən/ *Nomen* (*bes AmE, umgs*) zig ◇ *There were zillions of reporters waiting.* Zigtausend Reporter warteten.

Zim·mer frame™ /'zɪmə freɪm; *AmE* -mər freɪm/ (*umgs* **Zim·mer** /'zɪmə(r)/) *Nomen* (*BrE*) Gehgestell

zinc /zɪŋk/ *Nomen* Zink

zing /zɪŋ/ *Verb, Nomen*

▸ ***Verb*** (*umgs*) **1** zischen (lassen) **2** (*AmE*) (vernichtend) kritisieren, verreißen

▸ ***Nomen*** [U] (*umgs*) (*Würze*) Pfiff

Zion·ism /'zaɪənɪzəm/ *Nomen* Zionismus

Zion·ist /'zaɪənɪst/ *Nomen, Adj*

▸ ***Nomen*** Zionist(in)

▸ ***Adj*** zionistisch

zip /zɪp/ *Nomen, Verb*

▸ ***Nomen*** **1** (*BrE* **'zip fastener**) Reißverschluss **2** [U] (*umgs*) Schwung **3** (*bes AmE, umgs*) nichts ◇ *We won four zip.* Wir haben vier zu null gewonnen.

▸ ***Verb*** (**-pp-**) **1** ◇ *I zipped my jacket.* Ich machte den Reißverschluss meiner Jacke zu. ◇ *He zipped his case shut.* Er machte den Reißverschluss seines Koffers zu. **2** mit Reißverschluss geschlossen werden ◇ *The sleeping bags can zip together.* Die Schlafsäcke können mit einem Reißverschluss zu einem Doppelschlafsack verbunden werden. **3** (*umgs*) sausen PHR V **ˌzip 'up** sich mit Reißverschluss verschließen lassen ◇

This jacket zips up. Diese Jacke hat einen Reißverschluss. ˌ**zip sb ˈup** jdm den Reißverschluss zumachen ˌ**zip sth ˈup** den Reißverschluss einer Sache zumachen

ˈ**ZIP code** (*auch* ˈ**Zip code**) *Nomen* (*AmE*) Postleitzahl

ˈ**zip line** (*auch* ˈ**zip wire**) *Nomen* Seilrutsche, Flying Fox

ˈ**zip-lining** *Nomen* [U] Seilrutschen

zip·per /ˈzɪpə(r)/ *Nomen* (*bes AmE*) Reißverschluss

zit /zɪt/ *Nomen* (*umgs*) Pickel

zith·er /ˈzɪðə(r)/ *Nomen* Zither

zo·diac /ˈzəʊdiæk; *AmE* ˈzoʊ-/ *Nomen* **the zodiac** der Tierkreis

zom·bie /ˈzɒmbi; *AmE* ˈzɑːm-/ *Nomen* Zombie (*auch fig*)

zone /zəʊn; *AmE* zoʊn/ *Nomen, Verb*

▸ ***Nomen*** Zone, Gebiet, Bereich ◇ *a demilitarized zone* eine Pufferzone ➔ *Siehe auch* NO-FLY ZONE *und* TWILIGHT

▸ ***Verb*** (*meist passiv*) **1 ~ sth (for sth)** (*Grundstück*) (für etw) vorsehen **2** in Zonen aufteilen

zoo /zuː/ *Nomen* (*Pl* **zoos**) (*gehoben* ˌ**zoological** ˈ**garden(s)**) Zoo

zoo·keep·er /ˈzuːkiːpə(r)/ *Nomen* Tierpfleger(in), (Tier)wärter(in)

zoo·logic·al /ˌzuːəˈlɒdʒɪkl, ˌzəʊə'-; *AmE* ˌzuːəˈlɑːdʒɪ-, ˌzoʊəˈ-/ *Adj* zoologisch

zo·olo·gist /zuˈɒlədʒɪst, zəʊˈ-; *AmE* zuˈɑːlə-, zoʊˈ-/ *Nomen* Zoologe, Zoologin

zo·ology /zuˈɒlədʒi, zəʊˈ-; *AmE* zuˈɑːlə-, zoʊˈ-/ *Nomen* Zoologie

zoom /zuːm/ *Verb, Nomen*

▸ ***Verb*** **1** sausen **2 ~ (up) (to ...)** (auf ...) hochschnellen ◇ *House prices have zoomed up this year.* Die Hauspreise sind dieses Jahr in die Höhe geschnellt. **PHR V** ˌ**zoom ˈin/ˈout** heran-/wegzoomen

▸ ***Nomen*** **1** (*auch* ˈ**zoom lens**) Zoom(objektiv) **2** Sausen, Surren

zorb·ing /ˈzɔːbɪŋ; *AmE* ˈzɔːrbɪŋ/ *Nomen* [U] Zorbing

Zoro·ast·rian /ˌzɒrəʊˈæstriən; *AmE* ˌzɔːroʊ-/ *Nomen, Adj*

▸ ***Nomen*** Zoroastrier(in)

▸ ***Adj*** zoroastrisch

Zoro·ast·rian·ism /ˌzɒrəʊˈæstriənɪzəm; *AmE* ˌzɔːroʊ-/ *Nomen* Parsismus, Zoroastrismus

zuc·chini /zuˈkiːni/ *Nomen* (*Pl* **zuc·chini** *oder* **zuc·chinis**) (*AmE*) Zucchini

Zulu /ˈzuːluː/ *Nomen, Adj*

▸ ***Nomen*** Zulu

▸ ***Adj*** Zulu-

zy·deco /ˈzaɪdɪkəʊ; *AmE* -koʊ/ *Nomen* = Tanzmusik, die ursprünglich von schwarzen Amerikanern in Louisiana gespielt wurde

zy·gote /ˈzaɪgəʊt; *AmE* -goʊt/ *Nomen* Zygote

Geografische Namen

Diese Liste zeigt die englische Schreibung von geografischen Namen und den dazugehörigen Adjektiven.

Im Englischen sind das Adjektiv, das eine Nationalität beschreibt, und das Nomen, das die Einwohner eines Landes beschreibt, oft gleich. Um den Plural der Bezeichnung für den Einwohner zu bilden, hängt man -s an, z.B. *Americans*. Ausnahmen bilden **Swiss** und auf **-ese** endende Wörter (wie z.B. *Japanese*), diese bleiben im Plural gleich; und auf **-man** bzw. **-woman** endende Wörter, diese werden im Plural zu **-men** bzw. **-women**, z.B. *three Frenchmen*; *two Englishwomen*. Wenn es unterschiedliche Bezeichnungen für das Adjektiv und den Einwohner gibt, sind beide angegeben, z.B. **Denmark**: **Danish**, **Dane**. Wenn es ein anderes Wort für alle Einwohner als Gruppe gibt, ist dies in Klammern angegeben, z.B. **France**: **French**, **Frenchman**, **Frenchwoman** (**the French**).

Afghanistan /æfˈgænɪstæn, -stɑːn/	**Afghanistan**	Afghan /ˈæfgæn/
Africa /ˈæfrɪkə/	**Afrika**	African /ˈæfrɪkən/
Albania /ælˈbeɪniə/	**Albanien**	Albanian /ælˈbeɪniən/
Algeria /ælˈdʒɪəriə; *AmE* -ˈdʒɪr-/	**Algerien**	Algerian /ælˈdʒɪəriən; *AmE* -ˈdʒɪr-/
America /əˈmerɪkə/	**Amerika**	American /əˈmerɪkən/
Andorra /ænˈdɔːrə/	**Andorra**	Andorran /ænˈdɔːrən/
Angola /æŋˈgəʊlə; *AmE* -ˈgoʊ-/	**Angola**	Angolan /æŋˈgəʊlən; *AmE* -ˈgoʊ-/
Antarctica /ænˈtɑːktɪkə; *AmE* -ˈtɑːrk-/	**Antarktis**	Antarctic /ænˈtɑːktɪk; *AmE* -ˈtɑːrk-/
Antigua and Barbuda /ænˌtiːgə ən bɑːˈbjuːdə; *AmE* bɑːrˈb-/	**Antigua und Barbuda**	Antiguan /ænˈtiːgən/, Barbudan /bɑːˈbjuːdən; *AmE* bɑːrˈb-/
Argentina /ˌɑːdʒənˈtiːnə; *AmE* ɑːrdʒ-/	**Argentinien**	Argentinian /ˌɑːdʒənˈtɪniən; *AmE* ˌɑːrdʒ-/, Argentine /ˈɑːdʒəntaɪn; *AmE* ˈɑːrdʒ-/
Armenia /ɑːˈmiːniə; *AmE* ɑːrˈm-/	**Armenien**	Armenian /ɑːˈmiːniən; *AmE* ɑːrˈm-/
Asia /ˈeɪʒə, ˈeɪʃə/	**Asien**	Asian /ˈeɪʒn, ˈeɪʃn/
Australasia /ˌɒstrəˈleɪʒə, -ˈleɪʃə; *AmE* ˌɔːstrə-/	**Australasien**	Australasian /ˌɒstrəˈleɪʒn, -ˈleɪʃən; *AmE* ˌɔːstrə-/
Australia /ɒˈstreɪliə; *AmE* ɔːˈs-/	**Australien**	Australian /ɒˈstreɪliən; *AmE* ɔːˈs-/
Austria /ˈɒstriə; *AmE* ˈɔːs-/	**Österreich**	Austrian /ˈɒstriən; *AmE* ˈɔːs-/
Azerbaijan /ˌæzəbaɪˈdʒɑːn; *AmE* -zərb-/	**Aserbaidschan**	Azerbaijani /ˌæzəbaɪˈdʒɑːni; *AmE* -zərb-/, Azeri /əˈzeəri, əˈzeri/
(the) Bahamas /bəˈhɑːməz/	**Bahamas**	Bahamian /bəˈheɪmiən/
Bahrain /bɑːˈreɪn/	**Bahrain**	Bahraini /bɑːˈreɪni/
Bangladesh /ˌbæŋgləˈdeʃ/	**Bangladesch**	Bangladeshi /ˌbæŋgləˈdeʃi/
Barbados /bɑːˈbeɪdɒs; *AmE* bɑːrˈbeɪdoʊs/	**Barbados**	Barbadian /bɑːˈbeɪdiən; *AmE* bɑːrˈb-/
Belarus /ˌbeləˈruːs/	**Weißrussland**	Belarusian /ˌbeləˈruːsiən/, Belorussian /ˌbeləˈrʌʃn/
Belgium /ˈbeldʒəm/	**Belgien**	Belgian /ˈbeldʒən/
Belize /bəˈliːz, beˈl-/	**Belize**	Belizean /bəˈliːziən, beˈl-/
Benin /beˈniːn/	**Benin**	Beninese /ˌbenɪˈniːz/
Bhutan /buːˈtɑːn/	**Bhutan**	Bhutanese /ˌbuːtəˈniːz/
Bolivia /bəˈlɪviə/	**Bolivien**	Bolivian /bəˈlɪviən/
Bosnia and Herzegovina /ˌbɒzniə ən ˌhɜːtsəgəˈviːnə; *AmE* ˌbɑːzniə ən ˌhɜːrts-, ˌbɔːz-/	**Bosnien und Herzegowina**	Bosnian /ˈbɒzniən; *AmE* ˈbɑːz-, ˈbɔːz-/, Herzegovinian /ˌhɜːtsəgəˈvɪniən; *AmE* ˌhɜːrts-/
Botswana /bɒtˈswɑːnə; *AmE* bɑːt-/	**Botsuana**	Botswanan /bɒtˈswɑːnən; *AmE* bɑːt-/ Motswana /mɒtˈswɑːnə; *AmE* mɑːt-/, (Batswana /bætˈswɑnə/)
Brazil /brəˈzɪl/	**Brasilien**	Brazilian /brəˈzɪliən/
Brunei /bruːˈnaɪ/	**Brunei Darussalam**	Bruneian /bruːˈnaɪən/
Bulgaria /bʌlˈgeəriə; *AmE* -ˈger-/	**Bulgarien**	Bulgarian /bʌlˈgeəriən; *AmE* -ˈger-/
Burkina /bɜːˈkiːnə; *AmE* bɜːrˈk-/	**Burkina Faso**	Burkinan /ˌbɜːˈkiːnən; *AmE* ˌbɜːrˈk-/, Burkinabe /bɜːˌkiːnəˈbeɪ; *AmE* bɜːrˌk-/
Burma /ˈbɜːmə; *AmE* ˈbɜːrmə/	**Birma**	Burmese /bɜːˈmiːz; *AmE* bɜːrˈm-/ — *siehe auch* Myanmar
Burundi /bʊˈrʊndi/	**Burundi**	Burundian /bʊˈrʊndiən/
Cambodia /kæmˈbəʊdiə; *AmE* -ˈboʊ-/	**Kambodscha**	Cambodian /kæmˈbəʊdiən; *AmE* -ˈboʊ-/
Cameroon /ˌkæməˈruːn/	**Kamerun**	Cameroonian /ˌkæməˈruːniən/
Canada /ˈkænədə/	**Kanada**	Canadian /kəˈneɪdiən/
Cape Verde /ˌkeɪp ˈvɜːd; *AmE* ˈvɜːrd/	**Kap Verde**	Cape Verdean /ˌkeɪp ˈvɜːdiən; *AmE* ˈvɜːrd-/
Central African Republic /ˌsentrəl ˌæfrɪkən rɪˈpʌblɪk/	**Zentralafrikanische Republik**	Central African /ˌsentrəl ˈæfrɪkən/
Chad /tʃæd/	**Tschad**	Chadian /ˈtʃædiən/
Chile /ˈtʃɪli/	**Chile**	Chilean /ˈtʃɪliən/

China /ˈtʃaɪnə/	China	Chinese /ˌtʃaɪˈniːz/
Colombia /kəˈlɒmbiə, -ˈlʌm-; *AmE* -ˈloʊm-/	Kolumbien	Colombian /kəˈlɒmbiən; *AmE* -ˈlʌm-, -ˈloʊm-/
Comoros /ˈkɒmərəʊz; *AmE* ˈkɑːməroʊz/	Komoren	Comoran /kəˈmɔːrən/
Congo /ˈkɒŋgəʊ; *AmE* ˈkɑːŋgoʊ/	Kongo	Congolese /ˌkɒŋgəˈliːz; *AmE* ˌkɑːŋ/
(the) Democratic Republic of the Congo /ˌdeməˌkrætɪk rɪˌpʌblɪk əv ðə ˈkɒŋgəʊ; *AmE* ˈkɑːŋgoʊ/	Kongo, Demokratische Republik	Congolese /ˌkɒŋgəˈliːz; *AmE* ˌkɑːŋ-/
Costa Rica /ˌkɒstə ˈriːkə; *AmE* ˌkɑːstə, ˌkoʊstə/	Costa Rica	Costa Rican /ˌkɒstə ˈriːkən; *AmE* ˌkɑːstə, ˌkoʊstə/
Côte d'Ivoire /ˌkəʊt diːˈvwɑː(r); *AmE* ˌkoʊt diːˈvwɑːr/	Côte d'Ivoire	Ivorian /aɪˈvɔːriən/ — *siehe auch* Ivory Coast
Croatia /krəʊˈeɪʃə; *AmE* kroʊ-/	Kroatien	Croatian /krəʊˈeɪʃn; *AmE* kroʊ-/
Cuba /ˈkjuːbə/	Kuba	Cuban /ˈkjuːbən/
Cyprus /ˈsaɪprəs/	Zypern	Cypriot /ˈsɪpriət/
(the) Czech Republic /ˌtʃek rɪˈpʌblɪk/	Tschechien	Czech /tʃek/
Denmark /ˈdenmɑːk; *AmE* -mɑːrk/	Dänemark	Danish /ˈdeɪnɪʃ/, Dane /deɪn/
Djibouti /dʒɪˈbuːti/	Dschibuti	Djiboutian /dʒɪˈbuːtiən/
Dominica /ˌdɒmɪˈniːkə; *AmE* ˌdɑːməˈn-/	Dominica	Dominican /ˌdɒmɪˈniːkən; *AmE* ˌdɑːməˈn-/
(the) Dominican Republic /dəˌmɪnɪkən rɪˈpʌblɪk/	Dominikanische Republik	Dominican /dəˈmɪnɪkən/
East Timor /ˌiːst ˈtiːmɔː(r)/	Osttimor	East Timorese /ˌiːst tɪməˈriːz/
Ecuador /ˈekwədɔː(r)/	Ecuador	Ecuadorian, Ecuadorean /ˌekwəˈdɔːriən/
Egypt /ˈiːdʒɪpt/	Ägypten	Egyptian /iˈdʒɪpʃn/
El Salvador /ˌel ˈsælvədɔː(r)/	El Salvador	Salvadoran /ˌsælvəˈdɔːrən/, Salvadorean /sælvəˈdɔːriən/
England /ˈɪŋglənd/	England	English /ˈɪŋglɪʃ/, Englishman /ˈɪŋglɪʃmən/, Englishwoman /ˈɪŋglɪʃwʊmən/, (the English)
Equatorial Guinea /ˌekwətɔːriəl ˈgɪni/	Äquatorialguinea	Equatorial Guinean /ˌekwətɔːriəl ˈgɪniən/
Eritrea /ˌerɪˈtreɪə; *AmE* -ˈtriːə/	Eritrea	Eritrean /ˌerɪˈtreɪən; *AmE* -ˈtriːən/
Estonia /eˈstəʊniə; *AmE* eˈstoʊ-/	Estland	Estonian /eˈstəʊniən; *AmE* eˈstoʊ-/
Ethiopia /ˌiːθiˈəʊpiə; *AmE* -ˈoʊ-/	Äthiopien	Ethiopian /ˌiːθiˈəʊpiən; *AmE* -ˈoʊ-/
Europe /ˈjʊərəp; *AmE* ˈjʊrəp/	Europa	European /ˌjʊərəˈpiːən; *AmE* ˌjʊrə-/
Fiji /ˈfiːdʒiː/	Fidschi	Fijian /fiːˈdʒiːən; *AmE auch* ˈfiːdʒiːən/
Finland /ˈfɪnlənd/	Finnland	Finnish /ˈfɪnɪʃ/, Finn /fɪn/
France /frɑːns; *AmE* fræns/	Frankreich	French /frentʃ/, Frenchman /ˈfrentʃmən/, Frenchwoman /ˈfrentʃwʊmən/, (the French)
Gabon /gæˈbɒn; *AmE* gæˈboʊn/	Gabun	Gabonese /ˌgæbəˈniːz/
(the) Gambia /ˈgæmbiə/	Gambia	Gambian /ˈgæmbiən/
Georgia /ˈdʒɔːdʒə; *AmE* ˈdʒɔːrdʒə/	Georgien	Georgian /ˈdʒɔːdʒən; *AmE* ˈdʒɔːrdʒən/
Germany /ˈdʒɜːməni; *AmE* ˈdʒɜːrm-/	Deutschland	German /ˈdʒɜːmən; *AmE* ˈdʒɜːrm-/
Ghana /ˈgɑːnə/	Ghana	Ghanaian /gɑːˈneɪən/
Great Britain /ˌgreɪt ˈbrɪtn/	Großbritanien	British /ˈbrɪtɪʃ/, Briton /ˈbrɪtn/, (the British)
Greece /griːs/	Griechenland	Greek /griːk/
Grenada /grəˈneɪdə/	Grenada	Grenadian /grəˈneɪdiən/
Guatemala /ˌgwɑːtəˈmɑːlə; *BrE auch* ˌgwæt-/	Guatemala	Guatemalan /ˌgwɑːtəˈmɑːlən; *BrE auch* ˌgwæt-/
Guinea /ˈgɪni/	Guinea	Guinean /ˈgɪniən/
Guinea-Bissau /ˌgɪni bɪˈsaʊ/	Guinea-Bissau	Guinean /ˈgɪniən/
Guyana /gaɪˈænə/	Guyana	Guyanese /ˌgaɪəˈniːz/
Haiti /ˈheɪti/	Haiti	Haitian /ˈheɪʃn/
Honduras /hɒnˈdjʊərəs; *AmE* hɑːnˈdʊrəs/	Honduras	Honduran /hɒnˈdjʊərən; *AmE* hɑːnˈdʊrən/
Hungary /ˈhʌŋgəri/	Ungarn	Hungarian /hʌŋˈgeəriən; *AmE* -ˈger-/
Iceland /ˈaɪslənd/	Island	Icelandic /aɪsˈlændɪk/, Icelander /ˈaɪsləndə(r)/
India /ˈɪndiə/	Indien	Indian /ˈɪndiən/
Indonesia /ˌɪndəˈniːʒə; *BrE auch* -ˈniːziə/	Indonesien	Indonesian /ˌɪndəˈniːʒn; *BrE auch* -ˈniːziən/
Iran /ɪˈrɑːn, ɪˈræn/	Iran	Iranian /ɪˈreɪniən/
Iraq /ɪˈrɑːk, ɪˈræk/	Irak	Iraqi /ɪˈrɑːki, ɪˈræki/
(the Republic of) Ireland /ˈaɪələnd/ *AmE* ˈaɪərlənd/	Irland	Irish /ˈaɪrɪʃ/, Irishman /ˈaɪrɪʃmən/, Irishwoman /ˈaɪrɪʃwʊmən/, (the Irish)
Israel /ˈɪzreɪl/	Israel	Israeli /ɪzˈreɪli/
Italy /ˈɪtəli/	Italien	Italian /ɪˈtæliən/
(the) Ivory Coast /ˌaɪvəri kəʊst; *AmE* ˈkoʊst/		Ivorian /aɪˈvɔːriən/ — *siehe auch* Côte d'Ivoire
Jamaica /dʒəˈmeɪkə/	Jamaika	Jamaican /dʒəˈmeɪkən/
Japan /dʒəˈpæn/	Japan	Japanese /ˌdʒæpəˈniːz/
Jordan /ˈdʒɔːdn; *AmE* ˈdʒɔːrdn/	Jordanien	Jordanian /dʒɔːˈdeɪniən; *AmE* dʒɔːrˈd-/
Kazakhstan /ˌkæzækˈstɑːn, -ˈstæn/	Kasachstan	Kazakh /kəˈzæk, ˈkæzæk/
Kenya /ˈkenjə; *AmE auch* ˈkiːnjə/	Kenia	Kenyan /ˈkenjən; *AmE auch* ˈkiːnjən/

Kiribati /ˌkɪrɪˈbɑːti, -ˈbæs; *AmE* ˈkɪrəbæs/	**Kiribati**	Kiribati
Korea /kəˈriə/	**Korea**	Korean /kəˈriən/ — *siehe auch* North Korea, South Korea
Kuwait /kʊˈweɪt/	**Kuwait**	Kuwaiti /kʊˈweɪti/
Kyrgyzstan /ˌkɜːgɪˈstɑːn, ˌkɪəg-, -ˈstæn; *AmE* ˌkɪrg-/	**Kirgisistan**	Kyrgyz /ˈkɜːgɪz, ˈkɪəgɪz; *AmE* ˈkɪrgɪz/
Laos /laʊs/	**Laos**	Laotian /ˈlaʊʃn; *AmE auch* leɪˈoʊʃn/, Lao /laʊ/
Latvia /ˈlætviə/	**Lettland**	Latvian /ˈlætviən/
Lebanon /ˈlebənən; *AmE auch* -nɑːn/	**Libanon**	Lebanese /ˌlebəˈniːz/
Lesotho /ləˈsuːtuː/	**Lesotho**	Sotho /ˈsuːtuː/, Mosotho /məˈsuːtuː/, (Basotho /bəˈsuːtuː/)
Liberia /laɪˈbɪəriə; *AmE* -ˈbɪr-/	**Liberia**	Liberian /laɪˈbɪəriən; *AmE* -ˈbɪr-/
Libya /ˈlɪbiə/	**Libyen**	Libyan /ˈlɪbiən/
Liechtenstein /ˈlɪktənstaɪn, ˈlɪxt-/	**Liechtenstein**	Liechtenstein, Liechtensteiner /ˈlɪktenstaɪnə(r), ˈlɪxt-/
Lithuania /ˌlɪθjuˈeɪniə; *AmE* ˌlɪθu-/	**Litauen**	Lithuanian /ˌlɪθjuˈeɪniən; *AmE* ˌlɪθu-/
Luxembourg /ˈlʌksəmbɜːg; *AmE* -bɜːrg/	**Luxemburg**	Luxembourg, Luxembourger /ˈlʌksəmbɜːgə(r); *AmE* -bɜːrgər/
(the) Former Yugoslav Republic of Macedonia /ˌfɔːmə ˌjuːgəslɑːv rɪˌpʌblɪk əv ˌmæsəˈdəʊniə; *AmE* ˌfɔːrmər, ˌmæsəˈdoʊniə; *AmE auch* -goʊ-/	**Mazedonien**	Macedonian /ˌmæsəˈdəʊniən; *AmE* -ˈdoʊ-/
Madagascar /ˌmædəˈgæskə(r)/	**Madagaskar**	Madagascan /ˌmædəˈgæskən/, Malagasy /ˌmæləˈgæsi/
Malawi /məˈlɑːwi/	**Malawi**	Malawian /məˈlɑːwiən/
Malaysia /məˈleɪʒə; *BrE auch* -ˈleɪziə/	**Malaysia**	Malaysian /məˈleɪʒn; *BrE auch* -ˈleɪziən/
(the) Maldives /ˈmɔːldiːvz/	**Malediven**	Maldivian /mɔːlˈdɪviən/
Mali /ˈmɑːli/	**Mali**	Malian /ˈmɑːliən/
Malta /ˈmɔːltə/	**Malta**	Maltese /mɔːlˈtiːz/
(the) Marshall Islands /ˈmɑːʃl aɪləndz; *AmE* ˈmɑːrʃl/	**Marshallinseln**	Marshallese /ˌmɑːʃəˈliːz; *AmE* ˌmɑːrʃ-/
Mauritania /ˌmɒrɪˈteɪniə; *AmE* ˌmɔːr-/	**Mauretanien**	Mauritanian /ˌmɒrɪˈteɪniən; *AmE* ˌmɔːr-/
Mauritius /məˈrɪʃəs; *AmE* mɔːˈr-/	**Mauritius**	Mauritian /məˈrɪʃn; *AmE* mɔːˈr-/
Mexico /ˈmeksɪkəʊ; *AmE* -koʊ/	**Mexiko**	Mexican /ˈmeksɪkən/
Micronesia /ˌmaɪkrəˈniːziə; *AmE* -ˈniːʒə/	**Mikronesien**	Micronesian /ˌmaɪkrəˈniːziən; *AmE* -ˈniːʒn/
Moldova /mɒlˈdəʊvə; *AmE* mɑːlˈdoʊvə, mɔːl-/	**Moldau**	Moldovan /mɒlˈdəʊvn; *AmE* mɑːlˈdoʊvn, mɔːl-/
Monaco /ˈmɒnəkəʊ; *AmE* ˈmɑːnəkoʊ/	**Monaco**	Monégasque /ˌmɒniˈgæsk, ˌmɒneɪˈg-; *AmE* ˌmɑːn-/
Mongolia /mɒŋˈgəʊliə; *AmE* mɑːŋˈgoʊ-/	**Mongolei**	Mongolian /mɒŋˈgəʊliən; *AmE* mɑːŋˈgoʊ-/, Mongol /ˈmɒŋgl; *AmE* ˈmɑːŋgl/
Montenegro /ˌmɒntɪˈniːgrəʊ; *AmE* mɑːntəˈnegroʊ, -ˈneg-/	**Montenegro**	Montenegrin /ˌmɒntɪˈniːgrɪn; *AmE* ˌmɑːntəˈneɪgrɪn, -ˈneg-/
Morocco /məˈrɒkəʊ; *AmE* məˈrɑːkoʊ/	**Marokko**	Moroccan /məˈrɒkən; *AmE* -ˈrɑːk-/
Mozambique /ˌməʊzæmˈbiːk; *AmE* ˌmoʊ-/	**Mosambik**	Mozambican /ˌməʊzæmˈbiːkən; *AmE* ˌmoʊ-/
Myanmar /miˌænˈmɑː(r)/ — *siehe auch* Burma	**Myanmar**	
Namibia /nəˈmɪbiə/	**Namibia**	Namibian /nəˈmɪbiən/
Nauru /ˈnaʊruː/	**Nauru**	Nauruan /naʊˈruːən/
Nepal /nəˈpɔːl/	**Nepal**	Nepalese /ˌnepəˈliːz/
(the) Netherlands /ˈneðələndz; *AmE* -ðərl-/	**Niederlande**	Dutch /dʌtʃ/, Dutchman /ˈdʌtʃmən/, Dutchwoman /ˈdʌtʃwʊmən/, (the Dutch)
New Zealand /ˌnjuː ˈziːlənd; *AmE* ˌnuː/	**Neuseeland**	New Zealand, New Zealander /ˌnjuː ˈziːləndə(r); *AmE* ˌnuː/
Nicaragua /ˌnɪkəˈrægjuə; *AmE* -gwə/	**Nicaragua**	Nicaraguan /ˌnɪkəˈrægjuən; *AmE* -gwən/
Niger /niːˈʒeə(r); *AmE* -ˈʒer/	**Niger**	Nigerien /niːˈʒeəriən; *AmE* -ˈʒer-/
Nigeria /naɪˈdʒɪəriə; *AmE* -ˈdʒɪr-/	**Nigeria**	Nigerian /naɪˈdʒɪəriən; *AmE* -ˈdʒɪr-/
Northern Ireland /ˌnɔːðən ˈaɪələnd; *AmE* ˌnɔːrðərn ˈaɪərlənd/	**Nordirland**	Northern Irish /ˌnɔːðən ˈaɪrɪʃ/ *(nur Adjektiv)*
North Korea /ˌnɔːθ kəˈriə; *AmE* ˌnɔːrθ/	**Nordkorea**	North Korean /ˌnɔːθ kəˈriən; *AmE* ˌnɔːrθ/
Norway /ˈnɔːweɪ; *AmE* ˈnɔːrweɪ/	**Norwegen**	Norwegian /nɔːˈwiːdʒən; *AmE* nɔːrˈw-/
Oman /əʊˈmɑːn, *BrE auch* -ˈmæn; *AmE* oʊˈmɑːn/	**Oman**	Omani /əʊˈmɑːni, *BrE auch* -ˈmæni; *AmE* oʊˈmɑːni/
Pakistan /ˌpækɪˈstɑːn, ˌpɑːkɪ-, -ˈstæn/	**Pakistan**	Pakistani /ˌpækɪˈstæni, ˌpɑːkɪ-, -ˈstɑːni/
Palau /pəˈlaʊ/	**Palau**	Palauan /pəˈlaʊən/
Panama /ˈpænəmɑː/	**Panama**	Panamanian /ˌpænəˈmeɪniən/
Papua New Guinea /ˌpæpjuə ˌnjuː ˈgɪni; *BrE auch* ˌpæpuə; *AmE* ˌpæpuə ˌnuː ˈgɪni/	**Papua-Neuguinea**	Papua New Guinean /ˌpæpjuə ˌnjuː ˈgɪniən; *BrE auch* ˌpæpuə; *AmE* ˌpæpuə ˌnuː ˈgɪniən/

Paraguay /ˈpærəgwaɪ/	Paraguay	Paraguayan /ˌpærəˈgwaɪən/
Peru /pəˈruː/	Peru	Peruvian /pəˈruːviən/
(the) Philippines /ˈfɪlɪpiːnz/	Philippinen	Philippine /ˈfɪlɪpiːn/, Filipino /ˌfɪlɪˈpiːnəʊ; *AmE* -noʊ/, Filipina /ˌfɪlɪˈpiːnə/
Poland /ˈpəʊlənd; *AmE* ˈpoʊ-/	Polen	Polish /ˈpəʊlɪʃ; *AmE* ˈpoʊ-/, Pole /pəʊl; *AmE* poʊl/
Portugal /ˈpɔːtʃʊgl; *AmE* ˈpɔːrt-/	Portugal	Portuguese /ˌpɔːtʃʊˈgiːz; *AmE* ˌpɔːrt-/
Qatar /ˈkʌtɑː(r), ˈkæt-; *AmE* ˈkɑːtɑːr, kəˈtɑːr/	Katar	Qatari /kʌˈtɑːri, ˈkæt-; *AmE* kəˈtɑːri/
Romania /ruˈmeɪniə/	Rumänien	Romanian /ruˈmeɪniən/
Russia /ˈrʌʃə/	Russland	Russian /ˈrʌʃn/
Rwanda /ruˈændə/	Ruanda	Rwandan /ruˈændən/
Samoa /səˈməʊə; *AmE* səˈmoʊə/	Samoa	Samoan /səˈməʊən; *AmE* səˈmoʊən/
San Marino /ˌsæn məˈriːnəʊ; *AmE* -noʊ/	San Marino	
São Tomé and Príncipe /ˌsaʊ təˌmeɪ ən ˈprɪnsɪpeɪ/	São Tomé und Príncipe	
Saudi Arabia /ˌsaʊdi əˈreɪbiə/	Saudi-Arabien	Saudi /ˈsaʊdi/, Saudi Arabian /ˌsaʊdi əˈreɪbiən/
Scandinavia /ˌskændɪˈneɪviə/	Skandinavien	Scandinavian /ˌskændɪˈneɪviən/
Scotland /ˈskɒtlənd; *AmE* ˈskɑːt-/	Schottland	Scottish /ˈskɒtɪʃ; *AmE* ˈskɑːt-/, Scot /skɒt; *AmE* skɑːt/, Scotsman /ˈskɒtsmən; ˈskɑːts-/, *AmE* Scotswoman /ˈskɒtswʊmən; *AmE* ˈskɑːts-/, (the Scots)
Senegal /ˌsenɪˈgɔːl/	Senegal	Senegalese /ˌsenɪgəˈliːz/
Serbia /ˈsɜːbiə; *AmE* ˈsɜːrbiə/	Serbien	Serbian /ˈsɜːbiən; *AmE* ˈsɜːrb-/, Serb /sɜːb; *AmE* sɜːrb/
(the) Seychelles /seɪˈʃelz/	Seychellen	Seychellois /ˌseɪʃelˈwɑː/
Sierra Leone /siˌerə liˈəʊn; *AmE* liˈoʊn/	Sierra Leone	Sierra Leonean /siˌerə liˈəʊniən; *AmE* liˈoʊniən/
Singapore /ˌsɪŋəˈpɔː(r)/	Singapur	Singaporean /ˌsɪŋəˈpɔːriən/
Slovakia /sləˈvækiə; *AmE* sloʊˈv-/	Slowakei	Slovak /ˈsləʊvæk; *AmE* ˈsloʊ-/, Slovakian /sləˈvækiən; *AmE* sloʊˈv-/
Slovenia /sləˈviːniə; *AmE* sloʊˈv-/	Slowenien	Slovene /ˈsləʊviːn; *AmE* ˈsloʊ-/, Slovenian /sləˈviːniən; *AmE* sloʊˈv-/
(the) Solomon Islands /ˈsɒləmən aɪləndz; *AmE* ˈsɑːl-/	Salomonen	Solomon Islander /ˈsɒləmən aɪləndə(r); *AmE* ˈsɑːl-/
Somalia /səˈmɑːliə/	Somalia	Somali /səˈmɑːli/
South Africa /ˌsaʊθ ˈæfrɪkə/	Südafrika	South African /ˌsaʊθ ˈæfrɪkən/
South Korea /ˌsaʊθ kəˈriə/	Südkorea	South Korean /ˌsaʊθ kəˈriən/
South Sudan /ˌsaʊθ suˈdɑːn, suˈdæn/	Südsudan	South Sudanese /ˌsaʊθ ˌsudəˈniːz/
Spain /speɪn/	Spanien	Spanish /ˈspænɪʃ/, Spaniard /ˈspænɪəd; *AmE* -njərd/, (the Spanish)
Sri Lanka /ˌsri ˈlæŋkə; *AmE auch* ˈlɑːŋkə/	Sri Lanka	Sri Lankan /ˌsri ˈlæŋkən; *AmE auch* ˈlɑːŋ-/
St Kitts and Nevis /snt ˌkɪts ən ˈniːvɪs; *AmE auch* seɪnt/	St. Kitts und Nevis	Kittitian /kɪˈtɪʃn/, Nevisian /niːˈvɪsiən; *AmE* nəˈvɪʒn/
St Lucia /ˌsnt ˈluːʃə; *AmE auch* seɪnt/	St. Lucia	St Lucian /ˌsnt ˈluːʃən; *AmE auch* ˌseɪnt/
St Vincent and the Grenadines /snt ˌvɪnsnt ən ðə ˈgrenədiːnz; *AmE auch* seɪnt/	St. Vincent und die Grenadinen	Vincentian /vɪnˈsenʃn/
Sudan /suˈdɑːn, suˈdæn/	Sudan	Sudanese /ˌsuːdəˈniːz/
Suriname /ˌsʊərɪˈnɑːm, -ˈnæm; *AmE* ˌsʊr-/	Suriname	Surinamese /ˌsʊərɪnəˈmiːz; *AmE* ˌsʊr-/
Swaziland /ˈswɑːzilænd/	Swasiland	Swazi /ˈswɑːzi/
Sweden /ˈswiːdn/	Schweden	Swedish /ˈswiːdɪʃ/, Swede /swiːd/
Switzerland /ˈswɪtsələnd; *AmE* -ərl-/	Schweiz	Swiss /swɪs/, (the Swiss)
Syria /ˈsɪriə/	Syrien	Syrian /ˈsɪriən/
Tajikistan /tæˌdʒiːkɪˈstɑːn, -ˈstæn/	Tadschikistan	Tajik /tæˈdʒiːk/
Tanzania /ˌtænzəˈniːə/	Tansania	Tanzanian /ˌtænzəˈniːən/
Thailand /ˈtaɪlænd/	Thailand	Thai /taɪ/
Togo /ˈtəʊgəʊ; *AmE* ˈtoʊgoʊ/	Togo	Togolese /ˌtəʊgəˈliːz; *AmE* ˌtoʊ-/
Tonga /ˈtɒŋə, ˈtɒŋgə; *AmE* ˈtɑːŋgə/	Tonga	Tongan /ˈtɒŋən, ˈtɒŋgən; *AmE* ˈtɑːŋgən/
Trinidad and Tobago /ˌtrɪnɪdæd ən təˈbeɪgəʊ; *AmE* -goʊ/	Trinidad und Tobago	Trinidadian /ˌtrɪnɪˈdædiən/, Tobagan /təˈbeɪgən/, Tobagonian /ˌtəʊbəˈgəʊniən; *AmE* ˌtoʊbəˈgoʊ-/
Tunisia /tjuˈnɪziə; *AmE meist* tuːˈniːʒə/	Tunesien	Tunisian /tjuˈnɪziən; *AmE meist* tuːˈniːʒən/
Turkey /ˈtɜːki; *AmE* ˈtɜːrki/	Türkei	Turkish /ˈtɜːkɪʃ; *AmE* ˈtɜːrkɪʃ/, Turk /tɜːk; *AmE* tɜːrk/
Turkmenistan /tɜːkˌmenɪˈstɑːn, -ˈstæn; *AmE* tɜːrk-/	Turkmenistan	Turkmen /ˈtɜːkmen; *AmE* ˈtɜːrk-/
Tuvalu /tuːˈvɑːluː/	Tuvalu	Tuvaluan /ˌtuːvɑːˈluːən/

Uganda /juːˈɡændə/	Uganda	Ugandan /juːˈɡændən/
Ukraine /juːˈkreɪn/	Ukaine	Ukrainian /juːˈkreɪniən/
(the) United Arab Emirates /juˌnaɪtɪd ˌærəb ˈemɪrəts/	Vereinigte Arabische Emirate	Emirati /emɪˈrɑːti/
(the) United Kingdom /juˌnaɪtɪd ˈkɪŋdəm/	Vereinigtes Königreich	British /ˈbrɪtɪʃ/, Briton /ˈbrɪtn/, (the British)
(the) United States of America /juˌnaɪtɪd ˌsteɪts əv əˈmerɪkə/	Vereinigte Staaten von Amerika	American /əˈmerɪkən/
Uruguay /ˈjʊərəɡwaɪ; *AmE* ˈjʊr-/	Uruguay	Uruguayan /ˌjʊərəˈɡwaɪən; *AmE* ˌjʊr-/
Uzbekistan /ʊzˌbekɪˈstɑːn, -ˈstæn/	Usbekistan	Uzbek /ˈʊzbek/
Vanuatu /ˌvænuːˈɑːtuː, ˌvænwɑːˈtuː/	Vanuatu	Vanuatuan /ˌvænwɑːˈtuːən/
(the) Vatican City /ˌvætɪkən ˈsɪti/	Vatikanstadt	
Venezuela /ˌvenəˈzweɪlə/	Venezuela	Venezuelan /ˌvenəˈzweɪlən/
Vietnam /ˌvjetˈnæm, ˌviːet-, -ˈnɑːm/	Vietnam	Vietnamese /ˌvjetnəˈmiːz, viːˌetnə-/
Wales /weɪlz/	Wales	Welsh /welʃ/, Welshman /ˈwelʃmən/, Welshwoman /ˈwelʃwʊmən/, (the Welsh)
Yemen /ˈjemən/	Jemen	Yemeni /ˈjeməni/
Zambia /ˈzæmbiə/	Sambia	Zambian /ˈzæmbiən/
Zimbabwe /zɪmˈbɑːbwi, -weɪ/	Simbabwe	Zimbabwean /zɪmˈbɑːbwiən/

Meere

the Arctic Ocean /ˌɑːktɪk ˈəʊʃn; *AmE* ˌɑːrktɪk ˈoʊʃn/	Arktischer Ozean
the Atlantic Ocean /ətˌlæntɪk ˈəʊʃn; *AmE* ˈoʊʃn/	Atlantischer Ozean
the Baltic /ˈbɔːltɪk; *BrE auch* ˈbɒltɪk/	Ostsee
the Caribbean (Sea) /ˌkærəbiːən ˈsiː, kəˈrɪbiən/	Karibisches Meer
the Indian Ocean /ˌɪndiən ˈəʊʃn; *AmE* ˈoʊʃn/	Indischer Ozean
the Mediterranean /ˌmedɪtəˈreɪniən/	Mittelmeer
the Pacific Ocean /pəˌsɪfɪk ˈəʊʃn; *AmE* ˈoʊʃn/	Pazifischer Ozean
the Southern Ocean /ˌsʌðən ˈəʊʃn; *AmE* ˌsʌðərn ˈoʊʃn/	Südpolarmeer

Weitere geografische Namen, die im Englischen vorkommen, und deren Aussprache

the Alps /ælps/	Alpen
the Andes /ˈændiːz/	Anden
Bavaria /bəˈveəriə; *AmE* -ˈveriə/	Bayern
the Black Forest /ˌblæk ˈfɒrɪst; *AmE* ˈfɔːr-; ˈfɑːr-/	Schwarzwald
Carinthia /kəˈrɪnθɪə/	Kärnten
the Danube /ˈdænjuːb; *AmE* ˈdænjub/	Donau
the Dolomites /ˈdɒləmaɪts; *AmE* dɑːl-/	Dolomiten
the Elbe /elb/	Elbe
Franconia /frænˈkəʊnɪə; *AmE* -ˈkoʊ-/	Franken
Hesse /hes, ˈhesə/	Hessen
Lake Constance /ˌleɪk ˈkɒnstəns; *AmE* ˈkɑːn-/	Bodensee
Lake Geneva /ˌleɪk dʒɪˈniːvə; *AmE* dʒəˈn-/	Genfer See
Lake Lucerne /ˌleɪk luːˈsɜːn; *AmE* -ˈsɜːrn/	Vierwaldstättersee
Lower Austria /ˌləʊər ˈɒstriə; *AmE* ˌloʊər ˈɔːs-/	Niederösterreich
Lower Saxony /ˌləʊə ˈsæksəni; *AmE* ˌloʊər/	Niedersachsen

Mecklenburg-Western Pomerania /ˌmeklənbɜːɡ ˌwestən pɒməˈreɪnɪə; *AmE* ˌmeklənbɜːrɡ ˌwestərn pɑː-/	Mecklenburg-Vorpommern
North-Rhine Westphalia /nɔːθ raɪn westˈfeɪlɪə; *AmE* nɔːrθ-/	Nordrhein-Westfalen
the Pyrenees /ˌpɪrəˈniːz/	Pyrenäen
the Rhine /raɪn/	Rhein
Rhineland-Palatinate /ˌraɪnlænd pəˈlætɪnət/	Rheinland-Pfalz
Saxony-Anhalt /ˌsæksəni ˈænhælt/	Sachsen-Anhalt
Styria /ˈstɪrɪə/	Steiermark
Swabia /ˈsweɪbɪə/	Schwaben
the Thames /temz/	Themse
Thuringia /θjʊəˈrɪndʒɪə/	Thüringen
Ticino /tɪˈtʃiːnəʊ; *AmE* tɪˈtʃinoʊ/	Tessin
(the) Tyrol /tɪˈrəʊl; *AmE* -ˈroʊl/	Tirol
Upper Austria /ˌʌpər ˈɒstriə; *AmE* ˈɔːs-/	Oberösterreich
Vaud /vəʊ; *AmE* voʊ/	Waadt

Städtenamen

Athens /ˈæθənz/	Athen
Basle /bɑːl; ˈbɑːzl; *AmE* ˈbɑzəl/	Basel
Berne /bɜːn; *AmE* bɜrn/	Bern
Brussels /ˈbrʌslz/	Brüssel
Cologne /kəˈləʊn; *AmE* kəˈloʊn/	Köln
Florence /ˈflɒrəns; *AmE* ˈflɔːr-/	Florenz
Geneva /dʒɪˈniːvə; *AmE* dʒəˈn-/	Genf
the Hague /heɪɡ/	Den Haag

Hanover /ˈhænəvə; *AmE* -vər/	Hannover
Lisbon /ˈlɪzbən/	Lissabon
Lucerne /luˈsɜːn; *AmE* luˈsɜrn/	Luzern
Milan /mɪˈlæn/	Mailand
Moscow /ˈmɒskəʊ; *AmE* ˈmɑːskaʊ/	Moskau
Munich /ˈmjuːnɪk/	München
Naples /ˈneɪplz/	Neapel
Prague /prɑːɡ/	Prag

Rome /ˈstræzbɜːg; *AmE* -bɜːrg/	Rom
Strasbourg /rəʊm; *AmE* roʊm/	Straßburg
Venice /ˈvenɪs/	Venedig
Vienna /vɪˈenə/	Wien
Warsaw /ˈwɔːsɔː; *AmE* ˈwɔːr-/	Warschau
Zurich /ˈzjʊərɪk/	Zürich

Vorsicht: die folgenden Städtenamen haben im Englischen eine andere Aussprache:

Berlin /bɜːˈlɪn; *AmE* bɜːrˈlɪn/
Dresden /ˈdrezdən/
Frankfurt /ˈfræŋkfɜːt; *AmE* -fɜːrt/
Hamburg /ˈhæmbɜːg; *AmE* -bɜːrg/
London /ˈlʌndən/
Paris /ˈpærɪs/
Salzburg /ˈsæltsbɜːg, ˈsɔːlts-; *AmE* -bɜːrg/

Städtenamen werden im Englischen auch als attributive Adjektive verwendet:

- *the Frankfurt Book Fair*
- *the Paris Motor Show*
- *the Edinburgh Festival*
- *the Weimar Republic*
- *Berlin restaurants*
- *the London telephone directory*

Um die Herkunft zu beschreiben, kann man auch **from** verwenden:

- *the team from Munich*
- *He's from Milan.*

Für die Einwohner einer Stadt verwendet man **of**:

- *the people of Salzburg*

Bestimmte Städte haben auch verwandte Nomina für die Einwohner, z.B. *She's a Liverpudlian.*

Aberdeen	Aberdonian	Manchester	Mancunian
Berlin	Berliner	New York	New Yorker
Glasgow	Glaswegian	Paris	Parisian
Liverpool	Liverpudlian	Vienna	Viennese
London	Londoner		

Die britischen Inseln

Städte

Aberdeen /ˌæbəˈdiːn; *AmE* ˌæbərˈdiːn/
Ayr /eə(r); *AmE* er/
Bath /bɑːθ; *AmE* bæθ/
Belfast /ˈbelfɑːst, ˌbelˈfɑːst; *AmE* ˈbelfæst/
Berwick-upon-Tweed /ˌberɪk əpɒn ˈtwiːd; *AmE* əpɑːn/
Birmingham /ˈbɜːmɪŋəm; *AmE* ˈbɜːrmɪŋhæm/
Blackpool /ˈblækpuːl/
Bournemouth /ˈbɔːnməθ; *AmE* ˈbɔːrn-/
Bradford /ˈbrædfəd; *AmE* -fərd/
Brighton /ˈbraɪtn/
Bristol /ˈbrɪstl/
Caernarfon /kəˈnɑːvn; *AmE* kɑːrˈnɑːrvn, kər-/
Cambridge /ˈkeɪmbrɪdʒ/
Canterbury /ˈkæntəbəri; *AmE* -tərberi/
Cardiff /ˈkɑːdɪf; *AmE* ˈkɑːrdɪf/
Carlisle /kɑːˈlaɪl; *AmE* ˈkɑːrl-/
Chester /ˈtʃestə(r)/
Colchester /ˈkəʊltʃɪstə(r); *AmE* ˈkoʊltʃestər/
Cork /kɔːk; *AmE* kɔːrk/
Coventry /ˈkɒvəntri; *AmE* ˈkɑːv-/
Derby /ˈdɑːbi; *AmE* ˈdɑːrbi, ˈdɜːrbi/
Douglas /ˈdʌgləs/
Dover /ˈdəʊvə(r); *AmE* ˈdoʊ-/
Dublin /ˈdʌblɪn/
Dundee /dʌnˈdiː/
Durham /ˈdʌrəm; *AmE* ˈdɜːr-/
Eastbourne /ˈiːstbɔːn; *AmE* -bɔːrn/
Edinburgh /ˈedɪnbrə; *AmE* -bərə/
Ely /ˈiːli/
Exeter /ˈeksɪtə(r)/
Galway /ˈgɔːlweɪ/
Glasgow /ˈglɑːzgəʊ; *AmE* ˈglæzgoʊ/
Gloucester /ˈglɒstə(r); *AmE* ˈglɑːs-, ˈglɔːs-/
Hastings /ˈheɪstɪŋz/
Hereford /ˈherɪfəd; *AmE* -fərd/
Holyhead /ˈhɒlihed; *AmE* ˈhɑːl-/
Inverness /ˌɪnvəˈnes; *AmE* -vərˈn-/
Ipswich /ˈɪpswɪtʃ/
John o'Groats /ˌdʒɒn ə ˈgrəʊts; *AmE* ˌdʒɑːn ə ˈgroʊts/
Keswick /ˈkezɪk/
Kingston upon Hull /ˌkɪŋstən əpɒn ˈhʌl; *AmE* əpɑːn/
Leeds /liːdz/
Leicester /ˈlestə(r)/
Limerick /ˈlɪmərɪk/
Lincoln /ˈlɪŋkən/
Liverpool /ˈlɪvəpuːl; *AmE* -vərp-/
London /ˈlʌndən/
Londonderry /ˈlʌndənderi/
Luton /ˈluːtn/
Manchester /ˈmæntʃɪstə(r)/
Middlesbrough /ˈmɪdlzbrə/
Newcastle upon Tyne /ˌnjuːkɑːsl əpɒn ˈtaɪn; *AmE* ˌnuːkæsl əpɑːn/
Northampton /nɔːˈθæmptən; *AmE* nɔːrθ-/
Norwich /ˈnɒrɪdʒ; *AmE* ˈnɑːr-/
Nottingham /ˈnɒtɪŋəm; *AmE* ˈnɑːtɪŋhæm, -tɪŋəm/
Oxford /ˈɒksfəd; *AmE* ˈɑːksfərd/
Plymouth /ˈplɪməθ/
Poole /puːl/
Portsmouth /ˈpɔːtsməθ; *AmE* ˈpɔːrts-/
Ramsgate /ˈræmzgeɪt/
Reading /ˈredɪŋ/
Salisbury /ˈsɔːlzbəri; *AmE* -beri/
Sheffield /ˈʃefiːld/
Shrewsbury /ˈʃrəʊzbəri; *AmE* ˈʃroʊz-, -beri/
Southampton /saʊˈθæmptən/
St. Andrews /ˌsnt ˈændruːz; *AmE* ˌseɪnt/
St. David's /ˌsnt ˈdeɪvɪdz; *AmE* ˌseɪnt/
Stirling /ˈstɜːlɪŋ; *AmE* ˈstɜːrlɪŋ/
Stoke-on-Trent /ˌstəʊk ɒn ˈtrent; *AmE* ˌstoʊk ɑːn/
Stratford-upon-Avon /ˌstrætfəd əpɒn ˈeɪvn; *AmE* -fərd əpɑːn/
Swansea /ˈswɒnzi; *AmE* ˈswɑːnzi/
Taunton /ˈtɔːntən/
Warwick /ˈwɒrɪk; *AmE* ˈwɑːrɪk, ˈwɔːrɪk/
Worcester /ˈwʊstə(r)/
York /jɔːk; *AmE* jɔːrk/

Inseln

Anglesey /ˈæŋgəlsi/
Aran Islands /ˈærən aɪləndz/
Inner Hebrides /ˌɪnə ˈhebrɪdiːz; *AmE* ˌɪnər/
Isle of Man /ˌaɪl əv ˈmæn/
Isle of Wight /ˌaɪl əv ˈwaɪt/
Isles of Scilly /ˌaɪlz əv ˈsɪli/
Orkney Islands /ˈɔːkni aɪləndz; *AmE* ˈɔːrkni/
Outer Hebrides /ˌaʊtə ˈhebrɪdiːz; *AmE* ˌaʊtər/
Shetland Islands /ˈʃetlənd aɪləndz/

Die Vereinigten Staaten und Kanada

Die Staaten der USA

Alabama /ˌæləˈbæmə/
Alaska /əˈlæskə/
Arizona /ˌærɪˈzəʊnə; *AmE* -ˈzoʊ-/
Arkansas /ˈɑːkənsɔː; *AmE* ˈɑːrk-/
California /ˌkæləˈfɔːniə; *AmE* -ˈfɔːrn-/
Colorado /ˌkɒləˈrɑːdəʊ; *AmE* ˌkɑːləˈrædoʊ/
Connecticut /kəˈnetɪkət/
Delaware /ˈdeləweə(r); *AmE* -wer/
Florida /ˈflɒrɪdə; *AmE* ˈflɔːr-/
Georgia /ˈdʒɔːdʒə; *AmE* ˈdʒɔːrdʒə/
Hawaii /həˈwaii/
Idaho /ˈaɪdəhəʊ; *AmE* -hoʊ/
Illinois /ˌɪləˈnɔɪ/
Indiana /ˌɪndiˈænə/
Iowa /ˈaɪəwə/
Kansas /ˈkænzəs/
Kentucky /kenˈtʌki/
Louisiana /luˌiːziˈænə/
Maine /meɪn/
Maryland /ˈmeərilənd; *AmE* ˈmerə-/
Massachusetts /ˌmæsəˈtʃuːsɪts/
Michigan /ˈmɪʃɪgən/
Minnesota /ˌmɪnɪˈsəʊtə; *AmE* -ˈsoʊtə/
Mississippi /ˌmɪsɪˈsɪpi/
Missouri /mɪˈzʊəri; *AmE* məˈzʊri/
Montana /mɒnˈtænə; *AmE* mɑːn-/
Nebraska /nəˈbræskə/
Nevada /nəˈvɑːdə; *AmE* nəˈvædə/
New Hampshire /ˌnjuː ˈhæmpʃə(r); *AmE* ˌnuː/
New Jersey /ˌnjuː ˈdʒɜːzi; *AmE* ˌnuː ˈdʒɜːrzi/
New Mexico /ˌnjuː ˈmeksɪkəʊ; *AmE* ˌnuː ˈmeksɪkoʊ/
New York /ˌnjuː ˈjɔːk; *AmE* ˌnuː ˈjɔːrk/
North Carolina /ˌnɔːθ kærəˈlaɪnə; *AmE* ˌnɔːrθ-/
North Dakota /ˌnɔːθ dəˈkəʊtə; *AmE* ˌnɔːrθ dəˈkoʊtə/
Ohio /əʊˈhaɪəʊ; *AmE* oʊˈhaɪoʊ/
Oklahoma /ˌəʊkləˈhəʊmə; *AmE* ˌoʊkləˈhoʊmə/
Oregon /ˈɒrɪgən; *AmE* ˈɔːrəgən, ˈɑːr-/
Pennsylvania /ˌpenslˈveɪniə/
Rhode Island /ˌrəʊd ˈaɪlənd; *AmE* ˌroʊd/
South Carolina /ˌsaʊθ kærəˈlaɪnə/
South Dakota /ˌsaʊθ dəˈkəʊtə; *AmE* dəˈkoʊtə/
Tennessee /ˌtenəˈsiː/
Texas /ˈteksəs/
Utah /ˈjuːtɑː/
Vermont /vəˈmɒnt; *AmE* vərˈmɑːnt/
Virginia /vəˈdʒɪniə; *AmE* vərˈdʒ-/
Washington /ˈwɒʃɪŋtən; *AmE* ˈwɑːʃ-, ˈwɔːʃ-/
West Virginia /ˌwest vəˈdʒɪniə; *AmE* vərˈdʒ-/
Wisconsin /wɪsˈkɒnsɪn; *AmE* -ˈkɑːn-/
Wyoming /waɪˈəʊmɪŋ; *AmE* -ˈoʊmɪŋ/

Städte in den USA

Albany /ˈɔːlbəni/
Albuquerque /ˈælbəkɜːki; *AmE* -kɜːrki/
Amarillo /ˌæməˈrɪləʊ; *AmE* -loʊ/
Anchorage /ˈæŋkərɪdʒ/
Atlanta /ətˈlæntə; *AmE* æt-/
Augusta /ɔːˈgʌstə/
Austin /ˈɒstɪn; *AmE* ˈɔːstɪn/
Baltimore /ˈbɔːltɪmɔː(r)/
Baton Rouge /ˌbætn ˈruːʒ/
Berkeley /ˈbɜːkli; *AmE* ˈbɜːrkli/
Billings /ˈbɪlɪŋz/
Birmingham /ˈbɜːmɪŋəm; *AmE* ˈbɜːrmɪŋhæm/
Bismarck /ˈbɪzmɑːk; *AmE* -mɑːrk/
Boise /ˈbɔɪsi/
Boston /ˈbɒstən; *AmE* ˈbɔːs-/
Buffalo /ˈbʌfələʊ; *AmE* -loʊ/
Burlington /ˈbɜːlɪŋtən; *AmE* ˈbɜːrl-/
Charleston /ˈtʃɑːlstən; *AmE* ˈtʃɑːrl-/
Charlotte /ˈʃɑːlət; *AmE* ˈʃɑːrlət/
Cheyenne /ʃaɪˈæn/
Chicago /ʃɪˈkɑːgəʊ; *AmE* -goʊ/
Cincinnati /ˌsɪnsɪˈnæti/
Cleveland /ˈkliːvlənd/
Colorado Springs /ˌkɒlərɑːdəʊ ˈsprɪŋz; *AmE* ˌkɑːlərædoʊ/
Columbia /kəˈlʌmbiə/
Columbus /kəˈlʌmbəs/
Dallas /ˈdæləs/
Dayton /ˈdeɪtn/
Denver /ˈdenvə(r)/
Des Moines /dɪ ˈmɔɪn/
Detroit /dɪˈtrɔɪt/
Dover /ˈdəʊvə(r); *AmE* ˈdoʊ-/
Duluth /dəˈluːθ/
El Paso /el ˈpæsəʊ; *AmE* -soʊ/
Eugene /juːˈdʒiːn/
Fort Worth /ˌfɔːt ˈwɜːθ; *AmE* ˌfɔːrt ˈwɜːrθ/
Grand Forks /ˌgrænd ˈfɔːks; *AmE* ˈfɔːrks/
Great Falls /ˌgreɪt ˈfɔːlz/
Green Bay /ˌgriːn ˈbeɪ/
Hartford /ˈhɑːtfəd; *AmE* ˈhɑːrtfərd/
Hollywood /ˈhɒliwʊd; *AmE* ˈhɑːli-/
Honolulu /ˌhɒnəˈluːluː; *AmE* ˌhɑːnə-/
Houston /ˈhjuːstən/
Idaho Falls /ˌaɪdəhəʊ ˈfɔːlz; *AmE* -hoʊ/
Indianapolis /ˌɪndiəˈnæpəlɪs/
Jackson /ˈdʒæksən/
Jacksonville /ˈdʒæksənvɪl/
Juneau /ˈdʒuːnəʊ; *AmE* -noʊ/
Kansas City /ˌkænzəs ˈsɪti/
Knoxville /ˈnɒksvɪl; *AmE* ˈnɑːks-/
Laramie /ˈlærəmi/
Las Vegas /ˌlæs ˈveɪgəs/
Lincoln /ˈlɪŋkən/
Little Rock /ˈlɪtl rɒk; *AmE* rɑːk/
Los Angeles /ˌlɒs ˈændʒəliːz; *AmE* ˌlɔːs ˈændʒələs/
Louisville /ˈluːivɪl/
Madison /ˈmædɪsən/
Manchester /ˈmæntʃestə(r)/
Memphis /ˈmemfɪs/
Miami /maɪˈæmi/
Milwaukee /mɪlˈwɔːki/
Minneapolis /ˌmɪniˈæpəlɪs/
Mobile /məʊˈbiːl; *AmE* moʊ-/
Montgomery /mɒntˈgɒməri; *AmE* məntˈgɑːm-/
Nashville /ˈnæʃvɪl/
New Haven /ˌnjuː ˈheɪvən; *AmE* ˌnuː/
New Orleans /ˌnjuː ɔːˈliːənz; *AmE* ˌnuː ˈɔːrliənz/
New York /ˌnjuː ˈjɔːk; *AmE* ˌnuː ˈjɔːrk/
Newark /ˈnjuːək; *AmE* ˈnuːərk/
Norfolk /ˈnɔːfək; *AmE* ˈnɔːrfək/
Oklahoma City /ˌəʊkləhəʊmə ˈsɪti; *AmE* ˌoʊkləhoʊmə/
Omaha /ˈəʊməhɑː; *AmE* ˈoʊ-/
Orlando /ɔːˈlændəʊ; *AmE* ɔːrˈlændoʊ/
Philadelphia /ˌfɪləˈdelfiə/

Phoenix /ˈfiːnɪks/
Pierre /ˈpieə(r); *AmE* pɪr/
Pittsburgh /ˈpɪtsbɜːg; *AmE* -bɜːrg/
Portland /ˈpɔːtlənd; *AmE* ˈpɔːrt-/
Princeton /ˈprɪnstən/
Providence /ˈprɒvɪdəns; *AmE* ˈprɑːv-/
Raleigh /ˈrɑːli; *AmE auch* ˈrɔːli/
Reno /ˈriːnəʊ; *AmE* ˈriːnoʊ/
Richmond /ˈrɪtʃmənd/
Rochester /ˈrɒtʃɪstə(r); *AmE* ˈrɑːtʃəs-/
Sacramento /ˌsækrəˈmentəʊ; *AmE* -toʊ/
Salt Lake City /ˌsɔːlt leɪk ˈsɪti/
San Antonio /ˌsæn ænˈtəʊniəʊ; *AmE* ænˈtoʊnioʊ/
San Diego /ˌsæn diˈeɪgəʊ; *AmE* -goʊ/
San Francisco /ˌsæn frənˈsɪskəʊ; *AmE* -koʊ/
San Jose /ˌsæn həʊˈzeɪ; *AmE* hoʊ-/
Santa Fe /ˌsæntə ˈfeɪ/
Savannah /səˈvænə/
Scranton /ˈskræntən/
Seattle /siˈætl/
Sioux City /ˌsuː ˈsɪti/
Sioux Falls /ˌsuː ˈfɔːlz/
Springfield /ˈsprɪŋfiːld/
St Paul /ˌsnt ˈpɔːl; *AmE auch* ˌseɪnt/
St. Louis /ˌsnt ˈluːɪs; *AmE auch* ˌseɪnt/
Syracuse /ˈsɪrəkjuːs/
Tallahassee /ˌtæləˈhæsi/
Tampa /ˈtæmpə/
Toledo /təˈliːdəʊ; *AmE* -doʊ/
Topeka /təˈpiːkə/
Tucson /ˈtuːsɒn; *AmE* -sɑːn/
Tulsa /ˈtʌlsə/
Twin Falls /ˌtwɪn ˈfɔːlz/
Washington D.C. /ˌwɒʃɪŋtən diː ˈsiː; *AmE* ˌwɑːʃ-, ˌwɔːʃ-/
Wichita /ˈwɪtʃɪtɔː/

Provinzen und Territorien Kanadas

Alberta /ælˈbɜːtə; *AmE* ælˈbɜːrtə/
British Columbia /ˌbrɪtɪʃ kəˈlʌmbiə/
Manitoba /ˌmænɪˈtəʊbə; *AmE* -toʊ-/
New Brunswick /ˌnjuː ˈbrʌnzwɪk; *AmE* ˌnuː/
Newfoundland /ˈnjuːfəndlənd; *AmE* ˈnuː/
Northwest Territories /ˌnɔːθwest ˈterətriz; *AmE* ˌnɔːrθwest ˈterətɔːriz/
Nova Scotia /ˌnəʊvə ˈskəʊʃə; *AmE* ˌnoʊvə ˈskoʊʃə/
Nunavut /ˈnʊnəvʊt/
Ontario /ɒnˈteəriəʊ; *AmE* ɑːnˈterioʊ/
Prince Edward Island /ˌprɪns ˈedwəd aɪlənd; *AmE* ˈedwərd/
Quebec /kwɪˈbek/
Saskatchewan /səˈskætʃəwən/
Yukon /ˈjuːkɒn; *AmE* ˈjuːkɑːn/

Städte in Kanada

Calgary /ˈkælgəri/
Chicoutimi-Jonquière /ʃɪˌkuːtəmi ʒɔ̃ˈkjeə(r); *AmE* ʒɔ̃ːˈkjer/
Edmonton /ˈedməntən/
Fredericton /ˈfredrɪktən/
Halifax /ˈhælɪfæks/
Hamilton /ˈhæmɪltən/
Iqaluit /ɪˈkæluːɪt/
London /ˈlʌndən/
Moncton /ˈmʌŋktən/
Montreal /ˌmɒntriˈɔːl; *AmE* ˌmɑːn-/
Niagara Falls /naɪˌægrə ˈfɔːlz/
Ottawa /ˈɒtəwə; *AmE* ˈɑːt-/
Quebec City /kwɪˌbek ˈsɪti/
Regina /rɪˈdʒaɪnə/
Saint John /ˌseɪnt ˈdʒɒn; *AmE* ˈdʒɑːn/
Saskatoon /ˌsæskəˈtuːn/
Sault Sainte Marie /ˌsuː seɪnt məˈriː/
St John's /ˌsnt ˈdʒɒnz; *AmE* ˌseɪnt ˈdʒɑːnz/
Sudbury /ˈsʌdbəri; *AmE* -beri/
Sydney /ˈsɪdni/
Thunder Bay /ˌθʌndə ˈbeɪ; *AmE* -dər/
Toronto /təˈrɒntəʊ; *AmE* təˈrɑːntoʊ/
Vancouver /vænˈkuːvə(r)/
Victoria /vɪkˈtɔːriə/
Whitehorse /ˈwaɪthɔːs; *AmE* -hɔːrs/
Windsor /ˈwɪnzə(r)/
Winnipeg /ˈwɪnɪpeg/
Yellowknife /ˈjeləʊnaɪf; *AmE* -loʊ-/

Australien und Neuseeland

Staaten Australiens

Australian Capital Territory (ACT) /ɒˌstreɪliən kæpɪtl ˈterətri; *AmE* ɔːˌstreɪliən, ˈterətɔːri/
New South Wales /ˌnjuː saʊθ ˈweɪlz; *AmE* ˌnuː/
Northern Territory /ˌnɔːðən ˈterətri; *AmE* ˌnɔːrðərn ˈterətɔːri/
Queensland /ˈkwiːnzlənd/
South Australia /ˌsaʊθ ɒˈstreɪliə; *AmE* ɔːˈs-/
Tasmania /tæzˈmeɪniə/
Victoria /vɪkˈtɔːriə/
Western Australia /ˌwestən ɒˈstreɪliə; *AmE* ˌwestərn ɔːˈstreɪliə/

Städte in Australien und Neuseeland

Adelaide /ˈædəleɪd/
Auckland /ˈɔːklənd/
Brisbane /ˈbrɪzbən/
Canberra /ˈkænbərə; *AmE* -berə/
Christchurch /ˈkraɪstʃɜːtʃ; *AmE* -tʃɜːrtʃ/
Darwin /ˈdɑːwɪn; *AmE* ˈdɑːrwɪn/
Dunedin /dʌˈniːdɪn/
Geelong /dʒɪˈlɒŋ; *AmE* dʒəˈlɔːŋ/
Hamilton /ˈhæmɪltən/
Hobart /ˈhəʊbɑːt; *AmE* ˈhoʊbɑːrt/
Melbourne /ˈmelbən; *AmE* -bərn/
Newcastle /ˈnjuːkɑːsl; *AmE* ˈnukæsl/
Perth /pɜːθ; *AmE* pɜːrθ/
Sydney /ˈsɪdni/
Townsville /ˈtaʊnsvɪl/
Wellington /ˈwelɪŋtən/

A a

A, a (*Buchstabe*) (MUS) A, a ◇ *„Austria" beginnt mit A.* 'Austria' begins with (an) A. ◇ *ein kleines a* a small a ◇ *ein großes A* a capital A ◇ *A-Dur* A major IDM **das A und O** the essential thing(s) **von A bis Z** from beginning to end **wer A sagt, muss auch B sagen** once you have started something, you should go through with it

à **1** at ◇ *fünf Stunden à 30 Franken* five hours at 30 francs ◇ *zwei Portionen à 100 g* two 100 g portions ◇ *drei Packungen à fünf Batterien* three packs of five batteries each **2** ~ **la** à la ◇ *à la carte essen* eat à la carte

Aal eel IDM **sich winden wie ein Aal** try to get out of sth

aalen **sich ~** stretch out; (*in der Sonne*) bask

aalglatt slippery (as an eel) (*abwert*)

Aas **1** (*Kadaver*) carrion **2** (*Schimpfwort*) sod (*Slang, abwert*), devil (*umgs*) IDM **kein Aas** no one

Aasgeier vulture (*auch fig*)

ab **1** *Präp* from ◇ *ab Mai/nächster Woche* from May/next week ◇ *ab jetzt/von jetzt ab* from now on ◇ *ab 300 Dollar* from $300 ◇ *Ab hier ist der Fluss tiefer.* From here onwards the river is deeper. ◇ *ab sofort* as of now ◇ *Kinder ab 12 Jahren* children of 12 years and over ◇ *Der Film ist ab 18.* The film is an 18. ◇ *ab Werk* ex works ◇ *Ab 200 Exemplaren gewähren wir 10 % Rabatt.* We offer a 10 % discount on 200 or more copies. **2** *Adv* (*weg, fort*) off ◇ *Ab ins Bett mit dir!* Off to bed with you! ◇ *Sie müssen rechts ab.* You need to turn right. **3** *Adv* (*Fahrplan*) ◇ *Bremen ab 13.10 Uhr* depart Bremen 13.10 **4** *Adv* (*Bühnenanweisung*) exit **5** *Adv* **~ sein** have come off ◇ *An meiner Jacke sind zwei Knöpfe ab.* Two buttons have come off my jacket. **6** *Adj* **~ sein** (*erschöpft*) be worn out IDM **ab und zu/an** from time to time → *Siehe auch* AUF

abändern alter

abarbeiten **1** (*Schulden*) work *sth* off; (*Strafe*) serve **2** (*Akten etc.*) get through *sth* **3 sich ~** work yourself into the ground

abartig **1** deviant; (*absurd*) perverse ◇ *abartiges Verhalten* deviant behaviour ◇ *Ist es nicht abartig, dass manche Leute Hunde besser behandeln als Kinder?* Isn't it perverse how some people treat dogs better than children? **2** (*unheimlich, sehr*) terrible (*Adv* terribly)

Abbau **1** (*Reduktion*) reduction ◇ *ein Abbau der wöchentlichen Arbeitszeit* a reduction in the working week ◇ *Der Abbau von Arbeitsplätzen geht weiter.* Job cuts continue. ◇ *etwas für den Abbau von Vorurteilen gegenüber Obdachlosen tun* help break down prejudice towards homeless people **2** (*das Demontieren*) dismantling **3** (*Bergbau*) mining; (*Kies, Sand*) extraction **4** (NATURW) breakdown

abbaubar degradable ◇ *biologisch abbaubar* biodegradable

abbauen **1** reduce, cut; (*Stress, Frust*) relieve; (*Vorurteile*) break *sth* down ◇ *Stellen abbauen* cut jobs ◇ *Ängste abbauen* relieve anxiety **2** (*demontieren*) dismantle **3** (*Bergbau*) mine; (*Kies, Sand*) extract **4** (NATURW) break *sth* down **5** (*nachlassen*) decline, go downhill (*umgs*)

abbeißen **1** bite *sth* off ◇ *ein Stück von der Wurst abbeißen* bite off a piece of sausage ◇ *Der Tiger biss dem Dompteur zwei Finger ab.* The tiger bit off two of the trainer's fingers. **2** (**von etw**) **~** have a bite (of sth) ◇ *Lässt du mich mal abbeißen?* Can I have a bite? IDM → ZUNGE

abbekommen **1 etw (von etw) ~** (*erhalten*) get some (of sth) ◇ *Hast du von der Pizza was abbekommen?* Did you get some of the pizza? ◇ *Wir bekommen hier von der Sonne fast nichts ab.* We hardly get any sun here. **2 etw (von etw) ~** (*entfernen*) get sth off (sth) ◇ *einen Fleck (von der Jacke) abbekommen* get a mark off (the jacket) IDM **etwas abbekommen** **1** be damaged; (*Mensch*) be hurt **2** ◇ *Die Stoßstange hat ganz schön was abbekommen.* The bumper was badly damaged. ◇ *Er hat ganz schön was abbekommen.* He was quite badly hurt. ◇ *Ich habe nur ein paar Kratzer abbekommen.* I only got a few scratches. → *Siehe auch* FETT

abberufen **1 jdn (von etw) ~** dismiss sb (from sth) **2** (*Botschafter*) recall

Abberufung dismissal; (*Botschafter*) recall

abbestellen cancel

abbezahlen (*Schulden, Darlehen, Raten*) pay *sth* off; (*Waren, Güter*) pay for *sth*

abbiegen **1** (*Richtung ändern*) turn off; **links/rechts ~** turn left/right ◇ *in die Mühlgasse abbiegen* turn off into Mühlgasse ◇ *Wir sind falsch abgebogen.* We've taken a wrong turning. **2** (*vermeiden*) head *sth* off ◇ *Sie bog alle unangenehmen Fragen geschickt ab.* She skilfully headed off any awkward questions.

Abbild **1** (*Spiegelbild*) reflection (*auch fig*) ◇ *ein getreues Abbild der Gesellschaft* a true reflection of society ◇ *Der Film ist nur ein schwaches Abbild des Romans.* The film is just a pale imitation of the book. ◇ *Sie ist das genaue Abbild von Ina.* She's the spitting image of Ina. **2** (*künstlerische Darstellung*) picture; (*Kopie*) copy

abbilden (*darstellen*) depict; (*zeigen*) show; (*wiedergeben*) reproduce ◇ *die gesellschaftliche Wirklichkeit abbilden* depict real life ◇ *ein Plakat, auf dem ein Panda abgebildet ist* a poster showing a panda

Abbildung **1** illustration; (*in wissenschaftlichen Texten*) figure (*Abk* fig.) ◇ *farbige Abbildungen* colour illustrations ◇ *s. Abb. 4* see fig. 4 **2** (*das Abbilden*) portrayal ◇ *die Abbildung der Realität* the portrayal of reality

abbinden **1** (*abschnüren*) put a tourniquet on *sth* ◇ *Der Sanitäter band ihr den Arm ab.* The first-aider put a tourniquet on her arm. ◇ *eine Ader abbinden* tie off an artery **2** (*abnehmen*) take *sth* off

Abbitte **(jdm) ~ leisten** make an apology (to sb)

abblasen call *sth* off

abblättern **(von etw) ~** peel off (sth)

abblenden dip your headlights, (*AmE*) dim your headlights

Abblendlicht dipped headlights [Pl], (*AmE*) dimmed headlights [Pl]

abblitzen **1** get nowhere ◇ *Damit ist er beim Chef ganz schön abgeblitzt.* He got absolutely nowhere with that with the boss. **2 jdn ~ lassen** give sb the brush-off

abblocken **1** (*verhindern*) block **2** (*mauern*) stonewall ◇ *Als ich ihn nach dem Geld fragte, blockte er ab.* When I asked him about the money, he stonewalled.

abbrechen **1** (*sich lösen*) break off; (*Bleistift, Nadel*) break ◇ *An der Kanne ist der Griff abgebrochen.* The handle has broken off the jug. **2** (*etw entfernen*) break *sth* off; (*Nagel, Zahn*) break ◇ *Jemand hat die Antenne an meinem Auto abgebrochen.* Somebody's broken the aerial off my car. ◇ *Ich habe mir einen Nagel abgebrochen.* I've broken a nail. **3** (*aufhören*) break off ◇ *Sie brach mitten im Satz ab.* She broke off mid-sentence. ◇ *Die Verbindung ist abgebrochen.* I've been cut off. ◇ *Meine Verbindung zu ihm ist völlig abgebrochen.* I've lost all contact with him. **4** (*beenden*) break *sth* off; (*Schwangerschaft*) terminate ◇ *Die Verhandlungen wurden nach drei Tagen abgebrochen.* The negotiations were broken off after three days. ◇ *Das Spiel musste abgebrochen werden.* The game had to be abandoned. ◇ *die Schule abbrechen* drop out of school **5** (COMP) cancel **6** (*Gebäude*) demolish; (*Gerüst, Zelt etc.*) take *sth* down IDM **sich (k)einen abbrechen** (not) bust a gut → *Siehe auch* BRÜCKE, ZELT *und* ZUNGE

abbremsen slow (*sth*) down

abbrennen burn; (*Gebäude*) burn (*sth*) down ◇ *Das Dorf wurde abgebrannt.* The village was burnt down. ◇ *Das Haus ist abgebrannt.* The house burned down. ◇ *ein Feld abbrennen* burn off the stubble in a field ◇ *ein Feuerwerk abbrennen* let off fireworks IDM **abgebrannt sein** be broke; be skint (*umgs*)

abbringen **jdn davon ~, etw zu tun** stop sb doing sth; **jdn von etw ~** talk sb out of sth ◇ *Niemand wird mich davon abbringen, zu tun, was ich für richtig halte.* Nobody will stop me doing what I believe is right. ◇ *Du solltest versuchen, ihn von diesem Plan abzubringen.* You should try to talk him out of this plan. ◇ *jdn vom Weg abbringen* lead sb astray

abbröckeln **1** **(von etw) ~** crumble away (from sth) ◇ *Der Putz bröckelt von der Decke ab.* The plaster is crumbling away from the ceiling. ◇ *Der Streik ist in den letzten Tagen abgebröckelt.* The strike has crumbled over the last few days. **2** (*Kurse, Werte*) fall

Abbruch (*oft mit einem Verb übersetzt*) **1** breaking off; (*Schwangerschaft*) termination ◇ *nach Abbruch der Gespräche* after talks were broken off ◇ *Der Kampf endete durch Abbruch in der zweiten Runde.* The fight was stopped in the second round. **2** (*das Zerstören*) demolition ◇ *Aus Sicherheitsgründen entschied man sich für einen Abbruch der Brücke.* They decided to demolish the bridge on safety grounds. IDM **einer Sache keinen Abbruch tun** not affect sth; (*schaden*) not harm sth

abbruchreif dilapidated

abbuchen **etw (von etw) ~** debit sth (from sth)

Abbuchung debit; (*Dauerauftrag*) standing order

abbürsten **1** (*reinigen*) brush ◇ *Schuppen von der Jacke abbürsten* brush dandruff off your jacket ◇ *(sich) die Schuhe abbürsten* brush your shoes **2** (*verwerfen*) dismiss *sth* out of hand

abbüßen **1** (*Strafe*) serve **2** (*Schuld*) atone for *sth*

Abc **1** alphabet **2** **das ~ von etw** the ABC of sth

abchecken check

ABC-Waffen nuclear, biological and chemical weapons [Pl]

abdanken (*König*) abdicate; (*Minister etc.*) resign

abdecken **1** (*zudecken*) cover **2** (*Bereich, Kosten, Schäden, Verlust*) cover; (*Bedarf, Bedürfnisse*) meet **3** **ein Haus ~; das Dach ~** tear the roof off a house **4** **den Tisch ~** clear the table

Abdeckung **1** (*Plane etc.*) cover **2** (*das Abdecken*) (*meist mit einem Verb übersetzt*) ◇ *die Abdeckung der Mülldeponie mit einer Schicht Erde* covering the landfill with a layer of earth ◇ *eine Beihilfe zur Abdeckung der Mietkosten* financial assistance to cover the rent ◇ *nach Abdeckung der Grundbedürfnisse* after basic needs have been met

abdichten seal; (*Fenster*) insulate; (*Leck*) stop; (*Riss, Loch*) fill

abdrängen **1** (*von der Straße*) force *sb/sth* off the road ◇ *Er wurde von einem überholenden Fahrzeug abgedrängt.* He was forced off the road by an overtaking vehicle. **2** (*fig*) drive *sb/sth* (away) ◇ *Die Hooligans wurden von der Polizei abgedrängt.* The hooligans were driven away by the police. ◇ *jdn/etw in die Illegalität abdrängen* drive sb/sth underground ◇ *jdn ins Exil abdrängen* force sb into exile

abdrehen **1** (*Wasser, Strom etc.*) turn *sth* off, cut *sth* off ◇ *Wir drehen das Wasser ab, wenn wir in Urlaub fahren.* We turn the water off when we go on holiday. ◇ *jdm den Strom abdrehen* cut sb's electricity off **2** (*Deckel, Knopf*) twist *sth* off **3** (*den Kurs ändern*) change course **4** (*durchdrehen*) go round the bend

abdriften drift off course; (*fig*) drift ◇ *Jugendliche, die in die Kriminalität abdriften* young people drifting into crime

Abdruck[1] (*Fuß- etc.*) print; (*in Gips, Wachs etc.*) cast

Abdruck[2] **1** (*das Drucken*) printing **2** (*Exemplar*) copy

abdrucken print

abdrücken **1** (*schießen*) fire **2** (*abklemmen*) constrict ◇ *eine Ader abdrücken* constrict an artery ◇ *He! Du drückst mir die Luft ab!* Hey, you're stopping me breathing! **3** (*umarmen*) hug **4** **sich/etw (von etw) ~** push yourself/sth off (from sth) ◇ *Sie drückte sich kräftig aus den Startblöcken ab.* She pushed herself strongly out of the starting blocks. ◇ *Er drückte das Boot vom Ufer ab.* He pushed the boat off from the bank. **5** **sich ~** (*eine Spur hinterlassen*) leave a print

Abend **1** evening ◇ *am Abend* in the evening ◇ *am Abend des 3. Juli* on the evening of 3 July ◇ *am frühen/späten Abend* in the early/late evening ◇ *heute Abend* this evening ◇ *gestern/morgen Abend* yesterday/tomorrow evening ◇ *den ganzen Abend lang* the whole evening ◇ *Guten Abend!* Good evening. ◇ *Einen angenehmen Abend!* Have a pleasant evening. ◇ *ein musikalischer Abend* a musical evening **2** **zu ~ essen** have your evening meal, have tea/dinner/supper ◇ *Wann esst ihr zu Abend?* When do you have your evening meal? **3** **der Heilige ~** Christmas Eve

Abendausgabe evening edition **Abendbrot** tea, supper ◇ *Abendbrot essen* have tea/supper **Abenddämmerung** dusk ◇ *in der Abenddämmerung* at dusk **Abendessen** evening meal, supper, dinner, tea ◇ *Was gibts zum Abendessen?* What's for dinner? ◇ *Sie sind gerade beim Abendessen.* They are just having their evening meal. **abendfüllend** ◇ *ein abendfüllender Film* a feature film ◇ *Das Schulorchester bot ein abendfüllendes Programm.* The school orchestra put on a full evening's programme. **Abendgymnasium** night school **Abendkasse** box office **Abendkleid** evening dress **Abendkurs** evening class **Abendland** West, Western world **abendländisch** Western **abendlich** evening ◇ *der abendliche Berufsverkehr* the evening rush hour ◇ *die abendliche Ruhe* the quiet of the evening ◇ *die abendliche Disko* the disco in the evening **Abendmahl** **1** (Holy) Communion ◇ *das Abendmahl empfangen* take Communion **2** **das letzte Abendmahl** the Last Supper **Abendprogramm** evening's entertainment; (*im Fernsehen*) evening schedule

abends in the evening ◇ *spät abends* late in the evening ◇ *9 Uhr abends* 9 o'clock in the evening ◇ *Er sitzt von morgens bis abends am Schreibtisch.* He sits at his desk from morning till night.

Abend- **Abendschule** night school **Abendzeitung** evening paper

Abenteuer **1** adventure ◇ *Sie liebt das Abenteuer.* She loves adventure. **2** (*Liebesaffäre*) affair, fling (*umgs*) **3** (*Unternehmen*) venture ◇ *ein militärisches/finanzielles Abenteuer* a military/financial venture

abenteuerlich **1** (*Reise etc.*) adventurous; (*Bedingungen*) dangerous ◇ *ihre abenteuerliche Flucht* their adventurous escape ◇ *auf abenteuerlichen Umwegen* by a tortuous route **2** (*Geschichte, Begründung*) absurd, incredible; (*weit hergeholt*) far-fetched ◇ *Dieser Vor-*

wurf ist wirklich abenteuerlich. This accusation is really absurd. **3** (*Politik, Experiment*) risky

abenteuer- **abenteuerlustig** adventurous **Abenteuerspielplatz** adventure playground

Abenteurer(in) adventurer

aber **1** but ◇ *arm, aber glücklich* poor but happy ◇ *Ich habe kein Radio, aber einen Fernseher.* I don't have a radio, but I do have a television. ◇ *Sie sind zwar nicht reich, aber auch nicht gerade arm.* They're not rich, but they're not exactly poor. **2** (*zur Verstärkung*) really ◇ *Das ist aber schön!* That's really nice! ◇ *Das habt ihr aber gut gemacht!* You've done really well! ◇ *Kommst du mit? Aber ja!* Are you coming? Yes, of course! ◇ *Jetzt aber los!* Let's get going! ◇ *Wie kann man aber auch nur so dumm sein?* How can anyone be so stupid? **3** ◇ *Aber, aber — wer wird denn gleich weinen!* There, there — don't cry! IDM → PLÖTZLICH, WENN *und* WIE

Aberglaube, **Aberglauben** superstition

abergläubisch superstitious

aberkennen **jdm etw ~** strip sb of sth ◇ *Ihr wurde die Medaille aberkannt.* She was stripped of her medal.

Aberkennung (*meist mit einem Verb übersetzt*) ◇ *Sie drohten ihr mit der Aberkennung der Staatsbürgerschaft.* They threatened to strip her of her citizenship.

abermalig further ◇ *eine abermalige Änderung des Gesetzes* a further change in the law

abermals (yet) again

abertausende thousands (upon thousands)

aberwitzig ridiculous; (*sinnlos*) senseless

abfahren **1** (*wegfahren*) leave, go, depart (*offiz*) ◇ *Wir fahren morgen ab.* We are leaving tomorrow. ◇ *Ist der Bus schon abgefahren?* Has the bus already gone? ◇ *Der Zug fährt um 18.30 Uhr ab.* The train will depart at 18.30. **2** **von etw ~** leave sth ◇ *Wir fuhren in Köln von der Autobahn ab.* We left the motorway in Cologne. **3** (*auf Skiern*) ski down **4** (*abnutzen*) wear *sth* down ◇ *abgefahrene Reifen* worn tyres **5** (*Strecke*) drive round *sth* ◇ *Wir sind alle Straßen abgefahren.* We drove round all the streets. ◇ *Der Bus fährt alle Hotels ab.* The bus stops at all the hotels. **6** (*Müll*) collect **7** **auf jdn/etw ~** be keen on sb/sth ◇ *Er ist voll auf Lisa abgefahren.* He's dead keen on Lisa. ◇ *Sie fährt voll auf Jazz ab.* She's heavily into jazz.

Abfahrt **1** (*von Zügen etc.*) departure **2** (*Autobahn-*) exit ◇ *die Abfahrt Oelde* the exit for Oelde **3** (*Ski-*) descent; (*Strecke*) run; (*Abfahrtslauf*) downhill ◇ *Die Abfahrt war gefährlich.* The descent was dangerous. ◇ *eine steile Abfahrt* a steep run ◇ *Sie belegte den dritten Platz in der Abfahrt.* She came third in the downhill.

Abfahrtslauf, **Abfahrtsrennen** downhill ◇ *der Abfahrtslauf der Männer* the men's downhill **Abfahrtszeit** departure time

Abfall **1** rubbish [U], waste [U], refuse [U] (*offiz*), (*AmE*) garbage [U]; (*auf der Straße*) litter [U] ◇ *den Abfall trennen* separate the rubbish ◇ *kompostierbare Abfälle* waste suitable for composting **2** (*Rückgang*) drop ◇ *ein Abfall des Drucks* a drop in the pressure **3** (*vom Glauben*) break ◇ *der Abfall vom Glauben* the break with the faith

Abfallbeseitigung waste disposal **Abfalleimer** bin, (*AmE*) trash can

abfallen **1** (*Hang*) fall away, slope ◇ *Der Weg fiel plötzlich ab.* The path fell away suddenly. **2** (*absinken*) fall ◇ *Der Kabinendruck ist leicht abgefallen.* The cabin pressure has fallen slightly. ◇ *Das Flugzeug war bis auf 1 200 Meter abgefallen.* The aircraft had fallen to 1 200 metres. ◇ *Die Kurve fällt steil ab.* The graph falls sharply. **3** (*schlechter werden*) fall behind; (*Leistung*) decline ◇ *Du bist gegenüber den anderen deutlich abgefallen.* You have fallen markedly behind the others. ◇ *Dortmund ist auf den dritten Platz abgefallen.* Dortmund has fallen back to third place. ◇ *Die Verkaufszahlen sind abgefallen.* Sales have declined. **4** **von etw ~** (*herunterfallen*) fall off sth ◇ *Der Putz fällt von den Wänden ab.* The plaster is falling off the walls. **5** **von etw ~** (*abtrünnig werden*) break with sth ◇ *von der Parteilinie abfallen* break with the party line ◇ *vom Glauben abfallen* lose your faith **6** (*übrig bleiben*) ◇ *Bei der Produktion von Gas fällt Teer ab.* Tar is a by-product of the production of gas. ◇ *Was in der Küche abfällt, kann oft kompostiert werden.* Kitchen waste can often be composted. **7** **etw fällt für jdn ab** sb gets sth ◇ *Wie viel fällt dabei für mich ab?* How much do I get?

Abfallentsorgung waste disposal

abfällig disparaging (*Adv* disparagingly) ◇ *sich abfällig über jdn/etw äußern* make disparaging remarks about sb/sth

Abfall- **Abfallprodukt** waste product; (*Nebenprodukt*) by-product **Abfalltonne** bin, dustbin, (*AmE*) garbage can, (*AmE*) trash can **Abfallverbrennung** waste incineration **Abfallvermeidung** waste reduction **Abfallverwertung** recycling of waste **Abfallwirtschaft** waste management

abfälschen deflect

abfangen **1** (*Person, Brief, Flugzeug, Ball*) intercept **2** (*abpassen*) catch ◇ *Ich wollte dich abfangen, bevor du mit ihr sprichst.* I wanted to catch you before you speak to her. **3** (*unter Kontrolle bringen*) bring *sth* under control ◇ *Sie konnte das Motorrad gerade noch abfangen.* She was just able to bring the motorbike back under control. ◇ *den Aufprall abfangen* cushion the blow

Abfangjäger (MIL) interceptor

abfärben **1** run ◇ *Dunkle Sachen können abfärben.* The colour in dark clothes can run. **2** **auf jdn/etw ~** rub off on sb/sth ◇ *Seine Einstellung färbte auf die Kinder ab.* His attitude rubbed off on the children.

abfassen write; (*Entwurf*) draft; (*Vertrag, Testament, Gesetz*) draw *sth* up

abfertigen **1** (*Fluggast*) check *sb* in; (*Paket, Waren*) prepare *sth* for dispatch; (*Lkw*) load; (*Flugzeug, Schiff*) make *sth* ready for departure **2** (*schroff behandeln*) be short with *sb* ◇ *Auf Ämtern wird man oft sehr unfreundlich abgefertigt.* Officials can be very short with you. ◇ *einen Vertreter kurz abfertigen* give a sales rep short shrift **3** **jdn mit etw ~** (*abspeisen*) fob sb off with sth **4** (SPORT) (*deutlich besiegen*) thrash ◇ *Sie wurden mit 5:1 abgefertigt.* They were thrashed 5-1.

Abfertigung **1** (*meist mit einem Verb übersetzt*) ◇ *An der Grenze ging die Abfertigung der Reisenden zügig voran.* The passengers were dealt with quickly at the border. ◇ *Die Abfertigung der Maschine dauerte eine Stunde.* It took about an hour to prepare the plane for take-off. **2** (*am Zoll*) clearance **3** (*Behandlung*) treatment

Abfertigungsschalter check-in desk

abfeuern **etw (auf jdn/etw) ~** fire sth (at sb/sth)

abfinden **1** (*entschädigen*) **jdn (mit etw) ~** pay sb (sth in) compensation ◇ *jdn mit 1 000 Dollar abfinden* pay sb 1 000 dollars in compensation ◇ *Sie bekam das Haus, während er abgefunden wurde.* She got the house while he received money in lieu. **2** **sich mit etw/jdm ~** put up with sb/sth; **sich damit ~, dass …** come to terms with the fact that … ◇ *Wir werden uns wohl damit abfinden müssen.* We will just have to put up with it. ◇ *sich mit einem Unentschieden abfinden* settle for a draw

Abfindung **1** (*das Rückzahlen*) (*meist mit einem Verb übersetzt*) ◇ *die Abfindung der Gläubiger* paying off the creditors **2** (*Entschädigung*) compensation [U]; (*bei Entlassung*) severance pay [U] ◇ *eine hohe Abfindung bekommen* receive generous compensation

abflachen **1** (*Küste etc.*) flatten out **2** (*Interesse*) wane; (*Diskussion, Unterhaltung*) go downhill ◇ *Das Niveau der Partie ist abgeflacht.* The game went downhill.

abflauen die down; (*Interesse, Begeisterung*) wane; (*Verkehr*) ease off ◇ *nach Abflauen der Kämpfe* after the fighting died down ◇ *Das Geschäft ist merklich abgeflaut.* There has been a noticeable drop in sales. ◇ *die abflauende Konjunktur* the declining economic situation

abfliegen **1** (*wegfliegen*) leave ◇ *Wann genau fliegst du ab?* When exactly does your flight leave? **2** (*überfliegen*) fly over *sth* ◇ *Hubschrauber flogen das Gebiet ab.* Helicopters flew over the area.

abfließen (*Wasser*) drain away; (*Geld, Verkehr*) flow

Abflug departure

abflugbereit ready for take-off **Abflughalle** departure lounge

Abfluss **1** (*von Wasser*) draining [U]; (*von Geld, Verkehr*) flow ◇ *der Abfluss von Kapital ins Ausland* the flow of capital out of the country **2** (*Abflussloch*) plughole, (*AmE*) drain ◇ *etw in den Abfluss gießen* pour sth down the plughole ◇ *Der Abfluss ist verstopft.* The waste pipe is blocked.

Abfolge sequence ◇ *die genaue Abfolge der Ereignisse* the exact sequence of events ◇ *in chronologischer Abfolge* in chronological order

abfragen **1** test; **jdn/jdm etw ~** test sb on sth ◇ *jdn das Einmaleins abfragen* test sb on their tables ◇ *Bist du in Geschichte abgefragt worden?* Did you have to answer questions in history? **2** (*Daten, Informationen etc.*) access; **etw nach etw ~** search sth for sth

abfrieren **1** (*Pflanze*) be killed by frost **2 sich etw ~** get frostbite in sth ◇ *Sie hat sich die Zehen abgefroren.* She got frostbite in her toes.

Abfuhr **1** (*Abtransport*) collection **2 jdm/etw eine ~ erteilen** rebuff sb/sth ◇ *Die Wähler haben den extremistischen Parteien eine eindeutige Abfuhr erteilt.* The voters delivered a clear rebuff to the extremist parties. **3 sich eine ~ holen** be told where to get off **4 sich eine ~ holen** (SPORT) be thrashed

abführen **1** (*verhaften*) take *sb* away ◇ *Abführen!* Take him/her away! **2 etw (an jdn) ~** pay sth (to sb) **3** (MED) have a laxative effect

Abführmittel laxative

abfüllen **1 etw in etw ~** put sth into sth ◇ *Wein in Flaschen abfüllen* bottle wine **2 etw (mit etw) ~** fill sth (with sth) **3** (*betrunken machen*) get *sb* drunk

Abgabe **1** (*Steuer*) charge ◇ *eine jährliche Abgabe entrichten* pay an annual charge **2** (*Verteilung*) distribution; (*Verkauf*) sale; (*Versorgung*) supply ◇ *Abgabe von Winterbekleidung an Bedürftige* distribution of winter clothing to the needy ◇ *Abgabe von Eiern nur im Dutzend* eggs sold only by the dozen ◇ *die ärztlich kontrollierte Abgabe von Heroin* supplying heroin under medical supervision **3** (*Test, Referat etc.*) handing in ◇ *Abgabe ist um 12.* The test must be handed in at twelve. ◇ *Gegen Abgabe dieses Coupons ...* On presentation of this voucher ... **4** (SPORT) pass **5** (*Erklärung etc.*) giving ◇ *Der Minister sah sich zur Abgabe einer Erklärung gezwungen.* The minister was obliged to give an explanation. **6** (*Energie, Schadstoffe*) release; (*Licht, Wärme*) giving off

Abgang departure; (*Schule, Uni*) leaving; (*Bühne*) exit ◇ *seit seinem Abgang von der Uni* since he left university ◇ *einen großen Abgang haben* make a grand exit IDM **den Abgang machen** kick the bucket (*Slang*)

Abgas exhaust fumes [Pl]

abgearbeitet **1** → ABARBEITEN **2** (*erschöpft*) worn out; (*Hände*) work-worn

abgeben **1 etw (bei jdm) ~** leave sth (with sb); (*Test, Bewerbung, Fundsache*) hand sth in (to sb) ◇ *die Hausaufgaben abgeben* hand in your homework ◇ *ein Geschenk persönlich abgeben* deliver a present in person ◇ *seinen Führerschein abgeben müssen* have to surrender your driving licence **2 jdm etw (von etw) ~** let sb have (some of) sth ◇ *Gib ihm einen Keks ab.* Let him have a biscuit. **3 etw (an jdn) ~** hand sth over (to sb) ◇ *Er gab den Vorsitz an einen Jüngeren ab.* He handed over the chairmanship to a younger man. **4 günstig/kostenlos abzugeben** going cheap/free **5** (*Punkte*) concede **6** (*Ball*) pass **7** (*Schuss*) fire **8** (*Angebot, Versprechen*) make; (*Erklärung, Stellungnahme*) give ◇ *seine Stimme (für jdn) abgeben* vote (for sb) **9** (*Licht, Wärme*) give *sth* off; (*Energie, Schadstoffe*) release **10** (*darstellen*) ◇ *Das Schloss gab einen prächtigen Hintergrund für die Zeremonie ab.* The castle provided a magnificent backdrop for the ceremony. ◇ *Sie würde eine großartige Lady Macbeth abgeben.* She would make a superb Lady Macbeth. **11 sich mit etw ~** concern yourself with sth **12 sich mit jdm ~** have sth to do with sb ◇ *Sie wird sich kaum mit einem Typen wie dir abgeben.* She won't want to have anything to do with someone like you. ◇ *sich mit Kriminellen abgeben* mix with criminals IDM → LÖFFEL

abgeblieben ◇ *Wo ist er bloß abgeblieben?* Where can he have got to? ◇ *Irgendwo muss die Tasche doch abgeblieben sein!* The bag must be somewhere.

abgebrüht hardened

abgedroschen worn out; (*Redensart*) hackneyed ◇ *eine abgedroschene Phrase* a cliché

abgehackt (*Sätze, Rhythmus*) staccato

abgehen **1 (von etw) ~** leave (sth) ◇ *Sie ging nach der zehnten Klasse (vom Gymnasium) ab.* She left (school) after year ten. ◇ *von der Universität abgehen* leave university ◇ *Das Schiff ging pünktlich ab.* The ship sailed on time. **2** (*Bühnenanweisung*) exit ◇ *nach links abgehen* exit left **3** (*Post etc.*) go ◇ *Ist der Kurier schon abgegangen?* Has the courier already gone? **4** (*abzweigen*) branch off ◇ *links abgehen* branch off to the left **5** (*sich lösen*) come off; (*Fleck etc.*) come out **6 (von etw) ~** (*abgezogen werden*) be taken off (sth), be deducted (from sth) (*offiz*) ◇ *Davon geht die Mehrwertsteuer ab.* VAT is deducted from that. **7 von etw ~** (*Prinzipien, Plan*) abandon sth; (*Forderung*) drop sth **8** (*vor sich gehen*) go on; (*in einer bestimmten Weise verlaufen*) pass off ◇ *Du hast ja keine Ahnung, was hier alles abgeht.* You have no idea what's going on here. ◇ *ohne Streit abgehen* pass off peacefully ◇ *ohne Probleme abgehen* go smoothly **9 gut/tierisch ~** ◇ *Das ging total gut ab gestern Abend.* Yesterday evening was really good. ◇ *Die Musik geht echt tierisch ab!* This music is fantastic! **10** (*abschreiten, prüfen*) go over *sth* ◇ *ein Gelände abgehen* go over an area ◇ *Die Gleise werden regelmäßig abgegangen.* The tracks are inspected regularly. **11 etw geht jdm ab** sb lacks sth ◇ *Ihm geht jeglicher Humor/jegliches Taktgefühl ab.* He lacks any sense of humour/tact. ◇ *Mir geht das Verständnis für sein Verhalten völlig ab.* I completely fail to understand his behaviour.

abgekartet **ein abgekartetes Spiel sein** be rigged

abgeklärt experienced; (*desillusioniert*) disillusioned

abgelegen remote; (*Haus, Hof*) isolated

abgemacht **1** → ABMACHEN **2** agreed ◇ *Es war abgemacht, dass wir uns um 5 Uhr treffen.* It was agreed that we would meet at 5 o'clock. ◇ *Das war nicht abgemacht!* That isn't what we agreed! **3 Abgemacht!** Done!

abgemagert **1** → ABMAGERN **2** emaciated ◇ *abgemagerte Kinder* emaciated children ◇ *Er ist bis auf die Knochen abgemagert.* He's just skin and bone.

abgeneigt **1 jdm/etw nicht ~ sein** have nothing against sb/sth ◇ *Ich bin dem Plan prinzipiell nicht abgeneigt.* I'm not against the plan in principle. **2 ich etc. wäre (einer Sache) nicht ~** I, etc. wouldn't mind (sth) ◇ *Einem Glas Sekt wäre ich nicht abgeneigt.* I wouldn't mind a glass of champagne.

Abgeordnete(r) member of parliament

abgepackt **1** → ABPACKEN **2** pre-packed ◇ *abgepackte Portionen* pre-packed portions ◇ *portionsweise abgepackt* packed in individual portions

abgeschlagen **1** → ABSCHLAGEN **2** (*mit großem Abstand zum Sieger*) way behind

abgeschlossen **1** → ABSCHLIESSEN **2** (*eine Einheit bildend*) self-contained

abgesehen **1** → ABSEHEN **2 es auf jdn/etw ~ haben** (*haben wollen*) be after sb/sth ◇ *Er hatte es nur auf ihr Geld abgesehen.* He was only after her money. ◇ *Sie hat es auf dich abgesehen.* She fancies you. **3 es auf jdn ~ haben** (*schikanieren*) have it in for sb (*umgs*) **4 ~ von jdm/etw** apart from sb/sth ◇ (*ganz*) *abgesehen davon, dass …* (quite) apart from the fact that … ◇ *von wenigen Ausnahmen abgesehen* with a few exceptions

abgestanden **1** → ABSTEHEN **2** (*Getränk*) flat; (*Geruch, Luft*) stale; (*Witz*) old

abgewinnen **1 einer Sache etw ~** (*Bodenschätze*) extract sth from sth **2 einer Sache etw ~** (*wertschätzen*) ◇ *Ich kann moderner Kunst einfach nichts abgewinnen.* Modern art just doesn't do anything for me. ◇ *Der Vorstellung, zwei Wochen im Wohnwagen zu verbringen, kann ich absolut keinen Reiz abgewinnen.* I can't see any attraction in spending two weeks in a caravan. ◇ *Versuch doch mal, der Sache was Positives abzugewinnen.* Try to see the positive side of it. ◇ *Ich kann dem Leben einfach keine Freude mehr abgewinnen.* I just don't enjoy life any more. **3 jdm etw ~** (*Lächeln*) get sth out of sb; (*Versprechen*) extract sth from sb **4 jdm nichts ~ können** ◇ *Ich kann ihm einfach nichts abgewinnen.* He just doesn't appeal to me.

abgewöhnen **1 sich etw ~** give sth up ◇ *sich das Rauchen abgewöhnen* give up smoking **2 jdm etw ~** cure sb of sth ◇ *jdm das Schnarchen abgewöhnen* cure sb of snoring

Abglanz reflection (*auch fig*) ◇ *Auf dem See schimmerte der Abglanz des Mondes.* The reflection of the moon shimmered on the lake. ◇ *ein schwacher Abglanz vergangener Herrlichkeit* a pale reflection of past glory

abgrenzen **1 etw (von etw) ~** separate sth (from sth); (*unterscheiden*) differentiate sth (from sth) ◇ *durch eine Hecke abgegrenzt* separated by a hedge ◇ *Naturalismus vom Realismus abgrenzen* differentiate between naturalism and realism ◇ *Man sollte den Radweg deutlicher (von der Fahrbahn) abgrenzen.* The cycle path ought to be more clearly marked off (from the road). **2 sich (von jdm/etw) ~** differentiate yourself (from sb/sth) ◇ *Die Partei will sich von Rechtsextremisten abgrenzen.* The party wants to differentiate itself from the extreme right.

Abgrenzung **1** (*das Abrenzen*) demarcation ◇ *die Abgrenzung des Gebietes* the demarcation of the area ◇ *Sie bemühen sich um eine klare Abgrenzung gegen Extremisten.* They are trying to distance themselves from extremists. **2** (*Barriere*) barrier

Abgrund abyss (*auch fig*) ◇ *ein tiefer Abgrund* a deep abyss ◇ *die Abgründe der menschlichen Seele* the dark depths of the human soul

abgrundtief utter [nur vor Nomen] (*Adv* utterly) ◇ *abgrundtiefer Hass* utter loathing ◇ *jdn abgrundtief verachten* utterly despise sb ◇ *abgrundtief verschieden* totally different

abgucken **1 (jdm) etw ~; (sich) etw (bei/von jdm) ~** learn sth (from sb) ◇ *Von ihm kannst du dir einiges abgucken.* You can learn quite a lot from him. **2 (bei jdm) ~** copy (from sb)

Abguss **1** (*für Wasser*) drain ◇ *etw in den Abguss gießen* pour sth down the drain **2** (*Nachbildung*) cast

abhaben **etw (von etw) ~** have some (of sth) ◇ *Kann ich was von deinem Kuchen abhaben?* Can I have a bit of your cake? ◇ *Jeder soll etwas von dem Gewinn abhaben.* Everyone should get a share of the profit. IDM → RAD

abhaken **1** (*Liste*) tick *sth* off, (*AmE*) check *sth* off ◇ *Namen auf einer Liste abhaken* tick off names on a list ◇ *ein schwieriges Thema schnell abhaken* deal with a difficult issue quickly **2** (*Niederlage, Streit etc.*) put *sth* behind you; (*vergessen*) forget

abhalten **1** (*veranstalten*) hold ◇ *Der Feier wird im Freien abgehalten.* The ceremony will be held outdoors. **2 jdn (von etw) ~** stop sb (doing sth) ◇ *Sie ließen sich durch den Regen nicht vom Feiern abhalten.* The rain didn't stop them enjoying the party. ◇ *Konntest du sie nicht davon abhalten?* Couldn't you stop her? ◇ *Sie ließ sich nicht davon abhalten, mitzukommen.* She insisted on coming with us. ◇ *Halt sie nicht ständig von der Arbeit ab!* Don't keep interrupting her while she's working. **3** (*fernhalten*) keep *sth* away

abhandenkommen get lost ◇ *Es ist beim Umzug abhandengekommen.* It got lost in the move. ◇ *Mir ist der Pass abhandengekommen.* I've lost my passport.

Abhandlung work, treatise (*gehoben*)

Abhang (steep) slope

abhängen **1 von etw ~** depend on sth ◇ *Von dieser Entscheidung hängt sehr viel ab.* A lot depends on this decision. ◇ *Das hängt ganz davon ab, ob …* It all depends on whether … **2 von jdm ~** be dependent on sb ◇ *Sie hängen finanziell von ihm ab.* They're financially dependent on him. **3 etw (von etw) ~** (*herunternehmen*) take sth down (from sth) ◇ *ein Poster abhängen* take down a poster **4 etw (von etw) ~** (*abkuppeln*) uncouple sth (from sth) **5 jdn ~** (*Wettbewerb*) leave sb trailing; (*Verfolger*) shake sb off **6** (*faulenzen*) lounge around **7** (*Fleisch*) hang

abhängig **1 von jdm/etw ~** (*finanziell, psychisch etc.*) dependent on sb/sth ◇ *Sie sind völlig voneinander abhängig.* They are totally dependent on each other. **2 von jdm/etw ~ sein** (*konditional*) depend on sb/sth; **etw von etw ~ machen** make sth conditional on sth ◇ *Das ist von den Umständen abhängig.* It depends on the circumstances. ◇ *Sie machte ihre Zustimmung von zwei Bedingungen abhängig.* She consented, on two conditions. **3 (von etw) ~** (*Drogen etc.*) addicted (to sth) [nicht vor Nomen] ◇ *Er ist seit zwei Jahren abhängig.* He's been addicted for two years. ◇ *ein ehemaliger Abhängiger* a former drug addict **4** (LING) subordinate

Abhängigkeit dependence; (*Drogen-*) addiction ◇ *die gegenseitige Abhängigkeit von Ökologie und Ökonomie* the interdependence of ecology and the economy

abhärten **sich ~** toughen yourself up; **sich gegen etw ~** build up your resistance to sth ◇ *gegen Infektionen abgehärtet sein* be resistant to infection IDM **das härtet ab** it toughens you up

abhauen leave; (*weglaufen*) run away ◇ *Sein Vater ist abgehauen, als er zwei war.* His father left when he was two. ◇ *Sie ist von zu Hause abgehauen.* She's run away from home. ◇ *Hau bloß ab!* Get lost!

abheben **1** take *sth* off; (*Telefonhörer*) lift ◇ *Er hob den Deckel vorsichtig ab.* He carefully took the lid off. ◇ *Ich habe angerufen, aber es hat keiner abgehoben.* I rang, but no one answered. **2** (*Geld*) withdraw **3** (*Flugzeug, Hubschrauber*) take off; (*Rakete*) lift off

4 (*Spielkarten*) cut **5 sich (von jdm/etw) ~** (*anders sein*) stand out from sb/sth; **sich (von etw) ~** (*farblich*) stand out against sth **6** (*fig*) (*den Boden verlieren*) ◇ *Ich hoffe nur, dass sie nicht völlig abhebt, wenn sie befördert wird.* I only hope that it doesn't go to her head if she's promoted.

Abhilfe ◇ *Abhilfe fordern* demand action ◇ *Die neue Straße soll Abhilfe gegen die Staus schaffen.* The new road is designed to put an end to the traffic jams.

abholen collect, pick *sb/sth* up ◇ *ein Paket auf der Post abholen* collect a parcel from the post office

abholzen (*Bäume*) cut *sth* down; (*Wälder*) clear

Abholzung deforestation; (*Regenwälder*) destruction

abhören 1 listen to *sth* ◇ *den Patienten abhören* listen to the patient's chest ◇ *den Anrufbeantworter abhören* check the answering machine **2** (*Telefon*) tap; (*Wohnung*) bug **3** (*prüfen*) test ◇ *Soll ich dich abhören?* Shall I test you? ◇ *jdn Vokabeln abhören* test sb on vocabulary

Abitur Abitur ◇ *Abitur machen* do the Abitur ◇ *ein hervorragendes Abitur machen* get outstanding marks in the Abitur ◇ *durchs Abitur fallen* fail the Abitur

Abiturient(in) (*vor dem Abitur*) ≈A level student/student taking Highers, (*AmE*) ≈student taking the high-school diploma; (*mit Abitur*) ≈student who has taken A levels/the high-school diploma

abkaufen 1 jdm etw ~ (*erwerben*) buy sth from sb **2 jdm etw ~** (*glauben*) buy sth (*umgs*) ◇ *Die Geschichte kauft dir niemand ab.* Nobody will buy that story. **IDM** → SCHNEID

Abkehr ~ von etw/jdm rejection of sth/sb ◇ *die Abkehr vom Materialismus* the rejection of materialism ◇ *Wir verlangen eine Abkehr von der Sparpolitik.* We demand the abandonment of the cost-cutting policies.

abklingen 1 (*Lärm, Sturm*) die down **2** (*Begeisterung*) wane **3** ◇ *Das Fieber klingt ab.* The temperature is down. ◇ *Ihre Erkältung ist abgeklungen.* Her cold is better.

abklopfen 1 etw (von etw) ~ (*Staub etc.*) brush sth off (sth) ◇ *den Dreck von den Schuhen abklopfen* brush the mud off your shoes **2** (*Kleider, Schuhe*) ◇ *den Mantel abklopfen* brush the dirt off your coat ◇ *sich die Schuhe abklopfen* remove the dirt from your shoes **3 jdn/etw (auf etw) ~** examine sb/sth (for sth) ◇ *einen Plan auf Schwachstellen abklopfen* examine a plan for possible problems

abknallen gun *sb* down

abknöpfen jdm etw ~ take sth off sb

abkommandieren 1 (*entsenden*) post; **jdn zu etw ~** send sb on sth ◇ *Er wurde nach Genf abkommandiert.* He was posted to Geneva. ◇ *Sie wurden zu einem UN-Einsatz abkommandiert.* They were sent on a UN mission. **2** (*einteilen*) ◇ *jdn zum Wachdienst abkommandieren* put sb on guard duty

abkommen von etw ~ 1 go off sth, get off sth ◇ *vom Kurs abkommen* go off course ◇ *vom Thema abkommen* get off the subject ◇ *vom rechten Weg abkommen* stray from the path **2** (*Plan*) abandon sth

Abkommen agreement; (*Vertrag*) treaty ◇ *ein Abkommen schließen* conclude an agreement

Abkömmling descendant

abkoppeln 1 sich/etw (von jdm/etw) ~ cut yourself/sth off (from sb/sth) **2** (*Anhänger etc.*) uncouple

Abkoppelung, Abkopplung separation

abkratzen 1 etw (von etw) ~ (*mit den Fingern*) scratch sth (off sth); (*mit einem Werkzeug*) scrape sth (off sth) **2** (*sterben*) kick the bucket (*umgs*)

abkühlen 1 sich ~ cool down; (*Mensch*) cool off; (*Speise, Beziehung*) cool; (*Begeisterung*) wane ◇ *Sie haben sich am Brunnen abgekühlt.* They cooled off at the fountain. ◇ *Es hat sich abgekühlt.* It's got cooler. **2 etw ~ lassen** let sth cool

Abkühlung ◇ *Am Wochenende wird es etwas Abkühlung geben.* It will be cooler at the weekend.

abkürzen 1 (*kürzer machen*) shorten ◇ *ein Verfahren abkürzen* shorten a process ◇ *Lässt sich der Weg nicht abkürzen?* Isn't there a shorter way? **2** (*schriftlich*) abbreviate ◇ *„Aktiengesellschaft" kürzt man „AG" ab.* 'Aktiengesellschaft' is abbreviated to 'AG'. ◇ *Wie kürzt man eigentlich „Montag" ab?* What is the abbreviation for 'Monday'? ◇ *der Deutsche Pudel-Klub (abgekürzt DPK)* the German poodle club (DPK for short)

Abkürzung 1 (*kürzerer Weg*) short cut ◇ *eine Abkürzung nehmen* take a short cut **2** (*Beschleunigung*) ◇ *zur Abkürzung des Verfahrens* to speed up the process **3** (*Kurzform*) abbreviation

abladen 1 unload ◇ *den Lkw abladen* unload the truck ◇ *Güter vom Lkw abladen* unload goods from the truck ◇ *Sie können Ihren Müll nicht einfach hier abladen!* You can't just dump your rubbish here! ◇ *Schutt abladen verboten!* No tipping. **2 etw (auf jdn) ~** (*Schuld*) offload sth (on to sb); (*Verantwortung*) pass sth (on to sb) **3 etw (bei jdm) ~** (*Sorgen etc.*) unload sth (onto sb)

Ablage 1 (*Abstellgelegenheit*) somewhere to put sth **2** (*Aktenschrank*) filing cabinet, (*AmE*) file cabinet **3** (*das Ordnen von Akten*) filing ◇ *die Ablage machen* do the filing

Ablagerung 1 (*abgelagerter Stoff*) deposit **2** (*das Ablagern*) build-up ◇ *die Ablagerung von Kalk in Rohren* the build-up of limescale in pipes **3** (*das Deponieren*) disposal; (*illegal*) dumping

ablassen 1 (*Schwimmbad, Tank etc.*) empty **2 etw (aus etw) ~** let sth out (of sth) ◇ *die Luft aus den Reifen ablassen* let the air out of the tyres. ◇ *Öl (aus dem Motor) ablassen* drain oil (from the engine) **3 von etw ~** abandon sth **4 von jdm ~** leave sb alone **IDM** → DAMPF

Ablauf 1 (*eines Vertrags etc.*) expiry; (*eines Zeitraums*) end ◇ *nach Ablauf des Vertrags* on expiry of the contract ◇ *mit Ablauf des dritten Monats* at the end of the third month **2** (*Abfolge*) sequence of events ◇ *den Ablauf so genau wie möglich schildern* describe the exact sequence of events ◇ *Steht der zeitliche Ablauf der Prüfung schon fest?* Has the exam timetable been fixed? **3** (*Vorgehen*) (*meist mit einem Verb übersetzt*) ◇ *den ordnungsgemäßen Ablauf der Wahl überwachen* make sure that the election is run properly ◇ *einen reibungslosen Ablauf gewährleisten* ensure that things run smoothly

ablaufen 1 (*Pass, Amtszeit etc.*) expire, run out ◇ *Mein Pass ist abgelaufen.* My passport has expired. ◇ *Ihre Amtszeit läuft dieses Jahr ab.* Her period of office runs out this year. ◇ *Die Bewerbungsfrist ist bereits abgelaufen.* The deadline for applications has passed. ◇ *im abgelaufenen Jahr* in the year that has just ended **2** (*vor sich gehen*) go on ◇ *Was läuft hier eigentlich ab?* What's going on here then? ◇ *ohne Zwischenfälle ablaufen* pass off without incident ◇ *Wie sind die Feierlichkeiten damals abgelaufen?* What form did the celebrations take in those days? ◇ *Die Sache ist glimpflich abgelaufen.* It was a narrow escape. **3** (*Flüssigkeit*) drain away, run away ◇ *Das Wasser läuft nicht richtig ab.* The water doesn't run away properly. **4 etw ~** (*Schuhe*) wear sth out; (*Absätze*) wear sth down **IDM** → RANG *und* UHR

ablecken 1 (*Teller, Messer etc.*) lick *sth* (clean) ◇ *sich die Finger ablecken* lick your fingers **2 etw (von etw) ~** (*Reste etc.*) lick sth (off sth); (*Blut*) suck sth (from sth)

ablegen **1** (*Schiff*) cast off **2** (*Prüfung*) take; (*mit Erfolg*) pass **3** (*Namen, Staatsbürgerschaft etc.*) give *sth* up; (*Angewohnheit*) stop doing *sth* **4** (*Eid*) take; (*Gelübde, Geständnis*) make ◇ *die Beichte ablegen* go to confession ◇ *Rechenschaft ablegen* be held to account **5** (*Hut, Mantel*) take *sth* off ◇ *Möchten Sie nicht ablegen?* Wouldn't you like to take your coat off? **6** (*abheften*) file *sth* (away) ◇ *Bewerbungen in einer Mappe ablegen* file applications in a folder

Ableger **1** (*Pflanze*) cutting **2** (*Firma*) subsidiary

ablehnen **1** (*zurückweisen*) refuse, turn *sth* down; (*Vorschlag*) reject ◇ *einen Antrag ablehnen* refuse an application ◇ *eine Einladung ablehnen* decline an invitation **2** (*sich weigern*) refuse ◇ *Ich lehne es ab, mit ihm an einem Tisch zu sitzen.* I refuse to sit at the same table as him. ◇ *Sie lehnt jede Stellungnahme ab.* She won't express an opinion. **3** (*missbilligen*) reject

Ablehnung (*Zurückweisung*) rejection; (*Missbilligung*) opposition; (*Weigerung*) refusal ◇ *Der Vorschlag stieß auf breite Ablehnung.* The proposal met with widespread opposition.

ableisten do ◇ *seinen Wehrdienst ableisten* do (your) military service

ableiten **1** (*herleiten*) deduce ◇ *Aus diesen Tatsachen kann man nur den Schluss ableiten, dass ...* From these facts we have to deduce that ... **2** (*Wort, Formel*) derive **3 sich aus etw ~** derive from sth **4** (*Gase, Schadstoffe*) release

ablenken **1** (*Thema wechseln*) change the subject; **von etw ~** divert attention from sth ◇ *Lenk jetzt nicht (vom Thema) ab!* Don't try to change the subject! ◇ *Sie will nur davon ablenken, dass ...* She just wants to divert attention from the fact that ... **2 jdn (von etw) ~** (*stören*) distract sb (from sth) ◇ *Er hat mich abgelenkt.* He distracted me. **3 jdn von etw ~** take sb's mind off sth ◇ *Das würde dich von deinen Problemen ablenken.* It would take your mind off your problems. **4** (*Lichtstrahl, Kugel*) deflect

Ablenkung **1** (*Unterhaltung*) diversion ◇ *etwas Ablenkung brauchen* be in need of diversion ◇ *Für Ablenkung ist gesorgt.* There are lots of things to do. ◇ *eine angenehme Ablenkung vom Alltag* a pleasant change **2** (*Störung*) distraction **3** (*Irreführung*) (*meist mit einem Verb übersetzt*) ◇ *Das dient der Ablenkung von der eigenen Schwäche.* It is designed to divert attention from their own shortcomings.

Ablenkungsmanöver diversionary tactic, red herring

ablesen **1** (*Messinstrumente, Rede*) read ◇ *den Zähler ablesen* read the meter ◇ *die Temperatur ablesen* take a thermometer reading **2** (*erkennen*) tell ◇ *Man kann seinem Gesicht ablesen, wie traurig er ist.* You can tell from his face how sad he is. ◇ *Eine eindeutige Tendenz lässt sich nicht ablesen.* The readings show no clear trend.

abliefern **1** (*bringen*) take, deliver; (*abgeben*) hand *sth* in; (*weggeben*) hand *sth* over ◇ *Er muss die Hälfte seines Einkommens an seine Exfrau abliefern.* He has to hand over half his income to his ex-wife. **2** (*vorlegen*) give ◇ *eine hervorragende Leistung abliefern* give an excellent performance

ablösen **1** (*ersetzen*) replace ◇ *Er wird demnächst abgelöst.* He is being replaced. ◇ *Sie wird den Filialleiter ablösen.* She will take over as branch manager. **2 jdn/sich (bei etw) ~** ◇ *die Wache ablösen* relieve the sentry ◇ *Wir haben uns beim Fahren abgelöst.* We shared the driving. **3 etw (von etw) ~** remove sth (from sth) ◇ *den Schmutz von der Wand ablösen* remove the dirt from the wall ◇ *Tapete ablösen* strip wallpaper **4 sich (von etw) ~** come off (sth) ◇ *Ein Ziegel hat sich abgelöst.* A tile has come off the roof.

Ablösesumme transfer fee

Ablösung **1** (*Entlassung, Wechsel*) replacement [mit Verb im Sing/Pl] ◇ *die Ablösung fossiler Brennstoffe durch erneuerbare Energien* the replacement of fossil fuel by renewable energy sources **2** (*Schicht, Wache*) relief, next shift **3** (*Abtrennung*) removal; (*Netzhaut, Plazenta etc.*) detachment

ABM job creation scheme

abmachen **1** (*herunternehmen*) take *sth* down; (*entfernen*) take *sth* off **2** (*vereinbaren*) agree ◇ *Wir haben abgemacht, dass ...* We have agreed that ... ◇ *Das musst du mit ihr abmachen.* You will have to sort it out with her. ◇ *Abgemacht!* Done! ◇ *Das war aber so nicht abgemacht!* But that's not what we agreed! ◇ *Das ist abgemachte Sache.* It's a firm arrangement.

Abmachung agreement ◇ *eine Abmachung treffen* come to an agreement

abmagern become emaciated ◇ *abgemagerte Kinder* emaciated children ◇ *Er ist auf 45 Kilo abgemagert.* His weight went down to 45 kilos.

abmelden **1 sich/jdn (bei jdm/etw) ~** ◇ *sich bei der Chefin abmelden* tell the boss that you are leaving ◇ *sich bei der Stadt abmelden* register your change of address when you leave **2** ◇ *das Telefon abmelden* have your phone disconnected ◇ *das Auto abmelden* take your car off the road

Abmeldung cancellation → *Siehe auch* ABMELDEN

abmessen **1** (*bestimmen*) measure *sth* (out) **2** (*abteilen*) measure *sth* off

Abmessung (*Maße*) measurements [Pl] ◇ *die genauen Abmessungen der Kiste* the exact measurements of the box

abmildern (*Belastung, Gerichtsurteil*) reduce; (*Kritik, Haltung*) moderate; (*Auswirkung*) mitigate ◇ *Das Gesetz wurde etwas abgemildert.* The law was made less harsh.

ABM-Kraft = person working on a government job creation scheme ◇ *eine ABM-Kraft einstellen* give sb a placement

abmontieren (*Gerüst, Antenne*) take *sth* down; (*Räder etc.*) take *sth* off

ABM-Stelle placement

abmühen **sich ~** struggle

abnabeln ◇ *sich von den Eltern abnabeln* cut the umbilical cord

Abnahme **1** (*Rückgang*) decrease **2** (*einer Prüfung etc.*) (*meist mit einem Verb übersetzt*) ◇ *Die Abnahme der Prüfung erfolgt einmal im Jahr.* The examination is held once a year. ◇ *die Abnahme einer Kontrolle* carrying out a check **3** (*von Gebäuden, Autos, Truppen*) inspection **4** (*von einem Bein etc.*) amputation **5** (*Kauf*) purchase

abnehmen **1** (*entfernen*) take *sth* off ◇ *die Brille abnehmen* take off your glasses ◇ *den Telefonhörer abnehmen* pick up the receiver ◇ *Keiner hat abgenommen.* Nobody answered. **2** (*Gewicht verlieren*) lose (weight) ◇ *Sie hat zehn Kilo abgenommen.* She's lost ten kilos. ◇ *Du hast ganz schön abgenommen.* You've lost a lot of weight. **3** (*weniger werden*) decline; (*schwächer werden*) deteriorate; (*Mond*) wane ◇ *Die Nachfrage hat deutlich abgenommen.* There has been a marked decline in demand. ◇ *Die Zahl der Raucher nimmt ab.* The number of people who smoke is going down. **4** (*amputieren*) amputate ◇ *Sie mussten ihm das Bein abnehmen.* They had to amputate his leg. **5 jdm etw ~** (*wegnehmen*) take sth (away) from sb ◇ *Sie nahmen ihm die Brieftasche ab.* They took his wallet. ◇ *Kann ich Ihnen etwas abnehmen?* Can I take something for you? ◇ *jdm die Entscheidung abnehmen* make the decision for sb **6 jdm etw ~** (*glauben*) buy sth ◇ *Das nehme ich dir nicht ab!* I don't buy that! **7 (jdm) etw ~** *(kaufen)* buy sth from sb **8** *(Prüfung)* hold

Abnehmer(in) buyer ◇ *einen Abnehmer für etw finden* find a buyer for sth ◇ *private Abnehmer* domestic consumers

Abneigung aversion ◇ *eine Abneigung gegen Spinnen* an aversion to spiders

abnorm abnormal *(Adv* abnormally)

abnutzen, abnützen 1 sich ~ wear out **2 etw ~** wear sth out ◇ *Das nutzt den Bezug ab.* It'll wear out the cover. ◇ *abgenutzte Möbel* shabby furniture ◇ *abgenutzte Phrasen* clichés

Abnutzung, Abnützung wear [U]

Abonnement subscription; *(für Konzerte etc.)* season ticket ◇ *ein Abonnement für eine Zeitschrift* a subscription to a journal ◇ *etw im Abonnement bekommen* buy sth by/on subscription

Abonnent(in) *(Zeitung etc.)* subscriber; *(Konzert etc.)* season-ticket holder

abonnieren etw ~ take out a subscription to sth

abordnen second ◇ *nach Kiel abgeordnet werden* be seconded to Kiel ◇ *Sie wurden zur Unterstützung der Polizei abgeordnet.* They were sent in to support the police.

Abordnung 1 *(bei einer Konferenz etc.)* delegation [mit Verb im Sing/Pl]; *(in der Schule, im Büro etc.)* deputation [mit Verb im Sing/Pl] **2** *(Versetzung)* secondment

abpacken pack ◇ *abgepacktes Obst* pre-packed fruit

abpassen 1 *(Person)* catch **2** *(Zeitpunkt)* wait for *sth* ◇ *einen günstigen Moment abpassen* wait for the right moment

abpfeifen ◇ *Der Schiedsrichter pfiff das Spiel ab.* The referee blew the final whistle.

Abpfiff final whistle

abprallen 1 (von/an etw) ~ bounce off (sth); *(Kugel)* ricochet (off sth) **2 an jdm ~** ◇ *Jede Kritik prallt wirkungslos an ihm ab.* Criticism is like water off a duck's back to him.

abpumpen pump *sth* out

abquälen 1 sich (mit jdm/etw) ~ struggle (with sb/sth) **2 sich etw ~** force yourself to do sth ◇ *Sie quälte sich ein Lächeln ab.* She forced herself to smile.

abqualifizieren jdn/etw (als etw) ~ dismiss sb/sth (as sth)

abrackern sich ~ slave away ◇ *Er hat sich jahrelang für die Familie abgerackert.* He slaved away for years to support his family.

abrasieren shave *sth* off ◇ *Er hat sich den Bart abrasiert.* He shaved off his beard.

abraten (jdm) von etw ~ advise (sb) against sth ◇ *Von Reisen in das Gebiet wird dringend abgeraten.* People are strongly advised not to travel to the area. ◇ *Er hat mir vom Kauf abgeraten.* He advised me not to buy it.

abräumen *(Geschirr)* clear *sth* away; *(Tisch)* clear

abreagieren 1 sich ~ let off steam; **sich an jdm/etw ~** take it out on sb/sth **2 etw an jdm/etw ~** take sth out on sb/sth ◇ *Er reagiert seinen Frust immer an uns ab.* He always takes his frustration out on us.

abrechnen 1 (FINANZ) ◇ *Reisespesen über die Firma abrechnen* charge travel expenses to the firm ◇ *Telefongespräche im Sekundentakt abrechnen* charge for telephone calls by the second ◇ *die Kasse abrechnen* cash up ◇ *mit dem Fahrer abrechnen* pay the driver **2 (mit jdm/etw) ~** settle the score (with sb/sth) ◇ *Er wollte mit ihnen abrechnen.* He was going to settle the score with them. ◇ *Mit dem werd ich abrechnen!* I'll get even with him! **3** *(abziehen)* deduct ◇ *die Steuer abrechnen* deduct the tax

Abrechnung 1 *(Rechnung)* account ◇ *die Abrechnung der Heizkosten vorlegen* submit the account for heating **2 die ~ machen** *(die Bücher führen)* do the accounts; *(Kasse)* cash up **3** settling the score; *(Rache)* revenge ◇ *eine blutige Abrechnung* an act of bloody revenge ◇ *der Tag der Abrechnung* the day of reckoning **4** *(Abziehen) (oft mit einem Verb übersetzt)* ◇ *nach Abrechnung der Unkosten* after deducting expenses

abregen sich ~ calm down

Abreise departure

abreisen leave ◇ *aus München abreisen* leave Munich ◇ *nach Spanien abreisen* leave for Spain

abreißen 1 *(Gebäude)* demolish, pull *sth* down *(umgs)* **2** *(abtrennen)* tear *sth* off ◇ *ein Kalenderblatt abreißen* tear off a page from the calendar ◇ *ein Plakat abreißen* tear down a poster ◇ *einen Faden abreißen* break off a thread **3 nicht ~** *(aufhören)* ◇ *Die Welle der Politskandale reißt nicht ab.* There's no end to the political scandals. ◇ *nicht abreißende Besucherströme* never-ending streams of visitors

abriegeln seal *sth* off

abringen 1 jdm etw ~ extract sth from sb ◇ *Er hat ihr das Versprechen abgerungen.* He extracted the promise from her. **2 sich etw ~** ◇ *sich ein Lächeln abringen* force a smile ◇ *Du könntest dir ruhig mal ein bisschen Interesse abringen.* You could try to show a bit of interest.

Abriss 1 *(von Gebäuden)* demolition **2** *(von Abhandlungen)* outline **3** *(Eintrittskarte)* tear-off section

abrücken 1 etw (von etw) ~ move sth away (from sth) **2 von jdm/etw ~** move away from sb/sth ◇ *Er ist von seinen ursprünglichen Ansichten abgerückt.* He has moved away from his original ideas. **3** (MIL) move out

Abruf 1 (COMP) retrieval **2 auf ~** on standby; *(bei Bedarf)* on request ◇ *sich auf Abruf bereithalten* be on standby ◇ *Sperrmüll wird auf Abruf abgeholt.* Bulky refuse will be collected on request.

abrufbar accessible

abrufen call *sth* up ◇ *Informationen per Computer abrufen* call up information on screen ◇ *Aktienkurse im Internet abrufen* access share prices via the Internet ◇ *aktuelle Pollenwerte telefonisch abrufen* ring the pollen count information line

abrunden 1 *(vervollständigen)* ◇ *Passende Vorhänge runden das Bild ab.* Matching curtains complete the effect. ◇ *den Geschmack mit etwas Sahne abrunden* finish with a little cream **2 etw (auf etw) ~** round sth down (to sth) ◇ *4,4 auf 4 abrunden* round 4.4 down to 4 **3** *(Ecke, Kante)* round ◇ *abgerundete Kanten* rounded edges

abrupt abrupt *(Adv* abruptly), sudden *(Adv* suddenly) ◇ *Damit war seine Karriere abrupt beendet.* With that, his career came to an abrupt end. ◇ *abrupt bremsen* brake sharply ◇ *Er blieb abrupt stehen.* He stopped suddenly.

abrüsten disarm

Abrüstung disarmament

Abrüstungsvertrag disarmament treaty

absacken 1 *(Bauwerk)* subside; *(Flugzeug)* lose altitude; *(Kurs)* fall **2** *(Leistung)* go down *(umgs)* ◇ *Sie ist in Französisch auf 3 abgesackt.* She has gone down to a 3 in French.

Absage 1 *(Ablehnung)* rejection ◇ *mit einer Absage rechnen* expect a rejection ◇ *dem Extremismus eine klare Absage erteilen* firmly reject extremism ◇ *eine Absage bekommen* be turned down **2** *(Veranstaltung, Teilnahme)* cancellation

absagen 1 *(Hochzeit, Streik)* call *sth* off; *(Termin, Veranstaltung)* cancel ◇ *Sie hat ihre Teilnahme in letzter Minute abgesagt.* She cancelled at the last minute. **2 jdm ~** tell sb that you can't come; *(Bewerber)* reject sb ◇ *Sie musste Anja leider absagen.* She had to tell Anja she couldn't come. ◇ *Ich muss Ihnen leider absagen.* I'm afraid I won't be able to make it. ◇ *dem Friseur absagen* cancel an appointment at the hairdresser's

absägen saw sth off IDM → AST

Absatz **1** (*am Schuh*) heel ◇ *Schuhe mit hohen Absätzen* high-heeled shoes **2** (*Abschnitt*) paragraph **3** (WIRTSCH) sales [Pl] ◇ *den Absatz steigern* increase sales ◇ *reißenden Absatz finden* sell like hot cakes IDM **auf dem Absatz kehrtmachen** turn on your heel **Absatzgebiet** market (area) **Absatzkrise** slump **Absatzsteigerung** increase in sales

absaugen pump *sth* out

abschaffen **1** abolish, do away with *sth* (*umgs*) ◇ *den Militärdienst schrittweise abschaffen* abolish military service in stages **2** (*Gegenstand, Tier*) get rid of *sth*

Abschaffung abolition

abschalten **1** (*ausschalten*) switch *sth* off; (*stilllegen*) shut *sth* down **2** (*sich entspannen*) switch off

abschätzen assess; (*vorhersagen*) say ◇ *Die Folgen sind schwer abzuschätzen.* The consequences are difficult to assess. ◇ *Es ist schwer abzuschätzen, wie lange die Fahrt dauern wird.* It's difficult to say how long the journey will take.

abschätzig disparaging (*Adv* disparagingly)

Abschaum scum [U]

Abscheu revulsion ◇ *Abscheu gegen etw* revulsion at sth ◇ *eine Abscheu vor Spinnen* a horror of spiders

abscheulich appalling (*Adv* appallingly)

abschicken send *sth* off

Abschiebehaft = detention prior to deportation ◇ *sich in Abschiebehaft befinden* be detained awaiting deportation

abschieben **1** (*ausweisen*) deport **2 etw auf jdn ~** shift sth onto sb **3** (*versetzen*) shunt *sb* off **4** (*weggehen*) push off (*umgs*) ◇ *Hoffentlich schiebt er bald ab.* Let's hope he pushes off soon. ◇ *Schieb ab!* Clear off!

Abschiebung deportation

Abschied **1** (*Trennung*) parting ◇ *beim Abschied* on parting ◇ *Der Abschied fiel mir schwer.* I found parting (from him, them etc.) very hard. ◇ *jdm zum Abschied zuwinken* wave goodbye to sb ◇ *Abschied von alten Gewohnheiten nehmen* give up old habits ◇ *etw zum Abschied bekommen* receive sth as a farewell gift **2** (*Rücktritt*) resignation ◇ *seinen Abschied nehmen* resign ◇ *Er verkündete seinen Abschied aus der Politik.* He announced that he was leaving politics.

Abschiedsbrief farewell letter; (*Selbstmord*) suicide note ◇ *einen Abschiedsbrief hinterlassen* leave a suicide note **Abschiedsfeier** farewell party

abschießen **1** (*Granate, Rakete*) fire; (*Pfeil, Kugel*) shoot **2 jdn/etw ~** shoot sb/sth (down) ◇ *ein Flugzeug abschießen* shoot down a plane ◇ *Wilderer haben über 300 Elefanten abgeschossen.* Poachers have shot over 300 elephants. **3 jdn ~** (*entfernen*) get rid of sb ◇ *Sie versuchen, ihn abzuschießen.* They are trying to get rid of him. IDM → VOGEL

abschirmen **jdn/etw (von/gegen etw) ~** (*schützen*) shield sb/sth (from sth); (*bewachen*) guard sb/sth (from sth) ◇ *die Augen gegen die Sonne abschirmen* shield your eyes from the sun ◇ *einen Konvoi gegen Überfälle abschirmen* guard a convoy from attack

abschlachten slaughter

Abschlag **1** (*Preisnachlass*) reduction **2** (*Teilzahlung*) part payment; (*Vorauszahlung*) advance payment **3** (*Golf*) tee-off; (*Fußball*) kick-out; (*Hockey*) bully (off)

abschlagen **1 etw (von etw) ~** knock sth off (sth); (*Kopf, Hand etc.*) chop sth off (sth) **2** (*verweigern*) turn *sth* down, refuse; **jdm etw ~** refuse sb sth, deny sb sth ◇ *Seine Bitte wurde abgeschlagen.* His request was turned down. ◇ *Sie konnte ihnen nichts abschlagen.* She couldn't refuse them anything. **3** (*Fußball*) hit; (*Golf*) drive ◇ *Der Torwart schlug den Ball weit ab.* The goalkeeper hit the ball right out. → *Siehe auch* ABGESCHLAGEN

abschlägig ◇ *etw abschlägig bescheiden* reject sth

abschleifen **1** (*glätten*) smooth; (*Holz auch*) sand; (*Zähne*) smooth *sth* down **2** (*entfernen*) strip, smooth *sth* away; (*durch Verschleiß*) wear *sth* away ◇ *die Fenster abschleifen* strip the paint off the windows

Abschleppdienst **1** (*bei Pannen*) recovery service **2** (*für Falschparker*) towaway company, towaway contractor

abschleppen **1** (*Fahrzeug*) tow *sth* (away); (*Ertrinkende*) rescue ◇ *Falschparker werden abgeschleppt.* Unauthorized vehicles will be towed away. ◇ *jdn bis zur nächsten Werkstatt abschleppen* tow sb to the nearest garage **2** drag *sb* off ◇ *Er versuchte, sie nach der Disko abzuschleppen.* After the disco he tried to drag her off. **3** (*etw mitnehmen*) walk off with *sth* **4 sich (mit etw) ~** struggle (with sth) ◇ *sich mit schweren Taschen abschleppen* struggle with heavy bags

Abschlepp- **Abschleppseil** tow rope **Abschleppwagen** breakdown lorry, (*AmE*) tow truck

abschließen **1** lock up ◇ *Vergiss nicht abzuschließen!* Don't forget to lock up! **2 etw ~** (*Wohnung, Raum, Schrank*) lock sth (up); (*Tür*) lock sth ◇ *die Haustür abschließen* lock the front door **3** (*Ausbildung, Untersuchung, Prozess*) complete; (*Gespräch*) finish ◇ *ohne abgeschlossene Berufsausbildung* without vocational qualifications ◇ *Das Thema ist für mich abgeschlossen.* The subject is closed as far as I'm concerned. **4** (*den Abschluss bilden*) end, close ◇ *Das Training schließt mit einer Entspannungsübung ab.* The training session ends with a relaxation exercise. **5** (*Geschäfte*) do ◇ *Geschäfte mit China abschließen* do business with China **6** (*Versicherung*) take *sth* out; (*Abkommen, Bündnis, Vertrag*) conclude; (*Wette*) place **7** (*versiegeln*) seal ◇ *ein hermetisch abgeschlossener Raum* a hermetically sealed room **8 jdn/etw von etw ~** cut sb/sth off from sth ◇ *von der Außenwelt abgeschlossen* cut off from the outside world **9 mit jdm/etw ~** finish with sb/sth ◇ *mit der Welt/mit dem Leben abschließen* finish with the world/with life IDM → KAPITEL

abschließend **1** *Adv* in conclusion ◇ *Er fasste abschließend die wichtigsten Punkte zusammen.* In conclusion, he summarized the most important points. **2** *Adj* final ◇ *der abschließende 1 500-Meter-Lauf* the final 1 500 metre race

Abschluss **1** (*Prüfung*) qualification ◇ *Sie verließ die Schule ohne Abschluss.* She left school without any qualifications. ◇ *Er macht im Sommer seinen Abschluss als Elektriker.* He's doing his final exams to be an electrician in the summer. ◇ *einen guten/schlechten Abschluss haben* get good/bad results in your exams **2** (*Ende*) end, conclusion (*gehoben*); (*das Beenden*) completion ◇ *Zum Abschluss sang der Chor noch ein Lied.* At the end, the choir sang another song. ◇ *Die Diskussion näherte sich dem Abschluss.* The discussion was coming to an end. ◇ *etw zum Abschluss bringen* bring sth to an end ◇ *nach Abschluss der Bauarbeiten* after the completion of the building work ◇ *Man hofft auf einen erfolgreichen Abschluss des Gipfeltreffens.* There are hopes for a successful conclusion to the summit. ◇ *nach Abschluss ihres Studiums* when she finished university ◇ *Wir sollten langsam zum Abschluss kommen.* We should be finishing soon. ◇ *Als krönenden Abschluss gab es ein Feuerwerk.* The grand finale of the evening was a firework display. **3** (*das Abschließen: von einem Vertrag, Bündnis, Abkommen*) conclusion; (*von einer Versicherung*) taking out; (*von einer Wette*) placing; (*Geschäfts-*) business deal **4**

(FINANZ) balancing ◇ *der Abschluss der Bücher* balancing the books ◇ *den Abschluss machen* draw up a balance sheet
Abschlussbericht final report **Abschlussfest** party (at the end of sth) ◇ *das Abschlussfest des Sprachkurses* the party at the end of the language course **Abschlusskonzert** final concert **Abschlussprüfung** (*in der Schule*) school-leaving examination; (*eines Kurses*) final exam; (*an der Uni*) finals [Pl] ◇ *die Abschlussprüfung an der Uni ablegen* do your finals **Abschlussveranstaltung** final event

abschmecken (*kosten*) taste; (*würzen*) season

abschminken **sich/jdn ~** take your/sb's make-up off **IDM** **Das kannst du dir abschminken!** You can get that out of your head!

abschnallen **1 sich/jdn ~** take your/sb's seat belt off **2 etw ~** take sth off

abschneiden **1 (sich) etw ~** cut sth (off) ◇ *eine Scheibe Brot abschneiden* cut a slice of bread ◇ *Sie hat sich die Zöpfe abgeschnitten.* She has cut off her plaits. **2 jdn/etw von jdm/etw ~** cut sb/sth off from sb/sth ◇ *Die Truppen wurden von der Nachschubzufuhr abgeschnitten.* The troops were cut off from their supply route. **3 gut/schlecht ~** do well/badly ◇ *Er schnitt bei der Prüfung erstaunlich gut ab.* He did incredibly well in the exam. **IDM** → SCHEIBE *und* WORT

Abschnitt **1** (*Teil eines Textes/Gebiets*) section ◇ *ein neuer Abschnitt der Autobahn* a new section of the motorway **2** (*DNA-*) segment **3** (*Zeit-*) phase ◇ *ein neuer Abschnitt in ihrem Leben* a new phase in her life ◇ *sonnige Abschnitte* sunny intervals **4** (*von einer Eintrittskarte*) stub

abschöpfen **1** skim *sth* off **2** (*Gewinne*) siphon *sth* off **IDM** → RAHM

abschotten **1 jdn/sich (von etw) ~** cut sb/yourself off (from sth) ◇ *sich von der Außenwelt abschotten* cut yourself off from the outside world **2 etw ~** close sth (off); **etw von etw ~** separate sth off from sth ◇ *die Grenzen abschotten* close the borders

abschrauben unscrew

abschrecken **1 jdn (von etw) ~** put sb off (sth), deter sb (from sth) (*gehoben*) ◇ *Der geringe Verdienst hat Bewerber abgeschreckt.* The low wages put applicants off. ◇ *Die Kamera soll Einbrecher abschrecken.* The camera is supposed to deter burglars. **2** (GASTRON) run cold water over *sth*

abschreckend **1** deterrent ◇ *eine abschreckende Wirkung auf jdn haben* have a deterrent effect on sb ◇ *Die Sanktionen sollen abschreckend wirken.* The sanctions should act as a deterrent. ◇ *ein abschreckendes Beispiel* a deterrent **2** (*schockierend*) off-putting

Abschreckung **1** (*das Abschrecken*) deterrence ◇ *eine Politik der atomaren Abschreckung* a policy of nuclear deterrence **2** (*Mittel*) deterrent ◇ *als Abschreckung dienen* act as a deterrent

abschreiben **1** copy ◇ *Sie hat von mir abgeschrieben!* She copied from me! ◇ *etw von der Tafel abschreiben* copy sth (down) from the blackboard **2** (*verloren geben*) give up on *sb/sth* **3** (*Schulden*) write *sth* off ◇ *etw als Verlust abschreiben* write sth off as a loss ◇ *Investitionen abschreiben* write investments off against tax

Abschrift copy

abschürfen graze ◇ *Sie schürfte sich das Knie ab.* She grazed her knee.

Abschürfung graze

Abschuss **1** (*Flugzeug*) shooting down **2** (*Rakete*) launch **3** (*Wild*) shooting **4 etw ist zum ~ freigegeben** it is open season on sth (*auch fig*)

abschüssig sloping ◇ *ein leicht abschüssiges Gelände* gently sloping ground ◇ *ein leicht abschüssiger Hang* a gentle slope ◇ *eine abschüssige Straße* a steep road

Abschuss- **Abschussliste** **auf der ~ stehen** be on the hit list **Abschussrampe** launch pad

abschütteln **1 etw (von etw) ~** shake sth off (sth) ◇ *Sie schüttelte das trockene Gras von der Zeltplane ab.* She shook the dry grass off the tarpaulin. **2 jdn/etw ~** shake sb/sth off ◇ *Es gelang dem Dieb, die Polizei abzuschütteln.* The thief managed to shake off the police.

abschwächen **1** (*Äußerung*) tone *sth* down; (*Reformen, Vorschriften*) water *sth* down **2 sich ~** (*Einfluss, Wirkung*) weaken; (*Nachfrage*) fall; (*Konjunktur, Wachstum*) slow down

Abschwächung (*Währung*) weakening; (*Konjunktur, Wachstum*) slowdown ◇ *Eine Abschwächung des Wachstums wird erwartet.* A slowdown in growth is expected.

abschwatzen **jdm etw ~** talk sb into giving you sth ◇ *Ich habe ihm 10 Euro abgeschwatzt.* I talked him into giving me 10 euros.

abschweifen digress

abschwellen subside

abschwindeln **jdm etw ~** cheat sb out of sth

abschwören **einer Sache ~** renounce sth (*gehoben*)

absegnen approve

absehbar foreseeable ◇ *die absehbaren Folgen* the foreseeable consequences ◇ *auf absehbare Zeit* for the foreseeable future ◇ *Ein Ende der Hungersnot ist noch nicht absehbar.* An end to the famine is not yet in sight.

absehen **1** (*voraussehen*) predict ◇ *Das hätte niemand absehen können.* No one could have predicted that. ◇ *Das Ausmaß der Schäden lässt sich nicht absehen.* The scale of the damage is not yet known. **2 von etw ~** (*verzichten*) ◇ *jdn bitten, von etw abzusehen* ask sb not to do sth ◇ *von einer Strafe absehen* not impose a sentence ◇ *von einer Anzeige absehen* decide not to press charges **3 von etw ~** leave sth aside ◇ *Wenn man von diesem Einwand absieht, …* Leaving this objection aside … → *Siehe auch* ABGESEHEN

abseifen **jdn/sich/etw ~** soap sb/yourself/sth down

abseilen **1 jdn/sich/etw ~** lower sb/yourself/sth ◇ *sich an zusammengeknoteten Bettlaken abseilen* lower yourself down on knotted sheets **2** (SPORT) abseil, (*AmE*) rappel **3 sich ~** (*verschwinden*) slip away

abseits **1** *Adv* (*abgelegen*) remote; (*beiseite*) to one side ◇ *ein abseits gelegener Hof* a remote farm ◇ *Er stand etwas abseits.* He stood to one side. **2** *Präp* away ◇ *abseits der Straße* away from the road

Abseits **1** (SPORT) offside ◇ *Er stand im Abseits.* He was offside. **2** ◇ *jdn ins Abseits drängen* marginalize sb

abseitsstehen be left out ◇ *Der Verein wollte nicht abseitsstehen.* The club did not want to be left out.

absenden send *sth* off, dispatch (*offiz*)

Absender(in) sender

absenken **1** (*tiefer legen*) lower **2** (*verringern*) reduce ◇ *Die Schadstoffemissionen wurden deutlich abgesenkt.* Dangerous emissions were considerably reduced. **3 sich ~** (*sich neigen*) slope down; (*sinken*) sink ◇ *Zum Ufer hin senkt sich die Wiese etwas ab.* The meadow slopes down towards the river bank.

Absenz absence

abservieren **1** (*entlassen*) dismiss, give *sb* the push (*umgs*) **2** (*kleinmachen*) brush *sb* aside **3** (*besiegen*) thrash

absetzen **1** (*Hut, Brille*) take *sth* off ◇ *Sie setzte die Brille ab.* She took her glasses off. **2** (*hinstellen*) put *sth* down ◇ *Er setzte seine Tasche ab.* He put his bag down. **3** (*Monarchen*) depose; (*Minister, Abgeordneten, Richter*) remove *sb* from office **4** (*Therapie*) discontinue; (*Medikament auch*) stop taking *sth* **5** (*Sendung etc.*) take *sth* off; (*Veranstaltung*) cancel ◇ *Die Serie wurde abgesetzt.* The series was taken off. ◇ *Das Stück wurde nach zwei Wochen abgesetzt.* The play closed after two weeks. **6** (*aussteigen lassen*) drop *sb* (off) ◇ *Soll ich dich am Bahnhof absetzen?* Shall I drop you at the station? **7** (*steuerlich*) offset ◇ *Fahrtkosten steuerlich absetzen* offset travel expenses against tax **8 etw (von etw) ~** (*optisch*) make sth stand out (from sth) **9** (*verkaufen*) sell ◇ *Sie haben schon 75 000 Exemplare abgesetzt.* They have already sold 75 000 copies. **10 sich ~** (*fliehen*) get away, clear off (*umgs*) ◇ *sich unbemerkt absetzen* get away without being noticed **11 sich (von jdm) ~** stand out (from sb); (*in einem Rennen*) break away (from sb) ◇ *ein Design, durch das Sie sich von der Konkurrenz absetzen* a design to make you stand out from your competitors ◇ *Er hat sich vom Hauptfeld abgesetzt.* He's broken away from the pack. **12 sich ~** (*ablagern*) be deposited

absichern 1 (*Gebiet abriegeln*) seal *sth* off; (*Unfallstelle etc.*) make *sth* safe **2** (*am Seil*) secure ◇ *Die Bergsteiger hatten sich mit Seilen abgesichert.* The climbers had secured themselves with ropes. **3** (*schützen*) protect; (*rechtlich, durch Versicherungen*) cover ◇ *Die Hilfstransporte wurden von UNO-Truppen militärisch abgesichert.* The aid deliveries were protected by UN troops. **4** (*finanziell*) ◇ *ein Projekt finanziell absichern* guarantee funding for a project ◇ *Sie ist finanziell abgesichert.* She's financially secure. **5** (*untermauern*) support ◇ *Seine These ist durch zahlreiche Experimente abgesichert.* His theory is supported by numerous experiments.

Absicherung 1 (*Unfallstelle etc.*) making safe **2** (*Schutz*) protection **3** (*Versorgung*) provision; (*Gewährleistung*) guarantee ◇ *eine soziale Absicherung im Alter* social provision in old age ◇ *Sie sollten den Vertrag nicht ohne juristische Absicherung unterschreiben.* You shouldn't sign the contract without seeking legal advice. ◇ *Die finanzielle Absicherung des Projektes ist noch nicht geklärt.* Funding for the project has not yet been obtained.

Absicht intention; (*Zweck*) purpose ◇ *Sie kauften das Haus in der Absicht, ein Restaurant zu eröffnen.* They bought the building with the intention of opening a restaurant. ◇ *Ich habe die feste Absicht auszuziehen.* I am determined to move out. ◇ *Das war sicher keine böse Absicht.* There certainly wasn't any malice intended. IDM **mit Absicht** deliberately ◇ *Das hat er mit Absicht getan!* He did that deliberately!

absichtlich deliberate (*Adv* deliberately)

absinken 1 sink; (*Temperatur, Wasserspiegel*) fall; (*Boden*) subside **2** (*Leistung, Qualität*) decline ◇ *Das Bildungsniveau sinkt immer weiter ab.* Standards in education continue to decline.

absitzen 1 sit *sth* out **2** (*Freiheitsstrafe*) serve, do (*umgs*) ◇ *Er hat drei Jahre abgesessen.* He did three years. **3** (*vom Pferd*) get off, dismount (*gehoben*)

absolut 1 *Adj* absolute ◇ *der absolute Nullpunkt* absolute zero ◇ *ein absoluter Tiefstand/Höchststand/Rekord* an all-time low/high/record ◇ *nur in absoluten Notfällen* only in a real emergency ◇ *ein absolutes Verbot von Militärflügen* a total ban on military flights **2** *Adv* absolutely ◇ *„Bist du sicher?" „Absolut!"* 'Are you sure?' 'Absolutely!' ◇ *absolut nichts* nothing at all ◇ *absolut verlässlich* completely reliable ◇ *absolut unverständlich* totally incomprehensible ◇ *absolut nicht gerechtfertigt* wholly unjustified

Absolution absolution

Absolutismus absolutism

absolutistisch absolutist ◇ *absolutistisch regieren* be an absolute ruler

Absolvent(in) = person who has completed a course; (*Hochschul-*) graduate ◇ *Alle Absolventen des Computerkurses fanden schnell einen Job.* All the people who had completed the computer course soon found a job.

absolvieren 1 finish, complete (*gehoben*) ◇ *Nach erfolgreich absolvierter Schulausbildung ging er in die USA.* After successfully completing his schooling he went to the US. **2** (*Prüfung*) take; (*bestehen*) pass **3** (REL) absolve

absondern 1 jdn/etw (von jdm/etw) ~ (*Patienten*) isolate sb/sth (from sb/sth); (*Gefangene*) separate sb/sth (from sb/sth) **2 sich ~** cut yourself off **3** (*Flüssigkeit*) secrete; (*Gas*) give *sth* off

abspalten 1 sich (von jdm/etw) ~ split off from sb/sth ◇ *Die Gruppe hatte sich von der Partei abgespalten.* The group had split off from the party. **2 etw (von etw) ~** separate sth from sth ◇ *Moleküle abspalten* separate molecules

Abspaltung splitting off; (*Chemie*) separation

Abspann credits [Pl]

abspecken (*abnehmen*) lose weight, slim (down) (*auch fig*) ◇ *Die Belegschaft soll abgespeckt werden.* The workforce is to be slimmed down.

abspeichern (COMP) save

abspeisen jdn (mit etw) ~ fob sb off (with sth)

abspenstig jdm jdn/etw ~ machen lure sb/sth away from sb ◇ *Sie wollen uns die Kunden abspenstig machen.* They're trying to lure our customers away from us.

absperren 1 seal *sth* off; (*Straße*) close *sth* off **2** (*Tür*) lock; (*Gas, Strom, Wasser*) turn *sth* off

Absperrung 1 (*Straße*) closing off; (*Gebiet, Gebäude etc.*) sealing off **2** (*Barriere*) barrier; (*Straßen-*) (road)-block

abspielen 1 (*CD etc.*) play **2 sich ~** go on; (*Ereignis*) take place ◇ *Was spielt sich hier eigentlich ab?* What's going on here? ◇ *Die Schlägerei spielte sich auf offener Straße ab.* The fight took place in the street.

Absprache arrangement, agreement ◇ *in enger Absprache mit dem Autor* by arrangement with the author ◇ *sich an eine Absprache halten* stick to an agreement ◇ *ohne vorherige Absprache* without prior consultation

absprechen 1 sich ~ agree ◇ *Sie hatten sich abgesprochen, was sie anziehen würden.* They had agreed what to wear. ◇ *Die Betrüger hatten sich abgesprochen.* The conmen had agreed in advance what to say. **2** agree on *sth* ; **etw mit jdm ~** arrange sth with sb ◇ *Die Ausrede war abgesprochen.* They had agreed on the excuse they would use. ◇ *Wir müssen noch den Termin absprechen.* We've still got to arrange the date. **3 jdm etw ~** ◇ *jdm Fachkompetenz absprechen* dispute sb's expertise ◇ *Eine gewisse Eleganz war ihr nicht abzusprechen.* You couldn't deny she had a certain elegance. **4 jdm etw ~** (RECHT) deny sb sth ◇ *Ihm wurden alle bürgerlichen Rechte abgesprochen.* He was denied all civil rights.

abspringen 1 (von etw) ~ jump (off sth) ◇ *mit dem Fallschirm abspringen* make a parachute jump **2** (SPORT) take off ◇ *mit dem rechten Bein abspringen* take off on your right foot **3 (von etw) ~** (*nicht mehr mitmachen*) pull out (of sth) **4** (*Kurs*) drop out (of sth)

Absprung 1 (SPORT) take-off; (*vom Flugzeug*) jump **2** (*fig*) break ◇ *den Absprung wagen* risk making the break IDM **den Absprung verpassen** miss the boat

abstammen 1 von jdm/etw ~ (*Mensch, Tier*) be descended from sb/sth ◇ *Er stammt von einer alten Adelsfamilie ab.* He is a descendant of an old aristocratic family. **2** (LING) **von etw ~** (*von einem Wort*) be derived from sth; (*von einer Sprache*) come from sth ◇

Das englische Wort „school" stammt vom Lateinischen ab. The English word 'school' comes from Latin.

Abstammung **1** descent ◇ *Sie sind dänischer Abstammung.* They're of Danish descent. ◇ *adliger Abstammung sein* be descended from an aristocratic family **2** (LING) derivation

Abstand **1** *(räumlich)* distance ◇ *Abstand halten!* Keep your distance. ◇ *Die Bohnen im Abstand von 15 cm pflanzen.* Plant the beans 15 cm apart. **2** *(zeitlich)* interval ◇ *Die Busse fahren im Abstand von zehn Minuten.* The buses go at ten-minute intervals. **3** *(Differenz)* margin ◇ *Sie gewannen mit deutlichem Abstand.* They won by a considerable margin. **4** *(Ablösesumme)* = payment on moving into a property for furniture and fittings left by the previous tenant ◇ *Wir müssen für die Einbauküche Abstand zahlen.* We have to buy the fitted kitchen from the previous tenant. IDM **mit Abstand** by far ◇ *die mit Abstand beste Leistung* by far the best achievement **von etw Abstand gewinnen** get away from sth **von etw Abstand nehmen** **1** *(aufgeben)* abandon sth ◇ *Nach gründlicher Überlegung nahmen sie Abstand von ihrem Vorhaben.* After thinking it over carefully they abandoned their plan. **2** *(unterlassen)* refrain from doing sth *(gehoben)*

abstatten **jdm seinen Dank ~** thank sb, convey your thanks to sb *(gehoben)* **jdm/etw einen Besuch ~** pay a visit to sb/sth

abstauben **1** *(reinigen)* dust **2** *(bekommen)* scrounge *(umgs)*; *(stehlen)* pinch *(umgs)* **3** (SPORT) poach a goal

Abstecher *(Umweg)* detour; *(Ausflug)* trip ◇ *Es ist nur ein kleiner Abstecher.* It's only a short detour. ◇ *Auf dem Weg machten sie einen Abstecher in den Laden.* On the way they stopped off at the shop.

abstecken **1** *(markieren)* mark *sth* out **2** *(bestimmen)* set; *(erklären)* set *sth* out ◇ *Das Ziel war abgesteckt.* The target was set. ◇ *Am ersten Tag steckten sie ihre Positionen ab.* On the first day they set out their positions. **3** *(beim Schneidern)* pin

abstehen stick out ◇ *Er hatte abstehende Ohren.* His ears stuck out.

absteigen **1** **(von etw) ~** *(Pferd, Fahrrad)* get off (sth) **2** (SPORT) be relegated ◇ *Sie sind in die B-Gruppe abgestiegen.* They've been relegated to group B. **3** *(übernachten)* stay IDM → AST

Absteiger team that has been/will be relegated

abstellen **1** *(absetzen)* put *sth* down ◇ *das Glas auf dem Tisch abstellen* put the glass down on the table **2** *(lagern)* put sth away ◇ *den Stuhl auf dem Speicher abstellen* put the chair away in the loft **3** *(parken)* leave ◇ *das Fahrrad im Flur abstellen* leave the bicycle in the hall **4** *(ausschalten)* turn *sth* off ◇ *das Radio abstellen* turn the radio off ◇ *den Strom abstellen* turn off the electricity at the mains ◇ *den Motor abstellen* switch off the engine ◇ *Sie haben mir das Telefon abgestellt!* My telephone's been cut off! **5** *(unterbinden, beheben)* do sth about *sth* ◇ *Lässt sich dieser Krach nicht abstellen?* Can nothing be done about this noise? ◇ *einen Missstand abstellen* remedy a deficiency **6** **jdn für/zu etw ~** second sb to sth; **etw für/zu etw ~** commandeer sth for sth ◇ *Die Soldaten wurden für Aufräumarbeiten abgestellt.* The soldiers were seconded to the clearing-up operation. **7** **etw auf jdn/etw ~** aim sth at sb/sth ◇ *Die Werbung war ganz auf Teenager abgestellt.* The advert was clearly aimed at teenagers.

Abstell- **Abstellgleis** **jdn aufs ~ schieben** sideline sb **Abstellraum** storeroom

abstempeln **1** stamp; *(Briefmarke)* cancel ◇ *eine Urkunde abstempeln* stamp a document ◇ *Der Brief war in Ulm abgestempelt.* The letter had an Ulm postmark. **2** **jdn als/zu etw ~** brand sb (as) sth; **etw als etw ~** dismiss sth as sth ◇ *jdn als Lügner abstempeln* brand sb a liar ◇ *ein Bild als kitschig abstempeln* dismiss a picture as kitsch

absterben **1** die off; *(Bäume)* die ◇ *Ein Drittel aller Korallen sind bereits abgestorben.* A third of all corals have died off. ◇ *Ganze Waldgebiete sind vom Absterben bedroht.* Whole forests are slowly dying. ◇ *abgestorbene Zellen* dead cells **2** *(gefühllos werden)* go numb

Abstieg **1** *(ins Tal)* descent **2** *(Verschlechterung)* decline **3** (SPORT) relegation

abstimmen **1** **(über etw) ~** vote (on sth) ◇ *über ein Gesetz abstimmen* vote on a bill ◇ *Der Vorsitzende ließ über den Antrag abstimmen.* The chairman put the motion to the vote. ◇ *geheim/namentlich abstimmen* vote by secret/open ballot ◇ *mit Nein/Ja abstimmen* vote against/in favour **2** **etw (mit jdm) ~** agree sth (with sb); **sich (mit jdm) über etw ~** agree sth (with sb); **sich (mit jdm) ~** discuss *sth* (with sb) ◇ *Sind die Termine mit der Zentrale abgestimmt?* Have the dates been agreed with head office? ◇ *Du musst dich mit Beate abstimmen.* You'll have to discuss it with Beate. **3** *(illegal vereinbaren)* fix, rig *(umgs)* ◇ *Die Firmen haben ihre Angebote abgestimmt.* The firms fixed their bids. **4** **etw auf jdn/etw ~** tailor sth to sb/sth **5** **etw auf etw ~** *(harmonisieren)* coordinate sth with sth ◇ *Die einzelnen Studiengänge sind noch nicht genügend aufeinander abgestimmt.* The individual courses are not yet properly coordinated. ◇ *farblich aufeinander abgestimmt* colour-coordinated ◇ *eine fein abgestimmte Mischung* a finely balanced mixture

Abstimmung **1** *(Wahl)* vote; *(das Abstimmen)* voting ◇ *Lassen Sie uns nun zur Abstimmung kommen.* Let us proceed to the vote. ◇ *Zur Abstimmung steht die Frage, ob …* The motion is whether … ◇ *etw zur Abstimmung vorlegen* put sth to the vote ◇ *in geheimer/namentlicher Abstimmung* in a secret/an open ballot **2** *(Koordinierung)* coordination

Abstinenz abstinence

abstoßen **1** *(Ecke etc.)* knock *sth* off; *(Geschirr, Möbel etc.)* chip ◇ *Die Ecken sind abgestoßen.* The corners have been knocked off. ◇ *abgestoßene Teller* chipped plates **2** *(verkaufen)* sell *sth* off **3** **jd/etw stößt jdn ab** sb/sth puts sb off; *(stärker)* sb finds sb/sth repulsive ◇ *Sein Aussehen stieß mich ab.* I found his appearance repulsive. **4** **sich (von etw) ~** push yourself off (sth) ◇ *Ich stieß mich vom Rand ab.* I pushed myself off the side.

abstoßend repulsive *(Adv* repulsively*)* ◇ *sein abstoßendes Äußeres* his repulsive appearance

abstrakt **1** *Adj* abstract **2** *Adv* in the abstract ◇ *Sie denkt sehr abstrakt.* She thinks very much in the abstract. ◇ *abstrakt malen* do abstract painting

abstreifen **1** **etw (von etw) ~** take sth off (sth) **2** *(Schuhe, Füße)* wipe ◇ *sich die Füße abstreifen* wipe your feet **3** **etw (nach etw) ~** *(absuchen)* comb sth (for sth)

abstreiten deny ◇ *Es lässt sich nicht abstreiten, dass …* It cannot be denied that … ◇ *Sie stritt ab, von dem Vorfall gewusst zu haben.* She denied all knowledge of the incident. ◇ *Niemand kann ihm seinen guten Willen abstreiten.* Nobody can dispute his good will.

Abstrich **1** *(Kürzung)* cut **2** *(Konzession)* concession ◇ *Abstriche machen* make concessions **3** (MED) swab; *(vom Gebärmutterhals)* smear ◇ *einen Abstrich machen* take a swab

abstufen *(Haar)* layer; *(Hang, Gelände)* terrace ◇ *Der Hang ist zum Fluss hin abgestuft.* The land down to the river is terraced. ◇ *eine fein abgestufte Hierarchie* a highly differentiated hierarchy

abstumpfen **1** (*Sinne*) become dull; (*Arbeit*) be soul-destroying; (*Mensch*) become dehumanized ◇ *Diese Arbeit stumpft total ab.* This work is soul-destroying. ◇ *Wir sind gegen menschliche Not abgestumpft.* We have become indifferent to human suffering. **2 jdn ~** dehumanize sb; **etw ~** dull sth ◇ *Das stumpft die Sinne ab.* It dulls the senses.

Absturz fall; (*Flugzeug etc.*) crash; (*Währung*) collapse

abstürzen **1** fall; (*Flugzeug*) crash ◇ *Er stürzte tödlich ab.* He fell to his death. ◇ *Der Dollarkurs stürzte über Nacht ab.* The dollar fell overnight. ◇ *Das Flugzeug stürzte kurz nach dem Start ab.* The plane crashed just after take-off. **2** (*betrunken werden*) get drunk **3** (*Klippen etc.*) drop ◇ *Der Felsen stürzt fast senkrecht zum Meer ab.* The cliff drops almost vertically to the sea.

abstützen **1** support, prop *sth* up ◇ *wissenschaftlich abgestützt* supported by research **2 sich ~** ◇ *sich beim Fallen vom Boden abstützen* put your hand out to break your fall ◇ *sich an einer Mauer abstützen* prop yourself against a wall

absuchen **etw (nach jdm/etw) ~** search sth (for sb/sth); **etw (auf etw) ~** examine sth (for sth) ◇ *den Tatort nach Spuren absuchen* search the scene of the crime for clues ◇ *etw auf Fehler absuchen* examine sth for flaws

absurd absurd ◇ *das absurde Theater* the Theatre of the Absurd

Abszess abscess

Abt abbot

abtasten **1 jdn (auf/nach etw) ~** search sb (for sth) **2 jdm etw ~** palpate sb's sth ◇ *Der Arzt tastete ihr das Rückgrat ab.* The doctor palpated her spine. **3** (*abschätzen*) size *sb* up **4 etw (auf/nach etw) ~** (*Laser*) scan sth (for sth)

abtauchen **1** (*U-Boot*) dive **2** (*Terroristen etc.*) go underground ◇ *in die Illegalität abtauchen* go underground and live illegally

abtauen **1** (*Schnee*) thaw; (*Eis*) melt **2** (*Kühlschrank*) defrost

Abtei abbey

Abteil compartment

Abteilung department

Abteilungsleiter(in) head of department

Äbtissin abbess

abtöten destroy ◇ *Nerven abtöten* destroy nerve cells ◇ *den Schmerz abtöten* deaden the pain

abtragen **1** (*abnutzen*) wear *sth* out ◇ *ein abgetragener Mantel* a worn coat **2** (*Erde*) remove; (*Landschaft*) flatten; (*vom Wind*) erode **3** (*Gebäude, Mauer*) pull *sth* down **4** (*Schulden etc.*) pay *sth* off

Abtransport transportation, removal ◇ *den Abtransport von Atommüll verhindern* prevent the transportation of nuclear waste

abtransportieren take *sb/sth* away

abtreiben **1** (*Frau*) have an abortion **2** (*Kind*) abort **3** ◇ *Das Boot trieb ab.* The boat was drifting. **4** (*wegbringen*) carry *sb/sth* away ◇ *Der Wind hat sie abgetrieben.* The wind carried them away.

Abtreibung abortion ◇ *eine Abtreibung vornehmen* perform an abortion

Abtreibungsgegner(in) anti-abortionist **Abtreibungsparagraf** abortion act **Abtreibungspille** abortion pill

abtrennen **1 etw (von etw) ~** cut sth off (sth); (*Unfall*) sever sth (from sth) ◇ *Bei dem Unfall wurde ihm das linke Ohr abgetrennt.* His left ear was severed in the accident. ◇ *hier abtrennen* tear off here **2 etw (von etw) ~** (*abteilen*) separate sth (from sth) ◇ *Ein Grasstreifen trennt den Radweg von der Fahrbahn ab.* The cycle path is separated from the road by a strip of grass.

abtreten **1** step down; (*Sportler*) retire ◇ *Der Bürgermeister wird zum Ende des Jahres abtreten.* The mayor will step down at the end of the year. **2** (MIL) dismiss **3** (*Theater*) make your exit ◇ *Hamlet tritt ab.* Exit Hamlet. ◇ *Alle treten ab.* Exeunt. **4 sich die Füße/Schuhe ~** wipe your feet/shoes **5** (*abgeben*) give *sth* up; **etw an jdn ~; jdm etw ~** hand sth over to sb

abtrocknen **1** (*Geschirr*) dry (*sth*) (up) **2 sich/jdn ~** dry yourself/sb; **sich/jdm etw ~** dry your/sb's sth ◇ *sich die Hände abtrocknen* dry your hands ◇ *Er trocknete ihr die Tränen ab.* He wiped away her tears.

abtropfen **1 (von etw) ~** drip off (sth) **2 etw ~ lassen** (*Kleidung*) hang sth up to dry; (*Salat, Geschirr*) let sth drain

abtrotzen **jdm etw ~** extract sth from sb ◇ *Wir haben ihnen wichtige Zugeständnisse abgetrotzt.* We've extracted significant concessions from them. ◇ *Er hat es geschafft, ihr das Auto abzutrotzen.* He's managed to persuade her to let him use the car.

abtrünnig **1** disloyal; (*Wähler*) disaffected; (*Region*) breakaway [nur vor Nomen] **2** ◇ *dem Glauben abtrünnig werden* give up your faith

Abtrünnige(r) defector

abtun **jdn/etw (als etw) ~** dismiss sb/sth (as sth) ◇ *Es wäre ein Fehler, ihn als Spinner abzutun.* It would be a mistake to dismiss him as a nutcase. ◇ *etw kurz abtun* brush sth aside ◇ *Damit ist die Sache abgetan.* That's the end of the matter.

aburteilen (*gerichtlich*) convict; (*moralisch*) condemn

Aburteilung (*gerichtlich*) conviction; (*moralisch*) condemnation

abverlangen **jdm etw ~** demand sth of sb; (*Geld etc.*) charge sb sth ◇ *Den Schülern wird in dieser Prüfung einiges abverlangt.* This exam demands a great deal of the students. IDM → LETZTE(R,S)

abwägen weigh *sth* up ◇ *das Für und Wider abwägen* weigh up the pros and cons ◇ *Die verschiedenen Interessen müssen vorsichtig gegeneinander abgewogen werden.* The various interests have to be carefully weighed against each other.

Abwägung weighing up

abwählen **1** (*Politiker*) vote *sb* out of office **2** (*Unterrichtsfach*) drop

abwälzen **etw auf jdn ~** (*Kosten*) pass sth on to sb; (*Verantwortung, Schuld*) shift sth on to sb

abwandeln adapt ◇ *Ich habe das Rezept abgewandelt.* I adapted the recipe. ◇ *in leicht abgewandelter Form* with slight modifications

abwandern (*aus einem Gebiet*) move away; **zu jdm/etw ~** (*Kunden, Wähler*) switch to sb/sth

Abwanderung ◇ *die Abwanderung der Landbevölkerung in die Städte* the migration of the rural population into the cities ◇ *die Abwanderung von Firmen ins Ausland* firms moving abroad ◇ *die Abwanderung von Fachkräften* the brain drain ◇ *die Abwanderung der Wähler zu extremistischen Parteien* the drift of voters to extremist parties

Abwandlung **1** (*das Abwandeln*) adaptation **2** (*Variante*) variation **3** ◇ *in Abwandlung eines alten Sprichwortes* to coin a phrase ◇ *in Abwandlung von Brecht: ...* to paraphrase Brecht: ...

Abwart(in) caretaker

abwarten **1** wait (and see) ◇ *Wir sollten abwarten, bis die Sache vorbei ist.* We should wait until things blow over. **2 etw ~** wait for sth, await sth (*gehoben*) ◇ *eine Entscheidung abwarten* await a decision

3 (*Regen etc.*) wait for *sth* to stop **IDM** **abwarten und Tee trinken** wait and see ◇ *Das kannst du nicht erzwingen — da hilft nur abwarten und Tee trinken!* You can't force it — you'll just have to wait and see!

abwärts **1** down; (*den Berg hinunter*) downhill; (*den Fluss hinunter*) downstream **2 von etw ~** from sth down ◇ *von der Hüfte abwärts gelähmt* paralysed from the waist down ◇ *alle Dienstgrade vom Major abwärts* all ranks from major down

abwärtsgehen, abwärtsführen lead downhill ◇ *Der Weg führt steil abwärts.* The path leads steeply downhill. **IDM** **mit jdm/etw geht es abwärts** sb/sth is going downhill

Abwasch **1** (*das Abwaschen*) washing-up, (*AmE*) washing dishes; **den ~ machen** do the washing-up, (*AmE*) wash the dishes **2** (*schmutziges Geschirr*) (dirty) dishes [Pl] **3** (*Spülbecken*) sink **IDM** **in einem Abwasch** in one go; all at once

abwaschbar washable

abwaschen **1** (**Geschirr**) **~** wash up, (*AmE*) do the dishes **2** (*Gesicht, Gemüse etc.*) wash **3 etw** (**von etw**) **~** (*entfernen*) wash sth off (sth)

Abwaschmaschine dishwasher

Abwasser sewage [U]; (*industriell*) effluent [U]

abwechseln **1 sich** (**mit jdm**) **~** take turns; **sich** (**mit/bei etw**) **~** take it in turns (to do sth) ◇ *Ich wechsle mich mit ihr ab.* We take it in turns. ◇ *Die Fahrer wechselten sich ab.* They took it in turns to drive. **2 sich ~** (*Farben, Formen etc.*) alternate ◇ *Gesang und Vorträge wechselten sich ab.* Songs alternated with readings.

abwechselnd alternately

Abwechslung (*Zerstreuung*) change; (*Vielfalt*) variety ◇ *zur Abwechslung* for a change

abwechslungsreich (*Programm, Ernährung*) varied; (*Abend, Veranstaltung*) entertaining; (*Spiel*) exciting; (*Beruf*) interesting

Abweg **IDM** **jdn auf Abwege bringen** lead sb astray **auf Abwege geraten/kommen** go astray

abwegig absurd; (*Vorwurf*) preposterous

Abwehr **1** (SPORT) defence, (*AmE*) defense ◇ *eine stabile Abwehr* a strong defence ◇ *Er spielt in der Abwehr.* He's a defender. **2** (*Widerstand*) resistance; (*zurückweisende Haltung*) defensiveness ◇ *Mit seinem Vorschlag stieß er auf geballte Abwehr.* His proposal met with stiff resistance. ◇ *Sein Verhalten deutet auf Abwehr hin.* He seems very much on the defensive. **3** (*Schlag*) fending off **4** (*Immunsystem*) resistance

abwehren **1** (*Angriff, Feind*) repel; (*Fragen, Schlag*) fend *sth* off; (*Gefahr*) ward *sth* off; (*Vorwurf, Kritik, Forderung*) reject **2** (SPORT) (*Ball*) save; (*Angriff*) fend *sth* off; (*Schlag*) parry

Abwehr- **Abwehrkraft** resistance [U] ◇ *die Abwehrkräfte stärken* increase your resistance **Abwehrspieler(in)** defender

abweichen **von etw ~** deviate from sth; (*Straße etc.*) leave sth; (*anders sein*) differ from sth ◇ *von der Norm abweichen* deviate from the norm ◇ *eine abweichende Auffassung* a different opinion ◇ *Das Schiff war vom Kurs abgewichen.* The ship was off course.

Abweichung **1** (*das Abweichen*) deviation **2** (*Unterschied*) variation ◇ *eine geringfügige Abweichung* a slight variation ◇ *die zulässige Abweichung einhalten* be within a tolerance

abweisen **1** (*ablehnen*) turn *sb/sth* down, reject (*gehoben*) ◇ *einen Antrag abweisen* turn down an application ◇ *Seine Klage wurde abgewiesen.* He lost the case. **2** (*wegschicken*) turn *sb* away

abweisend hostile; (*Geste*) dismissive ◇ *sich gegenüber jdm abweisend verhalten* be hostile towards sb

abwenden **1 das Gesicht/den Blick ~** look away **2 sich** (**von jdm/etw**) **~** (*sich wegdrehen*) turn your back (on sb/sth); (*aufgeben, verlassen*) leave (sb/sth) ◇ *sich von einer Partei abwenden* leave a party **3** (*verhindern*) avert ◇ *eine Gefahr abwenden* avert a danger

abwerfen **1** (*Bomben, Hilfsgüter*) drop; (*Ballast*) throw *sth* out **2** (*Reiter*) throw **3** (*Laub*) shed **4** (*Zinsen*) pay; (*Gewinn*) make

abwerten **1** (*Währung*) devalue **2** (*herabwürdigen*) diminish, cheapen ◇ *Sein Ansehen ist abgewertet worden.* His status has been diminished. **3 etw als etw ~** dismiss sth as sth

abwertend derogatory, disparaging (*Adv* disparagingly)

Abwertung **1** (FINANZ) devaluation **2** (*Ansehen*) loss of status

abwesend **1** away; (*Schule auch*) absent **2** (*unaufmerksam*) abstracted (*Adv* abstractedly)

Abwesenheit **1** absence ◇ *Er wurde in Abwesenheit verurteilt.* He was sentenced in his absence. **2** (*Mangel*) lack **IDM** **durch Abwesenheit glänzen** be conspicuous by your absence

abwickeln **1** (*Garn etc.*) unwind **2** (*Geschäft, Verfahren*) conclude; (*Überweisung*) make

Abwicklung processing [U]

abwimmeln give *sb* the brush-off (*umgs*)

abwinken wave *sb/sth* aside; (*ablehnen*) say no

abwischen **1** (*reinigen*) wipe *sth* (down) ◇ *den Tisch abwischen* wipe the table (down) ◇ *sich die Hände an der Hose abwischen* wipe your hands on your trousers **2 etw** (**von etw**) **~** (*entfernen*) wipe sth off (sth)

Abwurf (*meist mit einem Verb übersetzt*) ◇ *Er gab Befehl zum Abwurf der Bomben.* He gave the order to drop the bombs. ◇ *Er hat sich beim Abwurf schwer verletzt.* He was seriously injured when the horse threw him.

abwürgen **1** stifle **2** (*Motor*) stall

abzahlen pay *sth* off

abzählen count **IDM** **etw an einer Hand/an drei/fünf Fingern abzählen** count sth on the fingers of one hand **sich etw an den (zehn/fünf) Fingern/beiden Händen abzählen können** (*verstehen*) be able to work sth out straight away

abzapfen draw *sth* off; (*Bier*) pull; (*Blut*) take

Abzeichen **1** badge; (*Dienstgrad-*) insignia [mit Verb im Sing/Pl] **2** (*Auszeichnung*) medal

abzeichnen **1** (*einen Gegenstand zeichnen*) draw; (*ein Bild kopieren*) copy **2 sich ~** (*Umriss, Konturen*) be/become visible **3 sich ~** (*sich herausstellen*) be/become clear ◇ *Schon jetzt zeichnet sich ab, dass die Arbeiter unzufrieden sind.* It is already clear that the workers are dissatisfied. ◇ *Ein neuer Trend zeichnet sich ab.* A new trend is emerging. **4** (*unterschreiben*) sign; (*mit Initialien*) initial

abziehen **1** take *sth* off; (*Schlüssel*) take *sth* out ◇ *Sie zog den Ring vom Finger ab.* She took the ring off her finger. **2** (*Fell*) skin; (*Haut einer Frucht*) peel **3** (*Bett*) strip **4** (*Foto*) make a print of *sth* **5** (*fotokopieren*) run *sth* off **6** (*Truppen*) withdraw **7** (*subtrahieren*) deduct **8** (*Gewitter, Kaltfront etc.*) move away; (*Dampf, Rauch, Nebel*) clear, disperse (*gehoben*) **9** (*weggehen*) go away

abzielen **1 auf etw ~** (*etw bezwecken*) aim to achieve sth; **darauf ~, etw zu tun** aim to do sth ◇ *Das Gesetz zielt auf eine Verbesserung der Luftqualität ab.* The law aims to achieve an improvement in air quality. **2 auf jdn ~** (*an jdn gerichtet sein*) target sb ◇ *Das Angebot zielt auf Jugendliche ab.* The offer is targeted at teenagers. **3 auf jdn ~** (*auf jdn bezogen sein*) be aimed at sb ◇ *Seine Kritik zielte eindeutig auf mich ab.* His criticism was clearly aimed at me. **4 auf etw ~** (*anspielen*) drive at sth ◇ *Worauf zielt deine Bemerkung ab?* What are you driving at?

Abzug **1** (*Waffe*) trigger ◇ *Er wartete mit dem Finger am Abzug.* He waited with his finger on the trigger. **2** (*Foto*) print **3** (*Fotokopie*) copy **4** (*Lüftungs-*) vent; (*am Herd*) extractor fan **5** (MIL) withdrawal **6** (*Steuern*) deduction

abzüglich less ◇ *abzüglich 12%* less 12%

abzweigen **1** branch off **2** (*Geld*) appropriate

Abzweigung turn-off; (*Kreuzung*) junction; (*Gabelung*) fork

Accessoire accessory

ach **1** oh! ◇ *Ach, du liebe Zeit!* Oh, good heavens! **2** **Ach ja!** (*wenn man sich erinnert*) Oh yes! **3** **Ach ja?** (*Zweifel oder Verwunderung*) Really? **4** **Ach so!** (*wenn man verstanden hat*) Oh, I see! **5** **Ach wo/Ach was!** Go on! ◇ *„Ich fall sicher durch." „Ach wo, das schaffst du locker!"* 'I'm going to fail!' 'Go on. You'll be fine.' IDM → GOTT, GÜTE, HIMMEL, SCHRECK *und* ZEIT

Ach IDM **mit Ach und Krach** with great difficulty ◇ *Wir haben den Kleiderschrank mit Ach und Krach nach oben gebracht.* With great difficulty, we managed to get the wardrobe upstairs. ◇ *eine Prüfung mit Ach und Krach bestehen* scrape through an exam

Achilles- **Achillesferse** Achilles heel **Achillessehne** Achilles tendon

Achse **1** (*Auto etc.*) axle **2** (ASTRON, MATH, POL) axis ◇ *Die Erde dreht sich um ihre eigene Achse.* The earth turns on its own axis. IDM **auf Achse sein** be out and about; (*auf Reisen*) be on the road

Achsel (*Schulter*) shoulder; (*Achselhöhle*) armpit ◇ *Sie zuckte mit den Achseln.* She shrugged her shoulders. **Achselhöhle** armpit **Achselzucken** shrug ◇ *Er nahm ihren Entschluss mit Achselzucken hin.* He accepted her decision with a shrug. **achselzuckend** with a shrug ◇ *„Keine Ahnung", sagte er achselzuckend.* 'No idea,' he said with a shrug.

acht eight → *Beispiele bei* SECHS

Acht[1] **1** eight → *Beispiele bei* SECHS **2** (*Form*) figure of eight, (*AmE*) figure eight **3** (*Rad*) → ACHTER

Acht[2] **1** **~ geben** be careful **2** **auf jdn/etw ~ geben** look after sb/sth, take care of sb/sth **3** **etw außer ~ lassen** ignore sth, disregard sth (*gehoben*) **4** **sich in ~ nehmen** take care; **sich vor jdm/etw in ~ nehmen** watch out for sb/sth ◇ *Nimm dich auf dem Rückweg bitte in Acht!* Take care on the way back! ◇ *Nehmen Sie sich vor Trickbetrügern in Acht.* Watch out for conmen.

achtbar respectable (*Adv* respectably)

achte(r,s) eighth → *Beispiele bei* SECHSTE(R,S)

Achteck octagon

achteckig octagonal

achtel eighth

Achtel eighth **Achtelfinale** (*Runde*) last sixteen; (*Spiel*) match in the round before the quarter finals **Achtelnote** quaver, (*AmE*) eighth note

achten **1** (*respektieren*) respect; (*befolgen*) observe ◇ *Ich achte ihn sehr.* I respect him greatly. ◇ *die Meinungen anderer Menschen achten* respect other people's opinions ◇ *auf die Einhaltung der Hygienevorschriften achten* observe hygiene standards **2** **auf jdn/etw ~** (*beachten*) pay attention to sb/sth ◇ *auf Details achten* pay attention to detail **3** **auf etw ~** (*sich Mühe geben*) take care over sth ◇ *Sie achtet sehr auf ihr Äußeres.* She takes a lot of care over her appearance. ◇ *Ich muss auf meine Figur achten.* I have to watch my figure. **4** **darauf ~, dass** (*für etw sorgen*) see (to it) that ◇ *Sie achtet darauf, dass ihr Schreibtisch immer aufgeräumt ist.* She sees to it that her desk is always tidy. **5** **auf etw ~** (*in Erwägung ziehen*) consider sth ◇ *Worauf muss man beim Gebrauchtwagenkauf achten?* What do you have to consider when you buy a used car? **6** **auf jdn ~** (*aufpassen*) look after sb IDM → LINIE

ächten **1** condemn; (*verbieten*) ban **2** (*gesellschaftlich*) ostracize **3** (*historisch*) outlaw

Achter **1** (*Boot*) eight **2** **einen ~ haben** have a buckled wheel **Achterbahn** roller coaster

achtern aft

achtlos careless (*Adv* carelessly)

achtsam careful (*Adv* carefully)

Achtsamkeit **1** (*Meditationsart*) mindfulness **2** (*Wachsamkeit*) vigilance ◇ *Der Minister bat die Bevölkerung um erhöhte Achtsamkeit.* The minister called for increased vigilance on the part of the general public. **3** (*Sorgsamkeit*) consideration ◇ *gegenseitiger Respekt und Achtsamkeit im Umgang miteinander* mutual respect and consideration in dealing with others

Achtung **1** (*Ausruf*) look out!, watch out! ◇ *Achtung! Die Decke ist hier sehr niedrig!* Look out! The ceiling is very low here! ◇ *Achtung, Stufe!* Mind the step! **2** (*auf Schildern*) danger ◇ *Achtung Steinschlag!* Danger! Falling rocks **3** (*Befehl*) attention ◇ *Achtung, Achtung, hier spricht die Polizei!* Your attention please! This is the police! ◇ *Achtung! Stillgestanden!* Attention! **4** (*Wertschätzung, Respektierung*) respect ◇ *die Achtung der Menschenwürde* respect for human dignity ◇ *Ich habe große Achtung vor ihr.* I have great respect for her. **5** **in jds ~ fallen/steigen** fall/rise in sb's esteem IDM **Alle Achtung (vor jdm/etw)!** I'm impressed (by sb/sth)! → *Siehe auch* LOS

Ächtung **1** condemnation; (*Verbot*) ban **2** (*gesellschaftlich*) ostracism **3** (*historisch*) outlawing

achtzehn eighteen ◇ *Der Film ist ab 18.* The film is rated 18. → *Beispiele bei* SECHZEHN

achtzehnte(r,s) eighteenth → *Beispiele bei* SECHSTE(R,S)

achtzig eighty → *Beispiele bei* SECHZIG

achtzigste(r,s) eightieth → *Beispiele bei* SECHSTE(R,S)

ächzen groan (*auch fig*); (*Holz*) creak

Acker (*Feld*) field; (*Ackerland*) farmland [U] **Ackerbau** arable farming **Ackerland** arable land

ackern (*hart arbeiten*) graft

Ackersalat lamb's lettuce

Acryl **1** (*Faser*) acrylic ◇ *ein Pullover aus Acryl* an acrylic jumper **2** (*Acrylfarben*) acrylics [Pl] **Acrylfarbe** acrylic paint

Adaptation, Adaption adaptation

Adapter adaptor

adaptieren **etw (für etw) ~** adapt sth (for sth)

adäquat **1** (*Arbeit, Gelände, Raum*) suitable (*Adv* suitably); (*Ersatz*) adequate (*Adv* adequately) **2** (*Übersetzung, Lösung, Mittel, Reaktion*) appropriate (*Adv* appropriately)

adden add ◇ *Soll ich meine Eltern auf Facebook adden?* Should I add my parents on Facebook?

addieren **1** add (up) ◇ *Die Zahlen addieren.* Add the numbers up. **2** **sich auf/zu etw ~** add up to sth

Addition **1** (*Rechenart*) addition **2** (*das Zusammenzählen*) adding

ade bye

Adel aristocracy [mit Verb im Sing/Pl]; (*historisch auch*) nobility [mit Verb im Sing/Pl]

adelig → ADLIG

adeln ennoble

Ader **1** (ANAT, BOT, GEOL) vein ◇ *In seinen Adern fließt irisches Blut.* He has Irish blood in his veins. ◇

Sie hat Zirkusblut in den Adern. The circus is in her blood. ◇ *auf eine ergiebige Ader stoßen* strike a rich vein **2** (*Begabung*) talent; (*Neigung*) streak ◇ *seine rebellische Ader* the rebellious streak in his nature ◇ *eine soziale Ader haben* have a social conscience IDM → STOCKEN

ADHS → AUFMERKSAMKEITSDEFIZIT- UND HYPERAKTIVITÄTS-SYNDROM

adipös (*fettleibig*) obese

Adjektiv adjective

adjektivisch adjectival (*Adv* adjectivally)

Adler eagle

adlig noble ◇ *adliger Herkunft sein* be of noble birth

Adlige(r) member of the aristocracy; (*historisch*) nobleman, noblewoman

Administration administration

administrativ administrative (*Adv* administratively)

Admiral admiral

adoptieren adopt

Adoption adoption ◇ *ein Kind zur Adoption freigeben* give up a child for adoption

Adoptiv- Adoptiveltern adoptive parents [Pl] **Adoptivkind** adopted child

Adrenalin adrenalin

Adressat(in) **1** (*eines Briefes*) addressee ◇ *Wer ist der Adressat (des Briefes)?* Who is the letter addressed to? **2** (*fig*) target ◇ *der Adressat der Kritik* the target of the criticism ◇ *Die Adressaten der Werbekampagne sind Teenager.* The advertising campaign is targeted at teenagers.

Adressbuch (*persönlich*) address book; (*elektronisches Verzeichnis*) directory

Adresse address ◇ *Wie ist Ihre Adresse?* What is your address? ◇ *Ich bin unter der folgenden Adresse zu erreichen:...* I can be reached at the following address:... ◇ *keine feste Adresse haben* have no fixed address IDM **etw an jds Adresse richten** direct sth at sb ◇ *Die Warnung richtet sich an die Adresse der Gewerkschaften.* The warning is directed at the unions. **an der richtigen/falschen Adresse sein** have come to the right/wrong person ◇ *Mathe? Da bist du bei mir an der falschen Adresse.* If you want to know about maths, you've come to the wrong person. **die erste Adresse (für etw)** the top name (for sth); (*Hotel etc.*) the place to go (for sth)

adressieren **1 etw (an jdn) ~** (*Brief etc.*) address sth (to sb) **2 etw an jdn ~** (*Protest, Appell, Kritik*) direct sth (at sb)

adrett smart (*Adv* smartly)

ADS → AUFMERKSAMKEITSDEFIZIT-SYNDROM

ADSL broadband ◇ *eine ADSL-Verbindung herstellen* set up a broadband connection

Advent **1** (*Adventszeit*) Advent ◇ *den Advent feiern* celebrate Advent **2** ◇ *der erste Advent* the first Sunday in Advent ◇ *am vierten Advent* on the fourth Sunday in Advent

Adventskalender Advent calendar **Adventskranz** Advent wreath **Adventszeit** Advent

Adverb adverb

adverbial adverbial (*Adv* adverbially)

Aerobic aerobics [U] ◇ *zum Aerobic gehen* go to aerobics ◇ *Aerobic machen* do aerobics

Aerodynamik aerodynamics

aerodynamisch aerodynamic (*Adv* aerodynamically)

Affäre affair; (*Skandal auch*) scandal ◇ *mit jdm eine Affäre haben* have an affair with sb IDM **sich aus der Affäre ziehen** get out of it ◇ *Wie kann er sich aus der Affäre ziehen?* How can he get out of it?

Affe, Äffin **1** monkey; (*Menschen-*) ape ◇ *Der Mensch stammt vom Affen ab.* Humans are descended from apes. **2** (*Schimpfwort*) idiot

Affekt im ~ in the heat of the moment ◇ *im Affekt handeln* act in the heat of the moment ◇ *Das Gericht entschied, er habe nicht heimtückisch gemordet, sondern im Affekt gehandelt.* The court decided that the killing was not premeditated.

affektiert affected (*Adv* affectedly)

affen- affengeil wicked **Affenhitze** sweltering heat **Affentempo** breakneck speed

Affinität ~ zu jdm/etw affinity for/with sb/sth; **~ zwischen jdm/etw** affinity between sb/sth

Affix affix

Affront ~ (gegen jdn/etw) affront (to sb/sth) ◇ *etw als Affront ansehen* regard sth as an affront

After anus

Agent(in) **1** (*Spion*) (secret) agent **2** (*Vermittler*) agent

Agentur agency

Agenturbericht, Agenturmeldung agency report

Aggregat unit

Aggregatzustand state

Aggression **1** aggression [U] ◇ *seine Aggressionen an jdm abreagieren* work off your aggression on sb ◇ *zu Aggressionen neigen* have aggressive tendencies **2** (*Überfall*) attack ◇ *Aggressionen gegen Ausländer* attacks on foreigners

aggressiv **1** aggressive (*Adv* aggressively) ◇ *Was bist du denn gleich so aggressiv?* There's no need to be so aggressive! ◇ *Die Stimmung war aggressiv.* The atmosphere was hostile. **2** (*Substanz*) harsh

Aggressivität aggressiveness

Aggressor(in) aggressor

agieren **1** (*handeln*) act ◇ *als Vermittler agieren* act as a go-between ◇ *der als Direktor agierende Dr. Braun* Dr Braun, the acting head ◇ *als Privatperson agieren* act in a private capacity ◇ *Die Mannschaft agierte hervorragend.* The team played brilliantly. **2** (*tätig sein*) operate ◇ *unter einem Decknamen agieren* operate under a code name **3** (*Theater*) ◇ *auf der Bühne agieren* perform ◇ *in der Hauptrolle agieren* play the lead

agil (*körperlich*) fit; (*geistig*) alert

Agitation (political) agitation

agitieren **1 (für/gegen jdn/etw) ~** campaign (for/against sb/sth) **2 jdn ~** work on sb ◇ *Sie haben ihn agitiert mitzumachen.* They worked on him to get him to join.

Agonie death throes [Pl]

Agrar- Agrarpolitik agricultural policy **Agrarreform** land reform **Agrarsubvention** agricultural subsidy **Agrarwirtschaft** farming

aha aha

Ahn, Ahne ancestor

ahnden penalize ◇ *einen Regelverstoß ahnden* penalize an infringement of the rules ◇ *Dieses Verbrechen wird mit der Todesstrafe geahndet.* The crime carries the death penalty.

Ahndung punishment

ähneln sich ~ (*Menschen*) be alike; (*Dinge*) be similar; **jdm/etw ~** be like sb/sth ◇ *Die drei Brüder ähneln sich überhaupt nicht.* The three brothers are not at all alike. ◇ *jdm verblüffend ähneln* look amazingly like sb

ahnen **1** (*vermuten*) suspect ◇ *Ich habe doch geahnt, dass da was nicht stimmt.* I suspected there was something wrong. ◇ *Ich hab's geahnt!* I knew it! ◇ *Du ahnst nicht, wie schwierig sie sein kann.* You have no idea how difficult she can be. **2** (*voraussehen*) foresee

◇ *Damals konnte doch niemand ahnen, was aus der Sache werden würde.* Nobody could have foreseen the outcome. ◇ *Sie ahnte nichts Gutes.* She had a sense of foreboding. ◇ *Das lässt Schlimmes ahnen.* I fear something terrible has happened. IDM → BÖSE

Ahnenforschung genealogy

ähnlich **1** similar (*Adv* similarly) ◇ *Sie sind charakterlich sehr ähnlich.* They are very similar in character. ◇ *Ich habe ähnliche Erfahrungen gemacht.* I have had similar experiences. ◇ *ähnlich beeindruckend* similarly impressive ◇ *Er sieht die Sache ähnlich.* He feels the same. ◇ *Er heißt Alwin oder so ähnlich.* He's called Alwin or something like that. ◇ *Bonbons, Limonade und Ähnliches* sweets, lemonade and the like **2** **jdm/etw ~** like sb/sth ◇ *Sie sieht ihrer Schwester sehr ähnlich.* She looks very like her sister. ◇ *Das Studium sollte, ähnlich der Schulbildung, kostenlos sein.* Higher education ought to be free, like schooling. IDM **jdm ähnlich sehen** be just like sb ◇ *Das sieht ihm wieder mal ähnlich, einfach so abzuhauen.* It's just like him to clear off like that! ◇ *Das sieht ihr eigentlich gar nicht ähnlich.* That's not like her at all.

Ähnlichkeit (*Beschaffenheit*) similarity; (*Aussehen*) resemblance ◇ *Die Ähnlichkeit der Namen ist verblüffend.* The similarity between the names is amazing. ◇ *Es hat eine gewisse Ähnlichkeit mit Cola.* It has a certain similarity to cola. ◇ *Jede Ähnlichkeit mit lebenden Personen ist rein zufällig.* Any resemblance to living persons is purely coincidental.

Ahnung **1** idea ◇ *Hast du eine Ahnung, wie spät es ist?* Have you any idea what time it is? ◇ *Keine Ahnung.* No idea. ◇ *Von Chemie hat er nicht die geringste Ahnung.* He's doesn't know anything about chemistry. **2** (*Gefühl*) premonition ◇ *Ich hatte eine Ahnung, dass es schiefgehen würde.* I had a premonition that something would go wrong. ◇ *Eine düstere Ahnung überkam ihn.* He was filled with foreboding. IDM **Hast du eine Ahnung!** That's what you think! → *Siehe auch* BLASS

ahnungslos (*nichts ahnend*) unsuspecting; (*naiv*) innocent (*Adv* innocently) ◇ *Ahnungslos öffnete sie die Tür.* Unsuspecting, she opened the door. ◇ *sich ahnungslos stellen* act the innocent

Ahorn maple

Ähre ear (of corn)

Aids AIDS ◇ *an Aids erkranken* get AIDS ◇ *sich auf Aids testen lassen* have an AIDS test

aidskrank suffering from AIDS [nicht vor Nomen] ◇ *aidskranke Patienten* patients suffering from AIDS ◇ *die Betreuung Aidskranker* caring for people with AIDS

ais, Ais A sharp

Akademie academy; (*medizinisch*) school

Akademiker(in) **1** (*Hochschulabsolvent*) graduate ◇ *ein promovierter Akademiker* a graduate with a doctorate ◇ *Die Partei hat unter Akademikern großen Zulauf.* The Party has a lot of support among people with a university education. **2** (*Hochschullehrer*) academic

akademisch **1** (*universitär*) university ◇ *einen akademischen Abschluss haben* have a university degree ◇ *eine akademische Laufbahn* an academic career **2** (*theoretisch*) academic ◇ *Die Frage ist rein akademisch.* The question is purely academic. **3** **die akademische Viertelstunde** = the quarter of an hour between the official start of a lecture and the time when it actually begins

Akazie acacia

akklimatisieren **sich ~** become acclimatized

Akklimatisierung acclimatization

Akkord **1** (MUS) chord **2** (*Produktion*) piecework ◇ *im Akkord arbeiten* be on piecework

Akkordarbeit piecework **Akkordarbeiter(in)** pieceworker

Akkordeon accordion ◇ *Akkordeon spielen* play the accordion

akkreditieren accredit

Akkreditierung accreditation

Akkumulator **1** (*auch* **Akku**) (*Stromspeicher*) battery; (*für Kühltaschen*) ice pack ◇ *den Akku aufladen* charge the battery **2** (COMP) accumulator

akkurat **1** (*genau*) precise (*Adv* precisely) **2** (*sorgfältig*) meticulous (*Adv* meticulously) **3** (*ordentlich, sauber*) neat (*Adv* neatly)

Akkusativ accusative (case) ◇ *im Akkusativ stehen* be in the accusative

Akkusativobjekt direct object

Akne acne ◇ *an schwerer Akne leiden* have bad acne

Akribie (*Genauigkeit*) precision; (*Sorgfalt*) meticulousness

akribisch (*genau*) precise (*Adv* precisely); (*sorgfältig*) meticulous (*Adv* meticulously) ◇ *mit akribischem Fleiß* with meticulous care

Akrobat(in) circus acrobat

Akrobatik **1** (*Sport*) acrobatics [Pl] **2** (*Geschicklichkeit*) acrobatic skill

akrobatisch acrobatic (*Adv* acrobatically)

Akt **1** (*Handlung, Tat, Theaterstück*) act ◇ *ein Akt der Versöhnung* an act of reconciliation ◇ *ein terroristischer Akt* an act of terrorism **2** (*Zeremonie*) ceremony **3** (KUNST) nude ◇ *ein sitzender weiblicher Akt* a seated female nude

Akte file ◇ *eine Akte anlegen* open a file IDM **etw zu den Akten legen** close the file on sth

Akteneinsicht ◇ *Akteneinsicht verlangen* ask to see your file **Aktenkoffer** attaché case **aktenkundig** on record [nicht vor Nomen] ◇ *aktenkundig werden* be recorded ◇ *bei der Polizei aktenkundig sein* be on police files **Aktenordner** (lever arch) file **Aktenschrank** filing cabinet, (*AmE*) file cabinet **Aktentasche** briefcase **Aktenzeichen** (file) reference

Akteur(in) protagonist; (*Theater etc.*) member of the cast; (*Sport*) player

Aktie share ◇ *in Aktien investieren* invest in stocks and shares ◇ *Die Aktien sind gestiegen.* Share prices have risen.

Aktiengesellschaft ≈ public limited company (*Abk* plc), (*AmE*) ≈ (stock) corporation (*Abk* Corp.); (*nicht börsennotiert*) ≈ limited company (*Abk* Ltd) **Aktienindex** share (price) index → *Siehe auch* FOOTSIE™ *und* DOW JONES

Aktion **1** (*Initiative*) campaign ◇ *die Aktion „Brot für die Welt"* the 'Feed the World' campaign **2** (*Handeln*) action ◇ *eine gemeinsame Aktion* joint action ◇ *Aktionen gegen Ernteverluste* measures to prevent damage to crops **3** (*Einsatz*) operation ◇ *eine militärische Aktion* a military operation ◇ *eine humanitäre Aktion* a humanitarian mission **4** (*Leistung*) feat

Aktionär(in) shareholder

Aktionismus **1** (*Aktionen*) activism, campaigning **2** (*Tätigkeitsdrang*) activity ◇ *übertriebener Aktionismus* frenzied activity ◇ *in blinden Aktionismus verfallen* start doing things just for the sake of it

Aktions- **Aktionsbündnis**, **Aktionsgemeinschaft** action group **Aktionstag** day of action

aktiv **1** active (*Adv* actively) ◇ *Mein Großvater ist noch sehr aktiv.* My grandfather is still very active. ◇ *sportlich aktiv sein* do a lot of sport ◇ *sich aktiv gegen etw einsetzen* be actively opposed to sth ◇ *sich aktiv an der Diskussion beteiligen* contribute to the discussion ◇ *ein aktiver Beitrag zur Völkerver-*

ständigung a positive contribution to international understanding ◇ *aktive Sterbehilfe* assisted dying **2** (*Mitglied*) ◇ *aktiv Fußball spielen* be a member of a football team ◇ *in der Gewerkschaft aktiv sein* be an active member of the union **3 ~ werden** take action ◇ *Endlich wurde die Polizei aktiv.* At last the police took action. ◇ *militärisch aktiv werden* take military action

aktivieren **1** (*mobil machen*) get *sb* to do sth ◇ *Spender aktivieren* get people to donate money **2** (*auslösen*) set *sth* off **3** (*anregen*) stimulate

Aktivierung **1** (*Mobilisierung*) mobilization **2** (*Auslösen*) activation **3** (*Anregung*) stimulation

Aktivist(in) activist

Aktivität activity ◇ *kriminelle Aktivitäten* criminal activities

Aktivurlaub activity holiday, (*AmE*) activity vacation

aktualisieren **1** update ◇ *eine aktualisierte Ausgabe* an updated edition **2** (COMP) refresh

Aktualisierung updating

Aktualität contemporary relevance, topicality ◇ *die Aktualität Gandhis* the contemporary relevance of Gandhi ◇ *Die Geschichte hat nichts an Aktualität verloren.* The story has lost none of its topicality. ◇ *ein Thema von hoher Aktualität* a highly topical subject

aktuell **1** (*gegenwärtig*) current (*Adv* currently); (*in letzter Zeit*) recent (*Adv* recently) ◇ *die aktuelle Lage* the current situation ◇ *aus aktuellem Anlass* in the light of recent events ◇ *Eine Mitgliedschaft in der EU ist nicht aktuell.* Membership of the EU is not an issue at present. ◇ *die aktuellen Probleme von Jugendlichen* the problems faced by young people today **2** (*gegenwartsbezogen*) topical ◇ *aktuelle Fragen* topical issues ◇ *Das Thema Menschenrechte bleibt aktuell.* The subject of human rights is still very topical. ◇ *Seine Rede hatte aktuelle Bezüge.* His speech had contemporary relevance. **3** (*neu*) latest [nur vor Nomen] ◇ *ihre aktuelle CD* her latest CD ◇ *die aktuelle Mode* the latest fashion ◇ *etw/jdn auf den aktuellen Stand bringen* bring sth/sb up to date

Akupunktur acupuncture

Akustik acoustics [Pl] ◇ *Der Raum hat eine hervorragende Akustik.* The room has excellent acoustics.

akustisch acoustic ◇ *eine akustische Gitarre* an acoustic guitar ◇ *Akustisch begleitet wurde die Show von einer kleinen Live-Band.* The show had a musical accompaniment performed by a small live band. ◇ *Ich habe Sie akustisch nicht verstanden.* I didn't hear what you said.

akut (*dringlich*) acute; (*Gefahr*) imminent ◇ *ein akutes Raumproblem* an acute shortage of space ◇ *akute Beschwerden* acute symptoms ◇ *akut an Leukämie erkranken* become ill with acute leukaemia ◇ *Sie ist nicht akut krank.* Her illness is not acute. ◇ *akute Einsturzgefahr* imminent danger of collapse ◇ *akut vom Aussterben bedroht* facing extinction ◇ *Sie schwebt in akuter Lebensgefahr.* Her condition is critical.

Akzent **1** (*Aussprache, Druckzeichen*) accent ◇ *mit amerikanischem Akzent sprechen* speak with an American accent **2** (*Betonung*) stress; (*Schwerpunkt*) emphasis IDM **Akzente setzen** ◇ *neue Akzente in der Energiepolitik setzen* establish new priorities in energy policy ◇ *Wir setzen andere Akzente.* We are setting new trends.

akzentfrei without (an) accent ◇ *ein akzentfreies Englisch* English without an accent

akzentuieren (*hervorheben*) accentuate; (*betonen*) emphasize

akzeptabel **1** *Adj* acceptable ◇ *ein für alle Seiten akzeptabler Kompromiss* a compromise acceptable to all sides **2** *Adv* tolerably

akzeptieren **1** (*annehmen*) accept ◇ *Ich kann ihre Bedingungen nicht akzeptieren.* I can't accept their conditions. **2** (*gelten lassen*) recognize ◇ *Ich muss akzeptieren, dass sie die Bessere war.* I have to recognize that she was just better. ◇ *Ich akzeptiere seine Motive.* I respect his motives. **3** (*sich abfinden*) come to terms with *sth*

Alarm **1** (*Warnung*) alarm ◇ *den Alarm auslösen* set off the alarm ◇ *Das war nur blinder Alarm.* It was a false alarm. **2** (*Zustand*) state of alert ◇ *Der Alarm wurde aufgehoben.* The state of alert was ended. IDM **Alarm schlagen** raise the alarm

Alarmanlage alarm; (*Einbruch*) burglar alarm; (*Auto*) car alarm **Alarmbereitschaft** alert ◇ *in erhöhte Alarmbereitschaft versetzt werden* be put on high alert **Alarmglocke** alarm bell

alarmieren **1** (*rufen*) call ◇ *die Polizei alarmieren* call the police **2** (*warnen*) alert ◇ *die Nachbarn alarmieren* alert the neighbours **3** (*beunruhigen*) alarm ◇ *Ihr Brief hatte die Eltern alarmiert.* Her letter alarmed the parents.

Alarm- **Alarmsignal** warning signal **Alarmstufe** alert ◇ *Alarmstufe drei auslösen* issue a red alert

Albatros albatross

albern **1** *Adj* silly **2** *Adv* in a silly way

Albino albino

Albtraum nightmare ◇ *zum Albtraum werden* turn into a nightmare

Album album

Alcopop alcopop

Algebra algebra

Algen algae [Pl]

alias alias

Alibi **1** (RECHT) alibi ◇ *sich ein Alibi verschaffen* get yourself an alibi ◇ *ein Alibi vorweisen* produce an alibi **2** (*Vorwand*) excuse; (*halbherzige Maßnahme*) token gesture

Alimente maintenance [U]

Alkohol alcohol ◇ *Die Fahrerin stand unter Alkohol.* The driver was under the influence of alcohol. ◇ *Er trinkt keinen Alkohol.* He doesn't drink. ◇ *Alkohol am Steuer* drink-driving

alkoholabhängig alcoholic **Alkoholeinfluss** influence of alcohol ◇ *unter Alkoholeinfluss stehen* be under the influence of alcohol **alkoholfrei** non-alcoholic; (*Bier, Wein oft auch*) alcohol-free **Alkoholgenuss** consumption of alcohol

Alkoholiker(in) alcoholic

alkoholisch alcoholic

Alkohol- **Alkoholkontrolle** breath test ◇ *in eine Alkoholkontrolle geraten* be stopped for a breath test ◇ *eine Alkoholkontrolle durchführen* carry out breath tests **Alkoholmissbrauch** alcohol abuse **Alkoholspiegel** level of alcohol in sb's blood **Alkoholtest** (*Atem*) breath test; (*Blut*) blood alcohol test ◇ *Alkoholtests durchführen* carry out breath tests ◇ *Er musste sich einem Alkoholtest unterziehen.* He was breathalysed.

all all ◇ *in all den Jahren* in all the years ◇ *Sie hat all ihr Geld verloren.* She lost all her money.

All space ◇ *einen Satelliten ins All schießen/aussetzen* launch a satellite into space

alle[1] *Adv* finished; (*Batterie*) flat ◇ *Du kannst den Kaffee ruhig alle machen.* You can go ahead and finish the coffee. ◇ *Die Milch ist alle.* We've run out of milk.

alle[2] *Pron* **1** (*alle Menschen*) everyone [Sing], everybody [Sing], all (*gehoben*) ◇ *Es reicht nicht für alle.* There isn't enough for everyone. ◇ *Gleiches Recht für alle.* Equal rights for all. ◇ *ein Film für alle, die Spaß an Klamauk haben* a film for everyone who enjoys slapstick **2 wir, ihr etc. ~** we, you, etc. all ◇ *Er hat uns alle belogen.* He lied to us all. ◇ *Sie wussten alle, was los war.* They all knew what was going on.

alle(r,s) 1 all (the) ◇ *Beim Absturz kamen alle Passagiere ums Leben.* All the passengers were killed in the crash. ◇ *Alle Mühe war umsonst.* All the trouble was for nothing. ◇ *trotz aller Bemühungen* despite all efforts ◇ *in aller Aufrichtigkeit* in all honesty ◇ *Alle beide haben eine Strafe verdient.* Both of them deserved to be punished. ◇ *alle meine Bücher* all my books ◇ *Können alle Vögel fliegen?* Can all birds fly? ◇ *Alle Bewohner sind betroffen.* All residents are affected. **2** (*im Abstand von*) every ◇ *alle 14 Tage/200 Meter* every two weeks/200 metres IDM → BEISAMMEN, FALL[2], HAND *und* MAL[1]

alledem all that ◇ *Trotz alledem besteht er auf einer Klage.* In spite of all that he's insisting on suing. ◇ *Nach alledem, was passiert ist, ...* After all that's happened ...

Allee avenue

Allegorie allegory

allegorisch allegorical (*Adv* allegorically)

allein 1 alone, on your own (*umgs*) ◇ *Er zieht es vor, allein zu wohnen.* He prefers to live alone. **2** (*einsam*) lonely ◇ *sich allein fühlen* feel lonely **3** (*ohne Hilfe*) by yourself, on your own ◇ *Sie konnte schon mit zehn Monaten allein gehen.* She was able to walk by herself at ten months. ◇ *Regele deine Probleme allein.* Sort out your problems on your own. **4 von ~** by yourself, on your own ◇ *Bist du von allein auf die Lösung gekommen?* Did you work out the answer by yourself? ◇ *Die Alarmanlage war von allein losgegangen.* The alarm went off on its own. **5** (*nur, schon*) alone ◇ *Allein in der ersten Woche ...* In the first week alone ... ◇ *Entscheidend ist allein, was man daraus macht.* The only thing that matters is what you make of it. IDM → EINZIG, KREMPEL *und* UNGLÜCK

alleinerziehend single ◇ *alleinerziehende Mütter* single mothers ◇ *Alleinerziehende* single parents

Alleingang 1 ◇ *etw im Alleingang tun* do sth on your own ◇ *Die EU sprach sich gegen einen Alleingang der USA aus.* The EU spoke out against the USA going it alone. **2** (SPORT) solo effort; (*Sololauf*) solo run **Alleinherrscher(in)** autocrat; (*Diktator*) dictator

alleinig 1 sole [nur vor Nomen] ◇ *der alleinige Eigentümer* the sole owner **2** (*alleinstehend*) single

Allein- Alleinsein being alone ◇ *Er muss sich an das Alleinsein gewöhnen.* He'll have to get used to being alone. **alleinstehend** single ◇ *alleinstehende Menschen* single people **Alleinunterhalter(in)** solo entertainer

allemal 1 (*ohne Problem*) easily ◇ *Das reicht allemal.* That'll easily be enough. **2** (*bestimmt*) definitely, certainly ◇ *Diese Lösung ist allemal billiger.* This solution is certainly cheaper.

allenfalls only; (*maximal*) at most ◇ *Das können sich allenfalls die Superreichen leisten.* Only the super-rich can afford that. ◇ *Es kamen allenfalls 20 Besucher.* 20 visitors came at most.

aller- ... of all ◇ *das allerschönste Erlebnis* the most wonderful experience of all ◇ *allerspätestens um elf* at eleven at the very latest

allerbeste(r,s) 1 very best ◇ *Er versprach, sein Allerbestes zu geben.* He promised to do his very best. ◇ *Der Schlagzeuger war am allerbesten.* The drummer was best of all. ◇ *Am allerbesten hat mir die Bootsfahrt gefallen.* I liked the boat trip best of all. **2** (*sehr gut*) excellent ◇ *Sie hat den allerbesten Eindruck hinterlassen.* She made an excellent impression.

allerdings 1 (*jedoch*) however, though ◇ *Was wir allerdings nicht bedacht haben, ist ...* What we haven't considered, however, is ... ◇ *Das Konzert war gut, allerdings etwas laut.* The concert was good, though rather loud. **2** (*gewiss*) certainly, you bet (*umgs*) ◇ *Da hast du allerdings Pech gehabt.* You've certainly been unlucky. ◇ *„Willst du Kuchen?" „Allerdings!"* 'Do you want some cake?' 'You bet!'

allererste(r,s) very first ◇ *ihr allererster Auftritt* her very first appearance ◇ *Er hat sich als Allererster gemeldet.* He was the very first to volunteer. ◇ *in allererster Linie* first and foremost ◇ *Geld steht nicht an allererster Stelle.* Money isn't the most important thing.

allergen allergenic

Allergen allergen

Allergie allergy ◇ *eine Allergie gegen Nickel* an allergy to nickel

Allergiker(in) allergy sufferer

allergisch allergic ◇ *Ich bin allergisch gegen Erdbeeren.* I'm allergic to strawberries. ◇ *Er reagiert allergisch auf Katzenhaare.* He is allergic to cat hair. ◇ *Sie ist allergisch gegen jede Form der Angeberei.* She hates any kind of showing off.

allergrößte(r,s) greatest ◇ *allergrößten Wert auf etw legen* attach the greatest importance to sth ◇ *unter allergrößten Schwierigkeiten* with the utmost difficulty ◇ *der allergrößte Teil der Studenten* the vast majority of students

allerhand (*ziemlich viel*) quite a lot; (*viele Dinge*) all sorts of things ◇ *allerhand Erfahrung* quite a lot of experience ◇ *allerhand zu erledigen haben* have all sorts of things to do IDM **das ist ja allerhand!** (*überrascht*) that's incredible!; (*empört*) that's a bit much!

allerhöchste IDM → ZEIT

allerlei all sorts of things ◇ *Es gibt allerlei zu gewinnen.* You can win all sorts of prizes. ◇ *sich allerlei Gedanken machen* imagine all sorts of things

allerletzte(r,s) (very) last ◇ *in der allerletzten Minute des Spiels* in the very last minute of the match ◇ *Ich sag's dir jetzt zum allerletzten Mal!* I'm telling you for the last time! IDM **das Allerletzte sein** ◇ *Das hast du ihm gesagt? Das ist ja wohl das Allerletzte!* You said that to him? How could you! ◇ *Die Hose ist wirklich das Allerletzte.* Those trousers are the end!

Allerwelts- ordinary; (*Name*) common ◇ *ein Allerweltsgesicht haben* have an ordinary sort of face

alles *Pron* **1** everything ◇ *Alles klar?* Everything OK? ◇ *Alles hat zwei Seiten.* There are two sides to everything. ◇ *Hast du alles erledigt?* Did you get everything done? ◇ *Ich würde das alles nicht so eng sehen.* I wouldn't take it all so seriously. ◇ *Mir ist das alles egal.* It's all the same to me. ◇ *Ist das alles?* Is that all? ◇ *Es fing alles damit an, dass ...* It all began when ... ◇ *der alles entscheidende fünfte Satz* the crucial fifth set ◇ *zu allem fähig* capable of anything ◇ *auf alles gefasst sein* be prepared for the worst ◇ *Nach allem, was sie erlebt hat ...* After all she has gone through ... → *Siehe auch* ALL **2** (*alle Leute*) everyone, everybody ◇ *Alles aufstehen!* Stand up, everybody! IDM **alles in allem** all in all ◇ *Es ist ein alles in allem lesenswertes Buch.* All in all, the book is well worth reading. **alles oder nichts** all or nothing **über alles** more than anything else ◇ *Ihre Arbeit geht ihr über alles.* Her work is more important to her than anything else. ◇ *Er liebt seine Tochter über alles.* He loves his daughter more than anything in the world. **vor allem** especially ◇ *Das war sehr lecker, vor allem die Pizza.* That was delicious, especially the pizza. ◇ *Mir geht es vor allem darum, dass ...* I am particularly concerned that ... ◇ *Wir müssen vor allem darauf achten, dass ...* Above all, we must make sure that ... → *Siehe auch* ANDERE(R,S)

Alles IDM → EIN
allesamt all
allgegenwärtig everywhere, ubiquitous (*gehoben*)
allgemein **1** general (*Adv* generally) ◇ *eine allgemeine Einführung* a general introduction ◇ *Es wird allgemein angenommen, dass …* It is generally assumed that … ◇ *auf allgemeine Ablehnung/Kritik stoßen* be widely opposed/criticized ◇ *auf allgemeine Zustimmung stoßen* meet with widespread approval ◇ *Die allgemeine Stimmung war gedämpft.* On the whole, the atmosphere was subdued. ◇ *im allgemeinen Interesse* in everybody's interest ◇ *das allgemeine Wahlrecht* universal suffrage ◇ *So allgemein lässt sich das nicht sagen.* You can't generalize like that. ◇ *Allgemein gilt, dass …* As a general rule, … ◇ *Es ist allgemein bekannt, dass …* It's a well-known fact that … ◇ *allgemein beliebt* widely popular ◇ *allgemein verbreitet* widespread ◇ *allgemein üblich sein* be common practice ◇ *nicht allgemein zugänglich* not open to the general public ◇ *sich allgemein verständlich ausdrücken* express yourself clearly and simply ◇ *eine allgemein verständliche Gebrauchsanweisung* easy-to-follow instructions **2** **eine ~ bildende Schule** = a school providing a general education IDM **auf allgemeinen Wunsch** by popular request **im Allgemeinen** in general; (*insgesamt gesehen*) on the whole ◇ *Ich habe nichts gegen Fußball im Allgemeinen, …* I've got nothing against football in general, … ◇ *Im Allgemeinen ist sie für ihr Alter sehr vernünftig.* On the whole, she is very sensible for her age.
Allgemeinbildung general education
Allgemeinheit (*Öffentlichkeit*) general public; (*Allgemeinwohl*) general good
Allgemein- **Allgemeinmedizin** general medicine **Allgemeinmediziner(in)** general practitioner (*Abk* GP) **Allgemeinwissen** general knowledge **Allgemeinwohl** general good
Allheilmittel cure-all; (*fig*) panacea (*gehoben*)
Allianz alliance
Alligator alligator
alliiert allied [nur vor Nomen]
Alliierte(r) ally
Alliteration alliteration [U] ◇ *Sie verwendet viele Alliterationen.* She uses alliteration a lot.
alljährlich annual (*Adv* annually)
allmächtig all-powerful, omnipotent (*gehoben*) **der Allmächtige** the Almighty
allmählich gradual (*Adv* gradually); (*langsam*) slow (*Adv* slowly) ◇ *der allmähliche Abbau von Subventionen* the gradual reduction in subsidies ◇ *Es geht ihm allmählich besser.* He's slowly getting better. ◇ *Die Leute merken allmählich, was los ist.* People are starting to realize what's going on. ◇ *Es wird allmählich Zeit, dass wir gehen.* It's about time we were going.
Allradantrieb four-wheel drive
Allround- all-round, (*AmE*) all-around [nur vor Nomen] ◇ *ein Allroundsportler sein* be an all-round sportsman ◇ *ein Allroundtalent sein* be an all-rounder
allseitig general ◇ *allseitige Zustimmung finden* gain general acceptance ◇ *zur allseitigen Zufriedenheit* to everyone's satisfaction ◇ *allseitig gebildet sein* have a good all-round education
allseits ◇ *allseits beliebt* popular with everyone ◇ *Ihre Fachkenntnisse werden allseits anerkannt.* She is generally recognized as an expert.
Alltag everyday life ◇ *Fotos aus dem amerikanischen Alltag* photos of everyday life in America ◇ *sich wieder im Alltag zurechtfinden* adjust to normal life ◇ *ein Bericht über den Alltag eines Polizisten* a day in the life of a policeman ◇ *der graue Alltag* dull routine
alltäglich **1** (*täglich*) daily ◇ *meine alltäglichen Pflichten* my daily chores ◇ *Güter des alltäglichen Bedarfs* objects of daily use **2** (*gewöhnlich*) everyday [nur vor Nomen] ◇ *das alltägliche Leben* everyday life ◇ *Überstunden sind für viele Arbeiter längst alltäglich geworden.* Overtime has become the norm for many workers.
Alltags- **Alltagserfahrung** everyday experience **Alltagsgeschichten** stories from everyday life [Pl] **Alltagsleben** daily life **Alltagsproblem** problem of daily life **Alltagssorgen** day-to-day worries [Pl] **Alltagssprache** everyday language **Alltagsstress** stress of everyday life
allumfassend comprehensive
Allüren airs and graces [Pl]
allwöchentlich **1** *Adj* weekly **2** *Adv* every week
allzu all too ◇ *Man vergisst allzu leicht, dass …* It's all too easy to forget that … ◇ *Verlass dich lieber nicht allzu sehr auf sie.* Don't rely too much on her. ◇ *vor nicht allzu langer Zeit* not that long ago
Allzweck- all-purpose [nur vor Nomen] ◇ *ein Allzweckmesser* an all-purpose knife ◇ *ein Allzweckreiniger* a general-purpose cleaner
Alm, **Alp** (high) mountain pasture ◇ *das Vieh auf die Alm treiben* take the cattle up to the summer pastures ◇ *eine Hütte auf der Alm* an Alpine hut
Almosen alms [Pl]
Alp → ALM
Alpen Alps [Pl]
Alpenland Alpine region **Alpenveilchen** cyclamen
Alphabet alphabet ◇ *nach dem Alphabet geordnet* in alphabetical order
alphabetisch alphabetical (*Adv* alphabetically) ◇ *in alphabetischer Reihenfolge* in alphabetical order ◇ *alphabetisch geordnet* arranged alphabetically
Alphabetisierung literacy
Alphorn alpenhorn
alpin **1** (*Alpen-*) alpine **2** (*Wintersport*) Alpine ◇ *Sieger in der alpinen Kombination* the winner of the Alpine combined event ◇ *die alpine Saison* the winter sports season
als **1** (*zeitlich*) when; (*während auch*) while ◇ *als ich so alt war wie du* when I was your age ◇ *als er krank war* while he was ill ◇ *gleich als wir ankamen* as soon as we arrived ◇ *Als sie gerade gehen wollte, klingelte das Telefon.* Just as she was about to leave, the telephone rang. **2** (*bei Vergleichen*) than ◇ *ein Jahr jünger als Paul* a year younger than Paul ◇ *Ich kann nicht mehr als fragen.* All I can do is ask. ◇ *Sie ist anders als die anderen.* She is different from the rest. ◇ *Das Spiel ist zu wichtig, als dass wir es verpassen.* The game is too important for us to miss. **3** (*vor Nomen und Adjektiven*) as ◇ *als Übersetzerin arbeiten* work as a translator ◇ *Du als Künstler müsstest doch wissen, dass …* As an artist, you ought to know that … ◇ *Genügt das als Beweis?* Is that sufficient proof? ◇ *sich als Außenseiter fühlen* feel an outsider ◇ *Sie kam als Einzige pünktlich.* She was the only one to arrive on time. **4** **~ (ob/wenn)** as (if) ◇ *Es sieht aus, als ob es bald regnen würde.* It looks as if it's going to rain. ◇ *Es sah so aus , als ob er nicht kommen würde.* It looked as if he wasn't going to come. ◇ *Ich habe den Eindruck, als wäre sie nicht sehr glücklich.* I get the impression she isn't very happy. ◇ *Es kommt mir vor, als würden wir schon ewig warten.* We seem to have been waiting for ever. ◇ *Sie tut so, als ginge sie das alles nichts an.* She acts as if it was nothing to do with her. ◇ *Als wenn ich das nicht geahnt hätte!* I knew it! → *Siehe auch* INSOFERN *und* UMSO IDM → ANDERE(R,S)

also **1** (*folglich*) so, therefore (*gehoben*) ◇ *Mir ist es egal, welche Partei regiert, also wähle ich auch nicht.* I don't care which party is in government, so I don't vote. ◇ *Ich denke, also bin ich.* I think, therefore I am. **2** (*mit anderen Worten*) so ◇ *Sie sind also der Meinung, dass ...* So you're of the opinion that ... ◇ *Wo treffen wir uns also genau?* So where exactly are we meeting? ◇ *1942, also mitten im Krieg* in 1942, i.e. in the middle of the War ◇ *Also bis später!* See you later then! ◇ *Also könnte man sagen, ...* So you could say that ... ◇ *Also gut, dann warten wir eben.* So all right then, we'll just wait. ◇ *Also ich fand das Stück unmöglich.* Well, I thought the play was terrible. ◇ *Na also, es funktioniert doch!* There you are, you see, it does work! **3** well ◇ *Also wirklich!* Well, really! ◇ *Also so was!* Would you believe it!

alt **1** old ◇ *in der guten alten Zeit* in the good old days ◇ *Er ist wieder ganz der Alte.* He's his old self again. ◇ *ein zwei Wochen altes Kätzchen* a two-week-old kitten ◇ *Alter Geizkragen!* The old skinflint! ◇ *sich alt vorkommen* feel your age ◇ *Wenn sie weiter so viel raucht, wird sie nicht alt.* She won't live to old age if she keeps on smoking so much. ◇ *Er wird morgen 20 Jahre alt.* He's twenty tomorrow. **2** (*antik*) ancient ◇ *Alte Geschichte* ancient history ◇ *das alte Ägypten* Ancient Egypt ◇ *die alten Sprachen* classical languages **3** (*Brot, Kuchen*) stale **4** (*original*) original [nur vor Nomen] ◇ *die alten Bundesländer* the original Federal States **5** (*vertraut*) familiar ◇ *Uns bot sich das alte Bild.* A familiar scene greeted our eyes. ◇ *Hier ist alles beim Alten.* Nothing has changed here. ◇ *alles beim Alten lassen* leave things as they are ◇ *Sie ist immer noch die Alte.* She hasn't changed. ◇ *seinen alten Gang gehen* continue just as before IDM **jdn alt machen** make sb look old **(ganz schön) alt aussehen** be in a mess; (*dumm dastehen*) look foolish ◇ *Wenn das schiefgeht, sehen wir alt aus.* If this goes wrong, we'll be in a mess. **irgendwo nicht alt werden** not stay long somewhere ◇ *In dieser Firma wird sie bestimmt nicht alt.* I don't think she will be staying long with the firm. → *Siehe auch* EISEN, HASE, HUT[1], JUNG, LIED, SCHACHTEL *und* SCHULE

Alt **1** (*Sänger(in), Stimme*) alto; (*Frau auch*) contralto → *Beispiele bei* BASS **2** (*Partie*) alto part **3 der Alt** (*im Chor*) the altos [Pl] **4** → ALTBIER

Altar altar

Alt- **Altbau** old building ◇ *ein renovierter Altbau* an old building that has been renovated ◇ *im Altbau der Klinik* in the old part of the hospital **Altbier** = top-fermented dark beer

Alte(r) (*alte Frau/alter Mann*) old woman/man; (*Ehemann/-frau*) husband/wife; (*Partner(in)*) partner; (*Vater, Mutter*) dad/mum; (*Chef(in)*) boss

alteingesessen old-established [nur vor Nomen]

Alten- **Altenbetreuung** care of the elderly ◇ *in der Altenbetreuung arbeiten* work caring for the elderly **Altenheim** old people's home ◇ *ins Altenheim kommen* go into an old people's home **Altenpflege** care of the elderly **Altenpfleger(in)** geriatric nurse **Altenwohnheim** retirement home

Alter age ◇ *im Alter von 70 Jahren* at the age of 70 ◇ *Sie ist gerade in einem schwierigen Alter.* She's at a difficult age. ◇ *ab einem bestimmten Alter* from a certain age ◇ *Sie war bis ins hohe Alter aktiv.* She remained active into old age. ◇ *eine Frau im mittleren Alter* a middle-aged woman ◇ *als ich in deinem Alter war* when I was your age ◇ *Man sah ihm sein Alter nicht an.* He didn't look his age. ◇ *Im Alter sieht man manches anders.* Old age makes you see some things differently. ◇ *mit zunehmendem Alter* as you get older ◇ *Sie haben keinen Respekt vor dem Alter.* They show no respect for their elders. IDM → VORRÜCKEN

älter older ◇ *Sie ist zwei Jahre älter als er.* She is two years older than him. ◇ *ältere Leute* older people ◇ *seine ältere Schwester* his elder sister ◇ *Lucas Cranach der Ältere* Lucas Cranach the Elder ◇ *der älteste Sohn* the eldest son → *Siehe auch* ELDERLY

altern age ◇ *Er ist deutlich gealtert.* He has aged visibly.

alternativ **1** *Adj* alternative [nur vor Nomen]; (*Theater, Zeitung auch*) fringe ◇ *alternative Medizin* alternative medicine ◇ *ein alternatives Café* an alternative cafe **2** *Adv* **~ leben** have an alternative lifestyle; (*umweltbewusst*) have a green lifestyle; (*aussteigen*) drop out; **sich ~ ernähren** have a wholefood diet **3** *Adv* (*oder*) alternatively ◇ *Alternativ könntest du auch ...* Alternatively, you could ...

Alternative alternative ◇ *eine Alternative zur Kernenergie* an alternative to nuclear energy ◇ *vor der Alternative stehen, entweder ...* be faced with a choice between ...

Alters- **Altersarmut** poverty in old age ◇ *Besonders Frauen sind von der Altersarmut betroffen.* Women are particularly at risk of poverty in old age. **Altersdemenz** senile dementia [U] **Alterserscheinung** sign of old age **Altersgenosse, -genossin** contemporary **Altersgrenze** (*Maximum*) age limit; (*Minimum*) minimum age; (*für den Ruhestand*) retirement age ◇ *Mit 68 hatte der Senator die Altersgrenze erreicht.* At 68 the senator had reached the compulsory retirement age. **Altersgruppe** age group ◇ *Frauen aller Altersgruppen* women in all age groups ◇ *die Altersgruppe der 30- bis 35-Jährigen* the 30-35 age group **Altersheim** → ALTENHEIM **Altersklasse** category ◇ *in der Altersklasse der Senioren* in the over-50 category **Altersunterschied** age difference **Altersversorgung** pension scheme

Alt- **Altglas** waste glass ◇ *eine Tonne Altglas* a ton of waste glass ◇ *Altglas wieder verwerten* recycle glass **Altglascontainer** bottle bank **althergebracht** traditional **Altjahrsabend** New Year's Eve **Altkleider** old clothes [Pl] **Altkleidersammlung** collection of old clothes **altklug** precocious (*Adv* precociously) **Altlast** **1** (*Fläche*) contaminated land [U] ◇ *Die Sanierung der Altlasten wird noch Jahre dauern.* It will take years to clean up contaminated sites. **2** (*Abfall*) toxic waste [U] ◇ *flüssige Altlasten* toxic liquid waste ◇ *Er ist zu einer Altlast geworden.* He's become a liability. **Altmetall** scrap metal **altmodisch** **1** *Adj* old-fashioned ◇ *altmodische Ansichten haben* have old-fashioned views ◇ *Der Laden ist richtig schön altmodisch.* The shop is really quaint. **2** *Adv* in an old-fashioned way **Altöl** used engine oil **Altpapier** waste paper **Altphilologie** Classics [U] **altrosa** dusky pink **altsprachlich** classical ◇ *ein altsprachliches Gymnasium* a grammar school which specializes in Classics **Altstadt** old (part of) town ◇ *die Lübecker Altstadt* the old part of Lübeck **Altweibersommer** Indian summer

Alufolie kitchen foil, tin foil

Aluminium, **Alu** aluminium, (*AmE*) aluminum

Amalgam amalgam

Amateur(in) amateur

Amateur- amateur ◇ *ein Amateurfotograf* an amateur photographer

amateurhaft amateurish

Ambition ambition ◇ *politische Ambitionen* political ambitions ◇ (*keine*) *Ambitionen haben* (not) be ambitious ◇ *Ambitionen auf etw haben* set your sights on sth

ambitioniert ambitious (*Adv* ambitiously)

ambivalent ambivalent

Ambivalenz ambivalence [U/Sing]
Amboss anvil
ambulant 1 (*in Notfällen*) ◇ *ambulant behandelt werden* be treated in casualty **2** (*nicht-stationär*) ◇ *ambulant operiert werden* have day surgery **3** (*zu Hause*) domiciliary [nur vor Nomen] (*gehoben*) ◇ *ambulante Dienste* domiciliary care
Ambulanz 1 (*Krankenwagen*) ambulance ◇ *Er wurde mit der Ambulanz ins Krankenhaus gebracht.* He was taken to hospital by ambulance. **2** (*Unfallstation*) accident and emergency department, (*BrE auch*) casualty, (*AmE*) emergency room; (*poliklinische Station*) outpatient clinic
Ameise ant
Ameisenbär anteater **Ameisenhaufen** anthill
Amen amen IDM → JA
Amethyst amethyst
Ami American, Yank (*abwert*)
Amisch Amish ◇ *die Amischen* the Amish
Amme wet nurse
Ammenmärchen old wives' tale
Ammoniak ammonia
Ammonium ammonium
Amnesie amnesia
Amnestie amnesty
Amok ~ laufen run amok
Amokläufer(in) person running amok
amortisieren sich ~ be recouped; (*Investition*) pay for itself
Ampel 1 (traffic) light [meist Pl] ◇ *bei Rot über die Ampel fahren* run the lights **2** (*Blumen-*) hanging basket
Ampère amp, ampere
Amphibie amphibian
Amphitheater amphitheatre, (*AmE*) amphitheater
Ampulle ampoule
Amputation amputation
amputieren amputate ◇ *Es mussten ihm beide Beine amputiert werden.* He had to have both legs amputated.
Amsel blackbird
Amt 1 office [U] ◇ *ein Amt innehaben* hold office ◇ *sein Amt niederlegen/zur Verfügung stellen* resign from office ◇ *Sie wurde ihres Amtes enthoben.* She was removed from office. ◇ *das Amt des Verteidigungsministers antreten* take up the post of Minister of Defence ◇ *das Amt des Polizeipräsidenten* the post of chief constable **2** (*Behörde*) office **3** (*Funktion*) ◇ *Sie hat freiwillig das Amt der Schatzmeisterin übernommen.* She volunteered to act as treasurer.
amtieren be in office ◇ *weiter amtieren* remain in office ◇ *Sie amtiert seit Januar als Parteivorsitzende.* She became party leader in January. ◇ *der amtierende Bürgermeister* the present mayor ◇ *die amtierende Europameisterin* the reigning European champion
amtlich official (*Adv* officially) ◇ *nach amtlichen Angaben* according to official reports ◇ *Das ist noch nicht amtlich.* It's not official yet. ◇ *das amtliche Kennzeichen* the registration number
Amts- Amtsarzt, -ärztin ≈ medical officer, (*AmE*) ≈ medical examiner **amtsärztlich** ◇ *ein amtsärztliches Attest ausstellen* issue a medical certificate **Amtsgeheimnis 1** (*Schweigepflicht*) official secrecy **2** (*Information*) official secret **Amtsgericht** county court **Amtszeit** period of office
amüsant entertaining (*Adv* entertainingly); (*Abend*) enjoyable (*Adv* enjoyably)
amüsieren 1 amuse ◇ *Es amüsierte ihn sehr.* It amused him very much. ◇ *amüsiert lächeln* smile in amusement **2 sich ~** enjoy yourself, have a good time ◇ *Ich will mich mal wieder so richtig gut amüsieren.* I'm really going to enjoy myself. **3 sich über jdn/etw ~** laugh at sb/sth; (*sich lustig machen*) make fun of sb/sth **4 sich mit jdm ~** (*ausnutzen*) be amusing yourself with sb ◇ *Sie will sich nur mir dir amüsieren.* She's only amusing herself with you.
an
• **räumlich 1** on, at ◇ *an der Wand hängen* be on the wall ◇ *Bremen liegt an der Weser.* Bremen is on the Weser. ◇ *die Schuhe an der Fußmatte abwischen* wipe your shoes on the mat ◇ *an der Grenze liegen* be on the border ◇ *an der Tür stehen* be (standing) at the door ◇ *an der Grenze warten* wait at the border ◇ *Er arbeitet am Theater.* He works at the theatre. ◇ *am Meer* by the sea ◇ *jdn am Arm festhalten* grab sb by the arm ◇ *am Himmel* in the sky ◇ *An dieser Stelle passierte das Unglück.* This is the spot where the accident happened. ◇ *An dieser Stelle sollten wir lieber aufhören.* At this point we'd better stop. **2** (*in eine Richtung*) to ◇ *Er befestigte die Lampe an der Decke.* He fixed the lamp to the ceiling. ◇ *Sie stellte die Leiter an die Wand.* She put the ladder up against the wall.
• **zeitlich 3** on, at ◇ *am Montag* on Monday ◇ *an einem Mittwochmorgen* on a Wednesday morning ◇ *an einem sonnigen Tag* on a sunny day ◇ *an meinem Geburtstag* on my birthday ◇ *an Ostern/Weihnachten* at Easter/Christmas ◇ *am Wochenende* at the weekend ◇ *am Morgen/Nachmittag* in the morning/afternoon
• **mit Präpositionen 4 bis ~ etw** (up) to sth ◇ *Das Hochwasser kam bis an die Haustür.* The (flood) water came right up to the front door. ◇ *bis an sein Lebensende* to the end of his days **5 von … ~** from … (on) ◇ *von nun an* from now on ◇ *vom 1. April an* from the first of April
• **andere Ausdrücke 6** (*in Mengenangaben*) ◇ *Was hat er im letzten Jahr an Land verkauft?* How much land did he sell last year? ◇ *Wurst am Stück kaufen* buy salami in the piece **7** (*mit Krankheiten etc.*) of ◇ *an etw sterben* die of sth ◇ *Er war an einer Grippe erkrankt.* He had flu. **8** (*mit Ankunftszeiten*) ◇ *Köln an: 20.30 Uhr* Arrives Cologne: 20.30 **9 ~ die** (*ungefähr*) about ◇ *an die 200 Menschen* about 200 people **10** (*mit Beschäftigungen*) ◇ *Er war seit vier Stunden an der Arbeit.* He had been working for four hours. ◇ *Sie schrieb den ganzen Tag an dem Aufsatz.* She spent all day working on the essay.
• **als Adverb 11** (*eingeschaltet*) on ◇ *Das Licht ist an.* The light's on. **12** (*mit Kleidern*) ◇ *ohne etwas an* with nothing on ◇ *Was hast du an?* What are you wearing?
ℹ Für andere Ausdrücke mit **an** siehe die Einträge für die entsprechenden Nomina etc. **An jdn denken** z.B. steht unter **denken**.
IDM **an (und für) sich** ◇ *Die Burg an sich ist schon ein lohnendes Ausflugsziel.* The castle alone is worth the journey. ◇ *Damit stellt er das System an sich infrage.* This questions the value of the system itself. ◇ *An und für sich ist er ein lieber Mensch.* Basically he's a nice person. **es ist an jdm, etw zu tun** it's up to sb to do sth → *Siehe auch* AB
Anachronismus anachronism
anachronistisch 1 anachronistic (*Adv* anachronistically) **2** (*veraltet*) outdated
anaerob anaerobic
analog 1 *Adj* (*Computer, Uhr, Aufnahme*) analogue, (*bes AmE*) analog **2** *Adj* (*ähnlich*) similar, analogous (*gehoben*) ◇ *in analoger Weise* in a similar way **3** *Adv* (*entsprechend*) correspondingly; **~ zu etw** in line with sth; (*ähnlich*) along the lines of sth ◇ *Als der neue Zugfahrplan eingeführt wurde, änderten sich die Abfahrtzei-*

ten der Busse analog. When the new train timetable was introduced, the bus times were changed correspondingly. ◇ *Die Preise steigen analog zu den Löhnen.* Prices are rising in line with wages. ◇ *Weitere Veranstaltungen sind geplant, analog den Protesten im Frühjahr.* Further events are planned along the lines of the protests in the spring.

Analogie **1** analogy ◇ *Er sieht darin eine Analogie zur industriellen Revolution.* He sees in it an analogy with the industrial revolution. **2 in ~ zu etw** along similar lines to sth ◇ *In Analogie zu amerikanischen Einrichtungen sollen hier Campusuniversitäten entstehen.* Campus universities are to be set up here along similar lines to American institutions.

Analphabet(in) illiterate ◇ *Er ist Analphabet.* He is illiterate.

Analphabetismus illiteracy

Analyse analysis ◇ *Es wurde zur Analyse ins Labor gebracht.* It was taken to the laboratory for analysis.

analysieren analyse, (*AmE*) analyze

Analytiker(in) analyst

Anämie anaemia, (*AmE*) anemia

anämisch anaemic, (*AmE*) anemic

Ananas pineapple

Anaphylaxie anaphylaxis

Anarchie anarchy

Anarchist(in) anarchist

Anästhesie **1** (*Abteilung, Wissenschaft*) anaesthesiology, (*AmE*) anesthesiology **2** (*Narkose*) anaesthetic, (*AmE*) anesthetic **3** (*Zustand*) anaesthesia, (*AmE*) anesthesia

Anatomie anatomy

anatomisch anatomical (*Adv* anatomically)

anbahnen **1 sich ~** develop; (*Konflikt, Streit, Tragödie*) be looming; (*Änderung*) be in the offing ◇ *eine sich anbahnende Freundschaft* a developing friendship ◇ *Eine Krise bahnt sich an.* A crisis is looming. ◇ *Zwischen den beiden bahnt sich etwas an.* There's something going on between those two. **2** (*Gespräch, Kontakt etc.*) initiate; (*Geschäft*) set *sth* up

Anbau **1** (*von Pflanzen*) cultivation ◇ *der Anbau genveränderter Pflanzen* the cultivation of genetically modified plants ◇ *aus biologischem Anbau* organically grown ◇ *aus eigenem Anbau* home-grown **2** (*Gebäude*) extension **3** (*das Anbauen*) building ◇ *Braucht man eine Genehmigung für den Anbau eines Wintergartens?* Do you need planning permission to build a conservatory?

anbauen **1** (*Pflanzen*) grow ◇ *biologisch angebautes Gemüse* organically grown vegetables **2** (*Gebäude*) build an extension; **etw (an etw) ~** add sth (to sth), build sth (onto sth) ◇ *Wir wollen anbauen.* We want to build an extension. ◇ *Dieser Seitenflügel wurde später angebaut.* This wing was added later. ◇ *An die Schule wurde eine Turnhalle angebaut.* A gym was built onto the school.

anbehalten keep *sth* on

anbei enclosed ◇ *Anbei übersende ich Ihnen …* Please find enclosed …

anbeißen **1** take the bait (*auch fig*) **2** (*Apfel etc.*) bite (into) *sth*, take a bite of *sth*

anbelangen **was jdn/etw anbelangt** as far as sb/sth is concerned

anbeten worship (*auch fig*) ◇ *Er betet seine Mutter an.* He worships his mother.

Anbetracht **in ~ einer Sache** in view of sth ◇ *In Anbetracht der Tatsache, dass …* In view of the fact that …

Anbetung worship (*auch fig*); (*Verehrung*) adoration

anbiedern **sich (bei jdm) ~** curry favour (with sb), (*AmE*) curry favor (with sb), ingratiate yourself (with sb) ◇ *sein anbiedernder Ton* his ingratiating tone

anbieten **1 (jdm) etw ~** offer (sb) sth, offer sth (to sb) ◇ *Er bot ihr einen Keks an.* He offered her a biscuit. ◇ *Kann ich Ihnen etwas zu trinken anbieten?* Can I offer you something to drink? ◇ *Sie haben angeboten, uns beim Umzug zu helfen.* They've offered to help us with the move. ◇ *Die Stelle wurde ihr angeboten.* She was offered the job. ◇ *Die Bauern bieten Obst und Gemüse zum Verkauf an.* The farmers are selling fruit and vegetables. **2** (*vorschlagen*) suggest ◇ *eine Lösung anbieten* suggest a solution ◇ *Wann bietest du ihr endlich das Du an?* When are you finally going to suggest she calls you 'Du'? **3** ◇ *seinen Rücktritt anbieten* tender your resignation **4 sich (als etw) ~** offer your services (as sth); **sich ~, etw zu tun** offer to do sth ◇ *Sie haben sich als Vermittler angeboten.* They have offered their services as mediators. ◇ *Er bot sich an, uns beim Umzug zu helfen.* He has offered to help us with the move. **5 sich ~** (*in Betracht kommen*) present itself; (*geeignet sein*) be suitable ◇ *Diese Lösung bot sich an.* This solution presented itself. ◇ *Welche Möglichkeiten bieten sich an?* What possibilities are there? ◇ *Es bietet sich an, jetzt eine Pause einzulegen.* It might be a good idea to have a break now.

Anbieter (COMP) provider

anbinden **1** tie *sb/sth* up; **jdn/etw an etw ~** tie sb/sth to sth ◇ *Bohnen an einer Stange anbinden* tie beans to a stake ◇ *den Hund anbinden* tie the dog up → *Siehe auch* ANGEBUNDEN **2** connect, link ◇ *Die Stadt soll an das ICE-Netz angebunden werden.* The town is to be linked to the ICE-network. ◇ *Der Vorort ist jetzt besser an die S-Bahn angebunden.* The suburb now has better S-Bahn connections.

Anblick sight ◇ *Beim Anblick von Oldtimern gerät er ins Schwärmen.* He gets carried away at the sight of vintage cars.

anblicken look at *sb/sth*

anbraten fry; (*Fleisch*) brown

anbrechen **1** (*Knochen*) crack ◇ *sich das Schlüsselbein anbrechen* crack your collarbone **2** start; (*Flasche, Packung*) open; (*Vorräte, Ersparnisse, Geldschein*) break into *sth* ◇ *eine angebrochene Flasche Wein* an opened bottle of wine ◇ *Wer hat die Tafel Schokolade angebrochen?* Who has broken into this bar of chocolate? ◇ *Was machen wir mit dem angebrochenen Abend?* What are we going to do with the rest of the evening? ◇ *jede angebrochene Stunde* every hour or part of an hour **3** (*Tag, Zeitalter, Morgen*) dawn; (*Dunkelheit*) fall; (*Herbst, Winter*) set in; (*Frühling, Sommer*) begin

anbrennen **1** (*beim Kochen*) burn ◇ *Mir ist das Essen angebrannt.* I've burned the dinner. ◇ *Es riecht angebrannt.* There is a smell of burning. **2** (*zu brennen beginnen*) catch fire; (*Holz, Kohlen*) start to burn **3** (*anzünden*) set fire to *sth*; (*Zigarette etc.*) light

anbringen **1** (*befestigen*) put *sth* up ◇ *eine Tafel an der Wand anbringen* put a plaque up on the wall **2** (*mitbringen*) bring *sb/sth* along ◇ *Er bringt immer irgendwelche Tiere an.* He's always bringing home some animal or other. **3** (*Argument, Frage*) put *sth* forward; (*Kritik, Zweifel*) voice → *Siehe auch* ANGEBRACHT

Anbruch beginning; (*Tag, Zeitalter auch*) dawn ◇ *der Anbruch einer neuen Ära* the dawn of a new age ◇ *bei Anbruch der Dunkelheit* at nightfall

anbrüllen **1** yell at *sb* **2 gegen etw ~** shout above the noise of sth ◇ *Wir mussten gegen den Lärm anbrüllen, um uns verständlich zu machen.* We had to shout to make ourselves heard above the noise.

Andacht **1** (*Gottesdienst*) (short) service **2** (*Gebet*) prayer ◇ *zur Andacht vor dem Altar niederknien* kneel in prayer before the altar **3** (*Konzentration*) rapt attention

andächtig **1** reverent (*Adv* reverently); (*fromm*) devout (*Adv* devoutly) ◇ *Sie kniete andächtig vor dem Kreuz.* She knelt reverently in front of the cross. **2** (*konzentriert*) rapt ◇ *eine andächtige Stille im Stadium* a rapt silence in the stadium ◇ *Das Publikum hörte andächtig zu.* The audience listened with rapt attention.

andauern continue, go on ◇ *Die Bauarbeiten werden bis Mai andauern.* The building work will continue until May. ◇ *Der Streit dauert schon seit drei Jahren an.* The dispute has been going on for three years.

andauernd **1** *Adj* continuing, ongoing ◇ *die andauernden Bauarbeiten* the ongoing building work **2** *Adv* (*ständig*) always ◇ *Er sucht andauernd Streit.* He's always trying to pick a quarrel. ◇ *Sie stört uns andauernd.* She keeps on disturbing us.

Andenken **1** memory ◇ *im/zum Andenken an jdn/etw* in memory of sb/sth ◇ *ein ehrendes Andenken an jdn bewahren* honour sb's memory **2** (*Gegenstand*) memento; (*Souvenir*) souvenir ◇ *Dieser Ring ist ein Andenken an meine Oma.* This ring is a memento of my gran.

andere(r,s)
- **als Adjektiv** **1** other ◇ *mit anderen Worten* in other words ◇ *ein Job wie jeder andere* a job like any other ◇ *ein anderes Mal* another time ◇ *in eine andere Stadt ziehen* move to another town ◇ *an anderer Stelle im Text* elsewhere in the text **2** (*unterschiedlich*) different ◇ *Jede Kategorie ist mit einer anderen Farbe gekennzeichnet.* Each category is marked with a different colour. ◇ *Das ist eine ganz andere Frage.* That's a very different question. ◇ *Er ist ein ganz anderer Mensch geworden.* He has become a totally different person. ◇ *Ich bin da etwas anderer Meinung.* I don't quite agree. **3** (*nächste(r,s)*) next [nur vor Nomen] ◇ *am anderen Tag* the next day ◇ *von einem Tag auf den anderen* from one day to the next ◇ *Ein Wort gab das andere.* One thing led to another.
- **als Pronomen** **4** (*Person*) other ◇ *Sie haben zwei Söhne. Der eine spielt Klavier, der andere Geige.* They have two sons. One plays the piano, the other the violin. ◇ *Ich komme, aber die anderen nicht.* I'm coming, but the others aren't. ◇ *die beiden anderen* the other two ◇ *Es ging einer nach dem anderen weg.* They left one after another. ◇ *alle anderen* everyone else ◇ *Er hat jetzt eine andere.* He's got a different girlfriend now. ◇ *Mir ist es egal, was andere denken.* I don't care what other people think. ◇ *Der eine oder andere hat sich beschwert, aber die meisten waren zufrieden.* One or two people complained, but most were satisfied. ◇ *Der eine spielt gern Fußball, der andere Tennis, der dritte lieber Volleyball.* Some people like to play football, others tennis and others again prefer volleyball. **5 ein(e) andere(r,s)** (*Ding*) a different one; (*noch eins*) another one; (*Mensch*) somebody else ◇ *Das Buch gefällt mir nicht. Ich hätte gern ein anderes.* I don't like this book. I'd like a different one. ◇ *Das Glas hat einen Sprung. Hast du ein anderes?* This glass is cracked. Have you got another one? ◇ *Immer eins nach dem anderen!* Just do one thing at a time!

IDM **alles andere als ...** not ... at all; far from ... ◇ *Das ist alles andere als billig.* That's not cheap at all. ◇ *Es ist alles andere als sicher, dass ...* It is far from certain that ... **etwas anderes** something else ◇ *Wir müssen uns etwas anderes einfallen lassen.* We'll have to think of something else. ◇ *Das ist doch etwas ganz anderes!* But that's different! **nichts anderes** nothing else ◇ *Ich habe heute nichts anderes vor.* I'm not doing anything else today. ◇ *Mir blieb nichts anderes übrig, als zur Polizei zu gehen.* I had no option but to go to the police. ◇ *Sie tun nichts anderes als reden.* They do nothing but talk. ◇ *Das ist nichts anderes als Diebstahl.* That amounts to theft. **unter anderem** among other things ◇ *Zu der Sammlung gehören unter anderem Uhren und Schmuck.* The collection comprises watches and jewellery, among other things. → *Siehe auch* SEITE *und* UNTER

anderenfalls, **andernfalls** otherwise

andererseits, **andrerseits** on the other hand

ändern **(sich) ~** change; (*im Aussehen, Charakter oder in der Verwendung etc. einer Sache*) alter ◇ *Ich habe meine Meinung geändert.* I've changed my mind. ◇ *Daran lässt sich jetzt nichts mehr ändern.* It can't be changed now. ◇ *Sie hat sich überhaupt nicht geändert.* She hasn't changed at all. ◇ *Das kann sich schnell ändern.* That can change very quickly. ◇ *einen Rock ändern lassen* have a skirt altered ◇ *Das ändert nichts daran, dass ...* That doesn't alter the fact that ... ◇ *Das ist leider nicht zu ändern.* Unfortunately nothing can be done about it.

andernfalls → ANDERENFALLS

anders **1** (*verschieden*) different (*Adv* differently) ◇ *Er ist anders als die anderen.* He is different from the others. ◇ *Du siehst heute anders aus.* You look different today. ◇ *Es schmeckt anders als sonst.* It tastes different from usual. ◇ *Ich sehe das anders.* I see that differently. ◇ *sich anders entscheiden* come to a different decision ◇ *Das muss anders werden.* That's got to change. ◇ *Wie könnte es auch anders sein?* What else would you expect? ◇ *Sie hat es sich anders überlegt.* She has changed her mind. ◇ *Es kam ganz anders als erwartet.* Things didn't turn out as expected. ◇ *anders ausgedrückt* in other words ◇ *Anders als in anderen Städten gibt es in Berlin ...* Unlike other cities, Berlin has ... **2** (*sonst*) else ◇ *War noch jemand anders da?* Was there anyone else there? ◇ *irgendwo anders* somewhere else ◇ *Das könnte nirgendwo anders als in England passieren.* That could only happen in England.

andersartig different

Andersdenkende(r) dissenter; (*Dissident*) dissident

andersherum, **andersrum** **1** the other way round; (*in eine andere Richtung*) the other way ◇ *Muss das Bild nicht andersherum sein?* Doesn't the picture go the other way round? ◇ *den Griff andersherum drehen* turn the handle the other way **2** (*homosexuell*) gay

anderslautend to the contrary [nicht vor Nomen] ◇ *anderslautende Meldungen* reports to the contrary

anderswo somewhere else; (*in Fragen und verneinten Sätzen*) anywhere else ◇ *Ich kann auch anderswo sitzen.* I can sit somewhere else. ◇ *So etwas findet man anderswo nicht.* You can't find this kind of thing anywhere else.

anderthalb one and a half ◇ *anderthalb Millionen* one and a half million ◇ *anderthalb Stunden* an hour and a half/one and a half hours ◇ *Das Kind ist anderthalb Jahre alt.* The child is eighteen months old.

Änderung **~ (einer Sache)** change (in sth), alteration (to sth); (*in einem Gesetz, Dokument*) amendment (to sth) ◇ *eine grundlegende Änderung in der Drogenpolitik* a fundamental change in the policy on drugs ◇ *Sie nahm nur einige kleine Änderungen vor.* She just made some minor alterations.
Änderungsantrag amendment ◇ *einen Änderungsantrag einbringen/vorlegen* introduce/table an amendment **Änderungsvorschlag** suggestion for change; (*zu einem Gesetz, Dokument*) proposed amendment ◇

Der Lehrer hörte sich unsere Änderungsvorschläge an. The teacher listened to our suggestions for change.

anderweitig **1** *Adj* other ◇ *anderweitige Verpflichtungen* other responsibilities **2** *Adv* in other ways; (*an anderer Stelle*) elsewhere ◇ *Sie spielen mit den Kindern oder beschäftigen sie anderweitig.* They play with the children or occupy them in other ways. ◇ *Sie müssen anderweitig untergebracht werden.* They have to be accommodated elsewhere. ◇ *Das Gebäude wird jetzt anderweitig genutzt.* The building is being used for another purpose.

andeuten **1** (*zu verstehen geben*) hint, indicate (*gehoben*) ◇ *Sie deutete an, dass sie gehen würde.* She hinted that she would be leaving. ◇ *die Bereitschaft andeuten, etw zu tun* indicate your willingness to do sth ◇ *Willst du damit andeuten, dass ... ?* Are you suggesting that ... ? **2** (*skizzieren*) outline; (*kurz erwähnen*) mention **3 etw deutet sich an** there are signs of sth ◇ *Eine Besserung deutet sich noch nicht an.* There are no signs of improvement yet.

Andeutung hint ◇ *Sie hat eine vage Andeutung gemacht, dass ...* She dropped a vague hint that ... ◇ *mit der Andeutung eines Lächelns* with a hint of a smile ◇ *Er sprach nur in Andeutungen davon.* He just hinted about it.

andeutungsweise ◇ *Sie gab ihm andeutungsweise zu verstehen, dass ...* She hinted that ... ◇ *Diese Fragen wurden nur andeutungsweise angesprochen.* These questions were only touched upon. ◇ *Die Burg ist nur andeutungsweise zu erkennen.* You can just make out the outline of the castle. ◇ *Wie kann man ihre Lebensbedingungen auch nur andeutungsweise verbessern?* How can we improve their living conditions even slightly?

andichten jdm etw ~ (*etwas Positives*) credit sb with sth; (*etwas Negatives*) accuse sb of sth

andicken thicken

andiskutieren start to discuss *sth*

Andrang rush; (*Gedränge*) crowd ◇ *der Andrang auf die Karten* the rush for tickets ◇ *Beim Sommerfest herrschte ein enormer Andrang.* There was an enormous crowd at the summer fête.

andrehen **1** (*anstellen*) turn *sth* on ◇ *die Heizung/das Wasser andrehen* turn on the heating/water **2 jdm etw ~** talk sb into buying sth; (*Aufgabe*) land sb with sth

andrerseits → ANDERERSEITS

androhen threaten; **jdm etw ~** threaten sb with sth ◇ *Sie drohte ihren Rücktritt an.* She threatened to resign. ◇ *Sie drohten uns Gewalt an.* They threatened us with violence. ◇ *Er drohte ihr die Kündigung an.* He threatened to dismiss her.

Androhung **1** threat ◇ *die Androhung militärischer Gewalt* the threat of military action **2** (RECHT) ◇ *unter Androhung eines Bußgelds* under penalty of a fine

andrücken press *sth* down

anecken (mit etw) (bei jdm) ~ cause offence (to sb) (by sth) ◇ *Sie ist mit ihren Ansichten schon öfters angeeckt.* Her views have frequently caused offence.

aneignen **1** (*Wissen, Kenntnisse*) acquire **2** (*wegnehmen*) misappropriate

Aneignung (*Lernen*) acquisition

aneinander **1** each other, one another ◇ *aneinander denken* think of each other ◇ *aneinander vorbeigehen* pass each other ◇ *sich aneinander gewöhnen* get used to each other ◇ *aneinander vorbeireden* talk at cross purposes **2** (*zusammen*) together ◇ *Die Tische stehen eng aneinander.* The tables are close together. **aneinandergeraten (mit jdm) ~** come to blows (with sb), quarrel (with sb) **aneinandergrenzen** adjoin ◇ *aneinandergrenzende Grundstücke* adjoining plots of land **aneinanderhängen** (*sich mögen*) be attached to each other **aneinanderkleben** stick *sth* together ◇ *zwei Stücke aneinanderkleben* stick two pieces together **aneinanderreihen** **1 etw ~** string sth together ◇ *Wörter aneinanderreihen* string words together ◇ *Aneinandergereihte Bücher standen im Regal.* There were rows of books on the shelves. **2 sich ~** stand in rows; (*folgen*) follow one after the other ◇ *Eindringliche Bilder reihten sich aneinander.* Powerful images followed one after the other. ◇ *Auf dem Marktplatz reihten sich Stände aneinander.* There were rows of stalls in the market place. **aneinanderschmiegen sich ~** snuggle up to each other

Anekdote anecdote

anekeln jd/etw ekelt jdn an sb/sth is disgusting ◇ *Dieses Handtuch ekelt mich an!* This towel is disgusting!

Anemone anemone

anerkannt **1** (*geachtet*) recognized; (*akzeptiert*) accepted ◇ *ein international anerkannter Experte* an internationally recognized expert ◇ *allgemein anerkannte Regeln* generally accepted rules **2** (*offiziell*) approved, recognized ◇ *staatlich anerkannt* state-approved ◇ *ein anerkannter Flüchtling* a person who has been granted official refugee status

anerkennen **1** (*würdigen*) recognize, appreciate; (*akzeptieren*) accept ◇ *Er fühlt sich von seinem Lehrer nicht anerkannt.* He doesn't feel appreciated by his teacher. ◇ *jdm anerkennend zunicken* nod appreciatively at sb ◇ *anerkennende Worte* words of appreciation ◇ *Sie fühlen sich nicht als Deutsche anerkannt.* They do not feel accepted as Germans. **2** (*offiziell*) recognize ◇ *Wird das englische Abitur in Deutschland anerkannt?* Are English A levels recognized in Germany? ◇ *als Kriegsdienstverweigerer anerkannt werden* be given conscientious objector status ◇ *ein Land diplomatisch anerkennen* give a country diplomatic recognition **3** (*Kind*) acknowledge

anerkennenswert commendable (*gehoben*)

Anerkennung **1** (*Würdigung*) recognition; (*Dankbarkeit*) appreciation ◇ *Sie genießt weltweite Anerkennung.* She enjoys worldwide recognition. ◇ *Er bemüht sich ständig um Anerkennung.* He is constantly seeking recognition. ◇ *ein kleines Geschenk als Zeichen der Anerkennung* a small gift as a token of appreciation **2** (*offiziell*) recognition ◇ *diplomatische Anerkennung* diplomatic recognition **Anerkennungsverfahren** = screening procedure (for refugees or conscientious objectors)

anerzogen acquired ◇ *anerzogenes Verhalten* acquired behaviour ◇ *Ihre Ordnungsliebe ist anerzogen.* She was brought up to be tidy.

anfachen **1** (*Feuer*) fan **2** (*Debatte, Streit*) fuel

anfahren **1** (*losfahren*) set off **2** (*verletzen*) hit ◇ *Der Hund ist angefahren worden.* The dog's been hit by a car. **3** (*liefern*) deliver **4** (*anschnauzen*) shout at *sb*

Anfahrt **1** (*Anreise*) journey ◇ *Die Anfahrt dauerte länger als erwartet.* The journey took longer than expected. **2** (*Zufahrt*) approach road; (*privat*) drive

Anfall **1** (MED) attack; (*epileptisch*) fit **2** (*Anwandlung*) fit ◇ *in einem Anfall von Eifersucht* in a fit of jealousy ◇ *in einem Anfall von Leichtsinn* in a rash moment IDM **einen Anfall bekommen/kriegen** (*wütend werden*) throw a fit

anfallen **1** (*überfallen*) attack **2** (*Kosten*) arise; (*Müll*) accumulate; (*Zinsen*) accrue ◇ *die Abfälle, die in der Küche anfallen* the waste that accumulates in the kitchen ◇ *In den Ferien fällt hier kaum Arbeit an.* There's hardly any work here in the holidays.

anfällig delicate; (*Maschine etc.*) unreliable; **für etw ~ sein** (*Krankheiten etc.*) be susceptible to sth ◇ *gesund-*

heitlich anfällig sein have delicate health ◇ *für Erkältungen anfällig sein* be susceptible to colds

Anfälligkeit weakness; **~ für etw** susceptibility to sth

Anfang beginning ◇ *Anfang Januar* at the beginning of January ◇ *Er ist Anfang fünfzig.* He's in his early fifties. ◇ *Das Projekt steckt noch in den Anfängen.* The project is still in its early stages. IDM **aller Anfang ist schwer** the hardest part is always the beginning **am Anfang** (*zuerst*) at the beginning; (*zunächst*) at first ◇ *Warum hat er das nicht gleich am Anfang gesagt?* Why didn't he say so right at the beginning? ◇ *Am Anfang fand sie Latein langweilig.* She found Latin boring at first. **den Anfang machen** make a start **einen neuen Anfang machen** make a fresh start **von Anfang an** from the start ◇ *Ich war von Anfang an dagegen.* I was against it from the start.

anfangen 1 (*beginnen*) start, begin ◇ *Es fängt um zehn an.* It starts at ten. ◇ *Können wir endlich anfangen?* Can we finally get started? ◇ *Jonas hat angefangen!* Jonas started it! ◇ *Das Baby fing an zu weinen.* The baby began/started to cry/The baby began/started crying. ◇ *Das Baby fing gerade an zu schreien.* The baby was just beginning/starting to cry. ◇ *Das fängt ja gut an!* That's a good start! **2 mit etw ~** start sth, begin sth ◇ *Hast du schon mit den Fahrstunden angefangen?* Have you started your driving lessons yet? **3** (*machen*) do ◇ *Was sollen wir ohne sie bloß anfangen?* What on earth are we going to do without her? ◇ *Sie weiß nichts mit sich anzufangen.* She doesn't know what to do with herself. IDM **jd kann mit etw/jdm nichts anfangen 1** (*gebrauchen können*) sth/sb is no use to sb ◇ *Mit dem Abschluss kannst du nicht viel anfangen.* Those qualifications won't be much use to you. ◇ *Seit sie einen Freund hat, ist mit ihr nichts mehr anzufangen.* Since she's got a boyfriend, she's hopeless. **2** (*nicht mögen*) sb has no time for sth/sb ◇ *Mit dem Kerl kann ich nichts anfangen.* I have no time for that bloke. **3** (*verstehen*) sb can't make anything of sth/sb ◇ *Ich kann mit Kafka überhaupt nichts anfangen.* I can't make anything of Kafka. **etw mit jdm anfangen** (*Affäre*) start an affair with sb → *Siehe auch* KLEIN, NULL *und* RECHT

Anfänger(in) 1 beginner; (*Autofahrer*) learner (driver) ◇ *ein blutiger Anfänger* an absolute beginner **2** (*Stümper*) amateur

Anfängerkurs beginners' course

anfänglich 1 *Adj* initial ◇ *nach anfänglichem Zögern* after some initial hesitation **2** *Adv* at first, initially (*gehoben*)

anfangs at first ◇ *Die anfangs freundliche Stimmung schlug plötzlich um.* The mood, which had been friendly at first, suddenly changed.

Anfangs- Anfangsbuchstabe first letter **Anfangsphase** initial phase **Anfangsstadium** initial stage **Anfangszeit 1** starting time **2** (*Anfänge*) early days [Pl] ◇ *die Anfangszeit der Studentenbewegung* the early days of the student movement

anfassen 1 (*berühren*) touch ◇ *Nicht anfassen!* Don't touch! **2** (*Problem, Aufgabe etc.*) tackle, deal with *sth*; (*Menschen*) treat ◇ *ein heikles Thema anfassen* deal with a delicate issue ◇ *Er hat seinen Sohn immer sehr hart angefasst.* He always treated his son very harshly. **3 sich ~** feel ◇ *Der Pulli fasst sich ganz weich an.* The jumper feels really soft. IDM **(bei etw) mit anfassen** lend a hand (with sth) ◇ *Kannst du mal mit anfassen?* Can you lend me a hand? **zum Anfassen** approachable

anfechtbar 1 (RECHT) appealable **2** (*umstritten*) controversial

anfechten (*Testament*) contest; (*Urteil*) appeal against *sth*; (*Vertrag, Entscheidung*) challenge

anfertigen make; (*Hausaufgaben, Porträt*) do; (*Gutachten, Studie*) prepare ◇ *Er lässt seine Anzüge nach Maß anfertigen.* He has his suits made to measure.

anfeuern cheer *sb* on

anflehen beg

Anflug 1 approach **2** (*Hauch*) hint ◇ *ohne jeden Anflug von Ironie* without a hint of irony

anfordern request; (*Waren, Ersatzteile*) order; (*Verstärkung*) call for *sth*

Anforderung 1 request **2 Anforderungen** (*Ansprüche*) demands [Pl]; (*Bestimmungen*) requirements [Pl] ◇ *hohe Anforderungen an jdn stellen* place high demands on sb ◇ *den hygienischen Anforderungen entsprechen* meet hygiene requirements

Anfrage 1 inquiry **2** (*im Parlament*) question

anfragen (bei jdm) ~ ask (sb), inquire (of sb) (*gehoben*) ◇ *Fragen Sie doch mal beim Abteilungsleiter an.* Why don't you ask the head of department?

anfreunden sich (mit jdm) ~ become friends (with sb) ◇ *Sie haben sich schnell angefreundet.* They quickly became friends. IDM **sich mit etw anfreunden können** get to like sth ◇ *Mit dem Gedanken könnte ich mich durchaus anfreunden.* I could really get to like the idea. **sich mit etw nicht anfreunden können** not get on with sth ◇ *Er kann sich mit Computern einfach nicht anfreunden.* He just can't get on with computers.

anfühlen (sich) ~ feel ◇ *Das fühlt sich feucht an.* This feels damp. ◇ *Fühl mal diese Wolle an.* Feel this wool.

anführen 1 (*an der Spitze sein*) lead **2** (*Zitat etc.*) quote; (*Gründe, Tatsache*) state ◇ *Als Beleg für seine These führte er eine Umfrage an.* In support of his theory, he quoted an opinion poll. ◇ *Zur Begründung wurde angeführt, dass …* By way of explanation, it was stated that … ◇ *Als Argument wird häufig angeführt, dass …* The argument is often put forward that … **3** (*veralbern*) wind *sb* up

Anführer(in) leader

Anführungsstriche, Anführungszeichen quotation marks [Pl], quotes [Pl] (*umgs*) ◇ *etw in Anführungsstriche setzen* put sth in quotation marks

Angabe 1 (*Information*) information [U] ◇ *Dazu kann ich keine Angaben machen.* I can't give any information on this point. ◇ *nach Angaben der Behörden* according to the authorities ◇ *ohne Angabe von Gründen* without giving reasons **2** (*Angeberei*) boasting **3** (SPORT) service

angeben 1 give; (*Einkommen*) declare ◇ *Geben Sie hier bitte Ihre Adresse an.* Please give your address here. ◇ *Als Grund gab sie an, …* The reason she gave was that … ◇ *Er gab seinen Lehrer als Referenz an.* He put his teacher down as a referee. **2** (*aussagen*) say; (*vor Gericht*) state ◇ *Sie konnte nicht genau angeben, wann sie ihn gesehen hatte.* She couldn't say exactly when she had seen him. ◇ *Der Zeuge gibt an, einen Schrei gehört zu haben.* The witness states that he heard a scream. **3** (*bestimmen*) set ◇ *den Kurs/die Richtung angeben* set the course/direction **4 (mit etw) ~** (*prahlen*) boast (about sth); (*durch Handlungen*) show (sth) off (*umgs*) ◇ *Sie gibt immer mit ihren reichen Freunden an.* She's always boasting about her rich friends. ◇ *Er will bloß mit seinem neuen Auto angeben.* He just wants to show off his new car. ◇ *Gib doch nicht immer so an!* Don't be such a show-off! IDM → TON[2]

Angeber(in) show-off; (*durch Reden*) big talker

angeberisch (*Mensch, Gerede, Benehmen*) boastful; (*Auto, Kleidung, Schmuck*) showy

angeblich 1 *Adj* so-called; (*mutmaßlich*) alleged [nur vor Nomen] (*gehoben*) ◇ *Der angebliche Bruder stellte sich als Liebhaber heraus.* The so-called brother turned out to be her lover. **2** *Adv* supposedly; (*mutmaßlich*) allegedly ◇ *der angeblich größte Diamant der Welt* supposedly the biggest diamond in the world ◇ *Sie seien angeblich entführt worden.* They had allegedly been kidnapped. ◇ *Er hat angeblich für sie spioniert.* He is supposed to have spied for them. ◇ *Sie hat angeblich schon etwas anderes vor.* She says she has already got something planned.

angeboren innate; (*Behinderung etc.*) congenital

Angebot **1** (*Vorschlag, Bereiterklärung*) offer ◇ *Gilt dein Angebot noch?* Does your offer still stand? ◇ *Er hat mir das Angebot gemacht, mich umsonst zu unterrichten.* He offered to teach me for nothing. **2** (*Auswahl*) range ◇ *ein großes Angebot an Büroartikeln* a wide range of office equipment ◇ *das kulturelle Angebot* the range of cultural activities **3** (WIRTSCH) supply **IDM** **im Angebot** on (special) offer; (*AmE*) on sale

angebracht **1** → ANBRINGEN **2** appropriate ◇ *Ich halte es für angebracht, dass du dich entschuldigst.* I think it would be appropriate for you to apologize. ◇ *Hier ist Vorsicht angebracht.* This calls for caution.

angebrochen → ANBRECHEN

angebunden **1** → ANBINDEN **2** (*verpflichtet*) tied down **3 kurz ~** curt

angegriffen **1** → ANGREIFEN **2** (*Gesundheit*) poor; (*Nerven*) strained; (*Immunsystem*) weakened; (*Ruf*) damaged

angegurtet wearing a seat belt [nicht vor Nomen] ◇ *Der angegurtete Fahrer blieb unverletzt.* The driver, who was wearing a seat belt, was not injured.

angeheiratet by marriage [nicht vor Nomen] ◇ *eine angeheiratete Cousine* a cousin by marriage

angeheitert tipsy (*umgs*)

angehen **1** (*angreifen*) attack **2** (*sich nähern*) approach; (*Problem*) tackle **3 gegen etw ~** combat sth ◇ *gegen Korruption angehen* combat corruption ◇ *Wie kann man dagegen angehen?* What can you do about it? **4 jdn um etw ~** ask sb for sth **5** (*anfangen*) start **6** (*Licht, Radio*) come on **7 etw geht jdn (nichts) an** sth is (not) sb's business, sth concerns/doesn't concern sb ◇ *Das geht dich nichts an!* That's none of your business. ◇ *Dieses Problem geht uns alle an.* This problem concerns us all. **IDM** **etw geht an** (*ist möglich*) sth is possible; sth may well be **etw geht nicht an** (*ist nicht akzeptabel*) sth is not on **was … angeht** as far as … is concerned; as for … ◇ *Was die Prüfung angeht, …* As far as the exam is concerned, … ◇ *Was ihn angeht, braucht er sich hier nicht mehr sehen zu lassen.* As for him, we don't want to see him here any more. → *Siehe auch* FEUCHT

angehend future; (*Künstler*) budding [nur vor Nomen] ◇ *der angehende Direktor* the future director

angehören belong to *sth* ; (*Mitglied sein auch*) be a member of *sth*

Angehörige(r) **1** relative ◇ *die Pflege kranker Angehöriger* the care of sick relatives ◇ *Er vertritt die Angehörigen des Opfers.* He is representing the victim's family. ◇ *die nächsten Angehörigen* the next of kin **2** (*Mitglied*) member

Angeklagte(r) defendant; (*bei Verbrechen auch*) accused ◇ *Die Angeklagten wurden freigesprochen.* The accused were acquitted.

Angel **1** (*Fischfang*) fishing rod **2** (*Tür-*) hinge **IDM** **etw aus den Angeln heben** turn sth upside down → *Siehe auch* TÜR

Angelegenheit matter; (*Angelegenheiten*) business [U] ◇ *eine dringende/persönliche Angelegenheit* an urgent/personal matter ◇ *Kümmer dich um deine eigenen Angelegenheiten!* Mind your own business! ◇ *Das ist eine teure Angelegenheit.* It's an expensive business.

angeln **1** fish; (*fangen*) catch ◇ *angeln gehen* go fishing ◇ *Sie angelte eine Fliege aus dem Glas.* She fished a fly out of the glass. **2** (**sich**) **jdn/etw ~** find sb/sth ◇ *Sie haben sich Sponsoren geangelt.* They have found sponsors.

angemessen (*entsprechend*) appropriate (*Adv* appropriately); (*adäquat*) adequate (*Adv* adequately); (*fair*) reasonable ◇ *Das Strafmaß erschien angemessen.* The sentence seemed appropriate. ◇ *Sie wurden angemessen entschädigt.* They were adequately compensated. ◇ *Diese Forderung ist nicht angemessen.* This demand is unreasonable. ◇ *Ihre Leistungen wurden nicht angemessen gewürdigt.* Her achievements were not properly acknowledged.

angenehm **1** pleasant (*Adv* pleasantly) ◇ *Er war angenehm überrascht.* He was pleasantly surprised. ◇ *Einen angenehmen Aufenthalt/Tag!* Enjoy your stay/day! ◇ *das Angenehme mit dem Nützlichen verbinden* combine business with pleasure **2** (*in Begrüßungen*) ◇ *Angenehm! Schwarz.* Pleased to meet you! My name is Schwarz.

angenommen **1** → ANNEHMEN **2** *Konj* supposing ◇ *Angenommen, es regnet …* Supposing it rains …

angepasst **1** → ANPASSEN **2** (*konventionell*) conventional

angeregt **1** → ANREGEN **2** (*Diskussion*) lively

angereichert **1** → ANREICHERN **2** enriched ◇ *angereichertes Uran* enriched uranium ◇ *mit Vitaminen angereicherte Lebensmittel* vitamin-enriched foodstuffs

angesagt **1** → ANSAGEN **2** (*populär*) in fashion ◇ *Sind etwa Pelzmäntel wieder angesagt?* Are fur coats in fashion again? **3** (*in den sozialen Medien, auf einer Website*) trending **4** (*geplant*) planned, on; (*erwartet*) expected ◇ *„Was ist heute Abend angesagt?" „Kino."* 'What's planned for this evening?' 'The cinema.' ◇ *Gewitter sind angesagt.* Thunderstorms are expected. **5** (*angebracht*) a good idea ◇ *Ein heißes Bad ist angesagt.* A hot bath would be a good idea.

angeschlagen **1** → ANSCHLAGEN **2** (*Gesundheit*) poor; (*Firma, Wirtschaft*) struggling; (*Image*) tarnished ◇ *Das Unternehmen ist finanziell angeschlagen.* The company is struggling financially. ◇ *Sein Selbstbewusstsein ist angeschlagen.* His confidence has taken a knock. **3** (*beschädigt*) (slightly) damaged

angesehen **1** → ANSEHEN **2** (*respektiert*) respected; (*renommiert*) with a good reputation [nicht vor Nomen] ◇ *Sie ist bei ihren Mitschülern hoch angesehen.* She is well respected by her fellow pupils. ◇ *eine angesehene Universität* a university with a good reputation

Angesicht **1** face **2 im ~ einer Sache** in the face of sth ◇ *im Angesicht des Todes* in the face of death **IDM** **von Angesicht zu Angesicht** face to face

angesichts (*im Hinblick auf*) in view of ◇ *Angesichts der Tatsache, dass …* In view of the fact that …

angespannt **1** → ANSPANNEN **2** (*gereizt*) nervous (*Adv* nervously) **3** (*konzentriert*) attentive (*Adv* attentively) ◇ *Angespannt hörten wir zu.* We listened attentively. **4** (*kritisch*) tense; (*Verhältnis*) strained ◇ *eine angespannte Situation* a tense situation ◇ *angespannte Beziehungen* strained relations

Angestellte(r) employee; (*in einem Büro*) office worker ◇ *weibliche Angestellte* female employees ◇ *Sie arbeitet als Angestellte in einem Maklerbüro.* She works in an estate agent's. ◇ *Er ist leitender Angestellter in einem Großunternehmen.* He's an executive in a big firm. ◇ *Arbeiter und Angestellte* blue- and white-collar workers

angestrengt **1** → ANSTRENGEN **2** *Adj* (*Bemühung, Versuch*) strenuous; (*Stimme, Stille*) strained **3** *Adv* (*denken, arbeiten, blicken, versuchen*) hard

angetan **1** → ANTUN **2** **von jdm/etw ~ sein** be taken with sb/sth; (*beeindruckt*) be impressed with sb/sth ◇ *Sie sind von der Idee sehr angetan.* They are very taken with the idea. ◇ *Sie waren von ihrem Engagement sehr angetan.* They were very impressed with her commitment. **3** **jd/etw hat es jdm ~** sb is taken with sb/sth ◇ *Die Idee eines Musikstudiums hatte es ihm angetan.* He was very taken with the idea of studying music. **4** **dazu/danach ~ sein, etw zu tun** be likely to do sth ◇ *Die wirtschaftliche Lage ist nicht dazu angetan, Leute zum Bauen zu ermutigen.* The economic situation is not likely to encourage people to build. **5** (*bekleidet*) wearing ◇ *mit einer schwarzen Robe angetan* wearing a black robe

angetrunken slightly drunk [nicht vor Nomen] ◇ *Er war zur Tatzeit angetrunken.* He was slightly drunk at the time of the incident. ◇ *Der angetrunkene Mann wollte sich nicht durchsuchen lassen.* The man, who had been drinking, refused to be searched. ◇ *In angetrunkenem Zustand ist sie aggressiv.* She is aggressive when she has been drinking.

angewandt **1** → ANWENDEN **2** applied [nur vor Nomen] ◇ *angewandte Mathematik* applied mathematics

angewiesen **1** → ANWEISEN **2** **auf jdn/etw ~ sein** rely on sb/sth ◇ *Auf dem Land ist man auf sein Auto angewiesen.* In the country people rely on their cars.

angewöhnen **1** **sich etw ~** get into the habit of doing sth ◇ *Sie gewöhnte sich an, früh aufzustehen.* She got into the habit of getting up early. ◇ *Gewöhn dir einen anderen Ton an!* Don't talk to me in that tone of voice! **2** **jdm etw ~** teach sb to do sth

Angewohnheit habit ◇ *Er hatte die Angewohnheit, seine Socken überall liegen zu lassen.* He was in the habit of leaving his socks lying around.

angewurzelt IDM **wie angewurzelt** rooted to the spot ◇ *Sie blieb wie angewurzelt stehen.* She stood rooted to the spot.

angezogen → ANZIEHEN

Angina throat infection; (*Mandelentzündung*) tonsillitis

angleichen **1** **etw (an etw) ~; etw (einer Sache) ~** bring sth into line (with sth) ◇ *Die Mieten wurden an das westliche Niveau angeglichen.* Rents were brought into line with western levels. **2** **sich ~** become similar; **sich einer Sache ~** be brought into line with sth; (*ähnlich werden*) become like sth ◇ *Weltweit gleichen sich die Lebensformen an.* Worldwide, lifestyles are becoming similar. ◇ *Die neue Verkehrsordnung gleicht sich den EU-Regeln an.* The new highway code has been brought into line with EU regulations.

Angler(in) angler

Anglikaner(in) Anglican

anglikanisch Anglican

Anglist(in) (*Fachmann*) English specialist; (*Student*) English student

Anglistik English (language and literature) ◇ *Sie studiert Anglistik.* She is studying English.

Anglizismus Anglicism

anglo-, Anglo- Anglo- ◇ *angloamerikanisch* Anglo-American

Angora- angora ◇ *eine Angorakatze* an angora cat ◇ *Angorawolle* angora (wool)

angreifen **1** attack (*auch fig*) **2** (*beschädigen*) damage ◇ *Chemikalien können die Haut angreifen.* Chemicals can damage the skin. **3** (*Reserven*) break into *sth*

Angreifer(in) **1** attacker **2** (SPORT) striker

angrenzend (*Gelände, Mauer*) adjacent; (*Land, Gebiet*) neighbouring, (*AmE*) neighboring [nur vor Nomen]

Angriff **1** attack ◇ *einen Angriff fliegen* carry out an attack (from the air) ◇ *einen Angriff gegen jdn/etw richten* direct an attack at sb/sth **2** (*die Angriffsspieler*) forwards [Pl] IDM **etw in Angriff nehmen** set about (doing) sth **zum Angriff übergehen** take the offensive

Angst **~ (vor jdm/etw)** fear (of sb/sth); **~ (vor jdm/etw) haben** be afraid (of sb/sth); **~ um jdn/etw haben** be afraid for sb/sth ◇ *vor Angst zittern* tremble with fear ◇ *ihre Angst vor Hunden* her fear of dogs ◇ *Sie hatte große Angst vor Hunden.* She was very afraid of dogs. ◇ *Er hatte Angst, sie zu verletzen.* He was afraid of hurting her. ◇ *Sie hatten Angst um ihre Kinder.* They were afraid for their children. ◇ *Sie haben Angst um ihre Arbeitsplätze.* They are afraid of losing their jobs. ◇ *jdm Angst einjagen* frighten sb IDM **jdm wird/ist Angst und Bange** sb becomes/is afraid; sb gets/is scared (*umgs*) → *Siehe auch* HOSE **Angstgefühl** feeling of anxiety **Angsthase** chicken (*umgs*)

ängstigen **1** frighten **2** **sich (vor jdm/etw) ~** be afraid (of sb/sth) **3** **sich (um jdn/etw) ~** be worried (about sb/sth)

ängstlich **1** (*furchtsam*) nervous (*Adv* nervously); (*schüchtern*) timid (*Adv* timidly) ◇ *ein ängstlicher Patient* a nervous patient **2** (*verängstigt*) anxious (*Adv* anxiously) **3** **~ darauf bedacht sein, etw zu tun** be anxious to do sth

Angst- **Angstschweiß** cold sweat ◇ *Ihm brach der Angstschweiß aus.* He broke out in a cold sweat. **Angstzustand** panic attack

angucken **(sich) jdn/etw ~** look at sb/sth → *Siehe auch* ANSEHEN

anhaben have *sth* on ◇ *Er hatte ein rotes Hemd an.* He had a red shirt on. ◇ *Sie hat den ganzen Tag das Radio an.* She has the radio on all day. IDM **jdm nichts anhaben können** not be able to hurt sb ◇ *Der Hund kann dir nichts anhaben.* The dog can't hurt you. → *Siehe auch* HOSE

anhaften **1** **(an) jdm/etw ~** stick to sb/sth ◇ *die den Wurzeln anhaftende Erde* the soil that is stuck to the roots **2** (*fig*) **jdm/etw ~** be attached to sb/sth ◇ *Den Investitionen haftet ein gewisses Risiko an.* There is a certain risk attached to these investments. ◇ *Der Bar haftete etwas Zwielichtiges an.* The bar had acquired an unsavoury reputation.

anhalten **1** **(jdn/etw) ~** stop (sb/sth) ◇ *Sie musste an drei Ampeln anhalten.* She had to stop at three traffic lights. ◇ *Der Polizist hielt mich an.* The policeman stopped me. ◇ *den Atem anhalten* hold your breath ◇ *Manchmal möchte ich die Zeit anhalten können.* Sometimes I would like time to stand still. **2** **jdn zu etw ~; jdn dazu ~, etw zu tun** urge sb to do sth **3** (*weitergehen*) continue; (*andauern*) last ◇ *Das unbeständige Wetter soll noch anhalten.* The unsettled weather is due to continue. ◇ *Die Euphorie hielt nicht lange an.* The euphoria did not last long. **4** **sich/jdm etw ~** hold sth up against yourself/sb ◇ *Er hielt sich den Pullover an und schüttelte den Kopf.* He held the pullover up against himself and shook his head. IDM → HAND

anhaltend continuing; (*Applaus, Dürre, Rezession*) prolonged [nur vor Nomen]; (*Regen, Kritik*) persistent; (*Wachstum, Nachfrage*) sustained ◇ *die anhaltende Diskussion* the continuing debate ◇ *auf anhaltend hohem Niveau* at a consistently high standard

Anhalter(in) **1** hitchhiker **2** **per ~ fahren** hitchhike

Anhaltspunkt clue, pointer; (*Beweise*) evidence [Sing] ◇ *Ein roter Schuh war der einzige Anhaltspunkt.* A red shoe was the only clue. ◇ *Die Diskussion soll dem Architekten Anhaltspunkte für die Planung*

geben. The discussion is to give the architect some pointers for the planning. ◇ *Es gibt keine Anhaltspunkte dafür, dass es Mord war.* There is no evidence that it was murder.

anhand ◇ *Anhand einer Skizze erklärte er uns, wie es funktioniert.* He used a sketch to explain how it works. ◇ *Anhand von Zeugenaussagen fertigte man ein Phantombild an.* A photofit picture was produced from the witnesses' statements.

Anhang **1** (*Nachtrag*) appendix **2** (*Gefolgschaft, Fans*) supporters [Pl]; (*Freunde*) gang **3** (*Partner*) partner; (*Familie*) family

anhängen[1] **1 einer Sache ~** adhere to sth; (*einem Glauben/einer Ideologie*) subscribe to sth **2 jdm ~** (*anhaften*) stick with sb ◇ *Ihm hängt der Ruf eines Playboys immer noch an.* His playboy image has stuck with him.

anhängen[2] **1 etw (an etw) ~** attach sth (to sth); (*Wohnwagen*) hitch sth up (to sth) **2 etw (an etw) ~** add sth (to sth) ◇ *In der dritten Person Singular muss man ein „s" anhängen.* In the third person singular you have to add an 's'. **3 jdm etw ~** pin sth on sb; (*die Schuld geben*) blame sth on sb ◇ *Sie wollen ihr noch zwei weitere Einbrüche anhängen.* They want to pin two more burglaries on her. ◇ *Das lass ich mir nicht anhängen!* I'm not going to take the blame for that! **4 sich ~** (*sich jdm anschließen*) tag along (*umgs*); (*sich einer Idee anschließen*) follow

Anhänger **1** (*Schmuckstück*) pendant **2** (*Wagen*) trailer

Anhänger(in) supporter; (*Fan auch*) fan; (*einer Partei oder Sekte*) follower

Anhängerschaft supporters [Pl]; (*einer Persönlichkeit auch*) following [U]

anhänglich affectionate

Anhänglichkeit devotion; (*Treue*) loyalty; (*Unselbstständigkeit*) clinginess

anhäufen **(sich) ~** accumulate

Anhäufung **1** (*große Menge*) collection **2** (*das Anhäufen*) accumulation ◇ *die Anhäufung von Müll* the accumulation of rubbish

anheben **1** (*hochheben*) lift **2** (*erhöhen*) raise **3** (*anfangen*) begin

Anhebung rise ◇ *eine kräftige Anhebung des Benzinpreises* a considerable rise in the price of petrol

anheizen **1** (*Feuer etc.*) get *sth* going **2** (*Streit, Debatte, Rassismus etc.*) stir *sth* up; (*Spannungen*) heighten; (*Inflation, Spekulation*) fuel; (*Nachfrage*) stimulate; (*Stimmung*) liven *sth* up

anheuern **1 jdn (als etw) ~** hire sb (as sth) **2 (als etw) ~** sign up (as sth)

Anhieb **auf ~** straight away; (*beim ersten Mal*) first go ◇ *Wir haben uns auf Anhieb gut verstanden.* We got on well straight away. ◇ *Er hat die Fahrprüfung auf Anhieb bestanden.* He passed his driving test first go.

anhimmeln (*vergöttern*) idolize; (*ansehen*) gaze adoringly at *sb*

Anhöhe hill

anhören **1 (sich) etw/jdn ~** listen to sth/sb ◇ *Das muss ich mir nicht anhören.* I don't have to listen to this. ◇ *Ich höre mir Ihr dummes Gerede nicht länger an!* I'm not listening to your waffle any longer! ◇ *Sie musste sich eine Moralpredigt anhören.* She got a lecture. **2 sich ~** (*klingen*) sound ◇ *Diese Musik hört sich ja grauenvoll an!* This music sounds awful! ◇ *Die Idee hört sich gut an.* That sounds like a good idea. **3 jdm etw ~** ◇ *Es ist ihr deutlich anzuhören, dass sie noch nicht wieder gesund ist.* You can tell by her voice that she isn't better yet. **4 etw mit ~** (*mithören*) overhear ◇ *Ich habe zufällig mit angehört, was du gesagt hast.* By chance I overheard what you said. ◇ *Ich musste mit anhören, wie er sie beleidigte.* I had to listen while he insulted her. **5** (*befragen*) question

Anhörung hearing

Animateur(in) entertainments organizer

Animation **1** (*Unterhaltung*) entertainment **2** (*Film*) animation

Anime anime

animieren **1 jdn zu etw ~** encourage sb to do sth ◇ *das Publikum zum Mitsingen animieren* encourage the audience to sing along **2** (*Film*) animate

Anis aniseed

ankämpfen **gegen etw/jdn ~** fight sth/sb; (*Wind etc.*) battle against sth ◇ *gegen Vorurteile ankämpfen* fight prejudice ◇ *Sie kämpfte gegen ihre Tränen an.* She fought back the tears. ◇ *gegen seine Müdigkeit ankämpfen* struggle to stay awake ◇ *Kleine Firmen müssen gegen die großen Ketten ankämpfen.* Small firms are up against the big chains.

Ankauf purchase ◇ *der Ankauf eines Hauses* the purchase of a house ◇ *An- und Verkauf von Möbeln* furniture bought and sold

ankaufen purchase

Anker anchor ◇ *einen Anker auswerfen* drop anchor ◇ *vor Anker liegen* lie at anchor

ankern anchor; (*vor Anker liegen*) be anchored

anketten **jdn/etw ~** chain sb/sth up; **jdn/etw an etw ~** chain sb/sth to sth

Anklage **1** (*Beschuldigung*) charge ◇ *Anklage gegen jdn erheben* bring charges against sb ◇ *Die Anklage lautet auf Mord.* The charge is murder. ◇ *Sie wurde wegen Betrugs unter Anklage gestellt.* She was charged with fraud. **2** (*-vertretung*) prosecution [mit Verb im Sing/Pl] ◇ *ein Zeuge der Anklage* a witness for the prosecution **3** (*Vorwurf*) accusation; (*Anprangerung*) indictment ◇ *Er brachte verschiedene Anklagen gegen seinen Trainer vor.* He made various accusations against his trainer. ◇ *Das Buch ist eine Anklage gegen die Zustände in den Gefängnissen.* The book is an indictment of conditions in prisons.

anklagen **1 jdn (wegen einer Sache) ~** (*beschuldigen*) accuse sb (of sth); (*vor Gericht*) charge sb (with sth) **2** (*kritisieren*) condemn ◇ *In ihrer Rede klagte sie die Scheinheiligkeit des Westens an.* In her speech she condemned the hypocrisy of the West.

Ankläger(in) prosecutor

Anklang **1 (bei jdm) ~ finden** be well received (by sb); (*beliebt sein*) be popular (with sb) ◇ *Das Café fand großen Anklang.* The cafe proved very popular. **2 Anklänge an jdn/etw** echoes of sb/sth

ankleben **etw (an etw) ~** stick sth on (to sth)

anklickbar clickable

anklicken click on *sth*

anklingen **1** (*mitschwingen*) be discernible ◇ *In ihrer Stimme klang Unzufriedenheit an.* A hint of dissatisfaction was discernible in her voice. **2 etw ~ lassen** (*andeuten*) hint at sth ◇ *Sie ließ anklingen, dass die Sache noch nicht erledigt war.* She hinted that that wasn't the end of the matter. ◇ *Kritik anklingen lassen* sound a note of criticism

anklopfen **1** knock ◇ *Sie platzte herein ohne anzuklopfen.* She burst in without knocking. **2 bei jdm ~** sound sb out ◇ *Klopf doch mal bei ihr an, vielleicht gibt sie dir eine Stelle.* Sound her out — maybe she'll give you a job.

anknüpfen **1 an etw ~** link up with sth; (*Traditionen*) revive ◇ *Das knüpft an unsere Diskussion von gestern an.* That ties in with our discussion yesterday. **2 an etw ~** (*fortsetzen*) continue (with sth) ◇ *Die Mannschaft will an die jüngsten Erfolge anknüpfen.* The team want to continue their series of successes. ◇ *Ich möchte an den Vortrag von gestern anknüpfen.* I would like to pick up where yesterday's talk left off. **3 ein Gespräch ~** start up a conversation **4 Kontakte ~** establish contact

ankommen 1 arrive ◇ *Wir sind gut in Bonn angekommen.* We have arrived safely in Bonn. ◇ *Damit sind wir auch schon beim nächsten Punkt angekommen.* That brings us to the next point. **2 mit etw ~** come along with sth ◇ *Er kommt ständig mit diesen dämlichen Fragen an.* He's always coming along with these stupid questions. ◇ *Damit brauchst du überhaupt nicht anzukommen!* Don't even think about it! **3 (bei jdm) ~** (*beliebt sein*) be a success (with sb) ◇ *Sie kommt bei den Lehrern gut an.* She is a great success with the teachers. **4 gegen jdn/etw ~** compete with sb/sth ◇ *Gegen sie komme ich einfach nicht an.* I can't compete with her. ◇ *Gegen den Wind kamen wir kaum an.* We struggled against the wind. **5 auf jdn/etw ~** (*abhängig sein*) depend on sb/sth ◇ *Wo wir hinfahren, kommt aufs Wetter an.* Where we go depends on the weather. ◇ *Das kommt darauf an, ob er da ist.* That depends on whether he's there. ◇ *Das kommt ganz darauf an.* It all depends. **6 (jdm) auf etw ~** be important (to sb) ◇ *Es kommt ihm sehr auf Pünktlichkeit an.* Punctuality is very important to him. ◇ *Es kommt vor allem darauf an, dass …* The most important thing is … ◇ *Auf ein paar mehr oder weniger kommt es nicht an.* A few more or less won't matter. IDM **es auf etw ankommen lassen** risk sth ◇ *Ich würde es nicht auf eine Konfrontation mit ihm ankommen lassen.* I wouldn't risk a confrontation with him. **wenn es darauf ankommt** when it matters

ankotzen make sb sick ◇ *Das kotzt mich an.* It makes me sick. ◇ *Deine ewige Nörgelei kotzt mich an!* I'm sick to death of your constant moaning!

ankreiden jdm etw ~ hold sth against sb

ankreuzen 1 put a cross in/against *sth* ◇ *das Kästchen mit „Ja" ankreuzen* put a cross in the 'Yes' box ◇ *die richtige Antwort ankreuzen* put a cross against the right answer **2** (*markieren*) mark *sth* (with a cross) ◇ *sich eine Textstelle ankreuzen* mark a place in a text

ankündigen 1 (*ansagen*) announce; (*Bescheid geben*) let *sb* know ◇ *Er hat Reformen angekündigt.* He has announced reforms. ◇ *Sie hat ihren Besuch angekündigt.* She let us know she is coming. ◇ *Die Arbeit war angekündigt.* We had warning of the test. ◇ *Die Arbeit war nicht angekündigt.* It was a surprise test. **2** (*ein Zeichen von etw sein*) be a sign of *sth* **3 sich ~** let *sb* know you are coming; (*versprechen aufzutreten*) promise to appear ◇ *Sie kündigen sich immer an.* They always let us know when they're coming. ◇ *Der Winter kündigt sich an.* Winter is on its way.

Ankündigung announcement

Ankunft arrival ◇ *bei ihrer Ankunft* on arrival ◇ *kurz vor Ankunft der Gäste* shortly before the guests arrived

ankurbeln boost

anlächeln smile at *sb* ◇ *Er hat mich so nett angelächelt.* He smiled at me so nicely. ◇ *jdn freundlich anlächeln* give sb a friendly smile

anlachen 1 smile at *sb* ◇ *Sie lachte mich an.* She smiled at me. **2 etw lacht jdn an** sb can't resist sth ◇ *Die Schokolade hat mich so angelacht.* I couldn't resist the chocolate. **3 sich jdn ~** pick sb up ◇ *Sie hat sich im Urlaub diesen Skilehrer angelacht.* She picked up this skiing instructor on holiday.

Anlage 1 (*Grün-*) park; (*um ein Schloss etc.*) grounds [Pl]; (*Ferien-, Wohn-, Sport-*) complex ◇ *öffentliche Anlagen* public parks **2** (*Werk*) plant; (*Einrichtung*) facility ◇ *eine Anlage zur Müllverbrennung* a waste incineration plant ◇ *sanitäre Anlagen* sanitary facilities ◇ *militärische Anlagen* military installations **3** (*Gerät*) equipment [U]; (*Hi-Fi*) stereo **4** (*eines Parks, Gartens etc.*) laying out; (*einer Kartei etc.*) setting up; (*einer Akte*) opening; (*einer Datei*) creation (*oft mit einem Verb übersetzt*) ◇ *Die Anlage des Gartens wird mehrere Monate dauern.* It will take several months to lay out the garden. **5** (*Aufbau*) structure **6** (*Geld-*) investment ◇ *eine sichere Anlage* a secure investment **7** (*Veranlagung*) talent, aptitude; (*Neigung*) tendency ◇ *eine Anlage zu Allergien* a tendency towards allergies **8** (*Schreiben*) enclosure; **als/in der ~** enclosed ◇ *Als Anlage sende ich Ihnen …* Please find enclosed …

anlangen 1 (*ankommen*) arrive; **an/auf/in etw ~** reach sth ◇ *Er war auf dem Höhepunkt seiner Karriere angelangt.* He had reached the pinnacle of his career. **2 was jdn/etw anlangt** as far as sb/sth is concerned **3** (*anfassen*) touch

Anlass 1 (*Ursache*) cause; (*Grund*) reason ◇ *Es besteht kein Anlass zur Besorgnis.* There is no cause for concern. ◇ *Das gibt uns Anlass zur Hoffnung.* That gives us cause for hope. **2** (*Gelegenheit, Ereignis*) occasion ◇ *sich dem Anlass entsprechend kleiden* dress to suit the occasion ◇ *zu besonderen Anlässen* on special occasions ◇ *aus Anlass des Jahrestages* on the occasion of the anniversary **3** (*Möglichkeit*) opportunity ◇ *ein willkommener Anlass für eine Feier* a welcome opportunity for a party ◇ *Aus gegebenem Anlass möchten wir darauf hinweisen, dass …* We should like to take this opportunity to point out …

anlassen 1 (*starten*) start (up) **2** (*Mantel*) keep *sth* on **3** (*nicht abschalten*) leave *sth* on; (*Motor, Wasserhahn*) leave *sth* running ◇ *Er lässt immer das Licht an.* He always leaves the light on. **4 sich gut/schlecht ~** start well/badly, get off to a good/bad start

Anlasser starter

anlässlich on the occasion of *sth*, to celebrate *sth*; (*bei ernsteren Anlässen*) to mark *sth* ◇ *eine Feier anlässlich seines 60. Geburtstages* a party to celebrate his 60th birthday ◇ *eine Ausstellung anlässlich seines Todestages* an exhibition to mark the anniversary of his death

anlasten 1 jdm etw ~ accuse sb of sth ◇ *Ihm wird angelastet, sie ermordet zu haben.* He is accused of murdering her. **2 jdm die Schuld (an etw) ~** blame sb (for sth)

Anlauf 1 (SPORT) run-up; (*Ski*) approach **2** (*Versuch*) try, attempt (*gehoben*) ◇ *Er hat die Prüfung gleich im ersten Anlauf geschafft.* He got through the exam at the first attempt.

anlaufen 1 start; (*Film*) open ◇ *Der Motor läuft problemlos an.* The engine starts without any problem. **2** (*Anlauf nehmen*) take a run-up **3 angelaufen kommen** come running along/up ◇ *Sie kam völlig außer Atem angelaufen.* She came running up out of breath. **4** (*ansteuern*) call at *sth*; (*Schiff auch*) put in at *sth* **5** (*beschlagen*) mist up, steam up; (*Silber etc.*) tarnish **6 blau/rot ~** go blue/red ◇ *vor Wut rot anlaufen* go red with anger

Anlauf- Anlaufschwierigkeiten teething problems [Pl] **Anlaufstelle** place to go; (*Mensch*) person to talk to; (*Beratungsstelle*) drop-in centre, (*AmE*) drop-in center **Anlaufzeit** settling-in period, period of adjustment (*oft mit einem Verb übersetzt*) ◇ *Für das neue System rechnet man mit einer Anlaufzeit von zwei Wochen.* It will take two weeks for the new system to be up and running.

anlegen 1 (*Spielplatz, Radweg, Teich etc.*) make; (*Park, Garten etc.*) lay *sth* out ◇ *ein herrlich angelegter Garten* a beautifully laid-out garden **2** (*Akte, Datei*) create; (*Kartei, Projekt*) set *sth* up ◇ *Das Projekt ist zunächst auf zwei Jahre angelegt.* The project has been set up initially for two years. ◇ *eine groß angelegte Studie* a large-scale study **3 etw (an etw) ~** put sth (against sth); (*Ohren*) flatten sth (against sth) ◇ *die Arme an den Körper anlegen* put your arms down by the side of your body **4 (das Gewehr) ~** take aim; **ein Gewehr auf jdn/etw ~** aim a gun at sb/sth **5** (*Maßstab*) apply ◇ *strengere Maßstäbe anlegen* apply stricter standards **6 (jdm) etw ~** put sth on (sb) ◇ *Bitte die Sicherheitsgurte anlegen!* Please put your safety belts on! ◇ *jdm Handschellen anlegen* handcuff sb **7** (*investieren*) invest ◇ *Sie hat ihr gesamtes Vermögen in Immobilien angelegt.* She has invested all her money in property. **8** (*Boot*) moor; (*Schiff*) dock **9 es auf etw ~** (*abzielen*) set out to do sth ◇ *Er hat es von Anfang an darauf angelegt, Zeit zu schinden.* From the beginning he set out to play for time. **10 sich mit jdm ~** pick a fight with sb

Anleger(in) (FINANZ) investor

Anlegestelle (*Boot*) mooring; (*Schiff*) berth

anlehnen 1 etw (an etw) ~ lean sth against sth ◇ *ein Fahrrad an eine Mauer anlehnen* lean a bicycle against a wall **2 sich ~** lean back; **sich an jdn/etw ~** lean against sb/sth **3** (*offen lassen*) leave *sth* slightly open; (*Tür auch*) leave *sth* ajar ◇ *Das Fenster war nur angelehnt.* The window was left slightly open. **4 sich an jdn/etw ~** (*als Vorbild nehmen*) follow sb/sth

Anlehnung in ~ an jdn/etw following sb/sth

Anleihe 1 (*Geldaufnahme*) loan; (*Wertpapier*) bond ◇ *bei jdm eine Anleihe aufnehmen* take out a loan with sb **2** (*fig*) **eine ~ (bei jdm/etw)** a borrowing (from sb/sth) ◇ *Anleihen bei Goethe* borrowings from Goethe ◇ *Der Film macht deutliche Anleihen bei Hitchcock.* The film clearly borrows from Hitchcock.

anleinen 1 (*Tier*) put *sth* on a lead ◇ *Der Hund war nicht angeleint.* The dog was not on a lead. **2** (*Bergsteiger*) rope *sb* up

anleiten 1 jdn bei etw ~ tell sb how to do sth; (*zeigen*) show sb how to do sth **2 jdn zu etw ~** educate sb to do sth; (*ermutigen*) encourage sb to do sth ◇ *Wir möchten die Leute dazu anleiten, die Umwelt zu schützen.* We want to educate people to protect the environment ◇ *Die Kinder werden zur Selbstständigkeit angeleitet.* The children are encouraged to be independent.

Anleitung 1 instruction; (*Unterricht*) tuition ◇ *Sie dürfen die Werkzeuge nur unter Anleitung benutzen.* They are only allowed to use the tools under instruction. ◇ *unter seiner fachkundigen Anleitung* under his expert tuition **2** (*schriftlich*) instructions [Pl]

anlernen train ◇ *Sie werden zu Haushaltshilfen angelernt.* They are trained to be home helps. ◇ *ein angelernter Arbeiter* a semi-skilled worker

anliefern deliver; (*versorgen mit*) supply ◇ *aus Frankreich angelieferter Wein* wine supplied from France

Anlieferung delivery; (*Versorgung*) supply [U]

anliegen 1 (an etw) (eng) ~ fit tightly (on sth) ◇ *ein eng anliegendes Abendkleid* a tightly fitting evening dress **2** be on ◇ *Liegt heute etwas Besonderes an?* Is there anything special on today?

Anliegen 1 concern ◇ *ein berechtigtes Anliegen* a legitimate concern ◇ *Das ist mir ein besonderes Anliegen.* This is a matter close to my heart. **2** (*Bitte*) request ◇ *sich mit einem Anliegen an jdn wenden* turn to sb with a request

Anlieger(in) resident ◇ *Die Anlieger protestierten.* Residents protested. ◇ *„Anlieger frei"* 'Access only'

anlocken attract

Anmache chat-up; (*Belästigung*) harassment

anmachen 1 (*einschalten*) put *sth* on, turn *sth* on; (*Feuer auch*) light **2** (*anbringen*) put *sth* up ◇ *ein Poster an der Wand anmachen* put a poster up on the wall **3 sich etw ~** put sth on; **jdm etw ~** put sth on sb ◇ *sich eine Brosche anmachen* put a brooch on **4** (*Zement*) mix; (*Salat*) dress **5** (*ansprechen*) come on to *sb* (*umgs*); (*belästigen*) harass **6** (*kritisieren*) have a go at *sb* (*umgs*) ◇ *Sie macht jeden an, der zu spät kommt.* She has a go at anybody who's late. ◇ *Mach mich bloß nicht an!* Leave me alone! **7** (*begeistern*) turn *sb* on (*umgs*)

anmahnen 1 etw ~ (*eine Mahnung schicken*) send a reminder about sth; **jdn ~, etw zu tun** remind sb to do sth **2** (*verlangen*) call for *sth* ◇ *Die Gewerkschaften mahnen Reformen an.* The unions are calling for reform.

anmalen 1 (*an die Tafel*) draw **2** (*mit Farbe*) paint; (*mit Buntstiften*) colour, (*AmE*) color ◇ *Er malte sein Boot blau an.* He painted his boat blue. **3 sich ~** paint your face; (*schminken*) put on make-up ◇ *Musst du dich denn immer so anmalen?* Do you always have to put on so much make-up? **4** ◇ *sich die Lippen anmalen* paint your lips

Anmarsch im ~ sein be on the way

anmaßen 1 sich etw ~ (*Kompetenzen, Recht*) claim sth for yourself ◇ *sich fremde Kompetenzen anmaßen* claim authority you don't possess **2** (*Macht, Rolle*) assume ◇ *die Rolle, die Washington sich anmaßt* the role assumed by Washington **3** ◇ *Ich möchte mir darüber kein Urteil anmaßen.* I wouldn't presume to express an opinion on this. ◇ *Wie kann er sich anmaßen, uns zu kritisieren?* How can he presume to criticize us?

anmaßend presumptuous (*Adv* presumptuously); (*arrogant*) arrogant (*Adv* arrogantly)

Anmaßung presumption; (*Arroganz*) arrogance

Anmelde- Anmeldeformular registration form **Anmeldefrist** registration period

anmelden 1 (*polizeilich, amtlich*) register; (*Auto, Fernseher*) license, (*BrE auch*) licence ◇ *Das Auto ist nicht angemeldet.* The car isn't licensed. ◇ *Das Fest muss beim Ordnungsamt angemeldet sein.* You have to apply to the council for a licence for the party. ◇ *Konkurs anmelden* file for bankruptcy **2 sich ~** register; (*im Hotel*) check in; (*buchen*) book ◇ *sich polizeilich anmelden* register with the police ◇ *sich zur Prüfung anmelden* register for the examination **3 sich ~** (*Kurs, Schule*) enrol, (*bes AmE*) enroll; **jdn ~** enrol sb, (*bes AmE*) enroll sb ◇ *Muss man sich für den Kurs vorher anmelden?* Do you have to enrol for the course in advance? **4 sich (bei jdm) ~** (*Termin ausmachen*) make an appointment (with sb) ◇ *sich beim Zahnarzt anmelden* make an appointment with the dentist ◇ *Sind Sie angemeldet?* Have you got an appointment? **5** (*ankündigen*) announce; **sich ~** (*vorankündigen*) say you are coming, announce your arrival (*gehoben*) **6** (*Zweifel, Bedenken*) express; (*Interesse, Wunsch, Anspruch*) make *sth* known ◇ *Er meldete Bedenken an dem Plan an.* He expressed reservations about the plan.

Anmeldeschluss closing date

Anmeldung 1 registration; (*für Kurse, Schulen*) enrolment, (*bes AmE*) enrollment; (*Buchung*) booking **2** (*Vereinbarung*) arrangement; (*Termin*) appointment ◇ *Führungen nur bei vorheriger Anmeldung.* Tours only by prior arrangement. ◇ *Um telefonische Anmeldung wird gebeten.* Please call for an appointment. **3** (*Formular*) registration form **4** (*Hotel etc.*) reception; (*Flughafen*) check-in (desk)

anmerken 1 (*ansehen*) ◇ *Man merkt ihr an, dass sie enttäuscht ist.* You can tell she's disappointed. ◇ *Die Erleichterung war ihm deutlich anzumerken.* You could plainly see how relieved he was. ◇ *Lass dir nichts anmerken.* Don't let on. **2** (*sagen*) mention, note ◇ *Ich möchte an dieser Stelle anmerken, dass …* I should like to mention at this point that … ◇ *Hierzu ist Folgendes anzumerken: …* The following should be noted: ... ◇ *Es wurde kritisch angemerkt, dass ...* The criticism was made that ... **3** (*markieren, anstreichen*) mark ◇ *Ich habe die Stelle angemerkt.* I've marked the place.

Anmerkung comment, remark; (*erläuternd, Fußnote*) note ◇ *Darf ich dazu eine Anmerkung machen?* Could I just make a comment on that? ◇ *Deine dummen Anmerkungen kannst du dir sparen.* You can keep your stupid remarks to yourself. ◇ *„Anmerkung der Redaktion"* 'Editor's Note'

anmieten rent; (*Fahrzeug, Saal*) hire

Anmut grace; (*Reiz*) charm

anmuten seem ◇ *Die Geschichte mutete uns eher seltsam an.* The story seemed a bit weird to us.

anmutig graceful (*Adv* gracefully); (*reizvoll*) charming

annageln **etw (an etw) ~** nail sth on (to sth)

annähen **etw (an etw) ~** sew sth on (to sth)

annähern **1 sich jdm/etw ~** approach sb/sth ◇ *Das Schiff hat sich bis auf 20 km der Küste angenähert.* The ship approached to within 20 km of the coast. **2 sich jdm/etw ~** (*fig*) come closer to sb/sth ◇ *Er hat sich in vielen Punkten den Grünen angenähert.* He has come closer to the Greens on many points. **3 sich ~** move closer together

annähernd approximately; (*fast*) almost ◇ *Annähernd 250 Personen kamen.* Almost 250 people came. ◇ *Er verdient nicht annähernd so viel.* He doesn't earn anything like as much. ◇ *jeder auch nur annähernd intelligente Mensch* any half-intelligent person

Annäherung coming closer (together); (*von Standpunkten*) convergence; (*von Ländern*) rapprochement ◇ *eine Politik der Annäherung an den Westen* a policy of rapprochement with the West

Annäherungsversuch advance [meist Pl], overture [meist Pl]

Annahme **1** (*Vermutung*) assumption ◇ *In der Annahme, dass ...* On the assumption that ... ◇ *Es gibt keinen/allen Grund zu der Annahme, dass ...* There is no/every reason to suppose that ... ◇ *Gehe ich recht in der Annahme, dass ...* Am I right in thinking that ... **2** (*das Entgegennehmen*) (*meist mit einem Verb übersetzt*) ◇ *Sie hat die Annahme des Preises verweigert.* She refused to accept the prize. ◇ *Er wurde wegen Annahme von Schmiergeldern verhaftet.* He was arrested for taking bribes. **3** (*eines Vorschlags*) adoption; (*eines Gesetzesentwurfs*) passing

Annalen annals [Pl] IDM → EINGEHEN

annehmbar **1** (*akzeptabel*) acceptable (*Adv* acceptably) **2** (*recht gut*) reasonably good

annehmen **1** take; (*Einladung, Hilfe, Angebot, Urteil*) accept ◇ *die irische Staatsbürgerschaft annehmen* take Irish citizenship ◇ *jds Namen annehmen* take sb's name ◇ *Er nahm ihre Hilfe dankbar an.* He gratefully accepted her help. ◇ *Die Kunsthochschule hat ihn nicht angenommen.* He was rejected by the art college. **2** (*Antrag etc.*) approve; (*Gesetz*) pass **3** (*vermuten*) assume ◇ *Die Polizei nimmt Brandstiftung als Ursache an.* The police assume arson to be the cause. ◇ *Nehmen wir mal an, es regnet nicht.* Let's assume it's not going to rain. **4** (*Eigenschaft*) take *sth* on, assume (*gehoben*) ◇ *Die Debatte hat groteske Züge angenommen.* The debate has taken on a somewhat grotesque character. ◇ *Die Gewalt hat bedenkliche Ausmaße angenommen.* The violence has assumed alarming proportions. ◇ *Konturen/Gestalt annehmen* take shape **5** (*Kind*) adopt **6 sich jds/einer Sache ~** take care of sb/sth IDM → VERNUNFT

Annehmlichkeit **1** (*angenehme Sache*) comfort; (*einer Stadt etc.*) amenity ◇ *Sie mussten auf viele Annehmlichkeiten verzichten.* They had to forgo many comforts. **2** (*angenehme Seite*) convenience ◇ *die Annehmlichkeit einer Kantine* the convenience of a canteen

annektieren annex

Annexion annexation

anno in (the year) ◇ *anno 1649* in (the year) 1649 IDM **anno dazumal** (in) the olden days **anno Domini** in the year of our Lord

Annonce advertisement ◇ *sich auf eine Annonce melden* reply to an advertisement ◇ *jdn/etw per Annonce suchen* advertise for sb/sth

annoncieren advertise; (*ankündigen*) announce

annullieren (*Ergebnis, Wahl, Abkommen*) declare *sth* invalid; (*Vertrag, Ehe*) annul; (*Tor*) disallow

anöden (*auf die Nerven gehen*) get on your nerves; (*langweilen*) be a drag (*Slang*)

anonym anonymous (*Adv* anonymously)

Anonymität anonymity

Anorak anorak

anordnen **1** (*veranlassen, befehlen*) order ◇ *eine Untersuchung anordnen* order an inquiry ◇ *Neuwahlen anordnen* call fresh elections **2** (*sortieren*) arrange ◇ *alphabetisch angeordnet* (arranged) in alphabetical order

Anordnung **1** (*Befehl*) order ◇ *eine richterliche Anordnung* a judicial order ◇ *eine Anordnung treffen* give an order ◇ *auf Anordnung des Ministers* by order of the Minister ◇ *auf Anordnung des Arztes* on doctor's orders **2** (*Zusammenstellung*) arrangement

anpacken **1** (*greifen*) grab hold of *sb/sth* **2** (*Problem etc.*) tackle ◇ *Sie wollen die sozialen Probleme an den Wurzeln anpacken.* They want to tackle social problems at the roots. ◇ *Packen wir's an.* Let's get down to business. **3** (*behandeln*) treat ◇ *Pack ihn nicht zu hart an!* Don't treat him too harshly. **4 (mit) ~** lend a hand

anpassen **1 sich ~** (*konform gehen*) conform **2 sich jdm ~** (*sich auf jdn einstellen*) fit in with sb; **sich etw ~** (*sich auf etw einstellen*) adapt to sth ◇ *Du wirst dich der Gastfamilie anpassen müssen.* You'll have to fit in with your host family. ◇ *sich einem ungewohnten System anpassen* adapt to an unfamiliar system **3 etw einer Sache ~** (*abstimmen*) adapt sth to sth; (*justieren*) adjust sth to sth ◇ *Wüstentiere passen ihr Verhalten den Bedingungen an.* Desert animals adapt their behaviour to the conditions. ◇ *Der Speiseplan ist den individuellen Bedürfnissen angepasst.* The menus are adapted to suit individual needs. **4 etw einer Sache ~** (*auf das gleiche Niveau bringen*) bring sth into line with sth ◇ *Gehälter werden an die Inflationsrate angepasst.* Salaries are being brought into line with inflation. **5 etw einer Sache ~** (*äußerlich angleichen*) make sth fit in with sth

Anpassung **1** (*gesellschaftlich*) conformity **2** (*Gewöhnung, Angleichung*) adaptation ◇ *die Anpassung von Fremdwörtern an die deutsche Schreibweise* adapting foreign words to German spelling **3** (*das Abstimmen*) adjustment ◇ *die automatische Anpassung der Wechselkurse* the automatic adjustment of exchange rates **anpassungsfähig** adaptable **Anpassungsfähigkeit** adaptability

anpeilen **1** (*auf etw hinzielen*) aim for *sth* **2** (*Standort bestimmen*) take a bearing on *sth*

anpfeifen **1** ◇ *Er pfiff das Spiel an.* He blew the starting whistle. **2** (*zurechtweisen*) tell *sb* off

Anpfiff **1** (*Spielbeginn*) start of the game; (*Fußball auch*) kick-off **2** (*Zurechtweisung*) telling-off (*umgs*)

anpflanzen **1** (*züchten*) grow **2** (*einpflanzen, anlegen*) plant

anpöbeln insult

anprangern denounce

anpreisen extol (the virtues of) *sth* ◇ *Zeitschriften, die Diäten anpreisen* magazines extolling the virtues of diets

Anprobe **1** (*Schneider, Theater*) fitting **2** (*Umkleidekabine*) fitting room

anprobieren try *sth* on

anpumpen **jdn (um etw) ~** borrow (sth) from sb

anquatschen speak to *sb*; (*Annäherungsversuch*) chat *sb* up (*umgs*), (*AmE*) hit on *sb* (*Slang*)

Anrainer(in) resident

Anraten **auf jds ~** on sb's advice

anrechnen **1** (*in Rechnung stellen*) charge for *sth* **2** **etw als etw ~** count sth as sth ◇ *Der Lehrer hat das als Fehler angerechnet.* The teacher counted it as a mistake. ◇ *Das würde ich ihr als Versehen anrechnen.* I would consider that a mistake on her part. **3** **etw auf etw ~** count sth towards sth IDM **jdm etw hoch anrechnen** give sb credit for sth

Anrecht right; **ein ~ auf etw haben** be entitled to sth

Anrede **1** form of address; (*im Brief*) salutation (*Fachspr*) **2** (*Ansprache*) address

anreden **1** speak to *sb* **2** **jdn mit etw ~** call sb sth, address sb as sth (*gehoben*) ◇ *Sie lässt sich mit „Frau Doktor Huth" anreden.* She likes to be called 'Dr Huth'. ◇ *jdn mit „du" anreden* use the familiar form to sb **3** **gegen jdn/etw ~** (*widersprechen*) argue against sb/sth **4** **gegen etw ~** (*Lärm*) make yourself heard above sth

anregen **1** (*vorschlagen*) suggest, propose (*gehoben*) ◇ *eine Idee anregen* suggest an idea **2** **(jdn) zu etw ~** (*ermuntern*) encourage sb to do sth; (*inspirieren*) inspire sb to do sth; (*veranlassen*) make sb do sth ◇ *die Leute zum Mitmachen anregen* encourage people to join in ◇ *Die Bilder des Künstlers sollen zum Nachdenken anregen.* The artist's pictures are meant to make you think. ◇ *Das Thema regt zur Diskussion an.* The subject stimulates discussion. **3** (*Appetit, Kreislauf, Fantasie*) stimulate

anregend stimulating

Anregung **1** (*Vorschlag*) suggestion; (*Idee*) idea ◇ *auf Anregung der Studenten* at the students' suggestion ◇ *Sie folgten unseren Anregungen.* They took up our suggestions. ◇ *Die Fotos dienen als Anregung.* The photos are meant to give you some ideas. **2** (*Impuls, Denkanstoß*) stimulus ◇ *Die Bilder geben Anregung zur Diskussion.* The pictures provide a stimulus for discussion. **3** (*Belebung*) stimulation ◇ *ein Mittel zur Anregung der Verdauung* a drug to stimulate digestion

anreichern **1** **sich ~** accumulate ◇ *Die Giftstoffe reichern sich in der Leber an.* The toxins accumulate in the liver. **2** (*aufwerten*) enrich ◇ *Laub reichert den Kompost an.* Leaves enrich the compost. **3** **A mit B ~** add B to A ◇ *Pferdefutter mit Kalzium anreichern* add calcium to horses' feed

Anreise journey; (*Transport*) travel ◇ *eine weite Anreise* a long journey ◇ *Die Anreise ist im Preis enthalten.* Travel is included in the price.

anreisen **1** travel ◇ *Wir werden mit dem Auto anreisen.* We will be travelling by car. **2** (*ankommen*) arrive

Anreiz incentive

anrempeln jostle; (*absichtlich*) push

anrichten **1** arrange; (*servieren*) serve ◇ *Den Salat auf den Tellern anrichten.* Arrange the salad on the plates. ◇ *Es ist angerichtet.* Dinner is served. **2** (*verursachen*) ◇ *Der Sturm richtete schwere Verwüstungen an.* The storm caused severe devastation. ◇ *ein Massaker anrichten* carry out a massacre ◇ *Unheil anrichten* wreak havoc ◇ *Weiß er eigentlich, was er da angerichtet hat?* Does he know what he's gone and done?

anrüchig **1** (*von zweifelhaftem Ruf*) disreputable **2** (*anstößig*) offensive

anrücken (*Truppen, Polizei*) move in; (*Besuch*) descend ◇ *Wann rücken deine Freunde an?* When are your friends going to descend on us?

Anruf (phone) call ◇ *Er bekam einen Anruf.* He got a phone call. ◇ *Danke für den Anruf.* Thanks for calling.

Anrufbeantworter answering machine

anrufen **1** phone *sb/sth* (up), (*BrE auch*) ring *sb/sth* (up) ◇ *Sie ruft oft ihre Eltern an.* She often phones her parents. ◇ *Hast du schon bei ihr angerufen?* Have you phoned her yet? ◇ *Ich habe bei ihm im Büro angerufen.* I phoned his office. ◇ *Bitte rufen Sie unter der folgenden Telefonnummer an.* Please ring the following number. ◇ *Ruf mal beim Bahnhof an.* Ring the station. ◇ *Hat jemand angerufen?* Were there any calls? **2** **jdn/etw (um etw) ~** appeal to sb/sth (for sth) ◇ *Sie riefen die UNO um Hilfe an.* They appealed to the UN for help. **3** (*Posten etc.*) challenge ◇ *Der Wachmann rief uns an.* We were challenged by the guard.

Anrufer(in) caller

anrühren **1** (*mischen*) mix **2** (*anfassen*) touch ◇ *Rühr mich nicht an!* Don't touch me! ◇ *Unser Chef rührt keinen Computer an.* Our boss won't touch a computer. **3** (*Thema*) touch on *sth* IDM → BISSEN

Ansage **1** announcement **2** (*Karten*) bid

ansagen **1** announce ◇ *Kein einziges Stück wurde angesagt.* Not one of the pieces was announced. **2** (*diktieren*) dictate ◇ *Kannst du mir die Maße ansagen?* Can you dictate the measurements to me? **3** **sich ~; seinen Besuch ~** say you are coming ◇ *Aus Berlin hat sich eine Jazzband angesagt.* A jazz band from Berlin has said it will come. ◇ *Mein Bruder hat seinen Besuch angesagt.* My brother has said he will come. IDM → KAMPF

Ansager(in) announcer

ansammeln **1** (*Reichtümer*) amass; (*Punkte, Material etc.*) collect **2** **sich ~** (*Menschen*) gather; (*Wasser, Staub*) collect; (*Dinge*) accumulate; (*Frust etc.*) build up ◇ *Es hatte sich eine Menschenmenge angesammelt.* A crowd had gathered. ◇ *In der Mulde hat sich Wasser angesammelt.* Water has collected in the hollow.

Ansammlung **1** collection [mit Verb im Sing/Pl]; (*von Schadstoffen etc.*) build-up **2** (*Menschenmenge*) crowd

ansässig based [nicht vor Nomen]; (*wohnhaft*) resident; (*örtlich*) local ◇ *eine in Genf ansässige Firma* a firm based in Geneva ◇ *ein in London ansässiger Franzose* a Frenchman resident in London ◇ *die ansässigen Betriebe* local businesses ◇ *Die Familie machte sich in Rheinsberg ansässig.* The family settled in Rheinsberg.

Ansatz **1** (*Methode*) approach ◇ *Vom Ansatz her sind die Reformen richtig.* These reforms are right in their approach. ◇ *Es war schon im Ansatz falsch.* It was the wrong approach. **2** (*Anzeichen*) (first) sign; (*Anfang*) first step ◇ *erste Ansätze für eine Besserung* first signs of improvement ◇ *Eine Entspannung der Lage ist nicht einmal im Ansatz zu erkennen.* There are no signs at all that the situation is easing. ◇ *Der neue Spieler zeigte vielversprechende Ansätze.* The new player showed promise. ◇ *Die Planung ist im Ansatz stecken geblieben.* The plans didn't get very far. ◇ *Es gelang uns nur in Ansätzen.* We were only partially successful. **3** (*Voranschlag*) estimate; (*im Staatshaushalt*) budget **4** (*von Kalk*) deposit; (*Schicht*) coating **5** (*Hals-, Arm-*) base; (*Haar-*) hairline; (*Haarwurzeln*) roots [Pl]

Ansatzpunkt starting point **ansatzweise** partially, to some extent; **etw ~ tun** begin to do sth ◇ *Keines der Probleme wurde auch nur ansatzweise gelöst.* They didn't even begin to solve any of the problems. ◇ *Es* *ist ihr nur ansatzweise gelungen.* She has only partially succeeded. ◇ *Das geschieht schon ansatzweise.* This already happens to some extent.

anschaffen **1** buy, get (*umgs*) (*auch fig*) ◇ *Sie spart, damit sie sich ein Auto anschaffen kann.* She's saving up to buy a car. ◇ *Er will sich einen Hund anschaffen.* He wants to get himself a dog. **2 ~ gehen** go on the game (*Slang*), (*AmE*) walk the streets (*Slang*)

Anschaffung purchase ◇ *Das Geld ist für die Anschaffung eines Kleinbusses vorgesehen.* The money is earmarked for the purchase of a minibus. ◇ *teuer in der Anschaffung* expensive to buy ◇ *eine Anschaffung fürs Leben* an investment for life

anschalten switch *sth* on

anschauen **1 (sich) etw ~** look at sth, have a look at sth; (*Sendung, Video*) watch sth; (*Film, Spiel, Ausstellung, Stück*) see sth ◇ *Sie schauten die Bilder an.* They looked at the pictures. ◇ *Das muss ich mir aus der Nähe anschauen.* I'll have to have a close look at that. ◇ *sich eine Sendung im Fernsehen anschauen* watch a programme on television **2 jdn ~** look at sb; **sich jdn ~** have a look at sb ◇ *Er schaute mich nicht an.* He didn't look at me. ◇ *Komm, lass dich mal anschauen.* Come on, let's have a look at you. IDM **Schau mal einer an!** Well I never!; (*bes AmE*) Well, what do you know!

anschaulich clear (*Adv* clearly); (*lebendig*) vivid (*Adv* vividly) ◇ *Er kann alles sehr anschaulich erklären.* He can explain everything very clearly. ◇ *Die Ausstellung macht die Entwicklung der Stadt anschaulich.* The exhibition illustrates the development of the town.

Anschauung **1** (*Überzeugung*) view; (*Meinung*) opinion; (*Vorstellung*) idea ◇ *politische/religiöse Anschauungen* political/religious views ◇ *Er hat manchmal seltsame Anschauungen.* He sometimes has strange ideas. **2** ◇ *Er kennt die Probleme der Flüchtlinge aus eigener Anschauung.* He has seen for himself the problems of the refugees. **3** (*Versenkung*) contemplation

Anschauungsmaterial illustrative material; (*im Unterricht*) visual aid **Anschauungsunterricht** demonstration; (*fig*) lesson ◇ *Das ist guter Anschauungsunterricht dafür, was passiert, wenn …* That is a lesson in what happens when …

Anschein appearance; (*Eindruck*) impression ◇ *dem äußeren Anschein zum Trotz* despite appearances (to the contrary) ◇ *Sie erweckt den Anschein, als sei ihr alles egal.* She gives the impression that it's all the same to her. ◇ *allem Anschein nach* apparently ◇ *Es hat den Anschein, als habe er es vergessen.* It appears that he's forgotten.

anscheinend apparently

anschicken **sich ~, etw zu tun** be on the point of doing sth

anschieben **1** (*Auto*) push **2** (*fig*) give *sth* a boost; (*Reform etc.*) get *sth* going

anschießen **1** shoot at *sb*, shoot and wound *sb* ◇ *Er wurde auf offener Straße angeschossen.* He was shot at in broad daylight. **2 angeschossen kommen** come racing up

Anschiss telling off, (*AmE*) bawling out

Anschlag **1** (*Bekanntmachung*) notice **2** (*Angriff*) attack; (*Mordversuch*) assassination attempt ◇ *ein Anschlag auf das Polizeigebäude* an attack on the police station ◇ *einen Anschlag verüben* carry out an attack **3** (*auf einer Tastatur*) touch **4** keystroke; (*Zeichen*) character ◇ *35 Zeilen à 60 Anschläge* 35 lines of 60 characters **5** (*beim Spiel*) home **6** (MIL) firing position ◇ *in den Anschlag gehen* move into firing position ◇ *Sie standen mit dem Gewehr im Anschlag.* They were standing with their rifles at the ready. ◇ *ein Gewehr in Anschlag bringen* level a gun

anschlagen **1** (*befestigen*) put *sth* up **2** (*wirken*) work ◇ *Das Medikament hat angeschlagen.* The medicine has worked. **3** (*bellen*) bark **4 (sich) etw (an etw) ~** bump sth (on sth); **mit etw an etw ~** bump sth on sth ◇ *Ich habe mir das Knie angeschlagen.* I've bumped my knee. ◇ *Er ist mit dem Kopf an den Balken angeschlagen.* He bumped his head on the beam. **5** (*Taste*) strike; (*Melodie, Note*) play **6** (*fig*) (*Töne*) adopt ◇ *Sie schlug versöhnliche Töne an.* She adopted a conciliatory tone. **7** (*Maschen*) cast *sth* on IDM → TON²

anschleichen **sich (an jdn/etw) ~** creep up (on sb/sth)

anschleppen **1** (*mitbringen*) bring *sb/sth* along **2** (*Auto*) give *sth* a tow (until it starts)

anschließen **1** (*verbinden*) connect *sth* up; **etw (an etw) ~** connect sth (to sth) ◇ *die Waschmaschine anschließen* connect the washing machine up ◇ *Ist der Computer ans Netzwerk angeschlossen?* Is the computer connected to the network? **2 etw (an etw) ~** (*mit Schloss*) padlock sth to sth **3 sich jdm/etw ~** (*dazugesellen*) join sb/sth ◇ *Darf ich mich euch anschließen?* May I join you? **4 sich jdm/etw ~** (*zustimmen*) agree with sb/sth ◇ *Ich schließe mich meinem Vorredner an.* I agree with the previous speaker. **5 (sich) an etw ~; sich etw ~** (*folgen*) follow sth; (*inhaltlich*) follow on from sth ◇ *An den Vortrag schloss eine Diskussion an.* The lecture was followed by a discussion. ◇ *An diesen Punkt schließt sich meine nächste Frage an.* My next question follows on from this point. **6 an etw ~** (*angrenzen*) be next to sth, adjoin sth (*gehoben*) ◇ *Das Grundstück schließt an den Flughafen an.* The property is next to the airport. **7 etw an etw ~; etw einer Sache ~** (*anfügen*) attach sth to sth ◇ *Der Schule ist ein Kindergarten angeschlossen.* There is a nursery attached to the school.

anschließend **1** *Adv* afterwards ◇ *Anschließend ist Tanz.* There is dancing afterwards. **2** *Adj* ◇ *ein Film mit anschließender Diskussion* a film with a discussion afterwards ◇ *beim anschließenden Grillfest* during the barbecue that followed

Anschluss **1** (*Verbindung*) connection ◇ *In Mainz haben Sie Anschluss an die Regionalbahn.* In Mainz you have connections to the local trains. ◇ *Der Zug hat Anschluss an die Fähre.* The train connects with the ferry. ◇ *Anschluss ans Internet* connection to the Internet **2** (*Telefon*) line ◇ *Dein Anschluss war den ganzen Tag besetzt.* Your line was engaged all day. **3** (*Autobahn-*) junction **4 ~ finden** make friends; **~ suchen** try to make friends ◇ *Hast du in Köln schon Anschluss gefunden?* Have you made any friends yet in Cologne? **5** ◇ *den Anschluss an die Weltspitze halten* keep up with the best in the world ◇ *Wer ein paar Monate raus ist, hat den Anschluss verpasst.* If you're away for a few months, you lose touch. **6 im ~** afterwards; **im ~ an etw** after sth, following sth ◇ *Im Anschluss spielt eine Jazzband.* A jazz band will be playing afterwards. ◇ *Im Anschluss an den Film findet eine Diskussion statt.* After the film there will be a discussion. **7** (GESCH) Anschluss

anschmiegen **sich (an jdn/etw) ~** snuggle up (to sb/sth); (*Stoff, Kleider*) cling (to sb/sth) ◇ *Sie schmiegte sich zärtlich an ihn.* She snuggled up to him tenderly. ◇ *Das Samtkleid schmiegte sich eng an ihren Körper an.* The velvet dress clung to her body.

anschmiegsam **1** (*Mensch, Tier*) affectionate **2** (*Kleidung*) clinging; (*Stoff*) soft

anschmieren (*hereinlegen*) con ◇ *Der Markthändler hat uns angeschmiert.* The market trader conned us.

anschnallen **1** (*Schlittschuhe, Skier etc.*) put *sth* on **2 jdn/sich ~** strap sb/yourself in; (*Sicherheitsgurt*) put on sb's/your seat belt, fasten sb's/your seat belt ◇

das Kind im Buggy anschnallen strap the child into the buggy ◇ *Denken Sie daran, Ihre Kinder anzuschnallen.* Remember to put your children's seat belts on. ◇ *Bitte schnallen Sie sich an.* Please fasten your seat belts. ◇ *Die Fahrerin war nicht angeschnallt.* The driver wasn't wearing her seat belt.

anschneiden **1** cut; (*Brot*) start; (*Blumen*) cut the stems of *sth* ◇ *die Geburtstagstorte anschneiden* cut the birthday cake **2** (*Thema, Frage, Problem*) broach, raise **3** (SPORT) (*Ball*) put slice on *sth*

Anschovis anchovy

anschrauben **etw (an etw) ~** screw sth on (to sth) ◇ *Das Schild ist angeschraubt.* The plaque is screwed on.

anschreiben **1** (*an die Tafel etc.*) write *sth* up ◇ *Können Sie das Wort bitte anschreiben?* Can you write that word up, please? **2** (*jdm schreiben*) write to *sb/sth* **3** (*Kredit geben*) **etw ~** give sth on credit; **etw ~ lassen** put sth on the slate (*umgs*) ◇ *Er lässt in der Kneipe immer anschreiben.* He always puts his drinks on the slate.

anschreien shout at *sb*

Anschrift address

Anschuldigung accusation ◇ *Anschuldigungen gegen jdn erheben* make accusations against sb

anschwärzen grass on *sb* (*Slang*), tell tales on *sb*

anschwellen **1** (*dicker werden*) swell (up) ◇ *Das Knie ist stark angeschwollen.* The knee is badly swollen. **2** (*Bach etc.*) rise (*auch fig*) ◇ *Der Fluss wird in den nächsten Tagen weiter anschwellen.* The river will continue to rise in the next few days. ◇ *Der Umsatz ist auf 250 Millionen angeschwollen.* Turnover has risen to 250 million. **3** (*Musik, Ton, Lärm*) get louder

ansehen **1 jdn/etw ~** look at sb/sth ◇ *Sie sah mich an.* She looked at me. ◇ *jdn fragend ansehen* give sb a questioning look **2 sich etw ~** look at sth; (*Film, Ausstellung etc.*) see sth; (*Fernsehsendung, Sportveranstaltung*) watch sth ◇ *Komm und sieh dir das an!* Come and look at this! ◇ *Ich habe mir das Bild ganz genau angesehen.* I looked at the picture very carefully. ◇ *Ich will mir die neue Ausstellung ansehen.* I want to (go and) see the new exhibition. ◇ *sich die Nachrichten ansehen* watch the news ◇ *sich den Dom ansehen* look round the cathedral **3 jdn/etw als etw ~** regard sb/sth as sth ◇ *Er wurde immer als Außenseiter angesehen.* He was always regarded as an outsider. **4 jdm etw ~** ◇ *Man sieht ihm seine Zufriedenheit an.* You can see he's happy. ◇ *Ich konnte ihr ansehen, dass etwas nicht stimmte.* I could tell by looking at her that something was wrong. ◇ *Man sieht (es) ihr nicht an, dass sie krank ist.* She doesn't look ill. **5 mit ~ müssen** watch helplessly ◇ *Wir mussten mit ansehen, wie das alte Haus abgerissen wurde.* We watched helplessly as the old house was demolished. **6 etw nicht mehr/länger mit ~ können/wollen** ◇ *Wir konnten diese Ungerechtigkeit nicht mehr mit ansehen.* We couldn't stand by and watch this injustice any longer. ◇ *Die Anwohner wollen das nicht länger mit ansehen.* The residents are not prepared to put up with it any longer. **IDM** **jdn/etw schief ansehen** look askance at sb/sth (*gehoben*) → *Siehe auch* NASENSPITZE

Ansehen **1** reputation ◇ *Er hat an Ansehen verloren.* His reputation was damaged. ◇ *bei jdm ein hohes Ansehen genießen* be held in high regard by sb ◇ *Die Stadt hat an Ansehen gewonnen.* The image of the town has improved. **2 ohne ~ von etw** irrespective of sth ◇ *ohne Ansehen des Alters* irrespective of age ◇ *ohne Ansehen der Person* impartially (and without bias)

ansehnlich considerable

ansetzen **1 etw (an etw) ~** attach sth (to sth) **2** (*anrühren*) mix **3** (*in Position bringen*) put ◇ *die Trompete ansetzen* put the trumpet to your lips **4 etw (für/auf etw) ~** arrange sth (for sth) ◇ *Die Probe wurde auf Montag angesetzt.* The rehearsal was arranged for Monday. ◇ *Die Wahlen sind für Mai angesetzt.* The elections are to take place in May. **5 etw (mit/auf etw) ~** estimate sth (at sth) ◇ *Der Gewinn wurde auf zwei Millionen angesetzt.* The profit was estimated at two million. **6 (mit etw) ~** begin (sth) ◇ *Man weiß gar nicht, wo man ansetzen soll.* You just don't know where to begin. **7 (zu etw) ~** start (to do sth) ◇ *Er setzte gerade zum Überholen an.* He was just starting to overtake. ◇ *Das Flugzeug setzte zur Landung an.* The aeroplane was coming in to land. **8** (*hervorbringen*) ◇ *Blätter/Blüten ansetzen* come into leaf/blossom. ◇ *Rost ansetzen* start to rust ◇ *Fett ansetzen* put on weight **9 jdn auf etw ~** put sb on to sth ◇ *Wir haben unsere besten Leute auf diesen Fall angesetzt.* We have put our best people on to the case. **IDM** → ROTSTIFT

Ansicht **1** view, opinion ◇ *Nicht alle Mitglieder teilen diese Ansicht.* Not all the members share this view. ◇ *meiner Ansicht nach* in my opinion ◇ *Die Ansichten zu diesem Thema sind geteilt.* Opinions are divided on this subject. ◇ *nach Ansicht politischer Beobachter* according to political commentators ◇ *Da bin ich aber ganz anderer Ansicht!* I disagree. ◇ *Sie sind der Ansicht, dass ...* They believe that ... **2** (*Bild, Seite*) view **3 zur ~** on approval ◇ *etw zur Ansicht bestellen* have sth sent on approval

Ansichtskarte (picture) postcard **Ansichtssache** a matter of opinion

ansiedeln **(sich) ~** settle; (*Firmen etc.*) locate ◇ *Der Stamm siedelte sich im Süden an.* The tribe settled in the South. ◇ *Viele neue Firmen haben sich hier angesiedelt.* A lot of new firms have located here.

Ansiedlung **1** settlement ◇ *eine Ansiedlung aus der Steinzeit* a Stone Age settlement **2** (*das Ansiedeln*) settlement (*oft mit einem Verb übersetzt*) ◇ *die Ansiedlung von Juden im Westjordanland* the settlement of Jews on the West Bank ◇ *Die Ansiedlung weiterer Firmen ist geplant.* There are plans to move more firms to the area.

ansonsten otherwise

anspannen **1** hitch *sth* up **2 (sich) ~** tighten ◇ *die Muskeln anspannen* tighten your muscles ◇ *alle seine Kräfte anspannen* summon up all your strength → *Siehe auch* ANGESPANNT

Anspannung **1** tightening ◇ *die Anspannung der Muskeln* the tightening of the muscles ◇ *unter Anspannung aller Kräfte* with a supreme effort **2** (*Stress*) tension ◇ *nervliche Anspannung* nervous tension ◇ *berufliche Anspannung* stress at work

Anspiel (*Pass*) pass; (*Zuspiel*) passing [U]

anspielen **1 jdn ~** pass (the ball) to sb **2 auf jdn/etw ~** allude to sb/sth, refer to sb/sth, get at sb/sth (*umgs*) ◇ *Damit wollen Sie wohl auf mich anspielen!* I suppose you are referring to me! ◇ *Worauf willst du denn damit anspielen?* What are you getting at? ◇ *Er spielte darauf an, dass ...* He hinted that ...

Anspielung **~ (auf jdn/etw)** reference (to sb/sth), allusion (to sb/sth); **in/unter ~ auf jdn/etw** referring to sb/sth ◇ *Das soll wohl eine Anspielung auf mein Alter sein!* I suppose that was a reference to my age! ◇ *zweideutige Anspielungen* innuendo

anspitzen sharpen

Anspitzer (pencil) sharpener

Ansporn **~ (für jdn) zu etw** incentive (for sb) to do sth ◇ *Als Ansporn zum Mitmachen wurde ein Preis ausgesetzt.* A prize was offered as an incentive to take part.

anspornen **jdn (zu etw) ~** spur sb on (to do sth) ◇ *angespornt durch diesen Erfolg* spurred on by this success ◇ *Mädchen werden zu selten angespornt, diese*

Berufe zu ergreifen. Girls are not given enough encouragement to enter these professions.

Ansprache **1** address ◇ *eine kurze Ansprache halten* give a short address **2** (*Kontakt*) somebody to talk to ◇ *Menschen, die einfach nur Ansprache brauchen* people who just need somebody to talk to

ansprechbar available (to talk to) ◇ *Ich bin für jeden ansprechbar.* I am always available if anyone wants to speak to me. ◇ *Ich bin jetzt eine Stunde nicht ansprechbar.* I don't want to be disturbed for the next hour. ◇ *Der Verletzte war nicht ansprechbar.* The injured man was not responding.

ansprechen **1 jdn ~** speak to sb ◇ *Warum sprichst du sie nicht einfach an?* Why don't you just go over and speak to her? ◇ *Ich habe ihn schon oft darauf angesprochen.* I've often spoken to him about it. ◇ *Auf seine Pläne angesprochen, sagte er ...* When asked about his plans, he said ... **2 jdn mit etw ~** call sb sth ◇ *jdn mit „Herr Professor" ansprechen* call sb 'Professor' ◇ *Hier sprechen sich alle mit Vornamen an.* We call each other by our first names here. ◇ *Wie spricht man einen Bischof an?* How do you address a bishop? **3 jdn ~** (*anziehen*) appeal to sb ◇ *Die Idee spricht mich gar nicht an.* The idea doesn't appeal to me at all. **4 etw ~** (*zur Sprache bringen*) raise sth; (*behandeln*) deal with sth ◇ *ein Thema ansprechen* raise a subject ◇ *In der Sendung wurden aktuelle Themen angesprochen.* The programme dealt with topics of current interest. **5 sich angesprochen fühlen** take sth personally ◇ *Warum fühlst du dich bei jeder kritischen Bemerkung gleich angesprochen?* Why do you take every critical remark personally? ◇ *Niemand fühlt sich angesprochen.* Nobody feels it's anything to do with them. **6 sich durch/von etw angesprochen fühlen** feel that sth has something to offer you ◇ *Sie fühlen sich von den Kirchen nicht angesprochen.* They feel that the churches have nothing to offer them. **7 etw spricht (bei jdm) an** sth has an effect (on sb) ◇ *Dieses Mittel spricht bei mir überhaupt nicht an.* The medicine has no effect on me. **8 auf etw ~** (*reagieren*) respond to sth ◇ *Er spricht ausgezeichnet auf die Behandlung an.* He is responding very well to treatment.

ansprechend attractive (*Adv* attractively) ◇ *ein ansprechendes Gesicht* an attractive face ◇ *ansprechend gestaltet* attractively presented ◇ *Die Mannschaft bot eine ansprechende Leistung.* The team played well. ◇ *für jdn ansprechend sein* appeal to sb

Ansprechpartner(in) (person to) contact ◇ *Ansprechpartner ist Uwe Staub.* The person to contact is Uwe Staub.

anspringen **1** pounce on *sb*; (*hochspringen*) jump up at *sb* **2** (*Motor*) start ◇ *Der Wagen springt nicht an.* The car won't start. **3 auf etw ~** jump at sth

Anspruch **1 ~ (auf etw)** entitlement to sth ◇ *sein Anspruch auf Urlaubsgeld* his entitlement to holiday pay ◇ *Anspruch auf etw haben* be entitled to sth ◇ *Anspruch auf Schadenersatz erheben* make a claim for damages **2 ~ (an jdn/etw)** expectation (of sb/sth) [meist Pl] ◇ *die Ansprüche seiner Eltern erfüllen* live up to your parents' expectations ◇ *Sie stellt sehr hohe Ansprüche an ihre Schüler.* She sets high standards for her pupils. ◇ *eine Ausstellung mit einem pädagogischen Anspruch* an exhibition with an educational aim **3 etw in ~ nehmen** take advantage of sth; (*Zeit*) take sth up ◇ *Viele nahmen die Grippeschutzimpfung in Anspruch.* A lot of people took advantage of the flu vaccinations. ◇ *ein Hobby, das viel Zeit in Anspruch nimmt* a hobby which takes up a lot of time ◇ *Sozialhilfe in Anspruch nehmen* claim benefit **4 etw nimmt jdn (sehr) in ~** sth takes up (all) sb's time

anspruchslos **1** (*leicht zu pflegen*) easy to look after **2** (*genügsam*) ◇ *Er ist sehr anspruchslos.* His needs are modest. ◇ *ganz anspruchslos leben* live very simply ◇ *Die Zimmer sind ziemlich anspruchslos ausgestattet.* The rooms are fairly basic. **3** (*geistig*) lowbrow ◇ *anspruchslose Unterhaltung* lowbrow entertainment ◇ *anspruchslose Lektüre* popular fiction ◇ *Das Gespräch war ziemlich anspruchslos.* The conversation was pretty trivial.

anspruchsvoll **1** (*Kunde, Publikum, Leser*) discriminating **2** (*Tätigkeit*) challenging; (*Projekt, Programm*) ambitious **3** (*geistig hochstehend*) sophisticated; (*künstlerisch hochstehend*) high quality ◇ *ein anspruchsvoller Schriftsteller* a sophisticated writer ◇ *anspruchsvolle Unterhaltung* high-quality entertainment ◇ *ein anspruchsvoller Film* a film that makes demands on the audience

anspucken spit at *sb/sth*

Anstalt **1** institute ◇ *Die Anstalt hat ihren Sitz in Frankfurt.* The institute is based in Frankfurt. ◇ *eine öffentlich-rechtliche Anstalt* a public corporation **2** (*Heim, Gefängnis etc.*) institution; (*psychiatrische*) mental hospital ◇ *in einer Anstalt leben* live in an institution ◇ *Sie wurde in eine geschlossene Anstalt eingewiesen.* She was sent to a secure unit. **3** (*Internat*) boarding school; (*Schule*) school; (*Lehranstalt*) further education establishment **IDM** **Anstalten machen etw zu tun** make a move to do sth ◇ *Er machte keine Anstalten, mir zu helfen.* He made no move to help me.

Anstand **1** decency **2** ◇ *Sie hat aber auch keinen Anstand!* Has she no sense of decency! ◇ *Das Beste, was er jetzt tun kann, ist mit Anstand zurückzutreten.* He should have the decency to resign. ◇ *mit Anstand verlieren können* be a good loser ◇ *sich mit Anstand aus der Affäre ziehen* get out of it without losing face

anständig **1** (*rechtschaffen*) decent (*Adv* decently) ◇ *Das war anständig von ihm.* That was decent of him. ◇ *jdn anständig behandeln* treat sb decently **2** (*respektabel*) respectable **3** (*zufrieden stellend*) decent ◇ *ein anständiges Gehalt* a decent wage ◇ *anständige Preise* reasonable prices ◇ *Sie zahlen anständig.* They pay well. **4** (*angemessen*) proper [nur vor Nomen] (*Adv* properly) ◇ *Zum Wandern brauchst du anständige Schuhe.* If you go walking you need proper boots. ◇ *anständig angezogen* properly dressed **5** (*beträchtlich*) considerable; (*Portion*) generous ◇ *eine anständige Summe* a considerable sum ◇ *Ich habe einen anständigen Preis dafür bekommen.* I got a good price for it. ◇ *Ihm werde ich anständig die Meinung sagen.* I'll really give him a piece of my mind.

anstandslos without any trouble ◇ *Der Bau wurde anstandslos genehmigt.* The building plans were approved without any trouble. ◇ *Er hat die Rechnung anstandslos bezahlt.* He paid the bill without a murmur.

anstarren **jdn/etw ~** stare at sb/sth; (*finster*) glare at sb/sth; (*mit offenem Mund*) gape at sb/sth

anstatt **~ jds/einer Sache** instead of sb/sth; **~ etw zu tun** instead of doing sth

anstecken **1 jdn (mit etw) ~** infect sb (with sth) ◇ *Sie wurden durch infizierte Blutprodukte angesteckt.* They were infected by contaminated blood products. ◇ *Ich will dich nicht mit meiner Erkältung anstecken.* I don't want to give you my cold. ◇ *Er hat sie mit dem Aids-Virus angesteckt.* She caught HIV from him. ◇ *Sie steckte uns mit ihrem Optimismus an.* Her optimism was infectious. **2 sich (bei jdm) (mit etw) ~** catch sth (from sb) ◇ *Er hatte Angst, dass er sich angesteckt haben könnte.* He was afraid he might have caught something. ◇ *Sie hat sich bei mir mit Windpocken angesteckt.* She caught chickenpox from me. ◇ *Niemand weiß, wie er sich angesteckt hat.* Nobody knows how he became infected. **3** (*in Brand stecken*) set fire to *sb/sth* **4 sich eine Zigarette ~** light a cigarette **5 (sich) etw ~** pin sth on; **jdm etw ~** pin sth on sb ◇ *Er steckte sich seine Orden an.* He pinned on his medals. ◇ *Soll ich dir die Brosche anstecken?* Shall I pin the brooch on for you?

ansteckend infectious (*auch fig*), catching [nicht vor Nomen] (*umgs*) (*auch fig*); (*durch Hautkontakt*) contagious ◇ *eine ansteckende Krankheit* an infectious disease ◇ *ihr ansteckendes Lachen* her infectious laugh

Ansteckнadel pin; (*Abzeichen*) badge

Ansteckung infection

Ansteckungsgefahr risk of infection

anstehen 1 queue (up), (*AmE*) stand in line ◇ *Wir mussten eine Stunde lang nach den Karten anstehen.* We had to queue for an hour for the tickets. **2** (*auf Erledigung warten*) have to be done ◇ *Was steht noch an?* What else has to be done? ◇ *die anstehenden Arbeiten* the jobs that need doing **3** (*festgelegt sein*) be due to take place ◇ *Im Frühjahr stehen Kommunalwahlen an.* Local elections are due to take place next spring. ◇ *die anstehenden Wahlen* the forthcoming elections **4 etw ~ lassen** (*hinauszögern*) defer sth

ansteigen 1 (*Weg*) climb; (*Gelände*) slope ◇ *Die Straße stieg stark an.* The road climbed steeply. ◇ *die engen, steil ansteigenden Gassen* the steep, narrow streets **2** rise ◇ *Die Schülerzahlen steigen an.* School rolls are rising. ◇ *Die Kriminalität steigt ständig an.* Crime is on the increase. ◇ *Die Wettervorhersage versprach ansteigende Temperaturen.* The forecasters promised a rise in temperatures.

anstelle ~ von etw instead of sth; (*Örtlichkeit*) in place of sth ◇ *anstelle von Latein* instead of Latin ◇ *ein Neubau anstelle des alten Gebäudes* a new building in place of the old one

anstellen 1 (*Gerät, Motor*) switch *sth* on **2 jdn ~** employ sb; (*einstellen*) take sb on ◇ *Er hat ihn als seinen Berater angestellt.* He employed him as his adviser. ◇ *neue Mitarbeiter anstellen* take on more staff ◇ *Er ist bei Siemens angestellt.* He works for Siemens. **3** (*unternehmen*) do ◇ *Wie können wir es anstellen, dass wir das Geld zusammenbekommen?* What are we going to do to get hold of the money? **4** (*anrichten*) get up to *sth* ◇ *Was wird er als nächstes anstellen?* What will he get up to next? ◇ *Was haben die Kinder denn jetzt wieder angestellt?* What have the children been up to now? **5** (*mit bestimmten Nomina*) ◇ *Nachforschungen/Überlegungen anstellen* make inquiries/observations ◇ *Untersuchungen anstellen* undertake investigations ◇ *einen Vergleich anstellen* make a comparison ◇ *Vergleiche anstellen* draw comparisons ◇ *eine begründete Vermutung anstellen* make an educated guess ◇ *Messungen anstellen* take measurements ◇ *Bohrungen anstellen* drill **6 sich ~** (*Schlange stehen*) queue (up), (*AmE*) wait in line ◇ *Sie mussten sich nach den Eintrittskarten anstellen.* They had to queue for the tickets. ◇ *Bitte stellen Sie sich hinten an!* Please join the end of the queue/go to the back of the line. **7 sich bei etw geschickt, ungeschickt etc. ~** be good, useless, etc. at sth ◇ *Er hat sich sehr geschickt dabei angestellt.* He was very good at it. ◇ *Beim Kochen stellte sie sich ungeschickt an.* She was useless at cooking. **8 sich ~** (*sich zieren*) make a fuss ◇ *Stell dich doch nicht so an!* Don't make such a fuss! **9 etw an etw ~** lean sth against sth IDM → MENSCH

Anstellung 1 (*das Anstellen*) employment ◇ *die Anstellung von neuen Mitarbeitern* the employment of new staff **2** (*Arbeit, Stelle*) job ◇ *ohne Anstellung sein* be out of a job

ansteuern head for *sth*

Anstieg 1 (*Aufstieg*) climb ◇ *der Anstieg zum Everest* the ascent of Everest **2** (*Zunahme*) rise ◇ *der Anstieg der Temperaturen* the rise in temperature ◇ *ein Anstieg der Kosten um 15 Prozent* a 15 per cent increase in costs

anstiften 1 jdn (zu etw) ~ incite sb (to sth) ◇ *jdn zu einer Tat anstiften* incite sb to commit a crime **2 etw ~** instigate sth; (*Meuterei*) start

Anstiftung incitement ◇ *Anstiftung zur Gewalt* incitement to violence

anstimmen start to sing; (*Orchester*) start to play

anstinken 1 jdn ~ make sb sick ◇ *Diese Arbeit stinkt mich an!* I'm sick of this job! **2 gegen jdn nicht ~ können** not have a chance against sb

Anstoß 1 (*Idee*) impetus [U/Sing]; **den ~ zu etw geben** start sth off; **jdm den ~ zu etw geben** induce sb to do sth **2 ~ (an etw) nehmen** object (to sth) **3 (bei jdm) ~ erregen** cause offence (to sb) **4** (*Fußball*) kick-off ◇ *Der Anstoß erfolgt um 15.30 Uhr.* Kick-off is at 3.30 p.m. ◇ *England hatte den Anstoß.* England kicked off.

anstoßen 1 an etw ~ bump into sth ◇ *Ich bin mit dem Kopf an der Tür angestoßen.* I bumped my head on the door. **2 jdn/etw ~** bump into sb/sth, knock sb/sth **3 jdn ~** (*als Hinweis*) nudge sb; (*mit dem Fuß*) give sb a kick ◇ *Er stieß sie unter dem Tisch an.* He gave her a kick under the table. **4 (mit jdm) ~** clink glasses (with sb); **(mit jdm) auf etw/jdn ~** drink to sth/sb's health (with sb) ◇ *auf das neue Jahr anstoßen* drink a toast to the New Year ◇ *Ich möchte mit Ihnen darauf anstoßen.* Let's drink to that **5** (*Diskussion, Debatte etc.*) get *sth* going **6** (*Anstoß erregen*) **(bei jdm) ~** cause offence (to sb) ◇ *Sie stößt überall an.* She rubs everyone up the wrong way.

anstößig offensive

anstrahlen 1 (*beleuchten*) shine a spotlight on *sth*; (*Gebäude*) floodlight ◇ *Die Kirche wird nachts angestrahlt.* The church is floodlit at night. **2** (*anlächeln*) beam at *sb*

anstreben (*Ziel*) aim for *sth*, work towards *sth*; (*Lösung, Kompromiss*) seek ◇ *eine Banklehre anstreben* aim for a traineeship in a bank

anstreichen 1 (*anmalen*) paint **2** (*markieren*) mark

Anstreicher(in) painter

anstrengen 1 sich ~ make an effort, work hard ◇ *Er muss sich anstrengen, wenn er die Prüfung schaffen will.* He'll have to work really hard to pass the exam. **2** (*Augen, Ohren, Muskeln*) strain ◇ *Er musste seine Augen anstrengen.* He had to strain his eyes. ◇ *alle Kräfte anstrengen, um etw zu tun* make every effort to do sth ◇ *angestrengt nachdenken* think hard **3** (*strapazieren*) be tiring; **jdn/etw ~** be a strain on sb/sth ◇ *Die Arbeit am Monitor strengt die Augen an.* Working on screen is a strain on the eyes. ◇ *Der Spaziergang hat ihn sehr angestrengt.* The walk tired him out. **4** ◇ *einen Prozess (gegen jdn) anstrengen* bring a case (against sb)

anstrengend tiring; (*Beruf*) demanding ◇ *eine körperlich anstrengende Arbeit* a physically demanding job ◇ *Aerobic ist mir zu anstrengend.* Aerobics is too strenuous for me. ◇ *anstrengend für die Augen sein* be a strain on the eyes

Anstrengung effort ◇ *Sie schwitzten vor Anstrengung.* They were sweating with the effort. ◇ *Alle Anstrengungen werden unternommen, um die Krise beizulegen.* Every effort is being made to resolve the crisis. ◇ *mit äußerster Anstrengung* with the greatest difficulty ◇ *körperliche Anstrengung* physical exertion

Anstrich 1 (*Farbe*) paint ◇ *ein neuer Anstrich* a new coat of paint **2** (*Note*) air ◇ *Das verleiht der Sache einen exklusiven Anstrich.* It gives it an air of exclusivity.

Ansturm rush ◇ *ein großer Ansturm auf die Geschäfte* a great rush to the shops ◇ *ein Ansturm auf die Börse* a run on the stock market ◇ *ein Ansturm von Fragen* a barrage of questions ◇ *ein Ansturm von Flüchtlingen* a flood of refugees

Antarktis Antarctic

antasten (*Rechte*) infringe

Anteil 1 (*Prozentsatz*) proportion [mit Verb im Sing/Pl] ◇ *der Anteil der Rentner an der Bevölkerung* the proportion of pensioners in the population ◇ *der überwiegende Anteil der Bevölkerung* the majority of the population **2 ~ (an etw)** (*Teil, auf den man Anspruch hat*) share (of sth) **3 (an etw) ~ nehmen** show an interest (in sth); (*an Leid, Schicksal*) be moved (by sth) **4 an etw ~ haben** (*beteiligt sein*) contribute to sth ◇ *Der Trainer hatte großen Anteil an unserem Erfolg.* The coach has contributed greatly to our success.

anteilig proportional (*Adv* proportionally)

Anteilnahme 1 (*Mitgefühl*) sympathy **2** (*Interesse*) interest ◇ *ihre Anteilnahme am Leben ihres Neffen* the interest she took in her nephew

Antenne aerial, (*AmE*) antenna

Anthologie anthology

anthrazit charcoal grey, (*AmE*) charcoal gray → *Beispiele bei* BLAU

Anthropologie anthropology

anti- anti-
Antialkoholiker(in) teetotaller **antiautoritär** anti-authoritarian; (*Erziehung*) child-centred, (*AmE*) child-centered **Antibabypille** contraceptive pill **Antibiotikum** antibiotic **antifaschistisch** anti-fascist **Antiheld(in)** anti-hero, anti-heroine

antik 1 ancient ◇ *im antiken Rom* in ancient Rome ◇ *ein antiker Text* a classical text **2** (*alt*) antique

Antike die ~ the ancient world; **die klassische ~** classical antiquity

Antikörper antibody ◇ *Antikörper bilden* produce antibodies

Antilope antelope

Antioxidans antioxidant

Antipathie antipathy

antippen 1 (*berühren*) touch ◇ *die Tasten antippen* touch the keys ◇ *jdn an der Schulter antippen* tap sb on the shoulder **2** (*Thema*) touch on *sth*

Antiquariat second-hand bookshop

antiquarisch second-hand

antiquiert antiquated

Antiquität antique

anti- **antisemitisch** anti-Semitic **Antisemitismus** anti-Semitism **Antithese** antithesis **Antivirenprogramm** antivirus program

Antonym opposite, antonym (*Fachspr*)

Antrag 1 (*schriftliche Bitte*) application ◇ *einen Antrag bei der zuständigen Behörde einreichen* send an application to the relevant authority ◇ *einen Antrag auf etw stellen* apply for sth **2** (*Vorschlag, Entwurf*) motion ◇ *einen Antrag ins Parlament einbringen* table a motion in parliament ◇ *über einen Antrag abstimmen* take a vote on a motion **3** (*Formular*) application (form) ◇ *einen Antrag ausfüllen* fill in an application form **4 jdm einen ~ machen** propose to sb
Antragsteller(in) applicant

antreffen find ◇ *jdn zu Hause antreffen* find sb in ◇ *Ich habe sie gestern nicht angetroffen.* I didn't manage to see her yesterday.

antreiben 1 drive *sb/sth* on ◇ *Der Kutscher trieb die Pferde an.* The coachman drove the horses on. **2** (*motivieren*) drive, push ◇ *Sie war von dem Wunsch angetrieben anderen zu helfen.* She was driven by the desire to help others. ◇ *Seine Eltern haben ihn nie angetrieben.* His parents never pushed him. **3** (*mit Worten*) urge; **jdn zu etw ~** urge sb to do sth ◇ *Die Reiseführerin trieb die Touristen zur Eile an.* The guide urged the tourists to hurry. **4** (TECH) drive; (*mit Motor, Strom etc.*) power; (*mit Treibstoff*) fuel ◇ *von einem Propeller angetrieben* propeller-driven ◇ *von einer Batterie angetrieben* battery-powered ◇ *Fahrzeuge, die mit Erdgas angetrieben werden* gas-fuelled vehicles **5** (*anschwemmen*) wash *sb/sth* ashore

Antreiber(in) slave driver

antreten 1 (*Stelle, Studium, Strafe*) start; (*Amt*) take *sth* up; (*Rückzug*) begin ◇ *den Dienst antreten* start work **2 jds Nachfolge ~** succeed sb **3** (*Erbe*) come into *sth* ◇ *Wann wird er sein Erbe antreten können?* When will he come into his inheritance? **4** (*Reise, Rückweg*) set off on *sth* **5 den Beweis ~** offer proof **6** (*Motorrad*) kick-start **7** (*sich aufstellen*) line up ◇ *Wir mussten der Größe nach antreten.* We had to line up according to our height. **8 zu etw ~** report for sth ◇ *zur Arbeit antreten* report for work **9 gegen jdn ~** take sb on ◇ *Bremen musste gegen den Meister antreten.* Bremen had to take on the champions. **10** (*bei Wahlen*) stand ◇ *Sie tritt zur Wahl an.* She is standing for election. ◇ *Er trat gegen den Präsidenten an.* He stood against the President. **11** (*beschleunigen*) put on a spurt

Antrieb 1 (*Getriebe*) drive **2** (*Antriebskraft*) ◇ *eine Winde mit hydraulischem Antrieb* a hydraulically powered winch ◇ *Solarenergie lässt sich für den Antrieb von Autos nutzen.* Solar energy can be used to power cars. **3** (*Anstoß*) impetus ◇ *Das gab der Debatte neuen Antrieb.* That gave fresh impetus to the debate. ◇ *Er hat sich aus eigenem Antrieb um das Praktikum gekümmert.* He arranged the work placement off his own bat.

Antriebskraft 1 (TECH) power **2** (*fig*) driving force

antrinken IDM **sich einen (Rausch) antrinken** get drunk → *Siehe auch* MUT

Antritt 1 (*Stelle, Studium, Strafe etc.*) start; (*Amt*) taking up ◇ *vor Antritt des Urlaubs* before the start of the holiday ◇ *Seit dem Antritt des neuen Direktors hat sich vieles geändert.* There have been a lot of changes since the new head took up his post. **2** (*Erbe*) ◇ *nach Antritt seines Erbes* after he came into his inheritance **3** (*Beschleunigung*) acceleration
Antrittsrede inaugural speech; (*im Parlament*) maiden speech

antun 1 jdm/sich etw ~ do sth to sb/yourself ◇ *Tu mir das nicht an!* Don't do this to me! **2 sich etw ~** (*Selbstmord begehen*) commit suicide → *Siehe auch* ANGETAN

Antwort 1 answer, reply (*gehoben*) ◇ *Auf ihre Frage erhielt sie eine ausweichende Antwort.* She got an evasive answer to her question. ◇ *Als Antwort schüttelte sie nur traurig den Kopf.* She just shook her head sadly in reply. **2** (*Reaktion*) response ◇ *Als Antwort schickt Tokio einen Unterhändler.* In response, Tokyo is sending a negotiator. IDM **um keine Antwort verlegen sein**; **keine Antwort schuldig bleiben** have an answer for everything → *Siehe auch* REDE

antworten 1 answer, reply (*gehoben*) ◇ *Bitte antworte mir!* Please answer me! ◇ *Er antwortete mit Ja.* He said yes. **2** (*reagieren*) respond ◇ *Sie antworteten auf die Angriffe mit Artilleriebeschuss.* They responded to the attacks with artillery fire.

anvertrauen 1 jdm etw ~ (*Wertsachen, Amt*) entrust sth to sb, entrust sb with sth ◇ *Er vertraute seinem Bruder den Wohnungsschlüssel an.* He entrusted his brother with the key to his flat. **2 jdm jdn/etw ~** (*zur Pflege*) give sb sb/sth to look after, leave sb/sth in sb's care (*gehoben*) ◇ *Die Blumen haben wir unseren Nachbarn anvertraut.* We've given the plants to the neighbours to look after. ◇ *Sie vertrauten die Kinder den*

Großeltern an. They left the children in their grandparents' care. **3 sich jdm ~** confide in sb ◇ *Sie vertraute sich ihrem Lehrer an.* She confided in her teacher. **4 jdm etw ~** (*Geheimnis*) tell sb sth, confide sth to sb (*gehoben*) ◇ *Er vertraute mir all seine Geheimnisse an.* He confided all his secrets to me.

anvisieren aim at *sth* (*auch fig*)

anwachsen 1 (*Haut etc.*) grow back; (*Wurzeln schlagen*) take root **2** (*Gruppe, Sammlung etc.*) grow; (*Zahl*) rise ◇ *Die Zahl ist auf 120 angewachsen.* The number has risen to 120.

Anwalt, Anwältin 1 lawyer, (*AmE auch*) attorney, (*BrE auch*) solicitor; (*besonders in den höheren Gerichten*) barrister ◇ *sich vor Gericht von seinem Anwalt vertreten lassen* be represented by your lawyer in court **2** (*Fürsprecher*) champion, advocate (*gehoben*) ◇ *Sie machte sich zum Anwalt der Schwachen und Unterdrückten.* She became a champion of the weak and oppressed.

anwaltlich legal [nur vor Nomen] ◇ *sich anwaltlich beraten lassen* take legal advice

Anwalts- Anwaltsgehilfe, Anwaltsgehilfin legal secretary **Anwaltskanzlei 1** (*Büro*) solicitor's office, (*AmE*) lawyer's office **2** (*Firma*) law firm

Anwandlung (*Laune*) mood; (*Impuls*) impulse ◇ *Aus einer plötzlichen Anwandlung heraus küsste sie ihn.* On a sudden impulse, she kissed him. ◇ *eine überraschende Anwandlung von Großzügigkeit* a sudden fit of generosity

Anwärter(in) candidate; (*in einem Wettbewerb*) (strong) contender; (*in der Politik auch*) front runner ◇ *Sie gilt als Anwärterin auf das Bürgermeisteramt.* She is seen as the front runner for the office of mayor. ◇ *Es stehen noch 20 Anwärter auf der Liste.* There are still 20 people on the waiting list.

Anwartschaft bid; (*auf den Thron*) claim ◇ *seine Anwartschaft auf etw anmelden* announce your bid for sth ◇ *die Anwartschaft auf ein Amt haben* be in contention for a post

anweisen 1 jdn ~, etw zu tun instruct sb to do sth ◇ *Sie war dazu angewiesen worden.* She had been instructed to do it. **2 jdm etw ~** (*zuteilen*) allocate sth to sb **3 jdm einen Platz ~** show sb to a seat **4** (*Geld*) transfer

Anweisung 1 (*Anordnung*) instruction [meist Pl] ◇ *auf Anweisung des Arztes* on doctor's orders **2** (*Anleitung*) instructions [Pl] ◇ *Sie gab ihm Anweisungen für die Installation des Computers.* She gave him instructions on how to install the computer.

anwendbar 1 etw ist ~ (*verwendbar*) sth can be applied/used ◇ *Das Gesetz ist auch auf Mietverträge anwendbar.* The law can also be applied to leases. ◇ *Das Medikament ist sicher und einfach anwendbar.* The drug is safe and easy to use. **2** (*praktisch umsetzbar*) practical ◇ *anwendbares Wissen* practical knowledge

anwenden (*Regel, Kriterium, Recht, Wissen*) apply; (*Methode, Mittel, Taktik, Gewalt*) use

Anwender(in) user

Anwenderprogramm, Anwendersoftware application, piece of software

Anwendung 1 (*Benutzung*) use ◇ *die Anwendung von Pestiziden* the use of pesticides ◇ *Unter Anwendung von Gewalt drangen sie in sein Haus ein.* They used force to get into his house. ◇ *Chemikalien, die im Bergbau zur Anwendung kommen* chemicals that are used in mining **2** (*Umsetzung, Übertragung*) application ◇ *die praktische Anwendung der Aerodynamik* the practical application of aerodynamics **3** (*Kurmaßnahme*) treatment

anwerben jdn (für etw) ~ recruit sb (to sth)

Anwerbung recruitment

Anwesen (*Landgut*) estate; (*Gebäude*) property; (*Bauernhof*) farm

anwesend present [nicht vor Nomen] ◇ *die im Unterricht anwesenden Schüler* the pupils who were present in the lesson ◇ *Er war wegen Krankheit nicht anwesend.* He was absent because of illness.

Anwesende(r) person present ◇ *andere Anwesende* other people present ◇ *Alle Anwesenden waren sich einig.* All those present agreed. ◇ *Jeder Anwesende erhielt eine Flasche Wein.* All those present received a bottle of wine. ◇ *Anwesende ausgenommen* present company excepted

Anwesenheit presence ◇ *in Anwesenheit eines Zeugen* in the presence of a witness ◇ *Der Lehrer stellte die Anwesenheit fest.* The teacher took the register.

Anwesenheitsliste attendance list

anwidern nauseate; (*fig*) make *sb* sick ◇ *Angewidert von dem Gestank wandte sie sich ab.* Nauseated by the smell, she turned away. ◇ *Du widerst mich an.* You make me sick.

anwinkeln bend ◇ *die Arme anwinkeln* bend your arms ◇ *mit angewinkelten Knien* with bent knees

Anwohner(in) resident ◇ *nur für Anwohner* residents only ◇ *Anwohner der Bahnstrecke* residents who live near the railway line

Anzahl number ◇ *eine ganze Anzahl Kinder* quite a number of children

anzahlen 1 (*Geld*) pay a deposit of *sth* ◇ *Sie musste 50 Dollar anzahlen.* She had to pay a deposit of 50 dollars. **2** (*Ware*) pay a deposit on *sth* ◇ *Wir hatten die Flugtickets angezahlt.* We had paid a deposit on the air tickets.

Anzahlung deposit ◇ *eine Anzahlung machen* pay a deposit

anzapfen 1 (*Fass, Telefon*) tap; (*Datenbank, Stromleitung etc.*) tap into *sth*; (*Geldquelle etc.*) dip into *sth* **2 jdn ~** borrow money from sb

Anzeichen sign; (*einer Krankheit*) symptom ◇ *Alle Anzeichen deuten darauf hin, …* All the signs are that …

Anzeige 1 (*Inserat*) advertisement ◇ *Er hat sich auf eine Anzeige gemeldet.* He answered an advertisement. **2** (*Bekanntgabe*) announcement **3** (*Meldung einer Straftat*) report (to the police), (formal) complaint ◇ *Sie erstattete Anzeige gegen ihre Nachbarn.* She reported her neighbours to the police. ◇ *Er zog seine Anzeige zurück.* He decided not to pursue his complaint. ◇ *Anzeige wegen Diebstahls gegen jdn erstatten* accuse sb of theft **4** (*ablesbarer Stand*) reading **5** (*Tafel etc.*) display

anzeigen 1 (*bekannt geben*) announce **2** (*bei der Polizei etc.*) report; **jdn wegen einer Sache ~** accuse sb of sth ◇ *ein Verbrechen anzeigen* report a crime (to the police) ◇ *einen Wohnortwechsel anzeigen* notify the authorities of a change of address **3** (*angeben*) show, indicate; (*Thermometer, Messgerät auch*) read; (*am Bildschirm*) display; (*Richtung*) point ◇ *Zeigt deine Uhr das Datum an?* Does your watch show the date? **4** (*mit Handzeichen*) signal

Anzeigenblatt free paper, free sheet **Anzeigenkampagne** advertising campaign

Anzeigepflicht compulsory registration; (*Verbrechen*) duty to report; (*Krankheiten*) notification

Anzeigetafel (*im Stadion*) scoreboard; (*im Bahnhof*) indicator board

anzetteln start; (*Verschwörung, Intrigen*) hatch

anziehen 1 put *sth* on ◇ *Sie zog sich eine Jacke an.* She put on a jacket. ◇ *Er zog dem Kind die Schuhe an.* He put the child's shoes on. **2 sich ~** get dressed; **jdn ~** dress sb ◇ *Sie zog sich an.* She got dressed. ◇ *Er zog* *das Baby an.* He dressed the baby. ◇ *schick angezogen* smartly dressed **3** (*anlocken*) attract ◇ *Ein Magnet zieht Eisenspäne an.* A magnet attracts iron filings. ◇ *Sie fühlte sich von ihm magisch angezogen.* She felt irresistibly attracted to him. **4** (*Zügel*) draw *sth* in; (*Schraube, Schnur, Saite*) tighten; (*Handbremse*) pull *sth* on **5** (*Beine etc.*) draw *sth* up ◇ *die Beine anziehen* draw up your legs **6** (*sich in Bewegung setzen*) move off **7** (*steigen*) rise ◇ *Die Preise haben im letzten Jahr stark angezogen.* Prices have risen sharply in the last year. **8** (*beschleunigen*) accelerate IDM **sich warm anziehen können/müssen** prepare yourself for a struggle

anziehend attractive ◇ *Sie hat ein anziehendes Wesen.* She has an attractive personality. ◇ *Der Park wirkt anziehend auf Skater.* The park attracts rollerbladers.

Anziehung **1** (PHYSIK) gravitational pull **2** (*Reiz*) attraction, appeal ◇ *Sie übt eine starke Anziehung auf Männer aus.* She has a great appeal for men.

Anziehungskraft **1** (PHYSIK) gravitational pull **2** (*Reiz*) attraction, appeal ◇ *Feuer übt eine magische Anziehungskraft auf Kinder aus.* Fire has a magical attraction for children.

Anzug **1** (*Kleidung*) suit ◇ *Er kam im schwarzen Anzug.* He came in a black suit. **2 im ~ sein** be approaching **3** (*Beschleunigung*) acceleration **4** (*Bettbezug*) duvet cover **5** (*Antrag im Parlament*) motion

anzüglich suggestive (*Adv* suggestively)

Anzüglichkeit **1** (*Art und Weise*) suggestiveness **2** (*Äußerung*) suggestive remark

anzünden **1** (*Zigarre, Pfeife, Kerze, Feuer*) light; (*Streichholz*) strike **2** (*in Brand stecken*) set fire to *sth*, set *sth* alight

anzweifeln question

Aorta aorta

apart **1** (*auffallend*) striking (*Adv* strikingly); (*attraktiv*) attractive (*Adv* attractively); (*ungewöhnlich*) unusual **2** (*Adv* unusually)

Apartheid apartheid

Apartment flat, (*AmE*) apartment

Apathie apathy ◇ *in Apathie versinken* sink into apathy

apathisch apathetic (*Adv* apathetically)

Aperitif aperitif

Apfel apple IDM **etw für einen Apfel und ein Ei kaufen** buy sth for a song; buy sth for peanuts **in den sauren Apfel beißen** swallow the bitter pill; bite the bullet ◇ *Er musste in den sauren Apfel beißen und alles bezahlen.* He had to bite the bullet and pay the whole lot.

Apfelbaum apple tree **Apfelkuchen** apple cake; (*mit Mürbeteig*) apple pie **Apfelmus** apple purée; (*als Beilage*) apple sauce **Apfelsaft** apple juice **Apfelschorle** = apple juice with mineral water

Apfelsine orange

Apfel- Apfelstrudel apple strudel **Apfelwein** cider

Aphorismus aphorism

aphoristisch aphoristic

Apokalypse apocalypse

apokalyptisch apocalyptic

Apostel **1** apostle **2** (*Befürworter*) advocate ◇ *ein Apostel der Gewaltlosigkeit* an advocate of non-violence

Apostroph apostrophe

Apotheke pharmacy, (*BrE auch*) chemist's ◇ *etw in der Apotheke bekommen* get sth from the chemist's

apothekenpflichtig available only at a pharmacy

Apotheker(in) pharmacist

App app

Apparat **1** (*Gerät*) machine **2** (*Telefon*) phone, telephone ◇ *Deine Mutter ist am Apparat.* Your mother's on the phone. ◇ *Bleiben Sie am Apparat!* Hold the line. ◇ *Am Apparat!* Speaking. **3** (*Fernseher, Radio*) set **4** (*Foto-*) camera **5** (*Verwaltungs-, Regierungs- etc.*) apparatus **6** (ANAT) system **7** (*etwas Großes*) whopper (*umgs*) ◇ *Das ist aber ein Apparat!* What a whopper!

Apparatur equipment [U]; (*für Experimente etc.*) apparatus [U] ◇ *eine komplizierte Apparatur aufbauen* set up complex apparatus

Appell **1 ~ (an jdn/etw)** appeal (to sb/sth); **~ zu etw** appeal for sth, call for sth ◇ *ein Appell, mit Wasser sparsam umzugehen* an appeal to save water ◇ *ein Appell zum Frieden* a call for peace ◇ *einen Appell an die Regierung richten* appeal to the government **2** (MIL) roll-call

appellieren an jdn/etw ~ appeal to sb/sth ◇ *Sie appellierte an seine Vernunft.* She appealed to his common sense. ◇ *Er appellierte an die Eltern, den Kindern zu helfen.* He called on parents to help their children.

Appetit appetite ◇ *jdm den Appetit verderben* spoil sb's appetite ◇ *Danke, mir ist der Appetit vergangen!* No thanks, I've lost my appetite. ◇ *Ich habe Appetit auf eine Pizza.* I feel like a pizza. IDM **Guten Appetit!** Bon appétit!; (*im Restaurant*) Enjoy (your meal)!

appetitanregend appetizing ◇ *ein appetitanregender Duft* an appetizing smell ◇ *ein appetitanregendes Mittel* an appetite stimulant

appetitlich **1** (*appetitanregend*) appetizing (*Adv* appetizingly) ◇ *Das Essen war appetitlich angerichtet.* The meal was appetizingly presented. **2** (*ansprechend*) inviting (*Adv* invitingly) **3** (*Mensch*) delicious

applaudieren (jdm) ~ applaud (sb)

Applaus applause ◇ *jdm Applaus spenden* give sb a round of applause

Apposition apposition

Aprikose apricot

April April → *Beispiele bei* JANUAR IDM **April, April!** April fool! **jdn in den April schicken** play an April fool joke on sb

Aprilscherz April fool (joke) ◇ *Er war auf einen Aprilscherz hereingefallen.* He was an April fool.

apropos ◇ *Apropos Auto ...* Talking of cars ...

Aquakultur aquaculture

Aquaplaning aquaplaning

Aquarell watercolour, (*AmE*) watercolor ◇ *Aquarell malen* paint in watercolour

Aquarellfarbe watercolour, (*AmE*) watercolor **Aquarellmalerei** **1** (*Malen*) watercolour painting, (*AmE*) watercolor painting **2** (*Bild*) watercolour, (*AmE*) watercolor

Aquarium aquarium

Äquator equator

äquivalent equivalent

Äquivalent equivalent

Ära era ◇ *Eine Ära geht zu Ende.* It's the end of an era. ◇ *die Ära Bismarck* the Bismarck era

Araber (*Pferd*) Arab horse

Araber(in) Arab

arabisch Arab; (*Sprache*) Arabic ◇ *arabische Zahlen* Arabic numerals

Arbeit **1** work [U] ◇ *eine interessante Arbeit* interesting work ◇ *geistige Arbeit* intellectual work ◇ *früh am Morgen mit der Arbeit anfangen* start work early in the morning ◇ *sich an die Arbeit machen* get down to work ◇ *Sie fährt um 8 Uhr zur Arbeit.* She leaves for work at 8 o'clock. ◇ *der Tag der Arbeit* Labour Day **2** (*Stellung*) job ◇ *Sie fand endlich Arbeit.* She finally found a job. ◇ *eine Arbeit suchen* look for a job **3** (*Aufgabe*) task ◇ *eine Arbeit erledigen* carry out a task **4** (POL, WIRTSCH) (*Arbeitsverhältnis*) employment ◇ *der Minister für Arbeit* the employment minister ◇ *einer geregelten Arbeit nachgehen* be in regular employment **5** (*Mühe*) trouble ◇ *Ich möchte dir keine Arbeit machen.* I don't want to put you to any trouble. ◇ *Sie hat sich viel Arbeit gemacht.* She went to a lot of trouble. **6** (*Werk*) piece of work; (*wissenschaftlich*) paper; (*Diplom-, Doktor-*) dissertation ◇ *eine ausgezeichnete Arbeit* an excellent piece of work **7** (*Klassen-*) test ◇ *Der Lehrer ließ eine Arbeit über „Faust" schreiben.* The teacher set a written test on 'Faust'. ◇ *Wir schreiben morgen eine Arbeit.* We've got a test tomorrow. **8 etw in ~ haben** be working on sth ◇ *Sie hat ein neues Buch in Arbeit.* She's working on a new book. **9 in ~ sein** be in preparation ◇ *Der dritte Band ist in Arbeit.* Volume three is in preparation. ◇ *Der Auftrag ist in Arbeit.* The order is in hand. ◇ *Der Entwurf ist noch in Arbeit.* They are still working on the design. **IDM** **ganze/gründliche Arbeit leisten** do a thorough job → *Siehe auch* STÜCK

arbeiten 1 work ◇ *hart arbeiten* work hard ◇ *geistig arbeiten* do intellectual work ◇ *ganztags/halbtags arbeiten* work full-time/part-time ◇ *bei einer Firma arbeiten* work for a firm ◇ *als Friseurin arbeiten* work as a hairdresser ◇ *auf dem Bau arbeiten* work on a building site ◇ *für das Fernsehen arbeiten* work in television ◇ *für den Frieden arbeiten* work for peace ◇ *über Goethe arbeiten* work on Goethe ◇ *Seine Nieren arbeiten nicht richtig.* His kidneys are not working properly. ◇ *Ich habe heute fast nichts gearbeitet.* I've hardly done any work today. ◇ *Mit ihr lässt es sich gut arbeiten.* She's easy to work with. ◇ *Bei dem Lärm arbeitet es sich schlecht.* The noise makes it difficult to work. **2 an etw ~** work on sth ◇ *Er arbeitet an einem neuen Roman.* He's working on a new novel. ◇ *Du musst an deiner Aussprache arbeiten.* You need to work on your pronunciation. **3** ◇ *sich müde arbeiten* wear yourself out with work ◇ *sich krank arbeiten* make yourself ill with overwork ◇ *sich die Finger wund arbeiten* work your fingers to the bone **4 sich durch etw ~** plough through sth ◇ *Er arbeitete sich durch Berge von Post.* He ploughed through piles of letters. ◇ *sich mühsam durch das Gebüsch arbeiten* fight your way through the undergrowth **5 sich nach oben ~** work your way up ◇ *Sie arbeitete sich bis nach oben in die Chefetage.* She worked her way up into senior management. **6** (*herstellen*) make, do ◇ *Wer hat diese Schnitzereien gearbeitet?* Who did these carvings?

Arbeiter(in) worker; (*Bau-, Land-*) labourer; (*Straßen-*) workman ◇ *ein ungelernter Arbeiter* an unskilled worker ◇ *Arbeiter und Angestellte* blue- and white-collar workers ◇ *Er ist ein langsamer Arbeiter.* He's a slow worker.

Arbeiterbewegung labour movement, (*AmE*) labor movement **Arbeiterfamilie** working-class family **Arbeiterklasse** working class **Arbeiterpartei** workers' party **Arbeiterviertel** working-class area

Arbeit- Arbeitgeber(in) employer **Arbeitgeberverband** employers' federation **Arbeitnehmer(in)** employee

Arbeits- Arbeitsamt jobcentre, (*AmE*) employment office **Arbeitsanleitung** instructions [Pl] **Arbeitsbedingungen** working conditions [Pl] **Arbeitsbeschaffungsmaßnahme** → ABM **Arbeitsblatt 1** worksheet **2** (COMP) spreadsheet **Arbeitserlaubnis** work permit **Arbeitsgebiet** field of work **Arbeitsgemeinschaft 1** (*in der Schule*) study group **2** (*Verband*) association; (*Bürgerinitiative*) action group **Arbeitsgruppe 1** (*Ausschuss*) working group **2** (*Verband*) association; (*Bürgerinitiative*) action group **Arbeitskampf** industrial action [U] ◇ *Sie haben für den Arbeitskampf gestimmt.* They voted for industrial action. **Arbeitskraft 1** (*Arbeitnehmer*) worker; (*Stelle*) job; (*als wirtschaftlicher Faktor*) labour [U], (*AmE*) labor [U] ◇ *ungelernte Arbeitskräfte* unskilled workers ◇ *Das Unternehmen will 50 Arbeitskräfte einsparen.* The firm wants to cut 50 jobs. ◇ *billige Arbeitskräfte* cheap labour **2** (*Leistungsfähigkeit*) capacity for work ◇ *Hunger führt zu nachlassender Arbeitskraft.* Hunger reduces your capacity for work. **Arbeitskreis** (*Verband*) association; (*Bürgerinitiative*) action group **Arbeitslager** labour camp, (*AmE*) labor camp

arbeitslos unemployed, out of work ◇ *sich arbeitslos melden* register as unemployed ◇ *Sie ist seit zwei Jahren arbeitslos.* She has been out of work for two years. ◇ *ein arbeitsloser Schauspieler* an out-of-work actor

Arbeitslose(r) unemployed person ◇ *drei Millionen Arbeitslose* three million unemployed ◇ *Die Zahl der Arbeitslosen steigt.* Unemployment is rising.

Arbeitslosengeld unemployment benefit, (*AmE*) unemployment compensation, (*BrE auch*) Jobseeker's Allowance (*offiz*) **Arbeitslosenquote** unemployment rate **Arbeitslosenversicherung** unemployment insurance **Arbeitslosenzahl** unemployment figures [Pl]

Arbeitslosigkeit unemployment ◇ *Die Arbeitslosigkeit in dieser Region beträgt vier Prozent.* Unemployment in this region stands at four per cent.

Arbeits- Arbeitsmarkt labour market, (*AmE*) labor market ◇ *seine Aussichten auf dem Arbeitsmarkt* his prospects in the labour market **Arbeitsplatz 1** (*Arbeitsstätte*) (place of) work, workplace (*offiz*) ◇ *mit dem Fahrrad zum Arbeitsplatz fahren* cycle to work ◇ *Sicherheit am Arbeitsplatz* safety in the workplace **2** (*Stellung*) job ◇ *Sie hat Angst um ihren Arbeitsplatz.* She is afraid she will lose her job. **3** (*Schreibtisch*) desk **Arbeitsplatzabbau** job cuts [Pl] ◇ *Die Beschäftigten protestierten gegen den geplanten Arbeitsplatzabbau.* The workers protested against the planned job cuts. **Arbeitsstelle** job **Arbeitssuche** search for work ◇ *Er ist auf Arbeitssuche.* He is looking for a job. **Arbeitssuchende(r)** person looking for work, job seeker (*offiz*) **Arbeitsunfall** accident at work **Arbeitsverhältnis** employment [U]; (*vertraglich geregelt*) contract ◇ *bei Beendigung des Arbeitsverhältnisses* on termination of employment ◇ *ein befristetes Arbeitsverhältnis* a temporary contract ◇ *Ich wurde nach der Lehre in ein festes Arbeitsverhältnis übernommen.* I was given a permanent contract after my apprenticeship. **Arbeitsvermittlung** (*Organisation*) employment agency; (*Tätigkeit*) job placement **Arbeitsvertrag** contract of employment **Arbeitsweise 1** (*Methode*) working method **2** ◇ *die Arbeitsweise des Gehirns* the way the brain works ◇ *seine unkonventionelle Arbeitsweise* his unconventional way of working **Arbeitszeit** working hours [Pl] ◇ *flexible Arbeitszeiten* flexible working hours ◇ *gleitende Arbeitszeit* flexitime

archaisch archaic (*Adv* archaically)

Archäologe, Archäologin archaeologist

Archäologie archaeology ◇ *eine Einführung in die Archäologie* an introduction to archaeology

archäologisch archaeological (*Adv* archaeologically)

Architekt(in) architect

architektonisch architectural (*Adv* architecturally)

Architektur architecture ◇ *die Architektur des 13. Jh.* 13th-century architecture ◇ *die Architektur des neuen Rathauses* the architecture of the new town hall

Archiv archive [meist Pl]

Archivar(in) archivist

archivieren put *sth* in the archives
Areal area
Arena arena
arg bad (*Adv* badly), terrible (*Adv* terribly) ◇ *Das war ziemlich arg.* It was pretty bad. ◇ *sein ärgster Feind* his worst enemy ◇ *Er hatte sich arg verbrannt.* He was badly burned. ◇ *arge Schmerzen* terrible pain ◇ *jdn in arge Bedrängnis bringen* put sb in a difficult situation ◇ *Wir haben uns arg gefreut.* We were really pleased. IDM **etw liegt im Argen** there are a lot of problems with sth ◇ *Hier liegt noch vieles im Argen.* There are still a lot of problems here.
Ärger **1** annoyance; (*Wut*) anger ◇ *seinen Ärger an jdm auslassen* vent your anger on sb ◇ *Ich kann deinen Ärger gut verstehen.* I can see why you're annoyed. **2** (*Unannehmlichkeit*) trouble ◇ *Nichts als Ärger hat man mit euch!* You're nothing but trouble! ◇ *Sie hat Ärger mit der Polizei.* She is in trouble with the police. ◇ *Das gibt nur Ärger.* It will only cause trouble. ◇ *Du hättest dir viel Ärger ersparen können.* You could have saved yourself a lot of problems. ◇ *Mach jetzt bloß keinen Ärger!* Don't rock the boat!
ärgerlich **1** *Adj* (*unangenehm*) annoying; (*stärker*) infuriating ◇ *Das Ärgerliche ist ...* The annoying thing is that ... **2** *Adj* (*aufgebracht*) annoyed; (*stärker*) angry ◇ *Er wurde allmählich ärgerlich.* He was getting annoyed. **3** *Adv* with annoyance, angrily
ärgerlicherweise annoyingly
ärgern **1 sich (über etw) ~** be/get annoyed (about sth); (*stärker*) be/get angry (about sth) ◇ *Ich habe mich über seine Bemerkungen geärgert.* I was angry about his comments. ◇ *Es ärgert mich, dass ...* I find it annoying that ... ◇ *Er hat sich maßlos über deinen Brief geärgert.* Your letter made him extremely angry. ◇ *„Warum ich?", ärgerte sie sich.* 'Why me?', she said angrily. → *Siehe auch* SCHWARZÄRGERN **2 sich über jdn ~** be/get annoyed with sb; (*stärker*) be/get angry with sb ◇ *Ich habe mich sehr über ihn geärgert.* I was really angry with him. **3 jdn ~** annoy sb ◇ *Die Vorurteile ärgern mich am meisten.* What annoys me most is people's prejudice. ◇ *Hör auf ihn zu ärgern.* Stop annoying him. IDM → GRÜN
Ärgernis **1** annoyance [U] ◇ *zum Ärgernis der Bewohner* to the annoyance of residents ◇ *etw als Ärgernis empfinden* be annoyed by sth ◇ *ein öffentliches Ärgernis* a public nuisance **2** (*lästiges Problem*) irritation ◇ *die kleinen Ärgernisse des Alltags* the minor irritations of everyday life
arglos **1** (*nichts Böses ahnend*) unsuspecting **2** (*naiv*) innocent (*Adv* innocently)
Argument **1** (*in einer Diskussion*) point, argument ◇ *Das ist ein gutes Argument.* That's a good point. ◇ *Ein weiteres Argument ist ...* A further point is that ... ◇ *ein Argument für/gegen den Wehrdienst* an argument in favour of/against military service ◇ *Das lasse ich nicht als Argument gelten.* I refuse to accept that argument. ◇ *für etw Argumente vorbringen* make a case for sth ◇ *Als Argument wird häufig angeführt, dass ...* It is often claimed that ... **2** (*Ausrede*) excuse ◇ *„Ich hatte nicht geschlafen." „Das ist kein Argument.* 'I'd had no sleep.' 'That's no excuse.'
Argumentation (line of) argument ◇ *eine schlüssige Argumentation* a sound line of argument ◇ *Ich möchte mich dieser Argumentation anschließen.* I'd endorse that argument.
argumentieren argue
Argwohn suspicion ◇ *jdm mit Argwohn begegnen* treat sb with suspicion
argwöhnen suspect
argwöhnisch suspicious (*Adv* suspiciously) ◇ *unter den argwöhnischen Blicken der Nachbarn* under the suspicious eyes of the neighbours ◇ *Sie beobachten die Vorgänge argwöhnisch.* They view these events with suspicion.
Arie aria
Aristokrat(in) aristocrat
Aristokratie aristocracy [mit Verb im Sing/Pl]
aristokratisch aristocratic
Arkade arcade
Arktis Arctic
arktisch **1** Arctic **2** (*Temperaturen*) arctic
arm **1** poor ◇ *die Kluft zwischen Arm und Reich* the gulf between rich and poor ◇ *Der arme Kerl!* The poor fellow! ◇ *Du Ärmste!* Poor you! **2 ~ an etw** lacking in sth ◇ *arm an Einbildungskraft* lacking in imagination ◇ *arm an Bodenschätzen* poor in natural resources IDM **arm dran sein** be having a hard time; (*finanziell*) be hard up **um etw ärmer** ◇ *Wir sind um eine Illusion ärmer.* We have lost yet another illusion. → *Siehe auch* HUND, IRRE(R) *und* SCHWEIN
Arm **1** arm ◇ *sich den Arm brechen* break your arm ◇ *Sie hat sich am Arm verletzt.* She hurt her arm. ◇ *jdn am Arm packen* grab sb by the arm ◇ *die Arme verschränken* cross your arms ◇ *das Baby auf den Arm nehmen* take the baby in your arms ◇ *jdn in den Arm nehmen* take sb in your arms **2** (*Kran*) arm; (*Fluss*) branch; (*Organisation*) wing IDM **jdn auf den Arm nehmen** pull sb's leg **den längeren Arm haben** hold all the cards **der verlängerte Arm von jdm/etw sein** be sb/sth's tool **jdm in den Arm fallen** hold sb back **jdm unter die Arme greifen** help sb out; give sb a helping hand
Armatur **1** (*Wasserhahn*) (bathroom) fitting, tap, (*AmE*) faucet **2** (*Messinstrument*) instrument
Armaturenbrett instrument panel; (*Auto*) dashboard
Armaturenbrettkamera dashboard camera, dashcam
Armband **1** (*Schmuck*) bracelet **2** (*Uhren-*) watch strap, (*AmE*) watchband
Armbanduhr (wrist)watch
Armbinde armband
Armee **1** (*Streitkräfte*) armed forces [Pl] ◇ *Sie dienten in der Armee.* They served in the armed forces. ◇ *zur Armee gehen* join up **2** (*Heer*) army [mit Verb im Sing/Pl]
Ärmel sleeve ◇ *ein Hemd mit kurzen Ärmeln* a short-sleeved shirt IDM **die Ärmel hochkrempeln** roll up your sleeves
Ärmelkanal the (English) Channel
ärmellos sleeveless
Armlehne **1** (*Sessel*) arm **2** (*im Auto, Flugzeug, Theater*) armrest
ärmlich poor; (*Kleidung*) shabby (*Adv* shabbily) ◇ *Sie stammt aus ärmlichen Verhältnissen.* She comes from a poor family. ◇ *ärmlich gekleidet* shabbily dressed ◇ *ein ärmliches Leben führen* live in poverty
armselig **1** (*sehr arm*) miserable ◇ *armselige Löhne* miserable wages **2** (*schwach*) pathetic ◇ *eine armselige Leistung* a pathetic performance
Armut poverty ◇ *in Armut leben* live in poverty
Armutsfalle poverty trap ◇ *Familien dürfen nicht mehr in die Armutsfalle geraten.* Families should no longer be allowed to fall into the poverty trap. ◇ *Besonders Langzeitarbeitslose stecken in der Armutsfalle.* It is particularly the long-term unemployed who are caught in the poverty trap. **Armutsgrenze** poverty line **Armutszeugnis** ◇ *Das Gesetz ist ein Armutszeugnis für die Politiker.* The law is a sad reflection on politicians.

Aroma **1** (*Duft*) aroma; (*Geschmack*) flavour, (*AmE*) flavor, taste **2** (*Geschmacksstoff*) flavouring, (*AmE*) flavoring

arrangieren **1** arrange ◇ *die Blumen arrangieren* arrange the flowers ◇ *ein Stück für ein Jazzquartett arrangieren* arrange a piece for a jazz quartet **2 sich (mit jdm) ~** reach a compromise (with sb) **3 sich mit etw ~** accept sth

Arrest detention ◇ *jdn unter Arrest stellen* place sb in detention

arrogant arrogant (*Adv* arrogantly)

Arroganz arrogance

Arsch **1** (*Hintern*) arse (*vulg, Slang*), (*AmE*) ass (*vulg, Slang*) ◇ *auf den Arsch fallen* fall flat on your arse ◇ *jdm in den Arsch treten* give sb a kick up the backside **2** (*Schimpfwort*) arsehole (*vulg, Slang*), (*AmE*) asshole (*vulg, Slang*) **IDM** **am Arsch der Welt** (out) in the sticks **jdn am Arsch lecken** kiss sb's arse (*vulg, Slang*), (*AmE*) kiss sb's ass (*vulg, Slang*) ◇ *Sie kann mich mal am Arsch lecken.* She can kiss my arse. ◇ *Leck mich am Arsch!* Just piss off! **den Arsch nicht hochkriegen** not get off your backside (*umgs*), (*bes AmE*) not get your ass in gear (*Slang*) → *Siehe auch* BEISSEN *und* KRIECHEN

Arschkriecher arse-licker (*vulg, Slang*), (*AmE*) ass-licker (*vulg, Slang*) **Arschloch** arsehole (*vulg, Slang*), (*AmE*) asshole (*vulg, Slang*)

Arsen arsenic

Arsenal **1** (*Waffen*) arsenal **2** (*Mittel*) battery ◇ *das ganze Arsenal an Möglichkeiten* the whole battery of possibilities **3** (*Sammlung*) collection

Art **1** (*Spezies*) species ◇ *vom Aussterben bedrohte Arten* species threatened with extinction **2** (*Sorte*) kind, type ◇ *alle möglichen Arten von Uhren* clocks of all kinds ◇ *diese Art (von) Musik* this type of music ◇ *Gewalt jeglicher Art* violence of any kind ◇ *so eine Art von ...* a sort of ... **3 ~ (und Weise)** way ◇ *Auf die Art kommen wir nie zum Ende.* We'll never finish if we go on this way. ◇ *Er singt in einer Art, dass es einem kalt über den Rücken läuft.* The way he sings sends shivers down your spine. ◇ *auf traditionelle Art* in the traditional way ◇ *Das ist keine Art!* That's no way to behave! **4** (*Natur*) nature ◇ *eine liebenswürdige Art haben* have a lovable nature ◇ *eine sehr arrogante Art haben* have a very arrogant manner ◇ *Es ist eigentlich nicht ihre Art, zu spät zu kommen.* It's not like her to be late. ◇ *Das ist nicht meine Art.* It's not my style. **IDM** **auf die eine oder andere Art** (in) one way or another **aus der Art schlagen** be the odd one out **das ist nicht die feine englische Art** it's just not cricket **nach Art des Hauses** maison → *Siehe auch* EINZIG

artenreich rich in species ◇ *eine artenreiche Gegend* an area rich in wildlife **Artenschutz** protection of endangered species ◇ *etw unter Artenschutz stellen* declare sth a protected species **Artensterben** species extinction ◇ *ein massives Artensterben* the extinction of many different species **Artenvielfalt** biodiversity

Arterie artery

Arterienverkalkung hardening of the arteries [U]

Art- **Artgenosse** member of the same species ◇ *Wale arbeiten mit ihren Artgenossen zusammen.* Whales cooperate with members of the same species. ◇ *Ein Schaf lief los und seine Artgenossen folgten.* One sheep ran off and the others followed. **artgerecht** ◇ *die artgerechte Haltung von Schlangen* keeping snakes in suitable conditions

artig **1** (*brav*) good, well behaved ◇ *Sei schön artig!* Be a good girl/boy! ◇ *Sie hat sehr artige Kinder.* Her children are very well behaved. **2** (*höflich*) polite (*Adv* politely)

Artikel **1** article ◇ *ein Artikel über Hunde* an article about dogs ◇ *Artikel 1 des Grundgesetzes* Article 1 of the Basic Law ◇ *der bestimmte/unbestimmte Artikel* the definite/indefinite article **2** (*Ware*) item

artikulieren articulate; (*Gefühl auch*) express ◇ *jedes Wort deutlich artikulieren* articulate each word clearly ◇ *seinen Ärger artikulieren* express your anger ◇ *Es fällt ihr schwer, sich zu artikulieren.* She finds it difficult to express herself.

Artillerie artillery ◇ *Sie wurden mit schwerer Artillerie beschossen.* They came under heavy artillery fire.

Artischocke (globe) artichoke

Artist(in) performer

artistisch virtuoso ◇ *eine artistische Meisterleistung* a display of virtuoso skill

Arzneimittel medicine ◇ *ein wirksames Arzneimittel gegen Heuschnupfen* an effective medicine for hay fever

Arzt, **Ärztin** doctor ◇ *zum Arzt gehen* go to the doctor's ◇ *der behandelnde Arzt* the patient's doctor ◇ *ein Arzt für Allgemeinmedizin* a GP

Arztbesuch visit to the doctor's **Arzthelfer(in)** practice nurse

ärztlich medical ◇ *Sie ist in ärztlicher Behandlung.* She is receiving medical treatment. ◇ *unter ärztlicher Aufsicht* under medical supervision ◇ *der ärztliche Notdienst* the doctor on call ◇ *sich ärztlichen Rat holen* consult a doctor ◇ *ärztlich verordnete Medikamente* prescribed medicines ◇ *Du solltest dich ärztlich untersuchen lassen.* You should see the doctor.

Arzt- **Arztpraxis** doctor's surgery **Arzttermin** doctor's appointment ◇ *einen Arzttermin vereinbaren* make an appointment to see the doctor

as, **As** (MUS) A flat

Asbest asbestos

Asche (*von Zigaretten, Holz oder Kohle*) ash; (*das, was nach einem Brand oder einer Kremation übrig bleibt*) ashes ◇ *Er klopfte die Asche von der Zigarette.* He tapped the ash from his cigarette. ◇ *Ihre Asche wurde in alle Winde verstreut.* Her ashes were scattered. **IDM** → SCHUTT

Aschenbahn cinder track **Aschenbecher**, **Ascher** ashtray **Aschenputtel** Cinderella

Aschermittwoch Ash Wednesday

Asiat(in) Asian

asiatisch Asian; (*Kunst etc.*) oriental ◇ *asiatische Elefanten* Asian elephants

Asien Asia

asketisch ascetic (*Adv* ascetically)

asozial antisocial (*Adv* antisocially) ◇ *asoziales Verhalten* antisocial behaviour ◇ *Sie wurde als Asoziale abgestempelt.* She was branded a social misfit.

Aspekt **1** (*Blickwinkel*) point of view ◇ *Das Programm ist auch unter dem Aspekt neuer Kontakte interessant.* The programme is also interesting from the point of view of new contacts. ◇ *Unter diesem Aspekt wurde die Sache noch nie betrachtet.* The matter has never been considered from that angle. **2** (*Gesichtspunkt*) aspect ◇ *die ökologischen Aspekte des Projektes* the ecological aspects of the project

Asphalt asphalt, Tarmac™ ◇ *mit Asphalt überzogen* covered with asphalt

asphaltieren asphalt, tarmac ◇ *Der Feldweg wird asphaltiert.* The track is being asphalted. ◇ *Die Autobahn wird neu asphaltiert.* The motorway is being resurfaced.

Ass (*Sport, Kartenspiel*) ace ◇ *Sie schlug vier Asse hintereinander.* She served four aces in a row. ◇ *Ass*

sticht. The ace wins the trick. ◇ *Im Kopfrechnen ist er ein Ass.* He's brilliant at mental arithmetic.
Assimilation assimilation
assimilieren **1 sich (an etw) ~** become assimilated (into sth), adjust (to sth) **2** (BIOL) assimilate
Assistent(in) assistant; (*Universität*) research assistant; (*Labor-*) technician ◇ *Sie ist Assistentin der Geschäftsleitung.* She's the managing director's personal assistant.
Assistenzarzt, -ärztin registrar, (*AmE*) resident
assistieren **(jdm) (bei etw) ~** assist (sb) (in sth)
Assonanz assonance [U]
Assoziation **1** (*Beziehung*) association ◇ *Der Name weckt Assoziationen.* The name has associations. **2** (*Vereinigung*) partnership; (*Organisation*) association
assoziieren associate ◇ *Mit diesem Wort assoziiert er Ferien.* He associates the word with holidays.
Ast branch IDM **auf dem absteigenden Ast sein** be going downhill **den Ast absägen, auf dem man sitzt** shoot yourself in the foot
Aster aster
Ästhetik **1** (*Wissenschaft, Schönheit*) aesthetics, (*AmE auch*) esthetics ◇ *Er hat keinen Sinn für Ästhetik.* He has no feel for aesthetics. **2** (*Wertsystem*) aesthetic ◇ *eine modernistische Ästhetik* a modernist aesthetic
ästhetisch **1** aesthetic (*Adv* aesthetically), (*AmE*) esthetic (*Adv* esthetically) **2** (*schön*) beautiful ◇ *ein ästhetischer Anblick* a beautiful sight
Asthma asthma ◇ *an Asthma leiden* have asthma
Asthmaanfall asthma attack
Asthmatiker(in) asthmatic
asthmatisch asthmatic
astrein **1** (*sehr gut*) great (*umgs*) ◇ *Der Film war astrein.* The film was great. ◇ *in astreinem Französisch* in perfect French **2** (*legal*) above board [nicht vor Nomen]
Astrologe, Astrologin astrologer
Astrologie astrology
Astronaut(in) astronaut
Astronom(in) astronomer
Astronomie astronomy
astronomisch astronomical (*Adv* astronomically) ◇ *astronomische Preise* astronomical prices ◇ *Die Preise sind in astronomische Höhen gestiegen.* Prices have gone through the roof.
Asyl **1** (political) asylum ◇ *einen Antrag auf Asyl stellen* apply for political asylum ◇ *jdm Asyl gewähren/verweigern* grant/deny sb asylum ◇ *politisches Asyl suchen* seek political asylum **2** (*kirchlich*) sanctuary
Asylant(in) asylum seeker
Asylantenheim hostel for asylum seekers
Asyl- **Asylantrag** application for political asylum ◇ *einen Asylantrag stellen* apply for political asylum **Asylbewerber(in)** asylum seeker **Asylrecht** **1** (*Recht auf Asyl*) right of asylum **2** (*Asyl*) political asylum **3** (*Gesetz*) asylum law(s) **Asylverfahren** asylum procedure
asymmetrisch asymmetric(al) (*Adv* asymmetrically)
Atelier studio
Atem breath ◇ *Lass mich erst einmal Atem holen.* Wait till I get my breath back. ◇ *mit angehaltenem Atem* with bated breath ◇ *den Atem anhalten* hold your breath IDM **außer Atem** out of breath **jdm den Atem verschlagen** take sb's breath away **jdn in Atem halten** ◇ *Die Rettungsaktion hielt alle in Atem.* People watched in suspense as the rescue operation was carried out. ◇ *Ein Serienmörder hält die ganze Stadt in Atem.* The whole town was in a state of fear because of a serial killer. → *Siehe auch* AUSGEHEN *und* STOCKEN
atemberaubend breathtaking (*Adv* breathtakingly) ◇ *ein atemberaubendes Kleid* a breathtakingly beautiful dress **atemlos** breathless (*Adv* breathlessly) ◇ *eine atemlose Stille* a breathless hush **Atemnot** (*akut*) shortness of breath; (*chronisch*) difficulty in breathing **Atempause** breather **Atemwege** respiratory tract **Atemzug** breath ◇ *im gleichen/in einem Atemzug* in the same breath
Atheismus atheism
Atheist(in) atheist ◇ *Atheist sein* be an atheist
atheistisch atheist ◇ *eine atheistische Weltanschauung* an atheist view of life ◇ *atheistisch sein* be an atheist
Äther **1** ether **2** (*Radio*) air ◇ *Die Sendung geht jeden Dienstag über den Äther.* The programme is on the air every Tuesday.
ätherisch **1** (*Öl*) essential **2** (*Wesen, Klänge etc.*) ethereal
Athlet(in) athlete
athletisch athletic (*Adv* athletically)
Atlantik Atlantic
Atlas atlas
atmen breathe (*auch fig*) ◇ *ruhig/schwer/tief atmen* breathe slowly/heavily/deeply
Atmosphäre atmosphere (*auch fig*) IDM → SCHNEIDEN
Atmung breathing ◇ *flache Atmung* shallow breathing
Atom atom
atomar **1** nuclear ◇ *die atomare Abrüstung* nuclear disarmament ◇ *atomar verseucht* contaminated with nuclear waste ◇ *eine atomar bestückte Langstreckenrakete* a long-range nuclear missile **2** (PHYSIK) atomic ◇ *der atomare Aufbau chemischer Elemente* the atomic structure of chemical elements
Atom- **Atomausstieg** abandonment of nuclear energy **Atombombe** atomic bomb **Atomenergie** atomic energy **Atomkraft** nuclear power **Atomkraftgegner(in)** opponent of nuclear power **Atomkraftwerk** nuclear power station **Atomkrieg** nuclear war **Atommüll** nuclear waste **Atomreaktor** nuclear reactor **Atomsprengkopf** nuclear warhead **Atomtest** nuclear test **Atomwaffen** nuclear weapons [Pl] **atomwaffenfrei** nuclear-free
Attacke attack ◇ *scharfen Attacken ausgesetzt sein* come under fierce attack
attackieren attack
Attentat attack; (*Mord*) assassination; (*Mordversuch*) assassination attempt ◇ *einem Attentat knapp entkommen* narrowly escape assassination ◇ *das Attentat von Ohio* the Ohio bombing
Attentäter(in) assassin; (*Bomben-*) bomber
Attest **1** (*Gutachten*) medical certificate ◇ *ein ärztliches Attest vorlegen* produce a medical certificate **2** (*Krankmeldung*) doctor's certificate
Attraktion attraction
attraktiv attractive (*Adv* attractively); (*Preis, Programm*) exciting ◇ *jdn attraktiv finden* find sb attractive ◇ *attraktiv für Investoren* attractive to investors
Attrappe dummy
Attribut attribute; (*Charakterzug auch*) quality
ätzend **1** (*Chemie*) corrosive; (*Geruch*) pungent ◇ *ätzende Dämpfe* corrosive vapours **2** (*Kritik*) scathing **3** (*sehr unangenehm*) vile ◇ *Das Wetter war richtig ätzend!* The weather was absolutely vile.
au **1** (*auch* **aua**, **autsch**) ouch **2 ~ ja** great
Aubergine aubergine, (*AmE*) eggplant

auch **1** (*gleichfalls*) also, too, as well (*umgs*) ◇ *Denkbar ist auch, dass ...* It is also possible that ... ◇ *Siehe auch ...* See also ... ◇ *Du hast auch davon gewusst?* You knew about it too? ◇ *Ist Peter auch eingeladen?* Can Peter come as well? ◇ *„Ich war schon mal in Miami!" „Ich auch."* 'I've been to Miami.' 'So have I.' ◇ *Ich singe gern und Sharon auch.* I like singing and so does Sharon. ◇ *„Ich hätte Lust auf ein Eis." „Ich auch."* 'I feel like an ice cream.' 'Me too.' ◇ *Sie hat kein Geld und ich auch nicht.* She hasn't any money and neither have I. **2** (*sogar*) even ◇ *Alle sind durchgefallen, auch Peter.* Everyone failed, even Peter. ◇ *auch wenn* even if/though **3** (*tatsächlich*) ◇ *Wenn sie es versprochen hat, macht sie es auch.* If she promised to do it, then she will. ◇ *Wir vermuteten einen Einbruch. So war es dann auch.* We assumed there had been a break-in. And there had. ◇ *Hat er es sich auch gut überlegt?* Has he really thought about it? ◇ *Willst du auch wirklich nichts mehr?* Do you really not want any more? ◇ *Hoffentlich tut sie es auch.* Let's hope she does.

Audienz audience

audiovisuell audio-visual

auf

• **als Präposition** **1** on; (*in Bewegung, betont*) on(to), on (to) ◇ *Die Bücher liegen auf dem Tisch.* The books are on the table. ◇ *Leg das Buch auf den Tisch!* Put the book on the table. ◇ *Er trat auf den Bahnsteig.* He stepped onto the platform. ◇ *auf einer Insel* on an island ◇ *Helm auf!* Put your helmet on! ◇ *Sie ist auf der Straße von einem Fotografen angesprochen worden.* A photographer came up and spoke to her in the street. ◇ *auf dem Land* in the country **2** (*mit Institutionen, Veranstaltungen*) at; (*in Bewegung zu*) to ◇ *auf der Party* at the party ◇ *auf eine Hochzeit gehen* go to a wedding ◇ *auf die Post gehen* go to the post office **3** (*Zustand*) on ◇ *auf Urlaub* on holiday ◇ *auf der Flucht sein* be on the run ◇ *auf der Fahrt nach Köln* on the way to Cologne ◇ *auf der Suche nach etw* looking for sth **4** (*in eine Richtung zeigen etc.*) at; **~ jdn/etw zu** towards sb/sth ◇ *Man hat auf ihn geschossen.* He was shot at. ◇ *Das Auto kam auf uns zu.* The car was coming towards us. ◇ *auf den Grund tauchen* dive to the bottom ◇ *sich das Frühstück aufs Zimmer bringen lassen* have breakfast brought to your room **5** (*mit Zeitangaben*) ◇ *auf ein paar Tage* for a few days ◇ *in der Nacht von Montag auf Dienstag* in the early hours of Tuesday morning ◇ *auf die Sekunde genau* to the second ◇ *auf unbestimmte Zeit vertagt* adjourned indefinitely **6** (*Art und Weise*) in ◇ *auf diese Weise* in this way ◇ *auf Deutsch* in German ◇ *alles auf einmal* all at once **7** (*Grund, Ursache*) ◇ *auf jds Befehl* on sb's orders ◇ *auf Anweisung des Anwalts* on legal advice ◇ *auf Wunsch ihres Vaters* at her father's request **8** (*Mengenverhältnis*) per ◇ *ein Kilo Zucker auf ein Kilo Erdbeeren* one kilo of sugar per kilo of strawberries

• **als Adverb** **9** (*offen*) open ◇ *Die Tür ist auf.* The door is open. ◇ *Mund auf!* Open wide! **10** (*aufgestanden*) up ◇ *Er war seit sechs auf.* He had been up since six. **11** (*los, weg*) off ◇ *Auf gehts zum Strand!* Off we go to the beach!

IDM **auf sich** ◇ *Was hat es mit dem neuen Gesetz auf sich?* What is the new law all about? **auf und ab** up and down ◇ *Mit ihrer Gesundheit geht es auf und ab.* Her health is up and down. ◇ *Er ging im Zimmer auf und ab.* He paced the room. → *Siehe auch* AUS

aufarbeiten **1** (*bewältigen*) come to terms with *sth* ◇ *die Vergangenheit aufarbeiten* come to terms with the past **2** (*Arbeit*) finish *sth* off; (*Akten, Korrespondenz*) clear the backlog of *sth* **3** (*behandeln*) analyse, (*AmE*) analyze **4** (*restaurieren*) restore, do *sth* up (*umgs*)

Aufarbeitung **1** (*Bewältigung*) (*meist mit einem Verb übersetzt*) ◇ *die Aufarbeitung der Geschichte* coming to terms with the past **2** (*Erledigung*) (*meist mit einem Verb übersetzt*) ◇ *die Aufarbeitung der Korrespondenz* clearing the backlog of correspondence **3** (*Behandlung*) treatment; (*Analyse*) analysis **4** (*Restaurierung*) restoration, doing *sth* up (*umgs*)

aufatmen breathe a sigh of relief ◇ *Die Banken werden aufatmen.* The banks will breathe a sigh of relief. ◇ *Jetzt kann die Bevölkerung endlich aufatmen.* People can breathe again more easily.

Aufbau **1** (*Gerüst, Zelt etc.*) putting *sth* up; (*Stand, Bühne etc.*) setting *sth* up ◇ *Der Aufbau dauert 10 Minuten.* It takes 10 minutes to put it up. **2** (*Wieder-*) reconstruction ◇ *der wirtschaftliche Aufbau im Osten* economic reconstruction in the East **3** (*Infrastruktur, Netz, Beziehung etc.*) development (*Firma, Armee etc.*) building *sth* up ◇ *sich noch im Aufbau befinden* still be in the development stage **4** (*Struktur*) structure; (*Bild*) composition

Aufbauarbeit **1** (*Grundlagen*) groundwork ◇ *Die Trainerin hat erfolgreiche Aufbauarbeit geleistet.* The trainer's groundwork has been successful. **2** (*Wiederaufbau*) reconstruction ◇ *die Aufbauarbeit im Osten* the work of reconstruction in the East

aufbauen **1** (*Gerüst, Zelt etc.*) put *sth* up; (*Stand, Bühne etc.*) set *sth* up ◇ *ein Gerüst aufbauen* put up scaffolding **2 etw neu/wieder ~** (*Gebäude etc.*) rebuild sth **3** (*Infrastruktur, Netz, Beziehung etc.*) develop; (*Firma, Armee, Datei etc.*) build *sth* up ◇ *eine Beziehung zu jdm aufbauen* develop a relationship with sb ◇ *sich eine neue Existenz aufbauen* make a new life for yourself ◇ *die Demokratie aufbauen* build democratic institutions **4** (*ermutigen*) boost; **jdn ~** boost sb's morale, put heart into sb ◇ *Der Erfolg hat sein Selbstbewusstsein aufgebaut.* The success boosted his self-confidence. **5** (*anordnen*) arrange; (*strukturieren*) structure **6 auf etw ~** build on sth; (*Theorie etc.*) be based on sth ◇ *auf dem Erfolg vom letzten Jahr aufbauen* build on last year's success ◇ *auf einem Missverständnis aufbauen* be based on a misunderstanding **7 sich ~** (*Wolken, Wetterfront*) build up ◇ (*fig*) *Er baute sich vor mir auf.* He planted himself in front of me.

aufbäumen **1 sich ~** (*Pferd*) rear up **2 sich (gegen etw) ~** (*rebellieren*) rebel (against sth)

aufbauschen **1 sich ~** (*Segel*) fill; (*Gewand, Vorhang etc.*) billow (out) **2** (*übertreiben*) exaggerate ◇ *Der Vorfall wurde von den Medien maßlos aufgebauscht.* The incident was blown up out of all proportion by the media.

aufbegehren **(gegen jdn/etw) ~** rebel (against sb/sth) ◇ *gegen sein Schicksal aufbegehren* struggle against your destiny ◇ *gegen das Establishment aufbegehren* rebel against the Establishment

aufbekommen **1** (*öffnen*) get *sth* open **2** (*Hausaufgaben*) get ◇ *etwas aufbekommen* get homework ◇ *Heute haben wir in Mathe nichts aufbekommen.* We didn't get any maths homework today. ◇ *drei Textaufgaben aufbekommen* be set three problems for homework **IDM** → MUND

aufbereiten **1** (*Rohstoffe*) process; (*Wasser*) treat **2 etw wieder ~** reprocess sth **3** (*darstellen*) present; (*bearbeiten*) edit

Aufbereitung **1** (*Rohstoffe*) processing; (*Wasser*) treatment ◇ *die Aufbereitung von Abwasser* sewage treatment **2** (*Bearbeitung*) treatment; (*Darstellung*) presentation

aufbessern improve; (*Einkommen*) supplement

Aufbesserung improvement; (*finanziell*) increase ◇ *eine Aufbesserung des Etats* an increase in the budget

aufbewahren keep; (*lagern*) store ◇ *Wertsachen sicher aufbewahren* keep valuables in a safe place ◇ *Lebensmittel kühl aufbewahren* store food in a cool place
Aufbewahrung storage ◇ *die richtige Aufbewahrung von Gemüse* the correct storage of vegetables ◇ *eine Hülle zur Aufbewahrung der Dokumente* a folder to keep the documents in ◇ *jdm etw zur Aufbewahrung geben* give sth to sb for safe keeping
aufbieten bring *sb/sth* out, muster; (*Spieler, Soldaten etc.*) deploy
aufbinden **1** (*öffnen*) untie **2 jdm etw ~** (*Lüge etc.*) tell sb sth; (*Ausrede*) use sth with sb ◇ *jdm eine Geschichte aufbinden* tell sb a story IDM → BÄR(IN)
aufblähen **1** (*Kosten, Haushalt*) inflate ◇ *der aufgeblähte Verwaltungsapparat* the inflated bureaucracy ◇ *ein Verfahren unnötig aufblähen* make a procedure unnecessarily complicated → *Siehe auch* AUFGEBLÄHT **2 sich ~** (*wichtig machen*) be puffed up with self-importance
aufblasbar inflatable
aufblasen **1** inflate; (*Ballon auch*) blow *sth* up **2 sich ~** inflate; (*fig*) puff yourself up ◇ *Zum Glück hat sich der Airbag aufgeblasen.* Luckily, the airbag inflated. → *Siehe auch* AUFGEBLASEN
aufbleiben **1** (*Geschäft, Tür, Fenster*) stay open **2** (*Mensch*) stay up
aufblenden **1** turn *sth* on full beam, (*AmE*) switch *sth* to high beams ◇ *die Scheinwerfer aufblenden* turn the headlights on full beam **2** (*kurz*) flash your headlights, (*AmE*) flash your high beams
aufblitzen flash ◇ *Wut blitzte in ihren Augen auf.* Her eyes flashed with anger.
aufblühen **1** (*Knospe*) open; (*Pflanze*) come into flower **2** (*aufleben*) blossom ◇ *Unter ihrem Einfluss ist er richtig aufgeblüht.* He has really blossomed under her influence. **3** (*Aufschwung nehmen*) flourish ◇ *Der Tourismus blüht wieder auf.* Tourism is flourishing again. ◇ *das Aufblühen des Nationalismus* the growth of Nationalism
aufbohren **1** (*öffnen*) drill *sth* open **2** (*Loch bohren*) drill (a hole in) *sth* ◇ *einen Zahn aufbohren* drill a tooth
aufbrauchen use *sth* up
aufbrausen **1** (*Wasser, Wogen*) get rough **2** (*Beifall, Jubel*) swell **3** (*Mensch*) fly off the handle (*umgs*) ◇ *Sie braust bei jeder Kleinigkeit auf.* She flies off the handle at every little thing.
aufbrausend quick-tempered ◇ *Sie hat ein aufbrausendes Temperament.* She's very quick-tempered.
aufbrechen **1** (*öffnen*) break *sth* open; (*Auto, Wohnung etc.*) break into *sth*; (*Fenster, Tür etc.*) force *sth* open ◇ *einen Tresor aufbrechen* break open a safe ◇ *Sie haben mir das Auto aufgebrochen!* They broke into my car! ◇ *Geschlechterrollen aufbrechen* dissolve gender roles **2** (*Wunde, Narbe*) open up; (*Asphalt etc.*) break up; (*Konflikt etc.*) break out ◇ *Bei dem Prozess brachen alte Wunden wieder auf.* The trial opened up old wounds. **3** (*sich aufmachen*) set off ◇ *Sie brachen früh zu einer Bergtour auf.* They set off early on a mountain walk. ◇ *ins Ungewisse aufbrechen* set off into the unknown ◇ *Es wird spät — wir müssen aufbrechen.* It's getting late — we'd better be going. ◇ *Sie sind gestern nach Berlin aufgebrochen.* They left for Berlin yesterday.
aufbringen **1** (*Mut, Kraft*) summon (up); (*Energie, Geduld*) find; (*Geld*) raise ◇ *Endlich brachte er den Mut auf, ihr die Wahrheit zu sagen.* Finally he summoned up the courage to tell her the truth. ◇ *Du musst jetzt viel Geduld aufbringen.* You'll have to be very patient. ◇ *Ich kann kein Verständnis für sie aufbringen.* I can't understand her. **2** (*wütend machen*) make *sb* angry **3 jdn gegen jdn ~** set sb against sb → *Siehe auch* AUFGEBRACHT **4** (*Schiff*) seize
Aufbruch ◇ *Sie gab das Signal zum Aufbruch.* She gave the signal to leave. ◇ *zum Aufbruch drängen* insist that it is time to go ◇ *ein politischer Aufbruch* a political awakening ◇ *ein neuer Aufbruch* a new departure ◇ *der Aufbruch in ein neues Jahrtausend* the dawn of a new millennium
Aufbruch(s)stimmung ◇ *Als er kam, herrschte schon Aufbruchstimmung.* When he arrived, people were getting ready to leave. ◇ *Das ganze Land ist in Aufbruchstimmung.* There is a feeling of a new beginning in the country.
aufbrühen make
aufbürden **jdm etw ~** (*Arbeit, Verantwortung etc.*) load sb with sth; (*Probleme etc.*) burden sb with sth; **sich etw ~** saddle yourself with sth
aufdecken (*Skandal, Verbrechen*) expose IDM → KARTE
Aufdeckung exposure
aufdrängen **1 jdm etw ~** force sth onto sb **2** (*aufdringlich sein*) **sich ~** intrude; **sich jdm ~** impose yourself on sb ◇ *Ich will mich nicht aufdrängen.* I don't want to intrude. ◇ *Sie hat sich uns aufgedrängt.* She imposed herself upon us. ◇ *Dräng dich hier nicht so auf!* Don't be so pushy! **3 sich ~** (*Eindruck, Frage*) arise
aufdrehen **1** (*Wasserhahn etc.*) turn *sth* on **2** (*lauter stellen*) turn *sth* up **3** (*schneller fahren etc.*) put a spurt on → *Siehe auch* AUFGEDREHT
aufdringlich **1** intrusive (*Adv* intrusively); (*Bettler, Vertreter*) insistent (*Adv* insistently) ◇ *aufdringliche Journalisten* intrusive journalists ◇ *ein aufdringlicher Typ* a pushy type **2** (*Geruch*) overpowering; (*Musik*) loud; (*Rhythmus*) insistent
Aufdruck (*Logo*) logo; (*Briefkopf*) heading; **mit dem ~ …** with … printed on it
aufdrucken **etw (auf etw) ~** print sth (on sth)
aufdrücken push *sth* open
aufeinander **1** (for, into, on, etc.) each other ◇ *Wir sind aufeinander angewiesen.* We are dependent on each other. → *Siehe auch* AUF **2** (*übereinander*) on top of each other
aufeinanderbeißen ◇ *die Zähne aufeinanderbeißen* clench your teeth **aufeinanderfolgen** follow each other ◇ *die schnell aufeinanderfolgenden Bilder* pictures following each other in rapid succession ◇ *zwei aufeinanderfolgende Sätze* two consecutive sentences **aufeinanderstapeln** **etw ~** stack sth one on top of the other ◇ *Die Kisten können aufeinandergestapelt werden.* The boxes can be stacked on top of each other. **aufeinanderstoßen** (*zufällig*) bump into each other; (*Meinungen, Interessen etc.*) clash (with each other) **aufeinandertreffen** meet (each other) ◇ *Sie treffen in der zweiten Runde aufeinander.* They meet in the second round.
Aufenthalt **1** stay ◇ *Wir wünschen Ihnen einen angenehmen Aufenthalt.* Have a pleasant stay. ◇ *Ein längerer Aufenthalt in der Sonne ist nicht zu empfehlen.* It is not advisable to stay in the sun for very long. **2** (*bei Reisen*) stop ◇ *Der Zug hat hier zehn Minuten Aufenthalt.* The train stops here for ten minutes.
Aufenthaltsdauer length of stay **Aufenthaltserlaubnis** residence permit **Aufenthaltsort** **1** whereabouts [mit Verb im Sing/Pl] **2** (*Wohnort*) place of residence **Aufenthaltsraum** lounge; (*im Krankenhaus*) day room
auferlegen **1 jdm/sich etw ~** impose sth on sb/yourself ◇ *jdm ein Bußgeld auferlegen* impose a fine on sb ◇ *jdm Stillschweigen auferlegen* tell sb not to talk about sth ◇ *sich die Pflicht auferlegen etw zu tun* make it your duty to do sth ◇ *sich eine Aufgabe auferlegen* take on a task ◇ *sich Zurückhaltung auferlegen*

exercise restraint **2 jdm ~, etw zu tun** order sb to do sth

auferstehen **1** (REL) rise ◇ *von den Toten auferstanden* risen from the dead **2** (*fig*) be restored; (*Tradition, Legende*) be revived ◇ *Das Rathaus ist in neuem Glanz auferstanden.* The town hall has been restored to its former glory.

Auferstehung **1** (REL) resurrection **2** (*fig*) revival; (*Sportler, Künstler*) comeback

aufessen **(etw) ~** eat (sth) up

auffahren **1 auf etw/jdn ~** run into the back of sth/sb ◇ *Der Bus ist auf einen Pkw aufgefahren.* The bus ran into the back of a car. **2 (zu) dicht ~** drive too close behind sb/sth ◇ *Er fährt viel zu dicht auf.* He drives much too close to the car in front. **3** (*aufschrecken*) start ◇ *Das Geräusch ließ sie auffahren.* The noise made her start. ◇ *aus dem Schlaf auffahren* wake up with a start **4** (*aufbrausen*) flare up **5** (*vorfahren*) draw up ◇ *Drei schwarze Limousinen fuhren vor dem Hotel auf.* Three black limousines drew up in front of the hotel. **6** (*in Stellung bringen*) move *sth* into position **7** (*sich aufstellen*) move in, move into position **8 auf etw ~** (*Autobahn, Fähre*) drive onto sth **9** (*heranbringen*) bring; (*reichlich auftischen*) serve *sth* up IDM → GESCHÜTZ

Auffahrt **1** (*Autobahn-*) slip road, (*AmE*) access road **2** (*das Hinauffahren mit dem Auto*) drive up; (*mit der Seilbahn etc.*) ride up **3** (*Zufahrt*) drive

auffallen **1 jdm fällt etw auf** sb notices sth ◇ *Der Fehler ist mir noch gar nicht aufgefallen.* I hadn't noticed the mistake at all. ◇ *Ist dir etwas an mir aufgefallen?* Have you noticed anything about me? **2** (*sichtbar sein*) show, be noticeable ◇ *Fällt der Fleck sehr auf?* Does the mark show very much? **3** (*hervorragen*) stand out ◇ *Sie ist schon in der Schule wegen ihrer musikalischen Begabung aufgefallen.* In school, she stood out as being musically gifted. **4** (*sich schlecht benehmen*) behave badly ◇ *Sie sind im Restaurant unangenehm aufgefallen.* They behaved badly in the restaurant. ◇ *Die Kinder sind der Polizei als Ladendiebe aufgefallen.* The children came to the attention of the police when they were caught shoplifting.

auffallend (*bemerkenswert*) remarkable (*Adv* remarkably); (*frappierend*) striking (*Adv* strikingly) ◇ *Er ist heute auffallend still.* He is remarkably quiet today. ◇ *auffallend viele junge Menschen* a remarkable number of young people ◇ *eine auffallende Ähnlichkeit* a striking similarity

auffällig **1** (*sichtbar*) noticeable (*Adv* noticeably); (*signifikant*) significant (*Adv* significantly) ◇ *Auffällig ist, dass …* It is noticeable that … ◇ *Auffällig ist das Durchschnittsalter.* What is significant is the average age. **2** (*ungewöhnlich*) unusual (*Adv* unusually); (*seltsam*) strange (*Adv* strangely); (*Farbe, Kleidung*) garish, loud **3** (*aktenkundig*) known to the police **4** (*offenkundig*) obvious (*Adv* obviously)

auffangen **1** catch **2** (*Flüssigkeit*) collect **3** (*Flüchtlinge etc.*) take *sb* in **4** (*aufschnappen*) catch **5** (*Signal etc.*) pick *sth* up **6** (*mildern*) offset ◇ *eine Preissteigerung auffangen* offset a price increase

auffassen **1** take, interpret (*gehoben*) ◇ *eine Bemerkung als Kritik auffassen* take a remark as a criticism ◇ *Sie hat sein Schweigen als Absage aufgefasst.* She took his silence as a negative answer. ◇ *Wie fassen Sie die Lage auf?* How do you interpret the situation? **2** (*begreifen*) grasp ◇ *schwierige Zusammenhänge schnell auffassen* grasp complex problems quickly **3** (*betrachten*) see ◇ *Der Roman kann als Höhepunkt seines Schaffens aufgefasst werden.* The novel can be seen as the zenith of his work.

Auffassung **1** (*Meinung*) view, opinion ◇ *meiner Auffassung nach* in my view ◇ *Da bin ich anderer Auffassung.* I take a different view. ◇ *Er vertrat die Auffassung, dass …* He put forward the view that … ◇ *Sie ist der Auffassung, dass …* She is of the opinion that … **2** → AUFFASSUNGSGABE

Auffassungsgabe powers of comprehension [Pl] ◇ *Kreativität und Auffassungsgabe* creativity and powers of comprehension ◇ *eine rasche Auffassungsgabe haben* be quick on the uptake

auffindbar ◇ *Die Dokumente waren nicht auffindbar.* The documents could not be found.

auffinden find ◇ *Sie wurde tot aufgefunden.* She was found dead. ◇ *Der Ring ist nirgends aufzufinden.* The ring is nowhere to be found.

aufflackern (*Kerze, Hoffnung*) flicker; (*Feuer, Seuche*) flare up

aufflammen **1** (*Streichholz etc.*) flare; (*Lampe, Feuer*) be lit **2** (*Gewalt, Krankheit*) flare up; (*Emotion*) be aroused

auffliegen **1** (*hochfliegen*) fly up **2** (*sich öffnen*) fly open **3** (*Verbrechen*) be uncovered; (*Verbrecher auch*) be busted (*umgs*)

auffordern **1 jdn ~, etw zu tun** ask sb to do sth **2 jdn zu etw ~** (*aufrufen*) call for sth from sb; (*einladen*) invite sth from sb ◇ *Sie forderten die Regierung zum Handeln auf.* They called for action from the government. ◇ *jdn zur Mitarbeit auffordern* invite sb's collaboration **3 jdn ~** (*zum Tanz*) ask sb to dance ◇ *Er hat mich zum Walzer aufgefordert.* He asked me to dance the waltz.

Aufforderung **1** (*Bitte*) request; (*nachdrücklicher*) demand ◇ *Sie hat sich auf unsere Aufforderung hin beworben.* She put in an application at our request. ◇ *eine Aufforderung zu sofortiger Zahlung* a demand for immediate payment ◇ *Sie richteten an den Minister die Aufforderung zurückzutreten.* They called for the minister to resign. **2** (*Einladung*) invitation IDM **ohne Aufforderung** without being asked

aufforsten afforest

Aufforstung afforestation

auffrischen **1** (*Farben, Politur*) renovate **2** (*Kenntnisse*) brush *sth* up **3** (*Gedächtnis*) jog **4** (*Impfung*) boost **5** (*Kontakte, Freundschaften*) renew **6** (*Make-up*) freshen *sth* up **7** (*Wortschatz*) increase **8** (*Vorräte, Kasse*) replenish **9** (*Wind*) freshen ◇ *eine auffrischende Brise* a freshening breeze

Auffrischungskurs refresher course

aufführen **1** (*Theaterstück, Konzert etc.*) perform; (*Film*) show **2 sich ~** make a fuss (*umgs*); **sich schlecht ~** behave badly ◇ *Sie hat sich wie eine Verrückte aufgeführt.* She made a terrible fuss. **3** (*nennen*) name; (*in einem Verzeichnis*) list; (*als Zeuge*) cite ◇ *alle auf der Liste aufgeführten Bücher* all the books on the list

Aufführung **1** (*Vorführung*) performance ◇ *eine Aufführung von Shakespeares „Sturm"* a performance of Shakespeare's 'Tempest' ◇ *ein Stück zur Aufführung bringen* perform a play **2** (*Auflistung*) list

auffüllen **1** (*Gefäß*) fill *sth* (up) ◇ *ein Regal mit Büchern auffüllen* fill a shelf with books ◇ *Wir haben die Grube mit Kies aufgefüllt.* We filled the hole with gravel. ◇ *den Tank auffüllen* fill up the tank **2** (*Vorrat*) replenish **3** (*mit Flüssigkeit*) top *sth* up; (*verdünnen*) dilute

Aufgabe **1** job, task (*gehoben*); (*Pflicht*) duty; (*Verantwortung*) responsibility ◇ *Er ist seiner Aufgabe nicht gewachsen.* He's not up to the job. ◇ *jdm eine Aufgabe übertragen* set sb a task ◇ *Es gehörte zu ihren Aufgaben.* It was part of her duties. ◇ *Kindererziehung ist nicht allein Aufgabe der Eltern.* Bringing up children is not just the responsibility of parents. **2** (*Zweck*) purpose; (*Funktion*) function **3** (*Rechen-, Denk-*) problem **4** (*Schul-*) exercise; (*Haus-*) homework [U] ◇ *Ich muss noch meine Aufgaben machen.* I still have to do my homework. **5** (*von Briefen*) posting, (*AmE*) mailing; (*von Annoncen*) placing; (*von Gepäck*) registering; (*am Flughafen*) checking in **6** (*Hoffnung, Pläne*) abandoning; (*Haus, Geschäft, Gewohnheiten, Beruf, Kampf*) giving up (*oft mit einem Verb übersetzt*) ◇ *Die Krankheit seiner Frau hat ihn zur Aufgabe seiner Pläne gezwungen.* His wife's illness forced him to abandon his plans. ◇ *Eine Verletzung zwang sie zur Aufgabe des Rennens.* An injury forced her to drop out of the race. **7** (*Volleyball*) service

aufgabeln 1 jdn/etw ~ pick sb/sth up ◇ *Wo hat er denn das Mädchen aufgegabelt?* Where did he pick that girl up then? **2** (*Heu*) fork *sth* up

Aufgaben- Aufgabenbereich, **Aufgabenfeld**, **Aufgabengebiet** area of responsibility **Aufgabenstellung** task **Aufgabenverteilung** division of responsibilities

Aufgang 1 (*Sonne, Mond*) rising **2** (*Treppe*) steps [Pl]; (*innen auch*) stairs [Pl]

aufgeben 1 give (*sth*) up, (*AmE*) quit ◇ *Sie will nicht kampflos aufgeben.* She won't give up without a fight. ◇ *Er will seinen Beruf nicht aufgeben.* He doesn't want to give up his job. ◇ *das Rauchen aufgeben* give up smoking **2** (*Geschäft, Projekt, Wohnung, Anspruch, Amt*) give *sth* up ◇ *Sie mussten den Hof aufgeben.* They had to give up the farm. ◇ *Ich habe die Hoffnung aufgegeben.* I've given up hope. **3** (*Wettkampf, Rennen*) retire from *sth* , pull out of *sth* ◇ *Sie musste verletzt aufgeben.* She had to pull out because of an injury. **4** (*verloren geben*) give up on *sb/sth* ◇ *Die Ärzte hatten ihn bereits aufgegeben.* The doctors had already given up on him. **5** (*Aufgabe*) set, (*AmE*) assign ◇ *Die Lehrerin hat uns viel aufgegeben.* The teacher has set us a lot of homework. **6** (*Anzeige, Bestellung*) place **7** (*Brief, Paket*) post, (*AmE*) mail **8** (*Gepäck*) send *sth* on; (*am Flughafen*) check *sth* in IDM → GEIST[1] *und* RÄTSEL

aufgebläht 1 → AUFBLÄHEN **2** (*Bauch*) bloated

aufgeblasen 1 → AUFBLASEN **2** (*affektiert*) pompous

Aufgebot 1 contingent; (*Sport*) squad **2** (*Ehe-*) notice of intended marriage; (*kirchlich*) (marriage) banns [Pl]

aufgebracht 1 → AUFBRINGEN **2** angry

aufgedonnert dolled up (*umgs, abwert*) [nicht vor Nomen]

aufgedreht 1 → AUFDREHEN **2** excited; (*lebhaft*) lively ◇ *Auf der Party war sie irre aufgedreht.* She was really excited at the party.

aufgeheizt 1 → AUFHEIZEN **2** (*Stimmung*) highly charged; (*Debatte*) heated

aufgehen 1 (*Sonne, Mond, Teig*) rise **2** (*Theatervorhang*) go up, rise (*gehoben*) **3** (*Fenster, Schublade, Knospe*) open **4** (*Reißverschluss, Verband, Knoten*) come undone **5** (*Wunde, Blase, Pickel*) burst **6** (*Saat*) come up **7** (*Gleichung*) work out; (*Teilung*) go ◇ *Die Gleichung ging glatt auf.* The equation worked out exactly. ◇ *25 durch 9 — das geht nicht auf.* 25 divided by 9 doesn't go. **8 etw geht jdm auf** sb realizes sth **9 in etw ~** (*sich auflösen*) go up in sth ◇ *in Flammen aufgehen* go up in flames **10 in etw ~** (*Erfüllung finden*) find fulfilment in sth **11 in etw ~** (*geschluckt werden*) merge ◇ *Die beiden Firmen sollen in einer Aktiengesellschaft aufgehen.* The two firms are to merge and form a limited company. ◇ *in der Masse aufgehen* disappear into the crowd IDM → LICHT, RAUCH *und* RECHNUNG

aufgehoben 1 → AUFHEBEN **2 gut ~ sein** be in good hands IDM → AUFSCHIEBEN

aufgeklärt 1 → AUFKLÄREN **2** enlightened

aufgekratzt 1 → AUFKRATZEN **2** (*aufgeregt*) excited ◇ *in aufgekratzter Stimmung* in an excited mood

aufgelegt 1 → AUFLEGEN **2 gut/schlecht ~ sein** be in a good/bad mood **3 zu etw ~ sein** be in the mood for sth

aufgelöst 1 → AUFLÖSEN **2** (*verstört*) distraught ◇ *vor Trauer aufgelöst sein* be distraught with grief

aufgeregt 1 (*freudig*) excited (*Adv* excitedly) ◇ *Ich bin ganz aufgeregt!* I'm so excited! **2** (*nervös*) nervous (*Adv* nervously) **3** (*durcheinander*) flustered

aufgeschlossen 1 → AUFSCHLIESSEN **2** (*tolerant*) open-minded **3 für etw ~ sein** (*empfänglich*) be receptive to sth

Aufgeschlossenheit 1 receptiveness **2** (*Toleranz*) open-mindedness

aufgeschmissen stuck [nicht vor Nomen] (*umgs*)

aufgesetzt 1 → AUFSETZEN **2** (*Flicken*) sewn-on; (*Tasche*) patch **3** (*unecht*) false ◇ *ein aufgesetztes Lächeln* a false smile

aufgesprungen 1 → AUFSPRINGEN **2** (*rissig*) cracked

aufgestaut 1 → AUFSTAUEN **2** (*Gefühle*) pent-up

aufgetakelt (*aufgedonnert*) dolled up [nicht vor Nomen] (*umgs, abwert*)

aufgeweckt 1 → AUFWECKEN **2** (*intelligent*) bright

Aufgewecktheit intelligence

aufgreifen 1 (*Person*) pick *sb* up **2** (*Thema, Idee, Vorschlag*) take *sth* up; (*Problem*) tackle **3** (*Gespräch*) resume; (*Gedanken, Punkt*) pick up on *sth* ; (*Tradition*) revive ◇ *Sie griff seinen letzten Punkt auf.* She picked up on his last point.

aufgrund on the basis of; (*wegen*) because of ◇ *Aufgrund von Zeugenaussagen wurde ein Phantombild angefertigt.* A photofit picture was produced on the basis of statements from witnesses. ◇ *Aufgrund einer Verletzung sagte er ab.* He cancelled because of an injury.

Aufguss 1 infusion; (*Kräutertee*) herbal tea **2** (*Abklatsch*) rehash

aufhaben 1 (*tragen*) wear, have *sth* on ◇ *Hatte sie einen Helm auf?* Was she wearing a helmet? **2** (*Augen, Tür, Fenster*) have *sth* open; (*Schirm*) have *sth* up ◇ *Wir hatten alle Fenster auf.* We had all the windows open. **3** (*Hausaufgaben*) ◇ *etwas aufhaben* have homework ◇ *Heute haben wir nur wenig auf.* We haven't got much homework today. ◇ *In Latein haben sie heute nichts auf.* They haven't got any Latin homework today. ◇ *Wir haben eine Übersetzung auf.* We've got a translation to do for homework. **4** (*Essen*) have eaten ◇ *Bevor du dein Gemüse nicht aufhast, gibt es keinen Nachtisch.* There's no pudding until you've eaten your vegetables. **5** (*Geschäft etc.*) be open ◇ *Die Bank hat nur bis vier Uhr auf.* The bank is only open until four.

aufhalsen jdm/sich etw/jdn ~ saddle sb/yourself with sth/sb ◇ *Sie hat sich zu viel Arbeit aufgehalst.* She's saddled herself with too much work.

aufhalten 1 (*zurückhalten*) hold *sb/sth* up ◇ *Sie war im Büro aufgehalten worden.* She'd been held up at the office. ◇ *Ich will Sie nicht länger aufhalten!* I won't keep you any longer! ◇ *Er hält den ganzen Betrieb auf.* He's holding everything up. **2** (*hindern*) stop; (*Entwicklung, Katastrophe*) prevent ◇ *Er lässt sich von so etwas nicht aufhalten.* He doesn't let something like that stop him. **3 sich mit jdm/etw ~** spend time on sb/sth ◇ *Er hatte sich zu lange mit der Hausarbeit aufgehalten.* He had spent too much time on the housework. **4 (jdm) etw ~** hold sth open (for sb) ◇ *Sie hielt ihm die Tür auf.* She held the door open for him. **5 die Hand ~** hold your hand out **6 sich ~** (*sich befinden*) be; (*Zeit verbringen*) spend time; (*bleiben*) stay ◇ *Sie hält sich zurzeit in Rom auf.* She's in Rome at the moment. ◇ *Er hält sich viel im Ausland auf.* He spends a lot of time abroad. ◊ *Sie hielt sich bei Verwandten auf.* She was staying with relatives.

aufhängen **1** (*Mantel, Hut etc.*) hang *sth* up; (*Bild, Vorhang etc.*) put *sth* up; (*Wäsche*) hang; (*draußen*) hang *sth* out **2** **(den Hörer) ~** hang up **3** **jdn/sich ~** (*erhängen*) hang sb/yourself **4** **etw an etw ~** (*als Aufhänger nehmen*) take sth as a starting point for sth ◊ *Sie hatte ihr Referat an einem Fallbeispiel aufgehängt.* She had taken a case study as a starting point for her paper.

Aufhänger **1** (*Schlaufe*) loop **2** (*Ausgangspunkt*) peg (to hang sth on) ◊ *Er benutzte den Fall als Aufhänger für seinen Artikel.* He used the case as a peg on which to hang his article.

aufheben **1** (*hochheben*) pick *sb/sth* up; (*größeres Gewicht*) lift *sb/sth* up ◊ *Das Kind hob Steine auf und warf sie ins Wasser.* The child was picking up stones and throwing them into the water. ◊ *Die Sanitäter hoben den Verletzten auf.* The ambulance men lifted the injured man up. **2** (*Augen, Kopf, Hände*) raise **3** (*aufbewahren*) keep ◊ *Den Rest können wir für morgen aufheben.* We can keep the rest for tomorrow. → *Siehe auch* AUFGEHOBEN **4** (*abschaffen*) abolish; (*Verbot, Sanktionen, Ausnahmezustand*) lift; (*Urteil, Entscheidung*) reverse; (*Haftbefehl*) revoke **5** (*Versammlung*) close **6** (*ausgleichen*) cancel *sth* out ◊ *Positive und negative Zahlen heben sich auf.* Positive and negative numbers cancel each other out.

Aufheben(s) **1** fuss; **viel Aufhebens um jdn/etw machen** make a lot of fuss about sb/sth **2** ◊ *ohne viel Aufhebens* without a lot of fuss

Aufhebung (*Abschaffung*) abolition; (*von Verboten, Sanktionen etc.*) lifting; (*von Urteilen, Entscheidungen*) reversal; (*eines Haftbefehls*) withdrawal

aufheitern **1** cheer *sb* up **2** **sich ~** (*Stimmung, Gesicht*) brighten; (*Wetter*) clear up; (*Himmel*) clear

Aufheiterung **1** (*Unterhaltung*) entertainment ◊ *Zur Aufheiterung der Gäste spielte eine Band.* A band was playing for the entertainment of the guests. **2** (*Wetter*) sunny interval

aufheizen **1** (*erhitzen*) heat **2** **(sich) ~** heat up ◊ *Der Kompost darf sich nicht zu sehr aufheizen.* The compost must not be allowed to heat up too much. **3** (*aufpeitschen*) whip *sth* up; (*Emotionen, Situation*) inflame → *Siehe auch* AUFGEHEIZT **4** **sich ~** (*Stimmung, Atmosphäre*) get heated

aufhellen **1** (*erhellen*) light *sth* up; (*fig*) brighten *sth* up ◊ *Zahllose Sterne hellten die Winternacht auf.* Countless stars lit up the winter night. ◊ *den tristen Alltag aufhellen* brighten up your dull existence **2** (*Haare, Farbe*) lighten **3** (*fig*) (*klären*) shed light on *sth* ◊ *die Motive für ein Verbrechen aufhellen* shed light on the motives for a crime **4** **sich ~** (*Wetter, Miene*) brighten up; (*Himmel*) brighten ◊ *Plötzlich hellte sich sein Gesicht auf.* Suddenly his face brightened up.

aufhetzen **jdn (gegen jdn/etw) ~** stir sb up (against sb/sth) ◊ *Sie hetzte die ganze Familie gegen ihre Schwägerin auf.* She stirred the whole family up against her sister-in-law. ◊ *jdn zur Gewalt aufhetzen* incite sb to violence

aufheulen (*Mensch, Tier*) howl; (*Sirene*) wail; (*Motor*) rev up

aufholen **1** (*an Boden gewinnen*) make up ground; (*Schüler, Sportler, Mannschaft*) catch up ◊ *Er konnte zwar noch aufholen, aber es reichte nicht mehr zum Sieg.* He made up some ground, but still didn't manage to win. ◊ *Nach ihrer Krankheit musste sie in der Schule viel aufholen.* After she was ill, she had a lot to catch up on at school. **2** (*Zeit, Punkte etc.*) make *sth* up ◊ *Er schaffte es, die Zeit aufzuholen.* He managed to make up the time. ◊ *Sie hat 30 Sekunden aufgeholt.* She has made up 30 seconds. ◊ *Der Zug holte die Verspätung wieder auf.* The train made up the delay. ◊ *Ich konnte meinen Rückstand nicht mehr aufholen.* I couldn't catch up.

aufhorchen prick up your ears; (*fig*) sit up and take notice ◊ *Als ihr Name fiel, horchte sie auf.* When she heard her name, she pricked up her ears. ◊ *Seine Reden ließen die Leute aufhorchen.* His speeches made people sit up and take notice.

aufhören **1** **~ (etw zu tun)**; **(mit etw) ~** stop (doing sth) ◊ *Sie hörte bald auf zu weinen.* She soon stopped crying. ◊ *Es hat aufgehört zu schneien.* It has stopped snowing. ◊ *Er will mit dem Rauchen aufhören.* He wants to stop smoking. ◊ *Hör auf!* Stop it! ◊ *Ich höre nächstes Jahr auf.* I'm giving up work next year. **2** (*Straße, Weg*) end IDM **Da hört (sich) doch alles auf!** That really is the limit! → *Siehe auch* SPASS

aufkaufen buy *sth* up

aufkeimen **1** (*Saat*) sprout, germinate (*Fachspr*) **2** (*fig*) begin to grow; (*Hoffnung, Leidenschaft*) burgeon

aufklappen open; (*Klappstuhl, -tisch*) unfold

aufklaren (*Himmel*) clear; (*Wetter*) clear up

aufklären **1** (*Verbrechen, Fall*) solve; (*Irrtum, Missverständnis*) clear *sth* up; (*Widersprüche*) resolve ◊ *Sie wollte das Geheimnis aufklären.* She wanted to solve the mystery. ◊ *Schließlich klärte sich das Missverständnis auf.* In the end the misunderstanding was cleared up. **2** **jdn (über etw) ~** (*informieren*) inform sb (of sth) ◊ *jdn über seine Rechte aufklären* inform sb of their rights **3** **(jdn) (über etw) ~** (*erklären*) explain (to sb) (about sth) ◊ *Die Broschüre klärt darüber auf, wann ...* The leaflet explains about when ... **4** (*sexuell*) tell *sb* the facts of life **5** **sich ~** (*Wetter*) clear up; (*Himmel*) clear

Aufklärung **1** (*oft mit einem Verb übersetzt*) ◊ *Sie arbeiteten an der Aufklärung des Falles.* They were trying to solve the case. **2** (*Klarstellung*) clarification; (*das Informieren*) informing; (*das Erziehen*) education ◊ *Er verlangte Aufklärung über die ganze Angelegenheit.* He demanded clarification on the whole issue. ◊ *Die Aufklärung der Verbraucher über die Risiken tut not.* It is essential to inform consumers about the risks. ◊ *gesundheitliche Aufklärung* health education **3** (*sexuell*) explaining the facts of life; (*im Unterricht*) sex education **4** (*Philosophie*) Enlightenment **5** (MIL) reconnaissance
Aufklärungsarbeit awareness raising **Aufklärungsflug** reconnaissance flight **Aufklärungsflugzeug** reconnaissance aircraft **Aufklärungskampagne** education campaign **Aufklärungsquote** clear-up rate

aufkleben **etw (auf etw) ~** stick sth on (sth)

Aufkleber sticker

aufknöpfen unbutton, undo

aufkochen **1** (*zum Kochen bringen*) bring *sth* to the boil **2** (*zu kochen beginnen*) come to the boil

aufkommen **1** (*Sturm*) blow up; (*Gewitter*) develop; (*Wind*) spring up **2** (*Zweifel, Misstrauen*) arise; (*Gerücht*) start ◊ *Das lässt die Frage aufkommen, ob ...* This raises the question of whether ... ◊ *Um keine Missverständnisse aufkommen zu lassen ...* To avoid any misunderstandings ... ◊ *Bei der Feier wollte keine rechte Stimmung aufkommen.* There wasn't much of an atmosphere at the party. ◊ *Es könnte der Eindruck aufkommen ...* You might get the impression that ... ◊ *Dabei kommt der Gedanke auf: Warum?* The thought comes to mind: why? **3** **für etw ~** pay for sth; **für jdn ~** support sb ◊ *Die Versicherung kam für den Schaden auf.* The insurance paid for the damage. ◊ *Er muss für seine Kinder aufkommen.* He has to support his children. **4** (*landen*) land **5** (*aufstehen*) get up ◊ *Sie half ihm, vom Boden aufzukommen.* She helped him to get up again. **6** (*aufholen*) catch up **7** (*bekannt werden*) come to light

Aufkommen **1** (*das Auftreten*) emergence ◇ *das Aufkommen von neuen Trends* the emergence of new trends **2** (*Menge*) amount; (*Anzahl*) number ◇ *ein erhöhtes Aufkommen an Müll* an increase in the amount of rubbish ◇ *Das Aufkommen an Fahrzeugen hat sich verdoppelt.* The number of vehicles has doubled. **3** (FINANZ) revenue

aufkratzen (*Wunde, Haut*) scratch *sth* until it bleeds → *Siehe auch* AUFGEKRATZT

aufkrempeln roll *sth* up

aufkreuzen turn up, (*AmE*) show up ◇ *Sie kreuzte uneingeladen auf.* She turned up uninvited.

aufkriegen → AUFBEKOMMEN

aufkündigen **1** (*Vertrag*) terminate **2** (*Freundschaft, Allianz*) break *sth* off ◇ *Nach dem Streit kündigte sie ihm die Freundschaft auf.* After the row she broke off their friendship. ◇ *Er hat seine Mitarbeit aufgekündigt.* He said that he would no longer work with them/us. ◇ *Die Partei kündigte die Koalition auf.* The party said that it wanted to leave the coalition.

Aufkündigung (*einer Freundschaft*) breaking off; (*eines Vertrags*) termination

auflachen laugh, give a laugh ◇ *Sie lachte kurz auf.* She gave a little laugh.

Aufladekarte top-up card

aufladen **1 etw (auf etw) ~** load sth (on to sth) ◇ *Der Kran lud die Container auf das Schiff auf.* The crane loaded the containers on to the ship. **2 jdm/sich etw ~** (*Aufgabe*) burden sb/yourself with sth, lumber sb/yourself with sth (*umgs*) ◇ *Wir wollen ihm nicht noch mehr Probleme aufladen.* We don't want to burden him with yet more problems. **3** (*Batterie etc.*) charge *sth* (up); (*fig*) charge ◇ *emotional aufgeladen* emotionally charged **4 sich ~** become charged (with static)

Auflage **1** (*Ausgabe*) edition; (*Druck*) impression ◇ *die zweite, erweiterte Auflage des Buches* the second, extended edition of the book ◇ *Uhren in limitierter Auflage* limited-edition watches **2** (*Zahl der gedruckten Exemplare*) print run; (*verkaufte Exemplare*) circulation ◇ *Diese Zeitschrift erscheint in hoher Auflage.* This magazine has a large circulation. **3** (*Bedingung*) condition ◇ *Die Erlaubnis war an bestimmte Auflagen gebunden.* Permission was granted subject to certain conditions.

auflassen **1** (*offen lassen*) leave *sth* open ◇ *Du hast die Autotür aufgelassen!* You've left the car door open! **2** (*nicht abnehmen*) keep *sth* on ◇ *Er ließ den Hut auf.* He kept his hat on. **3** (*aufbleiben lassen*) let *sb* stay up **4** (*schließen*) close *sth* down

auflauern jdm ~ lie in wait for sb; (*angreifen*) waylay sb

Auflauf **1** (*Menschen-*) crowd [mit Verb im Sing/Pl] **2** (GASTRON) bake ◇ *Speck-Nudel-Auflauf* bacon and pasta bake

Auflaufform oven dish

aufleben **1** (*Mensch*) be given a new lease of life ◇ *Durch den Job lebte sie wieder auf.* The job gave her a new lease of life. ◇ *Nach einer Tasse Kaffee lebte er auf.* A cup of coffee revived him. **2** (*Natur*) come back to life **3** (*Wind*) freshen **4** (*Diskussion*) liven up **5** (*Tradition, Erinnerungen*) be revived

auflegen **1** put *sth* on ◇ *Musik auflegen* put some music on ◇ *Holz auflegen* put wood on the fire ◇ *ein Gedeck mehr auflegen* set an extra place **2** (*Telefon*) hang up ◇ *Sie hat einfach aufgelegt.* She just hung up. **3** (*herausgeben*) publish ◇ *eine neue Reihe auflegen* publish a new series ◇ *Das Buch wird nicht mehr aufgelegt.* The book is out of print. ◇ *ein Buch neu auflegen* bring out a new edition of a book **4** (*produzieren*) produce **5** (*Aktien*) issue

auflehnen sich (gegen jdn/etw) ~ rebel (against sb/sth)

Auflehnung rebellion

aufleuchten **1** (*Licht*) come on; (*auf dem Bildschirm*) flash up **2** (*Augen, Gesicht*) light up

auflisten list

auflockern **1** (*Boden*) loosen **2** (*abwechslungsreich gestalten*) add variety to *sth* ◇ *den Unterricht auflockern* add variety to the lesson ◇ *das Straßenbild auflockern* brighten up the streets **3 sich ~** (*Körper*) loosen up **4 sich ~** (*Wolken*) disperse, break (up) ◇ *aufgelockerte Bewölkung* broken cloud

auflodern (*auch fig*) flare up

auflösen **1 (sich) ~** dissolve ◇ *etw in Wasser auflösen* dissolve sth in water ◇ *Die Tablette hat sich nicht aufgelöst.* The tablet didn't dissolve. → *Siehe auch* AUFGELÖST **2 sich ~** (*Nebel, Stau*) clear **3 sich ~** (*sich trennen*) split up ◇ *Die Band hat sich aufgelöst.* The band split up. **4** (*beenden*) break *sth* up; (*Vertrag*) terminate; (*Konto, Institution*) close; (*Wohnung, Haushalt*) clear *sth* out **5** (*Widerspruch*) resolve IDM **sich in Luft/Nichts auflösen** vanish into thin air → *Siehe auch* RAUCH

Auflösung **1** (*das Auflösen*) breaking up (*oft mit einem Verb übersetzt*) ◇ *bei der gewaltsamen Auflösung der Demonstration* when violence was used to break up the demonstration ◇ *nach Auflösung der Nebelfelder* when the cloud clears ◇ *Er bat um die Auflösung seines Vertrags.* He asked to be released from his contract. ◇ *die Auflösung der Drogenszene* clearing up the drugs scene ◇ *die Auflösung des Ostblocks* the break-up of the Eastern bloc ◇ *bei der Auflösung seiner Wohnung* while clearing out his flat **2** (*Lösung*) solution **3** (COMP) resolution

aufmachen **1** open; (*Knopf, Jacke*) undo ◇ *jdm die Tür aufmachen* open the door to sb ◇ *Machst du bitte auf?* Would you open the door please? ◇ *Hier macht bald ein Café auf.* A cafe is opening here soon. **2 sich ~** set off ◇ *Sie machten sich zu einem Spaziergang auf.* They set off for a walk. **3** (*darstellen*) present ◇ *Die Broschüre ist ansprechend aufgemacht.* The brochure is attractively presented. ◇ *Der Skandal war groß aufgemacht.* The scandal was headline news. IDM → MUND

Aufmacher (banner) headline

Aufmachung **1** (*Gestaltung*) presentation ◇ *die übersichtliche Aufmachung der Broschüre* the clear presentation of the brochure ◇ *Die Zeitung berichtete in großer Aufmachung darüber.* The newspaper gave it a big spread. **2** (*Aussehen*) get-up

Aufmarsch **1** (*Parade*) parade **2** (*Stationierung*) deployment

aufmerksam **1** (*Zuhörer*) attentive (*Adv* attentively); (*Zuschauer*) perceptive; (*wachsam*) observant ◇ *aufmerksame Zuhörer* attentive listeners ◇ *etw aufmerksam verfolgen* follow sth closely **2** kind; (*zuvorkommend*) attentive ◇ *Das ist sehr aufmerksam von Ihnen!* That's really kind of you! **3 (auf jdn/etw) ~ werden** notice (sb/sth); (*misstrauisch werden*) become suspicious (of sb/sth) **4 (jdn) auf jdn/etw ~ machen** draw (sb's) attention to sb/sth ◇ *Darf ich Sie darauf aufmerksam machen, dass …* I'd like to draw your attention to the fact that … ◇ *Er machte darauf aufmerksam, dass …* He pointed out that … **5 (jdn) auf sich ~ machen** attract (sb's) attention ◇ *Sie machte als Jazz-Interpretin auf sich aufmerksam.* She attracted attention as a jazz singer.

Aufmerksamkeit **1** (*Konzentration, Interesse*) attention ◇ *Darf ich um Ihre Aufmerksamkeit bitten?* May I have your attention please? ◇ *Aufmerksamkeit erregen* attract attention ◇ *Er versuchte, die Aufmerksamkeit auf sich zu lenken.* He was trying to

draw attention to himself. **2** *(Fürsorge)* kindness **3** *(Geschenk)* gift
Aufmerksamkeitsdefizit-Syndrom attention deficit disorder **Aufmerksamkeitsdefizit- und Hyperaktivitäts-Syndrom** attention deficit hyperactivity disorder

aufmucken protest

aufmuntern *(aufheitern)* cheer *sb* up; *(beleben)* wake *sb* up; *(ermutigen)* encourage ◇ *ein aufmunternder Blick* an encouraging look

aufmüpfig rebellious *(Adv* rebelliously)

Aufnahme 1 *(Beginn)* start ◇ *die Aufnahme von Verhandlungen* the start of negotiations ◇ *die Aufnahme diplomatischer Beziehungen* the establishment of diplomatic relations **2 ~ (in etw)** *(Verein, Krankenhaus etc.)* admission (to sth) ◇ *die Aufnahme ins Krankenhaus* admission to hospital ◇ *die Aufnahme von neuen Mitgliedern* the admission of new members ◇ *Sie streben die Aufnahme in die EU an.* They want to join the EU. **3** *(Flüchtlinge etc.)* taking in ◇ *die Aufnahme von Asylbewerbern* taking in asylum seekers **4** *(Empfang, Anklang)* reception ◇ *die freundliche Aufnahme aller Fremden in diesem Land* the friendly reception of all foreigners in this country ◇ *Sie fanden herzliche Aufnahme bei den Gastfamilien.* They got a warm welcome from their host families. **5** *(Nahrung)* intake; *(Stoffe)* absorption ◇ *die Aufnahme von Flüssigkeit erhöhen* increase your fluid intake ◇ *die Aufnahme von Kalzium* the absorption of calcium ◇ *die Aufnahme von Nahrung verweigern* refuse food **6** *(Einbeziehung)* inclusion ◇ *die Aufnahme von Tennis in das olympische Programm* the inclusion of tennis in the Olympic games **7** *(Foto)* photo(graph) ◇ *Die Aufnahme zeigt die ganze Familie.* The photo shows the whole family. ◇ *ein Film mit 24 Aufnahmen* a film with 24 exposures **8** *(Video, Tonband)* recording ◇ *eine alte Aufnahme* an old recording **9** *(Filmen)* filming ◇ *Aufnahmen für eine neue Serie* the filming of a new series ◇ *Achtung, Aufnahme!* Action! **10** *(Kredit etc.)* taking out ◇ *die Aufnahme einer Hypothek* taking out a mortgage **11** *(Notizen, Protokoll)* taking down ◇ *bei der Aufnahme des Unfalls* while taking down the details of the accident **12** *(Rezeption)* reception ◇ *in der Aufnahme warten* wait in reception
Aufnahmeprüfung entrance examination

aufnehmen 1 start; *(Beziehungen, Kontakt)* establish ◇ *die Ermittlungen aufnehmen* start investigations ◇ *diplomatische Beziehungen aufnehmen* establish diplomatic relations ◇ *die Gespräche wieder aufnehmen* resume talks ◇ *ein Studium aufnehmen* go to university **2** *(Idee, Thema)* take *sth* up ◇ *das Thema wieder aufnehmen* take up the topic again **3** *(Krankenhaus, Schule)* admit; *(Verein)* accept *sb* as a member **4** *(unterbringen)* take *sb* in ◇ *Flüchtlinge aufnehmen* take in refugees ◇ *einen Austauschschüler bei sich aufnehmen* have an exchange student to stay **5** *(empfangen)* welcome, make *sb* welcome ◇ *Sie haben uns sehr gastfreundlich aufgenommen.* They made us very welcome. **6** *(akzeptieren)* receive ◇ *Die Idee wurde skeptisch aufgenommen.* The idea was received with scepticism. ◇ *Dieser Service wurde von den Kunden positiv aufgenommen.* The clients' response to this service was positive. ◇ *Der Vorschlag wurde begeistert aufgenommen.* The idea was greeted with enthusiasm. **7 jdn/etw ~** *(aufheben)* pick sb/sth up **8** *(Nahrung)* take; *(Stoffe)* absorb; *(Eindrücke)* take *sth* in ◇ *Er konnte keine Nahrung aufnehmen.* He couldn't take any food. ◇ *Der Sauerstoff wird ins Blut aufgenommen.* Oxygen is absorbed into the blood. **9 etw in etw ~** *(einfügen)* include sth in sth ◇ *Wann wurde Polo in das olympische Programm aufgenommen?* When was polo included in the Olympic games? **10** *(aufschreiben)* take *sth* down **11** *(Foto)* take **12** *(aufzeichnen)* record ◇ *Sie hat eine neue CD aufgenommen.* She has made a new CD. **13** *(Kredit etc.)* take *sth* out ◇ *Sie mussten einen Kredit aufnehmen.* They had to take out a loan. **14** *(Masche)* cast *sth* on **IDM es mit jdm/etw aufnehmen (können)** be a match for sb/sth ◇ *Er kann es mit jedem Profi aufnehmen.* He's a match for any professional. ◇ *Diese Ausgrabung kann es gut und gerne mit Pompeji aufnehmen.* These excavations rival Pompeii.

aufopfern 1 etw/sich (für jdn/etw) ~ sacrifice sth/yourself (for sb/sth) **2 etw jdm/einer Sache ~** devote sth to sb/sth

aufopferungsvoll devoted *(Adv* devotedly)

aufpassen 1 *(Acht geben)* look out ◇ *Pass auf, da kommt ein Auto!* Look out, there's a car coming! ◇ *Kannst du nicht aufpassen?* Can't you watch what you're doing/look where you're going? ◇ *Pass auf, dass du dir nicht den Kopf stößt.* Mind your head! ◇ *Pass auf, dass ihr nichts passiert!* Mind she doesn't hurt herself! **2** *(sich konzentrieren)* pay attention ◇ *im Unterricht gut aufpassen* pay attention in class ◇ *Jetzt passt mal gut auf!* Now listen carefully! **3 auf jdn/etw ~** look after sb/sth, keep an eye on sb/sth ◇ *Er passt auf seine Schwester auf.* He looks after his sister. ◇ *Kannst du auf den Kuchen aufpassen?* Can you keep an eye on the cake? **IDM** → SCHARF

Aufpasser(in) guard; *(Gefängnis)* warder; *(Museum)* attendant; *(Klub, Disco)* bouncer

aufplatzen *(Naht, Schlauch)* split; *(Wunde, Haut)* open up

aufplustern 1 sich/die Federn ~ ruffle (up) your feathers **2 sich ~** *(sich wichtig machen)* be puffed up with self-importance

aufpoppen pop* up

Aufprall collision ◇ *Bei dem Aufprall wurde er verletzt.* He was hurt in the collision. ◇ *Beim Aufprall explodierte das Flugzeug.* The plane exploded on impact.

aufprallen auf etw ~ *(aufschlagen)* hit sth; *(zusammenstoßen)* collide with sth

Aufpreis supplement; **gegen ~** for an additional charge; **ohne ~** at no extra cost

aufpumpen pump *sth* up

aufputschen 1 jdn zu etw ~ incite sb to sth; **jdn gegen jdn/etw ~** stir sb up against sb/sth **2** *(anfeuern)* encourage **3 sich (mit etw) ~** get high (on sth)

Aufputschmittel stimulant

aufquellen swell (up); *(Teig)* rise

aufraffen 1 sich ~ *(aufstehen)* struggle to your feet **2 sich ~** *(sich überwinden)* pull yourself together; **sich zu etw ~** bring yourself to do sth ◇ *Zu diesem Schritt konnten sie sich nicht aufraffen.* They couldn't bring themselves to do it. **3 etw ~** *(aufheben)* snatch sth up

aufrappeln 1 sich ~ *(aufstehen)* pick yourself up **2 sich (wieder) ~** *(gesund werden)* recover

aufräumen 1 (etw) ~ tidy (sth) up ◇ *Hast du dein Zimmer aufgeräumt?* Have you tidied up your room? ◇ *ein aufgeräumter Schreibtisch* a tidy desk **2** *(wegräumen)* put *sth* away ◇ *Ich muss noch meine Sachen aufräumen.* I must just put my things away. **3 mit etw ~** *(abschaffen)* do away with sth

Aufräumungsarbeiten clearing-up operations [Pl]

aufrecht 1 *(senkrecht)* upright ◇ *etw aufrecht hinstellen* stand sth upright ◇ *sich kaum noch aufrecht halten können* be hardly able to stand **2** *(nicht krumm)* straight ◇ *Er saß aufrecht am Tisch.* He sat up straight at the table. **3** *(rechtschaffen)* principled ◇ *aufrechte Politiker* principled politicians ◇ *ein aufrechter Mensch* a man of principle ◇ *eine aufrechte Gesinnung haben* have principles **4 etw ~halten**

keep sth going, maintain sth; (*fortführen*) carry on with sth

aufrechterhalten **1** (*beibehalten*) maintain **2** **jdn ~** keep sb going ◇ *Diese Hoffnung erhält mich aufrecht.* That hope is what keeps me going. ◇ *Nur ihr Glaube hat sie aufrechterhalten.* It was her faith that gave her the strength to carry on.

aufregen **1** **jdn ~** (*verärgern*) make sb angry; (*beunruhigen*) upset sb ◇ *Damit regst du ihn nur auf.* You will only make him angry. ◇ *Diese Nachricht hat uns sehr aufgeregt.* We were very upset by the news. ◇ *Sie regt mich wirklich auf.* She really gets on my nerves. **2** **sich (über jdn/etw) ~** get worked up (about sb/sth) ◇ *Reg dich nicht darüber auf!* Don't get worked up about it! ◇ *Der Patient darf sich nicht aufregen.* The patient mustn't excite himself. ◇ *Sie wird sich aufregen, wenn sie das erfährt.* She'll be furious when she finds out.

aufregend exciting ◇ *etwas aufregend Neues* something new and exciting ◇ *eine aufregende Frau* a fascinating woman

Aufregung **1** excitement [U]; (*Hektik*) fuss [U/Sing] ◇ *In der Aufregung hatte sie vergessen, ihre Mutter anzurufen.* In all the excitement she had forgotten to ring her mother. ◇ *Die ganze Aufregung war umsonst.* It was all a fuss about nothing. ◇ *Vor Aufregung habe ich den Text vergessen.* I was so nervous I forgot my lines. ◇ *Sie konnte vor Aufregung kaum sprechen.* She was in such a state she could hardly speak. ◇ *für Aufregung sorgen* cause a stir **2** (*Chaos*) confusion ◇ *Alles war in heller Aufregung.* There was total confusion. IDM **Nur keine Aufregung!** Don't panic!

aufreiben **1** **etw ~** chafe sth, rub sth raw ◇ *Ich habe mir die Fersen aufgerieben.* My heels are rubbed raw. **2** **jdn ~** wear sb down ◇ *Die Sorgen reiben sie auf.* Her worries are wearing her down. **3** **sich ~** wear yourself out ◇ *Sie reibt sich für ihre Familie auf.* She wears herself out looking after her family. ◇ *eine aufreibende Arbeit* exhausting work **4** (*vernichten*) wipe *sb/sth* out

aufreißen **1** (*öffnen*) tear *sth* open; (*Straße*) tear *sth* up, dig *sth* up ◇ *ein Paket aufreißen* tear open a parcel ◇ *alte Wunden aufreißen* (re)open old wounds **2** (*ruckartig öffnen*) fling *sth* open; (*Mund, Augen*) open *sth* wide **3** (*aufplatzen*) burst (open); (*Naht*) split; (*Wunde*) open up; (*Wolken*) break up **4** **sich etw ~** tear sth; (*verletzen*) cut sth ◇ *Sie hat sich die Hose aufgerissen.* She tore her trousers. **5** **jdn ~** pick sb up (*umgs*), (*BrE auch*) pull sb (*umgs*)

aufreizend provocative (*Adv* provocatively)

aufrichten **1** (*aufstellen*) put *sth* upright ◇ *etw wieder aufrichten* get sth back upright ◇ *Der Hund richtete die Ohren auf.* The dog pricked up its ears. **2** **jdn ~** (*aufhelfen*) ◇ *einen Gestürzten aufrichten* help sb to their feet ◇ *einen Kranken aufrichten* sit a patient up **3** **sich ~** straighten up ◇ *Er schnürte sich den Schuh und richtete sich sofort wieder auf.* He tied his shoelace and straightened up again immediately. ◇ *sich im Bett aufrichten* sit up in bed ◇ *sich zur vollen Größe aufrichten* draw yourself up to your full height **4** (*errichten*) erect **5** **jdn ~** (*trösten*) give sb new heart; **sich ~** take heart

aufrichtig (*echt*) genuine (*Adv* genuinely); (*wahrhaft*) sincere (*Adv* sincerely); (*ehrlich*) honest ◇ *jdm aufrichtige Zuneigung entgegenbringen* have genuine affection for sb ◇ *mit aufrichtigem Dank* with sincere thanks ◇ *etw aufrichtig bedauern* sincerely regret sth ◇ *Es tut mir aufrichtig leid.* I'm really sorry. ◇ *seinen Fehler aufrichtig eingestehen* be honest and admit your mistake

aufrollen **1** (*aufwickeln*) wind *sth* up **2** (*aufkrempeln*) roll *sth* up **3** **(sich) ~** (*auseinander*) unroll; (*Fahne*) unfurl **4** **sich ~** (*zusammen*) roll up **5** **etw (wieder/neu) ~** reopen sth ◇ *Der Prozess wurde neu aufgerollt.* The case was reopened.

aufrücken **1** (*nachrücken*) move along ◇ *Bitte aufrücken!* Move along please! **2** (*aufsteigen*) move up ◇ *in die nächste Liga aufrücken* move up into the next division

Aufruf call; (*Spenden-*) appeal ◇ *ein Aufruf zu mehr Toleranz* a call for more tolerance ◇ *ein Aufruf gegen die Gewalt* a call to oppose violence ◇ *ein Aufruf zur Blutspende* an appeal for people to donate blood

aufrufen **1** call ◇ *Unser Flug ist gerade aufgerufen worden.* Our flight has just been called. ◇ *der Reihe nach aufgerufen werden* be called in turn ◇ *eine Nummer aufrufen* call out a number **2** **jdn ~** (*im Unterricht*) ask sb a question ◇ *Mich ruft sie nie auf.* She never asks me a question. **3** **zu etw ~** appeal for sth; **jdn zu etw ~** call (up)on sb to do sth, appeal to sb to do sth ◇ *zu Spenden aufrufen* appeal for donations ◇ *zum Streik aufrufen* call for a strike ◇ *Er rief sie auf, an ihre Arbeitsplätze zurückzukehren.* He called on them to return to work. ◇ *Die Unfallzeugen wurden aufgerufen, sich zu melden.* Police appealed for witnesses to the accident to come forward. **4** (COMP) call *sth* up

Aufruhr **1** (*Rebellion*) revolt ◇ *Anstiftung zum Aufruhr* incitement to revolt **2** (*Erregung, Unruhe*) turmoil

aufrunden round *sth* up ◇ *auf 4 aufgerundet* rounded up to 4

aufrüsten **1** (*Staat, Armee*) arm ◇ *Das Land rüstet auf.* The country is arming itself. ◇ *ein Land aufrüsten* supply a country with arms ◇ *wieder aufrüsten* rearm **2** (COMP, TECH) upgrade

Aufrüstung **1** (*Staat, Armee*) arming ◇ *eine Aufrüstung der Regierungstruppen* arming the government forces **2** (COMP, TECH) upgrading ◇ *die Aufrüstung bestehender Kraftwerke* upgrading existing power stations

aufrütteln **1** **jdn ~** stir sb to action; **jdn aus etw ~** shake sb (out of sth) **2** **jdn ~** (*aufwecken*) shake sb awake

aufsagen (*vortragen*) recite

aufsammeln pick *sb/sth* up ◇ *etw vom Boden aufsammeln* pick sth up off the floor

aufsässig rebellious

Aufsatz **1** (*schriftliche Arbeit*) essay ◇ *einen Aufsatz über Heine schreiben* write an essay on Heine **2** (*Abhandlung*) article **3** (*Möbel*) top (part) **4** (*Zubehör*) attachment

aufsaugen absorb ◇ *Feuchtigkeit aufsaugen* absorb moisture

aufschäumen foam up; (*Milch auch*) froth up

aufscheuchen **1** (*aufschrecken*) disturb **2** **jdn aus etw ~** jolt sb out of sth

aufscheuern ◇ *Er hat sich den Ellbogen aufgescheuert.* He grazed his elbow. ◇ *Meine Füße waren aufgescheuert.* My feet were rubbed raw.

aufschieben **1** (*öffnen*) slide *sth* open **2** (*verschieben*) put *sth* off ◇ *Es lässt sich nicht länger aufschieben.* We can't put it off any longer. IDM **aufgeschoben ist nicht aufgehoben** ◇ *Wenn ich zurückkomme, machen wir was Neues aus — aufgeschoben ist nicht aufgehoben.* When I get back we'll fix a new date — I won't forget.

Aufschlag **1** (SPORT) service, serve (*umgs*) ◇ *Er hat Aufschlag.* It's his service. **2** (*Ärmel*) cuff; (*Hose*) turn-up, (*AmE*) cuff; (*Jacke*) lapel **3** (*Zuschlag*) surcharge **4** (*Aufprall*) thud

aufschlagen **1** (*aufprallen*) ◇ *Er schlug hart auf.* He hit the ground hard. ◇ *Er schlug mit dem Kopf auf den Tisch auf.* His head hit the table. ◇ *Sie schlug mit dem Kopf auf den Boden auf.* She fell and hit her head on the floor. **2** (*aufbrechen*) break *sth* open **3** (*öffnen*) open ◇ *Er schlug die erste Seite auf.* He opened the book at page one. ◇ *Schlagt jetzt Seite 10 auf.* Turn to page 10. ◇ *die Augen aufschlagen* open your eyes **4** (*errichten*) set *sth* up; (*Lager auch*) pitch; (*Zelt*) put *sth* up ◇ *sein Lager aufschlagen* pitch camp **5** (*verquirlen*) beat *sth* (up) **6 sich etw ~** cut sth open ◇ *Sie hat sich das Knie aufgeschlagen.* She fell and cut her knee open. **7 etw auf etw ~** add sth on to sth ◇ *Liefergebühren auf den Preis aufschlagen* add delivery charges on to the price **8** (SPORT) serve ◇ *von unten aufschlagen* serve underarm ◇ *Wer schlägt auf?* Whose service is it? **9** (*Flammen*) leap up

aufschließen 1 (*öffnen*) unlock ◇ *Kannst du mir aufschließen?* Can you unlock the door for me? ◇ *die Wohnung aufschließen* unlock the front door ◇ *das Geschäft aufschließen* open up the shop **2** (SPORT) catch up ◇ *zur Spitzengruppe aufschließen* catch up with the leaders

aufschlitzen slit *sth* open

Aufschluss (*Einblick*) insight; (*Fakten*) information [U] ◇ *Von den Ergebnissen erhofft man sich neue Aufschlüsse über den Alterungsprozess.* It is hoped the results will provide new insight into the ageing process. ◇ *Aufschluss über etw geben* provide information about sth

aufschlüsseln break *sth* down ◇ *genau aufschlüsseln, wofür das Geld ausgegeben wurde* give a precise breakdown of expenditure

aufschlussreich (*informativ*) informative; (*aufklärend*) revealing

aufschnappen 1 pick *sth* up (*umgs*) ◇ *Wo haben sie das nur aufgeschnappt?* Where did they pick that up? ◇ *etw im Vorbeigehen aufschnappen* overhear sth **2** (*sich öffnen*) burst open

aufschneiden 1 (*öffnen*) cut *sth* open ◇ *die Packung aufschneiden* cut open the pack ◇ *sich die Pulsadern aufschneiden* slash your wrists **2** (*schneiden*) cut *sth* up; (*Brot*) slice; (*Braten*) carve **3** (*prahlen*) boast; (*übertreiben*) exaggerate

Aufschnitt (*Braten, Wurst*) cold meat, (*AmE*) cold cuts [Pl]; (*Käse*) sliced cheese

aufschrauben 1 (*Behälter*) unscrew the top of *sth*; (*Hahn*) turn *sth* on ◇ *die Thermosflasche aufschrauben* unscrew the top of the Thermos flask **2 etw (auf etw) ~** screw sth on (to sth)

aufschrecken 1 (*auffahren*) start, give a start ◇ *aus dem Schlaf aufschrecken* wake with a start **2 jdn/etw ~** startle sb/sth; **jdn aus etw ~** startle sb out of sth ◇ *Ein Geräusch schreckte ihn auf.* He was startled by a sudden noise. ◇ *jdn aus seinen Träumereien aufschrecken* startle sb out of their reverie

Aufschrei 1 (*Schrei*) cry **2** (*Empörung*) outcry ◇ *Die Ankündigung verursachte einen Aufschrei der Empörung.* The announcement caused an outcry.

aufschreiben 1 write *sth* down; **sich etw ~** make a note of sth ◇ *Er hat alles aufgeschrieben.* He wrote everything down. ◇ *Sie hat sich seine Adresse aufgeschrieben.* She made a note of his address. ◇ *ein paar Gedanken aufschreiben* jot down a few ideas **2 jdn ~** book sb

aufschreien cry out; (*protestieren*) protest ◇ *vor Schmerz aufschreien* cry out with pain

Aufschrift ◇ *ein Schild mit der Aufschrift ...* a notice saying ... ◇ *ein Transparent mit der Aufschrift ...* a banner with the message ... ◇ *Ein Ordner mit der Aufschrift „Privat".* A file marked 'Private'.

Aufschub (*Verschiebung*) postponement; (*Verzögerung*) delay; (*Frist*) extension ◇ *ein Aufschub der Wahl* a postponement of the election ◇ *ohne weiteren Aufschub* without further delay ◇ *um Aufschub bitten* ask for a an extension of the deadline ◇ *einem Schuldner drei Monate Aufschub geben* give sb a further three months' credit ◇ *Die Sache duldet keinen Aufschub.* The matter is most urgent.

aufschürfen sich etw ~ graze sth ◇ *Sie hat sich das Knie aufgeschürft.* She grazed her knee.

aufschwatzen, **aufschwätzen jdm etw ~** talk sb into buying sth ◇ *Er hat mir einen neuen Computer aufgeschwatzt.* He talked me into buying a new computer.

Aufschwung 1 (*Verbesserung*) upturn ◇ *ein unerwarteter Aufschwung der Preise* an unexpected upturn in prices ◇ *Die Mannschaft hofft auf einen Aufschwung.* The team are hoping for an upturn in their fortunes. **2** (*Auftrieb*) boost ◇ *Das wird ihr Aufschwung geben!* That will give her a boost. ◇ *Die Reise hat ihr einen neuen Aufschwung gegeben.* The trip gave her a new lease of life. **3** (SPORT) ◇ *einen Aufschwung am Barren machen* do an upwards swing on the parallel bars

aufsehen 1 look up ◇ *zum Himmel aufsehen* look up at the sky ◇ *ohne von seiner Arbeit aufzusehen* without looking up from his work **2 zu jdm ~** look up to sb

Aufsehen (*Aufregung*) stir; (*Sensation*) sensation; (*Aufmerksamkeit*) attention ◇ *Aufsehen erregen* cause a stir ◇ *Er hat mit seinem Film für Aufsehen gesorgt.* His film attracted a lot of attention. ◇ *jedes Aufsehen vermeiden* avoid attracting attention ◇ *Das war Aufsehen erregend.* It was sensational. ◇ *ohne großes Aufsehen* without any fuss

Aufseher(in) 1 (*Gefängnis*) warder **2** (*AmE*) guard; (*Museum, Parkplatz*) attendant; (*bei Prüfungen*) invigilator, (*AmE*) proctor

aufsetzen 1 (sich) etw ~ (*Hut, Brille etc.*) put sth on ◇ *Du solltest einen Helm aufsetzen.* You should put a helmet on. **2** (*Gesicht*) put *sth* on, assume (*gehoben*) ◇ *eine gute Miene aufsetzen* put on a cheerful expression ◇ *ein aufgesetztes Lächeln* a false smile **3** (*Wasser etc.*) put *sth* on (to boil) **4** (*Vertrag, Testament*) draw *sth* up; (*Brief*) write **5 sich ~** sit up **6** (*auf eine Unterlage setzen*) put *sth* down; (*Flugzeug*) land ◇ *den Fuß vorsichtig aufsetzen* put your foot down carefully ◇ *Der Pilot setzte das Flugzeug sicher auf.* The pilot landed the plane safely. **7** (*auf dem Boden auftreffen*) land ◇ *Das Motorrad setzte mit dem Vorderrad zuerst auf.* The motorbike landed on its front wheel. **IDM** → DÄMPFER *und* KRONE

Aufsicht 1 supervision ◇ *unter ärztlicher Aufsicht* under medical supervision ◇ *die Aufsicht über Atomanlagen* the supervision of nuclear installations **2 ~ haben** be on duty ◇ *Herr Becker hat in der Pause Aufsicht.* Mr Becker is on duty at break. **3** (*Mensch*) person in charge; (*im Museum, Schwimmbad*) attendant; (*bei Prüfungen*) invigilator, (*AmE*) proctor

Aufsichtsbehörde supervisory body [mit Verb im Sing/Pl] **Aufsichtsrat** (*Gremium*) board (of directors) [mit Verb im Sing/Pl] ◇ *in den Aufsichtsrat gewählt werden* be elected to the board **Aufsichtsrat, -rätin** board member

aufsitzen 1 (auf etw) ~ mount (sth) **2 jdm/etw ~** be taken in by sb/sth ◇ *Sie ist einem Trickbetrüger aufgesessen.* She was taken in by a conman. ◇ *einem Irrtum aufsitzen* be mistaken

aufspalten 1 etw (in etw) ~ split sth (into sth); (*chemische Verbindung*) break sth down (into sth) **2 sich (in etw) ~** split up (into sth)

Aufspaltung splitting; (*Land, Organisation*) splitting up

aufspannen (*Schirm*) put *sth* up

aufsparen save ◇ *Das Beste habe ich mir bis zum Schluss aufgespart.* I've saved the best till last.

aufsperren 1 (*Augen, Mund*) open *sth* wide ◇ *die Ohren aufsperren* pin your ears back **2** (*Tor, Tür*) unlock

aufspielen **1 sich ~** show off **2 sich als etw ~** play sth ◇ *sich als Held/Märtyrer aufspielen* play the hero/martyr **3** (*musizieren, Sport*) play
aufspießen skewer
aufspringen **1** (*plötzlich aufstehen*) jump up, jump to your feet **2** (**auf etw**) **~** jump on (to sth) **3** (*sich öffnen*) burst open
aufspüren track *sb/sth* down
aufstacheln spur *sb* on; **jdn zu etw ~** incite sb to sth ◇ *jdn zur Meuterei aufstacheln* incite sb to mutiny
aufstampfen stamp ◇ *vor Wut mit dem Fuß aufstampfen* stamp your foot in anger
Aufstand uprising
aufständisch rebel, insurgent (*gehoben*) ◇ *aufständische Soldaten* rebel troops
Aufständische(r) rebel
aufstauen **1** (*Fluss etc.*) dam *sth* (up) **2 sich ~** (*Gefühle*) build up ◇ *Wut hatte sich in ihm aufgestaut.* Anger had built up inside him. **3 sich ~** (*Wasser, Verkehr*) back up
aufstehen **1** (*aus dem Sitzen*) stand up **2** (*aus dem Liegen*) get up ◇ *früh aufstehen* get up early **3** (*offen sein*) be open ◇ *Die Tür steht auf.* The door is open. IDM → HUHN
aufsteigen **1** go up, rise (*gehoben*) ◇ *mit einem Ballon aufsteigen* go up in a balloon ◇ *In der Ferne stieg Rauch auf.* Smoke was rising in the distance. **2 auf etw ~** (*Berg*) go up sth **3 auf etw ~** (*Fahrrad, Pferd*) get on sth **4** (*beruflich*) get on; **zu etw ~** make it to sth ◇ *zum Manager/zur Nummer eins aufsteigen* make it to manager/number one **5** (SPORT) go up, be promoted ◇ *in die zweite Liga aufsteigen* be promoted to the second division **6 etw steigt in jdm auf** sb is filled with sth ◇ *Wut stieg in ihr auf.* She was filled with rage.
Aufsteiger **1 Aufsteiger(in)** (*Mensch*) social climber **2** (*Mannschaft*) newly promoted team
aufstellen **1** (*errichten*) put *sth* up ◇ *ein Zelt aufstellen* put up a tent **2** (*platzieren*) set *sth* up ◇ *die Kegel aufstellen* set up the skittles **3** (*postieren*) post ◇ *Wachen waren an den Ausgängen aufgestellt.* Guards were posted at the doors. **4** (*nominieren*) nominate ◇ *jdn als Kandidaten aufstellen* nominate sb as a candidate **5** (*aufrichten*) stand *sth* up ◇ *Er stellte sein Motorrad wieder auf.* He stood his motorbike up again. **6 sich ~** take up a position; (*in einer Reihe*) line up; (*im Kreis*) form a circle **7** (MIL) deploy **8** (*Rekord*) set **9** (*Behauptung, Hypothese*) put *sth* forward **10** (*Plan, Liste*) draw *sth* up **11** (SPORT) select, pick (*umgs*) ◇ *eine Mannschaft aufstellen* select a team ◇ *Er wurde für die Nationalelf aufgestellt.* He was selected for the national team. **12** ◇ *Der Hund sah uns an, die Ohren aufgestellt.* The dog looked at us, its ears pricked up.
Aufstellung **1** (*das Errichten*) putting up, erection (*gehoben*) ◇ *die Aufstellung von Verkehrsschildern* the erection of traffic signs **2** (*das Platzieren*) setting up **3** (*das Postieren*) posting **4** (*das Nominieren*) nomination **5** (MIL) deployment **6** (*Rekord*) setting **7** (*Behauptung, Hypothese*) putting forward **8** (SPORT) selection **9** (*Liste*) list; (*Zusammenstellung eines Plans, einer Liste*) drawing up ◇ *die Aufstellung des Speiseplans* drawing up the menus ◇ *Fügen Sie eine Aufstellung der Ausgaben bei.* Enclose a list of expenses.
Aufstieg **1** climb ◇ *der Aufstieg zur Burgruine* the climb up to the castle ruins **2** (*gesellschaftlich, wirtschaftlich, beruflich*) advancement **3** (SPORT) promotion **Aufstiegschance** prospect of promotion **Aufstiegsspiel** match that decides promotion, play-off
aufstöbern unearth; (*Verbrecher etc.*) track *sb* down; (*Wild etc.*) flush *sth* out
aufstocken **1** increase **2** (*Gebäude*) add another floor to *sth*
Aufstockung **1** increase ◇ *die Aufstockung der Belegschaft* increasing the staff **2** (*Gebäude*) adding another floor
aufstoßen **1** (*rülpsen*) belch **2** (*öffnen*) throw *sth* open ◇ *die Tür aufstoßen* throw the door open **3** (*aufschlagen*) hit ◇ *mit dem Kopf auf dem Boden aufstoßen* hit your head on the floor **4** (**jdm**) **~** give offence (to sb) ◇ *Ihre Bemerkung ist vielen sauer/übel aufgestoßen.* Her remark gave offence to a lot of people. ◇ *Mir stößt auf, dass …* I don't like the fact that … ◇ *Das wird uns noch sauer aufstoßen.* We'll have to pay dearly for that.
aufstrebend (*Künstler, Spieler*) up-and-coming (*umgs*); (*Markt, Wirtschaft*) growing [nur vor Nomen]; (*Bürgertum*) aspiring [nur vor Nomen]
Aufstrich spread
aufstützen **1 sich** (**auf etw**) **~** lean (on sth) ◇ *Er stützte sich auf dem Tisch auf.* He leaned on the table. **2 etw** (**auf etw**) **~** rest sth (on sth) ◇ *die Ellbogen auf dem Tisch aufstützen* rest your elbows on the table ◇ *den Kopf aufstützen* rest your head in your hands ◇ *Sie hatte das Kinn aufgestützt.* She rested her chin on her hand. **3 jdn/sich ~** prop sb/yourself up
aufsuchen **jdn ~** go and see sb; **etw ~** go to sth ◇ *einen Arzt aufsuchen* go and see a doctor ◇ *einen Schutzraum aufsuchen* go to a shelter
Auftakt **1** (*Anfang*) beginning ◇ *zum Auftakt der Aktion* at the beginning of the campaign ◇ *Der Festzug bildet den Auftakt zur Jubiläumsfeier.* The anniversary celebrations open with a procession. **2** (MUS) upbeat
auftanken **1** fill (*sth*) up; (*Flugzeug*) refuel **2** (*sich erholen*) recharge your batteries
auftauchen **1** (*aus dem Wasser*) surface **2** (*erscheinen*) appear, turn up (*umgs*) **3** (*gefunden werden*) turn up ◇ *Sind deine Schlüssel wieder aufgetaucht?* Have your keys turned up yet? **4** (*entstehen*) come up, arise (*gehoben*) ◇ *Da ist ein kleines Problem aufgetaucht.* A small problem has come up. IDM → NICHTS *und* VERSENKUNG
auftauen **1** (*Eis, Fluss*) thaw **2** (*Lebensmittel*) defrost **3** (*lebhafter werden*) thaw out
aufteilen **1 jdn/etw ~** (*aufgliedern*) divide sb/sth up; **etw in etw ~** divide sth into sth ◇ *eine Klasse in vier Gruppen aufteilen* divide a class into four groups ◇ *Wir wurden auf Gastfamilien aufgeteilt.* We were sent to stay with various host families. **2 etw ~** (*verteilen*) share sth out ◇ *Sie teilten die Beute unter sich auf.* They shared the loot out between them. **3 sich ~** split up
Aufteilung dividing up
Auftrag **1** (*Bestellung*) order; (*für Kunstwerke etc.*) commission ◇ *einen Auftrag vergeben* place an order ◇ *eine Studie in Auftrag geben* commission a study **2** (*Aufgabe*) job, task (*gehoben*) ◇ *jdm den Auftrag erteilen, etw zu tun* give sb the job of doing sth ◇ *Das Militär hat den Auftrag, den Frieden zu sichern.* The military has the task of safeguarding peace. ◇ *ein gesellschaftlicher Auftrag* a social mission **3 in jds ~** on sb's behalf ◇ *Sie handelt im Auftrag der Regierung.* She is acting on behalf of the government. **4 im ~** → I.A.
auftragen **1 jdm ~, etw zu tun** instruct sb to do sth ◇ *Sie haben mir aufgetragen, die Dokumente zu vernichten.* They instructed me to destroy the documents. **2 jdm Grüße ~** ◇ *Er hat mir Grüße an Sie aufgetragen.* He asked me to give you his regards. **3** (*Farbe, Make-up*) put *sth* on, apply **4** (*Speisen*) serve **5** (*Kleidung*) ◇ *Ich will nicht deine alten Sachen auftragen.* I don't want to wear your cast-offs. ◇ *Das kannst du noch gut auftragen.* You can still get a lot of wear out of that. **6 dick/**

stark ~ (*übertreiben*) lay it on thick (*umgs*) **7** (*dick aussehen lassen*) make *sb* look fat

Auftraggeber(in) client

Auftragsarbeit commission

auftreffen **(auf etw) ~** hit sth ◇ *mit dem Kopf auf das Lenkrad auftreffen* hit your head against the steering wheel ◇ *Beim Auftreffen zerschellte das Flugzeug.* The plane disintegrated on impact.

auftreiben find

auftrennen (*Naht*) unpick

auftreten **1** occur; (*Probleme etc.*) arise ◇ *Es sind sieben Fälle von Leukämie aufgetreten.* Seven cases of leukemia have occurred. **2** (THEAT) appear ◇ *im Fernsehen auftreten* appear on television **3** (*sich benehmen*) be ◇ *Sie tritt immer so selbstbewusst auf.* She's always so confident. **4 als etw ~** (*in einer Eigenschaft*) act as sth ◇ *als Vermittler auftreten* act as a mediator ◇ *als Zeuge auftreten* appear as a witness **5** (*mit dem Fuß*) tread ◇ *vorsichtig auftreten* tread carefully ◇ *Ich kann mit dem linken Fuß nicht auftreten.* I can't put my weight on my left foot. **6** (*mit einem Tritt öffnen*) kick *sth* open

Auftreten **1** performance; (*Verhalten*) manner ◇ *Das Auftreten der Mannschaft war enttäuschend.* The team's performance was disappointing. ◇ *ein arrogantes Auftreten* an arrogant manner **2** (*Eintreten, Erscheinung*) appearance; (*Vorkommen*) incidence ◇ *sechs Tage nach Auftreten der ersten Symptome* six days after the appearance of the first symptoms ◇ *ein gemeinsames Auftreten der Staatschefs* a joint appearance of the heads of state ◇ *das seltene Auftreten von Leberkrebs* the low incidence of liver cancer ◇ *das massive Auftreten der Polizei* the huge police presence

Auftrieb (*Elan*) boost ◇ *dem Friedensprozess neuen Auftrieb geben* give a boost to the peace process

Auftritt **1** appearance ◇ *ihr erster öffentlicher Auftritt* her first public appearance ◇ *Sie haben einen Auftritt im „Omen".* They are appearing at the 'Omen'. **2** (*Regieanweisung*) enter; (*Erscheinen*) entrance ◇ *Auftritt Mercutio* Enter Mercutio ◇ *ihr Auftritt im zweiten Akt* her entrance in the second act **3** (*Szene*) scene ◇ *dritter Akt, erster Auftritt* Act III, Scene I

auftun **1** (*öffnen*) open **2** (*finden*) find **3 sich ~** (*sich eröffnen*) open up ◇ *Eine herrliche Aussicht tat sich vor ihm auf.* A glorious view opened up before him. ◇ *die soziale Kluft, die sich immer weiter auftut* the widening gap between rich and poor

auftürmen **1** pile *sth* up ◇ *Sie türmten Kisten vor dem Eingang auf.* They piled boxes up outside the door. **2 sich ~** pile up; (*Schulden, Probleme*) mount

aufwachen wake up; (*aus einer Narkose etc.*) come round ◇ *Das Baby ist aufgewacht.* The baby woke up.

aufwachsen grow up ◇ *Er ist bei seinen Großeltern aufgewachsen.* He grew up with his grandparents. ◇ *behütet aufwachsen* have a sheltered childhood

aufwallen **1** (GASTRON) come to the boil ◇ *Die Milch aufwallen lassen.* Allow the milk to come to the boil. **2** (*Streitigkeiten*) flare up; (*Emotionen*) run high

Aufwand **1** (*Mühe*) trouble; (*Anstrengung*) effort ◇ *Das ist mir zu viel Aufwand.* That's too much trouble for me. ◇ *großen Aufwand treiben* go to a lot of trouble ◇ *Der Aufwand hat sich gelohnt.* It was worth the effort. ◇ *Das Gesetz führte zu einem höheren bürokratischen Aufwand für kleine Unternehmen.* The law led to an increased bureaucratic burden for small firms. **2** (*Kosten*) cost, expense ◇ *mit einem Aufwand von 14 Millionen* at a cost of 14 million ◇ *Das ist mit erheblichem finanziellem Aufwand verbunden.* That involves considerable expense.

aufwärmen **1** heat *sth* up **2 sich ~** get warm; (*vor dem Sport*) warm up ◇ *Komm rein und wärm dich auf!* Come in and get warm! **3** (*Geschichten etc.*) bring *sth* up

aufwarten **mit etw ~** (*Veranstaltung, Musik*) present sth; (*Zahlen, Pläne, Vorschläge*) come up with sth; (*Speisen*) serve ◇ *Er wartet immer mit einer Überraschung auf.* He's always coming up with surprises. ◇ *Die Mannschaft konnte mit großen Erfolgen aufwarten.* The team has many successes to its credit.

aufwärts **1** upwards; (*bergauf*) uphill ◇ *Die Entwicklung ist deutlich aufwärts gerichtet.* The trend is clearly upwards. **2 von/ab ... ~** from ... up; (*Preise*) from ... upwards ◇ *vom Bauchnabel aufwärts* from the navel up ◇ *Zimmer ab 99 Dollar aufwärts.* Rooms from 99 dollars upwards.

aufwärtsfahren go up ◇ *Sie fuhren die Donau aufwärts.* They went up the Danube. **aufwärtsgehen** **1** go uphill ◇ *Hier geht's ziemlich steil aufwärts.* It goes uphill quite steeply here. **2 es geht aufwärts (mit jdm/etw)** things are looking up (for sb/sth) ◇ *Er war ziemlich deprimiert, aber jetzt geht es wieder aufwärts mit ihm.* He was rather depressed, but now things are looking up for him again. **Aufwärtstrend** upward trend

aufwecken wake *sb* (up) → *Siehe auch* AUFGEWECKT

aufweichen **1** soak; (*Papier, Pappe etc.*) go soggy **2** (*fig*) (*Positionen etc.*) soften; (*lockern*) relax ◇ *Er hat seine Position aufgeweicht.* He has softened his stance. ◇ *Die Kriterien sollten nicht aufgeweicht werden.* The criteria should not be relaxed. ◇ *Die Fronten zwischen den Gegnern haben sich aufgeweicht.* The two sides are no longer taking such a hard line.

aufweisen **1** (*haben*) have ◇ *Die Gegend weist die niedrigste Arbeitslosenquote auf.* This area has the lowest unemployment ◇ *Verpackungsmaterial, das den grünen Punkt aufweist* packaging that has the green dot on it ◇ *Bäume, die Beschädigungen aufweisen* trees that have been damaged **2** (*Erfolge etc.*) have sth to your name ◇ *Er konnte einige Neuinszenierungen aufweisen.* He had several new productions to his name.

aufwenden **etw (für etw) ~** (*Energie, Ressourcen, Mühe*) expend sth (on sth); (*Geld, Zeit*) spend sth (on sth) ◇ *Sie haben viel Zeit für die Proben aufgewendet.* They spent a lot of time rehearsing.

aufwendig elaborate; (*üppig*) lavish; (*raffiniert*) sophisticated; (*kostspielig*) expensive ◇ *ein aufwendig gestalteter Buchumschlag* an elaborately designed book jacket ◇ *ein aufwendiges Bankett* a lavish banquet ◇ *eine aufwendige Technik* sophisticated technology

aufwerfen (*Staub etc*) throw *sth* up; (*Thema, Frage*) raise; (*Problem*) pose

aufwerten **1** (*Devisen*) revalue **2** (*höher bewerten*) upgrade; (*verbessern*) improve ◇ *Pflegeberufe sollten aufgewertet werden.* The status of the caring professions should be upgraded. ◇ *Durch Blumenkübel soll die Innenstadt optisch aufgewertet werden.* The appearance of the town centre is to be improved with tubs of flowers.

Aufwertung **1** (*Devisen*) revaluation **2** (*Höherbewertung*) upgrading; (*Verbesserung*) improvement (*oft mit einem Verb übersetzt*) ◇ *eine Aufwertung der beruflichen Bildung* an upgrading of vocational training ◇ *Durch das Theater wird die Stadt eine kulturelle Aufwertung erfahren.* The new theatre will enrich the city's cultural life.

aufwiegeln **jdn ~** stir sb up

aufwiegen **1** compensate for *sth*, outweigh ◇ *Dieser Erfolg kann die Niederlage nicht aufwiegen.* This success cannot compensate for the defeat. ◇ *Wiegt der Nutzen die Nebenwirkungen auf?* Does the benefit outweigh the side effects? **2 etw mit etw ~** measure sth in terms of sth ◇ *Das kann man nicht mit Geld aufwiegen.* That cannot be measured in terms of money. IDM → GOLD

Aufwind (*Aufschwung*) impetus ◇ *Aufwind bekommen* get new impetus ◇ *Die Mannschaft ist im Aufwind.* The team are on the way up.

aufwirbeln stir *sth* up IDM → STAUB

aufwischen **1** wipe *sth* up **2** (*Boden, Flur etc.*) clean; (*mit einem Schwamm*) mop

aufwühlen stir *sb/sth* up ◇ *die Gemüter aufwühlen* stir up the emotions ◇ *Der Bürgerkrieg hat das Land aufgewühlt.* The civil war threw the country into chaos. ◇ *aufwühlende Bilder* disturbing pictures

aufzählen name ◇ *alle Staaten der USA aufzählen* name all the states of the USA ◇ *Man kann gar nicht aufzählen, woran es mangelt.* The things they are short of are too numerous to mention.

Aufzählung **1** (*Liste*) list **2** (*das Aufzählen*) (*meist mit einem Verb übersetzt*) ◇ *Eine Aufzählung der Gewinner bildete den Abschluss.* At the end, the list of winners was read out.

aufzäumen bridle IDM → PFERD

aufzeichnen **1** (*festhalten*) record ◇ *fürs Fernsehen aufgezeichnet* recorded for television **2** (*zeichnen*) draw ◇ *Kannst du mir den Weg aufzeichnen?* Can you draw me a map of how to get there?

Aufzeichnung **1** (*Aufnahme*) recording ◇ *eine Aufzeichnung vom gestrigen Halbfinale* a recording of yesterday's semi-final **2 Aufzeichnungen** records [Pl]; (*Notizen*) notes [Pl]

aufzeigen demonstrate

aufziehen **1** (*großziehen*) bring *sb* up; (*Tier*) rear ◇ *Sie wurde von ihrer Schwester aufgezogen.* She was brought up by her sister. **2** (*Uhr, Spielzeug*) wind *sth* up **3** (*verspotten*) tease, wind *sb* up (*umgs*) ◇ *Sie zogen ihn mit seiner Frisur auf.* They teased him about his hairstyle. **4** (*Vorhänge*) draw **5** (*Reifen, Saiten etc.*) put *sth* on **6** (*Spritze*) fill **7** (*Bild*) mount **8** (*veranstalten*) arrange ◇ *Sie wollen das Jubiläum ganz groß aufziehen.* They want to arrange something big for the jubilee. **9** (*Stellung beziehen*) take up position **10** (*Wolken*) gather; (*Gewitter*) brew; (*sich nähern*) approach

Aufzucht rearing; (*Zucht*) breeding (*oft mit einem Verb übersetzt*) ◇ *Sie haben mit der Aufzucht sibirischer Tiger angefangen.* They have started breeding Siberian tigers.

Aufzug **1** lift, (*AmE*) elevator **2** (THEAT) act **3** (*Aufmachung*) get-up ◇ *In diesem Aufzug kannst du nicht mitkommen!* You're not coming with us in that get-up!

aufzwingen **jdm etw ~** impose sth on sb ◇ *Die Eroberer zwangen den Eingeborenen ihre Lebensweise auf.* The conquerors imposed their way of life on the natives. ◇ *Er versucht ständig, uns seinen Willen aufzuzwingen.* He's always trying to make us do what he wants. ◇ *Er hat mir seine Hilfe geradezu aufgezwungen.* He practically forced his help on me.

Auge **1** eye ◇ *Er hat grüne Augen.* He's got green eyes. ◇ *Der Stern ist mit bloßem Auge zu erkennen.* The star can be seen with the naked eye. ◇ *Ich habe etwas im Auge.* I've got something in my eye. ◇ *Er hatte Tränen in den Augen.* He had tears in his eyes. ◇ *Sie schaute ihm tief in die Augen.* She looked deep into his eyes. ◇ *Er ist auf dem rechten Auge blind.* He is blind in his right eye. ◇ *Ich habe es mit eigenen Augen gesehen.* I saw it with my own eyes. ◇ *mit den Augen zwinkern* blink **2 gute/schlechte Augen haben** have good/poor eyesight **3** (*auf Würfeln*) spot IDM **Augen zu und durch!** Just get on and do it! **Auge um Auge, Zahn um Zahn** an eye for an eye, a tooth for a tooth **jdn/etw/sich aus den Augen verlieren** **1** (*keinen Kontakt mehr haben*) lose touch with sb/sth/each other **2** (*nicht mehr sehen*) lose sight of sb/sth/each other **(bei etw) ein Auge/beide Augen zudrücken** turn a blind eye (to sth) **da bleibt/blieb kein Auge trocken** **1** everyone falls/fell about laughing ◇ *Seine Vorstellung war so witzig, da blieb kein Auge trocken.* His performance was so amusing, everyone fell about laughing. **2** (*vor Rührung*) there isn't/wasn't a dry eye (in the house) **jdm die Augen öffnen** open sb's eyes **die Augen vor etw verschließen** shut your eyes to sth **ein Auge auf jdn/etw haben** **1** (*Interesse zeigen*) have your eye on sb/sth **2** (*aufpassen*) keep an eye on sb/sth **ein Auge auf jdn/etw werfen** **1** (*Interesse haben*) have your eye on sb/sth ◇ *Ich glaube, er hat ein Auge auf deine Cousine geworfen.* I think he's got his eye on your cousin. **2** (*anschauen*) look at sb/sth ◇ *Kannst du mal ein Auge auf den Brief werfen?* Could you look at the letter? **ein blaues Auge** a black eye ◇ *jdm ein blaues Auge verpassen* give sb a black eye **große Augen machen** be wide-eyed with amazement **jdn/etw im Auge behalten** (*beobachten*) keep an eye on sb/sth ◇ *Wir werden dein Verhalten im Auge behalten.* We'll keep an eye on your behaviour. **etw im Auge behalten** (*sich merken*) bear sth in mind ◇ *Wir werden Ihren Vorschlag im Auge behalten.* We'll bear your suggestion in mind. **in jds Augen** in sb's eyes; in sb's opinion **jdm ins Auge fallen/springen/stechen** hit sb in the eye ◇ *Die rote Aufschrift springt sofort ins Auge.* The red writing hits you in the eye straight away. **etw ins Auge fassen** consider sth **ins Auge gehen** go wrong **kein Auge zumachen/zukriegen** not sleep a wink **etw mit anderen Augen sehen** see sth in a different light **mit einem blauen Auge davonkommen** (*unbestraft*) get off lightly; (*unverletzt*) come away almost unscathed **jdn/etw nicht aus den Augen lassen** not let sb/sth out of your sight; watch sb/sth closely **schwarz vor Augen** dizzy ◇ *Mir wurde plötzlich schwarz vor Augen.* I suddenly felt dizzy. **sich die Augen ausweinen** cry your eyes out **unter vier Augen** in private **vor jds Augen** in front of sb ◇ *vor aller Augen* in front of everybody **jdm etw vor Augen führen** make sb aware of sth ◇ *Die Ausstellung soll den Besuchern die Folgen falscher Ernährung vor Augen führen.* The exhibition aims to make visitors aware of the consequences of a poor diet. ◇ *Er hat zwei Autos in einer Woche zu Schrott gefahren … das muss man sich mal vor Augen führen!* Just imagine! He's written off two cars in a week! → *Siehe auch* AUSKRATZEN, DORN, FAUST, HAND, HINTEN, SAND, SCHUPPE, SCHWARZ, TATSACHE, TRAUEN *und* VERSCHLINGEN

Augenarzt, -ärztin eye specialist, ophthalmologist (*Fachspr*)

Augenblick moment ◇ *im Augenblick* at the moment ◇ *einen Augenblick lang* for a moment ◇ *Sie muss jeden Augenblick kommen.* She should be here at any moment. ◇ *Einen Augenblick, bitte!* Just a minute!

augenblicklich **1** *Adj* (*derzeitig*) present [*nur vor Nomen*] ◇ *die augenblickliche Lage* the present situation **2** *Adv* (*im Moment*) at the moment, at present ◇ *Augenblicklich besteht keine Gefahr.* There is no danger at present. **3** *Adv* (*sofort*) immediately ◇ *Es wurde augenblicklich still.* It immediately went quiet.

Augen- **Augenbraue** eyebrow ◇ *Er zog die Augenbrauen hoch.* He raised his eyebrows. **augenfällig** (*auffällig*) noticeable (*Adv* noticeably); (*offensichtlich*) obvious (*Adv* obviously) ◇ *Die Armut hat augenfällig zugenommen.* There has been a noticeable increase in poverty. ◇ *Die Ähnlichkeit ist augenfällig.* The similarity is obvious. **Augenfarbe** colour of your eyes,

(*AmE*) color of your eyes ◇ *Welche Augenfarbe hat er?* What colour are his eyes? **Augenlicht** (eye)sight **Augenmaß 1** eye ◇ *Dafür brauche ich kein Maßband, das mache ich nach Augenmaß.* I don't need a tape measure for that — I do it by eye. **2** (*fig*) judgement ◇ *Sie haben Vernunft und Augenmaß bewiesen.* They have shown good sense and judgement. **Augenschein 1** look; **jdn/etw in ~ nehmen** have a close look at sb/sth **2** (*äußere Erscheinung*) appearance [meist Pl] ◇ *Dem Augenschein nach ...* Judging by appearances, ... **3** (*Eindruck*) impression ◇ *Oft täuscht der erste Augenschein.* First impressions are often misleading. **Augenwimper** eyelash **Augenzeuge, -zeugin** eyewitness ◇ *Gab es Augenzeugen des Vorfalls?* Were there any eyewitnesses to the incident?

August August → *Beispiele bei* JANUAR

Auktion auction ◇ *zur Auktion stehen* be up for auction

Aula hall

Au-pair- Au-pair-Aufenthalt stay as an au pair ◇ *ein sechsmonatiger Au-pair-Aufenthalt in Bath* a six-month stay as an au pair in Bath **Au-pair-Mädchen** au pair (girl) **Au-pair-Stelle** job as an au pair

aus

- **Herkunft 1** (*aus etw heraus*) out of ◇ *Ich nahm das Buch aus der Tasche.* I took the book out of my bag. ◇ *Sie kam aus der Wohnung.* She came out of the flat. ◇ *Gibt es einen Weg aus der Krise?* Is there any way out of this crisis? ◇ *Er hat es aus Mitleid getan.* He did it out of pity. ◇ *Er nahm den Hut und zog ein Kaninchen daraus.* He took the hat and pulled a rabbit out of it. **2** (*irgendwoher*) from ◇ *Sie nahm ein Angebot aus Japan an.* She accepted an offer from Japan. ◇ *Der Wein kommt aus Italien.* The wine comes from Italy. ◇ *ein Zitat aus dem Roman* a quotation from the novel ◇ *Fragen aus dem Publikum* questions from the audience ◇ *Experten aus Politik und Wirtschaft* experts from the fields of politics and economics ◇ *aus einer Tasse trinken* drink from a cup ◇ *aus der Ferne* from a distance ◇ *Von der Brücke aus konnten wir sie sehen.* We could see them from the bridge. ◇ *ein Sturz aus 15 Metern Höhe* a fall from a height of 15 metres ◇ *aus ihrer Sicht* from her point of view ◇ *Hat sie etwas daraus gelernt?* Has she learned from it? **3** (*zeitlich*) (dating) from ◇ *eine Karte aus dem Jahr 1855* a map dating from 1855 ◇ *eine Kirche aus dem 12. Jahrhundert* a 12th-century church
- **Zusammensetzung 4** of, made of; (*Gruppe etc.*) made up of ◇ *ein Salat aus Tomaten und Eiern* a salad of tomatoes and eggs ◇ *ein Hemd aus reiner Seide* a shirt made of pure silk/a pure silk shirt ◇ *eine Delegation aus Lehrern und Schülern* a delegation made up of teachers and pupils ◇ *Kann man daraus Suppe kochen?* Can you make soup with it?
- **Ursache 5 ~ etw heraus** out of sth ◇ *aus der Not heraus* out of necessity ◇ *aus seiner Erfahrung heraus* from his experience ◇ *aus diesen Überlegungen heraus* for these reasons ◇ *aus einer Laune heraus* on a whim ◇ *aus der Befürchtung heraus, dass ...* fearing that ...
- **Veränderung 6 etw ~ jdm machen** turn sb into sth ◇ *Sie hat aus dem Kind einen Neurotiker gemacht.* She turned the child into a neurotic. ◇ *Er sollte mehr aus sich machen.* He ought to make more of himself. **7 ~ jdm wird etw** sb becomes sth; (*größere Veränderung*) sb turns into sth ◇ *Aus dem Student ist ein Manager geworden.* The student has turned into a manager. ◇ *Was ist aus ihnen geworden?* What has become of them? ◇ *Aus ihr wird einmal eine gute Lehrerin.* She'll make a good teacher one day.
- **als Adverb 8** (*vorbei*) over, finished; **mit jdm/etw ist es ~** it's the end of sb/sth ◇ *Jetzt ist alles aus.* It's all over now. ◇ *Es ist aus zwischen den beiden.* It's over between the two of them. ◇ *Als seine Frau starb, war es mit ihm ganz aus.* When his wife died, it was the end of him. ◇ *Wann ist die Schule aus?* When does school finish? **9** (*Feuer*) out; (*Licht, Gerät etc.*) off ◇ *Der Fernseher ist bei ihnen nie aus.* Their television is never off. **10** (*nicht zu Hause*) out ◇ *Ich war schon lange nicht mehr aus.* I haven't been out for ages. **11** (*Ball*) out

IDM **auf etw aus sein** be after sth ◇ *Sie ist auf meine Stelle aus.* She's after my job.

Aus 1 (SPORT) out; (*Fußball*) out of play ◇ *Sie schlug den Ball ins Aus.* She hit the ball out. ◇ *Der Ball war im Aus.* The ball was out. ◇ *Er schoss den Ball ins Aus.* He kicked the ball out of play. **2** (*Ende*) end ◇ *Für ihn kam das Aus.* For him it was the end of the road. ◇ *Die Firma steht vor dem Aus.* The company is facing ruin.

ausarbeiten work *sth* out; (*Richtlinie, Plan etc.*) draw *sth* up

Ausarbeitung working out; (*Richtlinie, Plan etc.*) drawing up

ausarten 1 in/zu etw ~ degenerate into sth ◇ *Die Demonstration artete in einen Aufstand aus.* The demonstration degenerated into a riot. ◇ *Das artet ja in Arbeit aus!* This is getting too much like hard work! **2** (*außer Kontrolle geraten*) get out of control

ausatmen breathe out

ausbaden suffer for *sth*; (*Kritik*) take the rap for *sth* (*umgs*) ◇ *Die Kinder müssen den Frust der Eltern ausbaden.* The children have to suffer because the parents are frustrated.

Ausbau 1 (*das Ausbauen*) (*meist mit einem Verb übersetzt*) ◇ *Der Ausbau des Motors dauerte zwei Stunden.* It took two hours to take the engine out. **2** (*Vergrößerung*) expansion; (*Verbreiterung*) widening ◇ *der Ausbau des Flughafens* the expansion of the airport ◇ *der Ausbau des Tunnels auf vier Spuren* the widening of the tunnel to four lanes ◇ *Sein Ziel ist der Ausbau seines Einflusses.* His aim is to expand his influence. **3** (*Entwicklung*) development; (*Verbesserung*) improvement; (*Erhöhung*) increase ◇ *der Ausbau der Infrastruktur* the improvement of the infrastructure ◇ *der weitere Ausbau ihrer Zusammenarbeit* a move towards closer cooperation between them **4** (*Umbau*) conversion; (*Anbau*) extension ◇ *der Ausbau des Dachgeschosses* the conversion of the attic ◇ *Sie setzen sich für einen behindertengerechten Ausbau der Schule ein.* They are calling for the school to be converted to cater for the needs of the disabled.

ausbauen 1 (*wegnehmen*) take *sth* out, remove (*gehoben*) ◇ *Die Diebe bauten das Radio aus.* The thieves removed the radio. **2** (*vergrößern*) expand; (*verbreitern*) widen ◇ *Das Werk muss ausgebaut werden.* The factory will have to be expanded. ◇ *Das Kursangebot soll ausgebaut werden.* The range of courses is to be expanded. ◇ *die Straße auf vier Spuren ausbauen* widen the road to four lanes **3** (*entwickeln*) develop; (*erhöhen*) increase; (*verbessern*) improve ◇ *den Dienstleistungssektor ausbauen* develop the service sector ◇ *seinen Marktanteil ausbauen* increase your market share ◇ *Er konnte seinen Vorsprung auf zwei Minuten ausbauen.* He increased his lead to two minutes. **4** (*Haus etc.*) extend; (*Dachboden, Scheune etc.*) convert ◇ *Sie haben eine alte Scheune ausgebaut.* They have converted an old barn. ◇ *Sie wollen ausbauen.* They want to extend the house/convert the loft. **5 etw zu etw ~** (*umbauen*) convert sth into sth; (*verändern*) turn sth into sth ◇ *Das Haus wurde zu einer Pension ausgebaut.* The house was converted into a guest house. ◇ *Der See soll zu einem Freibad ausgebaut werden.* The lake is to be turned into an open-air pool.

ausbaufähig **1** (*Haus etc.*) suitable for extension [nicht vor Nomen]; (*Dachboden, Scheune*) suitable for conversion [nicht vor Nomen] **2** (*System, Konzept*) that can be developed [nicht vor Nomen] ◇ *Das Konzept ist ausbaufähig.* It is an idea that can be developed. **3** (*viel versprechend*) promising

ausbeißen **sich einen Zahn ~** break a tooth IDM → ZAHN

ausbessern repair; (*Kleidung*) mend

Ausbeute (*Ertrag*) yield; (*fig*) fruits [Pl]; (*Ergebnis*) result ◇ *die jährliche Ausbeute der Winzer* the winegrowers' annual yield ◇ *die Ausbeute wochenlanger Arbeit* the fruits of weeks of work ◇ *Zehn Treffer in drei Spielen sind eine gute Ausbeute.* Ten goals in three matches is a good result. ◇ *die wissenschaftliche Ausbeute dieser Forschung* the scientific value of this research

ausbeuten exploit

Ausbeutung exploitation

ausbezahlen **1** (*Geldbetrag etc.*) pay *sth* (out) ◇ *Die Summe wird nach einem Jahr ausbezahlt.* The amount will be paid out after one year. ◇ *Die Arbeiter lassen sich ihre Überstunden ausbezahlen.* The workers get paid for their overtime. **2** (*Erben, Teilhaber*) buy *sb* out

ausbilden **1 jdn (zu/als etw) ~** train sb (to be sth) ◇ *Sie werden als Programmierer ausgebildet.* They are being trained as programmers. ◇ *ausbildende Betriebe* firms which provide training **2 sich als/zu etw ~ lassen** train as sth; (*eine Qualifikation erlangen*) qualify as sth ◇ *Er ließ sich zum Mechaniker ausbilden.* He trained as a mechanic. **3 sich ~** (*entwickeln*) develop

Ausbilder(in) instructor

Ausbildung **1** training [U]; (*Bildung allgemein*) education [U] ◇ *berufliche Ausbildung* vocational training ◇ *Uns ist eine gute Ausbildung der Kinder sehr wichtig.* Good education for our children is very important to us. ◇ *Sie hat eine abgeschlossene Ausbildung als Friseurin.* She's a fully trained hairdresser. ◇ *Er macht eine Ausbildung zum Geigenbauer.* He is training as a violin maker. ◇ *Ich bin noch in der Ausbildung.* I'm not fully qualified yet. **2** (*Entwicklung*) development ◇ *die Ausbildung der Blüten* the development of the flowers **Ausbildungsberuf** = job requiring training **Ausbildungsgang** training course **Ausbildungsplatz**, **Ausbildungsstelle** training place

ausbleiben **1** fail to materialize ◇ *Die erhofften Spenden blieben aus.* The expected donations failed to materialize. ◇ *Enttäuschungen blieben nicht aus.* Disappointments were inevitable. ◇ *Sie haben alles versucht, aber der Erfolg blieb aus.* They tried everything, but success eluded them. ◇ *ausbleibende Lohnzahlungen* non-payment of wages **2** (*wegbleiben*) stay away ◇ *Die Touristen sind wegen des schlechten Wetters ausgeblieben.* The tourists stayed away because of the bad weather.

ausblenden **1** (*Ton, Bild*) fade *sth* out ◇ *Der Ton war ausgeblendet.* The sound had been faded out. **2** (*Thema etc.*) disregard ◇ *Wir können die Probleme nicht einfach ausblenden.* We can't just disregard the problems.

Ausblick **1** (*Blick*) view ◇ *ein herrlicher Ausblick auf die Berge* a wonderful view of the mountains ◇ *ein Zimmer mit Ausblick aufs Meer* a room with a sea view **2** (*Prognose*) outlook ◇ *Der Ausblick ist nicht gerade rosig.* The outlook is not exactly rosy. **3** (*Vorschau*) forecast ◇ *ein pessimistischer Ausblick für das laufende Geschäftsjahr* a pessimistic forecast for the current year ◇ *Zum Abschluss gab er einen Ausblick auf das kommende Jahr.* At the end, he looked forward to the coming year.

ausbooten get rid of *sb*; **jdn aus etw ~** kick sb out of sth (*umgs*)

ausborgen → AUSLEIHEN

ausbrechen **1** (*Krankheit, Krieg, Feuer, Gewalt etc.*) break out; (*Vulkan, Krise, Kämpfe, Wut*) erupt ◇ *Das Feuer ist im oberen Stockwerk ausgebrochen.* The fire broke out on the upper floor. ◇ *Jubel brach aus.* There was great jubilation. **2 in Tränen/Beifall ~** burst into tears/applause; **in Lachen ~** burst out laughing ◇ *Sie wäre fast in Tränen ausgebrochen.* She almost burst into tears. ◇ *Sie brachen in Jubel aus.* They went wild with jubilation. **3 (aus etw) ~** escape (from sth); (*aus einer Gruppe, einem Schema*) break away (from sth) ◇ *Zwei Gefangene sind ausgebrochen.* Two prisoners have escaped.

Ausbrecher(in) escaped prisoner

ausbreiten **1** spread *sth* out; (*auseinanderfalten auch*) unfold ◇ *Sie breitete ihr Werkzeug auf dem Boden aus.* She spread her tools out on the floor. **2** (*Arme*) stretch *sth* out; (*Flügel*) spread ◇ *Das Kind lief in die ausgebreiteten Arme des Vaters.* The child ran into his father's outstretched arms. **3** (*Theorie, Vorstellungen etc.*) expound; (*Sorgen, Thema*) discuss ◇ *Wir wollen dies nicht in der Öffentlichkeit ausbreiten.* This is not something that we want to discuss in public. **4 sich ~** spread; (*Raum einnehmen*) spread out ◇ *Die Nachricht breitete sich schnell aus.* The news spread quickly. ◇ *Du kannst dich dort ausbreiten.* You've got room to spread out there. **5 sich über etw ~** go on about sth (*umgs*) ◇ *Sie breitet sich stundenlang über ihre Krankheiten aus.* She goes on for hours about her illnesses.

Ausbreitung (*Krankheit, Feuer, Ideologie etc.*) spread; (*Macht, Siedlung etc.*) expansion

ausbrennen **1** (*zerstört werden*) be burned out; (*Gebäude auch*) be gutted (by fire) ◇ *Das Auto brannte aus.* The car was burned out. ◇ *ein ausgebranntes Auto* a burnt-out car **2** (*Feuer, Kerze*) burn out; (*Vulkan*) become extinct

Ausbruch **1** (*Flucht*) escape; (*von mehreren Häftlingen*) breakout ◇ *Ihm gelang der Ausbruch aus dem Gefängnis.* He managed to escape from prison. **2** (*Beginn*) outbreak; (*Krankheit in einem Menschen*) onset [U] ◇ *der Ausbruch von Cholera im Jahre 1849* the cholera outbreak of 1849 ◇ *seit Ausbruch des Bürgerkrieges* since the outbreak of the civil war ◇ *der Ausbruch der Krawalle* the outbreak of rioting ◇ *Seit Ausbruch der Krankheit hatte sich ihr Leben verändert.* Her life had changed since the onset of the disease. ◇ *Die Krankheit kommt ganz plötzlich zum Ausbruch.* The symptoms of the disease appear quite suddenly. **3** (*Vulkan*) eruption ◇ *Beim Ausbruch des Vulkans kamen sie ums Leben.* They were killed when the volcano erupted. **4** (*Emotionen*) outburst; (*stärker*) explosion ◇ *ein Ausbruch von Jähzorn* an explosion of anger

ausbrüten **1** hatch; (*im Brutapparat*) incubate **2** (*ausdenken*) hatch *sth* up **3** (*Krankheit*) be going down with *sth*, (*BrE auch*) be sickening for *sth* ◇ *Ich glaube, ich brüte eine Grippe aus.* I think I'm going down with flu.

ausbügeln **1** (*Fehler*) put *sth* right **2** (*Falten*) iron *sth* out

ausbuhen **jdn ~** boo sb (off the stage)

ausbürgern strip *sb* of their citizenship

Ausdauer staying power; (*körperlich*) stamina; (*im Ertragen*) endurance; (*Hartnäckigkeit*) perseverance ◇ *Die Sportler brauchen viel Ausdauer.* Athletes need a lot of stamina. ◇ *Mit Ausdauer waren sie bei der Sache.* They persevered with it.

ausdauernd persistent (*Adv* persistently) ◇ *Nach ausdauerndem Suchen fand er die Schlüssel.* After a persistent search he found the keys. ◇ *ein sehr ausdauernder Zuhörer* a very patient listener ◇ *Der*

Elternbeirat hat sich ausdauernd für neue Computer eingesetzt. The Parent Teacher Association campaigned tirelessly for new computers.

ausdehnen **1** → *Siehe auch* AUSGEDEHNT **sich ~** expand; (*Kleider, Gummi*) stretch ◇ *Wenn man Metall erwärmt, dehnt es sich aus.* When metal is heated it expands. **2 sich ~** (*sich erstrecken*) extend; (*weitergehen auch*) go on ◇ *Die Diskussion dehnte sich über Stunden hinweg aus.* The talks extended over several hours. ◇ *Das Sommerfest dehnte sich bis in den späten Abend aus.* The fete went on into the night. **3 etw (auf etw/jdn) ~** extend sth (to sth/sb) ◇ *Die Fußgängerzone soll noch weiter ausgedehnt werden.* The pedestrian area is to be extended. ◇ *Dieses Angebot sollte auf alle Schulen ausgedehnt werden.* This option should be extended to all schools.

Ausdehnung **1** (NATURW, WIRTSCH) expansion ◇ *Erwärmung bewirkt bei Gasen und Metallen eine Ausdehnung.* Heating causes expansion in gases and metals. **2** (*Erweiterung*) extension, spread ◇ *die Ausdehnung des Gesetzes auf andere Bundesländer* the extension of the law to other federal states ◇ *Die Ausdehnung des Waldbrandes auf die gesamte Region ist nicht auszuschließen.* The forest fire may well spread over the whole area. **3** (*Ausmaß*) (*meist mit einem Verb übersetzt*) ◇ *Die Ausdehnung des Naturschutzgebietes beträgt mehrere hundert Quadratkilometer.* The National Park extends over several hundred square kilometres.

ausdenken **sich etw ~** think of sth; (*erfinden*) make sth up ◇ *sich eine Lösung ausdenken* think of a solution ◇ *Die Geschichte hat er sich nur ausgedacht.* He just made up the story. IDM **etw ist nicht auszudenken** sth does not bear thinking about ◇ *Nicht auszudenken, was passiert wäre, wenn …* It doesn't bear thinking about what would have happened if … ◇ *Die Folgen sind gar nicht auszudenken!* The consequences don't bear thinking about!

ausdiskutieren thrash *sth* out; (*Thema*) exhaust ◇ *Wir sind gerade dabei, mögliche Alternativen auszudiskutieren.* We're thrashing out possible solutions. ◇ *Das Thema ist noch lange nicht ausdiskutiert.* The topic is by no means exhausted. ◇ *Das müssen wir noch ausdiskutieren!* We still need to talk about it!

ausdrehen turn *sth* off

Ausdruck **1** word; (*Phrase*) expression; (*Fachausdruck*) term ◇ *Sie suchte nach dem passenden Ausdruck.* She was trying to think of the right word. ◇ *Gut? Gut ist gar kein Ausdruck!* Good is not the word! ◇ *ein veralteter Ausdruck* an old-fashioned expression ◇ *ein Ausdruck aus der Literaturwissenschaft* a term used in literary criticism ◇ *Solche Ausdrücke will ich von dir nicht hören!* Don't use that sort of language to me! **2** (*sprachlicher Stil*) style ◇ *Aufsätze nach Inhalt und Ausdruck benoten* mark essays for style and content **3** (COMP) printout **4** (*Gesichts-*) expression ◇ *Ihr Gesicht hatte einen besorgten Ausdruck.* There was a worried expression on her face. **5** (*Zeichen*) sign ◇ *Krankheiten sind oft Ausdruck seelischer Probleme.* Diseases are often the sign of psychological problems. **6 etw zum ~ bringen** express sth ◇ *Sie brachten ihre Unzufriedenheit zum Ausdruck.* They expressed their dissatisfaction. **7 zum ~ kommen** be clear ◇ *Das kommt in dieser Statistik nicht zum Ausdruck.* That is not clear from the figures. ◇ *Der Pessimismus der Autorin kommt hier ganz deutlich zum Ausdruck.* The author's pessimism comes out quite clearly here. **8** (*Aussagekraft*) feeling

ausdrucken print *sth* out

ausdrücken **1** express, put ◇ *sein Beileid ausdrücken* express your sympathy ◇ *in Zahlen ausgedrückt* expressed in terms of numbers ◇ *So kann man es auch ausdrücken!* That's one way of putting it! ◇ *Das ist, salopp ausgedrückt, eine Schweinerei.* To put it bluntly, the whole thing is a mess! ◇ *Anders ausgedrückt, …* In other words, … **2 sich ~** express yourself ◇ *Er drückt sich sehr gewählt aus.* He has a very refined way of expressing himself. **3** (*Früchte*) squeeze **4** (*Zigarette*) stub *sth* out **5** ◇ *Sein Gesicht drückte Angst aus.* Fear was written on his face. ◇ *In ihrem Verhalten drückt sich Hilflosigkeit aus.* Her attitude suggests a feeling of helplessness.

ausdrücklich specific (*Adv* specifically) ◇ *Ich habe ausdrücklich einen Fensterplatz verlangt!* I specifically asked for a window seat! ◇ *Er hatte uns ausdrücklich davon abgeraten.* He had strongly advised us against it. ◇ *ihr ausdrücklicher Wunsch* her express wish

Ausdrucks- **Ausdrucksform** manifestation **Ausdruckskraft** expressiveness **ausdruckslos** expressionless; (*Blick, Starren*) blank (*Adv* blankly) ◇ *Ausdruckslos starrte sie auf die Wand.* She stared blankly at the wall. ◇ *Sein Gesicht war völlig ausdruckslos.* His face was completely expressionless. ◇ *etw ausdruckslos vorlesen* read sth without any expression **Ausdrucksmittel** means of expression **ausdrucksvoll** expressive (*Adv* expressively) **Ausdrucksweise** way of expressing yourself ◇ *eine gewählte Ausdrucksweise* a refined way of expressing yourself ◇ *eine komische Ausdrucksweise* a funny way to talk

auseinander **1** apart ◇ *Die Sträucher müssen etwa einen Meter auseinander gepflanzt werden.* The shrubs need to be planted about one metre apart. **2 ~ sein** be apart ◇ *Die beiden sind schon lange auseinander.* They've been apart for a long time. **3 ~ sein** (*zeitlicher Unterschied*) ◇ *Mein Bruder und ich sind drei Jahre auseinander.* There's three years between my brother and me.

auseinanderbrechen **1 (etw) ~** break (sth) in two ◇ *Die Stange war an der Lötstelle auseinandergebrochen.* The rod broke in two where it had been soldered. ◇ *Sie brach das Brötchen auseinander.* She broke the roll in two. **2** (*Familie, Beziehung*) break up **auseinanderbringen** separate; (*Freundschaft, Beziehung*) break *sth* up ◇ *Ich brachte die prügelnden Kinder einfach nicht auseinander!* The children were fighting and I couldn't separate them! ◇ *Uns kann niemand auseinanderbringen!* Nobody can separate us! **auseinanderfallen** fall apart ◇ *Dieses Buch fällt auseinander.* This book is falling apart. (*fig*) ◇ *Lieferung und Bezahlung fallen zeitlich auseinander.* There is a gap between delivery and payment. **auseinanderfalten etw ~** open sth out **auseinandergehen** **1** part; (*Menge*) disperse; (*Freundschaft, Ehe*) come to an end ◇ *Wir sind im Guten auseinandergegangen.* We parted on good terms. ◇ *Unsere Freundschaft ging auseinander.* Our friendship came to an end. **2** (*Meinungen, Schätzungen*) differ **auseinanderhalten jdn/etw ~** tell sb/sth apart ◇ *Ich kann die Zwillinge nicht auseinanderhalten.* I can't tell the twins apart. **auseinanderklaffen** gape; (*fig*) be poles apart **auseinanderlaufen** **1** ◇ *An dieser Stelle laufen die Gleise auseinander.* At this point the tracks separate and go in different directions. **2** (*fig*) diverge ◇ *Ihre Interessen laufen auseinander.* Their interests diverge. **auseinanderleben sich ~** grow apart ◇ *Wir haben uns auseinandergelebt.* We have grown apart. **auseinanderliegen** ◇ *Die Städte liegen sehr weit auseinander.* The towns are very far away from each other. ◇ *Sie liegen 40 km auseinander.* They are 40 kilometres apart. ◇ *Platz drei und vier lagen nur eine Sekunde auseinander.* There was only one second between third and fourth. **auseinandernehmen** take sth apart, dismantle sth (*gehoben*) ◇ *ein Auto auseinandernehmen* take a car apart ◇ *Ich habe den Schrank auseinandergenommen.* I dismantled the cupboard. **auseinanderreißen 1** break ◇ *Das Seil ist auseinandergerissen.* The rope broke. **2 etw ~** tear sth up **3 jdn/etw ~** separate sb/sth ◇ *Der Krieg riss die Familie auseinander.* The family was separated in the war.

auseinandersetzen 1 jdn ~ separate sb ◇ *Die Lehrerin setzte die beiden Jungen auseinander.* The teacher separated the two boys. **2 jdm etw ~** explain sth to sb in detail **3 sich mit etw ~** concern yourself with sth ◇ *Warum muss ich mich damit auseinandersetzen?* Why do I have to concern myself with it? ◇ *sich mit einem Thema kritisch auseinandersetzen* tackle a subject head-on **4 sich mit jdm (über etw) ~** debate with sb (about sth)

Auseinandersetzung 1 ~ mit etw (*meist mit einem Verb übersetzt*) ◇ *die Auseinandersetzung mit der Vergangenheit* dealing with the past ◇ *seine Auseinandersetzung mit dem Thema „Fremdsein"* the way he deals with the theme of alienation ◇ *eine kritische Auseinandersetzung mit dem Gedicht* a critical analysis of the poem **2** (*Diskussion*) debate; (*Streit*) dispute; (*Kampf*) confrontation ◇ *Im Stadtrat gab es darüber eine heftige Auseinandersetzung.* In the city council there was a heated debate about it. ◇ *Auseinandersetzungen zwischen Nachbarn* disputes between neighbours ◇ *eine blutige Auseinandersetzung* a bloody confrontation ◇ *kriegerische Auseinandersetzungen* armed conflict ◇ *Es kam zu Auseinandersetzungen mit der Polizei.* There were clashes with the police. ◇ *handgreifliche Auseinandersetzungen* scuffles

auseinanderziehen etw ~ (*dehnen*) stretch sth; (*trennen*) pull sth apart ◇ *Zieh die beiden Seiten vorsichtig auseinander.* Pull the pages carefully apart.

auserkoren (zu etw) ~ chosen (for sth/to do sth)

auserwählt select ◇ *Auserwählte Autoren wurden eingeladen.* A select group of authors were invited.

Auserwählte(r) 1 ◇ *die wenigen Auserwählten* the chosen few **2** (*Verlobte(r)*) intended

ausfahren 1 leave sth; (*aufs Meer*) put to sea ◇ *Die Boote fuhren schon sehr früh aus.* The boats put to sea very early in the morning. **2** (*liefern*) deliver **3 jdn im Kinderwagen/Rollstuhl ~** take sb out in the pram/wheelchair **4** (*Antenne, Kran, Teleskop*) extend; (*Landeklappen, Fahrwerk*) lower **5** (*Weg, Piste*) wear *sth* down; (*zerfurchen*) rut **6** (*Fahrzeug*) drive *sth* flat out

Ausfahrt exit ◇ *Bei der nächsten Ausfahrt müssen wir raus.* We have to leave the motorway at the next exit. ◇ *Ausfahrt freihalten!* Please keep clear!

Ausfall 1 cancellation ◇ *der Ausfall des Konzertes* the cancellation of the concert **2** (*Motor, Maschine*) failure ◇ *aufgrund des Ausfalls der Triebwerke* due to engine failure ◇ *bei Ausfall der Heizanlage* if the heating breaks down **3** (*eines Menschen*) absence ◇ *der Ausfall der Eisläuferin bei den Winterspielen* the skater's absence from the Winter Games

ausfallen 1 (*nicht stattfinden*) not take place; (*bereits Geplantes*) be cancelled ◇ *Die Fahrt ins Skilager fällt dieses Jahr aus.* The ski trip will not take place this year. ◇ *Das Konzert musste ausfallen.* The concert had to be cancelled. ◇ *Die erste Schulstunde fällt morgen aus.* There will be no first lesson tomorrow. **2** (*nicht funktionieren*) fail; (*Anlage*) break down ◇ *Das rechte Triebwerk fiel aus.* The right engine failed. ◇ *Wann ist die Klimaanlage ausgefallen?* When did the air conditioning break down? **3** (*Haare, Zähne*) fall out ◇ *Mir fallen die Haare aus.* My hair is falling out. **4** (*Ergebnis*) turn out to be *sth* ◇ *Die Kosten sind unerwartet hoch ausgefallen.* The cost turned out to be higher than expected. ◇ *Der Test ist schlecht ausgefallen.* The test results were poor. **5** (*fehlen*) be absent ◇ *Zwei Lehrer sind ausgefallen.* Two teachers are absent. ◇ *Der dritte Redner ist kurzfristig ausgefallen.* The third speaker cancelled at short notice.

ausfallend, ausfällig abusive

ausfertigen (*Pass etc.*) issue; (*in schriftlicher Form erstellen*) draw *sth* up

Ausfertigung 1 (RECHT) issuing; (*Niederschrift*) drawing up; (*Gesetz*) passing **2** (*Kopie*) copy ◇ *eine Urkunde in einfacher Ausfertigung* a single copy of a certificate ◇ *Schicken Sie uns Ihren Lebenslauf in doppelter/dreifacher Ausfertigung.* Submit your CV in duplicate/triplicate. ◇ *ein Formular in vierfacher Ausfertigung* four copies of a form

ausfindig jdn/etw ~ machen find sb/sth; (*aufspüren*) trace sb/sth

ausfliegen 1 fly out; (*Vögel*) leave the nest **2** (*aus einer Gefahrenzone*) leave **3 jdn/etw ~** fly sb/sth out

ausfließen 1 (aus etw) ~ (*herausfließen*) run out (of sth); (*aus einem Leck*) leak out (of sth); (*Öl*) spill (from sth) **2** (*Tank, Fass*) leak

ausflippen freak out; (*vor Wut*) go mad; (*vor Freude*) go wild ◇ *Wenn meine Eltern das mitkriegen, flippen sie aus.* If my parents get to hear of it, they'll go mad. ◇ *Nun flipp mal nicht gleich aus.* Keep your hair on. → *Siehe auch* AUSGEFLIPPT

Ausflucht (*Ausrede*) excuse ◇ *Ausflüchte machen* make excuses ◇ *jdn unter Ausflüchten wegschicken* fob sb off with excuses

Ausflug 1 trip; (*Wanderung*) walk; (*Fahrrad-*) cycle ride ◇ *einen Ausflug machen* go on a trip **2** (*fig*) excursion ◇ *ein Ausflug in die Filmgeschichte* an excursion into the history of film **IDM ein Ausflug in die Vergangenheit** a trip down memory lane

Ausflügler(in) visitor

Ausflugs- Ausflugsdampfer pleasure boat **Ausflugslokal** = cafe or restaurant used by day trippers **Ausflugsziel** destination ◇ *ein beliebtes Ausflugsziel* a popular destination for excursions

ausformulieren 1 formulate **2** (*Referat etc.*) prepare *sth* carefully

ausfragen jdn (über jdn/etw) ~ question sb (about sb/sth)

Ausfuhr export

ausführen 1 take *sb/sth* out ◇ *Er hat mich zum Essen ausgeführt.* He took me out for a meal. ◇ *den Hund ausführen* take the dog out (for a walk) **2** (*sich mit etw sehen lassen*) show *sth* off **3** (*exportieren*) export **4** (*durchführen*) carry *sth* out **5** (*ausarbeiten*) execute; (*vollenden*) complete ◇ *die im klassischen Stil ausgeführten Gemälde* the paintings executed in the classical style ◇ *ein Bild in Öl ausführen* paint a picture in oils **6** (SPORT) (*Freistoß etc.*) take; (*Bewegungen*) make **7** (*erläutern*) explain ◇ *wie ich bereits eingangs ausgeführt habe* as I explained at the beginning

ausführende(r,s) executive [nur vor Nomen] ◇ *das ausführende Organ* the executive body ◇ *die ausführende Gewalt* the executive ◇ *die ausführende Firma* the firm carrying out the work

Ausfuhr- Ausfuhrgenehmigung export licence, (*AmE*) export license **Ausfuhrverbot** export ban

ausführlich 1 *Adj* (*Informationen, Bericht etc.*) detailed; (*Gespräche, Beratung etc.*) in-depth; (*Brief*) long **2** *Adv* in detail; (*gründlich*) thoroughly ◇ *etw ausführlich darstellen* describe sth in detail ◇ *Die Klassenfahrt wurde ausführlich vorbereitet.* The school trip had been thoroughly prepared.

Ausführung 1 (*Durchführung*) (*meist mit einem Verb übersetzt*) ◇ *Unsere Pläne kamen nie zur Ausführung.* Our plans were never carried out. ◇ *Sie wurden mit der Ausführung des Baus beauftragt.* They were given the construction job. **2** (*Ausgestaltung*) execution; (*Vollendung*) completion **3** (*Ausstattung*) design; (*Modell*) model ◇ *Das Bett ist in verschiedenen Ausführungen lieferbar.* This bed is available in different designs. ◇ *die einfache Ausführung* the basic model **4 Ausführungen** remarks [Pl]; (*Rede*) talk ◇ *Seinen Ausführungen ließ sich entnehmen, dass …* It was clear from his remarks that …

ausfüllen 1 etw (mit etw) ~ (*Senke, Lücke*) fill sth (with sth) (*auch fig*) **2** (*ganz einnehmen*) fill ◇ *Das Poster füllt die ganze Wand aus.* The poster fills the whole wall. **3** (*Formular etc.*) fill *sth* in, (*AmE*) fill *sth* out **4** (*Zeitraum*) spend; (*in Anspruch nehmen*) take *sth* up ◇ *Die Ferien waren mit Tennisspielen ausgefüllt.* The holidays were spent playing tennis. ◇ *Ihr Tag war mit Arbeit ausgefüllt.* Her day was taken up with work. **5** (*Amt, Posten*) hold **6 etw füllt jdn aus** sb finds fulfilment in sth

Ausgabe 1 (*das Ausgeben*) issuing; (*Austeilung*) distribution; (*von Essen*) serving (*oft mit einem Verb übersetzt*) ◇ *Wer ist für die Ausgabe von Pässen zuständig?* Who is responsible for issuing passports? **2** (*Auslage*) expense [meist Pl], expenditure [U]; (*öffentlich*) spending [U] ◇ *Wir haben in den letzten Monaten keine größeren Ausgaben gehabt.* We haven't had any big expenses in the last few months. ◇ *Einnahmen und Ausgaben* income and expenditure ◇ *die Ausgaben für das Gesundheitswesen* health spending **3** (*Schalter*) counter; (*in Bibliotheken*) issue desk; (*Waren-*) collection point **4** (*Buch, Fernsehsendung*) edition; (*Nachrichten*) bulletin **5** (*Zeitungs-*) issue

Ausgang 1 way out, exit (*offiz*) **2** (*Rand*) edge ◇ *am Ausgang der Stadt* on the edge of the town **3** (*Ende*) end; (*einer Geschichte*) ending ◇ *am Ausgang des 20. Jahrhunderts* at the end of the 20th century ◇ *eine Geschichte mit glücklichem Ausgang* a story with a happy ending ◇ *den Ausgang der Ereignisse abwarten* wait to see how things turn out **4** (*Ergebnis, Folge*) result, outcome ◇ *der Ausgang der Abstimmung* the result of the vote ◇ *der Ausgang der Verhandlungen* the outcome of the negotiations ◇ *ein Unfall mit tödlichem Ausgang* a fatal accident ◇ *eine Feier mit tragischem Ausgang* a celebration that ended in tragedy **5** (MED) opening **6** (*Freizeit*) time off; (*für Soldaten*) leave ◇ *wenn ich Ausgang habe* in my time off ◇ *Der Patient hatte stundenweise Ausgang.* The patient was allowed out for a couple of hours at a time.

Ausgangslage, **Ausgangsposition** initial position; (*Grundlage*) basis ◇ *Wir sind in einer guten Ausgangslage.* We're starting out from a strong initial position. **Ausgangspunkt** starting point **Ausgangssperre** curfew; (*Soldaten*) confinement to barracks ◇ *Er hat Ausgangssperre.* He is confined to barracks.

ausgeben 1 etw (für etw) ~ (*Geld*) spend sth (on sth) ◇ *Wie viel gibst du monatlich aus?* How much do you spend a month? ◇ *Er gibt ziemlich viel Geld für Klamotten aus.* He spends quite a lot of money on clothes. **2 etw (für jdn) ~** buy (sb) sth, buy sth (for sb) ◇ *Er hat eine Runde Bier für seine Freunde ausgegeben.* He bought a round of beer for his friends. ◇ *Heute geb ich einen aus!* The drinks are on me today! **3** (*verteilen*) give *sth* out, distribute (*gehoben*) **4** (*Spielkarten*) deal **5** (*Banknoten, Fahrkarten, Verordnung etc.*) issue **6 sich als/für jdn/etw ~** pretend to be sb/sth ◇ *Er gab sich als Polizist aus.* He pretended to be a policeman. ◇ *Sie hat sich für jünger ausgegeben, als sie ist.* She pretended to be younger than she is. **7 jdn/etw als jd/etw ~; jdn/etw für jdn/etw ~** pretend (that) sb/sth is sb/sth ◇ *Sie hat ihn als ihren Mann ausgegeben.* She pretended he was her husband. ◇ *Er hat das Lied als seine eigene Komposition ausgegeben.* He pretended the song was his own composition. **IDM** → HAND

ausgebildet 1 → AUSBILDEN **2** trained; (*akademisch auch*) qualified ◇ *gut ausgebildetes Personal* well-trained staff ◇ *hervorragend ausgebildete Ärzte* highly qualified doctors

ausgebombt bombed out

ausgebrannt 1 → AUSBRENNEN **2** burnt out ◇ *eine ausgebrannte Scheune* a burnt-out barn **3** (*erschöpft*) burned out

ausgebucht (*Hotel etc.*) fully booked

ausgedehnt 1 → AUSDEHNEN **2** (*lang*) long ◇ *ein ausgedehnter Spaziergang* a long walk **3** (*umfangreich, weiträumig*) extensive ◇ *ausgedehnte Grünflächen/Nachforschungen* extensive green areas/investigations

ausgedient 1 etw hat ~ sth is finished; (*kaputt*) sth has had it ◇ *Papier und Bleistift haben noch lange nicht ausgedient.* Pencil and paper are not finished yet. ◇ *Das Sofa hat ausgedient.* This sofa has had it. **2** (*pensioniert*) retired ◇ *ein ausgedienter General* a retired general

ausgefallen 1 → AUSFALLEN **2** unusual

ausgeflippt 1 → AUSFLIPPEN **2** wacky (*umgs*)

ausgeglichen 1 → AUSGLEICHEN **2** (*Mensch, Temperament, Mannschaft*) well-balanced **3** (FINANZ) balanced ◇ *ein ausgeglichener Haushalt* a balanced budget **4** (*Spiel, Kampf*) evenly matched

Ausgeglichenheit 1 (*Gelassenheit*) calm **2** (*Ausgewogenheit*) balance **3** (*Gleichmäßigkeit*) consistency

ausgehen 1 go out ◇ *Wir gehen jeden Samstag aus.* We go out every Saturday. **2 von jdm/etw ~** (*herrühren*) come from sb/sth ◇ *Alle Staatsgewalt geht vom Volke aus.* All authority comes from the people. ◇ *Die Einladung ging von der Schule aus.* The invitation came from the school. **3 von jdm/etw ~** (*ausstrahlen*) radiate from sth; **etw geht von jdm/etw aus** sb/sth radiates sth ◇ *Von dem Stein ging ein seltsamer Glanz aus.* A strange glow radiated from the stone. ◇ *Eine warme Menschlichkeit geht von ihr aus.* She radiates warmth. **4 von etw ~** (*voraussetzen*) assume sth ◇ *Gehen wir davon aus, dass …* Let's assume that … ◇ *Wir gehen davon aus, das Projekt bald abschließen zu können.* We assume that we will be able to complete the project soon. **5 auf etw ~** aim for sth; **darauf ~, etw zu tun** aim to do sth ◇ *Ihr Plan geht darauf aus, die Kosten zu verringern.* The plan aims to reduce the costs. ◇ *auf Abenteuer ausgehen* go out looking for adventure **6** (*schwinden*) run out ◇ *Uns ist das Geld ausgegangen.* Our money has run out./We've run out of money. ◇ *Mir geht allmählich die Geduld aus.* I'm running out of patience. **7** (*Haare*) fall out **8** (*Licht, Feuer, Kerze*) go out; (*elektrisches Gerät*) go off **9** (*enden*) end ◇ *Wie ist das Spiel ausgegangen?* How did the match end? **10** (*davonkommen*) escape ◇ *Die Verantwortlichen gingen straffrei aus.* Those responsible escaped without punishment. **11 sich ~** ◇ *Fast hätten wir den Zug verpasst, es ging sich gerade noch aus.* We nearly missed the train, but we just managed to get it. ◇ *Drei fünfzig? Das geht sich gerade noch aus.* Three fifty? I can just manage that. **IDM bei jdm ein- und ausgehen 1** (*häufig besuchen*) be always in and out of sb's house **2** (*eng vertraut sein*) be friendly with sb **jdm geht die Luft/die Puste/der Atem aus 1** (*nicht atmen können*) sb runs out of breath **2** (*jdm geht die Kraft aus*) sb runs out of steam **3** (*finanziell*) sb runs out of funds → *Siehe auch* LEER

ausgehend (*zu Ende gehend*) ◇ *im ausgehenden Mittelalter* towards the end of the Middle Ages ◇ *die Errungenschaften des ausgehenden 20. Jahrhunderts* the achievements of the closing years of the 20th century

ausgehungert 1 → AUSHUNGERN **2** (*entkräftet, hungrig*) starving

ausgeklügelt sophisticated
ausgekocht **1** → AUSKOCHEN **2** (*raffiniert*) cunning
ausgelassen **1** → AUSLASSEN **2** (*lebhaft*) lively; (*fröhlich*) exuberant (*Adv* exuberantly); (*wild*) boisterous (*Adv* boisterously)
Ausgelassenheit exuberance; (*Wildheit*) boisterousness
ausgemergelt gaunt; (*ausgehungert*) emaciated
ausgenommen **1** → AUSNEHMEN **2** apart from; (*es sei denn*) unless ◇ *Alle haben ein gutes Zeugnis bekommen, ich ausgenommen/ausgenommen ich.* They all got a good report apart from me.
ausgeprägt **1** *Adj* (*echt, groß*) real, strong ◇ *eine ausgeprägte Begabung* a real talent ◇ *ein ausgeprägtes Bedürfnis* a real need ◇ *ein ausgeprägter Sinn für Gerechtigkeit* a strong sense of justice **2** *Adj* (*markant, sichtbar*) pronounced, marked ◇ *ein ausgeprägter Anstieg der Ausgaben* a marked rise in expenses **3** *Adv* distinctly ◇ *ausgeprägt pessimistisch* distinctly pessimistic
ausgerechnet **1** → AUSRECHNEN **2** ◇ *ausgerechnet heute* today of all days ◇ *Warum ausgerechnet ich?* Why me of all people? ◇ *Ausgerechnet jetzt will er mich sprechen.* He would have to speak to me now.
ausgeschlossen **1** → AUSSCHLIESSEN **2** (*unmöglich*) impossible; (*nicht infrage kommend*) out of the question ◇ *Bei dem Lärm ist jede Erholung ausgeschlossen.* It's impossible to relax with this noise going on. ◇ *Ausgeschlossen!* That's out of the question! ◇ *Jeder Irrtum ist ausgeschlossen.* There can be no possibility of a mistake.
ausgeschnitten **1** → AUSSCHNEIDEN **2** ◇ *ein tief ausgeschnittenes T-Shirt* a T-shirt with a low neck
ausgesorgt **~ haben** be set up ◇ *Mit diesem Job hat er fürs Leben ausgesorgt.* He's set up for life with that job.
ausgespielt ◇ *Die hat bei mir ausgespielt.* I've had it with her.
ausgesprochen **1** → AUSSPRECHEN **2** *Adj* marked, real ◇ *eine ausgesprochene Vorliebe/Abneigung* a marked preference/aversion ◇ *Er hat eine ausgesprochene Begabung für Sprachen.* He has a real talent for languages. ◇ *Sie hat ausgesprochenes Glück gehabt.* She was really lucky. **3** *Adv* extremely, really ◇ *Er hat sich ausgesprochen schlecht benommen.* He behaved extremely badly. ◇ *Ich mag sie ausgesprochen gern.* I really like her.
ausgestalten **1** (*organisieren*) organize; (*entwerfen*) design; (*schmücken*) decorate **2** (*formulieren*) formulate **3 etw zu etw ~** (*ausbauen*) convert sth into sth
Ausgestaltung **1** (*das Organisieren*) organization; (*das Entwerfen*) design; (*das Schmücken*) decoration **2** (*Form*) form
ausgestellt **1** → AUSSTELLEN **2** (*Rock etc.*) flared
ausgestorben **1** → AUSSTERBEN **2** (*Tierart etc.*) extinct **3** (*leer*) deserted ◇ *Der Ort war wie ausgestorben.* The place was deserted.
ausgesucht **1** → AUSSUCHEN **2** *Adj* (*erlesen*) exquisite; (*Wein, Früchte*) choice [nur vor Nomen] **3** *Adj* (*ausgewählt*) selected **4** *Adj* (*groß*) extreme ◇ *mit ausgesuchter Höflichkeit* with extreme courtesy **5** *Adv* (*sehr*) extremely ◇ *ein ausgesucht schönes Kleid* an extremely beautiful dress
ausgetreten **1** → AUSTRETEN **2** (*abgenutzt*) worn ◇ *ein ausgetretener Pfad* a worn path ◇ *Die Stufen waren in der Mitte ganz ausgetreten.* The steps were worn away in the middle.
ausgewachsen **1** (*erwachsen*) fully grown ◇ *ausgewachsene Exemplare* fully grown specimens ◇ *ausgewachsene Männer* grown men **2** (*richtig*) proper [nur vor Nomen]; (*Krise, Flaute*) full-blown **3** (*groß*) huge ◇ *ein ausgewachsener Skandal* a huge scandal
ausgewählt **1** → AUSWÄHLEN **2** selected ◇ *ausgewählte Werke* selected works
ausgewogen **1** balanced ◇ *sich ausgewogen ernähren* eat a balanced diet ◇ *ein ausgewogenes Verhältnis zwischen Arbeit und Freizeit* a good work-life balance ◇ *ein ausgewogenes Verhältnis von Frauen und Männern* equal numbers of men and women ◇ *sozial ausgewogen* equitable **2** (*harmonisch*) harmonious
Ausgewogenheit **1** balance ◇ *die Ausgewogenheit des Programms* the well-balanced programme ◇ *die soziale Ausgewogenheit des Haushalts* the social justice of the budget **2** (*Harmonie*) proportion
ausgezeichnet **1** → AUSZEICHNEN **2** *Adj* (*hervorragend*) excellent ◇ *Er ist in ausgezeichneter Verfassung.* He is in excellent form. **3** *Adv* extremely well ◇ *Sie ist ausgezeichnet informiert.* She is extremely well informed.
ausgiebig **1** *Adj* (*Gespräch, Schlaf, Spaziergang etc.*) long; (*Essen*) substantial, big (*umgs*); (*Programm*) full ◇ *ein ausgiebiges Frühstück* a big breakfast ◇ *ausgiebige Regenfälle* heavy rain **2** *Adv* a lot ◇ *ausgiebig trinken* drink a lot ◇ *etw ausgiebig genießen* enjoy sth to the full ◇ *Seinen Geburtstag hat er ausgiebig gefeiert.* He celebrated his birthday in style.
ausgießen **1** (*Flüssigkeit*) pour *sth* out; (*weggießen*) pour *sth* away ◇ *Er goss das Wasser aus.* He poured the water away. **2** (*Gefäß*) empty *sth* (out) ◇ *den Eimer ausgießen* empty the bucket **3 etw (mit etw) ~** (*füllen*) fill sth (in) (with sth) ◇ *Die Grube wurde mit Beton ausgegossen.* The hole was filled (in) with concrete.
Ausgleich **1** (*Gleichgewicht*) balance ◇ *einen Ausgleich erreichen* achieve a balance ◇ *Die Vorsitzende war um Ausgleich bemüht.* The chair tried to reach a compromise. **2** (*Entschädigung*) compensation; **zum/als ~ (für etw)** to compensate (for sth) ◇ *ein finanzieller Ausgleich* financial compensation ◇ *Als Ausgleich für den Bewegungsmangel geht er schwimmen.* To compensate for the lack of exercise he goes swimming. ◇ *Der Sport gibt einen Ausgleich zum Beruf.* Sport makes a change from work. ◇ *Du brauchst ein bisschen Ausgleich.* You need (a bit of) a change. **3** (*Konto, Haushalt*) balancing ◇ *zum Ausgleich des Haushalts* to balance the budget **4** (*Treffer*) equalizer
ausgleichen **1** (*Unterschiede*) even *sth* out; (*Gegensätze*) reconcile; (*Differenzen*) settle **2** (*wettmachen*) compensate for *sth*; (*Verlust, Defizit, Nachteil*) make up for *sth* ◇ *Die Zinsen gleichen nicht einmal die Teuerungsrate aus.* The interest doesn't even make up for inflation. ◇ *Die Überstunden werden durch freie Tage ausgeglichen.* Days off are given in lieu of overtime. **3** (*Konto, Haushalt*) balance **4** (SPORT) equalize **5 sich ~** balance (each other) out ◇ *Ausgaben und Einnahmen gleichen sich aus.* Income and expenditure balance each other out. **IDM** → GERECHTIGKEIT
Ausgleichs- **Ausgleichssport** sport to keep fit ◇ *Radfahren eignet sich gut als Ausgleichssport.* Cycling is a good way to keep fit. **Ausgleichstreffer** equalizer
ausgraben **1** (*Loch etc.*) dig; (*Pflanze, Wurzel*) dig *sth* out; (*Leiche*) exhume **2** (*finden*) dig *sth* out, unearth ◇ *Sie hat ein paar alte Briefe ausgegraben.* She dug out some old letters. **3** (*in Erinnerung rufen*) dig *sth* up; (*Unangenehmes*) rake *sth* up ◇ *Immer wieder gräbt sie die alte Geschichte aus.* She's always raking up that old story. **4** (*archäologisch*) excavate **IDM** → KRIEGSBEIL
Ausgrabung **1** (*Freilegung*) excavation ◇ *die Ausgrabung eines Tempels* the excavation of a temple ◇ *bei*

einer archäologischen Ausgrabung during an archaeological dig **2** (*Fund*) (archaeological) find
Ausgrabungsstätte archaeological site

ausgucken **1 nach jdm/etw ~** look out for sb/sth ◇ *Ich habe schon den ganzen Tag nach ihm ausgeguckt.* I've been looking out for him all day. **2 (sich) jdn/etw ~** have got your eye on sb/sth, choose sb/sth

Ausguss **1** (*Becken*) sink **2** (*Abfluss*) drain

aushalten **1** (*ertragen*) stand ◇ *Sie hält es vor Hitze nicht aus.* She can't stand the heat. ◇ *Ich halte es nicht länger aus.* I can't stand it any longer. ◇ *Ich kann die Schmerzen nicht aushalten.* I can't bear the pain. ◇ *Das ist ja nicht auszuhalten!* It's unbearable! ◇ *einen Vergleich mit etw aushalten* bear comparison with sth ◇ *Sportler müssen viel aushalten können.* Athletes need a lot of endurance. ◇ *Sie hält es nirgends lange aus.* She never stays anywhere for very long. ◇ *Hier lässt es sich aushalten.* I could get used to it here. ◇ *Vorsicht, der Tisch hält das Gewicht nicht aus!* Be careful, the table won't take the weight! **2** (*Druck, Temperatur, Belastung*) withstand **3** (*durchhalten*) hold on ◇ *Du musst noch eine Weile aushalten.* You'll have to hold on a bit longer. **4** (*unterhalten*) keep ◇ *Sie lässt sich von ihren Eltern aushalten.* She is being kept by her parents. **5** (MUS) hold

aushandeln negotiate; (*Preis, Bedingungen*) agree; (*Kompromiss*) reach, work *sth* out

aushändigen **jdm etw ~** hand sb sth, hand sth to sb

Aushang notice ◇ *einen Aushang machen* put up a notice ◇ *Plakate zum Aushang im Klassenzimmer* posters to be displayed in the classroom

aushängen **1** (*Tür etc.*) take *sth* off its hinges; (*Fenster*) take *sth* out **2** (*bekannt machen*) put *sth* up ◇ *Die neuen Stundenpläne werden morgen ausgehängt.* The new timetables will be put up tomorrow. **3** (*hängen*) be up ◇ *Die Ergebnisse hängen am schwarzen Brett aus.* The results are up on the noticeboard.

Aushängeschild ◇ *Sie ist das Aushängeschild des Klubs.* She's the club's star player. ◇ *Das Geschäft ist das Aushängeschild der Ladenkette.* The shop is the firm's flagship store.

ausharren hold out ◇ *Sie musste einige Stunden ausharren, bis man sie befreite.* She had to hold out for several hours until they freed her. ◇ *Er harrte geduldig auf seinem Posten aus.* He stayed patiently at his post.

ausheben **1** (*Grube, Grab etc.*) dig *sth*; (*Erde*) dig *sth* out **2** (*Nest, Lager, Haus*) raid; (*Verbrecherring*) smash **3** (*Tür etc.*) take *sth* off its hinges; (*Fenster*) take *sth* out **4 sich etw ~** (*Schulter*) dislocate *sth*, put *sth* out (*umgs*)

aushecken (*Plan*) hatch

ausheilen (*Wunde, Knie etc.*) heal (completely); (*Krankheit*) be completely cured ◇ *Das Knie ist noch nicht ausgeheilt.* The knee hasn't quite healed yet. ◇ *Die Infektion ist jetzt ausgeheilt.* The infection has cleared up completely. ◇ *Ihre Verletzung ist völlig ausgeheilt.* She has completely recovered from her injury.

aushelfen **1** help out ◇ *Er hilft im Laden aus.* He helps out in the shop. ◇ *Ich helfe hier nur aus.* I'm only filling in. **2 jdm (mit etw) ~** help sb out (with sth)

Aushilfe **1** (*Mitarbeit*) ◇ *Sie suchen jemanden zur Aushilfe.* They're looking for someone to help out. ◇ *zur Aushilfe arbeiten* help out **2** (*Mitarbeiter(in)*) temporary worker; (*im Büro*) temp ◇ *Er arbeitet hier als Aushilfe.* He works here on a temporary basis. ◇ *Sie ist dort nur eine Aushilfe.* She is only a temp there.
Aushilfskraft temporary worker; (*im Büro*) temp ◇ *Aushilfskräfte* temporary staff

aushöhlen **1** (*hohl machen*) hollow *sth* out; (*Obst, Gemüse*) scoop out the flesh of *sth*; (*erodieren*) erode ◇ *Die Tomaten aushöhlen und mit Reis füllen.* Scoop out the flesh of the tomatoes and fill them with rice. ◇ *Die Brandung höhlt die Klippen allmählich aus.* The waves are eroding the cliffs. **2** (*untergraben*) undermine

Aushöhlung **1** (*das Aushöhlen*) hollowing out; (*Stelle*) hollow; (GEOL) erosion **2** (*Untergrabung*) undermining

ausholen **1** ◇ *mit dem Arm ausholen* swing your arm back ◇ *Er holte aus und versetzte mir/dem Ball einen Schlag.* He took a swing at me/the ball. ◇ *Die Partei holte zum Gegenschlag aus.* The party was preparing for a counter-attack. **2** (*eilen*) take long strides ◇ *mit weit ausholenden Schritten gehen* stride out **3** (*bei einem Bericht*) go back ◇ *Ich musste weit ausholen, um die Hintergründe zu erklären.* I had to go back a long way to explain the background.

aushorchen **jdn (über/nach etw) ~** sound sb out (about sth)

aushungern starve *sb/sth* out

auskennen **sich ~** know your way around; **sich in/mit etw ~** know all about sth ◇ *Ich kenne mich hier nicht aus.* I don't know my way around here. ◇ *Mit Hunden kennt er sich (gut) aus.* He knows all about dogs. ◇ *Ich kenne mich bei ihr nicht mehr aus.* I don't know where I am with her any more.

auskippen **1** (*Aschenbecher, Eimer etc.*) empty **2** (*Müll, Asche etc.*) tip *sth* out

ausklammern (*Frage, Thema, Bereich*) not deal with *sth*; **jdn/etw (aus etw) ~** exclude sb/sth (from sth) ◇ *Die wichtigsten Fragen blieben ausgeklammert.* The most important questions weren't dealt with. ◇ *Diese Möglichkeit wurde von vornherein ausgeklammert.* That possibility was excluded from the outset.

Ausklang (*meist mit einem Verb übersetzt*) ◇ *ein Glas Wein zum Ausklang des Abends* a glass of wine to round off the evening ◇ *Den Ausklang des Festes bildete ein Feuerwerk.* The festivities ended with fireworks.

ausklingen end ◇ *Mit Musik und Tanz klang das Fest aus.* The party ended with music and dancing. ◇ *das ausklingende Jahr* the year which is/was coming to an end ◇ *Allmählich klangen die Glocken aus.* The sound of the bells gradually died away.

ausklügeln work *sth* out; (*System, Mechanismus*) devise ◇ *Alles war bis ins Detail ausgeklügelt.* Everything had been worked out right down to the last detail. ◇ *ein ausgeklügeltes System* an ingenious system

ausknobeln **1** (*ausdenken*) work *sth* out **2** (*durch Würfeln*) throw dice (to decide sth) ◇ *Wir haben ausgeknobelt, wer anfangen soll.* We threw the dice to decide who should start.

auskochen **1** (*Knochen*) boil *sth* up **2** (*sterilisieren*) sterilize *sth* (in boiling water)

auskommen **1** (*zurechtkommen*) manage ◇ *Sie kommt mit ihrer Rente nicht aus.* She can't manage on her pension. ◇ *Wir müssen heute ohne ihn auskommen.* We'll have to manage without him today. ◇ *Ich bin mit der Zeit nicht ausgekommen.* I didn't have enough time. **2 mit jdm ~** get on with sb ◇ *Er kommt mit seinen Eltern nicht aus.* He doesn't get on with his parents. ◇ *glänzend miteinander auskommen* get on like a house on fire ◇ *Mit ihr ist nicht auszukommen.* She's impossible.

Auskommen living ◇ *ein gutes Auskommen haben* make a good living ◇ *sein Auskommen finden* make a living

auskosten enjoy, relish ◇ *etw voll auskosten* enjoy sth to the full

auskratzen scrape *sth* out IDM **jdm die Augen auskratzen** scratch sb's eyes out

auskugeln dislocate ◇ *sich den Arm auskugeln* dislocate your arm

auskühlen **1** (*Mensch, Tier*) ◇ *völlig ausgekühlt* chilled to the bone **2** (*Kuchen etc.*) cool ◇ *etw auskühlen lassen* leave sth to cool **3** (*Raum, Gerät etc.*) get cold

auskundschaften reconnoitre, (*AmE*) reconnoiter

Auskunft **1** information [U] ◇ *Ich bekam keine klare Auskunft.* I couldn't get any clear information. ◇ *eine brauchbare Auskunft* a useful piece of information ◇ *die Auskunft verweigern* refuse to give information ◇ *Auskunft darüber erteilt …* Further information is obtainable from … ◇ *nach Auskunft der Polizei* according to the police **2** (*Stelle*) information (office); (*Telefon-*) directory enquiries [mit Verb im Sing/Pl], (*AmE*) directory information ◇ *die Auskunft anrufen* ring directory enquiries

auskurieren **1 etw ~** recover from sth ◇ *eine Erkältung auskurieren* recover from a cold **2 sich ~** fully recover ◇ *Sie beschloss, nicht zur Arbeit zu gehen, sondern sich erst auszukurieren.* She decided not to go to work until she was fully recovered.

auslachen **jdn ~** laugh at sb ◇ *Sie wurde von den anderen ausgelacht.* The others laughed at her.

ausladen **1** unload ◇ *Das Klavier wurde aus dem Möbelwagen ausgeladen.* The piano was unloaded from the furniture van. ◇ *den Kofferraum ausladen* unload the boot **2 jdn ~** cancel an invitation to sb ◇ *Sie mussten alle Gäste wieder ausladen.* All the invitations had to be cancelled. ◇ *Jetzt kannst du ihn nicht mehr ausladen!* You can't ask him not to come!

ausladend **1** projecting; (*Hut*) wide-brimmed; (*Äste*) spreading ◇ *ein ausladendes Dach* a projecting roof ◇ *ein Baum mit einer ausladenden Krone* a tree with spreading branches **2** (*Geste, Bewegung*) sweeping [nur vor Nomen]

Auslage **1** (shop) window ◇ *Wir bewunderten die Auslagen der Geschäfte.* We admired the goods on display in the shop windows. ◇ *in der Auslage* in the window ◇ *sich die Auslagen ansehen* go window shopping **2 Auslagen** (*Ausgaben*) expenses [Pl]

Ausland **1 im/ins ~** abroad; **aus dem ~** foreign ◇ *ins Ausland gehen/im Ausland leben* go/live abroad ◇ *Urlaub im Ausland machen* go abroad on holiday ◇ *Touristen aus dem Ausland* foreign tourists **2** (*andere Staaten*) other countries [Pl] ◇ *Wie wird das Ausland reagieren?* How will other countries react? ◇ *im benachbarten Ausland* in neighbouring countries ◇ *im europäischen Ausland* in other European countries

Ausländer(in) foreigner ◇ *Er ist Ausländer.* He's a foreigner.
Ausländeranteil ◇ *Der Bezirk hat einen hohen Ausländeranteil.* The district has a large immigrant population. **Ausländerbeauftragte(r)** = immigrant welfare officer **Ausländerbehörde** ≈immigration office **ausländerfeindlich** xenophobic ◇ *ausländerfeindlich eingestellt sein* be xenophobic ◇ *ausländerfeindliche Aktionen* attacks on immigrants **ausländerfreundlich** ◇ *ein ausländerfreundliches Land* a country that welcomes foreigners **Ausländerhass** xenophobia

ausländisch foreign

Auslands- **Auslandseinsatz** ◇ *ein Auslandseinsatz deutscher Soldaten* the deployment of German troops abroad ◇ *im Auslandseinsatz* serving abroad **Auslandserfahrung** overseas experience **Auslandsgespräch** international call **Auslandskorrespondent(in)** foreign correspondent **Auslandsmarkt** export market ◇ *sinkende Umsätze auf dem Auslandsmarkt* declining exports **Auslandsreise** trip abroad ◇ *auf Auslandsreise sein* be on a trip abroad ◇ *wegen der zunehmenden Auslandsreisen* because of the increase in foreign travel **Auslandsstudium** period of study abroad

auslassen **1** miss *sth* out; (*Gelegenheit*) miss ◇ *Sie hat mich beim Aufrufen ausgelassen.* She missed me out when she called the register. ◇ *keine Gelegenheit auslassen etw zu tun* never miss an opportunity to do sth **2 etw an jdm ~** (*Laune etc.*) take sth out on sb; (*Ärger*) vent sth on sb (*gehoben*) ◇ *Lass es nicht an mir aus!* Don't take it out on me! **3 sich (über jdn/etw) ~** say what you think (about sb/sth) **4** (*Fett*) ◇ *Speck auslassen* cook bacon until the fat runs out ◇ *ausgelassene Butter* clarified butter **5** (*Kleidungsstück, Gerät*) leave *sth* off ◇ *Lass den Pullover ruhig aus.* You can leave off your sweater. ◇ *Lass den Fernseher aus!* Leave the television off! **6** (*weiter machen*) let *sth* out; (*länger machen*) let *sth* down

Auslassung omission

auslasten **1** (*Maschine, Betrieb etc.*) use *sth* to capacity ◇ *Die Kapazitäten der Bahn sind ausgelastet.* The railways are used to capacity. ◇ *Die Pflegeheime sind voll ausgelastet.* The nursing homes are full to capacity. ◇ *Die Maschinen waren nur zu 60% ausgelastet.* The machines operated at only 60% of capacity. **2** (*beanspruchen*) occupy; (*befriedigen*) fulfil, (*AmE*) fulfill ◇ *Mit Familie und Beruf war sie voll ausgelastet.* She was fully occupied with her family and job. ◇ *Er ist im Beruf nicht ausgelastet.* He doesn't feel fulfilled in his job.

Auslastung full capacity ◇ *bei voller Auslastung* at full capacity ◇ *Die Auslastung der Parkplätze liegt bei fast 100 Prozent.* The car parks are used to nearly 100 per cent capacity.

Auslauf **1** (*Abfluss*) outlet **2** (*Raum*) space to run around; (*Bewegung*) exercise ◇ *Der Park bietet ihnen genügend Auslauf.* In the park they have plenty of space to run around. ◇ *Hunde brauchen täglich Auslauf.* Dogs need exercise every day. **3** (*Hühner*) run; (*Pferde*) paddock **4** (*Skispringen*) run-out

auslaufen **1** (*Flüssigkeit*) spill; (*langsam*) leak ◇ *Die Milch ist ausgelaufen.* The milk spilled. ◇ *Mein Parfum ist ausgelaufen.* My perfume has leaked. ◇ *Aus dem Schlauch ist Öl ausgelaufen.* Oil escaped from the pipe. **2** (*Behälter*) ◇ *Ein Öltanker war ausgelaufen.* An oil tanker had spilled its cargo. ◇ *Das Fass ist ausgelaufen.* All the liquid has come out off the barrel. **3** (*Schiff etc.*) put to sea ◇ *zum Auslaufen bereitliegen* be ready to put to sea ◇ *aus dem Hafen auslaufen* leave harbour **4** (*Vertrag etc.*) run out; (*Weg etc.*) peter out **5** (*Modell*) be discontinued **6** (*Farben*) run

Ausläufer **1** (*Gebirge*) foothills [Pl] **2** (*meteorologisch*) ◇ *die Ausläufer eines Tiefs* a trough ◇ *die Ausläufer eines Hochdruckgebietes* a ridge of high pressure **3** (BOT) runner

Auslaufmodell discontinued model

auslaugen **1** (*Boden*) impoverish **2** (*Mensch*) exhaust

ausleben **1 sich ~** indulge yourself ◇ *Hier dürfen sich Autofahrer noch ausleben.* Drivers can really indulge themselves here. ◇ *sich bis spät in die Nacht ausleben* live it up till all hours **2** (*Fantasie, Traum*) live *sth* out; (*Gefühl, Trieb*) express

ausleeren **1** (*Inhalt*) empty *sth* (out) **2** (*Behälter*) empty

auslegen **1** put *sth* out ◇ *Der Arzt hatte Prospekte im Wartezimmer ausgelegt.* The doctor had put out leaflets in the waiting room. ◇ *etw im Schaufenster auslegen* put sth on display in the window **2** (*Köder etc.*) put *sth* down; (*Falle*) set **3** (*Schublade etc.*) line; (*Zimmer mit Teppich*) carpet ◇ *Er legte den Käfig mit Zeitungspapier aus.* He lined the cage with newspaper. ◇ *das Wohnzimmer mit Teppichboden auslegen* carpet the living room ◇ *die Küche mit Zeitungspapier auslegen* put newspaper down on the kitchen floor **4 etw für jdn ~** lend sb sth ◇ *Kannst du mir das Geld auslegen?* Can you lend me the money? ◇ *Er legte ihr den Eintritt aus.* He lent her the money for a ticket. **5 etw für etw ~** design sth for sth ◇ *Das Theater ist für 500 Zuschauer ausgelegt.* The theatre is designed to hold 500. **6** (*interpretieren*) interpret ◇ *Ihr Zögern wurde als Ablehnung ausgelegt.* Her hesitation was interpreted as a refusal. ◇ *Deine Worte könnte man falsch auslegen!* Your words could be misinterpreted! **7** (*Rohre etc.*) lay

Ausleger boom; (*beim Kran*) jib; (*beim Boot*) outrigger

Auslegung interpretation

Ausleihe 1 (*meist mit einem Verb übersetzt*) ◇ *Die Ausleihe von Büchern ist nur mit Ausweis möglich.* Books can only be borrowed with a card. ◇ *Letzte Ausleihe ist um drei Uhr.* Books are only issued until three o'clock. **2** (*Schalter etc.*) issuing desk

ausleihen 1 (sich) (bei/von jdm) etw ~ borrow sth (from sb) ◇ *Dürfen wir uns eure Fahrräder ausleihen?* Can we borrow your bicycles? **2 (jdm) etw ~** (*verleihen*) lend sth (to sb) ◇ *Ich kann dir mein Auto leider nicht ausleihen.* Unfortunately, I can't lend you my car.

auslernen complete your training ◇ *Sie hat im Sommer ausgelernt.* She completed her training in the summer. ◇ *ausgelernte Fachkräfte* qualified staff **IDM Man lernt nie aus!** You learn something new every day.

Auslese 1 selection ◇ *die natürliche Auslese* natural selection **2** (*Wein*) ≈ vintage wine

ausliefern 1 etw (an jdn/etw) ~ deliver sth (to sb/sth) **2 jdn ~** hand sb over; (*an einen Staat*) extradite sb ◇ *jdn der Justiz ausliefern* hand sb over to the police ◇ *Die Terroristen wurden an ihren Heimatstaat ausgeliefert.* The terrorists were extradited to their own country. **3 jdm ausgeliefert sein** be at sb's mercy ◇ *Er war seinen Verfolgern ausgeliefert.* He was at the mercy of his pursuers. **4** (*fig*) **jdn etw ~** leave sb to sth ◇ *die Flüchtlinge ihrem Schicksal ausliefern* leave the refugees to their fate ◇ *der Kälte schutzlos ausgeliefert* at the mercy of the elements

Auslieferung 1 (*Waren*) delivery **2** (*eines Menschen*) handing over (*oft mit einem Verb übersetzt*); (*an einen anderen Staat*) extradition ◇ *nach seiner Auslieferung an die Justiz* after he was handed over to the police

ausliegen be displayed ◇ *Die Ringe lagen im Schaufenster aus.* The rings were displayed in the shop window. ◇ *Sie hatten Listen für eine Unterschriftenaktion ausliegen.* They had put out a petition for people to sign.

auslöschen 1 (*Feuer, Kerze, Glut etc.*) put *sth* out; (*Licht auch*) turn *sth* out/off **2** (*Vergangenheit, Familie etc.*) wipe *sb/sth* out

auslosen draw lots to decide *sth* ◇ *den Gewinner auslosen* draw lots to decide the winner

auslösen 1 (*Alarmanlage etc.*) set *sth* off **2** (*hervorrufen*) cause ◇ *Anhaltende Regenfälle lösten eine Überschwemmung aus.* Continuous rainfall caused flooding. ◇ *Das löste Proteste bei den Grünen aus.* This led to protests from the Greens.

Auslöser 1 trigger ◇ *Auslöser für den Streik war ...* The trigger for the strike was ... ◇ *der Auslöser der Krankheit* the cause of the disease **2** (*Fotoapparat*) shutter release ◇ *auf den Auslöser drücken* release the shutter

Auslosung draw

ausloten 1 (*Kanal etc.*) sound the depth of *sth* **2** (*Wand etc.*) plumb **3** (*fig*) sound *sth* out ◇ *die Möglichkeiten ausloten* sound out the possibilities ◇ *Er hat bei seinem Chef die Chancen auf Beförderung ausgelotet.* He sounded out his boss about his chances of promotion.

auslüften air

ausmachen 1 (*Licht, Zigarette*) put *sth* out **2** (*Lampe, Heizung etc.*) turn *sth* off **3** (*verabreden*) arrange ◇ *Wir haben ausgemacht, ins Kino zu gehen.* We've arranged to go to the cinema. ◇ *einen Termin beim Arzt ausmachen* make an appointment at the doctor's **4** (*erkennen*) make *sb/sth* out; (*entdecken*) detect ◇ *Es fiel ihr schwer, den Fußgänger im Halbdunkeln auszumachen.* She found it difficult to make out the figure of the pedestrian in the gloom. ◇ *Flugzeuge in großer Höhe ausmachen* detect high-flying aircraft ◇ *Vom Hubschrauber aus gelang es der Polizei, den Fluchtwagen auszumachen.* The police managed to spot the getaway car from the helicopter. **5** (*Problem etc.*) sort *sth* out ◇ *Das muss sie mit sich selber ausmachen.* She has to sort it out for herself. ◇ *Das werden wir vor Gericht ausmachen!* We'll settle it in court! **6 etw macht jdm etwas/nichts aus** sb minds/does not mind sth (*nicht in der Verlaufsform*) ◇ *Macht es dir etwas aus, wenn ich das Fenster aufmache?* Do you mind if I open the window? ◇ *Macht es dir etwas aus, zu Fuß zu gehen?* Do you mind walking? ◇ *Es macht mir nichts aus, dass sie nicht mitkommen kann.* I don't mind her not coming. ◇ *Nicht, dass es mir was ausmachen würde.* Not that I would mind. **7** (*Unterschied machen*) make a difference ◇ *viel ausmachen* make a big difference ◇ *Das macht kaum etwas aus.* It makes hardly any difference. **8** (*das Wesentliche sein*) make ◇ *das Ballgefühl, das einen guten Fußballspieler ausmacht* the feel for the ball that makes a good footballer ◇ *Das ist es, was Freundschaft ausmacht.* That's what friendship is all about. **9** (*betragen*) account for *sth* ◇ *Es macht ein Fünftel des Jahresumsatzes aus.* It accounts for a fifth of annual turnover.

ausmalen 1 (*bemalen*) paint ◇ *mit Fresken ausgemalt* painted with frescoes **2** (*anmalen*) colour *sth* in, (*AmE*) color *sth* in **3 sich etw ~** imagine sth; **jdm etw ~** describe sth to sb ◇ *Sie malte sich bereits die schrecklichsten Dinge aus.* She was already imagining the worst. ◇ *Er malte ihr aus, welche Vorteile das haben würde.* He was describing all the advantages of it to her.

Ausmaß 1 extent ◇ *das Ausmaß des Schadens* the extent of the damage ◇ *Es wird untersucht, in welchem Ausmaß Kinder von Leukämie betroffen sind.* Investigations are under way to determine the extent of childhood leukaemia. ◇ *das Ausmaß der Katastrophe* the scale of the disaster **2** proportions [Pl] ◇ *erschreckende Ausmaße annehmen* reach alarming proportions ◇ *eine Umweltkatastrophe ungeahnten Ausmaßes* an environmental disaster of unimaginable proportions

ausmerzen 1 (*ausrotten*) eradicate **2** (*Fehler etc.*) eliminate

ausmessen (*Grundstück, Raum*) measure *sth* up

ausmisten 1 (*Stall etc.*) muck *sth* out **2** (*Schrank, alte Sachen*) clear *sth* out ◇ *Miste endlich deinen Schrank aus!* It's time you cleared out your cupboard. ◇ *Er mistete seine alten Bücher aus.* He cleared out his old books.

ausmustern 1 (MIL) declare *sb* unfit for military service **2** (*aussortieren*) scrap; (*Flugzeug etc.*) take *sth* out of service

Ausnahme exception ◇ *alle Kinder ohne Ausnahme* all the children without exception ◇ *mit einigen wenigen Ausnahmen* with one or two exceptions ◇ *eine Ausnahme bilden* be an exception ◇ *mit Ausnahme von jdm/etw* except for sb/sth **IDM Ausnahmen bestätigen die Regel** the exception proves the rule **die Ausnahme von der Regel** the exception to the rule **Ausnahmefall** exception ◇ *ein Ausnahmefall sein* be an exception ◇ *nur im Ausnahmefall* only in exceptional circumstances **Ausnahmegenehmigung** special permission [U]; (*von Verbot, Regelung etc.*) exemption **Ausnahmeregelung** special provision

Ausnahmesituation exceptional situation **Ausnahmezustand** state of emergency ◇ *den Ausnahmezustand verhängen* impose a state of emergency

ausnahmslos without exception ◇ *Sie waren fast ausnahmslos dagegen.* They were, almost without exception, against it. ◇ *Die Passagiere blieben ausnahmslos unverletzt.* None of the passengers were hurt.

ausnahmsweise as an exception; (*diesmal*) for once ◇ *Die Bibliothek ist ausnahmsweise auch am Wochenende geöffnet.* As an exception the library will be open at the weekend. ◇ *Sie darf ausnahmsweise länger aufbleiben.* She can stay up late for once.

ausnehmen **1 jdn/sich/etw (von etw) ~** (*gesondert behandeln*) exclude sb/yourself/sth (from sth) ◇ *Diese Region wurde von dem Embargo ausgenommen.* The region was excluded from the embargo. ◇ *Wir sind alle schuld — da will ich mich nicht ausnehmen!* We are all guilty, including me! ◇ *Anlieger ausgenommen* except for residents **2** (*Tier*) gut **3 jdn ~** (*Geld abnehmen*) fleece sb

ausnüchtern sober up

Ausnüchterung ◇ *zur Ausnüchterung* to sober up

ausnutzen, **ausnützen** **1** (*ausbeuten*) exploit ◇ *Er hat meine Wehrlosigkeit ausgenutzt.* He exploited my defencelessness. ◇ *Ich habe das Gefühl, dass ich ausgenutzt werde.* I feel I'm being used. ◇ *Sie nutzen das Mitleid der Menschen aus.* They play on people's sympathy. **2** (*nutzen*) make the most of *sth* ◇ *Er nutzt seine Freizeit gut aus.* He makes the most of his free time. ◇ *Sie nutzten das schöne Wetter dazu aus, schwimmen zu gehen.* They took advantage of the fine weather to go swimming. ◇ *Energie optimal ausnutzen* use power as efficiently as possible

Ausnutzung, **Ausnützung** **1** exploitation ◇ *die Ausnutzung von Lehrlingen als billige Arbeitskräfte* the exploitation of apprentices as cheap labour **2** (*Nutzung*) use ◇ *die volle Ausnutzung der Kapazität einer Anlage* using a plant to capacity

auspacken **1** (*Koffer, Kiste*) unpack; (*Geschenk, Butterbrot*) unwrap; (*Paket*) open ◇ (*seine Sachen*) *auspacken* unpack (your things) **2** (*Geheimnisse verraten*) talk, tell all

auspeitschen flog

auspfeifen (whistle and) boo ◇ *Das Publikum pfiff ihn aus.* He was booed off the stage.

ausplaudern (*Geheimnis*) give *sth* away

ausprobieren **etw (an jdm) ~** try sth out (on sb)

Auspuff exhaust
Auspuffrohr exhaust pipe **Auspufftopf** silencer, (*AmE*) muffler

auspumpen **1** (*Wasser*) pump *sth* out **2** (*Tank, Keller*) pump the water, oil, etc. out of *sth* ◇ *Ihm musste der Magen ausgepumpt werden.* He had to have his stomach pumped.

ausquetschen **1** (*Zitrone etc.*) squeeze **2** (*verhören*) pump (*umgs*) ◇ *Er quetschte mich über die Party aus.* He pumped me about what happened at the party. ◇ *Sie haben mich so lange ausgequetscht, bis ich alles erzählt hatte.* They kept on at me until I told them everything.

ausradieren **1** rub *sth* out, erase (*gehoben*) **2** (*vernichten*) wipe *sth* out

ausrangieren take *sth* out of service; (*wegwerfen*) throw *sth* out

ausrangiert discarded, old

ausrasten **1** (*sich lösen*) come out **2** (*wütend werden*) flip your lid; (*wahnsinnig werden*) go mad

ausrauben burgle, (*AmE*) burglarize; (*auf der Straße*) mug; (*Auto*) break into *sth*; (*Bank*) rob

ausräuchern (*Ungeziefer*) smoke *sth* out; (*Raum*) fumigate

ausräumen **1** clear *sth* out **2** (*Missverständnis, Zweifel*) clear *sth* up; (*Verdacht*) allay

ausrechnen work *sth* out, calculate (*gehoben*) **IDM** **sich (keine) Chancen ausrechnen** reckon you have a/no chance → *Siehe auch* KOPF

Ausrede excuse ◇ *eine faule Ausrede* a feeble excuse

ausreden **1 jdm etw ~** talk sb out of sth ◇ *Wir konnten es ihm nicht ausreden.* We couldn't talk him out of it. **2** (*zu Ende reden*) finish (speaking) ◇ *Jetzt lasst mich doch bitte ausreden!* Please let me finish.

ausreichen be enough ◇ *Die vorhandenen Plätze reichen nicht aus.* There aren't enough places. ◇ *bei weitem nicht ausreichen* be nowhere near enough ◇ *bis nächste Woche ausreichen* last till next week

ausreichend **1** (*Note*) ≈ adequate (*Adv* adequately) ◇ *In Mathe bekam er nur „ausreichend".* He scraped a pass in maths. **2** (*genug*) enough; (*gut genug*) adequate ◇ *Der Hintergrund der Kinder wurde nicht ausreichend berücksichtigt.* Not enough consideration was given to the children's background. ◇ *Es gibt keinen ausreichend großen Saal.* There isn't a hall large enough. ◇ *ausreichend ernährt werden* have an adequate diet

Ausreise leaving the country ◇ *Er wurde bei der Ausreise aus Italien festgenommen.* He was arrested when he tried to leave Italy.

ausreisen leave (the country) ◇ *aus Peru ausreisen* leave Peru ◇ *in die USA ausreisen* go to the States ◇ *Er durfte nicht ausreisen.* He was refused an exit visa.

ausreißen **1** pull *sth* off; (*Pflanze*) pull *sth* up; (*Haar*) pull *sth* out ◇ *Er riss der Biene die Flügel ab.* He pulled the bee's wings off. ◇ *mehrere Bäume wurden ausgerissen* several trees were uprooted **2** (*weglaufen*) run away; (*aus dem Gefängnis, Käfig*) escape; **vor jdm/etw ~** run away from sb/sth ◇ *von zu Hause ausreißen* run away from home **IDM** → BAUM

Ausreißer(in) runaway

ausrenken dislocate ◇ *sich die Schulter ausrenken* dislocate your shoulder

ausrichten **1 jdm etw ~** tell sb sth ◇ *Können Sie ihm bitte ausrichten, dass …* Can you please tell him that … ◇ *Bitte richte ihr schöne Grüße von mir aus.* Please give her my regards. ◇ *Kann ich ihm etwas ausrichten?* Can I give him a message? **2 etw auf jdn/etw ~** adapt sth to sb/sth; **auf jdn/etw ausgerichtet sein** be geared towards sb/sth **3** (*Veranstaltung*) organize; (*als Stadt, Land*) host ◇ *die olympischen Spiele ausrichten* host the Olympic Games **4 etwas/viel/nichts ~ (können)** do something/a lot/nothing ◇ *Der Arzt konnte nichts mehr ausrichten.* There was nothing the doctor could do. ◇ *Sie konnten beim Lehrer wenig für ihn ausrichten.* They didn't get very far with the teacher (on his behalf). **5** (*Richtung*) face ◇ *nach Süden ausgerichtet* facing south ◇ *Wir richteten die Stühle zur Bühne hin aus.* We lined up the chairs facing the stage.

Ausrichtung **1** (*das Veranstalten*) organization; (*Olympiade, Gipfelkonferenz etc.*) hosting **2** (*Haltung*) attitude **3** (*Anpassung*) gearing ◇ *die Ausrichtung des Unterrichts auf die Begabten* gearing the lessons towards the more able **4** (*Lage*) aspect ◇ *die Ausrichtung der Terrasse nach Süden* the southern aspect of the terrace ◇ *die Ausrichtung nach Mekka* the position facing Mecca

ausrotten eradicate; (*Ungeziefer*) exterminate

Ausrottung extermination

ausrücken be called out ◇ *zu einem Einsatz ausrücken* be called out ◇ *Mehrere Einheiten der Armee sind ausgerückt.* Several army units are on the move.

Ausruf exclamation

ausrufen 1 (*rufen*) exclaim **2** (*Notstand, Unabhängigkeit etc.*) declare; (*Streik*) call **3** (*ansagen*) announce **4 jdn ~ (lassen)** put out a call for sb

Ausrufezeichen exclamation mark, (*AmE*) exclamation point

ausruhen 1 (sich) ~ have a rest ◇ *Versuche, dich etwas auszuruhen.* Try to have a bit of a rest. ◇ *Sie fühlte sich ausgeruht.* She felt completely rested. **2** (*ruhen lassen*) rest ◇ *die Beine ausruhen* rest your legs IDM → LORBEER

ausrüsten equip; (*Auto*) fit ◇ *gut ausgerüstet* well-equipped

Ausrüstung 1 (*das Ausrüsten*) equipping; (*Auto*) fitting **2** (*Ausstattung*) equipment [U] ◇ *eine neue Ausrüstung* a new set of equipment

Ausrüstungsgegenstand piece of equipment [meist Sing]

ausrutschen slip; (*hinfallen*) slip (and fall) ◇ *Er rutschte aus und brach sich den Arm.* He slipped and broke his arm. ◇ *Das Messer rutschte ihm aus.* His knife slipped. IDM → HAND

Ausrutscher (*einmaliger Fehler*) blip; (*Fauxpas*) gaffe

Aussage 1 opinion; **nach jds ~** according to sb ◇ *nach Aussagen der Experten* according to the experts ◇ *Darüber gibt es unterschiedliche Aussagen.* Opinions differ on that. ◇ *Dazu wollte er keine Aussage machen.* He refused to comment. **2** (*vor Gericht*) evidence, testimony; (*bei der Polizei, Presse*) statement ◇ *die Aussage vor Gericht verweigern* refuse to give evidence ◇ *eine Aussage widerrufen* retract a statement **3** (*Botschaft*) message ◇ *Die politische Aussage des Songs ist eindeutig.* The song has a clear political message.

Aussagekraft validity; (*Wirkung*) power, effect ◇ *Er bezweifelte die Aussagekraft der Studie.* He doubted the validity of the study. ◇ *Das Bild hat große Aussagekraft.* It's a very powerful image. **aussagekräftig** meaningful

aussagen 1 say ◇ *Was will der Dichter damit aussagen?* What is the poet saying here? ◇ *Was sagt die Kleidung über den Menschen aus?* What do your clothes say about you? **2** (*vor Gericht*) testify, give evidence; (*bei der Polizei*) make a statement ◇ *unter Eid aussagen* testify under oath ◇ *als Zeuge vor Gericht aussagen* give evidence in court

Aussagesatz indicative clause

ausschalten 1 switch *sth* off **2 sich ~** switch itself off **3** (*eliminieren*) eliminate

Ausschau nach jdm/etw ~ halten (*suchen*) keep a lookout for sb/sth; (*haben wollen*) be on the lookout for sb/sth ◇ *Die Polizei hielt Ausschau nach dem vermissten Kind.* The police were keeping a lookout for the missing child. ◇ *Er hält immer nach einem Schnäppchen Ausschau.* He's always on the lookout for a bargain.

ausscheiden 1 (aus etw) ~ (*verlassen*) leave (sth) ◇ *aus der Politik ausscheiden* leave politics **2** (SPORT) (*verlieren*) be eliminated; (*zurückziehen*) retire **3** (*nicht in Betracht kommen*) (have to) be ruled out ◇ *Viele Bewerber schieden von vornherein aus.* Many applicants were ruled out from the start. ◇ *Das scheidet völlig aus.* It's not an option. **4** (BIOL) excrete

Ausscheidung 1 (SPORT) knockout stage; (*Qualifikation*) qualifier **2** (BIOL) excretion; **Ausscheidungen** excreta [Pl]

ausscheren pull out (*auch fig*) ◇ *Ein Lkw scherte vor uns aus.* A lorry pulled out in front of us. ◇ *aus einem Bündnis ausscheren* pull out from an alliance

ausschimpfen jdn (wegen einer Sache) ~ tell sb off (for sth), give sb a telling-off (for sth) ◇ *Er hat sie wegen ihrer Nachlässigkeit ausgeschimpft.* He told her off for her carelessness. ◇ *Sie hat ihn ordentlich ausgeschimpft.* She gave him a good telling-off.

ausschlachten 1 (*ausnutzen*) exploit ◇ *Die Presse hat den Fall politisch ausgeschlachtet.* The press exploited the case for political ends. **2** (*Fahrzeug, Maschine*) cannibalize *sth* (for parts), break *sth* up (for parts/scrap) ◇ *Sie haben das alte Motorrad ausgeschlachtet.* They cannibalized the old motor bike for parts. ◇ *Das Auto taugt nur noch zum Ausschlachten.* The car is only any good for parts. **3** (*Tier*) eviscerate (*gehoben*)

ausschlafen 1 (sich) ~ have enough/a good sleep; (*später aufstehen*) have a lie-in ◇ *sich richtig ausschlafen* have a good long sleep ◇ *Ich habe heute nicht richtig ausgeschlafen.* I didn't get enough sleep last night. ◇ *Das Kind ist nicht ausgeschlafen.* The child is still half asleep. **2** (*Rausch*) sleep *sth* off ◇ *seinen Rausch ausschlafen* sleep off the effects of alcohol

Ausschlag 1 (MED) rash ◇ *einen Ausschlag bekommen* come out in a rash ◇ *einen Ausschlag im Gesicht haben* have a rash on your face **2** (*Pendel*) swing; (*Magnet, Kompassnadel*) deflection IDM **den Ausschlag geben** be the crucial factor; (*für den Sieg etc.*) tip the scales; (*auslösen*) prompt ◇ *Seine Stimme gab den Ausschlag.* His vote tipped the scales. ◇ *Was gab den Ausschlag für Ihre Entscheidung zurückzutreten?* What prompted you to resign?

ausschlagen 1 knock *sth* out ◇ *Sie hat ihm zwei Zähne ausgeschlagen.* She knocked out two of his teeth. ◇ *Er hat sich beim Fußball einen Zahn ausgeschlagen.* He knocked a tooth out playing football. **2** (*treten*) kick (out); (*um sich schlagen*) lash out **3** (*ablehnen*) reject, turn *sb/sth* down ◇ *ein Angebot ausschlagen* turn down an offer **4** (*auskleiden*) line; (*Raum*) decorate ◇ *eine Schublade mit Papier ausschlagen* line a drawer with paper **5** (*Pendel*) swing; (*Magnetnadel*) be deflected **6** (*Baum etc.*) come into leaf **7** (*Feuer*) beat *sth* out IDM → FASS

ausschlaggebend crucial (*Adv* crucially); (*Stimme*) deciding ◇ *von ausschlaggebender Bedeutung sein* be of crucial importance ◇ *Ausschlaggebend dafür war …* The crucial factor here was …

ausschließen 1 jdn/sich ~ lock sb/yourself out ◇ *Ich habe mich aus der Wohnung ausgeschlossen.* I've locked myself out of the flat. **2 jdn aus etw ~** (*Partei, Verein etc.*) expel sb from sth **3 jdn von etw ~** (*Teilnahme, Anspruch*) exclude sb from sth; (*Erbfolge*) disinherit sb **4 etw von etw ~** exclude sth from sth ◇ *Diese Proben wurden von der Auswertung ausgeschlossen.* These samples were excluded from the analysis. ◇ *Unterwäsche ist vom Umtausch ausgeschlossen.* Underwear cannot be exchanged. **5** (*Möglichkeit, Zweifel*) rule *sth* out ◇ *Sie schloss die Möglichkeit von vornherein aus.* She ruled out the possibility right from the outset. ◇ *Das eine schließt das andere nicht aus.* The two things are not mutually exclusive. **6** (*verhindern*) prevent ◇ *Um weitere Missverständnisse auszuschließen, …* In order to prevent further misunderstandings …

ausschließlich 1 *Adv* only ◇ *Es waren ausschließlich Frauen eingeladen.* Only women were invited. **2** *Adj* (*einzig*) only; (*exklusiv*) exclusive ◇ *die ausschließliche Funktion der Maschine* the only function of the machine ◇ *das ausschließliche Recht auf etw haben* have the exclusive right to sth **3** *Präp* excluding ◇ *der Preis des Abendessens, ausschließlich Getränke* the price of the dinner excluding drinks

ausschlüpfen (*Vogel, Reptil*) hatch (out); (*Schmetterling*) emerge

Ausschluss 1 exclusion; (*Hinauswurf, Enthebung*) expulsion ◇ *ihr Ausschluss von den Olympischen Spielen* her exclusion from the Olympic Games ◇ *Sie beantragten seinen Ausschluss aus dem Verein.* They called for his expulsion from the association. **2** (*Eliminierung*) elimination (*oft mit einem Verb übersetzt*) ◇ *durch Ausschluss aller anderen möglichen Ursachen* by eliminating all other possible causes IDM **unter Ausschluss der Öffentlichkeit** in private; (*Gerichtsverhandlung*) in camera

ausschmücken 1 (*Raum*) decorate **2** (*Erzählung etc.*) embellish

ausschneiden etw (aus etw) ~ cut sth out (of sth)

Ausschnitt 1 (*Zeitungs- etc.*) cutting, (*AmE*) clipping ◇ *ein Ausschnitt aus der Zeitung* a cutting from the newspaper **2** (*Hals-*) neck, neckline ◇ *ein T-Shirt mit einem spitzen Ausschnitt* a V-necked T-shirt ◇ *ein Kleid mit tiefem Ausschnitt* a dress with a plunging neckline **3** (*eines Textes*) excerpt; (*eines Bildes*) detail; (*eines Films*) clip ◇ *ein Ausschnitt aus seinem neuen Film* a clip from his new film **4** (*Teil*) part, section; (*Querschnitt*) cross section **5** (*Loch*) opening

ausschöpfen (*prüfen*) explore; (*aufbrauchen*) exhaust ◇ *Wir werden alle Möglichkeiten ausschöpfen.* We will explore all the possibilities. ◇ *Sie hatten ihre Reserven ausgeschöpft.* They had exhausted their supplies.

ausschreiben 1 (*nicht abkürzen*) write *sth* out (in full) **2** (*Wohnung, Stelle*) advertise; (*Wettbewerb*) hold; (*Auftrag*) invite tenders for *sth* **3** (*Attest etc.*) make *sth* out

Ausschreibung 1 (*Wettbewerb*) competition; (*Inserat*) advertisement; (*Auftrag*) invitation to tender **2** (*das Ausgeschriebenwerden*) (*meist mit einem Verb übersetzt*) ◇ *Es wurde auf eine öffentliche Ausschreibung verzichtet.* They decided not to advertise the job. ◇ *Sie diskutieren über die Ausschreibung eines Wettbewerbs.* They are discussing holding a competition.

Ausschreitung (act of) violence ◇ *Es kam zu Ausschreitungen.* Violence broke out.

Ausschuss 1 committee [mit Verb im Sing/Pl] ◇ *Sie sitzt im umweltpolitischen Ausschuss.* She sits/is on the environmental policy committee. ◇ *in einen Ausschuss gewählt werden* be elected to a committee **2** (*minderwertige Ware*) rejects [Pl]

ausschütteln shake *sth* out

ausschütten 1 (*Inhalt*) tip *sth* out, empty *sth* out ◇ *das Abwaschwasser ausschütten* tip the washing-up water out **2** (*Behälter*) empty ◇ *den Eimer ausschütten* empty the bucket **3** (*Gewinne*) distribute; (*Dividenden, Zinsen, Prämien*) pay IDM **sich ausschütten vor Lachen** kill yourself laughing → *Siehe auch* HERZ

ausschweigen sich ~ remain silent

ausschwenken 1 swing out ◇ *Der Wohnwagen ist beim Überholen ausgeschwenkt.* The caravan swung out as it overtook. **2 etw ~** (*Kran etc.*) swing sth out **3 etw ~** (*abspülen*) rinse *sth* out

aussehen 1 look ◇ *krank/hübsch aussehen* look ill/pretty ◇ *Wie sieht seine Freundin aus?* What does his girlfriend look like? ◇ *„Er ist sehr stark." „So sieht er aber nicht aus!"* 'He's very strong'. 'He doesn't look it, though!' ◇ *Es sieht aus, als ob …* It looks as if … ◇ *Die Wirklichkeit sah anders aus.* The reality was different. ◇ *Wie sieht es geschäftlich aus?* How's business? **2 nach etw ~** (*auf etw hindeuten*) look like sth ◇ *Die Sache sieht nach Betrug aus.* It looks like a case of fraud. ◇ *Es sieht nach Regen aus.* It looks like rain. **3 gut/schlecht ~ (für jdn/etw)** things are looking good/bad (for sb/sth), the prospects (for sb/sth) are good/not good ◇ *Für die Bauindustrie sieht es derzeit schlecht aus.* The prospects for the building industry are not good at present. IDM **nach etwas aussehen** look good **nach nichts aussehen** not look very good **Sehe ich danach/so aus?** What do you take me for? **So siehst du aus!** You've got another think coming! → *Siehe auch* ALT, BÖSE, DUMM, EI, LEBEN *und* LEICHE

Aussehen appearance ◇ *jdn nach seinem Aussehen beurteilen* judge sb by their appearance ◇ *ein attraktives/exotisches Aussehen haben* look attractive/exotic

außen 1 (*Außenseite*) ◇ *Der Kasten ist außen mit Blumen bemalt.* The box has painted flowers on the outside. ◇ *Wir haben das Haus außen neu streichen lassen.* We have had the outside of the house freshly painted. **2 nach ~** ◇ *Die Tür geht nach außen auf.* The door opens outwards. ◇ *Von dem Skandal darf nichts nach außen dringen.* Nothing about this scandal must get out. **3 nach ~ hin** (*Wirkung*) outwardly ◇ *Nach außen hin schienen sie glücklich zu sein.* Outwardly they appeared to be happy. **4 von ~** from the outside (*auch fig*) ◇ *Ich habe das Schloss nur von außen gesehen.* I only saw the castle from the outside. ◇ *Von außen betrachtet sieht ihr Problem ganz anders aus.* Seen from the outside their problem looks quite different. ◇ *auf Hilfe von außen angewiesen sein* be dependent on outside help **5** (SPORT) (*auf der Außenbahn*) in the outside lane; (*als Außenstürmer*) on the wing

Außen- Außenbezirk outlying area; (*Stadtrand*) outskirts [Pl] **Außenbordmotor** outboard motor

aussenden 1 (*Boten, Expedition etc.*) send *sb/sth* out, dispatch (*gehoben*) **2** (*Strahlen*) emit; (*Signale*) transmit

Außen- Außendienst ◇ *Er arbeitet als Vertreter im Außendienst.* He's a sales representative. ◇ *ein Sozialarbeiter im Außendienst* a field social worker ◇ *Sie zieht den Außendienst vor.* She prefers to work out of the office. **Außengrenze** external border ◇ *die Außengrenzen der EU* the external borders of the EU **Außenhandel** foreign trade ◇ *eine Verbesserung im Außenhandel* an improvement in foreign trade **Außenminister(in)** Foreign Minister; (*in GB*) Foreign Secretary; (*in den USA*) Secretary of State **Außenministerium** Foreign Ministry; (*in GB*) Foreign (and Commonwealth) Office; (*in den USA*) State Department ◇ *ein Sprecher des russischen Außenministeriums* a spokesman from the Russian Foreign Ministry **Außenpolitik** foreign affairs [Pl]; (*Entscheidungen, Handlungsweisen*) foreign policy ◇ *die Innen- und Außenpolitik* domestic and foreign policy **außenpolitisch 1** *Adj* (*Sprecher, Ausschuss*) foreign affairs; (*Entscheidungen, Probleme, Berater*) foreign policy ◇ *der außenpolitische Ausschuss* the foreign affairs committee ◇ *außenpolitische Fragen* foreign policy questions **2** *Adv* in terms of foreign policy ◇ *eine außenpolitisch folgenschwere Entscheidung* a serious decision in terms of foreign policy ◇ *außenpolitisch gesehen* from the point of view of foreign policy **Außenseiter(in)** outsider **Außenspiegel** wing mirror **Außenstehende(r)** outsider **Außenstelle** branch ◇ *in der Außenstelle München* in the Munich branch **Außenwand** outside wall, external wall (*Fachspr*) **Außenwelt** outside world **Außenwirtschaft** foreign economic affairs [Pl]

außer 1 *Präp* except, apart from, (*AmE*) aside from ◇ *Außer mir ist keiner da.* There's nobody here except me. ◇ *Außer meinem Bruder weiß es niemand.* Nobody knows apart from my brother. ◇ *Niemand außer Ihnen hätte den Mut dazu.* Nobody but you would have the courage to do it. ◇ *Sie hatten nichts außer einer guten Idee.* They had nothing but a good idea. ◇ *Alle außer einem sind wiedergekommen.* All but one came back. **2** *Präp* (*zusätzlich*) besides, apart from ◇ *Außer uns kamen noch drei andere.* There were three others besides us. **3** *Präp* (*außerhalb*) out of ◇ *außer Sichtweite/Hörweite/Gefahr* out of sight/earshot/danger ◇ *Sie ist im Moment außer Haus.* She's out of the office at the moment. ◇ *außer der Reihe* out of turn ◇ *außer Dienst sein* be retired → *Siehe auch* BETRACHT *und* BETRIEB **4** *Präp* **~ sich** beside yourself; **~ sich geraten** go mad ◇ *Sie war vor Freude außer sich.* She was beside herself with joy. ◇ *Mein Bruder geriet außer sich vor Zorn.* My brother went mad with rage. **5** *Konj* except; (*es sei denn*) unless ◇ *Wir haben uns gut amüsiert, außer dass wir uns auf dem Heimweg verlaufen haben.* We enjoyed ourselves, except that we got lost on the way home. ◇ *Sie joggt jeden Tag, außer (wenn) es schneit.* She goes jogging every day unless it's snowing. IDM **außer Stande sein (etw zu tun)** be unable (to do sth) ◇ *Sie war außer Stande, ihm zu helfen.* She was unable to help him. → *Siehe auch* ATEM *und* FRAGE

außerdem **1** (*zudem*) besides ◇ *Ich habe keine Lust mitzugehen, und außerdem habe ich kein Geld.* I don't fancy going, and besides, I haven't got any money. **2** (*zusätzlich*) as well, in addition (*gehoben*) ◇ *Sie spielt Klavier und außerdem noch Gitarre.* She plays the piano and the guitar as well.

äußere(r,s) **1** (*sich außen befindend*) outer [nur vor Nomen]; (*Verletzung, Mauer*) external ◇ *Vorsichtig löst sie die äußere Schicht ab.* She carefully removes the outer layer. **2** (*von außen kommend*) external ◇ *äußere Umstände* external circumstances **3** (*nach außen hin*) outward [nur vor Nomen] ◇ *eine äußere Ähnlichkeit* an outward similarity **4** (*außenpolitisch*) foreign [nur vor Nomen] ◇ *die äußeren Angelegenheiten eines Staates* the foreign affairs of a state

Äußere(s) **1** (*Aussehen*) (outward) appearance ◇ *Sie gibt viel auf ihr Äußeres.* She pays a lot of attention to her appearance. ◇ *jdn nur nach seinem Äußeren beurteilen* judge sb just by their outward appearance **2** (*Außenseite*) outside, exterior (*gehoben*)

außergewöhnlich exceptional (*Adv* exceptionally)

außerhalb **1** *Präp* (*Raum*) outside ◇ *außerhalb der Stadt* outside the town **2** *Präp* (*fig*) outside; (*Reichweite, Vorstellungskraft*) beyond ◇ *außerhalb der Legalität* outside the law ◇ *außerhalb des Bereichs des Möglichen* beyond the realms of possibility **3** *Präp* (*Zeitraum*) out of ◇ *außerhalb der Sprechstunden* out of surgery hours **4** *Adv* (*anderenorts*) out of town; (*vor der Stadt*) outside the town ◇ *Sie kommen von außerhalb um einzukaufen.* They come from out of town to shop. ◇ *Das Hotel liegt einen Kilometer außerhalb.* The hotel is situated one kilometre outside the town.

außerirdisch extraterrestrial

Außerirdische(r) extraterrestrial

äußerlich **1** outward [nur vor Nomen] (*Adv* outwardly) ◇ *ein äußerliches Anzeichen für etw* an outward sign of sth ◇ *äußerlich ruhig wirken* be outwardly calm ◇ *Rein äußerlich betrachtet …* On the face of it … ◇ *ohne äußerliche Regung* without visible emotion ◇ *Die Veränderungen sind nur äußerlich.* The changes are only superficial. ◇ *Das Haus ist äußerlich heruntergekommen.* The house is dilapidated on the outside. ◇ *Rein äußerlich sind sie nicht zu unterscheiden.* They are indistinguishable in appearance. **2** (MED) external

Äußerlichkeit **1** (*Kleidung, Benehmen etc.*) (outward) appearances [Pl] **2** (*Detail*) minor detail

äußern **1** express ◇ *seine Meinung äußern* express your opinion ◇ *Kritik an jdm äußern* criticize sb ◇ *die Ansicht/Befürchtung/Hoffnung äußern, dass …* express the view/fear/hope that … **2 sich (über jdn/etw) ~** give an opinion (about sb/sth); **sich zu etw ~** comment on sth ◇ *sich öffentlich zu etw äußern* comment publicly on sth ◇ *sich kritisch/skeptisch/optimistisch zu etw äußern* be critical/sceptical/optimistic about sth **3 sich in/durch etw ~** manifest itself in sth

außerordentlich **1** *Adj* (*überdurchschnittlich*) exceptional ◇ *von außerordentlicher Bedeutung* of exceptional importance **2** (*außerplanmäßig*) extraordinary [nur vor Nomen] ◇ *ein außerordentlicher Parteitag* an extraordinary party conference ◇ *jdm eine außerordentliche Kündigung aussprechen* summarily dismiss sb **3** *Adv* (*äußerst*) extremely ◇ *außerordentlich erfolgreich* extremely successful ◇ *Sie hat außerordentlich viel gelernt.* She learned an extraordinary amount.

äußerst extremely

außerstande ◇ *Er erklärte sich außerstande zu helfen.* He said he was unable to help. ◇ *Er sah sich außerstande, das zu beurteilen.* He felt he was not in a position to judge.

äußerste(r,s) extreme ◇ *Er gehört zur äußersten Rechten.* He is on the extreme right. ◇ *im äußersten Süden Afrikas* in the far south of Africa ◇ *der äußerste Planet* the most distant planet ◇ *am äußersten Ende des Spektrums* at the far end of the spectrum ◇ *bis an die äußersten Grenzen gehen* go to the very limit ◇ *von äußerster Wichtigkeit* of the utmost importance ◇ *nur im äußersten Notfall* only in an absolute emergency

Äußerste(s) **1** utmost ◇ *Er hat sich bis zum Äußersten eingesetzt.* He did his utmost. ◇ *Sie hat ihr Äußerstes gegeben.* She gave her all. **2** (*Schlimmste*) worst ◇ *Sie waren auf das Äußerste gefasst.* They were prepared for the worst. IDM **aufs Äußerste** (*sehr*) extremely ◇ *aufs Äußerste beunruhigt* extremely disturbed

Äußerung remark

aussetzen **1** (*zurücklassen*) abandon; (*freilassen*) release ◇ *einen Hund aussetzen* abandon a dog ◇ *Die Fische wurden im Rhein ausgesetzt.* The fish were released into the Rhine. **2** (*Satellit*) put *sth* into orbit **3 sich/etw einer Sache ~** expose yourself/sth to sth; **einer Sache ausgesetzt sein** be exposed to sth ◇ *sich/seine Haut der Sonne aussetzen* expose yourself/your skin to the sun ◇ *der Strahlung ausgesetzt* exposed to radiation ◇ *Die Arbeiter sind gesundheitlichen Risiken ausgesetzt.* The workers are exposed to health risks. ◇ *Sie sind einem enormen Leistungsdruck ausgesetzt.* They're under enormous pressure to achieve. **4** (*Preis, Belohnung*) offer **5** (*aufhören*) stop ◇ *Sein Herz setzte aus* His heart stopped (beating). ◇ *Der Motor setzte plötzlich aus.* The engine suddenly stopped. **6** (RECHT) (*Strafe*) suspend; (*Verhandlung*) adjourn **7** (*eine Pause machen*) ◇ *Er setzte drei Jahre im Beruf aus.* He stopped work for three years. ◇ *eine Runde aussetzen* miss a turn ◇ *ein paar Tage mit der Arbeit aussetzen* take a few days off work **8** (*kritisieren*) ◇ *Er hatte nichts an dem Aufsatz auszusetzen.* He could find no fault with the essay. ◇ *Was hast du denn jetzt schon wieder auszusetzen?* What's wrong now? ◇ *Sie hat an allem etwas auszusetzen.* She finds fault with everything. ◇ *An seiner Leistung gab es einiges auszusetzen.* There were several things wrong with his work.

Aussicht **1** (*Ausblick*) view ◇ *eine Aussicht auf die Berge* a view of the mountains **2** (*Vorstellung*) prospect; (*Chance*) prospects [Pl] ◇ *die Aussicht eines vereinten Europa* the prospect of a united Europe ◇ *gute Aussichten auf dem Arbeitsmarkt* good job prospects ◇ *keine Aussicht auf Erfolg* no hope of success ◇ *Die Aussichten für die Zukunft sind schlecht.* The outlook is bleak. IDM **etw in Aussicht haben** ◇ *Er hat noch keine Lehrstelle in Aussicht.* He still hasn't had any offers of an apprenticeship. ◇ *Sie haben eine grö-*

ßere Wohnung in Aussicht. They have a good chance of getting a bigger flat. **jdm etw in Aussicht stellen** promise sb sth

aussichtslos hopeless **aussichtsreich** promising ◇ *eine aussichtsreiche Kandidatin* a promising candidate

aussieben (*Bewerber etc.*) weed *sb* out

aussiedeln (*vertreiben*) expel; (*emigrieren*) resettle

Aussiedler(in) = ethnic German (usually from Eastern Europe) who is given the right of residence in Germany

aussöhnen sich (mit jdm) ~ be reconciled (with sb)

Aussöhnung reconciliation

aussortieren sort *sth* out; (*wegwerfen*) throw *sth* out

ausspannen 1 (*Flügel*) spread **2** (*sich erholen*) unwind **3 jdm jdn ~** pinch sb from sb (*umgs*) ◇ *Er hat mir die Freundin ausgespannt.* He pinched my girlfriend.

aussperren jdn/sich ~ lock sb/yourself out

Aussperrung lockout

ausspielen 1 (*Kartenspiel*) ◇ *das Herzass ausspielen* play the ace of hearts ◇ *Wer spielt aus?* Whose lead is it? **2** (*zur Geltung bringen*) make use of *sth*, capitalize on *sth* ◇ *Sie spielte ihre Überlegenheit voll aus.* She made full use of her superiority. ◇ *Er konnte seine Stärke am Netz nicht ausspielen.* He wasn't able to capitalize on his strength at the net. **3 A gegen B ~** play A off against B ◇ *Sie hat ihre Eltern gegeneinander ausgespielt.* She played her parents off against each other.

ausspionieren (*in Erfahrung bringen*) find *sth* out; (*überwachen*) spy on *sb/sth*

Aussprache 1 (*Wort*) pronunciation **2** (*Akzent*) accent ◇ *Seine Aussprache im Englischen ist schlecht.* He doesn't have a good English accent. ◇ *Sie hat eine sehr undeutliche Aussprache.* She doesn't speak clearly. **3** (*Gespräch*) talk ◇ *Sie bat ihn um eine Aussprache.* She asked him if they could have a talk.

aussprechen 1 (*Wort*) pronounce ◇ *ein Wort richtig aussprechen* pronounce a word correctly **2** (*Wunsch, Meinung etc.*) express ◇ *Ich kann nur mein tiefes Bedauern aussprechen.* I can only express my profound regret. ◇ *Sie sprach ihm ein großes Lob aus.* She spoke very highly of him. ◇ *eine Empfehlung aussprechen* give a recommendation **3 sich (über etw) ~** talk (about sth); **sich mit jdm (über etw) ~** talk sth over with sb ◇ *Die beiden sprachen sich über ihre Probleme aus.* They talked their problems over. **4 sich für/gegen etw ~** be in favour of/against sth, (*AmE*) be in favor of/against sth **IDM** → VERTRAUEN

Ausspruch remark

ausspucken 1 (*spucken*) spit **2** (*Essen etc.*) spit *sth* out ◇ *den Kern ausspucken* spit out the stone (*fig*) ◇ *Spuck's aus!* Out with it!

ausspülen rinse *sth* out

Ausstand strike ◇ *in den Ausstand treten* go on strike ◇ *sich im Ausstand befinden* be on strike **IDM seinen Ausstand geben** have a leaving party

ausstatten jdn/etw (mit etw) ~ equip sb/sth with sth ◇ *ein gut ausgestattetes Jugendzentrum* a well-eqipped youth club ◇ *eine Wohnung ausstatten* furnish a flat ◇ *Sie sind nicht einmal mit dem Nötigsten ausgestattet.* They lack even the basic necessities.

Ausstattung 1 (*das Ausstatten*) equipping **2** (*Geräte*) equipment ◇ *Die Austattung war mangelhaft.* They didn't have the right equipment. ◇ *die technische Ausstattung des Gebäudes* the technical facilities of the building **3** (*Mittel*) ◇ *die finanzielle und personelle Ausstattung der Abteilung* the funding and staffing of the department **4** (*Einrichtung*) ◇ *Die Wohnung hat eine geschmackvolle Ausstattung.* The flat is tastefully furnished.

ausstechen 1 (*übertreffen*) outdo ◇ *Er versucht immer, seinen Bruder auszustechen.* He always tries to outdo his brother. **2** (*Auge*) ◇ *jdm ein Auge ausstechen* gouge sb's eye out ◇ *Bei dem Unfall wurde ihr ein Auge ausgestochen.* She lost an eye in the accident. **3** (*Plätzchen*) cut *sth* out

ausstehen 1 jdn/etw nicht ~ können not be able to stand sb/sth ◇ *Ich kann ihn einfach nicht ausstehen.* I simply can't stand him. ◇ *Er kann es nicht ausstehen, wenn man ihn bevormundet.* He hates being treated like a child. **2** (*erdulden*) suffer ◇ *Er stand Höllenqualen aus.* He suffered agonies. **3** (*bevorstehen*) be still to come ◇ *Eine Prüfung steht noch aus.* One exam is still to come. ◇ *Die Antwort steht noch aus.* We are still waiting for the answer. **IDM ausgestanden sein** be all over → *Siehe auch* TOD

aussteigen 1 (*Bus, Zug*) get off; (*Auto*) get out; (*Flugzeug*) leave **2** ◇ *aus der Gesellschaft aussteigen* drop out (of society)

Aussteiger(in) 1 dropout **2** = person wishing to leave an organization, etc. ◇ *Aussteiger-Programme für Rechtsextremisten* exit programmes for right-wing extremists

ausstellen 1 (*im Museum etc.*) exhibit; (*im Schaufenster*) display **2** (*Dokument, Rechnung etc.*) issue ◇ *einen Pass ausstellen* issue a passport ◇ *jdm eine Quittung ausstellen* give sb a receipt ◇ *einen Scheck ausstellen* write (out) a cheque ◇ *jdm ein Zeugnis ausstellen* write sb a reference **IDM** → ZEUGNIS

Ausstellung 1 exhibition **2** (*das Ausstellen von Dokumenten*) issuing

Ausstellungsstück exhibit

aussterben become extinct ◇ *Die Dinosaurier sind ausgestorben.* The dinosaurs are extinct. ◇ *vom Aussterben bedrohte Arten* endangered species

Ausstieg 1 exit ◇ *kein Ausstieg* no exit **2** (*Abbruch*) ◇ *Sie befürworten den Ausstieg aus der Atomenergie.* They're in favour of abandoning nuclear power. ◇ *sein Ausstieg aus dem Leistungssport* his retirement from competitive sport ◇ *der Ausstieg aus der Sucht* getting off drugs ◇ *Austieg aus der Gesellschaft* dropping out

ausstopfen stuff

Ausstoß 1 (WIRTSCH) output **2** (*Emission*) emission

ausstoßen 1 jdn (aus etw) ~ (*ausschließen*) expel sb (from sth) ◇ *Er wurde aus der Partei ausgestoßen.* He was expelled from the party. ◇ *Sie fühlen sich aus der Gesellschaft ausgestoßen.* They feel like social outcasts. **2** (*Schadstoffe, Gase*) emit; (*Atem*) expel **3** (*Schrei, Drohung etc.*) utter

ausstrahlen 1 (*senden*) broadcast **2** (*verbreiten*) radiate ◇ *Leichtigkeit und Anmut ausstrahlen* radiate grace and charm ◇ *Er strahlt Ruhe aus.* He emanates an air of calm.

Ausstrahlung 1 (TV) broadcast **2** (*Wirkung*) charisma ◇ *eine Frau mit Ausstrahlung* a woman with charisma ◇ *ihre sympathische Ausstrahlung* her friendly manner

ausstrecken 1 (*Arm, Bein*) stretch *sth* out; (*Hand*) put *sth* out ◇ *mit ausgestreckten Armen* with arms outstretched ◇ *Sie streckte die Hand aus.* She put out her hand. ◇ *Er streckte die Hand nach dem Salzstreuer aus.* He reached for the salt. **2 sich ~** stretch out **IDM** → FÜHLER

ausströmen 1 radiate (*auch fig*); (*Duft*) give off **2** (*Flüssigkeit*) pour out; (*Gas, Dampf*) escape ◇ *Irgendwo strömt hier Gas aus!* There's gas escaping somewhere!

aussuchen (sich) jdn/etw ~ choose sb/sth, pick sb/sth (*umgs*); (*sorgfältig auswählen*) select sb/sth ◇ *Sie suchten die besten Zehn unter den Bewerbern aus.*

They selected the ten best candidates. ◇ *Suchen Sie sich was aus.* Take your pick.

Austausch **1** exchange ◇ *der Austausch der Gefangenen* the exchange of prisoners **2** (*das Ersetzen*) (*meist mit einem Verb übersetzt*) ◇ *der Austausch des Motors* replacing the engine **3** (SPORT) (*eines Spielers*) substitution ◇ *der Austausch Müllers gegen Meier* the substitution of Meier for Müller **4** (*Dialog*) exchange ◇ *Selbsthilfegruppen fördern den Austausch zwischen Betroffenen.* Self-help groups promote the exchange of ideas and experiences amongst sufferers. ◇ *der Austausch von Erinnerungen* sharing memories

austauschen **1 jdn/etw (gegen jdn/etw) ~** exchange sb/sth (for sb/sth), swap sb/sth (for sb/sth) (*umgs*) ◇ *Gefangene austauschen* exchange prisoners **2** (*ersetzen*) replace; (*Spieler*) substitute ◇ *Du musst die Batterie austauschen.* The battery needs replacing. **3 sich (mit jdm) ~** exchange ideas (with sb); (*Erfahrungen*) share experiences (with sb) **4 etw (mit jdm) ~** (*Erinnerungen, Erfahrungen*) share sth (with sb)

Austauschschüler(in) exchange student ◇ *Er war als Austauschschüler in Rom.* He was in Rome on a student exchange.

austeilen **1** distribute, hand *sth* out (*umgs*); (*Essen auch*) serve **2** (*Karten*) deal **3** (*Schelte, Schläge etc.*) ◇ *Der kann ganz schön austeilen!* He can't half hand it out! ◇ *Er teilte nach allen Seiten hin aus.* He hit out angrily at everyone. ◇ *Er teilte Ohrfeigen aus.* He boxed their ears. ◇ *Sie teilte kräftig Tritte aus.* She kicked out hard.

Auster oyster

austherapiert ◇ *Der Patient ist austherapiert. Die Ärzte sind ratlos.* All the forms of treatment for the patient have been exhausted. The doctors don't know what to do. ◇ *Ich gelte als austherapiert.* They say my treatment options have been exhausted.

austoben **1 sich ~** run around; (*Dampf ablassen*) let off steam **2 sich ~ können** (*kreativ*) be given a free hand ◇ *Bei dem Projekt konnte der Architekt sich austoben.* The architect was given a free hand on the project. **3 sich ~** (*nachlassen*) die down ◇ *Das Unwetter hatte sich ausgetobt.* The storm had died down. **4 etw (an jdm) ~** (*Wut*) vent sth (upon sb)

austragen **1** (*liefern*) deliver **2** (*lösen*) resolve; (*ausfechten*) fight *sth* out ◇ *Sie trugen ihren Streit vor Gericht aus.* They fought it out in court. **3** (*Wettkampf etc.*) hold **4** ◇ *ein Kind voll austragen* carry a baby to full term ◇ *Sie will das Kind nicht austragen.* She doesn't want to have the baby. **5** (*Daten*) delete; **sich ~** cross your name off ◇ *Daten austragen* delete information ◇ *Sie trug sich aus der Liste aus.* She crossed her name off the list. IDM → RÜCKEN

Austragung (*oft mit einem Verb übersetzt*) **1** (*Wettbewerb*) holding ◇ *Probleme bei der Austragung von Turnierspielen* problems with holding tournaments **2** (*Konflikt*) resolution ◇ *die Austragung von Konflikten* resolving conflicts **3** (*Schwangerschaft*) ◇ *Die Austragung der Schwangerschaft erschien unzumutbar.* It seemed inadvisable to continue with the pregnancy.

Austragungsort venue

austräumen IDM → TRAUM

austreiben **1 jdm etw ~** (*abgewöhnen*) cure sb of sth **2** (*Teufel etc.*) exorcize; (*Winter*) banish **3** (*sprießen*) come into leaf; (*knospen*) come into bud ◇ *Die Linden treiben aus.* The lime trees are coming into leaf. ◇ *frisch austreiben* produce new growth **4** (*Vieh*) drive *sth* out (to pasture)

austreten **1 (aus etw) ~** (*entweichen*) escape (from sth) **2** (*löschen*) stamp *sth* out; (*Zigarette auch*) stub *sth* out with your foot **3** (*verlassen*) leave ◇ *aus der Kirche austreten* leave the Church

austrinken finish ◇ *Sie trank ihren Kaffee aus.* She finished her coffee. ◇ *Trink aus!* Drink up!

Austritt (*oft mit einem Verb übersetzt*) **1** resignation ◇ *seit ihrem Austritt aus der Partei* since she resigned from the party ◇ *Die Kirche hatte zahlreiche Austritte zu verzeichnen.* A large number of people are recorded as having left the Church. **2** (*Dämpfe, Öl etc.*) escape ◇ *ein Austritt von Giftgasen* an escape of poisonous chemicals ◇ *Sie konnten den Austritt von Gasen verhindern.* They managed to prevent gas escaping. ◇ *der Austritt von Kühlwasser aus dem Motor* coolant escaping from the engine

austrocknen **(etw) ~** dry (sth) up; (*vollständig*) dry (sth) out

ausüben **1** ◇ *Er übt den Beruf des Uhrmachers aus.* He is a watchmaker. ◇ *Sie hat Medizin studiert, den Beruf aber nie ausgeübt.* She studied medicine but never worked as a doctor. ◇ *die Art und Weise, wie er sein Amt ausübt* the way he carries out his duties ◇ *keine politische Funktion ausüben* have no political role **2** (*Macht*) exercise **3 etw (auf/über jdn/etw) ~** (*Druck, Kontrolle, Gewalt*) exert sth (on sb/sth); (*Faszination, Reiz*) hold sth (for sb)

Ausübung (*Macht, Recht*) exercise; (*Gewalt*) use; (*Religion*) practice, (*AmE*) practise (*oft mit einem Verb übersetzt*) ◇ *die Ausübung von Gewalt* the use of force ◇ *in Ausübung ihres Amtes* in the course of her duties ◇ *Sie wurde an der Ausübung ihres Berufes gehindert.* She was prevented from doing her job. ◇ *unter Ausübung von Druck* by exerting pressure

ausufern **1** get out of hand; (*Kosten*) run out of control **2** (*Gewässer*) overflow; (*Stadt*) sprawl

Ausverkauf **1** sale; (*wegen Geschäftsaufgabe*) closing down sale, (*AmE*) liquidation sale ◇ *Die haben gerade Ausverkauf.* They've got a sale on. ◇ *Ich habe es letzten Sommer im Ausverkauf gekauft.* I bought it in the sales last summer. **2** (*fig*) sell-out ◇ *ein Ausverkauf der Grundsätze der Partei* a sell-out of party principles

ausverkauft **1** sold out ◇ *Das Konzert war ausverkauft.* The concert was sold out. ◇ *Das Konzert ist noch nicht ausverkauft.* There are still tickets available for the concert. ◇ *Die sind momentan ausverkauft.* We're out of them at the moment. **2** (*voll besetzt*) ◇ *Das Spiel Herta gegen Schalke war vollständig ausverkauft.* There was a full house when Herta played Schalke. ◇ *vor ausverkauftem Haus spielen* play to a full house

Auswahl **1** (*das Auswählen*) selection (*oft mit einem Verb übersetzt*) ◇ *eine Auswahl treffen* make a selection ◇ *Du hast freie Auswahl!* You can choose. ◇ *Es standen mehrere Möglichkeiten zur Auswahl.* There were several options to choose from. **2** (*Sammlung, Angebot*) selection; (*Sortiment auch*) range ◇ *eine große Auswahl an Bettwäsche* a good selection of bed linen ◇ *Der Buchladen bietet wenig Auswahl.* The bookshop has a limited range. **3** (*Mannschaft*) team ◇ *Sie spielt zum ersten Mal in der Auswahl.* It's the first time she's been in the team.

auswählen **(sich) etw ~** choose sth; (*sorgfältiger*) select sth (*gehoben*)

Auswanderer, Auswanderin emigrant ◇ *Ihre Vorfahren waren Auswanderer aus Irland.* Their ancestors emigrated from Ireland.

auswandern emigrate ◇ *nach Amerika auswandern* emigrate to America

Auswanderung emigration ◇ *massenhafte Auswanderung* mass emigration ◇ *zur Auswanderung gezwungen werden* be forced to emigrate

auswärtig **1** not local ◇ *Sie besucht eine auswärtige Schule.* She doesn't go to a local school. ◇ *die auswärtigen Teilnehmer der Konferenz* the conference participants who don't live locally ◇ *eine Veranstaltung für Einheimische und Auswärtige* an event for local people and visitors **2** (SPORT) away ◇ *die auswärtige Mannschaft* the away team **3** (*das Ausland betreffend*) foreign [nur vor Nomen] ◇ *im auswärtigen Dienst tätig sein* work in the foreign service **4 das Auswärtige Amt** → AUSSENMINISTERIUM

auswärts **1** elsewhere ◇ *Die Jugendlichen fahren alle nach auswärts in die Disko.* The young people all go to discos elsewhere. ◇ *Sie kommen von auswärts.* They are not local. ◇ *auswärts essen* eat out **2** (SPORT) away ◇ *auswärts spielen* play away

Auswärtsspiel away match

auswechseln **1** change; **etw gegen etw ~** replace sth with sth **2** (SPORT) substitute

Ausweg way out; (*Lösung*) solution

ausweglos hopeless

ausweichen **1 jdm ~** get out of the way of sb/sth ◇ *Der Fußgänger konnte dem Radfahrer nicht ausweichen.* The pedestrian didn't manage to get out of the cyclist's way. **2** (*Fahrer, Auto*) **(jdm/etw) ~** swerve (to avoid sb/sth) ◇ *nach rechts ausweichen* swerve to the right ◇ *Das Auto wich dem Fußgänger gerade noch aus.* The car swerved and just managed to avoid hitting the pedestrian. **3** (*Schlag*) dodge sb/sth ◇ *Der Boxer wich dem Hieb nach links aus.* The boxer dodged the punch by moving to the left. **4 jdm/etw ~** (*meiden*) avoid sb/sth; (*Frage*) evade sth ◇ *Sie wich seinen Blicken aus.* She avoided his eyes. ◇ *Er konnte der Entscheidung nicht länger ausweichen.* He couldn't put off the decision any longer. **5 auf etw ~** (*ersatzweise*) ◇ *Können wir auf einen anderen Termin ausweichen?* Can we change it to another date/time? ◇ *Bitte weichen Sie auf andere Verkehrsmittel aus.* Please use other means of transport.

ausweichend evasive (*Adv* evasively) ◇ *Sie äußerte sich nur ausweichend dazu.* She was evasive about it. ◇ *eine ausweichende Antwort geben* answer evasively

ausweinen **1 sich ~** cry; (*zu Ende weinen*) finish crying ◇ *Lass sie sich ausweinen.* Let her cry. ◇ *Wein dich ruhig aus.* Have a good cry. **2 sich/etw bei jdm ~** cry on sb's shoulder ◇ *Sie weinte ihren Kummer bei ihm aus.* She cried on his shoulder. **3 sich bei jdm über etw ~** have a good moan to sb about sth IDM → AUGE

Ausweis **1** (*Personal-*) identity card; (*Reisepass*) passport; (*Studenten-*) student card; (*Mitglieds-*) membership card; (*Park-*) parking permit **2** (*Zeichen*) sign

ausweisen **1** deport; (*Diplomaten*) expel ◇ *Sie wurden aus Belgien ausgewiesen.* They were deported from Belgium. **2 sich ~** ◇ *Können Sie sich ausweisen?* Do you have any identification? ◇ *Er wies sich als Polizist aus.* He showed his police ID. **3 (jdn als etw) ~** (*beweisen*) show (sb to be sth) ◇ *wie empirische Ergebnisse ausweisen* as empirical results show ◇ *Ihre Haltung wies sie als Demokratin aus.* Her attitude showed her to be a democrat. **4** (*Gewinn, Verlust*) declare **5** (*bestimmen*) designate; (*bereitstellen*) allocate ◇ *Die Stadt hat ein neues Gewerbegebiet ausgewiesen.* The city has designated a new area for industrial development. ◇ *Für das Projekt sollen 20 Millionen ausgewiesen werden.* 20 millions are to be allocated to the project.

Ausweispapiere identity papers [Pl] ◇ *gefälschte Ausweispapiere* false identity papers ◇ *Sie hatte keinerlei Ausweispapiere bei sich.* She didn't have any form of identification on her.

Ausweisung **1** deportation; (*Diplomat*) expulsion ◇ *die Ausweisung aus einem EU-Mitgliedsstaat* deportation from an EU country **2** (*Bestimmung*) designation; (*Bereitstellung*) allocation (*oft mit einem Verb übersetzt*) ◇ *Man beschloss die Ausweisung des Gebietes als Wasserschutzgebiet.* It was decided to designate the area a water conservation area.

ausweiten **1** (*erweitern, vergrößern*) expand; (*Reform, Ermittlungen, Streik*) extend ◇ *Das Turnier soll auf 16 Mannschaften ausgeweitet werden.* The tournament is to be expanded to include 16 teams. **2 sich (auf etw) ~** spread (to sth) ◇ *Der Brand weitete sich auf das Hauptgebäude aus.* The fire spread to the main building. **3 sich (zu etw) ~** escalate (into sth) ◇ *Ein Feuer kann sich schnell zum Flächenbrand ausweiten.* Fire can quickly escalate into a full-scale conflagration. **4 sich um etw ~** increase by sth ◇ *Die Produktion weitete sich um Milliarden aus.* Production increased by billions. **5 sich ~** (*sich dehnen*) stretch ◇ *Die Schuhe weiten sich beim Tragen aus.* The shoes will stretch when you wear them. ◇ *eine ausgeweitete Strickjacke* a shapeless cardigan

Ausweitung expansion; (*Verlängerung*) extension (*meist mit einem Verb übersetzt*) ◇ *Es wurde eine Ausweitung des Hilfsprogramms beschlossen.* It was decided to expand the aid programme. ◇ *Man befürchtete eine Ausweitung des Krieges auf die gesamte Region.* It was feared the war might spread to the whole region.

auswendig (off) by heart ◇ *Lernt das Gedicht auswendig.* Learn the poem by heart. ◇ *Er konnte alle Strophen auswendig.* He knew all the verses by heart. ◇ *etw auswendig vorspielen* play sth from memory IDM **etw in- und auswendig kennen** know sth inside out

auswerfen **1** (*Angel, Netz etc.*) cast ◇ *den Anker auswerfen* cast anchor **2** (*Kassette, Patronenhülse etc.*) eject **3** (*Lava*) spew *sth* out; (*Auswurf*) cough *sth* up **4** (*Waren*) turn *sth* out **5** (*Prämien etc.*) pay *sth* out

auswerten analyse, (*AmE*) analyze; (*bewerten*) evaluate

Auswertung analysis; (*Bewertung*) evaluation (*oft mit einem Verb übersetzt*) ◇ *Sie begann mit der Auswertung der Versuchsergebnisse.* She started to analyse the results of the experiment.

auswickeln unwrap

auswildern release *sth* into the wild ◇ *In Kalifornien wurden über 100 Kondore ausgewildert.* Over 100 condors were released into the wild in California.

Auswilderung release into the wild

auswirken **sich (auf jdn/etw) ~** have an effect (on sb/sth) ◇ *Die Steuerreform wirkte sich nachteilig auf die Wirtschaft aus.* The tax reform had an adverse effect on the economy. ◇ *Wie wirkt sich das auf die Gesundheit aus?* What effect does this have on your health?

Auswirkung effect; (*Folge*) consequence [meist Pl] ◇ *Die Ölpest hatte verheerende Auswirkungen auf die Tierwelt.* The oil spill had a devastating effect on wildlife. ◇ *Das Wahlergebnis hatte eine unerwartete Auswirkung auf die Zukunft des Landes.* The election result had unexpected consequences for the country's future.

auswischen **1** (*Glas etc.*) wipe; (*Schrank, Schublade etc.*) wipe *sth* out ◇ *sich die Augen auswischen* wipe your eyes ◇ *den Schrank feucht auswischen* wipe out the cupboard with a damp cloth **2** (*an einer Tafel*) rub *sth* out IDM **jdm eins auswischen** **1** get one over on sb **2** (*aus Rache*) get your own back on sb

auswringen wring *sth* out

Auswuchs **1** (*am Körper, an Pflanzen*) growth **2** (*fig*) excess ◇ *Auswüchse der Gewalt* excesses of violence ◇ *krankhafte Auswüchse der Fantasie* products of a diseased imagination

auszahlen **1 (jdm) etw ~** (*Prämie, Gewinn, Anteil*) pay *sth* out (to sb) ◇ *Sie ließ sich ihr Erbteil auszahlen.* She had her portion of the inheritance paid out to her. ◇

den Arbeitern ihren Lohn auszahlen pay the workers their wages ◇ *sich einen Scheck auszahlen lassen* cash a cheque **2 jdn ~** (*Teilhaber*) buy sb out; (*Arbeitnehmer*) pay sb off **3 sich ~** pay off ◇ *Die Mühe zahlte sich aus.* The hard work paid off.

auszählen 1 count ◇ *die Stimmen auszählen* count the votes **2 jdn ~** (*beim Boxen*) count sb out

Auszahlung 1 (*von Prämien, Gewinnen, Anteilen*) payment ◇ *eine Auszahlung in bar* a payment in cash **2** (*eines Teilhabers*) buying out; (*eines Arbeitnehmers*) paying off

Auszählung counting

auszehren (*schwächen*) waste, debilitate; (*erschöpfen*) drain, exhaust ◇ *sein ausgezehrter Körper* his wasted body ◇ *Die vielen Sorgen haben sie ausgezehrt.* All the worry has drained her.

Auszehrung 1 (MED) emaciation [U] **2** (*fig*) erosion; (*finanziell*) underfunding

auszeichnen 1 (*Waren*) label; (*mit einem Preis*) price ◇ *Die Artikel sind einzeln ausgezeichnet.* The items are individually priced. **2 jdn/etw (mit etw) ~** honour sb/sth (with sth), (*AmE*) honor sb/sth (with sth); (*mit einem Preis, Orden*) award (sth) to sb/sth ◇ *Er wurde ausgezeichnet, weil er ein Kind gerettet hatte.* He was honoured for rescuing a child. ◇ *Sie wurde mit dem Nobelpreis ausgezeichnet.* She was awarded the Nobel Prize. ◇ *Er wurde als bester Schauspieler ausgezeichnet.* He won the best actor award. **3** (*charakteristisch sein*) set *sb/sth* apart ◇ *Ihre Intelligenz zeichnet sie vor allen anderen aus.* Her intelligence sets her apart from all the rest. ◇ *Was zeichnet eigentlich eine Europaschule aus?* What's special about a European school? **4 sich (durch etw) ~** distinguish yourself (by sth) ◇ *Sie zeichnete sich im Sport aus.* She distinguished herself in sport. ◇ *Die Schule zeichnet sich durch kleine Klassen aus.* One of the distinguishing features of the school is small classes. ◇ *Kinder, die sich durch gute Leistungen auszeichnen* children whose achievements make them stand out

Auszeichnung 1 (*von Waren*) labelling; (*mit einem Preis*) pricing **2** (*Preis, Titel*) award; (*Orden*) decoration ◇ *Ihm wurde eine Auszeichnung verliehen.* He received an award. **3** (*Ehrung*) honour, (*AmE*) honor ◇ *Die Einladung an sich war schon eine Auszeichnung.* The invitation was an honour in itself. **4** (*das Auszeichnen mit einer Medaille etc.*) awarding ◇ *die Auszeichnung der Politiker mit dem Nobelpreis* the awarding of the Nobel Prize to the politicians IDM **mit Auszeichnung** with distinction

Auszeit 1 (SPORT) timeout **2** break; (*Sabbatjahr*) sabbatical ◇ *Ein Wellness-Wochenende ist eine Auszeit vom Alltag.* A spa weekend is a break from everyday life. ◇ *Ich möchte ein Sabbatjahr, also ein Jahr Auszeit vom Job, nehmen.* I'd like to take a sabbatical and have a year out from my job. ◇ *In letzter Zeit ist es in Mode gekommen, eine Auszeit im Kloster zu nehmen.* Recently the idea of going on a retreat in a monastery has become fashionable

ausziehbar (*Tisch*) extending; (*Leiter*) extendable; (*Sofa*) convertible

ausziehen 1 (*Tisch, Leiter etc.*) extend; (*Sofa*) pull *sth* out **2 (sich) etw ~** (*Kleidungsstück*) take sth off ◇ *Er zog sich den Mantel aus.* He took his coat off. ◇ *Sie hat dem Kind die Schuhe ausgezogen.* She took off the child's shoes. **3 jdn ~** undress sb **4 sich ~** get undressed, undress (*gehoben*) ◇ *Er kann sich schon selbst ausziehen.* He can already get undressed by himself. ◇ *sich nackt ausziehen* take all your clothes off ◇ *sich bis auf die Unterwäsche ausziehen* strip to your underwear **5 (aus etw) ~** (*umziehen*) move out (of sth) ◇ *Wir sind letztes Jahr aus der Wohnung ausgezogen.* We moved out of the flat last year. ◇ *Sie ist von zu Hause ausgezogen.* She has left home. **6 (aus etw) ~** (*herauskommen*) move out (of sth) ◇ *Die Prozession zog feierlich aus der Kirche aus.* The procession moved solemnly out of the church. **7 (jdm/sich) etw ~** (*herausziehen*) pull sth out ◇ *Unkraut ausziehen* pull out weeds ◇ *einen Nagel mit der Zange ausziehen* pull a nail out with pliers ◇ *Er zog sich den Splitter aus.* He pulled out the splinter.

Auszubildende(r) trainee

Auszug 1 (*Umzug*) move ◇ *Sie will uns beim Auszug helfen.* She wants to help us with the move. ◇ *der Auszug der Kinder aus dem Elternhaus* children leaving (their parents') home **2** (*feierlich*) procession ◇ *ein feierlicher Auszug* a solemn procession **3** (*Konto-*) statement **4** (*Pflanzenextrakt etc.*) extract **5** (*Ausschnitt*) excerpt ◇ *Auszüge aus „Don Carlos“* excerpts from 'Don Carlos'

auszugsweise in excerpts ◇ *einen Artikel auszugsweise veröffentlichen* publish excerpts of an article

auszupfen (*Unkraut*) pull *sth* out; (*Haare*) pluck *sth* out

autark self-sufficient

authentisch authentic (*Adv* authentically); (*Geschichte, Bericht*) true

Authentizität authenticity

Autismus autism

Autist(in) person with autism ◇ *In der Schule werden auch Autisten unterrichtet.* Children with autism are also taught at the school. ◇ *Ihr Sohn ist Autist.* Their son is autistic.

autistisch autistic (*Adv* autistically)

Auto car ◇ *Fahrt ihr mit dem Auto oder mit der Bahn?* Are you going by car or train? ◇ *jdn im Auto mitnehmen* give sb a lift in the car ◇ *mit dem Auto in der Stadt unterwegs sein* be out driving in town ◇ *Er fährt gut Auto.* He is a good driver. ◇ *Er kann noch nicht Auto fahren.* He can't drive yet.

Autoabgase (car) exhaust fumes [Pl]

Autobahn motorway, (*AmE*) freeway ◇ *Sollen wir Autobahn oder Landstraße fahren?* Shall we take the motorway or the country roads?

Autobahnabfahrt, Autobahnausfahrt motorway exit, (*AmE*) freeway exit ◇ *die Autobahnausfahrt Vechta* the motorway exit for Vechta **Autobahnauffahrt** slip road, (*AmE*) access road **Autobahnbrücke** motorway bridge, (*AmE*) freeway bridge **Autobahngebühr** motorway toll, (*AmE*) freeway toll **Autobahnkreuz** motorway junction, (*AmE*) freeway intersection **Autobahnraststätte** motorway service area, (*AmE*) freeway rest area **Autobahnvignette** → VIGNETTE **Autobahnzubringer** motorway feeder road, (*AmE*) freeway feeder road

Autobiografie autobiography

autobiografisch autobiographical ◇ *Seine Romane sind autobiografisch geprägt.* His novels are partly autobiographical.

Autobus bus → *Beispiele bei* BUS

Autodidakt(in) self-taught person ◇ *Sie ist Autodidaktin.* She is self-taught.

Auto- Autodieb car thief **Autofähre** car ferry **Autofahrer(in)** (car) driver ◇ *Sie ist eine gute Autofahrerin.* She is a good driver. **Autofahrt** drive; (*längere Reise*) car journey ◇ *Es sind drei Stunden Autofahrt.* It's a three-hour drive. **autofrei** car-free

autogen ◇ *autogenes Training* autogenic training

Autogramm autograph

Auto- Autohändler(in) car dealer **Autohersteller** car manufacturer **Autoindustrie** motor industry **Autokennzeichen** car registration number, (*AmE*) license plate number **Autokino** drive-in cinema, (*AmE*) drive-in

Automat **1** (*Verkaufs-*) vending machine ◇ *Fahrkarten/Schokolade aus dem Automaten ziehen* get tickets/chocolate from the machine **2** (*Spiel-*) slot machine **3** (*Geld-*) cash machine **4** (*in Fabriken, auch abwertend für Menschen*) machine
Automatikwagen automatic
automatisch automatic (*Adv* automatically)
automatisieren automate
Automatisierung automation
Automechaniker(in) car mechanic
autonom autonomous (*Adv* autonomously)
Autonome(r) = member of a radical grouping that claims not to subscribe to any ideology
Autonomie autonomy
Autor(in) author
Auto- **Autoradio** car radio **Autorennen** motor race; (*Sportart*) motor racing
autorisieren authorize ◇ *Wir sind dazu nicht autorisiert.* We are not authorized to do that.
autoritär authoritarian ◇ *eine autoritäre Erziehung* an authoritarian upbringing ◇ *ein autoritär regiertes Land* a country with an authoritarian government
Autorität authority ◇ *Der Lehrer hat keine Autorität.* The teacher has no authority. ◇ *Sie gilt als Autorität auf diesem Gebiet.* She is considered an authority in this field. ◇ *die regionalen Autoritäten* the regional authorities
Auto- **Autoschlüssel** car key **Autostunde** ◇ *Das Dorf liegt eine Autostunde westlich von Berlin.* The village is an hour's drive west of Berlin **Autotelefon** car phone **Autounfall** car accident **Autovermietung** car hire, (*AmE*) car rental **Autowaschanlage** car wash **Autowerkstatt** garage **Autowrack** wrecked car
autsch → AU
avancieren **zu etw ~** become sth; (*aufrücken*) be promoted to sth ◇ *Das Buch avancierte zum Bestseller.* The book became a bestseller. ◇ *Sie avancierte zur Geschäftsführerin.* She was promoted to manager.
Avantgarde avant-garde
avantgardistisch avant-garde
Avatar (COMP) avatar
Aversion **~ (gegen jdn/etw)** aversion (to sb/sth)
Avocado avocado
Axt axe
Azubi → AUSZUBILDENDE(R)
azurblau azure → *Beispiele bei* BLAU

B b

B, b **1** B, b → *Beispiele bei* A **2** (MUS) B flat IDM → A
Baby baby ◇ *Sie bekommt ein Baby.* She's having a baby.
Babynahrung baby food **Babypause** career break to have children **babysitten** babysit **Babysitter(in)** babysitter **Babyspeck** puppy fat, (*AmE*) baby fat
Bach stream
Backblech baking tray
Backbord port ◇ *nach Backbord* to port
Backe (*Gesicht*) cheek ◇ *Sie hat eine dicke Backe.* Her cheek is swollen.
backen **1** bake ◇ *Ich backe gern.* I like baking. **2** (*Brot etc.*) make, bake ◇ *einen Kuchen backen* bake a cake **3** ◇ *Die Pizza muss 15 Minuten backen.* The pizza goes in the oven for 15 minutes. **4** (*in Fett*) fry
Backen- **Backenknochen** cheekbone **Backenzahn** back tooth, molar (*Fachspr*)
Bäcker(in) baker ◇ *beim Bäcker* at the baker's
Bäckerei (*Laden*) baker's; (*Backstube*) bakery
Back- **Backform** cake tin, baking tin, (*AmE*) baking pan **Backmischung** cake/bread mix **Backobst** dried fruit **Backofen** oven **Backpflaume** prune **Backpulver** baking powder **Backstein** brick
Bad **1** (*in der Badewanne*) bath **2** (*im Meer etc.*) (*meist mit einem Verb übersetzt*) ◇ *Ein Bad im Rhein ist nicht zu empfehlen.* It's not a good idea to swim in the Rhine. **3** (*Zimmer*) bathroom IDM **ein Bad in der Menge nehmen** (*Staatschef*) go on a walkabout; (*Star*) mingle with the fans
Bade- **Badeanzug** swimming costume, swimsuit **Badehose** swimming trunks [Pl] **Badekappe** bathing cap **Bademantel** bathrobe **Bademeister(in)** swimming pool attendant **Bademütze** bathing cap
baden **1** have a bath, (*bes AmE*) take a bath ◇ *heiß/kalt baden* have a hot/cold bath **2** (*Baby etc.*) bath, (*AmE*) bathe ◇ *ein Baby baden* bath a baby **3** (*Wunde etc.*) bathe **4** (*schwimmen*) swim IDM **bei etw/mit etw baden gehen** come a cropper with sth (*umgs*) ◇ *Beim Endspiel ging die Mannschaft baden.* The team came a cropper in the final.
Bade- **Badeort** (*Seebad*) seaside resort; (*Kurort*) spa **Badetuch** bath towel **Badewanne** bath, (*bes AmE*) bathtub, tub (*umgs*) ◇ *in der Badewanne sitzen* be in the bath ◇ *in die Badewanne steigen* get into the bath **Badezimmer** bathroom
Badminton badminton ◇ *Badminton spielen* play badminton
baff flabbergasted, gobsmacked (*umgs*) ◇ *Ich war völlig baff, als ich das hörte.* I was absolutely flabbergasted when I heard. ◇ *Da bist du baff!* That's knocked you sideways!
BAföG, Bafög ≈grant ◇ *Bafög beantragen* apply for a grant
Bagatelle ◇ *eine Bagatelle sein* be trivial
bagatellisieren trivialize, play *sth* down ◇ *Wenn Doping geduldet oder bagatellisiert wird, schadet das dem Ansehen des Sports.* If doping is tolerated or trivialized, it damages the reputation of the sport. ◇ *Sie versuchten, den Vorfall zu bagatellisieren.* They tried to play down the incident.
Bagger digger, excavator
Baggerführer(in) digger driver
baggern **1** (*Bauwesen, Volleyball*) dig ◇ *Sie baggern eine Grube für die neue Sporthalle.* They're digging the foundations for the new sports centre. **2** (*flirten*) be on the pull (*Slang*)
Baggersee = lake (formed from a gravel pit)
Baguette baguette
Bahn **1** (*Eisen-*) train, rail (*offiz*) ◇ *Wir fahren mit der Bahn.* We're going by train. ◇ *Die Güter werden mit der Bahn transportiert.* The goods are transported by rail. **2** (*Netz*) railway [oft Pl], (*AmE*) railroad ◇ *Er arbeitet bei der Bahn.* He works on the railways. **3** (*Aschen-*) track; (*Spur*) lane ◇ *Der Weltmeister startet auf der dritten Bahn.* The champion is running in lane three. **4** (*Stoff, Tapete*) length **5** (*Stern, Satellit, Rakete*) path; (*Umlaufbahn*) orbit **6** (*fig*) ◇ *etw in die richtige Bahn lenken* put sth on the right track ◇ *Ihr Leben verläuft in geregelten Bahnen.* She leads an ordered life. IDM **auf die schiefe Bahn geraten** go astray **jdn aus der Bahn werfen** throw sb off course **freie Bahn** ◇ *Sie mussten dem Rettungswagen freie Bahn verschaffen.* They had to clear a way for the ambulance. (*fig*) ◇ *Die Regierungsumbildung gab dem Präsidenten freie Bahn für seine Wirtschaftsreform.* After the cabinet

reshuffle, the way was clear for the president's economic reform.
Bahnarbeiter(in) railway worker, (*AmE*) railroad worker **bahnbrechend** revolutionary **Bahndamm** embankment

bahnen **1 sich einen Weg ~** force your way through ◇ *Sie bahnten sich mühsam einen Weg durch die Schaulustigen.* They forced their way through the onlookers. **2 den Weg für etw ~** pave the way for sth

Bahnfahrt train journey ◇ *eine lange Bahnfahrt* a long train journey ◇ *Was kostet eine Bahnfahrt nach Hamburg?* How much is the rail fare to Hamburg?

Bahnhof (railway) station, (*AmE*) railroad station ◇ *Ich hole dich am Bahnhof ab.* I'll meet you at the station.
Bahnhofshalle station concourse **Bahnhofsvorsteher(in)** station manager

Bahn- **Bahnlinie** railway line, (*AmE*) railroad tracks [Pl] **Bahnsteig** platform **Bahnübergang** level crossing, (*AmE*) railroad crossing **Bahnverbindung** rail connection

Bahre (*für Verletzte*) stretcher; (*für Tote*) bier

Baiser meringue

Bakterie bacterium [meist Pl] ◇ *Bakterien abtöten* destroy bacteria

Balance balance (*auch fig*) ◇ *Der Turner verlor die Balance.* The gymnast lost his balance. ◇ *die richtige Balance finden/treffen* find/strike the right balance
Balanceakt balancing act (*auch fig*)

balancieren **1** (*sich im Gleichgewicht halten*) keep your balance ◇ *auf einem Stein balancieren* keep your balance on a rock ◇ *Wir mussten über einen Baumstamm balancieren, um auf die andere Seite des Flusses zu gelangen.* We had to walk along a tree trunk to cross the river. **2 etw (auf etw) ~** balance sth (on sth)

bald **1** (*in kurzer Zeit*) soon ◇ *Es wird bald dunkel.* It will soon be dark. **2** (*fast*) nearly ◇ *eine Stadt mit bald 50 000 Einwohnern* a town of nearly 50 000 inhabitants **IDM** **Bis bald!** See you soon! **Wird's bald!** Get a move on! → *Siehe auch* KRACHEN

baldig speedy ◇ *jdm eine baldige Genesung wünschen* wish sb a speedy recovery ◇ *Beide Parteien hoffen auf eine baldige Einigung.* Both parties hope to reach an agreement soon.

Baldrian valerian

Balg (*Kind*) kid; (*frech, verwöhnt*) brat (*abwert*)

balgen **sich (mit jdm) (um etw) ~** scrap (with sb) (over sth)

Balken (*aus Holz, Schwebe-*) beam; (*aus Stahl*) girder; (*Quer-*) joist; (*Stütz-*) prop ◇ *ein tragender Balken* a supporting beam **IDM** **lügen, dass sich die Balken biegen** lie through your teeth

Balkon **1** balcony **2** (*Theater*) circle, (*AmE*) balcony ◇ *Wo möchtest du sitzen? Balkon oder Parkett?* Would you rather sit in the circle or the stalls?

Ball¹ **1** ball **2** (*Schlag, Schuss, Wurf*) shot; (*Pass*) pass **IDM** **am Ball bleiben** **1** (*Sport*) keep possession of the ball; stick with it **2** (*fig*) not give up

Ball² (*Tanz*) ball ◇ *auf einen Ball gehen* go to a ball ◇ *auf dem Ball* at the ball

Ballade ballad

Ballast **1** (NAUT) ballast **2** (*fig*) dead wood
Ballaststoffe roughage [U], fibre [U], (*AmE*) fiber [U]

ballen **1** (*Faust*) clench ◇ *Sie ballte die Hand zur Faust.* She clenched her fist. **2 sich ~** be concentrated **IDM** → FAUST

Ballen **1** (*Stroh etc.*) bale **2** (*Fuß-*) ball of the foot

Ballerina ballerina

ballern fire

Ballett ballet ◇ *ins Ballett gehen* go to the ballet
Balletttänzer(in) ballet dancer

Ball- **Balljunge** ballboy **Ballkleid** ball gown **Ballmädchen** ballgirl

Ballon balloon; (*Heißluft- auch*) hot-air balloon ◇ *eine Fahrt im Ballon* a hot-air balloon trip

Ballspiel ball game

Ballungsgebiet, **Ballungsraum** conurbation, large urban area

Balsam balm (*auch fig*)

Bambus **1** (*Pflanze*) bamboo **2** (*Material*) cane ◇ *ein Stuhl aus Bambus* a cane chair
Bambussprossen bamboo shoots [Pl]

Bammel fear; **~ haben** be scared

banal (*Frage, Antwort, Bemerkung*) trite; (*Tatsache*) obvious; (*Anlass*) ordinary

Banalität banality; (*Feststellung auch*) platitude

Banane banana
Bananenschale banana skin

Banause philistine

Band¹ *das* **1** tape; (*Seiden-*) ribbon **2** (ANAT) ligament **3** (*Förder-*) conveyor belt; (*Fließ-*) assembly line **IDM** **am laufenden Band** non-stop; continuously

Band² *das* (*Fessel*) tie, bond ◇ *familiäre Bande* family ties ◇ *freundschaftliche Bande* bonds of friendship **IDM** → RAND

Band³ *der* volume

Band⁴ *die* band [mit Verb im Sing/Pl]

Bandbreite **1** (COMP, RADIO) bandwidth **2** (*Vielfalt*) range ◇ *die ganze Bandbreite der Gefühle* the whole range of emotions

Bande¹ (*Stadion*) edge; (*Eisbahn*) boards [Pl]

Bande² (*Gruppe*) gang [mit Verb im Sing/Pl]
Bandenkrieg gang warfare [U] **Bandenmitglied** member of a/the gang

Bänderriss torn ligament

bändigen tame; (*Kinder, Naturkräfte*) bring *sb/sth* under control

Bandscheibe disc

bang, bange anxious, frightened

Bange fear ◇ *Keine Bange!* Don't worry! **IDM** → ANGST

bangen **1 um etw ~** be worried about sth; (*Leben, Sicherheit*) fear for sth **2 um jdn ~** be worried about sb ◇ *Die Firma bangt um ihre Kunden.* The company is worried about losing its customers. **3 jdm bangt es vor etw** sb is afraid of sth

Banjo banjo ◇ *Sie spielt Banjo.* She plays the banjo.

Bank¹ (*zum Sitzen*) seat; (*Park-, Sport*) bench **IDM** **etw auf die lange Bank schieben** put sth off **durch die Bank** every single one ◇ *Die Kinder sind durch die Bank selbstsicherer geworden.* Every single one of the children has become more confident. **vor leeren Bänken spielen** play to an empty house

Bank² (*Kreditinstitut*) bank ◇ *ein Konto bei einer Bank haben* have an account with a bank
Bankangestellte(r) bank clerk

Banker(in) banker

Bankett reception

Bankgeheimnis banking secrecy

Bankier banker

Bank- **Bankkauffrau, -kaufmann** (senior) bank officer **Bankkonto** bank account **Banklehre** training as a bank clerk ◇ *eine Banklehre machen/absolvieren* start/complete training as a bank clerk **Bankleitzahl** (branch) sort code **Banknote** banknote, (*AmE meist*) bill **Bankraub** bank robbery **Bankräuber(in)** bank robber

bankrott bankrupt

Bankrott bankruptcy (*auch fig*) ◇ *Bankrott machen* go bankrupt
bankrottgehen go bankrupt
Banküberfall bank raid
Bann spell IDM **jdn in seinen Bann ziehen/schlagen** captivate sb
bannen 1 (*fesseln*) entrance ◇ *Sie waren von der Geschichte völlig gebannt.* They were completely entranced by the story. **2** (*auf Film etc.*) capture **3** (*Gefahr*) avert; (*Geister*) ward *sth* off ◇ *Die Seuchengefahr ist gebannt.* The threat of an epidemic has been averted.
Banner banner (*auch fig*)
Bannerwerbung (COMP) banner advertising [U]
Bannmeile = restricted area around government buildings
bar (in) cash ◇ *bar zahlen* pay (in) cash ◇ *500 Dollar in bar* 500 dollars in cash IDM → MÜNZE
Bar (*Lokal, Theke*) bar
Bär(in) bear IDM **jdm einen Bären aufbinden** have sb on → *Siehe auch* HUNGER
Baracke hut
barbarisch 1 (*grausam*) barbaric (*Adv* barbarically) **2** (*sehr, unheimlich*) terrible (*Adv* terribly) ◇ *Hier stinkt's barbarisch.* There's a terrible smell in here.
Bären- Bärenhunger einen ~ haben be ravenous
bärenstark 1 (*kräftig*) as strong as an ox **2** (*sehr gut*) brilliant
barfuß barefoot ◇ *barfuß gehen* go barefoot
barfüßig barefoot
Bargeld cash
bargeldlos 1 *Adj* (*Zahlungssystem, Gesellschaft*) cashless; (*Zahlungsmethode*) non-cash **2** *Adv* by electronic payment
Bariton 1 (*Sänger, Stimme*) baritone ◇ *Er ist Bariton.* He's a baritone. **2** (*Partie*) baritone part
Barkeeper(in) barman, barmaid, (*bes AmE*) bartender
barmherzig 1 (*freundlich*) kind (*Adv* kindly) **2** (REL) merciful (*Adv* mercifully) **3** ◇ *der barmherzige Samariter* the Good Samaritan
Barmherzigkeit compassion; (*Gnade*) mercy
barock baroque
Barock (*Periode*) baroque period; (*Stil*) baroque (style)
Barockkirche baroque church **Barockmusik** baroque music
Barometer barometer (*auch fig*)
Baron(in) baron, baroness
Barren 1 (SPORT) parallel bars [Pl] **2** (*Edelmetall*) bar; (*Gold oft auch*) ingot
Barriere barrier (*auch fig*) ◇ *sprachliche Barrieren abbauen* break down the language barrier
barrierefrei accessible ◇ *barrierefreie Restaurants* accessible restaurants ◇ *Für Menschen mit Gehbehinderungen ist es wichtig, barrierefrei zu wohnen.* It is important for people with mobility problems to have accessible accommodation. **Barrierefreiheit** accessibility
Barrikade barricade IDM **auf die Barrikaden gehen 1** (*demonstrieren*) take to the streets **2** (*sich aufregen*) be up in arms **jdn auf die Barrikaden treiben 1** (*zum Protest zwingen*) drive sb to take action **2** (*wütend machen*) have sb up in arms
barsch (*Kritik, Ton, Antwort*) sharp (*Adv* sharply); (*Absage*) blunt (*Adv* bluntly)
Barsch perch
Barscheck open cheque, (*AmE*) open check
Bart 1 beard; (*Schnurrbart*) moustache, (*AmE*) mustache **2** (*bei Katzen, Mäusen, Robben*) whiskers [Pl]; (*bei Ziegen, Vögeln, Getreide*) beard **3** (*am Schlüssel*) bit IDM **(so) einen Bart haben** be old hat **etw in seinen Bart brummen** mumble sth (to yourself) → *Siehe auch* HONIG
bärtig ◇ *ein bärtiger Mann* a man with a beard ◇ *ein bärtiges Gesicht* a bearded face ◇ *der Bärtige* the man with the beard
Basalt basalt
Basar 1 bazaar **2** (*Wohltätigkeits-*) fete, (*AmE*) carnival
Base (*Chemie*) base
basieren auf etw ~ be based on sth ◇ *Der Film basiert auf einer wahren Begebenheit.* The film is based on a real event.
Basilika basilica
Basilikum basil
Basis 1 (*Grundlage, Voraussetzung*) basis ◇ *auf freiwilliger Basis* on a voluntary basis ◇ *eine solide Basis für etw schaffen/legen* lay a firm foundation for sth ◇ *Das Projekt fand Zustimmung auf breiter Basis.* The project met with widespread approval. **2** (POL) grass roots [Pl] **3** (MIL, ARCHIT, MATH) base ◇ *Die Staffel kehrte zur Basis zurück.* The squadron returned to base.
Basisarbeit 1 (*Beschäftigung mit den Menschen an der Basis*) work at the grass roots **2** (*Schaffung von Grundlagen*) groundwork **Basisdemokratie** grass-roots democracy
Basketball basketball ◇ *Basketball spielen* play basketball
Bass 1 (*Sänger, Stimme*) bass ◇ *Er ist Bass.* He's a bass. ◇ *Singt er Tenor oder Bass?* Does he sing tenor or bass? **2** (*Partie*) bass part ◇ *Kannst du den Bass singen?* Can you sing the bass part? **3 der Bass** (*im Chor*) the basses [Pl] ◇ *Der Chorleiter gab dem Bass den Einsatz.* The conductor brought in the basses. **4** (*Bassgeige*) double bass; (*im Jazz auch*) bass ◇ *Sie spielt Bass.* She plays the double bass. **5** (*Bassgitarre*) bass (guitar) ◇ *Adam Clayton am Bass* Adam Clayton on bass **6** (*Ton*) bass [U] ◇ *Die Bässe dröhnten.* The bass was booming out.
Bassin (*für Fische*) pond; (*zum Schwimmen*) pool
Bassist 1 (*Sänger*) bass **2 Bassist(in)** (*Musiker*) double bass player, bass player ◇ *Er ist Bassist.* He's a bass player.
Bassschlüssel (MUS) bass clef
Bast raffia ◇ *ein Untersetzer aus Bast* a raffia mat
basta! that's that!
Bastard 1 (*Pflanze*) hybrid; (*Tier*) cross-breed; (*Hund*) mongrel **2** (*uneheliches Kind/minderwertiger Mensch*) bastard (*abwert*)
Bastelarbeit 1 (*Gegenstand*) piece of handicraft **2** (*Hobby, Tätigkeit*) craftwork **3** (*Feinarbeit*) fiddly job
Bastelei 1 (*Gegenstand*) piece of handicraft **2** (*Hobby, Tätigkeit*) craftwork, making things **3** (*Stümperei*) tinkering ◇ *Die Bastelei am Grundgesetz führt zu nichts.* This tinkering with the constitution achieves nothing.
basteln 1 (*Hobby*) make things ◇ *Er bastelt gern.* He likes making things. **2** (*Gegenstände*) make ◇ *Die Kinder haben den Weihnachtsschmuck selber gebastelt.* The children made the Christmas decorations themselves. **3 an etw ~** tinker with sth ◇ *Er bastelt an seinem Motorrad.* He is tinkering with his motorbike. ◇ *Sie bastelt noch an einer Lösung.* She is still working on a solution.
Bastion bastion (*auch fig*)
Bastler(in) 1 (*von Modellen etc.*) handicraft enthusiast **2** (*Heimwerker*) DIY enthusiast ◇ *Mit der alten Karre kann nur noch ein Bastler was anfangen.* Only a DIY enthusiast could do something with that old banger.
Bataillon battalion
Batik batik

Batterie **1** (*Stromversorgung, Mil*) battery **2** (*Serie, Reihe*) row ◇ *eine ganze Batterie von Flaschen* a whole row of bottles
batteriebetrieben battery-powered; (*Fahrzeug*) electric **Batteriehuhn** battery hen

Batzen pile ◇ *ein ganzer Batzen Arbeit* a pile of work ◇ *ein großer Batzen (Geld)* a tidy sum (of money)

Bau **1** (*das Bauen*) building, construction (*offiz*) ◇ *der Bau neuer Straßen* road building ◇ *Die neue Oper ist noch im Bau.* The new opera house is still under construction. **2** (*von Instrumenten*) making **3** (*Baugewerbe*) building trade, (*bes AmE*) construction industry ◇ *Er arbeitet auf dem Bau.* He is a building worker. **4** (*Gebäude*) building **5** (*Bauplatz*) building site **6** (*Gefängnis*) guardhouse **7** (*Biber-*) lodge; (*Dachs-*) sett; (*Fuchs-*) earth; (*Kaninchen-*) burrow, warren
Bauamt planning department **Bauarbeiten** building work; (*Straßen-*) roadworks [Pl] **Bauarbeiter(in)** building worker, (*AmE*) construction worker ◇ *Die Bauarbeiter rücken an.* The builders are starting work. **Bauaufsicht** (*Behörde*) building control department; (*das Beaufsichtigen*) supervision of building work

Bauch (*Mensch*) stomach, tummy (*umgs*); (*Tier*) belly ◇ *Mir tut der Bauch weh.* I've got stomach ache. ◇ *mit vollem/leerem Bauch* on a full/an empty stomach IDM **aus dem (hohlen) Bauch** (*ohne Vorbereitung*) off the cuff; (*instinktiv*) instinctive (*Adv* instinctively) **sich den Bauch vollschlagen** stuff yourself → *Siehe auch* BEIN, LOCH *und* WUT
Bauchgefühl gut feeling ◇ *Vertrauen Sie Ihrem Bauchgefühl.* Go with your gut feeling.

bauchig bulbous

Bauch- **Bauchladen** tray **Bauchnabel** navel, belly button (*umgs*) **Bauchnabelpiercing** navel piercing **Bauchredner(in)** ventriloquist **Bauchschmerzen** **1** stomach ache, tummy ache (*umgs*) ◇ *Ich habe Bauchschmerzen.* I've got stomach ache. **2** (*ungutes Gefühl*) headache ◇ *Die Reform bereitet uns große Bauchschmerzen.* The reform is proving a major headache. **Bauchspeicheldrüse** pancreas **Bauchtanz** (*das Tanzen*) belly dancing; (*ein Tanz*) belly dance **Bauchtänzer(in)** belly dancer

bauen **1** (*Gebäude, Straßen etc.*) build ◇ *Hier werden Wohnungen gebaut.* They're building some flats here. ◇ *Sie wollen bauen.* They want to have a house built. **2** (*Modelle, Instrumente etc.*) make IDM **auf jdn/etw bauen** rely on sb/sth ◇ *Wir bauen darauf, dass ihr da seid.* We are relying on you to be there. **Mist/Scheiße bauen** do something stupid; mess things up

Bauer **1** (*Landwirt*) farmer **2** (*ungebildeter, grober Mensch*) peasant **3** (*Schachfigur*) pawn

Bäuerchen **(ein) ~ machen** burp

Bäuerin (*Landwirtin*) farmer; (*Frau eines Bauern*) farmer's wife

bäuerisch → BÄURISCH

bäuerlich rural ◇ *bäuerliche Traditionen* rural traditions ◇ *ein bäuerlicher Kleinbetrieb* a smallholding ◇ *eine bäuerlich geprägte Region* a traditional farming area

Bauern- **Bauernhaus** farmhouse **Bauernhof** farm ◇ *auf dem Bauernhof* on the farm

bau- **baufällig** (*Gebäude, Brücke*) dilapidated; (*Dach*) in danger of falling in [nicht vor Nomen] **Baufirma** building firm **Baugenehmigung** planning permission [U] ◇ *eine Baugenehmigung beantragen/erteilen* apply for/grant planning permission **Baugewerbe** building trade, construction industry **Bauherr(in)** client (for whom sth is being built) **Bauingenieur(in)** civil engineer **Baujahr** year of construction; (*eines Autos etc.*) year of manufacture ◇ *ein Käfer, Baujahr 1979* a 1979 Beetle **Baukasten** construction kit; (*Bauklötze*) box of bricks **Baukastensystem** modular system ◇ *Man kann sich das Studium im Baukastensystem zusammenstellen.* You can do a course of study on a modular basis. **Bauland** building land

Bauleiter(in) building site manager

Baum tree ◇ *Die Katze sitzt auf dem Baum.* The cat is sitting in the tree. IDM **Bäume ausreißen** ◇ *Ich könnte Bäume ausreißen!* I feel ready for anything! ◇ *Bisher hat der neue Bürgermeister noch keine Bäume ausgerissen.* So far the new mayor hasn't done very much. → *Siehe auch* WALD

Baumarkt DIY store

Baumart species of tree

Baumaterial building material

Baumbestand **1** (*Anzahl der Bäume in einem Gebiet*) tree stock **2** (*Bäume*) trees [Pl] ◇ *ein Park mit schönem altem Baumbestand* a park with lovely old trees

baumeln dangle ◇ *Eine Glühbirne baumelte von der Decke.* A light bulb dangled from the ceiling. ◇ *Sie saß auf dem Steg und ließ die Beine baumeln.* She sat on the jetty and dangled her legs.

Baum- **Baumgrenze** tree line **Baumhaus** tree house **Baumkrone** treetop **Baumrinde** bark **Baumschule** tree nursery **Baumstamm** tree trunk **Baumsterben** → WALDSTERBEN **Baumstruktur** tree structure **Baumstumpf** tree stump

Baumwolle cotton ◇ *ein Hemd aus reiner Baumwolle* a 100 per cent cotton shirt

bäurisch uncouth

Bau- **Bausparen** ≈ saving money with a building society/savings and loan association (to pay for the building of a house) **Bausparkasse** building society, (*AmE*) savings and loan association **Bausparvertrag** ≈ building society savings agreement, (*AmE*) ≈ savings and loan association agreement ◇ *einen Bausparvertrag abschließen* enter into a building society savings agreement **Baustein** (*Spielzeug*) building brick; (*fig*) component, element ◇ *ein wichtiger Baustein unserer Umweltpolitik* an essential element of our environmental policy **Baustelle** **1** building site **2** (*Straße*) roadworks [Pl] **Baustil** style of architecture **Bauteil** component **Bauunternehmen** building firm **Bauunternehmer(in)** building contractor **Bauweise** **1** (*Stil*) building style **2** (*Methode*) method of construction **Bauwerk** **1** (*Gebäude*) building **2** (*Brücke, Turm*) structure

Bazille, **Bazillus** germ; (MED) bacillus

beabsichtigen intend, aim ◇ *Die Bank beabsichtigt, die Leitzinsen zu erhöhen.* The bank intends to raise interest rates.

beabsichtigt **1** (*geplant*) planned ◇ *die beabsichtigten Autobahngebühren* the planned motorway tolls **2** (*gewünscht*) intentional ◇ *Das war nicht beabsichtigt.* It wasn't intentional. ◇ *die beabsichtigte Wirkung* the desired effect

beachten **1** (*Regel, Vorschrift*) observe; (*Hinweis, Ratschläge*) follow ◇ *ein Verbot beachten* observe a ban **2** **jdn/etw nicht ~** (*wahrnehmen*) ignore sb/sth ◇ *Er lief auf die Straße, ohne den Verkehr zu beachten.* He ran into the street, ignoring the traffic. **3** (*zur Kenntnis nehmen*) note ◇ *Bitte beachten Sie unsere Sonderangebote.* Please note our special offers. ◇ *Dabei ist zu beachten, dass sie erst vor zwei Jahren angefangen hat.* You have to remember that she only started two years ago.

beachtlich **1** (*groß*) considerable (*Adv* considerably) ◇ *eine beachtliche Summe* a considerable sum ◇ *Die Mieten sind beachtlich gestiegen.* Rents have increased considerably. **2** (*gut*) respectable ◇ *Das Ergebnis ist durchaus beachtlich.* It is a perfectly respectable score. **3** (*Leistung, Fortschritt*) significant

Beachtung **1** (*Aufmerksamkeit*) attention ◇ *Das Forschungsprojekt verdient Beachtung.* The research is worthy of attention. ◇ *Ihr Einwand fand keine Beachtung.* Her objection fell on deaf ears. **2 jdm/etw keine ~ schenken** ignore sb/sth **3** (*Befolgung*) (*meist mit einem Verb übersetzt*) ◇ *Wir bitten um Beachtung der Sicherheitsvorschriften.* Please observe the safety regulations.

beackern **1 etw ~** (*intensiv bearbeiten*) plough your way through sth **2 jdn ~** work on sb

Beamer data projector

Beamte, **Beamtin** (*Staatsangestellter*) ≈civil servant, official; (*Polizist*) officer ◇ *Beamte in der Ausländerbehörde* immigration officials ◇ *150 Beamte waren im Einsatz.* 150 police officers took part in the operation.

beängstigend alarming

beanspruchen **1** (*Rechte, Leistungen*) claim ◇ *Schadenersatz beanspruchen* claim damages ◇ *Das Gebiet wird von beiden Staaten beansprucht.* Both states lay claim to the territory. **2** (*Aufmerksamkeit*) demand ◇ *Er beansprucht alle Aufmerksamkeit für sich.* He demands a lot of attention. **3** (*anstrengen*) be demanding ◇ *Die Arbeit beansprucht sie sehr.* Her work is very demanding. **4** (*belasten*) put a strain on *sth* ◇ *Volleyball beansprucht die Gelenke.* Volleyball puts a strain on your joints. **5** (*Zeit/Raum einnehmen*) take *sth* up ◇ *Sein Hobby beansprucht viel Zeit.* His hobby takes up a lot of his time. **6** (*Geduld, Hilfe*) impose on *sth* ◇ *Ich möchte Ihre Geduld nicht länger beanspruchen.* I won't impose on your patience any longer.

beanstanden criticize, find fault with *sth* ◇ *Sie beanstandeten, dass kein Arzt hinzugerufen wurde.* They criticized the fact that a doctor wasn't called. ◇ *Eine perfekte Arbeit — nichts zu beanstanden!* A perfect piece of work — nothing to find fault with! ◇ *Haben Sie etwas an dem Wagen zu beanstanden?* Have you got a complaint about the car?

Beanstandung complaint ◇ *Es gab keinen Grund zu Beanstandungen.* There were no grounds for complaint.

beantragen **etw (bei jdm) ~** apply (to sb) for sth ◇ *Arbeitslosengeld beantragen* apply for unemployment benefit

beantworten **1** answer ◇ *eine Frage erschöpfend beantworten* answer a question fully ◇ *eine Frage ausweichend beantworten* give an evasive answer to a question ◇ *Unsere Fragen sind noch lange nicht beantwortet.* Our questions are still far from being satisfactorily answered. **2 etw mit etw ~** respond to sth with sth ◇ *Er beantwortete meine Bitte mit einem Nicken.* He responded to my request with a nod.

Beantwortung (*meist mit einem Verb übersetzt*) ◇ *Die Beantwortung dieser Frage erfordert weitere Nachforschungen.* Before answering this question we shall have to make further inquiries.

bearbeiten **1 etw (mit etw) ~** (*mit Chemikalien*) treat sth (with sth); (*mit dem Hammer*) hammer sth; (*mit Sandpapier*) sand sth (down); (*mit einem Pflug*) plough sth **2** (*Antrag, Akte etc.*) process **3** (*Aufgabe, Thema*) deal with *sth* ◇ *ein Thema bearbeiten* deal with a subject **4** (*Text, Drama etc.*) adapt ◇ *Sie hat ihr Stück für das Fernsehen bearbeitet.* She adapted her play for television. **5** (COMP) edit ◇ *einen Wikipedia-Eintrag bearbeiten* edit a Wikipedia entry **6 jdn ~** pummel sb; (*fig*) work on sb ◇ *Sie bearbeitete ihn mit Fäusten.* She pummelled him with her fists. ◇ *Wir haben ihn so lange bearbeitet, bis er zustimmte.* We worked on him until we finally got him to agree.

Bearbeitung **1** (*einer Sache, eines Materials*) treatment ◇ *Nach eingehender Bearbeitung ist die Karosserie wie neu.* After thorough treatment the bodywork is as good as new. ◇ *landwirtschaftliche Bearbeitung* agricultural use **2** (*eines Antrags etc.*) processing **3** (*einer Aufgabe*) (*meist mit einem Verb übersetzt*) ◇ *Zur Bearbeitung der Aufgabe stehen 40 Minuten zur Verfügung.* You have 40 minutes to do the exercise. **4** (*Text*) adaptation; (*Musik*) arrangement

Beat **1** (*Musikstil*) beat (music) **2** (*Rhythmus*) beat

beatmen **jdn ~** give sb artificial respiration ◇ *Der Patient wird künstlich beatmet.* The patient is being given artificial respiration.

Beatmung artificial respiration

beaufsichtigen supervise

Beaufsichtigung supervision

beauftragen **jdn (mit etw) ~** make sb responsible (for doing sth); (*Firma*) hire sb (to do sth); (*Architekt etc.*) commission sb (to do sth) ◇ *Der Außenminister wurde beauftragt, die Verhandlungen zu führen.* The foreign minister was given responsibility for the negotiations. ◇ *Sie haben eine Agentur mit der Entwicklung eines neuen Designs beauftragt.* They commissioned an agency to create a new design.

Beauftragte(r) (*bei Verhandlungen*) delegate; (*gewählter Vertreter*) representative

beäugen eye

bebauen **1** (*Feld, Acker*) cultivate **2 etw (mit etw) ~** build (sth) on sth, develop sth (with sth) ◇ *ein Grundstück bebauen* build on a piece of land ◇ *Sie wollen das Gelände mit Sozialwohnungen bebauen.* They want to build council housing on the site. ◇ *ein dicht bebautes Stadtviertel* a densely built-up part of town

beben shake ◇ *30 Sekunden lang bebte die Erde.* The earth shook for 30 seconds. ◇ *Wut bebte in seiner Stimme.* His voice shook with rage.

Beben **1** (*Erdbeben*) earthquake **2** (*in der Stimme*) tremor

bebildert illustrated

Becher **1** (*aus Pappe*) cup; (*aus Plastik*) beaker; (*aus Porzellan*) mug **2** (*mit Joghurt*) pot; (*mit Sahne*) carton

bechern drink (a lot)

Becken **1** (*Wasch-*) basin; (*Schwimm-*) pool; (*Toiletten-*) pan; (*Fisch-*) pond **2** (ANAT) pelvis **3** (GEOL) basin **4** (MUS) cymbal [meist Pl] ◇ *das Becken spielen* play the cymbals

Beckenbruch fracture of the pelvis **Beckenknochen** hip bone **Beckenrand** edge of the pool

Becquerel becquerel

bedacht **1** → BEDENKEN **2 auf etw ~ sein** be concerned about sth

Bedacht **mit ~** **1** carefully, with care **2** (*absichtlich*) intentionally

bedächtig **1** (*langsam*) slow (*Adv* slowly) **2** (*überlegt, nachdenklich*) thoughtful (*Adv* thoughtfully)

bedanken **sich bei jdm (für etw) ~** thank sb (for sth), say thank you to sb (for sth) ◇ *Ich bedanke mich!* Thank you.

Bedarf need ◇ *ein dringender Bedarf an Parkplätzen* an urgent need for parking spaces ◇ *alles für den häuslichen Bedarf* all your household needs IDM **bei Bedarf** as required; if necessary ◇ *Bei Bedarf ein bis zwei Tabletten einnehmen.* Take one or two tablets as required. **je nach Bedarf** as required

bedauerlich unfortunate, regrettable ◇ *ein bedauerlicher Zwischenfall/Fehler* an unfortunate incident/error ◇ *eine bedauerliche Entwicklung* a regrettable development

bedauerlicherweise unfortunately ◇ *Bedauerlicherweise musste der Flug gestrichen werden.* Unfortunately the flight has been cancelled. ◇

Bedauerlicherweise müssen wir Ihnen mitteilen, dass … We regret to have to inform you that …

bedauern **1** (*Menschen*) feel sorry for *sb* ◇ *Sie ist wirklich zu bedauern.* You really have to feel sorry for her. ◇ *Er lässt sich gern bedauern.* He likes people to feel sorry for him. **2** (*Tatsache, Situation etc.*) regret ◇ *Wir bedauern, dass wir Ihnen nicht helfen können.* We regret that we are unable to help you. ◇ *Dieser Schritt ist sehr zu bedauern.* This is a most regrettable step.

Bedauern **1** (*Mitgefühl*) sympathy **2** (*Enttäuschung*) regret ◇ *mit großem Bedauern* with deep regret ◇ *Wir haben mit Bedauern festgestellt, dass …* We realized to our regret that … ◇ *Zu unserem Bedauern muss die Veranstaltung leider ausfallen.* We regret that the event will have to be cancelled.

bedauernswert (*Mensch, Tier, Tatsache, Vorfall*) unfortunate; (*Zustand*) deplorable

bedecken cover

bedeckt **1** → BEDECKEN **2** (*Himmel*) overcast, cloudy IDM **etw bedeckt halten** keep sth to yourself; keep sth quiet **sich bedeckt halten** keep quiet

bedenken **1** (*überdenken*) think *sth* through ◇ *Hast du diese Entscheidung auch richtig bedacht?* Have you really thought this decision through? **2** (*beachten*) remember, take *sth* into account ◇ *Man muss bedenken, dass sie alle berufstätig sind.* You have to remember that they all have jobs. ◇ *Zu bedenken ist bei dieser Entscheidung auch, dass …* When making this decision you should also take into account that … ◇ *Er ist noch ganz rüstig, wenn man bedenkt, dass er schon 80 ist.* He's still quite sprightly, considering he's already 80. **3 jdn/etw mit etw ~** award sb/sth sth ◇ *Der Film wurde mit dem Silbernen Bären bedacht.* The film was awarded the Silver Bear. ◇ *Die Schauspielerin wurde für ihre Leistung mit viel Lob bedacht.* The actress was highly praised for her performance. ◇ *Seine Rede wurde mit höflichem Beifall bedacht.* His speech was received with polite applause. IDM **etw zu bedenken geben** point sth out

Bedenken reservations [Pl] ◇ *Wir haben grundsätzliche Bedenken hinsichtlich der Gentechnologie.* We have reservations about the whole idea of genetic engineering. ◇ *rechtliche Bedenken* reservations about the legal aspects ◇ *ohne Bedenken* without hesitation

bedenkenlos **1** (*ohne Skrupel*) unscrupulous (*Adv* unscrupulously) **2** (*ohne kritische Überlegung*) without giving it a second thought, without thinking twice **3** (*ohne Gefahr*) safely; (*unbesorgt*) without hesitation

bedenkenswert **1** (*betrachtenswert*) worth considering, worth thinking about ◇ *eine bedenkenswerte Entwicklung* a development that is worth thinking about **2** (*fragwürdig*) worrying (*Adv* worryingly)

bedenklich **1** (*bedrohlich*) alarming (*Adv* alarmingly) ◇ *bedenkliche Ausmaße annehmen* reach alarming proportions ◇ *Das Niveau ist bedenklich abgesunken.* The standard has dropped alarmingly. **2** (*fragwürdig*) questionable ◇ *ökologisch/verfassungsrechtlich bedenklich* questionable on environmental/constitutional grounds IDM **(jdn) bedenklich stimmen** give (sb) cause for concern ◇ *Die Zahlen stimmten ihn bedenklich.* The figures gave him cause for concern.

Bedenkzeit time to think about sth ◇ *Er gab mir einen Tag Bedenkzeit.* He gave me a day to think about it.

bedeppert (*dümmlich*) dopey (*umgs*), (*BrE auch*) gormless (*umgs*) ◇ *Steh nicht so bedeppert da.* Don't just stand there looking gormless.

bedeuten **1** mean ◇ *Was bedeutet dieses Wort?* What does this word mean? ◇ *Was hat das rote Warnlicht zu bedeuten?* What does the red warning light mean? ◇ *Ihr Gesichtsausdruck bedeutet nichts Gutes.* The expression on her face doesn't bode well. **2 jdm etw ~** mean sth to sb ◇ *Seine Familie bedeutet ihm alles.* His family means everything to him.

bedeutend **1** (*einflussreich*) important ◇ *ein bedeutendes Bauwerk der Renaissance* an important example of Renaissance architecture **2** (*berühmt*) distinguished ◇ *ein bedeutender Musiker* a distinguished musician **3** (*beträchtlich*) significant (*Adv* significantly), considerable (*Adv* considerably) ◇ *bedeutend höher* significantly higher ◇ *bedeutende Fortschritte machen* make considerable progress ◇ *ein bedeutender Anteil* a significant proportion **4** (*groß*) large ◇ *einer der bedeutendsten Arbeitgeber der Region* one of the largest employers in the area

bedeutsam **1** important ◇ *ein historisch bedeutsames Gebäude* a historically important building **2** (*vielsagend*) knowing (*Adv* knowingly), meaningful (*Adv* meaningfully) ◇ *ein bedeutsamer Blick* a knowing look

Bedeutung **1** (*Sinn*) meaning **2** (*Wichtigkeit*) importance, significance ◇ *an Bedeutung gewinnen/verlieren* increase/decline in importance

bedeutungslos (*unwichtig*) of no importance [nicht vor Nomen] ◇ *Die Festung ist strategisch bedeutungslos.* The fortress is of no strategic importance. **Bedeutungslosigkeit** insignificance ◇ *zur Bedeutungslosigkeit absinken* pale into insignificance **bedeutungsvoll** **1** (*wichtig*) of great significance [nicht vor Nomen] ◇ *eine historisch bedeutungsvolle Rede* a speech of great historical significance **2** (*vielsagend*) knowing (*Adv* knowingly), meaningful (*Adv* meaningfully)

bedienen **1** (*als Kellner, Verkäufer*) serve ◇ *Werden Sie schon bedient?* Are you being served? **2 jdn ~** wait on sb ◇ *Sie lässt sich vorn und hinten von ihrer Mutter bedienen.* She lets her mother wait on her hand and foot. **3** (*Maschine*) use, operate (*gehoben*) ◇ *Weißt du, wie man die Waschmaschine bedient?* Do you know how to use the washing machine? **4 sich ~** help yourself ◇ *Hier stehen die Getränke — bedien dich.* Here are the drinks — help yourself. **5 sich einer Sache ~** use sth ◇ *Die Wissenschaftler mussten sich ungewöhnlicher Methoden bedienen.* The scientists had to use unusual methods. IDM **bedient sein** have had enough ◇ *Ich bin bedient!* I've had enough! **mit etw gut/schlecht bedient sein** be happy/unhappy with sth ◇ *Mit dem Spielergebnis war die Mannschaft gut bedient.* The team was happy with the result of the game.

Bedienstete(r) **1** public sector employee ◇ *Bedienstete verschiedener Behörden* employees in various public services **2** (*im Haushalt, Hotel*) member of the domestic staff; (*früher*) servant ◇ *Das Hotel verfügt über 200 Bedienstete.* The hotel has over 200 domestic staff.

Bedienung **1** (*Restaurant, Geschäft*) service ◇ *Das Essen kostete 20 Dollar inklusive Bedienung.* The meal cost 20 dollars including service. **2** (*Kellner*) waiter; (*Kellnerin*) waitress **3** (*einer Maschine*) operation ◇ *Sind Sie mit der Bedienung dieser Maschine vertraut?* Do you know how to operate this machine?

Bedienungsanleitung instruction manual **Bedienungsfehler** operational error

bedingen **1** (*bewirken*) cause; (*zu etw führen*) lead to *sth*; (*bedeuten*) mean ◇ *Die Schäden sind durch die Witterung bedingt.* The damage was caused by the weather. ◇ *Die geografische Lage der Insel bedingt, dass Landwirtschaft nur in geringem Maße möglich ist.* The geographical location of the island means that agriculture is very limited. **2** (*nötig machen*) require ◇ *Die geplante Umgehungsstraße bedingt den Bau einer weiteren Brücke.* The planned bypass would require the building of another bridge. **3 sich gegenseitig ~; einander ~** be interdependent ◇ *Angebot und Nachfrage bedingen sich gegenseitig.* Supply and demand are interdependent.

bedingt 1 (*verursacht*) caused; (*bestimmt*) conditioned ◇ *durch die Witterung bedingte Schäden* damage caused by the weather ◇ *genetisch/historisch/gesellschaftlich bedingt* genetically/historically/socially conditioned ◇ *saisonal bedingt* seasonal **2** (*nicht in vollem Umfang*) partial (*Adv* partially), limited ◇ *Es hat nur bedingte Gültigkeit.* It's only partially true. ◇ *eine bedingte Zustimmung* qualified approval ◇ *die bedingte Entlassung der Häftlinge* the conditional release of the prisoners ◇ *Eine Vorhersage der Wahlergebnisse ist nur bedingt möglich.* It is only possible to forecast the election results up to a point.

Bedingung 1 (*Voraussetzung*) condition ◇ *unter der Bedingung, dass ...* on condition that ... ◇ *unter einer Bedingung* on one condition **2 Bedingungen** (*Umstände*) circumstances [Pl]; (*klimatisch, gesellschaftlich, wirtschaftlich*) conditions [Pl] ◇ *unter diesen/gewissen/normalen Bedingungen* under these/certain/normal circumstances

bedingungslos unconditional (*Adv* unconditionally)

bedrängen 1 jdn (mit etw) ~ pester sb (with sth), badger sb (with sth) ◇ *Die Kinder bedrängten ihn mit der Bitte, einen Hund zu kaufen.* The children badgered him to buy them a dog. **2** (MIL) attack; (*fig*) besiege

Bedrängnis trouble, difficulties [Pl] ◇ *Ihre indiskreten Fragen brachten ihn in arge Bedrängnis.* Her indiscreet questions got him into serious trouble. ◇ *in finanzielle Bedrängnis geraten* get into financial difficulties

bedrohen 1 threaten ◇ *jdn mit einem Messer bedrohen* threaten sb with a knife ◇ *jdn mit dem Tod bedrohen* threaten sb's life **2** (*eine Gefahr darstellen*) pose a threat to *sb/sth* , threaten ◇ *Die sich ausbreitende Wüstenlandschaft bedroht die Siedlungen.* The desertification of the land poses a threat to the settlements. ◇ *vom Hungertod bedroht sein* be threatened with starvation

bedrohlich (*gefährlich*) dangerous (*Adv* dangerously); (*erschreckend*) alarming (*Adv* alarmingly)

Bedrohung threat ◇ *Giftmüll stellt eine ernsthafte Bedrohung für die Umwelt dar.* Toxic waste poses a serious threat to the environment.

bedrucken A mit B ~ print B on A ◇ *Wir wollen die T-Shirts mit dem Vereinswappen bedrucken.* We want to print the club crest on the T-shirts. ◇ *der mit Blumen bedruckte Stoff* the floral-print material

bedrücken (*deprimieren*) get *sb* down, be on *sb's* mind ◇ *Seine Arroganz gegenüber ihren Freunden bedrückt sie sehr.* His arrogance towards her friends really gets her down. ◇ *Was bedrückt dich?* What's on your mind?

bedrückend depressing (*Adv* depressingly)

bedrückt depressed ◇ *Sie ist sehr bedrückt darüber.* She is really depressed about it.

bedürfen jds/einer Sache ~ need sb/sth, require sb/sth (*gehoben*) ◇ *Die Geste bedarf keiner Erklärung.* The gesture needs no explanation. ◇ *Die neue Steuer bedarf der Zustimmung durch den Senat.* The new tax requires the agreement of the senate.

Bedürfnis 1 (*Wunsch, Notwendigkeit*) need ◇ *ein Bedürfnis nach Geborgenheit* a need for security ◇ *Es ist mir ein Bedürfnis, Ihnen für Ihre langjährige Treue zu danken.* I should like to thank you for your many years of loyal service. **2** (*Notdurft*) call of nature

bedürftig needy ◇ *bedürftige Menschen* needy people ◇ *Nahrungsmittel wurden an Bedürftige verteilt.* Food was distributed to the needy. ◇ *bedürftige Familien* families in need

beeiden swear ◇ *eine beeidete Aussage* a sworn statement

beeilen sich ~ hurry (up)

beeindrucken impress ◇ *Ich bin wirklich tief beeindruckt.* I really am most impressed. ◇ *Sie beeindruckte durch ihre Ausdauer.* Her stamina was impressive.

beeindruckend impressive (*Adv* impressively)

beeinflussbar 1 ◇ *Das System ist nicht beeinflussbar.* The system cannot be changed. **2** (*Mensch*) impressionable

beeinflussen 1 (*Einfluss*) influence ◇ *sich nicht von etw beeinflussen lassen* not be influenced by sth ◇ *Die japanische Kunst hat seinen Stil beeinflusst.* His work was influenced by Japanese art. ◇ *Zeugen beeinflussen* interfere with witnesses **2** (*Änderung*) affect, have an effect on *sth* ◇ *Faktoren, die die Gesundheit beeinflussen* factors that affect health ◇ *etw positiv/negativ beeinflussen* have a good/bad effect on sth

Beeinflussung affecting, influencing; (*von Zeugen*) interfering (*oft mit einem Verb übersetzt*) ◇ *die Beeinflussung des Immunsystems* affecting the immune system

beeinträchtigen affect; (*beschädigen*) damage; (*verringern*) impair; (*einschränken*) restrict; (*verderben*) spoil

Beeinträchtigung effect; (*Beschädigung*) damage [U]; (*Verringerung*) impairment [U]; (*Einschränkung*) restriction

beenden 1 (*Streit etc.*) put an end to *sth*; (*Sitzung*) close; (*Arbeit*) finish; (*Beziehung, Sitzung*) end ◇ *den Konflikt beenden* put an end to the conflict ◇ *Damit war die Sache beendet.* That was the end of the matter. ◇ *das Studium beenden* complete your studies **2** (COMP) **etw ~** quit from sth

Beendigung end, completion (*Fachspr*) ◇ *eine friedliche Beendigung der Krise* a peaceful end to the crisis ◇ *nach Beendigung der Ausbildung* on completion of the training

beengt cramped

beerben jdn ~ be sb's heir, inherit sb's estate ◇ *Wir spekulierten darüber, wer ihn beerben würde.* We wondered who would inherit his estate. ◇ *den Parteichef in dessen Amt beerben* take over as party leader

beerdigen bury

Beerdigung funeral

Beere berry

Beet (*Blumen-*) bed; (*Gemüse-*) patch

befähigen 1 jdn zu etw ~ enable sb to do sth ◇ *Jugendliche zu kritischem Denken befähigen* enable young people to think critically **2** (*qualifizieren*) qualify ◇ *Das Zeugnis befähigt zum Fliegen von Sportflugzeugen.* The certificate qualifies you to fly a private plane.

befähigt 1 capable; (*Künstler*) gifted **2** (*qualifiziert*) qualified **3** (**zu etw**) **~** (*berechtigt*) authorized (to do sth)

Befähigung 1 (*Fähigkeit*) ability **2** (*Qualifikation*) qualification ◇ *die Befähigung zum Lehramt erwerben* get a teaching qualification

befahrbar (*Straße, Gleis*) open; (*Fluss*) navigable ◇ *Die Strecke ist nur einspurig befahrbar.* Only one lane is open. ◇ *Der Fluss ist wegen Hochwassers nicht befahrbar.* The river is closed to shipping because it is in flood.

befahren drive along *sth* , use ◇ *Er befuhr die Autobahn Richtung Köln.* He was driving along the motorway towards Cologne. ◇ *eine kaum befahrene Straße* a little-used road ◇ *eine stark befahrene Straße* a busy road

befallen **1** (*Virus, Pilz*) attack; (*Gefühl*) overcome ◇ *Zweifel befielen ihn.* He was overcome by doubts. **2 von etw ~ sein/werden** (*Krankheitserreger*) be infected with sth; (*Läuse*) be infested with sth; (*Schädlinge*) be attacked by sth ◇ *von Salmonellen befallen* infected with salmonella ◇ *Auch Menschen können von dem Erreger befallen werden.* The virus can also attack humans. ◇ *von Korruption befallen* riddled with corruption

befangen **1** (*voreingenommen*) biased ◇ *eine befangene Richterin* a biased judge ◇ *Der Gutachter wurde als befangen abgelehnt.* The expert was rejected on grounds of conflict of interest. **2** (*gehemmt*) self-conscious (*Adv* self-consciously)

Befangenheit **1** (*Voreingenommenkeit*) bias [U/Sing] ◇ *Er wurde wegen Befangenheit abgelehnt.* He was rejected on grounds of bias. **2** (*Schüchternheit*) self-consciousness **3** (*Beschränkung*) ◇ *Sie kann ihre Befangenheit in kleinbürgerlichem Denken nicht ablegen.* She's stuck in petit bourgeois thinking.

befassen **sich mit jdm/etw ~** **1** (*behandeln*) deal with sb/sth; (*zum Thema haben auch*) be concerned with sb/sth ◇ *Die Untersuchung befasst sich mit ….* The study is concerned with …. **2** (*untersuchen*) study sb/sth, work on sb/sth ◇ *Er befasst sich mit Kant.* He's working on Kant. ◇ *der damit befasste Ausschuss* the committee working on it ◇ *sich näher mit einem Thema befassen* go into a subject in more detail ◇ *Damit brauchst du dich nicht zu befassen.* You don't need to bother about that.

Befehl **1** (*Anordnung*) order ◇ *auf Befehl handeln* act under orders **2** (*Kommando*) command [U] ◇ *Sie sind seinem Befehl unterstellt.* They are under his command. **3** (COMP) command

befehlen **etw ~** give the order for sth; **jdm etw ~** order sb to do sth ◇ *Er befahl den Rückzug der Truppen.* He gave the order for the troops to retreat. ◇ *Er befahl ihnen, sich hinzulegen.* He ordered them to lie on the floor. ◇ *Du hast hier gar nichts zu befehlen.* You don't give the orders round here.

befehligen be in command of *sth* ◇ *eine militärische Einheit befehligen* be in command of a military unit

Befehls- **Befehlsform** imperative **Befehlshaber(in)** commander ◇ *der oberste Befehlshaber der UN Truppen* the commander-in-chief of the UN troops **Befehlsverweigerung** refusal to obey orders

befestigen **1** (*festmachen*) secure; **etw an etw ~** fix sth to sth; **etw mit etw ~** fasten sth with sth **2** (*Ufer, Mauer, Brücke*) reinforce; (*Straße, Weg*) surface ◇ *eine befestigte Straße* a metalled road

Befestigung **1** (*Seil, Plane*) securing **2** (*Ufer, Mauer, Brücke*) reinforcement; (*Straße, Weg*) surfacing

befeuchten moisten; (*Stoff, Papier*) dampen

befinden **1 sich ~** be; (*Ort auch*) be located, be situated ◇ *Das Material befindet sich in den Händen der Staatsanwaltschaft.* The material is in the hands of the public prosecutor. ◇ *sich in guter Gesellschaft befinden* be in good company ◇ *Das Haus befindet sich in einem schlechten Zustand.* The house is in poor condition. ◇ *sich auf freiem Fuß befinden* be free ◇ *Der Speisewagen befindet sich in der Mitte des Zuges.* The dining car is located in the middle of the train. ◇ *Hier befand sich das historische Zentrum der Stadt.* The old city centre was situated here. ◇ *sich im Bau befinden* be under construction ◇ *sich im Umbruch befinden* be undergoing radical change **2 jdn/etw als/für etw ~** find sb/sth sth ◇ *Der Angeklagte wurde für schuldig befunden.* The accused was found guilty. ◇ *Er hat es nicht mal für nötig befunden, sich zu verabschieden.* He didn't even bother to say goodbye. **3 über etw ~** make a decision about sth, decide sth ◇ *Sie sollen darüber befinden, ob er bleiben darf.* They have to decide whether he should be allowed to stay.

Befinden **1** (*Zustand*) condition **2** (*Meinung*) opinion ◇ *nach meinem Befinden* in my opinion

befindlich **1** (*Ort*) ◇ *die im Hafen befindlichen Schiffe* the ships in the harbour ◇ *alle auf dem Gelände befindlichen Gefahrengüter* any hazardous materials on the premises **2** (*Zustand*) ◇ *die im Aufbau befindliche Computerzentrale* the computer centre that is being set up ◇ *das im Bau befindliche Kraftwerk* the power station under construction

Befindlichkeit state (of mind)

beflecken **1** stain ◇ *mit Blut befleckt* bloodstained/stained with blood **2** (*Ruf, Ehre*) tarnish, damage

beflügeln **jdn/etw (zu etw) ~** spur sb/sth on (to sth) ◇ *Der Erfolg beflügelte sie.* Her success spurred her on. ◇ *die Fantasie beflügeln* fire the imagination

befolgen (*Anweisung, Rat, Richtlinie*) follow; (*Befehl, Gesetz*) obey; (*Grundsätze*) stick to *sth*

befördern **1** (*Karriere*) promote **2** (*transportieren*) carry; (*mit einem Verkehrsmittel auch*) transport ◇ *Die Fähre befördert nur Fußgänger.* The ferry only carries foot passengers. ◇ *Die Post befördert täglich Millionen Briefe.* The post office handles millions of letters every day. ◇ *Der Satellit wurde ins All befördert.* The satellite was shot into space. ◇ *Sie beförderten ihn unsanft nach draußen.* He was manhandled out of the door. IDM → JENSEITS

Beförderung **1** (*Karriere*) promotion **2** (*Transport*) transport

befragen **jdn (zu/nach etw) ~** question sb (about sth) ◇ *die Hälfte aller Befragten* half of those questioned

Befragung questioning; (*Umfrage*) survey

befreien **1** free; (*Volk, Land*) liberate; (*Tiere*) set *sth* free ◇ *Die Feuerwehr befreite sie aus dem Autowrack.* The firemen freed her from the wreckage of the car. ◇ *Nerze aus Käfigen befreien* set mink free **2 etw von etw ~** clear sth of sth ◇ *die Straßen von Schnee befreien* clear the streets of snow **3 sich von etw ~** overcome sth ◇ *sich von Vorurteilen/Drogenabhängigkeit befreien* overcome prejudices/drug dependency **4 jdn von etw ~** (*Verpflichtungen etc.*) release sb from sth; (*Kosten, Steuern etc.*) exempt sb from sth; (*Unterricht*) excuse sb (from) sth ◇ *Er ist vom Sport befreit.* He is excused (from) sport. ◇ *Die Ärztin konnte sie von ihrer Angst befreien.* The doctor was able to allay her fears.

befreiend ◇ *ein befreiendes Gefühl* a feeling of release ◇ *ein befreiendes Lachen* a laugh that breaks the tension

Befreier(in) liberator

befreit **1** → BEFREIEN **2** relieved ◇ *Er wirkte befreit.* He seemed relieved. ◇ *Sie lachten befreit auf.* They laughed out loud with relief.

Befreiung **1** liberation; (*aus Gefangenschaft*) release (*oft mit einem Verb übersetzt*) ◇ *Die Befreiung der Geiseln erfolgte ohne Blutvergießen.* The hostages were released without bloodshed. **2** (*von Pflichten, Auflagen, Steuern*) exemption

Befreiungsbewegung liberation movement **Befreiungskampf** struggle for freedom

befremden (*überraschen*) surprise; (*enttäuschen*) disappoint ◇ *Es hat uns sehr befremdet, dass …* We were disappointed to learn that … ◇ *Dein Verhalten befremdet mich.* I find your behaviour rather surprising.

Befremden displeasure; (*Staunen*) astonishment; (*Missbilligung*) disapproval ◇ *Der Roman stieß auf großes Befremden.* The novel met with disapproval.

befremdet **1** → BEFREMDEN **2** (*überrascht*) surprised; (*enttäuscht*) disappointed

befremdlich bizarre

befreundet ◇ *Sie sind seit 20 Jahren befreundet.* They have been friends for 20 years. ◇ *Sie war eng mit ihm befreundet.* She was a close friend of his. ◇ *ein befreundeter Künstler* an artist friend of ours ◇ *mit Deutschland befreundete Staaten* states friendly to Germany

befrieden bring peace to *sth*

befriedigen **1** satisfy **2 sich (selbst) ~** masturbate

befriedigend satisfactory ◇ *eine Frage befriedigend beantworten* give a satisfactory answer to a question

befriedigt satisfied

Befriedigung **1** *(Genugtuung)* satisfaction ◇ *Er nahm mit einer gewissen Befriedigung zur Kenntnis, dass …* He realized with a certain satisfaction that … **2** *(Zufriedenstellung)* *(meist mit einem Verb übersetzt)* ◇ *die Befriedigung des täglichen Bedarfs* satisfying daily needs

befristet **1** *Adj* limited ◇ *für einen befristeten Zeitraum* for a limited period ◇ *Die Steuerbegünstigung ist bis 2012 befristet.* The tax relief is only valid until 2012. **2** *Adj* *(Vertrag, Stelle)* fixed-term **3** *Adj* *(Genehmigung, Vereinbarung)* temporary ◇ *eine befristete Feuerpause* a temporary ceasefire **4** *Adv* for a limited period ◇ *Die Regelung wurde befristet verlängert.* The regulation was extended for a limited period.

Befristung time limit ◇ *Ist die Befristung von Ansprüchen zulässig?* Is it legal to impose a time limit on claims?

befruchten **1** fertilize; *(künstlich)* inseminate; *(Blüten)* pollinate **2** *(fig)* have a stimulating effect on *sth*

Befruchtung fertilization; *(Blüten)* pollination ◇ *künstliche Befruchtung* artificial insemination

Befugnis **1** *(Macht)* authority [U], powers [Pl] ◇ *weitreichende Befugnisse* far-reaching powers **2** *(Vollmacht)* authorization ◇ *eine Befugnis erteilen* grant authorization

befugt **zu etw ~ sein** *(Macht besitzen)* have the authority to do sth; *(Erlaubnis haben)* be authorized to do sth

befummeln touch *sb* up *(umgs)*

Befund results [Pl] ◇ *Die Dopingkontrolle ergab einen positiven Befund.* The results of the drugs test were positive. ◇ *Der ärztliche Befund lautet auf Darmkrebs.* The diagnosis is bowel cancer.

befürchten **1** fear *(gehoben)*, be afraid of *sth* ◇ *Sie befürchten das Schlimmste.* They fear the worst. ◇ *Sie haben nichts zu befürchten.* You have nothing to fear. ◇ *Eben das hatte ich befürchtet.* That's exactly what I was afraid of. **2 etw ist zu ~** there is a danger of sth; **es ist/steht zu ~, dass …** it is feared that … ◇ *Ein weiteres Absinken der Aktienkurse ist nicht zu befürchten.* There is no danger of a further fall in share prices. ◇ *Es sind weitere Opfer zu befürchten.* It is feared there will be further victims.

Befürchtung fear ◇ *Ihre schlimmsten Befürchtungen haben sich bestätigt.* Their worst fears were confirmed.

befürworten be in favour of *sth*, *(AmE)* be in favor of *sth*, support

Befürworter(in) supporter

begabt talented; *(künstlerisch auch)* gifted ◇ *musikalisch begabt* musically gifted ◇ *Sie ist vielseitig begabt.* She has many talents.

Begabung talent; *(künstlerisch auch)* gift ◇ *Sie zeigt eine herausragende Begabung für Musik.* She has an exceptional talent for music. ◇ *eine Begabung zum Sänger haben* have a gift for singing ◇ *eine handwerkliche Begabung haben* be good with your hands

begeben **sich ~** **1** go, make your way **2** ◇ *sich auf eine Reise begeben* set out on a journey ◇ *sich in ärztliche Behandlung begeben* seek medical treatment ◇ *sich in Lebensgefahr begeben* risk your life

Begebenheit event

begegnen **1 jdm ~** meet sb; **sich ~** meet ◇ *Das erste Mal war sie ihm im Urlaub begegnet.* She first met him on holiday. ◇ *Sie waren sich nie vorher begegnet.* They had never met before. **2** *(auf etw stoßen)* run into *sth*, encounter *(gehoben)* **3** *(bekämpfen)* tackle ◇ *den globalen Problemen begegnen* tackle global problems **4 etw mit etw ~** *(bewerten)* regard sth with sth; *(reagieren)* respond to sth with sth ◇ *der Entscheidung mit Argwohn begegnen* regard the decision with scepticism ◇ *Sie begegnete diesem Vorwurf mit einem Lächeln.* She responded to this reproach with a smile. **5 jdm mit etw ~** *(behandeln)* treat sb with sth ◇ *Sie begegnete den Gästen mit Respekt.* She treated the guests with respect.

Begegnung **1** meeting, encounter *(gehoben)* ◇ *eine flüchtige Begegnung* a brief encounter **2** (SPORT) match, encounter *(gehoben)*

Begegnungsstätte meeting place; *(Gebäude)* community centre, *(AmE)* community center

begehen **1** *(Feier)* celebrate **2** *(Fehler, Irrtum)* make; *(Selbstmord, Straftat)* commit **3** *(Weg)* use

begehren **1** *(wünschen)* wish for *sth* **2** *(Mann, Frau)* desire

Begehren **1** *(Antrag)* request ◇ *auf Begehren der Verteidigung* at the defence's request **2** *(Wunsch, Sehnsucht)* desire ◇ *das Begehren nach politischer Unabhängigkeit* the desire for political independence

begehrenswert desirable

begehrt *(beliebt)* popular; *(gefragt)* sought after

begeistern **1 sich für jdn/etw ~** be keen on sb/sth ◇ *Sie begeistert sich für Hitchcocks Filme.* She's very keen on Hitchcock's films. **2 sich nicht für jdn/etw ~ können** not be able to work up any enthusiasm for sb/sth ◇ *Sie konnten sich nicht für Salsa begeistern.* They couldn't work up any enthusiasm for salsa. **3 jdn (für jdn/etw) ~** arouse sb's enthusisiasm (for sb/sth) ◇ *Sie versuchte, ihn für ihre Gedichte zu begeistern.* She tried to arouse his enthusiasm for her poems. **4** *(entzücken)* delight ◇ *Er begeisterte sein Publikum.* He delighted his audience.

begeistert **(von etw) ~** enthusiastic (about sth) *(Adv* enthusiastically); *(passioniert)* keen (on sth) ◇ *Sie waren von der Idee begeistert.* They were enthusiastic about the idea. ◇ *ein begeisterter Radfahrer* a keen cyclist

Begeisterung enthusiasm

Begierde desire

begierig eager *(Adv* eagerly)

begießen **1** *(Pflanzen)* water; *(Braten)* baste **2 A mit B ~** pour B over A **3** *(feiern)* celebrate ◇ *Das muss begossen werden.* We must have a drink to celebrate. IDM → PUDEL

Beginn beginning ◇ *zu Beginn des 20. Jahrhunderts* at the beginning of the 20th century

beginnen start, begin; **mit etw ~** start sth, begin sth ◇ *Dann begann es zu regnen.* Then it started to rain. ◇ *Sie begann mit der Arbeit.* She began her work. ◇ *Ich beginne das Problem zu begreifen.* I'm beginning to understand the problem.

beglaubigen authenticate; *(Kopie auch)* certify; *(Unterschrift)* witness

Beglaubigung authentication

begleichen *(Rechnung)* pay; *(Schuld)* settle IDM → RECHNUNG

Begleitbrief → BEGLEITSCHREIBEN

begleiten accompany

Begleiter(in) companion; (MUS) accompanist

Begleit- **Begleiterscheinung** side effect (*auch fig*) **Begleitprogramm** cultural programme, (*AmE*) cultural program **Begleitschreiben**, **Begleitbrief** covering letter, (*AmE*) cover letter **Begleitumstände** attendant circumstances [Pl] (*gehoben*) ◇ *die Begleitumstände des Unfalls untersuchen* investigate the circumstances surrounding the accident

Begleitung **1 in ~ von jdm** accompanied by sb ◇ *Er traf in Begleitung seines Anwalts am Flughafen ein.* He arrived at the airport accompanied by his lawyer. **2** (*das Begleiten*) ◇ *Die UN übernimmt die Begleitung des Transports.* The UN will provide an escort for the convoy. **3** (MUS) accompaniment **4** (*Mensch*) companion; (*zum Schutz*) escort

beglücken make *sb* happy

beglückwünschen **jdn zu etw ~** congratulate sb on sth

begnadigen reprieve

Begnadigung reprieve; (*Freilassung*) pardon

begnügen **sich mit etw ~** make do with sth, content yourself with sth (*gehoben*) ◇ *Wir mussten uns mit Pappbechern begnügen.* We had to make do with paper cups. ◇ *Statt zu widersprechen, begnügte er sich mit einem zynischen Lächeln.* He wanted to disagree but he contented himself with a cynical smile.

begraben **1** bury (*auch fig*) **2** (*aufgeben*) abandon **IDM** → HUND *und* KRIEGSBEIL

Begräbnis (*Bestattung*) burial; (*Feier*) funeral

begradigen (*Fluss, Straße*) straighten

begreifen **1** understand; (*Konzepte, Zusammenhänge etc.*) grasp ◇ *Er konnte seinen Freund gut begreifen.* He could well understand his friend. ◇ *Warum habe ich es abgelehnt? Ich begreife mich selbst nicht mehr!* Why did I turn it down? I just don't know why I did it! **2** **jdn/etw/sich als etw ~** see sb/sth/yourself as sth, regard sb/sth/yourself as sth (*gehoben*) ◇ *die Gesellschaft als Ganzes begreifen* see society as a whole ◇ *etw als Chance begreifen* regard sth as an opportunity

begreiflich understandable; **jdm etw ~ machen** help sb to understand sth

begreiflicherweise understandably

begrenzen **1** (*Kosten, Schaden, Geschwindigkeit*) limit **2** (*Gebiet, Grundstück etc.*) form the boundary of *sth* ◇ *Das Grundstück wurde von einem Zaun begrenzt.* A fence formed the boundary of the plot.

begrenzt limited ◇ *eine begrenzte Zahl von Studienplätzen* a limited number of university places ◇ *für eine begrenzte Zeit* for a limited period ◇ *Die Vorhersage von Erdbeben ist nur begrenzt möglich.* Predicting earthquakes is only possible to a limited extent.

Begrenzung **1** limit; (*Senkung*) reduction ◇ *eine Begrenzung der Besucherzahlen* a limit on the number of visitors ◇ *eine zeitliche Begrenzung der Parkdauer* a time limit on parking **2** (*Eingrenzung*) boundary

Begriff **1** concept; (*Wort*) term ◇ *der Begriff von Kultur* the concept of culture ◇ *„Suffix" ist ein Begriff aus der Sprachwissenschaft.* 'Suffix' is a term used in linguistics. ◇ *ein technischer Begriff* a technical term **2** (*Vorstellung*) idea ◇ *Sein Begriff von Demokratie stimmt nicht mit meinem überein.* His idea of democracy does not coincide with mine. ◇ *Ich kann mir keinen rechten Begriff davon machen.* I can't really imagine it. **3** **jdm ein ~ sein** mean sth to sb ◇ *Ist dir Karl Müller ein Begriff?* Does the name Karl Müller mean anything to you? ◇ *Shakespeare ist wohl jedem ein Begriff.* Everyone must have heard of Shakespeare. ◇ *Kummerow? Ist mir kein Begriff.* Kummerow? Never heard of it. **IDM** **für jds Begriff/Begriffe** in sb's view; in sb's opinion **im Begriff sein/stehen etw zu tun** be about to do sth ◇ *Er war im Begriff das Haus zu verlassen, als es klingelte.* He was about to leave the house when the doorbell rang. **schwer von Begriff sein** be slow on the uptake

begriffen **1** → BEGREIFEN **2 in etw ~ sein** (*Zustand*) be in a state of sth; (*Vorgang*) be in the process of sth ◇ *Das Staatswesen war im Umbruch begriffen.* The state system was in a state of upheaval. ◇ *Die Partei ist im Wandel begriffen.* The party is in the process of being transformed. ◇ *im Niedergang begriffen* in decline ◇ *Ihr Einfluss ist im Schwinden begriffen.* Their influence is on the wane.

begriffsstutzig, **begriffsstützig** slow ◇ *Wenn es um Witze geht, ist sie etwas begriffsstutzig.* When it comes to jokes, she's a bit slow to catch on.

begründen **1 etw ~** give a reason for sth, justify sth; **etw (mit etw) ~** give sth as the reason for sth, justify sth with sth ◇ *etwas eingehend begründen* give detailed reasons for something ◇ *Hat er seine Entscheidung irgendwie begründet?* Did he give any reasons for his decision? **2** (*gründen*) found, establish

Begründer(in) founder

begründet **1** → BEGRÜNDEN **2** (*Vermutung, Hoffnung, Verdacht*) well-founded; (*Zweifel, Aussicht*) reasonable ◇ *eine begründete Aussicht auf Erfolg* a reasonable chance of success ◇ *Seine Entscheidung war politisch begründet.* The reasons for his decision were political. **3 etw liegt/ist in etw ~** sth is the result of sth ◇ *Sein Erfolg liegt in seinem Fleiß begründet.* His success is the result of his hard work.

Begründung reason; (*Erklärung*) explanation; (*Rechtfertigung*) justification ◇ *Ihre Bewerbung wurde ohne Begründung abgelehnt.* Her application was rejected without explanation. ◇ *Zur Begründung der Entscheidung hieß es ...* They justified the decision by saying ...

begrünen ◇ *den Schulhof mit Bäumen begrünen* plant the school yard with trees/plant trees in the school yard

begrüßen **1** (*grüßen*) greet, say hello to *sb* (*umgs*) ◇ *Er begrüßte sie mit einem Kuss.* He greeted her with a kiss. ◇ *Wir haben uns noch nicht begrüßt.* We haven't said hello to each other yet. **2** (*als Gastgeber empfangen/gutheißen*) welcome ◇ *Ich möchte Sie zu unserem Konzert begrüßen.* I would like to welcome you to our concert. ◇ *Er begrüßte den Abschluss des Friedensvertrages.* He welcomed the conclusion of the peace agreement. ◇ *Die Beitragserhöhung ist nicht zu begrüßen.* The increase in contributions is not a welcome development.

Begrüßung **1** (*Gruß*) greeting **2** (*Empfang*) welcome ◇ *Die offizielle Begrüßung fand im Rathaus statt.* The official welcome ceremony took place at the town hall. ◇ *Zur Begrüßung des Präsidenten spielte eine Militärkapelle.* A military band played to welcome the president.

begünstigen **1** (*fördern, bevorzugen*) encourage, favour, (*AmE*) favor ◇ *Schlechte Lebensbedingungen begünstigen die Ausbreitung von Krankheiten.* Poor living conditions encourage the spread of disease. ◇ *Kleinere Parteien werden durch dieses Wahlverhalten begünstigt.* This system of voting favours smaller parties. **2 jdn ~** show favour to sb (*AmE*) show favor to sb **3 ein Verbrechen ~** be an accessory to a crime

Begünstigung **1** (RECHT) aiding and abetting ◇ *Der Angeklagte wurde wegen Begünstigung verurteilt.* The accused was found guilty of aiding and abetting. **2** (*Bevorzugung*) (*meist mit einem Verb übersetzt*) ◇ *die steuerliche Begünstigung Besserverdienender* giving tax breaks to higher-income groups ◇ *Das wäre eine Begünstigung des öffentlichen Verkehrs.* This would give an unfair advantage to public transport.

begutachten give expert advice on *sth* , have a look at *sth* ; (*technisch*) inspect and report on *sth* ; (*Leistung*) judge ◇ *Das alte Rathaus wurde begutachtet und dann unter Denkmalschutz gestellt.* The old Town Hall was inspected and then placed under a preservation order. ◇ *Eine Jury wird die Entwürfe für die neue Bahnhofshalle begutachten.* A jury will judge the designs for the new station concourse.

behaart hairy ◇ *stark behaarte Beine* very hairy legs ◇ *schwarz/dicht behaart* covered in black/thick hair

behäbig 1 (*Bewegung*) sluggish (*Adv* sluggishly), ponderous (*Adv* ponderously); (*Mensch*) stolid (*Adv* stolidly) ◇ *ein behäbig dahinfließender Fluss* a sluggishly flowing river **2** (*reich*) wealthy **3** (*stattlich, imposant*) grand, imposing

behaftet mit etw ~ (*mit Fehlern, Widersprüchen, Vorurteilen etc.*) full of sth ◇ *Die Theorie ist mit Widersprüchen behaftet.* The theory is full of contradictions. ◇ *mit dem Makel der Armut behaftet sein* carry the stigma of poverty

behagen etw behagt jdm sb likes sth ◇ *Das Betriebsklima behagte ihr sehr.* She liked the working atmosphere very much. ◇ *Es behagte ihm gar nicht, dass das Haus so abgelegen war.* He was uneasy about the fact that the house was in such a remote spot.

behaglich 1 (*Wärme, Sessel*) comfortable (*Adv* comfortably); (*Atmosphäre, Zimmer*) cosy (*Adv* cosily) (*AmE*) cozy (*Adv* cozily) **2** (*zufrieden*) contented (*Adv* contentedly)

behalten 1 keep ◇ *Du kannst das Foto behalten.* You can keep the photo. ◇ *Sie entschied sich, ihren Mädchennamen zu behalten.* She decided to keep her maiden name. ◇ *die Nerven behalten* keep your nerve **2** (*Status, Macht, Identität, Gültigkeit*) retain (*gehoben*) ◇ *Die Länder wollen ihre nationale Identität behalten.* The countries want to retain their national identity. ◇ *Die Karten behalten ihre Gültigkeit.* The tickets will remain valid. **3** (*zurückbehalten*) be left with *sth* ◇ *Er hat nach dem Unfall ein steifes Bein behalten.* The accident left him with a stiff leg. **4** (*sich merken*) remember ◇ *Ich habe den Namen nicht behalten.* I can't remember the name. **5** (*nicht entlassen*) keep *sb* on ◇ *Die Firma konnte die meisten Angestellten behalten.* The company was able to keep most of its staff on. IDM **etw für sich behalten** (*Geheimnis, Neuigkeit.*) keep sth to yourself → *Siehe auch* AUGE, KOPF, NERV *und* RECHT

Behälter container ◇ *Behälter mit radioaktivem Abfall* containers of radioactive waste

behandeln 1 treat ◇ *Hör auf, mich wie ein kleines Kind zu behandeln!* Stop treating me like a little child! ◇ *Die Sache sollte vertraulich behandelt werden.* The matter should be treated as confidential. ◇ *Der Patient wurde mit Medikamenten behandelt.* The patient was treated with drugs. ◇ *Die Krankheit lässt sich mit Penizillin behandeln.* Penicillin can be used to treat the disease. ◇ *Er behandelte das Metall mit Rostschutzmittel.* He treated the metal with an anti-rust agent. **2** (*Thema, Problem, Fall*) deal with *sth* ◇ *Das Buch behandelt die Ausländerfeindlichkeit in unserer Gesellschaft.* The book deals with xenophobia in our society. ◇ *Der Aufsatz behandelt die Französische Revolution.* The essay discusses the French Revolution. ◇ *Dieses Thema wird im nächsten Kapital ausführlich behandelt.* The next chapter covers this in detail. **3** (*umgehen mit*) handle IDM → DRECK, EI *und* HUND

Behandlung 1 treatment [U] ◇ *Sie verdienen eine bessere Behandlung.* They deserve better treatment. ◇ *in ärztlicher Behandlung* receiving medical treatment **2** (*Besprechung*) discussion **3** (*Bearbeitung*) (*meist mit einem Verb übersetzt*) ◇ *Die Behandlung Ihres Antrags kann leider nicht umgehend erfolgen.* Unfortunately your application can not be processed immediately.

beharren auf etw ~ (*bestehen*) insist on sth; (*Standpunkt, Position, Meinung, Entschluss*) stick to sth ◇ *Sie beharrte auf dieser Formulierung.* She insisted on this wording. ◇ *Er beharrte darauf, dass die Erde eine Scheibe sei.* He insisted that the earth was flat.

Beharren (*Bestehen*) insistence ◇ *Auf Beharren der Familie wurden sie eingeladen.* They were invited at the insistence of the family.

beharrlich persistent (*Adv* persistently), dogged (*Adv* doggedly) ◇ *Sie weigerte sich beharrlich, die Summe zu zahlen.* She persistently refused to pay the money. ◇ *Er schwieg beharrlich.* He doggedly refused to speak.

Beharrlichkeit perseverance

behaupten 1 claim, maintain ◇ *Er behauptet, gefoult worden zu sein.* He claims he was fouled. ◇ *Sie können von sich behaupten, ein Stück Pop-Geschichte geschrieben zu haben.* They can claim to have made pop history. ◇ *Er behauptete steif und fest, einen Geist gesehen zu haben.* He swore blind that he had seen a ghost. **2** (*Standpunkt, Stellung*) keep ◇ *Sie konnte ihren Platz in der Mannschaft behaupten.* She was able to keep her place in the team. **3 sich ~** maintain your position, win through ◇ *Es wird immer schwerer für Autohersteller, sich auf dem Markt zu behaupten.* It is becoming increasingly difficult for car manufacturers to maintain their market position. ◇ *sich tapfer behaupten* bravely hold your ground ◇ *Die Kandidaten mussten sich in einer Vorauswahl behaupten.* The candidates had to get through a preliminary selection procedure successfully. IDM → STEIF

Behauptung claim, assertion ◇ *eine falsche/pauschale Behauptung* a false/sweeping claim ◇ *eine Behauptung aufstellen* make an assertion ◇ *Wie kommt sie zu dieser Behauptung?* How can she say that?

Behausung accommodation

beheben 1 (*Problem*) sort *sth* out; (*Mängel, Missstände*) rectify; (*Schaden*) repair ◇ *Dieses Problem können wir leicht selbst beheben.* We can easily sort this problem out ourselves. **2** (*Geld abheben*) withdraw

beheimatet native ◇ *in Nordeuropa beheimatet* native to Northern Europe ◇ *Borussia Dortmund ist im Westfalenstadion beheimatet.* The Westfalenstadion is home to Borussia Dortmund.

beheizen heat ◇ *mit Strom beheizt* heated by electricity

behelfen sich ~ manage, make do ◇ *Der Betrieb behalf sich mit Teilzeitkräften.* The firm managed with part-time staff. ◇ *Wir müssen uns irgendwie behelfen!* We have to manage somehow! ◇ *Sie werden sich ohne Sekretärin behelfen müssen.* They'll have to manage without a secretary. ◇ *Sie konnte sich nur mit Ausreden behelfen.* She just had to resort to excuses.

behelfsmäßig temporary (*Adv* temporarily) ◇ *Nach dem Erdbeben wurden zunächst behelfsmäßige Unterkünfte errichtet.* After the earthquake temporary accommodation was set up.

beherbergen 1 (*unterbringen*) accommodate ◇ *Die Asylsuchenden wurden vorübergehend in ehemaligen Kasernengebäuden beherbergt.* The asylum seekers were temporarily accommodated in former barracks. **2** (*aufnehmen*) take *sb* in ◇ *Sie beschloss, im Sommer Feriengäste bei sich zu beherbergen.* She decided to take in holiday guests during the summer. **3** (*Platz bieten für*) house ◇ *Das neue Gebäude soll vier Büros beherbergen.* The new building is to house four offices.

beherrschen **1** control; (*herrschen über*) rule ◇ *das von Rebellen beherrschte Gebiet* the rebel-controlled area ◇ *Gallien wurde von den Römern beherrscht.* Gaul was ruled by the Romans. **2** (*am wichtigsten sein*) dominate ◇ *Die japanischen Hersteller beherrschen den Automobilmarkt.* Japanese manufacturers dominate the car industry. ◇ *Der Tod des Sängers beherrschte die Schlagzeilen.* The singer's death dominated the headlines. ◇ *Die Statue beherrscht den Marktplatz.* The statue dominates the market place. ◇ *Die Chefetage ist nach wie vor eine männlich beherrschte Domäne.* The boardroom continues to be a male domain. **3** (*unter Kontrolle haben, in der Gewalt haben*) be in control of *sth* ◇ *Als Rennfahrer beherrscht er sein Fahrzeug in jeder Situation.* As a racing driver he is in control of his car in all situations. ◇ *Die Mannschaft beherrschte ihren Gegner von Beginn an.* The team had the upper hand over their opponents right from the start. **4** (*zügeln*) control ◇ *Er konnte seine Leidenschaft nicht länger beherrschen.* He could no longer control his passion. **5** (*Trick, Handwerk, Instrument*) have mastered ◇ *Wenn man einmal die Grundtechniken beherrscht, wird das Skifahren viel einfacher.* Once you have mastered the basic techniques, skiing becomes much easier. ◇ *Schiedsrichter müssen die Spielregeln perfekt beherrschen.* Referees must know the rules of the game inside out. ◇ *Sie beherrscht drei Fremdsprachen.* She speaks three foreign languages fluently. **6 sich ~** control yourself ◇ *Er konnte sich nicht mehr beherrschen und schrie vor Schmerz.* He couldn't control himself any longer and cried out in pain.

beherrscht **1** → BEHERRSCHEN **2** self-controlled, composed ◇ *Er trat beherrscht auf.* He appeared composed.

Beherrschung **1** (*eines Volks*) rule **2** (*eines Gegners*) domination; (*einer Situation*) control ◇ *Die völlige Beherrschung des Gegners brachte der Mannschaft den Sieg.* Their complete domination over their opponent gave the team its victory. ◇ *die Beherrschung der Natur* control over nature ◇ *Der Fahrer verlor die Beherrschung über sein Auto.* The driver lost control of the car. **3** self-control ◇ *die Beherrschung verlieren* lose your self-control **4** (*Musikinstrument, Technik*) mastery; (*Sprache*) command ◇ *ihre Beherrschung des Instruments* her mastery of the instrument ◇ *Beim Dreisprung kommt es auf die Beherrschung der richtigen Technik an.* In the triple jump, mastering the right technique is the most important thing. ◇ *die Beherrschung der englischen Sprache in Wort und Schrift* a command of spoken and written English

beherzigen take *sth* to heart, heed (*gehoben*) ◇ *Du solltest seinen Ratschlag beherzigen!* You should take his advice to heart!

beherzt brave (*Adv* bravely), courageous (*Adv* courageously) (*gehoben*)

behilflich **jdm (bei etw) ~ sein** help sb (with sth), assist sb (with sth) (*gehoben*) ◇ *Er war ihr bei der Wohnungssuche behilflich.* He helped her to find somewhere to live. ◇ *Der Verein ist Flüchtlingen bei rechtlichen Angelegenheiten behilflich.* The organization assists refugees with legal matters.

behindern (*Sicht, Polizei, Sportler*) obstruct; (*Arbeit, Wachstum, Fortschritt*) hinder; (*Verkehr*) hold *sth* up; (*unterbrechen*) disrupt ◇ *Der Spieler darf seinen Gegner nicht behindern.* Players must not obstruct their opponents.

behindert disabled ◇ *ein behindertes Kind* a disabled child ◇ *körperlich behindert* physically disabled ◇ *Sie war geistig behindert.* She had learning difficulties.

Behinderte(r) disabled person

Behinderteneinrichtung disabled unit **behindertengerecht** suitable for the disabled ◇ *behindertengerechte Wohnungen* flats for the disabled ◇ *behindertengerechte Toiletten* disabled toilets ◇ *Der Bahnhof wurde behindertengerecht umgebaut.* The station was modified to cater for the needs of the disabled. **Behindertensport** disabled sport **Behindertenwerkstatt** sheltered workshop

Behinderung **1** obstruction; (*Unterbrechung*) disruption ◇ *Der Spieler wurde wegen Behinderung des Gegners disqualifiziert.* The player was disqualified for obstructing an opponent. ◇ *starke Behinderungen im Straßenverkehr* severe traffic disruption **2** (*körperlich, geistig*) disability ◇ *Hier arbeiten Menschen mit und ohne Behinderung zusammen.* Disabled and able-bodied people are working together here.

Behörde **1** authority [meist Pl] ◇ *einen Bauantrag bei der zuständigen Behörde einreichen* submit a planning application to the relevant authority ◇ *Das Schiff ist von den belgischen Behörden gestoppt worden.* The ship was stopped by the Belgian authorities. **2** (*Büro*) (local government) office ◇ *Mein Aufenthaltsantrag liegt noch auf der Behörde.* My application for a residence permit is still at the immigration office.

behördlich official [nur vor Nomen] (*Adv* officially) ◇ *mit behördlicher Genehmigung* with official approval

behüten **jdn/etw (vor jdm/etw) ~** protect sb/sth (from sb/sth) ◇ *Es ist wichtig, Kinder vor negativen Einflüssen zu behüten.* It is important to protect children from bad influences ◇ *In ihren Armen fühlte sich das Kind behütet.* The child felt safe in her arms. ◇ *Die Kinder waren behütet aufgewachsen.* The children had had a sheltered upbringing.

behutsam careful (*Adv* carefully); (*umsichtig*) cautious (*Adv* cautiously) ◇ *Bitte gehen Sie behutsam mit den Fundstücken um.* Please be careful how you handle the finds. ◇ *Ein behutsames Vorgehen ist erforderlich.* A cautious approach is required.

bei

• **Ort** **1** (*geografische Nähe*) near, by ◇ *ein kleines Dorf bei Berlin* a small village near Berlin **2 ~ jdm** (*im Haus von*) with sb, at sb's (house); (*auf Briefen*) c/o ◇ *Warum bleibt ihr nicht übers Wochenende bei uns?* Why don't you stay the weekend with us? ◇ *Er ist bei seiner Freundin.* He's at his girlfriend's. ◇ *Wir sind morgen bei Schmidts zum Essen eingeladen.* We've been invited to dinner at the Schmidts' tomorrow. ◇ *Hans Müller bei Schmidt* Hans Müller c/o Schmidt ◇ *Er verbringt viel Zeit bei ihr in der Küche.* He spends a lot of time with her in the kitchen. **3 ~ jdm** (*im Besitz von*) among(st) sb's belongings/possessions ◇ *Bei den Terroristen wurden Waffen und Munition gefunden.* Weapons and ammunition were found in the possession of the terrorists. **4** (*Geschäft, Praxis*) at the ...'s ◇ *beim Friseur/Arzt* at the hairdresser's/doctor's **5** (*Institution, Firma*) for ◇ *Sie arbeitet bei der Post/Bahn/Stadtverwaltung.* She works for the post office/railway/city council. ◇ *Bei IBM verdiente er gut.* He had a good salary at IBM. **6** (*Schriften*) in ◇ *ein häufiges Thema bei Böll* a common theme in Böll **7 ~ sich** on you ◇ *Ich habe kein Kleingeld bei mir* I haven't got any change on me. **8** (*Hand*) by ◇ *Sie nahm das Kind bei der Hand.* She took the child by the hand.

• **Zeit** **9** (*Zeitpunkt*) at ◇ *bei der Eröffnung des Kongresses* at the opening of the congress ◇ *bei Einbruch der Dunkelheit* at nightfall **10** (*während, infolge von*) ◇ *Als Kind sah er seinem Großvater oft bei der Arbeit zu.* As a child he often watched his grandfather at work. ◇ *Beim Gespräch erfuhr sie von seinem Unfall.* She heard about his accident during the conversation. ◇ *ein gemütlicher Klatsch bei Kaffee und Kuchen* a good chat over coffee and cakes ◇ *Wie kannst du bei dem Lärm arbeiten?* How can you work with this noise? ◇ *Beim Unfall entstand erheblicher Sachschaden.* The accident caused considerable damage. ◇ *Beim Absturz der Maschine kamen alle Insassen ums Leben.* All the passengers were killed in the plane crash. ◇ *Beim Abwaschen erzählte sie uns von ihrer bevorstehenden Hochzeit.* While we were washing up she told us about her forthcoming wedding. ◇ *Beim Versuch, ein Omelett zu backen, verbrannte er sich die Hand.* He burnt his hand trying to cook an omelette.

• **Voraussetzung, Umstand** **11** (*im Falle von*) in the event of ◇ *Bei Regen findet das Konzert in der Festhalle statt.* In the event of rain the concert will take place in the hall. ◇ *Bei Bluthochdruck sollten diese Tabletten nur nach Rücksprache mit dem Arzt genommen werden.* People with high blood pressure should only take these tablets after consulting a doctor. ◇ *bei Temperaturen von minus 10° Celsius* at temperatures of minus 10° centigrade **12** (*Voraussetzung, Ursache für etw*) with ◇ *Bei regelmäßigem Training müsstest du es schaffen können.* With regular training you should make it. ◇ *bei den gegenwärtigen Zinssätzen* with interest rates as they are at the moment **13** ◇ *Bei aller Liebe, aber das kann ich dir nicht verzeihen.* Much as I love you, I can't forgive you for that. ◇ *Bei allem Verständnis kann ich dein Verhalten nicht billigen.* Much as I can see the reasoning behind it, I can't approve of your behaviour. ◇ *Der Vorschlag wurde bei fünf Gegenstimmen und zwei Enthaltungen angenommen.* The proposal was approved with five votes against and two abstentions.

IDM **nicht (ganz) bei sich sein** not be (quite) with it

beibehalten keep, retain (*gehoben*); (*fortsetzen*) maintain ◇ *die Regelungen in ihrer jetzigen Form beibehalten* keep the arrangements as they are ◇ *die Todesstrafe beibehalten* retain the death penalty ◇ *die bisherige Politik beibehalten* maintain the current policy

Beibehaltung (*meist mit einem Verb übersetzt*) ◇ *sich für die Beibehaltung der Wehrpflicht einsetzen* argue to keep national service ◇ *die Beibehaltung des Status quo* maintaining the status quo

beibringen **1** **jdm etw ~** (*unterrichten*) teach sb (to do) sth ◇ *Sie brachte ihrem Bruder das Schwimmen bei.* She taught her brother to swim. **2** **jdm etw ~** (*mitteilen*) break sth to sb ◇ *Du musst es ihr behutsam beibringen.* You will have to break it to her gently. **3** **jdm etw ~** (*Niederlage, Wunde etc.*) inflict sth on sb **4** (*vorlegen*) produce ◇ *Beweise beibringen* produce evidence

IDM → VERNUNFT

Beichte confession ◇ *zur Beichte gehen* go to confession ◇ *jdm die Beichte abnehmen* hear sb's confession

beichten confess (*auch fig*) ◇ *Hast du deinem Vater schon den Unfall gebeichtet?* Have you confessed to your father about the accident yet? ◇ *Er geht regelmäßig beichten.* He goes to confession regularly.

Beichtgeheimnis seal of confession

beide **1** (*betont/ohne Artikel*) both ◇ *Es geht uns beiden gut.* We are both keeping well. ◇ *mit beiden Händen* with both hands ◇ *Beide hatten eine Weile in Paris gelebt.* Both of them had/They had both lived in Paris for a while. ◇ *„Sind die Blumen von Eva oder Anke?“ „Von beiden.“* 'Are the flowers from Eva or Anke?' 'From both of them.' **2** (*unbetont/mit Artikel*) two ◇ *Ein Durchgang verbindet die beiden Gebäude.* A passageway connects the two buildings. ◇ *Herr Meier und die beiden Kinder* Mr Meier and the two children ◇ *Welches der beiden Kleider gefällt dir besser?* Which of the two dresses do you prefer? ◇ *Diese beiden Bilder gefallen mir gut.* I like these two pictures. ◇ *meine beiden Brüder* my two brothers **3** (*keiner von beiden*) neither (of them) ◇ *keine der beiden Großmütter* neither of the two grandmothers ◇ *„Welches der beiden Fahrräder gehört dir?“ „Keins von beiden.“* 'Which of the two bicycles belongs to you?' 'Neither of them.' **4** (*Tennis*) all ◇ *30 beide.* 30 all.

beiderseitig mutual ◇ *in beiderseitigem Einvernehmen* by mutual agreement

beiderseits **1** (*auf beiden Seiten*) on both sides ◇ *beiderseits der Straße* on both sides of the road ◇ *Es gab beiderseits hohe Verluste.* There were heavy losses on both sides. **2** (*für beide*) mutually ◇ *ein beiderseits zufriedenstellendes Ergebnis* a mutually satisfactory outcome

beides **1** (*betont*) both (things) ◇ *Kreativität und Durchsetzungswillen — beides benötigt man für einen Job in den Medien.* Creativity and drive — you need both for a job in the media. ◇ *„Möchtest du Eis oder Torte?“ „Beides!“* 'Would you like ice cream or cake?' 'Both!' **2** (*unbetont*) the two (things) ◇ *Arbeit und Familie — wie kombiniere ich beides?* A job and a family — how can I juggle the two?

beidhändig **1** ambidextrous **2** (*Tennis*) two-handed

beidseitig **1** (*auf beiden Seiten*) on both sides ◇ *Die Straße war beidseitig zugeparkt.* There were cars parked on both sides of the road. ◇ *beidseitig beschrieben* covered with writing on both sides **2** (*für beide Parteien*) of/by both parties; (*von jeder der beiden Parteien*) by either party

beieinander together ◇ *Sie saßen eng beieinander.* They sat close together. ◇ *Hast du alle Unterlagen beieinander?* Have you got all your papers together?

IDM **Du hast sie wohl nicht (mehr) alle beieinander!** Are you out of your mind? **gut/schlecht beieinander sein** be in good/bad shape

Beifahrer(in) **1** (*Auto*) front-seat passenger; (*Motorrad*) (pillion) passenger **2** (*Rallye*) co-driver

Beifahrersitz passenger seat

Beifall **1** (*Applaus*) applause, clapping ◇ *stürmischer Beifall* thunderous applause ◇ *Ihre Fans klatschten begeistert Beifall.* The fans gave her a rapturous round of applause. **2** (*Zustimmung*) approval ◇ *Mit ihrer abfälligen Bemerkung erntete sie wenig Beifall.* Her disparaging remark met with little approval.

beifällig (*Blick, Nicken*) approving (*Adv* approvingly); (*Bemerkung, Antwort*) favourable (*Adv* favourably), (*AmE*) favorable (*Adv* favorably) ◇ *Der Vorschlag wurde beifällig aufgenommen.* The suggestion met with approval. ◇ *Sie nickte beifällig.* She nodded approvingly.

beifügen **(einer Sache) etw ~** **1** (*hinzufügen*) add sth (to sth) **2** (*Brief*) enclose sth (with sth)

Beigabe **1** (*das Hinzufügen*) addition ◇ *ohne Beigabe künstlicher Aromastoffe* without the addition of artificial flavouring **2** (*Geschenk*) free gift **3** (*Archäologie*) (grave) goods [Pl]

beige beige → *Beispiele bei* BLAU

beigeben **(einer Sache) etw ~** add sth (to sth)

IDM **klein beigeben** give in ◇ *Warum muss ich immer klein beigeben?* Why am I always the one who has to give in?

Beigeordnete(r) ≈council officer

Beigeschmack unpleasant taste; (*fig*) nasty taste

Beiheft (*Buch*) supplement; (*CD*) insert

Beihilfe **1** aid [U], grant ◇ *Beihilfen im Steinkohlebergbau* aid for the coal industry ◇ *Der Kindergarten hat städtische Beihilfe beantragt.* The nursery has applied for a grant from the town council. ◇ *staatliche*

Beihilfe für Arbeitslose state benefits for the unemployed **2** (RECHT) aiding and abetting

Beil hatchet; *(Schlachter-)* cleaver; *(Henkers-)* axe, *(AmE)* ax

Beilage **1** *(Essen)* side dish **2** *(Zeitung)* supplement

beiläufig casual [nur vor Nomen] *(Adv* casually) ◇ *eine beiläufige Bemerkung* a casual remark ◇ *Er erwähnte sie nur beiläufig.* He only mentioned her in passing.

beilegen **1** **(einer Sache) etw ~** enclose sth (with sth) **2** *(beenden)* settle

Beilegung settlement

Beileid condolences [Pl] ◇ *Ich möchte Ihnen mein aufrichtiges Beileid aussprechen.* I should like to offer my sincere condolences.

beiliegen **(einer Sache) ~** be enclosed (with sth) ◇ *Der Bewerbung lag ein Foto bei.* A photograph was enclosed with the application.

beiliegend enclosed ◇ *Beiliegend sende ich Ihnen das Formular.* Please find enclosed the form.

beimessen **einer Sache Bedeutung/Wert ~** attach importance to sth ◇ *Ich würde der Sache keine allzu große Bedeutung beimessen.* I wouldn't attach too much importance to it.

beimischen **(einer Sache) etw ~** add sth (to sth) ◇ *dem Teig einen Schuss Rum beimischen* add a dash of rum to the dough ◇ *Jemand hatte ihrem Getränk Gift beigemischt.* Someone had put poison in her drink.

Bein leg ◇ *Ich habe mich am Bein verletzt.* I've hurt my leg. IDM **auf den Beinen sein** be on your feet **etw auf die Beine stellen** put sth on; *(zusammenstellen)* put sth together ◇ *Der Gesangverein stellte ein beachtliches Programm auf die Beine.* The choral society put on an excellent programme. ◇ *einen Aktionsplan auf die Beine stellen* put a plan of action together **auf eigenen Beinen stehen** stand on your own (two) feet **jdm ein Bein stellen** trip sb up *(auch fig)* ◇ *Jemand hat mir auf dem Schulhof ein Bein gestellt.* Somebody tripped me up in the playground. ◇ *Da versucht jemand, dir ein Bein zu stellen.* Someone's trying to trip you up. ◇ *Mit ihrem unüberlegten Verhalten hat sie sich selbst ein Bein gestellt.* She spoilt her own chances with her rash behaviour. **in die Beine gehen** **1** make your legs ache ◇ *Squash geht unheimlich in die Beine.* Squash makes your legs ache terribly. **2** *(Rhythmus, Musik)* make you want to dance **mit beiden Beinen im Leben/(fest) auf der Erde stehen** have both feet (firmly) on the ground **sich auf die Beine machen** get going ◇ *Es ist schon spät, wir sollten uns auf die Beine machen.* It's late, we ought to get going. **sich die Beine in den Bauch stehen** hang around waiting **sich die Beine vertreten** stretch your legs **wieder auf den Beinen** back on your feet ◇ *Wenige Wochen nach dem Unfall war er wieder auf den Beinen.* He was back on his feet again a few weeks after the accident. → *Siehe auch* GRAB, HELFEN, KLOTZ, KNÜPPEL *und* MARK[2]

beinahe almost, nearly ◇ *Heute morgen wäre ich beinahe überfahren worden.* I nearly got run over this morning. ◇ *Sie kommt beinahe jeden Morgen zu spät zur Arbeit.* She is late for work nearly every morning. ◇ *Ich habe beinahe den Eindruck, du wärst mich gern los.* I am beginning to get the impression that you want to get rid of me.

Beinbruch fracture of the leg ◇ *ein komplizierter Beinbruch* a compound fracture of the leg IDM **Das ist (doch) kein Beinbruch!** It's not the end of the world!

beinhalten **1** *(unter anderem enthalten)* include ◇ *Das Fremdsprachenangebot beinhaltet auch Japanisch.* The languages offered include Japanese. **2** *(aus etw bestehen)* consist of *sth* ◇ *Die Prüfung beinhaltet einen mündlichen und einen schriftlichen Teil.* The exam consists of an oral and a written paper. **3** *(etw mit sich bringen)* involve ◇ *Der Gebrauchtwagenkauf beinhaltet immer ein gewisses Risiko.* Buying a used car always involves a certain amount of risk. **4** *(bedeuten)* mean ◇ *Der Friedensvertrag beinhaltet Zugeständnisse auf beiden Seiten.* The peace treaty means sacrifices for both sides.

beinhart **1** tough; *(unerbittlich)* hard ◇ *ein beinharter Verhandlungsführer* a tough negotiator **2** *(toll)* great, cool ◇ *„Na, wie war die Party gestern?" „Beinhart!"* 'Well, what was the party like last night?' 'Cool!'

Beipackzettel information leaflet

Beirat advisory committee

beirren **sich (von jdm/durch etw) nicht ~ lassen** not be put off (by sb/sth), not let sb/sth put you off ◇ *Die Band ließ sich durch die Buhrufe nicht beirren.* The band did not let the booing put them off.

beisammen together IDM **gut beisammen sein** be in good shape ◇ *Meine Oma ist mit ihren 80 Jahren noch gut beisammen.* My gran is in good shape for an eighty-year-old. **sie noch alle beisammen haben** ◇ *Hast du sie noch alle beisammen?* Are you out of your mind?

Beisein **im ~ von jdm** in the presence of sb

beiseite aside IDM **Scherz/Spaß beiseite** seriously ◇ *Spaß beiseite — irgendeine Ausrede musst du dir einfallen lassen.* Seriously, though — you'll have to think of some excuse.

beiseitebringen **etw ~** get rid of sth **beiseitedrängen** **jdn ~** push sb out of the way **beiseitelassen** **etw ~** leave sth to one side ◇ *Wir lassen die Frage der Entschädigung zuerst einmal beiseite.* Let's leave the question of compensation to one side for the time being. **beiseitelegen** **1** put *sth* down ◇ *Sie legte das Buch beiseite.* She put the book down. **2** **etw (für etw) ~** put sth aside (for sth) **beiseitenehmen** **jdn ~** take sb aside ◇ *Sie nahm mich beiseite und weihte mich in ihre Pläne ein.* She took me aside and told me her plans. **beiseiteräumen** **etw ~** move sth out of the way **beiseiteschaffen** **1** **etw ~** get rid of sth **2** **jdn ~** eliminate sb

beisetzen bury

Beisetzung funeral

Beisitzer(in) committee member; *(Prüfung)* co-examiner

Beispiel example ◇ *ein anschauliches/gelungenes Beispiel* a graphic/good example ◇ *ein abschreckendes Beispiel* a deterrent ◇ *Das beste/jüngste Beispiel für ... ist ...* The best/most recent example of ... is ... ◇ *Als Beispiel für dieses Phänomen ließe sich Oxford anführen.* Oxford is an example of this phenomenon. ◇ *Am Beispiel Bangladeschs ...* Taking Bangladesh as an example, ... ◇ *Nehmen wir als Beispiel ...* Take for example ... IDM **(jdm) mit gutem Beispiel vorangehen** set (sb) an example **sich an jdm ein Beispiel nehmen** follow sb's example **ohne Beispiel sein** be without precedent ◇ *ein politischer Skandal, wie er in der Geschichte des Landes ohne Beispiel ist* a political scandal without precedent in the history of the country **(wie) zum Beispiel** for example ◇ *Holzblasinstrumente, wie zum Beispiel Oboe oder Klarinette* woodwind instruments, for example the oboe or the clarinet

beispiel- **beispielhaft** exemplary ◇ *beispielhaftes Verhalten* exemplary behaviour ◇ *Abbados Interpretation von Mahlers Neunter war beispielhaft.* Abbado's interpretation of Mahler's Ninth was exemplary. **beispiellos** unprecedented ◇ *eine beispiellose Welle der Gewalt* an unprecedented wave of violence ◇ *Das Medieninteresse war beispiellos.* There was unprecedented media interest. **Beispielsatz** example ◇

Die Beispielsätze im Wörterbuch verdeutlichen die Verwendung des Wortes. The examples in the dictionary show how the word is used.

beispielsweise for example

beißen **1** bite ◇ *Ich hoffe, der Hund beißt nicht.* I hope the dog doesn't bite. ◇ *jdn ins Bein beißen* bite sb in the leg ◇ *in die Bratwurst beißen* bite into the sausage **2 auf etw ~** bite (on) sth ◇ *sich auf die Lippen/die Zunge beißen* bite your lip/tongue ◇ *auf etwas Hartes beißen* bite on something hard **3 nach jdm/etw ~** snap at sb/sth **4** (*Qualm*) sting ◇ *Der Qualm beißt in den Augen.* The smoke stings your eyes. **5 sich (mit etw) ~** clash (with sth) ◇ *Die Farben beißen sich.* The colours clash. IDM **er, sie etc. wird (dich) schon nicht beißen** he, she, etc. won't bite (you) **sich in den Arsch/Hintern beißen** kick yourself → *Siehe auch* APFEL, GRANIT, GRAS *und* ZUNGE

beißend (*Kälte, Wind, Satire*) biting; (*Frost, Schmerz, Ironie*) sharp; (*Geruch*) pungent; (*Rauch*) acrid ◇ *beißender Witz* biting wit ◇ *beißender Spott* withering scorn ◇ *beißende Kritik/Polemik* fierce criticism

Beißzange pincers [Pl]

Beistand assistance; (*moralisch*) moral support ◇ *militärischen Beistand leisten* provide military assistance

beistehen **jdm ~** help sb ◇ *einem Freund in der Not beistehen* help a friend in need

beisteuern **etw (zu etw) ~** contribute sth (towards sth)

beistimmen **1 jdm ~** agree with sb ◇ *Ich stimme meinem Vorredner in dieser Sache bei.* I agree with the previous speaker about this point. **2 einer Sache ~** (*Vorschlag*) agree with sth; (*Antrag*) support sth

Beitrag **1** (*Mitglieds-*) subscription; (*zur Kranken- oder Rentenversicherung*) contribution **2** (*Mitarbeit*) contribution ◇ *einen wichtigen Beitrag zur Völkerverständigung leisten* make an important contribution to international understanding ◇ *seinen Beitrag zum Umweltschutz leisten* do your bit to protect the environment **3** (*Zeitungs-*) article; (*Radio, Fernsehen*) report

beitragen **(etw) zu etw ~** contribute (sth) to sth ◇ *alle, die zum Gelingen der Veranstaltung beigetragen haben* all those who contributed to the success of the event ◇ *Die Aktion soll dazu beitragen, über die Gefahren von Alkohol am Steuer zu informieren.* The campaign is designed to increase awareness of the dangers of drink-driving.

beitreten **einer Sache ~** join sth ◇ *einem Pakt/Bündnis beitreten* join a treaty/an alliance ◇ *einem Vertrag beitreten* sign an agreement

Beitritt (*meist mit einem Verb übersetzt*) ◇ *den Beitritt zu einem Bündnis erklären* join an alliance ◇ *In einem Referendum lehnte die Bevölkerung den Beitritt des Landes zur EU ab.* In a referendum the country voted against joining the EU.
Beitrittsland accession country **Beitrittsverhandlungen** accession negotiations [Pl]

Beiwagen sidecar

bejahen **1** say 'yes', answer in the affirmative (*gehoben*) **2** (*billigen*) approve ◇ *ein Projekt/einen Vorschlag bejahen* approve a project/a proposal

bejammern feel sorry for *sb*, bewail (*gehoben*) ◇ *Hör endlich auf, dich selber zu bejammern!* Stop feeling sorry for yourself! ◇ *Sie bejammerten ihr Schicksal.* They bewailed their fate.

bejubeln cheer; (*begrüßen*) greet *sth* with enthusiasm ◇ *Tausende von Fans bejubelten den Sieg ihrer Mannschaft.* Thousands of fans cheered their team's victory. ◇ *Die Wiedervereinigung wurde nicht von allen DDR-Bürgern bejubelt.* Not all the citizens of the GDR greeted reunification with enthusiasm.

bekämpfen **1** combat ◇ *Rassismus bekämpfen* combat racial prejudice ◇ *Ungeziefer bekämpfen* control vermin ◇ *Die Regierung ist entschlossen, die aufständischen Truppen mit allen Mitteln zu bekämpfen.* The government is determined to use all means at its disposal against the rebel troops. **2 sich ~** fight (each other) ◇ *Die verschiedenen Banden bekämpfen sich ununterbrochen.* The various gangs are constantly fighting. IDM → BLUT

Bekämpfung (*meist mit einem Verb übersetzt*) ◇ *Maßnahmen zur Bekämpfung von Kindesmissbrauch* ways of combating child abuse ◇ *Zur Bekämpfung der Seuche müssen wir bei ihren Ursachen ansetzen.* In order to combat the epidemic we must start with the causes.

bekannt **1** well-known; (*berühmt*) famous ◇ *eine bekannte Tatsache* a well-known fact ◇ *Er ist durch seine Songs bekannt geworden.* His songs made him famous. ◇ *Es ist allgemein bekannt, dass sie sich nicht verstehen.* It's common knowledge that they don't get on. **2 etw ist jdm ~** sb knows sth ◇ *Das ist mir nicht bekannt.* I don't know anything about that. **3 als/für etw ~ sein** be known as/for sth ◇ *als Lügner bekannt sein* be known as a liar ◇ *Sie ist bekannt dafür, dass sie sehr ehrlich ist.* She is known to be very honest. **4 jdm ~ vorkommen** seem familiar to sb ◇ *Ihre Stimme kommt mir bekannt vor.* Her voice seems familiar. **5 mit jdm ~ sein** know sb ◇ *Ich bin seit Jahren mit ihr bekannt.* I have known her for years. **6 sich mit etw ~ machen** familiarize yourself with sth ◇ *Wir müssen uns mit den neuen Vorschriften bekannt machen.* We need to familiarize ourselves with the new rules. **7 (jdn) mit etw ~ machen** introduce sb to sth ◇ *Das Buch will mit neuen Therapien bekannt machen.* The book provides an introduction to new forms of therapy. **8 jdn/sich mit jdm ~ machen** introduce sb/yourself to sb ◇ *Sie machte uns mit ihrer Nachbarin bekannt.* She introduced us to her neighbour. **9 etw ~ machen** announce sth; (*veröffentlichen*) publish sth **10 ~ geben** announce ◇ *Die Entscheidung wurde gestern bekannt gegeben.* The decision was announced yesterday. ◇ *Sie gaben die Geburt in einer Zeitungsanzeige bekannt.* They announced the birth in the paper. **11 ~ werden** become known, become public ◇ *Der Vorfall darf nicht bekannt werden.* The incident must not become public. ◇ *wie erst heute bekannt wurde* as has only just been announced ◇ *Das wurde schnell in der ganzen Nachbarschaft bekannt.* It soon got round the whole neighbourhood. IDM → HUND

Bekannte(r) **1** friend; (*flüchtig*) acquaintance **2** (*Freund(in)*) boyfriend, girlfriend
Bekanntenkreis circle of friends

Bekanntgabe announcement

bekanntlich as everybody knows ◇ *Rauchen ist bekanntlich gesundheitsschädlich.* It is a well-known fact that smoking is bad for your health.

Bekanntschaft **1** (*Kontakt*) acquaintance (*oft mit einem Verb übersetzt*) ◇ *Uns verbindet eine langjährige Bekanntschaft.* We have known each other for years. **2** ◇ *Sie hat in den Ferien ein paar komische Bekanntschaften gemacht.* She got to know some funny people on holiday. ◇ *Er hat seine ganze Bekanntschaft eingeladen.* He invited everybody he knew. **3 mit jdm/etw ~ machen** get to know sb/sth ◇ *Wir haben im Urlaub mit einer englischen Familie Bekanntschaft gemacht.* We got to know an English family on holiday. ◇ *Er hat mit der italienischen Polizei Bekanntschaft gemacht.* He had a brush with the Italian police.

bekehren **jdn (zu etw) ~** convert sb (to sth); **sich (zu etw) ~** convert (to sth)

Bekehrung conversion ◇ *seine Bekehrung zum Buddhismus* his conversion to Buddhism

bekennen **1** confess; (*zugeben auch*) admit ◇ *seine Sünden bekennen* confess your sins ◇ *Ich muss bekennen, dass ich es ganz vergessen habe.* I must confess that I completely forgot. ◇ *einen Fehler/seine Schuld bekennen* admit a mistake/your guilt **2** **sich zu etw ~** declare your belief in sth, make a commitment to sth ◇ *sich zum Kommunismus bekennen* declare your belief in Communism ◇ *Die Partei bekennt sich zu Europa.* The party has made a commitment to Europe. ◇ *Er ist ein bekennender Christ.* He is a committed Christian. **3** **sich zu jdm ~** stand by sb **4** **sich als jd/etw ~** declare yourself to be sb/sth **5** **sich schuldig ~** admit your guilt; (*vor Gericht*) plead guilty IDM → FARBE

Bekennerbrief, **Bekennerschreiben** letter claiming responsibility ◇ *Es gab kein Bekennerschreiben nach dem Anschlag.* No one claimed responsibility after the attack.

Bekenntnis **1** confession ◇ *ein Bekenntnis ablegen* make a confession ◇ *Nach eigenem Bekenntnis ist er ein schwieriger Mensch.* He admits to being a difficult person. **2** **~ (zu etw)** commitment (to sth), declaration of support (for sth) ◇ *ein klares Bekenntnis zu Europa* a clear commitment to Europe ◇ *sein öffentliches Bekenntnis zum Rechtsradikalismus* his public support for extreme right-wing views **3** religion; (*Konfession*) religious denomination

bekifft stoned (*Slang*)

beklagen **1** deplore; (*betrauern*) lament ◇ *sein Schicksal beklagen* lament your fate ◇ *Menschenleben waren nicht zu beklagen.* There were no casualties. **2** **sich (bei jdm) (über jdn/etw) ~** complain (to sb) (about sb/sth) ◇ *Er hat sich darüber beklagt, dass das Hotel so schlecht war.* He complained about how bad the hotel was.

beklagenswert sad; (*Zustand*) deplorable; (*Opfer, Folge, Vorfall*) unfortunate

Beklagte(r) (RECHT) defendant

bekleben **etw ~** stick things on sth; **A mit B ~** stick B on A ◇ *Sie dürfen die Wände nicht bekleben.* They're not allowed to stick anything on the walls. ◇ *ein mit Plakaten beklebtes Fenster* a window covered in posters

bekleckern **1** **etw ~** make a mess on sth; **A mit B ~** spill B on A ◇ *Pass auf, dass du die saubere Tischdecke nicht bekleckerst!* Be careful not to make a mess on the clean tablecloth! ◇ *Er hat die Tischdecke mit Orangensaft bekleckert.* He's spilt orange juice on the tablecloth. ◇ *Ich habe mir die Bluse bekleckert.* I've spilt something down my blouse. **2** **sich (mit etw) ~** spill sth down yourself ◇ *Er hat sich schon wieder bekleckert.* He has spilt something down himself again.

bekleiden **ein Amt ~** hold an office

bekleidet **1** dressed [nicht vor Nomen] **2** ◇ *Sie war mit Jeans und Turnschuhen bekleidet.* She was dressed in jeans and trainers.

Bekleidung clothes [Pl], clothing (*offiz*)

beklemmend (*Anblick, Film etc.*) disturbing (*Adv* disturbingly); (*Gefühl, Stille*) uneasy; (*Atmosphäre*) oppressive

bekloppt, **beknackt** (*dumm*) stupid; (*verrückt*) mad ◇ *ein beknackter Typ* a stupid idiot ◇ *Viele Radfahrer rasen wie bekloppt durch die Fußgängerzone.* A lot of cyclists ride like lunatics through the pedestrian zone.

beknien **jdn ~** go on at sb (*umgs*) ◇ *Sie hat ihre Eltern bekniet, sie auf die Party gehen zu lassen.* She has been going on at her parents to let her go to the party.

bekommen **1** (*erhalten*) get ◇ *einen Brief bekommen* get a letter ◇ *Ich habe zum Geburtstag ein neues Fahrrad bekommen.* I got a new bike for my birthday. ◇ *etwas zu essen bekommen* get something to eat ◇ *20 Jahre Gefängnis bekommen* get 20 years in jail ◇ *Hunger/Heimweh bekommen* get hungry/homesick ◇ *Krebs/eine Krankheit/Schnupfen bekommen* get cancer/an illness/a cold ◇ *einen Sender bekommen* pick up a radio station **2** (*Baby*) have ◇ *Sie hat ein Kind bekommen.* She's had a baby. **3** ◇ *Der Baum bekommt Blätter.* The tree is coming into leaf. **4** (*Bus, Zug etc.*) catch ◇ *Ich habe den Bus gerade noch bekommen.* I just caught the bus. **5** **jdm gut ~** suit sb; (*guttun*) do sb good ◇ *Der Skiurlaub ist uns gut bekommen.* The skiing holiday did us good. **6** **jdm nicht/schlecht ~** not suit sb; (*Essen auch*) not agree with sb ◇ *Das Klima bekommt ihm nicht.* The climate doesn't suit him. **7** (*bringen*) get ◇ *Wie bekommen wir das Bett durch die Tür?* How are we going to get the bed through the door? ◇ *Wir haben die Bilder nicht zu sehen bekommen.* We didn't get to see the pictures. ◇ *Ich muss das bis fünf Uhr fertig bekommen.* I have to finish this by five. **8** **etw (von jdm) ~** be owed sth (by sb) ◇ *Ich bekomme noch zehn Dollar von dir.* You still owe me ten dollars. ◇ *Was bekommen Sie von mir?* How much do I owe you? **9** (*im Laden, Lokal*) ◇ *Ich bekomme ein Weißbrot.* I'll have a white loaf, please. ◇ *Bekommen Sie schon?* Are you being served? ◇ *Was bekommen Sie?* What would you like? ℹ Für andere Ausdrücke mit **bekommen** siehe die Einträge für die entsprechenden Nomina etc. **Einen Korb bekommen** z.B. steht unter **Korb**.

bekräftigen **1** (*unterstreichen*) reaffirm; **etw (mit/durch etw) ~** confirm sth (with/by sth) **2** **jdn/etw (in etw) ~** support sb/sth (in sth) ◇ *einen Verdacht/eine Vermutung bekräftigen* support a suspicion/an assumption

bekriegen **1** **jdn ~** wage war on sb, fight sb (*auch fig*) **2** **sich (mit jdm) ~** be at war (with sb), fight (sb); (*zerstritten sein*) be at loggerheads (with sb)

bekritzeln **etw ~** scribble on sth; **A mit B ~** scribble B on A ◇ *Die Kinder haben die Tische bekritzelt.* The children have scribbled on the desks. ◇ *Er hat das ganze Buch mit Anmerkungen bekritzelt.* He has scribbled comments all over the book.

bekümmern worry ◇ *Mich bekümmert, wie wenig er isst.* What worries me is how little he eats. ◇ *Ihr Verhalten bekümmert mich.* I'm worried about her behaviour.

bekümmert worried (*Adv* worriedly); (*beängstigt*) anxious (*Adv* anxiously) ◇ *ein bekümmertes Gesicht machen* look worried ◇ *„Warum?" fragte sie bekümmert.* 'Why?' she asked anxiously.

belächeln **jdn/etw ~** dismiss sb/sth ◇ *Er wird in Fachkreisen als Spinner belächelt.* He's dismissed as a crackpot by the experts.

beladen load; (*mit Schulden, Verantwortung etc.*) burden ◇ *Sie haben den Wagen mit Heu beladen.* They loaded the wagon with hay. ◇ *Sie war mit Einkaufstaschen beladen.* She was loaded down with shopping.

Belag **1** (*für Straßen etc.*) surface; (*für Fußboden*) covering **2** (*Schicht, die sich ablagert*) coating; (*Zahn-*) plaque **3** (*für Pizza*) topping; (*für Brot*) filling **4** (*Brems-*) (brake) lining

belagern besiege (*auch fig*) ◇ *Paparazzi belagerten ihr Haus.* Her house was besieged by paparazzi.

Belagerung siege

belämmert (*niedergeschlagen*) miserable (*Adv* miserably); (*betreten*) sheepish (*Adv* sheepishly) ◇ *ein belämmertes Gesicht machen* look sheepish

Belang **1** (*Angelegenheit*) concern, affair ◇ *Er kümmert sich um die Belange der Flüchtlinge.* He looks after the concerns of the refugees. **2** (*Bedeutung*) importance ◊ *Angelegenheiten von internationalem Belang* matters of international importance ◊ *Fragen ohne Belang* irrelevant questions

belanglos irrelevant; (*unwichtig*) trivial ◊ *Es ist völlig belanglos, aus welchem Land sie kommen.* It is quite irrelevant what country they come from. ◊ *eine belanglose Angelegenheit/Bemerkung* a trivial matter/remark

Belanglosigkeit triviality

belassen **1** leave ◊ *alles beim Alten belassen* leave things as they are ◊ *Belassen wir es dabei!* Let's leave it at that! ◊ *jdn in dem Glauben belassen, dass …* let sb go on thinking that … ◊ *jdn in seinem Amt belassen* allow sb to remain in office **2 jdm etw ~** allow sb to keep sth ◊ *den Häftlingen ihre Würde belassen* allow the prisoners to keep their dignity

belastbar **1** resilient; (*gesund*) fit ◊ *Er ist wieder voll belastbar.* He's fully fit again. ◊ *Sie ist zurzeit nicht sehr belastbar.* You can't put too much pressure on her just now. **2** (*Material*) strong

Belastbarkeit **1** (*von Menschen*) resilience, capacity to cope ◊ *körperliche/seelische Belastbarkeit* physical/mental resilience ◊ *Damit ist die Grenze der Belastbarkeit der Steuerzahler erreicht.* That's as much as the taxpayers can take. ◊ *Der Trainer forderte sie bis an die Grenzen der Belastbarkeit.* The coach pushed them to the limit. **2** (*von Netzwerken, Straßen*) capacity; (*von Brücken*) load-bearing capacity; (*von Material*) strength

belasten **1** (*mit Gewichten*) put weight on *sth* ◊ *Ich kann meinen rechten Fuß nicht belasten.* I can't put any weight on my right foot. ◊ *eine Brücke schwer belasten* put a heavy load on a bridge **2 jdn/etw ~** put a strain on sb/sth, put sb/sth under pressure ◊ *Die Sorge um den Sohn belastet die Eltern sehr.* Worry about their son is putting a lot of strain on the parents. ◊ *Der Skandal hat das Arbeitsklima stark belastet.* The scandal has made for a strained working atmosphere. **3 jdn (mit/durch etw) ~** burden sb (with sth); (*beunruhigen*) worry sb (with sth) ◊ *jdn mit Problemen/zu viel Arbeit belasten* burden sb with problems/too much work ◊ *Irgendetwas scheint ihn zu belasten.* Something seems to be worrying him. **4** (*verschmutzen*) pollute; (*durch Strahlen, Giftstoffe*) contaminate **5** (*Angeklagte*) incriminate **6 etw (mit etw) ~** (*Konto*) debit sth (with sth) **7** ◊ *ein Haus mit einer Hypothek belasten* mortgage a house

belästigen **1** (*stören*) bother ◊ *Er belästigt mich dauernd mit seinen Problemen.* He's always bothering me with his problems. **2** (*zudringlich werden*) pester; (*körperlich*) molest; (*sexuell*) harass

Belästigung **1** (*Störung*) disturbance **2** (*Zudringlichkeit*) pestering; (*körperlich*) molesting; (*sexuell*) harassment

Belastung **1** (*mit einem Gewicht*) load ◊ *die zulässige Belastung eines Fahrstuhls* the maximum load of a lift ◊ *die zulässige Belastung einer Brücke* the permitted weight limit of a bridge **2** (*Druck*) pressure; (*stärker*) strain ◊ *Lehrer sind einer großen Belastung ausgesetzt.* There is a lot of pressure on teachers. ◊ *die gesundheitliche Belastung der Schichtarbeiter* the strain on the shift workers' health ◊ *Die Scheidung seiner Eltern stellte eine große Belastung für ihn dar.* His parents' divorce put him under a lot of strain. **3** (*Verschmutzung*) pollution; (*durch Strahlen, Giftstoffe*) contamination **4** (RECHT) incrimination **5** (*finanziell*) burden; (*Konto*) debiting ◊ *die steuerliche Belastung der Arbeitnehmer* the tax burden on employees

belauern watch; (*Beute, Opfer*) lie in wait for *sb/sth* ◊ *Der Chef belauert mich ständig und wartet darauf, dass ich einen Fehler mache.* The boss watches me constantly, waiting for me to make a mistake.

belauschen eavesdrop on *sb/sth*

beleben **1** (*freundlicher gestalten*) brighten *sth* up **2** (*aufregender machen*) liven *sth* up ◊ *Das Café hat die Innenstadt neu belebt.* The cafe has livened up the town centre. **3 wieder ~** (*Wirtschaft, Debatte*) stimulate; (*Menschen*) resuscitate **4 sich ~** (*Ausdruck etc.*) brighten; (*Augen*) light up **5 sich ~** (*Straßen, Geschäfte etc.*) get busy

belebt **1** (*Straße, Platz etc.*) busy **2** ◊ *die belebte Natur* the living world

Beleg **1** (*Quittung*) receipt **2** (*Beweis*) documentary evidence [U]; (*Quellennachweis*) reference

belegen **1** (*teilnehmen*) take; (*sich einschreiben*) register for *sth* ◊ *einen Grundkurs belegen* take a foundation course **2 den ersten, zweiten, letzten etc. Platz ~** come first, second, last, etc. **3 etw mit etw ~** (*Torte*) fill sth with sth ◊ *einen Tortenboden mit Früchten belegen* fill a flan case with fruit ◊ *Er belegte das Brot mit Schinken.* He put ham in the sandwich. **4** (*beweisen*) prove ◊ *Sie konnte die Zahlung durch eine Quittung belegen.* She had the bill to prove she had paid. ◊ *Können Sie das wissenschaftlich belegen?* Have you got any scientific evidence to support that? ◊ *Die Statistik belegt, dass …* Statistics show that … **5 jdn/etw mit etw ~** impose sth on sb/sth ◊ *ein Land mit Sanktionen belegen* impose sanctions on a country ◊ *Er wurde mit einem Bußgeld belegt.* He was fined. ◊ *Sie wurde mit einem Redeverbot belegt.* She was banned from speaking in public. IDM → BESCHLAG

Belegschaft workforce [mit Verb im Sing/Pl]

belegt **1** → BELEGEN **2** (*Hotel etc.*) full **3** (*Platz etc.*) taken **4** (*Brot etc.*) ◊ *ein belegtes Brot* a sandwich ◊ *ein belegtes Brötchen* a filled roll ◊ *Das Brot ist mit Käse belegt.* It's a cheese sandwich. **5** (*Zunge*) coated **6** (*Stimme*) hoarse

belehren **1 jdn über etw ~** inform sb of sth ◊ *Er wurde über seine Rechte belehrt.* He was informed of his rights. **2** (*unterweisen*) lecture ◊ *Er erklärte geduldig, ohne zu belehren.* He explained patiently, without lecturing. ◊ *Sie versucht ständig, ihren Bruder zu belehren.* She's always trying to tell her brother what to do. IDM → BESSER

beleidigen offend; (*absichtlich*) insult ◊ *Seine Äußerungen beleidigten sie zutiefst.* She was deeply offended by his remarks. ◊ *Ich lasse mich durch Ihre Anschuldigungen nicht länger beleidigen!* I have had enough of your insulting accusations.

beleidigend (*absichtlich verletzend*) offensive; (*kränkend*) hurtful ◊ *Wir empfanden ihre kühle Reaktion als beleidigend.* We found their cool reaction hurtful.

beleidigt **1** → BELEIDIGEN **2** offended; (*gekränkt*) hurt ◊ *Er ist wegen jeder Kleinigkeit beleidigt.* He's very easily offended. ◊ *Sie machte ein beleidigtes Gesicht, als ihr Vorschlag abgelehnt wurde.* She looked hurt when her suggestion was turned down. ◊ *Er sah sie beleidigt an.* He gave her a hurt look.

Beleidigung **1** insult **2** (RECHT) (*mündlich*) slander; (*schriftlich*) libel

belemmert → BELÄMMERT

belesen well read

beleuchten **1** light; (*mit Scheinwerfern*) illuminate ◊ *schlecht beleuchtet* badly lit **2** (*untersuchen*) examine ◊ *ein Problem von allen Seiten beleuchten* examine a problem from every angle

Beleuchtung **1** lighting **2** (*das Anstrahlen*) illumination **3** (*Lichterketten etc.*) illuminations [Pl] ◊ *die festliche Beleuchtung des Weihnachtsmarkts* the festive illuminations at the Christmas market **4** (*Untersuchung*) examination ◊ *kritische Beleuchtung* critical examination

belichten (FOTO) expose
Belichtung (FOTO) exposure
Belichtungsmesser light meter **Belichtungszeit** shutter speed
Belieben nach ~ (*nach Geschmack*) as you wish; (*nach Bedürfnis*) to suit yourself ◇ *Sie kann nach Belieben über die Wohnung verfügen.* She can do as she wishes with the flat. ◇ *Sie können sich Ihre Arbeitszeit nach Belieben einrichten.* You can arrange your working hours to suit yourself.
beliebig 1 (*egal welcher, wie viel etc.*) any (at all) ◇ *Du kannst jeden beliebigen Bus zum Bahnhof nehmen.* You can take any bus to the station. **2** (*wie man will*) as you like ◇ *beliebig viele* as many as you like ◇ *Man kann beliebig lange in der Sauna bleiben.* You can stay as long as you like in the sauna. ◇ *Die Liste lässt sich beliebig fortsetzen.* The list can go on and on. **3** (*willkürlich*) arbitrary (*Adv* arbitrarily)
beliebt 1 (bei jdm) ~ popular (with sb); (*Mensch auch*) well liked (by sb) **2 sich (bei jdm) ~ machen** make yourself popular (with sb)
Beliebtheit popularity ◇ *sich größter Beliebtheit erfreuen* enjoy enormous popularity
beliefern jdn/etw (mit etw) ~ supply sb/sth (with sth)
bellen bark
Belletristik (popular) fiction
belohnen 1 jdn/etw (für etw) ~ reward sb/sth (for sth) ◇ *Ihr Fleiß wurde mit einer Eins belohnt.* Her hard work was rewarded with an 'A'. ◇ *Seine Geduld wurde reich belohnt.* He was richly rewarded for his patience. **2 jdn/etw mit etw ~** (*auszeichnen*) award sth to sb/sth IDM **jdn/etw mit Undank belohnen** repay sb/sth with ingratitude
Belohnung reward ◇ *eine hohe Belohnung aussetzen* offer a substantial reward ◇ *zur Belohnung* as a reward
belüften ventilate
Belüftung ventilation
belügen 1 lie to *sb* ◇ *Warum hast du uns belogen?* Why did you lie to us? **2 sich selbst ~** delude yourself
belustigt amused
Belustigung amusement ◇ *zur Belustigung der Zuschauer* to the amusement of the audience
bemächtigen sich einer Sache ~ (*Thron, Macht, Gebiet*) seize sth; (*Informationen, Rohstoffe, Waffen*) acquire sth
bemalen paint; (*Muster*) decorate
Bemalung 1 (*das Bemalen*) painting **2** (*Malerei*) paintwork
bemängeln 1 criticize ◇ *Der Lehrer bemängelte ihre Rechtschreibung.* The teacher criticized their spelling. ◇ *An dieser Arbeit gibt es nichts zu bemängeln.* This piece of work is flawless. **2** (*sich beschweren*) complain ◇ *Sie bemängelten, dass man sie nicht informiert hätte.* They were complaining that they hadn't been told.
bemannt manned
bemerkbar 1 noticeable ◇ *deutlich bemerkbar* very noticeable **2 sich ~ machen** (*auf sich aufmerksam machen*) attract attention **3 sich ~ machen** (*Wirkung zeigen*) have an effect ◇ *Das Training macht sich positiv bemerkbar.* The training is having a positive effect.
bemerken 1 notice; (*erkennen*) realize ◇ *Ich hatte das Auto zu spät bemerkt.* I hadn't noticed the car until it was too late. ◇ *Er hatte nicht bemerkt, dass sie ihn nur aufziehen wollten.* He didn't realize that they were just trying to make fun of him. **2** (*sagen*) mention ◇ *Sie bemerkte beiläufig, dass …* She mentioned in passing that … ◇ *nebenbei bemerkt* incidentally
bemerkenswert remarkable (*Adv* remarkably) ◇ *ein bemerkenswerter Erfolg* a remarkable success ◇ *Bemerkenswert ist, dass …* It is remarkable that …
Bemerkung comment ◇ *eine abfällige Bemerkung machen* make a disparaging comment
bemitleiden feel sorry for *sb* ◇ *Sie lässt sich gerne bemitleiden.* She likes people to feel sorry for her.
bemitleidenswert pitiful
bemühen 1 sich ~ (etw zu tun) try hard (to do sth), make an effort (to do sth) ◇ *Sie hat sich bemüht, die Aufgabe zu lösen.* She tried hard to solve the problem. **2 sich um etw ~** try (hard) to get sth ◇ *Er bemüht sich um eine Stelle als Lehrer.* He is trying to get a teaching post. **3 sich um jdn ~** (*kümmern*) take care of sb ◇ *Er bemüht sich immer sehr um seine Schwester.* He always takes good care of his sister. **4 sich um jdn ~** (*hofieren*) court sb **5 jdn ~** (*in Anspruch nehmen*) trouble sb
bemüht 1 um etw ~ sein ◇ *Die Firma ist um ein gutes Betriebsklima bemüht.* The firm makes an effort to create a good working atmosphere. **2 (darum) ~ sein, etw zu tun** try hard to do sth, endeavour to do sth (*gehoben*), (*AmE*) endeavor to do sth (*gehoben*) ◇ *Sie ist stets bemüht, einen guten Eindruck zu machen.* She always tries hard to make a good impression. **3 um jdn ~ sein** take care of sb ◇ *Sie war sehr um ihren kleinen Bruder bemüht.* She took good care of her little brother.
Bemühung (*Anstrengung*) effort [meist Pl] ◇ *Alle Bemühungen waren umsonst.* All our/their efforts were in vain.
bemuttern mother
benachbart ◇ *Im benachbarten Haus wohnt ein Anwalt.* There's a lawyer living next door. ◇ *das benachbarte Ausland* neighbouring countries ◇ *Wir sind mit Meiers benachbart.* The Meiers are neighbours of ours.
benachrichtigen jdn (von etw) ~ inform sb (about/of sth), notify sb (of sth) (*offiz*) ◇ *Ist die Polizei von dem Unfall benachrichtigt worden?* Have the police been informed of the accident? ◇ *Die Gewinner werden schriftlich benachrichtigt.* Winners will be notified by post.
Benachrichtigung notification ◇ *eine frühzeitige Benachrichtigung der Bevölkerung* the immediate notification of the public
benachteiligen jdn ~ discriminate against sb ◇ *Das Gesetz benachteiligt Familien mit geringem Einkommen.* The law discriminates against low income families. ◇ *Die Ampelschaltung benachteiligt Fußgänger gegenüber Autofahrern.* The traffic lights favour drivers at the expense of pedestrians.
benachteiligt deprived, disadvantaged ◇ *eine wirtschaftlich benachteiligte Region* an economically deprived area ◇ *sozial benachteiligte Gruppen* socially disadvantaged groups ◇ *Unterstützung für sozial Benachteiligte* support for the underprivileged ◇ *Sie fühlte sich gegenüber den Kollegen benachteiligt.* She felt she was less favourably treated than her colleagues.
Benachteiligung discrimination ◇ *die Benachteiligung der Frauen* discrimination against women ◇ *wirtschaftliche Benachteiligung* economic deprivation
Benefiz- Benefizkonzert charity concert ◇ *ein Benefizkonzert zugunsten der Welthungerhilfe* a charity concert in aid of famine relief **Benefizveranstaltung** charity event

benehmen sich ~ behave ◇ *sich ordentlich/vorbildlich benehmen* behave properly/impeccably ◇ *Er kann sich überhaupt nicht benehmen.* He has no idea how to behave. ◇ *Benimm dich!* Behave yourself! IDM → MENSCH

Benehmen behaviour, (*AmE*) behavior IDM **kein Benehmen haben** have no manners

beneiden jdn/etw (um etw) ~ envy sb/sth (sth) ◇ *Ich beneide ihn um sein Geld.* I envy him his money. ◇ *Um diese Aufgabe bist du wirklich nicht zu beneiden.* I really don't envy you having to do that.

beneidenswert enviable (*Adv* enviably) ◇ *in einer beneidenswerten Lage sein* be in an enviable position ◇ *beneidenswert weiße Zähne* enviably white teeth ◇ *Du bist wirklich beneidenswert.* You are really lucky.

benennen 1 (*bezeichnen*) name ◇ *die Teile eines Mikroskops benennen* name the parts of a microscope **2** (*identifizieren*) identify ◇ *ein Problem benennen* identify a problem ◇ *Ich kann es nicht genau benennen.* I can't quite put my finger on it. **3 jdn/etw nach jdm/etw ~** call sb/sth after sb/sth, name sb/sth after sb/sth, (*AmE auch*) name sb/sth for sb/sth ◇ *Sie wurde nach der Tante benannt.* She was called after her aunt. ◇ *Das Hotel ist nach dem nahe gelegenen Schloss benannt.* The hotel is named after the nearby castle. **4 jdn (als etw) ~** nominate sb (as sth); (*als Zeugen*) call sb (as sth) ◇ *Sie wurden als Kandidaten benannt.* They were nominated as candidates. ◇ *als Zeuge benannt werden* be called as a witness

Benennung 1 (*das Benennen*) naming ◇ *die Benennung einer Straße nach dem Künstler* the naming of a street after the artist **2** (*Name*) name ◇ *Die Blume hat mehrere Benennungen.* The flower has several names. **3** (*Nominierung*) nomination ◇ *die Benennung der Kandidaten* the nomination of the candidates

benommen 1 → BENEHMEN **2** dazed ◇ *Sie war wie benommen von der schrecklichen Nachricht.* She seemed dazed by the terrible news. ◇ *völlig benommen* in a complete daze

benoten jdn/etw ~ give a mark to sb/sth, (*AmE*) give a grade to sb/sth give sb/sth a grade ◇ *eine Arbeit mit „sehr gut" benoten* give a test an 'A' grade

benötigen need; (*Zeit*) take ◇ *dringend benötigte Lieferungen* urgently needed supplies ◇ *Sie benötigten über drei Stunden, um das Leck abzudichten.* They took over three hours to stop the leak.

Benotung marking [U], (*AmE meist*) grading [U] ◇ *eine ungerechte Benotung* unfair marking ◇ *Die Benotung dieser Klausuren war schwierig.* These examination papers were difficult to mark.

benutzen, benützen use ◇ *Kann ich euer Telefon benutzen?* May I use your telephone?

Benutzer(in) user

benutzerfreundlich user-friendly **Benutzergruppe** user group **Benutzername** username **Benutzeroberfläche** user interface

Benutzung use ◇ *Die Benutzung der Liegestühle ist kostenlos.* Use of the deckchairs is free of charge.

Benzin petrol, (*AmE*) gasoline, (*AmE*) gas (*umgs*) ◇ *verbleites/bleifreies Benzin* leaded/unleaded petrol

Benzinkanister petrol can, (*AmE*) gasoline can **Benzinverbrauch** fuel consumption ◇ *hoher/sparsamer Benzinverbrauch* high/low fuel consumption ◇ *Das Auto hat einen Benzinverbrauch von fünf Litern pro 100 Kilometer.* The car does 20 km to the litre.

beobachten 1 watch, observe (*gehoben*) ◇ *Das Haus wird von der Polizei beobachtet.* The house is being watched by the police. ◇ *jdn argwöhnisch beobachten* watch sb suspiciously ◇ *beobachten, wie sich die Zellen vergrößern* observe the growth of the cells ◇ *die Fortschritte der Kinder beobachten* monitor the children's progress **2** (*bemerken*) notice

Beobachter(in) observer

Beobachtung (*Beobachten*) observation (*oft mit einem Verb übersetzt*) ◇ *Sie wurde zur Beobachtung ins Krankenhaus eingeliefert.* She was admitted to hospital for observation. ◇ *Die Beobachtung von Ottern erfordert viel Geduld.* Watching otters requires a lot of patience. ◇ *Wir haben die Beobachtung gemacht, dass …* We have noticed that …

bepflanzen etw (mit etw) ~ plant sth in/on sth ◇ *den Schulhof mit Büschen bepflanzen* plant bushes in the school yard

bequatschen 1 jdn ~, etw zu tun talk sb into sth ◇ *Er hat mich bequatscht.* He talked me into it. **2 etw (mit jdm) ~** talk (to sb) about sth

bequem 1 (*Möbel*) comfortable **2** (*leicht*) easy (*Adv* easily); (*praktisch*) convenient (*Adv* conveniently) ◇ *In diesem Auto haben fünf Personen bequem Platz.* You can easily get five people in this car. ◇ *ein bequemes Zahlungsmittel* a convenient way to pay **3** (*faul*) lazy ◇ *Sie ist nur zu bequem, selbst anzurufen.* She can't be bothered to ring up herself. ◇ *Er ist sehr bequem geworden.* He has become lazy. IDM **es sich bequem machen** ◇ *Sie machten es sich vor dem Fernseher bequem.* They settled down in front of the television. ◇ *Machen Sie es sich bequem!* Make yourself at home!

Bequemlichkeit 1 (*Komfort*) comfort **2** (*Faulheit*) laziness

berappen pay, fork *sth* out (*umgs*) ◇ *Er hat 100 Dollar Bußgeld berappen müssen.* He had to pay a 100-dollar fine.

beraten 1 (sich) (über etw) ~; etw ~ discuss sth ◇ *Wir haben uns eingehend mit ihnen über den Vorschlag beraten.* We have discussed the proposal in detail with them. ◇ *Haben Sie sich mit einem Anwalt beraten?* Have you taken legal advice? ◇ *Die Geschworenen beraten sich noch.* The jury is still out. **2 jdn (in/bei etw) ~** advise sb (on/about sth) ◇ *Er hat mich beim Kauf meines Motorrads beraten.* He advised me on what motorbike to buy. ◇ *Man sollte sich fachkundig beraten lassen.* You ought to get professional advice. IDM **gut/schlecht beraten sein** be well/ill advised ◇ *Du wärst gut beraten, dich vorher nach dem Preis zu erkundigen.* You would be well advised to inquire about the price beforehand. ◇ *Wir wären schlecht beraten, wenn wir diese Chance nicht nutzen würden.* It would be a mistake to miss this opportunity.

Berater(in) adviser ◇ *die außenpolitische Beraterin des Präsidenten* the president's adviser on foreign affairs

beratschlagen sich (mit jdm) (über etw) ~ etw (mit jdm) ~ discuss sth (with sb) ◇ *Ich will mich noch mit ihr beratschlagen.* I want to discuss it with her first.

Beratung 1 advice; (*Arzt, Rechtsanwalt*) consultation; (*Therapeut etc.*) counselling, (*AmE*) counseling ◇ *kostenlose Beratung für Mieter* free advice for tenants ◇ *eine Beratung durch einen Arzt* a consultation with a doctor **2** (*Gespräche*) discussion ◇ *Nach mehrstündiger Beratung stand das Urteil schließlich fest.* After several hours' discussion, they finally reached a verdict.

berauben jdn/etw (einer Sache) ~ (*Besitz*) rob sb/sth (of sth), steal sth (from sb/sth); (*fig*) deprive sb/sth (of sth) ◇ *Sie beraubten ihn seiner Brieftasche.* They stole his wallet. ◇ *Der Orkan hat viele Bauern ihrer Existenzgrundlage beraubt.* The hurricane deprived many farmers of their livelihood.

berauschen 1 intoxicate ◇ *Der Fahrer war offenbar berauscht.* Apparently the driver was intoxicated. ◇ *Die Geschwindigkeit berauschte ihn.* He found the speed exhilarating. **2 sich an etw ~** get carried away with sth

berauschend **1** intoxicating (*auch fig*) ◇ *berauschende Mittel* intoxicating substances **2** (*hervorragend*) exciting ◇ *eine wenig berauschende Vorstellung* not a very exciting performance ◇ *Sie haben nicht gerade berauschend gespielt.* Their playing was nothing special.

berechenbar **1** (*vorhersehbar*) predictable ◇ *Er ist nicht berechenbar.* He is unpredictable. ◇ *Ihre Absichten sind ziemlich berechenbar.* Their intentions are fairly clear. **2** (*errechenbar*) calculable ◇ *ein berechenbarer Faktor* a calculable factor ◇ *Die Kosten sind kaum berechenbar.* It is almost impossible to calculate the cost.

berechnen **1 etw (nach etw) ~** calculate sth (according to sth) ◇ *Die Stipendien werden nach dem Einkommen der Eltern berechnet.* Grants are calculated according to parental income. ◇ *Die Miete wird nach Quadratmetern berechnet.* The rent is calculated per square metre. **2** (*in Rechnung stellen*) charge ◇ *Die Arbeitszeit wird extra berechnet.* We will charge extra for labour.

berechnend calculating

Berechnung **1** calculation ◇ *kaltblütige Berechnung* cold-blooded calculation ◇ *nach meiner Berechnung* according to my calculations **2** (*Schätzung*) estimate **3** (*Gebühr*) charge ◇ *ohne Berechnung (von Gebühren)* free of charge

berechtigen **1 (jdn) zu etw ~** entitle sb to sth ◇ *Der Fahrschein berechtigt zur Hin- und Rückfahrt.* The ticket entitles you to travel there and back. **2 zu etw ~** (*Anlass geben*) give grounds for sth ◇ *zu neuen Hoffnungen berechtigen* give grounds for renewed optimism

berechtigt **1** → BERECHTIGEN **2** (*Forderung*) legitimate; (*Vorwurf*) justified; (*Kritik*) well-founded; (*Einwand*) reasonable ◇ *ein berechtigtes Interesse* a legitimate interest ◇ *eine berechtigte Annahme* a reasonable assumption **3 zu etw ~ sein** be entitled to sth ◇ *Alle Teilnehmer sind zur Stimmabgabe berechtigt.* All participants are entitled to vote.

Berechtigung **1** (*Rechtmäßigkeit*) justification **2** (*Anspruch*) entitlement ◇ *eine Berechtigung zur Arbeit* entitlement to work

Bereich **1** area ◇ *der Bereich um den Bahnhof* the area near the station ◇ *im Bereich der Stadt* within the city **2** (*Sachgebiet*) field ◇ *im technischen Bereich* in the technical field ◇ *Sie ist sehr gut im naturwissenschaftlichen Bereich.* She's very good at science. **3** (*auf einer Skala*) ◇ *im unteren/oberen Bereich liegen* be at the lower/upper end of the range IDM **im Bereich des Möglichen** within the bounds of possibility

bereichern **1 etw (mit/um etw) ~** add (sth) to sth ◇ *das kulturelle Leben der Stadt bereichern* be a valuable addition to the cultural life of the town ◇ *die Sammlung um einige wertvolle Stücke bereichern* add some valuable pieces to the collection **2 jdn (um etw) ~** ◇ *Der Auslandsaufenthalt hat sie um eine wichtige Erfahrung bereichert.* She gained valuable experience from her time abroad. **3 sich ~** line your pockets **4 sich an jdm/etw ~** make money out of sb/sth, exploit sb/sth ◇ *Die Landbesitzer bereicherten sich an den Indios.* The landowners were exploiting the Indians.

Bereicherung **1** (*Erweiterung*) addition **2** (*Gewinn*) ◇ *Der Austausch wurde als Bereicherung empfunden.* People gained a lot from the exchange. ◇ *Sie ist eine echte Bereicherung für das Team.* She's a valuable asset to the team. **3** (*Reichwerden*) ◇ *persönliche Bereicherung* lining your own pockets ◇ *illegale Bereicherung* fraud

bereinigen sort *sth* out; (*Problem auch*) resolve; (*Missverständnis*) clear *sth* up; (*Streit, Sache*) settle ◇ *Wir versuchten, die Sache im Familienkreis zu bereinigen.* We tried to sort it out within the family.

Bereinigung resolution (*oft mit einem Verb übersetzt*) ◇ *Sie bemühten sich um eine schnelle Bereinigung der Situation.* They tried to sort things out quickly.

bereit **zu etw ~** **1** (*fertig*) ready to do sth ◇ *Sie ist zur Abreise bereit.* She's ready to leave. **2** (*gewillt*) prepared to do sth, willing to do sth ◇ *Er war bereit, mehr Verantwortung zu übernehmen.* He was willing to take on more responsibility. ◇ *sich zu etw bereit erklären* agree to do sth IDM → SCHANDTAT

bereiten **1 jdm etw ~** (*Empfang, Bauchschmerzen, Vergnügen*) give sb sth; (*Probleme, Schwierigkeiten, Sorge*) cause sb sth ◇ *Die Prüfung bereitet mir schlaflose Nächte.* The exam's giving me sleepless nights. ◇ *Das Turnier bereitete den Jugendlichen sichtlich Freude.* The young people clearly enjoyed the tournament. ◇ *den Spekulationen ein Ende bereiten* put an end to the speculation **2** (*vorbereiten*) prepare IDM → ENDE

bereithalten **1** have *sth* ready; (*auf Lager haben*) have sth in store ◇ *Bitte halten Sie Ihren Reisepass bereit.* Please have your passport ready. ◇ *Sie hielten jede Menge Überraschungen für die Jüngsten bereit.* They had all sorts of surprises in store for the little ones. **2 sich ~** stand by

bereitlegen put *sth* out ready

bereitliegen be laid out ready; (*erhältlich sein*) be available ◇ *Die Formulare liegen auf dem Wohnungsamt bereit.* The application forms are available at the housing department.

bereitmachen **sich ~** get ready

bereits **1** already ◇ *Ist die Entscheidung bereits gefallen?* Has it already been decided? ◇ *Er ist bereits letzte Woche gestorben.* In fact he died last week. **2** (*nur*) only, just ◇ *Bereits zwei Monate später gingen sie getrennte Wege.* They separated only two months later. **3** (*sogar*) even ◇ *Bereits geringe Mengen können zur Abhängigkeit führen.* Even small amounts can cause addiction. IDM → VERGEBEN

Bereitschaft **1** (*Alarm-*) standby ◇ *Die Truppe wurde in erhöhte Bereitschaft versetzt.* The troops were put on standby. **2 ~ haben** be on call **3** (*Wille*) willingness, readiness ◇ *eine wachsende Bereitschaft zur Gewalt* an increasing readiness to resort to violence ◇ *Sie signalisierten ihre grundsätzliche Bereitschaft.* They indicated that they were willing in principle.

Bereitschaftsdienst emergency service ◇ *ärztlicher Bereitschaftsdienst* doctor on call ◇ *Ein Bereitschaftsdienst wurde eingerichtet.* An emergency service was provided. **Bereitschaftspolizei** riot police

bereitstehen be available ◇ *Im Nebenraum standen Getränke bereit.* Drinks were available in the next room. ◇ *Ein Firmenwagen stand bereit, um sie zum Flughafen zu bringen.* A company car was waiting to take her to the airport. ◇ *Für Notfälle steht ein Sanitäter bereit.* There is a first aider in attendance.

bereitstellen **etw (für jdn/etw) ~** make sth available (to sb/for sth); (*Fahrzeuge, Erfrischungen*) lay sth on (for sb/sth) ◇ *Für die Mannschaften wurden Busse bereitgestellt.* Buses were laid on for the teams.

bereitwillig willing (*Adv* willingly)

bereuen regret

Berg (*groß*) mountain; (*klein*) hill ◇ *für eine Woche in die Berge fahren* spend a week in the mountains IDM **über alle Berge sein** be miles away **über den Berg sein** be over the worst

bergab downhill (*auch fig*) ◇ *Es geht bergab mit ihr.* She's going downhill fast. **Bergarbeiter(in)** miner **bergauf** **1** uphill **2** (*fig*) **es geht bergauf** things are looking up **Bergbahn** (*Zahnradbahn*) mountain railway; (*Seilbahn*) cable railway **Bergbau** mining

bergen **1** recover; (*Menschen*) rescue; (*Schiffe*) salvage **2 etw (in sich) ~** ◇ *Das Baden in Flüssen kann Gefahren bergen.* Swimming in rivers can be dangerous. ◇ *Die Reformen bergen sozialen Sprengstoff.* The reforms are potentially explosive.

Berg- **Bergführer(in)** mountain guide **Berghütte** mountain hut

bergig mountainous; (*kleiner*) hilly

berg- **Bergkette** mountain range **bergsteigen** go climbing **Bergsteiger(in)** climber; (*Profi auch*) mountaineer **Bergtour** (*Kletterpartie*) climbing expedition; (*Wanderung*) walk in the hills; (*mit dem Auto*) drive in the mountains

Bergung recovery; (*Menschen*) rescue; (*Schiffe*) salvage

Bergungsarbeiten rescue operation; (*Schiffe*) salvage operation

Berg- **Bergwacht** mountain rescue service **Bergwerk** mine

Bericht report ◇ *einen ausführlichen Bericht vorlegen* submit a detailed report ◇ *über etw Bericht erstatten* report on sth ◇ *Laut Bericht des „Spiegel" …* According to a report in the 'Spiegel' …

berichten **1 (von etw) ~** (*melden*) report sth; **über etw ~** report on sth ◇ *Hilfsorganisationen berichten von Überfällen auf die Flüchtlinge.* Aid organizations are reporting attacks on the refugees. ◇ *Er berichtete über die Veranstaltungen für die Lokalzeitung.* He reported on the events for the local paper. **2** (*erzählen*) tell ◇ *Er berichtete (uns) über seine Erfahrungen.* He told us about his experiences. ◇ *Dann berichte doch mal, wie es euch ergangen ist!* Tell us how you got on.

Berichterstatter(in) correspondent

Berichterstattung reporting, coverage

berichtigen **1** (*korrigieren*) correct **2** (*verändern*) adjust

Berichtigung **1** (*einer Klausur etc.*) corrections [Pl] ◇ *die Berichtigung abgeben* hand in the corrections **2** (*Richtigstellung*) correction [U]

berieseln **1** water *sth* (with a sprinkler) **2** (*fig*) **jdn mit etw ~** expose sb to sth ◇ *Ständig werden die Kunden mit Musik berieselt.* Customers are exposed to relentless Muzak.

Berliner (*Gebäck*) ≈ doughnut

Bernhardiner Saint Bernard

Bernstein amber [U] ◇ *ein Bernstein* a piece of amber

bersten burst; (*Scheibe*) shatter; (*Beton*) crack; (*fig*) explode ◇ *Der Staudamm droht zu bersten.* The dam is in danger of bursting. ◇ *Das Bild birst vor Farbe.* The picture explodes with colour. IDM **zum Bersten voll** jam-packed (*umgs*)

berüchtigt notorious (*Adv* notoriously)

berücksichtigen **1** consider; (*einbeziehen*) take *sth* into account ◇ *Ausgezeichnet, wenn man ihr Alter berücksichtigt!* Excellent, considering her age. ◇ *Die Pläne sollten die Bedürfnisse der Anwohner berücksichtigen.* The plans should take the residents' needs into account. **2 jdn (für etw) ~** consider sb (for sth)

Berücksichtigung consideration ◇ *unter Berücksichtigung aller Interessen* taking into consideration the interests of all parties

Beruf job, occupation (*offiz*); (*mit Ausbildung/höherer Schulbildung*) profession; (*handwerklich*) trade ◇ *Er ist Lehrer von Beruf.* He is a teacher by profession. ◇ *einen Beruf wählen* choose a career

berufen **1** (*Minister etc.*) appoint **2 sich auf jdn/etw ~** cite sb/sth **3 zu etw ~ sein** have a vocation to be sth ◇ *sich zum Priester berufen fühlen* have a vocation to be a priest

beruflich professional [nur vor Nomen] ◇ *berufliche Weiterbildung/Erfahrungen* professional development/experience ◇ *berufliche Ausbildung* vocational training ◇ *berufliche Perspektiven* career prospects ◇ *Was machen Sie beruflich?* What do you do for a living? ◇ *ihre berufliche Tätigkeit als Ärztin* her work as a doctor ◇ *berufliche Schulen* technical colleges ◇ *ein berufliches Gymnasium* a (further education) college ◇ *Sie will sich beruflich verbessern.* She wants to progress in her career.

Berufs- **Berufsabschluss** professional qualification [meist Pl] ◇ *einen Berufsabschluss erwerben* gain a professional qualification ◇ *ohne Berufsabschluss sein* not have any professional qualifications **Berufsanfänger(in)** = person starting their first job **Berufsausbildung** professional training ◇ *eine betriebliche Berufsausbildung* professional training in a company **Berufsaussichten** job prospects [Pl] **berufsbedingt** work-related ◇ *berufsbedingter Stress* work-related stress **Berufsberater(in)** careers adviser **Berufsberatung** careers guidance **Berufseinsteiger** entry-level professional, new entrant (to a job) ◇ *Was verdienen Berufseinsteiger in dieser Branche?* What do new entrants earn in this industry? **Berufserfahrung** professional experience **Berufsfachschule** ≈ college **Berufskrankheit** occupational disease **Berufsleben** working life ◇ *in seinem ganzen Berufsleben* during his entire working life ◇ *Jugendliche, die ins Berufsleben einsteigen* young people starting their first job **Berufsmusiker(in)** professional musician **Berufsschule** ≈ (further education) college **Berufsschüler(in)** ≈ student at a further education college **berufstätig** working ◇ *die berufstätige Bevölkerung* the working population ◇ *Beide Eltern sind berufstätig.* Both parents work. ◇ *Sind Sie berufstätig?* Do you have a job? **Berufstätige(r)** = employed person ◇ *Abendkurse für Berufstätige* evening classes for people who work **Berufstätigkeit** employment; (*Beruf*) job **Berufsverkehr** rush-hour traffic; (*Stoßzeit*) rush hour **Berufswahl**, **Berufswunsch** choice of career **Berufszweig** occupational group

Berufung **1 unter ~ auf jdn/etw** quoting sb/sth ◇ *Unter Berufung auf diplomatische Kreise …* Quoting diplomatic sources … ◇ *Unter Berufung auf ihren Arbeitsvertrag bestand sie auf einer sechsmonatigen Kündigungsfrist.* She insisted on a six-month period of notice as laid down in her contract. **2** (RECHT) appeal ◇ *gegen ein Urteil Berufung einlegen* lodge an appeal against the verdict ◇ *gegen einen Beschluss in Berufung gehen* appeal against a decision **3** (*Drang*) vocation ◇ *Er fühlte die Berufung zum Priester.* He had a vocation to the priesthood. ◇ *Sie fühlte die Berufung zur Schauspielerin.* She knew she wanted to be an actor. **4** (*Nominierung*) appointment ◇ *eine Berufung in ein Ministerium ablehnen* turn down a ministerial appointment

beruhen **auf etw ~** be based on sth ◇ *Der Effekt beruht auf einer optischen Täuschung.* The effect is based on an optical illusion. IDM **etw auf sich beruhen lassen** let sth rest ◇ *Ich denke, damit können wir die Angelegenheit auf sich beruhen lassen.* I think we can let the matter rest there.

beruhigen **1** calm ◇ *Die Polizei versuchte, die aufgebrachte Menge zu beruhigen.* The police tried to calm the angry crowd. ◇ *sein Gewissen beruhigen* ease your conscience ◇ *Du kannst beruhigt sein, ich* *werde nichts verraten.* Don't worry, I won't give anything away. ◇ *Dann bin ich ja beruhigt!* Well that's a relief. **2 sich ~** calm down ◇ *Nun beruhig dich doch wieder!* Now calm down! ◇ *Nach 19 Uhr beruhigt sich der Verkehr gewöhnlich.* After 7 there's much less traffic.

beruhigend reassuring ◇ *Es ist beruhigend zu wissen, dass …* It is reassuring to know that … ◇ *ein beruhigender Vorsprung* a comfortable lead ◇ *eine beruhigende Wirkung* a calming effect

Beruhigung (*oft mit einem Verb übersetzt*) ◇ *Zu Ihrer Beruhigung kann ich Ihnen versichern, dass …* You'll be reassured to know that … ◇ *nach der Beruhigung der Lage im Krisengebiet* now that the situation in the crisis area has calmed down

Beruhigungsmittel tranquillizer

berühmt famous ◇ *Thomas Mann wurde durch die „Buddenbrooks" berühmt.* Thomas Mann became famous with the publication of 'Buddenbrooks'.

Berühmtheit **1** (*Ruhm*) fame ◇ *internationale Berühmtheit erlangen* achieve international fame ◇ *Als Geburtsort Hitlers gelangte Braunau zu trauriger Berühmtheit.* Braunau achieved notoriety as the place where Hitler was born. **2** (*Mensch*) celebrity

berühren **1** touch ◇ *Bitte nicht berühren!* Please do not touch. ◇ *jdn im Gesicht berühren* touch sb's face **2 sich ~** touch; (*Menschen*) touch each other ◇ *Pass auf, dass sich die Kabel nicht berühren.* Watch out that the wires don't touch. **3 sich ~** (*zusammenfallen*) coincide ◇ *In diesem Punkt berühren sich unsere Interessen.* In this matter our interests coincide. **4** (*betreffen*) affect ◇ *Etwa die Hälfte der Belegschaft ist von der neuen Arbeitszeitregelung berührt.* About half the workforce are affected by the new regulations on working hours. **5** (*bewegen*) move ◇ *Das Schicksal der Anne Frank hat Millionen von Menschen tief berührt.* Millions of people were deeply moved by the story of Anne Frank. ◇ *von etw peinlich/schmerzlich berührt sein* be embarrassed/distressed by sth ◇ *Das berührt mich überhaupt nicht.* I couldn't care less about it. **6** (*Thema, Punkt*) touch on *sth* ◇ *Die Schuldfrage wird von der Autorin nur am Rande berührt.* The author only touches on the question of guilt.

Berührung touch ◇ *Das Pferd weicht schon bei der leichtesten Berührung zurück.* The horse shies at the slightest touch. ◇ *körperliche Berührung* physical contact **IDM** **mit jdm/etw in Berührung kommen** come into contact with sb/sth ◇ *mit Drogen/mit dem Gesetz in Berührung kommen* come into contact with drugs/the law ◇ *Mit diesem Thema bin ich wenig in Berührung gekommen.* I haven't had much to do with this.

Berührungsangst fear of contact ◇ *Mit dieser Initiative sollen Berührungsängste gegenüber Aidskranken abgebaut werden.* This programme is designed to break down people's fear of contact with AIDS victims. ◇ *Zwischen den deutschen und ausländischen Kindern gab es keine Berührungsängste.* There was no initial embarrassment between the German and the foreign children. **Berührungsbildschirm** touch screen **berührungsempfindlich** touch-sensitive

besagen **1** (*zum Inhalt haben*) state ◇ *Artikel 1 des Grundgesetzes besagt, dass …* Article 1 of the Constitution states that … ◇ *Gerüchte/Schätzungen besagen, dass …* according to rumours/estimates … ◇ *Untersuchungen besagen, dass …* Research shows that … **2** (*bedeuten*) mean ◇ *Das besagt nicht viel.* That doesn't mean much.

besänftigen pacify ◇ *Sie ließ sich nicht besänftigen.* She refused to be pacified.

Besatzer member of the occupying forces

Besatzung **1** (*Mannschaft*) crew [mit Verb im Sing/Pl] ◇ *Zur Besatzung des Schiffes gehören auch zwei Köche.* The ship's crew includes two cooks. ◇ *die weibliche Besatzung* the female crew ◇ *eine achtköpfige Besatzung* a crew of eight **2** (*militärisch*) occupation ◇ *unter römischer Besatzung* under Roman occupation

Besatzungsmacht occupying power **Besatzungsmitglied** member of the crew

besaufen **sich ~** get plastered (*umgs*) get pissed (*vulg*) ◇ *sich ordentlich besaufen* get well and truly pissed ◇ *sich sinnlos besaufen* get pissed out of your mind

Besäufnis piss-up (*vulg*)

beschädigen damage ◇ *Der Sturm hat das Dach beschädigt.* The roof was damaged in the storm. ◇ *leicht/erheblich beschädigt sein* be slightly/badly damaged ◇ *total beschädigt sein* be completely wrecked ◇ *Sie haben öffentliches Eigentum mutwillig beschädigt.* They caused malicious damage to public property.

Beschädigung **1** damage [U] ◇ *Das Gemälde wies Beschädigungen auf.* The painting showed signs of damage in several places. **2** (*das Beschädigen*) causing damage ◇ *Wegen Beschädigung öffentlichen Eigentums wurde sie zu einer Geldstrafe verurteilt.* She was fined for causing damage to public property.

beschaffen[1] *Verb* **(jdm) etw ~** get sth (for sb) ◇ *Kann dir dein Vater nicht einen Job beschaffen?* Can't your father get you a job? ◇ *Du musst dir ein Gesundheitszeugnis beschaffen.* You will have to get a health certificate.

beschaffen[2] *Adj* designed ◇ *Die Türen müssen so beschaffen sein, dass ein Rollstuhl hindurch passt.* The doors have to be designed so that a wheelchair can get through. ◇ *Wie müssen Menschen beschaffen sein, die zu solchen Gräueltaten fähig sind?* What sort of person is capable of such atrocities?

Beschaffenheit **1** composition; (*eines Menschen*) make-up ◇ *die Beschaffenheit des Bodens* the composition of the soil ◇ *die geistige/körperliche Beschaffenheit einer Person* a person's intellectual/physical make-up ◇ *die chemische Beschaffenheit* the chemical structure **2** (*Zustand*) condition ◇ *die Beschaffenheit der Straße überprüfen* check the condition of the road

beschäftigen **1 sich mit jdm ~** spend time with sb ◇ *Sie beschäftigen sich viel zu wenig mit ihren Kindern.* They spend far too little time with their children. **2 sich mit etw ~** deal with sth; (*untersuchen*) study sth ◇ *Der Roman beschäftigt sich mit der Rolle der Frau um 1900.* The novel deals with the role of women around 1900. ◇ *Mit dieser Frage habe ich mich eigentlich noch nie beschäftigt.* I've never really studied this question. **3 jdn ~** (*bewegen*) preoccupy sb ◇ *Diese Frage beschäftigt ihn sehr.* He's very preoccupied with this question. **4 jdn ~** (*Arbeit geben*) employ sb ◇ *Die Firma beschäftigt ca. 120 Mitarbeiter.* The firm employs about 120 people. **5 jdn (mit etw) ~** keep sb occupied (with sth) ◇ *Mit diesem Spiel kann man Kinder stundenlang beschäftigen.* The game will keep children occupied for hours.

beschäftigt **1 (mit etw/jdm) ~** busy (with sth/sb) ◇ *Ich bin damit beschäftigt, alte Familienfotos zu sortieren.* I'm busy sorting old family photos. ◇ *mit dem Baby beschäftigt sein* be busy with the baby **2 mit sich/etw ~** (*gedanklich*) preoccupied with yourself/sth ◇ *Sie ist zu sehr mit ihren eigenen Problemen beschäftigt.* She is far too preoccupied with her own problems. **3** (*angestellt*) employed ◇ *Er war als Buchhalter beschäftigt.* He was employed as a bookkeeper. ◇ *in der Computerbranche beschäftigt sein* work in computing

Beschäftigte(r) employee

Beschäftigung **1** activity ◇ *eine langweilige/sinnvolle Beschäftigung* a boring/meaningful activity **2** (*Auseinandersetzung*) study ◇ *Sein Leben war der Beschäftigung mit der Psychoanalyse gewidmet.* His life was devoted to the study of psychoanalysis. **3** (*Anstellung*) employment ◇ *die illegale Beschäftigung von Minderjährigen* the illegal employment of minors ◇ *ohne Beschäftigung sein* be unemployed

beschämend **1** (*schändlich*) disgraceful (*Adv* disgracefully) ◇ *Sie verdient beschämend wenig.* She earns disgracefully little. ◇ *eine beschämende Haltung* a disgraceful attitude ◇ *Es ist beschämend, dass es so viele Obdachlose gibt.* It is a disgrace that there are so many homeless people. **2** (*demütigend*) humiliating ◇ *Es war beschämend für ihn, seinen Fehler zuzugeben.* It was humiliating for him to admit his mistake. ◇ *eine beschämende Niederlage* a humiliating defeat

beschämt **(über etw) ~** ashamed (at sth) ◇ *Wir sind beschämt über ihre Lebensverhältnisse.* We are ashamed at their living conditions. ◇ *beschämt die Augen senken* look away in shame

beschatten shadow

beschaulich peaceful (*Adv* peacefully), quiet (*Adv* quietly) ◇ *eine beschauliche Idylle* a peaceful idyll ◇ *ein beschauliches Leben führen* lead a quiet life

Beschaulichkeit tranquillity

Bescheid **1 jdm ~ geben/sagen** let sb know, tell sb ◇ *Geben Sie mir bitte rechtzeitig Bescheid, ob ich Sie abholen soll.* Please let me know in good time whether I should pick you up. ◇ *Ich sag dir Bescheid!* I'll let you know. **2 (über jdn/etw) ~ wissen** know (about sb/sth) ◇ *Du brauchst nichts zu sagen, ich weiß Bescheid.* You don't need to say anything, I already know. **3** (*Entscheidung*) decision; (*Benachrichtigung*) notification ◇ *ein rechtskräftiger/vorläufiger Bescheid* a final/an interim decision ◇ *ein abschlägiger Bescheid* a rejection IDM **jdm Bescheid stoßen** have a go at sb

bescheiden *Adj* **1** (*zurückhaltend*) modest (*Adv* modestly) ◇ *Er war ein sehr bescheidener Mann.* He was a very modest man. ◇ *ein bescheidenes Auftreten* an unassuming manner **2** (*einfach*) simple (*Adv* simply); (*beschränkt*) modest (*Adv* modestly) ◇ *sehr bescheiden leben* live very simply ◇ *in bescheidenen Verhältnissen aufwachsen* grow up in modest circumstances **3** (*dürftig*) miserable ◇ *ein bescheidenes Taschengeld von 5 Dollar* a miserable 5 dollars for pocket money ◇ *ein bescheidenes Ergebnis* a poor result

Bescheidenheit modesty ◇ *Keine falsche Bescheidenheit!* No false modesty! ◇ *Darf ich in aller Bescheidenheit fragen, ob ...* One small question: ...

bescheinigen **1** acknowledge ◇ *den Empfang des Geldes bescheinigen* acknowledge receipt of the money ◇ *Die Kritiker bescheinigten der Aufführung hohe künstlerische Qualität.* The critics acknowledged the artistic quality of the performance. **2** (*schriftlich*) certify ◇ *Hiermit wird bescheinigt, dass ...* This is to certify that ... **3 sich etw ~ lassen** get confirmation of sth

Bescheinigung written record ◇ *eine Bescheinigung über geleistete Arbeitsstunden* a written record of the hours worked ◇ *eine ärztliche Bescheinigung* a doctor's certificate

bescheißen **jdn ~ 1** rip sb off (*Slang*) **2 jdn um etw ~** do sb out of sth (*umgs*) ◇ *Ich lass mich doch von dir nicht bescheißen!* I'm not going to be ripped off by you. ◇ *Er hat mich um einen Hunderter beschissen!* He did me out of a hundred!

beschenken **jdn ~** give sb a present; **jdn mit etw ~** give sb sth (as a present) ◇ *Die Kinder werden mit Spielzeug beschenkt.* The children are given toys. ◇ *jdn reich beschenken* shower sb with presents

bescheren **1 jdm etw ~** bring sth for sb, bring sb sth ◇ *Der heiße Sommer bescherte den Getränkeherstellern Rekordumsätze.* The hot summer brought record sales for drinks manufacturers. ◇ *Was hat euch denn das Christkind beschert?* What did Father Christmas bring you? **2 beschert werden** get your Christmas presents ◇ *Bei uns werden die Kinder nach der Kirche beschert.* In our family the children get their Christmas presents after church.

Bescherung **1** (*meist mit einem Verb übersetzt*) ◇ *Vor der Bescherung haben wir immer „Stille Nacht" gesungen.* We always used to sing 'Silent Night' before the Christmas presents were given out. **2** (*ärgerliche Sache*) mess ◇ *Eine schöne Bescherung!* What a mess! ◇ *Da haben wir die Bescherung!* That's done it!

bescheuert stupid ◇ *Ich bin doch nicht bescheuert!* I'm not that stupid! ◇ *Ich finde es ziemlich bescheuert, wie du reagiert hast.* It was stupid of you to react in that way. ◇ *ein bescheuerter Typ/eine bescheuerte Situation* a pain in the neck

beschießen **1** shoot at *sb/sth*; (*aus der Luft, mit Fragen etc.*) bombard ◇ *Sie sind von Terroristen beschossen werden* They were shot at by terrorists. ◇ *mit Raketen beschossen werden* come under rocket attack **2** (PHYSIK) **etw (mit etw) ~** bombard sth with sth

beschildern **1** (*ausschildern*) signpost ◇ *gut beschildert* well signposted **2** (*beschriften*) label

Beschilderung **1** (*Ausschilderung*) signposting **2** (*Beschriftung*) labelling

beschimpfen **1 jdn ~** swear at sb; (*stärker*) hurl abuse at sb **2 jdn als etw ~** call sb sth

Beschimpfung insult; (*das Beschimpfen*) (verbal) abuse ◇ *Sie mussten sich wüste Beschimpfungen anhören.* They were the target of vile insults. ◇ *in gegenseitige Beschimpfung ausarten* turn into a slanging match

beschissen **1** → BESCHEISSEN **2** lousy (*umgs*), crap (*vulg*) ◇ *Ich fühle mich beschissen.* I feel lousy. ◇ *Sie haben einfach beschissen gespielt.* Their playing was just crap. ◇ *Steig in dein beschissenes Auto!* Get into your bloody car! ◇ *in einer beschissenen Lage sein* be up shit creek

Beschlag (*Truhe, Fenster*) (metal) fitting IDM **jdn/etw mit Beschlag belegen** (*auch* **jdn/etw in Beschlag nehmen**) **1** (*für sich beanspruchen*) monopolize sb/sth; take sb/sth over ◇ *Die Tische sind von den Stammgästen in Beschlag genommen.* The tables are monopolized by the regulars. ◇ *Sie haben den ganzen Park in Beschlag genommen.* They have taken over the whole park. ◇ *Die Fans belegten ihn sofort mit Beschlag.* The fans besieged him as soon as he appeared. **2** (*ausfüllen*) take sth up ◇ *die ganze Etage mit Beschlag belegen* take up the entire floor ◇ *Ihr Hobby nimmt sie ganz in Beschlag.* The hobby takes up all her time.

beschlagen[1] *Verb* **1** (*sich überziehen*) mist up, get steamed up ◇ *Die Scheiben waren sofort beschlagen.* The windows immediately misted up. **2** (*Pferd*) shoe

beschlagen[2] *Adj* knowledgeable

Beschlagnahme seizure; (*von Akten, Vermögen*) confiscation

beschlagnahmen confiscate; (*Drogen, Beute*) seize

beschleunigen **1** (*Auto*) accelerate ◇ *Sie beschleunigte und zog am LKW vorbei.* She accelerated and overtook the lorry. ◇ *von null auf hundert in acht Sekunden beschleunigen* go from nought to a hundred in eight seconds **2** (*schneller machen*) speed *sth* up, accelerate ◇ *das Streckennetz beschleunigt ausbauen* speed up the expansion of the network ◇ *den Wachstumsprozess beschleunigen* accelerate the rate of growth ◇ *Sie beschleunigte ihre Schritte.* She quickened her pace. **3 sich ~** accelerate; *(Puls, Atmung)* quicken; *(Konjunktur)* pick up

Beschleunigung acceleration

beschließen 1 *(einen Entschluss fassen)* decide ◇ *Sie haben beschlossen, sich zu trennen.* They have decided to separate. **2** *(Gesetz, Resolution)* pass ◇ *Der Sicherheitsrat hat die Entsendung von Truppen beschlossen.* The Security Council passed a resolution to send troops. ◇ *Der Antrag wurde einstimmig beschlossen.* The motion was carried unanimously. **3 über etw ~** vote on sth **4** *(beenden)* ◇ *Das Fest wurde mit einem Feuerwerk beschlossen.* The festival ended with a firework display. ◇ *Ein Klaviertrio beschloss den Abend.* The evening concluded with a piano trio.

Beschluss decision ◇ *einen Beschluss fassen* make a decision ◇ *auf Beschluss des Richters* by order of the court

beschmieren 1 *(beschmutzen)* ◇ *mit Blut beschmiert* stained with blood ◇ *Sie hat sich das Kleid mit Eis beschmiert.* She got ice cream all over her dress. ◇ *ein beschmiertes Gesicht* a face smeared with dirt **2** *(verunstalten)* deface; **A mit B ~** daub B on A ◇ *Grabsteine wurden beschmiert.* Gravestones were defaced. ◇ *etw mit Farbe beschmieren* daub paint on sth **3** *(bestreichen)* **A mit B ~** spread B on A, spread A with B

beschmutzen 1 dirty; *(mit Graffiti)* deface; *(mit Kot)* foul; *(Wasser)* pollute **2** *(Name, Ehre)* besmirch *(gehoben)* IDM → NEST

beschneiden 1 *(Bäume, etc.)* prune, cut *sth* back **2** *(einschränken)* restrict; *(kürzen)* cut ◇ *jdn in seinen Rechten beschneiden* restrict sb's rights ◇ *Die Zuschüsse sind beschnitten worden.* The subsidies were cut. **3** (MED) *(oder rituell)* circumcise

Beschneidung 1 *(Einschränkung)* curtailment; *(Kürzung)* cut ◇ *die finanzielle Beschneidung der Hochschulen* cuts in university expenditure **2** (MED) circumcision ◇ *die Beschneidung von Mädchen* female circumcision

beschnuppern 1 jdn/etw/sich ~ *(riechen)* sniff at sb/sth/each other **2** *(kennenlernen)* **jdn/etw/sich ~** get to know sb/sth/each other

beschönigen gloss over *sth* ◇ *Der Regierung wird vorgeworfen, das Ergebnis zu beschönigen.* The government is accused of glossing over the results. ◇ *beschönigend „Reform" genannt* euphemistically described as a 'reform' ◇ *Da gibt es nichts zu beschönigen.* There's no getting away from it.

beschränken 1 sich auf etw ~ *(Mensch)* confine yourself to sth; *(Analyse, Kritik)* be confined to sth ◇ *sich auf das Wesentliche beschränken* confine yourself to the bare essentials ◇ *Sie beschränkt sich darauf, die Situation zu beschreiben.* She only describes the situation. ◇ *Seine Kenntnisse beschränken sich auf die elementarsten Grundbegriffe.* He only understands the basic concepts. **2 etw (auf etw) ~** limit sth (to sth) ◇ *die Klassenstärke auf 30 beschränken* limit class sizes to 30 ◇ *Die zulässige Geschwindigkeit wurde auf 30 km/h beschränkt.* The speed limit was 30 kph. **3 jdn in etw ~** limit sb's sth ◇ *Ihre Zensuren beschränkten sie in ihrer Berufswahl.* Her low marks limited her choice of career. ◇ *Er fühlte sich in seiner Freiheit beschränkt.* He felt restricted.

beschränkt 1 limited ◇ *auf acht Jahre beschränkt* limited to eight years ◇ *in beschränktem Umfang* to a limited extent ◇ *Wintersport ist nur beschränkt möglich.* Opportunities for winter sports are limited. ◇ *beschränkte Haftung* limited liability ◇ *Die Überflutung blieb auf unbewohnte Gebiete beschränkt.* The floods only affected uninhabited areas. ◇ *auf beschränktem Raum* in a confined space **2** *(einfältig)* dim ◇ *Er ist etwas beschränkt.* He's a bit dim. ◇ *Bist du völlig beschränkt?* Are you completely thick? ◇ *Das sieht einfach beschränkt aus.* It looks seriously naff.

Beschränkung 1 *(das Beschränken)* *(meist mit einem Verb übersetzt)* ◇ *die Beschränkung der Studentenzahlen* restricting student numbers ◇ *die Beschränkung aufs Wesentliche* confining yourself to the essentials **2** *(Begrenzung)* restriction, limit ◇ *jdm Beschränkungen auferlegen* impose restrictions on sb ◇ *eine zeitliche Beschränkung* a time limit

beschreiben 1 *(darstellen)* describe ◇ *etw ausführlich beschreiben* describe sth in detail ◇ *etw sehr anschaulich beschreiben* give a vivid description of sth ◇ *Können Sie mir den Weg beschreiben?* Can you tell me how to get there? ◇ *Ich kann dir gar nicht beschreiben, wie …* I can't tell you how … **2** *(schreiben)* write on *sth* ◇ *Papier beidseitig beschreiben* write on both sides of the paper ◇ *auf zwei eng beschriebenen Seiten* on two closely written pages ◇ *Das Blatt war mit kyrillischen Buchstaben beschrieben.* The page had Cyrillic writing on it. **3** *(Bogen, Kurve)* describe

Beschreibung description IDM **jeder Beschreibung spotten** defy description

beschreiten ◇ *neue Wege beschreiten* explore new avenues ◇ *Mit diesem Werk beschritt er neue literarische Wege.* This book is a new departure for him. ◇ *beruflich neue Wege beschreiten* embark on a new career

beschriften write on *sth*; *(etikettieren)* label

beschuldigen jdn (einer Sache) ~ accuse sb (of sth) ◇ *Sie wurde des Dopings beschuldigt.* She was accused of taking drugs.

Beschuldigte(r) accused

Beschuldigung allegation ◇ *Beschuldigungen gegen jdn erheben* make allegations against sb

Beschuss 1 fire; *(Kanonen)* shelling ◇ *Das Lager kam unter Beschuss durch feindliche Truppen.* The camp came under enemy fire. **2** *(Kritik)* attack ◇ *unter heftigen Beschuss geraten* come under fierce attack

beschützen jdn/etw (vor jdm/etw) ~ protect sb/sth (from sb/sth)

Beschützer(in) protector

Beschwerde 1 *(Klage)* **~ (über jdn/etw)** complaint (about sb/sth) ◇ *eine Beschwerde vorbringen* make a complaint **2** *(Einspruch)* appeal ◇ *einer Beschwerde stattgeben* uphold an appeal ◇ *eine Beschwerde ablehnen* dismiss an appeal ◇ *Sie haben Beschwerde gegen das Urteil eingereicht.* They appealed against the judgment. **3 Beschwerden** trouble [U]; *(Schmerzen)* pain [U] ◇ *Mein Rücken macht mir Beschwerden.* I'm having trouble with my back. ◇ *Beschwerden in der Magengegend* abdominal pain ◇ *gesundheitliche Beschwerden* health problems

Beschwerdebrief letter of complaint

beschweren 1 sich (über jdn/etw) ~ *(beklagen)* complain (about sb/sth) ◇ *Sie haben sich bei den Nachbarn über den Lärm beschwert.* They complained to their neighbours about the noise. ◇ *Ich möchte mich beschweren.* I wish to make a complaint. **2** *(belasten)* weight *sth* down

beschwerlich difficult; *(Reise)* tiring

beschwichtigen *(beruhigen)* pacify; *(versichern)* reassure ◇ *Er versuchte, beschwichtigend auf die Zuschauer einzuwirken.* He tried to pacify the spectators. ◇ *„Es wird keine Auswirkungen haben", beschwichtigte er die besorgten Eltern.* He reassured worried parents that there would be no ill effects. ◇ *beschwichtigende Worte* soothing words

beschwingt lively
beschwipst tipsy (*umgs*)
beschwören **1** (*Geist, Bild, Vision*) conjure *sth* up; (*Schlange*) charm ◇ *den Traum von ewiger Jugend beschwören* conjure up a vision of eternal youth **2** (*anflehen*) beg ◇ *Ich beschwöre dich, mir die Wahrheit zu sagen.* I beg you to tell me the truth. ◇ *Sie hob beschwörend die Hände.* She lifted up her hands in supplication. **3** (*bekräftigen*) swear to *sth* ◇ *Ich kann es nicht beschwören, aber …* I can't swear to it but …
besehen **1 sich etw ~** have a look at sth **2** ◇ *so besehen* seen in that light ◇ *bei Tag besehen* in daylight ◇ *genau besehen* when you analyse it
beseitigen **1** (*entfernen*) remove; (*entsorgen*) dispose of *sth* ; (*zerstören*) destroy ◇ *Giftmüll beseitigen* dispose of toxic waste ◇ *Sind alle Unklarheiten beseitigt?* Is everything clear now? **2** (*Fehler, Mangel, Problem*) sort *sth* out; (*Missverständnis*) clear *sth* up **3 jdn ~** eliminate sb, get rid of sb
Beseitigung **1** (*Entfernung*) removal; (*Entsorgung*) disposal; (*Zerstörung*) destruction ◇ *die Beseitigung von Abfällen* waste disposal **2** (*Abschaffung, Mord*) elimination
Besen broom IDM **ich fress einen Besen** I'll eat my hat **neue Besen kehren gut** a new broom sweeps clean
Besenstiel broom handle; (*bei Reisigbesen*) broomstick
besessen **1** → BESITZEN **2** fanatical ◇ *Sie ist eine besessene Tennisspielerin.* She's a fanatical tennis player. **3** (**von jdm/etw**) **~ sein** (*Idee, Leidenschaft, Wunsch*) be obsessed (with sb/sth) ◇ *Er war von der Idee besessen, eine Weltreise zu machen.* He was obsessed with the idea of travelling round the world. **4** (**von jdm**) **~ sein** (*Dämonen etc.*) be possessed (by sb) **5 wie ~** like mad
besetzen **1** (*reservieren*) keep ◇ *Er bat sie, ihm einen Platz im Abteil zu besetzen.* He asked her to keep a seat for him in the compartment. **2 etw** (**mit jdm**) **~** (*Stelle*) fill sth (with sb); **eine Rolle mit jdm ~** cast sb in a role **3 etw** (**mit etw**) **~** trim sth (with sth) ◇ *einen Kragen mit Pelz besetzen* trim a collar with fur **4** (*Territorium, Haus etc.*) occupy ◇ *Tierschützer haben das Labor besetzt.* Animal rights campaigners have occupied the laboratory. ◇ *Das besetzte Haus wurde von der Polizei geräumt.* The squatters have been evicted from the house by the police. **5** (*bemannen*) man ◇ *Alle Ausgänge des Flughafens wurden mit Polizisten besetzt.* All the exits to the airport were manned by police.
besetzt **1** → BESETZEN **2** (*Telefon*) engaged, (*AmE*) busy; (*Toilette*) occupied [nicht vor Nomen]; (*Stuhl*) taken **3** (*Verkehrsmittel, Hotel, etc.*) full ◇ *Der Bus war voll besetzt.* The bus was completely full.
Besetztzeichen engaged tone, (*AmE*) busy signal
Besetzung **1** occupation **2** (*Stelle*) (*meist mit einem Verb übersetzt*) ◇ *Die Besetzung der Stelle wird sich hinauszögern.* There will be a delay in filling the post. **3** (*Sport*) line-up; (*Theater*) cast
besichtigen visit; (*inspizieren*) inspect
Besichtigung (*Sehenswürdigkeiten, Betrieb*) tour; (*Wohnung*) viewing; (*Kontrolle*) inspection
besiedeln **1** (*Land erschließen*) colonize **2** (*heimisch sein*) inhabit
besiedelt populated; **mit jdm/etw ~** inhabited by sb/sth ◇ *dünn/dicht besiedelt* sparsely/densely populated
besiegeln seal (*auch fig*)
besiegen **1** defeat; (*Sport auch*) beat ◇ *Schalke besiegte den HSV mit 2:0.* Schalke beat HSV 2-0. **2** (*Krankheit, Angst, Schwierigkeiten*) overcome

besinnen **1 sich ~** think things over **2 sich auf etw ~** remember sth ◇ *Wir müssen uns wieder auf unsere Stärken besinnen.* We must remember what we're good at. IDM → BESSER
besinnlich reflective; (*ruhig*) quiet; (*nachdenklich stimmend*) thought-provoking ◇ *Wir begehen Silvester dieses Jahr besinnlich.* We're going to have a quiet New Year this year. ◇ *Weihnachten ist eine besinnliche Zeit.* Christmas is a time for reflection.
Besinnung **1** (*Bewusstsein*) consciousness ◇ *die Besinnung verlieren* lose consciousness ◇ *wieder zur Besinnung kommen* regain consciousness ◇ *Er ist immer noch ohne Besinnung.* He is still unconscious. **2** (*Nachdenken*) reflection ◇ *Zeit zur Besinnung* time for reflection ◇ *die Besinnung auf das Wesentliche* going back to basics **3** (*Vernunft*) senses [Pl] ◇ *Ihre Schreie brachten ihn wieder zur Besinnung.* Her cries brought him to his senses.
besinnungslos **1** (*bewusstlos*) unconscious ◇ *Er brach besinnungslos zusammen.* He collapsed unconscious. **2** (*außer sich*) beside yourself ◇ *Sie war besinnungslos vor Angst.* She was beside herself with fear. ◇ *in besinnungsloser Wut* in blind rage
Besitz **1** (*Eigentum*) property; (*Landgut*) estate ◇ *während der Besatzung enteigneter Besitz* property expropriated during the occupation ◇ *Durch ihre Spielleidenschaft verlor sie ihren gesamten Besitz.* She gambled away everything she owned. **2** (*das rechtmäßige Besitzen*) ownership ◇ *Das Unternehmen ging in staatlichen Besitz über.* The firm went into state ownership. ◇ *Die Juwelen sind seit Jahren im Besitz der Familie.* The jewels have been in the family for years. ◇ *Der Autofahrer war nicht im Besitz eines Führerscheines.* The driver did not have a driving licence. **3** (*das Verfügen über etw*) possession ◇ *Der Besitz von Drogen ist strafbar.* Possession of drugs is a punishable offence. ◇ *Sie war nicht im vollen Besitz ihrer geistigen Kräfte.* She was not in full possession of her mental faculties. ◇ *Er brachte das Anwesen in seinen Besitz.* He managed to gain possession of the estate IDM **von jdm Besitz ergreifen** overcome sb ◇ *Ein Gefühl der Trauer ergriff Besitz von ihr.* She was overcome by a feeling of grief.
Besitzanspruch claim **besitzanzeigend** possessive ◇ *besitzanzeigendes Fürwort* possessive pronoun
besitzen have; (*Geld, Haus, Auto etc. auch*) own ◇ *Das Fahrrad besitzt eine Gangschaltung.* The bicycle has gears. ◇ *Sie besaß nicht den Mut, die Wahrheit zu sagen.* She didn't have the courage to tell the truth. ◇ *Er besitzt keinen Pfennig.* He doesn't have a penny to his name. ◇ *Sie besitzen zwei Häuser.* They own two houses.
Besitzer(in) owner
besoffen plastered [nicht vor Nomen] (*umgs*), (*BrE auch*) pissed (*vulg*)
Besoffene(r) drunk
besondere(r,s) **1** (*außergewöhnlich*) special, particular [nur vor Nomen] ◇ *Es gab nichts Besonderes zu sehen.* There wasn't anything special to see. ◇ *Das Besondere daran ist …* What's special about it is … ◇ *Sie erledigte ihre Aufgabe ohne besondere Begeisterung.* She completed her work without any particular enthusiasm. ◇ *keine besonderen Merkmale* no distinguishing features **2** (*spezifisch*) special ◇ *Musiklehrer brauchen eine besondere Ausbildung.* Music teachers have to have special training. ◇ *Fallschirmspringer müssen besondere Kleidung tragen.* Parachutists have to wear special clothing. **3** (*hervorragend*) exceptional ◇ *eine Frau von besonderer Schönheit* a woman of exceptional beauty
Besonderheit (*Eigenschaft*) distinctive feature; (*Seltenheit*) rarity ◇ *Eine Besonderheit des Gebäudes ist das große Portal.* A distinctive feature of the building

is the large entrance. ◇ *die kulturellen Besonderheiten eines Landes kennenlernen* get acquainted with the distinctive culture of a country

besonders **1** *Adv* particularly, especially ◇ *besonders wichtig* particularly important ◇ *Wir brauchen viele Helfer, besonders am Freitag.* We need lots of helpers, especially on Friday. ◇ *Der Sprecher betonte besonders, dass …* The speaker laid particular emphasis on the fact that … **2** *Adv* **nicht ~** not particularly ◇ *Das interessiert mich nicht besonders.* I'm not particularly interested. ◇ *Es geht mir nicht besonders gut.* I'm not feeling too good. **3** *Adj* **nicht ~** ◇ *„Wie war das Theater?" „Nicht besonders."* 'What was the theatre like?' 'Nothing special.'

besonnen **1** → BESINNEN **2** (*Mensch*) level-headed; (*Verhalten*) calm (*Adv* calmly); (*Worte, Entscheidung*) considered ◇ *Trotz wachsender Kritik handelte die Vereinsführung besonnen.* Despite growing criticism, the directors of the club remained calm.

Besonnenheit calm; (*Vernunft*) level-headedness ◇ *Die Polizei rief die Menge zur Besonnenheit auf.* The police appealed to the crowd for calm. ◇ *Ein hohes Maß an Besonnenheit zeichnet ihn aus.* He is extremely level-headed.

besorgen **1 (jdm) etw ~** (*beschaffen*) get sth (for sb), get (sb) sth **2 (jdm) den Haushalt ~** do the housework (for sb) **3 es jdm ~** (*die Meinung sagen*) tell sb what's what **4 es jdm ~** (*heimzahlen*) get your own back on sb **5 es jdm ~** (*sexuell*) give it to sb (*vulg*)

Besorgnis concern ◇ *Es besteht kein Anlass zur Besorgnis.* There is no cause for concern. ◇ *Besorgnis erregen* cause concern

besorgniserregend worrying (*Adv* worryingly); (*stärker*) alarming (*Adv* alarmingly)

besorgt **1** → BESORGEN **2** worried (*Adv* worriedly); (*ängstlich*) anxious (*Adv* anxiously) ◇ *Der besorgte Ehemann wartete vor der Tür.* The anxious husband was waiting outside. ◇ *Er blickte besorgt auf seine Uhr.* He looked anxiously at his watch. **3 um jdn/etw ~ sein** be worried about sb/sth, be concerned about sb/sth (*gehoben*) ◇ *Sie sind um die Sicherheit der Präsidentin besorgt.* They are concerned about the safety of the president.

bespielbar **1** (*Sportplatz*) playable ◇ *Der Platz war gut bespielbar.* The pitch was perfectly playable. ◇ *ein ganzjährig bespielbarer Rasen* an all-weather pitch **2** (*Tonträger*) recordable ◇ *eine bespielbare CD* a recordable CD

bespielen record onto *sth*; **A mit B ~** record B onto A ◇ *Sie bespielte die MD mit klassischer Musik.* She recorded classical music onto the MD. ◇ *ein Band bespielen* make a tape

bespitzeln spy on *sb*

besprechen **1 etw (mit jdm) ~** discuss sth (with sb) **2 sich (mit jdm) ~** confer (with sb); **sich (mit jdm) über etw ~** discuss sth (with sb) ◇ *Sie besprachen sich ausführlich über ihre Zukunftsvorstellungen.* They discussed their ideas about the future in great detail. **3** (*rezensieren*) review ◇ *Er bespricht literarische Neuerscheinungen im Radio.* He reviews new books on the radio. **4** (*aufnehmen*) ◇ *eine Kassette besprechen* make a tape ◇ *Sie besprachen das Tonband mit Dialogen von Brecht.* They were recording some Brecht dialogues onto tape.

Besprechung **1** (*Konferenz*) meeting ◇ *Sie ist in einer Besprechung.* She's in a meeting. **2** (*Diskussion*) discussion **3** (*Planung*) planning **4** (*Rezension*) review

bespritzen **jdn/etw (mit etw) ~** splash sb/sth (with sth) ◇ *Die Kinder bespritzten sich gegenseitig mit Wasser.* The children were splashing each other with water.

besprühen **A (mit B) ~** spray B (on A)

besser **1** better ◇ *Heute ist das Wetter besser als gestern.* Today the weather is better than yesterday. ◇ *Du musst lernen, dich besser zu benehmen!* You must learn to behave better. ◇ *Er muss immer alles besser wissen!* He always thinks he knows better! ◇ *Komm mit, wenn du nichts Besseres zu tun hast!* Come with us, if you've got nothing better to do! ◇ *Ich habe Besseres zu tun, als mir das anzuhören!* I've got better things to do than listen to this! **2 es geht jdm ~** (*gesundheitlich*) sb is better; (*wirtschaftlich*) things are going better for sb ◇ *Bleib im Bett, dann geht es dir bald besser.* Stay in bed and you'll soon be better. **3** (*lieber*) ◇ *Du solltest besser zum Arzt gehen.* You had better go to the doctor's. ◇ *Sie beschloss, das Thema besser nicht anzusprechen.* She decided it was better not to bring up the subject. **4** (*sozial höher gestellt*) superior ◇ *Er hält sich für was Besseres.* He thinks he's superior to other people. **5** (*nicht viel besser als*) glorified [nur vor Nomen] ◇ *Das „Ferienhaus" stellte sich als bessere Scheune heraus.* The 'holiday cottage' turned out to be a glorified barn. ◇ *Er behandelt seine Mutter wie eine bessere Bedienstete.* He treats his mother as though she were little better than a servant. **IDM** **besser gesagt** or rather **Besser ist besser!** It's better to be on the safe side! **jdn eines Besseren belehren** (*korrigieren*) put sb right; (*widerlegen*) prove sb wrong ◇ *Die Verkaufserfolge des neuen Modells belehrten alle Skeptiker eines Besseren.* The sales success of the new model proved all the sceptics wrong. **sich eines Besseren belehren lassen** admit that you are wrong; (*sich umentscheiden*) change your mind **sich eines Besseren besinnen** think better of it → *Siehe auch* UMSO

bessern **1** improve **2 sich ~** (*Wetter, Zustand etc.*) improve **3 sich ~** (*Mensch*) reform

Besserung **1** (*Lage*) improvement ◇ *eine Besserung der Situation* an improvement in the situation **2** (*Gesundheit*) recovery ◇ *Er befindet sich auf dem Weg der Besserung.* He's well on the way to recovery. ◇ *Gute Besserung!* Get well soon! ◇ *Dann wünsch ihr mal gute Besserung!* Tell her I hope she gets better soon! **3** (*moralisch*) (*oft mit einem Verb übersetzt*) ◇ *Er gelobte Besserung.* He promised that he would reform.

Besserwessi = superior West German

Besserwisser know-all, (*bes AmE*) know-it-all (*umgs*)

besserwisserisch ◇ *eine besserwisserische Art* a superior manner ◇ *besserwisserische Eltern* parents who think they know it all

Bestand **1** (*Fortdauer*) continued existence; (*Überleben*) survival ◇ *der Bestand der Firma* the continued existence of the company ◇ *Diese Pflanzenart ist in ihrem Bestand bedroht.* The survival of this species of plant is under threat. ◇ *Diese Ehe wird keinen Bestand haben.* This marriage will not last. **2 der ~ (an etw)** (*Fundus*) the stock (of sth); (*Anzahl*) the number of sth

bestanden **1** → BESTEHEN **2** ◇ *Trotz mit Auszeichnung bestandener Prüfung fand sie keine Stelle.* Despite passing her exam with distinction, she couldn't find a job.

beständig **1** (*anhaltend*) constant **2** (*stabil*) stable ◇ *eine beständige Demokratie* a stable democracy **3** (*Nachfrage, Zuwachs, Rückgang etc.*) steady (*Adv* steadily) ◇ *Die Arbeitslosigkeit steigt beständig an.* Unemployment is rising steadily. **4** (*auf gleichbleibendem Niveau*) consistent ◇ *Er spielt sehr beständig.* He's a consistent player. **5** (*Wetter*) settled; (*Nebel*) persistent **6 gegen etw ~ sein** be resistant to sth

Bestandsaufnahme stocktaking [U] (*auch fig*)

Bestandteil part, component (*gehoben*) ◇ *Die Filmfestspiele sind zum festen Bestandteil des kulturellen*

Lebens der Stadt geworden. The film festival has become an integral part of the town's cultural life. ◇ *etw in seine Bestandteile zerlegen* take sth apart ◇ *Das Buch löst sich in seine Bestandteile auf.* The book is falling apart.

bestärken **1** (*Glauben, Entschluss*) strengthen; (*Meinung, Verdacht*) confirm; (*Zweifel*) reinforce ◇ *jdn in seinem Entschluss bestärken* strengthen sb's resolve ◇ *jdn in seinem Verdacht bestärken* confirm sb's suspicion **2 jdn (darin) ~, etw zu tun** encourage sb to do sth ◇ *Er bestärkte sie darin, sich von ihrem Mann zu trennen.* He encouraged her to leave her husband.

bestätigen **1** confirm ◇ *jds Theorie/Verdacht bestätigen* confirm sb's theory/suspicion ◇ *Sie sah sich dadurch in ihrer Ansicht bestätigt.* She felt that this confirmed her view. ◇ *Hiermit wird bestätigt, dass …* This is to certify that … **2** (*Erhalt*) acknowledge; (*Buchung*) confirm **3 sich ~** prove to be true, be confirmed ◇ *Die These hat sich bestätigt.* The theory proved to be true. ◇ *Der Verdacht hat sich bestätigt.* The suspicion was confirmed. **4 jdn in etw/als etw ~** confirm sb in sth/as sth ◇ *Sie wurde in ihrem Amt bestätigt.* She was confirmed in office. **5** (*Urteil*) uphold IDM → AUSNAHME

Bestätigung confirmation ◇ *eine schriftliche Bestätigung vorlegen* produce written confirmation

bestatten bury

Bestattung burial; (*Feierlichkeit*) funeral
Bestattungsinstitut, **Bestattungsunternehmen** (firm of) funeral directors

bestaunen marvel at *sth*

beste(r,s) **1** best ◇ *die beste Bibliothek des Landes* the best library in the country ◇ *mit den besten Grüßen/Wünschen* with best regards/wishes ◇ *bei bester Gesundheit sein* be in the best of health ◇ *Im besten Fall schaffen wir ein Unentschieden.* At best we will manage a draw. ◇ *Die Akustik ist leider nicht die beste.* The acoustics are unfortunately not very good. ◇ *bester Laune sein* be in a very good mood ◇ *in bester Verfassung sein* be in top form ◇ *Besten Dank!* Many thanks. **2 der/die Beste** the best ◇ *Wer ist der Beste im Hochsprung?* Who's the best at high jump? ◇ *In Englisch ist sie die Beste in der Klasse.* She's top of her class in English. **3 das Beste** the best ◇ *Das Beste ist für sie gerade gut genug.* Only the best is good enough for her. ◇ *Wir wollen das Beste hoffen.* Let's hope for the best. ◇ *das Beste aus etw machen* make the best of sth ◇ *Das Beste wäre, wenn wir erst einmal gar nichts unternehmen.* It would be best if we did nothing at all for the moment. ◇ *Ich will doch nur dein Bestes!* I only want what is best for you! ◇ *Ein heißer Kaffee ist doch einfach das Beste!* You can't beat a hot cup of coffee! **4 das Beste an etw** the best thing about sth **5 am besten** best ◇ *Welches Foto gefällt dir am besten?* Which photo do you like best? ◇ *Mit dieser Erkältung bleibst du am besten zu Hause.* With that cold you had best stay at home. ◇ *Am besten nehmen Sie die Straßenbahn.* It would be best if you took the tram. IDM **aufs Beste** extremely well **das Beste vom Besten sein** be the best there is **sein Bestes tun** do your best ◇ *Wir haben unser Bestes getan.* We did our best. → *Siehe auch* FAMILIE, JAHR, WEG, WENDEN *und* WILLE

bestechen **1** bribe **2 (durch/mit etw) ~** impress sb (with sth) ◇ *Der Tänzer bestach durch seine Akrobatik.* The dancer impressed the audience with his acrobatics.

bestechend (*hinreißend*) attractive; (*überzeugend*) convincing (*Adv* convincingly) ◇ *eine bestechende Idee* an attractive idea ◇ *Sie erklärte ihren Standpunkt mit bestechender Logik.* She put her case very convincingly.

bestechlich corrupt

Bestechlichkeit corruption

Bestechung bribery [U] ◇ *Man wirft ihr Bestechung von Zeugen vor.* She is accused of bribing witnesses.
Bestechungsgeld bribe

Besteck **1** cutlery, (*AmE*) flatware **2** (*für eine Person*) cutlery set ◇ *ein vierteiliges Besteck* a four-piece cutlery set ◇ *noch zwei Bestecke auflegen* lay two more places ◇ *Ich habe kein Besteck.* I haven't got a knife and fork. **3** (MED) set of instruments

bestehen **1** (*existieren*) be, be in existence ◇ *Es besteht die Gefahr, dass …* There is a danger that … ◇ *Der Verein besteht seit etwa zehn Jahren.* The club has been in existence for about ten years. **2** (*Prüfung*) pass **3** (*erfolgreich sein*) survive, hold your own ◇ *Gegen die Konkurrenz der Supermärkte können kleine Geschäfte kaum bestehen.* Corner shops can scarcely survive in the face of supermarket competition. **4 aus etw ~** consist of sth ◇ *Die Prüfung besteht aus drei Teilen.* The exam consists of three parts. ◇ *aus Holz bestehen* be made of wood **5 in etw ~** consist in sth ◇ *Wahre Bildung besteht nicht nur darin, Fakten zu lernen.* True education does not consist in simply learning facts. **6 auf etw ~** insist on sth ◇ *Sie bestand auf einer Entschuldigung.* She insisted on an apology. ◇ *Ich bestehe darauf, den Geschäftsführer zu sprechen.* I insist on seeing the manager. ◇ *Ich bestehe darauf, dass du dich an den Kosten beteiligst.* I insist that you pay a share of the costs. ◇ *Er bestand auf seiner Meinung.* He stuck to his point of view. **7 ~ bleiben** continue (to exist) ◇ *Das Raumproblem bleibt bestehen.* Space continues to be a problem. ◇ *Soll die NATO bestehen bleiben?* Should NATO continue to exist? **8 etw ~ lassen** retain sth ◇ *Man sollte das geltende Gesetz bestehen lassen.* The present law should be retained. IDM → HAUT

Bestehen **1** (*Vorhandensein*) existence ◇ *seit Bestehen der Europäischen Union* since the European Union came into existence ◇ *Der Chor feiert sein 50-jähriges Bestehen.* The choir is celebrating its 50th anniversary. **2** (*Beharren*) insistence ◇ *das Bestehen auf Prinzipien* insistence on principles

bestehend existing [nur vor Nomen]

bestehlen **jdn (um etw) ~** steal (sth) from sb ◇ *Sie hat ihre Tante (um viel Geld) bestohlen.* She stole (a lot of money) from her aunt.

besteigen **1** (*Berg, Leiter, Turm*) climb; (*Pferd*) get on *sth*, mount (*gehoben*); (*Flugzeug, Schiff*) get on *sth*, board (*offiz*) **2** (*Thron*) ascend

bestellen **1 etw (bei jdm) ~** order sth (from sb) ◇ *Ich habe mir beim Versandhaus ein Kleid bestellt.* I ordered a dress from the mail-order catalogue. ◇ *Die Ersatzteile sind schon lange bestellt.* The spare parts have been on order for a long time. ◇ *jdm ein Taxi bestellen* call sb a taxi **2** (*reservieren*) reserve, book **3** (*kommen lassen*) send for *sb* ◇ *den Klempner bestellen* send for the plumber ◇ *Ich bin für 9 Uhr bestellt.* I have an appointment for 9 o'clock. **4 jdm etw (von jdm) ~** (*ausrichten*) tell sb sth (from sb) ◇ *Bitte bestelle ihm, dass …* Please tell him that … ◇ *Können Sie ihm etwas von mir bestellen?* Could you give him a message (from me)? ◇ *Ich soll Ihnen schöne Grüße von Herrn Schmidt bestellen.* Herr Schmidt sends his best wishes. **5** (LANDW) cultivate IDM **es ist um jdn/etw gut/schlecht bestellt** things are looking good/bad for sb/sth ◇ *Um Schalke ist es nicht gut bestellt.* Things are not looking good for Schalke. ◇ *Gesundheitlich ist es schlecht um ihn bestellt.* He is in poor health. ◇ *Um ihre Ehe ist es nicht besonders gut bestellt.* Their marriage is in trouble. **nichts zu**

bestellen haben have no say ◇ *Der hat hier nichts zu bestellen.* He has no say around here.
Bestellschein order form
Bestellung order ◇ *eine Bestellung (über etw) aufgeben* place an order (for sth)
bestenfalls at best
bestens extremely well ◇ *bestens vorbereitet* extremely well prepared
besteuern tax ◇ *Sein Einkommen wird mit 17% besteuert.* His income is taxed at 17%. ◇ *Benzin höher besteuern* impose a higher tax on petrol
Besteuerung taxation
Bestform top form
bestialisch **1** (*grausam*) brutal (*Adv* brutally) **2** (*fig*) terrible (*Adv* terribly) (*umgs*) ◇ *Hier stinkt's bestialisch.* There's a terrible smell in here.
Bestie **1** beast **2** (*fig*) brute
bestimmen **1** (*aus verschiedenen Möglichkeiten auswählen*) decide on *sb/sth* ◇ *einen Treffpunkt bestimmen* decide on a place to meet **2** (*anordnen*) decide ◇ *Hier bestimme ich, was gemacht wird.* I'm the one who decides what's to be done around here. ◇ *Du hast hier gar nichts zu bestimmen!* You don't have any say in anything around here! ◇ *Ich möchte über meine Zeit selbst bestimmen.* I would like to decide for myself how I spend my time. **3 über jdn ~** tell sb what to do **4 jdn zu etw ~** (*ernennen*) name sb as sth **5 für jdn/etw bestimmt sein** be intended for sb/sth **6** (*ermitteln*) identify; (*Alter*) determine; (*Insekten, Pflanzen etc.*) classify ◇ *Bestimmt sämtliche Verbformen in diesem Text!* Identify all the verb forms in this text. **7** (*prägen*) characterize
bestimmt **1** particular [nur vor Nomen]; (*gewiss*) certain ◇ *Suchen Sie etwas Bestimmtes?* Are you looking for something in particular? ◇ *in bestimmten Fällen* in certain cases ◇ *Es gibt bestimmte Regeln, an die man sich halten muss.* There are certain rules which must be observed. **2** (*genau*) clear, definite ◇ *von etw eine bestimmte Vorstellung haben* have a clear idea of sth **3** (*entschieden*) determined, firm (*Adv* firmly) ◇ *Sein Auftreten war sehr bestimmt.* His manner was very determined. ◇ *Sie lehnte höflich, aber bestimmt ab.* She refused politely but firmly. **4** (LING) definite ◇ *der bestimmte Artikel* the definite article **5** (*sicherlich*) definitely, certainly ◇ *Er wird bestimmt da sein.* He'll definitely be there. ◇ *Sie kommt bestimmt wieder zu spät.* She is bound to be late again. ◇ *Es ist bestimmt schon acht.* It must be eight.
Bestimmung **1** (*Regelung*) regulation **2** (*Feststellung*) (*oft mit einem Verb übersetzt*) ◇ *Die Bestimmung der Todesursache stellte sich als schwierig heraus.* It proved difficult to determine the cause of death. **3** (LING) ◇ *adverbiale Bestimmung* adverbial modifier **4** (*Zweck*) purpose **5** (*Vorsehung*) fate, destiny ◇ *seiner Bestimmung folgen* follow your destiny ◇ *göttliche Bestimmung* divine providence
Bestimmungsort destination
Bestleistung best performance ◇ *eine persönliche Bestleistung erzielen* achieve a personal best
bestrafen **1 jdn (für etw/wegen einer Sache) ~** punish sb (for sth) ◇ *hart bestraft werden* be severely punished ◇ *Er wurde mit einer Lohnkürzung bestraft.* His pay was cut as a punishment. **2 jdn (für etw/wegen einer Sache) (mit etw) ~** (*gerichtlich*) sentence sb (to sth) (for sth) ◇ *Sie wurde wegen Mordes mit acht Jahren Gefängnis bestraft.* She was sentenced to eight years' imprisonment for murder. ◇ *Er wurde mit einer hohen Geldstrafe bestraft.* He was given a large fine. **3 für etw (mit etw) bestraft werden** (*Nachteil erleiden*) be penalized for sth (by sth) ◇ *Sie wurde für ihre Aufrichtigkeit bestraft.* She was penalized for her honesty. **4 etw (mit etw) ~** (*Vergehen, Verbrechen*) punish sth (with sth) ◇ *Das sollte härter bestraft werden.* It should be punished more severely. ◇ *Alkohol am Steuer wird mit Führerscheinentzug bestraft.* The penalty for drink-driving is losing your licence.
Bestrafung punishment
bestrahlen (*Tumor etc.*) treat *sth* with radiotherapy; (*Lebensmittel*) irradiate
Bestreben effort ◇ *im Bestreben, rechtzeitig fertig zu werden* in an effort to finish on time ◇ *ihr Bestreben, es allen recht zu machen* her anxiety to be fair to everyone
bestrebt **~ sein, etw zu tun** be anxious to do sth
Bestrebung attempt
bestreichen **A mit B ~** (*Butter etc.*) spread B on A; (*Farbe etc.*) apply B to A ◇ *ein dick mit Butter bestrichenes Brot* a slice of bread thickly spread with butter ◇ *Plätzchen mit Eigelb bestreichen* brush biscuits with egg yolk
bestreiken ◇ *Die Fähre wurde bestreikt.* The ferry workers went on strike. ◇ *Dieser Betrieb wird bestreikt!* This factory is on strike.
bestreiten **1** (*abstreiten*) deny ◇ *Er bestritt energisch, Bestechungsgelder angenommen zu haben.* He strongly denied that he had taken bribes. ◇ *Es lässt sich nicht bestreiten, dass ...* There is no denying (the fact) that ... **2** (*durchführen, teilnehmen*) ◇ *Der Kurs wird von qualifizierten Kräften bestritten.* The course is taught by qualified staff. ◇ *Er bestreitet sein zehntes Endspiel.* He's playing in his tenth final. ◇ *Das Endspiel bestreiten Ungarn und Polen.* Hungary and Poland meet in the final. **3** (*finanzieren*) pay for *sth*
Bestseller bestseller
Bestsellerautor(in) bestselling author
bestücken **1** (*ausrüsten*) equip **2** (*Regale etc.*) fill
bestückt equipped; (*Laden*) stocked
bestürmen **1** besiege (*auch fig*) ◇ *Das Amt wurde heftig von Ratsuchenden bestürmt.* The office was besieged by people wanting advice. ◇ *Sie bestürmten ihn mit Fragen.* They besieged him with questions. **2** (SPORT) attack
bestürzt (*erschüttert*) shocked; (*besorgt*) dismayed ◇ *Sie waren bestürzt über das Ausmaß der Katastrophe.* They were shocked by the extent of the disaster. ◇ *Sie stellte bestürzt fest, dass ...* She realized with dismay that ...
Bestürzung dismay; (*Erschütterung*) shock ◇ *Sie reagierten mit Bestürzung.* They reacted with dismay. ◇ *Es herrscht tiefe Bestürzung über die Anschläge.* Everybody is shocked by the attacks.
Besuch **1** visit ◇ *jdm einen Besuch abstatten* pay sb a visit ◇ *von jdm Besuch bekommen* have a visit from sb ◇ *Wann kommst du zu Besuch?* When are you coming to see us? ◇ *Ich bin nur zu Besuch.* I'm just visiting. **2** (*Besucher*) a visitor; (*mehrere*) visitors [Pl] ◇ *Wir haben Besuch aus London.* We've got visitors/a visitor from London. ◇ *Wir bekamen am Wochenende unerwartet Besuch.* We had unexpected visitors at the weekend. **3** (*Schule etc.*) (*meist mit einem Verb übersetzt*) ◇ *Nach dem Besuch der Universität ging er ins Ausland.* After finishing university he went abroad.
besuchen **1** visit ◇ *Sie besuchen sich regelmäßig.* They visit each other regularly. ◇ *eine Ausstellung besuchen* visit an exhibition **2** (*Schule, Aufführung*) attend ◇ *Das Konzert war gut besucht.* The concert was well attended. ◇ *Sie besucht neuerdings einen Spanischkurs.* She's started going to Spanish lessons.
Besucher(in) visitor
Besuchszeit visiting hours [Pl]
besudeln besmirch
betagt elderly

betasten feel; *(begrapschen)* touch *sb* up

betätigen **1 sich ~** be active ◇ *sich politisch betätigen* be politically active ◇ *sich handwerklich betätigen* do sth with your hands ◇ *sich sportlich betätigen* take part in sport ◇ *In seiner Freizeit betätigt er sich als Gärtner.* He does gardening in his spare time. **2** *(Gerät)* operate; *(Schalter)* press ◇ *eine Pumpe betätigen* operate a pump ◇ *den Blinker rechtzeitig betätigen* indicate in time ◇ *Sie hat die Bremse nicht betätigt.* She did not brake.

Betätigung **1** activity ◇ *sportliche Betätigung* sporting activity ◇ *körperliche Betätigung* physical exercise **2** *(Schalter etc.)* operation

Betätigungsfeld sphere of activity

betäuben **1** anaesthetize, *(AmE)* anesthetize ◇ *einen Patienten betäuben* anaesthetize a patient ◇ *Ich war örtlich betäubt.* I had a local anaesthetic. **2** *(Körperteil)* numb ◇ *den Kiefer betäuben* numb the gum **3** *(Schmerzen)* deaden, numb ◇ *Sie versuchte, ihre Schmerzen mit Tabletten zu betäuben.* She tried to deaden the pain with tablets. ◇ *Er betäubte seinen Kummer mit Alkohol.* He drowned his sorrows in drink. **4** *(durch einen Schlag)* stun

Betäubung **1** (MED) anaesthetic, *(AmE)* anesthetic ◇ *unter örtlicher Betäubung* under local anaesthetic **2** *(durch einen Schlag)* stunning **3** *(Taubheit)* numbness

beteiligen **1 sich an etw ~** *(Aktion, Veranstaltung, Wettbewerb)* take part in sth; *(Kosten, Diskussion)* contribute to sth **2 jdn (an etw) ~** *(Aktivitäten)* involve sb (in sth); *(Gewinn, Umsatz)* give sb a share (in sth)

Beteiligte(r) person involved; *(Teilnehmer)* participant ◇ *alle am Überfall Beteiligten* all those involved in the robbery ◇ *die an der Konferenz Beteiligten* participants at the conference

Beteiligung **1** *(das Teilnehmen)* participation; *(Verwicklung)* involvement ◇ *eine Friedenskonferenz unter Beteiligung aller Parteien* a peace conference with the participation of all parties ◇ *Sie wurde wegen aktiver Beteiligung am Attentat verhaftet.* She was arrested for her active involvement in the assassination. **2** *(Teilnehmerzahl)* attendance ◇ *Der Kurs musste wegen geringer Beteiligung eingestellt werden.* The course had to be cancelled because of poor attendance. **3** (FINANZ) share ◇ *eine angemessene Beteiligung am Umsatz* a reasonable share of the profits ◇ *eine 39-prozentige Beteiligung am Unternehmen* a 39-per-cent stake in the company

beten **1 (zu jdm) ~** pray (to sb) **2 für jdn/um etw ~** pray for sb/sth **3 etw ~** say sth ◇ *das Vaterunser beten* say the Lord's Prayer

beteuern insist; *(Unschuld)* protest ◇ *Sie beteuerte, dass alles in Ordnung sei.* She insisted that everything was fine.

Beteuerung protestation; *(Versicherung)* assurance

Beton concrete

betonen **1** *(Silbe, Wort)* stress; *(Meinung auch)* emphasize ◇ *Sie betonte, dass …* She stressed the fact that … ◇ *Er betonte die Wichtigkeit der Redefreiheit.* He emphasized the importance of free speech. **2** *(hervorheben)* accentuate

betont **1** *Adj (Silbe etc.)* stressed **2** *Adj (bewusst)* studied [nur vor Nomen] ◇ *mit betonter Gelassenheit* with studied composure **3** *Adv* deliberately ◇ *betont locker* deliberately casual

Betonung stress ◇ *ein Wort mit Betonung auf der ersten Silbe* a word with the stress on the first syllable ◇ *Die Betonung liegt auf „schnell".* 'Quick' is the operative word.

Betonungszeichen stress mark

betören beguile; *(Duft)* intoxicate

betr. re *(offiz)*

Betracht **1 jdn/etw in ~ ziehen** consider sb/sth ◇ *alle möglichen Risiken in Betracht ziehen* consider all the possible risks ◇ *jdn für eine Stelle in Betracht ziehen* consider sb for a job **2 in ~ kommen** be a possibility ◇ *Auch ein Strafverfahren kommt in Betracht.* There's even a possibility of criminal proceedings. ◇ *Das kommt für mich nicht in Betracht.* It's out of the question for me. **3 etw außer ~ lassen** ignore sth; **etw nicht außer ~ lassen** take sth into consideration

betrachten **1** look at *sb/sth* ◇ *Du musst die Situation mit ihren Augen betrachten.* You have to look at it from her point of view. **2 jdn/etw als etw ~** regard sb/sth as sth ◇ *Sie betrachtete es als Herausforderung.* She regarded it as a challenge.

Betrachter(in) observer ◇ *dem unvoreingenommenen Betrachter* to the impartial observer

beträchtlich considerable *(Adv* considerably) ◇ *beträchtlicher Schaden* considerable damage ◇ *beträchtlich höhere Kosten* considerably higher costs

Betrachtung examination ◇ *bei genauer Betrachtung* on close examination

Betrag sum, amount ◇ *ein einmaliger/fester/fünfstelliger Betrag* a one-off/fixed/five-figure sum ◇ *der volle Betrag* the full amount

betragen **1** be; *(sich belaufen auf)* amount to *sth* ◇ *Die Fahrzeit beträgt zwei Stunden.* The travelling time is two hours. ◇ *Die Gebühren betragen 375 Dollar.* The fees amount to 375 dollars. **2 sich ~** behave

betrauen **jdn mit etw ~** entrust sb with sth

betrauern mourn ◇ *Wir betrauern den Verlust eines wahren Freundes.* We are mourning the loss of a true friend. ◇ *Bei dem Unfall waren fünf Tote zu betrauern.* Five people lost their lives in the accident.

Betreff *(bei E-Mail)* subject; *(in amtlichen Briefen)* re

betreffen **1** *(behandeln)* concern ◇ *Die zweite Frage betrifft neue Technologien.* The second question concerns new technology. **2** *(angehen)* affect, hit ◇ *Die Vorschrift betrifft nur Neuwagen.* The regulation only affects new cars. ◇ *Wer ist am stärksten von der Arbeitslosigkeit betroffen?* Who is hit hardest by unemployment? **3** *(bestürzen)* upset ◇ *Das Flugzeugunglück hat ihn zutiefst betroffen.* He was very upset by the plane crash. **4 was etw betrifft** as far as sth is concerned ◇ *Was Sonnenenergie betrifft …* As far as solar energy is concerned … **5 was jdn betrifft** *(jemandeswegen)* on sb's account ◇ *Was ihn betrifft, brauchst du dir keine Sorgen zu machen.* Don't worry on his account. **6 was mich betrifft** *(meiner Meinung nach)* in my opinion **7 betrifft** → BETREFF

betreffend **1** *(bereits erwähnt)* concerned *(dem Nomen nachgestellt)*, in question *(dem Nomen nachgestellt)* ◇ *die betreffende Person* the person concerned ◇ *an dem betreffenden Tag* on the day in question **2** *(bezüglich)* regarding ◇ *Zusagen, die Finanzierung betreffend* promises regarding the financing → *Siehe auch* BETREFFEN

betreiben **1** *(Studium)* do, pursue *(gehoben)*; *(Hobby, Politik)* go in for *sth*, pursue *(gehoben)*; *(Projekt, Vorhaben)* carry *sth* out **2** *(Unternehmen)* run IDM **auf jds Betreiben** at sb's instigation

Betreiber(in) operator

betreten[1] *Verb* **1** *(auf etw treten)* step on(to) *sth*, walk on *sth*, set foot in/on *sth (gehoben)* ◇ *Unsicher betrat er die Bühne.* He stepped uncertainly on to the stage. ◇ *Sie war froh, endlich wieder heimatlichen Boden zu betreten.* She was glad to set foot on her native soil at last. ◇ *Betreten der Grünanlagen verboten!* Keep off the grass! ◇ *Neuland betreten* enter new territory **2** *(eintreten)* enter

betreten[2] *Adj* embarrassed; *(peinlich)* awkward *(Adv* awkwardly) ◇ *Sie machte ein betretenes Gesicht.* She looked embarrassed. ◇ *Es herrschte betretenes Schweigen.* There was an awkward silence.

betreuen **1** (*pflegen*) look after *sb* ◇ *Sie betreut ihre Oma.* She looks after her grandmother. **2** (*beaufsichtigen*) supervise ◇ *Schüler bei den Hausaufgaben betreuen* supervise pupils doing homework **3** (*Kunden*) look after *sb* **4** (*zuständig sein*) be in charge of *sb/sth* , be responsible for *sb/sth* ◇ *jdn pädagogisch betreuen* be in charge of sb's education ◇ *ein Projekt betreuen* be responsible for a project

Betreuer(in) **1** person in charge; (*von Gruppen auch*) group leader ◇ *Wie viele Betreuer werden bei der Klassenfahrt dabei sein?* How many adults will be in charge of the class trip? **2** (*von Kranken, Behinderten etc.*) carer **3** (*von Studenten*) advisor

betreut (*Wohnen*) sheltered, (*AmE*) assisted; (*Spielplatz, Freizeitaktivitäten*) supervised; (*Forum*) monitored ◇ *betreute Seniorenwohnungen* sheltered accommodation for the elderly ◇ *Dort können Abhängige Drogen betreut konsumieren.* Users can take drugs under supervision there.

Betreuung care

Betrieb **1** business; (*Firma*) company; (*Fabrik*) factory ◇ *ein mittelständischer Betrieb* a medium-sized business ◇ *ein landwirtschaftlicher Betrieb* a farm ◇ *Er ist noch im Betrieb.* He's still at work. **2** (*das Betreiben*) operation, running ◇ *Wer ist für den Betrieb der Kraftwerke zuständig?* Who is responsible for the operation of the power stations? ◇ *Die Streikaktion hat den ganzen Betrieb lahmgelegt.* The strike has brought all production to a standstill. **3** (*Funktion*) operation, service ◇ *in Betrieb* in operation ◇ *Die neue U-Bahnlinie hat den Betrieb aufgenommen.* The new underground line has come into operation. ◇ *etw in Betrieb nehmen* put sth into operation ◇ *außer Betrieb* out of order ◇ *den Betrieb einstellen* close down **4** (*Ablauf*) ◇ *Halten Sie hier nicht den ganzen Betrieb auf!* Stop holding everybody up! ◇ *den Betrieb aufrechterhalten* keep things going **5** (*Geschäftigkeit*) ◇ *Am Wochenende ist hier immer viel Betrieb.* It's always very busy here at the weekends.

Betriebs- **Betriebsausflug** staff outing **betriebsbedingt** **betriebsbedingte Kündigung** redundancy ◇ *Arbeitnehmer, die von einer betriebsbedingten Kündigung bedroht sind* employees threatened with redundancy ◇ *Wir können betriebsbedingte Kündigungen nicht ausschließen.* We cannot rule out redundancies. ◇ *eine betriebsbedingte Kündigung bekommen* be made redundant **Betriebsferien** annual holidays [Pl] **Betriebsklima** working atmosphere **Betriebskosten** running costs [Pl] **Betriebspraktikum** work experience [U], industrial placement, (*AmE*) internship ◇ *Sie absolviert gerade ein Betriebspraktikum.* She's doing work experience. **Betriebsrat** works committee, works council ◇ *Sie ist im Betriebsrat.* She is on the works council. **Betriebsrat, -rätin** member of the works council **Betriebssystem** operating system **Betriebswirt(in)** graduate in business administration ◇ *Sie ist Betriebswirtin.* She has a degree in business administration. **Betriebswirtschaft**, **Betriebswirtschaftslehre** business administration

betrinken **sich ~** get drunk

betroffen **1** → BETREFFEN **2** (*bestürzt*) upset, shocked ◇ *Sie zeigten sich tief betroffen über seinen Selbstmord.* They were shocked at his suicide.

Betroffene(r) person affected ◇ *Zwanzig Betroffene haben sich bei der Bürgermeisterin schriftlich beschwert.* Twenty of those affected complained in writing to the mayor.

Betroffenheit grief; (*Schock*) shock ◇ *Die Nachricht löste in der Bevölkerung tiefe Betroffenheit aus.* The news was a great shock to the people.

betrübt sad (*Adv* sadly)

Betrug deception; (*Straftat*) fraud; (*in der Prüfung*) cheating ◇ *Ihm wurde Betrug an den Wählern vorgeworfen.* He was accused of deceiving the voters.

betrügen **1** cheat ◇ *Beim Kartenspielen betrügt er immer.* He always cheats at cards. **2** (*täuschen*) **jdn/sich ~** deceive sb/yourself ◇ *Du betrügst dich selbst.* You are deceiving yourself. **3 jdn um etw ~** cheat sb (out) of sth; (*Kindheit, Jugend*) rob sb of sth ◇ *Er hat sie um ihr Geld betrogen.* He cheated her out of her money. ◇ *Er fühlte sich um den Sieg betrogen.* He felt he had been cheated of victory. **4 jdn (mit jdm) ~** be unfaithful to sb (with sb), (*AmE*) cheat on sb (with sb) ◇ *Sie betrügt ihren Mann.* She's being unfaithful to her husband.

Betrüger(in) confidence trickster; (*beim Kartenspiel*) cheat

betrügerisch **1** *Adj* deceitful; (*kriminell*) fraudulent ◇ *betrügerisches Verhalten* deceitful behaviour ◇ *in betrügerischer Absicht* with intent to defraud **2** *Adv* by deceit, fraudulently

betrunken **1** → BETRINKEN **2** drunk ◇ *Er war völlig betrunken.* He was blind drunk. ◇ *Sie wurde betrunken am Steuer erwischt* She was caught drink driving. ◇ *betrunken Auto fahren* drink and drive ◇ *Er versuchte, sie betrunken zu machen.* He tried to get her drunk. ◇ *Nach dem Spiel kam es zu Schlägereien unter betrunkenen Fußballfans.* Drunken football fans were involved in fights after the match.

Betrunkene(r) drunk

Bett **1** bed ◇ *ins Bett gehen* go to bed ◇ *im Bett bleiben* stay in bed ◇ *die Kinder zu Bett bringen* put the children to bed ◇ *die Betten machen* make the beds ◇ *Er kommt nie vor eins aus dem Bett.* He can never get up before one. **2** (*Feder-*) duvet, quilt, (*AmE*) comforter **IDM** **ans Bett gefesselt** confined to (your) bed **mit jdm ins Bett gehen/steigen** go to bed with sb → *Siehe auch* HUHN

Bettbezug duvet cover, (*AmE*) comforter cover **Bettdecke** blanket; (*Stepp-*) quilt; (*Tagesdecke*) bedspread

betteln **(um etw) ~** beg (for sth)

betten lay ◇ *Sie betteten ihn vorsichtig aufs Sofa.* They laid him carefully on the sofa.

bett- **bettlägerig** bedridden **Bettlaken** sheet

Bettler(in) beggar

Bett- **Bettruhe** bedrest **Betttuch** sheet **Bettwäsche** bed linen **Bettzeug** bedclothes [Pl], bedding

betucht well off

betulich (*übertrieben besorgt*) fussy (*Adv* fussily)

betupfen dab

beugen **1** bend; (*Kopf*) bow ◇ *Den Oberkörper langsam nach vorne beugen!* Slowly bend forward. ◇ *das Recht beugen* bend the law **2 sich ~** bend; (*lehnen*) lean ◇ *Er beugte sich über das Mikroskop.* He bent over the microscope. ◇ *Beug dich nicht zu weit aus dem Fenster!* Don't lean too far out of the window! **3 sich jdm/etw ~** give in to sb/sth, bow to sb/sth (*gehoben*) ◇ *sich dem Druck beugen* bow to pressure **4** (LING) inflect ◇ *eine gebeugte Verbform* an inflected form of the verb

Beule **1** (*Schwellung*) lump, swelling ◇ *eine Beule am Kopf* a lump on the head **2** (*Delle*) dent

beunruhigen worry ◇ *Das beunruhigt mich.* That worries me.

beunruhigend worrying (*Adv* worryingly); (*stärker*) alarming (*Adv* alarmingly)

beunruhigt worried (*Adv* worriedly), concerned

beurlauben **1** (*Urlaub geben*) give *sb* leave (of absence) ◇ *Sie hat sich beurlauben lassen.* She has taken some leave. **2** (*suspendieren*) suspend ◇ *vom Amt beurlaubt* suspended from duty

beurteilen judge; (*Lage, Leistung*) assess ◇ *Man sollte Leute nicht nach ihrem Äußeren beurteilen.* You shouldn't judge people by their appearance. ◇ *Soweit ich das beurteilen kann, …* As far as I can judge, … ◇ *Wie beurteilen Sie die Lage?* How would you assess the situation?

Beurteilung 1 (*das Beurteilen*) judging; (*Urteil*) judgement; (*Einschätzung*) assessment ◇ *Acht Entwürfe wurden zur Beurteilung vorgelegt.* Eight plans were presented for judging. ◇ *eine Beurteilung der Risiken* an assessment of the risks **2** (*Gutachten*) report

Beute 1 haul, loot; (*Kriegs-*) booty ◇ *eine Beute im Wert von einer Million Dollar* a million-dollar haul **2** (*Jagd-*) prey (*auch fig*) ◇ *Sie waren für ihn leichte Beute.* They were easy prey to/for him.

Beutel 1 (*Packung*) packet; (*Tasche*) bag; (*Tabak-*) pouch **2** (ZOOL) pouch

beuteln 1 hit *sb/sth* hard **2** (*schütteln*) shake

bevölkern 1 (*bewohnen*) populate (*meist passiv*); (*besiedeln*) settle ◇ *ein dicht/wenig bevölkertes Land* a densely/thinly populated country ◇ *Angeln und Sachsen hatten das Gebiet bevölkert.* The area had been settled by Angles and Saxons. **2** (*in Scharen ausfüllen*) throng, take *sth* over ◇ *Tausende von Besuchern bevölkerten die Straßen.* Thousands of visitors thronged the streets.

Bevölkerung population [mit Verb im Sing/Pl]; (*Bewohner*) people [Pl]; (*Öffentlichkeit*) public [mit Verb im Sing/Pl] ◇ *zehn Prozent der Bevölkerung* ten per cent of the population ◇ *Hilfe für die hungernde Bevölkerung* aid for the starving people ◇ *die einheimische Bevölkerung* local people ◇ *Hinweise aus der Bevölkerung* information from the public **Bevölkerungsdichte** population density, density of population **Bevölkerungsexplosion** population explosion **Bevölkerungsgruppe** section of the population; (*Minderheit*) minority (group) ◇ *die Interessen bestimmter Bevölkerungsgruppen* the interests of certain sections of the population ◇ *Sie bilden die größte ausländische Bevölkerungsgruppe.* They are the largest ethnic minority. **Bevölkerungswachstum** population growth, growth in population ◇ *Das Bevölkerungswachstum verlangsamt sich.* Population growth is slowing.

Bevollmächtigte(r) (authorized) representative

bevor before; (*erst wenn*) until ◇ *Sprich mit ihr, bevor es zu spät ist.* Speak to her before it's too late. ◇ *Bevor die Frage nicht geklärt ist, kann ich nicht zustimmen.* Until this question is resolved, I can't agree.

bevormunden tell sb what to do ◇ *Ich lasse mich von dir nicht bevormunden.* I won't have you telling me what to do.

bevorstehen 1 lie ahead; (*unmittelbar*) be imminent ◇ *Ein harter Kampf steht bevor.* A hard fight lies ahead. ◇ *Die Entscheidung steht bevor.* A decision is imminent. **2 etw steht jdm bevor** sb has sth ahead of them, sth is in store for sb ◇ *Mir steht ein anstrengendes Wochenende bevor.* I have an exhausting weekend ahead of me. ◇ *Ich glaube, ihr steht eine böse Überraschung bevor.* I think there's a nasty surprise in store for her.

bevorstehend forthcoming; (*beschlossen*) planned ◇ *die bevorstehenden Wahlen* the forthcoming elections ◇ *die bevorstehende Schließung der Fabrik* the planned closure of the factory

bevorzugen 1 (*lieber mögen*) prefer, favour (*gehoben*), (*AmE*) favor (*gehoben*) ◇ *Sie bevorzugt klassische Musik.* She prefers classical music. ◇ *Die Politiker bevorzugen den kostengünstigeren Weg.* The politicians favour the cheaper option. **2 jdn (gegenüber jdm) ~** (*bevorrechtigen*) give sb preference (over sb); (*begünstigen*) give sb preferential treatment (over sb) ◇ *Junge Familien sollen gegenüber älteren Mietern bevorzugt werden.* Young families are to be given preference over older tenants. ◇ *Hier wird niemand bevorzugt!* Nobody is given preferential treatment here.

bevorzugt 1 *Adj* (*beliebt*) preferred; (*Lieblings-*) favourite, (*AmE*) favorite **2** *Adv* ◇ *Sollen Frauen bevorzugt eingestellt werden?* Should women be given preference for the job? ◇ *jdn bevorzugt abfertigen* give sb priority ◇ *jdn bevorzugt bedienen* serve sb first

bewachen 1 guard ◇ *Der Palast wird streng bewacht.* The palace is heavily guarded. ◇ *ein bewachter Parkplatz* a secure car park **2** (SPORT) mark

bewaffnen arm ◇ *ein bewaffneter Aufstand* an armed uprising ◇ *mit einer Kamera bewaffnet* armed with a camera IDM → ZAHN

bewahren 1 jdn/etw vor jdm/etw ~ save sb/sth from sb/sth; **jdn davor ~, etw zu tun** stop sb doing sth ◇ *eine Tierart vor dem Aussterben bewahren* save a species from extinction **2** (*Charakter, Identität, Selbstständigkeit, Traditionen*) preserve **3** (*aufrechterhalten*) keep, maintain (*gehoben*) ◇ *Sie werden gebeten, Ruhe zu bewahren.* Please keep calm. ◇ *die Haltung bewahren* keep your composure ◇ *Stillschweigen bewahren* maintain silence **4** (*aufbewahren*) keep

bewähren sich ~ prove yourself, prove your worth ◇ *Er hat sich als Rennfahrer bewährt.* He has proved himself as a racing driver. ◇ *Das System hat sich bewährt.* The system has proved its worth.

bewahrheiten sich ~ (*zutreffen*) prove (to be) true; (*eintreffen*) come true ◇ *Wenn sich das bewahrheitet, muss er zurücktreten.* If this proves to be true, he will have to resign. ◇ *Die Vorhersagen haben sich bewahrheitet.* The predictions have come true.

bewährt 1 → BEWÄHREN **2** tried and tested; (*Methode auch*) proven [nur vor Nomen] ◇ *ein bewährtes Hausmittel* a tried and tested home remedy ◇ *Warum sollte man Bewährtes nicht beibehalten?* Why shouldn't you stick to what is tried and tested?

Bewährung 1 (RECHT) probation; (*nach vorzeitiger Freilassung*) parole ◇ *unter Bewährung stehen* be on probation ◇ *Nach 15 Monaten wurde er auf Bewährung entlassen.* After 15 months he was released on parole. ◇ *eine Freiheitsstrafe mit Bewährung* a suspended sentence ◇ *eine Freiheitsstrafe von einem Jahr mit Bewährung* a suspended sentence of one year's imprisonment ◇ *Die Strafe wurde zur Bewährung ausgesetzt.* The sentence was suspended. ◇ *eine Haftstrafe ohne Bewährung* immediate imprisonment **2** (*das Sichbewähren*) proving yourself ◇ *Man muss ihnen eine Gelegenheit zur Bewährung geben.* You have to give them an opportunity to prove themselves. ◇ *die Stunde der Bewährung* the hour of truth **Bewährungshelfer(in)** probation officer **Bewährungsprobe** test ◇ *Das Spiel wird für uns zu einer Bewährungsprobe.* The match will put us to the test. **Bewährungsstrafe** (RECHT) probation [U] ◇ *Er wurde zu einer achtmonatigen Bewährungsstrafe verurteilt.* He was put on probation for eight months.

bewältigen 1 (*überwinden*) overcome; (*meistern*) cope with *sth* ; (*verarbeiten*) come to terms with *sth* ◇ *ein Problem bewältigen* overcome a problem ◇ *den Alltag bewältigen* cope with everyday life ◇ *die Vergangenheit bewältigen* come to terms with the past **2** (*Pensum etc.*) get through *sth* ; (*Strecke*) cover

Bewältigung (*meist mit einem Verb übersetzt*) ◇ *Vorschläge zur Bewältigung der Krise* suggestions on how to overcome the crisis ◇ *Zur Bewältigung der Weihnachtspost werden zusätzliche Hilfskräfte eingesetzt.* Extra people are taken on to cope with the Christmas post. ◇ *die Bewältigung der NS-Vergangenheit* coming to terms with the Nazi past

bewandert **~ (in etw)** knowledgeable (about sth)

bewässern water; (*durch Kanäle*) irrigate ◇ *künstlich bewässert* artificially irrigated

bewegen[1] **1** move ◇ *Der Schrank lässt sich nicht bewegen.* You can't move the wardrobe. ◇ *Können Sie den Arm bewegen?* Can you move your arm? **2 sich ~** move ◇ *Ich konnte mich vor Schmerzen kaum bewegen.* I could hardly move for the pain. ◇ *Die Besucher bewegten sich langsam zum Ausgang.* The visitors moved slowly towards the exit. ◇ *sich frei bewegen* move about freely ◇ *Er bewegt sich in den richtigen Kreisen.* He moves in the right circles. **3 sich ~** (*sich körperlich betätigen*) get some exercise ◇ *Du solltest dich ein bisschen mehr bewegen.* You should get more exercise. **4** (*ändern*) change ◇ *Sie will in der Firma etwas bewegen.* She wants to change things in the company. **5 sich ~** (*sich ereignen*) happen; (*sich ändern*) change **6** (*ergreifen*) move, affect ◇ *Seine Geschichte hat uns tief bewegt.* We were deeply moved by his story. **7** (*beschäftigen*) be on *sb's* mind, preoccupy (*gehoben*) ◇ *Diese Frage bewegt mich schon lange.* This question has been on my mind for a while. **8 sich ~** (*sich benehmen*) behave, conduct yourself (*gehoben*) ◇ *Sie bewegte sich ganz ungezwungen.* She behaved quite naturally. **9 sich ~** (*schwanken*) vary, range ◇ *Die Preise bewegen sich zwischen 150 und 200 Dollar.* The prices range from 150 to 200 dollars. IDM → KREIS

bewegen[2] **jdn zu etw ~** induce sb to do sth; (*überreden*) persuade sb to do sth ◇ *Was hat ihn wohl dazu bewogen?* What induced him to do it?

beweglich **1** movable; (*Maschinenteil, Ziel*) moving [nur vor Nomen] ◇ *bewegliche Wände* movable partitions ◇ *leicht beweglich* easy to move **2** (*mobil*) mobile, able to get around (*umgs*); (*Körper, Geist*) agile ◇ *Oma ist zum Glück noch beweglich.* Fortunately, gran can still get around. ◇ *Mit dem Fahrrad ist man in der Stadt viel beweglicher.* You can get around more easily in town on a bike. ◇ *geistig beweglich* mentally agile **3** (*anpassungsfähig*) flexible

Beweglichkeit mobility; (*Wendigkeit*) agility; (*Anpassungsfähigkeit*) flexibility

Bewegung **1** movement; (*Geste*) gesture ◇ *Seine Bewegungen sind unbeholfen.* His movements are awkward. ◇ *Er machte eine weit ausladende Bewegung mit dem Arm.* He made a sweeping gesture with his arm. ◇ *Keine falsche Bewegung!* One false move and you're dead! **2** (*das Sichbewegen*) movement; (*Maschinen etc.*) motion ◇ *die Bewegung der Erde um die Sonne* the movement of the earth around the sun ◇ *die Maschine in Bewegung setzen* set the machine in motion ◇ *Der Zug setzte sich langsam in Bewegung.* The train slowly moved off. ◇ *Sie ist ständig in Bewegung.* She's always on the go. **3** (*körperliche Betätigung*) exercise ◇ *Etwas Bewegung wird dir guttun.* A bit of exercise will do you good. **4** (*Entwicklung*) movement; (*Schwung*) impetus [U/Sing] ◇ *In den Friedensprozess gerät langsam Bewegung.* There are signs of movement in the peace process. ◇ *Der Vorschlag hat für neue Bewegung in den Verhandlungen gesorgt.* The proposal has brought fresh impetus to the negotiations. **5** (*Ergriffenheit*) emotion ◇ *Sie hörte ohne sichtbare Bewegung zu.* She listened without any visible emotion. **6** (*Gruppierung*) movement ◇ *die feministische Bewegung* the feminist movement IDM → HEBEL

bewegungslos without moving, motionless (*gehoben*)

Bewegungsmangel lack of exercise

beweinen mourn

Beweis **1** proof [U]; (*Beweismaterial*) evidence [U] ◇ *ein zwingender Beweis* compelling proof ◇ *Das ist der Beweis dafür, dass …* This is proof that … ◇ *aus Mangel an Beweisen* for lack of evidence ◇ *Haben Sie Beweise?* Have you got any evidence? ◇ *Den Beweis musst du mir noch liefern!* You still have to prove that to me! ◇ *Das ist noch lange kein Beweis!* That doesn't prove anything at all! ◇ *zum Beweis seiner Liebe* as a token of his love **2** (MATH) proof IDM **etw unter Beweis stellen** show evidence of sth

beweisen **1** (*nachweisen*) prove ◇ *seine Unschuld beweisen* prove your innocence ◇ *Versuch erst einmal, das Gegenteil zu beweisen.* I challenge you to prove otherwise. ◇ *was zu beweisen war* QED **2** (*zeigen*) show ◇ *Entschlossenheit/Charakter beweisen* show determination/character ◇ *Die Zahlen beweisen, dass …* The figures show that … **3 sich ~** prove yourself

Beweis- **Beweisführung** (RECHT) presentation of the evidence; (*Argumentation*) argumentation [U], line of argument **Beweismaterial** evidence [U] **Beweismittel** evidence [U] ◇ *Es sind neue Beweismittel aufgetaucht.* New evidence has come to light.

bewerben **sich (bei jdm) (um/für etw) ~** apply (to sb) (for sth) ◇ *Er hat sich bei uns beworben.* He has applied to us for a job. ◇ *Sie hat sich als Au-pair-Mädchen beworben.* She's applied to work as an au pair. ◇ *sich um ein Stipendium bewerben* apply for a grant ◇ *Er hat sich für den Parteivorsitz beworben.* He's standing as party chairman. ◇ *Berlin hatte sich vergeblich um die Ausrichtung der Olympischen Spiele beworben.* Berlin had made an unsuccessful bid to host the Olympic Games.

Bewerber(in) applicant; (*besonders für ein Amt*) candidate ◇ *ein Bewerber für das Bürgermeisteramt* a candidate for the office of mayor

Bewerbung **1** application ◇ *eine Bewerbung um einen Studienplatz* an application for a university place **2** (*Bewerbungsschreiben*) letter of application **3** (POL) candidacy ◇ *ihre Bewerbung für das Präsidentenamt* her candidacy for the presidency **Bewerbungsgespräch** (job) interview **Bewerbungsschreiben** letter of application **Bewerbungsunterlagen** = documents in support of an application **Bewerbungszeitraum** application period

bewerfen **jdn/etw mit etw ~** throw sth at sb/sth ◇ *Sie hatten ein Polizeifahrzeug mit Steinen beworfen.* They had thrown stones at a police car. IDM → DRECK *und* SCHMUTZ

bewerkstelligen manage

bewerten **1** (*beurteilen*) judge ◇ *Ich fühle mich ungerecht bewertet.* I feel I haven't been fairly judged. **2 jdn/etw als etw ~** judge sb/sth (to be) sth, consider sb/sth (to be) sth ◇ *Sie bewerten das Wahlergebnis als Erfolg.* They judge the election result to be a success. ◇ *Wir bewerten diese Entwicklung als viel versprechend.* We consider this a promising development. **3** (*einschätzen*) assess; (*auf einer Skala*) rate ◇ *Wie bewerten Sie die Lage?* How do you assess the situation? ◇ *Wie bewerten Sie den Service?* How do you rate the service? **4** (*benoten*) mark, (*bes AmE*) grade ◇ *eine Arbeit mit „befriedigend" bewerten* mark a piece of work 'satisfactory' **5** (*Währung, Aktien*) value

Bewertung **1** assessment ◇ *eine Bewertung der Risiken* an assessment of the risks **2** (*das Benoten*) marking, (*AmE*) grading; (*Note*) mark, (*AmE*) grade **3** (*Währung, Aktien*) valuation

bewilligen (*Etat, Stelle*) approve; (*Antrag, Darlehen, Zuschuss*) grant; (*Stipendium*) award ◇ *Die Stelle ist nicht bewilligt worden.* The post hasn't been approved.

Bewilligung (*Etat, Stelle*) approval; (*Antrag, Darlehen, Zuschuss*) granting; (*Stipendium*) awarding (*oft mit einem Verb übersetzt*) ◇ *Sie wartet auf die Bewilligung eines Stipendiums.* She's waiting to see if she is awarded a grant.

bewirken bring *sth* about; (*erreichen*) achieve ◇ *Das hat dramatische Veränderungen bewirkt.* This has brought about dramatic changes. ◇ *Sie haben genau das Gegenteil von dem bewirkt, was sie erreichen wollten.* They have achieved the opposite of what they intended. ◇ *Das hat bewirkt, dass sich der Verkehr verringerte.* This has had the effect of reducing traffic.

bewirten **jdn ~** entertain sb, offer sb hospitality; **jdn mit etw ~** serve sb sth

bewirtschaften (*Gaststätte*) run; (*Bauernhof*) manage; (*Land*) farm

Bewirtung catering ◇ *die Bewirtung der Hochzeitsgäste* the catering for the wedding

bewohnen live in *sth*

Bewohner(in) (*eines Hauses, einer Wohnung*) resident; (*eines Gebiets*) inhabitant

bewohnt (*Gebäude*) occupied [nicht vor Nomen]; (*Gebiet*) inhabited

bewölken **sich ~** cloud over

bewölkt cloudy

Bewölkung cloud ◇ *starke Bewölkung* thick cloud

Bewunderer, Bewunderin admirer

bewundern admire ◇ *Was ich an ihr bewundere ist ...* What I admire about her is ... ◇ *Deine Ausdauer ist wirklich zu bewundern.* Your stamina is really admirable.

bewundernswert admirable (*Adv* admirably)

Bewunderung admiration

bewusst **1** (*absichtlich*) deliberate (*Adv* deliberately) ◇ *Ich habe ihn bewusst ignoriert.* I deliberately ignored him. **2** (*in Kenntnis*) aware [nicht vor Nomen], conscious (*Adv* consciously) ◇ *Wir tragen alle — bewusst oder unbewusst — zu dem Problem bei.* Consciously or unconsciously we all contribute to the problem. ◇ *ein bewusst lebender Mensch* a thinking person **3 etw ist jdm ~; jd ist sich einer Sache ~** sb realizes sth, sb is aware of sth ◇ *Ist dir eigentlich bewusst, was er für uns getan hat?* Do you realize what he has done for us? ◇ *Ich bin mir der Konsequenzen völlig bewusst.* I am fully aware of the consequences. **4 (jdm) etw ~ machen** draw (sb's) attention to sth **5 sich etw ~ machen** realize sth **6** (*besagt*) in question ◇ *die bewusste Person* the person in question

bewusstlos unconscious ◇ *Er wurde bewusstlos geschlagen.* He was knocked unconscious. ◇ *bewusstlos werden* lose consciousness

Bewusstlosigkeit unconsciousness ◇ *in Bewusstlosigkeit versinken* lapse into unconsciousness ◇ *aus der Bewusstlosigkeit erwachen* regain consciousness ◇ *jdn bis zur Bewusstlosigkeit prügeln* beat sb unconscious

Bewusstsein **1** (MED) consciousness ◇ *das Bewusstsein verlieren/wiedererlangen* lose/regain consciousness ◇ *bei vollem Bewusstsein der Patientin* while the patient was fully conscious **2** (*Kenntnis*) consciousness, awareness ◇ *im vollen Bewusstsein ihrer Schuld* in full consciousness of her guilt ◇ *das politische Bewusstsein* political awareness IDM → RUFEN *und* ZURÜCKRUFEN

Bewusstseinsspaltung schizophrenia **Bewusstseinsstrom** stream of consciousness **Bewusstseinswandel** change in attitude

bezahlbar affordable

bezahlen **1** (*Miete, Steuern, Rechnung*) pay; (*Waren, (Dienst)leistungen*) pay for *sth* ◇ *Die Miete muss im Voraus bezahlt werden.* The rent must be paid in advance. ◇ *Wer soll denn das bezahlen?* Who's going to pay for this? ◇ *Hast du das Auto bar bezahlt?* Did you pay cash for the car? **2 jdn (für etw) ~** pay sb (for sth) ◇ *Er wird dafür bezahlt, dass er auf ihr Haus aufpasst.* He is paid to look after her house. ◇ *Vergiss nicht, den Elektriker zu bezahlen.* Don't forget to pay the electrician. **3 jdm etw ~** pay for sb's sth, give sb the money for sth ◇ *Ich bezahle dir die Vase.* I'll give you the money for the vase. IDM **das wirst du mir bezahlen!** You'll pay for that! **nicht zu bezahlen** exorbitant ◇ *Ein Haus ist dort einfach nicht zu bezahlen!* The price of a house there is exorbitant. **sich bezahlt machen** pay off → *Siehe auch* GOLD *und* TASCHE

Bezahl- **Bezahlfernsehen** pay TV ◇ *Das Spiel wird nur im Bezahlfernsehen gezeigt.* The match is only being shown on pay TV. **Bezahlmöglichkeit** payment method ◇ *Wir akzeptieren folgende Bezahlmöglichkeiten: ...* We accept the following payment methods: ... **Bezahlschranke** paywall

Bezahlung **1** payment (*oft mit einem Verb übersetzt*) ◇ *die Bezahlung mit Kreditkarten* payment by credit card ◇ *Die Karte kann auch zur Bezahlung von Fahrkarten benutzt werden.* The card can also be used to pay for tickets. **2** (*Entlohnung*) pay ◇ *leistungsbezogene Bezahlung* performance-related pay ◇ *Unsere Hilfskräfte arbeiten ohne Bezahlung.* Our assistants are unpaid. ◇ *gegen Bezahlung* for money

bezaubern captivate

bezaubernd delightful (*Adv* delightfully), charming (*Adv* charmingly)

bezeichnen **1 jdn/etw/sich (als etw) ~** call sb/sth/yourself sth ◇ *Wie bezeichnet man dieses Phänomen?* What is this phenomenon called? ◇ *Das würde ich nicht als „Schnäppchen" bezeichnen!* I wouldn't call that a bargain! **2** (*bedeuten*) mean, denote (*gehoben*) ◇ *Das englische Wort „bank" bezeichnet sowohl ein Geldinstitut als auch das Ufer eines Flusses.* The English word 'bank' denotes both a financial institution and the edge of a river. **3** (*markieren*) mark

bezeichnend (*bedeutsam*) significant; (*typisch*) characteristic ◇ *Es ist bezeichnend, dass ...* It is significant that ... ◇ *Diese Szene ist bezeichnend für den ganzen Film.* This scene is characteristic of the whole film.

bezeichnenderweise significantly ◇ *Bezeichnenderweise sind die großen Stars nicht erschienen.* Significantly, the big stars did not appear.

Bezeichnung **1** term; (*Name*) name ◇ *Die Bezeichnung „Dritte Welt" ist umstritten.* The term 'Third World' is controversial. **2** (*das Bezeichnen*) (*meist mit einem Verb übersetzt*) ◇ *Verdient dieses Produkt die Bezeichnung „umweltfreundlich"?* Does this product deserve to be called 'environmentally friendly'?

bezeugen **1** (*bestätigen*) testify ◇ *eine Aussage vor Gericht bezeugen* testify in court ◇ *Können Sie bezeugen, dass die Angeklagte zu Hause war?* Can you testify to the fact that the accused was at home? **2** (*urkundlich belegen*) document **3** (*beweisen*) show

bezichtigen **jdn einer Sache ~** accuse sb of sth

beziehen **1** (*Bett*) make *sth* (up); (*Sessel, Sofa*) cover ◇ *Hast du das Gästebett schon bezogen?* Have you made the guest bed up yet? ◇ *ein Kopfkissen beziehen* put a pillowcase on **2** (*einziehen*) move into *sth* ◇ *neue Büroräume beziehen* move into new offices **3** (*Position, Stellung*) take *sth* up, adopt ◇ *Der Sicherheitsrat hat eine harte Position bezogen.* The security council has adopted a tough stance. ◇ *Sie hat zu den Vorwürfen keine Stellung bezogen.* She has not reacted to the accusations. **4** (*bekommen*) get, obtain (*gehoben*) ◇ *Woher bezieht der Metzger sein Fleisch?* Where does the butcher get his meat from? ◇ *Rente beziehen* draw a pension **5 etw auf etw ~** relate sth to sth ◇ *die Ergebnisse auf die heutige Zeit beziehen* relate the results to the present **6 sich auf jdn/etw ~** (*berufen*) refer to sb/sth ◇ *Sie bezog sich auf die neuesten Untersuchungen.* She referred to the latest studies. ◇ *Ich beziehe mich auf Ihr Schreiben vom ...* I refer to your letter of ... **7 sich auf jdn/etw ~** (*betreffen*) concern sb/sth ◇ *Die Pläne beziehen sich auf den Ausbau des Bahnhofs.* The plans concern the extension of the station. **8 etw auf sich ~** take sth personally ◇ *Du musst nicht immer alles auf dich selbst beziehen!* You don't have to take everything personally! **9 sich ~** (*Himmel*) cloud over

Beziehung **1** relationship; (*Verbindung*) connection ◇ *die Beziehung zwischen Mensch und Natur* the relationship between man and nature ◇ *Diese Aussage steht in keiner Beziehung zum Thema.* This statement has no connection with the topic. **2** (*Kontakt*) relations [Pl] ◇ *diplomatische Beziehungen* diplomatic relations **3** (*Verhältnis*) relationship ◇ *eine sexuelle Beziehung* a sexual relationship **4** (*Verständnis*) feeling ◇ *eine innige Beziehung zur Kunst* a profound feeling for art ◇ *Ich habe keine Beziehung zu klassischer Musik.* I can't relate to classical music. **5** (*Aspekt*) respect ◇ *in dieser Beziehung* in this respect ◇ *in vieler Beziehung* in many ways **6 Beziehungen** connections [Pl] ◇ *Man muss Beziehungen haben, um dort einen Job zu kriegen.* You have to have the right connections to get a job there.

beziehungsweise **1** (*oder*) or ◇ *telefonisch bzw. per Fax* by phone or fax **2** (*genauer gesagt*) or rather ◇ *Meine Eltern bzw. mein Vater war von dort.* My parents, or rather my father, was from there.

Bezirk area; (*Verwaltungs-*) (administrative) district

Bezug **1** (*Bett-*) duvet cover; (*Kissen-*) cushion cover; (*Kopfkissen-*) pillowcase **2** (*Sofa-, Sessel-*) (loose) cover **3 Bezüge** (FINANZ) income [Sing] **4** (*Erhalt*) (*meist mit einem Verb übersetzt*) ◇ *Er ist zum Bezug einer Rente berechtigt.* He's entitled to draw a pension. **5** (*Zeitung*) subscription **6** (*Kauf*) buying, purchase (*gehoben*) **7** (*Verbindung*) connection; (*Parallele*) parallel ◇ *einen Bezug zu etw herstellen* make a connection to sth ◇ *In ihren Romanen zeigt sich ein enger Bezug zu ihrem Leben.* There are close parallels between her novels and her life. ◇ *Seine Theorie hat keinen Bezug zum wirklichen Leben.* His theory has no relation to real life. **8 zu jdm keinen ~ (mehr) haben** have grown apart from sb ◇ *Zu seinen alten Freunden hat er schon lange keinen Bezug mehr.* He's grown apart from his old friends. **9 zu etw keinen ~ haben** not be able to relate to sth, not be into sth (*umgs*) ◇ *Ich habe keinen Bezug zu klassischer Musik.* I'm not into classical music. **10 in/mit/unter ~ auf jdn/etw** (*zum Thema*) about sb/sth, concerning sb/sth (*gehoben*); (*nur einen Aspekt betreffend*) as regards sb/sth ◇ *In Bezug auf deine Schwester wollte ich dir noch was sagen.* I was going to tell you something about your sister. ◇ *In Bezug auf Entlohnung ist das einer der besten Arbeitgeber.* As regards pay they're one of the best employers. **11 mit/unter ~ auf etw** (*in Geschäftsbriefen*) with reference to sth ◇ *Mit Bezug auf unser Telefongespräch ...* With reference to our telephone conversation ... **12 unter ~ auf jdn/etw** (*Quelle*) quoting sb/sth ◇ *Unter Bezug auf das Rote Kreuz melden die Zeitungen ...* The newspapers, quoting the Red Cross, report that ... **13 ~ auf jdn/etw nehmen** refer to sb/sth **14** (*Wohnung*) move (*oft mit einem Verb übersetzt*)

bezüglich with reference to *sth* ◇ *Bezüglich ihres Schreibens ...* With reference to your letter ...

Bezugsperson person to relate to, attachment figure (*Fachspr*) ◇ *Ihre Schwester ist ihre einzige Bezugsperson.* Her sister is the only person she relates to.

bezwecken intend, aim to achieve *sth*

bezweifeln doubt ◇ *Ich bezweifle stark, dass sie es ehrlich meint.* I very much doubt whether she really means it. ◇ *Sie bezweifelt seine Angaben.* She doubts whether what he says is true. ◇ *Das ist nicht zu bezweifeln.* There is no doubt about that.

bezwingen **1** (*Gegner*) defeat **2** (*Angst, Berg*) conquer; (*Neugier*) overcome; (*Emotionen*) control

BGB Civil Code

BH bra

Biathlet(in) biathlete

Biathlon biathlon

bibbern shiver ◇ *Sie bibberten vor Kälte.* They were shivering with cold.

Bibel Bible

Biber beaver

Bibliografie bibliography

Bibliothek library ◇ *(sich) ein Buch aus der Bibliothek ausleihen* borrow a book from the library

Bibliothekar(in) librarian

biblisch biblical

bieder conventional (*Adv* conventionally); (*Design, Kleidung*) conservative (*Adv* conservatively); (*Inszenierung*) tame

biegen **1** bend ◇ *Den Draht zu einem Kreis biegen.* Bend the wire into the shape of a circle. ◇ *Das lässt sich leicht biegen.* It bends easily. **2 sich ~** bend; (*Metall*) buckle; (*Holz*) warp ◇ *Die Binsen bogen sich im Wind.* The rushes bent in the wind. ◇ *Der Tisch bog sich unter den vielen Geschenken.* The table groaned under the weight of all the presents. **3** (*ein-, abbiegen*) turn IDM **auf Biegen und Brechen** at all costs ◇ *Wir werden die Sache auf Biegen und Brechen zu Ende bringen.* We'll get this finished at all costs.

biegsam flexible; (*Körper*) supple

Biegung bend

Biene bee

Bienenhonig (pure) honey **Bienenkönigin** queen bee **Bienenschwarm** swarm of bees **Bienenstich** **1** (*Stich*) bee sting **2** (*Kuchen*) = cake with almonds and sometimes a cream filling **Bienenstock** beehive **Bienenvolk** bee colony

Bier beer ◇ *Magst du Bier?* Do you like beer? ◇ *Möchtest du ein Bier?* Would you like a beer? ◇ *ein paar Bier* a few beers IDM **das ist nicht mein Bier** it's nothing to do with me

Bierbauch beer belly **Bierdeckel** beer mat **bierernst** deadly serious (*Adv* deadly seriously); (*humorlos*) humourless (*Adv* humourlessly), (*AmE*) humorless (*Adv* humorlessly) **Biergarten** beer garden **Bierkrug** beer mug **Bierzelt** beer tent

Biest **1** creature; (*groß und bedrohlich*) beast ◇ *die Schöne und das Biest* Beauty and the Beast **2** (*Kind*) brat (*umgs, abwert*) **3** (*Mann*) swine (*umgs, abwert*) (*Frau*) cow (*Slang, abwert*)

bieten **1 (jdm) etw ~** offer sb sth, offer sth to sb, give sb sth, give sth to sb ◇ *Man bot ihm viel Geld, aber er nahm die Stelle nicht an.* They offered him a lot of money, but he didn't take the job. ◇ *Die Ostseeküste hat viel zu bieten.* The Baltic coast has plenty to offer. **2** (*Oper, Theaterstück, Tombola etc.*) put *sth* on; (*Musikstück*) perform **3** (*Leistung*) give ◇ *Die Pianistin bot ein herausragendes Konzert.* The pianist gave an outstanding concert. **4 etw (für etw) ~** (*Geld*) offer sth (for sth); (*Auktion auch*) bid sth (for sth) **5 etw bietet sich (jdm)** sth presents itself (to sb) ◇ *So eine Möglichkeit bietet sich nur selten.* An opportunity like that doesn't present itself very often. ◇ *Den Rettungsmannschaften bot sich ein Bild der Verwüstung.* The rescue team were confronted with a scene of utter devastation. ◇ *Von hier bietet sich ein herrlicher Blick.* There is a wonderful view from here. IDM **sich etw nicht bieten lassen** not put up with sth ◇ *Das lasse ich mir nicht länger bieten!* I won't put up with it any longer. → *Siehe auch* STIRN

Bigamie bigamy

Bikini bikini
Bikinizone bikini area

Bilanz **1** (FINANZ) results [Pl]; (*Aufstellung*) balance sheet ◇ *die Bilanz vorlegen* present the results ◇ *eine Bilanz aufstellen* draw up a balance sheet **2** (*Fazit*) analysis; (*Resultat*) outcome, result ◇ *die vorläufige Bilanz der Wissenschaftler* the scientists' initial analysis ◇ *Am Ende des Kongresses zog sie eine positive Bilanz.* She summed up the conference as a success. ◇ *Die Bilanz des Erdbebens: über 200 Tote.* The final toll in the earthquake was over 200 dead.

bilateral bilateral (*Adv* bilaterally)

Bild **1** picture; (*Gemälde auch*) painting; (*Illustration auch*) illustration ◇ *Das Bild zeigt eine Frau mit Hut.* It's a picture of a woman in a hat. ◇ *ein Bild von Klee* a painting by Klee **2** (*Foto*) photo ◇ *ein Bild machen* take a photo ◇ *Ich hab noch zwei Bilder auf dem Film.* There are two exposures left on the film. **3** (*Optik*) image ◇ *ein Bild an die Wand werfen* project an image onto the wall **4** (*Vorstellung*) idea; (*Eindruck*) impression ◇ *sich ein Bild von etw machen* get an idea of sth ◇ *Ich konnte mir noch kein Bild von ihr machen.* I haven't really formed an impression of her yet. **5** (*Anblick*) sight ◇ *Uns bot sich ein grausiges Bild.* A horrific sight met our eyes. **6** (*Metapher*) image ◇ *lyrische Bilder* poetic images ◇ *Ihre Sprache ist voller Bilder.* Her language is full of imagery. **7** (*Spiegel-*) reflection; (*Eben-*) image **8** (*Erscheinungs-*) character ◇ *Fachwerkhäuser bestimmen das Bild der Stadt.* The half-timbered buildings give the town its character. IDM **(über jdn/etw) im Bilde sein** know (about sb/sth) ◇ *Ich bin darüber im Bilde.* I know about it.
Bildarchiv picture library **Bildband** illustrated book **Bildbeschreibung** description of a picture

bilden **1** (*formen*) form; (*zusammenstellen*) set *sth* up ◇ *einen Kreis bilden* form a circle ◇ *Er wurde beauftragt, eine Kommission zu bilden.* He was asked to set up a commission. **2** (*darstellen*) be ◇ *Die größte Gruppe bilden die Kölner.* The Cologne contingent is the largest group. ◇ *einen Schwerpunkt bilden* be a focal point ◇ *eine Ausnahme bilden* be an exception **3** (*informieren*) broaden the mind; **sich ~** educate yourself ◇ *sich politisch bilden* educate yourself politically **4 sich ~** (*entstehen*) form ◇ *Eine Schlange hatte sich gebildet.* A queue had formed.

Bilderbuch picture book IDM **wie aus dem Bilderbuch** perfect ◇ *Er ist ein Schwiegersohn wie aus dem Bilderbuch.* He's the perfect son-in-law.

Bilderrahmen picture frame

bildhaft **1** (*metaphorisch*) metaphorical (*Adv* metaphorically) ◇ *etw bildhaft ausdrücken* express sth metaphorically ◇ *ein bildhafter Vergleich* a simile **2** (*lebhaft*) graphic (*Adv* graphically) ◇ *eine bildhafte Darstellung der Ereignisse* a graphic account of the events

Bild- **Bildhauer(in)** sculptor **bildhübsch** (very) pretty

bildlich **1** (*übertragen*) figurative (*Adv* figuratively) ◇ *bildlich gesprochen* figuratively speaking **2** (*in Bildern*) pictorial

Bildmaterial visual material, pictures [Pl] (*umgs*)

Bildnis picture; (*Porträt auch*) portrait

Bildschirm screen; (*Computer auch*) monitor ◇ *Er starrte auf den Bildschirm.* He stared at the screen. ◇ *Sie sitzt den ganzen Tag am Bildschirm.* She sits in front of the computer all day. ◇ *etw am Bildschirm live mitverfolgen* watch sth live on television
Bildschirmschoner screen saver

Bildtelefon videophone

Bildung **1** (*Wissen, Ausbildung*) education ◇ *eine umfassende Bildung besitzen* have a good all-round education ◇ *berufliche Bildung* vocational training **2** (*das Bilden*) (*oft mit einem Verb übersetzt*) ◇ *mit der Bildung einer Regierung beauftragt werden* be asked to form a government **3** (*Entstehung, Zusammensetzung*) formation
Bildungsabschluss educational qualifications [Pl] **Bildungsangebot** range of courses available **Bildungschancen** educational opportunities [Pl] **Bildungslücke** gap in your knowledge **Bildungspolitik** education policy **Bildungsroman** = novel which shows the development of the main character over many years **Bildungssystem** education system **Bildungsurlaub** **1** (*zur Weiterbildung*) study leave **2** (*Studienreise*) educational holiday **Bildungsweg** **1** (form of) education **2** **auf dem zweiten ~** at evening class **Bildungswesen** education system

Bildunterschrift caption

Billard billiards [U] ◇ *Billard spielen* play billiards

Billiarde a thousand billion

billig **1** cheap (*Adv* cheaply) ◇ *billige Arbeitskräfte* cheap labour ◇ *Sie haben die Rohstoffe billig eingekauft.* They bought the raw materials cheaply. **2** (*Ausrede*) feeble

billigen **1** (*genehmigen*) approve ◇ *Der Senat hat den Vertrag gebilligt.* The Senate approved the treaty. **2** (*gutheißen*) approve of *sth* , condone (*gehoben*) ◇ *Die Mehrheit billigte diese Entscheidung.* The majority approved of this decision. ◇ *Ich kann dein Verhalten nicht billigen.* I can't condone your behaviour.

Billig- **Billigflieger** low-cost airline **Billiglohnland** low-wage country

Billigung approval ◇ *mit Billigung der Direktorin* with the approval of the principal

Billion million million, trillion

bimmeln ring; (*Glöckchen*) tinkle, jingle; (*Straßenbahn*) clang

Binärsystem binary system

Binde **1** (*Verband*) bandage; (*Augen-*) blindfold **2** (*Damen-*) sanitary towel, (*AmE*) sanitary napkin **3** (*Arm-*) armband
Bindegewebe connective tissue **Bindeglied** link

Bindehaut conjunctiva
Bindehautentzündung conjunctivitis [U] ◇ *eine Bindehautentzündung haben* have conjunctivitis

binden **1** tie; (*Kranz*) make ◇ *sich einen Schal um den Hals binden* tie a scarf around your neck **2 jdn/etw an etw ~** tie sb/sth to sth; (*fig*) bind sb/sth to sth ◇ *Sie hatten ihn an einen Stuhl gebunden.* He had been tied to a chair. ◇ *an einen Vertrag gebunden sein* be bound by an agreement ◇ *Es gibt nicht viel, was mich hier bindet.* There is not much to keep me here. **3 sich ~** commit yourself ◇ *Er will sich nicht binden.* He won't commit himself. **4** (*Buch*) bind ◇ *eine Examensarbeit binden lassen* have a thesis bound ◇ *ein gebundenes Buch* a hardback (book) **5** (GASTRON) **etw (mit etw) ~** bind sth (with sth); (*andicken*) thicken sth (with sth)

Bindestrich hyphen ◇ *Das schreibt man mit Bindestrich.* It's hyphenated.

Bindfaden string [U] ◇ *mit einem Bindfaden festgebunden* tied with a piece of string

Bindung **1** (*Beziehung*) tie [meist Pl] ◇ *familiäre Bindungen* family ties ◇ *Er hat eine starke Bindung zu seiner Mutter.* He's very close to his mother. ◇ *eine feste Bindung eingehen* enter a permanent relationship **2** (*Verpflichtung*) commitment ◇ *eine vertragliche Bindung* a contractual commitment **3** (*am Ski*) binding **4** (NATURW) bond

binnen within ◇ *binnen 24 Stunden* within 24 hours ◇ *binnen kürzester Zeit* almost immediately

Binnen- **Binnengewässer** area of inland water **Binnenmarkt** home market ◇ *der japanische Binnenmarkt* the Japanese home market ◇ *der europäische Binnenmarkt* the European single market **Binnenmeer** inland sea **Binnensee** lake

Binse rush

Bio- **Biobauer, -bäuerin** organic farmer **Biochemie** biochemistry **Biochemiker(in)** biochemist **biochemisch** biochemical (*Adv* biochemically)

Biografie **1** (*Darstellung*) biography ◇ *eine Biografie von Heine* a biography of Heine **2** (*Lebenslauf*) life (history) ◇ *eine bewegte Biografie* an eventful life ◇ *Der Roman ist von der Biografie der Autorin geprägt.* The novel is strongly influenced by the author's own life history.

Bio- **Biokraftstoff** biofuel **Biokost** organic food **Bioladen** health food shop

Biologe, **Biologin** biologist

Biologie biology ◇ *Nach der Pause haben wir Biologie.* After break we've got biology.

biologisch **1** biological (*Adv* biologically) ◇ *biologische Vielfalt* biodiversity **2** organic (*Adv* organically); (*natürlich*) natural [nur vor Nomen] (*Adv* naturally) ◇ *biologische Abfälle* organic waste ◇ *Lebensmittel aus biologischem Anbau* organically grown food ◇ *die biologische Bekämpfung von Schädlingen* fighting pests by natural means ◇ *biologisch abbaubar* biodegradable

Biometrie biometrics [U]

biometrisch biometric

Bio- **Biomüll** organic waste **Biorhythmus** biorhythm **Biosprit** biofuel **Biotechnologie** biotechnology **Bioterrorismus** bioterrorism

Biotop habitat, biotope (*Fachspr*)

bipolar bipolar ◇ *bipolare Störung* bipolar disorder

Birke birch

Birnbaum pear tree

Birne **1** pear **2** (*Glüh-*) (light) bulb ◇ *Im Flur ist die Birne durchgebrannt.* The bulb in the hall has gone. ◇ *eine Birne auswechseln* change a light bulb **3** (*Kopf*) head ◇ *eins auf die Birne kriegen* be hit on the head ◇ *Sie hat wirklich nichts in der Birne.* She's not very bright.

bis **1** (*so lange bis*) until, till (*umgs*) ◇ *Ich habe bis 5 Uhr Zeit.* I'm free until 5 o'clock. ◇ *bis vor einer Woche* until a week ago ◇ *bis einschließlich Montag den zweiten* until Monday the 2nd inclusive ◇ *Bis auf weiteres geschlossen.* Closed until further notice. ◇ *von eins bis halb zwei* from one to one thirty ◇ *Die Party ging bis in die späte Nacht.* The party went on late into the night. ◇ *Bis später/Freitag!* See you later/on Friday! ◇ *Bis wann gilt das Sonderangebot?* How long does the special offer go on for? ◇ *Bis zehn bin ich im Büro.* I'll be in the office until ten. **2** (*nicht später als*) by ◇ *Bis zehn muss ich fertig sein.* I have to have finished by ten. ◇ *Können Sie das bis 4 Uhr erledigen?* Can you get it done by 4 o'clock? ◇ *bis spätestens Montag* by Monday at the latest ◇ *Bis wann weißt du Bescheid?* When will you know (by)? ◇ *Bis morgen müssen wir fertig sein.* We have to finish by tomorrow. **3** (*räumlich*) to, as far as ◇ *Bis Frankfurt sind es 50 km.* It's 50 km to Frankfurt. ◇ *Fahren Sie bis nach Dresden?* Are you going as far as Dresden? ◇ *Bis zur Grenze kann ich Sie mitnehmen.* I can take you as far as the border. ◇ *Das Wasser stand ihm bis zur Brust.* The water came right up to his chest. ◇ *Hast du das Buch bis zum Ende gelesen?* Did you finish the book? ◇ *bis zu den Knien im Wasser stehen* be standing knee-deep in water **4** (*ungefähr*) to ◇ *drei bis vier Stunden* three to four hours ◇ *fünf bis zehn Leute* between five and ten people ◇ *heiter bis wolkig* bright with some cloud **5** **~ zu** up to ◇ *bis zu fünf Jahre Gefängnis bekommen* get up to five years in prison ◇ *Kinder bis zu sechs Jahren* children under seven **6** **~ auf jdn/etw** (*außer*) apart from sb/sth, except (for) sb/sth ◇ *Bis auf Maria waren alle da.* Everyone came apart from Maria. ◇ *Bis auf zwei haben alle bestanden.* All except two passed. ◇ *bis auf eine Ausnahme* with one exception **7** **~ auf etw** (*einschließlich*) (right) down to sth ◇ *bis auf den letzten Krümel* right down to the last crumb ◇ *bis auf die Grundmauern niederbrennen* burn to the ground ◇ *nass bis auf die Knochen* soaked to the skin ◇ *Das Konzert war bis auf den letzten Platz ausverkauft.* The concert was completely sold out. IDM → BALD

Bischof, **Bischöfin** bishop

bisexuell bisexual

bisher, **bislang** **1** so far, as yet ◇ *Bisher gab es keine Probleme.* So far there haven't been any problems. ◇ *ihr bisher erfolgreichstes Rennen* her most successful race so far ◇ *Bisher ist noch unklar, ob …* As yet it is not clear whether … **2** (*früher*) previously, up to now ◇ *höher als bisher angenommen* higher than previously supposed ◇ *die bisher gültigen Regelungen* the regulations in force up to now ◇ *Ich wusste bisher nicht, dass …* I never knew that … ◇ *Wir können nicht so weitermachen wie bisher.* We can't carry on like this.

bisherig **1** (*vorherig*) previous [nur vor Nomen] ◇ *Die bisherige Regelung gilt nicht mehr.* The previous regulation no longer applies. ◇ *ihre bisherige Karriere* her career to date ◇ *bisherige Erfahrungen* past experience **2** (*gegenwärtig*) present [nur vor Nomen], current [nur vor Nomen] ◇ *Der bisherige Amtsinhaber geht in den Ruhestand.* The present incumbent is retiring. ◇ *nach bisherigen Erkenntnissen* according to the current state of knowledge

Biskuit sponge ◇ *aus Biskuit* made of sponge **Biskuitrolle** Swiss roll, (*AmE*) jelly roll

bislang → BISHER

Bison bison

Biss **1** bite ◇ *der Biss einer Schlange* a snakebite **2** (*Kampfgeist*) spirit ◇ *Der Mannschaft fehlte der Biss.* The team lacked fighting spirit. ◇ *Ihr fehlt der nötige Biss.* She hasn't got what it takes.

bisschen **1** **ein ~** a little, (*BrE auch*) a bit; (*bei Flüssigkeiten auch*) a drop ◇ *Er hat ein bisschen Heimweh.* He's a little homesick. ◇ *Ich gehe ein bisschen an die frische Luft.* I'm going out to get a little fresh air. ◇ *Es dauert ein bisschen.* It'll take a little while. ◇ *ein bisschen Käse* a bit of cheese ◇ *„Hast du Hunger?" „Ein bisschen."* 'Are you hungry?' 'A bit.' **2** **kein ~** not at all ◇ *Sie waren kein bisschen darauf vorbereitet.* They were not at all prepared for it. ◇ *Sie wollte kein bisschen nachgeben.* She wouldn't budge an inch. **3** **das ~** ◇ *Dir wird doch das bisschen Regen nichts ausmachen!* A little bit of rain won't hurt you! ◇ *Das bisschen, was er hatte, verschenkte er.* He gave away what little he had. ◇ *Wie soll einer von dem bisschen leben?* How can anyone live on that?

Bissen bit (of food); (*Imbiss*) bite (to eat) ◇ *Krieg ich einen Bissen von deinem Brot?* Can I have a bit of your sandwich? ◇ *schnell einen Bissen zu sich neh-*

men have a quick bite to eat IDM **jdm bleibt der Bissen im Hals stecken** sb nearly chokes **keinen Bissen anrühren** not eat a thing **keinen Bissen herunterbringen** not be able to eat a thing

bissig **1** ◇ *Der Hund ist nicht bissig.* The dog doesn't bite. ◇ *Vorsicht, bissiger Hund!* Beware of the dog! **2** (*Bemerkung, Humor*) scathing (*Adv* scathingly); (*Satire*) biting ◇ *bissig reagieren* retort scathingly

Bistro bistro

Bistum diocese

Bit (COMP) bit

bitte **1** please ◇ *Könnten Sie mir bitte helfen?* Please could you help me? ◇ *„Möchten Sie noch Kaffee?" „Ja, bitte."* 'Would you like more coffee?' 'Yes, please.' **2** (*bei Aufforderungen oder wenn man etwas anbietet oft nicht übersetzt*) ◇ *Bitte schön, was darf es sein?* Can I help you? ◇ *„Kann ich mal einen Blick auf Ihre Zeitung werfen?" „Bitte schön!"* 'Could I borrow your newspaper?' 'Of course, here you are.' ◇ *Bitte, nehmen Sie doch Platz!* Please take a seat. ◇ *Bitte, nur zu!* Help yourself/yourselves. **3 ja ~** (*am Telefon*) hello; (*Herein!*) Come in!; (*auffordernd*) Yes? **4** (*einen Dank erwidernd*) that's all right, (*bes AmE*) you're welcome; (*eine Entschuldigung erwidernd*) it's all right ◇ *„Danke!" „Bitte (schön)!"* 'Thank you!' 'That's all right.' ◇ *Bitte, gern geschehen!* Not at all, it's a pleasure. ◇ *„Entschuldigung!" „Bitte!"* 'Sorry!' 'It's all right.' **5 (wie) ~?** sorry?, pardon?, (*AmE*) pardon me?, I beg your pardon? (*gehoben*) **6** (*nun gut*) all right ◇ *Bitte, wie du willst.* All right, have it your own way. **7 na ~** (*na also*) see ◇ *Na bitte, ich hab's doch gesagt/gewusst!* See, I told you so!/I knew it!

Bitte request; (*dringend*) appeal; (*Gefallen*) favour, (*AmE*) favor ◇ *eine Bitte zurückweisen* turn down a request ◇ *Er wandte sich mit der Bitte um Hilfe an das Sozialamt.* He appealed to social services for help. ◇ *Ich habe eine Bitte an dich.* Could I ask you a favour? ◇ *Er kann ihr keine Bitte abschlagen.* He can't refuse her anything. ◇ *auf seine Bitte hin* at his request

bitten **1 (jdn) um etw ~** ask (sb) for sth, request sth (from sb) (*gehoben*); (*inständig*) beg sth (of sb) ◇ *jdn um Hilfe bitten* ask sb for help ◇ *Darf ich um Aufmerksamkeit bitten?* May I have your attention? ◇ *Wir bitten um Verständnis.* We apologize for the inconvenience. ◇ *jdn um einen Gefallen bitten* ask sb a favour **2 jdn ~ (etw zu tun)** ask sb (to do sth); (*inständig*) beg sb (to do sth) **3 (jdn) zu/in etw ~** ask (sb) to sth/somewhere; (*einladen*) invite sb (to/for sth) ◇ *jdn ins Zimmer bitten* ask sb to come in ◇ *Darf ich zu Tisch bitten?* Dinner is served. **4 sich ~ lassen** ◇ *Er lässt sich gerne bitten.* He always has to be asked. ◇ *Sie ließ sich nicht (erst) lange bitten.* She didn't need persuading. IDM **Ich muss doch sehr bitten!** (*auch* **Ich bitte Sie!**) Really! **wenn ich bitten darf** if you don't mind → *Siehe auch* KASSE *und* KNIE

bitter **1** bitter (*Adv* bitterly) ◇ *bitter schmecken* taste bitter ◇ *Er musste die bittere Erfahrung machen, dass ...* He learned from bitter experience that ... ◇ *bis zum bitteren Ende* to the bitter end ◇ *„Mehr nicht?", fragte sie bitter.* 'Is that all?' she asked bitterly. ◇ *sich bitter beklagen* complain bitterly ◇ *Es herrscht bittere Kälte.* It's bitterly cold. ◇ *eine bittere Niederlage* a humiliating defeat ◇ *die bittere Erkenntnis, dass ...* the painful realization that ... ◇ *Es ist schon bitter, so im Stich gelassen zu werden.* It's hard when someone lets you down like that. ◇ *Die Erfahrungen haben ihn bitter gemacht.* He was embittered by his experiences. ◇ *ein bitteres Gefühl* a feeling of bitterness ◇ *bittere Worte* harsh words ◇ *Es herrschte bittere Armut.* People were desperately poor. ◇ *etw bitter nötig haben* be in dire need of sth **2** (*Schokolade*) plain, dark IDM → PILLE

bitterböse angry (*Adv* angrily) ◇ *eine bitterböse Satire* savage satire **bitterernst** deadly serious ◇ *Ich meine es bitterernst.* I'm deadly serious. **bitterkalt** bitterly cold (*umgs*), bitter ◇ *Draußen ist es bitterkalt.* It's bitter out.

Bitterkeit bitterness [U] (*auch fig*)

bittersüß bittersweet (*auch fig*)

bizarr strange (*Adv* strangely), bizarre (*Adv* bizarrely)

Bizeps biceps

Blabla waffle

Blackout lapse (of memory)

blähen **1** (*mit Luft füllen*) fill; (*Nüstern*) flare ◇ *Der Wind blähte die Segel.* The wind filled the sails. **2 sich ~** billow ◇ *Die Segel blähten sich im Wind.* The sails billowed in the wind. **3** (*Blähungen verursachen*) give you wind ◇ *Kohl bläht fürchterlich.* Cabbage gives you dreadful wind.

Blähung wind [U], flatulence [U] (*gehoben*), (*AmE*) gas [U]

blamabel (*Niederlage*) humiliating; (*Leistung*) disgraceful

Blamage embarrassing incident; (*stärker*) fiasco ◇ *Nach dieser Blamage musste er den Hut nehmen.* After this embarrassing incident he had to resign. ◇ *Was für eine Blamage!* How embarrassing! ◇ *Die erste Halbzeit war eine Blamage.* The first half was a fiasco.

blamieren **1 jdn (vor jdm) ~** embarrass sb (in front of sb), show sb up (in front of sb) (*umgs*) ◇ *jdn öffentlich blamieren* embarrass sb in public ◇ *Du hast mich schön blamiert!* You really did show me up! **2 sich (vor jdm) ~** make a fool of yourself (in front of sb)

blanchieren blanch

blank **1** (*glänzend*) shiny ◇ *blanke Stiefel* shiny boots ◇ *etw blank polieren* polish sth till it shines **2** (*nackt*) bare ◇ *auf dem blanken Boden* on the bare floor ◇ *mit blankem Oberkörper* stripped to the waist **3** (*offenkundig*) utter [nur vor Nomen] ◇ *blankes Entsetzen* utter dismay ◇ *blanker Hass* pure hatred ◇ *Das ist doch der blanke Hohn!* It's an outrage! ◇ *der blanke Neid* sour grapes IDM **blank sein** be broke

Blankoscheck blank cheque, (*AmE*) blank check

Blankvers blank verse

Blase **1** (*Luft-*) bubble (*auch fig*) ◇ *Die Blase ist geplatzt.* The bubble has burst. ◇ *wenn die Mischung Blasen wirft* when bubbles form in the mixture **2** (*auf der Haut, in Farbe*) blister ◇ *sich Blasen laufen* get blisters from walking ◇ *Die Farbe wirft Blasen.* The paint's blistering. **3** (*Harn-*) bladder **4** (*Gruppe*) gang IDM **etw zieht Blasen** sth causes problems

blasen **1** blow ◇ *Sie blies ihm Rauch ins Gesicht.* She blew smoke in his face. ◇ *Es blies eine kühler Wind.* There was a cool wind blowing. ◇ *Glas blasen* blow glass ◇ *Der Jäger blies ins Horn.* The huntsman blew his horn. ◇ *Es bläst ganz schön.* It's very windy. **2** (*Musikinstrument*) play ◇ *Sie bläst (die) Posaune.* She plays the trombone. **3** (*Alkoholtest*) be breathalysed, (*AmE*) be breathalyzed ◇ *Ich musste blasen.* I was breathalysed. **4** (*zum Angriff etc.*) sound ◇ *zum Rückzug blasen* sound the retreat ◇ *Amerikanische Werbeagenturen blasen zum Sturm auf den britischen Markt.* American advertising agencies are launching an attack on the British market. **5 jdm einen ~** give sb a blow job (*vulg*) IDM → RÖHRCHEN *und* WIND

Blasenentzündung bladder infection, cystitis

Bläser(in) wind player ◇ *die Bläser* the wind section

blasiert arrogant (*Adv* arrogantly); (*Lächeln, Art auch*) superior

Blas- **Blasinstrument** wind instrument **Blaskapelle** brass band [mit Verb im Sing/Pl] **Blasmusik** brass band music

Blasphemie blasphemy

blasphemisch blasphemous (*Adv* blasphemously)

blass **1** pale; (*Hauttyp auch*) fair ◇ *ein blasses Gelb* a pale yellow ◇ *vor Schreck blass werden* go pale with fright ◇ *vor Neid blass werden* go green with envy **2** (*nichts sagend*) colourless, (*AmE*) colorless ◇ *Der Schauspieler wirkte blass in seiner Rolle.* The actor gave a colourless performance. IDM **keine blasse Ahnung/keinen blassen Schimmer von etw haben** not have the faintest/foggiest idea about sth; not have a clue about sth

blass- pale ◇ *blassgrün* pale green

Blatt **1** (BOT) leaf **2** (*Papier*) sheet (of paper), piece of paper ◇ *ein loses Blatt* a loose sheet ◇ *ein leeres Blatt* a blank sheet of paper ◇ *Gib mir noch ein Blatt!* Can you give me another piece of paper. **3** (*im Buch/Heft*) page **4** (*Zeitung*) paper **5** (*Spielkarten*) hand **6** (*Ruder-, Säge-*) blade IDM **auf einem anderen Blatt stehen** be another matter ◇ *Ob sie die Prüfung besteht, steht auf einem anderen Blatt.* Whether or not she'll pass the exam is another matter. **das Blatt hat sich gewendet** the situation has changed **ein unbeschriebenes Blatt sein** be an unknown quantity **kein Blatt vor den Mund nehmen** not mince your words **vom Blatt singen/spielen** sight-read

blättern **1 in etw ~** leaf through sth ◇ *Sie blätterte in einer Illustrierten.* She leafed through a magazine. **2** (*Farbe, Putz*) flake off, peel off ◇ *Der Putz blättert schon (von den Wänden).* The plaster is peeling off (the walls).

Blätterteig puff pastry

Blatt- **Blattgold** gold leaf **Blattlaus** greenfly, aphid (*Fachspr*) **Blattsalat** salad leaves [Pl] **Blattspinat** leaf spinach

blau **1** blue ◇ *ein blauer Anzug* a blue suit ◇ *blaue Augen* blue eyes ◇ *die Tür blau streichen* paint the door blue ◇ *ein blau gestreiftes Kleid* a blue striped dress ◇ *blau vor Kälte* blue with cold ◇ *blau anlaufen* go blue ◇ *„Welches Hemd willst du?" „Das blaue."* 'Which shirt do you want?' 'The blue one.' **2** (*betrunken*) drunk **3 blauer Fleck** bruise IDM → AUGE, BLAUE, BRIEF, DUNST, GRÜN *und* WUNDER

Blau blue ◇ *ein leuchtendes/kräftiges Blau* a bright/intense blue ◇ *ein helles/dunkles Blau* a light/dark blue ◇ *die Dame in Blau* the lady in blue ◇ *in Blau gekleidet* dressed in blue ◇ *Trikots in einem leuchtenden Blau* bright blue jerseys ◇ *Haben Sie den auch in Blau?* Have you got this in blue?

blauäugig **1** blue-eyed, with blue eyes [nicht vor Nomen] ◇ *blauäugige Kinder* children with blue eyes **2** (*naiv*) naive **Blaubeere** bilberry, (*AmE*) blueberry **blaublütig** blue-blooded, aristocratic

Blaue IDM **das Blaue vom Himmel (herunter)lügen** tell a pack of lies **eine Fahrt ins Blaue** (*mit unbestimmtem Ziel*) a trip out; (*mit unbekanntem Ziel*) a mystery tour **jdm das Blaue vom Himmel (herunter) versprechen** promise sb the earth/moon **ins Blaue hinein reden** talk off the top of your head

Blau- **Blauhelm** blue beret **Blaukraut** → ROTKOHL

bläulich bluish

Blau- **Blaulicht** flashing blue lights [Pl] ◇ *Feuerwehrwagen kamen mit Blaulicht an.* Fire engines arrived with blue lights flashing. ◇ *Er wurde mit Blaulicht ins Krankenhaus gebracht.* He was rushed to hospital in an ambulance. **blaumachen** skip work, (*BrE auch*) skive

Blazer blazer

Blech **1** (*Material*) metal ◇ *Das ist kein Silber — das ist nur Blech.* It's not silver, it's just ordinary metal. **2** (*Platte*) metal sheet **3** (*am Auto*) bodywork **4** (*Kuchen-*) (baking) tray **5** (MUS) brass **6** (*Unsinn*) rubbish, (*AmE*) trash (*umgs*) ◇ *Red doch kein Blech!* Don't talk rubbish!

Blechdose can, (*BrE auch*) tin

blechen **(für etw) ~** pay (for sth), fork out a pretty penny (for sth) (*umgs*)

Blechschaden damage (to the bodywork)

Blei lead

Bleibe place to stay

bleiben **1** (*an einem Ort*) stay ◇ *zu Hause bleiben* stay at home ◇ *im Bett bleiben* stay in bed ◇ *Bleiben Sie bitte am Apparat!* Please hold the line! ◇ *Kann das Auto in der Einfahrt stehen bleiben?* Can I leave the car in the drive? ◇ *Bitte bleiben Sie doch sitzen.* Please don't get up. **2** (*in einem Zustand*) stay, remain (*gehoben*) ◇ *Er hatte beschlossen, ledig zu bleiben.* He had decided to stay single. ◇ *Freunde bleiben* remain friends ◇ *am Leben bleiben* stay alive ◇ *Der Urlaub wird uns in Erinnerung bleiben.* The holiday will stay with us in our memories. ◇ *Seine Briefe blieben unbeantwortet.* His letters went unanswered. ◇ *in Verbindung bleiben* keep in touch ◇ *Der Supermarkt bleibt sonntags geschlossen.* The supermarket doesn't open on Sundays. **3 bei etw ~** stick to sth ◇ *bei der Wahrheit bleiben* stick to the truth ◇ *Es bleibt dabei — das Jugendzentrum wird geschlossen.* It's settled — the youth club is going to be closed. ◇ *Wenn wir weiter so schlecht spielen, wird es nicht bei der einen Niederlage bleiben.* If we go on playing as badly as this, it won't stop at one defeat. **4** ◇ *Es bleibt keine andere Möglichkeit.* There is no alternative. ◇ *Es blieb mir keine andere Wahl, als zu gehen.* I had no choice but to leave. ◇ *Es bleibt abzuwarten, ob …* It remains to be seen whether … ◇ *Es bleibt zu hoffen, dass …* We can only hope that … **5 Wo bleibt …?** Where is …?, What's keeping …? ◇ *Wo bleibt denn Peter mit dem Essen?* What's keeping Peter with the food? **6 Wo ist … geblieben?** Where has … got to? ◇ *Wo ist denn meine Brille geblieben?* I wonder where my glasses have got to? **7 etw ~ lassen** not do sth ◇ *Das hätte sie lieber bleiben lassen sollen.* She shouldn't have done that. ◇ *Lass es bleiben!* Forget it! IDM **das bleibt unter uns** keep it to yourself **(zu)sehen, wo man bleibt** sort it out for yourself ◇ *Du bist alt genug — sieh zu, wo du bleibst!* You are old enough to sort it out for yourself! → *Siehe auch* ÜBRIG *und* UNTER

bleibend (*Erinnerungen*) lasting; (*Schaden*) permanent; (*Werte*) eternal

bleich pale ◇ *Sein Gesicht war bleich vor Entsetzen.* His face was pale with horror.

bleichen bleach

bleiern **1** (made of) lead ◇ *bleierne Rohre* lead pipes **2** (*Müdigkeit*) overwhelming; (*Schwere*) leaden ◇ *Eine bleierne Schwere legte sich über ihn.* A leaden weight settled upon him. **3** (*Himmel*) leaden; (*Licht*) grey

bleifrei unleaded ◇ *bleifrei fahren* use unleaded petrol

Bleigießen = New Year's Eve custom of melting lead and cooling it in water to make shapes from which people try to predict what will happen to them in the year ahead

Bleistift pencil

Bleistiftspitzer pencil sharpener

Blende **1** (FOTO) aperture **2** (*im Auto*) (sun) visor

blenden **1** dazzle (*auch fig*) ◇ *Das Licht blendete mich.* I was dazzled by the light. ◇ *Ihre Schönheit blendete ihn.* He was dazzled by her beauty. ◇ *Er blendete sie mit einer Taschenlampe.* He shone a torch in her eyes. ◇ *Die Sonne blendet.* The sun's in my eyes. **2** (*blind machen*) blind (*auch fig*)

blendend **1** (*Licht, Farbe*) brilliant, dazzling ◇ *blendend weiß* dazzling white **2** (*sehr gut*) great, brilliant (*Adv* brilliantly) ◇ *Er sieht blendend aus.* He looks great. ◇ *Sie verstand es blendend, uns zum Lachen zu bringen.* She was brilliant at making us laugh. ◇ *Die Gäste haben sich blendend amüsiert.* The guests had a brilliant time. ◇ *Es geht ihm blendend.* He is very well indeed.

Blender(in) fraud, phoney (*umgs*)

Blick **1** look; (*flüchtig*) glance ◇ *einen flüchtigen Blick auf etw werfen* glance at sth ◇ *Könntest du einen kurzen Blick darauf werfen?* Could you have a quick look at it? ◇ *jdm einen fragenden Blick zuwerfen* give sb a questioning look ◇ *jdn keines Blickes würdigen* not deign to look at sb **2** (*Augen*) eyes [Pl], gaze ◇ *Ihre Blicke begegneten sich.* Their eyes met. ◇ *jds Blick ausweichen* avoid sb's eyes ◇ *Sein Blick fiel auf die Waffe.* His gaze fell on the gun. **3** (*Ausdruck der Augen*) look (in your eyes), expression ◇ *In seinem Blick lag schiere Verzweiflung.* There was a look of utter desperation in his eyes. ◇ *ein verträumter Blick* a dreamy expression **4** (*Ausblick*) view ◇ *ein Zimmer mit Blick aufs Meer* a room with a sea view **5** (*Blickfeld*) sight ◇ *etw aus dem Blick verlieren* lose sight of sth **6** (*Urteilskraft*) eye ◇ *einen guten Blick für etw haben* have a good eye for sth ◇ *der geschulte Blick des Fachmanns* the trained eye of the specialist ◇ *keinen Blick für etw haben* not notice sth **7 mit ~ auf etw/jdn** (*unter Berücksichtigung von*) in view of sth/sb; (*betreffend*) referring to sb/sth ◇ *mit Blick auf die Auftragslage* in view of the order situation IDM **auf den ersten Blick** at first sight; immediately ◇ *Man sieht doch auf den ersten Blick, dass hier was nicht stimmt.* You can see immediately that something's not quite right. **der böse Blick** the evil eye **einen Blick hinter die Kulissen werfen** have a look behind the scenes **wenn Blicke töten könnten** if looks could kill → *Siehe auch* LIEBE *und* VERSCHLINGEN

blicken **1** look; (*kurz*) glance ◇ *auf die Uhr blicken* look at your watch ◇ *nach oben/nach rechts blicken* look up/to the right ◇ *zuversichtlich in die Zukunft blicken* look to the future with confidence **2 sich (bei jdm) ~ lassen** come and see sb; (*auftauchen*) show up (at sb's house) ◇ *Sie lässt sich bei uns so gut wie nie blicken.* She hardly ever comes to see us. ◇ *Hat er sich schon blicken lassen?* Has he shown up yet? ◇ *Lass dich mal wieder blicken!* Drop in again sometime! ◇ *Lass dich hier ja nicht noch mal blicken!* Don't show your face here again! **3** (*verstehen*) get ◇ *Blickst du das immer noch nicht?* You just don't get it, do you? IDM → GESICHT

Blick- **Blickfang** ◇ *als Blickfang dienen* be designed to catch the eye **Blickfeld** **1** line of vision ◇ *ins Blickfeld geraten* come into view **2** (*Öffentlichkeit*) public eye ◇ *ins Blickfeld geraten* be in the public eye ◇ *Die Diskussion rückte Russland ins Blickfeld.* The discussion turned the spotlight on Russia. **Blickkontakt** eye contact **Blickpunkt** focus (of attention) ◇ *im Blickpunkt des Interesses stehen* be the focus of interest ◇ *in den Blickpunkt der Öffentlichkeit geraten* be in the public eye **Blickwinkel** perspective, point of view ◇ *von einem anderen Blickwinkel aus* from a different perspective ◇ *aus dem Blickwinkel der Betroffenen* from the point of view of the people affected

blind **1** blind (*Adv* blindly) (*auch fig*) ◇ *auf einem Auge blind* blind in one eye ◇ *blinder Glaube* blind faith ◇ *blind vor Hass* blinded by hatred ◇ *blind vor Wut* in a blind fury ◇ *jdm blind vertrauen* trust sb implicitly ◇ *Sie ist blind für die Gefühle anderer.* She ignores other people's feelings. ◇ *blind Schreibmaschine schreiben* touch-type **2** (*Spiegel*) tarnished; (*Scheibe*) blank **3** ◇ *ein blinder Passagier* a stowaway IDM → EIFER *und* HUHN

Blinddarm appendix ◇ *am Blinddarm operiert werden* have your appendix out **Blinddarmentzündung** appendicitis [U] ◇ *eine Blinddarmentzündung haben* have appendicitis

Blinde(r) blind man/woman ◇ *ein Heim für Blinde und Sehbehinderte* a home for the blind and partially sighted ◇ *die Blinden* the blind

Blinden- **Blindenhund** guide dog (for the blind), (*AmE*) Seeing Eye dog™ **Blindenschrift** Braille ◇ *die Blindenschrift beherrschen* be able to read Braille

Blindheit blindness (*auch fig*) ◇ *kurzzeitige Blindheit* temporary blindness ◇ *Seine Blindheit ist angeboren.* He was born blind. IDM **(wie) mit Blindheit geschlagen** blind ◇ *Er muss wirklich mit Blindheit geschlagen sein.* He must be blind!

blindlings blindly ◇ *jdm blindlings folgen* follow sb blindly ◇ *jdm blindlings vertrauen* trust sb implicitly ◇ *blindlings um sich schlagen* hit out wildly

Blindschleiche slow-worm

blinken **1** (*aufleuchten*) flash **2** (*Metall*) gleam; (*Diamant*) sparkle; (*Stern*) twinkle **3** (*Auto*) indicate ◇ *links/rechts blinken* indicate left/right

Blinker indicator, (*AmE*) turn signal

Blinklicht flashing light

blinzeln blink ◇ *in die Sonne blinzeln* squint into the sun

Blitz **1** lightning [U] ◇ *ein Blitz* a flash of lightning ◇ *In diesen Baum hat der Blitz eingeschlagen.* This tree has been struck by lightning. ◇ *vom Blitz getroffen* struck by lightning ◇ *Blitz und Donner* thunder and lightning **2** (FOTO) flash ◇ *Hier brauchst du keinen Blitz.* You don't need to use flash. IDM **einschlagen wie ein Blitz** come as a bombshell **wie ein Blitz aus heiterem Himmel** like a bolt from the blue **wie ein geölter Blitz** like greased lightning **wie vom Blitz getroffen** stunned

Blitzableiter lightning conductor, (*AmE*) lightning rod **Blitzaktion** lightning raid ◇ *eine Blitzaktion der Polizei* a lightning raid by the police ◇ *in einer Blitzaktion* at lightning speed **blitzartig** in a flash, at lightning speed ◇ *blitzartig die Flucht ergreifen* disappear in a flash **blitzblank** ◇ *blitzblank sein* be spick and span ◇ *blitzblank geputzte Schuhe* highly polished shoes

blitzen **1 es blitzt** there's (a flash of) lightning ◇ *Es blitzte und donnerte.* There was thunder and lightning. ◇ *Hat es gerade geblitzt?* Was that a flash of lightning? **2** (*funkeln*) flash ◇ *Ihre Zähne blitzten.* Her teeth flashed. ◇ *vor Sauberkeit blitzen* be sparkling clean **3** (*Blitzlicht verwenden*) use flash **4** (*Radarkontrollen durchführen*) carry out speed checks **5 jdn ~** catch sb speeding ◇ *Er wurde geblitzt.* He was caught speeding.

Blitz- **Blitzkrieg** blitzkrieg **Blitzlicht** flash ◇ *eine Aufnahme mit Blitzlicht* a photo taken with flash **blitzsauber** sparkling clean **Blitzschlag** lightning [U], flash of lightning **blitzschnell** in a flash, instantly

Block **1** block ◇ *ein Block aus Sandstein* a block of sandstone ◇ *Das Studium besteht aus drei Blöcken.* The course consists of three blocks of study. ◇ *ein Spaziergang um den Block* a walk round the block **2** (*Schreib-*) pad **3** (*Staaten*) bloc; (*Gruppen*) political grouping

Blockade blockade (*auch fig*) ◇ *eine Blockade verhängen/aufheben* impose/lift a blockade ◇ *Sie warfen der Opposition die Blockade der Reformen vor.* They accused the opposition of blocking the reforms.

Block- **Blockflöte** recorder ◇ *Blockflöte spielen* play the recorder **blockfrei** non-aligned ◇ *die Gruppe der Blockfreien* the group of non-aligned states **Blockhaus**, **Blockhütte** log cabin

blockieren **1** (*behindern*) block ◇ *Die Gleise waren durch umgestürzte Bäume blockiert.* The line was blocked by fallen trees. ◇ *sich gegenseitig blockieren* reach deadlock **2** (*Zugang verweigern*) blockade ◇ *Studenten blockierten die Universität.* Students blockaded the university. **3** (*Räder, Bremse*) lock

Block- **Blockpartei** alliance party **Blockschokolade** cooking chocolate **Blockschrift** block capitals [Pl] ◇ *Bitte in Blockschrift ausfüllen.* Please write in block capitals.

blöd, blöde **1** stupid (*Adv* stupidly) ◇ *sich blöd vorkommen* feel stupid ◇ *sich blöd benehmen* behave stupidly ◇ *Für wie blöd hältst du mich eigentlich?* What sort of a fool do you take me for? **2** (*ärgerlich*) annoying ◇ *Ich finde es blöd, dass er geht.* It's really annoying that he's leaving. ◇ *Das Blöde daran ist, dass …* The annoying thing about it is that … ◇ *Es ist doch wirklich zu blöd!* It's a real nuisance! ◇ *Das ist blöd gelaufen.* It didn't go very well.

blödeln fool around

Blödheit stupidity ◇ *Daran war nur seine eigene Blödheit schuld.* It was his own stupidity.

Blöd- **Blödmann** idiot **Blödsinn** nonsense, rubbish ◇ *Das ist doch Blödsinn.* That's a load of rubbish. ◇ *Hör mit dem Blödsinn auf!* Stop messing about! **blödsinnig** stupid ◇ *blödsinnige Witze* stupid jokes

Blog blog

bloggen blog

Blogger(in) blogger

Blogosphäre blogosphere

blöken (*Schafe*) bleat; (*Rinder*) low

blond blond, fair(-haired) ◇ *Sie hat blond gefärbte Haare.* Her hair's dyed blond. ◇ *Er ist blond gelockt.* He's got fair curly hair. ◇ *Als Kind war ich blond.* I had fair hair as a child.

bloß **1** *Adj* (*nackt*) bare ◇ *auf der bloßen Erde* on the (bare) ground ◇ *mit bloßem Oberkörper* stripped to the waist ◇ *mit bloßem Auge* with the naked eye **2** *Adj* (*allein*) mere [nur vor Nomen], pure ◇ *der bloße Gedanke daran* the mere thought of it ◇ *Der bloße Verdacht reicht für eine Verhaftung nicht aus.* You can't arrest someone merely on suspicion. ◇ *bloßer Zufall* pure chance **3** *Adv* (*nur*) only, just ◇ *Ich habe bloß noch drei Dollar.* I've only got three dollars left. ◇ *Er will bloß seine Ruhe haben.* He just wants to be left in peace. ◇ *Wie hat sie das bloß gemacht?* How on earth did she manage to do that? ◇ *Komm bloß nicht zu spät!* Don't dare be late! ◇ *„Soll ich Hans fragen?" „Bloß nicht!"* 'Shall I ask Hans?' 'No, don't, whatever you do!' IDM → SAGEN

Blöße nakedness IDM **sich eine/keine Blöße geben** show/not show a weakness

bloßstellen **1** **sich ~** make a fool of yourself ◇ *sich vor anderen bloßstellen* make a fool of yourself in front of other people **2** **jdn ~** show sb up ◇ *jdn vor allen Leuten bloßstellen* show sb up in front of everyone ◇ *einen Lügner bloßstellen* expose sb as a liar

Blouson bomber jacket

blubbern bubble

Blues blues ◇ *Blues spielen* play the blues ◇ *einen Blues spielen* play a blues number

Bluff bluff ◇ *Die Drohung erwies sich als ein Bluff.* The threat turned out to be a bluff.

bluffen bluff ◇ *Sie blufft nur.* She's bluffing. ◇ *Von dir lasse ich mich nicht bluffen!* You can't fool me!

blühen **1** (*Blüten haben*) bloom, be in bloom; (*Pflanze auch*) flower, be in flower; (*Baum*) blossom, be in blossom ◇ *Blühen die Rosen schon?* Are the roses in bloom yet? ◇ *rot blühen* have red flowers **2** (*gedeihen*) flourish **3** **jdm ~** be in store for sb ◇ *Wer weiß, was uns noch alles blüht.* Who knows what's in store for us. IDM → LEBEN

blühend **1** (*Blume*) flowering, in bloom [nicht vor Nomen]; (*Wiese*) full of flowers [nicht vor Nomen] ◇ *spät blühende Rosen* late-flowering roses ◇ *ein blühendes Rapsfeld* a rape field in flower **2** (*Land, Zukunft*) prosperous; (*Gesundheit*) radiant ◇ *blühende Landschaften* prosperous regions ◇ *blühenden Handel treiben* do a roaring trade **3** (*Fantasie*) vivid IDM → LEBEN

Blume **1** flower **2** (*im Topf*) (pot) plant IDM **durch die Blume** in a roundabout way

Blumenbeet flower bed **Blumenerde** potting compost **Blumenhändler(in)** florist **Blumenkasten** window box **Blumenkohl** cauliflower **Blumenladen** florist's **Blumenstrauß** bunch (of flowers); (*Bukett*) bouquet

Blumentopf flowerpot IDM **mit etw keinen Blumentopf gewinnen** not get very far with sth

blumig flowery

Bluse blouse ◇ *eine Bluse aus Seide* a silk blouse

Blut blood ◇ *Blut spenden* give blood ◇ *jdm Blut abnehmen* take a blood sample from sb ◇ *Ich kann kein Blut sehen.* I can't stand the sight of blood. ◇ *Es floss viel Blut.* There was massive bloodshed. IDM **jdn bis aufs Blut reizen** make sb's blood boil **Blut lecken** taste blood **Blut und Wasser schwitzen** go hot and cold **böses Blut machen/schaffen** cause bad blood **kaltes/ruhiges Blut bewahren** keep cool **etw liegt jdm im Blut** sth is in sb's blood ◇ *Tanzen liegt ihr im Blut.* Dancing is in her blood. **(Nur) ruhig Blut!** Keep your hair on! (*umgs*) **sich bis aufs Blut bekämpfen** fight to the death → *Siehe auch* FLEISCH *und* STOCKEN

blutarm anaemic, (*AmE*) anemic (*auch fig*) **Blutbad** bloodbath ◇ *Sie richteten im Dorf ein Blutbad an.* They turned the village into a bloodbath. **Blutdruck** blood pressure ◇ *jdm den Blutdruck messen* take sb's blood pressure

Blüte **1** flower; (*Bäume*) blossom [U] ◇ *Der Baum trägt weiße Blüten.* The tree has white blossom. **2** (*Blütezeit*) bloom [U]; (*Bäume*) blossom [U] ◇ *in voller Blüte stehen* be in full bloom ◇ *Die Blüte der Mandelbäume hat begonnen.* The almond trees are coming into blossom. **3** (*Entwicklung*) flowering; (*Mensch*) prime; (*Wirtschaft*) boom ◇ *eine Zeit der kulturellen Blüte* a flowering of culture ◇ *in der Blüte ihrer/seiner Jahre* in his/her prime ◇ *eine Zeit der wirtschaftlichen Blüte* a boom period **4** (*Geldschein*) forged banknote IDM **seltsame Blüten treiben** take on weird forms

Blutegel leech

bluten **1** bleed ◇ *Mein Finger blutet.* My finger's bleeding. ◇ *aus dem Mund bluten* bleed from the mouth ◇ *aus der Nase bluten* have a nosebleed ◇ *Mir blutet das Herz, wenn ich sie so sehe.* My heart bleeds for her. **2** **(für etw) ~** (*büßen*) pay the price (for sth); (*Geld bezahlen*) fork out a lot of money (for sth) (*umgs*)

Blüten- **Blütenblatt** petal **Blütenstaub** pollen **blütenweiß** pure white

Bluter(in) haemophiliac, (*AmE auch*) hemophiliac ◇ *Er ist Bluter.* He is a haemophiliac.

Blütezeit **1** ◇ *während der Blütezeit der Bäume/Rosen* when the trees are in blossom/the roses are in bloom ◇ *zur Blütezeit der Erdbeeren* when the strawberries are in flower **2** (*Höhepunkt*) heyday, height; (*Mensch*) prime ◇ *in der Blütezeit des Walzers* in the heyday of the waltz ◇ *zur Blütezeit der Romantik* at the height of Romanticism

Blut- **Blutgefäß** blood vessel **Blutgerinnsel** blood clot **Blutgruppe** blood group **Bluthochdruck** high blood pressure, hypertension (*Fachspr*) ◇ *an Bluthochdruck leiden* have high blood pressure

blutig **1** bloody; (*blutverschmiert*) covered in blood; (*Anschlag*) violent (*Adv* violently) ◇ *jdm die Nase blutig schlagen* give sb a bloody nose ◇ *jdn blutig schlagen* beat sb up ◇ *Der Aufstand wurde blutig niedergeschlagen.* The uprising was brutally suppressed. **2** (*Anfänger*) absolute; (*Ernst*) deadly ◇ *Das ist mein blutiger Ernst.* I'm deadly serious.

Blut- **Blutkörperchen** (blood) corpuscle **Blutkonserven** blood supplies [Pl] **Blutlache** pool of blood **Blutorange** blood orange **Blutprobe** blood test ◇ *bei jdm eine Blutprobe machen* give sb a blood test ◇ *Die Blutprobe ergab einen Alkoholspiegel von 1,6 Promille.* The blood test revealed an alcohol level of 160 micrograms. **Blutrache** vendetta **blutrünstig** bloodthirsty **Blutsauger** bloodsucker **Blutspende** blood donation ◇ *zur Blutspende aufrufen* appeal for people to give blood **Blutspender(in)** blood donor

Blutung **1** bleeding [U]; (*stärker*) haemorrhage, (*AmE*) hemorrhage ◇ *eine innere Blutung* internal bleeding ◇ *eine Blutung stillen* stop the bleeding **2** (*Menstruation*) period

blut- **blutunterlaufen** bloodshot **Blutvergießen** bloodshed **Blutvergiftung** blood poisoning [U] **Blutwurst** ≈black pudding, (*AmE*) ≈blood sausage

BLZ → BANKLEITZAHL

Bö (*Windstoß*) gust; (*Wind*) wind ◇ *orkanartige Böen* hurricane-force winds ◇ *in Böen starker bis stürmischer Wind* gusty winds, strong to stormy

Boa boa

Bob bobsleigh, (*AmE auch*) bobsled ◇ *Bob fahren* bobsleigh

Bock[1] *der* **1** (*Reh-, Kaninchen*) buck; (*Ziegen-*) billy goat; (*Schafs-*) ram **2** (*Mann*) (*abwert*) ◇ *So ein geiler Bock!* What a randy old goat! ◇ *Er ist ein sturer Bock.* He's as stubborn as a mule. **3** (*Turnen*) buck **4** (*Gestell*) trestle **5** **(keinen/null) ~ (auf etw) haben** (not) feel like sth, (not) fancy (sth) (*umgs*) ◇ *„Kommst du mit?" „Nee, kein Bock."* 'Are you coming?' 'No, I don't feel like it.' ◇ *Hast du Bock auf Pizza?* Do you fancy a pizza? ◇ *Ich hab' echt keinen Bock auf diese Leute.* I can't stand these people. IDM **einen Bock schießen** boob; (*AmE*) make a boo-boo

Bock[2] *das* (*Bier*) bock

bocken **1** (*Tier*) refuse to move ◇ *Der Esel bockte.* The donkey refused to move. ◇ *Vor der dritten Hürde bockte das Pferd.* The horse refused the third jump. **2** (*Kind, Auto*) (*umgs*) play up ◇ *Hör auf zu bocken!* Stop playing up!

bockig awkward, stroppy ◇ *Werd bloß nicht bockig!* Now don't get stroppy!

Bockspringen (*Turnen*) vaulting; (*Spiel*) leapfrog

Bockwurst frankfurter, (*AmE*) wiener

Boden **1** (*im Freien*) ground; (*in Räumen*) floor ◇ *Er fiel auf den Boden.* He fell to the ground. ◇ *Lass deine Bücher nicht auf dem Boden liegen!* Don't leave your books lying on the floor! **2** (*Erdreich*) soil ◇ *fruchtbarer/sandiger Boden* fertile/sandy soil **3** (*Grundstück*) land **4** (*eines Behälters, Gewässers*) bottom ◇ *auf dem Boden der Flasche* in the bottom of the bottle **5** (*Territorium*) territory (*gehoben*), soil ◇ *feindlicher Boden* enemy territory ◇ *auf französischem Boden* on French soil **6** (*Grundlage*) basis, footing ◇ *auf dem Boden der Verfassung stehen* be on a sound constitutional footing ◇ *Mit der These bewegt er sich auf unsicherem Boden.* He's on shaky ground with that argument. **7** (*Pizza-, Torten- etc.*) base **8** (*Dach-*) loft, attic IDM **am Boden zerstört sein** be devastated **(an) Boden gewinnen/verlieren** gain/lose ground **auf dem Boden der Tatsachen bleiben** stick to the facts **etw aus dem Boden stampfen** conjure sth up out of nothing; (*Gebäude*) build sth quickly **Boden gutmachen/wettmachen** make up ground; catch up **den Boden unter den Füßen verlieren** feel the bottom has dropped out of your world **festen Boden unter den Füßen haben** **1** be on dry land ◇ *Ich war die ganze Zeit seekrank und wollte nur festen Boden unter den Füßen haben.* I was seasick all the time and couldn't wait to get back on dry land. **2** (*finanziell*) be financially secure **jdn zu Boden strecken** knock sb down; knock sb to the ground → *Siehe auch* FASS *und* GRUND **Bodenerosion** soil erosion **Bodenfrost** ground frost

bodenlos **1** (*tief*) bottomless ◇ *die bodenlose Tiefe des Meeres* the bottomless depths of the sea ◇ *Die Aktienkurse fielen ins Bodenlose.* Share prices fell drastically. **2** (*unerhört*) incredible (*Adv* incredibly), unbelievable (*Adv* unbelievably) ◇ *bodenloser Leichtsinn* incredible stupidity ◇ *Das ist eine bodenlose Frechheit!* What a cheek!

Boden- **Bodenpersonal** ground staff **Bodenschätze** natural resources [Pl]

bodenständig **1** (*Kultur, Tradition etc.*) local **2** (*Mensch*) close to your roots [nicht vor Nomen]; (*realistisch*) down to earth ◇ *bodenständige Politiker* politicians who have remained close to their roots ◇ *Sie ist so bodenständig, dass sie ihre Heimat nie verlassen würde.* She is so attached to the area that she would never leave.

Bodybuilding body-building

Böe → BÖ

Bogen **1** curve; (*Straße, Weg etc.*) bend ◇ *Der Fluss macht hier einen Bogen.* There's a bend in the river here. **2** (MATH) arc **3** (ARCHIT) arch **4** (*Sport, Waffe, zum Musizieren*) bow ◇ *mit Pfeil und Bogen schießen* shoot with a bow and arrow **5** (*Blatt*) sheet (of paper) IDM **den Bogen raushaben** have got the hang of it **den Bogen überspannen** go too far **den Bogen zu etw schlagen/spannen** make the link to sth **einen Bogen um jdn/etw machen** avoid sb/sth; give sb/sth a wide berth

böhmisch Bohemian IDM → DORF

Bohne bean ◇ *dicke/grüne Bohnen* broad/green beans IDM **nicht die Bohne** not in the least ◇ *Das interessiert ihn nicht die Bohne.* He isn't in the least bit interested.
Bohnenstange beanpole (*auch fig*)

bohnern polish (the floor), wax (the floor)

bohren **1** drill ◇ *ein Loch in die Wand bohren* drill a hole in the wall ◇ *nach Öl bohren* drill for oil ◇ *einen Brunnen bohren* sink a well **2** (*Zahnarzt*) give sb a filling ◇ *Der Zahnarzt hat überhaupt nicht gebohrt!* I didn't have to have any fillings. **3** **etw in etw ~** (*Pfahl, Messer*) sink sth into sth **4** **sich in etw ~** dig into sth, become embedded in sth ◇ *Die Wrackteile hatten sich tief in die Erde gebohrt.* The wreckage had become embedded in the ground. **5** **(mit dem Finger) in der Nase ~** pick your nose **6** (*fragen*) keep (on) asking ◇ *Der Polizist bohrte so lange, bis er die Wahrheit herausbekam.* The policeman kept asking questions until he got at the truth.

bohrend (*Frage*) probing; (*Blick*) penetrating; (*Schmerzen, Hunger*) gnawing [nur vor Nomen]

Bohrer (*Maschine*) drill; (*Bohraufsatz*) (drill) bit

Bohr- **Bohrinsel** (oil/gas) rig, drilling rig **Bohrmaschine** drill

böig gusty ◇ *böig auffrischender Wind* a freshening wind, becoming gusty

Boiler water heater

Boje buoy

Böller **1** (*Geschütz*) small cannon **2** (*Feuerwerk*) banger
Bollwerk (*Festung*) bulwark (*auch fig*)
Bolzen bolt
bombardieren bombard (*auch fig*); (*mit Bomben auch*) bomb ◇ *Die Firma wurde mit Anrufen bombardiert.* The company was bombarded with phone calls.
bombastisch bombastic (*Adv* bombastically); (*Haus etc.*) massive
Bombe bomb ◇ *eine Bombe legen* plant a bomb IDM **eine Bombe platzen lassen** drop a bombshell **etw schlägt ein wie eine Bombe** sth comes as a bombshell
Bombenalarm bomb alert **Bombenangriff** bombing raid **Bombenanschlag**, **Bombenattentat** bomb attack **Bombendrohung** bomb threat **Bombenerfolg** fantastic success; (*Platte, Film etc.*) smash hit **Bombengeschäft** roaring trade ◇ *Vor Weihnachten hat die Firma ein Bombengeschäft gemacht.* The company did a roaring trade before Christmas. **Bombenleger** bomber **bombensicher** **1** bombproof **2** (*fig*) absolutely certain ◇ *Dass er gewinnt, ist bombensicher.* He's absolutely certain to win. **Bombenstimmung** fantastic atmosphere **Bombentrichter** bomb crater **Bombenwarnung** bomb warning
Bomber bomber
bombig great, fantastic
Bommel pompon
Bon **1** (*Kassenzettel*) receipt **2** (*Gutschein*) voucher, (*AmE*) coupon
Bonbon sweet, (*AmE*) (a piece of) candy
Bonus bonus
Bonusmeile air mile
Bonze big shot (*umgs*)
Boom boom
Boot boat ◇ *mit dem Boot* by boat ◇ *Auf dem See kann man Boot fahren.* You can go boating on the lake.
booten (COMP) boot (*sth*) up ◇ *Ich musste den Rechner neu booten.* I had to reboot the computer.
Boots- **Bootsfahrt** boat trip **Bootsflüchtlinge** boat people [Pl] **Bootshaus** boathouse **Bootssteg** landing stage **Bootsverleih** boat hire
Bord[1] *der* IDM **an Bord** on board; aboard ◇ *an Bord des Schiffs gehen* go on board the ship **über Bord gehen** **1** fall overboard **2** (*fig*) go by the board **etw über Bord werfen** **1** throw sth overboard **2** (*fig*) abandon sth ◇ *Wir mussten alle unsere Pläne über Bord werfen.* We had to abandon all our plans. ◇ *Sie warfen alle Vorsicht über Bord.* They threw caution to the winds. **von Bord gehen** disembark (*offiz*) (*vom Schiff auch*) go ashore; (*vom Flugzeug auch*) leave the plane → *Siehe auch* MANN
Bord[2] *das* shelf
Bordell brothel
Bordstein kerb, (*bes AmE*) curb
borgen **1** **sich etw (von/bei jdm) ~** borrow sth (from sb) ◇ *Ich habe mir bei ihm 20 Euro geborgt.* I borrowed 20 euros from him. ◇ *Das ist nicht sein Anzug, er ist nur geborgt.* It's not his suit. It's only borrowed. **2** **jdm etw ~** lend sb sth, lend sth to sb ◇ *Sie hat ihm ihr Motorrad geborgt.* She's lent him her motorbike.
borniert **1** *Adj* narrow-minded **2** *Adv* in a narrow-minded way, rigidly ◇ *borniert auf seinen Ansichten beharren* stick rigidly to your opinions
Börse stock market; (*Ort*) stock exchange ◇ *an der Börse spekulieren* speculate on the stock market
Börsengang stock-market flotation **Börsenkrach** stock market crash **Börsenmakler(in)** stockbroker
Borste bristle
bösartig **1** (*Bemerkung, Mensch*) malicious (*Adv* maliciously), nasty (*Adv* nastily); (*Tier, Attacke*) vicious (*Adv* viciously) **2** (MED) malignant
Böschung (*Straße, Bahndamm*) embankment; (*Fluss*) bank
böse **1** (*verärgert*) annoyed, cross (*umgs*) **jdm ~ sein/auf jdn ~ sein** be angry with sb, be cross with sb; **über etw/wegen einer Sache ~ sein** be annoyed about sth ◇ *Sie wird immer gleich böse, wenn wir zu spät kommen.* She always gets annoyed when we're late. ◇ *Ich bin ihr böse, weil sie meinen Geburtstag vergessen hat.* I'm cross with her for forgetting my birthday. ◇ *Er warf ihr einen bösen Blick zu.* He gave her an angry glance. **2** (*bösartig*) nasty, unkind ◇ *Es war nicht böse gemeint.* I didn't mean to be unkind. ◇ *Es steckte keine böse Absicht dahinter.* There was no harm intended. **3** (*Kind*) naughty **4** (*moralisch schlecht*) evil, wicked (*veraltet*) ◇ *böse Geister* evil spirits ◇ *die böse Hexe* the wicked witch **5** (*schlimm*) nasty, bad ◇ *eine böse Überraschung* a nasty surprise ◇ *ein böser Traum* a bad dream ◇ *böse Folgen* serious consequences ◇ *ein böses Erwachen* a rude awakening ◇ *eine böse Enttäuschung* a bitter disappointment ◇ *Er ist oft krank, aber diesmal hat es ihn böse erwischt.* He's often ill, but this time it's really bad. IDM **es sieht (mit jdm/etw) böse aus** it's not looking good (for sb/sth) **es wird mit jdm böse enden** sb will come to a sticky end **nichts Böses ahnend** unsuspecting ◇ *Er kam nichts Böses ahnend ins Zimmer.* He came into the room, all unsuspecting. **etw wird böse enden** sth will end in disaster → *Siehe auch* BLICK, BLUT, ENDE, MIENE *und* ZUNGE
Böse *das* evil ◇ *der Kampf gegen das Böse* the fight against evil
Bösewicht villain
boshaft malicious (*Adv* maliciously), nasty (*Adv* nastily) ◇ *eine boshafte Bemerkung* a nasty remark
Bosheit **1** malice, spite ◇ *Das hat er aus reiner Bosheit gemacht.* He did it out of sheer spite. **2** (*Bemerkung*) spiteful remark
Boss boss (*umgs*)
böswillig malicious (*Adv* maliciously); (*absichtlich*) deliberate (*Adv* deliberately) ◇ *eine böswillige Unterstellung* a malicious accusation ◇ *Ihr Sohn hat böswillig ein anderes Kind gestoßen.* Your son deliberately pushed another child.
Botanik botany
Botaniker(in) botanist
botanisch botanical (*Adv* botanically) ◇ *der botanische Garten* the botanical gardens
Bote, Botin **1** messenger ◇ *die Zustellung per Boten* delivery by messenger ◇ *Sie ließ den Brief durch einen Boten überbringen.* She had the letter delivered by hand. **2** (*Vorbote*) herald
Botschaft **1** (*diplomatische Vertretung*) embassy **2** (*Mitteilung*) message, news [U] ◇ *Die Botschaft war klar: keine Verhandlungen!* The message was clear — no negotiations! ◇ *die traurige Botschaft vom Tod ihres Vaters* the sad news of their father's death ◇ *die frohe Botschaft* the good news
Botschafter(in) ambassador ◇ *die britische Botschafterin in Spanien* the British ambassador to Spain
Boulevard boulevard
Boulevardblatt, **Boulevardzeitung** popular paper, tabloid (paper) (*abwert*) **Boulevardpresse** popular press, tabloid press (*abwert*)
Boutique boutique
Bowle punch ◇ *eine Bowle ansetzen* make some punch
Bowling tenpin bowling
Bowlingbahn bowling alley

Box **1** *(Lautsprecher)* speaker **2** *(Autorennen)* pit ◇ *an den Boxen* in the pits **3** *(Behälter)* box, container **4** *(im Stall)* box

boxen **1** punch **2** **(sich) ~** fight **3** (SPORT) box, fight; **gegen jdn ~** box against sb, fight sb

Boxenstop pit stop

Boxer *(Hund)* boxer

Boxer(in) (SPORT) boxer

Boxershorts boxer shorts [Pl]

Box- **Boxhandschuh** boxing glove **Boxkampf** boxing match **Boxring** boxing ring **Boxsport** boxing

Boykott boycott

boykottieren boycott

brabbeln *(undeutlich sprechen)* mutter, mumble

brachial violent *(Adv* violently), brutal *(Adv* brutally) ◇ *Er hat sich mit brachialen Methoden durchgesetzt.* He achieved his end by brutal means.

Brachialgewalt brute force

brachliegen *(Acker)* lie fallow; *(in der Stadt)* be derelict *(auch fig)* ◇ *Ihre Talente liegen brach.* Her talents are not being exploited.

Braille(schrift) Braille

Branche *(Wirtschaftszweig)* industry, sector of industry, trade ◇ *Wie lange sind Sie schon in der Branche?* How long have you worked in the industry? ◇ *In welcher Branche ist sie?* What line of business is she in?

Branchenführer market leader **Branchenverzeichnis** classified directory, Yellow Pages™

Brand fire IDM **in Brand geraten** catch fire **etw in Brand setzen/stecken** set sth on fire

brandaktuell highly topical; *(Neuigkeit, Information)* up-to-the-minute ◇ *ein brandaktuelles Thema* a highly topical issue **Brandanschlag** arson attack ◇ *einen Brandanschlag verüben* carry out an arson attack **Brandblase** blister **Brandbombe** firebomb, incendiary device **Brandgefahr** danger of fire **Brandherd** **1** source of the fire **2** *(fig)* sensitive issue **brandmarken** brand ◇ *Er war als Lügner gebrandmarkt.* He was branded a liar. **brandneu** brand new **Brandopfer** victim of a fire **Brandrodung** slash-and-burn land clearance **brandschatzen** pillage, sack **Brandstifter(in)** arsonist **Brandstiftung** **1** [U] arson ◇ *Die Polizei geht von Brandstiftung aus.* The police are treating the case as arson. **2** *(Anschlag)* arson attack

Brandung surf IDM → FELS

Brand- **Brandwache** fire brigade [mit Verb im Sing/Pl], *(AmE)* fire department **Brandwunde** burn

Bratapfel baked apple

braten **1** *(in der Pfanne)* fry **2** *(im Ofen)* roast; *(Fisch, Apfel)* bake

Braten joint (of meat); *(gebraten auch)* roast ◇ *kalter Braten* cold roast meat

Bratensoße gravy [U] **Bratenwender** fish slice, *(AmE)* spatula

Brat- **Brathähnchen**, **Brathendl** *(ungebraten)* roasting chicken; *(gebraten)* roast chicken **Brathering** fried herring **Bratkartoffeln** sauté potatoes [Pl] **Bratpfanne** frying pan

Bratsche viola ◇ *Bratsche spielen* play the viola

Bratwurst sausage

Brauch custom, tradition ◇ *ein regionaler Brauch* a local custom ◇ *Das ist so Brauch bei uns.* It's a tradition round here.

brauchbar **1** *(Information, Vorschlag)* useful; *(Alternative, Basis)* viable; *(Ergebnis)* satisfactory; *(Spieler, Arbeiter)* decent **2** *(den Ansprüchen genügend)* all right ◇ *Das alte Radio ist noch ganz brauchbar.* This old radio is still all right.

brauchen **1** need ◇ *Ich brauche noch 200 Dollar.* I need another 200 dollars. ◇ *Es werden dringend freiwillige Helfer gebraucht.* Volunteers are urgently needed. ◇ *Brauchst du alle drei Tassen?* Do you need all three cups? ◇ *Ich brauche das Auto heute nicht mehr.* I don't need the car any more today. ◇ *Du brauchst nicht Noten zu lernen, um Gitarre zu spielen.* You don't need to learn to read music to play the guitar. **2** *(Zeit)* take ◇ *Das braucht seine Zeit.* It takes time. ◇ *Wie lange hast du gebraucht?* How long did it take you? ◇ *Zum Flughafen braucht man eine Stunde.* It takes an hour to get to the airport. **3** *(Größe)* take ◇ *Welche Schuhgröße brauchst du?* What size shoe do you take? ◇ *Ich brauche Größe 41.* I take a (size) 41. **4** *(Strom, Benzin etc.)* use ◇ *So ein Scheinwerfer braucht viel Strom.* These spotlights use a lot of electricity. **5** **jd kann etw nicht ~** sb can do without sth ◇ *Blöde Kommentare kann ich im Moment nicht brauchen.* I can do without stupid remarks right now. ◇ *Ich kann deine Probleme jetzt wirklich nicht brauchen.* I really can't be bothered with your problems now.

Brauchtum customs [Pl], traditions [Pl]

Braue (eye)brow ◇ *die Brauen hochziehen* raise your eyebrows

brauen *(Bier)* brew; *(Tee, Kaffee)* make

Brauerei brewery

braun **1** brown → *Beispiele bei* BLAU **2** *(von der Sonne)* tanned, brown **3** (POL) Nazi ◇ *die Zeit der braunen Schreckensherrschaft* the age of Nazi terror

Braun brown

Bräune tan ◇ *eine gesunde Bräune* a healthy tan

bräunen *(im Ofen)* brown; *(Haut)* tan

braun- **braunhaarig** dark-haired, with brown hair [nicht vor Nomen] ◇ *groß und braunhaarig* tall with brown hair **Braunkohle** lignite, brown coal

bräunlich brownish

brausen **1** *(fahren)* race, zoom ◇ *Sie sprang ins Auto und brauste davon.* She jumped into the car and zoomed away. **2** *(Geräusch)* roar ◇ *das Brausen des Meeres* the roar of the sea ◇ *brausender Beifall* thunderous applause

Braut bride; *(Verlobte)* fiancée

Bräutigam (bride)groom

Braut- **Brautjungfer** bridesmaid **Brautkleid** wedding dress **Brautpaar** bride and groom **Brautstrauß** wedding bouquet

brav **1** *(folgsam)* well-behaved, good ◇ *ein braver Schüler* a well-behaved pupil ◇ *Bedank dich brav!* Be good and say thank you. **2** *(ohne besonderen Reiz)* tame

bravo! well done!, bravo!

Brecheisen → BRECHSTANGE

brechen **1** break ◇ *Sie brach die Schokolade in zwei Teile.* She broke the chocolate in two. ◇ *sein Wort/ein Versprechen/einen Vertrag brechen* break your word/ a promise/a contract ◇ *Widerstand brechen* overcome resistance **2** **sich etw ~** break sth ◇ *Er hat sich das Bein gebrochen.* He's broken his leg. **3** **mit etw ~** break with sth ◇ *mit einer Gewohnheit brechen* break with a tradition **4** *(sich erbrechen)* be sick ◇ *Ich muss brechen.* I'm going to be sick. **5** *(Physik)* refract; **sich ~** be refracted IDM → BIEGEN, EIS, GENICK, HERZ, KNIE *und* ZAUN

Brech- **Brechmittel** *(fig)* ◇ *Diese Musik ist das reinste Brechmittel.* This music is enough to make you sick. **Brechreiz** nausea

Brechstange crowbar; *(von Einbrechern)* jemmy, *(AmE)* jimmy

Brei *(Masse)* mush, goo; *(Babynahrung)* baby food; *(beim Kochen)* paste ◇ *ein klebriger, grüner Brei* a sticky, green goo ◇ *Mehl und Wasser zu einem Brei verrühren.* Mix flour and water to make a paste.

IDM **um den heißen Brei herumreden**; **wie die Katze um den heißen Brei herumschleichen** beat around the bush → *Siehe auch* KOCH *und* SCHLAGEN

breiig mushy ◇ *eine breiige Masse* a mushy paste

breit **1** wide, broad ◇ *eine breite Straße* a wide road ◇ *Das Zimmer ist drei Meter breit.* The room is three metres wide. ◇ *Der Fluss ist sehr breit.* The river is very wide. ◇ *ein breites Lächeln* a broad smile ◇ *eine breite Nase* a broad nose **2** (*Mehrheit*) broad; (*Zustimmung etc.*) widespread **3** (*betrunken*) drunk; (*unter Drogeneinfluss*) stoned IDM → LANG *und* WEIT

Breitband (COMP) broadband **Breitbandantibiotikum** (MED) broad-spectrum antibiotic **Breitbild** widescreen

Breite **1** width ◇ *Breite und Höhe multiplizieren* multiply the width by the height ◇ *ein Sofa von zwei Meter Breite* a sofa two metres wide **2** (*Vielfalt*) breadth ◇ *die Breite des Sortiments* the breadth of choice **3** (GEOGR) latitude ◇ *auf dem 32. Grad nördlicher Breite* at latitude 32° north ◇ *in diesen Breiten* in these latitudes

Breitengrad parallel (of latitude), (line of) latitude ◇ *der 38. Breitengrad* the 38th parallel **Breitensport** popular sport

breit- **breitmachen** **sich ~** spread out, sprawl ◇ *Sag ihm, er soll sich nicht so breitmachen!* Tell him not to spread out so much! ◇ *Langeweile machte sich breit* There was a general feeling of boredom. **breitschlagen** **sich zu etw ~ lassen** get roped into sth, get talked into doing sth ◇ *Ich habe mich breitschlagen lassen abzuwaschen.* I've been talked into doing the washing up. **breittreten** discuss *sth* in detail

Bremse **1** (*am Fahrzeug*) brake ◇ *auf die Bremse treten/steigen* step on the brake **2** (ZOOL) horsefly

bremsen brake, slow down (*auch fig*) ◇ *scharf bremsen* brake hard ◇ *eine Entwicklung bremsen* slow down a trend ◇ *Sie ist nicht zu bremsen.* There's no stopping her.

Brems- **Bremslicht** brake light **Bremsspur** skid mark

brennbar combustible; (*Gas auch*) flammable; (*Flüssigkeit*) flammable

Brennelement fuel element; (*Brennstab*) fuel rod

brennen **1** (*Feuer*) burn; (*Kerze, Zigarette*) be lit; (*Licht, Lampe*) be on **2** (*in Brand sein*) be on fire **3** **ein Loch in etw ~** burn a hole in sth **4** (*Ton, Porzellan*) fire; (*Ziegel auch*) bake **5** (*destillieren*) distil, (*AmE*) distill **6** (*schmerzen*) sting ◇ *Mir brennen die Augen.* My eyes are stinging. **7** ◇ *Die Sonne brennt.* The sun is very hot. IDM **darauf brennen, etw zu tun** be dead keen to do sth → *Siehe auch* KIND, NAGEL, SEELE *und* ZUNGE

brennend **1** burning; (*Kerze, Zigarette*) lighted **2** (*fig*) burning ◇ *eine brennende Frage* a burning question ◇ *Dieses Thema interessiert mich brennend.* I am extremely interested in this subject.

Brenn- **Brennholz** firewood **Brennnessel** (stinging) nettle **Brennpunkt** focus (*auch fig*) ◇ *im Brennpunkt des Interesses stehen* be the focus of attention ◇ *Dieses Stadtviertel ist ein sozialer Brennpunkt.* This area of town is a hotbed of social tensions. **Brennstoff** fuel **Brennstoffzelle** fuel cell

brenzlig (*gefährlich*) dangerous, critical ◇ *eine brenzlige Situation* a dangerous situation IDM **es wird brenzlig** things are getting too hot

Brett **1** board; (*groß, unbehandelt*) plank ◇ *Bretter aus Eiche* oak boards ◇ *Die Tür ist mit Brettern vernagelt.* The door has been boarded up. **2** (*Spiel-*) board **3** (*im Schwimmbad*) diving board IDM **ein Brett vor dem Kopf haben** be thick → *Siehe auch* SCHWARZ *und* STEIN

Bretter- **Bretterbude** shack **Bretterzaun** wooden fence

Brettspiel board game

Brezel pretzel

Brief letter IDM **ein blauer Brief** (*Schule*) = letter from the school warning that a child may have to repeat a year; (*Kündigung*) notice ◇ *Ich habe einen blauen Brief gekriegt.* I've been given notice to quit. ◇ *einen blauen Brief vom Arbeitgeber bekommen* be made redundant **ein offener Brief** an open letter

Briefbombe letter bomb **Brieffreund(in)** penfriend, pen pal (*umgs*) **Briefkasten** **1** (*im Postamt, an der Straße*) postbox, (*AmE*) mailbox ◇ *etw in den Briefkasten einwerfen* post sth **2** (*an der Tür etc.*) letter box, (*AmE*) mailbox **Briefkopf** letterhead **Briefmarke** stamp **Briefpapier** writing paper **Briefroman** epistolary novel (*gehoben*) **Brieftasche** wallet, (*AmE auch*) billfold, (*AmE auch*) pocketbook **Briefträger(in)** postman, postwoman, (*AmE*) mail carrier **Briefumschlag** envelope **Briefwahl** postal vote, (*AmE*) absentee ballot

brillant brilliant (*Adv* brilliantly)

Brillant diamond

Brillantring diamond ring

Brille glasses [Pl], (*AmE*) eyeglasses [Pl] ◇ *Er setzte die Brille auf/ab.* He put on/took off his glasses. ◇ *Sie trägt eine Brille.* She wears glasses. ◇ *eine neue Brille* some new glasses/a new pair of glasses. IDM **etw durch eine rosa(rote) Brille sehen** see sth through rose-tinted spectacles

Brillenetui, **Brillenfutteral** glasses case **Brillenfassung**, **Brillengestell** frame **Brillenglas** lens **Brillenträger(in)** = person who wears glasses ◇ *Er ist Brillenträger.* He wears glasses.

bringen **1 (jdm) etw ~** (*her-*) bring (sb) sth, bring sth (to sb); (*hin-*) take (sb) sth, take sth (to sb) ◇ *Bring mir bitte das Telefonbuch!* Bring me the phone book, please. ◇ *Hoffentlich bringt er gute Nachrichten.* I hope he brings good news. ◇ *Bring deinem Vater eine Tasse Tee nach oben.* Take a cup of tea up to your dad. **2 jdn/etw irgendwohin ~** take sb/sth somewhere; (*in Eile, unter Schwierigkeiten*) get sb/sth somewhere ◇ *Ich bringe dich zum Bahnhof.* I'll take you to the station. ◇ *Ich bringe den Brief zur Post.* I'll take the letter to the post. ◇ *Wir müssen ihn sofort ins Krankenhaus bringen.* We need to get him to hospital straight away. ◇ *sich in Sicherheit bringen* get to safety ◇ *die Kinder ins Bett bringen* put the children to bed **3 sich etw ~ lassen** have sth brought ◇ *sich das Frühstück aufs Zimmer bringen lassen* have your breakfast brought up to your room **4** (*bewirken*) cause ◇ *Das bringt Ärger.* That'll cause trouble. **5** (*in einer Zeitung*) run; (*im Fernsehen, Radio*) broadcast; (*im Kino, Fernsehen*) show; (*im Konzert*) play; (*im Theater*) put *sth* on **6** (*Zinsen*) earn; (*Früchte*) yield; (*Preis*) fetch ◇ *Das Gemälde brachte eine Million.* The painting fetched a million. **7 jdn zu etw ~** make sb do sth, get sb do sth (*umgs*) ◇ *Sie brachten ihn dazu, den Test zu verschieben.* They made him postpone the test. ◇ *jdn zum Lachen/Weinen bringen* make sb laugh/cry ◇ *Schließlich brachten wir sie dazu, uns das Auto zu leihen.* We finally got her to lend us the car. **8 etw über sich ~** bring yourself to do sth ◇ *Ich bringe es nicht über mich, das zu essen.* I can't bring myself to eat that. **9 etw mit sich ~** involve sth ◇ *Das bringt viel Arbeit mit sich.* It'll involve a lot of work. **10 etw hinter sich ~** get sth over with ◇ *Lass uns die Sache schnell hinter uns bringen!* Let's get it over with quickly! **11 es zum Manager etc. bringen** (*Karriere*) make it to manager, etc. ◇ *Er bringt es nie zum Oberst.* He'll never make it to colonel. IDM **Das bringt's nicht/voll!** That's boring/great! **Das bringt (doch) nichts.** That's no good.; That won't get us anywhere./This isn't getting us anywhere. **es zu etwas/nichts bringen** get somewhere/nowhere **Glück/Pech**

bringen bring good/bad luck ◇ *Schornsteinfeger sollen Glück bringen.* Chimney sweeps are supposed to bring you luck. ℹ Für andere Redewendungen mit **bringen** siehe die Einträge für die Nomina etc. **Etw über die Bühne bringen** z.B. steht unter **Bühne**.

brisant controversial ◇ *ein brisantes Thema* a controversial subject

Brise breeze

Brite, Britin British man/woman, Briton (*offiz*) ◇ *Seine Freundin ist Britin.* His girlfriend is British. ◇ *die Briten* the British

britisch British

bröckeln crumble (*auch fig*)

Brocken lump, chunk (*auch fig*) ◇ *Brocken in der Größe eines Fußballs* lumps the size of footballs ◇ *ein paar Brocken Italienisch sprechen* speak a few words of Italian IDM **ein schwerer/harter Brocken** tough one ◇ *Der nächste Gegner ist ein schwerer Brocken.* Their next opponent is a tough one. ◇ *Diese Aufgabe ist ein harter Brocken.* This exercise is really tough.

brodeln bubble ◇ *Das Wasser brodelt schon.* The water is already bubbling. ◇ *In der Armee brodelt es.* There is trouble brewing in the army.

Broiler (*ungebraten*) roasting chicken; (*gebraten*) roast chicken

Brokkoli broccoli [U]

Brom bromide

Brombeere blackberry

Bronchitis bronchitis

Bronze 1 (*Metall*) bronze **2** (*Medaille*) bronze (medal) ◇ *Er gewann Bronze.* He won bronze/a bronze medal. **bronzefarben** bronze **Bronzemedaille** bronze medal **Bronzezeit** Bronze Age

Brosche brooch

Broschüre leaflet; (*Werbe-*) brochure

Brot 1 bread **2** (*Laib*) loaf (of bread) **Brotaufstrich** spread **Brotbelag** sandwich filling

Brötchen roll

brotlos meagre; (*arbeitslos*) unemployed IDM → KUNST

Brotzeit 1 (*Pause*) break **2** (*Essen*) snack

browsen browse

Browser browser

Bruch 1 (*Achse, Rohr, Damm, Knochen*) fracture **2** (*Vertrag, Versprechen, Gesetz, Vertrauen*) breach **3** (*Auflösung*) break-up ◇ *der Bruch der Koalition* the break-up of the coalition **4 ein ~ mit jdm/etw** a break with sb/sth **5** (MATH) fraction IDM **zu Bruch/in die Brüche gehen** break up ◇ *Ihre Freundschaft ging in die Brüche.* Their friendship broke up. **Bruchbude** shack

brüchig (*Beton, Mauerwerk*) crumbling; (*Stimme*) cracked; (*Fingernägel*) brittle; (*fig*) fragile ◇ *ein brüchiger Frieden* a fragile peace

Bruch- Bruchlandung crash landing; (*fig*) failure **bruchrechnen** do fractions **Bruchrechnung** fractions [Pl] **Bruchstück** fragment **bruchstückhaft** fragmentary ◇ *Die Akten sind nur bruchstückhaft erhalten geblieben.* The records are fragmentary. ◇ *Sie konnte sich nur bruchstückhaft erinnern.* She could only remember fragments. **Bruchteil** fraction ◇ *im Bruchteil einer Sekunde* in a fraction of a second **Bruchzahl** (MATH) fraction

Brücke 1 (*auch Gebiss, Schiff*) bridge ◇ *eine Brücke zwischen Ost und West* a bridge between East and West ◇ *Sport schlägt eine Brücke zwischen Jung und Alt.* Sport provides a link between young and old people. **2** (*Teppich*) (small) rug IDM **alle Brücken hinter sich abbrechen** make a clean break with the past **Brückentag** = day's leave (often a Friday) taken after a public holiday to make a long weekend

Bruder brother ◇ *ein älterer Bruder* an elder brother ◇ *die Brüder Schmidt* the Schmidt brothers ◇ *Bruder Jakob* Brother Jacob

brüderlich brotherly; (POL) fraternal ◇ *brüderliche Solidarität* fraternal solidarity ◇ *brüderlich teilen* share sth fairly

Brühe 1 (*zum Kochen*) stock; (*Suppe*) (clear) soup **2** (*verschmutztes Wasser*) liquid ◇ *eine übel riechende braune Brühe* a smelly brown liquid ◇ *In dieser Brühe schwimme ich nicht!* I'm not swimming in that filthy water! **3** (*Schweiß*) sweat

brühen brew *sth* up

brüh- brühwarm ◇ *Sie haben es gleich brühwarm weitererzählt.* They immediately spread the news. **Brühwürfel** stock cube

brüllen (*Löwe*) roar; (*schreien*) yell; (*heulen*) scream ◇ *vor Schmerz brüllen* scream with pain IDM → SPIEß

brummeln mumble ◇ *Er brummelte vor sich hin.* He was mumbling to himself.

brummen 1 mutter ◇ *Er brummte irgendetwas Unverständliches.* He muttered something unintelligible. **2 etw (vor sich hin) ~** mumble to yourself **3** (*Motor*) hum; (*Insekt*) buzz; (*Bär*) growl **4** (*Kopf*) throb ◇ *Mir brummt der Schädel.* My head is throbbing. **5** (*Wirtschaft etc.*) be booming IDM → BART *und* KOPF

brummig grumpy (*Adv* grumpily)

brünett ◇ *Sie ist brünett.* She's got brown hair. ◇ *brünette Haare* brown hair

Brunnen 1 (*zum Wasserholen*) well **2** (*Zier-*) fountain

brüsk curt (*Adv* curtly) ◇ *Meine Bitte wurde brüsk zurückgewiesen.* My request met with a curt refusal.

brüskieren offend; (*stärker*) insult

Brust 1 (ANAT) chest **2** (*Busen*) breast ◇ *Tumoren in der Brust* breast tumours ◇ *einem Kind die Brust geben* breastfeed a child **3** (*Fleisch*) breast **4** → BRUSTSCHWIMMEN IDM → PISTOLE **Brustbein** breastbone **Brustbeutel** = purse worn round the neck

brüsten sich (mit etw) ~ boast (of/about sth) ◇ *Er brüstete sich, die Ereignisse vorhergesehen zu haben.* He boasted that he had foreseen the events.

Brust- Brustkorb ribcage **Brustkrebs** breast cancer **Brustschwimmen** breaststroke **Brustton im ~ der Überzeugung** with total conviction **Brustumfang** chest measurement; (*bei Frauen auch*) bust measurement

Brüstung (*Mauer*) parapet; (*Geländer*) railing

Brustwarze nipple

Brut 1 (*Brutzeit*) ◇ *Während der Brut reagieren die Vogeleltern empfindlich auf Störungen.* While they are sitting on the eggs, the birds don't like being disturbed. **2** (*Jungvögel*) brood [mit Verb im Sing/Pl] **3** (*Gesindel*) mob

brutal brutal (*Adv* brutally) ◇ *ein brutaler Angriff* a brutal assault ◇ *Das Opfer wurde auf brutale Weise misshandelt.* The victim was brutally treated. ◇ *brutale Gewalt* brute force

Brutalität 1 brutality [U] **2 Brutalitäten** acts of brutality [Pl]

brüten 1 (*Vögel*) sit on the nest **2 über etw ~** mull over sth

brütend sweltering ◇ *Es war brütend heiß gestern.* Yesterday was a sweltering hot day. ◇ *eine brütende Hitze* sweltering heat

Brüter breeder (reactor) ◇ *ein schneller Brüter* a fast breeder reactor

Brut- **Brutkasten** **1** incubator **2** (*Nistkasten*) nesting box **Brutstätte** breeding ground; (*fig*) hotbed ◇ *eine Brutstätte der Gewalt* a hotbed of violent crime

brutto gross ◇ *Wie viel verdient er brutto?* What's his gross income?

Bruttoeinkommen gross income **Bruttogehalt** gross pay **Bruttoinlandsprodukt** gross domestic product (*Abk* GDP) ◇ *Das Bruttoinlandsprodukt ging um 2% zurück.* GDP fell by 2%. **Bruttolohn** gross pay ◇ *ein Anstieg der Bruttolöhne* an increase in gross pay **Bruttosozialprodukt** gross national product (*Abk* GNP) ◇ *5% des Bruttosozialprodukts* 5% of GNP

brutzeln **1** sizzle ◇ *Das Steak brutzelte in der Pfanne.* The steak was sizzling in the pan. **2 etw ~** fry sth (up)

BSE → RINDERWAHNSINN

Bub boy

Bube (*Karten*) jack ◇ *der Pikbube* the jack of spades

Buch **1** book ◇ *ein Buch über den Regenwald* a book about the rainforest **2 Bücher** accounts [Pl] ◇ *die Bücher prüfen* audit the accounts IDM **ein Buch mit sieben Siegeln** a closed book **(über etw) Buch führen** keep a record (of sth) ◇ *Wir müssen mal über unsere Haushaltskosten Buch führen.* We should keep a record of our household expenses. **reden wie ein Buch** never stop talking **wie jd/etw im Buche steht** a classic/perfect example of sb/sth ◇ *ein reicher Amerikaner, wie er im Buche steht* a classic example of a rich American

Buchbesprechung book review

Buche (*Baum*) beech (tree); (*Holz*) beech(wood) ◇ *aus Buche* made of beech

Buchecker beech nut

buchen **1** (*reservieren*) book ◇ *Habt ihr euren Urlaub schon gebucht?* Have you booked your holiday yet? **2** (*bei Geldgeschäften*) credit ◇ *Wir buchen den Betrag auf Ihr Konto.* We will credit the amount to your account. IDM **etw als Erfolg buchen** count sth a success

Bücherei (lending) library ◇ (*sich*) *ein Buch aus der Bücherei ausleihen* borrow a book from the library

Bücher- **Bücherregal** bookshelf; (*Möbelstück*) bookcase ◇ *im Bücherregal* on the bookshelf **Bücherwurm** bookworm

Buch- **Buchfink** chaffinch **Buchführung** bookkeeping ◇ *doppelte Buchführung* double-entry bookkeeping ◇ *die Buchführung machen* do the books **Buchhalter(in)** accountant **Buchhaltung** **1** (*Buchführung*) bookkeeping **2** (*Abteilung*) accounts department **3** (*Fach*) accountancy **Buchhändler(in)** bookseller **Buchhandlung** bookshop, (*AmE*) bookstore ◇ *eine wissenschaftliche Buchhandlung* an academic bookshop **Buchkritik** book review **Buchladen** bookshop, (*AmE*) bookstore **Buchmacher(in)** bookmaker

Buchsbaum box (tree)

Buchse socket, (*AmE*) outlet, receptacle

Büchse **1** can, (*BrE auch*) tin **2** (*Behälter für Spendensammlungen*) collecting box

Büchsenöffner can opener, (*BrE auch*) tin opener

Buchstabe letter ◇ *ein kleiner/großer Buchstabe* a small/capital letter ◇ *in fetten Buchstaben* in bold (face) ◇ *in großen Buchstaben* in capitals

buchstabieren spell ◇ *Können Sie Ihren Namen bitte buchstabieren?* Could you spell your name for me, please? ◇ *Der Sechsjährige buchstabiert noch mühsam.* The six-year-old is still having trouble with spelling.

buchstäblich literal (*Adv* literally) ◇ *im buchstäblichen Sinn* in the literal sense ◇ *Der Aufstieg zum Gipfel nahm ihnen buchstäblich den Atem.* The climb to the top literally took their breath away.

Bucht (*Küste*) bay

Buchung **1** booking, reservation **2** (*Rechnungswesen, Buchführung*) entry, transaction

Buckel ◇ *eine alte Frau mit Buckel* an old woman with a stoop ◇ *Die Katze machte einen Buckel.* The cat arched its back. IDM **etw auf dem Buckel haben** have sth under your belt (*umgs*), have notched sth up (*umgs*) ◇ *Er hat 25 Dienstjahre auf dem Buckel.* He has notched up 25 years' service. ◇ *Er hat zehn Jahre Erfahrung als Richter auf dem Buckel.* He has already had ten years' experience as a judge. ◇ *Das Auto hat 250 000 km auf dem Buckel.* The car has got 250 000 km on the clock. **den Buckel für etw hinhalten** carry the can ◇ *Bei dieser Sache muss sie den Buckel hinhalten.* She has to carry the can in this case. **Er/Sie kann mir den Buckel runterrutschen.** He/She can get lost.; He/She can take a running jump. **Rutsch mir doch den Buckel runter!** Get lost ; Go and jump in the lake!

buckelig, bucklig (*Mensch*) hunchbacked; (*Straße, Piste*) bumpy

buckeln **1 vor jdm ~** kowtow to sb (*umgs*) **2** (*Tier*) arch its back

bücken **sich (nach etw) ~** bend down for sth, stoop (to pick sth up) ◇ *Sie bückte sich nach dem Geldschein.* She bent down to pick up the banknote. ◇ *Er musste sich bücken, um sich nicht den Kopf zu stoßen.* He had to stoop so as not to hit his head.

Buddhismus Buddhism

buddhistisch Buddhist

Bude **1** (*Zimmer*) room, place (to live) **2** (*Marktstand*) (market) stall IDM **die Bude auf den Kopf stellen** turn the place upside down **jdm die Bude einrennen** keep pestering sb **Leben in die Bude bringen** liven things up **Stimmung in die Bude bringen** get things going; put some life into things ◇ *Sie versuchten mit improvisierter Musik Stimmung in die Bude zu bringen.* They tried to get things going with improvised music. **(eine) sturmfreie Bude haben** have the run of the place ◇ *Am Wochenende habe ich sturmfreie Bude.* At the weekend I've got the run of the place.

Budget budget ◇ *mit knappem Budget arbeiten* work on a tight budget

Bufdi = volunteer in the German Federal Voluntary Service

Büfett, Buffet **1** (*Essen*) buffet ◇ *ein kaltes Büfett* a cold buffet ◇ *das Büfett eröffnen/freigeben* invite people to help themselves **2** (*Theke*) counter **3** (*Möbelstück*) sideboard

Büffel buffalo

büffeln work; (*für Prüfungen etc.*) revise ◇ *Er büffelt jeden Tag zwei Stunden.* He spends two hours every day revising. ◇ *Ich muss noch Biologie büffeln.* I've still got biology to revise.

Bug (*Schiff*) bow [meist Pl]; (*Flugzeug*) nose

Bügel **1** (*Kleider-*) (coat) hanger **2** (*Brillen-*) arm, (*AmE*) stem **3** (*Steig-*) stirrup **4** (*Sicherheitsverschluss*) (safety) bar

Bügelbrett ironing board **Bügeleisen** iron **Bügelfalte** crease **bügelfrei** non-iron

bügeln **1** iron ◇ *ein Hemd bügeln* iron a shirt **2** do the ironing ◇ *Ich mache den Abwasch, und du bügelst.* I'll do the washing-up and you can do the ironing.

buh! boo!

Buhmann whipping boy, (*AmE*) bogeyman ◇ *Sie haben mich zum Buhmann gemacht.* They made me their whipping boy. ◇ *In den USA wurde die Zigarettenindustrie zum Buhmann der Nation.* In the USA the cigarette industry became public enemy number one.

Bühne **1** (*im Theater*) stage ◇ *ein Drehbuch für die Bühne bearbeiten* adapt a film script for the stage ◇

hinter der Bühne backstage ◇ *die europäische/politische Bühne* the European/political scene **2** (*Theater*) theatre, (*AmE*) theater ◇ *die städtische Bühne* the municipal theatre IDM **etw über die Bühne bringen** (*mit Erfolg*) carry sth off; pull sth off; (*hinter sich bringen*) get sth over with ◇ *Sie wollen die Sache schnell über die Bühne bringen.* They want to get the thing over with quickly. **über die Bühne gehen** go off ◇ *Die Wahlen gingen ohne Zwischenfälle über die Bühne.* The elections went off without incident.
Bühnenbild (stage) design [U]; (*Kulisse*) (stage) set ◇ *häufig wechselnde Bühnenbilder* frequent changes of set **Bühnenbildner(in)** stage designer

Buhruf boo

Bukett (*Blumenstrauß, Aroma*) bouquet ◇ *ein Bukett aus 50 roten Rosen* a bouquet of 50 red roses

Bulette meatball

Bulimie bulimia

Bulldozer (*Baumaschine*) bulldozer

Bulle **1** (*männliches Rind*) bull ◇ *ein wild gewordener Bulle* an angry bull **2** (*Polizist*) cop (*umgs*)

Bumerang **1** boomerang **2** ◇ *Diese Taktik kann sich leicht als Bumerang erweisen.* These tactics can easily backfire on you.

bummeln **1** (*trödeln*) dawdle **2** (*spazieren*) stroll, wander ◇ *über den Markt bummeln* wander round the market

bumsen **1** thud ◇ *Sein Kopf bumste auf den Tisch.* His head thudded onto the table. ◇ *Es hat mächtig gebumst, als er mit dem Kopf auf den Tisch schlug.* There was a terrible thud when he hit his head on the table. **2** (*Unfall*) ◇ *Es hat gebumst.* There's been a crash. **3** **(jdn/mit jdm) ~** shag (sb) (*Slang*) ◇ *Hat sie mit ihm gebumst?* Did she shag him?

Bund[1] *der* **1** (*Staat*) Federal Government ◇ *Bund und Länder* the federal and state governments **2** (*Bundeswehr*) ◇ *Er ist beim Bund.* He is doing his national service. **3** (*Bündnis*) alliance; (*Verband*) association ◇ *sich zu einem Bund zusammenschließen* form an alliance ◇ *der Bund der Steuerzahler* the taxpayers' association IDM **den Bund der Ehe schließen** get married **mit jdm im Bunde sein** be in league with sb

Bund[2] *der* (*Kleidung*) waistband

Bund[3] *das* (*Bündel, Blumen, Gemüse, Schlüssel*) bunch ◇ *ein Bund Petersilie* a bunch of parsley

bündeln **1** tie *sth* up in a bundle ◇ *Altpapier bitte bündeln.* Waste paper should be tied in bundles. **2** (*Strahlen, Kräfte*) concentrate

Bundes- federal
Bundesausbildungsförderungsgesetz → BAFÖG **Bundesbank** German Federal Bank, Bundesbank **Bundesfreiwilligendienst** German Federal Voluntary Service **Bundeshauptstadt** (federal) capital **Bundeskanzler(in)** (*Deutschland, Österreich*) (Federal) Chancellor; (*Schweiz*) Chancellor of the Swiss Confederation **Bundesland** (federal) state ◇ *die neuen/alten Bundesländer* the new/old states (of the Federal Republic of Germany) ◇ *das Bundesland Hessen* the state of Hesse **Bundespräsident(in)** (*Deutschland, Österreich*) (Federal) President; (*Schweiz*) President of the Swiss Confederation **Bundesrat** (*Deutschland, Österreich*) upper house; (*Schweiz*) Federal Council **Bundesregierung** Federal Government **Bundesrepublik** Federal Republic ◇ *die Bundesrepublik Deutschland* the Federal Republic of Germany **Bundesstaat** **1** (*föderativer Staat*) federal state ◇ *Indien ist ein Bundesstaat.* India is a federal state. **2** (*Staat einer Föderation*) state ◇ *der Bundesstaat Iowa* the state of Iowa **Bundestag** lower house ◇ *Sie wurde direkt in den Bundestag gewählt.* She was directly elected to the lower house of the German parliament. ◇ *einen Gesetzesentwurf in den Bundestag einbringen* put a bill before (the German) parliament **Bundestagswahl** parliamentary election [meist Pl] **Bundesversammlung** Federal Assembly **Bundeswehr** German armed forces [Pl]

bündig (*Bauwesen*) flush [nicht vor Nomen], level; (*Text*) justified IDM → KURZ

Bündnis alliance ◇ *ein Bündnis gegen den Rassismus schließen* form an alliance against racism

Bungalow bungalow

Bunker bunker; (*Luftschutz-*) air-raid shelter

Bunsenbrenner Bunsen burner

bunt **1** (*einfarbig*) coloured, (*AmE*) colored ◇ *bunte Tücher* (brightly) coloured cloths **2** (*mehrfarbig*) colourful (*Adv* colourfully), (*AmE*) colorful (*Adv* colorfully) ◇ *eine bunte Krawatte* a colourful tie ◇ *ein bunt geschmückter Weihnachtsbaum* a colourfully decorated Christmas tree ◇ *Ostereier bunt bemalen* paint Easter eggs in different colours **3** (*vielseitig*) varied ◇ *eine bunte Mischung* a varied assortment ◇ *ein bunter Abend* an evening of entertainment ◇ *Das Publikum war bunt zusammengewürfelt.* The audience was a real mixed crowd. ◇ *ein buntes Durcheinander* a jumbled assortment ◇ *ein buntes Treiben* a hubbub IDM **es zu bunt treiben** go too far **jdm zu bunt werden** be getting too much for sb → *Siehe auch* HUND
Buntstift coloured pencil, (*AmE*) colored pencil, (*BrE auch*) crayon

Bürde burden

Burg castle

bürgen **1 für jdn ~** vouch for sb; (*Geld*) stand surety for sb **2 für etw ~** guarantee sth ◇ *Das Siegel bürgt für Qualität.* The seal is a guarantee of quality.

Bürger(in) citizen ◇ *eine freie Bürgerin dieses Landes* a free citizen of this country ◇ *ein ausländischer Bürger* a foreign resident ◇ *die Bürger der Stadt Regensburg* the people of Regensburg
Bürgerinitiative (citizens') action group ◇ *eine Bürgerinitiative gründen* form an action group **Bürgerjournalismus** citizen journalism **Bürgerjournalist** citizen journalist **Bürgerkrieg** civil war ◇ *der amerikanische Bürgerkrieg* the American Civil War

bürgerlich **1** (*Werte, Normen*) middle-class; (*Denken*) bourgeois (*abwert*) **2** (*Rechte, Ehe*) civil [nur vor Nomen]; (*Pflichten*) civic ◇ *das Bürgerliche Gesetzbuch* the Civil Code **3** (*Essen*) plain **4** ◇ *Elton John, mit bürgerlichem Namen Reg Dwight* Elton John, whose real name is Reg Dwight

Bürger- **Bürgermeister(in)** mayor [mit Verb im Sing/Pl] ◇ *Sie ist Bürgermeisterin.* She's the mayor. **Bürgersteig** pavement, (*AmE*) sidewalk **Bürgertum** (GESCH) bourgeoisie

Burgruine ruined castle

Büro office ◇ *Sie hat Ärger im Büro gehabt.* She has had problems at the office.
Büroangestellte(r) office worker ◇ *Er ist Büroangestellter.* He works in an office. **Büroarbeit** office work **Bürogebäude** office building **Bürojob** office job **Bürokauffrau, -kaufmann** ≈ (qualified) office administrator **Büroklammer** paper clip **Bürokraft** office worker ◇ *eine zusätzliche Bürokraft einstellen* employ an extra person in the office

Bürokrat(in) bureaucrat

Bürokratie bureaucracy

bürokratisch bureaucratic

Bursche **1** guy ◇ *ein zäher Bursche* a tough guy **2** (*junger Mann*) youth

Bürste brush

bürsten brush ◇ *sich die Haare bürsten* brush your hair

Bus bus; (*Reisebus auch*) (*BrE*) coach ◇ *mit dem Bus fahren* go by bus

Busbahnhof bus station

Busch (*Strauch, Wildnis*) bush

Busen breasts [Pl], bosom (*gehoben*) ◇ *am Busen der Natur* in the bosom of nature

Bus- Busfahrer(in) bus driver **Busfahrt** bus trip, (*BrE auch*) coach trip, bus journey, (*BrE auch*) coach journey; (*Nahverkehr auch*) bus ride **Bushaltestelle** bus stop **Buslinie** (*Route*) bus route; (*Busverbindung*) bus service

büßen (für) etw ~ pay (the penalty) for sth ◇ *Das wirst du mir büßen!* You'll pay for that!

Bußgeld fine, penalty ◇ *ein Bußgeld in Höhe von 100 €* a fine of €100

Butter butter IDM **Alles in Butter!** Everything's fine!

Butterbrot sandwich ◇ *ein Butterbrot mit Käse* a cheese sandwich **Buttermilch** buttermilk

b.w. PTO

BWL → BETRIEBSWIRTSCHAFT

Byte byte

bzw. → BEZIEHUNGSWEISE

C c

C, c (*Buchstabe*) (MUS) C, c → *Beispiele bei* A

ca. around, about, approximately ◇ *ca. 50 Leute* about 50 people

Cabrio convertible

Café cafe

Cafeteria snack bar, cafeteria

Callboy (male) prostitute, rent boy

Callgirl call girl

Camembert camembert

Camp 1 (*Ferienlager*) camp, (*AmE auch*) summer camp **2** (*Flüchtlingslager*) camp

campen camp, go camping; (*im Wohnwagen*) go caravanning ◇ *Am Wochenende gehen wir campen.* At the weekend we're going camping.

Camper(in) camper

Camping camping ◇ *Camping verboten!* No camping.

Campingausrüstung camping equipment **Campingplatz** campsite, (*AmE*) campground ◇ *auf einem Campingplatz übernachten* stay at a campsite

Campus campus ◇ *auf dem Campus* on campus

Cape cape

Caravan 1 (*Wohnwagen*) caravan, (*AmE*) trailer **2** (*Auto*) estate car, (*AmE*) station wagon

Cartoon 1 (*Zeichnung, Film*) cartoon **2** (*gezeichnete Geschichte*) comic strip, (*BrE auch*) strip cartoon

casten 1 (*Probeaufnahmen machen, vorsprechen/vorspielen/vorsingen lassen*) audition ◇ *Um den richtigen Schauspieler zu finden, hat er mehr als 800 Jungen gecastet.* He auditioned over 800 boys to find the right actor. **2** (*auswählen*) cast ◇ *Hitchcock castete sie für die Rolle der Melanie Daniels.* Hitchcock cast her in the role of Melanie Daniels.

Casting 1 (*Auswahlverfahren*) casting **2** (*das Vorsprechen/Vorspielen/Vorsingen*) audition, casting session ◇ *Sie hat bei einem Casting mitgemacht und ist auch in die engere Wahl gekommen.* She did an audition and was shortlisted.

Castingshow talent search show, reality casting show

catchen do all-in wrestling

CD CD ◇ *nur als CD erhältlich* only available on CD

CD-Brenner CD burner **CD-Rom** CD-ROM ◇ *auf CD-Rom erhältlich* available on CD-ROM **CD-Player** (*auch* **CD-Spieler**) CD player

Cellist(in) cellist

Cello cello ◇ *Sie spielt Cello.* She plays the cello.

Celsius (*Skala*) centigrade; (*Grad*) Celsius ◇ *Temperaturen werden in Celsius angegeben.* Temperatures are given in centigrade. ◇ *Die Temperatur liegt bei 25 Grad Celsius.* The temperature is 25° Celsius.

Cembalo harpsichord ◇ *Er spielt Cembalo.* He plays the harpsichord.

Cent cent ◇ *zehn Cent* ten cents IDM → UMDREHEN

Cerealien cereals [Pl]

ces, Ces C flat

Chamäleon (*auch fig*) chameleon

Champagner champagne

Champignon (button) mushroom

Champion champion; (*Mannschaft*) champions [Pl] ◇ *der dreimalige deutsche Champion im Federgewicht* the three-times German featherweight champion

Chance 1 (*Möglichkeit*) chance; (*Gelegenheit*) opportunity ◇ *eine letzte Chance* one last chance ◇ *die Chance wahrnehmen etw zu tun* seize the opportunity to do sth **2** (*Aussicht*) chance, prospect ◇ *Es besteht die Chance, dass ...* There is a chance that ... ◇ *Sie hat keine realistische Chance mehr auf den Titel.* She hasn't a chance of winning the title. ◇ *Seine Chancen auf eine Beförderung stehen schlecht.* His prospects of promotion are not good. ◇ *Du hast keine Chance bei ihr.* You haven't a hope of getting off with her! ◇ *„Glaubst du, du kannst ihn überreden?" „Keine Chance!"* 'Do you think you can persuade him?' 'No chance!' **3** (*beim Pferderennen*) odds [Pl] ◇ *Die Chancen, dass „Blitz" gewinnt, stehen eins zu hundert.* The odds on 'Blitz' winning are a hundred to one. IDM → AUSRECHNEN

Chancengleichheit equality of opportunity, equal opportunities [Pl] ◇ *für Chancengleichheit der Frauen im Beruf kämpfen* campaign for equality of opportunity for women in the workplace **chancenlos jd/etw ist ~** sb/sth doesn't stand a chance **chancenreich** promising

Chaos chaos [U] ◇ *das reinste Chaos* utter chaos ◇ *Der Stundenplan ist ein einziges Chaos.* The timetable is in absolute chaos. ◇ *Das Land wurde ins Chaos gestürzt.* The country was thrown into chaos.

Chaot(in) 1 (*Randalierer*) hooligan ◇ *Unter den Demonstranten befand sich eine Hand voll Chaoten.* The demonstrators included a hooligan element. **2** ◇ *Was bist du eigentlich für ein Chaot?* Why can't you get your act together?

chaotisch chaotic (*Adv* chaotically) ◇ *Geht es hier immer so chaotisch zu?* Is it always as chaotic as this? ◇ *Es herrschten chaotische Zustände.* There was complete chaos. ◇ *chaotische Verkehrsverhältnisse* traffic chaos

Charakter character ◇ *Jede Straße hat ihren eigenen Charakter.* Every street has its own distinctive character. ◇ *Dieser Typ ist ein ganz mieser Charakter!* That man is a thoroughly unpleasant character! ◇ *Die Charaktere im Stück waren übertrieben.* The characters in the play were exaggerated. ◇ *Er hat keinen Charakter.* He has no strength of character. IDM **von Charakter** ◇ *ein Mann von Charakter* a man of principle

Charaktereigenschaft (personality) trait; (*positiv auch*) quality

charakterisieren 1 jdn/etw (als jdn/etw) ~ describe sb/sth (as sb/sth) ◇ *als Intellektueller charakterisiert werden* be portrayed as an intellectual ◇ *jdn* *treffend charakterisieren* sum sb up ◇ *die Situation kurz charakterisieren* sum up the situation in a few words **2** (*typisch sein*) be typical of *sth* ◇ *lange Sätze, die seinen Stil charakterisieren* long sentences which are typical of his style

Charakteristikum distinguishing feature

charakteristisch **(für jdn/etw) ~** typical (of sb/sth), characteristic (of sb/sth) ◇ *Diese Reaktion war charakteristisch für ihn.* That reaction was typical of him. ◇ *ein charakteristisches Merkmal* a typical feature ◇ *ein charakteristischer Geruch* a characteristic smell

Charakter- **Charakterschwäche** weakness of character **Charakterstärke** strength of character **Charakterzug** (personality) trait

Charisma charisma

charismatisch charismatic

charmant charming (*Adv* charmingly)

Charme charm IDM **seinen (ganzen) Charme spielen lassen** turn on the charm

Charta charter

Charterflug charter flight

Chat chat ◇ *ein Verzeichnis deutschsprachiger Chats* a list of chats in German

Chatroom chat room

chatten chat

Chatter(in) chatter

Chauffeur, Chauffeuse chauffeur; (*Taxi*) driver

Chauvinismus **1** (*Nationalismus*) chauvinism **2** (*Frauen gegenüber*) sexism, male chauvinism

Chauvinist(in) **1** (*Nationalist*) chauvinist **2** (*auch* **Chauvi**) sexist, male chauvinist (pig)

chauvinistisch **1** (*nationalistisch*) chauvinist(ic) **2** (*Frauen gegenüber*) sexist, chauvinist

checken **1** (*überprüfen*) check **2** (*kapieren*) twig (*umgs*) ◇ *Hast du nicht gecheckt, was hier abgeht?* You mean you haven't twigged what's going on?

Chef(in) boss ◇ *Ist die Chefin schon da?* Is the boss in yet? ◇ *Kann ich den Chef sprechen?* I'd like to speak to the manager. ◇ *Wer ist denn hier der Chef?* Who's in charge here? ◇ *der Chef der Bande* the leader of the gang

Chefarzt, -ärztin (senior) consultant, (*AmE*) chief of staff **Chefetage** **1** executive floor **2** (*fig*) boardroom ◇ *Die Krise hat in deutschen Chefetagen für Unruhe gesorgt.* The crisis caused concern in German boardrooms. **Chefingenieur(in)** engineer in charge **Chefkoch, -köchin** head cook; (*besonders im Restaurant oder Hotel*) chef **Chefredakteur(in)** (*Zeitung*) editor; (*Rundfunk, Fernsehen*) director **Chefsache** ◇ *Der Direktor hat diese Angelegenheit zur Chefsache erklärt.* This matter has to be referred to the director. **Chefsekretär(in)** (personal) assistant (*Abk* PA), senior secretary

Chemie **1** chemistry **2** (*Chemikalien*) (toxic) chemicals [Pl]; (*Zusätze*) additives [Pl] ◇ *Kartoffelanbau mit so wenig Chemie wie möglich* growing potatoes with as few chemicals as possible ◇ *Der Joghurt schmeckt nach Chemie.* The yogurt tastes artificial.

Chemiearbeiter(in) worker in the chemical industry ◇ *Chemiearbeiter sein* work in the chemical industry **Chemiefabrik** chemical plant **Chemiefaser** man-made fibre, (*AmE*) man-made fiber **Chemieindustrie** chemical industry

Chemikalie (synthetic) chemical ◇ *hochgiftige Chemikalien* highly toxic chemicals

Chemiker(in) chemist

chemisch chemical (*Adv* chemically) ◇ *eine chemische Reaktion auslösen* trigger a chemical reaction ◇ *etw chemisch nachweisen* prove sth by chemical analysis ◇ *chemisch reinigen* dry-clean ◇ *chemischer Dünger* artificial fertilizers

Chemotherapie chemotherapy [U] ◇ *Sie macht eine Chemotherapie.* She's having chemotherapy.

Chiasamen chia seeds [Pl]

Chicoree chicory, (*AmE meist*) endive

Chiffon chiffon

Chiffre **1** (*Schriftzeichen, Symbol*) cipher **2** (*Annonce*) box number ◇ *Antworten unter der folgenden Chiffre ...* Reply to box number ... ◇ *eine Anzeige unter Chiffre aufgeben* advertise using a box number

chiffrieren write (*sth*) in code ◇ *chiffrierte Botschaften* coded messages

chillen chill ◇ *Man kann bei dem Song richtig gut chillen.* It's a really good song to chill to.

chillig laid-back; (*entspannt auch*) chilled

Chinakohl Chinese cabbage, (*BrE auch*) Chinese leaves [Pl]

chinesisch Chinese ◇ *chinesisch essen gehen* go to a Chinese restaurant IDM **chinesisch für jdn sein** be all Greek to sb

Chip **1** (COMP) (micro)chip **2** (*Spielmarke*) chip **3** (*potato*) crisp, (*AmE*) (potato) chip ◇ *eine Tüte Chips* a packet of crisps

Chirurg(in) surgeon

Chirurgie **1** (*Fachgebiet*) surgery ◇ *eine Fachärztin für Chirurgie* a surgeon **2** (*Abteilung*) surgical ward **3** (*Notaufnahme*) casualty, (*AmE*) emergency room

chirurgisch surgical [nur vor Nomen] (*Adv* surgically) ◇ *etw chirurgisch entfernen* surgically remove sth ◇ *Die Verletzung machte einen chirurgischen Eingriff notwendig.* The injury required surgery.

Chlor chlorine

chlorfrei chlorine-free ◇ *chlorfrei gebleichtes Papier* non-chlorine bleached paper **chlorhaltig** containing chlorine

chloriert chlorinated

Chloroform chloroform

Chlorophyll chlorophyll

Chlorwasserstoff hydrogen chloride

Choke choke

Cholera cholera

Cholesterin cholesterol

Cholesterinspiegel cholesterol level

Chor **1** choir [mit Verb im Sing/Pl]; (*mit Orchester, bei Opern, im griechischen Drama*) chorus ◇ *einen Chor dirigieren* conduct a choir ◇ *Er stimmte in den Chor der Kritiker ein.* He joined in the chorus of criticism. **2 im ~** in chorus ◇ *im Chor sprechen* speak in chorus ◇ *„Nein", sagten sie im Chor.* 'No,' they chorused. ◇ *Die Kinder brüllten im Chor.* The children were all bawling at once. **3** (ARCHIT) choir

Choral **1** hymn; (*Teil eines Oratoriums*) chorale **2 gregorianischer ~** Gregorian chant

Choreograf(in) choreographer

Choreografie choreography

choreografisch choreographic (*Adv* choreographically)

Chor- **Chorgesang** (*Singen*) choral singing; (*Musik*) choral music **Chorknabe** choirboy **Chorkonzert** choral concert **Chorleiter(in)** conductor; (*eines Knabenchors*) choirmaster **Chormusik** choral music **Chorprobe** choir practice

Christ(in) Christian

Christbaum Christmas tree

Christentum Christianity ◇ *ein Vortrag über das Christentum* a talk about Christianity ◇ *jdn zum Christentum bekehren* convert sb to Christianity ◇ *zum Christentum übertreten* convert to Christianity

Christianisierung Christianization

Christi Himmelfahrt Ascension Day
Christkind **1** baby Jesus **2** (*Überbringer von Weihnachtsgeschenken*) ≈Father Christmas
christlich Christian ◇ *der christliche Glaube* the Christian faith
Christus (Jesus) Christ IDM **vor Christus** BC → *Siehe auch* BCE **nach Christus** AD ◇ *im Jahre 17 nach Christus* in 17 AD → *Siehe auch* CE
Chrom chrome
Chromdioxid chromium dioxide
Chromosom chromosome
Chronik history; (*mittelalterlich*) chronicle
chronisch chronic (*Adv* chronically) ◇ *chronische Schmerzen* chronic pain ◇ *die Behandlung chronisch Kranker* the care of the chronically sick ◇ *chronischer Personalmangel* a chronic shortage of staff
Chronist(in) chronicler (*auch fig*)
Chronologie chronology; (*Folge*) sequence ◇ *die Chronologie der Ereignisse* the sequence of events
chronologisch chronological (*Adv* chronologically) ◇ *in chronologischer Folge* in chronological order
Chrysantheme chrysanthemum
ciao see you!, cheers, (*AmE*) so long
circa → ZIRKA
cis, Cis C sharp
City town centre, (*AmE*) downtown area ◇ *zum Einkaufen in die City fahren* go into town to shop ◇ *die Leipziger City* the centre of Leipzig
Clan clan
clean clean
clever clever (*Adv* cleverly); (*gerissen*) crafty (*Adv* craftily); (*geschäftstüchtig*) shrewd (*Adv* shrewdly)
Clinch (SPORT) clinch IDM **mit jdm (wegen einer Sache) im Clinch liegen** be at loggerheads with sb (over sth)
Clip **1** → VIDEOCLIP **2** → OHRKLIPP
Clique **1** (*Freundeskreis*) gang, crowd **2** (*Interessengemeinschaft*) clique
Cliquenwirtschaft cronyism; (*Vetternwirtschaft*) nepotism
Clou **1** (*Höhepunkt*) highlight ◇ *Die Band war der Clou des Abends.* The band were the highlight of the evening. ◇ *Aber jetzt kommt der Clou!* Wait for it! **2** (*Besonderheit*) clever thing ◇ *Der Clou an der Software ist …* The clever thing about the software is …
Clown(in) clown IDM **den Clown spielen** act the fool
Club → KLUB
CO2 carbon dioxide, CO2
CO2-Ausgleich carbon offset **CO2-neutral** carbon neutral
Coach coach
Cockpit cockpit; (*bei großen Flugzeugen*) flight deck
Cocktail cocktail
Code → KODE
Cognac® cognac → *Siehe auch* KOGNAK
Collage collage ◇ *eine Collage aus Papier und Draht* a collage of paper and wire
Come-back comeback ◇ *ein Come-back feiern* make a comeback
Comic **1** (*auch* **Comicstrip**) (strip) cartoon, (*AmE*) comic strip **2** (*auch* **Comicheft**) comic
Computer computer ◇ *Ich arbeite am Computer.* I work on/at a computer. ◇ *Der Betrieb hat auf Computer umgestellt.* The business has been computerized.
Computerfehler computer error **computergesteuert** computer-controlled **computergestützt** computer-aided ◇ *computergestütztes Design* computer-aided design **Computerkriminalität** computer crime **Computerprogramm** computer program **Computerspiel** computer game
Container **1** (*Behälter*) container; (*Altglas-*) bottle bank; (*Altpapier-*) paper bank; (*Müll-*) skip, (*AmE*) dumpster **2** (*Wohn-*) prefabricated hut
Contergan® thalidomide
cool **1** cool (*Adv* coolly), calm (*Adv* calmly) ◇ *Sie hat es cool zur Kenntnis genommen.* She noted it coolly. ◇ *cool bleiben* keep calm **2** (*gut*) cool ◇ *ein cooler Typ* a cool dude ◇ *Sie lässt immer so coole Sprüche los.* She comes out with these really cool things.
Copyright copyright ◇ *unter Copyright stehen* be under copyright
Cord cord
Cordhose cords [Pl]
Corpus delicti (*Waffe*) weapon; (*Beweisstück*) piece of incriminating evidence
Couch couch, sofa
Couchgarnitur three-piece suite **Couchtisch** coffee table
Count-down countdown ◇ *Der Count-down läuft.* The countdown has begun. ◇ *der Count-down für die Olympischen Spiele* the countdown to the Olympic Games
Coup coup ◇ *einen Coup landen* pull off a coup
Coupé coupé
Courage courage, guts [Pl] (*umgs*) ◇ *die Courage aufbringen etw zu tun* pluck up the courage to do sth
couragiert brave (*Adv* bravely)
Cousin, Cousine cousin ◇ *Petra ist eine Cousine von Hans.* Petra is Hans' cousin. ◇ *Ich habe zwei Cousins und drei Cousinen.* I've got two male cousins and three female ones. ◇ *ein Cousin ersten/zweiten Grades* a first/second cousin
Crack[1] *der* ace
Crack[2] *das* crack
Creme cream (*auch fig*)
cremefarben cream
cremig creamy
Croissant croissant
Crux (*Schwierigkeit*) problem; (*Last*) burden ◇ *Die Crux an der Sache ist …* The problem with it is …
Curry (*Gewürz*) curry powder; (*Gericht*) curry
Currysoße curry sauce **Currywurst** ≈ sausage with curry sauce
Cursor cursor
Cutter(in) (film) editor
Cyber- **Cyberangriff** cyberattack **Cybermobbing** cyberbullying

D d

D, d (*Buchstabe*) (MUS) D, d → *Beispiele bei* A
da[1] *Adv* **1** (*dort*) there ◇ *Da liegen sie doch!* There they are! ◇ *Ich werde da sein.* I'll be there. ◇ *„Welchen Ring möchtest du?“ „Den da!“* 'Which ring would you like?' 'That one (there)!' ◇ *Das Auto da habe ich schon mal gesehen.* I have seen that car before. ◇ *da hinten* back there ◇ *da drüben* over there ◇ *Wer ist da?* Who's there? ◇ *Es war keiner da.* There was nobody there. **2** (*hier*) here ◇ *Sind alle da?* Is everyone here? ◇ *Da, nimm.* Here, have this. ◇ *Da sind wir.* Here we are. ◇ *Ist die Chefin da?* Is the boss in? ◇ *Ich bin gleich*

wieder da. I'll be back in a minute. ◇ *Wenn er nicht selbst da ist, läuft nichts.* When he's not around, nothing gets done. ◇ *Da kommt der Bus.* Here comes the bus. **3 ~ sein** ◇ *Es ist nichts mehr da.* There's nothing left. ◇ *Sie war nur für ihn da.* She lived only for him. ◇ *Er war noch nicht ganz da.* He was not quite awake. ◇ *Sie ist geistig noch voll da.* She's still with it. ◇ *Das ist noch nie da gewesen.* It's never happened before. **4** (*dann, damals*) then ◇ *von da an* from then on ◇ *Da hieß es auf einmal, dass …* Then we suddenly heard that … ◇ *Heute Abend, da gehe ich ins Kino.* I'm going to the cinema this evening. ◇ *Wir haben da ein Problem.* We've got this problem. **5** (*in diesem Fall*) ◇ *Da kann ich nicht mehr mithalten.* I can't keep up with that. ◇ *Ich weiß nicht, was man da noch tun könnte.* I don't know what else could be done (in this case). **6** (*als Einleitung*) ◇ *Da fällt mir noch ein …* That reminds me … ◇ *Du hast so viel durchgemacht, da sollte er dir diese Pause gönnen.* You've had such a lot to cope with, he really should let you have a break. ◇ *Er hat so viel um die Ohren, da kann das schon mal passieren.* It can easily happen. He's got so much on his plate. ◇ *Es war schon spät, da habe ich gedacht, ich kann nicht mehr anrufen.* It was late, so I thought I'd better not ring. ◇ *Da gehst du am besten gleich zum Arzt.* You'd better go straight to the doctor. ◇ *Da siehst du, was du angestellt hast!* Now look what you've done! ◇ *Da haben wir's!* I told you! ◇ *Da hat er nicht schlecht gestaunt.* That gave him something to think about. **IDM** **da und da** such and such a place ◇ *Er sagte, wir sollten uns da und da melden.* He told us to go to such and such place. **da und dort** here and there → *Siehe auch* HIER

da² *Konj* **1** (*weil*) since, as ◇ *Da sich jetzt ohnehin nichts mehr ändern lässt, …* Since nothing can be done about it now anyway, … **2** (*als*) when

dabehalten keep ◇ *Kann ich das Buch dabehalten?* Can I keep the book? ◇ *Im Krankenhaus wollte man sie gleich dabehalten.* At the hospital they wanted to keep her in. ◇ *Die Mutter hätte sie gerne dabehalten.* Her mother would have liked her to stay.

dabei **1** (*bei einer Sache*) with/at/in it ◇ *Könntest du mir dabei helfen?* Could you help me with it? ◇ *Ich habe die Austellung gesehen. Es waren viele Monets dabei.* I saw the exhibition. There were a lot of Monets in it. ◇ *Er hat sich nichts dabei gedacht.* He didn't think anything of it. ◇ *Er hatte gemischte Gefühle dabei.* He had mixed feelings about it. ◇ *Die Kraft ist dabei nicht entscheidend.* Strength is not the important thing here. ◇ *Dabei lernt man viele Leute kennen.* You meet a lot of people (doing it). ◇ *Dabei fällt mir noch ein …* Talking of which … → *Siehe auch* BEI **2** (*währenddessen*) ◇ *Er aß und sprach dabei.* He was talking and eating at the same time. ◇ *„Nein", sagte sie und schüttelte dabei den Kopf.* 'No', she said, shaking her head. ◇ *Ich habe ihn dabei erwischt, wie er das Auto knacken wollte.* I caught him trying to steal the car. **3** (*vorhanden, beteiligt*) (*meist nicht übersetzt*) ◇ *eine Schule mit einer Schwimmhalle dabei* a school with a swimming pool ◇ *Da ist für jeden Geschmack etwas dabei.* There's something to suit all tastes. ◇ *Ein bisschen Glück ist auch dabei.* There's an element of luck in it. ◇ *Da bin ich dabei.* Count me in. ◇ *Wenn es Ärger gibt, ist er immer dabei.* He's always one of the troublemakers. **4 ~ sein** (*im Begriff sein*) be (just) doing it; **~ sein, etw zu tun** be (just) doing sth ◇ *Er ist gerade dabei.* He's just doing it. ◇ *Ich war gerade dabei abzuschließen.* I was just locking up. ◇ *Ich bin dabei, das letzte Kapitel zu schreiben.* I'm just writing the last chapter. **5** (*obwohl*) yet ◇ *Dabei sah es heute früh gar nicht so schön aus.* And yet this morning it didn't look as if it was going to be fine. **6 ~ bleiben** ◇ *Es bleibt dabei, zu keinem ein Wort.* It's agreed, nobody's to know. ◇ *Und dabei blieb es.* And that was the end of the matter. **IDM** **Da ist doch nichts dabei!** There's nothing to it!

dabeibleiben stick with it (*umgs*) **dabeihaben** **1** (*bei sich haben*) have *sb/sth* with you ◇ *Er hatte seine Frau dabei.* He had his wife with him. ◇ *seinen Führerschein dabeihaben* have your driving licence with/on you **2 jdn ~ wollen** want sb to be there ◇ *Sie wollte jemanden von der Gewerkschaft dabeihaben.* She wanted somebody from the union to be there. **dabeistehen** stand there

dableiben stay; (*zurückbleiben*) stay behind ◇ *Bleib doch noch ein bisschen da.* Please stay a bit longer.

Dach roof ◇ *auf dem Dach* on the roof ◇ *Mein Zimmer ist unterm Dach.* My room is in the attic. **IDM** **ein Dach über dem Kopf haben** have a roof over your head **eins aufs Dach kriegen/bekommen** **1** (*Schläge*) get hit on the head **2** (*Zurechtweisung*) get an earful (*umgs*) **unter Dach und Fach** signed and sealed **unter einem Dach** under one roof ◇ *unter einem Dach leben* live under the same roof → *Siehe auch* SPATZ

Dachboden attic, (*BrE auch*) loft ◇ *den Dachboden ausbauen* convert the loft **Dachdecker(in)** roofer **Dachfenster** skylight **Dachgarten** roof garden **Dachgaube** dormer window **Dachgepäckträger** roof rack **Dachgeschoss** attic ◇ *ein ausgebautes Dachgeschoss* a converted attic ◇ *im Dachgeschoss wohnen* live on the top floor **Dachorganisation** umbrella organization **Dachpappe** roofing felt **Dachrinne** gutter

Dachs badger

Dachschaden **IDM** **einen Dachschaden haben** have a screw loose

Dach- **Dachstuhl** roof, roof timbers [Pl] **Dachterrasse** roof terrace **Dachverband** umbrella organization **Dachwohnung** attic flat **Dachziegel** (roof) tile

Dackel dachshund

daddeln **1** (*am Spielautomaten*) play on gaming machines **2** (*an der Spielkonsole, am Computer, Gameboy etc.*) play computer games

dadurch **1** through it/them ◇ *Du musst dadurch gehen.* You have to go through there. → *Siehe auch* DURCH **2** (*durch diesen Umstand*) as a result ◇ *Dadurch wurde das Ganze nur noch schlimmer.* As a result things got worse. ◇ *Sie verteidigte ihn und gewann ihn dadurch für sich.* She defended him, and by doing this she won him over. ◇ *Und dadurch kam es, dass er Schauspieler wurde.* That's the reason he became an actor. ◇ *Es ändert sich dadurch nichts.* It doesn't change anything. **3 ~, dass …** (*weil*) because …; (*indem*) by … ◇ *Behindert wurden die Untersuchungen auch dadurch, dass …* The investigation was also hampered by … ◇ *Sie zeichnete sich vor allem dadurch aus, dass …* She distinguished herself above all by …

dafür **1** (*für etwas*) for sth ◇ *Das Geld ist dafür.* This money is for it. ◇ *Dafür engagiere ich mich gern.* I'd like to get involved (in it). ◇ *Dafür ist es jetzt zu spät!* It's too late for that now! ◇ *die dafür zuständigen Lehrer* the teachers responsible for this ◇ *Er ist kein Fachmann, aber man könnte ihn dafür halten.* He's not an expert but you'd think he was. → *Siehe auch* FÜR **2** ◇ *Das ist kein Grund dafür, nicht anzurufen.* That's no reason for not ringing. ◇ *Dafür, dass er erst zwei Jahre Englisch lernt, spricht er schon sehr gut.* Considering he's only been learning it for two years, his English is very good. **3 ~ sein** be in favour (of it), (*AmE*) be in favor (of it) ◇ *Die Mehrheit der Leute ist dafür.* The majority of people are in favour. ◇ *Ich bin dafür, dass Gebühren eingeführt werden.* I'm in favour of charges being introduced. **4** **(aber) ~** *(stattdessen)* but; *(andererseits)* but then ◇ *Sie kam spät, aber dafür bleibt sie länger.* She arrived late but she's staying longer. ◇ *Es ist zwar nicht neu, aber dafür kostenlos.* It's not new but then it is free. **5** **nichts ~ können** ◇ *Er konnte nichts dafür.* It wasn't his fault. ◇ *Ich kann auch nichts dafür, dass er mich mag.* I can't help it if he fancies me.

dagegen **1** *(gegen etw)* against it ◇ *Ich bin aus Versehen dagegen gekommen.* I knocked against it by accident. ◇ *Alles sprach dagegen, dass er gewinnen würde.* Everything was against him winning. ◇ *Dagegen kann man nichts machen.* You can't do anything about it. ◇ *Was ist dagegen einzuwenden?* What's wrong with that? → *Siehe auch* GEGEN **2** **etwas ~ haben** mind; *(stärker)* object; **nichts ~ haben** not mind ◇ *Hätten Sie etwas dagegen, wenn ich das Fenster aufmache?* Would you mind if I opened the window? ◇ *Sie hat etwas dagegen, dass du mitkommst.* She objects to your coming. ◇ *Sie hatten nichts dagegen.* They didn't mind. ◇ *Natürlich habe ich nichts dagegen.* Of course I don't mind. ◇ *Was hast du denn dagegen?* What have you got against it? **3** **~ sein** be against (it) ◇ *Sie ist dagegen.* She's against it. ◇ *Ich bin strikt dagegen, dass sie ihren Hund mitbringt.* I strongly object to her bringing the dog. **4** in comparison; *(im Gegensatz)* by contrast ◇ *Dagegen war das ein Kinderspiel.* This was a piece of cake in comparison. ◇ *Hier blüht es. Bei uns dagegen liegt noch Schnee.* Here the flowers are out. At home, on the other hand, there is still snow.

dagegenhalten **1** *(entgegnen)* counter **2** *(sich durchsetzen)* hold your own

dagegenstellen **sich ~** oppose it ◇ *Sie stellte sich dagegen.* She opposed it.

dahaben **1** *(vorrätig haben)* have ◇ *Haben wir Reis da?* Have we got any rice? **2** **jdn ~** ◇ *Wir haben einen Austauschschüler da.* We've got an exchange student staying. ◇ *Wir haben Freunde zum Essen da.* We've got friends here for dinner. ◇ *Er hat die Handwerker da.* He's got the workmen in.

daheim (at) home ◇ *Willkommen daheim.* Welcome home. ◇ *daheim in Spanien* back home in Spain
daheimbleiben stay at home

daher **1** *(deshalb)* that's why, therefore *(gehoben)* ◇ *Ach — daher also sein plötzlicher Fleiß!* Ah — so that's why he's suddenly working so hard. ◇ *Es gibt daher keinen Grund zur Besorgnis.* Therefore there is no cause for concern. ◇ *Die Alpenrose wächst im Hochgebirge — daher auch der Name.* The alpine rose grows at high altitudes — hence the name. ◇ *Ihre Unzufriedenheit kam daher, dass …* The reason for their discontent was that … **2** **(von) ~** *(von einem Ort)* from there ◇ *Ich komme gerade von daher.* I've just come from there. ◇ *Von daher droht keine Gefahr.* There's no danger from that quarter.
dahergelaufen ◇ *ein dahergelaufener Typ* a bum ◇ *jeder Dahergelaufene* any Tom, Dick or Harry **daherreden** **1** talk and talk, prattle on **2** **etw ~** say sth without thinking ◇ *Das hat er nur so dahergeredet.* He just said it without thinking. ◇ *dummes Zeug daherreden* talk nonsense **dahersagen** say *sth* without thinking

dahin **1** there ◇ *Dahin können wir mit dem Auto fahren.* We can get there by car. ◇ *Wir setzten uns dahin, wo es etwas Schatten gab.* We sat down where there was some shade. **2** **bis ~** *(so lange bis)* until then; *(bis spätestens)* by then ◇ *Man glaubte bis dahin, die Erde sei eine Scheibe.* People thought until then that the earth was flat. ◇ *Eröffnung ist am 31. — bis dahin muss alles fertig sein.* The opening is on the 31st — everything has to be ready by then. IDM **etw ist dahin** sth has had it *(umgs)* ◇ *Jetzt ist die Uhr endgültig dahin.* The watch has finally had it.

dahingestellt **1** **etw ~ (sein) lassen** leave sth aside ◇ *Lassen wir die Frage, wer schuld ist, mal dahingestellt sein.* Let's leave aside for the moment the question of who is to blame. ◇ *Ob das eine gute Entscheidung war, lasse ich mal dahingestellt.* Whether it was the right decision is another matter. **2** **es sei ~, ob** it remains to be seen whether ◇ *Ob man ihm trauen kann, sei dahingestellt.* It remains to be seen whether he can be trusted. **3** **etw bleibt noch ~** sth hasn't yet been decided ◇ *Wer ihr Nachfolger wird, bleibt noch dahingestellt.* It hasn't yet been decided who will succeed her.

dahinten back there

dahinter **1** behind it; *(jenseits)* beyond it ◇ *Weißt du, wo das Odeon ist? Genau dahinter wohne ich.* Do you know where the Odeon is? I live right behind it. ◇ *Hier ist das Wohnzimmer, und dahinter ist die Küche.* This is the living room and beyond it is the kitchen. → *Siehe auch* HINTER **2** **sich ~ klemmen** make a real effort ◇ *Er muss sich wirklich dahinter klemmen, wenn er die Prüfung bestehen will.* He'll have to make a real effort if he wants to pass the exam. **3** **~ kommen** work sth out ◇ *Ich kam erst ziemlich spät dahinter, wer der Mörder war.* It took me a long time to work out who the murderer was. **4** **~ stecken** be behind it ◇ *Dass dieses Motiv dahinter steckte, hätte ich nicht gedacht.* I wouldn't have thought that this was the motive behind it. **5** **~ stehen** *(unterstützen)* support sth **6** **~ stehen** *(Motiv sein)* be behind it

dalassen leave *sb/sth* there; *(hier lassen)* leave *sb/sth* here

daliegen lie there ◇ *Der Löwe lag friedlich da.* The lion was lying there peacefully. ◇ *Ich könnte hier den ganzen Tag nur so daliegen.* I could just lie here all day.

damalig *(Präsident, Minister etc.)* then [nur vor Nomen] ◇ *die damalige Premierministerin* the then Prime Minister ◇ *mein damaliger Freund* my boyfriend at the time

damals then ◇ *Tja, damals war alles noch anders.* Yes, well, everything was different then. ◇ *Ich lernte ihn kennen, als ich damals nach Rom fuhr.* I met him when I went to Rome that time. ◇ *Damals, als sie in Irland wohnte, …* At the time when she was living in Ireland …

Dame **1** lady ◇ *Meine Damen und Herren …* Ladies and gentlemen … ◇ *eine wirkliche Dame* a real lady **2** *(Schach, Kartenspiel)* queen **3** *(Gesellschaftsspiel)* draughts [U], *(AmE)* checkers [U] IDM **die Dame des Hauses** the lady of the house **sehr geehrte/verehrte Damen und Herren** *(Brief)* Dear Sir/Madam; *(Rede)* ladies and gentlemen → *Siehe auch* WELT
Damenbekleidung womenswear **Damenbinde** sanitary towel, *(AmE)* sanitary napkin **Damenmannschaft** women's team **Damenmode** ladies' fashion **Damentoilette** ladies' toilet, *(AmE)* ladies' room **Damenwahl** ladies' choice

damit[1] *Konj* so (that) ◇ *Mach die Tür zu, damit es nicht zieht.* Shut the door so that it's not draughty.

damit[2] *Adv* **1** with it/them ◇ *Was hast du damit gemacht?* What have you done with it/them? ◇ *Hör auf damit!* Stop that! ◇ *Her damit!* Give it to me! ◇ *Wie wär's damit?* How about it? ◇ *Damit wird er nichts erreichen.* That won't get him anywhere. ◇ *Was wollen Sie damit andeuten?* What do you mean to imply by that? → *Siehe auch* MIT **2** *(darum)* ◇ *Er hat einen großen Fehler gemacht und sich damit alle Chancen verspielt.* He made a mistake and as a result ruined his chances. ◇ *Er hat sich entschuldigt und damit war die Sache erledigt.* He apologized and that was the end of the matter. ◇ *Sie spricht kein Französ-*

sisch und ist damit für den Job nicht qualifiziert. She doesn't speak French and so is not qualified for the job.

dämlich stupid

Damm **1** (*Stau-*) dam **2** (*Schutzwall*) embankment, (*AmE*) levee; (*Deich*) dyke **3** (*Straßen-, Bahn-*) embankment; (*zwischen Insel und Festland*) causeway

dämmen insulate

dämmerig dark, gloomy ◇ *Es wurde dämmerig.* It was getting dark.

dämmern **1** (*am Morgen*) get light **2** (*am Abend*) get dark **3 der Morgen/Tag dämmert** dawn breaks ◇ *Der Morgen dämmerte schon.* Dawn was already breaking. **4 der Abend dämmert** it is dusk **5 vor sich hin ~** be comatose; (*dösen*) doze **6 jdm dämmert etw** sth dawns on sb

Dämmerung **1** (*Abend-*) dusk, twilight ◇ *vor Einbruch der Dämmerung* before dusk ◇ *In der Dämmerung fahre ich nur ungern mit dem Auto.* I don't like driving in the twilight. **2** (*Morgen-*) dawn, daybreak ◇ *Sie brachen noch in der Morgendämmerung auf.* They set off at dawn.

Dämon demon

dämonisch demonic (*Adv* demonically); (*Lächeln*) devilish ◇ *dämonische Kräfte* demonic powers

Dampf **1** vapour, (*AmE*) vapor [U]; (*Wasser-*) steam [U] **2 Dämpfe** (*Chemie*) fumes [Pl] ◇ *Bei der Verbrennung von Plastik entstehen schädliche Dämpfe.* Harmful fumes are given off when plastic is burned. IDM **aus etw ist der Dampf raus** sth has run out of steam **Dampf ablassen** let off steam **jdm Dampf (unterm Hintern) machen** give sb a kick up the backside (*umgs*)

dampfen **1** steam ◇ *eine dampfende Tasse Kaffee* a cup of steaming coffee ◇ *Aus dem Krater dampfte es.* There was steam rising from the crater. **2** (*E-Zigarette rauchen*) vape

dämpfen **1** (*Geräusche*) deaden ◇ *Der Lärm wird durch das Waldstück gedämpft.* The noise is deadened by the stretch of woodland. ◇ *Der Schnee dämpfte alle Geräusche.* The snow muffled any sound. **2** (*Aufprall etc.*) cushion ◇ *Das Gras hat den Aufprall gedämpft.* The grass cushioned the fall. **3** (*Hoffnungen, Optimismus. Nachfrage etc.*) dampen ◇ *Er dämpfte ihre Hoffnungen.* He dampened their hopes. **4** (*Gemüse etc.*) steam

Dampfer steamer IDM **auf dem falschen Dampfer sein/sitzen** be barking up the wrong tree (*umgs*)

Dämpfer (*Klavier*) damper; (*Streich- oder Blasinstrument*) mute IDM **jdm einen Dämpfer aufsetzen** put a damper on sb's enthusiasm, self-confidence, spirits, etc. ◇ *Die Absage setzte ihr einen Dämpfer auf.* The refusal put a damper on her self-confidence. **etw einen Dämpfer aufsetzen** put a damper on sth **einen Dämpfer bekommen/erhalten** suffer a setback; (*gerügt werden*) be taken down a peg or two

Dampf- **Dampflok**, **Dampflokomotive** steam engine, steam locomotive (*gehoben*) **Dampfmaschine** steam engine **Dampfnudel** (yeast) dumpling **Dampfschiff** steamer, steamship

Dämpfung reduction ◇ *eine Dämpfung der Kosten* cost reductions

danach **1** after it/them → *Siehe auch* NACH **2** (*zeitlich*) after (that), afterwards, (*AmE auch*) afterward ◇ *Kurz danach ging er.* Soon after, he left. ◇ *Danach sah ich sie nie wieder.* I never saw her again after that. ◇ *Was danach kommt, weiß ich nicht.* I don't know what will happen after that. ◇ *Wir gehen danach noch ins Kino.* We're going on to the cinema afterwards. ◇ *Ich kam um sechs und sie kurz danach.* I arrived at six and she came shortly afterwards. ◇ *unmittelbar danach* immediately afterwards ◇ *drei Jahre danach* three years later ◇ *am Tag danach* the next/following day IDM **jdm ist nicht danach** ◇ *Ihm ist nicht danach.* He doesn't feel like it. ◇ *Mir ist überhaupt nicht danach mitzugehen.* I really don't feel like going.

daneben **1** next to it/them → *Siehe auch* NEBEN **2** (*im Vergleich*) in comparison ◇ *Daneben wirkt unser Haus geradezu winzig.* Our house looks positively tiny in comparison. **3** (*außerdem*) in addition ◇ *Es werden viele Sprachkurse angeboten. Daneben gibt es auch Zeichenkurse.* There are a lot of language classes on offer. In addition there are also drawing classes. ◇ *Sie hat einen anstrengenden Job und spielt daneben noch in einer Band.* She has a demanding job and plays in a band as well. **4 Daneben!** Missed! IDM **daneben sein** **1** (*verwirrt*) be not with it ◇ *Heute ist er etwas daneben.* He's not really with it today. **2** (*unwohl*) feel a bit under the weather **3** (*unangebracht*) be out of order; (*schlecht*) be awful

danebenbenehmen **sich ~** **1** make an exhibition of yourself **2** ◇ *Er hat sich auf der Party danebenbenommen.* He made an exhibition of himself at the party. ◇ *Da hast du dich ja wieder danebenbenommen!* Can't take you anywhere! **danebengehen** **1** (*das Ziel verfehlen*) miss (the target) **2** (*fehlschlagen*) go wrong; (*misslingen*) be a flop (*umgs*) ◇ *Gestern ging alles daneben.* Yesterday everything went wrong. **danebenliegen** (*Schätzung*) be wide of the mark; (*Vermutung*) be on the wrong track ◇ *Ich lag mit meiner Schätzung völlig daneben.* My estimate was very wide of the mark. **danebentreffen** miss

dank thanks to *sb/sth* ◇ *Dank seiner Geistesgegenwart ist nichts passiert.* Thanks to his presence of mind nothing happened.

Dank thanks [Pl]; (*Dankbarkeit*) gratitude ◇ *Und das ist nun der Dank dafür!* And that's all the thanks I get! ◇ *Mein besonderer Dank gilt den freiwilligen Helfern.* My special thanks go to the volunteer helpers. ◇ *jdm Dank schulden* owe sb a debt of gratitude ◇ *jdm seinen Dank aussprechen* express your gratitude to sb ◇ *zum/als Dank dafür* as a thank you ◇ *Wir sind Ihnen zu großem Dank verpflichtet.* We are greatly indebted to you. ◇ *Vielen Dank!* Thank you very much. ◇ *Besten Dank!* Thanks a lot. ◇ *Herzlichen Dank!* Thank you very much indeed. IDM → GOTT

dankbar **1** (*voll Dank*) grateful (*Adv* gratefully) ◇ *Ich bin dir sehr dankbar.* I am very grateful to you. ◇ *Sie nahm die Hilfe dankbar an.* She gratefully accepted the help. ◇ *Sie ist für jede Abwechslung dankbar.* She's always glad of a change. **2** (*Zuhörer, Publikum*) appreciative **3** (*Arbeit, Aufgabe*) rewarding

Dankbarkeit gratitude ◇ *aus Dankbarkeit für etw* in gratitude for sth ◇ *als Ausdruck meiner Dankbarkeit* as a token of my appreciation

danke thank you, thanks (*umgs*); (*Ablehnung*) no, thank you ◇ *Danke, dass ihr gekommen seid.* Thanks for coming. ◇ *Danke, dass du uns geholfen hast.* Thanks for your help. ◇ *Danke schön/sehr.* Thank you (very much). ◇ *„Soll ich dir ein Taxi bestellen?" — „Danke, es geht schon."* 'Shall I order a taxi?' 'No, thanks, I'll manage.'

danken **1 jdm (für etw) ~** thank sb (for sth) ◇ *Ich möchte euch allen für eure Hilfe danken.* I should like to thank you all for your help. ◇ *Er lehnte dankend ab.* He declined with thanks. ◇ *Nichts zu danken!* It's a pleasure. **2 jdm etw ~** reward sb for sth ◇ *So danken sie dir also deine Hilfe!* So that's how they reward you for your help! ◇ *Man wird es ihm nicht danken.* He'll get no thanks for it.

Dankeschön **1** (*Worte*) thank you **2** (*Geschenk*) thank-you present

Dankeswort word of thanks ◇ *herzliche Dankesworte sprechen* express your sincere thanks

dann **1** (*danach*) then ◇ *Und was ist dann passiert?* And then what happened? ◇ *Er fuhr nach Wien und dann nach Graz.* He went to Vienna and then on to Graz. ◇ *Neben der Küche ist das Bad und dann das Schlafzimmer.* Next to the kitchen is the bathroom and then comes the bedroom. ◇ *Und dann muss ich ja auch noch meine Miete zahlen!* And then on top of that I have to pay my rent! **2** (*in diesem Fall*) then, in that case ◇ *Also, wir sehen uns dann bei mir.* So we'll meet at my place then. ◇ *Dann eben nicht!* In that case, forget it! ◇ *Wenn du das nicht verstehst, wer dann?* If you can't understand it, who can? ◇ *Ich gehe nur dann, wenn…* I'll only go if… IDM **Bis dann!** See you! **dann und dann** (*Zeit*) at such and such a time; (*Tag*) on such and such a date **dann und wann** now and then

daran on it/them, to it/them, at it, of it → *Siehe auch* AN

darangehen **~, etw zu tun** set about doing sth **daranmachen** **sich ~, etw zu tun** start to do sth ◇ *Hast du dich immer noch nicht darangemacht?* Haven't you started yet? **daransetzen** **1 alles ~, etw zu tun** do your utmost to do sth **2 sich ~** get down to it ◇ *Wenn du dich mal daransetzt, geht es ganz schnell.* Once you get down to it, it won't take long.

darauf **1** on it/them → *Siehe auch* AUF **2** (*danach*) after (that), afterwards ◇ *kurz darauf* soon after ◇ *wenige Tage darauf* a few days later **3** (*daraufhin*) to it/that ◇ *Was hast du darauf gesagt?* What did you say to that? ◇ *Darauf ist ihm nicht viel eingefallen.* He couldn't think of a reply.

daraus out of it/them → *Siehe auch* AUS IDM **sich nichts daraus/draus machen** not worry about sth ◇ *Sie macht sich nichts daraus, wenn man über sie redet.* It doesn't worry her if people talk about her. ◇ *Mach dir nichts draus!* Don't worry about it!

darbieten **1** (*aufführen*) perform; (*präsentieren*) present **2 (jdm) etw ~** (*anbieten*) offer (sb) sth **3 sich (jdm) ~** present yourself (to sb) ◇ *In dieser Ausstellung bietet sich eine Fülle an historischem Material dar.* In this exhibition a wealth of historical material is presented.

Darbietung **1** (*Aufführung*) performance; (*Präsentation*) presentation **2** (*Nummer*) act

darin in it/them → *Siehe auch* IN[1]

darlegen **(jdm) etw ~** explain sth (to sb), set sth out (to sb) ◇ *Er legte die Gründe für seine Entscheidung überzeugend dar.* He explained the reasons for his decision convincingly. ◇ *Der Vertrag legt die Besitzverhältnisse eindeutig dar.* The contract clearly sets out the conditions of ownership.

Darlegung **1** (*Erklärung*) explanation **2 Darlegungen** remarks [Pl] ◇ *ihre Darlegungen über die finanzielle Situation* her remarks about the financial situation ◇ *Seinen Darlegungen war zu entnehmen, dass…* We understand from what he said that… ◇ *nach Darlegungen des Autors* according to the author

Darlehen loan ◇ *ein Darlehen aufnehmen/zurückzahlen* take out/pay back a loan ◇ *Ihm wurde ein Darlehen von 10 000 € gewährt.* He was given a loan of €10 000.

Darm **1** bowels [Pl], intestines [Pl] (*Fachspr*) **2** (*für Saiten*) gut; (*als Wursthaut*) skin

Darmkrebs bowel cancer

darstellbar **1** (*abbildbar*) = that can be shown [nicht vor Nomen]; (*Eindruck, Konzept etc.*) that can be conveyed [nicht vor Nomen] ◇ *Die Ergebnisse der Umfrage sind grafisch darstellbar.* The results of the survey can be shown in a diagram. ◇ *Die Wirklichkeit ist im Film nicht darstellbar.* Reality cannot be conveyed in a film. **2** (*machbar*) feasible

darstellen **1** (*zeigen*) show, portray (*gehoben*) ◇ *Das Bild stellt den Selbstmord des Seneca dar.* The painting shows Seneca's suicide. ◇ *Der Held wird als Außenseiter dargestellt.* The hero is portrayed as an outsider. **2** (*bedeuten*) represent; (*sein*) be, constitute (*gehoben*) ◇ *Der rote Punkt stellt die aufgehende Sonne dar.* The red dot represents the rising sun. ◇ *Was soll das darstellen?* What's it supposed to be? ◇ *Das stellt 25% der Gesamtkosten dar.* That represents 25% of the total cost. ◇ *Das Rauchen stellt das größte Gesundheitsproblem für die Bevölkerung dar.* Smoking constitutes the greatest public health risk. **3** (*präsentieren*) present; (*beschreiben*) describe ◇ *Sie stellte ihre Ergebnisse grafisch dar.* She presented her results in diagrams. ◇ *Er stellte seinen Lehrer sehr positiv dar.* He described his teacher in very positive terms. ◇ *Das Thema wurde in den Medien verzerrt dargestellt.* The subject was distorted in the media. ◇ *Er hat das aber ganz anders dargestellt.* He gave a quite different version of events. **4** (THEAT) play ◇ *Sie stellte die Maria Stuart dar.* She played Mary Stuart. ◇ *die darstellende Kunst* the performing arts **5** (NATURW) produce **6 sich (als etw) ~** (*erscheinen*) appear (to be) sth ◇ *Es war gar nicht so schlimm, wie es sich erst dargestellt hatte.* It wasn't as bad as it had first appeared. ◇ *Dargestellt hatte es sich so:…* This was how it looked… **7 sich als etw ~** (*sich ausgeben*) present yourself as sth ◇ *Die Angeklagten haben sich als Opfer dargestellt.* The accused presented themselves as victims.

Darsteller(in) actor ◇ *Er ist berühmt als Darsteller komischer Rollen.* He is famous as a comic actor.

Darstellung **1** portrayal ◇ *die Darstellung von Frauen in den Medien* the portrayal of women in the media ◇ *seine Darstellung des Tarzan* his portrayal of Tarzan ◇ *grafische Darstellungen* illustrations ◇ *schematische Darstellungen* diagrams **2** (*Schilderung*) account; (*Darlegung*) presentation ◇ *die filmische Darstellung von Gewalt* the presentation of violence in films ◇ *Nach Darstellung der Polizei…* According to the police,… **3** (NATURW) production

Darstellungsform form of expression, medium; (*Genre*) genre **Darstellungsweise** presentation; (*Stil*) style; (*Interpretation*) interpretation

darüber **1** over it/them → *Siehe auch* ÜBER **2 ~ hinaus** (*außerdem*) apart from that; (*obendrein*) also, in addition (*gehoben*), on top of that (*umgs*) ◇ *Darüber hinaus hatte sie nicht viel zu erzählen.* Apart from that she didn't have much to say. ◇ *Darüber hinaus hat er sich ein Bein gebrochen.* On top of that, he broke his leg. ◇ *Ein Preisaufschlag würde darüber hinaus unserem Image schaden.* A price increase would also damage our image. **3** (*währenddessen*) in the meantime **4** (*deshalb*) ◇ *Das Buch war so spannend, dass sie darüber ihre Verabredung vergaß.* She was so engrossed in her book that she forgot her appointment.

darum **1** round it/them → *Siehe auch* UM **2** (*deshalb*) that is why, because of that ◇ *Du hast sie geärgert, darum spricht sie nicht mehr mit dir.* You annoyed her — that's why she isn't talking to you any more. ◇ *Er ist Präsident und hat darum Vorbildfunktion.* He is the president and, because of that, has to set an example. ◇ *„Warum willst du nicht mitfahren?" „Darum!"* 'Why don't you want to come with me?' 'Because!' → *Siehe auch* HERUMKOMMEN

darunter under it/them, below it/them; (*dazwischen*) among them → *Siehe auch* UNTER

das → DER IDM → DIES

Dasein existence; (*Leben*) life ◇ *ein kümmerliches Dasein fristen* eke out a miserable existence

dasitzen **1** sit there ◇ *Er saß den ganzen Abend schweigend da.* He sat there in silence all evening. **2**

(*in einer schlechten Situation sein*) be left ◇ *Er saß mit den Kindern allein da.* He was left with the children.

dass **1** that ◇ *Ich glaube nicht, dass er kommt.* I don't think (that) he'll come. ◇ *Es ist nett von dir, dass du mich eingeladen hast.* It is nice of you to invite me. ◇ *Entschuldigen Sie, dass ich Sie störe.* Excuse me for bothering you. ◇ *Dass sie ihn belogen hatte, war das Schlimmste.* The fact that she had lied to him was the worst thing. ◇ *Dass mir das passieren musste!* Fancy that happening to me! ◇ *Sie gaben zu, dass sie dort waren.* They admitted that they were there. → *Siehe auch* SODASS **2 nicht, ~** not that ◇ *Nicht, dass ich wüsste.* Not that I know of. ◇ *Nicht, dass es mir etwas ausmachen würde.* Not that I would mind.

dasselbe → DERSELBE **IDM** → EIN², HERAUSKOMMEN *und* LIED

dastehen **1** stand there ◇ *Er stand da und sagte kein Wort.* He stood there and said nothing. **2** (*zurückbleiben*) be left ◇ *Wir würden ohne Job dastehen.* We'd be left without a job. ◇ *Nach dem Tode ihres Mannes stand sie allein da.* When her husband died, she was left all alone. **3** (*sich befinden*) be; **gut, schlecht, stark etc. ~** be in a good, poor, strong, etc. position ◇ *Wir stehen jetzt ärmer da als vorher.* We're worse off now than before. ◇ *Staaten, die wirtschaftlich besser dastehen als vor einem Jahr* countries that are in a better position economically than a year ago **4** (*aussehen*) ◇ *Wie stehe ich denn vor den Nachbarn da?* What will the neighbours think of me? **5 als etw ~** be seen as sth; (*hervorgehen*) come out as sth ◇ *Wir wollen nicht als Spielverderber dastehen.* We don't want to be seen as spoilsports. ◇ *Und dennoch könnte er nach der Wahl als Gewinner dastehen.* After the election he could still come out as the winner. **IDM** **(dumm) dastehen** be in a mess ◇ *Wenn es regnet, stehen wir dumm da!* If it rains, we'll be in a mess.

Datei **1** (*Register*) register; (*auf Computer auch*) database **2** (COMP) file

Daten **1** → DATUM **2** (*Informationen*) data [U] ◇ *Die neuesten Daten liegen noch nicht vor.* The latest data is not yet available. ◇ *Daten erfassen/sichern/abrufen* capture/back up/retrieve data

Datenbank database; (*Zusammenschluss mehrerer*) databank ◇ *eine Datenbank über gestohlene Autos/für Fingerabdrücke* a database of stolen cars/fingerprints **Datendiebstahl** (*auch* **Datenklau**) data theft ◇ *Zum besseren Schutz vor Datendiebstahl sollten Sie Ihre Passwörter regelmäßig wechseln.* You should change your passwords regularly to protect yourself against data theft **datengetrieben** data-driven **Datenmissbrauch** misuse of data **Datennetz** data network **Datenschutz** data protection ◇ *Diese Angaben fallen unter den Datenschutz.* This information is covered by the data protection act. **Datenschutzbeauftragte(r)** data protection commissioner **Datensicherheit** data security **Datenträger** medium **Datentransfer**, **Datenübertragung** data transfer **Datenverarbeitung** data processing

datieren **1** date ◇ *Bitte datieren Sie die Rechnung.* Please date your invoice. ◇ *ein vom 8. Juli datiertes Schreiben* a letter dated 8 July ◇ *Der Becher wird auf die Zeit um 2300 vor Christus datiert.* The cup is dated at around 2300 BC. **2** (*das Datum tragen*) be dated ◇ *Das Schreiben datiert vom 6. Mai.* The letter is dated 6 May. **3 aus … ~** (*stammen*) date from …, date back to … ◇ *Der Schmuck datiert aus dem 12. Jahrhundert.* The jewellery dates from the twelfth century. ◇ *Das Gesetz datiert aus dem Mittelalter.* The law dates back to the Middle Ages.

Datingseite dating site

Dativ dative

Dativobjekt indirect object

Dattel date

Datum **1** date ◇ *Welches Datum haben wir heute?* What's today's date?/What's the date today? ◇ *das heutige Datum* today's date **2 neueren/jüngeren Datums** recent; **älteren Datums** old **3** → DATEN

Datumsgrenze Date Line

Dauer **1** length, duration (*gehoben*) ◇ *unabhängig von der Dauer der Behandlung* irrespective of the length of the treatment ◇ *Die Karte ist für die Dauer der Festspiele gültig.* The ticket is valid for the duration of the festival. **2** (*Zeitspanne*) period ◇ *für die Dauer von drei Jahren* for a period of three years ◇ *Die Verhandlungen endeten nach dreitägiger Dauer mit einem Kompromiss.* The negotiations ended in compromise after three days. **3 von ~ sein** last ◇ *Ob diese Lösung von Dauer sein wird?* Will this be a lasting solution? **4 nicht von ~ sein**; **von kurzer ~ sein** be short-lived ◇ *Die Freude war von kurzer Dauer.* The joy was short-lived. **5 auf (die) ~** in the long term; (*unbegrenzt*) indefinitely ◇ *Der Stress macht einen auf die Dauer krank.* Stress makes you ill in the long term. ◇ *So kann es auf Dauer nicht weitergehen.* It can't go on like this indefinitely.

Dauerauftrag standing order ◇ *per Dauerauftrag* by standing order **Dauerbetrieb** continuous operation **Dauerbrenner** (*Erfolg*) perennial favourite; (*Sorge*) perennial concern; (*Thema*) topic that keeps coming up **Dauereinrichtung** permanent fixture

dauerhaft **1** *Adj* (*Frieden, Schaden, Erfolg*) lasting; (*Lösung, Beschäftigung*) permanent; (*Bindung, Aufenthalt*) long-term **2** *Adv* in the long term; (*permanent*) permanently ◇ *Diese Maßnahmen sollen den Erfolg des Unternehmens dauerhaft sichern.* These measures are aimed at securing the success of the company in the long term. ◇ *dauerhaft geschädigt* permanently damaged

Dauer- **Dauerkarte** season ticket **Dauerlauf** jog; (*Aktivität*) jogging ◇ *Sie macht jeden Tag einen Dauerlauf.* She goes for a jog every day. ◇ *Er hält sich fit mit Schwimmen und Dauerlauf.* He keeps fit by swimming and jogging. **Dauerlösung** permanent solution

dauern **1** last ◇ *Die Prüfung dauert drei Stunden.* The exam lasts three hours. **2** (*beanspruchen*) take ◇ *Der Flug dauert eine Stunde.* The flight takes an hour. **3** (*sich hinziehen*) be ◇ *Es wird noch eine Weile dauern, bis der Zug kommt.* It will be a while till the train arrives. ◇ *Es dauert nicht mehr lange.* It won't be long now.

dauernd **1** (*dauerhaft*) long-term; (*permanent*) permanent (*Adv* permanently) ◇ *dauernde Arbeitslosigkeit* long-term unemployment ◇ *eine dauernde Schädigung der Nieren* permanent kidney damage **2** (*wiederholt*) repeated [nur vor Nomen] (*Adv* repeatedly), constant (*Adv* constantly) ◇ *die dauernden Angriffe* the repeated attacks ◇ *Sie stellt mir dauernd dumme Fragen.* She's constantly asking me stupid questions.

Dauer- **Dauerstress** long-term stress **Dauerwelle** perm ◇ *Sie lässt sich eine Dauerwelle machen.* She is having a perm. **Dauerzustand** permanent state (of affairs)

Däumchen **IDM** **Däumchen drehen** twiddle your thumbs

Daumen thumb ◇ *Das Baby lutschte am Daumen.* The baby was sucking its thumb. **IDM** **(jdm) den/die Daumen drücken** keep your fingers crossed (for sb) ◇ *Ich drücke dir den Daumen, dass es klappt.* I'll keep my fingers crossed that it works out. **über den Daumen gepeilt** at a rough guess

Daunen down [U]

Daunendecke down-filled duvet **Daunenjacke** down jacket

Davidstern Star of David

davon of it/them, from it/them → *Siehe auch* VON IDM **Das hast du nun davon!** It serves you right! **Was habe ich etc. denn davon?** Why should I, etc? ◇ *„Du könntest deine Tante mal besuchen." „Was hab ich denn davon?"* 'You could go and see your aunt sometime.' 'Why should I?'
davonbleiben leave *sth* alone **davonkommen** **(mit etw) ~** escape (with sth), get away (with sth); *(Strafe auch)* get off (with sth) ◇ *Er kam mit dem Schrecken davon.* He escaped with a fright. ◇ *Er darf nicht ungestraft davonkommen.* He shouldn't be allowed to escape punishment. ◇ *Sie ist gerade noch einmal davongekommen.* She only just got away with it. ◇ *Das nächste Mal kommst du nicht so glimpflich davon.* You won't get away with it so easily next time. ◇ *Ich kam mit einem Bußgeld davon.* I got off with a fine. **davonlaufen** **1 (jdm/etw) ~** *(weglaufen)* run away (from sb/sth) *(auch fig)* ◇ *Du kannst nicht ewig vor deinen Problemen davonlaufen.* You can't keep on running away from your problems. **2 jdm ~** *(jdn verlassen)* leave sb **3 jdm ~** *(jdn abhängen)* outstrip sb **4** *(unkontrollierbar werden)* get out of control **davonmachen** **sich ~** take off; **sich mit etw ~** make off with sth
davor in front of it/sth; *(zeitlich)* before → *Siehe auch* VOR
dazu **1** to it/them → *Siehe auch* ZU[1] **2** *(außerdem)* as well, what is more *(gehoben)* ◇ *Sie ist ziemlich alt und dazu auch noch krank.* She is quite old and ill as well. IDM → NOCH
dazugeben **1 etw (zu etw) ~** *(beisteuern)* contribute sth (towards sth) ◇ *Sie haben eine größere Summe dazugegeben.* They contributed a considerable sum. **2** *(hinzutun)* add IDM → SENF
dazu- **dazugehören** **1 (zu etw) ~** belong (to/sth) ◇ *Sie sehnt sich danach, dazuzugehören.* She desperately wants to belong. ◇ *Stress gehört dazu.* Stress is part of the game. **2** *(benötigen)* take ◇ *Es gehört viel Geduld dazu, ein Modellflugzeug zu basteln.* It takes a lot of patience to make a model aeroplane. ◇ *Es gehört schon einiges dazu, ihn in Rage zu bringen.* It takes a lot to make him angry. **dazugehörig** that goes with *sth* [nicht vor Nomen]; *(ist ein Teil davon)* that belongs to *sth* [nicht vor Nomen] ◇ *Er gab mir den Koffer und den dazugehörigen Schlüssel.* He gave me the case and the key that went with it. ◇ *Kreditkarten und die dazugehörigen Pin-Codes* credit cards and the PIN numbers that go with them ◇ *das Haus und die dazugehörige Scheune* the house and the barn that belongs to it **dazukommen** **1** *(eintreffen)* arrive, get there *(umgs)* ◇ *Er kam dazu, als sie gerade fertig waren.* He arrived just as they'd finished. **2** *(hinzukommen)* ◇ *Es kommen noch drei Personen dazu.* There are three more people to come. ◇ *Kommt noch etwas dazu?* Will there be anything else? ◇ *Dazu kommt, dass Kinder oft allein gelassen werden.* Moreover, children are often left alone. ◇ *Dazu kommen die praktischen Schwierigkeiten.* In addition, there are the practical difficulties. → *Siehe auch* KOMMEN **dazulernen** learn ◇ *Ich habe seitdem viel dazugelernt.* I've learned a lot since then. ◇ *Aber man lernt ja dazu.* You live and learn. **dazumal** → ANNO
dazwischen **1** between them; *(bei mehreren)* among them → *Siehe auch* ZWISCHEN **2** in between, between the two ◇ *Ich habe heute zwei Vorlesungen. Lass uns dazwischen einen Kaffee trinken gehen.* I've got two lectures today. Let's go for a coffee in between. ◇ *in den Jahren dazwischen* in the intervening years
dazwischenkommen come up ◇ *Mir ist leider was dazwischengekommen.* I'm afraid something's come up. ◇ *Sie hoffen, dass nichts dazwischenkommt.* They hope that nothing will happen to prevent it. ◇ *wenn nichts dazwischenkommt* if all goes well **dazwischenreden** interrupt **dazwischenrufen** shout out, interrupt **dazwischenschieben** **1** *(einschieben)* fit *sth* in ◇ *Kannst du das Einkaufen nicht dazwischenschieben?* Can't you (manage to) fit in the shopping? **2 sich ~** push in **3 etw ~** push sth in
DDR GDR, German Democratic Republic
Deal deal ◇ *einen Deal machen* do a deal ◇ *Steht der Deal noch?* Is the deal still on? ◇ *Der Deal ist geplatzt.* The deal's off.
dealen deal drugs ◇ *Sie dealt mit harten Drogen.* She deals hard drugs.
Dealer(in) drug dealer
Debakel debacle; *(Niederlage)* defeat ◇ *mit einem Debakel enden* result in a debacle ◇ *ein Debakel erleben* suffer a defeat
Debatte debate; *(Streit)* argument ◇ *eine hitzige Debatte über etw führen* have a heated debate about sth ◇ *Schluss mit der Debatte!* Stop arguing! ◇ *Die kontroverse Debatte um …* The controversy about … IDM **nicht zur Debatte stehen** **1** *(kein Thema sein)* be not the issue **2** *(außer Frage)* be out of the question **3** *(nicht zur Disposition)* be not up for discussion **zur Debatte stehen** be under discussion; *(auf der Tagesordnung)* be on the agenda **etw zur Debatte stellen** put sth forward (for discussion); *(im Parlament)* bring sth up for debate ◇ *Ich wollte nur zur Debatte stellen, dass …* I just wanted to put forward the idea that … ◇ *einen Antrag zur Debatte stellen* propose a motion
debattieren **1 (über) etw ~** debate sth ◇ *Sie debattierten (über) die Gesetzesvorlage.* They were debating the bill. ◇ *Sie debattierten stundenlang.* The debate went on for hours. **2 über etw ~** *(diskutieren)* discuss sth; *(streiten)* argue about sth ◇ *Lass uns nicht schon wieder darüber debattieren.* Let's not start arguing about it again.
Debüt debut ◇ *sein Debüt geben* make your debut
dechiffrieren decode; *(Geheimschrift auch)* decipher
Deck **1** deck ◇ *auf/an Deck sein* be on deck ◇ *unter Deck gehen* go below (deck) ◇ *Alle Mann an Deck!* All hands on deck! **2** *(Parkhaus)* level
Decke **1** *(Bett-)* bedclothes [Pl]; *(Federbett)* duvet; *(Stepp-)* quilt, eiderdown; *(Tages-)* bedspread ◇ *unter die Decke kriechen* snuggle down under the bedclothes ◇ *unter die Decke schlüpfen* get into bed **2** *(Woll-)* blanket; *(Picknick-)* rug **3** *(Tisch-)* tablecloth ◇ *eine frische Decke auflegen* put on a clean tablecloth **4** *(Schicht)* layer; *(Schnee auch)* covering **5** *(Zimmer-)* ceiling; *(Auto, Stollen)* roof ◇ *von der Decke herabhängend* hanging from the ceiling ◇ *Die Regale reichten bis zur Decke.* There were shelves from floor to ceiling. ◇ *Das Zimmer war bis zur Decke mit Kisten vollgestopft.* The room was piled high with boxes. IDM **an die Decke gehen** hit the roof **jdm fällt die Decke auf den Kopf** ◇ *Zu Hause fällt mir die Decke auf den Kopf.* I'm fed up with being stuck at home. **mit jdm unter einer Decke stecken** be hand in glove with sb
Deckel **1** lid, top, cap ◇ *ein Topfdeckel* a saucepan lid ◇ *der Deckel des Marmeladenglases* the lid of the jam jar ◇ *ein Flaschendeckel* a bottle top ◇ *Deckel aufdrehen.* Unscrew cap to open. **2** *(Buch-)* cover **3** *(Kopfbedeckung)* hat IDM **eins auf den Deckel bekommen/kriegen** get told off **jdm eins auf den Deckel geben** tell sb off
decken **1** cover ◇ *Damit wären noch nicht einmal die Unkosten gedeckt.* That wouldn't even cover our costs. ◇ *Der Polizist deckte seinen Kollegen.* The police officer covered his colleague. ◇ *Die Farbe deckt gut.* This paint covers well. ◇ *eine Stute decken lassen* have a mare covered **2 A über B ~** cover B with A ◇ *Sie deckten eine Plane über das Auto.* They covered the car with a tarpaulin. **3 ein Haus ~** put the roof on a

house; **das Dach ~** do the roof ◇ *Das Haus war mit grünen Ziegeln gedeckt.* The house had green roof tiles. **4 jdn ~** (*mit dem eigenen Körper*) shield sb **5 jdn ~** (*vor Strafe schützen*) cover for sb **6** (*Bedarf, Nachfrage*) meet ◇ *Es wird schwierig sein, die Nachfrage zu decken.* It will be difficult to meet the demand. ◇ *Der Bedarf an neuen Wohnungen ist gedeckt.* There is enough new housing. **7 den Tisch ~** lay the table ◇ *Der Tisch ist für sechs Personen gedeckt.* The table is laid for six. ◇ *Für wie viele Personen soll ich decken?* How many places shall I lay? **8** (SPORT) mark sb **9 sich (mit etw) ~** agree (with sth), coincide (with sth) (*gehoben*) ◇ *Die Aussagen der beiden Zeugen deckten sich.* The statements of the two witnesses agreed. ◇ *Schön, dass sich unsere Auffassungen decken.* I'm glad we share the same views. **10** (MATH) **sich ~** be congruent → *Siehe auch* GEDECKT

Decken- **Deckengemälde** ceiling painting **Deckenleuchte** overhead light

Deck- **Deckmantel** **1** cover **2** ◇ *etw als Deckmantel für etw benutzen* use sth as cover for sth ◇ *Unter dem Deckmantel des Datenschutzes wird die Pressefreiheit gefährdet.* Data protection is used as a cover for the erosion of press freedom. **Deckname** code name; (*eines Menschen*) alias ◇ *unter dem Decknamen „Panther"* using the alias 'the Panther' ◇ *Die Aktion trug den Decknamen „Wirbelsturm".* The operation was code-named 'Hurricane'.

Deckung **1** (*Schutz, auch bei Versicherung etc.*) cover ◇ *Sie suchten Deckung im Dickicht.* They ran for cover in the undergrowth. ◇ *vor etw in Deckung gehen* take cover from sth ◇ *Der Vertrag sieht eine unbegrenzte Deckung vor.* The insurance provides unlimited cover. ◇ *eine Deckung von 2 Millionen* cover of up to two million ◇ *zur Deckung der Kosten* to cover the cost ◇ *Maßnahmen zur Deckung des Haushaltsdefizits* measures to balance the budget **2 jdm ~ geben** (*Feuerschutz*) cover sb, give sb covering fire **3** (*Unterstützung*) backing **4** (SPORT) (*das Abschirmen*) marking **5** (*Spieler*) defence **6** (*beim Boxen*) guard ◇ *Er hat seine Deckung vernachlässigt.* He dropped his guard. **7** (*der Nachfrage etc.*) (*meist mit einem Verb übersetzt*) ◇ *Sie diskutierten die langfristige Deckung des Energiebedarfs.* They discussed how to meet energy demands in the long term. **8 etw zur ~ bringen** reconcile sth IDM **aus der Deckung kommen** **1** (*Tier, Soldat etc.*) break cover **2** (*mit der Wahrheit herauskommen*) come clean **Volle Deckung!** Take cover!

deckungsgleich **1** (MATH) (*Geometrie*) congruent **2** (*fig*) identical ◇ *Sie antworteten nahezu deckungsgleich.* Their answers were almost identical. ◇ *Ihre Aussagen sind nicht deckungsgleich.* Their two statements do not agree.

Decoder decoder

decodieren decode

de facto *Adv, Adj* in fact, de facto ◇ *Die neue Regelung bedeutet de facto eine Verschlechterung.* The new regulation is in fact a change for the worse. ◇ *die De-facto-Abschaffung des Rechts auf Asyl* the de facto abolition of the right to asylum ◇ *Der Wechsel hatte de facto längst stattgefunden.* The change had already taken place unofficially.

defekt (*schadhaft*) faulty; (*nicht funktionstüchtig*) out of order

Defekt **1** (*technisch*) fault ◇ *Defekte aufweisen* be faulty **2** (MED) defect

defensiv defensive (*Adv* defensively) ◇ *eine defensive Spielweise* defensive play ◇ *defensives Fahrverhalten* defensive driving ◇ *defensiv spielen* play defensively ◇ *Er fährt eher defensiv.* He's not an aggressive driver.

Defensive **1** (*Position, Strategie*) defensive ◇ *in die Defensive gedrängt werden* be forced onto the defensive ◇ *Sie blieben in der Defensive.* They remained on the defensive. ◇ *aus der Defensive heraus spielen* play from a defensive position **2** (*Spieler*) defence [U]

definieren **1** (*bestimmen, beschreiben*) define ◇ *ein schwer zu definierender Begriff* a concept that is difficult to define ◇ *etw neu definieren* redefine sth **2 sich (als etw) ~** describe yourself (as sth) **3 sich (über etw) ~** define yourself (in terms of sth) ◇ *Sie definieren sich in Abgrenzung zu den Grünen.* They define themselves in terms of the way they differ from the Greens. ◇ *Gruppen, die sich kulturell definieren* groups who define themselves in terms of their cultural identity **4 jdn als etw ~** classify sb as sth

Definition definition

definitiv (*bestimmt*) definite (*Adv* definitely); (*endgültig*) final (*Adv* finally)

Defizit **1** (*Fehlbetrag*) deficit ◇ *das Defizit im Etat ausgleichen* cover the budget deficit **2** (*Mangel*) lack [U/Sing]; (*Knappheit*) shortage **3** (*Unzulänglichkeit*) deficiency ◇ *Defizite bei der Bekämpfung rechter Gewalt* deficiencies in combating right-wing violence

deformiert **1** distorted **2** (*Fehlbildung*) deformed **3** (*verunstaltet*) ruined

deftig **1** hearty ◇ *eine deftige Mahlzeit* a hearty meal ◇ *deftige Hausmannskost* good solid home cooking **2** (*derb, grob*) crude ◇ *ein deftiger Witz* a crude joke **3** (*heftig, groß*) whopping [nur vor Nomen]; (*Kritik, Streit*) fierce

Degen **1** (*Waffe*) rapier **2** (SPORT) (*Fechten*) épée **3** (SPORT) (*Disziplin*) épée fencing

degenerieren **1** degenerate ◇ *Die Zeremonie ist zum bedeutungslosen Ritual degeneriert.* The ceremony has degenerated into meaningless ritual. **2** (*verkümmern*) atrophy

degeneriert **1** (*entartet, verfallen*) degenerate **2** (*verkümmert*) atrophied; (*in der Evolution*) vestigial

dehnbar elastic (*auch fig*); (*Stoff auch*) stretchy ◇ *ein dehnbares Material* elastic material ◇ *ein äußerst dehnbarer Begriff* an extremely elastic concept

dehnen **1** stretch; (*Brustkorb*) expand; (*Laut, Silbe*) lengthen **2 sich ~** (*ausdehnen*) stretch ◇ *Der Stoff dehnt sich noch.* The material will stretch a bit. ◇ *Die Katze dehnte und streckte sich.* The cat had a good stretch. **3 sich ~** (*sich hinziehen*) go on and on ◇ *Die Sitzung dehnte sich.* The meeting went on and on. ◇ *wenn Sekunden sich zu Minuten dehnen* when seconds turn into minutes **4 sich ~** (*sich erstrecken*) stretch out, extend (*gehoben*) **5 sich ~** (PHYSIK) expand

Dehnung **1** stretch (*oft mit einem Verb übersetzt*) ◇ *ein Stoff, der maximale Dehnung erlaubt* fabric with maximum stretch ◇ *Übungen zur Dehnung der Muskulatur* exercises to stretch the muscles **2** (*Erweiterung*) expansion; (MED) dilation **3** (*Vertrag, Gesetz*) extension **4** (*Vokal*) lengthening; (*Ton*) holding

Deich dyke

Deichsel shaft

deichseln wangle (*umgs*)

dein your ◇ *Ist das dein Stuhl?* Is this your chair? ◇ *Viele Grüße, deine Alexandra.* Best wishes, Alexandra.

deine(r,s) yours ◇ *Meiner Schwester kann man so was zeigen, aber deiner nicht.* You can show something like that to my sister, but not to yours.

deinerseits as far as you are concerned ◇ *Gibt es deinerseits noch Fragen?* Are there any questions as far as you're concerned?

deinesgleichen people like you, your sort (*umgs, abwert*) ◇ *Mit dir und deinesgleichen will ich nichts* *mehr zu tun haben!* I want nothing more to do with you and your sort!

deinetwegen **1** (*dir zuliebe*) for your sake **2** (*wegen dir*) because of you, on your account **3** (*wenn es nach dir geht*) as far as you're concerned → *Beispiele bei* MEINETWEGEN

deins → DEINE(R,S)

Deka ten grams ◇ *zehn Deka Schinken* 100 grams of ham

Dekade (*zehn Jahre*) decade

dekadent decadent (*Adv* decadently)

Dekadenz decadence

Dekan(in) **1** (*Uni*) dean **2** (REL) ≈dean

Dekanat **1** (*Uni*) dean's office **2** (REL) ≈deanery

deklamieren **1** (*vortragen*) declaim **2** (*verkünden*) proclaim

Deklaration declaration ◇ *die Deklaration der Menschenrechte* the Declaration of Human Rights ◇ *eine Deklaration zum Schutz von Kindern* a declaration on the protection of children

deklarieren **1** declare ◇ *das deklarierte Ziel der Tagung* the declared aim of the conference **2 jdn/etw zu etw ~** declare sb/sth (to be) sth; **etw als etw ~** declare sth (to be) sth

deklassieren **1** (*hoch besiegen*) outclass **2** (*an den Rand drängen*) marginalize ◇ *sozial deklassierte Jugendliche* young people marginalized by society **3** (*herabsetzen*) dismiss ◇ *Sie deklassierten ihre Gegner zu Heuchlern.* They dismissed their opponents as hypocrites.

Deklination declension

deklinieren (LING) decline

Deko accessories [Pl]; (*Schmuck*) decorations [Pl] ◇ *Peppen Sie Ihr Wohnzimmer mit farbenfroher Deko auf.* Brighten up your living room with colourful accessories. ◇ *Ich suche noch immer eine passende Deko für meine Geburtstagsfeier.* I'm still looking for the right kind of decorations for my birthday party.

Dekoder decoder

dekodieren decode

Dekolletee low neckline ◇ *ein tiefes Dekolletee* a plunging neckline

Dekor **1** (*Verzierung*) decoration **2** (*Theater, Film*) set

Dekorateur(in) (*von Schaufenstern*) window dresser; (*von Innenräumen*) interior designer; (*im Theater*) set designer

Dekoration **1** (*das Dekorieren*) decoration ◇ *Luftballons zur Dekoration verwenden* use balloons for decoration **2** (*Schmuck*) decorations [Pl] ◇ *die weihnachtliche Dekoration* Christmas decorations **3** (THEAT) set

dekorativ decorative (*Adv* decoratively)

dekorieren **1** decorate ◇ *Er hat die Wände mit Motorradpostern dekoriert.* He decorated the walls with posters of motorbikes. **2 jdn mit etw ~** (*Orden*) decorate sb with sth; (*Medaille*) award sb sth ◇ *Sie wurde mit Gold dekoriert.* She was awarded the gold medal.

Dekret decree ◇ *ein Dekret erlassen* issue a decree

Delegation delegation

delegieren **1 (etw) (an jdn) ~** delegate (sth) (to sb) **2** (*abordnen*) send ◇ *Der Landtag delegiert fünf Abgeordnete in den Bundesrat.* The state parliament sends five MPs to the Upper House. **3** (*in einen Ausschuss etc.*) appoint ◇ *Er wurde in das Gremium delegiert.* He was appointed to the board.

Delegierte(r) delegate

Delfin **1** (*Tier*) dolphin **2** (*auch* **Delfinschwimmen**) butterfly

delikat **1** (*köstlich*) appetizing; (*auserlesen*) delicate **2** (*heikel, feinfühlig*) delicate (*Adv* delicately) ◇ *Das ist eine delikate Angelegenheit.* That's a delicate matter.

Delikatesse **1** delicacy **2** (*fig*) treat
Delikatessengeschäft delicatessen, deli (*umgs*)

Delikt offence, (*AmE*) offense ◇ *ein Delikt begehen* commit an offence

Delinquent(in) offender ◇ *ein jugendlicher Delinquent* a young offender

Delirium delirium [U] ◇ *im Delirium sein* be delirious

Delle dent

Delphin → DELFIN

Delta delta

dem **1** the, to the ◇ *aus dem Dorf* from the village ◇ *Sie schickte dem Direktor einen Brief.* She sent a letter to the director. → DER **2** (*Relativpronomen*) to which; (*Person*) to whom ◇ *das Museum, dem der Preis verliehen wurde* the museum to which the prize was given ◇ *der Mann, dem ich die Schlüssel gab* the man to whom I gave the keys ICM → WENN *und* WIE

Demagoge, **Demagogin** demagogue

demagogisch demagogic

Demarkationslinie demarcation line

dement → DEMENZKRANK

Dementi denial ◇ *ein offizielles Dementi* an official denial ◇ *Dazu gab es ein klares Dementi.* This was strongly denied.

dementieren deny ◇ *Die Meldung wurde heftig dementiert.* The statement has been strenuously denied.

dementsprechend **1** *Adj* appropriate ◇ *Er gab eine dementsprechende Empfehlung.* He made an appropriate recommendation. **2** *Adv* accordingly; (*entsprechend*) correspondingly ◇ *Die Arbeit hatte viele Mängel und deshalb konnte der Lehrer sie auch nur dementsprechend bewerten.* There was a lot wrong with the piece of work and the teacher had to mark it accordingly. ◇ *Das Angebot war knapp und die Preise dementsprechend hoch.* There was a shortage and prices were correspondingly high. ◇ *Das Wetter war schlecht und die Stimmung dementsprechend.* The weather was bad and so was the general mood. ◇ *Sie hatte schlechte Laune und benahm sich dementsprechend.* She was in a bad mood and showed it.

Demenz dementia
demenzkrank ◇ *Sie ist schwer demenzkrank.* She has severe dementia. ◇ *Er kümmert sich um seinen demenzkranken Vater* He looks after his father, who has dementia.

demgegenüber **1** (*im Vergleich dazu*) in comparison ◇ *Demgegenüber ist die mündliche Prüfung einfach.* The oral is easy in comparison. ◇ *Es geht darum, die Sprache zu lernen. Literatur ist demgegenüber zweitrangig.* The important thing is learning the language. Literature takes second place. **2** (*gegenüber etw*) ◇ *Demgegenüber war er machtlos.* He was unable to do anything about it. **3** (*jedoch*) on the other hand ◇ *Die Konkurrenz hat den Umsatz um 15% gesteigert. Demgegenüber mussten wir Verluste einstecken.* Our competitors increased turnover by 15%. We, on the other hand, made a loss.

demnach **1** (*folglich*) therefore ◇ *Eine Lösung des Problems ist demnach nicht möglich.* There is therefore no solution to the problem. ◇ *Der Pulli war um 20% reduziert und war demnach ein Schnäppchen.* The sweater was reduced by 20%, so it was a bargain. **2** (*demgemäß*) according to it ◇ *Ich habe eine Kritik* *gelesen. Demnach soll das Stück sehr gut sein.* According to the review I read the play is very good.

demnächst shortly ◇ *Demnächst öffnet hier ein neuer Supermarkt.* A new supermarket will shortly be opening here. ◇ *Demnächst in diesem Kino.* Coming soon (to this cinema).

Demo → DEMONSTRATION

Demokrat(in) **1** democrat **2** (*Parteimitglied, bes in den USA*) Democrat ◇ *Ist er Demokrat oder Republikaner?* Is he a Democrat or a Republican?

Demokratie democracy ◇ *Das Land will zur Demokratie zurückkehren.* The country wants a return to democracy.

demokratisch democratic (*Adv* democratically) ◇ *eine demokratische Entscheidung* a democratic decision ◇ *Er wurde demokratisch gewählt.* He was democratically elected. ◇ *die demokratischen Staaten Europas* the European democracies

demolieren wreck; (*Wandalismus*) vandalize

Demonstrant(in) demonstrator

Demonstration demonstration ◇ *auf eine Demonstration gehen* go on a demonstration ◇ *zu einer friedlichen Demonstration gegen den Krieg aufrufen* call for a peaceful demonstration against the war ◇ *eine Demonstration der Stärke* a show of strength ◇ *Zur Demonstration zeigte der Lehrer einen Film.* The teacher showed a film in order to demonstrate it. **Demonstrationsverbot** ban on demonstrations **Demonstrationszug** protest march, demonstration

demonstrativ **1** *Adv* pointedly; (*aus Protest*) in protest ◇ *Er sah demonstrativ weg.* He pointedly looked the other way. ◇ *Die Zuhörer verließen demonstrativ den Saal.* The audience walked out in protest. **2** *Adj* deliberate, emphatic ◇ *demonstrative Lässigkeit* deliberate casualness ◇ *demonstrativer Beifall* emphatic applause **3** *Adj* (LING) demonstrative

demonstrieren demonstrate ◇ *Die Arbeiter demonstrierten für bessere Löhne.* The workers were demonstrating for better pay. ◇ *Er demonstrierte ihr das Gerät.* He demonstrated the gadget to her. ◇ *Sie demonstrierte ihre Unfähigkeit vor versammelter Mannschaft.* She displayed her incompetence in front of everybody.

Demontage **1** (*Abbau*) dismantling (*auch fig*) ◇ *die Demontage des Sozialstaats* the dismantling of the welfare state **2** (*Diskreditierung*) ◇ *Die Opposition bewirkte die politische Demontage des Ministers.* The opposition managed to destroy the minister politically.

demontieren **1** (*zerlegen*) dismantle; (*abmontieren*) remove ◇ *Die Maschine wird demontiert.* The machine is being dismantled. ◇ *Die Parkuhren wurden demontiert.* The parking meters were removed. **2** (*diskreditieren*) damage ◇ *Ihr Ansehen wurde demontiert.* Her reputation was damaged. **3** (*untergraben*) undermine ◇ *Die Arbeitslosenzahlen demontieren das Vertrauen in die Zukunft.* The unemployment figures are undermining people's confidence in the future.

demoralisiert demoralized

Demoskopie **1** (*Meinungsforschung*) opinion research [U] **2** (*Umfrage*) (public) opinion poll

demoskopisch ◇ *demoskopische Erkenntnisse* the results of public opinion polls

Demut humility

demütig humble (*Adv* humbly)

demütigen humiliate

demütigend humiliating

Demütigung humiliation ◇ *Sie war ständigen Demütigungen ausgesetzt.* She suffered daily humiliations. ◇ *Er empfand es als Demütigung, dass man ihn ablehnte.* He found his rejection humiliating.

demzufolge **1** (*infolgedessen, folglich*) consequently ◇ *Die Mannschaft versäumte ihren Flug. Demzufolge musste das Spiel verschoben werden.* The team missed their flight. Consequently the match had to be postponed. **2** (*demnach*) according to which ◇ *ein Vertrag, demzufolge das Haus ihnen gehört* a contract according to which the house belongs to them ◇ *Er schlug ein Gesetz vor, demzufolge das Rauchen in der Öffentlichkeit verboten sei.* He proposed a law to ban smoking in public places.

den **1** the ◇ *Er sah den Mann.* He saw the man. ◇ *mit den Kindern* with the children → DER **2** to the ◇ *Gib es den Jungen* Give it to the boys. **3** (*Relativpronomen*) which, that; (*Person*) who, that ◇ *der Sessel, den sie kauften* the chair that they bought ◇ *der Freund, den ich anrief* the friend that I phoned

denen (to) which, (to) whom ◇ *die Koffer, mit denen sie ankamen* the cases with which they arrived ◇ *die Sänger, denen sie Blumen überreichten* the singers to whom they gave flowers → DER

Denglisch = mixture of German and English

Denk- **Denkansatz** approach **Denkanstoß** ◇ *jdm einen Denkanstoß geben* set sb thinking ◇ *Die Malerin hat neue Denkanstöße erhalten.* The painter got new ideas.

denkbar **1** (*vorstellbar*) conceivable; (*möglich*) possible ◇ *kaum denkbar* scarcely conceivable ◇ *Das ist heute nicht mehr denkbar.* It's inconceivable nowadays. ◇ *andere denkbare Lösungen* other possible solutions ◇ *das denkbar schlechteste Ergebnis* the worst possible result ◇ *Es wäre für ihn nicht denkbar, allein in den Urlaub zu fahren.* He would never dream of going on holiday on his own. **2** (*äußerst*) extremely ◇ *Der Zeitpunkt war denkbar ungünstig.* It was an extremely inconvenient time. ◇ *Es geht ihm denkbar schlecht.* He is in a very bad way. ◇ *Das war denkbar knapp.* It was a very close thing.

denken **1** think ◇ *Wie ich darüber denke, ist nicht wichtig.* It doesn't matter what I think. ◇ *Ich habe nur laut gedacht.* I was just thinking aloud. ◇ *Ich denke schon.* I think so. ◇ *Was sollen die Leute von uns denken?* What will people think of us? ◇ *Nicht, dass du denkst, ich hätte vergessen.* Don't worry. I haven't forgotten. ◇ *Du musst praktisch denken.* You must be practical. ◇ *Jeder vernünftig denkende Mensch hätte dasselbe getan.* Anyone in their right mind would have done the same. ◇ *eine gedachte Linie* an imaginary line **2 sich etw ~** think of sth ◇ *Wie denkst du dir das eigentlich?* What are you thinking of? ◇ *Das habe ich mir gedacht.* I thought so. ◇ *Ich hätte mir ja denken können, dass er es vergessen würde.* I might have known he'd forget it. ◇ *Das kann ich mir denken.* I can imagine. **3 an jdn/etw ~** think about/of sb/sth; (*nicht vergessen*) remember sb/sth ◇ *Sie musste oft an ihn denken.* She often thought about him. ◇ *Sie musste immer an ihn denken.* She couldn't stop thinking about him. ◇ *Ich habe gerade an dich gedacht!* I was just thinking of you! ◇ *Daran hatte er nicht gedacht.* He hadn't thought of that. ◇ *Er denkt nur an sich selbst.* He only thinks of himself. ◇ *Denk daran, die Blumen zu gießen.* Remember to water the flowers. ◇ *Haben Sie an eine bestimmte Farbe gedacht?* Do you have a particular colour in mind? ◇ *An die Folgen mag man kaum denken!* The consequences hardly bear thinking about. ◇ *An mehr Geld ist gar nicht zu denken.* There is no hope of any more money. **4 an etw ~; daran ~, etw zu tun** think of doing sth ◇ *Haben Sie nie an einen Umzug nach Berlin gedacht?* Have you never thought of moving to Berlin? ◇ *Ich denke nicht daran nachzugeben!* No way am

I giving in! **5** (*planen*) intend ◇ *Der Kurs ist für Fortgeschrittene gedacht.* The course is intended for advanced learners. ◇ *So war das nicht gedacht!* That wasn't the intention! **6 sich etw bei etw ~** mean sth by sth ◇ *Er hatte sich nichts Böses dabei gedacht.* He didn't mean any harm by it. ◇ *Was hat sich der Künstler dabei gedacht?* What was the artist's intention? ◇ *Was hast du dir eigentlich dabei gedacht?* What did you think you were doing? IDM **Denkste!** ha!, (*BrE auch*) some hope! (*umgs*) **ich denk, ich hör/seh nicht recht/richtig!** I can't believe my ears/eyes! (*umgs*) **solange ich denken kann** for as long as I can remember **wer hätte das gedacht!** Who would have thought it! **wo denkst du hin!** Where did you get that idea (from)? **jdm zu denken geben** make sb think; give sb pause for thought → *Siehe auch* ENDE, TEIL[1] *und* TRAUM

Denken 1 thinking ◇ *Denken ist nicht seine Stärke.* Thinking is not his strong point. ◇ *Er übt sich in positivem Denken.* He tries to think positively. ◇ *abstraktes Denken* abstract thought ◇ *zu selbstständigem Denken anregen* encourage independence of thought **2** (*Haltung*) way of thinking, attitude ◇ *Dieses Denken ist ihm vollkommen fremd.* This way of thinking is totally alien to him. ◇ *das alte Denken* old ways of thinking ◇ *Vorurteile bestimmten ihr Denken.* Their attitude was based on prejudice.

Denker(in) thinker

denk- denkfaul mentally lazy [nicht vor Nomen] ◇ *denkfaule Lehrer* teachers who are mentally lazy **Denkfehler** flaw in sb's reasoning **Denkmal** memorial; (*Gebäude auch*) monument; (*Standbild auch*) statue ◇ *Das Denkmal erinnert an die Pestkatastrophe von 1665.* The memorial commemorates the plague of 1665. ◇ *Der Dichterin wurde ein Denkmal gesetzt.* They put up a memorial to the poet. **Denkmalschutz** preservation of historical buildings ◇ *etw unter Denkmalschutz stellen* classify sth as a historic monument **Denkmodell 1** (*Theorie*) theory ◇ *philosophische Denkmodelle* philosophical theories **2** (*Überlegung, Idee*) idea; (*Ansatz*) approach **Denkweise** way of thinking **denkwürdig** memorable **Denkzettel** lesson ◇ *jdm einen Denkzettel verpassen* teach sb a lesson

denn 1 (*weil*) because, for (*gehoben*) ◇ *Sie wurde nass, denn sie hatte keinen Schirm dabei.* She got soaked because she didn't have an umbrella. ◇ *Denn es gibt noch viel zu tun.* For there is still a lot to do. **2** (*als*) than ◇ *größer denn je* greater than ever **3 es sei ~** unless ◇ *Sie wollte nicht mit ihm reden, es sei denn, er entschuldigte sich bei ihr.* She refused to talk to him unless he apologized. **4** (*verstärkend*) then ◇ *So lass uns denn anfangen.* Let's begin then. ◇ *Was ist denn da los?* What's going on there?

dennoch still, nevertheless ◇ *Sie war krank, wollte aber dennoch verreisen.* She was ill but still wanted to travel.

Dentallaut dental (consonant)

Denunziant(in) informer

Denunziation (*meist mit einem Verb übersetzt*) ◇ *Aus Angst vor Denunziation haben sie sich versteckt.* Fearing that somebody would inform on them, they went into hiding.

denunzieren 1 jdn ~ (*anzeigen*) inform against/on sb ◇ *Er wurde von Kollegen denunziert.* His colleagues informed on him. ◇ *Sie ist als Spionin denunziert worden.* She was exposed as a spy. **2** (*verurteilen*) denounce ◇ *Der Bericht denunzierte die Maßnahme als faulen Kompromiss.* The report denounced the measure as a shabby compromise.

Deo, Deodorant deodorant **Deoroller** roll-on deodorant **Deospray** deodorant spray

deplatziert out of place ◇ *Ich fühlte mich auf dem Empfang völlig deplatziert.* I felt completely out of place at the reception.

Deponie tip, (*AmE*) garbage dump

deponieren 1 deposit; (*Bombe*) place ◇ *Er deponierte die Juwelen in einem Schließfach.* He deposited the jewellery in a safe. ◇ *Sie deponierte die Schlüssel beim Hausmeister.* She left the keys with the caretaker. **2** (*Müll*) dump

Deponierung 1 (*von Müll*) dumping **2** (*Lagerung*) storing **3** (*Geld etc.*) depositing

Deportation transportation

deportieren transport ◇ *deportierte Häftlinge* transported convicts

Depot 1 (*Lager, Garage*) depot **2** (*Abteilung einer Bank*) securities' department **3** (*Schließfach*) safe deposit box **4** (*Konto*) securities account; (*Aktien, Anleihen*) portfolio **5** (*Einzahlung*) deposit

Depp twit (*umgs*)

Depression depression ◇ *Er leidet unter schweren Depressionen.* He suffers from severe depression.

depressiv 1 (MED) depressive **2** (*deprimierend*) depressing **3** (WIRTSCH) depressed

deprimieren depress

deprimierend depressing (*Adv* depressingly)

deprimiert depressed

der 1 (*Artikel*) the **2** (*Relativpronomen*) who, which, that ◇ *Der Mann, der das Haus gekauft hat, ist Arzt.* The man who bought the house is a doctor ◇ *Der Brief, der vom 5. war, trug ihre Unterschrift.* The letter, which was dated the 5th, was signed by her. ◇ *der Tisch, der in der Ecke steht* the table that is in the corner **3** (*Demonstrativpronomen*) that; (*Plural*) those ◇ *Der Kuchen war gut!* That cake was nice!

derart 1 (*so viel*) so much; (*in solcher Weise*) in such a way ◇ *Er ist derart gewachsen, dass ich ihn nicht erkannt habe.* He has grown so much that I didn't recognize him. **2** (*vor einem Adjektiv oder Adverb*) so; (*vor einem Adjektiv mit Nomen*) such (a) ◇ *Sie war derart nervös, dass ihr die Hände zitterten.* She was so nervous that her hands shook. ◇ *ein derart modernes Haus* such a modern house

derartig 1 (*vor Nomen*) such (a) (*gehoben*) ◇ *derartige Zwischenfälle* such incidents **2** (*vor einem Adjektiv oder Adverb*) so; (*vor einem Adjektiv mit Nomen*) such (a) ◇ *ein derartig aufwändiges Essen* such an elaborate meal **3** (*vor Verben*) in such a way; (*so viel*) so much

derb 1 coarse; (*Witz, Lied auch*) crude; (*Tritt*) vicious **2** (*Fehler*) serious **3** (*Stoff, Leder*) tough, hard-wearing; (*Schuhe*) stout

Derby derby

deren 1 (*Relativpronomen*) of which, whose ◇ *die Blume, deren Namen ich mir nie merken kann* the flower, the name of which I can never remember ◇ *die Frau, deren Namen ich mir nie merken kann* the woman whose name I can never remember **2** (*Demonstrativpronomen*) her, its, their

dergleichen 1 (*solch*) such **2** (*Ähnliches*) that sort of thing ◇ *Dergleichen wäre damals nicht möglich gewesen.* That sort of thing would not have been possible then. ◇ *Staubsauger, Waschmaschinen und dergleichen* vacuum cleaners, washing machines, and the like ◇ *Er hat nichts dergleichen gesagt.* He said nothing of the sort.

derjenige derjenige, diejenige, dasjenige the one, the person; **diejenigen** the ones, the people, those (*gehoben*) ◇ *Er ist derjenige, den ich gesehen habe.* He's the one I saw. ◇ *Sind Sie diejenige, mit der ich telefoniert habe?* Are you the person I spoke to on the phone? ◇ *Derjenige, der als letzter den Raum verlässt, schließt bitte die Tür.* Would the last person to leave the room please shut the door. ◇ *einige derjenigen, die sich gestern anmeldeten* some of those who registered yesterday ◇ *Derjenige, der so etwas sagt, lügt.* Anyone who says that is lying. ◇ *derjenige Kandidat, der die meisten Stimmen erhält* the candidate who gets the most votes ◇ *diejenigen Familien, die sich daran beteiligen wollen* those families who wish to participate

dermaßen (*mit einem Adjektiv*) so; (*mit einem Verb*) so much, to such a degree (*gehoben*) ◇ *Er ist dermaßen von sich überzeugt, dass ...* He's so full of himself that ... ◇ *Seine Knie zitterten dermaßen, dass ...* His knees were trembling so much that ... ◇ *Die Gewalt ist dermaßen eskaliert.* Violence has escalated to such a degree.

derselbe derselbe, dieselbe, dasselbe, dieselben ... (wie jd/etw) the same ... (as sb/sth) ◇ *derselbe Mann* the same man ◇ *Es ist dasselbe Rot wie hier.* It's the same red as here. ◇ *Sie geht in dieselbe Schule wie ich.* She goes to the same school as I do. ◇ *Es ist immer dasselbe mit ihm.* It's always the same with him. IDM → EIN[2]

derzeitige(r,s) present

des[1] of the ◇ *die Ecke des Tisches* the corner of the table ◇ *das Auto des Nachbarn* the neighbour's car → DER

des[2] (*auch* **Des**) (MUS) D flat

Desaster disaster (*auch fig*)

Desensibilisierung desensitization

Deserteur(in) deserter

desertieren desert

deshalb 1 that is why; (*also*) so, therefore (*gehoben*) ◇ *Er hat sich das Bein gebrochen. Deshalb ist er nicht da.* He's broken his leg. That's why he is not here. ◇ *Ach deshalb!* So that's why! ◇ *Sie hat kein Geld, deshalb kann sie nicht mitkommen.* She hasn't got any money, so she isn't coming. ◇ *Deshalb ist er doch kein schlechter Mensch.* That doesn't mean to say he's a bad person. ◇ *Deshalb auch der Titel.* Hence the title. **2 ~, weil** because ◇ *nicht zuletzt deshalb, weil* not least because

Design design

Designer(in) designer

Designer- designer ◇ *Designer-Jeans* designer jeans ◇ *Designerdrogen* designer drugs

designiert (*ernannt*) appointed, designated; (*in Titeln*) designate; (*gewählt*) elect ◇ *ihre designierte Nachfolgerin* her appointed successor ◇ *der designierte Direktor* the director designate ◇ *der designierte Präsident* the president elect

desillusioniert disillusioned

Desillusionierung disillusionment

Desinfektion disinfection

Desinfektionsmittel disinfectant

desinfizieren disinfect

Desinteresse indifference, lack of interest ◇ *ihr völliges Desinteresse an meinen Belangen* her total lack of interest in my affairs

desinteressiert indifferent (*Adv* indifferently); (*apathisch*) apathetic (*Adv* apathetically) ◇ *Sie zeigten sich am Wahlausgang desinteressiert.* They were indifferent to the election results.

desolat hopeless (*Adv* hopelessly); (*Situation*) desperate (*Adv* desperately); (*Zustand*) terrible

desorientiert disorientated

Despot(in) despot, tyrant (*auch fig*)

despotisch despotic (*Adv* despotically); (*Mensch*) tyrannical (*Adv* tyrannically)

Despotismus despotism

dessen 1 (*Relativpronomen*) of which, whose ◇ *das Buch, dessen Titel ich vergessen habe* the book, the title of which I have forgotten ◇ *der Junge, dessen Schwester ich kenne* the boy whose sister I know **2** (*Demonstrativpronomen*) of this/that; (*possessiv*) his, its **3** *Adv* **~ungeachtet** despite this, nevertheless ◇ *Dessen ungeachtet bewarb er sich.* He applied nevertheless.

Dessert dessert

Dessous lingerie [U]

destabilisieren destabilize

destillieren distil, (*AmE*) distill

desto 1 je ... desto ... the ... the ... ◇ *je eher, desto besser* the sooner, the better ◇ *Je länger ich ihn kenne, desto weniger mag ich ihn.* The longer I know him the less I like him. **2** (*um so*) all the ◇ *ein kleiner, aber desto begeisterter Kreis* a small, but all the more enthusiastic group

destruktiv destructive (*Adv* destructively)

Destruktivität destructiveness

deswegen so, therefore (*gehoben*); (*am Satzanfang*) that's why ◇ *Sie war im Urlaub, deswegen konnte ich sie nicht erreichen.* She was on holiday so I couldn't contact her. ◇ *Deswegen habe ich ihr geschrieben.* That's why I wrote to her.

Detail detail ◇ *Liebe zum Detail* attention to detail ◇ *etw bis ins letzte Detail organisieren* organize sth right down to the last detail ◇ *Er hat uns bis ins Detail davon berichtet.* He gave us a detailed report. IDM **im Detail** in detail ◇ *Es muss vorher im Detail geklärt werden.* The details have to be sorted out first. **ins Detail gehen** go into detail(s) → *Siehe auch* TEUFEL(IN)

Detailfrage detail ◇ *so eine Detailfrage* a minor detail like that **Detailkenntnis** detailed knowledge [U/Sing]

detailliert 1 *Adj* detailed ◇ *ein detaillierter Bericht* a detailed report **2** *Adv* in detail ◇ *etw detailliert beschreiben* describe sth in detail

Detektiv(in) (*Polizist*) detective; (*Privat-*) private detective; (*Kaufhaus-*) store detective

Detektivroman detective novel, whodunnit (*umgs*), (*AmE*) whodunit

Detonation detonation, explosion

detonieren explode, detonate

deuteln an etw gibt es nichts zu ~ there's no question about sth

deuten 1 auf jdn/etw ~ indicate sb/sth; (*mit dem Finger*) point at sb/sth ◇ *Der Lehrer deutete mit dem Zeigestock auf das Wort.* The teacher indicated the word with the pointer. ◇ *Er deutete in die andere Richtung.* He pointed in the other direction. ◇ *Sie hat mit dem Finger auf ihn gedeutet.* She pointed at him. ◇ *Sie deutete mit einer Kopfbewegung auf die Tür.* She nodded towards the door. **2 etw (als etw) ~** (*auslegen*) interpret sth (as sth) ◇ *einen Traum deuten* interpret a dream ◇ *die Sterne /die Zukunft deuten* read the stars/the future ◇ *etw falsch deuten* misinterpret sth ◇ *Sie hat seine Frage als Kritik gedeutet.* She took his question as a criticism. **3 auf etw ~** (*schließen lassen*) suggest sth ◇ *Das deutet darauf, dass er schuldig ist.* That suggests that he is guilty. ◇ *Die Umstände deuten auf Selbstmord.* The indications are that it was suicide.

deutlich 1 (*klar*) clear (*Adv* clearly) ◇ *ihre deutliche Schrift* her clear handwriting ◇ *ein deutlicher Sieg* a clear victory ◇ *Es wurde deutlich, dass sie krank war.* It became clear that she was ill. ◇ *Ich kann mich noch deutlich an sie erinnern.* I can still clearly remember her. **2** (*eindeutig*) distinct (*Adv* distinctly); (*merklich*) noticeable (*Adv* noticeably) ◇ *Ich hatte den deutlichen*

Eindruck, dass … I got the distinct impression that … ◇ *Die Preise sind deutlich höher.* Prices are noticeably higher. ◇ *jdm deutlich zu verstehen geben, dass …* make it plain to sb that … **3 (jdm) etw ~ machen** make sth clear (to sb) ◇ *Er machte uns deutlich, dass …* He made it clear to us that … **4 ~ werden** (*Kritik äußern*) speak your mind ◇ *Ich muss jetzt einmal deutlich werden.* I have to speak my mind now. ◇ *Deutlicher kann ich nicht werden.* I can't put it plainer than that. IDM → SPRACHE

Deutlichkeit **1** (*Klarheit*) clarity ◇ *ein Mangel an Deutlichkeit* a lack of clarity ◇ *Das Bild gewann an Deutlichkeit.* The picture became clearer. **2** (*Unmissverständlichkeit*) unambiguity ◇ *die Deutlichkeit des Ergebnisses* the unambiguity of the result ◇ *jdm mit aller Deutlichkeit sagen, dass …* make it perfectly clear to sb that … ◇ *Ihre Worte ließen an Deutlichkeit nichts zu wünschen übrig.* Her words couldn't have been plainer.

deutsch German ◇ *Sprechen Sie deutsch?* Do you speak German?

Deutsch German ◇ *Er lernt Deutsch.* He's learning German. ◇ *Wie heißt das auf Deutsch?* What's that in German? IDM **auf (gut) Deutsch** in plain English; (*unverblümt*) to put it bluntly

Deutsche *das* German ◇ *ins Deutsche übersetzen* translate into German

Deutsche(r) German ◇ *die Deutschen* the Germans ◇ *Sind sie Deutsche?* Are they German?

Deutung interpretation ◇ *Seine Formulierung ließ alle möglichen Deutungen zu.* The way he put it was open to all sorts of interpretations.

Devise motto ◇ *Seine Devise lautet ….* His motto is ….

Devisen foreign exchange [U]; (*Sorten*) foreign currency [U] ◇ *in harten Devisen zahlen* pay in hard currency

Devisenhandel foreign exchange dealing **Devisenmarkt** foreign exchange market **Devisenreserven** foreign exchange reserves [Pl]

Dezember December → *Beispiele bei* JANUAR

dezent **1** (*Make-up, Farbe, Muster, Parfum*) subtle; (*Kostüm, Krawatte*) sober; (*Eleganz*) quiet; (*Beleuchtung, Musik*) subdued ◇ *Sie war dezent geschminkt.* She wore subtle make-up. **2** (*zurückhaltend*) discreet (*Adv* discreetly); (*feinfühlig*) tactful (*Adv* tactfully) ◇ *ein dezentes Lächeln* a discreet smile ◇ *Er hielt sich dezent im Hintergrund.* He remained discreetly in the background. ◇ *jdn dezent auf einen Fehler hinweisen* tactfully point out sb's mistake

dezentral **1** (*nicht im Zentrum*) outside the city centre, (*AmE*) outside the city center [nicht vor Nomen] **2** (*nicht zentral*) local (*Adv* locally) ◇ *Das muss dezentral entschieden werden.* The decision must be made at local level.

dezentralisieren decentralize

Dezentralisierung decentralization [U/Sing]

Dezibel decibel

Dezimal- **Dezimalrechnung** decimal arithmetic [U], decimals [Pl] **Dezimalstelle** decimal place ◇ *etw auf drei Dezimalstellen berechnen* calculate sth to three decimal places **Dezimalzahl** decimal (number)

dezimieren decimate

Dezimierung decimation

d.h. *Abk* i.e.

Dia slide

Diabetes diabetes

Diabetiker(in) diabetic

diabolisch fiendish (*Adv* fiendishly), devilish (*Adv* devilishly) ◇ *ein diabolisches Grinsen* a fiendish grin

Diafilm slide film

Diagnose diagnosis ◇ *eine Diagnose stellen* make a diagnosis

diagnostizieren diagnose ◇ *Die Ärztin diagnostizierte Gallensteine beim Patienten.* The doctor diagnosed gallstones in the patient. ◇ *der diagnostizierende Arzt* the doctor making the diagnosis

diagonal diagonal (*Adv* diagonally) ◇ *diagonal gestreift* with diagonal stripes

Diagonale diagonal

Diagramm (*Zeichnung*) diagram, chart; (*Kurve*) graph

Diakon deacon

Diakonin deaconess

Diakonisse, **Diakonissin** = Protestant nun who carries out social work in the community

Dialekt dialect ◇ *Er spricht Dialekt.* He speaks (in) dialect. ◇ *Sie schreibt im Dialekt.* She writes in dialect.

Dialektik **1** (*Philosophie*) dialectic [Sing], dialectics [U] **2** (*Verhältnis*) dialectical relationship; (*Spannung*) tension; (*Widersprüchlichkeit*) contradictory character

dialektisch dialectical (*Adv* dialectically)

Dialog dialogue; (*Gespräch*) discussion ◇ *witzige Dialoge* witty dialogues ◇ *den Dialog mit jdm suchen* seek a dialogue with sb ◇ *Probleme im Dialog lösen* solve problems through discussion

Dialyse dialysis [U] ◇ *Sie muss jeden zweiten Tag zur Dialyse.* She has to go for dialysis every two days.

Diamant diamond

diamanten diamond ◇ *Sie feierten diamantene Hochzeit.* They celebrated their diamond wedding.

Dia- **Diaprojektor** slide projector **Diashow** slide show

Diaspora diaspora

Diät diet ◇ *Sie musste streng Diät halten.* She had to stick to a strict diet. ◇ *Diät leben* be on a special diet ◇ *jdn auf Diät setzen* put sb on a diet ◇ *Ich mache gerade eine Diät.* I'm on a diet at the moment.

Diäten MP's pay [U]

Diavortrag slide presentation

dich **1** you ◇ *Ich ruf dich an.* I'll call you. **2** yourself ◇ *Hast du dich verletzt?* Have you hurt yourself?

dicht **1** (*Nebel, Rauch, Wald, Netz*) dense (*Adv* densely); (*Fell, Haar*) thick; (*Verkehr*) heavy; (*Programm*) full ◇ *dicht besiedelt* densely populated ◇ *eine dichte Wolkendecke* a thick layer of cloud **2** (*wasser-*) watertight; (*luft-*) airtight ◇ *Das Dach ist nicht mehr dicht — es regnet rein!* The roof is leaking — the rain is coming in! **3** (*nah*) close (*Adv* closely) ◇ *dicht beieinander* close together ◇ *dicht gewebt* closely woven ◇ *dicht gefolgt* closely followed ◇ *Sie saßen dicht gedrängt.* They sat squashed together. ◇ *dicht hinter der Grenze* just over the border ◇ *dicht neben dem Haus* right next to the house **4** (*kurz*) ◇ *Seine Hochzeit stand dicht bevor.* His wedding was fast approaching. ◇ *Sie stehen dicht vor dem Sieg.* Victory is within their grasp. ◇ *in dichter Folge* in quick succession IDM **nicht ganz dicht sein** be not quite right in your head (*umgs*), be out of your mind

dichten (*schreiben*) write

Dichter(in) writer; (*Poet*) poet

dichterisch **1** poetic [nur vor Nomen] (*Adv* poetically) ◇ *dichterische Freiheit* poetic licence ◇ *Er ist dichterisch begabt.* He has a gift for writing. **2** (*literarisch*) literary

dichtmachen **1** (*zeitweilig*) close **2** (*für immer*) close (sth) down

Dichtung[1] **1** (*Werk*) (literary) work ◇ *Büchners Dichtung* Büchner's work **2** (*Literatur*) literature; (*Lyrik*) poetry

Dichtung[2] **1** (*Ring*) washer **2** (*Abdichtung*) seal

dick **1** thick ◇ *ein dicker Baumstamm* a thick tree trunk ◇ *eine dicke Akte* a thick file ◇ *vier Meter dick* four metres thick ◇ *dicke Rauchschwaden* thick clouds of smoke ◇ *Die Soße wird einfach nicht dick.* The sauce won't thicken. **2** (*Mensch*) fat ◇ *Bonbons machen dick!* Sweets make you fat! **3** (*angeschwollen*) swollen ◇ *Ich habe einen dicken Knöchel.* My ankle's swollen. **4** (*Freunde*) close **5** (*groß, teuer*) big; (*Gehalt*) hefty ◇ *einen dicken Schlitten fahren* drive a big car **6** (*Lob*) high ◇ *Er sprach ihnen ein dickes Lob aus.* He praised them highly. IDM **jdn/etw dick(e) haben** have had enough of sb/sth ◇ *Jetzt habe ich aber die Faxen dick!* I've had enough of all this nonsense! **durch dick und dünn** through thick and thin **es nicht so dick haben** be hard up → *Siehe auch* FELL, HUND *und* LUFT

Dickdarm colon, large intestine

dicke ◇ *dicke drei Meter* at least three metres ◇ *Danke, das reicht dicke!* Thanks, that's plenty! ◇ *Sie hat's dicke.* She's got plenty of money. ◇ *Es kommt noch dicker.* It gets worse. IDM → DICK

Dicke(r) **1** fat one **2** (*Anrede*) fatty (*abwert*) (*Kosename*) cuddles

Dicke **1** thickness **2** (*Durchmesser*) diameter

Dickicht **1** (*Unterholz*) thick undergrowth; (*Wald*) thicket **2** (*fig*) maze ◇ *ein Dickicht von Verordnungen* a maze of rules and regulations

Dickkopf **einen ~ haben; ein ~ sein** be stubborn, be pig-headed ◇ *Er ist ein Dickkopf.* He's as stubborn as a mule.

dickköpfig stubborn (*Adv* stubbornly)

Didaktik **1** (*Wissenschaft*) pedagogy ◇ *Vorlesungen zur Didaktik* lectures on pedagogy ◇ *die Professorin für Didaktik* the Professor of Education **2** (*Methode*) teaching methods [Pl]

didaktisch pedagogical (*Adv* pedagogically) ◇ *didaktische Prinzipien* pedagogical principles ◇ *didaktische Fähigkeiten* teaching skills ◇ *Sie ist didaktisch sehr gut.* Her teaching methods are very good. ◇ *didaktisch wertvoll* educationally valuable

die **1** the ◇ *die Frau* the woman ◇ *Kennst du die Kinder?* Do you know the children? → DER **2** (*Relativpronomen, Subjekt*) which, that; (*Person*) who, that ◇ *die Blumen, die dort wachsen* the flowers that grow there ◇ *die Lehrerin, die heute hier ist* the teacher who is here today **3** (*Relativpronomen, Objekt*) which, that; (*Person*) who, that, whom (*gehoben*) ◇ *die Sendung, die ich sah* the programme that I saw ◇ *die Freundin, die ich anrief* the friend that I phoned

Dieb(in) thief; (*Einbrecher*) burglar; (*Taschen-*) pickpocket; (*Laden-*) shoplifter ◇ *Haltet den Dieb!* Stop thief! ◇ *der Dieb ihres Wagens* the person who stole her car
Diebesgut stolen goods [Pl]

diebisch **1** thieving ◇ *die diebische Elster* the thieving magpie ◇ *ein diebisches Pack* a pack of thieves **2** (*Freude, Vergnügen*) wicked (*Adv* wickedly)

Diebstahl theft; (*Einbruch-*) burglary ◇ *Ich werde Sie wegen Diebstahls anzeigen!* I shall report you to the police for theft! ◇ *jdn beim Diebstahl von Bargeld erwischen* catch sb stealing money

diejenige → DERJENIGE

Diele **1** (*Fußbodenbrett*) floorboard **2** (*Vorraum*) hall

dienen **1 als etw ~** be used as sth ◇ *Der Raum dient als Büro.* The room is used as an office. ◇ *Das soll ihm als Warnung dienen.* Let that be a warning to him. ◇ *Ihre Lehrerin diente ihr als Vorbild.* She modelled herself on her teacher. **2 einer Sache ~** (*verwendet werden*) be used for sth; (*nützlich sein*) benefit sth ◇ *Der Erlös dient einem guten Zweck.* The proceeds will be used for a good cause. ◇ *Seine Forschung dient der Menschheit.* His research is of benefit to mankind. ◇ *Das Experiment dient diesem Ziel.* That is the purpose of the experiment. ◇ *dem Frieden dienen* further the cause of peace **3 (jdm) ~** help (sb) ◇ *Womit kann ich Ihnen dienen?* How can I help you? ◇ *Mit dieser Erklärung ist mir nicht gedient.* This explanation is no help to me. **4** (*als Soldat*) be in the army/navy/air force; (*als Wehrpflichtiger*) do military service ◇ *Wie viele Jahre hast du gedient?* How many years were you in the army? **5** (*als Diener(in)*) be a servant; **jdm ~** serve sb ◇ *Er hat ihm treu gedient.* He served him faithfully.

Diener(in) servant

dienlich **jdm/einer Sache ~ sein** be of use to sb/sth

Dienst **1** (*Pflichterfüllung, Amtsausübung*) duty; (*Arbeit, Arbeitszeit*) work ◇ *Dienst haben* be on duty ◇ *der Dienst habende Arzt* the doctor on duty ◇ *Ich bin gerade im/außer Dienst.* I'm on/off duty at the moment. ◇ *Um wie viel Uhr endet ihr Dienst?* What time does she go off duty? ◇ *vom Dienst suspendiert* suspended from duty ◇ *Ich muss zum Dienst gehen.* I have to go to work. ◇ *nach dem Dienst* after work ◇ *Welche Apotheke hat heute Dienst?* Which duty chemist is open today? **2** (*als Soldat, Bedienstete(r) etc.*) service; (*Stellung*) post ◇ *nach 10 Jahren Dienst in der Armee* after ten years' service in the army ◇ *im Dienste der Königin* in the Queen's service ◇ *Sie hat gestern ihren Dienst angetreten.* She took up her post yesterday. ◇ *aus dem Dienst ausscheiden* retire ◇ *in Kambodscha Dienst tun* serve in Cambodia **3** (*Leistung, Hilfe, Einrichtung*) service ◇ *Dienst am Kunden* customer service ◇ *seine Dienste anbieten* offer your services ◇ *Er war im diplomatischen Dienst tätig.* He worked in the diplomatic service. ◇ *soziale Dienste* welfare services IDM **außer Dienst** retired ◇ *Er ist Offizier außer Dienst.* He is a retired army officer. **Dienst nach Vorschrift** work-to-rule ◇ *Sie machten Dienst nach Vorschrift.* They were working to rule. **jdm einen guten/schlechten Dienst erweisen** do sb a good turn/a disservice **jdm gute Dienste leisten** serve sb well **vom Dienst** ◇ *der Arzt/Offizier vom Dienst* the duty doctor/officer

Dienstag Tuesday → *Beispiele bei* MONTAG

dienst- **dienstälteste(r)** longest-serving, most senior **dienstbereit** ◇ *die dienstbereite Apotheke* the duty chemist ◇ *Welche Apotheke ist Heiligabend dienstbereit?* Which chemist's is open on Christmas Eve? ◇ *der dienstbereite Arzt* the doctor on duty **dienstfrei** free ◇ *in ihrer dienstfreien Zeit* in her free time ◇ *mein dienstfreies Wochenende* my weekend off ◇ *dienstfrei haben* be off duty **Dienstgrad** rank **Diensthabende** **der/die ~** the duty officer **Dienstjahr** year of service ◇ *nach 20 Dienstjahren* after 20 years of service **Dienstleistung** service ◇ *Sie bieten verschiedene Dienstleistungen an.* They offer a range of services. **Dienstleistungssektor** service sector

dienstlich **1** (*beruflich*) business ◇ *Die Angelegenheit ist rein dienstlich.* It's purely a business matter. ◇ *dienstlich verreist sein* be away on business ◇ *Er war aus dienstlichen Gründen verhindert.* He was unable to come because of work. **2** (*offiziell*) official [nur vor Nomen] ◇ *dienstliche Post* official mail **3** (*unpersönlich*) businesslike

Dienst- **Dienstmädchen** maid **Dienstreise** business trip ◇ *auf Dienstreise sein* be on a business trip **Dienststelle** (*Amt*) department; (*Büro*) office ◇ *eine staatliche Dienststelle* a government department ◇ *die Dienststellen der Stadt* council offices **Dienstwagen** official car; (*Firmenwagen*) company car **Dienst-**

zeit **1** (*Arbeitszeit*) working hours [Pl]; (*Öffnungszeit*) office hours [Pl] **2** (*Gesamtdauer des Dienstes*) ◇ *nach 30-jähriger Dienstzeit* after 30 years' service ◇ *während seiner gesamten Dienstzeit* in all his working life

dies this; (*Plural*) these; (*zusammenfassend, verweisend*) that; (*Plural*) those ◇ *Dies ist der Freund, von dem ich dir erzählt habe.* This is the friend I told you about. ◇ *Dies alles kostet Geld.* All this costs money. ◇ *Dies sind die Gründe dafür.* These are the reasons for it. **IDM** **dies und das** this and that ◇ *über dies und das sprechen* talk about this and that ◇ *... und dies und das ...* and so on

diese(r,s) **1** this; (*Plural*) these ◇ *Dieser Baum ist 200 Jahre alt.* This tree is 200 years old. ◇ *Diese Schuhe sind sehr bequem.* These shoes are very comfortable. **2** (*in Ausdrücken der Verärgerung*) that; (*Plural*) those [Pl] ◇ *Dieser Thomas!* That Thomas! ◇ *Diese Kinder!* Those children! ◇ *Diese alten Geizhälse!* What skinflints! **3 an diesem Tag** (*heute*) today; (*an dem Tag*) on that day; (*am selben Tag*) on the same day; **dieser Tage** (*in den letzten Tagen*) recently; (*in den nächsten Tagen*) soon

Diesel **1** (*Motor*) diesel (engine) **2** (*Kraftstoff*) diesel (fuel) **3** (*Fahrzeug*) diesel (car)

dieselbe → DERSELBE

diesig misty; (*besonders bei Hitze*) hazy ◇ *diesiges Wetter* misty weather ◇ *Es ist schwül und diesig.* It's close and hazy.

diesjährig ◇ *der diesjährige Sieger* this year's winner ◇ *unser diesjähriges Fest* our celebrations this year

diesmal this time

diesseits (on) this side ◇ *diesseits vom Rhein/des Rheins* (on) this side of the Rhine

diffamieren **1** defame ◇ *diffamierende Behauptungen* defamatory statements ◇ *jdn persönlich diffamieren* blacken sb's name **2 jdn als etw ~** accuse sb of being sth; **etw als etw ~** denounce sth as sth ◇ *jdn als Mörder diffamieren* accuse sb of being a murderer ◇ *etw als Gefühlsduselei diffamieren* denounce sth as sentimentality ◇ *etw als Lüge diffamieren* say that sth is a lie

Diffamierung slander; (*persönlich*) defamation of character [U]

Differenz **1** (*Unterschied, Betrag*) difference; (*Diskrepanz*) discrepancy ◇ *kulturelle Differenzen* cultural differences ◇ *Ich zahle die Differenz.* I'll pay the difference. ◇ *die Differenz zwischen dem wirklichen und dem versteuerten Einkommen* the discrepancy between the actual and the declared income **2** (*Meinungsverschiedenheit*) difference (of opinion) ◇ *Sie haben ihre Differenzen beigelegt.* They have set aside their differences.

Differenzial- **Differenzialgleichung** differential equation **Differenzialrechnung** differential calculus

differenzieren **1** (*unterscheiden*) make a distinction ◇ *Wir müssen genau differenzieren.* We must make a clear distinction here. ◇ *fein differenzieren* make fine distinctions ◇ *Können Sie das differenzieren?* Can you tell the difference? ◇ *Da solltest du wirklich differenzieren!* You can't generalize here! **2 zwischen A und B ~** distinguish between A and B, differentiate between A and B ◇ *Ihr müsst zwischen der damaligen und der heutigen Situation differenzieren.* You must differentiate between the situation then and now.

differenziert precise (*Adv* precisely) ◇ *Ihre Berichte sind sehr differenziert.* Her reports are very precise. ◇ *differenziertes Denken* precise thinking ◇ *Damit muss man sich differenzierter auseinandersetzen.* That must be analysed more precisely. ◇ *etw differenziert beurteilen* make a discriminating judgement about sth ◇ *Ich sehe das alles viel differenzierter.* I see it as much more complex. ◇ *Das ist keine differenzierte Argumentation!* That's a generalization! ◇ *ein Heim mit differenzierten Betreuungsangeboten* a home with a range of different types of care

Differenzierung (*oft mit einem Verb übersetzt*) **1** (*das Differenzieren*) differentiation ◇ *eine Differenzierung nach Alter* differentiation according to age ◇ *Hier ist eine Differenzierung nötig.* It is necessary to make a distinction here. **2** (*Auseinanderentwicklung*) diversification ◇ *die Differenzierung der Investitionen* the diversification of investments ◇ *die Differenzierung des Freizeitangebots* increasing the range of leisure activities

diffus **1** (*ungeordnet*) confused; (*unklar*) vague ◇ *Sie argumentiert sehr diffus.* Her arguments are very confused. ◇ *ein diffuses Gefühl der Angst* a vague feeling of anxiety **2** (*Licht*) diffused

digital digital (*Adv* digitally) ◇ *mit digitaler Anzeige* with digital display ◇ *unser digitaler Fußabdruck* our digital footprint ◇ *digital aufgezeichnet* digitally recorded

Digitalfernsehen digital television **Digitalfoto** digital photo

digitalisieren **1** (*Daten*) digitize ◇ *Sprache digitalisieren* digitize speech ◇ *in einer digitalisierten Welt* in a digital world **2** (*umwandeln*) convert *sth* to digital

Digitalisierung **1** (*Daten*) digitization ◇ *die Digitalisierung von Bildern* the digitization of pictures **2** (*Umwandlung*) conversion to digital form

Digital- **Digitalkamera** digital camera **Digitalradio** digital radio

Diktat **1** (*Text*) dictation ◇ *Wir mussten ein Diktat schreiben.* We had to do a dictation. **2** (*Gebot*) dictate **3** (POL) diktat

Diktator(in) dictator

diktatorisch dictatorial (*Adv* dictatorially) ◇ *seine diktatorische Art* his dictatorial manner ◇ *ein diktatorischer Staat* a dictatorship

Diktatur dictatorship ◇ *in einer Diktatur leben* live under a dictatorship

diktieren dictate ◇ *Kannst du mir das bitte diktieren?* Can you dictate it to me? ◇ *Ich will mir nicht mein Leben von anderen diktieren lassen.* I'm not having other people dictate to me how I live my life. ◇ *Seine Leidenschaft für das Theater diktierte sein Leben.* His life was governed by his passion for the theatre.

Diktiergerät Dictaphone™

Diktion (*Ausdrucksweise*) diction; (*Stil*) style

Dilemma dilemma ◇ *in einem Dilemma stecken* be in a dilemma

Dilettant(in) amateur

dilettantisch **1** *Adj* amateurish **2** *Adv* in an amateurish manner ◇ *Der Bankräuber ist ziemlich dilettantisch vorgegangen.* The bank robber acted in a rather amateurish manner.

Dill, Dille (*auch* **Dillenkraut**) dill

Dimension dimension ◇ *Der Skandal hat politische Dimensionen angenommen.* The scandal has taken on a political dimension. ◇ *Seine Pläne bewegen sich in ganz anderen Dimensionen.* His plans are on a completely different scale.

-dimensional -dimensional ◇ *dreidimensional* three-dimensional

DIN® = German Industrial Standard ◇ *ein DIN-A4-Blatt* a sheet of A4

Ding **1** thing ◇ *Er kramte alle möglichen Dinge hervor.* He fished all sorts of things out. ◇ *Über solche Dinge spricht er nicht gern.* He doesn't like talking about things like that. ◇ *den Dingen ihren Lauf lassen* let things run their course ◇ *Wie die Dinge liegen, ...*

As things stand, ... ◇ *Da hast du dir ja ein Ding geleistet!* What a thing to do! **2** *(Mensch, Tier)* thing, creature; *(Mädchen)* girl ◇ *Das arme Ding!* Poor little thing! IDM **das ist ja ein Ding!** Fancy that! ◇ *Er will in die USA? Das ist ja ein Ding!* He wants to go to the States? Well, fancy that! **jds Ding sein** be sb's (sort of) thing *(umgs)* ◇ *Computerspiele sind sein Ding.* Computer games are his thing. ◇ *Joggen ist nicht mein Ding.* Jogging's not my sort of thing at all. **ein Ding der Unmöglichkeit** an impossibility **ein (krummes) Ding drehen** do a job *(umgs)* **es geht nicht mit rechten Dingen zu** things are not as they should be ◇ *Bei dem neuen Rekord kann es doch nicht mit rechten Dingen zugegangen sein!* It seems that things were not as they should have been when the new record was set. **guter Dinge sein** be in good spirits **über den Dingen stehen** stay cool **vor allen Dingen** above all; *(insbesondere)* particularly ◇ *Er wünscht sich vor allen Dingen ein Fahrrad.* What he wants above all is a bike. ◇ *Das gilt vor allen Dingen für Italien.* That is particularly true of Italy. → *Siehe auch* MASS[1]

dingfest **jdn ~ machen** arrest sb

Dings, Dingsbums *(auch* **Dingsda**) *(Sache)* thing, thingummy *(umgs)*; *(Mensch)* what's-his-name, what's-her-name *(umgs)* ◇ *Wie nennt man dieses Dings noch?* What's that thing called? ◇ *Die Dings war auch dabei.* What's-her-name was there as well.

Dinkel spelt

Dinosaurier dinosaur

Diode diode

Dioxid, Dioxyd dioxide

Dioxin dioxin

Diözese diocese

Diphtherie diphtheria [U]

Diphthong diphthong

Diplom **1** *(akademischer Grad)* degree; *(anderer Abschluss)* diploma ◇ *Sie war schon 30, als sie ihr Diplom machte.* She was 30 by the time she got her degree. ◇ *ein Diplom als Schmuckdesigner* a diploma in jewellery design **2** *(Urkunde)* certificate

Diplomarbeit dissertation

Diplomat(in) diplomat *(auch fig)*

Diplomatie diplomacy *(auch fig)* ◇ *Man sollte der Diplomatie eine Chance geben.* They should give diplomacy a chance.

diplomatisch diplomatic *(Adv* diplomatically) ◇ *im diplomatischen Dienst stehen* be in the diplomatic service ◇ *diplomatische Beziehungen aufnehmen* establish diplomatic relations ◇ *Das hat sie diplomatisch geschickt ausgedrückt.* She put that very diplomatically.

Diplom- **Diplomingenieur(in)** graduate engineer **Diplomkaufmann, -kauffrau** graduate in business studies **Diplompsychologe, -psychologin** graduate in psychology, qualified psychologist

dir **1** (to) you ◇ *Hat er dir das Buch gegeben?* Did he give you the book? ◇ *Ich werde es dir erklären.* I'll explain it to you. **2** (to) yourself ◇ *Kauf dir eine Jacke!* Buy yourself a jacket!

direkt **1** direct *(Adv* directly) ◇ *eine direkte Folge* a direct consequence ◇ *direkte Steuern* direct taxes ◇ *etw direkt vom Bauern beziehen* get sth direct from the farmer ◇ *sich direkt an jdn wenden* approach sb directly ◇ *Die Firma war direkt daran beteiligt.* The firm was directly involved in it. ◇ *sein direkter Vorgesetzter* his immediate superior ◇ *direkte Gespräche* face-to-face talks **2** *(ohne Umweg)* straight ◇ *Sie ging direkt nach Hause.* She went straight home. **3** *(ohne Umsteigen)* direct ◇ *eine direkte Verbindung nach München* a direct connection to Munich ◇ *Kann man direkt nach Dallas fliegen?* Can you fly direct to Dallas? **4** *(zeitlich)* immediately ◇ *Sie wollte ihn direkt vor dem Meeting sehen.* She wanted to see him immediately prior to the meeting. ◇ *Wir fangen direkt nach der Schule an.* We start straight after school. **5** *(räumlich)* immediate [nur vor Nomen] *(Adv* immediately) ◇ *die direkte Umgebung der Stadt* the immediate environs of the town ◇ *direkt gegenüber der Bank* immediately opposite the bank ◇ *direkt neben dir* right next to you ◇ *Das Haus liegt direkt am Meer* The house is right by the sea. ◇ *Sie können direkt vorm Haus parken.* You can park right in front of the house. **6** *(live)* live ◇ *Das Konzert wurde direkt übertragen.* The concert was broadcast live. **7** *(unverblümt)* direct, forthright; *(negativer)* blunt *(Adv* bluntly) ◇ *Er war schon immer sehr direkt.* He's always been very forthright. ◇ *So ganz direkt hatte sie es nicht gesagt.* She didn't say it quite so bluntly. ◇ *Er fragte sie ganz direkt, wie viel sie verdient.* He asked her straight out how much she earned. ◇ *direkt zur Sache kommen* come straight to the point **8** *(geradezu)* really ◇ *Das hat mich direkt überrascht.* That really surprised me. ◇ *Das freut mich direkt.* I'm really pleased about that. ◇ *Das ist mir jetzt direkt peinlich.* I feel really bad about that now.

Direktflug direct flight

Direktheit directness; *(negativer)* bluntness ◇ *Er war für seine Direktheit bekannt.* He was known for his directness. ◇ *Ihre Direktheit konnte manchmal verletzend sein.* Her bluntness could sometimes be hurtful.

Direktion **1** management [mit Verb im Sing/Pl] ◇ *Er wurde mit der Direktion der Festspiele betraut.* He was entrusted with the management of the festival. **2** *(Räume)* managers' offices [Pl]; *(Gebäude)* head office

Direktionsassistent(in) assistant to the director

Direktive directive

Direktmandat = seat won by being directly elected to parliament

Direktor(in) **1** *(von Behörden, Institutionen)* director **2** *(von Schulen)* head(teacher), *(AmE)* principal; *(von Hochschulen)* principal **3** *(von Unternehmen, Abteilungen)* manager

Direkt- **Direktverbindung** *(mit dem Zug)* through train; *(mit dem Flugzeug)* direct flight **Direktvermarktung** direct marketing

Dirigent(in) conductor

dirigieren **1** (MUS) conduct **2** *(in eine Richtung weisen)* direct; *(führen)* show **3** *(Firma, Unternehmen)* run

Dirndl **1** *(Kleid)* dirndl **2** *(Mädchen)* girl

dis, Dis D sharp

Discounter discounter, discount supermarket

Diskette disk ◇ *etw auf Diskette speichern* save sth onto disk ◇ *eine Diskette einlegen* insert a disk

Diskettenlaufwerk disk drive

Diskjockey disc jockey

Disko disco ◇ *in die Disko gehen* go to the disco ◇ *eine Disko veranstalten* organize a disco

Diskothek discotheque

diskreditieren discredit

Diskrepanz discrepancy

diskret **1** discreet *(Adv* discreetly); *(vertraulich)* confidential *(Adv* confidentially) ◇ *sein diskretes Verhalten* his discreet behaviour ◇ *Die Bewerbungen werden diskret behandelt.* The applications are treated confidentially. ◇ *diskret schweigen* maintain a discreet silence **2** *(Parfum, Make-up, Hinweis)* subtle

Diskretion discretion; *(Vertraulichkeit)* confidentiality ◇ *Kann ich mit Ihrer Diskretion rechnen?* Can I count on your discretion? ◇ *Diskretion wahren* be discreet

diskriminieren **1** (*benachteiligen*) discriminate against *sb/sth* ◇ *jdn aufgrund seiner Religion diskriminieren* discriminate against sb on the grounds of religion ◇ *Die Jungen fühlen sich diskriminiert.* The boys feel that they are being discriminated against. **2** (*herabsetzen*) disparage, demean ◇ *diskriminierende Äußerungen* disparaging remarks ◇ *Diese Art von Journalismus diskriminiert ganze Bevölkerungsgruppen.* This kind of journalism is demeaning to whole sections of the population.

Diskriminierung discrimination [U] ◇ *Diskriminierung von Ausländern* discrimination against foreigners

Diskus discus

Diskussion (*Gespräch*) discussion; (*Debatte*) debate; (*Streit*) argument ◇ *Der Antrag wurde zur Diskussion gestellt.* The motion was put up for discussion. ◇ *Das führte zu heftigen Diskussionen.* That led to heated debate. ◇ *die Diskussion um die Grundgesetzänderung* the debate about changing the constitution ◇ *Ich lasse mich auf keine Diskussion ein.* I'm not going to discuss it. ◇ *Keine Diskussion!* Don't argue! IDM **zur Diskussion stehen** (*Thema sein*) be on the agenda; (*in Betracht kommen*) be being considered ◇ *Wieder einmal steht der Kindergarten zur Diskussion.* The nursery is on the agenda once again. ◇ *Zwei weitere Standorte stehen noch zur Diskussion.* Two further sites are being considered.

Diskussionsgrundlage basis for discussion **Diskussionsrunde** discussion group **Diskussionsthema** subject of (a/the) discussion ◇ *Das Diskussionsthema des Abends war Europa.* Europe was the subject of discussion for the evening.

Diskus- **Diskuswerfen** the discus **Diskuswerfer(in)** discus thrower

diskutieren **1 (mit jdm) über etw ~** discuss sth (with sb) ◇ *über Politik diskutieren* discuss politics ◇ *Bei uns zu Hause wird viel diskutiert.* At home we talk about things a lot. **2 etw ~** debate sth ◇ *Das Parliament diskutiert die neue Gesetzesvorlage.* Parlament is debating the new bill. ◇ *Das Thema wurde heftig diskutiert.* There was a heated debate on the subject.

Dispersionsfarbe emulsion (paint)

Display **1** (*Anzeige*) display **2** (*Werbung*) display pack

disponieren **1 über etw/jdn ~** have sth/sb at your disposal; (*bestimmen*) manage sb/sth ◇ *Er disponiert über riesige Summen.* He has huge sums of money at his disposal. ◇ *Sie kann über ihre Zeit frei disponieren.* She can manage her own time. **2** (*im Voraus planen*) plan ahead ◇ *für die nächste Saison disponieren* plan ahead for next season ◇ *anders disponieren* make other arrangements

disponiert **1** (*Verfassung*) ◇ *hervorragend disponiert sein* be on top form **2 für etw ~** (*Krankheiten*) predisposed to sth

Disposition **1 zur ~ stehen** be up for discussion ◇ *Das Amt des Bürgermeisters steht nicht zur Disposition.* The post of mayor is not up for discussion. **2 jdm zur ~ stehen** be at sb's disposal ◇ *Ihm steht eine fünfstellige Summe zur Disposition.* He has a five-figure sum at his disposal. **3 etw zur ~ stellen** (*infrage*) call sth into question **4 etw zur ~ stellen** (*zur Verfügung*) make sth available **5** (*Planung*) arrangement; (*Gliederung*) outline plan **6** (*Veranlagung*) predisposition ◇ *eine Disposition zu Diabetes* a predisposition to diabetes

Disput dispute ◇ *ein Disput um die Miete* a dispute over the rent

Disqualifikation (SPORT) disqualification

disqualifizieren **1** (SPORT) disqualify **2 sich ~** lose (all) credibility ◇ *Dadurch hat er sich selbst disqualifiziert.* He has lost all credibility as a result.

Dissertation doctoral thesis ◇ *Er schrieb seine Dissertation über Kant.* He wrote his doctoral thesis on Kant.

Dissident(in) dissident

Dissonanz **1** (MUS) dissonance **2** (*fig*) difference of opinion

Distanz **1** (*Entfernung, Strecke*) distance ◇ *aus sicherer Distanz* from a safe distance ◇ *Er wurde aus kurzer Distanz erschossen.* He was shot at close range. ◇ *der Weltrekord über die 100-Meter-Distanz* the world record for the 100 metres **2** (*innerer Abstand*) detachment IDM **auf Distanz (zu jdm/etw) gehen** distance yourself (from sb/sth) **Distanz (zu jdm) halten/wahren** keep your distance (from sb)

distanzieren **sich von jdm/etw ~** distance yourself from sb/sth; (*Meinung, Aktion*) dissociate yourself from sth ◇ *Die Partei distanzierte sich von der Aktion.* The party dissociated itself from the campaign.

distanziert (*reserviert*) reserved; (*kühl*) distant

Distel thistle

distinguiert distinguished

Disziplin **1** discipline ◇ *in der Klasse Disziplin halten* keep discipline in class ◇ *Die Disziplin lässt zu wünschen übrig.* Discipline is poor. ◇ *eine olympische Disziplin* an Olympic discipline **2** (*Selbstbeherrschung*) self-discipline ◇ *Für eine Diät habe ich nicht genug Disziplin.* I haven't got enough self-discipline for dieting. ◇ *Dazu gehört eiserne Disziplin.* You need to be very disciplined to do that.

Disziplinar- **Disziplinarmaßnahme** ◇ *Disziplinarmaßnahmen ergreifen* take disciplinary action **Disziplinarstrafe** disciplinary measure **Disziplinarverfahren** disciplinary proceedings [Pl] ◇ *ein Disziplinarverfahren einleiten* start disciplinary proceedings ◇ *Ihr droht ein Disziplinarverfahren.* She faces the prospect of disciplinary proceedings.

disziplinieren discipline

diszipliniert **1** orderly ◇ *Diszipliniert standen sie Schlange.* They formed an orderly queue. ◇ *Das Publikum verhielt sich sehr diszipliniert.* The audience behaved in an orderly fashion. **2** (*beherrscht*) disciplined ◇ *Sie waren diszipliniert bei der Arbeit.* They worked in a disciplined way. ◇ *Sie war sehr diszipliniert und lernte sechs Stunden am Tag.* She showed great self-discipline and studied six hours a day.

Disziplinlosigkeit lack of discipline

Diva (*Schauspielerin*) star; (*Sängerin*) diva; (*launisch*) prima donna

Divergenz (*Meinungsverschiedenheit*) difference of opinion

divergieren diverge

divers various ◇ *Wir hatten diverse Probleme.* There were various problems. ◇ *unter der Rubrik „Diverses"* under the heading 'Miscellaneous'

Dividende dividend ◇ *eine hohe Dividende ausschütten* pay a large dividend

dividieren divide ◇ *Zehn dividiert durch zwei ist fünf.* Ten divided by two is five.

Division division [mit Verb im Sing/Pl] ◇ *Division lernen* learn to do division ◇ *Die Division geht nicht auf.* It doesn't divide exactly. ◇ *Die letzte Division verläßt das Land.* The last division is/are leaving the country.

D-Mark German mark

DNS, DNA DNA ◇ *Die Identität des Toten wurde durch eine DNA-Analyse festgestellt.* The identity of the dead man was established by DNA testing.

Dobermann Dobermann (pinscher)

doch[1] *Konj* but ◇ *Er beeilte sich, doch er kam trotzdem zu spät.* He hurried, but he still arrived late.

doch² *Adv* **1** (*dennoch*) after all; (*trotzdem*) still ◇ *Du hast dich also doch entschieden zu kommen!* So you decided to come after all! ◇ *Man hat es ihm verboten, und doch hat er es gemacht.* He was told not to, but he still did it. ◇ *Zugeben würde er es nicht, aber es hat ihm doch geschmeckt.* He did like it although he would never admit it. ◇ *Der Lehrer ist autoritär und doch beliebt.* The teacher is strict but popular nevertheless. **2** (*Erwiderung*) yes, I am, etc. ◇ *„Das ist ja wohl nicht dein Ernst!" „Doch!"* 'Surely you're not serious!' 'Yes, I am!' ◇ *„Hast du nicht gefroren?" „Doch, schon!"* 'Weren't you cold?' 'Yes, I was actually!' ◇ *„Das könnt ihr doch nicht machen!" „Oh, doch!"* 'You can't do that!' 'Oh yes, we can!'

doch³ **1** (*zur Verstärkung*) (*oft nicht übersetzt*) ◇ *Ich bin doch kein Kind mehr!* I'm not a child! ◇ *Das darf doch nicht wahr sein!* I don't believe it! ◇ *Das konnte ich doch nicht wissen!* How was I supposed to know? ◇ *Du kommst doch mit?* You are coming, aren't you? ◇ *Warte doch auf mich!* Wait for me! ◇ *Reg dich doch nicht so auf!* Don't get so upset! ◇ *Wenn die Prüfung doch nur schon vorbei wäre!* If only the exam was over! ◇ *Das ist doch zu dumm!* What a nuisance! **2** (*noch*) again ◇ *Wie hieß sie doch?* What was her name again? ◇ *Wie war das doch?* What was that again?

Docht wick

Dogge mastiff; **Deutsche ~** Great Dane

Dogma dogma

dogmatisch dogmatic (*Adv* dogmatically)

Dohle jackdaw

Doktor **1** (*Arzt*) doctor ◇ *Danke, Herr/Frau Doktor.* Thank you, doctor. **2** (*akademischer Grad*) doctorate, PhD ◇ *seinen Doktor machen* do your doctorate ◇ *Sie ist Doktor der Soziologie.* She has a doctorate in sociology. **3** (*Titel*) Doctor (*Abk* Dr) ◇ *Frau Dr. Schmidt* Dr Schmidt

Doktorand(in) doctoral student

Doktorarbeit doctoral thesis

Doktrin doctrine

Doku → DOKUMENTARFILM

Dokument **1** (*Urkunde etc.*) document ◇ *wichtige Dokumente* important documents **2** (*Zeugnis*) record; (*Beweisstück*) piece of evidence ◇ *ein Dokument der Vergangenheit* a record of the past ◇ *Der Angeklagte legte ein neues Dokument vor.* The defendant produced a new piece of evidence.

Dokumentarfilm documentary

dokumentarisch documentary [nur vor Nomen] ◇ *dokumentarische Materialien/Beweise* documentary material/evidence ◇ *ein dokumentarischer Kurzfilm* a short documentary ◇ *etw dokumentarisch festhalten* make a documentary record of sth ◇ *Das ist dokumentarisch belegt.* There is documentary proof of it.

Dokumentation **1** (*das Dokumentieren*) (*meist mit einem Verb übersetzt*) ◇ *eine Dokumentation über den Krankheitsverlauf vornehmen* document the progress of the disease **2** (*Buch, Ausstellung etc.*) documentary account ◇ *eine Dokumentation über die Entwicklung der Stadt* a documentary account of the development of the town **3** (*Unterlagen*) documentation ◇ *die Dokumentation zur Software* the documentation for the software **4** (*Sendung, Film*) documentary ◇ *eine Dokumentation über Dinosaurier* a documentary about dinosaurs

dokumentieren **1** document ◇ *Der Bericht dokumentiert zahlreiche Fälle von Menschenrechtsverletzungen.* The report documents numerous cases of human rights violations. ◇ *Er dokumentiert alle Fälle mit Fotos.* He keeps a photographic record of all cases. **2** (*bekunden, zeigen*) show ◇ *Die Umfrageergebnisse dokumentieren den Unmut der Bürger.* Opinion polls show people's dissatisfaction. **3 sich (in/durch etw) ~** ◇ *Der Erfolg des Produkts dokumentiert sich durch die Verkaufszahlen.* The success of the product is clearly shown in the sales figures. ◇ *Ihr Desinteresse dokumentierte sich darin, dass sie nicht zum Training erschienen.* Their failure to show up for training showed their lack of interest.

Dolch dagger

Dollar dollar ◇ *ein paar Dollar* a few dollars

Dollarkurs exchange rate for the dollar

dolmetschen act as an interpreter; **etw in etw ~** translate sth into sth ◇ *Er dolmetscht für das Gericht.* He acts as an interpreter in court. ◇ *Sein Interview wurde ins Englische gedolmetscht.* His interview was translated into English by an interpreter.

Dolmetscher(in) interpreter

Dom cathedral ◇ *der Kölner Dom* Cologne cathedral

Domain domain

dominant **1** (*vorherrschend*) dominant **2** (*herrschsüchtig*) domineering

Dominanz dominance

Domini IDM → ANNO

dominieren **1** (*vorherrschen*) be dominant ◇ *Sie dominiert in ihrer Ehe.* She is the dominant one in the marriage. ◇ *eine dominierende Stellung* a dominant position ◇ *Schwarz dominiert in dieser Saison.* Black is the dominant colour this season. **2 etw ~** dominate sth ◇ *Bremen dominierte den Spielverlauf.* Bremen dominated the game.

Domino dominoes [Pl]

Dominoeffekt domino effect **Dominostein** domino

Domizil home, (*AmE*) domicile

Dompteur, Dompteuse circus trainer; (*für Raubkatzen*) lion tamer

Döner doner kebab

Donner thunder ◇ *Blitz und Donner* thunder and lightning IDM **wie vom Donner gerührt** thunderstruck

donnern **1** thunder ◇ *Es fing an zu donnern.* It began to thunder. ◇ *Es blitzte und donnerte.* There was thunder and lightning. ◇ *Es donnerte so laut, dass sie Angst bekamen.* The thunder was so loud that they were frightened. **2** (*dröhnen, schreien*) thunder; (*Geschütze*) boom **3** (*Lawine, Zug, Lkw*) thunder; (*Düsenjet, Rennauto*) roar ◇ *Die Lawine donnerte ins Tal.* The avalanche thundered into the valley. **4** (*stoßen*) crash ◇ *Sie donnerte gegen den Laternenpfahl.* She crashed into the lamppost. **5** (*hämmern, schlagen*) pound ◇ *Er donnerte mit der Faust gegen die Tür.* He pounded on the door with his fists. **6** (*werfen*) hurl ◇ *Sie donnerte ihre Tasche in die Ecke.* She hurled her bag into the corner.

donnernd thundering; (*Beifall*) thunderous ◇ *donnernde Hufe* thundering hooves ◇ *Ein donnerndes „Nein" war die Antwort.* The answer was a resounding no.

Donnerstag Thursday → *Beispiele bei* MONTAG

Donnerwetter **1** row ◇ *Es wird ein großes Donnerwetter geben!* There'll be an awful row! **2 Zum ~ (noch mal)!** For heaven's sake! **3** (*Ausruf der Bewunderung*) wow!

doof stupid ◇ *Dieses doofe Fahrrad!* This stupid bike! ◇ *So ein doofer Typ!* What an idiot! ◇ *Ich stand ziemlich doof da.* I was standing there like a lemon.

Doofheit stupidity

dopen **ein Tier ~** dope an animal; **(sich) ~** take drugs; **jdn ~** give sb drugs ◇ *Er hatte sein Rennpferd gedopt.* He had doped his horse. ◇ *Sie dopen mit Anabolika.* They take anabolic steroids.

Doping doping ◇ *der Kampf gegen Doping* the fight against doping ◇ *jdn auf Doping kontrollieren* test sb for drugs

Dopingkontrolle drug test ◇ *Dopingkontrollen durchführen* do drug tests **Dopingverdacht** ◇ *unter Dopingverdacht stehen* be suspected of taking drugs

Doppel **1** (*Tennis*) doubles ◇ *im Doppel der Herren* in the men's doubles **2** (*Mannschaft*) pair
Doppelagent(in) double agent **Doppelbelastung** double burden **Doppelbett** double bed **Doppeldecker** **1** (*Flugzeug*) biplane **2** (*Bus*) double-decker **doppeldeutig** ◇ *doppeldeutig sein* have a double meaning ◇ *eine doppeldeutige Bemerkung* a double entendre **Doppelfehler** (*Tennis*) double fault **Doppelfenster** double-glazed window **Doppelgänger(in)** double ◇ *Er hätte dein Doppelgänger sein können.* He could have been your double. ◇ *Sie verdient sich ihr Geld als Doppelgängerin von Madonna.* She makes money as a Madonna lookalike. **Doppelhaus** semi-detached house **Doppelhaushälfte** semi-detached house **Doppelkinn** double chin **Doppelklick** double-click **doppelklicken** double-click **Doppelleben** double life **Doppelmoral** double standards [Pl] **Doppelmord** double murder **Doppelname** double-barrelled name, (*AmE*) double-barreled name **Doppelpass** **1** (*Fußball*) one-two **2** (*doppelte Staatsangehörigkeit*) dual nationality **Doppelpunkt** colon **Doppelrolle** **1** (*Theater, Film etc.*) ◇ *eine Doppelrolle spielen* play two roles **2** (*Doppelfunktion*) dual role **Doppelstockbett** bunk beds [Pl] **Doppelstunde** double period

doppelt **1** *Adj* double ◇ *eine doppelte Portion* a double portion ◇ *ein doppelter Salto* a double somersault ◇ *die doppelte Menge* twice the amount ◇ *in doppelter Ausfertigung* in duplicate ◇ *in doppelter Hinsicht* in two respects ◇ *doppelte Buchführung* double-entry bookkeeping ◇ *im doppelten Sinn* in both meanings of the word ◇ *doppelte Staatsbürgerschaft* dual citizenship ◇ *Wir mussten das Doppelte bezahlen.* We had to pay twice that. ◇ *Das kostet das Doppelte.* It costs twice as much. **2** *Adv* (*zweimal*) twice; (*in zweifacher Hinsicht, mehr als sonst*) doubly ◇ *doppelt so häufig* twice as often ◇ *Er ist doppelt so alt wie sie.* He's twice her age. ◇ *Das ist doppelt ärgerlich.* It's doubly annoying. ◇ *Diese CD habe ich doppelt.* I've got two of this CD. IDM **doppelt und dreifach** over and over again **doppelt gemoppelt** tautologous ◇ *Der Ausdruck „ein runder Kreis" ist doppelt gemoppelt.* The expression 'a round circle' is a tautology. **Doppelt hält besser.** Better safe than sorry.

Doppel- **Doppelverdiener** **1** person with a second income **2** (*Paar*) dual-income couple **Doppelzimmer** double room

Dorf village ◇ *das Leben auf dem Dorf* village life ◇ *auf dem Dorf wohnen* live in the country IDM **das sind (für mich) böhmische Dörfer** it's all Greek to me
Dorfbewohner(in) villager ◇ *Fast alle Dorfbewohner kamen zum Sommerfest.* Nearly everyone in the village came to the summer fête.

dörflich village; (*ländlich*) rural ◇ *das dörfliche Leben* village life ◇ *Hier geht es sehr dörflich zu.* It's very rural here.

Dorn thorn IDM **jdm ein Dorn im Auge sein** be a thorn in sb's side

Dorsch cod

dort **1** there ◇ *Dort habe ich meinen Schal vergessen.* I left my scarf there. ◇ *dort drüben* over there ◇ *dort oben* up there ◇ *dort hinten* there at the back ◇ *Ich wäre gern dort geblieben.* I'd like to have stayed there. **2** **~, wo** where ◇ *dort, wo wir immer hingehen* where we always go IDM → DA[1] *und* HIER

dorther there ◇ *von dorther* from there

dorthin there ◇ *Bis dorthin sind es zehn Kilometer.* It's ten kilometres from here to there.

dortig there [nicht vor Nomen] ◇ *unsere dortigen Freunde* our friends there

Dose **1** (*Schachtel*) box **2** can, (*BrE auch*) tin ◇ *eine Dose Ananas* a tin of pineapple ◇ *eine Dose Cola* a can of coke **3** (*Steck-*) socket, (*AmE*) outlet, receptacle

dösen **1** doze ◇ *Die Katzen dösten in der Sonne.* The cats were dozing in the sun. **2** (*abschalten*) stare into space

Dosen- canned, (*BrE auch*) tinned
Dosenbier canned beer **Dosenöffner** can opener, (*BrE auch*) tin opener **Dosenpfand** deposit on drinks cans and plastic bottles

dosieren ◇ *das Waschpulver dosieren* measure out the required amount of detergent ◇ *Richtig dosiert wirkt die Substanz aufputschend.* Used in the right dose the substance acts as a stimulant. ◇ *Das Medikament war zu hoch dosiert.* The prescribed dose of the medicine was too high.

Dosis dose

Dotter yolk

Double (body) double

down **1** low ◇ *Wenn ich down bin, zieht sie mich wieder hoch.* When I'm feeling low she cheers me up. **2** (*erschöpft*) exhausted

downloaden download ◇ *Den Film kannst du dir im Internet downloaden.* You can download the film from the Internet.

downvoten downvote

doxen dox

Dozent(in) ≈ lecturer, (*AmE*) ≈ professor ◇ *eine Dozentin für Zivilrecht* a lecturer in civil law

Drache dragon

Drachen **1** kite ◇ *einen Drachen steigen lassen* fly a kite **2** (*Sportgerät*) hang-glider **3** (*Frau*) battleaxe
Drachenfliegen hang-gliding **Drachenflieger(in)** hang-glider

Dragee **1** pill **2** (*Süßigkeit*) sweet; (*Mandel-*) sugared almond

Draht **1** wire ◇ *ein Kleiderbügel aus Draht* a wire coat hanger ◇ *ein Kunstwerk aus Draht* a work of art made out of wire **2** (*Telefon*) **am ~** on the line **3** **heißer ~** hotline **4** (*gute Beziehung*) rapport ◇ *Er hat sofort den Draht zu ihnen gefunden.* He immediately established a rapport with them. **5** (*Beziehungen*) connections [Pl] ◇ *Er hat einen guten Draht zum Ministerium.* He has connections in the ministry. ◇ *Sie hat einen guten Draht zur Direktorin.* She's on good terms with the head. IDM **auf Draht sein** be on the ball
Drahtesel bike (*umgs*)

drahtig wiry

draht- **drahtlos** cordless ◇ *ein drahtloses Telefon* a cordless phone **Drahtseilakt** **1** (*im Zirkus*) high wire act **2** (*Risiko*) risky venture **Drahtseilbahn** cable railway **Drahtzieher(in)** mastermind ◇ *Sie ist die eigentliche Drahtzieherin des Drogenschmuggels.* She is the mastermind behind the drug-smuggling operation. ◇ *Die Drahtzieher werden selten gefasst.* The people behind it are rarely caught.

drakonisch draconian

Drama **1** (*Stück*) play **2** (*Gattung*) drama ◇ *das englische Drama* English drama **3** (*fig*) drama; (*Katastrophe*) disaster; (*Krise*) crisis ◇ *Mach doch nicht aus allem gleich ein Drama!* Don't make such a drama out of everything! ◇ *Das ist für uns kein Drama.* It's not a disaster for us.

Dramatiker(in) dramatist

dramatisch dramatic (*Adv* dramatically) ◇ *eine dramatische Rettung* a dramatic rescue ◇ *dramatische Ausmaße annehmen* reach crisis proportions

dramatisieren dramatize

Dramatisierung **1** (*Bearbeitung*) dramatization **2** (*Übertreibung*) (over)dramatizing ◇ *Die Polizei warnte vor einer Dramatisierung der Situation.* The police warned against overdramatizing the situation.

Dramaturg(in) literary director

Dramaturgie **1** (*Abteilung*) script department **2** (*dramatische Gestaltung*) dramatic structure **3** (*Lehre*) theory of drama

dramaturgisch dramatic (*Adv* dramatically) ◇ *die dramaturgische Struktur* the dramatic structure

dran → DARAN IDM **an etw ist etwas/nichts dran** there's something/no truth in sth ◇ *An dem Gerücht ist nichts dran.* There's no truth in the rumour. ◇ *Da scheint etwas dran zu sein.* There seems to be something in it. **früh/spät dran sein** be early/late **gut/schlecht dran sein** be well/badly off ◇ *Er ist noch schlechter dran.* He's even worse off. **jd ist dran** it's sb's turn; (*bei Spielen*) it's sb's go ◇ *Wer ist dran?* Whose turn is it? ◇ *Du bist dran.* It's your go. → *Siehe auch* ARM, DRAUF *und* DRUM

dranbleiben **1** hang on in there; **an jdm ~** (*Gegner*) keep up with sb; **an etw ~** (*Arbeit, Projekt*) stick at sth ◇ *an der Spitze dranbleiben* keep up with the people in the lead **2** (*Telefon*) hold (the line)

Drang **1** (*Antrieb*) urge; (*Verlangen*) desire ◇ *den Drang haben etw zu tun* have the urge to do sth ◇ *der Drang nach Freiheit* the desire for freedom **2** (*Druck*) pressure ◇ *der Drang zu Einsparungen* the pressure to make cuts

drängeln **1** push (and shove) ◇ *Hör auf zu drängeln!* Stop pushing! ◇ *Hinten wird gedrängelt.* People behind are pushing and shoving. **2 (sich) ~** (*in eine bestimmte Richtung*) push your way ◇ *Sie drängelte sich an den Leuten vorbei zur Kasse.* She pushed her way past the other people to the checkout. **3 sich ~** (*an einem Ort*) ◇ *In den Straßen drängeln sich die Menschen.* There are crowds of people in the street. **4** (*quengeln*) pester ◇ *Sie drängelte so lange, bis ihre Eltern nachgaben.* She pestered her parents until they gave in.

drängen **1** (*sich bewegen*) surge ◇ *Sie drängten in den Saal.* They surged into the hall. **2 sich ~** (*auf engem Raum*) ◇ *Die Menschen drängten sich vor dem Tor.* There were crowds of people in front of the gate. ◇ *Sie drängten sich um den Stand.* They crowded round the stall. ◇ *Sie leben dicht gedrängt zusammen.* They live squashed together. **3 jdn ~** (*irgendwohin drücken*) force sb ◇ *Die Polizei drängte ihn an die Wand.* The police forced him against the wall. ◇ *jdn von der Fahrbahn drängen* force sb off the road (*fig*) ◇ *Diese Leute werden an den Rand gedrängt.* These people are being marginalized. **4 jdn zu etw ~** urge sb to do sth; **zu etw ~** press for sth ◇ *Sie drängte ihn dazu, sich die Sache noch einmal zu überlegen.* She urged him to think the matter over again. ◇ *Die USA drängte zur Wiederaufnahme der Gespräche.* The US pressed for a resumption of the talks. ◇ *Sie drängten zur Eile.* They tried to hurry us up. ◇ *Er drängte zum Aufbruch.* He was anxious to leave. **5 auf etw ~** press for sth ◇ *auf eine Entscheidung drängen* press for a decision ◇ *Sie drängt darauf, dass der Plan bald verwirklicht wird.* She is pressing for the plan to be implemented soon. **6** (*dringend sein*) press ◇ *Die Zeit drängt!* Time is pressing! ◇ *drängende Probleme* pressing problems IDM → ECKE *und* VORDERGRUND

Drängen insistence; (*Druck*) pressure ◇ *auf ihr Drängen hin* at her insistence ◇ *Er gab dem Drängen nicht nach.* He didn't give in to the pressure.

dran- **dranhalten** **sich ~** get a move on **drankommen** **1** (*an die Reihe kommen*) have your turn ◇ *Du kommst bald dran.* It'll soon be your turn. ◇ *Du kommst als Nächster dran.* It's your turn next. ◇ *Sie kam beim Friseur sofort dran.* She didn't have to wait at the hairdresser's. **2** (*im Unterricht*) have to answer a question ◇ *Immer komme ich bei den schweren Fragen dran!* I always have to answer the difficult questions! **drannehmen** **1** (*behandeln, abfertigen*) see ◇ *Der Arzt hat mich sofort drangenommen.* The doctor saw me straight away. **2** (*im Unterricht*) ask ◇ *Der Lehrer nimmt mich nie dran!* The teacher never asks me!

drapieren **1** (*legen, hängen*) drape; (*arrangieren*) arrange **2** (*schmücken*) decorate; (*behängen*) cover

drastisch **1** drastic (*Adv* drastically) ◇ *drastische Maßnahmen* drastic measures ◇ *Die Zahl hat sich drastisch verringert.* The number has fallen drastically. **2** (*deutlich*) graphic (*Adv* graphically) ◇ *eine drastische Schilderung* a graphic description ◇ *etw mit drastischen Worten beschreiben* describe sth graphically

drauf → DARAUF *und* AUF IDM **drauf und dran sein, etw zu tun** be on the point of doing sth **gut drauf sein** feel good; (*in Form*) be on form

Draufgänger(in) daredevil **draufgängerisch** daredevil; (*Mensch*) devil-may-care **draufgehen** **1** (*verbraucht werden*) be spent; **für etw ~** go on sth **2** (*zerstört werden*) be destroyed **3** (*sterben*) die; (*umkommen*) be killed **draufhaben** **1** (*können*) know ◇ *Er hat unheimlich was drauf.* He really knows his stuff. ◇ *Ich zeige dir mal, was mein Hund für Tricks draufhat!* I'll show you what clever tricks my dog can do! **2** (*Geschwindigkeit*) do ◇ *Er hatte bestimmt 140 drauf!* He was doing at least 140! **draufkriegen** **eins ~** (*ausgeschimpft werden*) get bawled out; (*besiegt werden*) get hammered (*umgs*)

drauflosreden talk away; (*anfangen*) just start talking

draufzahlen **1 (bei etw) ~** (*Verlust machen*) lose money (on sth) ◇ *Dabei hab ich draufgezahlt.* I lost money on it. **2** (*zuzahlen*) pay extra

draus → DARAUS

draußen **1** (*außerhalb*) outside; (*im Freien*) out ◇ *draußen auf der Fensterbank* outside on the windowsill ◇ *draußen vor der Tür* outside the door ◇ *nach draußen gehen* go outside ◇ *draußen an der frischen Luft* out in the fresh air **2** (*weit entfernt*) out ◇ *draußen in der Bucht* out in the bay

Dreck **1** (*Schmutz*) dirt; (*Schlamm*) mud; (*Kot*) muck (*umgs*) ◇ *Nach dem Spiel starrte er vor Dreck.* After the match he was covered in mud. ◇ *Der Boden war voller Dreck.* The floor was filthy. **2** (*Angelegenheit*) business ◇ *Kümmere dich um deinen eigenen Dreck!* Mind your own business! ◇ *Mach deinen Dreck doch alleine!* Do it yourself then! **3** (*wertlose Dinge*) rubbish, (*AmE*) garbage ◇ *Dieser Dreck ist sein Geld nicht wert!* It's rubbish. It isn't worth the money. IDM **Dreck am Stecken haben** not have a clean record **jdn/etw durch/in den Dreck ziehen** drag sb/sth through the mud **im Dreck stecken/sitzen** be in a mess ◇ *Jetzt sitzen wir ganz schön im Dreck!* Now we're in a real mess! **jdn/etw mit Dreck bewerfen** sling mud at sb/sth **sich einen Dreck um jdn/etw kümmern/scheren** not give a damn about sb/sth **jdn wie den letzten Dreck behandeln** treat sb like dirt → *Siehe auch* KARRE

dreckig dirty; (*stärker*) filthy ◇ *Er hatte sich beim Spielen dreckig gemacht.* He had got dirty playing. ◇ *dreckig lachen* give a dirty laugh ◇ *ein ganz dreckiger Trick* a very dirty trick ◇ *dreckige Luft* polluted air IDM **jdm geht es dreckig** sb is in a bad way

Dreh IDM **den Dreh heraushaben** have got the knack (of it) ◇ *Wenn man den Dreh erst einmal heraushat, geht es ganz einfach.* It's quite easy once you've got the knack of it. **den richtigen Dreh finden** get the hang of it **um den Dreh** thereabouts ◇ *zwanzig oder so um den Dreh* twenty or thereabouts **Dreharbeiten** shooting [U] ◇ *Die Dreharbeiten haben begonnen.* Shooting has begun. ◇ *bei den Dreharbeiten zu einem Actionfilm* during the shooting of an action film **Drehbank** lathe **Drehbuch** screenplay; (*Text*) script ◇ *an einem Drehbuch arbeiten* work on a screenplay ◇ *Das steht nicht im Drehbuch.* That's not in the script.

drehen 1 (*bewegen*) turn ◇ *den Kopf drehen* turn your head **2 sich ~** turn; (*Zeiger, Karussell*) go round; (*sehr schnell*) spin; (*sich umdrehen*) turn over ◇ *Die Räder drehten sich.* The wheels turned. ◇ *Das Auto drehte sich um die eigene Achse.* The car spun round. ◇ *sich auf den Rücken drehen* turn over onto your back ◇ *Er drehte sich auf die andere Seite.* He turned onto his other side. ◇ *Die Erde dreht sich um die Sonne.* The earth revolves around the sun. **3** (*einstellen*) ◇ *Sie drehte das Radio lauter.* She turned the radio up. ◇ *die Heizung höher drehen* turn up the heating ◇ *das Gas klein drehen* turn the gas down low **4** (*Runde*) do ◇ *Die Schwimmer drehten ihre Runden.* The swimmers were doing their laps. **5 (sich) etw ~** (*Zigarette, Pille etc.*) roll sth ◇ *Sie drehte sich eine Zigarette.* She rolled a cigarette. **6** (*Film*) make, film ◇ *Eine Fortsetzung wird jetzt gedreht.* A sequel is being made. ◇ *Sie drehen seit vier Wochen.* They have been filming for four weeks. ◇ *in Spanien gedreht* filmed in Spain **7 (sich) ~** (*Wind*) change ◇ *Der Wind hat (sich) gedreht.* The wind changed. **8 sich um jdn/etw ~** revolve round sb/sth; (*betreffen*) be about sb/sth ◇ *Die Unterhaltung drehte sich um die Party.* The conversation revolved round the party. ◇ *Du glaubst wohl, alles dreht sich immer nur um dich!* You think everything revolves around you! ◇ *Das Stück dreht sich um …* The play is about … ◇ *Bei ihnen dreht sich alles ums Geld.* They are only interested in money. **9** (*beeinflussen*) arrange ◇ *Kannst du es nicht so drehen, dass du nicht hingehen musst?* Can't you arrange not to have to go? ◇ *Daran lässt sich bestimmt etwas drehen!* I'm sure something can be arranged. IDM **jdm dreht sich alles/der Kopf** sb's head is spinning ◇ *Mir dreht sich alles!* My head is spinning! **wie man es auch drehen und wenden mag** whichever way you look at it → *Siehe auch* DÄUMCHEN, DING, FAHNE, GRAD *und* KREIS

Dreher(in) lathe operator

Dreh- Drehort location **Drehscheibe 1** (*Töpferscheibe*) (potter's) wheel **2** (EISENB) turntable **3** (*Knotenpunkt*) hub ◇ *eine Drehscheibe im internationalen Flugverkehr* a hub for international air travel **Drehtür** revolving door

Drehung turn; (*um eine Achse*) rotation ◇ *eine halbe Drehung nach links* a half turn to the left ◇ *Die Erde macht in 24 Stunden eine ganze Drehung um ihre eigene Achse.* The earth rotates on its axis once every 24 hours.

drei three → *Beispiele bei* SECHS IDM → EWIG, KREUZ *und* ZÄHLEN

dreibändig three-volume **dreidimensional 1** *Adj* three-dimensional, 3-D ◇ *ein dreidimensionales Schaubild* a three-dimensional diagram **2** *Adv* in three dimensions **Dreieck** triangle **dreieckig** triangular **Dreiecksverhältnis** three-cornered relationship

dreifach triple [nur vor Nomen] ◇ *ein dreifacher Salto* a triple somersault ◇ *in dreifacher Ausfertigung* in triplicate → *Beispiele bei* SECHSFACH IDM → DOPPELT

Dreikönigsfest Epiphany

dreimal three times ◇ *dreimal so viel* three times as much ◇ *dreimal so groß* three times as big ◇ *dreimal in der Woche* three times a week IDM → RATEN

dreimalig triple [nur vor Nomen] ◇ *die dreimalige Weltmeisterin* the triple world champion ◇ *nach dreimaligem Fehlen* after being absent three times

dreinblicken look

dreißig thirty → *Beispiele bei* SECHS

dreißigste(r,s) thirtieth → *Beispiele bei* SECHSTE(R,S)

dreist brazen; (*Lüge*) barefaced [nur vor Nomen]

Dreistigkeit cheek [U/Sing]

Dreitagebart designer stubble ◇ *Der Dreitagebart hat lange gebraucht, um akzeptiert zu werden.* It was a long time before designer stubble was accepted. ◇ *Er har sich einen Dreitagebart wachsen lassen.* He has grown designer stubble.

Dreiviertel- Dreiviertelstunde three quarters of an hour ◇ *Er kam eine Dreiviertelstunde zu spät.* He was three quarters of an hour late. **Dreivierteltakt** three-four time

dreizehn thirteen → *Beispiele bei* SECHS

dreizehnte(r,s) thirteenth → *Beispiele bei* SECHSTE (R,S)

dreschen thresh IDM → PHRASE

dressieren (*Tier*) train

Dressing (salad) dressing

Dressman (male) model

driften drift (*auch fig*) ◇ *Sie drifteten aufs Meer.* They drifted out to sea. ◇ *Das Boot driftete im Hafen.* The boat was adrift in the harbour.

drillen drill IDM **auf etw gedrillt** well drilled in sth; (*ausgebildet*) trained in sth ◇ *Auf diese Art von Fragen waren sie gedrillt worden.* They were well drilled in answering this kind of question. ◇ *auf Sprengstoffsuche gedrillte Hunde* dogs trained to sniff out explosives

Drilling triplet ◇ *Er ist ein Drilling.* He's one of triplets.

drin → DARIN IDM **drin sein 1** (*möglich*) be possible; be a possibility ◇ *Ich wollte eigentlich Ben besuchen, aber das ist jetzt nicht mehr drin.* I really wanted to visit Ben, but I don't think that's going to be possible now. ◇ *Urlaub ist dieses Jahr nicht drin.* A holiday won't be a possibility this year. ◇ *Entschieden ist noch gar nichts. Es ist noch alles drin.* Nothing at all has been decided yet. Anything is possible. **2** (*bei der Arbeit etc.*) be in the swing ◇ *Da bist du schnell wieder drin.* You'll soon get back into the swing of it.

dringen 1 get, come ◇ *Wasser ist in den Keller gedrungen.* Water has got into the cellar. ◇ *Die Gerüchte sind schnell an die Öffentlichkeit gedrungen.* The rumours quickly got out. ◇ *Starker Rauch drang aus der Küche.* Thick smoke was coming out of the kitchen. **2 auf etw ~** insist on sth, press for sth (*gehoben*) ◇ *Sie dringen darauf die Sanktionen aufzuheben.* They are insisting on the lifting of the sanctions.

dringend 1 urgent (*Adv* urgently) ◇ *etw dringend benötigen* need sth urgently ◇ *dringend nötig* urgently needed ◇ *Ich muss sie dringend sprechen.* I urgently need to speak to her. ◇ *In dringenden Fällen ist sie auch abends erreichbar.* In an emergency she can be contacted in the evenings. **2** (*Rat, Empfehlung, Warnung, Verdacht*) strong (*Adv* strongly) ◇ *Ich habe ihm dringend davon abgeraten.* I strongly advised him not to.

dringlich urgent (*Adv* urgently) ◇ *eine dringliche Aufgabe* an urgent task ◇ *Sie fordern immer dringlicher, dass …* They are demanding more and more urgently that … ◇ *etw dringlich erwarten* await sth impatiently

Dringlichkeit urgency

Drink drink

drinnen inside; (*im Haus etc.*) indoors ◇ *Sie hörten von drinnen Geräusche.* They could hear noises coming from inside.
drinnenbleiben stay indoors

dritt **zu ~** ◇ *Wir sind zu dritt.* There are three of us. ◇ *Sie kamen zu dritt.* Three of them came. ◇ *Kann man das zu dritt spielen?* Can three people play that?

dritt-, Dritt- third ◇ *ihr drittältestes Kind* her third eldest child ◇ *Sie ist die Drittgrößte in der Klasse.* She's the third tallest in the class.

dritte(r,s) **1** third → *Beispiele bei* SECHSTE(R,S) **2 das Dritte Reich** the Third Reich **3 die dritten Zähne** false teeth [Pl] IDM → WELT

Dritte(r) **1** third ◇ *Er wurde Dritter.* He came third. → *Siehe auch* JEDE(R,S) **2** (*Außenstehender*) third party ◇ *Sie stellten die Akten Dritten zur Verfügung.* They made the documents available to a third party. ◇ *Was man einem Priester anvertraut, darf er keinem Dritten weitergeben.* A priest isn't allowed to pass on to anyone else what you tell him in confidence.

drittel third

Drittel third ◇ *Ein Drittel unserer Reise haben wir hinter uns.* We've done a third of the journey.

drittens thirdly

drittletzte(r,s) third (from) last, antepenultimate (*gehoben*) ◇ *die drittletzte Seite* the third last page ◇ *in der drittletzten Minute* three minutes before the end

Drittletzte(r,s) third from last ◇ *Er wurde Drittletzter.* He came third from last.

Droge drug ◇ *weiche/harte Drogen* soft/hard drugs
drogenabhängig drug-dependent **Drogenabhängige(r)** drug addict **Drogenabhängigkeit** drug addiction **Drogenberater(in)** drugs counsellor, (*AmE meist*) drugs counselor **Drogenberatung** drug counselling service, (*AmE*) drug counseling service **Drogenberatungsstelle** drugs advice centre, (*AmE*) drug advice center **Drogenfahnder(in)** drugs squad officer, (*AmE*) narcotics officer **Drogenhandel** drug dealing; (*groß angelegt*) drugs trade **Drogenhändler(in)** drug dealer **Drogenmissbrauch** drug abuse **Drogensucht** drug addiction **drogensüchtig** addicted to drugs [nicht vor Nomen] ◇ *drogensüchtige Kinder* children who are addicted to drugs **Drogensüchtige(r)** drug addict **Drogenszene** drug scene **Drogentote(r)** ◇ *Gestern wurde schon wieder ein Drogentoter gefunden.* Yesterday another addict was found dead. ◇ *die steigende Zahl der Drogentoten* the increasing number of drugs deaths

Drogerie chemist's, (*AmE*) drugstore

Drohbrief threatening letter

drohen **1** threaten ◇ *Seine Freundin hat gedroht, ihn zu verlassen.* His girlfriend has threatened to leave him. ◇ *Sie drohen mit rechtlichen Schritten.* They are threatening legal action. ◇ *Er droht mit seinem Rücktritt.* He is threatening to resign. ◇ *Sie drohte mir mit der Faust.* She raised her fist to me. ◇ *Er drohte mit einer Pistole.* He threatened them, me etc. with a gun. **2 etw droht** there is a danger of sth; (*bevorstehen*) sth is imminent ◇ *Eine Hungerkatastrophe droht.* There is a danger of famine. ◇ *Es droht eine Krise.* A crisis is looming. **3 ~, etw zu tun** (*Gefahr laufen*) be in danger of doing sth, be threatening to do sth ◇ *Er drohte vor Erschöpfung zusammenzubrechen.* He was in danger of collapsing with exhaustion. ◇ *Die Lawine droht das ganze Dorf zu begraben.* The avalanche is threatening to bury the village. **4 jdm droht etw** sb faces sth ◇ *Ihm droht eine Haftstrafe.* He faces imprisonment. ◇ *Menschen, denen die Arbeitslosigkeit droht* people who face unemployment

drohend **1** threatening (*Adv* threateningly) ◇ *eine drohende Geste* a threatening gesture **2** (*angedroht*) threatened; (*bevorstehend*) imminent ◇ *die drohende Gefahr eines Krieges* the imminent danger of war

Drohne drone

dröhnen (*Motor, Maschine*) drone; (*Stimme*) boom; (*Musik*) pound; (*Band*) play ◇ *das Dröhnen der Flugzeugmotoren* the drone of the aircraft engines ◇ *dröhnendes Lachen* booming laughter ◇ *dröhnender Beifall* thunderous applause ◇ *Mir dröhnt der Kopf von all dem Lärm.* My head is throbbing with all the noise.

Drohung threat ◇ *eine Drohung wahr machen* carry out a threat ◇ *leere Drohungen* empty threats

drollig **1** (*lustig*) funny ◇ *eine drollige Geschichte* a funny story **2** (*niedlich*) cute **3** (*seltsam*) strange, odd ◇ *Du hast ja drollige Ideen.* You do have some strange ideas. ◇ *ein drolliger Kauz* an oddball

Drossel thrush

drosseln **1** (*Motor*) throttle *sth* back; (*Heizung*) turn *sth* down **2** (*Inflation, Ausstoß*) curb; (*Produktion, Einfuhren etc.*) reduce, cut *sth* back ◇ *den Wasserverbrauch drosseln* reduce water consumption ◇ *das Tempo drosseln* slow down

drüben **1** over there ◇ *der da drüben in dem blauen Auto* that man over there in the blue car ◇ *drüben in Amerika* over in America **2** (*DDR*) East Germany; (*BRD*) West Germany ◇ *Meine Mutter kam von drüben.* My mother came from what was then East Germany. ◇ *Er ist nach drüben abgehauen.* He escaped to the West.

drüber → DARÜBER IDM → DRUNTER

Druck[1] **1** pressure ◇ *unter Druck arbeiten* work under pressure ◇ *jdn unter Druck setzen* put pressure on sb ◇ *unter Druck geraten* come under pressure ◇ *Meine Eltern machen Druck, dass ich endlich ausziehe.* My parents are putting pressure on me to move out. ◇ *Der Kessel steht unter Druck.* The boiler is pressurized. **2** (*Schmerz*) ache ◇ *einen Druck im Magen haben* have stomach ache ◇ *einen Druck im Kopf haben* have a headache **3** (*Rauschgift*) fix → *Siehe auch* SCHUSS IDM **in/im Druck sein** be very busy; (*zeitlich*) be pushed for time ◇ *Als der Termin immer näher rückte, waren wir alle ganz schön im Druck.* As the deadline came closer we were all very busy. ◇ *Ich bin heute ziemlich im Druck.* I'm a bit pushed for time today.

Druck[2] **1** (*das Drucken*) printing ◇ *der Druck von Programmheften* the printing of programmes ◇ *Die Broschüre ist schon im Druck.* The brochure is already being printed. ◇ *Die Zeitschrift geht heute in Druck.* The magazine goes to press today. **2** (*Bild*) print
Druckbuchstabe **in Druckbuchstaben schreiben** print ◇ *Schreiben Sie Ihren Namen bitte in Druckbuchstaben.* Please print your name.

Drückeberger shirker, (*BrE auch*) skiver

drucken print IDM → LÜGEN

drücken **1** push ◇ *jdn zu Boden drücken* push sb to the ground **2 (auf) etw ~** press sth; (*Hupe*) sound sth ◇ *die Leertaste drücken* press the space bar ◇ *auf die Klingel drücken* press the doorbell ◇ *Er drückte ihr eine Pistole in den Rücken.* He pressed a gun into her back. **3 jdn/etw an sich ~** hug sb/sth, clasp sb/sth to your chest (*gehoben*) ◇ *Er drückte sie fest an sich.* He hugged her tightly. **4 sich an jdn ~** cling to sb; **sich an etw ~** flatten yourself against sth ◇ *Die Kleine drückte sich an ihre Mutter.* The little girl clung to her mother. ◇ *sich an die Wand drücken* press yourself against the wall **5 jdm die Hand ~** shake hands with sb **6 jdm etw in die Hand ~** give sb sth; (*heimlich*) slip sth into sb's hand **7 etw aus etw ~** squeeze sth out of sth ◇ *den letzten Rest Zahnpasta aus der Tube drü-*

cken squeeze the last bit of toothpaste out of the tube **8** (*zu eng sein*) be too tight; (*weh tun*) hurt ◇ *Diese Schuhe drücken.* These shoes are too tight. **9** (*Preise, Kosten etc.*) bring *sth* down ◇ *die Inflationsrate auf 4% drücken* bring the rate of inflation down to 4% **10** (*belasten*) weigh on *sb* ◇ *Die Verantwortung drückte sie schwer.* The responsibility weighed heavily on her. ◇ *Ihn drücken andere Sorgen.* He has other things on his mind. **11 (auf) die Stimmung/das Gemüt ~** be depressing ◇ *Das Wetter drückte auf die Stimmung.* The weather was depressing. **12** (*Rauschgift*) shoot (*sth*) up **13 sich (vor etw) ~** (*Arbeit etc.*) try to get out of sth; (*Verantwortung etc.*) evade sth ◇ *Sie versuchte sich vor dem Abwasch zu drücken.* She tried to get out of the washing-up. ◇ *Er drückt sich immer.* He's a skiver. IDM → DAUMEN, SCHUH *und* TUBE

drückend 1 (*Hitze, Klima etc.*) oppressive (*Adv* oppressively) **2** (*Überlegenheit, Problem, Last*) overwhelming (*Adv* overwhelmingly) ◇ *drückende Sorgen* overwhelming worries ◇ *die drückende Wohnungsnot* the acute housing shortage

Drucker(in) printer

Drucker (COMP) printer

Drücker IDM **am Drücker sein/sitzen** be in control **auf den letzten Drücker** at the last minute

Druckerei printer's, printing works

Druckerpresse printing press

Druck- Druckfehler misprint **druckfrisch** hot off the press [nicht vor Nomen] ◇ *ein druckfrischer Bericht* a report hot off the press **Druckknopf** press stud, popper, (*AmE*) snap fastener **Druckluft** compressed air **Druckmesser** pressure gauge **Druckmittel** means of exerting pressure **Drucksache** printed matter [U] **Druckschrift** ◇ *Die Kinder lernen zuerst Druckschrift.* The children learn to print first. ◇ *Bitte in Druckschrift ausfüllen.* Please print. **Druckstelle** mark; (*bei Obst, Prellung*) bruise **Druckwasserreaktor** pressurized-water reactor

drum → DARUM IDM **mit allem Drum und Dran** with all the works ◇ *eine Fete mit Musik und allem Drum und Dran* a party with music and all the works **Sei's drum!** Never mind!

Drumherum 1 (*Umgebung*) setting; (*Drum und Dran*) trappings [Pl] ◇ *Das ganze Drumherum ist genau so wichtig wie das Turnier selbst.* The setting is just as important as the tournament. **2** (*Aufhebens*) fuss

drunter → DARUNTER IDM **drunter und drüber gehen** be chaotic ◇ *Hier geht's drunter und drüber!* It's chaotic around here!

Drüse gland

Dschihad jihad

Dschungel 1 jungle **2** (*fig*) maze, tangle ◇ *der Dschungel der Verordnungen* the maze of regulations

DSL DSL, broadband ◇ *ein DSL-Anschluss* a broadband connection

du you

Du IDM **auf Du und Du mit jdm stehen** be (very) friendly with sb **jdm das Du anbieten** = ask sb to use the familiar 'du' form (with you) **(mit jdm) per Du sein** use the familiar form (with sb)

dual 1 dual [nur vor Nomen] **2 das Duale System** = recycling system for packaging, etc. **3 das ~ System (der Berufsausbildung)** = combined system of attendance at vocational colleges while undergoing training on the job

Dübel Rawlplug™; (*Holz-*) dowel

dubios dubious; (*verdächtig*) suspicious ◇ *die dubiosen Praktiken der Firma* the company's dubious practices ◇ *dubiose Geschäfte* shady deals

ducken 1 sich ~ duck; (*vor Angst*) cower **2 sich (vor jdm/etw) ~** give in (to sb/sth) ◇ *Die Gewerkschaft wird sich nicht vor der Regierung ducken.* The union will not give in to the government. ◇ *Solange sich alle nur ducken, wird sich nichts ändern.* As long as nobody stands up to them, nothing will change.

dudeln 1 tootle **2** (*Radio, Musik*) drone; (*laut*) blare

Dudelsack (bag)pipes [Pl] ◇ *Er spielt Dudelsack.* He plays the bagpipes.

Duell 1 duel ◇ *Er forderte ihn zum Duell heraus.* He challenged him to a duel. **2** (*Wettkampf*) contest ◇ *Die beiden Schachweltmeister lieferten sich ein spannendes Duell.* The two world chess champions fought an exciting contest. **3** (*Wortgefecht*) ding-dong (battle)

duellieren sich (mit jdm) ~ fight a duel (with sb)

Duett 1 duet ◇ *Sie sangen das Lied im Duett.* They sang the song as a duet. ◇ *Sie sang im Duett mit ihrer Mutter.* She sang a duet with her mother. **2** (*Duo*) duo

Duft 1 (pleasant) smell; (*von Kaffee etc.*) aroma; (*von Parfum, Blumen*) scent, fragrance (*gehoben*) **2** (*Raureif*) hoar frost

duften 1 (*gut riechen*) smell good ◇ *Der Kaffee duftet.* The coffee smells good. ◇ *Das duftet aber lecker!* That really smells delicious! ◇ *Was duftet denn hier so?* What's that nice smell round here? ◇ *Riech mal, wie der Flieder duftet.* Just smell that lilac! **2** (*einen Duft haben*) have a scent ◇ *Die Rosen duften nicht.* These roses have no scent. **3 es duftet nach etw** there's a smell of sth ◇ *Es duftete nach frisch gebackenem Brot.* There was a smell of freshly baked bread. **4 jd/etw duftet nach etw** sb/sth smells of sth

duftend (*Kräuter, Blumen, Parfum*) fragrant

Duft- Duftkerze scented candle **Duftnote** fragrance, scent **Duftstoff 1** aromatic substance; (*eines Tiers*) scent **2** (*kosmetische Substanz*) fragrance ◇ *frei von Duftstoffen* fragrance-free

dulden 1 tolerate ◇ *Die Fremden wurden im Dorf nur geduldet.* The strangers were tolerated in the village. ◇ *Sie duldet keinen Hund im Haus.* She won't have a dog in the house. ◇ *Er duldet keinen Widerspruch.* He won't be contradicted. ◇ *Die Sache duldet keinen Aufschub.* The matter cannot be put off any longer. **2** (*leiden*) suffer

Duldung 1 toleration; (*Billigung*) approval ◇ *mit ihrer stillschweigenden Duldung* with her tacit approval **2** (*für Flüchtlinge etc.*) temporary residence permit

dumm 1 (*nicht intelligent*) stupid, thick (*umgs*), (*bes AmE*) dumb (*umgs*) ◇ *Du hältst mich wohl für dumm!* Do you think I'm stupid? **2** (*unklug, albern*) stupid, silly ◇ *Es war dumm von ihm ihr zu vertrauen.* It was stupid of him to trust her. ◇ *seine dummen Witze* his stupid jokes ◇ *Es wäre dumm jetzt aufzugeben.* It would be silly to give up now. ◇ *Gar nicht dumm, wie er das gemacht hat!* The way he did that was pretty smart! ◇ *Red kein dummes Zeug!* Don't talk rubbish! **3** (*ärgerlich*) annoying ◇ *Wie dumm, dass wir den Bus verpasst haben.* It's annoying we've missed the bus. ◇ *Das Dumme war, dass er die Nummer vergessen hatte.* The annoying thing was that he had forgotten the number. ◇ *Es ist zu dumm, dass er nicht mitfahren kann.* It's too bad he can't come with us. **4** (*benommen*) light-headed ◇ *Ich bin schon ganz dumm im Kopf.* I'm feeling quite light-headed. IDM **jdm dumm kommen** be cheeky to sb; (*AmE*) get fresh with sb **dümmer als die Polizei erlaubt** as thick as two short planks **jdn für dumm verkaufen** take sb for a ride ◇ *Die Politiker wollen die Wähler für dumm verkaufen.* The politicians are trying to take the voters for a ride. **jdm ist/wird etw zu dumm** sth is going too far; sth is getting beyond a joke ◇ *Jetzt wird es mir zu dumm! Ich gehe zu Fuß.* This is getting beyond a joke! I'm going to walk. **nicht so dumm sein, wie man aussieht** not be as daft as you look **sich dumm stellen** act stupid; (*AmE*) act dumb → *Siehe auch* DASTEHEN, GEDANKE *und* GEFÜHL

dummdreist impudent (*Adv* impudently), (*BrE auch*) cheeky (*Adv* cheekily)

Dumme(r) (*fig*) sucker (*umgs*), (*BrE auch*) mug (*umgs*); (*Benachteiligte(r)*) loser ◇ *Er war wieder einmal der Dumme, an dem die Arbeit hängen blieb.* As usual, he was the mug who ended up doing the work. ◇ *Der Steuerzahler ist doch wieder der Dumme.* The taxpayer is the one who loses out yet again.

Dummejungenstreich (silly) prank

Dummerchen silly thing

dummerweise **1** (*leider*) unfortunately; (*ärgerlicherweise*) annoyingly **2** (*törichterweise*) stupidly, foolishly ◇ *Ich habe mich dummerweise verlaufen.* Stupidly, I got lost. ◇ *Er hat dummerweise alles verraten.* He foolishly gave the game away.

Dummheit **1** stupidity **2** (*unkluge Handlung*) something stupid; (*dumme Idee*) silly idea ◇ *Mach keine Dummheiten! Die Pistole ist geladen.* Don't do anything stupid! The gun is loaded. ◇ *Sie hat nur Dummheiten im Kopf.* She has nothing but silly ideas in her head. ◇ *Jeder macht mal eine Dummheit.* It can happen to anyone.

Dummkopf idiot, fool

dümmlich stupid (*Adv* stupidly); (*einfältig*) simple-minded (*Adv* simple-mindedly) ◇ *Er grinste dümmlich.* He grinned stupidly. ◇ *ihre dümmlichen Argumente* her simple-minded arguments

dümpeln (*Boot*) bob

dumpf **1** (*tief und gedämpft*) dull; (*Klang auch*) muffled; (*entfernt*) distant ◇ *ein dumpfer Schlag* a dull thud ◇ *ein dumpfer Schmerz* a dull pain ◇ *dumpfe Stimmen* muffled voices ◇ *ein dumpfes Grollen* a distant rumble **2** (*modrig, muffig*) musty; (*stickig*) stifling **3** (*hirnlos*) mindless ◇ *dumpfe Vorurteile* mindless prejudice **4** (*unbestimmt*) vague (*Adv* vaguely) ◇ *dumpfe Ängste* vague fears ◇ *Er hatte das dumpfe Gefühl versagt zu haben.* He felt vaguely as though he had failed. **5** (*apathisch*) apathetic (*Adv* apathetically); (*Blick*) vacant (*Adv* vacantly) ◇ *Die Klasse versank in dumpfem Schweigen.* The class fell into an apathetic silence. ◇ *Sie starrte dumpf vor sich hin.* She stared ahead vacantly.

Dumping dumping

Dumpingpreis giveaway price, dumping price

Düne dune

Dung dung, manure

düngen **1** (*Pflanze*) feed; (*Feld*) put fertilizer on *sth* ◇ *Die Blumen müssen einmal in der Woche gedüngt werden.* The flowers have to be fed once a week. **2 A mit B ~** put B on A ◇ *Die Bauern düngen ihre Felder mit Jauche.* The farmers put liquid manure on their fields. **3** ◇ *Kompost düngt gut.* Compost makes a good fertilizer.

Dünger, Düngemittel fertilizer

dunkel **1** dark ◇ *Es wird dunkel.* It's getting dark. ◇ *dunkle Wolken* dark clouds ◇ *dunkle Haare* dark hair ◇ *Sie ist ein dunkler Typ.* She's dark. ◇ *Sie war dunkel gekleidet.* She was dressed in dark clothes. ◇ *ein dunkles Kapitel unserer Geschichte* a dark period in our history ◇ *die dunkelsten Stunden ihres Lebens* the darkest hours of her life **2 im Dunkeln** in the dark ◇ *Sie saßen im Dunkeln.* They were sitting in the dark. ◇ *Hast du Angst im Dunkeln?* Are you afraid of the dark? **3** (*Brot*) brown **4** (*Stimme*) deep **5** (*undeutlich*) unclear; (*vage*) vague (*Adv* vaguely) ◇ *Die Gründe für seinen Selbstmord blieben dunkel.* The reasons for his suicide remained unclear. ◇ *Er erinnerte sich dunkel an sie.* He vaguely remembered her. **6** (*zweifelhaft*) shady, (*BrE*) dodgy (*umgs*) ◇ *ihre dunkle Vergangenheit* her shady past ◇ *dunkle Machenschaften* dodgy dealings IDM **jdn (über etw) im Dunkeln lassen** keep sb in the dark (about sth) **im Dunkeln liegen** be a mystery ◇ *Die Gründe für sein Verschwinden liegen im Dunkeln.* The reasons for his disappearance are a mystery. **im Dunkeln tappen** be at a loss; (*Polizei*) have no leads ◇ *Bei dem Einbruch tappt die Polizei noch immer im Dunkeln.* The police still have no leads on the burglary.

dunkel- dark ◇ *dunkelblau* dark blue ◇ *ein dunkelgrauer Mantel* a dark grey coat

dunkelblond (*Haare*) light brown; (*Mensch*) with light brown hair [nicht vor Nomen] ◇ *ein dunkelblonder Junge* a boy with light brown hair **dunkelhaarig** dark-haired, with dark hair [nicht vor Nomen] ◇ *eine dunkelhaarige Frau* a dark-haired woman **dunkelhäutig** dark-skinned, with dark skin [nicht vor Nomen] ◇ *Er ist dunkelhäutig.* He has dark skin.

Dunkelheit dark; (*Ort, Zeit*) darkness ◇ *Seine Augen gewöhnten sich langsam an die Dunkelheit.* His eyes slowly got used to the dark. ◇ *vor/nach Einbruch der Dunkelheit* before/after dark ◇ *Sie verschwand in der Dunkelheit.* She disappeared into the darkness ◇ *im Schutz der Dunkelheit* under cover of darkness ◇ *als die Dunkelheit hereinbrach* as darkness fell

Dunkel- Dunkelkammer darkroom **Dunkelziffer** number of unrecorded cases

dünn **1** thin (*Adv* thinly) ◇ *dünne Scheiben* thin slices ◇ *Seine Wohnung hat sehr dünne Wände.* The walls of his flat are very thin. ◇ *ein dünner Stoff* thin material ◇ *Den Teig dünn ausrollen.* Roll out the dough thinly. ◇ *Salbe dünn auftragen.* Apply the cream thinly. ◇ *Er war viel zu dünn gekleidet.* He was not dressed warmly enough. **2** (*Tee, Kaffee*) weak; (*Suppe*) watery **3** (*Mehrheit*) narrow **4 ~ besiedelt/bevölkert** thinly populated IDM **dünn gesät sein** be thin on the ground ◇ *Die wirklich lukrativen Jobs sind dünn gesät.* Really well-paid jobs are thin on the ground. → *Siehe auch* DICK *und* EIS

dünnflüssig thin, runny **dünnmachen sich ~** make yourself scarce

Dunst **1** (*Nebel*) mist; (*besonders bei Hitze*) haze **2** (*Schleier*) haze; (*Abgase*) fumes [Pl]; (*Smog*) smog ◇ *ein Dunst von Zigarettenrauch* a haze of cigarette smoke ◇ *der Dunst vorbeifahrender Autos* the exhaust fumes of passing cars ◇ *Im Dunst der Abgase lag die Stadt vor ihnen.* The city lay before them under a blanket of smog. IDM **blauer Dunst** (*Zigarettenrauch*) cigarette smoke

Dunstabzugshaube extractor hood

dünsten steam; (*Obst*) stew; (*Gemüse*) braise

dunstig **1** hazy; (*neblig*) misty **2** (*verräuchert*) smoky; (*stickig*) stuffy

Duo **1** (*Stück*) duet **2** (*Musiker*) duo

Duplikat copy

Dur major (key) ◇ *in D-Dur* in D major

durch

• **als Präposition** **1** through ◇ *durch die Berge* through the mountains ◇ *durch den Mund atmen* breathe through your mouth **2** (*in etw herum*) round ◇ *eine Führung durch das Schloss* a guided tour round the castle ◇ *Wir sind durch alle Geschäfte gegangen.* We went round all the shops. **3** (*wegen*) through; (*mittels*) by ◇ *Sie hat die Stelle durch ihren Vater bekommen.* She got the job through her father. ◇ *Nur durch seine Hartnäckigkeit hat er es erreicht.* He managed it by sheer persistence. ◇ *durch Zufall* by chance **4** (MATH) divided by ◇ *39 durch 3 ist 13.* 39 divided by 3 is 13. **5** (*hindurch*) throughout ◇ *den ganzen Winter durch* throughout the whole winter **6** (*in Passivsätzen: von*) by ◇ *Das Gelände wurde durch die Polizei abgeriegelt.* The area was cordoned off by

the police ◇ *Das Haus wurde durch eine Bombe zerstört.* The house was destroyed by a bomb.
• **als Adverb 7** (*gar*) cooked through ◇ *Ist der Braten schon durch?* Is the meat cooked through yet? **8** (*am Telefon*) through **9** (*durchgescheuert*) ◇ *Meine Hose ist an den Knien durch.* My trousers have gone through at the knees. **10** (*fertig*) finished [nicht vor Nomen] ◇ *Ich bin mit dem Buch noch lange nicht durch!* I've nowhere near finished this book! **11** (*vorbei*) ◇ *Es ist vier Uhr durch.* It's gone four. **12 durch etw (durch) sein** (*überstehen*) have got through sth ◇ *Sei froh, dass du da durch bist!* Be glad that you've got through it! ◇ *Er ist endlich durch die Prüfung durch.* He's finally got through the exam.
IDM **bei jdm unten durch sein** have had it as far as sb is concerned ◇ *Die ist bei mir völlig unten durch!* She's had it as far as I'm concerned! **durch und durch** thoroughly ◇ *ein durch und durch amerikanisches Buch* a thoroughly American book ◇ *Wir sind durch und durch nass geworden.* We got wet through. ◇ *Er ist ein Profi durch und durch.* He's a professional through and through. **jdm durch und durch gehen** go right through sb ◇ *Der Krach geht einem ja durch und durch!* The noise goes right through you!

durcharbeiten 1 (*Buch, Unterlagen*) go through *sth*; (*intensiver*) study ◇ *Das solltest du zur Wiederholung durcharbeiten.* You ought to go through it as revision. ◇ *Wir müssen mehrere Texte durcharbeiten.* We've got to study several texts. **2** (*gründlich ausarbeiten*) go over *sth* ◇ *Arbeite dein Referat noch einmal gut durch.* Go over your presentation again thoroughly. **3** (PSYCH) (*verarbeiten*) work through *sth* **4 sich durch etw ~** work your way through sth ◇ *Wir arbeiteten uns durch das Unterholz durch.* We worked our way through the undergrowth. ◇ *Ich habe mich durch Stapel von Papieren durchgearbeitet.* I worked my way through piles of papers. **5** (*ohne Pause*) work through (*sth*) ◇ *Ich habe die Nacht durchgearbeitet.* I've worked through the night.

durchatmen take deep breaths; (*einmal*) take a deep breath

durchaus 1 (*mit Adjektiven: ganz und gar*) perfectly; (*ohne Weiteres*) quite ◇ *durchaus berechtigt* perfectly justified ◇ *Es ist durchaus möglich, dass …* It's quite possible that … **2** (*mit Verben*) certainly ◇ *Wir nehmen die Vorwürfe durchaus ernst.* We are certainly taking the charges seriously. ◇ *Das kann ich mir durchaus vorstellen.* I can perfectly well imagine. **3** (*mit Negativen*) ◇ *durchaus nicht* not at all ◇ *durchaus nicht alle* by no means all ◇ *Das ist durchaus nicht zu viel verlangt!* It's not asking too much at all!

durchbeißen[1] 1 bite through *sth* **2 sich (durch etw) ~** struggle through sth ◇ *Da musst du dich jetzt durchbeißen!* You'll just have to struggle through now!

durchbeißen[2] jdm/einem Tier die Kehle ~ rip sb's/an animal's throat open

durchbiegen 1 bend *sth* (as far as possible) ◇ *die Knie durchbiegen* bend your knees **2 sich ~** sag ◇ *Die Äste biegen sich unter dem Gewicht durch.* The branches are sagging under the weight.

durchblättern leaf through *sth*; (*schnell*) flick through *sth*

Durchblick ◇ *Ich hab völlig den Durchblick verloren.* I'm completely lost. ◇ *Hast du da noch den Durchblick?* Do you know what's going on? ◇ *Ihm fehlt der Durchblick in Mathe.* He doesn't understand maths at all.

durchblicken understand ◇ *Bei der Geschichte blick ich nicht durch.* I don't understand that story at all. ◇ *Ich blick da überhaupt nicht durch!* I'm completely lost! ◇ *Blickst du da noch durch?* Do you know what's going on? IDM **durchblicken lassen, dass …** hint that …

durchbluten 1 (*Wunde*) bleed through *sth* ◇ *Die Wunde hat durch die Mullbinde durchgeblutet.* The wound has bled through the gauze. **2** (*Verband*) become soaked with blood ◇ *Der Verband ist durchgeblutet.* The bandage has become soaked with blood.

durchblutet ◇ *Ihre Beine sind schlecht durchblutet.* She has bad circulation in her legs.

Durchblutung blood flow ◇ *Bewegung sorgt für eine gute Durchblutung der Haut.* Exercise stimulates blood flow to the skin.

durchbohren[1] 1 etw ~ drill holes/a hole through sth ◇ *ein Brett durchbohren* drill a hole through a plank **2 etw (durch etw) ~** drill sth (through sth)

durchbohren[2] jdn/etw (mit etw) ~ pierce sb/sth (with sth) ◇ *Ein Pfeil durchbohrte sein Herz.* An arrow pierced his heart

durchbrechen[1] 1 (*in zwei Teile teilen*) break *sth* in two **2** (*in zwei Teile geteilt werden*) break (in two) **3 (durch etw) ~** (*fallen*) fall through (sth) ◇ *Er ist durch das Eis durchgebrochen.* He fell through the ice.

durchbrechen[2] 1 (*durchdringen*) break through *sth* ◇ *die feindlichen Linien durchbrechen* break through the enemy lines **2** (*Regen, Schallmauer*) break

durchbrennen 1 (*Glühbirne etc.*) go (*umgs*); (*Sicherung auch*) blow ◇ *Die Birne ist durchgebrannt.* The bulb's gone. **2 (mit jdm/etw) ~** run away (with sb/sth) ◇ *Sie ist von zu Hause durchgebrannt.* She's run away from home.

durchbringen 1 (*Gesetz, Antrag*) get *sth* through **2** (*Vermögen, Geld*) spend **3 jdn/sich ~** support sb/yourself ◇ *Sie hat drei Kinder alleine durchgebracht.* She supported three children on her own. **4** (*Patienten etc.*) pull *sb* through

Durchbruch breakthrough ◇ *Ihnen gelang ein Durchbruch in den Verhandlungen.* They achieved a breakthrough in the negotiations. ◇ *jdm zum Durchbruch verhelfen* give sb their first break

durchchecken 1 check **2 sich ~ lassen** (*medizinisch*) have a check-up **3** (*an den Zielflughafen*) check *sth* through

durchdacht (well) thought out ◇ *Dein Referat war nicht gut durchdacht.* Your presentation was not very well thought out. ◇ *ein bis ins Detail durchdachter Plan* a plan that has been thought out in great detail

durchdenken[1] (*in Gedanken durchgehen*) go over *sth* in your mind

durchdenken[2] (*überdenken*) think *sth* through ◇ *Hast du das auch gut durchdacht?* Have you thought it through properly?

durchdrängeln, durchdrängen sich ~ push your way through (*sth*) ◇ *Sie drängelten sich durch die Menge.* They pushed their way through the crowd.

durchdrehen 1 (*verrückt werden*) crack up (*umgs*) (*kopflos werden*) panic ◇ *Sie ist völlig durchgedreht.* She has completely cracked up. ◇ *Als die Polizei kam, drehte er durch.* When the police arrived, he panicked. ◇ *Wenn das so weitergeht, dreh ich durch!* If it goes on like this, I'll go mad! **2** (*Räder*) spin **3** (*Fleisch*) mince

durchdringen[1] 1 (durch etw) ~ get through (sth); (*Sonne*) come through (sth) **2 zu jdm ~** get through to sb

durchdringen[2] penetrate; (*hoher Ton*) pierce ◇ *Ein Schrei durchdrang die Stille.* A scream pierced the silence.

durchdringend penetrating; (*Geruch auch*) pungent; (*hoher Ton*) piercing

durchdrücken 1 etw (durch etw) ~ press sth (through sth) ◇ *die Himbeeren durch ein Sieb durch-*

drücken press the raspberries through a sieve **2** (*Knie, Arme, Rücken*) straighten **3** ◇ *das Gaspedal durchdrücken* put your foot down **4** (*Antrag, Reform etc.*) get *sth* through; (*Kandidaten*) impose ◇ *Sie haben die Erhöhung durchgedrückt.* They got the rise through. ◇ *Sie konnten bei der Geschäftsleitung durchdrücken, dass niemand entlassen wurde.* They succeeded in persuading the management not to sack anyone.

durchdrungen von etw ~ sein be filled with sth, be imbued with sth (*gehoben*) ◇ *Sie waren von Angst durchdrungen.* They were filled with fear.

durcheinander 1 in a muddle ◇ *Meine Sachen sind ganz durcheinander.* My things are all in a muddle. **2** (*verwirrt*) confused ◇ *Ich bin ganz durcheinander.* I'm totally confused.

Durcheinander (*Unordnung*) mess; (*Wirrwarr*) chaos [U] ◇ *Bei mir herrscht gerade ein unglaubliches Durcheinander.* My place is a terrible mess at the moment. ◇ *Am Fahrkartenschalter herrschte ein heilloses Durcheinander.* There was absolute chaos at the ticket office.

durcheinanderbringen 1 (*in Unordnung bringen*) muddle *sth* up; (*Plan*) upset **2** (*verwechseln*) muddle *sb/sth* up ◇ *Ich bringe die beiden Namen immer durcheinander.* I always muddle those two names up. **durcheinandergehen** be chaotic ◇ *Bei der Kinderparty ging alles durcheinander.* The children's party was totally chaotic. **durcheinanderkommen** get muddled up ◇ *Ich muss mir das aufschreiben, sonst komme ich durcheinander.* I'll have to write that down or I'll get muddled up. ◇ *Unser Zeitplan kam durcheinander.* Our schedule was thrown into disarray. **durcheinanderreden** talk at once ◇ *Alle redeten durcheinander.* They were all talking at once.

durchfahren[1] 1 (durch etw) ~ drive through (sth); **unter etw ~** drive under sth ◇ *Wir sind durch das Dorf durchgefahren.* We drove through the village. **2** (*ohne Unterbrechung*) drive through ◇ *Sie sind die ganze Nacht durchgefahren.* They drove through the night without stopping. ◇ *bei Rot durchfahren* drive through a red light ◇ *Der Zug fährt bis Hamburg durch.* It's a through train to Hamburg.

durchfahren[2] 1 drive through *sth* ◇ *Wir durchfuhren viele nette Orte.* We drove through lots of nice villages. **2** (*Strecke, Kurs*) cover ◇ *Er durchfuhr den Parcours in vier Minuten.* He covered the course in four minutes. **3** (*Gedanke, Schrecken*) strike ◇ *Plötzlich durchfuhr es mich: ...* It suddenly struck me that ... ◇ *Ein eisiger Schrecken durchfuhr sie.* She shuddered.

Durchfahrt 1 (*das Durchfahren*) way through ◇ *Der Lkw versperrte der Feuerwehr die Durchfahrt.* The lorry blocked the way for the fire brigade. ◇ *Durchfahrt nicht gestattet!* No entry! **2** (*Durchreise*) ◇ *Wir sind nur auf der Durchfahrt.* We're just passing through. ◇ *Es passierte bei der Durchfahrt des Zuges durch den Bahnhof.* It happened as the train was passing through the station.

Durchfahrtsstraße main road

Durchfall diarrhoea, (*AmE*) diarrhea

durchfallen 1 (durch etw) ~ fall through (sth) ◇ *Meine Münzen fallen alle durch.* My coins are all falling through. **2** (*bei einer Prüfung*) fail; (*bei einer Wahl*) lose; (*beim Publikum*) be a flop ◇ *Ich bin bei der Fahrprüfung durchgefallen.* I failed my driving test. **IDM** → PAUKE

Durchfallquote failure rate

durchfeiern (die ganze Nacht) ~ celebrate all night

durchfinden (sich) (durch etw) ~ find your way (through sth) ◇ *Ich habe durch die Menge nicht durchgefunden.* I couldn't find my way through the crowd. ◇ *Er hat sich im neuen Flughafen gut durchgefunden.* He found his way around the new airport without any problem.

durchfließen[1] (durch etw) ~ flow through (sth) ◇ *Welcher Fluss fließt durch Prag durch?* Which river flows through Prague?

durchfließen[2] flow through *sth* ◇ *Wie viele Länder durchfließt der Rhein?* How many countries does the Rhine flow through?

durchfluten flood

durchforsten 1 (*Wald*) thin *sth* out **2** (*fig*) go through *sth*; (*durchsehen*) sift through *sth*; (*Gebiet*) comb ◇ *Sie durchforstete die Akten nach seinem Namen.* She went through the files looking for his name.

durchfragen sich (zu etw/nach etw) ~ keep asking your way (to sth) ◇ *Ich musste mich zum Bahnhof durchfragen.* I had to keep asking my way to the station.

durchfressen 1 sich ~ eat your way through *sth*, eat holes in *sth*; (*Feuer*) spread ◇ *Die Motten hatten sich durch die Wolldecke durchgefressen.* The moths had eaten holes in the woollen blanket. ◇ *Die Flammen hatten sich bereits zum Treppenhaus durchgefressen.* The flames had already spread to the staircase. **2 sich (bei jdm) ~** live off sb

durchführbar practicable ◇ *Das Vorhaben ist nicht durchführbar.* The plan is not practicable. ◇ *Der Test ist bequem zu Hause durchführbar.* The test can easily be carried out at home.

durchführen 1 (*Vorhaben, Untersuchung, Operation, Umfrage*) carry *sth* out **2** (*Abstimmung, Wettbewerb etc.*) hold **3 durch/unter etw ~** go through/under sth ◇ *Der Weg führt unter der Brücke durch.* The path goes under the bridge. **4 jdn (durch etw) ~** show sb round (sth)

Durchführung (*meist mit einem Verb übersetzt*) ◇ *der Auftrag zur Durchführung der Arbeiten* the order to carry out the work ◇ *Er war für die Durchführung des Umzugs nach Berlin verantwortlich.* He was responsible for organizing the move to Berlin. ◇ *die Durchführung des Gesetzes* the implementation of the law

Durchgang 1 access [U] ◇ *Durchgang verboten.* No access. ◇ *Durchgang zur Messe durch das Zelt.* Access to the fair through the tent. **2** (*Weg*) way through; (*Gang*) passageway ◇ *Gibt's hier einen Durchgang zum Neubau?* Is there a way through to the new building here? **3** (*Phase*) stage; (*von Wettkämpfen*) round; (*bei Rennen*) heat ◇ *Er hat die Wahl im ersten Durchgang gewonnen.* He won the election on the first round. **4** (ASTRON) transit

durchgängig 1 (*fortlaufend*) continuous (*Adv* continuously) ◇ *eine durchgängige Linie* a continuous line ◇ *eine durchgängige Nord-Süd-Verbindung* a connection all the way through from North to South ◇ *Die Autobahn ist jetzt wieder durchgängig befahrbar.* The full length of the motorway is now open again. **2** ◇ *durchgängig geöffnet* open all day **3** (*von allen*) ◇ *Interesse war durchgängig vorhanden.* Everyone was interested.

Durchgangs- Durchgangslager transit camp **Durchgangsverkehr** through traffic

durchgeben (jdm) etw ~ (*publik machen*) announce sth (to sb); (*verbreiten*) give sth (to sb) ◇ *Er gab ihr seine Adresse telefonisch durch.* He gave her his address over the phone. ◇ *Genaue Anweisungen werden Ihnen später durchgegeben.* Precise instructions will be given to you later. ◇ *eine Meldung im Radio durchgeben* make an announcement on the radio ◇ *Die Polizei gab eine Warnung durch.* The police put out a warning.

durchgebraten well done

durchgehen **1 (durch etw) ~** go through (sth) ◇ *Geht das Klavier durch die Tür durch?* Will the piano go through the door? ◇ *Sie ging mitten durch die Menschenmenge durch.* She made her way through the crowd. ◇ *„Bitte durchgehen!"* 'Move down the bus, please!' **2 (durch etw) ~** (*hindurchdringen*) get through (sth), come through (sth) ◇ *Der Regen geht durch das Zelt durch.* The rain is coming through the tent. **3** (*durch eine Kontrolle*) get through (sth) ◇ *Die Meldung ist ungekürzt durchgegangen.* The report got through uncut. ◇ *Haustiere gehen beim Zoll nicht durch.* You can't get pets through customs. **4** (*angenommen werden*) get through, go through ◇ *Das Gesetz ist trotz starker Widerstände durchgegangen.* The bill got through despite strong opposition. ◇ *Hoffentlich geht mein Antrag durch.* I hope my application will go through. **5** (*Zug*) go through → *Siehe auch* DURCHGEHEND **6** (*andauern*) go on ◇ *Die Party ging die ganze Nacht durch.* The party went on all night. **7 etw ~ lassen** let sth pass; **jdm etw ~ lassen** let sb get away with sth ◇ *Das will ich noch mal durchgehen lassen.* I'll let it pass just this once. ◇ *Es ist nicht richtig, den Kindern alles durchgehen zu lassen.* It isn't right to let the children get away with everything. **8 etw (auf etw) ~** go through sth (for sth) ◇ *den Aufsatz auf Rechtschreibfehler durchgehen* go through your essay for spelling mistakes **9 für/als etw ~** pass for sth ◇ *Das Auto kann für neu durchgehen.* The car can pass for new. ◇ *Er geht noch als 16-Jähriger durch.* He can still pass for a sixteen-year-old. **10** (*Pferd etc.*) bolt **11 mit jdm/etw ~** run away/off with sb/sth ◇ *Ihr Mann ist mit der Nachbarin durchgegangen.* Her husband ran off with the next-door neighbour. **12 jdm gehen die Nerven durch** sb loses their temper ◇ *Schließlich gingen ihr die Nerven durch .* She finally lost her temper. **13 mit jdm geht die Fantasie durch** sb lets his/her imagination run away with him/her

durchgehend **1** *Adj* continuous ◇ *eine durchgehende Linie/ein durchgehendes Muster* a continuous line/pattern ◇ *durchgehende Beschäftigung* continuous employment **2** *Adj* (*Zug*) through; (*Flug, Verbindung*) direct ◇ *ein durchgehender Zug* a through train **3** *Adv* (*ständig*) continuously; (*immer wieder*) constantly ◇ *Die Kinder werden durchgehend betreut.* The children are cared for continuously. ◇ *durchgehend geöffnet* open all day ◇ *Die A4 ist jetzt durchgehend befahrbar.* The whole length of the A4 is now clear. **4** *Adv* (*durch die Bank*) across the board ◇ *Die Wahlergebnisse der Partei waren durchgehend schlecht.* The party's election results were poor across the board. ◇ *Die Mitarbeiterinnen fühlen sich durchgehend diskriminiert.* All the female employees feel discriminated against.

durchgreifen **1** take a strict line, crack down ◇ *Die neue Lehrerin greift energisch durch.* The new teacher is taking a strict line. ◇ *Die Polizei hat hart gegen die Randalierer durchgegriffen.* The police have cracked down on the vandals. **2 (durch etw) ~** reach through (sth)

durchgreifend (*Maßnahmen, Änderungen, Reformen, Handeln*) drastic; (*Verbesserung, Erfolg*) dramatic

durchhalten **1** survive ◇ *Wie lange kann er finanziell durchhalten?* How long will he be able to survive financially? **2** (*durchstehen*) make it through *sth* , stick *sth* out ◇ *Wird er den Sprachkurs bis zum Ende durchhalten?* Will he stick it out to the end of his language course? ◇ *Ich hoffe, dass ihre Nerven durchhalten.* I hope her nerves can stand it. **3** (*aufrecht erhalten*) keep *sth* up ◇ *Sie konnte das Tempo nicht durchhalten.* She couldn't keep up the pace any longer. ◇ *eine Diät durchhalten* keep up a diet

Durchhaltevermögen stamina

durchhängen **1** sag ◇ *Die Matratze hängt durch.* The mattress is sagging. **2** (*deprimiert*) be down; (*erschöpft*) be whacked (*umgs*)

Durchhänger **einen ~ haben** lose your motivation/concentration ◇ *Während des Spiels hatte er immer wieder einen Durchhänger.* During the match he kept losing his concentration. ◇ *Ich habe seit Wochen einen Durchhänger.* I've been totally lacking in motivation for weeks.

durchkämmen¹ **1** (*Haare*) comb *sth* through; (*Fell*) groom **2** (*durchsuchen*) → DURCHKÄMMEN²

durchkämmen² (*durchsuchen*) comb ◇ *Die Polizei durchkämmte den Ort nach dem verschwundenen Kind.* The police combed the area in search of the missing child.

durchkämpfen **1 sich (durch etw) ~** fight (your way through sth) ◇ *Wir mussten uns durch die Menschenmenge durchkämpfen.* We had to fight our way through the crowds. **2 sich ~** (*durch das Leben*) struggle ◇ *Sie hat sich ihr Leben lang durchkämpfen müssen.* She has had to struggle all her life. **3 sich zu etw ~** bring yourself to do sth ◇ *Er hat sich dazu durchgekämpft, sich bei seinen Eltern zu entschuldigen.* He finally brought himself to apologize to his parents. **4 etw ~** fight for sth; (*durchsetzen*) force sth through ◇ *eine Reform durchkämpfen* force a reform through

durchkauen **1** (*besprechen*) go over (and over) *sth* ◇ *Das haben wir schon hundertmal durchgekaut.* We've been over this a hundred times already. **2** (*gründlich kauen*) chew *sth* thoroughly

durchkneten **1** (*Teig*) knead *sth* thoroughly **2** (*Massage*) massage *sb/sth* thoroughly

durchkommen **1 (durch etw) ~** (*räumliche Behinderung*) get through (sth) ◇ *Die Einfahrt war so schmal, dass nicht mal ein Kleinlaster durchkam.* The entrance was so narrow that not even a van could get through. ◇ *Hier ist einfach kein Durchkommen.* There's no way to get through here. **2 (durch etw) ~** (*durchdringen*) come through (sth) (*auch fig*) ◇ *Durch ein Loch im Schlauch kommt Luft durch.* Air is coming through a hole in the tube. ◇ *Manchmal kommt ihr deutscher Akzent durch.* Sometimes her German accent comes through. ◇ *Am Nachmittag kam die Sonne durch.* In the afternoon the sun came out. ◇ *Manchmal kommt bei ihm der Chauvinist durch.* Sometimes the chauvinist in him comes out. **3 (durch etw) ~** (*passieren, vorbeikommen*) pass through (*sth*) ◇ *Der Faschingszug soll hier durchkommen.* The carnival procession will pass through here. **4** (*telefonisch*) get through ◇ *Ich bin nicht durchgekommen.* I couldn't get through. **5** (*Nachricht etc.*) be announced **6** (*bestehen*) pass, get through *sth* ◇ *Wenn er weiter so fleißig lernt, kommt er bestimmt durch.* If he continues to work hard, he will definitely pass. **7** (*Erfolg haben*) succeed; **mit etw ~** succeed with sth; (*negativ behaftet*) get away with sth; (*sich durchsetzen*) get what you want ◇ *Ich hoffe, dass du mit deinem Plan durchkommst.* I hope you succeed with your plan. ◇ *Damit kommst du bei ihr nicht durch.* You won't get away with that with her. ◇ *Mit ihrem Charme kommt sie überall durch.* With her charm she always gets what she wants. ◇ *Mit Englisch kommt man auf der ganzen Welt durch.* With English you can get by anywhere in the world. **8** (*überstehen*) come through *sth* ; (*Krankheit*) pull through *sth* ◇ *Wird der Patient durchkommen?* Will the patient pull through? **9** (*finanziell*) get by ◇ *Mit ihrem Gehalt kommt sie kaum durch.* She can hardly get by on her salary.

durchkreuzen¹ (*durchstreichen*) cross *sth* out

durchkreuzen² **1** (*vereiteln*) frustrate, thwart ◇ *Sie hat seine Pläne durchkreuzt.* She has thwarted his plans. **2** (*durchfahren*) cross, travel through *sth* ; (*auf einer Kreuzfahrt*) cruise ◇ *die Ägäis durchkreuzen* cruise the Aegean

durchkriechen **(durch etw) ~** crawl through (sth); **unter etw ~** crawl under sth

durchlassen **1 jdn/etw (durch etw) ~** let sb/sth through (sth) ◇ *Lassen Sie mich bitte durch?* Excuse me, could you let me through? **2** (*durchdringen lassen*) let *sth* in ◇ *Licht durchlassen* let in light ◇ *Der Torwart hat den Ball durchgelassen.* The goalkeeper let the ball in.

durchlässig **1** permeable (*Fachspr*); (*undicht*) leaky **2** ◇ *Das Bildungssystem ist durchlässiger geworden.* The school system has become less rigid. ◇ *Das ehemals strikte Verbot wird immer durchlässiger.* The once strict ban is now not being strictly enforced. ◇ *Die Grenzen wurden durchlässiger.* People were able to cross the borders more easily.

Durchlauf **1** (COMP) run **2** (SPORT) heat ◇ *im dritten Durchlauf des Rennens* in the third heat of the race **3** (*Probe*) rehearsal, run-through

durchlaufen[1] **1 (durch etw) ~** go through (sth) ◇ *durch eine Absperrung durchlaufen* go through a barrier **2 (durch etw) ~** (*durchqueren*) cross (sth) ◇ *Kann man durch den Bach durchlaufen oder ist er zu tief?* Can you cross the stream, or is it too deep? **3** (*ohne Unterbrechung laufen*) keep going ◇ *Wir sind die ganze Nacht durchgelaufen.* We kept going through the night. **4 (durch etw) ~** (*schlendern*) wander through (sth) ◇ *Ich bin heute mal durch die Einkaufspassage durchgelaufen.* I wandered through the shopping arcade today. **5 (durch etw) ~** (*Flüssigkeit*) run through (sth); (*durchsickern*) trickle through (sth) ◇ *Das Wasser läuft durch das Rohr durch.* The water runs through the pipe. **6** (*Socken etc.*) wear *sth* out, go through *sth*

durchlaufen[2] **1** (*Ausbildung*) do ◇ *Er hat eine dreijährige Ausbildung durchlaufen.* He did a three-year course. **2** (*Entwicklungsstufen*) go through *sth* ◇ *Picasso hat verschiedene Phasen durchlaufen.* Picasso went through various phases. ◇ *Der Antrag muss mehrere Dienststellen durchlaufen.* The application has to go through several departments. **3** (*Gebiet*) run through *sth* ◇ *Der Bach durchläuft das Tal.* The stream runs through the valley. **4 jdn ~** run through sb ◇ *Ein Schauder durchlief sie, als sie den Fremden sah.* A shudder ran through her when she saw the stranger. ◇ *Es durchlief sie eiskalt.* A shiver ran through her.

durchleben go through *sth* ◇ *Sie hat schwierige Zeiten durchlebt.* She's been through some difficult times.

durchleiden suffer

durchlesen read *sth* through; (*fertig*) finish reading *sth* ◇ *Sie las den Brief noch einmal durch.* She read through the letter again. ◇ *Ich habe den Aufsatz noch nicht ganz durchgelesen.* I haven't quite finished reading the essay yet.

durchleuchten[1] **(durch etw) ~** shine through (sth) ◇ *Das Licht leuchtete durch die Jalousie durch.* The light shone through the blind.

durchleuchten[2] **1** (*kontrollieren*) X-ray ◇ *Das Handgepäck wurde durchleuchtet.* The hand luggage was X-rayed. **2** investigate ◇ *Ein Ausschuss soll die Finanzen der Parteien kritisch durchleuchten.* A commission is to investigate party finances.

durchliegen (*Matratze, Bett*) wear *sth* out

durchlöchern **1** make holes in *sth* ; **etw mit etw ~** riddle sth with sth ◇ *durchlöcherte Socken* socks with holes in them ◇ *Die Tür war von Kugeln durchlöchert.* The door was riddled with bullets. ◇ *Die Jacke war von Motten durchlöchert.* The jacket was moth-eaten. **2** (*schwächen*) undermine, weaken ◇ *Durch Geldmangel wird das soziale System immer mehr durchlöchert.* Lack of money is undermining the welfare system.

durchlüften[1] (*Zimmer etc.*) give *sth* an airing

durchlüften[2] ventilate; (*Boden*) aerate ◇ *ein gut durchlüfteter Raum* a well-ventilated room

durchmachen **1** go through *sth* ; (*Krankheit*) have ◇ *Sie haben viel durchgemacht.* They've been through a lot. ◇ *Er hat bereits zwei Herzinfarkte durchgemacht.* He's already had two heart attacks. **2** (*feiern*) celebrate all night ◇ *Sie haben die ganze Nacht durchgemacht!* They celebrated all night! ◇ *Wir haben bis um sechs Uhr durchgemacht.* We carried on celebrating till six in the morning. **3** (*arbeiten*) work through (*sth*) ◇ *Wir müssen heute bis sechs durchmachen.* We'll have to work through till six today.

Durchmesser diameter ◇ *Der Stamm hat einen Durchmesser von einem Meter.* The trunk is one metre in diameter.

durchmischen[1] mix *sth* thoroughly

durchmischen[2] **A mit B ~** mix B with A ◇ *Sie durchmischte das Mehl mit Backpulver.* She mixed the baking powder with the flour.

durchmogeln **sich (durch/bei etw) ~** get by (in sth); (*durch Betrug*) cheat your way through sth ◇ *Ich habe nie viel getan, aber ich habe mich so durchgemogelt.* I never did very much, but I got by. ◇ *Er hat sich bei der Prüfung durchgemogelt.* He cheated his way through the exam.

durchmüssen have to go through *sth* ; (*mit Schwierigkeit*) have to get through *sth* (*auch fig*) ◇ *Wir müssen durch die Innenstadt durch.* We have to go through the town centre. ◇ *Mach mal Platz, ich muss hier durch!* Get out of the way, I've got to get through here! ◇ *Da müssen wir jetzt irgendwie durch.* We'll just have to get through it somehow.

durchnässen drench, soak ◇ *Der Regen durchnässte ihn bis auf die Haut.* The rain drenched him to the skin. ◇ *ihre durchnässten Schuhe* her soaking wet shoes

durchnehmen do ◇ *Wir haben heute das Futur durchgenommen.* We did the future tense today.

durchnummerieren number *sth* (consecutively) ◇ *die Seiten durchnummerieren* number the pages ◇ *Sie sind fortlaufend durchnummeriert.* They are numbered consecutively.

durchorganisieren **1** organize *sth* (thoroughly) ◇ *Das Turnier war gut durchorganisiert.* The tournament was well organized. **2** (*Leben, Gesellschaft*) regiment ◇ *Ihr Tagesablauf war straff durchorganisiert.* Their days were highly regimented.

durchpeitschen **1** give *sb* a flogging **2** (*Gesetz etc.*) rush *sth* through

durchqueren cross; (*reisen*) travel through *sth* ; (*unterirdisch*) pass through *sth* ◇ *Sie durchquerten die Antarktis zu Fuß.* They crossed the Antarctic on foot. ◇ *Er durchquerte Europa.* He travelled through Europe. ◇ *Die Forscher mussten mehrere Höhlen durchqueren.* The explorers had to pass through several caves.

Durchquerung crossing

durchrasen race through *sth*

durchrechnen work *sth* out; (*überprüfen*) check *sth* through ◇ *Wir müssen erst mal alles durchrechnen.* First, we'll have to work everything out. ◇ *Am Ende der Mathearbeit rechnete er alles noch einmal durch.* At the end of the maths test he checked everything through again.

durchregnen **es regnet durch** the rain is coming through ◇ *Im Badezimmer regnet es durch!* The rain is coming through the bathroom ceiling! ◇ *Es regnete durchs Dach durch.* The rain was coming through the roof.

durchreichen **etw (durch etw) ~** pass sth through (sth)

Durchreise ◇ *Ich war nur auf der Durchreise.* I was just passing through. ◇ *bei ihrer Durchreise durch Tunesien* when they were travelling through Tunisia

durchreisen¹ **(durch etw) ~** (*auf der Durchreise sein*) pass through (sth) ◇ *Ich bin nur einmal durch München durchgereist.* I only passed through Munich once. ◇ *durchreisende Touristen* tourists passing through

durchreisen² travel through *sth* ◇ *Er hatte schon ganz Europa durchreist.* He had already travelled through the whole of Europe.

Durchreisende(r) ◇ *80% der Besucher sind Durchreisende.* 80% of visitors are just passing through. ◇ *Durchreisende nach Spanien* people passing through on their way to Spain

durchreißen **1** tear *sth* in two ◇ *ein Stück Papier durchreißen* tear a piece of paper in two **2** snap ◇ *Das Seil ist durchgerissen.* The rope snapped.

durchringen **sich zu etw ~** finally do sth; **sich nicht dazu ~ können, etw zu tun** not be able to bring yourself to do sth ◇ *sich zu einer Entscheidung durchringen* finally come to a decision ◇ *Sie konnte sich nicht dazu durchringen, sich zu entschuldigen.* She couldn't bring herself to apologize.

durchrosten rust through

durchrutschen **1** slide through *sth* **2** **(bei etw) ~** (*knapp bestehen*) scrape through (sth) ◇ *Ich bin beim Abitur gerade noch so durchgerutscht!* I just managed to scrape through my A levels!

Durchsage announcement ◇ *eine Durchsage machen* make an announcement

durchsagen announce

durchsägen saw through *sth*

Durchsatz throughput

durchschaubar **1** (*klar*) transparent; (*verständlich*) easy to understand ◇ *Entscheidungsprozesse durchschaubarer machen* make the decision-making processes more transparent ◇ *Das ist für jedermann durchschaubar.* It's easy for everyone to understand. ◇ *die schwer durchschaubare Lage* the complex situation **2** (*Betrug, Lüge*) obvious

durchschauen¹ **(durch etw) ~** look through (sth)

durchschauen² **1** see through *sb/sth* ◇ *Er befürchtete, dass sie ihn durchschaut hatte.* He was afraid she had seen through him. ◇ *einen Trick durchschauen* see through a trick ◇ *Ich habe dich durchschaut!* I know what you're up to! **2** (*verstehen*) understand ◇ *Das ist für Laien schwer zu durchschauen.* It's hard for the lay person to understand.

durchscheinen¹ flood *sth* with light ◇ *Die Sonne durchschien das Schlafzimmer.* The sun flooded the bedroom with light.

durchscheinen² **(durch etw) ~** shine through (sth); (*sichtbar werden*) show through (sth)

durchscheinend translucent

durchschimmern **1** **(durch etw) ~** shine through (sth); (*sichtbar werden*) show through (sth) **2** **~ lassen, dass …** hint that …

durchschlafen sleep through (*sth*) ◇ *Er schlief durch bis zum Morgen.* He slept through until morning. ◇ *Das Baby schläft schon durch.* The baby already sleeps through the night.

Durchschlag **1** (*Kopie*) carbon copy **2** (*Küchengerät*) colander

durchschlagen¹ **1** (*zerteilen*) break *sth* in two ◇ *Er kann Ziegelsteine mit der bloßen Hand durchschlagen!* He can break a brick in two with his bare hand! **2** (*durchkommen*) come through ◇ *Nässe schlägt durch die Wände durch.* There's damp coming through the walls. **3** **(auf etw) ~** (*sich auswirken*) have an effect (on sth) ◇ *Die Arbeitslosigkeit schlägt auf das Familienleben durch.* Unemployment has an effect on family life. **4** **sich ~** (*an ein Ziel*) get through ◇ *Er schlug sich zur Grenze durch.* He got through to the border. **5** **sich ~** (*es schaffen*) manage; (*finanziell*) get by ◇ *Sie konnte sich gut allein durchschlagen.* She could manage quite well on her own. ◇ *Mit seinem Gehalt schlug er sich nur mühsam durch.* He struggled to get by on his salary.

durchschlagen² (*beschädigen*) go through *sth*

durchschlagend (*Erfolg*) resounding [nur vor Nomen]; (*Argument, Beweis*) compelling; (*Wirkung*) dramatic

Durchschlagskraft **1** (*Bombe etc.*) (penetrative) power **2** (*Argumente etc.*) conviction

durchschneiden¹ cut; (*Brötchen etc.*) halve ◇ *das Band durchschneiden* cut the tape

durchschneiden² (*durchziehen*) cut through *sth* ◇ *Zwei Autobahnen durchschnitten die Landschaft.* Two motorways cut through the countryside.

Durchschnitt average ◇ *im Durchschnitt* on average ◇ *über/unter dem Durchschnitt liegen* be above/below average ◇ *Mein Bruder ist guter Durchschnitt.* My brother is quite good at school.

durchschnittlich **1** average ◇ *der durchschnittliche Stundenlohn* the average hourly wage ◇ *durchschnittlich begabt sein* be of average ability **2** (*mittelmäßig*) mediocre **3** (*im Durchschnitt*) on average ◇ *Man zählte durchschnittlich 400 Besucher am Tag.* There were 400 visitors a day on average.

Durchschnitts- **Durchschnittsbürger** average citizen **Durchschnittseinkommen** average income **Durchschnittstemperatur** average temperature **Durchschnittswert** average ◇ *Der Durchschnittswert liegt bei 10%.* The average is 10%.

durchschwitzen ◇ *Ich bin total durchgeschwitzt.* I'm soaked in sweat. ◇ *Er hatte sein Trikot völlig durchgeschwitzt.* His football shirt was completely soaked with sweat. ◇ *mein durchgeschwitztes Hemd* my sweaty shirt

durchsehen **1** **(durch etw) ~** look through (sth), see through (sth) ◇ *durch das Schlüsselloch durchsehen* look through the keyhole ◇ *Man kann durch den Stoff durchsehen.* You can see through the material. **2** (*genau ansehen*) look at *sth* (carefully); (*überprüfen*) go through *sth* ◇ *Er hat die Unterlagen durchgesehen.* He's looked at the documents. ◇ *Ich muss meine Übersetzung auf Fehler durchsehen.* I have to go through my translation for mistakes. **3** (*flüchtig ansehen*) look through *sth* ◇ *die Post durchsehen* look through the post

durchsetzen **1** (*Plan, Gesetz, Reform etc.*) push *sth* through; (*Sanktionen*) enforce; (*Ziel*) achieve ◇ *Der Antrag wurde gegen die SPD durchgesetzt.* The proposal was pushed through despite opposition from the SPD. ◇ *Die Gewerkschaft setzte durch, dass er wieder eingestellt wurde.* The union succeeded in getting him reinstated. ◇ *seine eigenen Interessen durchsetzen* further your own interests ◇ *seine Ideen durchsetzen* get people to accept your ideas ◇ *seinen Kopf/Willen durchsetzen* get your way **2** **sich ~** assert yourself; (*seinen Willen durchsetzen*) get your way ◇ *Ich habe gelernt, mich durchzusetzen.* I've learned to assert myself. ◇ *Der neue Lehrer konnte sich bei der Klasse nicht durchsetzen.* The new teacher couldn't get control of the class. **3** **sich gegen jdn ~** come out on top against sb ◇ *Sie konnte sich gegen die Favoritin durchsetzen.* She managed to come out on top against the favourite. ◇ *Die Polizei kann sich gegen die Dealer nicht durchsetzen.* The police are losing the battle against the dealers. **4 sich ~** (*Anklang finden*) gain acceptance, catch on (*umgs*) ◇ *Dieser Trend hat sich nicht durchgesetzt.* This trend hasn't caught on. IDM → KOPF

Durchsetzung (*Plan, Gesetz, Reform etc.*) pushing through; (*Sanktionen*) enforcing; (*Ziel*) achievement **durchsetzungsfähig** assertive **Durchsetzungsvermögen** assertiveness

Durchsicht examination; (*flüchtig*) look ◇ *nach einer ersten Durchsicht der Akten* after an initial examination of the files ◇ *Schon eine flüchtige Durchsicht des Katalogs zeigte, dass …* Even a quick look through the catalogue showed …

durchsichtig 1 transparent; (*Stoff etc.*) see-through **2** (*Stil*) clear, transparent ◇ *Seine Praktiken sind alles andere als durchsichtig.* His methods are far from clear. **3** (*leicht durchschaubar*) obvious ◇ *ein durchsichtiges Wahlkampfmanöver* an obvious electoral tactic

Durchsichtigkeit 1 (*Transparenz*) transparency **2** (*Klarheit*) clarity

durchsickern 1 (durch etw) ~ seep through (sth); (*tropfenweise*) trickle through (sth) **2** (*bekannt werden*) leak out ◇ *Neue Informationen sind durchgesickert.* New information has leaked out. ◇ *Sie ließ durchsickern, dass …* She let it be known that …

durchspielen 1 (*proben*) play *sth* through ◇ *eine Szene durchspielen* play a scene through **2** (*Sportler*) keep playing; (*bis zum Ende*) play the whole match **3** (*Möglichkeiten etc.*) go over *sth* ◇ *etw in Gedanken durchspielen* go over sth in your mind

durchsprechen talk *sth* through

durchstarten 1 (*Gas geben*) put your foot down **2** (*fig*) get going ◇ *Wenn wir das Geld bekommen, können wir durchstarten.* When we get the money, we can get going. ◇ *nach Schulschluss gleich zum Schwimmbad durchstarten* go straight on to the swimming pool after school

durchstechen[1] etw durch etw ~ push sth through sth ◇ *den Spieß durch das Fleisch durchstechen* push the skewer through the meat

durchstechen[2] A mit B ~ stick B into A ◇ *Er hat das Gemälde mit einem Messer durchstochen.* He stuck a knife into the painting.

durchstehen go through *sth*; (*Zeit, Trennung etc.*) get through *sth* ◇ *Sie hat in ihrem Leben viel durchgestanden.* She's been through a lot in her life. ◇ *Ich glaube nicht, dass er das Tempo durchstehen kann.* I don't think he can keep up the pace. ◇ *Sie hat große Ängste durchgestanden.* She was terribly afraid.

Durchstich cut

durchstöbern (*Kiste, Schublade*) rummage through *sth*; (*Dachboden, Haus, Buchladen etc.*) rummage around in *sth*; (*Archiv, Zeitschriften etc.*) hunt through *sth*; (*durchsuchen*) search

durchstoßen[1] 1 etw (durch etw) ~ push sth through (sth) **2** (*vorstoßen*) advance

durchstoßen[2] etw (mit etw) ~ break through sth (with sth); (*Glasscheibe*) smash through sth (with sth) ◇ *Der Ast durchstieß die Windschutzscheibe.* The branch smashed through the windscreen.

durchstreichen cross *sth* out

durchstreifen 1 roam around *sth* ◇ *die Stadt mit der Kamera durchstreifen* roam around the town with the camera **2** (*absuchen*) search ◇ *das Gelände nach Spuren durchstreifen* search the area for clues

durchsuchen etw (nach jdm/etw) ~ search sth (for sb/sth); **jdn (nach etw) ~** search sb (for sth)

Durchsuchungsbefehl search warrant

durchtrainiert fit, in peak condition ◇ *Wer teilnehmen will, sollte gut durchtrainiert sein.* Anyone wishing to take part should be very fit. ◇ *durchtrainierte Athleten* athletes who are in peak condition

durchtränken 1 soak ◇ *ein von Blut durchtränktes Hemd* a shirt soaked with blood **2** (*erfüllen*) fill, imbue (*gehoben*) ◇ *mit Bitterkeit durchtränkte Gedichte* poems filled with bitterness

durchtrennen cut; (*Nerv, Sehne, Ader, Kabel*) sever

durchtrieben crafty (*Adv* craftily)

durchwachsen 1 (*Speck*) streaky; (*Fleisch*) marbled **2** (*gemischt*) mixed ◇ *Das Wetter war durchwachsen.* The weather was rather mixed. ◇ *„Wie war der Abend?" „Durchwachsen."* 'How was your evening?' 'So-so.'

Durchwahl 1 (*direktes Wählen*) direct dialling **2** (*Nummer*) direct dial extension

durchwählen dial direct

durchwandern walk through *sth*

durchweg (*ganz*) entirely; (*ausnahmslos*) without exception ◇ *Die Resonanz war durchweg positiv.* The reactions were entirely favourable. ◇ *Die Gemälde sind durchweg Fälschungen.* The paintings are, without exception, fakes. ◇ *Sie waren durchweg zufrieden.* They were all satisfied.

durchweichen[1] (*weich werden*) go soft; (*Karton, Boden*) go soggy ◇ *ein durchgeweichter Pappkarton* a cardboard box that has gone soggy ◇ *etw durchweichen lassen* soak sth

durchweichen[2] (*weich machen*) soak ◇ *Der Regen hatte das Spielfeld durchweicht.* The rain had soaked the pitch. ◇ *Wir waren vom Regen durchweicht.* We got soaked in the rain.

durchwetzen wear *sth* through ◇ *Die Hose war durchgewetzt.* The trousers were worn through.

durchwinken jdn/etw (durch etw) ~ wave sb/sth through (sth)

durchwühlen[1] rummage through *sth*; (*Einbrecher etc.*) ransack ◇ *Ich habe die Schublade nach der Socke durchwühlt.* I rummaged through the drawer looking for the sock. ◇ *Die Einbrecher durchwühlten die Wohnung.* The burglars ransacked the flat.

durchwühlen[2] sich (durch etw) ~ burrow through (sth); (*fig*) plough through (sth) ◇ *sich durch einen Berg von Akten durchwühlen* plough through a pile of documents

durchwurschteln, durchwursteln sich ~ muddle through

durchzählen count

durchziehen[1] 1 jdn (durch etw) ~ pull sb through (sth); **etw (durch etw) ~** pull sth through (sth); (*Garn, Kordel etc.*) thread sth through (sth) ◇ *jdn durch das Fenster durchziehen* pull sb through the window ◇ *die Schnürsenkel durch die Ösen durchziehen* thread the shoelaces through the eyelets **2** (*durchführen*) carry *sth* out; (*zu Ende bringen*) see *sth* through; (*schnell, gedankenlos*) get through *sth* ◇ *einen Plan durchziehen* carry out a plan ◇ *Jetzt, wo du angefangen hast, solltest du es auch durchziehen.* Now you've started, you should see it through. ◇ *Dieses Kapitel müssen wir heute noch durchziehen.* We've got to get through this chapter today. ◇ *Sie zog ihr Trainingsprogramm eisern durch.* She kept up her exercise programme with an iron will. **3 (durch etw) ~** pass through (sth) ◇ *In der Nacht zieht ein Regengebiet durch.* An area of rain will pass through during the night. **4 sich durch etw ~** run through sth ◇ *Dieses Stilmittel zieht sich durch das ganze Stück durch.* This stylistic device runs through the entire work. **5** (*Salat, Fleisch*) marinate

durchziehen² **1** pass through *sth* ; (*durchqueren*) cross; (*kreuz und quer verlaufen*) criss-cross ◇ *Ein Netz von Radwegen durchzieht das Land.* A network of cycle paths criss-crosses the country. **2** (*durchdringen*) permeate ◇ *Der Duft von Brot durchzog das ganze Haus.* The smell of bread permeated the whole house.

Durchzug **1** (*Luftzug*) draught, (*AmE*) draft **2 ~ machen** let some fresh air in **3** (*das Durchziehen*) (*meist mit einem Verb übersetzt*) ◇ *nach dem Durchzug des Tiefs* once the low has passed through IDM **auf Durchzug schalten** switch off

durchzwängen **1 sich (durch etw) ~** squeeze through (sth) **2 etw (durch etw) ~** force sth through (sth)

dürfen¹ *Modalvb* **1** (*Erlaubnis*) ◇ *Darf ich jetzt bitte gehen?* Can/May I go now, please? ◇ *Du darfst heute nicht schwimmen gehen.* You can't go swimming today. ◇ *Bücher dürfen nur zwei Wochen ausgeliehen werden.* Books may only be borrowed for two weeks. ◇ *Darf ich Ihr Telefon benutzen?* May I use your phone? ◇ *Dürfte ich eine kleine Änderung vorschlagen?* Might I suggest a small change? ◇ *Darf man hier parken?* Are you allowed to park here? ◇ *Ich durfte schon als Kind lange aufbleiben.* Even as a child I was allowed to stay up late. ◇ *Sie wird nicht mitkommen dürfen.* She won't be allowed to come. **2** (*Verbot*) ◇ *Vor dem Eingang darf nicht geparkt werden.* Cars must not park in front of the entrance. ◇ *Du darfst das Tor nicht offen lassen.* You mustn't leave the gate open ◇ *Man darf hier nicht fotografieren.* You are not allowed to take photographs here. **3** (*Vorwurf*) ◇ *Das hättest du nicht tun dürfen.* You oughtn't to have done that. ◇ *Das hätte nicht passieren dürfen.* That should never have happened. **4** (*Annahme, Wahrscheinlichkeit*) ◇ *Es dürfte da drin sein.* It should be in there. IDM → BITTEN, RATEN *und* SPASSEN

dürfen² *Verb* **1 (etw) ~** be allowed to (do sth) ◇ *Darfst du das überhaupt?* Are you allowed to do that? ◇ *Sie durfte nicht.* She wasn't allowed to. **2** (*fahren, gehen etc.*) be allowed to go ◇ *Darf ich ins tiefe Becken?* Am I allowed to go in the deep pool? ◇ *Darf ich mit nach Amerika?* May I come with you to America? ◇ *Darf ich heute Abend mit David ins Kino?* May I go to the cinema this evening with David?

dürftig poor (*Adv* poorly); (*Kost, Einkommen*) meagre; (*Beweise, Informationen*) scanty; (*Gras etc.*) sparse ◇ *eine dürftige Leistung* a poor performance ◇ *dürftig ausgestattet sein* be poorly equipped

dürr **1** (*trocken*) dry ◇ *dürre Äste* dry branches **2** (*dünn*) skinny **3** (*unfruchtbar*) barren ◇ *dürrer Boden* barren earth (*fig*) ◇ *dürre Jahre* lean years **4** (*knapp*) terse ◇ *eine dürre Mitteilung* a terse statement ◇ *etw in dürren Worten erklären* explain sth tersely

Dürre drought ◇ *von einer Dürre heimgesucht* hit by drought

Dürrekatastrophe devastating drought **Dürreperiode** period of drought

Durst thirst ◇ *den Durst löschen* quench your thirst ◇ *Ich habe Durst.* I'm thirsty. ◇ *Durst bekommen* get thirsty ◇ *Ich habe Durst auf ein Glas Milch.* I feel like a glass of milk. ◇ *brennenden Durst nach etw haben* have a burning desire for sth IDM **einen/ein Glas über den Durst trinken** have one too many

durstig thirsty (*Adv* thirstily) ◇ *Scharfes Essen macht durstig!* Spicy food makes you thirsty!

Durststrecke bad patch; (*finanziell*) lean period

Dusche shower ◇ *ein Zimmer mit Dusche* a room with a shower ◇ *eine Dusche nehmen* have a shower ◇ *unter der Dusche stehen* be in the shower ◇ *Ich gehe mal kurz unter die Dusche.* I'll just go and have a quick shower. IDM **eine kalte Dusche** a let-down

duschen **(sich) ~** shower, have a shower, take a shower; **jdn ~** give sb a shower ◇ (*sich*) *kalt duschen* have a cold shower ◇ *Er duschte die Kinder und brachte sie zu Bett.* He gave the children a shower and put them to bed.

Düse **1** nozzle **2** (*Vergaser, Flugzeug*) jet

Düsenantrieb jet propulsion ◇ *Das Flugzeug fliegt mit Düsenantrieb.* The plane is jet-propelled. **Düsenflugzeug** jet **Düsenjäger** jet fighter

Dussel idiot (*umgs*)

dusselig hopeless; (*Fehler*) silly

düster **1** dark (*Adv* darkly) (*auch fig*); (*Aussicht*) gloomy ◇ *Düstere Gedanken plagten ihn.* He was tormented by dark thoughts. ◇ *„So geht's nicht weiter", sagte sie düster.* 'This can't go on,' she said darkly. ◇ *Die Finanzlage sieht düster aus.* The financial situation looks gloomy. **2** (*Gestalt, Machenschaften*) shady

Dutzend dozen ◇ *ein halbes Dutzend* half a dozen ◇ *Dutzende großer Kartons* dozens of large boxes ◇ *Die Besucher kamen zu Dutzenden.* Dozens of visitors came.

duzen **jdn ~** use the familiar form to sb

DVD DVD

DVD-Brenner DVD burner **DVD-Recorder** DVD recorder **DVD-Spieler** DVD player

Dynamik **1** (PHYSIK, MUS) dynamics [U] **2** (*Lebhaftigkeit, Triebkraft*) dynamism ◇ *Sie hat viel von ihrer Dynamik verloren.* She has lost a lot of her dynamism. **3** (*Eigendynamik*) dynamic, momentum ◇ *Die Debatte besitzt eine eigene Dynamik.* The debate has its own dynamic.

dynamisch **1** dynamic (*Adv* dynamically); (*schwungvoll*) energetic (*Adv* energetically) ◇ *Sie ist jung und dynamisch.* She is young and dynamic. ◇ *Sie ging dynamisch an die Aufgabe heran.* She tackled the job energetically. **2** (WIRTSCH) buoyant

Dynamit dynamite (*auch fig*)

Dynamo dynamo

Dynastie dynasty

D-Zug fast train

E e

E, e E, e → *Beispiele bei* A

Ebbe **1** low tide ◇ *bei Ebbe* at low tide ◇ *Es ist Ebbe.* The tide is out. ◇ *Die Ebbe setzt um 12.30 Uhr ein.* The tide starts to go out at 12.30. **2** (*Geldmangel*) ◇ *Bei mir herrscht totale Ebbe.* I'm completely broke.

eben **1** (*flach*) flat; (*Baugrund*) level ◇ *200 km² ebenes Land* 200 km² of flat land ◇ *ein ebenes Stück Land* a level bit of land **2** (*zeitlich*) just ◇ *Ich habe eben mit ihm gesprochen.* I've just spoken to him. ◇ *Ich gehe eben zur Toilette.* I'm just going to the loo. ◇ *Da muss man eben durch.* You just have to put up with it. ◇ *Eben war sie noch hier.* She was here a moment ago. ◇ *Dann hat er eben Pech gehabt!* Too bad! **3** (*genau*) exactly, precisely ◇ *Eben!* Exactly! ◇ *Eben deswegen frage ich ja.* That's precisely why I'm asking. ◇ *Sie fiel in eben dem Fach durch, für das sie am meisten gelernt hatte.* She failed in the very subject she had worked hardest for.

Ebenbild image IDM **jds (genaues) Ebenbild sein** be the (spitting) image of sb

ebenbürtig equal; (*Konkurrent*) worthy ◇ *Er war ihr ebenbürtig.* He was a match for her.

Ebene **1** (*Flachland*) plain **2** (*Stufe, Stockwerk*) level ◇ *auf höchster Ebene* at the highest level ◇ *auf persönlicher Ebene* on a personal level ◇ *auf der vierten Ebene* on level four **3** (MATH) plane

ebenfalls likewise ◇ *eine zweite Ehe, die ebenfalls unglücklich war* a second marriage, which was likewise unhappy ◇ *Sie ist Diabetikerin und er ebenfalls.* She is a diabetic and so is he. ◇ *Sie mag keinen Fisch und er ebenfalls nicht.* She doesn't like fish, and neither does he. ◇ *eine abgetragene Hose und ein ebenfalls abgetragenes Sakko* tatty trousers and an equally tatty jacket ◇ *„Guten Appetit!" „Danke, ebenfalls."* 'Enjoy your meal!' 'Thanks, you too.'

Ebenholz ebony

ebenso just as ◇ *ebenso gut, viel, lang etc.* just as good, much, long etc. ◇ *Sie lehnte das Angebot ebenso ab wie er.* She turned down the offer just as he had. ◇ *Der Abend war ebenso informativ wie unterhaltsam.* The evening was both informative and entertaining.

Eber boar

E-Bike e-bike

ebnen level IDM → WEG

Ebola Ebola, Ebola fever

E- **E-Book** e-book **E-Business** e-business

Echo **1** echo ◇ *Hörst du das Echo?* Can you hear the echo? ◇ *Was er sagte, klang wie ein Echo auf ihre Worte.* He echoed her words. **2** (*fig*) **~ (auf etw)** response (to sth) ◇ *Er erhielt ein geteiltes Echo.* He got a mixed response. ◇ *Der Film fand ein lebhaftes Echo.* The film made a big impact.

Echse lizard

echt **1** real; (*Kunstwerk, Edelstein*) genuine; (*Unterschrift*) authentic; (*Haarfarbe*) natural; (*Freund*) true **2** (*typisch*) typical ◇ *ein echt Wiener Lokal* a typical Viennese restaurant ◇ *Das war mal wieder echt Jörg!* That's typical of Jörg. **3** (*wirklich*) really ◇ *Der Film war echt ätzend!* The film was really terrible. ◇ *„Ich kriege ein Auto." „Echt?"* 'I'm getting a car.' 'Really?' **4 ein echter Bruch** (MATH) a proper fraction IDM → HAMMER

Echtheit **1** (*Ungefälschtheit*) authenticity **2** (*Aufrichtigkeit*) sincerity

Echtzeit real time

Ecke **1** corner ◇ *Er saß still in der Ecke.* He sat quietly in the corner. ◇ *an der Ecke* on the corner ◇ *in der linken oberen Ecke* in the top left-hand corner ◇ *Das Kino liegt in der Breiten Straße, Ecke Gartenstraße.* The cinema is on the corner of Breite Straße and Gartenstraße. ◇ *in der hintersten Ecke der Schublade* at the back of the drawer **2** (*Wurst, Käse*) piece **3 eine (ganze) ~** a good deal ◇ *eine (ganze) Ecke billiger* a good deal cheaper ◇ *Wir mussten eine (ganze) Ecke gehen.* We had to walk a fair way. IDM **an allen Ecken und Enden/Kanten** everywhere ◇ *Es blüht an allen Ecken und Enden.* The flowers are out everywhere. ◇ *Das Gebäude brannte an allen Ecken und Enden.* The whole building was on fire. ◇ *Bei ihr fehlt es an allen Ecken und Kanten.* She is terribly hard up. **(gleich) um die Ecke** (just) round the corner; (just) down the road; close by ◇ *Hochstadt liegt gleich um die Ecke.* Hochstadt is just down the road. ◇ *die Pizzeria um die Ecke* the local pizzeria **jdn in die Ecke drängen** **1** (*ins Abseits drängen*) push sb aside **2** (*unter Druck setzen*) pressurize sb **mit jdm um/über sieben Ecken verwandt sein** be distantly related to sb **jdn um die Ecke bringen** bump sb off (*umgs*)

eckig **1** square; (*Gesicht*) angular **2** (*ungeschickt*) awkward

Eck- **Eckpfeiler** **1** corner pillar **2** (*fig*) cornerstone **Eckpunkt** **1** intersection **2** (*fig*) cornerstone **Eckwert** (WIRTSCH) benchmark figure **Eckzahn** canine, eye tooth

edel **1** (*hochwertig*) fine; (*luxuriös*) luxury [nur vor Nomen]; (*teuer*) expensive; (*Metall*) precious; (*Pferd*) thoroughbred ◇ *ein edles Hotel* a luxury hotel ◇ *ein edler Tropfen* a superb wine **2** (*großherzig*) noble ◇ *edle Taten* noble deeds ◇ *edel denken* have noble sentiments **3** (*schön geformt*) aristocratic ◇ *ihre edlen Züge* her aristocratic features **4** (*adelig*) noble, aristocratic ◇ *aus edlem Geschlecht* of noble birth **Edelmetall** precious metal **Edelstahl** stainless steel ◇ *Töpfe aus Edelstahl* stainless steel pans **Edelstein** precious stone **Edelweiß** edelweiss

EDV (electronic) data processing; (*Anlage*) computer system; (*Computer allgemein*) computers [Pl] ◇ *die Umstellung auf EDV* computerization ◇ *der sinnvolle Einsatz der EDV* the sensible use of computers

Efeu ivy

Effekt **1** (*Wirkung*) effect ◇ *den gewünschten Effekt haben* have the desired effect ◇ *Sie ist nur auf Effekt aus.* With her, everything's done for effect. **2** (*technisch*) special effect [meist Pl] ◇ *sich zu sehr auf Effekte verlassen* rely too much on special effects **3** (*Gag, Trick*) gimmick ◇ *Die Partei arbeitete mit billigen Effekten.* The party used cheap gimmicks.

effektiv **1** (*wirksam*) effective (*Adv* effectively); (*effizient*) efficient (*Adv* efficiently) ◇ *effektive Methoden* effective methods ◇ *effektiv wirken* be effective ◇ *Mittel effektiv einsetzen* use funds cost-effectively ◇ *Ein persönliches Gespräch ist oft effektiver.* You can often achieve more by talking things through. **2** (*tatsächlich*) actual (*Adv* actually) ◇ *der effektive Wert des Grundstücks* the actual value of the plot ◇ *Es wird viel geredet, aber getan wird effektiv nichts.* There are lots of discussions but nothing actually gets done. ◇ *effektiv unter staatlicher Kontrolle stehen* be effectively under state control **3** *Adv* (*zur Verstärkung*) ◇ *Ich weiß effektiv, dass …* I know for a fact that … ◇ *Der ist doch effektiv verrückt.* He's quite mad. **4** (*Gewinn, Rendite*) net

Effektivität effectiveness

effektvoll (*wirkungsvoll*) effective (*Adv* effectively); (*dramatisch*) dramatic (*Adv* dramatically) ◇ *eine Rede mit effektvollen Pausen* a speech full of dramatic pauses

effizient (*wirksam*) effective (*Adv* effectively); (*wirtschaftlich*) efficient (*Adv* efficiently) ◇ *eine effizient gestaltete Werbekampagne* an effective advertising campaign ◇ *ein Unternehmen effizienter machen* make a firm more efficient

Effizienz (*Wirksamkeit*) effectiveness; (*Wirtschaftlichkeit*) efficiency

egal **1 etw ist (jdm) ~** sth doesn't matter (to sb) ◇ *Ist doch egal.* It doesn't matter. ◇ *Es ist (mir) egal, ob …* It doesn't matter (to me) whether … ◇ *„Tee oder Kaffee?" „Egal."* 'Tea or coffee?' 'I don't mind.' ◇ *Es ist mir eigentlich egal.* I'm not bothered, really. ◇ *Es ist mir völlig egal.* I couldn't care less. ◇ *Das kann ihm doch egal sein.* It's none of his business. **2 jd/etw ist jdm ~** sb doesn't care about sb/sth ◇ *Sie ist ihm jetzt egal.* He doesn't care about her any more. ◇ *Mir ist alles egal, macht was ihr wollt!* I don't care, do what you like. **3 (ganz) ~, …** (*es spielt keine Rolle*) it doesn't matter … ◇ *Ganz egal, was es kostet, ich kaufe es.* It doesn't matter how much it is. I'm buying it anyway. ◇ *Ganz egal, wer es verloren hat, ich will es wiederhaben.* I don't care who lost it, I want it back. ◇ *egal, wer kommt* whoever comes ◇ *egal, wie kalt es ist* however cold it is ◇ *egal, was passiert* whatever happens ◇ *egal, wo ich hingehe* wherever I go **4** (*gleich*) the same ◇ *Bretter egal schneiden* cut planks the same length ◇ *Die*

Schuhe sind nicht ganz egal. The shoes are not identical.

Ego ego

Egoismus (*Haltung*) self-centredness, (*AmE*) self-centeredness, egoism, egotism (*gehoben*); (*Handeln*) selfishness ◇ *Er hat das aus reinem Egoismus getan.* He did it for purely selfish reasons. ◇ *ein gesunder Egoismus* a healthy ego

Egoist(in) selfish person, egoist, egotist ◇ *Du bist ein Egoist!* You're so selfish!

egoistisch egoistical, egotistical; (*Handeln*) selfish (*Adv* selfishly) ◇ *Sie ist zu egoistisch.* She is too egoistical. ◇ *egoistisch handeln* act selfishly

Egotrip ego trip ◇ *auf dem Egotrip sein* be on an ego trip

Egozentriker(in) self-centred person, (*AmE*) self-centered person ◇ *Er ist ein Egozentriker.* He is self-centred.

egozentrisch self-centred, (*AmE*) self-centered, egocentric (*gehoben*)

eh (*sowieso*) anyway ◇ *Wir haben den Bus eh schon verpasst.* We've missed the bus anyway. ◇ *Sie will eh nicht.* She doesn't want to anyway. ◇ *Er weiß es eh.* He knows already. IDM **wie eh und je** as ever → *Siehe auch* SEIT[1]

ehe 1 (*bevor*) before ◇ *Ehe ich es vergesse, ...* Before I forget, ... ◇ *Ehe er es verpfuscht, mache ich es lieber selbst.* Rather than have him mess it up I'll do it myself. **2 ~ ... nicht** (*bis*) until ...; (*wenn nicht*) unless ... ◇ *Ich kann das Buch nicht empfehlen, ehe ich es nicht gelesen habe.* I can't recommend the book until I've read it. ◇ *Ehe er nicht eine Adresse hinterlässt, können wir ihn nicht benachrichtigen.* Unless he leaves us an address, we can't let him know.

Ehe marriage ◇ *Sie hat eine Tochter aus erster Ehe.* She has a daughter from her first marriage. ◇ *Ihre Ehe wurde geschieden.* Their marriage was dissolved. ◇ *der Stand der Ehe* the state of matrimony IDM → BUND[1]

Ehebrecher(in) adulterer, adulteress **Ehebruch** adultery [U] ◇ *Ehebruch begehen* commit adultery **Ehefrau** (*Gattin*) wife; (*verheiratete Frau*) married woman **Ehegatte** husband, spouse (*gehoben*) **Ehegattin** wife, spouse (*gehoben*) **Ehekrise** marital crisis **Eheleute** married couple ◇ *die Eheleute Meier* the Meiers ◇ *beide Eheleute* both husband and wife

ehelich 1 (*Kind*) legitimate **2** (*Wohnung, Treue etc.*) marital [nur vor Nomen]

ehemalige(r,s) former [nur vor Nomen] ◇ *mein ehemaliger Chef* my former boss

Ehe- Ehemann (*Ehepartner*) husband; (*verheirateter Mann*) married man **Ehepaar** (married) couple ◇ *ein junges Ehepaar* a young married couple ◇ *ein kinderloses Ehepaar* a childless couple ◇ *das Ehepaar Meier* the Meiers **Ehepartner** husband, spouse (*gehoben*) ◇ *Kinder und Ehepartner* children and spouses **Ehepartnerin** wife, spouse (*gehoben*)

eher 1 (*früher*) earlier; **je ~ ..., je/desto ...** the sooner ... the ... ◇ *Ich konnte nicht eher kommen.* I couldn't come any earlier. ◇ *Wir waren eher da als sie.* We were there before them. ◇ *Je eher, desto besser.* The sooner the better. ◇ *Je eher du mir Bescheid sagst, je lieber ist es mir.* The sooner you let me know the better. **2** (*lieber*) sooner, rather; **~ ... als ...** rather ... than ... ◇ *Sie verlässt sich eher auf ihre Freunde als auf ihre Eltern.* She'd rather rely on her friends than on her parents. ◇ *Eher bleibe ich zu Hause, als dass ich mit ihm auf die Party gehe.* I'd sooner stay at home than go to the party with him. **3** (*wahrscheinlicher*) more likely ◇ *Das ist schon eher möglich.* That's more likely. ◇ *Er meint, dass sie eher in die Kneipe als zur Demo gehen werden.* He thinks they are more likely to go to the pub than the demo. ◇ *So geht es am ehesten.* That's probably the best way. **4** (*mehr*) more ◇ *Sie ist eher eine junge Frau als ein Mädchen.* She's more a young woman than a girl. ◇ *Die Prüfung war eher zu einfach als zu schwer.* It was more a question of the exam being too easy than too difficult. ◇ *Das Spiel war eher eine Farce als ein Finale.* The match was more of a farce than a final. ◇ *Es hat sich nicht verbessert, sondern eher verschlechtert.* It hasn't improved. On the contrary, it's worse.

Ehe- Ehering wedding ring **Eheschließung** marriage

Ehre 1 honour, (*AmE*) honor ◇ *ein Mann von Ehre* a man of honour ◇ *Er fühlte sich in seiner Ehre verletzt.* It was an insult to his honour. ◇ *zu Ehren der Königin* in honour of the queen ◇ *Seine Ehre verbietet es ihm, darüber zu sprechen.* It's a point of honour with him not to talk about it. ◇ *jdn bei seiner Ehre packen* appeal to sb's sense of honour ◇ *Die Stadt hat sie mit Ehren überhäuft.* The town has showered her with honours. ◇ *Es ist eine große Ehre für mich, dass ich in der Mannschaft spielen darf.* It's a great honour for me to be allowed to play in the team. **2** (*in Höflichkeitsformeln*) pleasure ◇ *Es war mir eine große Ehre, Sie kennenzulernen.* It was a great pleasure to meet you. ◇ *Darf ich mir die Ehre geben, Sie zur Eröffnungsfeier einzuladen?* May I request the pleasure of your company at the opening ceremony? ◇ *Wir haben die Ehre, den Minister bei uns begrüßen zu dürfen.* We have great pleasure in welcoming the minister here today. IDM **auf Ehre (und Gewissen)** on your honour; (*AmE*) on your honor **jdm/etw (alle) Ehre machen** be a credit to sb/sth ◇ *Sie hat ihren Eltern Ehre gemacht.* She was a credit to her parents. ◇ *Das Festival macht den Organisatoren alle Ehre.* The festival is a credit to the organizers. **jdm die letzte Ehre erweisen** pay your last respects to sb **jdn/etw in Ehren** with all due respect to sb/sth **etw in Ehren halten** treasure sth ◇ *Sie hat den Ring immer in Ehren gehalten.* She always treasured the ring. **mit (allen) Ehren** with honour; (*AmE*) with honor **zu jds Ehre** to be fair to sb

ehren 1 honour, (*AmE*) honor ◇ *Sie fühlte sich durch die Einladung sehr geehrt.* She felt very honoured by the invitation. ◇ *Sie wurde mit einer Gedenktafel geehrt.* A plaque was put up in her memory. ◇ *In seiner Rede ehrte er die Opfer.* In his speech he paid tribute to the victims. ◇ *Das Angebot ehrt mich.* The offer is a great honour for me. **2 jdn ~** (*jdm Ehre machen*) do sb credit ◇ *Ihre Bescheidenheit ehrt Sie.* Your modesty does you credit. ◇ *Es ehrt ihn, dass er sich nicht überreden ließ.* It's to his credit that he didn't allow himself to be persuaded.

Ehren- Ehrenamt honorary position ◇ *Aus gesundheitlichen Gründen musste er sein Ehrenamt niederlegen.* He had to relinquish his honorary position for health reasons. ◇ *Wenige sind bereit, ein Ehrenamt auszuüben.* Few people are prepared to do voluntary work. **ehrenamtlich 1** *Adj* voluntary ◇ *ehrenamtliche Arbeit* voluntary work ◇ *ehrenamtliche Mitarbeiter* volunteers **2** *Adv* on a voluntary basis ◇ *Alle sind ehrenamtlich tätig.* They all work on a voluntary basis. ◇ *ehrenamtlich arbeiten* do voluntary work **Ehrenbürger(in)** freeman, (*AmE*) honorary citizen **Ehrendoktor** honorary doctorate ◇ *jdm einen Ehrendoktor verleihen* award sb an honorary doctorate ◇ *Er ist Ehrendoktor der Universität Wien.* He has an honorary doctorate from Vienna University. **Ehrengast** guest of honour, (*AmE*) guest of honor **Ehrenmal** memorial ◇ *ein Ehrenmal für die Opfer* a memorial to the victims **Ehrenmitglied** honorary member **Ehrenpreis** special award **Ehrenrunde 1** lap of honour, (*AmE*) lap of honor **2** (*Schule*) ◇ *eine Ehrenrunde drehen* repeat the year **Ehrensache 1**

(*die Ehre betreffend*) point of honour, (*AmE*) point of honor **2** (*Selbstverständlichkeit*) ◇ *Das ist doch Ehrensache, dass ich dir helfe.* Of course I'll help you. It goes without saying. ◇ *Diskretion ist Ehrensache.* My lips are sealed. **Ehrenvorsitzende(r)** honorary chairman/-woman ◇ *Er wurde zum Ehrenvorsitzenden der SPD ernannt.* He was appointed honorary chairman of the SPD. **ehrenwert** **1** (*Motiv*) honourable, (*AmE*) honorable; (*Versuch, Anliegen*) praiseworthy **2** (*anständig*) respectable **Ehrenwort** word of honour, (*AmE*) word of honor ◇ *jdm sein Ehrenwort geben* give sb your word of honour ◇ *Ehrenwort!* I promise!

Ehrfurcht reverence, awe ◇ *die Ehrfurcht vor Gott* reverence for God ◇ *Ehrfurcht gebietend* awe-inspiring ◇ *die Ehrfurcht vor dem Leben* respect for life

ehrfürchtig reverent (*Adv* reverently) ◇ *ehrfürchtiges Staunen* reverent awe

Ehrgeiz ambition ◇ *Er hat den Ehrgeiz, in Wimbledon zu spielen.* It's his ambition to play at Wimbledon.

ehrgeizig ambitious (*Adv* ambitiously)

ehrlich **1** honest (*Adv* honestly); (*offen*) frank (*Adv* frankly) ◇ *Sei ehrlich, warst du das?* Be honest, was it you? ◇ *ehrlich gesagt* to be honest ◇ *Er gab ehrlich zu, dass ...* He frankly admitted that ... ◇ *Ich sage immer ehrlich meine Meinung.* I always say what I think. ◇ *Der ehrliche Finder bekommt eine Belohnung.* A reward is offered for its return. ◇ *ehrlich gemeint* well-intentioned **2** (*echt*) genuine (*Adv* genuinely) ◇ *ehrliches Engagement* genuine commitment ◇ *ehrlich besorgt* genuinely concerned **3** (*wirklich*) really ◇ *„Er hat geheiratet." „Ehrlich?"* 'He got married.' 'Really?' ◇ *Aber mal ehrlich, ...* But seriously, ... IDM **ehrlich währt am längsten** honesty is the best policy → *Siehe auch* HAUT

Ehrlichkeit honesty [U] ◇ *seine entwaffnende Ehrlichkeit* his disarming honesty ◇ *Der Ehrlichkeit halber ...* To be fair, ...

ehrlos dishonourable (*Adv* dishonourably) (*AmE*) dishonorable (*Adv* dishonorably)

Ehrung **1** (*Zeremonie*) award(s) ceremony, (*BrE auch*) prize-giving **2** (*Ehrenerweisung*) honour, (*AmE*) honor

ehrwürdig venerable ◇ *eine ehrwürdige Einrichtung* a venerable institution ◇ *die ehrwürdige Fassade des Doms* the imposing facade of the cathedral

Ei **1** egg ◇ *faule Eier* rotten eggs **2** (BIOL) ovum IDM **das Ei des Kolumbus** the perfect solution **sich/jdm gleichen wie ein Ei dem anderen** ◇ *Er gleicht seinem Bruder wie ein Ei dem anderen.* He and his brother are as alike as two peas in a pod. **ungelegte Eier** ◇ *Kümmere dich nicht um ungelegte Eier.* Don't cross your bridges before you come to them. **wie aus dem Ei gepellt aussehen** look immaculate **jdn wie ein rohes Ei behandeln** treat sb with kid gloves → *Siehe auch* APFEL *und* GELB

Eibe yew (tree)

Eiche oak (tree)

Eichel (BOT) acorn
Eichelhäher jay

eichen calibrate

Eichhörnchen squirrel

Eid oath ◇ *unter Eid stehen* be under oath ◇ *unter Eid aussagen* give evidence (on oath) ◇ *einen Eid auf die Verfassung schwören* swear an oath of allegiance to the constitution ◇ *unter Eid falsch aussagen* commit perjury IDM **an Eides statt** ◇ *Er versicherte an Eides statt, dass ...* He affirmed that ... **der Eid des Hippokrates** the Hippocratic oath

Eidechse lizard

eidesstattlich ◇ *eine eidesstattliche Erklärung* a sworn statement ◇ *Er hatte eidesstattlich versichert, dass ...* He affirmed that ...

Eidgenosse, -genössin Swiss (citizen)

eidgenössisch Swiss

Eier- **Eierbecher** egg cup **Eierkuchen** pancake

eiern wobble

Eier- **Eierschale** eggshell **Eierstock** ovary **Eiertanz** pussyfooting [U] (*umgs*) ◇ *einen Eiertanz aufführen* pussyfoot around **Eieruhr** egg timer

Eifer **1** (*Begeisterung*) enthusiasm ◇ *Sie waren mit Eifer bei der Sache.* They were full of enthusiasm for it. **2** (*Leidenschaft*) fervour, (*AmE*) fervor ◇ *revolutionärer Eifer* revolutionary fervour ◇ *sein missionarischer Eifer* his missionary zeal ◇ *blinder Eifer* fanaticism IDM **blinder Eifer schadet nur** fools rush in (where angels fear to tread) → *Siehe auch* GEFECHT

Eifersucht jealousy ◇ *ihre Eifersucht auf ihre Schwester* her jealousy of her sister

eifersüchtig jealous (*Adv* jealously) ◇ *Er war eifersüchtig auf seine Schwester.* He was jealous of his sister.

eifrig eager; (*Sammler, Gärtner etc.*) keen ◇ *eifrige Helfer* eager helpers ◇ *eifrig bemüht sein etw zu tun* be keen to do sth ◇ *eifrig bei der Arbeit sein* be busy working

Eigelb (egg) yolk

eigen **1** my, your, etc. own ◇ *Ich habe es mit eigenen Augen gesehen.* I saw it with my own eyes. ◇ *Das ist deine eigene Schuld!* It's your own fault! ◇ *auf eigene Verantwortung* at your own risk ◇ *Sie sollen sich ihre eigene Meinung bilden.* They should form their own opinions. ◇ *Sie möchte ein eigenes Auto.* She would like a car of her own. ◇ *ein Zimmer mit eigenem Bad* a room with a private bathroom **2** (*separat*) separate ◇ *Die Galerie hat einen eigenen Eingang.* There is a separate entrance for the gallery. **3** (*charakteristisch*) characteristic ◇ *mit der ihm eigenen Direktheit* with characteristic directness ◇ *Diese sarkastische Art war ihr eigen.* This sarcastic manner was typical of her. ◇ *Die Landschaft hat ihren eigenen Reiz.* The countryside has its own special charm. **4** (*penibel*) particular ◇ *In Bezug auf Sauberkeit ist er sehr eigen.* He is very particular about cleanliness. IDM ℹ Für andere Ausdrücke mit **eigen** siehe die Einträge für die entsprechenden Nomina etc. **Auf eigenen Beinen stehen** z.B. steht unter **Bein**.

Eigenart peculiarity; (*Merkmal*) characteristic feature ◇ *Er kennt die Eigenarten seiner Kunden.* He knows the peculiarities of his customers. ◇ *eine Eigenart der Region* one of the characteristic features of the region ◇ *die reizvolle Eigenart des Museums* the distinctive charm of the museum

eigenartig peculiar; (*seltsam*) strange (*Adv* strangely) ◇ *ein eigenartiger Mensch* a peculiar person ◇ *Er blieb eigenartig zurückhaltend.* He was strangely unforthcoming.

eigenartigerweise strangely enough

Eigen- **Eigenbau** ◇ *Sein Haus entstand im Eigenbau.* He built the house himself. ◇ *eine Alarmanlage Marke Eigenbau* a home-made alarm system **Eigenbedarf** **1** ◇ *Sie haben Gemüse für den Eigenbedarf angepflanzt.* They grew vegetables for their own consumption. ◇ *für den Eigenbedarf bestimmt* intended for personal use **2** (*Mietrecht*) ◇ *Der Vermieter hat uns wegen Eigenbedarf gekündigt.* The landlord gave us notice to quit because he wants the flat himself. **Eigenbrötler(in)** loner (*umgs*) **Eigendynamik** momentum of its own **eigenhändig** **1** *Adj* ◇ *zwei eigenhändige Goethe-Briefe* two letters in Goethe's hand **2** *Adv* personally ◇ *etw eigenhändig unterschreiben* personally sign sth ◇ *Hat er das eigenhändig getan?* Did he do it himself?

Eigenheim ◇ *Sie können sich kein Eigenheim leisten.* They can't afford to buy a house. ◇ *Sie wollen ein Eigenheim bauen.* They want to build their own house. **Eigenheit** characteristic; (*Verhalten*) idiosyncrasy ◇ *eine Eigenheit unseres Wahlsystems* a characteristic of our electoral system ◇ *Sie musste sich erst an seine Eigenheiten gewöhnen.* She first had to get used to his idiosyncrasies. **Eigenleben** independent existence **Eigenleistung** ◇ *Der Innenausbau wurde in Eigenleistung gemacht.* They did the interior themselves. ◇ *Er forderte mehr Eigenleistungen für die Rente.* He called for increased personal contributions towards pensions.

Eigenliebe egotism; (*Eitelkeit*) narcissism

Eigenlob self-praise IDM **Eigenlob stinkt** you shouldn't blow your own trumpet (*umgs*)

eigenmächtig (*eigenverantwortlich*) on your own authority; (*unbefugt*) without authority ◇ *Er wurde für sein eigenmächtiges Vorgehen kritisiert.* He was criticized for acting on his own authority. ◇ *Der Mieter hat eigenmächtig Änderungen vorgenommen.* The tenant made unauthorized alterations.

Eigenname (proper) name; (*Grammatik*) proper noun

Eigennutz self-interest

eigennützig selfish (*Adv* selfishly) ◇ *ein eigennütziger Mensch* a selfish person. ◇ *aus eigennützigen Motiven* for selfish reasons

eigens especially ◇ *Ich bin eigens für dieses Theaterstück in die Stadt gekommen.* I came into town especially for this play.

Eigenschaft 1 characteristic; (*positiv auch*) quality; (*von Sachen, Stoffen auch*) property (*Fachspr*) ◇ *die so genannten „weiblichen" Eigenschaften* so-called 'feminine' characteristics ◇ *Welche Eigenschaften muss ein Trainer haben?* What qualities must a coach have? ◇ *Dieser Stoff hat die Eigenschaft, wasserabweisend zu sein.* This material has the property of being water-repellent. **2** (*Funktion*) capacity ◇ *in seiner Eigenschaft als Präsident* in his capacity as President

Eigenschaftswort adjective

Eigensinn 1 (*Individualität*) individuality **2** (*Sturheit*) stubbornness, obstinacy

eigensinnig 1 (*eigenwillig*) headstrong; (*individuell*) individualistic ◇ *eine eigensinnige Auslegung* an individualistic interpretation **2** (*stur*) stubborn (*Adv* stubbornly) ◇ *eigensinnig auf etw beharren* insist stubbornly on sth

eigenständig 1 independent (*Adv* independently) ◇ *eine eigenständige Organisation* an independent organization ◇ *eigenständig arbeiten* work independently ◇ *Ist das jetzt eine eigenständige Sportart?* Is that a sport in its own right now? ◇ *eine eigenständige Abteilung* a separate department **2** (*originell*) original

Eigenständigkeit 1 (*Unabhängigkeit*) independence **2** (*Originalität*) originality

eigentlich 1 *Adv* (*in Wirklichkeit, genau genommen*) really, actually ◇ *Eigentlich mag ich keine Oliven, aber diese hier sind lecker.* I don't really like olives but these are delicious. ◇ *Ich bin eigentlich froh, dass er gegangen ist.* Actually, I'm glad he's gone. ◇ *Von ihm hätte ich eigentlich Besseres erwartet.* I really would have expected him to do better. ◇ *Eigentlich hast du Recht.* I suppose you're right. **2** *Adv* (*in Fragen, Anteilnahme oder Vorwurf ausdrückend*) actually ◇ *Was macht dein Freund eigentlich?* What does your boyfriend actually do? ◇ *Wo wohnt sie eigentlich?* Where does she live? ◇ *Was suchst du hier eigentlich?* What do you think you're doing here? ◇ *Was bildest du dir eigentlich ein?* Who do you think you are? **3** *Adv* (*ursprünglich*) originally ◇ *Wir hatten eigentlich geplant, Ostern nach Holland zu fahren.* We had originally planned to go to Holland for Easter. **4** *Adj* (*wirklich*) real ◇ *das eigentliche Problem* the real problem ◇ *Was war der eigentliche Grund?* What was the real reason?

Eigentor own goal ◇ *Er schoss ein Eigentor.* He scored an own goal. IDM **sich (mit etw) ein Eigentor schießen** shoot yourself in the foot (with sth) (*umgs*) ◇ *Mit den hohen Eintrittspreisen für das Konzert hat sich der Veranstalter ein Eigentor geschossen.* The concert organizers shot themselves in the foot by charging high admission prices.

Eigentum 1 property ◇ *Öffentliches Eigentum ist beschädigt worden.* Public property was damaged. ◇ *geistiges Eigentum* intellectual property ◇ *Dieser Park ist städtisches Eigentum.* This park belongs to the city. **2 (in) jds ~ sein** belong to sb ◇ *Das Grundstück ist im Eigentum der Schule.* This piece of land belongs to the school. **3** (RECHT) (legal) ownership

Eigentümer(in) owner; (*Hotel-, Geschäfts-*) proprietor

eigentümlich 1 peculiar ◇ *ein eigentümlicher Mensch* a peculiar person **2** (*typisch*) characteristic, typical ◇ *Sie reagierte mit der ihr eigentümlichen Ruhe.* She reacted with her characteristic calm.

Eigentumswohnung 1 (owner-occupied) flat, (*AmE*) condominium **2** ◇ *Er hat sich eine Eigentumswohnung gekauft.* He's bought his own flat.

eigenverantwortlich 1 (*eigenständig*) independent (*Adv* independently) ◇ *eine eigenverantwortliche Firma* an independent company ◇ *eigenverantwortlich arbeiten* work independently **2** (*auf eigene Verantwortung*) ◇ *Das muss eine eigenverantwortliche Entscheidung sein.* That is something that you have to decide for yourself. ◇ *Das kann ich nicht eigenverantwortlich entscheiden.* I haven't the authority to decide that. ◇ *eigenverantwortlich handeln* be responsible for your own actions

eigenwillig 1 (*eigensinnig*) headstrong **2** individualistic; (*unkonventionell*) unconventional ◇ *eine eigenwillige Interpretation* a very individualistic interpretation ◇ *eigenwillige Methoden* unconventional methods

Eigenwilligkeit 1 (*Eigensinnigkeit*) wilfulness **2** (*Individualität*) unconventionality

eignen 1 sich für/zu etw ~ be suitable as/for sth; (*für eine Tätigkeit*) be suited to/for sth ◇ *Nicht jedes Material eignet sich zum Recycling.* Not all materials are suitable for recycling. ◇ *Der Film eignet sich für Kinder ab vier Jahren.* The film is suitable for children from the age of four. ◇ *Ich finde, dass er sich für den Lehrerberuf überhaupt nicht eignet.* I think he is totally unsuited to a career as a teacher. ◇ *Er würde sich gut für diese Aufgabe eignen.* He would be a good person for the job. **2 sich als etw ~** make (a good) sth ◇ *Dieses Ladenlokal eignet sich als Restaurant.* These shop premises would make a good restaurant.

Eignung suitability (*oft mit einem Verb übersetzt*) ◇ *Die Stadt prüfte die Eignung des Gebäudes als Schule.* The city assessed the suitability of the building as a primary school. ◇ *Die Bewerber werden auf ihre psychologische Eignung getestet.* Candidates are tested to see whether they are suited psychologically.

Eignungstest aptitude test

Eilbrief express letter

Eile 1 hurry, haste (*gehoben*) ◇ *Ich habe das in großer Eile gemacht.* I did it in a great hurry. ◇ *jdn zur Eile antreiben* hurry sb up ◇ *Es hat keine Eile.* There's no hurry. **2 in ~ sein** be in a hurry ◇ *Ich bin furchtbar in Eile.* I'm in a terrible hurry.

Eileiter fallopian tube

eilen 1 hurry, rush ◇ *Sie eilten ihm zu Hilfe.* They rushed to help him. 2 *(dringend sein)* be urgent ◇ *Die Bestellung eilt.* The order is urgent. ◇ *„Eilt"* 'Urgent'

eilfertig 1 *(schnell)* quick *(Adv* quickly*)*; *(eifrig)* eager *(Adv* eagerly*)* ◇ *Sie versicherte eilfertig, sie werde sich darum kümmern.* She quickly assured us that she would see to it. ◇ *ein eilfertiger Beamter* an eager official 2 *(vorschnell)* hasty *(Adv* hastily*)* ◇ *eilfertig abgeschlossene Verträge* hastily concluded contracts

eilig 1 *Adj (dringend)* urgent ◇ *eine eilige Nachricht* an urgent message 2 *Adj* **es ~ haben** be in a hurry ◇ *Er hatte es sehr eilig, nach Hause zu kommen.* He was in a big hurry to get home. 3 *Adv (schnell)* quickly; *(in Eile)* in a hurry ◇ *Sie hatte die Nachricht so eilig dahingekritzelt, dass ich kaum ein Wort lesen konnte.* She had scribbled the message in such a hurry that I could hardly read a word of it.

Eilzug local service, stopping train

Eimer bucket; *(Abfall-)* bin ◇ *ein Eimer mit Wasser* a bucket of water IDM **im Eimer** ruined; *(kaputt)* broken ◇ *Seine Karriere ist im Eimer.* His career is ruined. ◇ *Mein CD-Spieler ist im Eimer.* My CD-player is broken.

ein[1] a, an

ein[2] 1 **ein(e)** a(n); *(betont)* one ◇ *ein Kilo Pflaumen* a kilo of plums ◇ *Eine Sekunde mal!* Just one second! 2 **eine(r,s)** *Pron* one ◇ *einer von euch* one of you → *Siehe auch* EINER *und* EINS[3] 3 **(der/die/das) eine** one (of them); **die einen** some (people) ◇ *Er hat zwei Schwestern. Die eine ist Lehrerin, die andere Ärztin.* He's got two sisters. One is a teacher, the other a doctor. ◇ *weder die eine noch die andere.* neither of them ◇ *Die einen sind dafür, die anderen dagegen.* Some people are in favour, others against. 4 **der/die/das eine ...** one of the ... ◇ *Die eine Schwester ist Lehrerin, die andere Ärztin.* One of the sisters is a teacher, the other a doctor. IDM **ein bis zwei ...** *(auch* **ein oder zwei ...***)* *(auch* **ein, zwei ...***)* one or two ...; a ... or two ◇ *Ich muss noch ein, zwei Briefe schreiben.* I've got one or two letters to write. ◇ *Sollen wir ein, zwei Tage ins Grüne fahren?* Shall we go to the country for a day or two? **ein und derselbe/dieselbe/dasselbe** the same person/thing ◇ *Die Polizei vermutet, dass es sich um ein und denselben Täter handelt.* The police are assuming that the crimes were committed by the same person.

ein[3] *Adv (eingeschaltet)* on

Ein IDM **jds Ein und Alles sein** be/mean everything to sb ◇ *Ihr Sohn ist ihr Ein und Alles.* Her son is everything to her. ◇ *Sport ist sein Ein und Alles.* Sport means everything to him.

Einakter one-act play

einander each other, one another ◇ *Zwei Klaviere wurden einander gegenüber aufgestellt.* Two pianos were set up opposite each other.

einarbeiten 1 **jdn ~** train sb ◇ *Er will seinen Nachfolger selbst einarbeiten.* He wants to train his successor himself. 2 **sich ~** settle in, get used to the work; **sich in etw ~** familiarize yourself with sth ◇ *Sie hat sich gut eingearbeitet.* She's settled in well. ◇ *Ich muss mich in die Materie einarbeiten.* I'll have to familiarize myself with the topic. 3 **etw (in etw) ~** incorporate sth (into sth) *(auch fig)*, work sth (into sth) *(auch fig)* ◇ *Wir haben Ihre Vorschläge in die neuen Richtlinien eingearbeitet.* We have incorporated your suggestions into the new guidelines. 4 *(nachholen)* make *sth* up ◇ *Die verlorene Arbeitszeit muss eingearbeitet werden.* You have to make up the lost working time.

Einarbeitung 1 *(in eine Aufgabe)* training 2 *(Einbauen)* incorporation ◇ *die Einarbeitung der Klausel in den Vertrag* the incorporation of the clause into the contract

einarmig 1 one-armed [nur vor Nomen], with one arm [nicht vor Nomen] 2 **einarmiger Bandit** one-armed bandit

einäschern 1 *(Leiche)* cremate 2 *(Gebäude)* burn *sth* to the ground

Einäscherung cremation

einatmen breathe *(sth)* in, inhale *(gehoben)* ◇ *Einatmen. Ausatmen.* Breathe in. Breathe out. ◇ *Abgase einatmen* inhale exhaust fumes ◇ *tief einatmen* take a deep breath

einäugig one-eyed [nur vor Nomen], with one eye [nicht vor Nomen]

Einbahnstraße one-way street

einbalsamieren embalm

Einband cover

Einbau installation *(oft mit einem Verb übersetzt)* ◇ *Der Einbau von Holzfenstern wird von der Gemeinde unterstützt.* The local council subsidizes the installation of wooden windows. ◇ *Der Einbau eines Fahrstuhls ist zu teuer.* It would be too expensive to install a lift. ◇ *Sie fordern den Einbau von leiseren Motoren in die Busse.* They are demanding that buses should be fitted with quieter engines.

einbauen 1 *(Fenster, Tür)* put *sth* in; *(Regal)* put *sth* up; *(Heizung, Alarmanlage, Fahrstuhl)* install; *(Küche, Möbel, Autozubehör)* fit 2 *(einfügen)* incorporate ◇ *eine Klausel in einen Vertrag einbauen* incorporate a clause into a contract

Einbauküche fitted kitchen

einbehalten 1 keep; *(beschlagnahmen)* confiscate 2 *(abziehen)* deduct

einbeinig one-legged [nur vor Nomen] with one leg [nicht vor Nomen]

einberufen 1 call *sb* up, *(AmE meist)* draft ◇ *zum Wehrdienst einberufen werden* be called up for military service ◇ *Er wurde zum 1. Oktober einberufen.* He received his call-up papers for 1 October. 2 *(Versammlung, Parteitag)* convene; *(Bundestag)* summon; *(Pressekonferenz)* call

Einberufung 1 conscription, *(AmE)* draft ◇ *seine Einberufung zur Bundeswehr* his conscription into the German army 2 *(meist mit einem Verb übersetzt)* ◇ *Er forderte die Einberufung eines Sondergipfels der EU.* He called for a special summit meeting of the EU to be convened.

einbetonieren **etw (in etw) ~** concrete sth in(to sth) ◇ *Eine Rolle mit Dokumenten wurde in das Fundament einbetoniert.* A roll of documents was concreted into the foundations. ◇ *Eine einbetonierte Leiche wurde gefunden.* A corpse was found buried under concrete.

einbetten 1 surround ◇ *Die Wachsformen werden in Gips eingebettet.* The wax moulds are surrounded with plaster. ◇ *Der Ort liegt sanft in eine Hügellandschaft eingebettet.* The village nestles in hilly countryside. 2 **in etw eingebettet sein** *(fig)* form part of sth ◇ *Seine Lesung ist eingebettet in eine Feierstunde mit Musik.* His reading forms part of a musical celebration.

Einbettzimmer single room

einbeziehen 1 **jdn (in etw) ~** involve sb (in sth) ◇ *Die Kinder wurden in die Planung mit einbezogen.* The children were involved in the planning. 2 **etw (in etw) ~** *(einschließen)* include sth (in sth) ◇ *Die Ergebnisse wurden in den Bericht einbezogen.* The results were included in the report. 3 **etw (in etw) ~** *(berücksichtigen)* take sth into account

Einbeziehung **1** (*meist mit einem Verb übersetzt*) ◇ *die Einbeziehung der Eltern in den Unterricht* involving parents in lessons **2** (*Einschließung*) inclusion, including ◇ *die Einbeziehung von Umweltfragen in die Konferenz* the inclusion of environmental problems in the conference **3 unter ~ von etw** (*Berücksichtigung*) taking sth into account

einbiegen turn ◇ *Das Auto bog nach links in die Hauptstraße ein.* The car turned left into the main street. ◇ *Er hatte beim Einbiegen die Vorfahrt missachtet.* He had failed to give way when turning.

einbilden → *Siehe auch* EINGEBILDET **1 sich ~** imagine ◇ *Das bildest du dir nur ein.* You are just imagining it. ◇ *Bilde dir nicht ein, dass es leicht wird!* Don't imagine it'll be easy! ◇ *Er bildet sich ein, dass er Chancen bei ihr hat.* He fancies his chances with her. ◇ *Was bildest du dir eigentlich ein?* Who do you think you are? ◇ *Ich bilde mir ein, ich habe ihn in der Stadt gesehen.* I think I saw him in town. **2 sich viel/etwas/nichts auf etw ~** ◇ *Sie bildet sich viel auf ihre Kochkünste ein.* She's so proud of her cooking. ◇ *Keiner bildet sich etwas auf seine Gesangsqualitäten ein.* Nobody claims to be a good singer. ◇ *Er bildet sich nichts auf sich ein.* He's not at all conceited. ◇ *Darauf brauchst du dir nichts einzubilden.* That's nothing to be proud of.

Einbildung **1** (*Fantasie*) imagination ◇ *Das existiert doch nur in deiner Einbildung!* It only exists in your imagination! **2** (*falsche Vorstellung*) figment of the imagination ◇ *Ich habe es doch gerade noch in der Hand gehabt. Das war doch keine Einbildung!* I only just had it in my hand. It wasn't a figment of my imagination! ◇ *unter krankhaften Einbildungen leiden* suffer from delusions **3** (*Hochmut*) conceit; (*Arroganz*) arrogance

Einbildungskraft imagination

einbinden **1** (*Buch*) bind ◇ *in rotem Leder eingebunden* bound in red leather ◇ *Das Buch war in einen Schutzumschlag eingebunden.* The book had a dust jacket. **2 jdn/etw in etw ~** (*einbeziehen*) involve sb/sth in sth; (*integrieren*) integrate sb/sth into sth

Einbindung integration ◇ *eine stärkere Einbindung der Flüchtlinge in die Gemeinde* greater integration of the refugees into the community ◇ *die Einbindung des Landes in Europa* integrating the country into Europe

einbläuen **jdm etw ~** drum sth into sb ◇ *Sie bläute den Kindern ein, dass sie nicht mit Fremden mitgehen sollten.* She drummed it into the children not to go off with strangers.

einblenden **1 etw ~** show sth on the screen; (*Geräusch*) insert sth ◇ *eine Telefonnummer einblenden* show a telephone number on the screen **2 sich ~** ◇ *Das Spiel beginnt. Wir blenden uns jetzt live ein.* We're going live now to the start of the match.

Einblick **1 ~ (in etw)** insight (into sth); (*flüchtig*) glimpse (into sth) ◇ *Sie bekamen einen Einblick ins deutsche Schulsystem.* They gained an insight into the German school system. ◇ *Der Vortrag bot einen Einblick in die kurdische Kultur.* The lecture gave an insight into Kurdish culture. **2 ~ (in etw)** (*Dokument*) access (to sth); **~ in etw nehmen** have access to sth ◇ *Sie hat ihnen den Einblick in das Grundbuch verweigert.* She wouldn't grant them access to the land register.

einbrechen **1 in etw ~** break into sth ◇ *Letzte Woche ist in das Haus eingebrochen worden.* The house was broken into last week. ◇ *Jemand hat im Büro eingebrochen.* There was a break-in at the office. **2 bei jdm ~** burgle sb, (*AmE*) burglarize sb ◇ *Bei uns ist eingebrochen worden.* We were burgled. **3** (*einstürzen*) collapse (*auch fig*); (*Dach, Stollen auch*) cave in ◇ *Das Dach brach unter der Schneelast ein.* The roof collapsed under the weight of snow. ◇ *Die Gewinne sind eingebrochen.* Profits collapsed. ◇ *Der Stollen ist eingebrochen.* The tunnel caved in. **4 in etw ~** (*fallen*) fall through sth ◇ *Ein Kind ist ins Eis eingebrochen.* A child fell through the ice. **5** (*eindringen*) invade **6** (*Nacht, Dunkelheit*) fall; (*Winter*) come ◇ *bei einbrechender Nacht* as night fell ◇ *Der Winter ist früh eingebrochen.* Winter has come early. ◇ *bei einbrechender Dunkelheit* at dusk

Einbrecher(in) burglar

einbringen **1** (*Ernte*) bring *sth* in; (*Kartoffeln, Getreide etc.*) harvest **2** (*Antrag*) put *sth* forward ◇ *Wer hat den Antrag eingebracht?* Who put forward the motion? ◇ *einen Änderungsantrag einbringen* propose an amendment ◇ *einen Gesetzentwurf einbringen* introduce a bill **3** (*eintragen*) bring in *sth* ◇ *Die Arbeit bringt nicht viel Geld ein.* The work doesn't bring in much money. ◇ *Die Aktien brachten ihm große Gewinne ein.* He made a lot of money from the shares. ◇ *Das hat uns viel Kritik eingebracht.* We got a lot of criticism because of it. **4 etw (in etw) ~** contribute sth (to sth) ◇ *Die Kinder können ihre eigenen Ideen einbringen.* The children can contribute their own ideas. ◇ *Er brachte eine Million Dollar in die Firma ein.* He put a million dollars into the firm.

Einbringung **1** ◇ *die Einbringung der Ernte* bringing in the harvest **2** (*Gesetzentwurf*) introduction; (*Etat*) presentation

einbrocken **jdm etw ~** land sb with sth (*umgs*); **sich etw ~** let yourself in for sth ◇ *Wer hat uns das eingebrockt?* Who landed us with this? ◇ *Was hast du dir da wieder eingebrockt?* You've let yourself in for something there! IDM → SUPPE

Einbruch **1** (*Straftat*) break-in ◇ *ein Einbruch bei der Firma Meier* a break-in at Meier's **2** (*Einmarsch*) invasion **3** (*Herabstürzen*) collapse (*auch fig*) ◇ *der Einbruch der Ölpreise* the collapse of oil prices **4** (*Anfang*) onset ◇ *vor Einbruch des Winters* before the onset of winter ◇ *beim Einbruch der Nacht* at nightfall

Einbruchdiebstahl burglary **einbruchsicher** burglar-proof

einbürgern **1** (*Ausländer*) naturalize ◇ *eingebürgerte Ausländer* naturalized citizens ◇ *Sie wurde in Schweden eingebürgert.* She became a Swedish citizen. **2** (*Tiere, Pflanzen*) introduce ◇ *Die Pflanze wurde in Europa eingebürgert.* The plant was introduced into Europe. **3 sich ~** become established ◇ *Diese Praxis hatte sich eingebürgert.* The practice had become established. ◇ *Dieser Begriff hat sich inzwischen eingebürgert.* This is now an accepted term. ◇ *Die Korruption hat sich überall eingebürgert.* Corruption has become endemic.

Einbürgerung naturalization

Einbuße loss ◇ *große finanzielle Einbußen erleiden* suffer heavy financial losses ◇ *ohne Einbußen an der Qualität* without loss of quality

einbüßen **(an) etw ~** lose sth ◇ *Dieser Sport hat an Popularität eingebüßt.* The sport has lost popularity. ◇ *Der Zirkus hat nichts von seiner Faszination für Kinder eingebüßt.* The circus has lost none of its appeal for children. ◇ *an Wert einbüßen* fall in value

einchecken check in; (*im Hotel*) register

eincremen **1 jdn/etw ~** put cream on sb/sth; **sich ~** put cream on ◇ *Sie cremte sich ein.* She put some cream on. ◇ *sich mit Sonnenmilch eincremen* put sun lotion on **2 jdm/sich etw ~** put cream on sb's/your sth ◇ *Er cremte sich/ihnen das Gesicht ein.* He rubbed cream on his face/their faces.

eindämmen curb ◇ *Diese Entwicklung muss eingedämmt werden.* This development needs to be curbed.

◇ *Der Brand ist inzwischen eingedämmt worden.* The fire is now under control.

eindecken 1 sich (mit etw) ~ stock up (with sth) **2** *(überhäufen)* inundate ◇ *mit Arbeit eingedeckt sein* be inundated with work

eindeutig 1 clear *(Adv* clearly); *(nicht zweideutig auch)* unambiguous *(Adv* unambiguously); *(Ablehnung)* categorical *(Adv* categorically) ◇ *Die Rechtslage ist eindeutig.* The legal position is quite clear. ◇ *eindeutig erkennbar* clearly visible ◇ *eine eindeutige Antwort* an unambiguous answer ◇ *Er sprach sich eindeutig gegen den Vorschlag aus.* He spoke out strongly against the proposal. **2** *(ohne Zweifel)* definite *(Adv* definitely) ◇ *Wir brauchen eindeutige Beweise.* We need definite proof. ◇ *noch nicht eindeutig entschieden* not yet definitely decided ◇ *Es ist eindeutig nachgewiesen, dass ...* It has been proved beyond all doubt, that ... **3** *(anzüglich)* explicit

eindeutschen Germanize

eindimensional 1 (MATH) unidimensional **2** *(fig)* one-dimensional *(Adv* one-dimensionally) ◇ *eine eindimensionale Charakterisierung* one-dimensional characterization ◇ *ein eindimensionaler Mensch* a superficial person ◇ *Die Charaktere sind eindimensional gezeichnet.* The characters lack depth.

eindringen 1 (in etw) ~ get in(to sth); *(Geschoss)* penetrate (sth) ◇ *Durch den Riss in der Wand dringt Feuchtigkeit ein.* Damp is getting in through the crack in the wall. ◇ *Der Schuss war in den Unterkiefer eingedrungen.* The bullet had penetrated the lower jaw. ◇ *Das Nitrat dringt in das Grundwasser ein.* Nitrates leach into the ground water. ◇ *Viele englische Vokabeln sind in die deutsche Sprache eingedrungen.* Many English words have found their way into the German language. **2 in etw ~** *(einbrechen)* force your way into sth; *(einfallen)* invade sth ◇ *Sie waren in die Sperrzone eingedrungen.* They had forced their way into the prohibited area. ◇ *Die Truppen sind in das Gebiet eingedrungen.* Troops invaded the region.

eindringlich 1 *(Appell, Bitte, Warnung)* urgent ◇ *eine eindringliche Warnung* an urgent warning ◇ *Er bat uns eindringlich um eine Spende.* He urged us to make a donation. **2** *(Schilderung)* vivid *(Adv* vividly)

Eindringlichkeit 1 urgency **2** *(Schilderung)* vividness

Eindringling intruder

Eindruck 1 impression ◇ *Du hast einen falschen Eindruck bekommen.* You've got the wrong impression. ◇ *einen Eindruck von den Verhältnissen gewinnen* get an impression of the conditions ◇ *Sie erweckt den Eindruck, ziemlich selbstbewusst zu sein.* She gives the impression of being fairly self-confident. ◇ *Er machte einen positiven Eindruck.* He made a good impression. ◇ *Sie versucht immer, auf andere Eindruck zu machen.* She's always trying to impress. ◇ *Sie machen einen zufriedenen Eindruck.* They seem content. ◇ *der optische Eindruck* the visual effect **2 unter dem ~ von etw** in the light of sth ◇ *Unter dem Eindruck des Golf-Krieges stellten viele den Antrag auf Wehrdienstverweigerung.* In the light of the Gulf war, many people applied to be conscientious objectors. **3** *(Spur, Abdruck)* imprint IDM **(bei jdm) Eindruck schinden** impress (sb)

eindrücken smash; *(einbeulen)* bash *sth* in ◇ *Durch die Kraft der Explosion wurden Wände eingedrückt.* Walls were smashed by the force of the explosion. ◇ *Die Seite des Autos war eingedrückt worden.* The side of the car was bashed in. ◇ *Der Orkan drückte Schaufenster ein.* Shop windows were blown in by the hurricane.

eindrucksvoll impressive ◇ *ein eindrucksvolles Beispiel* an impressive example ◇ *Sie beschreibt das Leben im Krieg sehr eindrucksvoll.* She gives an impressive description of life in the war.

eine → EIN[3]

eineiig *(Zwillinge)* identical [nur vor Nomen]

eineinhalb one and a half

einengen 1 restrict *(auch fig)* ◇ *Anzüge engen mich so ein.* I find suits so restricting. ◇ *Er fühlte sich durch sie in seiner Freiheit eingeengt.* He felt she was restricting his freedom. ◇ *Sie wohnen ziemlich eingeengt.* They live in rather cramped conditions. **2** *(Fahrbahn, Straße etc.)* make *sth* narrower

einer 1 *(jemand)* someone, somebody ◇ *Kann mir mal einer erklären, was das alles soll?* Can somebody explain to me what all this is about? ◇ *Warum fragst du nicht einen, der mehr Ahnung davon hat?* Why don't you ask someone who knows more about it? **2** *(man)* you, people ◇ *Da kann einer sich ganz schön den Kopf stoßen.* You can give yourself a nasty bump on the head there. ◇ *Du kannst einem vielleicht auf die Nerven gehen!* You do get on people's nerves! IDM → SITZEN

Einer (SPORT) single scull

einerlei all the same ◇ *Dem ist das einerlei.* It's all the same to him. ◇ *Einerlei, ob er mitkommt oder nicht ...* It doesn't matter whether he comes or not ... ◇ *Die Umweltzerstörung ist uns nicht einerlei.* The destruction of the environment is not a matter of indifference to us.

Einerlei monotony

einerseits einerseits ... andererseits on the one hand ... on the other hand

einfach 1 *Adj (leicht)* easy ◇ *Die Mathearbeit war ganz einfach!* The maths test was really easy! ◇ *Er war kein einfaches Kind.* He wasn't an easy child. **2** *Adj (unkompliziert)* simple; *(leicht durchführbar)* straightforward ◇ *eine einfache Lösung* a simple solution ◇ *aus dem einfachen Grund, dass ...* for the simple reason that ... ◇ *ein einfaches Verfahren* a straightforward procedure **3** *Adj (einmal vorhanden)* single [nur vor Nomen] ◇ *Dieses Dokument gibt es nur in einfacher Ausfertigung.* There is only a single copy of this document. **4** *Adj (Fahrkarte)* single [nur vor Nomen], *(AmE)* one-way ◇ *eine einfache Fahrkarte* a single (ticket) ◇ *Zweimal einfach nach Köln, bitte!* Two singles to Cologne, please! **5** *Adj (schlicht)* simple ◇ *ein einfacher Holztisch* a simple wooden table ◇ *ein einfaches Leben führen* lead a simple life **6** *Adj (Mensch)* ordinary ◇ *Wir waren eine ganz einfache Arbeiterfamilie.* We were an ordinary working-class family. **7** *Adv (einmal)* once ◇ *etwas einfach falten/zusammenlegen* fold sth once **8** *Adv (schlicht)* simply ◇ *Sie zieht sich immer sehr einfach an.* She always dresses very simply. **9** *Adv (verstärkend)* just, simply *(gehoben)* ◇ *Du kannst nicht einfach aufhören.* You can't just stop. ◇ *Ich kann es einfach nicht glauben!* I just can't believe it! ◇ *Das ist einfach nicht wahr.* That is simply not true.

Einfachheit simplicity ◇ *der Einfachheit halber* for the sake of simplicity

einfädeln 1 thread ◇ *eine Nadel einfädeln* thread a needle ◇ *Er fädelte ein Stück Nähgarn ein.* He threaded a needle with cotton. **2 sich ~** *(in den Verkehr)* filter in **3** *(in die Wege leiten)* set *sth* up ◇ *Er hatte das Geschäft im Urlaub eingefädelt.* He had set up the deal on holiday.

einfahren 1 *(Ernte)* bring *sth* in **2** *(Gewinn, Verlust)* make; *(Erfolg, Sieg)* achieve **3** *(Fahrgestell etc.)* retract **4** *(Fahrzeug)* run *sth* in **5** *(beschädigen)* knock *sth* down **6** *(Zug)* come in, arrive **7 in etw ~** *(einbiegen)* turn into sth ◇ *Autos dürfen nicht mehr in die Austraße einfahren.* Cars are not allowed to turn into Austraße any more. **8 sich ~** (*sich an ein Fahrzeug gewöhnen*) get used to driving (a car) **9 sich ~** (*zur Routine werden*) ◇ *Das hat sich bei uns so eingefahren.* We've got used to doing it this way. ◇ *Der neue Stundenplan muss sich erst einfahren.* It will take a while for people to get used to the new timetable.

Einfahrt **1** entrance ◇ *Einfahrt bitte freihalten!* Please keep the entrance clear! **2** (*Haus-, Garagen-*) drive **3** (*Einfahren*) entry ◇ *Einfahrt verboten!* No entry! ◇ *Es war kurz vor der Einfahrt des Zuges in den Tunnel.* It was just before the train entered the tunnel.

Einfall **1** idea ◇ *Wer ist auf diesen Einfall gekommen?* Who had the idea? **2** (MIL) invasion **3** (*von Licht*) the way the light falls

einfallen **1 etw fällt jdm ein** (*Idee*) sb thinks of sth ◇ *Mir ist eine Lösung eingefallen!* I've thought of a solution! ◇ *Zu diesem Thema fällt mir nichts ein.* I can't think of anything to say about this. **2 etw fällt jdm ein** (*Erinnerung*) sb remembers sth ◇ *Mir fällt gerade ein, dass ich einen Arzttermin habe!* I've just remembered that I've got a doctor's appointment. **3** (*zusammenbrechen*) collapse **4** (MIL) **(in etw) ~** invade (sth) **5** (*Nacht, Nebel, Licht*) fall **6** (*einstimmen*) join in IDM **Das fällt mir nicht im Traum ein!** I wouldn't dream of it! **sich etwas einfallen lassen (müssen)** (have to) think of something ◇ *Lass dir was einfallen!* Come on, think of something! **Was fällt dir (denn/eigentlich) ein!** How dare you!

einfalls- **einfallslos** unimaginative (*Adv* unimaginatively) **einfallsreich** imaginative (*Adv* imaginatively) ◇ *Man hatte den Raum einfallsreich geschmückt.* The room had been imaginatively decorated. **Einfallsreichtum** imagination; (*Findigkeit*) ingenuity ◇ *Man braucht Einfallsreichtum für diese Arbeit.* You need imagination for this work. ◇ *Das Stück hat Witz, Tempo und Einfallsreichtum.* The play is witty, pacy, and imaginative.

einfältig **1** (*naiv*) naive **2** (*beschränkt*) simple-minded; (*dumm*) stupid

Einfamilienhaus detached house

einfangen **1** (*gefangen nehmen*) catch, capture (*auch fig*) ◇ *Er kann mit einigen Pinselstrichen eine Stimmung einfangen.* He can capture an atmosphere with a few brushstrokes. **2 sich etw ~** (*anstecken*) catch ◇ *Du wirst dir noch eine Erkältung einfangen!* You'll catch cold! **3 sich etw ~** (*Schläge*) get sth ◇ *Du wirst dir gleich eine Ohrfeige einfangen!* You'll get a clip round the ear in a minute!

einfärben dye

einfarbig plain ◇ *eine einfarbige Hose* plain trousers ◇ *Ich beschloss, die Wände einfarbig zu streichen.* I decided to paint the walls in plain colours.

Einfassung **1** (*eines Edelsteins*) setting **2** (*Rand*) edging

einfetten **1** (*Maschine*) grease **2 sich ~** put cream on

einfinden **sich ~** come ◇ *Rund hundert Leute hatten sich zum Erntedankfest eingefunden.* About a hundred people had come to the harvest festival.

einfliegen **1** fly in ◇ *Seit gestern fliegen Rettungsflugzeuge in das Krisengebiet ein.* Since yesterday rescue planes have been flying into the trouble spot. **2 jdn/etw ~** fly sb/sth in ◇ *Medikamente wurden in das Erdbebengebiet eingeflogen.* Medicines were flown into the earthquake area.

einfließen **1 in etw ~** run into sth **2** (*Luft*) move in ◇ *Von Süden fließt warme Luft ein.* Warm air is moving in from the south. **3** (*berücksichtigt werden*) be taken into account; (*beeinflussen*) affect ◇ *Die Anregungen der Anwohner sind in die Planung eingeflossen.* The residents' suggestions were taken into account during the planning. ◇ *Ökonomische Überlegungen sind in die Entscheidung eingeflossen.* Financial arguments affected the decision. **4 etw ~ lassen** (*erwähnen*) mention sth (in passing) ◇ *Er ließ während der Unterhaltung einfließen, dass er nicht verheiratet sei.* He mentioned during the conversation that he was not married.

einflößen **1 jdm etw ~** pour sth down sb's throat ◇ *Wir flößten ihm vorsichtig etwas Wasser ein.* We tried to pour a little water down his throat. ◇ *Sie flößte dem Kind den Hustensaft ein.* She gave the child the cough mixture on a spoon. **2 jdm etw ~** (*Vertrauen, Ehrfurcht, Respekt*) inspire sth into sb; (*Angst*) instil sth into sb

Einfluss influence ◇ *Ihr Freund hat einen positiven Einfluss auf sie ausgeübt.* Her boyfriend has had a positive influence on her. ◇ *Sie machte ihren Einfluss geltend und verschaffte ihm die Stelle.* She used her influence to get him the job.

einflussreich influential

einfordern demand

einfrieren freeze

einfügen **1 etw (in etw) ~** fit sth (into sth), insert sth (into sth); (*nachträglich*) add sth (to sth) ◇ *In den Schulunterricht müssen feste Lesezeiten eingefügt werden.* Fixed times for reading have to be fitted into the school timetable. ◇ *Zum Schluss fügte sie noch einige Zitate in den Text ein.* At the end she inserted a few more quotations into the text. **2 sich ~** fit in ◇ *Er hatte sich schnell in die Mannschaft eingefügt.* He had quickly fitted into the team.

einfühlsam sensitive (*Adv* sensitively)

Einfühlungsvermögen sensitivity

Einfuhr **1** (*Einführen*) import **2** (*Waren*) imports [Pl] **Einfuhrbeschränkung** import restriction ◇ *Für bestimmte Waren bestehen Einfuhrbeschränkungen.* There are import restrictions on certain goods.

einführen **1** (*importieren*) import **2** (*etwas Neues*) introduce ◇ *Hier hat man Tempo 30 eingeführt.* They have introduced a 30 km speed limit here. **3 jdn in etw ~** introduce sb to sth ◇ *Das Seminar soll die Studenten in die Grundlagen der Philosophie einführen.* The seminar is to introduce the students to the basics of philosophy. ◇ *Der Abteilungsleiter führte mich in meine Aufgaben ein.* The head of department showed me what to do. **4 jdn ~** (*bekannt machen*) introduce sb **5** (*hineinschieben*) insert ◇ *einen Schlauch in ein Rohr einführen* insert a tube into a pipe **6** (*in ein Amt*) inaugurate; (*als Pfarrer etc.*) institute

Einfuhrgenehmigung import licence, (*AmE*) import license

Einführung introduction ◇ *Eine Einführung in die Soziologie.* An introduction to sociology. **Einführungskurs** introductory course

Einfuhrverbot import ban ◇ *ein Einfuhrverbot für etw verhängen/aufheben* impose/lift an import ban on sth

einfüllen **etw (in etw) ~** put sth in(to sth); (*Flüssigkeit*) pour sth in(to sth)

Eingabe **1** (*Unterschriftensammlung*) petition; (*Bitte*) request; (*Beschwerde*) complaint ◇ *an jdn eine Eingabe machen* put in a request to sb **2** (*das Eingeben*) (*meist mit einem Verb übersetzt*) ◇ *Bei der Eingabe der Zahlen war ein Fehler passiert.* A mistake was made when the figures were entered. **3** (COMP) input **Eingabefeld** field; (*Kasten*) box **Eingabetaste** return key

Eingang **1** entrance ◇ *beim/am Eingang des Museums* at the entrance to the museum **2** (*das Eintreffen*) receipt ◇ *Sie bestätigte den Eingang der Waren.* She acknowledged receipt of the goods. **3 ~ finden** find your way into sth; (*berücksichtigt werden*) be taken into account; (*zu einer Personengruppe*) be accepted into sth ◇ *Diese Ideen haben jetzt Eingang in die Lehrbücher* *gefunden.* These ideas have now found their way into school books. ◇ *Die Vorschläge der Anwohner haben in die Planung Eingang gefunden.* The residents' suggestions have been taken into account in the planning.

eingängig (*Melodie etc.*) catchy; (*Worte*) memorable

Eingangrad fixie, fixed-wheel bicycle (*gehoben*)

eingangs **1** *Adv* at the beginning ◇ *Diese Tatsache wurde eingangs bereits erwähnt.* This fact was mentioned at the beginning. **2** *Präp* at the beginning of ◇ *eingangs der Zielgeraden* at the beginning of the home straight

Eingangs- **Eingangsbereich** entrance hall **Eingangstür** entrance

eingeben **1** (COMP) enter ◇ *Sie gab die Zahlen in den Computer ein.* She entered the figures into the computer. **2** **jdm etw ~** (*verabreichen*) give sb sth

eingebildet **1** → EINBILDEN **2** (*arrogant*) conceited (*Adv* conceitedly) ◇ *ein eingebildeter Mensch* a conceited person **3** (*nicht wirklich*) imaginary ◇ *eine eingebildete Krankheit* an imaginary illness

Eingeborene(r) native (*veraltet, beleidigend*)

Eingebung inspiration; (*Idee*) brainwave; (*Impuls*) impulse ◇ *göttliche Eingebung* divine inspiration ◇ *Einer plötzlichen Eingebung folgend schrieb er seine Rede noch einmal um.* On impulse, he rewrote his speech.

eingefahren **1** → EINFAHREN **2** well-worn; (*Einstellungen, Handlungsweisen*) ingrained ◇ *eingefahrene Ernährungsgewohnheiten* ingrained eating habits ◇ *Ihr seid in eurem Tagesablauf viel zu eingefahren!* You are much too stuck in a rut!

eingefallen **1** → EINFALLEN **2** hollow; (*Gesicht*) haggard

eingefleischt **1** (*Gewohnheit, Meinung*) ingrained; (*Vorurteil*) deep-seated **2** (*Junggeselle*) confirmed [nur vor Nomen]; (*Pessimist*) eternal; (*Fan*) avid

eingehen **1** (*schrumpfen*) shrink **2** **(an etw) ~** (*sterben*) die (of sth) **3** (*Konkurs machen*) go bust **4** (*Bündnis, Beziehung*) enter into *sth*; (*Kompromiss, Wette*) make; (*Risiko*) take; (*Verpflichtung*) take *sth* on **5** (*chemische Verbindung*) form **6** (*ankommen*) be received ◇ *Ihre Beschwerde ist nicht bei uns eingegangen.* We have not received your complaint. **7** **auf etw ~** (*Angebot, Forderungen*) accept sth ◇ *Sie gingen auf das Angebot nicht ein.* They did not accept the offer. **8** **auf jdn/etw ~** pay attention to sb/sth; (*reagieren*) respond to sb/sth ◇ *Du gehst nicht genug auf das Kind ein.* You don't pay enough attention to the child. ◇ *auf jds Fragen eingehen* respond to sb's questions **9** **auf etw näher etc. ~** go into sth ◇ *Auf die Einzelheiten gehe ich später ein.* I will go into the details later. **10** **es geht jdm ein** (*glauben*) sb believes sth; (*begreifen*) sb understands sth ◇ *Es will mir nicht eingehen, dass morgen die Schule wieder anfängt!* I can't believe school starts again tomorrow! ◇ *Wann wird es dir endlich eingehen, dass …* When are you ever going to understand that … IDM **in die Geschichte/Annalen eingehen** go down in history/in the annals → *Siehe auch* AUSGEHEN

eingehend **1** *Adj* (*Prüfung, Untersuchung*) thorough; (*Diskussionen, Informationen*) detailed **2** *Adv* thoroughly, in detail ◇ *etw eingehend überprüfen* check sth thoroughly ◇ *etw eingehend besprechen* discuss sth in detail

Eingemachte(s) (*Obst*) bottled fruit IDM **es geht ans Eingemachte** **1** (*finanziell*) it eats into your savings **2** (*hart auf hart gehen*) it comes to the crunch

eingemeinden **etw (in etw) ~** incorporate sth into sth

eingenommen **1** → EINNEHMEN **2** **von jdm/etw ~ sein** be taken with sb/sth **3** **von sich ~ sein** fancy yourself

eingeschnappt sulky; **~ sein** be in a huff (*umgs*)

eingeschränkt restricted, limited

eingeschworen **1** (*Feind*) sworn [nur vor Nomen]; (*Gegner*) staunch; (*Gemeinschaft*) close **2** **auf jdn/etw ~ sein** swear by sb/sth ◇ *Er ist auf diese Marke eingeschworen.* He swears by this make.

Eingeständnis admission ◇ *Das wird als Eingeständnis seines Versagens gewertet.* That is seen as an admission of failure. ◇ *Sie hat nach eigenem Eingeständnis das Geld gestohlen.* She admitted to stealing the money.

eingestehen admit ◇ *Sie gesteht sich ihren Irrtum nicht ein.* She can't admit to herself that she was wrong. ◇ *Wir müssen einen Fehler eingestehen.* We have to admit that we have made a mistake.

eingestellt **1** → EINSTELLEN **2** (*gesinnt*) minded ◇ *progressiv eingestellt* progressively minded ◇ *ausländerfeindlich eingestellt sein* be hostile to foreigners ◇ *58% sind positiv eingestellt.* 58% are in favour. ◇ *ein sehr negativ eingestellter Mensch* a person with a very negative attitude

Eingeweide entrails [Pl], innards [Pl] (*umgs*) (*auch fig*)

Eingeweihte(r) person in the know

eingewöhnen **sich (in etw) ~** settle in(to sth) ◇ *Sie haben sich in der neuen Schule schnell eingewöhnt.* They settled into the new school very quickly.

Eingewöhnung (*oft mit einem Verb übersetzt*) ◇ *jdm die Eingewöhnung erleichtern* help sb to settle in ◇ *Der Unterricht dauert zunächst nur drei Stunden, zur Eingewöhnung.* They only have three hours' school at first to let them in gently.

Eingewöhnungsphase settling-in period

eingießen **1** pour ◇ *Sie goss den Tee ein.* She poured the tea. **2** **jdm/sich etw ~** pour sb/yourself sth ◇ *Er goss sich einen Whisky ein.* He poured himself a whisky.

eingleisig **1** single-track ◇ *Die Bahnlinie ist hier eingleisig.* This section of line is single-track. ◇ *Die Züge können den Bahnhof nur eingleisig passieren.* Only one track is in use at the station. **2** **~ denken** have a one-track mind

eingliedern **1** **etw (in etw) ~** incorporate sth (into sth) ◇ *Das Land wurde in den Staatsverband eingegliedert.* The country was incorporated into the federation of states. **2** **jdn (in etw) ~** integrate sb (into sth) ◇ *Bemühungen, die Einwanderer in die Gesellschaft einzugliedern* efforts to integrate the immigrants into society **3** **sich (in etw) ~** fit in(to sth) ◇ *Sie hatte sich in die französische Gesellschaft eingegliedert.* She had managed to fit into French society.

Eingliederung **1** (*von Land, einer Firma*) incorporation **2** (*sozial, beruflich etc.*) integration ◇ *die Eingliederung der Flüchtlinge in ihre neue Umgebung* the integration of the refugees into their new environment

eingraben **1** **sich/etw (in etw) ~** bury yourself/sth (in sth) **2** **sich in etw ~** (*fig*) be etched in/on sth ◇ *Dieser Vorfall grub sich tief in mein Gedächtnis ein.* This incident was etched on my memory. **3** **sich ~** (MIL) dig yourself in

eingravieren **etw (in etw) ~** engrave sth (on sth)

eingreifen intervene ◇ *in einen Konflikt eingreifen* intervene in a conflict

eingrenzen **1** surround ◇ *Ein Bauzaun grenzt das Gelände ein.* The site is surrounded by a hoarding. **2** (*einengen*) narrow *sth* down ◇ *den Kreis der Kandidaten eingrenzen* narrow down the candidates **3** **etw (auf etw) ~** limit sth (to sth) ◇ *Die Bausumme soll* *auf 4 Millionen eingegrenzt werden.* The building costs are to be limited to 4 million.

Eingriff **1** (*Eingreifen, Einmischung*) intrusion; (*staatlich, militärisch*) intervention; (*in Rechte, Freiheit*) infringement ◇ *ein Eingriff in die Landschaft* an intrusion into the countryside ◇ *ein Eingriff in die Pressefreiheit* an infringement of the freedom of the press **2** (*Operation*) operation ◇ *sich einem operativen Eingriff unterziehen* have an operation

eingruppieren grade ◇ *falsch eingruppiert* wrongly graded ◇ *jdn höher eingruppieren* put sb in a higher grade

Eingruppierung grading

einhaken **1** (*befestigen*) fasten ◇ *den Deckel einhaken* fasten the lid **2 etw an/in etw ~** hook sth into sth ◇ *das Kettenglied in den Verschluss einhaken* hook the chain into the catch **3 sich bei jdm ~** take sb's arm ◇ *Hak dich bei mir ein.* Take my arm. **4** (*im Gespräch etc.*) interrupt ◇ *Wenn ich hier einmal einhaken darf, …* If I could just interrupt here …

Einhalt **1 jdm ~ gebieten** stop sb **2 einer Sache ~ gebieten** put an end to sth ◇ *Wir müssen der Gewalt Einhalt gebieten.* We must put an end to the violence. ◇ *den Fluten Einhalt gebieten* prevent flooding

einhalten (*Verabredung, Versprechen, Abstand*) keep; (*Fahrplan, Lehrplan, Abkommen*) keep to *sth* ; (*Vorschrift*) comply with *sth* ; (*Waffenstillstand*) observe ◇ *das Tempolimit einhalten* keep within the speed limit ◇ *eine Frist einhalten* meet a deadline ◇ *die Grenzwerte einhalten* meet permitted levels

Einhaltung observance, compliance ◇ *die Einhaltung der Vorschriften* compliance with the regulations ◇ *die Einhaltung des Fahrplans* keeping to the timetable

einhandeln **1 etw gegen/für etw ~** exchange sth for sth **2 sich etw ~** get sth ◇ *sich ein Bußgeld einhandeln* get a fine ◇ *sich eine Lungenentzündung einhandeln* catch pneumonia ◇ *sich Ärger einhandeln* land yourself in trouble ◇ *Damit haben sie sich massive Kritik eingehandelt.* They came in for a lot of criticism because of it.

einheften **1** (*in einen Ordner etc.*) file **2** (*Nähen*) tack *sth* in

einheimisch **1** local; (*nicht importiert*) home-produced ◇ *eine einheimische Firma* a local firm ◇ *einheimische Produkte* home-produced goods **2** (*Tier*) indigenous; (*Pflanze*) native

Einheimische(r) local

einheimsen earn; (*Sieg, Medaille, Preis auch*) win

Einheit **1** unity; (*Ganzes*) whole; (*Vereinigung*) unification ◇ *die Einheit eines Landes* the unity of a country ◇ *eine Einheit bilden* form a whole ◇ *die Kosten der deutschen Einheit* the cost of German unification ◇ *der Tag der deutschen Einheit* German Unity Day **2** (*Maß-*) unit of measurement; (*Telefon- etc.*) unit **3** (*Soldaten etc.*) unit ◇ *die 250 Mann starke Einheit* the unit of 250 men

einheitlich **1** consistent (*Adv* consistently) ◇ *Es gab keinen einheitlichen Trend.* There was no consistent trend. ◇ *Wir brauchen ein einheitliches Konzept.* There must be a unity of concept. ◇ *Darüber gibt es keine einheitliche Meinung.* Opinions differ about that. **2** (*unterschiedslos*) uniform (*Adv* uniformly) ◇ *eine einheitliche Bezahlung* uniform rates of pay ◇ *eine einheitliche Währung* a single currency ◇ *einheitlich geregelt* standardized ◇ *Sie trugen einheitliche T-Shirts.* They were wearing the same T-shirts. ◇ *Sie sind alle einheitlich grün.* They are all green.

einheizen **1** put the heating on **2 jdm ~** (*die Meinung sagen*) give sb a piece of your mind **3 jdm ~** (*in Stimmung bringen*) get sb going

einhellig universal (*Adv* universally); (*einstimmig*) unanimous (*Adv* unanimously) ◇ *Es herrschte die einhellige Meinung, dass …* The universal view was that …

einholen **1** catch up with *sb/sth* (*auch fig*) ◇ *Wir haben euch fast eingeholt!* We've almost caught up with you! ◇ *Die Realität hat ihn eingeholt.* Reality caught up with him. ◇ *von den Ereignissen eingeholt werden* be overtaken by events **2** (*Verspätung, Zeit*) make *sth* up ◇ *Der Zug hat die Verspätung wieder eingeholt.* The train made up the lost time. **3** (*Segel, Netz, Anker*) haul *sth* in; (*Fahne*) lower **4 etw (bei jdm) ~** get sth (from sb), obtain sth (from sb) (*gehoben*) ◇ *Wir haben drei Angebote eingeholt.* We got three quotes. ◇ *die Zustimmung des Direktors einholen* obtain the headmaster's permission **5** (*einkaufen*) buy ◇ *einholen gehen* go shopping

Einhorn unicorn

einhüllen **1 jdn/etw ~** wrap sb/sth up; **sich ~** wrap up ◇ *Die Kranke wurde in Decken eingehüllt.* The patient was wrapped up in blankets. ◇ *sich gut einhüllen* wrap up well **2** (*fig*) envelop ◇ *von dichtem Nebel eingehüllt* enveloped in thick fog

einhundert → HUNDERT

einig **1 sich ~ sein** agree; **sich nicht ~ sein** disagree ◇ *Alle Experten sind sich einig.* All the experts agree. ◇ *Darüber sind wir uns alle einig.* We are all agreed about that. **2 sich (mit jdm) (über etw) ~ werden** agree (sth) (with sb) ◇ *Ich bin mir mit ihm über den Preis einig geworden.* I agreed a price with him. ◇ *Die Parteien konnten sich nicht einig werden.* The parties could not reach agreement.

einige(r,s) **1** (*ein paar*) a few; (*mehrere*) some ◇ *einige Male* a few times ◇ *einige Bücher* some books ◇ *Einige lachten.* Some people laughed. **2** (*etwas, ein wenig*) some ◇ *Er sprach mit einiger Anstrengung.* He spoke with some difficulty. ◇ *seit einiger Zeit* for some time **3** (*ziemlich viel*) quite a lot ◇ *Ich habe noch einiges zu tun.* I've still got quite a lot to do. ◇ *Das hat bestimmt einiges gekostet.* It must have cost quite a lot.

einigen **1** (*vereinen*) unite **2 sich ~** reach agreement; **sich auf/über etw ~** agree on sth ◇ *Sie konnten sich nicht einigen.* They could not reach agreement. ◇ *Sie haben sich auf einen Kompromiss geeinigt.* They agreed on a compromise. ◇ *Wir haben uns darauf geeinigt, dass wir hierbleiben.* We have agreed to stay here.

einigermaßen **1** fairly, reasonably; (*mehr oder weniger*) more or less ◇ *Es geht ihm einigermaßen gut.* He's fairly well. ◇ *Ich bin einigermaßen zufrieden.* I'm reasonably satisfied. ◇ *Wir haben die Situation einigermaßen im Griff.* We have the situation more or less under control. ◇ *Sie war einigermaßen überrascht.* She was rather surprised. **2** (*als Antwort*) so so, all right ◇ *„Wie geht's dir?" „(So) einigermaßen."* 'How are you?' 'All right.'

Einigkeit **1** (*Übereinstimmung*) agreement ◇ *Darüber herrscht Einigkeit.* There is agreement over this. **2** (*Einheit*) unity ◇ *Die Parteien demonstrieren Einigkeit.* The parties are putting on a show of unity.

Einigung **1** agreement **2** (*Vereinigung*) unification

einjagen **jdm Angst ~** frighten the life out of sb; **jdm einen Schrecken ~** give sb a fright

einjährig **1** (*ein Jahr alt*) ◇ *ein einjähriges Kind* a (one-)year-old child ◇ *Der Verein feiert sein einjähriges Bestehen.* The club is celebrating its first anniversary. ◇ *einjährige Pferde* yearlings **2** (*ein Jahr dauernd*) one-year ◇ *ein einjähriger Vertrag* a one-year contract **3** (*Pflanze*) annual

einkalkulieren allow for *sth* ; (*Zeit*) allow; (*Kosten, Summe*) include ◇ *Staus hatte er nicht einkalkuliert.*

He hadn't allowed for traffic jams. ◇ *Du solltest etwas mehr Zeit einkalkulieren.* You should allow a little more time.

einkassieren **1** (*Geld, Steuern etc.*) collect; (*illegal*) pocket **2** (*bekommen*) get ◇ *Unsere Mannschaft hat einige Niederlagen einkassiert.* Our team got defeated several times. **3** (*wegnehmen*) take *sth* away **4** (*verhaften*) nab (*umgs*)

Einkauf **1** (*das Einkaufen*) buying [U]; (*von Lebensmitteln, Kleidung*) shopping [U] ◇ *Meine Kollegin ist für den Einkauf zuständig.* My colleague is in charge of buying. ◇ *Ich muss noch einige Einkäufe erledigen.* I've still got some shopping to do. **2** (*eingekaufte Ware*) shopping [U] ◇ *Sie verstaute ihre Einkäufe im Auto.* She put her shopping in the car. ◇ *Lass mal deine Einkäufe sehen!* Let's see what you've bought! **3** (*Abteilung*) buying department

einkaufen **1** buy ◇ *Brot einkaufen* buy bread ◇ *Weihnachtsgeschenke einkaufen* do your Christmas shopping **2 ~ (gehen)** go shopping

Einkaufs- **Einkaufsbummel** shopping trip ◇ *einen Einkaufsbummel machen* go on a shopping trip **Einkaufsmöglichkeit** shops [Pl] **Einkaufsstraße** shopping street **Einkaufstasche** shopping bag **Einkaufswagen** shopping trolley, (*AmE*) shopping cart **Einkaufszentrum** shopping centre, (*AmE*) shopping mall **Einkaufszettel** shopping list

einkehren **1** (*in einer Gaststätte*) stop ◇ *Mittags sind wir in einer Wirtschaft eingekehrt.* At lunchtime we stopped at a pub. **2** (*sich einstellen*) return ◇ *In dem Land ist endlich Frieden eingekehrt.* Peace has returned to the country at last. ◇ *Es ist Ruhe eingekehrt.* Things have quietened down.

einkesseln surround, encircle (*gehoben*)

einklagbar (*Schulden*) recoverable; (*Recht, Verpflichtung*) enforceable

einklagen sue for *sth*; (*Rechte etc.*) go to court to obtain *sth* ◇ *Das Geld musste vor Gericht eingeklagt werden.* They had to sue for the money in court. ◇ *Er klagte sein Erbteil ein.* He went to court in order to obtain his inheritance.

Einklang **1** (*Harmonie*) harmony ◇ *im Einklang mit der Natur* in harmony with nature ◇ *mit der Welt im Einklang* at one with the world **2 im ~ mit etw** (*gesetzlich vereinbar*) in accordance with sth ◇ *Die Neuregelung steht im Einklang mit der Verfassung.* The new regulation is in accordance with the constitution. **3 im ~ mit jdm** (*Meinung*) in agreement with sb **4 etw mit etw in ~ bringen** (*anpassen*) bring sth into line with sth ◇ *Dies muss erst mit den EU-Bestimmungen in Einklang gebracht werden.* This first has to be brought into line with EU regulations. **5 etw mit etw in ~ bringen** (*vereinbaren*) reconcile sth with sth ◇ *Lassen sich Tourismus und Naturschutz in Einklang bringen?* Can tourism and conservation be reconciled?

einkleben **etw (in etw) ~** stick sth in(to sth)

einkleiden **1 jdn/sich ~** buy sb/yourself a new outfit ◇ *Ich habe mich gestern komplett neu eingekleidet.* I bought myself a whole new outfit yesterday. **2** (*mit Uniform, Berufskleidung*) issue *sb* with their uniform ◇ *Die Rekruten wurden eingekleidet.* The recruits were issued with their uniforms. **3 etw in etw ~** (*formulieren*) couch sth in sth ◇ *Sie haben ihre Gedanken oft in Allegorien und Mythen eingekleidet.* They often couched their ideas in allegory and myth.

einklemmen **1 etw/jdn (in etw) ~** wedge sth/sb (into sth); (*versehentlich*) trap sth/sb (in sth) ◇ *Der Junge saß eingeklemmt zwischen zwei dicken Frauen.* The boy was wedged in between two fat women. ◇ *ein eingeklemmter Nerv* a trapped nerve ◇ *Die Fahrerin war im Auto eingeklemmt.* The driver was trapped in the car. ◇ *ein Brett in den Schraubstock einklemmen* clamp a piece of wood in the vice **2 sich etw ~** trap sth ◇ *Ich habe mir den Daumen in der Schublade eingeklemmt.* I trapped my thumb in the drawer. **3** ◇ *Der Hund klemmte den Schwanz ein.* The dog put its tail between its legs.

einknicken **1** (*Strohhalm, Pflanze*) bend; (*Papier*) crease; (*brechen*) snap **2** (*sich biegen*) bend, buckle, give way ◇ *Die Halme knickten beim Sturm ein.* The stems bent in the storm. ◇ *Ihre Knie knickten ein.* Her knees buckled. **3** (*fig*) give in ◇ *Der Minister knickte vor dem Druck der Automobilindustrie ein.* The minister gave in to pressure from the motor industry.

einkochen **1** (*einmachen*) preserve; (*Marmelade*) make **2** (*dickflüssiger werden*) reduce; (*verdampfen*) boil away

Einkommen income ◇ *Familien mit niedrigem Einkommen* families on a low income **Einkommensgrenze** earnings limit **einkommensschwach** low-income [nur vor Nomen] **Einkommensteuer** income tax **Einkommensteuererklärung** income tax return

einkreisen **1** circle, put a ring round *sth* (*umgs*) ◇ *die richtige Antwort einkreisen* circle the correct answer **2** (*umstellen*) surround ◇ *Sie war von Reportern eingekreist.* She was surrounded by reporters. **3** (*Problem etc.*) get to the crux of *sth*, home in on *sth* ◇ *Wir haben das Problem eingekreist und behoben.* We have got to the crux of the problem and solved it.

Einkünfte income [U]; (*einer Region*) revenue [U]

einladen[1] **1** invite ◇ *Sie haben uns nach England eingeladen.* They have invited us to England. ◇ *jdn zum Geburtstag einladen* invite sb to a birthday party ◇ *Ich bin heute Abend eingeladen.* I have been invited to somebody's house this evening. ◇ *Er ist beim Chef eingeladen.* He's been invited to the boss's house. **2 jdn ~, etw zu tun** invite sb to do sth ◇ *Er lud sie ein Platz zu nehmen.* He invited her to take a seat. ◇ *Das schöne Wetter lädt dazu ein schwimmen zu gehen.* The nice weather makes you want to go swimming. **3 jdn (zu etw) ~** (*für jdn zahlen*) treat sb (to sth) ◇ *Ich lade dich zu einem Eis ein.* I'll treat you to an ice cream.

einladen[2] (*Waren etc.*) load ◇ *Sie laden gerade die Kisten in den Lkw ein.* They are just loading the crates onto the lorry.

einladend inviting (*Adv* invitingly), tempting; (*Essen*) appetizing (*Adv* appetizingly); (*Geste*) encouraging (*Adv* encouragingly)

Einladung invitation

Einlage **1** (*Einzahlung*) deposit ◇ *eine Einlage machen* make a deposit **2** (*Investition*) investment **3** (*Darbietung*) interlude **4** (GASTRON) = vegetables/noodles/dumplings etc. in a clear soup **5** (*im Schuh*) insole; (*orthopädisch*) arch support **6** (*Zahn-*) temporary filling **7** (*im Brief*) enclosure

einlagern **1** (*aufbewahren*) store ◇ *Atommüll einlagern* store nuclear waste **2 sich in etw ~** be deposited in sth

Einlagerung **1** storage ◇ *die Einlagerung von Giftmüll* the storage of toxic waste **2** (*das Ablagern*) deposition; (*Ablagerung*) deposit

Einlass admittance ◇ *Er verschaffte sich Einlass in das Haus.* He succeeded in gaining admittance to the house. ◇ *Kein Einlass unter 18!* Under-18s not admitted. ◇ *jdm Einlass gewähren* let sb in ◇ *Einlass 20 Minuten vor Spielbeginn.* Doors open 20 minutes before the start of play.

einlassen **1 jdn ~** let sb in, admit sb (*offiz*) **2** (*Wasser, Bad*) run ◇ *Wasser in ein Becken einlassen* run water into a basin ◇ *das Bad einlassen* run the bath **3 etw in etw ~** set sth into sth; (*in den Boden*) sink sth into sth ◇ *in die Decke eingelassene Strahler* spotlights set into the ceiling **4 sich mit jdm ~** get involved with sb ◇ *Sie wollte sich nicht mit einem verheirateten Mann einlassen.* She didn't want to get involved with a married man. **5 sich auf etw/in etw ~** get involved in sth, get into sth ◇ *sich auf ein Wagnis einlassen* get involved in a risky venture ◇ *Sie ließ sich in ein Gespräch über Politik mit ihm ein.* She got into a discussion about politics with him. ◇ *Worauf habe ich mich da nur eingelassen?* What have I got myself into? ◇ *Ich lasse mich auf keinen Kompromiss ein.* I'm not compromising. **6** (*Fußboden, Möbel*) varnish

Einlauf 1 (SPORT) (*ins Ziel*) finish; (*Reihenfolge*) placing ◇ *Die Läuferin stürzte kurz vor dem Einlauf ins Ziel.* The runner fell just before the finish. ◇ *Es gab bei den Herren den gleichen Einlauf wie im Vorjahr.* The men's placings were the same as last year. **2** (MED) enema **3** (GASTRON) = mixture similar to pancake mixture put into clear soup **4** (*Post*) incoming mail [U]

einlaufen 1 in etw ~ run into sth ◇ *Das Öl lief in die Kanalisation ein.* The oil ran into the sewers. ◇ *Sie ließ Wasser ins Becken einlaufen.* She ran water into the basin. **2 ein Bad ~ lassen** run a bath **3** (*Zug*) come in; (*Schiff auch*) dock **4** (*aufs Spielfeld*) come onto the pitch/into the stadium **5** (*ins Ziel etc.*) ◇ *in die letzte Runde einlaufen* start the last lap ◇ *Gerade ist der Sieger ins Ziel eingelaufen.* The winner has just crossed the finishing line. **6 sich ~** (*sich warm laufen*) warm up **7** (*Post etc.*) come in, be received ◇ *Mehrere Beschwerden sind bei der Behörde eingelaufen.* Several complaints have been received by the authority. **8** (*Wäsche*) shrink ◇ *Der Pullover ist beim Waschen eingelaufen.* The jumper shrank in the wash. **9** (*Schuhe*) break *sth* in **10 sich ~** (*Maschine*) run in; (*fig*) become established IDM → TÜR

einläuten ring *sth* in; (*fig*) signal, open ◇ *wenn die Glocken das neue Jahr einläuten* when the bells ring in the New Year ◇ *das Ende einer Ära einläuten* signal the end of an era ◇ *Im Streit um die Reform wird die nächste Runde eingeläutet.* The next round of the argument about the reform is about to be opened.

einleben sich ~ settle in

einlegen 1 etw (in etw) ~ put sth in (to sth) ◇ *Ich muss einen neuen Film einlegen.* I'll have to put a new film in. ◇ *eine CD einlegen* put a CD on **2** (*Gang*) ◇ *Leg den ersten Gang ein.* Put the car into first (gear). ◇ *Ich legte den Rückwärtsgang ein.* I put the car into reverse. **3** (*konservieren*) pickle **4** (*verzieren*) inlay ◇ *Die Türen waren mit Rosenholz eingelegt.* The doors were inlaid with rosewood. **5** ◇ *eine Schweigeminute einlegen* observe a minute's silence ◇ *eine Pause einlegen* take a break ◇ *eine Sonderschicht einlegen* do an extra shift ◇ *Als er den Bus sah, hat er ein schnelleres Tempo eingelegt.* He put on a spurt when he saw the bus. ◇ *Eine Zwischenlandung musste eingelegt werden.* They had to make an extra stopover. **6** (*Protest*) register; (*Veto*) exercise; (*Widerspruch, Revision, Einspruch*) lodge ◇ *Sie haben gegen die Abschiebung Einspruch eingelegt.* They have lodged an appeal against the deportation order. **7 sich/jdm die Haare ~** set your/sb's hair IDM → WORT

einleiten 1 A wird mit B eingeleitet; B leitet A ein A begins with B ◇ *Das Konzert wurde mit einer Sonate eingeleitet.* The concert began with a sonata. ◇ *Ein Referat leitete den Abend ein.* The evening began with a talk. ◇ *Die Ereignisse, die die Krise eingeleitet haben …* The events, which marked the beginning of the crisis … **2** (*Verfahren*) start; (*Maßnahmen, Schritte auch*) introduce ◇ *ein Verfahren gegen jdn einleiten* start legal action against sb **3 eine Geburt (künstlich) ~** induce labour, (*AmE*) induce labor **4 etw in etw ~** put sth into sth; (*Abwasser etc.*) discharge sth into sth

einleitend 1 *Adj* (*Worte, Musik*) introductory; (*Maßnahmen*) preliminary ◇ *im einleitenden Kapitel* in the introductory chapter **2** *Adv* by way of introduction, in an/the introduction ◇ *Einleitend möchte ich darauf hinweisen …* By way of introduction, I should like to point out … ◇ *… wie sie einleitend in ihrem Buch festgestellt hat …* as she states in the introduction to her book

Einleitung 1 introduction ◇ *die Einleitung des Buches* the introduction to the book **2** start; (*von juristischen Schritten*) initiation ◇ *die Einleitung der Verhandlungen* the start of negotiations **3** (*der Geburt*) induction (*oft mit einem Verb übersetzt*) ◇ *Sie entschieden sich für die Einleitung der Geburt.* They decided to induce labour. **4** (*von Abwässern*) discharge

einlenken (*nachgeben*) give in

einlesen 1 sich (in etw) ~ (*in ein Thema*) read up (about sth); (*in ein Buch*) get into sth ◇ *sich in die europäische Geschichte einlesen* read up on European history **2** (COMP) read sth in; (*mit Scanner*) scan sth in ◇ *Daten in den Speicher einlesen* read data into the memory ◇ *den Strichkode einlesen* scan the barcode in

einleuchten etw leuchtet jdm ein sth convinces sb, sb sees sth ◇ *Dieses Argument leuchtete ihm sofort ein.* This argument convinced him straight away. ◇ *Es leuchtet mir nicht ein, warum ich das tun soll.* I don't see why I should do that.

einleuchtend convincing (*Adv* convincingly), reasonable ◇ *eine einleuchtende Erklärung* a convincing explanation ◇ *Das klingt durchaus einleuchtend.* That sounds perfectly reasonable.

einliefern take ◇ *Sie wurde sofort in die Klinik eingeliefert.* She was taken to hospital immediately.

Einliegerwohnung = small flat/apartment, usually with its own entrance, in a detached house

einloggen log in; **sich ~** log in; **jdn ~** log *sb* in

einlösen 1 (*Scheck*) cash; (*Gutschein, Pfand*) redeem **2** (*Versprechen etc.*) keep

einmachen bottle ◇ *Sie hat fünf Gläser Pflaumen eingemacht.* She has bottled five jars of plums.

einmal 1 once ◇ *Er war erst einmal in den USA.* He's only been to the States once. ◇ *einmal in der Woche* once a week ◇ *Einmal im Museum, war sie nicht mehr wegzubringen.* Once she was in the museum, it was impossible to get her out again. **2 noch ~** again ◇ *Ich sage es noch einmal.* I'll say it again. **3 noch ~ so groß, viel etc.** twice as big, much, etc. **4** (*in der Zukunft*) one day, some time ◇ *Er wird einmal ein großer Schauspieler werden.* One day he'll be a great actor. **5** (*in der Vergangenheit*) at one time, once ◇ *Sie war einmal eine berühmte Filmschauspielerin.* She was a famous film actress at one time. **6 auf ~** (*plötzlich*) suddenly **7 auf ~** (*gleichzeitig*) at once ◇ *Sprecht nicht alle auf einmal!* Don't all talk at once. **8 nicht ~** not even ◇ *Er hat sich nicht einmal bedankt.* He didn't even say thank you. ◇ *Sie weiß nicht einmal, wo Bali liegt.* She doesn't even know where Bali is. **9** (*zur Verstärkung meist nicht übersetzt*) ◇ *Besuch sie doch einmal.* Why don't you go and see her. ◇ *Ich muss ihn schon einmal irgendwo gesehen haben.* I must have seen him somewhere before. ◇ *So ist es nun einmal.* That's just the way it is. ◇ *Sie kann ihn nun einmal nicht ausstehen.* She just can't stand him. ◇ *Macht erst einmal eure Hausaufgaben, dann könnt ihr spielen.* Do your homework first, then you can play. ◇ *Alle einmal zuhören!* Listen, everybody! IDM **einmal ist keinmal** once doesn't count **einmal mehr** once again **Es war einmal …** Once upon a time there was …

Einmaleins (times) tables [Pl] IDM **das (kleine) Einmaleins der/des …** the basics of … ◇ *Er lernte das kleine Einmaleins der Redekunst.* He learned the basics of rhetoric.

einmalig **1** *Adj* (*ein einziges Mal vorkommend*) one-off [nur vor Nomen] ◇ *eine einmalige Gebühr/Anschaffung* a one-off charge/purchase **2** *Adj* (*einzigartig*) unique ◇ *Das war eine einmalige Gelegenheit.* It was a unique opportunity. ◇ *Das ist ein weltweit einmaliges Experiment.* This is the only experiment of its kind in the world. **3** *Adj* (*sehr gut*) superb ◇ *Das Essen war wirklich einmalig.* The food was really superb. **4** *Adv* (*nur einmal*) (only) once **5** *Adv* (*sehr*) really, absolutely ◇ *Es war einmalig schön.* It was really nice.

Einmarsch **1** parade ◇ *der Einmarsch der Athleten* the parade of athletes **2** (MIL) invasion

einmarschieren **(in etw) ~** **1** march in (to sth) ◇ *Die Sportler marschierten ins Stadion ein.* The athletes marched into the stadium. **2** (MIL) invade sth

einmauern **1** (*ins Mauerwerk einfügen*) set *sth* into a/the wall ◇ *eine Gedenktafel in die Wand einmauern* set a commemorative plaque into the wall **2** (*mit Mauerwerk umgeben*) wall *sth* up **3** (*Gefangene*) immure

einmischen **1 sich (in etw) ~** interfere (in sth) ◇ *sich in fremde Angelegenheiten einmischen* interfere in other people's affairs **2 etw (in etw) ~** (*Farben etc.*) mix sth (into sth)

Einmischung interference [U] (*oft mit einem Verb übersetzt*); (*militärisch*) intervention ◇ *Die Partei lehnt die Einmischung der Regierung ab.* The party rejects government interference. ◇ *Er verbittet sich jede Einmischung in seine Angelegenheiten.* He won't allow anyone to interfere in his affairs.

einmonatig **1** (*einen Monat dauernd*) one-month ◇ *ein einmonatiger Kurs* a one-month course **2** (*einen Monat alt*) month-old

einmotten put *sth* into mothballs; (*fig*) mothball ◇ *Der Atommeiler wurde eingemottet.* The nuclear reactor was mothballed.

einmummen wrap *sb* up (warmly); **sich ~** wrap yourself up (warmly) ◇ *dick eingemummt* warmly wrapped up

einmünden **in etw ~** (*Fluss*) flow into sth; (*Straße*) lead to sth

Einmündung **1** (*Fluss*) confluence ◇ *die Einmündung der Mosel in den Rhein* the confluence of the Moselle with the Rhine ◇ *die Einmündung der Themse in die Nordsee* the point where the Thames enters the North Sea **2** (*Straße*) junction ◇ *die Einmündung der Schillerstraße in den Hochweg* the junction of Schillerstraße and Hochweg

einmütig unanimous (*Adv* unanimously)

Einmütigkeit unanimity; (*Konsens*) agreement

Einnahme **1** (*durch Arbeit*) income [U]; (*durch Verkauf*) proceeds [Pl]; (*staatlich*) revenue [U] ◇ *Einnahmen und Ausgaben* income and expenditure ◇ *die Einnahmen aus dem Verkauf von Kuchen* the proceeds of the cake sale ◇ *die Einnahmen aus dem Fremdenverkehr* the revenue from tourism **2** (*meist mit einem Verb übersetzt*) ◇ *die Einnahme verbotener Substanzen* taking banned substances **3** (MIL) capture

Einnahmequelle source of income

einnehmen **1** make; (*Arbeitnehmer auch*) earn; (*Geschäft*) take ◇ *Durch den Transfer nahm der Verein eine beachtliche Summe ein.* The club made a lot of money from the transfer. ◇ *Wie viel habt ihr gestern Abend eingenommen?* How much did you take last night? **2** (*Medikamente, Drogen*) take ◇ *Er nimmt Tabletten gegen die Anfälle ein.* He takes tablets for the attacks. **3** (*Mahlzeiten*) have ◇ *einen kleinen Imbiss im Stehen einnehmen* have a snack on the hoof **4** (MIL) take, capture **5** (*Platz belegen*) take ◇ *Bitte nehmen Sie Ihre Plätze ein.* Please take your seats. ◇ *Er nimmt Platz 9 der Weltrangliste ein.* He's ranked number 9 in the world. **6** (*Raum beanspruchen*) take *sth* up ◇ *Das neue Gewächshaus nahm den halben Garten ein.* The new greenhouse took up half the garden. ◇ *Welchen Stellenwert nimmt bei Ihnen die Freizeit ein?* What role does leisure play in your life? **7** (*Meinung, Standpunkt*) adopt ◇ *Sie nahm eine ablehnende Haltung gegenüber den Plänen ein.* She adopted a negative stance on the plans. **8** (*in eine bestimmte Position begeben*) assume ◇ *die Startposition einnehmen* assume the starting position ◇ *eine aufrechte Sitzhaltung einnehmen* sit up straight **9 jdn für jdn ~** win sb over; **jdn gegen jdn ~** turn sb against sb ◇ *Er konnte die Mehrheit der Wähler für sich einnehmen.* He was able to win over a majority of the voters. **10 von jdm/etw eingenommen sein** be taken with sb/sth ◇ *Sie war von der Idee eingenommen.* She was taken with the idea. **11 von sich eingenommen sein** be conceited ◇ *Er ist zu sehr von sich eingenommen.* He's too conceited.

einnehmend charming (*Adv* charmingly); (*Lächeln*) winning [nur vor Nomen]

einnicken nod off (*umgs*)

einnisten **sich ~** **1** (*Vogel*) nest **2** (*Ei*) implant itself; (*Schädlinge etc.*) establish itself **3** (*wohnen*) take up residence

Einöde wasteland

einölen **1 jdn/etw ~** put oil on sb/sth; **sich ~** put oil on ◇ *Ich muss mich mit Sonnenöl einölen.* I have to put some suntan oil on. **2 jdm/sich etw ~** put oil on sb's/your sth ◇ *Er ölte ihnen den Rücken ein.* He put oil on their backs. **3** (*Schloss, Scharniere etc.*) oil **4** (*Backblech etc.*) grease

einordnen **1** arrange, put *sth* in order; (*Akte, Datei*) file ◇ *Sie ordnete die Bücher ins Regal ein.* She arranged the books on the shelf. ◇ *Einordnen der E-Mails in die verschiedenen Ordner* filing emails in the various folders **2 jdn/etw ~** classify sb/sth; **jdn/etw als etw ~** class sb/sth as sth ◇ *Der Roman lässt sich nur schwer einordnen.* The novel is difficult to classify. ◇ *Die Partei ist ganz links einzuordnen.* The party ranks as a very left-wing grouping. **3 sich ~** (*Verkehr*) get in(to) lane ◇ *Das Taxi ordnete sich links ein.* The taxi got into the left lane. **4 sich (in etw) ~** (*sich einfügen*) fit (into sth) ◇ *Der neue Schüler ordnete sich schnell in die Klassengemeinschaft ein.* The new boy quickly fitted into his new class.

einpacken **1** pack ◇ *Packst du mir auch einen Apfel ein?* Can you pack me an apple, too? ◇ *Hast du daran gedacht, deinen Föhn einzupacken?* Did you remember to pack your hairdryer? **2** (*einwickeln*) wrap ◇ *Könnten Sie mir das als Geschenk einpacken?* Could you gift-wrap it for me? **3 sich ~** wrap up (warmly) IDM **einpacken können** ◇ *Wenn das so weitergeht, kann ich einpacken!* If this goes on, I might as well give up!

einparken **1** park **2** (*anderes Fahrzeug behindern*) box *sb/sth* in ◇ *Ich wurde eingeparkt.* I've been boxed in.

einpendeln **sich ~** level off; (*sich normalisieren*) settle down ◇ *Die Mitgliederzahl hat sich auf 120 eingependelt.* The number of members has levelled off at 120. ◇ *Das wird sich mit der Zeit wieder einpendeln.* Things will settle down again in time.

einpferchen **1** cram *sb/sth* in ◇ *Die Gefangenen wurden zu viert in eine kleine Zelle eingepfercht.* The prisoners were crammed in four to a small cell. **2** (*in einen Pferch bringen*) pen *sth* in/up

einpflanzen **1** (*Blumen etc.*) plant **2** (*Eizellen etc.*) implant; (*Organ*) give *sb/sth* a transplant ◇ *Ein Embryo ist dem Mutterschaf eingepflanzt worden.* An embryo was implanted into the mother sheep. ◇ *Dem Patienten wurde eine Spenderniere eingepflanzt.* The patient was given a kidney transplant.

einplanen include *sth* in the plans; (*Zeit*) allow; (*Geld*) budget for *sth* ◇ *Man muss für die Reise etwa drei Stunden einplanen.* You have to allow about three hours for the journey. ◇ *Ich hatte den Termin bereits fest eingeplant.* I'd already put the date down in my diary.

einprägen 1 etw auf/in etw ~ stamp sth onto sth **2 jdm etw ~** impress (the importance of) sth on sb ◇ *Sie prägte uns ein, immer mit Fahrradhelm zu fahren.* She impressed on us the importance of wearing a cycle helmet. **3 sich (jdm) ~** be imprinted upon sb's memory ◇ *Die Erlebnisse haben sich seinem Gedächtnis eingeprägt.* These experiences were imprinted on his memory. ◇ *ein Motiv, das sich sofort einprägt* an instantly memorable motif **4 sich etw ~** memorize sth ◇ *Sie prägte sich die Zahlenkombination genau ein.* She memorized the combination.

einprägsam 1 *Adj* easy to remember [nicht vor Nomen], memorable; (*Lied, Slogan etc.*) catchy ◇ *ein einprägsamer Name* a name that's easy to remember **2** *Adv* in a way that is/was easy to remember

einprogrammieren (*Nummern etc.*) program

einquartieren 1 house; (*Truppen*) billet; (*Besuch*) put *sb* up ◇ *Die Flüchtlinge wurden zunächst in Notunterkünften einquartiert.* The refugees were initially housed in temporary accommodation. ◇ *Wenn sie zu Besuch kommen, werden wir sie bei Freunden einquartieren.* If they come for a visit, we will put them up with friends. **2 sich ~** stay

einrahmen 1 frame ◇ *Sie ließ das Bild einrahmen.* She had the picture framed. **2** surround ◇ *Die Stadt ist von Bergen eingerahmt.* The town is surrounded by mountains.

einrasten lock into position

einräumen 1 etw in etw ~ put sth in sth ◇ *das Geschirr in den Schrank einräumen* put the crockery in the cupboard **2 etw ~** (*Schrank, Regal*) fill sth; (*Möbel, Zimmer*) arrange sth **3 jdm/etw etw ~** (*gewähren*) give sb/sth sth, give sth to sb/sth ◇ *Die Bank räumte ihr einen Kredit ein.* The bank gave her a loan. ◇ *Der Polizei wurde das Recht eingeräumt, sein Telefon abzuhören.* The police were given permission to tap his phone. ◇ *der Frauenpolitik Vorrang einräumen* give priority to women's issues ◇ *Ich räume ihm für die nächste Wahl gute Chancen ein.* I think he stands a good chance in the next election. **4** (*zugeben*) admit ◇ *Er räumte seinen Irrtum ein.* He admitted his mistake.

einrechnen include, take *sth* into account ◇ *30 Dollar am Tag, Überstunden nicht eingerechnet* 30 dollars a day, not including overtime ◇ *Wir müssen neben der Unterkunft auch die Fahrtkosten einrechnen.* We must take the cost of travel into account as well as accommodation.

einreden 1 jdm etw ~ persuade sb of sth, talk sb into believing sth ◇ *Die Friseurin redete ihr ein, dass sie unbedingt eine Dauerwelle brauche.* The hairdresser persuaded her that she had to have a perm. ◇ *Er redete sich ein, dass alles in Ordnung sei.* He talked himself into believing that everything was all right. ◇ *Du willst mir wohl ein schlechtes Gewissen einreden.* You're just trying to make me feel guilty. ◇ *Wer hat dir denn diese Idee eingeredet?* Who put that idea in your head? **2 auf jdn ~** keep talking to sb ◇ *Der Sanitäter redete beruhigend auf den Verletzten ein.* The paramedic kept talking to the injured man to calm him down. ◇ *Hört auf, alle gleichzeitig auf mich einzureden!* Will you stop all talking to me at the same time!

einreiben 1 sich (mit etw) ~ put sth on ◇ *Du musst dich mit Sonnenöl einreiben.* You must put some suntan oil on. **2 jdn (mit etw) ~** ◇ *Der Masseur rieb ihn mit Öl ein.* The masseur rubbed oil into his skin. **3 jdm/sich etw ~** rub sth into sth ◇ *Soll ich dir den Rücken einreiben?* Shall I rub some lotion into your back? **4 etw (in etw) ~** rub sth (into sth) ◇ *eine Salbe zum Einreiben* a cream to put on

einreichen (*Antrag, Bewerbung etc.*) send *sth* (in), submit (*offiz*); (*Beschwerde*) file (*offiz*); (*Rücktritt*) tender (*offiz*) ◇ *die Rechnung bei der Versicherung einreichen* send the bill to the insurance company ◇ *eine Klage beim Ministerium einreichen* file a complaint with the ministry

einreihen 1 sich in etw ~ join sth; **sich (in etw) ~** take your place (in sth) ◇ *Ich reihte mich in die Warteschlange ein.* I joined the queue. ◇ *Er konnte sich unter die besten Skifahrer einreihen.* He was able to take his place among the top skiers. **2** (*einordnen*) classify ◇ *Man soll ihn nicht unter die Impressionisten einreihen.* You shouldn't classify him as an Impressionist.

einreihig single-breasted

Einreise entry (*oft mit einem Verb übersetzt*) ◇ *Sie wurden an der Einreise gehindert.* They were prevented from entering the country.

Einreisegenehmigung entry permit

einreisen in ein Land ~ enter a country ◇ *Sie durften ohne Visum nach Deutschland einreisen.* They were allowed to enter Germany without a visa.

Einreisevisum entry visa

einreißen 1 (*niederreißen*) tear *sth* down **2** (*einen Riss machen/bekommen*) tear ◇ *Mein Fingernagel ist eingerissen!* I've torn a fingernail! **3** (*zur Angewohnheit werden*) become a habit ◇ *Das will ich erst gar nicht einreißen lassen!* I don't want that to become a habit. ◇ *Schlechte Sitten sind schon wieder eingerissen.* People have got into bad habits again.

einrenken 1 (jdm) etw ~ (*Gelenk, Wirbel*) put sth back (in place) ◇ *Der Arzt renkte ihre ausgekugelte Schulter wieder ein.* The doctor put her dislocated shoulder back. **2** (*nach einem Streit*) sort *sth* out ◇ *Es gelang ihm, die Angelegenheit wieder einzurenken.* He managed to sort the matter out. **3 sich ~** sort itself out ◇ *Ich hoffe, die Sache renkt sich wieder ein.* I hope things sort themselves out again.

einrennen 1 break *sth* down ◇ *Die Polizei rannte die Tür ein.* The police broke the door down. **2 sich den Kopf ~** (*anstoßen*) bash your head on/against sth (*umgs*) ◇ *Er rannte sich den Kopf an der Tür ein.* He bashed his head against the door. **IDM** → BUDE *und* TÜR

einrichten 1 furnish; (*Geschäft, Küche*) fit *sth* out ◇ *Sie haben ihr Wohnzimmer wirklich nett eingerichtet!* They've furnished their living room really nicely! ◇ *ein modern eingerichtetes Büro* an office with modern furnishings. **2 sich ~** furnish your home ◇ *Er hatte sich mit alten Möbeln gemütlich eingerichtet.* He had furnished his home comfortably with old furniture. **3** (*Institution etc.*) set *sth* up ◇ *Für Spenden wurden Konten eingerichtet.* Accounts were set up for donations. **4** (*arrangieren*) organize, manage ◇ *Sie hatte ihre Arbeit so eingerichtet, dass noch genug Zeit für ihre Familie blieb.* She organized her work so that she had enough time for her family. ◇ *Kannst du es dir so einrichten, diesmal pünktlich zu sein?* Can you manage to be there on time for a change? ◇ *17 Uhr? Das lässt sich einrichten!* 5 o'clock? We can manage that! ◇ *„Kommst du mit dem kleinen Gehalt aus?" „Man lernt es, sich einzurichten!"* 'Can you make ends meet on such low wages?' 'You learn to manage!' ◇ *Es ließ sich nicht anders einrichten.* There was no other way of doing it. **5 sich auf jdn/etw ~; auf jdn/etw eingerichtet sein** be prepared for sb/sth ◇ *Bei diesem Arzt musst du dich auf eine lange Wartezeit einrichten!* You have to be prepared for a long wait at this doctor's! ◇ *Sie war auf Besuch nicht eingerich-*

tet. She was not prepared for visitors. **6** (*Knochen*) set **IDM** → HÄUSLICH

Einrichtung 1 (*das Einrichten*) establishment (*oft mit einem Verb übersetzt*) ◇ *Umweltschützer forderten die Einrichtung eines Naturschutzgebietes.* Environmentalists called for a nature reserve to be set up. ◇ *Mit der Einrichtung der Wohnung ließen sie sich Zeit.* They took their time furnishing the flat. **2** (*Möbel etc.*) furnishings [Pl] **3** (*öffentlich*) facility [meist Pl]; (*Heim, Behörde*) institution ◇ *eine Einrichtung zur Kinderbetreuung* childcare facilities ◇ *eine staatliche Einrichtung* a state institution ◇ *Das Festival ist zu einer festen Einrichtung geworden.* The festival has become an institution.

Einrichtungsgegenstand piece of furniture

einrollen 1 roll *sth* up **2 sich ~** curl up **3** (*Zug, Lkw etc.*) pull in

einrosten 1 rust up **2** (*körperlich*) stiffen up; (*geistig*) get rusty ◇ *Mein Französisch ist etwas eingerostet.* My French has got rather rusty.

einrücken 1 in etw ~ move to sth ◇ *Die Soldaten rückten in die Hauptstadt ein.* The soldiers moved into the capital. **2** (*zum Militärdienst*) report for military service **3** (*Text*) indent

einrühren etw (in etw) ~ stir sth in(to sth)

Eins 1 one → *Beispiele bei* SECHS **2** (*Note sehr gut*) A **3** (*Schulnote in der Schweiz*) F

eins¹ *Zahl* one ◇ *Seite eins* page one ◇ *Sie gewannen eins zu null.* They won one-nil. ◇ *um halb eins* at half past twelve

eins² *Adj* **1 etw ist jdm ~** sb doesn't mind ◇ *„Tee oder Kaffee?" „Das ist mir eins."* 'Tea or coffee?' 'I don't mind.' **2 (mit jdm) ~ sein/werden** (*übereinstimmen*) agree (with sb) ◇ *In diesem Punkt sind wir uns eins.* We agree on this point. **3 (mit jdm/etw) ~ werden** (*verschmelzen*) become one with sb/sth

eins³ *Pron* **1** one ◇ *Ich brauche ein Handy, und zwar eins mit mehr Funktionen.* I need a mobile — one with more functions. **2** (*eine Sache*) one thing ◇ *Eins ist mir noch nicht klar, ...* I am still not clear about one thing, ...

einsam 1 lonely ◇ *In New York war sie sehr einsam.* She was very lonely in New York. ◇ *sich einsam fühlen* feel lonely ◇ *Seit dem Tod seiner Frau lebt er sehr einsam.* He has lived a very lonely life since his wife's death. **2** (*abgelegen*) lonely, isolated; (*nicht überfüllt*) secluded ◇ *eine einsame Berghütte* a lonely mountain hut ◇ *Die Hütte lag sehr einsam.* The hut was in a very isolated spot. ◇ *einsame Strände* secluded beaches ◇ *Was würdest du auf eine einsame Insel mitnehmen?* What would you take with you to a desert island? **IDM** → KLASSE

Einsamkeit (*unerwünscht*) loneliness; (*erwünscht*) solitude

einsammeln 1 (*auflesen*) pick *sth* up ◇ *das Fallobst im Garten einsammeln* pick up the windfalls in the garden **2** (*abholen*) collect ◇ *Altpapier wird morgen eingesammelt.* Waste paper will be collected tomorrow. **3** (*Geld, Hefte, Ausweise*) collect *sth* in

Einsatz 1 use [U/Sing]; (*von Truppen etc.*) deployment (*oft mit einem Verb übersetzt*) ◇ *der Einsatz von Schusswaffen* the use of guns ◇ *Unter dem Einsatz von Tränengas stürmte die Polizei das Gebäude.* Police using tear gas stormed the building. ◇ *Der Einsatz eines weiteren Schulbusses ist nötig.* It is necessary to put on another school bus. ◇ *Er hoffte, im nächsten Spiel zum Einsatz zu kommen.* He hoped to play in the next match. ◇ *Der Krankenwagen war ständig im Einsatz.* The ambulance was kept busy. **2** (*Engagement*) commitment ◇ *mit unermüdlichem Einsatz* with untiring commitment ◇ *unter Einsatz seines Lebens* at the risk of his own life **3** (*Militär*) mission; (*Polizei, Feuerwehr*) operation; **zum ~ ausrücken** be called out ◇ *Die Bergrettung musste zum Einsatz ausrücken.* The mountain rescue team was called out. ◇ *Die Feuerwehr ist unterwegs zu einem Einsatz.* The fire brigade is out on a call. **4** (MUS) entry; (THEAT) cue **5** (*bei Glücksspielen*) stake ◇ *Er erhöhte den Einsatz.* He raised the stakes. **6** (*Pfand*) deposit **7** (*Stoff*) inset **8** (*einsetzbares Teil*) tray; (*bei Töpfen etc.*) basket ◇ *eine Schmuckschatulle mit herausnehmbarem Einsatz* a jewellery case with a removable tray

einsatzbereit 1 ready (for action), on standby [nicht vor Nomen] ◇ *Zwei einsatzbereite Krankenwagen warteten vor dem Bierzelt.* Two ambulances waited on standby outside the beer tent. **2** (*bereit, sich einzusetzen*) committed ◇ *aktive, einsatzbereite Arbeitnehmer* active, committed staff **Einsatzbereitschaft 1** (MIL) operational readiness **2** (*Bereitschaftsdienst*) standby **3** (*Engagement*) sense of commitment **einsatzfähig 1** (*fähig, eingesetzt zu werden*) ready for action; (*gesundheitlich*) fit (for work/to play) **2** (*mit den nötigen Fähigkeiten*) competent; (*motiviert*) motivated **3** (*Maschinen etc.*) in working order, operational ◇ *die Zahl der einsatzfähigen U-Boote* the number of operational submarines **Einsatzkräfte** emergency services [Pl] **Einsatzort** scene ◇ *Es dauerte fünf Minuten, bis der Notarzt am Einsatzort eintraf.* It was five minutes before the emergency doctor arrived at the scene.

einschalten 1 (*Radio etc.*) switch *sth* on **2 sich ~** come on; (*Alarm*) go off ◇ *Der Feueralarm schaltet sich beim ersten Anzeichen von Rauch ein.* The fire alarm goes off at the first sign of smoke. **3** involve, call *sb* in ◇ *Sie warnten davor, die Polizei einzuschalten.* They warned against involving the police. **4 sich ~** (*eingreifen*) intervene

Einschaltquote audience figures [Pl], ratings [Pl]

Einschaltung (*oft mit einem Verb übersetzt*) ◇ *Sie entschieden sich zur Einschaltung der Polizei.* They decided to call in the police. ◇ *Mit der Einschaltung der Anwälte eskalierte der Nachbarschaftsstreit.* Once the lawyers got involved, the dispute between the neighbours escalated.

einschärfen jdm etw ~ impress sth on sb ◇ *Sie hatte ihnen eingeschärft, niemandem etwas davon zu sagen.* She had impressed on them not to tell anyone about it. ◇ *Er hat mir eingeschärft, die Tür niemandem zu öffnen.* He told me not to open the door to anyone.

einschätzen 1 assess ◇ *Der Schaden lässt sich noch nicht einschätzen.* The damage cannot be assessed yet. ◇ *Die Lage wurde nicht als gefährlich eingeschätzt.* The situation was not considered to be dangerous. ◇ *Ich hätte ihn klüger eingeschätzt.* I'd have thought he was cleverer than that. ◇ *Wie schätzen Sie Ihre Chancen ein?* How do you see your chances? **2** (*abschätzen*) estimate ◇ *die Entfernung richtig einschätzen* estimate the distance correctly **3 falsch ~** misjudge ◇ *Er hat die Lage falsch eingeschätzt.* He misjudged the situation. **IDM etw kann nicht hoch genug eingeschätzt werden** it is impossible to overestimate the importance of sth

Einschätzung assessment ◇ *seine Einschätzung der Lage* his assessment of the situation ◇ *Nach meiner Einschätzung ...* In my estimation ...

einschenken (jdm) (etw) ~ pour (sb) (sth) ◇ *Er schenkte mir ein Glas Wein ein.* He poured me a glass of wine. **IDM** → WEIN

einschicken send *sth* in

einschlafen 1 go to sleep ◇ *Ich schlief wieder ein.* I went back to sleep. ◇ *Vor dem Einschlafen lese ich meistens noch eine halbe Stunde.* I usually read for half an hour before I go to sleep. ◇ *Mir ist das Bein eingeschlafen.* My leg has gone to sleep. ◇ *Ich konnte* *nicht einschlafen.* I couldn't get to sleep. ◇ *Er schläft oft beim Fernsehen ein.* He often falls asleep in front of the television. ◇ *Das Spiel war zum Einschlafen.* The game was enough to send you to sleep. **2** (*aufhören*) peter out ◇ *Die Partnerschaft ist eingeschlafen.* The partnership has petered out. ◇ *Unsere Freundschaft ist langsam eingeschlafen.* We've lost touch with each other over the years. **3** (*sterben*) pass away

einschläfern **1 jdn ~** send sb to sleep **2 ein Tier ~** put an animal down, put an animal to sleep

Einschlag **1** impact ◇ *der Einschlag eines Meteoriten* the impact of a meteorite ◇ *Durch den Einschlag eines Blitzes sind zwei Menschen ums Leben gekommen.* Two people were killed by lightning. **2** (*Gepräge*) touch ◇ *eine Ballade mit sentimentalem Einschlag* a ballad with a sentimental touch

einschlagen **1** break, smash ◇ *Wir mussten ein Fenster einschlagen.* We had to break a window. ◇ *Die Einbrecher hatten ein Fenster eingeschlagen.* The burglars had smashed a window. ◇ *Die Polizei hat die Tür eingeschlagen.* The police broke the door down. **2** (*hineinschlagen*) **etw (in etw) ~** (*Nagel etc.*) hammer sth in(to sth); (*Pfahl etc.*) drive sth in(to sth) **3** (*verpacken*) **etw (in etw) ~** wrap sth (up) (in sth) **4** (*Richtung*) take ◇ *Die Regierung will einen härteren Kurs einschlagen.* The government is planning to take a harder line. ◇ *Er hat schon als Kind eigene Wege eingeschlagen.* He always went his own way, even as a child. **5** (*Lenkrad, Räder*) turn **6 auf jdn/etw ~** hit sb/sth **7 (in etw) ~** hit sth; (*Blitz*) strike sth ◇ *Der Blitz hat in einen Baum eingeschlagen.* A tree was struck by lightning. **8** (*Erfolg haben*) be a big hit, go down well **IDM** **jdm den Kopf/Schädel einschlagen** smash sb's head in **jdm/sich die Zähne einschlagen** knock sb's/your teeth out → *Siehe auch* BLITZ *und* BOMBE

einschlägig relevant ◇ *Sie hat die einschlägige Fachliteratur studiert.* She studied all the relevant literature on the subject. ◇ *Er ist einschlägig vorbestraft.* He already has a conviction for a similar offence.

einschleichen **1 sich (in etw) ~** sneak in(to sth) **2 sich (in etw) ~** (*Fehler*) creep in(to sth) ◇ *Da haben sich einige Fehler eingeschlichen .* Some mistakes have crept in here.

einschleimen **sich bei jdm ~** suck up to sb (*umgs*)

einschleppen (*Krankheit, Tier, Pflanze*) bring *sth* in, introduce

einschleusen **jdn/etw (in etw) ~** smuggle sb/sth in(to sth)

einschließen **1 jdn/etw/sich (in etw) ~** lock sb/sth/yourself in (sth) **2 eingeschlossen sein** be trapped ◇ *Tausende sind unter den Trümmern eingeschlossen.* Thousands are trapped in the rubble. ◇ *vom Schneesturm eingeschlossen sein* be snowed in **3 etw (in etw) ~** (*einbeziehen*) include sth (in sth) ◇ *Sind Laptops in die Versicherung eingeschlossen?* Are laptops covered by the insurance?

einschließlich **1** including ◇ *Ich habe es allen gesagt, einschließlich Thomas.* I told everybody, including Thomas. **2 bis ~** up to and including ◇ *Die Straße ist bis einschließlich Freitag, den 4 Juni gesperrt.* The road is closed up to and including Friday, 4 June. ◇ *von Montag bis einschließlich Freitag* from Monday to Friday inclusive

einschmeicheln **sich (bei jdm) ~** ingratiate yourself (with sb)

einschmuggeln **1** smuggle *sth* in **2 sich (in etw) ~** sneak in(to sth)

einschnappen click shut → *Siehe auch* EINGESCHNAPPT

einschneidend radical (*Adv* radically); (*Einsparungen, Maßnahmen*) drastic; (*Folgen, Wirkung*) far-reaching

Einschnitt **1** (MED) incision **2** (*Wendepunkt*) turning point **3** (*wichtiges Ereignis*) major event

einschränken **1** (*verringern*) reduce, cut down on *sth* ◇ *Man sollte die Gewalt im Fernsehen einschränken.* The amount of violence on television should be reduced. ◇ *Du musst das Rauchen einschränken.* You must cut down on your smoking. **2** (*einengen*) restrict ◇ *die Rechte der Asylsuchenden einschränken/die Asylsuchenden in ihren Rechten einschränken* restrict the rights of asylum seekers **3** (*Behauptung etc.*) qualify ◇ *Einschränkend sagte sie, dass ...* She qualified her statement by saying that ... **4 sich ~ müssen** have to economize

Einschränkung **1** (*Reduzierung*) reduction; (*Einsparung*) cut ◇ *eine Einschränkung der Milchproduktion* a reduction in milk production ◇ *Einschränkungen im sozialen Wohnungsbau* cuts in public housing **2** (*Beschränkung*) restriction **3** (*Vorbehalt*) reservation ◇ *Ich stimme Ihnen zu, allerdings mit Einschränkungen.* I agree with you, with some reservations.

einschreiben **1 etw (in etw) ~** enter sth (in sth) **2 etw ~ lassen** (*Post*) register sth, send sth by registered post, (*AmE*) send sth by registered mail **3 sich ~** (*an der Uni*) matriculate; (*in einen Kurs*) enrol, (*AmE*) enrol; (*in eine Liste*) put your name down

Einschreiben **per ~** by registered post, (*AmE*) by registered mail

einschreiten intervene; (*Maßnahmen ergreifen*) take action ◇ *Ein Lehrer kann nur dann einschreiten, wenn ...* A teacher can only intervene if ... ◇ *Die Behörde hätte längst einschreiten müssen.* The authorities should have taken action long ago.

einschüchtern intimidate ◇ *Ich lasse mich nicht einschüchtern.* I won't be intimidated.

Einschüchterung intimidation [U] ◇ *eine brutale Einschüchterung* brutal intimidation

einschulen **eingeschult werden** start school ◇ *In Deutschland wird man mit sechs eingeschult.* Children start school at 6 in Germany.

einsehen **1** see; (*erkennen*) realize ◇ *Ich sehe ein, dass du keine andere Wahl hattest.* I can see that you had no choice. ◇ *Warum ich? Das sehe ich nicht ein.* I don't see why it should be me. ◇ *Er hat seinen Irrtum endlich eingesehen.* He finally realized that he was wrong. **2** (*Einblick nehmen*) look at *sth* ◇ *die Akten einsehen* look at the files **3** (*hineinsehen*) see into *sth* ◇ *den Garten einsehen* see into the garden

einseitig **1** one-sided ◇ *Das Endspiel war ziemlich einseitig.* The final was rather one-sided. ◇ *etw einseitig darstellen* present sth in a one-sided way **2** (*auf einer Seite*) on one side ◇ *einseitig bedruckt* printed on one side ◇ *Er ist einseitig gelähmt.* He's paralysed on one side. ◇ *Die Autobahn ist einseitig gesperrt.* The motorway is closed in one direction. ◇ *einseitige Liebe* unrequited love **3** (*Ernährung*) unbalanced ◇ *eine einseitige Ernährung* an unbalanced diet **4** (POL) unilateral (*Adv* unilaterally) ◇ *einseitige Abrüstung* unilateral disarmament

Einseitigkeit one-sidedness; (*Subjektivität auch*) bias [U/Sing]

einsenden **etw (an etw/jdn) ~** send sth in(to sth/sb)

Einsendeschluss closing date

einsetzen **1 etw (in etw) ~** put sth in (sth) ◇ *neue Fenster einsetzen* put in new windows **2** (*verwenden*) use; (*Armee, Polizei, Waffen etc.*) deploy ◇ *Das Geld soll dort eingesetzt werden, wo es wirklich gebraucht wird.* The money should be used where it is really needed. ◇ *Soldaten wurden zur Brandbekämpfung eingesetzt.* Troops were deployed to fight the fire. ◇ *Ich werde ihn im Mittelfeld einsetzen.* I'll play him in midfield. ◇

In den letzten zehn Minuten wurde Owen eingesetzt. Owen was brought on for the last ten minutes. ◇ *Zusätzliche Busse wurden eingesetzt.* Extra buses were put on. **3 jdn als etw ~** appoint sb (as) sth; (*Erben*) name sb as sth **4 etw (für jdn/etw) ~** (*riskieren*) risk sth (for sb/sth) **5** (*anfangen*) start **6 sich für jdn ~** support sb **7 sich für etw ~** fight for sth ◇ *Sie hat sich immer für Gleichheit eingesetzt.* She has always fought for equality. ◇ *Ich werde mich dafür einsetzen, dass alle mitkommen dürfen.* I'll do my best to see that everybody can come.

Einsicht 1 ~ (in etw) insight (into sth) **2** (*Erkenntnis*) (*meist mit einem Verb übersetzt*) ◇ *Wir sind zu der Einsicht gekommen, dass …* We have come to realize that … **3** (*Einsehen*) ◇ *in etw Einsicht nehmen* look at sth ◇ *jdm Einsicht in die Akten gewähren* allow sb to look at the files IDM **zur Einsicht kommen** come to your senses

einsichtig 1 (*vernünftig*) reasonable **2** (*verständlich*) clear

Einsiedler(in) hermit

einsilbig monosyllabic; (*Mensch auch*) uncommunicative

einsinken (in etw) ~ sink in(to sth)

einspannen 1 jdn (zu/für etw) ~ rope sb in (to do sth/for sth) **2 etw (in etw) ~** (*in eine Vorrichtung*) put sth in (to sth); (*in einen Schraubstock*) clamp sth in(to sth) **3** (*Pferd, Ochsen etc.*) hitch *sth* up

einsparen (*Energie, Material, Geld etc.*) save; (*Kosten, Arbeitsplätze*) cut

Einsparung 1 saving ◇ *eine Einsparung von 20%* a 20% saving ◇ *die Einsparung von Wasser* saving water **2 Einsparungen** cuts [Pl] ◇ *Einsparungen im Gesundheitswesen* cuts in the health service

einsperren 1 lock *sb/sth* in **2** (*ins Gefängnis*) put *sb* away, lock *sb* up

einspielen 1 make ◇ *Das Stück spielte mehrere Millionen ein.* The play made millions. **2 sich ~** get going ◇ *Die neue Arbeitsweise hat sich noch nicht eingespielt.* The new way of working hasn't got going yet. **3 (aufeinander) eingespielt sein** work/play well together ◇ *Die beiden waren gut aufeinander eingespielt.* The two of them worked well together. ◇ *Wir sind ein eingespieltes Team.* We make a good team. **4** (*CD etc.*) record

einsprachig monolingual

einspringen 1 step in ◇ *Die Gemeinde sprang mit einer größeren Summe ein.* The council stepped in with a large donation. **2 (für jdn) ~** (*vertreten*) stand in (for sb)

Einspruch 1 objection ◇ *Niemand erhob gegen die Pläne Einspruch.* Nobody raised any objection to the plans. **2** (RECHT) appeal ◇ *Der Einspruch wurde abgelehnt.* The appeal was dismissed. ◇ *beim Obersten Gericht Einspruch einlegen* appeal to the Supreme Court

einspurig 1 (*Straße, Bahnlinie*) single-track ◇ *eine einspurige Straße* a single-track road **2** ◇ *Die Autobahn ist nur einspurig befahrbar.* Traffic on the motorway is restricted to a single lane.

einst 1 once ◇ *Hier regierten einst die Römer.* The Romans once ruled here. **2** (*in Zukunft*) one day ◇ *Einst wirst du das bereuen.* You'll be sorry one day.

einstampfen (*Bücher etc.*) pulp

Einstand 1 debut ◇ *Der junge Spieler feierte einen tollen Einstand.* The young player made a fantastic debut. **2** (*Tennis*) deuce

einstecken 1 (*in die Tasche etc.*) put *sth* in your pocket, bag, etc. ◇ *Er steckte das Geld ein und ging.* He put the money in his pocket and left. ◇ *Hast du die Fahrkarten eingesteckt?* Have you got the tickets? **2** (*verdienen*) make **3 etw ~ müssen** (*Niederlage, Verlust*) suffer sth; (*Kritik*) take sth

einstehen 1 für etw ~ accept responsibility for sth ◇ *Er muss für sein Verhalten einstehen.* He has to accept responsibility for his actions. ◇ *Wir stehen dafür ein, dass …* We guarantee that … **2 für jdn ~** vouch for sb

einsteigen 1 (in etw) ~ (*Bus, Flugzeug, Zug*) get on (to) sth; (*Auto*) get in (to) sth ◇ *Er ist in München eingestiegen.* He got on at Munich. ◇ *Sie stieg in das Auto ein.* She got into the car. ◇ *Soll ich hinten einsteigen?* Shall I get in the back? **2** (*in einen Raum*) get in ◇ *Die Diebe sind durch ein Kellerfenster eingestiegen.* The burglars got in through a basement window. **3 in etw ~** (*eintreten*) go into sth ◇ *in die Politik einsteigen* go into politics ◇ *Frauen, die wieder ins Berufsleben einsteigen wollen* women who want to return to work

Einsteiger(in) 1 (*Anfänger*) beginner **2 ~ in etw** newcomer to sth

einstellen 1 (*Fernseher, Bild*) adjust; **etw auf etw ~** tune sth in to sth ◇ *die Zündung neu einstellen* adjust the timing **2** (*regulieren*) set ◇ *die Heizung einstellen* set the central heating **3** (*Rekord*) equal **4 jdn ~** take sb on, (*bes AmE*) hire sb ◇ *neue Mitarbeiter einstellen* take on new staff **5** (*nicht fortsetzen*) stop ◇ *die Produktion/den Betrieb einstellen* stop production ◇ *Der Flugbetrieb wurde eingestellt.* All flights were cancelled. ◇ *Bitte stellen Sie nun das Rauchen ein.* Please extinguish your cigarettes. ◇ *Das Gerichtsverfahren wurde eingestellt.* The court proceedings were halted. **6 sich ~** materialize ◇ *Der erwartete Boom hat sich nicht eingestellt.* The expected boom didn't materialize. ◇ *Später stellten sich bei ihr Zweifel ein.* Later she began to have doubts. ◇ *Der erste Erfolg stellte sich bald ein.* Soon they had their first success. **7 sich auf jdn/etw ~ (müssen)** (have to) be prepared for sb/sth ◇ *Wir müssen uns auf Entlassungen einstellen.* We have to be prepared for redundancies. **8 sich auf etw ~** (*sich anpassen*) adapt to sth ◇ *sich auf Veränderungen einstellen* adapt to change

einstellig in single figures (*dem Nomen nachgestellt*) ◇ *ein einstelliges Wachstum* growth in single figures ◇ *eine einstellige Zahl* a single figure

Einstellung 1 (*Anstellung*) taking on, (*bes AmE*) hiring ◇ *die Einstellung neuer Mitarbeiter* taking on new staff **2** (*Gerät*) adjustment ◇ *Die Einstellung der Satellitenschüssel sollte von einem Fachmann vorgenommen werden.* Adjustment of the satellite dish should be carried out by a specialist. **3** (*das Aufhören*) (*oft mit einem Verb übersetzt*) ◇ *die Einstellung der Produktion* stopping production ◇ *Der Senat hat für die Einstellung des Projekts gestimmt.* The Senate voted to end the project. ◇ *die Einstellung des Betriebs* the closure of the plant ◇ *eine Einstellung der Kampfhandlungen* a ceasefire ◇ *Die Kampfhandlungen führten zur Einstellung der Hilfsflüge.* The fighting meant that the aid flights were cancelled. **4** (*Haltung*) attitude ◇ *Mit dieser Einstellung kann man nicht gewinnen.* You won't win with that attitude.

Einstellungsgespräch (job) interview **Einstellungsstopp** freeze on recruitment

Einstieg 1 (*Tür*) door **2** (*das Einsteigen*) (*meist mit einem Verb übersetzt*) ◇ *den Einstieg in den Zug für Rollstuhlfahrer erleichtern* make it easier for people in wheelchairs to get on the train **3** (*Anfang*) start (*oft mit einem Verb übersetzt*) ◇ *Das war der Einstieg in eine heiße Debatte.* It was the start of a heated debate. ◇ *ein Einstieg in die Thematik* a way into the subject ◇ *den Arbeitslosen den Einstieg ins Berufsleben erleichtern* make it easier for the unemployed to find work

Einstiegsdroge gateway drug, soft drug

einstig former [nur vor Nomen] ◇ *sein einstiger Rivale* his former rival

einstimmen 1 (*Musikinstrument*) tune **2 (in etw) ~** join in (sth) ◇ *in den Chor einstimmen* join in the chorus **3 sich auf etw ~** get into the right mood for sth

einstimmig 1 unanimous (*Adv* unanimously) ◇ *etw einstimmig beschließen* pass sth unanimously **2** (MUS) unison ◇ *einstimmig singen* sing in unison

einstreichen 1 etw mit etw ~ put sth on sth **2** (*Geld*) pocket

einstudieren 1 (*Rolle, Text*) learn ◇ *eine Rolle einstudieren* learn your lines ◇ *Das wirkt allzu einstudiert.* It sounds too studied. **2** (*inszenieren*) put *sth* on ◇ *Sie haben eine Modenschau einstudiert.* They put on a fashion show. **3** (*proben*) rehearse

einstufen 1 jdn (in etw) ~ put sb into a group ◇ *Wir wurden in die C-Gruppe eingestuft.* We were put into group C. ◇ *jdn in eine Steuerklasse einstufen* put sb in a tax band **2 jdn/etw als etw ~** (*für etw halten*) consider sb/sth (to be) sth; (*klassifizieren*) class sb/sth as sth ◇ *Er wurde als ein Favorit eingestuft.* He was considered one of the favourites. ◇ *Sie ist als erwerbsunfähig eingestuft.* She is classed as unable to work.

Einstufung classification (*oft mit einem Verb übersetzt*) ◇ *die Einstufung der Straße als Hauptverkehrsstraße* the classification of the road as an A-road ◇ *die Einstufung in eine höhere Gehaltsstufe* being put in a higher income bracket

einstündig one-hour ◇ *eine einstündige Fahrt* a one-hour journey ◇ *ein einstündiges Treffen* an hour-long meeting

Einsturz collapse

einstürzen 1 collapse ◇ *Das Haus ist eingestürzt.* The house collapsed. ◇ *etw zum Einstürzen bringen* destroy sth **2 auf jdn ~** overwhelm sb

Einsturz- Einsturzgefahr danger of collapse ◇ *Das Betreten des Gebäudes ist wegen Einsturzgefahr verboten.* Keep out. Building in danger of collapse. **einsturzgefährdet** in danger of collapse [nicht vor Nomen]

einstweilig temporary, interim [nur vor Nomen] ◇ *eine einstweilige Verfügung* an interim injunction

eintägig one-day ◇ *eine eintägige Veranstaltung* a one-day event ◇ *ein eintägiger Ausflug* a day trip

Eintagsfliege 1 mayfly **2** (*fig*) nine days' wonder

eintauchen 1 etw in etw ~ dip sth in sth; (*Gebäck*) dunk sth in sth **2** (*tauchen*) dive

eintauschen etw (gegen etw) ~ exchange sth (for sth)

einteilen 1 jdn/etw (in etw) ~ divide sb/sth (up) (into sth) ◇ *Die Kinder werden nach dem Alter in Gruppen eingeteilt.* The children are divided up into groups according to their age. **2** (*klassifizieren*) classify ◇ *Die Bauernhöfe sind je nach Ausstattung in vier Kategorien eingeteilt.* The farms are classified into four categories according to their facilities. ◇ *Diese Chemikalien müssen in die Kategorie der gefährlichen Stoffe eingeteilt werden.* These chemicals have to be classified as dangerous. **3 jdn zu etw ~** give sb the job of doing sth, assign sb to sth (*gehoben*) ◇ *Ich bin heute zum Fensterputzen eingeteilt.* I've been given the job of cleaning the windows today. ◇ *jdn zum Nachtdienst einteilen* assign sb to night duty **4 (sich) etw ~** organize sth; (*Geld*) manage sth ◇ *Alles ist genau eingeteilt und funktioniert wie geschmiert.* Everything is highly organized and runs like clockwork. ◇ *Ich kann mir die Arbeit selbst einteilen.* I can organize my work myself.

einteilig one-piece [nur vor Nomen]

Einteilung 1 division, classification (*oft mit einem Verb übersetzt*) ◇ *die Einteilung der Stadt nach Wahlbezirken* the division of the city into wards ◇ *Ich bin gegen eine Einteilung in Altersgruppen.* I don't think we should divide them according to age. **2** (*Planen*) organization ◇ *die Einteilung der Arbeit* the organization of your work

eintippen key *sth* in

eintönig monotonous; (*langweilig*) dull

Eintönigkeit monotony

Eintopf stew

Eintracht harmony

einträchtig 1 *Adj* harmonious **2** *Adv* in harmony

Eintrag 1 entry ◇ *der Eintrag im Gästebuch* the entry in the visitors' book **2** (*ins Klassenbuch*) = comment in the register about a pupil's behaviour

eintragen 1 jdn/etw (in etw) ~ put sb's name/sth (in sth), enter sb's name/sth (in sth) (*offiz*) ◇ *einen Termin ins Notizbuch eintragen* put an appointment down in your notebook ◇ *Die Daten wurden damals per Hand in ein Buch eingetragen.* In those days, the information was entered by hand in a book. ◇ *In seinem Pass ist Kiel als Geburtsort eingetragen.* In his passport, his place of birth is down as Kiel. **2 sich ~** (*sich vormerken lassen*) put your name down; (*unterschreiben*) sign ◇ *Hast du dich schon auf die Liste für den Ausflug eingetragen?* Have you put your name down for the trip yet? ◇ *Wir trugen uns ins Gästebuch ein.* We signed the visitors' book. **3** (*einzeichnen*) mark ◇ *Die Dünen sind auf der Karte gelb eingetragen.* The dunes are marked in yellow on the map. **4 etw auf ein Konto ~** charge sth to sb's account **5** (*amtlich vermerken*) register ◇ *ein eingetragenes Warenzeichen* a registered trade mark **6** (*Gewinn bringen*) make money **7 jdm etw ~** (*Kritik, Lob*) earn sb sth; (*Ärger*) cause sb sth

einträglich lucrative

Eintragung entry → *Siehe auch* EINTRAG

eintreffen 1 (*ankommen*) arrive ◇ *in London eintreffen* arrive in London ◇ *Bis jetzt ist keine Antwort eingetroffen.* We haven't had an answer yet. **2** (*geschehen*) happen; (*Befürchtungen, Träume etc.*) come true ◇ *Alles traf genau so ein, wie sie es vorausgesagt hatte.* Everything happened exactly as she had predicted.

eintreiben (*Schulden, Steuer etc.*) collect

eintreten 1 (in etw) ~ enter (sth) (*gehoben, auch fig*); (*hereinkommen*) come in (to sth); (*hineingehen*) go in (to sth) ◇ *in ein Zimmer eintreten* enter a room ◇ *Die USA traten 1941 in den Krieg ein.* The United States entered the war in 1941. **2 in etw ~** (*Mitglied werden*) join sth ◇ *in eine Partei eintreten* join a party **3** (*sich ereignen*) happen; (*Schaden, Tod*) occur; (*Situation*) arise; (*Wandel*) come about ◇ *Das Gegenteil ist eingetreten.* In fact, the opposite happened. ◇ *Plötzlich trat Stille ein.* Suddenly there was silence. ◇ *Der gewünschte Erfolg ist nicht eingetreten.* They didn't achieve the success they hoped for. **4 für jdn ~** stand up for sb; **für etw ~** (*befürworten*) advocate sth; (*unterstützen*) support sth ◇ *Warum bist du nicht für mich eingetreten?* Why didn't you stand up for me? ◇ *Er trat für eine Reform ein.* He advocated reform. ◇ *Die Gewerkschaften traten engagiert für den Maastrichter Vertrag ein.* The unions strongly supported the Maastricht Treaty. **5** (*Tür*) kick *sth* in **6 auf jdn ~** kick sb **7 sich etw ~** get sth in your foot ◇ *Ich habe mir einen Splitter eingetreten.* I got a splinter in my foot.

eintrichtern jdm etw ~ drum sth into sb

Eintritt 1 admission (*offiz*) ◇ *Der Eintritt (zu dem Konzert) ist frei.* Admission (to the concert) is free. ◇ *Es kostet keinen Eintritt.* There is no admission charge. ◇ *Was kostet der Eintritt?* How much is it to go in? ◇ *Kinder haben freien Eintritt.* Children get in free. **2** (*das Eintreten*) entry ◇ *Kein Eintritt!* No Entry! **3** (*Beitritt*) (*meist mit einem Verb übersetzt*) ◇ *Voraussetzungen für den Eintritt in die EU* conditions for joining the EU

◇ *Sekretärin zum baldigen Eintritt gesucht.* Secretary required to start as soon as possible.
Eintrittsgeld admission charge **Eintrittskarte** (admission) ticket **Eintrittspreis** admission charge

eintrocknen dry up; (*fest werden*) dry; (*einschrumpfen*) shrivel up

einüben **1** rehearse; (*beibringen*) teach ◇ *Sie hat einen Tanz mit den Kindern eingeübt.* She taught the children a dance. **2** (*üben*) practise

Einvernehmen **1** agreement ◇ *im gegenseitigen Einvernehmen* by mutual agreement ◇ *Die Entscheidung ist im Einvernehmen mit der Familie getroffen worden.* The decision was reached with the agreement of the family. **2** (*Eintracht*) understanding IDM **mit jdm in gutem Einvernehmen stehen** be on good terms with sb

einverstanden **(mit etw) ~ sein** (*zustimmen*) agree (to sth); (*übereinstimmen*) be agreed (on sth); (*für etw sein*) agree (with sth); (*zufrieden sein*) be happy (with sth) ◇ *Einverstanden!* Agreed! ◇ *Ich habe sie um eine Gehaltserhöhung gebeten, und sie ist einverstanden.* I asked her for a rise and she agreed. ◇ *Sind wir alle damit einverstanden?* Are we all agreed on this? ◇ *Er ist grundsätzlich mit der Idee einverstanden.* He agrees with the idea in principle. ◇ *Wir sind mit dieser Lösung einverstanden.* We are happy with this solution. ◇ *Sie sind damit einverstanden, dass du mitkommst.* They're happy for you to come with us. ◇ *Ich bin mit allem einverstanden.* I'll go along with everything. ◇ *Wer ist nicht einverstanden?* Is there anyone who disagrees?

Einverständnis **1** (*Zustimmung*) consent, approval ◇ *Die Universität muss ihr Einverständnis dazu geben.* The university must give its consent. **2** (*Übereinstimmung*) agreement ◇ *in beiderseitigem Einverständnis* by mutual agreement ◇ *im Einverständnis mit der französichen Polizei* with the agreement of the French police

Einwand **~ (gegen etw)** objection (to sth) ◇ *Niemand erhob einen Einwand gegen die Pläne.* No one raised any objections to the plans.

Einwanderer, Einwanderin immigrant

einwandern immigrate, come/go to (live in ...) ◇ *Er ist 1999 eingewandert.* He came to (live in) this country in 1999. ◇ *die eingewanderten Vietnamesen* the immigrants from Vietnam

Einwanderung **1** immigration ◇ *das Problem der illegalen Einwanderung* the problem of illegal immigration **2** (*das Einwandern*) (*meist mit einem Verb übersetzt*) ◇ *vor seiner Einwanderung* before he came to this country
Einwanderungsbehörde immigration authorities [Pl] **Einwanderungsgesetz** immigration laws [Pl] **Einwanderungsland** country of immigration **Einwanderungspolitik** immigration policy

einwandfrei **1** perfect (*Adv* perfectly) ◇ *einwandfreie Waren* goods in perfect condition ◇ *Das Testament ist juristisch einwandfrei.* From a legal point of view the will is valid. ◇ *gesundheitlich einwandfreie Lebensmittel* food that is safe to eat ◇ *biologisch einwandfreie Molkereiprodukte* organic dairy products **2** (*Verhalten*) impeccable (*Adv* impeccably) **3** (*eindeutig*) clear (*Adv* clearly), indisputable (*Adv* indisputably) ◇ *Es steht einwandfrei fest, dass ...* It is quite clear that ... ◇ *Die Todesursache konnte nicht einwandfrei festgestellt werden.* It was not possible to establish the definite cause of death.

einwechseln (SPORT) bring sb on

Einweg- **Einwegflasche** non-returnable bottle **Einweggeschirr** disposable crockery, paper/plastic plates, cups, etc. **Einwegspritze** disposable syringe **Einwegverpackung** disposable packaging [U]

einweichen soak

einweihen **1** (*eröffnen*) open, inaugurate (*gehoben*); (*Kirche*) consecrate **2** (*zum ersten Mal benutzen*) christen (*umgs*) ◇ *Soll ich heute mein neues Kleid einweihen?* Shall I christen my new dress today? **3 jdn (in etw) ~** (*Geheimnis*) tell sb (sth) ◇ *Sie hat mich nicht in ihren Plan eingeweiht.* She didn't tell me anything about her plan. **4 in etw eingeweiht sein** know about sth ◇ *Er war in die Pläne für das Attentat nicht eingeweiht.* He didn't know about the plans for the attack. **5 jdn (in etw) ~** (*Kunst etc.*) initiate sb (into sth)

Einweihung **1** (*Eröffnung*) opening **2** (*einer Wohnung, eines Hauses*) house-warming
Einweihungsfeier **1** opening ceremony **2** (*einer Wohnung, eines Hauses*) house-warming party

einweisen **1 jdn (in etw) ~** (*ins Krankenhaus*) admit sb (to sth); (*ins Lager, Gefängnis*) send sb (to sth) **2 jdn ~** (*in eine Aufgabe/eine Arbeit*) show sb what to do, train sb **3 jdn/etw (in etw) ~** direct sb/sth (into sth) ◇ *Wir wurden in eine Fahrspur eingewiesen.* We were directed into a lane. ◇ *Kannst du mich (in die Parklücke) einweisen?* Can you help me get into the parking space?

Einweisung **1** (*ins Krankenhaus*) admission (*ins Lager etc.*) (*meist mit einem Verb übersetzt*) ◇ *Der Arzt veranlasste die Einweisung ins Krankenhaus.* The doctor arranged her admission to hospital. ◇ *Zur Einweisung in ein Straflager genügte schon eine Denunziation.* It only took a denunciation for somebody to be sent to a prison camp. **2** (*in eine Aufgabe*) training

einwenden object; **etw gegen etw/jdn ~** have an objection to sth/sb ◇ *Er wandte ein, dass wir nicht genug Geld hätten.* He objected that we didn't have enough money. ◇ *Hast du etwas gegen unseren Vorschlag einzuwenden?* Have you any objections to our proposal? ◇ *Sie wusste nichts darauf einzuwenden.* She couldn't think of anything to say to that. ◇ *Dagegen ist nichts einzuwenden.* There's nothing wrong with that. ◇ *Gegen eine Tasse Tee hätte ich nichts einzuwenden.* I wouldn't mind a cup of tea.

einwerfen **1** put *sth* in (to *sth*); (*Brief*) post, (*AmE*) mail **2** (*Fensterscheibe*) break, smash **3** (*Bemerkung etc.*) interject **4** (SPORT) throw *sth* in

einwickeln **1 jdn/etw (in etw) ~** wrap sb/sth (up) (in sth) ◇ *Das Baby war in eine Decke eingewickelt.* The baby was wrapped in a blanket. **2 jdn ~** (*überlisten*) take sb in

einwilligen **(in etw) ~** agree (to sth), consent (to sth) (*gehoben*); (*Erlaubnis geben*) give your consent (to sth) ◇ *Sie hat eingewilligt, uns ihr Haus zu vermieten.* She agreed to rent us her house. ◇ *Er willigte nur ungern ein.* He agreed reluctantly. ◇ *Er willigte in die Scheidung ein.* He consented to a divorce. ◇ *Die Eltern müssen einwilligen.* The parents have to give their consent.

Einwilligung **1** consent **2 seine ~ (zu etw) geben** agree (to sth) ◇ *Er hat seine Einwilligung zu einem Interview gegeben.* He agreed to an interview.

einwirken **1 auf jdn/etw ~** have an effect on sb/sth ◇ *beruhigend auf jdn einwirken* have a calming effect on sb ◇ *Das Klima hat vorteilhaft auf seine Gesundheit eingewirkt.* The climate has had a positive effect on his health. **2** (*beeinflussen*) influence, have an influence on *sb/sth*; (*überreden*) persuade ◇ *Kannst du nicht auf ihn einwirken, sich zu entschuldigen?* Can't you persuade him to apologize? **3 etw ~ lassen** let sth take effect ◇ *Man muss die Salbe ein paar Stunden einwirken lassen.* You have to let the cream take effect for a few hours.

Einwirkung effect; (*Einfluss*) influence ◇ *Die Schäden wurden durch Einwirkung von Strahlen bewirkt.* The damage was caused by the effects of radiation. ◇ *unter Einwirkung von Drogen stehen* be under the influence of drugs

einwöchig **1** (*eine Woche dauernd*) one-week ◇ *eine einwöchige Konferenz* a one-week conference **2** (*eine Woche alt*) week-old ◇ *ein einwöchiges Baby* a week-old baby

Einwohner(in) inhabitant

Einwurf **1** (*das Einwerfen*) (*meist mit einem Verb übersetzt*) ◇ *„Einwurf 1 Euro"* 'Insert 1 euro' **2** throw-in ◇ *einen Einwurf machen* take a throw-in **3** (*Einwand*) objection

Einzahl singular

einzahlen **etw (auf etw) ~** pay sth in(to sth) ◇ *einen Betrag auf ein Sparkonto einzahlen* pay a sum of money into a savings account ◇ *Spenden können bei der Frankfurter Sparkasse eingezahlt werden.* Donations can be made through the Frankfurt Savings Bank.

Einzahlung payment; (*auf ein Konto*) deposit ◇ *Nachweis über die Einzahlung* proof of payment ◇ *eine Einzahlung machen* make a deposit
Einzahlungsbeleg paying-in slip

einzäunen fence, surround *sth* by a fence

Einzel singles [Pl]; (*Spiel*) singles match ◇ *das Einzel-Finale der Frauen* the ladies' singles final ◇ *Er gewann sein Einzel/im Einzel.* He won his singles match/He won in the singles.
Einzelfall individual case; (*Sonderfall*) isolated case; (*Ausnahme*) exceptional case ◇ *Die zuständige Behörde prüft jeden Einzelfall.* The authorities look at each individual case. ◇ *Das ist kein Einzelfall.* It is not just an isolated case. ◇ *Manche sind sofort erfolgreich, aber das sind Einzelfälle.* Some are immediately successful, but these are exceptional cases. ◇ *im Einzelfall entscheiden* decide on a case-by-case basis **Einzelgänger(in)** loner **Einzelhaft** solitary confinement ◇ *Sie sitzt in Einzelhaft.* She is in solitary confinement. **Einzelhandel** retail trade ◇ *der Groß- und Einzelhandel* the wholesale and retail trade ◇ *Im Einzelhandel kostet das mehr.* It costs more in the shops. **Einzelhändler(in)** retailer **Einzelhaus** detached house

Einzelheit detail ◇ *weitere Einzelheiten* further details ◇ *Er schilderte seine Operation in allen Einzelheiten.* He described his operation in great detail. ◇ *in die Einzelheiten gehen* go into detail

Einzelkind only child

einzeln **1** *Adj* single, individual ◇ *Sie strich jeden einzelnen Fehler an.* She marked every single mistake. ◇ *Der einzelne Arzt muss das für sich entscheiden.* Each individual doctor must decide for him or herself. ◇ *eine einzelne Socke* an odd sock **2** *Adj* **einzelne** one or two ◇ *Einzelne Fragen blieben offen.* One or two questions were left open. **3** *Adv* individually; (*getrennt*) separately; (*nacheinander*) one at a time ◇ *Der Unterricht erfolgt in Gruppen oder einzeln.* The teaching takes place in groups or individually. ◇ *Die CDs kann man auch einzeln kaufen.* You can also buy the CDs separately. ◇ *Bitte einzeln eintreten.* Please come in one at a time.

Einzelne(r,s) **1 Einzelne(r)** individual ◇ *Was kann der Einzelne dagegen tun?* What can the individual do about it? **2 jeder/jede ~** every single one ◇ *Jeder Einzelne hat seinen Beitrag geleistet.* Every single one has made a contribution. **3 ins Einzelne/im Einzelnen** in detail ◇ *Das muss im Einzelnen noch besprochen werden.* That still needs to be discussed in detail. ◇ *Wir haben keine Zeit, um ins Einzelne zu gehen.* We haven't time to go into detail. ◇ *Alles war bis ins Einzelne geplant.* Everything was planned down to the last detail.

Einzel- **Einzelstück** **1** unique piece **2** → EINZELTEIL
Einzelteil (individual) part ◇ *Ein Fernseher besteht aus rund 2 000 Einzelteilen.* A television is made up of about 2 000 individual parts. ◇ *etw in seine Einzelteile zerlegen* take sth to pieces **Einzelunterricht** individual tuition **Einzelzimmer** single room

einziehen **1** pull *sth* in; (*Fahne, Segel*) lower ◇ *Die Fischer zogen das Netz ein.* The fishermen pulled the net in. **2** pull *sth* in; (*Krallen*) retract ◇ *den Bauch einziehen* pull your tummy in ◇ *Er zog rechtzeitig den Kopf ein.* He ducked in time. ◇ *Der Hund zog den Schwanz ein.* The dog put his tail between his legs. **3** (*einatmen*) breathe *sth* in **4** (*einberufen*) call *sb* up, (*AmE*) draft ◇ *Er wird demnächst (zum Wehrdienst) eingezogen.* He'll soon be called up (for military service). **5 etw (in etw) ~** (*einbauen*) put sth (into sth) **6 etw (in etw) ~** (*durchziehen*) thread sth (into sth) **7** (*eintreiben*) collect **8** (*beschlagnahmen*) confiscate **9** (*aus dem Verkehr ziehen*) withdraw **10 Erkundigungen ~** make enquiries **11 (in etw) ~** move in (to sth) ◇ *Wann ziehst du in die neue Wohnung ein?* When are you moving into the new flat? **12** (*in einen Rat etc.*) take your seat; (*ins Finale etc.*) take your place ◇ *Sie sind mit fünf Sitzen ins Stadtparlament eingezogen.* They took five seats on the town council. **13** (*einmarschieren*) process; (*Truppen etc.*) march in ◇ *Der Chor zog in die Kirche ein.* The choir processed into the church. ◇ *Endlich ist bei uns wieder Ruhe eingezogen.* Things have finally quietened down again around here. **14 (in etw) ~** (*eindringen*) be absorbed (into sth) ◇ *Die Creme zieht schnell (in die Haut) ein.* The cream is quickly absorbed (into the skin). IDM → SCHWANZ

einzig **1** *Adj* only ◇ *Das ist der einzige Grund.* That is the only reason. ◇ *eine einzige Schachtel Zigaretten* only one packet of cigarettes ◇ *das Einzige, was wir tun können* the only thing we can do ◇ *Er ist der Einzige, dem man vertrauen kann.* He's the only one you can trust. ◇ *die Einzigen, die Deutsch sprechen* the only ones who speak German ◇ *Sie hatte als Einzige einen Schirm dabei.* She was the only one with an umbrella. ◇ *Kein Einziger hatte die Hausaufgaben gemacht.* Not a single person had done the homework. **2** *Adj* (*zur Betonung einer Verneinung*) single ◇ *Sie hat nicht eine einzige Frage beantworten können.* She couldn't answer a single question. ◇ *Er ist kein einziges Mal gefallen.* He didn't fall down once. **3** *Adj* (*völlig*) absolute ◇ *Der Unterricht war eine einzige Quälerei.* The lessons were absolute torture. **4** *Adv* only, purely ◇ *Es war das einzig Vernünftige.* It was the only sensible thing. ◇ *Der Streit beruhte einzig auf einem Missverständnis.* The argument was purely the result of a misunderstanding. IDM **das einzig Wahre** the only thing **einzig in seiner Art** unique **einzig und allein** entirely

einzigartig **1** *Adj* unique **2** *Adv* extraordinarily, exceptionally ◇ *eine einzigartig schöne Gegend* an exceptionally beautiful area

Einzimmerwohnung one-room flat, (*AmE*) one-room apartment

Einzug **1** (*das Eintreiben*) collection **2** (*Beschlagnahmung*) confiscation **3** (*in eine Wohnung*) (*meist mit einem Verb übersetzt*) ◇ *Sie war seit dem Einzug in die neue Wohnung krank.* She had been ill since she moved into the new flat. **4 ~ halten** arrive ◇ *Im Kindergarten hat der Computer Einzug gehalten.* Computers have arrived at nursery schools. **5** (*in einen Rat, ins Finale etc.*) (*meist mit einem Verb übersetzt*) ◇ *vor seinem Einzug in den Bundestag* before he became a member of parliament ◇ *Der Einzug ins Halbfinale ist ihm sicher.* He is certain to get into the semi-final.

Einzugsermächtigung 1 direct debit (arrangement) **2** (*Formular*) direct debit mandate **Einzugsgebiet, Einzugsbereich 1** (*für Schulen, Krankenhäuser*) catchment area **2** ◇ *Das Dorf gehört zum/liegt im Einzugsgebiet der Hauptstadt.* The village is in the commuter belt of the city. ◇ *Das Industriegebiet liegt im Einzugsbereich der Straßenbahnlinie 11.* Tram line 11 serves the industrial area.

eis, Eis (MUS) E sharp

Eis 1 ice ◇ *Vorsicht, das Eis trägt noch nicht!* Be careful, the ice won't take your weight yet! ◇ *Das Wasser war zu Eis gefroren.* The water had frozen. **2** (*Speise-*) ice cream ◇ *Gehen wir (ein) Eis essen?* Shall we go for an ice cream? **3 ~ am Stiel** ice lolly, (*AmE*) Popsicle™ IDM **etw auf Eis legen** put sth on ice **auf Eis liegen** be on ice **das Eis brechen** break the ice **sich auf dünnem Eis bewegen** be skating on thin ice

Eisbahn ice rink **Eisbär** polar bear

Eisberg iceberg IDM → SPITZE

Eis- Eisbeutel ice pack **Eisbrecher** ice breaker

Eischnee beaten egg white

Eis- Eiscreme ice cream **Eisdiele** ice-cream parlour, (*AmE*) ice-cream parlor

Eisen 1 (*Metall, Golfschläger*) iron ◇ *die Eisen verarbeitende Industrie* the iron (and steel) industry **2** (*Huf-*) horseshoe IDM **aus Eisen sein** (*Mensch*) be as hard as nails **das Eisen schmieden, solange es heiß ist** strike while the iron's hot **ein heißes Eisen** a controversial subject **jdn/etw zum alten Eisen werfen** throw sb/sth on the scrapheap **zum alten Eisen gehören/zählen** be on the scrapheap **zwei/mehrere/noch ein Eisen im Feuer haben** have two/a few/other irons in the fire

Eisenbahn 1 (*Zug*) train, rail ◇ *Er fuhr mit der Eisenbahn.* He travelled by train. ◇ *etw mit der Eisenbahn schicken* send sth by rail **2** (*Bahnstrecke*) railway, railway line, (*AmE*) railroad ◇ *Sie wohnt direkt an der Eisenbahn.* She lives right by the railway line. **3** (*Institution*) railways [Pl], railway company ◇ *die Zukunft der Eisenbahn* the future of the railways ◇ *Er arbeitet bei der Eisenbahn.* He works on the railways. ◇ *die europäischen Eisenbahnen* the European railway companies **4** (*Modell-*) model railway; (*Spielzeug*) train set IDM → HÖCHSTE(R,S)

Eisenbahnbrücke railway bridge, (*AmE*) railroad bridge **Eisenbahnstrecke** railway line, (*AmE*) railroad

Eisen- Eisenerz iron ore **Eisenzeit** Iron Age

eisern 1 *Adj* (*aus Eisen*) iron **2** *Adj* (*Disziplin, Regel, Prinzip*) strict; (*Wille*) iron [nur vor Nomen] ◇ *Das ist keine eiserne Regel.* It's not a strict rule. ◇ *Er hat eiserne Nerven.* He has nerves of steel. **3** *Adj* **~ bleiben** remain adamant **4** *Adv* ◇ *eisern durchgreifen* take drastic action ◇ *eisern sparen* save every penny ◇ *eisern trainieren* train with iron determination ◇ *Er hielt eisern an dem Beschluss fest.* He stood firmly by the decision. IDM **das Eiserne Kreuz** the Iron Cross **der eiserne Vorhang 1** (THEAT) the safety curtain **2 der Eiserne Vorhang** (POL) the Iron Curtain **eiserne Lunge** (MED) iron lung **mit eiserner Hand/Faust** ruthlessly; brutally ◇ *Der Aufstand wurde mit eiserner Faust unterdrückt.* The uprising was ruthlessly crushed. ◇ *Der Diktator regierte mit eiserner Hand.* The dictator ruled with a rod of iron. → *Siehe auch* RATION

Eis- Eisfach freezer compartment **eisfrei 1** (*Hafen etc.*) ice-free **2** (*Fahrbahn, Bürgersteig*) clear, not icy **eisgekühlt** ice-cold, iced **Eisglätte** icy conditions [Pl] ◇ *Bei Eisglätte ist der Weg gesperrt.* The path is closed in icy conditions. **Eishockey** ice hockey, (*AmE*) hockey

eisig 1 (*Wind, Wasser*) icy; (*Kälte*) bitter **2** (*unfreundlich*) frosty (*Adv* frostily) ◇ *ein eisiges Schweigen* a frosty silence ◇ *Sie lächelte eisig.* She smiled frostily. **3** (*Schreck, Grauen*) cold ◇ *Ihn erfasste ein eisiges Grauen.* A cold shudder went down his spine.

Eis- Eiskaffee iced coffee **eiskalt 1** freezing cold; (*Getränk*) ice-cold **2** (*kaltblütig*) cold-blooded (*Adv* cold-bloodedly), ruthless (*Adv* ruthlessly) ◇ *ein eiskalter Killer* a cold-blooded killer ◇ *eine eiskalte Geschäftsfrau* a ruthless businesswoman **3** (*abweisend*) cold (*Adv* coldly) ◇ *ein eiskalter Blick* a cold look ◇ *Sie ließ ihn eiskalt abblitzen.* She gave him the cold shoulder. **4** (*lässig*) cool (*Adv* coolly) (*umgs*) ◇ *Als sein Gegner ausrutschte, nutzte er seine Chance eiskalt.* When his opponent slipped, he coolly took his chance. ◇ *Das mach ich doch eiskalt.* I'll do that, no problem. **Eiskappe** ice cap **Eiskunstlauf** figure skating **Eiskunstläufer(in)** figure skater **eislaufen** skate ◇ *Kannst du eislaufen?* Can you skate? ◇ *Am Samstag gingen wir eislaufen.* We went ice-skating on Saturday. **Eisläufer(in)** skater **Eispickel** ice pick **Eisschnelllauf** speed skating ◇ *die Olympiasiegerin im Eisschnelllauf* the Olympic speed skating champion **Eisschnellläufer(in)** speed skater **Eisscholle** ice floe **Eisschrank** → KÜHLSCHRANK **Eistanz** ice dancing **Eistee** iced tea **Eiswürfel** ice cube **Eiszapfen** icicle **Eiszeit** ice age

eitel vain ◇ *Er ist eitel und arrogant.* He's vain and arrogant.

Eitelkeit vanity; (*Stolz*) pride [U] ◇ *Sie hat ihn in seiner Eitelkeit verletzt.* She wounded his pride.

Eiter pus

eitern fester

Ei- Eiweiß 1 egg white **2** (*Protein*) protein ◇ *tierisches Eiweiß* animal protein **Eizelle** egg cell

Ekel[1] *der* **1 ~ (vor jdm/etw)** disgust (at sb/sth); (*Hass*) loathing (of sb/sth) ◇ *Er sah mit Ekel auf seine abgetragene Kleidung.* He looked with disgust at his tattered clothing. ◇ *Sie spricht voller Ekel von ihrer früheren Arbeit.* She talks with loathing about her previous job. **2** (*Übelkeit*) ◇ *Bei manchen Szenen des Films empfand ich Ekel.* Some of the scenes in the film made me feel sick. ◇ *Er musste sich vor Ekel abwenden.* He felt sick and had to turn away. ◇ *eine Ekel erregende Brühe* a revolting brew ◇ *Das Essen roch Ekel erregend.* The food smelt revolting.

Ekel[2] *das* pig (*umgs*) ◇ *So ein altes Ekel!* What a pig!

ekelhaft 1 disgusting, revolting **2** (*Mensch, Wetter*) horrible (*Adv* horribly), nasty ◇ *Der Saal war ekelhaft stickig.* The room was horribly stuffy.

ekeln sich (vor jdm/etw) ~ find sb/sth repulsive; **es ekelt jdn/jdm vor jdm/etw** sb finds sb/sth repulsive ◇ *Sie ekelt sich vor Spinnen.* She finds spiders repulsive.

EKG ECG, (*AmE*) EKG

Eklat confrontation; (*Aufsehen*) stir; (*Skandal*) scandal ◇ *Es kam zum öffentlichen Eklat zwischen den beiden Kandidaten.* There was a public confrontation between the two candidates. ◇ *Sie wurde mit großem Eklat von den Wettkämpfen ausgeschlossen.* She was excluded from the competition, which caused a great stir.

eklatant 1 *Adj* (*Fehler*) gross; (*Ungerechtigkeit, Verstoß*) flagrant; (*Lüge, Beispiel*) blatant; (*Unterschied*) striking **2** *Adv* (*offenkundig*) blatantly; (*unverfroren*) flagrantly; (*sensationell*) spectacularly ◇ *eklatant ungerecht* blatantly unfair ◇ *Er hat eklatant gegen die Regeln verstoßen.* He has flagrantly broken the rules. ◇ *Hier hat die Schule eklatant versagt.* The school has failed spectacularly here.

eklig **1** disgusting, revolting ◇ *Die Suppe schmeckt eklig!* The soup tastes disgusting! **2** (*Mensch, Wetter*) horrible, nasty ◇ *Er hat sich ihr gegenüber ziemlich eklig benommen.* He has been pretty nasty to her.
Ekstase ecstasy ◇ *in Ekstase kommen/geraten* go into ecstasies
ekstatisch ecstatic (*Adv* ecstatically)
Ekzem eczema [U]
Elan vigour, zest; (*Begeisterung*) enthusiasm ◇ *mit neuem Elan* with renewed enthusiasm ◇ *Sie ging voller Elan an die Arbeit.* She threw herself into her work.
elastisch **1** (*biegsam*) elastic; (*dehnbar*) stretchy **2** (*geschmeidig*) springy; (*Muskeln etc.*) supple **3** (*fig*) flexible ◇ *eine elastische Politik* a flexible policy
Elastizität **1** elasticity **2** (*fig*) flexibility
Elch elk
Elefant elephant IDM **wie ein Elefant im Porzellanladen** like a bull in a china shop → *Siehe auch* MÜCKE
elegant elegant (*Adv* elegantly); (*Mode, Design, Spielart auch*) stylish (*Adv* stylishly); (*Bewegung*) graceful (*Adv* gracefully); (*Lösung etc.*) neat (*Adv* neatly) ◇ *elegant angezogen sein* be elegantly dressed
Eleganz elegance; (*in der Bewegung*) gracefulness ◇ *die Eleganz des Balletts* the gracefulness of the dancing
Elegie elegy
Elektrik electrical system, electrics [Pl] (*umgs*)
Elektriker(in) electrician
elektrisch electrical; (*mit Strom betrieben*) electric (*Adv* electrically) ◇ *ein elektrisches Feld* an electrical field ◇ *elektrisches Licht* electric light ◇ *elektrisch geladen* electrically charged ◇ *elektrisch beheizt* heated by electricity
elektrisieren **1** (*begeistern*) electrify ◇ *Seine Rede hatte eine elektrisierende Wirkung auf die Zuhörer.* His speech had an electrifying effect on the audience. **2 sich ~**; **elektrisiert werden** get an electric shock ◇ *Ich habe mich an dem kaputten Lichtschalter elektrisiert.* I got an electric shock from the faulty light switch. ◇ *Er sprang wie elektrisiert auf.* He jumped up as if electrified. **3** (*elektrisch aufladen*) give *sth* an electrical charge
Elektrizität electricity
Elektrizitätswerk power station; (*Gesellschaft*) electricity company
Elektroauto electric car
Elektrode electrode
Elektro- **Elektrogerät** electrical appliance **Elektrogeschäft** electrical retailer **Elektroherd** electric cooker **Elektroindustrie** electrical industry **Elektroingenieur(in)** electrical engineer **elektromagnetisch** electromagnetic (*Adv* electromagnetically) **Elektromotor** electric motor
Elektron electron
Elektronik **1** (*Wissenschaft*) electronics [U] **2** (*Bestandteile*) electronics [Pl] ◇ *mit modernster Elektronik ausgestattete Flugzeuge* planes equipped with the latest in electronics **3** (*Geräte*) electronic equipment [U]; (*Musikinstrumente*) electronic instruments [Pl]
elektronisch electronic (*Adv* electronically) ◇ *die elektronischen Medien* the electronic media ◇ *elektronisch gesteuerte Bewässerungsanlagen* electronically controlled irrigation systems ◇ *Die Daten sind elektronisch erfasst.* The data is held on computer.
Elektro- **Elektroschock** electric shock **Elektrosmog** electronic smog **Elektrotechnik** electrical engineering **Elektrotechniker(in)** electrical engineer
Element **1** (*Stoff, Bestandteil, Faktor*) element ◇ *Die Lieder enthalten Elemente der irischen Volksmusik.* The songs contain elements of Irish folk music. ◇ *in seinem Element sein* be in your element ◇ *den Elementen der Natur trotzen* brave the elements ◇ *Die subversiven Elemente schaden dem Ansehen unserer Partei.* Subversive elements are damaging the party's reputation. **2 Elemente** basics [Pl], rudiments [Pl] (*gehoben*) ◇ *An der Schule kam er nicht über die Elemente der Physik hinaus.* At school he didn't get beyond the basics of physics. **3** (*Batterie*) battery **4** (*Bauteil*) section, part
elementar **1** basic; (*grundlegend*) fundamental ◇ *die elementaren Menschenrechte* basic human rights ◇ *ein elementarer Fehler* a basic mistake ◇ *die elementaren Grundbegriffe* the basics **2** (*Kraft, Gefühl etc.*) elemental
elend **1** (*kläglich*) miserable [nur vor Nomen] (*Adv* miserably); (*armselig auch*) poor ◇ *ein elendes Leben führen* lead a miserable life ◇ *elend versagen* fail miserably ◇ *elende Lebensbedingungen* poor living conditions **2** (*krank*) ill, awful (*umgs*); (*übel*) sick, (*AmE*) sick to the stomach ◇ *Sie sieht sehr elend aus.* She looks really awful. ◇ *Mir ist elend.* I feel sick. **3** (*schrecklich*) terrible (*Adv* terribly) (*umgs*) ◇ *Das war eine elende Arbeit.* That was a terrible job. ◇ *Wir hatten elenden Durst.* We were terribly thirsty. ◇ *Sie hat eine elend lange Rede gehalten.* She made a terribly long speech. **4** (*gemein*) despicable, rotten (*umgs*) ◇ *Das war ein elender Betrug.* That was a rotten swindle.
Elend **1** misery; (*Armut auch*) poverty ◇ *das Elend der Armen* the misery of the poor ◇ *im Elend leben* live in poverty ◇ *das soziale Elend* poor social conditions **2** (*deprimierender Zustand*) pain (*umgs*) ◇ *Es ist ein Elend mit den Kindern.* The kids are a pain. ◇ *Jetzt ist sie schon zum dritten Mal durchgefallen, es ist ein Elend.* This is the third time she has failed; it's heartbreaking. IDM → HÄUFCHEN
Elendsquartier slum dwelling **Elendsviertel** slums [Pl]
elf eleven → *Beispiele bei* SECHS
Elf **1** eleven → *Beispiele bei* SECHS **2** (*Mannschaft*) team
Elfenbein ivory ◇ *ein Kamm aus Elfenbein* an ivory comb
Elfenbeinturm ivory tower
Elfmeter penalty ◇ *zum Elfmeter antreten* take a penalty ◇ *einen Elfmeter geben/verwandeln/verschießen/halten* award/score from/miss/save a penalty
Elfmeterpunkt penalty spot **Elfmeterschießen** penalty shoot-out **Elfmeterschütze** penalty taker
elfte(r,s) eleventh → *Beispiele bei* SECHSTE(R,S)
eliminieren eliminate; (*aus einem Wettbewerb etc. auch*) knock *sb/sth* out
Eliminierung elimination
Elision (LING) elision
elitär elitist (*abwert*)
Elite élite
Ellbogen, Ellenbogen **1** elbow ◇ *sich auf die Ellbogen aufstützen* lean on your elbows ◇ *Nimm die Ellbogen vom Tisch!* Don't put your elbows on the table! ◇ *jdn mit dem Ellbogen anstoßen* nudge sb (with your elbow) **2** (*fig*) ◇ *Er ist ein Karrieretyp, der sich mit Ellbogen hochkämpft.* He's a career type who ruthlessly pushes his way to the top. ◇ *Wenn du deinen Willen durchsetzen willst, musst du auch mal die Ellbogen einsetzen.* If you want to get your way, you have to be ruthless.
Ellbogengesellschaft dog-eat-dog society
Ellipse **1** (MATH) ellipse **2** (LING) ellipsis
Elster magpie
elterlich parental ◇ *elterliche Verantwortung* parental responsibility ◇ *Er wohnt noch immer in der*

elterlichen Wohnung. He still lives with his parents. ◇ *Sie arbeitete im elterlichen Betrieb.* She worked in her parents' firm.

Eltern parents [Pl] IDM **nicht von schlechten Eltern sein** be pretty good (*umgs*) ◇ *Die Idee ist nicht von schlechten Eltern.* It's a pretty good idea.
Elternabend parents' evening **Elterngeld** = money paid to parents who are looking after a child or children full- or part-time and who are therefore not in full-time employment **Elternhaus** (parental) home; (*Erziehung*) upbringing ◇ *das Elternhaus verlassen* leave home ◇ *Sie kam aus einem wohl behüteten Elternhaus.* She had had a sheltered upbringing. **Elternpaar** parents [Pl] ◇ *Ein Elternpaar kann für maximal 10 Monate Hilfe beantragen.* Parents can claim benefit for a maximum of ten months. ◇ *Heute beteiligen sich häufig beide Elternpaare des Brautpaars an den Kosten der Hochzeit.* Nowadays it's common for both sets of parents to contribute to the cost of a couple's wedding. **Elternsprechtag** parents' evening **Elternzeit** (*Mütter*) extended maternity leave; (*Väter*) extended paternity leave

Email, Emaille enamel ◇ *ein Topf aus Email* an enamel pot

E-Mail email ◇ *Informationen per E-Mail schicken* send information by email ◇ *Hast du E-Mail?* Are you on email?

Emanze women's libber

Emanzipation emancipation ◇ *für die Emanzipation der Frau kämpfen* fight for women's liberation

emanzipieren sich ~ emancipate yourself, free yourself ◇ *sich von kleinbürgerlichen Anschauungen emanzipieren* free yourself from petit bourgeois ideology

emanzipiert emancipated

Embargo embargo ◇ *ein Embargo gegen ein Land verhängen/aufheben* impose/lift an embargo on a country

Emblem symbol; (*Vereins-, Firmen-*) logo

Embryo embryo

embryonal embryonic

Emigrant(in) emigrant

Emigration 1 (*das Weggehen*) emigration ◇ *die innere Emigration* inner emigration **2** (*Exil*) exile ◇ *in der Emigration leben* live in exile ◇ *Viele Russen sind in die Emigration gegangen.* Many Russians went into exile.

emigrieren emigrate

eminent 1 *Adj* (*herausragend*) eminent **2** *Adj* (*außerordentlich groß*) great ◇ *von eminenter Wichtigkeit* of great importance **3** *Adv* (*sehr*) extremely ◇ *eminent wichtig* extremely important

Emir emir

Emirat emirate

Emission 1 emission [meist Pl] **2** (WIRTSCH) issue **emissionsarm** low-emission **Emissionshandel** carbon trading

Emoticon emoticon

Emotion emotion, feeling ◇ *Der Artikel weckte heftige Emotionen.* The article aroused strong feelings.

emotional, emotionell emotional (*Adv* emotionally) ◇ *eine emotionale Bindung* an emotional tie ◇ *Es wurde heftig und emotional diskutiert.* There was a heated and emotional discussion. ◇ *eine emotional aufgeladene Atmosphäre* an emotionally charged atmosphere

Empathie empathy

Empfang 1 reception ◇ *einen Empfang geben* give a reception ◇ *Wir haben hier einen schlechten Empfang.* The reception here is bad. ◇ *eine Nachricht am Empfang hinterlassen* leave a message at reception **2** (*das Empfangen*) receipt ◇ *Bitte bestätigen Sie den Empfang der Ware.* Please acknowledge receipt of the goods. **3 etw in ~ nehmen** receive sth; (*bei einer Feier*) be presented with sth ◇ *Die Sieger werden ihre Preise im Rathaus in Empfang nehmen.* The winners will be presented with their prizes at the town hall. **4** (*Begrüßung*) reception, welcome ◇ *Seine Fans haben ihm einen begeisterten Empfang bereitet.* His fans gave him an enthusiastic reception. ◇ *Sie bedankte sich für den herzlichen Empfang.* She expressed her thanks for the warm welcome. **5 jdn in ~ nehmen** (*abholen*) meet sb; (*offiziell begrüßen*) welcome sb ◇ *Am Bahnhof wurden die Austauschschüler von den Gasteltern in Empfang genommen.* The exchange students were met at the station by the host families.

empfangen 1 receive ◇ *Die Spieler empfingen den Pokal vom Bürgermeister.* The players received the cup from the mayor. ◇ *Er darf keinen Besuch empfangen.* He is not allowed any visitors. **2** (*begrüßen*) welcome, greet ◇ *Die Königin wurde vom Präsidenten offiziell empfangen.* The queen was officially welcomed by the president. ◇ *Der Kanzler wurde mit Pfiffen empfangen.* The chancellor was greeted with whistles. ◇ *Wir wurden freundlich empfangen.* We were given a friendly reception. **3** (RADIO) receive, get (*umgs*) **4** (*schwanger werden*) conceive **5** (SPORT) entertain

Empfänger (RADIO) receiver

Empfänger(in) recipient; (*eines Briefes auch*) addressee ◇ *Der Empfänger der Niere ist ein Verwandter des Spenders.* The recipient of the kidney is a relative of the donor. ◇ *Sozialhilfe-Empfänger* people on benefit

empfänglich für etw ~ sein 1 be receptive to sth **2** (*anfällig*) be susceptible to sth

Empfängnis conception
empfängnisverhütend contraceptive **Empfängnisverhütung** contraception

Empfangs- Empfangschef(in) receptionist **Empfangsdame** receptionist **Empfangshalle** foyer, lobby

empfehlen 1 (jdm) jdn/etw ~ recommend sb/sth (to sb) ◇ *Ich habe das Buch allen meinen Freunden empfohlen.* I recommended the book to all my friends. ◇ *Sie ist mir empfohlen worden.* She was recommended to me. ◇ *Das Buch kann ich Ihnen empfehlen.* I can recommend the book. ◇ *Kannst du mir ein Hotel empfehlen?* Can you recommend a hotel? **2 (jdm) ~, etw zu tun** (*raten*) advise sb to do sth; **(jdm) etw ~** advise sth ◇ *Der Arzt hat ihr empfohlen, mehr Sport zu treiben.* The doctor has advised her to do more sport. ◇ *Vorsicht empfehlen* advise caution ◇ *Man hat ihm den Rücktritt empfohlen.* He has been advised to resign. **3 etw ist zu ~** sth is excellent ◇ *Die Torte ist sehr zu empfehlen.* The gateau is excellent. **4 etw ist nicht zu ~** sth is not advisable; **es ist nicht zu ~, etw zu tun** it is not advisable to do sth ◇ *Zu viel Bewegung bei heißem Wetter ist nicht zu empfehlen.* Too much exercise in hot weather is not advisable. **5 etw empfiehlt sich** sth is recommended; (*ratsam*) sth is advisable; **es empfiehlt sich, etw zu tun** it is advisable to do sth ◇ *Am Samstag empfiehlt sich ein Besuch des Bauernmarktes.* A visit to the farmers' market on Saturday is recommended. ◇ *Eine baldige Anmeldung empfiehlt sich.* It is advisable to register early. ◇ *Es empfiehlt sich, zu Fuß zu kommen.* It is advisable to come on foot.

empfehlenswert 1 excellent ◇ *ein empfehlenswertes Buch* an excellent book ◇ *Ist das Buch empfehlenswert?* Would you recommend the book? **2 es ist ~, etw zu tun** it is advisable to do sth ◇ *Es ist empfehlenswert, die Karten rechtzeitig zu bestellen.* It is advisable to book tickets in good time.

Empfehlung recommendation ◇ *auf Empfehlung des Sicherheitsrats* on the recommendation of the security council
Empfehlungsschreiben letter of recommendation

empfinden **1** feel ◇ *Schmerzen empfinden* feel pain ◇ *Ich empfinde nichts mehr für sie.* I no longer feel anything for her. **2 etw als etw ~** (*für etw halten*) consider sth (to be) sth; (*spüren*) find sth sth ◇ *Wir empfinden diese Entscheidung als ungerecht/Provokation.* We consider this decision to be unfair/a provocation. ◇ *Ich empfinde die Situation als unerträglich.* I find the situation unbearable. ◇ *Den vierten Platz empfinden sie als bittere Enttäuschung.* Coming fourth is a bitter disappointment to them.

Empfinden feelings [Pl] IDM **nach meinem etc. Empfinden** to my, etc. way of thinking

empfindlich **1** *Adj* **~ (gegen etw)** sensitive (to sth) ◇ *Die Pflanze ist gegen Kälte empfindlich.* The plant is sensitive to cold. ◇ *empfindliche Geräte* sensitive instruments **2** *Adj* (*nicht sehr robust*) delicate ◇ *empfindliche Kleidungsstücke* delicate garments ◇ *Der helle Teppich ist sehr empfindlich.* The light carpet shows the dirt terribly. ◇ *eine empfindliche Oberfläche* a surface that scratches easily ◇ *Dieser Film ist für empfindliche Gemüter nicht zu empfehlen.* This film is not recommended for those of a nervous disposition. **3** *Adj* (*leicht zu beleidigen*) touchy ◇ *Sei doch nicht so empfindlich!* Don't be so touchy! ◇ *Auf Kritik reagiert er sehr empfindlich.* He is very sensitive to criticism. **4** *Adj* (*Verluste, Geldbuße*) heavy; (*Kälte*) bitter; (*Strafe, Schlag*) severe **5** *Adv* considerably ◇ *Die Preise für Nahrungsmittel stiegen empfindlich an.* Food prices went up considerably. ◇ *Die Kürzungen haben uns empfindlich getroffen.* The cuts have hit us hard. IDM → STELLE

empfindsam sensitive

Empfindsamkeit sensitivity

Empfindung feeling; (*Wahrnehmung auch*) sensation

Emphase expression, feeling

empirisch empirical (*Adv* empirically)

empor- **emporarbeiten** **sich ~** work your way up **emporblicken** look up

Empore gallery

empören **1** incense, outrage (*meist passiv*) ◇ *Am meisten empörte mich, dass …* What incensed me most was that … ◇ *Die Entscheidung empörte uns alle.* We were all outraged by the decision. **2 sich (über jdn/etw) ~** be outraged (at/by sb/sth) ◇ *Die Grünen empörten sich über den Antrag.* The Greens were outraged by the motion. ◇ *„Das ist unverschämt!" empörte sich eine Besucherin.* 'That's outrageous!' said a visitor indignantly.

empörend outrageous

empor- **emporragen** rise ◇ *Hinter der Fabrikhalle ragten riesige Schornsteine empor.* Huge chimneys rose up behind the factory building. **emporklettern** climb up **emporsteigen** **1** climb ◇ *Sie stiegen die Treppen empor.* They climbed the stairs. **2** (*aufsteigen*) rise ◇ *Aus dem Schornstein stieg Rauch empor.* Smoke rose from the chimney.

empört **~ (über jdn/etw)** outraged (at sb/sth), angry (with sb/about sth) (*Adv* angrily)

Empörung outrage ◇ *Der Bericht löste große Empörung aus.* The report caused outrage. ◇ *Sie wies den Vorwurf voller Empörung zurück.* She rejected the accusation angrily.

emsig **1** *Adj* industrious; (*eifrig*) keen ◇ *emsige Helfer* keen helpers ◇ *Im Büro herrschte emsige Geschäftigkeit.* The office was a hive of activity. **2** *Adv* busily

Emu emu

Emulgator emulsifier

E-Musik serious music

Endausscheidung final

Ende **1** end ◇ *Der Park ist am Ende der Straße.* The park is at the end of the road. ◇ *am Ende des Monats* at the end of the month ◇ *gegen Ende des Jahres* towards the end of the year ◇ *Ende nächster Woche* at the end of next week ◇ *am anderen Ende der Stadt* on the other side of town ◇ *Er ist Ende zwanzig.* He's in his late twenties. ◇ *Ende der 60er-Jahre* in the late 60s **2** (*Ausgang einer Geschichte etc.*) ending ◇ *Das Ende fand ich blöd.* I thought the ending was stupid. **3** (*Tod*) death **4** (*Stück*) bit ◇ *ein Ende Schnur* a bit of string IDM **am Ende** **1** (*zum Schluss*) at the end **2** (*schließlich*) in the end ◇ *Am Ende ging doch alles schief.* In the end everything went wrong. **3** (*vielleicht*) maybe ◇ *Hat er es am Ende vergessen?* Maybe he's forgotten? **am Ende der Welt** in the middle of nowhere **am Ende sein** be finished; (*erschöpft*) be exhausted; (*pleite*) be bankrupt **das andere Ende der Welt** the other side of the world **ein böses/tödliches etc. Ende nehmen** end in disaster ◇ *Der Urlaub nahm ein tödliches Ende.* The holiday ended in disaster. **ein Ende haben** (*zu Ende gehen*) come to an end; (*aufhören*) stop ◇ *Alles hat einmal ein Ende.* Everything has to come to an end. ◇ *Diese Experimente müssen ein Ende haben.* These experiments must stop. **einer Sache ein Ende bereiten/machen/setzen** put a stop to sth; stop sth ◇ *Das sollte den Spekulationen ein Ende bereiten.* That was designed to put a stop to the speculation. **ein glückliches/gutes etc. Ende finden** have a happy ending **ein plötzliches Ende finden** come to a sudden end ◇ *Die Feier fand ein plötzliches Ende, als …* The party came to a sudden end when … **es ist noch ein ganzes/ziemliches Ende** it's still quite a long way **kein Ende nehmen** go on and on ◇ *Der Jubel der Zuschauer wollte kein Ende nehmen.* The cheering of the spectators went on and on. **letzten Endes** ultimately (*gehoben*), at the end of the day (*umgs*) ◇ *Letzten Endes muss sie ihre Probleme selbst lösen.* At the end of the day, she's got to solve her problems herself. **mit etw am Ende sein** have run out of sth ◇ *Ich bin mit meiner Geduld am Ende!* I have run out of patience. → *Siehe auch* NERV **ohne Ende** endless ◇ *Es ist eine Diskussion ohne Ende.* It is an endless debate. ◇ *Geranien blühen scheinbar ohne Ende.* Geraniums seem to keep on flowering. ◇ *Die Kurse steigen ohne Ende.* The rates keep going up and up. **etw zu Ende denken** think sth through **etw zu Ende führen/bringen** (*Reform etc.*) carry sth through; (*Verhandlungen, Prozess etc.*) conclude sth **zu Ende gehen** **1** (*enden*) end ◇ *Die Besprechung ging um 10 Uhr zu Ende.* The meeting ended at 10 o'clock. **2** (*zur Neige gehen*) dwindle ◇ *Langsam gingen ihre Vorräte zu Ende.* Their supplies were slowly dwindling. **etw zu Ende lesen, schreiben etc.** finish reading, writing, etc. sth ◇ *Ich habe es nicht zu Ende gelesen.* I haven't finished (reading) it. **zu Ende sein** (*zeitlich*) be over; (*räumlich*) end ◇ *Die Saison ist bald zu Ende.* The season will soon be over. ◇ *Die Straße ist hier zu Ende.* The road ends here. → *Siehe auch* ECKE, LATEIN, LEBEN, SPAREN *und* WEISHEIT

Endeffekt **im ~** in the end, ultimately (*gehoben*) ◇ *Im Endeffekt war es ein gutes Geschäft für uns.* In the end it turned out to be a good deal for us.

endemisch endemic

enden **1** end, finish ◇ *Die Konferenz endete mit einem Kompromiss.* The conference ended in compromise. ◇ *Wie soll das enden?* Where will it all end? ◇ *Dieser Konflikt könnte in einem neuen Weltkrieg enden.* This conflict could end in another world war. ◇ *Das wird noch schlimm enden.* It'll end in tears. ◇ *Der Redner endete mit den Worten: …* The speaker finished with the words ... ◇ *Als sie geendet hatte, klatschten alle Beifall.* When she had finished, they all applauded. ◇ *Der Film endete überraschend.* The film had a surprising ending. **2** (*räumlich*) stop ◇ *Der Weg endet hier.* The path stops here. **3** (*Endstation haben*) terminate ◇ *Der Zug endet hier.* The train terminates here. **4 auf/mit etw ~** end in sth ◇ *Der Plural endet auf -s.* The plural ends in -s. IDM → BÖSE

End- Endergebnis final result **Endgerät** device ◇ *mobile Endgeräte* mobile devices **endgültig 1** *Adj* final **2** *Adv* (*endlich*) finally; (*bestimmt*) definitely; (*für immer*) for good; (*ein für alle Mal*) once and for all ◇ *Der Termin steht nun endgültig fest.* The date has now been finally fixed. ◇ *Haben sie endgültig zugesagt?* Have they definitely accepted? ◇ *Er ist endgültig ausgezogen.* He has moved out for good. ◇ *Diese Zeiten sind endgültig vorbei.* These times are over, once and for all. **Endhaltestelle** terminus

Endivie endive, (*AmE*) chicory

End- Endkampf final **Endlager** permanent waste disposal site **endlagern** permanently dispose of *sth* **Endlagerung** permanent disposal of waste

endlich 1 at last, finally ◇ *Endlich haben wir Ferien!* At last it's the holidays! ◇ *Na endlich! Wir warten schon auf dich!* At last! We've been waiting for you! ◇ *Lass mich endlich in Ruhe!* Just leave me alone, will you! **2** (*schließlich*) in the end ◇ *Sie haben sich endlich für einen Hund entschieden.* In the end they decided on a dog. **3** (*begrenzt*) finite ◇ *Ist das Universum endlich?* Is the universe finite?

endlos 1 *Adj* endless ◇ *endlose Diskussionen* endless discussions **2** *Adv* indefinitely, for ever (*umgs*) ◇ *Wir können nicht endlos warten.* We can't wait indefinitely. ◇ *Darüber lässt sich endlos streiten.* We could go on arguing about this for ever. ◇ *Die Besprechung zog sich endlos hin.* The meeting went on and on. ◇ *Es dauerte endlos lange.* It took ages.

End- Endphase final stage **Endprodukt** final product **Endrunde** final round **Endspiel 1** final **2** (*Schach*) endgame **Endspurt** final spurt (*auch fig*) **Endstadium** final stage **Endstand** final result **Endstation 1** terminus **2** (*fig*) end of the line **Endsumme** (sum) total

Endorphin endorphin

Endung ending

Endverbraucher(in) consumer

Energie energy ◇ *Energie sparen/erzeugen* save/produce energy ◇ *Wir haben Energie und gute Ideen.* We are full of energy and good ideas. ◇ *alternative/erneuerbare Energien* alternative/renewable sources of energy ◇ *fossile Energien* fossil fuels **Energiebedarf** energy requirement **Energieeinsparung** energy saving ◇ *eine jährliche Energieeinsparung von 4 Millionen* an annual energy saving of 4 million ◇ *Möglichkeiten der Energieeinsparung* ways of saving energy **Energieerzeugung** energy production **energiegeladen** full of energy [nicht vor Nomen] **Energiegewinnung** energy production **Energiekrise** energy crisis **Energiequelle** source of energy **energiesparend** energy-saving ◇ *der energiesparende Umgang mit Elektrogeräten* energy-saving use of electrical appliances ◇ *Sie lernen auch, energiesparend zu kochen.* They also learn to cook in energy-saving ways. **Energiesparmaßnahmen** energy-saving measures [Pl] **Energieverbrauch** energy consumption ◇ *Der Energieverbrauch darf nicht weiter steigen.* Energy consumption must not continue to rise. **Energieverschwendung** waste of energy (*auch fig*) **Energieversorgung** energy supply **Energiewende** transition to renewable energy **Energiewirtschaft** energy industry

energisch (*Mensch, Auftreten*) forceful (*Adv* forcefully); (*Maßnahmen, Schritte, Widerstand*) firm (*Adv* firmly)

eng 1 close (*Adv* closely) ◇ *ein enges Verhältnis* a close relationship ◇ *Die Beisetzung fand im engsten Familienkreis statt.* The funeral was attended only by close relatives. ◇ *eng beieinander stehen* stand close together ◇ *eng beschriebene Seiten* closely written pages ◇ *Diese Begriffe sind eng verbunden.* These ideas are closely related. ◇ *Sie sind eng befreundet.* They are close friends. ◇ *Sie ist eng mit ihrer Nachbarin befreundet.* She and her neighbour are close friends. ◇ *Die beiden waren eng umschlungen.* The two of them were locked in a passionate embrace. **2** (*schmal*) narrow; (*Kurve*) tight; (*beengt*) cramped ◇ *enge Gassen* narrow streets **3** (*Zeit, Kleidung*) tight ◇ *Wir haben nur fünf Minuten Zeit, das könnte eng werden.* We've only got five minutes — that could be a bit tight. ◇ *eine enge Hose* tight trousers ◇ *Die Schuhe sind mir zu eng.* These shoes are too tight for me. ◇ *ein eng anliegendes Kleid* a tight-fitting dress ◇ *Ich muss den Rock enger machen.* I must take this skirt in. **4** (*Grenzen etc.*) strict (*Adv* strictly) ◇ *Die Freikarten gelten nur für einen eng begrenzten Zeitraum.* The free tickets are only valid for a strictly limited time. ◇ *Sie kam in die engere Auswahl.* She was shortlisted. IDM **etw nicht so eng sehen** not worry about sth ◇ *Früher war das anders, aber heute wird das nicht mehr so eng gesehen.* In the old days it was different, but nowadays people don't worry so much. → *Siehe auch* SCHNALLEN

Engagement 1 ~ (für etw) commitment (to sth) ◇ *sein Engagement für die Friedensbewegung* his commitment to the peace movement ◇ *Sie kümmerte sich mit großem Engagement um die Jugendlichen.* She was very committed to her work with young people. **2 ~ (in etw)** involvement (in sth) ◇ *militärisches Engagement* military involvement ◇ *Damals begann sie ihr Engagement in der Friedensbewegung.* This was the beginning of her involvement in the peace movement. **3** (*Anstellung*) engagement

engagieren 1 (*anstellen*) hire, engage ◇ *Für das Kinderfest haben wir einen Zauberer engagiert.* We have hired a magician for the children's party. **2 sich (für etw) ~** be committed (to sth); **sich für jdn ~** do a lot to help sb ◇ *Er hat sich immer für die Friedensbewegung engagiert.* He has always been committed to the peace movement. ◇ *Sie hat sich sehr für ihren Neffen engagiert.* She has done a lot to help her nephew. **3 sich in etw ~** get involved in sth ◇ *Viele junge Menschen engagieren sich im Umweltschutz.* Many young people get involved in conservation work.

engagiert 1 committed, dedicated; (*aktiv*) active ◇ *Sie ist engagierte Christin.* She's a committed Christian. ◇ *ein engagierter Lehrer* a dedicated teacher ◇ *politisch engagierte Menschen* politically active people ◇ *Er tritt engagiert für Behinderte ein.* He is active on behalf of the disabled. **2 in etw ~ sein** be involved in sth ◇ *Sie ist seit Jahren in der Jugendarbeit engagiert.* She's been involved in youth work for years. **3** (*Film, Literatur etc.*) with a (political) message [nicht vor Nomen]

Enge 1 narrowness; (*Mangel an Raum*) lack of space ◇ *die Enge der Gassen* the narrowness of the lanes ◇ *Wegen der räumlichen Enge wurde ein weiteres Büro gebaut.* Because of the lack of space, another office was built. **2** (*räumliche Gedrängtheit*) ◇ *Es herrschte eine drangvolle Enge im Saal.* There was a terrible crush in the hall. **3** (*Knappheit*) tight situation ◇ *die finanzielle Enge in den Kommunen* the local councils' tight financial situation **4** (*fig*) (*Einengung*) confines [Pl] ◇ *Er wollte der familiären Enge entfliehen.* He wanted to escape from the narrow confines of the family. **5** (*geistige Beschränktheit*) narrow-mindedness ◇ *die geistige Enge und Intoleranz der Bevölkerung* the people's narrow-mindedness and intolerance IDM **jdn in die Enge treiben** put pressure on sb

Engel angel (*auch fig*)

Engelsgeduld the patience of a saint

Engländer **1** Englishman ◇ *die Engländer* the English ◇ *Er ist Engländer.* He is English. **2** (*Schraubenschlüssel*) monkey wrench

Engländerin Englishwoman ◇ *Sie ist Engländerin.* She's English.

englisch **1** English **2** (*Steak*) rare IDM → ART

Englisch English ◇ *Sag das mal auf/in Englisch.* Say that in English. ◇ *Sie kann ein paar Brocken Englisch.* She has a smattering of English.

Englischhorn cor anglais, (*AmE*) English horn **englischsprachig** (*Menschen, Länder*) English-speaking; (*Bücher*) English ◇ *ein englischsprachiger Blog* a blog in English

engmaschig **1** (*Zaun, Netz*) with a fine mesh ◇ *engmaschige Fischernetze* fishing nets with a fine mesh **2** (*flächendeckend*) comprehensive ◇ *der engmaschige Ausbau des Mobilfunknetzes* the comprehensive expansion of the mobile phone network **3** (*Kontrollen, Vorsorge*) frequent (*Adv* frequently)

Engpass bottleneck (*auch fig*) ◇ *Engpässe in der medizinischen Versorgung* bottlenecks in the health service ◇ *einen finanziellen Engpass überbrücken* alleviate cash-flow problems

engstirnig **1** *Adj* narrow-minded, blinkered **2** *Adv* in a narrow-minded way, in a blinkered way

Engstirnigkeit narrow-mindedness

Enkel(in) grandchild

Enklave enclave (*auch fig*)

enorm **1** (*groß*) tremendous (*Adv* tremendously); (*Kosten, Summe*) huge ◇ *Er steht enorm unter Druck.* He is under tremendous pressure. ◇ *Ihre Leistungen haben sich enorm verbessert.* Her results have improved tremendously. **2** (*beeindruckend*) incredible, amazing ◇ *Es ist enorm, was dieser Mann leistet!* It's amazing what this man can do!

Enquete inquiry

Enquetekommission commission of inquiry

Ensemble **1** (THEAT) company [mit Verb im Sing/Pl] **2** (MUS) ensemble **3** (*Gruppierung, Gesamtheit*) group

entartet degenerate ◇ *entartete Kunst* degenerate art

Entartung degeneration [U]

entbehren **1** (*verzichten*) do without *sth* ◇ *Wir können sie nicht entbehren.* We can't do without her. ◇ *Kannst du dein Fahrrad eine Stunde entbehren?* Can you do without your bike for an hour? **2 einer Sache ~** (*ermangeln*) be without sth, lack sth ◇ *Die Parteien entbehren der Glaubwürdigkeit.* The parties lack credibility. ◇ *Der Vorwurf entbehrt jeglicher Grundlage.* The reproach is completely unfounded. ◇ *Es entbehrt nicht einer gewissen Ironie, dass ….* There is a certain irony in the fact that … **3 jds/einer Sache ~** (*vermissen*) miss sb/sth

entbehrlich dispensable; (*unnötig*) unnecessary

Entbehrung deprivation ◇ *Sie mussten große Entbehrungen auf sich nehmen.* They experienced great deprivation.

entbinden **1 jdn von etw ~** release sb from sth; (*aus dem Amt entlassen*) relieve sb of sth ◇ *Sie wurde von ihrem Eid entbunden.* She was released from her oath. ◇ *Er wurde von seinem Amt entbunden.* He was relieved of his office. **2** (*gebären*) give birth, have a/the baby ◇ *Sie hat zu Hause entbunden.* She had the baby at home. **3 ein Kind ~** have a child ◇ *Sie hat gestern Zwillinge entbunden.* She had twins yesterday. **4 (von einem Kind) entbunden werden** give birth (to a child) **5 jdn (von einem Kind) ~** deliver sb's child **6 entbunden werden** (*Kind*) be delivered

Entbindung **1** birth **2** (*von einem Amt, einer Pflicht etc.*) (*meist mit einem Verb übersetzt*) ◇ *Sie bat um die Entbindung von ihren Aufgaben.* She asked to be released from her duties.

Entbindungsstation maternity ward ◇ *Sie liegt auf der Entbindungsstation.* She's in the maternity ward.

entblättern **1 sich ~** (*Baum*) shed its leaves **2** (*die Blätter entfernen*) strip the leaves from *sth* **3 sich ~** (*sich ausziehen*) take your clothes off

entblößen **1** bare ◇ *mit entblößtem Haupt* bareheaded **2 sich ~** undress; (*unsittlich*) expose yourself **3** (*fig*) reveal ◇ *Sie entblößte alle ihre Ängste (vor ihm).* She revealed all her fears (to him).

entbrennen **1** flare up; (*Krieg etc.*) break out ◇ *Der Streit entbrannte an einem Missverständnis.* The row flared up over a misunderstanding. **2 in Liebe (für jdn/zu jdm) ~** fall passionately in love (with sb)

entdecken **1** discover ◇ *Radium wurde von Marie Curie entdeckt.* Radium was discovered by Marie Curie. ◇ *Sie entdeckte ihre Leidenschaft für Sprachen.* She discovered her passion for languages. **2** (*ausfindig machen*) spot ◇ *Ich kann keinen Fehler entdecken.* I can't spot any mistakes.

Entdecker(in) discoverer; (*Forschungsreisender*) explorer ◇ *Bachblüten wurden nach ihrem Entdecker benannt.* Bach remedies were named after their discoverer. ◇ *Kolumbus, der Entdecker Amerikas* Columbus, the man who discovered America.

Entdeckung discovery ◇ *eine Entdeckung machen* make a discovery

Entdeckungsreise **1** expedition; (*Seereise auch*) voyage of discovery ◇ *eine Entdeckungsreise in den Himalaya unternehmen* go on an expedition to the Himalayas **2** (*fig*) (*meist mit einem Verb übersetzt*) ◇ *Das Museum lädt die Kinder zu einer Entdeckungsreise in die Welt der Kunst ein.* The museum invites children to explore the world of art.

Ente **1** duck **2** (*Auto*) Citroën 2CV **3** (*Zeitungs-*) canard **4 kalte ~** fruit punch IDM **lahme Ente** (*Mensch*) dawdler; slowcoach, (*AmE*) slowpoke

enteignen **1 jdn ~** dispossess sb **2 etw ~** expropriate sth

Enteignung expropriation ◇ *die Enteignung der Bauern von ihren Ländereien* the expropriation of the farmers' estates

enteisen defrost

enterben disinherit

Enterich drake

entern **1** (*Schiff, Flugzeug*) board **2** (*erobern*) storm ◇ *Nach dem Konzert enterten die Fans die Bühne.* After the concert the fans stormed the stage.

Entertainer(in) entertainer

Entertainment entertainment

entfachen **1** (*Feuer*) light; (*unabsichtlich*) start ◇ *Der Eigentümer hatte das Feuer selbst entfacht.* The owner had started the fire himself. ◇ *Ein Kurzschluss hat das Feuer entfacht.* The fire was caused by a short circuit. **2** (*Diskussion, Debatte*) provoke; (*Krieg, Streit*) start **3** (*fig*) **etw (in jdm) ~** arouse sth (in sb) ◇ *Sein erster Konzertbesuch entfachte seine Liebe zur Musik.* His first visit to a concert aroused his love for music.

entfahren **etw entfährt jdm** sth escapes sb's lips; (*Fluch, Seufzer*) sb lets out sth; (*Worte*) sb says sth without thinking ◇ *Ihr entfuhr ein Stoßseufzer.* She let out a deep sigh. ◇ *„Wie schrecklich!" entfuhr es ihm.* 'How dreadful!' he said without thinking.

entfallen **1 jdm ~** escape sb ◇ *Der Titel des Buches ist mir entfallen.* The title of the book escapes me. ◇ *Wie konnte dir nur sein Name entfallen?* How could you forget his name? **2 etw entfällt jdm/jds Händen** sb drops sth ◇ *Das Tablett entfiel ihren Händen/ihr.* She dropped the tray. **3** (*ausfallen*) be cancelled ◇ *Heute entfällt die Chorprobe.* Today's choir practice is cancelled. **4** (*abgeschafft werden*) be abolished; (*verloren gehen*) be lost; (*nicht zutreffen/nicht (mehr) gültig sein*) not/no longer apply ◇ *Diese Prüfung wird künftig entfallen.* This exam will be abolished. ◇ *130 Arbeitsplätze sollen demnächst entfallen.* 130 jobs will be lost in the near future. ◇ *Im Jahre 2012 entfällt diese Regelung.* From 2012 this rule will no longer apply. ◇ *Entfällt.* Not applicable. ◇ *Sozialhilfe entfällt, wenn man die Einkommensgrenze überschreitet.* You are no longer entitled to benefits when your earnings reach a certain limit. ◇ *Die bisherigen Kosten entfallen zugunsten einer Pauschale.* The previous charges will be replaced by an all-in price. **5 etw entfällt auf jdn/etw** sb/sth receives sth ◇ *Auf jeden Gewinner entfiel eine beträchtliche Summe.* Each winner received a considerable sum. ◇ *Auf Helga Böhm entfielen 27 Stimmen.* Helga Böhm received 27 votes. ◇ *Auf 5 000 Lehrstellen entfallen weniger als 3 000 Bewerber.* There are fewer than 3 000 applicants for the 5 000 apprenticeships. ◇ *Von seinem Gehalt entfällt ein Drittel auf Miete.* The rent accounts for a third of his salary.

entfalten **1** (*ausbreiten*) unfold ◇ *Sie entfaltete die Landkarte.* She unfolded the map. **2** (*entwickeln*) develop ◇ *Sie entfaltete ungeahnte Fähigkeiten.* She developed unsuspected talents. ◇ *Vor diesem Hintergrund konnten die Bilder ihre volle Wirkung entfalten.* The pictures were especially effective against this background. **3** (*Ideen, Gedanken*) expound **4 sich ~** develop ◇ *Erst bei Zimmertemperatur entfaltet sich das Aroma des Käses.* It is only at room temperature that the aroma of the cheese can develop. ◇ *Er konnte sich zu Hause nicht frei entfalten.* At home he could not develop his personality freely. **5 sich ~** (*Blüte, Blätter, Fallschirm*) open

Entfaltung ◇ *das Recht auf freie Entfaltung der Persönlichkeit* the right to develop freely as a person ◇ *Der Roman gelangte im Viktorianismus zu voller Entfaltung.* The novel reached its heyday in Victorian times. ◇ *In diesem Licht kommt die Farbenpracht zur vollen Entfaltung.* In this light the colours can be seen in their full glory.

Entfaltungsmöglichkeiten opportunities for development [Pl]

entfernen **1** remove ◇ *Er entfernte den Fleck aus dem Teppich.* He removed the stain from the carpet. ◇ *Sie wurde aus/von ihrem Amt entfernt.* She was removed from her post. **2** (*wegräumen*) clear *sth* away **3 sich ~** leave, go out ◇ *Er entfernte sich leise.* He left quietly. ◇ *Sie entfernte sich unerlaubt vom Schulgelände.* She went out of school without permission. ◇ *Er entfernte sich unerlaubterweise von seiner Truppe.* He was absent without leave. **4 sich von jdm ~** (*entfremden*) drift apart from sb

entfernt **1** → ENTFERNEN **2 weit ~** distant [nur vor Nomen], a long way away [nicht vor Nomen]; **nicht weit ~** nearby [nur vor Nomen], not far away [nicht vor Nomen] ◇ *ein weit entfernter Ort* a distant place ◇ *nicht weit (davon) entfernt* not far away (from it) **3** (*mit Angabe der Entfernung*) away ◇ *nur wenige hundert Meter entfernt* only a few hundred metres away ◇ *im 20 Kilometer entfernten Mahlow* in Mahlow, 20 kilometres away ◇ *Sie wohnt 10 Minuten vom Zentrum entfernt.* She lives ten minutes from the town centre. **4** (*Verwandtschaft*) distant (*Adv* distantly) **5** (*vage*) vague (*Adv* vaguely) IDM **nicht entfernt/im Entferntesten** not remotely ◇ *Die Wohnung war (auch) nicht entfernt das, was wir uns vorgestellt hatten.* The flat was not remotely like what we had imagined. ◇ *Sie dachte nicht im Entferntesten daran, ihm zu helfen.* She had not the remotest intention of helping him. **(meilen)weit davon entfernt sein, etw zu tun** **1** be far from doing sth; (*etw noch nicht erreicht haben*) have a long way to go before you do sth ◇ *Wir sind weit davon entfernt, eine gerechte Gesellschaft zu sein.* This is far from being a fair society. ◇ *Er ist weit davon entfernt, wieder richtig gehen zu können.* He has a long way to go until he'll be able to walk properly again. ◇ *Ich bin weit davon entfernt zu behaupten, dass es keine Rechtsradikalen gibt.* Far be it from me to say that there are no right-wing extremists. **2** (*keine Absicht haben*) have no intention of doing sth ◇ *Er ist weit davon entfernt, auf das Geld zu verzichten.* He has no intention of renouncing the money.

Entfernung **1** distance ◇ *Die Entfernung beträgt etwa 25 Kilometer.* It's a distance of about 25 kilometres. ◇ *Die Bühne war selbst bei dieser Entfernung gut zu sehen.* You could see the stage clearly, even at that distance. ◇ *Sie hat ihn aus der Entfernung nicht erkannt.* She did not recognize him from a distance. ◇ *Der Schuss kam aus 20 Metern Entfernung.* The shot came from 20 metres away. ◇ *Man konnte nur auf eine Entfernung von 50 Metern sehen.* Visibility was down to only 50 metres. **2** (*Beseitigung, Entlassung*) removal **3** (*Weggehen*) absence ◇ *unerlaubte Entfernung von der Truppe* absence without leave

entfesseln unleash (*auch fig*)

entflammbar flammable

entflammen **1** catch fire; (*Brand*) break out **2** (*in Brand stecken*) set fire to *sth* ; (*Fackel, Flamme*) light **3** (*Streit, Diskussion, Krise*) flare up; (*Krieg etc.*) break out **4 in Liebe (für jdn/zu jdm) ~** fall passionately in love (with sb)

entfolgen unfollow

entfremden **1 jdn jdm/einer Sache ~** alienate sb from sb/sth ◇ *Die Einwanderer sind ihrer eigenen Kultur entfremdet.* The immigrants are alienated from their own culture. **2 sich (von) jdm ~** become estranged from sb; **sich einer Sache ~** become alienated from sth ◇ *Die Menschen haben sich der Natur entfremdet.* People have become alienated from nature. ◇ *Wir haben uns voneinander entfremdet.* We have drifted apart. **3 etw seinem Zweck ~** not use sth for its intended purpose

Entfremdung estrangement; (*sozial, kulturell*) alienation [U]

entfreunden defriend

entführen **1** kidnap, abduct (*gehoben*); (*Flugzeug*) hijack ◇ *Die beiden Kinder wurden am helllichten Tag entführt.* The two children were kidnapped in broad daylight. **2** (*fig*) transport ◇ *Die Musik entführte uns in eine andere Welt.* The music transported us to another world.

Entführer(in) kidnapper; (*Flugzeug-*) hijacker

Entführung kidnapping; (*Flugzeug-*) hijacking

entgegen **1** contrary to ◇ *entgegen allen Erwartungen* contrary to all expectations **2** (*in Richtung*) towards ◇ *der Sonne entgegen* towards the sun

entgegenbringen **jdm/einer Sache etw ~** show sth for/in/to sb/sth ◇ *jdm Verständnis entgegenbringen* show understanding for sb ◇ *Er brachte uns viel Vertrauen entgegen.* He showed great confidence in us.

entgegengesetzt opposite; (*Merkmale, Ansichten*) opposing [nicht vor Nomen] ◇ *in die entgegengesetzte Richtung gehen* go in the opposite direction ◇ *den entgegengesetzten Effekt haben* have the opposite effect

entgegenkommen **1** come towards ◇ *Uns kam ein Wagen entgegen.* A car came towards us. ◇ *ein entgegenkommendes Auto* an oncoming car **2** (*Zugeständnisse machen*) accommodate ◇ *Der Vertrag kam allen*

Seiten entgegen. The contract accommodated all sides. ◇ *sich entgegenkommend zeigen* be accommodating ◇ *jdm finanziell entgegenkommen* make financial concessions to sb ◇ *Das kommt mir sehr entgegen.* That suits me fine. IDM → WEG

entgegennehmen accept; (*Hinweise, Bestellungen etc.*) receive

entgegensehen face; (*freudig erwarten*) look forward to ◇ *Die Autoindustrie sieht schweren Zeiten entgegen.* The car industry is facing hard times.

entgegenstellen sich jdm/einer Sache ~ oppose sb/sth

entgegentreten 1 (*gegenübertreten*) face **2** (*fig*) oppose; (*Argument, Gerücht etc.*) counter ◇ *Ich trat dem Vorhaben energisch entgegen.* I opposed the plan forcefully.

entgegnen reply

entgehen 1 (*entkommen*) escape; (*vermeiden*) avoid ◇ *Er ist nur knapp dem Tod entgangen.* He only narrowly escaped death. ◇ *Sie entging gerade noch einer Niederlage.* She narrowly avoided defeat. **2 jdm ~** escape sb's notice ◇ *Das hätte mir nicht entgehen dürfen.* That should not have escaped my notice. ◇ *Ihrer Aufmerksamkeit war nicht entgangen, dass …* It had not escaped her attention that … ◇ *Ein Detail ist ihm entgangen.* He failed to notice one detail. ◇ *Ihr entgeht keine Einzelheit.* She doesn't miss a single thing. **3 sich etw (nicht) ~ lassen** (not) miss sth ◇ *Die Gelegenheit solltest du dir nicht entgehen lassen.* You shouldn't miss this opportunity.

entgeistert dumbfounded ◇ *Sie schauten sich entgeistert an.* They looked at each other dumbfounded.

Entgelt (*Gebühr*) fee; (*Entschädigung*) compensation; (*Bezahlung*) remuneration

entgiften decontaminate; (MED) detoxify

entgleisen 1 (EISENB) be derailed ◇ *Der Zug ist entgleist.* The train has been derailed. **2** (*fig*) commit a faux pas ◇ *Der Politiker ist peinlich entgleist.* The politician has committed an embarrassing faux pas.

Entgleisung 1 (EISENB) derailment **2** (*fig*) faux pas

entgleiten jdm ~ slip out of sb's hand(s) ◇ *Die Vase entglitt ihr.* The vase slipped out of her hands. ◇ *Ihm ist die Kontrolle entglitten.* He has lost control.

enthalten 1 contain ◇ *Die Broschüre enthält viele gute Tipps.* The brochure contains many useful tips. **2 in etw ~ sein** be included in sth ◇ *Der Flug ist im Preis enthalten.* The flight is included in the price. **3 sich einer Sache ~** (*Bemerkung etc.*) refrain from sth ◇ *Ich enthalte mich jeder Äußerung.* I'll refrain from any comment. **4 sich (der Stimme) ~** abstain ◇ *Sie enthielt sich der Stimme.* She abstained.

Enthaltsamkeit abstinence

Enthaltung abstention

enthaupten decapitate; (*als Strafe auch*) behead

entheben jdn einer Sache ~ (*eines Amtes etc.*) remove sb from sth; (*einer Pflicht etc.*) relieve sb of sth ◇ *Der Präsident wurde seines Amtes enthoben.* The president was removed from office.

enthüllen 1 (*Denkmal etc.*) unveil **2** (*Fakten, Skandal etc.*) reveal

Enthüllung 1 (*Denkmal etc.*) unveiling **2** (*Sensation etc.*) revelation; (*Geheimnis*) disclosure

Enthüllungsjournalismus investigative journalism

Enthusiasmus enthusiasm

Enthusiast(in) enthusiast

enthusiastisch enthusiastic (*Adv* enthusiastically)

entkalken descale

entkernen (*Kirsche, Pfirsich etc.*) pit, (*BrE*) stone; (*Apfel, Birne etc.*) core; (*Traube etc.*) remove the pips from *sth*

entkleiden (sich) ~ undress

entkoffeiniert decaffeinated

entkolonialisieren decolonialize

entkommen (jdm/etw) ~ escape (from sb/sth) ◇ *Er ist der Polizei/aus dem Gefängnis entkommen.* He escaped from the police/from prison. ◇ *Sie ist diesem Schicksal entkommen.* She escaped this fate.

entkorken uncork

entkräften 1 weaken **2** (*Argument*) refute; (*Verdacht*) allay

entkrampfen (sich) ~ relax ◇ *ein entkrampftes Verhältnis* a relaxed relationship ◇ *Das Klima entkrampfte sich.* The atmosphere became more relaxed.

entkriminalisieren decriminalize

entladen 1 (*Fahrzeug, Waffe*) unload **2 sich ~** (*Spannung, Emotionen etc.*) erupt; (*Gewitter*) break; (*Batterie*) run down

entlang along ◇ *eine Radtour am Main entlang* a cycling tour along the Main

entlangfahren drive along **entlangführen an etw ~** run alongside sth **entlanggehen (an etw) ~** walk along(side) (sth), go along(side) (sth)

entlarven expose ◇ *die Schuldigen entlarven* expose the culprits ◇ *Der Politiker wurde als Heuchler entlarvt.* The politician was exposed as a hypocrite.

entlassen (*kündigen*) dismiss; (*bei Stellenkürzungen*) make *sb* redundant; (*aus dem Krankenhaus, Gefängnis*) discharge ◇ *Sie wurde fristlos entlassen.* She was dismissed without notice. ◇ *Vor 5 Jahren wurden sie aus der Schule entlassen.* They left school five years ago.

Entlassung dismissal; (*bei Stellenkürzungen*) redundancy; (*aus dem Krankenhaus, Gefängnis*) discharge ◇ *Der Chef drohte ihr mit Entlassung.* The boss threatened her with dismissal. ◇ *nach seiner Entlassung aus der Schule* after he left school

entlasten 1 relieve, take the load off *sb* ; (*Verkehr, Gewissen*) ease; (*Haushalt, Kasse*) relieve the strain on *sth* ◇ *Er soll den Chef von der Verwaltungsarbeit entlasten.* He should relieve the manager of administration. ◇ *Kann dich denn niemand entlasten?* Can't anybody take the load off you? ◇ *Familien mit Kindern finanziell entlasten* ease the financial burden of families with children **2** (RECHT) exonerate ◇ *entlastende Unterlagen* exonerating material

Entlastung 1 relief ◇ *Die neuen Wohnungen bedeuten eine Entlastung für den Wohnungsmarkt.* The new houses will bring relief to the housing market. ◇ *Dadurch kommt es zu einer Entlastung der Umwelt.* This relieves the strain on the environment. **2** (RECHT) ◇ *Das hat sie nur zur eigenen Entlastung gesagt.* She only said that to exonerate herself. ◇ *Der Angeklagte legte keine Beweise zu seiner Entlastung vor.* The accused submitted no evidence in his defence.

Entlastungsstraße relief road **Entlastungszeuge, -zeugin** (RECHT) defence witness, (*AmE*) defense witness

entlaufen (jdm) ~ run away (from sb) ◇ *Unser Dackel ist entlaufen.* Our dachshund has run away. ◇ *ein entlaufener Häftling* an escaped prisoner ◇ *„Entlaufen, weißer Pudel"* 'Missing: white poodle.'

entledigen 1 sich einer Sache ~ dispose of sth; (*Kleidungsstück*) remove sth **2 sich einer Sache ~** (*Aufgabe*) carry sth out; (*Pflicht*) discharge sth (*gehoben*) **3 sich jds ~** rid yourself of sb

entleeren empty

entlegen remote; (*Gebiet, Insel, Dorf auch*) outlying [nur vor Nomen] ◇ *in den entlegenen Stadtteilen* in the outlying parts of town

entlocken jdm/einer Sache etw ~ get sth out of sb/sth ◇ *Die Presse konnte dem Regierungssprecher keine Informationen entlocken.* The press couldn't get any information out of the government spokesman. ◇ *Vielleicht kann man dem alten Radio noch ein paar Töne entlocken.* Perhaps we can coax a few more sounds out of the old radio. ◇ *Sie versuchte ihm ein Lächeln zu entlocken.* She tried to coax a smile out of him.

Entlohnung pay

entlüften **1** ventilate **2** (*Leitung/Heizung*) bleed

entmachten strip *sb/sth* of their/its power; (*Präsidenten etc.*) depose; (*Regierung*) topple

entmilitarisiert demilitarized

Entmilitarisierung demilitarization

entmündigen declare *sb* legally incapable

entmutigen discourage ◇ *Du solltest dich dadurch nicht entmutigen lassen.* You shouldn't let that discourage you.

Entnahme (*meist mit einem Verb übersetzt*) ◇ *Die Entnahme von Wasser aus dem See ist verboten.* It is forbidden to remove water from the lake. ◇ *Bei der Entnahme der Blutprobe wurde er ohnmächtig.* He fainted when they took the blood sample. ◇ *die Entnahme der Organe* the removal of the organs

entnehmen **1 etw (einer Sache) ~; etw (aus etw) ~** take sth (from sth); **jdm etw ~** take sth from sb ◇ *Dieser Vers ist Schiller entnommen.* This verse is taken from Schiller. ◇ *jdm eine Blutprobe entnehmen* take a blood sample from sb **2 etw einer Sache ~; etw aus etw ~** (*ersehen*) gather sth from sth ◇ *Ihrem Schreiben entnehmen wir, dass …* We gather from your letter that … ◇ *Aus ihrem Bericht lässt sich nicht entnehmen, was wirklich passiert ist.* It is not clear from their report what actually happened.

entnervt **1** *Adj* exasperated **2** *Adv* in exasperation ◇ *Schließlich gaben wir entnervt auf.* In the end we gave up in exasperation.

entpacken (COMP) unzip*

entpuppen **sich als etw ~** turn out to be sth

entreißen **1 jdm etw/jdn ~** snatch sth/sb from sb **2 jdn jdm/etw ~** (*retten*) rescue sb from sb/sth

entrichten pay

entrinnen **jdm/einer Sache ~** escape from sb/sth

entrückt **1** (*losgelöst*) removed ◇ *dem Alltag entrückt* far removed from everyday life **2** (*verträumt*) rapt ◇ *Entrückt lauschte sie der Musik.* She was listening to the music, rapt.

entrümpeln clear *sth* out

entrüsten **sich (über etw) ~** be indignant (about sth); (*stärker*) be outraged (at sth) ◇ *Die alten Damen entrüsteten sich über sein Aussehen.* The old ladies were outraged at his appearance. ◇ *„Um fünf Uhr morgens!" entrüstete er sich.* 'At five a.m!' he said indignantly.

entrüstet indignant (*Adv* indignantly); (*stärker*) outraged ◇ *mit entrüsteter Miene* with an indignant expression ◇ *über jds Verhalten entrüstet sein* be outraged by sb's behaviour

Entrüstung indignation; (*stärker*) outrage

entsaften **etw ~** extract the juice from sth

Entsafter juicer, juice extractor

entschädigen **jdn (für etw) ~** compensate sb (for sth) ◇ *Sie wollen für ihren verlorenen Besitz entschädigt werden.* They want to be compensated for the loss of their property. ◇ *Sie wurden für ihren Verlust mit einer Million entschädigt.* They received a million in compensation. ◇ *Das gute Essen entschädigte uns für das lange Warten.* The good food made up for the long wait.

Entschädigung compensation [U] ◇ *eine Entschädigung erhalten* receive compensation ◇ *Sie bekamen eine Million (als) Entschädigung.* They received a million in compensation.

entschärfen **1** (*Bombe*) defuse **2** (*Problem etc.*) ease; (*Situation, Krise, Konflikt*) defuse **3** (*Gefahrenstelle*) make *sth* safer **4** (*Buch, Film*) tone *sth* down **5** (SPORT) save

entscheiden **1** decide ◇ *Die Sache ist noch nicht entschieden.* The matter is not yet decided. ◇ *Über den Termin ist noch nicht entschieden worden.* The date hasn't been decided yet. ◇ *Das Los entscheidet.* It will be decided by drawing lots. ◇ *Darüber kann ich nicht allein entscheiden.* I can't make that decision alone. **2** (*ausschlaggebend sein*) be the deciding factor ◇ *Sein Gutachten hat den Prozess entschieden.* His report was the deciding factor in the trial. **3 etw für sich ~** (*Krieg, Sport*) secure victory in sth **4 sich ~** decide, make up your mind ◇ *Er hat sich noch nicht entschieden.* He hasn't decided yet. ◇ *Ich weiß nicht, wie ich mich entscheiden soll.* I can't make my mind up. **5 etw entscheidet sich** sth is decided ◇ *Morgen wird es sich entscheiden.* It will be decided tomorrow. **6 sich für jdn/etw ~** decide on sb/sth, choose sb/sth **7 sich gegen jdn/etw ~** decide against sb/sth

entscheidend **1** *Adj* decisive; (*Moment, Frage, Schritt*) crucial; (*Spiel etc.*) deciding ◇ *einen entscheidenden Einfluss auf etw haben* have a decisive influence on sth ◇ *von entscheidender Bedeutung* of crucial importance ◇ *Für die Leute ist entscheidend, wie die Brille aussieht.* The deciding factor for people is what the glasses look like. ◇ *Das entscheidende Tor fiel in der letzten Spielminute.* The deciding goal came in the last minute. ◇ *die entscheidende Stimme abgeben* give the casting vote **2** *Adv* (*schlagen*) decisively; (*prägen, beeinflussen*) deeply; (*verändern, verbessern*) radically ◇ *entscheidend an etw mitwirken* play a crucial role in sth

Entscheidung decision; (*vor Gericht auch*) ruling ◇ *eine Entscheidung treffen* make a decision ◇ *eine positive/abschlägige Entscheidung zum Neubau* a decision in favour of/against the new building ◇ *einer Entscheidung ausweichen* avoid making a decision ◇ *vor einer schweren Entscheidung stehen* face a difficult decision ◇ *Wie ist die Entscheidung ausgefallen?* What was decided? ◇ *Ich wurde vor die Entscheidung gestellt …* I had to decide whether … **Entscheidungsfreiheit** autonomy [U]; (*Wahl*) freedom to choose **Entscheidungsträger(in)** decision-maker

entschieden **1** → ENTSCHEIDEN **2** (*eindeutig*) definite (*Adv* definitely) ◇ *Das geht entschieden zu weit.* That's definitely going too far. **3** (*entschlossen*) firm (*Adv* firmly); (*Gegner*) strong (*Adv* strongly) ◇ *etw entschieden zurückweisen* firmly reject sth ◇ *sich entschieden gegen etw aussprechen* take a firm stand against sth ◇ *Die CDU verneinte entschieden.* The CDU strongly denied it.

entschleunigen slow (*sth*) down ◇ *Mit einfachen Tipps kannst du deinen Alltag entschleunigen.* There are simple tips for slowing down your everyday life. ◇ *der ideale Ort zum Entschleunigen und Entspannen* the ideal place to slow down and relax

entschließen **sich (zu etw) ~** decide (to do sth), make up your mind (to do sth) ◇ *Sie kann sich nie entschließen.* She can never make up her mind. ◇ *Er hat sich anders entschlossen.* He has changed his mind.

entschlossen **1** → ENTSCHLIESSEN **2** firm (*Adv* firmly); (*zielbewusst*) determined ◇ *Wir müssen entschlossen gegen die Gewalt auftreten.* We must take a firm stand against violence. ◇ *auf entschlossenen Widerstand stoßen* meet with determined resistance **3 ~ sein, etw zu tun** be determined to do sth ◇ *Ich bin fest dazu entschlossen.* I'm absolutely determined to do it. **IDM** → KURZ

Entschlossenheit determination ◇ *Sie haben Mut und Entschlossenheit bewiesen.* They have shown courage and determination. ◇ *Wir wollen mit aller Entschlossenheit die Rebellen bekämpfen.* We will take firm action against the rebels.

Entschluss decision ◇ *einen Entschluss fassen* make a decision ◇ *Zu diesem Entschluss kam das Landgericht gestern.* The county court reached this decision yesterday. ◇ *Sie ist zu dem Entschluss gekommen, sich scheiden zu lassen.* She has decided to get divorced.

entschlüsseln **1** decode; (*Schrift*) decipher; (*Daten etc.*) decrypt ◇ *Damals war kaum ein Prozent der menschlichen Gene entschlüsselt.* At that time barely one per cent of the human genome was decoded. **2** (*erklären*) explain

entschuldigen **1 sich (bei jdm) (für etw) ~** apologize (to sb) (for sth) ◇ *Sie hat sich gleich bei mir entschuldigt.* She apologized to me immediately. **2 etw mit etw ~** give sth as an excuse for sth, blame sth for sth ◇ *Sie entschuldigte ihre Müdigkeit mit Überarbeitung.* She gave overwork as an excuse for her tiredness. ◇ *Er entschuldigte die Panne mit einem Programmierfehler.* He blamed the breakdown on a programming error. **3 jdn/sich (mit etw) ~** excuse sb/yourself (by saying sth) ◇ *Sie entschuldigte sich mit momentaner Unaufmerksamkeit.* She excused herself by saying it was a momentary lapse. **4 sich/jdn ~ (lassen)** send your/sb's apologies ◇ *Der Bürgermeister lässt sich entschuldigen.* The mayor sends his apologies. **5** (*Nachsicht zeigen*) excuse ◇ *Seine Jugend entschuldigt ihn nicht.* His youth does not excuse him. ◇ *Diese Gewalttaten lassen sich nicht entschuldigen.* These acts of violence are inexcusable. IDM **Entschuldige/Entschuldigen Sie** excuse me; sorry ◇ *Entschuldigen Sie, könnten Sie mir bitte den Käse reichen?* Excuse me, could you pass the cheese, please? ◇ *Entschuldigen Sie bitte die Störung!* Sorry to disturb you!

entschuldigend apologetic (*Adv* apologetically)

Entschuldigung **1 jdn (für etw) um ~ bitten** apologize to sb (for sth) **2** (*Rechtfertigung*) excuse ◇ *Für ihr Verhalten gibt es keine Entschuldigung.* There is no excuse for her behaviour. ◇ *Als Entschuldigung für seine schlechte Laune sagte er, dass er müde sei.* He blamed tiredness for his bad mood. ◇ *Zu ihrer Entschuldigung sagte sie, dass ihre Eltern sie dazu gezwungen hätten.* In her defence, she said her parents had forced her to do it. **3** (*wegen Fehlens*) note ◇ *Sie hat ohne Entschuldigung gefehlt.* She was absent without a note. **4 Entschuldigung!** excuse me!, sorry!

entsenden send

Entsendung (*meist mit einem Verb übersetzt*) ◇ *Die Entsendung von UN-Soldaten wurde gestern beschlossen.* Yesterday they decided to send UN troops in.

entsetzen **1** horrify **2 sich (über etw) ~** be horrified (by/at sth) → *Siehe auch* ENTSETZT

Entsetzen horror ◇ *zu meinem Entsetzen* to my horror ◇ *voller Entsetzen* horrified ◇ *Mit Entsetzen las ich den Artikel.* I was horrified when I read the article.

entsetzlich terrible (*Adv* terribly), horrendous (*Adv* horrendously) ◇ *Es war entsetzlich anzusehen, wie sie leiden musste.* It was terrible to see her suffering. ◇ *ein entsetzlicher Anblick* a horrendous sight

entsetzt **1** → ENTSETZEN **2 (über etw) ~** shocked (at sth), horrified (at/by sth) ◇ *Wir waren alle ganz entsetzt, als wir die furchtbare Nachricht erhielten.* We were all quite shocked to hear the terrible news. ◇ *Entsetzt sah er zu, wie das Kind überfahren wurde.* He watched in horror as the child was run over.

entsinnen **sich (an jdn/etw) ~** remember (sb/sth)

entsorgen **1** (*Abfall*) dispose of *sth* **2** (*Stadt, Kernkraftwerk*) dispose of the waste from *sth*

Entsorgung waste disposal

entspannen **1 (sich) ~** relax; (*beruhigen*) ease ◇ *sich bei leiser Musik entspannen* relax to soft music ◇ *Die Lage hat sich entspannt.* The situation has eased. **2 etw ~** relax sth; (*beruhigen*) ease sth ◇ *Ein warmes Bad entspannt die Muskeln.* A warm bath relaxes the muscles. ◇ *Die Besprechungen haben die Atmosphäre entspannt.* The discussions have eased the tension.

entspannend relaxing

entspannt relaxed ◇ *Sie wirkte entspannt.* She seemed relaxed. ◇ *Er lehnte sich entspannt zurück.* He leaned back, relaxed.

Entspannung **1** relaxation **2** (POL) détente **3** (*Beruhigung*) (*meist mit einem Verb übersetzt*) ◇ *Die neue Auffahrt soll zur Entspannung der Verkehrssituation beitragen.* The new slip road should help ease the traffic situation.

Entspannungspolitik policy of détente

entsprechen **einer Sache ~** **1** (*gleichwertig sein*) be equivalent to sth ◇ *Ein Pfund entsprach ungefähr zwei Dollar.* One pound was equivalent to approximately two dollars. **2** (*übereinstimmen mit*) correspond to sth ◇ *Seine Version entspricht nicht den Tatsachen.* His version doesn't correspond to the facts. **3** (*Vorschriften etc.*) meet sth, fulfil sth ◇ *Das Gebäude entsprach nicht den modernen Anforderungen.* The building didn't meet modern requirements. ◇ *Er konnte ihrer Bitte nicht entsprechen.* He wasn't able to fulfil her request. ◇ *Der Film entsprach nicht meinen Erwartungen.* The film did not come up to my expectations.

entsprechend **1** *Adj* appropriate; (*passend*) suitable; (*relevant*) relevant ◇ *ein entsprechendes Trinkgeld* an appropriate tip ◇ *Die entsprechenden Unterlagen waren nicht aufzufinden.* The relevant documents could not be found. ◇ *Das Wetter im Urlaub war ganz furchtbar. Die Stimmung war entsprechend.* The weather on holiday was absolutely awful. So was our mood. **2** *Adv* accordingly, correspondingly; (*passend*) suitably ◇ *Der Bebauungsplan musste entsprechend geändert werden.* The building plans had to be altered accordingly. ◇ *Es war ein schlechter Sommer. Entsprechend schwach waren die Umsätze.* It was a terrible summer. Sales were correspondingly low. ◇ *Wir waren entsprechend angezogen für die Party.* We were suitably dressed for the party. ◇ *Sie hat ihm entsprechend geantwortet.* She gave him as good as she got. **3** *Präp* according to *sth* ◇ *entsprechend den Vorschriften* according to the regulations ◇ *Es geht ihr den Umständen entsprechend.* She is as well as can be expected (in the circumstances).

entspringen **1** (*Fluss etc.*) rise **2 (aus etw) ~** (*fliehen*) escape (from sth) ◇ *Er war aus dem Gefängnis entsprungen.* He had escaped from prison. **3 (aus) etw ~** (*kommen*) come from sth

entstehen **1** come into existence, be created ◇ *Viele neue Staaten sind seit dem Krieg entstanden.* Many new states have come into existence since the war. ◇ *Im Osten sollen neue Arbeitsplätze entstehen.* New job opportunities are to be created in the east. **2** (*aufkommen*) arise ◇ *Da können Missverständnisse entstehen.* Misunderstandings can arise. **3** (*Gase etc.*) be produced ◇ *Bei der Verbrennung entsteht Kohlendioxid.* Carbon dioxide is produced in the burning process. **4** (*verursacht werden*) be caused ◇ *Wie ist der Schaden entstanden?* How was the damage caused? **5** (*hergestellt werden*) ◇ *Der Film ist 1965 entstanden.* The film was made in 1965. ◇ *Der Roman ist in Rom entstanden.* The novel was written in Rome. ◇ *Hier entstehen neue Häuser.* New houses are being built here.

Entstehung origin; (*Entwicklung*) development; (*von Staaten etc.*) emergence

entstellen **1** (*Gesicht etc.*) disfigure **2** (*Sinn etc.*) distort ◇ *Der Artikel gab seine Meinung nur in entstellter Form wieder.* The article gave only a distorted version of his opinion.

enttäuschen disappoint ◇ *Das hat uns sehr enttäuscht.* It really disappointed us. ◇ *Die Aufführung enttäuschte.* The performance was disappointing. ◇ *Er enttäuschte total.* He was a complete disappointment.

enttäuschend disappointing (*Adv* disappointingly)

enttäuscht disappointed ◇ *Wir waren von dem Hotel enttäuscht.* We were disappointed with the hotel. ◇ *Ich bin von dir enttäuscht.* I'm disappointed in you. ◇ *enttäuscht darüber sein, dass ...* be disappointed that ... ◇ *enttäuscht den Kopf schütteln* shake your head in disappointment

Enttäuschung disappointment ◇ *zu seiner großen Enttäuschung* to his great disappointment ◇ *Sie erlebte eine herbe Enttäuschung.* She was bitterly disappointed.

entwaffnen disarm (*auch fig*) ◇ *die Truppen entwaffnen* disarm the troops ◇ *ein entwaffnendes Lächeln* a disarming smile

Entwarnung all-clear ◇ *Entwarnung geben* give the all-clear

entwässern (*Boden etc.*) drain

Entwässerung drainage

entweder **entweder ... oder ...** either ... or ... ◇ *Ich gehe entweder nach Paris oder nach Rom.* I'm going either to Paris or to Rome. ◇ *entweder in Schwarz oder Blau lieferbar* available in either black or blue

entweichen escape

entwenden **(jdm) etw ~** steal sth (from sb)

entwerfen **1** design ◇ *ein Plakat entwerfen* design a poster **2** (*Plan, Vertrag etc.*) draw *sth* up

entwerten **1** (*Währung, Geld etc.*) devalue (*auch fig*) **2** (*Fahrschein etc.*) cancel

entwickeln **1** develop; (*Wärme etc.*) generate ◇ *ein Mittel gegen Krebs entwickeln* develop a cure for cancer ◇ *eine Theorie entwickeln* develop a theory ◇ *einen Film entwickeln* develop a film ◇ *Die Glühbirne entwickelt Wärme.* The light bulb generates warmth. **2 sich (zu jdm/etw) ~** develop (into sb/sth); **sich aus etw ~** develop from sth ◇ *Amerika hatte sich bereits zu einer Weltmacht entwickelt.* America had already developed into a world power. ◇ *Sie hatten sich in völlig verschiedene Richtungen entwickelt.* They had developed in completely different directions. **3 sich ~** (*Gase etc.*) be produced

Entwicklung **1** development ◇ *die Entwicklung des Kindes* the child's development ◇ *Das Projekt ist noch in der Entwicklung.* The project is still at the development stage. ◇ *eine völlig unerwartete Entwicklung nehmen* develop in a completely unexpected way **2** (*von Gasen etc.*) production **3** (*von Filmen*) developing **Entwicklungshelfer(in)** aid worker **Entwicklungshilfe** foreign aid, development aid **Entwicklungsland** developing country

entwirren disentangle (*auch fig*)

entwischen **(jdm) ~** escape (from sb) ◇ *Er ist der Polizei entwischt.* He escaped from the police.

entwürdigend degrading

Entwurf **1** design; (*Skizze*) sketch ◇ *der Entwurf des Gebäudes* the design of the building **2** (*Text*) draft; (*Gesetzes-*) bill ◇ *der erste Entwurf des Artikels* the first draft of the article ◇ *Der Vertrag ist im Entwurf bereits fertig.* The draft contract is ready.

entwurzeln uproot ◇ *Der Baum wurde durch einen Sturm entwurzelt.* The tree was uprooted by a storm. ◇ *Die Flüchtlinge fühlen sich entwurzelt.* The refugees feel cut off from their roots.

entziehen **1 jdm etw ~** take sth away from sb; (*Unterstützung, Privileg etc.*) withdraw sth from sb ◇ *jdm den Führerschein entziehen* take sb's driving licence away **2 sich jdm/etw ~** evade sb/sth; (*entkommen*) escape (from) sb/sth ◇ *sich seiner Verantwortung entziehen* evade your responsibilities ◇ *Er konnte sich dem Druck nicht entziehen.* He couldn't escape the pressure. **3 einer Sache etw ~** (*Stoff etc.*) remove sth from sth IDM → WORT

Entziehungskur (drug/alcohol) detoxification programme, (*AmE*) detoxification program ◇ *eine Entziehungskur machen* undergo a detoxification programme

entziffern decipher

entzippen unzip

Entzücken delight

entzückend delightful

entzückt **~ (über/von etw)** delighted (with sth)

Entzug **1** withdrawal ◇ *der Entzug der Arbeitsgenehmigung* withdrawal of your work permit **2** → ENTZIEHUNGSKUR

Entzugserscheinung withdrawal symptom (*auch fig*)

entzünden **1** (*anzünden*) light; (*in Brand setzen*) set light to *sth*, ignite (*Fachspr*) ◇ *das olympische Feuer entzünden* light the Olympic flame ◇ *Die Kippe entzündete die Matratze.* The cigarette end set light to the mattress. **2** (*Streit etc.*) spark *sth* off ◇ *einen Protest entzünden* spark off a protest **3 sich ~** (*Augen, Wunde etc.*) become inflamed **4 sich ~** (*Heu etc.*) catch fire, ignite (*Fachspr*) ◇ *Das austretende Gas entzündete sich.* The escaping gas ignited. ◇ *Das Feuer entzündete sich in der Küche.* The fire started in the kitchen. **5 sich (an etw) ~** (*Streit, Debatte etc.*) be sparked off (by sth)

entzündet inflamed

Entzündung inflammation

entzweien **1** divide ◇ *Ein Missverständnis hat die Gruppe entzweit.* A misunderstanding divided the group. **2 sich (mit jdm) ~** fall out with sb

Enzian gentian

Enzyklopädie encyclopedia

enzyklopädisch encyclopedic

Enzym enzyme

Epidemie epidemic (*auch fig*)

epidemisch epidemic (*auch fig*) ◇ *ein epidemisches Ausmaß erreichen* reach epidemic proportions ◇ *eine epidemisch um sich greifende Hysterie* hysteria spreading like an epidemic

Epik epic poetry

Epilepsie epilepsy

Epileptiker(in) epileptic ◇ *Epileptiker sein* be an epileptic

epileptisch epileptic ◇ *ein epileptischer Anfall* an epileptic fit

episch epic

Episode episode

Epizentrum epicentre, (*AmE*) epicenter

Epoche epoch ◇ *aus verschiedenen Epochen* from different epochs ◇ *Epoche machend* epoch-making

Epos (*Helden-*) epic (poem); (*höfisch*) romance

er **1** he **2** (*Gegenstand, Tier*) it

erachten **etw als/für etw ~** consider sth (as) sth ◇ *Ich erachte es für nicht notwendig.* I do not consider it necessary.

Erachten **jds Erachtens (nach)** in sb's opinion

erarbeiten **1** (*erstellen*) develop; (*Bericht*) prepare; (*Lösung etc.*) work *sth* out; (*gemeinsam*) work on *sth* **2**

(sich) etw ~ (*durch Arbeit erreichen*) work for sth ◇ *Das hat sie sich hart erarbeiten müssen.* She has had to work hard for it.

Erbanlage genetic make-up

erbarmen 1 jdn ~ move sb to pity **2 sich jds ~** have mercy on sb

Erbarmen mercy

erbärmlich 1 (*erbarmenswert*) pitiful (*Adv* pitifully) ◇ *ein erbärmlicher Anblick* a pitiful sight **2** (*schlecht*) pathetic (*umgs*) (*Adv* pathetically) ◇ *eine erbärmliche Darbietung* a pathetic performance ◇ *Die Mannschaft spielt erbärmlich.* The team are playing really badly. **3** (*verstärkend*) terrible (*Adv* terribly)

erbarmungslos merciless (*Adv* mercilessly); (*grausam*) cruel; (*unaufhörlich*) relentless (*Adv* relentlessly)

Erbe, Erbin heir ◇ *der rechtmäßige Erbe* the rightful heir ◇ *Sie war die alleinige Erbin.* She was the sole heir. ◇ *Er machte sie zur Erbin seines Hauses.* He left her his house.

Erbe 1 inheritance ◇ *das elterliche Erbe antreten* come into your inheritance **2** (*Hinterlassenschaft*) legacy; (*kulturhistorisch*) heritage ◇ *das Erbe des Kalten Krieges* the legacy of the cold war

erben 1 inherit; (*Eigenschaften auch*) get (*umgs*) ◇ *Sie hat das Haus geerbt.* She inherited the house. ◇ *Die grünen Augen hat er von seiner Mutter geerbt.* He gets his green eyes from his mother. ◇ *Er hat anscheinend geerbt.* He must have come into money. **2** (*Gebrauchtes*) ◇ *Das Hemd habe ich von meinem Vater geerbt.* The shirt was handed down from my father.

erbeuten make off with *sth* , steal; (*Waffen etc.*) capture

Erb- Erbfolge succession **Erbgut** DNA **Erbinformation** genetic information

erbittert 1 fierce (*Adv* fiercely) ◇ *ein erbitterter Streit* a fierce argument **2** (*enttäuscht, zornig*) bitter

Erbkrankheit hereditary disease

erblassen go white ◇ *vor Schreck erblassen* go white with shock ◇ *vor Neid erblassen* be green with envy

Erblast legacy

erbleichen go white

erblich hereditary; (*Eigenschaft*) inherited; (*Veranlagung*) genetic ◇ *Die Krankheit ist erblich.* It's a hereditary disease. ◇ *eine erbliche Veranlagung für Diabetes* a genetic tendency for diabetes ◇ *Er ist erblich vorbelastet; sein Vater war Maler.* Art is in his genes. His father was a painter.

erblinden go blind ◇ *auf einem Auge erblinden* go blind in one eye

Erbmasse 1 (BIOL) gene pool ◇ *die Erhaltung der Erbmasse* gene pool conservation ◇ *die Manipulation der Erbmasse* genetic manipulation **2** (RECHT) estate

erbrechen 1 (sich) ~ vomit, (*BrE auch*) be sick ◇ *Ich musste (mich) erbrechen.* I've been sick. **2 etw ~** bring sth up ◇ *Das Baby erbrach die Milch.* The baby brought up the milk. IDM **bis zum Erbrechen** ad nauseam

erbringen 1 (*Resultat, Einkommen, Defizit*) produce ◇ *Die Untersuchungen haben nichts erbracht.* The investigations didn't produce any results. ◇ *Der Verkauf der Bilder erbrachte mehrere Millionen.* The pictures fetched several million. **2** (*aufbringen*) raise **3** (*Beweis*) provide ◇ *einen Nachweis erbringen* provide proof ◇ *die erforderten Leistungen erbringen* do what is required

Erbschaft inheritance ◇ *eine Erbschaft machen* come into an inheritance
Erbschaftssteuer inheritance tax

Erbse pea

Erb- Erbstück heirloom **Erbsünde** original sin

Erd- Erdachse earth's axis **Erdanziehung** earth's gravitational pull **Erdapfel** potato **Erdatmosphäre** earth's atmosphere **Erdbeben** earthquake **Erdbeere** strawberry

Erdboden ground ◇ *auf dem blanken Erdboden* on the bare ground IDM **dem Erdboden gleichmachen** (*Stadt*) raze sth to the ground; (*Gebäude*) flatten **im Erdboden versinken** ◇ *Er wäre am liebsten im Erdboden versunken.* He wished the ground would open up and swallow him. **wie vom Erdboden verschluckt sein** ◇ *Sie ist wie vom Erdboden verschluckt.* She's disappeared off the face of the earth.

Erde 1 earth; (*Welt*) world ◇ *Die Erde dreht sich um die Sonne.* The earth revolves around the sun. ◇ *Die Astronauten kehrten zur Erde zurück.* The astronauts returned to earth. ◇ *in allen Ländern der Erde* in every country in the world ◇ *ein Paradies auf Erden* an earthly paradise **2** (*Erdboden*) ground ◇ *auf die Erde fallen* fall to the ground ◇ *unter der Erde leben* live underground **3** (*Erdreich*) soil ◇ *fruchtbare Erde* fertile soil **4** (ELEK) earth, (*AmE*) ground IDM **unter der Erde sein/liegen** be dead and buried **jdn unter die Erde bringen 1** (*beerdigen*) bury sb **2** (*umbringen*) kill sb → *Siehe auch* BEIN

erdenklich (*möglich*) possible; (*vorstellbar*) imaginable ◇ *Er hat alles Erdenkliche für sie getan.* He did everything possible for her. ◇ *alle erdenklichen Gemüsesorten* every imaginable type of vegetable ◇ *sich alle erdenkliche Mühe geben* do everything you possibly can

Erd- Erderwärmung global warming **Erdgas** (natural) gas **Erdgeschoss** ground floor, (*AmE*) first floor ◇ *Wir wohnen im Erdgeschoss.* We live on the ground floor. **Erdkugel** globe **Erdkunde** geography **Erdnuss** peanut, (*BrE auch*) groundnut **Erdoberfläche** surface of the earth **Erdöl** oil, petroleum (*Fachspr*) ◇ *die Erdöl fördernden Länder* the oil-producing countries

erdrosseln strangle

erdrücken 1 crush *sb* to death ◇ *Er wurde von einem Lkw erdrückt.* He was crushed to death by a lorry. **2** (*fig*) overwhelm ◇ *Ihre Sorgen erdrückten sie fast.* She felt overwhelmed by her troubles.

Erd- Erdrutsch landslide (*auch fig*) ◇ *einen Erdrutsch auslösen* cause a landslide **Erdteil** continent

erdulden suffer, put up with *sth* (*umgs*) ◇ *etw stumm erdulden* suffer sth in silence ◇ *Als Kind hat er viel Spott erdulden müssen.* He had to put up with a lot of teasing as a child.

Erd- Erdumdrehung rotation of the Earth **Erdumlaufbahn** orbit around the Earth **Erdwärme** geothermal energy

ereifern sich über etw ~ get worked up about sth ◇ *Warum ereifert sie sich immer wegen solcher Lappalien?* Why does she always get worked up about such trivial things? ◇ *„Das ist eine Unverschämtheit!" ereiferte er sich.* 'It's an outrage!' he said heatedly.

ereignen sich ~ occur, happen

Ereignis event ◇ *ein großes Ereignis* an important event

Erektion erection

Eremit(in) hermit

ererbt inherited

erfahren[1] *Verb* **1** hear, find *sth* out ◇ *Wann hast du von dem Unfall erfahren?* When did you hear about the accident? **2** (*erleben*) experience; (*verspüren*) feel ◇ *eine Renaissance erfahren* experience a renaissance ◇ *eine Transformation erfahren* undergo a transformation ◇ *Alle Gefangenen sollen eine humanitäre Behandlung erfahren.* All prisoners should be treated humanely. IDM → LEIB *und* UMWEG

erfahren² *Adj* experienced

Erfahrung **1** experience ◇ *Er hat (eine) langjährige Erfahrung auf diesem Gebiet.* He has many years of experience in this field. ◇ *Ich weiß das aus eigener Erfahrung.* I know this from my own experience. ◇ *nach meiner Erfahrung* in my experience ◇ *Die Erfahrung zeigt, dass …* Experience shows that … ◇ *Sie berichteten über ihre Erfahrungen in den USA.* They talked about their experiences in the States. ◇ *Wir haben die Erfahrung gemacht, dass auch junge Leute solche Probleme haben.* We have found that young people also have this kind of problem. ◇ *Mit dieser Methode habe ich gute Erfahrung gemacht.* I've always found this method successful. ◇ *Mit Mietwagen hat sie schlechte Erfahrungen gemacht.* She's been unlucky with hire cars. **2 etw in ~ bringen** find sth out

Erfahrungsaustausch exchange of experiences

Erfahrungsbericht report **erfahrungsgemäß** ◇ *Das ist erfahrungsgemäß die beste Methode.* We know from experience that this is the best method. ◇ *die Rosenschau, erfahrungsgemäß Besuchermagnet* the rose show, which, as we know, pulls in the visitors

Erfahrungswert = figure based on previous experience

erfassen **1** (*begreifen*) grasp **2** (*auflisten, registrieren*) record; (*speichern*) hold ◇ *Solche Straftaten werden nicht erfasst.* These offences are not recorded. ◇ *Die Daten sind im Computer erfasst.* The data is held on computer. **3** (*festhalten*) capture ◇ *etw in Bildern erfassen* capture sth in pictures ◇ *Das Flugzeug wurde vom Radar nicht erfasst.* The plane was not detected by the radar. **4** (*überfallen*) seize ◇ *Panik erfasste mich.* I was seized with panic. ◇ *Die Krise hat das Land erfasst.* The country is in the grip of a crisis. **5** (*Auto*) strike; (*Strömung*) sweep *sb/sth* away ◇ *Der Fußgänger wurde von einem vorbeifahrenden Auto erfasst.* The pedestrian was struck by a passing car.

erfinden invent; (*fantasieren auch*) make *sth* up ◇ *Sie hat die Geschichte erfunden.* She made the story up. ◇ *Die Charaktere in diesem Film sind frei erfunden.* The characters in this film are entirely fictitious.

Erfinder(in) inventor

erfinderisch inventive

Erfindung invention

Erfolg success ◇ *ohne Aussicht auf Erfolg* with no prospect of success ◇ *Ihr letztes Stück hatte einen durchschlagenden Erfolg.* Her last play was a terrific success. ◇ *Er hatte keinen Erfolg mit seiner Bewerbung.* His application was unsuccessful. ◇ *Sie wehrte sich mit Erfolg gegen die Anschuldigungen.* She successfully defended herself against the accusations. ◇ *ein Erfolg versprechendes Drehbuch* a promising script IDM → BUCHEN *und* KRÖNEN

erfolgen (*stattfinden*) take place; (*ausgeführt werden*) be carried out

erfolglos unsuccessful (*Adv* unsuccessfully)

Erfolglosigkeit lack of success

erfolgreich successful (*Adv* successfully)

Erfolgs- **Erfolgsaussicht** prospect of success **Erfolgschance** chance of success **Erfolgsdruck** pressure to succeed **Erfolgserlebnis** sense of achievement ◇ *Das Bestehen der Prüfung war ein echtes Erfolgserlebnis.* Passing the exam gave him a real sense of achievement. **Erfolgsgeheimnis** secret of success ◇ *Kennst du sein berufliches Erfolgsgeheimnis?* Do you know the secret of his professional success? **Erfolgskurs** road to success **Erfolgsmeldung** good news [U] ◇ *Erfolgsmeldungen über die Wirtschaft* good news on the economy ◇ *Weitere Erfolgsmeldungen vom Militär kamen von der Front.* Further military successes were reported from the front. **Erfolgsrezept** recipe for success **Erfolgsserie** string of successes **Erfolgsstory** success story

erforderlich necessary ◇ *die erforderliche Mehrheit* the necessary majority ◇ *dringend erforderliche Reparaturarbeiten* urgently needed repair work

erfordern require

Erfordernis requirement

erforschen (*Gebiet, Weltraum*) explore; (*Thema, Problem auch*) investigate; (*Wissensgebiet, Thema auch*) research

Erforschung (*eines Gebiets, des Weltraums*) exploration; (*von Gründen, Problemen*) investigation; (*eines Wissensgebiets auch*) research ◇ *die Erforschung des Weltalls* the exploration of space ◇ *die Erforschung der Ursachen* the investigation into the causes ◇ *die Erforschung menschlichen Verhaltens* research into human behaviour

erfragen find out about *sth* ; (*Informationen*) obtain; (*den Weg*) ask ◇ *Öffnungszeiten können unter folgender Nummer erfragt werden.* You can find out about opening hours by calling this number. ◇ *den Weg erfragen* ask the way

erfreuen **1 etw erfreut jdn** sb enjoys sth; (*etw gefällt jdm*) sb likes sth ◇ *Ihr Besuch hat mich sehr erfreut.* I enjoyed your visit very much. ◇ *Welches Geschenk würde ihn erfreuen?* What would he like as a present? **2 sich an etw ~** take pleasure in sth **3 sich einer Sache ~** enjoy sth ◇ *Er erfreute sich großer Beliebtheit/guter Gesundheit.* He enjoyed great popularity/good health.

erfreulich **1** *Adj* pleasing; (*Nachricht auch*) good; (*Nebeneffekt, Perspektive*) pleasant ◇ *erfreuliche Ergebnisse* pleasing results ◇ *Es ist erfreulich, dass es nun doch noch geklappt hat.* It is good to hear that it has worked out all right after all. **2** *Adv* ◇ *Das Echo auf die Aktion war erfreulich groß.* They were pleased by the big response to the campaign. ◇ *Heute hatten wir eine erfreulich hohe Besucherzahl.* We were pleased that so many visitors came today.

erfreulicherweise happily, luckily ◇ *Erfreulicherweise wurde niemand schwer verletzt.* Luckily, nobody was seriously hurt. ◇ *Erfreulicherweise haben sich die Verkaufszahlen weiterhin gebessert.* I'm pleased to say that sales have continued to improve.

erfreut pleased

erfrieren **1** (*vor Kälte sterben*) freeze to death; (*Mensch auch*) die of exposure; (*Pflanze*) be killed by frost **2** (*Körperteile*) ◇ *Ihm sind im Krieg zwei Zehen erfroren.* He lost two toes to frostbite during the war.

Erfrierungen frostbite [U]

erfrischen **1** refresh **2** (*erfrischend sein*) be refreshing ◇ *Kann etwas mehr erfrischen als eine kalte Dusche?* Is there anything more refreshing than a cold shower? **3 sich ~** refresh yourself; (*durch Waschen*) freshen up

erfrischend refreshing (*Adv* refreshingly) (*auch fig*)

Erfrischung **1** refreshment ◇ *Sollen wir eine Erfrischung zu uns nehmen?* Shall we have some refreshment? **2** (*das Erfrischen, Sich-Erfrischen*) (*meist mit einem Verb übersetzt*) ◇ *ein Glas kaltes Wasser zur Erfrischung* a glass of cold water to cool you down

erfüllen **1** (*Bedingung, Vertrag, Quote*) fulfil, (*AmE*) fulfill; (*Wunsch*) grant; (*Pflicht, Auftrag*) carry *sth* out ◇ *Alle unsere Erwartungen wurden erfüllt.* All our expectations were fulfilled. ◇ *Es erfüllt seinen Zweck.* It serves its purpose. **2** (*ausfüllen*) satisfy, fulfil, (*AmE*) fulfill ◇ *Ihr neuer Job erfüllt sie hundertprozentig.* She finds her new job one hundred per cent fulfilling. **3** (*Rauch, Geruch, Geräusch, Emotionen*) fill ◇ *Zigarettenqualm erfüllte das gesamte Zimmer.* Cigarette smoke filled the whole room. ◇ *Hass erfüllte ihn.* He was filled with hatred. **4 sich ~** come true ◇ *Der Traum erfüllte sich endlich.* At last the dream came true. **5 sich (s)einen Traum ~** make your dream come true

Erfüllung **1** (*das Erfüllen*) (*meist mit einem Verb übersetzt*) ◇ *erst nach Erfüllung der Forderungen* only when the requirements are fulfilled ◇ *Die Erfüllung der Kriterien hat Priorität.* The top priority is to meet the criteria. **2** (*Umsetzung, Wahrwerden*) realization ◇ *die Erfüllung eines Traumes* the realization of a dream ◇ *Mein Wunsch ging tatsächlich in Erfüllung.* My wish really did come true. **3** (*Zufriedenheit*) fulfilment, (*AmE*) fulfillment ◇ *Sie hat endlich als Lehrerin ihre Erfüllung gefunden.* She finally found fulfilment as a teacher.

ergänzen **1** supplement; (*vervollständigen*) complete ◇ *Das Team wurde mit fünf weiteren Spielern ergänzt.* The team was supplemented by five new players. ◇ *Ergänzen Sie folgenden Satz.* Complete the following sentence. ◇ *Vorräte ergänzen* replenish supplies **2 A um B ~** add B to A ◇ *Die Ausstellung soll um zwei Bilder ergänzt werden.* Two pictures are to be added to the exhibition. **3** (*hinzufügen*) add ◇ *Darf ich hierzu noch etwas ergänzen?* May I just add something at this point? **4** (*Gesetz*) amend **5 sich ~** complement each other; **sich (mit jdm/etw) ~** be complemented by sb/sth ◇ *Traditioneller Unterricht ergänzt sich mit neuen Medien.* Traditional teaching is complemented by new media.

Ergänzung **1** (*Vervollständigung*) (*meist mit einem Verb übersetzt*) ◇ *Das neue Gerät soll nicht Ersatz für den PC sein, sondern Ergänzung.* The new machine is not meant to replace the PC but to complement it. ◇ *die Ergänzung des Radwegnetzes* extending the cycle path network **2** (*das Hinzugefügte oder Hinzuzufügende*) addition; (*eines Gesetzes*) amendment ◇ *ein paar inhaltliche Ergänzungen* a few additions with regard to content

ergattern manage to get (hold of) *sth* ◇ *Ich konnte gerade noch die beiden letzten Eintrittskarten ergattern.* I just managed to get hold of the last two tickets.

ergeben[1] *Verb* **1** (*herausfinden*) find ◇ *Die Umfrage hat ergeben, dass …* The survey found that … **2** (*resultieren*) result in *sth*; (*erzielen*) produce; (*ausreichen für*) make ◇ *Die Maßnahmen ergaben keine Verbesserung.* The measures did not result in improvement. ◇ *Die Eingabe in die Suchmaschine ergab sieben Treffer.* The search produced seven hits. ◇ *Ein Zentner Äpfel ergibt 30 Liter.* A ton of apples makes 30 litres. ◇ *Das ergibt keinen Sinn.* That makes no sense. **3** (*einbringen*) bring *sth* in ◇ *Die Spendenaktion ergab mehrere Millionen.* The appeal for donations brought in several millions. **4 sich ~** (*Problem, Gelegenheit etc.*) arise; (*Diskussion*) ensue; (*Bild*) emerge ◇ *Neue Schwierigkeiten ergeben sich jeden Tag.* New problems arise every day. ◇ *Aus dieser neuen Lage werden sich enorme Veränderungen für unser Leben ergeben.* This new situation will bring enormous changes in our lives. ◇ *Es hat sich so ergeben, dass wir alle zusammen fuhren.* The way it worked out, we all went together. ◇ *Es hat sich halt so ergeben.* It just happened that way.

ergeben[2] *Verb* **1 sich etw ~** resign yourself to sth **2 sich (jdm) ~** surrender (to sb) ◇ *sich dem Feind ergeben* surrender to the enemy **3 sich etw ~** (*rückhaltlos hingeben*) give yourself up to sth; (*Glückspiel, Alkohol*) turn to sth

ergeben[3] *Adj* **1** (*untertänig*) obedient (*Adv* obediently) **2** (*hingebungsvoll*) devoted (*Adv* devotedly)

Ergebnis **1** result, outcome; (*Schlussfolgerung*) conclusion ◇ *das Ergebnis der Wahl* the result of the election ◇ *Ich bin zu dem Ergebnis gekommen, dass …* I have come to the conclusion that … ◇ *Die Umfrage blieb ohne Ergebnis.* The survey was inconclusive. ◇ *Die Suche blieb ohne Ergebnis.* The search produced no results. **2** (MATH) answer, result (*Fachspr*) ◇ *das Ergebnis einer Rechenaufgabe* the answer to a sum

ergebnislos unsuccessful (*Adv* unsuccessfully); (*Suche, Verhandlungen*) fruitless (*Adv* fruitlessly) ◇ *Die Suche verlief ergebnislos.* The search proved fruitless. ◇ *Die Verhandlungen wurden ergebnislos abgebrochen.* The talks broke down.

ergehen **1 es ergeht jdm/etw gut, schlecht etc.** sb/sth fares well, badly, etc. ◇ *Wie ist es ihr in den USA ergangen?* How did she fare in the USA? ◇ *Mir erging es genauso im Urlaub.* The same thing happened to me on holiday. **2** (*erlassen werden*) go out, be issued (*offiz*) ◇ *Ein Haftbefehl erging gegen ihn.* A warrant was issued for his arrest. **3 sich in etw ~** ◇ *Die Zeitung erging sich in Spekulationen.* The paper engaged in wild speculation. ◇ *Sie erging sich in Danksagungen.* She thanked them profusely. **4 etw über sich ~ lassen** put up with sth IDM → GNADE

ergiebig **1** ◇ *ein ergiebiges Waschmittel* a detergent that goes a long way **2** (*Quelle etc.*) rich ◇ *ergiebige Fischgründe* rich fishing grounds **3** (*Boden, Thema*) fertile **4** (*Landwirtschaft, Einsatz*) productive **5** (*Regen*) heavy

ergießen **sich ~** pour (*auch fig*) ◇ *Busladungen von Touristen ergießen sich über das Dorf.* Busloads of tourists pour into the village. ◇ *Der Fluss ergießt sich ins Meer.* The river flows into the sea.

ergonomisch ergonomic (*Adv* ergonomically)

ergrauen **1** (*grauhaarig werden*) go grey **2** (*älter werden*) age, grow old ◇ *Die Bevölkerung ergraut.* The population is ageing. ◇ *in Würde ergrauen* grow old gracefully

ergreifen **1** catch ◇ *Die Täter wurden auf der Flucht ergriffen.* The culprits were caught while trying to escape. ◇ *Das Feuer ergriff die Vorhänge.* The curtains caught fire. **2** (*übernehmen, anfangen*) seize ◇ *die Macht/eine Gelegenheit ergreifen* seize power/an opportunity ◇ *Plötzlich ergriff sie die Panik.* She was suddenly seized by panic. ◇ *die Initiative ergreifen* take the initiative ◇ *die Flucht ergreifen* take flight ◇ *einen Beruf ergreifen* take up a career ◇ *Da ergriff er plötzlich das Wort.* He suddenly spoke up. **3** (*mit der Hand*) grab hold of *sth* ◇ *Sie ergriff ihn am Arm.* She grabbed hold of his arm. **4** (*bewegen*) move; (*sehr nahe gehen*) affect ◇ *Sie war sehr ergriffen von der Oper.* She was very moved by the opera. ◇ *Die Nachricht ergriff ihn zutiefst.* He was deeply affected by the news. IDM → BESITZ, PARTEI *und* WORT

ergreifend moving (*Adv* movingly) IDM → SCHLICHT

Ergreifung (*Festnahme*) capture

ergründen investigate

Erguss **1** (*Blut-*) bruise, contusion (*Fachspr*) **2** (*Samen-*) ejaculation **3** (*Wortschwall*) outpouring

erhaben **1** (*Gedanken, Musik, Gefühle*) sublime **2 über etw ~ sein** be above sth ◇ *Sie ist über jeglichen Verdacht erhaben.* She is above all suspicion. **3 sich über jdn/etw ~ fühlen** consider yourself to be above sb/sth ◇ *Sie fühlt sich über niedere Bürotätigkeiten erhaben.* She considers herself above menial office tasks. **4** (*herausragend*) raised

Erhalt **1** (*Empfang*) receipt ◇ *nach Erhalt Ihres Schreibens* on receipt of your letter **2** (*Erhaltung*) preservation

erhalten **1** (*empfangen*) get, receive (*offiz*) ◇ *eine Reaktion erhalten* get a response ◇ *Sie erhielt einen abschlägigen Bescheid.* She received a rejection. **2** (*erteilt bekommen*) get, be given ◇ *einen Eindruck erhalten* get an impression ◇ *Er erhielt die Rote*

Karte. He was given the red card. ◇ *einen Befehl/einen Auftrag erhalten* be given an order/a task ◇ *Haben sie dafür Erlaubnis erhalten?* Have they been given permission for it? ◇ *Asyl erhalten* be granted asylum **3** (*gewinnen*) get, obtain (*offiz*) ◇ *Teer erhält man aus Kohle.* Tar is obtained from coal. **4** (*bewahren*) preserve ◇ *ein gut erhaltenes Buch* a well-preserved book ◇ *Diese Sitte hat sich über Jahrhunderte erhalten.* This custom has been preserved for centuries. ◇ *Arbeitsplätze erhalten* save jobs ◇ *Erhalte dir deinen Optimismus!* Don't lose your optimism! **5** (*frisch, gesund etc.*) keep ◇ *sich fit erhalten* keep fit ◇ *Er wurde künstlich am Leben erhalten.* He was kept alive artificially. ◇ *Er ist für sein Alter noch recht gut erhalten.* He is in very good shape for his age.

erhältlich available ◇ *im Buchhandel erhältlich* available from bookshops ◇ *für Vereine kostenlos erhältlich* available to clubs free of charge

Erhaltung preservation; (*Umwelt, Kunstwerke*) conservation; (*Tierart, Wald etc.*) protection; (*Unterhalt*) maintenance; (*Gebäude*) upkeep

erhängen hang ◇ *Er erhängte sich.* He hanged himself.

erhärten 1 (*Materie*) harden; (*Zement, Klebstoff auch*) set **2** (*untermauern*) substantiate ◇ *Die Vorwürfe konnten nicht erhärtet werden.* The accusations could not be substantiated. **3 sich ~** (*Verdacht*) harden; (*These*) be strengthened

erheben 1 raise ◇ *Wir erhoben unsere Gläser.* We raised our glasses. ◇ *Er ging mit erhobenen Händen auf die Polizisten zu.* He approached the police with his hands up. **2** (*Forderung, Beschwerde, Vorwurf*) make ◇ *Vorwürfe gegen jdn erheben* make accusations against sb ◇ *Einspruch erheben* raise an objection ◇ *Bedenken erheben* raise doubts ◇ *Widerspruch gegen etw erheben* contest sth ◇ *Anspruch auf etw erheben* claim sth ◇ *Gegen ihn wurde Anklage wegen Mordes erhoben.* A charge of murder was brought against him. **3** (*Steuer*) levy; (*Gebühr*) make ◇ *Auf Benzin wird eine Steuer erhoben.* Duty is levied on petrol. ◇ *Dafür wird eine Gebühr erhoben.* A charge is made for that. ◇ *Für Glasflaschen wird Pfand erhoben.* A deposit is charged on glass bottles. **4 jdn ~** ◇ *in den Adelsstand erhoben werden* be raised to the peerage ◇ *in den Ritterstand erhoben werden* receive a knighthood ◇ *Er wurde von seinen Fans zur Kultfigur erhoben.* He was made into a cult figure by his fans. **5 etw zu etw ~** adopt sth as sth ◇ *etw zum Maßstab erheben* adopt sth as a standard **6 sich ~** (*aufstehen*) rise to your feet **7 sich ~** (*Gebäude, Berg etc.*) ◇ *Hoch über der Stadt erhebt sich die Burg.* The castle dominates the town. ◇ *Am Horizont erheben sich die Alpen.* The Alps line the horizon. **8 sich (in die Luft) ~** rise into the air **9 sich (gegen jdn/etw) ~** rise up (against sb/sth) IDM **die Hand gegen jdn erheben** raise your hand to hit sb → *Siehe auch* STIMME *und* ZEIGEFINGER

erheblich considerable (*Adv* considerably) ◇ *in erheblichem Umfang* to a considerable degree ◇ *ein erheblicher Beitrag* a significant contribution ◇ *erheblich beeinträchtigt* seriously affected

Erhebung 1 (*Boden-*) elevation; (*Hügel*) hill; (*Berggipfel*) peak **2** (*Untersuchung*) survey ◇ *eine Erhebung durchführen* carry out a survey **3** (*Aufstand*) uprising **4** (*Gebühr, Zuschlag, Zoll*) charging; (*Steuer*) raising; (*Abgabe*) imposition

erheitern amuse

erhellen 1 (*erleuchten*) light ◇ *Kerzen erhellten den Raum.* The room was lit by candles. ◇ *Das Feuerwerk erhellte die Nacht.* Fireworks lit up the night sky. ◇ *Der Mond erhellte die Wiese.* The moon illuminated the meadow. **2** (*erklären*) shed light on *sth* **3 sich ~** (*Gesicht*) light up; (*Himmel*) brighten up

erhitzen 1 heat *sth* (up) ◇ *Essen in der Mikrowelle erhitzen* heat up food in the microwave **2 sich ~** get hot ◇ *Der Asphalt erhitzt sich.* The asphalt gets hot. ◇ *Der Motor hat sich zu stark erhitzt.* The engine overheated. **3 sich ~** (*Stimmung*) become heated; (*wütend sagen*) fume ◇ *Die Stimmung hat sich erhitzt.* The atmosphere became heated. ◇ *An dieser Frage erhitzen sich die Gemüter.* Feelings are running high about this issue. ◇ *Die Experten erhitzten sich darüber.* Amongst experts there is violent disagreement about it.

erhitzt 1 → ERHITZEN **2** (feeling) hot (and sweaty) ◇ *Die erhitzten Kinder kühlten sich im Schwimmbad ab.* The children were feeling hot and cooled off in the pool. ◇ *vom Laufen erhitzt* hot and sweaty from running

erhoffen (sich) etw ~ (*hoffen*) hope for sth; (*erwarten*) expect sth

erhöhen 1 make *sth* higher ◇ *Der Turm wurde um zwei Meter erhöht.* The tower was made two metres higher. ◇ *Die Mauer wurde auf zwei Meter erhöht.* The wall was raised to a height of two metres. ◇ *Sie haben das Haus um ein Stockwerk erhöht.* They added another storey to the house. **2 etw (um/auf etw) ~** (*steigern*) increase sth (by/to sth), put sth up (by/to sth); (*Niveau, Temperatur*) raise sth (by/to sth) ◇ *Die Miete wurde um 20% erhöht.* The rent was put up by 20%. ◇ *ein erhöhter Cholesterinspiegel* a raised cholesterol level ◇ *Sie hatte erhöhte Temperatur.* She had a slight temperature. **3** (*vergrößern*) increase; (*verbessern*) improve ◇ *ein erhöhtes Krebsrisiko* an increased risk of cancer ◇ *die Sicherheit im Straßenverkehr erhöhen* improve road safety **4 sich ~** rise, go up ◇ *Die Schülerzahlen erhöhen sich ständig.* Pupil numbers are rising steadily. ◇ *Die Preise haben sich wieder erhöht.* Prices have gone up again.

Erhöhung 1 increasing the height ◇ *die Erhöhung der Mauer auf 2 Meter* increasing the height of the wall to 2 metres **2** (*Steigerung*) increase ◇ *eine Erhöhung der Mehrwertsteuer* an increase in VAT ◇ *die Erhöhung der Temperatur* the rise in temperature ◇ *die Erhöhung der Verkehrssicherheit* improving road safety

erholen 1 sich ~ relax, have a rest ◇ *Du siehst erholt aus.* You look relaxed. ◇ *Wir haben uns im Urlaub gut erholt.* We had a good rest on holiday. **2 sich (von etw) ~** recover (from sth), get over sth

erholsam relaxing; (*Schlaf*) restful

Erholung 1 relaxation; (*Ruhe*) rest **2** (*nach einer Krankheit*) convalescence; (*Wirtschaft*) recovery ◇ *zur Erholung in die Berge geschickt werden* be sent to the mountains to convalesce ◇ *Die Erholung von der Operation dauerte lange.* It took a long time to recover from the operation. ◇ *die erwartete wirtschaftliche Erholung* the expected economic recovery **Erholungsaufenthalt** holiday, (*AmE*) vacation **Erholungsgebiet** green belt area; (*Gegend*) holiday area **Erholungsurlaub** break; (*nach einer Krankheit*) convalescence [U]

erhören 1 (*Bitte, Gebet*) answer ◇ *Gott hat unsere Gebete erhört.* Our prayers were answered. ◇ *Ihre Vorstellungen wurden nicht erhört.* Their ideas were ignored. **2** (*Liebeswerbung*) yield to *sth*

erinnern 1 sich (an jdn/etw) ~ remember (sb/sth) ◇ *Erinnerst du dich noch?* Do you remember? ◇ *Kannst du dich an sie erinnern?* Can you remember her? ◇ *Ich kann mich nicht mehr daran erinnern, wo sie wohnt.* I don't remember where she lives. ◇ *Daran will ich mich gar nicht erinnern!* I don't want to be reminded of it! ◇ *..., erinnerte er sich.* ..., he recalled. **2 jdn an etw ~** remind sb about sth ◇ *Sie erinnerte ihn an sei-*

nen Termin. She reminded him about his appointment. **3 jdn an jdn/etw ~** remind sb of sb/sth ◇ *Dieses Lied erinnert mich an Paris.* This song reminds me of Paris. **4 an jdn ~** (*ähnlich sein*) be like sb ◇ *Sie erinnert an ihre Mutter.* She's like her mother. **5 an etw ~** (*denken lassen*) be reminiscent of sth ◇ *Dieser Skandal erinnert an Watergate.* This scandal is reminiscent of Watergate. ◇ *Hier erinnert nichts mehr an die Explosion vor einem Jahr.* There is nothing here to remind you of last year's explosion.

Erinnerung 1 ~ (an jdn/etw) memory (of sb/sth) ◇ *Erinnerungen wachrufen* bring back memories ◇ *bleibende Erinnerungen* lasting memories ◇ *Wir werden London in guter Erinnerung behalten.* We will always have happy memories of London. ◇ *Der Duft weckt Erinnerungen an Griechenland.* The scent reminds you of Greece. ◇ *etw in Erinnerung rufen* recall sth **2 zur ~ an jdn/etw** ◇ *eine Demonstration zur Erinnerung an das Massaker* a demonstration in commemoration of the massacre ◇ *Den Ring bewahrt er zur Erinnerung an sie auf.* He keeps the ring to remind him of her. ◇ *eine Gedenkstätte zur Erinnerung an den Holocaust* a memorial to the victims of the Holocaust **3** (*Andenken*) souvenir ◇ *eine Erinnerung an den Urlaub* a souvenir of the holiday ◇ *Zur Erinnerung erhalten sie eine Urkunde.* They receive a certificate as a memento. IDM → RUFEN

Erinnerungsvermögen memory

erkalten cool (*auch fig*)

erkälten sich ~ catch a cold; **sich etw ~** get a chill on sth ◇ *Ich habe mich beim Schwimmen erkältet.* I caught a cold swimming. ◇ *Sie hat sich die Blase erkältet.* She got a chill on the bladder.

erkältet ◇ *Ich bin stark erkältet.* I've got a bad cold. ◇ *ein erkältetes Kind* a child with a cold

Erkältung cold

erkämpfen (sich) etw ~ fight hard for sth ◇ *Sie hat sich ihre Freiheit erkämpfen müssen.* She has had to fight hard for her freedom. ◇ *Sie erkämpfte sich zwei Goldmedaillen.* She managed to win two gold medals.

erkaufen 1 buy ◇ *Glück lässt sich nicht erkaufen.* You can't buy happiness. **2 (sich) etw (mit/durch etw) ~** achieve sth (at the price of sth) ◇ *Das Wirtschaftswachstum wurde auf Kosten der Umwelt teuer erkauft.* Economic growth was achieved at great cost to the environment.

erkennbar apparent ◇ *nicht auf den ersten Blick erkennbar* not immediately apparent ◇ *Sie spricht ohne erkennbaren Akzent.* She speaks without any discernible accent. ◇ *gut erkennbar* easily recognizable ◇ *Die Buchstaben waren schlecht erkennbar.* The letters were difficult to make out.

erkennen 1 jdn/etw (an etw) ~ recognize sb/sth (by sth) ◇ *Ich habe ihn an seiner Stimme erkannt.* I recognized him by his voice. **2** (*gewahr werden*) realize; (*Krankheit*) diagnose ◇ *Sie erkannte ihren Fehler.* She realized her mistake. ◇ *Die Geschwulst ist frühzeitig erkannt worden.* The tumour was diagnosed early. ◇ *Ich kann darin keine Diskriminierung erkennen.* I don't see any discrimination in that. **3** (*sehen*) make *sth* out ◇ *Er konnte die Hausnummer nicht erkennen.* He couldn't make out the number of the house. **4 etw zu ~ geben** show signs of sth ◇ *Selbstzweifel hat er nie zu erkennen gegeben.* He has never shown any signs of self-doubt. ◇ *Sie haben deutlich zu erkennen gegeben, dass wir jetzt gehen sollen.* They clearly indicated we should leave. **5 sich zu ~ geben** reveal your identity, identify yourself; **sich als etw zu ~ geben** reveal yourself to be sth ◇ *Der Anrufer gab sich nicht zu erkennen.* The caller did not identify himself. ◇ *Mit dieser Bemerkung gab er sich als Chauvi zu erkennen.* With this remark he revealed himself to be a male chauvinist. **6 etw ~ lassen** indicate sth ◇ *Neue Forschungsergebnisse lassen erkennen, dass ...* New research findings indicate that ... **7 auf etw ~** impose sth ◇ *Das Gericht erkannte auf drei Jahre Gefängnis.* The court imposed a three-year prison sentence ◇ *Das Gericht erkannte auf Freispruch.* The court acquitted the defendant.

erkenntlich sich (für etw) ~ zeigen show your appreciation (for sth)

Erkenntnis 1 knowledge [U/Sing] ◇ *bessere Erkenntnisse* improved knowledge ◇ *nach neuesten Erkenntnissen* according to the latest findings **2** (*Einsicht*) realization ◇ *eine bittere Erkenntnis* a bitter realization ◇ *Er kam zu der Erkenntnis, dass er unrecht hatte.* He realized that he was wrong. **3** (*Informationen*) information [U]

Erkennung identification; (*Krankheit*) diagnosis

Erkennungsdienst ≈police records department ◇ *Sie ist schon einmal vom Erkennungsdienst der Polizei behandelt worden.* She's got a police record. ◇ *Der Erkennungsdienst sicherte die Spuren.* The police searched for forensic evidence. **erkennungsdienstlich** ◇ *jdn erkennungsdienstlich behandeln* take sb's fingerprints (and photograph) **Erkennungsmerkmal** distinguishing feature **Erkennungszeichen** identification [U]; (*Abzeichen*) (identity) badge

Erker bay

erklärbar explicable (*gehoben*) [nicht vor Nomen] ◇ *Das ist schwer erklärbar.* It is not readily explicable. ◇ *aus nicht leicht erklärbaren Gründen* for reasons that are hard to understand

erklären 1 explain; **sich (durch/aus etw) ~** be explained (by sth) ◇ *Sie hat mir das Wahlsystem erklärt.* She explained the electoral system to me. ◇ *Die schlechten Besucherzahlen erklären sich durch das Wetter.* The poor attendance can be explained by the weather. ◇ *Sein seltsames Verhalten lässt sich nicht erklären.* His strange behaviour is inexplicable. ◇ *Nur so erklärt sich der Vorgang.* That's the only possible explanation for what happened. **2 sich etw ~** be able to understand sth ◇ *Er konnte es sich nicht erklären.* He couldn't understand it. ◇ *Wie erklärst du dir sein Verschwinden?* What do you make of his disappearance? **3** (*Rücktritt*) announce; (*Liebe, Krieg*) declare ◇ *dem Terrorismus den Krieg erklären* declare war on terrorism **4 jdn/etw zu etw ~** declare sb/sth sth; **jdn/sich/etw für etw ~** declare sb/yourself/sth (to be) sth; **sich etw ~** declare sth ◇ *Die Erdbebenzone wurde zum Katastrophengebiet erklärt.* The earthquake zone was declared a disaster area. ◇ *Ich erkläre die Ausstellung für eröffnet.* I declare the exhibition open. ◇ *Andersdenkende wurden für geisteskrank erklärt.* Dissidents were certified as insane. ◇ *Er erklärte sich für zahlungsunfähig.* He declared himself bankrupt. ◇ *Sie erklärten sich mit ihren entlassenen Kollegen solidarisch.* They declared their solidarity with their sacked colleagues. ◇ *für tot erklärt sein* be pronounced dead ◇ *sich für schuldig erklären* admit your guilt ◇ *Sie erklärte sich einverstanden.* She said she agreed. ◇ *Sie erklärten sich für den Anschlag verantwortlich.* They claimed responsibility for the attack.

erklärlich 1 (*verständlich*) understandable ◇ *ein erklärlicher Irrtum* an understandable mistake **2** (*erklärbar*) explicable (*gehoben*) [nicht vor Nomen] ◇ *Das Ganze ist nicht erklärlich.* All this is inexplicable.

Erklärung 1 explanation ◇ *Du schuldest mir eine Erklärung!* You owe me an explanation! ◇ *Das ist die Erklärung für ihre schlechte Laune.* That explains her bad mood. **2** (*Mitteilung*) statement

erklimmen climb, mount (*gehoben*)

erklingen ring out; (*Instrument, Musik*) play

erkranken be taken ill; **an etw ~** become ill with sth ◇ *Wer springt ein, wenn die Mutter plötzlich erkrankt?* Who will take over if the mother is suddenly taken ill? ◇ *Er erkrankte an Leukämie.* He became ill with leukaemia. ◇ *Sie vertrat eine erkrankte Kollegin.* She stood in for a sick colleague. ◇ *an Krebs erkrankte Menschen* people suffering from cancer ◇ *an Aids erkrankte Menschen* people with AIDS ◇ *das erkrankte Organ* the diseased organ

Erkrankung illness; (*eines Körperteils*) disease ◇ *wegen Erkrankung* through illness

erkunden 1 explore **2** (MIL) reconnoitre, (*AmE*) reconnoiter ◇ *das Gelände erkunden* reconnoitre the terrain

erkundigen sich (nach etw) ~ enquire (about sth); **sich nach jdm ~** ask after sb ◇ *Er hat sich nach dir erkundigt.* He asked after you. ◇ *sich nach dem Weg zum Bahnhof erkundigen* ask the way to the station

Erkundigung enquiry ◇ *Erkundigungen über jdn einholen* make enquiries about sb

Erkundung 1 (*meist mit einem Verb übersetzt*) ◇ *die Erkundung der Stadt* exploring the town **2** (MIL) reconnaissance

erlahmen 1 get tired ◇ *Nach einer Weile erlahmten ihre Arme.* Their arms got tired after a time. ◇ *Seine Kräfte erlahmten.* His strength began to fail. **2** (*nachlassen*) wane ◇ *Schon bald erlahmte das Interesse.* Interest soon waned.

erlangen achieve ◇ *traurige Berühmtheit erlangen* achieve notoriety ◇ *Rechtskraft erlangen* be given legal force

Erlass 1 (*Vorschrift*) order; (*eines Monarchen etc.*) decree ◇ *ein Erlass des Justizministeriums* an order from the Ministry of Justice **2** (*das Erlassen*) issuing; (*Gesetz*) enactment ◇ *der Erlass einer einstweiligen Anordnung* the issuing of a temporary order **3** (*Aufhebung*) remission ◇ *Er hofft auf einen Erlass seiner Strafe.* He is hoping for a remission of sentence.

erlassen 1 (*Haftbefehl, Richtlinien, Verbot*) issue; (*Gesetz*) enact ◇ *Gegen ihn wurde Haftbefehl erlassen.* A warrant was issued for his arrest. **2 jdm etw ~** (*Schulden*) release sb from sth; (*Gebühren*) waive sth for sb ◇ *Ihm wurden die Schulden erlassen.* He was released from debt. ◇ *Der Rest seiner Strafe wurde ihm erlassen.* He got a remission of sentence.

erlauben 1 (jdm) etw ~ allow (sb) sth ◇ *Baden ist hier nicht erlaubt.* Swimming is not allowed here. ◇ *Ist das Radfahren auf dem Gehweg erlaubt?* Are you allowed to cycle on the footpath? ◇ *Sie erlauben ihren Kindern sehr viel.* They let their children do more or less as they please. ◇ *Erlauben Sie, dass ich rauche?* Do you mind if I smoke? **2 jdm ~, etw zu tun** let sb do sth, permit sb to do sth (*offiz*) **3 jdm etw ~** (*Zeit, Geld*) ◇ *Sein Einkommen erlaubt ihm keine Reisen.* He can't afford to travel on his income. ◇ *Meine Zeit erlaubt mir das nicht.* I haven't got the time. **4 sich etw ~** (*gönnen*) treat yourself to sth; (*leisten*) afford sth **5 sich etw ~** (*das Recht nehmen*) ◇ *Er hat sich einen üblen Scherz mit uns erlaubt.* He played a nasty trick on us. ◇ *Darüber kannst du dir gar kein Urteil erlauben!* You're not in a position to judge! ◇ *Nur sie kann sich so etwas erlauben.* She's the only one who could get away with it. IDM **Erlauben Sie mal!** Do you mind! → *Siehe auch* DUMM

Erlaubnis 1 permission; **jdn um ~ bitten (, etw zu tun)** ask sb's permission (to do sth), ask sb for permission (to do sth); **jdm ~ geben (, etw zu tun)** give sb permission (to do sth) ◇ *Hast du deinen Vater um Erlaubnis gebeten?* Did you ask your father's permission? **2** (*Dokument*) permit

erläutern (jdm) etw ~ explain sth (to sb) ◇ *Können Sie das etwas näher erläutern?* Could you explain that in a bit more detail? ◇ *erläuternde Anmerkungen* explanatory notes ◇ *etw mit einem Beispiel erläutern* illustrate sth with an example

Erläuterung commentary; (*Erklärung*) explanation ◇ *Sie folgten aufmerksam seinen Erläuterungen der Bilder.* They listened carefully to his commentary on the paintings. ◇ *Er war nicht bereit, weitere Erläuterungen zu geben.* He was not prepared to comment further. ◇ *Zur Erläuterung gab sie uns ein paar Beispiele.* She gave us a few examples by way of explanation.

Erle alder

erleben 1 experience; (*Abenteuer, Überraschung*) have; (*Armut, Zeiten*) know ◇ *Das Land erlebt eine Dürre.* The country is experiencing a drought. ◇ *Die Flüchtlinge haben viel Schlimmes erlebt.* The refugees have had a lot of terrible experiences. ◇ *Sie erlebten eine böse Überraschung.* They had a nasty surprise. ◇ *Hast du schon mal ein Fußballspiel live erlebt?* Have you ever been to a football match? ◇ *Wir haben es schon öfter erlebt, dass ...* It has quite often happened that ... ◇ *die Umwelt bewusst erleben* be aware of the environment **2** (*Person*) see ◇ *So glücklich habe ich sie noch nie erlebt.* I've never seen her so happy. **3** (*Ereignis*) live to see ◇ *Das werden wir wohl nicht mehr erleben.* We won't live to see that. IDM → WUNDER

Erlebnis experience

erlebnisreich eventful; (*spannend*) exciting

erledigen 1 (*Arbeit, Einkäufe*) do; (*Post, Formalitäten, Anträge*) deal with *sth* ; (*Auftrag*) carry *sth* out ◇ *Es sind noch eine Menge Dinge zu erledigen.* There's still lots to be done. ◇ *Ich erledige das schon.* I'll deal with it. **2** (*beenden*) finish; (*Thema, Sache*) close ◇ *Bis Ende Mai soll es erledigt sein.* It should be finished by the end of May. **3 sich (von selbst) ~** sort itself out

erledigt 1 finished ◇ *Nach diesem Skandal ist er beruflich erledigt.* After this scandal his career is finished. ◇ *Der ist für mich erledigt!* I don't want to have anything more to do with him! **2** (*erschöpft*) exhausted

erlegen (*Tier*) shoot

erleichtern 1 (jdm) etw ~ make sth easier (for sb) ◇ *Wir wollen ihnen den Wiedereinstieg in den Beruf erleichtern.* We want to make it easier for them to return to work. **2 jdn ~** be a relief to sb ◇ *Die Nachricht hat uns alle erleichtert.* The news was a relief to us all. **3 jdn um Geld etc. ~** relieve sb of money, etc.

erleichtert relieved ◇ *Sie war über die Entscheidung erleichtert.* She was relieved to hear the decision. ◇ *erleichtert aufatmen* breathe a sigh of relief

Erleichterung 1 relief ◇ *zu meiner großen Erleichterung* to my great relief ◇ *Sie stieß einen Seufzer der Erleichterung aus.* She breathed a sigh of relief. **2** (*das Leichtermachen*) (*oft mit einem Verb übersetzt*) ◇ *Der Computer ist eine große Erleichterung.* The computer has made life a lot easier. ◇ *zur Erleichterung der Arbeit* in order to make work easier

erleiden suffer ◇ *einen hohen Verlust/einen Herzinfarkt erleiden* suffer heavy losses/a heart attack ◇ *Er erlitt einen Bänderriss im Knie.* He tore a knee ligament. ◇ *einen Schock erleiden* get a shock

erlernen learn; (*Beruf*) train for *sth*

erlesen exquisite; (*Wein, Bukett, Speisen*) fine; (*Programm, Runde, Teilnehmerfeld*) select

erleuchten illuminate, light ◇ *ein erleuchtetes Schild* an illuminated sign ◇ *die hell erleuchteten Straßen* the brightly lit streets

Erleuchtung enlightenment; (*Eingebung*) inspiration

erliegen 1 succumb to *sth*; (*sterben*) die of *sth* ◇ *Ich bin der Versuchung erlegen, sie doch zu kaufen.* I succumbed to temptation in the end and bought them. ◇

Er ist seinen Verletzungen erlegen. He died of his injuries. ◇ *Ich erlag dem Irrtum zu glauben …* I made the mistake of thinking that … **2 etw zum Erliegen bringen** bring sth to a standstill **3 zum Erliegen kommen** come to a standstill

Erlös proceeds [Pl] ◇ *der Erlös aus dem Verkauf des Grundstücks* the proceeds of/from the sale of the land

erlöschen 1 go out; *(Vulkan)* become extinct ◇ *Das Feuer war erloschen.* The fire had gone out. ◇ *ein erloschener Vulkan* an extinct volcano **2** *(Recht, Anspruch, Vertrag, Erlaubnis)* expire ◇ *Der Anspruch erlischt nach einem Jahr.* The claim lapses after a year. ◇ *ein erloschenes Recht* a right which has lapsed **3** *(Gefühle)* die

erlösen 1 *(Gewinn, Summe)* make ◇ *Die Firma erlöste zwei Millionen.* The firm made (a profit of) two million. **2 jdn (von etw) ~** release sb (from sth); *(von Sünden)* redeem sb (from sth) ◇ *Der Tod erlöste ihn von seinen Schmerzen.* Death released him from his suffering. ◇ *jdn von seinen Qualen erlösen* put sb out of their misery ◇ *erlöst aufatmen* breathe a sigh of relief

Erlösung release; *(Erleichterung)* relief; *(von Sünden)* redemption

ermächtigen jdn zu etw ~ authorize sb to do sth ◇ *Er ist nicht ermächtigt, den Vertrag abzuschließen.* He is not authorized to finalize the contract. ◇ *Sie sind nicht ermächtigt, darüber zu verhandeln.* They have no authority to negotiate on that.

Ermächtigung authorization; *(Vollmacht)* authority [U] ◇ *ohne Ermächtigung des Sicherheitsrats* without the authorization of the Security Council ◇ *Er handelte ohne Ermächtigung.* He acted without authority.

ermahnen jdn (zu etw) ~ tell sb (to do sth); *(nachdrücklicher)* urge sb (to do sth) ◇ *Sie ermahnte ihn, sich gut zu benehmen.* She told him to be a good boy. ◇ *Wir können die Leute nur ermahnen, vorsichtig zu sein.* We can only urge people to be careful. ◇ *Der Vorsitzende ermahnte ihn zur Ruhe.* The chairman called him to order.

ermäßigen reduce ◇ *etw um 10% ermäßigen* reduce sth by 10% ◇ *Der Eintritt kostet 10 Franken, ermäßigt 6 Franken.* Entrance is 10 francs, concessions 6 francs.

Ermäßigung reduction ◇ *eine Ermäßigung um 15%* a 15% reduction ◇ *Schüler erhalten eine Ermäßigung.* There is a reduction for schoolchildren. ◇ *In dem Geschäft bekomme ich 10% Ermäßigung.* I get a 10% discount in that shop.

ermessen 1 assess **2** *(verstehen)* appreciate

Ermessen 1 discretion; **in jds ~ liegen** be at sb's discretion **2** *(Urteil)* judgement ◇ *Jeder handelte nach eigenem Ermessen.* Everybody used their own judgement. ◇ *nach bestem Ermessen* to the best of your judgement ◇ *nach menschlichem Ermessen* as far as anyone can tell

Ermessensfrage matter of judgement

ermitteln 1 *(feststellen)* establish; *(identifizieren)* identify **2 (gegen jdn) ~** investigate (sb) ◇ *Die Polizei ermittelt noch, ob …* The police are still investigating whether … ◇ *Die Staatsanwaltschaft ermittelt bereits.* The public prosecutor is investigating the case. ◇ *Die Kripo ermittelt gegen einen 60-jährigen Mann.* A sixty-year-old man is being investigated by police. **3 etw ~** work sth out ◇ *etw rechnerisch ermitteln* work sth out mathematically ◇ *den Durchschnittswert ermitteln* find the average **4** *(Sieger)* decide

Ermittlung 1 *(Untersuchung)* investigation ◇ *Ermittlungen durchführen* conduct an investigation ◇ *die Ermittlungen gegen den Präsidenten* the investigation of the President **2** *(das Ermitteln)* *(meist mit einem Verb übersetzt)* ◇ *zur Ermittlung der Unfallursache* in order to establish the cause of the accident

Ermittlungsverfahren investigation

ermöglichen (jdm) etw ~ make sth possible (for sb); **jdm ~, etw zu tun** enable sb to do sth ◇ *Bessere Computer ermöglichen globale Klima-Modelle.* Better computers make it possible to create global climate models. ◇ *Das hat ihnen die Flucht ermöglicht.* That enabled them to escape. ◇ *Das Geld ermöglichte ihm das Studium.* The money enabled him to go to university.

ermorden murder; *(aus politischen Gründen)* assassinate ◇ *Er wurde ermordet aufgefunden.* He was found murdered. ◇ *Er wurde von seiner Frau mit einem Messer ermordet.* He was stabbed to death by his wife.

Ermordung murder; *(aus politischen Gründen)* assassination

ermüden 1 *(müde werden)* get tired ◇ *Die Augen ermüden.* Your eyes get tired. **2 jdn ~** tire sb out, wear sb out

Ermüdung 1 tiredness **2** *(von Metall, Material)* fatigue

Ermüdungserscheinung (sign of) tiredness ◇ *keine Ermüdungserscheinungen zeigen* show no signs of tiredness ◇ *über Ermüdungserscheinungen klagen* complain of tiredness

ermuntern jdn (zu etw) ~ encourage sb (to do sth) ◇ *Er ermunterte sie, ihre Erinnerungen aufzuschreiben.* He encouraged her to write her memoirs.

Ermunterung encouragement [U]

ermutigen jdn (zu etw) ~ encourage sb (to do sth)

ermutigend encouraging *(Adv* encouragingly) ◇ *ein ermutigendes Zeichen* an encouraging sign ◇ *ermutigende Worte* words of encouragement

ernähren 1 feed ◇ *ein Baby mit der Flasche ernähren* bottle-feed a baby ◇ *künstlich ernährt werden* be fed intravenously **2 sich von etw ~** live on sth **3 sich gesund, falsch etc. ~** have a healthy, bad etc. diet

Ernährer(in) breadwinner

Ernährung 1 diet, nutrition *(Fachspr)* ◇ *eine ausgewogene/falsche Ernährung* a balanced/poor diet ◇ *ein Vortrag zum Thema Ernährung* a lecture on nutrition **2** *(das Ernähren)* feeding ◇ *künstliche Ernährung* intravenous feeding **3** *(Lebensmittel)* food

Ernährungsberater(in) dietician **Ernährungswissenschaft** food science, nutrition **Ernährungswissenschaftler(in)** nutritionist; *(Experte)* nutrition expert

ernennen 1 jdn zu etw ~ appoint sb (as) sth; *(Titel)* make sb sth ◇ *Er wurde zum Botschafter ernannt.* He was appointed (as) ambassador. ◇ *Er wurde zum Ehrenbürger der Stadt ernannt.* He was made a freeman of the city. **2 jdn (zu etw) ~** *(Sprecher, Kandidat etc.)* nominate sb (as sth) ◇ *Wir ernannten sie zu unserer Sprecherin.* We nominated her as our representative.

Ernennung appointment; *(als Sprecher, Kandidaten)* nomination ◇ *seine Ernennung zum Staatsoberhaupt* his appointment as head of state

erneuerbar renewable

erneuern 1 renovate; *(reparieren)* repair; *(ersetzen)* replace ◇ *alte Häuser erneuern* renovate old houses ◇ *die Kupplung erneuern* replace the clutch ◇ *Wir müssen das Dach erneuern.* We need a new roof. ◇ *die Fahrbahndecke erneuern* resurface the road **2** *(verlängern, wiederholen, wiederbeleben)* renew ◇ *die Genehmigung erneuern* renew the licence ◇ *eine alte Bekanntschaft erneuern* renew an old acquaintance ◇ *Die Haut erneuert sich.* Skin renews itself.

Erneuerung 1 renovation; *(Reparatur)* repair; *(Ersetzung)* replacement **2** *(einer Genehmigung, Bekanntschaft etc.)* renewal; *(einer Partei)* reform

erneut 1 *Adj* renewed; *(Versuch, Chance)* another ◇ *erneute Kämpfe* renewed fighting ◇ *jdm eine erneute*

Chance geben give sb another chance **2** *Adv* again ◇ *Die Geräte müssen erneut geprüft werden.* The equipment will have to be checked again.

erniedrigen 1 humiliate **2 jdn zu etw ~** reduce sb to the level of sth ◇ *Sie wurden zu Bürgern zweiter Klasse erniedrigt.* They were reduced to the level of second-class citizens.

ernst serious (*Adv* seriously) ◇ *ein ernster junger Mann* a serious young man ◇ *ernste Bedenken haben* have serious reservations ◇ *ernste Musik* serious music ◇ *Er sah mich ernst an.* He looked at me seriously. ◇ *ein ernst gemeinter Vorschlag* a serious suggestion IDM **etw ernst meinen** mean sth (*nicht in der Verlaufsform*) ◇ *Meinst du das ernst?* Do you mean that? **jdn/etw ernst nehmen** take sb/sth seriously **jdm ernst sein** ◇ *Es ist mir vollkommen ernst.* I'm perfectly serious. ◇ *Na gut, wenn es dir damit so ernst ist.* OK, if you feel so strongly about it. **ernst werden** get serious ◇ *Jetzt wird's ernst.* Things are getting serious. **es (mit jdm/etw) ernst meinen** be serious (about sb/sth) **nicht ernst bleiben können** not be able to keep a straight face → *Siehe auch* WORT

Ernst 1 seriousness ◇ *der Ernst der Lage* the seriousness of the situation **2 im ~** seriously **3 allen Ernstes** in all seriousness **4 mit etw ~ machen** go through with sth; (*Drohung, Plan*) carry sth out; (*Versprechen auch*) fulfil sth, (*AmE*) fulfill sth ◇ *Im kommenden Jahr soll mit der Reform Ernst gemacht werden.* Next year they are going to go through with the reform. **5 etw ist jds ~** sb is serious about sth ◇ *Ist das tatsächlich dein Ernst?* Are you serious? IDM **etw im Ernst meinen** mean sth (*nicht in der Verlaufsform*) ◇ *Das hab ich nicht im Ernst gemeint.* I didn't mean it. → *Siehe auch* TIERISCH

Ernstfall (real) emergency ◇ *sich auf den Ernstfall vorbereiten* prepare for an emergency

ernsthaft serious (*Adv* seriously) ◇ *Du musst ernsthaft mit ihm reden.* You'll have to have a serious talk with him. ◇ *Das Thema ist nie ernsthaft diskutiert worden.* The topic has never been seriously discussed.

ernstlich serious (*Adv* seriously) ◇ *Niemand wurde ernstlich verletzt.* Nobody was seriously injured. ◇ *Ich bin ernstlich besorgt um sie.* I'm seriously worried about her. ◇ *Ich bin ihr nicht ernstlich böse.* I'm not really angry with her.

Ernte 1 harvest ◇ *bei der Ernte helfen* help with the harvest ◇ *Kartoffeln aus eigener Ernte* home-grown potatoes ◇ *Äpfel aus eigener Ernte* your own apples **2** (*Menge*) crop ◇ *Er hat seine gesamte Ernte verloren.* He lost the whole crop.

Erntedankfest harvest festival

ernten 1 harvest; (*Obst, Gemüse*) pick **2** (*fig*) receive sth, get sth; (*Zustimmung, Widerspruch*) meet with sth ◇ *gute Kritiken ernten* get good reviews ◇ *Damit wirst du nur Gelächter und Spott ernten.* They'll only laugh at you.

ernüchtern jdn ~ 1 sober sb up **2** (*fig*) bring sb back down to earth, disillusion sb ◇ *Nach dem ersten Spiel waren alle ernüchtert.* The first game brought them all back down to earth. ◇ *Sie kamen sehr ernüchtert heraus.* They came away completely disillusioned.

ernüchternd sobering

Ernüchterung disillusion(ment) ◇ *Einer anfänglichen Euphorie folgte bald die Ernüchterung.* After the initial euphoria disillusion set in.

Eroberer, Eroberin conqueror

erobern 1 conquer; (*Stadt*) capture **2 (sich) etw ~** win sth ◇ *eine Medaille/neue Märkte erobern* win a medal/new markets ◇ *Er eroberte sich den dritten Platz.* He came third. IDM → STURM

Eroberung conquest; (*Stadt*) capture; (*fig*) winning ◇ *die Eroberung Amerikas* the conquest of America ◇ *die Eroberung neuer Absatzmärkte* winning new markets

eröffnen 1 open **2 jdm etw ~** (*mitteilen*) announce sth (to sb) ◇ *Dann eröffnete er uns, dass er auswandern wollte.* Then he announced that he was going to emigrate. **3 sich (jdm) ~** open up (for sb) ◇ *Neue Perspektiven haben sich eröffnet.* New perspectives opened up. **4 das Testament ~** read the will

Eröffnung opening

erogen erogenous ◇ *erogene Zonen* erogenous zones

erörtern discuss

Erörterung discussion

Erosion erosion

Erotik 1 eroticism; (*Sinnlichkeit*) sensuality **2** (*Sexualität*) sex ◇ *Erotik-Filme* sex films

erotisch 1 erotic ◇ *eine erotische Ausstrahlung* an erotic charge ◇ *Ich finde ihn sehr erotisch.* I think he's really sexy. **2** (*sexuell*) sexual

Erpel drake

erpicht auf etw ~ sein be keen on sth; **darauf ~ sein, etw zu tun** be keen to do sth ◇ *Ich bin nicht sonderlich erpicht darauf, dass er mitkommt.* I am not particularly keen on him coming. ◇ *Er war auf das Erbe erpicht.* He was very keen to inherit.

erpressen 1 jdn ~ blackmail sb ◇ *Ich lasse mich von dir doch nicht erpressen!* I am not going to let you blackmail me! ◇ *Die Firma wurde um drei Millionen erpresst.* A sum of three million was extorted from the firm by blackmail. **2 etw (von jdm) ~** extort sth (from sb); (*Geständnis*) extract sth (from sb) ◇ *Schutzgelder von jdm erpressen* extort protection money from sb

Erpresser(in) blackmailer

Erpressertrojaner ransomware [U] ◇ *ein neuer Erpressertrojaner* a new piece of ransomware

Erpressung blackmail [U]

Erpressungsversuch blackmail attempt

erproben test ◇ *ein Medikament an Patienten erproben* test a drug on patients ◇ *eine erprobte Methode* a tried and tested method ◇ *ein erprobter Kämpfer* an experienced fighter

Erprobung testing

erraten guess ◇ *Du errätst nie, was mir heute passiert ist.* You'll never guess what happened to me today. ◇ *Er hat meine Gedanken erraten.* He read my thoughts.

errechnen calculate; (*schätzen*) estimate ◇ *den Preis errechnen* calculate the price ◇ *die errechneten Kosten* the estimated costs ◇ *vor dem errechneten Geburtstermin* before the expected date of delivery

erregen 1 sich ~ get upset ◇ *Warum erregst du dich über solche Kleinigkeiten?* Why do you get upset about such trivial things? ◇ *„Es ist eine Schande!" erregte er sich.* 'It's a disgrace!' he said angrily. → *Siehe auch* ERREGT **2** (*sexuell*) arouse ◇ *Ihr bloßer Anblick erregte ihn.* He found the mere sight of her arousing. **3** (*hervorrufen*) cause; (*Aufmerksamkeit, Interesse, Ärger*) arouse ◇ *großes Aufsehen erregen* cause a sensation

Erreger cause, pathogen (*Fachspr*) ◇ *Dieses Virus ist der Erreger des Drüsenfiebers.* This virus causes glandular fever.

erregt 1 (*Mensch*) upset [nicht vor Nomen]; (*freudig*) excited (*Adv* excitedly) ◇ *Er war über den Vorfall sehr erregt.* He was very upset about the incident. **2** (*Diskussion etc.*) heated

Erregung 1 (*Freude*) excitement; (*Aufgewühltheit*) agitation; (*Zorn*) anger ◇ *ohne sichtbare Erregung* with no sign of emotion **2** (*sexuell*) (state of) arousal **3** (*Erzeugung*) (*meist mit einem Verb übersetzt*) ◇ *Er wurde wegen Erregung öffentlichen Ärgernisses verurteilt.*

He was convicted of causing a public nuisance. ◇ *die Erregung von Verdacht* arousing suspicion

erreichbar accessible ◇ *mit öffentlichen Verkehrsmitteln leicht erreichbar* easily accessible by public transport ◇ *wenn der Hausarzt nicht erreichbar ist* if you can't get hold of your GP ◇ *Ich bin telefonisch unter dieser Nummer erreichbar.* You can ring me on this number.

erreichen **1** reach; (*ankommen auch*) get to *sb/sth* ; (*nicht verpassen*) catch ◇ *Der Ort ist per Bahn nicht zu erreichen.* The village cannot be reached by train. ◇ *Hat dich mein Brief noch rechtzeitig erreicht?* Did my letter get to you in time? ◇ *ein hohes Alter erreichen* live to a great age **2** (*telefonisch*) get hold *of sb/sth* (on the phone) ◇ *Ich konnte ihn telefonisch nicht erreichen.* I couldn't get hold of him on the phone. **3** (*zustande bringen*) achieve ◇ *ein Ziel erreichen* achieve a goal ◇ *Sie erreichte den dritten Platz.* She gained third place. ◇ *So erreichst du bei mir gar nichts.* You won't get anywhere with me that way.

errichten **1** (*erbauen*) build **2** (*aufbauen*) erect; (*Zelt*) put *sth* up ◇ *Gerüste errichten* erect scaffolding **3** (*gründen*) set *sth* up ◇ *eine Zweigstelle errichten* set up a branch ◇ *eine Stiftung errichten* establish a foundation

Errichtung **1** (*Bau*) construction **2** (*Aufbau*) erection ◇ *die Errichtung der Tribüne* the erection of the stand **3** (*Schaffung*) creation ◇ *die Errichtung der Republik* the creation of the Republic

erringen win; (*Erfolg*) achieve

erröten flush; (*vor Verlegenheit, Scham*) blush ◇ *errötete Wangen* flushed cheeks

Errungenschaft **1** achievement **2** (*Erwerb*) acquisition ◇ *meine neueste Errungenschaft* my latest acquisition

Ersatz **1** substitute; (*dauerhaft*) replacement ◇ *Er kam als Ersatz für den verletzten Spieler.* He was brought on as a substitute for the injured player. ◇ *Sie erhielt ein neues Radio als Ersatz für den defekten.* She was given a new radio as a replacement for the faulty one. ◇ *als Ersatz für jdn einspringen* stand in for sb **2** (*Entschädigung*) compensation ◇ *für einen Schaden Ersatz fordern* claim compensation **Ersatzdienst** = community service as an alternative to military service **Ersatzdroge** substitute drug **ersatzlos** completely ◇ *Arbeitsplätze, die ersatzlos gestrichen werden* jobs that disappear completely ◇ *ein Konzert ersatzlos streichen* cancel a concert **Ersatzrad** spare wheel **Ersatzspieler(in)** substitute (player) **Ersatzteil** spare part **ersatzweise** **1** (*als Ersatz*) as a replacement ◇ *Ersatzweise werden Erlen gepflanzt.* Alders are being planted as a replacement. **2** (*stattdessen*) instead ◇ *Ersatzweise halten die Busse am Kino.* The buses stop at the cinema instead. **3** (*alternativ dazu*) alternatively ◇ *Fleisch oder ersatzweise Tofu* meat or alternatively tofu

erschaffen create

Erschaffung creation

erscheinen **1** appear ◇ *Plötzlich erschien sie in der Tür.* She suddenly appeared at the door. ◇ *als Zeuge vor Gericht erscheinen* appear in court as a witness ◇ *zur Arbeit erscheinen* turn up for work **2** (*herausgegeben werden*) be published ◇ *Diese Zeitschrift erscheint monatlich.* This magazine is published monthly. ◇ *In welchem Verlag erscheint das Buch?* Who is the book published by? ◇ *Das Buch erschien 1890.* The book was published in 1890. **3** (*Eindruck*) seem (*nicht in der Verlaufsform*) ◇ *All dies erscheint mir wie ein Traum.* It all seems like a dream.

Erscheinung **1** figure ◇ *eine elegante Erscheinung sein* cut an elegant figure ◇ *ihre äußere Erscheinung* her appearance **2** (*Begebenheit*) occurrence; (*Phänomen*) phenomenon **3** (*Vision*) vision **4** (*Veröffentlichung*) publication IDM **in Erscheinung treten** appear ◇ *als Solist in Erscheinung treten* appear as a soloist ◇ *positiv in Erscheinung treten* make a good impression ◇ *aktiv in Erscheinung treten* become actively involved **Erscheinungsbild** appearance **Erscheinungsform** form **Erscheinungsjahr** year of publication

erschießen shoot *sb* (dead)

Erschießung shooting

erschlagen **1** beat *sb* to death ◇ *Er wurde mit einem Hammer erschlagen.* He was beaten to death with a hammer. ◇ *Ich fühle mich wie erschlagen.* I feel absolutely shattered. **2** (*treffen*) strike *sb* dead ◇ *Sie wurde vom Blitz erschlagen.* She was struck dead by lightning. ◇ *Er wurde von einem herabfallenden Felsen erschlagen.* A rock fell on him and killed him. **3** (*fig*) overwhelm ◇ *Sie wurde geradezu von den Informationen erschlagen.* She felt overwhelmed with information.

erschleichen **sich etw ~** **1** (*Geld, Papiere etc.*) obtain sth by deception **2** (*Vertrauen etc.*) worm your way into sth ◇ *Er hat sich ihr Vertrauen erschlichen.* He wormed his way into her confidence.

erschließen **1** (*Markt, Gebiet*) open *sth* up; (*Ressourcen*) develop ◇ *den japanischen Markt erschließen* open up the Japanese market **2** (*ermitteln*) work *sth* out, deduce (*gehoben*) ◇ *die Bedeutung aus dem Kontext erschließen* work out the meaning from the context

Erschließung development

erschöpfen **1** exhaust ◇ *Unsere Reserven sind langsam erschöpft.* Our reserves are almost exhausted. ◇ *zu Tode erschöpft sein* be utterly exhausted ◇ *in völlig erschöpftem Zustand* in a state of complete exhaustion **2** **sich in etw ~** be confined to sth ◇ *Meine Arbeit erschöpft sich im Sortieren der Post.* My job is confined to sorting the post.

Erschöpfung exhaustion ◇ *am Rand der Erschöpfung* at the point of exhaustion ◇ *Ich schlief vor Erschöpfung fast ein.* I was almost dropping with exhaustion. ◇ *bis zur totalen Erschöpfung arbeiten* work until you drop

erschrecken **1** **(sich) ~** get a fright; (*schockiert sein*) get a shock ◇ *Ich habe mich zu Tode erschreckt!* I got a terrible fright! ◇ *Er erschrak beim Anblick seiner kranken Mutter.* He got a shock when he saw his sick mother. ◇ *Sie stellte erschreckt fest, dass ihre Tasche weg war.* To her horror she discovered that her bag had gone. **2** **jdn/etw ~** startle sb/sth; (*stärker*) shock sb/sth ◇ *Ich wollte dich nicht erschrecken.* I didn't mean to startle you. ◇ *Erschrick die Rehe nicht.* Don't startle the deer. ◇ *Mich hat erschreckt, wie sehr er gealtert ist.* I got a shock when I saw how much he has aged. ◇ *Hast du mich aber erschreckt!* You made me jump!

erschreckend alarming (*Adv* alarmingly)

erschrocken startled; (*stärker*) shocked

erschüttern **1** shake ◇ *Ein Erdbeben erschütterte die Region.* An earthquake shook the area. ◇ *Das hat ihr Vertrauen in die Politik erschüttert.* It shook her faith in politics. ◇ *Politische Unruhen erschütterten das Land.* Political unrest convulsed the country. **2** (*erschrecken*) shock ◇ *Die Nachricht erschütterte sie zutiefst.* She was shocked by the news.

Erschütterung **1** tremor ◇ *Sie spürte eine Erschütterung des Erdbodens.* She felt the earth tremor. **2** (*Ergriffenheit*) shock ◇ *Sie konnte ihre Erschütterung kaum verbergen.* She couldn't conceal her shock.

erschweren make *sth* difficult; (*behindern*) hamper ◇ *Der Schnee erschwerte das Fahren.* Snow made driving difficult. ◇ *Starker Regen erschwerte die Bergungsarbeiten.* Heavy rain hampered the rescue work. ◇ *Erschwerend kommt noch hinzu, dass die Heizung auch nicht funktioniert.* To make matters worse, the heating isn't working. ◇ *erschwerende Umstände* aggravating circumstances

Erschwernis difficulty; (*Problem*) problem

erschwinglich affordable

ersehen see ◇ *wie sich aus dem Bericht ersehen lässt* as can be seen from the report

ersetzen **1 A** (**durch B**) ~ replace A (with B), substitute B for A ◇ *die Vorhänge (durch neue) ersetzen* replace the curtains ◇ *Die Schreibmaschinen wurden durch Computer ersetzt.* The typewriters were replaced with computers. ◇ *Öl durch Butter ersetzen* substitute butter for oil **2** (*Ersatz bilden*) **jdn ~** take sb's place ◇ *Wer soll sie nur ersetzen?* Who will take her place? ◇ *Nichts kann eine gute Freundin ersetzen.* There is no substitute for a good friend. **3** (**jdm**) **etw ~** reimburse sb for sth ◇ *Die Versicherung ersetzt mir den Schaden.* The insurance is reimbursing me for the damage.

ersichtlich apparent (*Adv* apparently) ◇ *ohne ersichtlichen Grund* for no apparent reason ◇ *Wie aus den Unterlagen ersichtlich, ...* As can be seen from the documents, ...

erspähen spot

ersparen **1 sich etw ~** save up for sth ◇ *Das Auto habe ich mir erspart.* I saved up for the car. ◇ *von seinem Ersparten leben* live on your savings **2 jdm/sich etw ~** spare sb/yourself sth ◇ *Bitte erspar mir diese Moralpredigt.* Please spare me the lecture. ◇ *Du hättest dir all diesen Ärger ersparen können.* You could have saved yourself all this trouble. ◇ *Mir bleibt aber auch gar nichts erspart!* What I have to put up with! ◇ *Das wird uns auch zukünftig nicht erspart bleiben.* We can't avoid it.

Ersparnis **1** savings [Pl] **2** (*Einsparung*) saving

erst **1** (*weniger als erwartet, kürzlich*) only ◇ *Es sind (bisher) erst zwei Leute gekommen.* There are only two people here (so far). ◇ *Wir haben erst die Hälfte der Strecke hinter uns.* We're only half way there. ◇ *erst gestern* only yesterday ◇ *Es ist erst ein Uhr.* It's only one o'clock. **2** (*nicht vor*) not until ◇ *Er ist erst um drei Uhr gekommen.* He didn't arrive until three. ◇ *Der nächste Zug fährt erst in einer Stunde.* The next train doesn't go for another hour. ◇ *Erst jetzt begriff er, was passiert war.* Only now did he realize what had happened. **3** (*als Steigerung*) ◇ *„Ich habe Hunger." „Und ich erst!"* 'I'm starving.' 'Me too!' ◇ *Ich und chaotisch? Du müsstest erst mal meine Mutter kennenlernen!* If you think that I'm disorganized, you should meet my mother! **4 ~ einmal** first ◇ *Mach erst einmal deine Hausaufgaben.* Do your homework first. ◇ *Erst einmal möchte ich mich bedanken.* First of all, I'd like to say thank you. **IDM** **erst recht** more than ever ◇ *Sie braucht mich nun erst recht.* She needs me now more than ever. ◇ *Jetzt fahre ich erst recht alleine in Urlaub.* Now I am more than ever determined to go on holiday on my own. **erst recht nicht** certainly not

erstarren **1** solidify ◇ *Die Lava erstarrte.* The lava solidified. ◇ *Bei diesem Anblick erstarrte ihr das Blut in den Adern.* The sight made her blood run cold. **2** (*Körperteil*) be stiff ◇ *Uns erstarrten die Finger vor Kälte.* Our fingers were stiff with cold. **3** (*fig*) **vor etw ~** freeze with sth ◇ *vor Angst erstarren* freeze with terror

erstatten **1** (*Unkosten etc.*) reimburse **2 Meldung/Bericht ~** give a report **3 gegen jdn/wegen einer Sache Anzeige ~** report sb/sth to the police

Erstattung refund; (*von ausgelegtem Geld*) reimbursement ◇ *etw gegen Erstattung des vollen Preises zurückgeben* return sth for a full refund ◇ *die Erstattung der Kosten* reimbursement of expenses

Erstaufführung premiere

erstaunen surprise; (*stärker*) amaze ◇ *Was ihn erstaunte, war der Fakt, dass ...* What surprised him was the fact that ... → *Siehe auch* ERSTAUNT

Erstaunen amazement ◇ *Zuerst reagierte sie mit Erstaunen.* Her first reaction was amazement. ◇ *jdn in Erstaunen versetzen* amaze sb

erstaunlich amazing (*Adv* amazingly); (*stärker*) astounding (*Adv* astoundingly)

erstaunlicherweise amazingly

erstaunt **1** → ERSTAUNEN **2** *Adj* surprised; (*stärker*) amazed ◇ *darüber erstaunt sein, dass ...* be surprised (at the fact) that ... ◇ *Ich war sehr erstaunt über sein Benehmen.* I was amazed at his behaviour. ◇ *vor erstauntem Publikum* before an astonished audience **3** *Adv* in/with amazement ◇ *Sie sah mich erstaunt an.* She looked at me in amazement.

Erstausgabe first edition ◇ *im Vorwort zur Erstausgabe* in the foreword to the first edition ◇ *deutsche Erstausgabe 1996* first published in German in 1996

erstbeste(r,s) first ◇ *bei der erstbesten Gelegenheit* at the first opportunity ◇ *Er musste den erstbesten Job annehmen.* He had to take the first job that came along. ◇ *sich dem Erstbesten an den Hals werfen* throw yourself at the first man that comes along

erste(r,s) **1** first; (*Reihe*) front ◇ *in den ersten sechs Monaten* in the first six months ◇ *die fünf Ersten, die anrufen* the first five callers ◇ *Wann hast du ihn zum ersten Mal getroffen?* When did you first meet him? ◇ *Sue erschien als Erste.* Sue was the first to arrive. ◇ *Du bist der Erste, der das sagt.* You are the first person to say that. ◇ *als Erster durchs Ziel gehen* be first across the finishing line ◇ *König Karl I.* King Charles the First ◇ *am/zum Ersten (des Monats)* on/by the first (of the month) ◇ *ein Ticket (in) der ersten Klasse* a first-class ticket ◇ *Erste Hilfe leisten* give first aid ◇ *zum Ersten, zum Zweiten, zum Dritten* going, going, gone **2** (*qualitätsmäßig*) top ◇ *Erste Priorität muss sein, ...* Our top priority must be ... ◇ *erste Wahl sein* be top quality **3** (*vorläufige*) preliminary ◇ *erste Zahlen* preliminary figures **4 der/die/das Erstere** the former **IDM** **als Erstes** first of all **fürs Erste** for the time being → *Siehe auch* ADRESSE, BLICK, GEIGE, HAND, LIEBE, LINIE, SCHRITT *und* STUNDE

erstechen stab *sb* (to death)

ersteigern buy *sth* at (an) auction

erstellen **1** (*ausarbeiten*) draw *sth* up **2** (*bauen*) build

erstens in the first place, firstly; (*zunächst*) to start with

ersticken **1** (*töten, löschen*) smother **2** (*unterdrücken*) suppress; (*Unruhen, Hoffnungen*) stifle **3** (*sterben*) suffocate; **an etw ~** choke on sth ◇ *Der Hund erstickte vor Hitze im Wagen.* The dog suffocated in the hot car. ◇ *an einer Gräte ersticken* choke on a bone ◇ *Die Luft ist zum Ersticken.* It's suffocating in here. ◇ *in den Rauchwolken ersticken* be asphyxiated by the smoke **4 in etw ~** ◇ *in Arbeit ersticken* be snowed under with work ◇ *im Geld ersticken* be rolling in money ◇ *Bangkok erstickt im Verkehr.* Bangkok is choked with traffic. ◇ *Die Stadt erstickt im Müll.* The town is drowning in a sea of rubbish. **IDM** → KEIM

erstklassig first-class; (*Restaurant, Sportler*) top-class ◇ *eine erstklassige Arbeit* a first-class piece of work ◇ *erstklassig geschulte Mitarbeiter* employees who have had first-class training ◇ *ein erstklassiges Restaurant* a top-class restaurant ◇ *Das Stück war erstklassig besetzt.* The play had an excellent cast.

Erstklässler(in) first-year pupil, (*AmE*) pupil in the first grade

erstmals for the first time

erstrebenswert desirable

erstrecken **sich ~ 1** (*räumlich*) extend ◇ *sich bis in die Anden erstrecken* extend as far as the Andes ◇ *Das Gebiet erstreckt sich östlich der Altstadt.* The area extends to the east of the old town. ◇ *sich über drei Quadratkilometer erstrecken* cover an area of three square kilometers **2** (*zeitlich*) last ◇ *Die Therapie erstreckt sich über ein Jahr.* The treatment lasts for a year. **3 sich auf jdn/etw ~** apply to sb/sth

ertappen **jdn/sich (bei etw) ~** catch sb/yourself (doing sth) ◇ *jdn beim Abschreiben ertappen* catch sb copying IDM → TAT

erteilen give (sb) sth ◇ *jdm einen Befehl erteilen* give sb an order ◇ *jdm eine Auflage erteilen* impose a condition on sb ◇ *jdm eine Absage erteilen* reject sb ◇ *jdm eine Abfuhr erteilen* snub sb ◇ *Nähere Auskünfte erteilt …* Further information is available from … IDM → WORT

ertönen be heard; (*Gong, Glocke*) sound; (*Sirene*) wail; (*Schuss, Ruf*) ring out

Ertrag **1** (LANDW) yield **2** (*Gewinn*) return

ertragen bear (*gehoben*) ◇ *etw mit Geduld ertragen* bear sth patiently ◇ *Sie konnte ihn einfach nicht ertragen.* She simply couldn't bear him. ◇ *Ich kann sie nicht mehr ertragen.* I can't put up with her any longer. ◇ *Er kann den Anblick von Blut nicht ertragen.* He can't stand the sight of blood. ◇ *Ich kann es nicht ertragen, wenn man mich unterbricht.* I can't stand people interrupting. ◇ *Kritik ertragen können* be able to take criticism

erträglich **1** bearable ◇ *etw erträglich machen* make sth bearable ◇ *schwer erträgliche Folgen* consequences that are hard to bear ◇ *etw auf ein erträgliches Maß reduzieren* reduce sth to a tolerable level ◇ *die Grenzen des Erträglichen überschreiten* become intolerable **2** (*befriedigend*) reasonable ◇ *ein erträgliches Einkommen haben* have a reasonable income

ertränken drown

erträumen **sich jdn/etw ~** dream of sb/sth ◇ *sich Frieden erträumen* dream of peace ◇ *Es war so, wie ich es mir immer erträumt hatte.* It was as I had always dreamed it would be.

ertrinken be drowned, drown ◇ *jdn vor dem Ertrinken retten* save sb from drowning

erübrigen **1 sich ~** be no longer necessary ◇ *Das hat sich erübrigt.* It is no longer necessary. ◇ *Es erübrigt sich, dies überhaupt noch zu diskutieren.* There is no point discussing it. **2 etw ~ (können)** (be able to) spare sth ◇ *Kannst du ein paar Minuten für mich erübrigen?* Can you spare me a few minutes?

Eruption eruption (*auch fig*)

erwachen **1 (aus etw) ~** awake (from sth) (*gehoben*) ◇ *aus dem Schlaf erwachen* awake from sleep ◇ *aus der Narkose erwachen* come round from the anaesthetic ◇ *ein böses Erwachen* a rude awakening **2** (*fig*) **aus etw ~** be roused from sth ◇ *aus seiner Tagträumerei erwachen* be roused from your reverie **3 zu neuem Leben ~** be reborn **4 (in jdm) ~** be aroused (in sb) ◇ *Mein Misstrauen erwachte.* My suspicions were aroused. ◇ *Das ließ bei ihnen böse Erinnerungen erwachen.* This brought back unpleasant memories for them.

erwachsen **1** *Adj* grown up ◇ *erwachsen aussehen* look grown up ◇ *erwachsen werden* become an adult ◇ *Wann wirst du endlich erwachsen?* Isn't it time you grew up? **2** *Adv* in an adult way ◇ *sich erwachsen benehmen* behave in an adult way

Erwachsene(r) adult; (*vom Kind aus gesehen*) grown-up ◇ *nur für Erwachsene* for adults only

erwägen **~ (, etw zu tun)** consider (doing sth) ◇ *Er erwägt seinen Rücktritt.* He is considering resigning.

Erwägung **1** consideration **2 jdn/etw (für etw) in ~ ziehen** consider sb/sth (for sth)

erwähnen mention ◇ *wie bereits erwähnt* as already mentioned ◇ *jdn namentlich erwähnen* mention sb by name ◇ *Davon wurde nichts erwähnt.* There was no mention of it. ◇ *Er wurde lobend erwähnt.* He got a special mention.

Erwähnung mention ◇ *die erste Erwähnung der Stadt* the first mention of the town ◇ *Das bedarf kaum noch der Erwähnung.* It is hardly worth mentioning.

erwärmen **1** heat *sth* up) ◇ *etw auf 35° erwärmen* heat sth to 35° ◇ *das Wasser erwärmen* heat (up) the water **2 sich ~** warm up ◇ *Die Nordsee hat sich rasch erwärmt.* The North Sea warmed quickly. ◇ *sich auf 35° erwärmen* heat up to 35° IDM **sich für jdn/etw nicht erwärmen können** not take to sb/sth ◇ *Ich kann mich einfach nicht für seine Musik erwärmen.* I just don't take to his music. ◇ *Ich kann mich für die Idee nicht erwärmen.* I can't work up any enthusiasm for the idea.

Erwärmung warming ◇ *die globale Erwärmung* global warming ◇ *eine Erwärmung auf 30°* a rise in temperature to 30°

erwarten **1** expect ◇ *schneller als erwartet* sooner than expected ◇ *Ich erwarte von ihr, dass sie sich entschuldigt.* I expect her to apologize. ◇ *Vom Lehrerkollegium wird erwartet, dass …* The teaching staff are expected to … ◇ *Das war zu erwarten.* This was to be expected. ◇ *Du erwartest zu viel von ihr.* You're expecting too much of her. ◇ *wider Erwarten* contrary to expectations ◇ *jdn/etw ungeduldig erwarten* await sb/sth impatiently ◇ *etw sehnsüchtig erwarten* long for sth ◇ *Ich kann es nicht erwarten.* I can't wait. **2** (*treffen*) wait for *sb* ◇ *Er erwartet Sie in seinem Büro.* He's waiting for you in his office. **3 ein Kind ~** be expecting (a child); **ein Kind/Baby von jdm ~** be pregnant by sb **4 jdn ~** (*bevorstehen*) await sb ◇ *Wer weiß, was uns erwartet.* Who knows what awaits us.

Erwartung **1** expectation ◇ *die Erwartungen erfüllen* live up to expectations ◇ *Das Ergebnis blieb hinter den Erwartungen zurück.* The results did not come up to expectations. **2** (*gespannt, freudig*) anticipation ◇ *voller Erwartung sein* be full of excited anticipation **3 in ~ von etw** in anticipation of sth

Erwartungsdruck pressure to succeed **erwartungsgemäß** as expected ◇ *Er wurde erwartungsgemäß in seinem Amt bestätigt.* As expected, he was confirmed in his office. ◇ *nach der erwartungsgemäßen Niederlage* after the expected defeat **erwartungsvoll** expectant (*Adv* expectantly)

erwecken **1 jdn (aus etw) ~** rouse sb from sth **2** (*Zweifel, Hoffnung*) raise; (*Mitleid, Interesse*) arouse; (*Vertrauen, Gefühle*) inspire; (*Erinnerungen*) awake **3 etw zum Leben ~** bring sth to life; **etw zu neuem Leben ~** revive sth **4 den Anschein/Eindruck ~** give (rise to) the impression ◇ *Dabei wird leicht der Eindruck erweckt, dass …* That can easily give rise to the impression that … ◇ *Das erweckt den Anschein, als ob …* It gives the impression that …

erweisen **1** prove ◇ *Es ist erwiesen, dass …* It has been proved that … ◇ *etw als erwiesen ansehen* regard sth as proven **2 jdm etw ~** show sb sth ◇ *jdm Respekt erweisen* show sb respect **3 jdm etw ~** (*Gefallen, Dienst*) do sb sth ◇ *jdm eine Gefälligkeit erweisen* do sb a good turn **4 sich ~** (*sich herausstellen*) prove, turn out to be ◇ *sich als zutreffend erweisen* prove accurate ◇ *sich als wahrer Freund erweisen* prove to be a true friend ◇ *Wie sich später erwies, …* As it turned out later, … ◇ *sich dankbar erweisen* be grateful IDM → DIENST, EHRE *und* REVERENZ

erweitern **1** expand, extend ◇ *die Sammlung um 200 Titel erweitern* expand the collection by 200 titles ◇ *den Flughafen erweitern* expand the airport ◇ *das Service-Netz erweitern* extend the service network ◇ *erweiterte Öffnungszeiten* extended opening hours ◇ *eine erweiterte Zusammenarbeit* increased cooperation **2** (*Horizont*) broaden; (*Wissen*) increase **3 sich ~** expand; (*Pupillen, Blutgefäße*) dilate **4** (MATH) expand

Erweiterung expansion

Erwerb **1** (*Kauf*) acquisition **2** (*Tätigkeit*) occupation **3** (*eines Titels, von Rechten, Fähigkeiten*) (*meist mit einem Verb übersetzt*) ◇ *der Erwerb der deutschen Staatsangehörigkeit* acquiring German citizenship ◇ *der Erwerb des Führerscheins* learning to drive

erwerben **(sich) etw ~** acquire sth

erwerbstätig in paid employment [nicht vor Nomen] ◇ *Er ist seit 1995 erwerbstätig.* He has been in paid employment since 1995. ◇ *die erwerbstätige Bevölkerung* the working population

Erwerbstätige(r) person in paid employment

erwidern **1** reply; (*schärfer*) retort **2** (*Gruß, Blick etc.*) return; (*Gefühle*) reciprocate

Erwiderung reply; (*schärfer*) retort

erwirtschaften make ◇ *das erwirtschaftete Geld* the money that had been made

erwischen **1** catch ◇ *Sie hat mich beim Abschreiben erwischt.* She caught me copying. ◇ *Lass dich nicht erwischen.* Don't get caught. ◇ *Allergien können jeden erwischen.* Allergies can affect anyone. **2** (*unverhofft bekommen*) manage to get ◇ *Wir haben gerade noch den Zug erwischt.* We just managed to get the train. IDM **jdn hat es erwischt** (*verliebt*) sb is in love; (*krank*) sb has come down with sth; (*tot*) sb has been killed

erwünscht desirable; (*willkommen*) welcome; (*Wirkung, Erfolg*) desired ◇ *PC-Kenntnisse erwünscht* computer skills desirable ◇ *Fragen sind erwünscht.* Questions are welcome. ◇ *Ich bin hier wohl nicht erwünscht!* I can see I'm not wanted here!

erwürgen strangle

Erz ore

erzählen **1 (jdm) etw ~** tell (sb) sth ◇ *eine Geschichte erzählen* tell a story ◇ *Ich habe viel zu erzählen.* I've got a lot to tell you. ◇ *Die Kinder erzählten von ihren Ferien.* The children talked about their holidays. ◇ *die Kunst des Erzählens* the art of storytelling **2** (LIT) narrate ◇ *Die Geschichte ist in der Gegenwart erzählt.* The story is narrated in the present tense. ◇ *erzählende Prosa* narrative prose IDM **das kannst du jemand anderem erzählen** pull the other one (*umgs*) **das kannst du mir nicht erzählen** you can't be serious (*umgs*) **lass dir nichts erzählen** don't be fobbed off **wem erzählst du das?** tell me about it! (*umgs*)

Erzähler(in) **1** (*in einem Roman etc.*) narrator ◇ *ein allwissender Erzähler* an omniscient narrator **2** (*Geschichten-*) storyteller ◇ *Er ist ein guter Erzähler.* He's a good storyteller. **3** (*Autor*) writer; (*von Romanen*) novelist ◇ *zeitgenössische Erzähler* contemporary writers

erzählerisch narrative [nur vor Nomen]

Erzählperspektive narrative perspective

Erzählung **1** story, tale ◇ *Hoffmanns Erzählungen* the Tales of Hoffmann ◇ *Sie kennt ihn nur aus Erzählungen.* She only knows him from what other people have told her about him. **2** (*das Erzählen*) narrative ◇ *der Rhythmus der Erzählung* the rhythm of the narrative

Erz- **Erzbischof** archbishop **Erzengel** archangel

erzeugen produce; (*Strom etc.*) generate; (*hervorrufen*) cause; (*Druck, Eindruck, Spannung*) create

Erzeuger producer

Erzeugnis product

Erzeugung production; (*Strom etc.*) generation

Erz- **Erzfeind(in)** arch enemy **Erzherzog** archduke **Erzherzogin** archduchess

erziehen bring *sb* up; (*in der Schule*) educate; (*Hunde etc.*) train ◇ *Sie ist sehr streng erzogen worden.* She has been brought up very strictly. ◇ *Kinder zur Toleranz erziehen* bring children up to be tolerant

Erzieher(in) **1** educator **2** (*im Kindergarten etc.*) nursery school teacher **3** (*Privatlehrer*) tutor; (*Gouvernante*) governess

Erziehung upbringing; (*in der Schule*) education; (*von Hunden etc.*) training ◇ *eine gute Erziehung genießen* have a good upbringing ◇ *Die Erziehung zur Toleranz ist besonders wichtig.* It is especially important to educate children to be tolerant.

Erziehungsberechtigte(r) parent or guardian **Erziehungsgeld** → ELTERNGELD **Erziehungsurlaub** → ELTERNZEIT **Erziehungswissenschaft** education [U]

erzielen **1** achieve; (*Gewinn*) make **2** (*Treffer*) score

erzwingen force

erzwungen enforced

es[1] **1** it ◇ *Es ist spät.* It's late. ◇ *Es wurde gewählt.* There were elections. ◇ *Es konnte keiner helfen.* Nobody could help. **2** (*männliches Wesen*) he; (*als Objekt*) him **3** (*weibliches Wesen*) she; (*als Objekt*) her

es[2] (*auch* **Es**) (MUS) E flat

Esche ash (tree); (*Holz*) ash

Esel **1** donkey **2** (*Dummkopf*) idiot **Eselsbrücke** mnemonic ◇ *Du musst dir eine Eselsbrücke bauen.* You need to have a mnemonic. **Eselsohr** ◇ *Das Buch hat schon Eselsohren.* The book is dog-eared already.

Eskalation escalation

eskalieren escalate ◇ *Der Konflikt eskalierte zu einem Bürgerkrieg.* The conflict escalated into civil war.

Eskimo Inuit

Eskorte escort

eskortieren escort

esoterisch esoteric

Espe aspen

Espresso espresso

Essay essay

essbar edible

Essecke dining area

essen **1** eat ◇ *Isst du Fleisch?* Do you eat meat? ◇ *Mach dir was zu essen.* Make yourself something to eat. ◇ *Isst du gern Fleisch?* Do you like meat? ◇ *Ich esse gern griechisch.* I like Greek food. ◇ *Wir gehen heute Abend chinesisch essen.* We're going for a Chinese meal this evening. ◇ *Gestern waren wir Pizza essen.* We went out for a pizza yesterday. ◇ *Sollen wir essen gehen?* Shall we go out for a meal? ◇ *Mittags esse ich nur ein Sandwich.* I only have a sandwich at lunchtime. **2 zu Mittag/Abend ~** have lunch/dinner ◇ *Habt ihr schon zu Abend gegessen?* Have you had dinner yet? IDM → KIRSCHE

Essen **1** (*Mahlzeit*) meal ◇ *Wir sind gerade beim Essen.* We're just having our meal. ◇ *Er hat mich zum Essen eingeladen.* He invited me for a meal. ◇ *Komm doch heute Abend zum Essen zu mir.* Come for a meal at my place this evening. ◇ *Fangt bitte mit dem Essen an.* Please start. ◇ *Kommt bitte zum Essen!* Come and eat, please. ◇ *Wer kocht heute das Essen?* Who's cooking today? **2** (*Lebensmittel*) food ◇ *Das Essen ist hier sehr teuer.* Food is very expensive here. **3** (*Fest-*) dinner

Essensmarke luncheon voucher, (*AmE*) meal ticket **Essenszeit** mealtime

Essenz essence

essenziell essential

Essig vinegar **Essiggurke** gherkin, (*AmE*) pickle **Essigsäure** acetic acid

Ess- **Esskastanie** sweet chestnut **Esslöffel** tablespoon **Esstisch** dining table **Esszimmer** dining room

Estragon tarragon

etablieren establish; **sich ~** establish yourself

Etage **1** floor, storey ◇ *in der obersten Etage* on the top floor **2** (*fig*) level ◇ *Die Entscheidung fiel in den höchsten Etagen.* The decision was taken at the highest level.
Etagenbett bunk beds [Pl]

Etappe stage

etappenweise in stages [nicht vor Nomen]

Etat budget ◇ *den Etat überschreiten* exceed the budget

Ethik **1** ethics [Pl/U] ◇ *Ethik in der Medizin* medical ethics ◇ *Ethics is a compulsory subject.* Ethik ist Pflichtfach. **2** (*Lebensweise*) ethic [Sing] ◇ *die protestantische Ethik* the Protestant ethic
Ethikrat ethics commission

ethisch ethical (*Adv* ethically)

ethnisch ethnic (*Adv* ethnically) ◇ *eine ethnische Säuberung* ethnic cleansing ◇ *die ethnische Aufgliederung eines Staates* the division of a country along ethnic lines ◇ *ethnisch motiviert* ethnically motivated

Ethnologe, Ethnologin ethnologist

Ethnologie ethnology

ethnologisch ethnological

Ethos ethos

Etikett label ◇ *die Flaschen mit Etiketten versehen* put labels on the bottles ◇ *Ihm hängt das Etikett Kriegsverbrecher an.* He's labelled as a war criminal.

Etikette etiquette

etliche **1** quite a few ◇ *Ich habe etliche Fragen.* I've got quite a few questions. **2 etliches** quite a lot ◇ *um etliches höher* quite a lot higher

Etui case

etwa **1** about, around ◇ *etwa 20 Sekunden* about 20 seconds ◇ *Etwa hier passierte es.* It happened just about here. ◇ *Wann etwa kommst du?* When will you be here roughly? **2 in ~** more or less ◇ *In etwa entspricht das dem Marktwert.* That's more or less the market value. **3 so ~** something like that ◇ *Doch so etwa muss es gewesen sein.* It must have been something like that. ◇ *So etwa müssen die Menschen damals gelebt haben.* That's more or less how they must have lived in those days. **4 (so/wie) ~** (*zum Beispiel*) for instance ◇ *Bei bestimmten Krankheiten, etwa Krebs …* With certain illnesses, cancer for instance … **5** (*womöglich*) perhaps ◇ *Oder sollten sie etwa doch recht haben?* Or were they perhaps right after all? ◇ *Willst du ihn etwa heiraten?* You don't want to marry him, do you? **6** (*zur Verstärkung*) (*oft nicht übersetzt*) ◇ *Dort war nicht etwa Geld verborgen, sondern …* It wasn't money buried there but … ◇ *Das sind nicht etwa Ferien, sondern vorlesungsfreie Zeit.* It's not actually a holiday. It's just that there are no lectures. ◇ *Glaub nicht etwa, dass ich das dulde!* Don't imagine I'm going to put up with it!

etwaig any ◇ *etwaige Bedenken* any doubts (there may be) ◇ *etwaige sonstige Fehler* any other mistakes that occur ◇ *für etwaige Notfälle* for emergencies ◇ *ein etwaiger Machtwechsel* a possible change of government

etwas **1** something; (*verneinend und oft in Fragen*) anything ◇ *Es ist für jeden Geschmack etwas dabei.* There is something for everyone. ◇ *etwas Aufregendes* something exciting ◇ *etwas zum Essen* something to eat ◇ *etwas anderes* something else ◇ *Das ist schon mal etwas!* Well, that's something, at least. ◇ *Haben Sie etwas gehört?* Did you hear anything? **2 so ~** a thing like that; (*verneinend*) anything like that ◇ *So etwas kann auch nur dir passieren!* A thing like that could only happen to you! ◇ *So etwas hab ich ja noch nie gesehen!* I've never seen anything like it! ◇ *So etwas!* Really! ◇ *Nein, so etwas!* I don't believe it! **3** (*kleine Menge*) a little; (*bedingend*) any ◇ *Ich nehme etwas Zucker im Tee.* I like a little sugar in tea. ◇ *Wenn noch etwas Zeit bleibt, …* If there's any time left, … ◇ *etwas von dem Salat nehmen* have some salad ◇ *Möchtest du noch etwas Wein?* Would you like some more wine? **4** (*einschränkend vor Adjektiven*) rather, a little, slightly, (*BrE auch*) a bit (*umgs*) ◇ *Es war etwas schwierig.* It was rather difficult. ◇ *Deine Entscheidung kam etwas unerwartet.* Your decision was rather unexpected ◇ *etwas länger bleiben* stay a bit longer ◇ *ein etwas besseres Ergebnis* a slightly better result **IDM** **das hat auch etwas für sich** there's one thing/something to be said for it **etwas gegen jdn/etw haben** have something against sb/sth **etwas mit jdm haben** have got something going with sb **sich etwas antun** kill yourself → *Siehe auch* BRINGEN

Etymologie etymology

etymologisch etymological (*Adv* etymologically)

euch **1** (to) you ◇ *Was hat er euch gesagt?* What did he say to you? **2** (to) yourselves; (*einander*) (to) each other ◇ *Habt ihr euch verletzt?* Did you hurt yourselves? ◇ *Kennt ihr euch schon?* Do you know each other?

euer your ◇ *Ist das euer Garten?* Is this your garden? ◇ *Euer Peter* Yours, Peter

euere(r,s) → EURE(R,S)

Eukalyptus eucalyptus

Eule owl **IDM** **Eulen nach Athen tragen** carry/take coals to Newcastle

Euphemismus euphemism

euphemistisch euphemistic (*Adv* euphemistically)

Euphorie **~ (über etw)** euphoria (at/over sth) ◇ *nach einer anfänglichen Euphorie* after the initial euphoria ◇ *eine Euphorie auslösen* induce euphoria

euphorisch euphoric; (*begeistert*) ecstatic (*Adv* ecstatically) ◇ *sich euphorisch fühlen* feel euphoric ◇ *eine euphorische Stimmung* a state of euphoria ◇ *euphorische Kritiken* ecstatic reviews

eure(r,s) yours

euretwegen **1** (*euch zuliebe*) for your sake **2** (*wegen euch*) on your account, because of you **3** (*wenn es nach euch geht*) as far as you're concerned → *Beispiele bei* MEINETWEGEN

Euro euro **IDM** → UMDREHEN
Euroland the Eurozone, Euroland

Europa Europe
Europaabgeordnete(r) Member of the European Parliament (*Abk* MEP)

Europäer(in) European

europäisch **1** European **2 Europäische Union** European Union (*Abk* EU)

Europa- **Europameister(in)** European champion ◇ *Sie wurden Europameister.* They became European champions. ◇ *Europameister im Eiskunstlauf sein* be the European ice-skating champion **Europameisterschaft** European championships [Pl] **Europaparlament** European Parliament **Europarat** Council of Europe

Euter udder
Euthanasie euthanasia
evakuieren evacuate
Evakuierung evacuation
evangelisch Protestant ◇ *eine evangelische Kirche* a Protestant church ◇ *evangelisch sein* be a Protestant
Evangelium Gospel
eventuell **1** *Adj* possible, any ... (that occur) [*nicht vor Nomen*] ◇ *eventuelle Angriffe* possible attacks ◇ *eventuelle Probleme* any problems that occur ◇ *bei eventuellen Problemen* if there are any problems ◇ *Für eventuelle Kosten kommen wir auf.* We will pay any expenses incurred. **2** *Adv* possibly ◇ *Eventuell gewinnen wir.* We might possibly win. ◇ *Eventuell ziehe ich um.* I may be moving. ◇ *Eventuell etwas Wasser zugeben.* Add a little water if necessary.
Evolution evolution
ewig **1** eternal (*Adv* eternally) ◇ *das ewige Leben* eternal life ◇ *Ich werde dir ewig dankbar sein.* I'll be eternally grateful to you. ◇ *der ewige Schnee im Himalaja* the perpetual snows of the Himalayas **2** (*andauernd*) endless; (*ständig*) constant, never-ending ◇ *ewige Streitereien* endless arguments ◇ *Sie hat vom ewigen Stress die Nase voll.* She is fed up with the constant stress. ◇ *der ewige Konflikt* the never-ending conflict ◇ *der ewige Verlierer sein* be a (born) loser **3** *Adv* (*sehr lange*) for ages; (*in Zukunft*) forever, (*BrE auch*) for ever ◇ *Ich kenne ihn schon ewig.* I've known him for ages. ◇ *Ich kann nicht ewig warten.* I can't wait for ever. ◇ *Es kann nicht ewig so weiter gehen.* Things can't go on like this for ever. ◇ *Ich werde mir deswegen ewig Vorwürfe machen.* I shall always reproach myself for it. **4** *Adv* (*sehr*) very ◇ *ewig lange Fahrzeiten* very long journeys ◇ *die ewig langen Flure* the passages which seem to go on for ever IDM **auf ewig** for ever ◇ *auf ewig Abschied nehmen* say goodbye for ever **ewig und drei Tage** for ever and a day **für immer und ewig** for ever; for good ◇ *Ich werde nicht für immer und ewig hierbleiben.* I'm not here for good. → *Siehe auch* ZEIT
Ewigkeit **1** eternity ◇ *bis in alle Ewigkeit* for all eternity **2** (*lange Zeit*) ages; (*in Zukunft*) forever ◇ *eine Ewigkeit auf jdn warten* wait ages for sb ◇ *Wir haben uns eine Ewigkeit nicht mehr gesehen.* We haven't seen each other for ages. ◇ *Das dauert ja eine Ewigkeit!* It seems to be taking forever!
ex (etw auf) ~ trinken drink (sth) in one go
Ex ex
Ex- former [*nur vor Nomen*]; (*Ehepartner, Präsident auch*) ex-
exakt exact (*Adv* exactly) ◇ *die exakten Kosten* the exact cost ◇ *exakt vier Minuten* exactly four minutes ◇ *exakt um 12 Uhr* at 12 o'clock precisely ◇ *etw exakt berechnen* calculate sth precisely ◇ *Die Geräte müssen exakt aufeinander abgestimmt sein.* The instruments must be synchronized. ◇ *etw exakt ausarbeiten* work sth out in detail
Examen exam, examination (*gehoben*); (*Abschlussprüfung an der Uni*) finals [Pl], (*AmE*) final ◇ *ein Examen machen* take an exam ◇ *Wann hast du Examen gemacht?* When did you take your finals?
exekutieren execute
Exekution execution
Exempel ~ (für etw) example (of sth) IDM **ein Exempel statuieren** ◇ *an jdm ein Exempel statuieren* make an example of sb ◇ *Mit dem Urteil will man ein Exempel statuieren.* The sentence is designed to be a warning to others. → *Siehe auch* PROBE

Exemplar specimen; (*Buch, Zeitschrift*) copy
exemplarisch **1** *Adj* typical ◇ *exemplarisch für etw sein* be typical of sth ◇ *ein exemplarisches Beispiel* a precedent ◇ *Der Fall hat exemplarische Bedeutung.* The case sets a precedent. **2** *Adv* by means of an example ◇ *etw exemplarisch veranschaulichen* illustrate sth by means of an example ◇ *etw exemplarisch zitieren* quote sth as an example
Exhibitionist(in) exhibitionist
Exil exile ◇ *im Exil leben* be in exile ◇ *ins Exil gehen* go into exile ◇ *Er befindet sich seit zwanzig Jahren im Exil in Paris.* He has been living in exile in Paris for two years.
Exilliteratur exile literature **Exilregierung** government in exile
Existenz **1** (*Vorhandensein*) existence **2** (*Leben*) life ◇ *eine neue Existenz aufbauen* start a new life **3** (*Lebensgrundlage*) livelihood ◇ *um die nackte Existenz kämpfen* eke out a livelihood ◇ *Die Existenz der Ladenbesitzer ist gefährdet.* The livelihood of the shopkeepers is under threat. ◇ *sich im Bankgewerbe eine Existenz schaffen* make a career in banking ◇ *Er hat mir eine sichere Existenz geboten.* He provided me with financial security. **4** (*Mensch*) ◇ *verkrachte Existenzen* failures
Existenzangst **1** fear for your survival ◇ *Die Existenzangst geht in den Reisebüros um.* Travel agents fear for their survival. **2** (PHILOS) existential angst
Existenzberechtigung (*Recht*) right to exist; (*Grund*) raison d'être **Existenzgrundlage** livelihood
existenziell **1** (*lebenswichtig*) vital (*Adv* vitally) ◇ *von existenzieller Bedeutung* of vital importance **2** (PHILOS) existential [*nur vor Nomen*] ◇ *existenzielle Ängste* existential angst
Existenzminimum subsistence level ◇ *am Rande des Existenzminimums leben* live at subsistence level
existieren exist ◇ *Das Restaurant existiert nicht mehr.* The restaurant no longer exists. ◇ *Davon kann man nicht existieren.* You can't exist on that. ◇ *Die Aufnahme existiert noch.* The recording is still in existence.
exklusiv exclusive ◇ *ein exklusives Restaurant* an exclusive restaurant ◇ *Wir berichten exklusiv von den Festspielen.* We have an exclusive report on the festival.
Exklusivbericht exclusive report
Exkommunikation excommunication
exkommunizieren excommunicate
Exkrement excrement [U]
Exkurs digression
Exkursion study trip; (*naturkundlich*) field trip ◇ *eine Exkursion machen* go on a field trip
exotisch exotic ◇ *exotisch klingen* sound exotic
expandieren expand ◇ *ein schnell expandierender Markt* a rapidly expanding market
Expansion expansion ◇ *die Expansion der Firma* the expansion of the firm ◇ *eine Politik der Expansion betreiben* pursue an expansionist policy
Expedition expedition ◇ *eine Expedition unternehmen* go on an expedition
Experiment experiment ◇ *Sie führten Experimente an Ratten durch.* They carried out experiments on rats. ◇ *ein chemisches Experiment* a chemistry experiment ◇ *Nur keine Experimente!* Don't take any risks!
experimentell experimental (*Adv* experimentally)
experimentieren experiment ◇ *an Tieren experimentieren* experiment on animals ◇ *mit neuen Spielweisen experimentieren* experiment with new acting techniques
Experte, Expertin expert ◇ *Experte für Asylrecht sein* be an expert in asylum law ◇ *Experten für Com-*

puterkriminalität experts on computer crime ◇ *Er ist Experte auf dem Gebiet.* He's an expert in the field.

explodieren 1 explode (*auch fig*); (*Bombe auch*) go off **2** (*Kosten, Preise*) soar ◇ *Die Kosten des Gesundheitswesens explodieren.* Costs in the health service are soaring.

Explosion explosion ◇ *bei der Explosion* in the explosion ◇ *die Explosion der Bevölkerungszahlen* the population explosion ◇ *die Explosion der Kosten* the explosion in costs

Explosionsgefahr risk of explosion

explosiv explosive ◇ *ein explosiver Sprengsatz* an explosive device ◇ *Die Situation ist sehr explosiv.* It is an explosive situation. ◇ *Sie hat ein recht explosives Temperament.* She is very volatile.

Exponat exhibit

exponiert exposed

Export export ◇ *der Export von Obst* the export of fruit ◇ *Exporte nach Europa* exports to Europe

exportieren export ◇ *in die USA exportieren* export to the USA

expressiv expressive (*Adv* expressively)

extern 1 external ◇ *externe Gründe* external reasons ◇ *Sie legte das Examen als Externe ab.* She sat the exam as an external student. ◇ *externe Beratung* outside advice **2** (*im Internat*) ◇ *Er ist ein Externer.* He is a day boy. ◇ *externe Schüler* day pupils

extra 1 extra ◇ *Wir haben extra Hausaufgaben aufbekommen.* We have got extra homework. ◇ *Ich habe drei Stunden extra gearbeitet.* I worked three hours extra. ◇ *extra trocken* extra dry ◇ *Getränke sind extra.* Drinks are extra. **2** (*gesondert*) separately ◇ *Wir müssen das Frühstück extra bezahlen.* We have to pay for breakfast separately. ◇ *extra eingepackt* packed separately **3** (*speziell*) specially ◇ *extra für dich* specially for you ◇ *Sie ist extra gekommen.* She came specially. **4** (*absichtlich*) deliberately ◇ *Das hat er extra gemacht.* He did it deliberately.

Extra- Extraausgabe special edition **Extraausstattung** extras [Pl] ◇ *Ledersitze gehören zur Extraausstattung.* Extras include leather seats.

Extrakt 1 extract **2** (*Text*) synopsis

extravagant flamboyant (*Adv* flamboyantly)

extrem extreme (*Adv* extremely) ◇ *die extreme Rechte* the extreme right ◇ *eine extrem schwierige Situation* an extremely difficult situation ◇ *Sie ist seelisch extrem belastet.* She is under severe mental stress. ◇ *Er ist immer sehr extrem.* He always goes too far.

Extrem extreme ◇ *ins andere Extrem fallen* go to the other extreme IDM **von einem Extrem ins andere fallen** go from one extreme to the other

Extremfall extreme case ◇ *im Extremfall* in extreme cases

Extremismus extremism

Extremist(in) extremist

extremistisch extremist

Extrem- Extremsituation extreme situation **Extremsport** extreme sport **Extremsportler(in)** extreme athlete **Extremwert** extreme value

extrovertiert extrovert

Exzellenz (*Titel*) His/Her Excellency; (*Anrede*) Your Excellency

Exzentriker(in) eccentric

exzentrisch eccentric (*Adv* eccentrically)

Exzess 1 excess ◇ *die schlimmsten Exzesse totalitärer Herrschaft* the worst excesses of totalitarian rule ◇ *Er treibt alles bis zum Exzess.* He always takes things to excess. ◇ *bis zum Exzess gewissenhaft* excessively conscientious **2 Exzesse** (*Gewalt*) violence [U] ◇ *eine Woge ausländerfeindlicher Exzesse* a wave of violence against foreigners ◇ *Nach dem Spiel kam es wieder zu Exzessen.* There were violent incidents again after the match.

exzessiv excessive (*Adv* excessively) ◇ *eine exzessiv hohe Dosis* an excessively high dose ◇ *Er treibt exzessiv Sport.* He does an excessive amount of sport.

E-Zigarette e-cigarette

F f

F, f 1 (*Buchstabe*) F, f → *Beispiele bei* A **2** (MUS) F IDM → SCHEMA

Fabel 1 (*Erzählung*) fable **2** (*Handlung*) plot

fabelhaft fantastic, fabulous (*Adv* fabulously) ◇ *Das ist eine fabelhafte Leistung!* It's a fantastic achievement! ◇ *Er kann fabelhaft Schach spielen.* He is a fantastic chess-player. ◇ *fabelhaft aussehen* look fantastic ◇ *Er spielte fabelhaft.* He played fantastically well. ◇ *fabelhaft reich sein* be fabulously rich

Fabel- Fabeltier mythical beast **Fabelwesen** mythical creature

Fabrik factory; (*Papier- auch*) mill ◇ *eine chemische Fabrik* a chemical factory ◇ *In der Klinik ging es zu wie in einer Fabrik.* In the hospital it was like being on a production line.

Fabrikarbeit factory work **Fabrikarbeiter(in)** factory worker **Fabrikbesitzer(in)** factory owner **Fabrikgebäude** factory building **Fabrikgelände** factory site **Fabrikhalle** factory building

Facette facet (*auch fig*); (*Aspekt auch*) aspect ◇ *Das ist nur eine Facette des Problems.* This is only one facet of the problem. ◇ *Gewalt in allen ihren Facetten* power in all its aspects

Fach 1 compartment; (*Regal*) shelf; (*für Post*) pigeonhole; (*Schließ-*) locker ◇ *Meine Schultasche hat vier Fächer.* My school-bag has four compartments. ◇ *das unterste Fach im Schrank* the bottom shelf in the cupboard **2** (*Fachgebiet*) subject; (*Forschungsgebiet*) field ◇ *Am liebsten habe ich die Fächer Deutsch und Geschichte.* My favourite subjects are German and history. ◇ *eine Meisterin ihres Faches* an expert in her field ◇ *ein Examen im Fach Klavier* a piano exam ◇ *Er versteht sein Fach.* He knows his job. **3** (*Schauspieler, Opernsänger*) ◇ *ein Talent für das komische Fach* a talent for comedy IDM **vom Fach** expert; (*Berufszweig*) from the profession; (*Handwerk*) from the trade; (*Geschäft*) in the business ◇ *eine Frau vom Fach* an expert ◇ *Auf der Messe waren die meisten Besucher vom Fach.* Most of the visitors to the fair were from the trade. → *Siehe auch* DACH

Fachabitur = A levels in vocational subjects [Pl] ◇ *Er hat das Fachabitur geschafft.* He passed his A levels for entry to a polytechnic. **Facharbeiter(in)** skilled worker; (*im Plural auch*) skilled labour, (*AmE*) skilled labor ◇ *Es gibt zu wenig qualifizierte Facharbeiter.* There is a shortage of skilled labour. **Facharzt, -ärztin** specialist ◇ *jdn an einen Facharzt überweisen* refer sb to a specialist ◇ *Sie ist Fachärztin für Gynäkologie.* She is a gynaecologist. **Fachausdruck** technical term ◇ *Der Fachausdruck dafür ist …* The technical term for it is … ◇ *ein medizinischer Fachausdruck* a medical term **Fachberater(in)** consultant **Fachbereich 1** (*Fachgebiet*) subject area ◇ *Kurse aus den unterschiedlichsten Fachbereichen* courses in a whole range of different subject areas **2** (*Hochschule*) faculty; (*VHS, Gymnasium etc.*) department ◇ *Studenten aller Fach-*

bereiche students of all faculties ◇ *der Fachbereich Informatik* the department of Computer Science **Fachbuch** textbook; (*Nachschlagewerk*) reference book

fächeln fan ◇ *Ich fächelte mir mit dem Programmheft Luft zu.* I fanned myself with my programme.

Fächer fan

fächerübergreifend interdisciplinary ◇ *im Team und fächerübergreifend arbeiten* work in a team, using an interdisciplinary approach

Fach- Fachfrau specialist, expert; (*Profi*) professional ◇ *Sie ist EDV-Fachfrau.* She is a computer specialist. ◇ *die als Fachfrau geladene Psychotherapeutin* the psychotherapist called as an expert witness **Fachgebiet** field ◇ *Experten verschiedener Fachgebiete* experts in various fields **Fachgeschäft** (small) shop; (*Spezialgeschäft*) specialist shop ◇ *eine Straße mit kleinen Fachgeschäften* a street of small shops ◇ *Lassen Sie sich im Fachgeschäft beraten.* Ask for advice at a specialist shop. ◇ *ein Fachgeschäft für Musikinstrumente* a shop selling musical instruments. **Fachhandel** specialist stores [Pl] ◇ *im Fachhandel erhältlich* available in specialist stores **Fachhochschule** ≈polytechnic **Fachidiot(in)** narrow specialist **Fachkenntnisse** expertise [U]; (*Qualifikationen*) qualifications [Pl] ◇ *Fachkenntnisse und Erfahrungen* qualifications and experience ◇ *besondere Fachkenntnisse* specialist knowledge **Fachkraft** skilled worker ◇ *männliche Fachkräfte* skilled male workers ◇ *pädagogische Fachkräfte* qualified teachers ◇ *professionelle Fachkräfte* professionals ◇ *Wir beschäftigen eine Fachkraft für ausländische Kinder.* We have a qualified member of staff who works with foreign children. **fachkundig** expert (*Adv* expertly) ◇ *unter der fachkundigen Leitung von …* under the expert supervision of … ◇ *Dort werden Sie fachkundig beraten.* You'll get expert advice there. ◇ *eine fachkundige Jury* a jury of experts ◇ *ein fachkundiges Publikum* a discerning audience ◇ *Sie wurden fachkundig bedient.* The service was very professional.

fachlich specialist; (*beruflich*) professional [nur vor Nomen] (*Adv* professionally) ◇ *fachliche Kenntnisse* specialist knowledge ◇ *fachliche Kompetenz* professional competence ◇ *fachlich qualifiziertes Personal* professionally qualified staff ◇ *Die Bewerber werden auf ihre fachliche Eignung hin überprüft.* Applicants are given aptitude tests. ◇ *Die Teilnehmer werden fachlich auf den neuesten Stand gebracht.* Participants are brought up to date in the field.

Fach- Fachliteratur (specialist) literature ◇ *die medizinische Fachliteratur* medical literature ◇ *Fachliteratur in der Materie* books on the subject **Fachmann** specialist, expert; (*Profi*) professional ◇ *Er ist Fachmann für kommunale Finanzfragen.* He is a specialist in local government finance. ◇ *Fachleute schätzen die Kosten auf 5 Millionen.* Experts estimate the cost at 5 million. ◇ *Für größere Reparaturen ist der Fachmann zuständig.* Major repairs should be carried out by a professional.

fachmännisch professional (*Adv* professionally)

Fachoberschule = vocational secondary school

fachsimpeln talk shop

Fach- Fachsprache (specialist) terminology ◇ *die medizinische Fachsprache* medical terminology ◇ *Das große Fernrohr wird in der Fachsprache Refraktor genannt.* The technical term for the large telescope is 'refractor'. **Fachwerk** half-timbering [U] **Fachwerkhaus** half-timbered house **Fachwissen** specialist knowledge ◇ *Im Unterricht soll nicht nur Fachwissen weitergegeben werden.* Teaching should not only be about imparting specialist knowledge. ◇ *Er muss sein Fachwissen ständig auf den neuesten Stand bringen.* He has to keep abreast of new developments in his field.

Fackel torch ◇ *Demonstranten mit brennenden Fackeln* demonstrators carrying flaming torches ◇ *die olympische Fackel* the Olympic torch

fackeln nicht lange ~ not delay, (*BrE*) not hang about (*umgs*) ◇ *Die Polizisten haben nicht lange gefackelt und die Störer sofort festgenommen.* The police didn't hang about. They arrested the troublemakers immediately. ◇ *Fackel doch nicht so lange!* Get on with it!

fade 1 tasteless ◇ *Das Essen war fade.* The food was tasteless. ◇ *Der Fisch schmeckte ziemlich fade.* The fish didn't taste of anything. ◇ *fade Krankenkost* bland invalid food ◇ *einen faden Beigeschmack hinterlassen* leave a bad taste in the mouth **2** (*langweilig*) boring ◇ *Schließlich gab es einen faden Kompromiss.* In the end there was a boring compromise.

Faden 1 thread; (*einer Marionette*) string ◇ *Hast du Nadel und Faden dabei?* Have you got a needle and thread on you? ◇ *Sie bekam den Faden nicht durchs Nadelöhr.* She couldn't thread the needle. **2** (*Rinnsal*) trickle ◇ *ein dünner Faden Blut* a thin trickle of blood **3 die Fäden ziehen** remove the stitches, take out the stitches (*umgs*) **IDM an einem (seidenen) Faden hängen** hang by a thread; be touch-and-go (*umgs*) ◇ *Ihr Leben hing an einem Faden.* Her life was hanging by a thread. ◇ *Der Sieg hing bis zum Schluss am seidenen Faden.* It was touch-and-go right up to the last moment whether we would win. **den Faden verlieren** lose the thread **die Fäden in der Hand halten** pull the strings **ein roter Faden** a recurrent theme ◇ *Dieser Gedanke zieht sich wie ein roter Faden durch den Roman.* This is a recurrent theme in the novel.

Fadenkreuz cross hairs [Pl]

fadenscheinig 1 threadbare **2** (*fig*) feeble ◇ *fadenscheinige Ausreden* feeble excuses

Fagott bassoon ◇ *Fagott spielen* play the bassoon

fähig 1 zu etw ~ sein be capable of sth; **~ sein, etw zu tun** be capable of doing sth ◇ *Er ist noch zu großen Leistungen fähig.* He is still capable of great things. ◇ *Sie war nicht mehr fähig, das Auto zu lenken.* She was no longer capable of steering the car. **2** (*zuverlässig, gut*) competent, capable; (*begabt*) able ◇ *ein fähiger Mitarbeiter* a competent member of staff ◇ *ein fähiger Schüler* an able pupil **IDM** → GEDANKE

Fähigkeit ability; (*Fertigkeit*) skill ◇ *jds schauspielerische Fähigkeiten entdecken* discover sb's acting ability ◇ *Er hat die Fähigkeit, alle mit seiner Begeisterung anzustecken.* He has the ability to infect everyone with his enthusiasm. ◇ *künstlerische Fähigkeiten haben* have artistic skills ◇ *Wir wollen die handwerklichen Fähigkeiten der Kinder verbessern.* We want to improve the children's manual skills.

fahl pale ◇ *im fahlen Mondlicht* in the pale moonlight

Fähnchen (little) flag

fahnden nach jdm/etw ~ search for sb/sth

Fahndung search ◇ *eine Fahndung einleiten* mount a search ◇ *Die Fahndung nach dem Dieb wurde eingestellt.* The search for the thief was called off.

Fahndungsfoto photo issued by the police

Fahne 1 flag ◇ *eine Fahne hissen/einholen* hoist/lower a flag ◇ *eine Fahne auf halbmast setzen* fly a flag at half-mast ◇ *die weiße Fahne zeigen* wave the white flag **2 eine ~ haben** reek of alcohol **IDM seine Fahne nach dem Wind drehen/hängen** trim your sails to the wind

Fahneneid oath of allegiance ◇ *den Fahneneid leisten* swear the oath of allegiance **Fahnenflucht** desertion ◇ *Die Anklage gegen ihn lautete auf Fahnenflucht.* He was accused of desertion. ◇ *Sie begingen Fahnenflucht.* They deserted. **fahnenflüchtig** ◇ *Dieser Offizier ist fahnenflüchtig.* This officer is a deserter. ◇

Wer ist fahnenflüchtig geworden? Who has deserted? ◇ *Ein fahnenflüchtiger Soldat wurde verhaftet.* A deserter was arrested. **Fahnenmast**, **Fahnenstange** flagpole

Fahr- **Fahrausweis** **1** → FAHRKARTE **2** → FÜHRERSCHEIN **Fahrbahn** carriageway; (*Spur*) lane; (*Straßenoberfläche*) road (surface) **Fahrbahnrand** side of the road

fahrbar mobile; (*Möbel*) on castors (*dem Nomen nachgestellt*) ◇ *ein fahrbares Klassenzimmer* a mobile classroom ◇ *ein fahrbarer Tisch* a table on castors ◇ *Ich habe keinen fahrbaren Untersatz.* I haven't any wheels.

Fahrdienst transport [U] ◇ *Ein Fahrdienst wird bereitgestellt.* Transport is provided.

Fähre ferry ◇ *den Ärmelkanal mit der Fähre überqueren* cross the Channel by ferry ◇ *Die Fähre läuft um 8 Uhr in Ramsgate aus.* The ferry sails from Ramsgate at 8.

fahren **1** go; (*abfahren auch*) leave ◇ *ans Meer/in den Urlaub/nach Amerika fahren* go to the seaside/on holiday/to America ◇ *mit dem Zug/Schiff/Auto/Bus/Fahrrad fahren* go by train/ship/car/bus/bike ◇ *mit der Rolltreppe/mit dem Aufzug in den vierten Stock fahren* take the escalator/lift to the fourth floor ◇ *per Anhalter fahren* hitchhike **2** (*einen Wagen etc.*) drive; (*Fahrrad, Motorrad, Roller*) ride ◇ *Er fährt einen Sportwagen.* He drives a sports car. ◇ *Wir fuhren eine Strecke von 1 000 Kilometern.* We drove a distance of 1 000 kilometres. ◇ *rücksichtslos/sicher/vorsichtig fahren* drive recklessly/safely/carefully ◇ *Kannst du Fahrrad fahren?* Can you ride a bike? ◇ *Sie fährt mit dem Fahrrad zur Schule.* She cycles to school. **3** (*bringen*) take; (*Menschen auch*) drive ◇ *Der Sand wird zur Baustelle gefahren.* The sand is taken to the building site. ◇ *Wir fuhren ihn ins Krankenhaus.* We drove him to hospital. ◇ *Er fuhr sein Auto zur Werkstatt.* He drove his car to the garage. **4** (*Achterbahn etc.*) go on *sth* ◇ *Wir sind Achterbahn gefahren.* We went on the roller coaster. **5** (*verkehren*) run; (*Schiff*) sail ◇ *Der Zug fährt nur an Werktagen.* The train only runs on weekdays. **6** (*Geschwindigkeit*) do ◇ *Er fuhr mit 200 km/h.* He was doing 200 kph. ◇ *Ihr neuer Sportwagen fährt 220 Spitze.* Her new sports car does 220 kph. → *Siehe auch* MPH **7** **(etw) gegen etw ~** run (sth) into sth ◇ *Er fuhr (sein Auto) gegen eine Mauer.* He ran (his car) into a wall. **8** **(mit etw) durch/über etw ~** run sth through/over sth ◇ *Er fuhr dem Hund übers Fell.* He ran his fingers through the dog's fur. ◇ *Sie fährt sich nervös durch die Haare.* She runs her fingers through her hair nervously. ◇ *Seine Zunge fährt immer wieder über die Lippen.* He keeps moistening his lips with his tongue. **9** (*Schmerzen etc.*) shoot, go; (*Blitz*) strike ◇ *Der Schreck fuhr mir in die Glieder.* The shock went through me. **10** (*Programm, Versuch*) run **11** (*Sonderschichten*) work **12** **etw ~ lassen** (*Hoffnung etc.*) abandon sth IDM **einen fahren lassen** fart **mit jdm/etw gut/schlecht fahren** do well/not do well with sb/sth ◇ *Mit dem Sparplan sind wir damals nicht schlecht gefahren.* We didn't do badly with the savings plan. ◇ *Sie schwieg und fuhr gut damit.* She said nothing, and that was the right thing to do. **was ist (denn) in dich gefahren?** what's got into you? ℹ Für andere Redewendungen mit **fahren** siehe die Einträge für die entsprechenden Nomina etc. **In die Höhe fahren** z.B. steht unter **Höhe**.

Fahrenheit Fahrenheit

Fahrer(in) driver ◇ *ein sicherer/rücksichtsloser Fahrer* a safe/reckless driver ◇ *der Fahrer des Motorrads* the motorcyclist **Fahrerflucht** = leaving the scene of an accident ◇ *Man zeigte ihn wegen Fahrerflucht an.* He was charged with leaving the scene of an accident. ◇ *ein Unfall mit Fahrerflucht* a hit-and-run accident ◇ *Fahrerflucht begehen* commit a hit-and-run offence **Fahrersitz** driver's seat

Fahr- **Fahrerlaubnis** → FÜHRERSCHEIN **Fahrgast** passenger **Fahrgeld** fare ◇ *Bitte das Fahrgeld abgezählt bereithalten.* Please have the exact fare ready. **Fahrgemeinschaft** car pool **Fahrgestell** **1** chassis **2** → FAHRWERK

fahrig **1** (*Handschrift*) erratic; (*Bewegungen*) jerky **2** (*nervös*) nervous; (*unkonzentriert*) distracted

Fahrkarte ticket ◇ *eine Fahrkarte lösen* buy a ticket **Fahrkartenautomat** ticket machine **Fahrkartenkontrolle** ticket inspection **Fahrkartenschalter** ticket office

Fahrkosten travelling expenses [Pl], (*AmE*) traveling expenses [Pl]; (*einmalig*) fare

fahrlässig negligent (*Adv* negligently) ◇ (*grob*) *fahrlässig handeln* be negligent ◇ *etw fahrlässig verschulden* cause sth through negligence ◇ *fahrlässige Körperverletzung* negligence resulting in injury ◇ *fahrlässige Tötung* manslaughter

Fahrlässigkeit negligence [U]

Fahrlehrer(in) driving instructor

Fahrplan timetable, (*AmE*) schedule **fahrplanmäßig** **1** *Adj* scheduled ◇ *20 Minuten vor der fahrplanmäßigen Abfahrt* 20 minutes before the scheduled departure time **2** *Adv* (*pünktlich*) on time; (*laut Fahrplan*) according to the timetable, (*AmE*) according to the schedule ◇ *Der Zug kam fahrplanmäßig an.* The train arrived on time. ◇ *Der Bus hat fahrplanmäßig einen guten Anschluss.* The bus has a good connection, according to the timetable.

Fahr- **Fahrpraxis** driving experience [U] ◇ *eine mangelnde Fahrpraxis haben* lack driving experience ◇ *Sie hat zehn Jahre Fahrpraxis.* She's been driving for ten years. **Fahrpreis** fare **Fahrprüfung** driving test ◇ *die Fahrprüfung machen/bestehen* take/pass your driving test

Fahrrad bicycle, bike (*umgs*) ◇ *mit dem Fahrrad kommen* come by bike ◇ *Heute bin ich mit dem Fahrrad zur Schule gefahren.* I cycled to school today. **Fahrradfahrer(in)** cyclist **Fahrradhelm** cycle helmet **Fahrradtour** cycle tour **Fahrradweg** cycle path

Fahr- **Fahrrinne** navigation channel **Fahrschein** → FAHRKARTE **Fahrscheinentwerter** = ticket stamping machine **Fahrschule** driving school; (*Unterricht*) driving lessons [Pl] ◇ *Fahrschule machen/haben* take/have driving lessons **Fahrschüler(in)** learner driver **Fahrspur**, **Fahrstreifen** lane ◇ *auf die linke Fahrspur wechseln* move into the left-hand lane **Fahrstuhl** lift, (*AmE*) elevator ◇ *den Fahrstuhl nehmen* take the lift ◇ *mit dem Fahrstuhl stecken bleiben* get stuck in the lift **Fahrstunde** driving lesson

Fahrt **1** journey; (*Schiffreise*) voyage ◇ *eine Fahrt mit der Eisenbahn* a train journey ◇ *Nach einer langen Fahrt kamen sie endlich in Basel an.* After a long journey, they finally arrived in Basle. ◇ *Nach drei Stunden Fahrt legten wir eine Pause ein.* After driving for three hours, we stopped for a break. ◇ *Der Unfall passierte auf der Fahrt nach Hause.* The accident happened on the way home. ◇ *Was kostet die Fahrt?* How much is the fare? **2** (*Fahrgeschwindigkeit*) speed ◇ *in voller Fahrt* at full speed ◇ *die Fahrt verlangsamen/beschleunigen* reduce/pick up speed IDM **jdn in Fahrt bringen** infuriate sb **in Fahrt kommen/geraten** **1** (*munter werden*) get into the mood **2** (*wütend werden*) get worked up **in Fahrt sein** **1** (*gute Stimmung haben*) be in good form **2** (*wütend sein*) be in a rage → *Siehe auch* BLAUE

Fährte (*Spur*) trail (*auch fig*); (*Geruch*) scent ◇ *jdm auf der Fährte sein* be on sb's trail ◇ *eine Fährte aufnehmen/einer Fährte nachspüren* pick up/follow a scent ◇ *auf eine falsche Fährte gelockt werden* be put off the scent IDM **auf der richtigen/falschen Fährte sein** be on the right/wrong track

Fahrtkosten → FAHRKOSTEN

Fahrverbot ban (*oft mit einem Verb übersetzt*) ◇ *Bei dieser Geschwindigkeit muss sie mit einem mehrmonatigen Fahrverbot rechnen.* For going at that speed she is likely to be banned from driving for several months. ◇ *In den Stadtzentren gilt ein Fahrverbot für Pkws.* Cars are banned from city centres. ◇ *Es besteht ein gesetzliches Fahrverbot für Lkws zwischen 22 und 6 Uhr.* Lorries are not allowed on the roads between 10 p.m. and 6 a.m.

Fahrwasser → FAHRRINNE IDM **im Fahrwasser von etw** in the wake of sth **in jds Fahrwasser** in sb's wake **ins politische Fahrwasser geraten** become embroiled in politics **wieder in ruhiges Fahrwasser kommen** get back on an even keel

Fahr- **Fahrweise** driving style, driving ◇ *eine aggressive Fahrweise* an aggressive driving style ◇ *Mit einer vernünftigen Fahrweise kann man Benzin sparen.* By driving sensibly, you can save petrol. **Fahrwerk** **1** (AERO) undercarriage **2** → FAHRGESTELL **Fahrzeit** journey (time)

Fahrzeug vehicle

Fahrzeugbrief vehicle registration document, (*AmE*) vehicle registration card **Fahrzeughalter(in)** owner of a/the vehicle **Fahrzeugpapiere** vehicle documents [Pl] **Fahrzeugschein** = document which proves ownership of a vehicle

Faible **ein ~ für etw haben** be very keen on sth

fair fair (*Adv* fairly) ◇ *ein faires Angebot* a fair offer ◇ *ein fairer Wettbewerb/Sportler* a fair competition/sportsman ◇ *sich fair gegenüber jdm verhalten* behave fairly towards sb ◇ *fair kämpfen/spielen* fight/play fair

Fairness fairness

Fäkalien faeces [Pl], (*AmE*) feces [Pl]

Fakt fact ◇ *Die Fakten liegen auf dem Tisch.* The facts are known. ◇ *Fakt ist, dass das Klima sich erwärmt.* It's a fact that the climate is getting warmer.

faktisch **1** *Adj* actual ◇ *der faktische Gewinn/Nutzen* the actual gain/advantage **2** *Adv* to all intents and purposes ◇ *Das Land ist faktisch gespalten.* The country is, to all intents and purposes, divided. ◇ *Langzeitarbeitslose sind auf dem Arbeitsmarkt faktisch chancenlos.* The reality is that the long-term unemployed have no chance on the job market.

Faktor factor

Fakultät **1** (*Fachbereich*) faculty ◇ *die juristische Fakultät* the faculty of law **2** (*Lehrpersonal und Studenten*) staff and students [Pl], (*AmE*) faculty and students [Pl]

fakultativ optional

Falafel falafel

Falke falcon

Fall[1] **1** (*Sturz*) fall ◇ *Sie verletzte sich bei dem Fall.* She was injured in the fall. ◇ *im freien Fall* in free fall ◇ *vor dem Fall der Mauer* before the wall came down **2** (*Aktien, Währung*) drop ◇ *ein Fall des DAX* a drop in the DAX IDM **jdn/etw zu Fall bringen** destroy sb/sth ◇ *Sie versuchten, das Gesetz zu Fall zu bringen.* They attempted to destroy the bill. ◇ *Die Regierung wurde zu Fall gebracht.* The government was brought down. → *Siehe auch* KNALL

Fall[2] case; (*Beispiel auch*) example ◇ *ein hoffnungsloser Fall* a hopeless case ◇ *in diesem Fall* in this case ◇ *Das ist nicht der Fall.* That is not the case. ◇ *ein schwerer Fall von Lungenentzündung* a bad case of pneumonia ◇ *einen Fall untersuchen* investigate a case ◇ *der Fall Alfred Neumann* the Alfred Neumann case ◇ *der erste/zweite/dritte/vierte Fall* the nominative/genitive/dative/accusative case ◇ *Nach „seitens" steht der zweite Fall.* 'Seitens' always takes the genitive (case). ◇ *im Falle eines Brandes* in the event of fire ◇ *Was würdest du in meinem Fall tun?* What would you do in my situation? ◇ *im schlimmsten Fall* if the worst comes to the worst ◇ *im besten Fall* at best IDM **auf alle Fälle** **1** (*ganz bestimmt*) in any event; at all events ◇ *Er kommt auf alle Fälle.* In any event, he is coming. **2** (*vorsichtshalber*) just in case ◇ *Ich nehme auf alle Fälle einen Schirm mit.* I'll take an umbrella just in case. **auf jeden Fall** **1** (*jedenfalls*) at any rate ◇ *Ich bin auf jeden Fall am Freitag wieder da.* At any rate, I'll be back on Friday. **2** (*mit Sicherheit*) definitely ◇ *Er kommt auf jeden Fall.* He is definitely coming. **auf keinen Fall** on no account ◇ *Diesen Witz darfst du auf keinen Fall erzählen.* On no account should you tell that joke. ◇ *„Darf ich mit?" „Auf keinen Fall!"* 'Can I come too?' 'Certainly not!' **jds Fall sein** be sb's cup of tea ◇ *Er ist überhaupt nicht mein Fall.* He's not my cup of tea at all. ◇ *Oliven sind nicht sein Fall.* He's not keen on olives. ◇ *Zelten ist nicht mein Fall.* Camping is not for me. **für alle Fälle** just in case **für den Fall, dass …** in case … ◇ *für den Fall, dass es sich abkühlt* in case it gets colder **von Fall zu Fall** from case to case ◇ *Das ist von Fall zu Fall verschieden.* It varies from case to case. ◇ *Das muss man von Fall zu Fall entscheiden.* You have to decide each case on its merits.

Fallbeispiel particular case used as an example

Falle **1** trap ◇ *eine Falle aufstellen* set a trap ◇ *jdm eine Falle stellen* set a trap for sb ◇ *Er ging in die Falle.* He walked into the trap. **2** (*Bett*) bed ◇ *Um acht sind die Kinder in der Falle.* The children are in bed by eight.

fallen **1** fall ◇ *Die Blätter fallen.* The leaves are falling. ◇ *Er fiel vor ihr auf die Knie.* He fell to his knees before her. ◇ *Sein Blick fiel auf den Ring.* His gaze fell on the ring. ◇ *Silvester fällt auf einen Sonntag.* New Year's Eve falls on a Sunday. ◇ *Nach wochenlangen Kämpfen fiel die Hauptstadt.* After weeks of fighting the capital fell. ◇ *in Ungnade/tiefen Schlaf fallen* fall into disgrace/a deep sleep ◇ *Sie fiel ihm um den Hals.* She threw her arms around his neck. ◇ *Gestern fiel der erste Schnee.* We had the first fall of snow yesterday. ◇ *Die Tür fiel ins Schloss.* The door shut. **2** (*hinfallen*) fall; (*Fußgänger*) fall over; (*Radfahrer, Reiter*) fall off ◇ *Sie fiel auf den Bürgersteig.* She fell on the pavement. ◇ *Sie ist unglücklich aufs Kinn gefallen.* She fell over and hurt her chin. **3** (*sinken, Wert verlieren*) fall, drop ◇ *Das Barometer fällt.* The barometer is falling. ◇ *Sein Ansehen in der Öffentlichkeit ist gefallen.* He has fallen in public esteem. ◇ *Die Temperaturen sind gefallen.* The temperature has dropped. ◇ *Die Kaffeepreise sind stark gefallen.* Coffee prices have dropped sharply. ◇ *Die Aktien sind gefallen.* Shares dropped in value. **4** (*im Krieg*) be killed ◇ *Er fiel im Zweiten Weltkrieg.* He was killed in the Second World War. **5** (*Verbot, Barriere*) be lifted **6** (*Entscheidung*) be made; (*Tor*) be scored; (*Schuss*) be fired; (*Name*) be mentioned; (*Wort*) be said ◇ *Die Entscheidung ist gefallen.* The decision has been made. ◇ *Es fiel kein einziges Tor.* Not a single goal was scored. ◇ *Mehrere Schüsse fielen.* Several shots were fired. ◇ *Dein Name fiel auch.* Your name was also mentioned. ◇ *Es fiel kein einziges Wort darüber.* Not a word was said about it. **7** **in/unter etw ~** fall within (the scope of) sth ◇ *Der Fall fällt nicht unter das Wettbewerbsgesetz.* The case does not fall within the scope of the competition law. **8 durch etw ~** (*Prüfung etc.*) fail sth ◇ *Er ist durch die Prüfung gefallen.* He failed the exam. **9** (*hängen*) hang ◇ *Seine Haare fielen ihm ins Gesicht.* His hair was falling in his eyes. **10 an jdn ~** (*Erbe*) go to sb **11 jdn/etw ~ lassen** drop sb/sth (*auch fig*) ◇ *Lass das Tablett nicht fallen.* Don't drop the tray. ◇ *Seine Freunde ließen ihn fallen.* His friends dropped him. **12 sich ~ lassen** drop; (*erschöpft*) collapse ◇ *Sie ließ sich erschöpft aufs Sofa fallen.* She collapsed on the sofa. ⓘ Für andere Ausdrücke mit **fallen** siehe die Einträge für die entsprechenden Nomina etc. **Jdm in den Arm fallen** z.B. steht unter **Arm**.

fällen 1 (*Baum*) cut *sth* down, fell (*gehoben*) **2** (*Entscheidung*) make **3 ein Urteil ~** pass judgement

fällig due ◇ *am ersten Mai fällig* due on the first of May ◇ *längst fällig* long overdue

Fälligkeit maturity

falls 1 (*wenn*) if ◇ *Falls es regnen sollte, verschieben wir die Wanderung.* If it rains, we'll postpone the walk. **2** (*für den Fall, dass*) in case ◇ *Nimm einen Pulli mit, falls es kalt wird.* Take a jumper in case it gets cold.

Fallschirm parachute ◇ *mit dem Fallschirm abspringen* make a parachute jump

Fallschirmspringen parachute jumping **Fallschirmspringer(in)** parachutist; (MIL) paratrooper

falsch 1 (*nicht richtig*) wrong; (*fehlerhaft*) incorrect (*Adv* incorrectly) (*gehoben*) ◇ *Das ist absolut falsch!* That's quite wrong! ◇ *Er hat alles falsch gemacht.* He did everything wrong. ◇ *es falsch machen* get it wrong ◇ *Die Uhr geht falsch.* The clock is wrong. ◇ *ein Wort falsch schreiben* spell a word incorrectly ◇ *etw falsch verstehen* misunderstand sth ◇ *etw falsch aussprechen* mispronounce sth ◇ *falsch singen* sing off key ◇ *ein falsch geparktes Auto* an illegally parked car ◇ *Mein Name wurde falsch geschrieben.* My name's been wrongly spelt. **2** (*betrügerisch, unangebracht, künstlich*) false (*Adv* falsely); (*gefälscht*) forged ◇ *unter einem falschen Namen* under a false name ◇ *falsche Angaben machen* give false information ◇ *falsche Bescheidenheit* false modesty ◇ *unter Vorspiegelung falscher Tatsachen* under false pretences ◇ *falsche Zähne* false teeth ◇ *ein falsches Spiel mit jdm treiben* play sb false ◇ *falsche Papiere* forged documents ◇ *Er ist ein falscher Typ.* He's two-faced. ◇ *eine falsche Schlange* a snake in the grass **IDM falsch verbunden sein** have the wrong number ◇ *Sie sind leider falsch verbunden.* I'm afraid you've got the wrong number. → *Siehe auch* ADRESSE, DAMPFER, FÄHRTE, KEHLE, PFERD, SPAREN, SPUR, WEG *und* WICKELN

fälschen forge

Fälscher(in) forger

Falsch- Falschfahrer(in) = person driving in the wrong direction on the motorway **Falschgeld** counterfeit money; (*Noten*) forged banknotes [Pl]

fälschlich (*irrtümlich*) wrong (*Adv* wrongly); (*bewusst*) false (*Adv* falsely)

fälschlicherweise wrongly; (*vermuten, glauben*) mistakenly ◇ *Sie wurde fälschlicherweise des Diebstahls beschuldigt.* She was wrongly accused of theft.

Falsch- Falschmeldung false report **Falschspieler(in)** cheat

Fälschung 1 (*das Fälschen*) forging ◇ *die Fälschung von Banknoten* forging banknotes **2** (*Gefälschtes*) forgery; (*Gemälde auch*) fake

fälschungssicher forgery-proof

Faltblatt leaflet

Falte 1 (*in der Haut*) wrinkle; (*tiefer*) line ◇ *Er hat viele Falten im Gesicht.* His face is very lined. ◇ *die Stirn in Falten legen* furrow your brow **2** (*im Stoff*) fold; (*im Faltenrock etc.*) pleat; (*Bügel-*) crease ◇ *lose Falten* loose folds ◇ *schmale Falten* narrow pleats ◇ *etw in Falten legen* pleat sth **3** (*Knitter-*) crease ◇ *die Falten ausbügeln* iron out the creases

falten 1 fold ◇ *ein Blatt Papier falten* fold a piece of paper in two ◇ *etw einfach/doppelt falten* fold sth in half/in four **2 die Hände ~** clasp your hands (in prayer) **3 die Stirn ~** frown

Falter (*Nacht-*) moth; (*Tag-*) butterfly

faltig (*Haut*) wrinkled; (*Gesicht, Stirn*) lined

Faltrad folding bicycle

familiär 1 family ◇ *familiäre Probleme* family problems ◇ *aus familiären Gründen* for family reasons **2** (*ungezwungen*) informal friendly ◇ *Es ging familiär zu.* There was a friendly atmosphere.

Familie family [mit Verb im Sing/Pl] ◇ *eine vierköpfige Familie* a family of four ◇ *eine Familie gründen* start a family ◇ *Familie Meier* the Meier family ◇ *Tiger gehören zur Familie der Katzen.* Tigers belong to the cat family. ◇ *etw in der Familie lernen* learn sth at home ◇ *Gewalt in der Familie* domestic violence ◇ *Haben Sie Familie?* Have you any children? **IDM das kommt in den besten Familien vor** it happens to the best of us **in der Familie liegen** run in the family ◇ *Das liegt bei uns in der Familie.* It runs in our family.

Familienangehörige(r) relative ◇ *die Familienangehörigen des Opfers* the victim's relatives **Familienangelegenheit** family matter **Familienmitglied** member of the family **Familienname** surname **Familienplanung** family planning **Familienstand** marital status **Familienverhältnisse** family circumstances [Pl] ◇ *Auskünfte über Alter, Einkommen und Familienverhältnisse* information about age, income and family circumstances ◇ *geordnete Familienverhältnisse* a stable family background ◇ *aus zerrütteten Familienverhältnissen kommen* come from a broken home

Fan fan; (*Fußball auch*) supporter ◇ *Er ist ein Fan von Schalke.* He is a Schalke fan.

Fanatiker(in) fanatic

fanatisch fanatical (*Adv* fanatically)

Fanatismus fanaticism [U]

Fang 1 (*von Tieren*) (*meist mit einem Verb übersetzt*) ◇ *der Fang von Walen* catching whales **2** (*Beute*) catch; (*fig*) find ◇ *Die Fischer machten einen guten Fang.* The fishermen had a good catch. ◇ *Die Vase war wirklich ein guter Fang.* The vase was a really good find. **IDM einen guten Fang machen** make a good catch

Fangemeinde fans [Pl], fan group ◇ *eine große Fangemeinde* a large fan group

fangen 1 (*Mensch, Tier, Ball etc.*) catch; (*mit einer Falle auch*) trap ◇ *Fische fangen* catch fish ◇ *Hat die Polizei den Mörder gefangen?* Have the police caught the killer? ◇ *Sie fing den Ball mit beiden Händen.* She caught the ball in both hands. **2 sich ~** (*in einer Falle*) get caught **3 sich ~** (*ins Gleichgewicht kommen*) regain your balance; (*fig*) regain your composure ◇ *Er konnte sich gerade noch fangen.* He managed to keep his balance. ◇ *Sie hat sich sofort wieder gefangen.* She quickly regained her composure.

Fangfrage trick question

Fanklub fan club

Fantasie 1 (*Vorstellungskraft*) imagination ◇ *eine blühende Fantasie haben* have a vivid imagination ◇ *seiner Fantasie freien Lauf lassen* allow your imagination to run wild **2** (*Vorstellung*) fantasy ◇ *düstere Fantasien haben* have morbid fantasies **3 Fantasien** (*Fieberträume*) (fevered) imaginings [Pl]; (*Trugbilder*) illusions [Pl] **4** (MUS) fantasia

fantasielos unimaginative (*Adv* unimaginatively) ◇ *Der Aufsatz war fantasielos.* The essay was unimaginative. ◇ *Er ist fantasielos.* He has no imagination.

fantasievoll imaginative (*Adv* imaginatively)

fantastisch **1** fantastic (*Adv* fantastically) ◇ *fantastische Vorstellungen* fantastic ideas **2** (*Literatur*) fantasy **3** (*unglaublich*) incredible ◇ *Das ist ja fantastisch!* That's incredible! ◇ *Er kann fantastisch malen.* He can paint incredibly well.

Farbe **1** colour, (*AmE*) color ◇ *Die Farbe Blau steht ihr gut.* Blue is a colour that suits her. ◇ *Welche Farbe hat dein Auto?* What colour is your car? ◇ *Die Abbildungen sind in Farbe.* The illustrations are in colour. ◇ *Er bekam wieder Farbe ins Gesicht.* The colour came back into his cheeks. ◇ *die Farbe wechseln* change colour **2** (*gebräunter Teint*) tan ◇ *Du hast ganz schön Farbe bekommen.* You've got a good tan. **3** (*zum Anstreichen*) paint; (*zum Färben*) dye ◇ *Farbe dünn auftragen* apply a thin coat of paint **4** (*Kartenspiel*) suit IDM **Farbe bekennen** come clean

farbecht colour fast, (*AmE*) color fast

färben **1** dye ◇ *sich die Haare schwarz färben* dye your hair black **2** (*verfärben*) ◇ *Curry färbt die Soße gelb.* Curry powder makes the sauce yellow. ◇ *Ihre Gesichter waren rot gefärbt.* Their faces were red. **3** (*abfärben*) ◇ *Der neue Pulli färbt.* The dye of my new jumper runs. **4 sich rot, blau etc. ~** turn red, blue, etc. ◇ *Die Blätter färben sich gelb.* The leaves are turning yellow. **5** (*fig*) **(von etw) gefärbt** tinged (with sth) ◇ *Seine Ansprache war von Trauer gefärbt.* His speech was tinged with sorrow. ◇ *Das Programm ist umweltpolitisch gefärbt.* The programme has an environmental bias.

farben- **farbenblind** colour-blind, (*AmE*) color-blind **farbenfroh** **1** (*bunt*) colourful, (*AmE*) colorful **2** (*farbenprächtig*) brightly coloured, (*AmE*) brightly colored

Farb- **Farbfernsehen** colour television, (*AmE*) color television **Farbfernseher** colour television (set), (*AmE*) color television (set) **Farbfilm** colour film, (*AmE*) color film **Farbfoto** colour photograph, (*AmE*) color photograph

farbig **1** *Adj* (*Bild*) colour, (*AmE*) color [nur vor Nomen] ◇ *farbige Abbildungen* colour pictures ◇ *ein farbiger Bildband* a book with colour illustrations **2** *Adv* in colour, (*AmE*) in color ◇ *farbig fotografierte Ansichten* views photographed in colour **3** *Adj* (*getönt*) tinted ◇ *farbige Kontaktlinsen* tinted contact lenses ◇ *farbige Glasfenster* stained glass windows **4** *Adj* (*Mensch*) ◇ *farbige Amerikaner* Americans of colour ◇ *farbige Briten* Black and Asian Britons **5** *Adj* (*fig*) colourful, (*AmE*) colorful ◇ *sein farbiger Lebensstil* his colourful lifestyle **6** *Adv* (*lebhaft*) vividly ◇ *etw farbig schildern* describe sth vividly

Farbige(r) black person

Farbkasten paintbox

farblich ◇ *ein farblicher Kontrast* a colour contrast ◇ *Die Bilder sind farblich aufeinander abgestimmt.* The colours in the pictures go well together. ◇ *farblich gekennzeichnete Behälter* colour-coded containers ◇ *ein farblich abgesetzter Radweg* a cycle path delineated by a separate colour

farblos colourless, (*AmE*) colorless (*auch fig*); (*Schuhcreme*) neutral

Farb- **Farbmonitor** colour monitor, (*AmE*) color monitor **Farbstift** (*Buntstift*) crayon; (*Filzstift*) felt tip **Farbstoff** colour, (*AmE*) color ◇ *ohne Farbstoffe* containing no artificial colours **Farbton** colour, (*AmE*) color ◇ *etw in einem anderen Farbton streichen* paint sth a different colour ◇ *Ihr Haar hat einen rötlichen Farbton.* She's got reddish hair.

Färbung **1** (*das Färben*) dyeing **2** (*Farbe*) colouring, (*AmE*) coloring **3** (*Akzent*) ◇ *Seine Sprache hat eine südliche Färbung.* He has a slight southern accent. **4** (*Tendenz*) slant ◇ *die politische Färbung des Blattes* the political slant of the paper ◇ *Sie gab ihren Worten eine humoristische Färbung.* She spoke with a hint of humour.

Farce **1** farce **2** (*Füllung*) stuffing

Farm farm ◇ *eine Farm betreiben* run a farm

Farmer(in) farmer

Farn fern

Fasan pheasant

faschieren mince

Faschierte(s) mince, (*AmE*) ground beef

Fasching carnival (season), (*AmE*) Mardi Gras **Faschingsball** carnival ball; (*Kostümball*) fancy dress ball **Faschingsdienstag** Shrove Tuesday, (*AmE*) Mardi Gras **Faschingszug** carnival procession

Faschismus fascism ◇ *den Faschismus bekämpfen* fight fascism

Faschist(in) fascist

faschistisch fascist

faseln **1 Unsinn ~** talk rubbish **2 (über/von etw) ~** ramble on (about sth)

Faser fibre, (*AmE*) fiber **Faseroptik** fibre optics [U], (*AmE*) fiber optics [U]

faserig fibrous; (*Fleisch*) stringy

Fass barrel; (*kleines Bier-*) keg; (*Wein-*) cask ◇ *ein Fass Giftmüll* a barrel of toxic waste ◇ *Bier vom Fass* draught beer IDM **das Fass zum Überlaufen bringen** be the last straw (*umgs*) **das schlägt dem Fass den Boden aus** that's going too far (*umgs*) **ein Fass ohne Boden** a bottomless pit

Fassade facade (*auch fig*)

fassbar **1** concrete ◇ *konkret fassbare Ergebnisse* concrete results ◇ *urkundlich fassbar* documented **2** (*begreiflich*) comprehensible ◇ *kaum fassbar* barely comprehensible ◇ *schwer fassbar* difficult to comprehend

Fassbombe barrel bomb

fassen

• **anfassen, (er)greifen** **1 jdn/etw ~** take hold of sb/sth; (*mit festem Griff*) grip sb/sth ◇ *Er fasste das Kind am Arm.* He took hold of the child's arm. ◇ *Sie fasste ihn bei den Schultern.* She gripped him by the shoulders. ◇ *Er bekam das Seil gerade noch zu fassen.* He just managed to grab the rope. ◇ *Sie fasste seine Hand.* She took his hand. ◇ *Rex, fass!* Get him, Rex! **2 nach jdm/etw ~** reach for sb/sth ◇ *Er fasste nach der Tasche.* He reached for the bag. **3 an etw ~** (*berühren*) feel sth; (*versehentlich*) touch sth ◇ *Er fasste an ihre heiße Stirn.* He felt her hot forehead. ◇ *Sie hat an die heiße Platte gefasst.* She touched the hotplate. ◇ *Er fasste ihr ans Knie.* He put his hand on her knee. **4** (*Verbrecher*) catch

• **darstellen, begreifen** **5** (*ausdrücken*) express ◇ *Das ist schwer in Zahlen zu fassen.* It's difficult to express in figures. ◇ *Er versuchte, seine Gefühle für sie in Worte zu fassen.* He tried to put into words what he felt for her. ◇ *ein Gesetz neu fassen* revise a law **6 sich kurz ~** be brief ◇ *Ich werde mich kurz fassen.* I shall be brief. ◇ *Fass dich kurz!* Keep it brief! **7** (*verstehen*) understand; (*auslegen*) interpret ◇ *Die Hintergründe sind schwer zu fassen.* The reasons are difficult to understand. ◇ *Der Begriff ist hier recht weit gefasst.* The concept is interpreted very broadly. **8** (*glauben*) believe; (*an sich heranlassen*) take sth in ◇ *Ich konnte mein Glück kaum fassen.* I could hardly believe my luck. ◇ *Das ist doch nicht zu fassen!* It's unbelievable! ◇ *Sie konnte den Tod ihres Vaters nicht fassen.* She couldn't take in the news of her father's death.

• **sich beruhigen** **9** **sich ~** compose yourself ◇ *Er fasste sich schnell.* He soon composed himself. → *Siehe auch* GEFASST
• **umfassen, einfassen** **10** (*Besucher etc.*) hold ◇ *Die Aula fasst 200 Personen.* The hall holds 200 people. **11** (*Edelstein etc.*) set ◇ *einen Stein neu fassen lassen* have a stone reset → *Siehe auch* BESCHLUSS, ENTSCHLUSS, GEDANKE *und* MUT
IDM → AUGE, FUß, NASE *und* TRITT

Fassung **1** (*Einfassung*) setting; (*einer Brille*) frame [meist Pl] **2** (*einer Glühbirne etc.*) socket **3** (*Version*) version ◇ *die endgültige Fassung des Vertrags* the final version of the contract **4** (*Selbstbeherrschung*) composure ◇ *um Fassung ringen* struggle to regain your composure ◇ *jdn aus der Fassung bringen* disconcert sb ◇ *sich leicht aus der Fassung bringen lassen* be easily put off

fassungslos **1** *Adj* stunned; (*sprachlos*) speechless **2** *Adv* in amazement

Fassungsvermögen **1** capacity ◇ *400 Liter Fassungsvermögen* a capacity of 400 litres **2** (*geistig*) ◇ *Das übersteigt mein Fassungsvermögen.* It's beyond me.

fast almost; (*besonders vor Zahlen*) nearly ◇ *fast unmöglich* almost impossible ◇ *fast drei Viertel aller 17-Jährigen* nearly three quarters of all 17-year-olds ◇ *Sie wäre fast gestorben vor Sorge.* The worry nearly killed her. ◇ *Es war fast ganz windstill.* It was almost completely calm.

fasten **1** fast **2** (*Diät*) diet

Fastenzeit period of fasting; (*vor Ostern*) Lent ◇ *in der Fastenzeit* in Lent

Fastnacht carnival, (*AmE*) Mardi Gras

Faszination fascination ◇ *eine magische Faszination auf jdn ausüben* hold a strange fascination for sb ◇ *ihre Faszination für die Literatur* her fascination with literature ◇ *Das macht die Faszination des Films aus.* That's what's so fascinating about the film.

faszinieren **1** fascinate ◇ *Er hat mich vom ersten Augenblick an fasziniert.* I was fascinated by him from the very beginning. ◇ *Das Meer fasziniert die Menschen.* People find the sea fascinating. ◇ *jdn nicht faszinieren* hold no appeal for sb **2** (*bannen*) hold *sb* spellbound ◇ *die faszinierten Zuschauer* the spellbound audience

faszinierend fascinating; (*bezaubernd*) enchanting

fatal **1** (*folgenschwer*) disastrous ◇ *Das wäre fatal.* That would be disastrous. ◇ *Das Fatale an der Sache ist, dass …* The disastrous thing about it is that … **2** (*peinlich*) awkward; (*unangenehm*) unpleasant ◇ *Sie ist in einer fatalen Lage.* She is in an awkward situation. ◇ *Es erinnerte ihn fatal an seine Zeit im Gefängnis.* It was an unpleasant reminder of his time in prison.

fauchen snarl (*auch fig*); (*Katze*) hiss; (*Dampflok*) puff

faul **1** (*träge*) lazy ◇ *ein fauler Sack* a lazy devil ◇ *faul herumlungern* loaf around **2** (*verdorben*) rotten; (*Eier*) bad **3** ◇ *ein fauler Kompromiss* a shabby compromise ◇ *eine faule Ausrede* a feeble excuse ◇ *ein fauler Trick* a dirty trick IDM **an der Sache ist (doch) etwas faul!** There's something fishy here! → *Siehe auch* HAUT

faulen go rotten

faulenzen do nothing ◇ *In den Ferien will ich mal wieder so richtig faulenzen.* In the holidays I just want to do nothing. ◇ *Genug gefaulenzt!* Let's get to work!

Faulenzer(in) layabout

Faulheit laziness

faulig (*Obst, Gemüse etc.*) rotting; (*Geruch, Fleisch*) putrid; (*Wasser*) stagnant

Faulpelz layabout; (*humorvoll*) lazybones

Fauna fauna

Faust fist ◇ *die Fäuste ballen* clench your fists ◇ *jdm mit der Faust ins Gesicht schlagen* punch sb in the face ◇ *jdm mit der Faust drohen* shake your fist at sb IDM **auf eigene Faust** independently **die Faust/Fäuste in der Tasche ballen** bite back your anger **Fäuste fliegen** a fight breaks out ◇ *Nach dem Spiel flogen die Fäuste.* After the match fighting broke out. **mit der Faust auf den Tisch schlagen/hauen** **1** bang on the table with your fist **2** (*fig*) put your foot down **passen wie die Faust aufs Auge** **1** (*nicht passen*) be completely unsuitable (for sb/sth); (*Farben*) clash **2** (*passen*) fit exactly; (*in einer Situation*) be just right → *Siehe auch* EISERN

faustdick huge, whopping (*umgs*) [nur vor Nomen] ◇ *Das war eine faustdicke Lüge!* That was a whopping great lie! ◇ *Da hat er aber faustdick aufgetragen.* He was laying it on very thick. **faustgroß** as big as your fist [nicht vor Nomen] ◇ *ein faustgroßer Stein* a stone as big as your fist **Fausthandschuh** mitten **Faustregel** rule of thumb **Faustschlag** punch

Fauxpas faux pas ◇ *einen Fauxpas begehen* commit a faux pas

favorisieren **1** (*bevorzugen*) favour, (*AmE*) favor **2** **favorisiert sein** (*voraussichtlicher Sieger sein*) be the favourite, (*AmE*) be the favorite ◇ *Er wird in diesem Wettkampf stark favorisiert.* He is the strong favourite in this competition.

Favorit(in) favourite, (*AmE*) favorite ◇ *Er war der Favorit auf die Goldmedaille.* He was the favourite for the gold medal. ◇ *England gilt als klarer Favorit für den Titel.* England is the strong favourite for the title.

Fax **1** fax ◇ *per Fax* by fax **2** (*Gerät*) fax machine

faxen fax

Faxen **1** (*Grimassen*) faces [Pl]; (*Clownerie*) antics [Pl], messing about [U] ◇ *Faxen machen* pull faces ◇ *Lass die Faxen!* Stop messing about! **2** (*Unarten*) tricks [Pl] ◇ *Er hat sich allerlei Faxen geleistet.* He got up to all sorts of tricks.

Faxgerät fax machine

Fazit conclusion ◇ *Zu welchem Fazit sind Sie gekommen?* What conclusions did you come to? ◇ *Am Ende des Berichts zog er das Fazit, dass …* At the end of the report, he concluded that …

FCKW CFC

FCKW-frei CFC-free

Februar February → *Beispiele bei* JANUAR

fechten **1** (SPORT) fence **2** (*fig*) **für etw ~** fight for sth

Fechten (SPORT) fencing

Fechter(in) (SPORT) fencer

Feder **1** (*Vogel-*) feather **2** (TECH) spring **3** **Federn** (*Bett*) bed ◇ *Er liegt/steckt noch in den Federn.* He's still in bed. ◇ *Raus aus den Federn!* Come on, get out of bed! ◇ *jdn aus den Federn holen* get sb out of bed **4** (*Schreibgerät*) pen; (*Gänsekiel*) quill ◇ *zur Feder greifen* take up your pen ◇ *Das Gedicht stammt aus der Feder Goethes.* The poem was written by Goethe. **5** (*am Füller*) nib

Federball **1** (*Spiel*) badminton **2** (*Ball*) shuttlecock **Federbett** duvet, (*AmE*) comforter **Federhalter** fountain pen **federleicht** as light as a feather [nicht vor Nomen]; (*Material etc.*) lightweight ◇ *mit federleichtem Schritt* with a light step **Federmappe** pencil case

federn **1** be springy, give ◇ *Der Boden federte unter ihren Schritten.* The ground was springy under their feet. **2** ◇ *in den Knien federn* flex your knees ◇ *mit federnden Schritten gehen* walk jauntily

Federung (*beim Auto*) suspension; (*bei Möbeln*) springs [Pl]

Fee fairy ◇ *die gute/böse Fee* the good/wicked fairy

Feedback feedback

fegen **1** sweep up ◇ *Wir müssen noch fegen.* We've still got to sweep up. **2 etw ~** sweep sth ◇ *die Treppe fegen* sweep the stairs ◇ *Ihr Mantel ist so lang, dass sie den Boden damit fegt.* Her coat is so long that it sweeps the floor. ◇ *Er hat den ganzen Dreck einfach in die Ecke gefegt.* He just swept all the dirt into the corner. **3** (*rasen, stürmen*) race; (*Wind*) sweep ◇ *Das Auto fegte um die Ecke.* The car raced round the corner. ◇ *Der Wind fegte durch die Straßen.* The wind swept through the streets. **IDM** **jdn vom Platz fegen** wipe the floor with sb ◇ *Er fegte ihn in zwei Sätzen vom Platz.* He wiped the floor with him in two sets. → *Siehe auch* LEER *und* TISCH

Fehde feud ◇ *Sie liegen seit Generationen in blutiger Fehde miteinander.* There has been a bloody feud between them for generations. ◇ *eine politische Fehde mit jdm austragen* carry on a political feud with sb

fehl ~ am Platz out of place

Fehl- **Fehlanzeige** dead loss, non-starter ◇ *Service ist dort Fehlanzeige, aber es gibt einen Getränkeautomaten.* Service there is a dead loss, but there's a drinks machine. ◇ *Sämtliche Hinweise entpuppten sich als Fehlanzeigen.* The clues were all non-starters. ◇ *Ist sie vielleicht nebenan? Nein, Fehlanzeige!* Is she next door? No, wrong! ◇ *Dopingkontrollen? Fehlanzeige, angeblich aus Kostengründen.* Drugs tests? Nothing doing, supposedly because of the cost. **Fehlbetrag** deficit **Fehlbildung** malformation **Fehldiagnose** misdiagnosis **Fehleinschätzung** (*einer Entwicklung, Situation*) misjudgement; (*eines Plans*) false assessment

fehlen **1** (*verschwunden sein*) be missing ◇ *In diesem Buch fehlen ein paar Seiten.* Some pages are missing in this book. ◇ *der fehlende Betrag* the missing amount **2** (*in der Schule*) be absent; (*bei der Arbeit*) be off **3 jdm fehlt etw; es fehlt jdm an etw** sb has not got sth, sb lacks sth (*gehoben*) ◇ *Leider fehlt uns das Geld für ein neues Auto.* Unfortunately, we haven't got the money for a new car. ◇ *Ihnen fehlte der Mut.* They lacked courage. **4 etw fehlt; es fehlt an etw** (*ist nicht vorhanden*) there is a lack of sth; (*ist zu knapp*) there is a shortage of sth ◇ *Es fehlte nicht an Gelegenheiten.* There was no lack of opportunities. ◇ *Überall fehlen Kindergartenplätze.* There's a shortage of nursery places everywhere. ◇ *Es fehlen noch Stühle.* We're still short of chairs. ◇ *Im Haushalt fehlen 10 Millionen.* The budget is showing a deficit of 10 million. **5 jdm fehlt etw** (*jd braucht etw*) sb needs sth ◇ *Nur noch zwei Punkte fehlen ihr zum Sieg.* She only needs two more points to win. ◇ *Es fehlen ihm noch zwei Jahre bis zur Pensionierung.* He has just two more years to go until he retires. **6 jdm fehlt jd/etw** (*jd vermisst jdn/etw*) sb misses sb/sth ◇ *Er fehlt mir sehr.* I miss him very much. ◇ *Mir fehlt die Sonne.* I miss the sun. **7 jdm fehlt etw** (*jd ist krank*) sth is wrong with sb, sth is the matter with sb ◇ *Wo fehlt's denn?* What's wrong? ◇ *„Fehlt dir was?" „Nein, mir fehlt nichts."* 'Is something the matter?' 'No, there's nothing wrong with me.' **IDM** **an mir soll es nicht fehlen** I will do my part; I'll do what I can **daran soll es nicht fehlen** that's no problem ◇ *Wenn du noch Geld brauchst, sag's ruhig. Daran soll es nicht fehlen.* If you need some more money, just say. That's no problem. **das fehlte (mir) gerade noch/das hat (mir) (zu meinem Glück) gerade noch gefehlt** that's all I needed ◇ *Das fehlt mir gerade noch, dass er kurz vor der Reise krank wird.* That's all I need, for him to be ill just before the trip. **es fehlte nicht viel ...** ◇ *Es fehlte nicht viel, und sie wären zusammengestoßen.* They only just missed colliding with each other. ◇ *Es hätte nicht viel gefehlt, und er wäre aus der Wohnung geflogen.* He came close to being thrown out of the flat. **weit gefehlt!** far from it!; not at all! → *Siehe auch* WORT

Fehlen **1** (*Abwesenheit*) absence ◇ *unentschuldigtes Fehlen* unauthorized absence **2** (*Mangel*) lack ◇ *das Fehlen sozialer Kontakte* a lack of social contacts

Fehl- **Fehlentscheidung** wrong decision ◇ *Das war eine politische Fehlentscheidung.* Politically, it was the wrong decision. **Fehlentwicklung** undesirable development

Fehler **1** mistake, error ◇ *Fehler machen* make mistakes ◇ *ein grammatischer Fehler* a grammatical mistake ◇ *einen Fehler wiedergutmachen* put right a mistake **2** (*charakterlich*) fault ◇ *Wir haben alle unsere Fehler.* We all have our faults. ◇ *Das Buch hat einen großen Fehler — es ist zu teuer.* The book has one major flaw — it's too expensive. **3** (*körperlich*) defect ◇ *genetische Fehler* genetic defects **4** (*technisch*) fault; (*Material-*) flaw

fehlerfrei **1** perfect (*Adv* perfectly); (*Ausführung*) flawless (*Adv* flawlessly) ◇ *Sie spricht fehlerfreies Russisch.* She speaks perfect Russian. **2** (SPORT) clear ◇ *eine fehlerfreie Bewältigung des Parcours* a clear round **fehlerhaft** **1** (*defekt*) faulty, defective ◇ *fehlerhafte CDs* faulty CDs **2** (*von minderer Qualität*) poor ◇ *eine fehlerhafte Aussprache haben* have a poor pronunciation **3** (*falsch*) incorrect; (*nicht genau*) inaccurate ◇ *Viele der Fragebögen waren fehlerhaft ausgefüllt.* Many of the forms had been completed incorrectly. **fehlerlos** → FEHLERFREI **Fehlermeldung** error message **Fehlerquote** number of mistakes; (*Statistik*) error rate

Fehl- **Fehlgeburt** miscarriage **fehlgehen** **1** (*sich irren*) be wrong ◇ *Sie ging fehl in der Annahme, dass ...* She was wrong in assuming that ... **2** (*nicht treffen*) miss ◇ *Der Schuss ging fehl.* The shot missed its target. **3** (*missglücken*) fail ◇ *Dieser Versuch ging fehl.* This experiment failed. **Fehlgriff** mistake; (*falsche Wahl*) wrong choice ◇ *Mit dem Kauf der Wohnung haben wir einen Fehlgriff getan.* We made a real mistake, buying this flat. **Fehlinterpretation** misinterpretation **Fehlinvestition** bad investment, waste of money (*umgs*) **Fehlkalkulation** miscalculation **Fehlschlag** **1** failure **2** (SPORT) miss **fehlschlagen** fail ◇ *All ihre Bemühungen schlugen fehl.* All her efforts failed. **Fehlstart** (*Flugzeug*) unsuccessful take-off; (*Rakete*) abortive launch; (*fig*) poor start; (*verfrüht*) false start (*auch fig*) **Fehltritt** **1** false step (*auch fig*), slip ◇ *Ein einziger Fehltritt hat dem Bergsteiger das Leben gekostet.* One false step cost the climber his life. ◇ *Die Partei kann sich vor den Wahlen keinen Fehltritt leisten.* The party cannot afford any slips before the election. **2** (*Verfehlung*) aberration; (*besonders sexuell*) indiscretion **Fehlurteil** **1** (RECHT) miscarriage of justice **2** (*falsche Einschätzung*) misjudgement

Feier party, celebration (*gehoben*); (*Hochzeits-*) reception ◇ *Wir machen eine kleine Feier.* We're having a little party. ◇ *die Feier zum 25-jährigen Bestehen der Firma* the firm's 25th anniversary celebration **IDM** **zur Feier des Tages** in honour of the occasion; (*AmE*) in honor of the occasion, as it 's a special day (*umgs*)

Feierabend ◇ *Bei uns ist um 17 Uhr Feierabend.* We finish work at five o'clock. ◇ *Wann macht ihr Feierabend?* What time do you finish (work)? ◇ *nach Feierabend* after work ◇ *Sie verbringt ihren Feierabend meistens mit Lesen.* She spends most of her evenings reading. ◇ *Er opferte seinen Feierabend und half ihr beim Umzug.* He gave up his evening to help her move. **IDM** **Jetzt ist aber Feierabend!** That's enough!

feierlich formal (*Adv* formally); (*Augenblick, Zeremonie, Versprechen*) solemn (*Adv* solemnly) ◇ *Das Theater wird heute Abend feierlich eröffnet.* The theatre is being formally opened this evening. ◇ *feierlich versprechen etw zu tun* solemnly promise to do sth

Feierlichkeit **1** *(Ernst)* solemnity; *(Würde)* ceremony ◇ *Der Lärm störte die Feierlichkeit der Stunde.* The noise destroyed the solemnity of the occasion. ◇ *Er überreichte ihr die Urkunde ohne jede Feierlichkeit.* He handed her the certificate without ceremony. **2** *(Feier)* celebration

feiern **1** celebrate ◇ *Sie feierten jede Nacht.* They celebrated every night. ◇ *Weihnachten/einen Geburtstag feiern* celebrate Christmas/a birthday ◇ *ein Fest feiern* have a party **2** *(umjubeln)* fête ◇ *Die Mannschaft wurde von der ganzen Stadt gefeiert.* The team was fêted by the whole town.

Feiertag **1** holiday ◇ *ein kirchlicher/gesetzlicher Feiertag* a religious/public holiday ◇ *Schöne Feiertage!* Enjoy the break! **2** *(glücklicher Tag)* great day

feige cowardly ◇ *feige Gewalttaten* cowardly acts of violence ◇ *Du feiger Hund!* You coward! ◇ *Er hat seinen Freund feige verraten.* He betrayed his friend in a cowardly way. ◇ *Er schoss ihn feige in den Rücken.* Like a coward, he shot him in the back.

Feige fig

Feigenblatt fig leaf *(auch fig)*

Feigheit cowardice

Feigling coward

feilbieten offer *sth* for sale

Feile file

feilen **1** file ◇ *sich die Nägel feilen* file your nails **2** **an etw ~** polish sth up ◇ *Sie feilt immer noch an der Übersetzung.* She is still polishing up her translation.

feilschen **(um etw) ~** haggle (over sth) ◇ *nach langem Feilschen* after haggling for a long time

fein **1** *(dünn, zierlich, exakt)* fine *(Adv* finely) ◇ *Sie hat sehr feines Haar.* She has very fine hair. ◇ *feiner Regen/Nebel* fine rain/mist ◇ *einen feinen Unterschied machen* make a fine distinction ◇ *fein gemahlener Kaffee* finely ground coffee ◇ *Zwiebeln fein hacken.* Finely chop the onions. ◇ *Das Medikament muss sehr fein dosiert werden.* The dosage of the drug has to be finely calculated. **2** *(feinsinnig, kaum spürbar)* subtle ◇ *feine Ironie* subtle irony **3** *(empfindlich)* sensitive; *(Sinn auch)* keen ◇ *ein feines Gehör* sensitive hearing ◇ *einen feinen Geruch haben* have a keen sense of smell ◇ *Er hat ein feines Gespür für Spannungen.* He has an instinctive feeling for when something is wrong. **4** *(raffiniert)* clever *(Adv* cleverly) ◇ *Das Manöver war fein ausgedacht.* That was a cleverly thought-out move. **5** *(erlesen)* fine, high-quality [nur vor Nomen] ◇ *die feine Küche* fine cuisine ◇ *feines Leder* high-quality leather **6** *(elegant, vornehm)* smart ◇ *ein feines Restaurant* a smart restaurant ◇ *ein feiner alter Herr* a smart old gentleman ◇ *Du hast dich aber fein gemacht!* You're looking very smart! ◇ *Zum Abendessen hat sie sich fein angezogen.* She got dressed up for dinner. ◇ *feine Manieren* refined manners ◇ *die feine Gesellschaft* high society **7** *(anständig)* respectable *(Adv* respectably) ◇ *ein feiner Mensch* a respectable person ◇ *Das ist nicht gerade die feine Art!* That's not very nice! ◇ *Das sind ja feine Sitten!* That's a fine way to behave! **8** *(sehr gut)* great *(umgs)* ◇ *Fein, dass ihr mitkommt.* It's great that you can come. ◇ *Ferien sind eine feine Sache!* Holidays are great! ◇ *Das hast du fein gemacht!* Well done! **9** *(ganz)* nice and … ◇ *Seid jetzt fein still.* Keep nice and quiet now. IDM **fein heraus sein** be sitting pretty → *Siehe auch* ART

Feind(in) **1** *(Mensch, Staat)* enemy ◇ *mein größter Feind* my worst enemy ◇ *sich Feinde machen* make enemies ◇ *sich jdn zum Feind machen* make an enemy of sb **2** *(im Tierreich)* ◇ *ein natürlicher Feind der Maus* a natural enemy of the mouse ◇ *keine natürlichen Feinde haben* have no (natural) predators **3** *(Bedrohung)* threat ◇ *als Feind der Demokratie gelten* be a threat to democracy **4** **ein ~ von etw sein** be opposed to sth *(umgs)* be against sth

Feindbild **1** bogey; *(Mensch)* hate figure **2** *(Klischee)* stereotype ◇ *Feindbilder abbauen* challenge stereotypes

feindlich **1** *(stark abgeneigt)* hostile; **etw gegenüber ~ eingestellt** hostile to sth; *(dagegen)* opposed to sth ◇ *jdm feindlich gesinnt sein* feel hostile towards sb **2** *(gegnerisch)* enemy *(auch fig)* ◇ *feindliche Truppen* enemy forces ◇ *ins feindliche Lager überwechseln* go over to the enemy camp

Feindschaft **1** *(Beziehung)* enmity [U] ◇ *eine bittere Feindschaft* bitter enmity ◇ *die langjährige Feindschaft zwischen den beiden* their long-standing enmity **2** *(Gefühl, Haltung)* hostility [U] ◇ *Feindschaft und Misstrauen* hostility and mistrust

feindselig hostile ◇ *jdm/einer Sache feindselig gegenüberstehen* be hostile towards sb/sth ◇ *sich feindselig ansehen* give each other hostile looks

Feindseligkeit hostility ◇ *offene Feindseligkeiten gegenüber …* open hostility towards … ◇ *seit Ausbruch der Feindseligkeiten* since the outbreak of hostilities

feinfühlig **1** sensitive *(Adv* sensitively); *(taktvoll)* tactful *(Adv* tactfully) ◇ *sich feinfühlig mit etw auseinandersetzen* deal with sth sensitively ◇ *ein feinfühliger Mensch* a tactful person **2** *(Gerät)* sensitive

Feingefühl sensitivity; *(Takt)* tact

Feinheit **1** *(Beschaffenheit)* delicacy **2** **Feinheiten** details [Pl] ◇ *letzte Feinheiten mit jdm abstimmen* sort out the final details with sb ◇ *sprachliche Feinheiten* the finer points of language ◇ *juristische Feinheiten* legal niceties ◇ *Weitere technische Feinheiten sind …* Further refinements are … ◇ *Das war ein Spiel mit vielen technischen Feinheiten.* The game was played with great finesse.

Fein- **Feinkostgeschäft** delicatessen **Feinmechaniker(in)** precision engineer **Feinschmecker(in)** gourmet **Feinstaub** particulates [Pl] ◇ *die Feinstaubbelastung der Luft* particulate pollution in the air

Feld **1** field; *(Ackerland)* (arable) land [U] ◇ *auf dem Feld arbeiten* work in the fields ◇ *durch Feld und Wald* through woods and fields ◇ *jdn des Feldes verweisen* send sb off (the field) ◇ *die Felder bestellen* cultivate the land **2** *(offenes Land)* ◇ *die Nacht auf freiem Feld verbringen* spend the night in the open **3** *(auf einem Formular etc.)* box; *(auf einem Spielbrett)* space; *(auf einem Schachbrett)* square ◇ *Bitte Felder 1 bis 4 ausfüllen.* Please fill in boxes 1 to 4. **4** *(Krieg)* battle ◇ *im Feld fallen* die in battle ◇ *ins Feld ziehen* go to war IDM **das Feld räumen** *(weichen)* leave (the field); *(sich geschlagen geben)* admit defeat; *(Spieler)* be sent off **ein weites Feld** a vast topic

Feldhockey → HOCKEY **Feldmaus** field mouse, common vole *(Fachspr)* **Feldsalat** lamb's lettuce **Feldwebel(in)** sergeant **Feldweg** path; *(befahrbar)* track

Feldzug **1** (military) campaign ◇ *einen Feldzug gegen die Rebellen führen* undertake a military campaign against the rebels **2** *(Kampagne)* **~ (gegen/zu etw)** campaign (against sth/to do sth) ◇ *einen entschlossenen Feldzug gegen Drogen führen* conduct a vigorous campaign against drugs

Felge (wheel) rim ◇ *den Reifen auf die Felgen ziehen* get the tyre onto the rim

Fell **1** *(behaarte Tierhaut)* coat; *(Schaf)* fleece; *(Pelztier, Katze, Hamster auch)* fur [U] ◇ *ein dichtes Fell* a thick coat ◇ *ein glänzendes Fell haben* have shiny fur **2** *(abgezogen)* skin; *(Schaf)* sheepskin IDM **jdm das Fell**

über die Ohren ziehen take sb for a ride; (*finanziell auch*) rip sb off; take sb to the cleaners **ein dickes Fell haben** have a thick skin; be thick-skinned

Fels rock ◇ *einen Tunnel in den Fels bohren* bore a tunnel through the rock IDM **wie ein Fels in der Brandung** like a rock; as firm as a rock
Felsbrocken lump of rock

Felsen rock; (*größer und spitz zulaufend*) crag; (*Felsabhang*) rock face ◇ *Das Schiff lief auf einen Felsen.* The ship struck a rock.
felsenfest firm (*Adv* firmly) ◇ *felsenfest davon überzeugt sein, dass …* be firmly convinced that … ◇ *ein felsenfester Entschluss* a firm decision ◇ *felsenfest der Meinung sein/davon überzeugt sein, dass …* be firmly of the opinion/convinced, that … ◇ *sich felsenfest auf etw verlassen* rely absolutely on sth

Fels- **Felsspalte** cleft; (*schmaler*) (rock) crevice **Felswand** rock face, rock wall ◇ *eine steile Felswand* a steep rock face ◇ *die Felswand bezwingen* climb the mountain face

feminin **1** feminine ◇ *feminin wirken* look feminine **2** (*Mann*) effeminate (*abwert*) ◇ *Er ist ein eher femininer Typ.* He's rather effeminate.

Feminismus feminism ◇ *die Ursprünge des Feminismus* the origins of feminism

Feminist(in) feminist

feministisch feminist

Fenchel fennel

Fenster **1** (*Gebäude, Auto, Briefumschlag*) window ◇ *aus dem Fenster* out of the window ◇ *das Fenster herunterkurbeln* wind the window down **2** (*Schau-*) (shop) window ◇ *etw aus dem Fenster nehmen* take sth out of the window ◇ *die Fenster neu dekorieren* change the window display IDM **Geld, Millionen etc. (mit beiden Händen) zum Fenster hinauswerfen** waste money, millions, etc. ◇ *Dabei wurde viel Geld zum Fenster hinausgeworfen.* It was a terrible waste of money. ◇ *zum Fenster hinausgeworfenes Geld* money down the drain **weg vom Fenster sein** have had it
Fensterbank, **Fensterbrett** window sill **Fensterladen** shutter **Fensterplatz** window seat, seat by the window **Fensterscheibe** window(pane)

Ferien **1** holidays [Pl], (*AmE*) vacation ◇ *in die Ferien gehen* start the holidays ◇ *in den Ferien nach England fahren* go to England in the (school) holidays **2** (*Urlaub*) holiday, (*AmE*) vacation ◇ *Ferien haben* be on holiday ◇ *in die Ferien fahren* go on holiday ◇ *seine Ferien in den USA verbringen* go on holiday to the US **3 die großen ~** the summer holidays [Pl], (*AmE*) the summer vacation **4** (*beim Parliament, Gericht*) recess
Ferienbeginn beginning of the holidays, (*AmE*) beginning of the vacation **Ferienende** end of the holidays, (*AmE*) end of the vacation **Ferienfreizeit** ≈ summer camp ◇ *auf Ferienfreizeit sein* be at summer camp **Feriengast** **1** visitor, holidaymaker **2** (*AmE*) vacationer; (*im Hotel etc.*) guest **Ferienhaus** holiday home, (*AmE*) vacation home; (*Häuschen*) holiday cottage **Ferienjob** holiday job, (*AmE*) vacation job ◇ *ein Ferienjob im Ausland* a holiday job abroad **Ferienkurs** holiday course, (*AmE*) vacation course **Ferienlager** camp, (*AmE*) summer camp ◇ *mit den Pfadfindern auf Ferienlager sein* be at scout camp → *Siehe auch* HOLIDAY CAMP **Ferienort** **1** (*Reiseziel*) holiday destination **2** (*Gemeinde*) (holiday) resort **Ferienwohnung** holiday flat, (*AmE*) vacation apartment **Ferienzeit** holiday period, (*AmE*) vacation period

Ferkel **1** (*Schwein*) piglet **2** (*schmutziger Mensch*) ◇ *Du Ferkel!* You are messy! ◇ *Wisch dir mal den Mund ab, du Ferkel!* What a mess you're in. Wipe your mouth. **3** (*unanständiger Mensch*) filthy beast

fern faraway [nur vor Nomen], distant; **~ von etw** far (away) from sth ◇ *ferne Gebiete* faraway places ◇ *in einem fernen Land* in a faraway country ◇ *ferne Galaxien* distant galaxies ◇ *das ferne Rauschen* the distant roar ◇ *Der Tag kann nicht fern sein, an dem …* The day cannot be that far distant, when … ◇ *jdn von fern erkennen* recognize sb from a distance ◇ *aus nah und fern* from far and near ◇ *in ferner Zukunft* in the distant future ◇ *fern von zu Hause* far from home
Fernbedienung remote control **fernbleiben** **einer Sache ~** stay away from sth; (*aus Protest*) boycott sth

Ferne **1** distance ◇ *in der Ferne* in the distance ◇ *in die Ferne blicken* look into the distance ◇ *aus der Ferne* from a distance ◇ *aus weiter Ferne* from a long way away **2** (*Gebiete, Länder etc.*) faraway places [Pl] ◇ *in die Ferne* to faraway places ◇ *Grüße aus der Ferne* greetings from afar IDM **in weiter Ferne** (*Zukunft*) a long way off; (*Vergangenheit*) a long time ago ◇ *Dieser Tag liegt noch in weiter Ferne.* That day is still a long way off.

ferner (*darüber hinaus*) also; (*des Weiteren*) in addition, moreover ◇ *Untersagt wird ferner …* It is also forbidden to … ◇ *Dies dient ferner dazu, …* In addition, this helps to … ◇ *Ferner glaube ich nicht, dass …* Moreover, I don't think that …

Fern- **Fernfahrer(in)** long distance lorry driver, (*AmE*) long haul truck driver **Ferngespräch** long-distance call ◇ *ein Ferngespräch führen* make a long-distance call **ferngesteuert** remote-controlled **Fernglas** binoculars [Pl] ◇ *etw mit dem Fernglas beobachten* look at sth through binoculars **fernhalten** **1 jdn/etw (von etw/jdm) ~** keep sb/sth away (from sth/sb); (*fig*) protect sb/sth (from sth/sb) **2 sich (von etw/jdm) ~** stay away (from sth/sb) **Fernkurs** correspondence course **Fernlicht** full beam, (*AmE*) high beam ◇ *mit Fernlicht fahren* drive with headlights on full beam ◇ *ohne Fernlicht fahren* drive with dipped headlights ◇ *das Fernlicht einschalten* put the headlights on full beam ◇ *das Fernlicht ausschalten* dip the headlights **fernliegen** **jdm ~** ◇ *Es liegt mir vollkommen fern, andere zu beleidigen.* I don't want to offend anybody. ◇ *Das liegt mir fern.* That's not my intention. ◇ *Das liegt mir absolut fern.* That's the last thing I want to do. **Fernost** the Far East **fernöstlich** Far Eastern; (*aus/in Südostasien*) South East Asian; (*Philosophie, Weisheit*) eastern ◇ *die fernöstliche Produktion* manufacturing in the Far East ◇ *die fernöstliche Küche* South-East Asian food **Fernrohr** telescope ◇ *den Mond mit dem Fernrohr beobachten* observe the moon through a telescope

Fernseh- television
Fernsehansprache television address **Fernsehanstalt** television company **Fernsehantenne** television aerial, (*AmE*) antenna **Fernsehapparat** television set → *Siehe auch* FERNSEHER **Fernsehbericht** television report **Fernsehdebatte** televised debate **Fernsehduell** televised head-to-head debate

fernsehen watch television ◇ *Ich möchte nicht, dass die Kinder so viel fernsehen.* I don't want the children to watch so much television.

Fernsehen television ◇ *im Fernsehen* on television ◇ *Das Fernsehen wird das Ereignis live übertragen.* The event will be broadcast live on television. ◇ *das britische Fernsehen* British television

Fernseher television (set)

Fernseh- **Fernsehfilm** television film **Fernsehgebühr** television licence fee, (*AmE*) television license fee **Fernsehgerät** → FERNSEHER **Fernsehinterview** television interview **Fernsehkamera** television camera **Fernsehprogramm** **1** (*Kanal*) (television) channel ◇ *Die Sendung wird im dritten Fernsehprogramm aus-*

gestrahlt. The programme will be broadcast on channel 3. **2** (*auch* **Fernsehzeitschrift**) (*Programmheft*) television guide **3** (*Sendefolge*) television schedule **Fernsehsender 1** television station ◇ *Er arbeitet bei einem großen Fernsehsender.* He works for a big television station **2** (*technische Anlage*) television transmitter **Fernsehsendung** television programme, (*AmE*) television program **Fernsehserie** television series **Fernsehturm** television tower **Fernsehübertragung** television broadcast **Fernsehzuschauer(in)** (television) viewer

Fern- Fernsicht visibility **Fernsprecher** telephone **fernsteuern** operate *sth* by radio control; (*Modell*) operate *sth* by remote control ◇ *ein ferngesteuerter Hubschrauber* a radio-controlled helicopter **Fernsteuerung** radio control; (*Modell*) remote control **Fernstraße** major road, (*AmE*) highway **Fernstudium** correspondence course, (*bes AmE*) distance learning ◇ *Er lernt in seiner Freizeit im Fernstudium Englisch.* He's doing a correspondence course in English in his spare time.

Ferse heel IDM **jdm auf den Fersen bleiben/sein/sitzen** be hard on sb's heels

fertig 1 (*abgeschlossen*) finished ◇ *Das Projekt soll im Mai fertig sein.* The project is due to be finished in May. ◇ *Meinst du, du wirst bis morgen fertig?* Do you think you'll be finished by tomorrow? ◇ *das fertige Produkt* the finished product ◇ *die fertigen Pläne* the complete plans ◇ *fertige Gerichte* ready-cooked meals **2** (*bereit*) ready ◇ *Bist du fertig?* Are you ready? ◇ *Ich muss die Kinder für die Schule fertig machen!* I must get the children ready for school. ◇ *Das Flugzeug ist fertig zum Abflug.* The plane is ready for take-off. **3 mit etw ~ sein; etw ~ haben** have finished sth ◇ *Hast du deine Hausaufgaben fertig?* Have you finished your homework? ◇ *Ich bin fertig mit dem Anstreichen!* I've finished the painting! **4 etw ~ bekommen, machen etc.** finish sth ◇ *Ich muss die Hausaufgaben bis heute Abend fertig machen!* I must finish my homework by this evening. **5** (*erschöpft*) shattered ◇ *Ich bin völlig fertig.* I'm completely shattered. ◇ *Er war völlig fertig mit den Nerven.* He was a nervous wreck. **6 mit etw ~ werden** cope with sth; (*überwinden*) get over sth ◇ *Er kann mit dem Druck nicht fertig werden.* He cannot cope with pressure. ◇ *Sie ist mit dem Tod ihres Sohnes nie fertig geworden.* She has never got over her son's death. ◇ *Damit musst du allein fertig werden.* That's your problem. **7 mit jdm ~ werden** handle sb ◇ *Niemand wird mit dem Jungen fertig.* No one can handle that boy. IDM **mit jdm fertig sein** be finished with sb → *Siehe auch* FIX *und* LOS

fertigbringen 1 es ~, etw zu tun manage to do sth ◇ *Sie brachte es fertig, die gute Stimmung durch eine dumme Bemerkung zu trüben.* She managed to ruin the atmosphere with a stupid remark. **2 es nicht ~, etw zu tun** not be able to bring yourself to do sth

fertigen make ◇ *maschinell/mit der Hand gefertigt* machine-made/handmade

Fertig- Fertiggericht ready-cooked meal **Fertighaus** prefabricated house

Fertigkeit skill

Fertigung production ◇ *Die Fertigung soll an einen anderen Standort verlagert werden.* Production is to be moved to another site.

fes, Fes F flat

fesch good-looking; (*Kleidung*) smart

Fessel¹ (*Kette*) chain; (*Strick*) rope; (*Fuß-*) fetter; (*fig*) constraint ◇ *jdm die Fesseln abnehmen* take off sb's fetters/chains ◇ *von den Fesseln des Alltags befreit* freed from the constraints of everyday life

Fessel² (ANAT) ankle; (*bei Pferden*) pastern

fesseln 1 tie sb up ◇ *Sie wurde von Räubern überfallen und gefesselt.* She was attacked by robbers and tied up. ◇ *jdm die Hände fesseln* tie sb's hands **2** (*fig*) enthral, (*AmE*) enthrall ◇ *Alle hörten gefesselt zu.* Everyone listened, enthralled. **3 ans Bett/an den Rollstuhl gefesselt** confined to bed/a wheelchair

fesselnd gripping, enthralling (*gehoben*)

fest 1 firm (*Adv* firmly) ◇ *mit fester Stimme* in a firm voice ◇ *eine feste Basis* a firm basis ◇ *Sie hatte ihren Besuch fest zugesagt.* She had made a firm promise to come. ◇ *Wir sind der festen Überzeugung …* We are firmly convinced … ◇ *etw ist fest verwachsen/verankert* sth is firmly rooted/anchored ◇ *feste Vorstellungen* definite ideas ◇ *fest schlafen* be fast asleep ◇ *Er hatte fest versprochen, sie nicht zu enttäuschen.* He had promised faithfully not to disappoint her. ◇ *Sie hatte sich fest vorgenommen, sich zu bessern.* She had every intention of mending her ways. ◇ *Er fasste den festen Entschluss, nie mehr zu trinken.* He was absolutely determined never to drink again. **2** (*nicht flüssig*) solid ◇ *feste Nahrung/Abfälle* solid food/waste **3** (*hart*) hard; (*widerstandsfähig*) tough ◇ *Granit ist ein festes Gestein.* Granite is a hard rock ◇ *Wir müssen warten, bis der Zement fest geworden ist.* We must wait until the cement is hard. **4** (*nicht locker*) tight (*Adv* tightly) ◇ *Der Verband sitzt zu fest!* The bandage is too tight! ◇ *Sie band die Leine fest um den Laternenpfahl.* She tied the lead tightly round the lamp post. **5** (*Preis, Wechselkurs, Öffnungszeiten, Wohnsitz*) fixed; (*Stelle, Platz*) permanent; (*Beziehung, Freund etc.*) steady; (*Bestandteil*) regular [nur vor Nomen] IDM → BODEN, FUß, HAND, STEIF, STEUER¹ *und* ZÜGEL

Fest 1 (*privat, Betriebs-*) party; (*Dorf-, Schul-, Garten-*) fete, (*AmE*) carnival; (*festliche Veranstaltungen*) festival **2** (REL) festival; (*in Namen kirchlicher Festtage*) feast ◇ *ein islamisches Fest* an Islamic festival ◇ *das Fest der Heiligen Drei Könige* the feast of Epiphany
Festakt ceremony

fest- festbinden jdn/etw ~ tie sb/sth up; **jdn/etw (an etw) ~** tie sb/sth (to sth) ◇ *Die Geiseln waren mit Stricken festgebunden.* The hostages were tied up with rope. ◇ *Das Boot war am Steg festgebunden.* The boat was tied to the landing stage. **festbleiben** stand firm **festdrehen** screw *sth* on tight

Festessen banquet

festfahren 1 (sich) ~ get stuck ◇ *Unser Wagen hat sich im Schnee festgefahren.* Our car has got stuck in the snow. **2 (sich) ~** (*fig*) get bogged down ◇ *Der Friedensprozess hatte sich hoffnungslos festgefahren.* The peace process had got hopelessly bogged down.

Festgeld term deposit
Festgeldkonto term deposit account

festhalten 1 hold ◇ *Sie hielt das Kind an der Hand fest.* She held the child firmly by the hand ◇ *ein Pferd am Zügel festhalten* hold a horse by the reins ◇ *Sie wurde vom Zoll an der Grenze festgehalten.* She was held at the border by customs. ◇ *Sie wurden als Geisel festgehalten.* They were held hostage. **2 sich an jdm/etw ~** hold onto sb/sth ◇ *Er hielt sich am Treppengeländer fest.* He held onto the railing. ◇ *Halt dich fest!* Hold tight! **3 an etw ~** stick to sth; (*Traditionen, Gewohnheiten*) cling to sth ◇ *Er hielt eisern an seiner Behauptung fest.* He stuck resolutely to his assertion.

festigen (*Gemeinschaft, Beziehung*) strengthen; (*Macht, Position, Vorsprung*) consolidate

Festigkeit strength, stability (*auch fig*)

Festigung (*meist mit einem Verb übersetzt*) ◇ *Schritte, die zur Festigung der Demokratie beitragen* measures to strengthen democracy ◇ *Das soll zu einer Festi-*

gung der Beziehungen der beiden Länder beitragen. This is meant to consolidate relations between both countries. → *Siehe auch* FESTIGEN

Festival festival

festklammern **sich an jdm/etw ~** cling to sb/sth (*auch fig*)

Festland mainland ◇ *auf dem Festland leben* live on the mainland ◇ *das europäische Festland* the Continent (of Europe)

festlegen **1** fix; (*Preise, Gebühren, Quoten etc.*) set; (*gesetzlich, vertraglich*) lay *sth* down ◇ *Der Termin wurde auf Montag festgelegt.* The appointment was fixed for Monday. ◇ *Die Mieten sind auf lange Zeit festgelegt.* Rents are fixed long-term. ◇ *Für den Wettbewerb wurde eine Altersgrenze festgelegt.* An age limit was set for the competition. ◇ *Die Öffnungszeiten sind gesetzlich festgelegt.* Opening hours are laid down by law. ◇ *Das war vertraglich festgelegt.* That was laid down in the contract. **2 sich/jdn (auf etw) ~** commit yourself/sb (to sth)

festlich festive (*Adv* festively); (*Empfang, Essen*) formal (*Adv* formally) ◇ *Der Saal war festlich geschmückt.* The hall was festively decorated. ◇ *Am 6. November soll das Theater festlich eröffnet werden.* The theatre will be formally opened on 6 November.

festmachen **1 etw an etw ~** fix sth to sth **2** (*verabreden*) fix ◇ *einen Termin festmachen* fix a date **3** (*Schiff*) moor

Festmahl banquet

fest- **festnageln** **1** nail *sth* (down) **2 jdn (auf etw) ~** pin sb down (to sth) ◇ *Ich lasse mich auf keinen bestimmten Termin festnageln.* I can't be pinned down to a particular date. **Festnahme** arrest ◇ *Der Hinweis einer Zeugin führte zu seiner Festnahme.* A tip-off from a witness led to his arrest. ◇ *Er leistete keinen Widerstand bei seiner Festnahme.* He put up no resistance when he was arrested. **festnehmen** arrest ◇ *Einige Demonstranten wurden festgenommen.* Several demonstrators were arrested. ◇ *jdn vorläufig festnehmen* take sb into custody **Festnetz** landline network, fixed-line network ◇ *das deutsche Festnetz* the German fixed-line network ◇ *Telefonate im Festnetz* landline calls ◇ *vom Festnetz aus* from a landline ◇ *eine SMS ins Festnetz schicken* send a text message to a landline phone **Festnetzanschluss** landline connection **Festnetznummer** landline number **Festplatte** hard disk ◇ *Hast du die Datei auf der Festplatte gespeichert?* Did you save the file to the hard disk? **Festplattenlaufwerk** (COMP) hard disk drive

Fest- **Festrede** speech **Festsaal** hall

fest- **festschrauben** screw *sth* (tight); **etw (an etw) ~** screw sth on (to sth) **festsetzen** **1** set ◇ *Der Termin ist auf den 3. Mai festgesetzt.* The date has been set as May 3. **2 sich ~** (*sich ansammeln*) collect; (*Gedanke*) become fixed ◇ *In den Ritzen hat sich dicker Schmutz festgesetzt.* A thick layer of dirt has collected in the cracks. ◇ *Dieser Gedanke hat sich bei mir irgendwie festgesetzt.* Somehow this thought has become firmly fixed in my mind. **3** (*festnehmen*) arrest **festsitzen** be stuck ◇ *Wir sitzen mitten im Stau fest.* We're stuck in the middle of a traffic jam.

Festspiel **1** festival production **2 Festspiele** festival

fest- **feststecken** **1** pin; (*Saum*) pin *sth* up ◇ *eine Blume im Knopfloch feststecken* pin a flower in your buttonhole **2** (*festsitzen*) be stuck ◇ *Sie steckten im Verkehr fest.* They were stuck in the traffic. **feststehen** be certain; (*geregelt sein*) have been decided ◇ *Das Ergebnis steht noch nicht fest.* The result is not yet certain. ◇ *Fest steht, dass ...* It is certain that ... ◇ *Eins steht fest ...* One thing is certain ... ◇ *Der Termin steht noch nicht fest.* The date hasn't been decided yet. ◇ *Sein Nachfolger steht noch nicht fest.* It hasn't been decided who his successor will be. **feststellen** **1** (*ermitteln*) ascertain, establish; (*wissenschaftlich*) detect; (*medizinisch*) diagnose ◇ *Die Todesursache konnte nicht fesgestellt werden.* The cause of death could not be ascertained. ◇ *jds Personalien feststellen* establish sb's identity ◇ *Im Wasser wurden hohe Schadstoffkonzentrationen festgestellt.* High concentrations of toxins were detected in the water. **2** (*entdecken*) find ◇ *An seinem Arm wurde ein Einstich festgestellt.* A needle mark was found on his arm. **3** (*bemerken*) notice ◇ *Hast du eine Veränderung in ihrem Verhalten festgestellt?* Have you noticed any change in her behaviour? **4** (*erkennen*) realize ◇ *Sie musste bald feststellen, dass die Aufgabe nicht so leicht war.* She soon realized that it wasn't such an easy task. **5** (*Schaden*) assess **6** (*sagen*) say; (*hinweisen*) point *sth* out **Feststelltaste** shift lock

Feststellung **1** ascertainment; (*wissenschaftlich*) detection; (*medizinisch*) diagnosis (*oft mit einem Verb übersetzt*) ◇ *Nach Feststellung der Personalien wurde er wieder freigelassen.* After his identity was established, he was released. ◇ *Die Feststellung der Ursachen ist nach so langer Zeit unmöglich.* It is impossible to ascertain the causes after so long. **2** (*Bemerkung*) comment; (*Aussage*) statement ◇ *Sie beschränkte sich auf die Feststellung, dass ...* Her only comment was ... ◇ *Die Feststellung des Ministers, er habe nichts davon gewusst, stellt uns nicht zufrieden.* The minister's statement that he knew nothing about it is not satisfactory. ◇ *Nach Feststellung der Polizei ...* According to the police ...

Festtag **1** special day; (*Feiertag*) holiday; (*Namenstag eines Heiligen*) feast day **2** (*Festspieltag*) day of the festival **3** (*auch* **Festtage**) festival

festtreten tread *sth* down

Festung fortress

Festungsanlage fortifications [Pl]

Festveranstaltung (official) event

festziehen pull *sth* tight; (*Schraube*) tighten

Festzug carnival procession

Fete party ◇ *eine Fete feiern* have a party

Fetisch fetish

fett **1** fatty; (*Ernährung auch*) high-fat [nur vor Nomen], high in fat [nicht vor Nomen]; (*Fisch*) oily ◇ *Ich mag kein fettes Fleisch.* I don't like fatty meat. **2** (*mit viel Fett hergestellt*) rich; (*zu fett*) greasy **3** (*Haar, Haut, Creme*) greasy **4** (*dick*) fat ◇ *Er ist ziemlich fett geworden.* He has got quite fat. **5** (*Einnahmen, Gewinn, Belohnung etc.*) large ◇ *fette Prämien* large bonuses **6** (*Erde*) rich; (*Weide etc.*) lush **7** (*gedruckt*) bold ◇ *fette Lettern* bold characters ◇ *eine fett gedruckte Überschrift* a heading in bold type **8** (*toll*) great ◇ *Das war eine fette Party!* It was a great party!

Fett fat ◇ *tierisches/pflanzliches Fett* animal/vegetable fat ◇ *etw in Fett anbraten* brown sth in the frying pan ◇ *Fett ansetzen* put on weight IDM **sein Fett abbekommen/abkriegen** get what is coming to you (*umgs*)

Fettabsaugung liposuction **fettarm** low-fat [nur vor Nomen], low in fat [nicht vor Nomen] ◇ *fettarmer Käse* low-fat cheese ◇ *Dieses Fleisch ist relativ fettarm.* This meat is relatively low in fat. **Fettauge** globule of fat **Fettdruck** bold type

fetten grease

Fett- **Fettfleck** greasy mark **fettfrei** fat-free **fetthaltig** ◇ *fetthaltige Nahrungsmittel* fatty foods

fettig greasy

Fettnäpfchen IDM **ins Fettnäpfchen treten** put your foot in it

fettreich high-fat [nur vor Nomen], high in fat [nicht vor Nomen]

fetzen **1** rip **2** (*eilen*) rush

Fetzen **1** shred; (*Stoff, Papier*) scrap ◇ *etw in Fetzen reißen* rip sth to shreds **2** (*Gesprächs-, Musik-*) snatch **3** (*Kleidung*) rag [U] IDM **dass die Fetzen fliegen** like crazy ◇ *Die Band spielte, dass die Fetzen flogen.* The band played like crazy. **die Fetzen fliegen** there is a violent row ◇ *Bei der Sitzung flogen die Fetzen.* There was a violent row at the meeting.

feucht **1** damp; (*Augen, Lippen*) moist; (*Hände*) clammy ◇ *ein feuchter Lappen* a damp cloth ◇ *Das Gras war noch feucht von Tau.* The grass was still wet with dew. **2** (*Klima, Luft*) humid IDM **jdn einen feuchten Kehricht/Schmutz angehen** be none of sb's (damned) business ◇ *Das geht dich einen feuchten Schmutz an!* It's none of your business!

Feuchtbiotop wetlands [Pl]; (*im Garten*) wildlife pond

Feuchtigkeit **1** moisture; (*in der Wohnung etc.*) damp ◇ *Mulch hält die Feuchtigkeit im Boden.* Mulch keeps the moisture in the soil. ◇ *Die Feuchtigkeit machte das Haus unbewohnbar.* The damp made the house uninhabitable. **2** (*Luft-*) humidity

feudal **1** (GESCH) feudal **2** (*vornehm*) posh (*umgs*)
Feudalherrschaft feudal system

Feudalismus feudalism

Feuer **1** fire ◇ *ein offenes Feuer* an open fire ◇ *ein Feuer anzünden/machen* light/make a fire ◇ *Feuer fangen* catch fire ◇ *feindliches Feuer* enemy fire ◇ *das Feuer eröffnen* open fire ◇ *das olympische Feuer* the Olympic flame **2** (*Funkeln*) sparkle ◇ *das Feuer in seinen Augen* the sparkle in his eyes **3** (*Temperament*) spirit; (*Begeisterung*) enthusiasm ◇ *Ihr jugendliches Feuer riss uns alle mit.* We were all swept along by her youthful enthusiasm. **4** (*für Zigaretten etc.*) a light ◇ *Haben Sie Feuer?* Have you got a light, please? ◇ *jdm Feuer geben* give sb a light IDM **für jdn durchs Feuer gehen** do anything for sb **für jdn/etw Feuer und Flamme sein** be very keen on sb/sth **mit dem Feuer spielen** play with fire **unter Feuer genommen werden** come under fire ◇ *Der Konvoi wurde von Guerillas unter Feuer genommen.* The convoy came under fire from guerrillas. **etw unter Feuer nehmen** fire on sth → *Siehe auch* EISEN, HAND, KIND, ÖL *und* SPIEL
Feueralarm fire alarm ◇ *Der Feueralarm ging plötzlich los.* Suddenly the fire alarm went off. **Feuerbestattung** cremation **feuerfest** (*Glas, Geschirr*) fireproof; (*Stoff, Lack*) fire-resistant **feuergefährlich** flammable **Feuerlöscher** fire extinguisher **Feuermelder** fire alarm

feuern **1 (etw) auf jdn/etw ~** fire (sth) at sb/sth ◇ *Die Soldaten feuerten Schüsse auf die Gegner.* The soldiers fired shots at the enemy. **2 jdn ~** (*entlassen*) fire sb, (*BrE auch*) sack sb (*umgs*) **3** (*schleudern*) fling ◇ *Er feuerte die Spielsachen unters Bett.* He flung the toys under the bed. **4 (etw) mit etw ~** burn sth (in sth) ◇ *den Ofen mit Kohle feuern* burn coal in the stove

Feuer- **Feuerpause** ceasefire **Feuerprobe** **1** (GESCH) ordeal by fire **2** (*fig*) acid test **feuerrot** bright red; (*Haare auch*) flaming red ◇ *vor Zorn feuerrot werden* go bright red with anger **Feuerschlucker(in)**, **Feuerspucker(in)** fire-eater **Feuerstein** flint **Feuertreppe** fire escape **Feuerwache** fire station

Feuerwehr fire brigade [mit Verb im Sing/Pl], (*AmE*) fire department ◇ *Die Feuerwehr war umgehend zur Stelle.* The fire brigade were on the spot immediately.
Feuerwehrauto fire engine, (*AmE auch*) fire truck **Feuerwehrfrau** firefighter **Feuerwehrmann** firefighter, fireman

Feuerwerk fireworks [Pl], firework display
Feuerwerkskörper firework ◇ *Feuerwerkskörper abbrennen* set off fireworks

Feuerzeug lighter

Feuilleton = section of the newspaper dealing with culture, literature and entertainment

feurig **1** (*leidenschaftlich*) passionate (*Adv* passionately) **2** (*Augen, Diamant*) flashing

Fiaker hackney carriage

Fiasko fiasco ◇ *Die Hochzeitsfeier endete in einem Fiasko.* The wedding celebrations ended in fiasco. ◇ *Die Operninszenierung war ein einziges Fiasko.* The opera production was a complete fiasco.

Fichte spruce

ficken fuck (*vulg, Slang*) ◇ *jdn/mit jdm ficken* fuck sb

Fieber **1** temperature ◇ *Hast du Fieber?* Have you got a temperature? ◇ *Er hat 39° Fieber.* He's got a temperature of 39. ◇ (*bei jdm*) *Fieber messen* take sb's temperature **2** (*Krankheit*) fever (*auch fig*) ◇ *das Fieber der Spielleidenschaft* gambling fever
Fieberanfall bout of fever

fieberhaft **1** (MED) feverish ◇ *eine fieberhafte Erkältung* a feverish cold ◇ *ein fieberhafter Infekt* an infection and high temperature **2** (*angestrengt*) frantic (*Adv* frantically)

Fieberthermometer (clinical) thermometer

fiebrig feverish (*Adv* feverishly) ◇ *eine fiebrige Erkältung* a feverish cold ◇ *Ihre Augen glänzten fiebrig.* Her eyes had a feverish glaze. ◇ *fiebrige Hektik* feverish activity ◇ *fiebriger Durchfall* diarrhoea and a high temperature

fies **1** (*eklig*) horrible ◇ *ein fieser Geruch* a horrible smell **2** (*gemein*) mean, nasty ◇ *Warum bist du so fies zu mir?* Why are you so mean to me? ◇ *Er ist ein echt fieser Typ.* He's really nasty.

Fiesling nasty piece of work (*umgs*)

fifty-fifty **1 ~ machen** go halves ◇ *Lass uns fifty-fifty machen.* Let's go halves. **2 etw ~ teilen** share sth evenly ◇ *Das Geld wird fifty-fifty geteilt.* The money will be shared evenly. **3 die Chancen stehen ~** there's an even chance

fighten fight

Fighter(in) fighter (*auch fig*)

Figur **1** figure ◇ *Sie macht Figuren aus Ton.* She makes clay figures. ◇ *eine geometrische Figur* a geometrical figure ◇ *Ist der Toeloop eine schwierige Figur?* Is the toe loop a difficult figure? ◇ *eine bedeutende Figur der Aufklärung* a leading figure of the Enlightenment ◇ *Sie hat eine tolle Figur.* She has a great figure. ◇ *Er hat eine tolle Figur.* He's got a great physique. ◇ *Ich achte auf meine Figur.* I watch my weight. ◇ *Sie hat eine schlanke Figur.* She's slim. ◇ *Er war blond und hatte eine sportliche Figur.* He was blond and of athletic build. **2** (*in Brettspielen*) piece ◇ *mit einer Figur ziehen* move a piece **3** (*Roman-*) character ◇ *die Figuren im Roman* the characters in the novel IDM **eine erbärmliche/komische Figur abgeben** cut a pathetic/comic figure **eine gute Figur machen** (*gut aussehen*) look good **eine gute/schlechte Figur machen/abgeben** (*einen Eindruck machen*) make a good/bad impression → *Siehe auch* UNGLÜCKLICH

Fiktion (*Fantasievorstellung*) fiction; (*Unwahrheit*) myth ◇ *die Grenze zwischen Fiktion und Fakten* the border between fact and fiction ◇ *Die Gleichwertigkeit aller Studienabschlüsse ist eine Fiktion.* It's a myth that all qualifications are of equal value.

fiktiv fictitious

Filet **1** fillet **2** (*Geflügelbrust*) breast
Filetsteak fillet steak

Filiale branch

Filialleiter(in) branch manager

Film 1 (*Foto-*) film ◇ *Der Film ist voll.* The film is finished. **2** (*Spiel-*) film, (*bes AmE*) movie ◇ *einen Film machen* make a film ◇ *Wo läuft der Film?* Where is the film showing? ◇ *Du solltest dir den Film ansehen.* You ought to go and see the film. **3 der deutsche etc. ~** German, etc. cinema **4** (*Filmbranche*) films [Pl] ◇ *Sie arbeitet beim Film.* She works in films. ◇ *Er will zum Film.* He wants to be a film actor.

Filmausschnitt (film) clip **Filmbericht** film report **Filmemacher(in)** film-maker

filmen 1 film; (*mit einer Videokamera*) video ◇ *Er filmte den Unfall mit einer Videokamera.* He videoed the accident. **2** (*als Schauspieler*) make films

Film- Filmfestival, Filmfestspiele film festival **Filmindustrie** film industry

filmisch ◇ *ein filmischer Reisebericht* a travel film ◇ *sein filmisches Werk* his films ◇ *etw filmisch dokumentieren* document sth on film

Film- Filmkamera film camera **Filmkritik** film review **Filmmusik** film music **Filmstar** film star, (*AmE*) movie star **Filmstudio** film studio **Filmvorführung** ◇ *Vortrag und Filmvorführung* talk and film show ◇ *Die Filmvorführung findet am Samstag statt.* The film will be shown on Saturday.

Filter filter

filtern filter

Filtertüte filter paper

Filz 1 felt ◇ *ein Hut aus Filz* a felt hat **2** (*etwas Verschlungenes*) tangle, web (*auch fig*); (*Korruption*) corruption; (*Filzokratie*) cronyism

filzen 1 get matted **2** (*durchsuchen*) search; (*Menschen auch*) frisk

Filzstift felt-tip (pen)

Finale 1 final ◇ *ins Finale kommen* get into the final **2** (MUS) finale

Finanzamt (*Verwaltungsbehörde*) tax office; (*Regierungsstelle*) H.M. Revenue and Customs, (*AmE*) Internal Revenue Service

Finanzen 1 (*Finanzwesen*) finance [U]; (*Finanzierung auch*) funding [U] ◇ *das Ressort Wirtschaft und Finanzen* the department of business and finance ◇ *Die Finanzen für das Projekt fehlen noch.* Funding has not yet been found for the project. **2** (*Einkünfte*) finances [Pl] ◇ *Die Finanzen sind geordnet.* The finances are in order. ◇ *Um meine Finanzen steht es momentan nicht so gut.* I'm a bit short of cash at the moment.

finanziell financial (*Adv* financially)

finanzieren finance ◇ *Das Projekt wird aus staatlichen Mitteln finanziert.* The project is being financed by the state.

Finanzierung (*Mittel, Kredit*) finance; (*das Finanzieren*) financing ◇ *Die Finanzierung des Hauskaufs ist geregelt.* They have arranged finance for the house. ◇ *die Finanzierung des Bildungswesens* the financing of education

Finanz- Finanzkraft financial strength **finanzkräftig** wealthy **Finanzkrise** financial crisis → *Beispiele bei* KRISE **Finanzlage** financial situation **Finanzminister(in)** finance minister; (*in GB*) Chancellor of the Exchequer; (*in den USA*) Treasury Secretary **Finanzministerium** Ministry of Finance; (*in GB, in den USA*) Treasury [mit Verb im Sing/Pl] **Finanzpolitik** financial policy ◇ *eine restriktive Finanzpolitik betreiben* pursue a restrictive financial policy **finanzpolitisch** financial policy ◇ *finanzpolitische Probleme* problems of financial policy ◇ *Die Entscheidung ist finanzpolitisch umstritten.* The decision is controversial in terms of financial policy. **finanzschwach** poor **finanzstark** wealthy

finden 1 find ◇ *Er hat eine Geldbörse gefunden.* He found a purse. ◇ *einen Arbeitsplatz/eine Wohnung finden* find a job/a flat ◇ *einen Fehler/eine Lösung finden* find a mistake/a solution ◇ *Ich habe lange nicht den Mut dazu gefunden.* It took me a long time to find the courage. ◇ *Trost/Liebe/Ruhe finden* find comfort/love/peace ◇ *neue Freunde finden* make new friends **2 Spaß/Gefallen ~** enjoy ◇ *für alle, die Spaß am Tanzen finden* for everyone who enjoys dancing ◇ *Sie werden an diesem Roman Gefallen finden.* You will enjoy this novel. **3** (*beurteilen*) find (*gehoben*), consider (*gehoben*) ◇ *Wir fanden den Film überhaupt nicht lustig.* We didn't find the film at all funny. ◇ *Er fand das Risiko zu groß.* He considered the risk (to be) too great. ◇ *Ich finde ihn sehr nett.* I think he's very nice. ◇ *Wie findest du meinen neuen Pulli?* What do you think of my new jumper?. **4** (*auf etw stoßen*) meet with *sth* ◇ *Sein Vorschlag findet allgemein Anklang.* His proposal has met with general approval. **5** (*Weg*) find your way ◇ *Findest du allein dahin?* Can you find your own way there? **6 etw findet sich** (*ist vorhanden*) sth is to be found ◇ *In dem Lied finden sich zahlreiche literarische Anspielungen.* There are many literary allusions to be found in the text. **7 (zu) sich ~** find yourself **8 sich ~** (*wieder gefunden werden*) turn up (*umgs*) ◇ *Der Schlüssel hat sich schließlich gefunden.* The key finally turned up. **9 sich ~** (*sich melden*) come forward ◇ *Es fanden sich sofort Freiwillige.* Volunteers came forward straight away. **IDM etwas an jdm finden** see something in sb ◇ *Was findest du bloß an ihm?* What on earth do you see in him? **das wird sich (alles) finden** it will all work out all right → *Siehe auch* ENDE, FRESSEN, GESCHMACK, GLAUBE, HUHN *und* MITTEL

Finder(in) finder

Finderlohn reward (for the return of sth)

findig resourceful

Finger finger ◇ *Sie trägt einen goldenen Ring am Finger.* She wears a gold ring on her finger. **IDM jdm auf die Finger klopfen/hauen** rap sb's knuckles **jdm auf die Finger sehen/schauen** keep an eye on sb **(bei etw) die Finger im Spiel haben** be involved (in sth) ◇ *Die Polizei vermutet, dass die Mafia ihre Finger im Spiel hatte.* The police suspect that the mafia were involved. **die Finger von etw lassen** (*vermeiden*) steer clear of sth; (*nicht antasten*) leave sth alone **Finger weg!** Hands off! **jdn/etw in die Finger kriegen** get your hands on sb/sth **keinen Finger rühren/krumm machen** not lift a finger **mit dem Finger auf jdn zeigen** criticize sb **sich etw aus den Fingern saugen** invent sth **jdn um den (kleinen) Finger wickeln** twist sb round your little finger → *Siehe auch* ABZÄHLEN *und* SCHMUTZIG

Fingerabdruck 1 fingerprint ◇ *jdm die Fingerabdrücke abnehmen* take sb's fingerprints **2 genetischer Fingerabdruck** genetic fingerprint; (*Methode*) genetic fingerprinting **Fingerfertigkeit** dexterity **Fingerhandschuh** glove **Fingerhut 1** (*zum Nähen*) thimble **2** (*Blume*) foxglove

fingern 1 an etw ~ fiddle with sth ◇ *Sie fingerte an der Fernbedienung.* She fiddled with the remote control. **2 nach etw ~** feel for sth ◇ *Er fingerte nach dem Portmonee.* He felt for his purse. **3 etw aus etw ~** fish sth out of sth ◇ *Sie fingerte eine Zigarette aus der Packung.* She fished a cigarette out of the packet.

Finger- Fingernagel (finger)nail ◇ *sich die Fingernägel lackieren* paint your nails ◇ *an den Fingernägeln kauen* bite your nails **Fingerspitzengefühl** sensitivity **Fingerzeig 1** (*Hinweis*) hint; (*Anzeichen*) indication ◇ *Darf ich das als Fingerzeig verstehen?* Am I to take that as a hint? ◇ *Das ist ein Fingerzeig für die Verär-*

gerung der Wähler. That is an indication of the voters' anger. **2** (*Handzeichen*) ◇ *Mit einem Fingerzeig auf seinen Nachbarn versuchte er, sich aus der Affäre zu ziehen.* He tried to get out of it by pointing the finger at his neighbour.

fingiert (*vorgetäuscht*) faked; (*gefälscht*) forged; (*Rechnung*) false

Fink finch

finster 1 dark ◇ *eine finstere Gasse* a dark alleyway ◇ *Sie tastete im Finstern nach der Klingel.* She felt for the bell in the dark. **2** (*zwielichtig*) shady ◇ *finstere Gestalten* shady characters **3** (*feindselig*) grim (*Adv* grimly) ◇ *eine finstere Miene* a grim expression ◇ *Sie ist finster entschlossen durchzuhalten.* She is grimly determined to carry on. ◇ *Er sah uns finster an.* He gave us a black look.

Finsternis 1 darkness [U] **2** (*Sonnen-, Mond-*) eclipse ◇ *eine partielle/totale Finsternis der Sonne* a partial/total eclipse of the sun

Firlefanz 1 ◇ *ein schlichtes Kleid ohne jeglichen Firlefanz* a very simple dress ◇ *bei der Verpackung auf Firlefanz verzichten* keep the packaging simple **2** (*Unsinn*) nonsense

Firma company [mit Verb im Sing/Pl], firm ◇ *Bei welcher Firma arbeiten Sie?* Which company do you work for? ◇ *eine Firma für Verpackungsmaterial* a packaging company ◇ *die Firma Kodak* the Kodak company ◇ *Er ist noch in der Firma.* He's still at work. ◇ *Die Firma Müller sucht neue Mitarbeiter.* Müller's are looking for staff.

firmen confirm

Firmen- Firmenchef(in) head of a/the company **Firmeninhaber(in)** owner of a/the company **Firmenleitung** management (of a/the company) [mit Verb im Sing/Pl] **Firmensitz** company headquarters [mit Verb im Sing/Pl] ◇ *Der Firmensitz des Unternehmens befindet sich in Kiel.* The headquarters of the company is/are in Kiel. **Firmenwagen** company car

Firmling candidate for confirmation

Firmpate, -patin sponsor

fis, Fis F sharp

Fisch 1 fish ◇ *Fische fangen* catch fish **2** (*auch* **Fische**) (*Sternzeichen*) Pisces; (*Mensch auch*) Piscean ◇ *Sie ist (ein) Fisch.* She is a Pisces. IDM **kleine Fische** no big deal [U]; (*Geld*) peanuts [Pl]; (*Menschen*) small fry [U] **weder Fisch noch Fleisch** neither fish nor fowl

fischen fish ◇ *fischen gehen* go fishing ◇ *Er fischte ein Haar aus der Suppe.* He fished a hair out of the soup. ◇ *Sie fischte in der Tasche nach ihrem Portmonee.* She fished in her bag for her purse. IDM → KOMPLIMENT

Fischer(in) fisherman/-woman

Fischerboot fishing boat **Fischerdorf** fishing village

Fischerei fishing

Fischer- Fischerhütte fisherman's cottage **Fischernetz** fishing net

Fisch- Fischfang fishing ◇ *auf Fischfang gehen* go fishing ◇ *vom Fischfang leben* make your living from fishing **Fischgründe** fishing grounds [Pl] **Fischotter** otter **Fischreiher** grey heron **Fischstäbchen** fish finger, (*AmE*) fish stick **Fischsterben** (*meist mit einem Verb übersetzt*) ◇ *Das Tankerunglück führte zu einem großen Fischsterben.* The tanker accident killed large numbers of fish. **Fischteich** fish pond **Fischvergiftung** = food poisoning from eating fish

fiskalisch fiscal

Fiskus Treasury [mit Verb im Sing/Pl], taxman (*umgs*) ◇ *25% gehen an den Fiskus ab.* 25% goes to the Treasury. ◇ *Sie sollen 40 000 Dollar am Fiskus vorbeigemogelt haben.* They are said to have cheated the taxman out of $40 000.

Fisole green bean

fit 1 fit ◇ *Sie hält sich durch Gymnastik fit.* She keeps fit through exercise. ◇ *Er joggt täglich, weil er fit bleiben will.* He jogs every day because he wants to keep fit. ◇ *körperlich fit* physically fit **2** (*vorbereitet*) ready; (*fähig*) competent ◇ *Bist du fit für die Prüfung?* Are you ready for the exam? ◇ *Er ist in Spanisch ganz fit.* He is pretty competent in Spanish. ◇ *sprachlich fit sein* have a good command of language ◇ *junge Leute für das Berufsleben fit machen* prepare young people for work **3** (*in Ordnung*) okay ◇ *„Was hältst du von ihr?" „Sie ist ganz fit."* 'What do you think of her?' 'She's okay.'

Fitness fitness ◇ *etwas für die Fitness tun* improve your physical fitness

Fitnessarmband fitness tracker **Fitnesscenter, Fitnessstudio** gym; (*im Hotel etc.*) fitness centre, (*AmE*) fitness center **Fitnesstraining** fitness training

fix 1 (*schnell*) quick (*Adv* quickly) ◇ *Ich muss nur noch fix telefonieren.* I must just make a quick telephone call. ◇ *Das ging ja wirklich fix!* That was quick! **2** (*gewandt*) sharp **3** (*fest*) fixed ◇ *ein fixes Gehalt* a fixed wage IDM **fix und fertig 1** all ready ◇ *Der Plan liegt fix und fertig in der Schublade.* The plan is all ready in the drawer. → *Siehe auch* IDEE **2** (*erschöpft*) completely shattered (*umgs*) (*nervlich*) at the end of your tether, (*AmE*) at the end of your rope ◇ *Nach dem Umzug war er fix und fertig.* After the move he was completely shattered. ◇ *Die Hitze macht mich fix und fertig.* The heat makes me feel shattered. ◇ *Ich bin fix und fertig, weil es zu Hause nur Streit gibt.* I'm at the end of my tether because of all the arguments at home. ◇ *Der Lärm macht sie fix und fertig.* The noise drives her mad.

fixen shoot up (*Slang*)

Fixer(in) junkie, mainliner (*Slang*)

fixieren 1 (*festlegen*) set, fix **2** (*festhalten*) capture; (*schriftlich*) set *sth* down (in writing) ◇ *Die Ereignisse wurden fotografisch fixiert.* The events were captured in photographs. **3 sich auf etw ~** commit yourself to sth ◇ *Sie haben sich darauf fixiert, aus der Kernenergie auszusteigen.* They have committed themselves to abandoning nuclear energy. **4 sich auf jdn ~** be obsessed by sb ◇ *Du darfst dich nicht so auf ihn fixieren.* You mustn't let yourself get obsessed by him. **5** (*anschauen*) fix your gaze/eyes on *sth* ◇ *Er fixierte einen Punkt am Horizont.* He fixed his gaze on a point on the horizon. ◇ *Sie fixierte ihn mit strengem Blick.* She fixed him with a stern gaze. **6** (FOTO) fix **7** (*anbringen*) put *sth* up; (*festhalten*) hold *sth* in place ◇ *ein Plakat an der Wand fixieren* put a poster up on the wall ◇ *mit Nadeln fixiert* held in place by pins **8** (MED) set ◇ *einen gebrochenen Arm durch einen Gipsverband fixieren* set a broken arm in plaster

Fixkosten fixed costs [Pl]

Fjord fjord

FKK naturism

FKK-Strand nudist beach, naturist beach

flach 1 (*Gebiet, Dach, Schuhe*) flat ◇ *eine flache Gegend* a flat area ◇ *sich flach hinlegen* lie down flat ◇ *ein flacher Bauch* a flat stomach ◇ *auf der flachen Hand* on the flat of your hand **2** (*Gebäude, Absätze, Ball*) low ◇ *Der Ball sprang flach ab.* The ball bounced low. **3** (*Wasser, Atem*) shallow ◇ *eine flache Stelle im See* a shallow part of the lake ◇ *flach atmen* take shallow breaths ◇ *flache Teller* dinner plates **4** (*uninteressant*) dull, unexciting

Flachbildschirm flat screen **Flachdach** flat roof

Fläche 1 area ◇ *die Fläche rund um den See* the area round the lake ◇ *die Fläche eines Dreiecks berechnen* calculate the area of a triangle ◇ *landwirtschaftliche Flächen* agricultural land **2** (*Oberfläche*) surface;

(dreidimensional) face, side ◇ *Ein Würfel hat 6 gleich große Flächen.* A cube has 6 equal sides. **3** *(weite Land-, Wasser-)* expanse ◇ *Die weite Fläche des Ozeans lag vor uns.* The vast expanse of the ocean lay before us.

Flächenbrand **1** *(Feuer)* conflagration ◇ *einen Flächenbrand entzünden* start a conflagration ◇ *Der Bürgerkrieg könnte sich zu einem Flächenbrand ausweiten.* The civil war could get out of hand. **2** *(Sensation)* furore ◇ *einen politischen Flächenbrand auslösen* spark off a political furore **flächendeckend** **1** *Adj* comprehensive, blanket [nur vor Nomen] ◇ *ein flächendeckendes Angebot an Kursen* a comprehensive range of courses ◇ *eine flächendeckende Überwachung* blanket surveillance ◇ *Ihr Ziel ist die flächendeckende Versorgung mit Kindergartenplätzen.* Their aim is to provide nursery places for all. **2** *Adv* everywhere; *(durch die Bank)* across the board ◇ *Onlinedienste sind jetzt flächendeckend verfügbar.* Online services are now available everywhere. ◇ *Tempo 30 wird flächendeckend eingeführt.* A 30 kph speed limit is being introduced across the board.

flach- **flachfallen** *(Pläne etc.)* fall through; *(Termin, Ereignis)* be cancelled; *(System)* collapse **flachlegen** **1** *(Krankheit)* lay *sb* up **2** *(Gegner)* bring *sb* down **3** *(sexuell)* lay **flachliegen** be laid up

Flachs **1** flax **2** *(Witz)* joke ◇ *Das war nur Flachs.* It was just a joke. ◇ *ohne Flachs* seriously

flachsen joke

flackern flicker ◇ *Das Licht/Feuer flackerte.* The light/fire was flickering. ◇ *eine flackernde Lampe* a flickering lamp ◇ *Wenn sie spricht, flackern ihre Augen nervös.* Her eyes flicker nervously when she speaks.

Fladen **1** = flat loaf or cake **2** *(Kuh-)* (cow)pat **Fladenbrot** = round, flat loaf

Flagge flag ◇ *eine Flagge hissen/einholen* hoist/take down a flag ◇ *das unter liberianischer Flagge fahrende Schiff* the ship, which sails under a Liberian flag IDM **Flagge zeigen** nail your colours to the mast; *(AmE)* nail your colors to the mast

Flaggschiff flagship *(auch fig)*

Flair **1** air; *(Atmosphäre auch)* atmosphere ◇ *ein Flair von Eleganz* an air of elegance ◇ *eine Stadt mit internationalem Flair* a town with an international atmosphere **2** *(etwas Besonderes)* flair ◇ *einer Sache Flair verleihen* lend flair to sth

flambieren flambé

Flamingo flamingo

flämisch Flemish

Flamme **1** flame ◇ *Die ganze Straße ging in Flammen auf.* The whole street went up in flames. ◇ *Bald stand das ganze Haus in Flammen.* Soon the whole house was in flames. **2** *(Feuer)* blaze ◇ *Sie kamen in den Flammen um.* They died in the blaze. **3** *(fig)* flames [Pl] ◇ *die Flamme der Leidenschaft* the flames of passion **4** (GASTRON) heat ◇ *Auf kleiner Flamme köcheln lassen.* Simmer over a low heat. **5** *(Freundin)* girlfriend IDM → FEUER, RAUB *und* RAUCH

Flanell flannel

flanieren stroll

Flanke **1** (ANAT, MIL) flank **2** *(Turnen)* flank vault **3** *(Fußball etc.)* cross

flanken **1** *(Fußball)* play a cross **2** *(Turnen)* perform a flank vault

flapsig casual *(Adv* casually); *(schnodderig)* flippant *(Adv* flippantly)

Flasche **1** bottle ◇ *eine Flasche Wasser* a bottle of water ◇ *einem Baby die Flasche geben* give a baby its bottle **2** *(Versager)* loser, plonker *(Slang)* IDM **zur Flasche greifen** take to the bottle

Flaschenhals **1** neck of a/the bottle **2** *(Straßenstelle)* bottleneck **Flaschenöffner** bottle opener **Flaschenzug** block and tackle [Sing]

Flatrate package with unlimited use

flatterhaft capricious

flattern **1** flutter *(auch fig)*; *(Wäsche, Segel etc.)* flap ◇ *Die Fahnen flatterten im Wind.* The flags were fluttering in the wind. ◇ *Ihr Herz flatterte.* Her heart fluttered. ◇ *Die Wäsche flatterte an der Leine.* The washing flapped on the line. **2** *(Knie)* shake **3** ◇ *Der Vogel flatterte mit den Flügeln.* The bird flapped its wings. **4** **ins Haus ~** plop through the letter box; **jdm auf den Schreibtisch ~** land on sb's desk

flau **1** queasy ◇ *ein flaues Gefühl im Bauch haben* feel queasy ◇ *Ihm war flau im Magen.* He felt queasy. ◇ *Mir ist flau vor Hunger.* I feel weak with hunger. **2** *(Geschäft, Nachfrage)* slack, sluggish; *(Konjunktur)* stagnating **3** *(Wind)* slack

Flaum down

flauschig fluffy

Flausen nonsense [U]

Flaute **1** *(Windstille)* calm ◇ *Es herrschte den ganzen Tag Flaute.* The calm lasted all day. ◇ *Stundenlang lag das Schiff wegen Flaute still.* The ship was becalmed for hours. **2** (WIRTSCH) period of stagnation ◇ *eine konjunkturelle Flaute* a period of economic stagnation

Flechte lichen

flechten **1** *(Haare)* braid, *(BrE auch)* plait ◇ *Sie trug das Haar geflochten.* She wore her hair in plaits. **2** *(Korb, Bast etc.)* weave ◇ *einen Korb flechten* weave a basket ◇ *einen Kranz aus Blumen flechten* weave a wreath of flowers

Fleck **1** *(Schmutz)* mark, stain ◇ *Es hat einen Fleck hinterlassen.* It's left a mark. **2** *(andersfarbige Stelle)* patch ◇ *Der Hund hat einen schwarzen Fleck am Bein.* The dog has a black patch on its leg. **3** *(Ort)* spot **4** **ein blauer ~** a bruise ◇ *Ich habe mir bei dem Sturz etliche blaue Flecke geholt.* I got quite a few bruises in the fall. ◇ *Ich bin voller blauer Flecke.* I'm covered in bruises. IDM **ein weißer Fleck auf der Landkarte** uncharted territory **(mit etw) nicht/kaum vom Fleck kommen** not/hardly get anywhere (with sth) **sich nicht vom Fleck rühren** not move **vom Fleck weg** on the spot

Fleckenentferner stain remover

fleckig **1** *(schmutzig)* stained **2** *(Haut, Gesicht)* blotchy

Fledermaus bat

Fleece *(Stoff, Jacke)* fleece

Flegel lout

flegelhaft loutish

flegeln **sich ~** sprawl ◇ *sich auf der Couch flegeln* sprawl on the couch

flehen **(um etw) ~** plead (for sth), beg (for sth) ◇ *um Hilfe flehen* plead for help ◇ *um Verzeihung flehen* beg for forgiveness ◇ *mit flehender Stimme* with a pleading voice

flehentlich pleading *(Adv* pleadingly)

Fleisch **1** meat ◇ *zartes/fettes/mageres Fleisch* tender/fatty/lean meat **2** (ANAT, BOT) flesh ◇ *Er hat nicht viel Fleisch auf den Knochen.* There isn't much flesh on him. ◇ *das saftige Fleisch der Nektarinen* the juicy flesh of nectarines IDM **jdm in Fleisch und Blut übergehen** become second nature to sb **sein eigen Fleisch und Blut** your own flesh and blood **sich ins eigene Fleisch schneiden** cut off your nose to spite your face **vom Fleisch fallen** waste away → *Siehe auch* FISCH *und* STACHEL

Fleischbrühe **1** *(Suppe)* bouillon **2** *(Pulver)* stock granules [Pl]

Fleischer(in) butcher

Fleischerei butcher's (shop)
Fleisch- Fleischfresser carnivore **Fleischgericht** meat dish **Fleischhauer(in)** → FLEISCHER(IN)
fleischig plump; *(Nase)* fleshy
Fleisch- Fleischtomate beef tomato **Fleischwaren** meat products [Pl] **Fleischwolf** mincer ◇ *Fleisch durch den Fleischwolf drehen* put meat through the mincer. **Fleischwunde** flesh wound **Fleischwurst** ≈ pork polony, *(AmE)* ≈bologna
Fleiß hard work, diligence *(gehoben)*
fleißig **1** *Adj* *(Mensch)* hard-working; *(gewissenhaft auch)* conscientious ◇ *Sie ist gründlich und fleißig.* She is thorough and hard-working. **2** *Adj* *(regelmäßig)* regular [nur vor Nomen] ◇ *Sie ist eine fleißige Kinogängerin.* She's a regular cinema-goer. **3** *Adv* hard; *(gewissenhaft)* conscientiously ◇ *Sie hatten vor dem Konzert fleißig geübt.* They had practised hard before the concert. ◇ *Wir haben fleißig Geld gesammelt.* We worked hard to collect money.
Fleißiges Lieschen busy Lizzie
flennen blubber
flexibel flexible *(Adv* flexibly)
Flexibilität flexibility
Flexitarier(in) flexitarian ◇ *Ich bin Flexitarier.* I'm a flexitarian.
flicken mend; *(stopfen auch)* darn; *(mit Flicken)* patch
Flicken patch
Flickflack backflip
Flickzeug repair kit
Flieder lilac
Fliege **1** fly **2** *(Krawatte)* bow tie **IDM** **die Fliege machen** hop it; push off **keiner Fliege etwas zuleide tun** not hurt a fly **sterben wie die Fliegen** die like flies **zwei Fliegen mit einer Klappe schlagen** kill two birds with one stone
fliegen **1** fly ◇ *Der Vogel ist auf den Baum geflogen.* The bird flew into the tree. ◇ *Diese Maschine fliegt sehr tief.* That plane is flying very low. ◇ *Die Soldaten flogen ins Krisengebiet.* The soldiers flew into the crisis area. ◇ *Der Ball flog übers Netz.* The ball flew over the top of the net. ◇ *Sie hat Angst vorm Fliegen.* She is afraid of flying. ◇ *Der Arzt wurde mit dem Hubschrauber zum Unfallort geflogen.* The doctor was flown to the scene of the accident by helicopter. ◇ *Wir fliegen im Sommer nach Spanien.* We're going to Spain in the summer. ◇ *Dieses Jahr fliegen wir nach Spanien. Letztes Jahr sind wir mit dem Zug gefahren.* We're flying to Spain this year. Last year we went by train. **2** *(fallen)* fall; *(geschleudert werden)* be thrown ◇ *Er ist von der Leiter geflogen.* He fell off a ladder. ◇ *Wenn du nicht aufräumst, fliegt das alles in den Müll.* If you don't tidy up, it'll all be thrown away. ◇ *Sie ist vom Motorrad geflogen.* She came off her motor bike. ◇ *Das Auto flog aus der Kurve.* The car came off the road on the bend. **3** *(ausgeschlossen werden)* be thrown out ◇ *Er ist von der Schule geflogen.* He was thrown out of the school. ◇ *Wenn das noch mal vorkommt, fliegen Sie!* If this happens again, you're out! **4** **durch etw ~** fail sth ◇ *Er ist durch die Prüfung geflogen.* He failed the exam. **5** **auf jdn/etw ~** go for sb/sth ◇ *Er fliegt auf große Frauen.* He goes for tall women. **IDM** → FAUST, FETZEN *und* LUFT
fliegend **1** flying ◇ *ein fliegender Fisch* a flying fish **2** rapid ◇ *ein fliegender Wechsel* a rapid exchange ◇ *in fliegender Eile* in great haste **3** travelling, *(AmE)* traveling [nur vor Nomen] ◇ *ein fliegendes Labor* a travelling lab ◇ *ein fliegender Händler* a hawker **IDM** → UNTERTASSE
Fliegen- Fliegenklatsche fly swatter **Fliegenpilz** toadstool
Flieger *(Flugzeug)* plane
Flieger(in) **1** pilot **2** *(Rang)* aircraftman
Fliegerangriff air raid **Fliegerhorst** military airfield
fliehen **(vor jdm/etw) ~** flee (from sb/sth); *(entkommen)* escape (from sb/sth) ◇ *Er musste ins Ausland fliehen.* He had to flee abroad. ◇ *aus dem Gefängnis fliehen* escape from prison ◇ *Sie sind zu ihren Verwandten geflohen.* They escaped and took refuge with their relations.
Fliese tile ◇ *Fliesen verlegen* lay tiles ◇ *Sie legen den Fußboden im Badezimmer mit Fliesen aus.* They are tiling the bathroom floor.
fliesen tile
Fliesenleger(in) tiler
Fließband assembly line ◇ *am Fließband arbeiten* work on the assembly line ◇ *Sie steht den ganzen Tag am Fließband.* She works on the assembly line all day. ◇ *vom Fließband rollen* roll off the assembly line **IDM** **wie am Fließband** ◇ *etw wie am Fließband produzieren* mass-produce sth ◇ *Er schrieb Songs wie am Fließband.* He churned out songs.
Fließbandarbeit assembly-line work
fließen **1** flow, run ◇ *Der Fluss fließt ins Meer.* The river flows into the sea. ◇ *Regenwasser fließt in den Tank.* Rainwater runs into the tank. ◇ *Es ist viel Blut geflossen.* There was a lot of bloodshed. ◇ *Es fließt kein Strom.* There isn't any electricity. **2** *(Geld)* go ◇ *Auf welches Konto fließen die Einnahmen?* Which account do the takings go into?
fließend **1** fluent *(Adv* fluently) ◇ *in fließendem Englisch* in fluent English ◇ *Sie spricht fließend Spanisch.* She speaks Spanish fluently. **2** *(Übergang, Grenze)* blurred **3** *(Verkehr)* moving [nur vor Nomen] **4** *(Wasser)* running
flimmern flicker ◇ *Der Bildschirm flimmert.* The screen's flickering. ◇ *Die Luft flimmerte vor Hitze.* The air shimmered in the heat. ◇ *Mir flimmert es vor den Augen.* Everything is swimming in front of my eyes.
flink nimble *(Adv* nimbly); *(schnell)* quick *(Adv* quickly)
Flipper(automat) pinball machine
flippern play pinball
Flirt flirtation *(oft mit einem Verb übersetzt)* ◇ *Sie hatte einen kleinen Flirt mit dem jungen Mann an der Bar.* She flirted a little with the young man at the bar.
flirten flirt
Flittchen slut *(abwert, beleidigend)*
Flitterwochen honeymoon ◇ *Sie sind in die Flitterwochen gefahren.* They have gone on their honeymoon.
flitzen pop ◇ *Er ist mal eben für eine Woche nach Italien geflitzt.* He's just popped over to Italy for a week.
Flitzer sporty little car
Flocke flake ◇ *Es schneit dicke Flocken.* Big flakes of snow are falling.
Floh flea ◇ *Der Hund hat Flöhe.* The dog's got fleas. **IDM** **jdm einen Floh ins Ohr setzen** put an idea into sb's head
Flohbiss flea bite **Flohhalsband** flea collar **Flohmarkt** flea market ◇ *Das habe ich auf dem Flohmarkt gekauft.* I bought it at the flea market.
Flop flop
Flora flora [U]
Florett foil ◇ *Sie lernt mit dem Florett fechten.* She is learning foil fencing.
florieren flourish
florierend flourishing
Florist(in) florist
Floskel (meaningless) phrase, cliché

Floß raft ◇ *Man kann mit einem Floß den See überqueren.* You can cross the lake on a raft.

Flosse **1** (*bei Fischen, Schiffen, Flugzeugen*) fin **2** (*bei anderen Wassertieren, Taucherflosse*) flipper

Floßfahrt raft trip ◇ *eine Floßfahrt machen* go on a raft trip

Flöte **1** (*Quer-*) flute ◇ *Ich spiele Flöte.* I play the flute. **2** (*Block-*) recorder ◇ *Sie spielt Flöte.* She plays the recorder.

flöten **1** (*Flöte spielen*) play the flute; (*Blockflöte*) play the recorder **2** (*Melodie*) play *sth* on the flute/recorder **3** (*säuseln*) wheedle **4** (*Vogel*) sing IDM **flöten gehen** go out of the window (*umgs*); (*besonders Geld*) go down the drain (*umgs*)

Flötist(in) flautist, (*AmE*) flutist

flott **1** (*rasch*) fast, quick (*Adv* quickly); (*Tempo, Börsenhandel*) brisk (*Adv* briskly) ◇ *Er fährt ziemlich flott.* He's quite a fast driver. ◇ *Das ging ja flott!* That was quick! ◇ *Die Arbeiter kommen flott voran.* The workmen are getting on quickly. **2** (*schick*) smart (*Adv* smartly) ◇ *Du siehst aber flott aus heute.* You're looking very smart today. **3** (*locker*) fun-loving, fast ◇ *Sie führt ein flottes Leben.* She leads a fast life. ◇ *ein flotter Spruch* a wisecrack **4** (*unterhaltsam, schwungvoll*) lively ◇ *Die Band spielt flotte Musik.* The band is playing lively music. ◇ *Der Roman ist flott geschrieben.* The novel is written in a lively style. **5** (*Boot*) afloat [nicht vor Nomen]; (*Auto*) on the road, running; (*Maschine*) working

flottbekommen, flottmachen (*Boot*) get *sth* afloat; (*Auto*) get *sth* on the road, running; (*Maschine*) get *sth* working; (*Firma*) get *sth* back on its feet

Flotte (NAUT, AERO) fleet

Fluch **1** oath (*veraltet*); (*Schimpfwort*) swear word; **einen ~ ausstoßen** swear **2** (*Verwünschung*) curse ◇ *Auf diesem Haus liegt ein Fluch.* There is a curse on this house. ◇ *jdn/etw mit einem Fluch belegen* curse sb/sth

fluchen **1** swear **2 auf/über jdn/etw ~** curse sb/sth ◇ *Er fluchte über das Wetter.* He cursed the weather.

Flucht¹ (*Häuser-*) row; (*Zimmer-*) suite

Flucht² **1** (*das Fliehen*) escape [U/Sing] (*auch fig*); flight (*veraltet*) ◇ *seine Flucht aus dem Gefängnis* his escape from prison ◇ *die Flucht vor dem Alltag* escape from the daily grind ◇ *die Flucht ergreifen* take flight ◇ *jdn in die Flucht schlagen* put sb to flight. ◇ *Sie verhalf ihm zur Flucht ins Ausland.* She helped him to escape abroad. ◇ *auf der Flucht* on the run **2 die ~ in etw** (*Missbrauch*) ◇ *Bei vielen führt die Dauerbelastung zur Flucht in den Alkohol.* Long-term stress leads many people to resort to alcohol. IDM **die Flucht nach vorn antreten** take the bull by the horns

fluchtartig hasty (*Adv* hastily) **Fluchtauto** getaway car

flüchten **1** flee (*gehoben*); (*weglaufen*) run away; (*erfolgreich*) escape ◇ *Sie flüchteten vor dem Hochwasser.* They fled from the floods. ◇ *Der Täter flüchtete mit einem Taxi.* The culprit escaped in a taxi. ◇ *Die Leute flüchteten auf die Straße.* People ran out onto the street. **2 sich ~** run, take refuge (*gehoben*) (*auch fig*) ◇ *Das Kind flüchtete sich zu seiner Mutter.* The child ran to its mother. ◇ *Sie flüchteten sich in eine Hütte.* They took refuge in a hut. ◇ *Er flüchtete sich in Sarkasmus.* He took refuge in sarcasm.

flüchtig **1** (*auf der Flucht*) fugitive [nur vor Nomen], on the run [nicht vor Nomen]; (*nicht festgenommen*) at large [nicht vor Nomen] ◇ *ein flüchtiger Verbrecher* a criminal on the run ◇ *Der Bankräuber ist noch flüchtig.* The bank robber is still at large. ◇ *der flüchtige Unfallfahrer* the hit-and-run driver **2** (*kurz*) brief (*Adv* briefly); (*vergänglich*) fleeting (*Adv* fleetingly) ◇ *Ich kenne ihn nur flüchtig.* I have only met him briefly. ◇ *flüchtige Augenblicke* fleeting moments **3** (*oberflächlich*) cursory (*Adv* cursorily) ◇ *Bereits bei flüchtigem Lesen wird deutlich, dass …* It is clear after even a cursory reading that … **4** (*Gas, chemische Verbindung*) volatile

Flüchtige(r) fugitive

Flüchtigkeitsfehler careless mistake, slip

Flüchtling refugee

Flüchtlingslager refugee camp

Flucht- **Fluchtversuch** escape attempt **Fluchtweg** **1** escape route **2** (*Notausgang*) emergency exit

Flug flight ◇ *der Flug eines Vogels* the flight of a bird ◇ *Das Flugzeug befindet sich auf dem Flug nach Moskau.* The aircraft is on a flight to Moscow. ◇ *Mein Flug geht um 9 Uhr 30.* My flight is at 9.30. IDM **wie im Fluge vergehen** fly by ◇ *Die Urlaubstage vergingen wie im Fluge.* The holiday just flew by.

Flugangst fear of flying **Flugbegleiter(in)** flight attendant **Flugbetrieb** air traffic **Flugblatt** flyer

Flügel **1** (ANAT, POL, SPORT, ARCHIT) wing ◇ *Die Ente schlug mit den Flügeln.* The duck flapped its wings. ◇ *der westliche Flügel des Schlosses* the west wing of the palace **2** (*Lungen-*) lung; (*Nasen-*) nostril; (*Altar-*) panel; (*Tür-*) door; (*Fenster-*) casement **3** (*Hubschrauber-, Ventilator-*) blade; (*Windmühlen-*) sail, vane **4** (MUS) grand piano ◇ *jdn am Flügel begleiten* accompany sb on the grand piano

Fluggast (airline) passenger

flügge **1** (*Vogel*) fully-fledged, (*AmE*) full-fledged **2** (*Kinder*) grown up, independent

Flug- **Fluggesellschaft** airline [mit Verb im Sing/Pl] **Fluggeschwindigkeit** flying speed; (*Rakete*) velocity; (*Vogel, Insekt*) speed of flight **Flughafen** airport ◇ *auf dem Hamburger Flughafen* at Hamburg airport **Flughafengebäude** terminal building **Flughafensteuer** airport charges [Pl] **Flughöhe** altitude **Flugkapitän** captain (of an/the aircraft) **Fluglärm** aircraft noise **Fluglehrer(in)** flying teacher **Fluglinie** **1** (*Gesellschaft*) airline [mit Verb im Sing/Pl] ◇ *Mit welcher Fluglinie fliegst du?* What airline are you flying with? **2** (*Strecke*) route **Fluglotse, -lotsin** air traffic controller **Flugplatz** airfield; (*größer*) airport

flugs swiftly

Flug- **Flugschein** **1** (*Ticket*) air ticket **2** (*Pilotenschein*) pilot's licence, (*AmE*) pilot's license **Flugschreiber** flight recorder **Flugstunde** **1** (*Pilot, Flugzeug*) flying hour **2** (*Entfernung*) ◇ *zwei Flugstunden von Bonn entfernt* two hours from Bonn by air **Flugticket** air ticket **Flugverbindung** flight ◇ *Die Flugverbindungen waren unterbrochen.* Flights were cancelled. ◇ *Es gibt keine direkte Flugverbindung.* There are no direct flights. **Flugverbot** ban on flying **Flugverkehr** air traffic **Flugzeit** flight time

Flugzeug plane, aircraft (*offiz*) ◇ *mit dem Flugzeug fliegen* go by plane/by air

Flugzeugabsturz plane crash ◇ *Er kam bei einem Flugzeugabsturz ums Leben.* He was killed in a plane crash. **Flugzeugentführer(in)** hijacker **Flugzeugentführung** hijacking **Flugzeugträger** aircraft carrier **Flugzeugunglück** plane crash

Flunder flounder

flunkern tell stories; (*lügen*) fib

Fluor fluorine

fluoreszierend fluorescent

Fluorid fluoride

Flur (*Gang*) corridor; (*Diele*) hall ◇ *Ich traf sie auf dem Flur.* I met her in the corridor.

Fluss **1** river ◇ *eine Hütte am Fluss* a cabin by the river ◇ *die Städte am Fluss* the towns on the river **2** (*Kontinuität*) flow ◇ *der freie Fluss der Informationen*

the free flow of information **3 im ~ sein** (*im Gange*) be in progress; (*sich verändernd*) be in a state of flux ◇ *Die Gespräche sind noch im Fluss.* The talks are still in progress. ◇ *Das europäische Recht ist noch im Fluss.* European law is still in a state of flux. **4 in ~ kommen/geraten** get going
flussabwärts downstream **Flussarm** arm of a/the river **flussaufwärts** upstream **Flussbett** river bed

flüssig 1 liquid; (*Metalle, Glas*) molten ◇ *flüssiges Augen-Make-up* liquid eye make-up ◇ *Ich konnte nur flüssige Nahrung zu mir nehmen.* I was only able to take liquids. **2** (*ohne Stocken*) fluent (*Adv* fluently) ◇ *in flüssigem Englisch* in fluent English **3** (*Verkehr*) smoothly flowing **4** (*Geld, Kapital*) ready [nur vor Nomen]; (*Mittel*) liquid ◇ *flüssige Mittel anhäufen* acquire liquid assets IDM **flüssig sein** have some money **nicht flüssig sein** be broke

Flüssigkeit liquid; (*Körper-*) fluid ◇ *eine farblose Flüssigkeit* a colourless liquid ◇ *Sie sollten viel Flüssigkeit zu sich nehmen.* You should drink plenty of liquids.

flüssigmachen (*bereitstellen*) provide; (*aufbringen*) raise

Fluss- Flusskrebs crayfish, (*AmE*) crawfish **Flusslauf** course of a/the river **Flussmündung** river mouth **Flusspferd** hippopotamus **Flussufer** riverbank ◇ *am südlichen Flussufer* on the southern bank of the river

flüstern whisper ◇ *Sie flüsterte ihm etwas ins Ohr.* She whispered something in his ear. ◇ *Sie unterhielten sich flüsternd.* They talked in whispers.

Flut 1 tide; (*Höchststand*) high tide ◇ *Das Schiff lief mit der Flut aus.* The ship went out on the tide. ◇ *Es ist Flut.* The tide is in. ◇ *Die Flut kommt.* The tide is coming in. **2 Fluten** water ◇ *Sie stürzten sich in die Fluten.* They plunged into the water. **3** (*Überschwemmung*) floods [Pl] ◇ *bei einer Flut* in the floods **4** (*große Menge*) flood ◇ *eine Flut von Protestbriefen* a flood of protest letters

fluten 1 (*strömen*) flood, stream ◇ *Das Wasser flutete über die Bordwand.* The water flooded over the side of the ship. ◇ *Die Menschen fluten zum Arbeitsamt.* People are flooding to the job centre. ◇ *Das Sonnenlicht flutet ins Zimmer.* Sunlight is streaming into the room. **2** (*überschwemmen*) flood ◇ *Das Tal musste geflutet werden.* The valley had to be flooded.

Flut- Flutkatastrophe flood disaster **Flutlicht** floodlight [meist Pl] ◇ *bei/unter Flutlicht* under floodlights **Flutwelle 1** tidal wave **2** (*in einer Flussmündung*) bore

Föderalismus federalism

föderalistisch federalist

Föderation federation

Fohlen foal

Föhn 1 (*Gerät*) hairdryer **2** (*Wind*) = wind that brings warm air from the Mediterranean to the area north of the Alps, föhn, foehn

föhnen blow-dry ◇ *Einmal waschen, schneiden und föhnen.* Wash, cut and blow-dry. ◇ *sich/jdm die Haare föhnen* blow-dry your/sb's hair

Fokus focus (*auch fig*) ◇ *der Fokus der Romane* the focus of the novels ◇ *Sie wollen den Fokus mehr auf den Service richten.* They want to focus more on service.

fokussieren focus; **(auf) etw ~** focus on sth

Folge 1 (*Serie*) series ◇ *eine Folge von Bildern/Diebstählen* a series of pictures/thefts ◇ *in loser Folge* in an occasional series ◇ *in dichter/rascher Folge* in quick succession **2** (*Teil einer Fernsehserie, eines Fortsetzungsromans*) part; (*einer Geschichte auch*) episode **3** (*Ergebnis*) result; (*Auswirkung*) consequence ◇ *Die Straße ist als Folge der heftigen Schneefälle blockiert.* The road is closed as a result of the heavy snowfall. ◇ *Er starb an den Folgen eines Reitunfalls.* He died as a result of a riding accident. ◇ *die Folgen (von etw) tragen müssen* have to bear the consequences (of sth) ◇ *Das könnte böse Folgen haben.* That could have serious consequences. **4 etw zur ~ haben** lead to sth ◇ *Die Kürzungen hatten zur Folge, dass Krankenhäuser geschlossen wurden.* The cuts led to hospitals being closed. IDM **in der Folge** (*im Anschluss*) subsequently; (*als Ergebnis*) consequently **in der Folge von etw** (*im Anschluss*) following sth; (*als Ergebnis*) as a result of sth **in Folge** in a row ◇ *sieben Tore in Folge* seven goals in a row **einer Sache Folge leisten** (*Befehl*) obey sth; (*Aufforderung, Beschluss*) comply with sth; (*Einladung, Vorschlag*) accept sth

folgen 1 jdm/etw ~ follow sb/sth ◇ *Bitte folgen Sie mir.* Follow me, please. ◇ *einem Rat/einer Anweisung folgen* follow advice/directions ◇ *einem Beispiel/Vorbild folgen* follow an example ◇ *Ich konnte seinen Erklärungen nicht folgen.* I couldn't follow his explanations. ◇ *Können Sie mir folgen?* Do you follow me? ◇ *jdm auf Schritt und Tritt folgen* dog sb's footsteps **2 (jdm/etw) ~** (*gehorchen*) obey (sb/sth) **3 (auf etw) ~** follow (sth) ◇ *Auf den Blitz folgte der Donner.* The thunder followed the lightning. ◇ *Es folgt die Wettervorhersage.* And now the weather forecast. IDM **es folgt daraus/daraus folgt, dass ...** it follows that ... **wie folgt** as follows

folgende(r,s) 1 following ◇ *am folgenden Mittwoch* on the following Wednesday ◇ *unter folgender Adresse* at the following address **2 Folgendes** the following (*offiz*), the following points [Pl] ◇ *Für Montag steht Folgendes auf dem Programm, ...* For Monday the following is planned ... ◇ *Es ist Folgendes zu beachten ...* The following points should be borne in mind ...

folgendermaßen like this ◇ *Das macht man folgendermaßen.* You do it like this.

folgenschwer (*Fehler, Unfall, Sturz*) serious; (*Entscheidung*) momentous

folgerichtig (*logisch*) logical (*Adv* logically); (*als Folge*) consequently ◇ *eine folgerichtige Konsequenz* a logical consequence

folgern etw (aus etw) ~ conclude sth from sth ◇ *Daraus folgerte sie, ...* From that she concluded that ...

Folgerung conclusion ◇ *eine Folgerung ziehen* draw a conclusion

folglich therefore, consequently (*gehoben*) ◇ *Morgen findet eine Demonstration statt. Folglich ist die Innenstadt für den Verkehr gesperrt.* Tomorrow there's going to be a demonstration. The town centre will therefore be closed to traffic.

folgsam obedient (*Adv* obediently)

Folie 1 film; (*Klarsicht-*) cling film, (*AmE*) plastic wrap; (*Alu-*) foil; (*Overhead-*) overhead transparency **2** (*Hintergrund*) background ◇ *Die geschichtlichen Ereignisse bilden die Folie des Films.* Historical events form the background of the film.

Folklore folklore

folkloristisch folk

Folter torture [U] ◇ *die Folter anwenden* use torture ◇ *unter der Folter abgelegte Geständnisse* confessions made under torture ◇ *Sein stundenlanges Geschwätz war die reinste Folter!* His endless chatter was pure torture! IDM **jdn auf die Folter spannen** keep sb on tenterhooks
Folterinstrument instrument of torture **Folterkammer** torture chamber **Folterknecht** torturer

foltern torture ◇ *Der Gefangene wurde zu Tode gefoltert.* The prisoner was tortured to death.

Folterung torture [U] ◇ *an Folterungen beteiligt sein* be involved in torture

Fonds **1** fund **2** (*Wertpapier-, Aktien-*) unit trust, (*AmE*) mutual fund

Fondue fondue

Fontäne fountain

forcieren (*erzwingen*) force; (*fördern, steigern*) boost; (*beschleunigen*) speed *sth* up ◇ *Einsicht kann man nicht forcieren.* You can't force insight. ◇ *Der Export soll forciert werden.* Exports are to be boosted. ◇ *Die neue Regierung will die Reformen forcieren.* The new government wants to speed up reforms. ◇ *das Tempo forcieren* force the pace

Förderband conveyor belt

Förderer, Förderin **1** (*Mäzen*) patron **2** (*Befürworter*) advocate

förderlich beneficial ◇ *der Gesundheit förderlich sein* be beneficial to health ◇ *sich förderlich auf die Umwelt auswirken* have a beneficial effect on the environment

fordern **1** (*verlangen*) demand ◇ *Die Entführer forderten ein hohes Lösegeld.* The kidnappers demanded a high ransom. ◇ *Der Verein fordert Rechenschaft vom Kassenwart.* The club is demanding an explanation from the treasurer. **2** (*beanspruchen*) claim ◇ *Das Hochwasser hat mehrere Menschenleben gefordert.* The floods claimed the lives of several people. ◇ *von der Versicherung eine Entschädigung fordern* claim compensation from the insurance **3** (*Preis*) ask ◇ *Welchen Preis kann ich fordern?* What price can I ask? **4** (*herausfordern*) challenge ◇ *jdn zum Duell fordern* challenge sb to a duel ◇ *ein Beruf, der einen zu wenig fordert* a profession that is not challenging enough

fördern **1** (*Interesse, Export, Entwicklung, Verständnis*) promote; (*Talent, Aktivitäten*) encourage; (*Verdauung*) aid **2** (*finanziell*) support, sponsor ◇ *Die Industrie fördert die Forschung.* Industry supports research. ◇ *Das Festival wird von Geschäftsleuten gefördert.* The festival is sponsored by business people. **3** (*Bodenschätze*) extract; (*Kohle, Erz*) mine

fordernd challenging (*Adv* challengingly); (*herrisch*) imperious (*Adv* imperiously)

Forderung **1** demand ◇ *Forderungen an jdn stellen* make demands on sb ◇ *eine Forderung erfüllen* meet a demand ◇ *die Forderung der Gewerkschaft nach einer Lohnerhöhung* the union's demand for a pay increase ◇ *auf Forderung der Opposition* at the request of the opposition **2** (*finanziell*) claim; (*Schulden*) debt ◇ *eine Forderung an jdn haben* have a claim against sb ◇ *eine Forderung eintreiben* collect a debt **3** (*Erfordernis*) imperative ◇ *eine sittliche Forderung* a moral imperative ◇ *die Forderung des Tages* the order of the day

Förderung **1** (*Unterstützung*) promotion; (*Ermutigung*) encouragement ◇ *die Förderung des Tourismus* the promotion of tourism ◇ *Hormone zur Förderung des Wachstums* growth-promoting hormones ◇ *So ein Talent verdient Förderung.* Such talent deserves encouragement. ◇ *Gymnastik zur Förderung der Rückenmuskulatur* exercises to strengthen the back muscles **2** (*finanziell*) support; (*Beihilfe*) grant ◇ *die finanzielle Förderung des Vereins* financial support for the club ◇ *ein Preis zur Förderung begabter Jugendlicher* a prize to support gifted young people **3** (*Abbau*) extraction; (*Kohle, Erz auch*) mining

Forelle trout

Forke pitchfork

Form **1** (*Umriss, Gestalt*) shape ◇ *Die Schale hat die Form eines Blattes.* The dish is in the shape of a leaf. ◇ *Der Pullover ist aus der Form geraten.* The jumper has gone out of shape. **2 Formen** (*Figur*) figure ◇ *Sie hat ziemlich üppige Formen.* She has a rather full figure. **3** (*Struktur*) form ◇ *Vitamine in Form von Obst und Gemüse* vitamins in the form of fruit and vegetables ◇ *in gefrorener/flüssiger Form* in frozen/liquid form ◇ *Das Gesuch darf keinen Fehler in der Form aufweisen.* The petition must be presented in the correct form. **4** (*Modell*) way ◇ *Wir suchen nach neuen Formen des Zusammenlebens.* We are seeking new ways of living together. **5** (*Konvention*) etiquette; (*Manieren*) good manners [Pl] ◇ *Die Form verlangt, dass ein Kardinal mit „Eminenz" angeredet wird.* Etiquette demands that a cardinal is addressed as 'Your Eminence'. **6** (*Behälter*) mould, (*AmE*) mold; (*Back-*) cake tin, baking tin, (*AmE*) baking pan **IDM** **der Form halber** as a matter of form **Form(en) annehmen** **1** (*konkreter werden*) take shape ◇ *Das Projekt nimmt langsam feste/konkrete Formen an.* The project is beginning to take shape. **2** (*sich negativ entwickeln*) be getting beyond a joke ◇ *Seine Arroganz nimmt Formen an — es ist unglaublich!* His arrogance is getting beyond a joke — it's unbelievable! **in Form** fit; on form ◇ *trainieren, um in Form zu bleiben* train to keep fit ◇ *Du bist aber heute gut/nicht gut in Form!* You're on form/not on form today!

formal **1** (*technisch, äußerlich*) technical (*Adv* technically) ◇ *ein formaler Fehler* a technical error ◇ *Sie sind formal im Recht.* Technically, you are right. **2** (*offiziell*) formal (*Adv* formally) ◇ *die formale Anerkennung eines Landes* the formal recognition of a country **3** (*die Struktur betreffend*) from the point of view of form ◇ *Der Film ist formal sehr innovativ.* The film is very innovative from the point of view of form.

Formaldehyd formaldehyde

Formalität formality ◇ *Das ist eine reine Formalität.* That's a pure formality. ◇ *Sie erledigten die Formalitäten.* They completed the formalities.

Format **1** size; (*Bild-, Buch-, Papier- auch*) format ◇ *ein handliches Format* a handy size **2** (*Rang, Qualität*) quality; (*Menschen*) standing ◇ *ein Politiker von internationalem Format* a politician of international standing ◇ *eine Frau von Format* a highly competent woman ◇ *Hat er das nötige Format für diese Aufgabe?* Has he got what it takes for this job?

formatieren format

Formation **1** (*Gruppe*) group [mit Verb im Sing/Pl] ◇ *Eine Formation von Musikanten ging an der Spitze des Zuges.* A group of musicians led the procession. **2** (*Herausbildung, Anordnung*) formation ◇ *die Formation bestimmter sozialer Gruppen* the formation of certain social groups ◇ *in Formation fliegen/tanzen* fly/dance in formation

Formblatt form

Formel **1** formula ◇ *eine mathematische Formel* a mathematical formula ◇ *ein Formel-1-Rennen* a Formula One race **2** (*Spruch*) expression; (*Motto*) slogan; (*Floskel*) phrase ◇ *die Formel von der „schlanken Produktion"* the expression 'lean production' ◇ *Die Formel lautet: „Je mehr, desto besser."* The slogan is: 'The more, the better'. ◇ *eine nichtssagende Formel* a meaningless phrase

formell **1** formal (*Adv* formally) ◇ *ein formeller Beschluss* a formal resolution **2** (*der Form nach*) technical (*Adv* technically); (*offiziell*) official (*Adv* officially)

formen **1** form; (*einen bestimmten Umriss geben*) shape ◇ *Seine Lippen formten sich zu einem stummen Schrei.* His lips formed a silent scream. ◇ *Die Militärzeit hat seinen Charakter geformt.* His time in the army formed his character. ◇ *aus dem Teig Brote formen* shape the dough into loaves ◇ *eine Mannschaft formen* build a team **2 jdn/etw zu etw ~** make sb/sth into sth

formieren **1** (*aufstellen*) form; **sich ~** form up; **sich zu etw ~** form sth ◇ *eine Kolonne formieren* form a column ◇ *Der Karnevalszug formierte sich.* The carnival procession formed up. ◇ *Die Tänzer formierten sich zu einem großen Kreis.* The dancers formed a big circle. **2 sich ~** (*sich bilden*) be formed ◇ *Es formieren sich ständig neue Vereine.* New organizations are constantly being formed. ◇ *Die alten Parteien haben sich wieder formiert.* The old parties have re-formed themselves.

-förmig -shaped ◇ *herzförmig* heart-shaped ◇ *sternförmig* star-shaped ◇ *kreisförmig* circular

förmlich **1** *Adj* formal (*Adv* formally) ◇ *eine förmliche Erklärung* a formal declaration **2** *Adv* (*geradezu*) positively, absolutely; (*fast*) practically ◇ *Sie sprüht förmlich vor Energie.* She's absolutely bursting with energy. ◇ *Man kann das Gras förmlich wachsen sehen.* You can practically see the grass growing. ◇ *Der Eindruck drängt sich förmlich auf, dass …* You really can't help feeling that …

Förmlichkeit formality

formlos **1** (*ohne vorgeschriebene Form*) informal (*Adv* informally) **2** (*umrisslos*) shapeless

Formsache formality ◇ *Das ist reine Formsache.* It's purely a formality.

formschön elegant

Formular form

formulieren (*ausdrücken*) put, phrase, express; (*in bestimmter Weise ausdrücken*) word; (*schreiben*) write ◇ *…, wie sie es formuliert.* …, as she puts it. ◇ *Können Sie das bitte anders formulieren?* Could you please rephrase that? ◇ *eine scharf formulierte Erklärung* a strongly worded statement ◇ *Der Text ist gut formuliert.* The text is well written. ◇ *Sie kann knapp und präzise formulieren.* She's good at putting things succinctly. ◇ *Er hat Schwierigkeiten beim Formulieren.* He has difficulty expressing himself.

Formulierung **1** (*das Formulieren*) (*oft mit einem Verb übersetzt*) ◇ *Die Formulierung der Frage fiel ihm schwer.* He didn't know how to phrase the question. ◇ *Ich helfe dir bei der Formulierung des Schreibens.* I'll help you to draft the letter. **2** (*Worte*) wording; (*Formel*) phrase ◇ *die scharfe Formulierung des Briefes* the strong wording of the letter ◇ *Er gebraucht häufig diese Formulierung.* He often uses this phrase.

forsch (*resolut*) forceful (*Adv* forcefully); (*dynamisch*) dynamic (*Adv* dynamically) ◇ *ihre forsche Art* her forceful manner

forschen **1** (*wissenschaftlich untersuchen*) carry out research, do research ◇ *Sie forscht seit zehn Jahren auf dem Gebiet.* She has been doing research in this field for ten years. **2 nach jdm/etw ~** (*suchen*) search for sb/sth ◇ *Die Polizei forschte nach dem Täter.* The police searched for the culprit. ◇ *Sie forschen nach einem Heilmittel.* They are searching for a cure.

forschend searching (*Adv* searchingly)

Forscher(in) **1** researcher; (*Naturwissenschaftler auch*) scientist **2** (*Entdecker*) explorer

Forschung **~ (an/über etw)** research (on sth) [U] ◇ *die medizinische Forschung* medical research ◇ *Er arbeitet in der Forschung.* He works in research. ◇ *Neue Forschungen haben ergeben, dass …* New research has shown that …
Forschungsarbeit research [U] **Forschungseinrichtung** research institute **Forschungsergebnis** result of the research **Forschungsgebiet** field of research **Forschungsgruppe** research team **Forschungsinstitut** research institute **Forschungsprogramm** research programme, (*AmE*) research program **Forschungsprojekt** research project **Forschungszentrum** research centre, (*AmE*) research center

Forst forest

Förster(in) forester

Forstwirtschaft forestry

fort **1** away ◇ *Fort mit dir!* Get away! **2 ~ sein** have gone ◇ *Mein Schal ist fort.* My scarf has gone. ◇ *Sind sie schon lange fort?* Have they been gone long?
IDM **in einem fort** on and on ◇ *Er redete in einem fort.* He talked on and on. **und so fort** and so on

Fort fort

fortbestehen continue to exist

Fortbestehen continued existence

fortbewegen **1 sich ~** move; (*herumkommen*) get around; (*reisen*) travel **2** (*von der Stelle bewegen*) move

Fortbewegungsmittel means of transport

fortbilden **1 sich ~** do further training ◇ *Er bildet sich in Abendkursen fort.* He is doing some further training at evening classes. **2 jdn ~** train sb

Fortbildung **1** (*das Fortbilden*) training ◇ *Die Firma investiert viel Geld in die Fortbildung.* The company invests a lot of money in training. **2** (*Kurs, Veranstaltung*) (training) course ◇ *Sie machte eine Fortbildung.* She did a course. ◇ *Ich habe morgen eine Fortbildung.* I'm on a course tomorrow.

fortfahren **1** (*weitermachen*) **(in/mit etw) ~** go on (with sth); **~, etw zu tun** go on doing sth ◇ *Bitte fahren Sie fort.* Please go on. ◇ *Er fuhr in seiner Rede fort.* He went on with his speech. **2** (*abfahren*) leave; (*wegfahren*) drive away

fortführen **1** (*weiterführen*) carry *sth* on, continue ◇ *Er führt das Geschäft seines Vaters fort.* He is carrying on his father's business. ◇ *Sie führte die Arbeit ihrer Vorgängerin fort.* She continued the work of her predecessor. **2** (*wegführen*) take *sb/sth* away

Fortführung continuation; (*nach einer Unterbrechung*) resumption

fortgehen → WEGGEHEN

fortgeschritten **1** → FORTSCHREITEN **2** advanced ◇ *fortgeschrittene Schüler* advanced learners ◇ *im fortgeschrittenen Alter* at an advanced age ◇ *im fortgeschrittenen Stadium der Erkrankung* in advanced stages of the illness ◇ *zu fortgeschrittener Stunde* at a late hour

Fortgeschrittene(r) advanced student
Fortgeschrittenenkurs advanced course

fortkommen **1** (*wegkommen, weggehen*) get away ◇ *Ich bin erst spät vom Büro fortgekommen.* I didn't get away from the office until late. ◇ *Mach, dass du fortkommst!* Clear off! **2** (*vorwärtskommen*) make progress, get on ◇ *Wir kamen nur mühsam fort.* It was very hard for us to make any progress. **3** (*abhandenkommen*) go missing

fortlaufen → WEGLAUFEN

fortlaufend **1** (*durchgehend*) consecutive (*Adv* consecutively) ◇ *fortlaufend nummeriert* numbered consecutively **2** (*ständig*) continuous (*Adv* continuously) ◇ *Es trafen fortlaufend neue Nachrichten ein.* Fresh news was coming in continuously. **3** (*im Gang befindlich*) ongoing ◇ *fortlaufende Experimente* ongoing experiments

fortmüssen have to leave

fortpflanzen **sich ~** **1** (*Lebewesen*) reproduce **2** (*Licht, Schall etc.*) travel

Fortpflanzung reproduction

fortschreiten progress; (*weitergehen*) continue ◇ *Seine Krankheit schreitet erschreckend schnell fort.* His disease is progressing with frightening speed. ◇ *Wird das Bevölkerungswachstum weiter so rasch fortschreiten?* Will population growth continue at the same speed? → *Siehe auch* FORTGESCHRITTEN

Fortschritt progress [U] ◇ *Er macht große Fortschritte.* He's making good progress. ◇ *der wirtschaftliche Fortschritt* economic progress ◇ *Das ist schon mal ein Fortschritt.* That's progress. ◇ *Auch kleine Fortschritte sind wichtig.* Small steps are important, too.

fortschrittlich progressive (*Adv* progressively) ◇ *fortschrittlich eingestellt sein* be progressive in your thinking

fortsetzen 1 continue; (*nach einer Unterbrechung auch*) resume ◇ *Sie setzten die Reise per Bus fort.* They continued their journey by bus. **2 sich ~** continue ◇ *Dieser Trend wird sich fortsetzen.* This trend is set to continue.

Fortsetzung 1 (*das Fortsetzen*) continuation, resumption (*oft mit einem Verb übersetzt*) ◇ *Die Fortsetzung der Verhandlungen ist für morgen anberaumt.* The talks are scheduled to continue tomorrow. **2** (*Folge, Büchern*) next instalment, (*AmE meist*) installment; (*im Fernsehen, Radio*) next episode; (*von Filmen*) sequel ◇ *Von dem Film soll eine Fortsetzung gedreht werden.* They're going to make a sequel to the film. ◇ *Fortsetzung folgt!* To be continued! ◇ *Fortsetzung auf Seite 3.* Continued on page 3.

fortziehen 1 (*umziehen*) move away ◇ *Sie ziehen von hier fort.* They're moving away (from here). **2** (*wegbewegen*) pull *sb/sth* away ◇ *Sie zog ihre Hand fort.* She pulled her hand away.

Forum 1 (*Diskussion*) discussion; (*Tagung*) conference **2** (*Gelegenheit zur Diskussion*) forum; (*Gelegenheit zum Auftreten*) showcase, platform ◇ *ein Forum der Interessen der Jugendlichen* a forum for the interests of young people ◇ *Die Galerie will jungen Künstlern ein Forum bieten.* The gallery will provide a showcase for young artists. ◇ *Solchen Menschen darf kein Forum gegeben werden.* These people should not be given a platform. **3** (*Raum*) entrance hall

fossil 1 fossil ◇ *fossile Brennstoffe* fossil fuels **2** (*versteinert*) fossilized

Fossil fossil (*auch fig*)

Foto photo ◇ *Machst du mal ein Foto von mir?* Will you take a photo of me?
Fotoalbum photo album **Fotoapparat** camera

fotogen photogenic

Fotograf(in) photographer

Fotografie 1 (*Foto*) photograph **2** (*Technik, Kunst*) photography

fotografieren 1 (*Fotos machen*) take photographs ◇ *Auf der Hochzeit wurde viel fotografiert.* A lot of photographs were taken at the wedding. ◇ *Sie kann unheimlich gut fotografieren.* She takes really good photographs. **2 jdn/etw ~** take a photograph/photographs of sb/sth, photograph sb/sth (*gehoben*) ◇ *Hast du die Burg fotografiert?* Have you taken a photograph of the castle? ◇ *Er lässt sich nicht gerne fotografieren.* He doesn't like having his photograph taken.

fotografisch 1 photographic (*Adv* photographically) ◇ *ein fotografischer Effekt* a photographic effect **2** (*mit Fotos*) in photographs ◇ *etw fotografisch darstellen* show sth in photographs

Foto- Fotokopie photocopy, copy ◇ *eine Fotokopie von etw machen* make a copy of sth **fotokopieren** photocopy, copy **Fotokopierer** photocopier **Fotolabor** photographic laboratory **Fotomodell** (photographic) model **Fotomontage** photo montage **Fotoshooting** photo shoot **Fototermin** photo opportunity

Fötus foetus, (*AmE*) fetus

Foul foul ◇ *ein Foul begehen* commit a foul
Foulelfmeter penalty

foulen 1 commit a foul **2 jdn ~** foul sb

Foyer foyer

Fracht (*Ladung*) freight [U]; (*Schiffs-, Flugzeug-*) cargo

Frachter freighter

Fracht- Frachtflugzeug cargo plane **Frachtschiff** cargo ship

Frack tails [Pl], tailcoat ◇ *im Frack* in tails/in a tailcoat

Fracking fracking

Frage question ◇ *jdm eine Frage stellen* ask sb a question ◇ *Er konnte die Frage nicht beantworten.* He couldn't answer the question. ◇ *eine Frage (an jdn) haben* have a question (for sb) ◇ *Gibt es noch Fragen?* Any more questions? ◇ *Auf die Frage, ob …* In reply to the question as to whether … ◇ *Es war eine Frage des Geldes.* It was a question of money. ◇ *die Frage der Einwanderung* the immigration question ◇ *Das ist gar keine Frage.* There's no doubt about that. ◇ *Es ist nur eine Frage der Zeit bis …* It is only a matter of time before … **IDM außer Frage stehen/sein** ◇ *Das steht außer Frage.* There's no question about that. ◇ *Es steht außer Frage, dass …* It is beyond question that … **das ist die (große) Frage** that's the big question ◇ *Wie erfolgreich eine gemeinsame Währung sein wird, das ist die große Frage.* The big question is how successful a common currency will be. **ohne Frage** without doubt → *Siehe auch* INFRAGE
Fragebogen questionnaire

fragen 1 ask ◇ *„Kommst du mit?" fragte sie.* 'Are you coming with us?' she asked. ◇ *Sie fragte ihn, ob …* She asked him whether … ◇ *Frag nicht so viel.* Don't ask so many questions. ◇ *Frag nicht so dumm!* Don't ask such stupid questions! ◇ *wenn ich fragen darf* if you don't mind me asking ◇ *Man wird doch wohl noch fragen dürfen!* I was only asking! ◇ *„Wo warst du so lange?" „Das frage ich dich!"* 'Where have you been?' 'I could ask you the same thing!' ◇ *Mach schon, frag nicht lang!* Don't ask questions — just do it. ◇ *„Was ist los mit dir?" „Da fragst du noch?"* 'What's wrong with you?' 'Surely you don't need to ask?' ◇ *Da fragst du mich zu viel.* I really couldn't say. **2 (jdn) nach etw ~** (*sich erkundigen*) ask (sb) sth, ask (sb) about/for sth ◇ *jdn nach dem Weg fragen* ask sb the way ◇ *Sie haben mich nicht nach meiner Meinung gefragt.* They didn't ask my opinion. ◇ *Ich wollte dich danach fragen.* I wanted to ask you about it. ◇ *Hast du dort schon mal nach Arbeit gefragt?* Have you asked about work there? ◇ *Wir wurden nicht nach unseren Pässen gefragt.* We were not asked for our passports. **3 nach jdm ~** (*sich erkundigen*) ask after sb; (*jdn sprechen wollen*) ask for sb ◇ *Sie fragt in jedem Brief nach dir.* She always asks after you in her letters. ◇ *Hat jemand nach mir gefragt?* Did anyone ask for me? **4 nach jdm/etw ~** (*sich kümmern*) care about sb/sth ◇ *Keiner fragt nach ihr.* Nobody cares about her. ◇ *Wer fragt schon danach, wie es mir geht?* Who cares about how I am? **5 jdn (um etw) ~** ask sb (for sth) ◇ *Ich muss erst meine Mutter (um Erlaubnis) fragen.* I must ask my mother('s permission) first. **6 (jdn) wegen einer Sache ~** ask sb about sth ◇ *Hast du schon mal wegen Samstag gefragt?* Have you asked about Saturday yet? **7 sich ~** wonder ◇ *Ich frage mich, ob sie kommt.* I wonder whether she will come. ◇ *Da muss man sich fragen, ob …* You can't help wondering whether … ◇ *Es fragt sich, ob …* The question is whether … **IDM Fragen kostet nichts** there's no harm in asking → *Siehe auch* LOCH

Frage- Fragesatz interrogative sentence **Fragestellung** question ◇ *Die Fragestellung lautet …* The question is … ◇ *Es kommt auf die richtige Fragestellung an.* The important thing is to ask the right questions. **Fragestunde** question time [U] **Fragewort** question word, interrogative **Fragezeichen** question mark

fraglich 1 doubtful ◇ *Es ist fraglich, ob er kommt.* It's doubtful whether he'll come **2** (*besagt*) in question [nicht vor Nomen] ◇ *zur fraglichen Zeit* at the time in question

Fragment fragment

fragmentarisch fragmentary ◇ *Sein Werk ist nur noch fragmentarisch erhalten.* His work only survived in fragmentary form.

fragwürdig doubtful; (*zwielichtig*) dubious ◇ *Es scheint fragwürdig, ob …* It seems doubtful whether … ◇ *Die Sache kommt mir sehr fragwürdig vor.* It all seems very dubious to me.

Fraktion **1** (*im Parlament*) parliamentary party [mit Verb im Sing/Pl], (*AmE*) congressional party [mit Verb im Sing/Pl] **2** (*im Ortsbeirat etc.*) group; (*Sondergruppe*) faction
Fraktionssprecher(in) party spokesperson

Franchise franchise
Franchise-Geber(in) franchiser **Franchise-Nehmer(in)** franchisee **Franchise-Unternehmen** franchise

Franken Swiss franc

frankieren frank ◇ *einen Brief frankieren* frank a letter ◇ *ein frankierter Brief* a stamped letter

Franse **1 Fransen** fringe ◇ *ein Tuch mit Fransen* a cloth with a fringe **2** (*Strähne*) strand

fransig IDM → MUND

Fraß food, muck (*umgs, abwert*) ◇ *Sie hat uns einen furchtbaren Fraß vorgesetzt.* She put some revolting food in front of us. ◇ *Man konnte den Fraß kaum essen.* We could hardly eat the muck we were given.

Fratze (ugly) face ◇ *eine Fratze schneiden/ziehen* pull a face ◇ *Sein Gesicht verzog sich zu einer Fratze.* His face was contorted into a grimace.

Frau **1** woman ◇ *Frauen und Kinder* women and children **2** (*Ehefrau*) wife ◇ *Er hat sie gefragt, ob sie seine Frau werden will.* He asked her to be his wife. **3** (*Anrede*) Ms; (*bei verheirateter Frau*) Mrs ◇ *Frau Müller* Ms/Mrs Müller ◇ *Frau Doktor* Doctor ◇ *Frau Dr. Huber* Dr Huber ◇ *Frau Professorin* Professor ◇ *Frau Ministerin* Minister IDM → LEBEN *und* TAT

Frauchen mistress

Frauen- **Frauenarzt, -ärztin** gynaecologist, (*AmE*) gynecologist **Frauenbeauftragte(r)** women's representative **Frauenberuf** job for women **Frauenbewegung** women's movement **frauenfeindlich** anti-women [nicht vor Nomen], misogynistic ◇ *frauenfeindliche Werbung* advertising that is anti-women **Frauenfeindlichkeit** hostility to women, misogyny (*gehoben*) **Frauenhaus** (women's) refuge **Frauenrechtlerin** feminist **Frauenstimme** woman's voice **Frauenwahlrecht** women's suffrage [U]

Fräulein **1** (*jung*) young lady; (*alt*) spinster **2** (*allgemeine Anrede*) Miss (*veraltet*) ◇ *ein Brief an Fräulein Schmidt* a letter to Miss Schmidt **3** (*Kellnerin*) ◇ *Fräulein, bitte zahlen!* Can we have the bill please?

Freak freak

frech **1** cheeky (*Adv* cheekily), (*AmE*) fresh ◇ *Werd ja nicht frech!* Don't get cheeky! ◇ *Sei nicht so frech!* Don't be so cheeky! ◇ *… antwortete er frech …* he answered cheekily ◇ *frech grinsen* grin cheekily ◇ *freche Antworten geben* answer back ◇ *freche Lügen* barefaced lies **2** (*keck*) saucy

Frechheit cheek [U/Sing] ◇ *Er besaß auch noch die Frechheit, es zu sagen!* He even had the cheek to say it! ◇ *eine bodenlose Frechheit* an incredible cheek ◇ *so eine Frechheit!* What (a) cheek!

frei

• **ohne Zwang, Hindernisse, Kosten** **1** free (*Adv* freely) ◇ *freie Wahlen* free elections ◇ *die freie Wirtschaft* the free market economy ◇ *Die Übersetzung ist zu frei.* The translation is too free. ◇ *freie Wahl haben* have a free choice ◇ *Er lehnte aus freiem Willen ab.* He declined of his own free will. ◇ *keine freie Minute haben* never have a free minute ◇ *Wann ist Dr. Simon frei?* When will Dr Simon be free? ◇ *Der Eintritt ist frei.* Admission is free. ◇ *Die Getränke waren frei.* The drinks were free. ◇ *sich frei bewegen* move around freely ◇ *frei nach Dickens* freely adapted from Dickens' novel ◇ *Alle Getränke frei!* Drinks are on the house! ◇ *20 kg Gepäck sind frei.* There is a 20 kg luggage allowance. ◇ *das Recht auf freie Arztwahl* the right to choose your doctor **2** (*uneingeschränkt*) unrestricted ◇ *freien Zugang zu den Märkten gewähren* provide unrestricted access to the markets ◇ *einen freien Blick auf etw haben* have an unimpeded view of sth ◇ *Anlieger frei* Access only ◇ *Freier Kartenverkauf.* Tickets on sale to the general public. ◇ *Der Film ist frei ab 12 (Jahren).* No admission to persons under 12. ◇ *Die Autobahn Lille–Paris war wieder frei.* The Paris–Lille motorway had been cleared. **3 ~ von etw** free from/of sth ◇ *frei von Schmerzen* free from pain ◇ *frei von chemischen Zusätzen* free of chemical additives ◇ *Ihre Beziehung war nicht frei von Konflikten.* Their relationship was not trouble-free. **4** (*ohne Vorlage*) ◇ *frei zeichnen* draw freehand ◇ *frei sprechen* speak without notes ◇ *eine freie Rede* an off-the-cuff speech ◇ *frei erfunden sein* be entirely fictitious ◇ *Format und Gestaltung sind frei.* The format and design are up to you. **5** (*Fußball*) unmarked

• **unabhängig** **6** independent; (*nicht fest angestellt*) freelance ◇ *freie Völker* independent nations ◇ *als freier Journalist arbeiten* be a freelance journalist ◇ *freie Mitarbeiter beschäftigen* employ freelancers ◇ *freier Mitarbeiter sein* be freelance ◇ *in der freien Wirtschaft tätig sein* work in the private sector

• **unbedeckt** **7** (*nicht bedeckt*) bare ◇ *Das Top lässt den Bauch frei.* The top leaves your midriff bare. ◇ *sich frei machen* take your clothes off ◇ *den Oberkörper frei machen* strip to the waist **8** (*offen*) open ◇ *auf freiem Feld* in open country ◇ *ein freier Meinungsaustausch* an open exchange of views ◇ *im Freien* in the open (air) ◇ *ins Freie gehen* go outside ◇ *Konzerte unter freiem Himmel* open-air concerts ◇ *auf freier Strecke anhalten* stop between stations

• **nicht besetzt** **9** free; (*Toilette, Wohnung, Stelle*) vacant ◇ *Ist ein Tisch frei?* Is there a table free? ◇ *Ist der Platz noch frei?* Is this seat free? ◇ *freie Stellen* situations vacant ◇ *In der Firma ist eine Stelle frei.* The firm has a vacancy. ◇ *Taxi frei.* For hire. ◇ *Es sind nur noch wenige Plätze frei.* There are only a few tickets left. ◇ *Für den Ausflug sind noch einige Plätze frei.* There are still a few places left for the trip. ◇ *Haben Sie ein Zimmer frei für heute Nacht?* Have you got a room for tonight please? ◇ *Die erste Reihe muss frei bleiben.* Please leave the front row empty. ◇ *ein freier Tag* a day off

• **verbale Ausdrücke** **10 ~ halten** keep *sth* free ◇ *Kannst du dir den Abend frei halten?* Can you keep the evening free? ◇ *jdm einen Platz frei halten* keep a seat for sb → *Siehe auch* FREIHALTEN **11 etw (von etw) ~ halten** keep sth clear (of sth) ◇ *Einfahrt bitte frei halten!* Keep exit clear! **12 ~ laufen** run free ◇ *Lass die Hunde doch frei laufen.* Let the dogs run free. ◇ *Der Mörder läuft noch frei herum.* The murderer is still at large. **13 ~ laufend** free range ◇ *Eier von frei laufenden Hühnern* free-range eggs **14 ~ lebend** (living) in the wild [nicht vor Nomen] **15 ~ stehend** free-standing; (*Haus*) detached **16 ~ werden** be released; (*Dämpfe*) be given off IDM → BAHN, FUß, HAND, HAUS, LEBER, REDE, RÜCKEN, SCHNAUZE *und* STÜCK

Freibad open-air swimming pool **freibekommen** **1** get time off; **etw ~** get sth off ◇ *Ich habe von meinem Chef für die Beerdigung freibekommen.* My boss let me have time off to go to the funeral. ◇ *einen Tag freibekommen* get a day off **2 jdn ~** obtain sb's release ◇

jdn durch Lösegeld freibekommen obtain sb's release by paying a ransom ◇ *jdn gegen Kaution freibekommen* get sb off on bail **3** (*lösen*) release **Freiberufler(in)** freelance(r) **freiberuflich** freelance ◇ *freiberuflich tätig sein* work freelance **Freibetrag** tax allowance **Freibier** free beer

Freier (prostitute's) client, punter (*umgs*), john (*umgs*)

Frei- Freiexemplar free copy **freifinanziert** privately financed **Freigabe** release (*oft mit einem Verb übersetzt*); (*Straße etc.*) (re)opening ◇ *Der Fußballspieler verhandelt über Freigabe.* The footballer is negotiating a release from his contract. ◇ *die Freigabe der Gelder* releasing the funds ◇ *die Freigabe weicher Drogen* legalizing soft drugs **freigeben 1 jdn ~** release sb; (*Sportler, Filmstar*) release sb from their contract **2 etw ~** (*Straße*) (re)open sth; (*Drogen etc.*) legalize ◇ *eine Brücke für den Verkehr freigeben* (re) open a bridge to traffic ◇ *Der Film ist für Kinder ab 6 Jahren freigegeben.* The film has been passed as suitable for children over six. ◇ *Preise/Wechselkurse freigeben* remove price/currency controls **3 etw zu etw ~** release sth for sth ◇ *Akten zur Einsicht freigeben* release documents for inspection ◇ *Die Maschine wurde zum Start freigegeben.* The plane was cleared for take-off. **4 jdm ~** give sb time off; **jdm etw ~** give sb sth off ◇ *Er gab mir für die Beerdigung frei.* He gave me time off for the funeral. ◇ *Sie gab uns einen Tag frei.* She gave us a day off. **freigiebig** generous **freihaben** have time off; **etw ~** have sth off ◇ *Hast du nie frei?* Do you never have any time off? ◇ *den Tag freihaben* have a day off ◇ *Meist habe ich mittwochs frei.* I usually have Wednesday off.

freihalten → *Siehe auch* FREI 10,11 **IDM** → RÜCKEN

Frei- Freihandel free trade **freihändig** with no hands

Freiheit 1 freedom [U]; (*Philosophie, Politik auch*) liberty ◇ *für die Freiheit kämpfen* fight for freedom ◇ *jdm die Freiheit geben* give sb their freedom ◇ *alle Freiheiten haben* have complete freedom of action ◇ *der lange Weg in die Freiheit* the long road to freedom ◇ *die Freiheit der Presse* the freedom of the press ◇ *jdn seiner Freiheit berauben* deprive sb of their liberty ◇ *einem Tier die Freiheit geben* set an animal free ◇ *jdm völlige Freiheit lassen* give sb a free hand ◇ *die künstlerische Freiheit* artistic licence ◇ *Der Mörder ist noch in Freiheit.* The murderer is still at large. **2** (*Unabhängigkeit*) independence ◇ *um die Freiheit kämpfen* fight for independence **3** (*Vorrecht*) privilege ◇ *jdm gewisse Freiheiten gewähren* grant sb certain privileges **4 die ~ haben, etw zu tun** be free to do sth **5 sich die ~ nehmen, etw zu tun** take the liberty of doing sth **IDM sich Freiheiten herausnehmen** take liberties

Freiheitskampf struggle for independence **Freiheitsstrafe** (prison) sentence ◇ *eine Freiheitsstrafe von fünf Jahren* a five-year prison sentence ◇ *lebenslange Freiheitsstrafe* life imprisonment

freiheraus openly, straight out

Frei- Freikarte complimentary/free ticket **freikaufen jdn ~** pay a ransom for sb's release **freikommen** be released **Freilandgemüse** vegetables grown outdoors [Pl] **freilassen** release; (*Tier*) release *sth* into the wild ◇ *jdn gegen Kaution freilassen* release sb on bail **Freilassung** release **freilegen** expose

freilich 1 of course ◇ *„Kannst du das?" „Freilich!"* 'Can you do that?' 'Of course I can!' **2** (*einschränkend*) however, admittedly ◇ *Sie selbst war freilich nie in Gefahr.* However, she was never in any danger herself. ◇ *Endgültig ist seine Entscheidung freilich noch nicht.* Admittedly, his decision isn't final yet.

Freilicht- Freilichtbühne open-air stage; (*Theater*) open-air theatre, (*AmE*) open-air theater **Freilichtmuseum** open-air museum

freimachen 1 (**sich**) **~** (*freinehmen*) take time off ◇ *ein paar Tage freimachen* take a few days off **2** (*Brief etc.*) stamp; (*maschinell*) frank

Freimaurer Freemason

freimütig frank (*Adv* frankly)

frei- freinehmen (**sich**) **etw ~** take sth off; **sich ~** take time off ◇ *Ich habe mir eine Woche freigenommen.* I took a week off. ◇ *Ich konnte mir nicht freinehmen.* I couldn't take time off. **freipressen jdn ~** obtain sb's release **Freiraum** space (*auch fig*) ◇ *Teenagern muss man viel Freiraum lassen.* You have to give teenagers plenty of space. **freischaffend** freelance **freischalten** unlock; (*Software etc.*) activate **Freischärler** guerilla **Freischwimmer(in)** = person who has a swimming proficiency certificate **freisetzen** release ◇ *Giftige Gase wurden freigesetzt.* Poisonous fumes were released into the atmosphere. **Freisprecheinrichtung** hands-free kit **freisprechen jdn** (**von etw**) **~** clear sb (of sth); (*vor Gericht auch*) acquit sb (of sth) **Freispruch** acquittal ◇ *Der Verteidiger plädierte auf Freispruch.* The defense was seeking an acquittal. **freistehen es steht jdm frei, etw zu tun** sb is free to do sth **freistellen 1** release; (*Gelder auch*) make *sth* available **2 jdn von etw ~** (*Schüler*) excuse sb from sth **Freistellung 1** release; (*Gelder auch*) making *sth* available **2** (*vom Unterricht, von Gebühren*) exemption **3** (*vom Dienst*) leave **Freistil 1** freestyle **2** (*Ringen*) freestyle wrestling **Freistoß** free kick **Freistunde** free period

Freitag Friday (*Abk* Fri) → *Beispiele bei* MONTAG

freitags on Fridays; (*jeden Freitag*) every Friday → *Beispiele bei* MONTAGS

Frei- Freitod suicide **Freiwild** fair game

freiwillig 1 voluntary (*Adv* voluntarily) ◇ *freiwillige Beiträge* voluntary contributions ◇ *Er wird nicht freiwillig gehen.* He won't go voluntarily. ◇ *freiwillige Helfer/Mitarbeiter* volunteers ◇ *die Freiwillige Feuerwehr* the volunteer fire brigade ◇ *sich freiwillig für etw melden* volunteer for sth ◇ *Hat er freiwillig das Auto gewaschen?* Did he volunteer to wash the car? **2** (*wahlweise*) optional ◇ *Die Teilnahme ist freiwillig.* Attendance is optional.

Freiwillige(r) volunteer **Freiwilligen-Armee** volunteer army

Freizeit 1 spare time; (*zur Erholung auch*) leisure (time) ◇ *in seiner Freizeit* in his spare time ◇ *Womit verbringen sie ihre Freizeit?* What do they do in their leisure time? **2** (*Reise*) (study) trip; (*Kurs*) course; (*Ferien*) holiday

Freizeitangebot leisure facilities [Pl]; (*Aktivitäten*) leisure activities [Pl] **Freizeitbeschäftigung** leisure activity **Freizeitgesellschaft** leisure society **Freizeitgestaltung** leisure activities [Pl] **Freizeitkleidung** leisurewear [U], casual clothes [Pl] **Freizeitpark** leisure park **Freizeitzentrum** leisure centre, (*AmE*) leisure center

freizügig 1 explicit ◇ *freizügige Videos* explicit videos **2** (*großzügig*) liberal ◇ *etw freizügig handhaben* have a liberal attitude towards sth **3** (*locker*) permissive

Freizügigkeit 1 freedom of movement **2** (*sexuell*) explicitness **3** (*moralisch*) permissiveness

fremd 1 foreign ◇ *eine fremde Sprache* a foreign language ◇ *einem fremden Kulturkreis angehören* belong to a different culture **2** (*nicht vertraut*) strange ◇ *in einer fremden Stadt* in a strange city ◇ *fremde Leute* strangers ◇ *Sie fühlte sich noch immer fremd in Berlin.* She still didn't feel at home in Berlin. **3** (*einem anderen gehörend*) other people's ◇ *fremdes Eigentum* other people's property ◇ *ohne fremde Hilfe* without anyone else's help ◇ *in fremde Hände* *geraten* fall into the wrong hands **4** (WIRTSCH) another ◇ *eine fremde Bank* another bank ◇ *Ersatzteile von einer fremden Firma kaufen* buy in spare parts (from another firm) **5 jdm ~** ◇ *Demokratie ist ihnen fremd.* Democracy is an alien concept for them. ◇ *Sprache und Religion in den USA sind ihm fremd.* In the USA the language and religion are unfamiliar for him. ◇ *Eifersucht ist ihm fremd.* Jealousy is not in his nature. **6 jdm ~ werden** seem unfamiliar to sb; (*Mensch*) seem like a stranger to sb **7 sich ~ werden** drift apart

fremdartig strange; (*abwertend*) alien; (*exotisch*) exotic ◇ *fremdartige Schriftzeichen* strange characters ◇ *als asozial und fremdartig gelten* be considered antisocial and alien ◇ *fremdartig aussehen* look exotic ◇ *fremdartig gekleidet sein* be dressed in a strange way

Fremde **(in der/die) ~** abroad ◇ *in der Fremde leben* live abroad

Fremde(r) **1** (*Unbekannte(r)*) stranger ◇ *Nie mit Fremden mitgehen!* Don't talk to strangers. **2** (*Ausländer(in)*) foreigner; (POL) alien ◇ *Vorurteile gegen Fremde* prejudice against foreigners ◇ *Fremde, die in Deutschland wohnen* foreigners living in Germany ◇ *als Fremder eingestuft werden* be classified as an alien **3** (*Tourist*) tourist **4** (*Außenseiter*) outsider ◇ *Er blieb immer ein Fremder.* He always remained an outsider. ◇ *Ich fühle mich hier als Fremde.* I don't feel at home here.

fremden- **fremdenfeindlich** **1** xenophobic ◇ *ein fremdenfeindliches Land* a xenophobic country **2** (*gegen Immigranten*) racist ◇ *fremdenfeindliche Einstellungen* racist attitudes ◇ *fremdenfeindliche Angriffe* racially motivated attacks ◇ *sich fremdenfeindlich äußern* express racist views **Fremdenfeindlichkeit** **1** hostility towards foreigners, xenophobia **2** (*gegen Immigranten*) racism (*abwert*) ◇ *Fremdenfeindlichkeit bei der Polizei* racism in the police force **Fremdenführer(in)** (tourist) guide ◇ *als Fremdenführer arbeiten* work as a tourist guide **Fremdenhass** **1** xenophobia **2** (*gegen Immigranten*) racism **Fremdenverkehr** tourism, tourist industry **Fremdenverkehrsbüro** tourist (information) office ◇ *im Fremdenverkehrsbüro nachfragen* ask at the tourist office **Fremdenverkehrsverein** tourist office ◇ *Fremdenverkehrsverein Weimar* the Weimar tourist office

fremd- **fremdgehen** be unfaithful **Fremdkapital** outside capital **Fremdkörper** **1** (MED) foreign body **2** **wie ein ~** out of place ◇ *sich wie ein Fremdkörper vorkommen* feel out of place **Fremdsprache** foreign language ◇ *Deutsch als Fremdsprache* German as a foreign language ◇ *Sie lernt Russisch als zweite Fremdsprache.* She is learning Russian as her second foreign language. ◇ *Er spricht mehrere Fremdsprachen.* He speaks several languages. ◇ *Geschichte und Fremdsprachen unterrichten* teach history and modern languages **Fremdsprachenkenntnisse** knowledge of foreign languages [U] ◇ *Fremdsprachenkenntnisse sind im Beruf unerlässlich.* Knowledge of foreign languages is essential for the job. ◇ *Sekretärinnen mit guten Fremdsprachenkentnissen* bilingual secretaries **Fremdsprachensekretär(in)** bilingual Secretary **Fremdsprachenunterricht** **1** (foreign) language teaching ◇ *der Einsatz von Computern im Fremdsprachenunterricht* the use of computers in language teaching ◇ *Der Fremdsprachenunterricht beginnt bereits in der Grundschule.* Pupils start learning a foreign language at primary school. ◇ *der Fremdsprachenunterricht in Firmen* in-company language training **2** (*Stunden*) (foreign) language lessons [Pl], (foreign) language classes [Pl] **fremdsprachig** foreign language ◇ *fremdsprachige Titel* foreign language titles ◇ *der Oskar für den besten fremdsprachigen Film* the Oscar for the best foreign language film **fremdsprachlich** foreign language; (*Kurs*) language **Fremdwährung** foreign exchange [U] **Fremdwort** **1** foreign word **2 etw ist für jdn ein ~** ◇ *Pünktlichkeit ist für sie ein Fremdwort.* She doesn't know the meaning of the word punctuality.

frenetisch wild (*Adv* wildly)

Frequenz frequency ◇ *Auf welcher Frequenz liegt dieser Sender?* What frequency does the station broadcast on?

Fresko fresco

Fresse **1** (*Mund*) mouth, (*BrE auch*) gob (*umgs*) **2** (*Gesicht*) ugly mug (*Slang*) ◇ *Ich kann deine Fresse nicht mehr sehen.* I never want to see your ugly mug again. ◇ *jdm die Fresse polieren* smash sb's face in **IDM** **die Fresse halten** shut your trap (*Slang*) (*nichts ausplaudern*) keep your trap shut (*Slang*) **eine große Fresse haben** be a big mouth

fressen **1** eat ◇ *Das Pferd frisst ihr aus der Hand.* The horse will eat out of her hand. ◇ *Die Katze hat den Napf leer gefressen.* The cat ate everything up. ◇ *Er frisst wie ein Schwein.* He eats like a pig. ◇ *Der Holzwurm hatte sich durch den Türrahmen gefressen.* Woodworm had eaten away at the door frame. ◇ *Er gab dem Hund zu fressen.* He fed the dog. ◇ *Die Tiere haben nicht genug zu fressen.* There isn't enough food for the animals. **2** (*viel essen*) eat like a horse, stuff yourself (*umgs*) ◇ *Er frisst für drei.* He eats like a horse. **3** (*verbrauchen*) use ◇ *Dieser Herd frisst weniger Strom.* This cooker uses less electricity. ◇ *Der Wagen frisst viel Benzin.* The car is very heavy on petrol. **4** ◇ *Die Reise hat ein großes Loch in meine Ersparnisse gefressen.* The trip made a large hole in my savings. ◇ *Das Feuer hat eine Schneise in den Wald gefressen.* The fire cut a swathe through the forest. **IDM** → BESEN

Fressen **1** food; (*für Vieh*) feed **2** (*Mensch*) grub (*umgs*) **IDM** **etw ist ein gefundenes Fressen für jdn** sth is a gift for sb

Frettchen ferret

Freude **1** joy, delight ◇ *vor Freude weinen* weep with joy ◇ *die Freuden des Landlebens* the joys of country life ◇ *diebische Freude* glee ◇ *zur Freude der Kinder* to the children's delight ◇ *die Freuden der Liebe* the delights of love ◇ *Er empfand tiefe Freude über das Geschenk.* He was delighted with the present. ◇ *Wir haben Grund zur Freude.* We have reason to be pleased. **2** (*Vergnügen*) pleasure ◇ *vor Freude strahlen* beam with pleasure ◇ *körperliche Freuden* physical pleasures ◇ *Es war mir eine Freude, Sie kennenzulernen.* It was a pleasure to meet you. ◇ *Es ist mir eine große Freude, den Autor vorzustellen.* It gives me great pleasure to introduce the author. ◇ *Die Kinder bereiten den Großeltern viel Freude.* The grandparents get a lot of pleasure out of the children. **3 jdm eine ~ bereiten/machen** make sb happy, do something nice for sb; (*mit einem Ausflug, Geschenk etc.*) give sb a treat ◇ *Mit der Hüpfburg haben sie vielen Kindern eine Freude gemacht.* The bouncy castle made a lot of children happy. ◇ *Am Muttertag wollte er seiner Mutter eine Freude machen.* He wanted to do something nice for his mother on Mother's Day. ◇ *Sie lud uns ins Kino ein, um uns eine Freude zu machen.* She took us to the cinema for a treat. ◇ *Womit kann ich dir eine Freude bereiten?* What would you like? **4 ~ an etw** enjoyment of sth, pleasure in sth; **an etw ~ haben** enjoy (doing) sth; (*stärker*) be delighted with sth ◇ *Sie hat Freude an ihrer Arbeit.* She enjoys her job. ◇ *Sie hatten viel Freude an ihren Enkeln.* They enjoyed being with their grandchildren. **5 jdm die ~ (an etw) nehmen/verderben** spoil sb's pleasure (in sth) ◇ *Du hast mir wirklich die Freude daran verdorben.* You spoilt it for me. **6 etw mit ~ tun** be delighted to do sth ◇ *Er kündigt mit Freude ihren Besuch an.* He is delighted to announce their visit. IDM **jdm in Freud und Leid zur Seite stehen** stand by sb through thick and thin

Freudenschrei shriek of delight ◇ *einen Freudenschrei ausstoßen* give a shriek of delight **Freudentränen** tears of joy [Pl] **freudestrahlend 1** *Adv* beaming (with pleasure) ◇ *Er nahm freudestrahlend die Urkunde entgegen.* Beaming with pleasure he accepted the certificate. **2** *Adj* beaming; (*Lächeln*) radiant ◇ *der freudestrahlende Parteiführer* the beaming party leader

freudig 1 *Adj* joyful (*gehoben*) ◇ *ein freudiges Wiedersehen* a joyful reunion ◇ *eine freudige Nachricht* good news ◇ *Das ist aber eine freudige Überraschung!* What a pleasant surprise! ◇ *ein freudiges Ereignis erwarten* be expecting a happy event ◇ *in freudiger Erwartung des Sängers* in excited anticipation of the singer's arrival **2** *Adv* (*begrüßen*) warmly; (*überrascht*) pleasantly; **~ erregt** excitedly ◇ *Sie wurden freudig begrüßt.* They received a warm welcome.

freudlos miserable; (*Kindheit, Jahre*) joyless (*gehoben*)

freuen 1 sich (über etw) ~ be pleased (about sth); (*erleichtert, dankbar*) be glad (about sth); (*stärker*) be delighted (about/with sth) ◇ *Wir haben uns über die Einladung sehr gefreut.* We were very pleased to be invited. ◇ *Wir freuen uns, dass es ihm wieder besser geht.* We're glad to hear he's well again. ◇ *Ich freue mich sehr darüber.* I'm very glad about that. ◇ *Er freute sich aufrichtig, sie wiederzusehen.* He was delighted to see her again. ◇ *Sie freut sich ihres Lebens.* She enjoys life. ◇ *Ich würde mich so freuen, wenn sie uns besuchen würde.* I'd love her to come and stay with us. ◇ *Freu dich nicht zu früh.* Don't raise your hopes. ◇ *Wir freuen uns über jede Zuschrift.* Your letters are all very welcome. **2 sich auf etw/jdn ~** look forward to sth/seeing sb ◇ *Sie freut sich auf seinen Besuch.* She is looking forward to his visit. ◇ *Wir haben uns schon lange darauf gefreut.* We've been looking forward to it for a long time. ◇ *Ich freue mich auf Ihre Antwort.* I look forward to hearing from you. **3 es/das freut jdn** sb is glad, sb is pleased ◇ *Es freut mich zu hören, dass es ihm besser geht.* I'm glad to hear he's feeling better. ◇ *Es freute sie, dass er an ihren Geburtstag gedacht hatte.* She was pleased he remembered her birthday. ◇ *Es freut mich, Sie kennengelernt zu haben.* It was nice meeting you.

Freund(in) 1 friend ◇ *unsere Freundin Conny* our friend Conny ◇ *eine Freundin von mir* a friend of mine ◇ *Sie hat viele Freunde.* She has lots of friends. ◇ *Freunde werden* become friends ◇ *viele Freunde finden* make a lot of friends ◇ *unter Freunden sein* be among friends ◇ *Sie kommt mit ihrer Freundin.* She's coming with a friend. **2** (*Partner*) boyfriend; (*Freundin*) girlfriend ◇ *Er wohnt mit seiner Freundin zusammen.* He lives with his girlfriend. ◇ *Sie hat jetzt einen festen Freund.* She's got a steady boyfriend now. **3** (*Liebhaber, Fan*) lover ◇ *Freunde der Chormusik* lovers of choral music ◇ *Er ist ein Freund der Oper.* He is an opera lover. ◇ *ein Freund von Pferderennen* a racing fan **4 kein ~ von etw sein** not like sth ◇ *Er ist kein Freund von Fernsehinterviews.* He doesn't like television interviews. **5** (*Förderer*) supporter ◇ *Er ist Mitglied im „Verein der Freunde des Motorsports".* He is a member of the 'Motor Racing Supporters Club'. ◇ *Freunde des Museums* the friends of the museum **6 ein politischer ~** a political associate

Freundeskreis 1 circle of friends ◇ *ein großer Freundeskreis* a wide circle of friends ◇ *Sie feiert ihren Geburtstag im engsten Freundeskreis.* She is celebrating her birthday with a few close friends. **2** (*Hilfsgruppe*) support group ◇ *Freundeskreis Asyl* asylum seekers' support group

freundlich 1 friendly; (*höflich*) polite (*Adv* politely); (*liebenswürdig*) kind ◇ *Er lächelt ihr freundlich zu.* He gives her a friendly smile. ◇ *jdn freundlich empfangen* give sb a friendly welcome ◇ *Sie ist sehr freundlich zu den Kunden.* She is very polite to the customers. ◇ *Das ist sehr freundlich von Ihnen.* That's very kind of you. ◇ *Seien Sie bitte so freundlich und schließen Sie die Tür.* Please could you shut the door. ◇ *Wir wurden sehr freundlich beraten.* The staff were very helpful. **2** (*Farben, Zimmer, Einrichtung*) cheerful ◇ *Die Atmosphäre ist hell und freundlich.* The atmosphere is bright and cheerful. ◇ *Er hofft auf freundliches Wetter.* He is hoping for good weather. **3 jdm ~ gesonnen sein** be well disposed towards sb **4 mit freundlichen Grüßen** Yours sincerely, (*AmE*) Sincerely (yours)

freundlicherweise kindly

Freundlichkeit friendliness; (*Liebenswürdigkeit*) kindness

Freundschaft friendship ◇ *Die Freundschaft ging in die Brüche.* Their friendship came to an end. ◇ *Freundschaft schließen* become friends ◇ *die deutsch-französische Freundschaft* friendly relations between Germany and France

freundschaftlich friendly ◇ *Sie ist mit ihm freundschaftlich verbunden.* She is friendly with him. ◇ *Er gab ihr einen freundschaftlichen Rat.* He offered her some friendly advice. ◇ *jdn freundschaftlich aufnehmen* welcome sb as a friend ◇ *ein Problem freundschaftlich lösen* solve a problem amicably ◇ *Die Firma ist freundschaftlich mit uns verbunden.* We have close ties with the firm. IDM → FUẞ

Freundschafts- Freundschaftsanfrage (*bei Facebook*) friend request **Freundschaftsdienst** favour (for a friend), (*AmE*) favor (for a friend) **Freundschaftsspiel** friendly (match)

Frevel crime

Frieden 1 peace ◇ *Frieden schließen/stiften* make peace ◇ *Es herrscht Frieden.* There is peace. ◇ *Im Land herrscht seit zwei Jahren Frieden.* The country has been at peace for two years. **2** (*Vertrag*) peace settlement **3** (*Eintracht*) harmony ◇ *der soziale Frieden* social harmony ◇ *um des lieben Friedens willen* for a quiet life IDM **jdn in Frieden lassen** leave sb alone **jdn mit etw in Frieden lassen** not bother sb with sth

Friedensabkommen peace agreement **Friedensangebot** peace offer **Friedensbewegung** peace movement **Friedensgespräche** peace talks [Pl] **Friedensgruppe** peace group **Friedensinitiative** peace initiative **Friedenskonferenz** peace conference **Friedensnobelpreis** Nobel Peace Prize **Friedensnobelpreisträger(in)** winner of the Nobel Peace Prize **Friedensplan** peace plan **Friedenspolitik** peace policy **Friedensprozess** peace process **Friedenssicherung** peace-keeping **Friedenstaube** symbol of peace **Friedenstruppe** peace-keeping force **Friedensverhandlungen** peace negotiations [Pl] **Friedensvertrag** peace treaty

friedfertig peaceable

Friedhof cemetery; (*bei einer Kirche*) churchyard ◇ *auf dem Friedhof (beerdigt) liegen* be buried in the cemetery ◇ *Sie ging auf den Friedhof.* She went to the cemetery.

friedlich 1 peaceful (*Adv* peacefully) ◇ *Die Demonstration verlief friedlich.* The demonstration passed off peacefully. **2** (*friedfertig*) gentle (*Adv* gently) ◇ *ein friedlicher Hund* a gentle dog

frieren 1 be cold ◇ *Sie froren sehr.* They were terribly cold. ◇ *Sie fror an den Händen.* Her hands were cold. **2** (*gefrieren*) freeze ◇ *ein gefrorener Boden* frozen ground ◇ *Es hat letzte Nacht gefroren.* There was a frost last night. IDM → SCHNEIDER(IN)

Frikadelle ≈hamburger

Frisbee® Frisbee™ ◇ *Frisbee spielen* play frisbee

frisch **1** fresh (*Adv* freshly) ◇ *frische Kräuter* fresh herbs ◇ *frische Spuren im Schnee* fresh tracks in the snow ◇ *für frischen Wind sorgen* introduce a breath of fresh air ◇ *frisch gebackenes Brot* freshly baked bread ◇ *Die Wand ist frisch gestrichen.* The wall is freshly painted. ◇ *Die Farbe ist noch frisch.* The paint's still wet. ◇ *Der Rasen ist frisch gemäht.* The lawn is newly mown. ◇ *mit frischen Kräften an etw rangehen* tackle sth with renewed vigour **2** (*sauber*) clean ◇ *frische Handtücher* clean towels ◇ *die Betten frisch beziehen* change the beds **3** (*kühl*) cool, chilly ◇ *eine frische Brise* a cool breeze ◇ *Draußen ist es recht frisch.* It's quite chilly outside. **4** (*leuchtend*) bright, cheerful ◇ *frische Farben* bright colours **5 sich ~ machen** freshen up IDM → LEBER, LUFT, TAT *und* WIND

Frische **1** freshness [U] ◇ *die Frische der Zutaten* the freshness of the ingredients **2** (*Schwung*) energy

frischgebacken brand new ◇ *ein frischgebackener Vater* a brand new father

Frisch- **Frischhaltefolie** cling film, (*AmE*) plastic wrap [U] **Frischkäse** cream cheese

Friseur(in) hairdresser ◇ *Warst du beim Friseur?* Have you had your hair done?
Friseursalon hairdresser's (salon)

frisieren **1** ◇ *sich (die Haare) frisieren* do your hair ◇ *jdn frisieren* do sb's hair ◇ *Sie hatte modisch frisiertes Haar.* She had a fashionable hairstyle. **2** (*Motor*) soup *sth* up (*umgs*) ◇ *frisierte Roller* souped-up scooters **3** (*Zahlen etc.*) manipulate ◇ *die Zahlen (nach oben) frisieren* manipulate the figures (upwards) ◇ *die Bilanzen frisieren* cook the books

Frist (*Zeitraum*) period; (*letzter Termin*) deadline; (*Kündigungs-*) period of notice ◇ *während dieser Frist* during this period ◇ *Man muss sich an die Fristen halten.* You have to keep to the deadlines. ◇ *nach Ablauf der Frist* after the deadline has expired ◇ *Sie setzten mir eine Frist bis Dienstag.* They gave me till Tuesday to do it.

fristen ◇ *Er fristete ein Leben in Armut.* He lived in poverty. ◇ *ein bescheidenes Dasein fristen* eke out a miserable existence

Fristenregelung = law permitting an abortion within the first three months of pregnancy

frist- **fristgemäß, fristgerecht** on time, within the prescribed period (*offiz*) ◇ *etw fristgemäß zurückzahlen* repay sth on time ◇ *einen Vertrag fristgemäß kündigen* terminate a contract within the prescribed period ◇ *sich fristgerecht anmelden* register before the deadline **fristlos** without notice (*dem Nomen nachgestellt*) ◇ *jdn fristlos entlassen* dismiss sb without notice ◇ *einen Vertrag fristlos kündigen* cancel a contract without notice **Fristverlängerung** extension

Frisur hairstyle

Fritten chips [Pl], (*AmE*) fries [Pl]

Fritteuse deep-fat fryer, (*AmE*) deep fryer

frittieren deep-fry ◇ *frittierte Pilze* deep-fried mushrooms

frivol racy, risqué, ribald ◇ *frivole Filme* risqué films ◇ *eine frivole Bemerkung* a suggestive remark

froh **1** (*erleichtert, dankbar*) glad [nicht vor Nomen] ◇ *Ich bin froh, dass alles vorbei ist.* I'm glad it's over. ◇ *Ich war froh, ihn los zu sein.* I was glad to be rid of him. ◇ *Wir sind froh über/um jede Spende.* We are glad of every donation. **2** (*glücklich*) happy (*Adv* happily) ◇ *frohe Gesichter* happy faces ◇ *Frohe Weihnachten/Ostern!* Happy Christmas/Easter! ◇ *Frohes neues Jahr!* Happy New Year! ◇ *eine frohe Nachricht* (a piece of) good news IDM → LEBEN

fröhlich **1** *Adj* cheerful (*Adv* cheerfully); (*glücklich*) happy (*Adv* happily); (*ausgelassen*) jolly, merry (*Adv* merrily) ◇ *ein fröhlicher Mensch* a cheerful person ◇ *ein fröhliches Gesicht* a happy face ◇ *ein fröhliches Fest* a jolly party ◇ *Sie sangen fröhlich.* They were singing merrily. ◇ *Die Nachricht stimmte ihn fröhlich.* The news put him in a good mood. **2** *Adv* (*unbekümmert*) blithely ◇ *Er redete fröhlich drauflos.* He blithely started talking.

Fröhlichkeit cheerfulness; (*Ausgelassenheit*) jollity

Frohsinn cheerfulness

fromm pious (*Adv* piously); (*sehr gläubig auch*) devout (*Adv* devoutly) ◇ *fromme Sprüche* pious words IDM → WUNSCH

Fronleichnam Corpus Christi

Front **1** front (*auch fig*); (*Kampflinie auch*) front line ◇ *eine Front kalter Meeresluft* a front of cold sea air ◇ *Er musste an die Front.* He was sent to the front. ◇ *an vorderster Front kämpfen* fight in the front line **2** (*Einstellung*) attitude, position ◇ *Die Fronten haben sich verhärtet.* Attitudes have hardened. ◇ *Es zeichneten sich zwei Fronten ab.* Two positions began to emerge. ◇ *zwischen den Fronten stehen* be between two fronts **3** (*eines Gebäudes*) frontage, facade IDM **Front gegen jdn/etw machen** make a stand against sb/sth **jdn in Front bringen** put sb in the lead **in Front gehen** go into the lead **in Front liegen** be in the lead; be leading **klare Fronten schaffen** clarify the/your position

frontal **1** *Adv* head-on ◇ *Die Autos sind frontal zusammengestoßen.* The cars collided head-on. ◇ *Er prallte frontal gegen einen Baum.* He crashed head-on into a tree. ◇ *jdn frontal angreifen* tackle sb head-on **2** *Adj* (*Ansicht etc.*) frontal [nur vor Nomen]

Frontalzusammenstoß head-on collision

Front- **Frontantrieb** front-wheel drive **Frontmann** frontman

Frosch frog IDM **einen Frosch im Hals haben** have a frog in your throat **Sei kein Frosch!** Don't be such a wimp!
Froschlaich frogspawn **Froschmann** frogman **Froschschenkel** frog's leg [meist Pl]

Frost frost ◇ *ein leichter/starker Frost* a slight/heavy frost ◇ *bei klirrendem Frost* in a sharp frost
frostbeständig frost-proof **Frostbeule** (MED) chilblain

frösteln shiver ◇ *Er fröstelt/Ihn fröstelt es.* He's shivering.

frostig frosty (*Adv* frostily) (*auch fig*) ◇ *Sie begrüßten sich frostig.* They greeted each other frostily.

Frostschutzmittel antifreeze [U]

Frottee towelling, (*AmE*) toweling ◇ *ein Bademantel aus Frottee* a towelling bathrobe

frotzeln tease; **über jdn/etw ~** make fun of sb/sth

Frucht fruit ◇ *die Früchte unserer Arbeit* the fruits of our labour ◇ *exotische Früchte* exotic fruit(s) IDM **Früchte tragen** bear fruit **verbotene Früchte** forbidden fruit

fruchtbar **1** (*Boden, Gegend*) fertile ◇ *ein fruchtbares Gebiet* a fertile area **2** (*sich rasch fortpflanzend*) prolific **3** (*fig*) fruitful ◇ *eine fruchtbare Zusammenarbeit* a fruitful collaboration
Fruchtbarkeit fertility

fruchten bear fruit

Frucht- **Fruchtfleisch** flesh **Fruchtgeschmack** fruit flavour, (*AmE*) fruit flavor

fruchtig fruity ◇ *Der Wein schmeckt fruchtig.* The wine has a fruity taste.

fruchtlos fruitless ◇ *Unsere Bemühungen blieben fruchtlos.* Our efforts were fruitless. ◇ *Die Verhandlungen sind fruchtlos verlaufen.* The negotiations proved fruitless.

Frucht- Fruchtpresse juicer; (*in einer Kelterei*) fruit press **Fruchtsaft** fruit juice **Fruchtzucker** fructose

früh 1 early ◇ *früh am Morgen* early in the morning ◇ *vom frühen Morgen bis in die späte Nacht* from early morning until late at night ◇ *Kannst du auch etwas früher?* Can you make it a bit earlier? ◇ *zum frühesten Termin* at the earliest possible date ◇ *Sie hat schon früh graue Haare bekommen.* She went grey at an early age. ◇ *von früh auf* from an early age ◇ *eines seiner frühen Werke* one of his early works **2** (*am Morgen*) morning ◇ *heute früh* this morning ◇ *Sie kommt morgen früh.* She is coming tomorrow morning. ◇ *von früh bis spät* from morning till night ◇ *um vier Uhr früh* at four o'clock in the morning ◇ *morgens früh um halb neun* at half past eight in the morning IDM **früher oder später** sooner or later → *Siehe auch* DRAN

Frühaufsteher(in) early riser

Frühe, Früh early morning ◇ *in der Früh um sieben Uhr* at 7 o'clock in the morning ◇ *in der Frühe* in the early morning ◇ *in aller Frühe* at the crack of dawn

früher 1 → FRÜH **2** (*einst*) ◇ *Früher war hier eine Bank.* There used to be a bank here. ◇ *Myanmar (früher Birma)* Myanmar (formerly Burma) ◇ *Wir kennen uns von früher.* We know each other from way back. ◇ *Es ist alles noch wie früher.* Nothing's changed. ◇ *Ich denke oft an früher.* I often think of the past. ◇ *Sie hat ihre Briefe von früher aufgehoben.* She has saved all her old letters. ◇ *Früher war alles besser.* Things were much better in the old days.

frühere(r,s) 1 → FRÜH **2** (*ehemalig*) former [nur vor Nomen], earlier; (*vorhergehend*) previous ◇ *ein früherer Kollege* a former colleague ◇ *der frühere Eigentümer des Hauses* the previous owner of the house

Früherkennung early diagnosis

frühestens at the earliest ◇ *Sie kommt frühestens um zehn.* She won't be here before ten at the earliest. ◇ *Er ist frühestens in vier Jahren fertig.* It will be four years at the earliest before he finishes. ◇ *in frühestens einer Woche* in a week at the earliest

frühestmöglich earliest possible

Früh- Frühgeburt 1 premature birth **2** (*Kind*) premature baby **Frühjahr** spring → *Beispiele bei* SOMMER **Frühjahrsputz** spring clean ◇ *den Frühjahrsputz machen* have a spring clean

Frühling spring → *Beispiele bei* SOMMER **Frühlingsanfang** beginning of spring **Frühlingsrolle** spring roll **Frühlingstag** spring day ◇ *ein warmer Frühlingstag* a warm spring day ◇ *die ersten Frühlingstage* the first days of spring **Frühlingswetter** spring weather

früh- frühmorgens early in the morning **frühreif 1** precocious **2** (*Obst etc.*) early **Frühpensionierung** early retirement [U] **Frührente** early retirement ◇ *in Frührente gehen* take early retirement **Frührentner(in)** = person who has taken early retirement **Frühsport** early morning exercise **Frühstadium** ◇ *Das Projekt befindet sich noch im Frühstadium.* The project is still in its early stages. **Frühstart** false start

Frühstück breakfast ◇ *Was gibt es zum Frühstück?* What is there for breakfast? ◇ *Eier zum Frühstück essen* have eggs for breakfast ◇ *das zweite Frühstück* a mid-morning snack ◇ *Frühstück machen* get breakfast ◇ *Zimmer mit Frühstück* bed and breakfast

frühstücken have breakfast; **etw ~** have sth for breakfast ◇ *Habt ihr schon gefrühstückt?* Have you had breakfast? ◇ *Was habt ihr gefrühstückt?* What did you have for breakfast? ◇ *Ich hatte noch nichts gefrühstückt.* I hadn't had any breakfast.

Frühstücks- Frühstücksfernsehen breakfast television **Frühstückspause** morning break **Frühstückstisch** breakfast table

Frühwarnsystem early warning system

frühzeitig 1 early ◇ *sich frühzeitig bewerben* apply early ◇ *eine Krankheit frühzeitig erkennen* diagnose an illness in its early stages **2** (*vorzeitig*) premature ◇ *frühzeitiger Haarausfall* premature hair loss

Frust frustration

Frustration frustration

frustrieren frustrate

frustrierend frustrating

Fuchs 1 fox (*auch fig*) **2** (*Pferd*) chestnut IDM **wo sich Fuchs und Hase gute Nacht sagen** in the back of beyond

Füchsin vixen

Fuchsjagd 1 (*Jagd auf Füchse*) fox-hunting; (*einzelne Veranstaltung*) hunt **2** (*Spiel*) drag hunt

Fuchtel IDM **jdn unter der/seiner Fuchtel haben** have sb under your thumb **unter jds Fuchtel stehen/sein** be under sb's thumb

Fuge[1] (*Zwischenraum*) crack, gap IDM **aus allen/den Fugen geraten** come apart at the seams ◇ *Die Gesellschaft droht aus den Fugen zu geraten.* Society is threatening to come apart at the seams. ◇ *Das ökologische Gleichgewicht ist aus den Fugen geraten.* The ecological balance has been upset.

Fuge[2] (MUS) fugue

fügen 1 sich (jdm/etw) ~ obey (sb/sth) ◇ *sich jds Wünschen fügen* obey sb's wishes ◇ *Er muss lernen sich zu fügen.* He must learn to toe the line. **2 sich in etw ~** resign yourself to sth ◇ *sich in sein Schicksal fügen* resign yourself to your fate

Fügung divine providence [U]

fühlen 1 feel; **nach etw ~** feel for sth ◇ *Sie fühlte ihr Herz schlagen.* She felt her heart beating. ◇ *Ich fühlte einen Schmerz im Rücken.* I felt a pain in my back. ◇ *jdm den Puls fühlen* feel sb's pulse ◇ *Was fühlst du für ihn?* What do you feel for him? ◇ *Sie fühlte in ihrer Tasche nach dem Schlüssel.* She felt in her bag for the key. ◇ *Ich fühlte, dass etwas nicht stimmte.* I sensed that something was wrong. **2 sich … ~** feel … ◇ *sich glücklich fühlen* feel happy ◇ *Ich fühle mich im Stich gelassen.* I feel let down. ◇ *sich wie ein Fremder fühlen* feel like a stranger ◇ *Fühle dich wie zu Hause!* Make yourself at home! **3 sich als jd ~** regard yourself as sb ◇ *Er fühlt sich als Künstler.* He regards himself as an artist. IDM → HAUT, HIMMEL, RECHT, SCHLIPS *und* ZAHN

Fühler feeler, antenna; (*Schnecke*) horn IDM **seine/die Fühler ausstrecken** put out feelers

Fuhre load ◇ *eine Fuhre Kies* a load of gravel

führen 1 lead ◇ *Kinder an der Hand führen* lead children by the hand ◇ *das Pferd in den Stall führen* lead the horse into its stable ◇ *Das führt uns zum nächsten Thema.* That leads us to our next topic. ◇ *Diese Straße führt zur Grenze.* This road leads to the border. ◇ *Hunde an der Leine führen!* Dogs are to be kept on a lead. ◇ *Er führte uns durch das Haus.* He showed us around the house. ◇ *Der Portier wird Sie auf Ihr Zimmer führen.* The porter will show you to your room. ◇ *Der Weg führt über mehrere Felder.* The road goes across several fields. **2 zu etw ~** lead to sth ◇ *Wohin soll das alles führen?* Where's it all leading to? ◇ *Es führte dazu, dass er seine Stelle verlor.* It led to him losing his job. ◇ *Das führt zu nichts.* It isn't getting us anywhere. **3** (*leiten*) run ◇ *ein Geschäft führen* run a business **4 (gegen jdn) ~** lead (sb) ◇ *Frankreich führt gegen Italien mit vier zu zwei.* France is leading Italy by four goals to two. ◇ *Schuhmacher führt.*

Schuhmacher is in the lead. **5** (*steuern, lenken*) ◇ *ein Fahrzeug führen* drive a vehicle ◇ *ein Flugzeug führen* fly a plane ◇ *Er hat bei 30 Filmen die Kamera geführt.* He was behind the camera on 30 films. ◇ *die Hand zum Mund führen* put your hand to your mouth ◇ *Sie führte dem Jungen die Hand beim Schreiben.* She guided the boy's hand as he wrote. **6 etw (bei sich/mit sich) ~** have sth (on/with you); (*tragen*) carry sth ◇ *Man muss seinen Ausweis immer bei sich führen.* You should always have your ID on you. ◇ *Der Zug führt einen Schlafwagen.* The train has a sleeping car. ◇ *Passagiere, die Handgepäck mit sich führen* passengers carrying hand baggage ◇ *Er führt einen Künstlernamen.* He uses a pseudonym. **7** (*transportieren*) carry ◇ *Der Frachter führt Öl.* The freighter is carrying oil. ◇ *Der Rhein führt Hochwasser.* The Rhine is running high. **8** (*hierher bringen*) bring; (*dorthin-*) take ◇ *Was führt dich zu uns?* What brings you to us? ◇ *Seine Reise führte ihn nach China.* His journey took him to China. **9** (*Ware*) stock, sell ◇ *Sonnenbrillen führen wir nicht.* We don't stock sunglasses. **10 sich (gut/schlecht) ~** behave well/badly **11 jdn in einer Liste ~** have sb on a list **12** (*Gespräch, Diskussion*) have ℹ Für andere Ausdrücke mit **führen** siehe die Einträge für die entsprechenden Nomina etc. **Regie führen** z.B. steht unter **Regie**.

führend leading [nur vor Nomen] ◇ *eine führende Rolle* a leading role ◇ *eine führende Persönlichkeit* a prominent personality ◇ *an führender Stelle stehen* be in the lead ◇ *Sie sind führend in der Aids-Forschung.* They are leaders in the field of AIDS research.

Führer (*Buch*) guide ◇ *einen Führer von Paris kaufen* buy a guide to Paris ◇ *ein Führer durch die Tierwelt Afrikas* a guide to the animals of Africa

Führer(in) **1** (*Mensch*) leader; (*Hitler*) Führer **2** (*Touristen-*) guide

Führerschein **1** driving licence, (*AmE*) driver's license ◇ *den Führerschein vorzeigen* show your driving licence ◇ *ein Führerschein auf Probe* a probationary driving licence ◇ *Mir wurde der Führerschein abgenommen.* I was disqualified from driving. **2 den ~ machen** learn to drive; (*bestehen*) pass your (driving) test ◇ *Ich mache gerade den Führerschein.* I'm learning to drive. ◇ *Sie hat den Führerschein erst vor zwei Jahren gemacht.* She only passed her test two years ago.

Fuhrpark fleet (of vehicles)

Führung **1** leadership [mit Verb im Sing/Pl]; (*einer Firma*) management [mit Verb im Sing/Pl] **2** (*Besichtigung*) guided tour ◇ *Führungen durch die Altstadt* guided tours through the old town ◇ *Wanderungen unter ortskundiger Führung* walks with a local guide **3** (SPORT) lead ◇ *Sie ging in Führung.* She went into the lead. ◇ *Seine Mannschaft lag mit zwei Toren in Führung.* His team were two goals ahead. **4** (*Verhalten*) behaviour, (*AmE*) behavior ◇ *Wegen guter Führung wurde der Häftling vorzeitig entlassen.* The prisoner was released early for good behaviour. **5** (*das Führen*) (*meist mit einem Verb übersetzt*) ◇ *Sie war allein verantwortlich für die Führung der Geschäftsbücher.* She was solely responsible for keeping the books. ◇ *die Berechtigung zur Führung von Lastkraftwagen* the right to drive heavy goods vehicles ◇ *Ihm wurde die Führung seines Titels untersagt.* He was forbidden to use his title.

Führungskraft **1** executive ◇ *eine erfolgreiche Führungskraft* a successful executive **2** (*Autorität*) authority ◇ *Ihm wurde mangelnde Führungskraft vorgeworfen.* He was accused of lacking authority. **Führungsspitze** senior management **Führungsstil** managerial style; (POL) style of leadership **Führungswechsel** change of leadership **Führungszeugnis** **polizeiliches ~** = police certificate stating that sb does not have a criminal record

Fuhr- **Fuhrunternehmen** haulage company **Fuhrunternehmer** haulage contractor

Fülle **1** large number, wealth ◇ *Die Fülle unterschiedlicher Produkte ist verwirrend.* The large number of different products is confusing. ◇ *eine Fülle von Beispielen* a wealth of examples **2** (*Intensität*) richness ◇ *die Fülle ihrer Stimme* the richness of her voice **3** (*Körper-*) corpulence ◇ *Wegen seiner Fülle nennen ihn alle Dicker.* They all call him 'Fatty' because of his corpulence. ◇ *Sie neigt zur Fülle.* She is rather on the stout side. IDM → HÜLLE

füllen **1 etw (mit etw) ~** fill sth (with sth) ◇ *Soll ich die Thermoskanne füllen?* Shall I fill the thermos flask? ◇ *einen Zahn füllen* fill a tooth ◇ *Ihre Kleider füllen mehrere Schränke.* Her clothes fill several wardrobes. ◇ *Ich habe jede Menge gefüllte Zähne.* I've got lots of fillings. → *Siehe auch* GEFÜLLT **2 etw (mit etw) ~** (GASTRON) stuff sth (with sth) ◇ *Sie füllte die Pute.* She stuffed the turkey. ◇ *gefüllte Pralinen* chocolates with a soft centre **3 sich (mit etw) ~** fill (up) (with sth) ◇ *Der Bus füllte sich bis auf den letzten Platz.* The bus filled right up. **4 etw in etw ~** put sth into sth, pour sth into sth ◇ *Er füllte eine grüne Flüssigkeit in die Flasche.* He was pouring a green liquid into the bottle.

Füller, **Füllfederhalter** fountain pen

füllig **1** stout **2** (*Ton, Geschmack*) rich ◇ *Diese Orgel hat einen fülligen Klang.* This organ has a rich, full sound. **3** (*Wein*) full-bodied

Füllung filling; (*für Braten, Polster etc.*) stuffing

fulminant brilliant ◇ *ein fulminanter Auftritt* a brilliant performance

fummeln **1 (nach etw) ~** fumble (for sth) ◇ *Sie fummelte in ihrer Tasche nach dem Lippenstift.* She fumbled in her bag for the lipstick. ◇ *Er fummelte ein Taschentuch aus seiner Hosentasche.* He fumbled to get a handkerchief out of his trouser pocket. **2 (an etw) ~** fiddle (with sth) ◇ *Hör auf, am Fernseher zu fummeln.* Stop fiddling with the television. **3** (*berühren*) pet (*umgs*)

Fund discovery; (*Gegenstand auch*) find ◇ *der Fund einer römischen Öllampe* the discovery of a Roman oil lamp ◇ *ein archäologischer Fund* an archaeological find

Fundament **1** foundations [Pl] ◇ *das Fundament des Dammes* the foundations of the dam **2** (*Grundlage*) basis, foundation ◇ *Der Kurs ist ein solides Fundament für weitere Studien.* The course is a good basis for further studies. ◇ *Nach dem Zweiten Weltkrieg wurden die Fundamente der Bundesrepublik gelegt.* After the Second World War the foundations were laid for the German Federal Republic.

fundamental fundamental (*Adv* fundamentally)

Fundamentalismus fundamentalism ◇ *Gegner des Fundamentalismus* opponents of fundamentalism

Fundamentalist(in) fundamentalist

Fund- **Fundbüro** lost property office, (*AmE*) lost and found **Fundgrube** treasure trove ◇ *Dieser Laden ist eine wahre Fundgrube.* This shop is a real treasure trove.

Fundi → FUNDAMENTALIST(IN)

fundiert sound; (*gründlich*) thorough (*Adv* thoroughly) ◇ *fundierte Kenntnisse der Grammatik* a sound knowledge of grammar ◇ *finanziell fundiert* financially sound

fündig **~ werden** find what you are looking for ◇ *Sie wurden schnell fündig.* They soon found what they were looking for.

Fund- **Fundort** place where sth is/was found ◇ *der Fundort der Leiche* the place where the body was found **Fundsache** lost property [U]

fünf five → *Beispiele bei* SECHS
Fünfeck pentagon
fünffach fivefold → *Beispiele bei* SECHSFACH
Fünfkampf pentathlon
Fünfling quintuplet
Fünfprozentklausel, **Fünfprozenthürde** ≈ regulation in the German electoral system which means that parties which receive fewer than 5 % of the votes cannot be represented in parliament
fünft zu ~ five of us/them ◇ *Wir sind gestern Abend zu fünft ausgegangen.* Five of us went out last night.
fünfte(r,s) fifth → *Beispiele bei* SECHSTE(R,S) IDM → KOLONNE *und* RAD
Fünftel fifth
fünfzehn fifteen → *Beispiele bei* SECHS
fünfzehnte(r,s) fifteenth → *Beispiele bei* SECHSTE(R, S)
fünfzig fifty → *Beispiele bei* SECHZIG
fünfzigste(r,s) fiftieth → *Beispiele bei* SECHSTE(R,S)
fungieren als jd/etw ~ act as sb/sth
Funk radio ◇ *Per Funk erfuhr er von dem Unfall.* He heard of the accident by radio. ◇ *Sie riefen über Funk Hilfe.* They radioed for help.
Funke **1** spark ◇ *Funken von einem Lagerfeuer* sparks from a camp fire **2** (*fig*) ounce; (*Hoffnung*) glimmer; (*Wahrheit*) grain ◇ *jeder, der auch nur einen Funken Verstand hat* anyone with an ounce of sense ◇ *Es besteht noch immer ein kleiner Funke Hoffnung.* There is still a glimmer of hope. IDM **der Funke springt über** ◇ *der Funke, der ins Publikum überspringen muss* the enthusiasm that has to spread to the audience
funkeln sparkle; (*Stern*) twinkle ◇ *Der Anblick des Weihnachtsbaums ließ ihre Augen funkeln.* The sight of the Christmas tree made their eyes sparkle. ◇ *Seine Augen funkelten kampfbereit.* His eyes flashed aggressively.
funken broadcast; (*Mitteilung, Bilder auch*) send *sth* (out) ◇ *Die Raumsonde funkte Fotos zur Erde.* The space probe sent pictures back to earth. ◇ *SOS-Signale funken* send out an SOS IDM **bei jdm funkt es/hat es gefunkt** the penny drops/has dropped (*umgs*) ◇ *Na, hat es endlich bei dir gefunkt?* Well, has the penny finally dropped? **bei/zwischen zwei Menschen hat es gefunkt** two people have fallen for each other (*umgs*) ◇ *Es dauerte nicht lange, da funkte es zwischen den beiden.* The two of them soon fell for each other.
Funker(in) radio operator; (*Hobby-*) radio ham
Funk- **Funkgerät** radio equipment [U]; (*tragbar*) radio, walkie-talkie (*umgs*) **Funkloch** area with no reception, black hole (*umgs*) **Funkspruch** radio message **Funkstille** (radio) silence ◇ *Funkstille einhalten* maintain radio silence ◇ *Zwischen meinem Bruder und mir herrscht zurzeit Funkstille.* My brother and I aren't talking to each other. ◇ *Über die Nazizeit in unserem Dorf herrscht Funkstille.* Nobody talks about the Nazi period in our village. **Funkstreife** police radio patrol
Funktion **1** function ◇ *Die Ärzte überprüften die Funktion seiner Leber.* The doctors checked his liver function. ◇ *Die Funktion der Maschine ist gestört.* The machine is not functioning properly. **2** (*Rolle*) role ◇ *die Funktion der Kirche in der Gesellschaft* the role of the Church in society ◇ *Sie hat eine leitende Funktion in der Firma.* She has a managerial role in the company. ◇ *Hat dieser Hebel hier irgendeine Funktion?* What is this lever here for? **3 in ~** in operation **4 in ~ treten** come into operation; (*Alarm etc.*) go off; (*Mensch*) take up your post ◇ *Die Kläranlage tritt nächste Woche in Funktion.* The sewage works comes into operation next week. ◇ *Der Rauchmelder trat in Funktion.* The smoke alarm went off. **5 außer ~** out of operation; (*kaputt*) out of order ◇ *Die Maschine ist bereits seit Tagen außer Funktion.* The machine has been out of order for days. **6 jdn außer ~ setzen** relieve sb of his/her duties; **etw außer ~ setzen** put sth out of operation
funktional functional ◇ *eine funktional ausgerichtete Architektur* functional architecture ◇ *zwei Abteilungen, die funktional zusammengehören* two departments that have a similar function
Funktionär(in) official
funktionell **1** functional (*Adv* functionally) ◇ *funktionelle Analphabeten* functional illiterates **2** (*praktisch*) functional, practical (*Adv* practically); (*effizient*) efficient (*Adv* efficiently) ◇ *funktionelle Kleidung* functional clothing ◇ *Das Gebäude ist funktionell gestaltet.* The building is functional in design. ◇ *Der Regionalverkehr muss funktioneller betrieben werden.* Local transport has to be run more efficiently.
funktionieren work ◇ *Wie funktioniert das?* How does that work? ◇ *Diese Zusammenarbeit funktioniert reibungslos.* This partnership works well. ◇ *Der Kühlschrank funktioniert nicht mehr richtig.* There's something wrong with the fridge.
Funkturm radio tower; (*Fernseh-*) television tower
für **1** for ◇ *ein Geschenk für Pia* a present for Pia ◇ *Sie lernt für die Prüfung.* She is revising for the exam. ◇ *für die Gleichberechtigung kämpfen* fight for equality ◇ *Euro für Dollar eintauschen* exchange Euros for dollars ◇ *Sie hat für mich unterschrieben.* She signed for me. ◇ *Für ihr Alter ist sie noch sehr rüstig.* She is still very fit for her age. ◇ *Sie geht für ein Jahr nach Frankreich.* She's going to France for a year. ◇ *etw für den halben Preis kaufen* buy sth half-price **2** (*zugunsten*) in favour of, (*AmE*) in favor of, for ◇ *für einen Kandidaten stimmen* vote for a candidate **3** (*als Gegenleistung*) in return for ◇ *Das ist für den Gefallen, den du mir getan hast.* That's in return for the favour you did me. **4** ◇ *Nacht für Nacht* night after night ◇ *Tag für Tag* day after day ◇ *Schritt für Schritt* step by step ◇ *Punkt für Punkt* point by point **5 ~ sich** ◇ *Das ist ein Fall für sich.* That's a separate issue. ◇ *Die Titelverteidigerin war eine Klasse für sich.* The champion was in a class of her own. → *Siehe auch* SICH IDM **das Für und Wider** the pros and cons ◇ *Wir haben uns über das Für und Wider einer Universitätsausbildung gestritten.* We have been arguing about the pros and cons of a university education.
ℹ Für andere Ausdrücke mit **für** siehe die Einträge für die entsprechenden Nomina etc. **Jdn/etw für etw halten** z.B. steht unter **halten**.
Furche furrow; (*im Gesicht auch*) line
Furcht ~ (**vor etw**) fear of sth ◇ *Aus Furcht vor neuen Anschlägen blieben sie zu Hause.* They stayed at home out of fear of new attacks. ◇ *Sie leben in ständiger Furcht um ihre Arbeitsplätze.* They live in constant fear of losing their jobs. ◇ *jdm Furcht einjagen/einflößen* frighten sb
furchtbar terrible (*Adv* terribly) ◇ *ein furchtbares Schicksal* a terrible fate ◇ *Sie hat furchtbar gelitten.* She suffered terribly. ◇ *ein furchtbar nettes Mädchen* a terribly nice girl ◇ *furchtbaren Hunger haben* be terribly hungry ◇ *Das ist furchtbar nett von dir.* That's really kind of you. ◇ *Wir mussten furchtbar lachen.* It was so funny.
fürchten **1** be afraid, fear (*gehoben*) ◇ *Ich fürchte, dass es schon zu spät ist.* I'm afraid it's already too late. ◇ *Sie fürchtet, ihren Ring verloren zu haben.* She's afraid she has lost her ring. ◇ *Herr Peters war ein gefürchteter Lehrer.* Everyone was afraid of Mr Peters. ◇ *Er wird von seinen Gegnern gefürchtet.* He is feared by his opponents. ◇ *eine gefürchtete Terror-*

gruppe a much-feared terrorist group ◇ *das gefürchtete Virus* the dreaded virus **2 sich (vor jdm/etw) ~** be afraid of sb/sth, fear sb/sth (*gehoben*) ◇ *Sie fürchtet sich vor Hunden.* She is afraid of dogs. ◇ *Ich fürchte mich, abends allein nach Hause zu gehen.* I'm afraid of going home alone in the evening. **3 um jdn/etw ~** be worried about sb/sth, fear for sb/sth (*gehoben*) ◇ *Sie fürchten um ihre lukrativen Jobs.* They're worried about losing their lucrative jobs. ◇ *Wir fürchten um sein Leben.* We fear for his life.

fürchterlich → FURCHTBAR

furchtlos fearless (*Adv* fearlessly)

füreinander for each other, for one another ◇ *füreinander da sein* be there for each other

Furnier veneer

Fürsorge (*Pflege*) care ◇ *ärztliche Fürsorge* medical care

fürsorglich caring, considerate (*Adv* considerately)

Fürsprache recommendation ◇ *Dank ihrer Fürsprache wurde er befördert.* Thanks to her recommendation he was promoted. ◇ *bei jdm Fürsprache für jdn einlegen* intercede on sb's behalf

Fürsprecher(in) advocate

Fürst(in) prince, princess IDM **wie ein Fürst leben** live like a lord

Fürstentum principality ◇ *das Fürstentum Liechtenstein* the principality of Liechtenstein

fürstlich **1** royal [nur vor Nomen] ◇ *das fürstliche Schloss* the royal castle **2** (*üppig*) lavish (*Adv* lavishly); (*großzügig*) generous (*Adv* generously) ◇ *Wir wurden fürstlich bewirtet.* We were entertained lavishly.

Furt ford

Furunkel boil

Fürwort pronoun

Furz fart (*vulg, Slang*) ◇ *einen Furz lassen* let off a fart

furzen fart (*vulg, Slang*)

Fusion **1** (NATURW) fusion **2** (WIRTSCH) merger

fusionieren merge

Fuß **1** foot ◇ *Mir tun die Füße weh.* My feet hurt. ◇ *jdm auf den Fuß treten* tread on sb's toes ◇ *sich den Fuß verstauchen/brechen* sprain/break your ankle **2** (*Bein*) leg **3** (*von Lampen, Säulen, Denkmälern*) base; (*von Hügeln, Treppen*) bottom, foot; (*von Tischen, Stühlen*) leg **4 zu ~** on foot; **zu ~ gehen** walk ◇ *Zu Fuß dauert es 20 Minuten.* On foot it takes 20 minutes. ◇ *Man kann den Gipfel nur zu Fuß erreichen.* You can only reach the summit on foot. ◇ *Wir sind zu Fuß gegangen.* We walked. IDM **auf eigenen Füßen stehen** stand on your own two feet **auf freiem Fuß** free; (*Verbrecher*) at large **jdn auf freien Fuß setzen** release sb **auf großem Fuß(e) leben** live in grand style **(Bei) Fuß!** Heel! **(festen) Fuß fassen** settle in **kalte Füße bekommen/kriegen** get cold feet **keinen Fuß vor die Tür setzen** not go out (of the house) **mit jdm auf freundschaftlichem/gutem Fuß stehen** be on friendly/good terms with sb → *Siehe auch* BODEN, GRAB, HAND, HELFEN, KOPF *und* WUND

Fußabdruck footprint **Fußbad** footbath

Fußball **1** football, (*bes AmE*) soccer ◇ *Fußball spielen* play football **2** (*Ball*) football, (*bes AmE*) soccer ball

Fußballer(in) footballer, (*bes AmE*) soccer player

Fußball- **Fußballfan** football fan, (*bes AmE*) soccer fan **Fußballfeld** football pitch, (*bes AmE*) soccer pitch **Fußballmannschaft** football team, (*bes AmE*) soccer team **Fußballmatch** football match, (*bes AmE*) soccer match **Fußballmeisterschaft** football championship, (*bes AmE*) soccer championship **Fußballplatz** football field, (*bes AmE*) soccer field **Fußballrowdy** football hooligan, (*bes AmE*) soccer hooligan **Fußballschuh** football boot, (*bes AmE*) soccer boot **Fußballspiel** **1** football match, (*bes AmE*) soccer match ◇ *Im Fernsehen lief ein Fußballspiel.* There was a football match on the television. **2** (*Sport*) football, (*bes AmE*) soccer ◇ *Er versteht nichts vom Fußballspiel.* He knows nothing about football. **Fußballspieler(in)** football player, (*bes AmE*) soccer player **Fußballstadion** football stadium, (*bes AmE*) soccer stadium **Fußballtrainer(in)** football coach, (*bes AmE*) soccer coach **Fußballverein** football club, (*bes AmE*) soccer club **Fußballweltmeisterschaft** World Cup

Fußboden floor ◇ *ein Fußboden aus Marmor/Holz* a marble/wooden floor

Fußbodenheizung underfloor heating [U]

Fußbremse footbrake

Fussel fluff [U], piece of fluff

fusselig fuzzy, covered in fluff [nicht vor Nomen] IDM → MUND

fusseln pill, go fuzzy; (*Fusseln abgeben*) shed fluff

Fußgänger(in) pedestrian

Fußgängerampel pedestrian signal **Fußgängerbrücke** footbridge **Fußgängerüberweg** pedestrian crossing, (*AmE*) crosswalk **Fußgängerunterführung** underpass **Fußgängerzone** pedestrian area

Fuß- **Fußgelenk** ankle **Fußmarsch** hike ◇ *einen Fußmarsch machen* go on a hike **Fußmatte** doormat **Fußnote** footnote **Fußpilz** athlete's foot **Fußsohle** sole of the foot ◇ *Ich habe eine Blase auf der Fußsohle.* I've got a blister on the sole of my foot. **Fußspur** footprints [Pl] ◇ *einer Fußspur im Schnee folgen* follow footprints in the snow **Fußstapfen** footprint; (*fig*) footstep ◇ *Fußstapfen im Schnee hinterlassen* leave footprints in the snow ◇ *in jds Fußstapfen treten* follow in sb's footsteps **Fußtritt** kick ◇ *jdm einen Fußtritt versetzen* give sb a kick **Fußweg** **1** footpath **2** (*Entfernung*) walk ◇ *Die Schule ist eine halbe Stunde Fußweg entfernt.* The school is half an hour's walk away. ◇ *ein Fußweg von 10 Minuten bis zum Park* a ten-minute walk to the park

futsch gone [nicht vor Nomen]; (*kaputt*) broken ◇ *Alles ist futsch.* Everything has gone.

Futter[1] food, feed; (*Heu, Stroh*) fodder ◇ *das Futter für die Katzen* the cat food ◇ *den Pferden Futter geben* feed the horses

Futter[2] (*in Kleidungsstücken etc.*) lining

Futteral case

füttern[1] feed ◇ *die Enten füttern* feed the ducks ◇ *Der Bauer füttert die Kühe mit Heu.* The farmer feeds the cows on hay. ◇ *den Computer mit Daten füttern* feed data into the computer

füttern[2] line ◇ *ein mit Seide gefütterter Mantel* a silk-lined coat ◇ *dick gefütterte Stiefel* warm lined boots

Futternapf bowl

Fütterung feeding

Futur future tense ◇ *das erste Futur* the future ◇ *das zweite Futur* the future perfect

futuristisch **1** futuristic (*Adv* futuristically) ◇ *ein futuristisch gestalteter Wohnraum* a futuristically designed living room **2** (*Kunstrichtung*) futurist

G g

G, g G, g → *Beispiele bei* A

Gabe **1** gift ◇ *Sie hat die Gabe, das Wesentliche mit wenigen Strichen festzuhalten.* She has a gift for capturing the essence in a few brush strokes. **2** (*Geschenk, Spende*) donation

gäbe IDM → GANG
Gabel *(auch am Fahrrad)* fork ◇ *mit Messer und Gabel essen* eat with a knife and fork ◇ *den Hörer auf die Gabel legen* replace the receiver
gabeln sich ~ fork ◇ *Dort gabelt sich der Weg.* The path forks here.
Gabelstapler fork-lift truck
gackern 1 cluck **2** *(reden und lachen)* chatter and laugh; *(kichern)* giggle
gaffen gape, *(BrE auch)* gawp *(umgs)* ◇ *Die Leute standen da und gafften.* People stood gawping.
Gag 1 joke ◇ *optische Gags* visual jokes ◇ *Der Gag war, dass sie dann doch nicht gekommen sind.* The joke was they didn't come in the end. **2** *(Werbe-)* gimmick
Gage fee
gähnen yawn ◇ *Ich musste ständig gähnen.* I couldn't stop yawning. ◇ *ein Gähnen unterdrücken* stifle a yawn ◇ *ein gähnender Abgrund* a yawning chasm ◇ *Auf dem Platz herrscht gähnende Leere.* The square is totally deserted.
Gala 1 *(Kleidung)* evening dress [U] **2** *(Veranstaltung)* gala
galaktisch galactic
Galaxie galaxy
Galaxis Galaxy, Milky Way
Galerie gallery
Galgen gallows [Pl]
Galgenfrist reprieve; **jdm eine ~ gewähren** give sb a reprieve **Galgenhumor** gallows humour, *(AmE)* gallows humor
gälisch Gaelic
Gälisch Gaelic; *(Irisch auch)* Irish (Gaelic)
Galle 1 bile **2** *(Gallenblase)* gall bladder **3 jdm kommt die ~ hoch** it makes sb's blood boil IDM → GIFT
Gallenblase gall bladder **Gallenstein** gallstone
Gallier(in) Gaul
Galopp gallop ◇ *in Galopp fallen* break into a gallop ◇ *Sie ritt im Galopp den Hügel hinauf.* She galloped up the hill.
galoppieren gallop
Gammelfleisch contaminated meat
gammeln 1 go rotten; *(Brot)* go mouldy, *(AmE)* go moldy ◇ *Im Kühlschrank gammelt das Essen.* The food's going rotten in the fridge. ◇ *Die Gebäude gammeln vor sich hin.* The buildings are falling into decay. **2** *(nichts tun)* loaf around
Gammler(in) deadbeat *(umgs)*
Gämse chamois
gang IDM **gang und gäbe sein** be quite usual
Gang[1] *der* **1** *(Gehweise)* walk, gait *(gehoben)* ◇ *Wir haben ihn am Gang erkannt.* We recognized him by his walk. ◇ *der aufrechte Gang des Menschen* the upright gait of the human ◇ *ein federnder Gang* a springy step **2** *(das Gehen)* ◇ *sich den Gang zum Arzt ersparen* save going to the doctor ◇ *der Gang zum Gericht* going to court **3 etw in ~ bringen** start sth ◇ *eine Diskussion in Gang bringen* start a discussion ◇ *Er brachte die Maschinen wieder in Gang.* He restarted the machines. ◇ *das Feuer in Gang bringen* get the fire going **4 etw in ~ setzen** set sth in motion **5 etw in ~ halten** keep sth going **6 in ~ kommen** get going **7** *(Lauf)* course ◇ *der Gang der Dinge* the course of events **8 seinen (gewohnten) ~ gehen** go on as normal **9 im ~ sein** be in progress ◇ *Die Verhandlungen sind noch im Gang.* Negotiations are still in progress. **10 in vollem ~ sein** be well under way; *(Fest)* be in full swing **11** *(bei Fahrzeugen)* gear ◇ *Sie legte den ersten Gang ein.* She put the car in first gear. ◇ *Er schaltete in den fünften Gang.* He changed (up) into fifth gear. ◇ *Welchen Gang hast du drin?* What gear are you in? ◇ *den Gang eingelegt lassen* leave the car in gear ◇ *den Gang rausnehmen* put the car in neutral **12 einen ~ zulegen** get a move on *(umgs)* **13** *(Flur)* corridor; *(hinter der Haus-/Wohnungstür)* hallway; *(Verbindungs-)* passage(way); *(unterirdisch)* underground passage; *(zwischen Sitzplätzen)* aisle ◇ *Sie wartet auf dem Gang.* She is waiting outside in the corridor. ◇ *ein Sitzplatz am Gang* an aisle seat ◇ *Doppelzimmer mit Bad auf dem Gang* double rooms with shared bathroom **14** *(Gericht)* course ◇ *Das Menü bestand aus vier Gängen.* It was a four-course meal.
Gang[2] *die (Bande)* gang [mit Verb im Sing/Pl]
Gangart 1 walk, gait *(gehoben)* **2** *(Pferde)* pace
gängeln tell *sb* what to do
gängig usual; *(Meinung)* general
Gangschaltung gears [Pl]
Gangster gangster
Gangsterboss gang leader
Gangway gangway
Ganove crook
Gans 1 goose; *(Braten)* roast goose **2** *(als Schimpfwort)* silly woman/girl
Gänse- Gänseblümchen daisy **Gänsebraten** roast goose **Gänsefüßchen** quotation marks [Pl], *(BrE auch)* inverted commas [Pl] ◇ *in Gänsefüßchen stehen* be in quotation marks **Gänsehaut** goose pimples [Pl], *(AmE meist)* goose bumps [Pl] ◇ *eine Gänsehaut bekommen* get goose pimples **Gänseleberpastete** goose liver pâté **Gänsemarsch im ~** in single file
Gänserich gander
ganz
• **als Adjektiv 1** whole; *(stärker)* entire [nur vor Nomen] ◇ *eine ganze Woche* a whole week ◇ *ganze Dörfer* entire villages **2 der, die, das ganze …** all the …, the whole …; *(stärker)* the entire …; **die ganzen …** all the …; **mein etc. ganzes …** all my etc … ◇ *Habt ihr schon den ganzen Kuchen aufgegessen?* Have you already eaten all the cake? ◇ *Ich hab die ganze Zeit hier gewartet!* I was waiting here all the time! ◇ *das ganze Haus* the whole house ◇ *die ganzen Kinder* all the children ◇ *sein ganzes Geld* all his money ◇ *den ganzen Tag/Abend* all day/evening **3** *(sehr groß, lang etc.)* ◇ *eine ganze Weile* quite a while ◇ *eine ganze Menge* a lot **4** *(vor geografischen Namen)* all over ◇ *in ganz Deutschland* all over Germany ◇ *in der ganzen Welt* all over the world **5 eine ~ Note** a semibreve **6** *(nur)* all of ◇ *ganze zwei Tage* all of two days **7 von ganzem Herzen** with all your heart; *(danken)* from the bottom of your heart **8** *(heil, vollständig)* in one piece ◇ *Das Glas ist noch ganz.* The glass is still in one piece. ◇ *Der Teller ist ganz geblieben.* The plate didn't break.
• **als Adverb 9** *(sehr)* really, very ◇ *Die Übung ist ganz einfach.* The exercise is really easy. ◇ *Sie wurde ganz blass.* She went very pale. ◇ *Ihr seid ja ganz schmutzig!* You're all dirty! ◇ *Ich sehe das ganz anders.* I see it quite differently. ◇ *Ich will nur ganz wenig.* I only want very little. ◇ *Ich bin ganz durcheinander.* I'm all confused. **10** *(völlig)* all, altogether, quite ◇ *Das kann ich schon ganz alleine.* I can do it all by myself. ◇ *Sie ging ganz alleine nach Hause.* She went home all on her own. ◇ *ganz in Schwarz* all in black ◇ *Das ist was ganz anderes.* It's a different thing altogether. ◇ *Ich bin ganz deiner Meinung.* I quite agree. **11** *(ziemlich)* quite ◇ *Mir hat das Buch ganz gut gefallen.* I quite liked the book. ◇ *Ich bin noch nicht ganz fertig.* I haven't quite finished. ◇ *Es ist ganz schön windig.* It's quite windy. ◇ *ein ganz gutes Restaurant* quite a good restaurant **12 ~ jd sein** be just like sb; *(Aussehen)* be

the image of sb ◇ *Er ist ganz der Vater!* He's just like his father! **13 ~ so** (*zur Betonung*) ◇ *Ganz so einfach ist es nicht!* It's not that simple.

IDM **ganz Ohr sein** be all ears **ganz und gar** completely **ganz und gar nicht** not at all ◇ *Das gefällt mir ganz und gar nicht.* I don't like that at all. → *Siehe auch* GEGENTEIL *und* WEG

Ganze(s) **1** whole ◇ *etw als Ganzes betrachten* consider sth as a whole **2 das Ganze** the whole thing ◇ *Sie betreibt das Ganze nur als Hobby.* She runs the whole thing as a hobby. ◇ *Was soll denn das Ganze?* What's it all for? **3 im Ganzen** on the whole; (*insgesamt*) altogether ◇ *Im Ganzen gesehen war es ein Erfolg.* On the whole it was a success. ◇ *Im Ganzen sind das 12 Euro.* Altogether, that comes to 12 euros. IDM **aufs Ganze gehen** go all out ◇ *Die Mannschaft geht heute aber echt aufs Ganze.* The team is really going all out today. **es geht ums Ganze** everything's at stake ◇ *Bei dem Spiel heute geht es ums Ganze.* Everything's at stake in today's match. → *Siehe auch* GROSS, HALB *und* KRONE

Ganzheit entirety ◇ *ein Kunstwerk in seiner Ganzheit erfassen* consider a work of art in its entirety

ganzheitlich **1** *Adj* (*Betrachtungsweise, Lösungen etc.*) integrated; (*Medizin, Philosophie*) holistic **2** *Adv* ◇ *etw ganzheitlich betrachten/anpacken* view/tackle sth in its entirety ◇ *ganzheitlich denken* think of the overall picture ◇ *ein Kind ganzheitlich bilden* give a child an all-round education ◇ *ganzheitlich orientierte Gesundheitsfürsorge* holistic health care

ganzjährig **1** *Adj* year-round ◇ *ein ganzjähriger Markt* a year-round market **2** *Adv* all year round ◇ *ganzjährig geöffnet sein* be open all year round

gänzlich **1** *Adv* completely, totally ◇ *gänzlich unklar* completely vague ◇ *gänzlich ungeeignet* totally unsuitable **2** *Adj* complete, total

ganzseitig full-page [nur vor Nomen] ◇ *eine ganzseitige Anzeige* a full-page advertisement

ganztägig **1** *Adj* all-day [nur vor Nomen] ◇ *ein ganztägiges Seminar* an all-day seminar **2** *Adv* all day ◇ *Die Ausstellung ist ganztägig geöffnet.* The exhibition is open all day.

ganztags all day; (*arbeiten*) full-time

Ganztags- **Ganztagsbetreuung** day care **Ganztagsschule** = school that holds classes all day

gar[1] *Adj* cooked, done [nicht vor Nomen] ◇ *etw gar kochen* cook sth until it's done ◇ *Das gare Fleisch aus dem Topf nehmen.* When the meat is done, take it out of the dish.

gar[2] *Adv* **1** (*zur Verstärkung*) at all ◇ *Das ist gar nicht wahr!* That's not true at all! ◇ *Ich will damit überhaupt gar nichts zu tun haben.* I don't want to have anything at all to do with it. ◇ *Hast du gar nichts gegessen?* Have you not had anything to eat at all? ◇ *Ich habe gar keine Lust mitzukommen.* I really don't want to come with you. **2** → ETWA **3** (*zur Verstärkung*) **~ so** so; **~ zu** really ◇ *Sei doch nicht gar so ungeduldig!* Don't be so impatient! ◇ *Ich wüsste nur gar zu gerne, wo sie ist.* I would really like to know where she is. IDM → GANZ

Garage garage

Garant guarantor

Garantie guarantee; (*schriftlich auch*) warranty ◇ *Das Notebook hat ein Jahr Garantie.* The notebook comes with one year's guarantee. ◇ *Die Garantie auf meine Kamera ist abgelaufen.* The guarantee on my camera has run out. ◇ *Die Waschmaschine hat noch ein Jahr Garantie.* The washing machine is under warranty for one more year. ◇ *Fällt das noch unter die Garantie?* Is that covered by the warranty? ◇ *Darauf gebe ich Ihnen keine Garantie.* I can't guarantee that. ◇ *Für diese Angaben wird keine Garantie übernommen.* The accuracy of these details is not guaranteed.

IDM **unter Garantie** (*ganz sicher*) I bet ◇ *Das geht unter Garantie schief.* I bet it'll go wrong.

garantieren guarantee ◇ *Ich garantiere Ihnen, dass das die richtige Größe ist.* I guarantee you that that's the right size. ◇ *Die Party morgen wird super, das garantiere ich dir.* The party tomorrow will be brilliant, I guarantee you. ◇ *Die Firma garantiert für die Qualität ihrer Produkte.* The company guarantees the quality of its products.

garantiert I bet; (*Zusicherung*) without fail ◇ *Er hat garantiert versucht uns anzurufen.* I bet he has been trying to ring us. ◇ *Wir werden garantiert kommen.* We'll be there without fail.

Garantieschein guarantee (certificate) ◇ *Haben Sie Ihren Garantieschein dabei?* Have you got your guarantee there?

Garaus **jdm/einer Sache den ~ machen** kill sb/sth ◇ *Blattläusen den Garaus machen* get rid of greenfly ◇ *Die hohen Mietpreise machen den Geschäften noch den Garaus.* High rents are going to put shops out of business.

Garde guard; (*Regiment*) Guards [Pl]

Garderobe **1** wardrobe (*gehoben*), clothes [Pl] ◇ *Ihre Garderobe ist elegant.* She has an elegant wardrobe. ◇ *Mir fehlt die passende Garderobe.* I haven't got the right clothes. ◇ *Für Garderobe wird keine Haftung übernommen.* Coats left at owner's risk. **2** (*Vorrichtung*) coatrack ◇ *Willst du deine Jacke nicht an die Garderobe hängen?* Won't you hang up your jacket on the coatrack? **3** cloakroom, (*AmE*) checkroom ◇ *Ich gebe meinen Mantel eben an der Garderobe ab.* I'll just leave my coat at the cloakroom. **4** (*für Schauspieler*) dressing room

Garderobenfrau cloakroom attendant, (*AmE*) checkroom attendant **Garderobenmarke** cloakroom ticket, (*AmE*) checkroom ticket **Garderobenständer** coatstand

Gardine net curtain; (*AmE*) curtain; (*Vorhang*) curtain, (*AmE*) drape

garen cook ◇ *Das Fleisch muss langsam garen.* The meat has to cook slowly.

gären **1** ferment ◇ *Der Saft muss mehrere Wochen gären.* The juice has to ferment for several weeks. **2** (*fig*) seethe ◇ *Es gärt in der Bevölkerung.* The people are seething with anger.

Garn thread; (*zum Weben, Spinnen*) yarn

Garnele prawn, (*AmE*) shrimp

garnieren garnish (*auch fig*); (*Torte etc.*) decorate ◇ *eine mit Weintrauben garnierte Käseplatte* a selection of cheeses garnished with grapes ◇ *eine Torte mit Mandeln garnieren* decorate a cake with almonds

Garnison (MIL) garrison

Garnitur **1** set; (*Möbel*) suite ◇ *eine Garnitur Unterwäsche* a set of underwear **2** (*auf Speisen*) garnish

garstig nasty, horrible

Garten garden, (*AmE*) yard; **der botanische ~** the botanical gardens [Pl]

Gartenarbeit gardening ◇ *Ich habe heute etwas Gartenarbeit gemacht.* I did some gardening today. ◇ *Tipps für die Gartenarbeit* gardening tips **Gartenbau** horticulture **Gartenhaus** summer house **Gartenlokal** pub with a (beer) garden **Gartenschau** horticultural show **Gartenzwerg** garden gnome

Gärtner(in) gardener

Gärtnerei nursery; (*für Obst und Gemüse*) market garden, (*AmE*) truck farm ◇ *Er arbeitet in einer Gärtnerei.* He works at a nursery.

Gärung fermentation

Gas **1** gas ◇ *giftige Gase* poisonous gases ◇ *Gas strömt aus.* There's a gas leak. ◇ *mit Gas heizen/kochen* have gas central heating/a gas cooker **2 ~ geben/aufs ~ treten** go faster, accelerate (*gehoben*); (*beim Autofahren*) put your foot down (*umgs*) ◇ *Gib etwas mehr Gas.* Can you go a bit faster? ◇ *Er gab Gas und bog links ab.* He accelerated and turned left. **3 vom ~ gehen** slow down; **den Fuß vom ~ nehmen** take your foot off the accelerator (*gehoben*)
Gasexplosion gas explosion **Gasflasche** gas cylinder, gas bottle **gasförmig** gaseous **Gasheizung** gas central heating [U] ◇ *eine Gasheizung einbauen lassen* have gas central heating installed **Gasherd** gas cooker **Gaskammer** gas chamber **Gasmaske** gas mask **Gaspedal** accelerator, (*AmE*) gas pedal

Gasse **1** lane; (*schmaler*) alley **2** (*fig*) passage, path

Gassi **mit dem Hund ~ gehen** take the dog out

Gast **1** guest; (*Besucher eines Lokals*) patron ◇ *Du bist heute Abend mein Gast.* You're my guest this evening. ◇ *Wir haben selten Gäste.* We don't often have people round. **2** (*Besucher eines anderen Landes etc.*) visitor **3** (*Mannschaft*) visiting team, visitors [Pl] ◇ *Die Gäste lagen drei Tore in Führung.* The visiting team was three goals in the lead. IDM **(bei jdm) zu Gast sein** be invited (to sb's); (*wohnen*) stay (at sb's/with sb) ◇ *Der Journalist war gestern beim ZDF zu Gast.* The journalist was invited onto ZDF yesterday. ◇ *Die Kinder sind bei Münchner Familien zu Gast.* The children are staying with families in Munich. ◇ *Wir sind schließlich nur zu Gast.* After all, we're only guests.
Gastarbeiter(in) immigrant worker

Gäste- **Gästebuch** visitors' book; (*Hochzeits-*) guest book **Gästehaus** guest house **Gästezimmer** guest room

gast- **Gastfamilie** host family **gastfreundlich** hospitable ◇ *Die Leute in Prag waren sehr gastfreundlich.* People in Prague were very hospitable. ◇ *von jdm gastfreundlich aufgenommen werden* be made welcome by sb **Gastfreundschaft** hospitality ◇ *Vielen Dank für Ihre Gastfreundschaft.* Many thanks for your hospitality. **Gastgeber** **1** host ◇ *Wir bedankten uns bei unseren Gastgebern.* We thanked our hosts/our host and hostess. **2** (SPORT) host team **Gastgeberin** hostess **Gasthaus**, **Gasthof** inn ◇ *in einem Gasthaus übernachten* stay the night at an inn

gastieren appear, perform

Gastland host country

Gastronomie **1** (*Gewerbe*) restaurant and hotel trade **2** (*Kochkunst*) cuisine

gastronomisch gastronomic [nur vor Nomen] ◇ *gastronomische Spezialitäten* gastronomic specialities ◇ *ein gastronomischer Betrieb* a restaurant ◇ *Es gibt ein reichhaltiges gastronomisches Angebot.* You get a wide choice of dishes.

Gast- **Gastspiel** **1** performance **2** (*Auswärtsspiel*) away game **Gastspielreise** tour **Gaststätte** restaurant **Gastwirt(in)** restaurant proprietor

Gas- **Gasvergiftung** gas poisoning [U] **Gaszähler** gas meter

Gatte husband, spouse (*offiz*)

Gatter gate; (*Zaun*) fence

Gattin wife, spouse (*offiz*)

Gattung **1** (BIOL) genus **2** (KUNST) genre

GAU maximum credible accident

Gaul nag IDM **Einem geschenkten Gaul schaut man nicht ins Maul.** Don't look a gift horse in the mouth.

Gaumen palate (*auch fig*)

Gauner(in) crook (*umgs*)

Gazelle gazelle

geachtet respected

Gebäck (*Kekse*) biscuits [Pl], (*AmE*) cookies [Pl]; (*kleine Kuchen*) pastries [Pl]

gebannt **1** → BANNEN **2** **(wie) ~** spellbound ◇ *Die Zuschauer lauschten gebannt.* The audience listened spellbound.

Gebärde gesture ◇ *Sie machte eine drohende Gebärde.* She made a threatening gesture.

gebärden **sich ~** **1** (*sich verhalten*) behave ◇ *sich infantil gebärden* behave in a childish way ◇ *Die Menge gebärdete sich wie wild.* The crowd went wild. **2** (*sich den Anschein geben*) appear ◇ *Die Partei gebärdet sich gern progressiv.* The party likes to appear progressive.

Gebärdensprache sign language

gebären **1** give birth to *sb* **2** (*fig*) breed, give rise to *sth* ◇ *Terror, der Hass gebiert* terror that breeds hatred → *Siehe auch* GEBOREN

Gebärmutter womb

Gebäude building

geben **1 (jdm etw) ~** give (sb sth), give (sth to sb) ◇ *Er hat mir 50 Dollar gegeben.* He gave me 50 dollars. ◇ *jdm einen Befehl/Kuss/Rat geben* give sb an order/a kiss/a piece of advice ◇ *ein großes Fest geben* give a big party ◇ *Die Ärzte geben ihr noch sechs Monate.* The doctors give her another six months. ◇ *Langweilig? Ich geb dir gleich langweilig!* Boring? I'll give you boring in a minute! ◇ *Er hat alles gegeben.* He gave his all. ◇ *Geben Sie mir bitte vier Brötchen.* Can I have four rolls, please? ◇ *Er hat sein Bestes gegeben.* He did his best. ◇ *Ich möchte zu bedenken geben, dass …* I would ask you to bear in mind that … ◇ *Das sollte dir zu denken geben.* That should make you think. ◇ *Nähere Auskünfte gibt die Studienberatung.* Further details are available from the student advice centre. **2 jdm etw ~** (*reichen*) pass sb sth, pass sth to sb ◇ *Gib mir bitte das Salz.* Can you pass me the salt, please. **3 jdm jdn/etw ~** (*telefonisch*) put sb through to sb/sth ◇ *Ich gebe Ihnen mal die Reklamationsabteilung.* I'll just put you through to our complaints department. **4** (*ergeben*) make ◇ *Das gibt doch überhaupt keinen Sinn.* That doesn't make any sense at all. ◇ *Sieben mal sieben gibt 49.* Seven times seven is 49. ◇ *Das gibt nur Ärger.* It will only cause trouble. **5** (*irgendwohin bringen*) take ◇ *einen Film zum Entwickeln geben* take a film in to be developed ◇ *das Auto zur Reparatur in die Werkstatt geben* take the car to the garage to be repaired **6** (*irgendwohin tun*) put; (*hinzufügen*) add **7 sich etw ~ lassen** ask for sth ◇ *Ich habe mir einen Prospekt geben lassen.* I asked for a brochure. **8 sich (von selbst) ~** (*Schmerzen*) wear off; (*Angst, Nervosität*) disappear **9 sich locker, fröhlich etc. geben** appear relaxed, cheerful, etc.; (*sich den Anschein geben*) give the appearance of sth ◇ *Die Ministerin gab sich zuversichtlich.* The minister appeared confident. ◇ *Der Angeklagte gab sich gelassen.* The accused gave the appearance of being calm. ◇ *Sie gibt sich betont locker.* She is playing it cool. **10 viel/wenig etc. auf etw ~** set great/little, etc. store by sth ◇ *Er gibt nicht viel auf Äußerlichkeiten.* He doesn't set much store by appearances. **11 etw von sich ~** (*Geräusch*) make sth; (*Töne, Laute, Bemerkungen*) utter sth; (*Zeichen*) give sth ◇ *Der Drucker gibt komische Geräusche von sich.* The printer's making strange noises. ◇ *Sie gab kein Lebenszeichen von sich.* She gave no sign of life. **12 es jdm ~** (*schlagen*) beat sb up; (*die Meinung sagen*) tell sb what you think of them (*umgs*) ◇ *Ich hab's dem Chef ordentlich gegeben!* I told the boss what I really think of him! **13** (*Karten*) deal **14** (*unterrichten*) teach ◇ *Herr Becker gibt Musik und Geschichte.* Mr Becker teaches music and history. ◇ *Sie gab ihm Deutschunterricht.* She gave him German lessons. **15** (*aufführen*) ◇ *Am Samstag wird „Wie ihr wollt" am Stadttheater* *gegeben.* 'As You Like It' is on at the municipal theatre on Saturday. **16 es gibt** there is/are ◇ *Es gibt hier ca. 7 000 Tierarten.* There are around 7 000 different species of animal here. ◇ *Kritiker wird es immer geben.* There will always be those who criticize. ◇ *Gibt's dich auch noch?* You're still around then? ◇ *Bei der Schießerei hat es mehrere Tote gegeben.* Several people were killed in the shooting. ◇ *Was gibt's im Kino?* What's on at the cinema? ◇ *Was gibt's zum Mittagessen?* What's for lunch? ◇ *Was gibt's da zu lachen?* What's funny? ◇ *Das hätte es zu meiner Zeit nicht gegeben.* That would never have happened in my day. IDM **da gibt's (gar) nichts** there's no doubt about it ◇ *Er ist der Größte. Da gibt's nichts.* He's the greatest. There's no doubt about it. **das gibt es** things like that do happen **das gibt's hier nicht** that's not on **Das gibt's (doch) nicht!** (*Zweifel*) You're joking!; That can't be right!; (*Erstaunen*) I don't believe it! **Was gibt's?** (*was ist los?*) What's wrong?; What's up? **Was gibt's (Neues)?** What's new?

Gebet prayer ◇ *ein Gebet sprechen* say a prayer
Gebetsteppich prayer mat

Gebiet 1 (*Territorium*) territory ◇ *ein autonomes/umkämpftes Gebiet* an autonomous/a disputed territory **2** (*Region*) area, region ◇ *ländliche Gebiete* rural areas ◇ *Waldbrände auf einem Gebiet von 18 Hektar* forest fires over an area of 18 hectares ◇ *ein unbewohntes Gebiet* an uninhabited region **3** (*Fach-*) field ◇ *ein Experte auf dem Gebiet der Nuklearmedizin* an expert in the field of nuclear medicine

gebieten (jdm) etw ~ demand sth (of sb); (*vorschreiben*) require sth (of sb) ◇ *Das gebietet mir meine Selbstachtung.* My self-respect demands that. ◇ *Das Grundgesetz gebietet den Schutz von Minderheiten.* The Basic Law requires that minorities be protected. ◇ *Hier ist Vorsicht geboten.* We need to be careful here. ◇ *Hier ist es gerechtfertigt, sogar geboten, Gewalt anzuwenden.* Here it is justified, even necessary, to resort to violence.

Gebilde (*Ding*) thing; (*Gegenstand*) object; (*Schöpfung*) creation; (*Form*) shape; (*Bauwerk*) construction; (*Struktur*) structure

gebildet 1 → BILDEN **2** educated; (*kultiviert*) cultured ◇ *der gebildete Leser* the educated reader ◇ *politisch gebildete Menschen* people who are politically well-informed

Gebirge mountains [Pl] ◇ *ins Gebirge fahren* go to the mountains

gebirgig mountainous

Gebiss 1 teeth [Pl] ◇ *ein gesundes Gebiss* healthy teeth **2** (*künstlich*) false teeth [Pl], dentures [Pl] ◇ *Sie trägt ein (künstliches) Gebiss.* She's got false teeth.

geblümt floral

geboren 1 → GEBÄREN **2** born ◇ *Marlene ist/wurde am 25. April 2017 geboren.* Marlene was born on 25 April 2017. ◇ *der in London geborene Maler* the London-born painter ◇ *in Deutschland geborene Ausländer* foreigners born in Germany ◇ *Er ist der geborene Schauspieler.* He's a born actor. **3** (*zur Angabe des Geburtsnamens*) née ◇ *Ann Jaekel, geborene Berger* Ann Jaekel, née Berger

geborgen 1 → BERGEN **2** (safe and) secure ◇ *Bei ihr fühlte er sich geborgen.* He felt safe and secure with her.

Geborgenheit security

Gebot 1 (REL) commandment ◇ *die Zehn Gebote* the Ten Commandments **2** (*Grundsatz*) rule ◇ *ein Gebot missachten* break a rule ◇ *Pünktlichkeit ist oberstes Gebot.* Punctuality is the number one priority. ◇ *Disziplin ist das Gebot der Stunde.* Discipline is the order of the day. **3** (*bei Auktionen etc.*) bid ◇ *Das höchste Gebot lag bei 500 Dollar.* The highest bid was 500 dollars. ◇ *150, das ist mein letztes Gebot!* 150, that is my final offer!

geboten → GEBIETEN *und* BIETEN

Gebrauch 1 use ◇ *vor/nach Gebrauch reinigen* clean before/after use ◇ *kleine Mengen Tabak zum persönlichen/eigenen Gebrauch* small amounts of tobacco for personal/your own use ◇ *Gegenstände für den täglichen Gebrauch* everyday objects **2 von etw ~ machen** use sth ◇ *Die Polizistin machte von der Waffe Gebrauch.* The policewoman used her weapon.

gebrauchen 1 use ◇ *Du solltest die Ferien zum Lernen gebrauchen.* You should use the holidays to revise. ◇ *Kannst du dieses Buch gebrauchen?* Is this book any use to you? **2 etw (gut) ~ können** ◇ *Das Geld können wir gut gebrauchen.* The money will be useful. ◇ *Ich könnte jetzt eine Dusche gebrauchen!* I could do with a shower now. **3 etw nicht ~ können** ◇ *Faulenzer können wir hier nicht gebrauchen!* We can't do with lazy people here! **4 zu ~ sein** ◇ *Ohne Batterie ist die Lampe nicht zu gebrauchen.* The lamp is useless without a battery. ◇ *Du bist wirklich zu nichts zu gebrauchen!* You really are useless! ◇ *Die Tasche ist doch noch gut zu gebrauchen* But the bag is still usable.

gebräuchlich common ◇ *ein gebräuchlicher Begriff* a common concept

Gebrauchs- Gebrauchsanleitung, Gebrauchsanweisung instructions for use [Pl] **Gebrauchsgegenstand** everyday item; (*im Haushalt*) household item

gebraucht 1 → BRAUCHEN **2** → GEBRAUCHEN **3** (*aus zweiter Hand*) second-hand ◇ *ein gebrauchtes Motorrad* a second-hand motor bike ◇ *Wir haben die Einrichtung gebraucht gekauft.* We bought the furniture second-hand.

Gebrauchtwagen second-hand car, (*bes AmE*) used car

gebräunt tanned

gebrechlich frail

gebrochen 1 → BRECHEN **2** broken ◇ *Am Ende des Romans ist er einsam und gebrochen.* At the end of the novel, he is a lonely, broken man. ◇ *in gebrochenem Italienisch* in broken Italian ◇ *Sie spricht nur gebrochen Russisch.* She doesn't speak Russian fluently.

Gebrüder brothers [Pl] ◇ *die Gebrüder Scholl* the Scholl brothers ◇ *die Gebrüder Grimm* the brothers Grimm

Gebrüll 1 roaring; (*Rinder*) bellowing **2** (*Menschen*) yelling

Gebühr charge; (*Honorar*) fee ◇ *eine Gebühr erheben* make a charge ◇ *Man hat uns über 250 Franken Gebühren berechnet.* We were charged over 250 francs.

gebührend 1 *Adj* proper ◇ *Sie bringen den Lehrern nicht den gebührenden Respekt entgegen.* They do not show proper respect for the teachers. ◇ *Sie stand in gebührendem Abstand hinter ihm.* She was standing at a respectful distance behind him. ◇ *Sie hielten gebührenden Abstand zum Feuer.* They kept a safe distance from the fire. **2** *Adv* properly; (*angemessen*) duly ◇ *Das muss gebührend gefeiert werden!* We have to celebrate this properly! ◇ *Die Leistung wurde von allen gebührend gewürdigt.* The achievement was duly acknowledged by everybody.

Gebühren- Gebührenerhöhung increase in charges ◇ *eine Gebührenerhöhung von 6%* a 6% increase in charges **gebührenfrei** free **gebührenpflichtig** ◇ *eine gebührenpflichtige Verwarnung* a fine ◇ *ein gebührenpflichtiger Kurs* a course for which there is a charge

gebunden → BINDEN

Geburt birth ◇ *Sie starb bei der Geburt des dritten Sohns.* She died giving birth to her third son. ◇ *Sie ist von Geburt an blind.* She has been blind since birth. ◇ *Er ist Schweizer von Geburt.* He is Swiss by birth. ◇ *die Geburt eines autonomen Staates* the birth of an autonomous state
Geburtenkontrolle population control; (*Familienplanung*) birth control **Geburtenrate** birth rate **Geburtenrückgang** decline in the birth rate **geburtenschwach** ◇ *ein geburtenschwacher Jahrgang* a year with a low birth rate **geburtenstark** ◇ *ein geburtenstarker Jahrgang* a year with a high birth rate

gebürtig by birth (*gehoben*) (*dem Nomen nachgestellt*) ◇ *ein gebürtiger Berliner/Iraner* a Berliner/an Iranian by birth ◇ *Sie ist gebürtige Bayerin.* She was born in Bavaria.

Geburts- **Geburtsdatum** date of birth **Geburtshaus** house where *sb* was born; (*Ort*) birthplace ◇ *Goethes Geburtshaus* the house where Goethe was born **Geburtsjahr** year of birth, year when *sb* was born ◇ *1776, das Geburtsjahr der Demokratie* 1776, the year which marked the birth of democracy **Geburtsname** birth name; (*Mädchenname*) maiden name; (*Familienname*) (original) surname **Geburtsort** birthplace; (*im Pass etc.*) place of birth **Geburtsstunde** (*fig*) beginning

Geburtstag **1** birthday ◇ *Herzlichen Glückwunsch zum Geburtstag!* Happy Birthday! ◇ *Tim hat heute Geburtstag.* It's Tim's birthday today. ◇ *jdm zum Geburtstag gratulieren* wish sb happy birthday ◇ *Was wünschst du dir zum Geburtstag?* What do you want for your birthday? ◇ *Ich schenke ihr eine Uhr zum Geburtstag.* I'm giving her a watch for her birthday. **2** (*Datum*) date of birth
Geburtstagsfeier birthday party **Geburtstagsgeschenk** birthday present **Geburtstagskarte** birthday card **Geburtstagskind** birthday boy/girl **Geburtstagsparty** birthday party

Geburtsurkunde birth certificate

Gebüsch bushes [Pl]

gedacht **1** → DENKEN **2** → GEDENKEN **3** (*gemeint*) intended ◇ *eine als Einführung gedachte Vorlesung* a lecture intended as an introduction ◇ *So war das eigentlich nicht gedacht!* That wasn't the idea! **4** (*imaginär*) imaginary

Gedächtnis memory ◇ *das Gedächtnis verlieren* lose your memory ◇ *Die Leute haben ein kurzes Gedächtnis.* People have short memories. ◇ *etw aus dem Gedächtnis aufsagen* recite sth from memory ◇ *Sie hatte jede Erinnerung an ihn aus ihrem Gedächtnis verdrängt.* She had completely wiped out the memory of him. ◇ *Er rief ihnen den olympischen Gedanken ins Gedächtnis.* He reminded them of the Olympic ideal. ◇ *Du wirst mir immer im Gedächtnis bleiben.* I'll never forget you. **IDM** → RUFEN *und* ZURÜCKRUFEN
Gedächtnislücke memory lapse **Gedächtnisschwund** loss of memory; (MED) amnesia

gedämpft **1** → DÄMPFEN **2** subdued; (*Beifall, Freude, Schreie, Reaktionen*) muted; (*Optimismus*) cautious (*Adv* cautiously) ◇ *gedämpftes Licht* subdued light ◇ *mit gedämpfter Freude* with muted enthusiasm ◇ *Wir sind gedämpft optimistisch.* We're cautiously optimistic. ◇ *Der Verkehrslärm dringt gedämpft durch die Fenster.* You can hear the muffled noise of traffic through the windows.

Gedanke thought; (*Einfall, Idee, Vorstellung*) idea ◇ *Er war ganz in Gedanken versunken.* He was lost in thought. ◇ *Beim bloßen Gedanken an Essen wird mir schon übel.* The mere thought of eating makes me feel sick. ◇ *Der Gedanke, allein leben zu müssen …* The thought of having to live alone … ◇ *Die Türklingel riss ihn aus seinen Gedanken.* The doorbell roused him from his thoughts. ◇ *ein absurder Gedanke* an absurd idea ◇ *Du wirst dich an den Gedanken gewöhnen müssen.* You will have to get used to the idea. ◇ *Wir müssen unsere Gedanken austauschen.* We must exchange ideas. ◇ *Ich kann keinen klaren Gedanken fassen.* I can't think clearly. ◇ *Ich kam gar nicht auf den Gedanken, dass er log.* It never crossed my mind that he was lying. **IDM** **jdn auf andere Gedanken bringen** take sb's mind off things ◇ *Das wird dich auf andere Gedanken bringen.* That will take your mind off things. **auf dumme Gedanken kommen** get into mischief **jds Gedanken lesen können** be able to read sb's mind ◇ *Wenn ich nur deine Gedanken lesen könnte.* If only I could read your mind. ◇ *Ich kann doch keine Gedanken lesen!* I'm not a mind reader! **keines (klaren) Gedankens fähig sein** not be able to think clearly **mit einem Gedanken spielen** toy with an idea ◇ *Ich spiele mit dem Gedanken, mir ein Boot zu kaufen.* I am toying with the idea of buying myself a boat. **sich (über etw) Gedanken machen** think (about sth); (*besorgt sein*) be worried (about sth) ◇ *Sie macht sich bisher noch keine Gedanken über ihre Zukunft.* She hasn't thought about her future at all. ◇ *Ich mache mir Gedanken darüber, ob das Geld reichen wird.* I'm worried about whether we'll have enough money. ◇ *Du machst dir zu viele Gedanken.* You worry too much.
Gedankenaustausch exchange of ideas **Gedankengang** train of thought **gedankenlos** **1** thoughtless ◇ *eine gedankenlose Bemerkung* a thoughtless remark ◇ *gedankenlos handeln* act without thinking **2** (*geistesabwesend*) absent (*Adv* absently) **Gedankenstrich** dash **Gedankenübertragung** telepathy **gedankenverloren** lost in thought

gedanklich **1** *Adj* intellectual **2** *Adv* ◇ *Er war gedanklich ganz woanders.* His mind was on something else altogether. ◇ *sich gedanklich auf eine Niederlage vorbereiten* mentally prepare for defeat

Gedeck **1** place setting; (*im Restaurant*) cover **2** (*festes Menü*) set meal

gedeckt **1** → DECKEN **2** (*Farbe*) subtle **3** (*Scheck*) covered [nicht vor Nomen] ◇ *ein gedeckter Scheck* a cheque that is covered

gedeihen **1** thrive **2** (*fortschreiten*) ◇ *Wir sind mit unseren Plänen noch nicht sehr weit gediehen.* We haven't got very far with our plans yet. ◇ *Der Bau ist schon so weit gediehen, dass …* The building work has reached the stage at which …

gedenken **1** **jds ~** commemorate sb **2** (*beabsichtigen*) intend, propose

Gedenken remembrance ◇ *eine Feier zum Gedenken an die Toten* a ceremony in remembrance of the dead

Gedenk- **Gedenkfeier** memorial service **Gedenkminute** minute's silence ◇ *eine Gedenkminute einlegen* observe a minute's silence **Gedenkmünze** commemorative coin **Gedenkstätte** memorial **Gedenktafel** commemorative plaque **Gedenktag** day of remembrance

Gedicht poem; **Gedichte schreiben** write poetry **IDM** **ein Gedicht sein** be heavenly

gediegen (*Mensch*) respectable; (*Möbel, Handwerk etc.*) good-quality [nur vor Nomen], of good quality [nicht vor Nomen]; (*Atmosphäre*) refined

Gedränge **1** crush; (*Menschenmenge*) crowd ◇ *das Gedränge an der Bar* the crush at the bar ◇ *Sie verlor ihre Freunde im Gedränge.* She lost her friends in the crowd. ◇ *Es kam zu einem Gedränge auf der Tribüne.* There was a lot of pushing and shoving in the stands. **2** (*beim Rugby*) scrum

gedrückt **1** → DRÜCKEN **2** (*niedergeschlagen*) subdued

Geduld patience; ~ **(mit jdm) haben** be patient (with sb), have patience (with sb) ◇ *Er hat keine Geduld.* He has no patience. ◇ *Hab Geduld mit ihm!* Be patient with him! ◇ *Schließlich verlor sie die Geduld.* She finally lost her patience. ◇ *Er bat sie um einen Augenblick Geduld.* He asked them to wait for a minute. IDM **jdm reißt die Geduld** sb is losing patience

gedulden sich ~ wait (patiently) ◇ *Wir mussten uns noch einen Tag gedulden.* We had to wait patiently for a day. ◇ *Ich kann mich nicht länger gedulden.* I cannot wait any longer. ◇ *Bitte gedulden Sie sich noch einen Moment.* Please bear with me for just a moment.

geduldig patient (*Adv* patiently)

geehrt **1** → EHREN **2 Sehr geehrte(r) Herr/Frau ...** (*im Brief*) Dear Mr/Mrs ... **3 Sehr geehrte Damen und Herren** (*im Brief*) Dear Sir or Madam; (*in einer Ansprache*) Ladies and Gentlemen

geeignet **1** → EIGNEN **2** suitable ◇ *für Kinder geeignet* suitable for children ◇ *Das ist als Ersatz geeignet.* It is a suitable substitute. ◇ *Sie sind für diesen Beruf nicht geeignet.* You are not suited to this job.

Gefahr danger; (*Risiko*) risk ◇ *in Gefahr sein/schweben* be in danger ◇ *außer Gefahr sein* be out of danger ◇ *Es besteht keine Gefahr, dass er es vergisst.* There is no danger of him forgetting. ◇ *sich in Gefahr begeben* put yourself at risk ◇ *der Gefahr von Infektionen vorbeugen* prevent the risk of infection ◇ *selbst auf die Gefahr hin, mich zu blamieren* even at the risk of making a fool of myself ◇ *Er läuft Gefahr, seinen Führerschein zu verlieren.* He runs the risk of losing his licence. ◇ *„Parken auf eigene Gefahr"* 'Parking at own risk'

gefährden put *sb/sth* at risk; **gefährdet sein** be at risk ◇ *Das gefährdet die Zukunft der Industrie.* This puts the future of the industry at risk. ◇ *Frauen über 50 sind besonders gefährdet.* Women over 50 are particularly at risk. ◇ *gefährdete Tierarten* endangered species

Gefährder(in) = dangerous individual; person who poses a serious security threat

Gefahren- Gefahrenquelle source of danger **Gefahrenzone** danger zone

Gefahrgut dangerous substance [meist Pl] ◇ *Der Lkw transportiert Gefahrgut.* The truck is carrying dangerous substances.

gefährlich dangerous (*Adv* dangerously)

gefahrlos safe (*Adv* safely) ◇ *der gefahrlose Umgang mit Maschinen* the safe use of machinery ◇ *ein Ort, wo Kinder gefahrlos spielen können* a place where children can play safely ◇ *Dieser Weg ist wieder gefahrlos zu begehen.* It is safe to use this path again.

Gefährte, Gefährtin companion; (*Lebens-*) partner

Gefälle **1** slope; (*Neigungsgrad*) gradient; (*Fluss*) drop ◇ *ein starkes Gefälle* a steep slope ◇ *20% Gefälle* a gradient of 20%/of 1 in 5 ◇ *Das Gelände hat ein leichtes Gefälle.* The land slopes gently. ◇ *Der Fluss hat ein starkes Gefälle.* The river drops sharply. **2** (*Unterschied*) divide ◇ *das Nord-Süd-Gefälle* the North-South divide

gefallen **1 jd/etw gefällt jdm** sb likes sb/sth ◇ *Das gefällt mir nicht.* I don't like it. ◇ *Es gefällt ihr, allein zu leben.* She likes living alone. ◇ *Was gefällt dir nicht an dem Kleid?* What don't you like about the dress? ◇ *Mir gefällt, wie du das machst.* I like the way you do that. ◇ *Das Konzert hat ihm gut gefallen.* He enjoyed the concert a lot. ◇ *Das macht sie doch nur um zu gefallen.* She is only doing it to please. **2 sich in etw** ~ like playing the part of sth ◇ *Er gefällt sich in der Rolle des Intellektuellen.* He likes playing the part of the intellectual. **3 sich etw ~ lassen** put up with sth ◇ *Das brauchst du dir nicht gefallen zu lassen.* You don't have to put up with it.

Gefallen[1] *der* favour, (*AmE*) favor ◇ *Könntest du mir einen Gefallen tun und zur Post laufen?* Could you please do me a favour and go to the post office? ◇ *Tu mir den Gefallen und sei endlich still!* Just do me a favour and shut up! ◇ *Dürfte ich Sie um einen Gefallen bitten?* Could I ask a favour of you? ◇ *Hör auf zu weinen. Damit tust du niemandem einen Gefallen.* Stop crying. That's not going to help anyone.

Gefallen[2] *das* pleasure ◇ *an etw Gefallen finden* get pleasure from sth ◇ *an jdm Gefallen finden* take a fancy to sb

Gefallene(r) soldier killed in action

Gefälligkeit favour, (*AmE*) favor; **aus ~** as a favour (*AmE*) as a favor

gefälligst kindly ◇ *Warten Sie gefälligst, bis Sie dran sind.* Kindly wait until it's your turn. ◇ *Das soll sie gefälligst selbst bezahlen.* She can damn well pay for it herself. ◇ *Mach gefälligst die Tür zu!* Just shut the door, will you!

gefangen **1** → FANGEN **2 jdn ~ halten** hold sb prisoner; (*fig*) hold sb enthralled ◇ *In diesem Verlies hielten sie ihn gefangen.* They held him prisoner in this dungeon. ◇ *Die Musik hielt die Zuhörer gefangen.* The music held the audience enthralled. **3 etw ~ halten** keep sth in captivity ◇ *ein Tier gefangen halten* keep an animal in captivity **4 jdn ~ nehmen** take sb prisoner; (*fig*) captivate sb ◇ *Er wurde in Rio gefangen genommen.* He was taken prisoner in Rio. ◇ *Diese Geschichte nahm mich ganz gefangen.* I was captivated by the story. **5 in etw ~ sein** be a prisoner of sth ◇ *Sie war in ihren Ängsten gefangen.* She was a prisoner of her fears.

Gefangene(r) prisoner

Gefangen- Gefangennahme capture [U] **Gefangenschaft** captivity ◇ *Pandas paaren sich selten in Gefangenschaft.* Pandas rarely mate in captivity. ◇ *Er war in russischer Gefangenschaft.* He was a prisoner of war in Russia. ◇ *in Gefangenschaft geraten* be taken prisoner ◇ *Er kam 1940 in deutsche Gefangenschaft.* He was taken prisoner by the Germans in 1940.

Gefängnis **1** prison ◇ *aus dem Gefängnis kommen* come out of prison ◇ *im Gefängnis sitzen* be in prison ◇ *ins Gefängnis müssen* be sent to prison ◇ *Die Ministerin besuchte das Gefängnis.* The minister visited the prison. **2** (*Gefängnisstrafe*) imprisonment [U] ◇ *Sie wurde zu drei Jahren Gefängnis verurteilt.* She was sentenced to three years' imprisonment. ◇ *Auf Entführung steht Gefängnis.* Kidnapping is punishable by imprisonment.

Gefängnisstrafe prison sentence **Gefängniswärter(in)** prison officer **Gefängniszelle** prison cell

gefärbt **1** → FÄRBEN **2** (*Lebensmittel*) ◇ *gefärbte Lebensmittel* foodstuffs with artificial colouring **3** (*Texte, Berichte*) ◇ *politisch gefärbte Geschichten* stories with political overtones **4** (*Sprache*) ◇ *schweizerisch gefärbtes Deutsch* German with a Swiss accent

Gefäß vessel

gefasst **1** → FASSEN **2** (*beherrscht, ruhig*) composed ◇ *Sie wirkte sehr gefasst.* She seemed very composed. ◇ *Er ertrug die Niederlage gefasst.* He bore the defeat with composure. **3 auf etw ~ sein** be prepared for sth ◇ *Wir müssen auf alles gefasst sein.* We must be prepared for anything. ◇ *Ich war nicht darauf gefasst, dass es so schnell gehen würde.* I was not prepared for it all happening so quickly. **4 sich auf etw ~ machen** prepare yourself for sth ◇ *Ich machte mich aufs Schlimmste gefasst.* I prepared myself for the worst. ◇ *Du musst dich darauf gefasst machen, dass es länger dauern kann.* You should be prepared for the fact that it may take a long time. ◇ *Du kannst dich auf was gefasst machen!* You're going to be for it!

Gefecht fighting [U], clash (*auch fig*) ◇ *Die Rebellen lieferten sich schwere Gefechte mit den Militärs.* The rebels engaged in heavy fighting with the army. ◇ *Bei Gefechten mit der Polizei gab es neun Tote.* Nine people were killed in clashes with the police. ◇ *In der Fernsehdebatte lieferten sich die beiden Kandidaten ein heftiges Gefecht.* The two candidates clashed in a television debate. IDM **jdn außer Gefecht setzen** **1** put sb out of action **2** (*fig*) spike sb's guns **im Eifer/in der Hitze des Gefechts** **1** (*in der Aufregung*) in all the excitement **2** (*unbedacht*) in the heat of the moment

gefedert **1** → FEDERN **2** sprung ◇ *Der Sattel sollte gefedert sein.* The saddle should be sprung. ◇ *ein voll gefedertes Mountainbike* a mountain bike with full suspension ◇ *ein gut/schlecht gefederter Wagen* a car with good/poor suspension

gefeiert **1** → FEIERN **2** celebrated, acclaimed

gefestigt stable

Gefieder feathers [Pl], plumage [U]

Geflecht **1** ◇ *ein Geflecht aus Zweigen* intertwined branches ◇ *Ein Geflecht aus Papierstreifen bildet das Dach.* The roof is made of paper strips woven together. **2** (*Netz*) network **3** (*Wirrwarr*) tangle, web ◇ *ein Geflecht von Lügen* a tangle of lies

gefleckt **1** spotted **2** (*mit größeren Flecken*) ◇ *ein weiß-braun gefleckter Hund* a dog with white and brown markings

geflissentlich deliberately ◇ *etw geflissentlich übersehen* deliberately overlook sth

Geflügel (*Federvieh, Fleisch*) poultry [U/Pl] **Geflügelpest** bird flu, avian flu (*Fachspr*)

geflügelt winged ◇ *geflügelte Ameisen* winged ants IDM **ein geflügeltes Wort** a (well-known) saying

Gefolge **1** entourage **2** (*Trauergeleit*) cortège

Gefolgschaft **1** (*Gefolge*) entourage **2** (*Treue, Gehorsam*) allegiance ◇ *jdm Gefolgschaft leisten* give your allegiance to sb

Gefolgsmann follower ◇ *einer seiner engsten Gefolgsleute* one of his closest followers

gefragt **1** → FRAGEN **2** (*begehrt*) sought after, in demand [nicht vor Nomen] ◇ *ein gefragter Künstler* a sought after artist ◇ *Besonders gefragt war Schokoladenkuchen.* Chocolate cake was very much in demand. ◇ *Treue ist heute nicht mehr gefragt.* Loyalty has gone out. **3** (*gewünscht*) wanted ◇ *Gefragt sind vor allem neue Ideen.* New ideas are what's really wanted. ◇ *Fachkompetenz und ein sicheres Auftreten sind gefragt.* Candidates should have expert knowledge and a confident manner.

gefräßig greedy; (*Tier etc.*) voracious

Gefreite(r) lance corporal, (*AmE*) private first class; (*bei der Marine*) able Seaman, (*AmE*) Seaman; (*bei der Luftwaffe*) leading aircraftman, (*AmE*) airman first class

Gefrierbeutel freezer bag

gefrieren freeze ◇ *Die Milch war zu Eis gefroren.* The milk had frozen. ◇ *Als sie ihn sah, gefror ihr das Lächeln.* When she saw him, the smile froze on her lips.

Gefrier- **Gefrierfach** freezer compartment **gefriergetrocknet** freeze-dried **Gefrierpunkt** freezing, freezing point (*Fachspr*) ◇ *der Gefrierpunkt von Quecksilber* the freezing point of mercury ◇ *Temperaturen um den Gefrierpunkt* temperatures around freezing **Gefrierschrank** (upright) freezer **Gefriertruhe** (chest) freezer

Gefüge structure

gefügig meek (*Adv* meekly); (*gehorsam*) obedient (*Adv* obediently) ◇ *Er trottete gefügig hinter seiner Mutter her.* He trotted meekly after his mother. ◇ *sich jdn gefügig machen* make sb submit to your will

Gefühl **1** feeling ◇ *jds Gefühle verletzen* hurt sb's feelings ◇ *Ich habe das Gefühl, dass …* I've got a feeling that … ◇ *Ich habe kein Gefühl in den Fingern.* I've got no feeling in my fingers. ◇ *ein Gefühl für etw bekommen* get a feeling for sth ◇ *Der Film weckte nostalgische Gefühle in mir.* The film made me feel nostalgic. ◇ *Ich habe ein gutes Gefühl bei der Sache.* I feel quite optimistic about it. ◇ *ein Gefühl der Befriedigung/Erleichterung* a sense of satisfaction/relief **2** (*Sinn*) sense; (*Intuition*) instinct ◇ *ein Gefühl für Farben* a sense of colour ◇ *Ich verlasse mich auf mein Gefühl.* I rely on my instinct. IDM **das höchste der Gefühle** **1** (*das Beste*) the ultimate **2** (*die äußerste Grenze*) the absolute limit **ein dummes Gefühl (bei etw) haben** have a nasty feeling (about sth) ◇ *Sie hatte das dumme Gefühl, dass die Sache schiefgehen würde.* She had a nasty feeling it would all go wrong. **etw im Gefühl haben** have a feel for sth **mit gemischten Gefühlen** with mixed feelings **etw nach Gefühl machen** do sth by instinct

gefühllos **1** insensitive (*Adv* insensitively); (*stärker*) unfeeling; (*grausam*) cruel **2** (*taub*) numb

gefühls- **gefühlskalt** cold, unfeeling; (*frigide*) frigid **gefühlsmäßig** emotional (*Adv* emotionally); (*instinktiv*) instinctive (*Adv* instinctively) ◇ *ihre gefühlsmäßige Bindung an ihre Großeltern* her emotional attachment to her grandparents **Gefühlssache** ◇ *Wie viel Wasser man den Pflanzen geben muss, ist Gefühlssache.* You have to have a feel for how much water to give the plants. ◇ *Was ich anziehe, ist bei mir reine Gefühlssache.* I just wear what I feel like.

gefühlt **1** → FÜHLEN **2** (*subjektiv empfunden*) ◇ *Die gefühlte Temperatur weicht bis zu zehn Grad Celsius von den gemessenen Werten ab.* What the temperature feels like is often up to ten degrees different from the reading on the thermometer. ◇ *Ich bin jetzt 64, aber mein gefühltes Alter ist um die 40.* I'm 64 now, but I feel around 40. ◇ *Der Tourismus auf Jamaika hat zwar Arbeitsplätze geschaffen, er lässt allerdings auch die gefühlte Armut steigen.* Tourism in Jamaica has brought jobs, but it also makes people feel poorer.

gefühlvoll (*einfühlsam*) sensitive (*Adv* sensitively); (*ausdrucksvoll*) expressive (*Adv* expressively); (*voller Gefühl, sentimental*) emotional (*Adv* emotionally)

gefüllt **1** → FÜLLEN **2** (*voll*) full ◇ *Der Saal war gefüllt.* The hall was full.

gegeben **1** → GEBEN **2** given ◇ *Das habe ich als gegeben vorausgesetzt.* I took that as given. ◇ *Aus gegebenem Anlass einige Bemerkungen zu E-Mail.* For reasons known to us all, I'd like to make a few comments about email. ◇ *unter den gegebenen Umständen* given the circumstances IDM → ZEIT

gegebenenfalls if necessary

gegen **1** against ◇ *gegen die Sonne fotografieren* take a photo against the sun ◇ *gegen den Willen seiner Eltern* against his parents' will ◇ *etwas/nichts gegen jdn haben* have something/nothing against sb ◇ *gegen jdn gewinnen* win against sb ◇ *gegen jdn verlieren* lose to sb ◇ *Die Opposition gegen das Regime wächst.* Opposition to the regime is growing **2** (*gewaltsamer Kontakt*) ◇ *Ich bin mit dem Knie gegen das Tischbein gestoßen.* I knocked my knee on the table leg. ◇ *Wütend schlug sie gegen die Wand.* Furiously she beat on the wall. ◇ *gegen die Mauer fahren* drive into the wall **3** (*Austausch*) for ◇ *Sie haben Waffen gegen Geiseln ausgetauscht.* They exchanged weapons for hostages. **4** **~ Rezept** on prescription **5** (*im Vergleich zu*) compared to/with ◇ *Gegen ihn bin ich nur ein Amateur!* Compared to him, I am just an amateur! **6** (MED) for; (*Impfung*) against ◇ *Hast du etwas gegen deine Kopfschmerzen eingenommen?* Have you taken anything for your headache? ◇ *eine Impfung gegen Cholera* a vaccination against cholera ◇ *ein Mittel gegen Arthritis* an arthritis drug **7** (*Zeitraum*) towards ◇ *gegen Ende der 80er-Jahre* towards the end of the eighties **8** (*mit Zeitpunkten/Zahlenangaben*) around, about ◇ *gegen 7 Uhr* around 7 o'clock ◇ *Das Stadion fasst gegen 8 000 Menschen.* The stadium holds around 8 000 people. IDM → NATUR

Gegen- **Gegenangriff** counter-attack ◇ *zum Gegenangriff übergehen* launch a counter-attack **Gegenargument** counter-argument **Gegenbeispiel** case where the opposite is true ◇ *Als Gegenbeispiel nannte er seine Eltern.* He named his parents as a case where the opposite was true. **Gegenbesuch** return visit **Gegenbeweis** evidence to the contrary [U] ◇ *den Gegenbeweis antreten* furnish evidence to the contrary ◇ *Sein Freund galt ihm als lebender Gegenbeweis.* His friend was living proof to the contrary.

Gegend **1** area, region, district ◇ *die Gegend rund um Hamburg* the Hamburg area ◇ *in der Gegend des Magens* in the stomach region **2** (*Einwohner*) (everyone in the) neighbourhood, (*AmE*) (everyone in the) neighborhood

Gegen- **Gegendarstellung** reply; (*Richtigstellung*) correction **Gegendemonstration** counter-demonstration

gegeneinander against each other ◇ *Sie haben uns gegeneinander ausgespielt.* They played us off against each other.

gegeneinanderschlagen **etw ~** bang sth together ◇ *Er schlug die Topfdeckel gegeneinander.* He banged the saucepan lids together. **gegeneinanderstoßen** bump into each other ◇ *Wir sind gegeneinandergestoßen.* We bumped into each other.

Gegen- **Gegenfahrbahn** opposite carriageway **Gegenfrage** another question ◇ *Sie antwortete mit einer Gegenfrage.* She answered with another question. ◇ *Darf ich Ihnen eine Gegenfrage stellen?* Let me ask you a question. **Gegengewicht** **ein ~ (zu etw)** a counterweight (to sth) **Gegenkandidat(in)** rival candidate ◇ *der Gegenkandidat der CDU* the rival candidate from the CDU ◇ *Sie tritt als Gegenkandidatin gegen Müller an.* She is standing against Müller. **Gegenleistung** ◇ *Als Gegenleistung wurde uns ein Raum zur Verfügung gestellt.* In return, we were given a room. ◇ *Welche Gegenleistungen werden verlangt?* What are they demanding in return? **Gegenmaßnahme** countermeasure **Gegenmittel** **~ (gegen etw)** antidote (to sth) **Gegenoffensive** counteroffensive **Gegenprobe** cross-check ◇ *Der Arzt machte die Gegenprobe.* The doctor did a cross-check. **Gegenrevolution** counter-revolution **Gegenrichtung** opposite direction

Gegensatz **1** contrast ◇ *der Gegensatz zwischen Arm und Reich* the contrast between rich and poor **2** (*Gegenteil*) opposite ◇ *Gegensätze ziehen sich an.* Opposites attract. **3 Gegensätze** (*Differenzen*) differences [Pl] ◇ *politische Gegensätze* political differences **4 im ~ zu jdm/etw (stehen)** (be) in contrast to sb/sth ◇ *Manchester hat im Gegensatz zu London eine Straßenbahn.* In contrast to London, Manchester has trams. ◇ *Der Palast steht in krassem Gegensatz zum Elend in der Stadt.* The palace is in stark contrast to the poverty in the town. ◇ *Ihre Interessen stehen im Gegensatz zu unseren.* Their interests are opposed to ours.

gegensätzlich conflicting; (*unterschiedlich*) contrasting ◇ *die gegensätzlichen Interessen der beiden Länder* the conflicting interests of the two countries ◇ *gegensätzliche Charaktere* contrasting characters

Gegen- **Gegenschlag** retaliation [U] ◇ *Das Militär droht mit einem Gegenschlag.* The military is threatening retaliation. ◇ *Der Konzern holte zum Gegenschlag aus.* The company prepared to retaliate. **Gegenseite** **1** other side **2** (*Gegner*) opposition [mit Verb im Sing/Pl] **gegenseitig** mutual (*Adv* mutually); (*einander*) each other ◇ *in gegenseitigem Einvernehmen* by mutual agreement ◇ *sich gegenseitig ausschließen* be mutually exclusive ◇ *Wir helfen uns gegenseitig.* We help each other. **Gegenseitigkeit** ◇ *Das beruht auf Gegenseitigkeit.* The feeling is mutual. **Gegenspieler(in)** (*Gegner*) opponent; (*Pendant*) opposite number ◇ *seine politischen Gegenspieler* his political opponents ◇ *der britische Außenminister und sein deutscher Gegenspieler* the British Foreign Secretary and his German opposite number

Gegenstand **1** object ◇ *Gegenstände aus Silber* objects made of silver **2** (*Thema*) subject ◇ *Der Besuch war Gegenstand heftiger Diskussionen.* The visit was the subject of heated discussions. **3** (*Objekt*) object ◇ *Die Firma wurde Gegenstand scharfer Kritik.* The firm became the object of bitter criticism.

gegenständlich (KUNST) representational

gegenstandslos **1** (*unbegründet*) insubstantial; (*hinfällig*) irrelevant **2** (KUNST) non-representational, abstract

Gegen- **Gegenstimme** vote against ◇ *Es gab nur drei Gegenstimmen.* There were only three votes against. ◇ *Der Antrag wurde ohne Gegenstimmen angenommen.* The motion was carried unanimously. **Gegenstück** counterpart

Gegenteil opposite ◇ *Was ist das Gegenteil von „light"?* What's the opposite of 'light'? IDM **ganz im Gegenteil** quite the reverse; far from it (*umgs*) ◇ *Mir ist nicht langweilig. Ganz im Gegenteil.* I'm not bored. Far from it. **im Gegenteil** on the contrary **ins Gegenteil umschlagen** swing to the other extreme

gegenteilig opposite ◇ *zum gegenteiligen Schluss kommen* come to the opposite conclusion ◇ *Ich habe nichts Gegenteiliges gehört.* I've heard nothing to the contrary.

gegenüber **1 ~ (jdm/etw)** opposite (sb/sth) ◇ *Die Schule liegt gegenüber dem Bahnhof.* The school is opposite the station. ◇ *Er sitzt mir gegenüber.* He is sitting opposite me. ◇ *das Haus gegenüber* the house opposite ◇ *schräg gegenüber* diagonally opposite ◇ *die Kinder von gegenüber* the children who live opposite ◇ *gegenüber von Griesbach* opposite Griesbach **2 jdm/etw ~** (*in Bezug auf*) towards sb/sth, to sb/sth ◇ *Sie ist mir gegenüber oft sehr unfreundlich.* She is often very unfriendly towards me. ◇ *Gegenüber der Presse sagte er, …* To the press he said … ◇ *Das ist unsere Pflicht, uns und unseren Kindern gegenüber.* That is our duty to ourselves and our children. ◇ *ihre Treue uns gegenüber* their loyalty to us **3 jdm/etw ~** (*gegen*) against sb/sth ◇ *Vorurteile gegenüber Studenten* prejudice against students **4** (*im Vergleich zu*) compared with ◇ *Die Kosten stiegen um ein Drittel gegenüber dem Vorjahr.* The costs rose by a third compared with the previous year. ℹ Für andere Ausdrücke mit **gegenüber** siehe die Einträge für die entsprechenden Nomina etc.

gegenüberliegen face; **sich ~** face each other ◇ *Die Häuser liegen sich gegenüber.* The houses face each other

gegenüberliegend opposite ◇ *am gegenüberliegenden Ufer* on the opposite bank

gegenüberstehen **1 jdm/sich ~** stand facing sb/each other, face sb/each other ◇ *Plötzlich stand er ihr gegenüber.* Suddenly he was standing there facing her. ◇ *Sie standen sich gegenüber.* They stood facing each other. ◇ *Morgen steht er Nadal gegenüber.* Tomorrow he faces Nadal. ◇ *Im Endspiel stehen sich*

Frankreich und Deutschland gegenüber. France and Germany will face each other in the final. **2 einer Sache ~** (*positiv, skeptisch etc.*) ◇ *Menschen, die der Kirche kritisch gegenüberstehen* people with a critical attitude towards the Church ◇ *Sie standen dieser Entwicklung völlig hilflos gegenüber.* They were completely helpless in the face of this development. **3 einer Sache ~** (*mit etw konfrontiert sein*) face sth, be faced with sth ◇ *Sie stehen vielen Problemen gegenüber.* They face many problems. **4 sich ~** (*im Widerstreit stehen*) be brought face to face ◇ *Tradition und Fortschritt stehen sich gegenüber.* Tradition and progress are brought face to face. **5** (*in Vergleichen*) ◇ *Dem Stellenangebot stehen nur wenige Bewerber gegenüber.* There are too few applicants for the number of jobs available. ◇ *500 männlichen Bewerbern stehen 200 weibliche gegenüber.* There were 200 female as against 500 male applicants.

gegenüberstellen 1 jdn jdm/etw ~ confront sb with sth/sb ◇ *Der Mann wurde seinem Opfer gegenübergestellt.* The man was confronted with his victim. **2** (*vergleichen*) compare ◇ *Wir müssen die Alternativen gegenüberstellen und abwägen.* We must compare and weigh up the alternatives.

Gegenüberstellung 1 confrontation; (*zur Identifizierung*) identification parade, (*AmE*) line-up **2** (*Vergleich*) comparison

gegenübertreten jdm ~ face sb (*auch fig*)

Gegenverkehr oncoming traffic; (*in beide Richtungen*) two-way traffic ◇ *Er achtete nicht auf den Gegenverkehr.* He didn't pay attention to the oncoming traffic. ◇ *Vorsicht, Gegenverkehr* two-way traffic ahead

Gegenwart 1 present ◇ *in der Gegenwart leben* live in the present ◇ *die Kunst der Gegenwart* contemporary art **2** (LING) present (tense) **3** (*Anwesenheit*) presence ◇ *in Gegenwart meiner Eltern* in the presence of my parents

gegenwärtig *Adj* present; (*im Verlauf befindlich*) current (*Adv* currently) ◇ *die gegenwärtige Lage* the present situation ◇ *die gegenwärtige Debatte um die Schulreform* the current debate about school reform ◇ *die gegenwärtig laufende Ausstellung* the current exhibition ◇ *Der Vorschlag wird gegenwärtig geprüft.* The proposal is currently being studied.

Gegenwarts- Gegenwartskunst contemporary art **Gegenwartsliteratur** contemporary literature

Gegen- Gegenwehr resistance ◇ *ohne Gegenwehr* without resistance ◇ *heftige Gegenwehr leisten* offer fierce resistance ◇ *keine Gegenwehr leisten* offer no resistance **Gegenwert** equivalent **Gegenwind** headwind ◇ *Sie hatten Gegenwind.* There was a headwind. **gegenzeichnen** countersign

Gegenzug IDM **im Gegenzug (für etw)** in return (for sth)

Gegner(in) opponent; (*Feind*) enemy ◇ *Sie besiegte ihre Gegnerin in zwei Sätzen.* She beat her opponent in two sets. ◇ *ein Gegner der EU* an opponent of the EU ◇ *Deutschlands Gegner im Zweiten Weltkrieg* Germany's enemies in the Second World War

gegnerisch opposing [nur vor Nomen]; (*im Krieg*) enemy [nur vor Nomen] ◇ *die gegnerische Mannschaft* the opposing team ◇ *das gegnerische Tor* the opposing team's goal ◇ *die gegnerischen Truppen* the enemy troops

gehabt 1 → HABEN[1] **2 wie ~** (*wie üblich*) as usual; (*wie vorher*) as before

Gehackte(s) mince, (*AmE*) ground meat

Gehalt[1] *der* content ◇ *der hohe Gehalt an Eiweiß* the high protein content

Gehalt[2] *das* salary
Gehaltserhöhung (pay) rise, (*AmE*) (pay) raise

gehaltvoll (*Lebensmittel*) nutritious; (*Wein*) full-bodied; (*Boden*) rich

gehässig spiteful (*Adv* spitefully)

Gehässigkeit 1 spite **2 Gehässigkeiten** spiteful remarks [Pl]

gehäuft 1 frequent (*Adv* frequently) ◇ *das gehäufte Auftreten von Leukämie* the frequent occurrence of leukaemia ◇ *gehäuft auftretende Infekte* frequently occurring infections **2** (*Löffel*) heaped, (*AmE*) heaping ◇ *zwei gehäufte Teelöffel Salz* two heaped teaspoons of salt

Gehäuse 1 (*Kamera etc.*) case **2** (*Schneckenhaus*) shell **3** (*Kerngehäuse*) core

gehbehindert ~ sein have difficulty in walking

Gehege (*im Zoo etc.*) enclosure IDM **jdm ins Gehege kommen** tread on sb's toes **sich ins Gehege kommen** tread on each others' toes

geheim 1 secret ◇ *streng geheim* top secret ◇ *Darüber wurde geheim abgestimmt.* A secret ballot was held. **2** (*rätselhaft*) mysterious **3 etw (vor jdm) ~ halten** keep sth secret (from sb) ◇ *Die Namen werden geheim gehalten.* The names are kept secret. ◇ *ein geheim gehaltener Ort* a secret place IDM **im Geheimen** in secret; secretly

Geheim- Geheimagent(in) secret agent **Geheimdienst** secret service **Geheimhaltung** secrecy ◇ *unter strengster Geheimhaltung verhandeln* negotiate in absolute secrecy

Geheimnis 1 ~ (vor jdm) secret (from sb) ◇ *Sie hat mir ein Geheimnis erzählt.* She told me a secret. ◇ *Wir haben keine Geheimnisse voreinander.* We have no secrets from each other. **2** (*etw Rätselhaftes*) mystery ◇ *die Geheimnisse des Universums* the mysteries of the universe IDM **ein offenes Geheimnis** an open secret **kein Geheimnis aus etw machen** make no secret of sth ◇ *Sie machte kein Geheimnis daraus, dass sie gehen wollte.* She made no secret of the fact that she wanted to leave.
Geheimniskrämerei secretiveness

geheimnisvoll 1 mysterious (*Adv* mysteriously) **2** (*geheimnistuerisch*) secretive ◇ *Er tut immer sehr geheimnisvoll.* He's always very secretive about things.

Geheim- Geheimnummer 1 (*Telefonnummer*) ex-directory number, (*AmE*) unlisted number **2** (*Zahlenkombination*) PIN (number) **Geheimpolizei** secret police [mit Verb im Sing/Pl] **Geheimrezept** secret recipe **Geheimschrift** secret code **Geheimtipp** hot tip **Geheimzahl** PIN (number)

gehemmt 1 → HEMMEN **2** inhibited

gehen
• **Bewegung 1** go; (*weggehen auch*) leave; (*zu Fuß*) walk ◇ *geradeaus gehen* go straight on ◇ *Ich gehe einkaufen.* I'm going shopping. ◇ *ins Bett gehen* go to bed ◇ *in Urlaub gehen* go on holiday ◇ *Wohin geht's?* Where are you going? ◇ *Er ist gegangen ohne etwas zu sagen.* He left without saying anything. ◇ *Sie musste wegen des Skandals gehen.* She had to leave her job because of the scandal. ◇ *Ich gehe lieber zu Fuß.* I'd rather walk. ◇ *am Stock gehen* walk with a stick ◇ *Ich gehe noch ein Stück mit.* I'll walk part of the way with you. ◇ *über die Straße gehen* cross the road **2** (*in anderen Wendungen*) ◇ *Er geht noch zur Schule.* He's still at school. ◇ *In diesen Krug gehen vier Liter.* This jug will hold four litres. ◇ *in Schwarz gehen* wear black ◇ *an die Arbeit gehen* set to work ◇ *Der Teig muss jetzt eine halbe Stunde gehen.* The dough has to rise for half an hour now.
• **Gesundheit 3** ◇ *Wie geht es dir?* How are you? ◇ *Es geht ihr ganz gut.* She's quite well.

• **funktionieren 4** ◇ *Der Wecker geht nicht mehr.* The alarm clock doesn't work any more. ◇ *Sie erklärte, wie das Spiel geht.* She explained the rules of the game. ◇ *Siehst du? Es geht ganz einfach.* You see? It's very simple.
• **möglich, akzeptabel sein 5** ◇ *Das geht einfach nicht anders!* There's just no other way! ◇ *Hör zu: so geht es nicht.* Listen: that's just not on. ◇ *Es geht nicht, dass Sie fest zusagen und dann doch nicht kommen.* You can't say you're definitely coming and then just not turn up. ◇ *„Wie schmeckt dir der Kuchen?" „Es geht so."* 'How do you like the cake?' 'It's all right.'
• **sich einem bestimmten Zustand/Zeitpunkt nähern 6** ◇ *Seine Schulden gehen in die Tausende.* His debts run into thousands. ◇ *Sie geht auf die 30.* She's nearly 30.
• **mit Präpositionen 7 in sich ~** do some soul-searching **8 nach jdm/etw ~** ◇ *Er geht nur nach dem Preis.* He only goes by the price. ◇ *Nach dem Wetterbericht kann man nicht gehen.* You can't go by the weather forecast. ◇ *Immer geht alles nach dir!* You always get your own way! **9 um etw ~** ◇ *Worum geht es in dem Buch?* What's the book about? ◇ *Es geht ihm nicht ums Geld.* He's not bothered about the money. ◇ *Darum geht es nicht.* That's not the point. **10 vor sich ~** go on ◇ *Was geht hier vor sich?* What's going on here?
IDM **sich gehen lassen 1** let yourself go **2** (*seine Hemmungen abschütteln*) let your hair down ℹ Für andere Redewendungen mit **gehen** siehe die Einträge für die entsprechenden Nomina. **Zu Ende gehen** z.B. steht unter **Ende**.

Gehen walking

Geher(in) walker

geheuer jdm nicht (ganz) ~ sein 1 give sb the creeps ◇ *Die Altstadt ist mir nicht ganz geheuer.* The old part of town gives me the creeps. **2** (*verdächtig, unbehaglich*) seem dubious to sb ◇ *Sein Vorschlag war mir gleich nicht geheuer.* His suggestion seemed dubious to me straight away. ◇ *Was wir da machen ist mir nicht ganz geheuer.* I've got a bad feeling about what we're doing here.

Gehilfe, Gehilfin 1 helper; (*gelernt*) assistant **2** (*Komplize*) accomplice

Gehirn brain
Gehirnerschütterung concussion ◇ *Ich habe eine Gehirnerschütterung.* I've got concussion. **Gehirnwäsche** brainwashing [U] ◇ *eine Art Gehirnwäsche* a form of brainwashing ◇ *Sie wurden einer Gehirnwäsche unterzogen.* They were brainwashed.

gehoben 1 → HEBEN **2** (*Position etc.*) senior ◇ *in einer gehobenen Stellung arbeiten* have a senior position ◇ *Beamte im gehobenen Dienst* senior civil servants **3** (*nicht alltäglich*) elevated; (*Preisklasse*) upper ◇ *gehobene Sprache* elevated language ◇ *Villen für gehobene Ansprüche* villas for people with upmarket tastes **4** (*Stil*) formal

Gehör 1 hearing ◇ *Sie hat ein gutes Gehör.* She's got good hearing. ◇ *nach dem Gehör spielen* play by ear **2 absolutes ~ haben** have perfect pitch **3 sich ~ verschaffen** make yourself heard

gehorchen obey ◇ *Er gehorcht ihr blind.* He obeys her blindly. ◇ *Meine Hände gehorchen mir nicht mehr.* I've lost control of my hands. IDM → WORT

gehören 1 belong ◇ *Das Buch gehört dir nicht.* The book doesn't belong to you. ◇ *Wohin gehören die Teller?* Where do the plates go? ◇ *Die Kinder gehören ins Bett.* The children should be in bed. **2 zu etw ~** be one of sth ◇ *Das gehört zu Ihren Aufgaben.* That's one of your tasks. ◇ *Sie gehört schon ganz zur Familie.* She's already one of the family. **3** (*erforderlich sein*) take ◇ *Es gehört viel Mut dazu.* That takes a lot of courage. **4 sich ~** be the done thing IDM → EISEN *und* TON²

gehörig 1 proper (*Adv* properly) ◇ *Ihr wird nicht der gehörige Respekt entgegengebracht.* She isn't shown the proper respect. **2** *Adv* ◇ *Ich habe ihm gehörig die Meinung gesagt.* I gave him a piece of my mind. ◇ *Er hat ihn gehörig verprügelt.* He gave him a sound thrashing.

gehörlos deaf

Gehörlose(r) deaf person ◇ *eine Gruppe Gehörlose* a group of deaf people ◇ *eine Schule für Gehörlose* a school for the deaf

gehorsam obedient (*Adv* obediently)

Gehorsam obedience

Gehweg pavement, (*AmE*) sidewalk

Geier vulture (*auch fig*)

Geige violin ◇ *Er spielt Geige.* He plays the violin. IDM **die erste Geige spielen** call the tune

geigen 1 play the violin **2** (*Melodie etc.*) play *sth* on the violin

Geiger(in) violinist

Geigerzähler Geiger counter

geil 1 (*begierig*) randy **2** (*toll*) cool (*umgs*), wicked (*Slang*) ◇ *Ich finde ihn total geil.* I think he's really cool. ◇ *Dein neues Auto ist geil!* Your new car is wicked! **3 auf jdn/etw ~ sein** be dead keen on sb/sth (*umgs*) ◇ *Sie war geil auf ihn.* She was dead keen on him.

Geisel hostage ◇ *Geiseln nehmen* take hostages
Geiseldrama hostage drama **Geiselnahme** hostage-taking **Geiselnehmer(in)** hostage taker

Geist¹ 1 mind ◇ *den Geist anregen* stimulate the mind **2** (*Gesinnung, Stimmung*) spirit ◇ *der Geist der Zeit* the spirit of the age IDM **jdm auf den Geist gehen** get on sb's nerves (*umgs*) **den Geist aufgeben** give up the ghost (*hum*) **im Geiste** ◇ *Im Geiste sah sie sich schon als Ehefrau.* In her mind's eye, she was already married. ◇ *Wir werden im Geiste da sein.* We'll be there in spirit.

Geist² (*Gespenst*) ghost; (*überirdisches Wesen, Seele*) spirit (*auch fig*) ◇ *Ihr erschien der Verstorbene als Geist.* The deceased appeared to her as a ghost. ◇ *der Heilige Geist* the Holy Ghost/Spirit ◇ *böse Geister* evil spirits ◇ *Dein Sohn ist ein unruhiger Geist.* Your son is a restless spirit. IDM **daran/hier scheiden sich die Geister** opinions are divided on this **von allen guten Geistern verlassen sein** have taken leave of your senses ◇ *Bist du von allen guten Geistern verlassen?* Have you taken leave of your senses?

Geister- Geisterbahn ghost train ◇ (*mit der*) *Geisterbahn fahren* go on the ghost train **Geisterfahrer(in)** ≈ sb driving along the wrong side of the motorway

geistern wander; (*durch die Medien etc.*) circulate ◇ *nachts durchs Haus geistern* wander around the house at night ◇ *Das Gerücht geisterte durch die Presse.* The rumour circulated in the newspapers. ◇ *Diese Gedanken geisterten ihr noch lange durch den Kopf.* These thoughts went round in her head for a long time.

Geister- Geisterstadt ghost town **Geisterstunde** witching hour ◇ *zur Geisterstunde* at the witching hour

geistes- geistesabwesend absent-minded (*Adv* absent-mindedly) **Geistesblitz** brainwave, (*AmE*) brainstorm **geistesgegenwärtig 1** *Adj* quick-witted ◇ *eine geistesgegenwärtige Reaktion* a quick-witted reaction **2** *Adv* with presence of mind ◇ *geistesgegenwärtig reagieren* react with (great) presence of mind **geistesgestört** mentally disturbed **geistes-**

krank mentally ill **Geisteskranke(r)** mental patient **Geisteswissenschaft** arts subject; **die Geisteswissenschaften** the arts [Pl], the humanities [Pl]

geistig mental (*Adv* mentally); (*intellektuell*) intellectual (*Adv* intellectually) ◇ *eine positive geistige Haltung* a positive mental attitude ◇ *einer geistigen Tätigkeit nachgehen* pursue an intellectual activity ◇ *die geistige Entwicklung des Kindes* the child's intellectual development ◇ *geistiges Eigentum* intellectual property ◇ *Er war geistig behindert.* He had learning difficulties.

geistlich spiritual; (*religiös*) religious ◇ *geistlicher Beistand* spiritual support ◇ *ein hohes geistliches Amt* a high religious office ◇ *das geistliche Oberhaupt Tibets* the religious leader of Tibet ◇ *geistliche Musik* sacred music

Geistliche(r) cleric; (*Priester*) priest; (*freikirchlich*) minister

geist- **geistlos** dull **geistreich** witty (*Adv* wittily); (*Einfall, Erfindung*) ingenious ◇ *Die Geschichte war geistreich erzählt.* The story was wittily told. ◇ *ein geistreiches Stück Literatur* an inspired literary work

Geiz meanness

geizen **mit etw ~** be sparing with sth ◇ *mit Worten geizen* be sparing with words ◇ *nicht mit Lob geizen* be very generous in your praise

Geizhals, **Geizkragen** miser

geizig mean, (*AmE*) cheap ◇ *Er ist sehr geizig.* He's really mean. ◇ *geizig mit Informationen sein* be reluctant to pass on information

Gejammer moaning

Geklapper clatter

Geklimper tinkling; (*auf der Gitarre etc.*) twanging

geknickt **1** → KNICKEN **2** (*enttäuscht*) dejected (*Adv* dejectedly)

gekonnt **1** → KÖNNEN[2] **2** skilful (*Adv* skilfully), (*AmE meist*) skillful (*Adv* skillfully); (*meisterhaft*) masterly (*Adv* in a masterly way) ◇ *ein gekonnter Pass* a skilful pass ◇ *Er spielte den Ball gekonnt ins Tor.* He played the ball skilfully into the goal. ◇ *eine gekonnte Vorstellung* a masterly performance ◇ *etw gekonnt vortragen* give a masterly presentation of sth

Gekritzel scribble

gekünstelt affected (*Adv* in an affected way) ◇ *ein gekünsteltes Lächeln* an affected smile ◇ (*leicht*) *gekünstelt wirken* seem (rather) affected ◇ (*leicht*) *gekünstelt sprechen* speak in (rather) an affected way

Gel gel

Gelaber(e) jabbering; (*Geschwafel*) waffle

Gelächter laughter ◇ *ein amüsiertes Gelächter* amused laughter ◇ *in Gelächter ausbrechen* burst out laughing

geladen **1** → LADEN **2** ◇ *geladene Gäste* invited guests ◇ *eine geladene Waffe* a loaded weapon ◇ *elektrisch geladen sein* be electrically charged **3** (*gereizt*) seething; (*wütend*) furious

gelähmt → LÄHMEN

Gelände **1** area; (*Landschaft*) terrain; (*Grundstück*) grounds [Pl]; (*Messe-, Ausstellungs-*) exhibition centre, (*AmE*) exhibition center ◇ *das Gelände erkunden* reconnoitre the area ◇ *ein hügeliges Gelände* hilly terrain ◇ *auf dem Gelände der Schule* in the school grounds **2** (MIL) field ◇ *ins Gelände gehen* go out into the field

Geländelauf cross-country run

Geländer railing [meist Pl]; (*Treppen-*) banister [meist Pl]

Geländewagen four-wheel drive (vehicle)

gelangen **1** **an etw ~** ◇ *ans Ziel gelangen* reach your goal ◇ *an die Öffentlichkeit gelangen* become public ◇ *an die Macht gelangen* come to power **2** **zu etw ~** ◇ *zu Ruhm gelangen* achieve fame ◇ *zu Reichtum gelangen* become rich ◇ *zu einer Einigung gelangen* come to an agreement ◇ *zu der Erkenntnis gelangen, dass …* reach the conclusion that … **3** **in etw ~** get into sth; (*Besitz etc.*) come into sth ◇ *Öl gelangte ins Grundwasser.* Oil got into the ground water. ◇ *Wie gelangte der Täter ins Haus?* How did the suspect get into the house? ◇ *in den Besitz von Atomwaffen gelangen* come into the possession of nuclear weapons ◇ *Über eine Treppe gelangt man ins Freie.* A staircase leads to the outside. **IDM** → ÜBERZEUGUNG

gelassen **1** → LASSEN **2** (*gefasst, ruhig*) calm (*Adv* calmly) ◇ *Er war ganz gelassen.* He was quite calm.

Gelassenheit composure

Gelatine gelatine

geläufig **1** common; (*vertraut*) familiar ◇ *eine geläufige Methode* a common method ◇ *geläufige Weihnachtslieder* familiar Christmas carols **2** **etw ist jdm ~** sb is familiar with sth ◇ *Diese Bezeichnung ist den meisten geläufiger.* Most people are more familiar with this term.

gelaunt ◇ *gut/schlecht gelaunt sein* be in a good/bad mood

gelb **1** yellow ◇ *das Gelbe Trikot* the yellow jersey ◇ *die Gelbe Karte* the yellow card ◇ *die Gelben Seiten* the Yellow Pages ◇ *der gelbe Sack/die gelbe Tonne* the recycling bag/bin (for plastic waste) → *Beispiele bei* BLAU **2** (*Ampel*) amber → *Siehe auch* ROT **IDM** **nicht das Gelbe vom Ei sein** not be ideal

gelblich yellowish

Gelbsucht jaundice

Geld **1** money [U] ◇ *um Geld spielen* play for money ◇ *bares Geld* cash **2** (*auch* **Gelder**) money; (*Finanzierungs-*) funds [Pl] ◇ *öffentliche Gelder* public money ◇ *Gelder für die Forschung beantragen* apply for research funds **IDM** **jdm das Geld aus der Tasche ziehen** (try to) rip sb off (*umgs*) **das große Geld machen** make a lot of money; earn big bucks (*umgs*) **Geld wie Heu haben** be rolling in it **im Geld schwimmen** be rolling in money **ins Geld gehen** cost a packet (*umgs*) ◇ *Die Ausbildung der Kinder geht ganz schön ins Geld.* The children's education costs a packet. **etw zu Geld machen** sell sth off → *Siehe auch* HAND, KASSIEREN *und* STANGE

Geldautomat cash dispenser ◇ *Geld am Geldautomaten abheben* withdraw money from the cash dispenser **Geldbeutel**, **Geldbörse** wallet, (*AmE*) pocketbook; (*nur für Münzgeld*) purse, (*AmE*) change purse **Geldbuße** fine **Geldgeber(in)** financial backer; (*Sport etc.*) sponsor **geldgierig** avaricious **Geldinstitut** financial institution **Geldkarte** = smart card for an electronic purse system **Geldmittel** funds [Pl] **Geldschein** (bank)note, (*AmE*) bill **Geldschrank** safe **Geldspende** donation **Geldstrafe** fine ◇ *jdn zu einer Geldstrafe (in Höhe von …) verurteilen* sentence sb to a fine (of …) **Geldstück** coin **Geldsumme** sum (of money) **Geldverschwendung** waste of money [U] **Geldwäsche** money laundering ◇ *Geldwäsche betreiben* launder money **Geldwechsel** currency exchange

Gelee jelly; (*Aspik*) aspic

gelegen **1** → LIEGEN **2** situated ◇ *Das Hotel ist zentral gelegen.* The hotel is centrally situated. ◇ *der auf 1 500 Meter gelegene Ort* the village, which is at 1 500 metres **3** **jdm ~ kommen** come at the right time (for sb), come at an opportune moment (for sb) ◇ *Das Geld kommt mir sehr gelegen.* That money has come just at the right time. **4** **jdm ist an etw ~** sb is keen to do sth ◇ *Uns ist sehr daran gelegen, die Angelegenheit zu klären.* We are very keen to clear this matter up. ◇ *Mir ist nicht viel daran gelegen.* I'm not particularly keen.

Gelegenheit **1** ~ (**, etw zu tun**) opportunity (to do sth/of doing sth), chance (to do sth/of doing sth) ◇ *Diese Gelegenheit solltest du nutzen.* You should take advantage of this opportunity. ◇ *Später werden Sie Gelegenheit haben, Fragen zu stellen.* Later you'll have the opportunity to ask questions. ◇ *Die Gelegenheit würde ich mir nicht entgehen lassen.* This is an opportunity not to be missed. ◇ *Morgen ist die letzte Gelegenheit, den Film zu sehen.* Tomorrow is the last chance to see the film. ◇ *Bisher hatte ich noch keine Gelegenheit dazu.* I haven't had a chance yet. ◇ *Wenn sich die Gelegenheit ergibt, werde ich ihn darauf ansprechen.* If I get the chance, I'll speak to him about it. **2** (*Anlass*) occasion ◇ *für besondere Gelegenheiten* for special occasions ◇ *Bei dieser Gelegenheit wurden die Preise verliehen.* The prizes were awarded on this occasion. ◇ *Bei dieser Gelegenheit möchte ich anmerken, …* At this point I'd just like to say … **IDM** **bei Gelegenheit** some time ◇ *Ich werde bei Gelegenheit mal bei euch vorbeischauen.* I'll come and see you some time. **die Gelegenheit beim Schopf packen** seize the opportunity (with both hands) ◇ *Er packte die Gelegenheit beim Schopf und fragte sie.* He seized the opportunity to ask her.

Gelegenheitsarbeit casual work [U] **Gelegenheitsarbeiter(in)** casual worker

gelegentlich **1** occasional [nur vor Nomen] (*Adv* occasionally) ◇ *gelegentliche Schauer* occasional showers **2** (*bei Gelegenheit*) some time ◇ *Komm gelegentlich mal vorbei.* Come and see me some time.

gelehrt **1** → LEHREN **2** learned, erudite

Gelehrte(r) scholar

Geleise → GLEIS

Geleit **freies/sicheres ~** safe conduct ◇ *jdm freies/sicheres Geleit gewähren* grant sb safe conduct

gelen gel ◇ *Gefällt es dir, wie er sich die Haare gelt?* Do you like how he gels his hair?

Gelenk joint

gelenkig agile, supple

gelernt **1** → LERNEN **2** qualified; (*Handwerker(in) auch*) trained ◇ *Sie ist gelernte Reiseverkehrskauffrau.* She is a qualified travel agent. ◇ *Er ist gelernter Schreiner.* He is a trained carpenter. ◇ *gelernte und ungelernte Arbeiter* skilled and unskilled workers

Geliebte(r) **1** lover; (*Frau auch*) mistress ◇ *Er hat eine Geliebte.* He has a mistress. **2** (*geliebter Mensch*) beloved (*veraltet*) ◇ *ein Gedicht an die unerreichbare Geliebte* a poem to the unattainable beloved

gelinde **~ gesagt** to put it mildly ◇ *Das Verhältnis ist, gelinde gesagt, angespannt.* The relationship is strained, to put it mildly.

gelingen be successful; (*Gericht etc.*) turn out well; **jdm gelingt es, etw zu tun** sb manages to do sth, sb succeeds in doing sth ◇ *wenn der Plan gelingt* if the plan is successful ◇ *Der Pizzateig ist mir gut gelungen.* My pizza dough has turned out well. ◇ *Ihr gelang die Flucht.* She managed to escape. ◇ *Es ist mir nicht gelungen, sie zu überreden.* I didn't manage to persuade her. → *Siehe auch* GELUNGEN

gell → NICHT

gellend shrill (*Adv* shrilly); (*Schrei, Pfiff auch*) piercing

geloben **1** **(jdm) etw ~** promise (sb) sth ◇ *Er gelobte Besserung.* He promised to reform. ◇ *das Gelobte Land* the Promised Land **2** **sich etw ~** vow sth ◇ *Er hat sich gelobt, dass ihm das nie wieder passieren würde.* He has vowed that it will never happen to him again.

Gelöbnis vow ◇ *ein feierliches Gelöbnis ablegen* make a solemn vow

gelöst **1** → LÖSEN **2** (*entspannt*) relaxed

gelten **1** (*gültig sein*) be valid; **für jdn/etw ~** apply to sb/sth ◇ *Die Fahrkarte gilt den ganzen Tag.* The ticket is valid for the whole day. ◇ *Diese Regeln gelten für alle Teilnehmer.* These rules apply to all competitors. **2** **als etw ~** be regarded as sth, be considered sth ◇ *Er gilt als Experte auf diesem Gebiet.* He is regarded as an expert in this field. ◇ *Sie gilt als eher konservativ.* She's considered rather conservative. ◇ *Es gilt als sicher, dass …* It seems certain that … **3** **jdm/etw ~** (*auf jdn/etw gerichtet sein*) ◇ *Die Bombe hatte dem Präsidenten gegolten.* The bomb had been intended for the President. ◇ *Seine ganze Liebe galt der Kunst.* Art was the great love of his life. ◇ *Ihm gilt mein Respekt.* I have great respect for him. **4** **es gilt, etw zu tun** it is a question of doing sth; (*das Wichtigste*) the important thing is to do sth ◇ *Wenn es gilt, Verantwortung zu übernehmen, kann man auf sie zählen.* When it's a question of taking on responsibility, you can rely on her. ◇ *Jetzt gilt es, nicht die Ruhe zu verlieren.* The important thing now is to stay calm. **5** **etw ~ lassen** allow sth ◇ *Na gut, lassen wir das gelten.* OK, we'll allow it. ◇ *Diese Entschuldigung kann ich nicht gelten lassen.* I can't accept this excuse. **IDM** **Das gilt nicht!** That doesn't count!

geltend **1** current ◇ *nach geltendem Recht* under current legislation ◇ *der seit Dienstag geltende Waffenstillstand* the ceasefire, which has been in force since Tuesday **2** **etw ~ machen** (*Ansprüche*) assert sth; (*Einwände*) raise sth

Geltung **1** validity ◇ *die universelle Geltung der Menschenrechte* the universal validity of human rights ◇ *Diese Bestimmungen haben keine Geltung für Großbritannien.* These regulations do not apply in Great Britain. **2** (*Beachtung*) recognition; (*Ruf*) reputation ◇ *Der Chor hat der Stadt internationale Geltung verschafft.* The choir has brought international recognition for the town. **3** **etw zur ~ bringen** bring sth out; (*vorteilhaft wirken lassen*) show sth off (to advantage); (*durch Kontrast*) set sth off ◇ *ein Rezept, das das Aroma des Basilikums zur Geltung bringt* a recipe that brings out the aroma of the basil ◇ *Die Musik bringt ihre Stimme perfekt zur Geltung.* The music shows off her voice beautifully. ◇ *Die weißen Wände bringen die Vorhänge besser zur Geltung.* The white walls set off the curtains better. ◇ *Deutschland will in der EU den Umweltschutz stärker zur Geltung bringen.* Germany wants to give environmental protection more prominence in the EU. **4** **zur ~ kommen** be effective; (*optisch*) look effective; (*hervorstechen*) stand out ◇ *Auf der dunklen Decke kommt das helle Geschirr besser zur Geltung.* The pale crockery looks more effective against the dark cloth.

Gelübde vow ◇ *ein Gelübde ablegen* take a vow

gelungen **1** → GELINGEN **2** successful ◇ *ein gelungener Plan* a successful plan

gemächlich leisurely ◇ *in gemächlichem Tempo* at a leisurely pace ◇ *Gemächlich schlenderte sie durch die Stadt.* She took a leisurely stroll through the town.

Gemahl husband

Gemahlin wife

Gemälde painting

Gemäldegalerie picture gallery

gemäß (*entsprechend*) in accordance with; (*laut*) under, according to ◇ *Die Gefangenen erhielten Lebensmittelpakete gemäß der Genfer Konvention.* The prisoners received food parcels in accordance with the Geneva Convention. ◇ *Das ist gemäß Paragraf sechs verboten.* That is prohibited under section six.

gemäßigt **1** → MÄSSIGEN **2** moderate ◇ *gemäßigter Alkoholkonsum* moderate alcohol consumption ◇ *der gemäßigte Flügel der Partei* the moderate wing of the party **3** (*klimatisch*) temperate ◇ *die gemäßigten Breiten* the temperate latitudes

Gemäuer walls [Pl]; (*Ruine*) ruins [Pl]
gemein **1** mean, nasty (*Adv* nastily) ◇ *ein gemeiner Trick* a mean trick ◇ *Das war gemein von dir!* That was mean of you. ◇ *Er grinste gemein.* He gave a nasty grin. ◇ *Das ist echt gemein — ich gewinne nie!* It's not fair — I never win! **2** (BIOL) common [nur vor Nomen] ◇ *die gemeine Stubenfliege* the common housefly **3** **etw mit jdm/etw ~ haben** have sth in common with sb/sth ◇ *Sie haben nichts miteinander gemein.* They have nothing in common.
Gemeinde **1** (*Verwaltungseinheit des Staates*) ≈parish, borough **2** (*Bewohner*) local population ◇ *Das Projekt ließ in der Gemeinde ein Gefühl der Solidarität entstehen.* The project created a feeling of solidarity among the local population. **3** (*Amt*) local council offices [Pl] **4** (*Religionsgemeinschaft*) community [mit Verb im Sing/Pl] ◇ *Die evangelische Gemeinde des Ortes zählt fünftausend Seelen.* The town's Protestant community numbers five thousand. **5** (*Kirchen-*) congregation; (*Verwaltungseinheit*) parish ◇ *Die Gemeinde sang ein Lied.* The congregation sang a hymn. ◇ *Er arbeitet seit April als Pfarrer in unserer Gemeinde.* He has been the vicar of our parish since April. ◇ *Unsere Gemeinde hat Geld für eine neue Orgel gesammelt.* Our church has been collecting money for a new organ. **Gemeinderat** (*Gremium*) ≈parish council **Gemeinderat, -rätin** ≈parish councillor **Gemeindesaal** village hall; (*einer Kirche*) church hall **Gemeindeschwester** = nurse (sometimes employed by a church) who visits patients in their homes **Gemeindeverwaltung** ≈parish council **Gemeindezentrum** community centre, (*AmE*) community center
gemeingefährlich dangerous to the public [nicht vor Nomen] ◇ *Er gilt als gemeingefährlich.* He's considered dangerous to the public. ◇ *Diese Attacken wurden von der Polizei als gemeingefährlich eingestuft.* The police warned that these attacks constituted a danger to the public.
Gemeingut public property
Gemeinheit **1** spite ◇ *Er hat es aus reiner Gemeinheit getan.* He did it out of sheer spite. **2** (*Tat*) mean thing to do; (*Bemerkung*) mean thing to say ◇ *Hör auf, mir solche Gemeinheiten an den Kopf zu werfen.* Stop saying such mean things to me. **3** (*etw Unerfreuliches*) pain ◇ *So eine Gemeinheit! Jetzt ist mir doch der Zug vor der Nase weggefahren.* What a pain! I missed the train by seconds.
gemeinhin generally
gemeinnützig not-for-profit; (*karitativ*) charitable ◇ *eine gemeinnützige Organisation* a not-for-profit organization ◇ *Der Verein wird als gemeinnützig anerkannt.* The association is a recognized charity. ◇ *Der Erlös wurde für gemeinnützige Zwecke verwendet.* The proceeds will go to charity. ◇ *gemeinnützige Arbeit* community service
Gemeinplatz platitude (*gehoben, abwert*)
gemeinsam **1** *Adj* (*Konto, Projekt, Erklärung*) joint [nur vor Nomen]; (*Freund*) mutual [nur vor Nomen]; (*Wohnung, Hobbys, Ziel*) shared; (*Sprache*) common [nur vor Nomen] ◇ *gemeinsame Verantwortung* joint responsibility ◇ *Unsere gemeinsamen Erlebnisse haben uns näher gebracht.* The experiences we have shared have brought us closer together. ◇ *Wir haben nicht viel gemeinsam.* We don't have much in common. ◇ *Das Paar hatte keine gemeinsamen Kinder.* The couple had no children together. **2** *Adv* together ◇ *Gemeinsam finden wir eine Lösung.* Together we'll find a solution. ◇ *Das Auto gehörte den Eheleuten gemeinsam.* The car belonged to the couple jointly. ◇ *Eines ist allen Käfern gemeinsam:...* One thing that is common to all beetles is ... IDM → KASSE *und* NENNER
Gemeinsamkeit **1** Gemeinsamkeiten ◇ *Es gibt viele Gemeinsamkeiten zwischen den beiden Stilrichtungen.* The two styles have a lot in common. ◇ *Die Geschwister hatten viele Gemeinsamkeiten.* The sisters and brothers had a lot in common. **2** (*Verbundenheit*) togetherness
Gemeinschaft **1** community ◇ *jdn in die Gemeinschaft aufnehmen* accept sb into the community **2** (*Vereinigung*) association **3** (*Gefühl*) sense of community **4** **in ~ mit** together with
gemeinschaftlich jointly
Gemeinschafts- **Gemeinschaftsantenne** communal aerial, (*AmE*) communal antenna **Gemeinschaftsarbeit** teamwork **Gemeinschaftsgefühl** community spirit **Gemeinschaftskonto** joint account **Gemeinschaftskunde** social studies [mit Verb im Sing/Pl] **Gemeinschaftsraum** common room **Gemeinschaftsunterkunft** hostel **Gemeinschaftsunternehmen** joint venture
Gemeinwohl public welfare
gemessen **1** → MESSEN **2** measured [nur vor Nomen]; (*würdevoll*) dignified ◇ *gemessenen Schrittes* at a measured pace
Gemetzel massacre
Gemisch mixture ◇ *ein Gemisch aus Wasser und Sand* a mixture of water and sand
gemischt **1** → MISCHEN **2** mixed ◇ *Die Reaktion war gemischt.* The reaction was mixed. ◇ *gemischte Bonbons* assorted sweets ◇ *Luftballons bunt gemischt* balloons, assorted colours ◇ *ein bunt gemischtes Publikum* an audience made up of all types of people ◇ *Die Speisekarte ist bunt gemischt.* There is a varied menu. ◇ *Die Stimmung ist gemischt.* The mood is so-so. IDM → GEFÜHL
gemoppelt IDM → DOPPELT
Gemurmel murmuring
Gemüse **1** vegetables [Pl] ◇ *Ich mag kein Gemüse.* I don't like vegetables. **2** (*einzelne Sorte*) vegetable ◇ *Rhabarber ist eigentlich ein Gemüse.* Rhubarb is really a vegetable.
Gemüsegarten vegetable garden **Gemüsehändler(in)** greengrocer **Gemüseladen** greengrocer's
gemustert **1** → MUSTERN **2** patterned
Gemüt **1** disposition ◇ *ein sonniges Gemüt* a sunny disposition **2** (*Seele*) soul ◇ *Eine schöne Landschaft ist gut fürs Gemüt.* A beautiful landscape is good for the soul. ◇ *Der Film ist nichts für empfindliche Gemüter.* The film isn't for sensitive souls. **3** **Gemüter** emotions [Pl] ◇ *Die Gemüter erhitzten sich.* Emotions ran high. ◇ *Der Artikel erregte die Gemüter erneut.* The article stoked up people's emotions again. IDM **jdm aufs Gemüt schlagen** lower sb's spirits
gemütlich **1** comfortable (*Adv* comfortably); (*Zimmer etc.*) cosy (*Adv* cosily) **2** (*Treffen, Atmosphäre*) relaxed, informal (*Adv* informally) ◇ *Sie trafen sich zum gemütlichen Beisammensein.* They had a relaxed get-together. ◇ *Nach der Sitzung plauderte man noch gemütlich.* They chatted informally after the meeting. **3** (*ohne Eile*) leisurely ◇ *Wir haben gemütlich zu Mittag gegessen.* We had a leisurely lunch. ◇ *gemütlich einen Kaffee trinken* have a leisurely cup of coffee ◇ *gemütlich schlendern* walk at a leisurely pace **4** (*Mensch*) easy-going **5** **es sich ~ machen** make yourself comfortable
Gemütlichkeit **1** cosiness ◇ *Im Büro erwartet man keine Gemütlichkeit.* You don't expect cosiness in an office. ◇ *Ein Kamin sorgt für Gemütlichkeit.* A log fire creates a cosy atmosphere. **2** **in aller ~** at leisure
Gemüts- **Gemütslage** frame of mind **Gemütszustand** state of mind
Gen gene

genau 1 exact (*Adv* exactly) ◇ *Wie spät ist es genau?* What is the exact time? ◇ *genau passen* be an exact fit ◇ *Er starb vor genau zwanzig Jahren.* He died exactly twenty years ago. ◇ *Genau so hatte ich es mir vorgestellt.* That's exactly what I had imagined. ◇ *Genau gegenüber ist die Post.* The post office is right opposite. ◇ *Ich weiß noch nicht genau, ob wir wegfahren.* I still don't know for sure whether we're going away. ◇ *So genau will ich es gar nicht wissen!* I don' t want to know all the details! **2** (*richtig*) accurate (*Adv* accurately) ◇ *Die Waage geht genau.* The scales are accurate. ◇ *eine genaue Beschreibung* an accurate description ◇ *Meine Uhr geht ganz genau.* My watch keeps very good time. **3** (*gründlich*) close (*Adv* closely) ◇ *Er verfolgte die Diskussion genau.* He followed the discussion closely. ◇ *genau nachschauen* have a close look ◇ *Sie kannte ihren Mann genau.* She knew her husband very well indeed. **4** (*verstärkend*) ◇ *Ich weiß ganz genau, dass ...* I know for a fact that ... ◇ *Du weißt genau, was ich meine!* You know very well what I mean! ◇ *Über dem Kamin hängt das Bild genau richtig.* The picture looks just right above the fireplace. ◇ *„Du bist also dafür?" „Genau!"* 'So you're in favour of it?' 'Yes, I am!' ◇ *„Meinst du Peter?" „Ja, genau!"* 'Do you mean Peter?' 'Yes, that's right!' **5 etwas/nichts Genaues** anything/nothing definite ◇ *Genaues konnte ich nicht erfahren.* I couldn't find out anything definite. **6 Genaueres** ◇ *Wir wissen nichts Genaueres über die Firma.* We don't know any details about the company. IDM **es mit etw (nicht so) genau nehmen** (not) be very particular about sth **genau genommen** strictly speaking **genau gesagt** to be precise → *Siehe auch* EBENBILD *und* SCHLAU

Genauigkeit accuracy

genauso just the same; (*vor Adj*) just as ◇ *Mir ging es genauso, als ich schwanger war.* I felt just the same when I was pregnant. ◇ *Man erwartete genauso viele Zuschauer wie im Vorjahr.* They were expecting just as many spectators as last year. ◇ *„Im Krieg hatten wir nichts zu essen." „Uns ging es genauso."* 'We had nothing to eat during the war.' 'Neither did we.' ◇ *Ich bin genauso alt wie sie.* I'm exactly the same age as she is.

Gendarm (village) policeman

Gendarmerie 1 constabulary [mit Verb im Sing/Pl] **2** (*Revier*) police station

Genealogie genealogy

genehmigen approve, authorize

Genehmigung 1 permission; (*formeller*) authorization ◇ *Bevor du baust, musst du dir eine Genehmigung einholen.* You have to get permission before you build anything. **2** (*Schriftstück*) permit

genehmigungspflichtig ◇ *genehmigungspflichtig sein* need official approval

geneigt 1 → NEIGEN **2 ~ sein, etw zu tun** be inclined to do sth ◇ *Er war geneigt, ihre Geschichte zu glauben.* He was inclined to believe her story. **3 jdm ~ sein** be well disposed towards sb (*gehoben*)

General(in) general

Generaldirektor(in) general director; (*eines Unternehmens*) chairperson, (*AmE*) president

generalisieren generalize

General- Generalkonsul(in) Consul General **Generalkonsulat** Consulate General **Generalleutnant** lieutenant general; (*in der britischen Luftwaffe*) air marshal **Generalmajor(in)** major general; (*in der britischen Luftwaffe*) air vice marshal **Generalprobe** dress rehearsal; (*für Konzert*) final rehearsal **Generalsekretär(in)** secretary general; (*einer Partei*) General Secretary **Generalstaatsanwalt, -anwältin** = chief public prosecutor in the highest regional court **Generalstab** (MIL) general staff **Generalstreik** general strike ◇ *den Generalstreik ausrufen* call a general strike **Generalversammlung** general meeting

Generation generation [mit Verb im Sing/Pl] ◇ *die ältere/junge Generation* the older/young generation ◇ *die Generation meiner Großeltern* my grandparents' generation ◇ *Die meisten meiner Freunde sind aus meiner Generation.* Most of my friends are my generation. ◇ *Sie leben oft schon in der dritten Generation bei uns.* Often they are the third generation to live here. ◇ *ein Familienbetrieb in der dritten Generation* a third-generation family business

generationenübergreifend multigenerational ◇ *generationenübergreifendes Wohnen* multigenerational living ◇ *Es wird generationenübergreifend vermarktet.* It is marketed to multiple generations.

Generations- Generationskonflikt conflict between the generations **Generationsvertrag** = system whereby the earnings of the young generation contribute towards pensions **Generationswechsel** = takeover by a new generation

Generator generator

generell general (*Adv* generally) ◇ *ein generelles Parkverbot* a general ban on parking ◇ *etw generell verbieten* impose a general ban on sth ◇ *Es besteht eine generelle Anschnallpflicht.* It is generally compulsory to wear a seat belt.

genesen (von etw) ~ recover (from sth)

Genesung recovery ◇ *Seine Genesung hatte sich unerwartet schnell vollzogen.* He had made an unexpectedly swift recovery. ◇ *auf dem Weg der Genesung* on the road to recovery ◇ *Zur Genesung fuhr sie in die Berge.* She went to the mountains to convalesce.

Genetik genetics [U]

genetisch genetic (*Adv* genetically) ◇ *Die Krankheit hatte genetische Ursachen.* The disease was genetic in origin. ◇ *genetisch manipulierte Nahrungsmittel* genetically modified foods

Gen- Genfood genetically modified food **Genforscher(in)** genetic researcher **Genforschung** genetic research

genial brilliant (*Adv* brilliantly); (*erfinderisch auch*) ingenious (*Adv* ingeniously) ◇ *ein genialer Einfall* a brilliant idea ◇ *Sie hatte das Problem genial gelöst.* She had found a brilliant solution to the problem. ◇ *ein genial geplanter Einbruch* an ingeniously planned burglary

Genialität genius

Genick (back of the) neck ◇ *sich das Genick brechen* break your neck ◇ *ein Schlag ins Genick* a blow to the back of the neck IDM **jdm das Genick brechen** get sb into trouble; finish sb off

Genie genius

genieren sich ~ be embarrassed; **jdn ~** embarrass sb ◇ *Sie braucht sich deswegen nicht zu genieren.* She shouldn't be embarrassed about it. ◇ *Sie geniert sich nicht, sich auszuziehen.* She's not embarrassed about getting undressed. ◇ *Ihre Dummheit genierte ihn.* Her stupidity embarrassed him. ◇ *Vor ihm brauchst du dich nicht genieren.* You don't need to be shy with him.

genießbar (*trinkbar*) drinkable; (*essbar*) edible; (*Mensch*) bearable ◇ *genießbare Pilze* edible mushrooms ◇ *Er ist heute nicht genießbar.* He's unbearable today.

genießen 1 enjoy ◇ *das Leben in vollen Zügen genießen* enjoy life to the full ◇ *Sie genießt es, allein zu sein.* She enjoys being alone. ◇ *großes Ansehen genießen* enjoy great respect ◇ *Sie hat eine gute Erziehung genossen.* She had a good education. **2** (*essen*) eat; (*trin-*

ken) drink ◇ *abends ein Bier genießen* drink a beer in the evening IDM → VORSICHT *und* ZUG

Genießer(in) person who enjoys life; *(Feinschmecker)* gourmet

genießerisch *(essen, trinken)* with relish; *(sich räkeln)* luxuriously ◇ *Sie trank genießerisch ihren Likör.* She drank her liqueur with relish. ◇ *Sie lehnte sich genießerisch zurück.* She leant back luxuriously.

Genitalbereich genital area

Genitalien genitals [Pl]

Genitiv (LING) genitive ◇ *Das Nomen steht im Genitiv.* The noun is in the genitive.

Gen- Genmanipulation genetic modification **genmanipuliert** genetically modified ◇ *genmanipulierte Tomaten* genetically modified tomatoes

Genom genome

genormt standardized ◇ *genormte Maschinenteile* standardized machine parts ◇ *Alle Formulare sind jetzt genormt.* All forms are now of standard size.

Genosse, Genossin comrade

Genossenschaft cooperative

genossenschaftlich cooperative ◇ *eine genossenschaftliche Molkerei* a cooperative dairy ◇ *einen Betrieb genossenschaftlich verwalten* run a business as a cooperative

Genre genre

Gen- Gentechnik, Gentechnologie genetic engineering **gentechnisch** genetic (*Adv* genetically) **ein ~ veränderter Organismus** a genetically modified organism (*Abk* GMO) **Gentest** genetic test **Gentherapie** gene therapy

Gentrifizierung gentrification

genug enough ◇ *alt genug sein* be old enough ◇ *Das Beste ist gerade gut genug für sie.* Only the best is good enough for her. ◇ *Ich habe genug von seiner Meckerei.* I've had enough of his moaning. ◇ *Jetzt habe ich aber endgültig genug!* That's enough, now! ◇ *Das war ja schon schlimm genug, aber …* That was bad enough, but …

Genüge 1 zur ~ enough ◇ *Snacks sind zur Genüge vorhanden.* There are enough snacks. ◇ *Das haben wir schon zur Genüge besprochen.* We've discussed it often enough. ◇ *Ich kenne das Problem zur Genüge.* I know the problem only too well. **2 etw ~ tun** *(Ansprüche, Forderungen)* meet sth; *(Pflicht)* do sth ◇ *Er musste der Pflicht Genüge tun.* He had to do his duty. ◇ *Der Gerechtigkeit wurde Genüge getan.* Justice was done.

genügen 1 be enough; *(gut genug, ausreichend)* be sufficient ◇ *Eine Mahlzeit am Tag genügt mir.* One meal a day is enough for me. ◇ *Ihm genügte es zu wissen, dass es ihr gut ging.* It was enough for him to know that she was well. ◇ *Eine Skizze genügt für meine Zwecke.* A sketch is sufficient for my purposes. ◇ *Personalausweis genügt.* An identity card is sufficient. **2** *(Ansprüchen etc.)* meet

genügend 1 *Adj* enough ◇ *genügend Essen für alle* enough food for everybody **2** *Adv* sufficiently well ◇ *Er war nicht genügend vorbereitet.* He wasn't sufficiently well prepared.

genügsam undemanding

Genugtuung satisfaction ◇ *Mit Genugtuung stellte er fest, dass …* He noted with satisfaction that … ◇ *Ich habe mit Genugtuung gehört, dass …* It gave me great satisfaction to hear that …

Genus (LING) gender

Genuss 1 consumption *(gehoben)* ◇ *der Genuss von Alkohol* the consumption of alcohol ◇ *Der Genuss von Schweinefleisch ist verboten.* It is forbidden to eat pork. **2** *(Vergnügen)* ◇ *Es war uns ein Genuss, sie singen zu hören.* It was a pleasure to hear her sing. ◇ *etw mit Genuss trinken* drink sth with relish ◇ *etw mit Genuss tun* enjoy doing sth very much ◇ *Das Eis ist ein Genuss.* The ice cream is delicious. IDM **in den Genuss von etw kommen** get sth

genüsslich with (evident) enjoyment; *(essen auch)* with relish; *(schadenfroh)* with glee, gleefully ◇ *Genüsslich verspeiste sie den Kuchen.* She ate the cake with relish. ◇ *Die Zeitung schilderte genüsslich seine Niederlage.* The newspaper reported his defeat with glee.

Genuss- Genussmittel = sweets, tobacco, tea, coffee, alcohol, etc. **genussvoll** with relish ◇ *Genussvoll leckte sie an ihrem Eis.* She licked her ice cream with relish.

Geodreieck® = combined set square and protractor

geöffnet 1 → ÖFFNEN **2** open ◇ *Die Galerie ist sonntags nicht geöffnet.* The gallery isn't open on Sundays.

Geografie geography

geografisch geographical (*Adv* geographically) ◇ *die geografische Lage* the geographical position ◇ *Die Gebiete sind geografisch sehr unterschiedlich.* The regions are geographically very diverse. ◇ *geografisch günstig liegen* have a good geographical position

Geologie geology

geologisch geological (*Adv* geologically)

Geometrie geometry

geometrisch geometrical (*Adv* geometrically)

geordnet 1 → ORDNEN **2** ◇ *Sie stammt aus geordneten Verhältnissen.* She comes from a respectable family. ◇ *Es herrschen wieder geordnete Verhältnisse.* The situation has returned to normal again. ◇ *Er führt ein geordnetes Leben.* He leads an orderly life.

Gepäck luggage, (*bes AmE*) baggage; (MIL) kit ◇ *mit viel Gepäck reisen* travel with a lot of luggage ◇ *mit wenig Gepäck reisen* travel light **Gepäckabfertigung 1** *(Schalter)* check-in (desk) **2** *(Vorgang)* checking in (the luggage/baggage) **Gepäckablage** luggage rack, (*AmE*) baggage rack **Gepäckaufbewahrung 1** *(Schalter)* left luggage (office), (*AmE*) (baggage) checkroom **2** *(Vorgang)* looking after luggage/baggage **Gepäckausgabe** baggage reclaim, (*AmE*) baggage claim **Gepäckstück** piece of luggage, (*bes AmE*) piece of baggage **Gepäckträger 1** *(am Fahrrad)* carrier **2** *(am Auto etc.)* roof rack **Gepäckträger(in)** porter **Gepäckwagen** luggage van, (*AmE*) baggage car

Gepard cheetah

gepflegt 1 → PFLEGEN **2** well-groomed; *(Wohnung, Garten)* well-kept ◇ *eine gepflegte Erscheinung* a well-groomed appearance **3** *(niveauvoll, kultiviert)* ◇ *ein gepflegtes Lokal* an elegant restaurant ◇ *eine gepflegte Atmosphäre* a civilized atmosphere ◇ *Du solltest dich gepflegt ausdrücken.* You should express yourself in a civilized way.

Gepflogenheit *(Gewohnheit)* habit; *(Brauch)* custom

gepunktet 1 *(Stoff etc.)* spotted, (*bes AmE*) polka-dot ◇ *eine gepunktete Bluse* a spotted blouse **2** *(Linie)* dotted ◇ *eine gepunktete Linie* a dotted line

Gerade 1 (MATH) straight line **2** (SPORT) *(Rennstrecke)* straight

gerade[1] (MATH) even ◇ *eine gerade Zahl* an even number

gerade[2] 1 straight ◇ *gerade sitzen* sit up straight ◇ *etw gerade biegen* straighten sth **2** *(momentan)* just ◇ *Ich wollte gerade gehen.* I was just about to go. ◇ *Kannst du das gerade mal halten?* Could you just hold this for a moment? **3 ~ (erst)** (only) just ◇ *Das Buch ist gerade erst erschienen.* This book has only just come out. ◇ *Das reicht gerade so.* That's just about enough. **4** *(besonders, ausgerechnet)* ◇ *Das ist* *ein Problem — gerade in ihrer Situation!* That's a problem — especially in her situation. ◇ *Muss er denn gerade dieses Wochenende kommen?* Does it have to be this weekend that he comes? ◇ *So etwas passiert gerade dann, wenn man es eilig hat.* Something like that always happens just when you're in a hurry. ◇ *gerade jetzt im Sommer* now that it's summer ◇ *Warum gerade ich?* Why does it have to be me? ◇ *Warum gerade jetzt?* Why now, of all times? ◇ *Gerade heute muss es so kalt sein!* It would have to be so cold today of all days! ◇ *Gerade deshalb ist Sport so wichtig.* It's precisely for that reason that sport's so important. **5 ~ (noch)** just ◇ *Der Arzt kam gerade noch rechtzeitig.* The doctor came just in time. ◇ *Ich habe es gerade noch geschafft.* I only just managed it. ◇ *Der hat mir gerade noch gefehlt!* He's all I need! ◇ *Du kommst gerade richtig — wir fangen gleich an!* You've come just at the right time — we're just about to begin! **6 nicht ~** not exactly ◇ *Wir hatten nicht gerade schönes Wetter.* We didn't exactly have good weather. ◇ *Geduld ist nicht gerade meine Stärke.* Patience isn't exactly my forte. IDM → FEHLEN, RECHT *und* WARTEN

geradeaus straight ahead, straight on ◇ *geradeaus blicken* look straight ahead ◇ *geradeaus gehen* go straight on ◇ *Und dann geht's immer geradeaus.* And then you keep going straight on.

geradebiegen straighten *sth* out, sort *sth* out

geradeheraus frank (*Adv* frankly) ◇ *Er ist sehr geradeheraus.* He's very frank. ◇ *Sie sagte geradeheraus, was sie dachte.* She said straight out what she thought. ◇ *jdm etw geradeheraus sagen* tell sb sth straight

gerädert shattered

geradewegs straight ◇ *Sie kamen geradewegs auf mich zu.* They came straight up to me. ◇ *Er kam geradewegs zum Thema.* He came straight to the point.

geradezu 1 really ◇ *Er hat sich geradezu lächerlich gemacht.* He really made a fool of himself. ◇ *Für den Preis ist das ja geradezu geschenkt.* At that price, it's a real giveaway. ◇ *Der Einfall ist geradezu genial.* That is an absolutely brilliant idea. **2** (*regelrecht*) virtually ◇ *Von Managern wird geradezu erwartet, dass sie Überstunden machen.* It's virtually taken as read that managers work overtime.

gerammelt ~ voll jam-packed

Gerangel tussle (*auch fig*) ◇ *das Gerangel um die Macht* the tussle for power

Geranie geranium

Gerät 1 equipment [U]; (*elektrisch*) appliance; (*Küchen-*) utensil; (*Mess-*) instrument ◇ *technische Geräte* technical equipment ◇ *ein medizinisches Gerät* a piece of medical equipment ◇ *das Gerät abschalten* switch off the appliance **2** (*Turn-*) apparatus [U] ◇ *die Geräte aufbauen* assemble the apparatus

geraten 1 get; (*landen*) end up ◇ *Ruf an, wenn du in Schwierigkeiten gerätst.* Call me if you get into trouble. ◇ *in Streit geraten* get into an argument ◇ *Der Wagen geriet auf die Gegenfahrbahn.* The car ended up on the wrong side of the road. ◇ *in die falschen Hände geraten* fall into the wrong hands ◇ *Da sind Sie bei mir leider an den Falschen geraten.* I'm afraid I'm not the right person. ◇ *an einen Betrüger geraten* get involved with a swindler **2 außer sich ~** go wild

Geräteturnen gym, (apparatus) gymnastics [U]

Geratewohl aufs ~ at random

Geräucherte(s) smoked meat

geraum some ◇ *nach geraumer Zeit* after some time ◇ *eine geraume Weile* quite a while

geräumig spacious

Geräusch sound; (*unangenehm, laut meist*) noise

Geräuschkulisse background noise [U]; (*Film*) (background) sound effects [Pl] **geräuschlos** silent (*Adv* silently) **Geräuschpegel** noise level **geräuschvoll** noisy (*Adv* noisily)

gerecht 1 just; (*fair*) fair (*Adv* fairly) ◇ *eine gerechte Strafe* a just punishment ◇ *etw gerecht verteilen* share sth fairly **2 jdm/etw ~ werden** do justice to sb/sth

Gerechtigkeit justice ◇ *Gerechtigkeit fordern* demand justice ◇ *jdn der Gerechtigkeit ausliefern/übergeben* bring sb to justice IDM **ausgleichende Gerechtigkeit** poetic justice

Gerechtigkeitssinn sense of justice

Gerede 1 talk [U]; (*Klatsch*) gossip [U] ◇ *Das ist alles nur leeres Gerede.* It's all just empty talk. ◇ *Mir geht das ganze Gerede über ihn auf die Nerven.* All the gossip about him is getting on my nerves. **2 jdn/sich/etw ins ~ bringen** ◇ *Das hat unsere Firma ins Gerede gebracht.* That has brought our company into disrepute. **3 ins ~ kommen/geraten** be brought into disrepute, get a bad name

geregelt 1 → REGELN **2** (*zeitlich festgelegt*) regular ◇ *geregelte Arbeitszeit haben* work regular hours ◇ *ein geregeltes Leben führen* lead a well-ordered life

gereizt 1 → REIZEN **2** irritated; (*reizbar*) irritable (*Adv* irritably); (*verärgert*) annoyed; (*Stimmung, Atmosphäre etc.*) tense ◇ *ihr gereizter Ton* her irritated voice ◇ *Alle reagierten sehr gereizt.* Everyone reacted very irritably.

Gericht¹ 1 court (of law); (*die Richter*) judges [Pl] ◇ *von einem ordentlichen Gericht verurteilt werden* be sentenced by an ordinary court ◇ *jdn vor Gericht vertreten* represent sb in court ◇ *vor Gericht gehen* go to court ◇ *Das Gericht zieht sich zur Beratung zurück.* The judges will adjourn for consultation. ◇ *wegen Mordes vor Gericht stehen* be on trial for murder ◇ *jdn vor Gericht stellen* try sb ◇ *Der Fall kam vor Gericht.* The case was tried. **2** (*Gebäude*) law courts [Pl], (*AmE*) courthouse **3 das Oberste ~** the High Court IDM **das Jüngste Gericht** The Day of Judgement → *Siehe auch* SCHLEPPEN

Gericht² (*Speise*) dish

gerichtlich legal [nur vor Nomen] (*Adv* legally) ◇ *gerichtlich gegen jdn vorgehen* take legal action against sb ◇ *gerichtliche Schritte einleiten* take legal steps ◇ *gerichtliche Auseinandersetzungen* legal disputes ◇ *etw gerichtlich festlegen* legally determine sth ◇ *eine gerichtliche Entscheidung* a court decision ◇ *ein gerichtliches Urteil* a verdict of the court ◇ *gerichtliche Kontrolle* judicial review

Gerichts- Gerichtsbarkeit jurisdiction **Gerichtshof** Court of Justice ◇ *etw vor den Europäischen Gerichtshof bringen* take sth to the European Court of Justice **Gerichtskosten** legal costs [Pl] **Gerichtsmedizin** forensic medicine **Gerichtssaal** courtroom **Gerichtsverfahren** legal proceedings [Pl] ◇ *ein Gerichtsverfahren gegen jdn einleiten* institute legal proceedings against sb **Gerichtsverhandlung** trial; (*privatrechtlich*) hearing **Gerichtsvollzieher** bailiff

gering 1 low; (*Menge, Größe etc.*) small; (*Länge, Dauer etc.*) short ◇ *ein geringes Einkommen* a low income ◇ *in geringer Höhe fliegen* fly at low altitude ◇ *bei geringer Geschwindigkeit* at low speed ◇ *eine geringe Wahlbeteiligung* a low turnout ◇ *eine geringe Menge Öl* a small amount of oil ◇ *eine geringe Lebensdauer* a short life ◇ *beim geringsten Geräusch aufwachen* wake up at the least sound ◇ *wegen zu geringer Nachfrage* due to insufficient demand ◇ *Es besteht nur geringes Interesse.* There isn't much interest. **2** (*Bedeutung*) minor; (*Idee, Risiko*) slight; (*Chance*) slim ◇ *Das spielt nur eine geringe Rolle.* That's only of minor importance. ◇ *nicht die geringste Idee haben* not have the slightest idea ◇ *geringe Erfolgschancen* a slim chance of success ◇ *Das ist das geringste Problem.* That's the least of my/our/his etc. problems. ◇ *Das ist das geringste Übel.* That's the least of all evils. **3 etw ~schätzen** not think much of sth **4 das Geringste** the least ◇ *Das hat nicht das Geringste damit zu tun.* That doesn't have the least thing to do with it. ◇ *Das geht ihn nicht das Geringste an!* That's none of his business! ◇ *Er tut so, als hätten wir nicht das Geringste miteinander zu tun.* He behaves as if we didn't have anything to do with each other. IDM **kein Geringerer/keine Geringere als** no less a man/woman than ◇ *Kein Geringerer als Shakespeare sagte …* No less a man than Shakespeare said … **nicht im Geringsten** not in the least ◇ *Das stört sie nicht im Geringsten.* That doesn't bother her in the least. → *Siehe auch* NEIGUNG *und* WEG

geringelt **1** → RINGELN **2** with horizontal stripes [nicht vor Nomen] ◇ *ein geringeltes Shirt* a shirt with horizontal stripes

geringschätzig contemptuous (*Adv* contemptuously) ◇ *Er lächelte geringschätzig.* He smiled contemptuously.

Geringschätzung contempt ◇ *eine allgemeine Geringschätzung der Politiker* a general contempt for politicians

gerinnen coagulate; (*Blut*) clot; (*Milch*) curdle

Gerinnsel → BLUTGERINNSEL

Gerippe skeleton

gerippt ribbed ◇ *ein gerippter Pulli* a ribbed pullover

gerissen **1** → REISSEN **2** clever; (*negativ*) crafty

Germ yeast

Germane, Germanin Teuton

germanisch Germanic

Germanistik German (studies) [mit Verb im Sing/Pl] ◇ *Er studiert Germanistik.* He's studying German.

Germknödel plum dumpling

gern(e) **1 etw ~ tun** like doing sth ◇ *Ich spiele gern Tennis.* I like playing tennis. ◇ *Ich fahre nicht besonders gern Auto.* I don't like driving much. ◇ *Ich trinke gern Weißwein.* I like white wine. **2 etw ~ tun** (*bereitwillig*) ◇ *Ich würde dir gerne helfen, wenn ich kann.* I would gladly help you if I can. ◇ *Das mache ich doch gern!* I'm very happy to do it! ◇ *Wir sind gerne bereit, sie zu unterstützen.* We are quite willing to support her. **3 ~ sehen** like ◇ *Es wird nicht gern gesehen, wenn man oft fehlt.* They don't like it if you're away too often. ◇ *Er ist ein gern gesehener Gast.* He's a welcome guest. **4** (*um Wünsche auszudrücken*) ◇ *Ich würde gerne mitkommen.* I'd like to come too. ◇ *Ich hätte gern einen Kaffee.* I'd like a coffee. ◇ *Ich hätte gern den Chef gesprochen.* I'd like to speak to the boss. ◇ *Sie wäre gern etwas größer.* She wishes she were a bit taller. **5** (*als positive Antwort*) ◇ *„Möchten Sie zum Essen kommen?" „Ja, sehr gerne."* 'Would you like to come for dinner?' 'Thanks, I'd love to.' ◇ *„Noch ein Stück Kuchen?" „Ja, gerne."* 'Another piece of cake?' 'Yes, please, I'd love one.' **6** (*beim Anbieten*) ◇ *Du kannst gerne unseren Swimmingpool benutzen.* You're welcome to use our swimming pool. IDM **gern geschehen** don't mention it; you're welcome ◇ *„Vielen Dank." „Gern geschehen."* 'Thank you very much.' 'You're welcome.' → *Siehe auch* GUT, HERZ, LEBEN, RASEND *und* SEHEN

gernhaben **jdn/etw ~** like sb/sth, be fond of sb ◇ *Ich habe ihn sehr gern.* I like him a lot. ◇ *Er hat es nicht gerne, wenn man ihn kritisiert.* He doesn't like being criticized. ◇ *Wir alle haben Frau Meyer sehr gern.* We're all very fond of Mrs Meyer. IDM **du kannst/er etc. kann mich (mal) gernhaben** you, he, etc. can stuff it (*umgs*)

Geröll (*kleine Steine am Hang*) scree; (*größer im Tal*) boulders [Pl]

Gerste barley

Gerstenkorn (MED) sty

Geruch smell ◇ *ein stechender Geruch* a pungent smell ◇ *ein starker Geruch nach Urin* a strong smell of urine ◇ *der Geruch von frischen Plätzchen* the smell of freshly baked biscuits

geruchlos odourless, (*AmE*) odorless

Geruchssinn sense of smell

Gerücht rumour, (*AmE*) rumor ◇ *Wer hat dieses Gerücht in die Welt gesetzt?* Who started this rumour? ◇ *Es geht das Gerücht um, dass …* There's a rumour going around that … ◇ *Gerüchte, wonach das Werk schließen soll* rumours that the factory is to close ◇ *Gerüchten zufolge ist er zurückgetreten.* It is rumoured that he has resigned. ◇ *Das halte ich für ein Gerücht.* I don't believe it.

Gerüchteküche rumour mill, (*AmE*) rumor mill

geruhsam leisurely ◇ *ein geruhsamer Nachmittag* a leisurely afternoon ◇ *sich geruhsam zurücklehnen* lean back in a leisurely way

Gerümpel junk

Gerund(ium) gerund

Gerüst **1** (*Bau-*) scaffolding [U] ◇ *ein Gerüst aufbauen* erect scaffolding **2** (*fig*) framework ◇ *das Gerüst seines Referats* the framework of his report

ges, Ges (MUS) G flat

gesalzen **1** → SALZEN **2** (*Preise etc.*) very high, steep ◇ *gesalzene Mieten* very high rents ◇ *eine gesalzene Rechnung* a hefty bill

gesamt **1** whole, entire, all the ◇ *die gesamte Mannschaft* the entire team ◇ *die gesamte Ernte* the entire harvest **2 die gesamten …** all the … ◇ *die gesamten Einnahmen* all the takings

Gesamt- **Gesamtausgabe** **1** complete edition ◇ *die Gesamtausgabe Goethes* a complete edition of Goethe **2 Gesamtausgaben** (FINANZ) total expenditure [U] **Gesamtbetrag** total ◇ *ein Gesamtbetrag in Höhe von 5 Millionen Dollar* a total of 5 million dollars **Gesamteindruck** overall impression **Gesamtergebnis** overall result **Gesamtfläche** total area **Gesamtgewicht** total weight

Gesamtheit ◇ *die Gesamtheit der Lehrer* all the teachers ◇ *die Partei in ihrer Gesamtheit* the party in its entirety

Gesamt- **Gesamthochschule** = higher education institution combining university- and polytechnic-style courses **Gesamtlänge** total length **Gesamtnote** overall mark **Gesamtschule** comprehensive (school) **Gesamtsumme** total amount **Gesamtwerk** complete works [Pl] **Gesamtwert** total value **Gesamtwertung** overall placings [Pl] ◇ *die Gesamtwertung nach vier Tagen* the overall placings after four days ◇ *In der Gesamtwertung liegt er auf Platz drei.* He is in third place overall.

Gesandte(r) envoy

Gesang **1** singing; (*von Vögeln*) song [U] ◇ *Sie hat Gesang studiert.* She studied singing. **2** (*Lied*) ◇ *geistliche Gesänge* hymns ◇ *gregorianischer Gesang* plainchant **Gesangbuch** hymn book **Gesangstunden, Gesangunterricht** singing lessons [Pl]

Gesäß bottom **Gesäßtasche** back pocket

gesättigt **1** → SÄTTIGEN **2** saturated

Geschäft **1** (*Laden*) shop, (*AmE meist*) store **2** (*Firma, Unternehmen*) business ◇ *Er übernahm die Leitung des Geschäfts.* He took over the running of the business. **3** (*Handel*) business [U]; (*Geschäftsabschluss*) deal ◇ *Die*

Geschäfte gehen gut. Business is good. ◇ *Er macht Geschäfte mit ihm.* He does business with him. ◇ *mit jdm ins Geschäft kommen* do business with sb ◇ *Wir haben mit dieser Firma ein Geschäft gemacht.* We did a deal with this firm. **4** (*Profit*) profit ◇ *Beim Verkauf hat er ein gutes Geschäft gemacht.* He made a good profit on the sale. **5 sein ~ verrichten** do your business

geschäftig ◇ *Dort herrscht ein geschäftiges Treiben.* There's a bustle of activity there. ◇ *Sie liefen geschäftig hin und her.* They were bustling around.

geschäftlich 1 business [nur vor Nomen] ◇ *eine geschäftliche Verabredung* a business appointment ◇ *Sie ist geschäftlich unterwegs.* She is away on business. ◇ *Das Geschäftliche besprechen wir später.* We will discuss business matters later. **2** (*unpersönlich*) businesslike ◇ *Sein Ton war geschäftlich.* His tone was businesslike.

Geschäfts- Geschäftsabschluss business deal **Geschäftsbedingungen** terms of business [Pl] **Geschäftsbericht** (annual) report **Geschäftsfrau** businesswoman **geschäftsführend** executive [nur vor Nomen]; (*stellvertretend*) acting [nur vor Nomen] **Geschäftsführer(in)** (*eines Ladens, Restaurants etc.*) manager; (*einer GmbH*) managing director; (*eines Vereins*) Secretary ◇ *Er arbeitet als Geschäftsführer in einem großen Schuhgeschäft.* He is the manager of a large shoe shop. **Geschäftsführung** management [mit Verb im Sing/Pl] **Geschäftsjahr** financial year, (*AmE*) fiscal year **Geschäftsleitung** → GESCHÄFTSFÜHRUNG **Geschäftsleute** business people [Pl]; (*Geschäftsmänner*) businessmen [Pl] **Geschäftsmann** businessman **Geschäftsräume** (business) premises [Pl]; (*Büros*) offices [Pl] **Geschäftsreise** business trip **Geschäftsstelle** branch **geschäftstüchtig** enterprising; **~ sein** have a head for business ◇ *ein geschäftstüchtiger Bauer* an enterprising farmer ◇ *Sie ist sehr geschäftstüchtig.* She's got a good head for business. **Geschäftszeiten** business hours [Pl]; (*Bürozeiten*) office hours [Pl]

geschätzt 1 → SCHÄTZEN **2** (*angesehen*) respected

geschehen 1 happen; **jdm geschieht etw** sth happens to sb ◇ *Was ist geschehen?* What's happened? ◇ *Hoffentlich ist ihr nichts geschehen.* I hope nothing's happened to her. ◇ *Pass auf, sonst geschieht noch ein Unfall.* Be careful, or there will be an accident. **2** (*ausgeführt werden*) be done ◇ *Wann wird etwas in dieser Sache geschehen?* When will something be done about this? ◇ *Was soll mit diesen Büchern geschehen?* What do you want done with these books? IDM → GERN(E) *und* RECHT

Geschehen events [Pl] ◇ *das politische Geschehen* political events ◇ *der Ort des Geschehens* the place where it happened

gescheit 1 clever (*Adv* cleverly) **2** (*vernünftig*) sensible

Geschenk present; (*Gabe*) gift ◇ *Das war ein Geschenk meiner Eltern.* It was a present from my parents. ◇ *ein Geschenk an die Stadt* a gift to the town ◇ *Der Skandal war ein Geschenk für seine Gegner.* The scandal was a gift for his opponents. IDM **ein Geschenk des Himmels** a godsend
Geschenkartikel gift **Geschenkpapier** wrapping paper ◇ *drei Bogen Geschenkpapier* three sheets of wrapping paper ◇ *etw in Geschenkpapier einpacken* gift-wrap sth

Geschichte 1 history ◇ *die Geschichte Deutschlands* the history of Germany ◇ *die deutsche Geschichte* German history ◇ *die Geschichte der Stadt* the history of the town ◇ *der längste Krieg der Geschichte* the longest war in history ◇ *aus der Geschichte lernen* learn from history ◇ *Er will Geschichte studieren.* He wants to study History. ◇ *Alte/Moderne Geschichte* Ancient/Modern History **2** (*Erzählung*) story ◇ *die Geschichte eines Jungen, der …* the story of a boy who … ◇ *Das ist doch immer die alte Geschichte.* It's always the same old story. ◇ *Erzähl mir keine Geschichten.* Don't give me that rubbish. **3** (*Angelegenheit*) business ◇ *Das ist eine unangenehme Geschichte.* It's an unpleasant business. ◇ *Mir ist da eine dumme Geschichte passiert.* I've done something stupid. IDM **Geschichte machen** make history **Geschichten machen** make a fuss → *Siehe auch* EINGEHEN

geschichtlich 1 historical (*Adv* historically) ◇ *eine geschichtliche Tatsache* a historical fact ◇ *geschichtliche Zusammenhänge erklären* explain the historical background ◇ *geschichtlich bedeutsam* historically important ◇ *geschichtlich gesehen* seen from a historical point of view **2** (*geschichtlich bedeutsam*) historic ◇ *ein geschichtlicher Augenblick* a historic moment

Geschichts- Geschichtsbewusstsein sense of history **Geschichtsbild** view of history **geschichtsträchtig** historic **Geschichtswissenschaft** history

Geschick¹ 1 (*Können*) skill ◇ *mit viel Geschick* with great skill ◇ *Er bewies viel politisches Geschick.* He showed great political skill. ◇ *Sie hat kein Geschick im Umgang mit Menschen.* She's no good with people. **2** (*Fähigkeiten*) skills [Pl] ◇ *handwerkliches Geschick* practical skills

Geschick² (*Schicksal*) fate

Geschicklichkeit skill; (*manuelle Fertigkeit*) dexterity

geschickt 1 → SCHICKEN **2** skilful (*Adv* skilfully), (*AmE*) skillful (*Adv* skillfully); (*wohl überlegt*) clever (*Adv* cleverly) ◇ *ein geschickter Diplomat* a skilful diplomat ◇ *ein geschickter Schachzug* a clever move ◇ *Sie ist in handwerklichen Dingen sehr geschickt.* She's good with her hands.

geschieden 1 → SCHEIDEN **2** divorced ◇ *Sie sind geschieden.* They're divorced. ◇ *eine geschiedene Frau* a divorced woman ◇ *seine geschiedene Frau* his ex-wife ◇ *Er hat zwei geschiedene Ehen hinter sich.* He's been divorced twice. ◇ *Etwa 40 % der geschiedenen Ehen sind kinderlos.* About 40% of marriages which end in divorce are childless.

Geschiedene(r) divorcee

Geschirr 1 (*Service*) (dinner/tea) service **2** (*Ess-*) china; (*Koch-*) pots and pans [Pl] **3** (*benutzt*) dishes [Pl] ◇ (*das*) *Geschirr spülen* do the dishes **4** (*beim Pferd*) harness
Geschirrspüler, Geschirrspülmaschine dishwasher **Geschirrtuch** tea towel, (*AmE*) dishtowel

Geschlecht 1 sex; (*mit Bezug auf soziale und kulturelle Unterschiede*) gender ◇ *Welches Geschlecht hat dieser Hamster?* What sex is this hamster? ◇ *das schwache/starke Geschlecht* the weaker/stronger sex ◇ *unabhängig von Geschlecht und Alter* regardless of sex and age ◇ *Studenten beiderlei Geschlechts* students of both sexes ◇ *das andere Geschlecht* the opposite sex ◇ *die traditionellen Rollen der Geschlechter* the traditional gender roles ◇ *ein Kind männlichen/weiblichen Geschlechts* a male/female child **2** (*Dynastie*) house ◇ *das Geschlecht der Hohenzollern* the house of Hohenzollern **3** (LING) gender

geschlechtlich sexual

Geschlechts- Geschlechtsidentität gender identity **Geschlechtskrankheit** sexually transmitted disease **geschlechtslos** asexual **Geschlechtsorgan** sex(ual) organ **geschlechtsreif** sexually mature **Geschlechtsumwandlung** sex change **Geschlechtsverkehr** sexual intercourse

geschliffen 1 → SCHLEIFEN² **2** (*vollendet*) polished

geschlossen **1** → SCHLIESSEN **2** *Adj* closed; (*Anstalt, Klinik*) secure ◇ *hinter geschlossenen Türen* behind closed doors ◇ *Das Museum war geschlossen.* The museum was closed. ◇ *Er saß mit geschlossenen Augen im Dunkeln.* He sat in the dark with his eyes closed. ◇ *eine geschlossene psychiatrische Anstalt* a secure psychiatric unit **3** *Adj* (*Gruppe, Front*) united ◇ *eine geschlossene Front präsentieren* present a united front ◇ *Es war eine geschlossene Mannschaftsleistung.* It was a good performance by the whole team. **4** *Adj* (*in sich zusammenhängend*) complete; (*Ortschaft*) built-up **5** *Adj* (*Gesellschaft, Veranstaltung*) private **6** *Adj* (LING) closed ◇ *ein geschlossener Vokal* a closed vowel **7** *Adv* (*einstimmig*) unanimously; (*gemeinsam*) en bloc ◇ *Der Antrag wurde geschlossen abgelehnt.* The motion was unanimously rejected. ◇ *Die Kommission trat geschlossen zurück.* The commission resigned en bloc. ◇ *Die Klasse stand geschlossen hinter ihm.* The class was solidly behind him. IDM **in sich geschlossen** self-contained

Geschlossenheit unity [U]

Geschmack **1** taste; (*Aroma*) flavour, (*AmE*) flavor ◇ *einen schlechten Geschmack im Mund haben* have a nasty taste in your mouth ◇ *Dieser Käse ist kräftiger im Geschmack.* This cheese has a stronger flavour. **2** (*Sinn für Schönes*) taste [U] ◇ *Sie hat einen guten Geschmack.* She has good taste. ◇ *Das Haus ist mit viel Geschmack eingerichtet.* The house is furnished very tastefully. ◇ *So ein Haus ist nicht jedermanns Geschmack.* A house like that is not to everybody's taste. ◇ *eine Sache des Geschmacks* a matter of taste ◇ *je nach Geschmack* according to taste ◇ *Das war ein Film nach meinem Geschmack.* It was the sort of film I like. IDM **an etw Geschmack finden** like sth **jdn auf den Geschmack bringen** give sb a taste for it **auf den Geschmack kommen** acquire a taste for it **die Geschmäcker sind verschieden** tastes differ **jeder nach seinem Geschmack** each to his own **über Geschmack lässt sich (nicht) streiten** there is no accounting for taste

geschmacklich ◇ *geschmackliche Unterschiede* differences in taste ◇ *etw geschmacklich verfeinern* improve the taste of sth

geschmacklos tasteless; (*taktlos*) in bad taste [nicht vor Nomen] ◇ *ein geschmackloser Hut/Witz* a tasteless hat/joke ◇ *Die Bemerkung war geschmacklos.* The comment was in bad taste.

Geschmacklosigkeit bad taste [U]; (*Äußerung*) tasteless remark; **eine ~ sein** be in bad taste ◇ *der Gipfel der Geschmacklosigkeit* the height of bad taste ◇ *Das Bild ist eine Geschmacklosigkeit.* The picture is in bad taste.

Geschmacks- **Geschmacksfrage** question of taste **Geschmacksrichtung** **1** taste **2** (*Speisen*) flavour, (*AmE*) flavor **Geschmackssache** matter of taste ◇ *Das ist Geschmackssache.* It's a matter of taste. **Geschmackssinn** sense of taste

geschmackvoll tasteful (*Adv* tastefully)

geschmeidig **1** *Adj* supple; (*weich*) soft ◇ *ein geschmeidiger Körper* a supple body **2** *Adj* (*flexibel*) flexible **3** *Adv* gracefully

Geschnetzelte(s) = thin strips of meat cooked in a sauce

Geschöpf **1** creature ◇ *ein Geschöpf Gottes* one of God's creatures **2** (*Schöpfung*) creation; (*Produkt*) product

Geschoss, Geschoß **1** → STOCK[1] **2** (*Kugel*) bullet; (*Rakete*) missile; (*Granate*) shell; (*Wurf-*) projectile

Geschrei **1** shouting; (*vor Schmerz, Angst etc.*) screaming ◇ *Das Geschrei im Nebenzimmer wurde lauter.* The shouting in the next room got louder. ◇ *Mit wildem Geschrei stürmten die Kinder durchs Haus.* The children ran round the house, screaming. **2** (*Getue*) fuss; (*Protest*) protest ◇ *Mach doch kein solches Geschrei deswegen!* Don't make such a fuss about it! ◇ *Das Projekt löste großes Geschrei unter den Anwohnern aus.* The project aroused considerable protest among the residents.

geschult **1** → SCHULEN **2** trained; (*fachmännisch*) professional ◇ *geschultes Personal* trained staff ◇ *Ein geschultes Auge sieht den Unterschied.* The difference is visible to the trained eye. ◇ *geschulte Betreuung* professional care

Geschütz (big) gun, piece of artillery ◇ *ein Geschütz laden* load a gun ◇ *Panzer und schwere Geschütze* tanks and heavy artillery IDM **grobes/schweres Geschütz auffahren** bring in the big guns

geschützt **1** → SCHÜTZEN **2** (*unter Schutz gestellt*) protected; (*gegen Wind, Nässe etc.*) sheltered ◇ *eine geschützte Art* a protected species ◇ *Dieses Gebäude ist ein geschütztes Kulturdenkmal.* This is a listed building. **3** (*patentiert*) ◇ *ein geschütztes Warenzeichen* a registered trademark ◇ *ein geschützter Name* a name that has been trademarked

Geschwader squadron

Geschwafel blather (*umgs*), (*BrE auch*) waffle (*umgs*); (*Unsinn*) drivel (*umgs*)

Geschwätz **1** chatter **2** (*Klatsch*) gossip, tittle-tattle

geschwätzig talkative, garrulous ◇ *ein geschwätziger alter Mann* a garrulous old man ◇ *Sie ist so geschwätzig.* She's such a chatterbox.

geschweige **~ denn** let alone ◇ *Hier möchte man nicht mal aus dem Taxi steigen, geschweige denn wohnen.* You wouldn't want to get out of the taxi, let alone live here.

Geschwindigkeit **1** speed ◇ *mit enormer Geschwindigkeit* at a terrific speed ◇ *Die Polizei hielt ihn wegen Fahrens mit überhöhter Geschwindigkeit an.* The police stopped him for speeding. **2** (PHYSIK) velocity

Geschwindigkeitsbegrenzung, Geschwindigkeitsbeschränkung speed limit ◇ *die Geschwindigkeitsbegrenzung einhalten/überschreiten* keep to/exceed the speed limit **Geschwindigkeitsüberschreitung** exceeding the speed limit, speeding ◇ *Er wurde wegen Geschwindigkeitsüberschreitung gestoppt.* He was stopped for speeding.

Geschwister brother(s) and sister(s) [Pl], siblings [Pl] (*gehoben*) ◇ *alle seine Geschwister* all his brothers and sisters ◇ *Hast du Geschwister?* Have you got any brothers or sisters?

geschwollen pompous (*Adv* pompously) ◇ *Sie redet oft so geschwollen daher.* She often talks so pompously. → *Siehe auch* ANSCHWELLEN

Geschworene(r) **1** juryman/-woman, member of a jury; **die Geschworenen** the jury [mit Verb im Sing/Pl] **2** → SCHÖFFE

Geschwulst (*Knoten*) lump; (*Tumor*) tumour, (*AmE*) tumor ◇ *eine gutartige/bösartige Geschwulst* a benign/malignant tumour

geschwungen **1** → SCHWINGEN **2** curved; (*Straße, Weg*) winding; (*Linie*) wavy

Geschwür ulcer; (*Furunkel*) boil

Geselchte(s) smoked meat

Geselle, Gesellin = person who has served his/her apprenticeship, journeyman (*veraltet*)

Gesellenbrief = diploma/certificate of (completed) apprenticeship **Gesellenprüfung** = apprentice's final examination

gesellig sociable; (*Veranstaltung, Programm*) social [nur vor Nomen] ◇ *ein geselliger Typ* a sociable chap ◇ *ein geselliger Abend* a social evening

Gesellschaft **1** society ◇ *die Stellung der Frau in der modernen Gesellschaft* the position of women in modern society ◇ *die feine Gesellschaft* high society ◇ *Es ist ein Problem der ganzen Gesellschaft.* It's a problem of the whole of society. ◇ *Menschen, die am Rande der Gesellschaft stehen* people on the fringes of society ◇ *eine multikulturelle Gesellschaft* a multicultural society **2** (*Firma*) company → *Siehe auch* GMBH **3** (*Vereinigung*) society, association **4** (*gesellige Veranstaltung*) function ◇ *eine geschlossene Gesellschaft* a private function **5** (*Umgang, Zusammensein*) company ◇ *jdm Gesellschaft leisten* keep sb company ◇ *Du befindest dich in guter Gesellschaft.* You're in good company.

Gesellschafter(in) **1** (WIRTSCH) partner **2 ein stiller ~** a sleeping partner, (*AmE*) a silent partner

gesellschaftlich social [nur vor Nomen] (*Adv* socially) ◇ *ein gesellschaftliches Problem/Ereignis/Experiment* a social problem/event/experiment ◇ *ihre gesellschaftliche Stellung* her social position ◇ *eine gesellschaftlich wichtige Funktion* an important social function ◇ *gesellschaftlich akzeptabel* socially acceptable ◇ *gesellschaftliche Randgruppen* groups on the margins of society ◇ *seine gesellschaftliche Rolle* his role in society

gesellschafts- **gesellschaftsfähig** socially acceptable **Gesellschaftsform** form of society **Gesellschaftskritik** social criticism **gesellschaftskritisch** ◇ *Der Film will gesellschaftskritisch sein.* The film aims to deal with social issues. **Gesellschaftsordnung** social order, (political) system ◇ *die kapitalistische Gesellschaftsordnung* the capitalist social order ◇ *eine demokratische Gesellschaftsordnung* a democratic political system **gesellschaftspolitisch** sociopolitical (*Adv* socio-politically) **Gesellschaftsspiel** (*Brettspiel*) board game; (*Partyspiel*) party game **Gesellschaftsvertrag** **1** (WIRTSCH) Articles of Association **2** (PHILOS) social contract **Gesellschaftswissenschaft** social science

gesengt IDM → SAU

Gesetz **1** law; (*Gesetzesvorlage*) bill ◇ *das Gesetz befolgen* obey the law ◇ *gegen das Gesetz verstoßen* break the law ◇ *nach dem deutschen Gesetz* according to German law ◇ *Alle Bürger sind vor dem Gesetz gleich.* All citizens are equal in the sight of the law. ◇ *Das verbietet das Gesetz.* That's against the law. ◇ *über dem Gesetz stehen* be above the law ◇ *das Gesetz über den Schwangerschaftsabbruch* the law on abortion ◇ *ein physikalisches/ökonomisches Gesetz* a law of physics/economics **2** (*Regel*) rule ◇ *die Gesetze der Höflichkeit* the rules of politeness

Gesetzbuch **das Bürgerliche ~** the Civil Code **Gesetzentwurf** bill ◇ *einen Gesetzentwurf vorlegen* present a bill **Gesetzesänderung** change in the law **Gesetzeslage** law ◇ *nach der bestehenden Gesetzeslage* according to current law **Gesetzeslücke** loophole in the law, legal loophole **Gesetzesvorlage** → GESETZENTWURF **Gesetzgebung** legislation [U]

gesetzlich **1** *Adj* legal; (*vorgeschrieben auch*) statutory ◇ *die gesetzlichen Grenzwerte* the legal limit ◇ *die gesetzliche Grundlage* the legal basis ◇ *gesetzliche Bestimmungen* statutory requirements ◇ *ein gesetzlicher Feiertag* a bank holiday **2** *Adv* legally, by law ◇ *Das ist gesetzlich nicht möglich.* This is not legally possible. ◇ *Sie sind gesetzlich dazu verpflichtet.* They are required by law to do it. ◇ *Die Öffnungszeiten sind gesetzlich geregelt.* There are laws regulating shop opening hours. ◇ *Das ist gesetzlich verboten.* It's illegal. ◇ *die gesetzlich zugelassenen Werte* the legal limits ◇ *das gesetzlich festgelegte Mindestalter* the minimum age

gesetzlos lawless

Gesetzmäßigkeit law ◇ *physikalische Gesetzmäßigkeiten* the laws of physics

gesetzt **1** → SETZEN **2** respectable; (*im Alter*) mature ◇ *Sie ist bereits in gesetztem Alter.* She is already a woman of mature years.

gesetzwidrig illegal (*Adv* illegally)

gesichert **1** → SICHERN **2** secure ◇ *ein gesichertes Einkommen* a secure income ◇ *eine gesicherte Zukunft* a secure future ◇ *ein gut gesichertes Gebäude* a secure building

Gesicht **1** face ◇ *ein hübsches Gesicht* a pretty face ◇ *Sie strahlte übers ganze Gesicht.* She was beaming all over her face. **2** (*Gesichtsausdruck*) look (on your face) ◇ *Ich konnte ihm vom Gesicht ablesen, dass etwas nicht stimmte.* I could tell by the look on his face that something was wrong. ◇ *ein trauriges Gesicht machen* look sad **3** (*Erscheinungsbild*) appearance ◇ *Das Gesicht der Stadt hat sich kaum verändert.* The town's appearance has hardly changed. IDM **jdn/etw aus dem Gesicht verlieren** lose sight of sb/sth **das Gesicht verlieren** lose face **das Gesicht wahren** keep up appearances **ein langes Gesicht machen** look disappointed ◇ *Mach doch nicht so ein langes Gesicht!* Don't look so disappointed! **jdm etw ins Gesicht sagen** say sth to sb's face **jdm nicht/kaum ins Gesicht sehen/blicken können** be unable/hardly be able to look sb in the face ◇ *Sie konnte ihm kaum ins Gesicht sehen.* She could hardly look him in the face. **sein wahres Gesicht zeigen** show your true colours **jdm wie aus dem Gesicht geschnitten sein** be the spitting image of sb **jdn/etw zu Gesicht bekommen** see sb/sth → *Siehe auch* SCHLEUDERN

Gesichtsausdruck (facial) expression ◇ *mit einem unschuldigen Gesichtsausdruck* with an innocent expression **Gesichtserkennung** face recognition **Gesichtsfarbe** complexion **Gesichtsmaske** **1** (face) mask **2** (*Creme*) face mask, (*BrE auch*) face pack **Gesichtspunkt** point of view **Gesichtsverlust** loss of face **Gesichtszug** feature

Gesindel riff-raff [U]

Gesinnung **1** (*Ansichten*) views [Pl] **2** (*Charakter*) character

Gesinnungsgenosse, -genossin ◇ *ein revolutionärer Gesinnungsgenosse* a fellow revolutionary ◇ *Er sagte sich von seinen ehemaligen Gesinnungsgenossen los, als er aus dem Gefängnis kam.* He severed his ties with his old cronies when he came out of prison. **Gesinnungswandel** change of heart; (*Umkehr*) U-turn

gesondert separate (*Adv* separately) ◇ *Die Kinder essen in einem gesonderten Raum.* The children eat in a separate room. ◇ *Papier und Glas werden gesondert gesammelt.* Paper and glass are collected separately.

gespalten **1** → SPALTEN **2** (*Land, Partei*) divided; (*Verhältnis*) ambivalent

Gespann team; (*Paar*) pair

gespannt **1** → SPANNEN **2** *Adj* expectant (*Adv* expectantly) ◇ *Eine gespannte Stille herrschte im Saal.* There was an expectant silence in the hall. ◇ *Sie warteten mit gespannter Aufmerksamkeit.* They waited expectantly. ◇ *Die Wahl wird mit gespanntem Interesse verfolgt.* The elections are being followed with keen interest. **3** *Adj* **~ sein** not be able to wait ◇ *Ich bin schon ganz gespannt.* I can't wait. ◇ *Ich bin auf das Resultat gespannt.* I can't wait to get the result. ◇ *Ich bin schon ganz gespannt auf sie.* I can't wait to meet her. **4** *Adj* **~ sein, ob, wie, wer etc.** wonder whether, how, who, etc. ◇ *Ich bin gespannt, ob er anruft.* I wonder whether he'll phone. ◇ *Ich bin gespannt, wer gewinnt.* I wonder who will win. **5** *Adj* (*voller Spannungen*) tense

Gespenst ghost; (*Gefahr*) spectre, (*AmE*) specter ◇ *das Gespenst des Faschismus* the spectre of fascism

◇ *Hier geht angeblich ein Gespenst um.* This place is supposed to be haunted. IDM **Gespenster sehen** be imagining things ◇ *Da ist niemand. Du siehst mal wieder Gespenster!* There's no one there. You're imagining things again!
Gespenstergeschichte ghost story
gespenstisch ghostly; (*Szene, Stille, Atmosphäre*) eerie
Gespött (*Gegenstand des Spottes*) laughing stock ◇ *Wir werden zum Gespött der Leute, wenn das bekannt wird.* We'll be a laughing stock if this gets out.
Gespräch **1** (*Unterhaltung*) conversation; (*Diskussion*) dialogue; (POL) talks [Pl] ◇ *ein Gespräch mit jdm führen* have a conversation with sb ◇ *Wir suchen ein Gespräch mit den Anwohnern.* We want a dialogue with the residents. ◇ *Die Gespräche sollen in Rom stattfinden.* The talks are to be held in Rome. ◇ *Die Affäre war das Gespräch des Tages.* The affair was the talk of the day. **2** (*Telefongespräch*) (telephone) call ◇ *Da ist ein Gespräch für Sie.* There's a call for you. ◇ *Er führt stundenlange Gespräche mit seiner Freundin.* He's on the phone to his girlfriend for hours. IDM **im Gespräch sein** be under discussion ◇ *Der Bau der neuen Autobahn ist schon seit einiger Zeit im Gespräch.* The construction of the new motorway has been under discussion for some time. ◇ *Ein Kaufpreis von 3 Millionen ist im Gespräch.* A purchase price of 3 million is being discussed. **(mit jdm) ins Gespräch kommen** get talking (to sb) ◇ *Die beiden kamen sofort ins Gespräch.* The two of them got talking straight away.
gesprächig talkative; (*mitteilsam*) communicative ◇ *Er ist heute nicht sehr gesprächig.* He's not very talkative today. ◇ *Zu dem Thema war sie nicht sehr gesprächig.* She wasn't very communicative on the subject.
gesprächs- **gesprächsbereit** willing to talk **Gesprächskreis** discussion group **Gesprächspartner(in)** person to talk to; (*bei Verhandlungen*) dialogue partner ◇ *Sie hat zu Hause keinen Gesprächspartner.* She's got nobody to talk to at home. **Gesprächsrunde** (*Diskussion*) discussion; (*Gesprächskreis*) discussion group; (*Verhandlungsrunde*) round of talks **Gesprächsstoff** something to talk about ◇ *für Gesprächsstoff sorgen* give people something to talk about ◇ *Den beiden geht der Gesprächsstoff nie aus.* The two of them never run out of things to talk about. ◇ *Der Skandal ist immer noch Gesprächsstoff.* People still talk about the scandal. **Gesprächsthema** topic of conversation ◇ *Gesprächsthema Nummer eins war …* The main topic of conversation was … ◇ *Die Schüler hatten wenigstens ein Gesprächsthema.* At least it gave the students something to talk about.
gespreizt **1** → SPREIZEN **2** *Adj* affected ◇ *Der Dialog wirkt unecht und gespreizt.* The dialogue seems artificial and affected. **3** *Adv* in an affected manner
Gespür **1** instinct ◇ *sein politisches Gespür* his political instinct **2 ein ~ für etw** a feel for sth ◇ *Die Künstlerin hat ein feines Gespür für Farben.* The artist has a good feel for colours. ◇ *Er hat ein sicheres Gespür fürs Timing.* He's got an impeccable sense of timing.
Gestalt **1** form; (*Umriss*) shape ◇ *die Gestalt des neuen Gesetzes* the form of the new law ◇ *Sie haben um Hilfe in Gestalt von Medikamenten und Lebensmitteln gebeten.* They asked for aid in the form of medicine and food. ◇ *Der Platz soll eine rechteckige Gestalt haben.* The square is to be rectangular. **2** (*äußere Erscheinung*) design, appearance **3** (*Wuchs*) build ◇ *Der Gesuchte ist von kräftiger/schmächtiger Gestalt.* The wanted man is of strong/slight build. **4** (*Mensch*) figure ◇ *Im Dämmerlicht konnte ich nur schwarze Gestalten erkennen.* I could only make out dark figures in the twilight. ◇ *die Gestalt Jesu Christi* the figure of Jesus Christ **5** (*Roman-*) character IDM **Gestalt annehmen** take shape ◇ *Das Projekt nimmt endlich Gestalt an.* The project is finally taking shape.
gestalten **1** (*entwerfen*) design; (*organisieren*) organize ◇ *Der Spielplatz wird völlig neu gestaltet.* The playground is being completely redesigned. ◇ *Viele wissen gar nicht, wie sie ihre Freizeit gestalten sollen.* A lot of people have no idea how to organize their leisure time. ◇ *Wie kann die Innenstadt attraktiver gestaltet werden?* How can the town centre be made more attractive? **2 sich ~** turn out
gestalterisch (*kreativ*) creative (*Adv* creatively); (*künstlerisch*) artistic (*Adv* artistically)
Gestaltung **1** (*Design*) design; (*Organisation*) organization **2** (*das Gestalten*) (*meist mit einem Verb übersetzt*) ◇ *Wir wollen eine aktive Rolle bei der Gestaltung der europäischen Zukunft spielen.* We would like to play an active role in shaping the future of Europe.
geständig **~ sein** admit your guilt, confess
Geständnis confession ◇ *Er legte ein umfassendes Geständnis ab.* He made a full confession. ◇ *Sie hat nach eigenem Geständnis als Agentin gearbeitet.* By her own admission, she worked as a secret agent. IDM **jdm ein Geständnis machen** make a confession ◇ *Ich muss dir ein Geständnis machen.* I have a confession to make.
Gestank stench
gestatten **1** permit ◇ *Fotografieren ist hier nicht gestattet.* Photography is not permitted here. ◇ *Die Einreise wurde ihnen nicht gestattet.* They were refused entry. ◇ *Gestatten Sie?* May I? **2 jdm etw ~** give sb permission to do sth
Geste gesture (*auch fig*) ◇ *als Geste des guten Willens* as a gesture of goodwill
Gesteck flower arrangement
gestehen **1 (etw) ~** confess (to sth) ◇ *Er hat den Mord gestanden.* He confessed to the murder. ◇ *Sie gestand, ihn ermordet zu haben.* She confessed to having murdered him. ◇ *Ich muss gestehen, dass ich das Buch noch nicht gelesen habe.* I must confess that I haven't read the book yet. ◇ *Der Angeklagte hat noch nicht gestanden.* The accused hasn't made a confession yet. ◇ *Offen gestanden kann ich ihn nicht ausstehen.* To tell you the truth, I can't stand him. **2 jdm etw ~** confess sth to sb ◇ *Sie gestand mir, dass sie eine Beule in mein Auto gefahren hatte.* She confessed to me that she had dented my car.
Gestein **1** rock [U] ◇ *magmatisches Gestein* volcanic rock **2** (*Steine*) rocks [Pl] ◇ *herabstürzendes Gestein* falling rocks
Gestell **1** stand ◇ *ein Gestell für Fahrräder* a bicycle stand ◇ *ein Gestell für Weinflaschen* a wine rack **2** (*Unterbau*) frame ◇ *Als Bett diente ein einfaches Gestell mit Matratze.* A simple frame with a mattress served as a bed. **3** (*Brillen-*) frames [Pl]
gestellt **1** → STELLEN **2** posed ◇ *ein gestelltes Familienfoto* a posed family photo
gestelzt stilted; (*Gehabe*) affected
gestern yesterday ◇ *Sie ist gestern gekommen.* She came yesterday. ◇ *die Zeitung von gestern* yesterday's paper ◇ *die Mode von gestern* yesterday's fashions ◇ *gestern früh/Mittag/Abend* yesterday morning/lunchtime/evening ◇ *gestern Nacht* last night IDM → SCHNEE
Gestik gestures [Pl]
gestikulieren gesticulate
gestört **1** → STÖREN **2** disturbed ◇ *eine geistig gestörte Frau* a mentally disturbed woman ◇ *Viele junge Mädchen zeigen ein gestörtes Essverhalten.* Many young girls have eating disorders. **3** (*Verhältnis,*

Beziehungen) troubled ◇ *Er hat ein gestörtes Verhältnis zu seinem Vater.* He has a troubled relationship with his father. ◇ *Der Finanzminister scheint ein gestörtes Verhältnis zu Zahlen zu haben.* The Chancellor seems to have a problem with numbers.

gestreift **1** → STREIFEN **2** striped ◇ *ein rotweiß gestreiftes Kleid* a red and white striped dress.

gestresst **1** → STRESSEN **2** stressed

gestrichelt dotted ◇ *eine gestrichelte Linie* a dotted line

gestrichen **1** → STREICHEN **2** level ◇ *zwei gestrichene Esslöffel Zucker* two level dessertspoons of sugar IDM → HOSE *und* NASE

Gestrüpp undergrowth, *(AmE)* underbrush

Gestüt stud (farm)

Gesuch *(Antrag)* application; *(Bittschrift)* appeal ◇ *Sie reichte ein Gesuch bei der entsprechenden Behörde ein.* She made an application to the relevant authority. ◇ *ein Gesuch auf Begnadigung* an appeal for mercy

gesucht **1** → SUCHEN **2** *(gefragt, rar)* sought after ◇ *Facharbeiter sind gesucht.* Skilled workers are sought after.

gesund healthy *(Adv* healthily) ◇ *ein gesunder Junge* a healthy boy ◇ *eine gesunde Einstellung* a healthy attitude ◇ *eine gesunde Wirtschaft* a healthy economy ◇ *sich gesund ernähren* eat a healthy diet ◇ *Er ist wieder gesund.* He's better now. ◇ *jdn gesund pflegen* nurse sb back to health ◇ *der gesunde Menschenverstand* common sense

Gesundheit **1** health ◇ *Sie erfreut sich bester Gesundheit.* She's in good health. **2 Gesundheit!** *(beim Niesen)* bless you!, *(AmE auch)* gesundheit!

gesundheitlich ◇ *gesundheitliche Risiken* health risks ◇ *aus gesundheitlichen Gründen* for health reasons ◇ *Es geht ihm gesundheitlich nicht gut.* His health is not good. ◇ *eine gute gesundheitliche Versorgung* good health care provision

Gesundheits- **Gesundheitsamt** public health department **gesundheitsbewusst** health-conscious **Gesundheitsminister(in)** Minister of Health **Gesundheitsministerium** Ministry of Health **Gesundheitsreform** reform of the health system **gesundheitsschädlich** **~ sein** be a health hazard, be damaging to health ◇ *gesundheitsschädlicher Staub* dust that is damaging to health ◇ *Dieser Staub ist gesundheitsschädlich.* This dust is a health hazard. **Gesundheitssystem** health system **Gesundheitswesen** system of health care provision **Gesundheitszeugnis** certificate of health **Gesundheitszustand** state of health

getönt tinted ◇ *getönte Brillengläser* tinted lenses

Getöse **1** din ◇ *mit ohrenbetäubendem Getöse* with a terrible din **2** *(fig)* *(Rummel)* hype; *(Getue)* fuss

getragen **1** → TRAGEN **2** *(feierlich)* solemn; *(Tempo)* stately **3** *(gebraucht)* second-hand

Getränk drink ◇ *Ich sorge für die Getränke.* I'll see to the drinks. ◇ *Für Speisen und Getränke ist gesorgt.* Food and drink are provided.
Getränkeautomat drinks machine **Getränkekarte** drinks list; *(im Speiselokal)* wine list **Getränkemarkt** = supermarket selling soft drinks and beer, usually by the crate

Getreide grain, cereals [Pl]
Getreideanbau cereal growing **Getreidekorn** grain

getrennt **1** → TRENNEN **2** separate *(Adv* separately) ◇ *Sie gehen getrennte Wege.* They are going their separate ways. ◇ *Die Umkleidekabinen sind nach Männern und Frauen getrennt.* There are separate changing rooms for men and women. ◇ *Die Gremien haben getrennt darüber beraten.* The committees discussed it separately. **3 ~ leben** be separated ◇ *Sie lebt von ihm getrennt.* She's separated from him. **4 ~ schreiben** write sth as two words ◇ *„Ice cream" wird getrennt geschrieben.* 'Ice cream' is written as two words. IDM → KASSE

getreu **1** faithful *(Adv* faithfully); *(Beschreibung)* accurate *(Adv* accurately) ◇ *eine getreue Nachbildung* a faithful copy **2 ~ dem/der …** true to … ◇ *getreu dem Motto …* true to the motto … **3** *(loyal)* → TREU

Getriebe gears [Pl]; *(-kasten)* gearbox IDM → SAND

getrost safely ◇ *Man kann getrost behaupten, dass …* You can safely say that … ◇ *Das kannst du getrost ihm überlassen.* You can safely leave that to him. ◇ *Du kannst getrost nach Hause gehen.* It's fine to go home.

Getto, Ghetto ghetto *(auch fig)*

Gettoisierung ghettoization

Getue fuss ◇ *Das ganze Getue um die Wahl nervt mich.* All the fuss about the election is getting on my nerves. ◇ *sein vornehmes Getue* the way he put on airs

Getümmel bustle ◇ *im Getümmel des Jahrmarktes* in the bustle of the fair ◇ *sich ins Getümmel stürzen* join the fray

geübt **1** → ÜBEN **2** experienced; *(gekonnt)* skilful *(Adv* skilfully), *(AmE)* skillful *(Adv* skillfully); *(Auge, Ohr)* practised ◇ *ein geübter Fahrer* an experienced driver ◇ *Geübt löste sie den Fisch vom Haken.* She skilfully removed the fish from the hook. ◇ *sein geübter Blick* his practised eye ◇ *Er ist im Umgang mit Kindern sehr geübt.* He's got a lot of experience of dealing with children.

Gewächs **1** plant **2** (MED) growth

gewachsen **1** → WACHSEN[1] **2 jdm ~ sein** be a match for sb; **einer Sache ~ sein** be up to sth ◇ *Sie ist ihm durchaus gewachsen.* She's a match for him. ◇ *Er ist der Aufgabe nicht gewachsen.* He's not up to the task.

Gewächshaus greenhouse; *(größer)* glasshouse

gewagt **1** → WAGEN **2** daring; *(gefährlich)* risky ◇ *ein gewagtes Unternehmen* a daring enterprise ◇ *ein gewagter Rückenausschnitt* a daring low back ◇ *ein gewagtes Überholmanöver* a risky overtaking manoeuvre

gewählt **1** → WÄHLEN **2** elegant *(Adv* elegantly) ◇ *Sie drückt sich sehr gewählt aus.* She expresses herself very elegantly.

Gewähr **1** guarantee ◇ *die beste Gewähr für den Erfolg* the best guarantee of success ◇ *Dafür kann ich keine Gewähr übernehmen.* I am unable to guarantee that. **2 ohne ~** ◇ *Diese Angaben sind ohne Gewähr.* We accept no responsibility for the accuracy of this information.

gewähren **1** give; *(Bitte, Wunsch)* grant ◇ *Sie gewährte ihm Rabatt.* She gave him a discount. ◇ *jdm Asyl gewähren* grant sb asylum **2 jdn ~ lassen** not stop sb ◇ *Er ließ ihn gewähren.* He didn't stop him.

gewährleisten guarantee ◇ *Die Wasserversorgung ist nicht gewährleistet.* The water supply cannot be guaranteed.

Gewährleistung guarantee ◇ *Maßnahmen zur Gewährleistung des Friedens* measures to guarantee peace

Gewahrsam **1** safe keeping ◇ *Er hält den Schlüssel in sicherem Gewahrsam.* He has the key in safe keeping. ◇ *Die Dokumente wurden in Gewahrsam gegeben.* The documents were handed over for safe keeping. **2** *(Haft)* custody ◇ *Der Dieb wurde in Gewahrsam genommen.* The thief was taken into custody.

Gewalt **1** power; *(Kontrolle)* control ◇ *Gewalt über jdn besitzen* have power over sb ◇ *die drei Gewalten* the three powers ◇ *Sie hatte die Gewalt über ihr Fahrzeug verloren.* She had lost control of her vehicle. **2**

jdn in seine ~ bringen take sb prisoner; **etw in seine ~ bringen** bring sth under your control; *(Flugzeug etc. auch)* hijack sth **3 sich in jds ~ befinden** be held by sb ◇ *Sie befinden sich noch immer in der Gewalt der Rebellen.* They are still being held by the rebels. **4 jdn in seiner ~ haben** hold sb prisoner ◇ *Der Geiselnehmer hat drei Menschen in seiner Gewalt.* The hostage taker is holding three people prisoner. **5** *(Kraft, Heftigkeit)* force ◇ *Ich musste Gewalt anwenden.* I had to use force. ◇ *nackte Gewalt* brute force **6** *(Gewalttat, -akt)* violence ◇ *Im Fernsehen wird viel Gewalt gezeigt.* There is a lot of violence on television. ◇ *Gewalt gegen Frauen* violence against women ◇ *Er drohte ihr mit Gewalt.* He threatened her with violence. **7 mit ~** by force ◇ *mit Gewalt erpresste Aussagen* statements obtained by force ◇ *Er will es mit Gewalt durchsetzen.* He wants to force it through. IDM **höhere Gewalt** act of God ◇ *Es war höhere Gewalt.* It was an act of God.

Gewaltakt act of violence **Gewaltandrohung** threat of violence ◇ *Er zwang sie unter Gewaltandrohung, den Safe zu öffnen.* He forced her to open the safe and threatened her with violence. **Gewaltanwendung** use of violence **gewaltbereit** violent **Gewaltbereitschaft** willingness to use violence **Gewaltenteilung** separation of powers **gewaltfrei** non-violent ◇ *gewaltfrei protestieren* hold a non-violent protest ◇ *eine gewaltfreie Lösung des Konfliktes* a non-violent solution to the conflict ◇ *Die Demonstration verlief gewaltfrei.* The demonstration passed off without violence. **Gewaltherrschaft** tyranny [U]

gewaltig 1 *Adj* huge; *(Sturm)* violent ◇ *ein gewaltiges Bauwerk* a huge building ◇ *ein gewaltiger Unterschied* a huge difference ◇ *Sie steht unter gewaltigem Druck.* She is under enormous pressure. **2** *Adv* enormously ◇ *Die Zahlen sind gewaltig gestiegen.* The numbers have increased enormously. ◇ *Da täuschst du dich aber gewaltig.* I'm afraid you're very much mistaken there.

gewaltlos → GEWALTFREI **Gewaltlosigkeit** non-violence

Gewalt- Gewaltmonopol monopoly on the use of force **Gewaltprävention** prevention of violence ◇ *Welche Maßnahmen können für eine Gewaltprävention getroffen werden?* What measures can be taken to prevent violence?

gewaltsam forcible [nur vor Nomen] *(Adv* forcibly); *(gewalttätig)* violent *(Adv* violently) ◇ *Die Bevölkerung wurde gewaltsam vertrieben.* The population were forcibly expelled. ◇ *gewaltsame Auseinandersetzungen* violent clashes ◇ *eines gewaltsamen Todes sterben* die a violent death ◇ *Sie öffnete gewaltsam das Tor.* She forced open the gate.

Gewalt- Gewalttat act of violence **Gewalttäter(in)** violent criminal **gewalttätig** violent *(Adv* violently) ◇ *Er wurde gewalttätig.* He became violent. **Gewalttätigkeit** violence [U]; *(Akt, Vorfall)* act of violence ◇ *die Gewalttätigkeit der Skinheads* the violence of the skinheads ◇ *Gewalttätigkeiten gegenüber Kindern* acts of violence against children **Gewaltverbrechen** violent crime ◇ *Sie wurde Opfer eines Gewaltverbrechens.* She was the victim of a violent crime. **Gewaltverherrlichung** glorification of violence

gewandt 1 → WENDEN **2** skilful *(Adv* skilfully), *(AmE)* skillful *(Adv* skillfully)

Gewässer 1 *(Flüsse, Meeresgebiet)* waters [Pl] ◇ *in internationalen Gewässern* in international waters ◇ *die Verschmutzung von Bayerns Gewässern* the pollution of Bavaria's lakes and rivers **2** *(Fluss etc.)* stretch of water ◇ *ein stilles Gewässer* a quiet stretch of water

Gewebe 1 *(Stoff)* fabric **2** (MED, BIOL) tissue **Gewebeprobe** tissue sample

Gewehr rifle

Geweih antlers [Pl]

gewellt wavy

Gewerbe 1 trade ◇ *ein Gewerbe ausüben* practise a trade **2** *(Betrieb, Industrie)* business ◇ *ein Gewerbe anmelden* register a business ◇ *Die Stadt bemüht sich, dort neues Gewerbe anzusiedeln.* The town is trying to get new businesses to locate there.

Gewerbeaufsicht *(in GB)* ≈ Health and Safety Executive; *(in den USA)* ≈ Occupational Health and Safety Administration **Gewerbegebiet** industrial estate, *(BrE auch)* trading estate, *(AmE)* industrial park **Gewerbesteuer** trade tax

gewerblich commercial ◇ *gewerbliche Räume* commercial premises ◇ *gewerblich genutzte Bauten* buildings that are used for commercial purposes

Gewerkschaft union, *(BrE auch)* trade union, *(AmE auch)* labor union

Gewerkschafter(in) trade unionist, *(AmE)* labor unionist

gewerkschaftlich union ◇ *mit gewerkschaftlicher Unterstützung* with union support ◇ *82% der Arbeitnehmer sind gewerkschaftlich organisiert.* 82% of the employees are unionized.

Gewerkschaftsführer(in) union leader

Gewicht 1 weight ◇ *Der Preis wird nach Gewicht berechnet.* The price is calculated by weight. ◇ *Wie hältst du nur dein Gewicht?* How do you manage to stay the same weight? ◇ *Gewichte stemmen* lift weights **2 spezifisches ~** specific gravity **3** *(Bedeutung)* importance, weight ◇ *Ein stärkeres Gewicht wird auf Frauenthemen gelegt.* More importance is attached to women's issues. ◇ *Bei dieser Wahl hat jede Stimme Gewicht.* In this election every vote is important. IDM **ins Gewicht fallen** matter ◇ *Die zusätzlichen Ausgaben fallen bei diesen Unsummen kaum ins Gewicht.* The additional expenses hardly matter with these huge amounts.

Gewichtheben weightlifting **Gewichtheber(in)** weightlifter

gewichtig *(wichtig)* important

Gewichts- Gewichtsabnahme weight loss **Gewichtsklasse** weight category **Gewichtsverlust** weight loss **Gewichtszunahme** increase in weight

gewieft shrewd; *(verschlagen)* wily

gewillt ~ sein, etw zu tun be willing to do sth

Gewimmel throng, teeming mass

Gewinde thread

Gewinn 1 profit ◇ *einen Gewinn machen* make a profit ◇ *etw mit Gewinn verkaufen* sell sth at a profit **2** *(Preis)* prize; *(gewonnenes Geld)* winnings [Pl] ◇ *Es werden Gewinne verlost.* There is a prize draw. **3** *(das Gewinnen) (meist mit einem Verb übersetzt)* ◇ *nach dem Gewinn der Goldmedaille* after winning the gold medal **4** *(praktischer Nutzen, Bereicherung)* asset, valuable addition ◇ *Er war ein echter Gewinn für die Nachrichtenredaktion.* He was a valuable addition to the news team. ◇ *Der Auslandsaufenthalt war ein großer Gewinn für mich.* The stay abroad was of great benefit to me.

Gewinnanteil dividend; *(im Lotto etc.)* share of the winnings **Gewinnausschüttung** dividend payout **Gewinnbeteiligung** profit-sharing **gewinnbringend 1** profitable ◇ *ein gewinnbringendes Geschäft* a profitable business **2** *(bereichernd)* enriching ◇ *eine gewinnbringende Erfahrung* an enriching experience **Gewinnchance 1** chance of winning; *(beim Wetten)* odds [Pl] **2** (WIRTSCH) potential profit

gewinnen 1 win ◇ *Wir haben mit 3:1 gewonnen.* We won 3-1. ◇ *haushoch gewinnen* win hands down ◇

Kunden gewinnen win customers ◇ *jds Achtung gewinnen* win sb's respect ◇ *Hast du im Lotto gewonnen?* Have you won the lottery? ◇ *Jedes Los gewinnt.* Every ticket is a winner. **2** (*Vertrauen, Zeit*) gain; (*Eindruck*) get ◇ *Ich habe den Eindruck gewonnen, dass er sehr schüchtern ist.* I got the impression that he's very shy. ◇ *Ich habe einen guten Einblick in den Beruf gewonnen.* I got a good idea of what the job involved. **3 an etw ~** gain sth ◇ *an Höhe gewinnen* gain height ◇ *an Einfluss/Macht/Bedeutung gewinnen* gain influence/power/significance ◇ *an Geschwindigkeit gewinnen* gather speed **4 jdn für sich ~** win sb's support; (*jds Zuneigung gewinnen*) win sb over; **jdn für etw ~** win sb's support for sth; (*jds Beteiligung erreichen*) get sb involved in sth ◇ *die Wähler für sich gewinnen* win the support of the voters ◇ *Die Band gewann das Publikum sofort für sich.* The band won the audience over straight away. ◇ *Der Lehrer wollte auch jüngere Schüler für das Projekt gewinnen.* The teacher wanted to get younger pupils involved in the project, too. **5** (*Bodenschätze*) extract **6 etw aus etw ~** (*erzeugen*) produce sth from sth ◇ *Dieser Treibstoff wird aus Raps gewonnen.* This fuel is produced from oilseed rape. IDM → ABSTAND, BLUMENTOPF, BODEN *und* ZEIT

gewinnend charming (*Adv* charmingly); (*Lächeln auch*) winning [nur vor Nomen] ◇ *Er hat ein gewinnendes Wesen.* He is a charming person.

Gewinner(in) winner

Gewinn- **Gewinnspanne** profit margin **Gewinnspiel** quiz; (*Lotterie*) prize draw; (*im Fernsehen*) game show **Gewinnzahl** winning number

Gewirr (*von Fäden, Drähten, Haaren etc.*) tangle; (*von Gängen, Straßen etc.*) maze

gewiss **1** *Adj* certain ◇ *Du kannst dir seiner Unterstützung gewiss sein.* You can be certain of his support. ◇ *bis zu einem gewissen Grade* to a certain extent ◇ *Eine gewisse Frau Blum hat angerufen.* A Mrs Blum called. ◇ *Das kann eine gewisse Zeit dauern.* It could take a while. **2** *Adv* certainly; (*ohne Zweifel*) undoubtedly ◇ *Sagen Sie mir vorher noch Bescheid? — Aber gewiss doch!* Will you let me know beforehand? — Certainly! ◇ *Das ist gewiss richtig.* That's undoubtedly correct.

Gewissen conscience ◇ *ein gutes/reines Gewissen* a clear conscience ◇ *ein schlechtes Gewissen* a guilty conscience ◇ *Er hat drei Menschenleben auf dem Gewissen.* He has three deaths on his conscience. ◇ *Ich habe ein schlechtes Gewissen ihr gegenüber.* I feel guilty about her. ◇ *Sie bekam ein schlechtes Gewissen.* She began to feel guilty. IDM **jdm ins Gewissen reden** appeal to sb's conscience; (*Kindern etc.*) have a serious talk with sb → *Siehe auch* EHRE

gewissenhaft conscientious (*Adv* conscientiously)

gewissenlos unscrupulous (*Adv* unscrupulously)

Gewissens- **Gewissensbisse** pangs of guilt [Pl] ◇ *Ich habe manchmal Gewissensbisse.* I sometimes have pangs of guilt. ◇ *Er macht sich deswegen keine Gewissensbisse.* He doesn't feel guilty about it. **Gewissensfrage** matter of conscience, moral question ◇ *Pelztragen bleibt eine Gewissensfrage.* Wearing fur remains a matter of individual conscience. ◇ *Der Einsatz von bewaffneten Soldaten ist eine Gewissensfrage.* The deployment of armed soldiers is a moral question. **Gewissensgründe** reasons of conscience [Pl] ◇ *Sie hat ihr Amt aus Gewissensgründen niedergelegt.* She resigned from her post for reasons of conscience. ◇ *Er hat aus Gewissensgründen verweigert.* He was a conscientious objector. **Gewissenskonflikt** moral dilemma ◇ *in einen Gewissenskonflikt geraten* face a moral dilemma

gewissermaßen more or less; (*sozusagen*) so to speak ◇ *gewissermaßen in letzter Sekunde* more or less at the last minute ◇ *Das ist gewissermaßen eine Ironie des Schicksals.* That's one of the ironies of fate, so to speak.

Gewissheit certainty ◇ *Ich kann mit absoluter Gewissheit sagen, dass …* I can say with absolute certainty that … ◇ *Darüber musst du dir Gewissheit verschaffen.* You must find out for certain about it.

Gewitter thunderstorm, storm (*auch fig*) ◇ *ein heftiges Gewitter* a violent thunderstorm ◇ *Plötzlich zog ein Gewitter auf.* Suddenly, a storm blew up. ◇ *Am Nachmittag braute sich ein Gewitter zusammen.* During the afternoon a storm gathered.
Gewitterwolke storm cloud (*auch fig*)

gewittrig thundery

gewitzt astute

gewöhnen **1 sich an jdn/etw ~** get used to sb/sth ◇ *Daran wirst du dich schnell gewöhnen.* You'll soon get used to it. ◇ *Ich bin an ihn gewöhnt.* I'm used to him. **2 jdn/etw an jdn/etw ~** get sb/sth used to sb/sth ◇ *Du musst die Pferde an die Arena gewöhnen.* You have to get the horses used to the arena. **3 etw gewöhnt sein** be used to sth → *Siehe auch* GEWOHNT

Gewohnheit habit ◇ *Viele Menschen haben die Gewohnheit, nicht zu frühstücken.* A lot of people are in the habit of skipping breakfast. ◇ *Pass auf, dass das nicht zur Gewohnheit wird!* Be careful that it doesn't become a habit. ◇ *etw aus reiner Gewohnheit tun* do sth out of habit

gewöhnlich ordinary, normal (*Adv* normally); (*üblich*) usual (*Adv* usually) ◇ *ein gewöhnlicher Fotoapparat* an ordinary camera ◇ *ein ganz gewöhnlicher Tag* a perfectly normal day ◇ *eine Stunde früher als gewöhnlich* an hour earlier than usual

gewohnt **1** → WOHNEN **2** usual; (*vertraut*) familiar ◇ *Alles ging seinen gewohnten Gang.* Things took their usual course. ◇ *Ich fühle mich in meiner gewohnten Umgebung am wohlsten.* I feel happiest in familiar surroundings. **3 etw ~ sein** be used to sth ◇ *Ich bin es gewohnt früh aufzustehen.* I'm used to getting up early. IDM **wie gewohnt** as usual

Gewöhnung (*meist mit einem Verb übersetzt*) ◇ *Die Gewöhnung an ein neues Zuhause kann bei Tieren lange dauern.* It can take a long time for animals to get used to a new home. ◇ *ein Schlafmittel, das ohne Gewöhnung über längere Zeit eingenommen werden kann* a sleeping drug that can be taken for longer periods without becoming habit-forming
gewöhnungsbedürftig ◇ *Der Geschmack ist gewöhnungsbedürftig.* The taste takes a bit of getting used to. **Gewöhnungssache** ◇ *Das ist reine Gewöhnungssache.* It's just something you get used to.

Gewölbe vault; (*Raum auch*) vaults [Pl]

gewölbt **1** → WÖLBEN **2** vaulted; (*gebogen*) curved

gewollt **1** → WOLLEN² **2** (*absichtlich*) deliberate (*Adv* deliberately); (*gekünstelt*) artificial (*Adv* artificially)

Gewühl (*Gedränge*) throng, crowd [mit Verb im Sing/Pl]

gewunden **1** → WINDEN **2** (*Straße, Fluss etc.*) winding; (*Erklärung, Formulierung*) tortuous

Gewürz spice; (*Kräutersorte*) herb
Gewürzgurke pickled gherkin, (*AmE*) dill pickle **Gewürzmischung** mixed spices [Pl]; (*Kräuter*) mixed herbs [Pl] ◇ *eine italienische Gewürzmischung* mixed Italian spices **Gewürznelke** clove

gezackt serrated

gezeichnet **1** → ZEICHNEN **2** (*unterschrieben*) signed **3** (*geprägt*) scarred ◇ *vom Krieg gezeichnet* scarred by war ◇ *Sie waren für ihr Leben gezeichnet.* They were scarred for life. ◇ *Sie ist vom Leben gezeichnet.* Time has left its mark on her.

Gezeiten tides [Pl]

gezielt **1** → ZIELEN **2** *Adj* (*Fragen, Übung, Maßnahme*) specific; (*Hilfe, Kampagne*) targeted; (*Schuss*) well-aimed ◇ *eine gezielte Werbekampagne* a carefully targeted advertising campaign **3** *Adv* ◇ *Der Zollfahndete gezielt nach Drogen.* The customs were specifically targeting drugs. ◇ *Man will gezielt Jugendliche ansprechen.* Young people are being specifically targeted. ◇ *gezielt gegen etw vorgehen* target sth ◇ *gezielt nachfragen* ask specific questions ◇ *sich gezielt auf eine Prüfung vorbereiten* prepare for an exam in a focused way

Gezwitscher twittering

gezwungen **1** → ZWINGEN **2** strained; (*Lächeln, Lachen auch*) forced ◇ *eine gezwungene Stimmung* a strained atmosphere ◇ *Sie lächelte gezwungen.* She gave a forced smile.

gezwungenermaßen ◇ *Die Konkurrenz zog gezwungenermaßen nach.* The competition were forced to do the same. ◇ *Ich gab mich gezwungenermaßen damit zufrieden.* I had no choice but to accept it.

Ghetto → GETTO

Gicht gout ◇ *Gicht haben* have gout

Giebel **1** gable **2** (*Fenster-, Tür-*) pediment

Gier ~ **(nach etw)** greed (for sth); (*nach Macht, Geld auch*) lust (for sth)

gierig greedy (*Adv* greedily)

gießen **1** pour; (*verschütten*) spill ◇ *die Soße über den Braten gießen* pour the gravy over the meat ◇ *die Soße über den Tisch gießen* spill the gravy all over the table **2** (*Pflanzen etc.*) water **3** (*Metall, Gips etc.*) cast ◇ *Die Figur wurde in Bronze gegossen.* The figure was cast in bronze. **4** (*regnen*) pour ◇ *Es gießt in Strömen.* It's pouring (with rain). IDM → ÖL

Gießkanne watering can

Gift poison IDM **Darauf kannst du Gift nehmen!** You can bet your life on that! **Gift für jdn/etw sein** be the worst thing for sb/sth **Gift und Galle spucken** spit with rage
Giftgas poison gas ◇ *Giftgas einsetzen* use poison gas
giftgrün acid green; (*neongrün*) lime green

giftig **1** poisonous; (*Schlangen, Spinnen etc. auch*) venomous; (*Chemikalien etc.*) toxic ◇ *giftige Pflanzen* poisonous plants ◇ *giftige Dämpfe* toxic fumes ◇ *giftige Pilze* toadstools **2** (*fig*) venomous (*Adv* venomously) ◇ *eine giftige Bemerkung* a venomous remark ◇ *jdn giftig ansehen* look daggers at sb **3** (*Grün, Gelb etc.*) acid

Gift- **Giftmüll** toxic waste **Giftschlange** poisonous/venomous snake **Giftstoff** toxin

Gigabyte gigabyte (*Abk* GB)

Gigant giant (*auch fig*)

gigantisch huge (*auch fig*) ◇ *gigantisch hohe Schulden* huge debts ◇ *gigantische Ausmaße annehmen* assume gigantic proportions

Ginster broom; (*Stech-*) gorse

Gipfel **1** peak; (*höchster Punkt des Berges*) summit **2** (*Konferenz*) summit **3** (*fig*) height; (*positiv*) epitome ◇ *der Gipfel der Unverschämtheit* the height of impertinence ◇ *der Gipfel des guten Geschmacks* the epitome of good taste IDM **Das ist (ja wohl) der Gipfel!** That's going too far!

gipfeln culminate (*gehoben*) ◇ *Die Schlägerei gipfelte in einer Straßenschlacht.* The fight culminated in a full-scale riot. ◇ *Der Streit gipfelte darin, dass sie auszog.* The quarrel ended in her leaving.

Gipfeltreffen summit ◇ *auf dem Gipfeltreffen* at the summit

Gips **1** plaster ◇ *einen Gips tragen* be in plaster ◇ *Sie hat ihren Arm in Gips.* She's got her arm in plaster. **2** (*Mineral*) gypsum
Gipsabdruck plaster cast **Gipsbein** leg in plaster ◇ *Er hat ein Gipsbein.* He's got his leg in plaster.

gipsen **1** plaster **2** (*Bein etc.*) put *sth* in plaster

Gipsverband plaster cast ◇ *Patienten mit Gipsverband* patients with plaster casts ◇ *jdm einen Gipsverband anlegen* put sb's arm, leg, etc. in plaster ◇ *Sie trägt einen Gipsverband am Arm.* She's got her arm in plaster.

Giraffe giraffe

Girlande garland

Girokonto current account, (*AmE*) checking account

gis, Gis G sharp

Gischt spray; (*schäumend*) foam

Gitarre guitar ◇ *Sie spielt Gitarre.* She plays the guitar.

Gitarrist(in) guitarist

Gitter **1** (*Abdeckung*) grille; (*auf dem Boden*) grating **2** (*Geländer*) railing; (*Gitternetz*) grid IDM **jdn hinter Gitter bringen** put sb behind bars **hinter Gittern sitzen/sein** be behind bars
Gitterbett cot, (*AmE*) crib

Gladiole gladiolus

Glanz **1** gleam; (*auf Flächen, Schuhen, von Haar*) shine; (*Fotooberfläche, Fell*) gloss ◇ *der fiebrige Glanz in ihren Augen* the feverish gleam in her eyes ◇ *der Glanz des Goldes im Kerzenlicht* the gleam of the gold in the candlelight **2** (*Pracht*) splendour, (*AmE*) splendor ◇ *der Glanz vergangener Zeiten* the splendours of the past ◇ *einer Sache neuen Glanz verleihen* bring new glory to sth

glänzen shine (*auch fig*); (*besonders im Halbdunkeln*) gleam ◇ *Das Gold glänzte im Sonnenschein.* The gold shone in the sunlight. ◇ *Er glänzte beim Zehnkampf.* He shone in the decathlon. ◇ *Die Wasseroberfläche glänzte im Mondschein.* The surface of the water gleamed in the moonlight. ◇ *Das Metall glänzte silberfarben.* The metal gleamed silver. ◇ *In ihren Augen glänzten Tränen.* Her eyes glistened with tears. ◇ *Sie glänzte durch ihr Wissen.* Her knowledge was impressive. ◇ *Ihre Nase glänzte.* She had a shiny nose. IDM → ABWESENHEIT *und* GOLD

glänzend **1** shiny; (*Fotooberfläche, Papier*) glossy ◇ *glänzender Stoff* shiny material ◇ *Die Kinder bekamen glänzende Augen.* The children's eyes shone. **2** (*ausgezeichnet*) brilliant (*Adv* brilliantly) ◇ *ein glänzender Start* a brilliant start ◇ *Wir verstanden uns glänzend.* We got on brilliantly. ◇ *Mir geht es glänzend.* I feel great.

Glanz- **Glanzleistung** brilliant achievement; (*Darbietung*) brilliant performance **Glanzlicht** highlight **glanzlos** dull; (*matt*) matt **Glanzpunkt** highlight **Glanzstück** **1** masterpiece; (*einer Sammlung etc.*) showpiece **2** (*ironisch*) ◇ *Da hast du dir ja ein Glanzstück geleistet!* You've really excelled yourself there! **glanzvoll** brilliant; (*festlich*) glittering ◇ *ein glanzvolles Comeback* a brilliant come-back ◇ *ein glanzvoller Höhepunkt* a glorious climax ◇ *ein glanzvolles Fest* a glittering party

Glas **1** glass ◇ *aus Glas* made of glass ◇ *zwei Glas Wein trinken* have two glasses of wine **2** (*Behälter*) jar ◇ *ein Glas Honig* a jar of honey **3** (*Brillen-*) lens IDM **zu tief ins Glas geschaut haben** have had too much to drink → *Siehe auch* DURST
Glasauge glass eye **Glasbläser(in)** glass-blower

Gläschen little glass; (*Alkoholisches*) little drink

Glas- **Glascontainer** bottle bank, (*AmE*) glass recycle bin **Glasdach** glass roof

Glaser(in) glazier

gläsern **1** glass ◇ *ein gläsernes Gebäude* a glass building **2** (*glasig*) glassy; (*ausdruckslos auch*) glazed **3** (*Organisation etc.*) transparent; (*Mensch*) lacking in privacy ◇ *Der gläserne Kunde braucht Schutz.* The privacy of the consumer needs to be protected.

Glas- **Glasfaser** fibreglass, (*AmE*) fiberglass **Glasfaserkabel** fibre-optic cable, (*AmE*) fiber-optic cable **Glashaus** greenhouse, (*BrE auch*) glasshouse **Glashütte** glassworks [mit Verb im Sing/Pl]

glasieren **1** glaze ◇ *eine glasierte Schüssel* a glazed bowl **2** (*Gebäck*) glaze; (*mit Zuckerguss*) ice, (*bes AmE*) frost

glasig **1** (*Augen etc.*) glassy; (*ausdruckslos auch*) glazed **2** (*Zwiebeln etc.*) transparent ◇ *die Zwiebeln glasig dünsten* cook the onions until transparent

glas- **glasklar** crystal clear (*auch fig*) ◇ *Unsere Position ist glasklar.* Our position is crystal clear. ◇ *eine glasklare Chance* a clear chance **Glaskugel** glass ball; (*Weihnachtsschmuck*) bauble; (*zum Wahrsagen*) crystal ball **Glasscheibe** sheet of glass; (*Fensterscheibe*) pane of glass **Glasscherbe** piece of broken glass ◇ *Er trat in eine Glasscherbe.* He trod on a piece of broken glass. ◇ *Auf dem Boden lagen Glasscherben.* There was broken glass on the floor. **Glassplitter** splinter of glass

Glasur glaze; (*auf Kuchen etc.*) icing, (*AmE*) frosting

glatt **1** smooth (*auch fig*) (*Adv* smoothly); (*Haar*) straight ◇ *eine glatte Oberfläche* a smooth surface ◇ *etw glatt hobeln* plane sth smooth ◇ *die Soße glatt rühren* stir the sauce until it is smooth ◇ *Er ist glatt rasiert.* He's clean-shaven. ◇ *Sie hat glattes Haar.* She's got straight hair. ◇ *das Tischtuch glatt streichen* smooth out the tablecloth **2** (*rutschig*) slippery; (*vereist*) icy **3** (*eindeutig*) downright [nur vor Nomen]; (*Beweis*) clear ◇ *Das ist glatter Betrug.* That's downright fraud. ◇ *jdn glatt besiegen* beat sb outright **4** (*rundheraus*) flat (*Adv* flatly) ◇ *eine glatte Absage* a flat refusal ◇ *Sie hat unser Angebot glatt abgelehnt.* She flatly refused our offer. **5** (*verstärkend*) ◇ *Ich scheue mich nicht, es ihm glatt ins Gesicht zu sagen.* I don't mind telling him to his face. ◇ *Das habe ich glatt vergessen.* I completely forgot that. ◇ *Sie haben ihren Müll glatt liegen gelassen.* They just left their rubbish lying there. **6** (*Zahlen etc.*) round ◇ *eine glatte Summe* a round sum ◇ *Die Rechnung ist glatt aufgegangen.* The sum worked out exactly. **7 ~ stricken** knit in stocking stitch

Glätte smoothness; (*gefährliche Glätte*) slipperiness ◇ *die Glätte ihrer Haut* the smoothness of her skin ◇ *die Glätte der Treppe bei Regen* the slipperiness of the steps in wet weather ◇ *Bei Glätte müssen die Straßen gestreut werden.* The roads must be gritted when it is icy.

Glatteis black ice IDM **jdn aufs Glatteis führen** catch sb out

Glätteisen hair straighteners [Pl]

glätten **1** (*glatt machen*) make *sth* smooth; (*Haar, Kleid etc.*) smooth (*auch fig*); (*glatt streichen*) smooth *sth* out (*auch fig*) **2 sich ~** subside; (*Meer*) become calm IDM → WOGE

glattgehen go smoothly ◇ *Es ist alles glattgegangen.* It all went smoothly.

Glatze **1** bald head; **eine ~ haben** be bald ◇ *Seine Glatze glänzte.* His bald head was shiny. ◇ *Er hat eine Glatze und einen langen Bart.* He's bald, with a long beard. ◇ *Er bekommt eine Glatze.* He's going bald. ◇ *ein Mann mit Glatze* a bald man ◇ *Er ließ sich eine Glatze schneiden.* He had his head shaved. **2** (*Skinhead*) skinhead

Glaube **1 ~ (an jdn/etw)** belief (in sb/sth); (*Vertrauen auch*) faith (in sb/sth) ◇ *der Glaube an Gott* belief in God ◇ *Sie lebte jahrelang in dem Glauben, dass das Haus ihr gehörte.* She lived for years in the belief that the house belonged to her. ◇ *Er hat seinen Glauben an die Menschheit verloren* He's lost his faith in humanity. **2** (*religiöse Überzeugung, Religion*) faith ◇ *Er war bereit, für seinen Glauben zu sterben.* He was prepared to die for his faith. ◇ *der christliche Glaube* the Christian faith IDM **Glauben finden** be believed **jdm/etw Glauben schenken** believe sb/sth **in gutem Glauben** in good faith

glauben **1** (*meinen*) think ◇ *„Er kommt bestimmt." „Das glaube ich nicht."* 'He's sure to come.' 'I don't think so.' ◇ *„Weiß sie, was passiert ist?" „Ich glaube ja."* 'Does she know what's happened?' 'I think so.' ◇ *Wer hätte das geglaubt?* Who would have thought it? **2 jdm/etw ~** (*Glauben schenken*) believe sb/sth; **(an etw/jdn) ~** believe (in sb/sth) ◇ *ob du es glaubst oder nicht* believe it or not ◇ *Es war kaum zu glauben, dass …* It was hard to believe that … ◇ *Das glaubst du selber nicht!* You can't be serious! ◇ *Ihr glaubt nicht, wie gut das schmeckt.* You can't imagine how good it is.

Glaubens- **Glaubensbekenntnis** creed; (*Religionszugehörigkeit auch*) faith ◇ *sein politisches Glaubensbekenntnis* his political creed ◇ *das Glaubensbekenntnis sprechen* say the creed ◇ *Menschen unterschiedlicher Glaubensbekenntnisse* people of different faiths **Glaubensfreiheit** religious freedom **Glaubensgemeinschaft** **1** faith; (*innerhalb einer Religion*) denomination **2** (*Gruppe Gleichgesinnter*) community [mit Verb im Sing/Pl] ◇ *die Glaubensgemeinschaft der Apple-Nutzer* the community of Apple users

glaubhaft credible; (*plausibel*) plausible (*Adv* plausibly)

gläubig **1** religious; (*fromm*) devout ◇ *Wie gläubig sind die Deutschen?* How religious are the Germans? ◇ *ein gläubiger Katholik* a devout Catholic **2** (*vertrauensvoll*) trusting (*Adv* trustingly) ◇ *der Arzt und sein gläubiger Patient* the doctor and his trusting patient ◇ *Sie hörte gläubig zu.* She listened trustingly. ◇ *Er nimmt alles gläubig hin.* He believes everything you tell him.

Gläubige(r) believer; **die Gläubigen** the faithful [Pl]

Gläubiger(in) creditor

glaubwürdig credible (*Adv* credibly); (*Quelle*) reliable

Glaubwürdigkeit credibility

gleich

• **als Adjektiv** **1** (*identisch*) (the) same ◇ *Sie fahren den gleichen Wagen.* They drive the same car. ◇ *Kein Fingerabdruck ist einem anderen völlig gleich.* No fingerprint is exactly the same as another. ◇ *Die Zwillinge sind gleich gekleidet.* The twins are dressed the same. **2 der/die Gleiche** the same (person); **das Gleiche** the same (thing) ◇ *Sie ist immer noch die Gleiche.* She is still the same. ◇ *Es kommen immer die Gleichen.* It's always the same people who come. ◇ *Das Gleiche gilt auch für dich.* The same thing goes for you, too. ◇ *Das kommt aufs Gleiche hinaus.* It comes to the same thing. **3** (*gleichwertig*) equal (*Adv* equally) ◇ *etw in gleiche Teile schneiden* cut sth into equal parts ◇ *gleiche Bezahlung für gleiche Arbeit* equal pay for equal work ◇ *Ich versuche alle Kinder gleich zu behandeln.* I try to treat all the children equally. ◇ *gleich intelligent sein* be equally intelligent ◇ *Zwei und zwei (ist) gleich vier.* Two and two are four. ◇ *Sie sind gleich alt.* They're the same age. **4 ~ gesinnt** like-minded ◇ *gleich gesinnte Freunde* like-minded friends ◇ *unter gleich Gesinnten* among kindred spirits

• **egal** **5 ~ wann/wer/wo** whenever/whoever/wherever ◇ *Gleich wer kommt, ich bin nicht zu sprechen.*

Whoever comes, I'm not available. ◇ *Ganz gleich, wie viel es kostet, ich will es haben.* I want it, however much it costs. **6 jdm ~ sein** be all the same to sb ◇ *Es ist mir gleich, ob du heute oder morgen kommst.* It's all the same to me if you come today or tomorrow. ◇ *Ihm ist alles gleich.* He doesn't care about anything.

• **sofort, bald** **7** immediately; (*bald*) in a minute; **~ nach** immediately after; **~ danach** immediately afterwards; **~ zu Anfang** right at the start ◇ *Er hat es gleich getan.* He did it immediately. ◇ *Sie kommt gleich.* She'll be here in a minute. ◇ *„Wann gibt es Essen?" „Gleich."* 'When's the food ready?' 'In a minute.' ◇ *gleich nach der Arbeit* immediately after work ◇ *Ich habe es gleich zu Anfang geahnt.* I suspected it right at the start. ◇ *Ich komme gleich.* I'm just coming. ◇ *Er ging gleich ins Bett.* He went straight to bed. ◇ *Bis gleich!* See you later! ◇ *Es fängt gleich an.* It's just about to start. ◇ *Es muss nicht gleich sein.* There's no hurry. ◇ *Es ist gleich fünf.* It's nearly five. ◇ *Sie ist immer gleich beleidigt.* She's always quick to take offence. ◇ *Das hättest du gleich sagen können.* You could have said that straight away. ◇ *Die Schuhe waren so billig, da habe ich gleich zwei Paar gekauft.* The shoes were so cheap that I bought two pairs.

• **in unmittelbarer Nähe** **8** just ◇ *Die Haltestelle ist gleich neben der Schule.* The stop is just next to the school.

• **Ratlosigkeit** **9** ◇ *Wie heißt doch gleich der Film?* What was the film called again? ◇ *Was wollte ich gleich sagen?* What was I about to say?

• **Unmut** **10** ◇ *Wenn es dir nicht passt, dann mach doch gleich was du willst.* If it doesn't suit you, do what you want. ◇ *Ich habe es doch gleich gesagt.* I told you so.

IDM → ECKE, HORN, KRACHEN, LIED, MÜNZE, NULL *und* SPRACHE

gleichaltrig the same age [nicht vor Nomen] ◇ *Die Kinder sind gleichaltrig.* The children are the same age. ◇ *Er hat einen gleichaltrigen Cousin.* He has a cousin who's the same age as he is. **gleichartig** similar ◇ *gleichartige Systeme* similar systems ◇ *Beide Länder haben sich gleichartig entwickelt.* The two countries have developed in a similar way. **gleichbedeutend ~ (mit etw)** synonymous (with sth); (*so gut wie*) tantamount to sth ◇ *Alter ist nicht gleichbedeutend mit Weisheit.* Age is not synonymous with wisdom. ◇ *Das wäre gleichbedeutend mit einer Kriegserklärung.* That would be tantamount to a declaration of war. **gleichbleibend** (*Temperatur, Geschwindigkeit, Entfernung*) constant (*Adv* constantly); (*Leistung, Qualität etc.*) consistent (*Adv* consistently) ◇ *bei einer gleichbleibenden Temperatur* at a constant temperature ◇ *ein gleichbleibend hoher Standard* a consistently high standard **Gleichbehandlung** equal treatment **gleichberechtigt** equal; **~ sein** have equal rights ◇ *gleichberechtigte Partner* equal partners ◇ *Männer und Frauen sind gleichberechtigt.* Men and women have equal rights. ◇ *Alle Völkergruppen sollen gleichberechtigt miteinander leben können.* All ethnic groups should enjoy equal rights. **Gleichberechtigung** equal rights [Pl], equality **gleichdenkend** ◇ *gleichdenkende Leute* people who think alike

gleichen **1 jdm/etw (in etw) ~** be like sb/sth (in sth), resemble sb/sth **2** (*gehoben*) **sich ~** be alike ◇ *Er gleicht seinem Vater im Aussehen.* He's like his father in looks. ◇ *Sie gleichen sich sehr.* They are very alike. IDM → EI *und* HAAR

gleichermaßen equally

gleichfalls **1** also ◇ *Ich möchte Sie gleichfalls darauf aufmerksam machen, dass …* I should also like to draw your attention to the fact that … **2** (*als Erwiderung*) the same to you, you too ◇ *„Schönes Wochenende." „Danke, gleichfalls."* 'Have a nice weekend.' 'Thanks, the same to you.'

gleichförmig uniform (*Adv* uniformly); (*eintönig*) monotonous (*Adv* monotonously)

gleichgeschlechtlich same-sex [nur vor Nomen]

Gleichgewicht **1** balance; (PHYSIK, PSYCH) equilibrium ◇ *das Gleichgewicht der Kräfte* the balance of power ◇ *das ökologische Gleichgewicht* the balance of nature ◇ *aus dem Gleichgewicht kommen/geraten* lose your balance ◇ *das Gleichgewicht halten* keep your balance ◇ *thermisches Gleichgewicht* thermal equilibrium **2 im ~ sein** be balanced IDM **jdn aus dem Gleichgewicht bringen** throw sb off balance (*auch fig*)

gleichgültig **1 ~ (gegenüber jdm/etw)** indifferent (to sb/sth) (*Adv* indifferently) **2** (*unwichtig*) not important ◇ *Das ist doch gleichgültig.* That's not important. ◇ *Wir haben nur von gleichgültigen Dingen gesprochen.* We only talked about trivial things. ◇ *Sie ist mir völlig gleichgültig.* She means nothing to me. ◇ *Das ist mir vollkommen gleichgültig.* I couldn't care less.

Gleichgültigkeit indifference; (*Teilnahmslosigkeit*) apathy

Gleichheit **1** similarity; (*Uniformität*) uniformity ◇ *die Gleichheit ihrer Ansichten* the similarity of their opinions ◇ *Einheit ohne Gleichheit* unity without uniformity **2** (*gleiche Stellung*) equality ◇ *Freiheit, Gleichheit, Brüderlichkeit* liberty, equality, fraternity **Gleichheitszeichen** equals sign

Gleichklang harmony (*auch fig*)

gleichkommen **1** be tantamount to *sth* ◇ *Die Bemerkung kam einem Vorwurf gleich.* The remark was tantamount to an accusation. **2** (*erreichen*) compare ◇ *Nichts kommt dem Duft von Rosen gleich.* Nothing compares with the scent of roses.

gleichlautend identical; (*Wörter etc.*) that sound the same [nicht vor Nomen] ◇ *gleichlautende Urteile* identical judgements ◇ *gleichlautende Namen* names that sound the same

gleichmachen make *sb/sth* the same; (*im positiven Sinn*) make *sb/sth* equal IDM → ERDBODEN

gleichmäßig **1** regular (*Adv* regularly); (*kontinuierlich*) consistent (*Adv* consistently) ◇ *gleichmäßig atmen* breathe regularly ◇ *gleichmäßig hohe Temperaturen* consistently high temperatures **2** (*ebenmäßig, proportioniert*) even (*Adv* evenly) ◇ *gleichmäßige Gesichtszüge* even features ◇ *die Creme gleichmäßig auftragen* apply the cream evenly ◇ *gleichmäßig verteilt* evenly distributed

gleichnamig of the same name (*dem Nomen nachgestellt*) ◇ *die Tragödie von Shakespeare und die gleichnamige Oper* Shakespeare's tragedy and the opera of the same title ◇ *Schloss Herberstein gehörte der gleichnamigen Adelsfamilie.* Herberstein Castle belonged to the noble family of the same name.

Gleichnis parable

gleichschalten bring *sth* into line ◇ *Die Presse wurde gleichgeschaltet.* The press was brought into line.

gleichschenk(e)lig (MATH) isosceles

gleichsehen **1** look like *sb* **2 etw sieht jdm gleich** sth is typical of sb

gleichseitig (MATH) equilateral

gleichsetzen **etw mit etw ~** equate sth with sth

Gleichstand **1** balance of power ◇ *der militärische Gleichstand zweier Länder* the balance of military power between two countries **2** (SPORT) draw; (*Tennis*) deuce ◇ *Bei Gleichstand wird das Spiel wiederholt.* The game is replayed if there's a draw. ◇ *Mit seinem*

Tor sorgte der Stürmer für den Gleichstand. The striker's goal levelled the score.

gleichstellen **1** treat *sb/sth* as an equal **2** → GLEICHSETZEN

Gleichstellung equality ◇ *die Gleichstellung von Mann und Frau* equality between men and women ◇ *die berufliche Gleichstellung von Behinderten* equal career opportunities for the disabled

Gleichstrom direct current

gleichtun **es jdm ~** emulate sb (*gehoben*) ◇ *Er versuchte, es seinen Vorgängern gleichzutun.* He tried to emulate his predecessors.

Gleichung equation ◇ *Die Gleichung höhere Strafen — weniger Kriminalität geht nicht auf.* The equation of higher penalties with lower crime rates doesn't work out.

gleichwertig of equal value [nicht vor Nomen], equivalent; (*von Konkurrenten*) evenly matched ◇ *gleichwertiger Ersatz* a substitute of equal value ◇ *eine gleichwertige Stelle* an equivalent job ◇ *Die Mannschaft ist auf allen Positionen gleichwertig besetzt.* All the players in the team are of an equal standard. ◇ *Die Programme dieser beiden Fernsehsender sind gleichwertig.* The programmes on these two television channels are equally good.

gleichzeitig **1** *Adj* simultaneous ◇ *Forderungen nach Lohnerhöhung bei gleichzeitiger Arbeitszeitverringerung* demands for a pay increase and a simultaneous reduction in working hours ◇ *die gleichzeitige Einnahme von drei Medikamenten* taking three types of medication at once **2** *Adv* at the same time, simultaneously (*gehoben*) ◇ *Sie kochte und telefonierte gleichzeitig.* She was cooking and talking on the telephone at the same time. ◇ *Ich kann doch nicht alles gleichzeitig tun!* I can't do everything at once! **3** *Adv* (*auch*) also ◇ *Das Arbeitszimmer wird gleichzeitig als Gästezimmer benutzt.* The study is also used as a guest room. **IDM** → HOCHZEIT²

gleichziehen draw even; (*aufholen*) catch up ◇ *Alle Telefonanbieter haben mit den Preisen gleichgezogen.* All telephone service providers have drawn even on price.

Gleis rail, track; (*Bahnsteig*) platform, (*AmE*) track ◇ *Die Arbeiter verlegen neue Gleise.* The workmen are laying new tracks. ◇ *Auf welchem Gleis fährt der Zug ein?* Which platform is the train coming in on? **IDM** **jdn/etw aus dem Gleis werfen/bringen** throw sb/sth off course ◇ *Dieses Ereignis hat ihn ziemlich aus dem Gleis geworfen.* This event has rather thrown him off course.

gleißend dazzling (*Adv* dazzlingly)

gleiten **1** glide ◇ *Das Paar glitt elegant über die Tanzfläche.* The couple glided elegantly across the dance floor. ◇ *Sein Blick glitt über die Menge.* His gaze ran over the crowd. ◇ *Sie ließ ihre Finger über den Stoff gleiten.* She ran her fingers over the material. **2** (*nach unten bewegen*) slide ◇ *Sie ließ sich aus dem Sattel gleiten.* She slid out of the saddle. ◇ *Er ließ die Schlüssel in die Tasche gleiten.* He slipped the keys into his pocket. **3** (*herunterfallen*) slip ◇ *Das Glas glitt ihm aus der Hand.* The glass slipped out of his hand.

gleitend (*Skala, Beiträge*) sliding; (*bei statistischen Begriffen*) moving; (*Übergang*) gradual ◇ *gleitende Versicherungsbeiträge* a sliding scale of insurance contributions ◇ *Wir haben gleitende Arbeitszeit.* We work flexitime.

Gleit- **Gleitschirm** paraglider **Gleitschirmfliegen** paragliding [U] **Gleitschirmflieger(in)** paraglider **Gleitzeit** flexitime [U]

Gletscher glacier
Gletscherspalte crevasse

Glied **1** limb ◇ *Sie streckte die Glieder und gähnte.* She stretched her limbs and yawned. ◇ *Nach der Arbeit taten ihm alle Glieder weh.* He ached in every limb when he'd finished the job. ◇ *Der Schreck fuhr ihr in die Glieder.* The shock went right through her. ◇ *Der Schrecken steckte ihnen in den Gliedern.* They were shaking with fear. ◇ *Das Militärische steckte ihnen in den Gliedern.* They were military people through and through. **2** (*Penis*) penis **3** (*Teil einer Kette*) link ◇ *Glieder der Nahrungskette* links in the food chain ◇ *das schwächste Glied* the weakest link **4** (*Teil eines Ganzen*) part; (*Mitglied*) member ◇ *die Glieder eines Satzes* the parts of a sentence ◇ *Er ist ein nützliches Glied der Gesellschaft.* He is a useful member of society. **5** (*Reihe*) rank ◇ *Die Soldaten stehen in Reih und Glied.* The soldiers are standing in rank and file. ◇ *Spieler aus dem zweiten Glied* second-rank players

gliedern **1** structure; (*in Teile*) divide ◇ *Er gliedert seinen Vortrag nach bestimmten Themengebieten.* He is structuring his lecture according to specific subject areas. ◇ *Das Bauwerk ist in drei Teile gegliedert.* The building is divided into three sections. **2** **sich in etw ~** be divided into sth ◇ *Das Buch gliedert sich in sechs Kapitel.* The book is divided into six chapters.

Gliederung structure; (*das Gliedern*) structuring ◇ *Dem Vortrag fehlte eine logische Gliederung.* The lecture had no logical structure.

Gliedmaße limb

glimmen glow ◇ *Im Grill glimmen noch die Reste der Holzkohle.* The remains of the charcoal are still glowing in the barbecue. ◇ *Er spürte Zivilcourage in sich glimmen.* He felt a glow of inner courage.

Glimmstängel fag (*umgs*), (*AmE*) smoke (*umgs*)

glimpflich **1** (*Verletzung, Unfall*) minor ◇ *Der Unfall ging recht glimpflich aus.* It was a minor accident. ◇ *Das Geiseldrama nahm ein glimpfliches Ende.* The hostage crisis had a happy ending. ◇ *Das Unwetter nahm einen glimpflichen Verlauf.* The storm didn't cause any serious damage. ◇ *Sie ist noch einmal glimpflich davongekommen.* She got off lightly. **2** (*schonend*) lenient (*Adv* leniently) ◇ *Die Strafe fiel glimpflich aus.* The sentence was lenient. ◇ *Sie geht nicht gerade glimpflich damit um.* She's not exactly handling it carefully. ◇ *Das 1:0 war eine relativ glimpfliche Niederlage.* 1-0 wasn't as bad a defeat as it could have been.

glitschig slippery

glitzern glitter

global **1** global (*Adv* globally) ◇ *die globale Erwärmung der Atmosphäre* global warming ◇ *ein global agierendes Unternehmen* a global business ◇ *global denken* think globally ◇ *Global gesehen wird der Energiebedarf zunehmen.* Energy requirements will increase on a global scale. **2** (*umfassend*) all-round ◇ *globale Kenntnisse* all-round knowledge **3** (*allgemein*) general (*Adv* in general) ◇ *Die Angaben sind für unsere Zwecke zu global.* The information is too general for our purposes.

globalisieren globalize

Globalisierung **1** globalization **2** (*Verallgemeinerung*) generalization

Globulus globule

Globus globe

Glocke **1** bell **2** (*Abdeckung*) bell, cover **IDM** **etw an die große Glocke hängen** tell the whole world about sth
Glockengeläut peal of bells **Glockenspiel** **1** chimes [Pl] **2** (*Musikinstrument*) glockenspiel **Glockenturm** bell tower

Glorie glory

glorreich glorious; (*Idee*) bright ◇ *ein glorreicher Sieg* a glorious victory

Glossar glossary

Glosse (*in den Medien*) commentary

Glotze (goggle) box (*umgs*), (*AmE*) tube (*umgs*)

glotzen gawp ◇ *Warum glotzt du so dumm?* What are you gawping at? ◇ *Genug geglotzt! Mach den Fernseher aus.* That's enough telly! Turn it off.

Glück **1** (good) luck [U] ◇ *Das Glück war auf seiner Seite.* Luck was on his side. ◇ *Viel Glück!* Good luck! ◇ *Er wünschte ihr Glück für ihre Prüfung.* He wished her good luck for her exam. ◇ *Er hat unverschämtes Glück im Spiel.* He has the luck of the devil at gambling. ◇ *Er hat kein Glück bei den Frauen.* He doesn't have any luck with women. ◇ *Sie hat großes Glück gehabt, dass ihr nichts passiert ist.* She was very lucky that she wasn't hurt. ◇ *Ein Glück, dass dir das noch eingefallen ist.* Lucky you thought of that in time. ◇ *Wenn du Glück hast, bekommst du noch Karten.* If you're lucky, you'll still get tickets. ◇ *Du hast vielleicht Glück!* You lucky thing! **2** (*das Glücklichsein*) happiness [U] ◇ *Ihr Glück währte nicht lange.* Her happiness didn't last long. ◇ *die Suche nach dem Glück* the search for happiness ◇ *sein privates/persönliches Glück finden* find personal happiness **IDM** **auf gut Glück** on the off chance **dem Glück nachhelfen** help things along **Glück im Unglück haben** be lucky given the circumstances **(mit) mehr Glück als Verstand** more (by) luck than (good) judgement **(noch) nichts von seinem Glück wissen** not (yet) know anything about it ◇ *Sie wird Überstunden machen müssen, weiß aber noch nichts von ihrem Glück.* She is going to have to do overtime, but she doesn't know anything about it yet. **sein Glück versuchen** try your luck **von Glück sagen/reden können** be able to thank your lucky stars ◇ *Du kannst von Glück sagen, dass ich in der Nähe war.* You can thank your lucky stars that I was nearby. **jdn zu seinem Glück zwingen** force a good thing onto sb; force sb into it **zum Glück** luckily; fortunately → *Siehe auch* BRINGEN *und* HERAUSFORDERN

glücken turn out well ◇ *Der Kuchen ist ihr nicht recht geglückt.* Her cake hasn't turned out very well. ◇ *Die Überraschung ist uns geglückt.* We managed to pull off the surprise. ◇ *Sein Vorhaben ist nicht geglückt.* His plan didn't work out. ◇ *Heute will mir einfach nichts glücken.* Nothing's going right for me today.

gluckern gurgle

glücklich **1** happy (*Adv* happily); (*froh*) pleased ◇ *ein glückliches Paar* a happy couple ◇ *Er ist sehr glücklich darüber, dass sie ihn besuchen will.* He is very pleased that she wants to visit him. ◇ *Sie ist glücklich über die Goldmedaille.* She is very pleased with the gold medal. **2** (*Glück habend*) lucky ◇ *ein glücklicher Gewinner* a lucky winner ◇ *Die Mannschaft gewann glücklich mit 1:0.* The team had a lucky 1-0 win. **3** (*günstig*) fortunate ◇ *Er ist nicht so glücklich dran wie wir.* He's not as fortunate as we are. **4** (*schließlich*) finally ◇ *Nach fünf Stunden Fahrt kamen sie glücklich an.* After five hours' journey they finally arrived. **IDM** → ENDE, PREISEN *und* SCHÄTZEN

glücklicherweise luckily, fortunately (*gehoben*)

glück- **glücklos** luckless; (*erfolglos*) unsuccessful **Glücksache** → GLÜCKSSACHE

Glücksbringer lucky charm

glucksen **1** → GLUCKERN **2** (*lachen*) chuckle; (*Kind*) gurgle

Glücks- **Glücksfall** stroke of luck ◇ *durch einen Glücksfall* by a stroke of luck **Glücksgefühl** feeling of happiness **Glückskeks** fortune cookie **Glückspilz** ◇ *So ein Glückspilz!* He's so lucky, isn't he? **Glückssache** matter of luck ◇ *Das ist reine Glückssache.* It's just a matter of luck. **Glücksspiel** **1** game of chance ◇ *Roulette und andere Glücksspiele* roulette and other games of chance ◇ *Sie hat beim Glücksspiel viel Geld verloren.* She lost a lot of money gambling. **2** = GLÜCKSSACHE **Glückssträhne** run of good luck **Glückstreffer** stroke of luck; (*Schuss*) fluke **Glückszahl** lucky number; (*Gewinnzahl*) winning number ◇ *Die 16 ist meine Glückszahl.* Sixteen is my lucky number.

Glückwunsch congratulations [Pl] ◇ *(Herzlichen) Glückwunsch (zur Hochzeit)!* Congratulations (on your marriage)! ◇ *Herzlichen Glückwunsch zum Geburtstag!* Happy birthday!/Many happy returns (of the day)!

Glühbirne (light) bulb

glühen **1** glow ◇ *Die Kohlen glühten noch.* The coal was still glowing. ◇ *ein rötliches Glühen in der Ferne* a red glow in the distance **2** (*sehr heiß sein*) burn ◇ *Seine Wangen glühten vor Aufregung.* His cheeks were burning with excitement. ◇ *Du glühst ja!* You're burning up!

glühend **1** (*heiß*) burning [nur vor Nomen] ◇ *die glühende Sonne* the burning sun ◇ *Ihre Stirn war glühend heiß.* Her forehead was burning hot. ◇ *In der Sonne war es glühend heiß.* It was baking hot in the sun. ◇ *Das Metall ist glühend heiß.* The metal is red-hot. **2** (*leidenschaftlich*) passionate → *Siehe auch* GLÜHEN **IDM** → KOHLE

Glüh- **Glühlampe** (light) bulb **Glühwein** mulled wine **Glühwürmchen** glow-worm

Glukose glucose

Glut **1** embers [Pl]; (*Zigaretten-*) (glowing) ash ◇ *die Glut anfachen* fan the embers **2** (*Hitze*) heat **3** (*Leuchten*) glow **4** (*Leidenschaft*) passion

Gluten gluten

glutenfrei gluten-free

Gluthitze *Nomen* scorching heat [U] ◇ *bei der Gluthitze* in the scorching heat

Glyzerin glycerine

Glyzinie wisteria

GmbH limited company (*Abk* Ltd)

Gnade **1** mercy [U]; (*Gottes*) grace ◇ *Sie flehte um Gnade.* She begged for mercy. ◇ *jdm Gnade erweisen* show mercy to sb **2** (*Gunst*) favour, (*AmE*) favor ◇ *aus der Gnade fallen* fall from favour ◇ *Gnade vor jds Augen finden* find favour with sb ◇ *Ihm wurde die Gnade der späten Geburt zuteil.* He had the good fortune to have been born too late to be involved in Nazism. **IDM** **Gnade vor Recht ergehen lassen** temper justice with mercy

Gnadenfrist (period of) grace ◇ *Sie räumte ihm eine Gnadenfrist ein.* She granted him a period of grace. ◇ *eine Gnadenfrist von sechs Monaten* six months' grace

Gnadengesuch plea for clemency

gnadenlos merciless (*Adv* mercilessly)

gnädig **1** lenient (*Adv* leniently) ◇ *ein gnädiges Urteil* a lenient sentence **2** (*gütig, wohlwollend*) merciful (*Adv* mercifully) ◇ *der gnädige Gott* merciful God ◇ *jdn gnädig stimmen* appease sb **3** (*herablassend*) gracious (*Adv* graciously) **4** (*Anrede*) ◇ *gnädige Frau* madam ◇ *gnädiger Herr* sir

Gnom gnome

Gnu gnu, wildebeest

Gockel **1** cock, (*AmE*) rooster **2** (*Grillhähnchen*) roast chicken

Gokart go-kart

Gold gold; (*Medaille*) gold (medal) ◇ *ein Ring aus Gold* a gold ring ◇ *Ohrringe aus 18-karätigem Gold* 18-carat gold earrings ◇ *nach Gold graben* dig for gold ◇ *Er hat viermal Gold gewonnen.* He won four golds/

gold medals. IDM **es ist nicht alles Gold, was glänzt** all that glitters is not gold **Gold wert sein** be worth a fortune **etw ist nicht mit Gold zu bezahlen/aufzuwiegen** sth is worth its weight in gold → *Siehe auch* REDEN **Goldbarren** gold bar, gold ingot **goldblond** golden ◇ *seine goldblonden Haare* his golden hair ◇ *Sie ist goldblond.* She has golden hair. **goldbraun** golden brown ◇ *Die Zwiebeln goldbraun anbraten.* Fry the onions until they are golden brown.

golden 1 (*aus Gold*) gold ◇ *eine goldene Kette* a gold chain **2** (*Farbe*) golden ◇ *ihr goldenes Haar* her golden hair ◇ *die goldene Regel* the golden rule ◇ *ihre goldene Hochzeit* their golden wedding IDM → KÄFIG, MITTE, MITTELWEG *und* NASE

Gold- Goldfisch goldfish **goldgelb** golden yellow **Goldgräber(in)** gold-digger **Goldgrube** gold mine (*auch fig*) **Goldhamster** golden hamster

goldig sweet, nice (*Adv* nicely)

Gold- Goldlack wallflower **Goldmedaille** gold medal ◇ *die Goldmedaille im Hochsprung* the gold medal for the high jump **Goldmedaillengewinner(in)** gold medallist **Goldmine** gold mine (*auch fig*) **Goldmünze** gold coin **Goldrausch** gold rush; (*Euphorie*) gold fever ◇ *Sie waren dem Goldrausch verfallen.* They were gripped by gold fever. **goldrichtig** absolutely right **Goldschmied(in)** goldsmith **Goldstück 1** (*Münze*) gold coin **2** (*fig*) ◇ *Du bist ein Goldstück.* You're a treasure.

Goldwaage IDM → WORT

Golf[1] *der* gulf ◇ *der Golf von Mexiko* the Gulf of Mexico

Golf[2] *das* golf

Golfer(in) golfer

Golf- Golfplatz golf course **Golfschläger** golf club **Golfspieler(in)** golfer **Golfstrom** Gulf Stream

Gondel (*Boot, Seilbahn*) gondola; (*Ballon*) basket

Gong gong; (*beim Boxen*) bell ◇ *den Gong schlagen* beat the gong ◇ *Der Gong kündigte das Ende der Runde an.* The bell went for the end of the round.

gönnen 1 jdm etw ~ not begrudge sb sth ◇ *Ich gönne ihm den Sieg.* I don't begrudge him the victory. ◇ *Es wäre ihnen zu gönnen, dass endlich mal alles glatt läuft.* It would be really nice for them if everything went smoothly for once. ◇ *Sein Motorrad ist kaputt? Das gönne ich ihm!* His motor bike is off the road? Serves him right! **2 sich/jdm etw ~** (*erlauben*) allow yourself/sb sth; (*verwöhnen*) treat yourself/sb to sth ◇ *Sie gönnt sich selten eine Pause.* She hardly ever allows herself a break. ◇ *Man muss sich auch mal etwas Besonderes gönnen.* Sometimes you have to treat yourself to something special.

Gönner(in) patron

gönnerhaft patronizing (*Adv* patronizingly)

googeln google

Gör, Göre 1 (*Kind*) brat **2** (*Mädchen*) little madam ◇ *So eine freche Göre!* The cheeky little madam!

Gorilla 1 (*Affe*) gorilla **2** (*Leibwächter*) heavy

Gosse gutter (*auch fig*)

Gotik (*Stil*) Gothic (style); (*Periode*) Gothic period ◇ *zur Zeit der Gotik* in the Gothic period

gotisch Gothic

Gott god; (*im Christentum, Islam und Judaismus*) God ◇ *hinduistische Götter* Hindu gods ◇ *Gott der Herr* the Lord God ◇ *Gott Vater* God the Father ◇ *Gott, der Allmächtige* God Almighty ◇ *zu Gott/zum lieben Gott beten* pray to God ◇ *an Gott glauben* believe in God ◇ *der liebe Gott* the good Lord IDM **Ach (du lieber) Gott!** (*erschreckt*) Oh God!; Good heavens! **Ach/Mein Gott!** (*abschätzig*) oh well! ◇ *Mein Gott, was soll's.* Oh well, never mind. **das walte Gott** please God **Gott sei Dank!** thank God!; thank goodness!; (*zum Glück*) luckily ◇ *Ich habe ihn Gott sei Dank wiedergefunden.* Luckily I found him again. **Gott und die Welt kennen** know everybody **Gott weiß wann/was/wo/wie/wer …** God knows when/what/where/how/who … ◇ *Die Leute kamen von Gott weiß woher.* The people came from God knows where. **Grüß Gott!** Hello! **leben wie Gott in Frankreich** live it up **leider Gottes** unfortunately **so wahr mir Gott helfe** so help me God **über Gott und die Welt reden** talk about everything under the sun **um Gottes willen 1** for goodness' sake ◇ *Sei um Gottes willen vorsichtig!* Be careful, for goodness' sake! **2** (*bloß nicht*) oh no!; Heaven forbid! ◇ *Um Gottes willen, keinen Besuch!* Oh no, not visitors! **weiß Gott** God knows ◇ *Du hast es weiß Gott nicht leicht gehabt.* God knows you haven't had an easy time. → *Siehe auch* WORT

Götterspeise jelly, (*AmE*) jello

Gottes- Gottesanbeterin (ZOOL) praying mantis **Gottesdienst** (church) service ◇ *einen Gottesdienst feiern* hold a service ◇ *in den Gottesdienst gehen* go to church **gottesfürchtig** God-fearing **Gotteshaus** place of worship, house of God **Gotteslästerung** blasphemy **Gottesmutter** Mother of God ◇ *die Gottesmutter Maria* Mary, mother of God

Gottheit 1 deity, god **2** (*Göttlichkeit*) divinity

Göttin goddess

göttlich 1 divine ◇ *die göttliche Vorsehung* divine providence **2** (*herrlich*) wonderful, heavenly

gottlos godless

gottverlassen godforsaken [nur vor Nomen]

Götze idol
Götzendienst idolatry

Gourmet gourmet

Gouverneur(in) governor

GPS GPS

Grab grave; (*mit größerem Grabstein, Monument*) tomb ◇ *das Grab, in dem seine Eltern ruhen* the grave where his parents are buried ◇ *das Grab des Unbekannten Soldaten* the tomb of the Unknown Soldier IDM **jdn ins Grab bringen 1** (*töten*) kill sb ◇ *Der Alkohol hat ihn ins Grab gebracht.* Drink killed him. **2** (*jdn zur Verzweiflung bringen*) be the death of sb ◇ *Du bringst mich noch ins Grab.* You'll be the death of me. **(schon) mit einem Bein/Fuß im Grab stehen** have one foot in the grave **sich im Grabe (her)umdrehen** turn in your grave **sich sein eigenes Grab graben/schaufeln** dig your own grave **verschwiegen wie das/ein Grab sein** be as silent as the grave **jdn zu Grabe tragen** bury sb
Grabbeigabe burial object

graben 1 (nach etw) ~ dig (for sth) ◇ *Er hat im Garten gegraben.* He was digging the garden. ◇ *Sie gruben nach einem Schatz.* They dug for treasure. **2 sich in etw ~** dig into sth; (*versinken*) sink into sth; (*sich eingraben*) bury yourself in sth ◇ *Die spitzen Krallen gruben sich in die Beute.* The sharp claws dug into their prey. ◇ *Die Räder gruben sich immer tiefer in den Sand.* The wheels sank deeper and deeper into the sand. ◇ *Der Splitter hatte sich tief ins Fleisch gegraben.* The splinter had buried itself deep in the flesh. ◇ *Tiefe Falten hatten sich in ihr Gesicht gegraben.* Her face was etched with deep lines. **3 etw in etw ~** sink sth into sth ◇ *Sie grub ihre Zähne in das Brot.* She sank her teeth into the bread. **4 etw in etw ~** (*einritzen*) carve sth into sth **5 sich in etw ~** (*prägen*) be etched in sth ◇ *Diese Szene hat sich tief in mein Gedächtnis gegraben.* This scene is etched on my memory. IDM → GRAB

Graben 1 ditch; (*Burg-*) moat ◇ *Er ist mit dem Motorrad in den Graben gefahren.* He crashed his motorbike into the ditch. **2** (*Schützen-*) trench **3** (GEOL) rift ◇ *der*

nordatlantische Graben the North Atlantic rift ◇ *der Sankt Andreas-Graben* the San Andreas fault **4** (*fig*) gap ◇ *der Graben zwischen Gesetz und Praxis* the gap between law and practice **5** (*Reitsport*) water jump
Grabenkampf trench warfare [U]

Grabmal (*Stein*) gravestone; (*Statue, Bauwerk*) monument

Grab- Grabschändung desecration of a grave [U] ◇ *Die Grabschändungen sind ein Skandal.* The desecration of the graves is a scandal. **Grabstein** gravestone, tombstone

grabschen → GRAPSCHEN

Grabung excavation ◇ *Bei Grabungen wurden römische Münzen gefunden.* Roman coins were found during excavations.

Grad **1** degree ◇ *fünf Grad über/unter Null* five degrees above/below zero ◇ *39 Grad Fieber* a temperature of 39 (degrees) ◇ *Wir haben null Grad.* The thermometer is at zero. ◇ *Kabul liegt auf 34 Grad südlicher Breite.* Kabul lies at latitude 34 degrees. ◇ *ein akademischer Grad* an academic degree ◇ *der Grad eines Magisters* a Master's degree ◇ *Verbrennungen dritten Grades* a third-degree burn **2** (*Verwandtschafts-*) ◇ *ein Vetter zweiten Grades* a second cousin **3** (*Rang*) rank ◇ *ein Beamter mit dem Grad eines Inspektors* an official with the rank of inspector ◇ *Er bekleidet den Grad eines Hauptmannes.* He holds the rank of captain. **4** (*Maß*) level ◇ *ein hoher Grad an Verschmutzung* a high level of pollution ◇ *Bis zu einem gewissen Grad stimmt das.* That's true up to a point. IDM **im höchsten Grade** extremely ◇ *Der Vorfall war im höchsten Grade peinlich.* The incident was extremely embarrassing. **sich um 180 Grad drehen** do a U-turn
Gradmesser gauge, indicator

Graf count; (*in GB*) earl IDM **wie Graf Koks (von der Gasanstalt)** like Lord Muck

Graffiti **1** graffiti [U] **2** graffiti art

Grafik **1** (*Disziplin, Kunst*) graphic art ◇ *Grafik studieren* study graphic art **2** (*Druck*) print ◇ *eine Grafik von Dürer* a print by Dürer **3** (*Diagramm*) diagram ◇ *eine Statistik mittels einer Grafik darstellen* present statistics by means of a diagram **4** (*Gestaltung*) design; (*Illustration*) graphics [Pl]
Grafikdesigner(in) graphic designer

Grafiker(in) graphic artist; (*Buchillustration*) illustrator

Grafikkarte (COMP) graphics card

Gräfin countess

grafisch **1** *Adj* graphic ◇ *das grafische Werk Picassos* the graphic work of Picasso ◇ *die grafische Gestaltung des Programmheftes* the graphic design of the programme **2** *Adv* (*mithilfe einer Grafik*) by means of a diagram ◇ *eine Statistik grafisch darstellen* present statistics by means of a diagram **3** *Adv* (*gestalterisch*) ◇ *etw grafisch gestalten* design sth ◇ *Die Website ist grafisch ansprechend.* The site is attractively designed.

Grafschaft county ◇ *die Grafschaft Yorkshire* the county of Yorkshire

Gramm gram ◇ *zweihundert Gramm Zucker* two hundred grams of sugar

Grammatik **1** grammar ◇ *Die russische Grammatik ist sehr kompliziert.* Russian grammar is very complicated. **2** (*Buch*) grammar (book)

grammatikalisch, **grammatisch** grammatical (*Adv* grammatically) ◇ *die grammatische Struktur einer Sprache* the grammatical structure of a language ◇ *grammatikalisch richtig* grammatically correct

Grammatikregel grammatical rule, rule of grammar

Granatapfel pomegranate

Granate **1** shell; (*Hand-*) grenade **2** (*Ballspiele*) drive **3** (*etw Besonderes*) sensation
Granatfeuer shelling, shellfire **Granatwerfer** mortar

grandios brilliant (*Adv* brilliantly); (*beeindruckend*) impressive (*Adv* impressively) ◇ *eine grandiose Gelegenheit* a brilliant opportunity ◇ *ein grandioses Bauwerk* an impressive building

Granit granite ◇ *eine Säule aus Granit* a granite column IDM **(bei jdm) auf Granit beißen/stoßen** not get anywhere (with sb) ◇ *Er hat bei seinem Chef auf Granit gebissen.* He got nowhere with the boss.

grantig grumpy (*Adv* grumpily)

Granulat granules [Pl]

Grapefruit grapefruit

Graph graph

Graphen graphene

grapschen **1** **(sich) etw ~** grab sth; **nach etw ~** grab at sth **2** (*sexuell belästigen*) ◇ *Er grapschte ihr an den Busen.* He groped her breast.

Gras grass IDM **ins Gras beißen** bite the dust (*umgs*) **über etw Gras wachsen lassen** let the dust settle on sth

grasen graze

Grashalm blade of grass

grassieren be rampant ◇ *Weltweit grassieren Seuchen wie Aids und Malaria.* Diseases such as AIDS and malaria are rampant worldwide. ◇ *grassierende Arbeitslosigkeit* rampant unemployment ◇ *In der Schule grassiert ein Virus.* There's a virus going around the school.

grässlich terrible (*Adv* terribly) ◇ *Ich habe grässliche Schmerzen.* I am in terrible pain.

Grat ridge; (*Trennlinie*) line ◇ *der schneebedeckte Grat des Berges* the snow-covered ridge of the mountain ◇ *der schmale Grat zwischen Irrsinn und Normalität* the fine line between madness and sanity ◇ *Sie bewegen sich auf einem schmalen Grat.* They are treading a fine line.

Gräte (fish) bone

gratis free (of charge) ◇ *Diese Broschüre ist gratis.* The brochure is free. ◇ *Wir bekommen das gratis.* We receive it free of charge.

Gratis- free ◇ *Gratisprobe* free sample

Gratulant(in) person who offers his/her congratulations ◇ *Sie gehörte zu den ersten Gratulanten.* She was among the first to offer her congratulations.

Gratulation **1** ◇ *Alle Nachbarn erschienen zur Gratulation.* All the neighbours turned up to offer their congratulations. **2** (*Glückwunsch*) congratulations [Pl] ◇ *Herzliche Gratulation zur Geburt Ihres Sohnes!* Congratulations on the birth of your son.

gratulieren **jdm (zu etw) ~** congratulate sb (on sth) ◇ *Ich habe ihr zur bestandenen Prüfung gratuliert.* I congratulated her on passing her exam. ◇ *Gratuliere!* Congratulations! ◇ *Ich habe sie angerufen, um ihr zum Geburtstag zu gratulieren.* I rang her up to wish her happy birthday. IDM **sich zu jdm/etw gratulieren können** be lucky to have sb/sth ◇ *Zu dieser Haushaltshilfe kannst du dir wirklich gratulieren!* You are really lucky to have home help like that.

Gratwanderung ridge walk; (*fig*) balancing act ◇ *eine Gratwanderung zwischen Anpassung und Widerstand* a balancing act between conformity and resistance

grau **1** grey, (*bes AmE*) gray ◇ *Er hat ganz graue Haare bekommen.* He has gone quite grey. ◇ *an einem grauen Wintertag* on a grey winter day → *Beispiele bei* BLAU **2** **~ werden** go grey ◇ *Sie wird* *langsam grau.* She's going grey. **3** (*trostlos*) dreary ◇ *die grauen Vorstädte* the dreary suburbs → ALLTAG IDM → HAAR, VORZEIT *und* ZELLE

Grau grey, (*bes AmE*) gray → *Beispiele bei* BLAU

Gräuel **1** atrocity **2** **jdm ein ~ sein** ◇ *Die Hausarbeit ist ihr ein Gräuel.* She detests housework.

Gräueltat atrocity

grauen **1** (*dämmern*) ◇ *Es graute bereits, als er nach Hause kam.* Dawn was breaking when he returned home. **2** **jd graut sich vor etw; jdm graut es vor etw** sb is terrified of sth; (*vor etw in der Zukunft*) sb is dreading sth ◇ *Er graut sich vor Spinnen.* He's terrified of spiders. ◇ *Mir graut vor dem Zahnarztbesuch nächste Woche.* I'm dreading going to the dentist next week.

Grauen horror ◇ *Er erinnert sich mit Grauen an das Erdbeben.* He thinks back with horror to the earthquake. ◇ *die Grauen des Krieges* the horrors of war

grauenhaft, **grauenvoll** horrible (*Adv* horribly), terrible (*Adv* terribly) ◇ *grauenhaft entstellt* horribly disfigured ◇ *Heute ist es grauenhaft kalt.* It's terribly cold today.

grauhaarig grey-haired, (*AmE*) gray-haired with grey hair (*AmE*) with gray hair [nicht vor Nomen]

Graupel (soft) hail

grausam **1** cruel (*Adv* cruelly); (*Verbrechen, Geschichte, Bilder*) gruesome ◇ *Wie konnte er nur so grausam sein?* How could he be so cruel? ◇ *ein Tier grausam töten* cruelly kill an animal ◇ *Ich will ihr die grausamen Einzelheiten ersparen.* I want to spare her the gruesome details. ◇ *auf grausame Weise umkommen* die a horrible death **2** (*unangenehm, entsetzlich*) terrible (*Adv* terribly) ◇ *eine grausame Erkältung* a terrible cold ◇ *grausam frieren* be terribly cold

Grausamkeit **1** cruelty [U] **2** (*Gräueltat*) atrocity

grausen **1** **sich (vor jdm/etw) ~** be terrified (of sb/sth) ◇ *sich vor Spinnen grausen* be terrified of spiders **2** **jdm/jdn graust (es) (vor etw)** sb dreads the thought (of sth) ◇ *Ihm graust davor, wieder in die Schule zu gehen.* He dreads the thought of going back to school. ◇ *Mir graust vor Weihnachten.* I dread the thought of Christmas.

Grausen horror ◇ *Ihn packte das kalte Grausen.* He was seized with horror. ◇ *Sie wandte sich mit Grausen ab.* She recoiled in horror. ◇ *Ich erinnere mich mit Grausen daran.* I think of it with horror.

grausig gruesome

Grauzone grey area

gravieren engrave ◇ *ein Datum in einen Ring gravieren* engrave a date on a ring

gravierend serious

Gravitation **1** gravitation **2** (*Schwerkraft*) gravity

Gravitationszentrum centre of gravity, (*AmE*) center of gravity

Gravur engraving

grazil delicate

graziös graceful (*Adv* gracefully)

greifbar **1** (*in Reichweite*) within reach; (*zur Hand*) to hand ◇ *alles, was gerade greifbar war* everything within reach ◇ *Hast du die Akte greifbar?* Have you got the file to hand? ◇ *Es war kein Verantwortlicher greifbar.* There was nobody in authority available. **2** (*konkret, erkennbar*) concrete ◇ *greifbare Ergebnisse* concrete results **3** **~ nah(e); in greifbarer Nähe** within reach; (*fig*) within sb's grasp ◇ *Der Gipfel schien greifbar nah.* The summit seemed within reach. ◇ *Der Pokal rückte in greifbare Nähe.* The trophy came within our grasp.

greifen **1** **in etw ~** reach into sth; **nach etw ~** reach for sth ◇ *Sie griff in die Tüte.* She reached into the bag. ◇ *Ich griff nach seiner Hand.* I reached for his hand. **2** **zu etw ~** reach for sth; (*fig*) resort to sth ◇ *Sie griff zum Telefonhörer.* She reached for the phone. ◇ *zu unlauteren Mitteln greifen* resort to dishonest means **3** **sich etw ~** grab sth ◇ *Er griff sich ein Brötchen.* He grabbed a roll. **4** **um sich ~** spread ◇ *Das Feuer griff um sich.* The fire spread. **5** (*wirken*) be effective ◇ *Ob die neuen Gesetze greifen, bleibt abzuwarten.* It remains to be seen whether the new laws will be effective. **6** (*Reifen*) grip; (*Zahnräder*) engage IDM **(für etw) tief in den Beutel/die Tasche greifen müssen** have to dig deep in your pocket (for sth) **zu hoch/niedrig gegriffen sein** be pitched too high/low **zum Greifen nahe sein** be within sb's grasp ◇ *Die Medaille war zum Greifen nahe.* The medal was within our grasp. → *Siehe auch* ARM, FLASCHE, KASSE, LEERE[1], LUFT *und* STERN

Greifvogel bird of prey

Greis old man

Greisin old woman

grell **1** harsh (*Adv* harshly); (*gleißend*) glaring (*Adv* glaringly) ◇ *Die Beleuchtung war sehr grell.* The lighting was very harsh. ◇ *ein grell erleuchteter Raum* a room with harsh lighting ◇ *im grellen Scheinwerferlicht* in the glare of the headlights **2** (*Farbe*) garish **3** (*Ton*) shrill **4** (*Kontrast*) sharp

Gremium committee [mit Verb im Sing/Pl] ◇ *ein Gremium aus Experten* a committee of experts

Grenz- **Grenzbeamte**, **-beamtin** immigration officer; (*beim Zoll*) customs officer **Grenzbereich** **1** border (area) ◇ *im hessisch-bayrischen Grenzbereich* on the border between Hesse and Bavaria ◇ *im Grenzbereich zu Belgien* on the Belgian border **2** (*Überschneidung*) area of overlap [U] ◇ *medizinisch-ethische Grenzbereiche* areas where medicine and ethics overlap **3** (*Extrembereich*) limits [Pl]

Grenze **1** border, (*BrE auch*) frontier; (*von kleineren Gebieten*) boundary ◇ *die Grenze zwischen Israel und Ägypten* the border between Israel and Egypt ◇ *an der Grenze zu Schweden* at the Swedish border ◇ *die Grenzen zwischen den EU-Ländern* EU internal borders ◇ *die Grenzen des russischen Reichs* the frontiers of the Russian empire ◇ *die Grenze der Grafschaft* the county boundary **2** (*Abgrenzung*) boundary (*auch fig*) ◇ *Die Themse bildet eine natürliche Grenze.* The Thames forms a natural boundary. ◇ *die Grenze zwischen Recht und Unrecht* the boundary between right and wrong ◇ *Das ist hart an der Grenze des Erträglichen.* It is almost beyond human endurance. **3** **Grenzen** (*Limit*) limits [Pl] ◇ *Man muss Kindern Grenzen setzen.* You have to set limits for children. ◇ *seine Grenzen kennen* be aware of your limitations ◇ *Der Kreativität sind keine Grenzen gesetzt.* There are no limitations imposed on creativity. IDM **an die Grenzen von etw stoßen** reach the limits of sth **an seine Grenzen stoßen** reach your limit **etw in Grenzen halten** keep sth within limits **sich in Grenzen halten** ◇ *Seine Begeisterung hielt sich in Grenzen.* His enthusiasm wasn't overwhelming.

grenzen **1** **an etw ~** border on sth ◇ *die Länder, die an Belgien grenzen* the countries bordering on Belgium ◇ *Die Stadt grenzt an Bayern.* The town is on the Bavarian border. **2** **an etw ~** (*fig*) verge on sth ◇ *Sein Mut grenzt an Leichtsinn.* His courage verges on folly. ◇ *Das grenzt ja an Wahnsinn!* That is bordering on madness! IDM → SICHERHEIT

grenzenlos **1** without frontiers [nicht vor Nomen] ◇ *ein grenzenloses Europa* a Europe without frontiers **2** (*uneingeschränkt, maßlos*) boundless; (*Vertrauen, Erstaunen, Zorn*) utter [nur vor Nomen]; (*Enttäuschung, Geduld*) endless ◇ *ihr grenzenloser Optimismus* her boundless optimism ◇ *jdm grenzenlos vertrauen* trust sb implicitly ◇ *grenzenlos erleichtert sein* be immensely relieved

Grenz- **Grenzgebiet** border area ◇ *im israelisch-libanesischen Grenzgebiet* in the border area between Israel and Lebanon ◇ *im Grenzgebiet zur Türkei* in the area along the border with Turkey ◇ *Grenzgebiete zwischen Physik und Chemie* areas where physics and chemistry overlap **Grenzkontrolle** border control **Grenzland** border area **Grenzsoldat(in)** border guard **Grenzübergang** border crossing (point) **Grenzverletzung** border violation **Grenzwert** limit ◇ *die zulässigen Grenzwerte überschreiten* exceed the permissible limits **grenzwertig** **1** *Adj* only just acceptable ◇ *Das Essen war grenzwertig.* The food was only just acceptable. ◇ *Den Preis von 21 Euro für das Frühstücksbuffet finde ich grenzwertig.* I think 21 euros for the breakfast buffet is pushing it a bit. **2** *Adv* marginally ◇ *Der Blutdruck ist grenzwertig erhöht.* The blood pressure is marginally raised. **Grenzzwischenfall** border incident

griesgrämig grumpy (*Adv* grumpily) (*umgs*)

Grieß semolina
Grießbrei semolina

Griff **1** handle; (*Pistolen-*) butt ◇ *Der Griff ist abgebrochen.* The handle has come off. **2** (*Handgriff*) grip; (*beim Judo, Ringen*) hold **3** (*Greifen*) (*meist mit einem Verb übersetzt*) ◇ *beim Griff in die Schublade* when reaching into the drawer ◇ *der Griff zu unlauteren Mitteln* resorting to dishonest means ◇ *der Griff zur Flasche/zur Droge* taking to the bottle/drugs **IDM** **etw im Griff haben** **1** have sth under control ◇ *Ich habe alles voll im Griff.* I've got everything under control. ◇ *Er scheint die Dinge nicht mehr im Griff zu haben.* He seems to be losing his grip. **2** (*etw heraushaben*) have got the hang of sth **etw in den Griff bekommen** come/get to grips with sth ◇ *Er bekam seine Probleme einfach nicht in den Griff.* He just didn't come to grips with his problems.
griffbereit ready to hand ◇ *Die Gläser stehen griffbereit.* The glasses are there ready to hand. ◇ *Ich habe die Akte gerade nicht griffbereit.* I haven't got the file to hand at the moment.

griffig **1** (*handlich*) easy to use; (*leicht zu ergreifen*) easy to grip **2** (*Bodenbelag, Reifen*) grippy, non-skid; (*Schnee*) firm **3** (*Begriff*) catchy, snappy ◇ *Ich suche dafür einen griffigen Namen.* I'm trying to come up with a snappy name for it.

Grill **1** grill; (*Garten-*) barbecue ◇ *Bratwürste vom Grill* barbecued sausages **2** (*Kühler-*) radiator grille

Grille cricket

grillen **1** grill; (*im Garten*) have a barbecue ◇ *Wir grillen heute Abend.* We're having a barbecue this evening. **2 etw ~** grill sth; (*im Garten*) barbecue sth ◇ *Fleisch grillen* barbecue meat

Grill- **Grillfest**, **Grillparty** barbecue (party) **Grillplatz** barbecue area

Grimasse grimace ◇ *Er verzog sein Gesicht zu einer Grimasse.* He made a grimace. ◇ *Grimassen schneiden* make faces

grimmig **1** grim (*Adv* grimly) ◇ *mit grimmiger Miene* with a grim expression ◇ *Sie schaute grimmig.* She was grim-faced. ◇ *jdm einen grimmigen Blick zuwerfen* look grimly at sb **2** (*sehr kalt*) bitter (*Adv* bitterly) ◇ *die grimmige Kälte* the bitter cold

grinsen grin; (*höhnisch, süffisant*) smirk

Grinsen grin; (*höhnisch, süffisant*) smirk

Grippe flu [U], influenza (*Fachspr*) [U] (*Erkältung*) cold ◇ *Er hatte eine schwere Grippe.* He had a bad bout of flu.

Grips intelligence, (*BrE auch*) nous (*umgs*)

grob **1** (*nicht fein*) coarse (*Adv* coarsely) ◇ *grobe Züge haben* have coarse features ◇ *grobes Leinen* coarse linen ◇ *grob gemahlen sein* be coarsely ground **2** (*nicht sanft, ungefähr*) rough (*Adv* roughly) ◇ *Sei nicht so grob — das tut weh!* Don't be so rough — you're hurting me! ◇ *ein grober Überblick über die Kosten* a rough idea of the cost ◇ *etw grob schätzen* estimate sth roughly ◇ *etw grob beschreiben* describe sth in broad outline **3** (*unhöflich*) rude (*Adv* rudely) **4** (*schwer wiegend, schlimm*) gross (*Adv* grossly) ◇ *ein grober Fehler* a gross error ◇ *Er hat grob fahrlässig gehandelt.* He was grossly negligent. ◇ *Das Gröbste habe ich schon erledigt.* I've done the worst bit. **IDM** **aus dem Gröbsten heraus sein** **1** (*Schwierigkeiten*) be over the worst **2** (*bei Kindern*) ◇ *Dann sind die Kinder aus dem Gröbsten heraus.* Then the children won't need so much looking after. → *Siehe auch* ZUG

Grobian brute

grob- **grobkörnig** **1** coarse **2** (*Foto etc.*) grainy **grobmaschig** wide-mesh; (*gestrickt*) loose-knit

grölen yell; (*Parolen*) chant ◇ *Naziparolen grölend zogen sie durch die Straßen.* They marched through the streets chanting Nazi slogans. ◇ *grölende Betrunkene* rowdy drunks

Groll resentment [U] **einen ~ gegen jdn haben/hegen** bear a grudge against sb ◇ *Er sagte das ohne Groll.* He said it without resentment. ◇ *Sie hegte jahrelang einen Groll gegen ihren Bruder.* She had borne a grudge against her brother for many years.

grollen **1** rumble ◇ *das dumpfe Grollen des Donners* the dull rumble of the thunder **2 jdm ~** be angry with sb ◇ *Sie grollt ihm schon seit Tagen.* She has been angry with him for days. ◇ *„Immer ich", grollte er.* 'It's always me', he grumbled.

Groschen **1** (*wenig Geld*) penny ◇ *Sie hatte sich mühsam ein paar Groschen verdient.* She had managed to earn a few pennies. **2** (*österreichische Währungseinheit*) groschen **IDM** **der Groschen fällt (bei jdm)** the penny drops

groß **1** big, large ◇ *ein großes Haus* a big house ◇ *der große Uhrzeiger* the big hand ◇ *ein großes Bier* a large beer ◇ *ein großer Unterschied/Fehler* a big difference/mistake ◇ *Sie haben eine größere Summe gespendet.* They donated quite a large sum. **2** (*Körpergröße, Höhe*) tall ◇ *Wie groß ist sie?* How tall is she? ◇ *große Bäume* tall trees **3** (*mit einer Maßangabe verbunden*) (*oft nicht übersetzt*) ◇ *eine 5 m² große Fläche* an area of five square metres ◇ *Ich bin 1 Meter 62 groß.* I'm 1 metre 62 (tall). **4** (*zeitlich*) long ◇ *die große Pause* the long break ◇ *Dies verursachte große Verspätungen.* This caused long delays. ◇ *Die Bauarbeiten erstrecken sich über einen größeren Zeitraum.* The building work will take a long time. **5** (*Kinder, Erwachsene*) big; (*älter*) older; (*erwachsen*) grown up ◇ *mein großer Bruder* my big brother ◇ *Der Große geht schon zur Schule.* The older boy goes to school already. ◇ *die beiden größeren Kinder* the two older children ◇ *Wenn die Kinder groß sind, …* When the children are grown up … ◇ *Was möchtest du mal werden, wenn du groß bist?* What do you want to be when you grow up? ◇ *Sie ist mit Pferden groß geworden.* She has grown up with horses. ◇ *Für die Kinder gibt es Saft und für die Großen Kaffee.* There's juice for the children and coffee for the grown-ups. **6** (*verstärkend*) great ◇ *mit großer Geschwindigkeit* at great speed ◇ *Es herrschte großer Lärm.* There was a great deal of noise. ◇ *große Freude* great joy ◇ *Ich bin kein großer Goethe-fan.* I'm not a great fan of Goethe. ◇ *große Hitze/Kälte* intense heat/cold ◇ *Wir hatten große Angst.* We were very frightened. **7** (*hervorragend*) great ◇ *ein großer Künstler* a great artist ◇ *Sie hat auf diesem Gebiet Großes geleistet.* She has done great things in this field. ◇ *Katharina die Große* Catherine the Great ◇ *Er ist der Größte!* He's the greatest! ◇ *In Geschichte ist er ganz groß.* He is very good at history. **8** (*aufwendig*) ◇ *Morgen wollen wir groß essen gehen.* Tomorrow we're going out for a special meal. ◇ *Der Geburtstag wurde groß gefeiert.* The birthday was celebrated in a big way. ◇ *eine groß angelegte Studie* a large-scale study **9** (*ungefähr*) broad [nur vor Nomen] ◇ *Das Programm steht in großen Zügen fest.* The broad outline of the programme has been decided. **10** (*besonders*) especially ◇ *An Kochen bin ich nicht groß interessiert.* I'm not especially interested in cooking. ◇ *Was ist denn da schon groß dran?* What's so special about it? ◇ *Auf das Kleingedruckte habe ich nicht groß geachtet.* I didn't pay much attention to the small print. ◇ *Was soll man da groß sagen?* What can you say? IDM **etw (auf) groß stellen** turn sth up **Groß und Klein** young and old **im Großen und Ganzen** on the whole ℹ Für andere Redewendungen mit **groß** siehe die Einträge für die entsprechenden Nomina etc. **Große Augen machen** z.B. steht unter **Auge**.

-groß -sized ◇ *mittelgroß* medium-sized

Großangriff major attack

großartig **1** wonderful (*Adv* wonderfully), great ◇ *ein großartiger Mensch* a wonderful person ◇ *Ich fühle mich einfach großartig.* I feel absolutely wonderful. ◇ *Das hast du großartig gemacht!* You were great! **2** (*viel*) much ◇ *Wir haben uns nie großartig darüber Gedanken gemacht.* We've never given the matter much thought.

Groß- **Großaufnahme** close-up **Großbaustelle** construction site **Großbetrieb** **1** large firm **2** (*landwirtschaftlicher Betrieb*) large farm **Großbildschirm** big screen

Großbritannien Great Britain

Großbuchstabe capital letter; **in Großbuchstaben** in capital letters, in upper case (*Fachspr*)

Größe **1** size ◇ *Pakete verschiedener Größe* parcels of various sizes ◇ *ein Tier von der Größe einer Ziege* an animal the size of a goat ◇ *Die Insel hat etwa die Größe Bayerns.* The island is about the size of Bavaria. ◇ *Welche Größe haben Sie?* What size do you take? ◇ *Ich habe Größe 12.* I'm a size 12. ◇ *Welche Größe hat die Wohnung?* How big is the flat? ◇ *eine Stadt mittlerer Größe* a medium-sized town ◇ *Skulpturen in voller Größe* life-size sculptures **2** (*Körpergröße*) height ◇ *Die Polizei sucht einen Mann mittlerer Größe.* The police are looking for a man of medium height. ◇ *Er erhob sich zu seiner vollen Größe.* He drew himself up to his full height. **3** (*Ausmaß*) magnitude ◇ *eine Katastrophe dieser Größe* a catastrophe of this magnitude **4** (MATH) quantity (*auch fig*) ◇ *eine unbekannte Größe* an unknown quantity **5** (*Bedeutung*) greatness ◇ *Beethovens Größe ist unbestreitbar.* Beethoven's greatness cannot be denied. **6** (*Persönlichkeit*) leading light ◇ *Er ist eine Größe auf seinem Gebiet.* He is a leading light in his field. ◇ *Er gehört zu den lokalen Größen.* He's a local celebrity.

Großeltern grandparents [Pl]

Größen- **Größenordnung** scale ◇ *in derselben Größenordnung* on the same scale **Größenunterschied** difference in size **Größenwahn** delusions of grandeur [Pl], megalomania [U] (*Fachspr*) **größenwahnsinnig** megalomaniac ◇ *ein größenwahnsinniges Vorhaben* a megalomaniac project ◇ *Wozu braucht er so eine große Wohnung? Er wird wohl größenwahnsinnig!* What does he need such a big flat for? He's getting ideas above his station.

Groß- **Großfahndung** large-scale search **Großfamilie** extended family **großflächig** extensive; (*adverbial*) over a large area ◇ *großflächige Blumenbeete* extensive flower beds ◇ *großflächig absterbende Baumbestände* forests dying over a large area **Großformat** large format ◇ *Bilder im Großformat* large-format pictures **Großgrundbesitzer(in)** big landowner **Großhandel** wholesale trade ◇ *Waren für den Großhandel* goods for the wholesale trade ◇ *Waren im Großhandel kaufen* buy goods wholesale ◇ *etw über den Großhandel beziehen* obtain sth wholesale ◇ *Diesen Preis bekommt man nur im Großhandel.* You can only get this price wholesale. **Großhändler(in)** wholesaler **Großherzog** grand duke **Großherzogin** grand duchess **Großherzogtum** grand duchy **Großindustrielle(r)** leading industrialist **Großmacht** superpower **Großmarkt** wholesale market **Großmutter** grandmother **Großneffe** great-nephew **Großnichte** great-niece **Großonkel** great-uncle **Großraum** area ◇ *der Großraum Frankfurt* the Frankfurt area **Großraumbüro** open-plan office **Großraumflugzeug** wide-bodied jet **Großraumwagen** open-plan carriage, (*AmE*) open-plan car **großschreiben** **1** (*mit einem Großbuchstaben*) write *sth* with a capital letter, write *sth* upper case ◇ *Substantive werden großgeschrieben.* Nouns are written with a capital letter. **2** **etw wird großgeschrieben** (*ist wichtig*) sth is taken very seriously ◇ *Im Gaststättengewerbe muss Hygiene großgeschrieben werden.* In the catering industry hygiene must be taken very seriously. **Großschreibung** capitalization **Großstadt** city **Großtante** great-aunt **Großteil** **1** large part; (*mit zählbaren Nomina*) large number ◇ *ein Großteil der Bevölkerung* a large part of the population ◇ *ein Großteil der Haushalte* a large number of the households **2** **zum ~** for the most part ◇ *Sie sind zum Großteil hier geboren.* They were born here for the most part.

größtenteils for the most part

größtmögliche(r,s) greatest possible ◇ *die größtmögliche Anzahl* the greatest possible number

Groß- **Großvater** grandfather **Großverdiener(in)** high earner **Großwild** big game **großziehen** rear; (*Kinder auch*) bring *sb* up **großzügig** **1** generous (*Adv* generously) ◇ *ein großzügiges Geschenk* a generous gift ◇ *Ihre Eltern haben sie sehr großzügig unterstützt.* Her parents have supported her generously. ◇ *eine großzügige Auslegung der Regel* a generous interpretation of the rule **2** (*nicht beengt*) spacious (*Adv* spaciously) ◇ *großzügige Räume* spacious rooms ◇ *ein großzügig angelegter Park* a spaciously laid out park **Großzügigkeit** **1** generosity **2** (*Weitläufigkeit*) spaciousness

grotesk grotesque (*Adv* grotesquely)

Grotte grotto

grottenschlecht abysmal (*Adv* abysmally)

Grübchen dimple

Grube **1** pit ◇ *eine Grube ausheben* dig a pit **2** (*Bergwerk*) mine, pit ◇ *in der Grube arbeiten* work down the mine

grübeln **(über etw) ~** brood (about/on/over sth); (*nachdenken*) ponder (on) sth ◇ *Es hat keinen Zweck, über die Vergangenheit zu grübeln.* There's no point in brooding on the past. ◇ *Sie grübelte lange über diesem Problem.* She pondered the problem for a long time.

Grubenunglück mining disaster

grüezi good morning/afternoon/evening, hello (*umgs*)

Gruft **1** (*Gewölbe*) crypt **2** (*Grab*) grave

Grufti **1** (*älterer Mensch*) wrinkly (*umgs*) **2** (*Gothic*) goth

grün **1** green ◇ *Als Beilage gibt es grünen Salat.* There's a green salad as a side dish. ◇ *Die Leute sollten grün denken und Recycling-Produkte kaufen.* People should think green and buy recycled goods. ◇ *Wählst du grün?* Do you vote Green? → *Beispiele bei* BLAU **2** (*nicht reif*) unripe ◇ *grüne Bananen* unripe bananas ◇ *Die Banane ist noch zu grün zum Essen.* The banana isn't ripe enough to eat yet. IDM **jdn grün und blau schlagen** beat sb black and blue **sich grün und blau ärgern** get all worked up (*umgs*) **sich nicht grün sein** not get on ◇ *Die beiden sind sich nicht grün.* The two of them don't get on. → *Siehe auch* KLEE, LICHT *und* ZWEIG

Grün green ◇ *Die Ampel springt auf Grün um.* The lights are turning green. ◇ *Er schlug den Ball aufs zweite Grün.* He hit the ball onto the second green. ◇ *Die Ruine ist von üppigem Grün überwachsen.* The ruin is covered with lush green foliage. ◇ *Meine Heimatstadt hat sehr viel Grün.* There are lots of green spaces in my home town.

Grünanlage park

Grund **1** (*Boden*) ground ◇ *Nach dem Gewitter war der Grund völlig aufgeweicht.* The ground was completely sodden after the storm. **2** (*eines Gewässers, eines Gefäßes*) bottom ◇ *Ablagerungen am Grund einer Flasche* sediment at the bottom of a bottle ◇ *Im Grunde seines Herzens ist er ein guter Mensch.* At heart he's a good person. ◇ *Das Schiff lief auf Grund.* The ship ran aground. **3** (*Hintergrund, Untergrund*) background ◇ *weiße Schrift auf schwarzem Grund* white letters on a black background **4 ~ und Boden** land ◇ *der Preis für Grund und Boden* the price of land **5** (*Beweggrund*) reason ◇ *Es besteht kein Grund zur Sorge.* There's no reason to worry. ◇ *Sie fing ohne Grund an zu weinen.* She started to cry for no reason at all. ◇ *Du hast nicht den geringsten Grund, schlecht gelaunt zu sein.* You haven't got the slightest reason to be in a bad mood. ◇ *Er hat allen Grund, sich zu beschweren.* He's got every reason to complain. ◇ *Das ist aus praktischen Gründen nicht möglich.* That's not possible for practical reasons. → *Siehe auch* AUFGRUND IDM **einer Sache auf den Grund gehen/kommen** get to the bottom of sth ◇ *Der Sache wollen wir doch mal auf den Grund gehen.* Let's try to get to the bottom of this. **im Grunde (genommen)** basically ◇ *Im Grunde genommen hast du recht.* Basically you're right. ◇ *Im Grunde genommen habe ich nichts dagegen.* I haven't got anything against it in principle. **jdn in Grund und Boden reden** not let sb get a word in edgeways ◇ *Sie redete ihn in Grund und Boden.* She wouldn't let him get a word in edgeways. **sich in Grund und Boden schämen** be utterly ashamed **von Grund auf** completely ◇ *Die Partei will sich von Grund auf erneuern.* The party wants to completely overhaul itself. ◇ *Er hat das Brauereigewerbe von Grund auf erlernt.* He's had a very thorough training in brewing.

Grundausbildung basic training **Grundausstattung** basic equipment [U] ◇ *Bezahlt wird nur noch die Grundausstattung.* We'll only pay for the basic equipment. ◇ *Eine Klimaanlage gehört zur Grundausstattung dieses Autos.* Air conditioning is standard on this car. **Grundbedürfnis** basic need ◇ *menschliche Grundbedürfnisse* basic human needs **Grundbegriffe** basic concepts [Pl]; (*praktische*) basics [Pl] ◇ *philosophische Grundbegriffe* basic philosophical concepts ◇ *die Grundbegriffe des Kochens* the basics of cooking **Grundbesitz** **1** land ◇ *Seine Familie verfügt über großen Grundbesitz.* His family owns a lot of land. **2** ownership of land **Grundbesitzer(in)** landowner

gründen **1** found; (*Geschäft auch*) set *sth* up; (*Familie*) start **2 etw auf etw ~** base sth on sth ◇ *Worauf sind diese Thesen gegründet?* What are these theories based on?

Gründer(in) founder

Gründervater founding father

Grundfarbe **1** primary colour, (*AmE*) primary color **2** (*Farbe des Untergrunds*) ground colour, (*AmE*) ground color

Grundfesten foundations [Pl] IDM **an den Grundfesten von etw rütteln** shake the foundations of sth **etw in seinen/bis in seine Grundfesten erschüttern** shake sth to its (very) foundations

Grund- **Grundfläche** floor area ◇ *Die Grundfläche der Wohnung beträgt 55 Quadratmeter.* The flat has a floor area of 55 square metres. **Grundgebühr** basic charge **Grundgedanke** basic idea **Grundgehalt** (*Lohn*) basic salary **Grundgesetz** **1** basic law ◇ *die Grundgesetze der Physik* the basic laws of physics **2** (*Gesetzeswerk*) Constitution, Basic Law **Grundhaltung** (basic) attitude ◇ *Sie hat eine positive Grundhaltung.* Her basic attitude is positive. **Grundkenntnisse** basic knowledge [U/Sing] ◇ *Grundkenntnisse in Italienisch* a basic knowledge of Italian **Grundkurs** **1** (*Anfängerkurs*) beginners' course **2** (*in der Oberstufe*) basic course **Grundlage** basis **grundlegend** fundamental (*Adv* fundamentally)

gründlich **1** thorough (*Adv* thoroughly) ◇ *Er wusch sich gründlich die Hände.* He washed his hands thoroughly. **2** (*intensivierend*) well and truly ◇ *Sie hat uns den Spaß gründlich verdorben.* She well and truly spoilt our fun. IDM → ARBEIT

Grund- **Grundlinie** **1** basic principle **2** (SPORT) baseline **Grundlohn** basic pay **grundlos** **1** *Adj* unfounded **2** *Adv* for no reason ◇ *Er wurde grundlos angegriffen.* He was attacked for no reason. **Grundnahrungsmittel** basic foodstuff

Gründonnerstag Maundy Thursday

Grund- **Grundordnung** constitutional order **Grundrechenarten** basic arithmetic [U] ◇ *Er beherrscht noch nicht einmal die Grundrechenarten.* He can't even do basic arithmetic. **Grundrecht** basic right ◇ *das Grundrecht auf freie Meinungsäußerung* the basic right to freedom of speech **Grundregel** basic rule **Grundriss** **1** ground plan **2** (MATH) base **3** outline ◇ *ein Grundriss der lateinischen Grammatik* an outline of Latin grammar ◇ *eine Musikgeschichte im Grundriss* a short history of music **Grundsatz** principle **grundsätzlich** **1** *Adj* fundamental ◇ *Es wurden grundsätzliche Einwände geäußert.* Some fundamental objections were raised. ◇ *ein grundsätzliches Parkverbot* a complete ban on parking **2** (*prinzipiell*) in principle ◇ *Er gab sein grundsätzliches Einverständnis.* He agreed to it in principle. **3** *Adv* (*vollkommen*) absolutely ◇ *Davon rate ich Ihnen grundsätzlich ab.* I would advise you absolutely not to do it. **4** *Adv* (*aus Prinzip*) as a matter of principle ◇ *Das lehne ich grundsätzlich ab.* I reject it as a matter of principle. **Grundschule** primary school, (*AmE*) elementary school **Grundschüler(in)** primary school pupil, (*AmE*) elementary school student **Grundstein** **1** foundation stone (*auch fig*) **2 der ~ für/zu etw sein** be the foundation of sth **Grundstock** basis **Grundstoff** **1** basis (*auch fig*) **2** (*Rohstoff*) raw material **3** (CHEM) element **Grundstück** plot of land **Grundstudium** = first part of a university degree course

Gründung founding (*oft mit einem Verb übersetzt*) ◇ *die Gründung einer Stadt* the founding of a city ◇ *Die Gründung der Bank erfolgte 1910.* The bank was founded in 1910. ◇ *Sie ist nicht an der Gründung einer Familie interessiert.* She's not interested in starting a family.

Grund- **Grundversorgung** ◇ *Die Grundversorgung der Bevölkerung muss gesichert werden.* We must make sure that the population's basic needs are being met. ◇ *die medizinische Grundversorgung* basic medical care **Grundwasser** ground water **Grundzug** essential feature

Grüne(r) (POL) Green ◇ *Die Grünen befürworten diesen Gesetzesentwurf.* The Greens are supporting this bill. ◇ *Sie ist eine Grüne.* She's a member of the Green party.

Grüne country ◇ *ein Haus im Grünen* a house in the country ◇ *Lass uns am Sonntag raus ins Grüne fahren.* Let's go on a drive in the country on Sunday.

Grün- **Grünfläche** **1** green space **2** (*Grünanlage*) green spaces [Pl] ◇ *Immer mehr Grünfläche fällt der Bebauung zum Opfer.* More and more green spaces are being built on. **Grüngürtel** green belt **Grünkohl** kale **Grünstreifen** central reservation, (*AmE*) median (strip); (*am Rand einer Fahrbahn*) grass verge, (*AmE*) soft shoulder

grunzen grunt (*auch fig*) ◇ *Er grunzte irgendetwas Unverständliches.* He grunted something incomprehensible.

Gruppe group [mit Verb im Sing/Pl] ◇ *eine Gruppe von etwa 20 Personen* a group of about 20 people **Gruppenarbeit** **1** teamwork **2** (*beim Lernen*) group work ◇ *Wir haben heute in Englisch Gruppenarbeit gemacht.* We did group work in English today. **Gruppenführer(in)** group leader **gruppenweise** in groups

gruppieren **1** group ◇ *Er gruppierte die Muscheln nach ihrer Form.* He grouped the shells according to their shape. **2 sich ~** form a group

Gruppierung **1** grouping (together) (*oft mit einem Verb übersetzt*) ◇ *die Gruppierung von etymologisch zusammengehörenden Wörtern* the grouping together of words that are etymologically related ◇ *Die Gruppierung der Möbel in eurem Wohnzimmer gefällt mir sehr gut.* I really like the way you have grouped the furniture in your living room. **2** (*von Menschen*) group [mit Verb im Sing/Pl] ◇ *eine politische Gruppierung* a political group

Gruselfilm horror film

gruselig scary

gruseln **jd gruselt sich (vor etw)**; **es gruselt jdn (vor etw)** sb is scared (of sth) ◇ *Gruselst du dich vor Spinnen?* Are you scared of spiders? ◇ *Es gruselte sie, nachts auf den Friedhof zu gehen.* She was scared of going to the graveyard at night.

Gruß **1** regards [Pl] ◇ *Richten Sie Ihrer Frau bitte herzliche Grüße aus.* Please give my regards to your wife. **2 mit freundlichen Grüßen …** yours sincerely …; **viele liebe Grüße …** lots of love … **3** (*das Grüßen*) greeting ◇ *Sie nickte ihm zum Gruß zu.* She nodded a greeting to him.

grüßen **1 (jdn) ~** say hello (to sb) ◇ *Er grüßt nie.* He never says hello. ◇ *Sie lächelt jedesmal freundlich, wenn ich sie grüße.* She always gives me a friendly smile when I say hello to her. **2 jdn von jdm ~** (*jdm einen Gruß senden*) give sb's regards to sb ◇ *Bitte grüße deine Eltern von mir.* Give my regards to your parents. **3 jd lässt (jdn) ~** sb sends his/her love/regards ◇ *Angela lässt dich ganz herzlich grüßen.* Angela sends her love. **IDM** **Grüß dich!** Hello! → *Siehe auch* GOTT

grußlos without saying hello; (*beim Abschied*) without saying goodbye

Grütze **1** groats [Pl] (*veraltet*) **2 rote ~** = dessert made from red fruit and juice in a soft jelly

gucken **1** look **2** (*anschauen*) watch ◇ *Es macht keinen Spaß, Filme alleine zu gucken.* It's no fun watching films on your own. **3 etw guckt aus etw** sth is sticking out of sth ◇ *Aus seiner Hosentasche guckte ein Taschentuch.* There was a handkerchief sticking out of his trouser pocket. **IDM** → RÖHRE

Guerilla[1] *die* **1** (*Einheit*) guerrilla group **2** (*-krieg*) guerrilla war

Guerilla[2] *der* guerrilla

Gulasch goulash

Gully drain

gültig **1** valid; (*aktuell*) current [nicht vor Nomen]; (*in Kraft*) in force [nicht vor Nomen] ◇ *Die Karten sind nicht mehr gültig.* The tickets are no longer valid. ◇ *Dieser Satz ist auch heute noch gültig.* This statement is still valid today. ◇ *der gültige Fahrpreis* the current fare ◇ *früher gültige Münzen* coins that are no longer legal tender ◇ *das ab 1. Januar gültige Gesetz* the law which comes into force on 1 January ◇ *Winterfahrplan (gültig ab 1. Oktober)* Winter Timetable (with effect from 1 October) **2** (*anerkannt*) accepted ◇ *die bisher gültige Ideologie des „Schmelztiegels"* the ideology of the 'melting pot' which is still accepted today

Gültigkeit validity ◇ *die Gültigkeit der Vereinbarung* the validity of the agreement ◇ *Gültigkeit haben/erlangen* be/become valid ◇ *die Gültigkeit verlieren* cease to be valid ◇ *Die Fahrkarte hat drei Monate Gültigkeit.* The ticket is valid for three months.

Gummi **1** rubber ◇ *eine Ente aus Gummi* a rubber duck **2** (*auch* **Gummiband**) rubber band, (*BrE auch*) elastic band **3** (*auch* **Gummizug**) elastic [U] ◇ *ein neues Gummiband einziehen* replace the elastic **4** (*Radiergummi*) eraser, (*BrE auch*) rubber **5** (*Präservativ*) condom

Gummibärchen ≈jelly baby, (*AmE*) ≈jelly bean **Gummibaum** **1** rubber plant **2** (*Kautschukbaum*) rubber tree **Gummiboot** (rubber) dinghy, (*AmE auch*) rubber raft **Gummigeschoss** rubber bullet **Gummihandschuh** rubber glove **Gummiknüppel** rubber truncheon **Gummistiefel** wellington (boot), (*AmE*) rubber boot

Gunst favour, (*AmE*) favor ◇ *Sie genießt die Gunst des Chefs.* She's in favour with the boss. ◇ *die Gunst des Publikums verlieren* fall out of favour ◇ *jdm eine Gunst erweisen* do sb a favour ◇ *Er hat sich zu meinen Gunsten verrechnet.* He made a mistake in my favour. ◇ *Zu seinen Gunsten wird geltend gemacht, dass …* In his favour, it has been said that … ◇ *Er bemühte sich um die Gunst des Vorstands.* He tried to ingratiate himself with the board. **IDM** **die Gunst der Stunde nutzen** make the most of the opportunity

günstig **1** favourable (*Adv* favourably) (*AmE*) favorable (*Adv* favorably); (*Gelegenheit, Moment auch*) right; (*Wetter, Aussichten, Urteil auch*) good ◇ *etw in einem günstigen Licht erscheinen lassen* present sth in a favourable light ◇ *Er hat sich günstig darüber geäußert.* His comments were favourable. ◇ *einen günstigen Zeitpunkt abpassen* wait for the right moment ◇ *bei günstiger Witterung* in good weather ◇ *ein günstiges Urteil über jdn abgeben* give sb a good report ◇ *Die Aussichten werden als günstig beurteilt.* The prospects are considered good. ◇ *eine günstige Wendung nehmen* take a turn for the better ◇ *Du hättest keinen günstigeren Zeitpunkt wählen können.* You couldn't have chosen a better time. **2** (*Standort*) convenient (*Adv* conveniently) ◇ *in günstiger Lage zum Bahnhof* convenient for the station ◇ *günstig gelegen* conveniently situated **3** (*preiswert*) cheap (*Adv* cheaply) ◇ *ein günstiges Darlehen* a cheap loan ◇ *etw günstig kaufen* buy sth cheaply ◇ *günstige Einkäufe* bargains

gurgeln **1** (*mit Wasser etc.*) gargle **2** (*Geräusch, Stimme*) gurgle

Gurke **1** cucumber; (*in Essig eingelegt*) gherkin, (*AmE*) pickle ◇ *saure Gurken* (pickled) gherkins **2** (*Nase*) nose, (*BrE auch*) conk (*Slang*)

gurren coo

Gurt **1** belt; (*Sitz-*) seat/safety belt; (*Trage-, Kletter-, Fallschirm-*) harness **2** (*Schulter-*) bandolier **3** (*Riemen*) strap ◇ *Sie befestigten die Ladung mit Gurten.* They secured the load with straps.

Gürtel belt ◇ *einen Gürtel ummachen* put on a belt ◇ *den Gürtel weiter schnallen* let out your belt ◇ *Sie trug ein Handy am Gürtel.* Her phone was clipped on her belt. ◇ *ein Gürtel von Grünanlagen* a belt of grass and trees **IDM** → SCHNALLEN

Gürtellinie waist(line) ◇ *ein Kleid mit hoch angelegter Gürtellinie* a dress with a high waist(line) ◇ *von der Gürtellinie an gelähmt* paralysed from the waist down **IDM** **ein Schlag unter die Gürtellinie** **1** (*Boxen*) a punch below the belt ◇ *Schläge unter die Gürtellinie sind verboten.* It is forbidden to punch below the belt. **2** (*unfair, gemein*) (a blow) below the belt **unterhalb der Gürtellinie** near the knuckle (*umgs*) ◇ *Die Scherze lagen weit unterhalb der Gürtellinie.* The jokes were very near the knuckle.

Guru guru

Guss **1** (*das Gießen*) casting **2** (*Statue etc.*) cast ◇ *ein Guss aus Bronze* a bronze cast **3** (*Regen-*) downpour **4** (*Schwall*) shower **5** (*Zucker-, Schokoladen-*) icing [U]; (*Torten-*) glaze

Gusseisen cast iron

gut

• **Qualität, Leistung etc.** **1** good (*Adv* well); (*Essen*) nice ◇ *sich gut für/zu etw eignen* be good for sth ◇ *Schauen Sie sich das Foto gut an.* Take a good look at this photo. ◇ *Er kann gut mit Kindern umgehen.* He's good with children. ◇ *Das ist gut gegen Kopfschmerzen.* It's good for headaches. ◇ *Das halte ich nicht für gut.* I don't think it's a good idea. ◇ *Gut, dass du an deinen Schirm gedacht hast.* It's a good thing you remembered your umbrella. ◇ *Sie spricht sehr gut Englisch.* She speaks English very well. ◇ *Gut gemacht!* Well done! ◇ *etwas Gutes kochen* cook something nice ◇ *Bei deiner Tante wird's dir gut gehen.* You'll have a nice time at your aunt's. ◇ *Das kann ich gut verstehen.* I quite understand. ◇ *Weiter nach rechts — ja, so ist gut.* Further to the right — that's fine. ◇ *Das nimmt kein gutes Ende.* It'll all end in tears. **2 ~ (in etw)** good (at sth) ◇ *Sie ist gut in Physik.* She's good at physics. ◇ *Er hat mit „gut" bestanden.* He got a 'B' in the exam. **3** (*für besondere Anlässe*) best ◇ *Die Schuhe will ich für gut behalten.* I'm keeping these shoes for best.

• **in Verbindung mit Adjektiven und Partizipien** **4** well ◇ *ein gut bezahlter Job* a well-paid job ◇ *gut gemeinte Ratschläge* well-meant advice ◇ *ein gut aussehender Mann* a good-looking man ◇ *gut gelaunt* cheerful ◇ *ein gut gehendes Geschäft* a profitable business ◇ *für finanziell gut gestellte Eltern* for parents who are well off ◇ *Das Geld ist bei ihm gut aufgehoben.* The money is safe with him.

• **Gesundheit** **5** well, fine ◇ *Ihm geht's heute nicht gut.* He's not feeling very well today. ◇ *„Wie geht es Ihnen?" „Danke, gut!"* 'How are you?' 'Fine, thanks.' ◇ *Mir ist nicht gut.* I don't feel well.

• **leicht** **6** easy (*Adv* easily) ◇ *Man kann gut mit ihr reden.* She's easy to talk to. ◇ *Abends kann ich nicht gut weg.* I can't get away easily in the evenings. ◇ *Es ist gut möglich, dass …* It's perfectly possible that … ◇ *Ich kann ihn jetzt nicht gut darum bitten.* I can't very well ask him for it now. ◇ *Es kann gut sein, dass …* It may well be that …

• **mit Gewichten, Maßen** **7** (*mindestens, reichlich bemessen*) good ◇ *Es wiegt gut 10 Pfund.* It weighs a good 10 pounds. ◇ *Es dauert gut eine Stunde.* It takes a good hour. ◇ *zwei gute Löffel Zucker* two heaped spoonfuls of sugar

• **in Ordnung** **8** **(noch einmal) ~ gehen** ◇ *Na, hoffentlich geht das gut.* Let's hope it'll be all right. ◇ *Das ist gerade noch mal gut gegangen!* That was a near thing! ◇ *Das geht nicht lange gut mit den beiden.* It's not going to last with those two. **9** (*okay*) (all) right, OK ◇ *Also gut!* Right, then! ◇ *Gut, einverstanden!* Right, that's fine! ◇ *„Oh Entschuldigung!" „Schon gut."* 'Oh, I'm sorry!' 'It's all right.'

• **positiv** **10 Gute(s)** good (thing) ◇ *Das Gute daran ist, dass …* The good thing (about it) is that … ◇ *In jedem Menschen steckt etwas Gutes.* There's (some) good in everybody. ◇ *Es hat auch sein Gutes, wenn's heute regnet.* It'll be no bad thing if it rains today. ◇ *Ich ahnte nichts Gutes.* I had a feeling something was wrong.

IDM **alles Gute** all the best ◇ *Alles Gute für die Zukunft.* All the best for the future. ◇ *Alles Gute zum Geburtstag!* Many Happy Returns! **das ist (ja) alles/ganz gut und schön, aber …** that's all very well but … **du bist/Sie sind (vielleicht) gut!** ◇ *Du bist gut, du tust gerade, als ob ich was dafür könnte.* I like that! You talk as if it was my fault. ◇ *Sie sind gut, und wie soll ich jetzt nach Hause kommen?* Oh brilliant! How am I supposed to get home now? **es gut haben** be lucky **es (mit etw) gut getroffen haben** be lucky (with sth) ◇ *Sie haben es mit der Wohnung gut getroffen.* They were lucky with the flat. **gut daran tun** be well advised **gut drauf sein** be in a good mood **gut lachen/reden haben** ◇ *Du hast gut lachen, du hast die Prüfung schon hinter dir.* It's all right for you, you've got the exam over with. **(es) (damit/mit etw) gut sein lassen** forget it ◇ *Nun lass (es) gut sein, sie wird es schon nicht wieder tun.* Let's forget it now. She won't do it again. ◇ *Er ließ es mit einer Strafarbeit gut sein.* He decided that lines would be enough punishment. **gut und gern** easily ◇ *Die Reise kostet gut und gern ein Monatsgehalt.* The trip costs easily a month's salary. **im Guten** amicably ◇ *Lassen Sie uns die Sache im Guten regeln.* Let's settle the matter amicably. ◇ *jdm etw im Guten sagen* give sb a friendly piece of advice ◇ *Sie haben sich im Guten getrennt.* They separated on friendly terms. **immer für etw gut sein** ◇ *Sie ist immer für eine Überraschung gut.* You can always count on her to surprise you. **mach's gut** take care **na gut** all right then; (*zögernd*) well ◇ *„Los, komm doch mit." „Na gut, du lässt mir ja sowieso keine Ruhe."* 'Go on. Come with us.' 'All right then. I suppose you won't leave me in peace otherwise.' ◇ *„Kann ich heute Abend etwas länger wegbleiben?" „Na gut, aber nur heute."* 'Can I stay out a bit later tonight?' 'Well, just tonight then.' **sich für etw zu gut sein** think sth is beneath you **so gut es geht** as far as you can ◇ *Sie klebte die Vase so gut es ging wieder zusammen.* She stuck the vase back together as best she could. ◇ *Ich versuche mich so gut es geht abzulenken.* I try as far as possible not to think about it. **so gut wie** virtually; as good as ◇ *Es ist so gut wie sicher, dass sie die Prüfung besteht.* She is virtually certain to pass the exam. **zu etw gut sein** be for sth ◇ *Wozu ist der Hebel hier gut?* What's this lever for? ◇ *Wozu soll das gut sein?* What's the point of that? ◇ *Wer weiß, wozu das gut ist.* It may be a good thing. → *Siehe auch* WENDEN ℹ Für andere Redewendungen mit **gut** siehe die Einträge für die entsprechenden Nomen etc. **Gut im Rennen liegen** z.B. steht unter **Rennen**.

Gut **1** (*Besitz*) property [Sing]; (*Vermögen*) wealth [Sing]; (*Ware, Gebrauchsgegenstand*) commodity; (*Sachen*) goods [Pl] ◇ *bewegliche Güter* movable property ◇ *Wasser ist ein knappes Gut.* Water is a scarce commodity. ◇ *Kinder sind das höchste Gut jeder Gesellschaft.* Children are the most valuable asset a society has. ◇ *weltliche/geistige Güter* material/intellectual possessions ◇ *sein Hab und Gut verlieren* lose everything you own **2** (*Land-*) estate **3 Güter** (*Handels-*) goods [Pl]; (*Transport-*) freight [U]

Gutachten expert opinion; (*Dokument*) expert report

Gutachter(in) expert adviser; (*vor Gericht*) expert witness

gutartig **1** (MED) benign **2** (*Charakter*) good-natured

gutbürgerlich **1** middle-class ◇ *aus gutbürgerlichen Verhältnissen* from a middle-class background **2** ◇ *gutbürgerliche Küche* good home cooking

Gute(r) **1** dear ◇ *meine Gute* my dear ◇ *Er hat schon alles erledigt, der Gute!* He's done it all, bless him! **2** (*herablassend*) poor dear ◇ *Der Gute/die Gute wird sich wundern.* The poor dear will be surprised. **3** (*Könner*

(in)) ◇ *In Mathematik gehört sie zu den Guten.* She's one of the better ones at maths.

Güte **1** goodness; *(hilfreiche Gesinnung, Freundlichkeit)* kindness ◇ *die Güte Gottes* God's goodness ◇ *Sie hat seine Güte ausgenutzt.* She took advantage of his kindness. ◇ *Hättest du wohl die Güte, das Radio leiser zu machen?* Would you please turn the radio down! **2** *(Qualität)* quality ◇ *eine Ware (von) erster Güte* a top quality product IDM **(Ach) du meine/liebe Güte!** (My) goodness!

Güteklasse class

Güter- Güterbahnhof goods station, *(AmE)* freight station **Güterverkehr** goods traffic, *(AmE)* freight traffic **Güterwagen** goods wagon, *(AmE)* freight car **Güterzug** freight train, *(BrE auch)* goods train

gutgläubig gullible *(Adv* gullibly); *(naiv)* naive *(Adv* naively)

guthaben be owed *sth* ◇ *Du hast bei mir noch ein Glas Wein gut.* I owe you a glass of wine.

Guthaben (bank) balance ◇ *Sie haben ein Guthaben von 200 $ bei uns.* The balance on your account is $200.

gutheißen **1** *(befürworten)* approve of *sth* ◇ *Sie hieß meinen Vorschlag nicht gut.* She didn't approve of my suggestion. **2** *(bewilligen)* approve ◇ *Er konnte den Antrag nicht gutheißen.* He couldn't approve the request. ◇ *Die Sache wird stillschweigend gutgeheißen.* People just accept it.

gütig kind *(Adv* kindly)

gütlich **1** amicable *(Adv* amicably) **2 sich an etw ~ tun** consume sth with gusto

gutmachen **1 etw ~** put sth right **2 etw an jdm ~** make sth up to sb ◇ *Sie hat viel an ihm gutzumachen.* She has a lot to make up to him for. **3 (jdm) etw ~** *(Gefallen etc.)* repay sb for sth ◇ *Ich weiß nicht, wie ich (dir) das jemals gutmachen soll.* I don't know how to repay you. **4** *(Zugewinn)* make ◇ *Er hat bei dem Geschäft 100 Euro gutgemacht.* He made 100 euros on the deal. IDM → BODEN

gutmütig good-natured; *(nachgiebig)* easy-going

Gutmütigkeit good nature; *(Hilfsbereitschaft)* kindness

Gutschein voucher; *(Geschenk- auch)* token; *(bei Warenrückgabe)* credit note ◇ *ein Gutschein über 100 $* a voucher for $100 ◇ *einen Gutschein einlösen* use a voucher ◇ *ein Gutschein für einen Theaterbesuch* a theatre gift token

gutschreiben jdm etw ~ credit sth to sb's account; *(fig)* credit sb with sth ◇ *Der Betrag wird Ihrem Konto gutgeschrieben.* The amount will be credited to your account. ◇ *Die Erfolge werden der Regierung gutgeschrieben.* The government is being credited with these successes.

Gutschrift **1** crediting *(meist mit einem Verb übersetzt)* ◇ *Bis zur Gutschrift auf dem Konto vergingen mehrere Tage.* It was several days before the amount was credited to the account. **2** *(Betrag)* credit ◇ *eine Gutschrift von 10$* a credit of $10 ◇ *Die Gutschrift war auf dem Konto verbucht.* The amount was credited to the account.

Guts- Gutshaus manor house **Gutshof** country estate

guttun jdm ~ do sb good

gutwillig charitable *(Adv* charitably); *(mit guten Absichten)* well-intentioned

Gymnasiallehrer(in) ≈grammar school teacher

Gymnasiast(in) ≈grammar school pupil

Gymnasium ≈ grammar school ◇ *aufs Gymnasium gehen/kommen* go to grammar school

Gymnastik **1** *(Sportart)* gymnastics [U] ◇ *Er spielt Tennis, ich mache Gymnastik.* He plays tennis. I do gymnastics. **2** *(Übungen)* exercises [Pl] ◇ *Ich habe gerade Gymnastik gemacht.* I've been doing my exercises.

Gynäkologe, Gynäkologin → FRAUENARZT

Gynäkologie gynaecology, *(AmE)* gynecology; *(Abteilung)* gynaecology department, *(AmE)* gynecology department

gynäkologisch gynaecological, *(AmE)* gynecological ◇ *die gynäkologische Abteilung* the gynaecological department ◇ *sich gynäkologisch untersuchen lassen* see a gynaecologist

H h

H, h **1** H, h → *Beispiele bei* A **2** (MUS) B

ha *(drückt Genugtuung aus)* ha

hä *(wie bitte?)* what

Haar hair; **das ~/die Haare** hair [U] ◇ *In meinem Eis ist ein Haar.* There's a hair in my ice cream. ◇ *kurzes Haar/kurze Haare* short hair IDM **an den Haaren herbeigezogen sein** be far-fetched **jdm aufs Haar gleichen** be the spitting image of sb **jdm ein Haar krümmen** harm sb **Haare spalten** split hairs **kein gutes Haar an jdm/etw lassen** not have a good word to say about sb/sth **sich aufs Haar gleichen** be like two peas in a pod **sich die Haare raufen** tear your hair out **sich in den Haaren liegen** be at loggerheads **sich in die Haare kriegen** argue **sich über jdm/etw keine grauen Haare wachsen lassen** not lose any sleep over sb/sth **um ein Haar** very nearly ◇ *Um ein Haar hätte sie ihn verpasst.* She very nearly missed him. → *Siehe auch* HAUT

Haaransatz *(an der Stirn)* hairline; *(an der Kopfhaut)* roots [Pl] ◇ *den Haaransatz nachfärben* redye your roots **Haarausfall** hair loss ◇ *unter Haarausfall leiden* suffer from hair loss ◇ *Haarausfall haben* be losing your hair **Haarbürste** hairbrush

haaren *(Tiere)* moult; *(Teppich)* shed (fluff)

Haaresbreite um ~ by a hair's breadth

Haar- Haarfarbe hair colour, *(AmE)* hair color ◇ *ihre natürliche Haarfarbe* her natural hair colour ◇ *Welche Haarfarbe hatte er?* What colour hair did he have? **haargenau** exact *(Adv* exactly); *(ausführlich)* in great detail [nicht vor Nomen] ◇ *haargenau stimmen* be exactly right ◇ *etw haargenau planen* plan sth in great detail ◇ *jdn/etw haargenau kennen* know sb/sth inside out **Haarglätter** (hair) straighteners [Pl]

haarig **1** hairy **2** *(heikel)* tricky

-haarig -haired ◇ *langhaarig* long-haired

Haar- Haarnetz hairnet **haarscharf** **1** by a hair's breadth ◇ *Er schoss haarscharf am Tor vorbei.* He missed the goal by a hair's breath. ◇ *Sie entging haarschaf dem Tod.* She escaped death by the skin of her teeth. **2** *(sehr exakt)* precise; *(Unterschied)* fine **Haarschnitt** haircut **Haarspange** hairslide, *(AmE)* barrette **Haarspray** hairspray **haarsträubend** hair-raising; *(schockierend)* shocking

Hab ~ und Gut possessions [Pl]

Habe possessions [Pl]

Haben credit

haben[1] *Hilfsvb (gemeinsam mit dem Partizip Perfekt verwendet, um Perfekt/Plusquamperfekt/Futur II von transitiven und reflexiven Verben auszudrücken)* have ◇ *Er hat ein Buch geschrieben.* He has written a book.

haben[2] *Verb* **1** have (got) ◇ *Ich habe Kopfschmerzen.* I have (got) a headache ◇ *Das Gebäude hat 16 Etagen.* The building has (got) 16 floors. ◇ *Wir haben kein Auto.* We don't have a car. ◇ *Sie hatten ein wunderschönes*

Haus. They had a wonderful house. ◇ *Ein Kilometer hat 1 000 Meter.* There are 1 000 metres in a kilometre. ◇ *Es hat heute 28°C.* It's 28°C today. ◇ *geöffnet haben* be open ◇ *Diese Hosen hat man jetzt.* These trousers are fashionable now. **2 zu ... haben** ◇ *Wir haben nichts zu trinken daheim.* We've got nothing to drink at home. ◇ *Ich weiß, was wir zu tun haben.* I know what we have to do. ◇ *Ich hab noch die Übersetzung zu machen.* I've still got the translation to do. ◇ *Du hast mir gar nichts zu sagen.* You can't give me orders. **3 es mit jdm/etw nicht ~** not be keen on sb/sth ◇ *Er hat es nicht so mit der Malerei.* He's not very keen on painting. **4 etwas mit jdm ~** be having an affair with sb ◇ *Er hat was mit einer Studentin.* He's having an affair with a student. **5 etw an sich ~** ◇ *Das haben Lehrer nun mal so an sich.* That's what teachers are like. ◇ *Das haben alte Autos an sich.* That's how it is with old cars. **6 etw an jdm/etw ~** ◇ *An ihrer Tochter hat sie eine große Hilfe.* Her daughter is a great help to her. ◇ *Ich weiß, was ich an ihm habe.* I know how lucky I am to have him. **7 es in sich ~** (*schwierig sein*) be very hard; (*alkoholreich sein*) be very strong **8 etw nicht ~ können** not be able to stand sth ◇ *Dieses Geschwätz kann ich absolut nicht haben!* I just can't stand this gossip. **9 etwas gegen jdn/etw ~** have (got) something against sb/sth; **nichts gegen jdn/etw ~** have (got) nothing against sb/sth ◇ *Sie hat etwas gegen ihren Nachbarn.* She's got something against her neighbour. **10 (noch) zu ~ sein** be still available; (*zu verkaufen*) be still for sale ◇ *Er ist noch zu haben.* He's still available. ◇ *Ist der Stuhl im Fenster noch zu haben?* Is the chair in the window still for sale? **11 für etw zu ~ sein** be ready for sth; **für etw nicht zu ~ sein** have no interest in sth **12 sich (mit etw) ~** make a fuss (about sth) ◇ *Nun hab dich nicht so!* Don't make such a fuss! **13 etwas/nichts von jdm/etw ~** get some/no benefit from/out of sth **14 etwas für sich ~** ◇ *Eine eigene Wohnung hat etwas für sich.* There is something to be said for having your own flat. IDM **das habe ich/hat er etc. nun davon** that's what comes of ... ◇ *Das hat sie nun davon, dass sie ihm vertraut hat.* That's what comes of trusting him. **Ich hab's!** I've (got) it! **und damit hat sich's** and that's the end of it **wie gehabt** as before; (*wie immer*) as usual ℹ Für andere Ausdrücke mit **haben** siehe die Einträge für die entsprechenden Nomina etc. **Durst haben** z.B. steht unter **Durst**.

Habgier greed ◇ *aus Habgier* out of greed

habgierig greedy (*Adv* greedily)

Habicht hawk

Habilitation (*Qualifikation*) = qualification as a university professor; (*Habilitationsschrift*) postdoctoral thesis

Hachse (GASTRON) leg

Hackbraten meat loaf

Hackbrett 1 (*in der Küche*) chopping board, (*AmE*) cutting board **2** (MUS) dulcimer ◇ *Sie spielt Hackbrett.* She plays the dulcimer.

Hacke[1] (*Werkzeug*) hoe

Hacke[2] (*Ferse, Absatz*) heel

hacken 1 hack; (*mit dem Schnabel*) peck ◇ *ein Loch ins Eis hacken* hack a hole in the ice **2** (*zerteilen*) chop ◇ *Holz hacken* chop wood **3 (etw) ~** (*Erde*) hoe (sth) **4** (COMP) hack ◇ (*sich in*) *ein anderes System hacken* hack into another system

Hacker(in) hacker

Hack- Hackfleisch minced meat, (*AmE*) ground meat **Hacksteak** burger

Hafen harbour, (*AmE*) harbor; (*Handels-, Fracht-*) port; (*Hafenanlagen*) docks [Pl]; (*Jacht-*) marina

Hafenstadt port

Hafer oats [Pl]

Haferbrei porridge (made with milk or water) **Haferflocken** porridge oats [Pl] **Haferschleim** porridge (made with water)

Haft 1 (*Polizei-*) custody; (*Gefängnis*) prison; (*bei Jugendlichen, politischen Gefangenen*) detention ◇ *jdn in Haft nehmen* take sb into custody ◇ *Er befindet sich seit einem Jahr in Haft.* He has been in prison for a year. ◇ *in politischer Haft sein* be a political prisoner **2** (*Strafe*) imprisonment [U] ◇ *Er wurde zu sechs Monaten Haft verurteilt.* He was sentenced to six months' imprisonment. ◇ *Er verbüßt eine zweijährige Haft.* He is serving a two-year prison sentence. ◇ *ein Jahr Haft mit Bewährung* a year's suspended sentence

haftbar jdn für etw ~ machen hold sb liable for sth; **für etw ~ sein** be liable for sth ◇ *Bei einem Unfall am Arbeitsplatz kann der Arbeitgeber haftbar gemacht werden.* The employer can be held liable for an accident at work.

Haftbefehl arrest warrant ◇ *Gegen ihn liegt ein Haftbefehl vor.* There is a warrant out for his arrest. ◇ *einen Haftbefehl gegen jdn erlassen* issue a warrant for sb's arrest

haften[1] **1 (an etw) ~** (*kleben, hängen bleiben*) stick (to sth) (*auch fig*); (*Frischhaltefolie, Geruch*) cling (to sth) (*auch fig*) ◇ *Diese Aufkleber haften nur auf einer sauberen Fläche.* The stickers will only stick on a clean surface. ◇ *Eine Klette haftet an ihrem Pullover.* There's a burr stuck to her pullover. ◇ *Bilder, die im Gedächtnis haften bleiben* images that stick in the mind ◇ *Dieser Geruch bleibt überall haften.* The smell clings to everything. ◇ *Ein schlechter Ruf bleibt lange haften.* A bad reputation is difficult to lose. ◇ *Von dieser Lektion ist wenig haften geblieben.* I can't remember much of the lesson. ◇ *Sein Blick blieb an einer Reklame haften.* An advertisement caught his eye. **2** (*Haftung haben*) grip ◇ *Bei nasser Fahrbahn haften die Reifen schlechter.* Tyres don't grip so well on wet roads. ◇ *Dieser Lippenstift haftet lange.* This lipstick is long lasting.

haften[2] **1 für jdn ~** be legally responsible for sb ◇ *Eltern haften für ihre Kinder.* Parents are legally responsible for their children. **2 für etw ~** be responsible for sth; (*für Schaden etc.*) be liable for sth ◇ *Sie haften mir dafür, dass alles fristgemäß abgewickelt wird.* You will be responsible for keeping everything on schedule. ◇ *für einen Schaden haften* be liable for any damage ◇ *Wir haften nicht für hier abgestellte Fahrzeuge.* We cannot accept liability for vehicles parked here. **3** (*garantieren*) ◇ *Die Firma haftet mit ihrem guten Namen.* The company's good reputation is its guarantee.

Haftentlassung release from custody [U]

haftfähig fit for detention [nicht vor Nomen]

Häftling detainee; (*im Gefängnis*) prisoner

Haft- Haftpflichtversicherung personal liability insurance [U]; (*für Autofahrer*) third-party insurance [U] ◇ *eine Haftpflichtversicherung haben* have personal liability insurance **Haftrichter(in)** ≈ magistrate ◇ *Sie wurde dem Haftrichter vorgeführt.* She appeared before the magistrates. **Haftstrafe** prison sentence ◇ *eine Haftstrafe verbüßen* serve a prison sentence

Haftung liability ◇ *für den Schaden die Haftung übernehmen* accept liability for the damage ◇ *Gesellschaft mit beschränkter Haftung* limited liability company ◇ *Für Garderobe übernehmen wir keine Haftung.* Articles are left here at the owner's risk.

Hagebutte rose hip; (*Blume*) dog rose

Hagebuttentee rose-hip tea

Hagel 1 hail; (*Schauer*) hailstorm ◇ *Diesen Sommer hatten wir mehrmals Hagel.* We had several hailstorms this summer. **2** (*große Menge*) hail ◇ *ein Hagel von Pfeilen* a hail of arrows ◇ *ein Hagel von Kritik* a storm of criticism ◇ *Ein Hagel von Schlägen ging auf ihn nieder.* Blows rained down on him.

hageln 1 hail ◇ *Es hagelt!* It's hailing! **2** (*niederprasseln*) rain down ◇ *Granaten und Bomben hagelten vom Himmel.* Grenades and bombs rained down. ◇ *Es hagelte Auszeichnungen für ihren ersten Roman.* She was showered with praise for her first novel. ◇ *Es hagelte Proteste.* There was a storm of protest.
Hagelschauer hailstorm

hager gaunt ◇ *hager wirken* look gaunt

Hahn 1 (*Vogel*) rooster, (*BrE auch*) cock; (*jung*) cockerel **2** (*Wasser-*) tap, (*AmE meist*) faucet; (*Gas-*) gas tap ◇ *den Hahn schließen* turn the tap off ◇ *Bier vom Hahn* draught beer **3** (*an Schusswaffen*) hammer; **den ~ spannen** cock a gun

Hähnchen chicken

Hai, Haifisch shark

häkeln crochet

Häkelnadel crochet hook

haken 1 hook **2** (*festhängen*) stick

Haken 1 hook ◇ *ein Haken aus Metall* a metal hook ◇ *Der Rock wird mit Haken und Öse geschlossen.* The skirt fastens with a hook and eye. ◇ *Er streckte seinen Gegner mit einem Haken zu Boden.* He landed his opponent a hook and floored him. **2** (*grafisches Zeichen*) tick, (*AmE*) check (mark) ◇ *Sie machte einen Haken unter die Hausaufgabe.* She put a tick under the homework. **3** (*Schwierigkeit*) snag ◇ *Der Haken bei der Sache ist, dass …* The snag is that … **4 einen ~ schlagen** dart sideways; (*fig*) change tack IDM **mit Haken und Ösen kämpfen** fight tooth and nail
Hakenkreuz swastika

halb 1 half ◇ *eine halbe Portion* a half portion ◇ *zum halben Preis* half price ◇ *Die Tür stand halb offen.* The door was half open. ◇ *Sie stand halb hinter einer Säule.* She was half hidden by a pillar. ◇ *Auf halber Strecke machten sie Rast.* They had a rest halfway. ◇ *auf halber Höhe* halfway up ◇ *halb Mensch, halb Pferd* half man, half horse ◇ *Sie fängt so vieles an, macht aber alles nur halb.* She starts so many things, but then only half finishes them. ◇ *eine halbe Stelle* a part-time post ◇ *Das war nur die halbe Wahrheit.* That was only part of the truth. ◇ *Du hast wieder nur halb zugehört.* You weren't listening properly again. ◇ *nur halbe Arbeit leisten* not do a job properly ◇ *Lass dich nicht auf so halbe Sachen ein.* If you're going to do it, then do it properly. ◇ *eine Bluse mit halbem Arm* a short-sleeved blouse ◇ *ein halber Ton* a semitone **2** (*vor Nomen, die Hälfte von*) half a/the ◇ *die halbe Famile* half the family ◇ *der halbe Kuchen* half the cake ◇ *ein halber Kilometer* half a kilometre **3** (*Zeit*) **ein halbes Jahr** six months; **~ sechs, sieben etc.** half past five, six, etc. ◇ *zehn vor halb vier* twenty past three ◇ *fünf nach halb vier* twenty-five to four **4 ~ so …** half as …; (*nicht so sehr*) not as/so … ◇ *Ich brauche nur halb so viel.* I only need half as much. ◇ *Diese Marke ist nur halb so teuer.* This make is only half the price. ◇ *Sie ist halb so alt wie ich.* She's half my age. ◇ *Reg dich nicht auf, es ist alles nur halb so schlimm!* Don't get upset; it is not as bad as all that! ◇ *Tun wir etwas Salbe darauf, dann tut es gleich nur noch halb so weh.* Let's put some ointment on it, then it won't hurt so much. **5** (*beinahe*) nearly ◇ *Wir haben uns halb totgelacht.* We nearly died laughing. ◇ *Deine Mutter hat sich halb verrückt gemacht vor Sorgen.* Your mother was nearly out of her mind with worry. ◇ *Ich habe mich darüber halb krank geärgert.* I was absolutely furious. IDM **nichts Halbes und nichts Ganzes sein** be an unsatisfactory compromise → *Siehe auch* HERZ, MENSCH, MIETE, OHR *und* WEG

Halbbruder half-brother **Halbdunkel** half-light; **im ~ liegen** be in semi-darkness

Halbe ≈pint (of beer)
halbe-halbe ◇ *mit jdm halbe-halbe machen* go halves with sb ◇ *Bei den Unkosten einigten sie sich auf halbe-halbe.* They agreed to go halves with the costs.

halber … halber for the sake of … ◇ *der Einfachheit halber* for the sake of simplicity IDM → FORM

Halb- Halbfinale semi-final **halbherzig** half-hearted (*Adv* half-heartedly)

halbieren 1 split *sth* into two; (*schneiden*) cut *sth* into two; (*Winkel*) bisect ◇ *einen Apfel halbieren* cut an apple into two ◇ *Halbieren wir doch einfach die Rechnung.* Let's just split the bill. **2** (*auf die Hälfte reduzieren*) halve **3 sich ~** be halved ◇ *Die Fahrzeit hat sich beinahe halbiert.* The journey time has been almost halved.

Halb- Halbinsel peninsula **Halbjahr 1** half year **2** (*Schul-*) semester **halbjährlich** six-monthly; (*Veranstaltung, Treffen*) biannual [nur vor Nomen]; (FINANZ) half-yearly ◇ *ein halbjährlicher Bericht* a six-monthly report ◇ *halbjährlich erscheinen* be published twice a year **Halbkreis** semicircle ◇ *im Halbkreis* in a semicircle **Halbkugel** hemisphere **halblang** (*Haare*) shoulder-length **Halbleiter** semiconductor **halbmast** half mast ◇ *die Flaggen auf halbmast setzen* fly the flags at half mast **Halbmesser** radius **Halbmond 1** half moon **2** (*Symbol*) the Crescent ◇ *der Rote Halbmond* the Red Crescent **Halbpension** half board ◇ *Halbpension nehmen* have half board **Halbschuh** shoe; (*Schnürschuh*) lace-up **Halbschwester** half-sister **halbseitig 1** (MED) ◇ *eine halbseitige Gesichtslähmung* paralysis of one side of the face ◇ *halbseitig gelähmt* paralyzed down one side ◇ *eine halbseitige Lähmung* hemiplegia **2** (*Druckseite*) half-page **3** (*Straße*) ◇ *Die Straße ist nur halbseitig befahrbar.* One side of the road is closed. **Halbstarker** youth (*abwert*) **halbstündig** half-hour ◇ *eine halbstündige Autofahrt* a half-hour drive **halbstündlich** half-hourly **halbtags** part-time ◇ *halbtags arbeitende Mütter* mothers who work part-time ◇ *Wir suchen eine Hilfe für halbtags.* We are looking for part-time help. ◇ *Wir haben montags halbtags geschlossen.* We have half-day closing on Monday. ◇ *Die Großmutter kümmert sich halbtags um die Kinder.* The grandmother looks after the children for part of each day.
Halbton (MUS) semitone, (*AmE*) halftone

halbwegs more or less ◇ *eine halbwegs vernünftige Antwort* a more or less sensible answer ◇ *Du musst jetzt gehen, wenn du wenigstens halbwegs pünktlich sein willst.* You'll have to go now if you want to be anywhere near on time. ◇ *jeder halbwegs informierte Mensch* anyone who knows anything ◇ *Ich ahnte es halbwegs.* I had a pretty good idea.

Halb- Halbwertszeit half-life **halbwüchsig** adolescent **Halbwüchsige(r)** teenager; (*abwertend*) youth **Halbzeit 1** (SPORT) half ◇ *in der zweiten Halbzeit* in the second half **2** (*Pause*) half-time ◇ *bei Halbzeit* at half-time **Halbzeitstand** half-time score

Halde 1 (*Bergbau*) slag heap **2** (*Berg*) pile ◇ *eine riesige Halde abgewrackter Autoreifen* a huge pile of old tyres **3** (*Müll-*) tip, (*AmE*) garbage dump IDM **auf Halde** ◇ *Die Ware wird auf Halde produziert.* The goods are being stockpiled. ◇ *eine Produktion auf Halde* stockpiling **etw liegt auf Halde** there is a backlog of sth; (*Güter*) there are stockpiles of sth ◇ *Anträge liegen auf Halde.* There is a backlog of applications.

Halfpipe half-pipe

Hälfte half ◇ *die Hälfte der Mannschaft* half the team ◇ *Die Hälfte ist für dich.* Half is for you. ◇ *etw in zwei Hälften schneiden* cut sth in half ◇ *Der Saal war erst*

zur Hälfte voll. The hall was only half full. ◇ *Die Unkosten sind um die Hälfte gestiegen.* The costs have increased by half. ◇ *Nach der Hälfte der Strecke nahmen sie einen Fahrerwechsel vor.* They changed drivers halfway there.

Halfter **1** (*für Pferde etc.*) halter **2** (*für Pistolen etc.*) holster

Hall echo

Halle hall; (*in einer Fabrik*) shed; (*in Hotels etc.*) lobby; (*für Flugzeug*) hangar; (*Sporthalle*) sports hall; (*Tennishalle*) indoor courts [Pl]; (*Schwimmhalle*) indoor swimming pool ◇ *Trainiert ihr im Freien oder in der Halle?* Do you train outdoors or indoors?

hallen echo

Hallen- **Hallenbad** indoor swimming pool **Hallenfußball** indoor football

hallo hello

Hallo **1** (*Gruß*) hello **2** (*viel Aufheben und Lärm*) ◇ *jdn mit großem Hallo begrüßen* give sb a big welcome ◇ *Es gab ein großes Hallo beim Wiedersehen.* There was great excitement at the reunion.

Halluzination hallucination

Halm strand; (*Gras*) blade of grass; (*Trink-*) straw

Halogen halogen

Hals **1** neck ◇ *sich den Hals verrenken, um sehen zu können* crane your neck in order to see ◇ *Ich könnte ihm den Hals umdrehen!* I could wring his neck! **2** (*Schlund*) throat ◇ *Mir tut der Hals weh.* I've got a sore throat. IDM **aus vollem Hals** at the top of your voice ◇ *Sie schrie aus vollem Hals.* She screamed at the top of her voice. ◇ *Er lachte aus vollem Hals.* He laughed aloud. **bis zum Hals** up to your ears **Hals über Kopf** ◇ *Er hat sich Hals über Kopf verliebt.* He's fallen head over heels in love. ◇ *Sie reiste Hals über Kopf ab.* She left in a mad rush. ◇ *Sie haben Hals über Kopf geheiratet.* They rushed headlong into marriage. → *Siehe auch* BISSEN, FROSCH, KEHLE, KLOß, LUNGE, SCHEIBE *und* UMDREHEN

Halsabschneider shark (*umgs*) **halsbrecherisch** *Adj* dangerous (*Adv* dangerously); (*Geschwindigkeit*) breakneck [nur vor Nomen] ◇ *Der Aufstieg war nicht so halsbrecherisch wie der Abstieg.* The way up wasn't as dangerous as the way down. ◇ *Er nahm die Kurve mit halsbrecherischer Geschwindigkeit.* He took the bend at breakneck speed. **Halskette** chain; (*Schmuckstück für Frauen auch*) necklace ◇ *Er trug eine goldene Halskette.* He wore a gold chain. ◇ *eine Halskette aus Glasperlen* a necklace made of glass beads **Hals-Nasen-Ohren-Arzt/-Ärztin** ear, nose and throat specialist **Halsschmerzen** a sore throat ◇ *Ich habe furchtbare Halsschmerzen.* I've got an awful sore throat. **Halstuch** scarf; (*für Männer*) cravat

Halt **1** hold ◇ *Meine Füße fanden keinen Halt.* My feet found no hold. ◇ *Sie suchte nach einem Halt auf dem schwankenden Schiff.* She looked for something to hold onto on the swaying ship. ◇ *Sie rutschte und verlor den Halt.* She slipped and lost her footing. **2** (*Stütze*) support; (*innere Stütze auch*) security ◇ *In diesen Stiefeln hat der Knöchel einen festen Halt.* These boots give the ankles firm support. ◇ *Sein Glaube gibt ihm Halt.* His faith is a support to him. ◇ *nach Halt suchen* seek security ◇ *keinen inneren Halt haben* be insecure **3** (*Anhalten*) stop ◇ *Nach einem kurzen Halt ging die Fahrt weiter.* The journey continued after a brief stop. ◇ *In der nächsten Ortschaft machen wir Halt.* We'll stop at the next village. ◇ *Die Bahn fährt ohne Halt bis zur Endstation.* The train goes to the terminus without stopping. IDM **vor nichts (und niemandem) Halt machen** stop at nothing ◇ *Wenn er ein Ziel verfolgt, dann macht er vor nichts und niemandem Halt.* He'll stop at nothing when he's pursuing a goal. ◇ *Seine Wut macht vor nichts und niemandem Halt.* His anger knows no bounds.

halt¹ stop

halt² → EBEN

haltbar **1** (*nicht leicht verderblich*) ◇ *Mindestens haltbar bis 4. Mai.* Best before 4 May. ◇ *Im Kühlschrank bis zu einem Monat haltbar.* Will keep up to one month in the fridge. ◇ *Gemüse haltbar machen* preserve vegetables ◇ *ein Vorrat an haltbaren Lebensmitteln* a supply of non-perishable foodstuffs ◇ *begrenzt haltbare Vorräte* goods that keep for a limited amount of time **2** (*beständig*) durable **3** (*aufrechtzuerhalten*) ◇ *Diese Anschuldigungen sind juristisch nicht haltbar.* These accusations can't be legally upheld. ◇ *Diese These ist nicht länger haltbar.* This theory is no longer tenable. ◇ *Die jetzigen Preise sind nicht haltbar.* We can't maintain our current prices. ◇ *Diese Versprechungen sind doch nicht haltbar.* These promises cannot be kept. **4** (*zu verteidigen*) defensible **5** (*beim Ballsport*) stoppable

Haltbarkeit **1** durability; (*von Lebensmitteln, Medikamenten*) shelf life ◇ *Lebensmittel von begrenzter Haltbarkeit* foodstuffs with a limited shelf life ◇ *die Haltbarkeit von Schnittblumen* the life of cut flowers **2** (*einer These etc.*) tenability **Haltbarkeitsdatum** best before date ◇ *Das Haltbarkeitsdatum ist bereits überschritten.* We've already passed the best before date.

halten

• **festhalten** **1** hold ◇ *Soll ich dir die Leiter halten?* Shall I hold the ladder for you? ◇ *Dieses Gestein hält das Wasser.* This rock holds water. ◇ *Er hält den Weltrekord im Weitsprung.* He holds the world record in long jump. ◇ *Er hielt ein Gewehr auf mich gerichtet.* He pointed a gun at me. **2 sich ~ (können)** (be able to) hold on ◇ *Sie konnte sich nicht mehr halten.* She couldn't hold on any longer. ◇ *Der Seiltänzer konnte sich nicht mehr halten und stürzte ab.* The tightrope walker lost his footing and fell.

• **anhalten** **3** stop ◇ *Der Zug hält nur kurz.* The train only stops for a short time. ◇ *Haltet den Dieb!* Stop thief! ◇ *Sie war nicht mehr zu halten.* There was no stopping her.

• **nicht abweichen** **4** (*aufrechterhalten*) keep ◇ *ein Versprechen halten* keep a promise ◇ *das Gleichgewicht halten* keep your balance ◇ *Sport hält fit.* Sport keeps you fit. ◇ *jdn am Leben halten* keep sb alive ◇ *Wenn wir dieses Tempo halten können, dann kommen wir noch rechtzeitig.* If we can keep up this speed, we'll get there on time. ◇ *Der Sänger hielt den hohen Ton.* The singer held the high note. ◇ *Diese Ansicht hat sich nicht halten lassen.* That view could not be upheld. ◇ *Das Schiff hielt Kurs auf die Küste.* The ship steered a course towards the coast. **5 sich an etw ~** stick to sth; (*etw befolgen*) follow sth ◇ *Halte dich bitte an die Spielregeln.* Please stick to the rules.

• **nicht kaputtgehen, weggehen** **6** (*von Bestand sein*) last ◇ *Die Maschine hat lange gehalten.* The machine has lasted a long time. ◇ *Dieser Knoten hält bestimmt.* This knot will definitely hold. ◇ *Sei vorsichtig, das Eis hält noch nicht.* Be careful, the ice won't hold your weight yet. **7 sich ~** (*bestehen*) stay; (*Lebensmittel*) keep ◇ *Der Schnee hielt sich bis in den März.* The snow stayed until March. ◇ *Bei der Hitze hält die Milch nicht lange.* The milk won't keep long in this heat. ◇ *Kleinere Läden können sich nur mit Mühe halten.* Smaller shops find it hard to keep going. ◇ *An der nächsten Kreuzung halten Sie sich links.* Keep left at the next junction. ◇ *Gratuliere, du hast dich tapfer gehalten!* Well done, you were very brave!

• **denken** **8 jdn/etw für etw ~** think of sb/sth as sth, consider sb/sth (to be) sth ◇ *Ich hielt sie immer für ehrlich.* I always thought of her as honest. ◇ *Wir hielten ihn für einen großen Künstler.* We considered him a great artist. ◇ *Ich halte es für möglich, wahrscheinlich etc., dass …* I think it is possible, probable, etc. that … ◇ *Ich halte es für das Beste, wenn du jetzt gehst.* I think it would be best if you went now. ◇ *Für was hältst du mich eigentlich!* What do you take me for! **9 etw von jdm/etw ~** think sth of sb/sth ◇ *Ich halte nicht viel davon.* I don't think much of it. ◇ *Der Chef hält sehr viel von dem neuen Mitarbeiter.* The boss thinks a great deal of the new member of staff. ◇ *Was hältst du jetzt von einem Gläschen Sekt?* How do you feel about a little glass of champagne now?

• **andere Ausdrücke** **10 sich ~** ◇ *Halt dich gerade!* Sit/stand up straight! **11 (sich) etw ~** keep sth ◇ *Sie halten Hühner.* They keep chickens. **12** (*eine Rede etc.*) give ◇ *einen Vortrag/eine Predigt halten* give a lecture/sermon **13** (*durchführen*) ◇ *(einen) Mittagsschlaf halten* have an afternoon nap ◇ *Winterschlaf halten* hibernate ◇ *Wache halten* keep watch **14** (*beim Ballsport*) save ◇ *Der Torwart hielt den Elfmeter.* The goalkeeper saved the penalty. **15 sich an jdn ~** turn to sb ◇ *In Finanzfragen halte ich mich an meinen Bruder.* I turn to my brother in financial matters. **16 auf etw ~** set store by sth ◇ *Unser Chef hält sehr auf korrektes Auftreten.* Our boss sets great store by correct manners. **17 zu jdm ~** stand by sb ◇ *Auch in schwierigen Zeiten hat er zu seinen Freunden gehalten.* He stood by his friends even during difficult times. ◇ *Zu wem hältst du eigentlich?* Whose side are you on anyway? **18 es mit etw ~** ◇ *Wie halten wir es mit Mitgliedern, die ihre Beiträge nicht pünktlich zahlen?* What do we do about members who do not pay their membership fees on time? ◇ *Sie können es halten, wie sie wollen.* You can do as you like. ◇ *Wir halten es damit folgendermaßen: …* This is what we do in a case like this: …

IDM **an sich halten (können)** (be able to) control yourself ◇ *Er versuchte an sich zu halten und nicht zu schreien.* He tried to control himself and not to scream. **(etwas) auf sich halten** have some self-respect ◇ *Du solltest mehr auf dich halten.* You should have more self-respect. ◇ *Wer etwas auf sich hält, der verkehrt nicht in einem solchen Lokal.* No self-respecting person would frequent a pub like that.

Halter holder

Halter(in) owner

Halterung mounting

Halte- **Haltestelle** stop **Halteverbot 1** ◇ *Hier gilt absolutes Halteverbot.* You're not allowed to stop here. **2** (*Bereich*) no-stopping zone

haltlos 1 (*unbegründet*) unfounded **2** (*Mensch*) unstable

Haltung 1 posture ◇ *Er nahm eine drohende Haltung ein.* He adopted a threatening posture. ◇ *Sie saß in lässiger Haltung auf dem Sofa.* She sat casually on the sofa. **2** (*Einstellung*) attitude, view **3** (*Fassung*) dignity [U] ◇ *Sie verlor ihre Haltung nicht.* She preserved her dignity.

hämisch malicious (*Adv* maliciously), spiteful (*Adv* spitefully)

Hammelfleisch mutton

Hammer hammer ◇ *unter den Hammer kommen* come under the hammer **IDM** **etw ist ein (echter) Hammer 1** (*toll*) sth is (really) fantastic ◇ *Das Tor war ein echter Hammer!* That goal was really fantastic! **2** (*unverschämt*) sth is outrageous ◇ *Die Kantine soll geschlossen werden. Das ist ein echter Hammer!* The canteen's going to be closed. It's outrageous!

hämmern 1 hammer ◇ *gegen die Wand hämmern* hammer on the wall **2 auf etw ~** pound away at sth ◇ *Nebenan hämmerte jemand auf dem Klavier.* Someone was pounding away at the piano next door.

Hammerwerfen 1 hammer throwing [U] **2** (*Wettbewerb*) hammer (competition) ◇ *Er gewann das Hammerwerfen.* He won the hammer. ◇ *der Meister im Hammerwerfen* the hammer champion

Hämorrhoiden haemorrhoids [Pl]

Hampelmann puppet (*auch fig*); (*Schwächling auch*) wimp, doormat

Hamster hamster

hamstern hoard; (*Hamsterkäufe machen*) panic buy ◇ *Die Leute hamstern Mehl und Zucker.* People are panic buying flour and sugar.

Hand 1 hand ◇ *Er schüttelte ihr die Hand.* He shook her hand. ◇ *Wir gaben uns die Hand.* We shook hands. ◇ *sich die Hände waschen* wash your hands ◇ *jdn an die/bei der Hand nehmen* take sb by the hand ◇ *Sie hatte ein Messer in der Hand.* She had a knife in her hand. ◇ *Das Pferd fraß ihr aus der Hand.* The horse ate out of her hand. ◇ *in die Hände klatschen* clap your hands ◇ *die Hand ausstrecken* reach out your hand ◇ *etw mit der Hand schreiben* write sth by hand ◇ *etw von Hand nähen* sew sth by hand ◇ *Hand in Hand* hand in hand ◇ *Hände hoch!* Hands up! ◇ *etw in die Hand nehmen* pick sth up **2 rechter/linker Hand** on the right/left ◇ *Linker Hand sehen Sie die Burg.* On the left you can see the castle. **3 die öffentliche Hand** the state ◇ *Die öffentliche Hand ist der wichtigste Auftraggeber für uns.* We get most of our contracts from the state. ◇ *Zuschüsse von öffentlicher Hand* subsidies from the government ◇ *Die öffentliche Hand sollte mehr Parkplätze bauen.* The council ought to build more car parks. **IDM** **alle/beide Hände voll zu tun haben** have your hands full **auf der Hand liegen** be obvious **jdn auf Händen tragen** wait on sb hand and foot **etw aus der Hand geben** let sb have sth ◇ *Ich kann die Unterlagen nicht aus der Hand geben.* I cannot let you have these documents. **jdm aus der Hand lesen** read sb's palm **aus erster Hand** first-hand ◇ *Informationen aus erster Hand* first-hand information **aus zweiter Hand** second-hand; (*Autos auch*) used **etw bei der Hand haben** have sth handy **bei etw die Hand im Spiel haben** be involved in sth **die Hände in den Schoß legen** do nothing **die Hand nicht vor (den) Augen sehen können** not be able to see your hand in front of your face **die Hände über dem Kopf zusammenschlagen** throw up your hands in horror **freie Hand haben** have a free hand **jdm freie Hand lassen** give sb a free hand **für jdn/etw die Hand ins Feuer legen** be able to vouch for sb/sth ◇ *Ich lege meine Hand für ihn ins Feuer.* I can vouch for him. **Geld mit vollen Händen ausgeben** spend money like water **Hand und Fuß haben** be well thought out **hinter vorgehaltener Hand** off the record ◇ *Hinter vorgehaltener Hand geben manche Abgeordneten zu, dass …* Some MPs are admitting off the record that … ◇ *Darüber wird nur hinter vorgehaltener Hand geredet.* Nobody talks about it openly. **jdn in der Hand haben** have sb in the palm of your hand **jdn/etw in die Hände bekommen** get your hands on sb/sth **jdm in die Hände fallen** fall into sb's hands **etw in die Hand nehmen** take charge of sth **jdm in die Hände spielen** play into sb's hands **in guten/sicheren Händen sein** be in safe hands **in jds Hand sein** be in sb's hands **in jds Hände übergehen** pass into sb's hands **mit etw Hand in Hand gehen** go hand in hand with sth ◇ *Hand in Hand mit wirtschaftlichem Fortschritt sollte eine Steigerung des Umweltbewusstseins gehen.* Economic progress should go hand in hand with environmental responsibility. **mit Händen und Füßen reden** talk with your hands **mit leeren Händen** empty-handed **mit starker/fester Hand** with an iron hand **nichts (gegen jdn) in der Hand haben** have no evidence (on sb) **jds rechte Hand** sb's right-hand man/woman [Sing] **jdm rutscht die Hand aus** sb lashes out **sich mit Händen und Füßen wehren** fight (tooth and nail) ◇ *Die Anwohner wehrten sich mit Händen und Füßen gegen den Plan.* The residents fought the proposal tooth and nail. **um jds Hand anhalten** ask for sb's hand (in marriage) **unter der Hand 1** (*verkaufen*) under the counter; (*nicht auf dem üblichen Weg*) by/through the back door ◇ *Die Zeitschrift wurde unter der Hand verkauft.* The magazine was sold under the counter. ◇ *Die Wohnungen wurden unter der Hand weitergegeben.* The flats were allocated through the back door. **2** (*erfahren*) off the record ◇ *Unter der Hand geben beide Seiten zu, dass ...* Both sides admit off the record that ... **von der Hand in den Mund leben** live from hand to mouth **zu Händen** for the attention of; attn ◇ *z. Hd. Herrn Müller* attn Mr Müller **zwei linke Hände haben** be cack-handed → *Siehe auch* ABZÄHLEN, EISERN, ERHEBEN, FADEN, FENSTER, KLINKE, SCHMUTZIG, SPATZ, STEUER[1] *und* ZÜGEL

Handarbeit 1 ◇ *Dieser Stuhl ist eine Handarbeit.* This chair is handmade. **2** (*Nähen, Fach*) needlework [U] **Handball** handball, (*AmE auch*) team handball [U] **Handbewegung** gesture **Handbremse** handbrake ◇ *die Handbremse anziehen/lösen* put on/release the handbrake **Handbuch** handbook

Händchen ~ halten hold hands

Händedruck handshake

Handel 1 trade; (*Wirtschaftsbereich auch*) commerce ◇ *Der Handel mit Orientteppichen geht zurück.* Trade in oriental carpets is on the decline. ◇ *der Handel mit Polen* trade with Poland ◇ *mit Kuba Handel treiben* trade with Cuba ◇ *Industrie und Handel* industry and commerce **2** (*Markt*) market ◇ *Das Gerät ist seit einer Woche im Handel erhältlich.* This piece of equipment has been on the market for a week. ◇ *etw aus dem Handel ziehen* take sth off the market

handeln 1 (*tätig werden*) act; (*sich verhalten*) behave ◇ *Wir müssen sofort handeln.* We have to act immediately. ◇ *in Notwehr handeln* act in self-defence ◇ *verantwortungslos handeln* behave irresponsibly ◇ *Du hast richtig gehandelt.* You did the right thing. ◇ *kollektives Handeln* collective action **2 von etw ~** be about sth ◇ *Der Film handelt von zwei Schwestern.* The film is about two sisters. **3 es handelt sich um etw/jdn** it is about sth/sb; **bei jdm/etw handelt es sich um ...** sb/sth is ... ◇ *Worum handelt es sich?* What's it about? ◇ *Es handelt sich um meine Mutter.* It's about my mother. ◇ *Bei dem Toten handelt es sich um einen Drogenabhängigen.* The dead man was a drug addict. ◇ *Bei der Anlage handelt es sich um ein geschlossenes System.* The plant is a closed system. **4 in/mit etw ~** deal in sth ◇ *Wir handeln mit Gebrauchtwagen.* We deal in used cars. **5 mit jdm ~** trade with sb **6 (um etw) ~** haggle (over sth) ◇ *Auf dem Flohmarkt versucht sie immer zu handeln.* She always tries to haggle at the flea market.

Handels- Handelsabkommen trade agreement **Handelsbeziehungen** trade relations [Pl] **Handelsbilanz** balance of trade **handelseinig mit jdm ~ werden** agree terms with sb **Handelsembargo** trade embargo **Handelsgesellschaft** company **Handelskammer** chamber of commerce **Handelspartner** trading partner **Handelsschule** = school which emphasizes commercial rather than academic subjects **handelsüblich** standard ◇ *in handelsüblichen Mengen* in standard quantities **Handelsvertrag** trade agreement **Handelsvertreter(in)** (commercial) representative

Handfeger brush

handfest (*Krise, Vorteil*) real; (*Ergebnis*) clear; (*Grund*) good; (*Informationen*) solid; (*Skandal*) major; (*Mahlzeit*) substantial; (*Beweis*) tangible; (*Auseinandersetzung*) violent

Hand- Handfläche palm (of the/your hand) **Handgelenk 1** wrist **2 etw aus dem ~ machen/schütteln** do sth without any effort **handgemacht** handmade **handgemalt** hand-painted **Handgemenge** scuffle **Handgepäck** hand luggage, (*AmE meist*) hand baggage **handgeschrieben** handwritten **Handgranate** hand grenade

handgreiflich violent ◇ *handgreiflich werden* become violent ◇ *eine handgreifliche Auseinandersetzung* a violent clash

Handgriff 1 move ◇ *Bei diesem Zauberer sitzt jeder Handgriff.* Every move this magician makes is just right. ◇ *Die Installation des Programms erfordert nur wenige Handgriffe.* This program can be installed in just a few simple steps. **2 keinen ~ tun** not lift a finger IDM **mit einem Handgriff/mit ein paar Handgriffen** in no time at all ◇ *Mit ein paar Handgriffen baute er das Zelt auf.* He put the tent up in no time at all.

handhaben handle; (*Gerät etc.*) operate; (*Gesetz, Vorschrift*) implement

Handikap handicap

Handlanger 1 labourer, (*AmE*) laborer **2** (*fig*) henchman

Händler(in) dealer; (*Ladenbesitzer*) shopkeeper; (*Geschäftsbesitzer*) tradesman/tradeswoman ◇ *ein Auto beim Händler kaufen* buy a car from the dealer ◇ *fliegende Händler* street traders

handlich handy (*Adv* handily); (*praktisch*) convenient (*Adv* conveniently) ◇ *eine handliche Sofortbildkamera* a handy instant camera ◇ *Der Staubsauger ist klein und handlich.* The vacuum cleaner is small and convenient.

Handlung 1 (*Handeln*) action; (*Tat*) act ◇ *die Konsequenzen meiner Handlungen* the consequences of my actions ◇ *eine strafbare Handlung* a punishable act **2** (*eines Romans, Films etc.*) plot, action ◇ *Die Handlung spielt in Berlin.* The action takes place in Berlin. **Handlungsfreiheit** freedom of action **Handlungsspielraum** scope for action **Handlungsweise** conduct [U]

Hand- Handmixer hand blender **Handmühle** hand mill **Handout** handout **Handpuppe** glove puppet, (*AmE*) hand puppet **Handrücken** back of your/the hand **Handschellen** handcuffs [Pl] ◇ *Sie nahmen uns die Handschellen ab.* They took our handcuffs off. ◇ *Ihm wurden Handschellen angelegt.* He was handcuffed. **Handschlag** handshake ◇ *per/mit Handschlag* with a handshake ◇ *Sie besiegelten das Geschäft mit einem Handschlag.* They shook hands on the deal. **Handschrift 1** handwriting [U] ◇ *eine unleserliche Handschrift haben* have illegible handwriting **2** (*Buch*) manuscript ◇ *eine Handschrift aus dem 13. Jahrhundert* a 13th-century manuscript **handschriftlich 1** *Adj* handwritten ◇ *ein handschriftlicher Lebenslauf* a handwritten CV **2** *Adv* by hand ◇ *ein Formular handschriftlich ausfüllen* fill a form out by hand **3** (*in Handschrift überliefert*) manuscript ◇ *handschriftlich überlieferte Texte* texts handed down in manuscript form ◇ *handschriftliches Original* original manuscript **Handschuh** glove; (*Faust-*) mitten **Handschuhfach** glove compartment **Handspiel** (SPORT) handball ◇ *Freistoß wegen Handspiels* free kick for handball **Handstand** (SPORT) handstand ◇ *einen Handstand machen* do a handstand **Handtasche** handbag, (*AmE*) purse

Handtuch towel; (*für Geschirr*) tea towel IDM **das Handtuch werfen** throw in the towel

Hand- **Handumdrehen** **im ~** in no time at all **Handvoll** handful ◇ *eine Handvoll Touristen* a handful of tourists **Handwäsche** hand washing

Handwerk trade; (*Kunsthandwerk*) craft ◇ *ein Handwerk erlernen* learn a trade ◇ *Das Handwerk wirbt um Lehrlinge.* The trades are recruiting trainees. ◇ *eine Hotelbar, bedient durch ein gutes Team von Mitarbeitern, die ihr Handwerk kennen* a hotel bar run by a good team of staff who know their job IDM **jdm das Handwerk legen** put a stop to sb's (little) game **jdm ins Handwerk pfuschen** mess up sb's plans ◇ *Die Polizei hat dem Attentäter ins Handwerk gepfuscht.* The police messed up the assassin's plans. ◇ *der Natur ins Handwerk pfuschen* interfere with Nature

Handwerker(in) (skilled) worker; (*Kunst-*) craftsman/craftswoman; (*Maler, Klempner etc.*) workman ◇ *Bei mir kommen die Handwerker.* I've got workmen coming. ◇ *bessere Ausbildung für Handwerker* better training for skilled workers

handwerklich (*Beruf*) skilled; (*Geschick*) manual ◇ *handwerkliche Berufe* skilled trades ◇ *handwerkliche Fähigkeiten* manual skills ◇ *Er ist handwerklich sehr geschickt.* He is very clever with his hands. ◇ *handwerklich gefertigte Gegenstände* handcrafted objects

Handwerks- **Handwerksberuf** skilled trade **Handwerksbetrieb** workshop **Handwerkszeug** tools of the trade [Pl]

Handy mobile (phone), (*bes AmE*) cell phone **Handystrahlung** mobile phone radiation; (*AmE*) cellphone radiation

Handzeichen **1** (*eines Autofahrers*) hand signal ◇ *ein Handzeichen geben* give a hand signal **2** ◇ *Abstimmung durch Handzeichen* vote by a show of hands

Handzettel leaflet; (*Werbung meist*) handbill

Hanf hemp

Hang **1** slope ◇ *den Hang hinaufsteigen* climb up the slope ◇ *den Hang hinunterfahren* drive down the hill ◇ *Unser Haus liegt am Hang.* Our house is on the hillside. **2** tendency; **einen ~ zu etw haben** have a tendency towards sth/to do sth ◇ *einen Hang zum Träumen haben* have a tendency to dream

Hängebrücke suspension bridge

hangeln ◇ *Die Affen hangelten sich von Ast zu Ast.* The monkeys were swinging from branch to branch. ◇ *sich am Seil abwärts hangeln* let yourself down a rope hand over hand ◇ *sich über eine Schlucht hangeln* make your way across a ravine hand over hand

Hängematte hammock

hängen[1] **1** hang ◇ *Bunte Luftschlangen hängen von der Decke.* Coloured streamers are hanging from the ceiling. ◇ *Eine Dunstwolke hing über der Stadt.* A haze hung over the town. ◇ *Ihm hängt das Hemd aus der Hose.* His shirt is hanging out of his trousers. ◇ *Deine Jacke hängt im Schrank.* Your jacket is in the wardrobe. **2** (*sich neigen*) droop ◇ *Mit hängenden Schultern schlich er davon.* He slunk away with drooping shoulders. ◇ *Die Tulpen lassen die Köpfe hängen.* The tulips are drooping. ◇ *Lass die Schultern nicht so hängen.* Put your shoulders back. **3** (*sich festhalten*) cling ◇ *Der Junge hing an ihrem Arm.* The boy clung to her arm. **4 an etw ~** (*befestigt sein*) be attached to sth; (*haften*) stick ◇ *An deinen Schuhen hängt noch Matsch.* There is still mud stuck to your shoes. ◇ *Ihr Blick hing an ihm.* Her gaze was fixed on him. **5 an jdm/etw ~** (*jdn/etw mögen*) be fond of sb/sth, be attached to sb/sth **6** (*sich aufhalten, nicht wegkommen*) hang around; **an etw ~** be glued to sth ◇ *Die beiden hängen jeden Abend in der Disco.* The two of them hang around in the disco every evening. ◇ *Wir hingen damals ständig am Radio.* We were glued to the radio in those days. ◇ *Sie hängt den ganzen Tag vorm Computer.* She sits the whole day in front of the computer. ◇ *Er hängt dauernd am Telefon.* He's constantly on the phone. ◇ *Sie hing völlig erledigt im Sessel.* She lay slumped in a chair, exhausted. **7 an jdm/etw ~** (*von jdm/etw abhängen*) depend on sb/sth ◇ *Es hängen einige Arbeitsplätze dran.* Several jobs depend on it. **8** (*festhängen*) be caught; (*Computer*) be frozen; (*CD*) be stuck ◇ *Ich hänge mit dem Hosenbein im Zaun!* My trouser leg is caught on the fence! **9 voll(er) … ~** be full of … ◇ *Die Schränke hingen voller alter Kleider.* The wardrobes were full of old clothes. ◇ *Die Bäume hängen voller Äpfel.* The trees are laden with apples. **10 jdn ~ lassen** let sb down ◇ *Er lässt dich bestimmt nicht hängen.* He won't let you down. **11 sich ~ lassen** (*sich gehen lassen*) let yourself go **12 ~ bleiben** get caught, get stuck ◇ *Ich bin mit dem Ärmel an der Türklinke hängen geblieben.* My sleeve got caught on the door handle. ◇ *Der Luftballon ist im Baum hängen geblieben.* The balloon got caught in the tree. ◇ *Ich bin im Stau hängen geblieben.* I got stuck in the traffic. **13 etw bleibt an jdm ~** sb gets lumbered with sth ◇ *Immer bleibt alles an mir hängen.* I always get lumbered with everything. **14 von etw ist bei jdm viel/nichts/wenig ~ geblieben** sb remembers a lot/nothing/very little of sth ◇ *Ist bei dir vom Biounterricht viel hängen geblieben?* Do you remember much from biology lessons? IDM → FADEN, HERZ, KLETTE, KOPF, LIPPE, LUFT, ROCKZIPFEL, SEIL *und* SPRITZE

hängen[2] **1** hang ◇ *Häng deine Kleider in den Schrank.* Hang your clothes in the wardrobe. ◇ *Sie hängte sich die Tasche über die Schulter.* She hung her bag on her shoulder. ◇ *Du solltest den Spiegel höher hängen.* You should hang the mirror higher. ◇ *Gardinen ans Fenster hängen* put curtains up at the windows **2 etw an etw ~** (*Wohnwagen etc.*) hitch sth to sth **3 sich ~** ◇ *Sie hängten sich über die Reling.* They hung over the railings. ◇ *Sie hängte sich an den untersten Ast.* She grabbed hold of the lowest branch. ◇ *Ich hängte mich sofort ans Telefon.* I got on the phone straight away. **4 jdn ~** hang sb IDM → FAHNE, GLOCKE *und* NAGEL

Hängepartie **1** (*Schach etc.*) adjourned game **2** (*ungewisse Zeit*) period of uncertainty; (*festgefahrene Situation*) impasse ◇ *Nach der Wahl droht den Spaniern eine Hängepartie.* After the elections the people of Spain face a period of uncertainty.

hänseln tease

Hansestadt Hanseatic town

Hantel dumb-bell

hantieren **1 mit etw ~** (*handhaben*) handle sth; (*sich beschäftigen*) be busy with sth ◇ *Sie lernen mit Gartengeräten fachgerecht zu hantieren.* They learn to handle garden tools correctly. ◇ *Mein Vater hantierte in der Küche.* My father was busy in the kitchen. **2 (an etw) ~** (*herumspielen*) fiddle (about) (with sth), mess about (with sth) ◇ *Er hantierte am Rückspiegel.* He was fiddling with the rear-view mirror.

hapern **1 es hapert an etw** (*fehlt*) there is a lack of sth ◇ *Am Geld haperte es.* There was a lack of money. ◇ *Bei euch hapert es noch an der Übung.* You still haven't had enough practice. **2 es hapert (an/mit/in etw)** there are problems (with sth) ◇ *Es hapert oft an der Kommunikation.* There are often communication problems. ◇ *Mit dem Lesen hapert es bei ihm noch ein wenig.* He still has a few problems with his reading.

Häppchen **1** (*Imbiss*) bite to eat **2** (*Appetithappen*) canapé

Happen (*Stück*) bit; (*Bissen*) bite ◇ *ein kleiner Happen Fleisch* a little bit of meat ◇ *Ich esse einen Happen mit.* I'll have a bite to eat with you.

Happening happening
happig steep; (*Steuern*) high ◇ *100 Dollar dafür ist ganz schön happig!* 100 dollars is a bit steep! ◇ *Die Preise hier sind recht happig.* The prices here are pretty steep.
happy pleased ◇ *Sie ist total happy, dass er sie eingeladen hat.* She is really pleased that he has invited her.
Happy End happy ending
Hardliner hardliner
Hardrock hard rock
Hardware hardware
Harem harem
Harfe harp ◇ *Sie spielt Harfe.* She plays the harp.
Harke rake
harken rake
harmlos 1 harmless **2** (*Bemerkung, Frage etc.*) innocuous, innocent
Harmonie harmony
harmonieren 1 (*Töne etc.*) be harmonious **2** (*gut zusammenpassen*) go together, work well together ◇ *Der Pullover und die Hose harmonieren farblich nicht miteinander.* The colours of the jumper and the trousers don't go together. **3** (*gut miteinander auskommen*) get on well ◇ *Wir harmonieren gut miteinander.* We get on well.
Harmonika harmonica ◇ *Er spielt Harmonika.* He plays the harmonica.
harmonisch harmonious (*Adv* harmoniously); (*freundlich auch*) friendly, amicable (*Adv* amicably) ◇ *ein harmonischer Klang* a harmonic sound ◇ *harmonisch aufeinander abgestimmte Farben* harmonious combinations of colours ◇ *Das Treffen ist sehr harmonisch verlaufen.* The meeting passed off very amicably. ◇ *Die Häuser fügen sich harmonisch ins Stadtbild ein.* The new houses harmonize with the rest of the town's architecture.
harmonisieren harmonize
Harmonisierung harmonization
Harn urine
Harpune harpoon
harsch (*unfreundlich*) harsh (*Adv* harshly)
hart 1 hard ◇ *Das Brot ist ja hart wie Stein!* The bread is rock hard! ◇ *hart gekochte Eier* hard-boiled eggs ◇ *ein harter Bleistift* a hard pencil ◇ *harte Drogen* hard drugs ◇ *eine harte Währung* a hard currency ◇ *hartes Wasser* hard water ◇ *Sie arbeitet/trainiert hart.* She works/trains hard. ◇ *Diese Partei fährt einen harten Kurs.* This party is taking a hard line. ◇ *Sei nicht so hart zu ihr.* Don't be so hard on her. ◇ *Die Scheidung hat sie hart getroffen.* The divorce hit her hard. **2** (*robust*) tough ◇ *Cowboys sind harte Burschen.* Cowboys are tough guys. ◇ *Sie ist eine harte Frau.* She's tough. **3** (*schwer erträglich, unbarmherzig, unangenehm*) harsh ◇ *extrem harte Bedingungen* extremely harsh conditions ◇ *ein hartes Urteil* a harsh sentence ◇ *Das sind aber harte Worte.* Those are harsh words. ◇ *die harte Realität* harsh reality ◇ *Sie hat einen harten Akzent.* She has a harsh accent. ◇ *Er wurde hart bestraft.* He was given a harsh punishment. **4** (*mit großer Wucht*) hard; (*Landung*) bumpy; (*Bremsen*) sharp (*Adv* sharply) ◇ *ein harter Ruck/Sturz* a hard jolt/fall ◇ *ein harter Aufprall* a forceful crash ◇ *eine harte Landung* a bumpy landing ◇ *Warum bremst du immer so hart?* Why do you always brake so sharply? ◇ *ein harter Sturz* a heavy fall **5** (*Konkurrenz*) keen **6** (*Auseinandersetzung*) heated ◇ *Es wurde hart diskutiert.* There were heated debates. **7** (*Gegensatz/Kontrast*) sharp **8** (*empörend*) terrible; (*gemein*) mean ◇ *Ganz schön hart, wie er mit seiner Mutter umspringt.* It's terrible, the way he treats his mother. ◇ *Was er gestern zu dir gesagt hat war echt hart.* What he said to you yesterday was really mean. **IDM** **es geht/kommt hart auf hart** things get tough; (*es wird hart gekämpft*) it's a tough fight; (*es kommt zu Schlägereien*) things get rough ◇ *Bei dem Fußballspiel morgen geht es hart auf hart.* In the football match tomorrow it's going to be a tough fight. ◇ *Bei der Demo ging es hart auf hart.* Things got rough during the demonstration. ◇ *wenn es hart auf hart geht/kommt* when it comes to the crunch → *Siehe auch* BROCKEN, KERN, NUSS *und* STÜCK
Härte 1 (*von Werkstoffen, Wasser*) hardness **2** (*Robustheit*) toughness **3** (*harte Bedingungen, schwere Belastung*) hardship ◇ *die Härte des Krieges* the hardship of war **4** (*Strenge*) ◇ *Der Film zeigt dies mit schonungsloser Härte.* The film shows this quite brutally. ◇ *Es muss mit aller Härte gegen Dealer vorgegangen werden.* There must be tough measures against dealers. **5** (*Wucht*) force ◇ *die Härte des Aufpralls* the force of the impact ◇ *Der Minister drohte den Demonstranten mit der vollen Härte des Gesetzes.* The minister threatened the demonstrators with the full force of the law. **6** (*von Konturen, Kontrasten etc.*) harshness ◇ *die Härte der Farben/der Konturen/der Umrisse* the harshness of the colours/contours/outlines **7** (*von Währungen*) stability **IDM** **Das ist ja die Härte!** That's out of order!
Härtefall case of hardship; (*Mensch*) hardship case
härten 1 harden; (*Stahl*) temper **2** (**sich**) ~ (*hart werden*) harden
Hart- Hartfaserplatte piece of hardboard **hartherzig** hard-hearted (*Adv* hard-heartedly)
hartnäckig 1 persistent (*Adv* persistently); (*ausdauernd*) dogged (*Adv* doggedly); (*störrisch*) obstinate **2** (*Adv* obstinately) ◇ *ein hartnäckiges Gerücht* a persistent rumour ◇ *hartnäckiger Widerstand* dogged resistance ◇ *Sie schwieg hartnäckig.* She remained obstinately silent. ◇ *ein hartnäckiger Verfolger* a relentless pursuer
Hartnäckigkeit persistence; (*negativ*) stubbornness
Hartwurst ≈ salami
Hartz IV ≈ jobseeker's allowance
Hartz-IV-Empfänger ≈ unemployed person on jobseeker's allowance
Harz *das* resin
Haschisch hashish
Hase hare **IDM** **ein alter Hase sein** be an old hand **wissen, wie der Hase läuft** know which way the wind blows → *Siehe auch* FUCHS
Haselnuss hazelnut
Hasen- Hasenbraten roast hare **Hasenscharte** cleft lip
Hashtag hashtag
Häsin doe
Hass hatred [U] ◇ *Hass auf/gegen die Gesellschaft* hatred towards society
hassen hate ◇ *Sie hasst es, mit dem Bus zu fahren.* She hates going by bus. ◇ *etw wie die Pest hassen* detest sth
hasserfüllt full of hate ◇ *Er blickte ihn hasserfüllt an.* He looked at him full of hate. ◇ *mit hasserfülltem Blick* with a look full of hate
hässlich 1 ugly; (*abstoßend*) hideous (*Adv* hideously) ◇ *hässliche Wohnblocks* ugly tower blocks ◇ *hässlich aussehen* look hideous **2** (*gemein, verwerflich*) nasty ◇ *Er war sehr hässlich zu ihr.* He was very nasty to her. ◇ *Sie sprach hässlich von ihm.* She was nasty about him. **3** (*unangenehm, unerfreulich*) unpleasant, nasty (*umgs*) ◇ *ein hässlicher Vorfall* an unpleasant incident ◇ *ein hässlicher Schnupfen* a nasty cold
Hässlichkeit ugliness [U]

Hassliebe love-hate relationship

Hast haste [U] ◇ *in großer Hast* in great haste ◇ *Sie überquerte ohne Hast die Straße.* She unhurriedly crossed the street.

hasten hurry

hastig hurried (*Adv* hurriedly), hasty (*Adv* hastily) ◇ *hastige Schritte* hurried steps ◇ *Er unterbrach sie hastig.* He hastily interrupted her.

hatschi achoo, (*BrE auch*) atishoo

Haube 1 bonnet; (*einer Krankenschwester*) cap **2** (*Motor-*) bonnet, (*AmE*) hood IDM **unter der Haube sein** be married **jdn unter die Haube bringen** marry sb off

Hauch 1 breath ◇ *Sie spürte seinen Hauch im Nacken.* She felt his breath on her neck. **2** (*Luftzug, kaum wahrnehmbarer Duft*) waft ◇ *ein Hauch von Parfum* a waft of perfume **3** (*Anflug*) hint ◇ *ein Hauch von Exotik* a hint of the exotic ◇ *Er hatte nicht den Hauch einer Chance.* He didn't have a ghost of a chance.

hauchdünn very thin ◇ *Sie trug die Salbe hauchdünn auf.* She applied a very thin layer of cream. ◇ *hauchdünn geschnittene Salami* very thin slices of salami

hauchen breathe ◇ *Er hauchte ihr etwas ins Ohr.* He breathed something in her ear.

hauen 1 hit ◇ *Sie haute ihm ins Gesicht.* She hit him in the face. ◇ *Er haute ihm auf die Schulter.* He clapped him on the shoulder. **2** (*auf/gegen etw schlagen*) bang ◇ *Sie haute mit der Faust gegen die Wand.* She banged her fist on the wall. **3** (*zerschlagen*) smash ◇ *Sie haute den Stuhl in Stücke.* She smashed the chair to bits. **4** (*hineinschlagen*) knock; (*meißeln*) hew ◇ *Er hat ein Loch ins Eis gehauen.* He knocked a hole in the ice. ◇ *Sie haute den Nagel in die Wand.* She knocked the nail into the wall. ◇ *eine in Stein gehauene Figur* a figure hewn from stone **5** (*schmeißen, sich fallen lassen*) fling ◇ *Er haute seine Tasche in die Ecke.* He flung his bag into the corner. ◇ *Sie haute sich vor den Fernseher.* She flung herself in front of the TV. IDM → FAUST, FINGER, OHR, PAUKE, PFANNE, PUTZ *und* TISCH

Häufchen little pile IDM **ein Häufchen Elend** a picture of misery

Haufen 1 pile [mit Verb im Sing/Pl], heap ◇ *ein großer Haufen Kartoffeln* a big pile of potatoes ◇ *Er warf alles auf einen Haufen.* He threw everything into a heap. ◇ *Hast du schon einmal so viele Menschen auf einen Haufen gesehen?* Have you ever seen so many people together in one place? **2** (*große Menge, Anzahl*) load (*umgs*); (*von Menschen*) crowd ◇ *ein Haufen Arbeit* a load of work ◇ *Er besitzt einen Haufen Bücher.* He owns loads of books. ◇ *ein Haufen Neugieriger* a crowd of curious onlookers ◇ *Das kostet einen Haufen Geld.* That costs a lot of money. IDM **jdn über den Haufen fahren** run sb over **jdn über den Haufen rennen** plough sb down; (*zusammenstoßen*) crash into sb **etw über den Haufen werfen 1** chuck sth in ◇ *Sie haben alle Pläne über den Haufen geworfen.* They've chucked in all their plans. **2** (*vereiteln*) muck sth up (*umgs*) ◇ *Das hat unsere Berechnungen über den Haufen geworfen.* That mucked up all of our calculations.

häufen 1 pile, heap ◇ *Er häufte Kartoffeln auf den Teller.* He piled potatoes on his plate. ◇ *ein gehäufter Esslöffel Zucker* a heaped dessertspoonful of sugar **2 sich ~** increase ◇ *Die Fälle haben sich gehäuft.* The number of cases has increased. ◇ *Die Einbrüche häufen sich.* Break-ins are on the increase. ◇ *Auf dem Schreibtisch häuften sich die Briefe.* Letters were mounting up on the desk.

haufenweise in large quantities, loads of (*umgs*) ◇ *Man fand haufenweise Kokain.* Large quantities of cocaine were found. ◇ *Er hat haufenweise Fehler gemacht.* He made loads of mistakes.

häufig 1 *Adj* common **2** *Adv* often, frequently ◇ *Es ist häufig so, dass …* It is often the case that … ◇ *eine häufig gestellte Frage* a frequently asked question

Häufigkeit frequency [U]

Häufung increasing number ◇ *die Häufung von Unfällen* the increasing number of accidents

Haupt head (*auch fig*) ◇ *das Haupt der katholischen Kirche* the head of the Catholic Church

haupt- hauptamtlich full-time ◇ *hauptamtlich tätig sein* work on a full-time basis **Hauptangeklagte(r)** (main) defendant **Hauptaufgabe** main task **Hauptbahnhof** main station **Hauptberuf** main job ◇ *Sie ist im Hauptberuf Lehrerin.* Her main job is teaching. **hauptberuflich** ◇ *Er ist hauptberuflich als Maler tätig.* His main job is as a painter. ◇ *ein hauptberuflicher Feuerwehrmann* a full-time firefighter **Hauptbestandteil** principal component **Hauptdarsteller(in)** lead ◇ *der männliche Hauptdarsteller* the male lead ◇ *die beiden Hauptdarstellerinnen* the two (female) leads **Haupteingang** main entrance **Hauptfach** main subject **Hauptfigur** main character **Hauptgebäude** main building **Hauptgericht** main dish ◇ *Als Hauptgericht gab es Kaninchen.* The main dish was rabbit. **Hauptgewinn** first prize **Hauptgrund** main reason

Häuptling headman; (*Indianer-*) chief

Haupt- Hauptmahlzeit main meal ◇ *die Hauptmahlzeit abends einnehmen* eat your main meal in the evening ◇ *zwischen den Hauptmahlzeiten essen* eat between meals **Hauptmann** captain ◇ *zum Hauptmann befördert werden* be promoted to captain **Hauptmenü** (COMP) main menu **Hauptmerkmal** main feature **Hauptperson 1** central figure ◇ *die Hauptperson des Abends* the central figure of the evening ◇ *Er will immer die Hauptperson sein.* He always wants to be the centre of attention. **2** (*Hauptfigur*) main character **Hauptpostamt** main post office **Hauptquartier** headquarters [mit Verb im Sing/Pl] (*Abk* HQ) ◇ *im Hauptquartier der Armee* at army headquarters **Hauptrolle** leading role (*auch fig*) **Hauptsache 1** most important thing ◇ *Geld ist nicht die Hauptsache.* Money is not the most important thing. ◇ *Hauptsache, es macht Spaß.* The main thing is to enjoy it. **2 in der ~** mainly **hauptsächlich 1** *Adv* mainly **2** *Adj* main [nur vor Nomen] **Hauptsaison** peak season **Hauptsatz** (LING) main clause **Hauptschlagader** (ANAT) aorta; (*fig*) main artery **Hauptschuld** main share of the blame; **die ~ (an etw) tragen** be mainly to blame (for sth); **jdm die ~ geben** hold sb to be the main culprit **Hauptschule** ≈ secondary school (where the curriculum is more practical than in other school types) **Hauptsitz** head office ◇ *Die Firma hat ihren Hauptsitz in London.* The firm's head office is in London. **Hauptstadt** capital ◇ *Frankreichs Hauptstadt Paris* Paris, the French capital **Hauptstraße** main road; (*Geschäftsstraße*) high street, (*AmE*) main street **Hauptteil** main part; (*eines Textes*) body **Hauptthema** main topic **Hauptverhandlung** main proceedings [Pl] **Hauptverkehrsstraße** main road **Hauptverkehrszeit** rush hour ◇ *in der Hauptverkehrszeit unterwegs sein* travel at rush hour ◇ *morgens in der Hauptverkehrszeit* in the morning rush hour **Hauptwohnsitz** main residence **Hauptwort** noun

Haus 1 house; (*Mehrfamilienhaus*) block of flats, (*AmE*) apartment block ◇ *ein unterkellertes Haus* a house with a cellar ◇ *das Haus Habsburg* the House of Habsburg ◇ *das Weiße Haus* the White House ◇ *die beiden Häuser des Parlaments* both Houses of Parliament ◇ *Das ganze Haus tobte, als er auf die Bühne kam.* The house went wild when he appeared on stage. ◇ *vor* *ausverkauftem Haus spielen* play to a packed house ◇ *Bei uns im Haus ist eine Wohnung frei.* There's a flat to be let in our block. **2** (*Zentrum*) centre, (*AmE*) center ◇ *das Haus der Jugend* the youth centre **3** (*Familie*) family ◇ *aus gutem Hause kommen* come from a good family ◇ *ein Freund des Hauses* a friend of the family **4** (*Firma*) ◇ *ein weltbekanntes Haus* a world-famous company ◇ *Herr Müller ist heute nicht im Haus.* Mr Müller is out of the office today. **5 zu Hause** at home; **zu Hause bleiben/sein** stay/be at home (*AmE*) stay/be home ◇ *bei uns zu Hause* at home ◇ *sich ganz wie zu Hause fühlen* feel completely at home ◇ *Fühlen Sie sich wie zu Hause.* Make yourself at home. ◇ *Freiburg spielt heute zu Hause.* Freiburg are playing at home today. ◇ *Er kommt von zu Hause.* He's coming from home. ◇ *wieder zu Hause sein* be back home ◇ *zu Hause arbeiten* work from home ◇ *Sie ist in Frankfurt zu Hause.* She lives in Frankfurt. **6 nach Hause** home ◇ *etw mit nach Hause nehmen* take sth home ◇ *Ich muss um 10 nach Hause.* I have to go home at 10. ◇ *Komm gut nach Hause!* Take care! IDM **aus dem Haus sein** ◇ *Ihre Kinder sind schon aus dem Haus.* Their children have already left home. **frei Haus** free of charge ◇ *Die Möbel werden frei Haus geliefert.* The furniture is delivered free of charge. **in etw zu Hause sein** be well up in sth ◇ *Sie ist in ihrem Fach zu Hause.* She's well up in her subject. ◇ *in der Bibel zu Hause sein* know your Bible **jdm steht etw ins Haus** sb has sth coming up **von Haus aus 1** (*ursprünglich*) originally; (*gelernt*) by training ◇ *Er ist von Haus aus Jurist.* He is a lawyer by training. **2** (*von Natur aus*) by nature ◇ *Sie ist von Haus aus offen.* She's frank by nature. → *Siehe auch* ART *und* DAME

Hausapotheke medicine cabinet **Hausarbeit 1** housework [U] ◇ *die Hausarbeit machen* do the housework ◇ *lästige Hausarbeiten* chores **2** → HAUSAUFGABE **3** (*längere schriftliche Arbeit*) written assignment **Hausarrest** house arrest ◇ *unter Hausarrest stehen* be under house arrest ◇ *Du hast eine Woche Hausarrest!* You're grounded for a week! **Hausarzt, -ärztin** GP ◇ *vom Hausarzt überwiesen werden* be referred by your GP **Hausaufgabe** homework [U] ◇ *seine Hausaufgaben machen* do your homework ◇ *Als Hausaufgabe müssen wir …* For homework, we have to … ◇ *viele Hausaufgaben aufhaben* have a lot of homework **Hausbesetzer(in)** squatter **Hausbesitzer(in)** (*von Eigenheim*) home owner; (*Vermieter*) landlord/landlady **Hausbesuch** home visit **Hausbewohner(in)** occupant **Hausboot** houseboat

Häuschen little house IDM **(ganz/völlig) aus dem Häuschen sein** (*aufgeregt*) be wild with excitement; (*glücklich*) be over the moon

Haus- Hausdurchsuchung police raid (on sb's home) ◇ *bei einer Hausdurchsuchung* in a police raid ◇ *Die Polizei nahm eine Hausdurchsuchung vor.* The police raided the house. **hauseigen** in-house **Hauseigentümer(in)** → HAUSBESITZER

hausen (*wohnen*) live

Häuserblock block ◇ *dreigeschossige Häuserblocks* three-storey blocks

Haus- Hausflur entrance hall (and staircase); (*lang*) hallway **Hausfrau** housewife, (*bes AmE*) homemaker ◇ *Hausfrau und Mutter sein* be a housewife and mother **hausgemacht 1** home-made ◇ *hausgemachte Kuchen* home-made cakes **2** (*selbst verantwortet*) of your own making [nicht vor Nomen] ◇ *Die Probleme sind hausgemacht.* The problems are of their own making. ◇ *eine hausgemachte Krise* a self-inflicted crisis **Hausgemeinschaft 1** (*Bewohner*) residents [Pl] **2** (*das Zusammenleben*) ◇ *Sie haben eine gute Hausgemeinschaft.* There is a sense of community.

Haushalt 1 house; (*Hausarbeit*) housework ◇ *im Haushalt der Brauns* in the Braun house ◇ *Sie führt ihrem Bruder den Haushalt.* She keeps house for her brother. ◇ *Die Kinder helfen im Haushalt mit.* The children help in the house. ◇ *Wer macht den Haushalt?* Who does the housework? ◇ *Unfälle im Haushalt* accidents in the home **2** (*Hausgemeinschaft*) household ◇ *ein Zwei-Personen-Haushalt* a two-adult household **3** (*Etat*) budget, (*BrE auch*) national budget ◇ *geringer als der öffentliche Haushalt von Hessen* less than the Hesse state budget ◇ *aus dem öffentlichen Haushalt* from the public purse

Haushälterin housekeeper

Haushalts- Haushaltsdefizit budget deficit **Haushaltsgeld** housekeeping money **Haushaltsgerät** domestic appliance **Haushaltsplan** budget **Haushaltswaren** household goods [Pl]

Haus- Hausherr(in) 1 (*Gastgeber(in)*) host **2** (*Familienoberhaupt*) head of the household, householder (*offiz*) **3** (*Hausbesitzer*) house-owner; (*Vermieter*) landlord/landlady **haushoch 1** *Adj* a mile high [nicht vor Nomen] ◇ *haushohe Flammen* flames a mile high ◇ *eine haushohe Flutwelle* a massive tidal wave **2** *Adv* ◇ *eine haushoch überlegene Mannschaft* a vastly superior team ◇ *jdm/etw haushoch überlegen sein* be head and shoulders above sb/sth ◇ *haushoch gewinnen* win hands down ◇ *haushoch verlieren* get a drubbing

Hausierer(in) hawker

häuslich 1 domestic ◇ *häusliche Sorgen* domestic worries ◇ *häusliches Glück* domestic bliss ◇ *ein Lehrer, der ihre häusliche Situation kennt* a teacher who knows her home situation ◇ *die häusliche Krankenpflege* home care **2** (*Mensch*) home-loving ◇ *häuslich veranlagt sein* be a home-loving person ◇ *Er ist nicht sehr häuslich.* He is not very domesticated. IDM **sich häuslich niederlassen/einrichten** make yourself at home

Haus- Hausmann house husband **Hausmannskost 1** home cooking [U] ◇ *solide Hausmannskost* good home cooking **2** (*fig*) nothing fancy **Hausmeister(in)** caretaker, (*AmE*) janitor **Hausmittel** (home) remedy ◇ *ein altes Hausmittel gegen Erkältung* a traditional remedy for colds **Hausmüll** (household) rubbish, (*bes AmE*) garbage, household refuse (*offiz*) ◇ *den Hausmüll getrennt sammeln* sort the rubbish ◇ *den Hausmüll abholen* empty the dustbins **Hausordnung** house rules [Pl] **Hausrat** household goods [Pl] **Hausratversicherung** home contents insurance **Hausschlüssel** house key; (*für die Eingangstür*) front-door key [Pl] **Hausschuh** slipper ◇ *neue Hausschuhe kaufen* buy a new pair of slippers

Hausse 1 (*Steigen der Börsenkurse*) bull market **2** (*Aufschwung*) boom

Haus- Haustier pet; (*Nutztier*) domestic animal **Haustür** front door ◇ *die Haustür abschließen* lock the front door ◇ *etw direkt vor der Haustür haben* have sth on your doorstep **Hausverbot** ban on entering a place; **jdm ~ erteilen** ban sb from (entering) a place; **~ (bei jdm/in einem Geschäft etc.) haben** be banned (from sb's house, a shop, etc.) **Hauswirtschaft 1** (*Haushalt*) housekeeping **2** (*Fach*) home economics

Haut skin; (*eines Tieres*) hide ◇ *Wir waren bis auf die Haut durchnässt.* We were soaked to the skin. ◇ *die knusprige Haut des Hähnchens* the crisp skin of roast chicken ◇ *einem Tier die Haut abziehen* strip an animal of its hide ◇ *Sie zeigte viel Haut.* She was showing a lot of flesh. IDM **auf der faulen Haut liegen** (*auch* **sich auf die faule Haut legen**) laze around **aus der Haut fahren** go up the wall (*umgs*) **eine ehrliche Haut** an honest sort **etw geht unter die Haut** sth is very moving **mit Haut und Haar(en)** completely ◇ *Er hat sich mit Haut und Haaren seiner Arbeit verschrieben.* He devoted himself completely to his work. **nicht aus seiner Haut (heraus)können** not be able to change your ways **nicht in jds Haut stecken mögen** not want to be in sb's shoes **nur noch Haut und Knochen sein/aus Haut und Knochen bestehen** be just skin and bone(s) **seine Haut retten** save your own skin **sich in seiner Haut (nicht) wohlfühlen** (not) feel comfortable **Hautarzt, -ärztin** dermatologist **Hautausschlag** (skin) rash **Hautcreme** skin cream

häuten 1 skin ◇ *ein Tier häuten* skin an animal ◇ *Sie häutete die Tomate.* She peeled the tomato. **2 sich ~** (*Schlange*) slough off its skin

haut- hauteng skintight **Hautfarbe** colour (of sb's skin), (*AmE*) (skin) color ◇ *Er wurde wegen seiner Hautfarbe diskriminiert.* He was discriminated against because of the colour of his skin. ◇ *eine Person mit schwarzer Hautfarbe* a black person **hautfreundlich** kind to your skin ◇ *hautfreundliche Cremes* creams that are kind to your skin **Hautkrankheit** skin disease **Hautkrebs** skin cancer **hautnah** close ◇ *hautnaher Kontakt* close contact ◇ *Stars hautnah erleben* get close to the stars ◇ *etw hautnah miterleben* experience sth at close hand **hautverträglich** hypoallergenic

Havarie (*Schaden*) damage; (*Unfall*) accident

Haxe → HACHSE

he! hey!

Hebamme midwife

Hebebühne hydraulic ramp; (*beim Lkw*) tail lift

Hebel lever ◇ *Sie legte den Hebel um.* She turned the lever. IDM **alle Hebel in Bewegung setzen** pull out all the stops **am längeren Hebel sitzen** have the whip hand

heben 1 raise; (*hochheben, herausheben*) lift ◇ *Sie hob den Kopf.* She raised her head. ◇ *die Gläser heben* raise your glasses ◇ *einen Schatz heben* raise a treasure ◇ *Sie hob die Tür aus den Angeln.* She lifted the door off its hinges. ◇ *Gewichte heben* lift weights ◇ *Sie darf nicht schwer heben.* She's not allowed to lift heavy weights. **2 sich ~** rise ◇ *Der Vorhang hob sich.* The curtain rose. **3** (*steigern, verbessern*) improve ◇ *Lob hebt ihr Selbstbewusstsein.* Praise improves their self-confidence. ◇ *Der Witz hob die Stimmung.* The joke lightened the mood. → *Siehe auch* GEHOBEN IDM **einen heben** sink a pint (*umgs*) ◇ *Wir gehen noch einen heben.* We're going to sink a pint. → *Siehe auch* ANGEL, SATTEL *und* SCHILD²

hecheln pant ◇ *Der Hund hechelte.* The dog was panting.

Hecht 1 pike **2 ein toller ~** a bit of a lad

Heck (*Schiff*) stern; (*Flugzeug*) tail; (*Auto*) rear

Hecke hedge

Heckenschere hedge clippers [Pl] **Heckenschütze** sniper

Heckscheibe rear window

Hedgefonds hedge fund

Heer 1 army [mit Verb im Sing/Pl] (*auch fig*) **2** (*Streitkräfte*) armed forces [Pl]

Hefe yeast

Hefeteig yeast dough **Hefeweizen** wheat beer with yeast

Heft 1 (*Schul-*) exercise book, (*AmE*) notebook **2** (*Zeitschriftenausgabe*) issue ◇ *in Heft Nummer 6* in the sixth issue of the magazine ◇ *Amerikastudien, Heft 3 (2001)* American Studies, 3 (2001) **3** (*dünnes Buch, Heftchen*) booklet

heften 1 fasten *sth* together ◇ *Er heftete die Blätter.* He fastened the sheets together. **2** (*befestigen*) pin (*umgs*) ◇ *Sie heftete eine Notiz ans schwarze Brett.* She pinned a notice to the board. **3** (*nähen*) tack **4** (*Blick etc.*) fix ◇ *Er heftete seine Augen auf mich.* He fixed his eyes on me.

Hefter 1 (*Gerät*) stapler **2** (*Mappe*) file

heftig (*Attacke, Explosion, Sturm, Reaktion*) violent (*Adv* violently); (*Streit, Kämpfe, Debatte, Protest*) fierce (*Adv* fiercely); (*Erdbeben, Schmerzen, Kritik*) severe (*Adv* severely) ◇ *ein heftiges Gewitter* a violent storm ◇ *Sie reagierte viel zu heftig.* She reacted much too violently. ◇ *heftiger Widerstand* fierce opposition ◇ *heftig streiten* argue fiercely ◇ *heftige Verluste erleiden* suffer severe losses ◇ *etw heftig kritisieren* criticize sth severely ◇ *heftiger Regen* heavy rain ◇ *heftig schwitzen* sweat profusely ◇ *Das ist heftig umstritten.* That's very controversial.

Heftigkeit 1 intensity ◇ *Das Gewitter nahm an Heftigkeit zu.* The storm increased in intensity. **2** (*eines Menschen*) ◇ *Seine Heftigkeit überraschte sie.* She was surprised by how forceful he was. ◇ *Er wies den Vorwurf mit Heftigkeit zurück.* He forcefully rejected the accusation.

Heft- Heftklammer staple **Heftpflaster** plaster, (*AmE*) Band-Aid™ **Heftzwecke** drawing pin, (*AmE*) (thumb)tack

hegen 1 (*Tiere, Pflanzen*) look after *sth* ; (*Garten auch*) tend **2 jdn ~ (und pflegen)** attend to sb's every need **3** (*haben*) have; (*Misstrauen, Zweifel*) harbour ◇ *ehrgeizige Pläne hegen* have ambitious plans ◇ *Misstrauen gegen jdn hegen* harbour suspicion of sb

Hehl kein(en) ~ aus etw machen make no secret of sth ◇ *Sie machte keinen Hehl daraus, dass sie enttäuscht war.* She made no secret of the fact that she was disappointed.

Hehler(in) receiver of stolen goods, fence (*umgs*)

Hehlerei receiving (stolen goods)

Heide, **Heidin** pagan, heathen (*abwert*)

Heide 1 heath **2** (*auch* **Heidekraut**) heather

Heidelbeere bilberry, (*AmE*) blueberry

Heiden- Heidenarbeit really hard work [U] **Heidenspaß** great fun [U] ◇ *Ihr macht Tennisspielen einen Heidenspaß.* She thinks tennis is great fun.

Heidin → HEIDE

heidnisch pagan, heathen (*abwert*)

heikel 1 (*Thema, Frage*) sensitive; (*Situation*) tricky ◇ *ein heikles Thema* a sensitive topic ◇ *ein heikler Punkt* a sore point **2** (*empfindlich*) particular

heil 1 (*unverletzt*) unhurt [nicht vor Nomen]; (*sicher, unversehrt*) undamaged, safe (*Adv* safely) ◇ *Er hat den Unfall heil überstanden.* He escaped unhurt from the accident. ◇ *Wenige Statuen sind heil geblieben.* Few of the statues remained undamaged. ◇ *Ein Wunder, dass das Auto heil blieb.* It's a wonder the car wasn't damaged. ◇ *Bist du gestern Abend heil nach Hause gekommen?* Did you get home safely last night? ◇ *die heile Welt der Kindheit* the idyllic world of childhood **2** (*geheilt*) ◇ *Ihr Knie ist inzwischen wieder heil.* Her knee has healed now. ◇ *Papa, kannst du meine Eisenbahn wieder heil machen?* Dad, can you mend my railway?

Heil salvation ◇ *sein Heil in etw suchen* seek salvation in sth

Heiland der ~ the Saviour (*AmE*) the Savior

heilbar curable

Heilbutt halibut

heilen 1 cure; **jdn (von etw) ~** cure sb (of sth) ◇ *eine Krankheit heilen* cure a disease ◇ *Sie wurde von Krebs geheilt.* She was cured of cancer. ◇ *Von ihm war ich jetzt endlich geheilt.* I was finally cured of him. **2** (*gesund werden*) heal ◇ *Seine Knieverletzung ist schnell geheilt.* His knee injury healed quickly.

heilfroh really glad
Heilgymnastik physiotherapy, (*AmE*) physical therapy
heilig **1** holy ◇ *ein heiliger Ort* a holy place ◇ *der Heilige Geist/Vater* the Holy Spirit/Father ◇ *der Heilige Stuhl in Rom* the Holy See in Rome ◇ *die Heiligen Drei Könige* the three wise men **2** (*in Namen*) ◇ *der heilige Franz von Assisi* Saint Francis of Assisi **3** **etw ist (jdm) ~** sth is sacred (to sb) ◇ *Kühe sind den Hindus heilig.* Cows are sacred to Hindus. ◇ *Ist denn nichts heilig?* Is nothing sacred? IDM → HOCH *und* SCHRIFT
Heiligabend Christmas Eve ◇ *Was macht ihr Heiligabend?* What are you doing on Christmas Eve?
Heilige(r) saint
heiligen IDM → ZWECK
Heiligenschein halo
heiligsprechen canonize
Heiligtum **1** (*Stätte*) shrine **2** (*Gegenstand*) sacred object
Heil- **Heilkraft** healing power **Heilkunde** medicine **heillos** hopeless (*Adv* hopelessly) **Heilmittel** remedy (*auch fig*) **Heilpädagogik** special education **Heilpflanze** medicinal plant **Heilpraktiker(in)** practitioner of complementary medicine
heilsam salutary
Heilung **1** healing; (*einer Krankheit*) curing ◇ *die Heilung der Kranken durch Handauflegen* the healing of the sick by the laying on of hands ◇ *die Heilung von Krebs* the curing of cancer **2** (*das Gesundwerden*) recovery ◇ *Es besteht wenig Aussicht auf Heilung.* There is little hope of recovery. **3** (*fig*) cure ◇ *Für ihre Einsamkeit schien es keine Heilung zu geben.* There didn't seem to be any cure for her loneliness.
Heilungsprozess healing process
Heim **1** home ◇ *Endlich hatten sie ein eigenes Heim.* At last they had their own home. **2** (*Senioren- etc.*) home; (*für Obdachlose*) hostel ◇ *Meine Oma will nicht ins Heim.* My grandma doesn't want to go into a home. **3** (*Vereins-*) social club; (*von Sportverein*) clubhouse
Heimarbeit homework, (*BrE auch*) outwork
Heimat home; (*Stadt auch*) home town; (*Land auch*) homeland, native country ◇ *Bist du noch mal in deine alte Heimat zurückgekehrt?* Have you ever been back home? ◇ *die Heimat des Fußballs* the home of football ◇ *England wurde ihnen zur zweiten Heimat.* England became their second home. ◇ *In seiner Heimat ist er kaum bekannt.* He is scarcely known in his native country.
Heimatkunde = study of local history and geography
Heimatland homeland, native country
heimatlich **1** local ◇ *die heimatliche Tracht* the local costume ◇ *Sie kehrten ins heimatliche Sizilien zurück.* They returned to their native Sicily. **2** (*an die Heimat erinnernd*) of home (*dem Nomen nachgestellt*) ◇ *heimatliche Klänge* sounds of home
heimatlos homeless ◇ *heimatlose Flüchtlinge* homeless refugees ◇ *Zigeuner sind seit jeher heimatlos.* Gypsies have always been without a homeland.
Heimat- **Heimatmuseum** museum of local history **Heimatort** home town **Heimatvertriebene(r)** → VERTRIEBENE(R)
heim- **heimbringen** bring *sb/sth* home, take *sb/sth* home **Heimfahrt** journey home **heimgehen** go home
heimisch **1** local; (*inländisch*) domestic; (*Bevölkerung*) indigenous; (*Pflanzen-, Tierwelt*) native ◇ *der heimische Dialekt* the local dialect ◇ *der heimische Markt* the domestic market ◇ *Das Känguru ist in Australien heimisch.* The kangaroo is native to Australia. **2** **sich ~ fühlen** feel at home; **~ werden** begin to feel at home IDM → HERD
Heim- **Heimkehr** return ◇ *die Heimkehr der Männer aus dem Krieg* the return of the men from war ◇ *Nach der Heimkehr von einer langen Reise war sie immer müde.* Whenever she got home from a long trip she was always tired. **heimkehren** return home **heimkommen** get home
heimlich secret (*Adv* secretly) ◇ *eine heimliche Verabredung* a secret rendezvous ◇ *Hast du dich heimlich mit ihm getroffen?* Did you meet him secretly? ◇ *sich heimlich davonmachen* sneak away IDM **(mit etw) heimlich tun** be secretive (about sth)
Heim- **Heimniederlage** home defeat **Heimreise** journey home **Heimsieg** home win **Heimspiel** home match, (*bes AmE*) home game
heimsuchen hit ◇ *Die Gegend wurde immer wieder von Naturkatastrophen heimgesucht.* The area was repeatedly hit by natural disasters. ◇ *Wegen der Lage wurde sein Laden oft von Einbrechern heimgesucht.* Because of its location his shop was often targeted by burglars. ◇ *das vom Hunger heimgesuchte Äthiopien* famine-stricken Ethiopia ◇ *der vom Krieg heimgesuchte Sudan* war-torn Sudan
Heimtrainer (*Fahrrad*) exercise bike
heimtückisch (*Krankheit etc.*) insidious (*Adv* insidiously); (*Tat*) malicious (*Adv* maliciously); (*Wetter, Straßenverhältnisse*) treacherous (*Adv* treacherously)
Heim- **Heimvorteil** home advantage [U] ◇ *Sie hatten den Heimvorteil.* They had home advantage. **heimwärts** home **Heimweg** way home ◇ *Wir sind gerade auf dem Heimweg.* We are just on our way home. **Heimweh** **1** homesickness [U] **2** **~ (nach jdm/etw) haben** be/feel homesick (for sb/sth); **~ bekommen** get homesick **Heimwerker(in)** DIY enthusiast **Heimwerkermarkt** DIY store, (*AmE*) do-it-yourself store
heimzahlen **jdm etw ~** pay sb back for sth ◇ *Das werde ich ihm heimzahlen!* I'll pay him back for that! IDM → MÜNZE
Heirat marriage ◇ *die Heirat mit einem Arzt* marriage to a doctor
heiraten **1** get married ◇ *Sie heiratete mit 28.* She got married at 28. ◇ *standesamtlich/kirchlich heiraten* get married in a registry office/in church **2** **jdn ~** marry sb ◇ *Sie heiratete einen Franzosen.* She married a Frenchman.
Heirats- **Heiratsantrag** proposal (of marriage) ◇ *einen Heiratsantrag annehmen* accept a proposal of marriage ◇ *Er machte ihr einen Heiratsantrag.* He proposed to her. **heiratsfähig** marriageable ◇ *Frauen im heiratsfähigen Alter* women of marriageable age **Heiratsurkunde** marriage certificate, (*AmE*) marriage license
heiser hoarse ◇ *Du klingst heiser.* You sound hoarse. ◇ *sich heiser schreien* shout yourself hoarse
Heiserkeit hoarseness
heiß **1** hot ◇ *Mir ist heiß.* I'm hot. ◇ *heiße Rhythmen* hot rhythms ◇ *ein heißer Favorit* a hot favourite ◇ *Als es ihm zu heiß wurde, flüchtete er.* When things got too hot for him, he fled. ◇ *heiß duschen* have a hot shower **2** (*hitzig*) heated ◇ *eine heiße Debatte* a heated debate ◇ *In der Sitzung ging es heiß her.* Things got very heated at the meeting. **3** (*toll*) cool (*umgs*); (*sexy*) sexy ◇ *Der Rock sieht ja heiß aus!* That skirt looks cool! **4** (*sexuell erregt*) horny (*umgs*) ◇ *ganz heiß sein* feel really horny ◇ *jdn heiß machen* turn sb on **5** **~ auf etw sein** be mad about sth **6** **~ und innig** passionately **7** **heiße Ware** (*illegal*) hot property [U]; (*gestohlen*) stolen goods [Pl] **8** **(von jdm) ~ begehrt sein** be extremely popular (with sb) **9** **~ ersehnt** longed-for [nur vor Nomen]; (*Rückkehr etc.*) eagerly awaited **10** **~ geliebt** beloved **11** **~ umkämpft** hard fought; **~ umstritten**

hotly disputed IDM → BREI, EISEN, HÖLLE, RÜCKEN *und* TROPFEN

heißen **1** be called ◇ *Wie heißt der Ort?* What is the place called? ◇ *Der Film heißt „Brazil".* The film is called 'Brazil'. ◇ *Wie heißt das Buch auf Französisch?* What is the book called in French? ◇ *Ich weiß nicht, wie sie heißt.* I don't know her name. ◇ *Was heißt „blau" auf Englisch?* What's the English for 'blau'? **2** (*bedeuten*) mean ◇ *Heißt das, wir fahren nach Island?* Does that mean that we're going to Iceland? ◇ *Das soll nicht heißen, dass ...* That's not to say that ... ◇ *Sie wissen, was es heißt arm zu sein.* They know what it's like to be poor. **3 das heißt** that is (*Abk* i.e.); (*in anderen Worten*) in other words ◇ *die Jüngeren, d. h. alle unter 14* the younger ones, i.e. those under 14 **4 es heißt** (*steht geschrieben*) it says; (*man muss*) you have to; (*man sagt*) they say ◇ *In der Anleitung heißt es, dass ...* It says in the instructions that ... ◇ *Irgendwann heißt es, sich den Tatsachen zu stellen.* Sooner or later you have to face facts. ◇ *Es heißt, er sei geschieden.* They say he's divorced. → *Siehe auch* WILLKOMMEN IDM **das will nichts heißen** that doesn't mean anything

Heiß- **Heißhunger** craving; (*großer Hunger*) ravenous hunger; **einen ~ haben** be ravenous; **einen ~ auf etw haben** have a craving for sth **heißhungrig** ravenous (*Adv* ravenously), ravenously hungry **Heißluftballon** (hot-air) balloon ◇ *mit dem Heißluftballon fahren* go up in a hot-air balloon

heiter **1** happy, cheerful; (*Musik auch*) light-hearted; (*Gedicht, Erzählung etc.*) amusing ◇ *Die Stimmung war heiter.* Everyone was in a happy mood. ◇ *ein heiteres Gemüt* a cheerful disposition ◇ *Das Treffen mit ihm stimmte mich heiter.* Meeting him cheered me up. **2** (*Wetter*) bright ◇ *heiter bis sonnig* bright with some sunshine ◇ *heiter bis wolkig* cloudy with sunny intervals IDM **Das kann ja heiter werden!** Wonderful! → *Siehe auch* BLITZ *und* HIMMEL

Heiterkeit **1** (*Gemütszustand*) cheerfulness **2** (*Belustigung, Stimmung*) merriment (*gehoben*) ◇ *Die Ankündigung löste Heiterkeit aus.* The announcement caused much merriment.

Heizdecke electric blanket

heizen **1** heat ◇ *eine Wohnung heizen* heat a flat ◇ *In der Turnhalle ist nicht geheizt.* The heating isn't on in the sports hall. ◇ *mit Erdgas heizen* have gas heating ◇ *mit Kohle heizen* have a coal-fired boiler ◇ *Der Ofen wird mit Holz geheizt.* It's a wood-burning stove. **2** (*Ofen befeuern*) stoke *sth* (up) ◇ *einen Hochofen heizen* stoke a furnace

Heizer(in) stoker

Heiz- **Heizkessel** boiler **Heizkörper** radiator **Heizkosten** heating costs [Pl] ◇ *Heizkosten senken* reduce heating costs ◇ *Heizkosten sparen* save money on heating bills **Heizkraftwerk** (thermal) power station **Heizlüfter** fan heater **Heizofen** heater **Heizöl** heating oil

Heizung **1** heating [U] ◇ *eine Heizung einbauen* put in central heating ◇ *eine neue Heizung* a new central heating system **2** (*Heizkörper*) heater; (*von Zentralheizung*) radiator

Heizungsmonteur(in) central heating engineer

Hektar hectare (*Abk* ha)

Hektik rush ◇ *die Hektik des Alltags* the rush of daily life ◇ *Vor lauter Hektik vergaß ich abzuschließen.* I was in such a rush, I forgot to lock up. IDM **Nur keine Hektik!** (*Eile*) There's no rush.; (*Panik*) Don't panic!

hektisch hectic ◇ *Der Tag verlief hektisch.* It was a hectic day. ◇ *hektisch herumrennen* rush around

Hektoliter hundred litres, (*AmE*) hundred liters

Held hero ◇ *für jdn ein Held sein* be sb's hero

Heldendichtung heroic poetry **Heldenepos** epic

heldenhaft heroic (*Adv* heroically)

Heldentat heroic deed

Heldin heroine

helfen **1** help ◇ *jdm bei etw helfen* help sb with sth ◇ *Sie half der Frau über die Straße.* She helped the woman across the road. ◇ *Dieser Tee hilft gegen Halsschmerzen.* This tea is good for sore throats. ◇ *Dem Verletzten konnte nicht mehr geholfen werden.* It was too late to save the injured man. ◇ *Wenn er nie zuhört, ist ihm wirklich nicht zu helfen!* He's absolutely hopeless. He never listens. ◇ *Da hilft nur eins: ...* There's only one thing to do, and that's ... **2** (*in Drohungen*) teach ◇ *Ich werde ihm helfen, mich so anzulügen!* I'll teach him to lie to me like that! **3 nicht(s) ~** be no good ◇ *Es hilft alles nichts, ...* It's no good, ... ◇ *Da half selbst stundenlanges Reden nichts.* Discussing it for hours didn't get us anywhere. **4 sich zu ~ wissen** be resourceful; (*in bestimmten Situationen*) know what to do **5 sich nicht (mehr) zu ~ wissen** be at your wits' end IDM **einer Sache (wieder) auf die Beine/Füße helfen** get/put sth back on its feet ◇ *Sie halfen dem Unternehmen wieder auf die Beine.* They got the firm back on its feet. ◇ *Durch die Fahrpreissenkung will die Bahn dem Regionalverkehr auf die Beine helfen.* By lowering the fares the rail company hopes to revitalize regional transport. **jdm (wieder) auf die Beine/Füße helfen** **1** help sb up ◇ *Sie half der alten Frau nach dem Sturz wieder auf die Beine.* She helped the old lady up after her fall. **2** (*fig*) help sb back on their feet ◇ *Nach dem Konkurs half ihm sein Schwiegervater wieder auf die Beine.* After he'd gone bankrupt his father-in-law helped him back on his feet. → *Siehe auch* GOTT, SATTEL *und* SPRUNG

Helfer(in) helper ◇ *Helfer sind immer willkommen.* Helpers are always welcome. ◇ *freiwillige Helfer* volunteers

Helfershelfer(in) accomplice

Heliport heliport

Helium helium

hell **1** light; (*Licht, Stern etc.*) bright (*Adv* brightly) ◇ *Es wird gegen 8 Uhr hell.* It gets light about 8 o'clock. ◇ *helle Räume* light rooms ◇ *eine helle Farbe* a light colour ◇ *eine helle Hose* light-coloured trousers ◇ *ein hell erleuchtetes Haus* a brightly lit house ◇ *Es bleibt länger hell.* The evenings are drawing out. ◇ *ein helles Bier* a lager ◇ *in hellen Flammen stehen* be in flames **2** (*Haut, Haar*) fair ◇ *eine helle Haut haben* be fair-skinned **3** (*Ton*) high ◇ *mit heller Stimme* in a high voice ◇ *ein heller Ton* a high-pitched sound **4** (*intensiv, stark*) great ◇ *helle Begeisterung* great enthusiasm ◇ *seine helle Freude an etw haben* take great pleasure in sth ◇ *jdn in helle Aufregung versetzen* make sb panic ◇ *Das ist der helle Wahnsinn.* It's sheer madness. **5** (*auch* **helle**) (*klug*) bright ◇ *Der ist ziemlich helle!* He's quite bright! ◇ *Er ist ein heller Kopf.* He's really bright. IDM → LICHT

hellblau light blue **hellblond** very fair ◇ *hellblonde Haare* very fair hair ◇ *ein hellblondes Kind* a very fair child

Helle(s) (*Bier*) ≈lager

hell- **hellgelb** pale yellow **hellgrün** light green **hellhörig** **1** alert; **~ werden** (*aufmerksam*) prick up your ears; (*stutzig*) become alert ◇ *Das Erwähnen des Namens machte mich hellhörig.* The mention of the name made me prick up my ears. **2** (*Haus etc.*) poorly soundproofed; (*Wand*) thin

Helligkeit brightness ◇ *die Helligkeit des Sterns* the brightness of the star ◇ *sich an die Helligkeit gewöhnen* get used to the bright light

hell- **hellicht** **am helllichten Tag** in broad daylight **hellrot** light red **hellsehen** have second sight ◇ *Sie* *konnte hellsehen.* She had second sight. ◇ *Ich kann doch nicht hellsehen!* I'm not psychic! **Hellseher(in)** clairvoyant ◇ *zu einem Hellseher gehen* go to a clairvoyant **hellwach** wide awake; (*aufmerksam*) alert

Helm helmet ◇ *Setz deinen Helm auf.* Put your helmet on.

Hemd **1** shirt ◇ *Er wechselte das Hemd.* He changed his shirt. **2** (*Unterhemd*) vest, (*AmE*) undershirt IDM **sein letztes Hemd hergeben** give away your last penny

hemdsärmelig **1** ◇ *Er kam hemdsärmelig zu der Konferenz.* He came to the conference in his shirt-sleeves. **2** (*fig*) casual (*Adv* casually); (*zu freundlich*) familiar (*Adv* familiarly) ◇ *Er geht mit ihren Kunden zu hemdsärmelig um.* He's too familiar with the customers.

Hemisphäre hemisphere

hemmen **1** (PSYCH, MED) inhibit ◇ *Dieses Arzneimittel hemmt das Wachstum von Tumorzellen.* This drug inhibits the growth of tumour cells. ◇ *Sie fühlte sich durch seine Anwesenheit gehemmt.* She felt inhibited by his presence. **2** (*stoppen*) hold *sth* up; (*bremsen*) hold *sth* back ◇ *Wer hemmt die Reformen?* Who is holding up the reforms? ◇ *Sie wurde von ihrem Mann in ihrer beruflichen Entwicklung gehemmt.* She was held back in her career by her husband. → *Siehe auch* GEHEMMT

Hemmnis obstacle ◇ *ein Hemmnis für den wirtschaftlichen Aufschwung* an obstacle to economic recovery

Hemm- **Hemmschuh** **1** (*fig*) obstacle ◇ *ein Hemmschuh für ihre Karriere* an obstacle to her career **2** (*Bremsklotz*) brake shoe **Hemmschwelle** inhibition [meist Pl] ◇ *Sie musste erst eine Hemmschwelle überwinden, bevor sie ihn anrief.* She had to overcome her inhibitions before calling him. ◇ *Die Hemmschwelle zur Gewaltanwendung sinkt immer weiter.* There is an increasing willingness to use violence.

Hemmung **1** (*Unsicherheit*) inhibition ◇ *Sie hat ihre Hemmungen überwunden.* She overcame her inhibitions. ◇ *In der Gruppe kann ich ohne Hemmungen reden.* In the group I can talk without feeling inhibited. **2** (*moralisch*) scruple ◇ *Sie hat keine Hemmungen, ihren Mann zu betrügen.* She has no scruples about being unfaithful to her husband. **3** (*das Hemmen/Gehemmtwerden*) (*meist mit einem Verb übersetzt*) ◇ *ein Mittel zur Hemmung des Zellwachstums* a drug to inhibit cell growth ◇ *Der Einfluss der Kirche wurde als Hemmung des Fortschritts betrachtet.* The influence of the Church was seen as holding back progress.

hemmungslos unrestricted; (*ohne Skrupel*) unscrupulous (*Adv* unscrupulously); (*gnadenlos*) ruthless (*Adv* ruthlessly) ◇ *der hemmungslose Energieverbrauch der Amerikaner* the unrestricted energy consumption of the Americans ◇ *hemmungsloser Opportunismus* unscrupulous opportunism ◇ *Sie beutete ihn hemmungslos aus.* She exploited him ruthlessly. ◇ *hemmungslose Brutalität* wanton brutality ◇ *hemmungslose Begeisterung* boundless enthusiasm ◇ *Er lügt hemmungslos.* He's an outrageous liar. ◇ *Sie weinte hemmungslos.* She was crying uncontrollably.

Hendl → BRATHÄHNCHEN

Hengst (*Pferd*) stallion; (*bei anderen Tieren*) male

Henkel handle ◇ *Du solltest die Tasse am Henkel fassen.* Hold the cup by the handle.

Henker executioner, hangman ◇ *Er wurde dem Henker ausgeliefert.* He was sent for execution.

Henne hen

Hepatitis hepatitis

her **1** ◇ *Her zu mir!* Come over here to me! ◇ *Her mit dem Zaster!* Give me the money! ◇ *Vom Westen her zeitweise Regen.* Occasional rain moving in from the west. **2** **~ sein** (*herstammen*) be from ... ◇ *Ich weiß nicht, wo er her ist.* I don't know where he's from. **3** **mit jdm/etw ist es nicht weit ~** sb/sth leaves a lot to be desired ◇ *Mit ihren Englischkenntnissen ist es nicht weit her.* Her knowledge of English leaves a lot to be desired. **4** **hinter jdm/etw ~ sein** be after sb/sth **5** (*zeitlich*) ago ◇ *Das ist ein paar Tage her.* That was a few days ago. ◇ *Sie kennt ihn von früher her.* She knows him from before. **6** **von etw ~** from the point of view of sth ◇ *Vom Thema her ist der Film interessant.* The film is interesting from the point of view of the topic. → *Siehe auch* HIN IDM → HIN

her- here ◇ *herkommen* come here ◇ *Bring's her.* Bring it here. IDM → HINGERISSEN

herab (*von oben herab*) down ◇ *Der Politiker grinste von Wahlplakaten herab.* The politician grinned down from the election posters. ◇ *Sie sehen uns von oben herab an.* They look down on us. → *Siehe auch* OBEN

herabfallen fall (off); **von etw ~** fall off sth ◇ *Er wurde von einem herabfallenden Ast getötet.* He was killed by a falling branch. ◇ *Das Laub ist vom Baum herabgefallen.* The leaves have fallen off the tree.

herablassen **1** let *sth* down **2** **sich ~, etw zu tun** condescend to do sth

herablassend condescending (*Adv* condescendingly)

herabsehen look down (*auch fig*) ◇ *Sie sehen auf jeden herab, der nicht so reich ist wie sie.* They look down on anyone who isn't as rich as they are.

herabsetzen **1** reduce; (*Grenze*) lower ◇ *Dieser Mantel ist herabgesetzt.* This coat is reduced. ◇ *Die Strafe wurde herabgesetzt.* The sentence was reduced. ◇ *Die Altersfreigabe für diesen Film wurde herabgesetzt.* The age limit for this film was lowered. ◇ *Durch Drogen wird das Reaktionsvermögen herabgesetzt.* Reactions are slowed down by drugs. **2** (*herabwürdigen*) belittle ◇ *Sie fühlte sich herabgesetzt.* She felt belittled.

Herabsetzung **1** (*das Herabsetzen*) lowering ◇ *die Herabsetzung des Wahlalters* the lowering of the voting age **2** (*Diskriminierung*) discrimination; (*Kritik*) slur ◇ *Das ist eine Herabsetzung Behinderter.* This is discrimination against disabled people.

heran ◇ *Heran an die Arbeit!* Get to work! ◇ *Unser Garten geht bis an die Autobahn heran.* Our garden goes right up to the motorway.

heranführen **1** bring *sth* up to *sth* ◇ *Er führte die Gabel an den Mund heran.* He brought the fork up to his mouth. ◇ *Der Weg führt ans Ufer heran.* The path brings you to the river bank. ◇ *Durch das Hoch wird Warmluft herangeführt.* The high pressure is bringing warm air in. **2** **jdn an etw ~** introduce sb to sth ◇ *Sie führte ihn an die neue Aufgabe heran.* She was introducing him to the new task.

herangehen **1** **an jdn/etw ~** go up to sb/sth ◇ *Sie ging an die Absperrung heran.* She went up to the barrier. **2** **an etw ~** (*in Angriff nehmen*) tackle sth

herankommen **1** come up, approach (*gehoben*) ◇ *Er kam ganz dicht an sie heran.* He came right up to her. ◇ *Sie ist bis auf 100 Meter herangekommen.* She approached to within 100 metres. ◇ *Die gegnerische Mannschaft kam auf 2:3 heran.* The opposing team pulled back to 2-3. **2** (*Zeit*) approach, draw near (*gehoben*) ◇ *Der Abend kam heran.* Evening was approaching. **3** **an etw ~** reach sth ◇ *Kommst du an das Buch da oben heran?* Can you reach that book up there? **4** **an jdn/etw ~** (*Leistung*) compete with sb/sth, get near sb/sth (*umgs*) ◇ *An ihre Leistung kommt er nicht heran.* He can't compete with her. ◇ *Sie kam nicht an den Weltrekord heran.* She didn't get anywhere near the world record. **5 an jdn/etw ~** (*erreichen, beschaffen*) get hold of sb/sth (*umgs*) ◇ *An die Direktorin kann man nicht herankommen.* You can't get hold of the head teacher.

heranlassen jdn an jdn/etw ~ let sb near sb/sth ◇ *Lass die Kinder nicht an meine CDs heran.* Don't let the children near my CDs.

heranmachen 1 sich an etw ~ tackle sth; (*anfangen*) get down to sth ◇ *Du musst dich auch an schwierigere Aufgaben heranmachen.* You must tackle more difficult tasks, too. **2 sich an jdn ~** chat sb up ◇ *Leo versucht, sich an Anna heranzumachen.* Leo is trying to chat Anna up.

herannahen approach

heranreichen 1 reach ◇ *Das Kind kann noch nicht an die Klingel heranreichen.* The child can't reach the doorbell yet. **2** (*gleichkommen*) come up to (the standard of) *sb/sth* ◇ *Der diesjährige Wein reicht nicht an den des Vorjahres heran.* This year's wine doesn't come up to the standard of last year's. ◇ *Sie reicht nicht an die Schönheit ihrer Schwester heran.* She is nowhere near as pretty as her sister. ◇ *Die Kosten reichen an eine sechsstellige Summe heran.* The costs are approaching six figures.

heranrücken 1 come closer, draw near (*gehoben*) ◇ *Weihnachten rückte heran.* Christmas was drawing near. **2 (etw) an jdn/etw ~** move (sth) (up) closer to sb/sth ◇ *Er rückte den Stuhl näher ans Bett heran.* He moved the chair closer to the bed. ◇ *Sie rückte ganz nah an ihn heran.* She moved up very close to him.

heranschleichen creep up on *sb*

herantasten sich (an etw) ~ 1 grope around (for sth) ◇ *Er tastete sich in der Dunkelheit an den Lichtschalter heran.* He groped around in the dark for the light switch. **2** (*fig*) feel your way (towards sth) ◇ *Sie tastete sich an das Thema heran.* She was feeling her way towards the topic.

herantrauen 1 sich an jdn/etw ~ dare to go near sb/sth ◇ *Das Kind traut sich nicht an den Hund heran.* The child daren't go near the dog. **2 sich an etw ~** (*Herausforderung*) have the confidence to tackle sth ◇ *Traust du dich an diese Aufgabe heran?* Have you got the confidence to tackle this task? ◇ *Sie traute sich nicht an dieses Problem heran.* She shied away from the problem.

herantreten an jdn/etw ~ go up to sb/sth, approach sb/sth (*auch fig*) ◇ *Der Kellner tritt an den Tisch heran.* The waiter goes up to the table. ◇ *Er trat mit einem ernsten Problem an sie heran.* He approached her with a serious problem.

heranwachsen (zu etw) ~ grow (into sth); (*erwachsen werden*) grow up (into sth); (*sich entwickeln*) develop (into sth)

heranwachsend adolescent ◇ *heranwachsende Kinder* adolescent children ◇ *die heranwachsende Generation* the young generation

Heranwachsende(r) adolescent, young person

heranwagen → HERANTRAUEN

heranziehen 1 (*sich nähern*) approach ◇ *Ein Unwetter zieht heran.* A storm is approaching. **2** (*aufziehen*) raise; (*Pflänzchen etc.*) grow *sth* (from seed) **3** (*ausbilden*) groom ◇ *Sie zog sich eine Nachfolgerin heran.* She was grooming her successor. **4** (*hinzuziehen*) call *sb* in ◇ *einen Experten heranziehen* call in an expert **5** (*in Betracht ziehen*) use; (*zitieren*) quote ◇ *Welche Kriterien wurden herangezogen?* What criteria were used? ◇ *Er zog Fallstudien heran.* He quoted case studies. ◇ *Wenn wir das Ausland zum Vergleich heranziehen …* If we compare this country with abroad …

herauf up ◇ *Den Berg herauf braucht man länger als hinunter.* It takes longer to go up the mountain than to come down.

heraufbeschwören 1 provoke; (*Probleme*) cause ◇ *Durch seine Äußerungen beschwor er einen Streit herauf.* His comments provoked an argument. ◇ *Steuererhöhungen könnten große Gefahren für die Autoindustrie heraufbeschwören.* Tax increases could put the motor industry in grave danger. **2** (*wachrufen*) evoke; (*erinnern*) conjure *sth* up

heraufsetzen raise; (*Summe, Preis*) increase ◇ *Das Mindestalter für die Bewerber wurde heraufgesetzt.* The minimum age for applicants was raised.

heraufziehen 1 pull *sb/sth* up ◇ *Ich fasste ihn an der Hand und zog ihn herauf* I grasped his hand and pulled him up. **2** (*näher kommen*) approach; (*Gewitter*) gather; (*Zeitalter etc.*) dawn; (*Gefahr*) loom ◇ *Die Nacht zog herauf.* Night was approaching. ◇ *Eine neue Zeit zieht herauf.* A new age is dawning. ◇ *Schlechtes Wetter zieht herauf.* Bad weather is on its way. ◇ *eine heraufziehende ökologische Katastrophe* an imminent ecological disaster

heraus 1 out ◇ *ein Weg aus der Krise heraus* a way out of the crisis ◇ *Ihr neues Buch ist noch nicht heraus.* Her new book isn't out yet. ◇ *Endlich ist sie mit ihrem Problem heraus.* She's finally told us what the problem is. ◇ *Ich verliebe mich nicht mehr in Filmstars — aus dem Alter bin ich heraus!* I don't have crushes on film stars any more — I've grown out of that! **2** (*entschieden*) decided; (*klar*) clear ◇ *Ist es schon heraus, wer sein Nachfolger wird?* Has it been decided yet who will succeed him? ◇ *Ob das Benzin teurer wird, ist noch nicht heraus.* It's not clear yet whether petrol prices will go up. ◇ *Wer im Endspiel stehen wird, ist noch nicht heraus.* We don't yet know who will be in the final.

heraus- out ◇ *Nimm es aus der Tüte heraus.* Take it out of the bag.

herausarbeiten 1 sich aus etw ~ work your way up out of sth **2** (*Chancen etc.*) create ◇ *Er arbeitete sich eine Vielzahl an Chancen heraus.* He created a lot of opportunities for himself. ◇ *Sie hatten einen 4:2 Vorsprung herausgearbeitet.* They had managed to get ahead 4-2. **3** (*deutlich machen*) bring *sth* out ◇ *Sie arbeitete die unterschiedlichen Standpunkte hervorragend heraus.* She brought out the different points of view extremely well.

herausbekommen 1 etw (aus jdm/etw) ~ get sth out (of sb/sth) ◇ *Sie bekam den Splitter nicht aus dem Finger heraus.* She couldn't get the splinter out of her finger. ◇ *Aus ihm ist nicht viel herauszubekommen.* You won't get much out of him. **2** (*die Lösung finden*) work *sth* out ◇ *Er bekam die Rechenaufgabe nicht heraus.* He couldn't work out the sum. **3** (*einen Geldbetrag*) get *sth* back ◇ *Sie bekommen noch Wechselgeld heraus.* You'll get some change back. **4** (*herausfinden*) find *sth* out

herausbilden sich (aus etw) ~ develop (out of sth)

herausbrechen 1 knock *sth* out; (*Wand*) knock *sth* down ◇ *Er brach Steine aus der Mauer heraus.* He knocked stones out of the wall. **2** break off ◇ *Aus der Mauer sind große Stücke herausgebrochen.* Large pieces of wall had broken off. ◇ *Der Boden der Kiste brach heraus.* The bottom of the box fell out. **3 aus jdm ~** ◇ *Die aufgestauten Aggressionen brachen aus ihr heraus.* Her pent-up aggression was unleashed. ◇ *„Ich war es", brach es aus ihm heraus.* 'It was me,' he burst out.

herausbringen 1 etw (aus etw) ~ bring sth out (of sth); **jdn (aus etw) ~** get sb out (of sth) ◇ *Kannst du einen Stuhl herausbringen?* Can you bring a chair out? ◇ *die Kinder aus dem Kriegsgebiet herausbringen* get the children out of the war zone **2** (*Produkt*) launch, bring *sth* out; (*CD, Film*) release; (*Buch*) publish; (*Theaterstück*) put *sth* on **3** (*hervorbringen*) say ◇ *Ich konnte* *kein Wort herausbringen.* I couldn't say a word. **4** (*herausfinden*) find *sth* out **5 etw aus jdm ~** get sth out of sb (*umgs*) ◇ *Ich konnte nichts aus ihr herausbringen.* I couldn't get anything out of her.

herausfinden 1 find *sth* out, discover ◇ *Wir müssen herausfinden, was passiert ist.* We must find out what happened. ◇ *Ich glaube, ich habe den Grund herausgefunden.* I think I've discovered the reason. **2 (aus etw) ~** find your way out (of sth) ◇ *Ich fand nicht mehr heraus.* I couldn't find my way out.

herausfischen etw (aus etw) herausfischen fish sth out (of sth)

Herausforderer, Herausforderin challenger

herausfordern 1 jdn (zu etw) ~ challenge sb (to sth) ◇ *jdn zu einem Duell herausfordern* challenge sb to a duel. **2** (*provozieren*) provoke ◇ *herbe Kritik herausfordern* provoke severe criticism IDM **das Glück/Schicksal herausfordern** tempt fate

herausfordernd 1 (*Aufgabe*) challenging; (*Blick*) defiant (*Adv* defiantly) **2** (*aufreizend*) provocative (*Adv* provocatively)

Herausforderung challenge

herausgeben 1 (*veröffentlichen*) publish; (*redigieren*) edit; (*Briefmarken, Katalog, Broschüre*) issue **2 (jdm) (auf) etw ~** give (sb) change (for sth) ◇ *Die Kassiererin hat mir falsch herausgegeben.* The cashier gave me the wrong change. ◇ *Können Sie herausgeben?* Have you got change for this? **3** (*aushändigen*) hand *sb/sth* over; (*zurückgeben*) give *sb/sth* back

Herausgeber(in) editor; (*Verleger*) publisher

herausgehen 1 come out ◇ *Hast du ihn herausgehen sehen?* Did you see him come out? ◇ *Der Rotweinfleck geht nicht aus dem Teppich heraus.* The red wine stain won't come out of the carpet. **2 aus sich ~** come out of your shell

herausgreifen pick *sb/sth* out, single *sb/sth* out; (*sich konzentrieren*) focus on *sb/sth* ◇ *Warum wurde gerade diese Stadt herausgegriffen?* Why was this particular town singled out? ◇ *Ich möchte drei Aspekte herausgreifen.* I'd like to focus on three aspects.

heraushalten jdn/etw (aus etw) ~ keep sb/sth out (of sth); **sich aus etw ~** keep out of sth ◇ *Der Verkehr soll aus der Stadtmitte herausgehalten werden.* Traffic is to be kept out of the town centre. ◇ *Halte du dich da bitte heraus, ja?* You keep out of it, OK?

heraushängen (aus etw) ~ hang out (of sth) ◇ *Dein Hemd hängt heraus.* Your shirt's hanging out.

herausholen 1 jdn/etw (aus etw) ~ get sb/sth out (of sth) ◇ *Hast du das Gepäck schon aus dem Kofferraum herausgeholt?* Have you got the cases out of the boot yet? **2** gain ◇ *einen Vorsprung herausholen* gain a lead ◇ *Sie hat bei den Verhandlungen leider nichts herausholen können.* Unfortunately she wasn't able to gain anything by the negotiations. ◇ *Wir haben das Optimale herausgeholt.* We achieved the best possible result. **3 etw aus jdm ~** (*Informationen*) get sth out of sb

heraushören 1 jdn/etw (aus etw) ~ hear sb/sth (above sth) **2 etw (aus etw) ~** tell sth (from sth) ◇ *Ich konnte aus seiner Stimme heraushören, dass etwas nicht stimmte.* I could tell from his voice that there was something wrong.

herauskommen 1 come out ◇ *Die Sonne kam heraus.* The sun came out. ◇ *Aus dem Schornstein kommt schwarzer Qualm heraus.* Black smoke is coming out of the chimney. ◇ *Der Roman kommt demnächst als Taschenbuch heraus.* The novel will soon be coming out in paperback. ◇ *Erst später kam die Wahrheit heraus.* The truth only came out later. ◇ *Die Farben sind gut herausgekommen.* The colours have come out well. **2** (*ausgehen*) get out ◇ *Meine Großmutter kommt nicht oft aus dem Haus heraus.* My grandmother doesn't get out of the house much. **3 (aus etw) ~** (*einen Ausweg finden*) get out (of sth) ◇ *Wir müssen einen Weg finden, aus dieser Misere herauszukommen.* We have to think of a way to get out of this predicament. **4 (bei etw) ~** come out (of sth) ◇ *Bei den Nachforschungen der Polizei ist nichts herausgekommen.* Nothing came out of the police investigations. ◇ *Was soll dabei herauskommen?* What's the point? **5 mit etw ~** come out with sth ◇ *Endlich kam sie mit der Wahrheit heraus.* She finally came out with the truth. IDM **auf dasselbe herauskommen** not make any difference **aus dem Lachen nicht mehr herauskommen** not be able to stop laughing ◇ *Wir kamen aus dem Lachen nicht mehr heraus.* We couldn't stop laughing. **aus dem Staunen nicht mehr herauskommen** be absolutely amazed **groß herauskommen** make it big

herauskriegen → HERAUSBEKOMMEN

herausnehmen 1 take *sth* out ◇ *Ich muss meine Kontaktlinsen herausnehmen.* I must take my contact lenses out. ◇ *Man nahm ihm den Blinddarm heraus.* They took his appendix out. ◇ *sich die Mandeln herausnehmen lassen* have your tonsils out **2** (*Spieler*) take *sb* off IDM → FREIHEIT

herauspicken (sich) etw (aus etw) ~ pick sth (out of sth)

herausplatzen 1 burst out laughing **2 mit etw ~** blurt sth out

herausragen 1 stick out; (*in die Höhe*) stick up **2** (*sich auszeichnen*) stand out

herausragend outstanding

herausreden 1 sich ~ talk your way out of it; **sich aus etw ~** talk your way out of sth **2 sich auf jdn/etw ~** put the blame on sb/sth ◇ *Er versuchte, sich auf seine Schwester herauszureden.* He tried to put the blame on his sister.

herausreißen 1 (*Papier*) tear *sth* out; (*Wand*) knock *sth* down; (*Leitung, Heizkörper etc.*) rip *sth* out; (*Pflanzen*) pull *sth* up; (*Fußboden*) take *sth* up **2 jdn aus etw ~** take sb away from sth ◇ *Der Umzug hat die Kinder aus ihrer vertrauten Umgebung herausgerissen.* The move took the children away from their familiar surroundings. ◇ *Sie versuchte alles Mögliche, um ihn aus seiner trüben Stimmung herauszureißen.* She did all she could to cheer him up.

herausrücken 1 (*Geld*) hand *sth* over **2 mit etw ~** come out with sth ◇ *Endlich rückte er mit der Wahrheit heraus.* He finally came out with the truth. IDM → SPRACHE

herausrutschen slip out (*auch fig*) ◇ *Das war nicht so gemeint — mir ist das nur so herausgerutscht.* I didn't mean it like that — it just slipped out.

herausschlagen 1 knock *sth* out **2** (*Geld, Gewinn*) make; (*Vorteil*) gain

herausspringen 1 jump out **2 etw springt für jdn bei etw heraus** sb gets sth out of sth ◇ *Bei dem Deal springt für mich selbst gar nichts heraus.* I don't get anything out of the deal myself. ◇ *Letztes Jahr sprang ein Plus von 3% heraus.* Last year there was a 3% profit. ◇ *Es könnte sogar ein Sieg für uns herausspringen.* We might even win.

herausstellen 1 sich ~ become apparent ◇ *Inzwischen hat sich herausgestellt, dass der Schaden nicht so groß ist.* It has now become apparent that the damage is not so great. ◇ *Es wird sich herausstellen, was sich hier wirklich verändert hat.* We shall see how much has really changed around here. **2 sich (als etw) ~** turn out (to be sth); (*als richtig, falsch etc.*) prove (to be sth) ◇ *Das sogenannte Haus stellte sich als winzige Hütte heraus.* The so-called house turned out to be a tiny hut. ◇ *Wie sich herausstellte, war er* *betrunken.* It turned out that he was drunk. ◇ *Seine Vermutung hat sich als richtig herausgestellt.* His assumption proved to be true. **3** (*hervorheben*) emphasize; (*präsentieren*) present

herausstrecken stick *sth* out ◇ *Er hat mir die Zunge herausgestreckt.* He stuck his tongue out at me.

herauswachsen aus etw ~ grow out of sth

herauswollen IDM → SPRACHE

herb 1 (*Geschmack, Geruch*) sharp; (*Wein*) dry **2** (*Enttäuschung, Niederlage, Verlust*) bitter (*Adv* bitterly); (*Kritik, Rückschlag*) harsh (*Adv* harshly); (*Schönheit*) austere

herbeiführen 1 cause, bring *sth* about ◇ *Es ist noch unklar, was den Absturz herbeigeführt hat.* It is still not clear what caused the crash. **2** (*Beschluss*) ◇ *Wir wollen im Bundesrat einen Beschluss herbeiführen, dass ….* We want the Bundesrat to pass a resolution to the effect that … **3** (*Entscheidung*) ◇ *Storm führte in letzter Minute mit einem Kopfball die Entscheidung herbei.* Storm's last-minute header clinched it.

herbeisehnen jdn/etw ~ long for sb/sth

herbeiziehen IDM → HAAR

Herberge 1 (*Jugend-*) hostel **2** (*fig*) refuge, shelter

Herbergsmutter, Herbergsvater (youth hostel) warden

Herbizid herbicide

Herbst autumn, (*AmE meist*) fall → *Beispiele bei* SOMMER

Herbstferien autumn half-term holiday, (*AmE*) fall vacation

herbstlich autumn, (*AmE meist*) fall; (*wie im Herbst*) autumnal ◇ *eine herbstliche Farbenpracht* blazing autumn colours ◇ *ein herbstlich kühler Tag* a crisp autumn day ◇ *herbstlich gefärbtes Laub* autumn leaves ◇ *Es ist schon ziemlich herbstlich.* It's getting quite autumnal.

Herbst- Herbstmonat autumn month, (*AmE meist*) fall month **Herbstsemester** ≈ autumn term, (*AmE*) fall semester

Herd 1 cooker, (*bes AmE*) stove, (*AmE auch*) range; (*Backofen*) oven ◇ *etw vom Herd nehmen* take sth off the stove ◇ *Er steht seit Stunden am Herd.* He's been slaving over a hot stove for hours. ◇ *etw auf den Herd stellen* put sth on to cook **2** (*Zentrum*) epicentre, (*AmE*) epicenter IDM **am heimischen Herd** at home

Herde herd; (*Schafe, Ziegen*) flock ◇ *eine Herde von 20 Rindern* a herd of 20 cattle ◇ *eine Herde Schafe* a flock of sheep IDM **in der Herde mitlaufen** follow the herd

herein Herein! Come in!

herein- in ◇ *Das Licht strömte herein.* The light poured in. ◇ *Bring sie ins Wohnzimmer herein.* Bring them into the living room.

hereinbekommen 1 (*geliefert bekommen*) get *sth* in **2** (*Summe, Kosten etc.*) get *sth* back

hereinbitten jdn ~ ask sb (to come) in

hereinbrechen 1 über jdn/etw ~ (*überfallen*) befall sb/sth (*gehoben*) ◇ *Großes Unheil war über sie hereingebrochen.* A terrible fate had befallen her. **2** (*beginnen*) fall; (*Gewitter*) break ◇ *Die Dunkelheit war bereits hereingebrochen.* Darkness had already fallen. ◇ *Ein Regenschauer brach über den Festzug herein.* The procession was suddenly hit by a downpour.

hereinfallen 1 auf jdn/etw ~ be taken in by sb/sth ◇ *auf einen Betrüger hereinfallen* be taken in by a conman ◇ *Ich fiel auf seine Schmeichelei herein.* I fell for his flattery. **2 (bei/mit etw) ~** be ripped off (with sth), (*BrE auch*) be done (over sth) ◇ *Mit dem Kauf des Autos ist er hereingefallen.* He was done when he bought that car. ◇ *Mit dieser Kandidatin sind wir wirklich hereingefallen.* Choosing that candidate was a big mistake. **3** (*Sonnenstrahl etc.*) shine in

hereinholen 1 bring *sth* in ◇ *die Wäsche hereinholen* bring in the washing **2** (*wettmachen*) make up for *sth*

hereinkommen 1 come in ◇ *Kommen Sie doch herein!* Please come in. ◇ *Wie bist du hereingekommen?* How did you get in? ◇ *zur Tür hereinkommen* come through the door **2** (FINANZ) be raised ◇ *Woher soll das Geld hereinkommen?* How is the money to be raised?

hereinlassen let *sb/sth* in ◇ *die Katze hereinlassen* let the cat in ◇ *jdn nicht zur Tür hereinlassen* not let sb in

hereinlegen jdn ~ play a trick on sb, take sb for a ride ◇ *sich hereingelegt fühlen* feel that you have been taken for a ride

hereinplatzen (bei jdm/in etw) ~ burst in (on sb/sth) ◇ *in eine Sitzung hereinplatzen* burst in on a meeting

hereinregnen ◇ *Es regnet zum Dach herein.* The rain is coming in through the roof.

hereinschauen 1 look in ◇ *Er schaute zum Fenster herein.* He looked in through the window. **2 (bei jdm) ~** drop in (to see sb); **bei etw ~** drop in at sth, (*bes BrE*) call in at sth ◇ *nur kurz bei einem Freund hereinschauen* drop in for a moment to see a friend

Herfahrt journey here ◇ *auf der Herfahrt* on the journey here

herfallen 1 über jdn/etw ~ attack sb/sth ◇ *über das Essen herfallen* attack the food ◇ *Sie fielen brutal über ihn her.* They brutally assaulted him. ◇ *Mit gegenseitigen Anschuldigungen fielen sie übereinander her.* They hurled accusations at one another. **2 mit etw über jdn ~** besiege sb with sth ◇ *mit Fragen über jdn herfallen* besiege sb with questions

herfinden find your way here

Hergang sequence of events ◇ *der genaue Hergang* the exact sequence of events ◇ *den Hergang des Unfalls beschreiben* describe how the accident happened

hergeben 1 hand *sth* over ◇ *Gib endlich den Schlüssel her!* Hand over the key now! ◇ *Gib her!* Give it to me. **2** (*weggeben*) give *sth* away **3** (*bieten*) have *sth* to offer ◇ *Mal sehen, was das Material hergibt.* Let's see what the material has to offer. ◇ *Das Thema gibt nicht genug her.* The subject isn't very promising. **4 etw/sich für etw ~** be associated with sth ◇ *seinen guten Namen für eine Werbekampagne hergeben* be associated with an advertising campaign **5 sich nicht für etw ~** not have anything to do with sth, not get involved in sth ◇ *Dafür würde ich mich nicht hergeben!* I wouldn't have anything to do with it! **6** (*leisten*) produce ◇ *Diese Plantage gibt 500 Tonnen Kaffee her.* The plantation produces 500 tonnes of coffee. ◇ *Sie rannten, was ihre Beine hergaben.* They ran as fast as their legs would carry them. ◇ *fahren, was der Motor hergibt* drive at top speed IDM → HEMD

hergehen 1 neben jdm ~ walk with sb; **hinter jdm ~** follow sb; **vor jdm ~** lead the way **2 ~ und etw tun** just go and do sth ◇ *Da geht sie einfach her und zeigt mich an!* She just went and reported me! **3** (*ablaufen*) ◇ *Es ging hoch her bei der Party.* The party went with a swing. ◇ *In der Diskussion ging es heiß her.* The discussion got very heated. ◇ *Es ging laut her.* It got very noisy.

hergucken → HERSEHEN

herhaben ◇ *Wo hat sie die Intelligenz her?* Where does she get her intelligence from?

herhalten 1 hold *sth* out ◇ *Kannst du mal deinen Teller herhalten?* Hold out your plate. **2 als etw (für jdn/etw) ~ (müssen)** be sth (for sb/sth), serve as sth (for sb/sth) ◇ *als Alibi für etw herhalten müssen* serve as an alibi for sth ◇ *als Sündenbock für etw herhalten* be made a scapegoat for sth

herholen get, fetch IDM **weit hergeholt sein** be far-fetched

herhören listen

Hering 1 herring; (*geräuchert*) kipper **2** (*Zelt-*) (tent) peg

herkommen 1 come here ◇ *Kommst du bitte mal her?* Can you come over here? **2** (*herstammen*) ◇ *Wo kommst du ursprünglich her?* Where are you from originally? **3** (*hergenommen werden*) come from *somewhere* ◇ *Wo soll das Geld herkommen?* Where's the money coming from?

herkömmlich (*konventionell*) conventional; (*althergebracht*) traditional ◇ *im herkömmlichen Sinne* in the conventional sense ◇ *herkömmliche Methoden* traditional methods

herkriegen get hold of *sb/sth*

Herkunft 1 (*Mensch*) origin; (*Hintergrund*) background ◇ *polnischer Herkunft sein* be of Polish origin ◇ *ihre bürgerliche Herkunft* her middle-class background ◇ *Herkunft und Name des Mädchens bleiben unbekannt.* The identity of the girl is unknown. **2** (*Ursprung*) origin; (*Infektion, Geld*) source ◇ *die Herkunft des Namens* the origin of the name ◇ *die Herkunft der Bakterien feststellen* establish the source of the bacteria ◇ *Die Herkunft des Kokains ist noch ungeklärt.* It's still not known where the cocaine came from.

Herkunftsland country of origin

herlaufen come running; **neben etw ~** run alongside sth IDM → ROCK[1] *und* SCHÜRZE

herleiten 1 (sich) von/aus etw ~ be derived from sth ◇ *sich von einem Substantiv herleiten* be derived from a noun **2 etw (von/aus etw) ~** derive sth (from sth) ◇ *einen Rechtsanspruch aus etw herleiten* derive a legal claim from sth ◇ *etw sprachlich herleiten* trace the derivation of sth

hermachen 1 ◇ *Das macht ganz schön was her!* That looks great! ◇ *viel hermachen* look very impressive ◇ *Das macht nichts her.* It doesn't make much of an impression. ◇ *Ein Motorrad macht mehr her als ein Fahrrad.* A motor bike is more impressive than a push bike. **2 sich über jdn/etw ~** attack sb/sth (*auch fig*) **3 sich über etw ~** (*verschlingen*) devour sth **4 sich über etw ~** (*beginnen*) get down to sth ◇ *sich über die Vorbereitung der Klausur hermachen* get down to revising for the exam

Hermaphrodit hermaphrodite

Hermelin ermine

hermetisch hermetic (*Adv* hermetically) (*auch fig*)

hermüssen be needed

hernehmen get ◇ *Wo sollen wir denn all das Geld hernehmen?* Where will we get the money?

Heroin heroin ◇ *eine Überdosis Heroin* a heroin overdose

heroinsüchtig addicted to heroin [nicht vor Nomen] ◇ *heroinsüchtig werden* become addicted to heroin ◇ *heroinsüchtig sein* be a heroin addict **Heroinsüchtige(r)** heroin addict

heroisch heroic (*Adv* heroically)

Herr 1 gentleman ◇ *ein älterer Herr* an elderly gentleman **2** (*Anrede*) Mr., (*BrE auch*) Mr ◇ *Herr Präsident/Vorsitzender* Mr President/Chairman ◇ *Sehr geehrter Herr Dr. Partridge, ...* Dear Dr Partridge, ... ◇ *Ja, Herr Minister* Yes, Minister ◇ *Sehr geehrte Herren* Dear Sirs ◇ *die Herren Kohl und Bush* Messrs Kohl and Bush **3** (*Gott*) Lord **4 die Herren der Schöpfung** the men **5 die Herren** (SPORT) the men; (*Mannschaft*) the men's team ◇ *Den Titel bei den Herren holte ...* The men's title was won by ... ◇ *der Slalom der Herren* the men's slalom ◇ *Die Herren holten eine Goldmedaille.* The men's team won a gold medal. **6 der ~ des Hauses** the master of the house **7 alter ~** (*Vater*) old man **8 ~ (über etw)** (*Herrscher*) ruler (of sth) IDM **Herr der Lage sein/bleiben** be/remain in control of the situation **nicht mehr Herr seiner Sinne sein** lose control **sein eigener Herr sein** be independent **über jdn/etw Herr sein** control sb/sth **über jdn/etw Herr werden** get sb/sth under control; (*mit etw fertig werden*) (be able to) cope with sth ◇ *Wir können der Nachfrage gar nicht mehr Herr werden.* We can't cope with the demand. → *Siehe auch* LAND

Herrchen master

Herren- Herrenbekleidung menswear **Herrenhaus** manor house **herrenlos** abandoned; (*Tier*) stray ◇ *ein herrenloses Auto* an abandoned car ◇ *ein herrenloser Hund* a stray dog ◇ *herrenlos herumstreunen* roam (around) **Herrentoilette** (gentle)men's toilet, gents (*umgs*), (*AmE*) men's room

Herrgott 1 Lord (God) ◇ *unser (lieber) Herrgott* Our Lord **2 ~ noch mal!** for heaven's sake!, for God's sake!

Herrgottsfrühe in aller ~ at the crack of dawn

herrichten 1 renovate, do *sth* up; (*aufräumen*) tidy *sth* up; (*restaurieren*) restore ◇ *die Chemieräume herrichten* tidy up the chemistry labs ◇ *Die alte Kirche wird hergerichtet.* The old church is being restored. **2** (*vorbereiten*) get *sth* ready ◇ *Wir müssen die Halle für das Fest herrichten.* We have to get the hall ready for the party. **3 sich/jdn ~** get yourself/sb ready

Herrin mistress IDM **(nicht mehr) Herrin der Lage sein** (not) be in control of the situation

herrlich 1 *Adj* magnificent; (*Wetter, Tag*) glorious; (*Gefühl*) marvellous, (*AmE*) marvelous ◇ *ein herrlicher Blick* a magnificent view ◇ *bei herrlichem Wetter* in glorious weather ◇ *Das klingt herrlich.* It sounds wonderful. **2** *Adv* wonderfully, gloriously ◇ *herrlich schräge Musik* wonderfully weird music ◇ *Die Sonne schien herrlich.* The sun shone gloriously. ◇ *herrlich komisch* hilarious

Herrschaft 1 rule ◇ *die britische Herrschaft in Indien* British rule in India **2** (*Herrschaftsperiode*) reign ◇ *während der Herrschaft von Elizabeth I.* during the reign of Elizabeth I **3** (*Macht*) power ◇ *die Herrschaft antreten* come to power **4** (*Kontrolle*) control ◇ *die Herrschaft über sein Auto verlieren* lose control of your car ◇ *unter chinesischer Herrschaft sein* be under Chinese control **5 Herrschaften** ladies and gentlemen ◇ *Meine Herrschaften, dürfte ich Sie bitten, ...* Ladies and gentlemen, would you please ...

herrschaftlich 1 (*vornehm*) grand; (*stattlich*) imposing **2** (*einer Herrschaft zugehörig*) manorial ◇ *ein herrschaftlicher Park* a manorial estate

herrschen 1 es herrscht etw/etw herrscht there is sth ◇ *Es herrscht ein völliges Durcheinander.* There is complete chaos. ◇ *In Rom herrscht tiefe Bestürzung über ...* There is deep shock in Rome at ... ◇ *die herrschende Meinung* the prevailing view ◇ *Es herrschte Krieg im Land.* The country was at war. ◇ *Es herrscht Ratlosigkeit.* Nobody knows what to do. ◇ *die Zustände, die dort herrschen* the prevailing conditions **2 (über jdn/etw) ~** (*die Herrschaft haben*) rule (over sb/sth); (*Monarch auch*) reign (over sb/sth) ◇ *die herrschende Schicht* the ruling class IDM → LUFT

Herrscher(in) ~ (über jdn/etw) ruler (of sb/sth) ◇ *ein totalitärer Herrscher* a totalitarian ruler ◇ *ein absoluter Herrscher* an absolute monarch

herrschsüchtig domineering

herrühren von etw ~ stem from sth

herschieben etw vor sich ~ 1 push sth along in front of you ◇ *Sie schob den Koffer vor sich her.* She pushed the suitcase along in front of her. **2** (*fig*) put sth off ◇ *Du solltest die Entscheidung nicht länger vor dir herschieben.* You shouldn't put off the decision any longer.

hersehen **1** look ◇ *Nicht hersehen!* Don't look! ◇ *Alle mal hersehen!* Everybody look this way! **2 hinter jdm/etw ~** follow sb/sth with your eyes

herstellen **1** make; (*in großen Mengen*) produce **2** (*Verbindung, Kontakt, Bezug etc.*) establish **3** (*Gesundheit*) restore

Hersteller(in) manufacturer

Herstellung **1** production; (*in einer Fabrik auch*) manufacture **2** (*fig*) establishment ◇ *die Herstellung der Währungsunion* the establishment of monetary union **3** (*Ruhe und Ordnung, Gesundheit*) restoration

Hertz hertz

herüber- over, across ◇ *Er blickte zu uns herüber.* He glanced over towards us. ◇ *Seid ihr herübergeschwommen?* Did you swim across?

herüberholen bring *sb/sth* over

herüberkommen come over ◇ *Komm doch mal auf einen Kaffee herüber.* Come over for a coffee.

herum **1** round, (*bes AmE*) around ◇ *Der Hund drehte sich im Kreis herum.* The dog was going round in circles. ◇ *links/rechts herum* round to the left/right **2 um jdn/etw ~** round sb/sth (*bes AmE*) around sb/sth ◇ *Sie standen um ihn herum.* They were standing round him. **3 oben ~** at the top; (*Körperpartie*) up top; **unten ~** at the bottom; (*Körperpartie*) down below ◇ *Das Gitter ist oben herum vergoldet.* The railings are gilded at the top. ◇ *Sie ist oben herum ziemlich schmal.* She's quite small up top. ◇ *Unten herum hatte der Baum sämtliche Äste verloren.* The tree had lost all its branches at the bottom. ◇ *Hast du dich auch unten herum gewaschen?* Have you washed down below? **4 um etw ~** (*in der Umgebung*) near sth ◇ *Um den Bahnhof herum sind viele Nachtlokale.* There are lots of nightclubs near the station. **5 um etw ~** (*ungefähr*) around sth, (*bes BrE*) about sth ◇ *Gibt es einen Zug so um neun Uhr herum?* Is there a train around nine o'clock? **6** (*vorbei*) over ◇ *Ich bin froh, wenn dieser Tag endlich herum ist.* I'll be glad when today's over.

herumalbern fool around

herumärgern **sich mit jdm/etw ~** ◇ *Das Auto verkaufe ich. Ich will mich nicht länger damit herumärgern.* I'm selling the car. It's too much bother. ◇ *Warum sollen wir uns mit den Studenten herumärgern?* Why should we put up with all the hassle with the students?

herumbasteln **an etw ~** tinker with sth

herumdrehen **1 sich ~** turn round; **jdn/etw ~** turn sb/sth round ◇ *Er drehte sich zu ihr herum.* He turned round to her. ◇ *Sie drehte sich langsam im Kreis herum und ließ sich von allen bewundern.* She turned round slowly and let everyone admire her. ◇ *Er drehte den Schlüssel im Schloss herum.* He turned the key in the lock. **2 sich ~** (*auf die andere Seite*) turn over; **jdn/etw ~** turn sb/sth over ◇ *sich im Bett herumdrehen* turn over in bed ◇ *die Matratze herumdrehen* turn the mattress over **3 an etw ~** (*herumspielen*) fiddle with sth IDM → GRAB

herumdrücken **1 an etw ~** squeeze sth **2 auf etw ~** press sth **3 sich um etw ~** avoid (doing) sth ◇ *Er drückt sich gern um die Verantwortung herum.* He tries to avoid responsibility. ◇ *Sie hat sich lange um die Entscheidung herumgedrückt.* She avoided taking a decision for a long time. **4 sich ~** (*herumtreiben*) hang around

herumdrucksen hum and haw, (*AmE*) hem and haw (*umgs*)

herumerzählen spread *sth* around

herumfahren **1 um etw ~** drive round sth **2 (jdn/etw) ~** drive (sb/sth) around ◇ *Wir sind herumgefahren und haben ein Postamt gesucht.* We drove around looking for a post office. ◇ *Wir haben die Gäste ein bisschen herumgefahren.* We drove the visitors around a bit. **3** (*erschrocken*) spin round **4 mit etw ~** (*fuchteln*) flap sth around ◇ *Sie fuhr mit den Armen in der Luft herum, um die Wespen zu verscheuchen.* She was flapping her arms around in the air to try and get rid of the wasps.

herumfragen ask around ◇ *Sie hat bei den Nachbarn herumgefragt.* She asked around among the neighbours.

herumfuchteln **mit etw ~** wave sth around; (*Waffe auch*) brandish sth

herumführen **1 jdn ~** show sb round ◇ *Er führte sie in der Wohnung herum.* He showed her round the flat. **2 jdn um etw ~** take sb round sth; (*an der Hand*) lead sb round sth **3 um etw ~** (*Weg etc.*) go round sth ◇ *Der Weg führt um das Schloss herum.* The path goes round the castle. IDM → NASE

herumfummeln **1 an etw ~** fiddle (around) with sth ◇ *Fummel doch nicht dauernd an deinen Haaren herum.* Stop fiddling with your hair all the time. ◇ *Fummel ja nicht an meinen Sachen herum!* Don't touch my things! **2 an jdm/etw ~** (*sexuell*) grope sb/sth (*umgs*)

herumgeben **etw herumgeben** pass sth round

herumgehen **1** walk around (*sth*) ◇ *Er ging ein bisschen in der Stadt herum.* He walked around the town a bit. **2** (*von einem zum anderen*) go around ◇ *Sie ging mit Getränken herum.* She went around offering drinks. ◇ *Das Gerücht geht überall herum.* The rumour is going round. **3 etw ~ lassen** pass sth round ◇ *Sie ließ die Fotos herumgehen.* She passed the photos round. **4 um jdn/etw ~** (*umrunden*) walk round sb/sth ◇ *Wir gingen um den See herum.* We walked round the lake. **5** (*zu Ende gehen*) go (by) ◇ *Diese Woche ging sehr schnell herum.* This week went (by) very quickly. IDM → KOPF

herumhacken **1 auf jdm ~** pick on sb (*umgs*) ◇ *Ständig hackst du auf mir herum.* You're always picking on me. **2 auf etw ~** (*Thema*) harp on about sth (*umgs*) ◇ *Musst du immer darauf herumhacken?* Do you have to keep harping on about it?

herumirren wander around

herumkommandieren boss *sb* around

herumkommen **1** get around ◇ *In seinem Beruf kommt er viel herum.* He gets around a lot in his job. **2 um etw ~** come round sth ◇ *Der Bus kam um die Ecke herum.* The bus came round the corner. **3 um etw ~** (*Engpass, Hindernis*) get round sth **4 um etw ~** (*vermeiden können*) be able to avoid (doing) sth; (*Aufgabe etc.*) get out of (doing) sth (*umgs*) ◇ *Um die Operation wirst du nicht herumkommen.* You won't be able to avoid having the operation. ◇ *Er ist irgendwie um den Militärdienst herumgekommen.* He somehow got out of doing military service.

herumkriegen **1** (*überreden*) talk *sb* round **2** (*Zeit*) get through *sth* ◇ *Die letzten paar Tage kriegst du auch noch herum.* You'll get through the last few days all right.

herumlaufen **1** go around; (*längere Distanzen, spazieren gehen*) walk around; (*im Laufschritt*) run around ◇ *So kannst du doch nicht herumlaufen.* You can't go around dressed like that. ◇ *Die Kinder liefen im Garten herum.* The children were running around in the garden. **2 um jdn/etw ~** go round sb/sth; (*längere Distanzen, spazieren gehen*) walk round sb/sth; (*im Lauf-*

schritt) run round sb/sth ◇ *Wir liefen um den See herum.* We walked round the lake.

herumliegen lie around ◇ *Überall lagen Kleidungsstücke herum.* There were clothes lying around everywhere. ◇ *Er liegt den ganzen Tag auf dem Sofa herum.* He lies around on the sofa the whole day.

herumlungern hang around (*umgs*)

herummachen **1 mit jdm ~** mess around with sb (*umgs*) **2 an etw ~** fiddle around with sth

herummäkeln **an jdm/etw ~** find fault with sb/sth

herumquälen **sich mit etw ~** struggle with sth ◇ *Ich habe mich den ganzen Tag mit dem Referat herumgequält.* I've been struggling with my essay all day.

herumreden ◇ *Es wurde endlos herumgeredet.* There were endless discussions. ◇ *Nun red nicht lange herum, sag was los ist!* Stop beating about the bush, get to the point! ◇ *Die reden doch um die eigentlichen Themen nur herum.* They are avoiding discussing the real issues. IDM → BREI

herumreichen **1** pass *sth* round **2 um etw ~** go round sth ◇ *Das Seil reichte nicht um die Ladung herum.* The rope wouldn't go round the load.

herumreisen travel around

herumreißen **1** pull *sth* round hard ◇ *Er riss den Lenker herum.* He pulled the steering wheel round hard. **2** (*Spiel, Situation etc.*) turn *sth* round IDM → RUDER

herumrennen → HERUMLAUFEN

herumschicken send *sb/sth* round

herumschlagen **1 etw um etw ~** (*wickeln*) wrap sth round sth **2 sich mit jdm ~** (*sich prügeln*) have a fight with sb ◇ *Die Brüder schlugen sich ständig miteinander herum.* The brothers were always having fights. **3 sich mit jdm/etw ~** (*herumärgern*) struggle with sb/sth ◇ *Sie hat sich wochenlang mit einer Infektion herumgeschlagen.* She has been struggling with an infection for weeks. ◇ *Warum muss ich mich mit so einem Pack herumschlagen?* Why do I have to put up with people like that?

herumschleichen **1 um etw ~** circle (round) sth ◇ *Der Löwe schlich um die Antilopen herum.* The lion circled (round) the antelopes. **2 um jdn ~** (*fig*) hang round sb

herumschleppen **1 etw (mit sich) ~** (*Gepäck etc.*) lug sth around (with you) (*umgs*) **2 etw mit sich ~** (*Problem etc.*) worry about sth ◇ *Wie lange schleppst du dieses Problem schon mit dir herum?* How long have you been worrying about this problem? **3 etw mit sich ~** (*Krankheit*) ◇ *Er schleppt schon seit Wochen eine Erkältung mit sich herum.* He's had a cold for weeks and he can't shake it off.

herumschnüffeln **1 (an etw) ~** sniff around (sth) **2** (*spionieren*) **(in etw) ~** snoop around (in sth) (*umgs, abwert*)

herumschreien **1 (mit jdm) ~** shout (at sb) ◇ *Du solltest nicht immer so mit ihm herumschreien.* You shouldn't keep shouting at him like that. **2** (*Lärm machen*) yell

herumsetzen **sich um etw ~** sit (down) round sth ◇ *Sie setzten sich um das Feuer herum.* They sat down round the fire.

herumsitzen **1** (*untätig*) sit around **2 um etw ~** sit round sth

herumsprechen **sich ~** get around ◇ *Ich möchte nicht, dass sich das herumspricht.* I don't want it to get around.

herumstehen **1** stand around; (*Gegenstände*) lie around ◇ *Steh hier nicht herum, pack lieber mit an.* Don't stand around, give us a hand. ◇ *Überall standen leere Flaschen herum.* There were empty bottles lying around all over the place. **2 um jdn/etw ~** stand round sb/sth

herumstellen **1 sich um jdn/etw ~** form a circle round sb/sth ◇ *Die Gäste stellten sich um die Braut herum.* The guests formed a circle round the bride. **2 etw um etw ~** put sth round sth ◇ *Stell die Stühle um den Tisch herum.* Put the chairs round the table.

herumtelefonieren ring around

herumtragen **1 jdn/etw (mit sich) ~** carry sb/sth around (with you) ◇ *Ich trage diesen Brief schon den ganzen Tag mit mir herum.* I've been carrying this letter around with me all day. ◇ *Die Erinnerung daran trug sie jahrelang mit sich herum.* The memory stayed with her for years. ◇ *Er hatte den Gedanken schon lange mit sich herumgetragen.* He had been thinking about it for a long time. **2** (*Gerüchte*) spread

herumtreiben **sich (mit jdm) ~** hang around (with sb) (*umgs*) ◇ *sich in Nachtlokalen herumtreiben* hang around in nightclubs ◇ *Jugendliche, die sich auf der Straße herumtreiben* young people hanging around on the streets ◇ *Wo hast du dich denn herumgetrieben?* Where have you been?

herumwirbeln (*sich im Kreis drehen*) spin around; (*Blätter etc.*) whirl around

herunter down ◇ *auf der Fahrt nach Ulm herunter* on the trip down to Ulm ◇ *vom General bis zum einfachen Soldaten herunter* from general down to simple soldier

herunter- down ◇ *Der Wagen rollte den Hügel herunter.* The cart rolled down the hill. ◇ *den Preis herunterhandeln* beat the price down ◇ *Meine Strümpfe rutschen immer herunter.* My socks keep slipping down.

herunterbekommen **1** get *sth* down ◇ *Wir müssen das Fieber herunterbekommen.* We must get his/her temperature down. **2 etw (von etw) ~** get sth off (sth) ◇ *Ich kann den Deckel nicht herunterbekommen.* I can't get the lid off.

herunterbringen IDM → BISSEN

herunter- **herunterfahren** **1** drive down **2 etw ~** reduce sth, cut sth (down) ◇ *die Produktion herunterfahren* reduce production ◇ *das Personal auf 600 Leute herunterfahren* cut staff to 600 **3** (*Computer*) shut sth down; (*Anwendung*) close sth down **herunterfallen** **1** fall down ◇ *die Treppe herunterfallen* fall down the stairs **2 (von etw) ~** fall off (sth) ◇ *Er ist von der Leiter heruntergefallen.* He fell off the ladder. **3 jdm fällt etw herunter** sb drops sth ◇ *Mir ist eine Tasse heruntergefallen.* I dropped a cup. **heruntergehen** **1** go down **2** (*senken*) drop; **mit den Preisen ~** lower prices **heruntergekommen** (*Gebäude*) run-down; (*Mensch*) down and out **herunterkommen** **1** come down **2** (*verfallen*) become run-down **3 von etw ~** come off sth **herunterladen** (COMP) download **herunterlassen** lower **heruntermachen** **jdn ~** give sb a dressing-down **herunterreißen** **1** pull *sth* down **2** (*abreißen*) pull *sth* off **heruntersetzen** → HERABSETZEN **herunterspielen** play *sth* down ◇ *In der Presse wurde der Anschlag auf den Minister heruntergespielt.* The press played down the attack on the Minister. **herunterspringen** **1** jump down **2 (von etw) ~** jump off (sth) **herunterwirtschaften** run *sth* down, bring *sth* to the brink of ruin

hervor- **hervorbringen** produce ◇ *Kenia hat viele gute Athleten hervorgebracht.* Kenya has produced a lot of good athletes. ◇ *Er brachte vor Angst kein Wort hervor.* He was speechless with fear. **hervorgehen** **1 aus etw ~** be clear from sth ◇ *Aus diesen Unterlagen geht nicht hervor, dass …* It is not clear from these documents why … ◇ *Aus den vorliegenden Daten geht hervor …* It is clear from the data available … **2 siegreich/als Sieger ~** come out the winner ◇ *In 8*

Spielen ging Schottland viermal als Sieger hervor. Scotland came out the winner four times in 8 matches **3** ◇ *Aus dieser Ehe gingen zwei Kinder hervor.* This marriage produced two children. **hervorgucken (hinter/unter etw) ~** peep out (from behind/under sth); (*sichtbar sein*) show **hervorheben** stress ◇ *In seiner Rede hob er hervor, dass …* He stressed in his speech that … ◇ *Besonders hervorzuheben ist das Bühnenbild.* The set deserves particular mention. ◇ *Fremdwörter werden durch fetten Druck hervorgehoben.* Foreign words are highlighted in bold print. **hervorkommen hinter/unter etw ~** come out from behind/under sth **hervorragen 1** stick out **2** (*fig*) stand out ◇ *aus der Menge hervorragen* stand out from the crowd **hervorragend 1** *Adj* outstanding, excellent ◇ *Sie ist eine hervorragende Köchin.* She is an outstanding cook. ◇ *Das Essen war hervorragend.* The meal was excellent. **2** *Adv* very well ◇ *Er ist für diesen Job hervorragend qualifiziert.* He is very well qualified for this job. ◇ *Er spricht hervorragend deutsch.* He speaks excellent German. **hervorrufen** cause; (*Emotionen*) arouse; (*Eindruck*) create; (*Protest, Widerstand*) provoke **hervorstehen** stick out; (*Zähne, Rippen*) protrude (*gehoben*) **hervortun 1 sich (als etw) ~** distinguish yourself (as sth) **2 sich (mit etw) ~** (*sich wichtigtun*) show off (with sth) **hervorzaubern** produce *sth* (by magic); (*fig*) conjure *sth* up ◇ *ein Kaninchen aus dem Hut hervorzaubern* produce a rabbit out of the hat ◇ *In ein paar Minuten zauberte sie ein Essen hervor.* She conjured up a meal in a matter of minutes.

Herz 1 heart ◇ *Sein Herz schlägt noch.* His heart is still beating. ◇ *ein schwaches Herz haben* have a weak heart ◇ *ein weiches/kaltes/gutes Herz haben* have a soft/cold/kind heart ◇ *eine Kette mit einem Herzen aus Gold* a chain with a gold heart ◇ *Sie hat ein goldenes Herz.* She has a heart of gold. ◇ *mit dem Herzen zu tun haben* have a heart condition ◇ *Mir schlug das Herz bis zum Hals.* My heart was pounding. ◇ *im Herzen Deutschlands* in the heart of Germany **2** (*Karte*) heart; (*Farbe*) hearts [Pl] **IDM** **aus tiefstem Herzen** from the bottom of your heart **jdm das Herz brechen** break sb's heart **ein Herz für jdn/etw haben** be fond of sb/sth **ein Herz und eine Seele sein** be inseparable **es nicht übers Herz bringen etw zu tun** (*auch* **nicht das Herz haben etw zu tun**) be unable to bring yourself to do sth; not have the heart to do sth ◇ *Er brachte es nicht übers Herz, ihr die Wahrheit zu sagen.* He couldn't bring himself to tell her the truth **jdm fällt/rutscht das Herz in die Hose** sb's heart sinks into their boots **jds Herz hängt an jdm/an etw** sb has set their heart on sb/sth ◇ *Lass ihn doch gehen, wenn sein Herz so daran hängt.* Let him go, if he has set his heart on it that much. **leichten Herzens** ◇ *Dem konnte sie leichten Herzens zustimmen.* She had no problem agreeing to it. ◇ *Die Entscheidung wurde nicht leichten Herzens getroffen.* It wasn't an easy decision. **mit halbem Herzen** half-heartedly **jdm (sehr) am Herzen liegen** be (very) close to sb's heart **jdm sein Herz ausschütten** pour out your heart to sb **schweren Herzens** with a heavy heart; (*ungern*) reluctantly **sich etw zu Herzen nehmen** take sth to heart **von Herzen gern** gladly ◇ *Ihr könnt von Herzen gern bei uns übernachten.* You can gladly stay the night with us. → *Siehe auch* STEIN, STOCKEN *und* STOß
Herzanfall heart attack ◇ *einen Herzanfall bekommen/erleiden* have/suffer a heart attack **Herzbeschwerden** heart trouble [U]

herzeigen show ◇ *Er wollte seine Fotos nicht herzeigen.* He didn't want to show me/us his photos. ◇ *Zeig her!* Let me see!

Herzenslust nach ~ to your heart's content

Herz- herzergreifend heart-rending **Herzfehler** heart defect **herzhaft** hearty (*Adv* heartily)

herziehen 1 etw/jdn hinter sich ~ pull sth/sb along behind you **2 vor/hinter/neben jdm/etw ~** walk along in front of/behind/next to sb/sth **3** (*umziehen*) move here **4 über jdn ~** run sb down ◇ *Sie zieht immer über ihn her.* She is always running him down.

Herz- Herzinfarkt heart attack ◇ *einen Herzinfarkt bekommen* have a heart attack **Herzklopfen 1** (MED) palpitations [Pl] (*gehoben*) **2** (*vor Aufregung etc.*) (*oft mit einem Verb übersetzt*) ◇ *Sie hatte Herzklopfen.* Her heart was pounding. ◇ *Mit Herzklopfen trat er nach vorn.* He stepped forward with his heart pounding. **herzkrank** suffering from a heart condition [nicht vor Nomen] ◇ *herzkranke Kinder* children suffering from a heart condition ◇ *Sie ist herzkrank.* She has a heart condition. **Herzkrankheit** heart condition

herzlich 1 warm (*Adv* warmly), cordial (*Adv* cordially) (*gehoben*); (*Mensch*) kind ◇ *jdn herzlich begrüßen* give sb a warm welcome ◇ *sich herzlich bei jdm bedanken* thank sb warmly ◇ *Er ist unkompliziert und herzlich.* He is kind and straightforward. ◇ *Herzliche Glückwünsche!* Congratulations! ◇ *Herzliche Glückwünsche zum Geburtstag!* Happy Birthday! ◇ *herzliche Grüße* best wishes ◇ *Sie lässt dich herzlich grüßen.* She sends her best wishes. ◇ *mein herzlichstes Beileid* my deepest sympathy ◇ *Ihr seid immer herzlich willkommen.* You are always very welcome. ◇ *Herzlichen Dank.* Thank you very much. ◇ *Sie haben herzlich gelacht.* They laughed heartily. **2** (*äußerst*) totally ◇ *ein herzlich unbegabter Bildhauer* a totally untalented sculptor ◇ *Das ist mir herzlich egal.* I really couldn't care less. ◇ *Sie versteht herzlich wenig von Computern.* She knows precious little about computers.

Herzlichkeit warmth, friendliness

herzlos heartless (*Adv* heartlessly)

Herzmassage cardiac massage

Herzog duke

Herzogin duchess

Herz- Herzschlag 1 (heart)beat ◇ *Das Gerät überwacht die Herzschläge des Patienten.* The apparatus monitors the patient's heartbeat. ◇ *Vor Schreck setzte ihr Herzschlag einen Augenblick aus.* She had such a shock that her heart skipped a beat. **2** (*Puls*) pulse **3** (*Herzinfarkt*) heart attack; (*Herzversagen*) heart failure [U] ◇ *Er hatte einen Herzschlag.* He suffered a heart attack. **Herzschrittmacher** pacemaker **Herztransplantation** heart transplant **Herzversagen** heart failure [U] **herzzerreißend** heart-rending ◇ *ein herzzerreißender Anblick* a heart-rending sight ◇ *Sie weinte herzzerreißend.* It was heart-rending to hear her cry.

heterogen heterogeneous

heterosexuell heterosexual (*Adv* heterosexually)

Heterosexuelle(r) heterosexual

Hetze 1 rush ◇ *Er ist immer in Hetze.* He's always in a rush. **2** (*Aufwiegelei*) hate campaign **3** (*Jagd*) hunt

hetzen 1 (*Wild*) hunt **2 etw/jdn auf jdn ~** set sth/sb on (to) sb ◇ *Sie hetzten die Hunde auf ihn.* They set the dogs on him. **3** (*antreiben*) rush ◇ *Hetz mich nicht so!* Don't rush me! ◇ *Er macht einen sehr gehetzten Eindruck.* He seems to be very rushed. **4 (sich) ~** rush ◇ *Ich habe (mich) sehr hetzen müssen.* I really had to rush. **5 gegen jdn ~** (*üble Nachrede*) stir up trouble/hatred against sb; **(bei jdm) gegen jdn ~** say malicious things about sb (to sb) ◇ *Rechtsradikale hetzen gegen Ausländer.* Right-wing extremists are stirring up hatred against foreigners. ◇ *Sie hetzt dauernd beim Chef gegen mich.* She's always saying malicious things about me to the boss.

Hetz- Hetzjagd 1 (*auf Wild*) hunt **2** (*Hasskampagne*) hate campaign **3** (*Hast, Eile*) rush ◇ *Es war eine einzige Hetzjagd.* It was just one mad rush. **Hetzkampagne** hate campaign

Heu 1 hay **2** (*Geld*) dough (*umgs*), (*BrE auch*) dosh ◇ *Er hat jede Menge Heu.* He's loaded. **IDM** → GELD
Heuboden hayloft ◇ *auf dem Heuboden schlafen* sleep in the hayloft

Heuchelei 1 hypocrisy **2** (*Äußerung*) lie; (*Handlung*) deceit [U]

heucheln put it on (*umgs*); (*Gefühle etc. auch*) feign (*gehoben*) ◇ *Heuchle nicht!* Stop putting it on! ◇ *Ihre Freundlichkeit ist nur geheuchelt.* Her friendliness is just put on. ◇ *Mitleid heucheln* feign sympathy

Heuchler(in) hypocrite

heuchlerisch hypocritical (*Adv* hypocritically); (*Gefühle etc.*) feigned (*gehoben*)

heuer 1 (*dieses Jahr*) this year **2** (*jetzt*) now

heulen 1 cry; (*laut klagend*) howl ◇ *Mir ist zum Heulen.* I feel like crying. ◇ *Er heulte laut vor Wut.* He was howling with rage. **2** (*Motor*) roar; (*Sirene*) wail **IDM etw ist zum Heulen** sth is enough to make you weep → *Siehe auch* WOLF

heurige(r,s) this (year's) ◇ *die heurige Ernte* this year's harvest ◇ *im heurigen Herbst* this autumn

Heuriger new wine

Heu- Heuschnupfen hay fever **Heuschrecke** grasshopper; (*tropisch*) locust

heute 1 today ◇ *von heute an/seit heute* from today ◇ *ab heute* as of today ◇ *bis heute* until today ◇ *die Zeitung von heute* today's newspaper ◇ *heute Abend* this evening ◇ *Sie kommt heute Nacht zurück.* She's coming back tonight. ◇ *Wir sind heute Nacht zurückgekommen.* We got back last night. **2** (*heutzutage*) these days; (*jetzt*) now ◇ *die Jugend von heute* young people these days **IDM heute oder morgen 1** (*in den nächsten Tagen*) in the next day or two **2** (*in allernächster Zeit*) at a moment's notice ◇ *Die Lage kann sich heute oder morgen ändern.* The situation can change at a moment's notice. **lieber heute als morgen** the sooner the better; as soon as possible ◇ *„Wann soll ich anfangen?" „Lieber heute als morgen."* 'When shall I start?' 'The sooner the better.' ◇ *Er würde lieber heute als morgen kündigen.* He wants to leave as soon as possible. **von heute auf morgen 1** (*ohne Vorwarnung*) without any warning **2** (*über Nacht*) overnight → *Siehe auch* HIER

heutig ◇ *die heutige Ausgabe der Zeitung* today's edition of the newspaper ◇ *bis auf den heutigen Tag* to this day ◇ *der heutige Vormittag* this morning ◇ *im heutigen Ägypten* in modern Egypt ◇ *in der heutigen Zeit* nowadays

heutzutage these days ◇ *Heutzutage kann man anziehen, was man will.* You can wear what you like these days.

Hexameter hexameter

Hexe 1 witch **2** (*verführerische Frau*) minx

hexen 1 ◇ *Denkst du, ich kann hexen?* What do you think I am, a magician? ◇ *Das geht bei ihm wie gehext.* He's got the magic touch. **2 etw ~** magic sth (up) ◇ *Als er fror, hexte er sich ein Feuer.* When he got cold, he magicked up a fire.

Hexen- Hexenkessel 1 (*fig*) pandemonium **2** (*Kessel einer Hexe*) witch's cauldron **Hexenschuss** (MED) lumbago [U] **Hexenverfolgung** witch-hunt

Hexerei witchcraft [U]

Hickhack squabbling ◇ *das Hickhack um den Mindestlohn* the squabbling about the minimum wage ◇ *Was soll das ganze Hickhack?* What's all this fuss about?

Hieb 1 blow; (*Peitschen-*) lash; (*Stock-, Schwert-*) stroke; (*Fechtdegen-, Säbel-*) cut ◇ *jdm einen Hieb versetzen* deal sb a blow ◇ *Hiebe auf den Kopf* blows to the head **2** (*verbal*) cutting remark, dig (*umgs*) ◇ *Hiebe austeilen/einstecken* make/incur some cutting remarks ◇ *jdm einen Hieb versetzen* have a dig at sb ◇ *der Hieb hat gesessen* that (remark) hit home **3** (*Verletzung*) gash **4 Hiebe** (*Prügel*) a hiding [Sing] ◇ *Gleich setzt es Hiebe!* You'll get a hiding in a minute!

hier 1 here ◇ *Ich bin nicht von hier.* I don't come from here. ◇ *hier oben/unten* up/down here ◇ *Er wohnt hier um die Ecke.* He lives just round the corner from here. ◇ *von hier aus* from here ◇ *hier in der Nähe* round here ◇ *Ich nehme das hier.* I'll take this one (here). ◇ *Hier entlang, bitte.* This way, please. ◇ *Hier wohne ich.* This is where I live. ◇ *Hier* (*spricht*) *Beate Kunz.* (This is) Beate Kunz speaking. **2** (*in diesem Moment*) now ◇ *Von hier an ging es bergab.* From now on it was downhill. ◇ *Hier brach sie in Tränen aus.* At this point she burst into tears. **3** (*in dieser Sache*) ◇ *Hier sind wir verschiedener Meinung.* Our opinions differ on this point. ◇ *Hier hat er recht.* He's right about this. ◇ *Hier geht es um Recht und Unrecht.* This is a question of right and wrong. ◇ *Hier geht es um deine Zukunft!* This is about your future! **IDM hier und da/dort 1** (*an manchen Orten*) here and there **2** (*gelegentlich*) now and then **hier und jetzt/heute** here and now

hier- ◇ *Hierfür habe ich jetzt keine Zeit.* I haven't time for this now. ◇ *Hierüber sollte er informiert sein.* He ought to be informed about this. ◇ *Hiervon möchte ich drei Stück.* I'd like three of these.

Hierarchie hierarchy [mit Verb im Sing/Pl]

hierarchisch hierarchical (*Adv* hierarchically) ◇ *in hierarchischer Ordnung* in order of hierarchy

hierdurch through here; (*aus diesem Grund*) because of this → *Siehe auch* DURCH

hierher here; **bis ~** to here, this far; (*bis jetzt*) so far → *Siehe auch* HER ◇ *Hasso, hierher!* Hasso, here! ◇ *auf dem Weg hierher* on the way here ◇ *Er hat sie bis hierher getragen.* He carried her this far. ◇ *Bis hierher und nicht weiter!* This far and no further! ◇ *Bis hierher ist alles gut gegangen.* Everything has gone well so far.
hierhergehören belong here ◇ *Die Kerze gehört nicht hierher.* The candle doesn't belong here. ◇ *Diese Frage gehört nicht hierher.* This question is off the point.

hiermit 1 with this ◇ *Hiermit kannst du den Garten besser umgraben.* You can dig the garden over better with this. **2** (*mit diesen Worten*) hereby ◇ *Hiermit bestätigen wir den Auftrag.* We hereby confirm the contract.

hierzulande in these parts

Hiesige(r) local

hiesige(r,s) ◇ *die hiesige Bevölkerung* the local population ◇ *die hiesig ansässigen Menschen* the locals

hieven haul (*auch fig*)

Hi-Fi-Anlage stereo system

high high (*umgs*)

Hilfe 1 help [U] ◇ *jdn um Hilfe bitten* ask somebody for help ◇ *Hilfe! Ich falle!* Help! I'm falling! ◇ *Verzweifelt rief sie um Hilfe.* She shouted desperately for help. ◇ *Seit ihrem Unfall kann sie nicht mehr ohne fremde Hilfe laufen.* She has been unable to walk unaided since the accident. ◇ *jdm zur Hilfe eilen/kommen* hurry/come to somebody's aid ◇ *humanitäre/medizinische Hilfe* humanitarian/medical aid ◇ *Erste Hilfe leisten* give first aid ◇ *Hilfe suchend sah er sie an.* He looked at her imploringly. ◇ *jdm Hilfe* *leisten* help sb **2 etw zu ~ nehmen** use sth ◇ *ein Wörterbuch zu Hilfe nehmen* use a dictionary **Hilfeleistung** assistance ◇ *Er wurde wegen unterlassener Hilfeleistung angeklagt.* He was charged with failing to render assistance. **Hilferuf** cry for help

hilflos 1 helpless (*Adv* helplessly) ◇ *Wir können nur hilflos zusehen.* We can only look on helplessly. ◇ *einer Situation hilflos gegenüberstehen* be helpless in the face of sth ◇ *Wir sind ihnen hilflos ausgeliefert.* We're helpless in their hands. **2** (*unbeholfen*) clumsy (*Adv* clumsily)

Hilflosigkeit 1 helplessness [U] **2** (*Unbeholfenheit*) clumsiness [U]

hilfreich helpful ◇ *eine hilfreiche Verkäuferin* a helpful sales assistant ◇ *jdm hilfreich zur Seite stehen* support sb

Hilfs- Hilfsaktion aid programme, (*AmE*) aid program **Hilfsarbeiter(in)** (*auf Baustelle*) labourer, (*AmE*), laborer; (*in einer Fabrik*) unskilled worker **hilfsbedürftig** in need [nicht vor Nomen] ◇ *hilfsbedürftige Menschen* people in need ◇ *eine Kleidersammlung für Hilfsbedürftige* a clothes collection for people in need **hilfsbereit** helpful ◇ *ein hilfsbereiter Mensch* a helpful person ◇ *Ihre Freunde zeigten sich hilfsbereit.* Her friends helped her. **Hilfsbereitschaft** helpfulness [U] **Hilfskraft** assistant ◇ *Sie arbeitet als wissenschaftliche Hilfskraft an der Universität.* She works as a research assistant at the university. ◇ *ungelernte Hilfskräfte in Altenheimen* untrained care assistants in old people's homes ◇ *billige Hilfskräfte* cheap labour **Hilfsmaßnahme** aid package [U] ◇ *humanitäre Hilfsmaßnahmen* a humanitarian aid package **Hilfsmittel 1** aid **2** (*für Notlagen*) emergency supplies [Pl] **Hilfsorganisation** relief organization **Hilfsverb** auxiliary verb

Himbeere raspberry

Himmel 1 sky ◇ *Die Sonne stach vom Himmel.* The sun blazed down from the sky. ◇ *Der Mond steht schon am Himmel.* The moon is already up. ◇ *unter freiem Himmel* outdoors **2** (REL) heaven (*auch fig*) ◇ *in den Himmel kommen* go to heaven ◇ *Bali war für sie der Himmel auf Erden.* Bali was her heaven on earth. IDM **ach du lieber Himmel!** Good heavens!; Good God! **aus heiterem Himmel** (right) out of the blue **etw fällt nicht vom Himmel** sth will not just fall into your lap ◇ *Erfolg fällt nicht vom Himmel!* Success doesn't just fall into your lap. **Himmel noch mal!** Damn it! **Himmel und Hölle in Bewegung setzen** move heaven and earth **im siebten Himmel sein/sich wie im siebten Himmel fühlen** be on cloud nine **etw schreit zum Himmel** sth is an outrage ◇ *Ihre Not schreit zum Himmel.* Their misery is an outrage. **etw stinkt zum Himmel** sth stinks to high heaven **Um Himmels willen!** (*bei einer Bitte*) For goodness' sake!; (*bei Bestürzung*) Oh my God! → *Siehe auch* BLAUE, BLITZ, GESCHENK *und* WINK

himmelblau sky blue **Himmelfahrt Christi ~** Ascension Day; **Mariä ~** the Feast of the Assumption **Himmelfahrtskommando** (*Unternehmen*) suicide mission; (*Menschen*) suicide squad **Himmelsrichtung 1** point of the compass ◇ *die vier Himmelsrichtungen* the four points of the compass **2 aus allen Himmelsrichtungen** from all directions; **in alle Himmelsrichtungen** in all directions

himmlisch 1 heavenly, divine ◇ *der himmlische Vater* the heavenly father ◇ *himmlischer Beistand* divine help **2** marvellous (*Adv* marvellously) ◇ *himmlisches Wetter* marvellous weather

hin 1 (*räumlich*) ◇ *Die Tür lässt sich zum Garten hin öffnen.* The door opens out onto the garden. ◇ *Es war Stau von Hamburg bis hin nach Flensburg.* There was a traffic jam from Hamburg all the way to Flensburg. ◇ *Guck mal, ein Eisverkäufer! Los, hin!* Look, an ice-cream seller! Let's get over there! **2** (*zeitlich*) ◇ *gegen Morgen hin* towards morning ◇ *Die Konferenz erstreckte sich über mehrere Tage hin.* The conference stretched over several days. ◇ *Bis Weihnachten ist es noch lange hin.* It is still a long time till Christmas. **3 ~ sein** (*kaputt sein*) have had it (*umgs*) ◇ *Der Staubsauger ist hin.* The vacuum cleaner has had it. **4 ~ sein** (*tot sein*) be a goner (*umgs*) **5 ~ sein** (*weg sein*) be gone ◇ *Alles ist hin.* Everything is gone. **6 ~ sein** (*müde sein*) be done in (*umgs*) ◇ *Freitagabends bin ich immer total hin.* I'm always completely done in on a Friday evening. **7 von etw ganz ~ sein** be bowled over by sth (*umgs*), be really taken with sth (*umgs*) ◇ *Ich war ganz hin von ihrem neuen Haus.* I was absolutely bowled over by their new house. **8 nach außen ~** outwardly ◇ *Nach außen hin ist sie immer fröhlich.* She's always outwardly cheerful. ◇ *Nach außen hin ließ er sich nichts anmerken, aber innerlich kochte er.* He gave no outward indication of it, but inwardly he was fuming. **9 auf etw ~** (*gerichtet*) ◇ *Der Betrieb ist auf Wachstum hin angelegt.* The company is geared to growth. ◇ *Das Projekt ist auf zehn Jahre hin ausgelegt.* The project is set to last for ten years. **10 auf etw ~** (*in Hinblick auf*) for ◇ *das Dach auf Risse hin überprüfen* check the roof for cracks **11 auf etw ~** (*aufgrund*) on the basis of ◇ *Auf bloße Anschuldigungen hin kann ich ihr nicht kündigen!* I can't sack her on the basis of mere allegations! **12 ~ und zurück** there and back ◇ *Die Fahrt hin und zurück beträgt mehr als zwei Stunden.* The journey there and back lasts more than two hours. ◇ *Zweimal hin und zurück nach Freiburg, bitte.* Two returns to Freiburg, please. ◇ *Der Flug kostet hin und zurück 500 Dollar.* The return flight costs 500 dollars. **13 ~ und her** back and forth ◇ *Er ging nervös hin und her.* He walked nervously back and forth. ◇ *Sie überlegte hin und her.* She went over and over it in her mind. IDM **... hin, ... her** ... or not ◇ *Müdigkeit hin, Müdigkeit her — die Hausaufgaben werden zu Ende gemacht!* Tired or not — you have to finish your homework . ◇ *Vater hin, Vater her — so darf er dich nicht behandeln!* I don't care whether he's your father or not — he can't treat you like that! **hin und wieder** now and then **nach einigem/langem Hin und Her** after some/a lot of toing and froing → *Siehe auch* NICHTS

hinab down ◇ *Die Stufen hinab kommt man in den Garten.* You get into the garden if you go down the steps.

hinauf up ◇ *Die Explosion beschädigte das Haus bis hinauf zum zehnten Stockwerk.* The explosion damaged the house right up to the tenth floor. ◇ *Sie möchte beruflich noch weiter hinauf.* She would like to climb even higher up the career ladder.

hinaufarbeiten sich ~ work your way up (*auch fig*) ◇ *Sie arbeiteten sich den Berg hinauf.* They worked their way up the mountain. ◇ *Er hat sich zum Generaldirektor hinaufgearbeitet.* He worked his way up to the level of general manager.

hinaufgehen 1 go up **2** (*nach oben führen*) lead up **3 mit etw ~** put sth up ◇ *Die Banken gehen schon wieder mit den Zinsen hinauf.* The banks are already putting up interest rates again.

hinaufkommen 1 come up ◇ *Kommst du noch auf einen Kaffee mit hinauf?* Are you coming up for a coffee? **2** (*nach oben gelangen*) get up ◇ *Wie soll ich denn da hinaufkommen?* How am I supposed to get up there?

hinaufsetzen 1 etw auf etw ~ put sth up on sth ◇ *Sie setzte den Teddy auf das Regal hinauf.* She put the teddy up on the shelf. **2** (*erhöhen*) raise ◇ *Das Rentenalter soll hinaufgesetzt werden.* The retirement age is to be raised.

hinaus **1** out ◇ *Hinaus!* Get out! **2 über etw ~** (*räumlich*) beyond sth ◇ *weit über das übliche Maß hinaus* far beyond what is usual ◇ *Er ist mittlerweile über die Grenzen Frankfurts hinaus bekannt.* He is now known outside Frankfurt. **3 (bis) über etw ~** (*zeitlich*) (until) after sth ◇ *bis weit über Mitternacht hinaus* until well after midnight **4 auf Jahre, Monate etc. ~** for years, months, etc. (to come) ◇ *Das Land wird auf Jahre hinaus die Hilfe des Auslands benötigen.* The country will need foreign aid for years to come. **5 darüber ~** → DARÜBER

hinaus- out

hinausfinden find your way out ◇ *Findest du allein hinaus?* Can you find your own way out?

hinausgehen **1** go out(side) ◇ *Wir gingen hinaus.* We went outside. ◇ *Wir gingen auf die Straße hinaus.* We went out into the street. ◇ *Die Wärme geht einfach zum Fenster hinaus.* The heat goes straight out of the window. ◇ *beim Hinausgehen* on the way out **2** (*gelegen sein*) look (out) on to *sth* ◇ *Mein Fenster geht zum Hof hinaus.* My window looks out onto the courtyard. **3 über etw ~** be beyond sth

hinauskommen **1** get out ◇ *Wie komme ich hinaus?* How do I get out? **2 auf etw ~** → HINAUSLAUFEN **3 über etw ~** get beyond sth

hinauslaufen **1** run out ◇ *Sie liefen auf die Straße hinaus.* They ran out into the street. ◇ *Die Kinder liefen hinaus.* The children ran outside. **2 auf etw ~** amount to sth

hinausragen **1 über etw ~** jut out beyond sth ◇ *Einige Ziegel ragen über den Dachrand hinaus.* Some slates jut out beyond the edge of the roof. **2 über etw ~** stand out from sth ◇ *Ihre Darbietung ragte weit über die der anderen hinaus.* Her performance clearly stood out from the others.

hinausschieben **1** push *sth* out **2** (*verschieben*) put *sth* off ◇ *eine Entscheidung hinausschieben* put off making a decision

hinausschießen IDM → ZIEL

hinausschmeißen → HINAUSWERFEN

hinaustreiben **1** drive *sb/sth* out **2 jdn/etw aufs Meer etc. ~** sweep sb/sth out to sea, etc. ◇ *Sie wurden aufs Meer hinausgetrieben.* They were swept out to sea.

hinauswerfen, **hinausschmeißen** (*auch* **rausschmeißen**, **rauswerfen**) **1** throw *sb/sth* out, (*bes BrE*) chuck *sb/sth* out (*umgs*) ◇ *Er warf die Tüte zum Fenster hinaus.* He threw the bag out of the window. ◇ *das alte Sofa rausschmeißen* throw out the old sofa ◇ *Benimm dich, sonst schmeiß ich dich gleich raus!* Behave yourself or you'll get thrown out! ◇ *Geld für etw rausschmeißen* waste money on sth ◇ *Das ist doch rausgeschmissenes Geld!* It's just money down the drain. **2** (*entlassen*) kick *sb* out (*umgs*), (*bes BrE*) give *sb* the sack (*umgs*) ◇ *Er wurde nach drei Monaten hinausgeworfen.* After three months he was given the sack. IDM → FENSTER

hinauswollen **1 hoch ~** aim high ◇ *In der kommenden Saison will die Mannschaft hoch hinaus.* The team are aiming high this season. **2 auf etw ~** be getting at sth ◇ *Worauf willst du hinaus?* What are you getting at?

hinauszögern delay; (*hinausschieben*) put *sth* off; **sich ~** be delayed ◇ *den Baubeginn hinauszögern* delay the start of the building work ◇ *Sie zögern ihre Entscheidung hinaus.* They are putting off making a decision. ◇ *Der Baubeginn wird sich noch etwas hinauszögern.* The start of the building work will be delayed.

hinbekommen → HINKRIEGEN

Hinblick **im ~ auf etw** (*angesichts*) in view of sth; (*in Bezug auf*) regarding sth

hinbringen take ◇ *Felix kann dich hinbringen.* Felix can take you. ◇ *Kannst du den Wagen nicht morgen hinbringen?* Can't you take the car there tomorrow?

hinderlich **~ (für jdn/etw) sein** be a hindrance (to sb/sth)

hindern **jdn (daran) ~ (, etw zu tun)** stop sb (doing sth), prevent sb (from doing sth) ◇ *Niemand hindert dich daran.* Nobody's stopping you. ◇ *Niemand hindert dich daran, wegzugehen.* Nobody's stopping you leaving. ◇ *Sie hinderten die Bevölkerung daran, die Stadt zu verlassen.* They prevented the residents from leaving the town.

Hindernis **1** obstacle; (*Schwierigkeit*) difficulty ◇ *Das ist kein unüberwindbares Hindernis.* It's not an insurmountable obstacle. ◇ *Es gibt keine Hindernisse mehr für die Freilassung der Geiseln.* There is now no obstacle to the release of the hostages. ◇ *eine Reise mit Hindernissen* a journey fraught with difficulties **2** (*Leichtathletik*) hurdle; (*Hindernislauf*) steeplechase **3** (*Pferdesport*) jump

Hindernislauf, **Hindernisrennen** obstacle race; (*Leichtathletik, Pferdesport*) steeplechase

Hinderungsgrund impediment ◇ *ein Hinderungsgrund für eine EU-Vollmitgliedschaft* an impediment to full membership of the EU ◇ *Das ist kein Hinderungsgrund.* That's no reason for not doing it.

hindeuten **auf jdn/etw ~** point to sb/sth (*auch fig*) ◇ *Alle Anzeichen deuten auf eine Lungenentzündung hin.* All the symptoms point to pneumonia.

hindurch through ◇ *Das Tor wurde geöffnet und sie rannten hindurch.* The gate was opened and they ran through. ◇ *durch beide Ortsteile hindurch* through both parts of the town ◇ *mitten hindurch* straight through the middle ◇ *Er war viele Jahre hindurch Vorsitzender.* He was chairman for many years. ◇ *das ganze Jahr hindurch* all year round ◇ *die ganze Nacht hindurch* all night long ◇ *durch die Jahrhunderte hindurch* throughout the centuries

hindurch- through ◇ *durch etw hindurchsehen* see through sth

hindurchgehen go through; **durch etw ~** go through sth ◇ *Die Autobahn geht mitten durch unseren Ort hindurch.* The motorway goes straight through the middle of our town. ◇ *unter einer Brücke hindurchgehen* go under a bridge

hindurchmüssen have to go through; **durch etw ~** have to go through sth

hindurchzwängen **sich durch etw ~** squeeze through sth; **etw durch etw ~** squeeze sth through sth ◇ *sich durch einen engen Gang hindurchzwängen* squeeze through a narrow passageway ◇ *Sie zwängte ihren Kopf durch das Loch hindurch.* She squeezed her head through the hole.

hinein **1** in(to) ◇ *Da hinein gehört der Müll.* The rubbish goes in there. ◇ *Da geht's hinein!* That's the way in. ◇ *Hinein mit euch!* In you go! **2 bis in etw ~** (right) into sth ◇ *Bis ins 20. Jahrhundert hinein wurden die Lastkähne von Pferden gezogen.* Horses continued to be used into the twentieth century to pull canal barges. ◇ *bis in die tiefe Nacht hinein* until well into the night IDM → TAG

hinein- in ◇ *Sie rannten hinein.* They ran in. ◇ *Sie rannten ins Haus hinein.* They ran into the house.

hineinbeißen take a bite; **in etw ~** bite into sth

hineindenken **1 sich in jdn ~** put yourself in sb's position ◇ *sich in den Kunden hineindenken* put yourself in the position of the customer **2 sich (in etw) ~** think your way into sth

hineinfressen **etw in sich ~** bottle sth up

hineingehen **1** go in; **in etw ~** go into sth ◇ *Du kannst schon hineingehen.* Go on in. ◇ *Er ging ins Rathaus hinein.* He went into the town hall. **2** (*hineinpassen*) ◇ *In den Saal gehen 300 Leute hinein.* The room holds 300 people.

hineingeraten **in etw ~** get into sth ◇ *In den Filter ist Sand hineingeraten.* Sand got into the filter. ◇ *Er ist in eine Prügelei hineingeraten.* He got into a fight.

hineininterpretieren **etw in etw ~** read sth into sth ◇ *Sie interpretierte zu viel in den Brief hinein.* She read too much into the letter.

hineinknien (*fig*) **sich in etw ~** ◇ *sich in sein Studium hineinknien* buckle down to your studies ◇ *sich in die Materie hineinknien* get your teeth into the subject matter ◇ *sich in die Vorbereitung des Festes hineinknien* get stuck into the preparations for the party

hineinkommen come in; (*gelangen*) get in; **in etw ~** come into sth; (*gelangen*) get into sth ◇ *Kommst du noch mit hinein?* Are you coming in? ◇ *Er kam nicht in die Disco hinein.* He couldn't get into the disco. ◇ *Wie komme ich ins Internet hinein?* How do I get onto the Internet?

hineinlachen **in sich ~** laugh to yourself

hineinlassen **jdn/etw (in etw) ~** let sb/sth in(to sth)

hineinpassen **(in etw) ~** fit in(to sth)

hineinplatzen **(in etw) ~** burst in(to sth)

hineinragen **in etw ~** project into sth; (*Gebiet*) extend into sth

hineinregnen ◇ *Es regnete durchs Dach hinein.* Rain was coming in through the roof.

hineinreißen (*fig*) **jdn (in etw) (mit) ~** drag sb in(to sth) ◇ *Musstest du ihn unbedingt mit hineinreißen?* Did you really have to drag him into it?

hineinreiten **1 (in etw) ~** ride in(to sth) ◇ *in den Sonnenuntergang hineinreiten* ride into the sunset **2** (*fig*) **jdn/sich ~** get sb/yourself into trouble

hineinschauen → HINEINSEHEN

hineinschlingen **etw in sich ~** devour sth

hineinschlittern **in etw ~** get into sth

hineinschreiben **etw (in etw) ~** write sth in (sth)

hineinsehen **(in etw) ~** look in(to sth)

hineinspielen **(in etw) ~** play a part (in sth)

hineinstecken **etw (in etw) ~** put sth in(to sth) ◇ *den Stecker in die Steckdose hineinstecken* put the plug into the socket ◇ *Geld in ein Projekt hineinstecken* put money into a project ◇ *viel Arbeit in etw hineinstecken* put a lot of work into sth ◇ *den Kopf zur Tür hineinstecken* put your head round the door

hineinsteigern **sich in etw ~** (*Wut etc.*) work yourself up into sth; (*Arbeit*) be/get wrapped up in sth; (*Idee, Problem*) be/become obsessed with sth

hineinversetzen **sich in jdn/jds Lage ~** put yourself in sb's position ◇ *sich gut in junge Leute hineinversetzen können* be able to understand how young people think

hineinwachsen **in etw ~** grow into sth (*auch fig*) ◇ *In den Pulli kannst du noch hineinwachsen.* You'll grow into the jumper. ◇ *in seine neue Rolle hineinwachsen* grow into your new role

hineinwollen **(in etw) ~** want to go in(to sth)

hineinziehen **1 (in etw) ~** get in(to sth) ◇ *Mach das Fenster zu, sonst zieht der ganze Gestank hinein!* Close the windows quickly or the smell will get in. **2 jdn in etw (mit) ~** draw sb into sth ◇ *in einen Konflikt hineingezogen werden* get drawn into a conflict

hinfahren **1** go (there) ◇ *Italien? Da müssen wir auch mal hinfahren!* Italy? We ought to go there sometime. ◇ *Wo sind sie hingefahren?* Where have they gone to? **2 jdn/etw ~** drive sb/sth (there) ◇ *Ich kann dich hinfahren.* I can drive you there. ◇ *Kannst du die Kinder zur Schule hinfahren?* Can you drive the children to school?

Hinfahrt way there, outward journey (*offiz*) ◇ *Das ist auf der Hinfahrt passiert.* It happened on the way there.

hinfallen fall over ◇ *Sie ist hingefallen.* She fell over.

hinfällig invalid ◇ *Die Genehmigung ist hinfällig.* The permit is invalid. ◇ *Das neue Gesetz hat sein Geständnis hinfällig gemacht.* The new law invalidated his confession.

hinfliegen **1** fly (there) ◇ *Wo fliegt sie hin?* Where's she flying to? **2** → HINFALLEN

hinführen **1 (irgendwo) ~** lead to (sth) ◇ *Wo führt dieser Weg hin?* Where does this path lead to? ◇ *Wo soll denn das alles hinführen?* Where is it all going to end? **2 jdn zu etw ~** take sb (there) ◇ *Kannst du ihn schnell hinführen?* Can you take him there?

Hingabe dedication; (*einem Menschen gegenüber*) devotion; (*Leidenschaft*) passion ◇ *etw voller Hingabe tun* do sth with true dedication ◇ *seine vollkommene Hingabe ihr gegenüber* his complete devotion to her ◇ *etw mit großer Hingabe erzählen* tell sth with great passion

hingeben **1 sich etw ~** devote yourself to sth; (*Gefühle*) abandon yourself to sth; (*Hoffnung*) cherish sth ◇ *sich einer Aufgabe hingeben* devote yourself to a task ◇ *Er gab sich seiner Trauer hin.* He abandoned himself to grief. **2** (*opfern*) sacrifice, give *sth* up ◇ *Er war bereit, alles für sie hinzugeben.* He was prepared to give up everything for her.

hingebungsvoll **1** *Adj* devoted ◇ *eine hingebungsvolle Mutter* a devoted mother **2** *Adv* devotedly; (*zuhören*) intently ◇ *sich hingebungsvoll um jdn kümmern* care devotedly for sb

hingegen however, on the other hand, by contrast ◇ *Die Kinder hingegen freuten sich.* The children, by contrast, were pleased

hingehen **1** go ◇ *Wo gehst du hin?* Where are you going (to)? ◇ *Sie ging zu dem Polizisten hin.* She went over to the policeman. ◇ *Wo soll die Reise hingehen?* Where are you off to? ◇ *Meine Gedanken gingen ganz woanders hin.* I was thinking of something completely different. ◇ *Ihre Auseinandersetzungen gingen hin bis zur Gewalttätigkeit.* Their arguments sometimes turned violent. **2** (*akzeptabel sein*) be all right ◇ *Das mag in deinen Augen hingehen.* You may think it's all right. **IDM** → PFEFFER

hingehören belong ◇ *Hier ist der Ort, wo ich hingehöre.* This is where I belong.

hingerissen **1** → HINREISSEN **2** enraptured ◇ *Er war von ihrer Schönheit hingerissen.* He was enraptured by her beauty. ◇ *Sie lauschte hingerissen der Musik.* She listened enraptured to the music. **IDM** **hin- und hergerissen sein** be torn

Hingucker head-turner ◇ *Der Wagen ist ein echter Hingucker.* This car is a real head-turner.

hinhalten **1** hold *sth* out ◇ *Sie hielt ihm einen Geldschein hin.* She held out a note to him. ◇ *Sie hielt ihm ein Mikrofon hin.* She held a microphone in front of him. **2** (*vertrösten*) put *sb* off ◇ *Er hält uns schon ewig mit Versprechungen hin.* He keeps putting us off with promises. **IDM** → BUCKEL *und* KOPF

Hinhaltetaktik delaying tactic [meist Pl]

hinhauen **1** hit ◇ *Du musst fest hinhauen.* You need to hit hard. ◇ *Ich hätte nie gedacht, dass er einfach hinhaut.* I never thought he would just hit out like that. **2** (*funktionieren*) work ◇ *Das haut nicht hin.* It won't work. ◇ *Die Rechnung haut nicht hin.* The sums don't add up. **3 sich ~** crash out (*umgs*) **4** (*flüchtig erledigen*) dash *sth* off ◇ *Er hat den Aufsatz nur so hin-*

gehauen. He just dashed off the essay. **5** (*aufgeben*) chuck *sth* (in) (*umgs*) ◇ *Sie hat ihre Stelle bei der Bank hingehauen.* She's chucked her job at the bank. **6** (*zu Boden werfen*) ◇ *Bei dem Glatteis hat es mich hingehauen.* I went over on the ice.

hinhören listen ◇ *genau hinhören* listen carefully ◇ *Hör doch gar nicht hin, wenn sie schlecht über dich reden.* Don't take any notice when they say horrible things about you. IDM → OHR

hinken limp ◇ *Er hinkt noch ein wenig.* He's still limping a bit. ◇ *Sie hinkt mit dem linken Bein.* She has a limp in her left leg. ◇ *Seit dem Unfall hinkte er.* The accident left him with a limp. ◇ *Er hinkt.* He has a limp. IDM → VERGLEICH

hinknien kneel down

hinkommen **1** go ◇ *Da komme ich öfter hin.* I often go there. ◇ *Wo kommt der Koffer hin?* Where does the suitcase go? ◇ *Wie kommen wir hin?* How do we get there? ◇ *Wo ist bloß mein Geldbeutel hingekommen?* Where's my purse got to? **2** (*auskommen*) manage ◇ *mit seinem Gehalt hinkommen* manage on your salary ◇ *Kommen wir bis morgen mit der Milch hin?* Have we enough milk to last until tomorrow? **3** (*ungefähr stimmen*) be (about) right ◇ *Das macht zusammen hundert, kommt das hin?* That comes to a hundred altogether, is that right? IDM **Wo kämen wir hin, wenn ...** Where would we be if ...

hinkriegen, **hinbekommen** **1** manage (to do) *sth* ◇ *Das wirst du schon hinkriegen.* You'll manage. ◇ *Wie hat er die Hausaufgaben denn so schnell hinbekommen?* How did he manage to do his homework so quickly? **2 wieder ~** put *sth* right; (*reparieren*) mend

hinlänglich sufficient ◇ *ein hinlänglicher Beweis* sufficient proof ◇ *Diese Tatsache ist hinlänglich bekannt.* It's a well-known fact. ◇ *Dies hat die Vergangenheit hinlänglich gezeigt.* Past experience has shown this to be true time and time again.

hinlaufen **1** go (there); (*rennen*) run (there) ◇ *Passen Sie doch auf, wo Sie hinlaufen!* Why don't you look where you're going? ◇ *Wir liefen sofort hin.* We ran there immediately. **2** (*zu Fuß gehen*) walk (there) ◇ *Da kannst du gut hinlaufen.* You can easily walk there.

hinlegen **1** put *sth* down ◇ *Sie legte es wieder hin.* She put it down again. **2** (*hinterlassen*) leave ◇ *Ich legte ihm einen Zettel hin.* I left him a note. **3** (*bezahlen*) lay *sth* out (*umgs*) **4 sich ~** lie down; (*Schläfchen halten*) have a nap ◇ *Mir ist nicht gut. Ich muss mich hinlegen.* I don't feel well. I'll have to go and lie down. ◇ *Sie legt sich immer nach dem Mittagessen hin.* She always has a nap after lunch. **5 sich ~** (*hinfallen*) fall over ◇ *Die Straße war so glatt, dass sie sich fast hingelegt hätte.* The road was so slippery that she nearly fell over. ◇ *Er hat sich mit dem Fahrrad hingelegt.* He fell off his bike. **6** (*leisten*) put *sth* on ◇ *eine erstklassige Vorstellung hinlegen* put on a first-class performance ◇ *Er legte einen Blitzstart hin.* He got off to a fantastic start.

hinnehmen **1** accept; (*dulden*) put up with *sth* ◇ *Er nahm es als Tatsache hin.* He accepted it as a fact. ◇ *Wir werden nicht länger hinnehmen, dass wir schlechter bezahlt werden.* We are no longer prepared to put up with being paid less. ◇ *Sie wird das nicht einfach hinnehmen.* She won't take it lying down. ◇ *etw als gegeben hinnehmen* take sth as read **2** (*mitnehmen*) take *sb/sth* (there) ◇ *Kann man da Kinder mit hinnehmen?* Can you take children (there)?

hinpassen **1** fit ◇ *Der Schrank ist zu groß. Er passt da nicht hin.* The cupboard is too big. It won't fit there. **2** (*vom Stil her*) go ◇ *Dieses moderne Gemälde passt dort nicht hin.* That modern painting doesn't go there.

hinreichend sufficient, adequate (*Adv* adequately) ◇ *mangels hinreichenden Tatverdachts* due to insufficient evidence ◇ *Die Gründe sind noch nicht hinreichend geklärt.* The reasons have never been adequately explained. ◇ *Darüber wurde er hinreichend informiert.* He was fully informed. ◇ *Dieses Problem wurde nicht hinreichend berücksichtigt.* Not enough consideration was given to the problem.

Hinreise journey there, outward journey (*offiz*) ◇ *Die Hinreise dauerte zwölf Stunden.* The journey there took twelve hours. ◇ *Auf der Hinreise hatte sie einen Unfall.* She had an accident on the way there.

hinreißen **sich zu etw ~ lassen** get carried away and do sth ◇ *Sie ließ sich zu einer unbedachten Äußerung hinreißen.* She got carried away and spoke without thinking.

hinreißend ravishing (*Adv* ravishingly), wonderful (*Adv* wonderfully) ◇ *hinreißend schön* ravishingly beautiful ◇ *hinreißende Musik* wonderful music ◇ *hinreißend komisch* hilariously funny

hinrichten execute ◇ *Er ließ ihn öffentlich hinrichten.* He had him publicly executed. ◇ *auf dem elektrischen Stuhl hingerichtet werden* go to the electric chair ◇ *Er wurde durch den Strang hingerichtet.* He was hanged.

Hinrichtung execution

hinschmeißen IDM → KRAM

hinsehen look ◇ *Sie sah zu ihm hin.* She looked across at him. ◇ *In Zukunft werde ich genauer hinsehen.* I'll look more carefully in future. ◇ *Niemand wollte genauer hinsehen.* People didn't want to look too closely. ◇ *bei näherem Hinsehen* on closer examination

hinsetzen sit *sb/sth* down; **sich ~** sit down

Hinsicht **1** respect ◇ *in dieser Hinsicht* in this respect ◇ *in wirtschaftlicher Hinsicht* from an economic point of view ◇ *In einer Hinsicht möchte ich widersprechen.* I don't agree on one point. ◇ *in anderer Hinsicht* from another point of view ◇ *in gewisser Hinsicht* in a way ◇ *Die Ausstellung war in jeder Hinsicht ein Erfolg.* The exhibition was an all-round success. ◇ *In dieser Hinsicht gibt es kaum Probleme.* There are hardly any problems on that score. **2 in ~ auf etw** concerning sth, with regard to sth (*gehoben*) → *Siehe auch* REGARD IDM **in vieler Hinsicht** in many ways

hinsichtlich with regard to (*gehoben*) ◇ *Hinsichtlich der Finanzierung macht er sich keine Sorgen.* He has no worries with regard to the financing. ◇ *Hinsichtlich der Qualität hat sich noch niemand beschwert.* As far as quality is concerned, there have been no complaints.

Hinspiel first leg

hinstellen **1** put *sth* down; (*errichten*) put *sth* (up); (*abstellen*) leave ◇ *Sie stellte ihm ein Bier hin.* She put down a beer in front of him. ◇ *Dort hat man ein riesiges Einkaufszentrum hingestellt.* They've put up a huge shopping centre there. ◇ *Wo kann ich meinen Schirm hinstellen?* Where can I leave my umbrella? **2** (*charakterisieren*) make *sb/sth* out to be *sb/sth* ◇ *Er stellte ihn als Trottel hin.* He made him out to be a fool. ◇ *Er stellt sie zu Unrecht als naiv hin.* He makes out that she's naive but she isn't. ◇ *Man hat sie uns als Vorbild hingestellt.* She was held up to us as a model. **3 sich ~** stand ◇ *Stellt euch da drüben hin.* Go and stand over there. ◇ *Du musst dich hinstellen und deine Meinung sagen.* You have to stand up and say what you think.

hinten **1** at the back ◇ *Hinten sind noch Plätze.* There are seats at the back. ◇ *ganz hinten in der Schublade* right at the back of the drawer ◇ *hinten im Auto* in the back of the car ◇ *Er musste sich hinten anstellen.* He had to join the end of the queue. ◇ *Der Balkon geht nach hinten raus.* The balcony's at the back. ◇ *ganz hinten im Garten* at the far end of the garden ◇ *Sie näherte sich von hinten.* She approached from behind. ◇ *Er liegt bei dem Wettkampf hinten.* He's trailing in the competition. **2 da/dort ~** over there IDM **hinten (keine) Augen haben** (not) have eyes in the back of your head **hinten und vorne nicht** not at all ◇ *Das klappt hinten und vorne nicht.* It's just not working at all. ◇ *Das stimmt hinten und vorne nicht.* It's completely wrong. **nicht mehr wissen, wo hinten und vorne ist** not know whether you are coming or going → *Siehe auch* SCHUSS *und* VORN

hinter 1 behind ◇ *hinter der Theke* behind the bar ◇ *Er kam hinter dem Vorhang vor.* He came out from behind the curtain. ◇ *Mach die Tür hinter dir zu!* Close the door behind you. ◇ *Die Partei steht geschlossen hinter ihm.* The party is firmly behind him. ◇ *Er hat die Mitbewerber weit hinter sich gelassen.* He left the other competitors trailing far behind him. ◇ *Der Garten ist hinter dem Haus.* The garden is at the back of the house. **2** (*nach*) after ◇ *Hinter diesem Satz steht ein Ausrufezeichen.* There is an exclamation mark after that sentence. ◇ *zehn Kilometer hinter Ulm* ten kilometres after/beyond Ulm **3 ~ jdm/etw her** after sb/sth ◇ *Die Polizei ist hinter ihm her.* The police are after him. ◇ *Er lief hinter ihr her.* He ran after her. ◇ *Er ist hinter den Juwelen her.* He's after the jewels. **4 etw ~ sich bringen** get sth over with; **etw ~ sich haben** have got sth over with ◇ *Das hat er schon hinter sich.* He's got that over with. ◇ *Sie hat die Windpocken hinter sich.* She's had chickenpox. ◇ *Er hat viele schlechte Erfahrungen hinter sich.* He's had a lot of terrible experiences. ◇ *Er hat die Prüfung gut hinter sich gebracht.* He did well in the exam. ◇ *Wir haben leider den Urlaub schon hinter uns.* Unfortunately we've already been on holiday. **5** (*mit bestimmten Verben*) ◇ *hinter den Anforderungen zurückbleiben* fall short of the requirements ◇ *hinter etw kommen* discover sth ◇ *hinter jdm zurückstehen* take second place to sb

Hinter- Hinterachse rear axle **Hinterausgang** rear exit **Hinterbein** hind leg **Hinterbliebene(r) 1 die Hinterbliebenen** the bereaved [Pl] **2** (RECHT) dependent

hintere(r,s) back [nur vor Nomen]; (*Fahrzeug auch*) rear [nur vor Nomen] ◇ *die hintere Tür des Hauses* the back door of the house ◇ *die hintere Stoßstange* the rear bumper → *Siehe auch* HINTERSTE(R,S)

hintereinander 1 (*räumlich*) one behind the other ◇ *Wir hätten hintereinander bleiben sollen.* We should have stayed one behind the other. ◇ *Diese beiden Vereine rangieren eng hintereinander in der Tabelle.* These two teams are placed very close together in the league table. **2** (*zeitlich*) in a row ◇ *Es regnete vier Tage hintereinander.* It rained for four days in a row. ◇ *Sie hat drei Jahre hintereinander gewonnen.* She won three years running. ◇ *kurz hintereinander* one after the other

Hintereingang rear entrance; (*Hintertür*) back door

hinterfragen examine *sth* critically; (*infrage stellen*) question

Hintergedanke 1 ◇ *Der Hintergedanke der Veranstaltung ist, ...* The idea behind the event is to ... **2** (*negativ*) ulterior motive ◇ *ohne Hintergedanken* with no ulterior motive

hintergehen cheat ◇ *Sie sehen sich von der Politik hintergangen.* They feel they've been cheated by politicians.

Hintergrund 1 background (*auch fig*) ◇ *im Hintergrund des Bildes* in the background of the picture ◇ *ihr familiärer Hintergrund* her family background **2** (THEAT) backdrop **3** (*Gründe, Motive*) the reason behind *sth* ◇ *die Hintergründe dieser Entscheidung* the reasons behind the decision

Hinterhalt ambush ◇ *aus dem Hinterhalt getötet* killed in an ambush ◇ *in einen Hinterhalt geraten* be ambushed ◇ *Sie wurden aus dem Hinterhalt erschossen.* They were shot by snipers.

hinterhältig devious (*Adv* deviously)

hinterher 1 after; **jdm ~ sein** be after sb ◇ *Die Polizei ist der Bande schon seit Monaten hinterher.* The police have been after the gang for months. **2** (*danach*) afterwards ◇ *Kommt ihr hinterher mit einen trinken?* Are you coming along for a drink afterwards?

hinterherfahren jdm ~ follow sb ◇ *Er setzte sich in sein Auto und fuhr hinterher.* He got into his car and followed him/her/them.

hinterherhinken (jdm/etw) ~ lag behind (sb/sth) ◇ *Wir hinken immer noch hinterher.* We are still lagging behind.

Hinterhof courtyard

Hinterkopf back of the/your head ◇ *ein Schlag auf den Hinterkopf* a blow to the back of your head ◇ *Er ist auf den Hinterkopf gefallen.* He fell and hit the back of his head. IDM **im Hinterkopf** at/in the back of your mind ◇ *Im Hinterkopf trag ich das immer mit mir rum.* It's always at the back of my mind.

Hinterland hinterland

hinterlassen 1 leave; (*Eindruck*) make ◇ *Fingerabdrücke hinterlassen* leave fingerprints ◇ *jdm eine Nachricht hinterlassen* leave sb a note ◇ *Er hinterließ eine Frau und zwei Töchter.* He left a widow and two daughters. ◇ *einen guten Eindruck hinterlassen* make a good impression **2 (jdm) etw ~** (*vererben*) leave sth to sb, leave (sb) sth ◇ *Sie hinterließ nichts als Schulden.* She left nothing but debts. ◇ *Sie hat mir das Haus hinterlassen.* She left me the house.

hinterlegen etw (bei jdm) ~ leave sth (with sb) ◇ *Ich werde die Schlüssel beim Hausmeister hinterlegen.* I'll leave the keys with the caretaker.

hinterlistig deceitful (*Adv* deceitfully); (*gerissen*) cunning (*Adv* cunningly)

Hintermann 1 man/woman/person behind you; (*Auto*) (driver in the) car behind **2 Hintermänner** [Pl] ◇ *die Hintermänner des Terroranschlags* the people behind the terrorist attack

Hintern behind (*umgs*), backside (*umgs*), (*bes BrE*) bottom, (*bes AmE*) butt (*umgs*) ◇ *Er gab ihr einen Klaps auf den Hintern.* He slapped her behind. ◇ *Er landete auf dem Hintern.* He landed on his backside. ◇ *jdn in den Hintern kneifen* pinch sb's bottom ◇ *jdm ein paar auf den Hintern geben* smack sb's bottom ◇ *jdm den Hintern versohlen* give sb a thrashing IDM **jdm/jdn in den Hintern treten** give sb a kick up the backside (*umgs*), (*bes AmE*) kick sb's ass (*Slang*) → *Siehe auch* BEISSEN, DAMPF, KRIECHEN *und* TRITT

Hinterrad back/rear wheel; **auf dem ~ fahren** do a wheelie

hinterrücks from behind ◇ *Sie wurde hinterrücks überfallen.* She was attacked from behind. ◇ *hinterrücks erstochen/erschossen werden* be stabbed/shot in the back

Hinterseite → RÜCKSEITE

hinterste(r,s) back [nur vor Nomen], (right) at the back [nicht vor Nomen] ◇ *in der hintersten Reihe* in the back row ◇ *im hintersten Teil des Geschäfts* right at the back of the shop ◇ *in der hintersten Ecke* in the far corner

Hinterteil behind (*umgs*)

Hintertreffen 1 ins ~ geraten be pushed into the background **2 im ~ sein/liegen** ◇ *Nach der ersten Halbzeit lagen sie mit 0:2 im Hintertreffen.* At half-time they were two nil down.

hintertreiben block
Hintertür back door IDM **durch die Hintertür** by/through the back door **sich eine Hintertür offen halten/lassen** leave yourself a way out
hinterziehen (*Steuern*) evade
hintun put ◇ *Wo soll ich mein Fahrrad hintun?* Where shall I put my bike?
hinüber over, across ◇ *„Wo soll ich es hinlegen?" „Da hinüber."* 'Where shall I put it?' 'Over there.' ◇ *Ich blickte hinüber zum Wald.* I looked over to the woods. ◇ *Man konnte sie bis auf die andere Straßenseite hinüber hören.* You could hear them across the street. IDM **hinüber sein 1** (*kaputt sein*) have had it **2** (*betrunken sein*) be out of it
hinüberfahren (jdn/etw) ~ drive (sb/sth) over ◇ *Wir fuhren zu meiner Mutter hinüber.* We drove over to my mother's. ◇ *Ich fahre dich hinüber.* I'll drive you over (there).
hinübergehen go over ◇ *Ich ging zu ihnen hinüber.* I went over to them.
Hin- und Rückfahrt return (ticket), (*AmE*) round-trip ticket
hinunter down ◇ *Der Verkehr staut sich bis hinunter in die Friedrichstraße.* There is a traffic jam right down as far as the Friedrichstraße. ◇ *Ins Dorf hinunter sind es zwei Stunden.* It's two hours down to the village. ◇ *vom Vorstandsvorsitzenden hinunter bis zum Wachpersonal* from the chairman of the board down to the security staff
hinunter- down
hinunterbringen ◇ *Ich bringe die Wäsche gleich hinunter.* I'll take the washing downstairs. ◇ *Ich bringe dich hinunter.* I'll see you out.
hinuntergehen go down
hinunterlassen lower
hinunterspülen flush *sth* away ◇ *die Tabletten in der Toilette hinunterspülen* flush the pills down the toilet
hinweg 1 über etw ~ (*räumlich*) over sth ◇ *Er sah mich streng über den Rand seiner Brille hinweg an.* He looked at me sternly over the top of his glasses. ◇ *eine Zusammenarbeit über die Grenzen hinweg* cross-border cooperation **2 über etw ~** (*zeitlich*) for sth ◇ *über Jahrhunderte hinweg* for centuries **3 über jds Kopf ~** without consulting sb ◇ *Die Entscheidung darf nicht über die Köpfe der Anwohner hinweg getroffen werden.* The decision should not be made without consulting the residents. **4 über jdn/etw ~ sein** have got over sb/sth ◇ *Sie ist über seinen Tod immer noch nicht hinweg.* She still hasn't got over his death.
Hinweg way there ◇ *auf dem Hinweg* on the way there
hinweg- hinwegkommen über jdn/etw ~ get over sb/sth **hinwegsehen über etw ~** ignore sth **hinwegsetzen sich über etw ~** ignore sth **hinwegtäuschen über etw ~** hide sth ◇ *Diese Rhetorik kann nicht darüber hinwegtäuschen, dass ….* This rhetoric can't hide the fact that … **hinwegtrösten jdn über etw ~** help sb to get over sth, console sb for sth
Hinweis 1 tip ◇ *nützliche Hinweise* useful tips ◇ *Hier noch ein paar Hinweise, was man beim Kauf eines Computers beachten sollte:…* A few tips on what to look out for when buying a computer:… ◇ *ein Hinweis zum Urheberrecht* a piece of advice on copyright ◇ *Hinweise für die Benutzung des Wörterbuchs* guidelines on the use of the dictionary **2** (*Mitteilung etc.*) ◇ *ein Schild mit dem Hinweis „Bitte nicht füttern!"* a sign saying 'Please don't feed the animals.' ◇ *Produkte mit dem Hinweis „für Vegetarier geeignet"* products labelled 'Suitable for vegetarians' ◇ *Er begründete seine Haltung mit dem Hinweis, dass…* He justified his behaviour by saying that… **3** (*Andeutung*) indication; (*Indiz*) clue; (*an die Polizei*) piece of information, tip-off (*umgs*) ◇ *Das ist ein Hinweis darauf, wie gefährlich diese Krankheit ist.* That was an indication of how dangerous this illness is. ◇ *Hinweise auf die Ursache des Unglücks* clues as to the cause of the disaster ◇ *Es gibt keinerlei Hinweise auf die Täter.* There are still no clues as to who did it. ◇ *ein Hinweis aus der Bevölkerung* a tip-off from the public **4 mit/unter ~ auf** with reference to
hinweisen 1 (jdn) auf etw ~ point sth out (to sb), indicate sth (to sb), draw (sb's) attention to sth (*gehoben*) ◇ *Ein Schild weist darauf hin, dass Goethe dort einmal übernachtet hat.* There is a notice indicating that Goethe once spent the night there. ◇ *Der Vermieter muss auf die Schäden hingewiesen werden.* The damage must be brought to the landlord's attention. ◇ *Wir wurden darauf hingewiesen, dass Rauchen verboten war.* Our attention was drawn to the fact that smoking was not allowed. **2 auf jdn/etw ~** (*deuten auf*) point to sb/sth ◇ *Alle Umstände weisen auf Selbstmord hin.* All the evidence points to suicide. ◇ *Alles weist darauf hin, dass…* Everything points to the fact that…
Hinweis- Hinweisschild sign ◇ *Hinweisschilder auf Rundwanderwege* signs indicating circular walks **Hinweistafel** information board
hinwerfen 1 (jdm) etw ~ throw sth down (to sb), throw (sb) sth ◇ *Sie warf das Buch hin.* She threw the book down. ◇ *Er warf dem Hund einen Knochen hin.* He threw the dog a bone. **2** (*aufgeben*) chuck *sth* in (*umgs*) ◇ *Sie hat die Schule hingeworfen.* She's chucked in school. **3** (*beiläufig äußern*) drop *sth* (casually) ◇ *Sie hatte die Worte wie beiläufig hingeworfen.* She had dropped the remarks quite casually. ◇ *eine hingeworfene Bemerkung* a throwaway remark **4** (*schnell zeichnen/schreiben*) dash *sth* off ◇ *Ich warf einige Zeilen hin.* I dashed off a few lines. ◇ *ein paar schnell hingeworfene Skizzen* a few hastily executed sketches **5 sich ~** throw yourself to the floor ◇ *Der Junge warf sich hin und brüllte.* The boy threw himself to the floor and screamed. IDM → KREMPEL
hinwirken auf etw ~ work towards sth
hinziehen 1 sich zu jdm/etw hingezogen fühlen feel drawn to sb/sth **2** (*umziehen*) move ◇ *Wo zieht ihr hin?* Where are you moving to? **3 sich ~** (*lange dauern*) drag on ◇ *Die Verhandlungen zogen sich über Monate hin.* The negotiations dragged on for months. **4 sich ~** (*sich verzögern*) be delayed **5 sich ~** (*sich räumlich erstrecken*) stretch ◇ *Die Straße zog sich kilometerlang schnurgerade hin.* The road stretched straight ahead for several kilometres.
hinzufügen add ◇ *Dem habe ich nichts mehr hinzuzufügen.* I have nothing more to add.
hinzukommen (*zusätzlich dazukommen*) be added ◇ *Jetzt ist eine neue Variante hinzugekommen.* Now another variety has been added. ◇ *Zum Schluss kommt ein Ei hinzu.* An egg is added at the end. ◇ *Es kommt noch hinzu, dass sie krank war.* There is also the fact that she was ill. ◇ *Das kommt noch hinzu.* There's that too.
hinzuziehen jdn (bei etw) ~ consult sb (about sth)
Hiobsbotschaft bad news [U]
Hippie hippy
Hippokrates IDM → EID
Hirn 1 brain **2** (*Verstand, Essen*) brains [Pl] IDM → ZERMARTERN
Hirnfrost brain freeze [U] **Hirngespinst** hare-brained idea; (*Einbildung*) delusion ◇ *Er hängt immer irgendwelchen Hirngespinsten nach.* He's always going after some hare-brained idea. ◇ *Diese Idee galt bis vor Kurzem als Hirngespinst.* Until recently, this idea was regarded as a delusion. ◇ *Das Ufo, das sie*

gesehen hat, war kein Hirngespinst. The UFO she saw wasn't a figment of her imagination. **Hirnhautentzündung** meningitis [U] **hirnlos** brainless **hirnrissig** crazy **Hirntod** brain death ◇ *Beide Ärzte stellten den Hirntod fest.* Both doctors diagnosed brain death. **Hirntumor** brain tumour, (*AmE*) brain tumor **hirnverbrannt** crazy

Hirsch **1** deer; (*Rothirsch*) red deer **2** (*männlicher Hirsch*) stag **3** (*Gericht*) venison
Hirschkalb fawn **Hirschkuh** hind

Hirse millet

Hirte herdsman; (*biblisch, Schafhirte*) shepherd

Hirtin shepherdess

hissen hoist

Historiker(in) historian

historisch **1** historical (*Adv* historically) ◇ *eine historische Figur* a historical figure ◇ *aus historischen Gründen* for historical reasons ◇ *historisch interessant* historically interesting ◇ *historisch bedeutsam* of historical significance **2** (*bedeutend*) historic ◇ *ein historischer Augenblick* a historic moment ◇ *berühmte historische Stätten* famous historic sites ◇ *die historische Altstadt* the old town centre

Hit (big) hit (*auch fig*)

Hitler- **Hitlergruß** Nazi salute ◇ *Er hatte die rechte Hand zum Hitlergruß erhoben.* He had raised his right hand in a Nazi salute. **Hitlerjugend** Hitler Youth

Hit- **Hitliste** charts [Pl] ◇ *die Hitlisten anführen* be number one (in the charts) ◇ *eine Hitliste der beliebtesten Berufe* a top ten of careers **Hitparade** hit parade ◇ *Sein Lied ist in die Hitparade gekommen.* His song reached the hit parade.

Hitze heat [U] ◇ *Die Menschen litten unter der großen Hitze.* People were suffering from the heat. ◇ *Ich kann bei dieser Hitze nicht arbeiten!* I can't work in this heat! ◇ *Was für eine Hitze!* It's so hot! ◇ *etw bei niedriger/mäßiger/mittlerer/starker Hitze backen* bake sth in a low/moderate/medium/high oven **IDM** → GEFECHT *und* KOCHEN
hitzebeständig heat-resistant **hitzefrei** **~ haben/bekommen** be sent home (from school) because of the heat **Hitzewelle** heat wave

hitzig **1** (*Diskussion etc.*) heated ◇ *Es wurde hitzig diskutiert.* There was a heated discussion. **2** (*Mensch, Temperament*) quick-tempered ◇ *Er hat ein hitziges Temperament.* He is a quick-tempered person. ◇ *ihr hitziges Temperament* her quick temper ◇ *hitzig reagieren* react angrily

Hitz- **Hitzkopf** hothead **Hitzschlag** heatstroke [U] ◇ *Sie bekam einen Hitzschlag.* She got heatstroke. ◇ *Er wurde mit einem Hitzschlag ins Krankenhaus gebracht.* He was taken to hospital with heatstroke.

HIV HIV
HIV-Infektion HIV infection **HIV-infiziert** HIV-infected ◇ *HIV-infizierte Kinder* HIV-infected children ◇ *Sie ist HIV-infiziert.* She is infected with HIV. **HIV-negativ** HIV-negative **HIV-positiv** HIV-positive

H-Milch long-life milk

Hobby hobby
Hobbyfotograf(in) amateur photographer **Hobbyraum** hobby room

Hobel **1** (*Werkzeug*) plane **2** (*Küchengerät*) slicer

hobeln **1** (*Brett etc.*) plane **2** (*Gemüse*) slice

hoch
• **als Adjektiv** **1** high; (*Baum, Schornstein*) tall; (*Schnee*) deep; (*Gras*) long ◇ *hohe Berge* high mountains ◇ *Die Sonne stand hoch am Himmel.* The sun was high in the sky. ◇ *Sie hatte hohes Fieber.* She had a high temperature. ◇ *Der Preis ist mir zu hoch.* The price is too high for me. ◇ *mit hoher Geschwindigkeit* at high speed ◇ *ein acht Stockwerke hohes Gebäude* an eight-storey building ◇ *der 1 200 Meter hoch gelegene Col de la Croix* the Col de la Croix, which lies at an altitude of 1 200 metres ◇ *Der Lehrer stellt hohe Ansprüche an die Schüler.* The teacher expects a lot of his pupils. ◇ *Bei mir im Keller stand das Wasser 50 Zentimeter hoch.* I had 50 centimetres of water in my cellar. **2** (*in einer Hierarchie*) senior ◇ *ein hoher Beamter* a senior official ◇ *hoher Besuch/hohe Gäste* VIP guests **3 der hohe Norden** the far north **4** (*Alter*) great ◇ *Sie hat ein hohes Alter erreicht.* She has lived to a great age. **5** (*Summe*) large; (*Strafe, Schulden*) heavy **6** (MUS) high; (*falsch*) sharp ◇ *Die Partie ist zu hoch für einen Alt.* This part is too high for an alto. ◇ *das hohe C* top C ◇ *Du singst zu hoch.* You're singing sharp.
• **als Adverb** **7** (*sehr*) highly ◇ *ein hoch entwickeltes Land* a highly developed country ◇ *Menschen, die wir hoch achten* people we regard highly ◇ *ein hoch dosiertes Medikament* a medicine in high doses ◇ *ein hoch geschätzter Künstler* a highly esteemed artist ◇ *hoch motiviert* highly motivated ◇ *ein hoch gewachsener Mann* a very tall man ◇ *hoch gewinnen/verlieren* win/lose by a long way ◇ *seine hoch gesteckten Ziele* his ambitious targets ◇ *ein hoch verschuldetes Land* a country which is heavily in debt **8** (*nach oben*) up ◇ *Hände hoch!* Hands up!
• **als Präposition** **9** (MATH) to the power of ◇ *4 hoch 3 ist 64.* 4 to the power of 3 is 64.
IDM **hoch hinauswollen** have high aspirations ◇ *Sie will hoch hinaus.* She has high aspirations. ◇ *Er wollte schon immer zu hoch hinaus.* He always did have unrealistic aspirations. **hoch und heilig** faithfully ◇ *Er hat mir hoch und heilig versprochen, dass er kommt.* He promised faithfully to come. ◇ *Ich habe hoch und heilig geschworen, nichts zu erzählen.* I swore solemnly not to say a word. **etw ist jdm zu hoch** sth is beyond sb ◇ *Das ist mir zu hoch.* That's beyond me. **wenn es hoch kommt** at the most ◇ *Ich arbeite etwa vier Stunden am Tag, fünf wenn es hoch kommt.* I work about four hours a day, five at the most. → *Siehe auch* ANRECHNEN, EINSCHÄTZEN, GREIFEN, KANTE, KOPF, KURS, ROSS, SEE[2], SPANNEN, TIER *und* WELLE

Hoch **1** (*Wetter*) high **2** (*Hochruf*) cheer ◇ *Ein dreifaches Hoch auf die Sieger!* Three cheers for the winners!

Hochachtung **~ (vor jdm/für jdn)** respect (for sb) ◇ *Voller Hochachtung verbeugte er sich.* He bowed respectfully.

hochachtungsvoll yours faithfully; (*wenn der Empfänger mit Namen angeredet wird*) yours sincerely, (*AmE*) sincerely (yours)

hochaktuell highly topical ◇ *hochaktuelle Fragen* highly topical issues ◇ *Dieses Thema ist zurzeit hochaktuell.* This topic is very much in the news at the moment. ◇ *Kostüme sind auch in diesem Winter wieder hochaktuell.* Suits are all the rage again this winter.

hocharbeiten **sich ~** work your way up

hochauflösend high-resolution ◇ *eine hochauflösende Kamera* a high-resolution camera

Hochbau structural engineering

hochbegabt highly talented

hochberühmt very famous

Hochbetrieb **1** peak period; (*Stoßzeit*) rush hour; (*Hochsaison*) high season **2** ◇ *bei Hochbetrieb* in peak periods ◇ *Wir haben im Moment Hochbetrieb.* This is our busiest time. ◇ *Im August herrscht Hochbetrieb in den Eisdielen.* In August the ice cream parlours are at their busiest.

Hochbett loft bed

Hochburg stronghold ◇ *eine Hochburg des Kommunismus* a Communist stronghold

hochdeutsch standard German
Hochdeutsch standard German
Hochdruck **1** (*Wetter, Physik*) high pressure ◇ *Das Wasser spritzt mit Hochdruck aus dem Schlauch.* The water spurts out of the pipe at high pressure. **2** (*fig*) intense pressure ◇ *Er steht zurzeit unter Hochdruck.* He's under intense pressure at the moment. ◇ *mit Hochdruck an etw arbeiten* work flat out on sth **3** (*Druckverfahren*) relief printing, letterpress
Hochdruckgebiet area of high pressure
hochfahren **1** go up ◇ *mit dem Skilift hochfahren* go up on the ski lift ◇ *Ich fahre mit dem Fahrstuhl in den fünften Stock hoch.* I am going up in the lift to the fifth floor. **2 jdn/etw ~** (*nach oben bringen*) take sb/sth up ◇ *den Proviant zur Bergstation hochfahren* take food up to the top station **3** (*auffahren*) start (up) ◇ *Als es klingelte, fuhr sie vom Stuhl hoch.* She started from her chair when the bell rang. ◇ *aus dem Schlaf hochfahren* wake up with a start **4** (*aufbrausen*) flare up ◇ *Er fährt immer gleich hoch, wenn man was gegen sie sagt.* He flares up straight away if you say anything against her. **5** (*steigern*) increase ◇ *die Produktion auf 1 000 Fahrzeuge hochfahren* increase production to 1 000 cars **6** (*Anlage*) get *sth* running; (*Computer*) boot *sth* up
Hochform top form ◇ *in Hochform sein* be in top form ◇ *zur Hochform auflaufen* get into your stride
Hochgebirge high mountains [Pl]
hochgehen **1** go up, rise (*gehoben*) **2** (*Bombe etc.*) go off; **etw ~ lassen** blow sth up **3** (*zu Fuß*) go up (*sth*) ◇ *ins Schlafzimmer hochgehen* go up to the bedroom ◇ *die Stufen hochgehen* go up the steps **4** (*wütend werden*) hit the roof **5** (*aufgedeckt werden*) get caught (*umgs*); **etw ~ lassen** uncover sth; **jdn ~ lassen** catch sb ◇ *Der Geheimdienst hat einen Agentenring hochgehen lassen.* The intelligence service has uncovered a spy ring. IDM → WAND
Hochglanz **etw auf ~ bringen** (*sauber machen*) give sth a good clean; (*polieren*) polish sth (until it shines); (*restaurieren*) restore sth to its former glory ◇ *Sie haben die Motorräder auf Hochglanz gebracht.* They polished the motor bikes until they shone.
Hochglanzbroschüre glossy brochure **Hochglanzpapier** glossy paper
hochgradig extreme (*Adv* extremely) ◇ *hochgradige Kurzsichtigkeit* extreme short sight ◇ *hochgradig nervös* extremely nervous ◇ *hochgradig verseucht* heavily contaminated ◇ *Der deutsche Schiffsbau ist hochgradig gefährdet.* German shipbuilding is under serious threat.
hochhackig high-heeled
hochhalten **1** hold *sth* up ◇ *die Arme hochhalten* hold your arms up **2** (*Tradition etc.*) uphold
Hochhaus high-rise (building)
hochheben lift *sb/sth* up, raise (*gehoben*); (*in die Arme nehmen*) pick *sb* up ◇ *den Arm hochheben* raise your arm ◇ *Heb mich hoch, bitte!* Please can you lift me up! ◇ *Soll ich das Kind immer hochheben, wenn es weint?* Should I pick up the baby whenever she cries?
hochkarätig **1** (*Edelstein*) high-carat **2** (*sehr gut*) excellent; (*Künstler, Spieler auch*) top; (*Gegner*) formidable ◇ *Die Mannschaft hat hochkarätige Chancen vergeben.* The team threw away some excellent opportunities. ◇ *ein hochkarätig besetztes Jazzfestival* a jazz festival with top musicians
hochklappen **1** (*zusammenklappen*) fold *sth* up; (*öffnen*) lift *sth* up; (*Kragen*) turn *sth* up **2** (*von selbst*) spring back
hochklassig top class, great
hochkommen **1** (*nach oben kommen*) come up (*sth*) ◇ *Der Briefträger kam die Straße hoch.* The postman came up the street. ◇ *die Treppe hochkommen* come upstairs ◇ *Er fiel ins Wasser und kam nicht mehr hoch.* He fell into the water and didn't come up again. **2** (*sich erheben*) get up ◇ *Ich komm nicht mehr hoch.* I can't get up. **3** (*erfolgreich sein*) get on ◇ *Wer in dieser Firma hochkommen will, muss ehrgeizig sein.* Anyone who wants to get on in this firm has to be ambitious. ◇ *Sie lässt niemanden neben sich hochkommen.* She can't stand any competition. **4** (*gesund werden*) get back on your feet **5** (*sich moralisch aufrichten*) bounce back ◇ *Trotz aller Schwierigkeiten kommt sie immer wieder hoch.* Despite all the difficulties, she always manages to bounce back. **6** (*Brechreiz*) ◇ *Das Essen kam ihm hoch.* The food made him sick. ◇ *Sie versuchte zu essen, aber es kam ihr alles wieder hoch.* She tried to eat, but she couldn't keep anything down. **7 es kommt jdm hoch, wenn …** (*anwidern*) it makes sb sick when … ◇ *Da kann es einem wirklich hochkommen.* It's enough to make you sick. **8 in jdm ~** (*in jds Bewusstsein aufsteigen*) come over sb; (*wieder*) come back to sb ◇ *Es kam ein ungutes Gefühl in ihr hoch.* An uneasy feeling came over her. ◇ *Die Bilder dieser Reise kamen wieder in mir hoch.* The images of that trip came back to me. **9** (*besprochen werden*) come up, arise (*gehoben*) ◇ *Dieses Thema kommt immer wieder hoch.* This subject keeps coming up. ◇ *Die Vorwürfe kamen hoch, nachdem …* The accusations arose after …
Hochkonjunktur boom ◇ *In Zeiten der Hochkonjunktur steigt die Nachfrage.* Demand increases during a boom. ◇ *Im Frühling herrscht Hochkonjunktur.* There is a boom in the spring. ◇ *Speiseeis hat zurzeit Hochkonjunktur.* There is a boom in ice cream sales at the moment.
hochkrempeln roll *sth* up
hochkriegen manage to lift *sth* IDM → ARSCH
Hochland highlands [Pl]
hochlegen put *sth* up ◇ *die Beine hochlegen* put your feet up ◇ *Leg das Buch hoch, damit die Kinder es nicht in die Hände bekommen.* Put the book where the children can't reach it.
Hochleistungs- **Hochleistungssport** top-level sport **Hochleistungssportler(in)** top-level sportsperson
Hochmoor moor ◇ *Im Hochmoor wachsen viele seltene Pflanzen.* A lot of rare plants grow on the moor.
Hochmut haughtiness; (*Arroganz*) arrogance
hochmütig haughty (*Adv* haughtily) ◇ *jdn hochmütig ansehen* look at sb haughtily
hochnäsig arrogant (*Adv* arrogantly), snooty (*umgs*)
hochnehmen **1** (*vom Boden, Tisch etc. hochheben*) pick *sb/sth* up ◇ *Sie nahm das Kind hoch.* She picked the child up. **2** (*nach oben bringen*) take *sth* up **3** (*sich lustig machen*) make fun of *sb*; (*jdn foppen*) have *sb* on ◇ *Wollt ihr mich hochnehmen?* Are you having me on? **4** (*verhaften*) pick *sb* up
Hochofen blast furnace
hochprozentig high-proof
hochrechnen forecast, calculate ◇ *Jemand hat hochgerechnet, dass bis zum Jahr 2500 …* Somebody has calculated that by the year 2500 … ◇ *Das gute Ergebnis im ersten Halbjahr lässt sich nicht auf das gesamte Jahr hochrechnen.* The good results for the first six months cannot be used as the basis of the full-year forecasts.
Hochrechnung projection ◇ *Nach den ersten Hochrechnungen …* According to early projections …
Hochsaison **1** (*Hauptsaison*) high season ◇ *die alpine Hochsaison* high season in the Alps ◇ *in der Hochsaison* in high season **2** (*geschäftigste Zeit*) busiest time ◇ *Die Geschäfte haben im Sommer Hochsaison.* Summer is the busiest time for the shops.
Hochschul- **Hochschulabschluss** degree ◇ *Bewerber mit Hochschulabschluss* applicants with a degree

Hochschulabsolvent(in) graduate **Hochschulausbildung** degree course; (*Abschluss*) degree ◇ *neben ihrer volkswirtschaftlichen Hochschulausbildung* at the same time as doing her degree course in economics ◇ *Arbeitslose mit Hochschulausbildung* unemployed graduates

Hochschule university; (*mit begrenztem Fächerangebot*) college
Hochschulreife = qualifications required for university entrance [Pl] ◇ *Hochschulreife erlangen* gain the qualifications needed to go to university/college **Hochschulstudium** university education; (*Studiengang*) (university) course; (*Abschluss*) degree ◇ *Viele können sich ein Hochschulstudium nicht leisten.* Many cannot afford a university education. ◇ *Es wird ein abgeschlossenes Hochschulstudium verlangt.* Candidates must have a degree. ◇ *ein fünfjähriges Hochschulstudium* a five-year degree course

hochschwanger heavily pregnant

Hochsee high seas [Pl]
Hochseefischerei deep-sea fishing **Hochseeschiff** ocean-going vessel

Hochsicherheits- Hochsicherheitsgefängnis high-security prison **Hochsicherheitstrakt** high-security wing

Hochsommer high summer ◇ *im Hochsommer* in high summer

hochsommerlich very hot

Hochspannung **1** high voltage **2** (*fig*) nervous excitement ◇ *unter Hochspannung stehen* be in a state of nervous excitement
Hochspannungsleitung (high-voltage) power line

hochspielen hype *sth* (up) ◇ *Die Affäre wurde hochgespielt.* The affair was hyped up.

hochspringen **1** jump up ◇ *Der Hund sprang an ihr hoch.* The dog jumped up at her. ◇ *Er sprang vom Stuhl hoch.* He jumped up out of his chair. **2** (SPORT) do the high jump

Hochsprung **1** (*Disziplin*) high jump **2** (*einzelner Sprung*) jump

höchst highly, extremely ◇ *höchst bedenklich* highly dubious ◇ *Das ist ja höchst interessant!* That's extremely interesting.

Hochstapler confidence trickster

höchste(r,s) highest ◇ *das höchste Gericht* the highest court ◇ *von höchstem Interesse* of the greatest interest ◇ *das am höchsten verschuldete Land* the land with the most debts **IDM** **höchste Zeit/Eisenbahn sein** be high time (*umgs*) → *Siehe auch* GEFÜHL, GRAD *und* TON[2]

hochsteigen **1** climb ◇ *den Berg/die Leiter hochsteigen* climb the mountain/ladder **2** (*Emotionen*) well up ◇ *Wut stieg in ihm hoch.* Anger welled up in him.

höchstens **1** at the most ◇ *höchstens 4%* 4% at the most ◇ *Er ist höchstens 18.* He can't be more than 18. **2** (*wenn überhaupt*) only, at most ◇ *Darum kümmern sich höchstens die Grünen.* Only the Greens take an interest in that.

Höchst- Höchstfall **im ~** at the most ◇ *Im Höchstfall musst du eine Strafe zahlen.* At the most you'll have to pay a fine. ◇ *Wir bleiben im Höchstfall bis 22 Uhr.* We're staying no later than 10. **Höchstform** top form ◇ *Er war in Höchstform.* He was in top form. **Höchstgebot** highest bid **Höchstgeschwindigkeit** maximum speed ◇ *eine Höchstgeschwindigkeit von 220 km/h erreichen* reach a maximum speed of 220 km/hour ◇ *die zulässige Höchstgeschwindigkeit überschreiten* exceed the speed limit **Höchstgrenze** upper limit

Hochstimmung ◇ *Es herrschte Hochstimmung.* Spirits were high.

Höchst- Höchstleistung **1** ◇ *eine sportliche Höchstleistung* a top sporting achievement ◇ *jdm Höchstleistungen abverlangen* expect sb to perform highly ◇ *Höchstleistungen bringen* achieve your best **2** (*Maschinen etc.*) maximum output ◇ *eine Höchstleistung von 140 kW* a maximum output of 140 kW **Höchstmaß** **ein ~ (an etw)** a high level (of sth) ◇ *ein Höchstmaß an Service bieten* offer a high level of service ◇ *ein Höchstmaß an Eigeninitiative zeigen* show a great deal of initiative **höchstpersönlich** in person ◇ *höchstpersönlich erscheinen* appear in person ◇ *Er begrüßte mich höchstpersönlich.* He greeted me in person. **Höchststand** highest level **Höchststrafe** maximum penalty ◇ *die Höchststrafe für Körperverletzung* the maximum penalty for grievous bodily harm ◇ *jdn zur Höchststrafe von 15 Jahren verurteilen* sentence sb to the maximum of 15 years' imprisonment **Höchsttemperatur** maximum temperature **höchstwahrscheinlich** most probably ◇ *Ich kann höchstwahrscheinlich nicht kommen.* I most probably won't be able to come. **Höchstwert** maximum value; (*Temperatur*) maximum temperature

Hochtouren **1** full speed ◇ *den Wagen auf Hochtouren bringen* rev the car up to full speed **2** **auf ~ laufen** be in full swing ◇ *Die Vorbereitungen laufen auf Hochtouren.* The preparations are in full swing.

hochtrabend grandiose (*abwert*) ◇ *ein hochtrabender Titel* a grandiose title ◇ *Das klingt sehr hochtrabend.* That sounds very grandiose.

hochtreiben (*Preise etc.*) drive *sth* up; (*Emotionen, Blutdruck*) raise

Hoch- und Tiefbau civil engineering

hochverdient (*Mensch*) highly distinguished; (*Erfolg etc.*) much-deserved

Hochverrat high treason

hochvoten upvote

Hochwasser (*Überschwemmung*) flood, floods [Pl]; (*hoher Wasserpegel*) high water level ◇ *das alljährliche Hochwasser* the annual flood ◇ *Der Stadtteil ist oft vom Hochwasser betroffen.* This part of the town is often flooded. ◇ *Die Donau führt Hochwasser.* The Danube is in flood. ◇ *Das Hochwasser steigt weiter an.* The water level is continuing to rise.

hochwertig high-quality [nur vor Nomen] ◇ *ein hochwertiges Produkt* a high-quality product

Hochzeit[1] (*Blütezeit*) golden age ◇ *die Hochzeit des Barock* the golden age of baroque

Hochzeit[2] wedding ◇ *eine standesamtliche Hochzeit* a registry office wedding ◇ *auf jds Hochzeit eingeladen sein* be invited to sb's wedding ◇ *goldene Hochzeit* golden wedding (anniversary) **IDM** **auf zwei Hochzeiten gleichzeitig tanzen** do two things at once; (*an zwei Orten*) be in two places at once
Hochzeitsnacht wedding night **Hochzeitspaar** bride and groom, happy couple (*hum*) **Hochzeitsreise** honeymoon **Hochzeitstag** **1** wedding day **2** (*Jahrestag*) wedding anniversary **Hochzeitstorte** wedding cake

hochziehen **1** raise; (*Rock etc.*) hitch *sth* up ◇ *die Rollläden hochziehen* raise the blinds ◇ *die Augenbrauen hochziehen* raise your eyebrows ◇ *Sie zog den Rock hoch.* She hitched up her skirt. **2** (*errichten*) erect ◇ *das neue Haus hochziehen* erect the new house **3** **sich ~** pull yourself up ◇ *Das Kind zog sich am Tisch hoch.* The child pulled itself up holding on to the table.

Hocke **1** squatting position ◇ *Der Skifahrer blieb in der Hocke.* The skier stayed in a squatting position. ◇ *Sie ging in die Hocke.* She squatted down. **2** (*Turnübung*) squat vault ◇ *Sie machte eine Hocke über den Bock.* She did a squat vault over the buck.

hocken **1** *(in der Hocke sitzen)* squat **2** *(sitzen)* sit **3** *(sich nicht rühren)* sit around ◇ *Er hockt immer vor dem Fernseher.* He sits in front of the television all the time. **4 über etw ~** *(Turnen)* do a squat vault over sth

Hocker stool IDM → REISSEN

Höcker hump; *(kleine Erhebung)* bump

Hockey hockey, *(AmE)* field hockey
Hockeyschläger hockey stick **Hockeyspieler** hockey player

Hoden testicle
Hodensack scrotum

Hof **1** yard; *(Innen-)* courtyard; *(Schul-)* schoolyard, playground ◇ *auf dem Hof spielen* play in the yard **2** *(Königs-, Fürsten-)* court **3** *(Bauern-)* farm **4** *(von Mond, Sonne)* corona

hoffen **1** hope ◇ *hoffen, dass etw geschieht* hope that sth will happen ◇ *Das ist mehr, als wir zu hoffen wagten.* That is more than we'd dared hope for. ◇ *Hoffen wir das Beste!* Let's hope for the best. ◇ *„Regnet es?" „Ich hoffe nicht."* 'Is it raining?' 'I hope not.' ◇ *„Kommst du nach London?" „Ich hoffe schon."* 'Are you coming to London?' 'I hope so.' **2 auf etw ~** hope for sth ◇ *Wir hofften auf finanzielle Unterstützung.* We were hoping for financial support. ◇ *Jeden Samstag hoffe ich auf den großen Gewinn.* Every Saturday I hope to win the jackpot. **3 auf jdn ~** pin your hopes on sb IDM **Das will ich (doch stark) hoffen!** I should (jolly well) hope so!

hoffentlich hopefully ◇ *Hoffentlich schaffen wir das.* Hopefully we'll manage it. ◇ *„Werden sie gewinnen?" — „Hoffentlich!"* 'Will they win?' — 'I hope so!'

Hoffnung hope ◇ *die Hoffnung nicht aufgeben* not give up hope ◇ *sich falsche Hoffnungen machen* cherish false hopes ◇ *Es besteht kaum Hoffnung, dass …* There is little hope that … ◇ *Sie war seine letzte Hoffnung.* She was his last hope. ◇ *Er hatte seine ganze Hoffnung auf mich gesetzt.* He had pinned all his hopes on me. ◇ *Da mache ich mir keine Hoffnungen!* I don't hold out much hope of that. ◇ *Sie machte ihm Hoffnungen.* She got his hopes up.

hoffnungslos hopeless *(Adv* hopelessly)

Hoffnungs- **Hoffnungslosigkeit** hopelessness **Hoffnungsschimmer** glimmer of hope **Hoffnungsträger(in)** hope ◇ *Hoffnungsträger der Nation sein* be the hope of the nation

hoffnungsvoll **1** hopeful *(Adv* hopefully), optimistic *(Adv* optimistically) ◇ *Das Ergebnis stimmte uns sehr hoffnungsvoll.* The result made us very optimistic. **2** *(Erfolg versprechend)* promising ◇ *ein hoffnungsvolles Talent* a promising talent

höflich polite *(Adv* politely) ◇ *eine höfliche Bitte* a polite request ◇ *sich höflich verhalten* behave politely ◇ *Ich möchte Sie höflich bitten, …* Could I please ask you to …

Höflichkeit **1** politeness **2 Höflichkeiten** pleasantries [Pl] ◇ *Höflichkeiten austauschen* exchange pleasantries

Höhe **1** height ◇ *die Breite und Höhe* the width and height ◇ *eine Höhe von 10 Metern haben* be 10 metres high **2** *(über dem Meeresspiegel, von einem Flugzeug)* height, altitude ◇ *an Höhe gewinnen/verlieren* gain/lose height ◇ *luftige Höhen erklimmen* climb to lofty heights ◇ *in 4 000 Metern Höhe* at an altitude of 4 000 metres **3** *(Einkommen, Strafe etc.)* level; *(Summe, Zahlung)* amount; *(Verluste, Beitrag)* size ◇ *die Höhe der Einnahmen* the level of earnings ◇ *Das hängt von der Höhe des Einkommens ab.* That depends on the level of income. ◇ *Die Höhe der Schulden beträgt …* The amount of debt is … ◇ *Die Höhe der Beiträge beläuft sich auf …* The size of the contributions is … ◇ *etw in voller Höhe zurückzahlen* pay sth back in full ◇ *ein Anstieg in Höhe von 2%* a rise of 2% ◇ *eine Strafe in Höhe von 250 Dollar* a fine of 250 dollars **4** *(Ton-)* pitch; *(beim Radio etc.)* treble [U] ◇ *die Höhe eines Tons* the pitch of a note ◇ *beim Radio die Höhen einstellen* adjust the treble on the radio **5** *(geografisch)* level ◇ *auf der Höhe der Hauptstraße* on a level with the main street ◇ *Die Sprinter befanden sich auf gleicher Höhe.* The sprinters were level with each other. ◇ *In Höhe der Tankstelle müssen Sie abbiegen.* You have to turn off when you get to the petrol station. **6 in die ~** *(nach oben)* up ◇ *etw in die Höhe treiben* push sth up ◇ *in die Höhe schnellen* shoot up IDM **auf der Höhe der Zeit sein** be (right) up to date **Das ist (ja) die Höhe!** That (really) is the limit! **Höhen und Tiefen** ups and downs **in die Höhe fahren** jump up with a start; *(sich ärgern)* hit the roof **nicht (ganz) auf der Höhe sein** be (a bit) under the weather

Hoheit **1** sovereignty ◇ *unter britischer Hoheit stehen* be under British sovereignty **2** *(als Anrede)* Highness ◇ *Eure (Königliche) Hoheit* Your (Royal) Highness
Hoheitsgebiet territory ◇ *in fremdes Hoheitsgebiet eindringen* invade foreign territory

Höhen- **Höhenangst** fear of heights ◇ *Höhenangst haben* be afraid of heights **Höhenflug** **1** high-altitude flight **2** *(Erfolg)* run of success ◇ *sich auf einem Höhenflug befinden* have a run of success **3** *(Träumerei)* flight of fancy ◇ *geistige Höhenflüge* intellectual flights of fancy **Höhenluft** air at high altitude **Höhenunterschied** difference in altitude **höhenverstellbar** height-adjustable

Höhepunkt **1** highlight; *(Krieg, Krise)* height; *(Karriere, Spannung)* peak ◇ *der Höhepunkt des Abends* the highlight of the evening ◇ *auf dem Höhepunkt des Kalten Krieges* at the height of the Cold War ◇ *auf dem Höhepunkt seiner Karriere stehen* be at the peak of your career **2** *(Orgasmus)* climax ◇ *zum Höhepunkt kommen* to climax

höhere(r,s) higher ◇ *höhere Gebühren* higher fees ◇ *bei höherer Geschwindigkeit* at a higher speed ◇ *Er besucht eine höhere Klasse.* He is in a higher year. ◇ *Ihr Herz schlug höher.* Her heart beat faster. IDM → REGION

hohl **1** hollow ◇ *ein hohler Stamm* a hollow tree trunk ◇ *etw in der hohlen Hand halten* hold sth in the cup of your hand ◇ *hohl klingen* sound hollow **2** *(nichtssagend)* empty ◇ *hohle Phrasen* empty phrases ◇ *hohles Gerede* mindless chatter **3** *(dumm)* thick ◇ *Der ist vielleicht hohl!* He's really thick! IDM → BAUCH

Höhle cave; *(für Tiere)* den
Höhlenmalerei cave painting

Hohlraum empty space

Hohn scorn ◇ *Hohn und Spott* scorn and derision ◇ *Ihr Plan erntete bloß Hohn und Spott.* They poured scorn on her plan. IDM **ein/der reinste Hohn sein** be a mockery ◇ *Dieses Urteil ist ein Hohn!* The sentence is a mockery!

höhnisch *(verächtlich)* scornful *(Adv* scornfully); *(spöttisch)* derisive ◇ *höhnische Bemerkungen* derisive remarks ◇ *höhnisch lachen* laugh scornfully

Hokuspokus **1** mumbo jumbo *(umgs, abwert)* **2** *(Zauberei)* magic **3** *(Zauberformel)* abracadabra

Holding, Holdinggesellschaft holding company

holen **1 (sich) etw ~** get sth ◇ *Soll ich dir ein Glas Wasser holen?* Shall I get you a glass of water? ◇ *Ich hole mir schnell etwas zu essen.* I'll just get something to eat. ◇ *Hilfe holen* get help ◇ *sich bei jdm Tipps holen* get a few tips from sb ◇ *sich bei jdm Rat holen* ask sb's advice ◇ *sich Informationen aus dem Internet holen* find information on the Internet **2 jdn ~** get sb, *(BrE auch)* fetch sb; *(telefonisch)* call sb ◇ *Soll ich meine Mutter holen?* Shall I get my mother? ◇ *jdn aus dem*

Bett holen get sb out of bed ◇ *Schnell, hol den Arzt!* Quick, fetch the doctor! ◇ *einen Klempner holen* call a plumber **3 jdn ~** (*engagieren*) bring sb in ◇ *Zusätzliche Lehrer wurden aus Deutschland geholt.* Additional teachers were brought in from Germany. **4 (sich) etw ~** (*gewinnen*) win sth **5 sich etw ~** (*sich etw zuziehen*) catch sth ◇ *sich eine Grippe/einen Schnupfen holen* catch flu/a cold **6 Luft/Atem ~** take a breath ◇ *Sie holte tief Luft.* She took a deep breath. **IDM** → REST, SCHWUNG, STRASSE, TEUFEL(IN) *und* TOD

Hölle hell (*auch fig*) ◇ *in die Hölle kommen* go to hell ◇ *Es war die Hölle.* It was hell. **IDM jdm die Hölle heiß machen** give sb hell (*umgs*) **die Hölle war los** all hell broke loose → *Siehe auch* HIMMEL *und* LEBEN
Höllenlärm terrible racket

höllisch 1 of hell (*dem Nomen nachgestellt*) ◇ *das höllische Feuer* the fires of hell **2** (*schrecklich*) terrible; (*sehr*) terribly ◇ *Das ist eine höllische Hitze.* It's terribly hot. ◇ *Es tat höllisch weh.* It hurt like hell.

Hollywoodschaukel garden swing

Holocaust Holocaust

holografisch holographic

Hologramm hologram

holpern jolt

holprig 1 bumpy, uneven ◇ *ein holpriger Pfad/Weg* a bumpy path ◇ *ein holpriges Pflaster* an uneven pavement **2** (*ungleichmäßig*) erratic (*Adv* erratically); (*nicht fließend*) halting (*Adv* haltingly) ◇ *ihr holpriges Spiel* her erratic playing ◇ *sein holpriges Englisch* his halting English

Holunder elder; (*-blüte*) elderflower

Holz 1 wood ◇ *hartes/weiches Holz* hard/soft wood ◇ *die Holz verarbeitende Industrie* the wood-processing industry ◇ *aus massivem Holz sein* be made of solid wood **2** (*Bau-*) timber, (*AmE*) lumber

Holz- wooden, timber ◇ *ein Holzzaun* a wooden fence ◇ *ein Holzbrett* a plank of wood/wooden plank ◇ *die Holzindustrie* the timber industry
Holzapfel crab apple **Holzarbeiten** carpentry [U] **Holzbläser(in)** woodwind player ◇ *Wir suchen Streicher und Holzbläser.* We are looking for string and woodwind players. ◇ *Die Holzbläser nehmen das Thema auf.* The theme is taken up by the woodwind.
Holzblasinstrument woodwind instrument

hölzern wooden (*auch fig*)

Holz- Holzfäller(in) lumberjack, woodcutter (*veraltet*)
Holzhaus wooden house

holzig woody

Holz- Holzkohle charcoal **Holzscheit** log, piece of wood **Holzschnitt** woodcut ◇ *ein Holzschnitt von Dürer* a woodcut by Dürer ◇ *die Technik des Holzschnitts* the technique of woodcut **Holzschnitzerei** woodcarving ◇ *die Holzschnitzerei lernen* learn woodcarving **Holzschutzmittel** wood preserver, wood preservative **Holzspan** stick of wood; (*Hobelspan*) wood shaving **Holzspielzeug** wooden toy

Holzweg IDM auf dem Holzweg sein be on the wrong track

Holzwurm woodworm ◇ *Der Tisch hat den Holzwurm.* There's woodworm in the table. ◇ *von Holzwürmern befallen* riddled with woodworm

Homebanking home banking

Homepage home page

Homo-Ehe same-sex marriage

homogen homogeneous (*gehoben*)

homöopathisch homeopathic

Homosexualität homosexuality; (*weiblich meist*) lesbianism ◇ *latente Homosexualität* repressed homosexuality ◇ *sich offen zu seiner Homosexualität bekennen* come out

homosexuell homosexual, gay; (*weiblich meist*) lesbian

Homosexuelle(r) homosexual; (*weiblich meist*) lesbian; (*im Plural auch*) lesbians and gays

Honig honey **IDM jdm Honig ums Maul/um den Mund/um den Bart schmieren** butter sb up
Honigmelone honeydew melon

Honorar fee ◇ *gegen Honorar arbeiten* work for a fee/on a freelance basis
Honorarbasis auf ~ on a fee basis, on a freelance basis; (*Verkäufer*) on commission **Honorarkraft** freelancer, freelance (worker) ◇ *Die Kanzlei beschäftigt mehrere Honorarkräfte.* The office uses a number of freelance workers. **Honorarprofessor** honorary professor

honorieren 1 etw ~ pay (a fee) for sth; **jdn (für etw) (mit etw) ~** pay sb (sth) (for sth) ◇ *Die Arbeit wurde angemessen honoriert.* An appropriate fee was paid for the work. ◇ *Er wurde für den Roman mit einer astronomischen Summe honoriert.* He was paid an astronomical sum for the novel. **2** (*belohnen*) reward; (*würdigen*) recognize. ◇ *Sein Einsatz im Wahlkampf wurde von der Partei honoriert.* The party recognized his contribution to the election campaign. ◇ *Wie ist ihre Mitarbeit honoriert worden?* What reward did she get for her efforts? **3 A mit B ~** award B for A ◇ *etw mit einem Preis honorieren* award a prize for sth ◇ *Der Film wurde mit drei Oscars honoriert.* The film won three Oscars.

Hooligan hooligan

Hopfen 1 hops [Pl] **2** (*Pflanze*) hop **IDM bei jdm ist Hopfen und Malz verloren** sb is a hopeless case

hoppeln hop

hoppla whoops ◇ *Hoppla, pass auf!* Whoops, careful!

hopsen skip → *Siehe auch* HÜPFEN

hörbar audible ◇ *kaum hörbare Geräusche* barely audible sounds ◇ *nicht hörbar* inaudible

Hörbuch audiobook

horchen listen

Horde horde (*auch fig*); (*wilde Menge*) gang ◇ *eine Horde Touristen* hordes of tourists ◇ *eine bewaffnete Horde* an armed gang

hören 1 hear ◇ *Ich habe dich gar nicht kommen hören.* I didn't hear you coming. ◇ *Hörst du was?* Can you hear anything? ◇ *Ich konnte an seiner Stimme hören, dass etwas nicht stimmte.* I could hear from his voice that something was wrong. ◇ *Hab ich richtig gehört?* Did I hear that right? ◇ *Hast du schon von ihrem Unfall gehört?* Have you heard about her accident? ◇ *Ich habe viel Gutes über ihn gehört.* I've heard good reports of him. ◇ *Ich habe schon lange nichts von ihnen gehört.* I haven't heard from them for ages. ◇ *Er hört schlecht.* He doesn't hear very well. ◇ *Sie hört nur auf einem Ohr.* She is deaf in one ear. ◇ *Er hört sich gerne selbst reden.* He loves the sound of his own voice. **2** (*sich etw anhören*) listen (to *sth*); (*Vorlesung, Konzert*) hear ◇ *Ich höre gerade ihre neuste CD.* I am just listening to their latest CD. ◇ *Hörst du gerne Radio?* Do you like listening to the radio? ◇ *Sie wollte nicht hören.* She wouldn't listen. ◇ *Warum hörst du nie auf meine Ratschläge?* Why do you never listen to my advice? ◇ *Hätte ich doch bloß auf meine Eltern gehört.* If only I'd listened to my parents. ◇ *Hast du das Konzert im Radio gehört?* Did you hear the concert on the radio? **3 jdn (zu etw) ~** hear from sb (on sth) ◇ *Das Gericht muss erst noch die Nebenzeugen hören.* The court still has to hear from the additional witnesses first. **IDM etw/das kann sich hören lassen** sth/that sounds good **Hör mal!** (*auch* **Hören Sie mal!**) Listen (here)! **etwas/nichts von**

sich hören lassen be/not be in touch ◇ *Sie hat ewig nichts mehr von sich hören lassen.* She hasn't been in touch for ages. **etw von jdm zu hören bekommen/kriegen** ◇ *Sie werden von mir noch zu hören bekommen!* You'll be hearing from me! → *Siehe auch* DENKEN, LÄUTEN *und* MUND

Hörer(in) **1** listener **2** (*Universität*) student ◇ *Hörer der Volksschulkurse* students on adult education courses ◇ *sich als Hörer einschreiben lassen* enrol for a course

Hörer phone, receiver ◇ *den Hörer abnehmen* pick up the phone ◇ *den Hörer daneben legen* take the phone off the hook

Hör- **Hörfunk** radio ◇ *im Hörfunk* on the radio **Hörgerät** hearing aid

Horizont **1** horizon (*auch fig*) ◇ *Am Horizont versank die Sonne.* The sun dropped below the horizon. ◇ *Am Horizont drohen Schwierigkeiten.* There's trouble looming on the horizon. **2** (*geistiger Bereich*) horizons [Pl] ◇ *durch Lesen seinen Horizont erweitern* broaden your horizons by reading ◇ *Das geht über meinen Horizont.* That's way over my head. **IDM** → SILBERSTREIF(EN)

horizontal horizontal (*Adv* horizontally) ◇ *sich in horizontaler Lage befinden* be in a horizontal position ◇ *Die Straße verläuft horizontal.* The road is on the flat.

Hormon hormone

Hormonbehandlung hormone treatment; (*in den Wechseljahren*) HRT, hormone replacement therapy ◇ *Frauen unter Hormonbehandlung* women on HRT

hormonell hormonal ◇ *hormonell bedingt* caused by hormonal changes

Horn horn; (*im Orchester auch*) French horn; (MIL) bugle ◇ *etw auf dem Horn blasen* play sth on the horn ◇ *(das) Horn spielen* play the horn ◇ *ins Horn stoßen* blow the horn ◇ *Knöpfe aus Horn* horn buttons **IDM** **ins gleiche Horn stoßen** ◇ *ins gleiche Horn wie Greenpeace stoßen* echo the view of Greenpeace ◇ *Wer mit dem Lehrer immer ins gleiche Horn stößt, bekommt bessere Noten.* If you just repeat what the teacher said, you'll get better marks. → *Siehe auch* STIER

Hörnchen croissant

Hornhaut **1** hard skin **2** (*am Auge*) cornea

Hornisse hornet

Hornissennest hornet's nest

Hornist(in) horn player, (*bes AmE*) French horn player; (MIL) bugler ◇ *ein berühmter Hornist* a famous horn player

Horoskop horoscope ◇ *jdm das Horoskop stellen* draw up sb's horoscope

horrend **1** (*Preise etc.*) horrendous ◇ *Die Kosten sind horrend.* The cost is horrendous. ◇ *horrend hoch sein* be horrendous ◇ *eine horrende Summe kosten* cost a huge amount **2** (*sehr schlimm*) terrible ◇ *horrende Schmerzen haben* be in terrible pain ◇ *horrende Gewalt* appalling violence

Horror **1** horror ◇ *Ein Horror überkam sie.* She was filled with horror. ◇ *Bilder des Horrors aus dem Kriegsgebiet* horrific pictures from the war zone **2** **einen ~ vor jdm/etw haben** be terrified of sb/sth ◇ *einen Horror vor Spinnen haben* be terrified of spiders ◇ *Ich habe einen Horror vor der Prüfung.* I'm dreading the exam.

Horrorfilm horror film **Horrorgeschichte** horror story **Horrormeldung** horrific news **Horrortrip** **1** (absolute) nightmare (*umgs*) ◇ *Die Reise artete in einen Horrortrip aus.* The trip turned into an absolute nightmare. **2** (*durch Drogen*) bad trip (*Slang*)

Hör- **Hörsaal** lecture hall; (*mit abgestuften Sitzreihen*) lecture theatre, (*AmE*) lecture theater, auditorium **Hörspiel** radio play **Hörsturz** loss of hearing, (sudden) hearing loss

Hort **1** day nursery, (*AmE*) day care center; (*für Schulkinder*) after-school club ◇ *Die Kinder gehen in den Hort.* The children go to nursery. ◇ *ein Kind in den Hort geben* send a child to nursery **2** (*Hochburg*) bastion; (*Brutstätte*) hotbed ◇ *ein Hort der Freiheit* a bastion of freedom ◇ *ein Hort der Revolution* a hotbed of revolution **3** (*Schatz*) treasure (hoard)

horten (*Geld, Lebensmittel etc.*) hoard; (*Waffen, Konsumgüter, Öl etc.*) stockpile

Hör- **Hörvermögen** hearing ◇ *ein schlechtes Hörvermögen haben* have poor hearing **Hörweite** **in/außer ~** within/out of earshot

Höschen **1** → HOSE **2** (*Schlüpfer*) panties [Pl], (*BrE auch*) pants [Pl], (*BrE auch*) knickers [Pl]

Hose **1** trousers [Pl], (*AmE meist*) pants [Pl] ◇ *ein Paar alte Hosen* an old pair of trousers ◇ *die Hose hochkrempeln* roll up your trousers ◇ *eine kurze Hose* shorts **2** **in die ~ machen** wet your pants; (*Kot*) soil your pants **IDM** **die Hosen anhaben** wear the trousers; (*AmE*) wear the pants **die Hosen (gestrichen) voll haben** be shit scared (*vulg, Slang*) **die Hosen runterlassen** come clean **in die Hose gehen** be a washout (*umgs*); (*Pleite sein*) flop ◇ *Das Wochenende in Paris ging in die Hose.* The weekend in Paris was a washout. ◇ *Das Stück ging in die Hose.* The play flopped. ◇ *Das kann in die Hose gehen.* It could backfire. **sich (vor Angst) in die Hosen machen/scheißen** shit yourself (*vulg, Slang*) **tote Hose** nothing going on ◇ *In dieser Stadt ist tote Hose.* There's nothing going on in this town. → *Siehe auch* HERZ *und* JACKE

Hosenanzug trouser suit, (*AmE*) pantsuit **Hosenbein** trouser leg, (*AmE*) pant leg

Hosenboden seat of the/your trousers, (*AmE*) seat of the/your pants **IDM** **sich auf den Hosenboden setzen** get down to work **den Hosenboden voll kriegen** get a thrashing; (*bes BrE*) get a good hiding

Hosenschlitz fly, (*BrE auch*) flies [Pl]

Hosentasche trouser pocket, (*AmE*) pants pocket ◇ *die Hände in den Hosentaschen haben* have your hands in your (trouser) pockets **IDM** **etw wie seine Hosentasche kennen** know sth like the back of your hand ◇ *Ich kenne diese Gegend wie meine Hosentasche.* I know this area like the back of my hand.

Hospital hospital

hospitieren sit in (on lectures) ◇ *in einer Vorlesung hospitieren* sit in on a lecture

Hospiz **1** (*Sterbeklinik*) hospice **2** (*Pension*) hostel; (*im Kloster auch*) guest house

Hostess **1** receptionist **2** (*Flugzeug*) air hostess, stewardess **3** (*Nachtlokal etc.*) hostess

Hostie Host

Hotel hotel ◇ *in einem Hotel übernachten* stay at a hotel

Hotelfach hotel management ◇ *das Hotelfach lernen* study hotel management **Hotelgast** (hotel) guest **Hotelkette** chain of hotels, hotel chain **Hotelzimmer** hotel room

Hotspot (Wi-Fi) hotspot

Hubraum **1** (*Zylindervolumen*) cubic capacity **2** (*Leistung*) cubic centimetres (*Abk* cc) ◇ *ein Motor mit 50 cm³ Hubraum* a 50cc engine ◇ *Wie viel Hubraum hat das Auto?* What is the engine capacity of the car?

hübsch **1** pretty (*Adv* prettily); (*Junge*) nice-looking; (*Sache*) nice (*Adv* nicely) **sich ~ machen**; (*Gesicht*) make yourself up; (*sich anziehen*) dress up ◇ *hübsch aussehen* look pretty ◇ *eine hübsche Stimme* a nice voice ◇ *sich hübsch anziehen* dress nicely ◇ *hübsch eingerichtet* nicely furnished **2** (*verstärkend*) pretty ◇

Das hat eine hübsche Stange Geld gekostet. It cost a pretty penny. ◇ *ganz hübsch kalt* pretty cold ◇ *Sie hat ein hübsches Vermögen geerbt.* She inherited a large fortune. ◇ *Es ist noch ein hübsches Stück bis zur nächsten Tankstelle.* It's still quite a way to the next petrol station. **3** *Adv* (*gut, angemessen*) well ◇ *Sei hübsch brav!* Be a good boy/girl! ◇ *Sie kann schon hübsch tanzen.* She can dance quite well. ◇ *Immer hübsch der Reihe nach!* Just wait your turn! **4** (*ironisch*) fine ◇ *Hier herrschen hübsche Zustände!* Things are in a fine state here! ◇ *Das sind ja hübsche Aussichten!* Not a pleasant prospect!

Hubschrauber helicopter

huch ooh

huckepack **jdn/etw ~ nehmen/tragen** give sb a piggyback ◇ *Soll ich dich huckepack nehmen?* Shall I give you a piggyback? ◇ *Wir haben die Kinder huckepack nach Hause getragen.* We carried the children home piggyback.

Huf hoof ◇ *einem Pferd die Hufe beschlagen* shoe a horse

Hufeisen horseshoe **hufeisenförmig** **1** *Adj* semicircular **2** *Adv* in a semicircle **Hufschmied(in)** farrier

Hüfte hip; (*Fleisch*) haunch ◇ *sich in den Hüften wiegen* sway your hips ◇ *die Hände in die Hüften gestemmt* with your hands on your hips ◇ *Das Wasser reichte ihr bis an die Hüfte.* The water came up to her waist.

Hüftgelenk hip (joint) ◇ *ein künstliches Hüftgelenk* an artificial hip (joint) ◇ *ein künstliches Hüftgelenk eingesetzt bekommen* have a hip replacement

Hügel hill; (*klein*) hillock; (*Erd-, Grab-*) mound

hügelig hilly

Huhn **1** chicken ◇ *Heute gibt es Huhn mit Reis.* Today we're having chicken and rice. **2** (*Henne*) hen **3** (*Jägersprache*) feathered game bird **4** (*Mensch*) ◇ *ein verrücktes Huhn* a nutcase ◇ *ein dummes Huhn* a silly cow **IDM** **da lachen ja die Hühner** you must be joking **ein blindes Huhn findet auch einmal ein Korn** every dog has its day **mit den Hühnern aufstehen** be/get up with the lark **mit den Hühnern zu Bett gehen** go to bed early

Hühnchen chicken; (*Küken*) chick **IDM** **mit jdm ein Hühnchen zu rupfen haben** have (got) a bone to pick with sb

Hühner- **Hühnerauge** corn **Hühnerfleisch** chicken **Hühnerstall** hen house

huldigen **1 jdm ~** pay homage to sb (*gehoben*) **2 einer Sache ~** embrace sth (*gehoben*); (*Laster*) take to sth

Hülle **1** cover; (*Plastik-*) envelope; (*CD-*) (jewel) case; (*Schallplatten-*) sleeve, (*bes AmE*) jacket; (*Verpackungsmaterial*) wrapping ◇ *eine Hülle aus Plastik* a plastic cover ◇ *in einer schützenden Hülle* in protective wrapping **2 die Hüllen fallen lassen** strip **3 jds sterbliche ~** sb's mortal remains [Pl] **IDM** **in Hülle und Fülle** in abundance (*gehoben*) ◇ *Früchte in Hülle und Fülle* fruit in abundance ◇ *Hier gibt es Parkplätze in Hülle und Fülle.* There are plenty of parking spaces here.

hüllen **1 sich/jdn/etw in etw ~** wrap sth round yourself/sb/sth ◇ *Sie hüllte sich in ein Badetuch.* She wrapped a towel round herself. ◇ *Er hüllte sie in eine Decke.* He wrapped a blanket round her. **2 in etw gehüllt sein** be covered in sth ◇ *in Schnee gehüllt* covered in snow ◇ *in Nebel gehüllt* shrouded in mist ◇ *in Flammen gehüllt* enveloped in flames ◇ *in eine Decke gehüllt* wrapped in a blanket **3 sich in Schweigen ~** remain silent

Hülse **1** case ◇ *die Hülse einer Patrone* a cartridge case **2** (*Bohnen, Erbsen*) pod; (*Getreide*) husk **3** (*fig*) shell ◇ *Ich kam mir vor wie eine leere Hülse.* My life seemed like an empty shell. ◇ *Ihre Worte waren leere Hülsen.* Her words were empty.

Hülsenfrucht pulse

human **1** humane (*Adv* humanely) **2** (*nachsichtig*) considerate; (*Strafe*) lenient ◇ *ein humaner Vorgesetzter* a considerate boss ◇ *Die Strafe ist human ausgefallen.* It was a lenient sentence.

Humanismus humanism; (*geistige Strömung auch*) Humanism

Humanist(in) **1** humanist **2** (*Altphilologe*) classicist

humanistisch **1** humanistic **2 humanistisches Gymnasium** = grammar school specializing in Classics

humanitär humanitarian ◇ *humanitär helfen* provide humanitarian aid

Humanität humanity

Humanmedizin (human) medicine

humanoid humanoid ◇ *humanoide Roboter* humanoid robots

Hummel bumblebee

Hummer lobster

Humor **1** sense of humour, (*AmE*) sense of humor ◇ *Sie hat (viel) Sinn für Humor.* She has a good sense of humour. ◇ *Er hat keinen Humor.* He has no sense of humour. **2** (*Heiterkeit, Gelassenheit*) good humour, (*AmE*) good humor ◇ *ihr unverwüstlicher Humor* her unfailing good humour ◇ *den Humor nicht verlieren* remain good-humoured ◇ *Er nahm die Niederlage mit Humor.* He took the defeat well. **3** (*Art von Humor, Komik*) humour, (*AmE*) humor ◇ *Ich verstehe den britischen Humor nicht.* I don't understand British humour. ◇ *schwarzer Humor* black humour ◇ *Sie hat einen ganz eigenen Humor.* She has her own brand of humour. ◇ *etw mit viel Humor beschreiben* describe sth with humour

humoristisch humorous (*Adv* humorously)

humorlos humourless (*Adv* humourlessly), (*AmE*) humorless (*Adv* humorlessly) ◇ *ein humorloses Lachen* a humourless laugh ◇ *humorlos lachen* laugh humourlessly ◇ *Sie ist völlig humorlos.* She has no sense of humour.

humorvoll humorous (*Adv* humorously) ◇ *eine humorvolle Bemerkung* a humorous remark ◇ *Sie ist sehr humorvoll.* She's got a good sense of humour.

humpeln **1** walk with a limp ◇ *Sie humpelt.* She walks with a limp. ◇ *Sie humpelt seit zwei Tagen.* She's been limping for two days. **2** (*sich fortbewegen*) limp ◇ *Er humpelte vom Spielfeld.* He limped off the field.

Humpen tankard

Hund **1** dog ◇ *ein bissiger Hund* a vicious dog ◇ *Vorsicht! Bissiger Hund.* Beware of the dog. ◇ *ein süßer junger Hund* a sweet little puppy **2** (*Schurke*) bastard (*vulg, Slang*) ◇ *Der Hund hat mich übers Ohr gehauen!* He ripped me off, the bastard! **IDM** **armer Hund** ◇ *Ich/du armer Hund!* Poor me/you! ◇ *Er ist ein armer Hund!* Poor devil! **auf den Hund kommen** go to the dogs; (*AmE auch*) go to hell in a handbasket (*umgs*) **bekannt sein wie ein bunter/scheckiger Hund** be well-known **Da liegt der Hund begraben!** That's the root of the matter. **ein dicker Hund** **1** (*Unverschämtheit*) a nerve (*umgs*) ◇ *Das ist ja wohl ein dicker Hund!* What a nerve! **2** (*Fehler*) a mistake; (*bes AmE*) a goof (*umgs*) ◇ *Da ist dir ein dicker Hund unterlaufen!* That was a mistake! **keine schlafenden Hunde wecken** let sleeping dogs lie ◇ *Wir wollen keine schlafenden Hunde wecken!* We should let sleeping dogs lie. **vor die Hunde gehen** go downhill ◇ *Die Firma geht vor die Hunde.* The firm's going downhill. ◇ *Wenn sie weiter so raucht, geht ihre Gesundheit bald vor die Hunde!* If she goes on smoking so much, she'll

ruin her health. **jdn wie einen Hund behandeln** treat sb like a dog
Hundedreck dog mess **Hundekuchen** dog biscuit **hundemüde** dog-tired (*umgs*) **Hunderasse** dog breed

hundert 1 a hundred ◇ *bis hundert zählen* count to a hundred ◇ *seit hundert Jahren* for a hundred years ◇ *Sie wird heute hundert.* She's a hundred today. ◇ *einige hundert Polizisten* several hundred police ◇ *mehrere hundert Menschen* a few hundred people ◇ *zwölf von hundert* twelve per cent ◇ *Die Chancen stehen hundert zu eins, dass …* It's a hundred to one (that) … **2** (*viele*) hundreds of ◇ *Er hatte mal wieder hundert Ideen.* As usual, he had hundreds of ideas. ◇ *Sie hatte hundert Fragen.* She had masses of questions. IDM **jdn auf hundert bringen** drive sb crazy **auf hundert kommen** lose your temper **auf hundert sein** be in a fury

Hunderter hundred

hundertfach 1 a hundred times ◇ *Wir brauchen die hundertfache Menge!* We need a hundred times that amount! **2** (*sehr oft*) hundreds of times ◇ *etw hundertfach üben* practise sth hundreds of times ◇ *täglich hundertfach* hundreds of times a day ◇ *Eine hundertfache Strahlenbelastung wurde gemessen.* An exposure a hundred times the safety limit was recorded.

Hundertfache das ~ a hundred times; **um ein Hundertfaches** a hundredfold ◇ *Es ist das Hundertfache von dem wert, was ich bezahlt habe.* It's worth a hundred times what I paid for it. ◇ *Heute kosten sie fast das Hundertfache.* Today they cost a hundred times that. ◇ *um ein Hundertfaches steigen* increase a hundredfold

Hundertjahrfeier centennial, (*BrE auch*) centenary (celebrations)

hundertmal 1 hundreds of times ◇ *Ich habe ihnen das schon hundertmal gesagt.* I've told them hundreds of times. **2** (*sehr viel*) a hundred times, miles (*umgs*) ◇ *hundertmal so schnell* a hundred times faster ◇ *hundertmal besser* miles better

Hundertmeterlauf 100 metres, (*AmE*) 100 meters ◇ *im Hundertmeterlauf gewinnen* win the 100 metres

hundertprozentig 1 *Adj* a hundred per cent; (*völlig*) total; (*durch und durch*) through and through (*dem Nomen nachgestellt*) ◇ *aus hundertprozentiger Baumwolle sein* be a hundred per cent cotton ◇ *hundertprozentiger Einsatz* total commitment ◇ *ein hundertprozentiger Bayer* a Bavarian through and through **2** *Adv* one hundred per cent; (*ganz sicher*) definitely, for sure ◇ *Auf sie ist hundertprozentig Verlass.* You can rely on her one hundred per cent. ◇ *Das können wir hunderprozentig ausschließen.* We can definitely rule that out.

hundertste(r,s) hundredth IDM **vom Hundertsten ins Tausendste kommen** get carried away

Hundertstel 1 hundredth **2** → HUNDERTSTELSEKUNDE

Hundertstelsekunde hundredth of a second

hunderttausend 1 a hundred thousand ◇ *mehr als hunderttausend Besucher* more than a hundred thousand visitors **2** (*sehr viele*) hundreds of thousands of *sth* ◇ *viele hunderttausend Menschen* hundreds of thousands of people

Hündin bitch

Hunger 1 hunger (*auch fig*) **~ haben** be hungry; **~ nach etw** hunger for sth (*gehoben*); (*Freiheit, Gerechtigkeit, Frieden*) longing for sth ◇ *sich schwach vor Hunger fühlen* feel faint with hunger ◇ *Sie beging den Diebstahl aus Hunger.* Hunger drove her to steal. ◇ *Hunger nach Erfolg* hunger for success ◇ *großen Hunger haben* be very hungry ◇ *Ich habe keinen Hunger.* I'm not hungry. **2 ~ auf etw haben** feel like sth ◇ *Sie hatte plötzlich Hunger auf Schokolade.* She suddenly felt like some chocolate. **3** (*Nahrungsmangel*) starvation ◇ *an Hunger sterben* die of starvation ◇ *Tausende müssen Hunger leiden.* Thousands are starving. IDM **Hunger haben wie ein Bär/Wolf** be absolutely starving

Hungerkatastrophe famine ◇ *Millionen fielen der Hungerkatastrophe zum Opfer.* Millions of people died in the famine.

hungern 1 go hungry ◇ *Im Krieg mussten viele hungern.* During the war many people went hungry. **2** (*fasten*) diet ◇ *eine Woche hungern* diet for a week ◇ *Er hungert mal wieder!* He's on a diet again. **3 sich … ~** ◇ *Er hat sich 20 Kilo vom Leib gehungert.* He went on a diet and lost 20 kilos. ◇ *Sie hat sich schlank gehungert.* She's been on a diet and lost weight. ◇ *sich zu Tode hungern* starve yourself to death **4 nach etw ~** be hungry for sth

Hunger- Hungersnot famine ◇ *Es herrschte eine schwere Hungersnot.* There was a severe famine. **Hungerstreik** hunger strike ◇ *in den Hungerstreik treten* go on hunger strike **Hungertod** starvation ◇ *den Hungertod sterben* die of/from starvation

Hungertuch IDM **am Hungertuch nagen** be on the breadline

hungrig 1 hungry (*auch fig*) (*Adv* hungrily) ◇ *Ich bin hungrig.* I'm hungry. ◇ *Für Hungrige gibt es belegte Brote.* There are sandwiches if anyone's hungry. ◇ *hungrig nach Zuneigung* hungry for affection ◇ *Ich bin hungrig wie ein Wolf!* I'm famished! ◇ *Frische Luft macht hungrig.* Fresh air gives you an appetite. **2 ~ auf/nach etw sein** feel like sth ◇ *Ich bin hungrig auf etwas Süßes.* I feel like something sweet.

Hupe horn ◇ *die Hupe betätigen* sound the horn

hupen honk (the horn), (*BrE auch*) hoot (your horn)

Hüpfburg bouncy castle, (*AmE*) bounce house

hupfen IDM **das/etw ist gehupft wie gesprungen** that/sth makes no odds

hüpfen 1 jump (*auch fig*) ◇ *ins Wasser hüpfen* jump into the water ◇ *Er hüpfte in die Luft.* He jumped up in the air ◇ *Sie hüpfte vor Aufregung auf und ab.* She jumped up and down with excitement. ◇ *Er hüpfte von einem Thema zum anderen.* He jumped about from one subject to another. **2** (*sich fortbewegen*) skip; (*Mensch auf einem Bein, Vogel*) hop ◇ *Ausgelassen hüpften die Kinder nach Hause.* The children went skipping home in high spirits.

Hürde 1 hurdle (*auch fig*) ◇ *Das Pferd nahm die Hürde mühelos.* The horse cleared the hurdle effortlessly. ◇ *bürokratische Hürden* bureaucratic hurdles **2** (*Hürdenlauf*) hurdles [Pl] ◇ *Er läuft 400m Hürden.* He's running in the 400m hurdles.
Hürdenlauf hurdles [Pl]

Hure whore (*vulg*)

hurra hooray

hurtig quick (*Adv* quickly)

huschen 1 dart ◇ *Ihre Augen huschten hin und her.* Her eyes darted about. **2** (*fig*) flit, flash ◇ *Ein Lächeln huschte über ihr Gesicht.* A smile flitted across her face. ◇ *Bilder huschten durch seine Erinnerung.* Images flashed through his mind.

hüsteln 1 give a little cough, clear your throat ◇ *Er hüstelte verlegen.* He gave an embarrassed little cough. **2** (*einem leichten Husten haben*) have a slight cough

husten 1 cough ◇ *Wegen des Rauches musste er stark husten.* The smoke was making him cough. **2** (*Husten haben*) have a cough ◇ *Sie hustet und hat Fieber.* She's got a cough and a temperature. **3 etw ~** cough sth up

Husten cough ◇ *Er hat seit Wochen Husten.* He's had a cough for weeks.
Hustenanfall coughing fit **Hustenbonbon** cough sweet **Hustenreiz** tickle in the throat **Hustensaft** cough mixture

Hut[1] *der* hat ◇ *Sie setzte ihren Hut auf.* She put her hat on. IDM **den/seinen Hut nehmen (müssen)** have to go; have to resign **ein alter Hut** old hat ◇ *Diese Geschichte ist doch ein alter Hut!* That story is old hat! **Hut ab!** I take my hat off to you! (*veraltet*) **mit jdm/etw nichts/nicht viel am Hut haben** (*nicht mögen*) have no/not much time for sb/sth; (*kein Interesse haben*) have no/little interest in sb/sth ◇ *Mit den Nazis hatte er nichts am Hut.* He had no time for the Nazis. ◇ *Ich habe mit Technik nicht viel am Hut.* I'm not very interested in technology. **sich etw an den Hut stecken können** ◇ *Dein Geld kannst du dir an den Hut stecken!* You can keep your money! **jdn/etw unter einen Hut bringen** reconcile sb/sth ◇ *Viele Frauen müssen Familie und Beruf unter einen Hut bringen.* Many women have to reconcile the demands of family and work. **vor jdm/etw den Hut ziehen** take your hat off to sb/sth ◇ *Vor dieser Leistung kann man nur den Hut ziehen.* You have to take your hat off to an achievement like that.

Hut[2] *die* ; **(vor jdm/etw) auf der ~ sein** be on your guard (against sb/sth)

Hütehund sheepdog

hüten 1 (*Kinder etc.*) look after *sb/sth* **2** (*Tiere*) tend **3 das Haus/Bett ~** stay indoors/in bed **4 das Tor ~** be in goal **5** (*Geheimnis*) keep **6 sich (vor jdm/etw) ~** be on your guard (against sb/sth); **sich (davor) ~, etw zu tun** (*nicht die Absicht haben*) have no intention of doing sth ◇ *Ich werde mich hüten, eine Prognose zu stellen.* I have no intention of making any predictions. ◇ *Ich werd mich hüten!* No fear! IDM → ZUNGE

Hüter(in) guardian

Hütte hut
Hüttenkäse cottage cheese **Hüttenschuh** slipper sock

Hyäne hyena

Hyazinthe hyacinth

Hybrid- Hybridantrieb hybrid drive ◇ *Autos mit Hybridantrieb* hybrid-drive cars **Hybridauto** hybrid car

Hydrant hydrant

Hydraulik 1 (*Wissenschaft*) hydraulics [U] **2** (*Vorrichtung*) hydraulic system

hydraulisch hydraulic (*Adv* hydraulically)

Hydrokultur hydroponics [U]

Hygiene hygiene ◇ *mangelnde Hygiene* poor hygiene
Hygieneartikel toilet article

hygienisch 1 hygiene [nur vor Nomen] ◇ *Das Schlachthaus erfüllt nicht die hygienischen Anforderungen.* The abattoir does not fulfil hygiene standards. ◇ *schlechte hygienische Verhältnisse in den Krankenhäusern* poor hygiene in the hospitals ◇ *aus hygienischen Gründen* for reasons of hygiene **2** (*sauber*) hygienic (*Adv* hygienically) ◇ *Die Einrichtung ist zweckmäßig und hygienisch.* The furniture is functional and hygienic. ◇ *hygienisch verpackte Lebensmittel* hygienically packed food **3** (*sanitär*) sanitary ◇ *die hygienischen Bedingungen in den Flüchtlingslagern* the sanitary conditions in the refugee camps

Hymne hymn; (*National-*) anthem

hyperaktiv hyperactive

Hyperbel 1 (MATH) hyperbola **2** (*Rhetorik*) hyperbole

Hyperlink hyperlink

hypermodern ultra-modern

Hypertext hypertext

Hypnose hypnosis [U] ◇ *jdn in Hypnose versetzen* hypnotize sb ◇ *Als er aus der Hypnose erwachte ...* . When he woke up ... .

Hypnotiseur(in) hypnotist

hypnotisieren hypnotize (*auch fig*)

Hypochonder hypochondriac

Hypotenuse hypotenuse

Hypothek mortgage ◇ *eine Hypothek auf ein Haus aufnehmen* take out a mortgage on a house

Hypothese hypothesis, theory ◇ *Das ist eine reine Hypothese!* That is pure hypothesis! ◇ *eine Hypothese aufstellen/widerlegen* put forward/refute a theory

hypothetisch hypothetical (*Adv* hypothetically)

Hysterie hysteria

hysterisch hysterical (*Adv* hysterically) ◇ *Sie wurde hysterisch.* She became hysterical. ◇ *Er schrie hysterisch.* He was screaming hysterically. ◇ *ein hysterischer Anfall* a fit of hysterics

I i

I, i 1 (*Buchstabe*) I, i → *Beispiele bei* A **2 i!** (*Ausruf*) ugh! IDM → TÜPFELCHEN

i.A. pp

ich I ◇ *Ich weiß nicht.* I don't know. ◇ *Sie war's, nicht ich.* It was her, not me. ◇ *„Wer möchte ein Eis?" „Ich!"* 'Who wants an ice cream?' 'Me!'

Ich 1 self ◇ *mein besseres Ich* my better self **2** (PSYCH) ego
ichbezogen self-centred, (*AmE*) self-centered **Ich-erzähler(in)** first-person narrator **Ichform** first person ◇ *Der Roman ist in der Ichform geschrieben.* The novel is written in the first person.

Icon icon

ideal ideal (*Adv* ideally), perfect (*Adv* perfectly)

Ideal ideal ◇ *das Ideal der Freiheit* the ideal of liberty ◇ *Sie ist das Ideal einer Karrierefrau.* She is the ideal career woman.

idealerweise ideally

Ideal- Idealfall 1 ideal case **2 im ~** ideally **Idealgewicht** ideal weight

idealisieren idealize

Idealismus idealism

Idealist(in) idealist

idealistisch idealistic ◇ *Du siehst immer alles zu idealistisch.* You are always too idealistic about everything.

Idealzustand ideal situation

Idee 1 idea ◇ *Wie kommst du denn auf diese Idee?* What gave you that idea? ◇ *Er hat mich auf die Idee gebracht.* He gave me the idea. ◇ *Ich habe keine Idee, was ich meinem Bruder zum Geburtstag schenken soll.* I have no idea what to give my brother for his birthday. ◇ *Niemand kam auf die Idee, dort nachzusehen.* It didn't occur to anyone to look there. **2 fixe ~** obsession ◇ *Der Rachegedanke wurde zur fixen Idee bei ihm.* The idea of revenge became an obsession with him. ◇ *Er ist von der fixen Idee besessen, dass die Chefin ihn schikaniert.* He is obsessed by the idea that the boss has it in for him.

ideell 1 ◇ *Wir haben lange über den ideellen Gehalt des Buches diskutiert.* We had a long discussion about the ideas in the book. **2** (*nicht materiell*) non-material ◇

ideelle Werte non-material values ◇ *jdn ideell und finanziell unterstützen* give sb moral and financial support

ideen- **ideenlos** unimaginative (*Adv* unimaginatively) **ideenreich** imaginative (*Adv* imaginatively)

Identifikation identification (*oft mit einem Verb übersetzt*) ◇ *Die Polizei ist mit der Identifikation des Fluchtautos beschäftigt.* The police are in the process of identifying the getaway car. ◇ *Die hohe Identifikation mit dem Betrieb steigert die Leistungsfähigkeit.* Identifying strongly with the company you work for increases performance.

identifizieren **1** identify ◇ *Er wurde anhand der Fingerabdrücke identifiziert.* He was identified from his fingerprints. **2 sich mit jdm/etw ~** identify with sb/sth

Identifizierung identification

identisch identical

Identität identity

Ideologie ideology ◇ *die marxistische Ideologie* Marxist ideology

ideologisch ideological (*Adv* ideologically) ◇ *ideologisch gefärbte Bücher* books with an ideological slant ◇ *ideologisch begründet* ideologically motivated

Idiom idiom; (*Dialekt auch*) dialect

idiomatisch idiomatic

Idiot(in) idiot **Idiotenhügel** nursery slope, (*AmE*) bunny slope **idiotensicher** foolproof

idiotisch idiotic

Idol idol

Idyll idyll ◇ *ein ländliches Idyll* a rural idyll ◇ *ein Idyll für Kinder* a paradise for children

Idylle idyll

idyllisch idyllic (*Adv* idyllically) ◇ *eine idyllische Insel* an idyllic island ◇ *Sie wohnen ganz idyllisch am Waldrand.* They live in a really idyllic spot on the edge of the woods. ◇ *idyllisch gelegen* idyllically situated

Igel hedgehog

igitt ugh, yuck

Iglu igloo

ignorant ignorant

Ignorant(in) ignoramus

Ignoranz ignorance ◇ *Das zeugt von einer gewissen Ignoranz gegenüber Kindern.* This demonstrates a certain ignorance about children.

ignorieren ignore

ihm (to) him; (*Gegenstand, Tier*) (to) it

ihn him; (*Gegenstand, Tier*) it

ihnen (to) them

Ihnen (to) you

ihr **1** (*2. Person Plural*) you ◇ *Seid ihr fertig?* Are you ready? **2** (*mit Bezug auf „sie", Singular*) (to) her ◇ *Gib es ihr.* Give it to her **3** (*Possessiv, mit Bezug auf „sie", Singular*) her; (*mit Bezug auf Gegenstand, Tier*) its ◇ *Das ist ihr Buch.* That's her book. ◇ *Die Katze trank ihre Milch.* The cat drank its milk. **4** (*Possessiv, mit Bezug auf „sie", Plural*) their ◇ *Die Kinder nahmen ihre Bücher.* The children took their books.

Ihr your ◇ *Ist das Ihr Auto?* Is this your car? ◇ *Ihr Peter Weiss* Yours, Peter Weiss

ihre(r,s) hers; (*Plural*) theirs

Ihre(r,s) yours

ihrerseits **1** (*von ihr*) on her/its part, on its part; (*von ihnen*) on their part ◇ *Er hielt einen Anruf ihrerseits für überflüssig.* He felt that a call on her part would be unnecessary. ◇ *Die Gefahr eines Angriffs ihrerseits ist groß.* The risk of an attack on their part is considerable. **2** (*sie selbst, Singular*) for her/its part, herself/itself; (*sie selbst, Plural*) for their part, themselves ◇ *Die Stadt ihrerseits warf den Bürgern Gier vor.* The town, for its part, accused the people of greed. ◇ *erwachsene Kinder, die ihrerseits schon Familien haben* grown-up children, who (themselves) have families of their own

Ihrerseits (*von Ihnen*) on your part; (*Sie selbst*) for your part, yourself/yourselves ◇ *War das ein Fehler Ihrerseits?* Was that a mistake on your part?

ihresgleichen (*gleichrangig*) her equal(s); (*im Plural*) their equals; (*gleichartig*) people like her; (*im Plural*) people like them ◇ *Chauvinisten und ihresgleichen* chauvinists and people like them ◇ *Frauen reisen lieber mit ihresgleichen.* Women prefer to travel with other women. IDM → SUCHEN

ihretwegen **1** (*ihr zuliebe*) for her sake; (*ihnen zuliebe*) for their sake **2** (*wegen ihr*) because of her; (*wegen ihnen*) because of them → *Beispiele bei* MEINETWEGEN

Ihretwegen **1** (*Ihnen zuliebe*) for your sake **2** (*wegen Ihnen*) because of you → *Beispiele bei* MEINETWEGEN

Ilex holly

illegal illegal (*Adv* illegally) ◇ *illegale Einwanderer* illegal immigrants ◇ *Sie halten sich illegal hier auf.* They are here illegally. ◇ *sich auf illegale Weise Geld beschaffen* obtain money by illegal means

Illegalität **1** (*Gesetzeswidrigkeit*) illegality ◇ *die Illegalität des Drogenhandels* the illegality of drug dealing **2** (*illegaler Zustand*) ◇ *in der Illegalität arbeiten* work illegally ◇ *Er tauchte in die Illegalität ab.* He went underground. ◇ *Durch dieses Gesetz wird der Organhandel noch mehr in die Illegalität abgedrängt.* The effect of this law is to drive the trade in human organs even further underground.

Illusion illusion ◇ *Ist dieses Ziel überhaupt erreichbar oder ist es eine Illusion?* Is this actually an attainable goal or is it an illusion? ◇ *Man sollte sich nicht der Illusion hingeben, dass ...* You should not delude yourself that ... IDM **sich Illusionen machen** delude yourself **sich (über jdn/etw) keine Illusionen machen** not have any illusions (about sb/sth)

illusorisch **1** unrealistic, illusory (*gehoben*) ◇ *Der Termin war von Anfang an illusorisch.* That date was unrealistic from the start. **2** (*zwecklos*) pointless

Illustration illustration ◇ *Zur Illustration dieser These gab sie ein paar Beispiele.* She gave a few examples to illustrate this theory.

illustrieren illustrate

Illustrierte magazine

Iltis (European) polecat

IM → INOFFIZIELL

Image image; (*Ruf*) reputation **Imagepflege** image building **Imageverlust** (*meist mit einem Verb übersetzt*) ◇ *Die Manager fürchten einen Imageverlust.* The managers are afraid their image will be damaged. ◇ *Sie hat einen Imageverlust erlitten.* Her image has suffered.

imaginär imaginary

Imam imam

Imbiss snack **Imbissbude** hamburger/hot-dog stand **Imbissstube** snack bar

Imitation **1** imitation ◇ *Kinder lernen durch Imitation.* Children learn by imitation. ◇ *Der Pelz ist eine Imitation.* It's imitation fur. **2** (*eines Menschen*) impression ◇ *seine Chaplin-Imitation* his impression of Chaplin

imitieren **1** (*nachahmen*) imitate, mimic ◇ *Sie kann verschiedene Tiere imitieren.* She can imitate various animals. **2 jdn ~** (*nachmachen*) do an impression of sb

◇ *Er imitiert Politiker.* He does impressions of politicians. **3** (*nachbilden*) copy

Imker(in) beekeeper

Immatrikulation **1** (*das Immatrikulieren*) registration **2 Immatrikulationen** enrolment ◇ *ein Zuwachs bei den Immatrikulationen* an increase in enrolment

immatrikulieren (sich) ~ enrol

immens **1** *Adj* (*Anstrengungen, Zerstörung, Bedeutung*) tremendous; (*Kosten, Aufgabe, Anstieg*) huge; (*Probleme, Druck*) enormous **2** *Adv* extremely; (*wichtig auch*) tremendously; (*schwierig*) immensely ◇ *immens teuer* extremely expensive ◇ *Die Kosten sind immens gestiegen.* The costs have risen dramatically. ◇ *immens viel Geld* a huge amount of money

immer **1** always ◇ *Sie hat fast immer recht.* She is nearly always right. ◇ *Ich stand wie immer um 7 Uhr auf.* I got up at 7 o'clock as usual. ◇ *Setz beim Fahrradfahren immer einen Helm auf!* Always wear a helmet when cycling. ◇ *Zur Arbeit trug er immer einen Anzug.* He always wore a suit for work. **2** (*mit Komparativ*) ◇ *immer größer* bigger and bigger ◇ *immer wieder* again and again ◇ *Es wird immer schlimmer.* It's getting worse and worse. ◇ *immer mehr* more and more **3** (*zur Verstärkung*) ◇ *Immer schön langsam!* Slowly does it! ◇ *Immer mit der Ruhe!* Take it easy! **4** ◇ *Immer diese Musik!* That music will drive me mad! ◇ *Immer dieser Ärger!* It's always the same! **5 wann (auch) ~** whenever; **was (auch) ~** whatever; **wer (auch) ~** whoever; **wie (auch) ~** however; **wo (auch) ~** wherever ◇ *Was immer ich mache, sie ist nie zufrieden.* Whatever I do, she is never satisfied. IDM **für immer** for ever; for good ◇ *für immer und ewig* for ever and ever ◇ *Willst du für immer in England bleiben?* Do you want to stay in England for good? **noch immer** (*auch* **immer noch**) still ◇ *Er ist noch immer nicht fertig.* He is still not ready. → *Siehe auch* GUT, SACHT *und* TRAB

immergrün evergreen

immerhin **1** (*wenigstens*) at least ◇ *Immerhin sind wir rechtzeitig angekommen.* At least we arrived on time. **2** (*doch*) still ◇ *Das ist viel Arbeit, aber immerhin noch machbar.* It's a lot of work, but still manageable. ◇ *Er hat zwar nicht alles gemacht, aber immerhin!* He didn't finish everything, but still. **3** after all ◇ *Ich trinke am liebsten Tee. Immerhin bin ich Engländer.* I like tea best. After all, I am English.

immersiv immersive

immerzu always, all the time

Immigrant(in) immigrant

Immigration immigration ◇ *ein Gesetz zur Steuerung der Immigration* a law to regulate immigration

Immobilie **1** (*Haus, Wohnung etc.*) property ◇ *Die Immobilie kann nur von außen besichtigt werden.* The property can only be viewed from the outside. **2 Immobilien** property [U], (*AmE*) real estate [U] ◇ *Sind Immobilien eine gute Investition?* Is property a good investment? ◇ *Sie handelt mit Immobilien.* She's an estate agent.

Immobilienmakler(in) estate agent, (*AmE*) Realtor™, real estate agent **Immobilienmarkt** property market, (*AmE*) real estate market

immun gegen etw ~ sein **1** (MED) be immune to sth (*auch fig*) ◇ *immun gegen Windpocken* immune to chicken pox ◇ *Er ist vollkommen immun gegen Kritik.* He's totally immune to criticism. **2** (RECHT) be immune from sth ◇ *Diplomaten sind immun gegen Strafverfolgung.* Diplomats are immune from prosecution.

Immunität ~ gegen etw **1** (MED) immunity to sth ◇ *Immunität gegen Masern* immunity to measles **2** (RECHT) immunity from sth ◇ *Der Präsident genießt Immunität gegen Strafverfolgung.* The president has immunity from prosecution.

Immun- **Immunschwäche** immune deficiency [U], immunodeficiency [U] (*gehoben*) **Immunschwächekrankheit** immune deficiency syndrome **Immunsystem** immune system ◇ *ein schwaches Immunsystem* a weakened immune system

Imperativ imperative ◇ *der kategorische Imperativ* the categorical imperative

Imperfekt imperfect (tense)

Imperialismus imperialism ◇ *das Zeitalter des Imperialismus* the age of imperialism ◇ *eine Politik des Imperialismus* an imperialistic policy

Imperium empire (*auch fig*)

impfen vaccinate ◇ *sich impfen lassen* be vaccinated ◇ *Du solltest dich gegen Tetanus impfen lassen.* You'd better have a tetanus injection.

Impf- **Impfpass** vaccination record **Impfstoff** vaccine

Impfung vaccination

Implantat implant

implizieren imply

implizit implicit (*Adv* implicitly) ◇ *eine implizite Aufforderung* an implicit request ◇ *die implizit definierte Funktion* the implicitly defined function ◇ *Implizit soll dies wohl heißen, ...* By implication, this probably means ...

imponieren jdm ~ impress sb ◇ *Am meisten imponierte ihm ihre Geduld.* He was impressed most of all by her patience.

imponierend impressive (*Adv* impressively)

Import import ◇ *Die Firma ist auf den Import und Export von Pharmaerzeugnissen spezialisiert.* The company specializes in the import and export of pharmaceutical products. ◇ *Importe aus Japan* imports from Japan

Importanteil import quota **Importartikel** import

Importeur(in) importer

importieren import

Import- **Importverbot** ban on import(s) ◇ *das Importverbot für Elfenbein* the ban on the import of ivory **Importzoll** import duty

imposant impressive; (*Größe*) imposing ◇ *die imposante Summe von 200 Millionen* the impressive sum of 200 million ◇ *die imposant wirkenden Zahlen* the impressive figures ◇ *So imposant das Spektakel anfing, ...* Although the show got off to an impressive start, ... ◇ *imposante Bauwerke* imposing buildings

impotent impotent (*auch fig*)

Impotenz impotence (*auch fig*)

imprägnieren impregnate; (*wasserdicht machen*) waterproof

Impressionismus Impressionism ◇ *Sein Stil erinnert an den Impressionismus.* His style is reminiscent of Impressionism.

Impressionist(in) Impressionist

impressionistisch impressionistic ◇ *eine impressionistisch dargestellte Landschaft* an impressionistic landscape

Improvisation improvisation ◇ *ein Meister der Improvisation* a master of improvisation

improvisieren improvise

Impuls **1** (*Anstoß*) impetus [U/Sing] ◇ *Die Verhandlungen benötigen einen frischen Impuls.* Negotiations are in need of fresh impetus. **2** (*plötzliche Idee*) impulse ◇ *Aus einem plötzlichen Impuls heraus rief er sie an.* On a sudden impulse he called her. **3** (*in der Elektrotechnik*) pulse

impulsiv impulsive (*Adv* impulsively)

imstande ~ sein, etw zu tun be able to do sth, be capable of doing sth; (*die Macht haben*) be in a position to do sth ◇ *Sie war vor Nervosität nicht imstande, etwas zu sagen.* She was so nervous that she wasn't able to say a thing. ◇ *Meinst du, er ist imstande, die Angelegenheit allein zu lösen?* Do you think he is capable of solving this business on his own? ◇ *Keine Bank ist hier wirklich imstande, einem Unternehmen ein Konto zu eröffnen.* In this case, no bank is really in a position to open an account for a business. IDM **imstande sein und etw tun** be more than/quite capable of doing sth ◇ *Sie ist imstande und bringt mich in Schwierigkeiten.* She's more than capable of dropping me in it. ◇ *Er ist imstande und verrät uns.* He's quite capable of giving us away.

in[1] *Präp* **1** in ◇ *Sie wohnt in Paris.* She lives in Paris. ◇ *im Bett* in bed ◇ *im Fernsehen/Radio* on TV/the radio ◇ *im Bus* on the bus ◇ *Sie ist Mitglied in einem Sportverein.* She is a member of a sports club. **2** *(Bewegung in Richtung)* (in)to ◇ *Er legte das Geld in die Schublade.* He put the money into the drawer. ◇ *Ich gehe ins Kino.* I'm going to the cinema. ◇ *Ich gehe in die Stadt.* I'm going (in)to town. **3** *(zeitlich)* in ◇ *im Januar* in January ◇ *im Winter* in winter ◇ *Wir fliegen in ein paar Tagen nach Griechenland.* We're flying to Greece in a few days' time. ◇ *In einer Stunde ist die Schule aus.* It's home time in an hour. **4** *(Art und Weise)* in ◇ *Die Amerikaner messen Distanzen in Meilen.* The Americans measure distances in miles. ◇ *Der Text ist in Englisch.* The text is in English. ◇ *Sprachkurse in Deutsch* German language courses **5 bis ~** into ◇ *Ich habe bis spät in die Nacht gearbeitet.* I worked late into the night.

in[2] *Adj* **~ sein** be in (fashion) ◇ *Sind Miniröcke wieder in?* Are miniskirts in again? ◇ *Diese Gruppe ist schon ewig nicht mehr in.* This group has been out of fashion for ages.

inakzeptabel unacceptable *(Adv* unacceptably)

Inbegriff epitome *(gehoben)*

inbegriffen included

indem by ◇ *Er sparte viel Geld, indem er sein Haus selbst renovierte.* Her saved a lot of money by doing up his house himself.

Index 1 *(Verzeichnis)* index ◇ *etw im Index nachschlagen* look sth up in the index **2** *(kath. Kirche)* Index; *(fig)* **etw auf den ~ setzen** ban sth ◇ *Seine Werke wurden auf den Index gesetzt.* His books were put on the Index. ◇ *Die CD wurde wegen rechtsextremer Texte auf den Index gesetzt.* The CD was banned because of right-wing extremist lyrics. **3** *(Messzahl, mathematische Kennzeichnung)* index ◇ *der Index der Lebenshaltungskosten* the cost-of-living index

Indianer(in) Native American, (American) Indian

indianisch Native American, (American) Indian

Indikation 1 (MED) indication **2** (RECHT) legal grounds for termination of pregnancy [Pl]

Indikator indicator ◇ *Die Libelle gilt als Indikator für die Qualität eines Gewässers.* The dragonfly is an indicator of the quality of a stretch of water.

indirekt indirect *(Adv* indirectly)

indiskret indiscreet ◇ *indiskrete Fragen* indiscreet questions ◇ *Sie hat mich ganz indiskret nach meinem Alter gefragt.* She was indiscreet enough to ask me my age. ◇ *Sie beobachtete ihn ganz indiskret.* She was watching him quite openly. ◇ *Er hat sich äußerst indiskret verhalten.* He behaved with a total lack of discretion.

indiskutabel out of the question [nicht vor Nomen]; *(sehr schlecht)* not worth discussing [nicht vor Nomen] ◇ *Das ist völlig indiskutabel!* That is completely out of the question! ◇ *ein indiskutables Ergebnis* a result that is not worth discussing

Individualist(in) individualist

individualistisch individualistic *(Adv* individualistically)

Individualität individuality

individuell individual *(Adv* individually) ◇ *etw individuell behandeln* deal with sth individually ◇ *etw ganz individuell gestalten* give sth a personal touch ◇ *individuell verschieden sein* differ from one to another

Individuum individual

Indiz 1 (RECHT) circumstantial evidence [U] ◇ *Die Indizien sprachen gegen ihn.* The circumstantial evidence was stacked against him. ◇ *das einzige Indiz* the only piece of circumstantial evidence **2** *(Anzeichen)* indication ◇ *ein gutes Indiz für die Wasserqualität* a good indication of water quality

indoktrinieren indoctrinate

industrialisieren industrialize

Industrialisierung industrialization

Industrie industry [U] ◇ *in der Industrie beschäftigt sein* work in industry
Industrieanlage industrial plant **Industriebetrieb** industrial firm **Industriegebiet** industrial area **Industriegesellschaft** industrial society **Industriekaufmann/, -kauffrau** = person with formal business training working in the business side of an industrial company **Industrieland 1** industrialized country **2** *(Gebiet)* industrial area

industriell industrial *(Adv* industrially)

Industrielle(r) industrialist

Industrie- Industriemüll industrial waste **Industrienation**, **Industriestaat** industrial nation **Industriestadt** industrial town; *(größer)* industrial city **Industrie- und Handelskammer** Chamber of Industry and Commerce **Industriezeitalter** industrial age **Industriezweig** branch of industry

ineffektiv ineffective *(Adv* ineffectively)

ineffizient inefficient *(Adv* inefficiently)

ineinander in/into one another, in/into each other ◇ *ganz ineinander aufgehen* be completely wrapped up in each other ◇ *Sie sind ineinander verliebt.* They are in love.
ineinanderfließen flow into one another

infam 1 *(bösartig)* wicked *(Adv* wickedly) **2** *(zur Intensivierung)* dreadful *(Adv* dreadfully), awful *(Adv* awfully) ◇ *infame Übertreibung* gross exaggeration

Infanterie (MIL) infantry [mit Verb im Sing/Pl]

infantil 1 *Adj* infantile **2** *Adv* in an infantile way

Infektion 1 infection **2** *(Entzündung)* inflammation
Infektionsgefahr risk of infection **Infektionskrankheit** infectious disease

Inferno inferno

Infinitiv (LING) infinitive ◇ *im Infinitiv (stehen)* (be) in the infinitive

infizieren jdn ~ infect sb *(auch fig)* **sich ~** become/get infected ◇ *sich mit dem HIV-Virus infizieren* get infected with the HIV virus ◇ *Er hat alle mit seiner Panik infiziert.* His panic infected everyone. ◇ *Bei wem hat sie sich infiziert?* Who did she catch it from?

Inflation 1 (WIRTSCH) inflation [U] ◇ *die Inflation in den Griff bekommen* get inflation under control **2** *(Zeit der Inflation)* period of inflation **3** *(Anstieg)* increase

inflationär 1 inflationary ◇ *Die Staatsschulden stiegen inflationär.* Government debt was rising at an inflationary rate. **2** *(fig)* excessive *(Adv* excessively) ◇ *ein inflationär gebrauchter Ausdruck* an excessively used expression

Inflationsrate rate of inflation, inflation rate ◇ *Die Inflationsrate liegt unter 4%.* The inflation rate is less than 4%.

infolge as a result of; *(aufgrund)* due to ◇ *Infolge einer Massenkarambolage kam es zu einem Stau.* There was a traffic jam as a result of a multiple pile-up. ◇ *infolge der Witterung* due to the weather

infolgedessen consequently (*gehoben*) ◇ *Die Förderungsrichtlinien werden ständig geändert, und unsere Finanzierung bricht infolgedessen zusammen.* The guidelines for sponsorship keep changing and consequently our funding collapses.

Informant(in) informer ◇ *Er soll ein Informant der Polizei sein.* They say he's a police informer.

Informatik information technology, IT

Informatiker(in) IT specialist

Information **1** information [U] ◇ *eine interessante Information* an interesting piece of information ◇ *nähere Informationen über das/zum Thema* further information about/on the subject ◇ *nach inoffiziellen Informationen* according to unofficial information ◇ *zu Ihrer Information* for your information **2** (*Schalter*) information desk ◇ *zur Information gehen* go to the information desk

Informationsaustausch exchange of information **Informationsblatt** information sheet, fact sheet **Informationsfluss** flow of information **Informationsgesellschaft** information society **Informationsmaterial** information [U]; (*Broschüre etc.*) literature [U] ◇ *schriftliches Informationsmaterial* written information ◇ *Hier ist eine Auswahl unserer Informationsmaterialien.* Here is a selection of our literature. **Informationsquelle** source of information **Informationsschalter** information desk **Informationssicherheit** information security **Informationsstand** **1** information stand **2** (*Zustand des Informiertseins*) ◇ *der schlechte Informationsstand der Bevölkerung* the population's poor level of informed knowledge ◇ *je nach Informationsstand der Journalisten* depending on how much information journalists have **Informationstechnik** (*auch* **Informationstechnologie**) information technology [U], IT [U] **Informationsveranstaltung** presentation **Informationsverarbeitung** information processing [U] **Informationszentrum** information centre, (*AmE*) information center

informativ informative (*Adv* informatively)

informell informal (*Adv* informally) ◇ *etw auf informellem Wege lösen* find an informal solution to sth ◇ *Ich sah sie informell.* I saw her informally. ◇ *Querelen sollen informell beigelegt werden.* Quarrels should be resolved without formality.

informieren inform; **sich (über etw) ~** find out (about sth) ◇ *gut/schlecht informiert sein* be well/ill informed ◇ *sich über die neuesten Entwicklungen informieren* find out about the latest developments

infrage **1 ~ kommen** be an option ◇ *Ein Haus ohne Garten kommt für uns nicht infrage.* A house without a garden is not an option for us. ◇ *Es kommen mehrere Möglichkeiten infrage.* There are several possible options. ◇ *Das kommt überhaupt nicht infrage!* That's out of the question! **2 jdn/etw ~ stellen** (*anzweifeln*) call sb/sth into question **3 etw ~ stellen** (*gefährden*) put sth under threat ◇ *Der Fortbestand des Theaters ist infrage gestellt.* The survival of the theatre has been put under threat.

infrarot (PHYSIK) infrared

Infrarot (PHYSIK) infrared radiation; (MED) infrared heat (therapy)

Infrarotlicht infrared light

Infrastruktur infrastructure

Infusion infusion

Ingenieur(in) (qualified) engineer

Ingwer ginger

Inhaber(in) holder; (*Geschäft, Betrieb*) owner

inhaftieren jdn ~ (*in Haft nehmen*) take sb into custody; (*in Haft halten*) hold sb (in custody)

Inhalator inhaler

inhalieren inhale

Inhalt **1** contents [Pl] ◇ *Der Inhalt des Reisegepäcks wurde überprüft.* The contents of the luggage were checked. **2** (*eines Buchs, Films etc.*) content ◇ *Dieses Fest hat einen religiösen Inhalt.* This festival is religious in content. ◇ *Das Seminar hat die Rolle der Frau im Dritten Reich zum Inhalt.* The seminar is about women's role in the Third Reich. **3** (*Inhaltsverzeichnis*) table of contents **4** (*Fläche*) area; (*Volumen*) volume **5** (*geistiger Gehalt*) meaning [U] ◇ *Sie war der Inhalt seines Lebens.* She was the meaning of his life.

Inhaltsangabe summary **Inhaltsstoff** substance; (*in Lebensmitteln*) ingredient **Inhaltsverzeichnis** contents [Pl], table of contents

inhuman inhuman (*Adv* inhumanly), cruel (*Adv* cruelly)

Initiale initial

initialisieren (COMP) initialize

Initiative **1** initiative ◇ *Ergreif die Initiative und such dir eine neue Stelle.* Take the initiative and find yourself a new job. ◇ *auf Initiative des Bürgermeisters* on the initiative of the mayor ◇ *Auf eigene Initiative begann er eine Therapie.* He started a course of therapy on his own initiative. **2** (*Bürger-*) action group ◇ *eine Initiative gegen den Bau einer Straße* an action group opposing the building of a road **3** (POL) proposal ◇ *eine Initiative in den Bundesrat einbringen* bring a proposal before the Federal Council **4** → VOLKSABSTIMMUNG

Initiator(in) initiator

initiieren initiate

Injektion injection (*auch fig*)

injizieren (jdm/sich) etw ~ inject (sb/yourself) with sth ◇ *jdm/sich Insulin injizieren* inject sb/yourself with insulin

Inklusion inclusiveness; (*in der Schule*) inclusive education

inklusive inclusive of, including ◇ *Die Teilnahmegebühr, inklusive Mittagessen, beträgt 100 Franken.* The attendance fee, inclusive of lunch, comes to 100 francs. ◇ *Die Mietkosten sind inklusive Heizung und Warmwasser.* The rent includes heating and hot water.

inkognito incognito

inkompetent incompetent (*Adv* incompetently)

Inkompetenz incompetence

inkonsequent inconsistent (*Adv* inconsistently)

Inkrafttreten (*meist mit einem Verb übersetzt*) ◇ *bei Inkrafttreten des Gesetzes* when the law comes into force

Inkubationszeit incubation period

Inland **1** ◇ *im Inland wie im Ausland* at home and abroad ◇ *die Nachfrage im Inland* domestic demand ◇ *Kunstwerke, die im Inland verkauft werden* works of art sold within the country **2** (*Binnenland*) inland areas [Pl] ◇ *die Küste und das Inland* the coast and the inland areas ◇ *Im Inland ist das Klima trockener.* The climate is drier inland.

inländisch domestic ◇ *die inländische Nachfrage* domestic demand ◇ *die Beschäftigten in den inländischen Werken* workers in factories at home

Inlands- **Inlandsflug** domestic flight **Inlandsgespräch** national call **Inlandsmarkt** domestic market **Inlandsnachfrage** domestic demand [U]

Inliner, **Inlineskate** in-line skate, Rollerblade™

Inlineskater(in) in-line skater, Rollerblader

Inlineskating in-line skating, Rollerblading

inmitten ~ (von) **1** in the middle of, amid (*gehoben*); (*umgeben von*) surrounded by **2** ◇ *inmitten eines klei-*

nen Parks in the middle of a little park ◇ *inmitten zunehmender Spannungen* amid growing tension ◇ *inmitten seiner Freunde* surrounded by his friends

innehaben hold

innehalten pause

innen **1** (*im Inneren*) inside ◇ *Der Kasten ist außen schwarz und innen rot.* The box is black on the outside and red inside. ◇ *Die Birne ist innen faul.* The pear is rotten inside. ◇ *Innen drin ist sie ganz anders.* Inside, she's different. **2 nach ~** inwards ◇ *Die Tür geht nach innen auf.* The door opens inwards. ◇ *etw nach innen biegen* bend sth inwards ◇ *nach innen gerichtete Wut* anger turned inwards **3 von ~** from the inside ◇ *Die Tür war von innen verriegelt.* The door was bolted from the inside. ◇ *Wir haben die Kirche von innen noch nicht gesehen.* We haven't seen the inside of the church. ◇ *Schönheit von innen* beauty from within **4** (*im Haus*) indoors ◇ *Innen ist es kalt.* It's cold indoors.

Innen- **Innenarchitekt(in)** interior designer **Innenbahn** inside lane **Inneneinrichtung** (interior) furnishings [Pl] **Innenhof** inner courtyard **Innenleben** **1** (*Seelenleben*) inner life **2** (*von Organisationen*) internal workings [Pl] **3** (*von Geräten*) insides [Pl] **Innenminister(in)** Minister of the Interior; (*in GB*) Home Secretary; (*in den USA*) Secretary of the Interior **Innenministerium** Ministry of the Interior; (*in GB*) Home Office [mit Verb im Sing/Pl]; (*in den USA*) Department of the Interior **Innenpolitik** home affairs [Pl]; (*Entscheidungen, Handlungsweisen*) domestic policy **innenpolitisch** **1** *Adj* (*Sprecher, Ausschuss*) home affairs; (*Ziele, Veränderungen etc.*) domestic policy ◇ *innenpolitische Fragen* questions of domestic policy ◇ *die innenpolitische Situation* the political situation in the country **2** *Adv* in terms of domestic policy ◇ *Das Gesetz ist innenpolitisch umstritten.* The law is controversial in terms of domestic policy. **Innenraum** interior; (*Zimmer*) interior room **Innenseite** inside ◇ *Die Innenseite des Krugs ist bemalt.* The inside of the jug is painted. ◇ *die Innenseite eines Jacketts nach außen kehren* turn a jacket inside out **Innenstadt** town centre; (*Großstadt*) city centre, (*AmE*) downtown

innere(r,s) **1** (*im Inneren befindlich*) inner ◇ *Die innere Schicht ist sehr dünn.* The inner layer is very thin. ◇ *Eine innere Stimme hat mich gewarnt.* An inner voice warned me. **2** (*im Körper, in einem Land, in einer Organisation*) internal ◇ *innere Verletzungen* internal injuries ◇ *innere Blutungen* internal bleeding ◇ *die innere Sicherheit* internal security **3** (*auf der Innenseite*) inside ◇ *Die innere Spur ist zum Abbiegen.* The inside lane is for turning off.

Innere(s) **1** interior ◇ *das Innere eines Hauses* the interior of a house ◇ *ins Innere des Landes vordringen* advance into the interior of the country ◇ *Aus dem Inneren war das Weinen eines Kindes zu hören.* A child could be heard crying inside. **2** (*Gedanken, Gefühle*) heart, soul **3 Inneres** (POL) interior ◇ *das Ministerium für Inneres* the ministry of the interior → *Siehe auch* INNENMINISTERIUM

Innereien (*Eingeweide*) innards [Pl]; (*essbar*) offal [U]; (*von Geflügel*) giblets [Pl]

innerhalb **1** (*räumlich*) in, inside ◇ *innerhalb des Hauses* inside the house **2** (*im Bereich von, zeitlich*) within ◇ *innerhalb der Familie* within the family ◇ *Sie sind innerhalb Frankfurts umgezogen.* They moved house within Frankfurt. ◇ *innerhalb weniger Minuten* within a few minutes ◇ *innerhalb kürzester Zeit* very quickly

innerlich **1** (*körperlich*) internal (*Adv* internally) ◇ *ein Medikament zur innerlichen Anwendung* a drug to be taken internally **2** (*psychisch*) mental (*Adv* mentally); (*im Inneren*) inner, inward (*Adv* inwardly) ◇ *Sie bereiten sich innerlich auf ihren großen Auftritt vor.* They are preparing themselves mentally for their big moment. ◇ *innerliche Ruhe* inner peace ◇ *Innerlich war ich belustigt.* I was inwardly amused. IDM → RUCK

innerste(r,s) innermost; (*Überzeugung*) deep ◇ *seine innersten Gedanken und Gefühle* his innermost thoughts and feelings ◇ *Es ist meine innerste Überzeugung, dass ...* It is my deep conviction that ... ◇ *der innerste Teil der Insel* the heart of the island

innig **1** *Adj* (*Beziehung, Freundschaft, Verbindung*) close, intimate ◇ *die innige Verbindung zwischen Kirche und Staat* the close relationship between Church and State **2** *Adv* intimately; (*zärtlich*) tenderly ◇ *Die Sprache ist mit dem Denken innig verbunden.* Speaking is intimately connected with thinking. ◇ *Er umarmte sie innig.* He embraced her tenderly. ◇ *Sie liebt ihr Motorrad heiß und innig.* She loves her motor bike passionately. ◇ *Sie liebten sich innig.* They loved each other dearly.

Innovation innovation

innovativ innovative (*Adv* innovatively)

Innung trade association; (*Zunft*) guild

inoffiziell **1** (*nicht amtlich*) unofficial (*Adv* unofficially) ◇ *ein inoffizieller Besuch* an unofficial visit ◇ *jdm etw inoffiziell sagen* tell sb sth unofficially **2 inoffizielle(r) Mitarbeiter(in)** = unofficial collaborator of the East German secret police

Input input [U]

Inquisition inquisition (*auch fig*)

Insasse, Insassin **1** (*Passagier*) passenger **2** (*Gefängnis-*) inmate; (*Lager-*) occupant

insbesondere particularly, in particular ◇ *alle Kinder, insbesondere die Mädchen* all the children, particularly the girls ◇ *Das trifft insbesondere Jugendliche.* This affects teenagers in particular.

Inschrift inscription

Insekt insect

Insektenkunde entomology **Insektenstich** insect bite **Insektenvernichtungsmittel** insecticide

Insel island ◇ *auf einer Insel wohnen* live on an island ◇ *Unser Garten ist eine Insel des Friedens.* Our garden is an oasis of peace.

Inselbewohner(in) islander **Inselstaat** island state

Inserat advertisement, ad (*umgs*) ◇ *sich auf ein Inserat melden* reply to an advertisement ◇ *ein Inserat aufgeben* put an ad in the paper

inserieren advertise ◇ *Wir haben unser Auto zum Verkauf inseriert.* We have advertised our car for sale.

insgeheim secretly

insgesamt **1** (*alles zusammengerechnet*) altogether ◇ *Wir waren insgesamt drei Wochen weg.* We were away for three weeks altogether. **2** (*alles in allem*) on the whole ◇ *Das Niveau war insgesamt gut.* On the whole, the level was good.

Insider(in) insider ◇ *Insider der Branche sind skeptisch.* Industry insiders are sceptical.

Insidergeschäft **1** insider deal **2 Insidergeschäfte** insider dealing [U] **Insiderhandel** insider trading **Insidertipp** insider tip **Insiderwissen** inside knowledge

insofern, insoweit **1** (*in dieser Hinsicht*) in this/that respect ◇ *Insofern ist das ein gutes Beispiel.* In that respect, it's a good example. **2 ~ (als)** in that, inasmuch as (*gehoben*) ◇ *Sie hatte insofern Glück, als ihr nichts passiert ist.* She was lucky in that nothing happened to her. **3** (*falls*) if ◇ *Insofern ich Zeit habe, helfe ich mit.* I'll help if I've got time.

Inspekteur(in) **1** inspector **2** (MIL) Chief of Staff

Inspektion **1** (*Kontrolle*) inspection ◇ *eine Inspektion durchführen* carry out an inspection **2** (*Wartung*) service ◇ *den Wagen zur Inspektion bringen* take the car in for a service **3** (*Behörde*) inspectorate

Inspektor(in) inspector ◇ *Den UN-Inspektoren wurde der Zutritt verweigert.* The UN inspectors were refused admittance.
Inspiration inspiration [U] ◇ *Ich warte auf eine Inspiration.* I'm waiting for inspiration.
inspirieren inspire ◇ *Das Video hat mich dazu inspiriert, mir eine Kamera zu kaufen.* The video inspired me to buy a camera. ◇ *Er hat sich von ihr inspirieren lassen.* He was inspired by her.
inspizieren inspect
instabil unstable
Installateur(in) (*Gas-*) fitter; (*Heizungs-*) heating engineer; (*Klempner*) plumber
Installation **1** (*das Installieren*) installation (*oft mit einem Verb übersetzt*) ◇ *die Installation eines neuen Zählers* installing a new meter **2** (*Elektro- etc.*) installations [Pl]; (*Sanitär-*) plumbing [U] **3** (*Kunstwerk*) installation
installieren install; (*einrichten*) set *sth* up ◇ *eine Solaranlage installieren* install solar panels ◇ *Geistliche installieren* install priests in office ◇ *Er hat sein Studio im Keller installiert.* He has set up his studio in the basement.
instand **1 ~ setzen/bringen** repair; (*renovieren*) renovate ◇ *Er hat das Fahrrad instand gesetzt.* He repaired the bike. ◇ *Sie muss die Wohnung instand setzen lassen.* She has to have the apartment renovated. **2 ~ halten** maintain ◇ *Die Straßen werden von der Gemeinde instand gehalten.* The roads are maintained by the local authority. **3 gut/schlecht ~ sein** be in good/poor condition; (*Gebäude*) be in a good/poor state of repair **4 jdn ~ setzen, etw zu tun** enable sb to do sth, put sb in a position to do sth
Instandhaltung maintenance; (*eines Hauses, Grundstücks auch*) upkeep (*oft mit einem Verb übersetzt*) ◇ *Die Instandhaltung des Anwesens ist sehr kostspielig.* The property is very expensive to maintain.
inständig (*Bitte*) urgent (*Adv* urgently); (*Hoffnung*) fervent (*Adv* fervently) ◇ *sein inständiges Flehen* his urgent pleas ◇ *Sie bat ihn inständig, bei ihr zu bleiben.* She begged him to stay with her.
Instandsetzung repair; (*Gebäude*) renovation
Instanz **1** authority ◇ *Diese Behörde ist die einzige Instanz, die eine solche Entscheidung treffen kann.* This is the only authority that can make such a decision. ◇ *eine unabhängige Instanz* an independent body ◇ *Der Antrag wird durch alle Instanzen gehen müssen.* The application will have to go through all the official channels. **2** (RECHT) (*Stufe eines Gerichtsverfahrens*) hearing; (*Gerichtshof*) court ◇ *in erster Instanz* at the first hearing ◇ *die zweite Instanz* the appeal court ◇ *die letzte Instanz* the final court of appeal
Instinkt instinct (*auch fig*) ◇ *seinem Instinkt folgen* follow your instincts ◇ *Er verlässt sich meistens auf seinen Instinkt.* He usually relies on (his) instinct. ◇ *Sie sucht sich mit sicherem Instinkt immer reiche Männer aus.* She has a sure instinct for finding rich men.
instinktiv instinctive (*Adv* instinctively)
instinktlos insensitive
Institut institute ◇ *Er ist Dozent am Institut für Germanistik.* He lectures at the Institute of German Studies.
Institution institution (*auch fig*)
institutionalisieren institutionalize
instruieren instruct, give instructions to *sb* ◇ *Wir waren instruiert, nichts zu sagen.* We were instructed to say nothing. ◇ *Sie waren genau instruiert.* They had been given precise instructions.
Instruktion instruction
Instrument (*Musik-, Gerät*) instrument (*auch fig*) ◇ *Welches Instrument spielst du?* What instrument do you play? ◇ *optische Instrumente* optical instruments
instrumental instrumental ◇ *instrumentale Musik* instrumental music
instrumentieren arrange; (*für Orchester*) orchestrate
Instrumentierung instrumentation, orchestration
Insulin insulin
inszenieren **1** direct; (*Fernsehen*) produce ◇ *Das Stück wurde von Michael Bogdanov inszeniert.* The play was directed by Michael Bogdanov. ◇ *Er wird Goethes „Faust" inszenieren.* He's putting on Goethe's 'Faust'. **2** (*organisieren*) orchestrate
Inszenierung production [U]
intakt **1** intact; (*Gebäude etc. auch*) not damaged; (*Landschaft*) unspoilt ◇ *Ihre Ehe ist trotz allem intakt.* Their marriage has remained intact in spite of everything. ◇ *Von 1 000 Häusern sind nur noch 100 intakt.* Out of 1 000 houses, only 100 haven't been damaged. ◇ *der letzte intakte Buchenwald* the last unspoilt beech forest **2** in working order
integral integral
Integration integration [U]
integrieren integrate ◇ *Wir versuchen, diese Menschen sozial zu integrieren.* We're trying to integrate these people into society.
integriert integrated ◇ *ein integriertes Verkehrskonzept* an integrated transport system
Integrität integrity [U]
Intellekt intellect
intellektuell intellectual (*Adv* intellectually) ◇ *Die Diskussion war intellektuell sehr anspruchsvoll.* The discussion was of a very high intellectual standard.
Intellektuelle(r) intellectual
intelligent intelligent (*Adv* intelligently) ◇ *Er ist ein sehr intelligenter Mensch.* He's very intelligent. ◇ *Sie hat nicht sehr intelligent gehandelt.* She didn't act very intelligently. ◇ *Das Mädchen ist überdurchschnittlich intelligent.* The girl is of above-average intelligence.
Intelligenz **1** intelligence [U] **2** (*Intellektuelle*) intelligentsia [U]
Intelligenzquotient IQ, intelligence quotient
Intendant(in) artistic director; (*eines Radio- oder Fernsehsenders*) director-general
Intensität intensity [U]
intensiv **1** intensive (*Adv* intensively); (*gründlich*) thorough (*Adv* thoroughly) ◇ *Die Polizei sucht intensiv nach dem Mörder.* The police have launched an intensive search for the murderer. ◇ *Wir haben uns intensiv auf die Saison vorbereitet.* We've prepared ourselves thoroughly for the season. ◇ *Er hat sich intensiv mit diesem Thema beschäftigt.* He has done a lot of work on the topic. ◇ *intensiv über etw nachdenken* think very hard about sth **2** (*eng*) close (*Adv* closely) ◇ *eine intensive Freundschaft* a close friendship ◇ *mit jdm intensiv zusammenarbeiten* work closely with sb **3** (*kräftig*) intense; (*Geruch, Geschmack auch*) strong ◇ *Es roch intensiv nach Gas.* There was a strong smell of gas.
intensivieren intensify
Intensiv- **Intensivkurs** intensive course **Intensivstation** intensive care (unit) ◇ *Er liegt auf der Intensivstation.* He's in intensive care.
interaktiv interactive (*Adv* interactively)
interessant **1** *Adj* interesting ◇ *eine interessante Frau* an interesting woman ◇ *Das klingt interessant.* That sounds interesting. ◇ *Das Treffen verspricht interessant zu werden.* The meeting promises to be

interesting. **2** *Adv* in an interesting way ◇ *Sie kann interessant über ihr Fachgebiet reden.* She can talk about her subject in a very interesting way. **3** (*attraktiv*) attractive ◇ *ein interessantes Angebot* an attractive offer ◇ *finanziell nicht interessant* financially not attractive

interessanterweise interestingly (enough) ◇ *Interessanterweise sind beide gleich groß.* Interestingly (enough), they're both the same height.

Interesse 1 (~ an jdm/etw); **(~ für jdn/etw)** interest (in sb/sth) ◇ *Das Interesse an der Veranstaltung ist erstaunlich groß.* There's an amazing amount of interest in the event. ◇ *Diese Information ist für uns von besonderem Interesse.* This information is of particular interest to us. ◇ *Das ist bloß in deinem eigenen Interesse.* It's in your own interest(s). ◇ *Wir haben viele gemeinsame Interessen.* We share many interests. **2 an jdm/etw ~ haben** be interested in sb/sth ◇ *Wir suchen Studenten, die Interesse an einem Nebenjob haben.* We're looking for students who are interested in finding a side job. **3 an/für etw ~ zeigen** show an interest in sth **4 ~ daran haben, etw zu tun** ◇ *Keiner kann ein Interesse daran haben, die Wahrheit zu verschleiern.* It's in nobody's interests to hide the truth. ◇ *Der Staat hat ein fundamentales Interesse daran, …* It's in the state's interests to …

interesselos indifferent

Interesselosigkeit indifference

Interessen- Interessengemeinschaft interest group [mit Verb im Sing/Pl] **Interessengruppe** interest group [mit Verb im Sing/Pl]; (*politisch auch*) lobby [mit Verb im Sing/Pl]

Interessent(in) = sb who is interested in sth; (*Bewerber*) applicant; (*potenzieller Kunde/Käufer/Mieter*) prospective customer/buyer/tenant ◇ *Interessenten können sich an der Rezeption für den Kurs anmelden.* Anyone who is interested can register for the course at reception. ◇ *Wir hatten 120 Interessenten für die Stelle.* There were 120 applicants for the job.

interessieren 1 jd/etw interessiert jdn (*Interesse haben*) sb is interested in sb/sth ◇ *Politik interessiert mich nicht.* I'm not interested in politics. ◇ *Die Psychologie interessiert mich, weil …* I'm interested in psychology because … ◇ *Es interessiert niemanden, was du denkst.* Nobody's interested in your opinion. **2 jd/etw interessiert jdn** (*jdn/etw interessant finden*) sb finds sb/sth interesting ◇ *Die Arbeit hat mich interessiert.* I found the work interesting. ◇ *Wen interessiert das?* Who cares? **3 sich für etw ~** be interested in sth ◇ *Ich interessiere mich nicht für Politik.* I'm not interested in politics. ◇ *Wir interessieren uns für die Wohnung.* We're interested in the flat. **4 jdn für etw ~** get sb interested in sth

interessiert 1 interested ◇ *ein interessiertes Publikum* an interested audience ◇ *Sie machte ein interessiertes Gesicht.* She looked interested. ◇ *Er beobachtete alles interessiert.* He watched everything with interest. **2 an jdm/etw ~ sein** be interested in sb/sth ◇ *Wir sind an langfristigen Investitionen interessiert.* We're interested in long-term investments. ◇ *Er ist an ihr interessiert.* He is interested in her. ◇ *Die Stadt ist daran interessiert, so bald wie möglich zu bauen.* The town would like to start building works as soon as possible.

Interimslösung interim solution

inter- interkontinental intercontinental **interkulturell** multicultural

intern internal (*Adv* internally) ◇ *die internen Konflikte der Partei* the party's internal conflicts ◇ *Darüber sind sie sich intern noch nicht einig.* They have not yet reached an agreement among themselves. ◇ *die internen Angelegenheiten des Landes* a country's domestic affairs

internalisieren internalize

Internat boarding school

international international (*Adv* internationally) ◇ *eine internationale Organisation* an international organization ◇ *Unicef ist international tätig.* UNICEF works on an international level. ◇ *Der Film war international sehr erfolgreich.* The film was a great international success. ◇ *Sie ist eine international anerkannte Sängerin.* She's a world-renowned singer. ◇ *Der Skandal hat international für Aufsehen gesorgt.* The scandal caused a worldwide stir.

Internet Internet, Net (*umgs*) ◇ *Ich hab' es im Internet gekauft.* I bought it over the Internet. ◇ *Hast du es im Internet gefunden?* Did you find it on the Internet? ◇ *Wie komme ich ins Internet?* How do I get onto the Internet? ◇ *im Internet surfen* surf the Net **Internetanbieter**, **Internetprovider** ISP, Internet Service Provider **Internetanschluss** Internet connection **Internetauftritt** website **Internetausgabe** online edition **Internetcafé** Internet cafe **internetfähig** Web-enabled **Internethandel** e-commerce **Internetmobbing** cyberbullying **Internetportal** Internet portal **Internetseite** web page **Internetzugang** Internet access ◇ *ein kabelloser Internetzugang* wireless Internet access

internieren intern

Internierung internment [U]

Internist(in) specialist for internal diseases, (*AmE*) internist

Interpret(in) 1 (*Sänger, Pianist, Dirigent etc.*) performer **2** (*Vertreter*) exponent

Interpretation 1 interpretation ◇ *Das ist eine Frage der Interpretation.* That's a question of interpretation. ◇ *Der Text lässt mehrere Interpretationen zu.* The text can be interpreted in a number of ways. **2** (*künstlerische Wiedergabe*) performance

interpretieren 1 interpret; (*erläutern*) analyse; (*vortragen*) perform ◇ *Man kann diese Aussage auch ganz anders interpretieren.* This statement can be interpreted quite differently of course. ◇ *ein Gedicht interpretieren* analyse a poem ◇ *Schubert-Lieder interpretieren* perform Schubert songs **2 etw falsch ~** misinterpret sth

Interpunktion punctuation **Interpunktionszeichen** punctuation mark

Intervall interval ◇ *in unregelmäßigen Intervallen* at irregular intervals

intervenieren 1 intervene ◇ *Der Schiedsrichter musste intervenieren.* The referee had to intervene. **2** protest ◇ *Die Bürger wollen gegen die Schließung des Kindergartens intervenieren.* The residents want to protest against the closure of the nursery. **3** (*mit Waffengewalt*) use military force

Intervention intervention; (*Protest*) protest

Interview interview ◇ *Er äußerte sich in einem Interview der Times zu den Vorwürfen.* He responded to the accusations in an interview with the Times. ◇ *Wir könnten ein Interview mit ihm machen.* We could interview him.

interviewen interview

intim 1 intimate; (*Freundschaft auch*) close ◇ *eine intime Atmosphäre* an intimate atmosphere ◇ *eine Feier in einem intimen Rahmen* a party with family and close friends **2** (*privat*) personal ◇ *die intime Körperpflege* personal hygiene ◇ *Er stellte ihr sehr intime Fragen.* He asked her some very personal questions. **3** (*sexuell*) sexual ◇ *eine intime Beziehung* a sexual relationship

Intimität 1 intimacy **2** (*Intimsphäre*) privacy

Intimsphäre privacy ◇ *in jds Intimsphäre eindringen* invade sb's privacy ◇ *jds Intimsphäre verletzen* encroach on sb's privacy

intolerant intolerant ◇ *Du bist ihm gegenüber zu intolerant.* You are too intolerant of him.

Intoleranz intolerance ◇ *Intoleranz gegenüber Fremden* intolerance of strangers

Intonation (MUS, LING) intonation

intonieren 1 (MUS) sing; (*auf einem Instrument*) play ◇ *Sie intonierte oft eine Spur zu tief.* She often sang slightly flat. **2** (*anstimmen*) start (to sing); (*auf einem Instrument*) start (to play) ◇ *Er intonierte einen Kanon.* He started (to play) a canon. **3** (*einen bestimmten Ton angeben*) give ◇ *Er intonierte ein d.* He gave a D.

intransitiv (LING) intransitive (*Adv* intransitively)

intravenös intravenous (*Adv* intravenously)

Intrigant(in) schemer

Intrige intrigue ◇ *einer politischen Intrige zum Opfer fallen* be the victim of a political intrigue ◇ *eine Intrige gegen jdn spinnen* scheme/plot against sb **Intrigenspiel** plotting and scheming [U]

intrigieren (**gegen jdn/etw**) ~ scheme (against sb/sth), plot (against sb/sth) ◇ *Sie intrigiert ständig.* She's always plotting and scheming.

introvertiert introverted ◇ *der ruhige, introvertierte Tennisstar* the quiet, introverted tennis star ◇ *Sie ist ein introvertierter Typ.* She is an introvert.

Intuition intuition ◇ *einer Intuition folgen* follow an intuition ◇ *Er hat eine sehr gute Intuition.* He is very intuitive.

intuitiv intuitive (*Adv* intuitively)

Invalide disabled person

Invalidität disability

Invasion invasion ◇ *die irakische Invasion in Kuwait* the Iraqi invasion of Kuwait

Inventar 1 (*Privathaushalt*) house contents [Pl]; (*Bestand eines Betriebes*) inventory [U], stock [U] ◇ *Die Firma hat das gesamte Inventar verkauft.* The firm has sold its entire stock. ◇ *Der Hausmeister gehört schon zum Inventar.* The caretaker is part of the furniture. **2 lebendes ~** (*Vieh, Haustiere*) livestock; **totes ~** fixtures and fittings [Pl] **3** (*Liste*) inventory ◇ *ein Inventar erstellen* make an inventory

Inventur stocktaking ◇ *Wir haben wegen Inventur geschlossen.* We are closed for stocktaking. ◇ *Wir machen Inventur.* We're (doing the) stocktaking.

Inversion inversion

investieren invest (*auch fig*) ◇ *die investierten Gelder* the money invested

Investition investment ◇ *Die neuen Fenster waren eine gute Investition.* The new windows were a good investment. ◇ *Sie nahmen Investitionen in Milliardenhöhe vor.* They invested billions. **Investitionsvorhaben** investment plan

Investment investment **Investmentbank** investment bank **Investmentfonds** investment fund

Investor(in) investor ◇ *die Investoren des Projekts* the investors in the project

In-vitro-Fertilisation in vitro fertilization

involvieren involve ◇ *Er war auch in den Spionagefall involviert.* He was also involved in the spying case.

inwiefern 1 (*in welchem Maße*) to what extent ◇ *Die Frage ist, inwiefern sie an dem Unfall mitschuldig ist.* The question is to what extent she was also responsible for the accident. **2** (*auf welche Weise*) in what way

inwieweit to what extent ◇ *Es liegt ganz bei dir, inwieweit du dich beteiligen willst.* It's entirely up to you to what extent you want to get involved.

Inzest incest

Inzucht inbreeding

inzwischen (*mittlerweile*) now; (*bis dahin*) in the meantime ◇ *Inzwischen hat er sich wieder etwas erholt.* He's now feeling a bit better. ◇ *Er will morgen zum Arzt. Inzwischen hilft er sich mit Schmerzmitteln durch.* He wants to go to the doctor's tomorrow. In the meantime he's getting by on painkillers. ◇ *Du kannst ja inzwischen schon das Auto holen.* Why don't you go and collect the car.

Ion ion

i-Punkt ◇ *einen i-Punkt setzen* dot your i ◇ *den i-Punkt vergessen* forget to dot your i

IQ IQ

irdisch 1 (*auf der Erde*) ◇ *die irdische Atmosphäre* the earth's atmosphere **2** (*diesseitig*) earthly ◇ *das irdische Dasein* earthly existence

irgend 1 ~ so ein some; **~ so etw/so was** something ◇ *Er kam mir mit irgend so einer dummen Ausrede.* He came up with some stupid excuse. ◇ *Sie ist Lehrerin oder irgend so was.* She's a teacher or something. **2** (*irgendwie*) at all ◇ *Er nahm alles, was irgend brauchbar war.* He took anything that was at all useful. ◇ *wenn es irgend möglich ist* if it's at all possible ◇ *Wenn ich irgend kann, helfe ich.* I'll help if I in any way can.

irgendein(e,r,s) some, any ◇ *aus irgendeinem Grund* for some reason ◇ *auf irgendeine Art* in some way ◇ *in irgendeiner Ecke* in some corner ◇ *irgendein anderer Teilnehmer* some other competitor ◇ *„Was für einen Joghurt möchtest du?“ „Irgendeinen.“* 'What kind of yogurt would you like?' 'Oh, any.' ◇ *Für sie war das nicht irgendein Haus, es bedeutete ihr sehr viel.* It was not just any old house to her, it meant a lot to her.

irgendetwas something; (*in Fragen oder verneinten Sätzen meist*) anything ◇ *An der Sache ist irgendetwas faul.* There is something fishy about this. ◇ *Kauf ihr doch irgendetwas zum Geburtstag.* Buy her something for her birthday. ◇ *Ich hätte Appetit auf irgendetwas Herzhaftes.* I fancy something savoury. ◇ *Habt ihr irgendetwas zu essen im Haus?* Have you got anything to eat in the house? ◇ *Ist irgendetwas?* Is anything wrong? ◇ *„Was möchtest du trinken?“ „Irgendetwas.“* 'What would you like to drink?' 'Oh, anything.'

irgendjemand somebody/someone; (*in Fragen oder verneinten Sätzen meist*) anybody/anyone ◇ *Irgendjemand wird schon kommen, keine Sorge.* Someone will come, don't worry. ◇ *Kannst du nicht irgendjemand anderen fragen?* Can't you ask someone else? ◇ *Hast du etwa irgendjemandem davon erzählt?* Have you told anyone about it? ◇ *Sie ist nicht irgendjemand, sie ist eine berühmte Pianistin.* She's not just anybody, she's a famous pianist.

irgendwann 1 sometime, some day; (*zu beliebiger Zeit*) anytime, any day ◇ *Ich komme irgendwann so gegen acht.* I'll come sometime around eight. ◇ *Irgendwann wird sie sich sicher wieder bei dir melden.* She's bound to contact you again some day. ◇ *„Wann soll ich kommen?“ „Irgendwann.“* 'When shall I come?' 'Oh, anytime.' **2** (*an einem bestimmten Zeitpunkt*) at some point ◇ *Irgendwann habe ich es aufgegeben.* At some point I gave up.

irgendwas → IRGENDETWAS

irgendwelche(r,s) some; (*in Fragen oder verneinten Sätzen meist*) any ◇ *Er hat irgendwelchen Blödsinn dahergeredet.* He said some stupid things. ◇ *Die Meinung irgendwelcher klugen Leute interessiert mich nicht.* The opinion of some old clever Dicks doesn't interest me. ◇ *Haben Sie noch irgendwelche Fragen?*

Have you any further questions? ◇ *Er begnügt sich nicht mit irgendwelchen Klamotten — es muss schon Designerware sein.* He is not content with just any old clothes — it has to be designer labels. ◇ *Du kannst doch nicht einfach irgendwelche Leute anpumpen!* You can't go borrowing money off just anybody!

irgendwer → IRGENDJEMAND

irgendwie somehow ◇ *Irgendwie muss man ihr doch helfen können!* It must be possible to help her somehow! ◇ *Kommt dir diese Frau irgendwie bekannt vor?* Does this woman seem somehow familiar to you?

irgendwo somewhere, (*AmE auch*) someplace; (*in Fragen oder verneinten Sätzen meist*) anywhere ◇ *Ich habe ihn irgendwo schon mal gesehen.* I've seen him somewhere before. ◇ *Gibt es hier irgendwo eine Apotheke?* Is there a chemist's here anywhere?

irgendwoher **1** from somewhere, (*AmE auch*) from someplace; (*von einem beliebigen Ort*) from anywhere ◇ *Irgendwoher kenne ich dich!* I know you from somewhere! ◇ *Ich höre Stimmen irgendwoher.* I can hear voices from somewhere. **2** (*durch irgendwelche Umstände*) for some reason ◇ *Irgendwoher spricht er etwas Russisch.* For some reason he speaks a little Russian.

irgendwohin somewhere, (*AmE auch*) someplace; (*an einen beliebigen Ort*) anywhere

Iris iris

Iriserkennung iris scanning

Ironie irony IDM **die Ironie des Schicksals** the irony of fate

ironisch ironic (*Adv* ironically)

irrational irrational (*Adv* irrationally)

irre, irr **1** mad ◇ *Ich bin fast irre geworden vor Angst.* I almost went mad with fear. ◇ *Ich bin doch nicht irre!* Do you think I'm mad? **2** (*toll*) great, wild (*umgs*) ◇ *Er ist ein irrer Typ.* He's a great bloke. ◇ *Die Party war echt irre.* The party was really wild. **3** (*sehr groß*) tremendous (*Adv* tremendously) ◇ *Ich hatte eine irre Angst.* I was tremendously scared. **4** (*sehr*) really ◇ *Ich hätte irre Lust ins Kino zu gehen.* I really fancy going to the cinema. ◇ *Wir haben irre lange im Stau gestanden.* We were stuck in a traffic jam for ages ◇ *Es waren irre viele Leute unterwegs.* There were loads of people around.

Irre(r) madman/madwoman (*beleidigend*), lunatic (*beleidigend*) ◇ *Er lachte wie ein Irrer.* He laughed like a madman. ◇ *Sie jagte wie eine Irre durch die Stadt.* She raced through town like a lunatic. IDM **ein armer Irrer** a poor fool

Irre IDM **in die Irre** ◇ *Lass dich nicht in die Irre führen.* Don't be led astray. ◇ *Dieser Begriff führt etwas in die Irre.* This term is rather misleading. ◇ *Mit dieser Auffassung geht er vollkommen in die Irre.* He's on completely the wrong track with this opinion.

irreal unreal; (*unrealistisch*) unrealistic ◇ *eine irreale Traumwelt* an unreal dream world ◇ *irreale Forderungen* unrealistic demands

irreführen mislead ◇ *sich vom Titel irreführen lassen* be misled by the title ◇ *Werbung sollte nicht irreführen.* Advertising should not be misleading.

irreführend misleading

Irreführung ◇ *eine bewusste Irreführung des Verbrauchers* a deliberate attempt to mislead the consumer

irregulär irregular; (*nicht normal*) abnormal ◇ *irreguläre Praktiken* irregular practices ◇ *irreguläre Truppen* irregular troops ◇ *Die Kontrolle war irregulär.* The inspection didn't follow the rules.

irrelevant irrelevant ◇ *eine irrelevante Äußerung* an irrelevant remark ◇ *Sein Alter ist irrelevant.* His age is irrelevant.

irremachen put *sb* off ◇ *Lass dich von seinen Fragen nicht irremachen.* Don't let him put you off with his questions. ◇ *Wir haben uns von der Kritik nicht irremachen lassen.* We didn't let the criticism put us off.

irren **1** be wrong, be mistaken (*gehoben*) ◇ *Der Umbau sollte 1 Million kosten. Doch die Planer irrten.* The conversion was supposed to cost a million. However, the planners were wrong. ◇ *Wenn ich nicht irre, ist das ihr Exfreund.* That's her ex-boyfriend, if I'm not mistaken. **2 sich ~** make a mistake, be wrong ◇ *Da muss ich mich wohl geirrt haben.* I must have made a mistake. **3 sich in etw ~** get sth wrong, get the wrong sth ◇ *Ich habe mich in der Uhrzeit geirrt.* I got the time wrong/the wrong time. **4 sich in jdm ~** be mistaken about sb ◇ *Ich habe mich in ihr geirrt — sie ist ganz anders, als ich dachte.* I was mistaken about her — she's quite different from what I imagined. **5** (*umherirren*) wander ◇ *durch die Stadt irren* wander through the city ◇ *durch die Straßen irren* wander the streets

Irrenhaus madhouse (*umgs, abwert*) ◇ *Hier geht's (ja) zu wie im Irrenhaus!* It's like a madhouse round here!

irreparabel irreparable (*Adv* irreparably) ◇ *irreparable Schäden* irreparable damage

irreversibel irreversible ◇ *eine irreversible Entscheidung* an irreversible decision

Irr- **Irrfahrt** long and tortuous journey, odyssey [Sing] **Irrgarten** maze **Irrglaube** mistaken belief ◇ *der Irrglaube an etw* the mistaken belief in sth ◇ *Es ist ein Irrglaube zu denken, dass …* It is a mistake to think that …

irrig (*Eindruck, Entscheidung*) wrong; (*Meinung, Ansicht etc.*) mistaken; (*Annahme, Schluss*) false

Irritation **1** (*Verwirrung*) confusion [U] ◇ *zu Irritationen führen* cause confusion **2** (*Reiz*) irritation [U] ◇ *Kosmetika können Irritationen im Auge auslösen.* Cosmetics can cause irritation in the eye. **3** (*Verärgerung*) irritation [U] ◇ *Die Entscheidung des Trainers sorgte für Irritationen in der Mannschaft.* The manager's decision caused irritation within the team.

irritieren **1** (*ärgern*) irritate, annoy ◇ *„Wirklich?“ sagte er irritiert.* 'Really?' he said, irritated. ◇ *Sein selbstzufriedenes Lächeln irritierte mich.* I found his self-satisfied smile irritating. ◇ *Ich war ein wenig irritiert.* I was a bit annoyed. **2** (*ablenken*) put *sb* off ◇ *Die Schauspieler ließen sich von dem Lärm nicht irritieren.* The actors did not let the noise put them off. ◇ *Ihre Schreie irritierten den Angreifer derart, dass er Fersengeld gab.* She screamed so loudly that the attacker took to his heels. **3** (*verwirren*) confuse

Irrsinn insanity, madness ◇ *der Irrsinn des Krieges* the madness of war

irrsinnig **1** insane, mad ◇ *irrsinnig vor Angst* mad with fear ◇ *ein irrsinniger Vorschlag* a mad idea **2** (*intensiv*) tremendous (*Adv* tremendously), terrible (*Adv* terribly) ◇ *Ich war irrsinnig erleichtert.* I was tremendously relieved. ◇ *Er hatte irrsinnige Schmerzen.* He was in terrible pain.

Irrtum mistake, error (*gehoben*) ◇ *Das muss ein Irrtum sein.* That must be a mistake. ◇ *Diese Annahme stellte sich als Irrtum heraus.* This assumption turned out to be a mistake. ◇ *ein tragischer/fataler Irrtum* a tragic/fatal error ◇ *im Irrtum sein* be mistaken

irrtümlich **1** wrongly; (*aus Versehen*) by mistake, in error (*gehoben*) ◇ *Er wurde irrtümlich beschuldigt.* He was wrongly accused. ◇ *Er hatte irrtümlich ein falsches Konto angegeben.* He had given the wrong account by mistake. ◇ *Ein Soldat wurde irrtümlich erschossen.* A soldier was shot in error. **2 jdn ~ für etw/jdn halten** mistake sb for sth/sb

irrtümlicherweise mistakenly; (*aus Versehen*) by mistake ◇ *Viele glauben irrtümlicherweise, dass ...* Many people mistakenly think that ... ◇ *Informationen irrtümlicherweise weiterleiten* pass on information by mistake

Irrweg wrong track ◇ *auf einem wirtschaftlichen Irrweg sein* be on the wrong track economically

Ischias sciatica

Ischiasnerv sciatic nerve

ISDN-Anschluss ISDN connection

Islam Islam ◇ *der sunnitische Islam* Sunni Islam → *Beispiele bei* CHRISTENTUM

islamisch Islamic ◇ *eine islamische Partei* an Islamic party ◇ *in der islamischen Welt* in Islamic countries ◇ *der islamische Glaube* Islam

Islamismus Islamism

Isobar isobar

Isolation 1 isolation ◇ *die Isolation älterer Menschen* the isolation of elderly people ◇ *die Isolation des Gens* the isolation of the gene ◇ *die Isolation von Infizierten anordnen* order the infected people to be isolated ◇ *zunehmend in die Isolation geraten* become more and more isolated **2** (*Abdichtung*) insulation

isolieren 1 (sich) ~ isolate (yourself) ◇ *ein Land politisch isolieren* isolate a country politically ◇ *den Infizierten isolieren* isolate the infected person ◇ *ein Gen isolieren* isolate a gene **2** (*abdichten*) insulate ◇ *ein Haus isolieren* insulate a house ◇ *etw gegen Schall isolieren* soundproof sth

Isolierkanne → THERMOSKANNE

isoliert 1 isolated ◇ *international isoliert sein* be internationally isolated **2** (*abgedichtet*) insulated ◇ *ein gut isoliertes Haus* a well insulated house **3 etw ~ betrachten** look at sth in isolation

Isolierung 1 isolation ◇ *die diplomatische Isolierung des Landes* the diplomatic isolation of the country **2** (*Abdichtung*) insulation ◇ *eine optimale Isolierung* an ideal form of insulation

Isomatte foam mat

Isotop isotope

IT → INFORMATIONSTECHNIKINFORMATION (1)

Iteration iteration

iterativ iterative

IWF IMF

J j

J, j J, j → *Beispiele bei* A

ja 1 yes ◇ *„Gefällt es dir?" „Ja."* 'Do you like it?' 'Yes.' ◇ *„Hast du ihn wirklich gesehen?" „Ja!"* 'Did you really see him?' 'Yes I did!' ◇ *ja zu etw sagen* agree to sth ◇ *Ob sie die Schuld trägt? Ich glaube ja.* Is she guilty? I think so. **2** (*am Satzbeginn*) well ◇ *Ja, ganz sicher bin ich mir noch nicht.* Well, I haven't quite made my mind up yet. **3** (*sich am Telefon meldend*) hello **4** (*schließlich*) after all (*oft nicht übersetzt*) ◇ *Sie ist ja bloß ein Kind.* She's only a child (after all). ◇ *Es ist ja nicht so schlimm.* It's not so bad. **5** (*feststellend*) (*meist nicht übersetzt oder durch Betonung wiedergegeben*) ◇ *Du weißt ja, wie das ist.* You know what it's like. ◇ *Ich hab's dir ja gesagt!* Didn't I tell you! ◇ *Da bist du ja!* There you are! ◇ *Das weiß ich ja!* I know that! ◇ *Das ist es ja.* That's just it. **6** (*ungläubig*) really? **7** (*drohend*) ◇ *Mach das ja nicht noch einmal!* Don't you dare do that again! **8** (*mahnend*) (*meist mit Frageanhängsel übersetzt*) ◇ *Vergiss ja nicht die Tür abzuschließen.* Don't forget to lock the door, will you? **9** (*natürlich*) of course ◇ *Es gibt ja auch noch die Möglichkeit, dass ...* Of course, there's still the possibility that ... ◇ *Du weißt ja, dass es keine andere Lösung gibt.* You do know there's no other solution, don't you? **10 ~ ..., aber ...** ◇ *Du magst ja recht haben, aber ...* You may well be right, but ... **11** (*nicht wahr*) (*mit einem Frageanhängsel übersetzt*) ◇ *Du kommst doch auch mit, ja?* You're coming too, aren't you? IDM **nicht ja und nicht nein sagen (können)** not (be able to) commit yourself

Ja (*in einer Wahl*) yes (vote) ◇ *mit Ja antworten* answer yes ◇ *ein deutliches Ja zur Umgehungsstraße* a clear vote in favour of the bypass IDM **(zu allem) Ja und Amen sagen** agree to anything

Jacht yacht

Jacke jacket; (*Strick-*) cardigan IDM **(jdm) Jacke wie Hose sein** make no odds (to sb)

Jackentasche jacket pocket

Jackett jacket

Jackpot jackpot

Jagd 1 (*auf Tiere*) hunting; (*auf Flugwild*) shooting ◇ *die Jagd auf Elefanten* the hunting of elephants ◇ *auf die/zur Jagd gehen* go hunting **2 ~ auf jdn** hunt for sb ◇ *Bei der Jagd auf Straftäter werden Computer eingesetzt.* Computers are used in the hunt for criminals. ◇ *Sie machen systematisch Jagd auf Ausländer.* They systematically pursue foreigners. **3 ~ nach etw** pursuit of sth ◇ *die Jagd nach dem Glück* the pursuit of happiness

Jagdflugzeug fighter plane **Jagdhund** hunting dog **Jagdrevier** preserve **Jagdschloss** hunting lodge

jagen 1 hunt; (*verfolgen*) chase ◇ *Wale jagen* hunt whales ◇ *Verbrecher jagen* hunt criminals ◇ *jagen gehen* go hunting ◇ *nach Schnäppchen jagen* go bargain-hunting ◇ *Ich jagte ihn die Treppe hinunter.* I chased him downstairs. ◇ *jdn aus dem Haus jagen* throw sb out of the house ◇ *jdn zum Teufel jagen* send sb packing ◇ *Ein Skandal jagt den anderen.* It's one scandal after another. ◇ *Ein Fest jagt das andere.* It's one party after another. **2** (*rasen*) race ◇ *Ich jagte zum Flughafen.* I raced to the airport. IDM **damit kannst du mich/könnte man mich etc. jagen!** I, etc. can't stand that! → *Siehe auch* KUGEL *und* LUFT

Jäger(in) hunter

Jaguar jaguar

jäh abrupt (*Adv* abruptly) ◇ *ein jähes Ende nehmen/finden* come to an abrupt end ◇ *etw jäh unterbrechen* interrupt sth abruptly ◇ *ein jäher Abgrund* a sheer drop

Jahr year ◇ *dieses/vergangenes/nächstes/jedes Jahr* this/last/next/every year ◇ *in diesem/im laufenden Jahr* this year ◇ *im letzten/nächsten Jahr* last/next year ◇ *in den letzten/vergangenen Jahren* in the last few years ◇ *für die nächsten Jahre* for the next few years ◇ *Ende/Anfang des Jahres* at the end/beginning of the year ◇ *einmal im Jahr* once a year ◇ *Das ist drei Jahre her.* That was three years ago. ◇ *Er tauchte nach Jahren plötzlich wieder auf.* He reappeared suddenly many years later. ◇ *von Jahr zu Jahr* every year ◇ *Jahr für Jahr* year after year ◇ *50 000 Dollar im/pro Jahr* 50 000 dollars a/per year ◇ *Mit den Jahren verblassten die Erinnerungen.* The memories faded as the years went by. ◇ *vor Jahren* years ago ◇ *Lehrlinge im dritten Jahr* trainees in their third year ◇ *im Jahr 1985* in 1985 ◇ *ein halbes Jahr* six months ◇ *Anfang der 80er-Jahre* at the beginning of the eighties ◇ *16 Jahre alt sein* be 16 (years old) ◇ *Er ging mit 11 Jahren aufs Gymnasium.* He went to grammar school at (the age of) 11. ◇ *für Kinder ab 8 Jahren* for children aged 8 and upwards ◇ *Ihre Jahre sieht man ihr nicht an.* She

doesn't look her age. ◇ *in den mittleren Jahren* in middle age IDM **in den besten Jahren sein** be in the prime of (your) life
Jahrbuch yearbook
jahrelang **1** *Adj* ◇ *nach jahrelanger Ungewissheit* after years of uncertainty **2** *Adv* (for) years ◇ *Er ist schon jahrelang tot.* He has been dead for years. ◇ *Es hat jahrelang gedauert.* It took years.
Jahres- annual
Jahresabschluss **1** (*Jahresende*) end of the year ◇ *zum Jahresabschluss* at the end of the year **2** (FINANZ) annual accounts [Pl] **Jahresanfang** beginning of the year ◇ *zu Jahresanfang* at the beginning of the year **Jahresbericht** annual report **Jahreseinkommen** annual income **Jahresende** end of the year ◇ *Warten wir bis zum Jahresende.* Let's wait until the end of the year. ◇ *am Jahresende* at the end of the year **Jahreskarte** annual season ticket **Jahrestag** anniversary **Jahreswechsel** new year ◇ *mit besten Wünschen zum Jahreswechsel* with best wishes for the New Year **Jahreszahl** date, year ◇ *Ich kann mir Jahreszahlen schlecht merken.* I'm terrible at remembering dates. ◇ *Datumsformat mit vierstelliger Jahreszahl* a four-digit year format **Jahreszeit** season ◇ *Der Frühling ist die schönste Jahreszeit.* Spring is the nicest season. ◇ *zu jeder Jahreszeit* throughout the year ◇ *zu dieser Jahreszeit* at this time of year ◇ *Für die Jahreszeit ist es sehr mild.* It's very mild for the time of year. **jahreszeitlich** **1** *Adj* seasonal ◇ *jahreszeitliche Schwankungen* seasonal fluctuations **2** *Adv* according to the season ◇ *Das Angebot ist jahreszeitlich bedingt.* The supply varies according to the season.
Jahr- **Jahrgang** **1** year; (*Geburtsjahr*) year when sb was born ◇ *In diesem Jahrgang gibt es 200 Schüler.* There are 200 pupils in the year. ◇ *Wir sind beide Jahrgang 80.* We were both born in 1980. ◇ *Welcher Jahrgang ist sie?* What year was she born in? **2** (*Wein*) vintage **Jahrhundert** century ◇ *im ersten Jahrhundert vor Christus* in the first century BC **jahrhundertealt** centuries-old **jahrhundertelang** **1** *Adj* ◇ *nach jahrhundertelanger Unterdrückung* after centuries of oppression **2** *Adv* for centuries ◇ *Jahrhundertelang war diese Kultur unverändert geblieben.* For centuries this culture had remained unchanged. **Jahrhundertwende** turn of the century ◇ *Diese Bilder stammen aus der Jahrhundertwende.* These pictures are from the turn of the century. **Jahrhundertwerk** (*Leistung*) historic achievement; (*langwieriges Projekt*) monumental task
-jährig -year-old ◇ *ein fünfjähriges Kind* a five-year-old child ◇ *nach zweijähriger Zusammenarbeit* after two years' collaboration
jährlich annual (*Adv* annually) ◇ *ein jährlicher Beitrag* an annual contribution ◇ *Mitgliedskarten werden jährlich neu ausgestellt.* New membership cards are issued annually. ◇ *zweimal jährlich* twice a year
Jahr- **Jahrmarkt** fair ◇ *auf den Jahrmarkt gehen* go to the fair **Jahrtausend** millennium ◇ *im zweiten Jahrtausend vor Christus* in the second millennium BC ◇ *nach Jahrtausenden* after thousands of years **Jahrzehnt** decade
Jähzorn violent temper; (*Wutausbruch*) violent rage ◇ *Sie neigt zu Jähzorn.* She has a violent temper. ◇ *Er hat es im Jähzorn getan.* He did it in a violent rage.
jähzornig hot-tempered, irascible (*gehoben*)
Jak → YAK
Jalousie (venetian) blind ◇ *die Jalousie herunterlassen* pull down the blind
Jammer **1 ein ~ sein** be a shame ◇ *Es ist ein Jammer, dass es regnet.* It's a shame that it's raining. **2** (*Elend*) misery ◇ *ein Bild des Jammers* a picture of misery **3** (*Probleme*) trouble, problem [meist Pl] ◇ *Der Jammer mit dem Internet ist, dass es so langsam ist.* The trouble with the Internet is that it's so slow. **4** (*Klage*) lamentation
jämmerlich **1** (*Weinen, Lohn*) pitiful (*Adv* pitifully) ◇ *für einen jämmerlichen Lohn arbeiten* work for a pitiful wage ◇ *Der Kleine weinte jämmerlich.* The little boy was crying pitifully. **2** (*Bedingungen, Leben, Tod etc.*) miserable (*Adv* miserably), wretched (*Adv* wretchedly) ◇ *ein jämmerliches Dasein führen* lead a miserable existence ◇ *jämmerlich scheitern* fail miserably ◇ *jämmerlich umkommen/zu Grunde gehen* die a wretched death **3** (*Leistung, Spektakel, Mensch*) pathetic (*Adv* pathetically) ◇ *Er stellte eine jämmerliche Figur dar.* He looked pathetic. **4** (*sehr schlimm*) terrible (*Adv* terribly) ◇ *Wir haben jämmerlich gefroren.* We were terribly cold. ◇ *Sie spielt jämmerlich schlecht Klavier.* She plays the piano terribly badly. ◇ *Sie hat die Familie jämmerlich im Stich gelassen.* It was terrible how she deserted her family.
jammern **1 (über jdn/etw) ~** (*sich beklagen*) moan (about sb/sth), whine (about sb/sth) ◇ *Er jammert über die Bezahlung.* He moans about the pay. ◇ *Hör auf zu jammern!* Stop whining! **2** (*klagen*) wail; (*stöhnen*) moan ◇ *Es erhob sich ein großes Jammern.* A great wail went up. ◇ *Sie lag im Bett und jammerte.* She lay in bed moaning. **3 nach jdm/etw ~** cry for sb/sth ◇ *Das Kind jammert nach seiner Mutter.* The child is crying for its mother. ◇ *Er jammerte nach einem Schmerzmittel.* He begged for painkillers.
jammerschade a great shame, an awful pity ◇ *Es ist jammerschade um sie.* It's a great shame about her.
jammervoll → JÄMMERLICH
Januar, Jänner January ◇ *im Januar* in January ◇ *vorigen/nächsten Januar* last/next January ◇ *im Januar vor einem Jahr* the January before last ◇ *Anfang/Ende Januar* at the beginning/end of January ◇ *Leos Geburtstag ist am 31. Januar.* Leo's birthday is (on) January 31.
Jargon **1** jargon ◇ *Im Flughafen-Jargon nennt man sie Spotter.* In airport jargon they are called spotters. ◇ *der Jargon der Journalisten* journalese **2** (*Slang*) slang
Jasager(in) yes-man, yes-woman
Jasmin jasmine
Jastimme vote in favour, (*AmE*) vote in favor ◇ *Der Antrag wurde mit 30 Jastimmen angenommen.* The motion was carried with 30 votes in favour.
jäten weed ◇ *ein Blumenbeet jäten* weed a flower bed ◇ *Unkraut jäten* do some weeding
Jauche liquid manure
jauchzen (*Hurra rufen*) cheer; (*jubeln*) shout (for joy)
jaulen howl
jawohl **1** (*zuvorkommend*) certainly ◇ *„Die Rechnung bitte!" „Jawohl, mein Herr!"* 'Can I have the bill, please?' 'Certainly, sir.' **2** (MIL) yes sir/ma'am
Jawort (*meist mit einem Verb übersetzt*) ◇ *Sie warten auf das Jawort der SPD für eine Reform.* They are waiting for the SPD to agree to a reform. ◇ *Sie gaben sich das Jawort.* They got married.
Jazz jazz
Jazzband jazz band [mit Verb im Sing/Pl]
jazzen play jazz
Jazz- **Jazzmusik** jazz music **Jazzmusiker(in)** jazz musician
je[1] **1** ever ◇ *Es war kälter denn je.* It was colder than ever. ◇ *das schönste Haus, das ich je gesehen habe* the most beautiful house I have ever seen ◇ *Wer hätte ihm das je zugetraut?* Who would ever have thought

him capable of that? **2** (*jeweils*) each ◇ *Sie bekamen je ein Glas Milch.* They each got a glass of milk. ◇ *Die Kisten sind je einen Meter breit.* The boxes are each a metre wide. ◇ *drei Gruppen von je 10 Kindern* three groups of 10 children **3 ~ nach etw** depending on sth ◇ *je nach Alter* depending on age ◇ *je nach den Umständen* depending on the circumstances ◇ *Zum Essen gibt es Wein oder Bier, je nach Lust und Laune.* There's wine or beer to go with the food, whatever you prefer. **4 ~ nachdem** depending ◇ *je nachdem , wie du dich fühlst* depending on how you feel ◇ *„Kommst du heute?" „Je nachdem."* 'Are you coming today?' 'It all depends.' **5 ~ ... desto/umso ...** the ..., the ... ◇ *Je mehr, desto besser!* The more, the better. ◇ *Je länger ich hier wohne, umso besser gefällt es mir.* The longer I live here, the better I like it. IDM → EH *und* SEIT[1]

je[2] **ach ~** oh dear

Jeans **1** (*Hose*) jeans [Pl] ◇ *Ich brauche eine neue Jeans.* I need some new jeans. ◇ *ein Paar Jeans* a pair of jeans **2** (*Stoff*) denim [U]

Jeansjacke denim jacket **Jeansstoff** denim

jede(r,s)

• **als Adjektiv** **1** every; (*einzeln betrachtet*) each ◇ *Jeder Mann, jede Frau und jedes Kind ist davon betroffen.* Every man, woman and child is affected. ◇ *jeden Tag* every day ◇ *jedes Mal* every time ◇ *jede(r) Dritte* every third person ◇ *Jede Stunde fährt ein Zug.* A train leaves every hour. ◇ *Jeder einzelne Teller ist handgemalt.* Each plate is hand painted. **2** (*beliebig, jeglich*) any ◇ *Jeder Skifahrer würde dasselbe sagen.* Any skier would say the same. ◇ *Du kannst zu jeder Zeit anrufen.* You can phone any time. ◇ *ohne jede Anstrengung* without any effort ◇ *Menschen jeden Alters sind willkommen.* People of any age are welcome. ◇ *Jede Hilfe kam zu spät für ihn.* He was beyond help.

• **als Pronomen** **3 jede(r)** everyone; (*beliebige*) anyone ◇ *Jeder der Anwesenden hat sich beschwert.* Everyone present complained. ◇ *Auf der Hochzeit kannte jeder jeden.* At the wedding everyone knew everyone else. ◇ *Jeder kann dir das sagen.* Anyone can tell you that. ◇ *Das kann jedem passieren.* That can happen to anyone. **4 jedes** every one; (*einzeln betrachtet*) each (one) ◇ *Es gibt viele Angebote. Jedes hat Vor- und Nachteile.* There are lots of offers, and each one has its pros and cons.

IDM **jeden Augenblick** any minute ◇ *Er kann jeden Augenblick kommen.* He could be here any minute. → *Siehe auch* FALL[2] *und* SEINE(R,S)

jedenfalls **1** (*zumindest*) at least, at any rate ◇ *Die Party war ganz nett, jedenfalls haben wir uns gut amüsiert.* The party was quite nice, at least, we enjoyed ourselves. ◇ *Ich jedenfalls ginge lieber ins Kino.* I for one would rather go to the cinema. **2** (*bestimmt*) anyway, anyhow ◇ *Ich rufe jedenfalls morgen an und buche die Karten.* I'll ring up tomorrow anyway and book the tickets.

jedermann IDM → SACHE

jederzeit any time ◇ *Sie können mich jederzeit zu Hause erreichen.* You can phone me at home any time.

jedoch but, however ◇ *Er hatte Kopfschmerzen, wollte jedoch keine Tabletten nehmen.* He had a headache, but he didn't want to take anything for it. ◇ *Es war jedoch zu spät, sie anzurufen.* It was too late to ring her, however.

jegliche(r,s) (*irgendein(e)*) any ... (at all), any ... (whatsoever) ◇ *Er weist jegliche Verantwortung von sich.* He refuses to take any responsibility whatsoever. ◇ *Diese Behauptung entbehrt jeglicher Grundlage.* There is no basis whatsoever for this claim. ◇ *Die Regierung hat jegliches Vertrauen verspielt.* The government has forfeited any trust people might have had in them.

jemals ever

jemand someone, somebody; (*in Fragen und verneinenden Sätzen meist*) anyone, anybody ◇ *Ich kenne jemanden, der dir helfen kann.* I know someone who can help you. ◇ *Ist da jemand?* Is anyone there? ◇ *jemand anders* somebody else ◇ *Kaum jemand kam.* Hardly anybody came.

jene(r,s) **1** *Adj* that; (*im Plural*) those ◇ *im Juli jenes Jahres* in July of that year ◇ *jene Studenten, die bei den Eltern wohnen* those students who live with their parents **2** *Pron* that one; (*im Plural*) those ◇ *Dieser Pullover ist aus Wolle, jener aus Baumwolle.* This sweater is wool, that one is cotton. ◇ *Das Buch ist geeignet für all jene, die gerne reisen.* This is a book for all those who like to travel.

jenseits **1** (on) the other side of, beyond (*auch fig*) ◇ *Jenseits des Ozeans liegt Amerika.* On the other side of the ocean is America. ◇ *Jenseits der Grenze ist das Benzin billiger.* On the other side of the border petrol is cheaper. **2** (*mit Zahlenangaben*) over ◇ *Paare jenseits der 35* couples over 35

Jenseits hereafter, afterlife ◇ *an das Jenseits glauben* believe in the afterlife ◇ *eine Stimme aus dem Jenseits* a voice from beyond the grave IDM **jdn ins Jenseits befördern** bump sb off (*umgs*)

Jesuit Jesuit

Jesus Jesus

Jet jet

Jetlag jet lag [U]

jetten fly, jet off (*umgs*) ◇ *Sie jettet zum Einkaufen nach Mailand.* She flies over to Milan to go shopping.

jetzige(r,s) present ◇ *der jetzige Besitzer* the present owner ◇ *zum jetzigen Zeitpunkt* at the present moment

jetzt **1** now ◇ *Jetzt geht es ihr wieder besser.* She's better now. ◇ *bis jetzt* up to now ◇ *ab jetzt* from now on ◇ *Er hat jetzt schon Angst davor.* He is already worried about it. ◇ *Warum rufst du erst jetzt an?* Why didn't you call before? **2** (*heutzutage*) nowadays ◇ *Sie haben jetzt viel mehr Möglichkeiten als früher.* Nowadays they have far more opportunities than they used to. IDM → HIER

jeweilige(r,s) particular, respective, individual ◇ *Sie kleidet sich entsprechend dem jeweiligen Anlass.* She dresses to suit the particular occasion. ◇ *Die Kinder werden in ihrer jeweiligen Muttersprache unterrichtet.* The children are taught in their respective mother tongues. ◇ *Dafür ist der jeweilige Klassenlehrer zuständig.* Each individual class teacher is responsible for this. ◇ *Die Kandidaten müssen die jeweiligen Anforderungen erfüllen.* Candidates must meet the specific requirements. ◇ *die jeweilige Landessprache* the language of the country concerned

jeweils **1** each ◇ *Jan und Karin hatten jeweils 13 Punkte.* Jan and Karin had 13 points each. ◇ *Der Flohmarkt findet jeweils am ersten Samstag im Monat statt.* The flea market is held on the first Saturday of each month. ◇ *Die Kurse finden jeweils Montag und Freitag um 19 Uhr statt.* The courses are held every Monday and Friday at 7 p.m. **2** (*zu dem Zeitpunkt*) at the time ◇ *Das Programm sucht die jeweils günstigsten Angebote heraus.* The program finds the cheapest offers available at the time. ◇ *der Prospekt mit den jeweils aktuellen Preisen* the brochure giving the current prices

jiddisch Yiddish

Jiu-Jitsu → JU-JUTSU

Job job ◇ *ein Job als Putzhilfe* a job as a cleaner

jobben work ◇ *Sie hat im Sommer als Kellnerin gejobbt.* She worked as a waitress in the summer. ◇

Viele Studenten jobben nebenher. A lot of students have part-time jobs.

Job- Jobsharing job-sharing [U] **Jobsuche** (*meist mit einem Verb übersetzt*) ◇ *Er ist seit drei Monaten auf Jobsuche.* He has been job-hunting for three months. ◇ *Meine Sprachkenntnisse waren ein Pluspunkt bei der Jobsuche.* My knowledge of languages was a plus when I was looking for a job. **Jobsuchende(r)** job seeker **Jobvermittlung** **1** (*Arbeitsamt*) jobcentre, (*AmE*) employment office; (*privat*) employment agency **2** (*das Vermitteln*) job placement

Joch yoke (*auch fig*)

Jockey jockey

Jod iodine [U]

jodeln yodel

Jodler(in) yodeller

Jodler (*Lied, Ruf*) yodel

joggen jog, go jogging ◇ *Sie joggt durch den Wald.* She jogs through the woods. ◇ *Er geht jeden Morgen joggen.* He goes jogging every morning. ◇ *Sie haben beim Joggen eine Leiche gefunden.* They found a body when they were out jogging.

Jogger(in) jogger

Jogging jogging

Jogginganzug track suit, (*AmE*) sweats [Pl] **Jogginghose** jogging pants [Pl]

Joghurt, Jogurt yogurt

Johannisbeere (*rot*) redcurrant; (*schwarz*) blackcurrant

johlen roar

Joint joint (*umgs*)

Jo-Jo yo-yo

Joker joker; (*fig*) trump card

Jolle dinghy

Jongleur(in) juggler

jonglieren juggle; **(mit) etw ~** juggle with sth (*auch fig*)

Joule joule

Journal magazine; (*Sendung auch*) magazine programme, (*AmE*) magazine program

Journalismus journalism [U] ◇ *der politische Journalismus* political journalism

Journalist(in) journalist ◇ *eine freie Journalistin* a freelance journalist

Journalistik journalism

journalistisch journalistic ◇ *journalistische Recherche* journalistic research ◇ *Ich möchte gern journalistisch arbeiten.* I'd like to be a journalist. ◇ *journalistisch geschult* trained as a journalist

jovial genial (*Adv* genially)

Joystick joystick

Jubel jubilation [U]; (*Hurrarufe*) cheers [Pl] ◇ *Das Urteil wurde mit Jubel aufgenommen.* The judgment was greeted with jubilation. ◇ *unter dem Jubel der Zuschauer* to the cheers of the audience ◇ *Die Fans brachen in Jubel aus.* The fans started cheering.

jubeln (*sich freuen*) rejoice; (*Hurra rufen*) cheer ◇ *Wir haben Grund zum Jubeln.* We have reason to rejoice. ◇ *Das Publikum jubelte.* The audience cheered. ◇ *„Fantastisch!" jubelte er.* 'Great!' he shouted jubilantly.

Jubilar(in) = person celebrating an anniversary/a birthday

Jubiläum anniversary ◇ *Heute wird das 50-jährige Jubiläum der Schule gefeiert.* The school is celebrating its 50th anniversary today.

Jubiläumsfeier anniversary celebrations [Pl] **Jubiläumsjahr** anniversary year

jucken **1** itch ◇ *Mir juckt der Arm.* My arm's itching. ◇ *Es juckt mich am Arm.* My arm's itching. ◇ *einen juckenden Ausschlag haben* have an itchy rash ◇ *Der Pullover juckt (sie).* The pullover makes her itch. **2** **sich ~** scratch ◇ *Der Hund juckte sich.* The dog was scratching. ◇ *Sie hat sich den Arm blutig gejuckt.* She scratched her arm until it bled. **3** (*reizen*) tempt ◇ *Das Geld juckt mich gar nicht.* The money doesn't tempt me at all. **IDM** **es juckt jdn etw zu tun** sb is itching to do sth ◇ *Es juckte sie zu fragen, wie viel es gekostet hat.* She was itching to ask how much it cost. **etw juckt jdn nicht** sth does not bother sb ◇ *Es juckt mich nicht, dass ich nicht eingeladen worden bin.* It doesn't bother me that I haven't been invited. ◇ *Das juckt doch keinen!* Nobody cares!

Juckreiz itching

Judaismus Judaism

Jude, Jüdin Jew ◇ *die Juden Polens* the Jews of Poland ◇ *Er ist Jude./Sie ist Jüdin.* He/She is Jewish.

Judenstern Star of David

Judentum **1** (*Judaismus*) Judaism; (*jüdisches Wesen*) Jewishness ◇ *sich zum Judentum bekennen* profess Judaism ◇ *stolz auf sein Judentum sein* be proud of your Jewishness **2** (*als Volk*) Jewish community, Jewry (*veraltet*) ◇ *das internationale Judentum* the international Jewish community ◇ *das europäische Judentum* European Jewry

Judenverfolgung persecution of the Jews

Jüdin → JUDE

jüdisch Jewish ◇ *jüdischer Abstammung sein* be of Jewish descent ◇ *jüdisch heiraten* have a Jewish wedding

Judo judo ◇ *Judo machen* do judo

Jugend **1** youth ◇ *(die) ewige Jugend* eternal youth ◇ *seit früher Jugend/von Jugend auf* from an early age ◇ *Schon in früher Jugend hat er seine Eltern verloren.* He lost his parents when he was still very young. **2** **die ~** (*die jungen Leute*) young people [Pl] ◇ *die heutige Jugend* young people today ◇ *die englische Jugend* young people in England

Jugend- Jugendamt ≈social services [Pl] **Jugendarbeit** **1** (*Sozialarbeit*) youth work **2** (*Arbeit junger Menschen*) youth employment **Jugendarbeiter(in)** youth worker **Jugendarbeitslosigkeit** youth unemployment **Jugendgruppe** youth group **Jugendheim** **1** → JUGENDZENTRUM **2** (*Wohnheim*) (children's) home **Jugendherberge** youth hostel **Jugendklub** youth club **Jugendkriminalität** juvenile crime **Jugendkultur** youth culture

jugendlich **1** (*jung*) young ◇ *jugendliche Rebellen* young rebels ◇ *im jugendlichen Alter von 18* at the tender age of 18 **2** (*für junge Leute typisch*) youthful ◇ *mit jugendlichem Übermut* with youthful enthusiasm ◇ *sein jugendliches Aussehen* his youthful appearance

Jugendliche(r) young person; (RECHT) juvenile

Jugend- Jugendmeisterschaft(en) youth championships [Pl] **Jugendstil** art nouveau ◇ *Möbel im Jugendstil* art nouveau furniture **Jugendstrafe** youth custody sentence **Jugendtraum** childhood dream **Jugendweihe** = non-religious ceremony for teenagers as alternative to confirmation **Jugendzeit** youth **Jugendzentrum** youth centre, (*AmE*) youth center

Ju-Jutsu ju-jitsu

Juli July → *Beispiele bei* JANUAR

jung **1** young ◇ *ein junges Mädchen* a young girl ◇ *Sie haben sehr jung geheiratet.* They married very young. ◇ *Sie ist nicht mehr so jung.* She isn't as young as she was. ◇ *Sport hält jung.* Sport keeps you young. ◇ *Von jung auf hat er im Geschäft geholfen.* He has helped out in the shop since he was a child. ◇ *in jungen Jahren* in sb's youth ◇ *in jüngeren Jahren* in sb's younger days **2**

(*neu*) new (*Adv* newly) ◇ *jung verheiratet sein* be newly married ◇ *die jüngste olympische Disziplin* the newest Olympic sport **3 jüngere(r), jüngste(r)** (more/most) recent ◇ *die Ereignisse der jüngeren Zeit* recent events ◇ *eine Untersuchung jüngeren Datums* a more recent investigation ◇ *nach jüngsten Angaben* according to the most recent figures ◇ *die jüngste Vergangenheit* the recent past ◇ *in jüngster Zeit* recently **IDM Jung und Alt** young and old

Junge¹ *der* **1** boy ◇ *ein hübscher Junge* a handsome boy ◇ *Ich habe ihn schon als Jungen gekannt.* I knew him when he was a boy. ◇ *Unsere Jungen haben gewonnen.* Our boys won. **2** (*Karten*) jack **IDM Junge, Junge!** (boy), oh boy! **ein schwerer Junge** a big-time crook

Junge² **1** *das* young animal; (*Hund*) puppy; (*Katze*) kitten; (*Löwe, Bär*) cub; (*Vogel*) chick ◇ *Unsere Katze bekommt Junge.* Our cat is having kittens. **2 Jungen** young [Pl] ◇ *die Bärin und ihre Jungen* the mother bear and her young

Jünger (REL) disciple

Jüngere der/die ~ the younger ◇ *Bruegel der Jüngere* Bruegel the Younger → *Siehe auch* JUNG

Jungfer alte ~ old maid
Jungfernfahrt maiden voyage **Jungfernflug** maiden flight

Jungfrau **1** virgin ◇ *Er ist noch Jungfrau.* He's still a virgin. ◇ *die Jungfrau Maria* the Virgin Mary **2** (*Sternzeichen*) Virgo ◇ *Sie ist (eine) Jungfrau.* She's (a) Virgo.

jungfräulich virgin ◇ *der jungfräuliche Schnee* the virgin snow ◇ *jungfräulich in die Ehe gehen* be a virgin bride ◇ *die jungfräuliche Empfängnis* the immaculate conception

Junggeselle bachelor ◇ *Er ist Junggeselle.* He's a bachelor. ◇ *Er ist Junggeselle geblieben.* He never married.

Junggesellin single woman

Jüngling youth

jüngst recently

Jüngste(r,s) youngest ◇ *unsere Jüngste/unser Jüngster* our youngest ◇ *Sie ist nicht mehr die Jüngste.* She isn't getting any younger. **IDM der Jüngste Tag** the Day of Judgement → *Siehe auch* GERICHT¹

Juni June → *Beispiele bei* JANUAR

junior Junior ◇ *Herr Müller junior* Mr Müller Junior

Junior(in) **1** junior ◇ *Er gehört noch zu den Junioren.* He's still a junior. ◇ *Die türkischen Junioren gewannen das Spiel.* The Turkish Youth Team won the game. **2** (*Sohn*) son ◇ *Unser Junior spielt ganz gut Fußball.* Our son is quite good at football. **3 Junioren** (*Kinder und Jugendliche*) young people [Pl], youngsters [Pl]

Junkie junkie (*Slang*)

Jupiter Jupiter → *Beispiele bei* MERKUR

Jura law ◇ *Jura studieren* study law

Jurastudent(in) law student

Jurist(in) lawyer

juristisch **1** *Adj* legal [nur vor Nomen] ◇ *juristische Konsequenzen* legal consequences ◇ *die Juristische Fakultät* the Law Faculty **2** *Adv* ◇ *juristisch vorgehen* take legal action ◇ *juristisch gesehen* from a legal point of view ◇ *jdn juristisch vertreten* represent sb legally

Jury jury [mit Verb im Sing/Pl]; (*Preisrichter auch*) panel of judges

just just ◇ *just in diesem Augenblick* just at that moment

Justiz **1** (*System*) justice system **2** (*Behörde*) judiciary
Justizbeamte, -beamtin member of the judiciary **Justizminister(in)** Justice Minister, Minister of Justice; (*in GB*) Lord Chancellor; (*in den USA*) Attorney General **Justizministerium** Ministry of Justice; (*in GB*) Lord Chancellor's Department; (*in den USA*) Department of Justice **Justizvollzugsanstalt** penal institution

Jute jute ◇ *Säcke aus Jute* sacks made of jute

Juwel **1** gem (*auch fig*) **2 Juwelen** jewellery [U], (*AmE*) jewelry [U]

Juwelier(in) jeweller, (*AmE*) jeweler

Jux joke ◇ *Er hat das nur aus Jux gesagt.* He just said it as a joke. ◇ *Der hat sich doch nur einen Jux mit euch gemacht.* He was just having a bit of fun with you. **IDM aus lauter Jux und Tollerei** just for the fun of it (*umgs*)

K k

K, k K, k → *Beispiele bei* A

kA IDK (*umgs*), I don't know, no idea (*umgs*)

Kabarett **1** revue ◇ *ein politisches Kabarett* a political revue ◇ *Heute Abend gehe ich ins Kabarett.* I'm going to a revue tonight. **2** (*Ensemble*) satirical revue company

Kabarettist(in) revue artist

kabarettistisch revue ◇ *kabarettistische Sketche aufführen* perform revue sketches

Kabel cable; (*bei Elektrogeräten*) flex ◇ *Kabel verlegen* lay cables ◇ *Den Sender kann man über Kabel empfangen.* You can get the channel via cable.
Kabelanschluss cable connection, cable (TV) ◇ *Diesen Kanal kann man über Kabelanschluss empfangen.* You can get this channel on cable. **Kabelfernsehen** cable television ◇ *Die Serie läuft im Kabelfernsehen.* The series is on cable TV. ◇ *Wir sind ans Kabelfernsehen angeschlossen.* We've got cable.

Kabeljau cod

kabellos cordless; (COMP) wireless ◇ *ein kabelloser Wasserkocher* a cordless kettle ◇ *eine kabellose Maus/Tastatur* a wireless mouse/keyboard ◇ *ein kabelloser Internetzugang* wireless Internet access

Kabel- **Kabelnetz** cable network ◇ *einen Sender über das Kabelnetz empfangen* get a channel via cable ◇ *Haushalte, die ans Kabelnetz angeschlossen sind* homes with cable **Kabeltrommel** cable drum

Kabine **1** cubicle; (*Umkleide- auch*) changing room; (*Wahl-*) booth **2** (*im Flugzeug, Schiff, Lkw*) cabin **3** (*Seilbahn-, Gondel*) car

Kabinett **1** (POL) cabinet; (*häufig auch*) Cabinet [mit Verb im Sing/Pl] **2** (*Ausstellungsraum*) gallery **3** (*Zimmer*) = small room with one window
Kabinettsbeschluss cabinet decision **Kabinettsmitglied** member of the Cabinet, Cabinet minister **Kabinettssitzung** cabinet meeting **Kabinettsumbildung** cabinet reshuffle

Kabrio, Kabriolett → CABRIO

Kabuff cubbyhole

Kachel tile

kacheln tile

Kachelofen tiled stove

Kacke shit (*vulg, Slang*) ◇ *So eine Kacke!* Shit!

kacken shit (*vulg, Slang*)

Kadaver carcass

Kader **1** (SPORT) squad **2** (MIL, POL) cadre

Kadmium cadmium

Käfer beetle

Kaff dump

Kaffee coffee ◇ *einen Kaffee trinken* have a (cup of) coffee ◇ *Kaffee kochen* make coffee ◇ *jdn zum Kaffee einladen* invite sb for coffee IDM **kalter Kaffee** ancient history; old hat

Kaffeebohne coffee bean **Kaffeefahrt** = coach trip with coffee break, during which people are encouraged to buy certain products **Kaffeefilter** coffee filter; *(Filterpapier)* filter paper **Kaffeehaus** coffee house **Kaffeekanne** coffee pot **Kaffeemaschine** coffee machine **Kaffeemühle** coffee grinder **Kaffeepause** coffee break ◇ *Wir machten eine Kaffeepause.* We had a coffee break. **Kaffeesatz** coffee grounds [Pl] **Kaffeetasse** coffee cup

Käfig cage IDM **ein goldener Käfig** a gilded cage

kahl **1** *(Mensch, Kopf)* bald ◇ *Er ist schon fast kahl.* He is already nearly bald. ◇ *sein kahler Kopf* his bald head ◇ *jdn kahl rasieren* shave sb's head ◇ *kahl geschorene Mönche* monks with shaven heads **2** *(Baum, Wand)* bare ◇ *Im Winter sind die Wälder kahl.* In winter the woods are bare. ◇ *Die Schnecken haben die Pflanzen kahl gefressen.* The snails have eaten all the leaves off the plants. ◇ *kahl geschlagene Flächen* deforested areas

kahlköpfig bald(-headed); *(rasiert)* with a shaven head [nicht vor Nomen] ◇ *Er ist kahlköpfig.* He is bald.

Kahlschlag **1** *(Fällen)* logging; *(Resultat)* deforestation ◇ *Der Kahlschlag in Kanada geht weiter.* Logging continues in Canada. ◇ *Regenwälder vor dem Kahlschlag retten* save the rainforests from deforestation **2** *(Fläche)* clearing **3** drastic cutbacks [Pl] ◇ *personeller Kahlschlag* staff cutbacks

Kahn **1** boat; *(Stech-)* punt ◇ *Kahnfahren* go boating **2** *(Schlepp-, Last-)* barge

Kai quay

Kaiser emperor ◇ *Er wurde 1312 zum Kaiser gekrönt.* He was crowned emperor in 1312.

Kaiserin empress

kaiserlich imperial [nur vor Nomen] ◇ *der kaiserliche Hof* the imperial court ◇ *das kaiserliche Rom* imperial Rome ◇ *seine Kaiserliche Hoheit* His Imperial Majesty

Kaiser- **Kaiserreich** empire **Kaiserschmarren** = sweet pancake, served cut up into pieces **Kaiserschnitt** caesarean (section) ◇ *Das Kind wurde durch einen Kaiserschnitt geboren.* The baby was delivered by caesarean. ◇ *ein Baby per Kaiserschnitt entbinden* deliver a baby by caesarean section

Kajak kayak ◇ *Er ist Weltmeister im Einer-Kajak.* He is the world champion in solo kayak racing.

Kajal kohl

Kajalstift kohl pencil

Kajüte cabin

Kakao cocoa ◇ *eine Tasse Kakao* a cup of cocoa IDM **jdn/etw durch den Kakao ziehen** take the mickey out of sb/sth

Kakaobohne cocoa bean **Kakaopulver** cocoa powder

Kakerlak cockroach

Kaktus, Kaktee cactus

Kalauer corny joke

Kalb **1** calf **2** *(Hirsch-)* fawn

kalben calve

Kalb- **Kalbfleisch** veal **Kalbsbraten** roast veal **Kalbsleder** calfskin ◇ *eine Tasche aus Kalbsleder* a calfskin bag **Kalbsschnitzel** veal escalope

Kaleidoskop kaleidoscope

Kalender calendar; *(Taschen-, Notiz-)* diary

Kalenderjahr calendar year **Kalenderwoche** week ◇ *in der 52. Kalenderwoche* in week 52

Kaliber calibre, *(AmE)* caliber *(auch fig)* ◇ *eine Pistole, Kaliber 9 mm* a 9mm calibre pistol ◇ *Fragen ähnlichen Kalibers* questions of similar calibre ◇ *Sie hat nicht das Kaliber ihrer Vorgängerin.* She isn't of the same calibre as her predecessor. ◇ *ein Mann vom Kaliber Kennedys* a man of Kennedy's calibre

Kalium potassium

Kalk **1** lime ◇ *Das Wasser enthält viel Kalk.* The water contains a lot of lime. **2** *(Kalkfarbe)* whitewash **3** (ANAT) calcium

kalkhaltig chalky; *(Wasser)* hard **Kalkstein** limestone

Kalkül calculation ◇ *Sein Kalkül ist nicht aufgegangen.* His calculation didn't work out. ◇ *Wir müssen dieses Ergebnis stärker ins Kalkül ziehen.* We must take this result into consideration more. ◇ *politisches Kalkül* political calculation ◇ *aus taktischem Kalkül* for tactical reasons

Kalkulation **1** calculation ◇ *Nach seiner Kalkulation ist das billiger.* According to his calculations this is cheaper. **2** *(Kostenvoranschlag)* estimate

kalkulierbar calculable

kalkulieren **1** calculate ◇ *die Kosten exakt kalkulieren* calculate the exact cost ◇ *finanziell kalkulieren* make financial calculations **2** **(mit) etw ~** reckon on sth ◇ *Wir hatten mit mehr Besuchern kalkuliert.* We had reckoned on more visitors.

Kalorie calorie ◇ *wenig Kalorien haben* be low in calories

kalorienarm low-calorie [nur vor Nomen], low in calories [nicht vor Nomen] ◇ *sich kalorienarm ernähren* be on a low-calorie diet ◇ *Tomaten sind kalorienarm.* Tomatoes are low in calories. **kalorienreich** high-calorie [nur vor Nomen], high in calories [nicht vor Nomen] ◇ *eine kalorienreiche Ernährung* a high-calorie diet ◇ *Dieser Nachtisch ist sehr kalorienreich.* This dessert is very high in calories.

kalt **1** cold ◇ *Ich habe kalte Füße.* My feet are cold. ◇ *Es ist sehr kalt geworden.* It's turned very cold. ◇ *kalt duschen* have a cold shower ◇ *kalt essen* have a cold meal ◇ *Der Pullover muss kalt gewaschen werden.* The sweater has to be washed in cold water. ◇ *der Kalte Krieg* the Cold War ◇ *draußen im Kalten stehen* stand out in the cold ◇ *Die Miete beträgt kalt 400 €.* The rent is €400, plus bills. ◇ *Mich überkam das kalte Grausen.* A shiver ran up my spine. **2** **jdm ist ~** sb is cold ◇ *Mir ist so kalt!* I'm so cold! **3** **etw ~ stellen** chill sth ◇ *die Getränke kalt stellen* chill the drinks IDM → BLUT, DUSCHE, FUß, KAFFEE *und* RÜCKEN

Kaltblüter cold-blooded creature ◇ *Fische sind Kaltblüter.* Fish are cold-blooded (creatures). **kaltblütig** **1** *Adj (gefühllos)* cold-blooded **2** *Adv* in cold blood ◇ *jdn kaltblütig erschießen* shoot sb in cold blood **3** *Adv (gelassen)* cool *(Adv* coolly) **Kaltblütigkeit** **1** *(Gefühllosigkeit)* cold-bloodedness **2** *(Gelassenheit)* sangfroid

Kälte **1** cold ◇ *vor Kälte zittern* shiver with cold ◇ *bei eisiger Kälte* in the freezing cold ◇ *Wir standen in der Kälte.* We were standing in the cold. ◇ *15 Grad Kälte* 15 degrees below freezing **2** *(Gefühls-)* coldness

Kälteeinbruch cold snap *(umgs)* **Kältewelle** cold spell

Kalt- **Kaltfront** cold front **kaltlassen** **etw lässt jdn kalt** *(unberührt)* sb is/remains unmoved by sth; *(uninteressiert, unbeeindruckt)* sth leaves sb cold ◇ *Seine Tränen ließen sie völlig kalt.* She was completely unmoved by his tears. **Kaltluft** cold air **Kaltmiete** rent excluding bills **Kaltschale** fruit soup

kaltschnäuzig callous *(Adv* callously)

kaltstellen **jdn ~** freeze sb out *(umgs)*

Kalzium calcium

Kamel **1** camel **2** *(Dummkopf)* idiot *(umgs)* ◇ *Ich bin vielleicht ein Kamel!* What an idiot I am!

Kamera camera ◇ *vor laufender Kamera* on camera

Kamerad(in) friend; *(Soldat)* fellow soldier, *(BrE auch)* comrade *(veraltet)*

Kameradschaft camaraderie ◇ *Es herrscht echte Kameradschaft in der Gruppe.* There's a great feeling of camaraderie in the group.

kameradschaftlich friendly

Kamera- **Kamerafrau** camerawoman **Kameramann** cameraman

Kamille camomile

Kamillentee camomile tea

Kamin **1** fireplace, fire ◇ *ein Spiegel über dem Kamin* a mirror over the fireplace ◇ *ein Raum mit offenem Kamin* a room with an open fire ◇ *am Kamin sitzen* sit by the fire **2** (*Schornstein*) chimney **IDM** **etw in den Kamin schreiben** write sth off

Kaminfeuer (open) fire ◇ *ein schönes Kaminfeuer* a lovely open fire ◇ *am Kaminfeuer sitzen* sit by the fire

Kamm **1** (*auch bei Vögeln*) comb **2** (*Gebirgs-, Wellen-*) crest **IDM** **alle(s) über einen Kamm scheren** ◇ *alle Jugendlichen über einen Kamm scheren* generalize about young people ◇ *Es lässt sich nicht alles über einen Kamm scheren.* You can't generalize.

kämmen **jdm/sich die Haare ~; jdn/sich ~** comb sb's/your hair ◇ *sich die Haare nach hinten kämmen* comb your hair back

Kammer **1** (POL, TECH, ANAT) chamber **2** (*Gericht*) division ◇ *eine Kammer des Gerichts* one division of the court **3** (*Berufsorganisation*) professional body **4** (*Schlaf-*) bedroom; (*Abstell-*) storeroom

Kammerchor chamber choir [mit Verb im Sing/Pl] **Kammerjäger** pest control officer **Kammerkonzert** concert of chamber music **Kammermusik** chamber music **Kammerorchester** chamber orchestra [mit Verb im Sing/Pl]

Kampagne campaign ◇ *eine Kampagne zur Verkehrssicherheit starten* launch a road safety campaign

Kampf **1** fight (*auch fig*) ◇ *jdn zum Kampf herausfordern* challenge sb to a fight ◇ *der Kampf gegen die organisierte Kriminalität* the fight against organized crime ◇ *der Kampf der Geschlechter* the battle of the sexes **2 die Kämpfe** (the) fighting [U] ◇ *Die Kämpfe gingen weiter.* Fighting continued. ◇ *die Kämpfe in Kabul* the fighting in Kabul **3** (*um etw zu erreichen*) struggle ◇ *der Kampf ums Überleben* the struggle for survival ◇ *der bewaffnete Kampf* the armed struggle ◇ *der Kampf um die Meisterschaft* the battle for the championship **IDM** **jdm/etw den Kampf ansagen** declare war on sb/sth

Kampfansage ~ **(an jdn/etw)** declaration of war (on sb/sth) **Kampfanzug** combat uniform, (*BrE auch*) battledress [U] **Kampfbereitschaft** combat readiness ◇ *die Truppen in Kampfbereitschaft versetzen* put troops on combat readiness **Kampfeinsatz** military operation

kämpfen **1** **(gegen jdn/etw) ~** fight (against sb/sth); **für/um jdn/etw ~** fight for sb/sth; **mit jdm ~** fight sb ◇ *ums Überleben kämpfen* fight for survival ◇ *Sie kämpfen um ihre Arbeitsplätze.* They are fighting for their jobs. ◇ *In der Hauptstadt wurde wieder gekämpft.* There was renewed fighting in the capital. ◇ *mit den Tränen kämpfen* fight back tears **2 mit sich ~** struggle with yourself ◇ *Ich kämpfte lange mit mir, bevor ich es ihm sagte.* I had to struggle with myself to tell him. **3 mit etw ~** contend with sth ◇ *Ich hatte mit vielen Problemen zu kämpfen.* I had a lot of problems to contend with. **4 um etw ~** (*Wettbewerb*) compete for sth ◇ *Sie kämpften um die Goldmedaille.* They were competing for the gold medal. **IDM** → HAKEN

Kämpfer(in) fighter; (*Befürworter auch*) campaigner; (*Sport*) competitor ◇ *ein Kämpfer für den Frieden* a peace campaigner

kämpferisch ready for a fight [nicht vor Nomen]; (*aggressiv*) aggressive; (*mutig*) spirited ◇ *Sie zeigten sich kämpferisch.* They were ready for a fight. ◇ *sein kämpferischer Ton* his aggressive tone ◇ *Sie war eine kämpferische junge Frau.* She was a spirited young woman. ◇ *kämpferische Auseinandersetzungen* battles

Kampf- **Kampfflugzeug** fighter (plane) **Kampfgeist** fighting spirit **Kampfhandlungen** fighting [U] ◇ *die Kampfhandlungen in Bosnien* the fighting in Bosnia ◇ *die Kampfhandlungen einstellen* cease hostilities **Kampfhund** fighting dog **Kampfkraft** strength; (MIL) military strength **Kampfrichter(in)** referee **Kampfsport** martial art **Kampfstoff** agent ◇ *der Kampfstoff Anthrax* the agent anthrax ◇ *chemische Kampfstoffe* chemical weapons

kampieren camp out

Kanal **1** canal; (*Ärmel-*) (English) Channel **2** (*Abwasser-*) sewer **3** (*Radio, Fernsehen*) channel **4** (*Weg*) channel ◇ *über diplomatische Kanäle* through diplomatic channels

Kanalisation sewerage system; (*Kanäle auch*) sewers [Pl] ◇ *in die Kanalisation fließen* flow into the sewerage system

kanalisieren **1** lay sewers in *sth* ◇ *eine Stadt kanalisieren* lay sewers in a town ◇ *Der Ortsteil ist noch nicht kanalisiert.* This part of the village has no mains sewerage. **2** (*Fluss*) canalize **3** (*Verkehr*) control; (*Emotionen*) harness

Kanarienvogel canary

Kandidat(in) candidate; (*für eine Stelle*) applicant ◇ *einen Kandidaten für den Stadtrat aufstellen* put forward a candidate for the town council

Kandidatenliste list of candidates

Kandidatur candidacy ◇ *seine Kandidatur anmelden* announce your candidacy ◇ *Er verzichtet auf eine Kandidatur für das Amt des Bürgermeisters.* He is not standing for election as mayor.

kandidieren **(für etw) ~** stand (for sth) ◇ *Sie kandidiert für das Parlament* She is standing for election to Parliament. ◇ *Er kandidiert bei der nächsten Wahl nicht mehr.* He will not be standing as a candidate in the next election. ◇ *Sie kandidiert für die Präsidentschaft.* She's running for President.

kandiert crystallized

Kandiszucker sugar crystals [Pl], (*AmE*) rock candy crystals [Pl]

Känguru kangaroo

Kaninchen rabbit

Kaninchenstall rabbit hutch

Kanister jerrycan

Kännchen (*Milch*) jug, (*AmE*) pitcher; (*Kaffee etc.*) (small) pot

Kanne (*Kaffee-, Tee-*) pot; (*Milch-*) churn; (*Öl-, Gieß-*) can

Kannibale, **Kannibalin** cannibal

kannibalisch cannibalistic

Kannibalismus cannibalism

Kanon canon

Kanone **1** cannon **2** (*Revolver*) gun **IDM** **eine Kanone in etw sein** be an ace at sth **unter aller Kanone** terrible

Kanonenkugel cannonball

Kanonier(in) gunner

Kantate cantata

Kante **1** edge **2** (*Felsgrat*) ridge **IDM** **etw auf der hohen Kante haben** have sth put by **etw auf die hohe Kante legen** put sth by → *Siehe auch* ECKE

kanten **1** (*Skisport*) carve **2** (*auf die Kante stellen*) tilt

kantig **1** angular **2** (*Charakter, Bewegung*) awkward

-kantig -sided ◇ *vierkantig* four-sided

Kantine canteen

Kanton canton
kantonal cantonal
Kantor conductor of a/the choir, choirmaster
Kantorei church choir
Kantorin conductor of a/the choir
Kanu canoe ◇ *Kanu fahren* go canoeing
Kanüle (*Spritze*) (hypodermic) needle
Kanzel **1** (REL) pulpit ◇ *auf der Kanzel stehen* stand in the pulpit **2** (AERO) cockpit **3** (*Berg-*) spur
Kanzlei office; (*Anwalts-*) chambers [Pl]
Kanzler(in) **1** → BUNDESKANZLER **2** → REICHSKANZLER **3** (*einer Universität*) registrar
Kanzleramt **1** chancellery **2** (*Posten*) chancellorship **Kanzleramtsminister(in)** Minister of State in the Chancellery, Head of the Chancellery **Kanzlerkandidat(in)** candidate for Chancellor
Kanzlerschaft chancellorship; (*Amtszeit*) period of office as Chancellor
Kap cape ◇ *das Kap der Guten Hoffnung* the Cape of Good Hope
Kapazität **1** capacity [meist Sing] ◇ *Die Halle hat eine Kapazität von 600 Plätzen.* The hall has a capacity of 600. ◇ *Die Kapazitäten des Flughafens sollen erweitert werden.* The capacity of the airport is to be increased. ◇ *Die Kapazität der Müllverbrennungsanlage ist erschöpft.* The incineration plant is operating at full capacity. **2** (*Experte*) expert **3** (PHYSIK) capacitance
Kapelle[1] (REL) chapel
Kapelle[2] (MUS) band [mit Verb im Sing/Pl]
Kapellmeister(in) conductor; (*einer Blas- oder Militärkapelle*) bandmaster
Kaper caper
kapern seize, capture; (*Flugzeug, Bus etc.*) hijack
kapieren **1** ◇ *Sie kapiert unheimlich schnell.* She's really quick to catch on. **2** **etw ~** get sth (*umgs*) ◇ *Die Matheaufgabe kapiere ich nicht.* I don't get the maths homework. ◇ *Kapier doch endlich — ich will nicht!* I just don't want to — get it? ◇ *Das kapiere ich nicht.* I don't get it. ◇ *Das ist mein Fahrrad, kapiert?* This is my bike — OK?
kapital **1** major ◇ *ein kapitaler Fehler* a major mistake ◇ *Das war eine kapitale Dummheit.* That was extremely foolish. **2** (*Hirsch*) royal
Kapital capital [U] (*auch fig*) ◇ *Kapital anhäufen/beschaffen* accumulate/raise capital IDM **aus etw Kapital schlagen** capitalize on sth; make capital out of sth ◇ *Sie konnten aus ihren Chancen kein Kapital schlagen.* They failed to capitalize on their chances. ◇ *Er versucht aus dem Skandal politisches Kapital zu schlagen.* He is trying to make political capital out of the scandal.
Kapitalanlage capital investment **Kapitalbeteiligung** stakeholding; (*Anteil*) stake **Kapitalbeteiligungsgesellschaft** venture capital company **Kapitalertrag** capital gain **Kapitalgesellschaft** joint-stock company
Kapitalismus capitalism
Kapitalist(in) capitalist
kapitalistisch capitalist ◇ *ein kapitalistisches System* a capitalist society
kapital- **kapitalkräftig** financially strong; (*besonders Individuen*) cash-rich **Kapitalmarkt** capital market **Kapitalverbrechen** serious crime; (*in Ländern mit Todesstrafe*) capital offence
Kapitän(in) captain
Kapitel chapter (*auch fig*) ◇ *ein dunkles Kapitel unserer Geschichte* a dark chapter in our history IDM **ein abgeschlossenes Kapitel** ◇ *Für uns ist das ein abgeschlossenes Kapitel.* From our point of view, the matter is over and done with. **ein Kapitel für sich sein** be another matter
Kapitell capital
Kapitulation surrender ◇ *eine bedingungslose Kapitulation* unconditional surrender ◇ *Diese Maßnahme ist keine Kapitulation vor dem organisierten Verbrechen.* This measure does not mean that we are giving in to organized crime.
kapitulieren **1** surrender ◇ *endgültig/kampflos kapitulieren* surrender completely/without a fight **2** **(vor etw) ~** give up (in the face of sth) ◇ *vor den Schwierigkeiten kapitulieren* give up in the face of the difficulties
Kaplan chaplain; (*Hilfsgeistlicher*) curate
Kappe cap IDM **auf jds Kappe gehen** be down to sb ◇ *Die Niederlage ging auf ihre Kappe.* The defeat was down to her. **etw auf seine (eigene) Kappe nehmen** take the responsibility for sth
kappen **1** (*stutzen*) cut *sth* back **2** (*durchschneiden*) cut through *sth* **3** (*reduzieren*) cut ◇ *500 Stellen werden gekappt.* 500 jobs are to be cut.
Käppi cap
Kapriole (*Streich*) trick ◇ *sich die tollsten Kapriolen leisten* get up to the maddest tricks ◇ *Das Wetter schlägt mal wieder Kapriolen.* The weather is up to its tricks again.
Kapsel capsule
kaputt **1** (*defekt*) broken; (*Gerät meist*) not working [nicht vor Nomen] ◇ *kaputtes Spielzeug* broken toys ◇ *Das Telefon ist kaputt.* The phone isn't working. ◇ *Die Glühbirne ist kaputt.* The bulb has gone. ◇ *Mein Auto ist kaputt.* There's something wrong with my car. ◇ *Die Schuhe sind kaputt.* These shoes have had it. **2** **~ machen** break ◇ *Er hat den Teller kaputt gemacht.* He broke the plate. ◇ *Wer hat den Luftballon kaputt gemacht?* Who's burst the balloon? **3** **~ machen** (*ruinieren*) ruin; (*zerstören*) destroy ◇ *Sie hat sich die Schuhe kaputtgemacht.* She ruined her shoes. ◇ *Die Autobahn hat die Gegend kaputtgemacht.* The motorway has ruined the area. ◇ *Die Geldsorgen haben sie kaputtgemacht.* Their financial worries have destroyed them. → *Siehe auch* KAPUTTMACHEN **4** (*erschöpft*) exhausted, shattered, (*bes AmE*) bushed [nicht vor Nomen] ◇ *Er war völlig kaputt.* He was absolutely shattered. **5** (*Familie, Beziehung etc.*) wrecked, on the rocks [nicht vor Nomen] ◇ *eine kaputte Ehe* a marriage on the rocks ◇ *Kinder aus kaputten Familien* children from broken homes ◇ *ein kaputter Typ* a loser **6** (*Herz, Knie etc.*) bad
kaputtgehen **1** break; (*Gerät*) go wrong ◇ *Das Fenster ging kaputt.* The window broke. ◇ *Der Computer geht dauernd kaputt.* The computer keeps going wrong. ◇ *Die Vase ist beim Umzug kaputtgegangen.* The vase got broken in the move. **2** (*Kleidung, Schuhe*) be damaged ◇ *Die neuen Sandalen sind schon kaputtgegangen.* These new sandals are already damaged. ◇ *Jeans gehen nicht so leicht kaputt.* Jeans are very hard-wearing. **3** (*Lebensmittel*) go off **4** (*Pflanze, Tier*) die **5** (*Ehe, Beziehung*) break up ◇ *Die Ehe ging schnell kaputt.* The marriage soon broke up. **6** (*ruiniert werden*) be destroyed; (*Firma*) go bankrupt, go bust (*umgs*) ◇ *Sie ist an Drogen kaputtgegangen.* She was destroyed by drugs.
kaputtlachen **sich (über jdn/etw) ~** kill yourself laughing (at sb/sth) ◇ *Wir haben uns kaputtgelacht.* We killed ourselves laughing. ◇ *Es war zum Kaputtlachen.* It was hilarious.
kaputtmachen **sich (für jdn/etw) ~** wear yourself out (for sb/sth) ◇ *Sie hat sich für ihre Familie kaputtgemacht.* She wore herself out looking after the family. → *Siehe auch* KAPUTT
Kapuze hood ◇ *Wenn es regnet, setze ich die Kapuze auf.* If it rains, I'll put my hood up.

Kapuzenjacke hooded jacket, hoody (*umgs*) **Kapuzenpullover** hooded sweater, hoody (*umgs*)
Karaffe carafe; (*mit Verschluss*) decanter
Karambolage crash; (*von mehreren Autos*) pile-up
Karamell caramel
Karamellbonbon (*hart*) butterscotch sweet, (*AmE*) butterscotch candy; (*weich*) toffee
karamellisieren caramelize
Karat 1 (*Edelstein*) carat ◇ *ein Diamant von drei Karat* a three-carat diamond **2** (*Gold*) carat, (*AmE*) karat ◇ *Der Ring hat 12 Karat.* The ring is 12 carat gold.
Karate karate ◇ *Karate machen* do karate
Karawane caravan; (*fig*) long line
Kardamom cardamom
Kardinal 1 (REL) cardinal **2** (*Vogel*) (red) cardinal
Kardinalfehler cardinal sin
Kardiologe, Kardiologin cardiologist
Kardiologie cardiology
Karenz- Karenztag unpaid (first) day of sick leave **Karenzurlaub** parental leave **Karenzzeit** waiting period
Karfiol cauliflower
Karfreitag Good Friday
karg meagre, (*AmE*) meager; (*Boden*) poor; (*Landschaft*) bare ◇ *ihr karger Lohn* their meagre wages ◇ *karg eingerichtet* sparsely furnished
kariert 1 checked ◇ *eine schwarz-weiß karierte Bluse* a black and white checked blouse **2** (*Papier*) squared ◇ *kariertes Papier* squared paper ◇ *ein karierter Schreibblock* a pad of squared paper
Karies (tooth) decay, caries (*Fachspr*)
Karikatur caricature (*auch fig*); (*Zeitungs-*) cartoon
Karikaturist(in) caricaturist; (*Zeitungs-*) cartoonist
karikieren caricature
karitativ charitable ◇ *eine karitative Organisation* a charitable organization ◇ *Der Erlös ist für karitative Zwecke bestimmt.* The proceeds are going to charity. ◇ *karitativ tätig sein* work for charity
Karneval carnival ◇ *der Karneval in Rio* the carnival in Rio ◇ *im Karneval* at carnival time
Karnevalszug carnival procession
Karo 1 square; (*Raute*) diamond **2** (*Muster*) check ◇ *eine Tischdecke mit blauen und weißen Karos* a blue-and-white check tablecloth **3** (*Karte*) diamond; (*Farbe*) diamonds [Pl]
Karomuster check
Karosse (state) coach; (*Auto*) car
Karosserie bodywork [U]
Karotte carrot
Karpfen carp
Karre, Karren 1 cart; (*zweirädrig*) barrow; (*Schub-*) wheelbarrow ◇ *Er hat die Säcke auf die Karre geladen.* He loaded the sacks onto the wheelbarrow. **2** (*altes Auto*) heap (*umgs*) IDM **jdm an den Karren fahren** tell sb where to get off (*umgs*) **die Karre/den Karren aus dem Dreck ziehen** sort out the mess **die Karre/den Karren in den Dreck fahren** mess things up **jdn vor seinen Karren spannen** make use of sb for your own purposes
karren cart; (*mit dem Auto*) drive ◇ *Sand in den Garten karren* cart sand into the garden
Karriere career; **~ machen** be successful
Karrierefrau career woman **Karriereleiter** career ladder ◇ *auf der untersten Stufe der Karriereleiter* on the lowest rung of the career ladder
Karte 1 card ◇ *jdm zum Geburtstag eine Karte schicken* send sb a card for their birthday ◇ *die Gelbe/Rote Karte* the yellow/red card ◇ *mit Karte zahlen* pay by credit card **2** (*Speise-*) menu; **nach der ~ essen** eat à la carte ◇ *Die Karte bitte!* Could we have the menu, please? **3** (*Fahr-, Flug-, Eintritts-*) ticket ◇ *eine Karte lösen* buy a ticket **4** (*Spiel-*) (playing) card ◇ *Karten spielen* play cards ◇ *ein Spiel Karten* a pack/deck of cards **5** (*Land-*) map; (*See-*) chart ◇ *eine Karte von Italien* a map of Italy IDM **alles auf eine Karte setzen** put all your eggs in one basket **gute/schlechte Karten haben 1** have a good/bad hand **2** (*fig*) be in a strong/weak position **jdm die Karten legen** read the cards for sb **jdm in die Karten sehen 1** look at sb's cards **2** (*fig*) find out what sb is up to **mit offenen Karten spielen** put your cards on the table **mit verdeckten Karten spielen** play your cards close to your chest **schlechte Karten haben** not stand much chance **seine Karten aufdecken/offen auf den Tisch legen** put your cards on the table **sich nicht/von niemandem in die Karten sehen lassen** play your cards close to your chest
Kartei card index, (*AmE*) card catalog
Karteikarte index card **Karteikasten** card index, (*AmE*) card catalog **Karteileiche** non-active member
Kartell cartel [mit Verb im Sing/Pl]
Kartellamt (*in GB*) ≈ Competition Commission; (*in den USA*) ≈ Antitrust Division
Karten- Kartenhaus 1 house of cards **2** (*auf einem Schiff*) chart room **Karteninhaber(in)** cardholder **Kartenspiel 1** card game **2** (*Satz Karten*) pack of cards, (*AmE*) deck of cards **Kartentelefon** cardphone **Kartenvorverkauf** advance booking
Kartoffel potato
Kartoffelbrei mashed potato **Kartoffelchips** (potato) crisps, (*AmE*) (potato) chips **Kartoffelpuffer** potato pancake **Kartoffelpüree** mashed potato **Kartoffelsalat** potato salad
Kartograf(in) cartographer
Kartografie cartography
Karton 1 (*Schachtel*) (cardboard) box **2** (*Pappe*) card; (*dicker*) cardboard
Karussell roundabout, (*AmE*) carousel ◇ *Karussell fahren* go on the roundabout
Karwoche Holy week ◇ *in der Karwoche* in Holy Week
kaschieren conceal
Kaschmir cashmere ◇ *eine Jacke aus Kaschmir* a cashmere jacket
Käse 1 cheese **2** (*Unsinn*) rubbish, (*AmE*) garbage
Käsekuchen cheesecake **Käseplatte** cheese board
Kaserne barracks [mit Verb im Sing/Pl] ◇ *in der Kaserne wohnen* live in barracks
Kasino 1 (*Spiel-*) casino **2** (*für Feiern*) function room **3** (*Offiziers-*) officers' mess
Kaskade 1 cascade **2** (*Schwall*) barrage ◇ *Sie musste eine Kaskade von Beschimpfungen über sich ergehen lassen.* She had to face a barrage of insults.
Kasper 1 (*im Kasperletheater*) Punch **2** (*Spaßmacher*) clown
Kasperletheater Punch and Judy show; (*Bühne*) puppet theatre, (*AmE*) puppet theater ◇ *Kasperletheater spielen* put on a Punch-and-Judy show
Kasse 1 cash box; (*Registrier-*) cash register, (*BrE auch*) till; (*Partei-*) coffers [Pl] ◇ *Die Kasse stimmt nicht.* There's money missing from the till. ◇ *Das Geld floss in die Kasse der Partei.* The money went into the party coffers. ◇ *Er verwaltet bei uns im Verein die Kasse.* He is treasurer of our club. **2** (*Schalter*) cash desk; (*im Supermarkt*) checkout; (*Theater, Kino*) box office; (*im Schwimmbad, Museum etc.*) ticket office; (*in einer Behörde etc.*) cashier's office **3** (*Haushalts-, Spiel-, Kaffee-*) kitty; (*Porto- etc.*) petty cash (box) [U] ◇ *Wie viel haben wir denn in der Kasse?* How much is in the kitty? ◇ *Nimm dir das Geld für die Kekse aus der*

Kasse. Take the money for the biscuits from petty cash. ◇ *Wer führt die Kasse?* Who's in charge of the money? ◇ *Hauptsache, die Kasse stimmt!* The main thing is the money's OK! **4** → SPARKASSE **5** → KRANKENKASSE IDM **die Kasse klingelt/die Kassen klingeln** the tills are ringing **gemeinsame Kasse machen** share the bills/expenses **getrennte Kasse haben** each pay separately **gut bei Kasse sein** be well off **in die Kasse greifen** have your fingers in the till **Kasse machen 1** (*abrechnen*) cash up **2** (*Bilanz ziehen*) work out your finances **3** (*Geld einnehmen*) make a lot of money, rake it in (*umgs*) **knapp/schlecht bei Kasse sein** be hard up (*umgs*) **volle Kassen bringen** make/bring in a lot of money **(jdn) zur Kasse bitten** ask sb to pay

Kasseler smoked pork loin

Kassen- Kassenarzt, -ärztin = doctor who treats patients who are members of the state health insurance scheme **Kassenbon** receipt **Kassenpatient(in)** = patient who is a member of the state health insurance scheme **Kassenschlager** top seller; (*Film, Theater*) box-office hit **Kassenwart(in)** treasurer **Kassenzettel** → KASSENBON

Kassette 1 cassette ◇ *etw auf Kassette aufnehmen* record sth on cassette **2** (*Schatulle*) box **3** (*Hülle*) slip case; (*mit Büchern, CDs etc.*) boxed set ◇ *vier Bände in Kassette* four volumes in a slip case ◇ *eine Kassette mit Fontanes gesammelten Werken* a boxed set of Fontane's collected works
Kassettenrekorder cassette recorder

kassieren 1 collect your money; **bei jdm ~** take sb's money ◇ *Der Zeitungsjunge war da, um zu kassieren.* The newspaper boy came to collect his money. ◇ *Bei uns hat noch keiner kassiert.* Nobody's taken our money yet. ◇ *Darf ich kassieren?* Can I bring the bill? **2** (*bekommen*) get; (*entgegennehmen*) take; (*einsammeln*) collect ◇ *Er kassiert 10% der Einnahmen.* He gets 10% of the earnings. ◇ *Dafür hat er viel Lob kassiert.* He got a lot of praise for that. ◇ *Schmiergelder kassieren* take bribes ◇ *Im Weitsprung kassierte sie zwei Titel.* She took two titles in the long jump. ◇ *Sie geht rum und kassiert die Beiträge.* She goes round and collects the membership fees. ◇ *Für Glasflaschen wird Pfand kassiert.* You have to pay a deposit on glass bottles. **3** (*konfiszieren*) take *sth* away, seize ◇ *Die Polizei hat seinen Führerschein kassiert.* The police took his licence away. ◇ *Der Zoll hat jede Menge Schmuggelware kassiert.* The Customs seized a large amount of smuggled goods. **4** (*gefangen nehmen*) arrest **5** (SPORT) (*Niederlage*) suffer; (*Tor*) let *sth* in IDM **ganz schön (Geld) kassieren** make a lot of money

Kassierer(in) 1 cashier; (*im Supermarkt*) checkout operator **2** → KASSENWART

Kastagnetten castanets [Pl]

Kastanie chestnut; (*Baum auch*) chestnut tree
kastanienbraun chestnut (brown)

Kästchen 1 (*kleine Schachtel*) small box **2** (*vorgedrucktes Quadrat*) square; (*auf Fragebögen*) box

Kaste caste

Kasten 1 (*Kiste, Turngerät*) box ◇ *Turnübungen am Kasten* exercises on the box **2** (*Getränke-*) crate ◇ *ein Kasten Bier* a crate of beer **3** → BRIEFKASTEN **4** → SCHAUKASTEN **5** (*Gebäude*) big ugly building; (*Wohnhaus*) barn of a place **6** (*Schrank*) cupboard **7** (*Tor*) goal IDM **etwas/viel auf dem Kasten haben** be very bright **jdn/etw im Kasten haben** have got a picture of sb/sth; (*Film*) have got sth in the can
kastenförmig box-like **Kastenwagen** van, (*AmE*) panel truck

kastrieren castrate

Katalog catalogue, (*AmE meist*) catalog

Katalysator, Kat 1 catalytic converter ◇ *ein geregelter Katalysator* a regulated catalytic converter **2** (CHEM) catalyst (*auch fig*)

Katapult catapult, (*AmE*) slingshot

katapultieren catapult; **sich ~** be catapulted ◇ *Die Wucht des Aufpralls katapultierte den Fahrer aus seinem Wagen.* The force of the impact catapulted the driver out of his car. ◇ *Er katapultierte sich auf Platz eins.* He was catapulted to the number one position.

katastrophal 1 *Adj* disastrous; (*stärker*) catastrophic; (*Zustände*) appalling ◇ *Die Lage im Krisengebiet ist katastrophal.* The situation in the crisis area is catastrophic. **2** *Adv* disastrously; (*sehr schlecht*) appallingly ◇ *Der Plan ist katastrophal gescheitert.* The plan failed disastrously. ◇ *Sie haben katastrophal gespielt.* They played appallingly.

Katastrophe disaster; (*stärker*) catastrophe
Katastrophenalarm disaster alert ◇ *In dem Gebiet wurde Katastrophenalarm ausgelöst.* The area was put on disaster alert. **Katastrophengebiet** disaster area **Katastrophenhilfe** disaster relief **Katastrophenschutz 1** disaster prevention **2** (*Organisation*) emergency services [Pl]

Katechismus catechism

Kategorie category ◇ *80% aller Delikte fallen unter diese Kategorie.* 80% of all crimes fall into this category. ◇ *in eine Kategorie gehören* belong in a category

kategorisch categorical (*Adv* categorically); (*Ablehnung, Weigerung auch*) flat (*Adv* flatly) ◇ *ein kategorisches Nein* a categorical 'No' ◇ *Sie hat den Vorschlag kategorisch abgelehnt.* She categorically rejected the suggestion. ◇ *Er weigerte sich kategorisch mitzumachen.* He flatly refused to join in.

Kater 1 tomcat, tom **2** (*nach Alkoholgenuss*) hangover

Kathedrale cathedral ◇ *die Kathedrale von Reims* Rheims Cathedral

Katheter catheter

Katholik(in) (Roman) Catholic ◇ *Sie ist Katholikin.* She's (a) Catholic.

katholisch (Roman) Catholic ◇ *Sie sind katholisch.* They're Catholic. ◇ *Sie haben katholisch geheiratet.* They had a Catholic wedding. ◇ *Sie wollen die Kinder katholisch erziehen.* They want to bring the children up as Catholics. ◇ *Er ist streng katholisch.* He's a strict Catholic.

Katz IDM **etw ist für die Katz** sth is a waste of time/effort/energy **Katz und Maus mit jdm spielen** play cat and mouse with sb

Kätzchen 1 (*kleine Katze*) little cat; (*junge Katze*) kitten **2** (*Blüte*) catkin

Katze cat; (*weiblich*) female cat; (*Raubkatze*) big cat IDM **die Katze aus dem Sack lassen** let the cat out of the bag **die Katze im Sack kaufen** buy a pig in a poke **die Katze lässt das Mausen nicht** a leopard cannot change its spots
Katzenauge 1 cat's eye **2** (*Reflektor*) reflector **Katzenjammer** (*nach einem Misserfolg*) mood of despondency; (*Kater*) hangover **Katzensprung** stone's throw ◇ *Das Kino ist nur einen Katzensprung von hier.* The cinema's only a stone's throw from here.

Kauderwelsch 1 gibberish [U]; (*Sprachgemisch*) mishmash ◇ *Er sprach ein furchtbares Kauderwelsch.* He talked awful gibberish. ◇ *in einem Kauderwelsch aus Englisch und Spanisch* in a mishmash of English and Spanish **2** (*Fachjargon*) gobbledegook (*umgs*)

kauen 1 chew ◇ *Er kaute an seinem Bleistift.* He chewed (on) his pencil. ◇ *an/auf den Nägeln kauen* bite your nails **2 an etw ~** struggle with sth; **jd hat**

an etw zu ~ it takes sb a long time to get over sth ◇ *Ich kaue noch an der Frage, wie ich das alles bezahlen soll!* I'm still struggling with the problem of how I'm going to pay for all that. ◇ *An der Zurückweisung hatte er noch lange zu kauen.* It took him a long time to get over the rejection.

kauern **(sich)** ~ crouch (down); *(ängstlich)* cower ◇ *sich hinter eine Hecke kauern* crouch behind a hedge ◇ *Das Kind kauerte sich verschreckt in eine Ecke.* The child cowered with fright in a corner.

Kauf **1** purchase *(oft mit einem Verb übersetzt)* ◇ *einen Kauf abschließen* complete a purchase ◇ *sich zum Kauf entschließen* decide to purchase ◇ *beim Kauf eines Gebrauchtwagens* when buying a used car **2** *(Verkauf)* sale ◇ *etw zum Kauf anbieten* offer sth for sale **3** *(gekaufter Gegenstand)* buy, purchase *(gehoben)* ◇ *ein guter Kauf* a good buy ◇ *ein günstiger Kauf* a bargain IDM **etw in Kauf nehmen** put up with sth; accept sth

kaufen **1** buy, purchase *(gehoben)* ◇ *Ich kaufe meiner Mutter ein paar Blumen.* I'll buy my mother some flowers. ◇ *Sie kaufte sich ein Auto.* She bought herself a car. ◇ *Die Schule kaufte mehrere Computer.* The school purchased several computers. ◇ *Das wird viel gekauft.* That sells well. **2** *(einkaufen)* shop ◇ *Wir kaufen nur im Supermarkt.* We always shop at the supermarket. **3** *(bestechen)* bribe **4** **sich jdn ~** *(jdm die Meinung sagen)* give sb a piece of your mind IDM **dafür kann ich mir nichts kaufen** what use is that?; that's a fat lot of use *(umgs)* → *Siehe auch* APFEL *und* KATZE

Käufer(in) buyer, purchaser *(gehoben)*

Kauf- **Kauffrau** **1** *(Geschäftsfrau)* businesswoman **2** *(mit kaufmännischer Lehre)* = person with commercial qualifications **3** *(Diplom-)* = sb who has got a degree in business studies **Kaufhaus** department store **Kaufhausdetektiv(in)** store detective **Kaufkraft** **1** *(von Geld)* purchasing power [U] **2** *(eines Käufers)* spending power [U] ◇ *Studenten verfügen über eine geringe Kaufkraft.* Students don't have much spending power. **Kaufladen** toy shop

käuflich **1** for sale ◇ *Das Gemälde ist nicht käuflich.* The painting isn't for sale. ◇ *Gesundheit ist nicht käuflich.* You can't buy health. ◇ *etw käuflich erwerben* buy sth **2** *(bestechlich)* open to bribery ◇ *Ich bin nicht käuflich.* I'm not open to bribery. ◇ *ein käuflicher Zeuge* a witness who can be bribed

Kauf- **Kaufmann** **1** *(Geschäftsmann)* businessman **2** (GESCH) merchant **3** *(mit kaufmännischer Lehre)* = person with commercial qualifications **4** *(Diplom-)* = person with a degree in business studies **kaufmännisch** business ◇ *eine kaufmännische Lehre machen* do business training ◇ *Sie ist kaufmännische Angestellte.* She's in sales. **Kaufpreis** purchase price **Kaufvertrag** sales contract **Kaufzwang** obligation to buy ◇ *Es besteht kein Kaufzwang.* There is no obligation to buy.

Kaugummi (chewing) gum [U] ◇ *Er kaute Kaugummi.* He was chewing gum. ◇ *ein Kaugummi* a piece of chewing gum

Kaulquappe tadpole

kaum **1** *(fast gar nicht, schwerlich)* hardly, barely ◇ *Sie kannte ihn kaum.* She hardly knew him. ◇ *Ich bin kaum zu Hause.* I'm hardly ever home. ◇ *Kaum jemand hält sich daran.* Hardly anyone sticks to that. ◇ *Sie war kaum wiederzuerkennen.* She was barely recognizable. ◇ *Ihre Stimme war kaum zu hören.* You could barely hear her voice. ◇ *Sie ist kaum älter als ich.* She's not much older than me. ◇ *Kaum zu glauben!* That's incredible! ◇ *Ohne dich hätte ich das wohl kaum geschafft.* I couldn't have done it without you. ◇ *Ich glaube kaum, dass …* I don't really think that … **2** *(vermutlich nicht)* hardly ◇ *Das Kind wird ja wohl kaum Bier trinken!* The child is hardly going to drink beer! **3** *(gerade erst)* scarcely *(gehoben)* ◇ *Kaum war ich eingeschlafen, klingelte es.* I had scarcely fallen asleep when the doorbell rang. IDM → UNTERBIETEN

Kaution **1** deposit ◇ *drei Monatsmieten Kaution* a deposit of three months' rent ◇ *Wie viel Kaution musst du hinterlegen?* How big is your deposit? **2** (RECHT) bail [U] ◇ *eine Kaution für jdn stellen/zahlen* stand bail for sb ◇ *Er wurde gegen Kaution freigelassen* He was released on bail. ◇ *Sie wurde gegen eine Kaution von 3 000 Dollar freigelassen.* She was released in return for 3 000 dollars bail.

Kauz **1** *(Vogel)* (small) owl **2** *(Mensch)* odd bird

kauzig odd, funny *(umgs)*

Kavalier gentleman

Kavaliersdelikt minor offence

Kavallerie cavalry

Kaviar caviar

Kebab kebab

keck cheeky *(Adv* cheekily)

Keeper(in) goalkeeper

Kegel **1** *(geometrische Figur)* cone **2** *(beim Kegeln)* skittle; *(beim Bowling)* pin ◇ *Es sind alle Kegel gefallen.* All the pins went down. **3** *Licht-)* beam IDM → KIND

Kegelbahn **1** *(Anlage)* skittle alley ◇ *Hat das Hotel eine Kegelbahn?* Has the hotel got a skittle alley? **2** *(Bahn)* (skittle) alley

kegeln play skittles ◇ *Wir gehen morgen zum Kegeln.* We're playing skittles tomorrow.

Kehle throat ◇ *Er hielt ihm ein Messer an die Kehle.* He held a knife to his throat. ◇ *jdn die Kehle durchschneiden* cut sb's throat IDM **aus voller Kehle** at the top of your voice ◇ *Sie sangen aus voller Kehle.* They sang at the top of their voices. **etw in die falsche Kehle bekommen** take sth the wrong way **etw schnürt jdm die Kehle zu** ◇ *Es schnürte mir die Kehle zu, als ich das hörte.* My throat constricted when I heard about it. **sich die Kehle aus dem Hals schreien** yell your head off *(umgs)* → *Siehe auch* MESSER

Kehlkopf larynx

Kehlkopfentzündung laryngitis

Kehrbesen broom

kehren[1] sweep ◇ *den Boden kehren* sweep the floor IDM → BESEN *und* TEPPICH

kehren[2] **1** turn ◇ *Er hat die Manteltaschen nach außen gekehrt.* He turned his coat pockets inside out. ◇ *Es hat sich ja alles noch zum Guten gekehrt.* Everything turned out well after all. ◇ *Sie saß in sich gekehrt auf dem Sofa.* She sat on the sofa, wrapped up in her own thoughts. **2** *(kümmern)* bother ◇ *Er kehrte sich nicht um uns.* He didn't bother with us. IDM → RÜCKEN

Kehricht sweepings [Pl], rubbish [U], *(AmE)* trash [U] IDM → FEUCHT

Kehrschaufel dustpan

Kehrseite **1** back ◇ *jdm seine Kehrseite zuwenden* turn your back on sb **2** *(Nachteil)* downside ◇ *die Kehrseite seines Ruhms* the downside of his fame IDM **die Kehrseite der Medaille** the other side of the coin

kehrtmachen do an about-turn, turn back ◇ *Sie machte sofort kehrt, als sie ihn sah.* She did an about-turn when she saw him. ◇ *Lass uns besser kehrtmachen!* Let's turn back! IDM → ABSATZ

Kehrtwendung about-turn *(auch fig)*

Kehrwoche = week in which a tenant is responsible for cleaning the stairs, pavement etc.

keifen nag

Keil wedge; (*Brems-*) chock ◇ *einen Keil in den Baumstamm treiben* drive a wedge into the tree trunk IDM **einen Keil zwischen zwei Personen etc. treiben** drive a wedge between two people, etc.

Keilerei fight, punch-up (*umgs*)

Keilriemen drive belt; (*im Auto*) fan belt

Keim **1** (*Trieb*) shoot ◇ *Die Samen haben Keime gebildet.* The seeds have formed shoots. **2** (*Embryo*) embryo **3** (*Krankheitserreger*) germ **4** (*fig*) seed [meist Pl] ◇ *der Keim der Hoffnung* the seeds of hope ◇ *den Keim für eine Freundschaft legen* sow the seeds of a friendship IDM **etw im Keim ersticken** nip sth in the bud

keimen **1** sprout, germinate **2** (*fig*) stir ◇ *In ihr keimte die Hoffnung.* Hope stirred within her. ◇ *das keimende Leben* the first stirrings of life

keim- **keimfrei** sterile ◇ *keimfreies Wasser* sterile water ◇ *etw keimfrei machen* sterilize sth **Keimzelle** **1** germ cell **2** (*fig*) nucleus

kein **1** **kein(e)** no, not a ◇ *Keine Ahnung!* No idea! ◇ *Kein Mensch hört mir zu.* No one is listening to me. ◇ *Das ist keine schlechte Idee!* That's not a bad idea! ◇ *Er hat keine Zeit.* He hasn't got any time. ◇ *Kann sie kein Englisch?* Can't she speak any English? ◇ *Ich habe keine Lust.* I don't want to. **2** **keine(r,s)** none ◇ *Ich ging in mehrere Geschäfte, aber in keinem fand ich, was ich suchte.* I went to several shops but none had what I was looking for. ◇ *„Kann ich den Wein haben?" „Tut mir leid, es ist keiner mehr da!"* 'Could you pass me the wine?' 'I'm afraid there's none left.' ◇ *Keiner der Züge fährt nach London.* None of the trains is/are going to London. **3** **keine(r,s) (der beiden)** neither ◇ *Keines der beiden Mädchen ist über 20.* Neither of the girls is over 20. ◇ *Mir gefällt keines der Bilder.* I don't like either of the pictures. **4** (*vor Zahlwörtern oder Zeitangaben*) not even, less than ◇ *Es ist noch keine Woche her, dass ich sie traf.* It's not even a week since I met her. ◇ *Der Flug hat keine 100 Dollar gekostet.* The flight cost less than a hundred dollars. **5** (*nachgestellt zur Betonung*) no ... at all ◇ *Geld hat er keins.* He hasn't got any money at all. ◇ *Lust habe ich keine.* I don't feel like it at all. **6** (*niemand*) nobody, no one; (*als Objekt auch*) not anybody, not anyone ◇ *Keiner war zu Hause.* There was nobody at home. ◇ *Ich kannte keinen.* I didn't know anyone. ◇ *Keiner meiner Freunde hat Zeit.* None of my friends are free.

keinerlei no ... whatsoever, absolutely no ◇ *Sie zeigte keinerlei Reue.* She showed no remorse whatsoever. ◇ *Dafür gibt es keinerlei Beweise.* There's absolutely no evidence of that.

keinesfalls **1** under no circumstances ◇ *Das werden wir keinesfalls so hinnehmen.* Under no circumstances will we accept this. **2** (*sicherlich nicht*) by no means ◇ *Das Problem ist keinesfalls unlösbar.* The problem is by no means insoluble.

keineswegs not at all ◇ *Ich fühle mich keineswegs alt.* I don't feel old at all. ◇ *Das bedeutet keineswegs, dass ...* That certainly doesn't mean that ...

Keks biscuit, (*AmE*) cookie ◇ *eine Packung Kekse* a packet of biscuits IDM **jdm auf den Keks gehen** get on sb's nerves (*umgs*)

Kelch goblet; (*Abendmahls-*) chalice

Kelle **1** (*Schöpf-*) ladle **2** (*Maurer-*) trowel **3** (*Signal-*) signalling disc, (*AmE*) signaling disk

Keller cellar ◇ *Ich gehe schnell in den Keller.* I'll just pop down to the cellar. IDM **im Keller sein** be at rock bottom ◇ *Die Preise sind im Keller.* Prices are at rock bottom. ◇ *Die Stimmung ist im Keller.* Spirits are at a low. **in den Keller fallen, rutschen etc.** hit rock bottom → *Siehe auch* LEICHE

Kellerassel woodlouse

Kellerei **1** (*Betrieb*) wine producer's **2** (*Lagerraum*) wine cellars [Pl]

Keller- **Kellergeschoss** basement **Kellergewölbe** vault **Kellerwohnung** basement flat

Kellner waiter

Kellnerin waitress

kellnern work as a waiter/waitress

Kelte, Keltin Celt

keltern press

keltisch Celtic

kennen know ◇ *jdn gut kennen* know sb well ◇ *Ich kenne sie irgendwoher.* I know her from somewhere. ◇ *eine Katastrophe von nie gekanntem Ausmaß* a disaster of hitherto unknown proportions ◇ *Wie ich sie kenne, kommt sie bestimmt zu spät.* If I know her, she's sure to be late. ◇ *Sie kennt kein Mitleid.* She is ruthless. ◇ *Kennst du dieses Gefühl?* Have you ever had this feeling? ◇ *Ich kenne ihn nur als fairen Chef.* In my experience, he has always been a fair boss. IDM **da kennst du mich/ihn/sie aber schlecht!** Then you're very wrong! **sich nicht mehr kennen (vor ...)** be beside yourself (with ...) ◇ *Er kannte sich nicht mehr vor Wut.* He was beside himself with rage. → *Siehe auch* SEHEN *und* WESTENTASCHE

kennenlernen **1 sich ~** (*zum ersten Mal begegnen*) meet ◇ *Wo habt ihr euch eigentlich kennengelernt?* Where did you actually meet? **2 jdn ~** get to know sb ◇ *Ich lernte sie bald besser kennen.* I soon got to know her better. IDM **du wirst mich noch kennenlernen!** Just you wait!

Kenner(in) (*Experte*) expert; (*Wein- etc.*) connoisseur ◇ *Sie ist eine Kennerin der Renaissance.* She's an expert on the Renaissance. ◇ *Er ist ein Kenner französischer Weine.* He is a connoisseur of French wines. ◇ *Sie ist eine Kennerin Österreichs.* She knows a lot about Austria.

Kennerblick expert eye ◇ *Sie betrachtete die Statue mit Kennerblick.* She cast her expert eye over the statue. **Kennermiene** **mit ~** like an expert

kenntlich **1** recognizable ◇ *die Boten, kenntlich an ihrer Uniform* the messengers, recognizable by their uniforms ◇ *Sie ist für Fremde nicht gleich kenntlich.* She is not immediately recognizable to strangers. **2** **etw (durch etw) ~ machen** indicate sth (by sth) ◇ *etw durch Hinweisschilder kenntlich machen* indicate sth by signs

Kenntnis **1** knowledge [U/Sing] ◇ *Kenntnisse der deutschen Sprache* knowledge of the German language ◇ *Sie hatte bislang keine Kenntnis davon.* She had no previous knowledge of it. ◇ *Nach heutiger Kenntnis besteht keine Gefahr.* Now we know it's not dangerous. ◇ *Sie verreiste ohne Kenntnis der Eltern.* She went away without her parents knowing it. **2** **etw zur ~ nehmen** recognize sth; (*bemerken*) note sth ◇ *Die Kirche muss endlich zur Kenntnis nehmen, dass ...* The church must finally recognize that ... ◇ *Ich habe es mit Bedauern zur Kenntnis genommen.* I noted it with regret. **3** **jdn zur ~ nehmen** notice sb; **jdn nicht zur ~ nehmen** take no notice of sb ◇ *Er nahm mich einfach nicht zur Kenntnis!* He took no notice of me whatsoever. **4** **von jdm/etw (keine) ~ nehmen** take (no) notice of sb/sth ◇ *Keiner nahm davon Kenntnis.* Nobody took any notice of it. **5** **jdn (von etw) in ~ setzen** inform sb (of sth) ◇ *Warum hat mich niemand davon in Kenntnis gesetzt?* Why didn't anyone inform me about it?

Kenntnisstand ◇ *nach bisherigem Kenntnisstand* according to our current information ◇ *nach heutigem Kenntnisstand* according to what we know now

Kenn- **Kennwort** **1** ◇ *die Zuschriften unter dem Kennwort „Unicef"* the envelopes marked 'UNICEF' **2** (*Losung*) password ◇ *Das Kennwort lautet Phönix.*

The password is phoenix. **Kennzeichen** **1** feature ◇ *ein Kennzeichen der modernen Kunst* a feature of modern art **2** (*Auto- etc.*) number plate, (*AmE*) license plate ◇ *ein Auto mit Münchner Kennzeichen* a car with a Munich number plate ◇ *das amtliche Kennzeichen* the registration number **3** (*Abzeichen*) badge

kennzeichnen **1** mark; (*durch Etikett*) label; (*durch Schilder*) signpost ◇ *Die Flaschen sind mit Etiketten gekennzeichnet.* The bottles are labelled. ◇ *Die Ausfahrt ist durch Hinweisschilder gekennzeichnet.* The exit is signposted. **2** (*charakterisieren*) characterize; (*darstellen*) mark ◇ *Jazzelemente kennzeichnen ihre Musik.* Her music is characterized by jazz elements. ◇ *Der erste Weltkrieg kennzeichnete eine Wende.* The first world war marked a turning point. ◇ *kennzeichnende Merkmale* characteristic features

Kennziffer (code) number; (*bei Zuschriften etc.*) reference number; (MATH) characteristic

kentern capsize ◇ *Ich bin mit dem Kajak gekentert.* My canoe capsized.

Keramik pottery [U] ◇ *mexikanische Keramik* Mexican pottery ◇ *eine Schale aus Keramik* a pottery bowl ◇ *Bilder und Keramiken* pictures and pottery

Keramiker(in) potter

Kerbe notch IDM **in dieselbe Kerbe schlagen** take the same line

Kerbholz IDM **etw auf dem Kerbholz haben** have got sth on your record ◇ *Sie hat einiges auf dem Kerbholz.* She's got quite a lot on her record.

Kerker dungeon ◇ *Sie wurden in den Kerker geworfen.* They were thrown into the dungeon.

Kerl **1** bloke, (*bes AmE*) guy **2 ein ganzer ~** a real man **3 ein feiner/netter ~** a good sort

Kern **1** pip; (*in Steinobst*) stone, (*AmE*) pit **2** (*Nuss-, Mandel- etc.*) kernel **3** (PHYSIK) nucleus ◇ *den Kern eines Atoms spalten* split the nucleus of an atom **4** (*Zentrum*) core; (*Stadt-*) centre, (*AmE*) center ◇ *der Kern der Sonne* the sun's core ◇ *der Kern der Gruppe* the core members of the group ◇ *der alte Kern der Stadt* the old town centre **5** (*fig*) crux ◇ *der Kern des Problems* the crux of the problem ◇ *Im Kern geht es um die Frage, ob …* It's fundamentally a question of whether … IDM **der harte Kern** the hard core ◇ *der harte Kern der Partei* the hard core of the party **Kernbereich** core; (*einer Stadt auch*) centre, (*AmE*) center **Kernenergie** nuclear energy ◇ *Gegner der Kernenergie* opponents of nuclear energy **Kernfusion** nuclear fusion **Kerngehäuse** core **kerngesund** fit as a fiddle ◇ *Ich bin kerngesund.* I'm as fit as a fiddle. **Kernkraft** nuclear power **Kernkraftgegner(in)** opponent of nuclear power **Kernkraftwerk** nuclear power station **Kernphysik** nuclear physics [U] **Kernpunkt** central point **Kernreaktor** nuclear reactor **Kernseife** household soap **Kernspaltung** nuclear fission **Kernspintomografie** MRI, magnetic resonance imaging **Kernwaffen** nuclear weapons [Pl]

Kerosin kerosene

Kerze **1** candle **2** (*Zünd-*) spark plug **3** (*beim Turnen*) shoulder stand ◇ *eine Kerze machen* do a shoulder stand

kerzengerade absolutely straight **Kerzenleuchter**, **Kerzenständer** candlestick **Kerzenlicht** candlelight ◇ *Kammermusik bei Kerzenlicht* chamber music by candlelight ◇ *ein Abendessen bei Kerzenlicht* a candlelit dinner **Kerzenschein** candlelight

Kescher (landing) net

Kessel **1** (*Tee-*) kettle; (*Suppen-*) pot; (*Heiz-*) boiler; (*über einem offenen Feuer*) cauldron **2** (*Tal*) hollow ◇ *Das Dorf liegt in einem tiefen Kessel.* The village is in a deep hollow.

Ketchup, **Ketschup** ketchup

Kette **1** chain; (*Menschen-*) human chain ◇ *Der Hund liegt an der Kette.* The dog is kept on a chain. ◇ *eine Kette von Seen* a chain of lakes ◇ *die Kette an meinem Fahrrad* the chain on my bike ◇ *Die Demonstranten bildeten eine Kette.* The demonstrators formed a human chain. ◇ *eine Kette von Niederlagen* a series of defeats **2** (*Schmuck*) necklace ◇ *eine goldene Kette* a gold necklace ◇ *eine Kette aus Silber* a silver necklace IDM **jdn an die Kette legen** keep sb on a short leash

ketten **1** chain ◇ *Die Gefangenen wurden an die Wand gekettet.* The prisoners were chained to the wall. **2** (*fig*) bind ◇ *Sie hat ihn an sich gekettet.* She bound him to her.

Ketten- **Kettenbrief** chain letter **Kettenkarussell** = carousel with seats on chains **Kettenraucher(in)** chain smoker ◇ *Er war Kettenraucher.* He was a chain smoker. **Kettenreaktion** chain reaction ◇ *eine Kettenreaktion auslösen* set off a chain reaction **Kettensäge** chainsaw

Ketzer(in) heretic

Ketzerei heresy ◇ *jdn der Ketzerei beschuldigen* accuse sb of heresy

ketzerisch heretical (*Adv* heretically)

keuchen **1** pant ◇ *Der Läufer kam keuchend ins Ziel.* The runner arrived at the finishing line panting. **2** (*mit Mühe sprechen*) gasp

Keuchhusten whooping cough

Keule **1** club, cudgel **2** (*Gymnastik-*) Indian club **3** (GASTRON) leg; (*Hühner-*) drumstick

keulen cull

keusch chaste (*Adv* chastely)

Keuschheit chastity

Keuschheitsgelübde vow of chastity

Keyboard keyboard ◇ *Er spielt Keyboard.* He plays the keyboard.

Kfz → KRAFTFAHRZEUG

Kfz-Kennzeichen registration (number) **Kfz-Mechaniker(in)** (garage) mechanic **Kfz-Steuer** road tax **Kfz-Werkstatt** garage, vehicle repair shop

Kichererbse chickpea, (*AmE meist*) garbanzo bean

kichern giggle; (*verlegen*) titter; (*schadenfroh*) snigger

Kichern giggling [U], giggles [Pl]

kicken **1** kick ◇ *Er kickte einen Stein ins Meer.* He kicked a stone into the sea. **2** (*Fußball spielen*) play (football)

Kicker(in) footballer

kidnappen kidnap

Kidnapper(in) kidnapper

Kiebitz lapwing, peewit

Kiefer[1] *die* **1** pine (tree) **2** (*Holz*) pine ◇ *eine Küche aus Kiefer* a pine kitchen

Kiefer[2] *der* jaw ◇ *Sie hatte sich den Kiefer gebrochen.* She had a broken jaw

Kieferhöhlenentzündung sinusitis [U] ◇ *Sie hat eine Kieferhöhlenentzündung.* She's got sinusitis. **Kieferorthopäde, -orthopädin** orthodontist

Kiel[1] (*Feder-*) quill

Kiel[2] (NAUT) keel

Kieme gill

Kies **1** gravel **2** (*Geld*) money, cash, (*BrE auch*) dosh (*Slang*) ◇ *jede Menge Kies* pots of money

Kieselstein pebble

Kiesgrube gravel pit

kiffen smoke pot (*umgs*)

Kiffer(in) (*umgs*) ◇ *Es gibt viele Kiffer unter ihnen.* A lot of them smoke pot.

killen kill *sb* (in cold blood)

Killer hitman (*umgs*)

Killerkommando hit squad

Kilo kilo ◇ *zwei Kilo Zucker* two kilos of sugar ◇ *Sie hat ein paar Kilo zu viel.* She is a few kilos overweight.

Kilobyte kilobyte (*Abk* K) ◇ *eine 500 Kilobyte große Datei* 500 kilobytes of data ◇ *32 768 KByte Speicher* 32 768K of memory

Kilogramm kilogram, (*BrE auch*) kilogramme (*Abk* kg) ◇ *ein zwei Kilogramm schwerer Pilz* a mushroom weighing two kilograms

Kilometer **1** kilometre, (*AmE*) kilometer (*Abk* k, km) ◇ *ein Tunnel von 12 Kilometern Länge* a tunnel 12 kilometres long **2** ~ **(pro Stunde)** kilometres per hour (*Abk* kph) ◇ *eine Höchstgeschwindigkeit von 100 km/h* a speed limit of 100 kph ◇ *Das Auto fährt zweihundert Kilometer Spitze.* The car has a top speed of 200 kph. → *Siehe auch* MPH
Kilometergeld mileage (allowance) ◇ *Ich bekomme Kilometergeld.* I get a mileage allowance. **kilometerlang** ◇ *ein kilometerlanger Sandstrand* miles of sandy beach ◇ *ein kilometerlanger Stau* a tailback for miles ◇ *kilometerlange Schlangen* mile-long queues **Kilometerpauschale** = tax relief for commuting **Kilometerstand** mileage [U] ◇ *ein Auto mit hohem Kilometerstand* a high mileage car **kilometerweit** for miles ◇ *kilometerweite Strecken fahren* drive for miles ◇ *kilometerweit von etw entfernt sein* be miles away from sth **Kilometerzähler** milometer, the clock (*umgs*), (*AmE*) odometer

Kilowatt kilowatt (*Abk* kW) ◇ *ein Gerät mit einer Leistung von fünf Kilowatt* a five kilowatt machine
Kilowattstunde kilowatt-hour (*Abk* kWh)

kiloweise **1** ◇ *kiloweise Kokain* several kilos of cocaine **2** (*per Kilo*) by the kilo ◇ *Äpfel werden kiloweise verkauft.* Apples are sold by the kilo.

Kind child; (*Baby*) baby ◇ *ein zehnjähriges Kind* a ten-year-old child ◇ *Ich bin doch kein Kind mehr!* I'm not a child! ◇ *Ich kenne sie von Kind auf.* I've known her since she was a child. ◇ *Sie erwartet ein Kind.* She's expecting a baby. ◇ *ein Kind bekommen* have a baby ◇ *ein Kind abtreiben* have an abortion IDM **ein gebranntes Kind scheut das Feuer** once bitten, twice shy **ein gebranntes Kind sein** have had your fingers burnt ◇ *Er ist ein gebranntes Kind diesbezüglich.* He's already had his fingers burnt once in that respect. **kein Kind von Traurigkeit sein** know how to enjoy life **mit Kind und Kegel** with the whole family → *Siehe auch* NAME, SCHAUKELN *und* WELT
Kinderarbeit child labour, (*AmE*) child labor **Kinderarmut** child poverty **Kinderarzt, -ärztin** paediatrician, (*AmE*) pediatrician **Kinderbett** children's bed; (*Gitterbett*) cot, (*AmE*) crib **Kinderbuch** children's book **Kinderermäßigung** reduction for children **Kindererziehung** bringing up the children ◇ *diejenigen, die sich um die Kindererziehung kümmern* those responsible for bringing up the children **kinderfreundlich** child-friendly; (*Mensch*) fond of children [nicht vor Nomen] ◇ *ein kinderfreundliches Hotel* a child-friendly hotel ◇ *ein kinderfreundliches Restaurant* a restaurant where children are welcome **Kindergarten** nursery school ◇ *Sie geht noch in den Kindergarten.* She's still at nursery school. **Kindergärtner(in)** nursery teacher **Kindergeburtstag** (children's) birthday party **Kindergeld** child benefit ◇ *Kindergeld bekommen* receive child benefit **Kinderheim** children's home **Kinderhort** (*für Vorschulkinder*) crèche; (*für schulpflichtige Kinder*) after-school care centre, (*AmE*) after-school care center **Kinderkanal** children's channel **Kinderklinik** children's hospital **Kinderkrankheit** childhood illness **Kinderkrippe** crèche, (*AmE*) day care center **Kinderlähmung** polio **kinderleicht** very easy ◇ *kinderleicht zu bedienen* very easy to use **kinderlieb** good with children [nicht vor Nomen] **kinderlos** childless **Kindermädchen** nanny **Kinderpornografie** child pornography **kinderreich** with a lot of children [nicht vor Nomen]; (*Familien*) large ◇ *kinderreiche Ehepaare* couples with a lot of children ◇ *eine kinderreiche Familie* a large family

Kinderschuh child's shoe; (*im Plural*) children's shoes IDM **noch in den Kinderschuhen stecken** be still in its infancy

Kinder- **Kinderschutzbund** ≈child protection agency **Kindersicherung** **1** (*am Rücksitz von Autos und Fahrrädern*) child lock **2** (*am Computer, Fernsehen oder Handy*) parental controls [Pl], parental lock **Kindersitz** (*im Auto*) car seat, child (safety) seat; (*auf dem Fahrrad*) child seat **Kinderspiel** **1** children's game **2** (*fig*) child's play ◇ *Das ist doch ein Kinderspiel für dich!* It would be child's play for you! **Kinderspielplatz** children's playground **Kinderstation** children's ward **Kindersterblichkeit** child mortality; (*von Säuglingen*) infant mortality **Kinderstube** **eine gute ~ haben** be well brought up **Kindertagesstätte** (day) nursery **Kinderwagen** pram, (*AmE*) baby carriage; (*Sportwagen*) pushchair, (*AmE*), stroller; (*Buggy*) buggy, (*AmE*) stroller **Kinderzimmer** children's room; (*für Säuglinge*) nursery

Kindes- **Kindesalter** ◇ *Die beiden sind noch im Kindesalter.* They are both still children. ◇ *Erfahrungen im frühen Kindesalter* experiences in early childhood **Kindesmissbrauch** child (sex) abuse **Kindesmisshandlung** child abuse [U]

Kindheit childhood ◇ *Ich wollte von Kindheit an Tänzerin werden.* Since childhood I have wanted to be a dancer.
Kindheitserinnerung childhood memory **Kindheitstraum** childhood dream

kindisch childish (*Adv* childishly)

kindlich **1** (*von Kindern*) children's [nur vor Nomen] ◇ *die kindliche Fantasie fördern* develop children's imagination ◇ *die kindliche Entwicklung* child development ◇ *Er wirkt noch recht kindlich.* He's still very much a child. **2** (*wie ein Kind*) childlike ◇ *die kindliche Unschuld* childlike innocence ◇ *eine kindliche Schrift haben* have childish handwriting ◇ *eine Frau mit einer kindlichen Figur* a woman with a boyish figure

Kinetik kinetics [U]

kinetisch kinetic ◇ *kinetische Energie* kinetic energy

Kinn chin
Kinnhaken **jdm einen ~ versetzen** punch sb on the jaw; (*beim Boxen*) catch sb with a right/left hook to the chin

Kino **1** cinema, (*AmE*) (movie) theater ◇ *Was läuft im Kino?* What's on at the cinema? **2** (*Vorstellung*) the cinema, (*AmE*) the movies [Pl] ◇ *Sollen wir heute Abend ins Kino gehen?* Shall we go to the cinema tonight? **3** (*Filmkunst*) cinema, (*AmE meist*) the movies [Pl] ◇ *das französische Kino der Fünfzigerjahre* French cinema of the fifties
Kinofilm (cinema) film, (*AmE*) movie **Kinoprogramm** film programme; (*AmE*) film program; (*für alle Kinos*) film listings [Pl]

Kiosk kiosk

Kippe **1** cigarette end, (*AmE*) cigarette butt **2** (*Zigarette*) fag (*umgs*), (*AmE*) smoke (*umgs*) **3** (*Müll-*) tip, dump IDM **auf der Kippe stehen** **1** be balanced precariously ◇ *Die Vase steht auf der Kippe.* The vase is balanced precariously. **2** (*fig*) ◇ *Viele Arbeitsplätze stehen auf der Kippe.* Many jobs are hanging in the balance. ◇ *Es steht auf der Kippe, ob …* It's touch and go whether …

kippen **1** fall; (*umfallen*) fall over; (*Wagen*) roll over; (*Boot*) overturn ◇ *Der Papagei kippte tot von der*

Stange. The parrot fell dead off its perch. ◇ *Bäume kippten im Unwetter.* Trees fell over in the storm. **2** (*schräg stellen*) tilt **3** (*schütten*) tip; (*Müll, Abfälle*) dump ◇ *Er kippte den Kaffee in den Ausguss.* He tipped the coffee down the sink. ◇ *Abfälle in die Landschaft kippen* dump waste in the countryside **4** (*sich ändern*) go the other way; (*Wetter*) change (for the worse) ◇ *Wäre der Elfmeter reingegangen, hätte das Spiel noch kippen können!* If the penalty had gone in, the game could have gone the other way. **5** (*Urteil, Beschluss*) overturn; (*Abmachung*) go back on *sth* **6** (*Alkohol*) knock *sth* back ◇ *Sie kippte einige Whiskys.* She knocked back a few whiskies. ◇ *Er kippt gern einen.* He likes a drink.

Kirche church; (*Glaubensgemeinschaft*) Church ◇ *In der Kirche findet ein Konzert statt.* There's a concert in the church. ◇ *die Katholische Kirche in Bayern* the Catholic Church in Bavaria ◇ *Kirche und Staat* Church and State ◇ *War er heute in der Kirche?* Was he in church today?

Kirchengemeinde (*Bezirk*) parish; (*Menschen*) congregation [mit Verb im Sing/Pl] **Kirchenglocke** church bell **Kirchenlied** hymn **Kirchensteuer** church tax

kirchlich **1** *Adj* church [nur vor Nomen]; (*von der Kirche geführt*) run by the Church [nicht vor Nomen]; (*religiös*) religious ◇ *kirchliche Musik* church music ◇ *eine kirchliche Beratungsstelle* a counselling centre run by the Church ◇ *ein kirchlicher Feiertag* a religious holiday **2** *Adv* ◇ *kirchlich heiraten* marry in church

Kirchturm (*mit Spitze*) steeple; (*ohne Spitze*) (church) tower

Kirmes fair ◇ *auf die Kirmes gehen* go to the fair ◇ *Am Wochenende ist Kirmes.* The fair's on at the weekend.

Kirsche cherry; (*Baum*) cherry tree; (*Holz*) cherry wood IDM **mit jdm ist nicht gut Kirschen essen** sb is not easy to get on with; (*vorübergehend*) sb is in a bad mood

Kirschkern cherry stone, (*AmE*) cherry pit **Kirschmarmelade** cherry jam **Kirschwasser** kirsch

Kissen cushion; (*Kopf-*) pillow

Kissenbezug cushion cover; (*Kopf-*) pillowcase, pillowslip **Kissenschlacht** pillow fight ◇ *eine Kissenschlacht veranstalten* have a pillow fight

Kiste **1** box; (*Latten-, Getränke-*) crate; (*Wein-*) case ◇ *eine Kiste Bier* a crate of beer **2** (*Auto*) car; (*alt*) banger (*umgs*), (*AmE*) beater (*umgs*) **3** (*Angelegenheit*) business, affair

kistenweise **1** (*in großen Mengen*) ◇ *Im Kinderzimmer steht kistenweise Spielzeug rum.* There are boxfuls of toys in the children's bedroom. **2** (*in einer Kiste*) by the crate; (*Wein*) by the case ◇ *Bier kistenweise kaufen* buy beer by the crate

Kita → KINDERTAGESSTÄTTE

Kitsch kitsch

kitschig **1** kitschy ◇ *ein kitschiges Souvenir* a kitschy souvenir **2** (*rührselig*) soppy ◇ *eine kitschige Liebesgeschichte* a soppy love story

Kitt **1** (*für Fenster*) putty; (*für Porzellan*) cement; (*Füllmasse*) filler **2** (*fig*) cement ◇ *der soziale Kitt des neuen Staates* the social cement of the new state

Kittel overall, (*AmE*) smock; (*eines Arztes, Krankenpflegers, Laboranten*) (white) coat

kitten (*Porzellan*) stick together; (*spachteln*) fill; (*mit Kitt befestigen*) fix with putty; (*fig*) patch *sth* up ◇ *Sie versuchten ihre Freundschaft zu kitten.* They tried to patch up their friendship.

Kitz kid; (*Reh-*) fawn

kitzeln tickle ◇ *jdn am Bauch kitzeln* tickle sb's tummy ◇ *Das kitzelt!* That tickles.

kitzlig **1** ticklish **2** (*Situation*) tricky

Kiwi kiwi (fruit)

Klacks blob; (*größer*) dollop (*umgs*) ◇ *ein Klacks Schlagsahne* a dollop of whipped cream IDM **etw ist (für jdn) ein Klacks** sth is a piece of cake (for sb) (*umgs*); (*Geld*) be chicken feed (for sb) (*umgs*)

klaffen (*Loch, Wunde*) gape; (*Lücke*) yawn ◇ *eine klaffende Wunde* a gaping wound ◇ *Im Haushalt klafft ein 100-Millionen-Loch.* There is a gaping hole of 100 million in the budget.

kläffen yap

Klage **1** (*Ausdruck der Trauer*) lament; (*Ausdruck des Schmerzes*) complaint **2** (*Beschwerde*) complaint ◇ *Sie haben keinen Grund zur Klage.* You have no cause for complaint. **3** (*im Zivilrecht*) action; (*im Strafrecht*) charge ◇ *gegen jdn Klage erheben* take legal action against sb ◇ *eine Klage auf Schadensersatz einreichen* bring an action for damages ◇ *Die Klage wurde abgewiesen.* The action/charge was dismissed.

klagen **1** (*Trauer oder Schmerzen ausdrücken*) moan; (*weinen*) wail **2** **(über jdn/etw) ~** complain (about sb/sth); (*Schmerzen, Übelkeit etc.*) complain (of sth) ◇ *Er klagte über die Preiserhöhung.* He complained about the price rises. ◇ *Sie klagt über Kopfschmerzen.* She is complaining of a headache. ◇ *Sie tat ihre Arbeit ohne zu klagen.* She did her work without complaining. **3 jdm sein Leid/seine Not ~** pour out your troubles to sb **4** (RECHT) **(gegen jdn) ~** sue (sb), take legal action (against sb) ◇ *Sie klagte gegen ihren Nachbarn auf Schadensersatz.* She sued her neighbour for damages.

Kläger(in) (RECHT) plaintiff

kläglich **1** miserable (*Adv* miserably); (*Misslingen*) dismal (*Adv* dismally) ◇ *eine klägliche Summe* a miserable amount of money ◇ *eine klägliche Niederlage* a miserable defeat ◇ *kläglich scheitern* fail dismally **2** (*mitleiderregend*) pitiful (*Adv* pitifully); (*Ende*) wretched; (*Anblick*) sorry ◇ *kläglich weinen* cry pitifully ◇ *kläglich verenden* come to a wretched end

Klamauk (*im Theater, Kino*) slapstick comedy

klamm **1** (cold and) damp **2** (*steif*) numb **3** (*mit wenig Geld*) hard up (*umgs*) **4** (*sentimental*) ◇ *Beim Abschied wurde mir ganz klamm ums Herz.* When we said goodbye, I felt all emotional.

Klammer **1** (*Wäsche-*) clothes peg, (*AmE*) clothespin; (*Büro-*) paper clip; (*Heft-*) staple; (*Zahn-*) brace; (*Wund-*) clip; (*Haar-*) (hair)grip; (*fig*) bond **2** (*Schriftzeichen*) bracket [meist Pl], (*AmE*) parenthesis [meist Pl] ◇ *eckige/runde Klammern* square/round brackets ◇ *Klammer auf/Klammer zu* open/close brackets ◇ *etw in Klammern setzen* put sth in brackets ◇ *geschweifte Klammern* braces

Klammeraffe (COMP) 'at' sign **Klammergriff** vice-like grip

klammern **1 etw (an etw) ~** (*mit einer Wäscheklammer*) peg sth (on sth); (*mit einer Büroklammer*) clip sth (to sth), attach sth (to sth) with a paper clip ◇ *Wäsche an die Leine klammern* peg the washing on the line ◇ *Er klammerte ein Foto an seine Bewerbungsunterlagen.* He attached a photo to his application with a paper clip. ◇ *Sie klammerte ihre Arme um seinen Hals.* She clamped her arms around his neck. **2 sich an jdn/etw ~** cling to sb/sth (*auch fig*) ◇ *Der kleine Junge klammerte sich an seine Mutter.* The young boy clung to his mother. **3** (*Wunde*) close *sth* with clips **4** (*beim Boxen*) clinch, hold

klammheimlich **1** *Adj* secret ◇ *ein klammheimliches Treffen* a secret meeting **2** *Adv* on the quiet ◇ *die Gebühren klammheimlich erhöhen* increase the fees on the quiet ◇ *Sie ist klammheimlich abgereist.* She left without saying a word.

Klamotte **1 Klamotten** clothes [Pl]; *(Sachen)* things [Pl], stuff [U] **2** *(Klamauk)* slapstick comedy; *(alter Film)* old favourite, *(AmE)* old favorite

Klang **1** sound; *(-farbe)* tone ◇ *ein schöner Klang* a beautiful sound ◇ *Sie liebte den warmen Klang seiner Stimme.* She loved the warm tone of his voice. ◇ *Der Name „Bali" hatte einen guten Klang für sie. Dort hatte sie ihre Hochzeitsreise verbracht.* The name 'Bali' had pleasant associations for her. She'd spent her honeymoon there. **2 Klänge** *(Melodie)* tunes [Pl], strains [Pl] *(gehoben)* ◇ *alte, wohlbekannte Klänge* old familiar tunes ◇ *nach den Klängen einer Polka tanzen* dance to the strains of a polka

klanglich tonal *(Adv* tonally)

klanglos toneless *(Adv* tonelessly) **IDM** → SANG-

klangvoll **1** nice-sounding, sonorous *(gehoben)* **2** *(mit gutem Ruf)* illustrious

Klappe **1** flap; *(eines Lkws)* tailgate **2** *(beim Film)* clapperboard **3** *(an Musikinstrumenten)* key **4** *(Mund)* mouth, *(BrE auch)* gob *(umgs)* ◇ *Er hat eine große Klappe.* He's got a big mouth. ◇ *Ich geb dir gleich eins auf die Klappe!* I'll give you a smack in the mouth in a minute! **IDM die/seine Klappe halten** *(nichts sagen)* keep your mouth shut; *(aufhören zu reden)* shut up → *Siehe auch* FLIEGE

klappen **1** *(funktionieren)* work (out); *(problemlos verlaufen)* go well ◇ *Hoffentlich klappt das auch!* I hope it works out all right! ◇ *Das Fahren klappt schon ganz gut, nur das Einparken noch nicht.* The driving is going quite well. I'm just not very good at parking yet. **2** *(falten)* fold **3** *(Kragen)* turn; *(Sitz)* tip

Klappentext blurb

klapperig **1** rickety; *(Fahrzeug auch)* clapped-out *(umgs)* **2** *(Mensch, Tier)* decrepit; *(Mensch auch)* doddering

klappern **1** rattle; *(unangenehm laut)* clatter ◇ *das Klappern der Fensterläden* the rattling of the shutters ◇ *Er klapperte auf der Schreibmaschine.* He clattered away on the typewriter. **2 mit etw ~** rattle sth ◇ *Sie klapperten mit den Sammelbüchsen.* They were rattling the collection boxes. ◇ *Er klapperte mit dem Geschirr.* He made a lot of noise with the dishes. **3 jd klappert mit den Zähnen** sb's teeth chatter

Klapperschlange rattlesnake

Klapp- **Klapphandy** flip phone **Klappmesser** clasp knife

klapprig → KLAPPERIG

Klapp- **Klappsitz** tip-up seat **Klappstuhl** folding chair **Klapptisch** folding table

Klaps smack

klar **1** clear *(Adv* clearly); *(Antwort)* straight [nur vor Nomen] ◇ *das klare Wasser des Sees* the clear water of the lake ◇ *Habe ich mich klar genug ausgedrückt?* Have I made myself clear? ◇ *Die Kriterien sind nicht klar definiert.* The criteria aren't clearly defined. ◇ *Gib mir eine klare Antwort!* Give me a straight answer! ◇ *Ich kann nicht mehr klar denken.* I can't think straight any more. ◇ *Du solltest endlich mal klare Verhältnisse schaffen.* You really ought to get things sorted out. ◇ *Das muss einmal klar und deutlich gesagt werden.* This has to be spelled out. ◇ *die Gläser klar spülen* rinse the glasses **2** *(geistig)* lucid ◇ *In klaren Momenten erkannte sie ihn noch.* In her lucid moments, she still recognized him. ◇ *Er war nicht mehr klar im Kopf.* He wasn't with it any more. ◇ *bei klarem Bewusstsein sein* be fully conscious **3 etw ist jdm ~** sth is clear to sb ◇ *Es war mir klar, dass er log.* It was clear to me that he was lying. **4 etw wird jdm ~** sth becomes clear to sb; *(jd sieht etw ein)* sb realizes sth ◇ *Als er das sah, wurde ihm alles klar.* When he saw that, it all became clear to him. ◇ *Ihm ist immer noch nicht klar, dass es aus ist.* He still doesn't realize that it's over. **5** *(bereit)* ready [nicht vor Nomen] ◇ *Das Flugzeug war klar zum Start.* The plane was ready for take-off. ◇ *Alles klar zum Start.* All systems go. **IDM alles klar** all right **(na) klar!** of course! **sich über etw klar/im Klaren sein** be aware of sth; *(begreifen)* realize sth ◇ *Sie war sich klar darüber, dass sie ein großes Risiko einging.* She was aware that she was taking a big risk. ◇ *Du bist dir hoffentlich im Klaren darüber, dass er dir das nie verzeihen wird.* I hope you realize that he'll never forgive you. → *Siehe auch* FRONT, KLIPP, VERHÄLTNIS, VERSTAND *und* WEIN

Klär- **Kläranlage** sewage treatment plant **Klärbecken** sewage tank

klären **1** *(Problem, Frage)* resolve, sort *sth* out *(umgs)*; *(Fall)* solve; *(Identität, Ursache, Folge)* establish **2 etw klärt sich** sth is resolved, sth is sorted out *(umgs)*; *(von selbst)* sth resolves itself, sth sorts itself out *(umgs)* ◇ *Diese Fälle klären sich meist ganz schnell.* These cases are usually resolved quite quickly. ◇ *Die Frage hat sich von selbst geklärt.* The problem has sorted itself out. **3** *(Abwässer etc.)* treat

klargehen be OK *(umgs)* ◇ *Das mit dem Kino heute Abend geht klar.* It's OK about the cinema tonight. ◇ *„Ich brauche die Kopien bis heute Nachmittag." „Geht klar!"* 'I need the copies by this afternoon.' 'That's OK!'

Klarheit **1** *(Deutlichkeit, Eindeutigkeit)* *(meist mit einem Verb übersetzt)* ◇ *Seine Antwort ließ an Klarheit nichts zu wünschen übrig.* His answer was crystal clear. ◇ *Noch gibt es keine Klarheit über das Ausmaß des Unfalls.* There is no clear idea yet of the extent of the disaster. ◇ *Wir sind froh, dass jetzt Klarheit herrscht.* We are glad that things have now been sorted out. ◇ *Bei den Wassergebühren soll jetzt Klarheit geschaffen werden.* Water charges are to be made more transparent. ◇ *Er versuchte, sich Klarheit über die Kosten zu verschaffen.* He tried to get a clear idea of the costs. **2** *(Ungetrübtheit)* clarity ◇ *die Klarheit des Wassers* the clarity of the water

Klarinette clarinet ◇ *Er spielt Klarinette.* He plays the clarinet.

klarkommen **1** *(zurechtkommen)* manage; **(mit jdm/etw) ~** cope (with sb/sth) **2 mit etw ~** *(verstehen)* get to grips with sth **3 mit jdm ~** *(sich verstehen)* get on with sb

klarmachen **1 (jdm) etw ~** make sth clear (to sb); **(jdm) ~, dass ...** make it clear (to sb) that ... ◇ *Sie hat ihre Position unmissverständlich klargemacht.* She has made her position perfectly clear. **2 sich etw ~** realize sth; *(berücksichtigen)* remember sth; *(sich vorstellen)* imagine sth ◇ *Ich habe mir noch nie klargemacht, was es heißt, arbeitslos zu sein.* I never realized before what it's like to be unemployed. ◇ *Das muss man sich einmal klarmachen!* Just imagine that! ◇ *Man muss sich einmal klarmachen, dass damals noch kein Mensch einen Computer hatte.* You have to remember that nobody had a computer then. **3** *(vorbereiten)* make *sth* ready

Klärschlamm sludge

klarsehen understand ◇ *Langsam sehe ich klar.* I'm beginning to understand. ◇ *Fernsehen gibt's heute nicht, damit du klarsiehst!* There'll be no television tonight — do you understand? ◇ *In rund zwei Wochen sehen wir klar.* In about two weeks we'll have a better idea.

Klarsichtfolie clear plastic film; *(Frischhaltefolie)* cling film, *(AmE)* plastic wrap

klarstellen make *sth* clear; **~, dass ...** make it (quite) clear that ... ◇ *Vorab möchte ich eins klarstellen: ...* First I'd like to make one thing clear: ...

Klartext im ~ in plain language, in plain English ◇ *Im Klartext heißt das, ...* In plain English, that means that ... IDM **Klartext reden/sprechen 1** (*sich verständlich ausdrücken*) talk plainly, speak plain English ◇ *Kannst du nicht mal Klartext reden?* Can't you speak plain English? **2** (*offen die Wahrheit sagen*) ◇ *Du musst jetzt endlich Klartext mit deinen Eltern reden.* It's time you told your parents the truth. **3** (*jdm die Meinung sagen*) ◇ *Sie wollte mit ihm Klartext reden.* She was going to give him a good talking-to.

Klärung 1 (*meist mit einem Verb übersetzt*) ◇ *Er war für die Klärung organisatorischer Fragen zuständig.* His job was to resolve organizational problems. ◇ *Bis zur endgültigen Klärung hat die Polizei jede Auskunft verweigert.* Until the case is finally solved, the police have refused to give any information. ◇ *vor der Klärung der Eigentumsverhältnisse* before ownership is established ◇ *Sie fordern eine gerichtliche Klärung.* They want the issue to be settled by the court. → *Siehe auch* KLÄREN **2** (*von Abwässern*) purification

Klärwerk sewage works [mit Verb im Sing/Pl]

klasse great (*umgs*), brilliant ◇ *Das finde ich klasse!* I think that's great! ◇ *Das hast du klasse gemacht.* That was great. ◇ *Sie ist eine klasse Spielerin.* She's a brilliant player. → *Siehe auch* KLASSE

Klasse 1 class ◇ *die herrschende Klasse* the ruling class ◇ *in der Klasse bis 125 ccm* in the 125 cc-class ◇ *erster Klasse reisen* travel first class ◇ *ein Musiker erster Klasse* a first-class musician ◇ *Sie hat wirklich Klasse.* She really has class. ◇ *Er ist in meiner Klasse.* He is in my class. ◇ *die Jungen und Mädchen der Klasse 2d* the boys and girls in 2D **2** (*Schuljahr*) year, (*AmE*) grade ◇ *Er kommt bald in die sechste Klasse.* He'll soon be going into year six. **3** (SPORT) league IDM **einsame/große Klasse sein** be great ◇ *Das war einsame Klasse, wie sie ihn abgewimmelt hat.* That was great, the way she got rid of him. → *Siehe auch* KLASSE

Klassenarbeit (written) test ◇ *Morgen schreiben wir eine Klassenarbeit.* We've got a test tomorrow. **Klassenbuch** = class register in which the content of the lesson, and pupils' absences, poor behaviour, etc. are recorded **Klassenfahrt** school trip ◇ *Die 10. Klasse macht eine Klassenfahrt nach London.* Year 10 are going on a school trip to London. **Klassenkamerad(in)** classmate **Klassenkampf** class struggle **Klassenlehrer(in), Klassenleiter(in)** class teacher **Klassensprecher(in)** class representative; (*in Privatschulen, Gymnasien*) form captain **Klassentreffen** (class) reunion **Klassenzimmer** classroom

klassifizieren classify; **jdn als etw ~** class sb as sth ◇ *Texte nach Gattungen klassifizieren* classify texts by genre

Klassik 1 (*Musik*) classical music ◇ *Sie hört gern Klassik.* She likes listening to classical music. **2** (*Epoche*) classical period ◇ *Werke aus dem Barock und der Klassik* works from the baroque and classical periods **3** (*Antike*) classical antiquity

Klassiker classic ◇ *die Klassiker der modernen Literatur* the classics of modern literature

Klassiker(in) 1 (*Schriftsteller(in) der Klassik*) classical writer; (*Maler(in)*) classical painter; (*Komponist(in)*) classical composer **2** (*Meister(in)*) great exponent ◇ *Er gilt als Klassiker der abstrakten Malerei.* He is regarded as one of the greatest exponents of abstract painting.

klassisch 1 classical (*Adv* classically) ◇ *klassische Dramen* classical drama ◇ *ein klassisches Konzert* a classical concert ◇ *klassisch ausgebildete Musiker* classically trained musicians **2** (*zeitlos, beispielhaft*) classic ◇ *ein klassisches Design* classic design ◇ *ein klassischer Western* a classic western **3** (*typisch*) classic, typical ◇ *ein klassisches Beispiel* a classic example ◇ *ein klassisches Reiseland* a typical tourist destination

Klassizismus classicism

klassizistisch classical

Klatsch 1 (*Gerede*) gossip (*abwert*) ◇ *Der Klatsch und Tratsch im Büro geht mir auf die Nerven.* The gossip in the office gets on my nerves. **2** (*Geräusch*) smack; (*in Verbindung mit Wasser*) splash

klatschen 1 clap; (*Beifall auch*) applaud (*auch fig*) ◇ *Das Publikum fing an, im Takt zu klatschen.* The audience began to clap in time to the music. ◇ *Der Dirigent klatschte energisch in die Hände.* The conductor clapped his hands in an authoritative manner. ◇ *Am Ende des Stücks klatschten sie artig Beifall.* They clapped politely at the end of the play. ◇ *Es gab sogar Leute, die den Tätern Beifall klatschten.* There were even people who applauded the perpetrators. **2 sich auf die Schenkel/vor die Stirn ~** slap your thighs/forehead **3** (*werfen*) slap ◇ *Es macht richtig Spaß, den Putz an die Wand zu klatschen.* It's great fun, slapping plaster on the wall. ◇ *Er klatschte ihm eine Sahnetorte ins Gesicht.* He slapped a cream cake in his face. **4** (*auftreffen*) hit; (*Wasser*) splash ◇ *Der Regen klatschte gegen die Fensterscheiben.* The rain splashed against the window-panes. ◇ *klatschende Wellen* splashing waves **5 (über jdn) ~** (*tratschen*) gossip (about sb)

Klatsch- Klatschmohn (corn) poppy **klatschnass** soaking wet **Klatschspalte** gossip column (*abwert*)

Klaue 1 claw **2** (*Huf*) hoof **3** (*Hand*) paw (*umgs*) **4 Klauen** (*fig*) clutches [Pl] ◇ *Er befreite sich aus den Klauen seiner Entführer.* He escaped the clutches of his kidnappers. ◇ *die Klauen des Todes* the jaws of death **5** (*Handschrift*) scrawl [U], terrible handwriting [U] ◇ *Du hast vielleicht eine Klaue!* Your handwriting's terrible!

klauen (etw) ~ steal (sth), (*BrE auch*) nick (sth) (*umgs*); **jdm (etw) ~** steal sth from sb, (*BrE auch*) nick sth from sb (*umgs*) ◇ *Man hat mir das Fahrrad geklaut!* Somebody's nicked my bike!

Klausel clause

Klausur 1 test; (*Prüfung*) exam (paper) ◇ *Wir schreiben morgen eine Klausur.* We've got an exam tomorrow. ◇ *Er verbringt Stunden damit, Klausuren zu korrigieren.* He spends hours marking exam papers. **2** (*Sitzung*) closed session ◇ *In dreitägiger Klausur hat sich das Kabinett mit dem Etat befasst.* The Cabinet has been working on the budget in three days of closed session. **3 in ~ gehen** shut yourself away

Klavier piano ◇ *Klavier spielen* play the piano **Klavierbegleitung** piano accompaniment **Klavierkonzert 1** piano concerto **2** (*Veranstaltung*) piano recital **Klavierstimmer(in)** piano tuner **Klavierstuhl** piano stool **Klavierunterricht** piano lessons [Pl]

Klebeband sticky tape [U]

kleben 1 stick ◇ *Das Pflaster klebt nicht mehr.* The plaster won't stick any more. ◇ *Unter meinem Schuh klebt ein Kaugummi.* I've got chewing gum stuck to the sole of my shoe. **2** (*mit Klebstoff*) glue ◇ *Ich habe diese Vase schon mehrfach geklebt.* I have glued this vase back together several times. **3** (*klebrig sein*) be sticky ◇ *Warum kleben meine Hände bloß so?* Why on earth are my hands so sticky? **4 an jdm/etw ~** cling to sb/sth ◇ *Peter klebt geradezu an seiner Mutter.* Peter really clings to his mother. **5 ~ bleiben** get stuck; (*in der Schule*) have to stay down (a year) ◇ *Wir sind gestern Abend in der Kneipe kleben geblieben.* We got stuck in the pub last night. ◇ *Reisreste sind am Topfboden kleben geblieben.* Bits of rice are stuck to the bottom of the saucepan. ◇ *Sie ist letztes Jahr kleben geblieben.* She had to stay down last year. IDM **jdm eine kleben**

land sb one (*umgs*) ◇ *Ich klebe dir gleich eine!* I'll land you one in a minute!

Kleber glue, adhesive (*gehoben*)

Klebestift glue stick

klebrig sticky ◇ *Ich habe klebrige Finger von der Schokolade.* My fingers are sticky from the chocolate.

Klebstoff glue, adhesive (*gehoben*)

kleckern 1 spill ◇ *Ich habe Joghurt auf mein Hemd gekleckert.* I've spilt yogurt on my shirt. **2** (*Schmutz machen*) make a mess ◇ *Mein kleiner Bruder kleckert immer beim Essen.* My little brother always makes a mess when he's eating.

Klecks 1 stain; (*Tintenfleck*) ink(blot) ◇ *Der Maler hat Kleckse auf den Teppich gemacht.* The painter has left stains on the carpet. ◇ *Dein Heft ist ja voller Kleckse!* You've got ink all over your exercise book! **2** (*kleine Menge*) blob ◇ *ein Klecks Senf* a blob of mustard

klecksen 1 (*Kleckse machen*) ◇ *Mein Füller kleckst.* My pen is messy. ◇ *Ich habe über die ganze Seite gekleckst.* I've got ink all over the page. ◇ *Ich habe Soße auf das Tischtuch gekleckst.* I've got sauce on the tablecloth. **2** (*schlecht schreiben/malen/auftragen*) daub ◇ *Sie kleckste Farbe auf die Leinwand und nannte es Kunst.* She daubed paint onto the canvas and called it art.

Klee clover **IDM** **jdn/etw über den grünen Klee loben** praise sb/sth to the skies

Kleeblatt 1 clover ◇ *Ich habe ein vierblättriges Kleeblatt gefunden!* I've found a four-leaf clover! **2** (*Menschen*) threesome **3** (*Straßenkreuz*) cloverleaf intersection

Kleid 1 dress ◇ *Sie trägt ein Kleid aus rotem Satin.* She is wearing a red satin dress. **2 Kleider** (*Kleidung*) clothes [Pl] ◇ *Diese Kleider müssen gereinigt werden.* These clothes need to be dry-cleaned. **3** (*fig*) ◇ *das lila Kleid der Heide* the purple of the heather ◇ *Die Natur wechselt ihr Kleid und bereitet sich auf den Winter vor.* Nature changes her colours and makes ready for winter.

kleiden 1 (sich) ~ dress ◇ *Sie kleidet sich äußerst geschmackvoll.* She dresses very tastefully. ◇ *Sie kleidet ihre Kinder immer farbenfroh.* She always dresses her children in bright colours. ◇ *Warum muss er sich bloß immer nach der neuesten Mode kleiden?* Why does he always have to wear all the latest fashions? ◇ *Im Herbst kleidet sich die Natur in ihre schönsten Farben.* In autumn, nature wears her finest colours. **2 etw kleidet jdn** sth suits sb ◇ *Diese Farbe kleidet dich gut.* That colour suits you. **3 etw in Worte** ~ put sth into words ◇ *Wie soll ich meine Gefühle in Worte kleiden?* How can I put my feelings into words?

Kleider- **Kleiderbügel** coat hanger **Kleiderbürste** clothes brush **Kleiderhaken** clothes hook **Kleiderordnung** dress code **Kleiderrock** pinafore (dress) **Kleidersammlung** clothing collection **Kleiderschrank** wardrobe **Kleiderspende** clothing donation

Kleidung clothing [U], clothes [Pl]

Kleidungsstück article of clothing, garment

klein 1 small, little ◇ *eine kleine Wohnung* a small flat ◇ *Was für ein niedlicher kleiner Hund!* What a sweet little dog! ◇ *Streng dich mal ein kleines bisschen an!* Make a bit of an effort! ◇ *Mein Gewicht ist meine kleinste Sorge.* My weight is the least of my worries. ◇ *Meine Schwester erschrickt bei dem kleinsten Geräusch.* My sister jumps at the slightest sound. ◇ *Tut mir leid, aber ich habe es leider nicht klein.* I'm sorry, but I haven't got the right change. **2** (*jung*) young, little ◇ *Dafür bist du noch zu klein.* You're too young for that. ◇ *Hast du noch kleinere Geschwister?* Have you got any younger brothers or sisters? ◇ *Als ich klein war, wollte ich Polizist werden.* When I was little, I wanted to be a policeman. **3** (*zeitlich kurz*) short, little ◇ *eine kleine Pause* a short break ◇ *Willst du für eine kleine Weile zu mir kommen?* Do you want to come over to my place for a little while? **4** (*Hitze etc.*) low ◇ *auf kleiner Flamme kochen* cook on a low heat ◇ *Hast du die Heizung klein gestellt?* Have you put the heating on low? **5** (*bescheiden*) modest; (*unbedeutend*) minor ◇ *Sie leben in kleinen Verhältnissen.* They live in modest circumstances. ◇ *Er ist ein kleiner Angestellter bei einer Bank.* He's a minor employee at a bank. ◇ *der kleine Mann auf der Straße* the ordinary man in the street **6** (*kleinlaut*) meek, small **IDM** **klein anfangen** start small **von klein an/auf** from an early age ◇ *Ich bin von klein auf mit meinen Eltern ins Theater gegangen.* I went to the theatre with my parents from an early age. ◇ *Sie hat von klein auf in München gelebt.* She has lived in Munich since she was a child. → *Siehe auch* BEIGEBEN, FISCH, GROSS, KURZ *und* ÜBEL

Klein- **Kleinanzeige** classified advertisement, (*BrE auch*) small ad (*umgs*) **Kleinarbeit** painstaking work **Kleinbauer, -bäuerin** small farmer **Kleinbetrieb** small business **Kleinbuchstabe** small letter **kleinbürgerlich 1** lower middle-class ◇ *die kleinbürgerliche Bevölkerung* the lower middle-class population **2** (*spießbürgerlich*) petit bourgeois (*abwert*) ◇ *Sie denkt sehr kleinbürgerlich.* She has some very petit bourgeois attitudes. **Kleinbus** minibus

Kleine(r,s) little one

Klein- **Kleingedruckte** small print [U] ◇ *Hast du auch das Kleingedruckte in deiner Versicherungspolice gelesen?* Have you actually read the small print on your insurance policy? **Kleingeld 1** (small) change [U] ◇ *Ich habe leider kein Kleingeld.* I'm afraid I haven't got any change. **2** (*Geld*) money ◇ *Für eine Kreuzfahrt fehlt mir das nötige Kleingeld.* I haven't got the money to go on a cruise. **Kleinhirn** (ANAT) cerebellum

Kleinholz kindling [U], firewood [U] ◇ *Kleinholz machen* chop firewood **IDM** **aus jdm Kleinholz machen; jdn zu Kleinholz machen** make mincemeat out of sb (*umgs*) **aus etw Kleinholz machen; etw zu Kleinholz machen** smash sth up ◇ *Er hat seine komplette Wohnzimmereinrichtung zu Kleinholz gemacht.* He smashed up his living room.

Kleinigkeit little thing ◇ *Warum regst du dich bloß über jede Kleinigkeit so auf?* Why do you get so worked up over every little thing? ◇ *eine Kleinigkeit* a little something ◇ *Das ist doch eine Kleinigkeit für dich!* That's no problem for you! ◇ *Die Reparatur hat mich die Kleinigkeit von 500 Dollar gekostet.* The repairs cost me a mere 500 dollars.

klein- **kleinkariert** narrow-minded ◇ *Ich finde deine Einstellung kleinkariert.* You're being narrow-minded. ◇ *Er denkt recht kleinkariert.* He's very narrow-minded. **Kleinkind** toddler **Kleinkram 1** odds and ends [Pl] (*umgs*) **2** (*Unwichtiges*) minor details [Pl] **Kleinkrieg** feud ◇ *Die Nachbarn führten untereinander Kleinkrieg.* The neighbours were having a feud.

kleinkriegen 1 manage to destroy ◇ *Mein Bruder kriegt jedes Spielzeug klein.* My brother manages to destroy all his toys. ◇ *Diese Jeans sind einfach nicht kleinzukriegen.* These jeans go on forever. **2 jdn** ~ get sb down; (*schikanieren*) bully sb ◇ *Mich kriegt niemand klein.* No one gets me down. ◇ *Lass dich von deinen Klassenkameraden nicht kleinkriegen!* Don't let your classmates bully you!

kleinlaut sheepish (*Adv* sheepishly), meek (*Adv* meekly) ◇ *eine kleinlaute Entschuldigung* a sheepish apology ◇ *Warum bist du plötzlich so kleinlaut?* What's made you go so quiet all of a sudden?

kleinlich **1** petty; (*engstirnig*) narrow-minded ◇ *kleinliche Streitereien* petty squabbles **2** (*geizig*) stingy ◇ *Was Geschenke anbelangt ist sie eher kleinlich.* She's quite stingy when it comes to presents.

kleinmachen **1** (*Geld*) change ◇ *Können Sie mir vielleicht diesen Schein kleinmachen?* Can you change this note into something smaller for me, please? **2** **jdn/sich ~** put sb/yourself down

Kleinod jewel, gem

kleinschreiben **etw wird kleingeschrieben** sth is not written with a capital (letter) ◇ *Adjektive werden kleingeschrieben.* Adjectives aren't written with capitals.

Klein- **Kleinstadt** small town **Kleinunternehmer(in)** owner of a small firm **Kleinwagen** small car

Kleister paste

kleistern paste

Klemmbrett clipboard

Klemme **1** clip; (MED) clamp **2** (*schwierige Situation*) tight spot (*umgs*) ◇ *Kannst du mir aus der Klemme helfen?* Can you help me out of a tight spot?

klemmen **1** stick ◇ *Der Polizist klemmte einen Strafzettel an die Windschutzscheibe.* The policeman stuck a parking ticket to the windscreen. ◇ *An der Windschutzscheibe klemmte ein Strafzettel.* There was a parking ticket stuck to the windscreen. ◇ *Das Fenster klemmt.* The window is stuck. ◇ *Er klemmte sich hinter das Steuer und fuhr los.* He got behind the steering wheel and drove off. ◇ *Sie klemmte sich ans Telefon.* She got onto the phone. **2** **sich etw ~** trap sth ◇ *Ich habe mir den Daumen in der Tür geklemmt.* I trapped my thumb in the door. IDM **sich hinter etw klemmen** put your back into sth **sich hinter jdn klemmen** put pressure on sb

Klempner(in) plumber

Kleptomane, Kleptomanin kleptomaniac

Kleptomanie kleptomania [U]

Klette burr IDM **wie eine Klette an jdm hängen** stick to sb like glue

Kletterer, Kletterin climber

Kletterhalle indoor climbing centre, (*AmE*) indoor climbing center

klettern climb ◇ *auf einen Baum klettern* climb a tree ◇ *aus dem Auto klettern* climb out of the car ◇ *Die Temperaturen klettern höher und höher.* Temperatures are climbing higher and higher.

Kletter- **Kletterpflanze** climber **Klettertour** **1** climbing trip **2** (WIRTSCH) ◇ *Der Dollar ist auf Klettertour.* The dollar is rising. **Kletterwand** climbing wall

Klettverschluss Velcro™ fastening

Klick click ◇ *Die Antwort ist oft nur einen Klick entfernt.* The answer is often just a click away.

klicken click ◇ *Der Auslöser klickte.* The shutter clicked. ◇ *Ich klickte auf eine Datei.* I clicked on a file. ◇ *auf die linke Maustaste klicken* click the left-hand mouse button

Klickköder clickbait

Klient(in) client

Klientel clientele [mit Verb im Sing/Pl]

Klima **1** climate **2** (*Stimmung*) atmosphere; (*politisch*) climate ◇ *Im Büro herrscht ein gutes Klima.* There is a good atmosphere in the office.

Klimaanlage air conditioning [U] ◇ *die Klimaanlage anschalten* switch on the air conditioning ◇ *mit Klimaanlage* air-conditioned **Klimakatastrophe** climate disaster ◇ *Wie retten wir die Erde vor der Klimakatastrophe?* How can we save the world from climate disaster? **klimaneutral** climate neutral ◇ *Die Stadt will bis 2030 klimaneutral sein.* The city wants to become climate neutral by 2030. ◇ *klimaneutrales Drucken* climate-neutral printing **Klimaschutz** combating of climate change, climate protection

klimatisch climatic [nur vor Nomen] ◇ *klimatische Bedingungen* climatic conditions ◇ *in einer klimatisch günstigen Gegend* in an area with a favourable climate

klimatisiert air-conditioned

Klima- **Klimaveränderung** (*auch* **Klimawandel**) climate change [U] ◇ *das Problem des Klimawandels* the problem of climate change ◇ *Zeigen diese Stürme eine Klimaveränderung an?* Do these storms indicate a change in the climate? **Klimawechsel** change of air **Klimazone** climatic zone

Klimmzug pull-up ◇ *Klimmzüge machen* do pull-ups

klimpern **1** jingle ◇ *Die Münzen klimperten in seiner Tasche.* The coins jingled in his pocket. ◇ *mit den Schlüsseln klimpern* jingle the keys **2** (*auf dem Klavier*) tinkle away ◇ *auf dem Klavier klimpern* tinkle away on the piano IDM → WIMPER

Klinge blade IDM **(mit jdm) die Klingen kreuzen** cross swords (with sb) **jdn über die Klinge springen lassen** **1** murder sb, bump sb off (*umgs*), (*AmE*) rub sb out (*umgs*) **2** (*ruinieren*) destroy sb

Klingel bell ◇ *Sie drückte auf die Klingel.* She pressed the bell.

Klingelknopf bell push

klingeln ring; (*Wecker*) go off, ring ◇ *Das Telefon klingelte.* The phone was ringing. ◇ *Er klingelte (an der Tür).* He rang the doorbell. ◇ *Der Radfahrer klingelte.* The cyclist rang his bell. ◇ *Sie klingelte nach dem Zimmerservice.* She rang for room service. ◇ *Es hat geklingelt.* There was a ring at the door. ◇ *Der Wecker klingelte um sechs.* The alarm clock went off at six. ◇ *Es hat zur Pause geklingelt.* The bell's gone for break. IDM → KASSE

Klingel- **Klingelton** (*beim Handy*) ringtone **Klingelzeichen** ring; (*vor einer Vorführung*) bell

klingen **1** sound ◇ *Es klang, als ob sie weinte.* It sounded as if she was crying. ◇ *Am Telefon klang er sehr sympathisch.* He sounded very nice on the phone. ◇ *ein ausländisch klingender Name* a foreign sounding name ◇ *Die ganze Sache klingt nach Betrug.* The whole thing sounds like fraud. ◇ *Das klingt ja, als ob du mich loswerden willst.* It sounds as though you want to get rid of me. **2** (*Glocken*) ring; (*Stimme etc.*) ring out; (*Gläser*) clink ◇ *Ihre Stimme klang übers Wasser.* Her voice rang out across the water. IDM → MÜNZE

Klinik hospital; (*Spezial-*) clinic ◇ *Er wurde gestern in die Klinik eingeliefert.* He was taken to hospital yesterday. ◇ *eine psychiatrische Klinik* a psychiatric clinic

Klinikum hospital; (*Uni-*) hospital complex

klinisch clinical [nur vor Nomen] (*Adv* clinically) ◇ *ein klinisches Semester* a clinical term/semester ◇ *Er war klinisch tot.* He was clinically dead.

Klinke (door) handle IDM **sich die Klinke in die Hand geben** ◇ *Die Besucher gaben sich die Klinke in die Hand.* There was a constant stream of visitors.

klipp IDM **klipp und klar** clearly ◇ *jdm etw klipp und klar sagen* tell sb sth clearly ◇ *Das stand von vornherein klipp and klar fest.* That was perfectly clear from the outset.

Klippe **1** (*Felsen*) rock; (*Kliff*) cliff **2** (*Hindernis*) hurdle

klirren (*Gläser*) clink; (*vibrierendes Geräusch*) rattle ◇ *Die Gläser klirrten auf dem Tablett.* The glasses clinked on the tray. ◇ *Bei der Explosion klirrten die Fensterscheiben.* The window panes rattled in the explosion. ◇ *Der Teller fiel klirrend zu Boden.* The plate fell crashing to the floor. ◇ *mit klirrenden Schwertern* with clashing swords

klirrend (*Kälte*) bitter (*Adv* bitterly) → *Siehe auch* KLIRREN

Klischee cliché; (*Stereotyp*) stereotype ◇ *Sie passt nicht ins Klischee der modernen Frau.* She doesn't fit the stereotype of the modern woman.

Klitoris clitoris

klitschnass soaking (wet); (*Menschen auch*) soaked (to the skin)

klitzeklein tiny ◇ *ein klitzekleines Stück* a tiny piece ◇ *Sie schnitt die Chilischote klitzeklein.* She cut the chilli into tiny pieces.

Klo loo (*umgs*), (*AmE*) john (*umgs*) ◇ *aufs Klo gehen* go to the loo ◇ *Ich muss aufs Klo.* I need the loo.

Kloake sewer; (*Flüssigkeit*) sewage [U]

klobig (*Schuhe*) clumpy; (*Möbel, Geräte*) bulky

Klo- Klobrille toilet seat **Klobürste** toilet brush

Klon clone

klonen clone

Klopapier toilet paper ◇ *eine Rolle Klopapier* a roll of toilet paper

klopfen 1 knock; (*leicht*) tap ◇ *Er klopfte mit der Faust gegen die Wand.* He knocked on the wall with his fist. ◇ *Er klopfte an die Tür.* He knocked on the door. ◇ *Ich habe leise ans Fenster geklopft.* I tapped at the window. ◇ *Es hat geklopft.* There was a knock at the door. **2** (*Herz, Puls*) beat; (*heftig*) pound **3 jdm auf den Rücken ~** slap sb on the back; **jdm auf die Schulter ~** tap sb on the shoulder; (*anerkennend*) give sb a pat on the back ◇ *Sie klopfte ihm auf den Rücken, weil er sich verschluckt hatte.* She slapped him on the back because he was choking. ◇ *Er klopfte mir leicht auf die Schulter.* He tapped me gently on the shoulder. ◇ *Gut gemacht! Du darfst dir auf die Schulter klopfen.* Very good! Give yourself a pat on the back. **4** (*Teppich*) beat **5 etw von/aus etw ~** knock sth off sth ◇ *Er klopfte die Asche aus der Pfeife.* He knocked the ash out of his pipe. ◇ *Sie klopfte sich den Staub von der Hose.* She patted the dust off her trousers. **6** (*Fleisch*) tenderize **7** (*Steine*) break **8 Beifall ~** applaud by banging on the table IDM → FINGER *und* SPRUCH

Klopfzeichen knock ◇ *Ich habe ein Klopfzeichen gehört.* I heard a knock. ◇ *Sie gaben Klopfzeichen.* They knocked.

Klöppel 1 (*einer Glocke*) clapper **2** (*einer Trommel, eines Xylophons*) stick **3** (*zum Klöppeln*) bobbin

klöppeln make lace (with bobbins); **etw ~** make sth in lace

Kloß dumpling; (*aus Fleisch*) meatball IDM **einen Kloß im Hals haben** have a lump in your throat

Kloster (*für Mönche*) monastery; (*für Nonnen*) convent ◇ *ins Kloster gehen* become a monk/nun

Klosterschule (*für Mädchen*) convent; (*für Jungen*) monastic school

Klotz 1 (*Holz-*) block (of wood); (*zum Hacken*) (chopping) block **2** (*Bauklotz*) (building) block **3** (*Gebäude*) monstrosity ◇ *Die Schule ist ein Klotz aus Beton.* The school is a concrete monstrosity. **4** (*breitschultriger Mann*) big man; (*ungehobelter Mensch*) oaf IDM **jdm ein Klotz am Bein sein** be a millstone around sb's neck

klotzig 1 ◇ *ein klotziges Gebäude* a big ugly building **2** (*enorm*) ◇ *Er hat klotzig viel Geld.* He's got a huge amount of money. ◇ *Sie verdient klotzig.* She earns loads.

Klub club ◇ *Mitglied in einem Klub sein* be a member of a club

Klubhaus clubhouse **Klubmitglied** club member

Kluft 1 ravine; (*Abgrund*) abyss **2** (*fig*) gulf, gap ◇ *die Kluft zwischen den Schichten* the gulf between the classes ◇ *eine soziale Kluft* a social gap **3** (*Kleidung*) gear; (*Uniform*) uniform

klug 1 intelligent, clever ◇ *Sie ist sehr klug.* She's very intelligent. ◇ *Das war sehr klug von dir.* That was very clever of you. ◇ *ein kluger Kopf* a bright spark **2** (*vernünftig*) sensible (*Adv* sensibly); (*diplomatisch*) shrewd (*Adv* shrewdly) ◇ *eine kluge Wahl* a sensible choice ◇ *Die Regierung hat sich sehr klug verhalten.* The government acted very shrewdly. ◇ *Das Klügste ist, sie zu ignorieren.* The best thing to do is ignore her. ◇ *Sie war klug genug, den Mund zu halten.* She had the sense to keep quiet. ◇ *ein kluger Rat* sound advice IDM **aus jdm/etw nicht klug werden** not be able to make head (n)or tail of sb/sth ◇ *Ich werde aus ihm einfach nicht klug.* I just can't make head or tail of him. **der Klügere gibt nach** discretion is the better part of valour **so klug wie vorher/wie zuvor sein** be none the wiser

klugerweise wisely ◇ *etw klugerweise unterlassen* wisely refrain from sth ◇ *Er hat sich klugerweise herausgehalten.* He had the sense to keep out of it.

Klugheit 1 intelligence ◇ *die menschliche Klugheit* human intelligence **2** (*Vernunft*) sense; (*Diplomatie, Weitsicht*) shrewdness

Klugscheißer know-it-all (*umgs, abwert*), (*BrE auch*) know-all (*umgs, abwert*)

Klumpen lump ◇ *ein Klumpen Ton* a lump of clay ◇ *ein Klumpen Gold* a gold nugget

klumpig lumpy

km/h kph

knabbern nibble ◇ *an einer Möhre knabbern* nibble at a carrot ◇ *was zum Knabbern kaufen* buy something to nibble IDM **an etw zu knabbern haben** struggle to cope with sth ◇ *Er hat an diesem Verlust (schwer) zu knabbern.* He's struggling to cope with his loss.

Knabe boy

Knabenchor boys' choir

Knäckebrot crispbread

knacken 1 (*Schloss, Tresor*) break; (*Auto*) break into *sth* **2** (*Nüsse, Kodes*) crack ◇ *den Weltrekord knacken* crack the world record ◇ *ein Rätsel knacken* crack a puzzle ◇ *den Jackpot knacken* hit the jackpot **3** (*Geräusch*) crackle ◇ *Die Scheite knackten im Kamin.* Logs were crackling in the fireplace. ◇ *Es knackte in der Leitung.* The line was crackly. ◇ *Der Holzboden knackt.* The floor creaks.

Knacker alter ~ old geezer (*Slang*)

knackig 1 crisp **2** (*Körper etc.*) ◇ *ein knackiger Hintern* a nice arse ◇ *eine knackige Bräune* a great suntan **3** (*einprägsam*) snappy ◇ *ein knackiger Werbespruch* a snappy slogan

Knackpunkt critical point

Knacks 1 crack ◇ *Die Schüssel hat einen Knacks.* There's a crack in the bowl. ◇ *Wir hörten einen Knacks.* There was a crack. ◇ *Ich hörte/spürte einen Knacks im Rücken.* My back went crack. **2** (*fig*) knock; (*stärker auch*) blow ◇ *Sein Selbstbewusstsein hatte einen Knacks bekommen.* His self-confidence had taken a knock. ◇ *Sie hat sich von diesem psychischen Knacks nie mehr erholt.* She never got over that psychological blow.

Knall 1 bang ◇ *mit einem lauten Knall explodieren* explode with a loud bang ◇ *Die Tür fiel mit einem Knall zu.* The door shut with a bang. **2** (*fig*) trouble ◇ *Der große Knall ist uns erspart geblieben.* We avoided the worst of the trouble. ◇ *Zu Weihnachten kam es zum großen Knall.* Things really blew up at Christmas time. IDM **einen Knall haben** be off your rocker (*Slang*) **Knall auf Fall** all of a sudden

Knallbonbon cracker

knallen **1** bang; (*Korken*) pop; (*Peitsche*) crack; (*Schüsse*) ring out **2** (*in einem Streit*) ◇ *Zwischen den beiden hat es wieder einmal geknallt.* The two of them came to blows again. **3** (*Sonne*) blaze (down) ◇ *Die Sonne knallte vom Himmel.* The sun was blazing down. **4 jdm eine ~** give sb a clip round the ear **5 gegen/auf etw ~** crash into sth ◇ *Das Auto knallte in die Leitplanke.* The car crashed into the barrier. ◇ *mit voller Wucht gegen etw knallen* crash straight into sth ◇ *Er knallte mit dem Hinterkopf aufs Eis.* The back of his head crashed onto the ice. **6** (*werfen, schmeißen*) throw ◇ *Sie knallte den Rucksack in die Ecke.* She threw her rucksack into the corner. **7** (*sich fallen lassen*) ◇ *Er knallte sich aufs Sofa.* He threw himself onto the sofa.

knall- **knalleng** skintight **Knallfrosch** banger **knallhart** **1** (really) tough, (really) harsh (*abwert*) ◇ *ein knallharter Geschäftsmann* a tough businessman ◇ *knallharte Worte* harsh words ◇ *knallharte Methoden* brutal methods **2** (SPORT) (really) hard ◇ *ein knallharter Return* a really hard return

knallig **1** loud ◇ *ein knalliges Rot* a loud red **2** (*Slogan etc.*) catchy ◇ *ein knalliger Werbespruch* a catchy slogan

Knall- **Knallkörper** banger **knallrot** bright red ◇ *knallrot anlaufen* go bright red

knapp **1** short ◇ *Die Vorräte werden knapp.* Supplies are getting short. ◇ *Ihre Zeit war knapp bemessen.* She was short of time. **2** (*sehr nahe, dicht*) close ◇ *Puh! Das war knapp!* Cor! That was close! ◇ *ein knappes Resultat* a close result ◇ *Der Bus fuhr knapp an ihm vorbei.* The bus drove past really close to him. ◇ *dem Tod nur knapp entrinnen* narrowly escape death **3** (*gerade eben, gerade noch*) just ◇ *Sie haben knapp gewonnen.* They only just won. ◇ *den Zug knapp verpassen* just miss the train ◇ *knapp am Tor vorbeischießen* just miss the net ◇ *mit knapper Mehrheit siegen* win with a narrow majority **4** (*beinahe*) almost, just under ◇ *knapp 400 Leute* almost 400 people ◇ *vor knapp 20 Jahren* almost 20 years ago ◇ *ein knappes Drittel* almost a third ◇ *Wir heiraten in knapp drei Wochen.* We're getting married in just under three weeks' time. ◇ *Ich habe knapp 10 Dollar.* I've got just under 10 dollars. **5** (*kurz, prägnant*) concise ◇ *eine knappe Zusammenfassung* a concise summary **6** (*eng*) tight ◇ *Die Hose ist zu knapp.* Those trousers are too tight. ◇ *ein knapp sitzendes Kostüm* a tight-fitting suit IDM → KASSE *und* NOT

Knappheit **1** shortage ◇ *die Knappheit an Unterkünften* a shortage of accommodation **2** (*Kürze, Prägnanz*) conciseness ◇ *die Knappheit im Ausdruck* conciseness of expression

Knarre shooter (*umgs*)

knarren creak

Knast slammer (*umgs*) ◇ *Er sitzt im Knast.* He's in the slammer. ◇ *nach 3 Jahren Knast* after 3 years in the slammer

Knatsch trouble ◇ *Im Büro gab es Knatsch.* There was trouble in the office. ◇ *Er hat Knatsch mit der Freundin.* He's had a row with his girlfriend.

knattern rattle

Knäuel ball; (*Menschen-*) knot; (*fig*) bundle ◇ *ein Knäuel Wolle* a ball of wool ◇ *ein Knäuel von Problemen* a bundle of problems ◇ *ein Knäuel der Gefühle* a tangle of emotions

Knauf knob

knauserig stingy ◇ *Sie ist sehr knauserig.* She's very stingy. ◇ *knauserig mit seinem Geld umgehen* be stingy

Knautschzone crumple zone

Knebel gag

knebeln gag (*auch fig*) ◇ *Die Täter knebelten ihr Opfer.* The culprits gagged their victim. ◇ *Die Presse ist geknebelt.* The press is gagged. ◇ *jdn mit einem Vertrag knebeln* tie sb down with a contract

Knecht **1** (*auf den Bauernhof*) farmhand **2** (*fig*) slave ◇ *ein Knecht seines Gewissens/des Regimes* a slave to his conscience/the regime

kneifen **1** (*zwicken*) pinch ◇ *Sie kniff ihm ins Bein.* She pinched him in the leg. ◇ *Die Hose kneift.* These trousers are digging into me. **2** (*sich drücken*) chicken out ◇ *vor der Prüfung kneifen* chicken out of an exam ◇ *Du willst doch nicht etwa kneifen?* Surely you're not going to chicken out?

Kneifzange pliers [Pl]

Kneipe pub, (*AmE*) bar ◇ *in die Kneipe gehen* go to the pub

Knete **1** (modelling) clay **2** (*Geld*) cash, (*BrE auch*) dosh (*Slang*)

kneten **1** knead; (*massieren auch*) massage ◇ *den Teig kneten* knead the dough ◇ *jdm die Füße kneten* massage sb's feet ◇ *Ton kneten* work the clay **2** (*herstellen, formen*) model, form

Knick **1** bend ◇ *ein Knick im Rohr* a bend in the pipe ◇ *Die Straße macht einen Knick nach links.* The road bends sharply to the left. **2** (*Falz, Bruch*) crease **3** (*fig*) downturn ◇ *ein Knick in seiner Karriere* a downturn in his career ◇ *ein Knick bei den Geburtenzahlen* a downturn in birth rates

knicken **1** bend ◇ *Bitte nicht knicken!* Please do not bend. **2** ditch, scrap ◇ *Diese Idee kann man knicken.* You can ditch that idea. ◇ *Den Ausflug haben wir geknickt, weil es in Strömen goss.* We scrapped the outing because it was pouring with rain. ◇ *Das kannst du knicken!* Forget it!

Knicks curtsy ◇ *einen tiefen Knicks vor der Königin machen* curtsy to the queen

knicksen curtsy

Knie knee ◇ *auf die Knie gehen* fall to your knees ◇ *sich die Knie aufschlagen* cut your knees ◇ *auf Knien durch den Schlamm robben* crawl on your knees through the mud ◇ *Ich hatte ganz weiche Knie.* I was weak at the knees. ◇ *Seine Hose hatte ganz abgewetzte Knie.* His trousers were worn at the knees. ◇ *die Knie durchdrücken* straighten your legs IDM **jdn auf/in die Knie zwingen** bring sb to their knees; force sb to surrender **jdn auf Knien (um etw) bitten** beg sb on bended knees (for sth) **in die Knie gehen** **1** fall to your knees **2** (*kapitulieren*) submit **etw übers Knie brechen** rush sth

Kniebeuge (SPORT) knee bend ◇ *Kniebeugen machen* do knee bends **Kniebundhose** knee breeches [Pl] **Kniefall** **1** (*als Zeichen der Ehrerbietung*) ◇ *einen Kniefall vor jdm/etw machen* go down on your knees before sb/in front of sth **2 ein ~ (vor etw)** (*Kapitulation*) a capitulation (to sth) **3** (*vor dem Altar*) genuflection **kniehoch** (*Gras*) knee-high; (*Wasser, Schnee*) knee-deep; (*Stiefel*) knee-length **Kniekehle** hollow of the knee

knien **1** kneel ◇ *vor jdm knien* kneel before sb ◇ *im Knien* on your knees **2 sich ~** kneel down ◇ *Er kniete sich auf den Boden.* He knelt down on the floor. **3 sich in etw ~** apply yourself to sth, get stuck into sth (*umgs*)

Knie- **Kniescheibe** kneecap **Knieschützer** knee pad **Kniestrumpf** knee sock

Kniff **1** (*Kunstgriff*) trick ◇ *jdm die wichtigsten Kniffe beibringen* teach sb the main tricks ◇ *den richtigen Kniff raushaben* have the knack **2** (*Knick*) crease **3** (*Kneifen*) pinch ◇ *ein freundlicher Kniff in die Seite* a friendly pinch in the ribs

knifflig tricky

knipsen **1 (jdn/etw) ~** take a photo (of sb/sth) ◇ *Hast du ihn geknipst?* Have you taken a photo of him? ◇ *Die Fotografen knipsten eifrig.* The photographers were clicking away. **2** (*Bild, Film*) take ◇ *ein paar Bilder knipsen* take a few pictures ◇ *Sie hat drei Filme voll geknipst.* She took three films. **3** (*Fahrkarte etc.*) punch

Knirps **1** little boy/girl, squirt (*abwert*) **2 Knirps®** (*Regenschirm*) telescopic umbrella

knirschen **1** crunch; (*Leder*) creak; (*Schuhe*) squeak ◇ *Der Schnee knirschte unter unseren Füßen.* The snow crunched underfoot. **2 mit den Zähnen ~** grind your teeth; (*fig*) gnash your teeth ◇ *Sie knirscht nachts mit den Zähnen.* She grinds her teeth at night.

knistern **1** crackle; (*Papier etc.*) rustle **2 mit etw ~** rustle sth **3** (*Spannung*) ◇ *Es herrschte eine knisternde Spannung im Saal.* There was a charged atmosphere in the room. IDM **es knistert** **1** (*bei Auseinandersetzungen*) ◇ *Im Lehrerkollegium knistert es seit Wochen.* There's been a tense atmosphere among the staff for weeks. **2** (*sexuell*) ◇ *Zwischen den beiden knistert es.* There's chemistry going on between the two of them.

knittern crease

knittrig, knitterig creased; (*Haut*) wrinkled

knobeln **1** (*losen*) draw lots; (*Münze werfen*) toss (a coin) ◇ *Sie knobelten um die Schokolade.* They drew lots for the chocolate. ◇ *Sie knobelten darum, wer den Abwasch machen musste.* They tossed to see who should do the washing up. **2** (*Rätsel lösen*) do puzzles; (*würfeln*) play dice **3 an etw ~** (*rätseln*) puzzle over sth

Knoblauch garlic

Knoblauchbrot garlic bread **Knoblauchpresse** garlic press **Knoblauchzehe** clove of garlic

Knöchel **1** (*Fuß-*) ankle ◇ *sich den Knöchel verstauchen* sprain your ankle **2** (*Finger-*) knuckle

knöchellang ankle-length **knöcheltief** ankle-deep ◇ *knöcheltiefes Wasser* ankle-deep water ◇ *Sie steckten knöcheltief im Matsch.* They were ankle-deep in mud.

Knochen bone ◇ *Mir taten alle Knochen weh.* Every bone in my body ached. ◇ *Du brichst dir die Knochen.* You'll break something. IDM **auf/in die Knochen gehen** be back-breaking ◇ *Die Arbeit ging ganz schön auf die Knochen.* It was back-breaking work. **bis auf die Knochen** to the core ◇ *Er ist ein Linker bis auf die Knochen.* He's left-wing to the core. ◇ *sich bis auf die Knochen blamieren* make a complete fool of yourself ◇ *bis auf die Knochen abgemagert sein* be just skin and bones **etw steckt/sitzt jdm noch in den Knochen** (*Schreck, Krankheit*) sb is not over sth → *Siehe auch* HAUT

Knochenarbeit back-breaking work **Knochenbau** bone structure **Knochenbruch** fracture **Knochengerüst** **1** skeleton **2** (*dünner Mensch*) bag of bones (*umgs*) **knochenhart** rock hard; (*Mensch, Arbeit*) tough **Knochenmark** bone marrow **Knochenmehl** bone meal **knochentrocken** **1** bone dry **2** (*Thema, Mensch*) dry, dry as dust [nicht vor Nomen]

knochig bony

Knödel dumpling

Knolle (*Kartoffel etc.*) tuber

Knollennase bulbous nose, conk (*umgs*)

Knopf **1** button ◇ *Dein oberster Knopf ist offen.* Your top button is undone. ◇ *An meiner Jacke ist ein Knopf ab.* A button's come off my jacket. ◇ *auf den richtigen Knopf drücken* press the right button **2** (*Dreh-*) knob

Knopfdruck **auf/mit einem ~** at the touch of a button

knöpfen button (*sth*) (up) ◇ *Der Rock wird hinten geknöpft.* The skirt buttons at the back. ◇ *eine Jacke zum Knöpfen* a button-up jacket

Knopfloch buttonhole

Knorpel cartilage [U]; (*im Essen*) gristle

knorrig **1** (*Baum etc.*) gnarled **2** (*Mensch*) gruff

Knospe bud ◇ *zarte Knospen* tender buds ◇ *Die Rosen treiben Knospen.* The roses are in bud.

knoten tie ◇ *sich einen Schal um den Hals knoten* tie a scarf around your neck

Knoten **1** knot ◇ *einen Knoten machen* tie a knot ◇ *einen Knoten aufmachen* undo a knot ◇ *eine Geschwindigkeit von 20 Knoten* a speed of 20 knots **2** (*Geschwulst*) lump ◇ *Sie hat einen Knoten in der Brust.* She has a lump in her breast. **3** (*Frisur*) bun **4** → KNOTENPUNKT

Knotenpunkt **1** (major) junction ◇ *am Knotenpunkt A5/A8* at the junction of the A5 and A8 **2** (*Zentrum*) hub ◇ *Frankfurt ist der Knotenpunkt dieser Fluggesellschaft in Europa.* Frankfurt is the European hub of the airline.

Know-how know-how

Knüller sensation

knüpfen **1** tie; (*Teppich*) make ◇ *Er knüpfte seine Krawatte.* He tied his tie. ◇ *Sie knüpfte das Seil an den Haken.* She tied the rope to the hook. **2 etw (zu jdm) ~** (*Kontakte, Verbindungen*) establish sth (with sb) **3 A an B ~** (*Bedingungen, Voraussetzungen*) attach B to A ◇ *Er knüpfte seine Einwilligung an bestimmte Bedingungen.* He attached certain conditions to his agreement. ◇ *Sie knüpfte ihre Teilnahme an die Voraussetzung, dass sie dafür bezahlt würde.* She made her attendance dependent on receiving payment for it. **4 etw an etw ~** (*Erwartungen, Hoffnungen*) pin sth on sth; **sich an jdn ~** be pinned on sb ◇ *Seine Eltern knüpfen hohe Erwartungen an seinen Uniabschluss.* His parents are pinning great hopes on his degree. ◇ *Hohe Erwartungen knüpfen sich an den neuen Präsidenten.* High hopes are pinned on the new president. **5 sich an etw ~** ◇ *An diese Stadt knüpfen sich für mich viele Erinnerungen.* This town holds many memories for me. ◇ *Daran knüpfen sich viele Fragen.* This raises many questions.

Knüppel **1** stick; (*Waffe*) club; (*Polizei-*) truncheon, baton, (*AmE*) nightstick **2** (*Gangschaltung*) gear lever, gearstick, (*AmE*) gear shift; (*im Flugzeug*) joystick IDM **jdm einen Knüppel zwischen die Beine werfen** throw a spanner in the works ◇ *Er hat versucht, mir einen Knüppel zwischen die Beine zu werfen.* He tried to throw a spanner in the works.

knüppeldick ◇ *Dann kam es knüppeldick.* Then the real problems started. ◇ *Es hat sie knüppeldick erwischt.* It's been one disaster after another for her.

knurren **1** growl **2** (*murren*) moan **3** (*Magen*) rumble ◇ *Mir knurrt der Magen.* My stomach's rumbling.

knusprig crispy; (*Brot*) crusty ◇ *knusprig gebratener Speck* crispy bacon

knutschen **1 (jdn) ~** snog (sb) (*umgs*) ◇ *Nun knutschen sie (sich) schon wieder.* They're snogging again! **2 mit jdm ~** smooch with sb

Knutschfleck love bite, (*AmE*) hickey

k.o. **1** (*beim Boxen*) out ◇ *jdn k.o. schlagen* knock sb out ◇ *k.o. gehen* be knocked out **2** (*erschöpft*) shattered (*umgs*), (*bes AmE*) bushed (*umgs*) [nicht vor Nomen]

K.o. **1** (*beim Boxen*) knockout ◇ *durch K.o. gewinnen* win by a knockout **2** (*fig*) knockout blow ◇ *Mit diesem Tor hat er dem Gegner den K.o. versetzt.* With this goal he delivered the knockout blow to the opposition.

Koalition coalition [mit Verb im Sing/Pl] ◇ *eine Koalition eingehen/bilden* enter into/form a coalition ◇ *eine Koalition zwischen CDU und SPD* a coalition between the CDU and the SPD ◇ *eine große Koalition* a grand coalition

Koalitionspartei coalition party **Koalitionspartner** coalition partner **Koalitionsregierung** coalition government **Koalitionsvereinbarung** coalition agreement **Koalitionsverhandlungen** coalition negotiations [Pl] ◇ *Koalitionsverhandlungen führen* hold coalition negotiations

Kobold imp; (*tückischer*) goblin

Kobra cobra

Koch, **Köchin** cook; (*in einem Restaurant, Hotel*) chef IDM **viele Köche verderben den Brei** too many cooks spoil the broth

Kochbuch cookery book, (*bes AmE*) cook book

kochen 1 (*Essen zubereiten*) cook; (*in Flüssigkeit*) boil; (*Tee, Kaffee, Pudding, Suppe*) make ◇ *Ich koche gerne.* I like cooking. ◇ *Sie kann nicht kochen.* She can't cook. ◇ *Er kocht und ich wasche ab.* He does the cooking and I do the washing up. ◇ *Was kochst du heute?* What are you cooking today? ◇ *Essen kochen* cook a meal ◇ *Kartoffeln kochen* boil potatoes ◇ *ein hart/weich gekochtes Ei* a hard-boiled/soft-boiled egg ◇ *Kochst du Kaffee?* Are you making coffee? ◇ *Suppe kochen* make soup **2** (*Speise*) cook; (*sieden*) boil ◇ *Wildreis muss lange kochen.* Wild rice takes a long time to cook. ◇ *Das Wasser kocht.* The water's boiling. ◇ *Die Suppe zum Kochen bringen.* Bring the soup to the boil. ◇ *Kochen die Kartoffeln schon?* Are the potatoes boiling yet? ◇ *Das Ganze etwa 5 Minuten kochen lassen.* Boil for about 5 minutes. ◇ *kochend heiß* boiling hot **3** (*Wäsche*) boil ◇ *Den Pullover kann man doch nicht kochen!* You can't boil that pullover! IDM **es kocht (vor Hitze)** it is boiling hot **in jdm kocht es** it is boiling up in sb **(vor Wut) kochen** be at boiling point; be boiling with rage

Kochgelegenheit cooking facilities [Pl]

Köchin → KOCH

Koch- Kochkurs cookery course **Kochlöffel** wooden spoon **Kochtopf** saucepan **Kochwäsche** washing that can be boiled; (*Programm*) 90° cycle

Kode code ◇ *einen Kode entschlüsseln/knacken* decipher/crack a code

Köder bait [U] (*auch fig*) ◇ *Er hat auf den Köder nicht angebissen.* He did not take the bait.

ködern 1 lure (*auch fig*) **2 jdn (mit etw) ~** tempt sb (with sth) ◇ *Die Konkurrenz versuchte, sie mit Geld zu ködern.* The competition tried to tempt her with money.

kodieren encode

Koedukation co-education

Koexistenz coexistence [U] ◇ *eine Politik der friedlichen Koexistenz* a policy of peaceful coexistence

Koffein caffeine

koffeinfrei decaffeinated **koffeinhaltig** containing caffeine [nicht vor Nomen]

Koffer suitcase, case ◇ *den Koffer packen/auspacken* pack/unpack your suitcase/case IDM **aus dem Koffer leben** live out of a suitcase **die Koffer packen** (*weggehen*) pack your bags (and leave)

Kofferkuli luggage trolley, (*AmE*) baggage cart **Kofferradio** portable radio **Kofferraum** boot, (*AmE*) trunk

Kognak brandy ◇ *ein Glas Kognak* a glass of brandy

Kohl 1 cabbage ◇ *Kohl anbauen* grow cabbages **2** (*Unsinn*) rubbish (*umgs*), (*AmE*) garbage (*umgs*) ◇ *Red keinen Kohl!* Don't talk rubbish!

Kohle 1 coal ◇ *Kohle abbauen* mine coal ◇ *ein Eimer Kohlen* a bucket of coal ◇ *glühende Kohlen* live coals **2** (*Zeichenkohle*) charcoal [U] ◇ *eine Skizze mit Kohle machen* do a sketch in charcoal **3** (*Geld*) cash [U] (*umgs*) ◇ *wenig Kohle haben* not have much cash IDM **(wie) auf (glühenden) Kohlen sitzen** be like a cat on hot bricks; be on tenterhooks

Kohlekraftwerk coal-fired power station **Kohlenbergwerk** coal mine **Kohlendioxid** carbon dioxide **Kohlenhydrat** carbohydrate **Kohlenmonoxid** carbon monoxide **Kohlensäure 1** (NATURW) carbonic acid **2** ◇ *Mineralwasser mit/ohne Kohlensäure* fizzy/still mineral water **Kohlenstoff** carbon

Kohl- Kohlkopf cabbage **Kohlrabi** kohlrabi **Kohlroulade** stuffed cabbage [U] **Kohlrübe** swede, (*AmE*) rutabaga **Kohlsprossen** Brussels sprouts [Pl]

Koje bunk, berth

Kokain cocaine ◇ *Kokain schnupfen* snort cocaine

kokainsüchtig addicted to cocaine [nicht vor Nomen] ◇ *kokainsüchtige Jugendliche* young people addicted to cocaine

kokett coquettish (*Adv* coquettishly)

kokettieren 1 (mit jdm) ~ flirt with sb ◇ *Sie kokettiert mit ihrem Chef.* She flirts with her boss. **2 mit etw ~** (*sich interessant machen*) make great play of sth ◇ *Sie kokettiert mit ihrem Unwissen.* She makes great play of her ignorance.

Kokosnuss coconut

Koks 1 coke **2** (*Rauschgift*) coke (*Slang*) IDM → GRAF

Kolben 1 (*in einem Motor*) piston **2** (*Gewehr-*) butt **3** (*in der Chemie*) flask **4** (*bei Pflanzen*) cob

Kolibri hummingbird

Kolik colic [U] ◇ *eine Kolik haben* have colic

Kollaborateur(in) collaborator

Kollaboration collaboration [U]

kollaborieren collaborate

Kollaps collapse (*auch fig*) ◇ *Die Firma stand kurz vor dem Kollaps.* The firm was on the verge of collapse. ◇ *Er bekam einen Kollaps.* He collapsed.

Kolleg 1 (*Vorlesung*) lecture; (*Vorlesungsreihe*) course of lectures **2** (*Institut*) ≈ college offering full-time courses to prepare adults for university entrance **3** (*Kirche*) theological college

Kollege, **Kollegin** colleague ◇ *Er ist ein früherer Kollege von mir.* He is a former colleague of mine. ◇ *einer meiner Kollegen* one of the people I work with

kollegial ◇ *Wir schätzen ihr kollegiales Verhalten.* We like the fact that she is such a good colleague. ◇ *In dieser Fabrik gehen Deutsche und Ausländer kollegial miteinander um.* In this factory Germans and foreigners treat each other in a friendly way. ◇ *ein kollegialer Mitarbeiter* a helpful member of staff

Kollegium 1 (*an einer Schule*) (teaching) staff **2** (*Gruppe, Körperschaft*) committee [mit Verb im Sing/Pl]

Kollegstufe ≈ sixth form

Kollekte collection

Kollektion 1 (*Sammlung, Mode*) collection **2** (*Sortiment*) range ◇ *eine komplette Kollektion von Weingläsern* a complete range of wine glasses

kollektiv collective (*Adv* collectively) ◇ *kollektive Sicherheit* collective security ◇ *kollektiv verantwortlich* collectively responsible

Kollektiv 1 (*Team*) team, group ◇ *im Kollektiv arbeiten* work as part of a team ◇ *ein 15 Mitglieder zählendes Kollektiv* a group consisting of 15 members **2** (*Lebensform*) collective

Kollektivschuld collective guilt [U]

kollidieren 1 (*zusammenstoßen*) collide ◇ *An der Kreuzung kollidierten zwei Fahrzeuge.* Two vehicles collided at the junction. **2** (*im Widerspruch stehen*) clash ◇ *Die Termine kollidieren miteinander.* The dates clash. ◇ *Gelegentlich kollidieren ihre Interessen.* Sometimes there is a clash of interests.

Kollision 1 (*Zusammenstoß*) collision ◇ *Es kam zu einer Kollision zwischen einem Fischkutter und einem Frachter.* There was a collision between a fishing vessel and a freighter. **2** (*Widerspruch*) conflict ◇ *eine Kollision der Interessen* a conflict of interests ◇ *mit dem Gesetz in Kollision geraten* come into conflict with the law

Kolloquium seminar ◇ *ein Kolloquium zum Thema Umweltschutz* a seminar on environmental protection

kolonial colonial ◇ *die koloniale Vergangenheit* the colonial past ◇ *Dieses Gebiet wurde kolonial verwaltet.* The area was administered as a colony.

Kolonial- **Kolonialbesitz** colonial possessions [Pl] **Kolonialgebiet** colonial territory **Kolonialherrschaft** colonial rule [U] ◇ *die britische Kolonialherrschaft* British colonial rule

Kolonialismus colonialism ◇ *die Folgen des Kolonialismus* the effects of colonialism

Kolonial- **Kolonialmacht** colonial power **Kolonialzeit** colonial period

Kolonie colony ◇ *eine ehemalige britische Kolonie* a former British colony ◇ *in einer Kolonie von Künstlern leben* live in an artists' colony

kolonisieren colonize

Kolonist(in) colonist

Kolonne **1** column ◇ *eine Kolonne von Flüchtlingen* a column of refugees ◇ *Kolonnen von Zahlen addieren* add up columns of figures **2** (*Verkehrs-*) line of traffic **3** (*Arbeitstrupp*) gang of workers IDM **fünfte Kolonne** fifth column

Koloss colossus ◇ *der Koloss von Rhodos* the Colossus of Rhodes ◇ *Er ist ein Koloss von einem Mann.* He's a colossus of a man. ◇ *riesige Kolosse von Lastern* giant lorries

kolossal **1** colossal ◇ *die kolossalen Ausmaße der Pyramiden* the colossal dimensions of the Pyramids **2** (*intensivierend*) tremendous (*Adv* tremendously) (*umgs*) ◇ *von kolossaler Wichtigkeit* of tremendous importance ◇ *Er wird sich kolossal freuen.* He will be tremendously pleased. ◇ *Sie hat eine kolossale Dummheit begangen.* She did something extremely stupid.

Kolumbus IDM → EI

Kolumne column

Koma coma ◇ *im Koma liegen* be in a coma ◇ *in ein Koma fallen* go into a coma
Komasaufen binge drinking ◇ *Die Politiker wollen jetzt endlich gegen das Komasaufen vorgehen.* Now politicians are at last wanting to tackle binge drinking.

Kombi → KOMBIWAGEN

Kombilohn = combination wage of state subsidy and employer's pay

Kombination **1** combination ◇ *in Kombination mit etw* in combination with sth ◇ *die Alpine/Nordische Kombination* the Alpine/Nordic combination **2** (*Schlussfolgerung*) deduction ◇ *Er lag mit seiner Kombination falsch.* His deduction was wrong. **3** (*beim Schach*) combination; (*beim Fußball*) passing game **4** (*Kleidung*) separates [Pl] ◇ *eine schicke Kombination* smart separates ◇ *eine Kombination aus Rock, Bluse und Weste* a skirt with coordinating blouse and waistcoat **5** (*Arbeitsanzug*) boiler suit, (*AmE*) coveralls; (*für Rennfahrer*) racing suit
Kombinationsgabe powers of deduction [Pl] **Kombinationsmöglichkeit** possible combination **Kombinationsschloss** combination lock **Kombinationsspiel** **1** teamwork **2** (*Mannschaftsspiel*) team game

kombinierbar compatible ◇ *Die beiden Systeme sind nicht kombinierbar.* The two systems are not compatible. ◇ *Der Aufenthalt auf den Bahamas ist mit einer Kreuzfahrt kombinierbar.* The stay in the Bahamas can be combined with a cruise. ◇ *ein Regalsystem, das aus beliebig kombinierbaren Elementen besteht* a modular shelving system

kombinieren **1** combine ◇ *Er kombinierte den Besuch mit einem Einkaufsbummel.* He combined the visit with a shopping trip. ◇ *kombinierte Rad- und Fußwege* joint pedestrian paths and cycle paths **2** (*schlussfolgern*) conclude ◇ *Ich kombinierte schnell: Dahinter konntest nur du stecken.* I concluded that you must be behind it. **3** (SPORT) play a passing game ◇ *Die Mannschaft hat unheimlich gut kombiniert.* The team's passing was incredibly good.

Kombi- **Kombiwagen** estate car, (*AmE*) station wagon **Kombizange** combination pliers [Pl]

Komet comet

kometenhaft meteoric

Komfort (*Bequemlichkeit*) comfort; (*Vorrichtungen etc.*) amenity [meist Pl] ◇ *Beim Kauf eines Autos achte ich vor allem auf Sicherheit und Komfort.* When buying a car, I mainly look for safety and comfort. ◇ *Auch auf Campingplätzen braucht man nicht auf Komfort zu verzichten.* You can still enjoy your home comforts on the camping site. ◇ *ein Hotel, das allen modernen Komfort bietet* a hotel with all modern amenities ◇ *auf den Komfort eines eigenen Pkw verzichten* do without the convenience of owning your own car ◇ *Zimmer mit allem Komfort* room with all mod cons

komfortabel comfortable (*Adv* comfortably) ◇ *komfortabel eingerichtet* comfortably furnished ◇ *komfortabel sitzen* sit in comfort

Komik comedy ◇ *unfreiwillige Komik* unintentional comedy ◇ *Sie hat einen Sinn für Komik.* She sees the funny side of things.

Komiker(in) comedian; (*Schauspieler(in)*) comic actor

komisch **1** funny ◇ *Es war wirklich komisch, wie sie ins Wasser gefallen sind.* It was really funny when they fell in the water. ◇ *Das finde ich gar nicht komisch!* That's not very funny! ◇ *irre komisch* hilarious ◇ *eine komische Figur sein* be a figure of fun **2** (*Theater*) comic ◇ *eine komische Oper* a comic opera **3** (*merkwürdig*) funny, odd, strange ◇ *Der Motor macht so ein komisches Geräusch.* The engine's making a funny noise. ◇ *Die Leute haben mich so komisch angesehen.* People gave me such funny looks. ◇ *Komisch, dass sie noch nicht angerufen hat.* It's odd that she still hasn't phoned. ◇ *Es kommt mir etwas komisch vor, dass er nie Geld hat.* I find it odd that he never has any money. ◇ *Es war ein komisches Gefühl, sie wiederzusehen.* It was a strange feeling seeing her again. ◇ *Ein bisschen komisch war mir schon, als ich vor dem Chef stand.* I felt a bit uneasy when confronted with the boss. IDM → FIGUR

komischerweise funnily enough; (*seltsamerweise*) strangely enough

Komitee committee [mit Verb im Sing/Pl] ◇ *Das Komitee tritt zweimal im Jahr zusammen.* The committee meet/meets twice a year.

Komma **1** comma ◇ *Muss man hier ein Komma setzen?* Do you have to put a comma there? **2** (*in Zahlen*) (decimal) point ◇ *fünf Komma sieben* five point seven ◇ *das Ergebnis auf zwei Stellen hinter dem Komma berechnen* calculate the answer to two decimal points IDM → NULL *und* PUNKT
Kommafehler ◇ *Kommafehler machen* make mistakes with commas

Kommandant(in) (*einer militärischen Einheit*) commanding officer; (*Flotten-, Panzer-*) commander; (*Flugzeug-, Schiffs-*) captain; (*Lager-, Festungs-*) commandant

Kommandeur(in) commander

kommandieren **1** (MIL) be in command of *sth* ◇ *Er kommandiert die Luftwaffe.* He is in command of the Air Force. ◇ *der kommandierende General des Eurokorps* the general in command of Eurocorps **2** (*Befehle geben*) give orders ◇ *Unser Lehrer kommandiert gern.* Our teacher likes giving orders. ◇ *„Platz", kommandierte er.* 'Sit', he ordered.

Kommando **1** order, command ◇ *Er gab das Kommando zum Schießen.* He gave the order to fire. ◇ *Sie stürmten auf Kommando los.* They charged off when they got the order. ◇ *auf sein Kommando* on his orders ◇ *Der Hund gehorcht auf Kommando.* The dog obeys commands. **2** (*Befehlsgewalt*) command; **das ~ haben** be in charge; (MIL) be in command ◇ *unter dem Kommando der Vereinten Nationen stehen* be under UN command ◇ *Wer hat hier das Kommando?* Who's in charge here? ◇ *Bei uns hatte die Oma das Kommando.* At home, grandma gave the orders. **3** (*Einheit*) unit **4** (*Dienststelle*) headquarters [mit Verb im Sing/Pl]
Kommandobrücke bridge

Kommastelle decimal place ◇ *eine Zahl auf zwei Kommastellen runden* round a number to two decimal places

kommen

• **Bewegung** **1** come ◇ *Kommen Sie bitte her!* Come here, please! ◇ *Ich komme ja schon!* I'm just coming! ◇ *Wann kommst du mal wieder zu uns?* When are you coming to see us again? ◇ *Die Fähre kommt von Ostende.* The ferry has come from Ostend. ◇ *Der Wind kommt aus südlicher Richtung.* The wind is coming from the south. ◇ *Ich kam gerade vom Arzt, als das Telefon klingelte.* I'd just come home from the doctor's, when the telephone rang. ◇ *Links kommt jetzt gleich unsere Schule.* Our school is just coming up now on the left. ◇ *Ein Gefühl der Verzweiflung kam über mich.* A feeling of despair came over me. ◇ *Die Gäste kommen um 8.* The guests are coming at 8. ◇ *als der Bus kam* when the bus came ◇ *Der nächste Bus kommt in 20 Minuten.* The next bus will be here in 20 minutes. ◇ *Wann kommst du nach Hause?* When will you be home? ◇ *wenn ich nach Hause komme* when I get home ◇ *Die Post ist schon gekommen.* The post has already been. ◇ *Wann soll das Baby kommen?* When is the baby due? ◇ *Bald kommt der Herbst.* Autumn will soon be here. **2** (*durch etw gehen, fahren*) go ◇ *Bei der Wanderung kamen wir durch ein kleines Dorf.* We went through a little village on our walk. ◇ *Auf der Fahrt nach Köln kommt man durch Düsseldorf.* You go through Düsseldorf on the way to Cologne. **3** (**bis/zu etw**) **~** (*gelangen*) get (to/as far as sth) ◇ *Wie komme ich zum Fahrstuhl?* How do I get to the lift? ◇ *Wie kommt er von der Schule nach Hause?* How does he get home from school? ◇ *Wir sind nur bis Seite 5 gekommen.* We only got as far as page 5. ◇ *Wie weit bist du gekommen?* How far did you get? ◇ *Er kommt selten aus dem Haus/in die Stadt.* He hardly ever gets out of the house/into town. **4** (*in eine Institution*) go; (*aus einer Institution*) come ◇ *zur Bundeswehr kommen* go into the army ◇ *ins Krankenhaus kommen* go into hospital ◇ *ins Gefängnis kommen* go to prison ◇ *Sie kam sofort ins Krankenhaus.* She was taken to hospital immediately. ◇ *aus dem Krankenhaus kommen* come out of hospital ◇ *in die/aus der Schule kommen* start/leave school **5** (*hingehören*) go ◇ *Wohin kommen die Gläser?* Where do the glasses go? ◇ *Das Foto kommt auf die Titelseite.* The photo is going on the front page. ◇ *Das Buch kommt aufs oberste Regal.* The book belongs on the top shelf. **6 jdm kommt etw** sth occurs to sb, sb has sth ◇ *Ihr kam der Gedanke, dass …* It occurred to her that … ◇ *Gestern Abend ist mir eine tolle Idee gekommen!* I had a great idea last night! ◇ *Mir kamen Zweifel, ob das wohl richtig war.* I was starting to have doubts as to whether it was right. **7** (*erscheinen*) come through ◇ *Im Garten kommen schon die Osterglocken.* The daffodils are coming through in the garden. ◇ *Am Apfelbaum kommen die ersten Blüten.* The first blossom is coming out on the apple tree. ◇ *wenn die ersten grauen Haare kommen* when your hair starts to go grey **8** (**sich**) **jdn/etw ~ lassen** send for sb/sth ◇ *Er ließ einen Arzt kommen.* He sent for a doctor. ◇ *Sollen wir (uns) eine Pizza kommen lassen?* Should we send for a pizza? ◇ *Ich ließ ein Taxi kommen.* I ordered a taxi.

• **Ursprung** **9** (*stammen*) come, be ◇ *Woher kommen Sie?* Where are you from? ◇ *Ich komme aus Österreich.* I'm from Austria. ◇ *Woher kommt eigentlich diese Jacke?* Where did you get that jacket? **10** (*herrühren*) come ◇ *Wie kommt es, dass ihr euch so gut kennt?* How come you know each other so well? ◇ *Die Löcher in den Zähnen kommen von den vielen Süßigkeiten.* The holes in your teeth come from eating too many sweets. ◇ *Das kommt davon!* That's what happens, you see!

• **ereignen** **11** (*geschehen*) happen ◇ *Warum musste das jetzt kommen?* Why did that have to happen now? ◇ *Meistens kommt alles anders als man denkt.* Things never turn out the way you expect. ◇ *Das Angebot kam völlig unerwartet.* The offer was completely unexpected. ◇ *Wie kommt es, dass du schon wieder da bist?* How come you're back again so soon? **12** (*Film, Sendung etc.*) be on ◇ *Was kommt im Kino?* What's on at the cinema? ◇ *Was kommt heute Abend im Fernsehen?* What's on television tonight? ◇ *Um 8 Uhr kommen Nachrichten.* The news is (on) at 8. ◇ *Im Fernsehen kommt nur noch Mist.* There's nothing but rubbish on television. **13 jdm ~** ◇ *jdm ungelegen kommen* be inconvenient for sb ◇ *Das kommt mir zu plötzlich!* It's all happening too fast for me. ◇ *Du kommst mir gerade richtig!* You've come just at the right time!

• **Verhalten** **14 jdm irgendwie ~** ◇ *Wenn du mir so kommst, kriegst du gar nichts.* If you keep going on like that, you won't get anything. ◇ *Erst hat er mich fast umgefahren und dann wollte er mir auch noch frech kommen!* First he nearly knocked me over, and then he started being cheeky into the bargain. **15** (*zur Verstärkung oder Ermutigung*) come on ◇ *Komm, wir gehen jetzt!* Come on, we're going now! ◇ *Komm, jetzt reg dich doch nicht so auf!* Come on, don't get so worked up! ◇ *Ach komm, es lohnt sich doch sowieso nicht.* Come on now, it's really not worth it. ◇ *Na komm schon, leih mir doch dein Rad.* Oh go on, lend me your bike.

• **Ausdrücke mit Präpositionen** **16 an etw ~** (*bekommen*) get hold of sth ◇ *Wie komme ich ganz schnell an das Geld?* How can I get hold of the money quickly? ◇ *Wie ist sie an den Job gekommen?* How did she get the job? **17 auf etw ~** (*sich belaufen*) come to sth ◇ *Die Rechnung kam auf 120 Dollar.* The bill came to 120 dollars. ◇ *Wie teuer kommt die Reparatur?* What does the repair bill come to? **18 auf etw ~** (*sich an etw erinnern*) (be able to) remember sth ◇ *Kommst du noch darauf, wie er heißt?* Do you remember his name? **19 auf etw ~** (*herausfinden*) hit upon sth ◇ *Lisa ist schließlich auf die richtige Antwort gekommen.* Lisa finally hit upon the correct answer. ◇ *Ich wäre nie darauf gekommen.* It would never have occurred to me. ◇ *Wie kommst du darauf?* What makes you think that? **20 auf jdn/etw ~** (*an jdn/etw denken*) think of sb/sth ◇ *Wie sind sie wohl auf mich gekommen?* I wonder what made them think of me? ◇ *Wie bist du denn auf die Idee gekommen?* Where did you get the idea from? ◇ *Schließlich kamen wir darauf, nach Italien zu fahren.* We eventually hit upon the idea of going to Italy. **21 auf jdn/etw ~** (*in Proportionen*) ◇ *Auf jeden Lehrer kommen 30 Schüler.* There are 30 pupils to every teacher. ◇ *Auf jeden Gewinn kommen drei Nieten.* There are three blanks for every win. **22 hinter etw ~** (*entdecken*) discover sth ◇ *Sie ist endlich dahinter* *gekommen, dass er log.* She eventually discovered that he was lying. **23 (jdm) mit etw ~** (*belästigen*) bother sb with sth ◇ *Ständig kommt er mit neuen Fragen!* He's forever bothering me with questions! ◇ *Jetzt komm mir doch nicht schon wieder damit.* Now don't start that all over again! **24 nach jdm ~** take after sb ◇ *Kommt sie nach ihrer Mutter?* Does she take after her mother? **25 um etw ~** (*verlieren*) lose sth; (*verzichten müssen*) miss out on sth (*umgs*) ◇ *So kam sie um das ganze Erbe.* That's how she lost her entire inheritance. ◇ *Jetzt sind wir um unsere Kaffeepause gekommen!* Now we've missed out on our coffee break! **26 zu etw ~** ◇ *Wie kommt er zu so viel Geld?* How does he have so much money? ◇ *wieder zu Kräften kommen* regain your strength ◇ *Er wird nie zu etwas kommen!* He'll never get anywhere in life! **27 zu etw ~; dazu ~, etw zu tun** get round to (doing) sth ◇ *Ich komme nie dazu, die Fotos zu sortieren.* I never get round to sorting out the photos. ◇ *Wir sind nicht dazu gekommen, die Altstadt zu besichtigen.* We didn't manage to see the old city. ◇ *Heute bin ich zu nichts gekommen.* I got nothing done today. **28 es kommt zu etw** ◇ *Wie konnte es nur dazu kommen?* How could this happen? ◇ *In der Nacht kam es wieder zu Ausschreitungen.* There were riots again in the night. IDM **auf jdn/etw nichts kommen lassen** not hear anything said against sb/sth **im Kommen sein** be coming into fashion ◇ *Schwarz ist wieder im Kommen.* Black is back in fashion. ◇ *Cholera ist wieder im Kommen.* Cholera is on the increase again. **etw kommen sehen** see sth coming ◇ *Ich sehe kommen, dass ich die ganze Arbeit machen muss!* I'll have to do it all. I can see it coming! ◇ *Das habe ich kommen sehen!* I could see that coming! **Kommen und Gehen** coming and going **wer zuerst kommt, mahlt zuerst** first come, first served **(wieder) zu sich kommen** come round ℹ Für andere Ausdrücke mit **kommen** siehe die Einträge für die entsprechenden Nomina etc. **In Schwung kommen** z.B. steht unter **Schwung**.

kommend 1 next ◇ *im kommenden Jahr* next year ◇ *Der Umbau ist für das kommende Frühjahr geplant.* The alterations are due to take place next spring. ◇ *Am kommenden Sonntag hat sie Geburtstag.* This coming Sunday is her birthday. **2** (*zukünftig*) future; (*Veranstaltungen etc.*) forthcoming ◇ *für kommende Generationen* for future generations ◇ *Die Broschüre informiert über die kommenden Veranstaltungen.* The brochure gives information about forthcoming events.

Kommentar 1 (*Stellungnahme*) comment ◇ *Kein Kommentar!* No comment! ◇ *einen Kommentar zu etw abgeben* comment on sth ◇ *Er lehnte jeden Kommentar ab.* He refused to comment. **2** (*Auslegung, mündliche Beschreibung*) commentary ◇ *der Kommentar zu dem Match* the commentary on the match

Kommentator(in) commentator ◇ *ein Fußball-Kommentator* a football commentator ◇ *ein politischer Kommentator* a political commentator

kommentieren 1 (etw) ~ comment (on sth) ◇ *Er kommentierte den Rücktritt mit den Worten, „Eine sehr gute Entscheidung."* He commented that the decision to resign was the right one. ◇ *Das Angebot kommentierte er mit den Worten: ...* His comment on the offer was ... **2** (*beschreiben*) commentate (on) *sth* ◇ *Wer kommentiert das Spiel?* Who will be commentating (on) the match? **3** (*Text*) annotate ◇ *eine kommentierte Ausgabe* an annotated edition

Kommerz commercialism

Kommerzialisierung commercialization

kommerziell commercial (*Adv* commercially)

Kommilitone, Kommilitonin fellow student ◇ *ihre Kommilitonen* her fellow students ◇ *eine Kommilitonin meiner Schwester* a college friend of my sister's ◇ *Er ist ein ehemaliger Kommilitone.* I was at university with him.

Kommissar(in) 1 inspector; (*der Kriminalpolizei*) detective inspector **2** (*einer Verwaltung*) commissioner

Kommission commission ◇ *die EU-Kommission* the European Commission ◇ *Ich habe ihr die Vase in Kommission gegeben.* She's selling the vase for me on commission. ◇ *etw in Kommission nehmen* take sth on a sale or return basis

Kommode chest of drawers, (*AmE*) bureau

kommunal local ◇ *auf kommunaler Ebene* at local level ◇ *das kommunale Wahlrecht* the right to vote in local elections ◇ *der kommunale Haushalt* the council budget

Kommunal- Kommunalpolitik local politics [mit Verb im Sing/Pl] **Kommunalwahl** local election

Kommune 1 local authority district; (*Behörde*) local authority **2** (*Wohngemeinschaft*) commune [mit Verb im Sing/Pl]

Kommunikation communication ◇ *Die Kommunikation ist zusammengebrochen.* Communication has broken down. ◇ *Er empfindet die Kommunikation mit seinen Eltern als schwierig.* He finds it difficult to communicate with his parents.

Kommunikationselektronik communications technology **Kommunikationsfähigkeit** ability to communicate **Kommunikationsmittel** means of communication **Kommunikationstechnik** communications technology

kommunikativ communicative ◇ *kommunikativ orientierter Sprachunterricht* communicative language learning ◇ *kommunikative Fähigkeiten* communication skills ◇ *einen Konflikt kommunikativ lösen* solve a conflict through communication

Kommunikator(in) communicator

Kommunion 1 Communion **2** (*Erstkommunion*) First Communion

Kommunismus communism ◇ *Er hat jahrzehntelang unter dem Kommunismus gelebt.* He lived under communism for decades. ◇ *die Theorien des Kommunismus* communist doctrine

Kommunist(in) communist

kommunistisch communist ◇ *die kommunistische Ideologie* communist ideology

kommunizieren communicate ◇ *Sie kommunizieren schriftlich miteinander.* They communicate in writing.

Komödiant(in) 1 (comedy) actor **2** (*fig*) clown

komödiantisch comic ◇ *eine herausragende komödiantische Leistung* an outstanding comic performance ◇ *Sie hat komödiantisches Talent.* She's quite a comedian.

Komödie comedy (*auch fig*) ◇ *Shakespeares Komödien und Tragödien* Shakespeare's comedies and tragedies ◇ *Spiel mir keine Komödie vor!* Stop pretending!

kompakt 1 solid (*Adv* solidly) ◇ *eine kompakte Bauweise* a solid architectural style ◇ *Die Abwehr stand kompakt.* The team's defence was solid. **2** (*klein und praktisch*) compact (*Adv* compactly) **3** (*Mensch*) stocky (*Adv* stockily)

Kompanie (MIL) company [mit Verb im Sing/Pl]

Komparativ comparative (form)

Kompass compass ◇ *sich nach dem Kompass richten* follow the compass

kompatibel compatible

Kompensation compensation ◇ *eine hohe Kompensation erhalten* receive high compensation ◇ *Gewaltanwendung ist oft eine Kompensation für mangelndes*

Selbstbewusstsein. People often compensate for their lack of self-confidence by being violent.

kompensieren compensate ◇ *Er kompensiert seine Unsicherheit durch/mit Arroganz.* He compensates for his insecurity by being arrogant.

kompetent competent (*Adv* competently); (*sachverständig*) expert (*Adv* expertly) ◇ *ein kompetenter Mitarbeiter* a competent member of staff ◇ *Wir wurden kompetent beraten.* We got some expert advice. ◇ *Sie ist außerordentlich kompetent auf ihrem Gebiet.* She's an expert in her field.

Kompetenz **1** competence **2** (*Zuständigkeit*) power [meist Pl] ◇ *Ich habe keine Kompetenz, darüber zu entscheiden.* I don't have the power to decide. ◇ *Er soll seine Kompetenzen überschritten haben.* He is supposed to have exceeded his powers.

komplementär complementary

komplett complete (*Adv* completely) ◇ *Meine Sammlung von Beatlesplatten ist nun endlich komplett.* My collection of Beatles records is now finally complete. ◇ *Das habe ich komplett vergessen.* I completely forgot about it. ◇ *eine komplett möblierte Wohnung* a fully furnished flat ◇ *Peter ist hier — jetzt sind wir komplett.* Peter's arrived — now we're all here.

komplettieren complete

komplex **1** *Adj* complex **2** *Adv* in a complex way

Komplex complex ◇ *ein Komplex von Symptomen* a complex of symptoms ◇ *Dieser Komplex soll abgerissen werden.* This complex is going to be pulled down. ◇ *Er hat Komplexe wegen seines Aussehens.* He has a complex about his appearance.

Komplexität complexity

Komplikation complication [meist Pl]

Kompliment compliment ◇ *Er machte mir ein Kompliment.* He paid me a compliment ◇ *Kompliment an die Köchin!* Compliments to the chef! ◇ *Er macht mir immer Komplimente zu meinem Aussehen.* He's always complimenting me on my appearance. IDM **nach Komplimenten fischen** fish for compliments

Komplize, Komplizin accomplice

komplizieren complicate ◇ *Das kompliziert die Angelegenheit enorm.* That complicates matters tremendously. ◇ *Warum musst du bloß alles immer so komplizieren?* Why do you have to make everything so complicated?

kompliziert **1** *Adj* complicated; (*Mensch*) complex **2** *Adv* in a complicated way ◇ *Warum drückt er sich immer so kompliziert aus?* Why does he always express himself in such a complicated way?

Komplott plot ◇ *Sie schmiedeten ein Komplott gegen den Präsidenten.* They hatched a plot against the president.

Komponente component

komponieren **1** compose ◇ *ein Lied komponieren* compose a song **2** (*gestalten*) construct; (*Farben*) combine ◇ *ein meisterhaft komponierter Krimi* a masterfully constructed crime novel

Komponist(in) composer

Komposition **1** composition ◇ *Diese Sinfonie gehört zu Beethovens berühmtesten Kompositionen.* This symphony is one of Beethoven's most famous compositions. ◇ *Er ist mit der Komposition einer Oper beschäftigt.* He's composing an opera. **2** (*Gestaltung*) construction ◇ *Der Eingang ist eine Komposition aus Glas und Stahl.* The entrance is a construction of glass and steel. ◇ *Dieses Bild besticht durch die Komposition der Farben.* This picture is impressive because of the combination of colours.

Kompositum compound

Kompost compost; (*Komposthaufen*) compost heap **Komposthaufen** compost heap

kompostierbar compostable

kompostieren **1** make compost ◇ *Wer umweltbewusst ist, kompostiert.* People who are environmentally friendly make compost. **2** (*zu Kompost verarbeiten*) compost ◇ *Wir kompostieren unsere Küchenabfälle.* We compost our kitchen waste.

Kompott stewed fruit

komprimieren **1** (TECH) compress **2** (*zusammenfassen*) condense ◇ *Kannst du den Vortrag in komprimierter Form wiedergeben?* Could you do a condensed version of the talk?

Kompromiss compromise ◇ *ein fauler Kompromiss* a shabby compromise ◇ *sich auf einen Kompromiss einigen* reach a compromise

kompromissbereit willing to compromise ◇ *Die Verhandlungspartner zeigten eine kompromissbereite Haltung.* Both parties were willing to compromise. **Kompromissbereitschaft** willingness to compromise **kompromissfähig** able to compromise **Kompromissfähigkeit** ability to compromise **kompromisslos** uncompromising (*Adv* uncompromisingly) **Kompromisslosigkeit** uncompromising attitude, refusal to compromise **Kompromisslösung** compromise solution

kompromittierend compromising

kondensieren condense ◇ *Sein Atem kondensierte in der kalten Luft.* His breath condensed in the cold air.

Kondens- Kondensmilch condensed milk **Kondensstreifen** vapour trail, (*AmE*) vapor trail **Kondenswasser** condensation

Kondition **1** condition ◇ *Ich habe überhaupt keine Kondition mehr.* I'm really out of condition. ◇ *Um in guter Kondition zu bleiben, solltest du regelmäßig joggen gehen.* You ought to go jogging regularly to keep fit. **2 Konditionen** terms [Pl] ◇ *Zu welchen Konditionen wurde Ihnen das Auto verkauft?* On what terms was the car sold to you?

Konditionstraining fitness training

Konditor(in) pastry cook

Konditorei cake shop; (*Café*) cafe

kondolieren send/offer your condolences

Kondom condom

Konferenz **1** (*Besprechung*) meeting ◇ *Herr Schulz ist bis vier Uhr in einer Konferenz.* Mr Schulz will be in a meeting until four. **2** (*Zusammenkunft*) conference ◇ *eine Konferenz zum Thema Drogen* a conference on drugs

Konferenzschaltung (*mit dem Telefon*) conference call; (*im Radio/Fernsehen*) (radio/television) link-up **Konferenzteilnehmer(in)** conference participant

Konfession denomination

konfessionell denominational ◇ *konfessioneller Religionsunterricht* denominational religious education ◇ *Der Kandidat ist politisch und konfessionell unabhängig.* The candidate belongs to no particular political party or religious denomination.

konfessionslos not belonging to any religion [nicht vor Nomen]

Konfetti confetti

Konfiguration configuration

konfigurieren (COMP) configure

Konfirmand(in) = person who is being/has just been confirmed

Konfirmandenunterricht confirmation classes [Pl]

Konfirmation confirmation

konfirmieren confirm

konfiszieren confiscate; (*am Zoll auch*) seize ◇ *Nicht registrierte Waffen wurden konfisziert.* Unlicensed weapons were confiscated. ◇ *Der Koffer wurde am Zoll konfisziert.* The suitcase was seized by customs.

Konfitüre jam

Konflikt conflict ◇ *mit jdm/etw in Konflikt geraten* come into conflict with sb/sth ◇ *ein innerer/seelischer Konflikt* an inner conflict ◇ *ein bewaffneter Konflikt* an armed conflict
Konfliktberatung = counselling for pregnant women who want an abortion **konfliktfähig** able to deal with conflict **Konfliktfähigkeit** ability to deal with conflict **Konfliktherd** trouble spot **Konfliktlösung** solution to the conflict **konfliktreich** turbulent **konfliktscheu** unable to deal with conflict **Konfliktsituation** conflict situation

Konföderation confederacy

konform **1 mit etw ~ sein** conform to sth **2 mit etw ~ gehen** be in agreement with sth; **mit jdm ~ gehen** agree with sb

Konfrontation **1** confrontation; (*Konflikt*) conflict ◇ *Wir wollen keine Konfrontation.* We want to avoid a confrontation. **2** (*Gegenüberstellung*) (*meist mit einem Verb übersetzt*) ◇ *Die tägliche Konfrontation mit dem sozialen Elend war deprimierend.* It was depressing to be confronted with abject poverty on a daily basis.

konfrontieren **1 jdn/etw ~** confront sb/sth **2 jdn mit jdm ~** bring sb face to face with sb **3 jdn mit etw ~** make sb face sth ◇ *Als er sie mit der Realität konfrontierte, …* When he made her face reality, … ◇ *Wir sind jeden Tag mit diesem Problem konfrontiert.* We have to deal with this problem every day.

konfus confused; (*nicht klar*) unclear; (*chaotisch*) chaotic ◇ *eine konfuse Politik* a confused policy ◇ *Er wirkte ziemlich konfus.* He seemed rather confused. ◇ *konfuse Äußerungen* unclear statements ◇ *Die Abwehr war völlig konfus.* The defence was absolutely chaotic. ◇ *Du machst mich ganz konfus!* You're making me nervous.

Konfusion confusion

Kongress **1** conference; (*größer*) congress ◇ *auf dem Kongress* at the conference **2** (*Parlament in den USA*) Congress
Kongressabgeordnete Congresswoman **Kongressabgeordneter** Congressman **Kongresshalle** conference hall

König king ◇ *der König von Jordanien/der jordanische König* the King of Jordan ◇ *der marokkanische König Hassan II* King Hassan II of Morocco ◇ *der König des Rock* the king of rock ◇ *der Pik-König* the king of spades ◇ *die Heiligen Drei Könige* the Three Kings IDM → KUNDE

Königin queen ◇ *die Königin von Dänemark* the Queen of Denmark

königlich **1** royal [nur vor Nomen] ◇ *Königliche Hoheit* Your Royal Highness **2** (*wie ein König*) regal ◇ *eine königliche Pose* a regal pose ◇ *königlich speisen* eat like a king ◇ *sich königlich amüsieren* have a great time **3** (*großzügig*) princely ◇ *Er wurde königlich belohnt.* He was given a princely reward.

Königreich kingdom ◇ *im schwedischen Königreich* in the kingdom of Sweden

königs- **königsblau** royal blue **Königshaus** royal palace; (*Familie*) royal family

Konjunktion (LING, ASTRON) conjunction ◇ *koordinierende/subordinierende Konjunktionen* coordinating/subordinating conjunctions

Konjunktiv (LING) subjunctive

Konjunktur **1** economy ◇ *eine schwache/stabile Konjunktur* a fragile/stable economy ◇ *Die Konjunktur erholte sich.* The economy recovered. ◇ *die Konjunktur ankurbeln* boost the economy ◇ *die Konjunktur in den ehemaligen Ostblockländern* the economic situation in former Communist countries **2** (*Hoch-*) boom IDM **Konjunktur haben** be in great demand

konjunkturell **1** economic ◇ *eine konjunkturelle Flaute/Krise* an economic slump/crisis ◇ *die konjunkturelle Lage* the economic situation ◇ *aus konjunkturellen Gründen* for economic reasons ◇ *ein konjunktureller Aufschwung* a rise in economic activity ◇ *konjunkturelle Schwankungen* fluctuations in the economy **2 ~ bedingt** due to economic factors

konkav concave (*Adv* concavely)

konkret **1** *Adj* concrete; (*Daten, Fall, Forderung, Frage*) specific; (*Antwort*) definite; (*Gefahr*) real **2** *Adv* specifically; (*in der Praxis*) in practice ◇ *Was bedeutet das konkret?* What does that mean specifically? ◇ *Wie sieht das konkret aus?* How does that look in practice? ◇ *etw konkret umsetzen* put sth into practice

konkretisieren be specific; (*realisieren*) realize ◇ *Was die Regierung plant, wollte er nicht konkretisieren.* He didn't want to be specific about the government's plans. ◇ *Ein Komponist half ihnen, ihre Ideen zu konkretisieren.* A composer helped them to realize their ideas. ◇ *Die genauen Kosten lassen sich noch nicht konkretisieren.* We still can't say for certain how much it will cost.

Konkurrent(in) competitor; (*Rivale*) rival ◇ *90 Konkurrenten aus 25 Ländern* 90 competitors from 25 countries ◇ *Er ist mein schärfster Konkurrent.* He's my main rival.

Konkurrenz competition [mit Verb im Sing/Pl]; (*Konkurrent(en)*) competitors [Pl] ◇ *die Konkurrenz aus Niedriglohnländern* competition from low-wage countries ◇ *Die Konkurrenz aus dem Ausland wird härter.* Foreign competition is intensifying. ◇ *Die Konkurrenz der Frauen gewann Ulli Pietsch.* Ulli Pietsch won the women's competition. ◇ *Die Konkurrenz hat die Preise jetzt ebenfalls gesenkt.* Our competitors have lowered their prices too now. ◇ *jdm Konkurrenz machen* compete with sb IDM **außer Konkurrenz antreten** be an unofficial competitor
Konkurrenzdenken competitiveness **konkurrenzfähig** competitive (*Adv* competitively) ◇ *konkurrenzfähig sein* be competitive **Konkurrenzkampf** competition ◇ *der Konkurrenzkampf der Banken* competition between the banks **konkurrenzlos** ◇ *Die Firma ist konkurrenzlos.* The company has no competition. ◇ *Im Freistil war sie konkurrenzlos.* No one could compete with her in the freestyle. ◇ *Sie sind konkurrenzlos preiswert.* No one can beat them on price. **Konkurrenzunternehmen** rival company

konkurrieren compete ◇ *zwei Supermächte, die um die Weltmacht konkurrieren* two superpowers competing for world power ◇ *Mit den Supermärkten können wir nicht konkurrieren.* We can't compete with the supermarkets. ◇ *auf dem Weltmarkt konkurrieren* compete in the world market ◇ *konkurrierende Firmen* rival firms

Konkurs bankruptcy, receivership (*gehoben*) ◇ *Das Unternehmen steht vor dem Konkurs.* The firm is on the brink of bankruptcy. ◇ *in Konkurs gehen* go bankrupt ◇ *(den) Konkurs anmelden* go into receivership
Konkursverwalter receiver

können[1] *Modalvb* **1** (*Fähigkeit*) ◇ *Kannst du Rad fahren?* Can you ride a bike? ◇ *Das kann ich nicht machen.* I can't do it. ◇ *Er konnte sechs Sprachen sprechen.* He could speak six languages. ◇ *Ich konnte ihn nicht verstehen.* I couldn't understand him. ◇ *Ich könnte mehr für sie tun.* I could do more for her. ◇ *Ich hätte mehr für sie tun können.* I could have done more for her. ◇ *Es muss furchtbar sein, nicht sehen zu können.* It must be terrible not to be able to see. ◇ *Er kann schon seit einem Jahr schwimmen.* He's been able to swim for a year. ◇ *Wir hatten ihn nicht warnen können.* We hadn't been able to warn him. ◇ *Eines Tages wirst du darüber lachen können.* One day you'll be able to laugh about it. ◇ *Hast du mit ihm sprechen können?* Were you able to/did you manage to speak to him? ◇ *Zwei Jungen konnten gerettet werden.* They were able to/managed to save two of the boys. **2** (*Möglichkeit*) ◇ *Es kann jederzeit passieren.* It can happen at any time. ◇ *Könntest du nicht früher kommen?* Couldn't you come earlier? ◇ *Es kann sein, dass er es vergessen hat.* He may have forgotten./Maybe he has forgotten. ◇ *Du kannst Recht haben.* You may be right. ◇ *Er könnte Recht haben.* He could be right. ◇ *Du könntest es im Bus vergessen haben.* You could have left it on the bus. ◇ *Sie könnte oben sein.* She might be upstairs. **3** (*Wahrscheinlichkeit, Annahme*) ◇ *Du kannst noch keinen Hunger haben.* You can't be hungry already! ◇ *Sie hätte das gar nicht wissen können.* She couldn't have known that. **4** (*Erlaubnis*) ◇ *Könnte ich eventuell dein Auto ausleihen?* Could I possibly borrow your car? **5** (*Bitte*) ◇ *Kannst du mir helfen?* Can you help me? ◇ *Könnten Sie bitte die Tür aufmachen?* Could you open the door, please? **6** (*Vorwurf*) ◇ *Du hättest es mir eher sagen können.* You might have told me earlier.

können² *Verb* ◇ *Kannst du das?* Can you do that? ◇ *Das kann ja jeder!* Anyone can do that! ◇ *Er kann absolut nichts.* He can't do a thing. ◇ *Er kann das wirklich gut.* He's really good at it. ◇ *Kannst du Englisch?* Do you speak English? ◇ *Sie kann gut Englisch.* Her English is good. → *Siehe auch* DAFÜR IDM **du kannst mich mal!** you can go to hell (*umgs*) **(es) gut/nicht etc. mit jdm können** get on well/not get on with sb **können wir?** shall we go? **nicht mehr können** not be able to go on ◇ *Ich kann nicht mehr.* I can't go on. **wie konntest du nur!** how could you!

Können skill

Könner(in) expert

Konnotation connotation

Konsens consensus ◇ *einen Konsens erzielen* reach a consensus ◇ *Es gibt einen breiten politischen Konsens zu diesem Thema.* There's a broad political consensus on this issue. ◇ *Zwischen den Parteien herrschte Konsens.* There was a consensus of opinion between the parties.

konsequent **1** consistent (*Adv* consistently); (*logisch*) logical (*Adv* logically) ◇ *konsequentes Handeln/Vorgehen* a consistent course of action ◇ *konsequent sein* be consistent ◇ *konsequent handeln* act consistently ◇ *die einzig konsequente Lösung* the logical solution ◇ *konsequent denken* think logically **2** (*streng*) rigorous (*Adv* rigorously) ◇ *konsequente Kontrollen* rigorous checks ◇ *die Sanktionen konsequent durchsetzen* rigorously enforce sanctions **3** (*unbeirrbar*) single-minded (*Adv* single-mindedly) ◇ *sein Ziel konsequent verfolgen* single-mindedly pursue your goal ◇ *etw konsequent durchziehen* see sth through to the end

konsequenterweise logically

Konsequenz **1** consistency ◇ *mangelnde Konsequenz* a lack of consistency **2** (*Folge*) consequence ◇ *Das wird Konsequenzen haben.* That will have consequences. ◇ *Das hätte zur Konsequenz, dass …* That would mean that … IDM **die Konsequenz aus etw ziehen** draw the conclusion from sth **die Konsequenzen aus etw ziehen** learn from sth **die Konsequenzen ziehen** **1** take the appropriate steps **2** (*zurücktreten*) resign **in letzter Konsequenz** (*logisch zu Ende gedacht*) when taken to its logical conclusion; (*am Ende*) at the end of the day

konservativ conservative (*Adv* conservatively); (*in der britischen Politik*) Conservative

Konserve (*Lebensmittel-*) canned food [U], (*bes BrE*) tinned food [U]; (*Dose*) can, (*bes BrE*) tin ◇ *sich von Konserven ernähren* live on tinned food ◇ *eine Konserve öffnen* open a tin IDM **Musik aus der Konserve** canned music (*umgs*)

Konservenbüchse can, (*bes BrE*) tin

konservieren preserve; (*Obst auch*) conserve ◇ *alte Gebäude konservieren* preserve old buildings ◇ *Gemüse konservieren* preserve vegetables

Konservierungsmittel, **Konservierungsstoff** preservative

Konsistenz consistency

Konsole console

konsolidieren **1** consolidate **2 sich ~** stabilize

Konsolidierung consolidation; (WIRTSCH) stabilization

Konsolidierungsphase (WIRTSCH) period of consolidation

Konsonant consonant

Konspiration conspiracy

konspirativ conspiratorial ◇ *konspirative Aktivitäten* conspiratorial activities ◇ *konspirativ vorgehen* act in a conspiratorial way ◇ *sich konspirativ zusammenschließen* form a conspiracy ◇ *eine konspirative Wohnung* a safe house

konstant constant (*Adv* constantly); (*Leistungen*) consistent (*Adv* consistently) ◇ *Die Bevölkerungszahl ist konstant geblieben.* The population figures have remained constant. ◇ *Die Temperatur des Wassers wird konstant bei 25° gehalten.* The temperature of the water is maintained at a constant 25°. ◇ *Sie bringen konstant gute Leistungen.* They consistently achieve good results. ◇ *Die Besetzung der Band blieb konstant.* The line-up of the band remained the same.

Konstante constant (*auch fig*)

konstatieren **1** (*wahrnehmen*) notice, detect (*gehoben*) ◇ *Man muss eine gewisse Machtlosigkeit konstatieren.* One can't help noticing a certain powerlessness. ◇ *Dort konstatieren die Mediziner mögliche Gesundheitsrisiken.* Doctors detect possible health risks here. **2** (*erklären*) state; (*bemerken*) comment

konsterniert dismayed ◇ *Der Minister erklärte sich überrascht und konsterniert.* The minister said he was surprised and dismayed. ◇ *Er reagierte konsterniert.* He reacted with dismay.

konstituieren **1** (*gründen*) establish (*gehoben*), set *sth* up ◇ *eine Institution konstituieren* set up an institution ◇ *eine konstituierende Sitzung* a constituent session **2 sich ~** be established ◇ *Das neue Gremium soll sich morgen konstituieren.* The new body is to be established tomorrow

Konstitution constitution

konstitutionell constitutional

konstruieren **1** construct; (*entwerfen*) design ◇ *Er hat den Fahrradständer selbst konstruiert.* He designed and constructed the bicycle stand himself. ◇ *Anhand der Aussagen konstruierte die Polizei den Tathergang.* On the basis of the evidence the police were able to reconstruct the sequence of events of the crime. **2** (LING) construe ◇ *Neue sprachliche Formulierungen werden konstruiert.* New forms of speech are construed. ◇ *Diese Verben werden mit dem Akkusativ konstruiert.* These verbs take the accusative. **3** (*sich ausdenken*) fabricate (*abwert*) ◇ *das Belastungsmaterial gegen den Angeklagten konstruieren* fabricate the incriminating evidence against the accused ◇ *Die Handlung klingt zu konstruiert.* The plot sounds too contrived.

Konstrukteur(in) design engineer

Konstruktion construction; (*Entwurf*) design [U] ◇ *Die Konstruktion des Satzes ist falsch.* The sentence construction is wrong. ◇ *Der Regisseur fand die Konstruktion des Sets sehr gut.* The director thought the design of the set was very good. ◇ *moderne Waffen herkömmlicher Konstruktion* modern conventionally designed weapons
Konstruktionsfehler (*des Entwurfs*) design fault; (*des Aufbaus*) structural fault

konstruktiv **1** constructive (*Adv* constructively) ◇ *konstruktive Vorschläge* constructive suggestions **2** (TECH) constructional

Konsul(in) consul

Konsulat consulate

Konsultation consultation

konsultieren consult

Konsum[1] consumption ◇ *der Konsum von Drogen* drug consumption ◇ *20 Menschen starben nach dem Konsum von Ecstasy.* 20 people died after taking ecstasy.

Konsum[2] (*Konsumgenossenschaft*) co-operative society; (*Lebensmittelgeschäft*) co-op (*umgs*)

Konsument(in) consumer

Konsum- **Konsumgesellschaft** consumer society **Konsumgüter** consumer goods [Pl]

konsumieren consume (*auch fig*)

Konsumrausch consumer boom

Kontakt contact ◇ *Die Kontakte des Steckers sind verschmutzt.* The contacts on the plug are dirty. ◇ *mit jdm in Kontakt kommen* get in contact with sb ◇ *neue Kontakte knüpfen* make new contacts ◇ *den Kontakt zu jdm aufnehmen/verlieren* get in touch/lose touch with sb ◇ *engen Kontakt zu jdm haben* be close to sb ◇ *Es fehlte der Kontakt zwischen Künstlern und Publikum.* There was no rapport between the performers and the public. ◇ *Kinder sollten nicht in Kontakt mit Alkohol kommen.* Children should not be exposed to alcohol.
Kontaktadresse contact address **kontaktarm** **1** antisocial **2** (*ohne Kontakte*) lacking (human) contact **Kontaktaufnahme** approach ◇ *eine schriftliche Kontaktaufnahme* an approach in writing ◇ *Eine telefonische Kontaktaufnahme ist möglich.* It is possible to contact us by telephone. **kontaktfreudig** sociable **Kontaktlinse** contact lens **kontaktlos** contactless ◇ *kontaktlos bezahlen* make a contactless payment **Kontaktperson** contact

Kontamination contamination

kontaminieren contaminate

Konter **1** (*beim Boxen, Ringen*) counterblow **2** (*bei Ballspielen*) counter-attack (*auch fig*)

kontern counter

Konterrevolution counter-revolution

Kontext context ◇ *in diesem Kontext* in this context ◇ *Man muss das im Kontext sehen.* That needs to be seen in context. ◇ *aus dem Kontext herausgerissen* taken out of context ◇ *Es ist schwierig, den Satz ohne den Kontext zu übersetzen.* It is difficult to translate the sentence out of context.

Kontinent continent ◇ *der (europäische) Kontinent* the Continent

kontinental continental
Kontinentaleuropa continental Europe **Kontinentalklima** continental climate

Kontingent **1** (*Pflichtbeitrag*) quota ◇ *das ihnen zugeteilte Kontingent an frischem Trinkwasser* their allocated quota of fresh drinking water **2** (*Truppen-, Anzahl von Menschen*) contingent

kontinuierlich (*ununterbrochen*) continuous (*Adv* continuously); (*beständig*) steady (*Adv* steadily) ◇ *kontinuierlicher Datenaustausch* continuous data exchange ◇ *Seine Leistungen bessern sich kontinuierlich.* His performance is continuously improving. ◇ *Der Konsum von Alkohol steigt kontinuierlich an.* The consumption of alcohol is rising steadily.

Kontinuität continuity

Konto account ◇ *ein Konto eröffnen/auflösen* open/close an account ◇ *auf meinem Konto* in my account ◇ *Geld auf jds Konto überweisen* transfer money to sb's account ◇ *Der Betrag ist auf Ihrem Konto eingegangen.* The amount has been paid into your account. ◇ *ein Konto sperren lassen* block an account IDM **etw auf dem Konto haben** have sth on your record **etw geht auf jds Konto** **1** (*verantwortlich sein*) sb is responsible for sth ◇ *Dieses Fiasko geht auf sein Konto.* He is responsible for this disaster. **2** (*bezahlt werden*) sth is on sb ◇ *Das Mittagessen geht auf mein Konto.* Lunch is on me.
Kontoauszug (bank) statement **Kontoinhaber(in)** account holder **Kontonummer** account number **Kontostand** balance (of account) ◇ *Ihr Kontostand ist …* The balance of your account is …

kontra **1** against **2** (RECHT, SPORT) versus (*auch fig*) ◇ *Pflanzenschutzmittel kontra Naturschutz* insecticides versus conservation → *Siehe auch* PRO

Kontra (*bei Kartenspielen*) double IDM **(jdm) Kontra geben** take a stand (against sb) → *Siehe auch* PRO

Kontrabass double bass ◇ *Er spielt Kontrabass.* He plays the double bass.

Kontrahent(in) opponent

kontraproduktiv counterproductive

konträr contradictory ◇ *Sie hat ganz konträre Ansichten.* She has completely contradictory views. ◇ *zwei konträre Meinungen* two opposing views

Kontrast contrast ◇ *ein farblicher Kontrast* a contrast in colour ◇ *Kontraste bestimmen das Konzert.* The concert is characterized by contrasts. ◇ *als Kontrast* as a contrast ◇ *Das steht in deutlichem Kontrast zu der Tatsache, dass …* This is in direct contrast to the fact that … ◇ *zu etw in Kontrast stehen* contrast with sth

kontrastieren contrast

Kontrast- **Kontrastmittel** (MED) contrast medium **Kontrastprogramm** (*im Radio, Fernsehen*) alternative programme **kontrastreich** full of contrast [nicht vor Nomen] ◇ *Das Konzertprogramm war kontrastreich.* The concert programme was full of contrast. ◇ *kontrastreiche Architektur* richly contrasting architecture

Kontrolle **1** **~ (von etw)** (*Überprüfung*) check (on sth), inspection (of sth); **zur ~** as a check ◇ *Kontrollen an der Grenze* border checks ◇ *Kontrollen vornehmen* carry out checks ◇ *Die Kontrollen von Restaurants sollten verschärft werden.* The inspection of restaurants should be tightened. ◇ *Das Atomwerk unterliegt einer regelmäßigen Kontrolle.* The atomic power station is inspected regularly. ◇ *in eine Kontrolle kommen* be stopped by the police **2** (*Aufsicht*) surveillance, monitoring ◇ *die Kontrolle der Bevölkerung durch die Polizei* police surveillance of the population ◇ *Ein privater Wachdienst ist mit der Kontrolle von Parkplätzen beauftragt worden.* The job of car park surveillance has been given to a private security firm. ◇ *unter ärztlicher Kontrolle* monitored by a doctor **3** (*Beherrschung*) control ◇ *die Kontrolle ausüben* exercise control ◇ *Die Rebellen haben das Land unter Kontrolle.* The rebels have got control of the country. ◇ *Es gelang ihnen, den Brand unter Kontrolle zu bringen.* They managed to get the fire under control. ◇ *Er hat die Kontrolle über das Auto verloren.* He lost control of the car. ◇ *Nach einer Kurve geriet der Wagen* *außer Kontrolle.* The car went out of control coming out of a bend. ◇ *die Kontrolle über sich verlieren* lose your temper IDM → VERTRAUEN

Kontrolleur(in) inspector

Kontrollgang tour of inspection

kontrollieren **1** (*überprüfen*) check, inspect ◇ *Gepäck am Zoll kontrollieren* check baggage at customs ◇ *Vor dem Abflug kontrollierte er seine Instrumente.* Before take-off he checked his instruments. ◇ *Dieser Prozess wird streng kontrolliert.* Strict checks are carried out on this process. ◇ *Das Gesundheitsamt hat die Gaststätte kontrolliert.* Environmental health officers inspected the restaurant. **2** (*überwachen*) monitor ◇ *Die Arbeit aller Mitarbeiter wird ständig kontrolliert.* The work of all employees is constantly monitored. ◇ *Ich versuche, mein Gewicht zu kontrollieren.* I try to keep an eye on my weight. **3** (*beherrschen, regulieren*) control ◇ *Viele politische Parteien werden von den Gewerkschaften kontrolliert.* Many political parties are controlled by the trade unions. ◇ *Die Gruppe kontrolliert den Computermarkt.* The group controls the computer market. ◇ *ein Unternehmen durch Aktienmehrheit kontrollieren* control an enterprise by owning a majority of the shares ◇ *kontrolliertes Risiko* controlled risk ◇ *kontrollierte Heroinvergabe* controlled issue of heroin

Kontroll- **Kontrolllampe** warning light **Kontrollpunkt, Kontrollstelle** checkpoint **Kontrollturm** control tower

kontrovers controversial (*Adv* controversially)

Kontroverse controversy; (*Auseinandersetzung*) dispute ◇ *Es entspann sich eine Kontroverse um die Ausstellung.* A controversy arose about the exhibition.

Kontur outline

Konvention (*Norm, Abkommen*) convention ◇ *sich an die Konventionen halten* observe the conventions ◇ *die Genfer Konvention* the Geneva Convention

konventionell conventional (*Adv* conventionally); (*herkömmlich*) traditional ◇ *konventioneller Ackerbau* conventional farming methods ◇ *der Vertrag über konventionelle Abrüstung* the agreement on reductions in conventional arms ◇ *Er ist immer sehr konventionell gekleidet.* He always dresses very conventionally. ◇ *die konventionelle Frauenrolle* the traditional female role

Konversation conversation ◇ *ein Kurs für englische Konversation* an English conversation class

konvertierbar convertible

konvertieren **1** (*Geld, Währung, Daten etc.*) convert ◇ *Dollar in Euro konvertieren* convert dollars into euros **2 (von etw) (zu etw) ~** convert (from sth) (to sth) ◇ *Er konvertierte vom Hinduismus zum Islam.* He converted from Hinduism to Islam. ◇ *zum Christentum konvertieren* become a Christian ◇ *Sie war von der CDU zu den Grünen konvertiert.* She left the CDU and joined the Greens.

konvex convex

Konvoi convoy ◇ *im Konvoi fahren* drive in convoy ◇ *ein Konvoi mit Hilfsgütern* an aid convoy ◇ *ein Konvoi mit Kindern* a convoy of children

Konzentrat **1** concentrate **2** (*fig*) distillation

Konzentration concentration ◇ *Die Arbeit erforderte seine ganze Konzentration.* The work demanded his total concentration. ◇ *Nach zwei Stunden ließ ihre Konzentration nach.* After two hours she started to lose concentration. ◇ *hohe Konzentrationen giftiger Dioxine* high concentrations of poisonous dioxins ◇ *Die Zukunft der Firma liegt in der Konzentration auf neue Technologien.* The firm's future lies in concentrating on new technology.

Konzentrationsfähigkeit ability to concentrate ◇ *Diese Übung fördert die Konzentrationsfähigkeit.* This exercise improves the ability to concentrate. ◇ *Nach zehn Minuten ließ ihre Konzentrationsfähigkeit nach.* After ten minutes they started to lose concentration. **Konzentrationslager** concentration camp **Konzentrationsschwäche** poor concentration

konzentrieren **1 sich (auf etw) ~** concentrate (on sth) ◇ *Ich kann mich nicht konzentrieren!* I can't concentrate! ◇ *Sie konzentrierte sich ganz auf ihre Arbeit.* She concentrated hard on her work. ◇ *Sie haben 60 000 Soldaten in dem Gebiet konzentriert.* They have concentrated 60 000 troops in the area. **2 jdn/etw ~** concentrate sb/sth ◇ *eine Säure konzentrieren* concentrate an acid ◇ *Sie konzentrierten ihre Kräfte auf die Abwehr.* They concentrated their efforts on defence. **3 sich (auf jdn) ~** (*richten*) be directed (at sb) ◇ *Die heftigste Kritik konzentrierte sich auf den Außenminister.* The most severe criticism was directed at the foreign minister.

konzentriert **1** → KONZENTRIEREN **2** concentrated; (*intensiv*) intensive ◇ *eine konzentrierte Kraftanstrengung* a concentrated effort ◇ *Die konzentrierte Trainingsarbeit zahlte sich aus.* The intensive training paid off. ◇ *konzentriert spielen* be focused on your game ◇ *konzentriert bleiben* not lose your concentration ◇ *Sie hörte konzentriert zu.* She listened with intense concentration. ◇ *schwach konzentrierte Benzoldämpfe einatmen* inhale low-level concentrations of benzene

Konzept **1** plan ◇ *ein detailliertes Konzept ausarbeiten* work out a detailed plan **2** (*Entwurf*) draft ◇ *Er wich von seinem Konzept ab.* He abandoned his original draft. ◇ *Die Rede ist im Konzept fertig.* The speech is ready in draft form. **3** (*Begriff*) concept ◇ *das Konzept der „ethnischen Säuberung“* the concept of 'ethnic cleansing' IDM **jdn aus dem Konzept bringen** put sb off; throw sb ◇ *Die Spielerin ließ sich nicht aus dem Konzept bringen.* The player didn't allow herself to be put off. ◇ *Diese Frage brachte ihn aus dem Konzept.* The question threw him. **aus dem Konzept kommen** lose the thread **jdm das Konzept verderben** spoil sb's plans **jdm nicht ins Konzept passen** not fit in with sb's plans

Konzeptkunst conceptual art

Konzern group ◇ *ein multinationaler Konzern* a multinational (group)

Konzert **1** concert ◇ *Ich gehe heute Abend ins Konzert.* I'm going to a concert this evening. **2** (*Komposition*) concerto

Konzertflügel concert grand

konzertieren give a concert

konzertiert concerted [nur vor Nomen]

Konzertsaal concert hall

Konzession **1** concession ◇ *Ich bin nicht zu Konzessionen bereit.* I'm not prepared to make any concessions. ◇ *eine Konzession an die Autofahrer* a concession to motorists **2** (*Lizenz*) licence, (*AmE*) license ◇ *eine Konzession für eine Gaststätte* a restaurant licence ◇ *Die Konzession geht bis ein Uhr.* They have a licence to stay open until one.

Kooperation cooperation ◇ *die Kooperation zwischen Amerika und Europa* cooperation between America and Europe ◇ *eine verstärkte Kooperation der Parteien* greater cooperation between the parties

kooperativ cooperative ◇ *Alle waren sehr kooperativ.* Everybody was very cooperative. ◇ *Er erhielt eine milde Strafe als Belohnung für sein kooperatives Verhalten.* He got a light sentence because he had cooperated with the police. ◇ *die kooperative Zusammenarbeit mit den Behörden* cooperation with the authorities ◇ *kooperativ zusammenarbeiten* collaborate ◇ *ein kooperativer Führungsstil* a participative management style

Kooperative cooperative

kooperieren cooperate ◇ *miteinander eng kooperieren* cooperate with each other closely ◇ *Nur wenn wir international kooperieren, können wir unser Ziel erreichen.* We cannot achieve our aim without international cooperation.

Koordination coordination ◇ *mangelnde Koordination zwischen den verschiedenen Behörden* lack of coordination between the various authorities ◇ *Wie kann man Frauen die Koordination von Familie und Beruf erleichtern?* What can be done to help women combine work and family responsibilities?

koordinieren coordinate; (*verbinden*) combine ◇ *Die Hilfsaktionen müssen besser koordiniert werden.* Aid programmes need to be better coordinated. ◇ *Wie wird er Beruf und Sport koordinieren?* How will he combine his career with his sporting activities?

Koordinierung coordination; (*das Koordinieren*) coordinating

Kopf **1** head ◇ *Er wurde am Kopf verletzt.* He received a head injury. ◇ *Sie ist mit dem Kopf gegen die Wand geprallt.* She hit her head on the wall. ◇ *den Kopf schütteln* shake your head ◇ *den Kopf einziehen* duck (your head) ◇ *Sie stand mit gesenktem Kopf vor ihnen.* She stood before them, head bowed. ◇ *Er rutschte mit dem Kopf zuerst die Rutsche hinunter.* He slid head first down the slide. ◇ *Er ist einen Kopf größer als ich.* He's a head taller than me. ◇ *beschämt den Kopf senken* hang your head in shame ◇ *Sie hat nur Kleider im Kopf.* She has nothing in her head apart from clothes. ◇ *sich den Kopf waschen* wash your hair **2** (*Geist*) mind ◇ *kritische Köpfe* critical minds ◇ *Revolutionen beginnen immer im Kopf.* Revolution begins in the mind. ◇ *Er ist ein heller Kopf.* He's very bright. **3** (*Führer*) leader ◇ *Er war einer der führenden Köpfe der Organisation.* He was one of the leaders of the organization. **4** (*Person*) ◇ *Der Kirchenchor zählt 48 Köpfe.* There are 48 (people) in the church choir. ◇ *eine 5 000 Kopf starke Menschenmenge* a 5 000-strong crowd **5 pro ~** per head ◇ *Wie viel kostet das pro Kopf?* How much does it cost per head? **6** ◇ *ein Kopf Salat/Kohl* a lettuce/cabbage ◇ *zwei Köpfe Salat* two lettuces **7** (*oberer Teil*) head; (*einer Pfeife*) bowl ◇ *Stecknadeln mit bunten Köpfen* pins with coloured heads ◇ *am Kopf der Tafel* at the head of the table **8** (*Brief-*) letterhead; (*Zeitungs-*) masthead **IDM** **auf dem Kopf stehen** be upside down **etw auf den Kopf stellen** **1** (*durchsuchen*) turn sth upside down **2** (*grundlegend ändern*) turn sth on its head ◇ *Der Treffer stellte den Spielverlauf auf den Kopf.* The goal turned the match on its head. ◇ *Damit hat er seine bisherige Politik auf den Kopf gestellt.* This was a reversal of existing policy. **3** (*durcheinanderbringen*) ◇ *Der Flohmarkt stellt die ganze Stadt auf den Kopf.* The flea market causes chaos in the town. **4** (*verdrehen*) distort sth ◇ *die Tatsachen auf den Kopf stellen* distort the facts **aus dem Kopf** off the top of your head ◇ *So aus dem Kopf kann ich dir das nicht sagen.* I don't know off the top of my head. **den Kopf aus der Schlinge ziehen** get (yourself) off the hook **den Kopf hängen lassen** be despondent **den Kopf hinhalten** take the blame **den Kopf in den Sand stecken** bury your head in the sand **jdm den Kopf verdrehen** turn sb's head **den Kopf verlieren** lose your head ◇ *Sie verloren völlig den Kopf.* They completely lost their heads. **jdm den Kopf waschen** tear sb off a strip (*umgs*) **jdm durch den Kopf fahren** occur to sb; go through sb's head ◇ *Ein Gedanke fuhr ihm durch den Kopf.* A thought occurred to him. **jdm durch den Kopf gehen** go through sb's head **einen kühlen Kopf behalten** keep your head; keep a clear/cool head **einen schweren Kopf haben** have a thick head (*umgs*) **etw im Kopf behalten** keep sth in your head **etw im Kopf haben** remember sth ◇ *Ich habe die Adresse nicht im Kopf.* I can't remember the address. ◇ *Tut mir leid, dass ich deinen Geburtstag vergessen habe, ich habe so viel anderes im Kopf.* I'm sorry I forgot your birthday. I've got so many other things to think about. **jdm im Kopf herumgehen** ◇ *Was du da gesagt hast, ist mir noch lange im Kopf herumgegangen.* I kept thinking about what you said for a long time afterwards. **etw im Kopf (aus)rechnen** work sth out in your head **(jdm) in den Kopf steigen** go to sb's head ◇ *Der Sekt stieg mir sofort in den Kopf.* The champagne went straight to my head. **Kopf an Kopf** neck and neck ◇ *Sie gingen Kopf an Kopf über die Linie.* They crossed the line neck and neck. **Kopf hoch!** chin up! **Kopf oder Zahl?** heads or tails? **Kopf und Kragen riskieren** risk your neck **nicht auf den Kopf gefallen sein** be no fool **jdm nicht aus dem Kopf gehen** ◇ *Sie ging ihm nicht mehr aus dem Kopf.* He couldn't get her out of his mind. **jdm nicht in den Kopf gehen/wollen** ◇ *Es will mir einfach nicht in den Kopf, dass er tot ist.* I just can't believe he's dead. **nicht (ganz) richtig im Kopf sein** be not (quite) right in the head **nicht wissen, wo einem der Kopf steht** not know whether you're coming or going **jdm schwirrt/raucht/brummt der Kopf** sb's head is spinning ◇ *Ihm schwirrte der Kopf von den vielen neuen Eindrücken.* He had seen so much his head was spinning. **seinen Kopf durchsetzen** get your own way ◇ *Er hat mal wieder seinen Kopf durchgesetzt.* He got his own way again. ◇ *Er muss immer seinen Kopf durchsetzen.* He always has to have his own way. **sich etw aus dem Kopf schlagen** ◇ *Das kannst du dir aus dem Kopf schlagen!* You can forget it! ◇ *Die Party kannst du dir aus dem Kopf schlagen.* You're not having a party. You can just forget it. **sich den Kopf zerbrechen** rack your brains ◇ *Ich habe mir den Kopf darüber zerbrochen, wie man das Problem lösen könnte.* I've been racking my brains trying to find a solution. ◇ *Es lohnt sich nicht, sich den Kopf darüber zu zerbrechen.* It's not worth losing any sleep over. **sich etw durch den Kopf gehen lassen** have a think about sth ◇ *Lass dir das noch mal durch den Kopf gehen.* Have another think about it. **sich etw in den Kopf setzen** set your heart on sth **jdm über den Kopf wachsen** get too much for sb **von Kopf bis Fuß** from head to toe **jdn vor den Kopf stoßen** snub sb **wie vor den Kopf geschlagen sein** be dumbfounded **jdm zu Kopf steigen** go to sb's head ◇ *Die Macht ist ihm wohl zu Kopf gestiegen!* Power seems to have gone to his head! → *Siehe auch* BRETT, BUDE, DACH, DECKE, DREHEN, EINSCHLAGEN, HALS, KUGEL, NAGEL, SCHLEUDERN, STROH *und* ZERMARTERN

Kopfball header **Kopfbedeckung** headgear [U] ◇ *der Mann mit der ungewöhnlichen Kopfbedeckung* the man with the unusual headgear ◇ *Du solltest nicht ohne Kopfbedeckung nach draußen gehen.* Don't go out without a hat. ◇ *Frauen dürfen die Moschee nur mit Kopfbedeckung betreten.* Women have to cover their heads in the mosque.

Köpfchen **1** (little) head **2** (*Findigkeit*) intelligence ◇ *Sie bewies Köpfchen.* She showed intelligence. ◇ *Köpfchen muss man haben!* It's up here you need it! **3** (*Mensch*) ◇ *ein helles Köpfchen sein* be very bright

köpfen **1** behead **2** (*Flasche*) open **3** (*Ball*) head

Kopf- **Kopfende** top; (*vom Bett*) head **Kopfgeld** price on sb's head **Kopfhörer** headphones [Pl] ◇ *Er setzte sich die Kopfhörer auf.* He put on the headphones. ◇ *neue Kopfhörer* a new pair/set of headphones **Kopfkissen** pillow **kopflastig** **1** top-heavy **2** (*intellektuell*) academic ◇ *kopflastige Fächer wie Latein* academic subjects such as Latin

kopflos **1** *Adj* headless **2** *Adj* (*in Panik*) panic ◇ *eine kopflose Reaktion* a panic reaction **3** *Adv* (*in Panik*) in a blind panic ◇ *Viele sind kopflos geflüchtet.* Many fled in a blind panic. **4** *Adv* (*planlos*) aimlessly ◇ *Er irrte kopflos durch die Stadt.* He wandered aimlessly round the town. ◇ *Die Mannschaft spielte völlig kopflos.* The team had no game plan.

Kopf- **Kopfrechnen** mental arithmetic ◇ *Im Kopfrechnen bin ich ganz schlecht.* I'm no good at mental arithmetic. **Kopfsalat** lettuce **Kopfschmerzen** headache (*auch fig*) ◇ *Ich habe starke/furchtbare Kopfschmerzen.* I've got a bad/splitting headache. ◇ *Die Finanzierung bereitet uns noch Kopfschmerzen.* The financing still poses a major headache. ◇ *Mach dir deswegen keine Kopfschmerzen.* Don't worry about it. **Kopfschütteln** shake of the head ◇ *mit einem verständnislosen Kopfschütteln* with a puzzled shake of the head **kopfschüttelnd** shaking your head ◇ *Er verließ kopfschüttelnd das Zimmer.* He left the room, shaking his head. **Kopfsprung** dive ◇ *Sie machte einen Kopfsprung ins Wasser.* She dived into the water. **Kopfstand** headstand ◇ *einen Kopfstand machen* do a headstand **kopfstehen** go mad **Kopfsteinpflaster** cobbles [Pl]; (*seltener auch*) cobblestones [Pl] ◇ *Er rutschte auf dem nassen Kopfsteinpflaster aus.* He slipped on the wet cobbles. ◇ *eine Gasse mit Kopfsteinpflaster* a cobbled street **Kopftuch** headscarf **kopfüber** headlong, head first ◇ *Sie fiel kopfüber die Treppe hinunter.* She fell headlong down the steps. **Kopfverletzung** head injury ◇ *schwere Kopfverletzungen erleiden* sustain severe head injuries **Kopfweh** → KOPFSCHMERZEN **Kopfzerbrechen** **jdm ~ machen/bereiten** be a big worry for sb

Kopie copy ◇ *eine Kopie anfertigen* make a copy

kopieren copy; (*fotokopieren auch*) photocopy

Kopierer photocopier, (*AmE auch*) copier

Kopiergerät photocopier

kopiergeschützt copy-protected **Kopierschutz** copy protection

Koppel *die* paddock

koppeln **etw (an etw/mit etw) ~** link sth (up) (to sth); (*Waggons etc.*) couple sth (up) (to sth) ◇ *Wir haben die beiden PCs miteinander gekoppelt.* We linked up the two PCs. ◇ *Länder, die ihre Währungen an den Euro gekoppelt haben* countries which have linked their currencies to the euro

Koproduktion co-production ◇ *eine deutsch-englische Koproduktion* a German-English co-production ◇ *Die Sendung entstand in Koproduktion mit dem ZDF.* The programme was a co-production with the ZDF.

Koralle coral

Korallenriff coral reef

Koran Koran

Korb **1** basket ◇ *ein Korb mit Äpfeln* a basket of apples ◇ *einen Korb werfen* shoot a basket ◇ *im Korb des Heißluftballons* in the basket of the hot-air balloon **2** (*Korbgeflecht*) wicker ◇ *Möbel aus Korb* wicker furniture **3** (*Förder-*) cage IDM **einen Korb bekommen** be turned down **jdm einen Korb geben** turn sb down **Korbball** netball **Korbstuhl** wicker chair

Kord corduroy

Kordel cord

Korfball korfball

Koriander coriander

Korinthe currant

Kork cork ◇ *Untersetzer aus Kork* cork coasters

Korken cork

Korkenzieher corkscrew

Kormoran cormorant

Korn[1] *der* schnapps

Korn[2] *das* **1** (*Getreide*) grain **2** (*BrE*) corn; (*Samen-, Salz-*) grain; (*Pfeffer-*) peppercorn ◇ *ein paar Körner Salz* a few grains of salt IDM → HUHN **Kornblume** cornflower **Kornfeld** cornfield

körnig grainy

Kornkammer granary

Körper **1** body ◇ *der menschliche Körper* the human body ◇ *Sie hatte Prellungen am Körper.* She had bruises on her body. ◇ *die Beschleunigung eines Körpers berechnen* calculate the acceleration of a body ◇ *Er zitterte am ganzen Körper.* He was shaking all over. **2** (*in der Geometrie*) ◇ *Eine Kugel ist ein geometrischer Körper.* A sphere is a solid (body).

Körperbau build **Körperbeherrschung** body control **körperbehindert** (physically) disabled **Körperbehinderte(r)** (physically) disabled person ◇ *Viele Körperbehinderte haben diese Erfahrung gemacht.* Many disabled people have experienced this. ◇ *Einrichtungen für Körperbehinderte* facilities for the disabled **Körperfunktion** bodily function **Körpergeruch** body odour **Körpergewicht** body weight **Körpergröße** height **Körperhaltung** posture **Körperkontakt** physical contact

körperlich **1** physical (*Adv* physically) ◇ *seine körperliche Verfassung* his physical condition ◇ *körperlich in der Lage sein, etwas zu tun* be physically capable of doing sth ◇ *jdn körperlich misshandeln* abuse sb physically ◇ *schwere körperliche Arbeit leisten* do hard physical work **2** ◇ *körperliche Strafe* corporal punishment

Körper- **Körperlotion** body lotion **Körperpflege** personal hygiene **Körperschaft** corporation **Körpersprache** body language **Körperteil** part of the body; (*vom Körper abgetrennt*) body part ◇ *eines der wichtigsten Körperteile* one of the most important parts of the body **Körperverletzung** bodily harm ◇ *schwere Körperverletzung* grievous bodily harm **Körperwärme** body heat

Korps **1** (*Armee-, Diplomaten-*) corps [mit Verb im Sing/Pl] **2** → VERBINDUNG (9)

korpulent stout

korrekt correct (*Adv* correctly) ◇ *die korrekte Übersetzung* the correct translation ◇ *politisch korrekt* politically correct ◇ *Er hat völlig korrekt gehandelt.* He acted perfectly correctly. ◇ *korrekt gekleidet* suitably dressed

Korrektheit correctness

Korrektur (*Verbesserung*) correction; (*Korrigieren*) marking ◇ *Korrekturen vornehmen* make some corrections ◇ *bei der Korrektur von Klassenarbeiten* when marking tests IDM **Korrektur lesen** proofread

Korrespondent(in) correspondent

Korrespondenz correspondence

korrespondieren correspond

Korridor corridor

korrigieren **1** correct; (*Klassenarbeit etc.*) mark ◇ *Ich habe nicht alle Fehler korrigiert.* I did not correct all the mistakes. ◇ *Ich habe alle Arbeiten korrigiert.* I've marked all the tests. ◇ *Ich kann nicht mitkommen. Ich muss korrigieren.* I can't come with you. I've got to do some marking. **2** (*Zahlen etc.*) adjust

Korrosion corrosion

korrupt corrupt

Korruption corruption ◇ *Gegen den Minister wird wegen Korruption ermittelt.* The minister is being investigated on charges of corruption. ◇ *im Kampf gegen die Korruption* in the fight against corruption **Korruptionsaffäre** corruption scandal

Korsett corset (*auch fig*)

koscher kosher
K.-o.-Schlag knockout blow
Kosename pet name
Kosinus cosine
Kosmetik **1** (*Produkte*) cosmetics [Pl] ◇ *tierversuchsfreie Kosmetik* cosmetics that have not been tested on animals **2** (*fig*) ◇ *Diese Reformen werden als reine Kosmetik gewertet.* These reforms are considered to be purely cosmetic.
Kosmetiker(in) beautician
Kosmetiksalon beauty salon
Kosmetikum cosmetic
kosmetisch cosmetic (*Adv* cosmetically) (*auch fig*) ◇ *kosmetische Chirurgie* cosmetic surgery ◇ *kosmetische Reformen* cosmetic reforms
kosmisch cosmic
Kosmonaut(in) cosmonaut
kosmopolitisch cosmopolitan
Kosmos cosmos
Kost **1** food ◇ *gesunde Kost* healthy food **2** (*Verpflegung*) board ◇ *Kost und Logis* board and lodging
kostbar precious
Kostbarkeit (*Gegenstand*) treasure
kosten¹ **1** cost ◇ *Was kostet der Anzug?* What does the suit cost? ◇ *Der Eintritt kostet drei Euro.* It costs three euros to go in. ◇ *Das Unglück kostete 250 Menschenleben.* The accident cost 250 people their lives. ◇ *Der Fehler kostete ihnen den Sieg.* The error cost them victory. ◇ *Das kann ihn den Arbeitsplatz kosten.* That may cost him his job. ◇ *Das Warten kostet Nerven!* Waiting frays your nerves! **2** (*benötigen*) take ◇ *Das kostete sie viel Mühe.* That took her a lot of effort. ◇ *Hat dich das Überwindung gekostet?* Did you have to force yourself to do it? ◇ *Das hat mich schlaflose Nächte gekostet.* That caused me some sleepless nights. **3 sich eine Sache etwas ~ lassen** spend a lot on sth IDM **koste es, was es wolle** whatever the cost → *Siehe auch* WELT
kosten² (*probieren*) taste ◇ *die Soße kosten* taste the sauce ◇ *Er gab ihr ein Stück zum Kosten.* He gave her a bit to taste. ◇ *Willst du davon kosten?* Do you want a taste?
Kosten (*Ausgaben*) cost(s); (*finanzieller Aufwand*) expense(s); (*Gerichts-*) costs [Pl] ◇ *Ich beteilige mich an den Kosten.* I'll make a contribution towards the cost. ◇ *die Kosten spürbar senken* lower the cost(s) considerably ◇ *die beim Umbau entstandenen Kosten* costs incurred during alterations ◇ *die laufenden Kosten* running costs ◇ *hohe Kosten verursachen* give rise to high costs ◇ *Kosten sparen* reduce costs ◇ *Kosten in Höhe von 60 000 $* costs amounting to $60 000 ◇ *etw auf eigene Kosten tun* do sth at your own expense IDM **auf Kosten von jdm/etw** at sb's/sth's expense ◇ *Er machte einen Witz auf ihre Kosten.* He made a joke at her expense. ◇ *auf Kosten der Steuerzahler* at public expense ◇ *auf Kosten der Umwelt gehen* be at the expense of the environment ◇ *Das Mittagessen geht auf meine Kosten.* Lunch is on me. **auf seine Kosten kommen** (*sich amüsieren*) enjoy yourself ◇ *Jazzfans kamen beim Konzert voll auf ihre Kosten.* Jazz fans really enjoyed the concert.
Kostenaufwand expense [U] ◇ *mit einem großen Kostenaufwand verbunden sein* involve great expense ◇ *Das verursachte einen Kostenaufwand in Millionenhöhe.* It cost millions. **kostenbewusst** cost-conscious ◇ *DSL für kostenbewusste Nutzer* broadband for cost-conscious users ◇ *Heizen Sie kostenbewusst mit Holz.* Heat your home the cost-conscious way with wood. **kostendeckend** cost-effective (*Adv* cost-effectively) ◇ *kostendeckend arbeiten* work cost-effectively ◇ *kostendeckende Gebühren* fees that cover your costs **Kostenfrage** question of cost **kostengünstig** reasonable; (*billig*) cheap (*Adv* cheaply), economical (*Adv* economically) (*gehoben*) ◇ *ein kostengünstiges Angebot* a reasonable offer ◇ *etw kostengünstig renovieren* renovate sth at a reasonable price ◇ *kostengünstiger telefonieren* make cheaper calls ◇ *Strom möglichst kostengünstig erzeugen* generate power as economically as possible **kostenintensiv** cost-intensive **kostenlos** free ◇ *eine kostenlose Broschüre* a free brochure ◇ *etw kostenlos verteilen* distribute sth free of charge **kostenpflichtig** ◇ *eine kostenpflichtige Verwarnung* a fine and a caution ◇ *kostenpflichtige Parkplätze* fee-paying car parks ◇ *Diese Kurse sind kostenpflichtig.* A fee is charged for these courses. ◇ *Fahrzeuge kostenpflichtig abschleppen* tow away vehicles at the owners' expense **Kostenvoranschlag** estimate ◇ *Sie ließen sich einen Kostenvoranschlag für die Renovierung machen.* They got an estimate for the decorating.
köstlich **1** delicious ◇ *köstliche Speisen* delicious food ◇ *köstlich riechen* smell delicious **2** (*unterhaltsam*) delightful; (*amüsant*) priceless ◇ *eine köstliche Szene* a delightful scene ◇ *Ich amüsierte mich köstlich.* I enjoyed myself enormously.
Kostprobe sample, taste (*auch fig*) ◇ *Kostproben aus ihrem Programm* samples of their programme
kostspielig expensive, costly ◇ *kostspielige Hobbies* expensive hobbies ◇ *ein kostspieliges Vergnügen* an expensive pleasure ◇ *eine kostspielige Angelegenheit* a costly business ◇ *Die Sanierung war sehr kostspielig.* The renovation was very costly.
Kostüm **1** costume; (*Verkleidung*) fancy dress **2** (*Damenzweiteiler*) suit, costume (*veraltet*) ◇ *ein elegantes Kostüm* an elegant suit
Kostümball fancy-dress ball
kostümieren dress up, wear fancy dress ◇ *Man musste sich kostümieren.* You had to wear fancy dress. ◇ *kostümiert zum Faschingsball gehen* go to the carnival ball in fancy dress
Kostümprobe dress rehearsal
Kot excrement [U], faeces [Pl]
Kotelett chop; (*vom Nacken*) cutlet
Koteletten sideburns [Pl]
Köter dog, (*bes AmE*) mutt (*umgs*)
Kotflügel wing, (*AmE*) fender
Kotze puke
kotzen puke, throw up ◇ *Ich musste fast kotzen!* I nearly puked! IDM **zum Kotzen** ◇ *Das ist zum Kotzen!* It makes you sick! ◇ *Ich finde ihn zum Kotzen!* He makes me want to throw up!
kotzübel ◇ *Mir ist kotzübel.* I feel like I want to throw up.
Krabbe prawn; (*kleiner*) shrimp
krabbeln **1** crawl **2 jdn ~** caress sb **3** (*jucken*) tickle
Krach **1** noise, row (*umgs*) ◇ *Kinder machen viel Krach.* Children make a lot of noise. ◇ *Die Band machte einen schrecklichen Krach.* The band was making a terrible row. **2** (*Knall*) crash **3** (*Streit*) row ◇ *Gestern gab es Krach zwischen uns.* We had a row yesterday. ◇ *Ich habe Krach mit meinen Eltern.* I've fallen out with my parents. IDM **Krach schlagen** make a fuss → *Siehe auch* ACH
krachen **1** (*lautes Geräusch verursachen*) crash ◇ *40 Autos krachten ineinander.* 40 cars crashed into one another. ◇ *Der Lkw krachte gegen den Baum.* The lorry crashed into the tree. ◇ *An dieser Ecke kracht es häufig.* There are often crashes on this corner. ◇ *Der Baum krachte zu Boden.* The tree crashed to the ground. ◇ *Man hörte Böller krachen.* You could hear firecrackers going off. ◇ *Schüsse krachten.* Shots

rang out. ◇ *Die Balken krachten.* The rafters were creaking. **2** (*Streit haben*) ◇ *Zwischen den beiden hat es gestern gekracht.* The two of them quarrelled yesterday. IDM **bald/gleich kracht's** there'll be trouble ◇ *Wenn du jetzt nicht endlich die Klappe hältst, kracht's!* If you don't shut up right now, there'll be trouble. **dass es nur so kracht** with a vengeance

Kracher (*Böller*) banger, (*AmE*) firecracker

krächzen croak ◇ *mit krächzender Stimme sprechen* speak in a croaky voice

Kräcker cracker

Kraft **1** (*körperlich*) strength ◇ *mit letzter Kraft* with your last ounce of strength ◇ *neue Kraft schöpfen* renew your strength ◇ *jdn viel Kraft kosten* take sb a lot of energy ◇ *mit aller Kraft gegen etw ankämpfen* oppose sth with all your might **2** (*seelisch, geistig*) power ◇ *Er ist im Vollbesitz seiner geistigen Kräfte.* He is in full possession of his mental powers. ◇ *Ich werde tun, was in meiner Kraft steht.* I'll do whatever is in my power. ◇ *jdn nach besten Kräften unterstützen* support sb to the best of your ability ◇ *Das überstieg ihre Kräfte.* That was too much for her. **3** (PHYSIK) force **4** (NAUT) ◇ *mit voller/halber Kraft* at full/half speed ◇ *volle Kraft voraus* full speed ahead **5** (*in der Gesellschaft, Politik*) force **6** (*Arbeitskraft*) employee **7 in/außer ~** (RECHT) in/no longer in force ◇ *in Kraft treten* come into force ◇ *ein Gesetz, das seit 1981 in Kraft ist* a law that has been in force since 1981 ◇ *ein Gesetz, das seit 1990 außer Kraft ist* a law that was repealed in 1990 ◇ *etw außer Kraft setzen* cancel sth **8 aus eigener ~** on your own ◇ *etw aus eigener Kraft schaffen* manage (to do) sth on your own ◇ *sich aus eigener Kraft finanzieren* be self-financing **9 mit vereinten Kräften** with combined forces **10 (wieder) zu Kräften kommen** regain your strength; **bei Kräften sein** be in good shape IDM **die treibende Kraft** the driving force

Kraftakt show of strength **Kraftausdruck** swear word

Kräfte- **Kräftemessen** trial of strength **Kräfteverhältnis** balance of power

Kraft- **Kraftfahrer(in)** driver **Kraftfahrzeug** motor vehicle **Kraftfahrzeugsteuer** road tax **Kraftfahrzeugversicherung** motor insurance **Kraftfutter** concentrated feed

kräftig **1** (*Mensch, Geschmack etc.*) strong (*Adv* strongly); (*Schlag etc.*) powerful (*Adv* powerfully); (*ziehen, schlagen etc.*) hard ◇ *ein kräftiger Wind* a strong wind ◇ *ein kräftiger Körperbau* a powerful physique ◇ *Er ist kräftig gebaut.* He is heavily built. ◇ *kräftiger Haarwuchs* full head of hair **2** (*Suppe, Schluck etc.*) hearty (*Adv* heartily) ◇ *kräftig zulangen* tuck in heartily **3** (*Farbe etc.*) bold

kraftlos weak (*Adv* weakly), feeble (*Adv* feebly) ◇ *mit kraftloser Stimme* in a weak voice ◇ *eine kraftlose Handbewegung* a feeble wave ◇ *völlig kraftlos sein* have no strength at all

Kraft- **Kraftprobe** trial of strength **Kraftsport** ≈ sports such as bodybuilding and weightlifting [Pl] **Kraftstoff** fuel **Kraftstoffverbrauch** petrol consumption **Krafttraining** weight training ◇ *Krafttraining machen* do weight training **Kraftverkehr** motor traffic **Kraftverschwendung** waste of energy

kraftvoll powerful (*Adv* powerfully)

Kraftwerk power station

Kragen collar IDM **jdn am/beim Kragen packen** grab sb by the collar **jdm an den Kragen wollen** have it in for sb **jdm geht es an den Kragen** sb is in for it **jdm platzt der Kragen** sth is the last straw for sb → *Siehe auch* KOPF *und* UMDREHEN

Kragenweite collar size ◇ *Er hat Kragenweite 41.* He wears a size 16 collar.

Krähe crow

krähen crow

Krake octopus

krakeelen make a row

krakelig untidy

Kralle **1** claw; (*bei Raubvögeln*) talon **2** (*Park-*) wheel clamp, (*AmE*) (Denver) boot; (*Lenkrad-*) crook lock IDM **jdm die Krallen zeigen** show sb your claws

krallen **1 sich an/in jdn/etw ~** clutch (at) sb/sth, cling to sb/sth; (*Katze etc.*) dig/sink its claws into sb/sth ◇ *Er krallte sich in den Vorhang.* He clutched the curtain. ◇ *Ihre Finger krallten sich ins Holz.* She dug her fingers into the wood. **2** (*ergreifen*) nab; (*stehlen*) nick ◇ *Er krallte sich das beste Stück.* He nabbed the best bit for himself.

Kram **1** (*wertlose Gegenstände*) junk; (*Zeug*) stuff **2** (*Arbeit, Aufgabe*) business ◇ *Kümmer dich lieber um deinen eigenen Kram.* Mind your own business! IDM **den (ganzen) Kram hinschmeißen** chuck the whole thing (in) **jdm (nicht) in den Kram passen** (not) suit sb

kramen **1 (nach etw) ~** rummage (for sth) ◇ *in den Unterlagen kramen* rummage among the documents ◇ *Sie kramte in ihrer Tasche nach dem Schlüssel.* She rummaged in her bag for the key. **2 etw aus etw ~** fish sth out of sth ◇ *Er kramte etwas Kleingeld aus der Tasche.* He fished some change from his pocket.

Krampf **1** cramp; (*Zuckung(en)*) convulsion(s); (*Gesichts-*) spasm(s) ◇ *einen Krampf im Bein bekommen* get cramp in your leg **2** (*Unsinn*) rubbish

Krampfader varicose vein ◇ *starke Krampfadern haben* have bad varicose veins

krampfartig convulsive (*Adv* convulsively); (*Schmerzen*) cramp-like

krampfhaft **1** convulsive (*Adv* convulsively) ◇ *krampfhafte Zuckungen* convulsive twitching ◇ *Ihr Magen zog sich krampfhaft zusammen.* Her stomach contracted sharply. **2** (*gezwungen*) forced; (*verzweifelt*) desperate (*Adv* desperately) ◇ *Ihre Gesten sind immer etwas krampfhaft.* Her gestures are always rather forced. ◇ *krampfhaft lächeln* give a forced smile ◇ *krampfhaft nachdenken* think desperately ◇ *Er versuchte krampfhaft, einen guten Eindruck zu machen.* He tried desperately to make a good impression. ◇ *sich krampfhaft an jdn/etw festhalten* cling to sb/sth in desperation

Kran **1** crane **2** (*Wasserhahn*) tap, (*AmE*) faucet

Kranführer(in) crane driver

Kranich crane

krank **1** ill [nicht vor Nomen], not well [nicht vor Nomen], (*bes AmE*) sick ◇ *schwer/unheilbar krank* seriously/terminally ill ◇ *psychisch krank* mentally ill ◇ *Meine Mutter liegt krank im Bett.* My mother's ill in bed. ◇ *Alkohol macht krank.* Alcohol makes you ill. ◇ *Du siehst krank aus* You don't look well. ◇ *Er war vor Sehnsucht ganz krank.* He was quite sick with longing. **2** (*Körperteil, Pflanze etc.*) diseased ◇ *sein krankes Bein* his diseased leg ◇ *Der Baum ist krank.* The tree is diseased. IDM **etw macht jdn (ganz) krank** **1** (*vor Angst, Schreck etc.*) sth makes sb feel quite ill ◇ *Der Gedanke daran machte sie ganz krank.* The thought made her feel quite ill. **2** (*etw geht jdm auf die Nerven*) sth (really) gets sb down

Kranke(r) sick person, invalid (*gehoben*); (*Patient*) patient

kränkelnd sickly (*auch fig*); (*Wirtschaft etc.*) ailing

kranken **an etw ~** suffer from sth

kränken **jdn ~** hurt sb ◇ *Ich wollte dich nicht kränken.* I didn't mean to hurt you. ◇ *Sie war über die Kritik sehr gekränkt.* She was deeply hurt by the criticism. ◇ *kränkende Bemerkungen* hurtful remarks ◇ *Sie* *fühlte sich in ihrer Ehre gekränkt.* Her pride was wounded.

Kranken- Krankenbesuch 1 (*privat*) visit to a sick person; (*in einem Krankenhaus*) visit to sb in hospital **2** (*von einem Arzt*) home visit; (*von einem Priester*) sick call **Krankenbett 1** sickbed ◇ *Sie rief ihn vom Krankenbett aus an.* She rang him from her sickbed. ◇ *Er saß stundenlang am Krankenbett seiner Mutter.* He sat for hours at his sick mother's bedside. **2** (*Spezialbett*) hospital bed **Krankengeld** sickness benefit **Krankengymnast(in)** physiotherapist, (*AmE*) physical therapist **Krankengymnastik** physiotherapy, (*AmE*) physical therapy ◇ *Krankengymnastik machen/verschrieben bekommen* undergo/be prescribed physiotherapy ◇ *zur Krankengymnastik gehen* go to see the physiotherapist **Krankenhaus** hospital ◇ *Die Verletzten wurden ins Krankenhaus gebracht.* The injured were taken to hospital. ◇ *Er liegt schwerkrank im Krankenhaus.* He's very ill in hospital. ◇ *Er arbeitet im neuen Krankenhaus.* He works at the new hospital. **Krankenhausaufenthalt** stay in hospital ◇ *nach mehreren Krankenhausaufenthalten* after several stays in hospital **Krankenkasse 1** (*Versicherung*) health/medical insurance (scheme) ◇ *Das zahlt die Krankenkasse.* Medical insurance pays for that. ◇ *die gesetzlichen/privaten Krankenkassen* the statutory/private health insurance schemes ◇ *Das zahlt die Krankenkasse.* You get that on the NHS. **2** (*Versicherungsanstalt*) health/medical insurance company **Krankenpflege** nursing **Krankenpfleger(in)** nurse **Krankenschein** = health insurance certificate ◇ *Psychotherapie auf Krankenschein* psychotherapy on the National Health **Krankenschwester** nurse **Krankentransport** ambulance service; (*Krankenwagen*) ambulance **Krankenversicherung 1** health/medical insurance ◇ *eine Krankenversicherung abschließen* take out health insurance **2** (*Versicherungsanstalt*) health/medical insurance company **Krankenwagen** ambulance ◇ *Er wurde mit dem Krankenwagen ins Krankenhaus gebracht.* He was taken to hospital in an ambulance.

krankfeiern 1 skive off work, pull a sickie (*umgs*) **2** (*arbeitsunfähig sein*) be off sick

krankhaft pathological (*Adv* pathologically); (*psychologisch auch*) unhealthy (*umgs*)

Krankheit illness; (*eine bestimmte auch*) disease ◇ *Wegen Krankheit fiel die Vorstellung aus.* The performance was cancelled due to illness. ◇ *eine lange Krankheit* a long illness ◇ *durch mangelhafte Ernährung verursachte Krankheiten* diseases caused by malnutrition

krankheitsbedingt due to illness [nicht vor Nomen] ◇ *nach viermonatiger krankheitsbedingter Pause* after four months' break due to illness **Krankheitserreger** pathogen **Krankheitsfall im ~** in case of illness

kranklachen sich ~ nearly die (laughing) ◇ *Wir haben uns über seine Witze krankgelacht.* We nearly died (laughing) at his jokes.

krankmachen → KRANKFEIERN

krankmelden sich ~ ring/phone in sick, let *sb* know you are sick

krankschreiben jdn ~ sign sb off (sick), give sb a medical certificate; **sich ~ lassen** be signed off sick ◇ *Der Arzt hat ihn eine Woche krankgeschrieben.* The doctor signed him off sick for a week.

Kränkung insult ◇ *Mit solchen Kränkungen muss man bei ihr rechnen.* You have to expect insults like that from her. ◇ *etw als eine Kränkung empfinden* take offence at sth

Kranz 1 (*Blumen- etc.*) wreath ◇ *ein Kranz aus Blumen* a wreath of flowers ◇ *einen Kranz niederlegen* lay a wreath ◇ *einen Kranz binden/flechten* make a wreath **2** (*Ring*) ring ◇ *Er war kahl bis auf einen Kranz grauer Haare.* He was bald but for a ring of grey hair.

Kranzniederlegung wreath-laying ceremony

Krapfen doughnut, (*bes AmE*) donut

krass 1 extreme; (*Unterschied, Gegensatz*) stark; (*Ungerechtigkeit, Fehler etc.*) gross **2** (*unhöflich*) blunt (*Adv* bluntly) ◇ *eine krasse Ablehnung* a blunt dismissal ◇ *krass gesagt* putting it bluntly **3** (*scheußlich*) rubbish; (*hart*) tough ◇ *Ist das krass hier!* This is rubbish! **4** (*erstaunlich*) amazing

Krater crater ◇ *der Krater des Vesuvs* the crater of Vesuvius

Kraterlandschaft crater landscape

kratzen 1 scratch ◇ *jdm den Rücken kratzen* scratch sb's back ◇ *sich hinter dem Ohr kratzen* scratch behind your ear ◇ *sich am Kopf kratzen* scratch your head **2 etw in etw ~** (*einritzen*) scratch sth on sth **3** (*Juckreiz verursachen*) be/feel rough/scratchy ◇ *Mein neuer Pullover kratzt unheimlich.* My new jumper is terribly scratchy. ◇ *Es kratzt im Hals.* I've got a tickly throat. ◇ *Der Staub kratzt im Hals.* The dust makes your throat tickle. **4 etw aus/von etw ~** scrape sth from sth ◇ *Sie kratzte den Rest der Soße aus dem Topf.* She scraped the rest of the sauce from the pan. **5 an etw ~** (*antasten*) dent sth (*fig*) ◇ *Die Niederlage hat gehörig an ihrem Selbstbewusstsein gekratzt.* The failure has really dented her self-confidence. IDM **etw kratzt jdn nicht** sb isn't bothered about sth (*umgs*)

Kratzer 1 (*Kratzspur*) scratch **2** (*Gerät*) scraper

kraulen[1] (*schwimmen*) do the crawl

kraulen[2] (*Haare, Fell etc.*) ruffle ◇ *jdm den Bart kraulen* ruffle sb's beard ◇ *Sie kraulte den Hund hinter den Ohren.* She ruffled the dog behind the ears. ◇ *Er kraulte ihr den Nacken./Er kraulte sie im Nacken.* He stroked the back of her neck. ◇ *Sie kraulte ihm den Kopf.* She ran her fingers through his hair.

kraus 1 (*Haare, Fell etc.*) frizzy **2 die Nase ~ ziehen** screw your nose up; **die Stirn ~ ziehen** frown

kräuseln 1 ruffle; (*Nase*) screw *sth* up ◇ *Sie kräuselte die Nase.* She screwed her nose up. **2 sich ~** (*Haare*) go frizzy; (*Nase*) wrinkle; (*Wellen*) ripple

Kraut 1 (*Pflanzengrün*) tops [Pl] **2** (*Tabak*) weed (*abwert*) **3** (*Kohl*) cabbage IDM **gegen jdn/etw ist kein Kraut gewachsen** there's no cure for sb/sth **ins Kraut schießen 1** (*fig*) run wild **2** (*Pflanzen*) bolt; run to seed

Kräuter herbs [Pl]

Kräuterbutter herb butter **Kräutergarten** herb garden **Kräutertee** herbal tea

Krautkopf head of cabbage

Krawall 1 (*Aufruhr*) riot ◇ *blutige Krawalle* bloody riots **2** (*Lärm*) row ◇ *Krawall machen* make a row IDM **Krawall schlagen** kick up a fuss

Krawatte tie ◇ *Soll ich dir die Krawatte binden?* Shall I do your tie for you?

Krawattennadel tiepin

kraxeln auf etw ~ clamber up sth ◇ *Wir sind auf den Berg gekraxelt.* We clambered up the mountain.

Kreation creation

kreativ creative ◇ *kreative Lösungen* creative solutions ◇ *kreativ arbeiten* work in a creative field ◇ *eine kreative Pause einlegen* take a creativity break

Kreative(r) creative professional

Kreativität creativity ◇ *unternehmerische Kreativität* entrepreneurial creativity ◇ *Sie ist eine Schriftstellerin von hoher Kreativität.* She's a very creative writer.

Krebs 1 (*Schalentier*) crab; (*Fluss-*) crawfish, (*AmE*) crayfish **2** (*Krankheit*) cancer ◇ *an Krebs sterben* die of cancer ◇ *Krebs erregende Stoffe* carcinogenic substances **3** (*Sternzeichen*) Cancer; (*Mensch auch*) Cancerian ◇ *Bist du (ein) Krebs?* Are you (a) Cancer? **Krebsforschung** cancer research **Krebsgeschwür** cancer (*auch fig*) **krebskrank** suffering from cancer [nicht vor Nomen] ◇ *krebskranke Kinder* children suffering from cancer ◇ *Er ist krebskrank.* He has cancer. ◇ *Sie betreut viele Krebskranke.* She looks after a lot of cancer patients. **krebsrot** red as a lobster **Krebsvorsorge** cancer prevention; (*Untersuchung*) cancer screening

Kredit **1** loan ◇ *einen Kredit aufnehmen/abzahlen* take out/pay off a loan ◇ *jdm einen Kredit gewähren* give sb a loan **2** (*Zahlungsaufschub*) credit ◇ *jdm Kredit gewähren* give sb credit ◇ *auf Kredit* on credit ◇ *bei jdm Kredit genießen* have credit with sb **Kreditgeber(in)** lender; (*Unternehmen*) lending institution **Kreditinstitut** lending institution **Kreditkarte** credit card ◇ *Kann ich das mit Kreditkarte bezahlen?* Can I pay by credit card? ◇ *Ich habe den Flug mit Kreditkarte bezahlt.* I put the plane ticket on my credit card. **Kreditnehmer(in)** borrower **Kreditwürdigkeit** creditworthiness

Kreide chalk IDM **bei jdm (tief) in der Kreide stehen** owe sb a lot of money → *Siehe auch* WEISS **kreidebleich** white as a sheet **Kreidefelsen** chalk cliff **Kreidezeichnung** chalk drawing

kreieren create; (*gestalten auch*) design ◇ *eine neue Mode kreieren* create a new trend

Kreis **1** circle ◇ *einen Kreis ziehen* describe a circle ◇ *Wir saßen im Kreis.* We sat in a circle. ◇ *Das Kind drehte sich im Kreis.* The child turned round and round in circles. ◇ *Wir feiern nur im kleinen Kreis.* We're celebrating with a few close friends and family. ◇ *weite Kreise der Bevölkerung* large sections of the population **2** (*Landkreis*) ≈ (administrative/rural/urban) district ◇ *Kreis Ulm* the District of Ulm **3** (*beim Handball*) throwing circle IDM **Kreise ziehen** have repercussions ◇ *Der Skandal zieht immer weitere Kreise.* The scandal is having ever more serious repercussions. **sich im Kreis bewegen/drehen** go round in circles

Kreisbahn orbit ◇ *Die Sonde erreicht ihre endgültige Kreisbahn.* The probe is entering its final orbit. ◇ *Sie schossen den Satelliten auf eine Kreisbahn um den Mond.* They sent the satellite orbiting around the moon.

kreischen screech; (*Mensch auch*) shriek; (*Vogel auch*) squawk; (*Bremsen, Reifen auch*) squeal ◇ *Sie kreischten vor Begeisterung.* They shrieked with enthusiasm. ◇ *Er hörte das Kreischen von Bremsen.* He heard a squealing of brakes. ◇ *Die Motorsäge kreischte.* The power saw made a loud screeching sound.

Kreisel **1** (*Kreisverkehr*) roundabout, (*AmE*) traffic circle **2** (*Spielzeug*) spinning top **3** (TECH) gyroscope

kreisen **1 um etw ~** revolve around sth (*auch fig*); (*Satellit*) orbit sth ◇ *Unsere Gespräche kreisen immer um dasselbe Thema.* Our conversations always revolve around the same subject. **2** (*Vogel, Flugzeug*) circle **3 etw ~ lassen** (*herumgeben*) hand sth (a)round **4 mit etw ~** (*Arme, Hüften etc.*) rotate sth ◇ *Arme und Schultern kreisen lassen* rotate your arms and shoulders

Kreis- **Kreisfläche** area of a/the circle **kreisförmig** **1** *Adj* circular **2** *Adv* in (the shape of) a circle ◇ *kreisförmig angelegt* laid out in a circle ◇ *Das Eisen ist kreisförmig gebogen.* The iron is bent into the shape of a circle. **Kreislauf** **1** cycle **2** (*Blut-, Geld-*) circulation **Kreislaufkollaps** circulatory collapse **Kreislaufprobleme** problems with your circulation [Pl] **Kreisliga** (SPORT) ≈ district league **kreisrund** **1** *Adj* (perfectly) circular, (perfectly) round **2** *Adv* in the shape of a (perfect) circle ◇ *Der Innenhof war kreisrund angelegt.* The inner courtyard was shaped like a circle. **Kreissäge** circular saw

Kreißsaal delivery room

Kreis- **Kreisstadt** **1** ≈ chief town of the district **2** (*Verwaltung*) ≈ municipal authority **Kreistag** ≈ district Assembly **Kreisumfang** circumference (of a/the circle) **Kreisverkehr** roundabout, (*AmE*) traffic circle **Kreisverwaltung** ≈ district authority **Kreiswehrersatzamt** ≈ district recruiting office

Krematorium crematorium, (*AmE*) crematory

Krempe brim

Krempel **1** stuff (*umgs*) ◇ *Lass deinen Krempel nicht überall liegen.* Don't leave your stuff all over the place. **2** (*wertloses Zeug*) junk (*umgs*) IDM **den ganzen Krempel hinwerfen** chuck the whole thing in (*umgs*) **Mach deinen Krempel doch alleine!** Do it yourself then!

krepieren die; (*qualvoll*) die a terrible death

Krepppapier crêpe paper

Kresse cress

kreuz IDM **kreuz und quer** all over (the place) ◇ *Die Autos parkten kreuz und quer.* Cars were parked all over the place. ◇ *Seine Sachen liegen kreuz und quer im Zimmer herum.* His things are lying all over the room.

Kreuz **1** cross ◇ *ein Kreuz in das Kästchen eintragen* put a cross in the box ◇ *Das Rote Kreuz* The Red Cross ◇ *Christus ist am Kreuz gestorben.* Christ died on the cross. **2** (*Kruzifix*) crucifix **3** (*Rücken*) lower back ◇ *Er hat es im Kreuz.* He's got back trouble. ◇ *Ihm tut das Kreuz weh.* He's got backache. **4** (*Autobahn-*) (motorway) intersection, (*AmE*) interchange **5** (*Spielkarte*) club; (*Spielkartenfarbe*) clubs [Pl] **6** (MUS) sharp IDM **jdn aufs Kreuz legen** take sb for a ride **drei Kreuze machen** heave/breathe a sigh of relief **mit jdm über Kreuz sein/stehen** be on bad terms with sb **zu Kreuze kriechen** eat humble pie; (*AmE*) eat crow **Kreuzass** ace of clubs

kreuzen **1** cross ◇ *Er kreuzte die Straße.* He crossed the road. ◇ *verschiedene Hunderassen kreuzen* cross different breeds of dog ◇ *die Arme vor der Brust kreuzen* fold your arms **2 sich (mit etw) ~** cross (sth); (*Autobahnen*) intersect (with sth); (*Blicke*) meet (sth) ◇ *Die beiden Briefe haben sich gekreuzt.* The two letters crossed in the post. ◇ *Der Radweg kreuzt sich mit der Hauptstraße.* The cycle path crosses the main road. ◇ *Ihre Blicke kreuzten sich.* Their eyes met. **3 sich (mit etw) ~** (*in Konflikt stehen*) clash (with sth) **4** (*Schiff*) cruise IDM → KLINGE

Kreuzer **1** cruiser; (*Segelschiff*) yacht **2** (*Münze*) kreuzer

Kreuz- **Kreuzfahrer** (GESCH) crusader **Kreuzfahrt** **1** cruise **2** (*Kreuzzug*) crusade **Kreuzfeuer** crossfire (*auch fig*) **Kreuzgang** cloister [meist Pl]

kreuzigen crucify ◇ *eine Abbildung des Gekreuzigten* a picture of Christ crucified ◇ *der gekreuzigte Jesus* Christ on the cross

Kreuzigung crucifixion

Kreuz- **Kreuzotter** adder **Kreuzreim** alternate rhyme **Kreuzstich** cross stitch

Kreuzung **1** crossroads, (*AmE*) intersection ◇ *eine viel befahrene Kreuzung* a busy crossroads ◇ *Er fuhr bei Rot über die Kreuzung.* He drove through a red light at the crossroads. **2** (BIOL) cross ◇ *eine Kreuzung zwischen Weizen und Roggen* a cross between wheat and rye **3** (BIOL) (*das Kreuzen*) crossing; (*von Tieren*) cross-breeding

Kreuz- **Kreuzverhör** cross-examination ◇ *im Kreuzverhör* under cross-examination ◇ *jdn ins Kreuzverhör nehmen* cross-examine sb **Kreuzworträtsel** crossword (puzzle) ◇ *Kreuzworträtsel machen/lösen*

do crosswords **Kreuzzug** crusade (*auch fig*) ◇ *ein Kreuzzug gegen das Verbrechen* a crusade against crime

kribbelig 1 nervous **2** (*heikel*) critical

kribbeln 1 (*jucken*) tickle; (*Haut auch*) itch (*auch fig*) ◇ *Das kribbelt so, wenn du mir über den Arm streichst.* It tickles when you stroke my arm. ◇ *Mir kribbelt's in der Nase.* I've got a tickle in my nose. ◇ *Mein Fuß ist eingeschlafen. Er kribbelt wie verrückt.* My foot has gone to sleep. I've got awful pins and needles. ◇ *Wenn ich das höre, kribbelt's mir überall.* That really gives me the creeps. ◇ *Vor Aufregung kribbelt's mir im Bauch.* I'm so excited that I've got butterflies in my stomach. **2** (*krabbeln*) swarm (about) ◇ *Hier kribbelt es überall vor Ameisen.* It's swarming with ants round here.

Kribbeln 1 tingling (feeling) ◇ *ein wohliges Kribbeln* a pleasant tingling feeling ◇ *Er spürte ein Kribbeln im Bauch.* He had butterflies in his stomach. **2** (*jucken*) tickle; (*Haut auch*) itch

kriechen 1 creep; (*Tiere, Menschen auch*) crawl ◇ *Der Nebel kroch übers Land.* Fog crept over the countryside. ◇ *Sie kroch auf allen vieren.* She crawled on all fours. ◇ *Die Zeit kriecht nur langsam voran.* Time goes by very slowly. **2** (*Fahrzeuge, Verkehr*) creep (along), crawl (along) **3** (**vor jdm**) ~ (*unterwürfig*) grovel (to sb), crawl (to sb) IDM **jdm in den Arsch/Hintern kriechen** suck up to sb (*umgs, abwert*), lick sb's arse (*vulg, Slang*) → *Siehe auch* KREUZ

Kriecher(in) creep (*umgs*)

Kriech- Kriechspur 1 trail **2** (*Fahrspur*) slow lane (*auch fig*) **Kriechtier** (ZOOL) reptile

Krieg war ◇ *einem Land den Krieg erklären* declare war on a country ◇ *Napoleon führte Krieg gegen Preußen.* Napoleon waged war against Prussia. ◇ *Dort herrscht Krieg.* There's a war going on there. ◇ *der Erste Weltkrieg* the First World War ◇ *der Dreißigjährige Krieg* the Thirty Years War ◇ *in den Krieg ziehen* go to war ◇ *der Kalte Krieg* the Cold War ◇ *Er ist im Krieg gefallen/geblieben.* He was killed in the war. ◇ *die Krieg führenden Parteien* the warring parties

kriegen 1 get (*umgs*); (*Dieb, Bus, Erkältung etc. auch*) catch; (*ein Baby*) have ◇ *Wie viel kriegst du in der Stunde?* How much do you get an hour? ◇ *Ärger kriegen* get into trouble ◇ *Früher oder später kriegen wir euch alle.* Sooner or later we'll catch all of you. ◇ *Sie kriegt ein Kind von ihm.* She is having his baby. ◇ *Wir haben Zuwachs gekriegt.* We've had an addition to the family. ◇ *So was krieg ich immer wieder zu hören.* I hear the same thing time and time again. **2 schwer zu ~ sein** be difficult to get hold of IDM **es mit jdm zu tun kriegen** have sb to deal with ◇ *Wenn du das nicht sofort lässt, kriegst du es mit mir zu tun!* If you don't stop that immediately, you'll have me to deal with! **zu viel kriegen** have it up to here ◇ *Da kann man doch zu viel kriegen!* I've had it up to here with this! → *Siehe auch* HAAR, KURVE *und* WOLLE

Krieger 1 warrior; (*Indianer*) brave **2** (*Soldat*) soldier **Kriegerdenkmal** war memorial

kriegerisch 1 *Adj* military; (*feindlich*) hostile ◇ *ein kriegerischer Angriff* a military attack ◇ *kriegerische Auseinandersetzungen* hostilities ◇ *Bei uns zu Hause ging's immer sehr kriegerisch zu.* There was always a lot of fighting at home. ◇ *mit kriegerischen Mitteln* by fighting **2** *Adj* (*Haltung, Auftreten*) warlike **3** *Adv* by fighting ◇ *Sie sind fest entschlossen, ihre Probleme kriegerisch zu lösen.* They're determined to solve their problems by fighting.

Kriegsbeil tomahawk IDM **das Kriegsbeil ausgraben** start a fight **das Kriegsbeil begraben** bury the hatchet

Kriegs- Kriegsdienst 1 active service ◇ *Kriegsdienst leisten* see active service ◇ *Er wurde 1941 zum Kriegsdienst eingezogen/einberufen.* He was conscripted in 1941. **2** (*Wehrdienst*) military service **Kriegsdienstverweigerer** conscientious objector **Kriegserklärung eine ~ (an/gegen jdn)** a declaration of war (on/against sb) **Kriegsfilm** war film **Kriegsführung** warfare

Kriegsfuß IDM **mit jdm/etw auf (dem) Kriegsfuß stehen/leben** not get on with sb/sth

Kriegs- Kriegsgebiet war zone **Kriegsgefangene(r)** prisoner of war (*Abk* POW) **Kriegsgefangenschaft** captivity ◇ *aus der Kriegsgefangenschaft zurückkommen* return from captivity ◇ *Er war in amerikanischer Kriegsgefangenschaft.* He was in an American POW camp. ◇ *in Kriegsgefangenschaft geraten* be taken prisoner (of war) **Kriegsgericht** court martial **Kriegsgrab** war grave **Kriegsjahr** year of war **Kriegsmarine** navy **Kriegspartei** party (to the war) **Kriegsrecht** martial law ◇ *Das Kriegsrecht wurde verhängt.* Martial law was imposed. ◇ *Es herrscht Kriegsrecht im Land.* The country is under martial law. **Kriegsschiff** warship **Kriegsspielzeug** war toy **Kriegsverbrechen** war crime **Kriegsverbrecher(in)** war criminal **Kriegszeit** wartime ◇ *Das Rezept stammt noch aus der Kriegszeit.* The recipe goes back to wartime. ◇ *in/zu Kriegszeiten* during the war **Kriegszustand** state of war ◇ *Wir leben noch immer im Kriegszustand.* We are still living in a state of war. ◇ *sich im Kriegszustand mit jdm befinden* be at war with sb

Krimi thriller, whodunnit, (*AmE*) whodunit (*umgs*); (*Roman auch*) crime novel; (*mit Detektiv(in) als zentraler Figur*) detective novel

Kriminalbeamte, -beamtin detective, (*BrE auch*) CID officer

kriminalisieren criminalize

kriminalistisch ◇ *Sie ist kriminalistisch begabt.* She has a talent for solving crimes.

Kriminalität 1 crime ◇ *die organisierte Kriminalität* organized crime **2** (*Straffälligkeit*) criminality **Kriminalitätsrate** crime rate

Kriminal- Kriminalpolizei (*in GB*) ≈Criminal Investigation Department [mit Verb im Sing/Pl] (*Abk* CID); (*in den USA*) ≈Federal Bureau of Investigation (*Abk* FBI) **Kriminalroman** → KRIMI

kriminell 1 *Adj* criminal ◇ *kriminelle Machenschaften* criminal activities ◇ *Sie ist kriminell.* She's a criminal. ◇ *kriminell werden* turn to crime **2** *Adv* in a criminal way **3** *Adj* (*rücksichtslos*) (totally) out of order ◇ *Das sind ja kriminelle Methoden!* These methods are totally out of order! **4** *Adj* (*gefährlich*) hairy **5** (*katastrophal*) disastrous

Kriminelle(r) criminal

Krimskrams bits and pieces [Pl]; (*Trödel*) jumble; (*dekorativ*) bric-a-brac

Kringel 1 ring; (*Kritzelei*) squiggle **2** (*Keks*) ring-shaped biscuit

Kripo → KRIMINALPOLIZEI

Krippe 1 (*Futter-*) manger **2** (*Kinder-*) (day) nursery, (*AmE*) day care center ◇ *das Kind in eine Krippe geben* put the baby in a nursery **3** (*Weihnachts-*) crib, (*AmE*) crèche **Krippenspiel** nativity play

Krise crisis ◇ *in einer finanziellen Krise stecken* be in a financial crisis ◇ *sich in einer Krise befinden* be in (a state of) crisis **Krisengebiet** disaster area; (*Kriegsgebiet*) war zone **Krisenherd** trouble spot **Krisensituation** crisis situation **Krisensitzung** emergency meeting **Krisenstab** emergency committee [mit Verb im Sing/Pl] **Krisenzentrum** crisis centre, (*AmE*) crisis center

Kristall[1] *der* crystal

Kristall² *das* **1** crystal; (*geschliffen auch*) cut glass ◇ *Gläser aus Kristall* crystal glasses ◇ *eine Vase aus Kristall* a cut-glass vase **2** (*Gegenstände*) (crystal) glassware ◇ *glänzendes Kristall* sparkling glassware

Kristallisation crystallization

kristallisieren **(sich) ~** crystallize (*auch fig*)

kristall- **Kristallklar** crystal clear **Kristallkugel** crystal ball **Kristallvase** cut-glass vase **Kristallzucker** (*fein*) caster sugar; (*grob*) granulated sugar

Kriterium criterion ◇ *nach verschiedenen Kriterien* according to different criteria ◇ *Nach welchen Kriterien werden sie ausgewählt?* What criteria are used to select them?

Kritik **1 ~ (an jdm/etw)** criticism (of sb/sth) ◇ *scharfe Kritik* harsh criticism ◇ *auf heftige Kritik stoßen* come in for severe criticism ◇ *Kritik an jdm/etw üben* criticize sb/sth **2** (*Rezension*) review ◇ *eine gute Kritik erhalten* get a good review **3** (*die Kritiker*) critics [Pl] ◇ *bei der Kritik gut ankommen* be warmly received by the critics ◇ *Der Film kam bei der Kritik nicht an.* The film was not a critical success. **IDM** **unter jeder/aller Kritik sein** be the pits (*umgs*)

Kritiker(in) critic; (*Rezensent auch*) reviewer

kritiklos uncritical (*Adv* uncritically)

Kritikpunkt criticism ◇ *trotz aller Kritikpunkte* despite all the criticisms

kritisch critical (*Adv* critically) ◇ *unter ihren kritischen Blicken* under their critical eye ◇ *etw kritisch prüfen* examine sth critically ◇ *die Geschichte der kritischen Theorie* the history of critical theory ◇ *sich kritisch (zu etw) äußern* be critical (of sth)

kritisieren **1 jdn/etw (wegen einer Sache) ~** criticize sb/sth (for sth) ◇ *Er wurde dafür kritisiert, dass er die Demonstration verboten hatte.* He was criticized for banning the demonstration. ◇ *Sie kritisierten, dass nichts getan worden war.* They criticized the fact that nothing was done about it. ◇ *etw scharf kritisieren* be highly critical of sth **2** (*rezensieren*) review

kritzeln **1** scribble ◇ *Sie kritzelte die Nummer auf einen Zettel.* She scribbled down the number on a bit of paper. **2** (*malen*) doodle ◇ *Sie kritzelt, wo es nur geht.* She's always doodling. ◇ *gekritzelte Zeichnungen* doodles

Krokant praline

Krokette potato croquette

Krokodil crocodile

Krokodilstränen crocodile tears [Pl]

Krokus crocus

Krone **1** crown; (*von Adeligen*) coronet ◇ *Er verzichtete auf die Krone.* He renounced his claim to the crown. ◇ *die britische Krone repräsentieren* represent the British Crown **2** (*Währung*) crown; (*in Schweden, Island*) krona; (*in Norwegen, Dänemark*) krone **3** (*Zahn-*) crown **4** (*Baum-*) branches [Pl], crown (*Fachspr*) ◇ *ein Baum mit einer ausladenden Krone* a tree with spreading branches **5** (*am Armbanduhr*) winder **IDM** **dem Ganzen die Krone aufsetzen** take the cake; (*BrE auch*) take the biscuit **einen in der Krone haben** be tipsy (*umgs*)

krönen **1 jdn (zu etw) ~** crown sb (sth) **2 etw (mit etw) ~** crown sth (with sth) ◇ *Er krönte seinen Erfolg mit einem Olympiasieg.* His success was crowned with an Olympic victory. ◇ *Den krönenden Abschluss bildete ein Feuerwerk.* The grand finale was a firework display. **IDM** **von Erfolg gekrönt** crowned with success

Kron- **Kronkorken**, **Kronenkorken** (metal) cap, crown cork (*Fachspr*) **Kronleuchter** chandelier **Kronprinz** **1** crown prince **2** (*fig*) heir apparent ◇ *der Kronprinz des Parteiführers* the heir apparent to the party leader **Kronprinzessin** **1** crown princess **2** (*fig*) heir apparent

Krönung **1** coronation **2** (*Abschluss*) culmination; (*Höhepunkt*) high point

Kronzeuge, -zeugin Crown witness, person who turns Queen's/King's evidence, (*AmE*) person who turns State's evidence; **als ~ auftreten** turn Queen's/King's evidence, (*AmE*) turn State's evidence

Kropf **1** (MED) goitre, (*AmE*) goiter **2** (*beim Vogel*) crop

Kröte toad

Krücke **1** crutch ◇ *Sie geht an Krücken.* She's on crutches. **2** (*Griff*) handle **3** (*Versager*) no-hoper (*umgs*), (*BrE auch*) dead loss (*umgs*)

Krückstock walking stick

Krug jug, (*AmE*) pitcher; (*größer, flaschenförmig*) pitcher, (*AmE*) jug; (*Bier-*) beer mug; (*aus Zinn*) tankard ◇ *ein Krug Milch* a jug of milk

Krümel crumb

krümelig crumbly

krümeln **1** make crumbs **2** (*zerfallen*) be crumbly

krumm **1** bent; (*schief*) crooked; (*Beine*) bandy ◇ *Er geht schon ganz krumm.* His back is really bent. ◇ *ein krumm gewachsener Baum* a crooked tree ◇ *krumm am Schreibtisch sitzen* sit hunched over the desk **2** (*unehrlich*) crooked ◇ *krumme Geschäfte* crooked deals ◇ *ein krummes Ding drehen* do something crooked ◇ *ein krummer Hund* a crook **IDM** **etw krumm nehmen** take sth the wrong way **jdm etw krumm nehmen** hold sth against sb → *Siehe auch* DING *und* FINGER

krümmen **1** bend ◇ *einen Draht krümmen* bend a piece of wire ◇ *den Oberkörper leicht krümmen* lean forward slightly **2 sich ~** curve; (*Straße, Fluss*) bend ◇ *eine gekrümmte Oberfläche haben* have a curved surface ◇ *eine gekrümmte Linie* a curve **3 sich ~** (*Mensch, Tier*) writhe ◇ *sich am Boden krümmen* writhe on the floor ◇ *sich vor Magenschmerzen/Lachen krümmen* be doubled up with stomach pain/laughter **IDM** → HAAR

krummlegen **sich (für jdn/etw) ~** scrimp and save (for sb/sth)

Krüppel cripple (*veraltet, abwert*), disabled person

Kruste crust ◇ *ein Brot mit knuspriger Kruste* a crusty loaf ◇ *In der Mikrowelle bekommt das Essen keine Kruste.* Food doesn't brown in the microwave.

Kruzifix crucifix

Kübel **1** (*Pflanzen-*) tub **2** (*Eimer*) bucket; (*Sekt-*) ice bucket **IDM** **es gießt wie aus Kübeln** it's bucketing down

Kubik- **Kubikmeter** cubic metre, (*AmE*) cubic meter ◇ *20 Kubikmeter Fassungsvermögen* a capacity of 20 cubic metres **Kubikwurzel** cube root **Kubikzahl** cube **Kubikzentimeter** cubic centimetre, (*AmE*) cubic centimeter (*Abk* cc) ◇ *ein Motorrad mit 1 000 Kubikzentimetern Hubraum* a 1 000 cc motorcycle

Kubismus Cubism [U] ◇ *die Begründer des Kubismus* the founders of Cubism

Küche **1** kitchen ◇ *die Küche gemeinsam benutzen* share the kitchen **2** (*Essen*) food ◇ *Ich liebe die italienische Küche.* I love Italian food. ◇ *kalte Küche* cold food ◇ *warme Küche* hot meals **3** (*Zubereitungsart*) cooking ◇ *die indische Küche* Indian cooking ◇ *die feine französische Küche* French cuisine **4** (*Küchenpersonal*) kitchen staff

Kuchen cake; (*Obst-*) flan ◇ *ein Stück Kuchen* a piece of cake ◇ *jdn zu Kaffee und Kuchen einladen* invite sb for coffee and cakes ◇ *Es gab selbst gebackenen Kuchen.* There was home-made cake. ◇ *einen Kuchen belegen* put fruit on a flan

Küchenabfälle kitchen waste [U]

Kuchenblech baking tray
Küchenchef(in) (head) chef
Kuchengabel ≈dessert fork
Küchen- Küchenmaschine mixer; (*mit Deckel, auch zum Zerkleinern*) food processor **Küchenschabe** cockroach, (*AmE auch*) roach (*umgs*) **Küchenschrank** kitchen cupboard
Kuchenteig cake mixture; (*Hefe-*) dough
Kuckuck cuckoo IDM **(das) weiß der Kuckuck!** goodness knows! **wo zum Kuckuck ...?** where on earth ...?
Kuckucksei 1 cuckoo's egg **2** (*Kind*) cuckoo in the nest **3** (*fig*) ◇ *sich als Kuckucksei erweisen* prove to be a liability ◇ *sich ein Kuckucksei ins Nest legen* shoot yourself in the foot **Kuckucksuhr** cuckoo clock
Kuddelmuddel state of confusion, (*bes BrE*) muddle
Kufe runner; (*vom Schlittschuh*) blade
Kugel 1 ball; (*geometrische Figur*) sphere ◇ *kleine Kugeln aus Schokolade* small chocolate balls ◇ *Die Erde ist eine Kugel.* The earth is a sphere. **2** (*Geschoss*) bullet **3** (*beim Kugelstoßen*) shot **4** (*Portion*) scoop ◇ *zwei Kugeln Eis* two scoops of ice cream IDM **jdm eine Kugel durch den Kopf jagen** put a bullet through sb's head **jdm/sich eine Kugel in den Kopf schießen** blow sb's/your brains out **eine ruhige Kugel schieben** take things easy
kugelig spherical
Kugel- Kugellager ball bearing **kugelrund 1** round **2** (*dick*) rotund (*gehoben oder hum*) **Kugelschreiber** ballpoint (pen), (*BrE auch*) Biro™ **kugelsicher** bulletproof ◇ *eine kugelsichere Weste* a bulletproof vest **Kugelstoßen** the shot-put ◇ *im Kugelstoßen gewinnen* win the shot-put
Kuh cow (*auch fig*) ◇ *So eine blöde Kuh!* The stupid cow! ◇ *eine heilige Kuh* a sacred cow
Kuhdorf tiny village **Kuhhandel** horse-trading [U] ◇ *ein politischer Kuhhandel* political horse-trading
kühl 1 cool; (*unangenehm*) chilly ◇ *kühle Getränke* cool drinks ◇ *Kühl und trocken lagern.* Store in a cool, dry place. ◇ *Mir ist kühl.* I'm feeling chilly. ◇ *Die Abende werden schon kühl.* The evenings are getting chilly. ◇ *den Wein kühl stellen* chill the wine ◇ *Die Luft war kühl.* There was a chill in the air. ◇ *ein kühles Bier* a cold beer **2** (*distanziert*) cool (*Adv* coolly) ◇ *ein kühler Empfang* a cool reception ◇ *Er meinte nur kühl: ...* He just said coolly, ... **3** (*nüchtern*) hard-headed ◇ *ein kühl kalkulierender Politiker* a hard-headed politician ◇ *kühl und sachlich urteilen* make a hard-headed assessment ◇ *einen kühlen Kopf bewahren* keep a level head
Kühlbox cool box, (*bes AmE*) cooler
Kühle 1 coolness ◇ *die Kühle der Fensterscheibe* the coolness of the pane ◇ *die abendliche Kühle* the cool of the evening **2** (*Distanz*) coldness ◇ *die Kühle des Empfangs* the coldness of the reception ◇ *Sie strahlte distanzierte Kühle aus.* There was an air of remoteness about her. **3** (*Nüchternheit*) hard-headedness
kühlen cool; (*im Kühlschrank*) chill ◇ *die Flaschen im Fluss kühlen* put the bottles in the river to cool ◇ *Die Getränke sind gut gekühlt.* The drinks are well chilled. ◇ *den Knöchel mit einem Eisbeutel kühlen* put an ice pack on the ankle to reduce the swelling
Kühler (*beim Auto*) radiator
Kühlerhaube bonnet, (*AmE*) hood
Kühl- Kühlmittel coolant **Kühlregal** chiller cabinet, (*AmE*) refrigerated display case **Kühlschrank** fridge, refrigerator (*gehoben*) **Kühltruhe** (chest) freezer
Kühlung 1 (*das Kühlen*) cooling (*oft mit einem Verb übersetzt*) ◇ *ein neues Verfahren zur Kühlung* a new cooling process **2** (*von Lebensmitteln*) chilling; (*mit Kühlgerät*) refrigeration ◇ *Ohne Kühlung verdirbt Fisch schnell.* Fish will quickly go off without refrigeration. **3** (*Anlage*) cooling system
Kühlwasser cooling water
kühn 1 bold (*Adv* boldly) ◇ *sein kühner Einsatz von Farben* his bold use of colour **2** (*im Superlativ*) wild (*Adv* wildly) ◇ *Das hätte ich in meinen kühnsten Träumen nicht erwartet.* I would never have expected it, even in my wildest dreams. ◇ *Auch die kühnsten Optimisten mussten einsehen, dass ...* Even those who were most wildly optimistic had to accept that ...
Kuhstall cowshed
Küken 1 chick **2** (*jüngstes Mitglied*) baby (*umgs*)
Kukuruz → MAIS
kulant 1 accommodating ◇ *Sie erwiesen sich äußerst kulant.* They were very accommodating. ◇ *Die Versicherung hat uns kulant behandelt.* The insurers were very accommodating. **2** (*Preise, Bedingungen*) fair
Kuli → KUGELSCHREIBER
kulinarisch culinary [nur vor Nomen]
Kulisse 1 (*Bühnenbild*) set; (*einzeln*) flat; (*seitlich*) the wings [Pl]; (*Hintergrund*) backdrop (*auch fig*) ◇ *eine Kulisse gestalten* design the set ◇ *die rechte Kulisse* the wings on the right of the stage ◇ *Kulissen malen* paint scenery **2** (*Rahmen*) setting ◇ *Das Schloss bildet eine herrliche Kulisse.* The castle is a wonderful setting. IDM **hinter den Kulissen** behind the scenes **nur Kulisse sein** be a facade → *Siehe auch* BLICK
Kulleraugen big round eyes [Pl] IDM **Kulleraugen machen** be goggle-eyed
kullern roll ◇ *vom Tisch kullern* roll off the table ◇ *Tränen kullerten ihr übers Gesicht.* Tears rolled down her face.
kulminieren culminate
Kult cult ◇ *zum Kult werden* achieve cult status ◇ *der Kult um die Fitness* the cult of physical fitness
Kultbuch cult book **Kultfigur** cult figure **Kultfilm** cult film, (*AmE*) cult movie
kultig trendy; (*Film, Band, Sendung*) cult [nur vor Nomen] ◇ *Das ist mittlerweile ein kultiger Film.* This has now become a cult film.
kultivieren cultivate (*auch fig*)
kultiviert cultivated ◇ *sich kultiviert unterhalten* have a cultivated conversation
Kultivierung cultivation
Kult- Kultserie cult series **Kultstätte** place of (cult) worship **Kultstatus** cult status
Kultur culture ◇ *die Sprache und Kultur des Landes* the country's language and culture ◇ *jüdische Kultur* Jewish culture ◇ *primitive Kulturen* primitive cultures ◇ *eine Kultur von Bakterien* a culture of bacteria
Kulturbanause philistine **Kulturbeutel** sponge bag, toilet bag **Kulturdenkmal** cultural monument **Kultureinrichtung** cultural institution
kulturell cultural (*Adv* culturally) ◇ *kulturelle Veranstaltungen* cultural events ◇ *das kulturelle Angebot in Frankfurt* Frankfurt's cultural attractions ◇ *Hier ist kulturell viel los.* There's a lot going on here culturally.
Kultur- Kulturerbe cultural heritage **Kulturgeschichte** history of civilization ◇ *die europäische Kulturgeschichte* the history of European civilization **kulturgeschichtlich** ◇ *die kulturgeschichtliche Entwicklung Europas* the history of the development of European civilization ◇ *eine kulturgeschichtlich interessante Region* a historically and culturally interesting region **Kulturkreis** cultural group **Kulturlandschaft** man-made landscape **Kulturleben** cultural life **Kulturpolitik** cultural policy **Kulturpro-**

gramm cultural programme, (*AmE*) cultural program **Kulturrevolution** cultural revolution **Kulturzentrum** (*Gebäude*) arts centre, (*AmE*) arts center

Kultusminister(in) Minister of Education and the Arts

Kultusministerium Ministry of Education and the Arts

Kümmel caraway; (*Gewürz*) caraway seeds [Pl]; (*Kreuz-*) cumin ◇ *mit Kümmel bestreuen* sprinkle with caraway seeds

Kummer (*Betrübnis*) grief [U]; (*Sorgen*) worry [U] ◇ *Er starb vor Kummer.* He died of grief. ◇ *Sie isst nur aus Kummer.* She only eats because she's unhappy. ◇ *Die Kinder bereiten ihr Kummer.* She's worried about her children.

Kummerkasten complaints box; (*in Zeitungen etc.*) complaints column

kümmerlich 1 meagre; (*Betrag auch*) paltry ◇ *ein kümmerliches Gehalt* a meagre wage ◇ *kümmerliche 50 Dollar* a paltry 50 dollars **2** (*Pflanze*) stunted ◇ *ein paar kümmerliche Sträucher* a few stunted shrubs

kümmern 1 sich um jdn/etw ~ look after sb/sth ◇ *Kannst du dich heute um die Kinder kümmern?* Can you look after the children today? ◇ *Wir kümmern uns um die Getränke.* We'll take care of the drinks. ◇ *Kümmere dich um deinen eigenen Kram!* Mind your own business! ◇ *Kümmer dich nicht darum, was andere Leute sagen.* Don't pay any attention to what other people say. **2 etw kümmert jdn** sb cares about sth ◇ *Deine Sorgen kümmern mich nicht.* I don't care about your problems. ◇ *Es kümmert mich nicht, was die Leute von mir denken.* I don't care what people think of me. ◇ *Was kümmert euch das?* What do you care? **IDM** → DRECK

Kumpel 1 (*Bergmann*) miner **2** (*Kamerad*) chum (*umgs*), (*BrE*) mate (*umgs*)

kündbar subject to termination ◇ *Ihr Arbeitsvertrag ist monatlich kündbar.* Your contract of employment is subject to termination with a month's notice. ◇ *Das Abo ist jederzeit kündbar.* The subscription can be cancelled at any time. ◇ *Wenn der Vertrag so zustande kommt, wären die Mitarbeiter fast nicht mehr kündbar.* If the contract were drawn up in this form, it would be almost impossible to dismiss the employees.

Kunde, Kundin customer **IDM der Kunde ist König** the customer is always right

Kundenberatung 1 customer advice **2** (*Büro*) customer advice centre, (*AmE*) customer advice center **Kundendienst 1** (*Dienstleistung*) customer service **2** (*Abteilung*) customer service department **Kundennummer** customer reference number **Kundenstamm** clientele [mit Verb im Sing/Pl]

Kundgebung rally

kündigen 1 (*Stelle*) hand in your notice; (*Wohnung*) give notice; (*Vertrag*) terminate ◇ *Ich möchte zum 1. Mai kündigen.* I'd like to hand in my notice as of 1 May. ◇ *Wir haben unsere Wohnung schon gekündigt.* We've already given notice (on the flat). ◇ *Wir haben den Mietvertrag nicht rechtzeitig gekündigt.* We didn't terminate the tenancy agreement on time. **2 jdm ~** (*Mietverhältnis*) give sb notice to quit their flat ◇ *Mein Vermieter hat mir gekündigt.* My landlord gave me notice to quit my flat. **3 jdm ~** (*entlassen*) give sb their notice, dismiss sb ◇ *Warum ist ihm gekündigt worden?* Why has he been given his notice? ◇ *Ihr Chef kündigte ihr fristlos.* Her boss dismissed her without notice.

Kündigung 1 (*einer Stelle, Wohnung*) notice; (*eines Vertrags*) termination ◇ *Die Mitarbeiter erhielten vor einer Woche ihre Kündigung.* The employees were given their notice a week ago. ◇ *Unser Vermieter hat uns mit fristloser Kündigung gedroht.* Our landlord threatened to give us immediate notice to quit our flat. ◇ *die Kündigung des Mietvertrags* the termination of a tenancy agreement **2** (*Schreiben*) (written) notice ◇ *Hast du deine Kündigung schon schriftlich eingereicht?* Have you handed in your written notice yet? ◇ *Ich habe meinem Vermieter bereits meine Kündigung geschickt.* I have already handed in my notice to the landlord.

Kündigungsfrist period of notice ◇ *ein Vertrag mit einjähriger Kündigungsfrist* a contract with a one-year period of notice ◇ *die gesetzliche Kündigungsfrist* the statutory period of notice

Kundschaft customers [Pl]

künftig 1 *Adj* future ◇ *künftige Generationen* future generations **2** *Adv* in future ◇ *Das wird künftig anders werden.* Things will be different in future.

Kunst 1 art ◇ *Kunst aus Mexiko* Mexican art ◇ *die schönen Künste* the fine arts ◇ *Wir haben heute Kunst.* We've got art today. ◇ *die Kunst des Überredens* the art of persuasion ◇ *die Förderung der Kunst* funding for the arts **2** (*fig*) trick ◇ *Die Kunst besteht darin, eine Marktlücke zu finden.* The trick is to find a hole in the market. **IDM das ist (doch) keine Kunst!** There's nothing to it! **eine brotlose Kunst** ◇ *Philosophie ist eine brotlose Kunst.* There's no money in philosophy. → *Siehe auch* REGEL

Kunstausstellung art exhibition **Kunstblumen** artificial flowers [Pl] **Kunstdünger** artificial fertilizer **Kunstfaser** man-made fibre, (*AmE*) man-made fiber

kunstfertig skilful (*Adv* skilfully)

Kunst- Kunstfreund(in) lover of the arts **Kunstgalerie** art gallery **Kunstgegenstand** art object **Kunstgeschichte** art history **Kunsthandwerk** handicraft [meist Pl] **Kunsthistoriker(in)** art historian **Kunsthochschule** art college **Kunstleder** imitation leather ◇ *eine Jacke aus Kunstleder* an imitation leather jacket

Künstler(in) 1 artist **2** (*Experte*) expert

künstlerisch artistic (*Adv* artistically) ◇ *Er ist künstlerisch sehr begabt.* He has great artistic talent.

künstlich 1 artificial; (*Gebiss etc.*) false ◇ *künstliche Blumen* artificial flowers ◇ *künstliche Intelligenz* artificial intelligence ◇ *Sie wurde künstlich beatmet.* She was given artificial respiration. **2** (*gezwungen*) forced ◇ *Sein Lachen wirkt künstlich.* His laughter seems forced. ◇ *Reg dich doch nicht künstlich auf!* Don't get so worked up over nothing!

Kunst- Kunstrasen artificial turf **Kunstsammlung** art collection **Kunstschatz** art treasure **Kunstschnee** artificial snow **Kunstspringen** diving [U] **Kunststoff** plastic ◇ *Kinderspielzeug aus Kunststoff* plastic toys **Kunststoffverpackung** plastic packaging [U] **Kunststück 1** trick ◇ *Der Zauberer führte kleine Kunststücke vor.* The magician did some little tricks. **2** (*fig*) achievement ◇ *Das war wirklich kein Kunststück!* That was no great achievement! ◇ *Es war schon ein Kunststück, das Tor von dort nicht zu treffen.* It was quite an achievement to miss the net from there. **Kunstturnen** gymnastics [U]

kunstvoll artistic (*Adv* artistically)

Kunstwerk work of art ◇ *moderne Kunstwerke* modern works of art ◇ *Dieser neue Rennwagen ist ein technisches Kunstwerk.* This new racing car is a technical masterpiece.

kunterbunt colourful, (*AmE*) colorful

Kupfer copper

Kupferstich copperplate engraving

Kuppe 1 hilltop ◇ *die Kuppen der umliegenden Berge* the surrounding hilltops **2** (*vom Finger*) tip

Kuppel dome ◇ *die Kuppel der Peterskirche in Rom* the dome of St Peter's in Rome

Kuppelbau domed building **Kuppeldach** domed roof

Kupplung 1 clutch ◇ *Die Kupplung ist verschlissen.* The clutch has gone. ◇ *die Kupplung treten* put your foot on the clutch ◇ *die Kupplung kommen lassen* let the clutch in **2** (*zwischen Waggons etc.*) coupling

Kur 1 = course of treatment at a health spa ◇ *Der Arzt hat mir eine Kur verschrieben.* The doctor prescribed a course of treatment at a health spa. ◇ *Du solltest mal eine Kur machen.* You ought to go to a health spa. **2** (*Gesundheitsurlaub*) = stay at a health spa ◇ *Nach der Kur ging es ihr besser.* After the stay at the health spa she felt better. ◇ *Sie fährt zur Kur.* She's going to a health spa. ◇ *Er ist in Bad Tölz in Kur.* He's in Bad Tölz for his health.

Kür free programme, (*AmE*) free program

Kuratorium board of trustees

Kurbel (*Autofenster, Rollladen etc.*) winder; (*Spielzeug, Grammofon*) handle; (*früher, für Autos*) crank (handle)

kurbeln wind ◇ *die Autofenster nach unten/oben kurbeln* wind the car windows down/up

Kürbis pumpkin

Kurde, Kurdin Kurd

kurdisch Kurdish

Kur- Kurfürst(in) Elector **Kurgast** visitor to a health resort

Kurier(in) courier; (*Drogen- auch*) drug runner ◇ *Der Umschlag wurde von einem Kurier gebracht.* The envelope was delivered by courier. **Kurierdienst** courier (service) ◇ *Das kam per Kurierdienst.* It was delivered by courier.

kurieren cure (*auch fig*) ◇ *Der Arzt hat sie von ihren Rückenschmerzen kuriert.* The doctor cured her backache. ◇ *Die Behandlung hat ihn von seiner Flugangst kuriert.* The treatment cured him of his fear of flying. ◇ *Ich bin kuriert! Nie wieder tu ich so was!* I've learnt my lesson! I'll never do that again!

Kur- Kurklinik ≈ clinic at a health spa **Kurkonzert** concert (at a health resort) **Kurort** health resort; (*mit Heilquellen*) spa (town) **Kurpackung** conditioning treatment

Kurs 1 course (*auch fig*) ◇ *ein 1 000 Meter langer Kurs* a 1 000 metre course ◇ *Ich habe mich zu einem Erste-Hilfe-Kurs angemeldet.* I've signed up for a first aid course. ◇ *Das Flugzeug kam vom Kurs ab.* The aircraft went off course. ◇ *Die Partei änderte ihren Kurs.* The party changed course. ◇ *auf Kurs bleiben* remain on course ◇ *Der Kurs dauert ein Jahr.* The course takes a year. ◇ *Gehen wir nach dem Kurs essen?* Shall we go and have a meal after our class? ◇ *Sie nahmen Kurs auf Dover.* They headed for Dover. **2 ein harter ~** a hard line ◇ *Sie werden einen härteren Kurs gegen Asylbewerber einschlagen.* They will take a harder line against asylum seekers. **3** (*Aktien-*) (share) price ◇ *Die Kurse sind gefallen.* Share prices fell. **4** (*Wechsel-*) (exchange) rate ◇ *der Kurs des Dollar* the dollar exchange rate IDM **(bei jdm) hoch im Kurs stehen** be very popular (with sb) **Kursänderung** change of course ◇ *zu einer Kursänderung gezwungen werden* be forced to change course **Kursangebot** range of courses **Kursanstieg** rise **Kursbuch** (railway) timetable **Kursgebühr** course fee **Kursgewinn** increase in value ◇ *der Kursgewinn des Dollar* the increase in the value of the dollar

kursieren circulate, go round ◇ *Es kursieren seit Tagen Gerüchte, dass er zurücktritt.* Rumours have been circulating for days that he is resigning. ◇ *In der Schule kursierten Unterschriftslisten.* Petitions were circulating at school. ◇ *Im Büro kursieren die wildesten Gerüchte.* The wildest rumours are going round in the office.

kursiv italic ◇ *kursiv gesetzt* in italic type ◇ *die kursiv gedruckten Passagen* the passages in italics **Kursivschrift** italics [Pl]

Kurs- Kursleiter(in) course tutor **Kursschwankung** (*Aktien*) price fluctuation; (*Devisen*) exchange rate fluctuation **Kursteilnehmer(in)** course participant ◇ *einer der Kursteilnehmer* one of the course participants ◇ *Die Kursteilnehmer sind fast alle Rentner.* The people on the course are nearly all pensioners. **Kursverlust** fall ◇ *Nach deutlichen Kursverlusten hat sich der Aktienmarkt wieder erholt.* The stock market recovered after a steep fall. ◇ *Händler befürchten weitere Kursverluste des Euro.* Dealers fear that the euro will fall further on the foreign exchange markets. **Kurswagen** through carriage, (*AmE*) through car **Kurswechsel** change of direction

Kurtaxe tourist tax

Kurve 1 curve; (*in einer Statistik auch*) graph line ◇ *die Kurve berechnen* calculate the curve ◇ *Im Winter steigt die Kurve an.* In winter there's a rise in the graph line. ◇ *Die Maschine flog eine Kurve nach rechts.* The plane banked to the right. **2** (*Straßen-*) bend ◇ *Die Straße macht hier eine scharfe Kurve.* There's a sharp bend in the road here. ◇ *Er ging zu schnell in die Kurve.* He took the corner too fast. IDM **die Kurve kratzen** make a quick getaway **die Kurve kriegen 1** (*schaffen*) manage to do it **2** (*dazu kommen*) get round to it

kurven 1 (*umherfahren*) drive round; (*mit dem Fahrrad*) ride round ◇ *Die Kinder kurvten auf ihren Fahrrädern durch den Park.* The children were riding round the park on their bikes. **2** (*fliegen*) circle ◇ *Ein Hubschrauber kurvte die ganze Zeit über uns.* A helicopter was circling overhead the whole time. **3 um die Ecke ~** take the corner ◇ *Er kurvte mit einem Wahnsinnstempo um die Ecke.* He took the corner at a terrific speed.

kurvenreich winding, twisting ◇ *eine enge, kurvenreiche Straße* a narrow, winding road

kurz

• **räumlich 1** short ◇ *Sie hat kurze Haare.* She has short hair. ◇ *Die Hose ist zu kurz.* The trousers are too short. ◇ *Wir fuhren ein kurzes Stück auf der Autobahn.* We drove a short distance on the motorway. ◇ *Seine Haare sind sehr kurz geschnitten.* His hair is cut very short. ◇ *die Hose kürzer machen* shorten the trousers **2 ~ vor/hinter etc.** just before/after ◇ *kurz vor der Ampel* just before the traffic lights ◇ *Das Auto kam kurz vor mir zum Stehen.* The car stopped just in front of me.

• **zeitlich 3** (*Zeitraum*) short, brief (*Adv* briefly) ◇ *Der Urlaub war viel zu kurz.* The holiday was much too short. ◇ *ein kurzes Gespräch* a short chat ◇ *eine kurze Pause* a short break ◇ *Wir haben uns gestern kurz getroffen.* We met briefly yesterday. ◇ *Kurze Zeit später starb er.* He died soon afterwards. ◇ *Wir bleiben nur kurz.* We're not staying long. ◇ *Sie sah ihn kurz an.* She glanced at him. ◇ *Darf ich mal kurz nachsehen?* May I have a quick look? ◇ *Ich komme morgen kurz vorbei.* I'll pop in tomorrow. **4 ~ vor/nach etc.** shortly before/after ◇ *kurz nach Mitternacht* shortly after midnight ◇ *Er kam kurz vor sechs.* He arrived shortly before six. ◇ *kurz darauf* shortly afterwards ◇ *Wir stehen kurz vor einem Durchbruch.* We are on the verge of a breakthrough. **5** (*nicht ausführlich*) brief (*Adv* briefly) ◇ *Sie beschrieb in ein paar kurzen Worten die Lage.* She gave a brief description of the situation. ◇ *Fassen Sie sich kurz.* Please be brief. ◇ *Mach's kurz, ich habe nicht viel Zeit!* Be quick. I haven't much time! **6 vor Kurzem** recently ◇ *bis vor Kurzem* until recently **7 seit Kurzem** for a short time; (*in letzter Zeit*) recently ◇ *Er wohnt erst seit Kurzem in Frankfurt.* He's only been living in Frankfurt for a

short time. ◇ *Seit Kurzem ist das Parken dort sicherer geworden.* Recently parking there has been safer. ◇ *Seit Kurzem existiert dort eine U-Bahn-Station.* An underground station opened there recently.
IDM **alles kurz und klein schlagen** smash things up ◇ *Die Einbrecher haben in der Wohnung alles kurz und klein geschlagen.* The burglars smashed up the flat. **den Kürzeren ziehen** come off worse **kurz angebunden sein** be curt **kurz entschlossen** on the spur of the moment; *(ohne Zögern)* without a moment's hesitation ◇ *Kurz entschlossen rief sie ihn an.* She called him on the spur of the moment. ◇ *Kurz entschlossen trat er die Scheibe ein.* Without a moment's hesitation, he kicked in the window. **kurz gesagt** in a word ◇ *Er war, kurz gesagt, völlig unfähig.* He was, in a word, completely useless. **kurz und bündig** bluntly **kurz und gut** in short **kurz und schmerzlos** soon over and done with **über kurz oder lang** sooner or later **zu kurz kommen** lose out ◇ *Das jüngste Kind kommt oft zu kurz.* The youngest child often loses out. ◇ *Die Freizeit darf nicht zu kurz kommen.* There must be enough leisure time. → *Siehe auch* LEINE *und* SICHT

Kurz- **Kurzarbeit** short time ◇ *Kurzarbeit machen* be on short time ◇ *Sie wurden auf Kurzarbeit gesetzt.* They were put on short time. **kurzarbeiten** be on short time **Kurzarbeiter(in)** employee on short time

kurzärmelig short-sleeved

kurzatmig **1** short of breath [nicht vor Nomen] ◇ *ein kurzatmiger dicker Mann* a fat man, short of breath ◇ *Er ist kurzatmig.* He gets breathless easily. **2** *(fig)* *(kurzsichtig)* short-sighted

Kürze shortness ◇ *die Kürze der Schnur* the shortness of the rope ◇ *In der Kürze der Zeit konnte sie kein Visum bekommen.* She couldn't get a visa at such short notice. **IDM** **in aller Kürze** very briefly **in der Kürze liegt die Würze** brevity is the soul of wit **in Kürze** shortly

Kürzel **1** *(Initialen)* initials [Pl]; *(Buchstabenwort)* acronym **2** *(in der Stenografie)* (shorthand) sign

kürzen **1** shorten; *(Rock, Kleid auch)* take *sth* up **2** *(Aufsatz, Brief etc.)* cut; *(Buch)* abridge ◇ *Sie musste den Artikel um ein Drittel kürzen.* She had to cut the article by a third. ◇ *eine gekürzte Fassung* an abridged version **3** *(reduzieren)* cut ◇ *Noch mehr Stellen müssen gekürzt werden.* Even more jobs will have to be cut. ◇ *Sie hat ihm das Taschengeld gekürzt.* She cut his pocket money. ◇ *Auch im Kulturetat wird gekürzt.* There'll be cuts in the arts budget as well. **4** (MATH) reduce

kurzerhand without further ado; *(auf der Stelle)* on the spot

kürzertreten *(finanziell)* cut back; *(sich schonen)* take things easy ◇ *Sie müssen kürzertreten.* They are having to cut back on their spending. ◇ *Er will aus gesundheitlichen Gründen etwas kürzertreten.* He wants to take things easy because of his health.

Kurz- **Kurzfassung** abridged version; *(Zusammenfassung)* summary **Kurzform** short form ◇ *Mia ist eine Kurzform von Maria.* Mia is short for Maria. **kurzfristig** **1** *Adj* last-minute ◇ *kurzfristige Stornierungen* last-minute cancellations ◇ *eine kurzfristige Ankündigung* a sudden announcement **2** *Adv* at short notice ◇ *kurzfristig absagen* cancel at short notice **3** *Adj* *(kurze Zeit gültig)* short-term **4** *Adj* *(sofortig)* immediate *(Adv* immediately) **Kurzgeschichte** short story **kurzhaarig** short-haired **Kurzinfo**, **Kurzinformation** brief information [U] **kurzlebig** **1** short-lived, ephemeral *(gehoben)* ◇ *kurzlebige Elementarteilchen* short-lived elementary particles ◇ *kurzlebige Zeitschriften* ephemeral publications **2** *(Konsumgüter)* with a short shelf life [nicht vor Nomen]

kürzlich recently ◇ *erst kürzlich* just recently ◇ *Ich habe ihn kürzlich getroffen.* I met him the other day.

Kurz- **Kurznachrichten** news summary ◇ *Jede Stunde bringen wir fünfminütige Kurznachrichten.* There is a five-minute news summary every hour. **kurzschließen** **1** short-circuit; *(Auto)* hot-wire *(umgs)*, *(AmE auch)* jump **2 sich (mit jdm) ~** be in touch (with sb) **Kurzschluss** short circuit **Kurzschlusshandlung** panic reaction **kurzsichtig** **1** short-sighted *(Adv* short-sightedly), *(AmE)* nearsighted *(Adv* nearsightedly) ◇ *stark kurzsichtig sein* be very short-sighted **2** *(unüberlegt)* short-sighted *(Adv* short-sightedly) ◇ *Sie haben zu kurzsichtig geplant.* Their planning was too short-sighted. **Kurzstrecke** **1** short journey ◇ *günstige Tarife für Kurzstrecken* cheap fares for short journeys ◇ *auf Kurzstrecken verkehrende Flugzeuge* short-haul aircraft **2** (SPORT) sprint ◇ *eine Kurzstrecke von 1 000 Meter* a 1 000 metres sprint

Kürzung cut; *(das Kürzen)* cutting ◇ *eine Kürzung der Finanzmittel* a cut in funding ◇ *die Kürzung von Sozialhilfe* cutting social security benefits ◇ *Die Redaktion behält sich das Recht auf Kürzungen vor.* The editor reserves the right to make cuts.

Kurz- **Kurzurlaub** short break **kurzweilig** entertaining, amusing **Kurzwelle** short wave ◇ *auf der Kurzwelle* on short wave ◇ *per Kurzwelle übertragen* transmit on short wave **Kurzzeitgedächtnis** short-term memory **kurzzeitig** brief *(Adv* briefly) ◇ *kurzzeitige Gefechte* brief clashes ◇ *Die Produktion wurde kurzzeitig eingestellt.* Production was stopped briefly. ◇ *kurzzeitige Arbeitslosigkeit* short-term unemployment ◇ *kurzzeitige Engpässe* temporary shortages

kuschelig soft; *(Fell, Stoff)* cuddly ◇ *mein warmes, kuscheliges Bett* my soft warm bed

kuscheln **1** cuddle up *(meist passiv)* ◇ *Sie kuscheln noch im Bett.* They are still cuddled up in bed. **2 sich aneinander ~** snuggle up) together; **sich an jdn/etw ~** snuggle against sb/up to sth; **sich in etw ~** snuggle (down) into sth ◇ *Sie kuschelte sich in ihre warme Wolldecke.* She snuggled down into the warm blanket.

kuschen **1 (sich) ~** *(Hund)* ◇ *Kusch dich!* Down! **2 (vor jdm) ~** kowtow (to sb)

Kusine cousin → *Beispiele bei* COUSIN

Kuss kiss; *(flüchtig auch)* peck ◇ *zwei Küsse auf die Wangen* a kiss on both cheeks

Küsschen (little) kiss ◇ *jdm ein Küsschen zuwerfen* blow sb a kiss

küssen kiss; **sich ~** kiss (each other) ◇ *Er küsste sie.* He kissed her. ◇ *sich zum Abschied küssen* kiss goodbye ◇ *Er küsste sie flüchtig auf die Wange.* He gave her a peck on the cheek.

Küste coast; *(Küstenlandschaft)* coastline ◇ *die südliche Küste Englands* the south coast of England ◇ *an der Küste gelegen* on the coast ◇ *vor der Küste anlegen* anchor off the coast ◇ *vor Neufundlands Küste* off the coast of Newfoundland ◇ *die pazifische Küste der USA* America's Pacific Coast ◇ *eine steile Küste* a craggy coastline ◇ *eine lange Küste* a long stretch of coastline
Küstenregion coastal area **Küstenstreifen** coastal strip **Küstenwache** coastguard

Kutsche coach; *(kleiner, oft offen)* carriage ◇ *in einer Kutsche fahren* have a ride in an (open) carriage

Kutscher(in) driver; *(Mann auch)* coachman

kutschieren drive ◇ *mit einem alten Bus durch die USA kutschieren* drive round the USA in an old bus ◇ *jdn durch die Gegend kutschieren* drive sb around

Kutte *(Mönchs-)* habit

Kutter fishing boat; *(Beiboot)* cutter

Kuvert envelope

Kuvertüre chocolate coating
KVT CBT, cognitive behavioural therapy, (*AmE*) cognitive behavioural therapy
KZ concentration camp
KZ-Gedenkstätte concentration camp memorial **KZ-Häftling** concentration camp inmate

L l

L, l L, l → *Beispiele bei* A
labern prattle on
labil 1 unstable ◇ *psychisch labil* mentally unstable ◇ *eine labile politische Situation* an unstable political situation **2** (*anfällig*) delicate ◇ *ihre labile Gesundheit* her delicate health ◇ *Patienten mit labilem Kreislauf* patients with circulation problems
Labor laboratory, lab (*umgs*)
Laborant(in) laboratory technician
Labrador Labrador
Labyrinth labyrinth (*auch fig*); (*Gartenanlage*) maze (*auch fig*) ◇ *das Labyrinth der Altstadtgassen* the maze of narrow streets in the old town
Lachanfall fit of laughter ◇ *einen Lachanfall haben/bekommen* be in/go into fits of laughter
Lache[1] laugh ◇ *Er hat eine unheimlich dreckige Lache.* He's got a really dirty laugh.
Lache[2] (*Pfütze*) puddle; (*Blut-, Öl-*) pool
lächeln (über etw) ~ smile (at sth) ◇ *hämisch lächeln* smile maliciously ◇ *Sie sah mich lächelnd an.* She smiled at me. ◇ *müde lächeln* give a weary smile ◇ *„Ja", antwortete er lächelnd.* 'Yes', he said with a smile. ◇ *über etw höhnisch lächeln* sneer at sth
Lächeln smile IDM **ein müdes Lächeln hervorrufen** draw a weary smile
lachen 1 (über jdn/etw) ~ laugh (at sb/sth) ◇ *Alle lachten über ihn.* They all laughed at him. ◇ *vor Lachen weinen* laugh till you cry ◇ *Sie konnte sich vor Lachen nicht mehr halten.* She couldn't stop laughing. ◇ *Ihnen war absolut nicht zum Lachen zumute.* They didn't feel at all like laughing. ◇ *jdn zum Lachen bringen* make sb laugh ◇ *Das ist ja zum Lachen!* Don't make me laugh! ◇ *richtig zum Lachen sein* be really funny ◇ *Was gibt es da zu lachen?* What's so funny? ◇ *Darüber kann ich überhaupt nicht lachen!* I don't find that at all funny! ◇ *Krise? Da kann man nur lachen!* Crisis? What a joke! ◇ *Über sein Verhalten kann man doch nur lachen.* His behaviour is absurd. **2 die Sonne/der Himmel lacht** the sun is shining **3 etw lacht jdm** sth smiles on sb IDM **es wäre ja gelacht, wenn ...** it would be absurd if ... ◇ *Es wäre doch gelacht, wenn du die Fahrprüfung nicht bestehst.* Don't be absurd, of course you'll pass your driving test. **gut/leicht lachen haben** it's easy for sb to laugh; it's all very well for sb to laugh **nichts zu lachen haben** have a hard time of it **wer zuletzt lacht, lacht am besten** He who laughs last laughs longest. → *Siehe auch* AUSSCHÜTTEN, HERAUSKOMMEN, HUHN *und* TRÄNE
Lachen laugh; (*Gelächter*) laughter ◇ *ein ansteckendes Lachen* an infectious laugh ◇ *Lachen und Weinen* laughter and tears ◇ *Ich konnte mir ein Lachen einfach nicht verkneifen.* I burst out laughing. IDM **jdm wird das Lachen (noch) vergehen** sb will be laughing on the other side of their face
Lacher laugh ◇ *Sie ernteten nur vereinzelte Lacher.* They only got the occasional laugh. ◇ *Sie holten die meisten Lacher.* They got the most laughs.
lächerlich 1 ridiculous ◇ *sich lächerlich vorkommen* feel ridiculous ◇ *sich lächerlich machen* make a fool of yourself ◇ *Er hat mich vor meinen Freunden lächerlich gemacht.* He made me look a fool in front of my friends. **2** (*gering*) ridiculously small ◇ *ein absolut lächerlicher Betrag* a ridiculously small sum ◇ *Sie verdienen lächerlich wenig.* They earn ridiculously low wages. ◇ *Er bekommt ein lächerliches Gehalt.* He gets a pathetic salary. ◇ *Der Flug hat nur lächerliche hundert Dollar gekostet.* The flight cost a mere hundred dollars. IDM **etw ins Lächerliche ziehen** turn sth into a joke
lachhaft laughable, pathetic ◇ *Einfach lachhaft!* It's laughable! ◇ *lachhafte Ausreden* pathetic excuses
Lachkrampf einen ~ bekommen collapse into fits of laughter
Lachs salmon
lachsfarben salmon pink
Lack (*Klar-*) varnish; (*Auto-, Farbe*) paint; (*für Lackarbeiten*) lacquer ◇ *farbloser Lack* clear varnish ◇ *Von den Fensterrahmen blättert schon der Lack ab.* The paint is already peeling off the window frames. ◇ *Lack auf etw auftragen* apply varnish to sth
Lackarbeiten lacquerware [U] **Lackfarbe** gloss paint
lackieren varnish; (*Auto*) spray ◇ *sich die Nägel lackieren* varnish your nails
Lack- Lackleder patent leather **Lackschaden** damage to the paintwork [U] ◇ *ein kleiner Lackschaden* a little bit of damage to the paintwork **Lackschuhe** patent leather shoes [Pl]
Lade- Ladefläche load area **Ladegerät** battery charger **Ladehemmung ~ haben** (*Gewehr, Gerät*) be jammed; (*Mensch*) have a mental block
laden 1 load ◇ *Die Pkws wurden auf die Waggons geladen.* The cars were loaded onto the wagons. ◇ *Der Lkw wurde geladen.* The lorry was loaded. ◇ *Der Lkw hatte Lebensmittel geladen.* The lorry was loaded with food. ◇ *die Software laden* load the software ◇ *Es dauert zehn Minuten, bis das Programm geladen ist.* The program takes ten minutes to load. ◇ *das Gewehr laden* load the gun **2 etw aus etw ~** unload sth from sth ◇ *die Möbel aus dem Umzugswagen laden* unload the furniture from the removal van **3** (*Gerät, Akku etc.*) charge **4 jdn ~** (*vor Gericht*) summon sb ◇ *als Zeuge vor Gericht geladen sein* be summoned before the court as a witness ◇ *jdn zu einer Verhandlung laden* summon sb to a hearing → *Siehe auch* GELADEN
Laden 1 shop, (*AmE*) store ◇ *Wann schließen die Läden?* When do the shops shut? ◇ *in den Laden gehen* go into the shop **2** → FENSTERLADEN IDM **den Laden schmeißen** be running things ◇ *Wer schmeißt hier den Laden?* Who's running things here? **der Laden läuft** business is good; (*alles läuft glatt*) things are running smoothly
Ladenbesitzer(in) shopkeeper, (*AmE*) storekeeper **Ladendieb(in)** shoplifter **Ladendiebstahl** shoplifting ◇ *jdn beim Ladendiebstahl erwischen* catch sb shoplifting **Ladenhüter** article that does not sell, article that is difficult to shift **Ladenöffnungszeiten** shop opening hours [Pl] ◇ *längere Ladenöffnungszeiten* extended shop opening hours **Ladenschluss** ◇ *Wann ist Ladenschluss?* When do the shops shut? **Ladenschlussgesetz** law on shop opening hours
Ladung 1 load; (*bei Schiffen, Flugzeugen*) cargo ◇ *eine Ladung Holz* a load of wood ◇ *Ich bekam eine Ladung Schnee ins Gesicht.* I got a whole load of snow in my face. **2** (*Dynamit, Strom etc.*) charge ◇ *eine elektrische Ladung* an electrical charge

Lage **1** position; (*geografisch*) location ◇ *die Lage des Babys in der Gebärmutter* the position of the baby in the uterus ◇ *in zentraler/ruhiger Lage* in a central/quiet location ◇ *in einer günstigen Lage* conveniently situated **2** (*Situation*) situation; (*Zustand*) state ◇ *Wir befinden uns in einer schwierigen Lage.* We are in a difficult situation. ◇ *die kritische Lage der Wirtschaft* the critical state of the economy ◇ *Versetz dich doch mal in ihre Lage!* Put yourself in her place. **3** (*Schicht*) layer ◇ *eine Lage Papier* a layer of paper IDM **(nicht) in der Lage sein, etw zu tun** (not) be in a position to do sth; (*körperlich*) (not) be able to do sth ◇ *Er war nicht in der Lage, mir zu helfen.* He was not in a position to help me. ◇ *Ich war lange nicht in der Lage, Sport zu treiben.* For a long time I was not able to do any sport. → *Siehe auch* HERR *und* HERRIN

Lageplan ground plan

Lager **1** (*Behausung, Personengruppe*) camp ◇ *Die Truppen schlugen ihr Lager auf.* The troops set up camp for the night. ◇ *Widerspruch aus dem eigenen Lager* opposition from within your own camp **2** (*Waren-*) warehouse; (*in einem Geschäft*) stockroom IDM **etw auf Lager haben** **1** (*vorrätig haben*) have sth in stock **2** (*Trick, Witz etc.*) be ready with sth

Lagerarbeiter(in) warehouse worker **Lagerbestände** stock [U] **Lagerfeuer** camp fire ◇ *am Lagerfeuer sitzen* sit around the camp fire **Lagerhalle** warehouse

lagern **1** be stored ◇ *Dort lagert Atommüll.* Nuclear waste is stored there. **2 etw ~** store sth ◇ *den Wein im Keller lagern* store the wine in the cellar ◇ *trocken lagern* store in a dry place

Lager- **Lagerplatz** **1** (*zum Übernachten etc.*) place to camp **2** (*zur Aufbewahrung*) storage place **Lagerraum** (*ein Raum*) storeroom; (*Platz*) storage space

Lagerung storage ◇ *die Lagerung von Atommüll* the storage of nuclear waste ◇ *bei richtiger Lagerung* if stored correctly

Lagune lagoon

lahm **1** ◇ *ein lahmes Bein haben* be lame in one leg **2** (*kraftlos*) weak ◇ *Meine Beine waren ganz lahm.* My legs were really weak. ◇ *eine lahme Ausrede* a feeble excuse **3** (*langweilig*) dull, boring; (*ohne Schwung*) sluggish ◇ *Mensch, seid ihr lahm!* You're so boring! ◇ *die lahme Konjunktur* the sluggish economy ◇ *Sie haben ganz schön lahm gespielt.* They put no effort into the game at all. IDM → ENTE

lahmen be/go lame ◇ *Kurz vor dem Rennen lahmte das Pferd.* The horse went lame just before the race.

lähmen paralyse, (*AmE*) paralyze (*auch fig*) ◇ *rechtsseitig gelähmt* paralysed on the right side ◇ *Sein rechtes Bein ist gelähmt.* His right leg is paralysed. ◇ *Er blieb an beiden Beinen gelähmt.* He was paralysed in both legs. ◇ *Sie war vor Angst wie gelähmt.* She was paralysed by fear.

lahmlegen **etw ~** bring sth to a standstill

Lähmung paralysis (*auch fig*) ◇ *eine halbseitige Lähmung* paralysis on one side

Laich spawn

laichen spawn

Laie layman, layperson; (*nicht professionell*) amateur ◇ *Ein Laie kann das nicht verstehen.* A layman cannot understand it. ◇ *Ich bin ein vollkommener Laie auf diesem Gebiet.* I know nothing at all about this field. ◇ *ein medizinischer Laie* a person who is not a medical expert

laienhaft amateurish (*Adv* amateurishly) ◇ *laienhaft repariert* amateurishly repaired

Laienschauspieler(in) amateur actor/actress

Lake brine [U]

Laken sheet

lakonisch laconic (*Adv* laconically)

Lakritze liquorice

Laktose lactose

laktosefrei lactose free ◇ *laktosefreie Produkte* lactose-free products **Laktoseintoleranz** lactose intolerance

lallen babble; (*Betrunkene*) mumble

Lama (*Tier*) llama

lamentieren **(über etw) ~** complain (about sth)

Lametta (*Christbaumschmuck*) ≈ tinsel

Laminat laminate

Laminatboden laminate flooring

Lamm (*Tier, Fleisch*) lamb

Lammbraten roast lamb

Lampe light; (*Stehlampe etc.*) lamp

Lampenfieber stage fright **Lampenschirm** lampshade

Lampion (Chinese) lantern

Land **1** land ◇ *Tiere, die auf dem Land leben* animals that live on land ◇ *fruchtbares Land* fertile land ◇ *wieder Land unter den Füßen haben* be back on dry land ◇ *an Land gehen* go ashore ◇ *Es wurden tote Vögel an Land geschwemmt.* Dead birds were washed ashore. **2** (*Staat*) country ◇ *europäische Länder* European countries ◇ *Filialen im ganzen Land* branches across/throughout the country ◇ *das Land der unbegrenzten Möglichkeiten* the land of opportunity ◇ *das Land der Inkas* the land of the Incas **3** (*Bundesland*) (federal) state, Land; (*in Österreich*) province ◇ *das Land Niedersachsen* the state of Lower Saxony ◇ *Bund und Länder* the Federal Government and the individual states ◇ *die neuen Länder* the former East German states **4** (*ländliche Gegend*) **das ~** the country ◇ *auf dem Land* in the country ◇ *aufs Land ziehen* move to the country IDM **etw an Land ziehen** land sth **andere Länder, andere Sitten** people do things differently in different places **aus aller Herren Länder(n)** from all over the world → *Siehe auch* STADT

Landarbeiter(in) agricultural worker **Landbevölkerung** rural population

Lande- **Landeanflug** approach ◇ *beim Landeanflug auf Wien* on the approach to Vienna **Landebahn** runway

landeinwärts inland

landen **1** land ◇ *Wir landen in 20 Minuten.* We're due to land in 20 minutes. ◇ *Er fiel und landete auf dem Rücken.* He fell and landed on his back. ◇ *Er landete das Flugzeug.* He landed the aircraft. ◇ *einen Volltreffer landen* land a bull's eye ◇ *Der Boxer landete einige Treffer.* The boxer landed a few good punches. ◇ *einen Hit landen* land a hit record ◇ *Er konnte bei ihr nicht landen.* He wasn't getting anywhere with her. **2** (*gelangen*) end up (*umgs*) ◇ *Wo bin ich denn hier gelandet!* Where have I ended up now! ◇ *Das neue Spielzeug landete im Mülleimer.* The new toy ended up in the rubbish bin.

Landenge isthmus

Ländereien estates [Pl]

Länderspiel international (match)

Landes- national; (*von einem Bundesland*) regional, state; (*in Österreich*) provincial

Landeshauptmann (provincial) governor **Landeshauptstadt** state capital; (*in Österreich*) provincial capital **Landesinnere** interior ◇ *in weiten Teilen des Landesinneren* in large areas of the interior ◇ *Die Armee drang weiter ins Landesinnere vor.* The army pushed further inland. ◇ *im italienischen Landesinneren* in inland Italy **Landeskunde** cultural studies [mit Verb im Sing/Pl] **Landesmeisterschaft** (*regional*) regional championships [Pl]; (*national*) national championships [Pl] **Landesregierung** state government; (*in Österreich*) provincial government ◇ *die hessische Landesregierung* the government of Hesse

Landesteg landing stage

landes- **landesüblich** local ◇ *ein landesüblicher Brauch* a local custom ◇ *landesübliche Bezeichnungen* local names ◇ *in landesüblicher Tracht* wearing traditional local costume **landesweit** nationwide, national (*Adv* nationally); (*im Bundesland*) across the whole Land [nicht vor Nomen] ◇ *Der Täter wird landesweit gesucht.* There is a nationwide search for the culprit. ◇ *landesweite Protestaktionen in Hessen* protests across the whole of Hesse **Landeszentralbank** State Central Bank

Land- **Landfriedensbruch** breach of the peace **Landgericht** district court ◇ *das Landgericht Würzburg* the Würzburg district court **Landhaus** country house **Landkarte** map ◇ *etw auf der Landkarte suchen* look sth up on the map **Landkreis** district **Landleben** country life

ländlich rural ◇ *ländliche Gebiete* rural areas ◇ *ländlich strukturierte Gemeinden* rural communities

Land- **Landmine** landmine **Landrat** (*in der Schweiz*) cantonal parliament **Landrat, -rätin** **1** = chief administrative officer (of a district) **2** (*in der Schweiz*) member of a cantonal parliament **Landraub** land grab

Landschaft landscape; (*schöner Anblick*) scenery; (*ländliche Gegend*) countryside ◇ *eine hügelige/karge Landschaft* a hilly/barren landscape ◇ *die politische Landschaft* the political landscape ◇ *Wales ist wegen seiner schönen Landschaft berühmt.* Wales is famous for its beautiful scenery. ◇ *Manche Leute kippen ihren Müll in die freie Landschaft.* Some people dump their rubbish in the open countryside.

landschaftlich **1** ◇ *landschaftliche Besonderheiten* natural features ◇ *eine landschaftlich besonders schöne Gegend* an area of outstanding natural beauty ◇ *die landschaftliche Schönheit Kents* the beautiful scenery of Kent ◇ *eine landschaftlich reizvolle Strecke* a scenic stretch of road ◇ *landschaftliche Folgen* environmental consequences **2** (*charakteristisch für ein Gebiet*) local, regional ◇ *Seine Aussprache ist landschaftlich gefärbt.* He has a slight local accent.

Landschafts- **Landschaftsarchitekt(in)** landscape architect **Landschaftsbau** landscape architecture **Landschaftsgärtner(in)** landscape gardener **Landschaftspflege** conservation **Landschaftsschutzgebiet** conservation area

Landsitz country seat

Lands- **Landsleute** fellow countrymen (and -women) [Pl], compatriots [Pl] (*gehoben*) **Landsmann, -männin** fellow countryman/woman, compatriot (*gehoben*)

Land- **Landstraße** (country) road **Landstreicher(in)** tramp **Landtag** **1** state parliament **2** (*Gebäude*) state parliament building **Landtagsabgeordnete(r)** member of the state parliament **Landtagswahl** regional elections [Pl]

Landung landing ◇ *eine weiche/sichere Landung* a smooth/safe landing ◇ *zur Landung ansetzen* come in to land

Landwirt(in) farmer

Landwirtschaft **1** (*Ackerbau, Viehzucht etc.*) farming ◇ *Der Staat subventioniert die Landwirtschaft.* The state subsidizes farming. **2** (*Betrieb*) farm

landwirtschaftlich agricultural ◇ *landwirtschaftliche Gebäude/Geräte* agricultural buildings/implements ◇ *ein landwirtschaftlicher Betrieb* a farm ◇ *landwirtschaftlich genutzte Flächen* farmland

Landwirtschafts- **Landwirtschaftsminister(in)** agriculture minister **Landwirtschaftsministerium** ministry of agriculture

lang **1** long ◇ *ein fünf Meter langer Zaun* a five-metre-long fence ◇ *eine lange Freiheitsstrafe* a long prison sentence ◇ *Ich habe lange Zeit nichts mehr von ihr gehört.* I haven't heard from her for a long time. ◇ *ihr lang gehegter Wunsch* her long-held ambition ◇ *nach langer Fahrt* after a long journey ◇ *eine lang gezogene Kurve* a long sweeping curve ◇ *Sie sollten eine längere Strafe bekommen.* They should get a longer sentence. **2** (*mit Zeitspannen*) ◇ *Drei Tage lang hatte er nichts gegessen.* He hadn't eaten anything for three days. ◇ *mein ganzes Leben lang* all my life IDM **lang und breit** at great length **seit Langem** for a long time → *Siehe auch* KURZ, LAUFEN, REDE *und* SICHT **langärmelig** long-sleeved **langatmig** long-winded

lange **1** long, (for) a long time ◇ *Wie lange dauert der Film?* How long is the film? ◇ *Das dürfte nicht lange dauern.* It shouldn't take long. ◇ *Ich hoffe, es dauert nicht mehr lange.* I hope it doesn't take much longer. ◇ *Es hat länger gedauert, als ich dachte.* It took longer than I thought. ◇ *Sie werden nicht lange wegbleiben.* They won't be gone for long. ◇ *Das ist schon lange her.* That was a long time ago. ◇ *Ich habe ihn lange nicht mehr gesehen.* I haven't seen him for a long time. ◇ *Sie haben nicht lange miteinander gesprochen.* They didn't speak to each other for long. ◇ *Sie haben lange nicht miteinander gesprochen.* They didn't speak to each other for a long time. ◇ *Er ließ sich nicht lange bitten.* He didn't wait to be asked twice. **2** **noch ~ nicht** not ... (yet) by any means, nowhere near; **~ nicht** not ... anywhere near ◇ *Du hast noch lange nicht alles gehört!* You haven't heard the whole story yet by any means! ◇ *Das Spiel ist noch lange nicht zu Ende.* The game is nowhere near over. ◇ *Obst schmeckt lange nicht so gut wie Schokolade.* Fruit doesn't taste anywhere near as good as chocolate.

Länge **1** length ◇ *Das Rohr hatte eine Länge von einem Meter.* The pipe was one metre in length. ◇ *Auf einer Länge von 50 Metern hatte man eine Mauer errichtet.* A wall fifty metres in length had been erected. ◇ *Er gewann mit einer halben Länge Vorsprung.* He won by half a length. ◇ *Kannst du die Tischplatte der Länge nach durchsägen?* Can you saw through the tabletop lengthways? ◇ *Die Länge des Seils beträgt einen Meter.* The rope is one metre long. ◇ *eine Strecke von 50 km Länge* a 50-km-long stretch ◇ *Sie fiel der Länge nach hin.* She fell flat on her face. **2** ◇ *Der Film hatte Längen.* The film dragged in places. **3** (GEOGR) longitude IDM **etw in die Länge ziehen** drag sth out ◇ *Er hatte die Ermittlungen unnötig in die Länge gezogen.* He had dragged out the investigations unnecessarily. **sich in die Länge ziehen** drag on ◇ *Die Bauarbeiten zogen sich in die Länge.* The building work was dragging on. **um Längen** by a long way ◇ *um Längen verlieren/besser sein* lose/be better by a long way ◇ *Sie war ihm um Längen voraus.* She was far better than him. ◇ *Der Vorjahressieger wurde diesmal um Längen geschlagen.* Last year's winner was easily beaten this time.

langen **1** (*greifen*) reach ◇ *Sie langte in ihre Tasche.* She reached into her bag. ◇ *Er langte nach einem Keks.* He reached for a biscuit. **2** (*genügen*) be enough ◇ *Zum Sieg langte es nicht.* It wasn't enough to win. ◇ *Mir langt das Geld zum Leben.* I've got enough money to live on. ◇ *Das Benzin langt noch bis zum Flughafen.* There's enough petrol to get us to the airport. IDM **jdm eine langen** clout sb (*umgs*) **es langt (jdm)** ◇ *Mir langt es!* I've had enough! ◇ *Jetzt langt's aber!* That's enough, now!

Längen- **Längengrad** degree of longitude ◇ *entlang des 114. Längengrades* at a longitude of 114 degrees **Längenmaß** measure of length

länger **1** → LANG **2** *Adj* longish ◇ *ein längerer Spaziergang* a longish walk ◇ *eine längere Abwesenheit* a lengthy absence ◇ *eine längere Debatte* quite a long debate ◇ *Sie waren einen längeren Weg gegangen.* They had walked for quite a long way. ◇ *Ich habe längere Zeit nichts von ihr gehört.* I haven't heard from her for quite a while. ◇ *auf längere Sicht* in the longer term **3** *Adv* quite a while ◇ *Es kann länger dauern.* It could take quite a while.

längerfristig **1** *Adj* long-term ◇ *längerfristige Perspektiven* long-term prospects **2** *Adv* in the longer term ◇ *Längerfristig muss sich das neue Konzept erst bewähren.* The new plan will first have to prove itself in the longer term.

Langeweile boredom ◇ *Ich sterbe vor Langeweile.* I'm dying of boredom.

lang- **langfristig** **1** *Adj* long-term ◇ *eine langfristige Kapitalanlage* a long-term capital investment ◇ *langfristige Projekte* long-term projects **2** *Adv* in the long term ◇ *Langfristig gesehen ist Miete doch teurer als Eigentum.* In the long term, renting is more expensive than ownership. ◇ *langfristig planen* plan for the longer term ◇ *Ich kann mich langfristig noch nicht festlegen.* I can't yet make a long-term commitment. **langhaarig** long-haired, with long hair [nicht vor Nomen] ◇ *eine langhaarige Hunderasse* a long-haired breed of dog ◇ *Sie ist langhaarig.* She has long hair. ◇ *der/die Langhaarige* the man/woman with long hair **langjährig** ◇ *eine langjährige Haftstrafe* a long prison sentence ◇ *eine langjährige Freundschaft* a long-standing friendship ◇ *ihr langjähriger Lebensgefährte* her long-term partner ◇ *ein langjähriger Mitarbeiter* a long-serving member of staff ◇ *langjährige Auseinandersetzungen mit den Behörden* years of discussions with the authorities ◇ *langjährige Drogenabhängige* drug addicts for many years ◇ *Ich habe langjährige Erfahrung auf diesem Gebiet.* I have many years' experience in this field. **Langlauf** cross-country skiing **Langläufer(in)** cross-country skier **langlebig** ◇ *Diese Motoren sind relativ langlebig.* These engines last for a relatively long time. ◇ *langlebige Konsumgüter* consumer durables

länglich long (and) narrow ◇ *ein längliches Gesicht* a long narrow face

längs **1** lengthways ◇ *Sollen wir den Tisch längs stellen?* Should we put the table lengthways? ◇ *längs gestreift sein* have vertical stripes **2** (*entlang*) alongside ◇ *längs der Hauptstraße* alongside the main road

langsam **1** slow (*Adv* slowly) ◇ *Er ist ein wenig langsam.* He's a bit slow on the uptake. ◇ *Du musst langsamer sprechen!* You must speak more slowly! **2** (*allmählich*) gradually ◇ *Langsam verblasst die Farbe.* The colour gradually fades. ◇ *Er erholte sich langsam wieder.* He made a gradual recovery. ◇ *Langsam wurde sie ungeduldig.* She was starting to get impatient. ◇ *Es wird langsam Zeit zu gehen.* We must be thinking of going. IDM **langsam, aber sicher** slowly but surely

Langsamkeit ◇ *die Langsamkeit der Justiz* the slow progress of justice ◇ *Sie bewegte sich mit großer Langsamkeit.* She was moving very slowly.

Langschläfer(in) late riser

Längsschnitt **1** (*Darstellung*) longitudinal section **2** (*Schnitt*) longitudinal incision

längst **1** (*vor langer Zeit*) long ago, ages ago (*umgs*) ◇ *Ich habe längst aufgegeben.* I gave up long ago. ◇ *Der Film hat längst begonnen.* The film started ages ago. **2** (*seit Langem*) for ages, long ◇ *Das ist längst kein Geheimnis mehr!* That's been common knowledge for ages! ◇ *Das war längst überfällig.* That was long overdue. ◇ *Das ist längst vorbei!* That's ancient history! **3 längst nicht** by no means ◇ *Das ist noch längst nicht entschieden!* That has by no means been decided! ◇ *Es ist längst nicht so schlimm, wie ich vermutet hatte.* It's nowhere near as bad as I had thought.

längstens at (the) most ◇ *Dafür wird er längstens drei Jahre Haft bekommen.* He'll get three years at the most for that.

Langstrecken- **Langstreckenflug** long-distance flight **Langstreckenläufer(in)** long-distance runner **Langstreckenrakete** long-range missile

langweilen **1 jdn (mit etw) ~** bore sb (with sth) ◇ *Er hat uns mit seinen Ferienfotos gelangweilt.* He bored us with his holiday snaps. ◇ *gelangweilte Gesichter* bored faces ◇ *Er steht gelangweilt da.* He stands there looking bored. ◇ *Computerspiele langweilen mich.* I find computer games boring. **2 sich ~** be/get bored ◇ *Ich langweile mich.* I'm bored. ◇ *sich zu Tode langweilen* be bored stiff ◇ *Ich langweile mich schnell.* I get bored easily. ◇ *Beim Fernsehen langweile ich mich.* I get bored watching television.

langweilig boring; **es ist jdm ~** sb is bored ◇ *eine langweilige Vorlesung* a boring lecture ◇ *Wenn euch langweilig ist, könnt ihr gehen.* If you're bored, you can go. ◇ *Es wird dir schnell langweilig werden.* You'll soon get bored. ◇ *Jugendclubs sind ihnen zu langweilig.* They find youth clubs boring. ◇ *Sie ist schrecklich langweilig gekleidet.* She wears terribly boring clothes.

langwierig long-drawn-out ◇ *langwierige Verhandlungen* long-drawn-out negotiations ◇ *Der Prozess war eine langwierige Angelegenheit.* The trial dragged on for a long time.

Langzeit- **Langzeitarbeitslose(r)** = person who has been unemployed for a long time ◇ *Fortbildung für Langzeitarbeitslose* training for the long-term unemployed **Langzeitarbeitslosigkeit** long-term unemployment **Langzeitwirkung** long-term effect [meist Pl]

Lanze lance

La-Ola-Welle Mexican wave, (*AmE*) the wave

Lappalie trifle

Lappen **1** cloth **2** (*Geldschein*) note, (*AmE*) bill **3** (*Haut-*) flap of loose skin; (*vom Hahn*) wattle **4** (*von der Lunge etc.*) lobe IDM **jdm durch die Lappen gehen** give sb the slip (*umgs*) ◇ *Er ging der Polizei durch die Lappen.* He gave the police the slip. ◇ *Diese Gelegenheit ist ihm durch die Lappen gegangen.* He let the opportunity slip.

läppisch **1** silly **2** (*Geldbetrag*) measly (*umgs*) ◇ *für läppische zehn Dollar* for a measly ten dollars

Laptop laptop

Lärche larch

Lärm **1** noise ◇ *Mach nicht solchen Lärm!* Don't make such a noise! **2 um jdn/etw viel ~ machen** make a lot of fuss about sb/sth IDM **viel Lärm um nichts** a fuss about nothing; (*Shakespeare-Stück*) Much Ado about Nothing

Lärmbelästigung noise pollution ◇ *die Lärmbelästigung reduzieren* reduce noise pollution

lärmen make a racket (*umgs*) ◇ *Sie lärmen durch die Straßen.* They run through the streets making a racket.

lärmend noisy (*Adv* noisily)

Lärm- **Lärmpegel** noise level **Lärmschutz** noise abatement **Lärmschutzwand** noise barrier

Larve larva

lasch **1** lax; (*sorglos*) slack ◇ *lasche Gesetze* lax laws ◇ *eine lasche Berufsauffassung haben* be slack in your work **2** (*Händedruck*) limp

Lasche **1** flap; (*Schuh-*) tongue **2** (TECH) plate

Laser laser
Laserstrahl laser beam

lassen
• **zurücklassen, in einem Zustand lassen** **1** leave ◇ *Lass alles so, wie es ist.* Just leave everything as it is. ◇ *das Auto in der Garage lassen* leave the car in the garage ◇ *Ich habe meine Tasche im Restaurant gelassen.* I've left my bag in the restaurant. ◇ *Lass mich (in Ruhe)!* Leave me alone! ◇ *Lassen wir es dabei.* Let's leave it at that. ◇ *einen Anruf unbeantwortet lassen* not return a call ◇ *Ich weiß nicht, wo ich meine Schlüssel gelassen habe.* I don't know where I've put my keys. ◇ *Touristen lassen viel Geld in der Stadt.* Tourists bring a lot of money into the town. ◇ *Sie lässt immer viel Geld beim Juwelier.* She always spends a lot of money at the jeweller's.
• **zulassen** **2 jdn (etw tun/machen) ~** let sb (do sth) ◇ *jdn ins Haus lassen* let sb into the house ◇ *Lass sie gehen.* Let her go. ◇ *Lassen Sie mich Ihre Tasche tragen.* Let me carry your bag for you. ◇ *Lassen Sie mich bitte ausreden!* Please let me finish! ◇ *Man kann die Kinder nicht allein gehen lassen.* You can't let the children go on their own. ◇ *Sie haben sie nicht über die Grenze gelassen.* They didn't allow them across the border. ◇ *Niemand wurde ins Zimmer gelassen.* Nobody was allowed into the room. ◇ *Ich lasse mich nicht so behandeln.* I'm not going to put up with being treated like that.
• **geben** **3 jdm etw ~** (*überlassen*) let sb have sth ◇ *Er hat ihr seine CDs noch eine Woche gelassen.* He let her have his CDs for another week. ◇ *Er hat uns die Wohnung billig gelassen.* He let us have the flat cheap. ◇ *jdm seinen Personalausweis als Pfand lassen* leave your identity card with sb as security ◇ *Lass ihm doch seinen Spaß.* Let him have his fun. **4** (*verlieren*) lose ◇ *Er hat seinen einzigen Sohn im Krieg lassen müssen.* He lost his only son in the war. ◇ *sein Leben für etw lassen* lay down your life for sth
• **aufhören** **5 es/etw ~** stop it/doing sth ◇ *Lass das!* Stop it! ◇ *Sie sollte das Rauchen lassen.* She ought to stop smoking. ◇ *Sie kann es nicht lassen, ihn zu hänseln.* She can't stop teasing him. ◇ *Sie können es einfach nicht lassen!* They just can't stop! ◇ *Tu, was du nicht lassen kannst!* Do what you've got to do! ◇ *Dann lass es doch!* Then don't. ◇ *Lass diese Aufdringlichkeiten!* Keep your hands off me! ◇ *Eigentlich wollte ich mit, aber ich habe es dann doch gelassen.* I was going to go but in the end I didn't. **6 von jdm/etw ~** give sb/sth up ◇ *Sie kann nicht von ihm lassen.* She can't give him up. ◇ *Er konnte nicht vom Rauchen lassen.* He couldn't give up smoking.
• **veranlassen** **7 (sich) etw machen ~** have sth done, get sth done ◇ *das Auto reparieren lassen* have the car repaired ◇ *Ich muss mir die Haare schneiden lassen.* I must get my hair cut. ◇ *Du solltest es machen lassen.* You ought to get it done.
• **Möglichkeit** **8 etw lässt sich machen** sth can be done ◇ *Das lässt sich nicht machen.* It can't be done. ◇ *Die Bluse lässt sich leicht bügeln.* The blouse is easy to iron. ◇ *Seine Schuld lässt sich schwer beweisen.* It's difficult to prove that he is guilty. ◇ *Das lässt sich hören.* I like the sound of that. ◇ *Gegen diesen Vorschlag lässt sich nichts einwenden.* There's nothing you could object to in the proposal. ◇ *Dieses Stück lässt sich nicht spielen.* The play is impossible to perform.
• **als Imperativ** **9 lass/lasst uns** let's, let us (*gehoben*) ◇ *Lass uns jetzt gehen!* Let's go now! ◇ *Lassen wir uns überraschen!* Let's wait and see! ◇ *Lasst uns nicht nochmal in das schreckliche Restaurant gehen.* Let's not/Don't let's go to that awful restaurant again. **IDM** **das muss man ihm/ihr lassen** you've got to give him/her that **einen fahren/sausen lassen** fart (*vulg, Slang*) **etw sein lassen** forget (about) sth ◇ *Lass jetzt die Hausaufgaben sein und komm mit ins Kino.* Forget about your homework and come to the cinema with us. ◇ *Lass den Abwasch Abwasch sein.* Forget about the washing up. → *Siehe auch* STICH *und* ZEIT

lässig **1** casual (*Adv* casually); (*ungezwungen*) nonchalant (*Adv* nonchalantly) ◇ *Er hat seiner Arbeit gegenüber eine ziemlich lässige Einstellung.* He has a rather casual attitude to his work. ◇ *lässig gekleidet* casually dressed ◇ *mit einer lässigen Handbewegung* with a nonchalant gesture ◇ *lässig im Sessel sitzen* relax in a chair **2** *Adv* (*leicht*) easily ◇ *Die Prüfung besteht er lässig.* He'll pass the exam easily. **3** *Adj* (*ausgezeichnet*) cool (*umgs*) ◇ *Das ist lässig.* It's cool.

Lasso lasso

Last **1** (*Trag-, Frachtgut*) load **2** (*Gewicht*) weight ◇ *Die Frau brach unter der Last zusammen.* The woman collapsed under the weight. **3** (*fig*) burden ◇ *Mit dem Kind hat sie sich eine schwere Last aufgebürdet.* She's taken on a huge burden with that child. ◇ *Seine Arbeit ist ihm zur Last geworden.* His work has become a burden to him. ◇ *Ich möchte euch nicht zur Last fallen.* I don't want to impose on you. **4 Lasten** ◇ *die steuerlichen Lasten* the tax burden ◇ *die finanziellen Lasten* the costs ◇ *Sie wollen den Unternehmern keine zusätzlichen Lasten aufbürden.* They don't want to impose additional charges on the employers. ◇ *Das Porto geht zu unseren Lasten.* We have to pay postage. ◇ *Der Betrag geht zu Lasten der Firma.* The firm will be charged with the amount. → *Siehe auch* ZULASTEN **IDM** **jdm etw zur Last legen** hold sb responsible for sth; (*Verbrechen*) charge sb with sth ◇ *Man legte ihm die Krise zur Last.* He was held responsible for the crisis. ◇ *Ihm wurden mehrere Einbrüche zur Last gelegt.* He was charged with several burglaries.

lasten **auf jdm/etw ~** rest on sb/sth ◇ *Das ganze Gewicht der Brücke lastet auf zwei Pfeilern.* The whole weight of the bridge rests on two pillars. ◇ *Alle Verantwortung lastet auf ihr.* She bears all the responsibility. ◇ *Sein Tod wird immer auf unserem Gewissen lasten.* His death will always be on our consciences. ◇ *Ein Fluch lastet auf der Familie.* There is a curse on the family. ◇ *Schulden lasten noch immer auf dem Grundstück.* The property is still encumbered with debt. **IDM** → SCHULTER

Lastenaufzug goods lift, (*AmE*) freight elevator

Laster[1] *der* → LASTKRAFTWAGEN

Laster[2] *das* vice

lästern **1 über jdn/etw ~** run sb/sth down **2** (*schmähen*) curse; (*Gott*) blaspheme

lästig annoying ◇ *eine lästige Angewohnheit* an annoying habit ◇ *Er wird mir langsam lästig.* He's beginning to get on my nerves. ◇ *Ich möchte dir nicht lästig fallen.* I don't want to be a nuisance. ◇ *die lästige Hausarbeit* these wretched chores

Last- **Lastkahn** barge **Lastkraftwagen**, **Lastwagen** lorry, (*bes AmE*) truck **Lastschrift** debit ◇ *Zahlung erfolgt per Lastschrift.* Payment is by direct debit. **Lasttier** beast of burden **Lastwagenfahrer(in)** lorry driver, (*bes AmE*) trucker

Latein Latin **IDM** **mit seinem Latein am Ende sein** be at a loss what to do next

lateinisch Latin ◇ *lateinisch sorbus genannt* sorbus in Latin ◇ *auf Lateinisch* in Latin

latent latent ◇ *latent vorhanden* latent ◇ *eine latente Erkrankung* a latent disease

Laterne **1** lantern; (*aus Papier*) Chinese lantern **2** (*Straßen-*) street light
Laternenpfahl lamp post

Latex latex

Latinum **das große/kleine Latinum** = an advanced/intermediate Latin qualification

Latrine latrine

Latsche(n) (*Hausschuh*) slipper; (*alter Schuh*) old shoe

latschen traipse; (*schlurfend*) trudge ◇ *durchs Kaufhaus latschen* traipse round the store

Latte **1** slat **2** (SPORT) bar; (*Querlatte des Tores*) crossbar ◇ *die Latte reißen* knock the bar down ◇ *Der Ball ging an die Latte.* The ball hit the crossbar. **3** **eine (lange/schöne/große) ~** a (whole) string ◇ *eine lange Latte Schulden* a whole string of debts

Lattenrost slatted base

Latz bib

Lätzchen bib

Latzhose dungarees [Pl], (*AmE*) (bib) overalls [Pl]

lau **1** balmy ◇ *laue Sommernächte* balmy summer nights **2** (*halbherzig*) lukewarm ◇ *Das Stück bekam nur laue Kritiken.* The play got a lukewarm reception from the critics.

Laub leaves [Pl]

Laubbaum deciduous tree

Laube **1** summer house **2** (*Sitzplatz*) arbour, (*AmE*) arbor

Laub- **Laubsäge** fretsaw **Laubwald** deciduous forest

Lauch leeks [Pl] ◇ *eine Stange Lauch* a leek

Lauer **auf der ~ sein** be on the lookout; **auf der ~ liegen** lie in wait; **sich auf die ~ legen** settle down to (lie in) wait

lauern **1** lurk; **auf jdn/etw ~** (*auflauern*) lie in wait for sb/sth ◇ *Taschendiebe lauerten auf Passanten.* Pickpockets were lying in wait for passers-by. ◇ *In der Großstadt lauern überall Gefahren.* There are dangers lurking everywhere in the city. ◇ *eine ständig lauernde Gefahr* a constant threat of danger **2** **auf etw ~** (*warten*) look out for sth; (*Geräusch*) listen out for sth ◇ *Er lauert schon seit Wochen auf eine Gelegenheit.* He's been looking out for a chance for weeks. ◇ *Sie lauerte auf das Klingeln des Telefons.* She was listening out for the phone.

Lauf **1** ◇ *im schnellen Lauf* at a fast pace ◇ *der schnelle Lauf der Antilope* the speed of the antelope **2** (*Rennen*) race; (*Vorlauf*) heat ◇ *Sie gewann den Lauf in 11 Sekunden.* She won the race in 11 seconds. **3** (*einer Maschine etc.*) operation ◇ *den gleichmäßigen Lauf der Maschine sicherstellen* ensure smooth operation of the machine ◇ *Unregelmäßigkeiten im Lauf der Maschine machten Sorgen.* The fact that the machine was not running smoothly raised concerns. **4** (*Verlauf*) course ◇ *Astronomen verfolgen den Lauf der Gestirne.* Astronomers track the course of the stars. ◇ *im Lauf(e) des Tages* in the course of the day ◇ *Die Ereignisse nahmen ihren Lauf.* Events took their course. ◇ *der obere/untere Lauf eines Flusses* the upper/lower reaches of a river ◇ *dem Lauf der Schienen folgen* follow the direction of the tracks ◇ *seiner Fantasie freien Lauf lassen* give your imagination a free rein ◇ *Im Laufe des Gesprächs kam es zu einer Auseinandersetzung.* During the conversation there was an argument. **5** (*einer Schusswaffe*) barrel **6** (*bei Tieren*) leg **7** (MUS) run

Laufbahn **1** career ◇ *eine akademische Laufbahn einschlagen* take up an academic career **2** (*auf dem Sportplatz*) track

laufen

• **Bewegung** **1** run ◇ *Sie lief schreiend aus dem Haus.* She ran out of the house screaming. ◇ *eine Staffel laufen* run a relay ◇ *Der Motor läuft gut.* The engine is running well. ◇ *bei laufendem Motor* with the engine running ◇ *Der Wagen läuft auf Schienen.* The carriage runs on rails. ◇ *Die Straßen laufen parallel.* The streets run parallel. ◇ *Ein Aufatmen lief durch die Menge.* A sigh of relief ran through the crowd. ◇ *Ihm läuft die Nase.* His nose is running. ◇ *ein Computerprogramm laufen lassen* run a computer program ◇ *Sie ließ warmes Wasser in die Badewanne laufen.* She ran hot water into the bath. ◇ *Der Käse läuft.* The cheese is runny. ◇ *Eine Narbe läuft quer über sein Gesicht.* There is a scar running right across his face. ◇ *einen neuen Rekord über 100 m laufen* set a new record in the 100 m ◇ *Die Uhr läuft wieder.* The clock is going again. ◇ *Das Radio läuft den ganzen Tag.* The radio is on all day. ◇ *Blut lief aus der Wunde.* Blood was flowing out of the wound. **2** (*gehen*) walk ◇ *Ihr könnt mit dem Bus fahren oder laufen.* You can go by bus or walk. ◇ *Er war so betrunken, dass er gegen die Wand gelaufen ist.* He was so drunk that he walked into the wall. ◇ *sich eine Blase laufen* get a blister from walking ◇ *Sie lief in ein Auto.* She went under the wheels of a car. **3** (*aus Gewohnheit*) run (off) ◇ *Sie läuft dauernd zum Arzt.* She's always running off to the doctor's.

• **andere Ausdrücke** **4** (*gültig sein*) be valid; **auf jdn/jds Namen ~** be in sb's name ◇ *Läuft der Pass noch bis Jahresende?* Is the passport valid till the end of the year? ◇ *Das Auto läuft auf den Namen meiner Mutter.* The car is in my mother's name. **5** (*vonstattengehen*) go ◇ *Alles läuft wie geplant.* Everything is going according to plan. ◇ *Dieses Jahr sind die Geschäfte gut gelaufen.* Business was good this year. ◇ *Die Sache ist gelaufen.* It's over. ◇ *Man braucht nur einen Knopf zu drücken, und die Sache ist gelaufen.* You only have to press a button, and that's that. ◇ *An Betrügereien bin ich nicht interessiert, da läuft bei mir nichts.* I'm not interested in cheating, you can count me out. **6** (*vor sich gehen*) be in progress ◇ *Der Prozess läuft.* The trial is in progress. ◇ *Gegen die Firma läuft eine Klage.* A complaint has been filed against the firm. ◇ *Die Frist läuft noch zwei Wochen.* There are still two weeks before the deadline. **7** (*im Kino, Theater etc.*) be on, be showing ◇ *Im Fernsehen läuft eine neue Talkshow.* There's a new talk show on television. ◇ *Der Film läuft zurzeit in allen Kinos.* The film is currently showing at all cinemas. **8** **jdn ~ lassen** let sb go; **etw ~ lassen** let things ride ◇ *Die Polizei hat den Taschendieb wieder laufen lassen.* The police let the pickpocket go. ◇ *Sie ließ die Dinge laufen.* She let things ride. → *Siehe auch* GEFAHR

IDM **nach etw lange laufen** run around after sth → *Siehe auch* BAND[1], HASE, LADEN, MESSER, RENNEN, RÜCKEN, SCHNÜRCHEN, WEG *und* WUND

laufend **1** (*ständig*) constant (*Adv* constantly) ◇ *seinen Job laufend wechseln* constantly change your job **2** (*regelmäßig*) regular (*Adv* regularly) ◇ *Unsere laufenden Zahlungen sind jetzt fällig.* Our regular payments are now due. **3** (*fortlaufend*) serial, consecutive (*Adv* consecutively) ◇ *die laufenden Nummern eines Scheckbuchs* the serial numbers of a cheque book ◇ *laufend nummerierte Einträge* entries numbered consecutively **4** (*gegenwärtig*) current ◇ *das laufende Jahr* the current year ◇ *die laufenden Arbeiten* work in progress IDM **am laufenden Band** non-stop **auf dem Laufenden sein/bleiben** be/keep up to date **jdn auf dem Laufenden halten** keep sb informed

Läufer **1** (*Teppich*) runner **2** (*Schachfigur*) bishop

Läufer(in) runner

Lauf- **Lauffeuer** **wie ein ~** like wildfire **Laufmasche** ladder, (*AmE*) run **Laufsteg** catwalk, (*AmE*) runway **Laufwerk** **1** (*beim Computer*) drive **2** (*bei Maschinen*) mechanism **3** (*bei Uhren*) clockwork **4** (*bei der Eisenbahn*) running gear **Laufzeit** **1** (*im Bankwesen*) term; (*Gültigkeit*) period of validity ◇ *ein Kredit mit befristeter Laufzeit* a fixed-term loan ◇ *Die Laufzeit des Vertrags ist abgelaufen.* The contract's period of validity has expired. **2** (*Betriebsdauer*) life ◇ *die Laufzeit der Batterie* the life of the battery **3** (*im Sport*) time **4** (*eines Films, einer DVD etc.*) running time

Lauge 1 (CHEM) alkaline solution; (*Salzlauge*) salt solution **2** (*Seifen-*) suds [Pl]

Laune 1 mood ◇ *gute/schlechte Laune haben* be in a good/bad mood ◇ *Das hat ihr die Laune verdorben.* That ruined her good mood. ◇ *Ich bin nicht in Laune, auf die Party zu gehen.* I'm not in the mood for going to the party. ◇ *Sie hat so ihre Launen.* She can be a bit moody. ◇ *Es ist nicht so einfach, ihn bei guter Laune zu halten.* It's not so easy to keep him happy. **2** whim ◇ *Aus einer Laune heraus fragte er sie, ob sie ihn heiraten würde.* Just on a whim, he asked her if she would marry him. ◇ *die Launen des Schicksals/Zufalls* the vagaries of fate/chance IDM → LUST

launisch 1 (*schlecht gelaunt*) moody (*Adv* moodily) **2** (*unberechenbar*) capricious (*Adv* capriciously) ◇ *ihr launisches Wesen* her capricious nature **3** (*wechselhaft*) changeable (*Adv* changeably)

Laus louse

Lauschangriff bugging operation ◇ *ein Lauschangriff gegen einen Politiker* a bugging operation targeting a politician

lauschen 1 (*heimlich horchen*) listen, eavesdrop ◇ *Sie lauschte an der Tür.* She listened at the door. ◇ *Bitte glauben Sie nicht, dass ich gelauscht habe.* Please don't think that I was eavesdropping. **2** (*aufmerksam zuhören*) listen (attentively) to *sth* ◇ *Sie lauschte seinen Worten.* She listened attentively to his words.

laut¹ *Adj* **1** (*Geräusche, Farben*) loud (*Adv* loudly) ◇ *laute Hilferufe* loud shouts for help ◇ *Die Musik ist zu laut.* The music is too loud. ◇ *Er lacht immer so laut.* He always laughs so loudly. ◇ *Du musst lauter sprechen, er ist schwerhörig.* Speak up — he's hard of hearing. **2** (*Menschen, Dinge*) noisy (*Adv* noisily) ◇ *Sie wohnen in einer sehr lauten Straße.* They live in a very noisy street. ◇ *Mir ist es hier einfach zu laut.* It's just too noisy for me here. ◇ *Seid nicht so laut.* Don't make so much noise. **3** (*öffentlich*) aloud, (out) loud ◇ *etw laut vorlesen* read sth aloud ◇ *Du musst laut und deutlich sagen, was du willst.* You must say what you want loud and clear. ◇ *Die Sache darf nicht laut werden.* This must not get out. ◇ *Innerhalb der Partei wurde Unmut laut.* Dissatisfaction was heard within the party. ◇ *Zweifel sind bereits laut geworden.* Doubts have already been voiced.

laut² *Präp* according to, in accordance with (*gehoben*) ◇ *laut (dem) Vertrag* according to the contract

Laut sound ◇ *Sie gab keinen Laut von sich.* She didn't make a sound. ◇ *Kein Laut war im Klassenzimmer zu hören.* Not a sound could be heard in the classroom.

Laute lute ◇ *Sie spielte Laute.* She played the lute.

lauten ◇ *Wie lautet die letzte Meldung?* What does the latest report say? ◇ *Die Inschrift lautet wie folgt: …* The inscription reads as follows: … ◇ *Die Antwort auf die Frage lautet …* The answer to the question is … ◇ *Das Urteil lautet auf ein Jahr Gefängnis.* The sentence is one year's imprisonment. ◇ *Die Papiere lauten auf den Namen Schmidt.* The papers are in the name of Schmidt.

läuten ring ◇ *Der Küster läutet die Glocke.* The sexton rings the bell. ◇ *Die Glocken läuten zur Andacht.* The bells are ringing for the service. ◇ *Der Kranke läutete nach der Schwester.* The patient rang for the nurse. ◇ *Es läutet (an der Tür).* There's someone at the door. IDM **von etw läuten hören** hear rumours about sth; (*AmE*) hear rumors about sth ◇ *Ich habe läuten gehört, dass sie heiraten wollen.* I have heard rumours that they are planning to get married. → *Siehe auch* STURM

lauter¹ *Adv* **1** nothing but ◇ *Er redet lauter Blödsinn.* He talks nothing but nonsense. ◇ *Es waren lauter nette Leute da.* All the people there were really nice. **2 vor ~ …** for sheer … ◇ *Vor lauter Freude sprang er in die Luft.* He jumped into the air for sheer joy. ◇ *Vor lauter Arbeit bin ich nicht dazu gekommen anzurufen.* With all the work I've had to do, I've not got around to ringing. IDM → JUX

lauter² *Adj* **1** (*unvermischt*) pure ◇ *lautere Fiktion* pure fiction ◇ *Das ist die lautere Wahrheit.* That is the absolute truth. **2** (*aufrichtig*) honest, sincere

lauthals at the top of your voice ◇ *Er brüllte lauthals: „Haltet den Dieb!"* He yelled 'Stop thief!' at the top of his voice. ◇ *Wir lachten lauthals.* We roared with laughter. ◇ *Sie beschwerte sich lauthals.* She voiced her complaints loudly.

lautlos silent (*Adv* silently) ◇ *Die Katze schlich sich lautlos ins Zimmer.* The cat stole silently into the room. ◇ *lautlose Stille* absolute silence

Laut- Lautschrift phonetic alphabet; (*Umschrift*) phonetic transcription **Lautsprecher** loudspeaker; (*einer Stereoanlage etc.*) speaker ◇ *Ihre Rede wurde über Lautsprecher übertragen.* Her speech was broadcast over loudspeakers. **lautstark** noisy (*Adv* noisily), loud (*Adv* loudly); (*Protest etc.*) vociferous (*Adv* vociferously) ◇ *Die Kinder machten sich lautstark bemerkbar.* The children were being noisy. ◇ *Sie unterhielten sich lautstark.* They were talking loudly. ◇ *lautstarke Demonstranten* vociferous demonstrators **Lautstärke 1** volume ◇ *bei/in voller Lautstärke* at full volume ◇ *Sie drehte die Musik auf volle Lautstärke.* She turned the music up to full volume. **2** noise (level), volume (of noise) ◇ *Die Lautstärke war unerträglich.* The noise level was unbearable. ◇ *die Lautstärke der Kanonenschläge* the noise of the guns ◇ *Wie lässt sich die Lautstärke regeln?* How do you control the volume?

lauwarm 1 lukewarm ◇ *Seide muss lauwarm gewaschen werden.* Silk must be washed in lukewarm water. **2** (*fig*) half-hearted (*Adv* half-heartedly), lukewarm ◇ *eine lauwarme Erklärung* a half-hearted explanation ◇ *lauwarmes Interesse* lukewarm interest

Lava lava

Lavabo washbasin, (*AmE auch*) washbowl

Lavendel lavender

Lawine avalanche (*auch fig*) ◇ *von einer Lawine verschüttet werden* be buried by an avalanche ◇ *eine Lawine von Protesten* an avalanche of protests

Layout layout ◇ *das Layout machen* do the layout

Layouter(in) designer

Lazarett military hospital

leasen lease ◇ *ein Auto leasen* lease a car

leben 1 live ◇ *Wann hat dieser Dichter gelebt?* When did this poet live? ◇ *Er lebt noch immer bei seinen Eltern.* He still lives with his parents. ◇ *Sie leben getrennt.* They live apart. ◇ *Er lebt für seine Musik.* He lives for his music. ◇ *Lebt dein Vater noch?* Is your father still alive? ◇ *Als der Rettungswagen eintraf, lebte sie schon nicht mehr.* When the ambulance arrived she was already dead. ◇ *Du lebst auch noch?* So you're still in the land of the living? ◇ *Sie lebt jetzt ihr eigenes Leben.* Now she has her own life. ◇ *vegetarisch leben* be a vegetarian **2 von etw ~** live on sth; (*fig*) rest on sth ◇ *von Brot und Wasser leben* live on bread and water ◇ *Sie lebt von einer kleinen Rente.* She lives on a small pension. ◇ *Das Stück lebt von der Leistung der Darsteller.* The play rests on the talents of the actors. IDM **Lebe wohl!** (*auch* **Leben Sie wohl!**) Farewell! **leben und leben lassen** live and let live → *Siehe auch* FÜRST(IN), FUSS, GOTT, HAND, KOFFER, MOND *und* TAG

Leben life ◇ *Du hast mir das Leben gerettet!* You saved my life! ◇ *ihr ganzes Leben lang* all her life ◇ *Ich bin noch nie in meinem Leben geflogen.* I have never flown in my life. ◇ *das Leben in der Großstadt* life in the city ◇ *im gesellschaftlichen Leben* in society ◇ *das ewige Leben* eternal life ◇ *Tanzen ist ihr Leben.* Dancing is her life. ◇ *Es geht um Leben und Tod.* It's a matter of life and death. ◇ *Sie brachte Leben ins Haus.* She brought some life into the house. ◇ *am Leben sein/bleiben* be/stay alive ◇ *aus dem Leben gegriffen* from real life ◇ *Hier herrscht reges Leben.* There's a lot going on here. IDM **jdm das Leben zur Hölle machen** make sb's life a misery **der Mann/die Frau meines Lebens** my ideal man/woman **etw für sein Leben gern tun** love doing sth ◇ *Ich fahre für mein Leben gern Ski.* I love skiing. **etw ins Leben rufen** found sth **mit dem Leben davonkommen** escape with your life **jdm nach dem Leben trachten** want to kill sb **nie im Leben** never ◇ *So was würde ich nie im Leben tun!* I would never do such a thing! **seinem Leben ein Ende setzen/machen** commit suicide **seines Lebens nicht mehr froh werden** not get over sth ◇ *Er wird seines Lebens nicht mehr froh, seit er vor einem Jahr seinen Job verlor.* He has never got over losing his job a year ago. **sich das Leben nehmen** take your own life; commit suicide ◇ *Er hat sich das Leben genommen.* He took his own life. **sich durchs Leben schlagen** survive ◇ *Ich schlage mich so durchs Leben.* I'm surviving, just about. **ums Leben kommen** die ◇ *Er kam bei einem Autounfall ums Leben.* He died in a car accident. **wie das blühende Leben aussehen** look the picture of health **Wie das Leben so spielt!** That's the way it goes! → *Siehe auch* BEIN *und* BUDE

lebend **1** living ◇ *der größte lebende Musiker* the greatest living musician ◇ *eine lebende Sprache* a living language **2 die Lebenden** the living [Pl] ◇ *Ist sie noch unter den Lebenden?* Is she still alive? IDM **die nehmen es von den Lebenden** it's daylight robbery ◇ *Die nehmen es in diesem Kaufhaus aber wirklich von den Lebenden.* It's daylight robbery what they charge you in this shop.

lebendig **1** alive [nicht vor Nomen] ◇ *Sie verbrannten bei lebendigem Leibe.* They were burnt alive. ◇ *lebendig begraben* buried alive ◇ *Erinnerungen wurden lebendig.* Memories were rekindled. **2** (*lebhaft*) lively; (*Schilderung etc.*) vivid (*Adv* vividly) ◇ *ein lebendiges Kind* a lively child ◇ *Er schreibt sehr lebendig.* He writes very vividly.

Lebens- **Lebensabend** old age, evening of sb's life **Lebensabschnitt** stage in/of sb's life ◇ *Ein neuer Lebensabschnitt beginnt.* A new stage of my life is beginning. **Lebensabschnittsgefährte, -gefährtin** partner **Lebensaufgabe** life's work ◇ *Sie hat es sich zur Lebensaufgabe gemacht, Menschen zu helfen.* She has made it her life's work to help people. **Lebensbedingungen** living conditions [Pl] **lebensbejahend** life-affirming **Lebensberatung** life coaching **Lebensdauer** lifespan ◇ *die durchschnittliche Lebensdauer der Menschen* the average human lifespan ◇ *Diese Waschmaschine hat eine extrem lange Lebensdauer.* This washing machine will last a very long time. **Lebensende bis ans/an jds ~** to the end of sb's days ◇ *Sie lebte bis an ihr Lebensende in diesem Haus.* She lived in this house to the end of her days. **Lebenserfahrung** experience (of life) **Lebenserwartung** life expectancy **lebensfähig** able to survive **Lebensfreude** zest for life ◇ *Sie ist voller Lebensfreude.* She has a great zest for life. **lebensfroh** full of zest for life ◇ *Sie ist ein sehr lebensfroher Mensch.* She is full of zest for life. **Lebensgefahr** (mortal) danger ◇ *sich in Lebensgefahr begeben* put yourself in danger ◇ *Ist sie außer Lebensgefahr?* Is she out of danger? ◇ *Er schwebte tagelang in Lebensgefahr.* He was in a critical condition for days. **lebensgefährlich** very dangerous; (*Verletzungen etc.*) life-threatening ◇ *Hier zu klettern ist lebensgefährlich!* It's very dangerous to climb here. ◇ *lebensgefährliche Verletzungen* life-threatening injuries ◇ *Sie wurde lebensgefährlich verletzt.* She was seriously injured. **Lebensgefährte, -gefährtin** partner **Lebensgröße in ~** life-size ◇ *eine Skulptur in Lebensgröße* a life-size sculpture **Lebenshaltungskosten** cost of living [Sing] **Lebenslage in jeder ~/in allen Lebenslagen** in any situation ◇ *Er weiß sich in jeder Lebenslage zu helfen.* He knows what to do in any situation. **lebenslänglich** (*Rente*) for life; (*Gefängnis*) life ◇ *Sie erhält eine lebenslängliche Rente.* She has a pension for life. ◇ *lebenslängliche Haft* life imprisonment ◇ *Sie bekam zweimal lebenslänglich.* She got two life sentences. **Lebenslauf** curriculum vitae, CV, (*AmE*) resumé **lebenslustig** full of zest for life **Lebensmittel** food, foodstuffs [Pl] (*Fachspr*) ◇ *leicht verderbliche Lebensmittel* perishable foodstuffs **Lebensmittelgeschäft** grocer's (shop) **Lebensmittelvergiftung** food poisoning [U] ◇ *Sie hatte eine Lebensmittelvergiftung.* She had food poisoning. **lebensmüde** **1** suicidal ◇ *eine lebensmüde Frau* a suicidal woman **2** (*verrückt*) mad ◇ *Du bist wohl lebensmüde.* You must be mad. ◇ *Ecstasy? Ich bin doch nicht lebensmüde!* Ecstasy? No way! **Lebenspartner(in)** partner **Lebenspartnerschaft eingetragene Lebenspartnerschaft** civil partnership, (*AmE*) civil union **Lebensqualität** quality of life ◇ *eine hohe Lebensqualität* a good quality of life **Lebensraum** **1** (BIOL) habitat **2** (*eines Menschen*) (living) space **Lebensstandard** standard of living **Lebensstil** lifestyle ◇ *einen extravaganten Lebensstil haben* have an extravagant lifestyle **Lebensunterhalt** living ◇ *Womit verdient er seinen Lebensunterhalt?* How does he earn a living? **Lebensversicherung** life insurance [U] ◇ *eine Lebensversicherung abschließen* take out life insurance **Lebenswandel** life, lifestyle ◇ *Er hat einen lockeren Lebenswandel.* He leads an immoral life. **lebenswert** worth living (*dem Nomen nachgestellt*) ◇ *Was macht das Leben lebenswert?* What makes life worth living? ◇ *eine lebenswerte Umwelt* an environment worth living in **lebenswichtig** vital, essential ◇ *eine lebenswichtige Operation* a vital operation ◇ *lebenswichtige Vitamine* essential vitamins **Lebenszeichen** sign of life (*auch fig*) ◇ *Der Verletzte gab kein Lebenszeichen von sich.* The injured man showed no sign of life. ◇ *Wir haben noch kein Lebenszeichen von ihr erhalten.* We still haven't heard from her.

Leber liver ◇ *Vom vielen Trinken hat er es mit/an der Leber.* He has problems with his liver from drinking too much. IDM **frei/frisch von der Leber weg reden** speak frankly

Leberfleck mole **Leberkrebs** cancer of the liver **Leberwurst** **1** liver sausage **2** (*AmE*) liverwurst; (*Streichwurst*) liver pâté

Lebewesen organism ◇ *einzellige Lebewesen* single-celled organisms ◇ *kleinste Lebewesen* micro-organisms

Lebewohl farewell

lebhaft **1** lively ◇ *eine lebhafte Diskussion* a lively discussion ◇ *eine lebhafte Fantasie* a lively imagination ◇ *Wir haben lebhaft diskutiert.* We had a lively discussion. ◇ *Die Ausstellung fand lebhaften Zuspruch.* The exhibition was very popular. **2** (*deutlich*) vivid (*Adv* vividly) ◇ *Mir ist die Party noch lebhaft in Erinnerung.* I still have vivid memories of the party.

Lebkuchen ≈ gingerbread

leblos lifeless ◇ *ein lebloser Körper* a lifeless body ◇ *ein lebloses Gesicht* an expressionless face

lechzen nach etw ~ long for sth ◇ *Er lechzte nach Anerkennung.* He longed for recognition. ◇ *Wir lechzten nach Wasser.* We were dying for a drink of water.

Leck leak ◇ *Das Schiff/der Öltanker hat ein Leck bekommen.* The ship/oil tanker has sprung a leak.

lecken[1] **1** lick ◇ *Die Katze leckt sich.* The cat is licking itself. **2 (an) etw ~** lick sth ◇ *Er leckt an seinem Eis.* He's licking his ice cream. **3** (*Tiere*) lap *sth* up ◇ *Die Katze leckt die Milch.* The cat is lapping up its milk. IDM **Leck/Leckt mich!** Piss off! → *Siehe auch* ARSCH, BLUT *und* STIEFEL

lecken[2] (*undicht sein*) leak ◇ *Das Boot leckt.* The boat is leaking.

lecker delicious ◇ *Das riecht aber lecker.* That smells delicious. ◇ *Hm, dein Kuchen schmeckt aber lecker!* Mm, your cake is delicious. ◇ *Ist die Pizza lecker?* Is the pizza good?

Leckerbissen delicacy; (*fig*) treat ◇ *ein besonderer Leckerbissen für Fans* a real treat for fans

LED LED

LED-Lampe LED lamp

Leder **1** leather ◇ *Taschen aus echtem Leder* genuine leather bags ◇ *Dieses Buch hat einen Einband aus Leder.* This book is bound in leather. ◇ *Das Fleisch ist zäh wie Leder.* The meat is as tough as old boots. **2** (*Ball*) ball IDM **jdm ans Leder wollen** be out to get sb

Lederhose leather trousers [Pl]; (*Tracht*) lederhosen [Pl] **Lederjacke** leather jacket **Lederwaren** leather goods [Pl]

ledig single ◇ *Ich bin noch ledig.* I am still single.

Ledige(r) single person

lediglich only; (*nichts weiter als*) merely ◇ *Lediglich Männer dürfen teilnehmen.* Only men can take part. ◇ *Ich habe lediglich gesagt, dass …* I merely said that …

leer **1** empty; (*Batterie*) flat ◇ *Die Flasche ist halb leer.* The bottle is half empty. ◇ *Ihr Platz blieb leer.* Her seat remained empty. ◇ *auf leeren Magen* on an empty stomach ◇ *leeres Gerede* empty talk ◇ *leere Versprechungen* empty promises ◇ *eine leere Drohung* an empty threat ◇ *Mein Leben kam mir leer und sinnlos vor.* My life seemed empty and meaningless. ◇ *Er trank sein Glas leer.* He emptied his glass. ◇ *Die Batterie ist leer.* The battery is flat. ◇ *Angesichts der leeren Kassen …* Since we've no money left … ◇ *Iss deinen Teller leer!* Eat up everything on your plate! **2 ~ stehen** (*Haus etc.*) be unoccupied, stand empty ◇ *Das Haus steht schon seit Monaten leer.* The house has been unoccupied for months. ◇ *leer stehende Wohnungen* empty flats **3** (*menschenleer*) deserted **4** (*Blatt, Zeile etc.*) blank **5** (*ausdruckslos*) blank (*Adv* blankly) ◇ *Mit leerem Blick starrte sie aus dem Fenster.* She stared blankly out of the window. IDM **leer ausgehen** go/come away empty-handed ◇ *Heute geht keiner leer aus.* Nobody will go away empty-handed today. **(wie) leer gefegt** (completely) deserted → *Siehe auch* BANK[1] *und* HAND

Leere[1] *das* IDM **ins Leere greifen** grab at thin air **ins Leere starren** stare (off) into space

Leere[2] *die* emptiness [U] ◇ *die Leere des Alls* the emptiness of space ◇ *In den Geschäften herrscht gähnende Leere.* The shops are utterly deserted. ◇ *die Leere in den Kassen* empty coffers ◇ *die Leere in seinem Leben* the void in his life

leeren (sich) ~ empty ◇ *Er leerte das Glas in einem Zug.* He emptied his glass in one go. ◇ *Der Raum leerte sich rasch.* The room emptied quickly. ◇ *Sonntags werden die Briefkästen nicht geleert.* There is no postal collection on Sundays.

Leer- Leergut empties [Pl] **Leerlauf** **1** neutral ◇ *Das Auto ist im Leerlauf.* The car is in neutral. ◇ *den Leerlauf einlegen* put the car into neutral **2** (*fig*) slack period ◇ *Im Büro herrscht oft Leerlauf.* There are often slack periods in the office. **Leertaste** space bar

Leerung **1** (*von Post*) collection **2** (*das Leeren*) (*meist mit einem Verb übersetzt*) ◇ *Die Leerung der Mülltonnen geschieht wöchentlich.* The bins are emptied every week.

Leer- Leerzeichen space **Leerzeile** empty line

legal legal (*Adv* legally)

legalisieren legalize

Legalisierung legalization

Legalität legality [U] ◇ *die Legalität der Maßnahme* the legality of the measure ◇ *Das bewegt sich am Rande der Legalität.* This is just within the bounds of the law.

Legasthenie dyslexia ◇ *Er leidet an Legasthenie.* He is dyslexic.

Legastheniker(in) dyslexic ◇ *Sie ist Legasthenikerin.* She is dyslexic.

legen **1** lay; (*Gegenstände*) put ◇ *Legen Sie den Verletzten auf den Rücken.* Lay the injured man on his back. ◇ *Sie legte ihre Hand auf meine Schulter.* She laid her hand on my shoulder. ◇ *Er legte das Kind in die Wiege.* He laid the baby in the cradle. ◇ *Das Huhn legt jeden Tag ein Ei.* The hen lays an egg every day. ◇ *Heute wird der Fußboden gelegt.* The floor is being laid today. ◇ *Überall waren Minen gelegt.* Mines had been laid everywhere. ◇ *Sie legte das Brot auf den Tisch.* She put the bread on the table. ◇ *den Käse in den Kühlschrank legen* put the cheese in the fridge ◇ *Legen sie die Waffe aus der Hand!* Put down your weapon! ◇ *den Hund an die Leine legen* put the dog on a lead ◇ *Er legte mir eine Kette um den Hals.* He placed a chain round my neck. ◇ *Sie legte die Stirn in Falten.* She frowned. **2** (*Bombe*) plant; (*Feuer*) start ◇ *Wer hat die Bombe gelegt?* Who planted the bomb? ◇ *Er hat den Brand gelegt.* He started the fire. **3** (*Termin*) arrange ◇ *Ich habe die Besprechung auf den Abend gelegt.* I have arranged the meeting in the evening. **4 sich ~** lie (down) ◇ *Ich legte mich aufs Sofa.* I lay down on the sofa. ◇ *Er legte sich in die Sonne.* He lay down in the sun. ◇ *Legen Sie sich bitte auf den Bauch.* Please lie on your stomach. ◇ *Das Boot legte sich auf die Seite.* The boat went over onto its side. ◇ *sich in die Kurven legen* lean into the bends **5 sich schlafen ~; sich ins Bett ~** go to bed **6 sich ~** (*nachlassen*) die down ◇ *Der Sturm legte sich.* The storm died down. ◇ *Ihre Schüchternheit legte sich schnell.* Her shyness quickly wore off. IDM → AKTE, HAND, KARTE, KREUZ, SEITE *und* WERT

legendär legendary

Legende legend ◇ *die Legende vom heiligen Martin* the legend of St Martin ◇ *Die Symbole sind in der Legende erklärt.* The symbols are explained in the legend.

leger casual (*Adv* casually)

Leggings leggings [Pl]

Legierung alloy ◇ *eine Kupfer-Zink-Legierung* an alloy of copper and zinc

Legion legion

Legionär legionnaire

Legislative legislature

Legislaturperiode legislative period, (*BrE*) parliamentary term

legitim legitimate (*Adv* legitimately)

legitimieren **1** (*für legitim erklären*) legitimize **2** (*rechtfertigen*) justify **3** (*bevollmächtigen*) authorize

Leguan iguana

Lehm clay

lehmig clayey ◇ *lehmiger Boden* clayey soil

Lehne (*Arm-*) arm(rest); (*Rücken-*) back

lehnen lean ◇ *Er lehnte das Gewehr an die Wand.* He leant the rifle against the wall. ◇ *Er lehnte an einem Baum.* He was leaning against a tree. ◇ *Lehne dich nicht aus dem Fenster!* Don't lean out of the window! ◇ *Sie lehnte sich über die Brüstung.* She leant over the balustrade. ◇ *Ich lehnte mich nach vorne.* I leant forwards.

Lehr- **Lehramt** teaching profession ◇ *aus dem Lehramt ausscheiden* leave the teaching profession ◇ *Sie studiert für das Lehramt an Grundschulen.* She is studying to be a primary school teacher. **Lehrbuch** textbook ◇ *ein Lehrbuch für Chemie* a chemistry textbook ◇ *ein Beispiel wie aus dem Lehrbuch* a textbook example

Lehre **1** apprenticeship; (*bei Angestellten*) traineeship ◇ *Er macht eine Lehre als Friseur.* He is serving his apprenticeship as a hairdresser. ◇ *Sie hat eine kaufmännische Lehre gemacht.* She trained in business. ◇ *Er ist bei ihm in die Lehre gegangen.* He learned a great deal from him. **2** (*Erfahrung*) lesson ◇ *Das wird dir eine Lehre sein!* That will be a lesson to you! ◇ *Welche Lehre können wir daraus ziehen?* What lesson can we learn from this? ◇ *Er wollte ihr eine Lehre erteilen.* He wanted to teach her a lesson. **3** (*in der Philosophie etc.*) teaching ◇ *die Lehren Gandhis* the teachings of Gandhi ◇ *die christliche Lehre* Christian doctrine **4** (*Wissenschaft*) study ◇ *Die Lehre von den Erscheinungen heißt Phänomenologie.* The study of phenomena is called phenomenology. **5** (*an der Hochschule*) teaching ◇ *Forschung und Lehre* research and teaching

lehren teach ◇ *Er lehrt Deutsch.* He teaches German. ◇ *Er hat seine Kinder schwimmen gelehrt.* He taught his children to swim. ◇ *Ich werde dich lehren, so zu lügen!* I'll teach you to lie like that! ◇ *Das Beispiel lehrt, dass …* The example shows that …

Lehrer(in) teacher ◇ *Er ist Lehrer für Englisch.* He's an English teacher.
Lehrerkonferenz staff meeting **Lehrerzimmer** teachers' (common) room, (*bes BrE*) staff room

Lehrgang course ◇ *Er nahm an einem Lehrgang teil.* He took a course.

Lehrling apprentice; (*bei Angestellten*) trainee ◇ *ein Bäckerlehrling* an apprentice baker ◇ *Er ist ein Schreinerlehrling.* He's serving an apprenticeship as a carpenter.

Lehr- **Lehrpfad** educational trail **Lehrplan** curriculum; (*einzelne Fächer betreffend*) syllabus ◇ *Sport steht auf dem Lehrplan.* The curriculum includes sport. ◇ *der Lehrplan für Musik* the music syllabus **lehrreich** instructive; (*informativ*) informative ◇ *Es war lehrreich zu sehen, wie …* It was instructive to see how … ◇ *Der Vortrag war sehr lehrreich.* The lecture was very informative. **Lehrstelle** apprenticeship; (*bei Angestellten*) traineeship ◇ *Es gibt noch freie Lehrstellen.* There are still apprenticeships available. **Lehrstoff** subject matter **Lehrstuhl** **1** (*Professorenstelle*) chair **2** (*Institut*) department ◇ *Er arbeitet am Lehrstuhl für Amerikanistik.* He works in the Department of American Studies.

Leib body ◇ *der Leib Christi* the Body of Christ ◇ *Ihm klebte das Hemd am Leib.* His shirt was sticking to him. ◇ *Sie zitterte am ganzen Leib.* She was trembling all over. ◇ *Er riss sich die Kleider vom Leib.* He tore off his clothes. ◇ *bei lebendigem Leibe verbrannt werden* be burned alive IDM **etw am eigenen Leib erfahren/spüren** know sth from personal experience ◇ *Er hat am eigenen Leib erfahren, was Hunger bedeutet.* He knows from personal experience what it means to be hungry. **mit Leib und Seele** heart and soul ◇ *Man muss in diesem Job mit Leib und Seele dabei sein.* You have to put your heart and soul into this job. ◇ *Sie ist Gärtnerin mit Leib und Seele.* She is an utterly dedicated gardener. **sich jdn vom Leib halten** keep sb at arm's length; keep sb away ◇ *Bitte halt ihn mir vom Leib.* Please keep him away from me. **jdm wie auf den Leib geschnitten sein** be tailor-made for sb ◇ *Die Rolle ist ihm wie auf den Leib geschnitten.* The role is tailor-made for him.
Leibgericht, **Leibspeise** favourite dish

leiblich **1** physical **2** (*Mutter, Kind etc.*) natural [*nur vor Nomen*]

Leibwächter(in) bodyguard

Leiche body ◇ *Die Leiche eines Mannes wurde in der Isar gefunden.* A man's body was found in the Isar. ◇ *Er konnte nur noch als Leiche geborgen werden.* He was dead before help arrived. IDM **aussehen wie eine (wandelnde) Leiche** look like death warmed up (*umgs*) **eine Leiche im Keller haben** have a skeleton in the cupboard **Nur über meine Leiche!** Over my dead body! **über Leichen gehen** be utterly ruthless

leichenblass deathly pale, as white as a sheet ◇ *leichenblass aussehen* look deathly pale

Leichen- **Leichenhalle** mortuary **Leichentuch** shroud **Leichenwagen** hearse

Leichnam → LEICHE

leicht **1** light (*Adv* lightly) ◇ *Dieser Koffer ist leichter als der andere.* This case is lighter than the other one. ◇ *leichte Kost* a light diet ◇ *eine leichte Lektüre* light reading ◇ *leichter Regen* light rain ◇ *leichter Frost* light frost ◇ *einen leichten Schlaf haben* be a light sleeper ◇ *Er berührte sie leicht am Arm.* He touched her lightly on the arm. **2** (*nicht stark, ein wenig*) slight (*Adv* slightly) ◇ *ein leichter Schnupfen* a slight cold ◇ *ein leichter Akzent* a slight accent ◇ *leicht verletzt* slightly injured ◇ *Die Werte sind leicht gesunken.* The levels have gone down slightly. ◇ *mit leichter Verspätung* slightly late ◇ *Das ist leicht übertrieben.* That is a slight exaggeration. ◇ *leichte Verletzungen* minor injuries ◇ *eine leichte Brise* a gentle breeze **3** (*einfach, schnell, mühelos*) easy (*Adv* easily) ◇ *Die Klausur war leicht.* The test was easy. ◇ *Das ist mir nicht leicht gefallen.* It wasn't easy for me. ◇ *Mathe fällt ihr leicht.* Maths comes easily to her. ◇ *Er macht sich's zu leicht.* He takes the easy way out. ◇ *Sie hat es nicht leicht.* Things are not easy for her. ◇ *leicht verständlich* easy to understand ◇ *Das hätte leicht schiefgehen können.* It could easily have gone wrong. ◇ *leicht löslich* easily dissolved ◇ *Es war ihm ein Leichtes, sie zu überzeugen.* He had no problem convincing her. ◇ *Sie hat es nicht leicht mit ihm.* She has a difficult time with him. ◇ *Nimm's leicht!* Don't get upset. ◇ *Er wird sehr leicht aggressiv.* It doesn't take much to make him aggressive. **4** (*dünn*) thin ◇ *ein leichtes Kleid* a thin dress ◇ *zu leicht angezogen* not dressed warmly enough ◇ *ein leicht bekleidetes Fotomodell* a scantily dressed model IDM **leicht reden haben** be all right for sb ◇ *Du hast leicht reden!* It's all right for you! **leichter gesagt als getan** easier said than done → *Siehe auch* HERZ, LACHEN, SCHULTER *und* SPIEL

Leicht- **Leichtathlet(in)** athlete, (*AmE*) track-and-field athlete **Leichtathletik** athletics [U], (*AmE*) track and field [U] ◇ *Leichtathletik betreiben* do athletics

leichtfertig careless (*Adv* carelessly) ◇ *leichtfertig mit Geld umgehen* be careless with money ◇ *etw leichtfertig aufs Spiel setzen* recklessly risk sth ◇ *ein leichtfertiges Versprechen* a rash promise

Leicht- **Leichtgewicht** lightweight (*auch fig*) **leichtgläubig** gullible **Leichtgläubigkeit** gullibility

Leichtigkeit ease ◇ *mit Leichtigkeit* with ease ◇ *mit spielerischer Leichtigkeit* with the greatest of ease

Leichtsinn foolishness ◇ *jugendlicher Leichtsinn* the foolishness of youth ◇ *sträflicher Leichtsinn* criminal negligence

leichtsinnig irresponsible (*Adv* irresponsibly)

Leichtsinnsfehler careless mistake

leid **jdn/etw ~ sein** have had enough of sb/sth ◇ *Er ist ihre Unschlüssigkeit leid.* He has had enough of her indecisiveness. ◇ *Ich bin ihn endgültig leid!* I'm fed up with him! ◇ *Ich bin es leid, ausgelacht zu werden.* I'm sick of being laughed at.

Leid suffering ◇ *das Leid der Opfer* the suffering of the victims ◇ *Ihr ist großes Leid widerfahren.* She has suffered greatly. ◇ *jdm Leid zufügen* cause sb pain ◇ *jdm sein Leid klagen* tell sb all your troubles IDM → FREUDE

leiden **1** suffer ◇ *an Migräne leiden* suffer from migraine ◇ *Not leiden* suffer distress ◇ *unter Abgasen leiden* suffer from fumes ◇ *Sie litt unter seiner Kritik.* His criticism made her unhappy. **2** **jdn/etw gut ~ können** like sb/sth; **jdn/etw nicht ~ können** not be able to stand sb/sth ◇ *Ich kann ihn gut leiden.* I like him. ◇ *Ich kann sie nicht leiden.* I can't stand her. IDM → TOD

Leiden **1** (*Krankheit*) illness ◇ *Nach langem Leiden verstarb er.* He died after a long illness. **2** (*Kummer*) suffering ◇ *das Leiden der Straßenkinder* the suffering of the street children ◇ *Freuden und Leiden* joys and sorrows

Leidenschaft passion ◇ *Musik ist seine große Leidenschaft.* Music is his great passion. ◇ *Er ist Gärtner aus Leidenschaft.* He is a passionate gardener.

leidenschaftlich passionate (*Adv* passionately) ◇ *ein leidenschaftlicher Kuss* a passionate kiss ◇ *etw leidenschaftlich befürworten* passionately support sth ◇ *eine leidenschaftliche Rede* an impassioned speech ◇ *Er spielt leidenschaftlich gern Schach.* He is mad on chess.

Leidensgenosse, -genossin fellow sufferer

leider **1** unfortunately ◇ *Er kann leider nicht mitkommen.* Unfortunately he can't come. ◇ *Ich sehe mich leider gezwungen, …* I am unfortunately obliged to … ◇ *Leider schaffe ich es doch nicht.* I'm afraid I won't manage it after all. ◇ *Es gibt leider keine Karten mehr.* I'm afraid there are no tickets left. ◇ *Wir müssen Ihnen leider mitteilen, dass …* We regret to have to inform you that … **2** **~ ja** I'm afraid so; **~ nicht** I'm afraid not IDM → GOTT

leidig tiresome

leidlich reasonable (*Adv* reasonably) ◇ *leidlich Englisch sprechen* speak English reasonably well ◇ *Es funktioniert leidlich.* It works reasonably well.

Leidtragende(r) person who suffers ◇ *Die Leidtragenden sind die Schüler.* The pupils are the ones who suffer.

leidtun **1** **es tut jdm leid** sb is sorry ◇ *Es tut mir sehr leid, dass ich stören muss.* I'm very sorry to disturb you. ◇ *Es tat mir leid um das viele Geld.* I was sorry about all the money. ◇ *Tut mir leid!* Sorry! **2** **jd tut jdm leid** sb feels sorry for sb ◇ *Sie tut mir leid.* I feel sorry for her. ◇ *Die Frauen können einem leidtun.* You have to feel sorry for the women. ◇ *Das wird dir noch leidtun!* You'll regret it!

Leiharbeiter(in) temp, temporary worker

leihen **1** **jdm etw ~** lend sb sth ◇ *Ich lieh ihm Geld.* I lent him money **2** **sich etw (von jdm) ~** borrow sth from sb ◇ *sich Geld (von der Bank) leihen* borrow money (from the bank) **3** (*mieten*) hire, (*AmE*) rent ◇ *geliehene Fahrräder* hired bikes

Leih- **Leihgabe** loan ◇ *eine Leihgabe der National Gallery* a loan from the National Gallery **Leihmutter** surrogate mother **Leihwagen** hire car, (*AmE*) rental car ◇ *Wir haben uns einen Leihwagen genommen.* We hired a car.

Leim glue IDM **jdm auf den Leim gehen** be taken in by sb **aus dem Leim gehen** fall apart

leimen **1** glue **2** (*hereinlegen*) take *sb* for a ride ◇ *Man hatte ihn geleimt.* He had been taken for a ride.

Leine **1** (*Wäsche-*) (clothes) line; (*Angel-*) fishing line ◇ *Die Wäsche hängt auf der Leine.* The washing is on the line. **2** (*Hunde-*) lead, (*AmE*) leash ◇ *einen Hund an die Leine nehmen* put a dog on the lead ◇ *Hunde müssen an der Leine geführt werden!* Dogs must be kept on a lead! IDM **jdn an die kurze Leine nehmen** keep sb on a tight rein **Zieh Leine!** Push off!

Leinen linen

Lein- **Leintuch** sheet **Leinwand** **1** (*zur Projektion*) screen **2** (KUNST) canvas

leise **1** quiet (*Adv* quietly) ◇ *leise sprechen* speak quietly ◇ *mit leiser Stimme* in a quiet voice ◇ *Kannst du ein bisschen leiser sprechen?* Could you talk more quietly? ◇ *leise Musik* soft music ◇ *die Musik leiser stellen* turn the music down **2** (*schwach ausgeprägt*) faint ◇ *einen leisen Verdacht hegen* have a faint suspicion ◇ *Sie hatte nicht die leiseste Ahnung.* She didn't have the faintest idea. IDM → SOHLE

Leiste **1** strip; (*Fuß-*) skirting board, (*AmE*) baseboard; (*Knopf-*) facing; (*zur Verzierung*) trim [U/Sing] **2** (ANAT) groin

leisten **1** do; (*erreichen*) achieve ◇ *Du hast gute Arbeit geleistet.* You've done a good job. ◇ *Er hat viel geleistet.* He's achieved a lot. **2** (*Maschine, Gerät*) ◇ *Was leistet der Rechner?* How powerful is the computer? ◇ *Der Motor meines Autos leistet 100 PS.* My car has a 100-horsepower engine. **3** (*Wehrdienst etc.*) do; (*Erste Hilfe, Garantie*) give; (*Widerstand*) offer **4** ◇ *Verzicht leisten* make sacrifices ◇ *jdm gute Dienste leisten* serve sb well ◇ *jdm Gehorsam leisten* obey sb ◇ *eine Unterschrift leisten* sign ◇ *eine Zahlung leisten* make a payment ◇ *einen Beitrag zur Rentenversicherung leisten* contribute to a pension scheme **5** **sich etw ~ können** be able to afford sth ◇ *Wir können uns dieses Jahr keine großen Reisen leisten.* We can't afford any big trips this year. ◇ *Sie können sich keine Niederlage leisten.* They can't afford to lose. **6** **sich etw ~** (*sich etw gönnen*) treat yourself to sth ◇ *Ich habe mir zwei neue Blusen geleistet.* I treated myself to two new blouses. **7** **sich etw ~** (*sich etw herausnehmen*) ◇ *Sie hat sich eine Frechheit/unverschämte Bemerkung geleistet.* She was very cheeky/made a very cheeky remark. ◇ *Er trägt mit 60 immer noch Jeans. Das kann er sich aber leisten.* He's 60 and he still wears jeans, but he can get away with it. ◇ *Mensch, da hast du dir aber einen groben Schnitzer geleistet.* Gosh, you made a terrible gaffe there. IDM → ARBEIT, DIENST, FOLGE *und* VORSCHUB

Leistung **1** achievement, performance ◇ *Den Rekord zu brechen war eine starke Leistung.* Breaking the record was a brilliant achievement. ◇ *Wir werden nach Leistung bezahlt.* We have performance-related pay. ◇ *eine gute/schwache Leistung erbringen* perform well/poorly ◇ *große sportliche Leistungen vollbringen* achieve great success in sport ◇ *Sie erbringen schlechtere schulische Leistungen als andere.* Their school work is not as good as others'. **2** (*Auszahlung*) benefit ◇ *Leistungen beziehen/erhalten/in Anspruch nehmen* draw/receive/claim benefits **3** (*Angebot*) service ◇ *Wir bieten Ihnen folgende Leistungen an.* We offer the following services. **4** (*Ausstoß*) output; (*Kapazität*) capacity ◇ *die Leistung einer Fabrik steigern* increase a factory's output ◇ *die Leistung des menschlichen Gehirns* the capacity of the human brain **5** (*von Maschinen, Geräten*) power ◇ *Der Motor hat/bringt eine Leistung von 80 PS.* It's an 80-horsepower engine. **6** (*Zahlung*) payment ◇ *den Schuldner auf Leistung verklagen* sue the debtor for payment **7** (*Ableistung*) (*meist mit einem Verb übersetzt*) ◇ *Wir bitten Sie, die Leistung Ihrer Rechnung umgehend zu erbringen.* We ask that you settle your account immediately. ◇ *die Leistung des Wehrdienstes* doing military service

Leistungsbereitschaft ◇ *Sie besitzt eine hohe Leistungsbereitschaft.* She's willing to work hard. **Leistungsdruck** pressure to achieve ◇ *Manche Schulkinder stehen unter enormem Leistungsdruck.* Some children are under intense pressure to achieve. **Leistungserhebung** assessment **Leistungsfach** = main subject for the school-leaving exam **leistungsfähig 1** (*kompetent*) capable **2** (*effizient*) efficient; (*Maschine, Computer*) powerful ◇ *eine leistungsfähige Wirtschaft* an efficient economy **3** (*vital*) fit **Leistungsfähigkeit 1** (*Effizienz*) efficiency; (*im Beruf, in der Schule*) performance ◇ *die Leistungsfähigkeit der Wirtschaft* the efficiency of the economy ◇ *die schulische Leistungsfähigkeit der Kinder* the children's performance in school **2** (*Kapazität*) capacity; (*von Maschinen, Computern*) power ◇ *die geistige Leistungsfähigkeit* the intellectual capacity **3** (*Vitalität*) fitness **Leistungsgesellschaft** achievement-oriented society, rat race (*umgs, abwert*) **Leistungsgrenze** limit ◇ *Sie müssen an die Leistungsgrenzen gehen.* They must push themselves to the limit. **Leistungskurs** = main subject in the school-leaving exam ◇ *Ich habe Mathe und Englisch als Leistungskurse.* My main subjects are maths and English. **Leistungsniveau** standard **leistungsorientiert** achievement-oriented; (*Mensch, Gesellschaft auch*) competitive; (*Bezahlung*) performance-related ◇ *Sie ist eine sehr leistungsorientierte Studentin.* She's a very competitive student. ◇ *Die Schule ist modern und leistungsorientiert.* The school is modern and puts the emphasis on achievement. **leistungsschwach 1** (*Computer etc.*) low-capacity; (*Motor etc.*) not very powerful [nicht vor Nomen] **2** (*Schüler*) weak; (*Organisation*) underperforming **Leistungssport** competitive sport ◇ *Leistungssport betreiben* take part in competitive sport **Leistungssportler(in)** competitive athlete **leistungsstark** (*Computer, Maschine*) powerful; (*Mannschaft, Organisation*) strong; (*Schüler, Mitarbeit*) excellent **Leistungssteigerung** improvement in performance **Leistungsträger(in)** high achiever; (*beim Sport*) key player **Leistungszentrum** training centre, (*AmE*) training center

Leit- Leitartikel leading article **Leitbild** role model

leiten 1 (*Geschäft*) run, manage; (*Kommission etc.*) head ◇ *Er leitet die Firma bereits seit zwanzig Jahren.* He's been running the firm for twenty years. ◇ *eine Arbeitsgruppe leiten* head a working party ◇ *Sie leitet die Grundschule im Dorf.* She's head teacher of the village school. **2** (*Chor, Orchester*) conduct **3** (*Diskussion etc.*) chair ◇ *eine Debatte leiten* chair a debate **4** (*hinführen*) lead, guide ◇ *Diese simple Tatsache leitet uns zu möglichen Lösungen.* This simple fact leads us to possible solutions. ◇ *Ein Instinkt leitet die Insekten zu ihrem Ziel.* Instinct guides the insects to their goal. ◇ *vom eigenen Interesse geleitet* guided by self-interest **5** (*durch Rohre*) pipe; (*Verkehr*) route ◇ *Gas durch Rohre leiten* pipe gas ◇ *Der Verkehr wurde über den Marktplatz geleitet.* The traffic was routed through the market place. **6** (PHYSIK) conduct ◇ *Metalle leiten Elektrizität.* Metals conduct electricity. ◇ *Kupfer leitet gut.* Copper is a good conductor. ◇ *Wasser leitet den Schall.* Sound travels through water. **7 sich von etw ~ lassen** be guided by sth ◇ *sich von seinem Instinkt leiten lassen* be guided by your instinct IDM → WEG

leitend 1 guiding [nur vor Nomen] ◇ *Diesem Betrieb fehlt die leitende Hand.* These business lacks a guiding hand. **2** (*Führungs-*) senior ◇ *eine leitende Position in der Firma* a senior position in the firm ◇ *ein leitender Beamter* a senior civil servant ◇ *ein leitender Angestellter* an executive ◇ *ein leitender Ingenieur* a chief engineer ◇ *die leitende Direktorin des Instituts* the director of the institute **3** (PHYSIK) conductive (*Fachspr*)

Leiter[1] *der* conductor ◇ *Metalle sind hervorragende Leiter.* Metals are very good conductors.

Leiter[2] *die* ladder ◇ *eine Leiter hochsteigen/hinabsteigen* climb up/down a ladder

Leiter(in) 1 (*einer Firma*) manager; (*eines Chors, Orchesters*) conductor; (*eines Instituts*) director **2** (*einer Schule*) head teacher, (*AmE*) principal; (*einer Fachschule etc.*) principal **3** (*einer Gruppe*) leader; (*einer Diskussion etc.*) chair

Leit- Leitfaden guide ◇ *ein Leitfaden zum Universitätsstudium* a guide to university study **Leitfigur** leading figure ◇ *betriebliche/politische Leitfiguren* leading figures from industry/politics **Leitgedanke, Leitidee** central theme; (*Grundsatz*) guiding principle ◇ *Der Redner stellte seinen Vortrag unter den Leitgedanken des humanitären Beistandes.* The central theme of the speaker's address was humanitarian aid. **Leithammel 1** (ZOOL) leader (of herd/flock) **2** (*Anführer*) leader of the pack **Leitidee** → LEITGEDANKE **Leitkultur** dominant culture **Leitmotiv 1** (MUS, LIT) leitmotif **2** (*Hauptthema*) central theme; (*Prinzip*) guiding principle **Leitplanke** crash barrier, (*AmE*) guard rail **Leitsatz** guiding principle **Leitseite** (COMP) homepage **Leitspruch** motto

Leitung 1 (*einer Firma*) management [mit Verb im Sing/Pl]; (*eines Chors, Orchesters*) direction ◇ *Das teilte die Leitung der Klinik mit.* This was announced by the hospital management. ◇ *Er gehört der kaufmännischen Leitung des Unternehmens an.* He is one of the company's commercial managers. **2** (*Anführen*) (*meist mit einem Verb übersetzt*) ◇ *Wer wird die Leitung der Expedition übernehmen?* Who will lead the expedition? ◇ *Sie wurde mit der Leitung der Beratungsstelle beauftragt.* She took over as head of the advice centre. ◇ *Er übernimmt die Leitung der Debatte.* He will be chairing the debate. **3** (*Rohr*) pipe **4** (*Strom-*) wire; (*dicker*) cable **5** (*Telefon-*) line ◇ *Es knackt in der Leitung.* It's a crackly line. ◇ *Es ist jemand in der Leitung.* There's someone on the line. ◇ *Die Leitung ist unterbrochen.* We've been cut off. IDM **eine lange Leitung haben** be slow on the uptake (*umgs*)

Leitungswasser tap water

Leitzins base rate

Lektion lesson (*auch fig*) ◇ *Heute nehmen wir die zehnte Lektion durch.* We're going to do lesson ten today. ◇ *Das sollte dir eine Lektion sein.* Let that be a lesson to you. ◇ *jdm eine Lektion erteilen/geben* teach sb a lesson

Lektor(in) 1 lector **2** (*beim Verlag*) editor **3** (REL) reader

Lektüre 1 (*Lesestoff*) reading matter ◇ *Nimm viel Lektüre mit in deinen Urlaub!* Take plenty of reading matter with you on holiday! ◇ *Das ist eine spannende Lektüre.* It's an exciting read. **2** (*das Lesen*) (*meist mit einem Verb übersetzt*) ◇ *Wir haben heute mit der Lektüre von „Wilhelm Tell" angefangen.* We started reading 'Wilhelm Tell' today. ◇ *Ich kann Ihnen dieses Buch als Lektüre empfehlen.* I can recommend that you read this book. ◇ *bei sorgfältiger Lektüre des Romans …* if you read the novel carefully, …

Lende loin

Lendenwirbel lumbar vertebra

lenken 1 (*Fahrzeug*) drive; (*in eine bestimmte Richtung*) steer; (*wenden*) turn ◇ *einen Bus/Zug/Wagen lenken* drive a bus/train/car **2** (*Staat*) govern; (*Firma*) run ◇ *Er lenkte die Firma bis 2004.* He ran the company until 2004. ◇ *Verhandlungen lenken* lead negotiations ◇ *Dem Projekt fehlt die lenkende Hand.* The project needs a guiding hand. **3** (*Verkehr*) guide, direct; (*Energie etc.*) channel; (*Diskussion, Ball*) steer ◇ *Eine Schranke soll den Verkehr lenken.* A barrier will guide the traffic. ◇ *Ein Polizist lenkte den Verkehr mit der Hand.* A policeman was directing traffic. ◇ *die Aggression in die richtige Richtung lenken* channel aggression in the right direction ◇ *Sie lenkte das Gespräch auf ein anderes Thema.* She steered the conversation onto another topic. ◇ *Er lenkte den Ball an die Latte.* He hit the crossbar. **4 etw auf jdn/etw ~** (*Aufmerksamkeit*) draw sth to sb/sth; (*Verdacht*) throw sth onto sb/sth ◇ *Ich möchte Ihre Aufmerksamkeit auf folgende Punkte lenken.* I would like to draw your attention to the following points. ◇ *Der Täter lenkte den Verdacht auf einen Unschuldigen.* The culprit threw suspicion onto an innocent person.

Lenker handlebars [Pl]

Lenk- Lenkrad steering wheel **Lenkradschloss** steering lock **Lenkstange** handlebars [Pl]

Lenkung 1 (*Lenkvorrichtung*) steering ◇ *Die Lenkung geht schwer.* The steering is heavy. **2** (*Regelung*) regulation ◇ *die Lenkung der Marktwirtschaft* the regulation of the market economy **3** (*Führung, Leitung*) (*meist mit einem Verb übersetzt*) ◇ *Die Lenkung eines Staates ist eine schwere Kunst.* Governing a country is no easy matter. **4** (COMP) navigation

Leopard leopard

Lepra leprosy

Lerche lark

lernbegierig eager to learn [nicht vor Nomen], keen ◇ *ein lernbegieriger Schüler* a keen pupil

lernbehindert with learning difficulties [nicht vor Nomen] ◇ *ein lernbehindertes Kind* a child with learning difficulties

Lernbehinderte(r) person with learning difficulties ◇ *eine Schule für Lernbehinderte* a school for children with learning difficulties

lernen 1 learn ◇ *Ich lerne Spanisch.* I'm learning Spanish. ◇ *Er hat von seinem Vater kochen gelernt.* He learned to cook from his father. ◇ *etw auswendig lernen* learn sth off by heart ◇ *Lächeln will gelernt sein.* Smiling is something you have to learn how to do. ◇ *Sie müssen lernen, auch mal „Nein" zu sagen.* You have to learn to say 'No' sometimes. ◇ *Aus dieser Erfahrung hat sie gelernt, nicht so vertrauensselig zu sein.* This experience has taught her not to be so trusting. ◇ *Sie hat ihn schätzen gelernt.* She came to appreciate him. → *Siehe auch* KENNEN **2 (etw) ~** (*eine Ausbildung machen*) train (as sth) ◇ *Ich habe drei Jahre gelernt.* I trained for three years. ◇ *Sie hat Schneiderin gelernt.* She trained as a dressmaker. ◇ *Er ist gelernter Jurist.* He is a trained lawyer. **3** (*für die Schule*) work; (*Stoff wiederholen*) revise ◇ *Sie hat in der Schule immer fleißig gelernt.* She always worked hard at school. ◇ *Für die Prüfung hat er tagelang gelernt.* He revised for days for the exam.

Lernende(r) learner

lern- lernfähig 1 able to learn [nicht vor Nomen], capable of learning [nicht vor Nomen] ◇ *Politiker müssen lernfähig sein.* Politicians must be able to learn. ◇ *Er ist überhaupt nicht lernfähig.* He is incapable of learning anything at all. **2** (COMP) intelligent ◇ *lernfähige Systeme* intelligent systems **Lernprozess** learning process **Lernsoftware** (COMP) educational software [U] **Lernstandserhebung** assessment, testing in schools

lesbar 1 (*leserlich*) legible ◇ *Er hat eine gut lesbare Schrift.* His handwriting is easily legible. **2** (*verständlich*) clear (*Adv* clearly); (*angenehm zu lesen*) readable ◇ *Der Ratgeber ist gut lesbar geschrieben.* The guide is written in a clear style.

Lesbe, Lesbierin lesbian ◇ *Sie ist Lesbe.* She is a lesbian.

lesbisch lesbian ◇ *Sie ist lesbisch.* She is a lesbian. ◇ *lesbisch lebende Frauen* women living together in a lesbian relationship

Lese- Lesebrille reading glasses [Pl] **Lesebuch** reader

lesen¹ 1 read ◇ *Ich habe in der Zeitung davon gelesen.* I read about it in the newspaper. ◇ *Ihre Hobbys sind Lesen und Reisen.* Her hobbies are reading and travelling. ◇ *Ihre Handschrift war kaum zu lesen.* You could hardly read her writing. ◇ *Die Zigeunerin hat mir aus der Hand gelesen.* The Gypsy read my palm. ◇ *Schriftsteller aus Israel lesen in Rom.* Israeli writers are giving readings from their work in Rome. ◇ *In seinem Gesicht konnte man lesen, wie enttäuscht er war.* You could see from his face how disappointed he was. **2** (*Messe*) say **3** (*an der Uni lehren*) lecture in *sth* ◇ *Sie liest in Göttingen Psychologie.* She lectures in psychology at Göttingen. **4 sich ~** read ◇ *Das Buch liest sich wie ein Krimi.* The book reads like a detective novel. ◇ *Dein Aufsatz liest sich gut.* Your essay reads well. ◇ *Ihre Bücher lesen sich gut.* Her books are a good read. ◇ *Der Artikel liest sich leicht.* The article is easy to read. IDM → ENDE, GEDANKE, HAND *und* ZEILE

lesen² (*pflücken*) pick, gather ◇ *Trauben lesen* pick grapes ◇ *die Äpfel vom Boden lesen* gather the apples from the ground

lesenswert worth reading [nicht vor Nomen]

Leser(in) reader

Leseratte keen reader, bookworm

Leserbrief reader's letter, letter to the editor

Lese-Rechtschreib-Schwäche → LRS

leserlich legible (*Adv* legibly), clear (*Adv* clearly) ◇ *Sie hat eine (gut) leserliche Schrift.* Her writing is (easily) legible.

Lese- Lesesaal reading room **Lesezeichen** bookmark

Lesung reading; (*in der Kirche auch*) lesson ◇ *Der Autor hielt eine Lesung in der Stadtbücherei.* The author gave a reading in the town library. ◇ *die erste Lesung des neuen Haushalts* the first reading of the new budget

Lethargie lethargy

lethargisch lethargic (*Adv* lethargically)

letzte(r,s) 1 last ◇ *der letzte Bus* the last bus ◇ *Sie sah das Auto erst im letzten Moment/in letzter Sekunde.* She didn't see the car until the last moment. ◇ *Sie haben den Plan in letzter Minute geändert.* They changed the plan at the last minute. ◇ *Das ist der letzte Rest.* This is the last little bit. ◇ *Mit letzter Kraft hob sie die Hand.* With her last ounce of strength she raised her hand. ◇ *Mit seinem letzten Geld kaufte er sich Bücher.* He bought himself some books with the last of his money. ◇ *Sie war auf dem letzten Platz.* She was last. ◇ *Ich sage es dir zum letzen Mal!* I'm telling you for the last time! ◇ *letzte Woche* last week ◇ *letzten Samstag* last Saturday ◇ *in den letzten Tagen, Wochen etc.* in the last few days, weeks, etc. **2** (*hinterste(r,s)*) back ◇ *Ich saß in der letzten Reihe.* I sat in the back row. **3** (*endgültig*) final ◇ *Ist das dein letztes Angebot?* Is that your final offer? **4 (der/die) Letzte** the last one ◇ *Der Letzte, der geht, muss abschließen.* The last one to leave has to lock the door. ◇ *Er kam als Letzter.* He was the last to arrive. ◇ *Er wurde Letzter.* He came last. **5 (das) Letzte** (the) last thing ◇ *Das ist das Letzte, was wir gebrauchen können.* That's the last thing we need. ◇ *und noch ein Letztes* one last thing ◇

Das war das Letzte, was wir von ihm sahen. That was the last we saw of him. IDM **bis ins Letzte** down to the last detail ◇ *Sie haben die Reise bis ins Letzte durchgeplant.* They planned the trip down to the last detail. **jdm das Letzte abverlangen** be extremely demanding **etw ist das Letzte** sth is terrible; sth is the pits (*umgs*) ◇ *Das ist doch wirklich das Letzte, wie wir dort behandelt wurden!* It really is terrible the way we were treated there! ◇ *Dieser Film ist das Letzte!* This film is the pits! **sein Letztes geben** give your all → *Siehe auch* DRECK, EHRE, ENDE, HEMD, LOCH, MENSCH, RETTUNG, SCHREI, STOß, STUNDE, WORT, ZEIT *und* ZUG

letztendlich **1** *Adv* in the end, ultimately (*gehoben*) **2** *Adj* ultimate [nur vor Nomen]

letztens (*kürzlich*) recently

letztere(r,s) **1** latter ◇ *Zum letzteren Punkt möchte ich anmerken:...* With regard to the latter point I would just like to say:... **2 der/die/das Letzere**; **Letzere(r,s)** the latter ◇ *Geschichte und Erdkunde standen zur Wahl. Ich habe mich für Letzteres entschieden.* It was a choice between history and geography. I chose the latter.

letztlich in the end ◇ *Der Umweg dauerte letztlich nur fünf Minuten länger.* In the end, the detour only took five minutes longer.

Leuchte light; (*Laterne*) lantern

leuchten **1** shine ◇ *Ein Stern leuchtete hell am Himmel.* A star shone brightly in the sky. ◇ *Ihre Augen leuchteten vor Begeisterung.* Their eyes shone with enthusiasm. **2** (*Feuer, Farbe, Himmel, Phosphor*) glow ◇ *Die Zeiger an meiner Uhr leuchten im Dunkeln.* The hands on my watch glow in the dark. **3** (**mit etw**) **~** shine sth ◇ *Kannst du mal mit deiner Taschenlampe in diese Ecke leuchten?* Can you just shine your torch into this corner?

leuchtend shining; (*Farben*) bright, vivid ◇ *mit leuchtenden Augen* with shining eyes ◇ *ein leuchtendes Beispiel* a shining example ◇ *ein leuchtend roter Pullover* a bright red jumper

Leuchter (*Kerzen-*) candle holder, candlestick; (*mehrarmig*) candelabra; (*Kron-*) chandelier

Leucht- **Leuchtkraft** brightness, brilliance (*auch fig*) **Leuchtrakete** flare **Leuchtreklame** neon sign **Leuchtstift** highlighter (pen) **Leuchtstoffröhre** fluorescent tube **Leuchtturm** lighthouse

leugnen **1** deny everything ◇ *Er leugnete hartnäckig.* He stubbornly denied everything. **2 etw ~** deny sth; **~, etw getan zu haben** deny doing sth ◇ *Er leugnete den Diebstahl.* He denied committing the theft. ◇ *Ich kann nicht leugnen, dass ich erleichtert bin.* I can't deny that I'm relieved. ◇ *Dieser Schriftsteller leugnet den Holocaust.* This writer denies that the holocaust happened. ◇ *Es lässt sich nicht leugnen.* There's no denying it. ◇ *Die Ironie ist nicht zu leugnen.* The irony is undeniable.

Leukämie leukaemia, (*AmE*) leukemia [U]

Leute **1** people [Pl] ◇ *In der Stadt waren viele Leute.* There were a lot of people in town. ◇ *ältere Leute* older people ◇ *Wir müssen Leute entlassen.* We will have to lay people off. ◇ *Alle Leute sagen es.* Everybody says so. ◇ *Kommt, Leute, wir gehen!* Come on, folks, let's go! **2 die Leute** people [Pl] ◇ *Es ist mir egal, was die Leute sagen.* I don't care what people say. IDM **unter die Leute kommen** get out (and meet people)

Leutnant second lieutenant; (*in der britischen Marine*) sub lieutenant; (*in der US-Marine*) lieutenant junior grade

Lexikon **1** (*Enzyklopädie*) encyclopedia **2** (*Wörterbuch*) dictionary

Libelle dragonfly

liberal **1** liberal ◇ *eine liberalere Drogenpolitik* a more liberal policy on drugs ◇ *Sie ist liberal eingestellt.* She has liberal views. **2** (*eine bestimmte Partei betreffend*) Liberal ◇ *die liberale Ministerin* the Liberal Minister ◇ *Er wählt liberal.* He votes Liberal.

Liberale(r) Liberal

liberalisieren liberalize

Liberalisierung liberalization

Liberalismus liberalism

Libero sweeper

licht **1** bright, light ◇ *eine lichte Zukunft* a bright future ◇ *lichte Pastellfarben* pale pastel colours ◇ *Zuweilen hat er ein paar lichte Momente.* He has a few lucid moments. **2** (*Haar*) thin (*Adv* thinly); (*Vegetation*) sparse (*Adv* sparsely) **3** ◇ *eine lichte Höhe von 2,80 Meter* headroom of 2.8 metres ◇ *Das Rohr hat eine lichte Weite von einem halben Meter.* The pipe has an internal width of half a metre.

Licht light ◇ *Mach bitte Licht.* Please put the light on. ◇ *In ihrem Zimmer brennt noch Licht.* There's still a light on in her room. IDM **etw ans Licht bringen** bring sth out into the open **ans Licht kommen** come to light **das Licht der Welt erblicken** come into the world; be born **ein gutes/schlechtes Licht auf jdn/etw werfen** throw/cast a good/bad light on sb/sth **jdm geht ein Licht auf** it dawns on sb **grünes Licht für etw geben** give sth the green light **jdn hinters Licht führen** pull the wool over sb's eyes ◇ *Ich lasse mich von dir doch nicht hinters Licht führen!* You can't pull the wool over my eyes! **jdn/etw ins rechte Licht rücken/setzen** put sb/sth in a favourable light **kein großes/helles Licht sein** not be very bright **sein Licht unter den Scheffel stellen** hide your light under a bushel

Lichtblick bright spot (on the horizon) **lichtdurchflutet** flooded with light (*dem Nomen nachgestellt*) ◇ *lichtdurchflutete Räume* rooms that are flooded with light **lichtempfindlich** sensitive to light; (*Film*) light-sensitive

lichten **1** thin *sth* out **2 sich ~** thin out; (*Rauch, Nebel*) clear; (*Himmel auch*) brighten **3 den Anker ~** weigh anchor

Lichter- **Lichterfest** (REL) Hanukkah **Lichterkette** **1** fairy lights [Pl] **2** (*Demonstration*) candlelit vigil ◇ *eine Lichterkette veranstalten* hold a candlelit vigil ◇ *30 000 Menschen bildeten eine Lichterkette gegen Rassismus.* 30 000 people formed a human chain and carried candles to protest against racism.

Licht- **Lichtgeschwindigkeit** speed of light **Lichthupe die ~ betätigen** flash your headlights **Lichtjahr** light year **Lichtmaschine** alternator **Lichtschalter** light switch **Lichtschranke** photoelectric beam **Lichtschutzfaktor** (sun protection) factor ◇ *eine Sonnenmilch mit hohem/niedrigem Lichtschutzfaktor* a high/low factor sun cream **Lichtstrahl** ray of light; (*von der Sonne*) ray of sunshine; (*Taschenlampe*) beam

Lid eyelid

Lidschatten eyeshadow **Lidstrich** **1** (*Produkt*) eyeliner **2** (*Strich*) line of eyeliner

lieb **1** (*freundlich*) nice (*Adv* nicely) ◇ *Du bist immer sehr lieb zu mir.* You're always so nice to me. ◇ *Bitte sei so lieb und decke den Tisch.* Would you do me a favour and lay the table? ◇ *Das ist lieb gemeint von dir.* That's very sweet of you. ◇ *viele liebe Grüße Dein Tom* lots of love Tom ◇ *Viele liebe Grüße an deine Schwester.* Give my love to your sister. ◇ *Vielen Dank für das liebe Geschenk.* Thank you for the lovely present. **2** (*geschätzt*) dear ◇ *ein lieber Freund* a dear friend ◇ *Liebe Karin!* Dear Karin, ◇ *Liebe Ute, lieber Jan!* Dear Ute and Jan, ◇ *Ihr Lieben!* Dear all, ◇ *Dieser Ring ist mir besonders lieb.* I'm particularly fond of this ring. ◇ *Es war eine liebe Gewohnheit, sonntags einen Spaziergang zu machen.* It was a favourite habit of ours to go for a walk on Sundays. **3** (*brav*) good ◇ *Sei schön lieb und geh ins Bett.* Be a good boy/girl and go to bed. **4 jdn ~ haben** be very fond of sb; (*lieben*) love sb **5 jdn/etw ~ gewinnen** grow fond of sb/sth **6 etw ist/wäre jdm ~** sb likes/would like sth ◇ *Das ist mir gar nicht lieb.* I don't like that at all. ◇ *Es wäre mir lieb, wenn du auf mich warten könntest.* I'd appreciate it if you could wait for me. IDM → GOTT, GÜTE, HIMMEL, MANN *und* ZEIT

liebäugeln mit etw ~ have your eye on sth (*umgs*) ◇ *Bayern München liebäugelt mit der Meisterschaft.* Bayern Munich have got their eye on the championship. ◇ *Er liebäugelt schon lange damit, sich ein neues Motorrad zu kaufen.* He's been toying with the idea of buying a new motorbike for a long time.

Liebe love ◇ *die Liebe von Großeltern zu ihren Enkeln* the love of grandparents for their grandchildren ◇ *die Liebe zu Gott* the love of God ◇ *Ich würde nur aus Liebe heiraten.* I'd only marry for love. ◇ *seine Liebe zur Musik* his love of music ◇ *Max ist eine alte Liebe von mir.* Max is an old flame of mine. ◇ *Das Theater ist ihre große Liebe.* She's passionate about the theatre. IDM **Liebe auf den ersten Blick** love at first sight **mit Liebe** with great care; lovingly ◇ *Er hat diesen Oldtimer mit Liebe restauriert.* He has lovingly restored this old car. ◇ *Deine Mutter kocht wirklich mit Liebe.* Your mother puts a lot of care into her cooking.

lieben 1 love ◇ *Sie liebt ihren Beruf.* She loves her job. ◇ *Die beiden lieben sich von ganzem Herzen.* They love each other with all their hearts. ◇ *Sie ist unfähig zu lieben.* She is incapable of love. ◇ *ein geliebter Mensch* a beloved person ◇ *Er liebt es nicht, beim Lesen gestört zu werden.* He doesn't like people disturbing him when he's reading. **2 sich ~** (*körperlich*) make love; **jdn ~** make love to sb

liebend etw ~ gern tun 1 love doing sth **2** love to do sth ◇ *Ich würde liebend gerne kommen, aber ...* I'd love to come, but ...

Liebende(r) lover

liebenswert (*Mensch*) lovable (*Adv* lovably); (*Stadt*) attractive ◇ *ein liebenswertes Kind* a lovable child

liebenswürdig charming (*Adv* charmingly); (*hilfsbereit*) kind (*Adv* kindly) ◇ *Das ist sehr liebenswürdig von Ihnen.* That's very kind of you.

lieber 1 (*Komparativ zu gern*) ◇ *Ich mag ihn lieber als seinen Bruder.* I like him better than his brother. ◇ *Sie mag Tennis lieber als ich.* She likes tennis more than I do. ◇ *Machst du diesen Job wirklich lieber als deinen letzten?* Do you really prefer this job to your last one? **2** (*eher*) rather ◇ *Ich würde lieber morgen losfahren.* I'd rather leave tomorrow. ◇ *Ich würde lieber heute als morgen meinen Job wechseln.* I'd change my job today if I could. **3** (*besser*) ◇ *Mach deine Hausaufgaben lieber gleich.* You'd better do your homework straight away. ◇ *Das hättest du lieber nicht sagen sollen.* You shouldn't have said that. **4 jd/etw ist jdm ~** sb prefers sb/sth ◇ *Es wäre mir lieber, wenn du das sofort erledigen könntest.* I'd prefer it if you could do it immediately. ◇ *Sie ist mir sehr viel lieber als ihre Mutter.* I much prefer her to her mother.

Liebes- Liebesbeziehung love affair **Liebeserklärung jdm eine ~ machen** declare your love to sb **Liebesfilm** love story **Liebesgeschichte 1** love story **2** (*Affäre*) (love) affair **Liebeskummer** ◇ *Liebeskummer haben* be lovesick ◇ *Sie hat seit Wochen Liebeskummer wegen dieses Kerls.* She's been moping around for weeks over that guy. ◇ *Aus Liebeskummer verübte er Selbstmord.* He committed suicide out of unrequited love. **Liebespaar** couple [mit Verb im Sing/Pl] **Liebesroman** love story

liebevoll loving (*Adv* lovingly) ◇ *liebevolle Fürsorge* loving care ◇ *Er küsste sie liebevoll.* He kissed her lovingly. ◇ *Sie hat eine liebevolle Art.* She's a very caring person.

Liebhaber(in) lover

lieblich 1 delightful (*Adv* delightfully), charming (*Adv* charmingly) **2** (*Duft, Wein, Klang*) sweet (*Adv* sweetly)

Liebling 1 (*Anrede*) darling **2** (*bevorzugter Mensch*) favourite, (*AmE*) favorite; (*des Publikums auch*) darling ◇ *Manche Lehrer haben Lieblinge.* Some teachers have their favourites. ◇ *Sie ist der Liebling unseres Deutschlehrers.* She's the German teacher's pet.

Lieblingsfarbe favourite colour, (*AmE*) favorite color **Lieblingsschüler(in)** favourite (pupil), (*AmE*) favorite (pupil) **Lieblingsspeise** favourite food, (*AmE*) favorite food **Lieblingsthema** favourite topic, (*AmE*) favorite topic

lieblos 1 *Adj* (*Mensch*) unloving; (*Beziehung etc.*) loveless ◇ *eine lieblose Ehe* a loveless marriage ◇ *Ihre Kindheit war lieblos.* No one showed her much love when she was a child. **2** *Adv* (*unfreundlich*) unkindly **3** *Adv* (*ohne Sorgfalt*) carelessly

liebste(r,s) favourite, (*AmE*) favorite ◇ *Reisen ist mein liebstes Hobby.* Travelling is my favourite hobby.

liebsten 1 am ~ (*Superlativ von gern*) ◇ *Am liebsten trinke ich Milch.* Milk's my favourite drink. ◇ *Am liebsten würde ich schon heute verreisen.* If I had the choice, I'd go away today. **2 am ~** (*Superlativ von lieb*) ◇ *Von all meinem Schmuck ist mir dieser Ring am liebsten.* This ring is my favourite piece of jewellery. ◇ *Am liebsten wäre mir ein Haus mit großem Garten.* What I'd most like is a house with a big garden. ◇ *Was wäre dir am liebsten?* What would you prefer?

Lied song; (*Kirchen-*) hymn; (*Weihnachts-*) carol ◇ *Soll ich dir ein Lied vorsingen?* Shall I sing you a song? IDM **davon kann ich (dir) ein Lied singen!** tell me about it! (*umgs*) **es ist immer dasselbe/das alte/das gleiche Lied (mit jdm/etw)** it's always the same (with sb/sth)

Liederabend evening of songs ◇ *ein Liederabend mit Werken von Schubert* an evening of Schubert songs

liederlich 1 *Adj* slovenly; (*unordentlich*) untidy (*Adv* untidily) ◇ *Sie ist so liederlich wie eh und je.* She is as slovenly as ever. ◇ *Warum muss dein Zimmer bloß immer so liederlich aussehen?* Why does your room always have to look such a mess? **2** (*nachlässig*) sloppy (*Adv* sloppily) ◇ *eine liederliche Arbeit* a sloppy piece of work ◇ *Dieser Text ist liederlich übersetzt.* This is a sloppy translation. **3** (*unmoralisch*) dissolute (*Adv* dissolutely) ◇ *Führt er noch immer diesen liederlichen Lebenswandel?* Does he still lead such a dissolute life?

Liedermacher(in) singer-songwriter

Lieferant(in) supplier

lieferbar available ◇ *die zurzeit lieferbare Heine-Literatur* literature available on Heine at the moment ◇ *Der Artikel ist momentan nicht lieferbar.* The article is out of stock at the moment.

liefern 1 (*zustellen*) deliver ◇ *Wann liefern Sie uns den Kleiderschrank?* When will you be delivering the wardrobe? ◇ *Wir liefern die Ware frei Haus.* We deliver the goods free of charge. **2** (*zur Verfügung stellen*) supply ◇ *Das Werk kann wegen eines Feuerschadens zurzeit nicht liefern.* The factory cannot supply anything at the moment because of fire damage. ◇ *Können Sie einen Beweis dafür liefern, dass Sie zu besagter Zeit zu Hause waren?* Can you provide any evidence that you were at home at the time in question? **3** (*pro-*

duzieren) produce ◇ *Dieser Staat liefert viele Rohstoffe.* That country produces a lot of raw materials. ◇ *Der karge Boden hier liefert nur wenig Ertrag.* The poor soil here doesn't yield much. **4 sich eine Schlacht mit jdm ~** fight (a battle) with sb IDM → MESSER

Lieferschein delivery note

Lieferung *(das Liefern)* delivery; *(von Waren auch)* consignment ◇ *Ist die Lieferung bereits eingetroffen?* Has the delivery come in yet? ◇ *Die Lieferung der Ware erfolgt nur gegen Barbezahlung.* It's cash on delivery. ◇ *Die Rechnung ist innerhalb einer Woche nach Erhalt der Lieferung zu bezahlen.* Please pay the bill within a week of delivery.

Liefer- Lieferwagen delivery van **Lieferzeit** delivery time

Liege bed; *(Camping-)* camp bed; *(Garten-)* sunlounger

liegen

• **flach, horizontal** **1** lie ◇ *auf dem Rücken/Bauch liegen* lie on your back/front ◇ *die ganze Nacht wach liegen* lie awake all night ◇ *am Boden liegen* lie on the floor ◇ *Im Liegen kann ich nicht lesen.* I can't read when I'm lying down. ◇ *Das Buch lag offen vor ihr.* The book lay open in front of her. ◇ *Das Schiff lag im Hafen.* The ship lay in the harbour. ◇ *Er lag noch im Bett.* He was still in bed. ◇ *Auf dem neuen Bett liegt man bequem.* The new bed is comfortable. ◇ *Das Auto kam auf dem Dach zu liegen.* The car came to rest on its roof.

• **Position, Situation** **2** *(sich (geografisch) befinden)* be (situated), lie *(gehoben)* ◇ *Igls liegt in Tirol.* Igls is in the Tyrol. ◇ *München liegt ganz in der Nähe.* Munich is close by. ◇ *Das liegt auf unserem Weg.* That's on our way. ◇ *günstig liegen* be conveniently situated ◇ *Die Wohnung liegt an einer Kreuzung.* The apartment is situated at a junction. ◇ *Israel liegt südlich des Libanon.* Israel lies to the south of Lebanon. ◇ *Das Hotel liegt inmitten einer Grünanlage.* The hotel is set in a park. **3** *(sein, sich befinden)* be ◇ *in Führung liegen* be in the lead ◇ *Er liegt an erster Stelle.* He's (lying) in first place. ◇ *Sie lag vier Sekunden vor der nächsten Läuferin.* She was (lying) four seconds ahead of the next runner. ◇ *Die Betonung liegt auf der ersten Silbe.* The stress is on the first syllable. ◇ *Es lag Schnee.* There was snow on the ground. ◇ *Ich lag im Krankenhaus.* I was in hospital. ◇ *Er lag im Sterben.* He was dying. ◇ *Wo liegt das Problem?* What is the problem? ◇ *Die ganze Arbeit liegt noch vor mir.* I've still got all the work to do. ◇ *London lag im Nebel.* London was enveloped in fog. ◇ *Sie liegt auf diesem Friedhof.* She is buried in this cemetery. ◇ *Da liegst du falsch.* You're wrong there. **4** *(mit Richtungsangabe)* face ◇ *Das Zimmer liegt nach Osten.* The room faces east. **5 bei etw ~** *(betragen)* be sth; *(Kosten)* amount to sth ◇ *Das Höchstgebot lag bei 3 000 $.* The highest offer was $3 000. ◇ *Die Temperaturen im Sommer liegen bei 30 Grad.* The summer temperatures are around 30 degrees. ◇ *Die Kosten liegen bei 250 $.* The costs amount to $250. ◇ *Der Weltrekord liegt bei 7m.* The world record stands at 7m.

• **Abhängigkeit, Verantwortung** **6 an jdm/etw ~** *(abhängig sein, schuld sein)* be due to sb/sth ◇ *Das liegt am Klima.* It's due to the climate. ◇ *Es liegt an ihm, dass wir zu spät kommen.* It's because of him that we're late. ◇ *Das liegt daran, dass niemand Zeit für ihn hat.* It's because nobody has any time for him. ◇ *Woran liegt es, dass der Film so erfolgreich ist?* Why is the film so successful? **7 bei jdm ~** *(abhängen von, lasten auf)* lie with sb ◇ *Die Verantwortung liegt bei den Eltern.* Responsibility lies with the parents. ◇ *Das liegt bei dir.* It is up to you.

• **Neigung, Vorliebe** **8 jdm liegt etw/jd** ◇ *Englisch liegt ihm.* He finds English easy. ◇ *Dieser Lehrer liegt mir.* I get on well with this teacher. **9 jdm liegt viel an jdm/etw** sb/sth means a lot to sb ◇ *Seinen Eltern liegt viel an guten Noten.* Good grades mean a lot to his parents. ◇ *Mir liegt nichts mehr an ihm.* He means nothing to me any more.

• **liegen bleiben** **10** *(nicht aufstehen)* remain lying down; *(im Bett)* stay in bed **11** *(vergessen werden)* be left behind; *(nicht erledigt werden)* be left unfinished; *(Auto etc.)* break down; *(Schnee)* settle ◇ *Diese Jacke ist liegen geblieben.* This jacket got left behind. ◇ *Die ganze Arbeit blieb liegen.* All of the work was left unfinished. ◇ *Ist der Schnee liegen geblieben?* Did the snow settle?

• **liegen lassen** **12** leave ◇ *Ich habe meine Bücher im Büro liegen lassen.* I've left my books in the office. ◇ *Lass den Kram liegen.* Leave all that stuff. ◇ *geradeaus, die Kirche rechts liegen lassen, …* keep straight on, past the church on the right, … → *Siehe auch* LINKS

IDM **alles stehen und liegen lassen** drop everything **an mir soll es nicht liegen!** That's fine by me. ℹ Für andere Redewendungen mit **liegen** siehe die Einträge für die entsprechenden Nomina etc. **Jdm auf der Zunge liegen** z.B. steht unter **Zunge**.

Liege- Liegesitz reclining seat **Liegestuhl** deckchair; *(Sonnenliege)* sunlounger **Liegestütz** press-up, *(AmE)* push-up ◇ *20 Liegestütze machen* do 20 press-ups **Liegewagen** couchette coach **Liegewiese** sunbathing lawn

Lift **1** *(Aufzug)* lift, *(AmE)* elevator ◇ *mit dem/im Lift fahren* use the lift ◇ *im Lift stecken bleiben* get stuck in the lift **2** *(Ski-, Sessel-)* lift

liften **sich ~ lassen** have a facelift

Liga league; *(Spielklasse)* division

liiert **mit jdm ~ sein** be having an affair with sb

liken like

Likör liqueur

lila purple; *(hell)* lilac

Lilie lily

Liliputaner(in) midget *(beleidigend)*, dwarf *(beleidigend)*

Limbo limbo dancing

Limerick limerick

Limette lime

Limit limit ◇ *jdm ein zeitliches Limit setzen* set sb a time limit ◇ *am unteren Limit liegen* be at the lower limit

limitiert limited ◇ *in limitierter Auflage erscheinen* be published in a limited edition

Limonade, Limo lemonade

Limone *(Limette)* lime

Limousine **1** saloon (car) **2** *(AmE)* sedan; *(Straßenkreuzer)* limousine

Linde *(Baum)* lime (tree); *(Holz)* lime (wood) **Lindenblüten** lime blossom [U]

lindern *(Schmerzen)* ease; *(Frust, Stress, Schmerzen)* relieve; *(Armut, Not)* alleviate; *(Hustenreiz, Sonnenbrand)* soothe

Linderung relief [U] ◇ *Linderung bringen* bring relief

Lineal ruler ◇ *eine Linie mit dem Lineal ziehen* draw a line with a ruler/rule a line

Linguistik linguistics [U]

Linie line ◇ *eine gestrichelte/gepunktete Linie* a broken/dotted line ◇ *eine durchgezogene Linie auf der Straße* a single white line on the road ◇ *Der Ball war auf der Linie.* The ball was on the line. ◇ *die männliche Linie der Familie* the male line of the family ◇ *Er vertritt folgende Linie: …* He takes the following line … ◇ *in direkter Linie von Bismarck abstammen* be a

direct descendant of Bismarck ◇ *die Linie München-Salzburg* the Munich to Salzburg line ◇ *Welche U-Bahn-Linie muss ich nehmen?* Which underground line should I take? ◇ *Die Linie 4 fährt zum Theater.* The number 4 goes to the theatre. IDM **auf der ganzen Linie** in every respect **auf die (schlanke) Linie achten** watch your weight **in erster Linie** first and foremost ◇ *Ich will in erster Linie Erfahrung sammeln.* First and foremost I want to gain experience. ◇ *Diese Kurse sind in erster Linie für Frauen konzipiert.* These courses are designed principally for women.
Linienbus service bus **Linienflug** scheduled flight **Linienrichter** (*beim Fußball etc.*) linesman, referee's assistant (*offiz*); (*beim Tennis etc.*) line judge

liniert lined ◇ *liniertes Papier* lined paper

Link link

Linke *die* **1** left hand **2** (*beim Boxen*) left ◇ *jdm eine Linke verpassen* hit sb with a left **3 zu jds Linken** on sb's left **4** (POL) the left ◇ *Die Linke ist von den Demokraten enttäuscht.* The left is disillusioned by the democrats.

Linke(r) left-winger ◇ *die Linken in der Partei* the left-wingers in the party ◇ *ein Wahlsieg der Linken* an election victory for the left

linke(r,s) **1** left, left-hand [nur vor Nomen] ◇ *mit der linken Hand schreiben* write with your left hand ◇ *auf der linken Spur überholen* overtake on the left ◇ *auf der linken Seite* on the left-hand side **2** (POL) left(-wing) ◇ *der linke Parteiflügel* the left wing of the party ◇ *linke Gruppierungen* left-wing groupings IDM → HAND

linkisch awkward (*Adv* awkwardly)

links **1** left ◇ *nach links schauen* look left/look to the left ◇ *sich links halten* keep left ◇ *links abbiegen* turn left ◇ *Links neben ihm sitzt seine Frau.* His wife is sitting on his left. ◇ *Links der Kirche sehen Sie das Rathaus.* To the left of the church, you can see the Town Hall. ◇ *Sie ordnete sich links ein.* She got into the left-hand lane. **2** (POL) left-wing ◇ *Er ist ziemlich links.* He is rather left-wing. **3** ◇ *einen Pulli auf links waschen* wash a pullover inside out ◇ *den Stoff von links bügeln* iron the fabric on the reverse side **4 ~ stricken** purl ◇ *zwei rechts, zwei links* knit two, purl two IDM **jdn links liegen lassen** give sb the cold shoulder **etw mit links machen** ◇ *Die Klausur mach ich doch mit links!* I can do the exam with my eyes shut!

Links- **Linksaußen** outside left ◇ *jdn als Linksaußen einsetzen* put sb in as outside left **linksbündig** flush left [nicht vor Nomen] ◇ *Den Text linksbündig ausrichten.* Set the text flush left. **Linksextremist(in)** left-wing extremist **linksextremistisch** left-wing extremist ◇ *eine linksextremistische Gruppe* a left-wing extremist group ◇ *linksextremistische Gewalttaten* violence by left-wing extremists **Linkshänder(in)** left-hander ◇ *Er besiegte den Linkshänder aus Ulm.* He beat the left-hander from Ulm. ◇ *Linkshänder sein* be left-handed **linkshändig** left-handed ◇ *linkshändig spielen* play left-handed **linksherum** to the left ◇ *die Schraube linksherum drehen* turn the screw to the left **Linkskurve** left-hand bend **linksradikal** radical left-wing **Linksradikale(r)** left-wing radical **Linkssteuerung** left-hand drive [U] **Linksverkehr** driving on the left ◇ *Auf Malta herrscht Linksverkehr.* They drive on the left in Malta. ◇ *den Linksverkehr abschaffen* change to driving on the right

Linoleum linoleum, (*BrE auch*) lino (*umgs*)

Linse **1** lentil **2** (*in der Optik*) lens ◇ *eine konvexe Linse* a convex lens ◇ *jdn vor die Linse bekommen* get sb in front of the camera

linsen peep

Lippe lip ◇ *Ich hab mir auf die Lippe gebissen.* I've bitten my lip. IDM **an jds Lippen hängen** hang on sb's every word **etw nicht über die Lippen bringen** not be able to bring yourself to say sth ◇ *Er brachte das Wort nicht über die Lippen.* He couldn't bring himself to say the word.
Lippenbekenntnis empty words [Pl] **Lippenbekenntnisse (zu etw) ablegen** pay lip service (to sth) **Lippenstift** lipstick

liquid **1** (*Mittel etc.*) liquid **2** (*Firma etc.*) solvent

liquidieren **1** (*Firma*) liquidate **2** (*töten*) eliminate

Liquidität **1** liquidity **2** (*flüssige Mittel*) liquid assets [Pl]

lispeln lisp ◇ *Er lispelte ein wenig.* He spoke with a slight lisp.

List **1** trick ◇ *Er griff zu einer List, um an ihre Schlüssel zu kommen.* He got hold of her keys by means of a trick. **2** (*Verhalten*) cunning ◇ *Ich muss seine List bewundern.* I have to admire his cunning. IDM **mit List und Tücke** by trickery

Liste **1** list ◇ *eine Liste führen* keep a list ◇ *eine Liste anlegen* start to make a list ◇ *Er machte sich eine Liste.* He made a list. ◇ *Hast du dich in die Liste für den Kurs eingetragen?* Have you put your name down for the course? **2** (*Wahl-*) party list IDM **auf der schwarzen Liste stehen** be on the blacklist ◇ *Sie standen auf der schwarzen Liste der Regierung.* They were on the government's blacklist.

listig cunning (*Adv* cunningly)

Litanei litany (*auch fig*)

Liter litre, (*AmE*) liter (*Abk* l) ◇ *zehn Liter Benzin* ten litres of petrol

literarisch literary ◇ *ein literarisches Genie* a literary genius ◇ *literarische Werke* works of literature ◇ *Sie ist literarisch interessiert.* She is interested in literature. ◇ *Sie haben ihre Erlebnisse literarisch verarbeitet.* They have written a book about their experiences.

Literatur literature ◇ *wissenschaftliche Literatur* scientific literature ◇ *die Literatur der Romantik* Romantic literature
Literaturgeschichte **1** literary history **2** (*Buch*) history of literature ◇ *eine französische Literaturgeschichte* a history of French literature **Literaturverzeichnis** bibliography **Literaturwissenschaft** **1** literary studies [mit Verb im Sing/Pl] **2** (*als Fach*) literature ◇ *der Professor für amerikanische Literaturwissenschaft* the Professor of American Literature

Litfaßsäule advertising pillar

Lithografie **1** (*Technik*) lithography **2** (*Kunstwerk*) lithograph

Liturgie liturgy

live live ◇ *Es wird live übertragen.* It's being broadcast live. ◇ *Er hat die Beatles live gesehen.* He saw the Beatles live on stage.

Live- **Livemusik** live music **Livesendung** live programme, (*AmE*) live program **Liveübertragung** live broadcast

Lizenz licence, (*AmE*) license ◇ *in Lizenz* under licence
Lizenzgebühr licence fee, (*AmE*) license fee **Lizenzspieler(in)** professional player

Lkw → LASTKRAFTWAGEN

Lob praise [U] ◇ *ein großes Lob bekommen* receive high praise ◇ *jdm Lob spenden* praise sb ◇ *Er hat mir ein Lob ausgesprochen.* He praised me.

Lobby lobby [mit Verb im Sing/Pl] ◇ *die Lobby der Naturschützer* the environmental lobby ◇ *Sie haben keine Lobby.* They have nobody to lobby on their behalf.

loben praise ◇ *Sie wurden für ihren Einsatz gelobt.* They were praised for their commitment. ◇ *Sie wurde für ihren Mut gelobt.* She was commended for her courage. ◇ *Der Lehrer äußerte sich lobend über ihn.* The teacher spoke very highly of him. IDM → KLEE *und* TON²

lobenswert praiseworthy

Lobeshymne ~ **(auf jdn/etw)** hymn of praise (to sb/ sth)

löblich laudable *(gehoben)*, commendable *(gehoben)*

Loblied ein ~ auf jdn/etw singen sing sb's/sth's praises

Loch 1 hole *(auch fig)* ◇ *ein Golfplatz mit 18 Löchern* an 18-hole golf course ◇ *Der Autokauf hat ein tiefes Loch in meinen Geldbeutel gerissen.* Buying the car left a big hole in my finances. ◇ *das Loch im Etat stopfen* fill the hole in the budget ◇ *Nach der Scheidung fiel er in ein tiefes Loch.* After the divorce his life seemed completely empty. **2** *(Wohnung)* dump IDM **auf/aus dem letzten Loch pfeifen** be on your last legs **jdm Löcher in den Bauch fragen** bombard sb with questions **Löcher in die Luft starren** stare into space

lochen 1 punch a hole/holes in *sth* ◇ *ein Blatt Papier lochen* punch holes in a sheet of paper **2** *(Fahrkarte etc.)* punch

Locher (hole) punch

löcherig, löchrig with holes in, full of holes [nicht vor Nomen] *(auch fig)* ◇ *löcherige Socken* socks with holes in

Locke curl ◇ *seine blonden Locken* his blond curls ◇ *Sie hat Locken.* She has curly hair.

locken¹ 1 entice; *(in eine Falle etc.)* lure **2** *(Besucher, Zuschauer)* attract ◇ *Wie kann man Jugendliche in die Buchläden locken?* How do you attract young people into bookshops? ◇ *Die Frühlingssonne lockte in den Park.* The spring sunshine tempted people out into the park. ◇ *ein lockendes Angebot* a tempting offer ◇ *Ferner locken …* Other attractions are … **3 etw lockt jdn** sth appeals to sb ◇ *Lockt es dich, ins Ausland zu gehen?* Does the idea of going abroad appeal to you? IDM → RESERVE

locken² sich ~ go curly ◇ *gelockte Haare* curly hair

Locken- Lockenkopf 1 *(Kopf)* curly head **2** *(Kind)* curly-headed child **Lockenstab** hair styler **Lockenwickler** roller

locker 1 loose *(Adv* loosely) ◇ *Die Schraube ist locker.* The screw is loose. ◇ *ein lockerer Knoten* a loose knot ◇ *Sie ließ locker die Arme hängen.* Her arms hung loosely by her side. ◇ *die Zügel locker halten* hold the reins loosely ◇ *ein locker gespanntes Seil* a slack rope **2** *Adj* *(Erde, Kuchen)* light; *(Bauweise)* low-density **3** *(nicht formell)* informal *(Adv* informally) ◇ *Die Kleiderordnung ist locker.* Dress is informal. ◇ *ein lockerer Zusammenschluss von Eltern* an informal group of parents ◇ *Bei uns geht es immer recht locker zu.* We're very informal here. **4** *Adj* *(zwanglos, entspannt)* relaxed ◇ *eine lockere Atmosphäre* a relaxed atmosphere ◇ *Ich sehe jetzt alles etwas lockerer.* I'm more relaxed about things now. ◇ *Unser Lehrer ist ein ziemlich lockerer Typ.* Our teacher is very easy-going. **5** *Adv* *(ohne Schwierigkeiten)* easily ◇ *Das schafft sie locker.* She'll do it easily. IDM → SCHRAUBE

lockerlassen nicht ~ not give up

lockermachen 1 etw ~ fork out sth *(umgs)* **2 etw bei jdm ~** get sth out of sb

lockern 1 (sich) ~ loosen; *(Seil, Zügel)* slacken **2** *(Vorschriften, Embargo etc.)* relax **3 sich ~** *(Stimmung etc.)* become relaxed ◇ *in gelockerter Stimmung* in a relaxed atmosphere IDM → ZÜGEL

Lockerung *(von Vorschriften, Embargo etc.)* relaxation **Lockerungsübung** loosening-up exercise

lockig curly

Lock- Lockmittel lure; *(fig)* enticement **Lockruf 1** call **2** *(fig)* lure ◇ *der Lockruf des Geldes* the lure of money **Lockvogel** decoy ◇ *jdn als Lockvogel einsetzen* use sb as a decoy

lodern *(Feuer, Fackel)* blaze; *(Flammen)* leap ◇ *Das Feuer loderte.* The fire was blazing.

Löffel 1 spoon ◇ *mit dem Löffel essen* eat with a spoon **2** *(Menge)* spoonful ◇ *drei Löffel Zucker* three spoonfuls of sugar **3** *(Ohr)* ear IDM **den Löffel abgeben** kick the bucket *(umgs)*

löffeln eat ◇ *Er löffelte eine Portion Eis.* He was eating ice cream.

Logarithmus logarithm

Loge 1 *(Theater-)* box **2** *(Pförtner-)* lodge

Logik logic ◇ *die Gesetze der Logik* the laws of logic ◇ *Wo ist da die Logik?* What is the logic in that? ◇ *Das widerspricht jeder Logik.* It's completely illogical.

logisch 1 logical *(Adv* logically) ◇ *Das klingt logisch.* It sounds logical. ◇ *logisch denken* think logically **2** *(selbstverständlich)* obvious ◇ *Es ist doch völlig logisch, dass …* It's obvious that … ◇ *„Kommst du mit?" „Na logisch!"* 'Are you coming too?' 'Of course!'

Logistik logistics [mit Verb im Sing/Pl/U]

logo of course, sure

Logo logo

Logopäde, Logopädin speech therapist

Lohn 1 pay [U]; *(Tages-, Wochen-)* wage, wages [Pl] ◇ *10 % mehr Lohn* a 10% pay rise ◇ *Die Löhne sind gestiegen.* Pay has gone up. ◇ *sein wöchentlicher Lohn* his weekly wage(s) **2** *(Belohnung)* reward

lohnen sich ~ be worthwhile, be worth it ◇ *Hat sich die ganze Mühe gelohnt?* Was all the trouble worthwhile? ◇ *Für mich lohnt sich das finanziell nicht.* It's not worth it for me financially. ◇ *Der Aufwand hat sich nicht gelohnt.* It was not worth the expense. ◇ *Es lohnt sich nicht mehr, das Auto zu reparieren.* It isn't worth repairing the car./The car isn't worth repairing. ◇ *Lohnt es sich noch hinzugehen?* Is it still worth going?

lohnend worthwhile; *(finanziell)* profitable ◇ *eine lohnende Aufgabe* a worthwhile task ◇ *eine lohnende Investition* a profitable investment ◇ *ein lohnendes Geschäft* a lucrative business

Lohn- Lohnerhöhung pay increase, (pay) rise, *(AmE)* raise ◇ *eine Lohnerhöhung von 5 %* a 5% pay rise/a pay rise of 5% **Lohnforderung** pay claim **Lohnkürzung** pay cut **Lohnpolitik** pay policy **Lohnsteuer** income tax **Lohnsteuerkarte** = document showing an employee's total earnings and what income tax has been paid in a particular year

Loipe (cross-country ski) trail

Lok engine

lokal local *(Adv* locally)

Lokal 1 pub **2** *(bes AmE)* bar; *(Speise-)* restaurant

Lokal- Lokalpresse local press **Lokalteil** local section

Lokführer(in) train driver, *(AmE)* engineer

Lokomotive locomotive, (railway) engine

Lokomotivführer(in) train driver, *(AmE)* engineer

Look look

Looping loop ◇ *einen Looping drehen/fliegen* loop the loop

Lorbeer 1 laurel **2** *(Gewürz)* bay leaf IDM **sich auf seinen Lorbeeren ausruhen** rest on your laurels **Lorbeerblatt** bay leaf **Lorbeerkranz** laurel wreath

los 1 ◇ *Der Griff ist los.* The handle's come off. ◇ *Die Tiger sind los.* The tigers are on the loose. **2** *(etw passiert)* ◇ *Hier ist viel los.* There's a lot going on here. ◇

Hier ist nie was los. Nothing ever happens here. ◇ *In Berlin ist immer schwer was los.* There's always something exciting going on in Berlin. **3** (*etw stimmt nicht*) ◇ *Was ist denn (mit dir) los?* What's the matter (with you)? ◇ *Was ist mit deinem Fahrrad los?* What's wrong with your bike? ◇ *Was ist denn nun schon wieder los?* What is it now? **4 mit jdm ist nichts ~** (*jd ist zu nichts zu gebrauchen*) ◇ *Mit ihm ist zurzeit gar nichts los.* He's a dead loss at the moment. ◇ *Ich habe kaum geschlafen. Mit mir ist heute nicht viel los.* I hardly slept. I'm not much use today. **5 jdn/etw ~ sein** (*befreit sein*) be rid of sb/sth ◇ *Endlich sind wir ihn los!* We're rid of him at last. ◇ *Bist du den Husten inzwischen los?* Have you got rid of your cough yet? ◇ *Diese Sorge bist du los.* You don't have to worry about that any more. **6 etw ~ sein** (*nicht mehr haben*) have lost sth ◇ *Er ist seinen Job los.* He's lost his job. ◇ *Jetzt bin ich schon wieder 100 Dollar los.* That's another 100 dollars I've spent. **7 los!** come on! ◇ *Los, gehen wir.* Come on, let's go. ◇ *Jetzt aber nichts wie los!* Let's get going! IDM **Achtung, fertig, los!** (*auch* **auf die Plätze, fertig, los!**) On your marks, get set, go! → *Siehe auch* HÖLLE *und* TEUFEL(IN)

Los 1 (*Lotterie-*) (lottery) ticket; (*bei einer Verlosung*) (raffle) ticket ◇ *Jedes zehnte Los gewinnt.* Every tenth ticket is a winner. ◇ *Die Gewinner werden per Los ermittelt.* The prizewinners will be drawn out of a hat. **2** (*Schicksal*) lot ◇ *Sie hat ein schweres Los.* Hers is a hard lot. IDM **(mit jdm/etw) das große Los gezogen haben** have hit the jackpot (with sb/sth); have struck (it) lucky (with sb/sth)

lösbar 1 ◇ *ein lösbares Problem* a problem that can be solved ◇ *ein schwer lösbares Problem* a problem that is hard to solve ◇ *ein nicht lösbares Problem* an insoluble problem **2** (*löslich*) soluble

Löscharbeit ◇ *Ein Feuerwehrmann wurde bei den Löscharbeiten verletzt.* A firefighter was injured while tackling the blaze. ◇ *Die Löscharbeiten dauerten mehrere Stunden.* It took several hours to bring the blaze under control.

löschen 1 (*Feuer etc.*) put *sth* out, extinguish **2** (*Datei etc.*) delete; (*Festplatte*) wipe; (*Aufnahme, Erinnerung*) erase **3 den Durst ~** quench your thirst

Lösch- Löschfahrzeug fire engine **Löschtaste** delete key

lose 1 loose (*Adv* loosely) ◇ *ein loser Knopf* a loose button ◇ *losen Kontakt zu jdm haben* be in touch with sb from time to time **2** ◇ *Sie hat ein loses Mundwerk.* She's cheeky.

Lösegeld ransom ◇ *ein Lösegeld in Höhe von ...* a ransom of ...

losen (um etw) ~ draw lots (for sth) ◇ *Losen wir darum!* Let's draw lots for it. ◇ *Wir werden einfach losen, wer es macht.* We'll just draw lots to decide who's going to do it.

lösen 1 (*Problem, Fall, Rätsel*) solve; (*Konflikt*) resolve; (*Aufgabe, Kreuzworträtsel etc.*) do ◇ *Das Problem hat sich gelöst.* The problem has been solved. ◇ *Die Angelegenheit wird sich von selbst lösen.* The whole matter will resolve itself. ◇ *Die Gemeinde hat das Verkehrsproblem gut gelöst.* The council has found a good solution to the traffic problems. ◇ *Das Problem muss sich doch irgendwie lösen lassen.* There must be some solution to the problem. **2** (*Schraube etc.*) undo; (*Handbremse*) release **3** (*Fahrkarte etc.*) buy **4 etw (von/aus etw) ~** (*ab-, herauslösen*) get sth off (sth) ◇ *eine Briefmarke vom Umschlag lösen* get a stamp off the envelope ◇ *Sie konnte ihren Blick nicht von ihm lösen.* She couldn't take her eyes off him. **5** (*Husten, Schleim*) loosen; (*Krampf*) ease **6** (*Verlobung*) break *sth* off **7 etw (in etw) ~** (*in Flüssigkeit*) dissolve sth (in sth) **8 sich ~** (*Schraube, Knoten*) come loose **9 sich (von etw) ~** (*Tapete, Farbe*) come off, come away **10 sich ~** (*Schuss, Lawine*) ◇ *Ein Schuss löste sich.* A gun went off. ◇ *Eine Lawine löste sich.* An avalanche started. **11 sich von jdm/etw ~** (*sich trennen*) break/get away from sb/sth **12 sich (aus etw) ~** (*Verankerung, Umklammerung etc.*) break free (of sth)

los- losfahren (*abfahren*) set off; (*wegfahren*) drive off; (*mit dem Fahrrad, Motorrad etc.*) ride off ◇ *Wir fuhren um sieben los.* We set off at seven. **losgehen 1** set off ◇ *Ich gehe um sechs los.* I'm setting off at six. ◇ *Los geht's.* Come on, let's go. **2** (*beginnen*) start ◇ *Es geht los.* It's starting. ◇ *Der Startschuss fällt und es geht los.* The starter's gun fires and they're off. **3** (*Schuss, Bombe, Sirene etc.*) go off **4 (mit etw) auf jdn ~** go for sb (with sth) ◇ *Sie sind mit Messern aufeinander losgegangen.* They went for each other with knives. **loskommen 1 von jdm/etw ~** (*von Drogen etc.*) get off sth; (*von Schuldgefühlen etc.*) free yourself from sth ◇ *Sie kam endlich vom Heroin los.* She finally managed to get off heroin. ◇ *Er kam von dem Gedanken nicht los, dass ...* He was obsessed by the thought that ... ◇ *Ich komme einfach nicht von ihm los.* I just can't seem to make the break from him. **2** (*wegkommen*) get away ◇ *Vor acht komme ich hier nicht los.* I won't get away from here until eight. ◇ *Es ist schon spät. Sieh zu, dass du loskommst.* It's late. You'd better get going. **loskriegen 1 jdn/etw ~** get rid of sb/sth **2 etw (von etw) ~** (*lösen können*) get sth off (sth) **loslachen** burst out laughing **loslassen 1 (jdn/etw) ~** (*nicht mehr halten*) let go (of sb/sth) (*auch fig*) **2 etw/jdn (auf jdn/etw) ~** (*auf jdn hetzen*) let sth/sb loose (on sb/sth) (*auch fig*) **3 jdn nicht ~** (*ständig beschäftigen*) ◇ *Die Vorstellung ließ sie nicht mehr los.* She couldn't get the idea out of her mind. **4 etw ~** (*Schrei, Fluch*) let sth out; (*Spruch etc.*) come out with sth **loslaufen** start running **loslegen (mit etw) ~** get going ◇ *Einfach die Software installieren und loslegen.* Just install the software and get going. ◇ *Wenn wir heute noch mit der Arbeit loslegen, ...* If we get going today, ... ◇ *Nach der Pause legte die Band so richtig los.* After the break the band really let rip.

löslich soluble

los- loslösen 1 etw (von etw) ~ remove sth (from sth), separate sth (from sth) (*auch fig*) ◇ *Diese Frage muss von den anderen Problemen losgelöst werden.* This question must be separated from the other problems. **2 sich ~** (*abgehen*) come off; (*fig*) break away; (*sich befreien*) free yourself **losmachen 1** untie ◇ *die Schnur losmachen* untie the string ◇ *Er machte den Hund los.* He let the dog off the lead. ◇ *Das Schiff machte die Leinen los.* The ship cast off. **2 sich (von jdm/etw) ~** free yourself (from sb/sth) (*auch fig*) ◇ *Sie konnte sich nicht aus seinem Griff losmachen.* She couldn't free herself from his grasp. **3** (*sich beeilen*) get a move on (*umgs*) **4 was ~** have some action ◇ *Am Wochenende wollen wir so richtig was losmachen.* We want some action at the weekend. **losplatzen** burst out; (*lachen*) burst out laughing **losreißen 1 etw (von etw) ~** tear sth off (sth) ◇ *Der Ast wurde von einer Sturmböe losgerissen.* The branch was torn off by a gust of wind. ◇ *Im Sturm wurden Boote losgerissen.* In the gale, boats were torn loose from their moorings. **2 sich ~** break free/loose; (*fig*) tear yourself away ◇ *Er riss sich los und flüchtete.* He broke free and ran away. ◇ *Das Buch ist so spannend, ich kann mich einfach nicht losreißen.* The book is so exciting, I just can't tear myself away. **losrennen** → LOSLAUFEN **lossagen sich von jdm/etw ~** break with sb/sth; (*Überzeugung, Leben*) renounce sb/sth ◇ *sich von einer Partei lossagen* break with a party **losschicken** send *sb/sth* (off) **losschlagen 1** (*abschlagen*) knock *sth* off **2 auf jdn ~** attack sb **3** (MIL) launch an attack ◇ *Die* *feindliche Truppe schlug überraschend los.* The enemy forces launched a sudden attack. **4** (*verkaufen*) sell, get rid of sth

Losung 1 slogan; (*Devise*) motto; (*Leitwort*) watchword **2** (MIL) password

Lösung 1 solution; (*eines Rätsels etc. auch*) answer ◇ *eine Lösung des Konflikts* a solution to the conflict ◇ *die richtige Lösung des Rätsels einschicken* send in the correct answer to the puzzle **2** (*das Lösen*) (*oft mit einem Verb übersetzt*) ◇ *Vorschläge zur Lösung des Konflikts* suggestions as to how to resolve the conflict ◇ *an der Lösung eines Falles arbeiten* work to solve a case **3** (*Flüssigkeit*) solution

Lösungsmittel solvent

los- loswerden 1 get rid of *sb/sth*; (*Gedanken, Verdacht etc.*) get *sth* out of your head ◇ *Ich konnte ihn nicht loswerden.* I couldn't get rid of him. ◇ *Ich werde den Gedanken nicht los, dass …* I can't get the idea out of my head that … **2** (*verkaufen*) sell, get rid of *sth* **3** (*verlieren*) lose; (*ausgeben*) spend ◇ *Sie ist ihre ganzen Ersparnisse im Spielkasino losgeworden.* She lost all her savings at the casino. ◇ *Er ist seinen Arbeitsplatz aus politischen Gründen losgeworden.* He lost his job for political reasons. ◇ *Im Urlaub wird man schnell einen Haufen Geld los.* You can easily get through a lot of money on holiday. **4** (*aussprechen*) get *sth* off your chest, get the chance to say/ask *sth* ◇ *Sie ist endlich losgeworden, was ihr auf dem Herzen lag.* She finally managed to get what she felt off her chest. ◇ *Bei der Beratungsstelle können sie ihre Fragen loswerden.* At the advice centre they get the chance to ask questions.

losziehen 1 set off ◇ *Am Samstag sind wir zum Einkaufen losgezogen.* On Saturday we set off to go shopping. **2 gegen jdn/etw ~** (*herziehen*) run sb/sth down, (*BrE auch*) slag sb/sth off (*Slang*)

Lot 1 (*Senkblei*) plumb (line); **im ~ sein** be plumb; (*fig*) be fine; **nicht im ~ sein** be out of plumb; (*fig*) be out of kilter **2** (NAUT) sounding line **3** (MATH) perpendicular IDM **etw aus dem Lot bringen** throw sth out of kilter **aus dem Lot geraten** be thrown (out) ◇ *Durch die Verspätung ist der Zeitplan aus dem Lot geraten.* The delay has thrown the schedule out. **etw ins Lot bringen** sort sth out ◇ *Er hat die Sache wieder ins Lot gebracht.* He sorted the matter out. **ins Lot kommen** be sorted out ◇ *Es kommt schon alles wieder ins Lot.* Everything will sort itself out again.

löten solder

Lotion lotion

Lötkolben soldering iron

Lotse, Lotsin pilot; (*Flug-*) air traffic controller; (*Schüler-*) ≈school crossing patrol

lotsen 1 guide; (*Schiff*) pilot ◇ *Er hat uns durch die Menge gelotst.* He guided us through the crowd. ◇ *die Kinder über die Straße lotsen* see the children across the road **2** (*mitschleppen*) drag

Lotterie lottery ◇ *Lotterie spielen* do the lottery

Lotto 1 (*Lotterie*) lottery ◇ *Spielst du (im) Lotto?* Do you do the lottery? ◇ *im Lotto gewinnen* win the lottery ◇ *drei Richtige im Lotto haben* get three numbers right in the lottery **2** (*Spiel*) lotto

Lottoschein lottery ticket **Lottozahlen** winning lottery numbers [Pl]

Low-Carb-Diät low-carb diet ◇ *Ich mache eine Low-Carb-Diät.* I'm on a low-carb diet.

Löwe 1 lion **2** (*Sternzeichen*) Leo ◇ *Sie ist (ein) Löwe.* She's a Leo.

Löwenanteil lion's share **Löwenmaul, Löwenmäulchen** snapdragon **Löwenzahn** dandelion

Löwin lioness

loyal loyal (*Adv* loyally) ◇ *loyal zur Regierung stehen* remain loyal to the government ◇ *Sie war immer loyal ihren Eltern gegenüber.* She was always loyal to her parents.

Loyalität loyalty ◇ *seine Loyalität gegenüber seinem Chef* his loyalty to his boss

LP LP

LRS reading and writing difficulties [Pl]

LSD LSD

Luchs lynx

Lücke gap (*auch fig*); (*Park-*) space; (*Gesetzes-*) loophole; (*Defizit*) shortfall ◇ *eine Lücke im Zaun* a gap in the fence ◇ *Ihr Tod hat eine Lücke in seinem Leben hinterlassen.* Her death has left a gap in his life. ◇ *Ich habe Lücken in der Grammatik.* There are gaps in my knowledge of grammar. ◇ *Im Haushalt klafft eine Lücke von einer Million.* There is a shortfall of one million in the budget. ◇ *Das Mädchen hat enorme Lücken im Wortschatz.* The girl's vocabulary is very limited. ◇ *Lücken in der Abwehr* holes in the defence

lückenhaft (*unvollständig*) incomplete; (*Wissen*) sketchy ◇ *lückenhafte Beweise* incomplete evidence ◇ *Das System ist lückenhaft.* There are gaps in the system. ◇ *Sein Bericht war sehr lückenhaft.* He left a lot out of his report. ◇ *Ich konnte mich nur lückenhaft an den Film erinnern.* I could only remember parts of the film.

lückenlos 1 complete (*Adv* completely); (*Untersuchung, Aufstellung*) comprehensive (*Adv* comprehensively); (*Lebenslauf, Krankengeschichte etc.*) full **2** (*Adv* fully) (*Überwachung*) total ◇ *ein lückenloses Bild* a complete picture ◇ *ein lückenloses Gebiss* a full set of teeth ◇ *die Herkunft von Rindfleisch lückenlos belegen* trace the transport of beef in its entirety

Lückentest gap-filling exercise

Luft 1 air ◇ *an die frische Luft gehen* go out into the fresh air ◇ *Ich geh mal kurz Luft schnappen.* I'm going to get a bit of fresh air. ◇ *die Luft aus den Reifen lassen* let the air out of the tyres ◇ *Er hat den Ball in die Luft geworfen.* He threw the ball into the air. ◇ *vor Freude in die Luft springen* jump for joy **2** (*Atem*) breath ◇ *nach Luft ringen/schnappen* gasp for breath ◇ *die Luft anhalten* hold your breath ◇ *Bitte tief Luft holen!* Take a deep breath, please! ◇ *Ich musste husten und bekam keine Luft mehr.* I was coughing and couldn't breathe. IDM **jdn an die (frische) Luft setzen** (*entlassen*) give sb the sack (*umgs*); (*hinauswerfen*) throw sb out **aus der Luft gegriffen sein** be pure invention ◇ *Seine Beschuldigungen sind völlig aus der Luft gegriffen.* His accusations are pure invention. **jdm bleibt die Luft weg 1** sb can't breathe **2** (*fig*) sb is speechless **die Luft ist rein** the coast is clear **es herrscht dicke Luft** there's a bad atmosphere **(für jdn) Luft sein** ◇ *Er tut so, als ob ich Luft wäre.* He ignores me. ◇ *Sie ist ab jetzt Luft für mich.* From now on I shall have nothing more to do with her. **in der Luft hängen** be left hanging in the air; (*noch nicht entschieden sein*) be up in the air **in der Luft liegen** be in the air; (*Drohung, Gefahr, Gewitter*) be brewing **in die Luft fliegen** (*explodieren*) explode; blow up **in die Luft gehen** fly off the handle; (*BrE*) throw a wobbly (*umgs*) (*bes AmE*) go ape (*Slang*) **etw in die Luft sprengen/jagen** blow sth up **einer Sache Luft machen** express sth; (*Ärger auch*) give vent to sth ◇ *seinem Ärger/Herzen Luft machen* give vent to your anger/feelings → *Siehe auch* AUFLÖSEN, AUSGEHEN, LOCH *und* SCHNEIDEN

Luftangriff air raid **Luftaufnahme** aerial photo (graph) **Luftballon** balloon **Luftbelastung** atmospheric pollution **Luftblase** air bubble **Luftbrücke** airlift **luftdicht** airtight **Luftdruck 1** (PHYSIK) atmospheric pressure **2** (*in Reifen, Ballons etc.*) pressure **3** (*Druckwelle*) blast

lüften 1 air, (*AmE meist*) air (*sth*) out ◇ *ein Zimmer lüften* air a room ◇ *Sie lüftet täglich.* She airs the house every day. **2** *(heben)* raise, lift **3** *(verraten)* reveal; *(aufdecken)* discover IDM → SCHLEIER

Luft- **Luftfahrt** aviation **Luftfeuchtigkeit** (atmospheric) humidity **Luftfracht** air freight **Luftgewehr** air rifle, air gun

luftig **1** *(Raum)* airy **2** *(Kleidung)* light ◇ *ein luftiges Sommerkleid* a light summer dress ◇ *Sie waren luftig gekleidet.* They were wearing light clothes. ◇ *Du bist zu luftig angezogen.* You're not dressed warmly enough.

Luft- **Luftkrieg** aerial warfare **Luftkurort** = health resort renowned for its pure air **luftleer** **im luftleeren Raum** in a vacuum *(auch fig)* **Luftlinie** ◇ *sechs Kilometer Luftlinie* six kilometres as the crow flies **Luftloch** **1** air hole **2** (AERO) air pocket **Luftmasse** air mass **Luftmatratze** air mattress, *(BrE auch)* air bed **Luftpirat(in)** hijacker **Luftpost** airmail ◇ *etw per/mit Luftpost schicken* send sth (by) airmail **Luftpumpe** pump; *(Fahrrad-)* bicycle pump **Luftraum** airspace **Luftreinhaltung** air pollution control **Luftröhre** windpipe, trachea *(Fachspr)* **Luftschicht** layer of air **Luftschiff** airship **Luftschlange** paper streamer **Luftschloss** pipe dream, castle in the air ◇ *Die Idee vom eigenen Haus ist ein Luftschloss.* The idea of a house of our own is just a pipe dream. ◇ *Luftschlösser bauen* build castles in the air **Luftschutzbunker**, **Luftschutzkeller** air-raid shelter **Luftsprung** jump; **(vor Freude) einen ~ machen** jump for joy **Luftstreitkräfte** air force [mit Verb im Sing/Pl]

Lüftung **1** *(das Lüften)* airing **2** *(Anlage)* ventilation **Lüftungsanlage** ventilation system

Luft- **Luftveränderung** change of air **Luftverkehr** air traffic ◇ *der internationale Luftverkehr* international air traffic **Luftverschmutzung** air pollution ◇ *die hohe Luftverschmutzung in New York* the high levels of air pollution in New York ◇ *Die Bäume leiden unter der Luftverschmutzung.* The trees are being damaged by air pollution. **Luftwaffe** air force [mit Verb im Sing/Pl] **Luftwaffenstützpunkt** air (force) base **Luftweg** **1** ◇ *Die Hilfsgüter trafen auf dem Luftweg ein.* The aid arrived by air. ◇ *Der Luftweg ist am schnellsten.* It's quickest by air. **2** **Luftwege** (ANAT) respiratory tract ◇ *ein akuter Infekt der Luftwege* an acute infection of the respiratory tract **Luftwiderstand** air resistance [U] **Luftzug** current (of air); *(störend)* draught, *(AmE)* draft

Lüge lie ◇ *eine faustdicke Lüge* a barefaced lie ◇ *Sie bezichtigte ihn der Lüge.* She accused him of lying. IDM **jdn/etw Lügen strafen** prove sb wrong; give the lie to sb/sth ◇ *Er strafte alle seine Kritiker Lügen.* He proved all his critics wrong.

lügen lie ◇ *Ich glaube, sie lügt.* I think she's lying. ◇ *Er kann einfach nicht lügen.* He cannot tell a lie. ◇ *Das ist gelogen!* That's a lie! IDM **wie gedruckt lügen** lie through your teeth → *Siehe auch* BALKEN *und* BLAUE

Lügner(in) liar

Luke **1** *(Öffnung)* opening; *(in Böden oder Decken)* trapdoor; *(Dach-)* skylight **2** (NAUT) hatch

lukrativ **1** *Adj* lucrative ◇ *ein lukratives Geschäft* a lucrative deal **2** *Adv* profitably, at a profit ◇ *das Geschäft lukrativ betreiben* run the shop at a profit

Lümmel lout

lümmeln **sich ~** loll ◇ *Er lümmelte sich im Sessel.* He was lolling in the armchair.

lumpen IDM **sich nicht lumpen lassen** *(sich großzügig zeigen)* be generous; *(mithalten)* not want to be outdone ◇ *Mein Vater ließ sich nicht lumpen und gab uns das Geld.* My father was generous enough to give us the money. ◇ *Die Konkurrenz ließ sich nicht lumpen.* The competition did not want to be outdone.

Lumpen rag ◇ *in Lumpen gekleidet* dressed in rags

lumpig *(kümmerlich)* measly *(umgs)* ◇ *Sie zahlen lumpige fünfzehn Franken die Stunde.* They pay a measly fifteen francs an hour.

Lunch light lunch
Lunchpaket packed lunch, *(AmE)* bag lunch

Lunge lungs [Pl] ◇ *Joggen ist gut für die Lunge.* Jogging is good for the lungs. ◇ *Die Parks sind die grünen Lungen Londons.* The parks are the 'green lungs' of London. ◇ *auf Lunge rauchen* inhale IDM **sich die Lunge aus dem Hals schreien** yell your head off → *Siehe auch* EISERN
Lungenentzündung pneumonia [U] ◇ *sich eine Lungenentzündung holen* get pneumonia **Lungenflügel** lung **Lungenkrebs** lung cancer

Lunte fuse IDM **Lunte riechen** sense danger; *(Verdacht schöpfen)* smell a rat

Lupe magnifying glass IDM **jdn/etw muss man mit der Lupe suchen** sb/sth is hard to find **jdn/etw unter die Lupe nehmen** take a close look at sb/sth

lupenrein **1** *(Edelstein)* flawless **2** *(echt)* genuine; *(perfekt)* perfect

Lupine lupin

Lurch amphibian

Lust **1** **~ (auf/zu etw) haben** feel like (doing) sth ◇ *Ich habe Lust, schwimmen zu gehen.* I feel like going swimming. ◇ *Ich habe keine Lust, jetzt meine Hausaufgaben zu machen.* I don't feel like doing my homework now. ◇ *Wir gehen ins Kino. Hast du auch Lust?* We're going to the cinema. Do you feel like coming, too? ◇ *Ich habe keine Lust.* I don't feel like it. ◇ *Ich habe heute zu nichts Lust.* I don't feel like doing anything today. ◇ *Hast du Lust auf ein Eis?* Do you feel like an ice cream? ◇ *Ich hätte jetzt Lust auf einen Kaffee.* I feel like a coffee now. ◇ *Ich hatte nicht übel Lust, einfach zu gehen.* I really felt like walking out. ◇ *Ich hätte nicht übel Lust, die Schule zu schmeißen.* I feel like packing in school. ◇ *Du kannst so lange bleiben, wie du Lust hast.* You can stay here as long as you like. **2** **~ (an etw)** *(Freude)* pleasure (in sth); *(Begeisterung)* enthusiasm (for sth) ◇ *Er hat die Lust am Malen entdeckt.* He has begun to take pleasure in painting. ◇ *Sie ging ohne große Lust ans Kochen.* She started to cook without much enthusiasm. ◇ *Er hat schon die Lust an dem neuen Spielzeug verloren.* He has already lost interest in the new toy. ◇ *Bei deinem griesgrämigen Gesicht kann einem die Lust vergehen!* Your grumpy face would put anyone off! **3** *(sexuell)* desire IDM **nach Lust und Laune** as you like; *(so viel man will)* as much as you like ◇ *den Tag nach Lust und Laune gestalten* spend the day as you like ◇ *Dort können die Kinder nach Lust und Laune herumtoben.* The children can romp around there as much as they like.

Lüster chandelier

lüstern lascivious *(Adv* lasciviously)

lustig **1** *(witzig)* funny ◇ *lustige Geschichten* funny stories ◇ *die lustigen Grimassen des Clowns* the clown's funny faces ◇ *ein lustiger Typ* a funny guy ◇ *Sie erzählt immer so lustig.* She always tells such funny stories. **2** *(unterhaltsam)* entertaining, fun *(umgs)* ◇ *ein lustiger Abend* an entertaining evening ◇ *ein lustiges Spiel* a fun game ◇ *Die Party war wirklich lustig!* The party was really fun! **3** *(unbeschwert, heiter)* merry *(Adv* merrily) ◇ *Nach einem Glas Wein wurde sie lustig.* After a glass of wine she got quite merry. ◇ *Obwohl es verboten war, fotografierten sie lustig weiter.* Although it wasn't allowed, they merrily kept on taking pictures. IDM **das kann ja lustig werden!** That's going to be fun! **sich über jdn/etw lustig machen** make fun of sb/sth **solange man lustig ist** (for) as long as you like

lustlos apathetic (*Adv* apathetically); (*halbherzig*) half-hearted (*Adv* half-heartedly) ◇ *Er wirkte müde und lustlos.* He seemed tired and apathetic. ◇ *Lustlos begann sie, ihr Zimmer aufzuräumen.* Half-heartedly, she began to tidy up her room.
Lustspiel comedy
Lutheraner(in) Lutheran
lutherisch Lutheran
lutschen (an etw) ~ suck (sth) ◇ *ein Bonbon lutschen* suck a sweet ◇ *am Daumen lutschen* suck your thumb
luxuriös luxurious (*Adv* luxuriously) ◇ *eine luxuriöse Villa* a luxurious villa ◇ *luxuriös ausgestattet* luxuriously furnished ◇ *ein luxuriöses Leben führen* lead a life of luxury
Luxus luxury ◇ *Eine Spülmaschine ist kein Luxus mehr.* A dishwasher is no longer a luxury. ◇ *im Luxus leben* live in luxury
Luxus- luxury; (*Ausführung*) deluxe ◇ *ein Luxushotel* a luxury hotel ◇ *die Luxusausgabe* the deluxe edition **Luxusartikel** luxury ◇ *Im Krieg war Schokolade ein Luxusartikel.* During the war chocolate was a luxury. ◇ *Die Firma produziert Luxusartikel.* The company produces luxury goods.
Lymphe lymph
Lymphknoten lymph gland
lynchen lynch; (*fig*) kill
Lyra lyre
Lyrik (lyric) poetry ◇ *russische Lyrik* Russian poetry
Lyriker(in) lyric poet
lyrisch 1 lyric ◇ *die lyrische Dichtung* lyric poetry **2** (*stimmungsvoll*) lyrical (*Adv* lyrically) ◇ *ein lyrischer Stil* a lyrical style

M m

M, m M, m → *Beispiele bei* A
Machart style
machbar feasible (*Adv* feasibly)
Machbarkeit feasibility
Machbarkeitsnachweis proof of concept
Mache 1 (*Gehabe*) show **2 in der ~** in the pipeline
machen 1 (*tun*) do ◇ *Was macht er denn da?* What's he doing there? ◇ *Mach keine Dummheiten!* Don't do anything stupid! ◇ *Gut gemacht!* Well done! ◇ *Was kann man denn da machen?* What can you do? ◇ *Da kann man nichts machen.* There's nothing you can do about it. **2** (*herstellen, bewirken*) make ◇ *Feuer machen* make a fire ◇ *Sie hat das Kleid selbst gemacht.* She made the dress herself. ◇ *blöde Witze machen* make silly jokes ◇ *Der Lärm macht mich noch ganz krank.* The noise makes me feel quite ill. ◇ *Das Kleid macht dich schlank.* That dress makes you look slim. ◇ *Das macht mich traurig.* It saddens me. ◇ *Du machst mich wahnsinnig!* You're driving me mad! ℹ Für andere Ausdrücke mit **machen** siehe die Einträge für die entsprechenden Nomina etc. **Lärm machen** z.B. steht unter **Lärm 3** (*Prüfung etc.*) take ◇ *den Führerschein machen* take your driving test ◇ *Wann macht er Abitur?* When is he taking his A levels? **4** (*ausmachen*) matter ◇ *Das macht nichts.* It doesn't matter. ◇ *Macht es was, wenn ich später komme?* Will it matter if I'm a bit late? **5** (*mit Preisen, Zahlen*) be ◇ *Was macht das?* How much is that? ◇ *Das macht genau 20 Dollar.* That's exactly 20 dollars. ◇ *Drei mal drei macht neun.* Three threes are nine. **6** (*Tiere*) go ◇ *Kühe machen muh.* Cows go moo. **7 jdn zu etw ~** make sb sth; **etw zu etw ~** turn sth into sth ◇ *Sie haben ihn zum Direktor gemacht.* They made him managing director. ◇ *Der Film hat sie zum Star gemacht.* The film made her a star. ◇ *die Garage zum Arbeitszimmer machen* turn the garage into a study **8 sich an etw ~** start sth ◇ *Hast du dich schon an deine Hausaufgaben gemacht?* Have you started your homework yet? **9 sich ~** (*sich positiv entwickeln*) be coming along; (*aussehen*) look ◇ *Der neue Mitarbeiter macht sich ganz ordentlich.* The new member of staff is coming along nicely. ◇ *Das Bild macht sich gut an dieser Wand.* The picture looks good on that wall. **IDM Mach schon!** Hurry up! **Machs gut!** Take care! **sich nichts aus etw machen** not worry about sth ◇ *Mach dir nichts draus.* Don't worry about it. ◇ *Sie macht sich nichts daraus, dass sie so dick ist.* She doesn't worry about being so fat. **sich nichts/nicht viel aus jdm/etw machen** not like sb/sth (very much) ◇ *Ich mache mir nichts aus Fußball.* I don't like football. **Was macht/machen ... ?** How is/are ... ? ◇ *Was macht die Schule?* How's school? ◇ *Was machen die Kinder?* How are the children? → *Siehe auch* HOSE *und* MANN
Machenschaften machinations [Pl]
Macher(in) 1 doer ◇ *Er ist ein Macher.* He's a doer. ◇ *Der neue Trainer ist ein Macher.* The new coach gets things done. **2** (*Organisator*) organizer
Macho macho man
Macht 1 power ◇ *alles, was in unserer Macht steht* everything in our power ◇ *an der Macht sein* be in power ◇ *an die Macht kommen* come to power ◇ *die westlichen Mächte* the Western powers **2** (*Wesen, Kraft*) force ◇ *dunkle Mächte* dark forces ◇ *Das ist nur die Macht der Gewohnheit.* It's just force of habit. **IDM mit aller Macht** with all your might ◇ *Sie stemmte sich mit aller Macht gegen die Tür.* She pushed against the door with all her might.
Machtbereich sphere of influence **Machtergreifung** seizure of power (*oft mit einem Verb übersetzt*) ◇ *die Machtergreifung durch die Militärs* the military seizure of power ◇ *nach der Machtergreifung (der Nazis)* after the Nazis seized power **Machthaber(in)** ruler ◇ *die militärischen Machthaber* the military rulers ◇ *die damaligen Machthaber* those in power at the time **machthungrig** power-hungry, greedy for power [nicht vor Nomen]
mächtig 1 *Adj* powerful ◇ *eine sehr mächtige Frau* a very powerful woman ◇ *seine mächtige Stimme* his powerful voice ◇ *die Mächtigen* those in power **2** *Adj* (*Wand, Stamm*) massive; (*Baum auch*) mighty **3** *Adj* **einer Sprache ~ sein** (be able to) speak a language ◇ *Er ist kaum der deutschen Sprache mächtig.* He can barely speak German. **4** *Adv* (*sehr*) terribly, (*bes AmE*) mighty ◇ *Wir haben uns mächtig darüber gefreut.* We were mighty pleased. ◇ *Sie haben sich mächtig ins Zeug gelegt.* They made a terrific effort.
Macht- Machtkampf power struggle [mit Verb im Sing/Pl] **machtlos** powerless; (*hilflos*) helpless (*Adv* helplessly) ◇ *jdm/etw machtlos gegenüberstehen* be powerless against sb/sth ◇ *Sie mussten machtlos zusehen, wie ihr Dorf vernichtet wurde.* They had to watch helplessly as their village was destroyed. **Machtmissbrauch** abuse of power **Machtpolitik** power politics ◇ *Machtpolitik betreiben* play power politics **Machtposition** position (of power) ◇ *Sie hat ihre Machtposition schamlos ausgenutzt.* She shamelessly abused her position. **Machtprobe** trial of strength **Machtstellung** → MACHTPOSITION **Machtübernahme** (*oft mit einem Verb übersetzt*) ◇ *bei ihrer Machtübernahme* when she came to power ◇ *die Machtübernahme der Militärs* the takeover by the military **Machtverhältnisse** balance of power [Sing] **Machtwechsel** change of government

Machtwort IDM **ein Machtwort sprechen** put your foot down

Macke **1** quirk ◇ *Jeder hat so seine Macken.* Everyone has their own little quirks. **2** (*Schaden*) defect IDM **eine Macke haben** be mad ◇ *Du hast wohl 'ne Macke!* Are you mad?

Macker **1** (*Freund*) fella (*umgs*) **2** (*Macho*) macho type/man ◇ *diese miesen Macker* those stupid macho types

Mädchen girl; (*Baby*) baby girl ◇ *ein kleines Mädchen* a little girl ◇ *Sie hat ein Mädchen bekommen.* She had a baby girl. IDM **Mädchen für alles** dogsbody ◇ *Ich bin hier wohl das Mädchen für alles!* I'm the dogsbody round here!

Mädchenhandel trafficking in girls **Mädchenhaus** refuge for girls **Mädchenklasse** girls-only class ◇ *eine reine Mädchenklasse* a girls-only class **Mädchenmannschaft** girls' team **Mädchenname** **1** (*Vorname*) girl's name **2** (*Geburtsname*) maiden name **Mädchenschule** (all-)girls' school ◇ *Sie war auf einer reinen Mädchenschule.* She went to an all-girls' school.

Made maggot ◇ *von Maden wimmeln* be crawling with maggots

Mädel → MÄDCHEN

madig maggoty IDM **jdm etw madig machen** spoil sth for sb **jdn/etw madig machen** run sb/sth down

Madonna Madonna

Mafia Mafia [mit Verb im Sing/Pl]

Mafioso member of the Mafia

Magazin **1** (*Zeitschrift, Waffen-*) magazine ◇ *ein Magazin für Reisen* a travel magazine **2** (*Sendung*) magazine (programme), (*AmE*) magazine (program) **3** (*Lager*) storeroom

Magd servant girl

Magen stomach ◇ *Mir knurrt der Magen.* My stomach is rumbling. ◇ *Er hat sich den Magen verdorben.* He got a stomach upset. ◇ *Täglich drei Tabletten auf nüchternen Magen einnehmen.* Take three tablets a day before meals. IDM **jdm auf den Magen schlagen** **1** upset sb's stomach **2** (*fig*) upset sb **jdm dreht sich der Magen um** ◇ *Wenn ich Blut sehe, dreht sich mir der Magen um.* The sight of blood turns my stomach. **jdm (schwer) im Magen liegen** **1** lie heavy on the stomach **2** (*fig*) prey on sb's mind

Magenbeschwerden stomach trouble [U] ◇ *Magenbeschwerden haben* have stomach trouble **Magen-Darm-Infektion** gastro-enteritis [U] ◇ *eine Magen-Darm-Infektion haben* have gastro-enteritis **Magengeschwür** (stomach) ulcer ◇ *ein Magengeschwür haben* have an ulcer **Magenkrebs** stomach cancer **Magenschmerzen** stomach pains [Pl] **Magenverstimmung** stomach upset

mager **1** thin **2** (*Fleisch*) lean; (*Käse, Wurst*) low-fat **3** (*dürftig*) meagre, (*AmE*) meager; (*Auswahl, Ergebnis*) poor; (*Jahre, Zeit*) lean ◇ *magere zwei Prozent* a meagre two per cent

Mager- **Magermilch** skimmed milk **Magerquark** low-fat curd cheese **Magersucht** anorexia (nervosa) ◇ *an Magersucht leiden* suffer from anorexia **magersüchtig** anorexic

Magie ◇ *schwarze Magie* black magic

Magier(in) magician

magisch **1** magic ◇ *ein Amulett mit magischen Kräften* an amulet with magic powers ◇ *Das Licht zog sie magisch an.* The light drew her on as if by magic. **2** (*geheimnisvoll*) magical ◇ *die magische Welt der Insel* the magical world of the island ◇ *eine magische Anziehungskraft auf jdn ausüben* hold a fascination for sb

Magister, Magistra master's degree, MA ◇ *Er ist Magister der Germanistik.* He has an MA in German. → *Siehe auch* MSc

Magistrat town/city council

Magma magma

Magnat magnate

Magnesium magnesium

Magnet magnet (*auch fig*)

Magnetbahn → MAGNETSCHWEBEBAHN **Magnetfeld** magnetic field

magnetisch magnetic (*Adv* magnetically) (*auch fig*)

Magnetismus magnetism

Magnet- **Magnetschwebebahn** magnetic (levitation) railway **Magnetstreifen** magnetic strip

Magnolie magnolia

mäh baa

Mahagoni mahogany

Mähdrescher combine harvester

mähen cut; (*Wiese, Rasen auch*) mow

Mahl meal

mahlen grind IDM **wer zuerst kommt, mahlt zuerst** first come, first served

Mahlzeit meal ◇ *eine warme/leichte/deftige Mahlzeit* a hot/light/hearty meal ◇ *eine Mahlzeit zu sich nehmen* have a meal ◇ *eine kleine Mahlzeit* a snack IDM **Mahlzeit!** Enjoy your meal.; (*als Gruß*) Hello! **Na/Prost Mahlzeit!** Great - that's all I need!; (*zu anderen gesagt*) Have fun!

Mahn- **Mahnbescheid** order to pay ◇ *ein gerichtlicher Mahnbescheid* a court order to pay **Mahnbrief** reminder

Mähne mane (*auch fig*)

mahnen **1** urge ◇ *Sie mahnte zur Vorsicht.* She urged caution. ◇ *Er mahnte sie zur Eile.* He urged them to hurry. ◇ *Die Bibliothekarin mahnte uns, ruhig zu sein.* The librarian told us to be quiet. **2** (*erinnern*) remind; (*warnen*) warn ◇ *Sie mahnte die Kinder, ihre Hausaufgaben zu machen.* She reminded the children to do their homework. ◇ *seine mahnenden Worte* his words of warning **3** (*Mahnbrief schicken*) send *sb* a reminder ◇ *Er mahnte den Kunden schriftlich.* He sent the customer a written reminder.

Mahn- **Mahngebühr** fine **Mahnmal** memorial ◇ *ein Mahnmal für die Opfer des Nationalsozialismus* a memorial to the victims of National Socialism **Mahnschreiben** reminder

Mahnung **1** call, exhortation (*gehoben*) ◇ *Seine Rede war eine Mahnung zur Toleranz.* His speech was a call for tolerance. **2** (*Warnung*) warning ◇ *seine Mahnung vor dem Missbrauch militärischer Macht* his warning against the abuse of military power ◇ *Das Bild soll eine Mahnung sein.* The picture is intended to make people think. **3** (*Mahnbrief*) reminder

Mahnwache vigil ◇ *eine Mahnwache halten* hold a vigil

Mai May → *Beispiele bei* JANUAR

Maibaum ≈maypole **Maifeiertag** May Day **Maiglöckchen** lily of the valley **Maikäfer** May bug

Mail email

Mailadresse email address **Mailbox** mailbox

mailen email ◇ *Er hat ihr den Text gemailt.* He emailed her the text.

Mailing mailing, mailshot

Mais **1** (*Pflanze*) maize, (*AmE*) corn **2** (*als Gemüse*) sweetcorn, (*AmE*) corn; (*Kolben*) corn on the cob **Maiskolben** corncob; (*als Gemüse*) corn on the cob **Maiskorn** grain of maize, (*AmE*) grain of corn **Maismehl** cornflour, (*AmE*) cornmeal

Majestät Majesty

majestätisch majestic (*Adv* majestically)

Majonäse → MAYONNAISE

Major(in) major; *(in der britischen Luftwaffe)* squadron leader
Majoran marjoram
makaber macabre
Makel **1** *(Fehler)* flaw ◇ *ein unbedeutender Makel* a minor flaw ◇ *Er spielte das Stück fast ohne Makel.* He played the piece almost flawlessly. **2** *(Schmach)* stigma ◇ *der gesellschaftliche Makel einer Scheidung* the social stigma of divorce ◇ *Es ist kein Makel, wenn man arm ist.* Being poor is nothing to be ashamed of.
makellos flawless *(Adv* flawlessly); *(ohne Flecken)* spotless *(Adv* spotlessly) ◇ *Sie hat eine makellose Haut.* She has a flawless complexion. ◇ *Das Badezimmer war makellos sauber.* The bathroom was spotlessly clean.
mäkeln complain ◇ *Hör auf, am Essen zu mäkeln!* Stop complaining about the food!
Make-up make-up; *(flüssig)* foundation ◇ *Make-up auflegen* put make-up on
Makkaroni macaroni [U]
Makler(in) estate agent, *(AmE)* Realtor™, real estate agent; *(Börsen-)* broker
Maklergebühr agent's fee
Makrele mackerel
Makro (COMP) macro
Makrobefehl macro command
Makrone macaroon
Makulatur waste paper IDM **nur noch Makulatur sein** be worthless **zur Makulatur werden** bite the dust
mal **1** times ◇ *Zwei mal zwei ist vier.* Two times two is four./Two twos are four. **2** *(bei Flächenangaben)* by ◇ *Das Zimmer ist vier mal fünf Meter groß.* The room is four by five metres. **3** → EINMAL
Mal¹ time ◇ *beide Male* both times ◇ *letztes Mal* last time ◇ *ein anderes Mal* another time ◇ *jedes Mal* every time ◇ *mehrere Male* several times ◇ *ein paar Mal* a few times ◇ *das nächste Mal* next time ◇ *Es war das erste und letzte Mal, dass er zu spät kam.* It was the first and last time that he was late. ◇ *ein einziges Mal* just once ◇ *ein weiteres Mal* once again ◇ *Ich bin zum ersten Mal hier.* This is the first time that I've been here. ◇ *Zum zweiten Mal in diesem Winter ist der See zugefroren.* This is the second time this winter that the lake has frozen over. ◇ *Morgen steht sie zum letzten Mal auf der Bühne.* Tomorrow will be the last time she goes on stage. IDM **ein für alle Mal** once and for all **mit einem Mal** suddenly **von Mal zu Mal** every time
Mal² **1** *(Fleck)* mark; *(Mutter-)* birthmark **2** *(beim Baseball)* base
Malaria malaria
malen **1** paint ◇ *Sie malt ein Porträt.* She is painting a portrait. ◇ *Ich male gern.* I like painting. ◇ *Er malte ein düsteres Bild der Zukunft.* He painted a gloomy picture of the future. **2** *(schreiben/zeichnen)* draw ◇ *Sie malte eine Sieben auf das Papier.* She drew a seven on the paper. IDM → MÄNNCHEN *und* TEUFEL(IN)
Maler(in) **1** *(Künstler)* artist, painter **2** *(Anstreicher)* decorator, painter
Malerei painting
malerisch **1** picturesque *(Adv* picturesquely) **2** *(in Bezug auf Malerei)* artistic ◇ *Sie hat kein malerisches Talent.* She has no artistic talent. ◇ *sein bildhauerisches und malerisches Werk* his sculptures and paintings
Malheur mishap, little accident ◇ *Da ist mir ein Malheur passiert.* I've had a little accident. ◇ *Das ist doch kein Malheur!* It's not the end of the world!
Malkasten paintbox
malnehmen multiply ◇ *Was erhält man, wenn man vier mit sechs malnimmt?* What do you get when you multiply four by six?
malochen work; *(schwer arbeiten)* slave away
Malstift crayon; *(Filzstift)* felt pen
Malz malt
Malzbier = low-alcohol malt beer **Malzkaffee** = coffee substitute made from barley
Mama, Mami mummy, *(AmE)* mommy
Mammut mammoth
Mammutveranstaltung mammoth event
mampfen munch
man **1** you, one *(gehoben)* ◇ *Man kann nie wissen, wozu man das noch braucht.* You never know when it might come in useful. ◇ *So etwas tut man nicht!* You just don't do things like that! ◇ *Wie isst man Hummer?* How does one eat lobster? ◇ *Wie kann man nur so etwas sagen!* What a dreadful thing to say! ◇ *Mit dir kann man ja nicht reden!* It's impossible to talk to you! ◇ *Wie lange fährt man nach Berlin?* How long does it take to get to Berlin? **2** *(die Leute, die Öffentlichkeit)* they, people ◇ *Man sagt, dass es kalt wird.* They say it's going to be cold. ◇ *In Schweden geht man oft in die Sauna.* In Sweden people go to the sauna a lot. **3** *(bei Anweisungen, Empfehlungen etc., mit dem Passiv übersetzt)* ◇ *Man hat mir gesagt, dass der Zug nicht fährt.* I was told the train wasn't running. ◇ *Man hat uns davon abgeraten.* We were advised against it.
Management management [mit Verb im Sing/Pl] ◇ *Das Management plant Kürzungen.* The management is/are planning cuts. ◇ *fehlendes Management* poor management
managen manage
Manager(in) manager
manch(e,r,s) **1** *Adj* some; *(viele)* many ◇ *Manche Ärzte arbeiten zu viel.* Some doctors work too hard. ◇ *Manches Projekt wird niemals realisiert.* Some projects never see the light of day. ◇ *Skifahren ist teurer als manches andere Hobby.* Skiing is more expensive than many other hobbies. ◇ *Manch einer hätte schon aufgegeben.* A lot of people would have given up by now. **2** *Pron* some (people); *(viele)* many (people) ◇ *Manche meinen, dass er zurücktreten sollte.* Some people think he should resign. ◇ *Manche schaffen es, andere nicht.* Some manage it, some don't. ◇ *So mancher kehrt nie zurück.* Many never come back.
manchmal sometimes
Mandant(in) client
Mandarine mandarin
Mandat **1** (RECHT) brief ◇ *ein Mandat übernehmen* take a brief **2** *(Auftrag)* mandate **3** (POL) *(Amt)* seat ◇ *Sie legte ihr Mandat nieder.* She resigned her seat. ◇ *Die Partei ist mit sechs Mandaten vertreten.* The party has six seats.
Mandel **1** almond ◇ *gebrannte Mandeln* roasted almonds **2** (ANAT) tonsil ◇ *sich die Mandeln herausnehmen lassen* have your tonsils out
Mandelentzündung tonsillitis [U] ◇ *Er hat eine Mandelentzündung.* He's got tonsillitis.
Mandoline mandolin ◇ *Sie spielt Mandoline.* She plays the mandolin.
Manege ring
Manga Manga
Mangel¹ *die* mangle IDM **jdn in die Mangel nehmen** give sb a hard time
Mangel² *der* **1 ~ (an etw)** lack of sth [U/Sing]; *(Knappheit)* shortage (of sth) ◇ *Er wurde aus Mangel an Beweisen freigesprochen.* He was acquitted for lack of evidence. ◇ *An Bewerbern besteht kein Mangel.*

There is no shortage of applicants. **2** (*Fehler*) fault ◇ *technische Mängel* technical faults ◇ *Die Teller haben kleine Mängel.* The plates are slightly imperfect.

Mangelerscheinung deficiency symptom

mangelhaft **1** *Adj* poor; (*unzulänglich*) inadequate ◇ *Seine Sprachkenntnisse sind mangelhaft.* His knowledge of the language is poor. ◇ *die mangelhafte Beschilderung der Autobahn* inadequate signage on the motorway **2** *Adv* poorly; (*nicht dem Standard entsprechend*) not properly ◇ *mangelhaft beleuchtet* poorly lit ◇ *Die Heizung funktioniert nur mangelhaft.* The heating isn't working properly. ◇ *Sie war nur mangelhaft vorbereitet.* She wasn't properly prepared.

mangeln **1 es mangelt an etw** there is a lack of sth; (*unzureichend vorhanden*) there is a shortage of sth ◇ *Es mangelt am nötigen Respekt gegenüber den Eltern.* There is a lack of respect for parents. ◇ *Es mangelt an geschulten Arbeitskräften.* There is a shortage of qualified staff. ◇ *Über mangelnde Arbeit kann sie sich nicht beklagen.* She can't complain of being short of work. ◇ *mangelnde Hygiene* poor hygiene **2 jdm mangelt es an etw** sb lacks sth ◇ *Ihm mangelt es am nötigen Ernst.* He lacks the necessary seriousness. ◇ *Es mangelt ihr am nötigen Geld.* She hasn't got the money.

mangels for lack of ◇ *Mangels Beweisen wurde er freigesprochen.* He was acquitted for lack of evidence. ◇ *Mangels Interesse wurde das Museum geschlossen.* The museum was closed due to lack of interest.

Mangelware **~ sein** be in short supply; (*fig*) be few and far between, (*BrE auch*) be like gold dust ◇ *Kohle war zur Zeit Mangelware.* Coal was in short supply at the time. ◇ *Torchancen waren Mangelware.* Chances to score were few and far between. ◇ *Ausbildungsplätze sind Mangelware.* Apprenticeships are like gold dust.

Mango mango

Manie **1** (PSYCH) mania **2** (*fig*) obsession ◇ *Putzen wird bei ihr allmählich zur Manie.* Housework is becoming an obsession with her.

Manier **1** (*Art und Weise*) way, manner (*gehoben*) ◇ *in gewohnter Manier* in the usual way ◇ *nach alter Manier* in the traditional manner **2** (*Stil*) style ◇ *Er malt in der Manier Klees.* He paints in the style of Klee.

Manieren manners [Pl] ◇ *Ich werde dir schon noch Manieren beibringen!* I'll soon teach you some manners!

Manifest manifesto

manifestieren **sich ~** manifest itself (*gehoben*); (*sich zeigen*) be manifest (*gehoben*) ◇ *Der Fremdenhass manifestierte sich in Gewalt.* Xenophobia manifested itself in violence.

Maniküre manicure

Manipulation **1** manipulation (*oft mit einem Verb übersetzt*) ◇ *Man wirft ihr Manipulation der öffentlichen Meinung vor.* She is accused of manipulating public opinion. **2** (*betrügerisch*) tampering; (*des Wahlausgangs*) rigging

manipulieren **1** manipulate **2** (*betrügerisch*) tamper with *sth*; (*Wahlausgang*) rig ◇ *Die Stimmzettel sind manipuliert worden.* The voting slips were tampered with. ◇ *Die Wahl wurde manipuliert.* The election was rigged.

manisch **1** manic (*Adv* manically) ◇ *eine manische Episode* a manic phase ◇ *Er ist manisch-depressiv.* He is a manic-depressive. **2** (*besessen*) obsessive (*Adv* obsessively) ◇ *seine manische Eifersucht* his obsessive jealousy

Manko shortcoming; (*Nachteil*) disadvantage

Mann **1** man ◇ *der Zehnkampf der Männer* the men's decathlon ◇ *Zutritt nur für Männer.* Men only. **2** (*Ehe-*) husband ◇ *ihr verstorbener Mann* her late husband ◇ *Sie sind jetzt Mann und Frau.* They are now man and wife. **3** (*Leute, Besatzung*) ◇ *die 22 000 Mann starke Friedenstruppe* the 22 000-strong peacekeeping force ◇ *Über 100 Mann waren beim Großbrand im Einsatz.* Over a hundred firefighters fought the blaze. ◇ *Wie viel Mann waren im Golfkrieg im Einsatz?* How many troops were deployed in the Gulf war? ◇ *Es waren 50 Mann an Bord.* There was a 50-man crew. IDM **alle Mann** everybody **alle Mann an Bord!** all aboard! **etw an den Mann bringen** sell sth, (*BrE auch*) flog sth (*umgs*) **das ist unser Mann** He's our man. **den starken Mann spielen** act tough **ein gemachter Mann sein** have got it made **(mein lieber) Mann!** my God!, (*bes AmE*) (oh) boy! **pro Mann** per head **seinen Mann stehen** (*selbstständig sein*) stand on your own (two) feet; (*nicht einlenken*) stand your ground; (*im Wettkampf*) hold your own **von Mann zu Mann** man to man → *Siehe auch* TAT *und* WELT

Männchen **1** little man **2** (ZOOL) male IDM **Männchen machen** sit up and beg **Männchen malen** draw matchstick men; (*AmE*) draw stick figures

Männer- **Männerberuf** male profession; (*im Handwerk*) male job **Männerchor** male voice choir **männerfeindlich** anti-male ◇ *Diese Schriftstellerin schreibt ziemlich männerfeindlich.* This writer is rather anti-male.

männlich **1** male ◇ *Von den 120 Babys waren 65 männlich.* Out of the 120 babies 65 were male. ◇ *eine männlich dominierte Welt* a male-dominated world ◇ *Es meldete sich eine männliche Stimme.* A man's voice answered. ◇ *ein männlicher Vorname* a boy's name **2** (*für den Mann typisch, in der Grammatik*) masculine ◇ *Er hat eine sehr männliche Stimme.* He has a very masculine voice. ◇ *traditionell männliche Eigenschaften* traditional masculine qualities ◇ *ein männliches Substantiv* a masculine noun

Männlichkeit **1** masculinity **2** (*Potenz*) virility

Mannschaft **1** team [mit Verb im Sing/Pl] **2** (AERO, NAUT) crew [mit Verb im Sing/Pl] **3** (*militärische Einheit*) unit; (*einfache Soldaten*) men [Pl] IDM **vor versammelter Mannschaft** in front of everyone

Mannschaftsaufstellung line-up **Mannschaftsführer(in)** (team) captain **Mannschaftsgeist** team spirit **Mannschaftskamerad(in)** teammate **Mannschaftskapitän(in)** team (captain) **Mannschaftssport** team sport **Mannschaftswagen** personnel carrier; (*Polizei-*) (police) van **Mannschaftswertung** (*Punkte*) team score; (*Platz*) team placing **Mannschaftswettbewerb** team event

mannshoch six-foot [nur vor Nomen], as high as a man ◇ *eine mannshohe Hecke* a six-foot hedge ◇ *Der Zaun ist mannshoch.* It's a six-foot fence.

Manöver **1** manoeuvre, (*AmE*) maneuver (*auch fig*) ◇ *ein taktisches Manöver* a tactical manoeuvre **2** (MIL) manoeuvres [Pl], (*AmE*) maneuvers [Pl] ◇ *Die Truppe hielt ein Manöver ab.* The troops took part in manoeuvres.

manövrieren **1** manoeuvre, (*AmE*) maneuver ◇ *Sie manövrierte das Auto in die Parklücke.* She manoeuvred the car into the parking space. ◇ *Er hat sich selbst ins Abseits manövriert.* He has backed himself into a corner. **2** (*handeln*) perform manoeuvres, (*AmE*) perform maneuvers ◇ *Sie muss politisch geschickt manövrieren.* She will have to perform some clever political manoeuvres. ◇ *strategisches Manövrieren* tactical manoeuvres

Mansarde attic

Mansardenfenster dormer window **Mansardenwohnung** attic flat, (*AmE*) attic apartment

Manschette **1** cuff **2** (*beim Ringen*) stranglehold **3** (*Umhüllung*) paper frill **4** (*Dichtungsring*) sealing ring **Manschettenknopf** cufflink

Mantel **1** coat ◇ *Er half ihr in den Mantel.* He helped her into her coat. **2** (*Reifen-*) outer tyre, (*AmE*) outer tire IDM **der Mantel des Schweigens** the cloak of secrecy ◇ *Sie lüftete den Mantel des Schweigens.* She lifted the cloak of secrecy. ◇ *Er hüllte den Mantel des Schweigens über den Vorfall.* He hushed up the incident.

Manteltarifvertrag collective agreement on terms and conditions of employment

manuell manual (*Adv* manually) ◇ *manuelles Geschick* manual dexterity ◇ *Daten manuell eingeben* enter data manually ◇ *in manueller Arbeit hergestellt* hand made

Manuskript manuscript

Mäppchen pencil case

Mappe **1** (*Dokumenten-*) folder **2** (*Tasche*) document case, briefcase; (*für Zeichnungen etc.*) portfolio; (*Schul-*) school bag

Maracuja passion fruit

Marathon marathon (*auch fig*)
Marathonlauf marathon **Marathonläufer(in)** marathon runner **Marathonsitzung** marathon session

Märchen **1** fairy tale ◇ *die Märchen der Gebrüder Grimm* Grimms' fairy tales **2** (*Lügengeschichte*) story ◇ *Das sind nur Märchen.* Those are just stories. ◇ *Erzähl mir keine Märchen!* Who are you trying to kid? **Märchenbuch** book of fairy tales **Märchenfigur** fairy-tale character **Märchengestalt** fairy-tale creature

märchenhaft **1** fairy-tale [nur vor Nomen] ◇ *ein märchenhafter Palast* a fairy-tale palace ◇ *eine märchenhaft klingende Geschichte* a story that sounds like a fairy tale **2** (*sagenhaft*) fabulous (*Adv* fabulously) ◇ *märchenhafter Reichtum* fabulous wealth

Märchen- **Märchenland** fairyland **Märchenprinz** **1** (*Märchenfigur*) (fairy-tale) prince **2** (*idealer Mann*) Prince Charming **Märchenprinzessin** (fairy-tale) princess **Märchenwelt** fairy-tale world

Marder marten

Margarine margarine

Margerite ox-eye daisy

Marienkäfer ladybird, (*AmE*) ladybug

Marihuana marijuana

Marille apricot

Marinade marinade

Marine Navy ◇ *zur Marine gehen* join the navy **marineblau** navy blue **Marineinfanterist** marine **Marineoffizier** naval officer **Marinesoldat** naval officer; (*Marineinfanterist*) marine **Marinestützpunkt** naval base

marinieren marinate

Marionette marionette, puppet (*auch fig*) **Marionettenspieler(in)** puppeteer **Marionettentheater** puppet theatre, (*AmE*) puppet theater

Mark[1] (*die*) mark IDM **keine müde Mark** not a single penny; (*AmE*) not a cent

Mark[2] (*das*) **1** (*Knochen-*) marrow **2** (*Pflanzen-*) pith **3** (*Frucht-*) pulp IDM **jdn bis ins Mark treffen** shake sb to the core; (*Kritik*) cut sb to the quick **(jdm) durch Mark und Bein gehen** go right through sb ◇ *Ihr Schrei ging ihm durch Mark und Bein.* Her scream went right through him.

markant **1** (*charakteristisch*) distinctive (*Adv* distinctively); (*auffallend*) striking (*Adv* strikingly) ◇ *eine markante Duftnote* a distinctive perfume ◇ *markante Merkmale* distinctive features ◇ *besonders markante Beispiele* particularly striking examples ◇ *Die amerikanische Politik unterscheidet sich markant von der europäischen.* American politics is strikingly different from European politics. **2** (*wichtig*) important; (*hervorstechend*) prominent (*Adv* prominently); (*stark*) sharp (*Adv* sharply) ◇ *die markantesten Punkte der Stadt* the most important sights in the town ◇ *ein sehr markantes Kinn* a very prominent chin ◇ *markant steigen/zurückgehen* go up/fall sharply

Marke **1** (*Erkennungs-*) ID tag; (*Polizei-*) badge; (*Garderoben-*) cloakroom token; (*Essens-*) meal ticket; (*Hunde-*) dog tag **2** (*Brief-*) stamp **3** (*Pegel, Höhe*) mark **4** (*bei Produkten*) brand; (*bei Elektroartikeln, Fahrzeugen*) make ◇ *Was Kaffee angeht, kaufe ich nur eine bestimmte Marke.* I always buy one particular brand of coffee.
Markenartikel branded product; (*im Plural auch*) branded goods [Pl] **Markenbotschafter(in)** brand ambassador **Markenname** brand name **Markenzeichen** trademark (*auch fig*)

Marker marker

markerschütternd blood-curdling

Marketing marketing

markieren **1** mark ◇ *Er markierte die wichtigsten Zitate.* He marked the most important quotations. ◇ *Die Schlacht markierte einen Wendepunkt.* The battle marked a turning point. **2** (COMP) highlight; (*bei Facebook etc.*) tag ◇ *jdn auf einem Foto markieren* tag sb in a photo **3** (*vortäuschen*) fake; (*spielen*) act **4** (*erzielen*) score ◇ *Sie markierte den Ausgleich.* She scored the equalizer.

Markierung **1** (*Zeichen*) marking [meist Pl]; (*Strich, Punkt etc.*) mark ◇ *Die weiße Markierung ist schlecht zu erkennen.* The white markings are difficult to see. ◇ *Das Glas bis zur Markierung füllen.* Fill the glass up to the mark. ◇ *Die Markierung des Wanderwegs ist gut zu erkennen.* The path is well marked. **2** (*das Kennzeichnen*) (*oft mit einem Verb übersetzt*) ◇ *Die Markierung der Bienen erfolgte im Labor.* The bees were marked in the laboratory. **3** (COMP) cursor

Markise awning

Markt **1** market ◇ *In Ulm ist samstags Markt.* There's a market on Saturdays in Ulm. ◇ *Sie kauft Gemüse auf dem Markt.* She buys vegetables at the market. ◇ *der wachsende Markt für Produkte aus fairem Handel* the growing market for fair-trade products ◇ *neue Märkte erschließen* open up new markets ◇ *Dieses Buch ist nicht mehr auf dem Markt.* This book is no longer on the market. ◇ *auf den Markt kommen* come on to the market ◇ *ein Produkt vom Markt nehmen* take a product off the market ◇ *der schwarze Markt* the black market ◇ *Sie haben ein neues Getränk auf den Markt gebracht.* The firm has brought out a new drink. **2** (*-platz*) market square
Marktanalyse market analysis **Marktanteil** **1** market share **2** [U/Sing] share of the market ◇ *ein Marktanteil von 7 %* a 7% market share **marktbeherrschend** ◇ *das marktbeherrschende Unternehmen* the company which dominates the market ◇ *eine marktbeherrschende Stellung* market domination **Marktforscher(in)** market researcher **Marktforschung** market research **Marktfrau** market stallholder **marktführend** ◇ *das marktführende Unternehmen* the market leader ◇ *Diese Firma ist im Bereich Sportartikel marktführend.* This firm leads the market for sports goods. **Marktführer** market leader **Markthalle** covered market, market hall **Marktlücke** gap in the market **Marktplatz** market place, market square **Marktpreis** market price **Marktschreier** market stallholder (crying his/her wares) **Marktsegment** market segment **Marktstand** market stall **Markttag** market day **marktüblich** usual; (*aktuell*) current **Marktwert** market value [U/Sing] (*auch fig*); (*von Drogen*) street value **Marktwirt-**

schaft market economy **marktwirtschaftlich** free-market [nur vor Nomen] ◇ *marktwirtschaftlich orientierte Politik* free-market policies ◇ *die marktwirtschaftliche Ordnung* the free-market system

Marmelade jam; (*Orangen-, Zitronen-*) marmalade ◇ *Marmelade kochen* make jam
Marmeladenglas jam jar

Marmor marble
Marmorkuchen marble cake

marode decaying; (*Zustand auch*) run-down

Marone (*Kastanie*) sweet chestnut

Marotte quirk ◇ *Sie hat die Marotte, den Hörer vor dem Telefonieren abzuwischen.* It's a quirk of hers to wipe the receiver before making a phone call.

Mars Mars → *Beispiele bei* MERKUR

marsch 1 (*Befehl*) march! **2** (*Aufforderung*) ◇ *Marsch, beeilt euch!* Get a move on! ◇ *Marsch, ins Bett mit dir!* Off to bed!

Marsch 1 (MIL, MUS) march **2** (*zügiges Gehen*) (long) walk ◇ *ein Marsch von drei Stunden* a three-hour walk

Marschall marshal

Marsch- Marschbefehl marching orders [Pl] **Marschflugkörper** cruise missile

marschieren 1 (*Soldaten, Prozession etc.*) march **2** (*zügig gehen*) walk

Marschmusik marches [Pl]

Marsmensch Martian

Martinshorn siren

Märtyrer(in) martyr ◇ *Sie haben ihn zum Märtyrer gemacht.* They have made a martyr of him.

Marxismus Marxism

Marxist(in) Marxist

marxistisch Marxist

März March → *Beispiele bei* JANUAR

Marzipan marzipan

Masche 1 (*beim Stricken, Häkeln*) stitch ◇ *rechte Maschen stricken* knit ◇ *linke Maschen stricken* purl ◇ *Maschen aufnehmen/abketten* cast on/cast off stitches **2** (*in einem Netz*) hole **3 Maschen** (*eines Fangnetzes*) mesh [U] **4** (*fig*) trick ◇ *die neue Masche der Diebe* the burglars' latest trick
Maschendraht wire netting

Maschine 1 machine **2** (*Schreib-*) typewriter ◇ *Maschine schreiben* type **3** (*Flugzeug*) plane ◇ *Die Maschine startet.* The plane is taking off. ◇ *Die Maschine aus Rom hat Verspätung.* The flight from Rome is delayed. **4** (*Motorrad*) motorbike

maschinell by machine ◇ *die maschinelle Ernte* harvesting by machine ◇ *maschinell hergestellt* machine-made

Maschinen- Maschinenbau mechanical engineering **Maschinenbauingenieur(in)** mechanical engineer **Maschinenfabrik** engineering works **Maschinengewehr** machine gun **maschinenlesbar 1** *Adj* machine-readable **2** *Adv* in machine-readable form ◇ *Die Daten werden maschinenlesbar aufbereitet.* The data is processed in machine-readable form. **Maschinenpistole** sub-machine gun **Maschinenraum** engine room

Maschinerie machinery [U] (*auch fig*) ◇ *eine gewaltige Maschinerie* a huge piece of machinery

Maschineschreiben typing

Maschinist(in) machinist, machine operator; (*auf einem Schiff*) engineer

Masern measles [U] ◇ *Er hat die Masern.* He's got (the) measles. ◇ *Masern sind eine Viruserkrankung.* Measles is a viral disease.

Maserung grain [U]

Maske 1 (*Schutz-, Tauch-, Faschingsmaske etc., kosmetische Maske*) mask ◇ *eine Hexenmaske* a witch's mask **2** (THEAT) make-up [U] ◇ *Er war noch in der Maske.* He was still in make-up.
Maskenball masked ball **Maskenbildner(in)** make-up artist

maskieren sich ~ 1 (*sich verkleiden*) dress up ◇ *Beide Jungen maskierten sich als Cowboys.* The two boys dressed up as cowboys. ◇ *Sie hat sich mit einer dunklen Brille maskiert.* She disguised herself with a pair of dark glasses. **2** (*Verbrecher etc.*) put on a mask

maskiert 1 ◇ *maskierte Kinder* children in fancy dress **2** (*Verbrecher etc.*) masked

Maskierte(r) masked man/woman

Maskottchen mascot

maskulin masculine

Masochismus masochism

Masochist(in) masochist ◇ *Sie ist Masochistin.* She's a masochist.

masochistisch masochistic (*Adv* masochistically)

Maß¹ *das* **1** (*Einheit*) unit of measurement **2** (*Größe*) measurement; (*von Möbeln, Zimmer*) dimension, measurement **3** (*Ausmaß*) degree, extent ◇ *ein hohes Maß an Selbstständigkeit* a high degree of independence ◇ *In welchem Maße sind wir davon betroffen?* To what extent are we affected by it? ◇ *Die Kosten wurden auf ein akzeptables Maß reduziert.* The costs were reduced to an acceptable level. ◇ *Das gilt in besonderem Maße für Lehrer.* This is especially true for teachers. ◇ *in ausreichendem Maße vorhanden sein* be present in adequate quantities IDM **das Maß aller Dinge** the measure of all things **Das Maß ist voll!** That's it. Enough is enough! **in Maßen** in moderation **mit zweierlei Maß messen** apply double standards **nach Maß** customized ◇ *Ausbildung nach Maß* customized training courses ◇ *etw nach Maß anfertigen lassen* have sth made to measure ◇ *Babys nach Maß* designer babies

Maß² *die* litre of beer, (*AmE*) liter of beer

Massage massage ◇ *Ich gehe zur Massage.* I'm going to have a massage.

Massaker massacre ◇ *das Massaker an friedlichen Demonstranten* the massacre of peaceful demonstrators ◇ *ein Massaker verüben* carry out a massacre

massakrieren massacre

Masse 1 mass; (GASTRON) mixture ◇ *Die Schokolade war eine weiche, klebrige Masse.* The chocolate was a soft, sticky mass. ◇ *Die Masse kneten.* Knead the mixture. **2** (*große Menge*) ◇ *Bei der Masse der Bewerbungen fiel die Entscheidung schwer.* It was difficult to make a decision because of the large number of applications. ◇ *Massen von Büchern* masses of books ◇ *Die Masse der Frauen musste arbeiten.* Most of the women had to work. ◇ *Die Fans kamen in Massen.* Huge numbers of fans came. **3** (*Menschenmenge*) crowd [mit Verb im Sing/Pl] **4 die ~** (*Volk*) the masses [Pl] ◇ *Fernsehsendungen für die breite Masse* TV programmes for the masses ◇ *Die breite Masse der Bevölkerung will Frieden.* The vast majority of the population wants peace. **5** (PHYSIK) mass

Maßeinheit unit of measurement

Massen- Massenandrang crowds (of people) [Pl] ◇ *In den Geschäften herrschte Massenandrang.* There were crowds of people in the shops. **Massenarbeitslosigkeit** mass unemployment **Massenbewegung** mass movement **Massenentlassung** mass redundancies [Pl] **Massenflucht** mass exodus **Massengrab** mass grave

massenhaft in huge numbers [nicht vor Nomen] ◇ *Mücken treten in diesem Gebiet massenhaft auf.* Mosquitoes are found in huge numbers in this area. ◇ *ein massenhaftes Absterben der Bäume* trees dying in huge numbers ◇ *Sie haben massenhaft Geld.* They've got loads of money.

Massen- Massenkarambolage pile-up **Massenmedien** mass media [Pl] **Massen-Mehrspieler-Onlinespiel** MMO, massively multiplayer online role-playing game **Massenmord** mass murder ◇ *der Massenmord an Flüchtlingen* the mass murder of refugees **Massenproduktion** mass production ◇ *die industrielle Massenproduktion* industrial mass production **Massentierhaltung** intensive livestock farming **Massentourismus** mass tourism **Massenvernichtungswaffen** weapons of mass destruction [Pl]

massenweise ◇ *massenweise gute Ideen* lots of good ideas ◇ *Ich habe massenweise Post bekommen.* I got masses of post. ◇ *Die Lehrer wurden massenweise entlassen.* Large numbers of teachers were made redundant.

Masseur masseur

Masseurin masseuse

maßgeblich, **maßgebend** major, important; (*entscheidend*) crucial ◇ *bei etw eine maßgebliche Rolle spielen* play a major role in sth ◇ *maßgebliche Vertreter der Industrie* important figures from industry ◇ *Er war maßgeblich am gestrigen Sieg beteiligt.* He played a crucial role in yesterday's victory. ◇ *Er hat die Musikszene maßgeblich beeinflusst.* He has had a strong influence on the music scene.

maßgeschneidert tailor-made (*auch fig*)

massieren[1] **1** massage **2** ◇ *Kannst du mir den Rücken massieren?* Could you massage my back?

massieren[2] **sich ~** (*sich häufen*) be concentrated; (*Truppen*) mass ◇ *In Großstädten massiert sich die Kriminalität.* Crime tends to be concentrated in cities.

massig **1** *Adj* huge **2** *Adv* loads of ... (*umgs*) ◇ *Der Markt zog massig Leute an.* The market attracted loads of people.

mäßig **1** moderate (*Adv* moderately) ◇ *schwacher bis mäßiger Wind* light to moderate winds ◇ *Die Kampagne hatte nur mäßigen Erfolg.* The campaign was only moderately successful. ◇ *Sie verdient mäßig.* She only earns a modest salary. **2** (*in Maßen*) in moderation ◇ *Sie trinkt nur mäßig.* She drinks only in moderation. **3** (*mittelmäßig*) mediocre; (*schwach*) poor (*Adv* poorly) ◇ *ein mäßiger Schüler* a mediocre pupil ◇ *Das Konzert war nur mäßig besucht.* The concert was poorly attended. ◇ *Das Stück erhielt nur mäßige Kritiken.* The play didn't get very good reviews.

mäßigen **1** reduce; (*Worte*) tone *sth* down ◇ *den Zigarettenkonsum mäßigen* reduce cigarette consumption **2 sich ~** (*maßvoller handeln*) restrain yourself; (*ruhiger werden*) calm down **3 sich ~** (*maßvoller werden*) become more moderate ◇ *Ihre Ansichten haben sich gemäßigt.* Her views have become more moderate.

massiv **1** solid (*Adv* solidly) ◇ *ein Tisch aus massiver Birke* a solid birch table ◇ *Der Kleiderschrank ist Kiefer massiv.* This wardrobe is solid pine. ◇ *eine massive Statue aus Bronze* a solid bronze statue **2** (*groß*) huge (*Adv* hugely); (*Kritik, Bedrohung*) serious (*Adv* seriously); (*Protest*) strong (*Adv* strongly); (*Druck*) massive ◇ *ein massiver Baum* a huge tree ◇ *Die Steuern wurden massiv erhöht.* There were huge tax increases. ◇ *Die Presse machte der Firma massive Vorwürfe.* The press made serious accusations against the firm. ◇ *trotz des massiven Widerstands der Anwohner* in spite of strong opposition from the residents ◇ *der massive Einsatz von Polizei* the deployment of large numbers of police

maßlos (*Lebensweise, Forderung etc.*) excessive (*Adv* excessively); (*Enttäuschung*) bitter (*Adv* bitterly); (*Übertreibung*) gross (*Adv* grossly) ◇ *Ihre Ansprüche sind maßlos.* Her demands are excessive. ◇ *maßlos überzogene Kritik* excessive criticism ◇ *maßlos enttäuscht* bitterly disappointed ◇ *Das ist maßlos übertrieben.* That's grossly exaggerated. ◇ *Er nutzt sie maßlos aus.* He exploits her shamelessly.

Maßlosigkeit lack of restraint; (*Verschwendung*) extravagance; (*Gier*) greed

Maßnahme measure ◇ *vorbeugende Maßnahmen* preventive measures ◇ *neue Maßnahmen zum Umweltschutz* new conservation measures ◇ *einschneidende Maßnahmen gegen Steuerhinterziehung ergreifen* take drastic measures against tax evasion

Maßstab **1** standard; (*fig*) benchmark ◇ *Unsere Lehrer legen sehr hohe Maßstäbe an.* Our teachers set very high standards. ◇ *Die Tarifabschlüsse im Bergbau können kein Maßstab für die Banken-Tarifrunde sein.* The miners' settlements cannot be the benchmark for negotiations in the banking sector. **2** (*bei Landkarten*) scale ◇ *Diese Karte hat einen Maßstab von 1:100 000.* The scale of this map is 1:100 000. ◇ *Das Gebäude ist hier in stark verkleinertem Maßstab dargestellt.* The building is represented here on a very reduced scale.

maßstabsgetreu, **maßstabsgerecht** (true) to scale [nicht vor Nomen], scale [nur vor Nomen] ◇ *Der Stadtplan gibt alle Details maßstabsgetreu wieder.* The map shows all the details true to scale. ◇ *ein maßstabgetreues Modell* a scale model

maßvoll **1** moderate (*Adv* moderately) ◇ *eine maßvolle Anhebung der Gebühren* a moderate increase in charges. **2** (*in Maßen*) in moderation ◇ *Alkohol muss maßvoll genossen werden.* Alcohol must be taken in moderation.

Mast[1] *der* mast; (*Telefon-, Fahnen- etc. auch*) pole

Mast[2] *die* fattening

mästen **1** (*Tier*) fatten **2** (*Menschen*) overfeed

masturbieren masturbate

Match match

Matchball match point

Material **1** (*Stoff*) material ◇ *radioaktives Material* radioactive material ◇ *Fast alle im Dorf hatten Material für das Buch zusammengetragen.* Nearly everyone in the village had collected material for the book. **2** (*Utensilien, Ausrüstung*) materials [Pl] ◇ *Sie suchen das nötige Material zusammen.* They're getting the necessary materials together. **3** (MIL) military materials and equipment [Pl] **4** (*Beweis-*) evidence **Materialermüdung** material fatigue; (*bei Metall*) metal fatigue **Materialfehler** defective material ◇ *ein Unfall infolge eines Materialfehlers* an accident as a result of the use of defective materials

Materialismus materialism

Materialist(in) materialist

materialistisch materialistic (*Adv* materialistically)

Materie **1** (*Substanz*) matter **2** (*Thema*) subject

materiell **1** material [nur vor Nomen] (*Adv* materially) ◇ *materielle Güter* material goods ◇ *Der materielle Wert dieses Rings ist gering, aber er hat einen hohen ideellen Wert für mich.* The ring is of little monetary value, but it's of great sentimental value to me. **2** (*finanziell*) financial (*Adv* financially) ◇ *materielle Sorgen* financial worries ◇ *materiell abgesichert* financially secure ◇ *materielle Not* poverty **3** (*stofflich*) physical [nur vor Nomen] ◇ *die materielle Welt* the physical world **4** (*materialistisch*) materialistic (*Adv* materialistically)

Mathe maths [U] (*umgs*), (*AmE*) math [U] (*umgs*) ◇ *Mathe ist mein Lieblingsfach.* Maths is my favourite subject.

Mathematik mathematics [U] ◇ *Angewandte Mathematik ist sein Spezialfach.* Applied mathematics is his specialist subject.
Mathematiker(in) mathematician
mathematisch mathematical (*Adv* mathematically) ◇ *mathematische Regeln* mathematical rules ◇ *ein mathematisch begabtes Kind* a child with a gift for mathematics
Matratze mattress
Mätresse mistress
Matrose, **Matrosin** **1** sailor **2** (*Dienstgrad in GB*) ≈ Junior Seaman, Ordinary Seaman; (*in den USA*) ≈ Seaman Apprentice, Seaman Recruit
Matsch **1** (*Erde*) mud; (*Schnee*) slush **2** (*aus Früchten oder Gemüse*) mush, pulp IDM → SCHLAGEN
matschig **1** muddy; (*Schnee*) slushy **2** (*Obst, Gemüse*) mushy
matt **1** (*schwach*) weak; (*erschöpft*) exhausted ◇ *Er war vor Hunger ganz matt.* He was weak with hunger. **2** (*Stimme, Lächeln*) faint (*Adv* faintly) **3** (*nicht glänzend*) matt, dull ◇ *Ich hätte die Fotos gerne matt, nicht glänzend.* I'd like the photos matt, not glossy. ◇ *Seine Augen waren ganz matt.* His eyes were dull. **4** (*Licht*) subdued; (*Farben*) soft **5** (*Scherz*) feeble (*Adv* feebly); (*Vorstellung, Spiel, Rede*) lacklustre, (*AmE*) lackluster **6** (*beim Schach*) checkmate ◇ *Er war matt in zwei Zügen.* He was checkmated in two moves. ◇ *Schach und matt!* Checkmate!
Matte mat IDM **auf der Matte stehen** (*bereit sein*) be ready; (*bei jdm auftauchen*) turn up on sb's doorstep
Mattscheibe television screen; (*Fernseher*) box (*umgs*), telly (*umgs*)
mattsetzen checkmate
Matura = school-leaving exam which entitles you to go to university
Maturand(in), **Maturant(in)** = student doing school-leaving exams
maturieren = do your school-leaving exams
Mauer wall (*auch fig*) ◇ *eine Mauer hochziehen* put up a wall ◇ *eine Mauer des Schweigens* a wall of silence ◇ *die (Berliner) Mauer* the Berlin Wall
Mauerbau building of the Berlin Wall **Mauerfall** fall of the Berlin Wall
mauern **1** lay bricks **2 etw ~** build sth (in brick/stone) ◇ *Die Wände sind nicht gemauert.* The walls are not built in brick. **3** (*blockieren*) stonewall **4** (*bei Sport und Spielen*) play defensively
Mauer- **Maueröffnung** = collapse of the Berlin Wall **Mauerwerk** masonry; (*aus Ziegelsteinen*) brickwork
Maul mouth ◇ *Der Löwe riss sein Maul auf.* The lion opened its mouth. ◇ *Sie hatte sechs hungrige Mäuler zu stopfen.* She had six hungry mouths to feed. ◇ *Mach endlich dein Maul auf!* Say something! ◇ *Sie fürchtete die bösen Mäuler der Nachbarn.* She feared the neighbours' wagging tongues. IDM **das/sein Maul halten** keep your mouth shut; (*aufhören zu reden*) shut up ◇ *Halts Maul!* Shut up! **sich über jdn/etw das Maul zerreißen** gossip about sb/sth → *Siehe auch* GAUL *und* HONIG
maulen **(über jdn/etw) ~** moan about sb/sth
Maul- **Maulesel** mule **Maulkorb** **1** muzzle **2 jdm/etw einen ~ anlegen** muzzle sb/sth (*auch fig*) ◇ *Die Regierung versucht der Presse einen Maulkorb anzulegen.* The government is trying to muzzle the press. **Maultier** mule **Maul- und Klauenseuche** foot-and-mouth disease, (*AmE*) hoof and mouth disease **Maulwurf** mole (*auch fig*)
Maurer(in) bricklayer, builder
Maus **1** (ZOOL, COMP) mouse **2** (*Kosewort*) love (*umgs*), (*AmE*) honey (*umgs*) **3 Mäuse** (*Geld*) cash [U], (*BrE auch*) dosh [U] (*Slang*) ◇ *Kannst du mir ein paar Mäuse leihen?* Can you lend me some dosh? **4 eine graue ~** a nobody IDM → KATZ *und* KATZE
Mauschelei dodgy dealings [Pl]
Mausefalle mousetrap
mausen IDM → KATZE
mausern **1 (sich) ~** (*Tier*) moult, (*AmE*) molt **2 sich (zu etw) ~** (*Mensch, Firma*) blossom (into sth)
Maus- **Mausklick** mouse click, click of a/the mouse ◇ *Autos per Mausklick!* Cars at the click of a mouse! ◇ *ein einfacher/doppelter Mausklick* a single/double click on the mouse **Mausmatte** (*auch* **Mauspad**) mouse mat, (*AmE*) mouse pad
Mausoleum mausoleum
Maus- **Maussteuerung** mouse control **Maustaste** mouse button **Mauszeiger** mouse pointer
Maut, **Mautgebühr** toll
Mautstelle tollbooth **Mautstraße** toll road, (*AmE*) turnpike
maximal **1** *Adj* maximum [nur vor Nomen] ◇ *die maximale Geschwindigkeit* the maximum speed **2** *Adv* at most ◇ *Es waren maximal 20 Leute da.* There were at most 20 people there. ◇ *die maximal zulässigen Schadstoffe* the maximum permitted levels of contaminants
Maxime maxim
Maximum maximum ◇ *Dieses Modell bietet ein Maximum an Sicherheit und Komfort.* This model offers maximum safety and comfort.
Mayonnaise mayonnaise
Mäzen(in) patron
Mechanik **1** (*Fach*) mechanics [U] **2** (*Mechanismus*) mechanism
Mechaniker(in) mechanic
mechanisch mechanical (*Adv* mechanically) (*auch fig*)
Mechanismus mechanism (*auch fig*)
Mechatronik mechatronics [U]
Mechatroniker(in) mechatronics engineer
Meckerer moaner (*umgs*)
meckern **1** (*Ziege*) bleat **2** (*schimpfen*) grumble, moan (*umgs*)
Medaille medal IDM → KEHRSEITE
Medaillengewinner(in) medal winner, medallist
Mediathek **1** media resource centre, (*AmE*) media resource center **2** (*eines Fernsehsenders*) catch-up ◇ *Du kannst es später in der Mediathek anschauen.* You can watch it later on catch-up.
Medien media [Pl/mit Verb im Sing/Pl]
medienaffin media-savvy **Medienanstalt** broadcasting authority **Medienbericht** media report **Medienkompetenz** media literacy **Medienlandschaft** media scene **Medienrummel** media attention [U] **medienscheu** media-shy **medienwirksam** ◇ *ein medienwirksamer Protest* a protest that will draw the attention of the media ◇ *Der Staatsbesuch wurde medienwirksam inszeniert.* The state visit was stage-managed for the benefit of the media.
Medikament **1** drug **2** (*bes AmE*) medication; (*allgemein: Arzneimittel*) medicine ◇ *rezeptpflichtige Medikamente* prescription drugs ◇ *ein Medikament gegen Aids* an AIDS drug ◇ *Nehmen Sie Medikamente?* Are you on any medication? ◇ *Medikamente und Lebensmittel werden dringend benötigt.* Medicines and food are urgently needed. ◇ *Hat dir der Arzt Medikamente verordnet?* Has the doctor given you something for that?

Medikamentenabhängigkeit prescription drug addiction **Medikamentenmissbrauch** prescription drug abuse

medikamentös with drugs (*dem Nomen nachgestellt*) ◇ *eine medikamentöse Behandlung* treatment with drugs

Meditation meditation

mediterran Mediterranean ◇ *mediterrane Küche* Mediterranean cuisine ◇ *ein mediterranes Klima* a Mediterranean climate

meditieren **(über etw) ~** meditate (on sth)

Medium medium → *Siehe auch* MEDIEN

Medizin **1** medicine ◇ *Sie studiert Medizin.* She is studying medicine. **2** (*Arznei*) drug, (*bes AmE*) medication

medizinisch **1** medical ◇ *die medizinische Betreuung/Behandlung* medical care/treatment ◇ *die medizinische Fakultät* the faculty of medicine ◇ *die medizinische Versorgung* health care ◇ *Sie wurden medizinisch betreut.* They were given medical care. ◇ *medizinisch notwendig* necessary from a medical point of view **2** (*Abfall*) clinical [nur vor Nomen]; (*Pflanzen, Bäder*) medicinal ◇ *für medizinische Zwecke* for medicinal purposes

medizinisch-technische(r) Assistent(in) medical laboratory technician

Medizin- **Medizinmann** medicine man **Medizinstudent(in)** medical student

Meer sea, (*bes AmE*) ocean ◇ *Das Boot fuhr weit aufs Meer hinaus.* The boat sailed far out to sea. ◇ *ein Meer von Lavendelblüten* a sea of lavender ◇ *ein Haus am Meer* a house by the sea ◇ *ans Meer fahren* go to the seaside ◇ *Liegt Bremen am Meer?* Is Bremen on the coast? **IDM** → SAND

Meerbusen gulf **Meerenge** straits [Pl]

Meeres- **Meeresbiologe, -biologin** marine biologist **Meeresbiologie** marine biology **Meeresboden** seabed **Meeresforschung** oceanography **Meeresfrüchte** seafood [U] **Meeresgrund** seabed **Meeresluft** sea air **Meeresschildkröte** turtle **Meeresspiegel** sea level ◇ *500 Meter über dem Meeresspiegel* 500 metres above sea level

Meer- **Meerkatze** long-tailed monkey **Meerrettich** horseradish **Meerschweinchen** guinea pig

Meeting meeting

Mega- mega-
Megabyte megabyte **Megahertz** megahertz

Mehl **1** flour **2** (*Pulver*) powder; (*Tier-*) bonemeal

mehlig **1** floury ◇ *mehlige Kartoffeln* floury potatoes **2** (*fein*) powdery **3** (*Obst*) mealy

Mehlspeise **1** = pudding made of flour, milk, eggs and butter **2** (*Kuchen*) cake

mehr **1** more ◇ *Du hast mehr gegessen als ich.* You've eaten more than me. ◇ *mehr als fünfzig Leute* more than fifty people ◇ *Mehr wollte er nicht essen.* He wouldn't eat any more. ◇ *Was will man mehr?* What more do you want? ◇ *Zwei Kilo sind mehr als genug.* Two kilos are more than enough. ◇ *mehr denn je* more than ever ◇ *Das ist ein Grund mehr zu verreisen.* That's another good reason to go away. ◇ *Zehn Dollar? Mehr nicht?* Ten dollars? Is that all? ◇ *Das ist mehr als fraglich!* That's very doubtful! ◇ *Sie wünscht sich nichts mehr als ein Motorrad.* What she really wants is a motorbike. **2** (*eher*) ◇ *mehr tot als lebendig* more dead than alive ◇ *Er ist mehr Bildhauer als Maler.* He's more of a sculptor than a painter. ◇ *Dieser Job liegt ihr sehr viel mehr.* This job suits her much better. ◇ *Sie spielten mehr laut als gut.* Their playing was loud rather than good. ◇ *Das funktioniert mehr schlecht als recht.* This doesn't work too well. ◇ *Er hält sich mehr schlecht als recht über Wasser.* He struggles to make ends meet. **3 nicht ~** no longer, not ... any more ◇ *Dieses Modell ist nicht mehr erhältlich.* This model is no longer available. ◇ *Sie wohnen nicht mehr hier.* They don't live here any more. ◇ *Ich brauche nicht mehr lange.* It won't take me much longer. ◇ *„Möchten Sie noch Kuchen?" „Danke, ich kann nicht mehr."* 'Would you like some more cake?' 'No, thank you, I'm full.' ◇ *Ich habe keine Lust mehr.* I've had enough. ◇ *Sie ist nicht mehr dieselbe.* She's changed a lot. ◇ *Ich werde es nicht mehr tun.* I won't do it again. ◇ *Ich kann das nicht mehr hören!* I'm fed up with hearing that! **4** (*sonst*) ◇ *Es ist keiner mehr gekommen.* Nobody else came. ◇ *Da war nichts mehr zu machen.* There was nothing anybody could do. → *Siehe auch* NICHTS
IDM **mehr oder weniger** **1** (*in etwa*) more or less ◇ *Der Preis ist mehr oder weniger derselbe.* The price is more or less the same. **2** (*vorwiegend*) on the whole ◇ *Das Treffen war mehr oder weniger erfolgreich.* On the whole, the meeting was successful. **3** (*teilweise*) ◇ *mehr oder weniger stark beschädigt* damaged to a greater or lesser extent ◇ *mehr oder weniger berühmte Besucher* famous and not-so-famous visitors **mehr und mehr** (*auch* **immer mehr**) more and more **nach mehr schmecken** be moreish (*umgs*)

Mehr **ein ~ an etw** ◇ *ein Mehr an Lebensqualität* better quality of life ◇ *Die Autofirma wirbt mit einem Mehr an Service.* This car firm is offering better service.

Mehrarbeit extra work **Mehraufwand** (*Kosten*) additional costs [Pl]; (*Arbeit*) extra work [U] **Mehrbelastung** additional burden **Mehrbenutzer-** multi-user ◇ *Mehrbenutzerspiele* multi-user games **mehrdeutig** ambiguous

mehren **1** increase ◇ *seinen Reichtum mehren* increase your wealth **2 sich ~** increase, grow ◇ *Es mehren sich die Anzeichen für einen Angriff.* There are increasing signs that an attack is imminent. ◇ *Es mehren sich die Zweifel an dieser Politik.* There are growing doubts about this policy.

mehrere several; (*verschiedene*) various ◇ *mehrere hundert Videos* several hundred videos ◇ *Kommt ihr zu mehreren?* Are several of you coming? ◇ *Du hast mehrere Möglichkeiten.* There are various possibilities.

mehrfach **1** multiple [nur vor Nomen]; (*mehrere*) several; (*wiederholt*) repeated [nur vor Nomen] (*Adv* repeatedly) ◇ *Sein Bein war mehrfach gebrochen.* He suffered multiple fractures to his leg. ◇ *ein Dokument in mehrfacher Ausfertigung* multiple copies of a document ◇ *Sie musste sich mehrfachen Herzoperationen unterziehen.* She had to have several heart operations. ◇ *trotz mehrfacher Zusagen* despite repeated promises ◇ *in mehrfacher Hinsicht* in many ways **2** (*mehrere Male*) several times ◇ *Ich habe ihn schon mehrfach gefragt.* I've already asked him several times. ◇ *Er ist mehrfacher Wimbledonsieger.* He has been Wimbledon champion several times over. ◇ *Sie ist mehrfach vorbestraft.* She has several previous convictions. **3 ein Mehrfaches** ◇ *Er bezahlte ein Mehrfaches des Marktwertes.* He paid several times the market value. ◇ *Die Schätzungen wurden um ein Mehrfaches übertroffen.* The estimates were exceeded many times over.

Mehrfachstecker multiple adaptor

Mehr- **Mehrfahrtenkarte** multi-journey ticket **Mehrfamilienhaus** = house divided into flats **mehrfarbig** multicoloured, (*AmE*) multicolored

Mehrheit majority [mit Verb im Sing/Pl] ◇ *die überwiegende Mehrheit des Volkes* the overwhelming majority of the population ◇ *mit knapper/großer Mehrheit gewinnen* win by a small/large majority ◇ *Die Partei hat die absolute Mehrheit errungen.* The party won an absolute majority. ◇ *die Mehrheit haben/in der Mehrheit sein* have a/be in the majority ◇ *die Mehrheit verlieren* lose your majority

mehrheitlich ◇ *ein mehrheitlicher Beschluss* a majority decision ◇ *Es wurde mehrheitlich abgelehnt.* It was rejected by a majority. ◇ *Die Ärzte waren mehrheitlich dagegen.* The majority of doctors were against it. ◇ *ein mehrheitlich von Albanern bewohntes Gebiet* an area where Albanians are the main ethnic group

Mehrheits- **Mehrheitsbeschluss**, **Mehrheitsentscheidung** majority decision **mehrheitsfähig** ◇ *Der Bundestag sucht noch nach einem mehrheitsfähigen Kompromiss.* The Bundestag is still seeking a compromise which can command majority support. ◇ *Die SPD war allein mehrheitsfähig.* The SPD was able to command a majority alone. **Mehrheitswahlrecht** first-past-the-post electoral system

mehrjährig **1** ◇ *mehrjährige Berufserfahrung* several years of experience ◇ *nach mehrjähriger Pause* after a break of several years ◇ *nach einem mehrjährigen Aufenthalt in Wien* after several years in Vienna ◇ *Die Karte wurde in mehrjähriger Arbeit zusammengestellt.* The map was compiled over several years. **2** (BOT) perennial

Mehrkampf combined event

Mehrkosten additional costs [Pl]

mehrmals several times; (*immer wieder*) repeatedly ◇ *mehrmals am Tag/die Woche/im Jahr* several times a day/week/year ◇ *Ich habe ihm mehrmals gesagt, dass …* I told him repeatedly that …

Mehr- **Mehrplatz-** multi-user **mehrsprachig** multilingual ◇ *ein mehrsprachiges Wörterbuch* a multilingual dictionary ◇ *mehrsprachig aufwachsen* grow up speaking several languages **mehrspurig** multi-lane **mehrstündig** lasting several hours [nicht vor Nomen] ◇ *ein mehrstündiger Film* a film lasting several hours ◇ *nach mehrstündigem Warten* after waiting for several hours ◇ *In mehrstündiger Arbeit füllte er das Dokument aus.* It took him several hours to complete the document. **mehrtägig** lasting several days [nicht vor Nomen] ◇ *ein mehrtägiger Besuch* a visit lasting several days ◇ *nach mehrtägigem Warten* after waiting for several days ◇ *nach mehrtägigen Kämpfen* after several days of fighting **Mehrwegflasche** returnable bottle **Mehrwegverpackung** reusable packaging [U] **Mehrwertsteuer** value added tax (*Abk* VAT) ◇ *inklusive Mehrwertsteuer* including VAT **mehrwöchig** lasting several weeks [nicht vor Nomen] ◇ *eine mehrwöchige Sperre* a ban lasting several weeks ◇ *nach mehrwöchiger Unterbrechung* after a break of several weeks **Mehrzahl** **1** majority [mit Verb im Sing/Pl] **2** (*in der Grammatik*) plural ◇ *ein Wort in die Mehrzahl setzen* put a word into the plural **Mehrzweckhalle** multipurpose hall

meiden avoid ◇ *Sie mied meinen Blick.* She avoided my eyes.

Meile mile

Meilenstein milestone (*auch fig*) **meilenweit** miles ◇ *Es ist noch meilenweit bis zur nächsten Stadt.* It's miles to the nearest town. ◇ *meilenweit von der Küste entfernt* miles from the coast ◇ *Er war meilenweit von der Wahrheit entfernt.* He was miles from the truth. ◇ *Wir sind meilenweit gefahren.* We drove (for) miles. ◇ *meilenweit Wüste* miles and miles of desert ◇ *Es stinkt meilenweit.* You can smell it a mile away.

mein my IDM → GOTT *und* GÜTE

meine(r,s) **1** mine **2 die Meinen** my family IDM → SEINE(R,S)

Meineid perjury [U] ◇ *einen Meineid schwören* commit perjury

meinen **1** (*glauben*) think ◇ *Sie meint, dass die Wohnung zu klein ist.* She thinks the flat is too small. ◇ *Ich meine, wir sollten nicht in die Stadt fahren.* I don't think we should drive into town. ◇ *Was meint ihr dazu?* What do you think? ◇ *Das meine ich auch.* I think so too. ◇ *„Sie sind zu alt dafür." „Wenn Sie meinen."* 'They're too old for that.' 'Do you think so?' ◇ *Er meinte Schritte zu hören.* He thought he heard footsteps. ◇ *Man könnte meinen, dass sie ihn hasst.* Anyone would think she hated him. ◇ *Das will ich meinen!* I quite agree! ◇ *Ich meine ja nur so.* It's just an idea. ◇ *Okay, wenn du meinst.* OK, if you like. **2** (*sagen wollen, Absicht haben*) mean ◇ *Welchen Film meinst du?* Which film do you mean? ◇ *Ich habe das ganz anders gemeint.* I didn't mean that at all. ◇ *Das hat sie nicht so gemeint.* She didn't mean it (like that). ◇ *Was meinst du damit?* What do you mean by that? ◇ *Du warst nicht gemeint.* I didn't mean you. ◇ *Sicher meinte er es nicht böse.* I'm sure he meant no offence. ◇ *Er meint es gut, aber …* He means well but … ◇ *Ich hab es ironisch gemeint.* I was being ironical. ◇ *Meinst du das im Ernst?* Are you serious? ◇ *Wir meinen es nur gut mit dir.* We only want the best for you. ◇ *Das Wetter meint es gut mit uns.* The weather is being kind to us. **3** (*sagen*) say ◇ *Was meinen Sie?* What did you say? IDM **es zu gut mit etw meinen** overdo sth → *Siehe auch* ERNST

meinerseits myself ◇ *Ich meinerseits habe dagegen nichts einzuwenden.* I have no objections myself. ◇ *Es besteht meinerseits kein Handlungsbedarf.* As far as I'm concerned no action is necessary.

meinesgleichen people like me [Pl]

meinetwegen **1** (*mir zuliebe*) for my sake ◇ *Das hat er meinetwegen gemacht.* He did it for my sake. **2** (*wegen mir*) because of me, on my account ◇ *Sie haben meinetwegen die Party abgesagt.* They cancelled the party because of me. **3** (*von mir aus*) as far as I'm concerned ◇ *Meinetwegen kannst du machen, was du willst.* You can do what you like, as far as I'm concerned. ◇ *Also gut, meinetwegen!* Fair enough! ◇ *„Kann ich das Auto haben?" „Meinetwegen!"* 'Can I have the car?' 'Sure.' **4** (*zum Beispiel*) let's say ◇ *ein spanischer Maler, meinetwegen Goya* a Spanish painter, let's say Goya

meins → MEINE(R,S)

Meinung **1** opinion; (*zu einem Thema auch*) view; **der ~ sein, dass …** think that …, be of the opinion that … (*gehoben*) ◇ *meiner Meinung nach* in my opinion/view ◇ *jdn nach seiner Meinung fragen* ask sb's opinion ◇ *Was ist deine Meinung zu dieser Sache?* What is your opinion on the matter? ◇ *sich eine Meinung über jdn/etw bilden* form an opinion about sb/sth ◇ *keine gute Meinung von jdm haben* have a low opinion of sb ◇ *über etw anderer/geteilter Meinung sein* hold differing views on sth ◇ *Sie ist der Meinung, dass du dich entschuldigen solltest.* She thinks you ought to apologize. ◇ *seine Meinung sagen* say what you think ◇ *Ich kümmere mich nicht um die Meinung der anderen.* I don't care what other people think. ◇ *Bist du auch der Meinung, dass …?* Do you agree that …? ◇ *Ganz meine Meinung!* I couldn't agree more. ◇ *Sie haben ihre Meinung geändert.* They've changed their minds. ◇ *Ich habe dazu keine Meinung.* I don't have any strong feelings about it. ◇ *Wir sind in dieser Sache ganz einer Meinung.* We are in complete agreement on this. **2 einer/derselben ~ sein** agree; **anderer ~ sein** disagree ◇ *Da bin ich anderer Meinung.* I don't agree. **3 die öffentliche ~** public opinion ◇ *die öffentliche Meinung erforschen* test public opinion IDM **jdm (gehörig) die Meinung sagen** give sb a piece of your mind

Meinungsäußerung ◇ *das Recht der freien Meinungsäußerung* the right to freedom of expression **Meinungsaustausch** exchange of views **Meinungsbildung** forming an opinion **Meinungsfreiheit** freedom of thought **Meinungsumfrage** opinion poll ◇ *eine Meinungsumfrage machen* conduct an opinion poll **Meinungsverschiedenheit** **1** difference (of opinion) ◇ *Zwischen den Regierungen bestehen noch erhebliche Meinungsverschiedenheiten.* There are still considerable differences (of opinion) between the two governments. ◇ *Meinungsverschiedenheiten über etw haben* have different views on sth **2** (*Streit*) disagreement

Meise tit, (*AmE auch*) chickadee

Meißel chisel

meißeln chisel (*auch fig*)

meist → MEISTENS **meistbietend** ◇ *etw meistbietend verkaufen* sell sth to the highest bidder ◇ *die Meistbietenden* the highest bidders

meiste(n) **1** most ◇ *Die meisten Deutschen haben ein Auto.* Most Germans have a car. ◇ *die meiste Zeit* most of the time ◇ *Die meisten Leute, die wir fragten, waren einverstanden.* Most of the people we asked agreed. ◇ *Er hat das meiste Geld verspielt.* He gambled away most of the money. **2** (*als Pronomen*) most ◇ *Die meisten bekamen ein Handy zu Weihnachten.* Most of them got a mobile for Christmas. ◇ *Den meisten hat der Film nicht gefallen.* Most people didn't like the film. ◇ *Ich konnte ganz gut Italienisch, aber inzwischen habe ich das meiste wieder vergessen.* I used to be able to speak quite good Italian, but I've forgotten most of it now. ◇ *Das meiste, was er sagt, ist Quatsch.* Most of what he says is rubbish. **3** (*Superlativ*) **am meisten** the most ◇ *Sie hatte am meisten Angst.* She was the most afraid. ◇ *Wer hat am meisten verloren?* Who lost the most?

meistens usually ◇ *Ich fahre meistens mit der U-Bahn.* I usually travel by tube.

Meister(in) **1** ≈ master craftsman, master (baker, carpenter etc.) **2** (*Experte*) expert; (KUNST) master ◇ *Er ist ein Meister auf seinem Gebiet.* He is an expert in his field. ◇ *die alten Meister* the old masters ◇ *ein Meister der Erzählkunst* a master of narrative **3** (SPORT) champion; (*Mannschaft*) champions [Pl] ◇ *Er ist deutscher Meister im Tischtennis.* He is the German table tennis champion. IDM → ÜBUNG

meisterhaft **1** *Adj* masterly **2** *Adv* in a masterly fashion

Meisterleistung brilliant feat ◇ *eine Meisterleistung der Ingenieurskunst* a brilliant feat of engineering ◇ *Diese Entdeckung war eine wahre Meisterleistung.* This discovery was a brilliant achievement.

meistern cope with *sth* ◇ *sein Leben meistern* cope with life

Meister- **Meisterprüfung** = examination for the master craftsman's diploma **Meisterschaft** **1** (SPORT) championship; (*Wettkampf*) championships [Pl] ◇ *die deutsche Meisterschaft erringen* win the German championship ◇ *an der Meisterschaft im Tischtennis teilnehmen* take part in the table tennis championships **2** (*Können*) mastery ◇ *es in etw zur Meisterschaft bringen* attain mastery in sth **Meisterstück** **1** = piece of work submitted for the master craftsman's diploma **2** (*geniale Tat*) master stroke ◇ *ein Meisterstück der Diplomatie* a master stroke of diplomacy ◇ *Das war ein Meisterstück von dir.* That was a stroke of genius on your part. **Meistertitel** **1** title of master craftsman **2** (SPORT) championship title **Meisterwerk** masterpiece ◇ *ein Meisterwerk der Baukunst* an architectural masterpiece

meistverkauft best-selling

Mekka Mecca; (*fig*) mecca

Melancholie melancholy (*gehoben*) ◇ *zur Melancholie neigen* be prone to melancholy

melancholisch melancholy (*gehoben*)

Meldefrist registration period

melden **1** report ◇ *Er meldete aus London, dass ...* He reported from London that ... ◇ *einen Einbruch bei der Polizei melden* report a burglary to the police ◇ *Aus Israel wird ein Bombenattentat gemeldet.* Reports are coming in of a bomb attack in Israel. ◇ *vermisst gemeldet* reported missing → *Siehe auch* KRANKMELDEN **2** (*beim Einwohnermeldeamt*) register **3 sich ~** (*bemerkbar machen*) ◇ *Melde dich, wenn du den Computer brauchst.* Let me know if you need the computer. ◇ *Das Baby meldet sich alle drei Stunden.* The baby starts to cry every three hours. **4 sich (bei jdm) ~** get in touch (with sb); (*telefonisch*) give sb a call ◇ *Er meldet sich nie.* He never gets in touch. ◇ *Wenn ich am Flughafen bin, melde ich mich gleich bei euch.* I'll give you a ring as soon as I get to the airport. ◇ *sich auf eine Anzeige hin melden* answer an advert **5 sich ~** (*am Telefon*) answer (the telephone) ◇ *Es meldet sich niemand.* Nobody's answering. ◇ *... , bitte melden* come in please ... **6 sich ~** (*in der Schule*) put your hand up **7 sich (zu/für etw) ~** (*sich anbieten*) volunteer (for sth) ◇ *sich zum Militär melden* volunteer for the army ◇ *sich freiwillig melden* volunteer **8** (*anmelden*) **jdn (zu/für etw) ~** sign sb up (for sth); **sich (zu/für etw) ~** sign up (for sth) ◇ *Der Ausflug wurde abgesagt, weil sich niemand gemeldet hat.* The trip was cancelled, because nobody signed up for it. **9 sich arbeitslos ~** sign on **10 jdn ~** (*ankündigen*) ◇ *Wen darf ich melden?* Who shall I say it is? **11 (jdn) ~** (*verpetzen*) tell (on sb) IDM **nichts zu melden haben** have no say ◇ *Die Beschäftigten haben nichts zu melden.* The employees have no say. ◇ *Er hat bei seiner Frau nichts zu melden.* His wife wears the trousers. → *Siehe auch* WORT

Melde- **Meldepflicht** = obligation to inform the authorities; (*bei der Polizei*) = obligation to register your address with the police; (*Bank*) compulsory disclosure ◇ *Für die Krankheit besteht Meldepflicht.* It is a notifiable disease. **Meldeschluss** closing date **Meldestelle** ≈police station

Meldung **1** report; (*Nachricht*) news item ◇ *nach einer Meldung der Nachrichtenagentur Interfax* according to an Interfax report ◇ *Hier ist noch eine Meldung vom Sport.* Here is another sports news item. ◇ *Es liegt keine Meldung über den Einbruch vor.* No one has reported a burglary. ◇ *Meldung machen* report ◇ *Man muss sofort Meldung erstatten.* You must report it immediately. **2** (*Anmeldung*) entry ◇ *Wir nehmen noch Meldungen entgegen.* We are still accepting entries. ◇ *Wir bitten um freiwillige Meldungen.* We are asking for volunteers (to come forward). **3** (COMP) prompt

Melisse (sweet) balm; *Zitronen-*) lemon balm

melken milk (*auch fig*)

Melodie tune ◇ *Melodien aus bekannten Musicals* tunes from well-known musicals

melodisch melodious ◇ *melodisch sprechen* have a melodious voice

melodramatisch melodramatic (*Adv* melodramatically)

Melone **1** melon **2** (*Hut*) bowler (hat), (*AmE*) derby

Membran(e) **1** (TECH) diaphragm **2** (ANAT) membrane

Memoiren memoirs [Pl]

Memorandum memo, memorandum (*offiz*)

Menge **1** quantity; (*mit nicht zählbaren Nomina*) amount [mit Verb im Sing/Pl] ◇ *große Mengen einer*

giftigen Substanz large quantities of a poisonous substance ◇ *Salz darf nur in geringer Menge verwendet werden.* Only a small amount of salt should be used. ◇ *Sind Medikamente in ausreichender Menge vorhanden?* Are enough medicines available? **2 eine (ganze) ~; jede ~** lots (*umgs*), loads (*umgs*) ◇ *„Kennst du hier viele Leute?" „Jede Menge!"* 'Do you know many people here?' 'Loads!' ◇ *eine Menge Geld* lots of money ◇ *jede Menge Zeit* loads of time **3** (*Menschen-*) crowd ◇ *sich unter die Menge mischen* mingle with the crowd **4** (MATH) set IDM **in rauen Mengen** galore ◇ *Es gab Bier in rauen Mengen.* There was beer galore.

Mengenlehre (MATH) set theory

Mensa (student) canteen, (student) cafeteria, refectory

Mensch 1 human (being) ◇ *Diese Fähigkeit ist dem Menschen vorbehalten.* This ability is confined to humans. ◇ *die Evolution des Menschen* the evolution of mankind **2** (*Person*) person ◇ *ein schwieriger Mensch* a difficult person ◇ *In das Zelt passen über 2 000 Menschen.* The tent holds over 2 000 people. ◇ *die Trauer um einen geliebten Menschen* grief over the death of a loved one **3 kein ~** nobody, no one ◇ *Kein Mensch wird dich verstehen.* Nobody will understand you. **4 Mensch!** (*verärgert*) hey!, oi! (*umgs*); (*überrascht, verstärkend*) gosh!, boy! (*umgs*); (*bewundernd*) wow! (*umgs*) ◇ *Mensch, lass das sein!* Oi, stop that! ◇ *Mensch, das hätte ich nie gedacht!* Gosh, I'd never have guessed! ◇ *Mensch, bin ich müde* Boy — am I tired! ◇ *Mensch, das ist ja toll!* Wow — that's great! IDM **auch nur ein Mensch sein** be only human **nur noch ein halber Mensch sein** be shattered (*umgs*) **sich wie der letzte Mensch benehmen/anstellen** behave disgracefully **unter Menschen gehen** get out (again) → *Siehe auch* SEELE

Mensch, ärgere dich nicht® ludo, (*AmE*) Parcheesi™

Menschen- Menschenaffe ape **Menschenbild** view of man **menschenfeindlich** inhuman; (*Mensch*) misanthropic; (*Natur, Umgebung*) hostile **menschenfreundlich** human; (*Mensch*) philanthropic ◇ *Wir wollen unsere Schulen menschenfreundlicher gestalten.* We want to give schools a more human face. ◇ *menschenfreundliche Stadtplanung* town planning that caters for the needs of people **Menschenfresser(in)** cannibal **Menschengedenken seit ~** since time immemorial; (*spezifisches Ereignis*) in living memory ◇ *Ihre Vorfahren leben hier seit Menschengedenken.* Their ancestors have lived here since time immemorial. ◇ *die schlimmsten Überschwemmungen seit Menschengedenken* the worst floods in living memory **Menschenhandel** traffic in human beings; (*mit Sklaven*) slave trade ◇ *Sie betreiben Menschenhandel mit Frauen und Kindern.* They traffic in women and children. **Menschenhändler(in)** trafficker in human beings; (*Sklavenhändler*) slave trader **Menschenkenntnis** knowledge of human nature [U] **Menschenkette** human chain **Menschenleben 1** life ◇ *Das Erdbeben hat 800 Menschenleben gefordert.* The earthquake cost 800 lives. **2** (*Lebensdauer*) lifetime ◇ *Das wird ein ganzes Menschenleben halten.* That will last a lifetime. **menschenleer** deserted **Menschenmenge** crowd (of people) [mit Verb im Sing/Pl] **Menschenrechte** human rights [Pl] ◇ *die Menschenrechte verletzen/beachten* violate/respect human rights **Menschenrechtskommission** Human Rights Commission **Menschenrechtsorganisation** human rights organization **menschenunwürdig** inhumane **menschenverachtend** callous; (*Gewalt*) brutal; (*Äußerung*) offensive ◇ *ein menschenverachtender Anschlag* a callous attack ◇ *ein menschenverachtender Ausländerhass* contempt for foreigners **Menschenverstand der gesunde ~** common sense [U] ◇ *Sie hat einen gesunden Menschenverstand.* She has common sense. **Menschenwürde** human dignity ◇ *die Achtung der Menschenwürde* respect for human dignity **menschenwürdig** (*Unterbringung*) decent; (*Leben, Sterben*) dignified; (*Behandlung, Zustände, Gesellschaft*) humane (*Adv* humanely) ◇ *eine menschenwürdige Behausung* decent accommodation ◇ *eine menschenwürdige Politik* humane policies ◇ *Sie müssen menschenwürdig untergebracht werden.* They have to be given decent accommodation.

Menschheit humanity, mankind ◇ *ein Verbrechen gegen die Menschheit* a crime against humanity ◇ *die Geschichte der Menschheit* the history of mankind

menschlich 1 *Adj* human ◇ *der menschliche Körper* the human body ◇ *menschliches Versagen* human error **2** *Adj* (*menschenwürdig*) humane (*Adv* humanely) ◇ *menschliche Grundwerte* humane values ◇ *jdn menschlich behandeln* treat sb humanely **3** *Adv* (*auf persönlicher Ebene*) on a human level, as a person ◇ *Menschlich ist das tragisch.* On a human level, this is tragic. ◇ *Wenn wir uns menschlich nicht verstehen …* If we don't understand each other as people … ◇ *Ich bin von ihnen menschlich enttäuscht.* I am disappointed in them.

Menschlichkeit humanity ◇ *Verbrechen gegen die Menschlichkeit* crimes against humanity

Menstruation menstruation

mental mental (*Adv* mentally) ◇ *mentale Stärke* mental strength ◇ *sich mental auf etw vorbereiten* mentally prepare yourself for sth

Mentalität mentality

Mentor(in) mentor

Menü 1 meal ◇ *tiefgekühlte Menüs* frozen meals ◇ *ein Menü mit drei Gängen* a three-course meal ◇ *Ich nehme das Menü.* I'll have the set menu. **2** (COMP) menu

Merkblatt leaflet

merken 1 notice; (*intuitiv, intellektuell*) realize ◇ *Ich habe sofort gemerkt, dass die Geldbörse fehlte.* I noticed straight away that the purse was missing. ◇ *Er hat gemerkt, worauf die Frage zielte.* He realized what this question was getting at. ◇ *Man merkte es an ihrem Gesicht.* You could tell from her face. **2 sich etw ~** remember sth, get sth into your head (*umgs*) ◇ *Ich kann mir die Formeln einfach nicht merken.* I just can't remember the formulae. ◇ *Merk dir endlich, dass die Stunde um 10 anfängt!* Get it into your head that the lesson starts at 10!

merklich noticeable (*Adv* noticeably); (*Erhöhung, Rückgang auch*) marked (*Adv* markedly) ◇ *Die Nachfrage ist merklich zurückgegangen.* There has been a marked fall in demand. ◇ *kaum merkliche Veränderungen* almost imperceptible changes

Merkmal feature, characteristic; (*charakterlich oder biologisch*) trait ◇ *ein typisches Merkmal portugiesischer Architektur* a typical feature of Portuguese architecture ◇ *besondere Merkmale* distinguishing features ◇ *eins der wesentlichen Merkmale der Epoche* one of the key characteristics of the period ◇ *genetische Merkmale* genetic traits ◇ *Die zwei Produkte weisen identische Merkmale auf.* The two products are identical.

Merkur Mercury ◇ *auf dem Merkur* on Mercury ◇ *ein Flug zum Merkur* a flight to Mercury

merkwürdig strange (*Adv* strangely), odd (*Adv* oddly) ◇ *ein merkwürdiges Gefühl* a strange feeling ◇ *Er hat sich merkwürdig verhalten.* He behaved oddly. ◇ *Sie starb unter merkwürdigen Umständen.* She died in mysterious circumstances.

merkwürdigerweise strangely enough, oddly enough ◇ *Ich habe ihn merkwürdigerweise nie vergessen.* Strangely enough, I've never forgotten him.
Merkzettel note, reminder; (*Liste*) list; (*im Onlineshop*) wish list; (*Spickzettel*) crib sheet
Message message
messbar measurable (*Adv* measurably)
Messbecher measuring jug
Messdiener(in) (altar) server
Messe[1] **1** (REL, MUS) Mass ◇ *in die/zur Messe gehen* go to Mass ◇ *eine Messe halten* celebrate a Mass **2** **eine schwarze ~** a black mass
Messe[2] (*Speiseraum*) mess
Messe[3] (*Ausstellung*) trade fair
Messegelände exhibition centre, (*AmE*) exhibition center **Messehalle** exhibition hall
messen **1** measure ◇ *die Luftfeuchtigkeit messen* measure the humidity ◇ *Das Zimmer misst gerade acht Quadratmeter.* The room measures eight square metres. ◇ *Der Schrank misst 2 Meter in der Höhe.* The cupboard is 2 metres high. ◇ *Rekordwerte wurden am Sonntag gemessen.* Record high readings were taken on Sunday. ◇ *Im Vorjahr wurden 260 mm Regen gemessen.* Last year 260 mm of rainfall was recorded. ◇ *Ungewöhnlich hohe Strahlung wurde gemessen.* Unusually high levels of radiation were registered. **2** (*Puls, Fieber, Blutdruck*) take **3** (*Zeit*) ◇ *Ich habe deine Zeit mit einer Stoppuhr gemessen.* I timed you with a stopwatch. **4** (*Temperatur*) ◇ *In Kassel wurden 32 Grad gemessen.* It was 32 (degrees) in Kassel. **5** **sich mit jdm/etw ~** match yourself against sb/sth, compete against sb/sth ◇ *In Madrid werden sie sich mit der Weltspitze messen.* In Madrid they will be competing against the best in the world. **6** **sich mit jdm/etw nicht ~ können** be no match for sb/sth, not be able to compete with sb/sth ◇ *Ich kann mich nicht mit ihm messen — er ist mir haushoch überlegen.* I can't compete with him — he's miles better than me. **7** **jdn/etw an etw ~** (*beurteilen*) judge sb/sth by sth ◇ *Wir werden die Politiker an ihren Taten messen.* We will judge the politicians by their acts. **8** **jdn/etw an jdm/etw ~** (*vergleichen*) compare sb/sth with sb/sth ◇ *Er wird immer an seinem berühmten Vater gemessen.* He is always compared with his famous father. ◇ *Gemessen an anderen afrikanischen Ländern ist es reich.* It is rich compared with other African countries. IDM → MAß[1]
Messer knife ◇ *mit Messer und Gabel essen* eat with a knife and fork ◇ *mit dem Messer auf jdn losgehen* go for sb with a knife IDM **jdn ans Messer liefern** inform on sb; (*BrE auch*) shop sb (*umgs*) **auf Messers Schneide stehen** hang in the balance **bis aufs Messer** to the bitter end **jdm das Messer an die Kehle setzen** hold a knife to sb's throat **(jdm) ins offene Messer rennen/laufen** walk straight into the trap **jdn unter dem Messer haben** operate on sb
Messergebnis reading
messer- **messerscharf** razor-sharp (*auch fig*) **Messerstich** knife wound ◇ *Der Tote wies mehrere Messerstiche auf.* The dead man had several knife wounds. ◇ *Sie wurde durch einen Messerstich ins Bein verletzt.* She was stabbed in the leg.
Messe- **Messestadt** town where trade fairs are held **Messestand** stand (at a/the trade fair)
Messgerät measuring instrument; (*Anzeiger*) gauge
Messias Messiah
Messie untidy person
Messing brass ◇ *eine Lampe aus Messing* a brass lamp
Messlatte rule, (*AmE*) yardstick
Messung (*das Messen*) measurement; (*regelmäßig*) monitoring; (*Ergebnis*) reading ◇ *die Messung der Windgeschwindigkeit* wind speed measurement ◇ *Die Messungen werden stündlich vorgenommen.* The readings are taken every hour.
Messwein communion wine
Messwert reading
Metall metal ◇ *ein Eimer aus Metall* a metal bucket ◇ *die Metall verarbeitende Industrie* the metal industry **Metallarbeiter(in)** metalworker **Metalldetektor** metal detector
metallen metal ◇ *ein metallener Ring* a metal ring
Metallindustrie metal industry
metallisch **1** metal ◇ *metallische Gegenstände* metal objects **2** (*wie Metall*) metallic ◇ *Seine Stimme hatte einen metallischen Klang.* His voice had a metallic ring to it.
Metallverarbeitung metal processing [U]
Metamorphose metamorphosis (*gehoben*)
Metapher metaphor; (*Bild auch*) image ◇ *Das Wort wird als Metapher für Freiheit benutzt.* The word is used as a metaphor for freedom. ◇ *eine religiöse Metapher* a religious image
Metaphorik use of metaphor, imagery ◇ *die Metaphorik bei Trakl* Trakl's use of metaphor
metaphorisch metaphorical (*Adv* metaphorically), figurative (*Adv* figuratively) ◇ *der metaphorische Sinn* the metaphorical meaning ◇ *Das Wort wird hier metaphorisch gebraucht.* Here the word is used metaphorically. ◇ *metaphorisch gesprochen* figuratively speaking
Metaphysik metaphysics [U] ◇ *in der Metaphysik* in metaphysics
metaphysisch metaphysical
Metastase secondary growth
Meteor meteor
Meteorit meteorite
Meteorologe, Meteorologin meteorologist; (*im Radio, Fernsehen*) weatherman, weathergirl (*umgs*)
Meteorologie meteorology
meteorologisch meteorological
Meter metre, (*AmE*) meter (*Abk* m.) ◇ *zwei Meter hoch* two metres high ◇ *ein 50 Meter langes Seil* a 50-metre rope ◇ *einen halben Meter breiter* half a metre wider ◇ *Er stürzte aus zehn Meter Höhe ab.* He fell from a height of ten metres. ◇ *4 mal 5 Meter* 4 metres by 5 ◇ *vier Meter Stoff* four metres of material ◇ *die Weltmeisterin über 200 Meter* the 200 metres world champion ◇ *der Weltrekord über 100 Meter* the world record for the 100 metres
meterdick a metre thick, (*AmE*) a meter thick [nicht vor Nomen] **meterhoch** a metre /several metres high/ deep, (*AmE*) a meter /several meters high/deep [nicht vor Nomen] ◇ *Das Wasser stand meterhoch.* The water was a metre deep. ◇ *meterhohe Wellen* huge waves **meterlang** a metre/several metres long, (*AmE*) a meter/several meters long [nicht vor Nomen] ◇ *ein meterlanger Riss* a crack a metre long ◇ *meterlange Akten* rows and rows of files **Metermaß** tape measure; (*Stab*) (metric) rule
Methadon methadone
Methan methane
Methangas methane gas
Methanol methanol
Methode method ◇ *Der Einbrecher ging immer nach der gleichen Methode vor.* The burglar always used the same method. ◇ *Methoden zur Familienplanung* family planning methods ◇ *Der Wahnsinn hat Methode.* There's method in the madness. ◇ *die Methoden der empirischen Psychologie* the methodology of experimental psychology ◇ *Sie macht alles*

mit Methode. She's very methodical. ◇ *betrügerische Methoden* fraudulent practices

Methodik methodology

methodisch **1** methodological (*Adv* methodologically) ◇ *methodische Fehler* methodological errors **2** (*mit Methode*) methodical (*Adv* methodically) ◇ *methodisch vorgehen* work methodically

Methodist(in) Methodist ◇ *Sie ist Methodistin.* She's a Methodist.

methodistisch Methodist

Metier profession ◇ *Sie ist eine Anfängerin in diesem Metier.* She is just starting out in this profession. ◇ *sein Metier verstehen* know your job

Metrik **1** prosody (*Fachspr*) **2** (MUS) (study of) rhythm

metrisch **1** metrical ◇ *eine metrische Analyse* a metrical analysis **2** (*Maßsystem*) metric

Metronom metronome

Metropole **1** (*Weltstadt*) metropolis; (*Hauptstadt*) capital (city); (*Großstadt*) big city ◇ *die Metropole London* the metropolis of London **2** (*Zentrum*) centre, (*AmE*) center ◇ *eine Metropole der Modeindustrie* a major centre of the fashion industry

Metrum (*Versmaß*) metre, (*AmE*) meter; (*Zeitmaß*) rhythm

Mettwurst = smoked spiced sausage

Metzger(in) butcher

Metzgerei butcher's (shop) ◇ *in die Metzgerei gehen* go to the butcher's

Meute **1** pack (of hounds) [mit Verb im Sing/Pl] **2** (*Bande*) gang [mit Verb im Sing/Pl]; (*Journalisten*) pack [mit Verb im Sing/Pl]; (*Menge*) mob [mit Verb im Sing/Pl]

Meuterei mutiny

Meuterer mutineer

meutern **1** mutiny **2** (*aufbegehren*) become mutinous

MEZ Central European Time (*Abk* CET)

Mezzosopran mezzo-soprano, mezzo (*umgs*)

miau miaow

miauen miaow

mich **1** me ◇ *Hörst du mich?* Can you hear me? **2** myself ◇ *Ich sah mich im Spiegel.* I saw myself in the mirror.

mickrig miserable; (*Pflanze*) sickly ◇ *ein mickriger Lohn* a miserable wage ◇ *eine mickrige Summe* a paltry sum ◇ *für ein paar mickrige Dollar* for a few measly dollars

Mief smell

Miene expression ◇ *Sie setzte eine fröhliche Miene auf.* She put on a cheerful expression. ◇ *mit ernster Miene* looking serious ◇ *Ihre Miene war sorgenvoll.* She looked worried. ◇ *Er hörte mit unbewegter Miene zu.* He listened impassively. IDM **gute Miene zum bösen Spiel machen** put a good face on it/things **keine Miene verziehen** remain impassive

mies **1** lousy (*umgs*), terrible (*umgs*) ◇ *Das Essen war mies.* The food was lousy. ◇ *miese Arbeitsbedingungen* lousy working conditions ◇ *Mir ist ziemlich mies.* I feel lousy. ◇ *Dieser Job wird mies bezahlt.* The pay in this job is terrible. **2** (*gemein*) nasty ◇ *Er ist ein mieser Typ.* He's really nasty. ◇ *Sie hat sich ihm gegenüber wirklich mies verhalten.* She was really nasty to him. **3 jdn/etw ~ machen** run sb/sth down

Miese deficit ◇ *Miese von zwei Millionen* a deficit of two million ◇ *Er hat Miese auf dem Konto.* He's overdrawn. ◇ *Das wird uns nicht aus den Miesen steuern.* That won't get us out of the red.

Miete rent ◇ *Wie hoch ist die Miete?* How much is the rent? ◇ *Sie zahlt monatlich nur 60 Dollar Miete.* Her rent is only 60 dollars a month. ◇ *Die Mieten sind gestiegen.* Rents have gone up. ◇ *Sie wohnen zur Miete.* They live in rented accommodation. ◇ *die Wohnung, in der er zur Miete wohnt* the place he's renting IDM **das ist die halbe Miete** that's half the battle

mieten rent; (*Auto, Boot*) hire ◇ *Wir haben ein Haus gemietet.* We're renting a house. ◇ *Sie mieten für die Feier einen Saal.* They are hiring a hall for the party.

Mieter(in) tenant

Mieterhöhung rent increase

Mieterverein tenants' association

Mietrückstände rent arrears [Pl]

Mietshaus block of flats, (*AmE*) apartment building

Miet- **Mietspiegel** = average rental for comparable properties in a district ◇ *der gültige Frankfurter Mietspiegel* the going rate for rents in Frankfurt **Mietvertrag** lease ◇ *ein einjähriger Mietvertrag* a one-year lease **Mietwagen** hire car, (*AmE*) rental car **Mietwohnung** rented flat, (*AmE*) rented apartment ◇ *Er hat eine Mietwohnung.* He lives in a rented flat. ◇ *Die meisten wohnen in Mietwohnungen.* Most people live in rented accommodation.

Migräne migraine ◇ *Sie hat Migräne.* She's got a migraine. ◇ *Er leidet an Migräne.* He suffers from migraine/gets migraines.

Migrant(in) migrant

Migrantenfamilie migrant family **Migrantenkind** migrant child

Migration migration

Migrationshintergrund ◇ *ein Programm zur Förderung von Kindern und Jugendlichen mit Migrationshintergrund* a scheme to improve the chances of children and young people from immigrant communities

Mikro mike (*umgs*)

Mikro- **Mikrobiologie** microbiology **Mikrochip** microchip **Mikroelektronik** micro-electronics [U]

Mikrofaser microfibre, (*AmE*) microfiber **Mikrofasertuch** microfibre cloth, (*AmE*) microfiber cloth

Mikrofon microphone

Mikro- **Mikrokosmos** microcosm **Mikrokredit** microcredit **Mikroorganismus** micro-organism **Mikroprozessor** microprocessor

Mikroskop microscope

mikroskopisch microscopic (*Adv* microscopically)

Mikrowelle **1** (PHYSIK) microwave **2** → MIKROWELLENHERD

Mikrowellenherd microwave (oven)

Milbe mite

Milch **1** milk **2** (*Körper-, Sonnen- etc.*) lotion

milchig milky

Milch- **Milchkaffee** milky coffee **Milchkuh** dairy cow **Milchprodukte** dairy products [Pl] **Milchreis** (*warme Nachspeise*) rice pudding; (*kalte Nachspeise*) cold creamed rice; (*Körner*) pudding rice **Milchstraße** Milky Way **Milchwirtschaft** dairy farming **Milchzahn** milk tooth

mild (*auch* **milde**) **1** mild (*Adv* mildly) ◇ *ein milder Winter* a mild winter ◇ *ein milder Käse* a mild cheese ◇ *eine milde Seife* a mild soap ◇ *Er ist, milde gesagt, ein Schurke.* He is, to put it mildly, a scoundrel. **2** (*Lächeln, Gesichtszüge, Tadel*) gentle (*Adv* gently) ◇ *Er lächelte milde.* He smiled gently. **3** (*Urteil, Strafe, Richter*) lenient **4** (*Licht*) soft

mildern **1** (*Auswirkungen, Folgen*) mitigate ◇ *mildernde Umstände* mitigating circumstances **2** ◇ *Das Gericht hat die Strafe gemildert.* The court imposed a lesser sentence. **3** (*Problem, Krise, Symptome, Schmerz*) alleviate; (*Angst*) allay **4 sich ~** be lessened; (*Schmerzen*) ease; (*Zorn*) abate

Milieu **1** world; (*soziales Umfeld*) background ◇ *Sie ist in einem von Gewalt beherrschten Milieu aufgewach-*

sen. She grew up in a world dominated by violence. ◇ *Er kam aus einem ganz anderen sozialen Milieu als sie.* He came from a completely different social background to her. **2** (*Lebensbereich*) environment ◇ *Ein feuchtes Milieu ruft oft Hauterkrankungen hervor.* A damp environment often causes skin diseases. **3** (*zwielichtig*) scene; (*von Verbrechern auch*) underworld ◇ *das Milieu der Drogenabhängigen* the drug scene ◇ *Das Opfer gehörte dem kriminellen Milieu an.* The victim was from the criminal underworld. ◇ *Er/Sie stammt aus dem Milieu.* He's a pimp./She's a prostitute.

milieubedingt **1** affected by environmental factors ◇ *Ist die intellektuelle Entwicklung milieubedingt?* Is intellectual development affected by environmental factors? **2** (*mit der Drogenszene verbunden*) drug-related; (*mit der Bandenkriminalität verbunden*) gangland

militant militant (*Adv* militantly) ◇ *militante Aktivisten* militant activists ◇ *militant links gerichtet* militantly left-wing

Militär[1] *der* (high-ranking) army officer ◇ *ein hoher US-Militär* a high-ranking US army officer ◇ *Der Staat wird von Militärs regiert.* The country is under military rule.

Militär[2] *das* **1** armed forces [mit Verb im Sing/Pl/Pl], army [mit Verb im Sing/Pl] ◇ *Er ist beim Militär.* He is in the armed forces. ◇ *zum Militär gehen* join the army **2** (*Anzahl von Soldaten*) army [mit Verb im Sing/Pl] ◇ *Sie haben das Militär gegen die Demonstranten eingesetzt.* They sent in the army against the demonstrators. ◇ *Der Einsatz von Militär ist das letzte Mittel.* Military action would only be used as a last resort.

Militäraktion military action [U] ◇ *Die Alliierten drohten mit einer neuen Militäraktion.* The Allies threatened fresh military action. **Militärdienst** military service ◇ *Militärdienst leisten* do military service **Militärdiktatur** military dictatorship **Militäreinsatz** military action [U]; (*Eingreifen*) military intervention [U]; (*zu zivilen Zwecken*) use of troops ◇ *ein internationaler Militäreinsatz in dem Land* international military intervention in the country ◇ *Er sprach sich für einen Militäreinsatz im Katastrophengebiet aus.* He called for the use of troops in the disaster area. **Militärgelände** military site **Militärgericht** military court, court martial ◇ *Er musste sich vor einem Militärgericht verantworten.* He had to stand trial before a military court. ◇ *Er wurde vor ein Militärgericht gestellt und verurteilt.* He was court-martialled and found guilty.

militärisch military ◇ *Er ist für ein militärisches Eingreifen.* He is in favour of military intervention. ◇ *Das Gelände wird von der US-Armee militärisch genutzt.* The site is used by the US Army for military purposes.

Militärputsch military putsch

Millennium millennium

Milliardär(in) billionaire ◇ *Sie ist Milliardärin.* She's a billionaire.

Milliarde billion (*Abk* bn)

Milliardenbetrag sum in the region of a thousand million or more ◇ *ein zweistelliger Milliardenbetrag* a sum in the region of several thousand million ◇ *Hier geht es um Milliardenbeträge.* We are talking about thousands of millions here. **Milliardengeschäft** deal worth billions; (*Branche*) business worth billions **Milliardenhöhe** **in ~** amounting to billions

Milli- **Milligramm** milligram (*Abk* mg) **Milliliter** millilitre, (*AmE*) milliliter (*Abk* ml) **Millimeter** millimetre, (*AmE*) millimeter (*Abk* mm) **Millimeterpapier** graph paper

Million million ◇ *eine halbe Million Menschen* half a million people ◇ *Die Verluste gehen in die Millionen.* The losses run into millions. ◇ *Millionen von Autos* millions of cars

Millionär(in) millionaire ◇ *Er ist Millionär.* He's a millionaire.

Millionen- **Millionenbetrag** millions [Pl] ◇ *Durch diese Maßnahmen können Millionenbeträge eingespart werden.* Millions can be saved by this means. **Millionengeschäft** deal worth millions; (*Branche*) business worth millions ◇ *Er witterte ein Millionengeschäft.* He sensed that the deal could be worth millions. ◇ *Der Tourismus ist ein Millionengeschäft.* Tourism is worth millions. **Millionenhöhe** **in ~** ◇ *Sie haben Schulden in Millionenhöhe.* They've got debts running into millions. ◇ *Schaden in zweistelliger Millionenhöhe* damage costing tens of millions **Millionenstadt** city of over a million inhabitants ◇ *Berlin ist eine Millionenstadt.* Berlin is a city of over a million inhabitants.

millionste(r,s) millionth

Millionstel millionth

Milz spleen

Milzbrand anthrax

Mimik (facial) expressions [Pl]

Minderheit minority [mit Verb im Sing/Pl] ◇ *Wir waren in der Minderheit.* We were in the minority.

Minderheitsregierung minority government

minderjährig ◇ *Mütter mit minderjährigen Kindern* mothers with children under 18 ◇ *Er ist noch minderjährig.* He is still a minor.

Minderjährige(r) minor (*offiz*) ◇ *Nach geltendem Gesetz ist der Verkauf von Alkohol an Minderjährige verboten.* The law forbids the sale of alcohol to minors.

mindern **1** reduce; (*Wirkungen*) lessen; (*Probleme, Angst*) alleviate **2 sich ~** be reduced

minderwertig inferior, poor-quality [nur vor Nomen] ◇ *Viele Jugendliche halten sich für minderwertig.* Many young people feel inferior. ◇ *minderwertige Ware* poor-quality goods

Minderwertigkeitsgefühl feeling of inferiority ◇ *Sie litt unter Minderwertigkeitsgefühlen.* She suffered from feelings of inferiority. ◇ *Er hat Minderwertigkeitsgefühle gegenüber seinem Vater.* He feels inferior to his father. **Minderwertigkeitskomplex** inferiority complex [meist Sing] ◇ *Sie hat Minderwertigkeitskomplexe.* She has an inferiority complex.

Minderzahl minority [mit Verb im Sing/Pl]

Mindestalter minimum age

mindeste(r,s) **1** slightest ◇ *Ohne die mindeste Angst sprang sie ins Wasser.* She jumped into the water without the slightest fear. ◇ *Dazu habe ich nicht die mindeste Lust.* I don't feel like doing that at all. **2 das Mindeste** the least ◇ *Das ist das Mindeste, was wir tun können.* That's the least we can do. ◇ *Er hat nur das Mindeste getan.* He did the absolute minimum. **3 nicht das Mindeste** nothing ◇ *Er hat dir nicht das Mindeste getan.* He hasn't done anything to you. ◇ *Ich verstehe nicht das Mindeste von Computern.* I don't know the first thing about computers. **4 nicht im Mindesten** not at all, not in the least ◇ *Das bezweifle ich nicht im Mindesten.* I don't doubt that at all. **5 zum Mindesten** at least ◇ *Du hättest zum Mindesten Bescheid sagen können.* You could at least have let me know.

mindestens at least

Mindest- **Mindesthaltbarkeitsdatum** best-before date **Mindestlohn** minimum wage **Mindestmaß** minimum ◇ *Die Verwaltung wurde auf ein Mindestmaß reduziert.* Administration was reduced to a minimum. ◇ *In einem Team muss es ein Mindestmaß an Zusammenarbeit geben.* There must be a certain degree of cooperation in a team. **Mindeststrafe** minimum penalty ◇ *Darauf steht eine Mindeststrafe von 6 Jahren.* That carries a minimum penalty of 6 years.

Mine **1** (*Bergwerk, Bombe*) mine **2** (*Stollen im Bergwerk*) tunnel **3** (*Bleistift-*) lead; (*Kugelschreiber-*) refill
Minenfeld minefield (*auch fig*)

Mineral mineral
Mineralöl mineral oil **Mineralstoff** mineral **Mineralwasser** mineral water

Miniatur miniature

Minigolf minigolf

minimal **1** very little; (*Kosten etc.*) low; (*Chancen, Unterschiede, Verbesserung*) slight (*Adv* slightly) ◇ *minimale Fortschritte* very little progress ◇ *Wir wollen die Kosten minimal halten.* We want to keep costs as low as possible. ◇ *Die Rezepte unterscheiden sich nur minimal.* The recipes are only slightly different. **2** (*als Minimum*) at least ◇ *Es müssen minimal 8 Mio. Franken investiert werden.* At least 8m francs will have to be invested.

minimalistisch minimalist ◇ *minimalistische Kunst* minimalist art ◇ *Der Raum ist minimalistisch eingerichtet.* The decor of the room is minimalist.

minimieren minimize

Minimum minimum ◇ *ein Minimum an Personal* a minimum of staff ◇ *auf ein Minimum reduziert* reduced to a minimum

Minirock miniskirt

Minister(in) minister, (*AmE*) Secretary ◇ *der Minister für Industrie und Handel* the Minister of/for Trade and Industry

Ministerium Ministry, (*bes AmE*) department

Minister- **Ministerpräsident(in)** **1** (*Regierungschef eines Bundeslandes*) Minister President **2** (*Regierungschef eines Landes*) prime minister **Ministerrat** Council of Ministers

MINT STEM, science, technology, engineering and mathematics ◇ *in die MINT-Berufe gehen* go into STEM jobs

minus **1** minus ◇ *Fünf minus zwei ist drei.* Five minus two is three. ◇ *20 Grad minus* minus 20 (degrees) ◇ *5 000 Dollar minus Steuern* 5 000 dollars, less tax **2** (PHYSIK) negative

Minus **1** deficit ◇ *Das Minus beträgt 2 Millionen.* The deficit is 2 million. ◇ *Sein Konto weist ein Minus auf.* His account is overdrawn. **2** **im ~ sein/stehen** be overdrawn, have an overdraft **3** **ein ~ machen** make a loss **4** (*Nachteil*) drawback
Minuspunkt **1** penalty point **2** (*Nachteil*) disadvantage **Minuszeichen** minus (sign)

Minute minute ◇ *Hast du mal eine Minute Zeit?* Have you got a minute? ◇ *in letzter Minute* at the last minute. ◇ *Es kommt nicht auf die Minute an.* A minute here or there doesn't matter. ◇ *Es ist fünf Minuten nach acht.* It's five past eight. ◇ *In einer ruhigen Minute hat er mir alles erzählt.* In a quiet moment he told me all about it. IDM **auf die Minute genau/pünktlich** on the dot ◇ *auf die Minute genau um sieben* at seven on the dot
minutenlang ◇ *minutenlanger Beifall* applause lasting several minutes ◇ *Das Publikum applaudierte minutenlang.* The audience applauded for several minutes. **Minutenschnelle** **in ~** in (a matter of) minutes **Minutenzeiger** minute hand

minutiös, minuziös meticulous (*Adv* meticulously) ◇ *ein minutiös geplantes Programm* a meticulously planned programme ◇ *eine minutiöse Schilderung* a detailed description ◇ *Er hat mir alles minutiös beschrieben.* He described it all to me in minute detail.

Minze mint

mir **1** (to) me ◇ *Gib es mir!* Give it to me! ◇ *ein Freund von mir* a friend of mine **2** (to) myself ◇ *Ich habe mir einen Hut gekauft.* I've bought myself a hat. IDM → VON

Mischehe mixed marriage

mischen **1** **etw (mit etw) ~** mix sth (with sth) ◇ *Mineralwasser mit Saft mischen* mix mineral water with fruit juice **2** **etw in/unter etw ~** add sth to sth ◇ *Sie hat ihm Arsen in den Whisky gemischt.* She added arsenic to his whisky. **3** (*Karten*) shuffle **4** **sich (mit etw) ~** mix (with sth) ◇ *Öl mischt sich nicht mit Wasser.* Oil doesn't mix with water. ◇ *Öl und Wasser mischen sich nicht.* Oil and water don't mix. **5** **sich in etw ~** (*sich vermischen*) ◇ *In seine Trauer mischte sich Wut.* His grief was mingled with anger. **6** **sich unter jdn/etw ~** mingle with sb/sth ◇ *Der Politiker mischte sich unter die Menge.* The politician mingled with the crowd. **7** **sich in etw ~** (*sich einmischen*) interfere in sth ◇ *Misch dich bitte nicht in meine Angelegenheiten!* Please don't interfere in my affairs. ◇ *Sie mischte sich in unser Gespräch.* She butted in on our conversation.

Mischform mixture

Mischling **1** (*Mensch*) person of mixed race, half-caste (*beleidigend*) **2** (*Tier*) cross-breed; (*Hund*) mongrel

Mischmasch hotchpotch ◇ *ein Mischmasch aus Englisch und Deutsch* a hotchpotch of English and German

Mischpult mixing desk

Mischung mixture; (*bei Kaffee, Tee*) blend ◇ *eine Mischung aus Apfel- und Orangensaft* a mixture of apple and orange juice ◇ *eine bunte Mischung* an assortment

Mischwald mixed woodland

miserabel **1** *Adj* terrible ◇ *Ich fühle mich miserabel.* I feel terrible. **2** *Adv* very badly ◇ *Sie haben miserabel gespielt.* They played very badly.

Misere plight ◇ *die Misere der Flüchtlinge* the plight of the refugees ◇ *Wer trägt die Schuld an dieser Misere?* Who is to blame for this mess?

missachten disregard ◇ *Die Firma steht im Verdacht, die UN-Sanktionen zu missachten.* The firm is suspected of disregarding the UN sanctions.

Missachtung disregard ◇ *eine Missachtung der Menschenrechte* a disregard for human rights ◇ *Lehrer wissen, welche Missachtung ihnen entgegengebracht wird.* Teachers know how little they are valued.

Missbildung deformity

missbilligen disapprove of *sb/sth* ◇ *Sie missbilligte sein Verhalten.* She disapproved of his behaviour. ◇ *Meine Mutter sah mich missbilligend an.* My mother looked at me disapprovingly.

Missbilligung disapproval

Missbrauch **1** misuse ◇ *der Missbrauch von persönlichen Daten* the misuse of personal data ◇ *Mit dem System wird viel Missbrauch getrieben.* The system is often abused. **2** (*von Alkohol, Drogen etc.*) abuse ◇ *der Kampf gegen den Missbrauch von Drogen* the battle against the abuse of drugs ◇ *Der Leichtathlet wurde des Anabolika-Missbrauchs überführt.* The athlete was found guilty of taking anabolic steroids. **3** **(sexueller) ~** sexual abuse

missbrauchen **1** abuse; (*zum falschen Zweck*) misuse ◇ *Er hat seine Position zum eigenen Vorteil missbraucht.* He abused his position for his own advantage. ◇ *Der Wald wird als Müllkippe missbraucht.* The forest is misused as a rubbish tip. **2** (*Alkohol, Drogen etc.*) abuse **3** **jdn (sexuell) ~** abuse sb (sexually)

missen **jdn/etw nicht ~ wollen/mögen** not want/like to be/do without sb/sth ◇ *Meine Hobbies möchte* *ich nicht missen.* I wouldn't like to be without my hobbies.

Misserfolg failure ◇ *Er hatte eine Reihe von Misserfolgen.* He had a series of failures. ◇ *Das Musical war ein Misserfolg.* The musical was a flop.

missfallen **etw missfällt jdm** sb dislikes sth ◇ *Sagen Sie uns, was Ihnen an unserem Service missfällt.* Tell us what you dislike about our service. ◇ *Wenn mir etwas missfällt, spreche ich es sofort an.* If I don't like something, I always mention it immediately. ◇ *Seine Meinung missfiel ihr.* His opinion displeased her.

Missfallen **1** (*Unzufriedenheit*) displeasure **2** (*Missbilligung*) disapproval ◇ *Er ging von der Schule ab, sehr zum Missfallen seiner Eltern.* He left school, much to his parents' disapproval.

miss- **missgebildet** deformed **Missgeschick** mishap ◇ *Mir ist da ein kleines Missgeschick passiert …* I've just had a slight mishap …

missglücken **1** fail ◇ *Der Versuch missglückte.* The attempt failed. **2** **etw missglückt jdm** sb fails in sth ◇ *Der Versuch ist mir missglückt.* I failed in my attempt. ◇ *Das Soufflé ist mir missglückt.* The soufflé went wrong.

misshandeln mistreat, ill-treat ◇ *Die Gefangenen wurden misshandelt.* The prisoners were mistreated. ◇ *misshandelte Frauen* battered women ◇ *Er hat sie sexuell misshandelt.* He sexually abused her.

Misshandlung mistreatment [U] ◇ *die Misshandlung von Gefangenen* the mistreatment of prisoners ◇ *die Misshandlung von Kindern* cruelty to children ◇ *sexuelle Misshandlung* sexual abuse

Mission **1** (*Auftrag*) mission [mit Verb im Sing/Pl] **2** (*Delegation*) delegation **3** (*Gebäude*) mission

Missionar(in) missionary

Misskredit **1** **jdn/etw in ~ bringen** bring sb/sth into disrepute **2** **in ~ geraten** fall into disrepute

misslich difficult ◇ *eine missliche Lage* a difficult situation ◇ *Diese Umstände werden als misslich empfunden.* These circumstances are regrettable.

misslingen be unsuccessful; **etw misslingt jdm** sb fails at/in sth ◇ *Der Versuch ist ihnen misslungen.* They failed in their attempt. ◇ *Der Versuch ist misslungen.* The attempt has been unsuccessful. ◇ *Das Soufflé ist mir misslungen.* The soufflé went wrong.

missmutig bad-tempered ◇ *meine missmutige Nachbarin* my bad-tempered neighbour ◇ *Die Zuhörer verließen missmutig den Saal.* The audience left the hall feeling disgruntled.

Missstand deplorable situation ◇ *Was können wir tun, um diesen Missstand zu beheben?* What can we do to remedy this deplorable situation? ◇ *soziale Missstände* social injustices

misstrauen **jdm/etw ~** distrust sb/sth, mistrust sb/sth

Misstrauen **~ jdm/etw gegenüber** distrust of sb/sth, mistrust of sb/sth ◇ *Misstrauen gegen die Politiker* mistrust of politicians ◇ *Ich begegne ihm mit großem Misstrauen.* I mistrust him.

misstrauisch suspicious (*Adv* suspiciously) ◇ *Er ist Ärzten gegenüber sehr misstrauisch.* He is very suspicious of doctors.

Missverhältnis **1** imbalance **2** **in einem ~ zu etw stehen** be out of proportion to sth ◇ *Die Kosten stehen in einem krassen Missverhältnis zum Nutzen des Projekts.* The costs of the projects are out of all proportion to its usefulness.

missverständlich ambiguous (*Adv* ambiguously); (*irreführend*) misleading (*Adv* misleadingly) ◇ *Diese Klausel ist recht missverständlich.* This clause is very ambiguous. ◇ *eine missverständliche Äußerung* a misleading statement

Missverständnis misunderstanding ◇ *Da muss ein Missverständnis vorliegen.* There must be some misunderstanding. ◇ *Ich möchte hier keine Missverständnisse aufkommen lassen.* I want to avoid any misunderstandings.

missverstehen misunderstand ◇ *Da habe ich Sie wohl missverstanden.* I must have misunderstood you. ◇ *sich missverstanden fühlen* feel misunderstood

Misswirtschaft mismanagement

Mist **1** manure **2** (*fig*) rubbish ◇ *Sie erzählt unheimlich viel Mist.* She talks an awful lot of rubbish. **IDM** **nicht auf jds (eigenen) Mist gewachsen sein** not be sb's (own) idea **(verdammter) Mist!** damn! (*umgs*) → *Siehe auch* BAUEN

Mistel mistletoe
Mistelzweig sprig of mistletoe ◇ *sich unter einem Mistelzweig küssen* kiss under the mistletoe

Mist- **Mistgabel** pitchfork **Misthaufen** dungheap **Mistkübel** rubbish bin, (*AmE*) garbage can **Miststück** bastard (*vulg, Slang*); (*Frau auch*) bitch (*Slang, abwert*) **Mistwetter** filthy weather

mit
• **zusammen, inklusive** **1** with ◇ *Willst du mit uns frühstücken?* Would you like to have breakfast with us? ◇ *ein Zimmer mit Balkon* a room with a balcony ◇ *mit Fieber im Bett liegen* be in bed with a temperature **2** (*bei bestimmten Gerichten*) and ◇ *Eier mit Speck* bacon and eggs ◇ *Erdbeeren mit Schlagsahne* strawberries and cream **3** (*bei Behältern*) of ◇ *eine Dose mit Keksen* a tin of biscuits ◇ *ein Paket mit Lebensmitteln* a food parcel **4** (*einschließlich*) including ◇ *Mit Steuern macht das 50 Dollar.* That's 50 dollars including tax. ◇ *Übernachtung mit Frühstück* bed and breakfast
• **mittels** **5** by ◇ *mit Karte bezahlen* pay by (credit) card ◇ *Bist du mit dem Bus gekommen?* Did you come by bus? ◇ *etw mit der Post verschicken* send sth by post ◇ *etw mit der Hand schreiben* write sth by hand ◇ *mit Bleistift schreiben* write in pencil ◇ *mit Stäbchen essen* eat with chopsticks
• **Alter, Zeitpunkt, Geschwindigkeit** **6** at ◇ *Sie heiratete mit achtzehn* She got married at eighteen. ◇ *Mit dem Unfall ihres Sohnes änderte sich ihr Leben.* After her son's accident her life changed. ◇ *Er überholte mich mit 180* He overtook me at 110 mph.
• **als Adverb** **7** as well ◇ *Das musst du mit berücksichtigen.* You have to bear that in mind as well. ◇ *Er ist mit einer der besten Musiker der Welt.* He is one of the best musicians in the world. ◇ *Warst du auch mit?* Did you go too?
• **in Wendungen** **8** ◇ *Wie wär's mit einem Kaffee?* How about a coffee? ℹ Für andere Ausdrücke mit **mit** siehe die Einträge für die entsprechenden Nomina etc. **Mit Gewalt** z.B. steht unter **Gewalt**.

Mitarbeit **1** involvement; (*Kooperation*) cooperation ◇ *aktive Mitarbeit in der Partei* active involvement in the party ◇ *Die Polizei bittet um Ihre Mitarbeit bei der Suche nach dem Mörder.* The police are asking for your cooperation in the hunt for the killer. ◇ *seine langjährige Mitarbeit* his long service ◇ *Das Buch wurde unter Mitarbeit von mehreren Wissenschaftlern herausgegeben.* Several scientists contributed to the book. **2** (*im Unterricht*) participation ◇ *die Mitarbeit der Schüler im Unterricht* pupil participation in class

mitarbeiten **1** **an/bei etw ~** be involved in sth ◇ *Am Projekt arbeiten drei Architekten mit.* Three architects are involved in the project. **2** (*im Unterricht*) contribute ◇ *Er arbeitet immer sehr gut mit.* He always contributes a lot in class.

Mitarbeiter(in) **1** employee ◇ *ein ehemaliger Mitarbeiter* a former employee ◇ *Er ist Mitarbeiter beim ZDF.* He works for the ZDF. ◇ *Alle Mitarbeiter müssen um 9 Uhr da sein.* All staff have to be here at 9 o'clock. **2 freie(r) ~** freelancer

Mitarbeitergespräch staff appraisal

Mitbegründer(in) co-founder

mitbekommen **1** (*verstehen*) understand, get (*umgs*); (*hören*) hear; (*sehen*) see ◇ *Ich habe nur die Hälfte vom Film mitbekommen.* I didn't understand half the film. ◇ *Ich habe ihren Namen nicht mitbekommen.* I didn't get her name. ◇ *Die Nachbarn bekamen den Einbruch nicht mit.* The neighbours didn't hear the burglars. ◇ *Hast du mitbekommen, dass sie geheiratet hat?* Did you hear she got married? ◇ *Ich bekam ihr Gespräch zufällig mit.* I overheard their conversation. ◇ *Er bekam nur die zweite Halbzeit mit.* He only saw the second half. ◇ *Sie hat viel über die afrikanische Kultur mitbekommen.* She learnt a lot about African culture. **2 von etw nichts ~** (*verpassen*) miss sth ◇ *Er kam zu spät und hat vom Fest fast nichts mehr mitbekommen.* He arrived so late that he missed most of the party. **3 etw ~** (*bekommen*) be given sth ◇ *Sie hat eine Probe mitbekommen.* She was given a free sample.

mitbenutzen share

mitbestimmen **(an/bei/über etw) ~** have a say (in sth); (*Verhandlungen*) take part (in sth) ◇ *Wir dürfen bei der Lektürewahl mitbestimmen.* We are allowed to have a say in the choice of books. ◇ *bei den Verhandlungen mitbestimmen* take part in the negotiations

Mitbestimmung participation; (*betrieblich*) co-determination ◇ *demokratische Mitbestimmung* participation in the democratic process

Mitbestimmungsrecht right to participate in decision-making; (*betrieblich*) right of co-determination

Mitbewerber(in) **1** (*Konkurrenz*) competitor **2** (*für eine Stelle*) other applicant ◇ *Er war mein einziger Mitbewerber.* He was the only other applicant.

Mitbewohner(in) **1** (*in einer WG*) flatmate, (*AmE*) roommate **2** (*Bewohner*) resident

mitbringen **1 jdn/etw ~** bring sb/sth (with you) ◇ *Kann ich ein paar Freunde mitbringen?* Can I bring a few friends? ◇ *Hast du deine CDs mitgebracht?* Have you brought your CDs (with you)? ◇ *jdn nach Hause mitbringen* take sb home **2 (jdm) etw ~** bring (sb) sth ◇ *Ich habe dir ein Geschenk mitgebracht.* I've brought you a present. ◇ *Hast du ihm etwas aus dem Urlaub mitgebracht?* Did you bring him something back from your holiday? ◇ *Kannst du auf dem Heimweg Brot mitbringen?* Can you pick up some bread on the way home? **3 etw (für etw) ~** have sth (for sth) ◇ *Er bringt den nötigen Ehrgeiz mit.* He has got the necessary ambition.

Mitbringsel present

Mitbürger(in) ◇ *ausländische Mitbürger* foreign residents ◇ *die deutschen Mitbürger* Germans ◇ *ältere Mitbürger* senior citizens

mitdenken think what you are doing; (*selbstständig denken*) think for yourself

mitdürfen **(zu etw) ~** be allowed to go (to sth) ◇ *Ich darf nicht mit zu der Party.* I'm not allowed to go to the party. ◇ *Darf ich mit?* Can I come (too)?

miteinander **1** with each other ◇ *die beiden Gedichte miteinander vergleichen* compare the two poems with each other ◇ *Wir sprechen nicht mehr miteinander.* We're not speaking (to each other). ◇ *Mehl und Zucker miteinander vermischen* mix (together) the flour and sugar ◇ *Wir kommen gut miteinander aus.* We get on well. ◇ *Die Räume sind durch Glastüren miteinander verbunden.* The rooms are connected by glass doors. **2** (*gemeinsam*) together ◇ *Wir fuhren miteinander nach Rom.* We went to Rome together.

miterleben **etw ~** see sth ◇ *Hast du das aus nächster Nähe miterlebt?* Did you see it at close hand? ◇ *Ich musste miterleben, wie er litt.* I had to watch him suffer. ◇ *Er hat den Krieg noch miterlebt.* He remembers the war.

Mitesser blackhead

mitfahren go/come with sb ◇ *Laura fährt bei uns mit.* Laura is coming with us. ◇ *Er fährt bei den anderen mit.* He's going with the others. ◇ *Willst du nach Italien mitfahren?* Do you want to come to Italy too? ◇ *Kann ich bei dir mitfahren?* Could you give me a lift?

Mitfahrgelegenheit lift, (*AmE*) ride ◇ *Ich suche eine Mitfahrgelegenheit nach Berlin.* I'm trying to get a lift to Berlin.

mitfühlend sympathetic (*Adv* sympathetically)

mitgeben **jdm etw ~** give sb sth (to take with them) ◇ *Meine Mutter hat mir Obst mitgegeben.* My mother gave me some fruit to take with me. ◇ *jdm einen guten Rat mitgeben* give sb good advice

Mitgefangene(r) fellow prisoner ◇ *seine Mitgefangenen* his fellow prisoners ◇ *mithilfe von Mitgefangenen* with the help of other prisoners

Mitgefühl empathy; (*Mitleid*) sympathy ◇ *Mitgefühl haben* feel empathy ◇ *sein tiefstes Mitgefühl ausdrücken* express your deepest sympathy

mitgehen **1 (mit jdm) ~** come (with sb) ◇ *Willst du ins Kino mitgehen?* Do you want to come to the cinema? ◇ *Ich gehe mit dir mit.* I'll come with you. ◇ *Geh nie mit Fremden mit!* Never go off with strangers! **2** (*sich mitreißen lassen*) respond ◇ *Das Publikum ging begeistert mit.* The audience responded enthusiastically. **3 etw ~ lassen** walk off with sth (*umgs*)

mitgenommen **1** → MITNEHMEN **2** (*ramponiert*) the worse for wear (*umgs*) ◇ *Ihre Frisur sah mitgenommen aus.* Her hair looked a bit the worse for wear. **3** (*emotional*) shaken ◇ *Sie war sichtlich mitgenommen.* She was visibly shaken.

mitgestalten (*Veranstaltung*) help to organize *sth*; (*Politik etc.*) help to shape *sth*

Mitgift dowry

Mitglied member ◇ *Ich bin Mitglied in diesem Verein.* I'm a member of this club. ◇ *Mitglied in einem Verein werden* join a club

Mitgliederversammlung meeting; (*jährlich*) annual general meeting (*Abk* AGM) **Mitgliederzahl** membership [mit Verb im Sing/Pl] **Mitgliedsausweis** membership card **Mitgliedsbeitrag** subscription

Mitgliedschaft membership ◇ *die Mitgliedschaft in einem Verein* membership of a club

Mitgliedsstaat member state

mithalten **(mit jdm) ~** keep up (with sb)

mithelfen help ◇ *Er hilft im Haushalt nie mit.* He never helps in the house. ◇ *beim Umzug mithelfen* help with the move

mithilfe **~ (von)** with the help of ◇ *mithilfe eines Wörterbuchs* with the help of a dictionary ◇ *mithilfe von Computern* with the help of computers

Mithilfe help, assistance (*gehoben*) ◇ *unter Mithilfe der Eltern* with the parents' help ◇ *Die Polizei bittet die Bevölkerung um Mithilfe.* The police are asking for the assistance of the public.

mithören **1 etw ~** overhear sth ◇ *Sie hörte das Gespräch zufällig mit.* She overheard the conversation. ◇ *Wir konnten jedes Wort mithören.* We could hear every word they said. **2 (etw) ~** (*abhören*) listen in (to sth) ◇ *Telefongespräche mithören* listen in to telephone calls ◇ *Feind hört mit.* The walls have ears.

mitkommen **1** come ◇ *Kann ich ins Theater mitkommen?* Can I come to the theatre (with you)? ◇ *Das müsste morgen in der Lieferung mitkommen.* It should come in tomorrow's delivery. ◇ *Ich komme noch bis zur Straßenecke mit.* I'll come with you as far as the corner. **2** **(mit jdm/etw) ~** (*Schritt halten*) keep up (with sb/sth) ◇ *Bei deinem Tempo komme ich gar nicht mit.* Don't go so fast. I can't keep up with you. **3** **nicht (mehr) ~** (*nicht mehr verstehen*) be lost ◇ *Ich komme einfach nicht mehr mit.* I'm completely lost.

mitkriegen → MITBEKOMMEN

Mitläufer(in) camp follower; (*politisch*) fellow traveller

Mitleid pity; (*Mitgefühl*) sympathy ◇ *Das habe ich nur aus Mitleid getan.* I did it out of pity. ◇ *Mitleid mit den Flüchtlingen* pity for the refugees ◇ *Mit euch habe ich kein Mitleid.* I've got no sympathy for you. IDM **(bei jdm) Mitleid schinden** play for sympathy (from sb)

Mitleidenschaft **jdn/etw in ~ ziehen** affect sb/sth ◇ *Das Herz kann ebenfalls schwer in Mitleidenschaft gezogen werden.* The heart can also be badly affected.

mitleiderregend pitiful ◇ *ein mitleiderregender Anblick* a pitiful sight

mitleidig pitying (*Adv* pityingly); (*mitfühlend*) sympathetic (*Adv* sympathetically)

mitmachen **1** **(bei) etw ~** (*Spiel etc.*) join in sth; (*Ausflug, Kurs etc.*) go on sth; (*Wettbewerb etc.*) take part in sth ◇ *Magst du nicht bei dem Spiel mitmachen?* Don't you want to join in the game? ◇ *Ich mache nur einen Ausflug mit.* I'm only going on one excursion. ◇ *Mitmachen kann jeder.* Anyone can take part. ◇ *bei der Olympiade mitmachen* take part in the Olympics ◇ *Nein, das mache ich nicht mit!* No, I won't have it! **2** (*Herz, Augen etc.*) ◇ *Lange macht mein Körper das nicht mehr mit.* My body can't take it much longer. ◇ *Das kommt darauf an, wie lange ihr Herz noch mitmacht.* It depends how long her heart holds out. **3** (*Wetter*) ◇ *wenn das Wetter mitmacht* weather permitting **4** (*zusätzlich erledigen*) ◇ *Sie hat meine Arbeit mitgemacht.* She did my work as well. **5** (*erleiden*) go through *sth* ◇ *Meine Großeltern haben im Krieg viel mitgemacht.* My grandparents went through a lot in the war. ◇ *nach allem, was er mitgemacht hat* after everything he's been through

Mitmensch fellow human being

mitmischen **1** (*sich einmischen*) interfere **2** **(bei/in etw) ~** (*sich beteiligen*) be/get involved (in sth) ◇ *in der Lokalpolitik mitmischen* be involved in local politics

mitnehmen **1** **jdn/etw ~** take sb/sth (with you) ◇ *Nimm einen Regenschirm mit!* Take an umbrella with you. ◇ *Wie viel Gepäck dürfen wir mitnehmen?* How much luggage can we take? ◇ *Geld haben die Einbrecher nicht mitgenommen.* The burglars didn't take any money. **2** **jdn ~** (*im Auto*) give sb a lift, (*AmE*) give sb a ride ◇ *Können Sie mich bis Stuttgart mitnehmen?* Can you give me a lift to Stuttgart? ◇ *Danke fürs Mitnehmen.* Thanks for the lift. **3** **zum Mitnehmen** to take away, (*AmE*) to go ◇ *Pizza zum Mitnehmen* pizza to take away ◇ *Bei der Information gibt es Fahrpläne zum Mitnehmen.* Timetables are available at the information desk. **4** (*jdm zu schaffen machen*) hit *sb* hard ◇ *Die Trennung hat ihn ganz schön mitgenommen.* The separation really hit him hard. → *Siehe auch* MITGENOMMEN **5** (*Gewinn, Positives*) get *sth* out of sth **6** (*besuchen, mitmachen*) do ◇ *Wir haben in New York nur die berühmtesten Sehenswürdigkeiten mitgenommen.* We only did the main sights in New York. ◇ *Ich hab bei der Fahrt alles mitgenommen, was so geboten wurde.* I did everything that was on offer on the trip. **7** (*beschädigen*) ◇ *Ich hab ein Stück Leitplanke mitgenommen.* I ripped a piece of the crash barrier off.

mitrauchen **1** **(mit jdm) ~** have a smoke with sb; (*teilen*) share a cigarette (with sb) **2** (*passiv*) inhale other people's cigarette smoke ◇ *Kinder, die im Auto mitrauchen* children inhaling other people's cigarette smoke in the car ◇ *Mitrauchen schadet der Gesundheit.* Passive smoking is harmful to health.

mitreden **1** (*beitragen*) **(bei/in etw) ~** contribute to sth ◇ *Bei dem Thema kann ich nicht mitreden.* I can't contribute anything to this topic. **2** **(bei etw) ~** (*mitbestimmen*) have a say in sth ◇ *Sie wollen bei der Planung mitreden.* They want to have a say in the planning. ◇ *Da habe ich wohl noch ein Wort mitzureden.* Surely I have some say in the matter.

mitreißen **1** **jdn/etw ~** (*fortreißen*) sweep sb/sth away ◇ *Die Skifahrer wurden von der Lawine mitgerissen.* The skiers were swept away by the avalanche. **2** (*begeistern*) ◇ *Die Musik riss das Publikum mit.* The audience was carried away by the music. ◇ *Sie kann ihre Studenten so richtig mitreißen.* She really inspires her students.

mitreißend exciting; (*Rede*) rousing ◇ *ein mitreißendes Spiel* an exciting game ◇ *eine Geschichte mitreißend erzählen* tell a story in an exciting way

mitsamt (together) with

mitschicken **1** **etw (mit etw) ~** enclose sth (in sth) ◇ *Können Sie die Rechnung bitte mitschicken?* Please can you enclose the bill. ◇ *Ich schicke dir einen warmen Pullover mit.* I'll also send you a warm pullover. **2** **jdn (mit jdm) ~** send sb along with sb ◇ *Wir sollten jemanden mit den Kindern mitschicken.* We should send somebody along with the children.

mitschleppen **1** **etw ~** take sth with you ◇ *Wir haben zu viel Gepäck mitgeschleppt.* We took too much luggage with us. **2** **jdn ~** (*mitnehmen*) drag sb along ◇ *Ich hab ihn ins Theater mitgeschleppt.* I dragged him along to the theatre.

mitschneiden record ◇ *ein Konzert (auf Video) mitschneiden* record a concert (on video)

mitschreiben **1** **(etw) ~** (*aufschreiben*) take notes (on sth) ◇ *Ich habe bei der Vorlesung mitgeschrieben.* I took notes in the lecture. ◇ *Kannst du in Bio für mich mitschreiben?* Could you take notes for me in biology? ◇ *Habt ihr das alles mitgeschrieben?* Did you write all that down? **2** **(etw) ~** (*Prüfung etc.*) do sth ◇ *die Klausur mitschreiben* do the exam **3** **an etw ~** (*Beitrag leisten*) contribute to sth ◇ *Er hat am Drehbuch mitgeschrieben.* He contributed to the screenplay.

mitschuldig **(an etw) ~** partly to blame for sth; (*an einem Verbrechen*) implicated in sth ◇ *Sie fühlt sich an seinem Tod mitschuldig.* She feels partly to blame for his death. ◇ *Sie ist an dem Mord mitschuldig.* She is implicated in the murder. ◇ *Wir sind alle mitschuldig.* We are all guilty. ◇ *Durch Schweigen haben sich viele mitschuldig gemacht.* By keeping quiet many shared the guilt.

Mitschüler(in) school friend ◇ *ehemalige Mitschüler treffen* meet old school friends ◇ *Seine Mitschüler hänselten ihn.* The other kids used to tease him.

mitsingen ◇ *im Chor mitsingen* sing in the choir ◇ *Singt bitte mit!* Please join in. ◇ *beim Refrain mitsingen* join in the chorus

mitspielen **1** play ◇ *Spielst du mit?* Are you playing? ◇ *Ich spiele in einer Band mit.* I play in a band. ◇ *bei einem Turnier mitspielen* play in a tournament **2** (*einverstanden sein, mitmachen*) ◇ *Ich würde gerne auf die Party gehen, aber da spielt mein Vater nicht mit.* I'd like to go to the party but my father won't have it. ◇ *Da spiele ich nicht mehr mit.* I'm not having it any more. ◇ *wenn das Wetter mitspielt* weather permitting **3** **(in/bei etw) ~** (*mitwirken*) be in sth ◇ *Wer spielt in dem*

Film mit? Who's in the film? ◇ *bei einem Theaterstück mitspielen* be in a play **4** **(bei etw) ~** (*eine Rolle spielen*) play a role in sth ◇ *Hat die Krankheit bei Ihrer Entscheidung mitgespielt?* Did her illness play a role in her decision? **5 jdm übel ~** (*zusetzen*) treat sb badly

Mitspieler(in) player; (*in der eigenen Mannschaft*) teammate; (*beim Theater*) member of the cast ◇ *Wir suchen noch Mitspieler für die Jugendmannschaft.* We're still looking for players for the youth team. ◇ *Meine Mitspieler horten ihre Karten.* The other players hoard their cards.

Mitspracherecht ◇ *ein Mitspracherecht bei der Entscheidung* the right to have a say in the decision ◇ *mehr Mitspracherecht verlangen* demand more say

Mitstreiter(in) active supporter

Mittag 1 (*Zeitpunkt*) midday, noon; (*Zeitraum*) lunchtime ◇ *gegen Mittag* around midday ◇ *Bis zum Mittag kamen 100 Besucher.* By midday 100 visitors had arrived. ◇ *gestern Mittag um zwölf* yesterday at twelve noon ◇ *gestern Mittag* yesterday lunchtime ◇ *Ich gehe jeden Mittag einkaufen.* I go shopping every lunchtime. ◇ *Die Geschäfte sind über Mittag offen.* The shops are open at lunchtime. ◇ *jeden Mittag um eins* every day at one o'clock → *Siehe auch* NACHMITTAG **2 zu ~ essen** have lunch ◇ *Wir essen gerade zu Mittag.* We're just having lunch. ◇ *Was gibt's zu Mittag?* What's for lunch? **3** (*Mittagspause*) lunch hour, lunch break ◇ *Mittag machen* have your lunch break

Mittagessen lunch ◇ *Ab halb eins gibt es Mittagessen.* Lunch is from 12.30. ◇ *Was gibt's zum Mittagessen?* What's for lunch? ◇ *ein warmes Mittagessen* a hot lunch

mittags at lunchtime ◇ *Er kommt mittags nach Hause.* He comes home at lunchtime. ◇ *mittags warm essen* have a hot lunch ◇ *um 12 Uhr mittags* at 12 noon ◇ *Morgen kann ich bis mittags schlafen.* I can sleep till midday tomorrow.

Mittags- Mittagspause lunch break, lunch hour ◇ *Mittagspause machen* have a lunch break ◇ *Ich spiele in der Mittagspause Tennis.* I play tennis in my lunch hour. ◇ *Er ist in der Mittagspause.* He's at lunch. **Mittagsschlaf** afternoon nap ◇ *einen Mittagsschlaf machen* have an afternoon nap **Mittagszeit** lunchtime ◇ *zur/in der Mittagszeit* at lunchtime ◇ *um die Mittagszeit* around lunchtime ◇ *Es werden auch Kurse während der Mittagszeit angeboten.* Lunchtime courses are also on offer.

Mittäter(in) accomplice

Mitte 1 middle; (*Mittelpunkt*) centre, (*AmE*) center ◇ *in der Mitte des Raumes* in the middle of the room ◇ *Es war Mitte August.* It was the middle of August. ◇ *Mitte des 19. Jahrhunderts* in the middle of the 19th century ◇ *die Mitte des Kreises* the centre of the circle ◇ *in der Mitte der Stadt* in the centre of town ◇ *Das Krankenhaus wird Mitte Dezember eröffnet.* The hospital will open in mid-December. ◇ *Sie ist Mitte zwanzig.* She is in her mid-twenties. ◇ *Mitte der 90er-Jahre* in the mid-nineties ◇ *in der Mitte des Schuljahres* halfway through the school year. ◇ *Nehmt ihr bitte die beiden Kleinen in die Mitte?* Can you have the two little ones between you? **2** (POL) centre, (*AmE*) center ◇ *links/rechts von der Mitte* left/right of centre ◇ *eine Politik/Partei der Mitte* a moderate policy/party IDM **die goldene Mitte** the happy medium

mitteilen 1 jdm etw ~ inform sb of sth ◇ *jdm etw telefonisch/schriftlich/per E-Mail mitteilen* inform sb of sth by telephone/in writing/by email ◇ *Er lässt Ihnen mitteilen, dass er nicht kommen kann.* He wishes to inform you that he cannot come. ◇ *Bitte teilen Sie uns Ihre Meinung mit!* Please let us have your opinion. **2 etw ~** announce sth ◇ *Die Regierung teilte mit, dass ...* The government announced that ... **3 sich jdm ~** talk to sb

Mitteilung statement ◇ *eine offizielle Mitteilung machen* make an official statement ◇ *nach Mitteilung der Polizei* according to a police statement ◇ *Ich habe eine erfreuliche Mitteilung für euch.* I've got good news for you.

Mittel 1 ein ~ (gegen etw) a remedy (for sth) ◇ *das beste Mittel gegen Kopfschmerzen* the best remedy for headaches ◇ *ein schmerzstillendes Mittel* a painkiller ◇ *ein Mittel zum Einreiben* an ointment ◇ *ein gutes Mittel gegen Langeweile* a good way of preventing boredom ◇ *Mittel gegen die Arbeitslosigkeit* ways of combating unemployment **2** (*Substanz*) ◇ *ein Mittel gegen Flecken* a stain remover ◇ *ein Mittel gegen Ungeziefer* a pesticide **3** (*Methode*) means ◇ *Sie griff zu drastischen Mitteln.* She resorted to drastic means. ◇ *mit illegalen Mitteln* by illegal means ◇ *Er wird versuchen, das mit allen Mitteln zu verhindern.* He'll do anything to prevent it. ◇ *Ihr ist jedes Mittel recht.* She'll stop at nothing. **4** (FINANZ) funds [Pl] ◇ *die notwendigen Mittel zur Verfügung stellen* make the necessary funds available ◇ *mit staatlichen Mitteln finanziert werden* be financed by the state **5** (MATH) **das ~ (aus etw)** the mean (of sth) IDM **ein Mittel zum Zweck** a means to an end **Mittel und Wege finden** find ways and means → *Siehe auch* ZWECK

Mittelalter Middle Ages [Pl] ◇ *im Mittelalter* in the Middle Ages

mittelalterlich medieval

Mittel- Mittelamerika Central America **Mittelding** cross ◇ *ein Mittelding zwischen Moped und Fahrrad* a cross between a moped and a bicycle **Mitteleuropa** Central Europe **Mittelfeld 1** (*Teil des Spielfelds*) midfield ◇ *im Mittelfeld spielen* play in midfield ◇ *im linken Mittelfeld* in left midfield **2** (*in einer Tabelle*) mid-table, middle of the table ◇ *Der Verein ist die ganze Saison im Mittelfeld geblieben.* The club stayed in mid-table all season. ◇ (*fig*) *im Mittelfeld liegen* be halfway up the league table **Mittelfeldspieler(in)** midfield player **Mittelfinger** middle finger **Mittelgebirge** area of low mountains **Mittelgewicht** middleweight ◇ *der Meister im Mittelgewicht* the middleweight champion **mittelgroß** medium-sized ◇ *eine mittelgroße Stadt* a medium-sized town ◇ *Sie ist mittelgroß.* She is of medium height. **Mittelklasse 1** (*Gesellschaftsschicht*) middle classes [Pl] **2** (*Güteklasse, Größenklasse*) ◇ *ein Wagen der Mittelklasse* a mid-range car **Mittellinie 1** (*auf dem Spielfeld*) halfway line **2** (*auf der Straße*) white line (in the middle of the road)

mittelmäßig mediocre ◇ *eine mittelmäßige Note* a mediocre mark ◇ *Die Mannschaft hat nur mittelmäßig gespielt.* The team played indifferently.

Mittelmeer Mediterranean ◇ *Urlaub am Mittelmeer* a holiday in the Mediterranean ◇ *ans Mittelmeer fahren* go to the Mediterranean

Mittelmeerland Mediterranean country

Mittelohrentzündung (middle) ear infection

Mittelpunkt 1 centre, (*AmE*) center ◇ *der Mittelpunkt des Kreises* the centre of the circle ◇ *Mittelpunkt der Stadt ist der Dom.* The focal point of the town is the cathedral. **2** (*Attraktion*) main attraction ◇ *der Mittelpunkt der Party* the main attraction of the party ◇ *der kulturelle Mittelpunkt der Region* the cultural centre of the region IDM **im Mittelpunkt stehen** be the centre of attention, (*AmE*) be the center of attention ◇ *Er will immer im Mittelpunkt stehen.* He always has to be the centre of attention. ◇ *Dieses Thema soll heute im Mittelpunkt stehen.* The main focus today will be on this topic. **jdn/etw in den Mittelpunkt stellen** focus on sb/sth ◇ *Sie stellte die Umweltprobleme in den Mittelpunkt.* She focussed on environmental problems. **sich in den Mittelpunkt**

stellen make yourself the centre of attention, (*AmE*) make yourself the center of attention

Mittel- **Mittelschicht** middle class [mit Verb im Sing/Pl] **Mittelstand** middle classes [Pl] **Mittelstreckenrakete** medium-range missile **Mittelstreifen** central reservation, (*AmE*) median (strip) **Mittelstürmer(in)** centre forward, (*AmE*) center forward

Mittelweg middle way IDM **der goldene Mittelweg** the happy medium ◇ *sich auf einen goldenen Mittelweg einigen* agree on a happy medium ◇ *den goldenen Mittelweg gehen* steer a middle course

Mittel- **Mittelwelle** medium wave ◇ *auf Mittelwelle ausgestrahlt werden* be broadcast on medium wave ◇ *eine Sendung über Mittelwelle empfangen* receive a broadcast on medium wave **Mittelwert** mean

mitten in the middle of ◇ *mitten auf der Straße* in the middle of the road ◇ *Die Straße führt mitten durch den Ort.* The road runs right through the middle of the town. ◇ *mitten im Unterricht* in the middle of the lesson ◇ *mitten in der Nacht* in the middle of the night ◇ *Es ist noch mitten in der Nacht.* It's still the middle of the night. ◇ *mitten in der Luft* in mid-air

mittendrin (right) in the middle (of sth)

mittendurch straight through

Mitternacht midnight

mittlere(r,s) **1** (*in der Mitte*) middle ◇ *das mittlere Haus* the middle house **2** (*mittelgroß, -hoch etc.*) medium; (*durchschnittlich*) average ◇ *auf mittlere Sicht* in the medium term ◇ *Waren in mittlerer Preislage* medium-priced goods ◇ *mittlere Betriebe* medium-sized businesses ◇ *ein mittleres Einkommen* an average income ◇ *ein Mann mittleren Alters* a middle-aged man **3 die mittlere Reife** = school-leaving exam for 16-year olds → *Siehe auch* GCSE

mittlerweile **1** (*inzwischen*) now ◇ *Der 26-Jährige, mittlerweile verheiratet und Vater zweier Kinder …* The 26-year-old, now married and a father of two … ◇ *Das ist mittlerweile drei Jahre her.* That's three years ago now. **2** (*unterdessen*) meanwhile ◇ *Das Wasser müsste mittlerweile kochen.* Meanwhile, the water will have come to the boil.

Mittwoch Wednesday → *Beispiele bei* MONTAG

mitunter (*manchmal*) sometimes; (*gelegentlich*) occasionally

mitverantwortlich partly responsible; (*mitschuldig*) partly to blame ◇ *Methan, das für den Treibhauseffekt mitverantwortlich gemacht wird* methane, which is considered partly to blame for the greenhouse effect ◇ *Wir sind alle mitverantwortlich an der Umweltverschmutzung.* We are all to blame for pollution. ◇ *Er war mitverantwortlich für die Bombardierung deutscher Städte.* He was one of those responsible for the bombing of German towns.

Mitverantwortung share of the responsibility; (*Schuld*) share of the blame ◇ *Wir können uns nicht vor der Mitverantwortung drücken.* We must accept our share of the blame. ◇ *Er trägt politische Mitverantwortung für die Verbrechen des Regimes.* He is one of the people responsible for the crimes committed by the regime.

mitverdienen **1** (*an einem Geschäft*) take a share of the profit; (*an einer Veranstaltung*) take a share of the proceeds **2** (*auch arbeiten gehen*) go out to work, too

mitversichern **mitversichert sein** be covered by the insurance ◇ *Kinder sind durch ihre Eltern mitversichert.* Children are covered by their parents' insurance.

mitwirken **1 bei/an etw ~** (*teilnehmen*) take part in sth; (*zu etw beitragen*) play a part in sth; (*mithelfen*) help to do sth ◇ *Ich danke allen, die bei der Vorbereitung der Fahrt mitgewirkt haben.* I would like to thank all those who helped plan the trip. **2** (*bei einer Aufführung*) perform; (*bei einem Spiel*) play ◇ *Mitwirken werden auch die beiden Kirchenchöre.* The two church choirs will also be performing. ◇ *Es wirkten mit: …* Cast: …

Mitwirkende(r) (*Besetzung im Film etc.*) member of the cast; **die Mitwirkenden** the cast

Mitwirkung involvement; (*Mitarbeit*) collaboration; (*Teilnahme*) participation (*oft mit einem Verb übersetzt*) ◇ *die Mitwirkung der Bundesmarine* the German navy's involvement ◇ *20 Heime haben ihre Mitwirkung an dem Projekt zugesagt.* 20 homes have agreed to take part in the project. ◇ *Die Band hat ihre Mitwirkung zugesagt.* The band has agreed to perform.

Mitwisser(in) accessory (*Fachspr*) ◇ *jdm zum Mitwisser machen* make sb an accessory ◇ *Die Widerstandsbewegung hatte viele Anhänger, noch mehr heimliche Mitwisser.* Many people supported the resistance movement, and even more secretly knew about it.

mitwollen (*mitgehen*) want to go with *sb*; (*mitkommen*) want to come with *sb* ◇ *Ich will mit!* I want to go with you!

mitzählen count

mitziehen (*einverstanden sein*) go along with *sth*; (*unterstützen*) support

Mixed mixed doubles

mixen (*Getränke, Geräusche*) mix; (*Nahrungsmittel auch*) blend

Mixer blender

Mixtur mixture

mMn IMO, in my opinion

Mob mob

mobben bully; (*am Arbeitsplatz auch*) harass

Mobbing bullying; (*am Arbeitsplatz auch*) harassment

Möbel furniture [U] ◇ *Wir haben nicht viele Möbel.* We haven't got much furniture. ◇ *Möbel aus Eiche* oak furniture

Möbelpacker removal man **Möbelstück** piece of furniture **Möbelwagen** removal van, (*AmE*) moving van

mobil **1** mobile **2 ~ machen** mobilize

Mobile mobile

Mobilfunk mobile telephony

Mobilfunkmast mobile phone mast, (*AmE*) cell phone tower **Mobilfunknetz** mobile phone network, (*AmE*) cellular phone network

mobilisieren **1** mobilize (*auch fig*) **2** (*Geld*) raise

Mobilität mobility

Mobil- **Mobilmachung** mobilization **Mobiltelefon** mobile (phone), (*AmE*) cell phone

möblieren furnish ◇ *Voll möbliertes Zimmer zu vermieten.* Fully furnished room to let.

Möchtegern- would-be [nur vor Nomen] ◇ *ein Möchtegernstar* a would-be star

Modalverb modal verb

Mode fashion ◇ *die Mode dieser Saison* this season's fashion ◇ *die neueste Mode aus Paris* the latest Paris fashion ◇ *Kurze Röcke sind jetzt groß in Mode.* Short skirts are now the height of fashion. ◇ *Sie ist immer nach der neuesten Mode gekleidet.* She's always very fashionably dressed. IDM **aus der Mode kommen** go out of fashion **in Mode kommen** come into fashion **(große) Mode sein** be (very) fashionable; be trendy; be all the rage

Modeausdruck trendy expression **Modeberuf** fashionable job **modebewusst** fashion-conscious **Modebranche** fashion trade **Modedesigner(in)** fashion designer **Modeerscheinung** fad **Modefarbe** fashionable colour, (*AmE*) fashionable color **Modegeschäft** dress shop

Model (*das*) model

Modell **1** model ◇ *ein Modell der geplanten Brücke* a model of the proposed bridge ◇ *Der Wagen ist das neueste Modell.* The car is the latest model. ◇ *Das Unternehmen wurde ein Modell für andere Firmen.* The company became a model for other firms. ◇ *jdm Modell sitzen/stehen* sit for sb **2** (*Konzept*) concept; (*System*) system ◇ *das Modell der lebenslangen Ehe* the concept of marriage for life ◇ *ein Modell, wobei Arbeitnehmer und Arbeitgeber sich die Kosten teilen* a system in which employees and employers share the cost ◇ *eine Partei nach dem Modell der Grünen* a party along the lines of the Greens **3** (*Kleidungsstück*) creation
Modelleisenbahn model railway; (*Spielzeug*) train set

modellieren **1** make ◇ *etw aus Ton modellieren* make sth in clay **2** (COMP) model

Modellprojekt, Modellversuch pilot project

modeln model*, work as a model

Modem modem

Modenschau fashion show

Moderation (*meist mit einem Verb übersetzt*) ◇ *Die Moderation des Konzerts übernimmt Ulli Berg.* The concert will be presented by Ulli Berg. ◇ *Die Moderation hat Jörg Thoma.* The presenter is Jörg Thoma.

Moderator(in) presenter, (*AmE*) announcer

moderieren present

moderig musty

modern¹ **1** *Adj* modern; (*modisch*) fashionable ◇ *moderne Literatur* modern literature ◇ *wieder modern werden* come back into fashion ◇ *Lange Haare sind nicht mehr modern.* Long hair is out. **2** *Adv* ◇ *modern eingerichtete Räume* rooms with modern furniture ◇ *modern ausgestattete Altersheime* old people's homes with modern facilities ◇ *eine modern ausgestattete Werkstatt* a workshop with modern equipment

modern² *Verb* rot

Moderne **die ~** (*Zeitalter*) the modern age; (*Literatur*) modern literature; (*Kunst*) modern art; (*Musik*) modern music

modernisieren modernize

Modernisierung modernization

Mode- **Modeschmuck** costume jewellery, (*AmE*) costume jewelry **Modeschöpfer(in)** fashion designer **Modewort** in word **Modezeitschrift** fashion magazine

modifizieren modify

modisch fashionable (*Adv* fashionably), trendy (*Adv* trendily) (*umgs*) ◇ *modisch gekleidet* fashionably dressed

modrig → MODERIG

Modul module

Modus **1** procedure ◇ *nach neuem Modus* according to the new procedure **2** (LING) mood **3** (COMP) mode

Mofa = small moped ◇ *Mofa fahren* ride a moped
Mofafahrer(in) moped rider

mogeln **1** cheat ◇ *bei einer Prüfung/beim Kartenspiel mogeln* cheat in a test/at cards **2 sich in etc. etw ~** wangle your way into, etc. sth (*umgs*) ◇ *Er hatte sich an die Spitze der Warteschlange gemogelt.* He had wangled his way to the front of the queue. **3 etw irgendwohin ~** slip sth somewhere ◇ *Sie hatte ihm einen Zettel in die Tasche gemogelt.* She had slipped a note into his pocket.

mögen **1** like ◇ *Er mag keine Oliven.* He doesn't like olives. ◇ *Ich mag ihn sehr gern.* I like him very much. ◇ *Ich mag am liebsten Eis.* I like ice cream best. ◇ *Ich mag Chips lieber als Kekse.* I like crisps better than biscuits. **2** (*wollen*) would like ◇ *Möchten sie noch etwas Suppe?* Would you like some more soup? ◇ *Möchtest du mit uns mitkommen?* Would you like to come with us? ◇ *Zum Geburtstag möchte ich einen Hamster.* I would like a hamster for my birthday. ◇ *Wer mitmachen möchte, soll es jetzt sagen.* Anyone wanting to take part should say so now. ◇ *Hier möchte ich nicht übernachten.* I don't want to spend the night here. ◇ *Ich möchte nicht stören, aber …* Sorry to disturb you but … ◇ *Ich möchte lieber einen Kaffee.* I'd rather have a coffee. ◇ *Dazu möchte ich lieber nichts sagen.* I'd prefer not to comment. **3** (*in Einräumungen*) ◇ *Es mag schon sein, dass du recht hast.* It may well be that you're right. ◇ *Mag er schimpfen so viel er will, …* However much he grumbles … **4** (*in Vermutungen*) ◇ *Es mochte etwa 3 Uhr gewesen sein, …* It might have been about 3 o'clock … ◇ *Wie alt mag er wohl sein?* How old might he be? **5** (*in Aufforderungen*) ◇ *Sag ihm, er möge sich bitte beeilen.* Tell him to please hurry up. ◇ *Du möchtest bitte bei ihr vorbeikommen.* Please would you go round and see her. ◇ *Er bat sie, sie möge ihm verzeihen.* He asked her to forgive him.

möglich **1** possible ◇ *etw möglich machen* make sth possible ◇ *so bald wie möglich* as soon as possible ◇ *Wäre es möglich, den Brief heute noch zu tippen?* Would it be possible for you to type the letter today? ◇ *Das ist schon möglich.* It's quite possible. ◇ *Es war mir leider nicht möglich zu kommen.* I was unfortunately unable to come. ◇ *Ich werde mein Möglichstes tun.* I will do everything I can. ◇ *Das ist doch wohl nicht möglich!* I don't believe it! **2 alle möglichen …** all sorts of …; **alles Mögliche** all sorts of things ◇ *Sie kannte alle möglichen Lieder.* She knew all sorts of songs. ◇ *Wir haben alles Mögliche eingekauft.* We bought all sorts of things. IDM → BEREICH *und* UNMÖGLICH

möglicherweise possibly ◇ *Das Verbrechen ist möglicherweise von Kindern begangen worden.* The crime was possibly committed by children. ◇ *Er wird möglicherweise nächste Woche zurück sein.* He may possibly be back next week. ◇ *Sie tritt möglicherweise zur Wahl an.* She may stand for election.

Möglichkeit **1** possibility ◇ *Es besteht die Möglichkeit einer Überschwemmung.* There is the possibility of flooding. ◇ *Es besteht die Möglichkeit, dass …* It is possible that … ◇ *Ungewaschenes Obst sollte nach Möglichkeit vermieden werden.* Unwashed fruit should be avoided if possible. **2** (*Methode*) way; (*Alternative*) alternative ◇ *Es gibt verschiedene Möglichkeiten, wie wir helfen können.* There are several ways in which we can help. ◇ *Es gibt auch noch andere Möglichkeiten.* There are other alternatives. ◇ *Sie sah keine andere Möglichkeit, als ihm die Wahrheit zu sagen.* She saw no alternative but to tell him the truth. **3** (*Gelegenheit*) opportunity, chance ◇ *das Land der unbegrenzten Möglichkeiten* the land of unlimited opportunity ◇ *Sie hatte die Möglichkeit, im Ausland zu studieren.* She had the chance to study abroad. **4** (*Mittel*) means [Pl], resources [Pl] ◇ *Ein Auto übersteigt unsere finanziellen Möglichkeiten.* A car is beyond our means.

möglichst **1** as … as possible ◇ *möglichst bald* as soon as possible ◇ *möglichst wenig* as little as possible **2** (*falls möglich*) if possible ◇ *Bitte antworten Sie möglichst noch am selben Tag.* Please reply on the same day, if possible. **3** (*so weit wie möglich*) as far as possible ◇ *den Wasserverbrauch möglichst reduzieren* reduce water consumption as far as possible

Mohn poppy; (*Samen*) poppy seeds [Pl]
Mohnblume poppy

Möhre, Mohrrübe carrot

mokieren **1 sich ~** sneer **2 sich über jdn/etw ~** (*verspotten*) ridicule sb/sth; (*sich ärgern*) get angry about sb/sth ◇ *Sie mokierten sich über seine Rede.* They ridiculed his speech. ◇ *Er mokierte sich über den* *schlechten Service.* He got angry about the poor service.

Molekül molecule

molekular molecular [nur vor Nomen]

Molkerei dairy
Molkereiprodukte dairy products [Pl]

Moll minor (key) ◇ *in a-Moll* in A minor

mollig **1** (*rundlich*) plump **2** (*warm*) cosy, (*AmE*) cozy ◇ *mollig warm* warm and cosy

Molotowcocktail Molotov cocktail

Moment¹ *der* moment ◇ *Hast du mal einen Moment Zeit?* Have you got a moment? ◇ *im Moment* at the moment ◇ *Er befürchtete, jeden Moment entdeckt zu werden.* He feared discovery at any moment. ◇ *Im letzten Moment riss er das Steuer herum.* At the last moment he managed to pull the wheel round. ◇ *Im ersten Moment hatte sie ihn nicht erkannt.* She hadn't recognized him for a moment. ◇ *In einem unbeobachteten Moment steckte er die Uhr ein.* When nobody was looking, he pocketed the watch. IDM **einen Moment/Moment mal!** (*während des Überlegens*) let's see; (*wenn man jdn aufhalten will*) just a moment; (*am Telefon*) one moment, please

Moment² *das* element ◇ *das Moment der Überraschung* the element of surprise ◇ *das auslösende Moment* the trigger

momentan **1** (*augenblicklich*) at the moment, at present ◇ *Momentan habe ich sehr wenig Zeit.* At the moment, I don't have much time. ◇ *die momentan gültige Verordnung* the rule in force at the moment ◇ *seine momentane Verfassung* his present state **2** (*vorübergehend*) momentary ◇ *ein momentanes Schwindelgefühl* a momentary feeling of dizziness

Monarch(in) monarch

Monarchie monarchy

Monarchist(in) monarchist

Monat month ◇ *im kommenden Monat* next month ◇ *im vergangenen Monat* last month ◇ *am 1. des Monats* on the 1st of the month ◇ *zweimal im Monat* twice a month ◇ *Sie ist im neunten Monat (schwanger).* She is nine months pregnant. ◇ *Er wurde zu 20 Monaten Haft verurteilt.* He was sentenced to 20 months' imprisonment.

monatelang (lasting) for months ◇ *monatelange Ermittlungen* enquiries lasting for months ◇ *Das Haus steht schon monatelang leer.* The house has been empty for months. ◇ *nach monatelangen Verhandlungen* after months of talks

monatlich monthly ◇ *eine monatliche Gebühr* a monthly fee ◇ *Wir zahlen 500 $ monatlich.* We pay $500 a month.

Monats- **Monatsanfang** beginning of the month **Monatsende** end of the month **Monatsgehalt** monthly salary; (*für einen Monat*) one month's salary **Monatskarte** monthly season ticket

Mönch monk

Mond moon ◇ *der abnehmende/zunehmende Mond* the waning/waxing moon ◇ *Der Mond geht auf.* The moon is rising. IDM **hinter dem Mond leben** be out of touch with the real world

mondän smart, fashionable

Mond- **Mondfahrt** flight to the moon **Mondfinsternis** eclipse of the moon **Mondlandschaft** lunar landscape **Mondlandung** moon landing **Mondschein** moonlight

monieren (etw) ~ complain (about sth) ◇ *Mängel monieren* complain about defects

Monitor monitor ◇ *auf dem Monitor* on the monitor

Mono- **Monogamie** monogamy **Monografie** monograph

Monokultur monoculture

Monolog monologue ◇ *innerer Monolog* interior monologue

Monopol monopoly ◇ *ein Monopol auf/für etw haben* have the monopoly on sth

monoton monotonous ◇ *Die Arbeit ist sehr monoton.* The work is very monotonous. ◇ *Er las monoton vor.* He read aloud in a monotonous voice.

Monotonie monotony

Monster monster

monströs monstrous; (*hässlich*) horrible; (*riesig auch*) huge ◇ *ein monströses Verbrechen* a monstrous crime ◇ *Die monströse Fabrikhalle steht leer.* That huge factory is empty.

Monstrum **1** (*Ungeheuer*) monster **2** (*Mensch*) brute **3** (*Gebäude etc.*) monstrosity ◇ *ein Monstrum von einem Einkaufszentrum* a monstrosity of a shopping centre

Monsun monsoon
Monsunregen monsoon rains [Pl] **Monsunzeit** monsoon season

Montag Monday ◇ *Heute ist Montag.* It's Monday today./Today is Monday. ◇ *jeden Montag* every Monday ◇ *letzten/nächsten Montag* last/next Monday ◇ *Montag in einer Woche* a week on Monday ◇ *die Zeitung vom Montag* Monday's newspaper ◇ *Ich habe Montag keine Zeit.* I'm not free on Monday. ◇ *Wir treffen uns Montag.* We are meeting on Monday.
Montagabend Monday evening ◇ *am Montagabend* on Monday evening **montagabends** every Monday evening, on Monday evenings

Montage **1** (*Einbau*) installation; (*Aufstellen*) erection; (*Zusammenbau*) assembly (*oft mit einem Verb übersetzt*) ◇ *Wie viel kostet die Küche einschließlich Montage?* How much will the kitchen cost inclusive of installation? ◇ *Die Montage des Wartehäuschens dauert nur einen Tag.* The shelter will only take a day to put up. ◇ *Wir mussten monatelang auf die Montage der Türen warten.* We had to wait months for the doors to be put in. **2** (*im Film, in der Literatur, Kunst*) montage; (*Filmschnitt*) editing **3** **auf ~** = away on a job ◇ *So viel kann er nur auf Montage verdienen.* He can only earn so much by going away on a job.

Montag- **Montagmorgen** Monday morning ◇ *am Montagmorgen* on Monday morning **Montagnachmittag** Monday afternoon ◇ *am Montagnachmittag* on Monday afternoon **Montagnacht** Monday night ◇ *Montagnacht wurde bei uns eingebrochen.* We were burgled on Monday night.

montags every Monday, on Mondays ◇ *Sie treffen sich montags.* They meet every Monday. ◇ *Der Kurs findet montags statt.* The course is held on Mondays.

Monteur(in) engineer; (*Elektro- auch*) electrician; (*Gas-*) fitter; (*Auto-*) mechanic

montieren **1** (*zusammenbauen*) assemble **2** (*anbringen*) fix, put *sth* on; (*Gerüst, Schild*) put *sth* up; (*Fenster*) put *sth* in; (*Reifen*) fit; (*Beleuchtung, sanitäre Einrichtungen*) install

Montur **1** (*Uniform*) uniform **2** (*Kleidung, Ausrüstung*) outfit, gear (*umgs*) IDM **in voller Montur** fully clothed ◇ *Sie sprangen in voller Montur ins Wasser.* They leapt into the water fully clothed.

Monument monument ◇ *ein Monument zu Ehren des Wissenschaftlers* a monument to the scientist ◇ *ein Monument der Dummheit* a monument to stupidity

monumental monumental (*Adv* monumentally); (*beeindruckend*) imposing ◇ *monumentale Architektur* monumental architecture

Moor bog; (*Hoch-*) moor ◇ *im Moor versinken* sink into the bog ◇ *sich im Moor verirren* get lost on the moor

moorig boggy

Moos **1** moss **2** (*Geld*) cash (*umgs*) ◇ *Hast du Moos?* Have you got any cash? ◇ *Er hat ganz schön Moos.* He's rolling in it.

Moped moped ◇ *Moped fahren* ride a moped ◇ *Sie fährt mit dem Moped zur Schule.* She goes to school on her moped.

Moppel chubby person

moppelig chubby

Moral **1** morals [Pl]; (*Wertsystem*) morality [U] ◇ *Ethik und Moral* ethics and morals ◇ *die christliche Moral* Christian morality **2** (*Verhalten*) moral standards [Pl] ◇ *Diese Leute haben keine Moral!* These people have no moral standards! ◇ *Er warf ihnen eine doppelte Moral.* He accused them of double standards. **3** (*Selbstvertrauen*) morale ◇ *Die Moral im Team ist sehr gut/schlecht.* Morale in the team is very high/low. ◇ *Das Lob hat seine Moral gestärkt.* The praise boosted his morale. **4** (*Lehre*) moral ◇ *die Moral von der Geschichte* the moral of the tale **Moralapostel** moralizer ◇ *scheinheilige Moralpostel* hypocritical moralizers ◇ *Ich möchte mich nicht zum Moralapostel aufspielen.* I don't want to moralize.

moralisch moral (*Adv* morally) ◇ *aus moralischen Gründen* on moral grounds ◇ *Ich habe mich moralisch verpflichtet gefühlt, ihr zu helfen.* I felt morally obliged to help her. ◇ *Er braucht moralische Unterstützung.* He is in need of moral support. ◇ *etw moralisch verurteilen* condemn sth on moral grounds

Moralist moralist

Moralpredigt lecture ◇ *Sein Vater hielt ihm eine Moralpredigt.* His father gave him a lecture.

Morast **1** mud **2** (*fig*) quagmire

morbid **1** (*kränklich*) sickly **2** (*dekadent*) decadent

Mord murder, (*AmE auch*) homicide ◇ *Die Polizei hat den Mord an dem jungen Mädchen aufgeklärt.* The police have solved the murder of the young girl. ◇ *Dem Angeklagten wird versuchter Mord vorgeworfen.* The accused is charged with attempted murder. ◇ *einen Mord begehen* commit a murder ◇ *Er sitzt wegen Mordes im Gefängnis.* He is in prison for murder. ◇ *ein Mord aus Habgier* a murder committed out of greed **Mordanschlag** attempted murder; (*geglückt*) murder; (*politisch begründet*) assassination attempt; (*geglückt*) assassination ◇ *Auf den Präsidenten sind bereits zwei Mordanschläge verübt worden.* There have been two assassination attempts on the President. ◇ *Der Politiker fiel einem Mordanschlag zum Opfer.* The politician was assassinated. **Morddrohung** death threat

morden **1** kill ◇ *Sie zogen plündernd und mordend durch das Land.* They went around plundering and killing. ◇ *Das Morden geht weiter.* The killing goes on. **2** (*ermorden*) murder

Mörder(in) murderer, killer

mörderisch **1** *Adj* murderous ◇ *das mörderische Treiben des Ku-Klux-Klans* the murderous activities of the Ku Klux Klan **2** *Adj* (*Hitze, Verkehr*) terrible; (*Konkurrenz*) intense; (*Tempo*) furious **3** *Adv* terribly (*umgs*) ◇ *mörderisch heiß* terribly hot

Mord- **Mordfall** murder (case), (*AmE*) homicide (case) ◇ *Der Mordfall konnte nie aufgeklärt werden.* The murder was never solved. **Mordkommission** murder squad, (*AmE*) homicide squad **Mordopfer** murder victim **Mordprozess** murder trial

Mords- **Mordsarbeit** a lot of work, a hell of a job (*umgs*) ◇ *Es war eine Mordsarbeit, das Haus zu renovieren.* Renovating the house was a hell of a job. **Mordshunger** **einen ~ haben** be starving **Mordskerl** **1** (*kräftig*) hulk of a man, enormous guy (*umgs*) **2** (*anständig*) great guy (*umgs*) **mordsmäßig** **1** *Adj* terrific ◇ *Das hat mordsmäßigen Spaß gemacht.* It was terrific fun. **2** *Adv* really, terribly (*umgs*) ◇ *Wir haben uns mordsmäßig gefreut.* We were really pleased. ◇ *Es hat mordsmäßig wehgetan.* It was terribly painful. **Mordsspaß** great fun ◇ *Das war ein Mordsspaß.* It was great fun.

Mord- **Mordverdacht** **unter ~ stehen** be suspected of murder **Mordversuch** attempted murder ◇ *der Mordversuch am Gouverneur* the attempted murder of the governor **Mordwaffe** murder weapon

morgen tomorrow ◇ *Morgen gehe ich ins Kino.* I'm going to the cinema tomorrow. ◇ *Morgen ist Montag.* It's Monday tomorrow. ◇ *morgen früh* tomorrow morning ◇ *morgen in einer Woche* a week tomorrow ◇ *morgen um diese Zeit* this time tomorrow ◇ *Bis morgen!* See you tomorrow! ◇ *die Welt von morgen* tomorrow's world ◇ *die Stars von morgen* the stars of the future IDM → HEUTE

Morgen morning ◇ *jeden Morgen* every morning ◇ *gestern/heute Morgen* yesterday/this morning ◇ *Der Unfall passierte am Morgen.* The accident happened in the morning. ◇ *am nächsten Morgen* the next morning ◇ *am Morgen der Prüfung* on the morning of the exam ◇ *den ganzen Morgen* all morning ◇ *Guten Morgen!* Good morning! ◇ *Eines Morgens …* One morning … ◇ *vom Morgen bis zum Abend* from morning to evening ◇ *Sie brachen früh am Morgen auf.* They left in the early morning. ◇ *Sie feierten bis in den Morgen.* They were celebrating right through the night. ◇ *Es wird schon Morgen.* Day is breaking. **Morgendämmerung** dawn, daybreak ◇ *in der Morgendämmerung* at dawn

morgendlich morning ◇ *der morgendliche Berufsverkehr* the morning rush hour

Morgen- **Morgengrauen** dawn, daybreak ◇ *im Morgengrauen* at dawn **Morgenmuffel** **ein ~ sein** be bad-tempered in the early morning

morgens in the morning ◇ *Sie steht morgens immer ganz früh auf.* She always gets up very early in the morning. ◇ *um zehn Uhr morgens* at ten o'clock in the morning ◇ *von morgens bis abends* all day long

morgige(r,s) tomorrow's ◇ *die morgige Folge der Serie* tomorrow's episode of the series ◇ *der morgige Tag* tomorrow

Morphium morphine

morsch (*Holz*) rotten; (*Gebäude, Mauer*) crumbling

Morsealphabet Morse code ◇ *Wie schreibt man SOS im Morsealphabet?* What's SOS in Morse code?

Mörser (MIL, GASTRON) mortar

Mörtel mortar

Mosaik mosaic (*auch fig*) **Mosaikstein** mosaic tile; (*fig*) piece of the jigsaw

Moschee mosque

Moschus musk

mosern **(über jdn/etw) ~** grumble (about sb/sth)

Moskito mosquito **Moskitonetz** mosquito net

Moslem → MUSLIM

Most **1** (*Traubensaft*) must **2** (*Obstwein*) fruit wine

Motel motel

Motiv **1** (*Beweggrund*) motive ◇ *das Motiv der Tat* the motive for the crime ◇ *Als Motiv gab der Täter Geldnot an.* The culprit gave financial problems as the motive. ◇ *Die Tat hatte politische Motive.* It was a politically motivated crime. **2** (*Bild-*) subject ◇ *Motive aus der Natur* subjects from nature ◇ *Das Motiv der Briefmarke ist ein historisches Gebäude.* The stamp has a historic building on it. **3** (*in der Literatur, Musik*) theme, motif

Motivation motivation ◇ *die hohe Motivation der Angestellten* the high level of motivation among the employees ◇ *Diese Reisen sind für ihn eine enorme Motivation.* He is hugely motivated by these trips. **Motivationsschub** motivational boost ◇ *Der Sieg gab uns einen gewaltigen Motivationsschub.* The win gave us a huge boost to our motivation.

motivieren 1 jdn/sich (zu etw) ~ motivate sb/yourself (to do sth) **2** (*ermutigen*) encourage ◇ *Sie motivierte die Schüler zum Mitmachen.* She encouraged the pupils to join in.

motiviert motivated ◇ *hoch motiviert* highly motivated ◇ *Der Anschlag war politisch motiviert.* The attack was politically motivated.

Motor 1 engine; (*elektrisch*) motor **2** (*fig*) (*treibende Kraft*) driving force
Motorboot motor boat **Motorhaube** bonnet, (*AmE*) hood

motorisiert motorized ◇ *ein motorisiertes Zweirad* a motorized bike ◇ *Mehr als 60% der Schüler sind motorisiert.* More than 60% of pupils have a car.

Motor- Motorleistung engine performance **Motorrad** motorcycle, (*BrE auch*) motorbike ◇ *ein schweres Motorrad* a powerful motorbike ◇ *Er fährt mit dem Motorrad.* He's going by motorbike. **Motorradfahrer(in)** motorcyclist **Motorroller** (motor) scooter **Motorsäge** power saw **Motorschaden** engine trouble [U] ◇ *Er ist mit einem Motorschaden aus dem Rennen ausgeschieden.* He dropped out of the race because of engine trouble. **Motorsport** motor sport

Motte moth ◇ *von Motten zerfressen* moth-eaten
Mottenkugel mothball

Motto motto; (*Thema*) theme ◇ *Das Motto des Festes heißt dieses Jahr „Italien".* The festival's theme this year is 'Italy'.

motzen (über etw) ~ moan (about sth) (*umgs*), bellyache (about sth) (*umgs*)

Mountainbike mountain bike

Mountainbiker(in) mountain biker

Möwe seagull

MP3-Spieler MP3 player

Mücke gnat, midge; (*größer*) mosquito ◇ *Mich hat eine Mücke gestochen.* I've got a gnat bite. IDM **aus einer Mücke einen Elefanten machen** make a mountain out of a molehill

Mucken (seine) ~ haben have your little ways ◇ *Jeder hat so seine Mucken.* We all have our little ways. ◇ *Mein Auto hat so einige Mucken.* My car's a bit temperamental.

Mückenstich gnat bite, mosquito bite

Mucks sound ◇ *Ich will keinen Mucks mehr von euch hören!* I don't want to hear another sound out of you! ◇ *Der Anlasser machte keinen Mucks mehr.* I couldn't get a peep out of the starter. ◇ *Er saß da, ohne einen Mucks von sich zu geben.* He sat there without a murmur.

mucksmäuschenstill as quiet as a mouse ◇ *Die Kinder waren mucksmäuschenstill.* The children were as quiet as mice. ◇ *Es war mucksmäuschenstill.* You could have heard a pin drop.

müde tired ◇ *Ich bin müde von der Arbeit.* I'm tired after work. ◇ *Sie lag müde auf dem Sofa.* She lay on the sofa feeling tired. ◇ *Er kam müde von der Schule.* He was tired when he got home from school. ◇ *Sie sind müde vom Wandern.* Walking has tired them out. ◇ *Hitze macht müde.* Heat is tiring. ◇ *die müden Wanderer* the weary hikers ◇ *Er lächelte müde.* He gave a weary smile. ◇ *Ich bin zum Umfallen müde.* I'm ready to drop. IDM → LÄCHELN *und* MARK[1]

Müdigkeit tiredness ◇ *von Müdigkeit übermannt* overcome by tiredness ◇ *Sie konnte vor Müdigkeit kaum die Augen offen halten.* She was so tired she could hardly keep her eyes open. ◇ *Ich falle vor Müdigkeit fast um.* I'm so tired I could drop. ◇ *Er leidet an chronischer Müdigkeit.* He suffers from chronic fatigue.

muffelig, muffig 1 (*unfreundlich*) grumpy **2** (*Geruch*) musty

Mühe 1 trouble, effort ◇ *Hat sich die Mühe gelohnt?* Was it worth the trouble? ◇ *mit viel Mühe* with a lot of effort ◇ *Die Mühe kannst du dir sparen.* I wouldn't bother if I were you. ◇ *Das Gehen macht mir noch Mühe.* I'm still finding walking difficult. **2 ~ haben, etw zu tun** have trouble doing sth **3 sich ~ geben** make an effort ◇ *Sie hat sich überhaupt keine Mühe gegeben.* She didn't make any effort at all. ◇ *Gib dir doch ein wenig Mühe!* Put a bit of effort into it! ◇ *Er hat sich große Mühe gegeben.* He went to a lot of trouble. ◇ *Sie hat sich keine große Mühe gegeben.* She didn't go to any great trouble. ◇ *Er gab sich Mühe nicht zu lachen.* He was trying not to laugh. **4 sich ~ machen** go to a lot of trouble ◇ *Ihr habt euch wirklich viel Mühe gemacht.* You've really gone to a lot of trouble. ◇ *Machen Sie sich bitte wegen mir keine Mühe!* Please don't go to any trouble on my account! **5 sich die ~ machen, etw zu tun** go to the trouble of doing sth, bother to do sth ◇ *Er hat sich noch nicht einmal die Mühe gemacht anzurufen.* He didn't even bother to ring. IDM **mit Müh und Not** with great difficulty **nur mit Mühe** only just ◇ *Er konnte das Schild nur mit Mühe lesen.* He could only just read the sign.

mühelos effortless (*Adv* effortlessly)

mühevoll laborious ◇ *die mühevolle Arbeit im Garten* the laborious work in the garden ◇ *Sie hatten das Fest in mühevoller Arbeit vorbereitet.* They had gone to a lot of trouble preparing for the party. ◇ *ein mühevoll erkämpfter Sieg* a hard-fought victory

Mühle 1 mill; (*Kaffee-*) (coffee) grinder **2** (*fig*) wheel ◇ *die Mühlen der Bürokratie/Justiz/Verwaltung* the wheels of bureaucracy/justice/administration **3** (*Spiel*) nine men's morris **4** (*Auto*) (old) banger (*umgs*), (*AmE*) beater (*umgs*)

mühsam laborious (*Adv* laboriously); (*anstrengend*) arduous, hard ◇ *ein mühsam ausgehandelter Kompromiss* a laboriously worked-out compromise ◇ *Der mühsame Aufstieg blieb uns erspart.* We were saved the arduous climb. ◇ *nach jahrelanger mühsamer Arbeit* after years of hard work ◇ *ein mühsam erkämpfter Sieg/ein mühsamer Sieg* a hard-fought victory ◇ *Die Polizei löste den Fall in mühsamer Kleinarbeit.* The police solved the case with painstaking attention to detail. ◇ *Sie konnte sich nur mühsam beherrschen.* She had difficulty controlling herself. ◇ *Er lächelte mühsam.* He made an effort to smile.

Mulatte, Mulattin mulatto (*beleidigend*)

Mulde hollow

Muli mule

Müll 1 rubbish, refuse (*gehoben*), (*bes AmE*) garbage ◇ *Müll trennen* separate rubbish ◇ *radioaktiver Müll* radioactive waste **2** (*Mülleimer etc.*) (rubbish) bin, (*AmE*) trash (can) ◇ *etw in/auf den Müll werfen* throw sth away ◇ *Chemikalien gehören nicht in den Müll.* Chemicals shouldn't be put in the rubbish bin.
Müllabfuhr 1 (*das Abholen*) refuse collection, (*AmE*) garbage collection **2** (*Arbeiter*) dustmen [Pl], refuse collectors [Pl] (*gehoben*), (*AmE*) garbage men [Pl] ◇ *Die Müllabfuhr kommt erst morgen.* The dustmen aren't coming until tomorrow. ◇ *Er arbeitet bei der Müllabfuhr.* He works as a dustman. **Müllbeutel** rubbish bag, (*AmE*) garbage bag **Müllberg** rubbish heap, (*AmE*), garbage heap; (*fig*) rubbish mountain, (*AmE*) garbage mountain ◇ *Der europäische Müllberg wächst.* The European rubbish mountain is getting bigger. **Müllbeseitigung** refuse disposal

Mullbinde gauze dressing
Müll- **Mülldeponie** (rubbish) dump, (rubbish) tip; (*in der Amtssprache*) waste disposal site, (*AmE*) garbage dump **Mülleimer** rubbish bin, (*AmE*) trash can
Müller miller
Müll- **Müllkippe** → MÜLLDEPONIE **Müllsack** rubbish bag, (*AmE*) garbage bag **Müllschlucker** rubbish chute, (*AmE*) garbage chute **Mülltonne** dustbin, (*AmE*) garbage can, trash can **Mülltrennung** separating rubbish **Müllverbrennungsanlage** incineration plant **Müllvermeidung** waste reduction **Müllverwertung** recycling **Müllwagen** dustcart, (*AmE*) garbage truck
mulmig **jdm wird es ~** sb feels uneasy; (*übel*) sb feels queasy
Multi multinational
multi- **multikulturell** multicultural **multilateral** multilateral (*Adv* multilaterally) **Multimedia** multimedia **Multimillionär(in)** multimillionaire ◇ *Sie ist Multimillionärin.* She's a multimillionaire. **multinational** multinational (*Adv* multinationally) ◇ *eine multinational tätige Organisation* a multinational organization
multiple Sklerose multiple sclerosis (*Abk* MS)
Multiplikation multiplication
Multiplikator (*Zahl*) multiplier
multiplizieren **(etw mit etw) ~** multiply (sth by sth)
Multitalent man/woman of many talents
Mumie mummy
mumifizieren mummify
Mumm **1** (*Mut*) guts [Pl] (*umgs*) ◇ *den Mumm haben, etw zu tun* have the guts to do sth **2** (*Kraft*) energy
Mumps mumps [U]
Mund mouth ◇ *mit vollem Mund sprechen* talk with your mouth full ◇ *ein Mund voll Suppe* a mouthful of soup ◇ *seinen/den Mund verziehen* pull a face **IDM** **aus dem Mund riechen** have bad breath **etw aus jds (eigenem) Mund hören** hear sth straight from the horse's mouth (*umgs*) **den Mund aufmachen** say something ◇ *Niemand traute sich, den Mund aufzumachen.* No one dared say anything. **den Mund halten** keep your mouth shut (*umgs*); (*aufhören zu reden*) shut up (*umgs*) ◇ *Auf ihn ist Verlass, der hält seinen Mund.* You can trust him to keep his mouth shut. ◇ *Halt den Mund!* Shut up! **den Mund nicht aufbekommen/aufkriegen** not say anything ◇ *In Gegenwart des Chefs bekommt sie den Mund nicht auf.* She never says anything when the boss is around. **jdm den Mund verbieten** silence sb **jdm den Mund wässrig machen** make sb's mouth water; (*fig*) whet sb's appetite ◇ *Hör auf, mir von dem Essen vorzuschwärmen, du machst mir den Mund wässrig.* Stop going on about the food—you're making my mouth water. ◇ *Der Prospekt hat mir den Mund richtig wässrig gemacht.* The brochure really whetted my appetite. **den Mund zu voll nehmen** promise more than you can deliver **einen großen Mund haben** have a big mouth (*umgs*) **jdm etw in den Mund legen** **1** (*jdm etw zuschreiben*) put words in sb's mouth (*umgs*) **2** (*jdn etw sagen lassen*) tell sb what to say ◇ *Er hat mir die Antwort förmlich in den Mund gelegt.* He told me exactly what to answer. **etw in den Mund nehmen** **1** put sth in your mouth ◇ *Kinder nehmen immer alles in den Mund.* Children always put everything in their mouths. **2** (*Wort etc.*) use sth ◇ *Das Wort „Rezession" wollte er nicht in den Mund nehmen.* He didn't want to use the word 'recession'. **etw/jd ist in aller Munde** everybody is talking about sth/sb; (*Schlagwort, Name*) sth is on everybody's lips **jdm nach dem Mund reden** say what sb wants to hear **nicht auf den Mund gefallen sein** never be at a loss for words **sich den Mund fransig/fusselig reden** talk until you are blue in the face (*umgs*) **sich den Mund verbrennen** say too much **jdm über den Mund fahren** interrupt sb → *Siehe auch* BLATT, HAND, HONIG, WASSER *und* WORT
Mundart dialect
Mündel ward
münden **in etw ~** **1** (*Fluss*) flow into sth ◇ *Der Nil mündet ins Mittelmeer.* The Nile flows into the Mediterranean. **2** (*Straße etc.*) lead to sth (*auch fig*) ◇ *Der Radweg mündet in die Hauptstraße.* The cycle track leads to the main road. ◇ *Ihr Gespräch mündete in einen Streit.* Their conversation led to an argument.
Mund- **Mundgeruch** bad breath **Mundharmonika** mouth organ ◇ *Mundharmonika spielen* play the mouth organ
mündig **1** (*volljährig*) of age [nicht vor Nomen] ◇ *mündig werden* come of age ◇ *Sie ist noch nicht mündig.* She hasn't come of age yet. **2** (*Bürger etc.*) responsible
mündlich verbal (*Adv* verbally); (*Prüfung, Leistung, Mitarbeit, Überlieferung*) oral (*Adv* orally) ◇ *eine mündliche Zusage* verbal confirmation ◇ *Die Märchen sind mündlich überliefert worden.* The fairy stories have been passed on orally. ◇ *Alles Weitere mündlich!* I'll tell you the rest when I see you!
Mund- **Mundpropaganda** word of mouth [U] ◇ *Neue Mitglieder kommen vor allem durch Mundpropaganda dazu.* New members are recruited mainly by word of mouth. **Mundstück** **1** mouthpiece **2** (*am Zaumzeug*) bit
mundtot **jdn ~ machen** silence sb
Mündung **1** (*Fluss-*) (river) mouth; (*breiter*) estuary; (*Zusammenfluss*) confluence ◇ *die Mündung der Elbe* the mouth of the Elbe ◇ *die Mündung der Elbe in die Nordsee* the place where the Elbe flows into the North Sea **2** (*Straßen-*) junction **3** (*Gewehr-*) muzzle
Mund- **Mundwasser** mouthwash **Mundwerk** ◇ *ein loses/lockeres/großes Mundwerk haben* have a big mouth ◇ *ein böses Mundwerk haben* have a sharp tongue ◇ *ein freches Mundwerk haben* be cheeky **Mundwinkel** corner of your mouth **Mund-zu-Mund-Beatmung** mouth-to-mouth resuscitation [U]
Munition ammunition [U] (*auch fig*) ◇ *Das diente seinen Kritikern als Munition.* That gave his critics ammunition against him.
Munitionsdepot ammunition dump **Munitionsfabrik** munitions factory
munkeln **man munkelt ...; es wird gemunkelt ...** it is rumoured ..., (*AmE*) it is rumored ... ◇ *Man munkelt, dass es Selbstmord war.* It is rumoured that it was suicide. ◇ *Es wird so allerlei gemunkelt.* There are all sorts of rumours.
Münster minster; (*Dom*) cathedral
munter **1** (*gesund, lebhaft*) lively; (*fröhlich*) cheerful (*Adv* cheerfully) ◇ *ein munteres Kind* a lively child ◇ *Er pfiff munter vor sich hin.* He whistled to himself cheerfully. ◇ *Die Kinder spielten munter im Garten.* The children were playing happily in the garden. ◇ *gesund und munter* fit and well **2** (*wach*) awake [nicht vor Nomen] ◇ *Die Kinder waren schon um 6 Uhr munter.* The children were wide awake at 6. ◇ *Er wird immer erst mittags munter.* He isn't really awake till afternoon. ◇ *Eine Tasse Kaffee macht mich immer munter.* A cup of coffee always wakes me up. **3** (*unbekümmert*) regardless ◇ *munter weitermachen* carry on regardless
Muntermacher stimulant, pick-me-up (*umgs*)
Münze coin ◇ *eine Münze werfen* toss a coin **IDM** **etw für bare Münze nehmen** take sth at face value ◇ *Man kann nicht alles, was er sagt, für bare Münze nehmen.* You can't take everything he says at face value. **etw in klingende Münze verwandeln/umsetzen** cash in on sth **jdm etw mit gleicher Münze heimzahlen** pay sb back ◇ *Sie hat ihm diese Gemeinheit mit gleicher*

Münze heimgezahlt. She paid him back for his nastiness.

mürbe **1** crumbly; (*Obst*) soft; (*Fleisch*) tender **2 ~ werden** crack ◇ *Er ist schließlich doch mürbe geworden und hat gestanden.* Eventually he cracked and confessed.

mürbemachen **jdn ~** wear sb down **Mürbeteig** shortcrust pastry [U]

Murmel marble ◇ (*mit*) *Murmeln spielen* play marbles

murmeln **1** mumble ◇ *etw vor sich hin murmeln* mumble sth to yourself **2** (*Bach etc.*) murmur

Murmeltier marmot IDM **wie ein Murmeltier schlafen** sleep like a log

murren **(über etw) ~** grumble (about sth) ◇ *Sie murrt dauernd über das Essen.* She's always grumbling about the food. ◇ *etw ohne Murren hinnehmen* accept sth without a murmur

mürrisch sullen; (*stärker*) surly ◇ *Sie macht immer so ein mürrisches Gesicht.* She always looks so sullen. ◇ *ein mürrischer Kellner* a surly waiter

Mus purée

Muschel **1** (*Tier*) mussel **2** (*Schale*) shell **3** (*Hör-*) earpiece; (*Sprech-*) mouthpiece

Muse **1** muse; (*Inspiration*) inspiration **2 die leichte ~** light entertainment [U]

Museum museum ◇ *Wir könnten ins Museum gehen.* We could go to a museum. ◇ *das Museum für zeitgenössische Kunst* the museum of contemporary art

Musical musical

Musik **1** music [U] ◇ *Musik hören* listen to music ◇ *Er liebt die Musik.* He loves music. ◇ *die Musik zu dem Film* the music to the film **2** (*Kapelle*) band [mit Verb im Sing/Pl]

musikalisch musical (*Adv* musically) ◇ *Sie ist sehr musikalisch.* She is very musical. ◇ *Die musikalische Leitung hat Max Hundt.* The musical director is Max Hundt. ◇ *eine musikalische Begabung* a gift for music ◇ *sich musikalisch ausdrücken* express yourself in music

Musikant(in) musician

Musiker(in) musician

Musik- **Musikfreund(in)** music lover **Musikgruppe** (music) group [mit Verb im Sing/Pl] **Musikhochschule** college of music **Musikinstrument** musical instrument **Musikkapelle** band [mit Verb im Sing/Pl] **Musikschule** music school **Musikstück** piece of music **Musikstunde** music lesson **Musikunterricht** music lessons [Pl]

musisch (*künstlerisch*) artistic (*Adv* artistically) ◇ *ein musischer Mensch* an artistic person ◇ *ein musisches Gymnasium* a school specializing in the arts ◇ *der musische Bereich* the arts

musizieren make music

Muskat(nuss) nutmeg

Muskel muscle ◇ *sich einen Muskel zerren* pull a muscle ◇ *Er hat Muskeln!* He's very muscular! IDM **seine Muskeln spielen lassen** flex your muscles **Muskelkater** aching muscles [Pl] ◇ *Ich habe Muskelkater in den Oberschenkeln.* My thigh muscles ache. ◇ *Ich habe Muskelkater.* I'm aching all over. **Muskelriss** torn muscle **Muskelzerrung** pulled muscle

Muskulatur muscles [Pl]

muskulös muscular

Müsli muesli

Muslim, Muslime, Muslimin Muslim

muslimisch Muslim

Muss must (*umgs*) ◇ *Englisch ist ein absolutes Muss.* English is an absolute must.

Muße leisure; (*Zeit*) (free) time ◇ *Er fand endlich Zeit und Muße, seinen Hobbys nachzugehen.* He finally found time and leisure to pursue his hobbies. ◇ *Zum Malen fehlt mir einfach die Muße.* I just don't have the time to paint. ◇ *Sonntags frühstücken wir in aller Muße.* On Sundays we have a leisurely breakfast.

müssen[1] *Modalvb* **1** (*Zwang, Notwendigkeit*) ◇ *Müsst ihr schon gehen?* Do you have to go already? ◇ *Das muss bis morgen gemacht werden.* It must be/has to be done by tomorrow. ◇ *Ich musste lange warten.* I had to wait a long time. ◇ *Wir werden hingehen müssen.* We'll have to go. ◇ *Da müsstest du einen Spezialisten fragen.* You'd have to ask a specialist. ◇ *Das hätte nicht passieren müssen.* It needn't have happened. ◇ *Morgen muss ich nicht arbeiten.* I don't have to work tomorrow. **2** (*Ratschlag, Empfehlung*) ◇ *Den Film musst du unbedingt sehen.* You really must see that film. **3** (*Wahrscheinlichkeit, Annahme*) ◇ *Du musst ja ganz erschöpft sein.* You must be totally exhausted. ◇ *Er muss wohl davon gewusst haben.* He must have known about it. ◇ *Sie müsste die Prüfung bestehen.* She ought to pass the exam. ◇ *Er müsste eigentlich schon da sein.* He should have arrived by now. **4** (*unerfüllbare Wünsche*) ◇ *So müsste es immer sein!* I wish it was/were always like this! ◇ *Geld müsste man haben!* If only I had money!

müssen[2] *Verb* **1** (*fahren, gehen etc.*) have to go ◇ *Ich muss in die Stadt.* I have to go into town. **2 (etw) ~** have to (do sth) ◇ *Du musst. Es führt kein Weg drum herum.* You have to. You just can't avoid it. ◇ *Ich muss mal.* I have to go to the loo.

müßig **1** *Adv* ◇ *müßig herumsitzen/-stehen* sit/stand around doing nothing **2** *Adj* (*überflüssig*) futile ◇ *eine müßige Frage* a futile question ◇ *Es ist müßig, darüber zu reden.* There's no point discussing it.

Müßiggang idleness

Muster **1** pattern ◇ *ein auffälliges Muster* a bold pattern ◇ *Die Feier läuft jedes Jahr nach dem gleichen Muster ab.* The celebrations follow the same pattern every year. ◇ *ein Kleid nach einem Muster nähen* make a dress from a pattern **2** (*Vorbild, Vorlage*) model ◇ *als Muster dienen* serve as a model ◇ *das Muster einer guten Mutter* a model mother ◇ *ein Muster an Tugend* a paragon of virtue **3** (*Probe*) sample **Musterbeispiel** classic example ◇ *ein Musterbeispiel für eine gute Werbung* a classic example of good advertising **mustergültig** exemplary ◇ *Er hat die Aufgabe mustergültig erfüllt.* The way he carried out the task was exemplary.

mustern **1** eye ◇ *Sie musterte ihn neugierig.* She eyed him curiously. ◇ *jdn von oben bis unten mustern* look sb up and down **2 jdn ~** (*Wehrpflichtige*) give sb a medical

Musterung **1** scrutiny **2** (MIL) medical

Mut **1** courage ◇ *Ich nahm all meinen Mut zusammen und sprach sie an.* I plucked up my courage and went over and spoke to her. ◇ *jdm Mut machen* encourage sb **2** (*Zuversicht*) heart ◇ *Das gab mir neuen Mut.* This gave me new heart. ◇ *aus etw Mut schöpfen* take heart from sth ◇ *den Mut verlieren* lose heart ◇ *Sie fassten wieder Mut.* They took new heart. **3 frohen/guten Mutes** in good spirits; (*zuversichtlich*) optimistic IDM **Mut zum Risiko** willingness to take risks **Nur Mut!** Go for it! **sich Mut antrinken** give yourself Dutch courage ◇ *Er trank sich Mut an.* He had a couple of drinks to give him Dutch courage.

Mutation mutation

mutieren mutate

mutig brave (*Adv* bravely); (*moralisch*) courageous (*Adv* courageously) ◇ *Du bist vom obersten Brett gesprungen? Mutig, mutig!* You jumped off the top board? That was brave! ◇ *eine mutige Antwort* a courageous answer

mutlos *(niedergeschlagen)* despondent; *(ohne Mut)* lacking courage [nicht vor Nomen]

mutmaßen *(vermuten)* presume; *(annehmen)* assume ◇ *Man mutmaßt, dass er ermordet wurde.* He is presumed to have been murdered. ◇ *Die Polizei mutmaßt, dass sie ins Ausland geflohen ist.* The police assume that she has gone abroad. ◇ *Es wurde viel darüber gemutmaßt.* There was a lot of speculation about it.

mutmaßlich suspected ◇ *die mutmaßlichen Entführer* the suspected kidnappers ◇ *der mutmaßliche Täter* the suspect ◇ *die mutmaßliche Zahl der Toten* the probable death toll ◇ *der mutmaßlich von Rebellen entführte Tourist* the tourist who is presumed to have been captured by rebels ◇ *Das Virus wurde mutmaßlich über Blutkonserven übertragen.* The virus is assumed to have spread via blood products.

Mutprobe test of courage

Mutter[1] mother ◇ *Sie ist Mutter von vier Kindern.* She is a mother of four. ◇ *eine alleinerziehende Mutter* a single mother ◇ *seine leibliche Mutter* his natural mother ◇ *werdende Mütter* expectant mothers ◇ *die Mutter Erde/Natur* Mother Earth/Nature ◇ *Sie wird bald Mutter.* She is expecting a baby soon.

Mutter[2] *(Schrauben-)* nut ◇ *eine Mutter anziehen* tighten a nut

Mütterberatung *(Beratungsstelle)* baby clinic, *(AmE)* maternity center

Mutterboden topsoil

Mütterchen little old lady

Mutter- **Muttergesellschaft** (WIRTSCH) parent company **Muttergottes** Virgin Mary; *(Abbild)* madonna **Mutterinstinkt** maternal instinct

mütterlich **1** maternal ◇ *mütterliche Gene* maternal genes **2** *(fürsorglich)* motherly ◇ *Sie ist ein sehr mütterlicher Typ.* She's very motherly.

mütterlicherseits on my, her, etc. mother's side [nicht vor Nomen]; *(Großeltern, Onkel, Tante auch)* maternal [nicht vor Nomen] ◇ *ein Cousin mütterlicherseits* a cousin on my mother's side ◇ *mein Opa mütterlicherseits* my maternal grandfather

Mutter- **Mutterliebe** maternal love **Muttermal** mole **Muttermilch** breast milk

Mutterschaft motherhood **Mutterschaftsurlaub** maternity leave ◇ *in Mutterschaftsurlaub gehen* take maternity leave ◇ *im Mutterschaftsurlaub sein* be on maternity leave

Mutterschutz statutory maternity leave

mutterseelenallein all alone

Mutter- **Muttersöhnchen** mother's boy **Muttersprache** mother tongue, first language ◇ *Ihre Muttersprache ist Englisch.* Their mother tongue is English. ◇ *Studenten, deren Muttersprache Walisisch ist* students whose first language is Welsh **Muttersprachler(in)** native speaker ◇ *italienische Muttersprachler* native speakers of Italian **Muttertag** Mother's Day ◇ *der Mutter zum Muttertag Blumen schenken* give your mother flowers for Mother's Day

Mutti mum, *(AmE)* mom

mutwillig **1** *Adj* wilful ◇ *mutwillige Zerstörung* wilful damage **2** *Adv* deliberately ◇ *mutwillig falsche Angaben machen* deliberately give false information ◇ *sich mutwillig in Gefahr begeben* knowingly put yourself in danger ◇ *etw mutwillig beschädigen* vandalize sth

Mütze cap; *(Woll-)* hat

mysteriös mysterious

mystisch **1** mystical ◇ *eine mystische Zahl* a mystical number **2** *(rätselhaft)* mysterious ◇ *ein mystisch klingender Titel* a mysterious sounding title

mythisch mythical

Mythologie mythology ◇ *die griechische Mythologie* Greek mythology

mythologisch mythological

Mythos **1** myth ◇ *der Mythos der Medea* the myth of Medea ◇ *Die deutsche Pünktlichkeit ist nur ein Mythos.* German punctuality is a myth. **2** *(Mensch)* legend ◇ *Er wurde zum Mythos.* He became a legend. ◇ *der Mythos James Dean* the legendary James Dean

N n

N, n N, n → *Beispiele bei* A

na well, so ◇ *Na, so was!* Well, I never! ◇ *Na, wie geht's dir?* So, how are you? ◇ *Na und?* So what? ◇ *Na warte!* Just you wait!

Nabel navel IDM **der Nabel der Welt** the hub of the universe ◇ *Diese Stadt ist nicht gerade der Nabel der Welt.* This town is not exactly the hub of the universe. ◇ *Er hält sich für den Nabel der Welt.* He thinks the world revolves round him.
Nabelschnur umbilical cord

nach **1** *(in eine Richtung, zu einem Ort)* to ◇ *Wir fliegen nach Peru.* We are flying to Peru. ◇ *Dieser Bus fährt nach Frankfurt.* This bus goes to Frankfurt. ◇ *Der Pfeil zeigt nach links.* The arrow points to the left. ◇ *Er fährt nach Süden.* He is going south. ◇ *Sie blickte nach unten.* She looked down. ◇ *Ich machte einen Schritt nach vorn.* I took a step forward. → *Siehe auch* AUSSEN **2** *(zeitlich, in Reihenfolgen)* after ◇ *nach einer Stunde* after an hour ◇ *nach Ostern* after Easter ◇ *nach dem Mittagessen* after lunch ◇ *Du bist nach ihm dran.* It's your turn after him. ◇ *einer nach dem anderen* one after another ◇ *Ihm nach!* Go after him! ◇ *Bitte, nach Ihnen!* After you! ◇ *im zweiten Jahrhundert nach Christus* in the second century AD ◇ *nach wenigen Tagen* a few days later **3** *(Uhrzeit)* past ◇ *Es ist zehn nach vier.* It's ten past four. **4** *(laut)* according to ◇ *Nach Auskunft der Regierung besteht keine Gefahr.* According to government information, there is no danger. ◇ *nach Angaben der Polizei* according to the police ◇ *Nach dem, was in der Zeitung stand …* According to what was in the paper … ◇ *nach internationalem Recht* according to international law **5** *(gemäß, zufolge)* by ◇ *Sie sortierte die Bücher nach der Größe.* She arranged the books by size. ◇ *nach diesen Gesichtspunkten* by these criteria ◇ *Er kennt sie nur dem Namen nach.* He only knows her by name. ◇ *nach Absprache* by arrangement ◇ *wenn es nach mir ginge* if it was up to me ◇ *Ihrem Dialekt nach kommt sie aus Franken.* Judging by her dialect she comes from Franconia. IDM **nach und nach** gradually **nach wie vor** still ℹ Für andere Ausdrücke mit **nach** siehe die Einträge für die entsprechenden Nomina etc. **Nach Wunsch** z.B. steht unter **Wunsch**.

nachäffen mimic

nachahmen imitate ◇ *Er ahmte ihren Akzent nach.* He imitated her accent.

nachahmenswert ◇ *ein nachahmenswertes Modell* a model for others to follow ◇ *nachahmenswerte Beispiele* examples that others could follow ◇ *eine nachahmenswerte Aktion* a campaign that could serve as a model

Nachahmung imitation; *(Kopie)* copy ◇ *Kinder lernen durch Nachahmung.* Children learn by imitation.

◇ *Das Modell soll zur Nachahmung anregen.* People should be encouraged to copy the idea.

nacharbeiten (*Arbeitszeit*) make *sth* up ◇ *Er muss den Tag nacharbeiten.* He's got to make up the day he missed.

Nachbar(in) neighbour, (*AmE*) neighbor
Nachbarhaus house next door **Nachbarland** neighbouring country, (*AmE*) neighboring country **Nachbarort** neighbouring village/town, (*AmE*) neighboring village/town

Nachbarschaft **1** (*alle Nachbarn*) all the neighbours, (*AmE*) all the neighbors [Pl] ◇ *Die ganze Nachbarschaft spricht darüber.* All the neighbours are talking about it. **2** (*Beziehung zu den Nachbarn*) relations [Pl] ◇ *gute Nachbarschaft* good relations **3** (*Gegend*) neighbourhood, (*AmE*) neighborhood; (*Nähe*) vicinity ◇ *Sie wollen verhindern, dass in ihrer Nachbarschaft eine Mobilfunkantenne errichtet wird.* They want to stop the erection of a mobile phone mast in their neighbourhood. ◇ *in unmittelbarer Nachbarschaft der Schule* in the immediate vicinity of the school

nachbarschaftlich neighbourly, (*AmE*) neighborly ◇ *ein sehr gutes nachbarschaftliches Verhältnis* an excellent neighbourly relationship ◇ *die nachbarschaftliche Zusammenarbeit der beiden Regionen* the cooperation between the two neighbouring regions

Nachbarschaftshilfe **1** (*gegenseitiges Helfen*) (*meist mit einem Verb übersetzt*) ◇ *In Dörfern klappt die Nachbarschaftshilfe meist besser als in der Stadt.* In villages people usually help their neighbours more than in town. **2** (*Organisation*) = organization offering services within the community

nachbauen reproduce

Nachbeben aftershock

Nachbehandlung follow-up treatment

nachbessern **1** (*ausbessern*) touch *sth* up **2** (*verbessern*) improve; (*Gesetz etc.*) amend

nachbestellen order more of *sth* ◇ *Sie bestellte zwei Teller zum Teeservice nach.* She ordered two more plates for the tea service. ◇ *Fotos nachbestellen* order extra prints

nachbilden reproduce

Nachbildung reproduction

nachblicken → NACHSEHEN

nachdem **1** after ◇ *Nachdem sie gegangen war, rief er mich an.* After she'd gone, he rang me. **2** (*da, weil*) now that ◇ *Nachdem der Firmensitz nach Berlin verlegt wurde, soll das Lager jetzt auch dorthin ziehen.* Now that the firm's headquarters has been transferred to Berlin, the warehouse is also to move there.

nachdenken **(über etw/jdn) ~** think (about sth/sb) ◇ *Sie möchte erst darüber nachdenken.* She'd like to think about it first. ◇ *Denk bitte genau/scharf nach.* Please think carefully. ◇ *nach längerem Nachdenken* after lengthy consideration

nachdenklich **1** (*in Gedanken versunken*) thoughtful (*Adv* thoughtfully), pensive (*Adv* pensively) ◇ *Er machte ein nachdenkliches Gesicht.* He looked thoughtful. ◇ *ein nachdenklicher Blick* a pensive expression ◇ *Seine Worte stimmten sie nachdenklich.* His words set her thinking. **2** (*Mensch*) serious **3** (*Worte etc.*) thought-provoking

Nachdruck[1] ◇ *etw mit Nachdruck sagen* say sth emphatically ◇ *Er setzt sich mit Nachdruck für die Abschaffung von Tierversuchen ein.* He is campaigning vigorously for the abolition of animal experiments. ◇ *Sie hatte mit Nachdruck darauf hingewiesen, dass …* She had stressed that … ◇ *Um ihren Worten Nachdruck zu verleihen, …* To emphasize what she was saying, …

Nachdruck[2] (*Buch*) reprint; (*das Nachdrucken*) reprinting

nachdrücklich emphatic (*Adv* emphatically); (*Bitte, Forderung*) urgent (*Adv* urgently); (*Warnung*) stern ◇ *Er lehnte den Vorschlag nachdrücklich ab.* He emphatically rejected the suggestion. ◇ *Wir fordern nachdrücklich den Ausstieg aus der Atomenergie.* We are urgently calling for nuclear energy to be abandoned. ◇ *Die Polizei warnte nachdrücklich vor Alkohol am Steuer.* The police issued a stern warning against drinking and driving. ◇ *Wir haben unsere Kunden nachdrücklich auf die Risiken hingewiesen.* We made a point of warning our customers of the risks.

nacheifern **jdm ~** try to emulate sb

nacheinander one after the other ◇ *Sie sah sich nacheinander zwei Filme an.* She watched two films one after the other. ◇ *zwei Nächte nacheinander* two nights in a row ◇ *Sie wurden kurz nacheinander festgenommen.* They were arrested in quick succession. → *Siehe auch* EINANDER

nachempfinden understand ◇ *Ich kann dir wirklich nachempfinden, wie das gewesen sein muss.* I can understand what you must have gone through.

nacherzählen retell

Nacherzählung retelling of a story ◇ *Wir mussten eine Nacherzählung der Geschichte schreiben.* We had to retell the story in our own words.

Nachfahr descendant

Nachfolge (*oft mit einem Verb übersetzt*) ◇ *Er trat die Nachfolge des Geschäftsführers an.* He succeeded the managing director. ◇ *Sie wird jetzt die Nachfolge übernehmen.* She will take over now.

nachfolgend following ◇ *die nachfolgenden Sendungen* the following programmes ◇ *nachfolgend aufgeführte Studiengänge* the following courses ◇ *Der Film soll nachfolgende Generationen mahnen.* The film should serve as a warning to future generations. ◇ *der Fahrer des nachfolgenden Wagens* the driver of the car behind ◇ *Die wichtigsten Punkte werden nachfolgend erläutert.* The key points are explained below.

Nachfolger(in) successor ◇ *Sie wurde zur Nachfolgerin des Verkaufsleiters ernannt.* She was appointed as successor to the sales director.

nachforschen investigate ◇ *Ich habe der Sache nachgeforscht.* I have investigated the matter.

Nachforschungen investigations [Pl]; (*der Polizei auch*) enquiries [Pl] ◇ *Die Polizei stellte intensive Nachforschungen an.* The police made thorough enquiries.

Nachfrage **1 ~ (nach etw)** demand (for sth) ◇ *Es bestand eine rege Nachfrage.* There was high demand. ◇ *die Nachfrage decken* meet the demand **2** (*Erkundigung*) enquiry ◇ *telefonische Nachfragen bei den Firmen* telephone enquiries to the companies ◇ *Auf meine Nachfrage, ob …* When I enquired whether … ◇ *Auf Nachfrage wurden den Journalisten weitere Einzelheiten mitgeteilt.* When the journalists asked, they were given further details.

nachfragen ask, enquire (*gehoben*) ◇ *Er fragte bei der Botschaft wegen seines Visums nach.* He asked about his visa at the embassy. ◇ *Ich hab nicht weiter nachgefragt.* I didn't enquire further. ◇ *Sie lässt nachfragen, ob …* She wants to know whether …

nachfühlen understand ◇ *Ich kann dir deinen Frust nachfühlen.* I can understand your frustration. ◇ *Das kann ich dir nachfühlen.* I know how you feel.

nachfüllbar refillable

nachfüllen **1** fill *sth* up; (*wenn halb leer*) top *sth* up ◇ *Öl nachfüllen* top up the oil **2** (*erneut füllen*) refill ◇ *Die Flaschen kann man nachfüllen lassen.* The bottles can be refilled.

Nachfüllpackung refill
nachgeben **1** (**einer Sache**) ~ give in (to sth) ◇ *Sie gaben dem Druck der Öffentlichkeit nach.* They gave in to public pressure. **2** (*sich biegen, brechen*) give way ◇ *Meine Beine gaben nach.* My legs gave way. IDM → KLUG
nachgehen **1** (*Uhr etc.*) be slow ◇ *Die Uhr geht eine Stunde nach.* The clock is an hour slow. **2** **etw/jdm** ~ (*folgen*) follow sth/sb ◇ *Sie ging dem Weinen nach.* She followed the sound of crying. ◇ *Er ging den beiden Kindern nach.* He followed the two children. **3** (*untersuchen*) investigate ◇ *Die Polizei geht Hinweisen aus der Bevölkerung nach.* The police are investigating leads from the public. **4** ◇ *einem Hobby nachgehen* pursue a hobby ◇ *Er kann seinem Beruf nicht mehr nachgehen.* He can no longer work. IDM → NEIGUNG
nachgemacht (*Geld, Ausweis, Unterschrift*) forged; (*Schlüssel*) duplicate [nur vor Nomen]; (*Kunstwerke etc.*) reproduction → *Siehe auch* NACHMACHEN
Nachgeschmack **1** aftertaste **2** (*fig*) bad taste ◇ *Die Diskussion hinterließ einen unangenehmen Nachgeschmack.* The discussion left a bad taste in the mouth.
nachgestellt coming after a noun ◇ *Adjektive werden im Spanischen meist nachgestellt.* Adjectives usually come after the noun in Spanish.
nachgiebig soft, acquiescent (*gehoben*); (*entgegenkommend*) accommodating ◇ *Eltern sollten nicht zu nachgiebig sein.* Parents should not be too soft. ◇ *Er kritisierte die nachgiebige Haltung der Stadt.* He criticized the acquiescent attitude of the town.
nachgucken → NACHSEHEN
nachhaken enquire again, make further enquiries ◇ *Da würde ich noch mal nachhaken.* I would enquire again. ◇ *Das Institut will jetzt in der Sache nachhaken.* The institute now wants to make further enquiries into the matter.
nachhaltig sustainable; (*Wirkung, Erfolg, Eindruck*) lasting ◇ *nachhaltige Forstwirtschaft* sustainable forestry ◇ *nachhaltige Schäden* lasting damage ◇ *Das Publikum war von der Vorstellung nachhaltig beeindruckt.* The performance left a lasting impression on the audience. ◇ *Die Umweltverschmutzung schädigt den Wald nachhaltig.* Environmental pollution does lasting damage to the forests.
Nachhaltigkeit sustainability
Nachhauseweg way home ◇ *auf dem Nachhauseweg* on the way home
nachhelfen help *sth* along ◇ *die Verwendung von Medikamenten, um der Natur nachzuhelfen* the use of drugs to help nature along ◇ *In diesem Jahr wurde mit Kunstschnee nachgeholfen.* This year they had to resort to artificial snow. ◇ *Wenn sie nicht will, musst du vielleicht etwas nachhelfen.* If she doesn't want to, you might have to put pressure on her. IDM → GLÜCK
nachher **1** (*danach*) afterwards ◇ *Zuerst waren wir im Kino, und nachher sind wir noch ins Café gegangen.* First we went to the cinema and afterwards we went to the cafe. **2** (*später*) later ◇ *Bis nachher!* See you later! **3** (*womöglich*) otherwise ◇ *Lass mich bezahlen. Sonst sagst du nachher wieder, ich sei geizig.* Let me pay. Otherwise you'll say I'm being stingy again.
Nachhilfe private tuition, (*AmE*) private tutoring ◇ *Sie bekommt Nachhilfe in Latein.* She has private tuition in Latin. ◇ *jdm Nachhilfe geben* give sb private tuition
Nachhilfelehrer(in) private tutor **Nachhilfestunde** private lesson **Nachhilfeunterricht** private tuition, (*AmE*) private tutoring
Nachhinein **im** ~ **1** (*nachträglich*) in retrospect ◇ *Im Nachhinein schien es verdächtig.* In retrospect it seemed suspicious. **2** (*später*) later ◇ *Das erfuhr sie erst im Nachhinein.* She only heard that later.
Nachholbedarf ~ (**an etw**) **haben** need to catch up (on sth) ◇ *Ich habe einen enormen Nachholbedarf an Schlaf.* I really need to catch up on my sleep.
nachholen **1** catch up on *sth* ◇ *Ich muss eine Menge Schlaf nachholen.* I've got a lot of sleep to catch up on. ◇ *Tut mir leid, dass ich absagen muss. Wir holen das nach, ja?* I'm sorry I can't make it. We'll do it some other time, shall we? ◇ *An seinem Geburtstag war ich verreist. Wir haben die Feier aber nachgeholt.* I was away on his birthday. We celebrated it later, though. ◇ *eine Prüfung nachholen* take an exam at a later date ◇ *Das Konzert wird zu einem späteren Termin nachgeholt.* The concert will be postponed until a later date. **2** **jdn** ~ bring sb (over) to join you ◇ *Nach zwei Jahren in den USA holte er seine Frau nach.* After two years in the States he brought his wife over to join him.
nachjagen **jdm/etw** ~ chase sb/sth
Nachkomme descendant; (*Tier*) offspring
nachkommen **1** (*später kommen*) come (along) later, follow (on) ◇ *Kommst du nach?* Are you coming along later? ◇ *Er ließ seine Familie nach England nachkommen.* He had his family join him in England. ◇ *der nachkommende Wagen* the car behind ◇ *nachkommende Generationen* future generations **2** **jdm** ~ (*hinterhergehen*) come after sb, go after sb ◇ *Der Kellner kam uns mit der Rechnung nach.* The waiter came after us with the bill. **3** (**bei/mit etw**) ~ (*mithalten*) keep up (with sth) ◇ *Die Firma kommt mit der Produktion nicht mehr nach.* The company can't keep up with production. **4** (*erfüllen*) fulfil ◇ *einer Bitte/seinen Verpflichtungen nachkommen* fulfil a request/your commitments **5** **jdm** ~ (*gleichen*) take after sb ◇ *Sie kommt ganz der Mutter nach.* She takes after her mother.
Nachkriegs- post-war ◇ *die Nachkriegsgeschichte* post-war history ◇ *im Nachkriegsdeutschland* in post-war Germany ◇ *Sie ist in der Nachkriegszeit aufgewachsen.* She grew up after the war.
Nachlass **1** (*Ermäßigung*) reduction; (*Rabatt*) discount ◇ *Gewähren Sie Nachlass bei Barzahlung?* Do you give a discount for cash? **2** (*Erbe*) estate ◇ *Musils literarischer Nachlass* Musil's literary estate
nachlassen **1** (*Schmerz, Regen*) ease off; (*Wirkung*) wear off; (*Sturm*) subside; (*Interesse*) wane; (*Preise*) fall; (*Kämpfe, Aufregung, Wind*) die down; (*Geschäft, Nachfrage*) fall off; (*Gedächtnis, Gehör, Leistung*) deteriorate; (*Fieber*) go down **2** (**jdm**) **etw** ~ (*einen Nachlass gewähren*) give sb a discount ◇ *Ich lasse Ihnen 5% nach.* I'll give you a 5% discount.
nachlässig careless (*Adv* carelessly); (*rücksichtslos*) thoughtless (*Adv* thoughtlessly); (*unordentlich*) untidy (*Adv* untidily) ◇ *Geh mit deiner neuen Jacke nicht so nachlässig um.* Don't be so careless with your new jacket. ◇ *nachlässig gekleidet* untidily dressed
Nachlässigkeit **1** carelessness **2** (*nachlässige Handlung*) (careless) slip
nachlaufen **jdm/etw** ~ run after sb/sth; (*fig*) chase sb/sth, pursue sb/sth (*gehoben*) ◇ *Wenn du ihr schnell nachläufst, erwischst du sie vielleicht noch!* If you run after her quickly you might still catch her! ◇ *Läuft er seiner Exfreundin noch immer nach?* Is he still running after his ex-girlfriend? ◇ *Ich musste dieser blöden Bescheinigung wochenlang nachlaufen.* I spent weeks chasing this stupid certificate. ◇ *dem Glück nachlaufen* pursue happiness
nachlesen (*nachschlagen*) look *sth* up; (*über ein Thema*) read about *sth*; (*etw Gehörtes*) read
Nachlösegebühr (*im Bus, Zug*) penalty fare

nachlösen ◇ *eine Fahrkarte nachlösen* buy a ticket on the train ◇ *Kaufen sie ein Ticket bis zur Grenze und lösen Sie dann nach.* Buy a ticket to the border and then pay the extra.

nachmachen **1** copy ◇ *Der Kleine macht seinem Vater alles nach.* The little boy copies everything his father does. ◇ *So schnell macht mir das keiner nach!* That'll be difficult to beat! ◇ *Drei Goldmedaillen! Das soll ihm erst mal einer nachmachen!* Three gold medals! I'd like to see anyone else do that! **2** (*imitieren*) imitate; (*Person auch*) mimic, do an impression of *sb* ◇ *Sie machte nach, wie er versuchte, mit Stäbchen zu essen.* She imitated him trying to eat with chopsticks. ◇ *Er kann unheimlich gut Vogelstimmen nachmachen.* He's really good at imitating birdsong. ◇ *Sie macht immer ihre Lehrerin nach.* She's always doing impressions of her teacher. **3** (*reproduzieren*) copy; (*Antiquitäten, Kunstwerke auch*) reproduce; (*fälschen*) forge **4** (*nachholen*) catch up on *sth* ◇ *Ich muss noch eine Englischhausaufgabe nachmachen.* I've still got one more bit of English homework to catch up on. → *Siehe auch* NACHGEMACHT

Nachmieter(in) new tenant

Nachmittag afternoon → *Beispiele bei* MORGEN

nachmittags in the afternoon ◇ *Das Büro ist nachmittags geschlossen.* The office is closed in the afternoon.

Nachnahme **per/gegen ~** cash on delivery, (*AmE*) collect on delivery

Nachname surname, family name

nachplappern repeat *sth* parrot-fashion

Nachporto excess postage

nachprüfen **1** check ◇ *Hast du nachgeprüft, ob noch genug Luft in den Reifen ist?* Have you checked whether there's still enough air in the tyres? ◇ *Er prüfte nach, was ich gemacht hatte.* He checked up on what I'd been doing. **2 jdn ~** (*später prüfen*) examine sb at a later date; (*Prüfung wiederholen*) re-examine sb

Nachprüfung **1** (*Kontrolle*) (further) check, re-examination (*gehoben*); (*behördlich*) enquiry ◇ *Bei einer Nachprüfung wurden keine Ölspuren festgestellt.* During further checks no traces of oil were found. ◇ *eine richterliche Nachprüfung* a judicial enquiry **2** (*Wiederholungsprüfung*) resit; (*aufgeschobene Prüfung*) examination at a later date

nachrechnen **1** check (sb's arithmetic); **etw ~** check sth ◇ *Rechne mal nach, ob wir uns noch einen Nachtisch leisten können.* Check if we've got enough money for a dessert. ◇ *eine Rechenaufgabe nachrechnen* check a sum **2** (*berechnen*) work *sth* out ◇ *Wie lange ist das schon her? Lass mich mal nachrechnen.* How long ago was it? Let me work it out.

Nachrede **üble ~** (RECHT) defamation of character

nachreichen hand *sth* in later

nachreisen **jdm ~** follow sb

nachrennen → NACHLAUFEN

Nachricht **1** news [U] ◇ *aktuelle Nachrichten* the latest news ◇ *Das ist eine gute Nachricht!* That's good news! ◇ *Gerade erreicht uns die Nachricht von einem Erdbeben.* News is just coming in of an earthquake. ◇ *Gestern bekamen wir eine gute Nachricht.* We had a piece of good news yesterday. **2** (*Mitteilung*) message ◇ *eine Nachricht hinterlassen* leave a message ◇ *jdm eine Nachricht überbringen* give sb a message **3** **(die) Nachrichten** the news [U] ◇ *Um acht Uhr kommen Nachrichten.* The news is on at eight. ◇ *Kam das gestern nicht in den Nachrichten?* Wasn't that on the news yesterday?

Nachrichtenagentur news agency **Nachrichtendienst** **1** news service **2** (*Geheimdienst*) intelligence service **Nachrichtensender** news channel **Nachrichtensendung** news bulletin **Nachrichtensperre** news blackout **Nachrichtensprecher(in)** newscaster, (*BrE auch*) newsreader **Nachrichtentechnik** telecommunications [Pl]

nachrücken (*aufrücker*) move up; (*in einem Amt*) succeed ◇ *Er ist für den scheidenden Abgeordneten in den Bundestag nachgerückt.* He succeeded the outgoing member in the Bundestag.

Nachruf **~ (auf jdn)** obituary (of sb)

nachrufen **jdm (etw) ~** shout (sth) after sb

nachrüsten **1** (*modernisieren*) modernize; (*Leistungsfähigkeit verbessern*) upgrade ◇ *eine nachgerüstete Produktionsanlage* a modernized production plant ◇ *ein nachgerüsteter Kernkraftreaktor* an upgraded nuclear reactor **2 etw mit etw ~** fit sth in sth (later) ◇ *Altbauten sollen mit Wasserzählern nachgerüstet werden.* Water meters are to be fitted in older houses. **3** (MIL) acquire new arms

nachsagen **1** repeat ◇ *Sie sagt alles nach, was sie von Erwachsenen hört.* She repeats everything that grown-ups say. **2 jdm etw ~** ◇ *jdm Arroganz nachsagen* accuse sb of being arrogant ◇ *Man kann mir nicht nachsagen, dass ich geizig bin.* Nobody can accuse me of being mean. ◇ *Ihm wurde großer Fleiß nachgesagt.* They said that he was very hard-working. ◇ *jdm Übles nachsagen* say bad things about sb

Nachsaison late season

nachschauen → NACHSEHEN

nachschenken **(jdm) (etw) ~** top (sb) up (with sth)

nachschicken **(jdm) etw ~** forward sth (to sb)

Nachschlag second helping

nachschlagen[1] look *sth* up ◇ *ein Zitat nachschlagen* look up a quotation ◇ *Schlag mal (im Wörterbuch) nach.* Look it up (in the dictionary).

nachschlagen[2] **jdm ~** take after sb

Nachschlagewerk reference work

nachschneiden trim ◇ *die Haare nachschneiden lassen* have your hair trimmed

nachschreiben (*Klausur etc.*) do *sth* later ◇ *Ich muss die Englischarbeit nächste Woche nachschreiben, weil ich krank war.* I've got to do the English test next week because I was ill.

Nachschub **~ (an etw)** further supplies (of sth) [Pl]

nachsehen **1 jdm/etw ~** (*beobachten*) watch sb/sth; (*hinterhersehen*) gaze after sb/sth ◇ *Sie sah dem Auto neugierig nach.* She watched curiously as the car drove off. ◇ *Er sah ihr lange nach.* He gazed after her for a long time. **2** (*kontrollieren*) check, have a look ◇ *Hast du schon nachgesehen, ob wir genug Milch haben?* Have you checked whether we've got enough milk? ◇ *Soll ich mal im Internet nachsehen?* Shall I have a look on the Internet? **3** (*Wort, Zitat*) look *sth* up **4 jdm etw ~** (*vergeben*) forgive sb for sth ◇ *Hast du ihr nachgesehen, dass sie dich damals belogen hat?* Have you forgiven her for lying to you?

Nachsehen **das ~ haben** come off worse; (*leer ausgehen*) be left empty-handed ◇ *Die Aktionäre profitierten; die Arbeiter hatten das Nachsehen.* The shareholders benefited and the workers came off worse.

nachsenden **(jdm) etw ~** send sth on (to sb), forward sth (to sb) ◇ *Bitte nachsenden!* Please forward!

Nachsicht leniency ◇ *Drogenhändler können nicht mit Nachsicht rechnen.* Drug dealers can expect no leniency. ◇ *Während des Umbaus bitten wir unsere Kunden um Nachsicht.* Please bear with us during the renovations. ◇ *Bitte habt heute Nachsicht mit mir.* You'll have to make allowances for me today.

nachsichtig tolerant (*Adv* tolerantly); (*nachgiebig*) lenient (*Adv* leniently) ◇ *Waren die Eltern zu nachsichtig* *gegenüber dem Sohn?* Were the parents too lenient with their son?

Nachsilbe suffix

nachsitzen have detention ◇ *Ich muss heute (eine Stunde) nachsitzen.* I've got (an hour's) detention today. ◇ *Er ließ mich nachsitzen, weil ich mein Buch nicht dabei hatte.* He gave me a detention because I'd forgotten my book.

Nachsorge aftercare [U]

Nachspeise dessert, sweet ◇ *Eis als Nachspeise* ice cream for dessert

Nachspiel 1 repercussions [Pl] ◇ *Das wird noch ein Nachspiel haben.* This will have repercussions. ◇ *Der Vorfall hatte ein gerichtliches Nachspiel.* The matter ended up in court. **2** (*im Theater etc.*) epilogue

nachspielen 1 (*Melodie*) play **2** (*Szene, Situation*) enact **3** (*Theaterstück*) perform **4** (*Fußball etc.*) play stoppage time, play time added on; (*wegen Verletzungen*) play injury time ◇ *drei Minuten nachspielen* play three minutes of stoppage time

nachspionieren jdm ~ spy on sb; (*kontrollieren*) check up on sb

nachsprechen (jdm) etw ~ repeat sth (after sb)

nachspüren 1 einer Sache ~ search for sth; (*untersuchen*) investigate sth ◇ *der Wahrheit nachspüren* search for the truth ◇ *rassistischen Tendenzen im Klassenzimmer nachspüren* investigate racist attitudes in the classroom **2 einem Tier ~** track an animal; **einer Fährte ~** follow a trail

nächstbeste(r,s) der/die/das nächstbeste … the first … you see/you find ◇ *Wir gingen ins nächstbeste Restaurant.* We went into the first restaurant we saw. ◇ *das nächstbeste Angebot nehmen* take the first offer that comes up

nächste(r,s) 1 (*räumlich*) nearest ◇ *Wo ist der nächste Supermarkt?* Where is the nearest supermarket? **2** (*in einer Reihenfolge*) next ◇ *die nächste Straße rechts* the next street on the right ◇ *bei nächster Gelegenheit* at the next opportunity ◇ *in den nächsten Tagen* in the next few days ◇ *Als Nächstes räume ich mein Zimmer auf.* The next thing I'll do is tidy my room. ◇ *Der Nächste, bitte!* Next please! ◇ *Wer kommt als Nächster dran?* Who's next? **3** (*Freunde, Verwandte*) close ◇ *die nächsten Verwandten* the closest relatives ◇ *Welcher von deinen Freunden steht dir am nächsten?* Who's your closest friend? ◇ *liebe deinen Nächsten* love your neighbour IDM **jdm/einer Sache am nächsten kommen** come closest to sb/sth

nachstehen 1 jdm/etw an etw nicht ~ be a match for sb/sth in sth **2 jdm in nichts ~** be every bit as good as sb

nachstehend 1 *Adj* following ◇ *im nachstehenden Artikel* in the following article **2** *Adv* below ◇ *Nachstehend finden Sie weitere Erklärungen.* You will find further explanation below.

nachstellen 1 (LING) **etw einer Sache ~** put sth after sth ◇ *eine Präposition dem Substantiv nachstellen* put a preposition after the noun ◇ *ein nachgestelltes Adjektiv* an adjective which comes after the noun **2** (*Bremsen etc.*) adjust **3** (*Szene*) recreate; (*Vorfall*) reconstruct **4** (*Uhr*) put *sth* back ◇ *die Uhr eine Stunde nachstellen* put the clock back an hour **5 jdm ~** (*verfolgen, aufdringlich sein*) pursue sb, pester sb; **einem Tier ~** hunt an animal

Nächstenliebe charity ◇ *ein Akt der Nächstenliebe* an act of charity ◇ *tätige Nächstenliebe* charity work

nächstens 1 (*demnächst*) soon, in the near future **2** (*nächstes Mal*) next time ◇ *Pass nächstens besser auf!* Be more careful next time! **3** (*am Ende*) if it goes on like this ◇ *Er ist jeden Abend in der Kneipe, nächstens kommt er gar nicht mehr nach Hause.* He spends every evening at the pub. If it goes on like this he won't come home at all.

Nacht 1 night ◇ *letzte/vorige Nacht* last night ◇ *eines Nachts* one night ◇ *bis spät in die Nacht* late into the night ◇ *mitten in der Nacht* in the middle of the night ◇ *in der Nacht von Sonntag auf Montag* on Sunday night ◇ *in der Nacht zum Freitag* on Thursday night ◇ *in der Nacht vom 5. auf den 6. März* during the night of the fifth to the sixth of March ◇ *in der Nacht zum 3. Januar* during the night of 2 January ◇ *die ganze Nacht hindurch* the whole night ◇ *Nacht für Nacht* night after night ◇ *über Nacht* overnight ◇ *Sie blieb die Nacht über in Oxford.* She stayed the night in Oxford. ◇ *Im Süden sind die Nächte warm.* In the South nights are warm. **2 heute ~** (*kommende*) tonight; (*vergangene*) last night **3** (*Dunkelheit*) dark ◇ *Ich fahre nicht gern bei Nacht.* I don't like driving in the dark. ◇ *Es wird Nacht.* It's getting dark. ◇ *bei Einbruch der Nacht* at nightfall **4 gute ~** goodnight ◇ *Sag deinem Vater gute Nacht.* Say goodnight to your father. IDM **bei Nacht und Nebel** under cover of darkness **die Nacht zum Tag machen** turn night into day **sich die Nacht um die Ohren schlagen** stay up all night → *Siehe auch* FUCHS *und* UNTERSCHIED

Nachtarbeit night work **Nachtblindheit** night blindness **Nachtdienst 1** (*einer Krankenschwester etc.*) night duty ◇ *Wer hat Nachtdienst?* Who's on night duty? **2** (*einer Apotheke etc.*) ◇ *Welche Apotheke hat heute Nachtdienst?* Which is the duty chemist tonight?

Nachteil disadvantage; (*Verlust*) loss ◇ *Dieser Wagen hat den Nachteil, dass er zu viel Benzin verbraucht.* The disadvantage of this car is that it's too heavy on petrol. ◇ *Das ist der Nachteil, wenn man mit der Bahn fährt.* That's the disadvantage of going by train. ◇ *zu jds Nachteil sein* be to sb's disadvantage ◇ *im Nachteil sein/sich im Nachteil befinden* be at a disadvantage ◇ *finanzielle Nachteile* financial losses ◇ *Ich habe davon nur Nachteile.* I only stand to lose by it. ◇ *Er hat sich zu seinem Nachteil verändert.* He has changed for the worse. ◇ *Der Prozess ist zu seinem Nachteil ausgegangen.* The trial went against him.

nachteilig 1 *Adj* unfavourable, (*AmE*) unfavorable; (*schädlich*) harmful ◇ *Ich habe nichts Nachteiliges darüber gehört.* I haven't heard anything unfavourable about it. ◇ *Rauchen ist nachteilig für die Gesundheit.* Smoking is harmful to health. ◇ *nachteilige Folgen haben* have harmful consequences **2** *Adv* ◇ *sich nachteilig auf etw auswirken* have an adverse effect upon sth

nächtelang 1 *Adj* ◇ *nächtelange Debatten* debates lasting several nights **2** *Adv* for nights on end

Nacht- Nachtfalter moth **Nachthemd** nightie (*umgs*), (*BrE auch*) nightdress, (*AmE auch*) nightgown; (*Herren-*) nightshirt

Nachtigall nightingale

nächtigen spend the night

Nachtisch dessert, sweet ◇ *Zum Nachtisch gibt es Obst.* There's fruit for dessert.

Nacht- Nachtklub nightclub **Nachtleben** nightlife

nächtlich ◇ *nächtliche Besuche* night-time visits ◇ *der nächtliche Himmel* the night sky ◇ *in den nächtlichen Straßen* in the streets at night ◇ *zu nächtlicher Stunde* at night ◇ *nächtliche Ruhestörung* causing a disturbance at night

Nacht- Nachtmahl evening meal **Nachtmensch** night person **Nachtportier** night porter

Nachtrag 1 appendix; (*zum Testament*) codicil **2** (*Frage, Bemerkung*) supplementary question/point **3** (FINANZ) supplementary budget

nachtragen 1 jdm etw ~ follow sb with sth **2 jdm etw ~** (*nicht verzeihen*) hold sth against sb **3** (*hinzufügen*) add ◇ *Ich möchte noch folgende Bemerkung* *nachtragen.* I should like to add the following remark. ◇ *einen Posten in der Rechnung nachtragen* add an item to the bill

nachtragend unforgiving ◇ *nachtragende Menschen* unforgiving people ◇ *Ich bin nicht nachtragend.* I don't bear grudges.

nachträglich **1** *Adj* at a later date [nicht vor Nomen]; (*verspätet*) belated ◇ *nachträgliche Änderungen* changes carried out at a later date ◇ *nachträgliche Glückwünsche* belated good wishes **2** *Adv* afterwards; (*verspätet*) belatedly ◇ *sich nachträglich entschuldigen* apologize afterwards ◇ *Nachträglich alles Gute zum Geburtstag!* Happy birthday, belatedly. ◇ *Er gratulierte mir nachträglich zum Geburtstag.* He wished me a belated happy birthday.

nachtrauern **jdm/etw ~** pine for sb/sth; (*Zeit, Tradition*) mourn the passing of sth

Nachtruhe ◇ *jds Nachtruhe stören* disturb sb's night's sleep

nachts at night ◇ *spät nachts* late at night ◇ *Samstags nachts* on Saturday nights ◇ *nachts arbeiten* work nights ◇ *um vier Uhr nachts* at four in the morning

Nacht- **Nachtschalter** night counter **Nachtschicht** night shift ◇ *die Arbeiter der Nachtschicht* the workers on night shift ◇ *eine Nachtschicht einlegen* do a night shift ◇ *Nachtschicht haben* be on night shift **Nachtschwester** night nurse **Nachtspeicherofen** night-storage heater **Nachttier** nocturnal animal **Nachttisch** bedside table **Nachttischlampe** bedside lamp **Nacht-und-Nebel-Aktion** surprise move; (*der Polizei etc.*) night-time raid **Nachtwache** **1** (*im Krankenhaus*) night duty; (*beim Militär*) night guard duty ◇ *Nachtwache haben* be on night duty **2** (*Mensch*) nightwatchman; (*Krankenschwester*) night nurse **3** (*Toten-, Mahnwache*) vigil **Nachtwächter** **1** nightwatchman **2** (*Dummkopf*) dimwit (*umgs*) **3** (*früher in kleineren Städten*) watch **Nachtwanderung** night walk **Nachtzeug** night things [Pl]

Nachuntersuchung follow-up examination, check-up

nachvollziehbar easy to understand [nicht vor Nomen] ◇ *aus nachvollziehbaren Gründen* for reasons that are easy to understand

nachvollziehen **1** (*verstehen*) understand ◇ *Ich konnte seine Aufregung nicht nachvollziehen.* I could not understand why he got so angry. **2** (*zurückverfolgen*) trace

nachwachsen grow again ◇ *Ihr Haar ist wieder nachgewachsen* Her hair has grown again. ◇ *die neue politische Generation, die jetzt nachwächst* the new political generation that is coming along

Nachwahl by-election; (*nachgeholt*) new election

Nachweis proof; **als/zum ~** as proof ◇ *den Nachweis für etw erbringen* provide proof of sth ◇ *eine Unterschrift zum Nachweis der Echtheit des Dokuments* a signature as proof that the document is genuine

nachweisbar **1** (*auffindbar*) detectable; (*belegbar*) demonstrable **2** (*beweisbar*) (*meist mit einem Verb übersetzt*) ◇ *nachweisbare Mängel* faults that can be proved

nachweisen prove ◇ *etw lässt sich leicht/schwer nachweisen* sth is easy/difficult to prove ◇ *Man konnte ihm nichts nachweisen.* Nothing could be proved against him. ◇ *Sie konnten mir keinen Irrtum nachweisen.* They could not prove any mistake on my part.

nachweislich (*meist mit einem Verb übersetzt*) ◇ *Das ist nachweislich falsch.* That can be proved to be wrong. ◇ *Sie hat nachweislich gelogen.* It can be proved that she was lying.

Nachwelt posterity ◇ *etw der Nachwelt überliefern* leave sth to posterity

nachwerfen **1 jdm etw ~** throw sth at sb; (*Blicke, Beleidigungen etc.*) direct sth at sb **2** (*bei Münzfernsprechern etc.*) ◇ *Geld nachwerfen* put in more money IDM **das ist ja nachgeworfen!** that's really cheap.

nachwinken **jdm ~** wave (goodbye) to sb

Nachwirkung after-effect

Nachwort epilogue

Nachwuchs **1** new generation; (*Berufseinsteiger*) new recruits [Pl]; (*in Sport, in der Kunst etc.*) new talent ◇ *der wissenschaftliche Nachwuchs* the new generation of scientists ◇ *Der Verein setzt auf den eigenen Nachwuchs.* The club is building on home-grown talent. **2** (*Kinder*) children [Pl] ◇ *Was macht der Nachwuchs?* How are the children? ◇ *Bei unseren Freunden hat sich Nachwuchs angekündigt.* Our friends are expecting a baby.

Nachwuchsband up-and-coming band **Nachwuchskraft** new recruit; (*in der Ausbildung*) trainee; (*Nachwuchsspieler*) up-and-coming player **Nachwuchssorgen** recruitment problems [Pl] **Nachwuchstalent** talented newcomer

nachzahlen pay extra; (*später*) pay later ◇ *Wir mussten 50 Dollar nachzahlen.* We had to pay 50 dollars extra. ◇ *Der Betrag ist innerhalb eines Monats nachzuzahlen.* The rest of the amount is to be paid within one month. ◇ *1 000 Dollar Steuern nachzahlen* pay 1 000 dollars in back tax

nachzählen count *sth* again, check

Nachzahlung **1** (*zusätzlich*) additional payment **2** (*nachträglich*) back payment

nachziehen **1** (*Bein etc.*) drag ◇ *Der Hund zog ein Bein nach.* The dog was dragging one of its legs. **2** (*Linie etc.*) go over (again), redo ◇ *die Konturen nachziehen* go over the contours again ◇ *die Lippen nachziehen* redo your lipstick ◇ *die Augenbrauen nachziehen* pencil in your eyebrows **3** (*Schrauben, Muttern*) tighten **4** (*folgen*) follow ◇ *Die restliche Familie zieht im Mai nach.* The rest of the family is following in May. **5** (*gleichziehen*) follow suit

Nachzügler(in) **1** latecomer **2** (*Kind*) afterthought (*hum*)

Nacken back of the neck, nape of the neck (*gehoben*) ◇ *jdn im Nacken kraulen* stroke the back of sb's neck ◇ *einen steifen Nacken haben* have a stiff neck ◇ *Ich will die Haare im Nacken etwas kürzer.* I'd like my hair a little shorter at the back. IDM **jdn/etw im Nacken haben** have sb on your tail; (*Druck ausübend*) have sb breathing down your neck **jdm im Nacken sitzen** breathe down sb's neck ◇ *Ihr Verfolger saß ihr im Nacken.* Her pursuer was breathing down her neck. ◇ *Die Angst saß ihm im Nacken.* He was gripped by fear.

Nackenstütze (*von Sitzen*) headrest

nackt **1** naked; (*in der Kunst*) nude; (*Haut, Körperteil*) bare ◇ *halb/völlig nackt* half/completely naked ◇ *sich nackt fotografieren lassen* be photographed in the nude ◇ *auf nackter Haut* on your bare skin ◇ *mit nacktem Oberkörper* stripped to the waist ◇ *sich nackt ausziehen* strip **2** (*kahl*) bare ◇ *nackte Wände* bare walls ◇ *auf dem nackten Boden* on the bare floor **3** (*Verzweiflung, Wahnsinn*) sheer; (*Tatsachen, Wahrheit*) plain; (*Not, Realität*) stark; (*Opportunismus*) naked ◇ *ums nackte Überleben kämpfen* battle for sheer survival ◇ *nackte Gewalt* brute force

Nacktbadestrand nudist beach **Nacktfoto** nude photo(graph)

Nacktheit (*eines Menschen*) nakedness; (*abstrakter, in Kunst etc.*) nudity; (*Landschaft etc.*) bareness

Nacktschnecke slug

Nadel 1 needle ◇ *eine Nadel einfädeln* thread a needle ◇ *Nadeln abwerfen* drop needles ◇ *an der Nadel hängen* be hooked on drugs **2** (*Haar-*) (hair)pin; (*Ansteck-*) pin; (*Krawatten-*) tiepin **3** (*eines Plattenspielers*) stylus

Nadelbaum conifer **Nadeldrucker** dot matrix printer ◇ *ein 24-Nadeldrucker* a 24-pin (dot matrix) printer **Nadelkissen** pincushion **Nadelöhr** eye of a/the needle **Nadelstreifen** pinstripes [Pl]

Nagel nail ◇ *einen Nagel in die Wand schlagen* knock a nail into the wall ◇ *sich die Nägel lackieren* put nail varnish on your nails ◇ *Er kaut Nägel.* He bites his nails. IDM **etw an den Nagel hängen** chuck sth in (*umgs*) ◇ *seinen Beruf an den Nagel hängen* chuck in your job **den Nagel auf den Kopf treffen** hit the nail on the head **es brennt jdm unter/auf den Nägeln** sb is dying to do sth (*umgs*) **Nägel mit Köpfen machen** do the job properly **sich etw unter den Nagel reißen** pinch sth (*umgs*)

Nagelbürste nail brush **Nagelfeile** nail file **Nagelhaut** cuticle **Nagellack** nail varnish, (*AmE*) nail polish **Nagellackentferner** nail varnish remover, (*AmE*) nail polish remover

nageln 1 nail ◇ *etw an die Wand nageln* nail sth to the wall **2** (MED) (*Knochen*) pin ◇ *den Bruch nageln* pin the fracture

nagel- nagelneu brand new **Nagelprobe** acid test **Nagelschere** nail scissors [Pl]

nagen gnaw; (*Rost etc.*) eat away (*auch fig*) ◇ *an einem Knochen nagen* gnaw at a bone ◇ *Rost nagt an der Brücke.* Rust is eating away at the bridge. ◇ *Das nagt an ihrem Selbstvertrauen.* That's eating away at her self-confidence. ◇ *Die Trennung nagt sehr an ihn.* He's letting the separation eat away at him. ◇ *Der Zahn der Zeit nagt an den Gebäuden.* The buildings bear the marks of the ravages of time. IDM → HUNGERTUCH

nagend gnawing (*auch fig*)

nah(e) close; (*zeitlich auch*) near; (*nahe gelegen*) nearby, not far (off) ◇ *ein naher Verwandter* a close relative ◇ *zu nah am Monitor sitzen* sit too close to the monitor ◇ *den Tränen nahe sein* be close to tears ◇ *Er steht mir sehr nahe.* We're very close. ◇ *sich etw näher ansehen* take a closer look at sth ◇ *bei näherem Hinsehen* on closer examination ◇ *nahe der Schweizer Grenze* near the Swiss border ◇ *in einem nahe gelegenen Ort* in a nearby village ◇ *in naher Zukunft* in the near future ◇ *Die Klausur rückt immer näher.* The exam is getting nearer. ◇ *Sie waren nahe daran aufzugeben.* They very nearly gave up. ◇ *Die Haltestelle ist ganz nah.* The stop isn't far. ◇ *die nahe/nähere Umgebung* the immediate vicinity ◇ *Das Ende des Boykotts ist nahe.* The end of the boycott is in sight. ◇ *jdn näher kennen* know sb well → *Siehe auch* OSTEN → *Siehe auch* NÄHER IDM **jdm zu nahe treten** offend sb → *Siehe auch* GREIFEN

Nahaufnahme close-up ◇ *jdn in Nahaufnahme zeigen* show sb in close-up

Nähe 1 in der ~ close by, nearby; **in der ~ von etw** close to sth, near sth ◇ *Sie wohnt in der Nähe.* She lives nearby. ◇ *in der Nähe des Bahnhofs* near the station ◇ *Ein wichtiger Faktor ist die Nähe zum Zentrum.* An important criterion is how close it is to the centre. ◇ *in unmittelbarer Nähe des Sees* right next to the lake ◇ *Wohnst du hier in der Nähe?* Do you live round here? ◇ *etw aus der Nähe betrachten* take a close(r) look at sth ◇ *etw aus nächster Nähe miterleben* experience sth at first hand ◇ *jdn aus nächster Nähe erschießen* shoot sb at close range ◇ *Der Sieg rückte in greifbare Nähe.* Victory was within their grasp. **2** (*zwischen Menschen*) closeness ◇ *körperliche Nähe* physical closeness ◇ *jds Nähe suchen* seek sb's company

nahe- nahebringen 1 (*auch* **näherbringen**) **jdm jdn/etw ~** bring sb/sth closer to sb ◇ *Die Reise brachte mich ihm näher.* The journey brought me closer to him. **2 jdm etw ~** (*Ideen etc.*) explain sth to sb ◇ *Ich brachte ihm die afrikanische Kultur näher.* I explained African culture to him. **nahegehen jdm ~** affect sb deeply ◇ *Ihr Tod ging ihm sehr nahe.* Her death affected him deeply. **nahekommen** (*auch* **näherkommen**) **jdm/sich ~** ◇ *Man darf ihm nicht zu nahekommen.* He keeps his distance. ◇ *sich menschlich näherkommen* get to know each other as people ◇ *Nach einer Flasche Wein kamen sie sich näher.* They got it together after a bottle of wine. **nahelegen 1** suggest ◇ *Sein Schweigen legt die Vermutung nahe, dass …* His silence suggests that … **2 jdm etw ~** advise sb to do sth ◇ *Man legte ihm nahe zu kündigen./Man legte ihm den Rücktritt nahe.* He was advised to resign. **naheliegen etw liegt nahe** sth suggests itself ◇ *Dieser Gedanke liegt nahe.* This idea suggests itself. ◇ *ein naheliegender Verdacht* a justifiable suspicion **nahestehen jdm/etw ~** (*sympathisieren*) sympathize with sb/sth ◇ *der konservativen Partei nahestehen* sympathize with the Conservative party

nahen get closer, approach (*gehoben*) ◇ *Die Polizei nahte.* The police were getting closer. ◇ *wenn Gefahr naht* when danger approaches ◇ *Die Rettung nahte.* Salvation was at hand.

nähen 1 sew ◇ *Träger an etw nähen* sew straps on to sth ◇ *ein Kleid nähen* make a dress **2** (*ausbessern*) mend ◇ *Die Hose muss genäht werden.* These trousers need mending. **3** (*Verletzung*) stitch sth (up) ◇ *Er nähte die Wunde.* He stitched the wound up. ◇ *Die Wunde muss genäht werden.* This wound needs stitches.

näher 1 → NAH(E) **2** (*genauer*) more detailed ◇ *nähere Informationen* more detailed information ◇ *Nähere Auskünfte erteilt …* Further details can be obtained from … ◇ *Ich möchte nicht näher darauf eingehen.* I don't want to go into any more detail. ◇ *Wo kann ich Näheres (darüber) erfahren?* Where can I find out more about it?

Naherholungsgebiet = recreational area near a town

Näherin seamstress (*veraltet*)

nähern sich jdm/etw ~ approach sb/sth, get closer to sb/sth ◇ *Er näherte sich dem Ufer.* He approached the bank. ◇ *Ein Gewitter nähert sich.* A storm is approaching. ◇ *Das Festival nähert sich dem Ende.* The festival is drawing to a close.

nahezu almost

Nähgarn (sewing) thread, cotton

Nahkampf hand-to-hand fighting; (*beim Boxen etc.*) infighting

Nähmaschine sewing machine

Nahost Middle East ◇ *in Nahost* in the Middle East

Nährboden culture medium; (*fig*) breeding ground

nähren 1 feed ◇ *ein gut genährter Mensch* a well fed person ◇ *Vom Erlös nährte sich der Verein jahrelang.* The club lived on the proceeds for years. **2** (*fig*) nurture ◇ *eine Illusion nähren* nurture an illusion

nahrhaft nutritious ◇ *nahrhaftes Essen* nutritious food ◇ *etw Nahrhaftes essen* eat sth that is good for you

Nährstoff nutrient

nährstoffarm low in nutrients **nährstoffreich** rich in nutrients

Nahrung 1 food ◇ *feste Nahrung zu sich nehmen* eat solid food **2** (*fig*) fuel ◇ *Die Gerüchte haben neue Nahrung bekommen.* Rumours have been given fresh fuel.

◇ *Die Diskussion hat neue Nahrung bekommen.* Fresh fuel has been added to the debate. ◇ *den Vorurteilen Nahrung geben* fuel people's prejudices **Nahrungsaufnahme** food intake ◇ *die Nahrungsaufnahme reduzieren* cut down (your) food intake ◇ *die Nahrungsaufnahme verweigern* refuse food **Nahrungskette** food chain **Nahrungsmittel** food, foodstuff (*Fachspr*) ◇ *Sie lieferten Nahrungsmittel ins Kriegsgebiet.* They delivered food to the war zone. **Nahrungsmittelhilfe** food aid ◇ *Nahrungsmittelhilfe leisten* send food aid **Nahrungsmittelindustrie** food industry **Nahrungsmittelunverträglichkeit** food intolerance **Nahrungssuche** search for food ◇ *auf Nahrungssuche gehen* search/hunt for food

Nährwert nutritional value

Naht 1 seam; (*bei Metall*) joint **2** (MED) suture, stitches [Pl] IDM **aus allen Nähten platzen 1** be bursting at the seams (*umgs*) **2** (*zu dick sein*) be bursting out of your clothes

nahtlos 1 seamless; (*Körperbräune*) all-over ◇ *nahtlos braun sein* have an all-over tan **2** (*fig*) smooth ◇ *ein nahtloser Übergang* a smooth transition ◇ *nahtlos an etw anknüpfen/ineinander übergehen* follow on smoothly from sth **Nahtstelle 1** (TECH) seam, joint **2** (*fig*) borderline ◇ *an der Nahtstelle zwischen Legalität und Illegalität* on the borderline between legality and illegality

Nahverkehr local transport, (*AmE auch*) local transportation ◇ *Verzögerungen im Nahverkehr* delays on local transport ◇ *der öffentliche Nahverkehr* local public transport

Nahverkehrszug local train

Nähzeug sewing things [Pl]

naiv 1 naive (*Adv* naively) ◇ *naiv klingen* sound naive ◇ *naive Malerei* naive painting ◇ *Naiv wie ich war, glaubte ich, dass ...* I naively hoped that ... ◇ *ein Thema naiv behandeln* deal with a subject in an unsophisticated way **2 die Naive** (*im Theater, Film*) the ingénue

Naivität naivety

Name name ◇ *sich einen Namen machen* make a name for yourself ◇ *im Namen des Gesetzes* in the name of the law ◇ *seinen Namen für etw hergeben* lend your name to sth ◇ *jdn nur dem Namen nach kennen* know sb only by name ◇ *Er kennt alle Kinder beim Namen.* He knows all the children by name. ◇ *Sie wurde auf den Namen Ute getauft.* She was christened Ute. IDM **etw/das Kind beim Namen nennen** call a spade a spade **in jds Namen** on sb's behalf; on behalf of sb ◇ *Im Namen des Komitees heiße ich Sie willkommen.* On behalf of the committee, welcome. → *Siehe auch* RANG

namenlos 1 nameless (*auch fig*), without a name (*dem Nomen nachgestellt*) ◇ *ein namenloses Maskottchen* a nameless mascot **2** (*unvorstellbar*) unspeakable **3** (*unbekannt*) unknown

namens 1 by the name of ◇ *ein Mann namens ...* a man by the name of ... **2** (*im Namen von*) in the name of

Namens- Namensänderung change of name **Namensgebung** naming **Namensschild** nameplate; (*zum Anstecken*) name tag **Namenstag** Saint's day **Namensvetter(in)** namesake **Namenszug 1** (*Unterschrift*) signature; (*Monogramm*) monogram **2** (*Logo*) logo

namentlich 1 *Adv* by name ◇ *namentlich aufgeführt* listed by name ◇ *Die Hooligans sind der Polizei namentlich bekannt.* The hooligans are known to the police. ◇ *ein Diplomat, der nicht namentlich genannt werden wollte* a diplomat who didn't want to be named **2** *Adv* (*besonders*) especially **3** *Adj* (*Abstimmung*) roll call

namhaft 1 (*bedeutend*) distinguished; (*berühmt*) famous **2** (*beträchtlich*) substantial

nämlich 1 (*um es genauer zu sagen*) to be precise; (*und zwar*) namely ◇ *eine große Summe, nämlich eine Million* a large sum, a million, to be precise ◇ *Nur einer kann das Todesurteil aufheben, nämlich der Präsident.* Only one person can revoke the death sentence, namely the president. **2** (*als Begründung*) (*meist nicht übersetzt*) ◇ *Er kommt heute nicht, er war nämlich schon gestern da.* He's not coming today — he was here yesterday.

Nano- Nanometer nanometre, (*AmE*) nanometer **Nanotechnologie** nanotechnology **Nanowissenschaften** nanoscience [U]

nanu hello ◇ *Nanu, was ist denn das?* Hello, what's this? ◇ *Nanu, das gab's noch nie!* Hang on — that's never happened before!

Napalm napalm

Napf bowl

Narbe scar (*auch fig*) ◇ *Hoffentlich bleibt davon keine Narbe zurück.* I hope it won't leave a scar.

Narkose anaesthetic, (*AmE*) anesthetic ◇ *unter Narkose* under anaesthetic ◇ *Der Patient ist nicht mehr aus der Narkose aufgewacht.* The patient never came round from the anaesthetic.

Narr, Närrin 1 fool **2** (*Hof-*) jester **3** (*beim Fasching, Karneval*) = person taking part in carnival celebrations **4 -narr, -närrin** ◇ *Sie ist eine Pferdenärrin.* She's mad about horses. IDM **jdn zum Narren halten** fool sb

närrisch 1 mad ◇ *Die Kinder rannten wie närrisch herum.* The children were running around like mad. **2** (*Freude*) sheer [*nur vor Nomen*] ◇ *die närrische Freude der Kinder beim Anblick der Geschenke* the children's sheer delight at the sight of the presents ◇ *Sie haben sich närrisch gefreut.* They were absolutely thrilled. **3** (*karnevalistisch*) carnival ◇ *die närrische Zeit* carnival time ◇ *das närrische Treiben* carnival events

Narzisse narcissus

Narzissmus narcissism

nasal nasal (*Adv* nasally)

Nasallaut nasal (sound)

naschen 1 eat sweet things, eat sweets, (*AmE*) eat candy ◇ *Sie nascht gerne.* She likes eating sweets. **2** ◇ *Wer hat von der Sahne genascht?* Who's been at the cream?

Nase 1 nose ◇ *Mir läuft die Nase.* My nose is running. ◇ *Sie putzte sich/dem Kind die Nase.* She wiped her/the child's nose. ◇ *Er blutete aus der Nase.* His nose was bleeding. **2** (*Geruchssinn*) sense of smell IDM **jdn an der Nase herumführen** lead sb up the garden path (*umgs*) **auf die Nase fallen 1** (*hinfallen*) fall over **2** (*einen Misserfolg haben*) come a cropper (*umgs*) ◇ *Mit dem Geschäft sind sie böse auf die Nase gefallen.* They really came a cropper with that deal. **jdm etw aus der Nase ziehen** drag sth out of sb ◇ *Ich musste ihm jedes Wort aus der Nase ziehen.* I had to drag it out of him bit by bit. **(über jdn/etw) die Nase rümpfen** turn your nose up (at sb/sth) (*auch fig*) **(von jdm/etw) die Nase (gestrichen) voll haben** be fed up (with sb/sth) (*umgs*) **die Nase vorn haben** be ahead **eine gute/die richtige Nase für etw haben** have a nose for sth; have good instincts about sth **jdn mit der Nase auf etw stoßen** spell sth out to sb **pro Nase** per person **seine Nase in etw stecken** poke your nose into sth **sich an die eigene Nase fassen** ◇ *Er sollte sich an die eigene Nase fassen!* He can talk! ◇ *Fass dich doch an die eigene Nase!* You're a fine one to talk! **sich eine goldene Nase verdienen** earn a fortune **jdm etw unter die Nase reiben** rub sb's nose in sth (*umgs*) ◇ *Du solltest ihm nicht dauernd unter die Nase reiben, dass er durchgefallen ist.* He's failed, but you don't have to keep rubbing his nose in it. **jdm vor der Nase wegfahren** ◇ *Der letzte Bus ist mir vor der Nase weggefahren.* I just missed the last bus. **jdm etw vor der Nase wegschnappen** snap sth up under sb's nose (*umgs*) **vor jds Nase** in front of sb's nose → *Siehe auch* TÜR

Nasenbein nasal bone ◇ *Er hat sich das Nasenbein gebrochen.* He has broken his nose. **Nasenbluten** nosebleed ◇ *Ich habe Nasenbluten.* I've got a nosebleed. **Nasenlänge** ◇ *Die Konkurrenz ist uns immer um eine Nasenlänge voraus.* Our competitors are always just ahead of us. ◇ *Er hat seinen Gegner um eine Nasenlänge geschlagen.* He pipped his opponent to the post. **Nasenloch** nostril **Nasenring** nose ring

Nasenspitze tip of your nose IDM **jdm etw an der Nasenspitze ansehen** tell sth by the look on sb's face ◇ *Ich kann es dir an der Nasenspitze ansehen, dass du lügst.* I can tell by the look on your face that you're lying.

Nasen- **Nasenspray** nasal spray **Nasentropfen** nose drops [Pl]

Nashorn rhinoceros

nass **1** wet ◇ *Wir sind auf dem Weg zur Schule nass geworden.* We got wet on the way to school. ◇ *Er rasiert sich nass.* He has a wet shave. ◇ *Vor dem Schneiden muss der Friseur die Haare nass machen.* The hairdresser has to wet the hair before he cuts it. ◇ *jdn nass spritzen* splash sb ◇ *nass bis auf die Haut* soaked to the skin ◇ *nass geschwitzt* dripping with sweat **2 sich ~ machen** wet yourself; **das Bett ~ machen** wet the bed

Nässe wet; (*Feuchtigkeit*) damp; (*Wetter auch*) wet weather ◇ *Die Nässe kriecht durch die Wände.* The damp comes through the walls. ◇ *Bei Nässe ist die Fahrbahn glatt.* The road is slippery in wet weather. ◇ *vor Nässe schützen* keep dry

nässen **1** (*Wunde, Ekzem*) weep **2** (*nass machen*) wet

nasskalt cold and wet

Nastuch handkerchief

Nation nation ◇ *eine Rede zur Lage der Nation* a speech on the state of the nation ◇ *die Vereinten Nationen* the United Nations ◇ *Er wurde zum Buhmann der Nation.* He became a hate figure among the people.

national **1** *Adj* national ◇ *die nationale Identität* the national identity **2** *Adv* nationally; (*auf nationaler Ebene auch*) at a national level ◇ *Die Kurse sollen national anerkannt werden.* The courses are to be nationally recognized. ◇ *Diese Normen sind national geregelt.* These standards are set at a national level. ◇ *Das Unternehmen ist national und international tätig.* The company operates in this country and abroad. **3** (*patriotisch*) patriotic (*Adv* patriotically) **4** (*Minderheit*) ethnic

Nationalbewusstsein sense of national identity **Nationalelf** national football team **Nationalfeiertag** national holiday **Nationalflagge** national flag **Nationalhymne** national anthem

Nationalismus nationalism ◇ *die Gefahren des Nationalismus* the dangers of nationalism

nationalistisch nationalistic

Nationalität nationality

National- **Nationalmannschaft** national team ◇ *Er hat früher in der deutschen Nationalmannschaft gespielt.* He used to play for Germany. **Nationalpark** national park **Nationalrat** = lower chamber of the Austrian or Swiss parliament **Nationalrat, -rätin** = member of the lower chamber of the Austrian or Swiss parliament **Nationalsozialismus** National Socialism ◇ *ein Mahnmal für die Opfer des Nationalsozialismus* a memorial to the victims of National Socialism **Nationalsozialist(in)** National Socialist, Nazi ◇ *Sein Großvater war Nationalsozialist.* His grandfather was a National Socialist. **nationalsozialistisch** National Socialist, Nazi **Nationalspieler(in)** international (player) ◇ *Die Mannschaft ist mit Nationalspielern gespickt.* The team is full of international players. ◇ *der 54-malige englische Nationalspieler Stanley Matthews* Stanley Matthews, who was capped 54 times by England ◇ *Die deutschen Nationalspieler haben bis morgen frei.* The German national team is free till tomorrow. **Nationalstaat** nation state **Nationalstolz** national pride **Nationalversammlung** National Assembly

NATO, Nato NATO, Nato ◇ *Die NATO stimmte zu.* Nato agreed. ◇ *ein Beschluss der NATO* a Nato resolution

Natrium sodium

Natron (*doppeltkohlensaures*) bicarbonate of soda, sodium bicarbonate, baking soda

Natter **1** (*Ringel-*) grass snake **2** (*Strumpfband-*) garter snake

Natur **1** nature ◇ *im Einklang mit der Natur* in harmony with nature ◇ *die menschliche Natur* human nature ◇ *Es liegt nicht in ihrer Natur, nachtragend zu sein.* It is not in her nature to bear grudges. ◇ *Er ist von Natur aus ehrlich.* He is honest by nature. ◇ *Baumwollarten, die von Natur aus farbig sind* types of cotton that are naturally coloured ◇ *Das Problem ist politischer Natur.* The problem is of a political nature. ◇ *Bei seiner Arbeit ist er ständig in der freien Natur.* In his job, he's always out of doors. ◇ *Tiere in der freien Natur* animals in the wild **2** (*Mensch*) type ◇ *Er ist eine gutmütige Natur.* He's a good-natured type. ◇ *Sie ist eine ganz ruhige Natur.* She's a very calm person. **3** ◇ *Glaubst du, ihre Haarfarbe ist Natur?* Do you think that's her natural hair colour? IDM **das liegt in der Natur der Sache** it's in the nature of things **gegen/wider die Natur** unnatural ◇ *Die Nachtarbeit ist wider die Natur.* Working nights is unnatural. **jdm gegen/wider die Natur gehen** go against the grain ◇ *Es geht ihr gegen die Natur, so streng mit den Kindern umzugehen.* It goes against the grain for her to be so strict with the children. **jdm zur zweiten Natur werden** become second nature to sb

Naturalien **1** fresh produce [U] **2** ◇ *in Naturalien bezahlen* pay in kind

Naturalismus naturalism

naturalistisch **1** *Adj* naturalistic **2** *Adv* in a naturalistic style

natur- **naturbelassen** natural ◇ *Das Obst wird als naturbelassenes Produkt vermarktet.* The fruit is marketed as a natural product. ◇ *ein naturbelassenes Stück Landschaft* a piece of the countryside left in its natural state **Naturdenkmal** natural monument ◇ *Die Tropfsteinhöhle gilt als bedeutendes Naturdenkmal.* The limestone cave is regarded as an important natural monument. ◇ *Dieser Baum ist als Naturdenkmal geschützt.* This tree is protected by a conservation order.

nature plain ◇ *Schnitzel nature* a plain cutlet

Naturell character, temperament, nature ◇ *Das entspricht einfach nicht seinem Naturell.* It just doesn't fit with his character. ◇ *Sie hatte ein glückliches Naturell.* She had a sunny nature. ◇ *Sie sind von ihrem Naturell her friedfertig.* They are peaceable by nature.

Natur- **Naturereignis** natural phenomenon; (*Katastrophe*) natural disaster **Naturerlebnis** (*meist mit einem Verb übersetzt*) ◇ *Die Wanderung bietet ein Naturerlebnis in einer schönen Landschaft.* The walk allows you to experience nature in beautiful countryside. **Naturfreund(in)** nature lover **naturgemäß** **1** *Adv* naturally; (*zwangsläufig*) inevitably ◇ *Solche Verhandlungen sind naturgemäß schwierig.* Such negotiations are inevitably difficult. **2** *Adj* (*der Natur entsprechend*) natural ◇ *naturgemäße Waldwirtschaft* natural forestry **Naturgesetz** law of nature **naturgetreu** lifelike; (*gleicher Maßstab*) life-size ◇ *etw naturgetreu nachbilden* make a lifelike copy of sth ◇ *Das Schiff wurde naturgetreu nachgebaut.* They built a life-size model of the ship. **Naturheilkunde** natural medicine **Naturheilverfahren** natural therapy **Naturkatastrophe** natural disaster **Naturkosmetik** natural cosmetics [Pl] **Naturkostladen** health food shop **Naturkunde** natural history **Naturkundemuseum** natural history museum **Naturlehrpfad** nature trail

natürlich 1 *Adj* natural (*Adv* naturally) ◇ *eine natürliche Auslese* natural selection ◇ *ihre natürliche Haarfarbe* her natural hair colour ◇ *ein natürliches Wesen haben* have a natural manner ◇ *Es ist doch ganz natürlich, dass sie ein Kind will.* It's only natural that she wants a child. ◇ *natürlich gewachsener Wald* wood that has grown naturally **2** *Adv* (*selbstverständlich*) of course ◇ *Ich hoffe natürlich, dass alles glattgeht.* Of course I hope that everything runs smoothly. ◇ *Natürlich kannst du machen, was du willst.* You can do what you like, of course. IDM **eines natürlichen Todes sterben** die of natural causes

Natürlichkeit naturalness [U]

Natur- naturnah ◇ *Der Garten wurde naturnah belassen.* The garden was left in a natural state. ◇ *naturnah wohnen* live close to nature **Naturpark** ≈ national park **Naturprodukt** natural product **Naturschutz** ◇ *Diese Wiese steht unter Naturschutz.* This field is a conservation area. ◇ *Diese Pflanze steht unter Naturschutz.* This plant is a protected species. **Naturschutzbehörde** environmental protection agency **Naturschutzgebiet** conservation area **Naturtalent** natural talent **Naturvolk** primitive people **Naturwissenschaft** (natural) science ◇ *Die Naturwissenschaften haben mich schon immer interessiert.* I've always been interested in the natural sciences. **Naturwissenschaftler(in)** (natural) scientist **naturwissenschaftlich** scientific (*Adv* scientifically) ◇ *naturwissenschaftliche Forschung* scientific research ◇ *etw naturwissenschaftlich klären* explain sth scientifically ◇ *naturwissenschaftliche Fächer* science subjects

Navigation navigation
Navigationsgerät satellite navigation system, satnav (*umgs*) **Navigationsleiste** navigation bar

navigieren navigate

Nazi Nazi
Naziherrschaft Nazi rule [U] **Naziregime** Nazi regime

NC → NUMERUS CLAUSUS
NC-Fach = university course to which only a certain number of students are admitted

n. Chr. AD

Neandertaler Neanderthal man

Nebel 1 mist; (*dichter*) fog ◇ *Im Tal lag Nebel.* There was mist in the valley. ◇ *Der Nebel hat sich bereits gelichtet.* The fog has already lifted. ◇ *künstlicher Nebel* dry ice **2** (ASTRON) nebula IDM → NACHT
Nebelhorn foghorn **Nebelscheinwerfer** fog light **Nebelschlussleuchte** rear fog lamp **Nebelschwaden** patches of mist [Pl]

neben 1 next to, beside ◇ *Ich saß neben ihr.* I was sitting next to her. ◇ *Neben dem Lokal war eine Apotheke.* There was a chemist's next to the pub. ◇ *Der Hund lief neben uns her.* The dog ran along beside us. ◇ *Sie setzte sich neben mich.* She sat down beside me. **2** (*zusätzlich*) as well as ◇ *Neben Biologie unterrichtet sie noch Sport.* She teaches sport as well as biology. ◇ *Neben Büros sollen auch Wohnungen gebaut werden.* Flats are going to be built as well as offices. **3** (*im Vergleich zu*) compared with ◇ *Neben dir ist er ein Waschlappen.* Compared with you he's a wimp.

nebenan next door ◇ *Gleich nebenan wohnt ein älteres Ehepaar.* An elderly couple live next door. ◇ *Ich gehe kurz nach nebenan.* I'm just going to pop next door. ◇ *das Café nebenan* the cafe next door ◇ *Am Stand nebenan wird Popcorn verkauft.* At the next stall they sell popcorn.

Neben- Nebenarm branch **nebenbei 1** (*zusätzlich*) on the side ◇ *Sie verdient sich nebenbei ein wenig Geld.* She earns a bit on the side. ◇ *Er studiert und nebenbei gibt er noch Klavierstunden.* He's a student and he also gives piano lessons. **2** (*beiläufig*) incidentally; (*Bemerkung auch*) by the way ◇ *Das ergab sich ganz nebenbei.* It came about quite incidentally. ◇ *Nebenbei gesagt, ist mir das egal.* That's all the same to me, by the way. **nebenberuflich 1** *Adj* ◇ *eine nebenberufliche Tätigkeit* a second job **2** *Adv* as a sideline ◇ *Sie ist nebenberuflich als Fremdenführerin tätig.* She works as a tourist guide as a sideline. **Nebenbeschäftigung** second job ◇ *eine Nebenbeschäftigung ausüben* have a second job **Nebeneffekt** side effect **nebeneinander 1** next to each other, side by side ◇ *Sie hielt die beiden Fotos nebeneinander.* She held the two photos side by side. **2** (*zusammen mit jdm/etw*) together ◇ *friedlich nebeneinander existieren/leben* exist/live together peacefully **Nebeneinander 1** juxtaposition ◇ *ein Nebeneinander von verschiedenen Baustilen* a juxtaposition of different building styles **2** (*Koexistenz*) coexistence ◇ *ein friedliches Nebeneinander* peaceful coexistence **nebeneinandersetzen sich ~** sit down next to each other ◇ *Sie setzten sich nebeneinander.* They sat down next to each other. **nebeneinandersitzen** sit next to each other **Nebenfach** subsidiary subject, (*AmE*) minor ◇ *Sie studiert Germanistik, Soziologie im Nebenfach.* She is studying German, with sociology as her subsidiary subject. **Nebenfluss** tributary **Nebengebäude 1** (*Scheune, Garage etc.*) annexe, outbuilding ◇ *der Bauernhof und seine Nebengebäude* the farm and its outbuildings **2** (*benachbart*) neighbouring building, (*AmE*) neighboring building **Nebengeräusch** background noise **Nebenhandlung** sub-plot

nebenher also ◇ *Sie jobbt nebenher am Flughafen.* She's also got a job at the airport. ◇ *Er betreut nebenher eine Jugendmannschaft.* He's also in charge of a youth team. ◇ *Er verdient sich ein paar Dollar nebenher.* He earns a few dollars on the side.
nebenherfahren (**neben jdm**) **~** ride alongside (sb); (*im Auto*) drive alongside (sb) **nebenherlaufen 1 neben jdm ~** run alongside sb ◇ *Sie fährt mit dem Rad und der Hund läuft nebenher.* She rides her bike and the dog runs alongside her. **2** run along at the same time ◇ *Sein ganzes Interesse gilt seinem Hobby und die Arbeit läuft irgendwie nebenher.* His main interest is his hobby; his work somehow runs along at the same time.

Neben- Nebenhöhle sinus **Nebenhöhlenentzündung** sinusitis [U] **Nebenjob** second job **Nebenkosten** additional costs [Pl]; (*zum Mietpreis*) bills [Pl] ◇ *Die Miete schließt Nebenkosten ein.* The rent includes bills. **Nebenprodukt** by-product ◇ *Molke ist ein Nebenprodukt* (*bei*) *der Käseherstellung.* Whey is a by-product of cheesemaking. **Nebenraum** adjoining room **Nebenrolle** supporting role, minor role (*auch fig*) ◇ *Das Geld spielt in diesem Fall eine Nebenrolle.* Money plays a minor role in this case. **Nebensache** minor consideration ◇ *Ob du willst oder nicht, ist Nebensache.* Whether you want to or not is a minor consideration. ◇ *Alles andere ist Nebensache.* Everything else is unimportant. **nebensächlich** (*weniger wichtig*) of minor importance [nicht vor Nomen]; (*bedeutungslos*) irrelevant ◇ *Das war ein nebensächlicher Punkt.* That point was of minor importance.

Nebensaison low season **Nebensatz** (LING) subordinate clause **nebenstehend** opposite ◇ *Siehe nebenstehende Grafik.* See the diagram opposite. **Nebenstraße** side street; (*Landstraße*) minor road **Nebenwirkung** side effect

neblig foggy ◇ *ein nebliger Tag* a foggy day

nebulös vague, nebulous (*gehoben*) ◇ *nebulöse Vorstellungen* vague ideas

necken tease ◇ *Man neckte sie mit dem Foto.* They teased her about the photo.

neckisch 1 teasing (*Adv* teasingly) ◇ *Sie blinzelte ihm neckisch zu.* She gave him a teasing wink. **2** (*kess*) saucy (*Adv* saucily)

Neffe nephew

negativ 1 negative (*Adv* negatively) ◇ *negative Auswirkungen* negative effects ◇ *ein negativer Befund* a negative result ◇ *Der Test fiel negativ aus.* The test was negative. ◇ *Der Ausdruck ist für ihn negativ besetzt.* The word has negative connotations for him. ◇ *negativ geladen* negatively charged ◇ *Neue Technologien werden oft negativ bewertet.* People often take a negative view of new technology. ◇ *etw negativ darstellen* present sth in a bad light ◇ *sich negativ auf etw auswirken* have an adverse effect on sth **2** (MATH) minus ◇ *negative Zahlen* minus numbers

Negativ negative

Neger(in) Negro (*abwert*)

nehmen 1 take ◇ *jdn an der Hand nehmen* take sb by the hand ◇ *Sie nahm es ihm aus der Hand.* She took it from him. ◇ *den Bus nehmen* take the bus ◇ *Medizin nehmen* take medicine ◇ *eine Stadt nehmen* take a town ◇ *Du nimmst mich nie ernst.* You never take me seriously. ◇ *Nimm die Sache nicht so tragisch.* Don't take it to heart! **2** (*aufheben*) pick *sth* up; (*hochheben*) lift *sth* up ◇ *Nimm den Kuli in die Hand und fang an zu schreiben.* Pick up your pen and start writing. ◇ *Er nahm den Rucksack auf die Schultern.* He lifted the rucksack onto his shoulders. **3** (*tragen*) carry ◇ *Ich nehme die Jacke über den Arm.* I'll carry my jacket over my arm. **4** (*wählen*) have ◇ *Ich nehme die Suppe.* I'll have the soup. **5** (*verwenden*) use ◇ *Nimm die blaue Schüssel dafür.* Use the blue bowl for that. **6 jdm etw ~** take sth away from sb ◇ *Er hat mir die Angst vor dem Zahnarzt genommen.* He took away my fear of the dentist's. ◇ *jdm die Hoffnung nehmen* destroy sb's hope **7 etw an sich ~** take care of sth ◇ *Ich nahm seine Briefe und Manuskripte an mich.* I took care of his letters and manuscripts. **8 etw auf sich ~** take sth upon yourself ◇ *Sie hat die ganze Schuld auf sich genommen.* She took all the blame upon herself. **9 etw zu sich ~** have sth (to eat/drink) ◇ *Ich habe seit dem Frühstück nichts zu mir genommen.* I haven't had anything to eat since breakfast. **10 jdn zu sich ~** take sb in ◇ *Sie will das Kind ihrer Schwester zu sich nehmen.* She wants to take in her sister's child. IDM **sich etw nicht nehmen lassen** insist on sth ◇ *Er ließ es sich nicht nehmen, mich nach Hause zu fahren.* He insisted on driving me home. **wie man's nimmt** it depends on your point of view ℹ Für andere Redewendungen mit **nehmen** siehe die Einträge für die entsprechenden Nomina etc. **Abschied nehmen** z.B. steht unter **Abschied**

Neid envy ◇ *vor Neid grün werden/erblassen* be green with envy ◇ *jdn voller Neid ansehen* look enviously at sb ◇ *Sein schönes Haus erregte viel Neid im Dorf.* His lovely house was much envied in the village. IDM **das muss ihm/ihr der Neid lassen** you have to give him/her that ◇ *Er kann gut kochen, das muss ihm der Neid lassen.* He's a good cook, you have to give him that.

neidisch ~ auf etw/jdn envious of sth/sb (*Adv* enviously)

neidlos ungrudging (*Adv* ungrudgingly)

neidvoll envious (*Adv* enviously) ◇ *Sie betrachtete ihn mit neidvollen Augen.* She gave him envious glances.

Neige remains [Pl] IDM **zur Neige gehen 1** (*alle werden*) run out ◇ *Die Ölreserven gehen langsam zur Neige.* The oil reserves are running out. **2** (*vorübergehen*) draw to a close (*gehoben*) ◇ *Der Sommer geht nun zur Neige.* Summer is drawing to a close.

neigen 1 (*Körper*) lean; (*den Kopf zur Seite*) tilt; (*den Kopf nach vorne*) bend; (*verbeugen*) bow ◇ *Sie neigte den Kopf zur Seite.* She tilted her head to one side. **2 sich ~** lean; (*sich beugen*) bend ◇ *sich nach vorn neigen* lean forward **3 sich ~** (*abfallen*) slope ◇ *Der Garten neigt sich zum Fluss.* The garden slopes down to the river. **4 zu etw ~** tend to sth; (*zu Krankheiten etc.*) be prone to sth ◇ *Er neigt zu Übertreibungen.* He tends to exaggerate. ◇ *Ich neige zu der Ansicht, dass …* I tend to the view that … ◇ *Sie neigt zu Kopfschmerzen.* She's prone to headaches. ◇ *Er neigt zum Rechtsradikalismus.* He has radical right-wing tendencies. **5 sich ~** (*zu Ende gehen*) end, draw to a close (*gehoben*) ◇ *Der Tag neigt sich.* The day is ending.

Neigung 1 (*Schräge*) slope; (*Dach-*) pitch; (*von Hügeln*) gradient ◇ *Die Neigung der Straße beträgt 15°.* The road has a gradient of 15°. ◇ *Der Garten hat eine sanfte Neigung.* The garden slopes gently. **2** (*Vorliebe*) inclination ◇ *künstlerische Neigungen* artistic inclinations **3 ~ zu etw** (*Hang*) tendency to sth ◇ *Sie hat eine Neigung zu Depressionen.* She has a tendency to depression. **4 ~ zu jdm/etw** fondness for sb, liking for sb/sth ◇ *ihre Neigung zu ihren Enkelkindern* her fondness for her grandchildren ◇ *eine Neigung zu jdm fassen* become fond of sb IDM **keine/nicht die geringste Neigung verspüren, etw zu tun** have no/not the slightest inclination to do sth ◇ *Sie verspürte nicht die geringste Neigung, sich zu entschuldigen.* She did not have the slightest inclination to apologize. **seinen Neigungen nachgehen** follow your inclinations

nein no ◇ *Oh nein, wie furchtbar!* Oh no, how terrible! ◇ *„Nein und abermals nein!“* 'For the last time, no!' ◇ *Oh nein, das darf doch nicht wahr sein!* I don't believe it! IDM → JA

Nein no ◇ *Wirst du mit Ja oder Nein stimmen?* Will you vote yes or no? ◇ *„Möchtest du ein Bier?“ „Da sage ich nicht Nein.“* 'Would you like a beer?' 'I wouldn't say no.' ◇ *Sie blieb bei ihrem Nein.* She stuck to her refusal. ◇ *Das Projekt scheiterte am Nein des Stadtrats.* The project failed because of the town council's rejection.

Neinstimme no (-vote), vote against ◇ *Der Antrag wurde mit 40 Ja- und zwei Neinstimmen angenommen.* The motion was passed with 40 votes in favour and two against.

Nektar 1 nectar **2** (*Getränk*) fruit juice

Nektarine nectarine

Nelke 1 (*Blume*) carnation **2** (*Gewürz*) clove

nennen 1 call ◇ *Sie wurde Irma genannt nach ihrer Tante.* She was called Irma, after her aunt. ◇ *Man kann ihn nicht gerade intelligent nennen.* You can't exactly call him intelligent. **2** (*angeben*) name; (*Namen, Grund*) give ◇ *Nennen Sie fünf Städte in Belgien.* Name five towns in Belgium. ◇ *Ich nannte meinen Namen.* I gave my name. ◇ *Sie nannte mir den Preis.* She told me the price. **3 sich ~** call yourself; (*heißen*) be called ◇ *Sie nennt sich Tänzerin.* She calls herself a dancer. ◇ *Das hätte ich nicht vor dir erwartet! Und so was nennt sich mein Bruder!* I wouldn't have expected that from you! And you call yourself my brother! ◇ *Wie nennt sich dieser Haarschnitt?* What's this haircut called? IDM → NAME

nennenswert significant (*Adv* significantly), worth mentioning (*dem Nomen nachgestellt*) ◊ *eine nennenswerte Anzahl von Autofahrern* a significant number of motorists ◊ *Der Grenzwert wurde nicht nennenswert überschritten.* The limit was not significantly exceeded. ◊ *Sie hatten nur eine nennenswerte Chance.* They had only one chance worth mentioning.

Nenner (MATH) denominator ◊ *der kleinste gemeinsame Nenner* the lowest common denominator IDM **etw auf einen (gemeinsamen) Nenner bringen** reconcile sth **einen (gemeinsamen) Nenner finden/auf einen (gemeinsamen) Nenner kommen** find common ground

Neofaschismus neo-fascism

neofaschistisch neo-fascist

neoliberal neoliberal

Neon neon

Neonazi neo-Nazi

neonazistisch neo-Nazi ◊ *neonazistische Ausschreitungen* neo-Nazi riots ◊ *neonazistisch eingestufte Gruppen* groups classed as neo-Nazi

Neon- **Neonfarbe** fluorescent paint **neongelb** fluorescent yellow **Neonlicht** neon light **Neonreklame** neon sign **Neonröhre** neon tube

Nepp rip-off (*umgs*)

neppen rip *sb* off (*umgs*)

Neptun Neptune → *Beispiele bei* MERKUR

Nerv **1** nerve ◊ *Der Nerv ist geschädigt.* The nerve is damaged. ◊ *einen empfindlichen Nerv treffen* touch a sensitive nerve ◊ *den Nerv der Zeit treffen* touch the pulse of the times **2** (*nervliche Konstitution*) nerves [Pl] ◊ *gute Nerven haben* have good nerves ◊ *Das kostet Nerven.* It's a strain on the nerves. ◊ *Sie ist völlig mit den Nerven am Ende.* She is a nervous wreck. IDM **jdm auf die Nerven gehen/fallen** (*auch* **jdm den (letzten) Nerv töten**) get on sb's nerves **den Nerv haben, etw zu tun** have the nerve to do sth **die Nerven behalten** keep your nerve **die Nerven verlieren** get nervous; panic **keine Nerven haben/kennen** have nerves of steel **Nerven haben** have a nerve ◊ *Ich soll dir Geld leihen? Du hast vielleicht Nerven!* You expect me to lend you money? You've got a nerve! **jds Nerven sind zum Zerreißen gespannt** sb's nerves are stretched to breaking point **Nerven zeigen** get nervous

nerven **(jdn) ~** get on sb's nerves, bug sb ◊ *Sie nervt mich mit ihrer ständigen Quengelei.* She gets on my nerves with her constant whining. ◊ *Der dauernde Lärm nervt.* The constant noise gets on your nerves. ◊ *Sie nervte mich so lange, bis ich ihr ein Eis kaufte.* She bugged me until I bought her an ice cream. ◊ *Er ist im Moment ziemlich genervt.* He's pretty stressed-out at the moment.

nerven- **nervenaufreibend** nerve-racking; (*ärgerlich*) maddening (*Adv* maddeningly) ◊ *ein nervenaufreibendes Spiel* a nerve-racking game ◊ *Das geht nervenaufreibend langsam.* It's maddeningly slow. **Nervengas** nerve gas **Nervengift** neurotoxin **Nervenkitzel** thrill **Nervenkrieg** war of nerves **Nervensäge** pain in the neck **nervenstark** with strong nerves [nicht vor Nomen], cool (*Adv* coolly) ◊ *Er verwandelte den Strafstoß nervenstark.* He coolly converted the penalty. **Nervensystem** nervous system **Nervenzelle** nerve cell **Nervenzusammenbruch** nervous breakdown

nervlich nervous ◊ *Er war der nervlichen Belastung nicht gewachsen.* The nervous strain was too much for him. ◊ *Er ist nervlich am Ende.* He's a nervous wreck. ◊ *Ich bin nervlich ziemlich angeschlagen.* My nerves are shattered.

nervös nervous (*Adv* nervously); (*angespannt, irritiert*) on edge, tense ◊ *Kurz vor der Prüfung wurde sie nervös.* Just before the exam she began to feel nervous. ◊ *nervöse Störungen* nervous disorders ◊ *Sie war nervös und litt an Schlafstörungen.* She was tense and had problems sleeping. ◊ *Der Lärm macht mich ganz nervös.* The noise is getting on my nerves.

Nervosität nervousness; (*Spannung*) tension

nervtötend infuriating (*Adv* infuriatingly) ◊ *nervtötende Fragen* infuriating questions ◊ *Die Musik dröhnte nervtötend in den Ohren.* The noise of the music was driving everyone mad.

Nerz **1** (*Tier*) mink **2** (*auch* **Nerzmantel**) mink coat

Nessel nettle IDM **sich (mit etw) in die Nesseln setzen** get into hot water (because of sth)

Nest **1** nest (*auch fig*) ◊ *das Nest eines Adlers* an eagle's nest **2** (*kleiner Ort*) tiny place; (*Kaff*) hole (*umgs*) ◊ *Er stammt aus einem kleinen Nest in Bayern.* He comes from some tiny place in Bavaria. ◊ *Ich will aus diesem gottverlassenen Nest raus!* I want to get out of this godforsaken hole! **3** (*Versteck*) hideout IDM **das eigene Nest beschmutzen** foul your own nest **sich ins warme/gemachte Nest setzen** have it made; (*durch Heirat*) marry into money ◊ *Sein Vorgänger hatte den Betrieb saniert, er brauchte sich nur ins gemachte Nest zu setzen.* His predecessor had put the business back on its feet, so he'd got it made.

Netiquette netiquette

nett nice (*Adv* nicely); (*Mensch, Art, Abend auch*) pleasant (*Adv* pleasantly) ◊ *Das ist aber nett von dir!* That is nice of you! ◊ *Das war nett gemeint.* It was a nice thought. ◊ *Der Abend verlief ausgesprochen nett.* The evening passed extremely pleasantly. ◊ *Sei so nett und bring mir das Buch rüber.* Could you bring me that book please?

netterweise kindly

netto net ◊ *Das Gewicht beträgt 20 kg netto.* The net weight is 20 kg. ◊ *Er verdient 3 000 Dollar netto im Monat.* He earns 3 000 dollars a month net.

Nettoeinkommen net income **Nettogewicht** net weight **Nettogewinn** net profit

Network network

Netz **1** net ◊ *Fische mit dem Netz fangen* catch fish with a net ◊ *Er schoss den Ball ins Netz.* He put the ball into the net. **2** (*Spinnen-*) web (*auch fig*) ◊ *Er verstrickte sich im Netz seiner eigenen Lügen.* He got caught up in his own web of lies. **3** (*Einkaufs-*) string bag **4** (*Gepäck-*) rack **5** (*System*) network ◊ *ein Netz von Radwegen* a network of cycle paths ◊ *ein Netz von 200 Filialen* a network of 200 branches **6** (*Strom-*) grid; (*Wasser-*) mains [Pl] ◊ *Wann geht das Kraftwerk ans Netz?* When will the power station be linked to the national grid? ◊ *Wasser aus dem öffentlichen Netz* water from the mains **7** (*Internet*) Net, Internet, Web; (*Mobilfunk*) connection, signal ◊ *Er hat die Bilder ins Netz gestellt.* He put the pictures on the Web. ◊ *Ich habe kein Netz.* I've got no signal. IDM **jdm ins Netz gehen** fall into sb's trap ◊ *Mehrere Drogenhändler sind der Polizei ins Netz gegangen.* Several drug dealers fell into the police trap.

Netzanbieter network provider **Netzanschluss** mains connection **Netzbetreiber** (*Internet*) Internet Service Provider; (*Mobilfunk-*) network operator **Netzhaut** retina **Netznutzer(in)** Net user **Netzspannung** mains voltage **Netzstecker** mains plug **Netzsurfer(in)** Net surfer **Netzteilnehmer(in)** subscriber **Netzwerk** network

netzwerken network ◊ *erfolgreiches Netzwerken* successful networking

Netzwerktreiber network driver

neu **1** *Adj* new ◊ *ein neuer Laden* a new shop ◊ *die Neue Welt* the New World ◊ *ein ganz neuer Wagen* a brand new car ◊ *Das Problem ist nicht neu.* This is not

a new problem. ◇ *Das sieht wieder aus wie neu!* It looks like new again! ◇ *Ich bin neu hier.* I'm new here. ◇ *neue Kartoffeln* new potatoes ◇ *Das ist mir neu.* That's news to me. ◇ *Ich ziehe mir geschwind ein neues Hemd an.* I'll just put a clean shirt on. ◇ *ein neuer Beginn* a fresh start ◇ *die neuere Literatur/Geschichte* modern literature/history **2** *Nomen* **der/die Neue** the newman/woman/boy/girl etc. **3** *Adv* ◇ *Sie haben ihr Wohnzimmer neu eingerichtet.* They have refurnished their living room. ◇ *Die Buchhandlung ist neu eröffnet worden.* The bookshop has reopened. ◇ *Ich würde den Brief noch mal neu anfangen.* I would start the letter again. ◇ *Das Buch ist neu aufgelegt worden.* A new edition of the book has been brought out. ◇ *eine neu bearbeitete Fassung* a new version **4** *Adv* (*vor Kurzem*) newly, just ◇ *eine neu gegründete Partei* a newly founded party ◇ *Dieses Produkt ist neu eingetroffen.* This product has just come in. **5 aufs Neue** afresh, anew ◇ *Das Land entdeckt seine Traditionen aufs Neue.* The country is discovering its traditions afresh. **6 von Neuem** (all over) again ◇ *Die Kämpfe flammten von Neuem auf.* The fighting flared up again. ◇ *Wir mussten noch einmal von Neuem beginnen.* We had to start all over again.
IDM → GEBEN

Neu- Neuankömmling new arrival ◇ *Neuankömmlinge aus dem Ausland* new arrivals from abroad **neuartig** new ◇ *neuartige Methoden* new methods ◇ *ein neuartiger Motor* a new type of engine **Neuauflage** reprint; (*mit Veränderungen*) new edition **Neuausgabe** new edition

Neubau 1 (*das Bauen*) (*meist mit einem Verb übersetzt*) ◇ *Der Neubau des Rathauses wird zehn Millionen kosten.* Building the new town hall will cost ten million. **2** (*neues Gebäude*) new house/building ◇ *Der Neubau wird im März eröffnet.* The new building will be opened in March.
Neubaugebiet area of new development **Neubauwohnung** modern flat, (*AmE*) modern apartment

Neu- Neubearbeitung new version; (*eines Theaterstücks etc.*) adaptation; (*eines Buchs etc.*) revised edition **Neubildung 1** (*physiologisch*) regeneration; (*bösartig*) new growth ◇ *die Neubildung von Gewebe/Zellen* the regeneration of tissue/cells **2** (*neues Wort*) neologism **Neuentdeckung 1** new discovery **2** (*Wiederentdeckung*) rediscovery; (*Wiederbelebung*) revival **Neuentwicklung 1** development ◇ *die Neuentwicklung von Medikamenten* the development of new medicines ◇ *medizinische Neuentwicklungen* new medical developments **2** (*Produkt*) new product

neuerdings 1 (*seit Kurzem*) recently **2** (*erneut*) again

neuerlich 1 (*erneut*) renewed ◇ *ein neuerlicher Angriff* a renewed attack ◇ *neuerliche Anstrengungen* renewed efforts **2** (*weitere(r,s)*) another, more ◇ *ein neuerlicher Versuch* another attempt ◇ *Es muss mit neuerlichen Beben gerechnet werden.* More tremors must be expected. **3** *Adv* (*wieder*) (yet) again

Neu- Neueröffnung 1 (*neue Filiale*) new branch; (*neuer Laden*) new shop **2** (*nach Schließung, Renovierung*) reopening **Neuerscheinung** new publication; (*CD etc.*) new release

Neuerung innovation; (*Änderung*) change; (*Reform*) reform

Neuerwerbung new acquisition

neueste(r,s) 1 latest ◇ *die neueste Mode* the latest fashion ◇ *die neueste Ausgabe* the latest edition ◇ *Weißt du schon das Neueste?* Have you heard the latest? ◇ *etw auf den neuesten Stand der Technik bringen* bring sth up to date with the latest technology ◇ *Die Zahlen sind nicht auf dem neuesten Stand.* The figures are not up to date. ◇ *die Zahlen auf den neuesten Stand bringen* update the figures **2 seit neuestem** recently

neu- neugeboren 1 newborn [nur vor Nomen] ◇ *ein neugeborenes Kind* a newborn baby ◇ *das Neugeborene* the newborn child **2 wie ~** like a new man/woman **Neugestaltung** redesigning; (*einer Organisation etc.*) reorganization

Neugier, Neugierde curiosity ◇ *Das weckte meine Neugier.* That aroused my curiosity. ◇ *Ich platze vor Neugier!* I'm bursting with curiosity.

neugierig *Adj* **1** curious; (*wissbegierig*) inquisitive, nosy (*Adv* nosily) (*umgs, abwert*) ◇ *Ich bin neugierig, wie …* I'm curious to know how … ◇ *ein neugieriges Kind* an inquisitive child ◇ *Sei doch nicht so neugierig!* Don't be so nosy! **2** *Adv* out of curiosity, with interest ◇ *Ich blieb neugierig stehen.* I stopped out of curiosity. ◇ *Sie beobachteten ihn neugierig.* They watched him with interest. ◇ *Ich sah mich neugierig um.* I had a good look around.

Neugierige(r) 1 (*Zuschauer*) onlooker ◇ *Der Unfall lockte unzählige Neugierige an.* The accident attracted countless onlookers. **2** (*Interessierte(r)*) ◇ *60 Neugierige kamen zum Badminton-Schnuppertag.* 60 people who were interested came to the badminton trial day.

Neu- Neugliederung reorganization [U] **neugotisch** neo-Gothic **neugriechisch** modern Greek

Neuheit new product, article, item, etc.; (*Neuentwicklung*) innovation ◇ *Neuheiten für den Verbraucher* new consumer products ◇ *eine literarische Neuheit* a new literary work ◇ *eine technische Neuheit* a technological innovation ◇ *die letzte Neuheit auf dem Markt* the latest product on the market

neuhochdeutsch New High German

Neuigkeit news [U], piece of news ◇ *Er erzählte ihr schnell die letzten Neuigkeiten.* He quickly told her his latest news. ◇ *Das ist keine Neuigkeit.* That's nothing new.

Neuinszenierung new production

Neujahr New Year; (*Neujahrstag*) New Year's Day ◇ *jdm zu Neujahr viel Glück wünschen* wish sb a Happy New Year ◇ *Prosit Neujahr!* Happy New Year!
Neujahrsfest New Year, New Year celebrations [Pl] ◇ *das chinesische Neujahrsfest* Chinese New Year ◇ *In Japan wird das Neujahrsfest über vier Tage gefeiert.* In Japan the New Year celebrations go on for four days. **Neujahrstag** New Year's Day

Neuland new territory, new ground (*auch fig*) ◇ *medizinisches Neuland betreten* break new ground in the field of medicine

neulich the other day, recently ◇ *Ich habe ihn erst neulich durch Zufall getroffen.* I met him only the other day by chance. ◇ *Als ich neulich von der Schule heimging, …* The other day, when I was on my way home from school, … ◇ *neulich früh* the other morning ◇ *Der Botschafter schlug neulich vor, …* The ambassador recently suggested …

Neuling newcomer; (*auf einem Gebiet*) novice

Neumond new moon ◇ *Es war Neumond.* There was a new moon.

neun nine → *Beispiele bei* SECHS IDM **alle neune!** strike!

neunte(r,s) ninth → *Beispiele bei* SECHSTE(R,S)

Neuntel ninth → *Beispiele bei* SECHSTEL

neunzehn nineteen → *Beispiele bei* SECHZEHN

neunzig ninety → *Beispiele bei* SECHZIG

Neu- Neuordnung reorganization; (*Reform*) reform **Neuorientierung** reorientation **Neuphilologie** modern languages [Pl]

Neuralgie neuralgia

neuralgisch 1 neuralgic ◇ *neuralgische Schmerzen* neuralgia **2 ein neuralgischer Punkt** a trouble spot; (*Thema*) a touchy subject

Neu- **Neuregelung** revision; (*Reform*) reform; (*neue Bestimmung*) new regulations [Pl] ◇ *die Neuregelung der Arbeitszeit* revision of the regulations governing working hours **neureich** nouveau riche (*abwert*)
Neurochirurgie neurosurgery
neurologisch neurological
Neuron neuron
Neurose neurosis
neurotisch neurotic
Neuschnee fresh snow
neutral **1** neutral ◇ *neutral sein/bleiben* be/remain neutral **2** (*unparteiisch*) independent
neutralisieren neutralize
Neutralität neutrality
Neutron neutron
Neutrum (LING) neuter
Neu- **Neuverfilmung** remake **Neuwahl** (new) election ◇ *Italiens Opposition fordert vorzeitige Neuwahlen.* Italy's opposition are demanding early elections. **Neuwert** value when new ◇ *der Neuwert eines Autos* the value of a car when new **Neuzeit** modern era ◇ *vom Mittelalter bis in die Neuzeit* from the Middle Ages to the modern era ◇ *Literatur der Neuzeit* literature since the Middle Ages
Newsgruppe (COMP) newsgroup
nicht **1** not ◇ *Sie ist nicht alt.* She's not old. ◇ *nicht einmal* not even ◇ *Er raucht nicht.* He doesn't smoke. ◇ *Kommst du oder nicht?* Are you coming or not? ◇ *Sie ging nicht hin und ich auch nicht.* She didn't go and neither did I. ◇ *Alle lachten, nur sie nicht.* Everyone laughed except her. ◇ *„Wer kommt mit?" „Ich nicht."* 'Who's coming?' 'Not me.' ◇ *„Wer hat mein Bier getrunken?" „Ich nicht."* 'Who drank my beer?' 'It wasn't me.' ◇ *Das war wirklich nicht teuer.* It wasn't at all expensive. ◇ *Das ist nicht ungefährlich.* It's quite dangerous. ◇ *Habe ich das nicht gleich gesagt!* What did I tell you! **2** (*in Bitten und Verboten*) ◇ *(Bitte) nicht!* (Please) don't! ◇ *Nicht berühren!* Don't touch. ◇ *Den Rasen nicht betreten!* Keep off the grass. ◇ *Nicht vom Rand springen!* No diving! **3** (*vor bestimmten Adjektiven*) non- ◇ *nicht leitend* non-conducting ◇ *nicht tragend* non-loadbearing ◇ *nicht ehelich* illegitimate ◇ *nicht rostende Schrauben* rust-proof screws ◇ *nicht rostender Stahl* stainless steel **4** **~ mehr** → MEHR **5** **~ größer, mehr, später etc. als etw** no bigger, more, later, etc. than sth **6** **~ eine(r,s)** not (a single) one; **~ ein(e)** not one/a single ◇ *Nicht einer entschuldigte sich.* Not one (of them) apologized. ◇ *Nicht ein Haus blieb stehen.* Not a single house was left standing. **7** **~ (wahr)** = mit einem Frageanhängsel übersetzt ◇ *Ganz schön teuer, nicht?* Pretty expensive, isn't it? ◇ *Ihr kommt doch mit, nicht wahr?* You are coming, aren't you? IDM **nicht, dass ich wüsste** not as far as I know → *Siehe auch* OHNE
Nichtangriffspakt non-aggression pact
Nichte niece
nichtig **1** trivial; (*Vorwand*) flimsy ◇ *Der Streit entstand aus einem ganz nichtigen Anlass.* The quarrel arose from something very trivial. **2** (RECHT) void ◇ *etw für nichtig erklären* declare sth void ◇ *Der Vertrag ist dadurch nichtig geworden.* This renders the contract void. IDM → NULL
Nichtigkeit **1** triviality (*abwert*) ◇ *sich wegen Nichtigkeiten Sorgen machen* worry about trivialities ◇ *ein paar höfliche Nichtigkeiten austauschen* exchange a few polite words **2** (*Ungültigkeit*) invalidity [U]
Nichtraucher(in) non-smoker ◇ *Ich bin Nichtraucher.* I'm a non-smoker./I don't smoke. **Nichtraucherwagen** non-smoking carriage
Nichtregierungsorganisation non-governmental organization (*Abk* NGO)
nichts **1** nothing, not anything ◇ *„Was machst du gerade?" „Nichts."* 'What are you doing at the moment?' 'Nothing.' ◇ *Er sagte überhaupt nichts.* He said nothing at all. ◇ *Das ist nichts Neues!* That's nothing new! ◇ *nichts dergleichen* nothing of the sort ◇ *Sie haben sich um nichts und wieder nichts gestritten.* They quarrelled about nothing at all. ◇ *Ich kann mir nichts Schöneres vorstellen, als ...* There's nothing I like more than ... ◇ *Ich will nichts damit zu tun haben.* I don't want (to have) anything to do with it. ◇ *Mir fällt nichts Besseres ein.* I can't think of anything better. ◇ *Ich habe nichts gesehen.* I saw nothing/didn't see anything. ◇ *Das nützt nichts.* That's no good. ◇ *Daraus kann nichts Gutes werden.* No good will come of it. ◇ *Ich weiß nichts Genaues.* I don't have any details. ◇ *Das schadet nichts.* It won't do any harm. ◇ *Wir ahnten nichts.* We had no idea. **2** **~ mehr** nothing more, not anything more; (*sonst nichts*) nothing else, not anything else ◇ *Ich habe nichts mehr zu sagen.* I've nothing more to say. ◇ *Ich will nichts mehr mit ihm zu tun haben.* I don't want to have anything more to do with him. ◇ *Es ist nichts mehr da.* There's nothing left. ◇ *Es ist nichts mehr zu tun.* There's nothing else to do. **3** **~ ahnend** unsuspecting; (*adverbial*) suspecting nothing ◇ *die nichts ahnenden Mieter* the unsuspecting tenants ◇ *Nichts ahnend machte sie die Tür auf.* She opened the door, suspecting nothing. IDM **für nichts** for nothing ◇ *Die ganze Arbeit war für nichts.* We did all that work for nothing. **Nichts da!** No way! (*umgs*) **nichts wie hin, raus, rein, weg etc.** let's get over there, get out, go in, get away, etc. **wie nichts** in no time (at all) ℹ Für andere Ausdrücke mit **nichts** siehe die Einträge für die entsprechenden Nomina etc. **Nichts anderes** z.B. steht unter **andere(r,s)**.
Nichts **1** nothingness [U] ◇ *das Nichts darstellen* represent nothingness ◇ *etw aus dem Nichts erschaffen* create sth from nothing **2** (*leerer Raum*) void (*gehoben*) **3** (*Mensch*) nobody IDM **aus dem Nichts auftauchen** appear from nowhere **vor dem Nichts stehen** be facing (financial) ruin → *Siehe auch* AUFLÖSEN
Nichtschwimmer(in) non-swimmer ◇ *Er ist Nichtschwimmer.* He is a non-swimmer/He can't swim.
nichtsdestoweniger nevertheless
nichtssagend meaningless
Nichtstun inaction ◇ *das Nichtstun der Regierung* the government's inaction ◇ *Das Nichtstun ging mir auf die Nerven.* I was fed up with doing nothing.
Nichtzutreffendes ◇ *Nichtzutreffendes streichen.* Delete where inapplicable.
Nickel nickel
Nickelbrille wire-framed glasses [Pl]
nicken **1** nod ◇ *zustimmend nicken* nod in agreement ◇ *mit dem Kopf nicken* nod your head ◇ *eine nickende Kopfbewegung* a nod of the head **2** (*schlafen*) doze
Nickerchen nap (*umgs*) ◇ *ein Nickerchen machen* have a nap
Nidel cream
nie **1** never ◇ *Er ist nie pünktlich.* He is never on time. ◇ *So etwas habe ich noch nie gesehen.* I've never seen anything like it. ◇ *Ich habe ihn noch nie im Leben gesehen.* I've never seen him before in my life. ◇ *Mir sagt nie jemand etwas.* Nobody ever tells me anything. **2** **fast ~** hardly ever; (*betont*) almost never ◇ *Sie kommt fast nie in die Stadt.* She hardly ever comes into town. ◇ *Die Symptome treten fast nie alle zusammen auf.* You almost never find all the symptoms together. **3** **~ wieder/mehr** never again; (*betont*) never, ever again ◇ *Ich werde ihm nie mehr mein Auto leihen.* I'll never, ever lend him my car again. IDM **nie**

und nimmer never in a million years → *Siehe auch* LEBEN
nieder **1 ~ mit jdm/etw** down with sb/sth **2 auf und ~** up and down
Nieder- (*in Ortsnamen*) Lower ◇ *Niederösterreich* Lower Austria
niederbrennen burn (*sth*) down ◇ *Das Haus brannte nieder.* The house burnt down. ◇ *Sie brannten das Dorf nieder.* They burnt down the village.
niederbrüllen shout *sb* down
niederdeutsch Low German
niederdrücken **1** press *sth* (down) ◇ *den Deckel niederdrücken* press down the lid ◇ *Der Schnee drückt die Zweige nieder.* The branches are weighed down by the snow. **2** (*deprimieren*) depress; (*bedrücken*) oppress ◇ *Er ist sehr niedergedrückt.* He's very depressed. ◇ *eine niederdrückende Stimmung* an oppressive atmosphere
niedere(r,s) (*Rang, Stand, Tiere, Pflanzen*) lower; (*Offizier, Beamte(r)*) junior; (*Adel*) minor; (*Arbeit*) menial → *Siehe auch* NIEDRIG
Niedergang decline
niedergehen **1** come down, descend (*gehoben*) ◇ *Der Fallschirm ist im Meer niedergegangen.* The parachute came down in the sea. **2** (*stürzen*) go down **3** (*Gewitter*) break
niedergeschlagen despondent (*Adv* despondently); (*deprimiert*) depressed ◇ *Niedergeschlagen verließen die Spieler das Feld.* The players walked off despondently. ◇ *Sie macht einen niedergeschlagenen Eindruck.* She seems a bit depressed.
niederknien **(sich) ~** kneel (down) ◇ *Sie kniete sich nieder und betete.* She knelt down and prayed.
Niederlage defeat ◇ *Das Spiel endete mit einer 0:1 Niederlage.* The match ended in a 1-0 defeat. ◇ *eine schwere/deutliche/knappe Niederlage* a crushing/decisive/narrow defeat
niederlassen **1 sich ~** (*Vögel etc.*) alight (*gehoben*) **2 sich (als etw) ~** set (yourself) up (as sth); (*Praxis gründen*) set up (in) practice (as sth) ◇ *sich als Psychiater niederlassen* set up in practice as a psychiatrist **3 sich ~** (*sich ansiedeln*) settle IDM → HÄUSLICH
Niederlassung branch
niederlegen **1** lay (*sth*) (down) ◇ *Sie legte einen Kranz am Grab nieder.* She laid a wreath at the grave. ◇ *die Waffen niederlegen* lay down your arms **2 sein Amt/Mandat ~** resign; (*Abgeordnete(r)*) resign your seat **3 die Arbeit ~** go on strike **4 jdn ~** put sb to bed; **sich ~** lie down; (*schlafen gehen*) go to bed **5** (*aufschreiben*) write *sth* down
niedermachen massacre
niedermetzeln butcher
niederprasseln rain down, pelt down ◇ *Hagelkörner prasselten auf das Dach nieder.* Hailstones pelted down on the roof. ◇ *Fragen prasselten auf den Sprecher nieder.* The speaker was bombarded with questions.
niederreißen **1** pull *sth* down **2** (*Schranken*) break *sth* down; (*Hindernisse*) overcome
niederschießen gun *sb* down
Niederschlag **1** precipitation (*Fachspr*); (*Regen*) rain; (*Schnee*) snow; (*Schauer*) shower **2** (NATURW) precipitate **3** (*radioaktiv*) fallout **4 seinen ~ in etw finden** be reflected in sth ◇ *Seine Kindheitserlebnisse finden ihren Niederschlag in seinem Werk.* His childhood experiences are reflected in his works.
niederschlagen **1** (*zu Boden schlagen*) knock *sb* down, knock *sb* to the ground; (*überfallen*) attack ◇ *Ein Polizist wurde niedergeschlagen.* A policeman was knocked to the ground. ◇ *Sie wurde von zwei Jugendlichen niedergeschlagen.* She was attacked by two youths. **2** (*Aufstand, Protest, Putsch etc.*) put *sth* down, suppress **3 sich ~** (CHEM) be precipitated; (*Dampf*) condense **4 sich in etw ~** be reflected in sth ◇ *Die größere Nachfrage schlägt sich im Umsatz nieder.* The higher demand is reflected in the turnover.
niederschlags- **niederschlagsfrei** fine **Niederschlagsmenge** precipitation (*Fachspr*), rainfall
Niederschlagung suppression
niederschmetternd devastating
niederschreiben write *sth* down
niedersetzen **sich ~** sit down
niederträchtig malicious; (*Mensch auch*) despicable
Niederung low-lying area
niederwalzen flatten
niedlich sweet, (*bes AmE*) cute
niedrig **1** low ◇ *ein niedriges Gebäude/Dach* a low building/roof ◇ *Schuhe mit niedrigen Absätzen* low-heeled shoes ◇ *niedrige Preise* low prices ◇ *Das Flugzeug fliegt sehr niedrig.* The plane's flying very low. ◇ *die Kosten zu niedrig ansetzen* underestimate the costs **2** (*wenig geachtet*) lowly ◇ *Manuelle Tätigkeiten sind ihm zu niedrig.* Manual work is too lowly for him. **3** (*gemein*) base (*gehoben*) IDM → GREIFEN
Niedrig- **Niedrigenergiehaus** low-energy house **Niedriglohn** low wages [Pl] **Niedriglohnland** low-wage country **Niedrigpreis** low price
niemals → NIE
niemand **1** no one, nobody; (*als Objekt auch*) not anyone, not anybody ◇ *Niemand kam.* Nobody came. ◇ *Ich habe niemanden gesehen.* I didn't see anyone. ◇ *Du darfst niemandem etwas sagen.* You mustn't tell anyone. **2 ~ anders** no one else, nobody else ◇ *Niemand anders hätte sich das getraut.* Nobody else would have dared. ◇ *Es kann niemand anders als er gewesen sein.* It can't have been anyone but him. ◇ *Wer kam herein? Niemand anders als Anna.* And who came in? None other than Anna. IDM → HALT
Niemandsland no-man's-land (*auch fig*)
Niere kidney ◇ *eine künstliche Niere* a kidney machine IDM **jdm an die Nieren gehen** get to sb (*umgs*) ◇ *Der Film ist mir echt an die Nieren gegangen.* The film really got to me.
nierenförmig kidney-shaped **nierenkrank** suffering from kidney disease [nicht vor Nomen] **Nierenschaden** kidney damage ◇ *Das kann einen bleibenden Nierenschaden verursachen.* It can cause irreversible kidney damage. **Nierenstein** kidney stone **Nierentransplantation** kidney transplant **Nierenversagen** kidney failure [U]
nieseln **es nieselt** it is drizzling
Nieselregen drizzle
niesen sneeze ◇ *Er nieste laut.* He gave a loud sneeze.
Niete[1] **1** (*Los*) blank ◇ *eine Niete ziehen* draw a blank **2 (in etw) eine ~ sein** be hopeless (at sth)
Niete[2] (*Bolzen*) rivet; (*in Kleidung*) stud ◇ *eine Jeans mit Nieten* a pair of studded jeans
niet- und nagelfest **alles, was nicht ~ ist** everything that's not nailed down
Nightclub nightclub
Nikolaus, Nikolo St Nicholas
Nikotin nicotine
nikotinarm low-nicotine **Nikotingehalt** nicotine content **Nikotinpflaster** nicotine patch
Nilpferd hippo, hippopotamus
nimmer- IDM → NIE **nimmermüde** tireless **Nimmerwiedersehen** **auf ~ verschwinden** disappear never to be seen again
nippen **(an etw) ~** sip (sth)
Nippes knick-knacks [Pl]

Niqab niqab

nirgends, nirgendwo nowhere, not anywhere ◇ *Sie sind den ganzen Tag auf der Straße, weil sie nirgends hingehen können.* They are on the streets all day because they have nowhere to go. ◇ *Er fühlt sich nirgends zu Hause.* He doesn't feel at home anywhere. ◇ *Er war nirgendwo zu finden.* He was nowhere to be found.

Nische 1 niche ◇ *eine Nische im Markt* a niche in the market **2** (*in der Wand*) recess, alcove

nisten nest

Nist- Nistkasten nesting box **Nistplatz** nesting place

Nitrat nitrate

Nitratgehalt nitrate content

Niveau 1 level ◇ *Die Nachfrage erreichte nicht das Niveau des Vorjahres.* Demand did not reach the previous year's level. ◇ *Der Wasserspiegel des Tanks darf nicht unter ein bestimmtes Niveau sinken.* The water in the tank must not drop below a certain level. **2** (*Standard*) standard; (*Qualität*) quality ◇ *Er spielte unter seinem Niveau.* His game wasn't up to his usual standard. ◇ *Die Kritiker lobten das künstlerische Niveau der Festspiele.* The critics praised the artistic quality of the festival. ◇ *Das Spiel stand auf hohem Niveau.* It was a very good game. ◇ *Das intellektuelle Niveau des Gesprächs war hoch.* It was a very intellectual conversation.

niveaulos (*Leistung*) poor; (*geistig anspruchslos*) undemanding

Nixe water nymph; (*Meerjungfrau*) mermaid

nobel 1 (*edel*) noble; (*adelig*) aristocratic **2** (*fein*) posh (*umgs, oft abwert*); (*exklusiv*) exclusive ◇ *ein nobler Stadtteil* a posh part of town ◇ *Die „Krone" hat aber noble Preise!* The 'Krone' is very expensive! **3** (*großzügig*) generous

Nobelpreis Nobel prize

Nobelpreisträger(in) Nobel prizewinner

Nobody nobody

noch

• **Zeit 1** **(immer) ~** still ◇ *Er glaubt noch an den Weihnachtsmann.* He still believes in Father Christmas. ◇ *Noch kannst du etwas dagegen unternehmen.* You can still do something about it. ◇ *Es ist noch Platz für drei Leute.* There's still room for three people. ◇ *noch in den Siebzigerjahren* as late as the 70s **2 ~ nicht** not yet ◇ *Der Termin steht noch nicht fest.* We haven't decided on the date yet. **3 ~ nie** never ◇ *Er war noch nie in London.* He's never been to London. **4** (*irgendwann in der Zukunft*) still ◇ *Ich muss noch alle Geschenke besorgen.* I've still got all my presents to buy. ◇ *Das Päckchen kommt bestimmt noch an.* There's still time for the parcel to arrive. ◇ *Ich muss noch schnell zur Bank.* I've just got to pop to the bank. ◇ *Ich sage dir noch Bescheid.* I'll let you know. **5 gerade ~** (*vor Kurzem*) a minute ago ◇ *Das Buch lag gerade noch hier.* The book was here a minute ago. **6 ~ gestern etc.** only yesterday, etc. ◇ *Ich habe sie noch vor zwei Tagen gesehen.* I saw her only two days ago. **7 ~ einmal** again ◇ *Können Sie das bitte noch einmal sagen?* Can you please say that again? **8 ~ (gleich/mal)** again ◇ *Wie heißt sie noch gleich?* What's her name again? ◇ *Wann war noch mal der Termin?* When was the meeting again?

• **Menge 9** (*zusätzlich*) more ◇ *Möchten Sie noch Kaffee?* Would you like some more coffee? ◇ *Ich habe noch ein paar Pflanzen gekauft.* I've bought a few more plants. **10 ~ etwas** something else; (*in Fragen und verneinten Sätzen meist*) anything else; **~ jemand** somebody else; (*in Fragen und verneinten Sätzen meist*) anybody else ◇ *Ich habe dir noch etwas mitgebracht.* I've brought you something else. ◇ *Brauchst du sonst noch etwas?* Do you need anything else? ◇ *War noch jemand da?* Was anybody else there? **11 ~ ein(e); ~ eine(r,s)** another ◇ *Bitte noch eine Cola.* Can I have another coke, please? ◇ *Hast du noch einen?* Have you got another? **12 nur ~** only ◇ *Sie haben nur noch 100 Dollar.* They've only got 100 dollars left. **13 kaum ~** hardly any; (*übrig*) hardly any left; **kaum ~ ein(e)** hardly a ◇ *Es gibt kaum noch Bäume in der Stadt.* There are hardly any trees left in town. ◇ *Um acht war kaum noch ein Sitzplatz frei.* There was hardly a seat left at eight o'clock.

• **zur Verstärkung 14 ~ so oft, viel etc.** however often, much, etc. ◇ *Da kannst du noch so oft anrufen, der hebt nicht ab.* However often you ring, he won't answer. ◇ *Und wenn er mich noch so bittet, ich komme nicht mit.* However much he begs me, I'm not coming. ◇ *Dem kannst du noch so viel Geld anbieten, er macht es nicht.* However much money you offer him, he won't do it. **15** (*um eine Steigerung zu verstärken*) even ◇ *Sein Fahrrad war noch teurer als meins.* His bike was even more expensive than mine. ◇ *Sie hat mir noch mehr Arbeit aufgehalst.* She landed me with even more work. **16** (*um Empörung auszudrücken*) surely ◇ *Man kann doch noch erwarten, dass Kinder älteren Leuten im Bus Platz machen.* Surely one can still expect children to give their seats to old people on buses. ◇ *Man wird doch noch fragen dürfen!* Surely there's no harm in asking! **17** ◇ *Er hat noch Glück gehabt, es hätte viel schlimmer ausgehen können.* He was lucky, it could have been much worse. ◇ *Das waren noch Zeiten!* Those were the days! ◇ *Das wird dir noch leidtun!* You'll be sorry! ◇ *Das wird noch lange dauern.* This will take a long time. ◇ *Jetzt fängt es auch noch an zu regnen!* And now it's starting to rain! ◇ *Er starb noch am selben Tag.* He died the same day. → *Siehe auch* WEDER

IDM **Auch das noch!** That's all we need! ◇ *Das Auto ist kaputt? Auch das noch!* The car's broken down? That's all we need! **das geht ja noch** that's not so bad ◇ *Zehn Minuten Verspätung? Das geht ja noch.* Ten minutes late? That's not so bad. **noch dazu 1** (*besonders*) especially ◇ *Es ist gefährlich, noch dazu bei großer Hitze, lange Strecken durchzufahren.* It's dangerous to drive long distances without a break, especially when it's very hot. **2** (*zusätzlich*) on top of that ◇ *Noch dazu trieb die Mieterhöhung die Firma fast in den Ruin.* On top of that, the rent increase nearly bankrupted the firm. **3** (*und zwar*) at that ◇ *Ich habe meine Jacke verloren, noch dazu eine ganz neue.* I've lost my jacket, and a brand new one at that. **… noch und noch** (*auch* **… noch und nöcher**) loads of … (*umgs*) ◇ *Sie haben Geld noch und noch.* They've got loads of money.

nochmalig further ◇ *nach nochmaligen Gesprächen* after further talks

nochmals again ◇ *Sie wies nochmals darauf hin, dass …* She stressed again that … ◇ *Im letzten Monat gingen nochmals 20 Arbeitsplätze verloren.* Last month another 20 jobs were lost.

Nockerl dumpling

Nomade, Nomadin nomad

Nomen noun

Nomenklatura (POL) nomenklatura [mit Verb im Sing/Pl]

nominal (LING, WIRTSCH) nominal

Nominativ nominative

nominell nominal (*Adv* nominally)

nominieren 1 jdn (für/als etw) ~ nominate sb (for/as sth) ◇ *Er ist noch nicht offiziell als Kandidat nominiert.* He hasn't been officially nominated as candidate yet.

◇ *Wird sie für das Bürgermeisteramt nominiert?* Will she be nominated for the position of mayor? **2** (SPORT) select; (*Mannschaft auch*) name

Nominierung **1** nomination **2** (SPORT) selection

Nonne nun

Nonplusultra ultimate, last word ◇ *das Nonplusultra an Modernität* the last word in modernity

Nonsens **1** (*Unsinn*) nonsense **2** = verbal humour using nonsense verse, wordplay etc.

Nord north, North

Nord- north, northern (*Abk* N) ◇ *ein Nordwind* a north wind ◇ *Nordamerika* North America ◇ *die Nordküste Frankreichs* the north coast of France ◇ *Nordengland* Northern England ◇ *Nordirland* Northern Ireland

Norden north; (*Gebiet auch*) North (*Abk* N) ◇ *Sie fuhren nach Norden.* They drove north. ◇ *Der Wind wehte aus Norden.* The wind was coming from the north. ◇ *Die Terrasse liegt nach Norden.* The patio faces north. ◇ *im Norden des Landes* in the north of the country ◇ *Sie kommt aus dem Norden.* She comes from the north. ◇ *der hohe Norden* the far north

nordisch Nordic ◇ *die nordischen Länder/Sprachen* the Nordic countries/languages ◇ *der nordische Skisport* Nordic skiing ◇ *die nordische Kombination* Nordic combined

nördlich **1** (*Richtung, Wind*) northerly ◇ *Der Wind kommt aus nördlicher Richtung.* The wind is coming from a northerly direction. ◇ *der nördliche Polarkreis* the Arctic circle **2** (*Gebiet*) northern ◇ *im nördlichen Australien* in northern Australia ◇ *der nördliche Wendekreis* the Tropic of Cancer **3 ~ (von)** north (of), to the north (of) ◇ *12 Kilometer nördlich der Grenze* 12 kilometres north of the border ◇ *Sie wohnen nördlich von Paris.* They live (to the) north of Paris. ◇ *Ich wusste gar nicht, wie weit nördlich Oslo liegt.* I didn't know that Oslo was so far north.

nördlichste(r,s) northernmost

Nordlicht **1** northern lights [Pl] **2** (*Norddeutsche(r)*) North German

Nordost north-east; (*Gebiet auch*) North-East ◇ *ein Wind aus Nordost* a wind from the north-east

Nordost- north-east, north-eastern (*Abk* NE) ◇ *Nordostchina* North East China ◇ *die Nordostküste* the north east coast ◇ *ein Nordostwind* a north-easterly

Nordosten north-east; (*Gebiet auch*) North-East (*Abk* NE) ◇ *ein Wind aus Nordosten* a wind from the north-east ◇ *Wir fahren zuerst nach Nordosten.* First we travel north-east. ◇ *der Nordosten Englands* the North-East of England

nordöstlich **1** (*Richtung, Wind*) north-easterly ◇ *aus nordöstlicher Richtung* from a north-easterly direction **2** (*Gebiet*) north-eastern ◇ *die nordöstlichen Staaten der USA* the north-eastern states of the USA **3 ~ (von)** north-east (of) ◇ *150 Kilometer nordöstlich der Hauptstadt* 150 kilometres north-east of the capital

nordostwärts north-eastwards

Nordpol North Pole

Nordsee North Sea ◇ *Wir machen Urlaub an der Nordsee.* We're going to the North Sea coast for our holidays.

Nord-Süd-Konflikt North-South divide

nordwärts northwards

Nordwest north-west; (*Gebiet auch*) North-West ◇ *ein Wind aus Nordwest* a wind from the north-west

Nordwest- north-west, north-western (*Abk* NW) ◇ *Nordwestfrankreich* North-West France ◇ *ein Nordwestwind* a north-westerly

Nordwesten north-west; (*Gebiet auch*) North-West (*Abk* NW) ◇ *ein Wind aus Nordwesten* a wind from the north-west ◇ *Wir fahren zuerst nach Nordwesten.* First we travel north-west. ◇ *der Nordwesten Englands* the North-West of England ◇ *im äußersten Nordwesten Europas* in the extreme North-West of Europe

nordwestlich **1** (*Richtung, Wind*) north-westerly ◇ *Sie fuhren in nordwestliche Richtung.* They drove in a north-westerly direction. **2** (*Gebiet*) north-western ◇ *am nordwestlichen Stadtrand* on the north-western outskirts of the town **3 ~ (von)** north-west (of) ◇ *100 Kilometer nordwestlich von hier* 100 kilometres north-west of here

nordwestwärts north-westwards

nörgeln **(über jdn/etw) ~** grumble (about sb/sth), moan (about sb/sth)

Norm **1** norm ◇ *Das ist eine Abweichung von der Norm.* That's the exception to the norm. ◇ *Die Nur-Hausfrau ist nicht mehr die Norm.* It's no longer usual for women to be just housewives. **2** (*Industrie- etc.*) standard, standard specification; (*Grenzwert*) limit ◇ *Erfüllen diese Busse die europäischen Normen?* Do these buses conform to European standards? **3** (SPORT) qualifying standard ◇ *die Olympia-Norm erfüllen/verfehlen* meet/not meet the Olympic qualifying standard **4** (*Arbeitspensum*) target

normal normal (*Adv* normally) ◇ *Es ist ganz normal, dass du enttäuscht bist.* It's perfectly normal for you to be disappointed. ◇ *Sie versuchte, sich normal zu verhalten.* She tried to behave normally. ◇ *Wer normal verdient, kann es sich nicht leisten, hier zu wohnen.* You can't afford to live here on an average income. ◇ *Die Operation ist normal verlaufen.* There were no complications during the operation. IDM **Bist du noch normal?** Are you out of your mind?

Normalbürger average person

normalerweise **1** (*gewöhnlich*) usually ◇ *Er hat normalerweise samstags frei.* He usually has Saturdays off. **2** (*unter normalen Umständen*) (*meist nicht übersetzt*) ◇ *Das müsste normalerweise reichen.* That should be enough. ◇ *Jetzt müsste normalerweise ein Licht aufleuchten.* Now a light should come on.

Normalfall **1** norm ◇ *Das ist der Normalfall.* That's the norm. **2 im ~** usually ◇ *Er trainiert im Normalfall sechs Stunden am Tag.* He usually trains six hours a day.

normalisieren **1 sich ~** return to normal ◇ *Die Lage hat sich normalisiert.* The situation has returned to normal. **2** (*Beziehungen etc.*) normalize

Normalisierung **1** return to normal ◇ *die langsame Normalisierung des Lebens nach dem Erdbeben* the slow return to normal life after the earthquake **2** (*Beziehungen*) normalization

Normalität **1** normality, (*AmE auch*) normalcy **2 zur ~ werden** become an everyday thing ◇ *Rassismus darf nicht zur Normalität werden.* We can't allow racism to become an everyday thing.

Normal- **Normalnull** sea level **Normalverbraucher** average consumer ◇ *der japanische Normalverbraucher* the average Japanese consumer

normativ prescriptive

normieren standardize → *Siehe auch* GENORMT

Nostalgie nostalgia

nostalgisch nostalgic (*Adv* nostalgically)

Not **1** (*Armut*) poverty [U] **2** (*Leid*) suffering [U]; (*seelisch*) distress [U]; (*finanziell*) difficulty; (*Sorgen*) problems [Pl] ◇ *die Not der Flüchtlinge* the suffering of the refugees ◇ *Ich kann die Not der Eltern gut verstehen.* I can understand the parents' distress. ◇ *Das Theater steckt in finanziellen Nöten.* The theatre is in financial difficulty. ◇ *die Nöte der Asylsuchenden* the problems of the asylum seekers ◇ *Not leidende Familien* families in need → *Siehe auch* STUNDE IDM **aus der Not eine Tugend machen** make a virtue out of necessity **in Not** in need ◇ *Kinder in Not* children in need **mit knapper Not** by the skin of your teeth **zur Not** if necessary, at a pinch (*umgs*) ◇ *Das kann ich zur Not alleine schaffen.* I can do it on my own if necessary. → *Siehe auch* MÜHE

Notar(in) notary (public)

notariell ◇ *etw notariell beglaubigen lassen* have sth certified by a notary ◇ *eine notariell beglaubigte Kopie* a certified copy

Not- **Notarzt, -ärztin** doctor on call; (*bei Unfällen*) emergency doctor **Notarztwagen** ambulance **Notaufnahme** casualty [U], accident and emergency [U], (*AmE*) emergency room ◇ *Er wurde in die Notaufnahme eingeliefert.* He was taken to casualty. **Notausgang** emergency exit **Notbeleuchtung** emergency lighting **Notbremse** emergency brake (*auch fig*) **Notdienst** **1** emergency service **2** **~ haben** (*Arzt, Tierarzt, Zahnarzt*) be on call; (*Apotheke*) be the duty chemist

notdürftig **1** *Adj* makeshift ◇ *eine notdürftige Unterkunft* a makeshift shelter **2** *Adv* ◇ *etw notdürftig reparieren* patch sth up ◇ *Die Opfer wurden notdürftig in Lagern untergebracht.* The victims were housed in makeshift camps.

Note **1** mark, (*bes AmE*) grade ◇ *eine gute Note in Englisch bekommen* get a good mark in English ◇ *die besten Noten* the highest marks ◇ *Keines der geprüften Modelle erhielt die Note „sehr gut".* None of the models tested received the top mark. **2** (SPORT) mark; (*Punkteanzahl*) score ◇ *die Note 50* a score of 50 ◇ *Er erhielt die Note 236.* He scored 236 points. **3** (MUS) note ◇ *eine hohe Note* a high note **4** **eine ganze ~** a semibreve, (*AmE*) a whole note; **eine halbe ~** a minim, (*AmE*) a half note **5** **Noten** (*Notentext*) music [U] ◇ *Kannst du Noten lesen?* Can you read music? **6** (*Eigenart*) touch

Notebook notebook (computer)

Noten- **Notendurchschnitt** average mark, (*AmE*) grade point average ◇ *einen guten Notendurchschnitt haben* have good marks in all subjects **Notenpapier** manuscript paper **Notenschlüssel** clef **Notenständer** music stand

Notfall emergency ◇ *im Notfall* in an emergency ◇ *für den Notfall* in case of emergency ◇ *Im Notfall können wir den Termin verschieben.* If necessary we can postpone the meeting.

notfalls if necessary, if need be

notgedrungen **1** *Adj* enforced **2** *Adv* (*meist mit einem Verb übersetzt*) ◇ *Wir mussten notgedrungen improvisieren.* We were forced to improvise. ◇ *Die Arbeit blieb notgedrungen liegen.* The work had to be left undone.

notieren **1** **(sich) etw ~** write sth down, make a note of sth ◇ *sich die Telefonnummer notieren* write the phone number down ◇ *etw im Kalender notieren* make a note of sth in your diary **2** **(mit etw) ~** (*Aktien, Währung*) be quoted (at sth) ◇ *Gestern notierten die Aktien mit 10,78 $.* The shares were quoted yesterday at $10.78. **3** (*Rangliste*) rank ◇ *Er ist an Nummer 8 der Weltrangliste notiert.* He is ranked eighth in the world.

Notierung (*Aktien etc.*) (quoted) price; (*Devisen*) rate

nötig **1** necessary ◇ *Das ist nicht nötig.* That's not necessary. ◇ *Er hielt es nicht für nötig, die Polizei zu verständigen.* He didn't think it was necessary to call the police. ◇ *Ich werde das Nötige tun.* I'll do what's necessary. ◇ *Er hat nur das Nötigste getan.* He only did what was absolutely necessary. ◇ *Es ist nicht nötig, dass ihr beide da seid.* There's no need/It's not necessary for you both to be there. ◇ *Ein neuer Kindergarten ist dringend nötig.* A new kindergarten is desperately needed. ◇ *Wir haben das Nötigste mitgenommen.* We took the bare essentials. **2** **etw ~ haben** need sth ◇ *Das hatten wir dringend nötig.* We badly needed that. ◇ *Ich habe seine Hilfe nicht nötig.* I don't need his help. IDM **Das wäre doch nicht nötig gewesen!** You shouldn't have. **es nicht einmal für nötig halten** not bother to do sth ◇ *Er hat es nicht einmal für nötig gehalten anzurufen.* He didn't even bother to phone. **es nötig haben** ◇ *Die hat's nötig!* She's a fine one to talk! ◇ *Er hat's wohl nicht nötig, sich zu entschuldigen.* I suppose he doesn't see any reason why he should apologize.

nötigen **1** **jdn ~, etw zu tun** force sb to do sth; **jdn sexuell ~** indecently assault sb **2** **sich genötigt sehen, etw zu tun** feel compelled to do sth

Nötigung coercion; (*sexuell*) indecent assault

Notiz **1** note ◇ *sich Notizen machen* take notes **2** (*in der Zeitung*) report IDM **keine/kaum Notiz von jdm/etw nehmen** take no notice/hardly any notice of sb/sth **Notizblock** notepad **Notizbuch** notebook **Notizzettel** piece of paper

Not- **Notlage** crisis, difficulties [Pl]; (*Not*) plight ◇ *eine finanzielle Notlage* financial difficulties ◇ *die Notlage der Flüchtlinge* the plight of the refugees **Notlandung** emergency landing, forced landing **Notlösung** temporary solution **Notlüge** white lie

notorisch notorious (*Adv* notoriously)

Not- **Notruf** **1** (*Anruf*) emergency call **2** (*Nummer*) emergency number **Notrufsäule** emergency telephone **Notschlachtung** slaughtering (of a sick or injured animal) [U] **Notsignal** distress signal **Notsituation** → NOTLAGE **Notstand** **1** crisis **2** (POL) state of emergency ◇ *den Notstand ausrufen* declare a state of emergency **Notstromaggregat** (emergency) generator **nottun** be necessary **Notunterkunft** emergency accommodation [U] **Notwehr** self-defence, (*AmE*) self-defense

notwendig **1** necessary ◇ *die notwendigen Maßnahmen* the necessary measures ◇ *nur wenn es unbedingt notwendig ist* only if it is absolutely necessary ◇ *Es ist dringend notwendig, dass …* It is essential that … ◇ *Ich werde alles Notwendige tun.* I'll do what is necessary. ◇ *die dringend notwendige Hilfe* the urgently needed help ◇ *ein notwendiges Übel* a necessary evil **2** (*zwangsläufig*) inevitable ◇ *eine notwendige Konsequenz* an inevitable consequence

notwendigerweise necessarily; (*zwangsläufig*) inevitably ◇ *Das ist nicht notwendigerweise nachteilig.* That is not necessarily a disadvantage. ◇ *Diese Forderungen führen notwendigerweise zum Konflikt.* These demands will lead inevitably to conflict.

Notwendigkeit necessity ◇ *eine taktische Notwendigkeit* a tactical necessity ◇ *Es besteht keine Notwendigkeit, das Gesetz zu ändern.* There is no need to change the law.

Novelle **1** short story **2** (POL) amendment

November November → *Beispiele bei* JANUAR

NS- **NS-Diktatur** Nazi dictatorship **NS-Vergangenheit** Nazi past **NS-Zeit** Nazi period

Nu **im ~** in no time (at all); (*sofort*) immediately ◇ *Das Essen war im Nu fertig.* The food was ready in no time. ◇ *Im Nu war er von Polizisten umringt.* He was immediately surrounded by police.

Nuance (*Feinheit*) nuance; (*Farbe*) shade; (*Kleinigkeit*) touch ◇ *stilistische Nuancen* stylistic nuances ◇ *um eine Nuance schwächer* a touch weaker

nüchtern **1** sober ◇ *vollkommen nüchtern* completely sober ◇ *Als er wieder nüchtern war, …* When he had sobered up, … **2** ◇ *auf nüchternen Magen* on an empty stomach ◇ *nüchtern zur Untersuchung kommen* come to the check-up without having eaten anything beforehand **3** (*sachlich*) unemotional (*Adv* unemotionally) **4** (*schmucklos*) austere (*Adv* austerely); (*Tatsachen*) plain ◇ *ein nüchternes Zimmer* an austere room

nuckeln **(an etw) ~** suck (sth) ◇ *am Daumen nuckeln* suck your thumb

Nudel **1 Nudeln** pasta [U]; (*als Suppeneinlage oder in der chinesischen Küche*) noodles [Pl] ◇ *Nudeln mit Tomatensauce* pasta in a tomato sauce **2** ◇ *Sie ist eine verrückte Nudel.* She's loopy. ◇ *Sie ist eine lustige Nudel.* She's a laugh.

Nugat nougat

nuklear nuclear

Nuklear- **Nukleartest** nuclear test **Nuklearwaffen** nuclear weapons [Pl]

null **1** nought, zero; (*Sport*) nil ◇ *null Komma vier Sekunden* nought point four seconds ◇ *Die Temperaturen sanken unter null.* Temperatures fell below zero. ◇ *Wir haben zwei zu null gewonnen.* We won two nil. ◇ *null Uhr* midnight ◇ *null Fehler* no mistakes **2** (*kein*) no ... at all ◇ *Von so etwas hat er null Ahnung.* He's got no idea at all about such things. → *Siehe auch* BOCK² IDM **gleich null sein** (*auch* **gegen null gehen/tendieren**) be virtually nil; be virtually non-existent ◇ *Seine Chancen auf eine Wiederwahl gehen gegen null.* His chances of being re-elected are virtually non-existent. **in null Komma nichts** in next to no time **null und nichtig** null and void **(wieder) bei null anfangen** start from scratch → *Siehe auch* STUNDE

Null **1** (*Ziffer*) nought, zero **2** (*Versager*) dead loss (*umgs*)

Nullachtfünfzehn- **1** *Adj* nondescript, run-of-the-mill ◇ *ein Nullachtfünfzehn-Typ* a nondescript man ◇ *ein Nullachtfünfzehn-Job* a run-of-the-mill job ◇ *Sie hat eine Nullachtfünfzehn-Frisur.* Her hairstyle's nothing special. **2** *Adv* in a nondescript way, in a run-of-the-mill way **Nulllösung** zero option **Nullpunkt** **1** (*Wert*) zero ◇ *Die Temperatur nähert sich dem Nullpunkt.* Temperatures are approaching zero. **2** (*Tiefpunkt*) rock-bottom ◇ *Das Ansehen des Politikers ist auf den Nullpunkt gesunken.* The politician's reputation has sunk to rock-bottom. ◇ *Die Stimmung war auf dem Nullpunkt.* People's spirits were at their lowest ebb. **Nullrunde** ◇ *eine Nullrunde bei den Gehältern* a pay round in which there was no pay increase ◇ *eine Nullrunde für die Rentner* no increases in pensions **Nulltarif** **zum ~** free of charge, for free

numerisch numerical (*Adv* numerically)

Numerus clausus = limit on the number of students admitted to study a particular subject at a university

Nummer **1** number ◇ *Kein Anschluss unter dieser Nummer.* This number is unobtainable. ◇ *die Läuferin mit der Nummer eins* runner number one ◇ *Der Wagen mit der Nummer ...* The car with the registration number ... **2** (*Ausgabe*) issue **3** (*Größe*) size ◇ *Er braucht die Schuhe eine Nummer kleiner.* He needs a size smaller in these shoes. ◇ *Gibt es dieses Kleid auch eine Nummer größer?* Do you have this dress in the next size up? **4** (*Darbietung*) number, act ◇ *Der Clown übt eine neue Nummer ein.* The clown is rehearsing his new act. IDM **auf Nummer Sicher gehen** play it safe **eine Nummer/ein paar Nummern zu groß** (*Sache, Auftrag etc.*) beyond sb's capabilities; (*Gegner*) out of sb's league **Nummer eins** number one ◇ *die Nummer eins in der Weltrangliste* number one in the world rankings ◇ *Alkohol war lange die Droge Nummer eins.* Alcohol was for a long time the number one drug. ◇ *Unfallursache Nummer eins* the main cause of accidents

nummerieren number

Nummerierung numbering [U]

Nummernschild number plate, (*AmE*) license plate

nun **1** now ◇ *Was (machen wir) nun?* What (are we going to do) now? ◇ *Er telefoniert nun schon seit zwei Stunden.* He's been on the phone for two hours now. ◇ *Was ist nun schon wieder?* What's up now? ◇ *Kommen wir nun zum nächsten Thema.* Let's move on to the next item. ◇ *Da sind wir nun.* So here we are then. ◇ *Das kann ich nun einmal nicht ändern.* There's nothing I can do about it. **2 von ~ an** from now on; (*in der Vergangenheit*) from then on ◇ *Von nun an findet der Kurs immer mittwochs statt.* From now on, the course will be held on Wednesdays. ◇ *Von nun an ging sie nachts nicht mehr alleine nach Hause.* From then on, she never went home alone at night. **3 ~ doch** after all ◇ *Das Konzert findet nun doch statt.* The concert is going ahead after all. ◇ *Das geht nun doch zu weit!* That really is going too far! **4 ~ gut** all right ◇ *Nun gut, reden wir von etwas anderem.* All right, let's talk about something else. **5 ~ ja** well ◇ *Nun ja, ich weiß auch nicht, was ich dazu sagen soll.* Well, I don't really know what to say to that.

nur **1** only, just ◇ *Ich habe nur zwei Stunden Zeit.* I've only got two hours. ◇ *Es kann ja nur besser werden.* Things can only get better. ◇ *Wir haben sie nur knapp verpasst.* We just missed her. ◇ *Es ist nichts los. Ich bin nur müde.* Nothing's wrong. I'm just tired. ◇ *Der Urlaub war schön, nur lag kein Schnee.* The holiday was lovely, except there was no snow. ◇ *Da kann ich nur lachen!* That's a laugh! **2 nicht ~ ..., (sondern) auch ...** not only ..., but also ... ◇ *Er ist nicht nur geizig, sondern auch unfreundlich.* He's not only mean, but also unfriendly. IDM **nur so** no reason ◇ *„Warum hast du das gesagt?" „Nur so."* 'Why did you say that?' 'No reason.' **Nur zu!** Go ahead!

nuscheln mumble ◇ *Wenn du so nuschelst, verstehe ich kein Wort.* I can't understand a word you say if you mumble.

Nuss nut IDM **eine harte Nuss** a tough nut **Nussknacker** nutcrackers [Pl] **Nussschale** nutshell

Nüster nostril

Nutte tart (*Slang*)

nutzbar usable ◇ *nutzbare Energie* usable energy ◇ *Dieses Gerät ist vielseitig nutzbar.* This device has many different uses. ◇ *Diese Räume sind auch als Büro nutzbar.* These rooms can also be used as an office. ◇ *Das Gebäude wurde wieder nutzbar gemacht.* The building was made fit for use again. ◇ *landwirtschaftlich nutzbare Flächen* areas used for agricultural purposes

nütze **zu etw/nichts ~ sein** be good for sth/nothing

nutzen, nützen **1** (*von Vorteil sein*) be of use ◇ *Das nutzt mir doch nichts!* That's of no use to me. ◇ *Was/Wem nutzt das schon?* What use is that? ◇ *Da nützt alles nichts.* There's nothing to be done. ◇ *Jammern nützt nichts!* Moaning isn't going to get you anywhere! **2** (*Gebrauch machen*) use ◇ *Das Gebäude wird gewerblich genutzt.* The building is used for commercial purposes. **3** (*ausnutzen*) make the most of sth ◇ *Du solltest diese Chance wirklich nutzen.* You should make the most of this opportunity.

Nutzen **1** use [U/Sing]; (*Vorteil*) benefits [Pl] ◇ *Welchen Nutzen bringt das Internet?* What is the use of the Internet? ◇ *der Nutzen dieser Behandlung* the benefits of this treatment ◇ *mehr Schaden als Nutzen* more harm than good **2 von ~ sein** be useful ◇ *Ich habe viel gelernt, was mir von Nutzen sein wird.* I've learnt a lot of things that will be very useful to me. **3 ~ aus etw ziehen** benefit from sth, gain from sth ◇ *Sie werden keinen wirtschaftlichen Nutzen daraus ziehen.* They will not benefit financially from it.

Nutzer(in) user

nutzerfreundlich user-friendly

Nutz- **Nutzfahrzeug** commercial vehicle **Nutzfläche** (*in einem Gebäude*) usable floor space; (*in der Landwirtschaft*) agricultural land

nützlich useful; (*hilfreich*) helpful ◇ *Ein Regenschirm wäre bei dem Wetter sehr nützlich.* An umbrella would be useful in this weather. ◇ *Er hat sich in der Küche nützlich gemacht.* He made himself useful in the kitchen.

nutzlos useless (*Adv* uselessly); (*sinnlos*) pointless (*Adv* pointlessly); (*unbenutzt*) unused ◇ *nutzlose Ratschläge* useless advice ◇ *Die Computer stehen nutzlos herum.* The computers are standing around unused.

Nutzung use [U] ◇ *die Nutzung der Biotechnologie* the use of biotechnology ◇ *Eine gewerbliche Nutzung des Gebäudes ist nicht gestattet.* The building may not be used for commercial purposes.

Nylon® nylon

Nymphe nymph

O o

O, o 1 (*Buchstabe*) O, o → *Beispiele bei* A **2** (*Ausruf*) → OH
IDM → A

Oase oasis (*auch fig*)

ob 1 if, whether ◇ *Sie fragten, ob wir auch hingehen wollten.* They asked if we would like to go, too. ◇ *Er fragte mich, ob wir zu der Party kommen wollten.* He asked me whether we wanted to come to the party. **2** (*zweifelnd*) I wonder ◇ *Ob der Zug wohl pünktlich ist?* I wonder if the train will be on time. ◇ *Ob ich doch lieber mitkomme?* I wonder if I should come with you? → *Siehe auch* ALS **3** **(egal) ~ ... oder nicht** (regardless of) whether ... or not ◇ *Ob es dir nun passt oder nicht: Du räumst jetzt dein Zimmer auf!* Whether you like it or not, you are going to tidy up your room right now!
IDM **ob ... ob/oder ...** whether ... or ...; both ... and ... ◇ *Ob im Büro oder zu Hause: Obst ist eine gesunde Zwischenmahlzeit.* Whether at the office or at home, fruit is a healthy snack. ◇ *Ob klein, ob groß, alle hatten ihre Freude an der Vorstellung.* Everyone, both young and old, enjoyed the performance. **Und ob!** Definitely!; You bet! (*umgs*), (*BrE auch*) Not half! (*umgs*) ◇ *„Hast du Hunger?" „Und ob!"* 'Are you hungry?' 'You bet!'

obdachlos homeless ◇ *Über tausend Menschen wurden obdachlos.* Over a thousand people were made homeless. ◇ *Das Erdbeben machte viele Menschen obdachlos.* The earthquake left many people homeless.

Obdachlose(r) homeless person ◇ *Die Kirche teilt warme Mahlzeiten an Obdachlose aus.* The church provides warm meals for homeless people. ◇ *die Obdachlosen* the homeless
Obdachlosenheim hostel for the homeless **Obdachlosenzeitung** street paper

Obdachlosigkeit homelessness ◇ *Die Obdachlosigkeit nimmt zu.* Homelessness is on the increase.

Obduktion post-mortem (examination)

O-Beine bow legs [Pl]

oben
• **Position 1** (*hoch*) up ◇ *Das Glas ist da oben.* The glass is up there. ◇ *Weiter oben gibt es noch Schnee.* Further up there is still snow. ◇ *Hier oben wächst nichts mehr.* Nothing grows any more up here. ◇ *oben in der Luft* up in the air **2** (*am höchsten Punkt*) at the top ◇ *Gleich sind wir oben.* We're nearly at the top. ◇ *Sie band den Müllsack oben zu.* She tied up the bin bag at the top. ◇ *oben in der Tabelle* at the top of the table ◇ *Wo ist oben?* Which is the right way up? ◇ *Bei dem Bild haben sie oben und unten verwechselt.* They've got that painting upside down. ◇ *Die Kanne war bis oben voll.* The jug was full to the brim. **3 ~ auf etw** (*auf einer Oberfläche*) on (top of) sth ◇ *oben auf dem Schrank* on top of the cupboard **4** **(ganz) ~ auf etw** (right) at the top of sth ◇ *Dieses Thema steht auf der Tagesordnung ganz oben.* This subject is right at the top of the agenda. ◇ *Schreiben Sie Ihren Namen oben auf das Formular.* Write your name at the top of the form. **5 von ~** from above ◇ *Die Diebe drangen von oben ein.* The thieves got in from above. ◇ *Befehl von oben!* Orders from above! **6 von ~ bis unten** from top to bottom ◇ *Sie durchsuchten das Gebäude von oben bis unten.* They searched the building from top to bottom. ◇ *Er musterte sie von oben bis unten.* He looked her up and down. **7** (*ins obere/im oberen Stockwerk*) upstairs ◇ *Oben ist das Schlafzimmer.* The bedroom is upstairs. ◇ *Er geht nach oben.* He is going upstairs. ◇ *oben in dem Gebäude* on the top floor of the building
• **Richtung 8 nach ~** up; (*die Bewegung betonend*) upwards ◇ *Er blickte nach oben.* He looked up. ◇ *Der Fahrstuhl fährt nach oben.* The lift is going up. ◇ *Sie hat sich nach oben gearbeitet.* She has worked her way up. ◇ *Seine Karriere geht steil nach oben.* His career is on the up and up. ◇ *Sie zeigte nach oben.* She pointed upwards. ◇ *Der Trend zeigte nach oben.* There was an upward trend. ◇ *Nach oben verjüngt sich die Vase.* The vase tapers towards the top. ◇ *eine nach oben offene Skala* an open-ended scale ◇ *Sie schaffte den Sprung nach oben.* She made it to the top.
• **im Text 9** above ◇ *Siehe oben.* See above. ◇ *die oben erwähnte Problematik* the above-mentioned problems ◇ *Weiter oben im Text wurde dieser Begriff erklärt.* This term was explained earlier in the text.
IDM **nicht mehr wissen, wo oben und unten ist** not know whether you are coming or going **oben ohne** topless **von oben herab** condescendingly ◇ *Er behandelte sie sehr von oben herab.* He treated her very condescendingly. ◇ *jdn von oben herab ansehen* look down on sb

obenauf 1 on top ◇ *Das Formular lag obenauf.* The form was on top. **2** (*in Form*) on form ◇ *Die Mannschaft ist wieder obenauf.* The team is back on form.

obendrein on top of that, besides ◇ *Es war kalt, und obendrein regnete es auch noch.* It was cold and, besides, it was raining.

Ober waiter ◇ *Herr Ober!* Waiter!

Ober- **Oberarm** upper arm **Oberarzt, -ärztin** (*Vertreter des Chefarztes*) ≈ senior registrar, (*AmE*) ≈ senior physician; (*in der Chirurgie*) senior surgeon **Oberbefehlshaber(in)** commander-in-chief **Oberbegriff 1** (*allgemeine Bezeichnung*) general term, generic term ◇ *Er kann sich unter dem Oberbegriff „Informationsmanagement" nichts vorstellen.* The general term 'information management' doesn't mean anything to him. ◇ *„Hepatitis" ist der Oberbegriff für alle Leberentzündungen.* 'Hepatitis' is a generic term for an inflammation of the liver. **2** (*Überschrift*) heading **Oberbürgermeister(in)** mayor

obere(r,s) upper; (*Preis-, Einkommensklasse*) higher; (*ganz oben*) top ◇ *der Obere Rhein* the upper Rhine ◇ *Sie unterrichtet nur obere Klassen.* She only teaches in the upper school. ◇ *Er schoss den Ball in die linke obere Ecke des Tors.* He kicked the ball into the top left-hand corner of the goal. ◇ *die obere Tabellenhälfte* the top half of the league table ◇ *die oberen*

Einkommensklassen the higher income groups IDM → ZEHNTAUSEND

Oberfläche **1** surface (*auch fig*) ◇ *Auf der Oberfläche schwimmen kleine Insekten.* Little insects are floating on the surface. ◇ *Der Taucher kam wieder an die Oberfläche.* The diver came up to the surface again. ◇ *Die Reformen berühren nur die Oberfläche.* The reforms only scratch the surface. ◇ *Die Diskussionen blieben an der Oberfläche.* The discussions remained very superficial. **2** (*Geometrie*) surface area ◇ *Berechne die Oberfläche des Zylinders.* Calculate the surface area of the cylinder. **3** (COMP) interface

oberflächlich **1** superficial (*Adv* superficially); (*Blick*) cursory (*Adv* cursorily) ◇ *oberflächliche Argumente* superficial arguments ◇ *Das Problem wurde nur sehr oberflächlich behandelt.* The problem was dealt with very superficially. ◇ *Sie warf einen oberflächlichen Blick auf die Zeitung.* She had a cursory look at the paper. ◇ *oberflächlich betrachtet* at a cursory glance **2** (*Mensch*) shallow

Oberflächlichkeit superficiality

Ober- **Obergeschoss** upper floor; (*oberstes Geschoss*) top floor **oberhalb** above ◇ *Das Schloss liegt oberhalb von der Stadt.* The castle is situated above the town. ◇ *oberhalb der festgelegten Grenze* above the fixed limit **Oberhand** upper hand ◇ *die Oberhand gewinnen/haben* gain/have the upper hand **Oberhaupt** head ◇ *das Oberhaupt der Familie/katholischen Kirche* the head of the family/Catholic Church ◇ *das geistliche Oberhaupt Tibets* Tibet's spiritual leader **Oberhaus** Upper House; (*in Großbritannien*) House of Lords **Oberhemd** shirt

Oberin **1** (REL) Mother Superior **2** → OBERSCHWESTER

ober- **oberirdisch** above ground ◇ *Das Krankenhaus hat sechs oberirdische Stockwerke.* The hospital has six floors above ground. ◇ *der oberirdische Abschnitt der U-Bahn* the overground section of the tube system **Oberkellner** head waiter **Oberkellnerin** head waitress **Oberkiefer** upper jaw **Oberkommandierende(r)** commander-in-chief, supreme commander **Oberkommando** supreme command **Oberkörper** upper part of the body ◇ *Es bedeckt den Oberkörper.* It covers the upper part of the body. ◇ *mit nacktem Oberkörper* stripped to the waist **Oberleutnant** lieutenant, (*AmE*) first lieutenant; (*in der britischen Luftwaffe*) flying officer; (*in der US-Luftwaffe*) first lieutenant **Oberliga** ≈local league **Oberlippe** upper lip

Obers cream

Ober- **Oberschenkel** thigh [mit Verb im Sing/Pl] **Oberschicht** upper class **Oberschwester** (*einer Station*) ward manager, (*AmE*) head nurse; (*eines Krankenhauses*) director of nursing, (*AmE*) senior nurse manager **Oberseite** top

Oberst colonel; (*in der britischen Luftwaffe*) group captain

Oberstaatsanwalt chief public prosecutor

oberste(r,s) **1** top ◇ *die oberste Erdschicht* the top layer of earth ◇ *im obersten Stockwerk* on the top floor ◇ *Soforthilfe für die Überlebenden ist das oberste Gebot.* The top priority is immediate help for the survivors. ◇ *Die Sicherheit steht an oberster Stelle.* Safety is the most important thing. **2** (*Gericht*) supreme; (*Gremium, Behörde, Ebene*) highest; (*Beamte, Richter etc.*) most senior ◇ *Die Entscheidung wird auf oberster Ebene getroffen.* The decision will be taken at the highest level.

Ober- **Oberstudienrat, -rätin** ≈senior teacher **Oberstufe** (*in GB*) ≈sixth form; (*in den USA*) ≈senior high school **Oberteil** upper part; (*von Kleidung*) top **Oberweite** bust measurement

obgleich although

Obhut care [U] ◇ *Sie gaben die Kinder in die Obhut der Großmutter.* They put the children into their grandmother's care.

obige(r,s) above ◇ *Wir sind unter obiger Nummer erreichbar.* We can be reached at the above number. ◇ *Obige Statistik zeigt, dass …* The above statistics show that …

Objekt **1** (*Gegenstand, Grammatik*) object **2** (*einer Studie, eines Versuchs*) subject **3** (*Ziel*) target ◇ *Tankstellen sind ein beliebtes Objekt für Kriminelle.* Petrol stations are a favourite target for criminals. **4** (*Immobilie*) property

objektiv **1** (*sachlich*) objective (*Adv* objectively) ◇ *objektiv betrachtet* looking at it objectively ◇ *Der Schiedsrichter beurteilt die Situation objektiv.* The referee makes an objective judgement about the situation. **2** (*tatsächlich*) actual, real ◇ *die objektiven Schwierigkeiten* the real difficulties ◇ *Die Zahl der Überfälle wächst objektiv.* The number of robberies is in fact growing.

Objektiv lens

Objektivität objectivity

Objektsatz object clause

Oblate **1** (*Back-*) = rice paper base for biscuits/cookies **2** (REL) Communion wafer

obliegen **etw obliegt jdm** sth is sb's responsibility ◇ *Ihm oblag die Aufgabe, straffällige Jugendliche zu beraten.* It was his responsibility to counsel young offenders.

obligatorisch **1** (*üblich*) obligatory ◇ *die obligatorische Frage nach seinen Zukunftsplänen* the obligatory question about his plans for the future **2** (*vorgeschrieben*) compulsory ◇ *die obligatorische dreijährige Wehrpflicht* the three years' compulsory military service ◇ *Schlafwagenreservierungen sind obligatorisch.* Sleepers must be booked in advance.

Obmann, Obmännin **1** (*Vorsitzende(r) eines Vereins*) chairperson **2** (*Vertreter(in)*) spokesperson

Oboe oboe ◇ *Ich spiele Oboe.* I play the oboe.

Obrigkeit (*Institution*) authorities [Pl] **Obrigkeitsstaat** authoritarian state

obschon although

Observatorium observatory

observieren have *sb* under surveillance

Obsession obsession

obskur dubious, shady; (*verdächtig*) suspicious ◇ *obskure Vereine* dubious organizations ◇ *obskure Geschäfte* shady business ◇ *obskure Gestalten* suspicious figures

Obst fruit ◇ *Obst ernten* pick fruit **Obstbaum** fruit tree **Obstgarten** orchard **Obstkuchen** fruit flan → *Siehe auch* PIE **Obstsalat** fruit salad

obszön obscene

Obus trolleybus, (*AmE*) trackless trolley

obwohl although, though; (*zur Betonung*) even though ◇ *Obwohl die Preise gestiegen sind …* Although prices have risen …

Occasion → OKKASION

Ochse ox **Ochsenschwanzsuppe** oxtail soup

ocker ochre, (*AmE auch*) ocher

öde **1** desolate; (*menschenleer*) deserted ◇ *eine öde Gegend* a desolate area **2** (*kahl*) barren ◇ *eine öde Landschaft* a barren landscape **3** (*langweilig*) dull, dreary ◇ *eine öde Party* a dull party

oder **1** or ◇ *Er ist fünf oder sechs.* He's five or six. **2** (*sonst*) or (else) ◇ *Hau ab, oder ich mache dir Beine!* Clear off, or else I'll be after you! **3 ~ so (ähnlich/was)** or something like that ◇ *Sie heißt Robotta oder so ähnlich.* She's called Robotta or something like that. **4 oder?** = mit einem Fragenhängsel übersetzt ◇ *Du kommst doch auch mit, oder?* You're coming too, aren't you?

Ödipuskomplex Oedipus complex

Ofen **1** (*Herd, Holz-, Kohle-*) stove; (*Heizgerät*) heater **2** (*Back-*) oven ◇ *Den Kuchen in den Ofen schieben.* Put the cake in the oven. **3** (*Brenn-*) kiln **4** (*Hoch-*) furnace IDM → SCHUSS

offen **1** open ◇ *Die Tür ist offen.* The door is open. ◇ *Die Geschäfte haben heute nicht offen.* The shops aren't open today. ◇ *auf offener See* on the open sea ◇ *aufs offene Meer hinausfahren* sail out into the open sea ◇ *eine offene Wunde* an open wound ◇ *Die Veranstaltungen sind für alle offen.* The events are open to everybody. ◇ *Sie stimmten offen darüber ab.* They had an open ballot on it. ◇ *Er starrte sie mit offenem Mund an.* He stared at her, open-mouthed. **2** (*nicht entschieden*) ◇ *Es ist noch offen, wie es weitergeht.* What happens next still hasn't been decided. ◇ *Die Entscheidung ist noch offen.* The decision hasn't been made yet. ◇ *ein offener Konflikt* an unresolved conflict ◇ *Die Frage ist noch offen.* The question has not yet been answered. **3** (*nicht beglichen*) outstanding ◇ *eine offene Rechnung* an outstanding bill **4** (*unbesetzt*) vacant ◇ *Die Stelle ist noch offen.* The post is still vacant. ◇ *offene Stellen* vacancies **5 ~ für jdn/etw** open to sb/sth ◇ *Wir sind offen für alle Vorschläge.* We're always open to suggestions. ◇ *Er ist stets offen für die Probleme anderer.* He always shows an interest in other people's problems. **6** (*ehrlich*) honest (*Adv* honestly), frank (*Adv* frankly) ◇ *Kann ich dir ganz offen meine Meinung sagen?* Can I tell you my honest opinion? ◇ *Offen gesagt würde ich lieber nach Hause gehen.* To be honest, I'd rather go home. ◇ *Das gebe ich offen zu.* I freely admit that. **7** (*Haare*) loose ◇ *Sie trägt ihre Haare meist offen.* She usually wears her hair loose. **8** ◇ *offener Wein* wine by the glass **9 ~ bleiben** (*Geschäft etc.*) stay open **10 etw ~ halten** (*Tür etc.*) hold sth open; (*Möglichkeiten etc.*) keep sth open **11 etw ~ lassen** leave sth open ◇ *Lass das Fenster offen.* Leave the window open. **12 ~ stehen** be open ◇ *Das Tor stand offen.* The gate was open. IDM → BRIEF, GEHEIMNIS, HINTERTÜR, KARTE, MESSER, OHR, STRASSE, TAG, TÜR *und* WORT

offenbar obvious (*Adv* obviously) ◇ *Sie hat es offenbar vergessen.* She's obviously forgotten.

offenbaren **1 (jdm) etw ~** reveal sth (to sb) **2 sich ~** become clear ◇ *In den letzten Tagen offenbarte sich das Ausmaß der Katastrophe.* In recent days the scale of the disaster has become clear.

Offenbarung revelation ◇ *die Offenbarung des Johannes* the Book of Revelation

offen- **offenbleiben** (*Frage etc.*) remain unanswered **offenhalten** keep *sth* open

Offenheit **1** (*Ehrlichkeit*) frankness, honesty ◇ *Man hat ihm seine Offenheit nicht übel genommen.* They didn't take offence at his frankness. ◇ *Sie sagte das in aller Offenheit.* She said that quite openly. **2** (*Aufgeschlossenheit*) open-mindedness

offenherzig open (*Adv* openly), candid (*Adv* candidly) ◇ *Sie ist ein sehr offenherziger Mensch.* She's a very open person. ◇ *offenherzige Selbstkritik* candid self-criticism

offenkundig obvious (*Adv* obviously)

offenlassen **etw ~** leave sth open ◇ *Können wir das noch offenlassen? Ich sage dir nächste Woche Bescheid.* Can we leave it open for now? I'll let you know next week.

offenlegen **etw ~** disclose sth ◇ *Die Gesellschaft soll offenlegen, was mit den Geldern passiert ist.* The company should disclose what happened to the money.

offensichtlich obvious (*Adv* obviously) ◇ *Sie hat unsere Verabredung offensichtlich vergessen.* She's obviously forgotten about our meeting.

offensiv **1** offensive (*Adv* offensively) ◇ *eine offensive Strategie* an offensive strategy **2** (*angriffslustig*) attacking ◇ *seine offensive Spielweise* his attacking play

Offensive offensive, attack ◇ *in die Offensive gehen* go on the offensive ◇ *von der Defensive zur Offensive übergehen* switch from defence to attack

offenstehen be open ◇ *Dir stehen doch alle Möglichkeiten offen.* There are all sorts of possibilities open to you. ◇ *Es steht dir offen, wann du fährst.* It's up to you when you go. ◇ *Die Teilnahme steht jedem offen.* Anyone can take part.

öffentlich **1** public (*Adv* publicly) ◇ *eine öffentliche Diskussion* public discussion ◇ *eine öffentliche Bibliothek* a public library ◇ *die öffentliche Meinung* public opinion **2** (*staatlich*) state-owned ◇ *öffentliche Unternehmen* state-owned companies **3 der öffentliche Dienst** the public sector; (*Beamte*) ≈the civil service [Sing]

Öffentlichkeit **1** public ◇ *Er wandte sich mit einem Hilferuf an die Öffentlichkeit.* He appealed to the public for help. ◇ *Die Ärztin brachte den Fall an die Öffentlichkeit.* The doctor brought the case to public attention. ◇ *unter Ausschluss der Öffentlichkeit* behind closed doors ◇ *Eine breite Öffentlichkeit akzeptiert die Gebühren.* Most people accept the charges. **2 in aller ~** publicly IDM → WÄSCHE
Öffentlichkeitsarbeit public relations [U], PR [U]

öffentlich-rechtlich (*Medien*) state-owned, (*AmE*) public

offiziell official (*Adv* officially); (*förmlich auch*) formal (*Adv* formally) ◇ *ein offizieller Besuch* an official visit ◇ *Dies wurde heute von offizieller Seite mitgeteilt.* This was officially announced today. ◇ *nach offiziellen Angaben* according to official reports ◇ *Offiziell habe ich nichts damit zu tun.* Officially, I have nothing to do with it. ◇ *Er ist offiziell zurückgetreten.* He has formally announced his resignation.

Offizier officer ◇ *ein hoher Offizier* a high-ranking officer

offline off-line

öffnen **1** open ◇ *Kannst du das mit deinem Taschenmesser öffnen?* Can you open this with your penknife? ◇ *Die Post öffnet um 8.* The post office opens at 8. ◇ *Ich klingelte, aber niemand öffnete.* I rang the bell, but nobody opened the door. **2 sich ~** open ◇ *Der Fallschirm öffnete sich nicht.* The parachute didn't open. ◇ *Die Tür lässt sich nicht öffnen.* The door won't open. **3 sich einer Sache ~** open up to sth ◇ *China öffnete sich dem Westen.* China opened up to the West. **4 sich jdm ~** (*sich anvertrauen*) confide in sb IDM → AUGE

Öffner opener

Öffnung opening; (*eines Gebietes*) opening up ◇ *eine schmale Öffnung in der Mauer* a narrow opening in the wall ◇ *die Öffnung der Grenzen* the opening of the borders ◇ *die Öffnung Osteuropas* the opening up of Eastern Europe
Öffnungszeiten opening hours [Pl]

oft often, frequently ◇ *Ich denke noch oft an sie.* I often think about her. ◇ *Wie oft spielst du?* How often do you play? ◇ *Ich sehe sie jetzt öfter als früher.* I see her more often now than I used to. ◇ *Die Busse fahren sehr oft.* The buses run very frequently. ◇ *Wie* *oft muss ich dir das noch sagen?* How many times do I have to tell you?

öfter **1** → OFT **2** (*auch* **des Öfteren**, **oftmals**) often, frequently ◇ *Kommt das öfter vor?* Does that often happen? ◇ *Das habe ich schon öfter bemerkt.* I've noticed that a few times. ◇ *Mach öfter mal eine Pause.* Have a break from time to time. ◇ *Damit haben wir des Öfteren Probleme.* We quite often have problems with that.

oh oh ◇ *Oh, wie schrecklich!* Oh, how terrible!

ohne **1** without ◇ *Dann gehen wir eben ohne ihn.* We'll just have to go without him. ◇ *Ich bin ohne Auto da.* I'm here without my car. **2 ~ zu ...** ◇ *ohne zu fragen* without asking **3 ~ dass ...** ◇ *Ohne dass wir es merkten, kam sie ins Zimmer.* She came into the room without us noticing. **4** (*abzüglich*) not including, excluding ◇ *Ohne ihn sind wir zehn.* There are ten of us not including him. ◇ *die Kosten ohne Mehrwertsteuer* the cost excluding VAT IDM **nicht (so) ohne sein** **1** (*positiv*) be quite something ◇ *Seine Freundin ist gar nicht ohne.* His girlfriend is quite something. ◇ *Dieser Cocktail ist nicht ohne!* This cocktail has quite a kick! **2** (*schwierig*) be quite difficult ◇ *Die Mathearbeit war nicht ohne.* That maths test was quite difficult. ◇ *Der neue Chef ist nicht ohne.* You have to watch out for the new boss. ◇ *Der Job ist nicht ohne.* The job is quite demanding. **nicht so ohne Weiteres** not just like that ◇ *Das würde sie mir nicht so ohne Weiteres erzählen.* She wouldn't tell me just like that. **Ohne mich!** Count me out! ◇ *Ihr wollt jetzt noch ins Kino? Ohne mich!* You're going to the cinema now? Count me out! **ohne Weiteres** **1** (*ohne zu zögern*) straight away; without hesitation ◇ *Sie haben uns das Geld ohne Weiteres bewilligt.* They gave us the money straight away. **2** (*ohne Probleme*) easily ◇ *Das lässt sich ohne Weiteres ändern.* That can easily be changed.

ohnegleichen unparalleled (*gehoben*), tremendous ◇ *ein Wachstum ohnegleichen* unparalleled growth ◇ *ein Skandal ohnegleichen* a tremendous scandal ◇ *eine Geschmacklosigkeit ohnegleichen* the height of bad taste

ohnehin anyway ◇ *Wir haben ohnehin keine Chance.* We haven't got a chance anyway. ◇ *Er wollte seine ohnehin knappe Freizeit nicht mit Hausarbeit verbringen.* He didn't want to spend what little free time he had on housework. ◇ *die ohnehin um ihr Image kämpfende Firma* the company, which is already fighting to defend its image

Ohnmacht **1** faint [Sing] ◇ *Sie erwachte aus ihrer Ohnmacht.* She came round from her faint. ◇ *eine tiefe Ohnmacht* a dead faint ◇ *Er war einer Ohnmacht nahe.* He was close to fainting. **2 in ~ fallen** faint, pass out ◇ *Ich bin fast in Ohnmacht gefallen.* I nearly fainted. **3** (*Machtlosigkeit*) powerlessness

ohnmächtig **1** ◇ *das ohnmächtige Kind* the child who had fainted **2 ~ werden, zusammenbrechen etc.** faint, pass out ◇ *Ich wurde fast ohnmächtig.* I nearly fainted. ◇ *Sie traten ihn, bis er ohnmächtig wurde.* They kicked him until he passed out. ◇ *Sie sackte ohnmächtig zu Boden.* She collapsed unconscious. **3** (*machtlos*) powerless

Ohr **1** ear ◇ *Er hat abstehende Ohren.* His ears stick out. ◇ *Der Hund spitzte die Ohren.* The dog pricked up its ears. ◇ *Sie hielt sich die Ohren zu.* She covered her ears. ◇ *jdm etw ins Ohr flüstern* whisper sth in sb's ear ◇ *Sie ist auf dem rechten Ohr taub.* She's deaf in her right ear. ◇ *Er hat ein musikalisches Ohr.* He has a good ear for music. **2 Ohren** (*Gehör*) hearing [U] ◇ *Hunde haben gute Ohren.* Dogs have good hearing. IDM **auf diesem Ohr taub sein** be deaf to that sort of thing **auf taube Ohren stoßen** fall on deaf ears ◇ *Er stieß mit seiner Bitte um Beförderung auf taube Ohren.* His request for promotion fell on deaf ears. **(bei jdm) auf offene Ohren stoßen** (*auch* **(bei jdm) ein offenes Ohr finden**) meet with a positive response (from sb) ◇ *Sie stieß mit ihrer Idee bei der Stadt auf offene Ohren.* Her idea met with a positive response from the town council. **bis über beide Ohren verliebt sein** be head over heels in love **ein offenes Ohr für jdn/etw haben** be ready to listen to sb/sth **Halt die Ohren steif!** Keep your chin up! (*umgs*) **nur mit halbem Ohr hinhören** only half listen ◇ *Ich habe nur mit halbem Ohr hingehört.* I was only half listening. **sich aufs Ohr legen** have a nap (*umgs*) **jdn übers Ohr hauen** con sb (*umgs*) **viel um die Ohren haben** have a lot on your plate (*umgs*) → *Siehe auch* FELL, FLOH, GANZ, NACHT, SPITZEN, TRAUEN *und* WORT

Ohrenarzt, -ärztin ear specialist **ohrenbetäubend** deafening **Ohrenkneifer**, **Ohrenkriecher** → OHRWURM (2) **Ohrensausen** ringing in the ears **Ohrenschmalz** earwax **Ohrenschmaus** a delight to hear **Ohrenschmerzen** earache [U] ◇ *Er hatte starke Ohrenschmerzen.* He had bad earache. **Ohrenschützer** earmuffs [Pl] **Ohrenstöpsel** earplug

Ohr- **Ohrfeige** clip round the ear, slap in the face (*auch fig*) ◇ *eine schallende Ohrfeige* a sharp clip round the ear ◇ *Das Urteil ist eine Ohrfeige für alle Behinderten.* The decision is a slap in the face for all disabled people. **Ohrhörer** earphones [Pl] **Ohrklipp** clip-on earring **Ohrläppchen** ear lobe **Ohrring** earring **Ohrstecker** stud (earring) **Ohrwurm** **1** hit ◇ *Ohrwürmer aus den fünfziger Jahren* hits from the fifties ◇ *ein Schlager, der zum Ohrwurm wurde* a pop song that everyone's been singing **2** (*Insekt*) earwig

oje oh dear

okay OK (*umgs*), all right (*umgs*) ◇ *Er ist wieder okay.* He's OK again. ◇ *Okay, jetzt geht's los!* Okay, we're off now! ◇ *Es ist völlig okay, wenn du später kommst.* It's quite all right if you come later.

Okay go-ahead ◇ *Sie haben ihr Okay zu dem Verkauf gegeben.* They have given the go-ahead for the sale.

Okkasion bargain

okkult occult [nur vor Nomen]

Öko (*Mensch*) eco-freak

Öko- eco- ◇ *Sie halten sich eine Ziege als Öko-Rasenmäher.* They keep a goat as an eco-lawnmower. **Ökobauer, -bäuerin** organic farmer **Ökobilanz** ecological life-cycle assessment

Ökologe, Ökologin ecologist

Ökologie ecology

ökologisch **1** ecological (*Adv* ecologically), environmental (*Adv* environmentally) ◇ *das ökologische Gleichgewicht* the ecological balance ◇ *eine ökologisch sinnvolle Lösung* an ecologically sound solution ◇ *eine ökologische Steuerreform* a tax reform based on ecological principles ◇ *Das ist ökologisch umstritten.* That's controversial from an ecological point of view. ◇ *ökologische Schäden/Folgen* environmental damage/consequences ◇ *ökologisch verträgliche Produkte* environmentally friendly products ◇ *der ökologische Umbau der Schule* renovation of the school along environmentally friendly lines ◇ *ein Gebäude ökologisch sanieren* renovate a building to meet high environmental standards ◇ *der ökologische Fußabdruck des Unternehmens* the company's carbon footprint **2** (*Lebensmittel, Landwirtschaft*) organic (*Adv* organically) ◇ *Gemüse aus ökologischem Anbau* organic vegetables ◇ *ökologisch erzeugte Lebensmittel* organically produced food

Ökonom(in) economist

Ökonomie **1** economy **2** (*Fach*) economics [U]

ökonomisch **1** economic (*Adv* economically) ◇ *ökonomisch erfolgreiche Regionen* economically successful regions ◇ *ökonomisch sinnvolle Antworten* answers that make sense from an economic point of view **2** (*sparsam*) economical (*Adv* economically) ◇ *ökonomisch arbeitende Betriebe* factories that work economically

Öko- **Ökostadt** ecotown **Ökosteuer** green tax **Ökostrom** green electricity **Ökosystem** ecosystem **Ökotourismus** ecotourism **Ökowärme** green heating

Oktave (MUS) octave

Oktober October → *Beispiele bei* JANUAR

ökumenisch ecumenical (*Adv* ecumenically) ◇ *ein ökumenischer Gottesdienst* an ecumenical service ◇ *sich ökumenisch trauen lassen* have an ecumenical wedding

Öl **1** oil ◇ *Essig und Öl* oil and vinegar ◇ *ätherische Öle* essential oils ◇ *nach Öl bohren* drill for oil **2 in ~** in oils ◇ *Sie malt in Öl.* She paints in oils. IDM **Öl ins Feuer gießen** add fuel to the fire
Ölbild oil painting

Oldie oldie

Oldtimer **1** (*vor 1916 gebautes Auto*) veteran car; (*zwischen 1917 und 1930 gebautes Auto*) vintage car; (*Flugzeug*) vintage plane; (*Zug*) vintage train **2** (*älterer Mensch*) oldie; (*Spieler etc.*) veteran

ölen **1** (*Fahrrad, Tür*) oil; (*Maschinenteile, Motor*) lubricate **2** (*Holz*) treat *sth* with oil IDM → BLITZ

Öl- **Ölfarbe** **1** oil (paint) **2** (*zum Anstreichen*) oil-based paint **Ölfeld** oilfield **Ölfilm** film of oil; (*Ölteppich*) oil slick **Ölgemälde** oil painting **Ölheizung** oil-fired central heating [U]

ölig **1** oily **2** (*Essen*) greasy **3** (*Charakter*) smarmy (*umgs, abwert*) ◇ *ein öliger Typ* a smarmy character

oliv olive green → *Beispiele bei* BLAU

Olive **1** olive **2** (*Baum*) olive tree
Olivenhain olive grove **Olivenöl** olive oil

olivgrün olive green → *Beispiele bei* BLAU

Öl- **Öljacke** oilskin jacket **Ölkonzern** oil group **Ölkrise** oil crisis **Ölleitung** oil pipe; (*Pipeline*) oil pipeline **Ölpest** oil spill **Ölquelle** oil well **Ölschicht** → ÖLFILM **Ölstand** oil (level) ◇ *den Ölstand prüfen* check the oil **Öltanker** oil tanker **Ölteppich** oil slick **Ölwechsel** oil change ◇ *Machst du den Ölwechsel bei deinem Auto selbst?* Do you change the oil in your car yourself?

Olympiade Olympics [Pl], Olympic Games [Pl] ◇ *bei der Olympiade* at the Olympics

Olympia- **Olympiadorf** Olympic village **Olympiamannschaft** Olympic team **Olympiamedaille** Olympic medal **Olympiasieg** Olympic win **Olympiasieger(in)** Olympic champion **Olympiastadion** Olympic stadium **Olympiateilnehmer(in)** Olympic athlete

olympisch Olympic ◇ *die Olympischen Spiele* the Olympic Games

Ölzweig olive branch

Oma, Omi **1** grandma, granny (*Kinderspr*) ◇ *Ich war bei meiner Oma.* I was at my grandma's. **2** (*alte Frau*) old woman

Omelett(e) omelette ◇ *ein Omelett mit Pilzen* a mushroom omelette

Omen omen

ominös **1** ominous (*Adv* ominously) **2** (*zweifelhaft*) dubious

Omnibus bus

onanieren masturbate

Onkel **1** uncle **2** (*Mann*) nice man (*Kinderspr*) ◇ *Gib dem Onkel die Hand.* Shake hands with the nice man. ◇ *der Onkel Doktor* the nice doctor

online online ◇ *online arbeiten/gehen* work/go online ◇ *online verfügbar* available online
Onlinedienst online service **Onlinemedien** online media [Pl] **Onlinenutzer(in)** online user **Onlineportal** web portal **Onlineshop** online shop

Opa, Opi **1** grandad, grandpa ◇ *Ich schlafe heute bei Opa.* I'm staying at grandad's tonight. **2** (*alter Mann*) old man

Opal opal

Openair- **Openairfestival** open-air festival **Openairkino** open-air cinema **Openairkonzert** open-air concert

Oper **1** opera ◇ *Sie gehen morgen in die Oper.* They're going to the opera tomorrow. ◇ *die italienische Oper* Italian opera ◇ *Sie will an die Oper.* She wants to be an opera singer. **2** (*Ensemble*) opera company [mit Verb im Sing/Pl] **3** (*Opernhaus*) opera house

Operation (MED, MIL, COMP) operation ◇ *sich einer schweren Operation unterziehen* have a serious operation
Operationssaal operating theatre, (*AmE*) operating room **Operationstisch** operating table

operativ **1** (MED) surgical (*Adv* surgically) ◇ *etw operativ entfernen* remove sth surgically ◇ *ein operativer Eingriff* an operation **2** (WIRTSCH) operating

Operette operetta ◇ *Sie gingen in die Operette.* They went to the operetta.

operieren **1** operate ◇ *eine international operierende Verbrecherbande* a criminal organization that operates at an international level ◇ *Die Ärzte haben ihn sofort operiert.* The doctors operated on him immediately. ◇ *ein frisch operierter Patient* a patient who has just had an operation ◇ *Sie wurde mehrfach operiert.* She had multiple operations. ◇ *Sie ist am Knie operiert worden.* She has had an operation on her knee. ◇ *Er ließ sich an der Schulter operieren.* He had an operation on his shoulder. **2 mit etw ~** use sth ◇ *Er hat mit falschen Zahlen operiert.* He used incorrect figures

Opern- **Opernhaus** opera house **Opernsänger(in)** opera singer

Opfer **1** sacrifice (*auch fig*) ◇ *In diesen schweren Zeiten müssen wir alle Opfer bringen.* We all have to make sacrifices in these difficult times. ◇ *Er versprach, Gott ein Opfer zu bringen.* He promised to make a sacrifice to God. ◇ *Sie brachten ein Schaf als Opfer dar.* They sacrificed a sheep. **2** (*Geschädigte(r)*) victim; (*eines Unfalls, Kriegs etc.*) casualty ◇ *Opfer von Gewalt* victims of violence ◇ *Er war das Opfer seines eigenen Erfolgs.* He was the victim of his own success. ◇ *Nach dem Unfall wurden die Opfer ins Krankenhaus gebracht.* After the accident the casualties were taken to hospital. ◇ *Der Hurrikan forderte über 100 Opfer.* The hurricane claimed over 100 lives. ◇ *Das Haus wurde ein Opfer der Flammen.* The house burned down. **3 jdm/etw zum ~ fallen** be the victim of sb/sth; (*getötet werden*) be killed by sb/sth; (*zerstört werden*) be destroyed by sb/sth ◇ *Wir befürchten, dass sie einem Verbrechen zum Opfer gefallen ist.* We fear that she has been the victim of a crime. ◇ *Das Reh ist einem Wilderer zum Opfer gefallen.* The deer was killed by a poacher. ◇ *Drei Häuser fielen den Flammen zum Opfer.* Three houses were destroyed by the fire. ◇ *Der neuen Straße sind viele Bäume zum Opfer gefallen.* Many trees have been sacrificed for the new road. IDM → ROTSTIFT
Opferbereitschaft willingness to make sacrifices

opfern **1** make a sacrifice **2 (jdm) etw ~** sacrifice sth (to sb) **3** (*verzichten*) sacrifice, give *sth* up ◇ *Für die neuen Wohnungen wurde eine Wiese geopfert.* A meadow was sacrificed so that new flats could be built. ◇ *Er opfert seine Freizeit für den Naturschutz.* He gives up his free time to work for conservation. **4 sich (für jdn/etw) ~** sacrifice yourself (for sb/sth) ◇ *Der Held opferte sich für seine Prinzipien.* The hero sacrificed himself for his principles. ◇ *Sie hat sich* *geopfert und das letzte Stück Kuchen gegessen.* She nobly ate the last piece of cake.

Opiat opiate

Opium opium

ÖPNV local public transport, (*AmE*) local public transportation

opportun ◇ *Eine Zinserhöhung ist zurzeit wirklich nicht opportun.* Now isn't the right time for an increase in interest rates.

Opportunismus opportunism

Opportunist(in) opportunist

opportunistisch opportunistic (*Adv* opportunistically)

Opposition opposition [mit Verb im Sing/Pl]; (*im Parlament*) Opposition ◇ *Gegen die Reform gibt es viel Opposition.* There's a lot of opposition to the reforms. ◇ *ein Sprecher der Opposition* a speaker for the Opposition ◇ *Die Partei muss in die Opposition gehen.* The party will have to go into opposition. ◇ *Das Land befindet sich in totaler Opposition zu allen UN-Resolutionen.* The country is wholly opposed to all UN resolutions. ◇ *Das sagt sie doch nur aus Opposition.* She's only saying that to be contrary.

oppositionell opposition ◇ *Die oppositionellen Kommunisten forderten eine Erklärung.* The Communist opposition demanded an explanation. ◇ *ein Treffen von oppositionellen Gruppen und Parteien* a meeting of opposition groups and parties

Oppositionelle(r) member of the Opposition; (*Dissident(in)*) dissident

Oppositionsführer(in) leader of the Opposition

Optik **1** optics [U] **2** (*Aussehen*) appearance, visual effect ◇ *die sportliche Optik des Wagens* the car's sporty appearance **3** (*Sichtweise*) point of view, perspective

Optiker(in) optician

optimal **1** *Adj* ideal, perfect, optimum [nur vor Nomen] ◇ *Diese Lösung ist nicht optimal.* This solution isn't ideal. **2** *Adv* as well as possible; (*effizient*) as efficiently as possible ◇ *Ich möchte mich optimal auf die Prüfung vorbereiten.* I want to prepare for the exam as well as possible. ◇ *Die Energie wird optimal ausgenutzt.* The energy is used as efficiently as possible. ◇ *Das System kann nur dann optimal arbeiten, wenn ...* The system can only work at optimum efficiency when ...

Optimismus optimism

Optimist(in) optimist ◇ *Sie ist eine unverbesserliche Optimistin.* She's an eternal optimist.

optimistisch optimistic (*Adv* optimistically) ◇ *Sie blicken optimistisch in die Zukunft.* They're optimistic about the future. ◇ *Er äußerte sich optimistisch.* He spoke optimistically. ◇ *Er war optimistisch gestimmt.* He was in an optimistic frame of mind. ◇ *optimistisch stimmende Worte* encouraging words

Optimum best ◇ *Er strebt immer nach dem Optimum.* He always strives for the best. ◇ *Erfahrung und Qualität ergeben ein Optimum an Sicherheit.* Experience and quality make for optimum safety.

Option option

optisch **1** (*Instrumente, Täuschung*) optical ◇ *optische und akustische Reize* optical and auditory stimuli **2** (*Eindruck*) visual (*Adv* visually) ◇ *Der Film hinterließ starke optische Eindrücke.* The film made a powerful visual impression. ◇ *Die Broschüre ist optisch ansprechend.* The brochure is attractive to look at. ◇ *Der Raum wirkt optisch größer, wenn du ihn hell streichst.* The room will look bigger if you paint it a light colour.

opulent lavish (*Adv* lavishly); (*Klang, Kostüm*) rich (*Adv* richly); (*Villa, Zimmer*) opulent ◇ *Er war an einen opulenten Lebensstil gewöhnt.* He was used to a lavish lifestyle. ◇ *ein opulent bebildertes Buch* a lavishly illustrated book ◇ *opulent bestickt* richly embroidered

Opus **1** work, opus (*gehoben*) ◇ *das neueste Opus des erfolgreichen Dramatikers* the latest work by the successful dramatist **2** (*Gesamtwerk*) works [Pl]

Orakel oracle

oral oral (*Adv* orally) ◇ *eine orale Erzähltradition* an oral tradition of storytelling ◇ *ein orales Medikament* a medicine to be taken orally

orange, orangefarben orange → *Beispiele bei* BLAU

Orange orange

Orangenmarmelade (orange) marmalade **Orangensaft** orange juice

Orang-Utan orang-utan

Oratorium oratorio

Orchester orchestra [mit Verb im Sing/Pl]

Orchestergraben (orchestra) pit **Orchesterprobe** orchestra practice, orchestral rehearsal

Orchidee orchid

Orden **1** (*Auszeichnung*) medal **2** (REL) order

Ordensbruder monk **Ordensschwester** nun, sister

ordentlich **1** tidy (*Adv* tidily), neat (*Adv* neatly) ◇ *ein ordentliches Zimmer* a tidy room ◇ *Er ist ein sehr ordentlicher Mensch.* He's a very tidy person. ◇ *ordentlich zusammengelegte Hemden* neatly folded shirts **2** (*richtig*) proper [nur vor Nomen] (*Adv* properly); (*ordnungsgemäß*) official (*Adv* officially); (*jährlich*) annual (*Adv* annually) ◇ *Er hat keinen ordentlichen Beruf gelernt.* He never learned a proper trade. ◇ *ein Verein mit einer ordentlichen Satzung* a club with a proper constitution ◇ *ein ordentliches Schulfach* an official school subject ◇ *der 17. ordentliche Gewerkschaftstag* the 17th annual union conference ◇ *ein ordentlicher Professor* a full professor ◇ *ein ordentliches Mitglied* a full member ◇ *ein ordentliches Gericht* a court of law **3** (*gut*) good (*Adv* well), decent (*Adv* decently) ◇ *Sie hat ordentliche Arbeit geleistet.* She has done a good job. ◇ *Er spielt recht ordentlich Saxofon.* He plays the saxophone pretty well. ◇ *Hier kriegt man wenigstens einen ordentlichen Kaffee.* At least you can get decent coffee here. ◇ *Die Firma zahlt ganz ordentlich.* The firm pays a decent wage. ◇ *Er nahm einen ordentlichen Schluck aus der Flasche.* He took a large gulp from the bottle. ◇ *Das muss ordentlich gefeiert werden!* This calls for a celebration! **4** (*sehr*) really ◇ *Sein Gegner hat ihm ordentlich zu schaffen gemacht.* His opponent really gave him a run for his money.

Order (MIL, WIRTSCH) order ◇ *Sie hatten Order, keinen Schuss zu feuern.* They had orders not to shoot.

ordern order

ordinär **1** *Adj* vulgar, common ◇ *Sie ist eine ganz ordinäre Person.* She's really common. ◇ *ordinäre Kraftausdrücke* vulgar swear words **2** *Adj* (*alltäglich*) ordinary ◇ *Am liebsten esse ich eine ganz ordinäre Bratwurst.* I like ordinary sausages best of all. **3** *Adv* (*vulgär*) in a vulgar way ◇ *Warum redest du so ordinär?* Why do you talk in such a vulgar way?

Ordination **1** ordination **2** (*Arztpraxis, Sprechstunde*) surgery

ordinieren ordain ◇ *Er wurde 1980 zum Pfarrer ordiniert.* He was ordained (as) a priest in 1980.

ordnen **1** (*in eine bestimmte Reihenfolge bringen*) arrange, organize ◇ *Das Wörterbuch ist alphabetisch geordnet.* The dictionary is arranged alphabetically. ◇ *Die Abteilungen sollen neu geordnet werden.* The departments are to be reorganized. **2** (*Ordnung schaffen, regeln*) sort *sth* out, put *sth* in order ◇ *Er hatte keine*

Zeit, seine Unterlagen zu ordnen. He didn't have time to sort out his papers. ◇ *Sie versuchte, ihr Leben zu ordnen.* She tried to sort out her life. ◇ *Vor seinem Tod wollte er noch seine Angelegenheiten ordnen.* He wanted to put his affairs in order before his death. → *Siehe auch* GEORDNET

Ordner file

Ordner(in) steward

Ordnung 1 order ◇ *etw in alphabetische Ordnung bringen* put sth in alphabetical order ◇ *Es herrscht wieder Ruhe und Ordnung im Land.* Law and order have been restored in the country. ◇ *Der Präsident hat die Armee zur Ordnung gerufen.* The president called the army to order. ◇ *eine neue politische Ordnung* a new political order ◇ *die Ordnung der Krokodile* the order of crocodiles **2** (*aufgeräumter Zustand*) tidiness ◇ *Sauberkeit und Ordnung* cleanliness and tidiness ◇ *Auf seinem Schreibtisch herrscht Ordnung.* His desk is tidy. ◇ *Ich muss in meinem Zimmer Ordnung schaffen.* I must tidy my room up. ◇ *Bei mir hat alles seine Ordnung.* I like everything to be orderly. **IDM in Ordnung** all right; OK ◇ *Ist alles in Ordnung?* Is everything all right? ◇ *Ist es in Ordnung, wenn ich mir das Buch leihe?* Is it all right if I borrow this book? ◇ *In Ordnung!* OK! ◇ *Die Papiere sind in Ordnung.* The papers are in order. ◇ *Du hast dein Versprechen nicht gehalten. Das finde ich nicht in Ordnung.* You broke your promise. I don't think that's right. ◇ *Mit dem Telefon ist etwas nicht in Ordnung.* There's something wrong with the phone. ◇ *Der neue Lehrer ist echt in Ordnung.* The new teacher is really cool. **etw (wieder) in Ordnung bringen** put sth right

Oregano oregano

Organ 1 organ ◇ *ein Organ spenden* donate an organ ◇ *Das Blatt ist das offizielle Organ der Partei.* The paper is the party's official organ. **2** (*Abteilung*) body, organ (*gehoben*) ◇ *das höchste gesetzgebende Organ im Staat* the highest legislative body in the state ◇ *das Vertrauen in den Staat und seine Organe* faith in the state and its organs

Organhandel trade in human organs

Organisation organization ◇ *eine in Paris ansässige Organisation* an organization based in Paris ◇ *Er wurde für die gute Organisation des Streiks gelobt.* He was praised for his organization of the strike. ◇ *Die Eltern helfen bei der Organisation des Schulfestes.* The parents help to organize the school fête.

Organisationstalent talent for organization ◇ *Für diese Aufgabe braucht man Geduld und Organisationstalent.* You need patience and a talent for organization for this job. ◇ *Sie ist ein richtiges Organisationstalent.* She has a real talent for organization.

Organisator(in) organizer

organisatorisch 1 *Adj* organizational ◇ *aus organisatorischen Gründen* for organizational reasons **2** *Adv* from an organizational point of view, at an organizational level ◇ *Das ist organisatorisch nicht möglich.* It's not possible from an organizational point of view. ◇ *Sie unterstützen die Gruppe finanziell und organisatorisch.* They support the group financially and on an organizational level.

organisch 1 organic (*Adv* organically) ◇ *organische Abfälle* organic waste ◇ *organische Chemie* organic chemistry **2** (*körperlich*) physical (*Adv* physically) ◇ *Sie ist organisch gesund.* She is physically healthy.

organisieren 1 organize ◇ *Wer hat die Party organisiert?* Who organized the party? ◇ *Sie kann gut organisieren.* She's a good organizer. ◇ *Der Nahverkehr wird neu organisiert.* Local transport is being reorganized. ◇ *Wer organisiert die Preise für die Tombola?* Who's organizing the prizes for the tombola? ◇ *das organisierte Verbrechen* organized crime **2** (*beschaffen*) get hold of sth (*umgs*); (*stehlen*) lift (*umgs*) ◇ *Er hat ein Auto organisiert.* He got hold of a car. **3 sich ~** become organized; **sich in/als etw ~** form sth ◇ *Sie haben sich politisch organisiert.* They have become politically organized. ◇ *Die Taschendiebe organisierten sich in Banden.* The pickpockets formed gangs. ◇ *Die Hälfte der Beschäftigten ist gewerkschaftlich organisiert.* Half of the work force is unionized.

Organismus 1 (*Körper*) body, system **2** (*Lebewesen*) organism ◇ *gentechnisch veränderte Organismen* genetically modified organisms

Organist(in) organist

Organ- Organspende organ donation **Organspender (in)** organ donor

Orgasmus orgasm

Orgel organ ◇ *Sie spielt Orgel.* She plays the organ. **Orgelkonzert** organ recital; (*Komposition*) organ concerto **Orgelpfeife** organ pipe

Orgie orgy ◇ *Sie feierten wahre Orgien.* They had wild orgies.

Orient East, Orient (*gehoben*) ◇ *eine Reise in den Orient* a journey to the East ◇ *der Vordere Orient* the Middle East ◇ *Teppiche aus dem Orient* oriental carpets

orientalisch Eastern, oriental

orientieren 1 sich ~ find your way around; **sich an/nach etw ~** find your bearings using sth; (*Seefahrer, Vögel etc.*) navigate by sth ◇ *In Rom fiel es ihm schwer, sich zu orientieren.* He found it difficult to find his way around Rome. ◇ *Die Wanderer orientierten sich nach den Sternen.* The hikers used the stars to find their bearings. ◇ *Wandervögel orientieren sich am Stand der Sonne.* Migrating birds navigate by the sun. **2 sich (über etw) ~** find out (about sth), get an idea (of sth) **3 sich an etw ~** (*von etw abhängen*) be related to sth; (*sich etw zum Ziel setzen*) be geared towards sth ◇ *Der Preis orientiert sich an den Herstellungkosten.* The price is related to the production cost. ◇ *Die Politik sollte sich am Wohlergehen aller orientieren.* Policies should be geared towards the promotion of the general good. **4 sich an etw ~** (*zum Vorbild nehmen*) be modelled on sth; **sich an jdm ~** model yourself on sb ◇ *Die Gestaltung orientierte sich an Entwürfen aus dem 18. Jahrhundert.* The design was modelled on 18th century sketches. ◇ *Er hat sich als Sänger an Caruso orientiert.* He modelled himself on Caruso. ◇ *Er hat sich immer sehr an seinen Eltern orientiert.* He's always done what his parents wanted.

orientiert 1 → ORIENTIEREN **2** (*ausgerichtet*) oriented; (*bewusst*) aware [nicht vor Nomen] ◇ *kommerziell orientiert* commercially oriented ◇ *ökologisch orientiert* environmentally aware ◇ *die links orientierte Arbeiterschaft* the leftist workforce

Orientierung 1 bearings [Pl]; **zur ~** to help you find your way around ◇ *die Orientierung verlieren* lose your bearings ◇ *Zur Orientierung hatte sie eine Straßenkarte dabei.* She had a street map to help her find the way. **2 ~ (auf etw)** (*Ausrichtung, Einstellung*) orientation (to/towards sth) ◇ *seine politische Orientierung* his political orientation ◇ *ihre materielle Orientierung* their orientation to materialism ◇ *die Orientierung der Partei auf Abrüstung* the party's orientation towards disarmament ◇ *Sie suchen nach einer neuen Orientierung.* They are looking for a new direction.

orientierungslos disoriented ◇ *Ich war völlig orientierungslos.* I felt completely disoriented. ◇ *Sie irrte orientierungslos im Wald umher.* She was wandering around in the woods completely lost. **Orientierungslosigkeit** lack of direction **Orientierungspunkt** point of reference **Orientierungssinn** sense of direction

Orientierungsstufe = two-year period after primary school in which pupils are assessed before choosing a secondary school

Origami origami

original original; (*nach traditionellem Muster/Rezept*) authentic; (*echt, unverfälscht*) genuine ◇ *originale Handschriften* original manuscripts ◇ *original bayrische Weißwurst* authentic Bavarian white sausage ◇ *original Meißner Porzellan* genuine Meissen

Original 1 original ◇ *etw im Original lesen* read sth in the original ◇ *das Original des Bildes* the original painting ◇ *Du musst deine Geburtsurkunde im Original vorlegen.* You need to supply your birth certificate, not a copy. **2** (*Mensch*) character
Originalfassung original version ◇ *die Originalfassung der Sonate* the original version of the sonata ◇ *Der Film läuft in der französichen Originalfassung mit Untertiteln.* The film is being shown in French with subtitles. **originalgetreu** exact ◇ *etw originalgetreu nachbauen* build an exact replica of sth **Originalgröße** full size ◇ *etw in Originalgröße nachbauen* make a full-size replica of sth

Originalität 1 (*Eigenständigkeit*) originality **2** (*Echtheit*) authenticity

Originalton 1 original sound ◇ *Die Wochenschau wird im Originalton gezeigt.* The weekly newsreel is being shown with its original sound. ◇ *Der französische Klassiker wird im Originalton mit Untertiteln gezeigt.* This classic film is being shown in French with subtitles. **2** (*auch* **O-Ton**) authentic recording

originell (highly) original

Orkan hurricane
orkanartig hurricane-force

Ornament decoration [U] ◇ *orientalische Ornamente* oriental decoration

Ornithologie ornithology

Ort 1 place; (*Veranstaltungs-*) venue ◇ *ein Ort der Zuflucht* a place of refuge ◇ *am selben Ort* in the same place ◇ *Ort und Zeit der Veranstaltung festlegen.* Fix the time and venue. ◇ *ein idyllischer Ort* an idyllic spot ◇ *am Ort des Geschehens* at the scene ◇ *an einem anderen Ort* elsewhere ◇ *an jedem Ort, zu jeder Zeit* any time, anywhere **2** (*eines Romans, Stücks*) setting **3** (*Ortschaft*) village; (*Stadt*) town ◇ *ein kleiner Ort* a small village/town ◇ *die Schulen am Ort* the local schools ◇ *Er wohnt nicht am Ort.* He doesn't live locally. IDM **an Ort und Stelle 1** (*vor Ort*) on the spot **2** (*am rechten Platz*) in place ◇ *Die Schutzvorrichtung muss an Ort und Stelle sein.* The guard must be in place. **vor Ort** on the spot

orten locate

orthodox orthodox; (REL) Orthodox

Orthografie spelling, orthography (*gehoben*)

Orthopäde, Orthopädin orthopaedic specialist, (*AmE*) orthopedic specialist

örtlich local ◇ *die örtliche Polizei* the local police ◇ *örtlich begrenzt/zuständig* local ◇ *unter örtlicher Betäubung* under local anaesthetic ◇ *Ihr Knie wurde örtlich betäubt.* She was given a local anaesthetic (in the knee). ◇ *Örtlich ist mit Gewittern zu rechnen.* There will be thunderstorms in places.

orts- ortsansässig local **Ortsausgang** end of the village/town ◇ *am Ortsausgang* at the end of the village/town ◇ *Kurz vor dem Ortsausgang ist eine Tankstelle.* Just before you leave the village/town, there's a petrol station.

Ortschaft village; (*Stadt*) town ◇ *eine kleine Ortschaft* a small village/town ◇ *in geschlossenen Ortschaften* in towns and villages

Orts- Ortseingang approach to the village/town ◇ *am Ortseingang* at the approach to the village/town ◇ *Kurz vor dem Ortseingang blieb ihr Auto stehen.* As she approached the village/town the car stopped. **Ortsgespräch** local call ◇ *ein Ortsgespräch führen* make a local call **Ortskern** village/town centre, (*AmE*) village/town center **ortskundig** with local knowledge ◇ *ein ortskundiger Führer* a guide with local knowledge ◇ *sich ortskundig machen* get to know the area **Ortsname** place name **Ortsschild** (road sign with the) name of the village/town **Ortstarif** rate for local calls ◇ *Sie können zum Ortstarif anrufen.* Calls will be charged at local rate. **Ortsteil** district ◇ *im Kelkheimer Ortsteil Fischbach* in the Fischbach district of Kelkheim **Ortszeit** local time

Öse eye(let) ◇ *mit Haken und Öse* with a hook and eye

Ossi East German

Ost east, East

Ost- eastern, east ◇ *Ostdeutschland* Eastern Germany ◇ *Osteuropa* Eastern Europe ◇ *die Ostküste Englands* the east coast of England ◇ *Ostengland* the East of England
Ostblock Eastern bloc

Ostalgie = nostalgia for the former GDR

Osten 1 east (*Abk* E) ◇ *Der Wind wehte aus Osten.* The wind was coming from the east. ◇ *Das Küchenfenster geht nach Osten.* The kitchen faces east. ◇ *im Osten des Landes* in the east of the country ◇ *Richtung Osten fahren* drive east ◇ *der Osten Chinas* east(ern) China ◇ *im Osten von Wien* in east Vienna **2** (*die neuen Bundesländer*) the former GDR ◇ *der Aufbau im Osten* reconstruction in the former GDR **3** (*Osteuropa*) Eastern Europe ◇ *die Staaten im Osten* Eastern European countries **4 der Nahe/Ferne ~** the Middle/Far East

Oster- Osterei Easter egg **Osterfeuer** Easter bonfire **Osterglocke** daffodil **Osterhase** Easter bunny **Ostermontag** Easter Monday ◇ *am Ostermontag* on Easter Monday

Ostern Easter ◇ *Frohe Ostern!* Happy Easter! ◇ *an/zu Ostern* at Easter ◇ *Was machst du (über) Ostern?* What are you doing over Easter? ◇ *letzte Ostern* last Easter

Ostersonntag Easter Sunday

Osterweiterung expansion to the East

östlich 1 (*Richtung*) easterly ◇ *in östlicher Richtung* in an easterly direction ◇ *östliche Winde* easterly winds **2** (*Gebiet, Länder*) eastern ◇ *in der östlichen Türkei* in eastern Turkey ◇ *östliche Philosophien* eastern philosophies **3 ~ (von etw)** east (of sth), to the east (of sth) ◇ *zehn Kilometer östlich von hier* ten kilometres east of here ◇ *Das Dorf liegt östlich von Algier.* The village is to the east of Algiers. ◇ *Die Siedlung ist weiter östlich gelegen.* The estate is further to the east. **4** (*osteuropäisch*) Eastern European ◇ *die östlichen Staaten* the Eastern European states

östlichste(r,s) easternmost

Ostsee Baltic (Sea); (*Küste*) Baltic (coast) ◇ *Fehmarn liegt in der Ostsee.* Fehmarn is in the Baltic. ◇ *Urlaub an der Ostsee* holidays on the Baltic coast

ostwärts eastwards

Ostwind easterly wind

Otter[1] *der* otter

Otter[2] *die* viper

out out (of fashion) ◇ *Die Band ist doch längst out!* That band went out ages ago!

outen 1 jdn ~ out sb **2 sich ~** come out

Outfit 1 look **2** (*Kleidung*) outfit

Outing outing

Output output [U]

Ouvertüre overture ◇ *die Ouvertüre zur Fledermaus* the overture to Die Fledermaus

oval oval

Oval oval

Ovation ovation [meist Sing] ◇ *Für den Tenor gab es stehende Ovationen.* The tenor was given a standing ovation.

Overall (*Arbeitsanzug*) overalls [Pl], (*AmE*) coveralls [Pl]; (*modischer Hosenanzug*) jumpsuit ◇ *Er trug einen blauen Overall.* He wore blue overalls.

Overheadprojektor overhead projector

Oxid oxide

Ozean Ocean ◇ *der Indische Ozean* the Indian Ocean ◇ *der Atlantische/Pazifische Ozean* the Atlantic/Pacific (Ocean) ◇ *Sie segelten über den Ozean.* They sailed across the Atlantic/Pacific.

Ozon ozone; (*Ozonwerte*) ozone levels [Pl] ◇ *180 mg Ozon je Kubikmeter Luft* ozone levels of 180 mg per cubic metre

Ozonkiller ozone-damaging gas ◇ *Fluorchlorkohlenwasserstoffe sind als Ozonkiller bekannt.* CFCs are known to be damaging the ozone layer. **Ozonloch** ozone hole, hole in the ozone layer ◇ *Das Ozonloch wächst rasant weiter.* The ozone hole is increasing rapidly. **Ozonschicht** ozone layer **Ozonwerte** ozone levels [Pl]

P p

P, p P, p → *Beispiele bei* A

paar ein ~ a few; (*zwei oder drei*) a couple; **die ~** these/those few ◇ *ein paar Tage Urlaub* a few days' holiday ◇ *Nimm die paar übrigen Kekse noch!* Take those few biscuits that are left. ◇ *Ich habe schon ein paar Mal angerufen.* I've rung a couple of times. ◇ *Ein paar hundert Anrufer meldeten sich.* A couple of hundred people rang in. ◇ *mit meinen paar Brocken Französisch* with my few words of French ◇ *alle paar Tage* every few days

Paar 1 couple [mit Verb im Sing/Pl] ◇ *ein junges Paar* a young couple ◇ *Die beiden sind schon seit Jahren ein Paar.* They've been together for years. **2** (*zwei zusammengehörende*) pair ◇ *Die Schuhe sind kaputt. Ich brauche ein neues Paar.* These shoes are worn out. I need a new pair. ◇ *ein Paar neue Socken* a new pair of socks ◇ *drei Paar Schuhe* three pairs of shoes IDM **das sind zwei Paar Schuh(e)/Stiefel** those are two quite different things

paaren 1 (sich) ~ mate **2 etw mit etw ~** combine sth and sth; **sich mit etw ~** be combined with sth ◇ *Nationalismus, gepaart mit Militarismus* nationalism combined with militarism

Paar- Paarlauf pair skating **Paarreim** rhyming couplet ◇ *im Paarreim* in rhyming couplets

Paarung 1 (BIOL) mating **2** (*Verbindung*) combination; (*zweier Spieler etc.*) pairing **3** (*Auslosung*) draw ◇ *Im Viertelfinale kommt es zu folgenden Paarungen …* This is the draw for the quarter final …

paarweise in pairs

Pacht 1 lease ◇ *die Pacht kündigen/verlängern* terminate/extend the lease ◇ *Der See wurde dem Verein in Pacht überlassen.* The lake was leased to the club. ◇ *etw zur Pacht geben* lease sth out → *Siehe auch* LEASEHOLD **2** (*Geldbetrag*) rent

pachten lease, take a lease on *sth* ◇ *einen Bauernhof pachten* take a lease on a farm IDM **etw für sich gepachtet haben** have a monopoly on sth ◇ *Man darf nicht davon ausgehen, dass man die Wahrheit für sich gepachtet hat.* You can't assume that you have a monopoly on truth. ◇ *Die älteren Jungen haben den Spielplatz für sich gepachtet.* The older boys monopolize the playground.

Pächter(in) leaseholder (*Bauernhof*) tenant

Pacht- Pachtland leasehold land **Pachtvertrag** lease **Pachtzins** rent; (*Grundstück*) ground rent

Pack riff-raff [mit Verb im Sing/Pl] (*abwert*) ◇ *Was für ein Pack!* They're riff-raff! IDM → SACK

Päckchen 1 (*Packung*) packet, (*AmE*) pack; (*Tütchen*) sachet, (*AmE*) packet ◇ *ein Päckchen Kaugummi* a packet of chewing gum ◇ *ein Päckchen Heroin schmuggeln* smuggle a package of heroin **2** (*kleines Paket*) packet; (*größer*) parcel, (*AmE meist*) package ◇ *ein Päckchen aufgeben* post a parcel

packen 1 pack ◇ *den Koffer packen* pack your case ◇ *Hast du schon gepackt?* Have you packed? **2** (*verstauen*) put ◇ *Ich packe die Koffer schon mal ins Auto.* I'll put the cases in the car. ◇ *das Kind ins Bett packen* put the child to bed **3** (*fassen*) grab ◇ *jdn am Arm packen* grab sb's arm/grab sb by the arm. **4** (*fesseln*) grip ◇ *Der Film packte die Zuschauer sichtlich.* The film really gripped the audience. **5** (*schaffen*) manage to do *sth*; (*Bus, Zug etc.*) catch ◇ *Ich habe den Berg mit dem Rad gepackt.* I managed to cycle up the hill. ◇ *Packen wir den Zug noch?* Will we still catch the train? ◇ *Sie hat die Prüfung gerade so gepackt.* She just scraped through the exam. **6 etw packt jdn** sb is overcome with sth ◇ *Ihn packte die Wut.* He was overcome with rage. ◇ *Die beiden hat es ganz schön gepackt.* They've really got it badly! **7** (*verstehen*) get (*umgs*) ◇ *Hast du es endlich gepackt?* Have you got it at last? IDM → GELEGENHEIT, KOFFER, KRAGEN *und* STIER

packend gripping ◇ *eine packende Geschichte* a gripping story ◇ *Das Buch ist packend geschrieben.* The book is really gripping.

Packpapier brown paper

Packung 1 packet, (*AmE*) pack, package ◇ *eine Packung Aspirin* a packet of aspirin ◇ *eine Packung mit zehn Grußkarten* a pack of ten greetings cards **2** (*Behandlung*) pack; (*zur Kühlung*) ice pack; (*Gesicht*) mask, (*BrE auch*) face pack **3** (*Niederlage*) thrashing ◇ *Wir haben eine Packung hinnehmen müssen.* We got a real thrashing.

Packungsbeilage patient information leaflet

Pädagoge, Pädagogin 1 (*Lehrer*) teacher **2** (*Wissenschaftler*) educationalist

Pädagogik educational theory

pädagogisch educational (*Adv* educationally) ◇ *pädagogische Einrichtungen* educational institutions ◇ *pädagogisch sinnvoll* educationally sound ◇ *eine pädagogische Hochschule* a teacher training college ◇ *Er hat langjährige pädagogische Erfahrung.* He has taught for many years.

Paddel paddle

Paddelboot canoe

paddeln 1 canoe ◇ *paddeln gehen* go canoeing **2** (*sich bewegen*) paddle

pädophil paedophile, (*AmE*) pedophile ◇ *pädophil veranlagt sein* have paedophile tendencies

Pädophile paedophile, (*AmE*) pedophile

paffen 1 (etw) ~ puff away (at/on sth) ◇ *Er paffte eine Zigarre.* He was puffing away on a cigar. **2** (*als Gewohnheit*) smoke ◇ *ein Päckchen Zigaretten pro Tag paffen* smoke twenty a day **3** (*ohne zu inhalieren*) ◇ *Sie pafft nur.* She doesn't inhale.

Page 1 bellboy, (*AmE auch*) bellhop, (*BrE auch*) pageboy **2** (*früher, bei Hof*) page

Pagenkopf bob

pah pah

Paket **1** parcel, (*AmE meist*) package ◇ *ein Paket packen/aufgeben* pack up/post a parcel **2** (*Packung*) packet, (*AmE*) package ◇ *ein Paket Haferflocken* a packet of porridge oats **3** (*Zusammenstellung*) package ◇ *ein Paket von Sparmaßnahmen* a package of cost cutting measures ◇ *ein ganzes Paket von Vorschriften* a whole raft of regulations **4** (*Rugby*) maul
Paketdienst parcel service

Pakt **1** (*Bündnis*) treaty organization; (*Warschauer auch*) pact **2** (*Vereinbarung*) agreement, pact ◇ *ein Pakt mit den Gewerkschaften* an agreement with the unions ◇ *ein Pakt mit dem Teufel* a pact with the devil

paktieren **mit jdm ~** do a deal with sb

Palast palace (*auch fig*) ◇ *der Palast des Kaisers* the Imperial Palace

Palästinenser(in) Palestinian

palästinensisch Palestinian

Palatschinke pancake

Palette **1** palette **2** (*fig*) range ◇ *Die Palette an Freizeitangeboten ist reichhaltig.* There is a wide range of leisure activities. ◇ *eine bunte Palette von Veranstaltungen* a variety of events **3** (*Gestell*) pallet

palliativ (MED) palliative

Palme palm (tree) IDM **jdn auf die Palme bringen** drive sb up the wall (*umgs*)

Palm- **Palmsonntag** Palm Sunday **Palmtop** palmtop

Pamphlet pamphlet; (*Schmähschrift*) lampoon

Panda panda

Panflöte pan pipes [Pl], (*AmE*) panpipe

panieren coat *sth* with egg and breadcrumbs ◇ *panierter Fisch* fish in breadcrumbs

Paniermehl breadcrumbs [Pl]

Panik panic ◇ *Unter den Zuschauern brach eine Panik aus.* Panic broke out in the audience. ◇ *Er sprang voller Panik aus dem Fenster.* He jumped out of the window in panic. ◇ *kopflose Panik* blind panic ◇ *Allein der Gedanke versetzt mich in Panik.* I feel panic-stricken at the thought of it. ◇ *Sie gerieten in Panik/Panik erfasste sie.* They panicked. ◇ *Nur keine Panik!* Don't panic! ◇ *Ich fühlte Panik in mir aufsteigen.* I started to feel panicky.
panikartig **1** *Adj* panic ◇ *An der Börse kam es zu panikartigen Verkäufen.* On the stock exchange there was panic selling. **2** *Adv* in panic ◇ *Er ergriff panikartig die Flucht.* He fled in panic. **Panikattacke** panic attack **Panikkäufe** panic buying [U] **Panikmache** scaremongering **Panikstimmung** panic ◇ *In der Hauptstadt herrschte Panikstimmung.* Panic swept the capital.

panisch ◇ *Sie reagierten panisch.* They panicked. ◇ *Sie hat panische Angst vor Schlangen.* She's terrified of snakes. ◇ *Panisch fuhr er das Kind ins Krankenhaus.* Panic-stricken, he took the child to hospital.

Panne **1** (*Betriebsstörung, Auto-*) breakdown; (*Reifen-*) puncture; (*Störung*) fault ◇ *Ist die Panne schon behoben worden?* Has the fault been repaired now? ◇ *Kurz nach Abfahrt hatten wir bereits eine Panne.* Soon after we left we broke down. **2** (*Missgeschick*) slip-up; (*technisch*) hitch ◇ *Die Polizei räumte Pannen ein.* The police admitted there had been slip-ups. ◇ *Bei der Liveübertragung kam es zu Pannen.* There were hitches during the live broadcast. ◇ *Er stolperte von Panne zu Panne.* He made one gaffe after another.
Pannendienst breakdown service

Panorama panorama

panschen adulterate; (*mit Wasser*) water *sth* down

Panther panther

Pantoffel slipper; (*ohne Ferse*) mule

Pantomime¹ *die* mime

Pantomime² *der* mime artist

pantomimisch in mime ◇ *eine pantomimische Vorstellung* a performance in mime ◇ *etw pantomimisch darstellen* mime sth

Panzer **1** (*Fahrzeug*) tank **2** (*Rüstung*) armour, (*AmE*) armor [U] ◇ *einen Panzer tragen* wear (a suit of) armour **3** (*eines Tieres*) shell
Panzerfahrzeug armoured vehicle, (*AmE*) armored vehicle **Panzerfaust** bazooka **Panzerglas** bulletproof glass **Panzerkreuzer** (armoured) cruiser, (*AmE*) (armored) cruiser **Panzerschrank** safe

Papa, Papi dad (*umgs*)

Papagei parrot

Papaya papaya, (*BrE auch*) pawpaw

Papier **1** paper ◇ *ein Blatt/Stück Papier* a sheet/piece of paper **2** (*offizielles Schriftstück*) document ◇ *vertrauliche Papiere* confidential documents **3** **Papiere** (*amtliche Dokumente*) papers [Pl] ◇ *gefälschte Papiere* forged papers IDM **(nur) auf dem Papier** in name only; (*Rechte, Vereinbarung etc.*) on paper ◇ *Ihre Ehe existierte nur auf dem Papier.* They were married in name only. **etw zu Papier bringen** put sth down on paper
Papiercontainer paper recycling bank **Papiergeld** paper money **Papierkorb** waste-paper basket, (*AmE*) wastebasket **Papierkram** paperwork ◇ *den Papierkram erledigen* do the paperwork **Papiertaschentuch** tissue **Papiertüte** paper bag

Pappbecher paper cup

Pappe cardboard ◇ *eine Verpackung aus Pappe* cardboard packaging

Pappel poplar

papperlapapp rubbish

Papp- **Pappkarton** cardboard box **Pappnase** false nose **Pappschachtel** cardboard box **Pappteller** paper plate

Paprika **1** pepper, (*AmE*) bell pepper **2** (*Gewürz*) paprika
Paprikaschote pepper, (*AmE*) bell pepper ◇ *gefüllte Paprikaschoten* stuffed peppers

Papst, Päpstin **1** (REL) pope ◇ *eine Audienz beim Papst* an audience with the Pope **2** (*Experte*) guru, expert

päpstlich papal [nur vor Nomen]

Papyrus papyrus

Parabel **1** parable ◇ *die Parabel vom barmherzigen Samariter* the parable of the Good Samaritan **2** (MATH) parabola

Parade **1** parade ◇ *an einer Parade teilnehmen* take part in a parade ◇ *die Parade abnehmen* take the salute **2** (*Fußball*) save ◇ *eine blendende Parade des Torhüters* a brilliant save by the goalkeeper **3** (*Fechten*) parry
Paradebeispiel classic example ◇ *ein Paradebeispiel dafür, wie schnell etwas passieren kann* a classic example of how quickly something can happen **Paradestück** showpiece

Paradies **1** (*in der Bibel*) (the Garden of) Eden, Paradise ◇ *die Vertreibung aus dem Paradies* the expulsion from the Garden of Eden **2** (*Eldorado*) paradise ◇ *Die Insel ist ein wahres Paradies für Taucher.* The island is a paradise for divers. **3** (*im Jenseits*) heaven ◇ *im Paradies* in heaven

paradiesisch perfect ◇ *ein paradiesischer Ort für Kinder* a perfect place for children ◇ *paradiesische Zustände* absolutely perfect conditions ◇ *eine paradiesische Insel* a paradise island ◇ *paradiesische Ruhe* blissful peace

paradox paradoxical ◇ *sich in einer paradoxen Situation befinden* be (put) in a paradoxical situation ◇ *So paradox das (auch) klingt …* It may sound paradoxical, but … ◇ *Das ist doch paradox!* It's a paradox!

paradoxerweise paradoxically

Paragraf article ◇ *nach/gemäß Paragraf 4 der Strafgesetzordnung* according to Article 4 of the penal code ◇ *In Paragraf 13 heißt es, dass …* Article 13 states that …

parallel parallel ◇ *parallel zum Main verlaufen* run parallel to the river Main ◇ *Die beiden Kurse laufen parallel.* The two courses are being run in tandem. ◇ *Parallel dazu läuft ein Spielfilm.* There's a film on at the same time.

Parallele parallel ◇ *eine auffallende Parallele zum anderen Mordfall* an obvious parallel to the other murder ◇ *eine Parallele zwischen den beiden Gesetzen* a parallel between the two laws ◇ *eine Parallele zur y-Achse ziehen* draw a line parallel to the y axis

Parallelklasse = other class in the same year

Parallelogramm parallelogram

Parallelstraße parallel street ◇ *eine Parallelstraße zum Hochweg* a street parallel to the Hochweg

Paralympics Paralympics [Pl] ◇ *an den Paralympics teilnehmen* compete in the Paralympics

paralysiert paralysed, (*AmE*) paralyzed ◇ *Alle reagierten wie paralysiert.* They were all paralysed.

Parameter parameter

paramilitärisch paramilitary

Paranuss brazil (nut)

Paraphrase paraphrase

paraphrasieren paraphrase

Parasit parasite

parat ready ◇ *Bitte Pässe parat halten!* Please have your passports ready. ◇ *immer eine Ausrede parat haben* always have an excuse ready ◇ *Das Auto steht parat.* The car's outside.

Pärchen couple [mit Verb im Sing/Pl]

Parcours **1** course **2** (*Reitsport*) showjumping course

Parfum perfume

Parfümerie perfumery

parieren[1] **1** (*Fußball*) save ◇ *einen Elfmeter parieren* save a penalty **2** (*Fechten*) parry **3** **ein Pferd ~** rein in a horse

parieren[2] obey ◇ *Der Hund parierte ihm.* The dog obeyed him. ◇ *aufs Wort parieren* obey immediately ◇ *Wer nicht pariert, wird bestraft.* Anyone who doesn't do as they are told will be punished

Park park; (*Schloss-*) grounds [Pl]

Parka parka

Park- **Parkanlage** park **Parkausweis** parking permit **Parkbank** park bench **Parkdeck** level

parken **1** park ◇ *falsch parken* park illegally ◇ *sein Auto im Halteverbot parken* park on double yellow lines **2** (*geparkt sein*) be parked ◇ *Ihr Auto parkte vor dem Kino.* Her car was parked in front of the cinema. ◇ *parkende Autos* parked cars ◇ *Ich parke gleich um die Ecke.* I'm parked just round the corner.

Parkett **1** parquet (floor) ◇ *Alle Zimmer sind mit Parkett ausgelegt.* All the rooms have parquet floors. **2** (*Tanzfläche*) dance floor **3** (*Theater, Kino*) stalls [Pl], (*AmE*) orchestra ◇ *Wir saßen im Parkett.* We were sitting in the stalls. **4** (*fig*) stage ◇ *auf dem internationalen Parkett* on the international stage
Parkettboden parquet floor

Park- **Parkgebühr** parking charge **Parkhaus** multistorey car park, (*AmE*) parking garage

Parkinsonkrankheit Parkinson's disease

Park- **Parkkralle** wheel clamp, (*AmE*) (Denver) boot **Parkleuchte** parking light **Parklücke** parking space **Parkplatz** **1** car park, (*AmE*) parking lot **2** (*Parklücke*) parking space **Parkscheibe** parking disc, (*AmE*) parking disk **Parkuhr** parking meter ◇ *Die Parkuhr ist abgelaufen.* There's no time left on the parking meter. **Parkverbot** **1** (*Verbot*) parking ban ◇ *ein Parkverbot einrichten* to introduce a parking ban ◇ *Hier ist Parkverbot.* You're not allowed to park here. **2** (*Stelle*) no-parking zone ◇ *Er stellte sich ins Parkverbot.* He parked in a no-parking zone. **Parkwächter(in)** **1** (*Park*) park keeper **2** (*Parkhaus, Parkplatz*) car-park attendant

Parlament **1** parliament [mit Verb im Sing/Pl] ◇ *das Parlament auflösen* dissolve parliament ◇ *Das Parlament beschloss, …* Parliament decided that … **2** (*Gebäude*) parliament (building)

Parlamentarier(in) member of parliament

parlamentarisch parliamentary ◇ *der parlamentarische Staatssekretär* the parliamentary secretary ◇ *Die Gesetze werden parlamentarisch beraten.* The bills will be discussed in parliament. ◇ *eine Reform parlamentarisch durchsetzen* get a reform through parliament

Parlaments- **Parlamentsabgeordnete(r)** member of parliament **Parlamentsbeschluss** parliamentary decision **Parlamentsfraktion** parliamentary party **Parlamentsmehrheit** parliamentary majority ◇ *Die Parlamentsmehrheit beschloss, …* It was decided by a parliamentary majority that … **Parlamentspräsident(in)** (*in Deutschland*) President of the Bundestag; (*in GB, USA*) Speaker **Parlamentssitzung** sitting (of parliament) **Parlamentswahl** parliamentary election [meist Pl], general election

Parodie parody ◇ *eine Parodie auf „Romeo und Julia"* a parody of 'Romeo and Juliet'

parodieren parody, do a take off of *sb/sth* (*umgs*)

parodistisch satirical

Parodontose receding gums [Pl]

Parole **1** (MIL) password **2** (*Leitspruch*) motto **3** (*Schlagwort*) slogan

Partei **1** party [mit Verb im Sing/Pl] ◇ *Welche Partei hast du gewählt?* Which party did you vote for? ◇ *die Partei wechseln* to change parties ◇ *die streitenden Parteien* the parties in dispute **2** (*Miet-*) tenant; (*offiziell*) party **IDM** **für jdn Partei ergreifen** side with sb **Partei ergreifen** take sides **über den Parteien stehen** be impartial
Parteichef(in) party leader

Parteienfinanzierung funding of political parties

Partei- **Parteifreund(in)** party colleague **Parteiführung** party leadership **parteiintern** within the party [nicht vor Nomen] ◇ *ein parteiinterner Streit* a dispute within the party

Parteilichkeit (political) bias [U/Sing]

parteilos independent ◇ *ein parteiloser Kandidat* an independent candidate ◇ *Er ist parteilos.* He does not belong to a political party.

Partei- **Parteimitglied** party member **parteipolitisch** party political [nur vor Nomen] ◇ *parteipolitische Auseinandersetzungen* party political disputes ◇ *Er will sich nicht parteipolitisch binden.* He does not want to commit himself to a political party. **Parteiprogramm** party manifesto **Parteispende** donation to party funds **Parteitag** party conference, (*AmE*) party convention ◇ *auf dem Parteitag* at the party conference **Parteitagsbeschluss** conference resolution **parteiübergreifend** cross-party ◇ *ein parteiübergreifender Konsens* a cross-party consensus ◇ *Der Vorschlag stieß parteiübergreifend auf große Resonanz.* The suggestion met with a favourable response from all parties. **Parteivorsitzende(r)** party leader **Parteivorstand** party executive **Parteizugehörigkeit** party membership

parterre on the ground floor, (*AmE*) on the first floor

Parterre ground floor, (*AmE*) first floor ◇ *Sie wohnt im Parterre.* She lives on the ground floor.

Parterrewohnung ground-floor flat, (*AmE*) first-floor apartment

Partie **1** part ◇ *die Partie um den Mund herum* the part around the mouth **2** (*Spiel*) game ◇ *eine Partie Schach spielen* play a game of chess ◇ *eine Partie Golf* a round of golf **3** (*Rolle*) part IDM **(bei etw) mit von der Partie sein** ◇ *Da bin ich mit von der Partie!* Count me in! ◇ *Er hofft, im Finale mit von der Partie zu sein.* He hopes to be taking part in the final. **eine gute Partie sein** be a good catch (*umgs*)

partiell partial (*Adv* partially)

Partikel[1] *die* (LING) particle

Partikel[2] *das* (NATURW) particle

Partisan(in) partisan

Partitur score

Partizip participle; **~ Perfekt** past participle; **~ Präsens** present participle

Partner(in) partner

Partnerlook matching clothes [Pl] **Partnerschaft** **1** partnership ◇ *eine Partnerschaft von Schulen und Unternehmen* a partnership between schools and business ◇ *homosexuelle Partnerschaften* homosexual relationships ◇ *Sie hat Probleme in ihrer Partnerschaft.* She is having problems with her partner. **2** (*zwischen Städten etc.*) twinning link ◇ *Die Schule hat eine Partnerschaft mit einer High School aufgebaut.* The school has established a link with a High School. **partnerschaftlich** **1** *Adj* ◇ *partnerschaftliche Beziehungen* relationships based on partnership **2** *Adv* in partnership ◇ *partnerschaftlich zusammenarbeiten* working in partnership ◇ *Weiden ist mit Macerata partnerschaftlich verbunden.* Weiden is twinned with Macerata. **Partnerstadt** twin town, (*AmE*) sister town

partout **1** at all costs ◇ *Er will seinen Plan partout durchsetzen.* He insists on carrying out his plan at all costs. ◇ *Sie will partout Tänzerin werden.* She is determined to be a dancer. **2** **~ nicht** ◇ *Die Kinder wollten partout nicht stillsitzen.* The children just wouldn't sit still. ◇ *Ein Mechaniker war partout nicht zu kriegen.* We couldn't find a mechanic for love nor money. ◇ *Er wollte davon partout nichts wissen.* He refused to even entertain the idea.

Party party ◇ *eine Party geben* have a party ◇ *auf einer Party* at a party

Partyservice outside catering firm

Parzelle plot

Pass **1** passport **2** (*Sport, Gebirgs-*) pass

passabel **1** *Adj* reasonable **2** *Adv* reasonably well

Passage **1** passage **2** (*Einkaufs-*) (shopping) arcade

Passagier(in) **1** passenger **2** **blinder ~** stowaway

Passagierflugzeug airliner **Passagierliste** passenger list

Passah(fest) Passover

Passant(in) passer-by

Passat(wind) trade wind

Passbild passport photo

passen **1** fit ◇ *Die Hose passt (mir) nicht.* The trousers don't fit (me). ◇ *Der Deckel passt nicht auf den Topf.* The lid doesn't fit the pan. ◇ *Das Klavier passt nicht durch die Tür.* The piano won't go through the door. ◇ *Wie viele Leute passen in dein Auto?* How many people can you get in your car? ◇ *In jeden Saal passen 2 000 Menschen.* Each room will hold 2 000 people. **2** **(zu etw) ~** go (with sth) ◇ *Das Hemd passt nicht zur Hose.* The shirt doesn't go with the trousers. ◇ *Dazu passt ein Weißwein.* A white wine would go well with it. ◇ *Das Bild passt besser in die Diele.* The picture would go better in the hall. → *Siehe auch* ZUSAMMENPASSEN **3** **zu jdm ~** (*zusammenpassen*) be right for sb ◇ *Sie passt nicht zu ihm.* She is not right for him. ◇ *Der neue Kollege passt nicht zu uns.* Our new colleague doesn't fit in here. **4** **zu jdm ~** (*typisch sein*) be just like sb ◇ *Es passt gar nicht zu ihr, dass sie so launisch ist.* It's not like her to be so moody. ◇ *Der Name passt zu ihm.* The name suits him. **5** **jdm ~** (*recht sein*) suit sb ◇ *Der Termin würde mir gut passen.* The date would suit me fine. ◇ *Es passt mir nicht, dass er sich einmischt.* I'm not happy about him interfering. ◇ *Ihre Art passt mir nicht.* I don't like her manner. **6** (*beim Kartenspielen etc.*) pass ◇ *Bei der nächsten Runde passte er.* He passed in the next round. ◇ *Da muss ich leider passen.* I'm afraid I'll have to pass on that one. IDM **das könnte dir so passen!** you'd like that, wouldn't you! → *Siehe auch* FAUST, KONZEPT *und* KRAM

passend **1** suitable; (*treffend*) right ◇ *ein passender Behälter* a suitable container ◇ *einen passenden Termin finden* find a suitable date ◇ *die passenden Schlüssel* the right keys ◇ *die passenden Worte* the right words ◇ *bei jeder passenden Gelegenheit* at every opportunity ◇ *Das ist nicht der passende Augenblick für einen Streit.* This is not the appropriate moment for an argument. ◇ *Das Restaurant hat einen passenden Namen.* The restaurant has an appropriate name. **2** (*harmonierend*) matching [nur vor Nomen] ◇ *ein Sofa mit passenden Kissen* a sofa with matching cushions ◇ *Haben Sie zu der Hose ein passendes Oberteil?* Have you got a top to match the trousers? **3** (*abgezählt*) ◇ *Ich habe es passend.* I've got the right money. ◇ *Bitte das Fahrgeld passend bereithalten.* Please have the correct fare ready.

passierbar passable; (*Fluss*) navigable

passieren **1** happen ◇ *Was ist passiert?* What's happened? ◇ *Es kann passieren, dass man warten muss.* It sometimes happens that you have to wait. ◇ *Hoffentlich ist ihm nichts passiert.* I hope nothing's happened to him. ◇ *Was passiert mit dem Gepäck?* What happens to the luggage? ◇ *Mir ist ein Malheur passiert.* I've had a little accident. **2** (*durchgehen/-fahren*) go through *sth* ; (*vorbeigehen/-fahren*) go past *sb/sth* ; (*Grenze, Brücke*) cross ◇ *bei Rot die Kreuzung passieren* go through a red light at the junction ◇ *Er ließ uns passieren.* He let us through. **3** (*Gesetz*) get through *sth* ◇ *Das Gesetz passierte den Bundesrat.* The bill got through the Upper House. **4** (*durch ein Sieb*) strain IDM **das kann jedem (mal) passieren** accidents happen **Nichts passiert!** No harm done! **…, oder es passiert was!** … or there'll be trouble! → *Siehe auch* REVUE

Passierschein pass

Passion **1** passion ◇ *Die Musik war ihre Passion.* Music was her passion. ◇ *Er ist Radfahrer aus Passion.* He's a passionate cyclist. **2** (REL) Passion

passioniert keen

Passionsspiel Passion play

passiv passive (*Adv* passively) ◇ *Warum hat er sich so passiv verhalten?* Why was he so passive? ◇ *passive Mitglieder* non-active members ◇ *passives Wahlrecht* the right to be a candidate in an election

Passiv passive ◇ *Das Verb steht im Passiv.* The verb is in the passive.

Passivhaus = highly insulated eco-friendly house built to standards which mean it uses no fossil fuels for heat and power

Passivität passivity

Passiv- **Passivrauchen** passive smoking, (*AmE meist*) second-hand smoking **Passivraucher(in)** passive smoker, (*AmE meist*) second-hand smoker

Pass- **Passkontrolle** passport control ◇ *Wir sind durch die Passkontrolle gegangen.* We went through passport control. **Passstraße** mountain pass **Passwort** password ◇ *Die Dateien sind durch ein Passwort geschützt.* The files are password-protected.

Paste paste

Pastell 1 (*Farbton*) pastel shade **2** (KUNST) pastel ◇ *Bilder in Öl und Pastell* paintings in oil and pastels **Pastellfarbe, Pastellton** pastel shade

Pastete 1 (*Blätterteig-*) pie, pasty **2** (*Leber-, Gemüse-*) pâté

pasteurisiert pasteurized

Pastor(in) vicar; (*freikirchlich*) minister; (*Titel*) Reverend

Patchworkfamilie patchwork family

Pate 1 godparent; (*männlich auch*) godfather; (*Firm-*) sponsor ◇ *Ich bin Pate meines Neffen.* I'm godfather to my nephew. **2 bei etw ~ stehen** be the inspiration for sth ◇ *Die 20er Jahre standen Pate bei diesem Programm.* The twenties were the inspiration for this programme. **3** (*finanziell, organisatorisch*) sponsor **Patenkind** godchild; (*Junge auch*) godson; (*Mädchen auch*) god-daughter **Patenonkel** godfather **Patenschaft 1** ◇ *Sie übernahm die Patenschaft für ihre Nichte.* She became a godparent to her niece. **2** (*finanziell, organisatorisch*) sponsorship (*oft mit einem Verb übersetzt*) ◇ *Der Verein hat die Patenschaft für eine Flüchtlingsfamilie übernommen.* The club is sponsoring a refugee family. **Patensohn** godson

Patent 1 patent ◇ *ein Patent anmelden* apply for a patent ◇ *Das Patent ist erloschen.* The patent has run out. ◇ *Er meldete seine Erfindung zum Patent an.* He patented his invention. **2** (*Urkunde*) certificate **Patentamt** Patent Office

Patentante godmother

patentieren patent

Patentinhaber(in) patent holder

Patentlösung, Patentrezept simple solution; (*universell anwendbar*) universal solution

Patentochter god-daughter

Pater father

pathetisch 1 dramatic (*Adv* dramatically); (*rührselig*) sentimental (*Adv* sentimentally); (*melodramatisch*) melodramatic **2** (*Adv* melodramatically)

Pathologe, Pathologin pathologist

Pathologie pathology

pathologisch pathological (*Adv* pathologically)

Pathos pathos; (*Ergriffenheit*) emotion; (*Rührseligkeit*) sentimentality (*abwert*)

Patience patience [U], (*AmE*) solitaire [U] ◇ *eine Patience legen* play patience

Patient(in) patient **Patientenverfügung** living will ◇ *eine Patientenverfügung verfassen* make a living will

Patin godmother; (*Firm-*) sponsor ◇ *Sie ist die Patin ihres Neffen.* She's godmother to her nephew.

Patriarch patriarch

patriarchalisch patriarchal

Patriarchat 1 patriarchy **2** (REL) patriarchate

Patriot(in) patriot

patriotisch patriotic ◇ *patriotische Taten* patriotic deeds ◇ *Sie ist patriotisch gesinnt.* She's patriotic.

Patriotismus patriotism

Patrizier(in) patrician

Patron (*Schutzheilige(r)*) patron saint

Patrone cartridge

Patrouille patrol ◇ *Patrouille laufen/fahren* be on patrol

patrouillieren patrol ◇ *Polizisten patroullierten in den Straßen.* Police patrolled the streets.

patsch splat; (*Wasser*) splash

Patsche mess, fix (*umgs*) ◇ *Er sitzt nun ganz schön in der Patsche.* He's really in a mess now. ◇ *Kannst du mir aus der Patsche helfen und mir etwas Geld leihen?* Can you help me out and lend me some money?

patschnass soaking wet ◇ *Ich bin patschnass!* I'm soaking wet!

Patt stalemate (*auch fig*)

patzen 1 slip up ◇ *Sie hat bei diesem Turnier mehrfach gepatzt.* She slipped up a few times in this tournament. **2** (*klecksen*) make a blotch; (*Tinte*) make a blot

Patzer slip; (*schwerer*) mistake

patzig rude (*Adv* rudely) ◇ *Er gab mir eine patzige Antwort.* He answered rudely. ◇ *Als er fragte, reagierte sie patzig.* When he asked her, she snapped at him.

Pauke kettledrum; (*im Plural auch*) timpani [Pl] ◇ *Sie spielt die Pauke.* She plays the timpani. **IDM auf die Pauke hauen** (*feiern*) party ◇ *Gestern Abend haben wir mächtig auf die Pauke gehauen!* We really partied last night! **mit Pauken und Trompeten durchfallen** fail spectacularly

pauken work; (*für Prüfungen etc.*) revise

Paukenschlag 1 drumbeat **2** (*fig*) bang (*umgs*) (*Sensation*) sensation

Pauker (*Lehrer*) teacher

pausbackig, pausbäckig chubby-cheeked

pauschal 1 flat-rate [nur vor Nomen]; (*durch die Bank*) across the board ◇ *Der Wasserverbrauch wird pauschal abgerechnet.* There is a flat-rate charge for water. ◇ *pauschale Kürzungen* across-the-board cuts **2** (*Verurteilung, Ablehnung*) wholesale [nur vor Nomen]; (*Formulierung*) general (*Adv* generally) ◇ *Ich lehne den Vorschlag pauschal ab.* I reject the proposal wholesale. ◇ *Pauschal betrachtet …* Generally speaking, … ◇ *Wie lange das dauert kann ich pauschal nicht sagen.* I can't generalize about how long it will take. ◇ *Werden Asylbewerber dort pauschal abgelehnt?* Are asylum seekers turned away on principle? ◇ *Du kannst ihn nicht so pauschal verurteilen.* You can't just condemn him out of hand. **Pauschalangebot** all-inclusive offer, all-in package

Pauschale fixed sum

Pauschal- Pauschalpreis (*Einheitspreis*) flat rate; (*Inklusivpreis*) all-inclusive price **Pauschalreise** package holiday

Pause 1 break; (*Ruhe-*) rest; (*Theater*) interval; (*Rede*) pause **2** (MUS) rest ◇ *In Takt Nummer 16 hat die Flöte Pause.* In bar 16 the flute has a rest.

pausen trace

Pausen- Pausenbrot break-time sandwich **Pausenhof** playground, school yard

pausenlos incessant (*Adv* incessantly) ◇ *pausenloser Regen* incessant rain ◇ *Das Telefon klingelte pausenlos.* The phone rang incessantly. ◇ *Die Feuerwehr war pausenlos im Einsatz.* The fire brigade worked round the clock.

Pausen- Pausenstand half-time score **Pausenzeichen** (MUS) rest

pausieren take a break ◇ *Wegen eines Bänderrisses muss sie zwei Monate pausieren.* She has to take a two-month break because of a torn ligament.

Pavian baboon

Pavillon pavilion; (*Gebäude mit provisorischen Klassenzimmern*) temporary classrooms [Pl]

Pay-TV pay TV

Pazifik Pacific

Pazifismus pacifism ◇ *die Grundsätze des Pazifismus* the principles of pacifism

Pazifist(in) pacifist ◇ *Sie war überzeugte Pazifistin.* She was a committed pacifist.

pazifistisch pacifist ◇ *eine pazifistische Bewegung* a pacifist movement ◇ *Er ist pazifistisch gesinnt.* He's a pacifist.

PC PC

PDA PDA

Pech **1** (*schwarze Masse*) pitch [U] **2** (*Unglück*) bad luck [U] ◇ *So ein Pech!* What bad luck! ◇ *Mit den Frauen hat er nur Pech.* He doesn't have any luck with women. ◇ *Wir hatten Pech mit dem Wetter.* We were unlucky with the weather. ◇ *Wir hatten das Pech, in einen Stau zu geraten.* Unfortunately, we got stuck in the traffic. IDM **Pech gehabt!** **1** Bad luck! **2** (*schadenfroh*) Tough! **vom Pech verfolgt sein** be dogged by misfortune → *Siehe auch* BRINGEN
pechschwarz jet black **Pechsträhne** run of bad luck **Pechvogel** ◇ *Er ist ein Pechvogel.* He doesn't have a lot of luck.

Pedal pedal; (*an Maschinen auch*) foot pedal; (*Gas-*) accelerator IDM **in die Pedale treten** pedal hard

Pedant(in) pedant (*abwert*)

pedantisch **1** pedantic (*Adv* pedantically) (*abwert*) ◇ *Sie ist unheimlich pedantisch.* She's very pedantic. **2** (*exakt*) meticulous (*Adv* meticulously) ◇ *Alles wurde pedantisch genau geprüft.* Everything was meticulously checked.

Pediküre **1** pedicure ◇ *Ich mache eine Pediküre.* I'm giving myself a pedicure. **2** (*Fußpflegerin*) chiropodist, (*AmE meist*) podiatrist

Peeling **1** exfoliation [U] ◇ *ein Peeling machen* exfoliate (the skin, face, legs, etc.) **2** (*Produkt*) (facial) scrub

Peepshow peep show

Pegel **1** (*Messgerät*) depth gauge **2** (*auch* **Pegelstand**) (water) level

peilen **1** (NAUT) plumb, sound; (*Bucht etc.*) take soundings in *sth* **2** (*Sender, Punkt*) locate, get a fix on *sth* **3** → KAPIEREN **4** (*schauen*) peer ◇ *durchs Fernrohr peilen* peer through a telescope IDM → DAUMEN

peinigen torment ◇ *Er wurde von Albträumen gepeinigt.* He was tormented by nightmares. ◇ *peinigende Schmerzen* excruciating pain ◇ *von Schmerz gepeinigt* racked with pain ◇ *peinigende Erinnerungen* painful memories

Peiniger(in) tormentor

peinlich **1** embarrassing ◇ *äußerst peinlich* acutely embarrassing ◇ *Das ist mir furchtbar peinlich.* I feel very embarrassed about it. ◇ *Sie war peinlich berührt.* She was embarrassed. **2** (*genau, äußerst*) meticulous (*Adv* meticulously) ◇ *mit peinlicher Sorgfalt* with meticulous care ◇ *peinlich sauber* meticulously clean ◇ *peinlich genau* meticulous ◇ *Sie war peinlich darauf bedacht, dass …* She was meticulous about ensuring that … ◇ *Er hat die Regeln peinlich befolgt.* He observed the rules to the letter. **3 peinlichst** ◇ *Er vermied es peinlichst, das Thema zu erwähnen.* He studiously avoided mentioning the subject. ◇ *etw peinlichst genau planen* plan sth down to the last detail

Peinlichkeit awkwardness [U]; (*Situation*) embarrassing situation; (*Augenblick*) awkward moment

Peitsche whip ◇ *Er knallte mit der Peitsche.* He cracked his whip. IDM → ZUCKERBROT

peitschen **1** whip **2** (*Regen, Wind*) lash ◇ *Der Regen peitschte ihr ins Gesicht.* The rain lashed her face. **3** ◇ *Draußen peitschten Schüsse.* Outside shots rang out.

Pelikan pelican

Pelle skin; (*abgeschält*) peel [U] IDM **jdm auf die Pelle rücken** stick to sb like a leech; pester sb

pellen **1** peel **2 sich ~** peel ◇ *Meine Haut pellte sich.* My skin was peeling. IDM → EI

Pellkartoffeln = potatoes boiled in their skins [Pl]

Pelz **1** fur [U] ◇ *Das Tier hat einen braunen Pelz.* The animal has brown fur. ◇ *eine Mütze aus Pelz* a fur hat **2** (*Mantel etc.*) fur (coat)

pelzig **1** furry **2** (*Zunge*) furred

Pelz- **Pelzkragen** fur collar **Pelzmantel** fur coat **Pelzmütze** fur hat **Pelztier** = animal valued for its fur

Penalty (*Eishockey*) penalty shot

Pendant counterpart; (*Mensch auch*) opposite number; (*Entsprechung*) equivalent ◇ *ihr männliches Pendant* her male counterpart ◇ *sein deutsches Pendant* his German opposite number ◇ *Der amerikanische Senat ist das Pendant zum House of Lords.* The Senate is the American equivalent of the House of Lords.

Pendel pendulum; (*fig*) (pendulum of) public opinion ◇ *Das Pendel schlägt für/gegen die Reform aus.* Public opinion is swinging towards/away from reform.
Pendelbus shuttle bus

pendeln **1** swing (to and fro) ◇ *im Wind pendeln* swing in the wind ◇ *Die Aktie pendelt um die 33-Euro-Marke.* The share price is hovering about 33 euros. **2** (*Mensch*) commute ◇ *zur Arbeit pendeln* commute to work ◇ *Pendelst du noch immer nach Frankfurt?* Are you still commuting to Frankfurt? ◇ *Minister, die zwischen Bonn und Berlin pendelten* ministers who were commuting between Bonn and Berlin ◇ *Er pendelt jeden Tag zwischen Koblenz und Köln.* He commutes (daily) from Koblenz to Cologne. **3** (*Bus, Fähre*) ply (*gehoben*)

Pendelverkehr shuttle service

Pendler(in) commuter
Pendlerverkehr commuter traffic

penetrant **1** overpowering; (*Geschmack*) strong ◇ *Es riecht penetrant nach Farbe.* There is an overpowering smell of paint. ◇ *Er roch penetrant nach Schweiß.* He reeked of sweat. ◇ *Die Soße schmeckte penetrant nach Knoblauch.* The sauce had a strong taste of garlic. **2** (*störend*) insistent (*Adv* insistently) ◇ *das penetrante Handyklingeln* the insistent ringing of mobile phones **3** (*Mensch*) pushy

peng bang

penibel **1** meticulous (*Adv* meticulously) ◇ *penibel geführte Akten* meticulous records ◇ *Es herrschte penible Sauberkeit.* The place was meticulously clean. **2** (*Mensch*) precise, fussy (*abwert*)

Penis penis

Penizillin penicillin

pennen sleep ◇ *Ich habe bis elf gepennt.* I slept till eleven. ◇ *Da hab ich wohl wieder mal gepennt!* I must have been asleep.

Penner(in) dosser (*Slang*), (*bes AmE*) bum (*umgs*)

Pension **1** (*Rente*) pension ◇ *Er bezieht eine kleine Pension.* He has a small pension. **2** (*Ruhestand*) retirement ◇ *Sie ging vorzeitig in Pension.* She took early retirement. ◇ *in Pension sein* be retired ◇ *in Pension gehen* retire **3** (*Gästehaus*) guest house

Pensionär(in) retired civil servant, teacher, judge, etc.

pensionieren **1** retire, pension *sb* off ◇ *ein pensionierter Lehrer* a retired teacher ◇ *seitdem er pensioniert wurde* since he retired **2 sich ~ lassen** retire ◇ *Er ließ sich mit 55 pensionieren.* He retired at 55. ◇ *Sie hat sich vorzeitig pensionieren lassen.* She took early retirement.

Pensionierung retirement ◇ *die vorzeitige/frühzeitige Pensionierung* early retirement

Pensum quota ◇ *Ich habe mein heutiges Pensum geschafft.* I've done my quota (of work) for today. ◇ *Sie müssen ein großes Pensum bewältigen.* They have a heavy workload.

Pentagon **1** pentagon **2** *(US-Verteidigungsministerium)* Pentagon

Peperoni chilli, *(AmE)* chili (pepper)

per **1** by ◇ *per E-Mail* by email ◇ *per Bahn* by rail ◇ *per Zufall* by chance ◇ *per Anhalter fahren* hitch (hike) ◇ *per Knopfdruck* at the touch of a button ◇ *etw per Gesetz festlegen* establish sth in law ◇ *Sie wird per Haftbefehl gesucht.* A warrant has been issued for her arrest. **2 (mit jdm) ~ du/Sie sein** = say du/Sie (to sb)

perfekt **1** perfect *(Adv* perfectly) ◇ *Er spricht perfektes Deutsch.* He speaks perfect German. ◇ *perfekt getarnt* perfectly camouflaged ◇ *perfekt choreografiert* beautifully choreographed **2** *(abgeschlossen)* complete

Perfekt perfect (tense) ◇ *Das Verb steht im Perfekt.* The verb is in the perfect.

Perfektion perfection ◇ *technische Perfektion* technical perfection ◇ *etw bis zur Perfektion trainieren* practise sth until it's perfect

perfektionieren perfect

Perfektionismus perfectionism

Perfektionist(in) perfectionist ◇ *Perfektionist sein* be a perfectionist

perfid treacherous *(Adv* treacherously); *(gehoben)* perfidious *(Adv* perfidiously)

Perforation perforation [meist Pl] ◇ *etw an der Perforation abreißen* tear sth off along the perforations

Pergament parchment
Pergamentpapier greaseproof paper, *(AmE)* wax paper

Periode **1** period ◇ *eine Periode des Friedens* a period of peace ◇ *Sie hat ihre Periode bekommen.* Her period has started. **2** (MATH) recurring ◇ *0 Komma Periode 3* 0.33 recurring

periodisch periodic *(Adv* periodically) ◇ *Die Anfälle treten periodisch auf.* The attacks occur periodically. ◇ *periodisch erscheinende Zeitschriften* periodicals ◇ *eine periodisch auftretende Krankheit* a disease which comes in cycles

Peripherie **1** periphery; *(einer Stadt auch)* outskirts [Pl] ◇ *an der Peripherie der Stadt* on the outskirts of the town ◇ *Sie wurden politisch an die Peripherie abgedrängt.* They were forced to the fringes of politics. **2** *(Geometrie)* circumference **3** (COMP) peripherals [Pl]

Perle **1** pearl *(auch fig)* **2** *(aus Holz, Glas etc.)* bead **IDM** **Perlen vor die Säue werfen** cast (your) pearls before swine

perlen **1** *(Wasser)* form drop(let)s ◇ *Die Tropfen perlten auf der Motorhaube.* Droplets formed on the bonnet of the car. **2** *(Sekt etc.)* bubble ◇ *Der Sekt perlte im Glas.* Champagne was bubbling in the glass. **3 von etw ~** trickle off sth, run off sth ◇ *Regentropfen perlten von den Blättern.* Raindrops trickled off the leaves.

Perlenkette pearl necklace

Perl- **Perlhuhn** guinea fowl **Perlmutt** mother-of-pearl

permanent constant *(Adv* constantly)

perplex *(verwirrt)* baffled; *(verblüfft)* (completely) at a loss

Perser, **Perserteppich** Persian carpet

Perser(in) Persian

Persiflage pastiche

Person **1** person ◇ *pro Person* per person ◇ *zehn Personen* ten people ◇ *ein Ein-Personen-Haushalt* a one-person household ◇ *eine männliche/weibliche Person* a male/female ◇ *Angaben zur Person machen* give your personal details ◇ *jdn zur Person vernehmen* question sb about their identity ◇ *Wir waren vier Personen.* There were four of us. ◇ *Unsere Familie besteht aus vier Personen.* Ours is a family of four. ◇ *die eigene Person zu wichtig nehmen* take yourself too seriously **2 etw in ~ sein** be sth personified ◇ *Sie ist die Gutmütigkeit in Person.* She is kindness personified. **3 etw in einer ~ sein** be sth rolled into one ◇ *Er ist Präsident und General in einer Person.* He is president and general rolled into one. **4** *(im Theater, Roman)* character **5** *(Frau)* woman *(abwert)* **IDM** **ich für meine Person** I for my part

Personal staff ◇ *Personal einstellen* take on staff ◇ *beim Personal sparen* cut down on staff
Personalabbau staff cuts [Pl] **Personalabteilung** personnel department **Personalakte** personal file **Personalausweis** identity card **Personalchef(in)** personnel manager

Personalien personal details [Pl], particulars [Pl] ◇ *seine Personalien angeben* give your personal details ◇ *jds Personalien aufnehmen* take down sb's particulars

Personal- **Personalkosten** staff costs [Pl] **Personalmangel** staff shortage **Personalpronomen** personal pronoun **Personalrat** = staff council for civil servants

Personen- **Personenaufzug** (passenger) lift, *(AmE)* elevator **Personenbeschreibung** description ◇ *Die Polizei gibt folgende Personenbeschreibung ab: junger Mann …* The police have released the following description: a young man … **Personengedächtnis** memory for faces **Personenkontrolle** security check; *(von Papieren)* identity check **Personenkreis** group of people **Personenkult** personality cult **Personennahverkehr** local public transport **Personenschaden** personal injury [U] **Personenzug** passenger train

persönlich **1** personal *(Adv* personally) ◇ *aus persönlichen Gründen* for personal reasons ◇ *Meine persönliche Meinung ist, dass …* It's my personal opinion that … ◇ *ein persönliches Fürwort* a personal pronoun ◇ *Es war meine persönliche Entscheidung.* It was my own decision. ◇ *kleine Mengen Haschisch zum persönlichen Gebrauch* small quantities of hashish for private consumption ◇ *Persönlich!* Private and confidential. **2 ~ werden** get personal; **etw ~ nehmen** take sth personally; **etw ~ meinen** mean sth personally **3** *(selbst)* in person, personally ◇ *persönlich kommen* come in person ◇ *persönlich haften* be personally liable ◇ *Ich persönlich denke, dass …* Personally, I think that … ◇ *Sie haben sich nie persönlich kennengelernt.* They have never met face to face.

Persönlichkeit **1** *(Eigenschaften)* personality ◇ *die freie Entfaltung der Persönlichkeit* the free development of one's personality ◇ *Er hat noch Zeit, seine Persönlichkeit zu entwickeln.* He's still got time to develop as a person. **2** *(Mensch)* character ◇ *Sie war schon als Kind eine starke Persönlichkeit.* She was quite a character even as a child. **3** *(jd mit führender Position)* figure
Persönlichkeitsentwicklung personality development

Perspektive **1** (KUNST) perspective **2** *(Standpunkt)* perspective; *(Blickwinkel)* angle *(auch fig)* ◇ *aus der Perspektive der Frau* from a woman's perspective ◇ *ein Haus aus verschiedenen Perspektiven fotografieren* photograph a house from different angles ◇ *etw aus einer anderen Perspektive betrachten* see sth from a different angle **3** *(Aussicht)* prospect *(gehoben)* ◇ *Wir sehen keine Perspektive für Frieden.* We see no prospect of peace.

Perspektivlosigkeit lack of prospects [U]

Perücke wig

pervers **1** perverse; (*unerhört*) outrageous **2** (*sexuell*) perverted (*Adv* pervertedly) **~ veranlagt sein** be a pervert
Pessimismus pessimism [U]
Pessimist(in) pessimist
pessimistisch pessimistic (*Adv* pessimistically)
Pest plague IDM **jdn hassen wie die Pest** hate sb's guts (*umgs*) **jdn/etw meiden wie die Pest** avoid sb/sth like the plague (*umgs*) **stinken wie die Pest** stink to high heaven
Pestizid pesticide
Petersilie parsley
Petition petition
Petroleum petroleum
Petroleumlampe paraffin lamp
petto **etw in ~ haben** have sth up your sleeve
Petze, Petzer telltale, (*AmE*) tattletale
petzen tell ◇ *Wer hat das gepetzt?* Who went and told?
Pfad path, trail
Pfadfinder (Boy) Scout, (*AmE*) Boy Scout **Pfadfinderin** (Girl) Guide, (*AmE*) Girl Scout
Pfahl **1** post ◇ *Pfähle in den Boden rammen* ram posts into the ground **2** (ARCHIT) support; (*über moorigem Grund etc.*) stilt
Pfand **1** (*Geldbetrag*) deposit ◇ *Auf der Flasche ist Pfand.* There's a deposit on the bottle. **2** (*Gegenstand*) security, pledge (*auch fig*) ◇ *etw als Pfand für etw hinterlegen* leave sth as security against sth ◇ *ein Pfand einlösen* redeem a pledge ◇ *Er gab ihr einen Ring als Pfand seiner Liebe.* He gave her a ring as a pledge of his love. **3** (*in Spielen*) forfeit ◇ *ein Pfand geben* pay a forfeit
Pfandbrief bond
pfänden seize; (*formell*) impound ◇ *Bei ihm ist nichts mehr zu pfänden.* He has nothing left for the bailiffs to seize. ◇ *Die gepfändeten Gegenstände wurden versteigert.* The impounded goods were sold at auction.
Pfand- **Pfandflasche** returnable bottle **Pfandhaus** pawnbroker's, pawnshop **Pfandschein** pawn ticket
Pfanne **1** frying pan, (*AmE auch*) fry pan, (*AmE auch*) skillet **2** (*Gelenk-*) socket IDM **jdn in die Pfanne hauen** **1** (*schlagen*) give sb a hammering **2** (*reinlegen*) land sb in it **3** (*zurechtweisen*) bawl sb out
Pfannkuchen **1** pancake **2** → BERLINER
Pfarramt parish office
Pfarrei **1** parish **2** (*Amt*) parish office
Pfarrer(in) priest; (*anglikanisch auch*) vicar; (*freikirchlich*) minister
Pfarr- **Pfarrhaus** vicarage; (*mit Amtsräumen*) parish office **Pfarrkirche** parish church
Pfau peacock
Pfeffer **1** pepper ◇ *mit Pfeffer und Salz würzen* season with salt and pepper **2** (*Pep*) zing (*umgs*), sparkle ◇ *In der Show ist kein Pfeffer!* There's no zing to the show! IDM **der kann hingehen, wo der Pfeffer wächst** sb can go to hell
Pfefferkorn peppercorn **Pfefferkuchen** = Christmas biscuits made with honey and spices **Pfefferminz** peppermint **Pfefferminzbonbon** peppermint **Pfefferminztee** peppermint tea
Pfeffermühle pepper mill
pfeffern **1** (*würzen*) season *sth* with pepper ◇ *das Fleisch pfeffern* season the meat with pepper ◇ *stark gepfeffert* peppery **2** (*fig*) **etw (mit etw) ~** spice sth (up) (with sth) ◇ *den Text pfeffern* spice up the text ◇ *Die Rede war mit Witz gepfeffert.* The speech was spiced with humour. **3** (*schmeißen*) throw; (*mit Wucht*) hurl, fling IDM **jdm eine pfeffern** sock sb (*umgs*)
Pfeife **1** (*Tabak-*) pipe ◇ *sich eine Pfeife anzünden* light your pipe **2** (MUS) pipe; (*Orgel-*) (organ-)pipe; (*Militärkapelle*) fife **3** (*Triller-*) whistle ◇ *Er blies in die Pfeife.* He blew his/the whistle. **4** (*Versager*) dead loss (*umgs*), (*AmE*) jerk ◇ *Er ist eine richtige Pfeife!* He's a dead loss! ◇ *Du bist mir eine Pfeife!* You're hopeless! IDM **jdn/etw in der Pfeife rauchen können** be able to forget sb/sth ◇ *Das kannst du in der Pfeife rauchen!* You can forget it! **nach jds Pfeife tanzen** dance to sb's tune
pfeifen **1** whistle; (*mit Trillerpfeife auch*) give a blow on the whistle; **nach jdm/etw ~** whistle to sb/sth ◇ *Er pfiff eine Melodie (vor sich hin).* He was whistling a tune (to himself). ◇ *Sie pfiff nach dem Hund.* She whistled for the dog. ◇ *dreimal pfeifen* give three blows on the whistle ◇ *Sein Atem ging pfeifend.* He was wheezing. **2** (SPORT) blow the whistle; **ein Foul ~** blow for a foul; **ein Spiel ~** referee a match ◇ *Die Schiedsrichterin pfiff.* The referee blew her/the whistle. ◇ *Der Schiedsrichter hat schlecht gepfiffen.* The referee was no good. **3** (*Maus etc.*) squeak **4** **durch etw ~** ◇ *Der Wind pfiff ihm durch die Jacke.* The wind cut through his jacket like a knife. ◇ *durch den Kamin pfeifen* whistle down the chimney **5** **auf etw ~** ◇ *Das hat er über mich gesagt? Da pfeife ich drauf.* I couldn't care less what he said about me! ◇ *Ich pfeife auf dein Geld/drauf!* You can keep your money/it! IDM → LOCH *und* SPATZ
Pfeifkonzert boos and catcalls [Pl] ◇ *Er wurde mit einem Pfeifkonzert empfangen.* He was greeted with boos and catcalls. ◇ *ein Pfeifkonzert veranstalten* start booing ◇ *jdn mit einem Pfeifkonzert verabschieden* boo sb off the stage
Pfeil arrow ◇ *mit Pfeil und Bogen schießen* use a bow and arrow
Pfeiler (*Säule*) pillar (*auch fig*); (*Stütze*) support
Pfeilspitze arrowhead
Pfennig **1** (*Währung*) pfennig **2** (*Minimalbetrag*) penny ◇ *etw auf den Pfennig genau ausrechnen* work sth out down to the last penny ◇ *kein Pfennig* not a penny IDM **keinen Pfennig wert sein** be worth nothing **mit jedem Pfennig rechnen (müssen)** (have to) watch/count every penny
Pferd **1** horse ◇ *Pferde züchten* breed horses ◇ *Sie kam zu Pferd.* She rode here/came on horseback. ◇ *Er ritt auf einem Pferd in die Stadt ein.* He entered the town on horseback. **2** (*Turnen*) (vaulting) horse **3** (*Schach*) knight IDM **auf das richtige/falsche Pferd setzen** back the right/wrong horse **das Pferd vom Schwanz her aufzäumen** put the cart before the horse **dazu/dorthin bringen mich keine zehn Pferde** wild horses wouldn't make me do that/drag me there
Pferdeäpfel horse droppings [Pl] **Pferdefreund(in)** horse-lover **Pferderennen** **1** (horse) race ◇ *beim Pferderennen* at the races ◇ *zum Pferderennen gehen* go to the races **2** → PFERDERENNSPORT **Pferderennsport** (horse) racing **Pferdeschwanz** **1** horse's tail **2** (*Frisur*) ponytail ◇ *einen Pferdeschwanz tragen* wear your hair in a/have a ponytail **Pferdesport** equestrian sport; (*Pferderennen*) (horse) racing **Pferdestärke** → PS[1] **Pferdewagen** (horse-drawn) carriage; (*für Lasten*) (horse and) cart **Pferdezucht** horse breeding [U]; (*Gestüt*) stud farm
Pfiff **1** whistle ◇ *Ich hörte den Pfiff.* I heard the whistle blow. ◇ *der Pfiff des Schiedsrichters* the referee's whistle ◇ *ein schriller/gellender Pfiff* a high-pitched/piercing whistle **2** catcall ◇ *Aus dem Publikum kamen Pfiffe.* There were catcalls from the audience. **3** (*das besondere Etwas*) pizzazz (*umgs*)
Pfifferling chanterelle IDM **keinen Pfifferling** ◇ *keinen Pfifferling wert sein* be not worth a damn ◇ *Ich*

würde keinen Pfifferling auf ihn setzen. I don't fancy his chances.

pfiffig (*intelligent, schlau*) clever (*Adv* cleverly), (*bes AmE*) smart; (*Spruch, Titel etc.*) snappy ◇ *ein pfiffiger kleiner Junge* a clever little boy ◇ *pfiffige Ideen/Einfälle* bright ideas ◇ *pfiffige Moden* clothes with pizzazz ◇ *sich pfiffig anziehen* dress with flair

Pfingsten (*Fest*) Pentecost; (*Feiertage*) Whitsun (holiday) ◇ *an/zu Pfingsten* at Whitsun ◇ *über Pfingsten wegfahren* go away at Whitsun

Pfingst- Pfingstkirchengemeinde Pentecostal Church **Pfingstmontag** Whit Monday **Pfingstrose** peony **Pfingstsonntag** Pentecost, (*BrE auch*) Whit Sunday

Pfirsich peach

Pflanze plant ◇ *blühende Pflanzen* flowering plants ◇ *eine wild wachsende Pflanze* a wild plant

pflanzen 1 plant (*auch fig*) ◇ *Samen/Salat pflanzen* plant seeds/lettuce ◇ *Er pflanzte die Flagge auf die Bergspitze.* He planted the flag on the summit. **2 sich ~** plant yourself, plonk yourself (*umgs*), (*AmE meist*) plunk yourself (*umgs*)

Pflanzen- Pflanzenfresser herbivore **Pflanzenöl** vegetable oil **Pflanzenschutzmittel** pesticide **Pflanzenwelt** flora (*Fachspr*) ◇ *die Tier- und Pflanzenwelt* the flora and fauna

pflanzlich 1 plant ◇ *der pflanzliche Organismus* the physiology of plants **2** (*aus Pflanzen*) vegetable; (*vegetarisch*) vegetarian ◇ *pflanzliche Fette* vegetable fats ◇ *pflanzliche Lebensmittel* vegetarian food ◇ *pflanzliche Arzneimittel* herbal medicines

Pflaster 1 (*Straßen-*) road surface, (*AmE*) pavement; (*Bürgersteig*) pavement, (*AmE*) sidewalk ◇ *Das Pflaster hatte sich gesenkt.* The road (surface) had subsided. ◇ *das Pflaster erneuern* resurface the road **2** (*Gegend*) place; (*Land auch*) part of the world; (*Stadtteil*) part of town ◇ *Berlin ist ein teures Pflaster.* Berlin is an expensive place. ◇ *ein heißes Pflaster* a dangerous part of town **3** (*Heftpflaster*) (sticking) plaster, (*AmE*) Band-Aid™ ◇ *ein Pflaster auf die Wunde kleben* stick a plaster on the wound

pflastern (*Straße etc.*) pave ◇ *ein gepflasterter Hof* a paved courtyard ◇ *wo die Straßen mit Gold gepflastert sind* where the streets are paved with gold

Pflasterstein paving stone; (*Kopfstein*) cobble(stone) ◇ *Pflastersteine setzen* lay paving stones

Pflaume 1 plum ◇ *Pflaumen ernten* pick plums ◇ *getrocknete Pflaumen* prunes **2** (*Mensch*) ◇ *Du Pflaume!* Don't be so wet!

Pflaumenbaum plum tree **Pflaumenkuchen** plum tart **Pflaumenmus** plum purée

Pflege 1 care; (*Kranken-*) nursing care ◇ *die Pflege behinderter Menschen* the care of disabled people ◇ *ständiger Pflege bedürfen* need constant nursing care ◇ *die ambulante Pflege* home care ◇ *die Pflege antiker Möbel* the care of antique furniture ◇ *die Pflege der Katze* looking after the cat **2** (*Erhaltung*) maintenance ◇ *Moderne Autos brauchen nicht viel Pflege.* Modern cars don't need much maintenance. **3** (*Förderung*) cultivation (*oft mit einem Verb übersetzt*) ◇ *die Pflege persönlicher Kontakte* cultivating personal contacts ◇ *die Pflege nachbarschaftlicher Beziehungen* fostering good relations between neighbours **4 ein Kind in ~ nehmen** foster a child

pflegebedürftig needing care [nicht vor Nomen]; (*Krankenpflege*) needing nursing care [nicht vor Nomen] ◇ *pflegebedürftige alte Menschen* elderly people needing nursing care ◇ *im Alter pflegebedürftig werden* need care in old age **Pflegebedürftigkeit** need of care **Pflegeberuf** caring profession, (*AmE*) caregiving profession **Pflegedienst** care [U] ◇ *ambulante Pflegedienste* home care ◇ *verschiedene Pflegedienste* various types of care **Pflegeeltern** foster parents [Pl] **Pflegefall** ◇ *ein leichter Pflegefall sein* be in need of minimal care ◇ *ein schwerer Pflegefall sein* be severely dependent ◇ *zum Pflegefall werden* become dependent **Pflegeheim** nursing home **Pflegekind** foster child **pflegeleicht 1** easy to look after [nicht vor Nomen] (*Stoff, Kleidung, Teppich auch*) easy-care; (*Auto, Boden*) low-maintenance ◇ *pflegeleichte Pflanzen* plants that are easy to look after **2** (*unkompliziert*) easy [nur vor Nomen] ◇ *Mein Sohn war nie pflegeleicht!* My son was never an easy child!

pflegen 1 (*Kranke*) care for *sb*; (*gesund pflegen*) nurse ◇ *einen bettlägerigen Patienten pflegen* care for a bedridden patient ◇ *jdn wieder gesund pflegen* nurse sb back to health **2** (*erhalten*) look after *sth*; (*Auto auch*) maintain; (*Rosen, Pflanzen*) tend ◇ *die Grünanlagen pflegen* look after the parks **3 etw/sich ~** look after sth/yourself ◇ *Du solltest dich pflegen.* You need to look after yourself. ◇ *seine Fingernägel pflegen* look after your fingernails ◇ *seinen Körper pflegen* groom yourself ◇ *gepflegt aussehen* look well groomed **4** (*fördern*) cultivate ◇ *Freundschaften pflegen* cultivate friendships ◇ *soziale Kontakte pflegen* maintain social contacts ◇ *freundschaftliche Kontakte pflegen* keep up with friends **5 etw zu tun ~** usually do sth; (*immer*) always do sth; (*in der Vergangenheit auch*) (always) used to do sth ◇ *Nach dem Mittagessen pflegt er ein Schläfchen zu halten.* He usually has a nap after lunch. ◇ *…, pflegte sie zu sagen.* …, she used to say. ◇ *Er hat ein Brett vorm Kopf, wie man so schön zu sagen pflegt* He's as thick as two short planks, to coin a phrase.

Pflegepersonal care staff; (*für Kranke*) nursing staff

Pfleger(in) care worker; (*Krankenpfleger*) (male) nurse; (*Krankenpflegerin*) nurse

Pflege- Pflegestation chronic ward; (*Alten-*) geriatric ward **Pflegeversicherung** long-term care insurance

pfleglich 1 *Adv* with care ◇ *jdn/etw pfleglich behandeln* treat sb/sth with care **2** *Adj* ◇ *Eine pflegliche Behandlung anderer Kulturen ist wichtig.* It is important to respect other cultures.

Pflicht 1 duty; (*Verantwortung*) responsibility ◇ *Ich tue nur meine Pflicht.* I'm only doing my duty. ◇ *Wir haben die Pflicht, uns um die Flüchtlinge zu kümmern.* We have a duty to care for the refugees. ◇ *Die Pflicht ruft!* Duty calls! ◇ *große Pflichten auf sich nehmen* take on heavy responsibilities ◇ *Es ist meine Pflicht, ihnen zu sagen, …* I am obliged to tell you that … ◇ *Regelmäßige Teilnahme ist Pflicht.* You have to attend regularly. **2** (SPORT) compulsory programme, (*AmE*) compulsory program

Pflichtaufgabe obligation **pflichtbewusst** conscientious (*Adv* conscientiously) **Pflichtbewusstsein** sense of duty; (*bei der Arbeit*) conscientiousness **Pflichtfach** compulsory subject ◇ *Pflichtfach sein* be a compulsory subject **Pflichtlektüre** required reading; (SCHULE) set texts [Pl]; (*einzeln*) set text ◇ *„Macbeth" ist Pflichtlektüre.* 'Macbeth' is a set text. **Pflichtprogramm 1** (SPORT) compulsory programme, (*AmE*) compulsory program **2** (*fig*) ◇ *zum Pflichtprogramm gehören* be a must **Pflichtverteidiger(in)** = lawyer acting for the defence in a legal aid case, (*AmE*) ≈public defender

pflücken pick ◇ *Obst pflücken* pick fruit

Pflücker(in) picker

Pflug plough

pflügen plough ◇ *die Äcker pflügen* plough the fields

Pforte 1 door; (*Eingang*) entrance; (*Empfang*) reception; (*Pförtnerhaus*) porter's lodge ◇ *sich an der Pforte melden* report to reception **2** (*zum Garten etc.*) gate **3 seine Pforten öffnen/schließen** open/be closed to the

public; *(das Geschäft öffnen)* open for business; *(das Geschäft schließen)* shut up shop
Pförtner(in) porter, *(AmE)* concierge; *(am Tor)* gatekeeper
Pförtnerhaus porter's lodge
Pfosten post; *(Tor- auch)* goalpost
Pfostenschuss = shot that hits the goalpost
Pfote **1** *(Tier-)* paw ◇ *Die Katze leckte sich die Pfoten.* The cat was licking its paws. ◇ *Gib Pfote!* Give me a paw! ◇ *auf leisen Pfoten schleichen* creep along **2** *(Hand)* hand ◇ *Pfoten weg!* Hands off! ◇ *die Pfoten von etw lassen* not touch sth ◇ *sich die Pfoten verbrennen* get your fingers burnt
pfui **1** ugh, yuck *(umgs)*; *(Gestank)* pooh! ◇ *Pfui (Teufel) — das stinkt ja eklig!* Pooh! What a stink! **2** *(aufhören)* no!, stop it! **3** *(Buhruf)* boo
Pfund **1** *(Gewicht)* half a kilo ◇ *2 Pfund wiegen* weigh a kilo ◇ *ein Pfund Erdbeeren* half a kilo of strawberries ◇ *10 Pfund zunehmen* put on 10 pounds **2** *(Währung)* pound *(Abk £)*; *(Sterling auch)* (pound) sterling ◇ *das britische Pfund* the pound sterling ◇ *den Preis in Pfund umrechnen* convert the price into sterling
Pfusch botch(-up) *(umgs)* ◇ *Diese Arbeit ist Pfusch.* It's a botch-up/a botched job. ◇ *Er hat Pfusch gemacht.* He botched it up.
pfuschen **1** *(Pfusch machen)* do a botched job *(umgs)* ◇ *Der Handwerker hat bei der Reparatur gepfuscht.* The repair was a botched job. **2** *(mogeln)* cheat ◇ *Ich habe bei der Mathearbeit gepfuscht.* I cheated in the maths test. IDM → HANDWERK
Pfütze puddle ◇ *in eine Pfütze treten* step in a puddle
Phänomen phenomenon *(auch fig)*
phänomenal phenomenal *(Adv* phenomenally)
Phantom phantom; *(Trugbild)* chimera *(gehoben)*
Phantombild Photo-Fit™, *(AmE)* composite; *(gezeichnet)* identikit™, *(AmE)* composite sketch
Pharao pharaoh
Pharmaindustrie pharmaceutical industry
Pharmakologie pharmacology
pharmakologisch pharmacological *(Adv* pharmacologically)
Pharmakonzern pharmaceutical company
pharmazeutisch pharmaceutical [nur vor Nomen]
Pharmazie pharmacy
Phase phase; *(Stadium)* stage; *(Zeit)* period ◇ *in eine neue Phase eintreten* enter a new phase ◇ *Wir sind in der Phase der Projektplanung.* The project is at the planning stage. ◇ *in dieser Phase* at this stage
phasenweise at times
Philanthrop(in) philanthropist
philanthropisch philanthropic
Philatelie philately
Philatelist(in) philatelist
Philharmonie **1** *(Orchester)* philharmonic (orchestra) [mit Verb im Sing/Pl] **2** *(Gebäude)* concert hall
Philharmoniker(in) orchestral player ◇ *die Wiener Philharmoniker* the Vienna Philharmonic
Philologe, **Philologin** philologist
Philologie philology ◇ *die klassische Philologie* classical philology
Philosoph(in) philosopher
Philosophie philosophy; *(Weltanschauung auch)* philosophy of life
philosophieren philosophize
philosophisch philosophical *(Adv* philosophically)
phlegmatisch **1** *(träge)* apathetic ◇ *Er ist so phlegmatisch.* He's so apathetic. ◇ *ihr phlegmatisches Wesen* her apathy **2** *(gleichmütig)* phlegmatic
Phobie phobia
Phonetik phonetics [U]
phonetisch phonetic *(Adv* phonetically)
Phosphat phosphate
phosphatfrei phosphate-free **phosphathaltig** containing phosphates [nicht vor Nomen]
Phosphor phosphorus
Photosynthese photosynthesis
Phrase phrase ◇ *hohle Phrasen* empty phrases ◇ *abgedroschene Phrasen* clichés IDM **Phrasen dreschen** mouth clichés
pH-Wert pH level
Physik physics [U] ◇ *in der Physik* in physics
physikalisch physical *(Adv* physically) ◇ *physikalische Gesetze* physical laws ◇ *physikalische Therapie* physiotherapy
Physiker(in) physicist
Physiologe, **Physiologin** physiologist
Physiologie physiology
physiologisch physiological *(Adv* physiologically)
Physiotherapeut(in) physiotherapist, *(AmE)* physical therapist
physisch physical *(Adv* physically)
Pianist(in) pianist
Piano piano ◇ *jdn am Piano begleiten* accompany sb on the piano
Pickel[1] **1** *(Spitzhacke)* pick(axe), *(AmE auch)* pickax **2** *(Eis-)* ice axe, *(AmE)* ice-ax
Pickel[2] *(auf der Haut)* spot ◇ *einen Pickel ausdrücken* squeeze a spot ◇ *Pickel haben* be spotty
pickelig spotty
picken **1** *(Körner etc.)* peck at *sth* **2** **(nach) etw ~** *(stoßen)* peck sth ◇ *Die Küken picken ein Loch in die Schale.* The chicks peck a hole in the shell. ◇ *Der Vogel hat nach ihrem Finger gepickt.* The bird tried to peck her finger. **3** **etw aus etw ~** pick sth out of sth
Picknick picnic ◇ *ein Picknick machen* go for/have a picnic
PID pre-implantation (genetic) diagnosis
piepen cheep; *(Gerät)* beep IDM **bei jdm piept es** sb has a screw loose; sb is off their head *(umgs)* ◇ *Bei diesem Regen willst du spazierengehen? Bei dir piept's wohl!* You want to go for a walk in this rain? You must have got a screw loose! **zum Piepen sein** be hilarious *(umgs)* ◇ *Es war zum Piepen.* It was hilarious.
piepsen **1** squeak **2** *(Gerät)* beep
Piepser bleeper
piepsig squeaky
Piepston, **Piepton** beep ◇ *ein hoher Piepston* a high-pitched beep
piercen pierce ◇ *Sie hat sich den Bauchnabel piercen lassen.* She has had her belly button pierced.
Piercing piercing
piesacken torment
Pietät respect [U]
pietätlos disrespectful *(Adv* disrespectfully)
Pigment pigment
Pik spade; *(Farbe)* spades [Pl] ◇ *Pik spielen* play a spade ◇ *Pik ist Trumpf.* Spades are trumps.
pikant **1** tasty, piquant *(gehoben)* ◇ *ein pikantes Gericht* a tasty dish ◇ *pikant gewürzt* spicy **2** *(interessant, bedenklich)* ironical ◇ *Das Pikante daran ist, dass …* The ironical thing is that … **3** *(Witz etc.)* risqué; *(Detail etc.)* juicy
Pike ◇ *sein Handwerk von der Pike auf lernen* learn your trade by starting at the bottom and working your way up
pikiert peeved *(umgs)*, piqued *(gehoben)* ◇ *Er war etwas pikiert.* He was rather peeved. ◇ *Sie packte*

pikiert ihren Koffer und reiste ab. She packed her suitcase in a huff and left.

Pikkolo(flöte) piccolo ◇ *Pikkoloflöte spielen* play the piccolo

Piktogramm pictogram

Pilates Pilates

Pilger(in) pilgrim

Pilgerfahrt pilgrimage

pilgern 1 go on a pilgrimage **2** (*fig*) make a pilgrimage ◇ *Sie pilgern alljährlich zu den Salzburger Festspielen.* They make an annual pilgrimage to the Salzburg festival. **3** (*strömen*) pour ◇ *Die Fans pilgerten ins Stadion.* The fans were pouring into the stadium.

Pille 1 pill, tablet ◇ *Er nahm eine Pille gegen seine Kopfschmerzen.* He took a headache pill. **2 die Pille** the pill ◇ *Sie nimmt die Pille.* She's on the pill. IDM **eine bittere Pille** a bitter pill ◇ *Sie mussten die bittere Pille schlucken.* It was a bitter pill for them to swallow.

Pilot(in) 1 pilot **2** (*Rennfahrer*) racing driver

Pilotfilm pilot **Pilotprojekt** pilot project **Pilotstudie** pilot study **Pilotversuch** pilot scheme

Pils Pils

Pilz 1 fungus; (*Speise-*) mushroom; (*Gift-*) toadstool; (*Schimmel-*) mould, (*AmE*) mold ◇ *Die Rosen haben einen Pilz.* The roses have been attacked by fungus. ◇ *Sie isst gerne Pilze.* She likes mushrooms. ◇ *Dieser Pilz ist giftig.* That's a toadstool. **2** (*Haut-*) fungal infection ◇ *Er hat einen Pilz.* He's got a fungal infection.

Pilzbefall fungus **Pilzvergiftung** = poisoning through eating toadstools

Pimmel willy (*umgs*)

pingelig fussy, finicky, (*AmE*) picky ◇ *Er ist sehr pingelig.* He is very finicky. ◇ *Nun sei doch nicht so pingelig!* Don't be so fussy! ◇ *Sie stellten ihm pingelige Fragen.* They asked him nitpicking questions. ◇ *Alles wurde pingelig genau kontrolliert.* Everything was meticulously checked.

Pinguin penguin

Pinie (stone) pine

pink shocking pink

pinkeln pee (*umgs*) ◇ *Er muss pinkeln gehen.* He has to go for a pee.

pinnen pin ◇ *Sie pinnte das Foto an die Wand.* She pinned the photo up on the wall.

Pinnwand 1 (pin)board **2** (*bei Facebook*) wall

Pinscher pinscher

Pinsel brush; (*für Farbe auch*) paintbrush

pinseln paint

Pinzette tweezers [Pl]

Pionier(in) 1 pioneer (*auch fig*) ◇ *die Pioniere im Wilden Westen* the early American pioneers ◇ *ein Pionier auf dem Gebiet der Krebsforschung* a pioneer in the field of cancer research **2** (MIL) sapper

Pionierarbeit pioneering work ◇ *Er hat auf dem Gebiet der Erwachsenenbildung Pionierarbeit geleistet.* He did pioneering work in the field of adult education. **Pioniergeist** pioneering spirit **Pioniertruppe** (MIL) corps of sappers

Pipeline pipeline

Pirat(in) pirate

Piratenschiff pirate ship **Piratensender** pirate station

Pirouette pirouette ◇ *eine Pirouette drehen* do a pirouette

Pisse piss (*vulg*)

pissen piss (*vulg*) ◇ *Ich muss mal pissen.* I need a piss.

Pistazie pistachio (nut)

Piste 1 (*Ski-*) piste ◇ *Er kam von der Piste ab.* He came off the piste. **2** (AERO) runway ◇ *Das Flugzeug setzte auf der Piste auf.* The aircraft landed on the runway. **3** (*unbefestigter Weg*) dirt road **4** (*Rennstrecke*) racetrack, (*AmE*) raceway

Pistole pistol ◇ *Er zog seine Pistole.* He drew his pistol. IDM **jdm die Pistole auf die Brust setzen** hold a pistol to sb's head **wie aus der Pistole geschossen** in a flash

pitschnass soaking wet

Pizza pizza

Pizzeria pizzeria

Pkw car, (*AmE auch*) automobile

Plackerei drudgery [U] ◇ *Ihr Leben war früher nur Plackerei.* Their lives used to be sheer drudgery.

plädieren 1 für/gegen etw ~ argue for/against sth ◇ *Sie plädierten für harte Maßnahmen.* They argued for harsh measures. ◇ *Die Anwohner plädierten gegen den Plan.* The residents argued against the plan. ◇ *Ich plädiere dafür, die Aktion fortzusetzen.* I'm for continuing with the campaign. **2** (RECHT) (*beantragen*) ask for *sth* ◇ *Der Staatsanwalt hat auf lebenslange Haft plädiert.* The prosecutor asked for a life sentence. ◇ *Der Verteidiger plädierte auf Freispruch.* The defence counsel asked the court to find the defendant not guilty. **3** (RECHT) (*Plädoyer halten*) sum up

Plädoyer 1 (RECHT) summing up ◇ *Der Verteidiger hat in seinem Plädoyer eine Bewährungsstrafe gefordert.* In his summing up the defence called for a suspended sentence. **2 ein ~ für/gegen etw** ◇ *Sie hielt ein Plädoyer für das Recht auf Asyl.* She put the case for the right to asylum. ◇ *Dieser Film ist ein Plädoyer gegen Gewalt.* This film is a polemic against violence.

Plage 1 nuisance ◇ *Die Insekten werden im Sommer zu einer Plage.* The insects are a real nuisance in summer. ◇ *eine Plage von Heuschrecken* a plague of locusts ◇ *Die Touristenmassen sind eine Plage.* The swarms of tourists are a pain. ◇ *Er hat seine Plage mit den Schülern.* The pupils give him a hard time. **2** (*Mühsal*) chore ◇ *Das Unkrautjäten ist wirklich eine Plage.* Weeding is a real chore.

plagen 1 plague; (*beängstigen*) worry ◇ *Sie wird von Selbstzweifeln geplagt.* She is plagued with self-doubt. ◇ *Erzähl mir doch, was dich plagt.* Tell me what's worrying you. ◇ *Ihn plagte das schlechte Gewissen.* His conscience was troubling him. ◇ *Sie wird von Schmerzen geplagt.* She's in a lot of pain. ◇ *ein von Hunger und Bürgerkrieg geplagtes Land* a country racked by famine and civil war ◇ *geplagte Eltern* harassed parents **2 jdn (mit etw) ~** pester sb (about sth) ◇ *Er plagt sie seit Wochen damit, dass er ein Mountainbike haben will.* He's been pestering them for a mountain bike for weeks. **3 sich (mit etw) ~** have trouble (with sth) ◇ *Sie plagt sich seit Wochen mit einer Knieverletzung.* She's been having trouble with a knee injury for weeks. ◇ *Wir mussten uns ganz schön plagen, bis wir endlich fertig waren.* It was a struggle for us to finish.

Plagiat plagiarism ◇ *Sie hat ein Plagiat begangen.* She was guilty of plagiarism. ◇ *Diese Idee ist ein Plagiat.* That idea has been plagiarized. ◇ *Das Blatt ist ein „Spiegel"-Plagiat* The magazine is a 'Spiegel' clone.

Plakat poster; (*zum Herumtragen*) placard ◇ *Sie haben überall Plakate aufgehängt.* They put up posters everywhere. ◇ *Plakate ankleben verboten!* Stick no bills!

plakativ bold (*Adv* boldly); (*zu einfach*) simplistic (*Adv* simplistically) (*abwert*) ◇ *plakative Farben* bold colours ◇ *seine plakative Sprache* his simplistic language ◇ *ein plakatives Emblem* an eye-catching logo

Plakette 1 disc, (*AmE*) disk ◇ *Die Plakette zeigt an, wann das Auto zum TÜV muss.* The disc shows when the car is due for its MOT. **2** (*Auszeichnung*) plaque

Plan 1 plan ◇ *Er legte einen Plan vor, wie sie das Geld auftreiben könnten.* He produced a plan for raising the money. ◇ *Pläne machen/schmieden* make plans ◇ *die Pläne zur Gesundheitsreform* the plans for health service reforms ◇ *die Pläne für den Umbau* the plans for the alterations **2** (*Stadt-, Lage-*) map **3 auf dem ~ stehen** be on the agenda ◇ *Und was steht für morgen auf dem Plan?* And what's on the agenda for tomorrow? ◇ *Morgen steht viel auf dem Plan.* There's a lot on tomorrow. IDM **jdn auf den Plan rufen** spur sb into action **auf den Plan treten** appear on the scene

Plane tarpaulin

planen plan ◇ *Hast du schon deinen Urlaub geplant?* Have you planned your holiday yet? ◇ *Auf dem Gipfel ist ein Hotel geplant.* They are planning to build a hotel on the summit. ◇ *Der Abend verlief anders als geplant.* The evening didn't go according to plan. ◇ *Die Straße war nur als Zufahrt zu den Garagen geplant.* The road was only intended to be an access road to the garages.

Planet planet

Planetarium planetarium

planieren level

Planierraupe bulldozer

Planke plank

planlos aimless (*Adv* aimlessly) ◇ *Das Spiel bestand aus planlosem Gerenne.* The game mainly consisted of running round aimlessly. ◇ *die planlose Politik der Regierung* the policy of the government, which has not been properly thought through ◇ *Sie irrten planlos umher.* They wandered around aimlessly.

planmäßig 1 *Adj* methodical; (*wie im Fahrplan*) scheduled ◇ *das planmäßige Vorgehen der Militärs* the methodical approach of the military ◇ *Planmäßige Ankunft ist 15.00 Uhr.* The scheduled time of arrival is 15.00. **2** *Adv* according to plan; (*wie im Fahrplan*) on schedule ◇ *Die Aktion ist planmäßig verlaufen.* The campaign went according to plan. ◇ *Die Maschine ist planmäßig gelandet.* The plane landed on schedule. ◇ *Die Fähren fahren wieder planmäßig.* The ferries are running normally again.

Planschbecken paddling pool, (*AmE*) wading pool

planschen splash about

Plantage plantation

Planung planning; (*Plan*) plan ◇ *noch in der Planung sein* be still in the planning stage ◇ *Vor drei Jahren begannen sie mit der Planung für die neue Schule.* They started planning the new school three years ago. ◇ *Tausende von Neubauten sind in Planung.* There are plans for thousands of new buildings. ◇ *Sie legten eine neue Planung vor.* They put forward a new plan.

Planwagen covered wagon

Planwirtschaft planned economy

plappern babble ◇ *Das Kind plapperte vor sich hin.* The child was babbling to himself. ◇ *Schon in der zweiten Spanischstunde plapperten sie munter drauflos.* By the second Spanish lesson, they were chatting away merrily. ◇ *Unsinn plappern* talk nonsense

plärren 1 bawl *sth* out; (*Radio*) blare ◇ *Sie plärrte einen Schlager ins Mikrofon.* She was bawling out a hit song into the microphone. **2** (*weinen*) bawl, scream ◇ *Jetzt hör endlich auf zu plärren!* Stop bawling, will you? ◇ *Sie hat immer ein paar plärrende Kinder dabei.* She always has a couple of screaming kids in tow.

Plasma plasma

Plasmabildschirm plasma screen **Plasmafernseher** plasma TV

Plastik[1] *die* sculpture ◇ *eine Plastik von Henry Moore* a sculpture by Henry Moore ◇ *die Plastik der Antike* classical sculpture

Plastik[2] *das* plastic ◇ *Besteck aus Plastik* plastic cutlery

Plastikbecher plastic cup **Plastikbeutel** plastic bag **Plastikfolie** plastic film [U]; (*dicker*) plastic sheeting [U] **Plastikmüll** plastic waste **Plastiksack** plastic sack **Plastiksprengstoff** plastic explosive **Plastiktüte** plastic bag **Plastikverpackung** plastic packaging [U]

Plastination plastination

plastinieren plastinate

plastisch 1 (*bildhauerisch*) plastic ◇ *die plastischen Künste* the plastic arts ◇ *plastische Chirurgie* plastic surgery ◇ *seine plastischen Arbeiten* his sculptures **2** (*räumlich wirkend*) three-dimensional, 3-D **3** (*anschaulich*) vivid; (*drastisch*) graphic ◇ *einen plastischen Eindruck von etw vermitteln* give a vivid impression of sth **4** (*formbar*) malleable

Platane plane (tree)

Plateau plateau

Platin platinum

Platine circuit board

platonisch 1 (PHILOS) Platonic **2** (*nicht sexuell*) platonic (*Adv* platonically)

plätschern 1 (*Wasser, Brunnen*) splash; (*Bach*) babble ◇ *plätscherndes Wasser* splashing water ◇ *Das Gespräch plätscherte vor sich hin.* The conversation burbled along. **2** (*planschen*) splash about

platt 1 flat ◇ *Der Reifen ist platt.* The tyre is flat. ◇ *etw platt walzen* roll sth flat ◇ *sich die Nase am Fenster platt drücken* flatten your nose against the window **2** (*geistlos*) crude; (*langweilig*) dull ◇ *platte Sprüche* crude slogans **3** (*überrascht*) amazed; (*erschöpft*) done in (*umgs*) ◇ *Er war völlig platt.* He was absolutely amazed. ◇ *Da bist du platt, was?* Now what do you say to that? **4 jdn ~ machen** (*umbringen*) kill sb **5 etw ~ machen** (*abreißen*) raze sth to the ground

Platt, Plattdeutsch Low German

Platte 1 (*Stein-*) slab; (*Metall-*) plate; (*Holz-*) board **2** (*Schall-*) record **3** (*Teller, Gericht*) platter ◇ *eine Platte mit Käse* a platter of cheeses ◇ *eine kalte Platte* a cold platter **4** (*Herd-*) hotplate

Platte(r) (*Auto*) flat tyre, (*AmE*) flat tire; (*Fahrrad*) puncture ◇ *Ich habe einen Platten.* I've got a puncture.

Platten- Plattenbau = building made out of prefabricated concrete slabs **Plattenfirma** record company **Plattenspieler** record player

Plattform 1 platform; (*Aussichts-*) viewing platform **2** (*Grundlage*) basis; (*Forum*) forum ◇ *eine solide Plattform* a solid basis ◇ *eine Plattform für Diskussionen* a forum for discussion

Platz 1 (*Ort, Stelle, Rang*) place ◇ *etw an seinen Platz zurückstellen* put sth back in its place ◇ *Dies ist ein guter Platz für ein Picknick.* This is a good place for a picnic. ◇ *einen Platz im Pflegeheim bekommen* get a place in a nursing home ◇ *ein Platz in der Mannschaft* a place on the team ◇ *Sie kam auf den zweiten Platz.* She finished in second place. **2** (*freier Raum*) room, space ◇ *(für jdn/etw) Platz machen* make room (for sb/sth) ◇ *Hast du genug Platz für deine Sachen?* Have you got enough room for your things? ◇ *Der Schrank nimmt viel Platz weg.* The cupboard takes up a lot of room. ◇ *In der Turnhalle haben 500 Zuschauer Platz.* There's space for 500 spectators in the sports hall. ◇ *Platz sparende Möbel* space-saving furniture ◇ *Platz da!* Get out of the way! **3** (*Sitz-*) seat ◇ *Er bot mir seinen Platz an.* He offered me his seat. ◇ *Ist dieser Platz noch frei?* Is this seat taken? ◇ *Die*

Vorstellung war bis auf den letzten Platz ausverkauft. The performance was completely sold out. ◊ *Bitte nehmen Sie Platz!* Please sit down. ◊ *Platz!* Sit! **4** (*Markt-*) square **5** (*Sport-*) field; (*Fußball- auch*) pitch ◊ *der beste Mann auf dem Platz* the best player on the field ◊ *jdn vom Platz stellen* send sb off IDM **am Platz(e)** in the place ◊ *das beste Hotel am Platze* the best hotel in the place → *Siehe auch* FEGEN *und* LOS
Platzangst (*draußen*) agoraphobia; (*drinnen*) claustrophobia **Platzanweiser** usher **Platzanweiserin** usher, usherette

Plätzchen 1 (*kleiner Platz*) spot ◊ *ein schattiges Plätzchen* a shady spot **2** (*Gebäck*) biscuit, (*AmE*) cookie ◊ *Plätzchen backen* make biscuits

platzen 1 burst (*auch fig*); (*Naht, Hose*) split ◊ *Der Luftballon platzte.* The balloon burst. ◊ *Ich habe so viel gegessen, ich platze gleich.* I've eaten so much that I'm fit to burst. ◊ *Ich platzte fast vor Neugier.* I was bursting with curiosity. ◊ *Sie platzte in die Besprechung.* She burst into the meeting. **2** (*Projekt, Verhandlungen etc.*) fall through; (*Freundschaft etc.*) break up ◊ *Der Vertrag ist geplatzt.* The contract has fallen through ◊ *Die Koalition ist geplatzt.* The coalition has broken up. ◊ *Sie hat die Verlobung platzen lassen.* She broke off the engagement. ◊ *Er hat die Vorstellung platzen lassen.* He cancelled the performance. IDM → BOMBE, KRAGEN *und* NAHT

platzieren 1 (*stellen, legen*) place, position ◊ *Sie haben die Bombe so platziert, dass niemand verletzt wurde.* They placed the bomb so that nobody was hurt. ◊ *ein ungünstig platziertes Schild* a badly positioned sign **2** (*zielen*) aim ◊ *ein platzierter Schuss* a well-aimed shot **3** (SPORT) ◊ *die an Nummer 1 platzierte Mannschaft* the team in first place ◊ *Sie sind in der Tabelle besser platziert als wir.* They rank higher in the table than we do. **4** (SPORT) **sich ~** be placed ◊ *Er platzierte sich unter den ersten Zehn.* He was placed among the first ten.

Platzierung (SPORT) place, placing ◊ *eine Platzierung unter den ersten Zehn* a place among the first ten ◊ *seine Platzierung in der Weltrangliste* his placing in the world rankings

Platz- Platzkarte (EISENB) (seat) reservation **Platzkonzert** open-air concert **Platzmangel** lack of space **Platzpatrone** blank cartridge **Platzregen** heavy shower **Platzverweis** sending-off **Platzwunde** cut

Plauderei conversation, chat (*umgs*)

plaudern talk, chat (*umgs*) ◊ *Sie plauderten über alte Zeiten.* They talked about old times. IDM → SCHULE

Plauderton conversational tone

plausibel plausible (*Adv* plausibly) ◊ *eine plausible Erklärung* a plausible explanation ◊ *jdm etw plausibel machen* explain sth to sb

Playboy playboy

pleite broke (*umgs*) ◊ *Ich bin total pleite.* I'm completely broke. ◊ *Die Firma ist pleite.* The firm has gone bust.

Pleite 1 bankruptcy ◊ *Die Firma steht kurz vor der Pleite.* The firm is on the verge of bankruptcy. **2 ~ machen** go bust (*umgs*) **3** (*Reinfall*) flop (*umgs*), wash-out (*umgs*) ◊ *Die Party war eine Pleite.* The party was a total flop.

pleitegehen go bust (*umgs*)

Plenar- Plenarsaal plenary chamber **Plenarsitzung** plenary session

Plenum plenum

Plexiglas® Perspex™

Plombe 1 (*Siegel*) seal **2** (*Zahnfüllung*) filling

plombieren (*versiegeln*) seal; (*Zahn*) fill

Plotter (COMP) plotter

plötzlich sudden (*Adv* suddenly) IDM **Aber (etwas/ ein bisschen) plötzlich!** And make it snappy! (*umgs*) → *Siehe auch* ENDE

plump 1 ungainly; (*Bewegung*) clumsy (*Adv* clumsily) ◊ *plumpe Hände* ungainly hands **2** (*taktlos, ungeschickt*) crude

plumpsen fall; (*mit einem dumpfen Geräusch*) thud ◊ *Die Tasche plumpste auf den Boden.* The bag fell to the floor. ◊ *ein plumpsendes Geräusch* a thud ◊ *Sie ließen sich ins Wasser plumpsen.* They went splash into the water.

Plumpsklo earth closet

Plunder 1 (*Kram*) junk (*umgs*) **2** (*Gebäck*) ≈ Danish (pastry)

Plünderer looter

plündern 1 loot **2** (*fig*) raid ◊ *sein Konto plündern* raid your account

Plünderung looting [U]

Plural plural

Pluralismus pluralism

plus plus ◊ *4 plus 4 ist 8.* 4 plus 4 is 8. ◊ *sechs Grad plus* six degrees above freezing

Plus 1 (*Zuwachs*) plus, increase; (*Gewinn*) profit ◊ *ein Plus erwirtschaften* make a profit **2** (*Pluspunkt*) plus point; (*Vorteil*) advantage

Plüsch plush
Plüschtier soft toy

Plus- Pluspol positive pole; (*Batterie*) positive terminal **Pluspunkt 1** plus point; (*Vorteil*) advantage **2** (SPORT) point **Plusquamperfekt** past perfect, pluperfect **Pluszeichen** plus sign

Pluto Pluto → *Beispiele bei* MERKUR

Plutonium plutonium

Pneu tyre

Po bottom, backside (*umgs*)

Pöbel mob

pochen 1 knock; (*Herz*) pound; (*Schmerz*) throb ◊ *Er pochte an die Tür.* He knocked on the door. ◊ *Mein Herz pochte vor Aufregung.* My heart was pounding with excitement. **2 auf etw ~** insist on sth

Pocken smallpox [U] ◊ *die Pocken haben* have smallpox
Pockenimpfung smallpox vaccination **pockennarbig** pock-marked

Podcast (COMP) podcast ◊ *Man kann die Sendung als Podcast herunterladen.* You can download the programme as a podcast.

podcasten (COMP) podcast

Podest 1 rostrum **2** (*Treppenabsatz*) landing

Podium platform (*auch fig*); (*für Redner, Dirigent*) podium
Podiumsdiskussion panel discussion

Poesie poetry (*auch fig*); (*Zauber*) magic

Poet(in) poet

poetisch poetic (*Adv* poetically); (*fig auch*) romantic ◊ *poetische Prosa* poetic prose ◊ *die poetischen Bilder des Films* the poetic images of the film ◊ *Das stelle ich mir sehr poetisch vor.* It sounds so romantic.

Pogrom pogrom
Pogromstimmung xenophobic hysteria ◊ *In der Stadt herrschte Pogromstimmung.* The mood in the city was one of xenophobic hysteria.

Pointe point; (*Witz*) punch line, (*AmE*) tag line ◊ *die Pointe an der Geschichte* the point of the story ◊ *Man musste sich gut konzentrieren, um keine Pointen zu verpassen.* You had to listen carefully or you missed the punch line. ◊ *Ich habe die Pointe nicht verstanden.* I didn't get it.

pointiert pithy (*Adv* pithily) ◇ *pointierte Bemerkungen* pithy remarks ◇ *pointiert formuliert* pithily expressed

Pokal 1 cup; (*Wettkampf*) Cup **2** (*Trinkbecher*) goblet
Pokalfinale cup final **Pokalsieger** cup winners [Pl] **Pokalspiel** cup match, (*BrE auch*) cup tie

pökeln salt ◇ *gepökeltes Schweinefleisch* salt pork

Poker poker

pokern 1 play poker **2** play; (*Risiko eingehen*) take a gamble; **hoch ~** play for high stakes **3 (um etw) ~** negotiate (sth) ◇ *Sie wollen um 5 % mehr Einkommen pokern.* They are trying to negotiate a 5% pay increase.

Pol pole IDM **der ruhende Pol** a calming influence

polar polar [nur vor Nomen]; (*Nordpol*) Arctic ◇ *die polare Wildnis* the polar wastes ◇ *die polare Umwelt* the Arctic environment

polarisieren polarize

Polarisierung polarization

Polar- Polarkreis polar circle ◇ *nördlich des Polarkreises* north of the polar circle ◇ *der nördliche/südliche Polarkreis* the Arctic/Antarctic Circle **Polarlicht** (*im Norden*) Northern Lights [Pl]; (*im Süden*) Southern Lights [Pl]

Polemik 1 ~ (gegen jdn/etw) polemic (against sb/sth); (*Angriff*) attack (on sb/sth) ◇ *seine Polemik gegen abstrakte Kunst* his polemic against abstract art ◇ *seine Polemik gegen die Partei* his attack on the party ◇ *billige Polemik* point-scoring **2 ~ um etw** controversy about sth ◇ *die endlose Polemik um die Frage der Schuld* the endless controversy about who was responsible

polemisch polemical

polemisieren gegen jdn ~ attack sb; **gegen etw ~** argue against sth

Police (insurance) policy

Polier(in) (site) foreman, forewoman

polieren polish

Polio, **Poliomyelitis** polio

Politbüro politburo

Politesse traffic warden

Politik 1 politics ◇ *Die Politik hat mich nie sehr interessiert.* Politics has/have never interested me very much. ◇ *über Politik reden* discuss politics ◇ *in die Politik gehen* go into politics ◇ *Prominente aus Politik und Wirtschaft* prominent figures from the political and business world **2** (*Linie*) policy ◇ *eine Politik der Versöhnung* a policy of reconciliation ◇ *Die Regierung will die Politik der Privatisierung fortsetzen.* The government intends to continue with its policy of privatization. ◇ *die Politik der Regierung* the policies of the government **3** (*Taktik*) tactics [Pl] ◇ *Er blieb bei seiner Politik.* He didn't change his tactics.

Politiker(in) politician ◇ *Ich traue Politikern nicht.* I don't trust politicians.

Politik- Politikverdrossenheit disillusion with politics **Politikwissenschaft** political science, politics [U] ◇ *Sie ist Professorin für Politikwissenschaft.* She is a professor of political science. ◇ *Er studiert Politikwissenschaft.* He is studying politics.

politisch political (*Adv* politically) ◇ *seine politischen Gegner* his political opponents ◇ *Sie sind politisch wenig interessiert.* They aren't very interested in politics. ◇ *politisch Verfolgte* victims of political persecution IDM → FAHRWASSER

politisieren 1 politicize ◇ *Die Arbeitslosigkeit hat eine ganze Generation politisiert.* A whole generation was politicized by unemployment. ◇ *Sie wollen die jungen Leute wieder politisieren.* They want to make young people more politically aware. **2** (*Thema*) make sth a political issue ◇ *Dieses Thema sollte nicht politisiert werden.* The question ought not to be made into a political issue. **3** (*über Politik reden*) talk politics

Politologe, **Politologin** political scientist

Politur polish

Polizei police [Pl] ◇ *Er ging gleich zur Polizei.* He went straight to the police. ◇ *Die Polizei bittet um Hinweise.* The police are appealing for information. ◇ *Sie müssen sich bei der Polizei melden.* You have to report to the police. ◇ *Er ist bei der Polizei.* He is in the police (force). IDM → DUMM
Polizeiaktion police operation; (*Razzia*) police raid **Polizeiauto** police car **Polizeibeamte, -beamtin** → POLIZIST(IN) **Polizeibericht** police report **Polizeidienststelle** police station **Polizeieinsatz** police operation; (*das Einsetzen*) deployment of police ◇ *bei dem Polizeieinsatz* during the police operation ◇ *Er versuchte den Polizeieinsatz zu rechtfertigen.* He tried to justify the deployment of police. ◇ *harte Polizeieinsätze* heavy-handed policing ◇ *Die Demonstration konnte nur unter massivem Polizeieinsatz stattfinden.* The demonstration required a massive police presence.

polizeilich 1 *Adj* police ◇ *nach langen polizeilichen Ermittlungen* after a lengthy police investigation ◇ *bei der polizeilichen Vernehmung* when questioned by the police ◇ *schärfere polizeiliche Maßnahmen* more heavy-handed policing ◇ *ein polizeiliches Führungszeugnis* a certificate from the police to show that you have no criminal record **2** *Adv* by the police ◇ *Er wird polizeilich gesucht.* He is wanted by the police. ◇ *Das Gebäude wird polizeilich überwacht.* The building is being watched by the police. ◇ *polizeilich gemeldet sein* be registered with the police

Polizei- Polizeipräsident(in) chief of police; (*in GB*) chief constable **Polizeipräsidium 1** police authority **2** (*Gebäude*) police headquarters [mit Verb im Sing/Pl] **Polizeirevier 1** police station ◇ *Er musste sich auf dem Polizeirevier melden.* He had to report to the police station. **2** (*Bezirk*) police area, (*AmE*) precinct **Polizeischutz** police protection **Polizeistaat** police state **Polizeistreife** police patrol ◇ *Er war einer Polizeistreife aufgefallen.* He was spotted by a police patrol. **Polizeiwache** police station

Polizist(in) police officer; (*Mann auch*) policeman; (*Frau auch*) policewoman ◇ *Drei Polizisten wurden verletzt.* Three police officers were injured.

Polka polka

Pollen pollen
Pollenallergie hay fever ◇ *Er hat eine Pollenallergie.* He gets hay fever. **Pollenflugvorhersage** pollen forecast

Polster 1 (*Kissen*) cushion **2** (*Kleidung*) pad **3** (*Rücklage*) reserves [Pl] ◇ *ein finanzielles Polster* financial reserves
Polstergarnitur (three-piece) suite, (*AmE*) (living room) suite

polstern pad; (*Möbel auch*) upholster ◇ *gepolsterte Schultern* padded shoulders ◇ *gepolsterte Stühle* upholstered chairs

Polterabend = party on the night before a wedding (at which old crockery is smashed)

poltern 1 bang (about) ◇ *Er polterte an die Tür.* He banged on the door. ◇ *Die Bücher fielen polternd zu Boden.* The books fell to the floor with a bang. **2** (*sich laut bewegen*) clatter ◇ *Die Akteure polterten über die Bühne.* The actors clattered around the stage. **3** (*schimpfen*) thunder ◇ *„Das ist unverschämt!", polterte er.* 'It's outrageous!' he thundered.

Polyester polyester

Polyp 1 polyp **2 Polypen** (*in der Nase*) adenoids [Pl]

Pommes Frites, **Pommes** chips [Pl], (*AmE*) (French) fries [Pl]
pompös **1** *Adj* grandiose, ostentatious (*abwert*) ◇ *ein pompöses Musikfeuerwerk* a grandiose firework display with music ◇ *Das Haus ist vornehm, doch nicht pompös.* The house is elegant but not ostentatious. **2** *Adv* with pomp ◇ *etw pompös feiern* celebrate sth with pomp
Pony¹ *das* pony
Pony² *der* fringe, (*AmE*) bangs [Pl]
Pop pop
popeln **(in der Nase)** ~ pick your nose
Pop- **Popgruppe** pop group **Popmusik** pop music
poppig **1** funky (*umgs*) ◇ *poppige Rhythmen* a funky beat ◇ *poppige Farben* funky colours **2** (*mit auffälligen Effekten*) jazzy (*umgs*) ◇ *ein poppiger Prospekt* a jazzy brochure ◇ *poppige Klassikversionen* jazzed up versions of the classics
populär popular ◇ *Diese Politik ist bei der Bevölkerung sehr populär.* The policy is very popular with the electorate. ◇ *populäre Sachbücher* non-fiction written for the popular market ◇ *populär gesprochen* in layman's terms
Popularität popularity
populärwissenschaftlich ◇ *populärwissenschaftliche Bücher* books on popular science ◇ *ein populärwissenschaftlich geschriebener Artikel* a scientific article written for the general reader
Populismus populism
populistisch populist
Pop-up pop-up ◇ *Die Werbung erscheint als Pop-up.* The ad appears as a pop-up.
Pop-up- pop-up ◇ *ein Pop-up-Laden* a pop-up shop
Pore pore
Porno (*Pornografie*) porn; (*Zeitschrift*) porn magazine; (*Film*) porn(o) film
Pornografie pornography
pornografisch pornographic
porös **1** porous ◇ *poröses Gestein* porous rock **2** (*undicht geworden*) leaking ◇ *porös werden* start to leak
Porree → LAUCH
Portal **1** (*Eingang*) entrance; (*Tor*) gate; (*Kirche*) door **2** (COMP) Portal
Portemonnaie → PORTMONEE
Portier porter, (*AmE*) janitor
Portion **1** portion; (*bei Tisch*) helping ◇ *Für Kinder gibt es auch kleine Portionen.* Half portions are available for children. ◇ *In dem Gasthaus gibt es große Portionen.* You get large helpings at this restaurant. ◇ *eine zweite Portion Kartoffeln* a second helping of potatoes ◇ *eine große Portion Eis* a large ice cream ◇ *eine Portion Kaffee* a pot of coffee **2** (*fig*) amount ◇ *eine große Portion Idealismus* a fair amount of idealism ◇ *eine gehörige Portion Glück* a good deal of luck
Portmonee (*Brieftasche*) wallet, (*AmE*) pocketbook; (*für Kleingeld*) (change) purse
Porto postage [U] ◇ *Das Porto war teurer als das Geschenk.* The postage cost more than the present. ◇ *Das Porto wird bald teurer.* Postal charges are going up.
Porträt **1** portrait **2** (*Text*) profile
porträtieren **1** paint a portrait of *sb*, paint *sb's* portrait ◇ *Sie ließ sich von einem Maler porträtieren.* She had her portrait painted. ◇ *sich selbst porträtieren* paint a self-portrait **2** (*beschreiben*) portray
Portwein port ◇ *ein Glas Portwein* a glass of port
Porzellan china, porcelain ◇ *eine Vase aus Porzellan* a china vase ◇ *Ist der Teller aus Porzellan?* Is the plate china?
Porzellanfigur china/porcelain figure **Porzellangeschirr** china **Porzellanmanufaktur** china factory
Posaune trombone ◇ *Er spielt Posaune.* He plays the trombone.
Pose pose
posieren pose
Position **1** position ◇ *Können Sie uns Ihre Position durchgeben?* Can you give us your position? ◇ *Sie befinden sich in einer starken Position.* They are in a strong position. ◇ *Sie müssen jetzt eine klare Position beziehen.* You need to make your position clear. ◇ *Er lag in zweiter Position.* He was in second position. **2** post, position (*gehoben*) ◇ *eine leitende Position* a senior post ◇ *eine verantwortungsvolle Position* a position of responsibility ◇ *Sie hat eine führende Position.* She is in management. **3** (*Einzelposten*) item
Positionslampe navigation light **Positionspapier** policy document
positiv positive (*Adv* positively) ◇ *Sie hat ein positives Verhältnis zu ihrer Arbeit.* She has a positive attitude to her work. ◇ *Die Grünen äußerten sich positiv zu dem Vorschlag.* The Greens responded positively to the proposal. ◇ *Der Sprinter wurde positiv getestet.* The sprinter tested positive. ◇ *positiv denken* think positively ◇ *positiv geladen* positively charged ◇ *Ich finde es positiv, dass sie darüber geredet hat.* I think it's a good thing she talked about it. ◇ *Wir hoffen auf eine positive Entscheidung.* We are hoping for a favourable decision.
Posse comedy; (*fig*) farce
Possessivpronomen possessive pronoun
Post **1** (*Institution*) the Post Office [Sing] (*Abk* PO), (*AmE*) the Postal Service [Sing] ◇ *Er ist bei der Post.* He works for the Post Office. ◇ *etw mit der Post schicken* send sth by post **2** (*Briefe, Pakete etc.*) post, (*bes AmE*) mail ◇ *Ist die Post schon gekommen?* Has the post come? ◇ *Für dich ist keine Post da.* There isn't any post for you. **3** (*Postamt*) post office ◇ *Hat die Post auch samstags auf?* Is the post office open on Saturdays? ◇ *Kannst du das Paket für mich zur Post bringen?* Could you post this parcel for me?
Postamt post office **Postanweisung** ≈ money order **Postbeamte, -beamtin** postal worker **Postbote** postman, (*AmE*) mailman **Postbotin** postwoman, (*AmE*) mail carrier **Postdienst** postal service
posten (COMP) post ◇ *Sie hat das Video bei YouTube gepostet.* She posted the video on YouTube.
Posten **1** (*Stellung*) job ◇ *Posten werden gestrichen.* Jobs are being cut. **2** (MIL) post ◇ *Der Soldat darf seinen Posten nicht verlassen.* A soldier is not allowed to leave his post. **3** (*Wacht-*) guard ◇ *Posten stehen* stand guard **4** (*Menge*) quantity **5** (*auf einer Liste*) item ◇ *der größte Posten unter den Ausgaben* the biggest item of expenditure IDM **auf dem Posten sein** **1** be well ◇ *Er ist jetzt wieder auf dem Posten.* He's well again now. ◇ *Ich bin heute nicht ganz auf dem Posten.* I feel a bit under the weather today. **2** (*gewieft sein*) be on the ball **auf verlorenem Posten stehen** not stand a chance
Poster poster
Postfach **1** (*Postamt*) PO box ◇ *Er hat seine Geschäfte über Postfächer abgewickelt.* He conducted his business via PO box numbers. **2** (*im Hotel etc.*) pigeonhole
postfaktisch post-truth
Postgeheimnis = confidentiality of the mail [U]
postieren place; **sich** ~ take up position
Posting (COMP) post
Post- **Postkarte** postcard **Postkutsche** stagecoach **postlagernd** poste restante, (*AmE*) general delivery ◇ *Schreib mir bitte postlagernd.* Please write to me

post restante. **Postleitzahl** postcode, (*AmE*) Zip code **postmodern** postmodern **Postmoderne** postmodernism ◇ *ein Vertreter der Postmoderne* an exponent of postmodernism **postnatal** postnatal [nur vor Nomen] **Poststempel** postmark ◇ *Der Brief trug den Poststempel Wuppertal.* The letter had a Wuppertal postmark.

postulieren **1** (*als gegeben hinstellen*) posit (*gehoben*) ◇ *ein Leben nach dem Tod postulieren* posit the existence of life after death **2** (*behaupten*) maintain

Post- **Postweg** post ◇ *auf dem Postweg verloren gehen* be lost in the post **postwendend** **1** by return (of post) ◇ *Er antwortete postwendend.* He replied by return. **2** (*sofort*) immediately **Postwurfsendung** mailshot

Pot pot ◇ *Pot rauchen* smoke pot

potent **1** (*finanzstark*) wealthy **2** (*nicht impotent*) able to have an erection

Potenz **1** ability to have an erection **2** (*Kraft*) power **3** (MATH) power ◇ *die vierte Potenz von 10* 10 to the power of 4 ◇ *Die zweite Potenz von 10 ist 100.* 10 squared is 100. ◇ *Die dritte Potenz von 10 ist 1 000.* 10 cubed is 1 000. ◇ *eine Zahl in die zweite/dritte Potenz erheben* square/cube a number ◇ *eine Zahl in die vierte Potenz erheben* raise a number to the fourth power

Potenzial potential [U] ◇ *kein Potenzial haben* have no potential ◇ *das Potenzial an Energie* energy resources

potenziell potential [nur vor Nomen] (*Adv* potentially)

prä- pre- ◇ *die präkolumbische Zeit* the pre-Columbian period ◇ *präoperativ* preoperative

Präambel preamble

Pracht **1** (*Schönheit*) splendour, glory ◇ *das Schloss in seiner ganzen Pracht* the castle in all its splendour ◇ *Der Saal soll wieder in seiner alten Pracht erscheinen.* The room is being restored to its former glory. **2 eine wahre ~ sein** be really wonderful

Prachtexemplar perfect specimen

prächtig **1** (*prachtvoll*) magnificent (*Adv* magnificently) ◇ *die prächtigen Fassaden in der Altstadt* the magnificent facades of the old town ◇ *prächtig bemalte Vasen* magnificently decorated vases **2** (*sehr gut*) wonderful ◇ *Die Stimmung ist prächtig.* The atmosphere is wonderful. ◇ *Wir haben uns prächtig amüsiert.* We had a wonderful time. ◇ *sich prächtig verstehen* get on like a house on fire ◇ *ein prächtiger Kerl* a great guy

Prachtstück gem

prachtvoll magnificent (*Adv* magnificently)

prädestiniert **zu/für etw ~** be ideal for sth ◇ *Mit ihrer Ausbildung ist sie prädestiniert für diese Stelle.* With her background she is ideal for this job. ◇ *Er ist zum Hamlet prädestiniert.* He was born to play Hamlet.

Prädikat **1** label (*oft mit einem Verb übersetzt*) ◇ *Oft werden Produkte als „ökologisch" ausgezeichnet, die dieses Prädikat gar nicht verdient haben.* The term 'ecological' is often applied to products which do not deserve this label at all. ◇ *Der Chor erhielt das Prädikat „hervorragend".* The choir was judged 'outstanding'. **2** (LING) predicate

Präferenz preference

Präfix prefix

prägen **1** (*formen*) shape ◇ *Diese Erlebnisse haben sein Weltbild geprägt.* His ideas had been shaped by these experiences. ◇ *Er hat den Sound der Band entscheidend geprägt.* He put his stamp on the band's sound. **2** (*kennzeichnen*) characterize ◇ *Die Landschaft ist geprägt durch Wälder und Seen.* The landscape is characterized by woods and lakes. ◇ *Die Debatte war von Misstrauen und Vorwürfen geprägt.* The debate was marked by mistrust and accusations. **3** (*Wort, Ausdruck*) coin **4** (*Münze*) mint **5** (*pressen*) emboss ◇ *geprägtes Leder* embossed leather

prägend (*Erfahrung, Einfluss*) formative; (*Merkmal*) characteristic ◇ *Dort hat er die prägenden Jahre seiner Kindheit verbracht.* He spent the formative years of his childhood there. ◇ *Die Weinberge sind ein prägender Bestandteil der Landschaft.* The vineyards are a characteristic element of the landscape. ◇ *Ein schlechter Schulstart kann prägend fürs Leben sein.* A bad start to school can have a negative influence on your whole life. ◇ *In dieser Zeit wirkte er prägend auf unzählige junge Künstler.* During this time he had an important influence on numerous young artists.

pragmatisch pragmatic (*Adv* pragmatically) ◇ *eine pragmatische Lösung* a pragmatic solution ◇ *Ich sehe das eher pragmatisch.* I tend to view it pragmatically.

Pragmatismus pragmatism

prägnant succinct (*Adv* succinctly) ◇ *Sie hat die wichtigsten Punkte prägnant herausgearbeitet.* She dealt succinctly with the main points. ◇ *Die Antwort war kurz und prägnant.* The answer was brief and to the point.

Prägung **1** (*Beeinflussung*) (*meist mit einem Verb übersetzt*) ◇ *seine Prägung durch die bürgerliche Kultur* the way he has been shaped by bourgeois culture **2** (*Art*) style ◇ *Rockmusik lateinamerikanischer Prägung* Latin American-style rock music ◇ *eine Planwirtschaft alter Prägung* an old-style planned economy **3** (*Münzen*) minting [U] **4** (*Wort, Ausdruck*) coinage (*meist mit einem Verb übersetzt*) ◇ *Der Ausdruck ist eine Prägung aus der Jugendsprache.* The expression was coined by the younger generation. **5** (*in Leder etc.*) embossing [U]

prahlen **(mit etw) ~** boast (about sth)

Präimplantationsdiagnostik preimplantation genetic diagnosis, preimplantation genetic testing

Praktik practice

praktikabel practicable

Praktikant(in) **1** trainee, (*bes AmE*) intern **2** (*Lehrer*) trainee teacher **3** (*Arzt*) house officer, (*AmE*) intern

Praktikum work experience [U], (*AmE*) internship ◇ *ein Praktikum machen* do work experience

Praktikumsstelle (work experience) placement, (*bes AmE*) internship

praktisch **1** practical (*Adv* practically) ◇ *praktische Erfahrung* practical experience. ◇ *Sie ist sehr praktisch veranlagt.* She is very practically minded. ◇ *Sie denkt immer sehr praktisch.* She is always very practical. ◇ *praktische Schuhe* sensible shoes ◇ *Sie ist immer praktisch gekleidet.* She always dresses very sensibly. **2 praktischer Arzt** GP, (*AmE*) family doctor **3** (*in der Praxis*) in practice ◇ *Das ist praktisch nicht möglich.* It's not possible in practice. ◇ *das Gelernte praktisch anwenden* put what you have learnt into practice **4** (*so gut wie*) practically, virtually ◇ *Das Kino war praktisch leer.* The cinema was practically empty.

praktizieren **1** (*betreiben, in einer Praxis tätig sein*) practise, (*AmE*) practice **2** (*anwenden*) use; (*Regel, Prinzip*) apply

Praline chocolate ◇ *eine Schachtel Pralinen* a box of chocolates

prall **1** full; (*Kissen*) plump; (*Wangen*) round; (*Schenkel, Arme, Hintern*) well-rounded ◇ *pralle Brüste* full breasts ◇ *Du hast den Ball zu prall aufgepumpt.* You have inflated the ball too much. **2 ~ gefüllt** full to bursting [nicht vor Nomen] **3** (*Sonne*) blazing ◇ *in der prallen Sonne* in the blazing sunshine ◇ *Die*

Sonne schien prall auf den Platz. The sun was blazing down on the square.

Prämie **1** payment; (*Sondervergütung*) bonus; (*Preis*) prize ◇ *Die Bauern bekommen von der EU eine Prämie.* Farmers receive a payment from the EU. ◇ *ein Gehalt und dazu Prämien* a salary and bonuses ◇ *Der Sieger erhält eine Prämie von 4 000 Dollar.* The winner receives a prize of 4 000 dollars. **2** (*Versicherung*) premium

prämieren **jdn ~** award a prize to sb; **etw ~** award a prize for sth ◇ *Der Gewinner wird mit 2 000 Dollar prämiert.* The winner will be awarded a prize of 2 000 dollars. ◇ *Die besten Ideen werden prämiert.* Prizes are awarded for the best ideas. ◇ *die prämierten Fotos* the winning photos

prangen be prominently displayed; (*leuchten*) shine ◇ *An der Bürotür prangt sein Name.* His name is prominently displayed on his office door.

Pranger pillory IDM **jdn/etw an den Pranger stellen** pillory sb/sth

Pranke (*Tatze, Hand*) paw

Präparat **1** (*Mittel*) preparation **2** (*fürs Mikroskop*) (slide) preparation; (*Körper*) preserved body

präparieren **1** (*konservieren*) preserve **2** (*vorbereiten*) prepare

Präposition preposition

präpotent arrogant

Prärie prairie

Präsens present (tense) ◇ *Das Verb steht im Präsens.* The verb is in the present (tense).

präsent present [nicht vor Nomen] ◇ *Sämtliche Mitglieder waren bei der Sitzung präsent.* All the members were present at the meeting. ◇ *Die Polizei ist am Bahnhof verstärkt präsent.* There's an increased police presence at the station. ◇ *Sie wollen im Internet präsent sein.* They want to have a presence on the Internet. ◇ *das immer noch präsente Rassismusproblem* the continuing problem of racism IDM **etw präsent haben** remember sth; (*auswendig wissen*) have sth at your fingertips ◇ *Hast du ihre Telefonnummer präsent?* Can you remember her telephone number? ◇ *Er hat alle Fakten präsent.* He's got all the facts at his fingertips.

Präsentation presentation; (*Kunstausstellung*) exhibition

präsentieren **1** present; **jdm etw ~** present sb with sth; **jdn jdm ~** present sb to sb ◇ *ein neues Produkt präsentieren* present a new product ◇ *Der Ober präsentierte ihnen die Rechnung.* The waiter presented them with the bill. ◇ *Sie präsentierte ihren Eltern ihren neuen Freund.* She presented her new boyfriend to her parents. **2 sich ~** present yourself; (*auftreten*) appear ◇ *Er präsentiert sich als Opfer.* He presents himself as a victim. ◇ *Die Band präsentiert sich am Mittwoch.* The band is appearing on Wednesday. **3** (MIL) ◇ *Präsentiert das Gewehr!* Present arms!

Präsentierteller **auf dem ~** in a goldfish bowl

Präsentkorb food hamper

Präsenz presence

Präsenzbibliothek reference library **Präsenzdiener** conscript **Präsenzdienst** military service ◇ *Präsenzdienst machen* do military service

Präservativ condom

Präsident(in) president; (*als Titel*) President

Präsidentschaft presidency ◇ *Sie bewarb sich um die Präsidentschaft.* She ran for the presidency. ◇ *während seiner Präsidentschaft* during his presidency

Präsidentschaftskandidat(in) presidential candidate
Präsidentschaftswahl presidential election

Präsidium **1** executive committee [mit Verb im Sing/Pl] **2** (*Gebäude*) headquarters [mit Verb im Sing/Pl]

prasseln (*Regen*) beat down; (*Feuer*) crackle

prätentiös pretentious

Präteritum simple past (tense) ◇ *Das Verb steht im Präteritum.* The verb is in the simple past (tense).

präventiv preventive [nur vor Nomen] ◇ *präventive Arbeit gegen Drogenkonsum* preventive work against drug-taking ◇ *die Kriminalität präventiv bekämpfen* take preventive action against crime

Präventivmaßnahmen preventive measures [Pl]
Präventivschlag pre-emptive strike

Praxis **1** (*Anwendung*) practice ◇ *in der Praxis* in practice ◇ *die gängige Praxis* current practice ◇ *etw in die Praxis umsetzen* put sth into practice **2** (*Erfahrung*) experience ◇ *Wir suchen jemanden mit langjähriger Praxis.* We are looking for somebody with many years' experience. **3** (*Arzt- etc.*) practice; (*Räumlichkeiten eines Arztes*) surgery, (*AmE*) office; (*Räumlichkeiten eines Anwalts*) office ◇ *in die Praxis gehen* go to the surgery

praxisbezogen practically oriented **Praxisbezug** practical relevance **praxisfern** (*theoretisch*) theoretical; (*unpraktisch*) impractical **praxisnah** **1** *Adj* (*praktisch*) practical; (*an der Praxis orientiert*) practically oriented ◇ *praxisnahe Tipps* practical tips ◇ *Er hat eine praxisnahe Ausbildung.* His training was practically oriented. **2** *Adv* ◇ *praxisnah informieren* give practical information ◇ *Der Kurs ist praxisnah gestaltet.* The course is practically oriented. **praxistauglich** practical

präzise precise (*Adv* precisely)

präzisieren give more precise details of *sth* ◇ *Sie präzisierte ihre Vorschläge.* She gave more precise details of her proposals. ◇ *eine noch nicht präzisierte Anzahl von Opfern* an as yet unspecified number of victims

Präzision precision

Präzisionsarbeit precision work

predigen **1** give a sermon **2 etw ~** preach the importance of sth ◇ *Die Ärztin predigte gesunde Ernährung.* The doctor preached the importance of healthy eating.

Prediger(in) preacher

Predigt **1** (REL) sermon ◇ *eine Predigt halten* give a sermon **2** (*Standpauke*) lecture ◇ *Er hielt seinem Sohn eine Predigt.* He gave his son a lecture.

Preis **1** (*Betrag*) price ◇ *zu einem hohen Preis* at a high price ◇ *einen zu hohen Preis für etw bezahlen* pay too high a price for sth ◇ *Sie hat das Kleid zum halben Preis bekommen.* She got the dress half-price. ◇ *Das Buch ist seinen Preis wert.* The book is good value for money. **2** (*Gewinn*) prize ◇ *Bei dem Wettbewerb hat sie den ersten Preis gewonnen.* She won first prize in the competition. ◇ *der Große Preis von Italien* the Italian Grand Prix IDM **etw hat seinen Preis** sth doesn't come cheap **um jeden Preis** at all costs **um keinen Preis** not at any price → *Siehe auch* WELT

Preisabsprache price fixing [U] **Preisanstieg** price rise **Preisaufschlag** mark-up **Preisausschreiben** competition ◇ *an Preisausschreiben teilnehmen* take part in competitions ◇ *etw bei einem Preisausschreiben gewinnen* win sth in a competition

Preiselbeere cranberry

Preisempfehlung recommended price; **unverbindliche ~** recommended retail price

preisen praise IDM **sich glücklich preisen** consider yourself lucky

Preis- **Preiserhöhung** price increase **Preisfrage** **1** (*in Preisausschreiben*) prize question **2** (*finanzielle Entscheidung*) matter of cost

preisgeben **1** *(aussetzen)* expose ◇ *Er fühlte sich der Lächerlichkeit preisgegeben.* He felt exposed to ridicule. ◇ *Das Bauwerk wurde dem Verfall preisgegeben.* The building was allowed to go to rack and ruin. ◇ *Sie gab sich der Verzweiflung preis.* She abandoned herself to despair. **2** *(offenbaren)* divulge ◇ *Er gab den Namen seines Komplizen preis.* He divulged the name of his accomplice. ◇ *Sie gibt ihre Gefühle preis.* She's not afraid to show her feelings. **3** *(aufgeben)* betray ◇ *Er wollte seine Überzeugungen nicht preisgeben.* He didn't want to betray his convictions.

preis- preisgekrönt award-winning [nur vor Nomen] ◇ *ein preisgekröntes Buch* an award-winning book ◇ *Dieser Film ist preisgekrönt.* This film has won awards. **preisgünstig** **1** *Adj* inexpensive ◇ *eine preisgünstige Alternative* an inexpensive alternative ◇ *Das ist preisgünstig.* That's good value. ◇ *ein preisgünstiges Angebot* a good offer **2** *Adv* at a reasonable price ◇ *Diese Firma bietet PCs preisgünstiger an.* This company offers PCs at more reasonable prices. ◇ *Wo kann man preisgünstig wohnen?* Where can you get reasonable accommodation? **Preislage** price range **Preis-Leistungs-Verhältnis** value ◇ *Bei diesem Buch stimmt das Preis-Leistungs-Verhältnis.* This book is good value for money. **Preisliste** price list **Preisnachlass** discount ◇ *Der Händler gewährte einen Preisnachlass.* The dealer gave a discount. **Preisrätsel** competition **Preisrichter(in)** judge **Preisschild** price tag **Preissenkung** price cut **Preissteigerung** price increase **Preisträger(in)** prizewinner **Preisvergleich** comparison of prices **Preisverleihung** presentation of prizes; *(von Auszeichnungen)* awards ceremony **preiswert** **1** *Adj (billig)* inexpensive; *(günstig)* good value [nicht vor Nomen], reasonably priced ◇ *Das Buch war sehr preiswert.* The book was very good value. **2** *Adv (billig)* cheaply; *(günstig)* at a reasonable price ◇ *Sie können mit dem Bus preiswert fahren.* You can travel cheaply by bus. ◇ *Sie bieten diesen Service preiswert an.* They offer this service at a reasonable price.

prekär precarious

Prekariat underclass

prellen **1** *(betrügen)* cheat ◇ *Sie hat ihn um die Belohnung geprellt.* She cheated him out of his reward. ◇ *Sie haben die Zeche geprellt.* They avoided paying the bill. **2** *(verletzen)* bruise ◇ *Er hat sich den Arm geprellt.* He bruised his arm. **3** *(Ball)* bounce

Prellung bruise ◇ *Prellungen und Schürfwunden erleiden* suffer bruises and abrasions ◇ *Er hat sich eine Prellung am Knie zugezogen.* He bruised his knee.

Premiere premiere ◇ *Der Film hatte gestern Premiere.* The film had its premiere yesterday.

Premierminister(in) prime minister

Presse **1 die ~** the press [mit Verb im Sing/Pl] ◇ *Die Presse hat darüber berichtet.* The press has/have reported on it. **2** ◇ *eine gute/schlechte Presse haben* get/have a good/bad press **3** *(Maschine)* press; *(Saft-)* juicer; *(Zitronen-)* lemon squeezer

Presseagentur press agency, news agency **Presseausweis** press card **Pressebericht** press report **Presseerklärung** press release **Pressefreiheit** freedom of the press **Pressekonferenz** press conference **Pressemeldung** press report **Pressemitteilung** press release

pressen **1** press; *(Flüssigkeit auch)* squeeze ◇ *eine CD pressen* to press a CD ◇ *frisch gepresster Orangensaft* freshly squeezed orange juice ◇ *Der Junge presste die Nase gegen die Fensterscheibe.* The boy pressed his nose against the window pane. ◇ *Er sprach mit gepresster Stimme.* He spoke in a choked voice. **2 jdn/etw an sich ~** clasp sb/sth to your chest

Presse- Pressereferent(in), Pressesprecher(in) press officer **Pressestelle** press office

Pressluft compressed air

Pressluftbohrer pneumatic drill, *(AmE)* jackhammer **Presslufthammer** air hammer

Prestige prestige

Prestigeobjekt status symbol **Prestigeverlust** loss of prestige

prickeln tingle; *(Getränk)* sparkle ◇ *Es prickelte ihm in den Fingern.* His fingers were tingling. ◇ *Ich spürte ein Prickeln auf der Haut.* My skin was tingling. ◇ *ein prickelndes Erlebnis* a thrilling experience

Priester(in) **1** priest; *(Priesterin auch)* woman priest ◇ *Priesterinnen* women priests **2** *(in bestimmten nichtchristlichen Religionen)* priest, priestess

Priesteramt priesthood **Priesterseminar** seminary **Priesterweihe** ordination (to the priesthood) ◇ *die Priesterweihe von Frauen* the ordination of women

prima **1** *Adj* fantastic *(umgs)*, great *(umgs)* ◇ *Die Stimmung war prima.* The atmosphere was fantastic. ◇ *Das finde ich prima.* That's fantastic. ◇ *Prima!* Great! **2** *Adv* really well ◇ *Alles hat prima geklappt.* Everything went really well.

Primaballerina prima ballerina **Primadonna** prima donna *(auch fig)*

primär primary *(Adv* primarily) ◇ *von primärer Bedeutung sein* be of primary importance ◇ *sich primär auf etw konzentrieren* concentrate primarily on sth ◇ *Wir haben primär das Ziel …* Our primary aim is …

Primat **1** primacy **2** (ZOOL) primate

Primel primrose; *(Gattung)* primula

primitiv **1** primitive *(Adv* primitively); *(einfach)* simple *(Adv* simply) ◇ *primitive Werkzeuge* primitive tools ◇ *primitiv möbliert* simply furnished ◇ *die primitivsten Grundregeln parlamentarischer Demokratie* the most basic principles of parliamentary democracy **2** *(niveaulos)* crude ◇ *primitive Witze* crude jokes

Primzahl prime number

Printmedien print media [mit Verb im Sing/Pl]

Prinz prince

Prinzessin princess

Prinzip **1** principle ◇ *das Prinzip der Chancengleichheit* the principle of equal opportunities ◇ *strenge moralische Prinzipien* strict moral principles ◇ *unser oberstes Prinzip* our guiding principle **2 aus ~** on principle ◇ *Er weigerte sich aus Prinzip mitzumachen.* He refused to get involved on principle. **3 im ~** in principle; *(im Grunde genommen)* basically ◇ *Im Prinzip habe ich nichts dagegen.* I've nothing against it in principle. ◇ *Im Prinzip gibt es keinen Unterschied.* Basically there's no difference. **4 ein Mann/eine Frau mit Prinzipien** a man/woman of principle

prinzipiell **1** *Adv* as a matter of principle ◇ *So etwas tue ich prinzipiell nicht.* I wouldn't do anything like that as a matter of principle. ◇ *Er geht prinzipiell nicht vor Mitternacht zu Bett.* He never goes to bed before midnight. **2** *Adv (im Prinzip)* in principle ◇ *prinzipiell richtig* right in principle ◇ *Prinzipiell habe ich nichts dagegen.* I've nothing against it in principle. **3** *Adj (grundsätzlich)* fundamental; *(auf einem Prinzip beruhend)* of principle [nicht vor Nomen] ◇ *prinzipielle Unterschiede* fundamental differences ◇ *eine prinzipielle Frage* a question of principle ◇ *die prinzipielle Anerkennung gleicher Rechte* the recognition in principle of equal rights

Priorität **1** priority ◇ *Erste Priorität ist für uns, zu informieren.* Our first priority is to inform the public. ◇ *einer Sache Priorität einräumen* give priority to sth **2 Prioritäten setzen** prioritize

Prise pinch ◇ *eine Prise Salz* a pinch of salt

Prisma prism

Pritsche **1** pallet **2** *(Bett)* pallet (bed)

privat **1** private *(Adv* privately) ◇ *ein privates Unternehmen* a privately owned company ◇ *in privater Hand sein* be privately owned ◇ *Das Projekt wurde privat finanziert.* The project was privately funded. ◇ *in privatem Rahmen* in private ◇ *ein privater Fernsehsender* an independent television company **2** *Adj (persönlich)* personal ◇ *aus rein privaten Gründen* for purely personal reasons ◇ *meine private Telefonnummer* my home telephone number **3** *Adv (außerdienstlich)* ◇ *Wie sehen uns nie privat.* We never meet outside the office. ◇ *Privat ist er eigentlich ganz nett.* Outside work he's really quite nice. ◇ *Ist sie auf Dienstreise oder privat unterwegs?* Is she away on business or pleasure? ◇ *Ich bin nicht privat hier.* This isn't a social visit.

Privatadresse home address **Privatangelegenheit** private affair ◇ *Er mischt sich immer in meine Privatangelegenheiten ein.* He's always sticking his nose into my private affairs. ◇ *Das ist meine Privatangelegenheit.* That's my business. **Privatbesitz** private property ◇ *Privatbesitz! Betreten verboten!* Private (property). Keep out. ◇ *in Privatbesitz* in private hands **Privatdetektiv(in)** private detective **Privatdozent(in)** = university lecturer without tenure **Privateigentum** private property **Privatfernsehen** independent television

privatisieren privatize

Privatisierung privatization

Privat- **Privatklinik** private clinic/hospital **Privatleben** private life **Privatlehrer(in)** private tutor **Privatnummer** home number **Privatpatient(in)** private patient **Privatquartier** private accommodation [U] **Privatrecht** private law **Privatschule** private school **Privatsphäre** privacy; *(Privatleben)* private life ◇ *Ich sehe das als Eingriff in meine Privatsphäre.* I consider that an invasion of privacy. ◇ *ein Einblick in die Privatsphäre des Königs* a glimpse into the king's private life **Privatstunde** private lesson **Privatwirtschaft** private sector

Privileg privilege

privilegiert privileged ◇ *die Privilegierten* the privileged few

pro a, per *(offiz)* ◇ *zweimal pro Tag* twice a day ◇ *30 Dollar pro Übernachtung* 30 dollars per night. ◇ *Sie kosten zwei Dollar pro Stück.* They cost two dollars each. ◇ *pro Stück verkauft werden* be sold individually **IDM** → MANN *und* NASE

Pro **das ~ und Kontra** the pros and cons [Pl]

pro- pro- ◇ *pro-amerikanisch* pro-American

Probe **1** test; *(Wein-)* tasting ◇ *eine Probe bestehen* pass a test ◇ *einen Wagen Probe fahren* test-drive a car **2** *(Testmenge, Muster)* sample ◇ *eine Probe Urin* a urine sample ◇ *Das ist eine Probe von dem, was auf uns zukommt.* That's a foretaste of what's to come. **3** *(Theater-)* rehearsal; *(Chor- auch)* practice ◇ *Morgen ist Probe.* There's a rehearsal tomorrow. ◇ *Wie oft habt ihr Probe?* How often do you rehearse? **4 auf/zur ~** for a trial period; *(im Berufsleben)* on probation ◇ *Die Sperrung soll für sechs Monate auf Probe gelten.* The road will be closed for a trial period of six months. ◇ *ein Beamter auf Probe* a civil servant on probation **IDM** **jdn/etw auf die Probe stellen** put sb/sth to the test **die Probe aufs Exempel machen** put it to the test ◇ *Wir können ja die Probe aufs Exempel machen.* Let's put it to the test.

Probefahrt test drive ◇ *eine Probefahrt machen* have a test drive **Probelauf** test run

proben rehearse; *(Chor auch)* practise, *(AmE)* practice

probeweise **1** *Adj* experimental **2** *Adv* on a trial basis, as an experiment

Probezeit **1** trial period; *(im Berufsleben)* probation, probationary period **2** *(Bewährungsfrist)* probation

probieren **1** try ◇ *Sollen wir es noch einmal probieren?* Shall we try again? ◇ *Ich werde es mit biologischen Mitteln probieren.* I'm going to try using biological methods. ◇ *Wir werden es dort probieren.* We'll try there. ◇ *Darf ich mal probieren?* Can I have a go? ◇ *Probier mal, ob du das übersetzen kannst.* Have a go at translating it. **2** *(ausprobieren)* try *sth* out ◇ *Hast du schon probiert, ob deine neue Kamera auch funktioniert?* Have you tried out your new camera yet to see if it works? **3** *(kosten)* taste, try ◇ *Soll ich noch Salz reingeben? Probier mal.* Taste this. Does it need more salt? ◇ *Probier mal diesen neuen Schokoriegel!* Just try this new chocolate bar! ◇ *Kann ich mal probieren?* Can I have a taste? **4** *(anprobieren)* try *sth* on

probiotisch probiotic

Problem problem ◇ *eine Lösung des Problems* a solution to the problem ◇ *Das Problem liegt darin, dass …* The problem is that … ◇ *Das Parken wird langsam zum Problem.* Parking is becoming a real problem. ◇ *Hast du mit Latein noch immer Probleme?* Are you still having problems with Latin? ◇ *Mein neues Auto macht mir nichts als Probleme.* I've had nothing but trouble with my new car. ◇ *Tut mir leid, aber das ist dein Problem.* I'm sorry, but that's your problem. **IDM** **Kein Problem!** No problem!

Problematik **1** problems [Pl] ◇ *die Problematik in Nordirland* the problems in Northern Ireland **2** *(Schwierigkeit)* problematic nature

problematisch **1** problematic; *(schwierig)* difficult ◇ *Das ist eine problematische Angelegenheit.* It is a problematic issue. ◇ *ein problematisches Kind* a problem child ◇ *ein problematisches Alter* a difficult age ◇ *Das könnte problematisch werden.* That could be a problem. **2** *(umstritten)* controversial ◇ *die problematische Umgehungsstraße* the controversial bypass

Problem- **Problembewusstsein** awareness of the problem ◇ *fehlendes Problembewusstsein* a lack of awareness of the problem **Problemfall** problem (case) ◇ *Das ist ein echter Problemfall.* That's a real problem. ◇ *eine steigende Zahl von Problemfällen* an increasing number of problem cases **problemlos** **1** *Adj* problem-free ◇ *Keine Ehe ist problemlos.* No marriage is problem-free. ◇ *eine problemlose Geburt* an easy birth **2** *Adv* without any problems ◇ *Er hat die Prüfung problemlos bestanden.* He passed the exam without any problems ◇ *problemlos verlaufen* go smoothly **Problemzone** trouble spot

Produkt **1** product ◇ *Produkte der Pharmaindustrie* pharmaceutical products ◇ *Wir sind alle Produkte unserer Erziehung.* We are all the product of our upbringing. **2** *(Agrar-)* produce [U] ◇ *hochwertige Produkte aus der Landwirtschaft* quality agricultural produce **3** *(Resultat)* result ◇ *das Produkt einer vierjährigen Zusammenarbeit* the result of four years' cooperation

Produktion **1** production; *(Abteilung auch)* production department; *(Prozess)* production process ◇ *die Produktion einstellen* cease production ◇ *eine Produktion der BBC* a BBC production ◇ *Sie arbeitet in der Produktion.* She works in the production department. ◇ *bei der Produktion* as part of the production process **2** *(Produktionsmenge)* output [U] ◇ *ein Viertel der Produktion* a quarter of the output

Produktionsanlage production plant **Produktionskosten** production costs [Pl] **Produktionsmittel** means of production **Produktionsstätte** production plant **Produktionsverfahren** production process

produktiv productive (*Adv* productively); (*Schriftsteller etc.*) prolific (*Adv* prolifically) ◇ *Das Treffen war höchst produktiv.* It was a very productive meeting.

Produktivität productivity ◇ *eine Steigerung der Produktivität* an increase in productivity

Produkt- **Produktmanager** product manager **Produktpalette** product range, range of products

Produzent maker; (*Hersteller auch*) manufacturer; (*Land*) producer ◇ *der welttgrößte Produzent von Kaffee* the world's largest coffee producer

Produzent(in) (*Film*) producer

produzieren **1** produce; (*industrielle Produkte auch*) manufacture, make ◇ *Lebensmittel produzieren* produce food ◇ *Schweiß produzieren* produce sweat ◇ *im Ausland produzieren* manufacture abroad **2** (*Film, Theaterstück*) produce; (*Schallplatte, Video*) make **3 sich ~** show off

profan **1** secular **2** (*gewöhnlich*) ordinary ◇ *ganz profane Dinge* ordinary things ◇ *profane Gegenstände* everyday objects

Professionalität professionalism

professionell professional (*Adv* professionally) ◇ *eine professionelle Tänzerin* a professional dancer ◇ *Spielt er immer noch professionell Fußball?* Is he still a professional footballer? ◇ *ein professionell geführter Wahlkampf* a professional campaign ◇ *professionelle Fachkräfte* professionally qualified staff ◇ *Das muss professionell gemacht werden.* It needs to be done by professionals. ◇ *Das war ein professionell geplanter Einbruch.* The burglary was a professional job.

Professor(in) professor, (*AmE auch*) full professor ◇ *zum Professor ernannt werden* be made (a) professor ◇ *Sie ist Professorin für Germanistik.* She is Professor of German. ◇ *ein ordentlicher/außerordentlicher Professor* a full/titular professor ◇ *Herr Professor Schmidt* Professor Schmidt

Professur (*Lehramt*) professorship; (*Lehrstuhl*) chair ◇ *Sie lehnte eine Professur ab.* She turned down a professorship. ◇ *die Professur für Geschichte* the chair of history

Profi professional; (*Berufssportler auch*) pro (*umgs*) ◇ *Profi werden* turn professional ◇ *Profi sein* be a pro

Profi- professional, pro ◇ *eine Profimannschaft* a professional team ◇ *ein Profigolfer* a pro golfer

Profil **1** profile (*auch fig*) ◇ *ein markantes Profil* a strong profile ◇ *im Profil* in profile ◇ *Die Partei will an Profil gewinnen.* The party wants to raise its profile. ◇ *sein Facebook-Profil bearbeiten* edit your Facebook profile **2** (*Image*) image ◇ *das kulturelle Profil der Stadt* the town's cultural image **3** (*Reifen*) tread **4** (*Längsschnitt*) vertical section; (*Querschnitt*) cross section

profilieren **sich ~** make your mark ◇ *Sie hat sich als Lokalpolitikerin profiliert.* She made her mark in local politics. ◇ *profilierte Künstler* high-profile artists

Profit profit ◇ *einen Profit machen* make a profit ◇ *Profit aus etw schlagen* make a profit from sth ◇ *etw mit hohem Profit verkaufen* sell sth at a large profit ◇ *ein Profit bringendes Geschäft* a profitable business

profitabel profitable (*Adv* profitably)

profitieren **von/bei etw ~** **1** benefit from sth ◇ *Die Kunden profitieren von dem harten Wettbewerb.* Customers benefit from the fierce competition **2** (*in Anspruch nehmen*) take advantage of sth ◇ *Bisher haben 70 Kinder von dem Angebot profitiert.* So far 70 children have taken advantage of the offer. **3** (*Gewinn machen*) make a profit out of sth

Prognose prediction; (*Wetter, Wirtschaft*) forecast; (MED) prognosis ◇ *Der Trainer wollte keine Prognosen abgeben.* The coach didn't want to make any predictions. ◇ *die düstere Prognose der Kommission* the commission's gloomy forecast

prognostizieren predict; (*besonders Wetter, Wirtschaft*) forecast

Programm **1** programme, (*AmE*) program ◇ *Auf dem Programm stehen Werke von Mozart.* On the programme there are works by Mozart. ◇ *das Programm für die neue Legislaturperiode* the programme for the new parliamentary term ◇ *ein Programm kaufen* buy a programme ◇ *ein kabarettistisches Programm* a cabaret act ◇ *Das Stadttheater hat dieses Jahr zwei ausländische Stücke im Programm.* The Stadttheater is putting on two foreign plays this year. ◇ *Ich kenne keine Sprachschule, die Walisisch im Programm hat.* I don't know of any language schools that offer Welsh. **2** (*Sender*) station; (*Fernsehen auch*) channel ◇ *Es wird im zweiten Programm übertragen.* It's being shown on Channel 2. **3** (COMP) program **4** (*bei Waschmaschinen etc.*) cycle **5** (*eines Verlags*) list ◇ *das belletristische Programm des Verlags* the publisher's fiction list IDM **auf dem Programm stehen** be planned; (*bei einer Sitzung*) be on the agenda ◇ *Was steht heute auf dem Programm?* What's planned for today? ◇ *Am Vormittag steht ein Museumsbesuch auf dem Programm.* In the morning there will be a visit to a museum. **nach Programm** according to plan

Programmänderung change to the programme, (*AmE*) change to the program

programmatisch programmatic ◇ *ein programmatischer Aufsatz* a programmatic essay ◇ *eine programmatische Rede* a keynote speech ◇ *Die Partei will sich programmatisch den Grünen annähern.* The party wants to bring its programme closer to that of the Greens.

Programm- **Programmentwurf** draft programme, (*AmE*) draft program **Programmheft** programme, (*AmE*) program

programmieren program IDM **programmiert sein** be inevitable **auf etw programmiert sein** have sth as your sole aim ◇ *Sie sind nur auf Gewinn programmiert.* Their sole aim is maximizing profit.

Programmierer(in) programmer

Programmier- **Programmierfehler** programming error **Programmiersprache** programming language

Programm- **Programmpunkt** item on the programme, (*AmE*) item on the program; (*bei einer Sitzung*) item on the agenda **Programmvorschau** preview; (*im Kino*) trailers [Pl]

progressiv progressive (*Adv* progressively) ◇ *eine progressive Besteuerung* progressive taxation

Projekt project ◇ *ein Projekt über Straßenkinder* a project on street children

projektieren plan

Projektil projectile

Projektion projection

Projektleiter(in) project leader

Projektor projector

projizieren **etw auf jdn/etw ~** project sth onto sb/sth

proklamieren declare; (*Souveränität, Unabhängigkeit auch*) proclaim ◇ *Das Jahr 2001 wurde zum Internationalen Jahr der Freiwilligen proklamiert.* 2001 was declared the International Year of Volunteers.

Pro-Kopf- **Pro-Kopf-Einkommen** per capita income **Pro-Kopf-Verbrauch** per capita consumption

Proletariat proletariat [mit Verb im Sing/Pl]

Proletarier(in) proletarian

proletarisch proletarian

Prolog (LIT, SPORT) prologue

Promenade promenade **Promenadenmischung** mongrel

Promille parts per thousand [Pl] ◇ *Sein Alkoholtest ergab 2,1 Promille.* He was four times over the limit.
Promillegrenze legal (alcohol) limit
prominent **1** (*bekannt*) well known ◇ *eine prominente Persönlichkeit* a well-known figure **2** (*herausragend*) prominent ◇ *eine prominente Rolle spielen* play a prominent role
Prominente(r) celebrity, VIP (*umgs*); (*aus der Politik, Wissenschaft etc.*) leading figure
Prominenz celebrities [Pl], VIPs [Pl]; (*aus der Politik, Wissenschaft etc.*) leading figures [Pl] ◇ *die Prominenz aus Politik und Sport* leading figures from politics and sport
Promotion[1] (*Doktorwürde*) PhD, doctorate ◇ *Nach der Promotion begann er als Assistent.* After finishing his doctorate, he started as a junior lecturer.
Promotion[2] (*Werbung*) promotion
promovieren do a PhD, do a doctorate; (*die Doktorwürde erlangen*) get a PhD, get a doctorate ◇ *Er promovierte über Musil.* He did his PhD on Musil. ◇ *Sie promovierte 1999 an der Uni Ulm.* She got her PhD from Ulm University in 1999. ◇ *ein promovierter Psychologe* a psychologist with a PhD
prompt prompt (*Adv* promptly) ◇ *eine prompte Reaktion* a prompt reaction ◇ *Er hatte keine Arbeitserlaubnis und wurde prompt erwischt.* He had no work permit and promptly got caught.
Pronomen pronoun
Propaganda **1** propaganda (*abwert*); (*Reklame*) publicity **2** **~ für etw machen** promote sth
Propagandafilm propaganda film **Propagandakampagne** propaganda campaign **Propagandamaterial** propaganda material
propagandistisch propagandist [nur vor Nomen], propaganda [nur vor Nomen] ◇ *propagandistische Filme* propagandist films ◇ *etw für propagandistische Zwecke missbrauchen* use sth for propaganda purposes
propagieren (*Ideen verbreiten*) propagate; (*werben für*) promote ◇ *Gewalt propagierende Rap-Musik* rap music that promotes violence
Propan propane
Propangas propane gas
Propeller propeller
Prophet(in) prophet (*auch fig*)
prophezeien (**jdm/einer Sache**) **etw ~** predict sth (for sb/sth) ◇ *Zahlreiche Studien prophezeiten der Branche eine goldene Zukunft.* Numerous studies have predicted a golden future for the industry.
prophylaktisch **1** *Adj* prophylactic (*gehoben oder Fachspr*), preventive [nur vor Nomen] ◇ *eine prophylaktische Behandlung* prophylactic treatment ◇ *prophylaktische Maßnahmen* preventive measures **2** *Adv* prophylactically (*gehoben oder Fachspr*), as a precaution ◇ *jdm prophylaktisch Antibiotika geben* give sb antibiotics as a precaution
Prophylaxe prophylactic (*gehoben oder Fachspr*)
Proportion proportion ◇ *eine Krise von monumentalen Proportionen* a crisis of mammoth proportions
proportional **~ (zu etw)** **1** *Adj* proportional (to sth) ◇ *direkt/umgekehrt proportional zueinander sein* be directly/inversely proportional to one another **2** *Adv* in proportion to sth, proportionally to sth ◇ *Jede Partei bekommt proportional zu ihren Parlamentssitzen Sendezeit.* Each party is allocated airtime in proportion to the number of seats it has in Parliament.
Proporz (*Wahlsystem*) proportional representation
proppenvoll jam-packed
Prosa prose
Proseminar = course of seminars for students in their first and second years

prosit **1** cheers **2** **~ Neujahr!** Happy New Year!
Prosit toast ◇ *ein Prosit auf jdn ausbringen* propose a toast to sb ◇ *Ein Prosit auf Uwe!* Here's to Uwe! ◇ *Ein Prosit auf deinen Geburtstag!* All the best on your birthday!
Prospekt brochure; (*Werbezettel*) leaflet
prost cheers! IDM → MAHLZEIT
Prostata prostate (gland)
Prostatakrebs prostate cancer
Prostituierte prostitute
Prostitution prostitution ◇ *zur Prostitution gezwungen werden* be forced into prostitution
Protagonist(in) protagonist
Protein protein
Protektionismus protectionism
Protest **~ (gegen jdn/etw)** protest (against sb/sth); **aus ~ gegen etw** in protest at sth ◇ *Die Entscheidung löste heftigen Protest aus.* The decision provoked a storm of protest. ◇ *Er trat aus Protest gegen die Korruption in der Regierung zurück.* He resigned in protest at the corruption in the government. ◇ *Der US-Teamchef legte offiziellen Protest gegen die Wertung ein.* The US coach registered an official protest against the decision.
Protestaktion protest ◇ *die Protestaktion der Lkw-Fahrer* the lorry-drivers' protest ◇ *sich an den Protestaktionen beteiligen* take part in the protest campaign
Protestant(in) Protestant
protestantisch Protestant
protestieren (**gegen jdn/etw**) **~** protest (against sb/sth), (*AmE*) protest (sth)
Protest- **Protestkundgebung** protest rally **Protestmarsch** protest march **Protestwähler(in)** protest voter
Prothese artificial limb, prosthesis (*Fachspr*); (*Arm-*) artificial arm; (*Bein-*) artificial leg; (*Gebiss*) dentures [Pl]
Protokoll **1** record; (*einer Sitzung*) minutes [Pl] ◇ *das Protokoll der Gerichtsverhandlung* the record of the court proceedings ◇ *bei einer Sitzung das Protokoll führen* take the minutes of a meeting **2** (*Bericht*) report ◇ *das Protokoll des Seilbahnunglücks* the report on the cable car accident ◇ *Ich muss noch das Protokoll von meinem Versuch schreiben.* I've still got to write up my experiment. **3** (*bei der Polizei*) statement ◇ *eine Aussage zu Protokoll nehmen* take down a statement ◇ *Mehrere Zeugen gaben zu Protokoll, dass der Wagen weitergefahren sei.* Several witnesses made statements to the effect that the car had driven on. **4** **etw zu ~ geben** (*festhalten*) put sth on record ◇ *Da können Einwendungen gegen den Plan zu Protokoll gegeben werden.* Objections to the plan can be put on record there. **5** (*diplomatisches Zeremoniell*) protocol [U] ◇ *gegen das Protokoll verstoßen* commit a breach of protocol **6** (*Abkommen*) protocol
protokollarisch **etw ~ aufzeichnen/festhalten** (*Verhör, Verhandlung*) place sth on record; (*Sitzung*) minute sth
protokollieren record; (*Sitzung*) minute ◇ *Der Computer protokolliert alle Buchungen.* The computer records all transactions. ◇ *eine protokollierte Sitzung* a minuted meeting
Prototyp **1** prototype **2** (*Inbegriff*) epitome [Sing] ◇ *Sie ist der Prototyp einer Geschäftsfrau.* She is the epitome of a businesswoman.
protzen (**mit etw**) **~** show (sth) off (*umgs*) ◇ *Er protzt mit seiner Uhr.* He is showing off his watch. ◇ *Er protzt damit, dass …* He likes to show off the fact …

protzig showy; (*angeberisch*) flashy (*umgs*) ◇ *Ihr Schmuck ist protzig.* Her jewellery is showy. ◇ *ein protziger Sportwagen* a flashy sports car

Proviant **1** provisions [Pl] **2** (MIL) supplies [Pl]

Provider provider

Provinz **1** province ◇ *die Provinz Quebec* the province of Quebec **2** (*ländliche Gegend*) provinces [Pl] ◇ *Sie stammt aus der Provinz.* She comes from the provinces. ◇ *Das Dorf liegt in der tiefsten Provinz.* The village is right out in the sticks.
Provinzhauptstadt provincial capital

provinziell provincial ◇ *Hier herrschen ziemlich provinzielle Verhältnisse.* It's rather provincial here.

Provinz- **Provinznest** (provincial) backwater **Provinzstadt** provincial town

Provision commission
Provisionsbasis **auf ~ arbeiten** work on a commission basis

provisorisch temporary (*Adv* temporarily), makeshift ◇ *eine provisorische Lösung* a temporary solution ◇ *Die Schäden wurden provisorisch ausgebessert.* Temporary repairs were made to the damage. ◇ *Diese Reparatur ist nur provisorisch.* This is just a makeshift repair. ◇ *provisorisch errichtete Zelte* makeshift tents

provokant → PROVOKATIV

Provokateur(in) troublemaker; (*politisch*) agitator

Provokation provocation ◇ *Seine Prahlerei stellt eine Provokation dar.* His boasting is a provocation. ◇ *Dem Angriff ging keine Provokation voraus.* The attack was unprovoked.

provokativ, **provokant** (*auch* **provozierend**) provocative (*Adv* provocatively)

provozieren provoke ◇ *Er hat den Streit provoziert.* He provoked the quarrel. ◇ *Sie ließ sich von ihm nicht provozieren.* She refused to let him provoke her.

provozierend → PROVOKATIV

Prozedere procedure ◇ *Wie ist das Prozedere bei der Beantragung eines Arbeitsvisums?* What is the procedure for applying for a working visa?

Prozedur procedure ◇ *eine langwierige Prozedur* a long drawn-out procedure

Prozent **1** per cent ◇ *60 Prozent der Befragten* sixty per cent of those asked ◇ *Der Wein hat 12 Prozent.* The wine contains 12 per cent alcohol. ◇ *eine Steigerung von 12 Prozent* a 12 per cent increase ◇ *Der Cocktail besteht zu 25 Prozent aus Cognac.* The cocktail is 25 per cent brandy. ◇ *In dieser Stadt leben 18 Prozent Ausländer.* This town has a foreign population of 18 per cent. **2 Prozente** discount ◇ *Er bekommt in diesem Laden Prozente.* He gets a discount in this shop.

-prozentig per cent ◇ *Die Straße hat ein sechsprozentiges Gefälle.* The road has a 6 per cent gradient. ◇ *hochprozentiger Alkohol* spirits

Prozentsatz percentage [mit Verb im Sing/Pl]

prozentual ◇ *ein prozentualer Anteil von 5,3%* a percentage of 5.3 ◇ *Sie wird sich prozentual an den Kosten beteiligen.* She will share a percentage of the costs. ◇ *prozentual gesehen* in terms of percentage ◇ *Hier leben prozentual mehr Inder als in London.* There's a higher percentage of Indians here than in London.

Prozess **1** (*Straf-*) trial; (*zwischen zwei Parteien*) court case ◇ *Sie sagt im Prozess aus.* She is giving evidence at the trial. ◇ *Er hat den Prozess verloren.* He lost his court case. ◇ *im Prozess um die Entführung* in the kidnap case ◇ *Sie führt einen Prozess gegen ihn.* She's taking him to court. **2** (*Vorgang*) process ◇ *der Prozess der Entscheidungsfindung* the decision-making process **3** (*Verlauf*) course ◇ *der Prozess der Krankheit* the course of the illness IDM **jdm den Prozess machen** take sb to court **(mit jdm/etw) kurzen Prozess machen** make short work of sb/sth

prozessfähig able to stand trial; (*körperlich, geistig*) fit to stand trial ◇ *Die 18-Jährige war voll prozessfähig.* The 18-year-old was able to stand trial in an adult court.

prozessieren take legal action ◇ *Sie prozessiert gegen ihre Nachbarn.* She is taking legal action against her neighbours.

Prozession procession

Prozessor processor

prüde prudish (*Adv* prudishly)

prüfen **1** (*überprüfen*) check; (*untersuchen*) examine; (*überlegen, abwägen*) look into *sth* ◇ *Die Angaben wurden von der Polizei geprüft.* The police checked the information. ◇ *Wir prüfen alle Angebote sorgfältig.* We examine all offers carefully. ◇ *Die Behörde prüft die möglichen Folgen.* The authorities are looking into the possible consequences. ◇ *ein prüfender Blick* a searching look **2** (*durch Klausur, Test*) test, examine ◇ *Sie wird in Latein geprüft.* She will be tested in Latin. ◇ *Er wurde mündlich geprüft.* He had an oral exam. ◇ *Sie ist staatlich geprüfte Übersetzerin.* She's a certified translator.

Prüfer(in) examiner

Prüfling (examination) candidate

Prüf- **Prüfstand** **auf dem ~** under scrutiny ◇ *Das System steht auf dem Prüfstand.* The system is under scrutiny. **Prüfstein** touchstone

Prüfung **1** examination ◇ *eine Prüfung durch das Gericht* an examination in court ◇ *nach Prüfung des Alibis durch die Polizei* after the police had checked his alibi **2** (*Schule, Uni*) exam ◇ *eine Prüfung in Mathematik* a maths exam ◇ *eine Prüfung machen* do/sit/take an exam ◇ *Sie hat die Prüfung bestanden.* She passed the exam. ◇ *Er ist in der mündlichen Prüfung durchgefallen.* He failed his oral exam.
Prüfungsangst exam nerves [Pl] ◇ *Er hat Prüfungsangst.* He's suffering from exam nerves. **Prüfungsausschuss** board of examiners **Prüfungsergebnis** exam(ination) result **Prüfungstermin** date of an/the exam(ination)

Prügel beating ◇ *Er bekam (eine Tracht) Prügel.* He was given a beating.

Prügelei fight

prügeln **1** beat ◇ *Er wurde zu Tode geprügelt.* He was beaten to death. **2 sich ~** fight ◇ *Sie prügelten sich um die besten Plätze.* They fought for the best seats. ◇ *Er prügelte sich mit Jens.* He had a fight with Jens.

Prügelstrafe corporal punishment [U]

Prunk magnificence, splendour
Prunkstück showpiece

prunkvoll magnificent (*Adv* magnificently), splendid (*Adv* splendidly)

prusten splutter ◇ *Sie prustete vor Lachen.* She spluttered with laughter.

PS¹ (*Pferdestärke*) hp

PS² (*Postskriptum*) PS

Psalm psalm

Pseudonym pseudonym

pst sh!

Psyche psyche ◇ *die weibliche Psyche* the female psyche ◇ *eine Belastung für die Psyche* a psychological burden

Psychiater(in) psychiatrist

Psychiatrie **1** (*Fachgebiet*) psychiatry **2** (*Anstalt*) psychiatric hospital; (*Station*) psychiatric ward ◇ *Er wurde in die Psychiatrie eingeliefert.* He was put in a psychiatric hospital.

psychiatrisch psychiatric ◇ *Er befindet sich in psychiatrischer Behandlung.* He is receiving psychiatric treatment. ◇ *eine psychiatrische Klinik* a psychiatric clinic

psychisch psychological (*Adv* psychologically), mental (*Adv* mentally) ◇ *eine große psychische Belastung* a great psychological strain ◇ *Sie ist psychisch krank.* She is mentally ill. ◇ *Er ist psychisch am Ende.* He is on the verge of a mental breakdown.

Psychoanalyse psychoanalysis [U] ◇ *die Psychoanalyse nach Freud* psychoanalysis after Freud

Psychologe, **Psychologin** psychologist

Psychologie psychology

psychologisch psychological (*Adv* psychologically)

Psychopath(in) psychopath

Psycho- **Psychopharmaka** psychiatric drugs [Pl] **psychosomatisch** psychosomatic **Psychoterror** psychological terror **Psychotherapeut(in)** psychotherapist **Psychotherapie** psychotherapy [U]

Pubertät puberty ◇ *in die Pubertät kommen* reach puberty ◇ *Er steckt in der Pubertät.* He's going through puberty.

Publicity publicity

Public- **Public Relations** (*auch* **PR**) public relations, PR **Public Viewing** big-screen event ◇ *Tausende Fans kamen zum Public Viewing auf den Rathausplatz.* Thousands of fans came to watch on a big screen in the town hall square.

publik **1 etw ~ machen** make sth public **2 ~ werden** become public knowledge

Publikation publication

Publikum **1** audience [mit Verb im Sing/Pl]; (*Sport*) crowd [mit Verb im Sing/Pl] ◇ *ein breites Publikum* a wide audience ◇ *Er war beim Publikum sehr beliebt.* He was very popular with audiences. ◇ *Das Publikum feuerte ihn an.* The crowd spurred him on. **2** (*Gäste, Klientel*) clientele [mit Verb im Sing/Pl]
Publikumserfolg (popular) success; (*Werk, Stück*) success with the public **Publikumsliebling** public idol **Publikumsmagnet** crowd-puller **Publikumsverkehr** ◇ *für den Publikumsverkehr geöffnet sein* be open to the public ◇ *Heute kein Publikumsverkehr!* Closed to the public today. **publikumswirksam** (with) popular (appeal) ◇ *eine publikumswirksame Aktion* a campaign with popular appeal ◇ *eine publikumswirksame Schlagzeile* a headline which appeals to the public

publizieren publish

Publizist(in) journalist, publicist (*veraltet*)

Puck puck

Pudding ≈blancmange

Pudel poodle IDM **wie ein begossener Pudel** with your tail between your legs
Pudelmütze woolly hat **pudelwohl** as happy as anything

Puder powder

pudern powder ◇ *sich die Nase pudern* powder your nose

Puderzucker icing sugar, (*AmE*) confectioner's sugar, powdered sugar

Puff[1] (*Stoß*) nudge

Puff[2] (*Bordell*) brothel ◇ *in den Puff gehen* go to the brothel

Puffer **1** buffer (*auch fig*) ◇ *Die oberste Schicht wirkt als Puffer.* The top layer acts as a buffer. **2** (*Kartoffel-*) potato fritter
Pufferzone buffer zone

Puffreis puffed rice

pulen pick; (*Krabben, Erbsen etc.*) shell ◇ *in der Nase pulen* pick your nose ◇ *etw aus den Zähnen pulen* pick sth out of your teeth ◇ *Erbsen aus der Schote pulen* shell peas

Pulle bottle IDM **volle Pulle** flat out (*umgs*)

Pullover, **Pulli** sweater, (*BrE auch*) jumper ◇ *Zieh dir einen Pulli über!* Put a jumper on!

Pullunder slipover, (*AmE*) vest

Puls pulse (*auch fig*) ◇ *den Puls messen* take your/sb's pulse ◇ *ein niedriger/hoher Puls* a slow/fast pulse ◇ *Sie hatte einen Puls von 140.* Her pulse was 140.
Pulsader artery (*auch fig*) ◇ *die Pulsader mit den Fingern zusammenpressen* press the artery between your fingers ◇ *sich die Pulsadern aufschneiden* slash your wrists

pulsieren pulsate (*gehoben*) (*auch fig*), throb (*auch fig*) ◇ *Das Blut pulsierte durch die Adern.* Blood was pulsating through the veins. ◇ *Hier pulsiert das Leben.* It's throbbing with life here.

Pulsschlag pulse rate; (*einzelner*) pulse (beat)

Pult desk; (*Redner-*) lectern; (*Dirigenten-*) podium ◇ *Der Redner trat ans Pult.* The speaker stepped up to the lectern.

Pulver powder IDM **sein Pulver verschossen haben** have shot your bolt
Pulverfass powder keg (*auch fig*) **Pulverkaffee** instant coffee **Pulverschnee** powder snow

Puma puma

pummelig chubby

Pump **auf ~** on credit

Pumpe **1** pump **2** (*Herz*) ticker (*umgs*)

pumpen **1** pump ◇ *Sie pumpte Luft in den Reifen.* She pumped air into the tyre. ◇ *Sie pumpte Wasser aus dem Brunnen.* She pumped water out of the well. **2 sich (von jdm) etw ~** borrow sth (from sb); **jdm etw ~** lend sb sth ◇ *Er pumpte sich das Geld von seinem Bruder.* He borrowed the money from his brother. ◇ *Kannst du mir Geld pumpen?* Can you lend me some money?

Punker(in) punk

Punkt **1** spot; (*sehr klein*) dot **2** (*geografisch, geometrisch*) point; (*Stelle, Ort*) place ◇ *Von diesem Punkt aus kann man ins Tal schauen.* You can see into the valley from this point. ◇ *zwei Geraden, die sich in einem Punkt schneiden* two straight lines which intersect at a point ◇ *Ich habe den Punkt markiert, wo das Bild hängen soll.* I have marked the place where the picture should be hung. **3** (*Satzzeichen*) full stop, (*AmE*) period **4** (*Wertungseinheit, Zeitpunkt, in einer Diskussion*) point ◇ *Wir liegen mit fünf Punkten in Führung.* We have a five-point lead. ◇ *Sieger nach Punkten* winner on points ◇ *einen bestimmten Punkt erreichen* reach a certain point ◇ *Punkt für Punkt* point by point ◇ *Wir sind uns in diesem Punkt einig.* We agree on this point. **5** (*präzise Uhrzeit*) ◇ *Punkt Mitternacht* on the dot of midnight ◇ *Punkt 8 Uhr* 8 am sharp **6** (*einer Tagesordnung*) item ◇ *zum nächsten Punkt übergehen* go on to the next item IDM **etw auf den Punkt bringen** put sth in a nutshell **auf den Punkt kommen** get to the point ◇ *Komm endlich auf den Punkt!* Just get to the point! **der springende Punkt** the crucial point **ohne Punkt und Komma reden** talk on and on **jds schwacher/wunder Punkt** sb's Achilles' heel **toter Punkt** **1** (*Stillstand*) stalemate ◇ *Die Verhandlungen sind an einem toten Punkt angekommen.* The negotiations have reached a stalemate. **2** (*Ermüdung*) low point ◇ *Mittags habe ich immer meinen toten Punkt.* I always have a low point around lunchtime.

Pünktchen little dot

Punkte- **Punktestand** score **Punktesystem** points system

punktgleich level on points [nicht vor Nomen] ◇ *Der Vfb ist punktgleich mit dem HSV.* Vfb is level on points with HSV. ◇ *punktgleiche Mannschaften* teams which are level on points

punktieren (MUS) dot ◇ *eine punktierte Achtelnote* a dotted quaver

pünktlich on time ◇ *Sie war pünktlich.* She was on time. ◇ *Hoffentlich erscheint er pünktlich.* I hope he'll be on time. ◇ *Pünktlich um acht Uhr klingelte es.* The doorbell rang at eight o'clock sharp. ◇ *Pünktlich zu Ferienbeginn schien die Sonne.* The sun came out just as the holidays were starting. ◇ *Geld pünktlich überweisen* transfer money in time IDM → MINUTE

Pünktlichkeit punctuality

punktuell ◇ *ein punktuelles Ereignis* an isolated event ◇ *Die Parteien streben punktuelle Zusammenarbeit an.* The parties are aiming to work together on selected points. ◇ *etw punktuell beleuchten* examine only certain aspects of sth ◇ *Die Bewohner waren nur punktuell betroffen.* Only certain inhabitants were affected.

Punktzahl score ◇ *die höchste Punktzahl erzielen* achieve the highest score ◇ *Dafür erhielt sie die volle Punktzahl.* She received full marks for it.

Punsch punch

Pupille pupil ◇ *Die Pupillen verengen/weiten sich.* The pupils contract/dilate. ◇ *starre Pupillen* fixed pupils

Puppe **1** doll **2** (*Marionette*) puppet **3** (ZOOL) pupa IDM **die Puppen tanzen lassen** paint the town red (*umgs*)
Puppenspiel puppet show ◇ *ein Puppenspiel aufführen* put on a puppet show **Puppenspieler(in)** puppeteer **Puppentheater** puppet theatre, (*AmE*) puppet theater **Puppenwagen** doll's pram

pur **1** (*unverdünnt*) neat, (*bes AmE*) straight ◇ *Trinkst du deinen Martini pur?* Do you want your Martini neat? **2** (*rein, unverfälscht*) pure ◇ *aus purem Gold* of pure gold **3** (*bloß, rein*) pure, sheer [nur vor Nomen] ◇ *aus purer Bosheit* out of pure malice ◇ *pure Heuchelei* sheer hypocrisy ◇ *purer Zufall* sheer chance

Püree purée; (*Kartoffel-*) mash(ed potatoes) ◇ *etw zu Püree verarbeiten* purée sth

pürieren purée; (*Wurzelgemüse*) mash

Puritaner(in) Puritan

puritanisch **1** (*auf dem Puritanismus basierend*) Puritan ◇ *puritanisches Denken* Puritan thinking **2** (*sittenstreng*) puritanical (*abwert*) ◇ *eine puritanische Erziehung* a puritanical upbringing ◇ *Sie lebten puritanisch.* They adopted a puritanical lifestyle.

Puritanismus Puritanism

Purpur, purpurrot crimson

Purzelbaum somersault ◇ *einen Purzelbaum schlagen* turn a somersault

purzeln tumble (*auch fig*) ◇ *Er purzelte den Hügel hinab.* He tumbled down the hill.

Puste **1** breath ◇ *Sie war völlig außer Puste.* She was completely out of breath. ◇ *aus der Puste kommen* get out of breath **2 jdm geht die ~ aus** sb runs out of breath; (*nicht mehr mithalten*) sb runs out of steam; (*finanziell*) sb runs out of money

Pustel pimple

pusten **1** blow ◇ *Er pustete ins Horn.* He blew into the horn. ◇ *Sie pustete in die Glut.* She blew on the embers. ◇ *Die Polizei ließ ihn ins Röhrchen pusten.* The police got him to blow into the bag. ◇ *Sie pustete sich die Haare aus der Stirn.* She blew her hair out of her eyes. **2** (*mit Mühe atmen*) puff and pant ◇ *Er ging pustend den Berg hinauf.* He climbed the hill, puffing and panting. **3** (*Abgase etc. abgeben*) spew *sth* out ◇ *Wer weiß, was von der Fabrik alles in die Luft gepustet wird.* Who knows what the factory is spewing out into the atmosphere.

Pute(r) turkey

Putsch coup

putschen stage a coup ◇ *Die Generäle putschten gegen den Präsidenten.* The generals staged a coup against the president.

Putschversuch attempted coup ◇ *ein Putschversuch des Militärs* an attempted military coup

Putz plaster; (*auf Außenwänden auch*) rendering ◇ *Der Putz ist noch nicht getrocknet.* The plaster isn't dry yet. ◇ *An dem Haus bröckelt der Putz ab.* The rendering is falling off the walls of the house. IDM **auf den Putz hauen** **1** have a rave-up (*umgs*) **2** (*angeben*) show off **3** (*sich beschweren*) hit the roof (*umgs*)

putzen **1** (*sauber machen*) clean ◇ *Ich habe den ganzen Tag geputzt.* I spent all day cleaning. ◇ *Fenster putzen* clean the windows ◇ *Wer putzt bei euch?* Who does the cleaning in your house? ◇ *das Silber putzen* polish the silver ◇ *Sie putzte sich die Zähne.* She brushed her teeth. **2** (*Stachel-, Johannisbeeren, Bohnen etc.*) top and tail; (*Erd-, Himbeeren*) hull; (*Salat, Spinat*) prepare; (*Möhren*) trim **3 sich die Nase ~** wipe your nose; (*geräuschvoll*) blow your nose; **jdm die Nase ~** wipe sb's nose **4 ~ gehen** go (out) cleaning **5 (sich) ~** (*Tier*) wash (itself); (*Vogel*) preen ◇ *Die Katze putzt sich.* The cat is washing itself.

Putz- **Putzfimmel** ◇ *einen Putzfimmel haben* be obsessed with cleaning **Putzfrau** cleaning lady

putzig cute, sweet

Putz- **Putzlappen, Putzlumpen** (cleaning) cloth; (*für Böden*) floorcloth **Putzmittel** cleaning product; (*im Plural*) cleaning materials ◇ *umweltfreundliche Putzmittel* environmentally friendly cleaning materials **putzmunter** perky ◇ *Er ist schon am frühen Morgen putzmunter.* He's quite perky first thing in the morning. ◇ *Sie hüpfte putzmunter herum.* She was skipping around full of beans.

Puzzle jigsaw (puzzle) ◇ *ein Puzzle zusammensetzen* do a jigsaw puzzle

Pyjama pyjamas [Pl], (*AmE*) pajamas [Pl]

Pyramide pyramid

Pyrenäen Pyrenees [Pl]

Pyromane, Pyromanin pyromaniac

Q q

Q, q Q, q → *Beispiele bei* A

Quader **1** (MATH) cuboid **2** (*Steinblock*) block (of stone) ◇ *Quader aus Sandstein* blocks of sandstone

Quadrat square; **im ~** square ◇ *Das Bild ist 20 cm im Quadrat.* The picture is 20 cm square. ◇ *4 im Quadrat ist 16.* The square of 4 is 16. ◇ *eine Zahl ins Quadrat erheben* square a number ◇ *Das Quadrat von zwei ist vier.* Two squared is four.

quadratisch square

Quadrat- **Quadratkilometer** square kilometre, (*AmE*) square kilometer ◇ *Die Insel ist kaum einen Quadratkilometer groß.* The area of the island is barely a square kilometre. **Quadratmeter** square metre, (*AmE*) square meter ◇ *Die Küche ist 10 Quadratmeter groß.* The kitchen is 10 square metres. **Quadratwurzel** square root ◇ *Die Quadratwurzel aus 16 ist 4.* The square root of 16 is 4. **Quadratzentimeter** square centimetre, (*AmE*) square centimeter

quaken (*Frosch*) croak; (*Ente*) quack

Qual **1** (*Schmerz*) pain; (*seelisch*) anguish (*gehoben*) ◇ *Sie sterben unter grauenhaften Qualen.* They die in terrible pain. ◇ *seine seelischen Qualen* his mental anguish ◇ *ein Tier von seinen Qualen erlösen* put an animal out of its misery **2** (*Quälerei*) agony [meist Sing], ordeal ◇ *die Qualen des Krieges* the agony of war ◇ *Das Abendessen mit ihrem Chef war eine Qual.* The dinner with her boss was an ordeal. ◇ *Sie macht ihm das Leben zur Qual.* She makes his life a misery. ◇ *Morgen hat die Qual ein Ende.* Tomorrow the torment will be over. IDM **die Qual der Wahl haben** be spoilt for choice

quälen **1** torment ◇ *Die Tiere werden zu Tode gequält.* The animals are tormented and killed. ◇ *Der Gedanke quälte ihn.* The thought was tormenting him. ◇ *Menschen werden gequält und getötet.* People are tortured and killed. ◇ *Ihn quälen Rückenschmerzen.* He's in agony with back pain. ◇ *Sie leidet unter quälenden Kopfschmerzen.* She suffers from excruciating headaches. ◇ *Sie wurde von Schuldgefühlen gequält.* She was racked with guilt. ◇ *Er lächelte ein bisschen gequält.* He forced a smile. **2** (*belästigen*) pester ◇ *Sie quälten die Eltern wochenlang, dass sie den Film sehen wollten.* They've been pestering their parents for weeks to let them see the film. **3 sich ~** (*Schmerzen haben*) be in pain ◇ *Der Hund quält sich so.* The dog is in such pain. ◇ *Er quält sich immer noch mit einer alten Verletzung.* An old injury is still troubling him. **4 sich mit etw ~** (*schwertun*) worry about sth ◇ *Sie quälen sich mit der Frage, ob …* They are worrying about whether … **5 sich (mit etw) ~** (*sich anstrengen*) struggle (with sth) ◇ *Sie quälte sich stundenlang mit ihren Hausaufgaben.* She struggled for hours with her homework. **6 sich ~** (*mühsam bewegen*) ◇ *Sie quälte sich die Stufen hinauf.* She struggled up the steps. ◇ *Der Verkehr quält sich durch die City.* The traffic crawls through the city centre.

Quälerei torture [U]; (*Tier-*) cruelty [U]

Qualifikation **1** qualification ◇ *Jugendliche ohne berufliche Qualifikationen* young people without any qualifications **2** (*Befähigung*) ability **3** (SPORT) ◇ *Sie war in der Qualifikation gescheitert.* She failed to qualify.

Qualifikationsrunde qualifying round **Qualifikationsspiel** qualifying match, qualifier

qualifizieren **sich (für etw) ~** qualify (for sth) ◇ *Er hat sich für das Finale qualifiziert.* He qualified for the final. ◇ *sich weiter qualifizieren* get more qualifications

qualifiziert **1** → QUALIFIZIEREN **2** qualified; (*Arbeit*) skilled ◇ *ein qualifizierter Ingenieur* a qualified engineer ◇ *Er ist für diesen Job hervorragend qualifiziert.* He is ideally qualified for this job.

Qualität quality ◇ *die herausragenden Qualitäten dieses Schriftstellers* the outstanding qualities of this writer ◇ *Waren guter/minderer Qualität* high-/low-quality goods ◇ *Waren schlechter Qualität* goods of poor quality ◇ *in der Qualität besser sein* be better quality ◇ *Die Qualität ist nicht besonders gut.* It isn't very good quality. ◇ *Das Konzert war von hoher Qualität.* The concert was of a high standard.

qualitativ in quality [nicht vor Nomen], qualitative (*gehoben*) (*Adv* qualitatively) ◇ *eine qualitative Verbesserung* an improvement in quality ◇ *eine qualitativ bessere Ausbildung* a better-quality education ◇ *qualitativ hochwertige Kinderfilme* high-quality children's films

Qualle jellyfish

Qualm smoke

qualmen **1** belch smoke ◇ *qualmende Fabrikschlote* factory chimneys belching smoke ◇ *Im Aschenbecher qualmte eine Zigarette.* Smoke rose from a cigarette in the ashtray. ◇ *Auf einmal qualmte es in der Küche.* Suddenly the kitchen was full of thick smoke. **2** (*rauchen*) smoke

qualvoll agonizing ◇ *qualvoll verenden* die an agonizing death ◇ *qualvolle Leiden* terrible suffering ◇ *in qualvoller Enge* in horribly cramped conditions

Quantität quantity

quantitativ in quantity [nicht vor Nomen], quantitative (*Adv* quantitatively) (*gehoben*) ◇ *quantitative Lockerung* quantitative easing ◇ *Die Mannschaft wurde nicht nur quantitativ, sondern auch qualitativ verstärkt.* The team received a boost not just in quantity but also in quality. ◇ *Ihre Arbeit wird nicht nach der quantitativen Leistung beurteilt.* They are not judged by the amount of work they do.

Quarantäne quarantine [U] ◇ *in Quarantäne kommen* go into quarantine ◇ *unter Quarantäne stehen* be in quarantine

Quark fromage frais, curd cheese

Quarkspeise ≈ dessert made from fruit and curd cheese

Quartal quarter

Quartalsende end of the quarter

Quartett **1** (*Komposition, Musiker*) quartet [mit Verb im Sing/Pl] **2** (*Kartenspiel*) Happy Families **3** (*Menschen*) foursome; (*Kriminelle*) gang of four

Quartier **1** (*Unterkunft*) accommodation [U] ◇ *Im Sommer ist kaum noch ein Quartier zu finden.* In the summer it's almost impossible to find accommodation. ◇ *Ein Bus brachte sie in ihr Quartier.* A bus took them to where they were staying. **2** (*Stadtviertel*) area **3** (*für Soldaten*) quarters [Pl]

Quarz quartz

quasi more or less, virtually ◇ *Sie hat ihn quasi dazu gezwungen.* She more or less forced him to do it.

quasseln chatter; (*Unsinniges*) blather ◇ *Worüber quasseln sie so lange?* What are they chattering about all this time? ◇ *Ich habe ein halbe Stunde mit ihr gequasselt.* I nattered to her for half an hour. ◇ *Was quasselt er da wieder für einen Blödsinn?* What's he blathering on about now?

Quatsch **1** (*Äußerung*) rubbish ◇ *So ein Quatsch!* What a load of rubbish! **2** (*Dummheiten*) nonsense ◇ *Was soll denn der Quatsch!* What's all this nonsense? ◇ *Mach keinen Quatsch!* Don't do anything silly! ◇ *Es ist Quatsch, dass ihr euch schuldig fühlt.* It's silly to feel guilty. **3** (*Jux*) joke ◇ *Das hat er doch nur aus Quatsch gesagt.* He just said it for a joke. ◇ *Er macht immer Quatsch mit den Kindern.* He's always larking about with the children.

quatschen **1** chatter, blather on (*abwert*) ◇ *Sie sitzen in der Küche und quatschen.* They sit chattering in the kitchen. ◇ *Stundenlang hat er nur über seine Probleme gequatscht.* He blathered on about his problems for hours. ◇ *Die Leute quatschen dumm.* People talk a load of rubbish. **2** (*verraten*) let the cat out of the bag

Quatschkopf windbag

Quecksilber mercury

quecksilberhaltig containing mercury [nicht vor Nomen] ◇ *quecksilberhaltiges Material* material containing mercury ◇ *Der Schlamm ist stark quecksilberhaltig.* The mercury content of the sediment is very high.

Quellcode (COMP) source code

Quelle **1** (*Wasser-*) spring **2** (*Ursprung*) source (*auch fig*) ◇ *eine wesentliche Quelle der Umweltverschmutzung* a major source of pollution ◇ *Die Gerüchte stammen alle aus einer Quelle.* The rumours all come from the same source. ◇ *die an der Quelle einbehaltenen Steuern* taxes deducted at source ◇ *seine Quellen angeben* cite your sources ◇ *Seine Quelle war ein ehemaliger Agent.* His informant was a former secret agent. IDM **an der Quelle sitzen** be on the inside **aus sicherer/zuverlässiger Quelle** from reliable sources

quellen **1** pour; (*Flüssigkeiten auch*) gush ◇ *Aus dem Fenster quoll Rauch.* Smoke was pouring out of the window. ◇ *Aus der Wunde quoll Blut.* Blood was gushing out of the wound. **2** (*Getreide, Hülsenfrüchte*) swell (up) ◇ *Bohnen quellen lassen* soak the beans

Quellen- **Quellenangabe** list of sources **Quellensteuer** tax deducted at source

quengeln **1** (*Baby*) grizzle **2** (*klagen*) whine **3** (*nörgeln*) moan ◇ *Er quengelt dauernd übers Essen.* He's always moaning about the food.

quer **1** (*rechtwinklig*) at right angles ◇ *quer zur Fahrbahn* at right angles to the road ◇ *Die Straße verläuft quer zur Hauptstraße.* The street crosses the main road. ◇ *Der Baum fiel quer über die Fahrbahn.* The tree fell across the road. **2** (*Richtung*) right/straight across ◇ *quer durch Europa fahren* travel right across Europe ◇ *Er ging einfach quer über den Rasen!* He walked right across the lawn! ◇ *Die Schnellstraße verläuft quer durch ein Wohngebiet.* The expressway goes right through a residential area. **3 ~ durch etw** (*alle betreffend*) ◇ *Unterstützung quer durch alle Parteien* cross-party support ◇ *quer durch alle Altersgruppen beliebt* popular with people of all ages ◇ *quer durch die Musikgeschichte* covering music of all periods **4 ~ gestreift** with horizontal stripes IDM → KREUZ

Querbalken **1** cross-beam **2** (*Streifen*) ◇ *ein rotes Schild mit einem weißen Querbalken* a red sign with a white stripe across it **querbeet** **1** (*ohne Ziel*) at random; (*überall*) here, there and everywhere; (*querfeldein*) across country **2** → QUER **Querdenker(in)** nonconformist; (*positiv*) lateral thinker ◇ *Querdenker sollte man schätzen.* Lateral thinkers are valuable. ◇ *Querdenker sein* swim against the tide

Quere IDM **jdm in die Quere kommen** **1** (*stören*) disturb sb **2** (*in den Weg geraten*) get in sb's way (*auch fig*)

Quereinsteiger(in) ◇ *Oftmals ist ein Quereinsteiger besser geeignet als der augenscheinlich höher qualifizierte Fachmann.* Someone with a different background can often be more suitable than the apparently more highly qualified expert. ◇ *In der Immobilienbranche können Sie jederzeit als Quereinsteiger anfangen.* You can make a career change into the property business at any time

Querelen bickering [U] ◇ *parteiinterne Querelen* internal party bickering ◇ *Es kam immer wieder zu Querelen zwischen den beiden.* They were always bickering. ◇ *Nach langen Querelen hat sie endlich gekündigt.* After months of wrangling she finally resigned.

quer- **querfeldein** across country **Querflöte** (transverse) flute ◇ *Er spielt Querflöte.* He plays the flute. **Querformat** landscape format ◇ *im Querformat* in landscape format ◇ *Hat das Bild Querformat?* Is the picture landscape? **querlegen sich ~** be awkward ◇ *Die Regierung will Tempolimits einführen, aber die Autoindustrie legt sich quer.* The government wants to introduce speed limits but the car industry is being awkward. **Querschnitt** cross section (*auch fig*); (*Musik auch*) medley ◇ *ein Querschnitt durch eine Pyramide* a cross section through a pyramid ◇ *einen Querschnitt durch etw zeichnen* draw a cross section of sth ◇ *im Querschnitt* in cross section ◇ *ein Querschnitt durch die Geschichte des Blues* a medley from the history of the Blues **querschnittsgelähmt** paraplegic ◇ *ein querschnittsgelähmter Sportler* a paraplegic athlete ◇ *Seit dem Unfall ist sie querschnittsgelähmt.* The accident left her paralysed from the waist down. **Querschnittslähmung** paraplegia **querstellen sich ~** be awkward **Querstraße** side street ◇ *in einer Querstraße parken* park in a side street ◇ *Das ist eine Querstraße zum Kudamm.* It's off the Kurfürstendamm. ◇ *Gehen Sie die zweite Querstraße rechts!* Take the second turning on the right.

Querulant(in) troublemaker

Quer- **Querverbindung** **1** direct route ◇ *mehr Querverbindungen im öffentlichen Nahverkehr* more public transport direct routes ◇ *eine Querverbindung zwischen den beiden Autobahnen* a link road between the two motorways **2** (*Gebiete, Themen*) connection ◇ *Querverbindungen herstellen* make connections **Querverweis** cross-reference

quetschen **1** crush ◇ *Das Kind hat sich die Hand in der Tür gequetscht.* The child crushed her hand in the door. ◇ *zu Tode gequetscht werden* be crushed to death ◇ *Er hat sich den Finger in der Tür gequetscht.* He trapped his finger in the door. **2 sich ~** squeeze ◇ *Wir quetschten uns durch das Loch im Zaun.* We squeezed through the hole in the fence. ◇ *Kann ich mich auch noch mit ins Auto quetschen?* Is there enough room for me to squeeze into the car too?

quicklebendig lively; (*älterer Mensch*) sprightly

quieken, quieksen squeak; (*Ferkel*) squeal

quietschen **1** (*Tür, Schuhe*) squeak; (*Bremsen, Reifen, Straßenbahn*) screech ◇ *mit quietschenden Reifen zum Stehen kommen* screech to a halt **2** (*Mensch*) squeal

quietschvergnügt as happy as can/could be

Quintessenz essence

Quintett quintet [mit Verb im Sing/Pl]

Quirl whisk

quirlig **1** exuberant (*Adv* exuberantly) **2** (*Stadt, Markt*) bustling

quitt (**mit jdm**) **~ sein** be quits (with sb) (*umgs*)

Quitte quince ◇ *Marmelade aus Quitten* quince jam

quittieren **1** give a receipt for *sth* ◇ *Können Sie mir den Empfang des Geldes quittieren?* Can you give me a receipt for the money? ◇ *Er ließ sich die Zahlung quittieren.* He asked for a receipt. **2** (*Niederlage*) suffer ◇ *Sie mussten eine heftige Niederlage quittieren.* They suffered a crushing defeat. **3 etw** (**mit etw**) **~** ◇ *Die Szene wurde vom Publikum mit Gelächter quittiert.* The scene was greeted with laughter from the audience. ◇ *etw amüsiert quittieren* react to sth with amusement **4 den Dienst ~** resign ◇ *Beamte, die den Polizeidienst quittieren* police officers resigning from the force ◇ *den Dienst bei der Armee quittieren* leave the army

Quittung **1** receipt ◇ *Er stellte mir eine Quittung über 100 Euro aus.* He gave me a receipt for 100 euros. **2** comeuppance (*umgs*) ◇ *Die Quittung kommt am Wahltag!* They will get their comeuppance on polling day! ◇ *Das ist die Quittung für deine Neugier.* That's what you get for being so nosy.

Quiz quiz; (*Fernsehen*) game show **Quizsendung** quiz show, game show

Quote **1** (*Anteil*) rate ◇ *Die Quote der Arbeitslosen liegt bei 5%.* The unemployment rate is 5%. ◇ *die hohe Quote von Rückfalltätern* the high proportion of people who reoffend **2** (*Quotenregelung*) quota ◇ *die Quote erfüllen* fill the quota **3** (RADIO) rating [meist Pl] ◇ *Es geht nur um Quoten und Werbeeinnahmen.* Ratings and advertising revenue are all that matters.

Quotenfrau token woman **Quotenhit** ratings hit, blockbuster **Quotenregelung** ≈ positive discrimination [U] ◇ *Die Partei hält nichts von Quotenregelungen.* The party is not in favour of positive discrimination. ◇ *Die Quotenregelung sieht vor, dass 50% Frauen eingestellt werden.* The legislation requires that 50% of the employees should be women.

R r

R, **r** R, r → *Beispiele bei* A

Rabatt discount ◇ *Ich habe auf den Wein 15% Rabatt bekommen.* I got a 15% discount on the wine.

Rabatte (flower) border

Rabbi, **Rabbiner** rabbi

Rabe raven
Rabeneltern bad parents [Pl] **rabenschwarz** black; (*Himmel*) pitch-black

rabiat **1** (*Angriff, Methode etc.*) brutal (*Adv* brutally) **2** (*Mensch*) tough ◇ *Die Polizisten gingen rabiat vor.* The police got tough.

Rache revenge, vengeance (*gehoben*) ◇ *aus Rache für den Tod seines Vaters* in revenge for his father's death ◇ *Rache üben* take revenge ◇ *Sie sinnt auf Rache.* She is plotting revenge.
Racheakt act of revenge

Rachen **1** throat **2** (*eines gefährlichen Tiers*) jaws [Pl] IDM **jdm etw in den Rachen werfen** give sb sth

rächen **1 sich (für etw) (an jdm) ~** take (your) revenge (on sb) (for sth) ◇ *Der Präsident rächte sich für den Putschversuch.* The president took revenge for the attempted coup. ◇ *Er rächte sich für seine Entlassung an der Firma.* He was getting his revenge on the firm for being sacked. **2 etw ~** avenge sth (*gehoben*) ◇ *Die Mafia wird seinen Tod rächen.* The mafia will avenge his death. **3 jdn ~** avenge sb's death/the insult to sb ◇ *Er wollte seine tote Schwester rächen.* He wanted to avenge his sister's death. **4 sich ~** ◇ *Irgendwann wird sich das rächen.* Sooner or later we will have to pay the penalty. ◇ *Jetzt rächt (es) sich, dass er jahrelang geraucht hat.* Now he is paying the penalty for years of smoking. ◇ *Ihre Faulheit hat sich gerächt.* That's what she got for being so lazy.

Rächer(in) avenger

Rachsucht desire for revenge

rackern slog away

Rad **1** wheel; (*Zahnrad*) cog(wheel) ◇ *Essen auf Rädern* meals on wheels ◇ *Das Rad der Geschichte lässt sich nicht zurückdrehen.* You can't turn the clock back. **2** (*Fahrrad*) bicycle, bike (*umgs*) ◇ *Kann er schon Radfahren?* Can he ride a bicycle yet? ◇ *mit dem Rad zur Arbeit fahren* cycle to work/go to work on your bike ◇ *Am Wochenende gehen wir Rad fahren.* We're going cycling at the weekend. ◇ *Wenn ich meine Hausaufgaben gemacht habe, gehe ich Radfahren.* I'm going for a bike ride when I've finished my homework. **3 (ein) ~schlagen** (*Turnen*) do a cartwheel/cartwheels **4 ein ~schlagen** ◇ *Der Pfau schlug ein Rad.* The peacock displayed its tail. IDM **das fünfte Rad am Wagen sein** **1** (*dritte Person bei einem Paar*) play gooseberry **2** (*in einer Gruppe*) be out of it ◇ *Ich kam mir vor wie das fünfte Rad am Wagen.* I felt out of it. **ein Rad abhaben** be round the bend **unter die Räder kommen** **1** be run over ◇ *Der Igel kam unter die Räder.* The hedgehog was run over. **2** (*herunterkommen*) fall into bad ways

Radar radar
Radarfalle radar trap **Radargerät** radar equipment [U] ◇ *die Strahlung von Radargeräten* radiation from radar equipment **Radarkontrolle** speed check ◇ *Die Polizei hat ihre Radarkontrollen verstärkt.* The police have increased speed checks. **Radarschirm** radar screen

Radau din ◇ *Die Kinder machten einen schrecklichen Radau.* The children were making an awful din.

Raddampfer paddle boat, (*BrE auch*) paddle steamer

radeln cycle ◇ *Sie sind Hunderte von Kilometern geradelt.* They cycled hundreds of kilometres. ◇ *Er radelt zur Schule.* He goes to school by bike.

Rädelsführer(in) ringleader

Radfahrer(in) cyclist

Radicchio radicchio

Radiergummi rubber, (*AmE*) eraser

Radierung etching

Radieschen radish

radikal **1** (*grundlegend*) radical (*Adv* radically) ◇ *Sie hat ihre Meinung radikal geändert.* Her views have changed radically. **2** (*Politik, Ideologie*) militant, extremist (*abwert*) ◇ *eine radikale Feministin* a militant feminist ◇ *Die Partei gilt als radikal.* The party is considered extremist. ◇ *die radikale Linke* the far Left **3** (*Gegner, Verfechter etc.*) ◇ *Er ist ein radikaler Gegner der Euthanasie.* He is totally opposed to euthanasia. ◇ *Bluttransfusionen radikal ablehnen* be totally opposed to blood transfusions **4** (*drastisch, brachial*) drastic (*Adv* drastically) ◇ *eine radikale Lösung* a drastic solution ◇ *Sie gehen radikal gegen Drogen vor.* They are taking drastic measures to combat drugs. ◇ *Ihr Aussehen hat sich radikal gewandelt.* Her appearance has changed dramatically.

Radikale(r) radical, extremist (*abwert*)

Radikalisierung radicalization

Radikalismus radicalism

Radikalkur drastic remedy

Radio radio ◇ *Radio hören* listen to the radio ◇ *Das habe ich im Radio gehört.* I heard it on the radio.

radioaktiv radioactive ◇ *radioaktive Abfälle* radioactive waste ◇ *radioaktive Strahlung* radiation ◇ *radioaktiv verseucht* contaminated by radiation

Radioaktivität radioactivity

Radio- **Radiosender** **1** radio station **2** (*Anlage*) radio transmitter **Radiowecker** radio alarm (clock)

Radium radium

Radius radius ◇ *in einem Radius von 10 Kilometern* within a radius of 10 kilometres

Radkappe hubcap

Radler (*Getränk*) ≈ shandy

Radler(in) cyclist
Radlerhose cycling shorts [Pl]

Rad- **Radrennen** cycle race; (*Sportart*) cycle racing **Radsport** cycling **Radtour** bike ride; (*länger*) cycle tour ◇ *Wir machen oft eine kleine Radtour am Fluss entlang.* We often go for a bike ride along the river. ◇ *eine Radtour durch Frankreich machen* go on a cycle tour through France **Radweg** cycle path

raffen **1 etw (an sich) ~** grab sth ◇ *Der Dieb raffte die Geldscheine an sich und floh.* The thief grabbed the banknotes and ran. **2** (*Stoff*) gather ◇ *einen Rockbund raffen* gather the waistband of a skirt ◇ *Die Gardinen waren zur Seite gerafft* The curtains were tied back. **3** (*kürzen*) shorten ◇ *Der Bericht muss noch gerafft werden.* The report will have to be shortened. ◇ *Sie erzählte mir die Handlung in geraffter Form.* She gave me a brief summary of the plot. **4** (*verstehen*) understand, get (*umgs*) ◇ *Das habe ich nicht gerafft.* I didn't get it.

raffgierig greedy (*Adv* greedily)

Raffinerie refinery

Raffinesse **1** (*Schlauheit*) cunning **2** (*technisches Detail*) refinement ◇ *eine Hi-Fi-Anlage mit allen Raffinessen* a stereo system with all the refinements **3** (*Feinheit*) refinement [U], finesse [U]

raffinieren refine

raffiniert **1** sophisticated; (*klug*) clever (*Adv* cleverly) ◇ *raffinierte Gerichte/Abendkleider* sophisticated dishes/evening dresses ◇ *ein raffiniert konstruierter Roman* a cleverly constructed novel **2** (*durchtrieben*) cunning (*Adv* cunningly), clever (*Adv* cleverly) ◇ *raffinierte Diebe/Tricks* cunning thieves/tricks ◇ *Bei der Fälschung ist er äußerst raffiniert vorgegangen.* He went about the forgery very cleverly. **3** (*Zucker, Öl*) refined

Rafting (white-water) rafting

Rage rage, fury; **in ~ geraten** become furious, fly into a rage (*gehoben*); **in ~ sein** be in a rage; **jdn in ~ bringen** make sb furious, infuriate sb

ragen (*hoch-*) rise; (*hervor-*) stick out

Rahm cream IDM **den Rahm abschöpfen** cream off the best

rahmen frame

Rahmen **1** (*Bilder-, Fenster-*) frame **2** (*fig*) framework ◇ *Integration ist nur in einem europäischen Rahmen möglich.* Integration is only possible within a European framework. ◇ *Ein Streichquartett sorgte für den festlichen Rahmen des Empfangs.* A string quartet made the reception a special event. ◇ *Dieses Jahr findet das Fest in kleinerem Rahmen statt.* This year the fete will be on a smaller scale. **3 im ~ einer Sache** within the framework of sth; (*einer Veranstaltung etc.*) as part of sth ◇ *sofern das im Rahmen unserer Verfassung möglich ist* as far as is possible within the framework of our constitution ◇ *Im Rahmen der Ausstellung wird auch ein Video gezeigt.* A video is being shown as part of the exhibition. ◇ *Sie wollen im Rahmen ihrer Möglichkeiten helfen.* They want to help as much as they can. IDM **aus dem Rahmen fallen** **1** (*ungewöhnlich sein*) be out of the ordinary; be very different ◇ *Seine Architektur fällt aus dem Rahmen.* His architecture is out of the ordinary. ◇ *Dieses Stück fällt aus dem Rahmen des Programms.* This piece is very different from the rest of the programme. **2** (*sich unpassend benehmen*) make a spectacle of yourself ◇ *Bei der Party ist sie mal wieder aus dem Rahmen gefallen.* She made a spectacle of herself at the party again. ◇ *seine aus dem Rahmen fallenden Äußerungen* his inappropriate comments **den Rahmen (einer Sache) sprengen** go beyond the scope of sth ◇ *Das würde den Rahmen dieses Artikels sprengen.* That would go beyond the scope of this article. **im Rahmen bleiben** stay within reasonable limits

Rahmenbedingung condition; (*Regel*) guideline ◇ *gesellschaftliche Rahmenbedingungen* social conditions ◇ *gesetzliche Rahmenbedingungen für etw schaffen* create a legal framework for sth **Rahmenhandlung** framework story, story within a story **Rahmenplan** framework **Rahmenprogramm** supporting programme, (*AmE*) supporting program **Rahmenvertrag** general agreement

Rakete **1** (*Waffe*) missile **2** (*Raumschiff, Feuerwerk*) rocket

Raketenangriff missile attack **Raketenstellung** missile base **Raketenwerfer** rocket launcher

Rallye rally

RAM (COMP) RAM

rammen **1 etw in etw ~** ram sth into sth ◇ *einen Pfahl in den Boden rammen* ram a post into the ground **2** hit ◇ *Das Auto rammte einen Lkw.* The car hit a lorry.

Rampe **1** ramp ◇ *eine Rampe für Rollstuhlfahrer* a wheelchair ramp **2** (*zum Be- und Entladen*) (loading) platform **3** (THEAT) = front of the stage

Rampenlicht (THEAT) footlights [Pl] IDM **im Rampenlicht stehen** be in the limelight

ramponieren damage; (*stärker*) ruin

Ramsch junk

ran → HERAN

Rand **1** edge, side ◇ *am Rand der Stadt* on the edge of town ◇ *Sie standen am Rand des Beckens.* They were standing at the edge of the pool. ◇ *am Rand der Straße* at the side of the road **2** (*der Gesellschaft etc.*) fringe [oft Pl] ◇ *Werden Alleinerziehende an den Rand der Gesellschaft gedrängt?* Are single parents forced to live on the fringes of society? **3** (*des Ruins etc.*) verge, brink ◇ *Sie brachte die Firma an den Rand des Ruins.* She brought the business to the brink of ruin. ◇ *Ich stand am Rande eines Nervenzusammenbruchs.* I was on the verge of a nervous breakdown. ◇ *Seine Geschäfte bewegen sich am Rand der Kriminalität.* His business activities verge on the criminal. **4** (*Seiten-*) margin; (*Umrandung*) border ◇ *Was hat er an den Rand geschrieben?* What has he written in the margin? ◇ *ein Umschlag mit einem schwarzen Rand* an envelope with a black border **5** (*Schmutz- etc.*) ring ◇ *In der Badewanne war ein dunkler Rand.* There was a ring of dirt around the bath. **6** (*eines Gefäßes*) brim ◇ *Der Becher war bis zum Rand voll.* The cup was full to the brim. **7** (*Brillen-*) rim IDM **am Rande** in passing ◇ *Der Preis wurde nur am Rande erwähnt.* The price was mentioned only in passing. **außer Rand und Band** wild ◇ *Das Publikum geriet außer Rand und Band.* The audience went wild. → *Siehe auch* ZURANDE

Randale disturbances [Pl]; (*stärker*) rioting [U] ◇ *Bei der Demo darf es keine Randale geben.* There must not be any disturbances at the demonstration. ◇ *Randale machen* go on the rampage

randalieren riot, go on the rampage

Randalierer(in) hooligan, rioter

Rand- **Randbemerkung** **1** (*Notiz*) note in the margin **2** (*Bemerkung*) passing comment **Randerscheinung** marginal phenomenon; (*Nebeneffekt*) side effect ◇ *Das gehört zu den negativen Randerscheinungen eines Wahlkampfes.* That is one of the negative side effects of an election campaign. ◇ *Die Neonazis in Deutschland sind noch eine Randerscheinung.* The neo-Nazis are still a minority in Germany. **Randgruppe** fringe group **Randstein** kerb, (*AmE*) curb **Randstreifen** hard shoulder, (*AmE*) breakdown lane

randvoll full to the brim [nicht vor Nomen]

Rang **1** (*militärisch*) rank [mit Verb im Sing/Pl]; (*gesellschaftlich*) position ◇ *ein Offizier hohen Ranges* a high-ranking officer **2** (*Stellenwert*) importance ◇ *ein gesellschaftliches Ereignis von hohem Rang* a social occasion of great importance ◇ *ein politischer Skandal ersten Ranges* a major political scandal **3** (SPORT, POL) place ◇ *Er belegte Rang vier.* He took fourth place. ◇ *auf Rang acht* in eighth place **4** (THEAT) circle ◇ *der erste/zweite Rang* the dress/upper circle **5 Ränge** (*im Stadion*) terraces [Pl] IDM **alles, was Rang und Namen hat** everybody who is anybody **jdm den Rang ablaufen** outstrip sb

Rangabzeichen insignia

rangehen **1** → HERANGEHEN **2** (*arbeiten*) get cracking ◇ *Wenn du heute noch fertig werden willst, musst du aber rangehen.* If you want to finish today, you'd better get cracking.

Rangelei scrap, struggle; (*fig*) wrangle

Rangfolge **1** order (of importance) ◇ *Diese Frage steht in der Rangfolge der Prioritäten weit hinten.* This issue comes very low in our order of priorities. **2** placings [Pl]; (*Tabelle*) table

ranghoch senior; (SPORT, MIL) high-ranking ◇ *der ranghöchste Politiker* the most senior politician ◇ *das ranghöchste Team* the highest ranking team

rangieren **1** (EISENB) shunt; (*beim Parken*) manoeuvre, (*AmE*) maneuver **2** rank ◇ *auf dem zweiten Platz rangieren* rank second ◇ *Tennis rangiert ganz* *oben auf der Beliebtheitsskala.* Tennis is the most popular sport.

Rang- Rangliste (SPORT) rankings [Pl] ◇ *Sie führt die deutsche Rangliste an.* She is number one in the German rankings. ◇ *die Nummer fünf der deutschen Rangliste* the German number five **Rangordnung** hierarchy, pecking order (*umgs*)

ranhalten 1 sich (mit etw) ~ get a move on (with sth) ◇ *Halt dich ran, sonst werden wir nie fertig!* Get a move on or we'll never finish! **2 sich ~** (*beim Essen*) dig in

Ranke tendril

ranken 1 climb; **sich um etw ~** grow around sth, entwine itself around sth **2 sich um etw ~** (*Legende etc.*) grow up around sth

rankommen → HERANKOMMEN

ranmachen → HERANMACHEN

Ranzen 1 (*Schul-*) satchel **2** (*Bauch*) belly (*umgs*)

ranzig rancid

Rap rap

rapide rapid (*Adv* rapidly)

Rappe black horse

rappeln 1 rattle **2** (*Wecker*) ring, go off IDM **bei jdm rappelt es** sb has got a screw loose

rappelvoll packed, crammed full

rappen rap

Rappen centime

Rapper(in) rapper

Raps (oilseed) rape

rar rare; (*wenige*) few ◇ *Wahre Liebe ist rar.* True love is a rare thing. ◇ *einer der raren Parkplätze* one of the few parking spaces

Rarität rarity ◇ *Polizistinnen waren damals eine Rarität.* Policewomen were a rarity in those days. ◇ *eine botanische Rarität* a rare plant

rarmachen 1 ◇ *Du machst dich so rar in letzter Zeit.* We haven't seen much of you lately. **2** (*sich verdrücken*) make yourself scarce

rasant 1 rapid (*Adv* rapidly); (*Wagen*) fast; (*Tempo*) high ◇ *eine rasante Entwicklung* a rapid development ◇ *ein rasanter Sportwagen* a fast sports car ◇ *Sie fuhren in rasantem Tempo dahin.* They were driving at high speed. **2** (*aufregend*) exciting, lively

rasch quick (*Adv* quickly); (*Wachstum, Wandel, Entwicklung*) rapid (*Adv* rapidly) ◇ *ein rascher Entschluss* a quick decision ◇ *Das Rote Kreuz versprach, rasche Hilfe zu organisieren.* The Red Cross promised to organize help quickly. ◇ *rasche Fortschritte* rapid progress ◇ *Ich muss nur noch rasch zur Bank.* I just have to pop to the bank.

rascheln 1 rustle ◇ *Was raschelt denn da?* What's that rustling? **2 mit etw ~** rustle sth ◇ *Er raschelte mit der Zeitung.* He rustled the newspaper.

rasen 1 rush; (*mit dem Auto*) speed **2 gegen/in/vor etw ~** crash into sth ◇ *Das Auto raste gegen einen Baum.* The car crashed into a tree. **3 ~ (vor etw)** (*vor Wut, Schmerzen etc.*) go mad (with sth); (*vor Begeisterung*) go wild (with sth)

Rasen grass [U]; (*im Garten*) lawn

rasend 1 *Adj* (*schnell fahrend*) speeding ◇ *rasende Motorradfahrer* speeding motorcyclists ◇ *ein rasender Reporter* a roving reporter **2** (*Tempo*) terrific (*Adv* terrifically), incredible (*Adv* incredibly) ◇ *in rasendem Tempo* at a terrific speed ◇ *Und dann ging alles rasend schnell.* And then everything happened incredibly quickly. **3** (*Kopfschmerzen, Durst*) raging [nur vor Nomen]; (*Beifall*) thunderous; (*Wut*) uncontrollable ◇ *rasende Kopfschmerzen* a raging headache IDM **etw rasend gern tun** ◇ *Ich würde rasend gern mitkommen.* I'd really love to come along. **jdn rasend machen** drive sb up the wall (*umgs*) **rasend sein (vor etw)** be beside yourself (with sth) ◇ *Er war rasend vor Wut.* He was beside himself with rage.

Rasenmäher lawnmower

Raserei 1 (*Wut*) rage; (*Begeisterung*) frenzy **2** (*zu schnelles Fahren*) speeding [U] IDM **jdn (noch) zur Raserei bringen** drive sb mad

Rasier- Rasierapparat razor; (*Elektro-*) shaver **Rasiercreme** shaving cream

rasieren 1 shave; **sich ~** shave, get shaved; **jdn ~** give sb a shave **2** ◇ *glatt rasiert* closely shaved ◇ *sich die Beine rasieren* shave your legs ◇ *Sie hat sich den Kopf rasiert.* She's shaved her hair off. ◇ *sich den Bart rasieren* have a shave ◇ *sich nass/trocken rasieren* have a wet/dry shave

Rasier- Rasierklinge razor blade **Rasierpinsel** shaving brush **Rasierschaum** shaving foam **Rasierwasser** aftershave

Raspel 1 (*Küchengerät*) grater **2** (*Werkzeug*) rasp **3** (*kleines Stück*) flake

raspeln 1 grate ◇ *Die Schokolade grob raspeln.* Coarsely grate the chocolate. **2** (*Holz*) rasp

Rasse 1 race ◇ *die menschliche Rasse* the human race **2** (*Zucht-*) breed ◇ *eine neue Rasse züchten* produce a new breed **3** ◇ *eine Frau von Rasse* a classy woman ◇ *ein Pferd von Rasse* a spirited horse

Rassel (*Spielzeug*) rattle

rasseln 1 rattle; (*Wecker*) ring ◇ *Er konnte die Ketten rasseln hören.* He could hear the rattling of the chains. ◇ *Die Panzer rasselten über den Platz.* The tanks clattered over the square. **2 mit etw ~** rattle sth ◇ *Er rasselte mit dem Schlüsselbund.* He rattled the bunch of keys. **3 durch etw ~** (*Prüfung etc.*) fail sth

Rassen- Rassendiskriminierung racial discrimination [U] ◇ *das Problem der Rassendiskriminierung* the problem of racial discrimination **Rassenhass** racial hatred [U] **Rassentrennung** racial segregation; (*in Südafrika auch*) apartheid **Rassenunruhen** racial disturbances [Pl]; (*schwerer*) race riots [Pl]

rassisch racial (*Adv* racially) ◇ *rassische Vorurteile* racial prejudices ◇ *aus rassischen Gründen* for reasons of race ◇ *rassisch Verfolgte* people who are/were persecuted because of their race

Rassismus racism ◇ *den Rassismus bekämpfen* fight racism

Rassist(in) racist

rassistisch racist; (*Vorurteile*) racial ◇ *rassistische Äußerungen* racist comments ◇ *rassistisch motivierte Gewalttaten* racist violence

Rast rest; (*mit dem Auto*) break ◇ *Auf dem Gipfel machten wir eine kurze Rast.* We stopped for a rest at the top.

Rastafari Rastafarian

Rastalocken dreadlocks [Pl]

rasten have a rest, rest (*gehoben*)

Raster 1 grid **2** (*soziales Netz*) net ◇ *Jugendliche, die durch das Raster der Arbeitsämter fielen* young people who slipped through the net of the job centres **3** (*Kategorie*) preconceived idea, image ◇ *Er passt nicht ins Raster des islamischen Fundamentalismus.* He doesn't fit into people's preconceived ideas of Islamic fundamentalism. ◇ *Dieses Gymnasium fällt aus dem Raster der üblichen Vorortschule heraus.* This grammar school doesn't fit the image of a typical suburban school. **4** (*Bildschirm*) screen

rastlos 1 (*unermüdlich*) tireless (*Adv* tirelessly) **2** (*unruhig*) restless (*Adv* restlessly)

Rast- **Rastplatz** **1** place to rest ◇ *Wir fanden einen windgeschützten Rastplatz.* We found a place to rest out of the wind. **2** (*mit Bänken etc.*) picnic area **Raststätte** (motorway) service area

Rasur **1** shave **2** (*das Rasieren*) shaving

Rat **1** advice [U], piece of advice ◇ *Er hat mir einen guten Rat gegeben.* He gave me some good advice. ◇ *jdn um Rat fragen* ask sb for advice **2** (*Versammlung*) council [mit Verb im Sing/Pl] ◇ *Sie sitzt im Rat.* She sits on the council. **3 die eidgenössischen Räte** = the Swiss parliament IDM **jdm mit Rat und Tat zur Seite stehen** help sb in many ways **sich keinen Rat (mehr) wissen** be at a loss as to what to do; be at your wits' end → *Siehe auch* ZURATE

Rat, Rätin (*Ratsmitglied*) councillor

Rate **1** instalment, (*AmE meist*) installment; (*Zahlung*) payment ◇ *etw in Raten abzahlen* pay for sth in instalments ◇ *etw auf Raten kaufen* buy sth on hire purchase **2** (*Anzahl*) number (of cases); (*Inflations-, Sterblichkeits-, Wachstums- etc.*) rate ◇ *Die Rate von Leukämiefällen ist gestiegen.* The number of cases of leukaemia has risen.

raten **1 jdm (zu) etw ~; jdm ~, etw zu tun** advise sb to do sth ◇ *Sie rieten ihm zur Vorsicht.* They advised him to be careful. ◇ *Ich rate dir, das nicht noch einmal zu probieren!* I would advise you not to try that again! **2** (*schätzen*) guess ◇ *richtig/falsch raten* guess right/wrong ◇ *Keine Ahnung, da müsste ich raten.* No idea — I can only guess. ◇ *Rate mal!* Guess! IDM **dreimal darfst du raten** I'll give you three guesses

Ratenzahlung **1** hire purchase [U], (*AmE*) installment plan **2** (*Zahlung*) payment [U]

Ratespiel guessing game; (*Quiz*) quiz

Ratgeber (*Buch*) guide

Ratgeber(in) adviser

Rathaus **1** town hall, (*AmE*) city hall **2** (*Stadtrat*) town council ◇ *die Grünen im Rathaus* the Greens on the town council

ratifizieren ratify

Ratifizierung ratification [U]

Ration **1** (*Soldaten-*) rations [Pl] **2** (*zugeteilte Menge eines Grundstoffs*) ration ◇ *eine Ration Brot* a ration of bread IDM **eiserne Ration** iron rations [Pl]

rational rational (*Adv* rationally)

rationalisieren rationalize

Rationalisierung rationalization [U]

rationell efficient (*Adv* efficiently)

rationieren ration

ratlos **1** at a loss **2** [nicht vor Nomen] bewildered; (*Blick, Gesicht, Gebärde auch*) helpless (*Adv* helplessly) ◇ *Sie war völlig ratlos.* She was completely at a loss. ◇ *Er machte ein ratloses Gesicht.* He looked bewildered. ◇ *Sie standen dem Phänomen ratlos gegenüber.* They were at a loss to account for the phenomenon.

ratsam advisable ◇ *Ich halte es für ratsam, dass du ausziehst.* I think it would be advisable for you to move out.

Ratschlag advice [U], piece of advice ◇ *ein vernünftiger Ratschlag* a sensible piece of advice ◇ *jdm praktische Ratschläge geben* give sb some practical advice

Rätsel **1** riddle; (*Kreuzwort- etc.*) puzzle ◇ *Sie gaben einander zum Zeitvertreib Rätsel auf.* They set each other riddles to pass the time. ◇ *ein Rätsel raten/lösen* solve a puzzle **2** (*Geheimnis*) mystery ◇ *das Rätsel um die verschwundenen Juwelen* the mystery of the missing jewels ◇ *Wie du diesen Job aushältst, ist mir ein Rätsel.* It's a mystery to me how you stand that job. IDM **jdm Rätsel aufgeben** (*unverständlich sein*) baffle sb ◇ *eine Krankheit, die den Wissenschaftlern noch Rätsel aufgibt* an illness that still baffles scientists **vor einem Rätsel stehen** be baffled

rätselhaft mysterious (*Adv* mysteriously) ◇ *unter rätselhaften Umständen* in mysterious circumstances IDM **jdm rätselhaft sein** be a mystery to sb

rätseln (über etw) ~ puzzle (over sth) ◇ *Wir rätselten lange darüber, wer uns verraten haben könnte.* We puzzled for a long time over who could have told on us.

Rätselraten **1** (*meist mit einem Verb übersetzt*) ◇ *Wir vertrieben uns die Zeit mit Rätselraten.* We passed the time solving puzzles. **2** (*fig*) speculation ◇ *Das Rätselraten um den neuen Sponsor ist beendet.* The speculation about the new sponsor is over.

Rats- **Ratsherr** councillor **Ratssitzung** council meeting

Ratte rat (*auch fig*)
Rattengift rat poison

rattern clatter; (*Maschinengewehr*) crackle ◇ *Züge rattern über die Gleise.* Trains clatter along the tracks.

rau **1** rough ◇ *raue Hände* rough hands ◇ *Das Schiff sank in rauer See.* The ship went down in rough seas. **2** (*Klima, Wind, Leben*) harsh; (*Wetter*) rough; (*Berge, Landschaft*) rugged **3** (*Sitten, Ton*) rough (and ready) (*Adv* roughly); (*grob*) coarse (*Adv* coarsely) ◇ *Hier herrscht ein rauer Umgangston.* We're very rough and ready here. **4** (*Klang*) harsh (*Adv* harshly); (*Stimme*) hoarse (*Adv* hoarsely) ◇ *ein raues Krächzen* a harsh crackle ◇ *Seine Stimme klang rau.* His voice sounded hoarse. IDM → MENGE

Raub **1** robbery ◇ *schwerer Raub* robbery with violence **2** (*Entführung*) abduction ◇ *der Raub der Sklaven* the abduction of slaves ◇ *Die Tiere gehen auf Raub aus.* The animals go out on the prowl. IDM **ein Raub der Flammen werden** go up in flames
Raubbau **1 ~ (an etw)** over-exploitation (of sth); (*beim Fischfang*) overfishing (of sth) ◇ *der Raubbau an den Wäldern* over-exploitation of the forests ◇ *die Tropenwälder gegen Raubbau schützen* protect tropical forests against over-felling **2 ~ mit der Gesundheit treiben** ruin your health

rauben **1 (jdm) etw ~** steal sth (from sb) ◇ *Er hat ihr Geld geraubt.* He stole her money. ◇ *Der Mann hat ihr die Handtasche geraubt.* The man snatched her bag. **2** (*Tier*) get ◇ *Der Fuchs hat ein Huhn geraubt.* The fox got a chicken. **3 jdm etw ~** rob sb of sth; (*wegnehmen*) deprive sb of sth ◇ *Das hat ihr die Chance geraubt, Weltmeisterin zu werden.* It robbed her of the opportunity to become world champion. ◇ *Sie haben den Menschen die Freiheit geraubt.* They deprived people of their freedom.

Räuber(in) **1** robber ◇ *ein bewaffneter Räuber* an armed robber ◇ *Die Händler sind die reinsten Räuber.* The dealers are real sharks. **2** (*Tier*) predator
Räuberbande band of robbers

Raub- **Raubkatze** big cat **Raubkopie** pirated copy **Raubmord** murder and robbery **Raubritter** robber baron **Raubtier** predator **Raubüberfall** robbery; (*auf eine Bank*) raid **Raubvogel** bird of prey

Rauch smoke IDM **in Rauch (und Flammen) aufgehen** go up in smoke **sich in Rauch auflösen** vanish (into thin air); (*Pläne*) come to nothing ◇ *Die Tasche kann sich doch nicht in Rauch aufgelöst haben!* The bag can't have just vanished! → *Siehe auch* SCHALL

rauchen **1** smoke ◇ *Stört es Sie, wenn ich rauche?* Do you mind if I smoke? ◇ *eine Zigarette rauchen* have a cigarette ◇ *Rauchen verboten!* No smoking! ◇ *das Rauchen aufgeben* give up smoking ◇ *Häuser mit rauchenden Schornsteinen* houses with smoke coming from their chimneys **2 es raucht** ◇ *In der Küche raucht es.* The kitchen is full of smoke. ◇ *Es raucht* *aus dem Vulkan.* There's smoke coming from the volcano. IDM → KOPF *und* PFEIFE

Raucher (*Zugabteil*) smoking compartment, smoker

Raucher(in) smoker ◇ *Sie ist eine starke Raucherin.* She is a heavy smoker. ◇ *Sind Sie Raucher?* Do you smoke?

Raucherbereich smoking area

Räucherlachs smoked salmon

räuchern smoke

Räucherstäbchen joss stick

Raucherzone smoking area

rauchfrei non-smoking ◇ *Die Lufthansa fliegt jetzt rauchfrei.* Lufthansa flights are now non-smoking.

rauchig **1** smoky ◇ *Der Tee schmeckt rauchig.* The tea has a smoky taste. **2** (*Stimme*) husky

Rauch- **Rauchschwaden** clouds of smoke [Pl] **Rauchverbot** ban on smoking **Rauchvergiftung** (the effects of) smoke inhalation ◇ *Sie wurde mit einer Rauchvergiftung ins Krankenhaus gebracht.* She was taken to hospital suffering the effects of smoke inhalation. ◇ *Er erlitt schwere Rauchvergiftungen.* He was overcome by smoke. **Rauchwolke** cloud of smoke **Rauchzeichen** smoke signal

rauf → HERAUF *und* HINAUF

Raufasertapete woodchip (paper)

raufen **(sich)** **(mit jdm)** **(um etw)** ~ fight (with sb) (over sth) ◇ *Auf dem Schulhof raufte er mit seinem Freund.* He was fighting with his friend in the playground. ◇ *Sie rauften sich um das letzte Bonbon.* They were fighting over the last sweet. IDM → HAAR

Rauferei fight, scuffle

Rauhaardackel wire-haired dachshund

Raum **1** (*Zimmer*) room; (*Räumlichkeiten*) premises [Pl] ◇ *Der Raum ist sehr groß.* The room is very big. ◇ *Die Musikschule zieht jetzt in eigene Räume um.* The music school is now moving into its own premises. **2** (*Platz*) room; (*Fläche*) space ◇ *Auf der engen Straße bleibt kein Raum zum Ausweichen.* In the narrow street there is no room for cars to pass. ◇ *Sie leben auf engstem Raum zusammen.* They live together in a very confined space. ◇ *Den Kindern fehlt der Raum, um sich austoben zu können.* The children have no space to run around. **3** (*Gebiet, Gegend*) area ◇ *Er kommt aus dem Raum Hamburg.* He comes from the Hamburg area. ◇ *im pazifischen Raum* in the Pacific region ◇ *im deutschsprachigen Raum* in German-speaking countries ◇ *die Kunst im öffentlichen Raum* art in public places **4** (*unbegrenzte Ausdehnung, Weltall*) space **5** (*Spiel-*) scope ◇ *Es lässt keinen Raum zur weiteren Ausdehnung.* It leaves no scope for further expansion. ◇ *Wir müssen Raum für Experimente lassen.* We have to leave room for experiment.

Raumaufteilung layout ◇ *die Raumaufteilung in dieser Wohnung* the layout of this flat **Raumausstatter(in)** interior decorator; (*Geschäft*) (firm of) interior decorators [Pl]

räumen **1** **etw in etw ~** put sth away in/on sth; **etw von etw ~** clear sth off sth ◇ *Räum deine Kleider in den Schrank.* Put your clothes away in the wardrobe. ◇ *Ich räumte die Bücher ins Regal.* I put the books away on the shelves. ◇ *Er räumte die Akten vom Tisch.* He cleared the files off the desk. **2** (*weggehen*) leave; (*Wohnung*) move out of *sth*; (*Hotelzimmer*) vacate ◇ *Bitte räumen Sie sofort das Gebäude!* Please leave the building immediately! **3** (*frei machen*) clear; (*evakuieren*) evacuate ◇ *Er räumte seinen Schreibtisch.* He cleared his desk. **4** (*wegtun*) clear ◇ *Minen räumen* clear mines ◇ *den Schnee vom Gehweg räumen* clear the snow from the pavement ◇ *Er wollte seinen Rivalen aus dem Weg räumen.* He wanted to get his rival out of the way. IDM → FELD *und* WEG

Raum- **Raumfähre** space shuttle **Raumfahrer(in)** astronaut **Raumfahrt** space travel [U] ◇ *die Geschichte der Raumfahrt* the history of space travel **Raumfahrtbehörde** space agency **Raumfahrtindustrie** space industry **Raumfahrzeug** spacecraft

räumlich **1** spatial (*Adv* spatially); (*Entfernung, Nähe*) physical (*Adv* physically) ◇ *ein starkes räumliches Empfinden* good spatial awareness ◇ *Die Aktion ist räumlich begrenzt.* The operation is confined to a specific area. ◇ *die räumliche Aufteilung des Hauses* the layout of the house **2** (*platzmäßig*) ◇ *die räumliche Enge* the lack of space ◇ *Die räumlichen Bedingungen in der Schule sind sehr schlecht.* The school is very short of space. ◇ *in räumlich beengten Verhältnissen* in cramped conditions **3** (*dreidimensional*) three-dimensional (*Adv* three-dimensionally) **4** (*Klang*) stereophonic

Räumlichkeit **1** **Räumlichkeiten** premises [Pl] **2** (*Dreidimensionalität*) three-dimensionality, three-dimensional quality

Raum- **Raumschiff** space ship **Raumstation** space station **Raumteiler** room divider

Räumung **1** clearing; (*Wohnung*) vacating (*oft mit einem Verb übersetzt*) ◇ *Wer ist für die Räumung der Minen zuständig?* Who is responsible for clearing the mines? ◇ *Die Polizei forderte die Demonstranten zur Räumung der Straße auf.* The police ordered the demonstrators to clear the street. **2** (*Zwangsräumung*) eviction; (MIL) withdrawal ◇ *Sie verlangten die Räumung aller besetzten Gebiete.* They demanded a withdrawal from all the occupied areas.

Räumungsarbeiten clearing up [U] **Räumungsklage** eviction proceedings [Pl] ◇ *Der Vermieter reichte eine Räumungsklage gegen die Mieter ein.* The landlord took eviction proceedings against the tenants. **Räumungsverkauf** clearance sale; (*wegen Geschäftsaufgabe*) closing-down sale

raunen murmur; (*flüstern*) whisper

Raupe **1** (*Larve*) caterpillar **2** (*Baufahrzeug*) bulldozer

Raureif hoar frost

raus ◇ *Jetzt reicht's! Raus!* That's enough! (Get) out! ◇ *Li Peng raus!* Down with Li Peng! → *Siehe auch* HERAUS *und* HINAUS IDM → NICHTS

Rausch **1** ◇ *einen Rausch bekommen/haben* get/be drunk ◇ *Er hatte im Rausch einen Unfall verusacht.* He had caused an accident while drunk. ◇ *Er schlief seinen Rausch aus.* He slept it off. **2** (*Drogen-*) drugged state, high (*umgs*) **3** (*fig*) exhilaration; (*stärker*) frenzy ◇ *als Deutschland im Rausch der Einheit war* when Germany was in a state of exhilaration over reunification ◇ *in einen Rausch geraten* be driven into a frenzy ◇ *Er spielte sich fast in einen Rausch.* His playing became almost frenzied. IDM → ANTRINKEN

rauschen **1** (*Brandung, Wasserfall, Verkehr*) roar; (*Bach*) murmur; (*Baum, Blätter, Wind*) rustle; (*Radio, Lautsprecher*) hiss ◇ *das monotone Rauschen des Verkehrs* the monotonous roar of the traffic ◇ *im Wind rauschen* rustle in the wind ◇ *Aus dem Radio kam nur ein Rauschen.* The radio was just making a hissing sound. **2** (*sich schnell bewegen*) rush **3** (*Mensch*) sweep ◇ *Sie rauschte aus dem Zimmer.* She swept out of the room.

Rauschgift drug, narcotic (*Fachspr*); (*Drogen*) drugs [Pl], narcotics [Pl] (*Fachspr*) ◇ *ein stark wirkendes Rauschgift* a powerful drug ◇ *Rauschgift nehmen* take drugs ◇ *Er nimmt seit Jahren Rauschgift.* He's been on drugs for years.

Rauschgiftfahnder(in) drugs squad officer, (*AmE*) narcotics officer ◇ *die Rauschgiftfahnder* the drugs squad **Rauschgifthandel** drug dealing; (*groß angelegt*) drugs trade **Rauschgifthändler(in)** drug dealer **Rauschgiftkriminalität** drug-related crime **Rauschgiftschmuggel** drug-smuggling **Rauschgiftsucht** drug addiction **rauschgiftsüchtig** addicted to drugs [nicht vor Nomen] ◇ *rauschgiftsüchtige Kinder* children who are addicted to drugs **Rauschgiftsüchtige(r)** drug addict

raushalten → HERAUSHALTEN

rauskriegen → HERAUSKRIEGEN

räuspern sich ~ clear your throat

rausschmeißen **1** throw *sb/sth* out, chuck *sth* out (*umgs*); (*Geld*) throw *sth* away ◇ *das alte Sofa rausschmeißen* throw out the old sofa ◇ *Er wurde rausgeschmissen.* He got thrown out. ◇ *Er schmeißt das Geld nur so zum Fenster raus.* He's just throwing money away. ◇ *Das ist doch rausgeschmissenes Geld!* It's money down the drain! **2** (*entlassen*) give *sb* the sack (*umgs*) ◇ *Er wurde rausgeschmissen.* He was given the sack.

Rausschmeißer bouncer

Raute lozenge; (MATH) rhombus

Rave rave

Raver(in) raver

Razzia raid ◇ *bei der Razzia beschlagnahmt* seized in the raid ◇ *Die Polizei führte in dem Lokal eine Razzia durch.* The police raided the bar.

Reagenzglas test tube

reagieren **1 (auf jdn/etw) ~** react (to sb/sth); (*antworten*) respond (to sb/sth) ◇ *Sie reagierte enttäuscht auf diese Nachricht.* She reacted with disappointment to the news. ◇ *Er reagierte auf die Vorwürfe mit einem Achselzucken.* He responded to the accusations with a shrug of the shoulders. **2** (NATURW) react (together); **mit etw ~** react with sth ◇ *Die zwei Chemikalien reagierten.* The two chemicals reacted together. ◇ *Das Gas reagiert mit dem Luftsauerstoff zu Ozon.* The gas reacts with the oxygen in the air to form ozone. ◇ *sauer reagieren* become an acid

Reaktion ~ (auf jdn/etw) reaction (to sb/sth) ◇ *eine allergische Reaktion* an allergic reaction ◇ *Der Vorwurf hat heftige Reaktionen ausgelöst.* The accusation provoked a strong reaction. ◇ *Er hat sein Leben ihrer schnellen Reaktion zu verdanken.* He owes his life to her quick reactions. ◇ *Der Protestmarsch war eine Reaktion auf die neuesten Stellenkürzungen.* The demonstration was a response to the latest job cuts.

reaktionär reactionary

Reaktionsfähigkeit reactions [Pl]

Reaktor reactor
Reaktorunfall nuclear (reactor) accident

real **1** *Adj* real ◇ *die reale Situation in dem Land* the real situation in the country ◇ *das reale Bruttosozialprodukt* real GNP ◇ *Diese Pläne sind real nicht umsetzbar.* These plans are impracticable. **2** *Adv* (WIRTSCH) in real terms ◇ *Die Ausfuhren stiegen real um 10%.* Exports rose by 10% in real terms.
Realeinkommen real income

realisierbar feasible; (*Alternative*) practicable

realisieren **1** (*Projekt, Vorhaben*) carry *sth* out; (*Rekord, Ziel*) achieve ◇ *Das Bauvorhaben wurde schnell realisiert.* The building project was soon carried out. ◇ *Das Projekt ist technisch nicht zu realisieren.* The project is not technically feasible. **2** (*erkennen*) realize

Realisierung implementation [U]

Realismus realism

Realist(in) realist

realistisch realistic (*Adv* realistically) ◇ *bei realistischer Betrachtung der Dinge* looking at it realistically

Realität **1** (*Wirklichkeit*) reality [U] ◇ *Das entspricht überhaupt nicht der Realität.* That bears no relation to reality. ◇ *in der Realität* in reality ◇ *Du kennst die Realität überhaupt nicht.* You don't know the first thing about real life. **2** (*Tatsache*) realities [Pl] ◇ *die Realitäten des Lebens* the realities of life ◇ *Du gehst an den Realitäten vorbei.* You are ignoring the reality of the situation.
realitätsfern unrealistic (*Adv* unrealistically) **realitätsnah** realistic (*Adv* realistically) **Realitätssinn** sense of reality

Reality-TV reality TV

Realschule ≈secondary school (focusing on less academic subjects than the grammar school)

Rebe vine

Rebell(in) rebel

rebellieren rebel ◇ *Jugendliche, die gegen das System rebellieren* young people who rebel against the system ◇ *Die Minderheiten rebellieren offen gegen die Regierung.* Minority groups are in open rebellion against the government. ◇ *Die Spieler rebellieren.* The players are rebellious. ◇ *rebellierende Gefangene* rioting prisoners

Rebellion rebellion

rebellisch rebellious (*Adv* rebelliously); (*Kinder*) unruly ◇ *eine rebellische Ader* a rebellious streak

Rebhuhn partridge

Rebsorte grape variety

Receiver receiver

Rechen rake

Rechen- **Rechenaufgabe** maths problem; (*einfach*) sum ◇ *eine Rechenaufgabe lösen* do a sum **Rechenbeispiel** theoretical calculation **Rechenfehler** mathematical error, miscalculation

Rechenschaft (für etw) ~ ablegen give an account (of sth); **jdm ~ (über etw) schulden** be answerable to sb (for sth); **jdn (für etw) zur ~ ziehen** call sb to account (for sth) ◇ *Er muss genau Rechenschaft über seine Ausgaben ablegen.* He has to give an exact account of his expenditure. ◇ *dem Parlament Rechenschaft schulden* be answerable to parliament ◇ *Ich schulde dir doch keine Rechenschaft darüber, was ich mit meiner freien Zeit anfange!* I'm not answerable to you for the way I spend my free time. ◇ *Die Verantwortlichen müssen zur Rechenschaft gezogen werden.* Those responsible must be called to account. ◇ *Sie wurden wegen Korruption zur Rechenschaft gezogen.* They were brought to book for corruption.
Rechenschaftsbericht report

Rechen- **Rechenschieber** slide rule **Rechenzentrum** computer centre, (*AmE*) computer center

Recherche investigation; (*Forschung*) research

recherchieren investigate; (*forschen*) research ◇ *Der Ausschuss wird in dieser Sache recherchieren.* The committee will investigate the matter. ◇ *Wir haben gründlich recherchiert.* We carried out a thorough investigation. ◇ *ein hervorragend recherchierter Bericht* an extremely well-researched report

rechnen **1** do arithmetic ◇ *Er kann nicht gut rechnen.* He is not good at arithmetic. ◇ *rechnen lernen* learn arithmetic ◇ *rechnen können* be numerate ◇ *Grob gerechnet sind es 200.* There are roughly 200. **2 etw ~** work sth out ◇ *Kannst du diese Aufgabe rechnen?* Can you work out this sum? **3 etw zu etw ~** add sth to sth ◇ *die Nebenkosten zu der Miete rechnen* add the additional costs to the rent **4** (*veranschlagen*) estimate ◇ *Für den Auftrag hat er acht Stunden gerechnet.* He estimated eight hours for the job. ◇ *Pro Person rechnet man drei Kartoffeln.* Allow three potatoes per person. **5 (mit etw) ~** (*sparsam umgehen*) ◇ *Privatkliniken rechnen knapper.* Private clinics are more careful with money. ◇ *Sie müssen mit ihrem Geld rechnen.*

They have to be careful with their money. **6 jdn als/zu etw ~** count sb as sth ◇ *Kinder über 14 werden als Erwachsene gerechnet.* Children over 14 count as adults. ◇ *Ich hatte dich eigentlich zu meinen Freunden gerechnet.* I thought of you as a friend. ◇ *Er wird zum linken Flügel der Partei gerechnet.* He is regarded as being on the left wing of the party. **7 mit jdm/etw ~** expect sb/sth ◇ *Sie rechnen mit 100 Besuchern.* They are expecting 100 visitors. ◇ *mit allem rechnen* be prepared for anything **8 auf jdn/etw ~; mit jdm/etw ~** count on sb/sth ◇ *Du kannst auf mich rechnen.* You can count on me. ◇ *Er rechnet fest mit einem Platz in der Mannschaft.* He is counting on getting a place in the team. **9 sich ~** (*sich lohnen*) be profitable ◇ *Das Unterfangen rechnet sich erst im Jahr 2015.* The venture will not be profitable until 2015. ◇ *So ein kleines Projekt rechnet sich nicht.* Such a small project is not commercially viable. IDM → KOPF *und* PFENNIG

Rechnen arithmetic [U]

Rechner **1** computer **2** (*Mensch*) ◇ *Er ist ein guter Rechner.* He is good at arithmetic. **rechnergesteuert** computer-controlled **rechnergestützt** computer-aided

rechnerisch **1** (*in Bezug auf das Rechnen*) mathematical (*Adv* mathematically) ◇ *Den Kindern werden schon große rechnerische Leistungen abverlangt.* The children are already being required to work out difficult mathematical problems. ◇ *Das ist rechnerisch falsch.* There's a mistake in the calculations. **2** (*zahlenmäßig*) numerical (*Adv* numerically) ◇ *rein rechnerisch* numerically speaking

Rechnerwolke cloud; (*System*) cloud computing ◇ *Wie sicher sind die Daten in der Rechnerwolke?* How safe is data in the cloud? ◇ *mögliche Anwendungen der Rechnerwolke* possible uses of cloud computing

Rechnung **1** bill; (*Waren-*) invoice; (*AmE*) (*im Restaurant*) check ◇ *eine Rechnung über 10 Franken* a bill for 10 francs ◇ *Die Firma hat die Rechnung noch nicht geschickt.* The firm has not sent its invoice yet. ◇ *Bitte bewahren Sie die Rechnung auf.* Please keep the receipt. **2 auf ~** on account **3 auf jds ~ kommen/gehen** be paid by sb ◇ *Die Telefonkosten gehen auf Rechnung der Firma.* Telephone calls are paid by the firm. ◇ *Die Getränke gehen auf meine Rechnung!* The drinks are on me! **4 jdm etw in ~ stellen** charge sb for sth ◇ *Er hat mir zu viel in Rechnung gestellt.* He overcharged me. **5** (*Berechnung*) calculation; (*Schätzung*) calculations [Pl] ◇ *Nach dieser Rechnung gab es ein Minus von 7%.* According to this calculation, there was a shortfall of 7%. IDM **die Rechnung für etw bezahlen müssen/präsentiert bekommen** pay the price for sth **die Rechnung geht (nicht) auf** ((*nicht*) *erfolgreich sein*) things are (not) working out ◇ *Bisher ist seine Rechnung nicht aufgegangen.* Up until now, things haven't worked out as he planned. **eine alte Rechnung (mit jdm) begleichen** settle an old score (with sb) **einer Sache Rechnung tragen** take sth into account → *Siehe auch* STRICH

recht **1** (*richtig*) right ◇ *Du kommst genau zur rechten Zeit.* You've come just at the right time. ◇ *Das geht doch nicht mit rechten Dingen zu!* There's something not quite right going on here! ◇ *Wenn ich mich recht entsinne, ...* If I remember correctly, ... ◇ *Verstehen Sie mich bitte recht.* Please don't misunderstand me. ◇ *Recht so!* That's fine. **2 (jdm) ~ sein** be all right (with sb) ◇ *Ist es dir recht, wenn ich morgen komme?* Is it all right with you if I come tomorrow? ◇ *Politikern ist jedes Mittel recht, an die Macht zu kommen.* Politicians will use any means to get into power. ◇ *Es ist ihm gar nicht recht, dass sie das macht.* He doesn't like her doing it. ◇ *Das ist mir recht.* It's fine by me. **3** (*wirklich, echt*) real (*Adv* really) ◇ *ein rechter Faulpelz* a real lazybones ◇ *Er kocht recht gern.* He really enjoys cooking. ◇ *Er weiß nicht recht, ob ...* He doesn't really know whether ... ◇ *recht gut Bescheid wissen* be really well informed ◇ *Er hat nichts Rechtes gelernt.* He hasn't learnt a proper trade. ◇ *Recht herzlichen Dank!* Thank you very much indeed! **4** (*ziemlich*) quite ◇ *Das Konzert hat mir recht gut gefallen.* I quite enjoyed the concert. → *Siehe auch* RECHT IDM **alles, was recht ist!** there is a limit! **das geschieht dir recht!** it serves you right! **(jdm) gerade recht kommen** **1** come at just the right time (for sb) **2** (*ironisch*) be all sb needs ◇ *Na, du kommst mir gerade recht!* You! That's all I need! **man kann es nicht allen recht machen** you can't please everybody **nach dem Rechten sehen/schauen** keep an eye on things ◇ *Kannst du bei uns nach dem Rechten sehen, während wir verreist sind?* Can you keep an eye on things while we're away? ◇ *Ich muss doch mal nach dem Rechten sehen!* I must just check that everything is all right. **jdm nichts recht machen können** ◇ *Man kann dir aber auch nichts recht machen!* There is no pleasing you! **nichts Rechtes mit jdm/etw anfangen können** not know what to do with sb/sth ◇ *Sie wissen nichts Rechtes mit sich anzufangen.* They don't know what to do with themselves. ◇ *Mit diesem Buch kann ich nichts Rechtes anfangen.* This book doesn't do anything for me. **recht und schlecht** after a fashion → *Siehe auch* DENKEN, DING, ERST *und* SCHLECHT

Recht **1** law [U] ◇ *nach geltendem Recht* under existing law ◇ *nach französischem Recht* according to French law ◇ *Das lässt das EU-Recht nicht zu.* That is not permitted under EU law. ◇ *Es muss gleiches Recht für alle gelten.* There should be one law for all. ◇ *das bürgerliche Recht* civil law **2 das ~ (auf etw)** the right (to sth) ◇ *Die Redaktion behält sich das Recht auf Kürzungen vor.* The editorial department reserves the right to make cuts. ◇ *Mit welchem Recht entscheidet er darüber?* What right has he to make that decision? ◇ *Es ist mein gutes Recht, meine Meinung zu äußern.* I have a right to express my opinion. **3** (*moralisch*) right ◇ *zwischen Recht und Unrecht unterscheiden* know right from wrong IDM **alle Rechte vorbehalten** all rights reserved **im Recht sein** be in the right **Recht behalten** be proved right **Recht bekommen** be proved right; (*vor Gericht*) win your case **jdm Recht geben** admit that sb is/was right **Recht haben** be right ◇ *Du hast Recht.* You're right. **Recht sprechen** administer justice **sich im Recht fühlen** feel you are in the right **von Rechts wegen** **1** by law **2** (*eigentlich*) by rights **zu Recht** quite rightly ◇ *Er fordert zu Recht, dass das Kraftwerk geschlossen wird.* He is quite rightly calling for the power plant to be shut down. ◇ *Das Restaurant hat zu Recht einen guten Ruf.* The restaurant enjoys a good reputation and rightly so. **zu seinem Recht kommen** ◇ *Die Kinder müssen auch zu ihrem Recht kommen.* The children's needs must be considered, too. ◇ *Nicht nur das Lernen, auch das Spiel muss zu seinem Recht kommen.* There has to be a place for play as well as learning. → *Siehe auch* GNADE

rechte(r,s) **1** right ◇ *der rechte Arm* the right arm ◇ *Die Autos fahren hier auf der rechten Seite.* Cars drive on the right here. ◇ *auf der rechten Seite der Straße* on the right-hand side of the street **2** (POL) right-wing **3 rechter Winkel** right angle IDM → HAND

Rechte **1** (*Hand*) right hand **2** (*Schlag*) right ◇ *Seine Rechte hat es in sich.* He's got a powerful right. **3** (POL) Right [mit Verb im Sing/Pl] **4 zu jds Rechten** on sb's right ◇ *Er saß zur Rechten der Braut.* He sat on the bride's right.

Rechte(r) right-winger

Rechteck rectangle; (*nicht quadratisch*) oblong

rechteckig rectangular; (*nicht quadratisch*) oblong

rechtens **1** *Adj* legal ◇ *Das Gericht hat die Kündigung für rechtens erklärt.* The court found that there were legal grounds for dismissal. **2** *Adv* by law

rechtfertigen justify ◇ *Sie rechtfertigten die Preiserhöhung mit gestiegenen Personalkosten.* They justified the price increase, saying that staffing costs had risen.

Rechtfertigung justification [U] ◇ *Es gibt keine Rechtfertigung für Gewalt.* There is no justification for violence. ◇ *Und was hast du zu deiner Rechtfertigung zu sagen?* And how do you justify your behaviour?

rechthaberisch self-opinionated

rechtlich legal (*Adv* legally) ◇ *rechtliche Fragen* legal questions ◇ *rechtlich nicht zulässig* not legally permissible ◇ *Die Mieter sind rechtlich besser geschützt als die Vermieter.* Tenants are better protected under the law than landlords.

rechtlos with no rights [nicht vor Nomen] ◇ *eine rechtlose Minderheit* a minority with no rights ◇ *Sie sind praktisch rechtlos.* They have practically no rights.

rechtmäßig lawful; (*Besitzer*) rightful [nur vor Nomen]

rechts **1** right; (*auf der rechten Seite*) on the right ◇ *rechts abbiegen* turn right ◇ *Das Fahrrad kam von rechts.* The bike came from the right. ◇ *das erste Haus rechts* the first house on the right ◇ *Und rechts ist die Post.* And on the right is the post office. ◇ *Anja steht rechts von ihm.* Anja is on his right. ◇ *rechts des Neckars* on the right bank of the Neckar ◇ *rechts der Straße* on the right-hand side of the road ◇ *sich rechts einordnen* get into the right-hand lane ◇ *Soll ich es weiter nach rechts hängen?* Shall I hang it further to the right? **2** (POL) right-wing ◇ *Er ist stark rechts eingestellt.* His views are very right-wing. ◇ *Sie wählt schon immer rechts.* She's always been a right-wing voter. **3** (*beim Stricken*) knit ◇ *eins rechts, eins links* knit one, purl one

Rechts- **Rechtsanspruch** ~ **(auf etw)** legal right (to sth) ◇ *der Rechtsanspruch auf einen Kindergartenplatz* the legal right to a nursery school place ◇ *Sie hat Rechtsanspruch auf Wohngeld.* She is legally entitled to housing benefit. **Rechtsanwalt, -anwältin** lawyer, solicitor, barrister, (*AmE*) attorney ◇ *Hat sie sich vor Gericht durch einen Rechtsanwalt vertreten lassen?* Did she have a lawyer to represent her in court? **Rechtsaußen** (SPORT) right wing **Rechtsberatung** legal advice **rechtsbündig** flush right [nicht vor Nomen] ◇ *Den Text rechtsbündig ausrichten.* Set the text flush right.

rechtschaffen honest (*Adv* honestly), decent

Rechtschreib- **Rechtschreibfehler** spelling mistake ◇ *Du hast viele Rechtschreibfehler gemacht.* You've made a lot of spelling mistakes. **Rechtschreibkontrolle, Rechtschreibprüfung** (COMP) spellchecker ◇ *die Rechtschreibprüfung laufen lassen* run the spellchecker **Rechtschreibreform** spelling reform

Rechtschreibung spelling

Rechts- **Rechtsextremismus** right-wing extremism **Rechtsextremist(in)** right-wing extremist **rechtsextremistisch** extreme right-wing

Rechtsgrundlage legal basis

Rechtshänder(in) right-handed person ◇ *Ist er Rechtshänder?* Is he right-handed?

rechtsherum (round) to the right, clockwise

rechtskräftig valid; (*Urteil*) final (*Adv* finally) ◇ *rechtskräftig abgelehnte Asylbewerber* asylum seekers whose applications for asylum have been finally rejected

Rechtsprechung administration of justice; (*Gesetz*) law ◇ *nach geltender Rechtsprechung* under current law ◇ *Solch hohe Schadenssummen gibt es in der deutschen Rechtsprechung nicht.* You don't get such high compensation payments in German courts.

rechts- **rechtsradikal** extreme right-wing **Rechtsradikale(r)** right-wing extremist **Rechtsradikalismus** right-wing extremism **Rechtsschutz** legal protection **Rechtsschutzversicherung** legal expenses insurance [U] **Rechtsstaat** (*Land*) state governed by the rule of law; (*Rechtsstaatlichkeit*) rule of law **rechtsstaatlich** based on the rule of law [nicht vor Nomen] **Rechtsstreit** lawsuit **Rechtsverkehr** driving on the right ◇ *In Kanada herrscht Rechtsverkehr.* They drive on the right in Canada. **Rechtsweg** legal action ◇ *den Rechtsweg gehen* take legal action ◇ *etw auf dem Rechtsweg beilegen* settle sth in court ◇ *Gegen Asylentscheidungen steht jedem der Rechtsweg offen.* Anyone can challenge a decision on asylum in court. ◇ *Die Verlosung findet unter Ausschluss des Rechtsweges statt.* The result of the draw will be final. **rechtswidrig** illegal (*Adv* illegally)

rechtwinklig right-angled

rechtzeitig **1** *Adj* prompt ◇ *Bei Infektionen muss eine rechtzeitige Behandlung erfolgen.* Infections require prompt treatment. ◇ *Ein Stau verhinderte sein rechtzeitiges Erscheinen am Arbeitsplatz.* A traffic jam prevented him from getting to work on time. **2** *Adv* in time; (*etwas früher*) in good time ◇ *Ich konnte noch rechtzeitig bremsen.* I braked in time. ◇ *Unser Tipp: rechtzeitig kommen.* Our tip: get there in good time.

Reck horizontal bar

recken **1** stretch ◇ *Recken Sie den linken Arm in die Höhe.* Stretch your left arm up in the air. ◇ *den Hals recken* crane your neck ◇ *Er reckte die Faust in die Höhe.* He raised his fist. **2 sich ~** stretch

recycelbar recyclable

recyceln recycle

Recycling recycling
Recyclingpapier recycled paper

Redakteur(in) editor; (*Moderator*) presenter, (*AmE*) announcer

Redaktion **1** ◇ *Die Redaktion des Buches hatte Bert Black.* The book was edited by Bert Black. **2** (*Redakteure*) editorial staff; (*Abteilung*) editorial department

redaktionell editorial ◇ *redaktionelle Beiträge* editorial contributions ◇ *die redaktionelle Bearbeitung eines Textes* the editing of a text

Redaktions- **Redaktionsleitung** editorial management ◇ *der Vorsitzende der Redaktionsleitung* the editor-in-chief **Redaktionsmitglied** member of the editorial staff **Redaktionsschluss** copy deadline

Rede **1** speech ◇ *eine Rede halten* make a speech **2** (*Gespräch*) conversation ◇ *Nie kam die Rede auf seinen Vater.* His father never came up in conversation. **3 die direkte/indirekte ~** direct/indirect speech ◇ *einen Satz in die indirekte Rede setzen* put a sentence into indirect speech IDM **die Rede auf jdn/etw bringen** bring the conversation round to sb/sth **große Reden führen/schwingen** talk big; (*prahlen*) boast **etw in freier Rede vortragen** ◇ *Das Referat sollte in freier Rede vorgetragen werden.* The presentation should be given without notes. **langer Rede kurzer Sinn** the long and the short of it is ... **nicht der Rede wert** not worth mentioning ◇ *Vergiss es! Der Vorfall ist einfach nicht der Rede wert.* Forget it! The incident is simply not worth mentioning. ◇ *„Danke für deine Unterstützung." „Das ist nicht der Rede wert."* 'Thanks for your support.' 'Don't mention it.' **(jdm) Rede und Antwort stehen** justify yourself (to sb) **von jdm/etw ist die Rede** ◇ *Bis jetzt ist von 20 Millionen die Rede.* Up to now they've been talking about 20

million. ◇ *Von Heirat war nie die Rede!* There was no mention of marriage! **von etw kann keine/nicht die Rede sein** ◇ *Es kann keine Rede davon sein, dass Geld verschwendet wurde.* There is no question of money having been wasted. ◇ *Von Berufserfahrung kann da keine Rede sein.* You can't call that professional experience. ◇ *Mit dir verreisen? Davon kann nicht die Rede sein!* Go away with you? I wouldn't dream of it! **(jdm) wegen einer Sache Rede und Antwort stehen** justify sth (to sb) ◇ *Ich habe ihr wegen meines Fehlens Rede und Antwort stehen müssen.* I had to justify my absence to her. ◇ *Die Politiker stehen heute Bürgern Rede und Antwort.* There will be a question-and-answer session between politicians and townspeople today. **jdn zur Rede stellen** confront sb
Redefreiheit freedom of speech **redegewandt** eloquent (*Adv* eloquently)

reden **1** (**mit jdm**) (**über etw**) ~ talk (to sb) (about sth) ◇ *Worüber redet ihr gerade?* What are you talking about? ◇ *Sie redet nur noch von ihrem Freund.* All she ever talks about is her boyfriend. ◇ *Haben sie ihn zum Reden gebracht?* Did they make him talk? **2** speak ◇ *Wir reden schon seit Wochen nicht mehr miteinander.* We haven't spoken to each other for weeks. ◇ *So lasse ich nicht mit mir reden, ist das klar?* I won't be spoken to like that, is that clear? ◇ *Ich rede nicht gern vor versammelter Mannschaft.* I don't like speaking in front of everybody. **3** (*sagen*) say ◇ *Während des Essens hat sie kein Wort geredet.* During the meal she didn't say a word. ◇ *Lass mich zu Ende reden.* Let me finish (what I'm saying). ◇ *sich in Begeisterung reden* get carried away with what you are saying ◇ *Sein Sohn hat immer nur schlecht über ihn geredet.* His son never had a good word for him. **IDM** **gut reden haben** it's easy for sb to talk; it's all very well for sb to talk ◇ *Du hast gut reden.* It's easy for you to talk. **mit sich reden lassen** be willing to compromise ◇ *Der Bürgermeister ließ in diesem Punkt nicht mit sich reden.* The mayor was not willing to compromise on this point. ◇ *Sie ließ nicht mit sich reden.* She wouldn't be persuaded. ◇ *„Können Sie schon früher ausziehen?" „Ich lasse mit mir reden."* 'Can you move out sooner?' 'I'm willing to be persuaded.' ◇ *Biete ihm 100 Euro an. Sicher lässt er mit sich reden.* Suggest a hundred euros. I'm sure he'll be open to offers. **Reden ist Silber, Schweigen ist Gold.** (speech is silver but) silence is golden **sich etw von der Seele reden** get sth off your chest **von sich reden machen** draw attention to yourself; (*berühmt werden*) make a name for yourself → *Siehe auch* BLAUE, BUCH, GEWISSEN, GOTT, GRUND, HAND, KLARTEXT, LEBER, LEICHT, MUND, PUNKT, SCHNABEL, SEELE, WAND *und* WORT

Redensart (*Redewendung*) expression, saying; (*Floskel*) empty phrase

Rede- **Redeverbot** (*oft mit einem Verb übersetzt*) ◇ *Er erhielt Redeverbot.* He was banned from speaking. **Redewendung** expression; (*idiomatisch*) idiom

redigieren edit

redlich **1** honest (*Adv* honestly) **2** (*sehr*) real (*Adv* really) ◇ *Sie hat sich redlich bemüht.* She made a real effort.

Redner(in) speaker

redselig talkative, chatty (*umgs*)

Reduktion reduction ◇ *eine Reduktion der Preise um drei Prozent* a three-per-cent reduction in prices

reduzieren **1** **etw** (**um etw**) (**auf etw**) ~ reduce sth (by sth) (to sth), cut sth (by sth) (to sth) ◇ *etw auf ein Minimum reduzieren* reduce sth to a minimum ◇ *Im Sommerschlussverkauf wurde vieles um bis zu 50% reduziert.* Many items were reduced by up to 50% in the summer sale. ◇ *den Energieverbrauch reduzieren* cut energy consumption **2** **sich** (**auf etw**) ~ be reduced (to sth); (*zurückgehen*) decrease (to sth), go down (to sth) ◇ *Ihr monatliches Einkommen hat sich um die Hälfte reduziert.* Her monthly income has been reduced by half. ◇ *Was er ausdrücken will, lässt sich auf ein paar Worte reduzieren.* What he wants to express can be reduced to a few words.

Reduzierung reduction ◇ *eine Reduzierung um ein Drittel* a reduction of a third

Reeder(in) shipowner

Reederei shipping company

reell **1** real; (*realistisch*) realistic ◇ *Haben wir eine reelle Chance zu gewinnen?* Do we have a realistic chance of winning? **2** (*Preise, Geschäft*) fair

Reetdach thatched roof

Referat **1** paper ◇ *Ich muss ein Referat über Goethe halten.* I have to give a paper on Goethe. **2** (*Bericht*) report **3** (*Abteilung*) department

Referendar(in) civil service trainee; (*Lehrer*) trainee teacher; (*Jurist*) ≈ trainee solicitor

Referendariat training; (*für Lehrer*) teaching training; (*beim Gericht*) time as a trainee solicitor ◇ *Ist er noch im Referendariat?* Is he still doing his training?

Referendum referendum ◇ *ein Referendum abhalten* hold a referendum

Referent(in) **1** (*Vortragende(r)*) speaker **2** (*Gutachter*) examiner **3** (*Sachbearbeiter*) adviser ◇ *der Referent für Auslandshilfe* the adviser on foreign aid

Referenz **1** reference ◇ *eine Referenz beibringen* produce a reference ◇ *Referenzen über einen Bewerber einholen* obtain references about an applicant **2** (*Mensch*) referee ◇ *jdn als Referenz angeben* give sb as a referee

referieren (**über etw**) ~ **1** give a talk (on sth); (*wissenschaftliche Abhandlung*) give a paper (on sth) **2** (*berichten*) report

reflektieren **1** reflect ◇ *Die Aluminiumplatten reflektieren die Sonnenwärme.* The aluminium sheets reflect the sun's heat. ◇ *Der Film reflektiert nicht die Meinung der Jugendlichen.* The film doesn't reflect the views of young people. ◇ *eine stark reflektierende Fläche* a very shiny surface **2** **über etw** ~ reflect on sth **3** (*bedenken*) consider; (*interpretieren*) interpret; (*kritisch durchleuchten*) look (critically) at *sth* ; (*besprechen*) discuss **4** **auf etw** ~ (*anpeilen*) aim for sth; (*erhoffen*) hope for sth ◇ *Sie reflektieren auf Platz zwei.* They're aiming at second place.

Reflektor reflector

Reflex **1** (*Reaktion*) reflex; (*-handlung*) reflex action ◇ *gute Reflexe haben* have good reflexes ◇ *Ich wollte ihn nicht verletzen, es war einfach ein Reflex.* I didn't want to hurt him — it was just a reflex action. **2** ~ **auf etw** reaction to sth **3** (PHYSIK) reflection (*auch fig*)

Reflexion reflection (*auch fig*) ◇ *Reflexionen über die Macht der Liebe* reflections on the power of love

Reflexivpronomen reflexive pronoun

Reform reform

Reformation Reformation
Reformationstag = October 31, a holiday in Protestant *Länder* commemorating the beginning of the Reformation

Reformator (GESCH) Reformer

reform- **reformbedürftig** in need of reform [nicht vor Nomen] **Reformhaus** health food shop

reformieren **1** reform **2** **die reformierte Kirche** the Reformed Church

Refrain chorus, refrain

Refugium refuge

Regal shelves [Pl]; (*einzelnes Brett*) shelf; (*Bücher-*) bookcase ◇ *An der Wand hing ein Regal.* There were shelves on the wall. ◇ *etw ins Regal stellen* put sth on the shelf ◇ *ein Buch aus dem Regal nehmen* take a book from the bookcase

Regatta regatta

rege (*Interesse, Nachfrage, Unterstützung*) strong; (*Fantasie, Debatte, Austausch*) lively; (*Verkehr, Gebrauch*) heavy ◇ *In den Geschäften herrschte reger Betrieb.* The shops were very busy. ◇ *Der Handel war in diesem Jahr sehr rege.* Business has been very good this year.

Regel 1 rule ◇ *Das verstößt gegen die Regeln.* That's against the rules. ◇ *sich an die Regeln halten* stick to the rules **2 sich etw zur ~ machen** make a habit of doing sth ◇ *Ich habe es mir zur Regel gemacht, früh aufzustehen.* I make a habit of getting up early. **3 etw ist zur ~ geworden** sth has become a habit ◇ *Es ist zur Regel geworden, dass er sich jedes Wochenende betrinkt.* Getting drunk every weekend has become a habit with him. **4** (*Menstruation*) period ◇ *Sie hat ihre Regel.* She's got her period. ◇ *Sie hat ihre Regel mit 12 Jahren bekommen.* Her periods started when she was 12. IDM **in der/aller Regel** usually; as a rule ◇ *In der Regel funktioniert das.* That usually works. **nach allen Regeln der Kunst 1** (*gründlich*) well and truly ◇ *Die Gastgeber wurden nach allen Regeln der Kunst ausgespielt.* The home team were well and truly beaten. **2** (*geschickt*) skilfully → *Siehe auch* AUSNAHME
Regelfall norm, rule ◇ *im Regelfall* as a rule

regelmäßig regular (*Adv* regularly) ◇ *regelmäßige Gesichtszüge* regular features ◇ *regelmäßige Verben* regular verbs ◇ *Ich muss regelmäßig meine Tabletten nehmen.* I have to take my tablets regularly. ◇ *Sie kommt regelmäßig zu spät.* She's always late.

Regelmäßigkeit regularity IDM **in schöner Regelmäßigkeit** again and again

regeln 1 regulate; (*verwalten*) administer ◇ *eine Sache durch Gesetz regeln* regulate sth by law ◇ *Ein Chip regelt den Vorgang.* A chip regulates the process. ◇ *Die Sozialhilfe wird von den Kommunen geregelt.* Benefits are administered by local government. ◇ *Der Verkehr wird durch eine Ampel geregelt.* The traffic is controlled by lights. ◇ *Die Temperatur regelt sich automatisch.* The temperature adjusts itself automatically. ◇ *Die Kostenfrage muss noch vertraglich geregelt werden.* The question of costs has to be dealt with in the terms of the contract **2** (*abmachen*) arrange ◇ *Wir haben es so geregelt, dass ...* We have arranged it so that ... **3** (*Problem, Angelegenheit*) sort *sth* out ◇ *Ist die Sache jetzt endlich geregelt?* Has the matter finally been sorted out? **4** (*Formalitäten*) complete

regelrecht 1 real (*Adv* really), absolute (*Adv* absolutely) ◇ *Er hat sich regelrecht besoffen.* He got really drunk. ◇ *Das Stück war ein regelrechter Reinfall.* The play was an absolute disaster. **2** (*ordnungsgemäß*) proper [nur vor Nomen] (*Adv* properly)

Regel- Regelschmerzen period pains [Pl] **Regelstudienzeit** = (maximum) time allowed for a university course

Regelung 1 (*oft mit einem Verb übersetzt*) ◇ *die geplante Regelung des Bananenmarktes* the planned regulation of the banana trade ◇ *Sie verlangten eine Regelung der Arbeitsbedingungen.* They called for working conditions to be regulated. ◇ *Ihm wurde die Regelung des Verkehrs zugeteilt.* He was put in charge of controlling the traffic. **2** (*Lösung*) solution **3** (*Vorschrift*) regulation

Regel- Regelverstoß offence, (*AmE*) offense **regelwidrig** against the rules [nicht vor Nomen] ◇ *regelwidriges Verhalten* behaviour which is against the rules ◇ *regelwidrig handeln* break the rules

regen 1 (sich) ~ move **2 sich ~** (*Blatt, Gefühl*) stir ◇ *Bald regten sich Zweifel in mir.* Doubts soon stirred within me. ◇ *Kein Lüftchen regte sich.* There wasn't a breath of wind.

Regen rain ◇ *starker Regen* heavy rain ◇ *Wir zogen bei strömendem Regen los.* We set off in pouring rain. ◇ *Bei Regen findet die Veranstaltung in der Halle statt.* If it rains, the event will be held in the hall. IDM **vom/aus dem Regen in die Traufe kommen** jump out of the frying pan into the fire

Regenbogen rainbow
Regenbogenfamilie family with same-sex parents

regenerieren 1 restore ◇ *Wir wollen die Wiesen regenerieren.* We want to restore the meadows. **2** (sich) ~ (*sich neu bilden*) regenerate; (*fig*) recover

Regen- Regenfälle rain [U]; (*Schauer*) showers [Pl] ◇ *anhaltende Regenfälle* persistent rain ◇ *heftige Regenfälle* heavy showers **Regenjacke** waterproof jacket; (*dünn*) cagoule **Regenrinne** gutter **Regenschauer** shower **Regenschirm** umbrella

Regent(in) 1 (*Herrscher*) ruler **2** (*Stellvertreter*) regent

Regen- Regentonne water butt **Regentropfen** raindrop **Regenwald** rainforest **Regenwasser** rainwater **Regenwetter** wet weather **Regenwolke** rain cloud **Regenwurm** earthworm **Regenzeit** rainy season

Reggae Reggae

Regie (*oft mit einem Verb übersetzt*) ◇ *Wer hat bei diesem Film die Regie geführt?* Who directed this film? ◇ *Regie: Claudia Wehner* Director: Claudia Wehner ◇ *Die Demonstration lief unter der Regie der Grünen.* The demonstration was organized by the Green Party. ◇ *Unter der Regie des neuen Trainers siegte die Mannschaft 3:1.* Under their new manager, the team won 3-1. IDM **in eigener Regie** yourself ◇ *Sie macht alles in eigener Regie.* She does everything herself. ◇ *Spielgruppen, die Mütter in eigener Regie organisieren* playgroups that mothers run themselves
Regieanweisung stage direction

regieren 1 govern, rule; (*Monarch auch*) reign ◇ *Das Land wurde zunächst von den alliierten Mächten regiert.* The country was at first governed by the allied powers. ◇ *Das Land wird von den Militärs regiert.* The country is ruled by the military. ◇ *In der Stadt regiert die Angst.* The city is ruled by fear. ◇ *Karl VI. regierte von 1711 bis 1780.* Charles VI reigned from 1711 to 1780. ◇ *Geld regiert die Welt.* Money makes the world go round. **2** (*an der Macht sein*) be in power ◇ *die SPD-regierten Länder* the federal states where the SPD is in power **3** (LING) govern, take ◇ *Präpositionen, die den Dativ regieren* prepositions that take the dative

Regierung government [mit Verb im Sing/Pl]; (*in den USA*) administration; (*eines Monarchen*) reign ◇ *die Regierung in Stockholm* the Swedish government ◇ *die Regierung Schmidt* the Schmidt government ◇ *an der Regierung sein* be in government ◇ *unter der Regierung von Präsident Obama* under the Obama administration ◇ *unter der Regierung Kaiser Hadrians* under the reign of Emperor Hadrian ◇ *die Regierung antreten* take office ◇ *an die Regierung kommen* come into power
Regierungsbezirk = administrative district **Regierungschef(in)** head of government **Regierungserklärung** government statement **regierungsfähig** able to govern [nicht vor Nomen] ◇ *Die Koalition bleibt also regierungsfähig.* The coalition is thus still able to govern. ◇ *eine regierungsfähige Mehrheit* a working majority **Regierungskrise** government crisis **Regierungspartei** ruling party **Regierungsprogramm** legislative programme, (*AmE*) legislative agenda **Regierungssprecher(in)** government spokesperson

Regierungsumbildung government reshuffle; (*in GB*) cabinet reshuffle **Regierungswechsel** change of government

Regime regime (*auch fig*)
Regimegegner(in) opponent of a/the regime

Regiment 1 (MIL) regiment 2 (*Herrschaft, Führung*) leadership IDM **ein strenges Regiment führen** run a tight ship

Region region, area ◇ *eine autonome Region* an autonomous region ◇ *ländliche Regionen* rural areas ◇ *in der Region Leipzig* in the Leipzig area IDM **in höheren Regionen schweben** have your head in the clouds

regional local; (*auf ein größeres Gebiet bezogen*) regional ◇ *regionale Firmen* local firms ◇ *regionale Schwankungen* regional variations
Regionalliga regional league **Regionalpolitik** regional politics ◇ *Er interessiert sich nur für die Regionalpolitik.* He's only interested in regional politics. **Regionalprogramm** regional programmes [Pl], (*AmE*) local broadcasting [U]

Regisseur(in) director

Register 1 (*alphabetische Liste*) index ◇ *einen Namen im Register nachschlagen* look up a name in the index 2 (*amtliches Verzeichnis*) register 3 (MUS) register; (*Orgel-*) stop IDM **alle Register ziehen/spielen lassen** pull out all the stops

registrieren 1 register 2 (*bemerken*) notice

reglementieren regulate, regiment (*abwert*) ◇ *die reglementierte Einfuhr von Steinkohle* regulated imports of coal ◇ *Ihr Leben ist stark reglementiert.* Their life is strictly regimented.

Regler control

reglos → REGUNGSLOS

regnen 1 rain ◇ *Regnet es?* Is it raining? ◇ *Es regnet in Strömen.* It's pouring with rain. 2 **es regnet etw** sth floods in ◇ *Es regnete Beschwerdebriefe.* Letters of complaint flooded in.

regnerisch rainy

regulär 1 (*üblich, normal*) usual (*Adv* usually); (*Unterricht*) normal (*Adv* normally); (*Arbeit, Armee, Preise*) regular ◇ *ein regulärer Job* a regular job 2 (*vorschriftsmäßig*) ◇ *Das Abseits war auf jeden Fall regulär.* It was definitely offside. ◇ *Seine Amtszeit sollte regulär im nächsten Jahr enden.* His term of office is due to end next year. ◇ *zwei Minuten vor Ende der regulären Spielzeit* with two minutes of normal time left ◇ *Das Ergebnis war regulär.* The result was judged to be correct.

regulieren 1 regulate; (*Zähne*) straighten 2 **einen Schaden ~** settle a claim for damages 3 **sich ~** regulate itself ◇ *ein sich selbst regulierender Mechanismus* a self-regulating mechanism

Regulierung regulation; (*Schaden, Rechnung*) settlement (*oft mit einem Verb übersetzt*) ◇ *Die Regulierung des Flusslaufes ist sehr kostspielig.* It is very expensive to regulate the flow of the river.

Regung emotion ◇ *ohne sichtbare Regung* showing no sign of emotion

regungslos, reglos 1 motionless ◇ *Er lag regungslos auf dem Boden.* He lay motionless on the ground. 2 (*ohne Gefühle*) impassive (*Adv* impassively) ◇ *Er blieb völlig regungslos.* He remained completely impassive. ◇ *Sie starrte regungslos auf die Leinwand.* She stared impassively at the screen.

Reh roe (deer); (*Fleisch*) venison

Rehabilitation, Rehabilitierung 1 rehabilitation ◇ *die soziale Rehabilitation Straffälliger* the social rehabilitation of offenders ◇ *Einrichtungen für die berufliche Rehabilitation Behinderter* agencies that help disabled people get back to work ◇ *Für die medizinische Rehabilitation ist Krankengymnastik wichtig.* Physiotherapy plays an important role in recovery. 2 (*fig*) (*meist mit einem Verb übersetzt*) ◇ *Das Match bietet ihnen die Chance zur Rehabilitation.* The match will give them a chance to restore their reputation.

rehabilitieren 1 rehabilitate 2 **sich ~** restore your reputation ◇ *Er will sich bei den Weltmeisterschaften rehabilitieren.* He hopes to restore his reputation at the world championships.

Reha- **Rehaklinik** rehabilitation clinic **Rehazentrum** rehabilitation centre, (*AmE*) rehabilitation center

Reh- **Rehbock** roebuck **Rehbraten** roast venison **Rehkitz** fawn

Reibach **(den großen) ~ machen** make a fortune

Reibe grater

Reibeisen 1 grater 2 ◇ *eine Stimme wie ein Reibeisen haben* be very hoarse

reiben 1 rub ◇ *Er versuchte, den Fleck aus dem Hemd zu reiben.* He tried to rub the mark off the shirt. ◇ *Die Schuhe reiben.* These shoes rub. ◇ *sich die Augen reiben* rub your eyes ◇ *Sie rieb sich vor Freude die Hände.* She rubbed her hands with glee. ◇ *den Tisch trocken reiben* wipe the table dry 2 (*zerkleinern*) grate ◇ *geriebener Käse* grated cheese 3 **sich (aneinander) ~** rub each other up the wrong way IDM → NASE

Reiberei friction [U]

Reibung friction

reibungslos smooth (*Adv* smoothly) ◇ *reibungslos verlaufen* go smoothly

reich 1 rich; (*vermögend*) wealthy ◇ *Er ist sehr reich.* He is very rich. ◇ *Sie ist eine sehr reiche Frau.* She is a very wealthy woman. ◇ *Leute aus reicher Familie* people from a wealthy background → *Siehe auch* REICHE(R) 2 (*prächtig*) lavish (*Adv* lavishly), rich (*Adv* richly) ◇ *reiche Ornamente* lavish decorations ◇ *reich mit Perlen bestickt* richly decorated with pearls 3 (*üppig*) abundant; (*Auswahl, Angebot*) wide ◇ *eine reiche Ernte* an abundant crop ◇ *reiche Erdölvorkommen* large oil deposits ◇ *reiche Beute machen* find rich pickings 4 **~ an etw** rich in sth ◇ *reich an Bodenschätzen* rich in minerals ◇ *Das Gebiet ist reich an Seen.* There are a lot of lakes in the area. ◇ *reich an Überraschungen* full of surprises

Reich 1 empire ◇ *das Deutsche Reich* the German Empire ◇ *das Reich Gottes* the Kingdom of Heaven 2 (*fig*) realm ◇ *Das gehört ins Reich der Fabel.* It belongs in the realms of fantasy. ◇ *etw ins Reich der Märchen verweisen* dismiss sth as fantasy ◇ *Das gehört ins Reich der frommen Wünsche/Spekulation.* It's wishful thinking/pure speculation.

Reiche(r) rich man/woman ◇ *die Reichen* the rich

reichen 1 **jdm etw ~** pass sb sth ◇ *Er reichte ihr die Schüssel.* He passed her the bowl. ◇ *Sie reichten sich die Hand.* They shook hands. 2 (*genügen*) be enough ◇ *Das reicht nicht für sechs Leute.* It's not enough for six people. ◇ *Dafür reicht mein Geld nicht.* I haven't got enough money for that. ◇ *Am Ende reichte es nur zu Platz drei.* In the end they only managed third place. 3 (*ausreichen*) last ◇ *Das Geld reicht bis nächste Woche.* The money will last until next week. ◇ *solange der Vorrat reicht* while stocks last 4 **bis zu/an etw ~** (*sich erstrecken*) stretch as far as sth; (*vertikal*) come up/down to sth ◇ *Der Wald reicht bis zum Strand.* The wood stretches as far as the beach. ◇ *Die Baumwollfelder reichen bis zum Horizont.* The cotton fields stretch as far as the eye can see. ◇ *Das Wasser reichte mir bis zum Knie.* The water came up to my knees. ◇ *Der Rock reicht bis zum Knie.* The skirt comes down to the knee. ◇ *Der Weihnachtsbaum reicht bis an die Decke.* The Christmas tree is as high as the room. ◇

Reicht das Kabel bis an die Steckdose? Will the flex reach the socket? **5 von etw bis etw ~** range from sth to sth ◇ *Die Temperaturen reichen von 8° bis 15°.* Temperatures range from 8° to 15°. **6 jdm reicht es** ◇ *Mir reicht es!* I've had enough!

reichhaltig extensive; *(Angebot, Auswahl)* wide ◇ *eine reichhaltige Speisekarte* an extensive menu ◇ *ein reichhaltiges Freizeitangebot* a wide range of leisure activities

reichlich **1** plenty of; *(großzügig)* generous *(Adv* generously) ◇ *Brennholz ist reichlich vorhanden.* There is plenty of firewood. ◇ *ein reichliches Trinkgeld* a generous tip ◇ *reichlich spenden* give generously **2** *(ziemlich)* rather ◇ *wie er reichlich spät erkannt hat* as he realized rather late in the day **3** *(mehr als)* more than ◇ *reichlich 1 000 Mitarbeiter* more than 1 000 employees

Reichskanzler *(im Kaiserreich)* Imperial Chancellor; *(in der Weimarer Republik)* Reich Chancellor

Reichtum wealth *(auch fig)* ◇ *Welch ein Reichtum an talentierten Leuten!* What a wealth of talent! ◇ *der Reichtum und die Vielfalt der Natur* the richness and variety of the wildlife

Reichweite **1** *(Geschoss, Sender, Flugzeug etc.)* range **2 außer ~** out of reach *(auch fig)* ◇ *außer Reichweite von Kindern* out of the reach of children **3 in ~** within reach; *(fig)* in sight ◇ *Das Messer lag in seiner Reichweite.* The knife was within his reach. ◇ *Eine Einigung ist in Reichweite.* An agreement is in sight.

reif **1** ripe ◇ *reife Kirschen* ripe cherries **2** *(Mensch)* mature ◇ *Er ist reif für sein Alter.* He's mature for his age. **3 ~ (für etw)** ready (for sth); *(Zeit)* ripe (for sth) **4** *(gut)* brilliant ◇ *eine reife Leistung* a brilliant achievement

Reif hoar frost

Reife maturity ◇ *ein Zeichen der Reife* a sign of maturity → *Siehe auch* MITTLERE(R,S)

reifen **1** ripen **2** *(Mensch)* mature **3** *(entstehen)* take shape ◇ *Damals reifte in ihr die Idee auszuwandern.* At that time the idea of emigrating was taking shape in her mind.

Reifen **1** tyre, *(AmE)* tire ◇ *Ein Reifen war geplatzt.* A tyre burst. ◇ *den Reifen austauschen* change the wheel ◇ *einen Reifen flicken* mend a puncture **2** *(Metall, Holz)* hoop
Reifenpanne puncture **Reifenwechsel** change of tyres

Reife- **Reifeprüfung** ≈ A levels [Pl], *(AmE)* ≈ High School Diploma → *Siehe auch* ABITUR **Reifezeugnis** ≈ A level certificate, *(AmE)* ≈ high school graduation certificate

reiflich careful *(Adv* carefully)

Reigen round dance; *(fig)* series ◇ *ein Reigen kultureller Veranstaltungen* a series of cultural events

Reihe **1** row ◇ *in der ersten Reihe* in the front row **2** *(Menschen)* line ◇ *sich in einer Reihe aufstellen* line up ◇ *in einer Reihe marschieren* march in line ◇ *Die Kinder stehen in Reih und Glied.* The children are lined up. **3 etw in die ~ bringen/auf die ~ kriegen** sort sth out ◇ *Das werde ich schon auf die Reihe kriegen.* I'll sort that out. **4 in die ~ kommen** sort itself out ◇ *Das wird bestimmt wieder in die Reihe kommen.* It'll sort itself out. **5 jd ist an der ~; jd kommt an die ~** it is sb's turn ◇ *Du bist an der Reihe.* It's your turn. ◇ *Warten Sie, bis Sie an die Reihe kommen!* Wait your turn! ◇ *Wer kommt an die Reihe?* Who's next? **6 außer der ~** ◇ *eine Sitzung außer der Reihe halten* hold an unscheduled meeting ◇ *Normal kommt sie alle zwei Wochen, aber heute kam sie außer der Reihe zu Besuch.* She normally comes every two weeks, but she made an extra visit today. **7** *(Anzahl)* number ◇ *eine Reihe neuer Kurse* a number of new courses ◇ *eine ganze Reihe von Verbesserungen* a lot of improvements **8** *(Sendungen, Veröffentlichungen etc.)* series ◇ *eine neue Reihe über Großstädte* a new series on cities **9** *(Gruppe)* rank ◇ *Sie hatten nicht mit Kritik aus den eigenen Reihen gerechnet.* They hadn't expected criticism from within their own ranks. IDM **aus der Reihe tanzen** be different **der Reihe nach** one after the other ◇ *Die Referenten sagten alle der Reihe nach ab.* The speakers withdrew one after the other. ◇ *Erzähl doch mal alles der Reihe nach.* Start from the beginning.

reihen **1** *(Perlen)* string **2 sich an etw ~** ◇ *Ein Missverständnis reihte sich ans andere.* There was one misunderstanding after another.

Reihen- **Reihenfolge** order ◇ *in alphabetischer Reihenfolge* in alphabetical order ◇ *in umgekehrter Reihenfolge* in reverse order **Reihenhaus** terraced house, *(AmE)* row house **reihenweise** **1** *(in Reihen)* in rows **2** *(in großer Zahl)* lots of ◇ *Der Sturm hat reihenweise Bäume umgeknickt.* Lots of trees came down in the storm.

Reiher heron

reihum **etw ~ tun** take it in turns to do sth

Reim rhyme; *(-spruch)* verse ◇ *in Reimen* in rhyme IDM **sich keinen Reim auf etw machen können** not be able to make head or tail of sth **sich selbst einen Reim auf etw machen** draw your own conclusions

reimen **etw mit etw ~** rhyme sth with sth; **sich (auf etw) ~** rhyme (with sth) IDM **das reimt sich nicht** it doesn't make sense

rein[1] *Adj* **1** *(unvermischt)* pure ◇ *reine Wolle* pure wool **2** *(nichts anderes als)* sheer, pure ◇ *Das ist reine Zeitverschwendung.* It's a sheer waste of time. ◇ *Das war reiner Zufall.* It was pure chance. ◇ *Das ist reine Formsache.* It's a mere formality. ◇ *die reinen Baukosten* the actual building costs ◇ *Sie hat die reine Wahrheit gesagt!* She was telling the truth. ◇ *Die Operation ist reine Routine.* The operation is merely routine. ◇ *aus reiner Neugier* just out of curiosity **3** *(ohne Ausnahme)* ◇ *eine reine Wohngegend* a purely residential area ◇ *ein reiner Männerchor* an all male choir **4** *(verstärkend)* utter ◇ *Das ist der reinste Wahnsinn.* It's utter folly. ◇ *Das Zimmer ist der reinste Schweinestall!* The room is an absolute pigsty! **5** *(sauber)* clean; *(Gewissen, Haut)* clear IDM **im Reinen sein** ◇ *mit sich selbst im Reinen sein* be at peace with yourself ◇ *mit seinem Gewissen im Reinen sein* have a clear conscience **etw ins Reine bringen** clear sth up **ins Reine kommen** ◇ *mit sich/etw ins Reine kommen* come to terms with yourself/sth ◇ *etw kommt ins Reine* sth sorts itself out **etw ins Reine schreiben** make a fair copy of sth → *Siehe auch* HOHN, LUFT, SKELETT, TISCH, WEIN *und* WESTE

rein[2] *Adv* **1** purely ◇ *aus rein politischen Gründen* for purely political reasons ◇ *rein theoretisch betrachtet* from a purely theoretical point of view **2** *(verstärkend)* absolutely ◇ *Dieses Gerät ist zu rein gar nichts zu gebrauchen.* This gadget is absolutely useless.

reinbeißen → HINEINBEISSEN IDM **zum Reinbeißen aussehen** be/look good enough to eat

Reinerlös net profit

Reinfall disaster; *(Veranstaltung auch)* flop

reinfallen → HEREINFALLEN

reinhängen **sich (bei/in etw) ~** get involved (in sth)

reinhauen **1 jdm eine ~** sock sb one *(umgs)* **2** *(Ball ins Tor)* hammer *sth* in **3** *(essen)* tuck in *(umgs)* **4** *(eine große Wirkung haben)* be mind-blowing

Reinheit purity; *(Wasser auch)* quality
Reinheitsgebot = law that specifies the only permitted ingredients in German beer

reinigen **1** clean; (*Haut, Wunde auch*) cleanse; (*Teppich auch*) shampoo; (*chemisch*) (dry-)clean; (*Abwasser*) treat; (*Luft, Blut*) purify ◇ *die Straßen reinigen* clean the streets ◇ *die Kleider (chemisch) reinigen lassen* have the clothes dry-cleaned ◇ *einen Mantel zum Reinigen geben* take a coat to the cleaner's **2** (*fig*) cleanse (*gehoben*) ◇ *Er wollte sich von seiner Schuld reinigen.* He wanted to be cleansed of his guilt. ◇ *Der Streit wirkte wie ein reinigendes Gewitter.* The argument had the effect of clearing the air.

Reinigung **1** cleaning; (*von Haut, Wunde auch*) cleansing; (*chemische*) dry-cleaning; (*von Wasser, Luft*) purification; (*von Abwässern*) treatment (*oft mit einem Verb übersetzt*) ◇ *die Reinigung der Straßen* street cleaning ◇ *Filter zur Reinigung der Luft* filters to purify the air ◇ *die Reinigung der Luft in Los Angeles* improving air quality in Los Angeles **2** (*Unternehmen*) (dry-)cleaner's ◇ *etw in die Reinigung bringen* take sth to the cleaner's **Reinigungskraft** **1** (*Angestellte(r)*) cleaner **2** (*eines Putzmittels*) cleansing power **Reinigungsmilch** cleanser **Reinigungsmittel** **1** (*Putzmittel*) cleaner **2** (*für die Haut*) cleanser

Reinkarnation reincarnation

reinkommen → HEREINKOMMEN

Reinlichkeit cleanliness

reinrassig pure-bred; (*Pferd auch*) thoroughbred (*auch fig*)

Reis rice ◇ *ungeschälter Reis* brown rice

Reise journey; (*hin und zurück*) trip; (*übers Meer, durchs All*) voyage; (*Rundreise*) tour ◇ *Wir haben die Reise in Rom unterbrochen.* We broke our journey in Rome. ◇ *Unsere Reise führte uns über die Alpen.* Our journey took us over the Alps. ◇ *eine Reise mit dem Zug* a train journey ◇ *Gute Reise!* Safe journey! ◇ *eine Reise in die Zukunft* a trip into the future ◇ *Das Ziel unserer Reise war Athen.* Our destination was Athens. ◇ *Wohin geht die Reise?* Where are you off to? **IDM** **auf Reisen gehen** **1** travel; (*wegfahren*) go away ◇ *Seit er im Ruhestand ist, geht er viel auf Reisen.* Since he retired, he's been travelling a lot. ◇ *wenn sie auf Reisen geht* whenever she goes away **2** (*aufbrechen*) set off on your travels **auf Reisen sein** travel; (*nicht zu Hause sein*) be away ◇ *Sie ist viel auf Reisen.* She travels a lot. **die Reise nach Jerusalem** (*Spiel*) musical chairs

Reisebegleiter(in) **1** (*Mitreisende(r)*) travelling companion **2** (*Reiseleiter(in)*) tour leader **Reisebericht** account of your travels; (*Buch*) travel book **Reisebüro** travel agent's; (*Unternehmen*) travel agency ◇ *einen Flug im Reisebüro buchen* book a flight at the travel agent's **Reisebus** coach ◇ *ein voll besetzter Reisebus* a coach full of holidaymakers **Reisefieber** **1** = feeling of nervous excitement before a journey ◇ *Sie konnte vor Reisefieber nicht schlafen.* She felt so excited before she went on holiday that she couldn't sleep. **2** (*Reiselust*) itchy feet [Pl] (*umgs*) ◇ *Ihn packte das Reisefieber.* He got itchy feet. **Reisefreiheit** freedom to travel; (*mit Verbleiberecht*) freedom of movement ◇ *Die Menschen in der DDR wollten die Reisefreiheit.* People in the GDR wanted the freedom to travel. ◇ *Die EU zeigt sich entschlossen, die Reisefreiheit zu verteidigen* The EU is determined to defend freedom of movement. **Reiseführer** (*Buch*) guidebook **Reiseführer(in)** → REISELEITER **Reisegepäck** luggage, (*bes AmE*) baggage **Reisegruppe** party of tourists ◇ *eine zehnköpfige Reisegruppe* a party of ten tourists **Reisekauffrau, -kaufmann** travel agent **Reisekosten** cost of the trip [Sing] **Reiseleiter(in)** guide; (*auf Busreisen etc.*) tour leader **Reiselust** desire for travel ◇ *die Reiselust der Bundesbürger* the Germans' desire for travel ◇ *Langsam packt mich wieder die Reiselust.* I really want to get away again.

reisen **1** travel ◇ *mit dem Auto/mit dem Schiff reisen* travel by car/sea ◇ *eine weit gereiste Frau* a well-travelled woman **2** (*an ein bestimmtes Ziel*) go ◇ *Wir reisen ins Gebirge.* We're going to the mountains. **3** (*abreisen*) set off, leave

Reisende(r) traveller, (*AmE*) traveler; (*Fahrgast auch*) passenger

Reise- **Reisepass** passport **Reisescheck** traveller's cheque, (*AmE*) traveler's check **Reisetasche** travel(ling) bag; (*kleiner auch*) overnight bag **Reiseveranstalter(in)** tour operator **Reiseziel** (holiday) destination

Reisig brushwood

Reißbrett drawing board ◇ *nur auf dem Reißbrett existieren* be still at the drawing board stage

reißen **1** tear; (*Kette, Riemen, Schuhband, Film, Saite, Faden etc.*) break ◇ *Die Tüte riss.* The bag tore. ◇ *Der Henkel riss.* The handle broke. ◇ *Der Nagel riss aus der Wand.* The nail came out of the wall. **2 etw (in etw) ~** (*zerreißen*) tear sth (into sth) ◇ *etw in Streifen/Stücke reißen* tear sth into strips/pieces ◇ *etw auseinanderreißen* tear sth apart **3 (sich) etw (in etw) ~** (*ein Loch etc.*) tear sth (in sth); (*Lücke, Wunde etc.*) leave sth (in sth) ◇ *Du hast dir ein Loch in den Pullover gerissen!* You've torn a hole in your pullover! ◇ *Die Detonation riss einen Krater in den Boden.* The explosion blasted a crater in the ground. **4** (*sich verletzen*) ◇ *Er hat sich am Stacheldraht die Hände blutig gerissen.* He tore his hands on the barbed wire. **5 etw aus/von etw ~** rip sth off/from sth ◇ *Die Türen waren aus den Angeln gerissen.* The doors were ripped off their hinges. ◇ *Er riss das Poster von der Wand.* He ripped the poster from the wall. ◇ *etw aus dem Zusammenhang reißen* take sth out of context **6 jdn aus etw ~** ◇ *Er wurde aus seiner gewohnten Umgebung gerissen.* He was torn from his familiar surroundings. ◇ *Die Klingel riss ihn aus dem Schlaf.* He was rudely awakened by the bell. **7** (*ziehen, zerren*) pull; (*Lawine, Flut etc.*) sweep ◇ *Der Hund riss an der Leine.* The dog pulled on the lead. ◇ *Sie wurden in den Tod gerissen.* They were swept to their deaths. ◇ *jdn zu Boden reißen* drag sb to the ground **8 etw (an sich) ~** (*gewaltsam an sich nehmen*) snatch sth; (*Macht*) seize sth ◇ *Sie riss ihm den Brief aus der Hand.* She snatched the letter from his hand. ◇ *das Gespräch an sich reißen* dominate the conversation **9 sich um jdn ~** fight to get close to sb; **sich um etw ~** fight to get sth; **sich (nicht) darum ~, etw zu tun** (not) be in a hurry to do sth **10** (*töten*) kill **11 (die Latte) ~** (*Hochsprung*) knock the bar off/down ◇ *Und wieder hat er gerissen!* He knocked the bar down again! ◇ *Bei 2,30m riss sie die Latte.* She failed to clear 2.30m. **12** (*Schwerathletik*) → STEMMEN **IDM** **jdn (nicht) vom Sitz/Stuhl/Hocker reißen** ◇ *Die Begeisterung riss die Zuschauer von ihren Sitzen.* It brought the audience to their feet. ◇ *ein Thema, das niemanden vom Stuhl reißt* a topic that nobody gets excited about ◇ *Solche Bilder reißen niemanden vom Hocker.* The pictures aren't exactly stunning. → *Siehe auch* GEDULD, HINGERISSEN, NAGEL, RIEMEN *und* STRICK

reißend **1** (*Fluss*) raging [nur vor Nomen]; (*Bestie*) wild **2** ◇ *Die Bücher fanden reißenden Absatz.* The books sold like hot cakes.

Reißer hit, money-spinner; (*Buch, Film auch*) blockbuster

reißerisch sensational (*Adv* sensationally) (*abwert*)

reiß- **reißfest** tear resistant **Reißleine** ripcord **Reißverschluss** zip (fastener), (*AmE*) zipper ◇ *den Reißverschluss aufmachen/zumachen* undo/do up the zip ◇ *Dein Reißverschluss ist offen.* Your zip is undone. **Reißwolf** shredder **Reißzwecke** drawing pin, (*AmE*) (thumb)tack

reiten **1** ride, *(AmE)* go horseback riding ◇ *reiten gehen* go riding ◇ *Reiten ist ihr Hobby.* Her hobby is riding. → *Siehe auch* GALOPP *und* TRAB **2 etw ~** *(Wettkampf etc.)* take part in sth ◇ *Military reiten* take part in three-day events ◇ *Reitest du auch Turniere?* Do you do eventing? ◇ *Er ritt mit 39,8 die schnellste Zeit.* At 39.8 he was the rider with the shortest time. **3 jdn ~** ◇ *Welcher Teufel hat den denn geritten?* What got into him?

Reiter(in) rider

Reit- **Reitpferd** horse **Reitschule** riding school **Reitsport** (horse) riding, *(AmE)* horseback riding **Reitstall** riding stable **Reitstunde** riding lesson **Reitturnier** horse show, *(BrE auch)* gymkhana

Reiz **1** *(optisch, akustisch etc.)* stimulus **2** *(verlockende Wirkung)* appeal ◇ *Das macht den Reiz dieser Festspiele aus.* That's what gives the festival its appeal. ◇ *der Reiz des Neuen* the novelty value **3** *(Schönheit, Zauber)* attraction, charm ◇ *der landschaftliche Reiz dieser Gegend* the natural attractions of this area ◇ *Sie setzte auf ihre weiblichen Reize.* She used her feminine charms. ◇ *Diese Zeichnungen sind von besonderem Reiz.* These sketches are particularly attractive.

reizbar irritable; *(Charakter)* quick-tempered

reizen **1** appeal to *sb*; *(verlocken)* tempt ◇ *Mich reizt die Herausforderung.* The challenge appeals to me. ◇ *Wen würde es nicht reizen, einmal für ein Jahr ins Ausland zu gehen?* Who wouldn't be tempted by the idea of spending a year abroad? ◇ *Das Angebot reizte ihn.* He found it a tempting offer. **2** *(ärgern)* tease; *(provozieren)* provoke ◇ *Sie reizten ihn so lange, bis er die Beherrschung verlor.* They teased him so much that he lost his temper. ◇ *Reiz sie nicht!* Don't provoke her! **3** *(beeinträchtigen)* irritate ◇ *Tränengas reizt die Augen.* Tear gas irritates the eyes. ◇ *Der Lärm reizt die Nerven.* The noise gets on your nerves. **4** *(Interesse etc.)* arouse ◇ *Das Verbot reizte die Neugier.* The ban aroused people's curiosity. **5 (jdn) zu etw ~** make sb (want to) do sth ◇ *Seine Witze reizten uns zum Lachen.* His jokes made us laugh. ◇ *Das reizt zur Nachahmung.* It attracts would-be imitators. **6** *(beim Kartenspiel)* bid

reizend lovely; *(bezaubernd)* charming; *(nett)* nice ◇ *Wir haben uns reizend unterhalten.* We had a lovely chat. ◇ *Er ist ein reizender Mensch.* He's a charming man. ◇ *Das ist wirklich reizend von Ihnen, mich mal zu besuchen.* It's really nice of you to come and visit me. ◇ *Drei Klausuren in einer Woche? Na, das kann ja reizend werden!* Three tests in one week? How nice!

Reiz- **Reizhusten** dry (irritating) cough **Reizklima** *(Wetter)* bracing climate **reizlos** charmless *(gehoben)* **Reizthema** emotive issue ◇ *das Reizthema „Asyl"* the emotive issue of 'asylum' **Reizüberflutung** overstimulation

Reizung *(Entzündung)* irritation [U] ◇ *eine Reizung der Atemwege* irritation of the respiratory tract

reizvoll attractive, appealing; *(Gegend, Landschaft)* delightful ◇ *ein reizvolles Gesicht* an attractive face ◇ *Was macht ausgerechnet diesen Wettbewerb so reizvoll?* What is the appeal of this competition?

rekapitulieren recapitulate

rekeln **sich ~** sprawl

Reklamation complaint ◇ *eine schriftliche Reklamation* a complaint in writing ◇ *die Reklamation einer Ware zurückweisen* refuse to give a refund for an item

Reklame **1** advertising [U] *(meist mit einem Verb übersetzt)* ◇ *Die Zeitschrift wird ausschließlich durch Reklame finanziert.* The newspaper is funded exclusively by advertising. ◇ *für etw Reklame machen* advertise sth ◇ *für jdn Reklame machen* promote sb ◇ *Das ist keine gute Reklame für uns.* It's not good for our image. **2** *(Anzeige, Prospekt, Werbespot etc.)* advertisement, ad *(umgs)*, *(BrE auch)* advert *(umgs)*; *(Poster)* poster ◇ *Er macht Reklame für Sportbekleidung.* He appears in adverts for sportswear. ◇ *Reklame kleben* put up posters ◇ *Bitte keine Reklame einwerfen.* No circulars.

reklamieren **1** make a complaint; *(Anspruch auf Schadensersatz stellen)* make a claim; **etw (bei jdm) ~** complain (to sb) about sth ◇ *Ich habe die beschädigte Ware sofort bei der Firma reklamiert.* I immediately complained to the firm about the damaged item. **2** *(Fund etc.)* claim **3 etw für sich ~** *(Idee, Erfolg etc.)* claim the credit for sth **4** (SPORT) appeal for *sth* ◇ *ein Handspiel reklamieren* appeal for handball

rekonstruieren reconstruct

Rekonstruktion reconstruction

Rekonvaleszenz convalescence

Rekord record ◇ *Der bisherige Rekord lag bei 81 Sekunden.* The previous record was 81 seconds. ◇ *Sie stellte einen neuen Rekord über 100 Meter auf.* She set a new record for the 100 metres. ◇ *Er verbesserte seinen persönlichen Rekord um zwei Minuten.* He clipped two minutes off his personal best. ◇ *ein Zuschauer-Rekord* a record attendance ◇ *Die Temperatur erreichte mit 40° einen neuen Rekord.* The temperature reached an all-time high of 40°.

Rekordhalter(in) record holder **Rekordmeister(in)** champion; *(Mannschaft)* champions [Pl] ◇ *Rekordmeister Real Madrid* the champions Real Madrid **Rekordsumme** record sum **rekordverdächtig** possibly record-breaking ◇ *ein rekordverdächtiger Sommer* a possibly record-breaking summer ◇ *Die Zahlen sind rekordverdächtig.* The figures are likely to break all records. **Rekordversuch** record attempt **Rekordzeit** record time ◇ *in neuer Rekordzeit gewinnen* win with a new record time

Rekrut recruit

rekrutieren **1** *(Personal, Mitglieder)* recruit **2 sich aus jdm/etw ~** *(bestehen aus)* be composed of sb/sth, be made up of sb/sth; *(kommen aus)* be drawn from sb/sth

Rektor(in) **1** *(Schule)* head(teacher), *(bes AmE)* principal **2** *(Hochschule)* vice-chancellor, *(AmE)* rector

Relation **1** *(Beziehung)* relation ◇ *Ist die Oper zu teuer in Relation zu anderen kulturellen Einrichtungen?* Is opera too expensive in relation to other forms of culture? **2 ~ (zwischen A und B)** *(Verhältnis)* ratio (of A to B) ◇ *Die Relation zwischen Schülern und Lehrern beträgt 20:1.* There is a pupil-teacher ratio of 20:1. IDM **in keiner Relation zu etw stehen** bear no relation to sth; be out of all proportion to sth

relativ **1** *Adv* relatively; *(ziemlich)* fairly ◇ *in relativ kurzer Zeit* in a relatively short time ◇ *Das kommt relativ häufig vor.* It is fairly common. **2** *Adj* relative ◇ *der relative Erfolg der Partei* the relative success of the party ◇ *eine relative Mehrheit* a simple majority

relativieren **1** put *sth* into perspective ◇ *Die Gespräche relativierten vieles.* The talks put many things into perspective. **2 sich ~** be put into perspective ◇ *Ihre unrealistischen Vorstellungen haben sich schnell relativiert.* Her unrealistic ideas were soon put into perspective. **3** *(einschränken)* qualify ◇ *Er relativierte seine Aussage.* He qualified his statement.

Relativitätstheorie theory of relativity

Relativ- **Relativpronomen** relative pronoun **Relativsatz** relative clause

relaxen relax

relevant **(für etw) ~** relevant (to sth) ◇ *die relevanten Behörden* the relevant authorities ◇ *Diese Frage ist für uns alle relevant.* It's a question which concerns us all. ◇ *Das Ergebnis ist politisch relevant.* The result has political relevance.

Relief relief
Reliefkarte relief map
Religion **1** religion ◇ *Die Religion spielt in Nordirland eine wichtige Rolle.* Religion plays an important role in Northern Ireland. ◇ *einer Religion angehören* be a member of a religion **2** *(Schulfach)* religious education
Religionsfreiheit religious freedom **Religionsgemeinschaft** religious group [mit Verb im Sing/Pl] **Religionslehrer(in)** religious studies teacher **Religionsunterricht** religious education
religiös religious ◇ *Ich bin nicht religiös.* I am not religious. ◇ *Sie ist sehr religiös erzogen worden.* She had a very religious upbringing. ◇ *religiös Verfolgte* people persecuted for their religious beliefs
Relikt relic ◇ *ein Relikt aus dem Kalten Krieg* a relic of the Cold War
Reling (ship's) rail
Reliquie (holy) relic
remis ◇ *remis enden* end in a draw ◇ *remis spielen* draw
Remis draw ◇ *Remis anbieten* offer a draw
Remoulade tartare sauce
Renaissance **1** Renaissance ◇ *die Malerei der Renaissance* Renaissance painting **2** *(neue Blüte)* revival ◇ *die Renaissance nationalistischer Ideologien* the revival of nationalistic ideologies ◇ *eine Renaissance erleben* make a comeback
Rendezvous **1** date ◇ *ein Rendezvous mit jdm haben* have a date with sb **2** *(Raumfahrt)* rendezvous
Rendite yield
Reneklode greengage
Rennbahn racetrack; *(Pferde-)* racecourse
rennen **1** run ◇ *um sein Leben rennen* run for your life ◇ *Die Kinder rannten um die Wette.* The children were racing each other. ◇ *ins Unglück rennen* be heading for disaster **2** *(immer wieder gehen)* ◇ *Sie rennt wegen jeder Kleinigkeit zum Chef.* She goes running to the boss about every little thing. ◇ *Er rennt dauernd zum Arzt.* He's always at the doctor's. **3 an/gegen etw ~** walk into sth ◇ *Er rannte an einen Laternenpfahl.* He walked into a lamp post. ◇ *Sie rannte mit dem Kopf gegen die Tür.* She bumped her head on the door. IDM → HAUFEN, MESSER *und* UNGLÜCK
Rennen race *(auch fig)* ◇ *für ein Rennen trainieren* train for a race ◇ *Das Rennen um die Präsidentschaft ist noch völlig offen.* The race for the presidency is still wide open. ◇ *Sie verlor das Rennen um den 3. Platz.* She failed to get third place. IDM **das Rennen ist gelaufen** it's all over **das Rennen machen** win **ein totes Rennen** a dead heat **gut im Rennen liegen** be a front runner ◇ *Er liegt gut im Rennen um die Präsidentschaft.* He's a front runner for the presidency. **im Rennen sein** be in the running ◇ *Nur zwei Firmen sind noch im Rennen.* There are only two firms still in the running.
Renner hit ◇ *Die Serie war der Renner.* The series was a smash hit.
Renn- **Rennfahrer(in)** racing driver; *(Radsport)* racing cyclist **Rennpferd** racehorse **Rennrad** racing bike **Rennsport** racing **Rennstall** **1** *(Reitsport)* racing stable **2** *(Motorsport)* racing team **Rennstrecke** course; *(Rennbahn)* racetrack **Rennwagen** racing car, *(AmE)* race car
renommiert renowned
renovieren renovate, do *sth* up *(umgs)*
Renovierung renovation
renovierungsbedürftig in need of renovation [nicht vor Nomen] ◇ *Das Wohnheim ist dringend renovierungsbedürftig.* The hostel is in urgent need of renovation. **Renovierungskosten** renovation costs [Pl]

rentabel profitable; *(sich lohnend)* viable ◇ *ein rentabler Betrieb* a profitable business ◇ *Die Strecke ist nicht mehr rentabel.* The line is no longer viable. ◇ *rentabel wirtschaften* make a profit
Rente **1** pension **2** *(aus Versicherung)* annuity IDM **in Rente gehen** retire ◇ *mit 60 in Rente gehen* retire at 60 ◇ *vorzeitig in Rente gehen* take early retirement
Rentenalter retirement age **Rentenbeitrag** pension contribution(s) **Rentenfonds** **1** (FINANZ) income fund **2** *(einer Firma etc.)* pension fund **Rentenreform** pension reform **Rentenversicherung** (state) pension scheme
Rentier reindeer
rentieren **sich ~** pay; *(sich lohnen)* be worth it ◇ *Das neue Parkhaus rentiert sich nicht.* The new multi-storey car park doesn't pay. ◇ *Der weitere Weg rentiert sich für uns.* Although it's further, it's worth it for us. ◇ *Eine Sanierung rentiert sich nicht.* It's not worth renovating.
Rentner(in) pensioner
Reparatur repair ◇ *etw in Reparatur geben* take sth to be repaired ◇ *Mein Wagen ist in Reparatur.* My car is being repaired. ◇ *Eine Reparatur der Schuhe lohnt sich nicht.* The shoes are not worth repairing.
Reparaturarbeiten repair work [U] **reparaturbedürftig** in need of repair [nicht vor Nomen] ◇ *eine reparaturbedürftige Brücke* a bridge in need of repair **Reparaturkosten** repair costs [Pl] **Reparaturwerkstatt** (repair) workshop; *(Auto-)* garage ◇ *etw in die Reparaturwerkstatt bringen* take sth to be repaired
reparieren repair; *(Zaun, Dach, Möbel)* mend
Repertoire *(eines Künstlers)* repertoire; *(eines Theaters)* repertory ◇ *sein Repertoire erweitern* expand your repertoire ◇ *Das Repertoire des Theaters ist eher konservativ.* The theatre's repertory is rather conservative.
Report **~ (über etw)** report (on sth)
Reportage **~ (über jdn/etw)** report (on sb/sth)
Reporter(in) reporter
Repräsentant(in) representative; *(Sprecher(in))* spokesperson
Repräsentantenhaus House of Representatives
Repräsentation **1** *(das Repräsentieren)* *(oft mit einem Verb übersetzt)* ◇ *Die Goethe-Institute im Ausland dienen der Repräsentation deutscher Kultur.* The role of the Goethe Institute is to represent German culture abroad. **2** *(offizielle Anlässe)* official functions [Pl] ◇ *Für die Repräsentation baut die Regierung die Dienstvilla um.* The government are renovating the official residence to use it for official functions. **3** *(Statuspflege)* ◇ *Die Ausstattung diente nur der Repräsentation.* The decor was designed to impress.
repräsentativ **1** representative; *(typisch)* typical ◇ *Ihre Texte sind repräsentativ für die Einstellung der Jugend.* Their texts are representative of what young people think. ◇ *ein repräsentativer Querschnitt* a representative cross section ◇ *Er war der repräsentativste Künstler des 20. Jahrhunderts.* He was the quintessential 20th century artist. **2** *(eindrucksvoll)* prestigious **3** *(ansehnlich)* presentable ◇ *Seit der Wahl ist ihm seine Familie nicht mehr repräsentativ genug.* Since the election he has not considered his family presentable enough. **4** *(symbolisch, zeremoniell)* ◇ *die repräsentativen Pflichten des Präsidenten* the President's official duties ◇ *repräsentative Schreibtische* desks that are status symbols ◇ *Sie hat eine repräsentative Rolle.* She is just a figurehead.
repräsentieren **1** *(vertreten, darstellen)* represent ◇ *Die Partei repräsentiert die Mehrheit der Bevölkerung.* The party represents the majority of the popu-

lation. ◇ *Sie repräsentiert die biedere Hausfrau.* She represents the conventional housewife. **2** (*öffentlich auftreten*) perform official/social duties ◇ *Als Diplomat muss er viel repräsentieren.* As a diplomat he has to perform a lot of official duties.

Repressalie reprisal

Repression repression

repressiv repressive (*Adv* repressively)

Reprivatisierung reprivatization, denationalization

Reproduktion reproduction

reproduzieren reproduce

Reptil reptile

Republik republic

Republikaner(in) **1** (*Anhänger der Staatsform*) republican **2** (*Mitglied der US-Partei*) Republican **3** (*Mitglied der deutschen Partei*) = member of the Republican Party in Germany

republikanisch **1** (*die Staatsform betreffend*) republican ◇ *eine republikanische Verfassung* a republican constitution **2** (*die US-Partei betreffend*) Republican

Republikflucht = illegal emigration from the former GDR ◇ *Republikflucht war in der DDR strafbar.* It was a crime to try to leave the GDR without permission.

Requisit (THEAT) prop [meist Pl]

Reservat **1** (*Indianer-*) reservation ◇ *in einem Reservat leben* live on a reservation **2** (*Natur-*) reserve

Reserve **1** reserve; (*Lebensmittel auch*) supply [meist Pl] ◇ *Wir mussten unsere Reserven angreifen.* We had to break into our reserves. ◇ *eine Reserve an Lebensmitteln haben* have food in reserve ◇ *Ich halte immer Kekse in Reserve.* I always have a supply of biscuits. ◇ *etw als Reserve zurücklegen* put sth aside ◇ *keine körperlichen Reserven mehr haben* have no energy left **2** (FINANZ) **Reserven** reserves [Pl] ◇ *Reserven von 200 Millionen Dollar* reserves of 200 million dollars ◇ *Ich habe noch stille Reserven.* I've got a bit of money put by. **3** (MIL) reserve ◇ *ein Offizier der Reserve* an officer of the reserve **4** (SPORT) reserves [Pl] ◇ *in der Reserve spielen* play in the reserves **IDM** **jdn aus der Reserve locken** draw sb out **Reservebank** substitutes' bench ◇ *auf der Reservebank sitzen* be on the substitutes' bench **Reservekanister** jerrycan **Reservemannschaft** reserve team **Reserveoffizier** reserve officer **Reserverad** spare wheel **Reservereifen** spare tyre, (*AmE*) spare tire **Reservespieler(in)** substitute, reserve

reservieren reserve; (*Zimmer, Platz, Karte*) book ◇ *sich ein Zimmer reservieren lassen* book a room

reserviert **1** *Adj* reserved **2** *Adv* in a reserved manner

Reservierung reservation

Reservist(in) **1** (MIL) reservist **2** (SPORT) substitute, reserve

Reservoir **1** reservoir **2** (*fig*) pool ◇ *Sie haben ein großes Reservoir an Nachwuchsspielern.* They have a large pool of up-and-coming players.

Residenz **1** (*Wohnsitz*) residence **2** (*Stadt*) (royal) capital

Residenzstadt (royal) capital

residieren reside

Resignation resignation ◇ *Sie sagte es mit Resignation in der Stimme.* She said it with resignation in her voice.

resignieren give up

resigniert resigned (*Adv* resignedly)

resistent (**gegen etw**) **~ sein** be resistant (to sth)

Resistenz **~ gegen etw** resistance to sth

resolut **1** *Adj* resolute; (*Charakter auch*) determined **2** *Adv* resolutely; (*sich verteidigen, kämpfen*) vigorously

Resolution resolution ◇ *eine Resolution zum Asylrecht beschließen* pass a resolution on asylum

Resonanz **1** resonance **2** (*Unterstützung*) support; (*Interesse*) response ◇ *Sie ist mit ihrem Bericht auf keine Resonanz gestoßen.* Her report found little support. ◇ *Die Resonanz war groß.* There was a huge response.

Resozialisierung reintegration into society, rehabilitation

Respekt respect ◇ *keinen Respekt vor jdm/etw haben* have no respect for sb/sth ◇ *bei allem Respekt* with all due respect ◇ *Er erwies seinen Eltern Respekt.* He respected his parents. ◇ *ein Respekt einflößender Mann* a formidable man ◇ *jdm Respekt zollen* pay tribute to sb ◇ *(Allen) Respekt!* Very impressive!

respektabel respectable

respektieren respect ◇ *seine Lehrer/das Alter respektieren* respect your teachers/your elders ◇ *jds Haltung/Gefühle/das Gesetz respektieren* respect sb's position/feelings/the law

respektive or → *Beispiele bei* BEZIEHUNGSWEISE

respektlos disrespectful (*Adv* disrespectfully)

respektvoll respectful (*Adv* respectfully) ◇ *in respektvollem Abstand bleiben* maintain a respectful distance ◇ *jdn respektvoll grüßen* greet sb respectfully

Ressentiment hostility [U] ◇ *Ressentiments zwischen Franzosen und Deutschen* hostility between the French and the Germans ◇ *Ich habe ihm gegenüber kein Ressentiment.* I have no hostile feelings towards him. ◇ *zunehmende Ressentiments gegen Zuwanderer* growing anti-immigrant feeling

Ressort **1** (*Aufgabenbereich*) area of responsibility **2** (*Abteilung*) department (*auch fig*) ◇ *Die Küche ist mein Ressort.* Cooking is my department. **Ressortchef(in)**, **Ressortleiter(in)** head of department

Ressource resource ◇ *die natürlichen Ressourcen erschließen/ausschöpfen* tap/exhaust natural resources

Rest **1 der ~** the rest ◇ *Sie verbrachten den Rest des Urlaubs in den Bergen.* They spent the rest of the holiday in the mountains. ◇ *Du kannst den Rest zu Fuß gehen.* You can walk the rest of the way. ◇ *Wir kommen als Erste. Der Rest kommt später.* We'll be the first to arrive. The rest are coming later. **2 Reste** remains [Pl]; (*Essen*) leftovers [Pl] ◇ *die sterblichen Reste* the mortal remains ◇ *die Reste versunkener Kulturen* the remains of vanished civilizations **3 ein ~** a bit left (over); (*Tropfen*) a drop left (over) ◇ *Es ist noch ein Rest Kuchen da.* There's a bit of cake left. **4** (MATH) remainder ◇ *13 durch 2 ist 6, Rest 1.* 13 divided by 2 is 6, remainder 1. **5** (*Stoff-*) remnant **IDM** **jdm/etw den Rest geben** finish sb/sth off ◇ *Ich hatte schon ein bisschen Kopfweh, aber der Krach hat mir noch den Rest gegeben.* I already had a bit of a headache but the noise just finished me off. **der Rest ist Schweigen** **1** (*am besten schweigt man*) the less said, the better **2** (*das Weitere ist unbekannt*) the rest is anybody's guess **sich den Rest holen** ◇ *In der heißen Mittagssonne habe ich mir dann den Rest geholt.* The hot midday sun finished me off.

Restaurant restaurant ◇ *Wir gehen heute ins Restaurant.* We're going to a restaurant today. ◇ *jdn ins Restaurant einladen* take sb out for a meal

Restauration **1** (*Wiederherstellung*) restoration **2** (GESCH) Restoration

Restaurator(in) restorer

restaurieren restore

Restaurierung restoration

Rest- **Restbetrag** balance, remainder **Restkarten** remaining tickets [Pl]

restliche(r,s) remaining ◇ *die restlichen 600* the remaining 600 ◇ *Die restliche Zeit war sie hier.* The rest of the time she was here. ◇ *Die restlichen drei Meter Stoff reichen für Kissenbezüge.* The three metres of material left over are enough to make cushion covers with.

restlos complete (*Adv* completely), total (*Adv* totally) ◇ *restlos zufrieden* completely satisfied ◇ *Das Konzert war restlos ausverkauft.* The concert was completely sold out. ◇ *Die Kinder haben den Kuchen restlos aufgegessen.* The children have eaten up every last bit of the cake. ◇ *Das Hotel ist restlos ausgebucht.* The hotel is fully booked.

Restposten remnant ◇ *Restposten aus der Kolonialzeit* remnants of the colonial period ◇ *Günstige Restposten!* Reduced to clear.

Restriktion (*Einschränkung*) restriction; (*Kontrolle*) control ◇ *eine Industriepolitik mit ökologischen Restriktionen* an industrial policy with environmental controls

restriktiv restrictive ◇ *eine restriktive Geldpolitik* a restrictive monetary policy ◇ *das Asylverfahren restriktiv handhaben* implement the asylum procedure in a restrictive manner

Resultat **1** (*Folge, Mathematik*) result ◇ *das Resultat einer Rechnung* the result of a calculation ◇ *das Resultat einer Umfrage* the results of an opinion poll ◇ *Das Resultat des Auffahrunfalls war ein hoher Sachschaden.* The collision resulted in heavy damage. **2** (*von Bemühungen*) result [meist Pl] ◇ *ein gutes Resultat erzielen* get good results ◇ *das beste Resultat der Mannschaft* the team's best result **3** (*einer Handlung*) outcome ◇ *Die Maßnahmen sollten das unter den Umständen bestmögliche Resultat erzielen.* The measures were intended to achieve the best possible outcome in the circumstances.

resultieren **1 aus etw ~** result from sth, be the result of sth **2 in etw ~** result in sth

Resümee **1** summary ◇ *ein kurzes Resümee der Ermittlungen geben* give a short summary of the investigations **2** (*Schlussfolgerung*) ◇ *Daraus kann man als Resümee ziehen, dass ...* From this we can conclude that ... ◇ *Als Resümee ihrer Untersuchungen warnten die Mediziner davor, Säuglinge auf dem Bauch schlafen zu lassen.* In summary, the medical researchers warned parents not to allow babies to sleep on their stomachs.

resümieren sum (*sth*) up

Retorte retort IDM **aus der Retorte** synthetic ◇ *Rauschgift aus der Retorte* synthetic drugs
Retortenbaby test-tube baby

retro retro ◇ *Die Uhr sieht ziemlich retro aus.* The clock looks quite retro.

Retro- retro ◇ *Retroküchen* retro kitchens ◇ *Wohnungen im Retrostil* retro-style apartments

retrospektiv **1** *Adj* retrospective **2** *Adv* in retrospect ◇ *Retrospektiv betrachtet, war die Entscheidung ein Fehler.* In retrospect, the decision was a mistake.

Retrospektive **1** (*Ausstellung etc.*) retrospective **2 in der ~** in retrospect

retten **1 jdn/etw (vor/aus etw) ~** save sb/sth (from sth); (*in Sicherheit bringen*) rescue sb/sth (from sth) ◇ *Sie rettete das Kind vor dem Ertrinken.* She saved the child from drowning. ◇ *Er rettete die Situation.* He saved the situation. ◇ *Er konnte durch eine Notoperation gerettet werden.* An emergency operation saved his life. ◇ *Sie wurden von der Feuerwehr aus den Flammen gerettet.* They were rescued from the blaze by firefighters. ◇ *Er konnte seine Bilder vor Kriegsausbruch in die Schweiz retten.* He managed to get his pictures out to Switzerland before the outbreak of war. ◇ *Das T-Shirt ist nicht mehr zu retten.* That T-shirt has had it. ◇ *Er hatte die rettende Idee, sich einen Iglu zu bauen.* He had the brilliant idea of building himself an igloo. **2 sich (aus etw) ~** escape (from sth) ◇ *Er konnte sich aus dem brennenden Auto retten.* He managed to escape from the burning car. ◇ *Sie konnte sich ans Ufer retten.* She managed to swim to the shore. ◇ *Der Pilot rettete sich mit dem Schleudersitz.* The pilot ejected in time. IDM **jdm das Leben retten** save sb's life **sich vor jdm/etw nicht mehr/kaum noch retten können** (*Menschen, Anrufe*) be besieged by sb/sth; (*Post, Anträge*) be snowed under with sth **(wohl) nicht mehr zu retten sein** ◇ *Du bist wohl nicht mehr zu retten!* You must be out of your mind! → *Siehe auch* HAUT

Retter(in) **1** rescuer; (*Land, Bewegung etc.*) saviour **2** (*AmE*) savior; (REL) Saviour, (*AmE*) Savior

Rettich (white) radish

Rettung **1** rescue; (REL) salvation (*meist mit einem Verb übersetzt*) ◇ *Rettung bringen* come to the rescue ◇ *Es bestehen nur noch geringe Aussichten auf Rettung der Bergsteiger.* The chances of rescuing the mountaineers are now very slim. ◇ *Für die Fahrerin gab es keine Rettung mehr.* There was no hope of saving the driver. ◇ *Für ihn kam jede Rettung zu spät.* It was too late to save him. ◇ *eine Bürgerinitiative zur Rettung des Schwimmbads* a local campaign to save the swimming pool **2** (*Krankenwagen, Rettungsdienst*) ambulance ◇ *die Rettung anrufen* call an ambulance IDM **jds letzte Rettung sein** be sb's only hope
Rettungsaktion rescue operation **Rettungsanker** lifeline ◇ *Das Jugendzentrum ist für viele Jugendliche der Rettungsanker.* The youth club is a lifeline for many young people. **Rettungsarbeiten** rescue work [U] **Rettungsboot** lifeboat **Rettungsdienst** **1** (*Krankenwagen*) ambulance ◇ *den Rettungsdienst rufen* call an ambulance **2** (*Berg, See*) rescue service **Rettungsfahrzeug** emergency vehicle **Rettungshubschrauber** rescue helicopter **Rettungsinsel** inflatable life raft **rettungslos** hopeless (*Adv* hopelessly) ◇ *ein rettungsloser Versager* a hopeless failure ◇ *rettungslos verliebt* hopelessly in love ◇ *Ohne Brille bin ich rettungslos verloren.* I'm lost without my glasses. **Rettungsmannschaft** rescue team **Rettungsring** lifebelt **Rettungsschwimmer(in)** lifeguard **Rettungswagen** ambulance **Rettungsweste** life jacket

Return return (of serve)

retuschieren touch *sth* up

Retweet retweet

retweeten retweet

Reue **~ (über etw)** remorse (for sth); (*in Religionslehre*) repentance (for sth) ◇ *Er zeigte nicht die geringste Reue.* He didn't show the slightest remorse. ◇ *Deine Reue kommt zu spät.* It's too late to feel sorry now.

reumütig remorseful (*Adv* remorsefully) ◇ *Er hat nicht reumütig reagiert.* He wasn't remorseful. ◇ *Er kam reumütig zurück.* He came back full of remorse.

Revanche **1** (SPORT) revenge; (*Spiel*) return match ◇ *Der Sieg war eine Revanche für die Niederlage im Finale von 1998.* The win was revenge for their defeat in the 1998 final. ◇ *Revanche fordern* request a return match **2** (*Rache*) revenge ◇ *an jdm Revanche nehmen* take revenge on sb ◇ *Revanche für etw nehmen* get your revenge for sth ◇ *eine Revanche für die Ermordung des Parteiführers* an act of revenge for the murder of the party leader

revanchieren **1 sich (für etw) ~** get revenge (for sth), get your own back (for sth) (*umgs*) **2 sich (bei jdm) (für**

etw) **(mit etw)** ~ ◇ *Er revanchierte sich für die Gastfreundschaft mit einer Einladung in sein Ferienhaus.* He returned their hospitality by inviting them to his holiday home. ◇ *Sie revanchierte sich bei den Nachbarn mit einer Flasche Sekt.* She gave the neighbours a bottle of champagne to thank them for their kindness. ◇ *Wie kann ich mich bei dir revanchieren?* What can I do for you in return?

Reverenz ~ **(an jdn/etw)** homage (to sb/sth) IDM **jdm seine Reverenz erweisen** pay your respects to sb

Revers lapel ◇ *ein Jackett mit breitem Revers* a jacket with wide lapels

revidieren **1** revise; *(Entscheidung)* reverse; *(Fehler)* correct **2** *(überprüfen)* check; *(Buchführung)* audit

Revier **1** territory ◇ *Die Bande hatte ihr Revier am Hafen.* The gang's territory was the port. ◇ *Der Gemüsegarten ist mein Revier.* The vegetable garden is my territory. ◇ *Das Waldstück gehört zum Revier von Förster Stolpp.* That bit of forest belongs to the area that Stolpp is warden of. **2** *(Polizei-)* district, *(AmE)* precinct; *(Dienststelle)* police station

Revision **1** revision; *(nochmalige Prüfung)* review ◇ *eine Revision des Artikels 7* a revision of Article 7 ◇ *die Revision einer Politik* a policy review **2** (RECHT) appeal ◇ *Revision gegen das Urteil beantragen* lodge an appeal against the sentence ◇ *Er wird in die Revision gehen.* He's going to appeal. ◇ *eine Revision zulassen* allow an appeal **3** *(Überprüfung)* inspection; *(Buchführung)* audit

Revolte revolt ◇ *eine Revolte anzetteln* stir up a revolt ◇ *eine Revolte der Studenten* a student revolt

Revolution revolution IDM → SANFT

revolutionär revolutionary

Revolutionär(in) **1** revolutionary **2** *(Neuerer)* innovator

revolutionieren revolutionize ◇ *Die Infotechnik hat die Berufswelt revolutioniert.* Information technology has revolutionized the workplace. ◇ *eine revolutionierende Entdeckung* a revolutionary discovery

Revoluzzer(in) phoney revolutionary

Revolver revolver ◇ *mit einem Revolver bewaffnet* armed with a revolver ◇ *mit vorgehaltenem Revolver* at gunpoint

Revolverheld gunslinger

Revue revue ◇ *eine Revue inszenieren* put on a revue IDM **etw Revue passieren lassen** review sth

Rezensent(in) critic; *(von Büchern auch)* reviewer

rezensieren review

Rezension review

Rezept **1** *(vom Arzt)* prescription ◇ *nur auf Rezept erhältlich* available on prescription only **2** ~ **gegen etw** cure for sth ◇ *Gegen Liebeskummer gibt es kein Rezept.* There's no cure for love. ◇ *Sie fand kein Rezept gegen das Spiel ihrer Gegnerin.* She couldn't work out a winning formula against her opponent's game. **3** *(Anleitung)* recipe ◇ *ein Rezept für Zwiebelsuppe* a recipe for onion soup ◇ *ein Rezept für Erfolg* a recipe for success ◇ *das Rezept für eine glückliche Ehe* the secret of a happy marriage

rezeptfrei available without a prescription [nicht vor Nomen], over-the-counter [nur vor Nomen] ◇ *rezeptfreie Medikamente* over-the-counter medicines ◇ *Dieses Mittel kann man rezeptfrei bekommen.* You can get this medicine over the counter.

Rezeption reception (desk) ◇ *sich in der Rezeption treffen* meet in reception ◇ *eine Nachricht bei der Rezeption hinterlassen* leave a message with reception ◇ *Nähere Auskünfte erhalten Sie an der Rezeption.* You can get more information at the reception desk.

rezeptpflichtig available on prescription only [nicht vor Nomen]

Rezession recession ◇ *eine beginnende Rezession* the start of a recession

rezitieren *(Gedicht)* recite; *(literarische Texte)* read from *sth*

Rhabarber rhubarb

Rhetorik rhetoric ◇ *billige Rhetorik* empty rhetoric

rhetorisch rhetorical *(Adv* rhetorically)

Rheuma rheumatism

rheumatisch rheumatic ◇ *rheumatische Beschwerden* rheumatic pain

rhythmisch **1** *(Takt)* rhythmic; *(seltener)* rhythmical *(Adv* rhythmically) ◇ *rhythmische Gymnastik* rhythmic gymnastics ◇ *sich rhythmisch bewegen* move rhythmically ◇ *rhythmisches Klatschen* clapping to the rhythm **2** *(Instrument)* rhythm ◇ *rhythmische Instrumente* rhythm instruments ◇ *rhythmische Begleitung* rhythmic accompaniment

Rhythmus **1** rhythm ◇ *aus dem Rhythmus kommen* lose the rhythm ◇ *Das Publikum klatschte im Rhythmus der Musik.* The audience clapped in time to the music. **2 im ~ (von etw)** at intervals (of sth) ◇ *Der Müll wird im Rhythmus von zehn Tagen abgeholt.* The rubbish is collected at ten-day intervals.

Ribisel redcurrant; *(schwarz)* blackcurrant

richten **1 etw auf jdn/etw ~** *(Blick)* direct sth at sb/sth; *(Aufmerksamkeit)* direct sth to sb/sth; *(Waffe, Kamera, Taschenlampe, Teleskop)* point sth at sb/sth; *(Fernglas, Rakete)* train sth on sb/sth **2 sich auf jdn/etw ~** *(Blick)* be directed at sb/sth; *(Aufmerksamkeit)* be directed to sb/sth; *(Hoffnungen)* be pinned on sb/sth; *(Waffe, Kamera, Taschenlampe, Scheinwerfer, Teleskop)* be pointed at sb/sth; *(Fernglas, Rakete)* be trained on sb/sth ◇ *Ihr Blick richtete sich auf ihre Mutter.* Her gaze was directed at her mother. ◇ *Alle Blicke richteten sich auf ihn.* All eyes were on him. **3 etw an jdn/etw ~** *(Frage, Kritik, Bemerkung)* direct sth at sb/sth; *(Brief, Beschwerde)* address sth to sb/sth; *(Bitte, Appell)* make sth to sb/sth; *(Annonce, Angebot)* aim sth at sb/sth **4 sich an jdn/etw ~** *(Frage, Kritik, Bemerkung)* be directed at sb/sth; *(Brief, Beschwerde)* be addressed to sb/sth; *(Werbung)* be aimed at sb/sth **5 etw gegen jdn/etw ~** direct sth against/at sb/sth; **sich gegen jdn/etw ~** be directed against sb/sth **6 sich nach jdm/nach jds Wünschen ~** fit in with sb/with what sb wants ◇ *Ich richte mich ganz nach dir.* I'll fit in with what you want. **7 sich nach etw ~** *(Vorschrift etc.)* follow sth ◇ *Sie richtete sich genau nach der Gebrauchsanweisung.* She followed the instructions exactly. **8 sich nach etw ~** *(von etw abhängen)* depend on sth ◇ *Der Preis richtet sich nach dem Gewicht.* The price depends on the weight. **9** *(in Ordnung bringen, zurechtmachen)* ◇ *sich die Zähne richten lassen* have your teeth fixed ◇ *Die Tür muss gerichtet werden.* The door has to be fixed. ◇ *einen Knochenbruch richten* set a bone ◇ *Er richtete sich die Krawatte.* He straightened his tie. ◇ *jdm ein Bett richten* make up a bed for sb ◇ *Soll ich dir etwas zu essen richten?* Shall I make you something to eat? **10** *(einrichten)* arrange ◇ *Das lässt sich richten.* That can be arranged. **11 (über) jdn/etw ~** *(urteilen)* pass judgement on sb/sth → *Siehe auch* ZUGRUNDE

Richter(in) judge IDM **jdn/einen Fall vor den Richter bringen** take sb/a case to court **sich zum Richter (über jdn/etw) machen** sit in judgement (over sb/sth) → *Siehe auch* SCHLEPPEN

richterlich judicial ◇ *eine richterliche Entscheidung* a judicial decision ◇ *etw richterlich genehmigen* authorize sth by a court order

Richterskala Richter scale ◇ *eine Stärke von 4,7 auf der Richterskala erreichen* measure 4.7 on the Richter scale

Richterspruch judgement

Richtfest topping-out ceremony

Richtgeschwindigkeit recommended speed

richtig **1** right, correct (*Adv* correctly) (*gehoben*) ◇ *die richtige Entscheidung* the right decision ◇ *Das finde ich nicht richtig.* I don't think that's right. ◇ *Du kommst gerade richtig.* You're just in time. ◇ *Sie hat die Fragen richtig beantwortet.* She answered the question correctly. **2 der/die/das Richtige** the right one; **der/die Richtige** (*Mensch*) the right person ◇ *Such dir den Richtigen aus.* Choose the right one. ◇ *Sie ist genau die Richtige für den Job.* She's exactly the right person for the job. ◇ *Ich warte immer noch auf den Richtigen.* I'm still waiting for the right man to come along. **3** (*moralisch*) right ◇ *Das ist nicht das Richtige für dich.* That's not the right thing for you. ◇ *richtig handeln* do the right thing. **4** (*ordentlich, vernünftig*) proper [nur vor Nomen] (*Adv* properly); (*wirklich, echt*) real (*Adv* really) ◇ *richtige Gläser, keine Plastikbecher* proper glasses, not plastic cups ◇ *Das Radio geht nicht mehr richtig.* The radio doesn't work properly any more. ◇ *Sein richtiger Name ist nicht Schmitt.* His real name is not Schmitt. ◇ *Nach Mitternacht ging die Party erst richtig los.* The party really got going after midnight. **IDM** → ADRESSE, DREH, FÄHRTE, KOPF, NASE, PFERD, RIECHER, SPUR *und* TICKEN

richtiggehend real (*Adv* really)

Richtigkeit correctness ◇ *die Richtigkeit der Entscheidung* the correctness of the decision ◇ *etw auf seine Richtigkeit prüfen* check sth to see if it is correct **IDM** **das hat schon seine Richtigkeit** it's all right **es muss alles seine Richtigkeit haben** everything must be done correctly

richtigliegen **(mit etw) ~** be on the right lines (with sth)

richtigstellen correct

Richtlinie guideline

Richtschnur guiding principle

Richtung **1** direction ◇ *in die falsche Richtung gehen* go in the wrong direction ◇ *in entgegengesetzter Richtung* in the opposite direction ◇ *ein Schritt in die richtige Richtung* a step in the right direction ◇ *aus nördlicher Richtung* from a northerly direction ◇ *die Richtung ändern* change direction ◇ *In welcher Richtung liegt das Dorf?* Which direction is the village? ◇ *Sie fuhren Richtung Grenze.* They were driving towards the border. ◇ *Sie fuhren Richtung Süden.* They were driving south. ◇ *auf der Autobahn Richtung Frankfurt* on the motorway to Frankfurt ◇ *eine neue Richtung einschlagen* take a new direction ◇ *Jugendliche, die eine rechtsradikale Richtung einschlagen* young people who turn to right-wing extremism **2** (*Bewegung*) movement; (*Tendenz*) trend; (*politische Überzeugung*) persuasion; (*Lehrmeinung*) school of thought **IDM** **irgendwas in der Richtung** something along those lines **die Richtung stimmt** ◇ *„Was halten Sie von der Reform?" „Die Richtung stimmt."* 'What do you think about the reform?' 'It's on the right track.'

Richtwert (recommended) level ◇ *Der Kohlendioxidgehalt der Luft lag weit über dem Richtwert.* The level of carbon dioxide in the air was well above the recommended level.

riechen **1 (etw) ~** smell (sth); **(nach etw) ~** smell (of sth); **an etw ~** smell sth, sniff (at) sth ◇ *Es riecht gut.* It smells good. ◇ *Ich rieche Gas.* I can smell gas. ◇ *Er roch nach Alkohol.* He smelled of alcohol. ◇ *Es riecht nach Benzin.* There's a smell of petrol. ◇ *Katzen können nicht gut riechen.* Cats don't have a good sense of smell. ◇ *Diese Blumen riechen nicht.* These flowers have no scent. **2 nach etw ~** (*vermuten lassen*) smack of sth ◇ *Das riecht nach Betrug.* That smacks of deceit. **IDM** **etw nicht riechen können** (*nicht ahnen*) ◇ *Das konnte ich doch nicht riechen, dass du keinen Brokkoli magst.* How was I supposed to know you didn't like broccoli? **jdn/etw nicht riechen können** (*nicht leiden können*) not be able to stand sb/sth ◇ *Er kann sie nicht riechen.* He can't stand her. → *Siehe auch* MUND

Riecher nose **IDM** **den richtigen Riecher haben** be right ◇ *Da hatte ich doch den richtigen Riecher!* I was right all along! **einen (guten) Riecher für etw haben** have a nose for sth ◇ *Sie hat einen guten Riecher fürs Geschäft.* She has a nose for business.

Ried reeds [Pl]; (*Gebiet*) marsh

Riege (SPORT) team [mit Verb im Sing/Pl]

Riegel **1** bolt ◇ *Die Tür hatte keinen Riegel.* There was no bolt on the door. ◇ *den Riegel zuschieben* bolt the door **2** (*Schokoladen-*) bar ◇ *ein Riegel Schokolade* a bar of chocolate **IDM** **einer Sache einen Riegel vorschieben** put a stop to sth → *Siehe auch* SCHLOSS

Riemen strap; (*Gürtel*) belt; (*Schnürsenkel*) shoelace **IDM** **sich am Riemen reißen** **1** (*sich beherrschen*) get a grip (on yourself) **2** (*sich anstrengen*) pull your socks up → *Siehe auch* SCHNALLEN

Riese giant ◇ *der Riese Goliath* the giant Goliath ◇ *die Riesen der Autoindustrie* the giants of the car industry ◇ *Er ist ein Riese.* He's very tall.

rieseln trickle; (*Schnee*) fall softly; (*Putz, Kalk etc.*) crumble off; (*Nadelbaum*) lose its needles ◇ *Das Wasser rieselte die Felsen herunter.* The water trickled down the rocks. ◇ *Sie ließ den Sand langsam durch die Finger rieseln.* She let the sand trickle slowly through her fingers.

Riesen- huge; (*in Tiernamen meist*) giant **Riesenerfolg** huge success **riesengroß** huge **Riesenrad** big wheel, (*bes AmE*) Ferris wheel **Riesenschildkröte** giant tortoise **Riesenslalom** giant slalom **Riesenspaß** enormous fun [U] ◇ *Das war ein Riesenspaß!* That was enormous fun!

riesig **1** *Adj* huge, enormous ◇ *ein riesiges Haus* a huge house ◇ *Ich habe riesigen Hunger.* I'm starving. **2** *Adj* (*großartig*) fantastic **3** *Adv* terribly (*umgs*) ◇ *Sie freute sich riesig über seinen Anruf.* She was terribly pleased about his call.

Riesin giantess ◇ *die Riesin Angurboda* the giantess Angurboda ◇ *Sie ist eine Riesin.* She's very tall.

Riff[1] *das* reef

Riff[2] *der* (MUS) riff

rigide rigid (*Adv* rigidly); (*Maßnahme, Beschränkung*) strict (*Adv* strictly)

rigoros rigorous (*Adv* rigorously)

Rikscha rickshaw

Rille groove

Rind **1** (*Kuh*) cow; (*Bulle*) bull; (*Färse*) heifer ◇ *der Preis pro Rind* the price per cow **2** (*Fleisch*) beef

Rinde **1** (*eines Baumes etc.*) bark **2** (*Käse-*) rind; (*Brot-*) crust

Rinder- **Rinderbraten** roast beef [U] ◇ *Rinderbraten mit Möhren* roast beef and carrots ◇ *Wie bereitet man einen Rinderbraten zu?* How do you cook a joint of beef? **Rinderhack(fleisch)** minced beef **Rinderherde** herd of cows/cattle **Rinderwahnsinn** mad cow disease

Rind- **Rindfleisch** beef **Rindvieh** **1** cattle [Pl]; (*einzelnes Tier*) cow ◇ *dreißig Stück Rindvieh* thirty head of cattle **2** (*Schimpfwort*) idiot

Ring **1** ring ◇ *ein Ring aus Gold* a gold ring ◇ *einen Ring tragen* wear a ring ◇ *ein Ring von Rauschgifthändlern* a drugs ring ◇ *Er hatte Ringe unter den Augen.* He had rings under his eyes. ◇ *Übungen an den Ringen* exercises on the rings ◇ *Ring frei für den Weltmeister im Schwergewicht!* Seconds out for the heavyweight champion of the world! **2** → RINGSTRASSE

Ringbuch ring binder

ringeln **sich ~** curl (yourself); *(Fortbewegung)* wriggle ◇ *Ihr Haar ringelte sich um ihr Gesicht.* Her hair curled around her face. ◇ *Die Schlange ringelte sich um den Baumstamm.* The snake curled itself around the tree trunk. ◇ *Ein Regenwurm ringelte sich durch das Laub.* A worm wriggled through the leaves. ◇ *In der Asche ringelte sich eine Natter.* An adder was curled up in the ashes.

Ringelnatter grass snake

ringen **1** wrestle *(auch fig)* ◇ *der Olympiasieger im Ringen* the Olympic champion in wrestling ◇ *Wir haben jahrelang mit diesem Problem gerungen.* We have wrestled with this problem for years. ◇ *nach hartem Ringen mit den Behörden* after a tough battle with the authorities **2 mit sich ~** wrestle with your conscience **3 um etw ~** struggle for sth, struggle to do sth ◇ *um Erfolg ringen* struggle for success ◇ *um einen Kompromiss ringen* struggle to find a compromise **4 nach Atem/Luft ~** fight for breath/air; **nach Worten ~** struggle to find the right words **5 die Hände ~** wring your hands IDM → TOD

Ringer(in) wrestler

Ring- **Ringfinger** ring finger **Ringkampf** **1** (SPORT) wrestling **2** *(einzelner Kampf)* wrestling match **3** *(tätliche Auseinandersetzung)* fight **Ringrichter(in)** referee

rings **~ um jdn/etw** (all) around sb/sth ◇ *auf den Bergen rings um die Stadt* on the mountains all around the town ◇ *Sie gingen rings um das Haus herum.* They walked around the house.

ringsherum all around

Ringstraße ring road, *(AmE)* outer belt

Rinne **1** channel **2** *(Dach-)* gutter

rinnen **1** run ◇ *Der Sand rann langsam durch die Sanduhr.* The sand ran slowly through the hourglass. ◇ *Das Geld rinnt ihm durch die Finger.* Money just runs through his fingers. **2** *(undicht sein)* leak

Rinnsal trickle, rivulet *(gehoben)*

Rippe rib IDM **nichts auf den Rippen haben** be nothing but skin and bone **sich etw nicht aus den Rippen schneiden können** not know where you're going to get sth from ◇ *Ich kann mir das Geld doch nicht aus den Rippen schneiden!* I don't know where the money's going to come from!

Rippenfellentzündung pleurisy [U]

Risiko risk ◇ *Es besteht das Risiko, dass sich der Bürgerkrieg ausdehnt.* There is a risk that the civil war will spread. ◇ *auf eigenes Risiko* at your own risk ◇ *Wir gehen keine Risiken ein.* We don't take risks. ◇ *Sie gehen das Risiko ein, einen großen Fehler zu machen.* They are running the risk of making a big mistake. ◇ *Ich möchte nicht das Risiko eingehen, zu spät zu kommen.* I don't want to risk being late. ◇ *das Risiko, den Arbeitsplatz zu verlieren* the risk of losing your job IDM → MUT

Risikobereitschaft willingness to take risks **Risikofaktor** risk factor **risikofreudig** prepared to take risks [nicht vor Nomen] ◇ *eine äußerst risikofreudige Geschäftsfrau* a businesswoman who is prepared to take risks **Risikogruppe** high-risk group **Risikopatient** high-risk patient **risikoreich** dangerous; *(riskant)* risky ◇ *Die Atomtechnik ist viel zu risikoreich.* Nuclear technology is much too dangerous. ◇ *risikoreiche Investitionen* risky investments ◇ *Jedes Geschäft dieser Größenordnung ist risikoreich.* Any deal of this size involves risk. **risikoscheu** risk-averse

riskant risky ◇ *ein riskantes Unterfangen/Geschäft* a risky venture/business

riskieren risk; *(Risiko eingehen auch)* run the risk of *sth* ◇ *sein Leben/seinen Ruf riskieren* risk your life/reputation ◇ *Sie riskieren ein Bußgeld.* They risk a fine. ◇ *Sie riskierte einen Blick.* She risked a look. ◇ *Starke Raucher riskieren, an Lungenkrebs zu erkranken.* Heavy smokers run the risk of developing lung cancer. ◇ *Ich will nichts riskieren.* I don't want to take any risks.

Riss *(in Stoff)* tear; *(in Stein etc.)* crack; *(fig)* rift ◇ *lange Risse in den Hauswänden* long, thin cracks in the walls of the house ◇ *Ein tiefer Riss ging durch die Partei.* There was a deep rift in the party.

rissig cracked; *(Haut, Hände, Lippen)* chapped

Ritt ride ◇ *einen Ritt durch den Wald machen* go for a ride through the wood

Ritter knight ◇ *jdn zum Ritter schlagen* knight sb

Ritterburg knight's castle

ritterlich **1** knightly, chivalrous **2** *(zuvorkommend)* gallant *(Adv* gallantly)

Ritter- **Ritterorden** order of knights **Ritterrüstung** (suit of) armour **Ritterstand** **jdn in den ~ erheben** knight sb

rittlings **~ auf etw sitzen** sit astride sth

Ritual ritual ◇ *heidnische Rituale* pagan rituals ◇ *Beim Frühstück vollzieht er immer dasselbe Ritual.* He always goes through the same ritual at breakfast.

Ritze crack

ritzen scratch; *(Buchstaben, Bild etc.)* carve; *(in Glas, Metall)* engrave ◇ *Er hat ein Herz in die Baumrinde geritzt.* He carved a heart in the tree trunk. IDM **die Sache ist geritzt** it's all settled

Rivale, Rivalin rival

rivalisierend rival [nur vor Nomen] ◇ *rivalisierende Banden* rival gangs

Rivalität rivalry

Roaming roaming ◇ *Roaming-Gebühren* roaming charges

Robbe seal

robben crawl

Robe **1** *(Kleid)* evening gown **2** *(Richter-, Priester-)* robe

Roboter robot

Robotik robotics [U]

robust robust; *(Material, Mensch)* strong; *(Schuhe)* stout ◇ *Er hat eine sehr robuste Gesundheit.* He enjoys robust health.

röcheln breathe with a rattling sound ◇ *sein röchelnder Atem* his rattling breathing ◇ *Der Sterbende röchelte.* The dying man's breath was rattling in his throat.

Rock[1] **1** skirt **2** *(Kleid)* dress IDM **hinter jedem Rock her sein/herlaufen** chase anything in a skirt *(Slang)*

Rock[2] (MUS) rock (music)

rocken rock

Rocker(in) rocker

Rock- **Rockfestival** rock festival **Rockgruppe** rock group

rockig rock-style ◇ *rockige Songs* rock-style songs ◇ *rockiger Jazz* jazz in the rock tradition

Rockzipfel IDM **an jds Rockzipfel hängen** be tied to sb's apron strings

Rodel sledge, toboggan; *(Sport)* luge

Rodelbahn toboggan run; *(Sport)* luge run

rodeln go tobogganing; *(olympische Disziplin)* luge ◇ *Lass uns rodeln gehen!* Let's go tobogganing! ◇ *eine*

Medaille im Rodeln a medal in the luge ◇ *Wir sind in voller Fahrt in den Graben gerodelt.* We went full tilt into the ditch on our toboggans.

roden 1 clear the land ◇ *Bevor der Weinberg angelegt wird, muss gerodet werden.* Before the vineyard is planted, the land will have to be cleared. **2** (*Wald, Grundstück*) clear; (*Baum*) grub *sth* up

Rogen roe

Roggen rye

Roggenbrot rye bread

roh 1 raw; (*noch nicht gekocht*) uncooked ◇ *rohes Fleisch* raw meat ◇ *Kann man das roh essen?* Can you eat it raw? ◇ *Die Erdbeeren roh pürieren.* Liquidize the uncooked strawberries. **2** (*nicht (fertig) bearbeitet*) rough (*Adv* roughly); (*Seide, Zucker*) raw; (*Diamanten*) uncut; (*Öl*) crude ◇ *rohe Bretter* rough planks ◇ *ein Denkmal aus roh behauenem Stein* a memorial of roughly hewn stone ◇ *Die Übersetzung ist im Rohen fertig.* A rough version of the translation is finished. **3** (*grob*) rough (*Adv* roughly); (*Witz*) coarse ◇ *Er ist ein recht roher Kerl.* He is a really rough fellow. ◇ *rohe Sitten/Umgangsformen* rough customs/manners ◇ *Die Diebe haben mein Auto mit roher Gewalt aufgebrochen.* The thieves used brute force to break into my car. **IDM** → EI

Rohbau basic structure, shell (of a building) ◇ *Das Haus ist noch im Rohbau.* Only the external walls and roof structure of the house are finished. **Rohentwurf, Rohfassung** rough draft **Rohkost** raw fruit and vegetables [Pl]

Rohling 1 (*Mensch*) brute **2** (TECH) blank

Roh- Rohmaterial raw material **Rohöl** crude oil **Rohprodukt** product requiring further treatment; (*Rohmaterial*) raw material

Rohr 1 (*Leitung*) pipe **2** (*Schilf*) reed; (*Bambus-, Zucker-*) cane; (*geflochten*) wicker ◇ *Er schnitt das Rohr zu einer Pfeife.* He made the reed into a whistle. ◇ *ein Korb aus Rohr* a wicker basket

Rohrbruch burst pipe

Röhrchen small tube **IDM ins Röhrchen blasen** take a breath test

Röhre 1 pipe **2** (*Elektronen-*) tube **3** (*Fernseher*) telly (*umgs*), box (*umgs*) ◇ *Er sitzt den ganzen Tag vor der Röhre.* He sits in front of the telly all day long. **IDM in die Röhre gucken** end up with nothing

Rohr- Rohrleitung pipe **Rohrmöbel** cane furniture [U]

Roh- Rohseide raw silk **Rohstoff** raw material ◇ *ein an Rohstoffen armes Land* a country with few raw materials ◇ *ein an Rohstoffen reiches Land* a country that is rich in raw materials

Rokoko (*Stil*) rococo (style); (*Periode*) rococo (period)

Rollbahn runway

Rolle 1 roll; (*Garn, Papier, Film*) reel; (*Draht*) coil ◇ *eine Rolle Klopapier* a roll of toilet paper **2** (*runde Packung*) tube, packet ◇ *eine Rolle Schokoladentaler* a packet of chocolate drops **3** (*Rad*) roller; (*an Möbeln*) castor; (*bei Schiebetüren*) runner **4** (*Turnübung*) roll ◇ *eine Rolle vorwärts/rückwärts machen* do a forward/backward roll **5** (THEAT) role, part ◇ *eine Rolle spielen/lernen/einstudieren* play/learn/rehearse a part **6** (*Stellung*) role ◇ *die traditionelle Rolle der Frau in der Gesellschaft* the traditional role of women in society ◇ *Ich finde, er ist der Rolle des Abteilungsleiters nicht gewachsen.* I do not think he is up to being head of department. ◇ *die Rollen tauschen* swap roles ◇ *Er gefällt sich in der Rolle des Machos.* He likes to play the macho man. **IDM aus der Rolle fallen** behave badly **eine Rolle (bei etw) spielen** play a part (in sth); (*wichtig sein*) be important in sth; be an important factor in sth ◇ *Bei diesem Film spielt die Musik eine wichtige Rolle.* Music plays an important part in this film. ◇ *Bei der Entscheidung spielt die Kostenfrage auch eine Rolle.* The question of cost is also an important factor in the decision. ◇ *Welche Rolle spielt Sport in der Schule?* What is the importance of sport in school? ◇ *Die größte Rolle spielt für ihn, dass er mehr Zeit hat.* What matters most to him is that he has more time. **etw spielt keine Rolle** sth doesn't matter ◇ *Es spielt keine Rolle, wann du kommst.* It doesn't matter what time you come. ◇ *Geld spielt keine Rolle.* Money is no object. ◇ *Warum erwähnen Sie das? Das spielt jetzt keine Rolle.* Why did you mention that? It's not relevant now. **von der Rolle sein** not be with it ◇ *Es tut mir leid, aber ich bin heute irgendwie völlig von der Rolle.* Sorry, but I'm not with it at all today.

rollen 1 roll ◇ *Der Ball rollte in den Bach.* The ball rolled into the stream. ◇ *Tränen rollten über ihre Wangen.* Tears rolled down her cheeks. ◇ *Autos rollten vom Fließband.* Cars rolled off the production line. ◇ *Sie rollten Murmeln über den Boden.* They rolled marbles across the floor. ◇ *Teig zu einem Bällchen rollen* roll the dough into a little ball ◇ *ein gerolltes r* a rolled r ◇ *mit den Augen rollen* roll your eyes ◇ *Die Lkws rollten über die Brücke.* The lorries trundled over the bridge. **2** (*schieben*) wheel ◇ *Sie rollte den Teewagen ins Zimmer.* She wheeled the trolley into the room. **3** (*zusammenrollen*) roll *sth* up ◇ *Er rollte den Teppich.* He rolled the carpet up. ◇ *gerollte Tabakblätter* rolled-up tobacco leaves **IDM etw ins Rollen bringen** set sth off; get sth going ◇ *Der Bericht hat eine Menge ins Rollen gebracht.* The report has really got something going. **ins Rollen kommen** get going; get under way ◇ *Die Ermittlungen sind ins Rollen gekommen.* The investigations are under way. ◇ *Es ist Zeit, dass endlich etwas ins Rollen kommt.* It's time that something happened. → *Siehe auch* STEIN

Rollen- Rollenspiel role play **Rollentausch** role reversal, reversal of roles **Rollenverteilung** assignment of roles, role ◇ *die Rollenverteilung in der Ehe* the assignment of roles within marriage ◇ *das Ausbrechen aus der traditionellen Rollenverteilung* breaking out of the traditional roles

Roller scooter ◇ *Roller fahren* ride a scooter

Roll- Rollfeld taxiways [Pl]; (*Lande-, Startbahn*) runways [Pl] **Rollkragen** polo neck, (*AmE*) turtleneck **Rollkragenpullover** polo-necked jumper, (*AmE*) turtleneck sweater **Rollladen** shutter [meist Pl], (*AmE*) shade

Rollmops rolled pickled herring

Rollo blind [meist Pl], (*AmE*) shade ◇ *die Rollos hochziehen* open the blinds

Roll- Rollschuh roller skate ◇ *Rollschuh laufen* roller skate **Rollschuhbahn** roller-skating rink **Rollschuhlaufen** roller skating **Rollschuhläufer(in)** roller skater **Rollstuhl** wheelchair ◇ *Er sitzt im Rollstuhl.* He is confined to a wheelchair. **Rollstuhlfahrer(in)** wheelchair user **rollstuhlgerecht** suitable for wheelchairs [nicht vor Nomen] ◇ *rollstuhlgerechte Busse* buses that are suitable for wheelchairs **Rolltreppe** escalator ◇ *mit der Rolltreppe fahren* take the escalator

ROM (COMP) ROM

Roma Romany people [Pl], Romanies [Pl]

Roman novel; (*höfischer Roman*) romance

Romanik Romanesque period

romanisch 1 (*Sprache*) Romance [nur vor Nomen] **2** (ARCHIT) Romanesque

Romanistik Romance languages and literature [Pl]

Romantik 1 romanticism, Romantic period **2** (*Stimmung*) romance ◇ *eine Mischung aus Romantik und Abenteuer* a mixture of romance and adventure

Romantiker(in) romantic; (*Künstler etc.*) Romantic

romantisch **1** Romantic ◇ *die romantische Malerei* Romantic painting **2** *(gefühlsbetont, malerisch)* romantic ◇ *ein romantisches Essen* a romantic dinner
Romanze romance
Römer(in) Roman
römisch Roman ◇ *römische Zahlen* Roman numerals ◇ *römisch zwei* two in Roman numerals
römisch-katholisch Roman Catholic
Rommee rummy
röntgen X-ray ◇ *Das Bein wurde sofort geröntgt.* The leg was X-rayed at once. ◇ *Ich muss zum Röntgen.* I have to go for an X-ray.
Röntgen- **Röntgenaufnahme** X-ray **Röntgenstrahl** X-ray
Rooibostee redbush tea
rosa **1** pink → *Beispiele bei* BLAU **2** *(Homosexuelle betreffend)* gay ◇ *rosa Ehen* gay marriages IDM → BRILLE
Rose rose
Rosé rosé ◇ *Im Sommer trinke ich am liebsten Rosé.* In the summer I like rosé wine best.
Rosen- **Rosenkohl** Brussels sprouts [Pl] **Rosenkranz** rosary ◇ *den/einen Rosenkranz beten* say the rosary **Rosenmontag** = Monday before Shrove Tuesday
Rosette rosette
rosig rosy *(auch fig)* ◇ *rosige Haut* rosy skin ◇ *Die Aussichten sind alles andere als rosig.* The prospects are far from rosy. ◇ *Die rosigen Zeiten sind vorüber.* The good times are over.
Rosine raisin
Rosmarin rosemary
Ross horse IDM **auf dem hohen Ross sitzen** be high and mighty ◇ *Sie hat keinen Grund, auf dem hohen Ross zu sitzen.* She has no reason to be so high and mighty.
Rosskastanie horse chestnut **Rosskur** drastic cure
Rost[1] rust ◇ *etw vor Rost schützen* protect sth from rust ◇ *Das Gitter hatte schon Rost angesetzt.* The bars had already gone rusty.
Rost[2] *(Gitter)* grating; *(Grill-)* grill; *(im Backofen)* shelf
Rostbraten *(gegrillt)* grilled steak; *(in der Pfanne gebraten)* fried steak; *(im Ofen gegart)* roast beef **Rostbratwurst** (grilled) sausage
rosten rust, go rusty ◇ *Die Maschinen rosten vor sich hin.* The machines are rusting away.
rösten roast; *(Brot)* toast ◇ *Kaffee rösten* roast coffee
rostfrei ◇ *ein rostfreies Messer* a stainless steel knife ◇ *Die Spüle ist aus rostfreiem Stahl.* The sink is stainless steel.
Rösti ≈fried grated potatoes [Pl]
rostig rusty *(auch fig)*
Rostschutzmittel rustproofing agent, anti-rust product
rot **1** red ◇ *einen Fehler rot anstreichen* underline a mistake in red ◇ *die Rote Karte bekommen* be given the red card ◇ *Er bekam einen roten Kopf.* He blushed. → *Beispiele bei* BLAU **2** *(kommunistisch)* communist; *(sozialistisch)* socialist, red *(umgs)* **3 rote Bete** beetroot, *(AmE)* beet **4 das Rote Kreuz** the Red Cross **5 der Rote Halbmond** the Red Crescent IDM → FADEN *und* ZAHL
Rot red ◇ *Die Ampel zeigte Rot.* The traffic lights were red. → *Beispiele bei* BLAU
Rotation rotation
Rotationsprinzip principle of rotation
rot- **rotblond** sandy; *(bei Frauen auch)* strawberry blonde **rotbraun** reddish brown; *(Haare auch)* auburn ◇ *rotbraunes Leder* reddish-brown leather → *Beispiele bei* BLAU
Röte redness; *(im Gesicht)* blush ◇ *Röte und Abschuppen der Haut* redness and flaking of the skin ◇ *Sie spürte die Röte in sich aufsteigen.* She felt a blush rise to her cheeks. ◇ *Die Röte stieg ihm ins Gesicht.* He blushed.
Röteln German measles [U], rubella [U] *(Fachspr)*
röten **1** redden ◇ *gerötete Augen* reddened eyes ◇ *gerötete Hautstellen* red patches on the skin ◇ *Seine Nase war stark/leicht gerötet.* His nose was very/slightly red. **2 sich ~** go red ◇ *Die Haut rötete sich.* The skin went red.
rothaarig red-haired, with red hair [nicht vor Nomen] ◇ *Rothaarige sind meist sonnenempfindlich.* Red-haired people are usually sensitive to the sun.
rotieren **1** rotate ◇ *rotierende Propeller* rotating propellers ◇ *ein rotierender Vorsitz* a rotating presidency ◇ *Der Vorsitz wird rotierend von den Mitgliedsstaaten übernommen.* The chair rotates among the member states. **2** *(hektisch agieren)* be in a flap ◇ *Er ist am Rotieren.* He's in a flap. ◇ *Wenn ich für sechs Personen kochen muss, fange ich an zu rotieren.* I get into a flap if I have to cook for six.
Rot- **Rotkäppchen** Little Red Riding Hood **Rotkehlchen** robin **Rotkohl** red cabbage
rötlich reddish → *Beispiele bei* BLAU
Rotlichtviertel red light district
Rotstift red pencil IDM **den Rotstift ansetzen** cut back ◇ *Die Firma setzt beim Personal den Rotstift an.* The firm is cutting back on staff. **dem Rotstift zum Opfer fallen** be axed ◇ *Die Stellen könnten bald dem Rotstift zum Opfer fallen.* The jobs may be axed soon.
Rottweiler Rottweiler
Rot- **Rotwein** red wine **Rotwild** red deer
Rotz snot *(umgs)*
Rouge blusher; *(altmodisch)* rouge
Roulade beef olive
Roulett roulette
Route route ◇ *die Route über Paris* the route via Paris
Routine **1** routine ◇ *Nach einiger Zeit wird jeder Job zur Routine.* After a while every job becomes routine. **2** *(Erfahrung)* experience; *(Übung)* practice, *(AmE)* practise ◇ *Ihm fehlt die nötige Routine.* He hasn't had enough experience of doing it.
Routinekontrolle routine check ◇ *bei einer Routinekontrolle* in the course of a routine check **routinemäßig** **1** *Adj* routine **2** *Adv* as a matter of routine, routinely ◇ *Die Zollbeamten durchsuchen routinemäßig das Gepäck.* The Customs officials go through the luggage as a matter of routine. **Routinemaßnahme** routine measure
routiniert **1** *Adj* experienced ◇ *eine routinierte Spielerin* an experienced player **2** *Adv* expertly ◇ *Routiniert nahm sie Blut ab.* She expertly took a blood sample.
Rowdy hooligan
Rubbellos scratchcard
rubbeln rub; *(Karte, Los)* scratch
Rübe **1** turnip; *(Zucker-)* (sugar) beet; *(Karotte)* carrot; *(rote Rübe)* beetroot, *(AmE)* beet **2** *(Kopf)* head, nut *(umgs)* ◇ *jdm eins auf die Rübe geben* bash sb on the head ◇ *eins auf die Rübe bekommen* get bashed on the head
Rubel rouble
rüber → HERÜBER- *und* HINÜBER
rüberbringen **1** *(hierher)* bring *sth* over; *(dorthin)* take *sth* over ◇ *Kannst du mir mal den Stuhl rüberbringen?* Can you bring me the chair over? ◇ *Ich brachte ihr ein Geschenk rüber.* I took her a present over. **2** *(vermitteln)* get *sth* across/over, put *sth* across/over ◇ *eine Idee rüberbringen* get/put an idea across

rüberkommen **1** come over ◇ *Kommst du heute Abend zu uns rüber?* Can you come over to see us this evening? **2** (*deutlich werden*) come across/over ◇ *Die Botschaft kam bei seiner Rede gut rüber.* The message came across very well in his speech.

Rubin ruby

Rubrik **1** (*Zeitungs-*) column ◇ *die Rubrik „Verschiedenes"* the miscellaneous column **2** (*Kategorie*) category; (*Überschrift*) heading ◇ *Das Programm teilt sich in zwei Rubriken auf.* The programme falls into two categories. ◇ *die unter dieser Rubrik registrierten Straftaten* the crimes recorded under this heading

Ruck jerk; (*Fahrzeug*) jolt ◇ *ein Ruck an dem Seil* a jerk on the rope ◇ *Mit einem Ruck setzte sich der Zug in Bewegung.* The train started with a jolt. ◇ *Sie entfernte das Pflaster in einem Ruck.* She ripped the plaster off in one go. ◇ *Ein Ruck ging durch die Menge.* A ripple of excitement went through the crowd. **IDM** **sich (innerlich) einen Ruck geben** ◇ *Er gab sich einen Ruck und entschuldigte sich.* He forced himself to apologize.

Rückantwort reply ◇ *Schicken Sie Ihre Rückantwort an folgende Adresse …* Send your reply to the following address … ◇ *Um Rückantwort wird gebeten.* RSVP

ruckartig **1** *Adv* with a jerk; (*von einem Fahrzeug*) with a jolt ◇ *Sie richtete sich ruckartig auf.* She sat up with a jerk. ◇ *Der Bus kam ruckartig zum Stehen.* The bus stopped with a jolt. ◇ *Ruckartig riss er das Lenkrad herum.* He jerked the steering wheel round. **2** *Adj* jerky ◇ *eine ruckartige Bewegung* a jerky movement

Rück- **Rückbesinnung** return ◇ *die Rückbesinnung auf traditionelle Werte* a return to traditional values **Rückblende** flashback ◇ *etw in einer Rückblende erfahren* discover sth in flashback **Rückblick** review ◇ *ein Rückblick auf das vergangene Jahr* a review of the past year ◇ *im Rückblick auf die Olympischen Spiele* looking back at the Olympic Games ◇ *Im Rückblick lässt sich sagen, …* In retrospect we can say …

rückblickend in retrospect ◇ *Wie sich rückblickend zeigt, hast du recht gehabt.* In retrospect you were right. ◇ *Rückblickend gestand er, einen Fehler gemacht zu haben.* Looking back he admitted that he had made a mistake.

rücken move; (*aufrücken*) move up; (*kommen*) come ◇ *Sie rückte den Tisch zur Seite.* She moved the table aside. ◇ *Er ist an die erste Stelle gerückt.* He moved up to the top of the list. ◇ *Könnt ihr ein bisschen rücken?* Can you move up a bit? ◇ *Kannst du ein wenig näher rücken?* Can you move a bit closer? ◇ *in greifbare Nähe rücken* come within reach ◇ *Je näher die Prüfung rückte, desto nervöser wurde sie.* The closer it came to the exam, the more nervous she got. **IDM** → LICHT, PELLE *und* VORDERGRUND

Rücken **1** back ◇ *der Rücken des Pferdes* the horse's back ◇ *Sie trug einen Rucksack auf dem Rücken.* She carried a rucksack on her back. ◇ *Er drehte ihr den Rücken zu.* He turned his back on her. ◇ *Sie stellten sich Rücken an Rücken.* They stood back to back. ◇ *Sie saß mit dem Rücken zum Fenster.* She was sitting with her back to the window. **2** (*Hand- etc.*) back; (*Buch-*) spine; (*Berg-*) ridge **3** → RÜCKENSCHWIMMEN **IDM** **etw auf dem Rücken von jdm austragen** carry sth out at the expense of sb **den Rücken frei haben** be free (of any obligations) **jdm den Rücken freihalten** keep people off sb's back **jdm/etw den Rücken kehren** turn your back on sb/sth **jdm den Rücken stärken** (*Mut machen*) give sb encouragement; (*unterstützen*) give sb moral support **hinter jds Rücken** behind sb's back ◇ *Hinter ihrem Rücken wurde viel über sie geredet.* There was a lot of talk about her behind her back. **jdm in den Rücken fallen** stab sb in the back **jdm läuft es (eis)kalt über den Rücken** shivers run down sb's spine **jdm läuft es heiß und kalt den Rücken hinunter** sb goes hot and cold **mit dem Rücken zur Wand stehen** have your back to the wall **sich den Rücken freihalten** cover your back

Rückendeckung **1** cover **2** (*fig*) backing, support **Rückenflosse** dorsal fin **Rückenlehne** back **Rückenmark** spinal cord **Rückenschmerzen** backache [U]; (*chronisch*) back pain [U] ◇ *Rückenschmerzen haben* have backache **Rückenschwimmen** backstroke ◇ *Sie wurde Vierte im Rückenschwimmen.* She came fourth in the backstroke. **Rückenwind** **1** tailwind, following wind ◇ *Rückenwind haben* have a following wind **2** (*Auftrieb*) momentum; (*Unterstützung*) support ◇ *Die SPD hatte Rückenwind.* The SPD was gaining momentum. **Rückenwirbel** vertebra

Rück- **Rückeroberung** recapture **rückerstatten** → ZURÜCKERSTATTEN **Rückerstattung** refund; (*von ausgelegtem Geld*) reimbursement [U] ◇ *eine Rückerstattung der Steuern* a tax refund ◇ *die Rückerstattung der Reisekosten* reimbursement of travel expenses **Rückfahrkarte** return (ticket), (*AmE*) round-trip ticket **Rückfahrt** return journey, way back (*umgs*) **Rückfall** **1** relapse ◇ *einen Rückfall erleiden* have a relapse **2** **ein ~ (in etw)** a return (to sth) ◇ *ein Rückfall in alte Gewohnheiten* a return to old habits **rückfällig** **~ werden** relapse; (*Straftäter*) reoffend **Rückflug** return flight, flight back (*umgs*) **Rückfrage** query ◇ *Für Rückfragen stehe ich Ihnen gerne zur Verfügung.* I will be glad to answer any queries you might have. ◇ *Auf Rückfrage hat man uns versichert, dass …* On further enquiry, we were assured that … ◇ *Nach Rückfrage …* After checking … **Rückführung** **1** (*Zurückführer*) (*meist mit einem Verb übersetzt*) ◇ *die Rückführung der Probleme auf die Umweltverschmutzung* tracing the problems back to pollution **2** (*von Menschen*) repatriation ◇ *die Rückführung der Flüchtlinge in ihre Heimat* the repatriation of the refugees **3** (*Zurückgabe*) return ◇ *die Rückführung von Kulturgütern* the return of cultural artefacts **4** (FINANZ) repayment ◇ *die Rückführung der Ausgaben* repayment of expenses **Rückgabe** return [U] ◇ *Japan forderte die Rückgabe der vier Inseln.* Japan demanded the return of the four islands. **Rückgang** fall; (*in der Qualität*) decline ◇ *ein deutlicher/leichter Rückgang* a steep/slight fall ◇ *ein Rückgang der Mitgliederzahlen* a fall in membership **rückgängig** **1** falling ◇ *rückgängige Studentenzahlen* falling student numbers **2** **etw ~ machen** (*Termin, Bestellung*) cancel sth; (*Entscheidung*) go back on sth

Rückgrat spine, backbone (*auch fig*) ◇ *Verletzungen am Rückgrat* injuries to the spine ◇ *kein Rückgrat haben* have no backbone ◇ *Rückgrat zeigen* show guts **IDM** **jdm das Rückgrat brechen** break sb; (*finanziell*) ruin sb

Rück- **Rückgriff** (*oft mit einem Verb übersetzt*) ◇ *Ein Rückgriff auf die Originalakten war nötig.* It was necessary to go back to the original files. **Rückhalt** support, backing ◇ *fehlender Rückhalt* lack of support **rückhaltlos** complete (*Adv* completely); (*Unterstützung*) wholehearted (*Adv* wholeheartedly) ◇ *Diesem Vorschlag möchte ich rückhaltlos zustimmen.* I should like to give this proposal my wholehearted support. **Rückhand** backhand ◇ *einen Ball mit der Rückhand spielen* play a backhand shot ◇ *Sie setzte den Ball mit einer Rückhand ins Netz.* She hit a backhand into the net. **Rückkehr** return ◇ *bei ihrer Rückkehr* on their return ◇ *eine Rückkehr zu traditionellen Werten* a return to traditional values **Rückkehrer(in)** ◇ *Rückkehrer aus dem Krieg* people returning from the war ◇ *Rückkehrer nach Ruanda* refugees returning to Rwanda **rückläufig** falling ◇ *rückläufige Ver-*

kaufszahlen falling sales ◇ *eine rückläufige Nachfrage* a fall in demand ◇ *eine rückläufige Tendenz* a downward trend ◇ *rückläufige Konjunktur* a downturn in the economy **Rücklicht** rear light; (*Fahrrad*) back light **Rückmeldung 1** feedback [U] ◇ *Ich habe viele positive Rückmeldungen erhalten.* I have received a lot of positive feedback. **2** (*Uni*) re-registration **Rücknahme** (*eines Angebotes*) withdrawal; (*eines Gesetzes*) repeal ◇ *die Rücknahme des Antrags* the withdrawal of the application ◇ *Die Rücknahme der Karten ist nicht möglich.* The tickets cannot be returned. ◇ *Sie sind zur Rücknahme der Umverpackung verpflichtet.* They are obliged to take the packaging back. **Rückpass** back pass **Rückporto** return postage **Rückrunde** return match

Rucksack rucksack, (*bes AmE*) backpack **Rucksacktourist(in)** backpacker

Rück- Rückschau ◇ *Rückschau halten* look back ◇ *In der Rückschau bewerte ich diese Erlebnisse ganz anders.* In retrospect I judge these events quite differently. **Rückschlag 1** setback ◇ *einen schweren Rückschlag erleiden* suffer a serious setback **2** (*Tennis etc.*) return **Rückschluss** conclusion ◇ *Rückschlüsse ziehen* draw conclusions **Rückschritt** step backward(s), retrograde step (*gehoben*) ◇ *ein pädagogischer Rückschritt* a step backwards pedagogically **Rückseite** back; (*Münze*) reverse

Rücksicht consideration ◇ *Mit Rücksicht auf die Kinder verzichtete sie aufs Rauchen.* She gave up smoking out of consideration for the children. ◇ *ohne Rücksicht auf etw* with no consideration for sth ◇ *Nimm doch etwas Rücksicht auf deine Eltern!* Show some consideration for your parents! ◇ *Sie kennen keine Rücksicht.* They don't care about other people. ◇ *Mit Rücksicht auf die anstehenden Wahlen …* In view of the forthcoming elections … IDM **ohne Rücksicht auf Verluste** come what may **Rücksichtnahme** consideration ◇ *Rücksichtnahme auf die Kunden* consideration for the customers ◇ *ohne Rücksichtnahme auf die Schäden* with no thought for the possible damage

rücksichtslos inconsiderate (*Adv* inconsiderately); (*verantwortungslos*) reckless (*Adv* recklessly)

rücksichtsvoll considerate (*Adv* considerately) ◇ *rücksichtsvolles Verhalten* considerate behaviour

Rück- Rücksitz (*Auto*) back seat; (*Motorrad*) pillion ◇ *Gepäck auf dem Rücksitz* luggage on the back seat ◇ *Auch auf dem Rücksitz muss man sich anschnallen.* Seat belts must be worn in the back as well. **Rückspiegel** rear-view mirror **Rückspiel** return match **Rücksprache** consultation ◇ *Nach Rücksprache mit Frau Nagel …* After consultation with Frau Nagel … ◇ *mit jdm Rücksprache halten* consult (with) sb **Rückstand 1** (*Rest*) residue ◇ *giftige Rückstände* toxic residues ◇ *die Rückstände aus den Kläranlagen* the residue from sewage treatment plants **2** (*Verzug*) backlog ◇ *Der Rückstand ist durch Krankheit entstanden.* The backlog built up as a result of illness. ◇ *Der Rückstand der Arbeiten an der Straße beträgt bereits zwei Monate.* The roadworks are already two months behind schedule. ◇ *Sie sind mit der Miete im Rückstand.* They are behind with the rent. ◇ *Das Land holte den wirtschaftlichen Rückstand auf.* The country caught up economically. **3** (*Geldsumme*) arrears [Pl] **4** (SPORT) deficit ◇ *Nach einem 0:4 Rückstand noch ein 4:4 geholt!* A 4:4 draw after a 0-4 deficit! ◇ *Das Team rangiert mit vier Punkten Rückstand auf dem zweiten Platz.* The team is in second place, four points behind the leaders. **rückständig 1** (*unentwickelt*) backward; (*veraltet*) antiquated; (*Mensch*) behind the times [nicht vor Nomen] ◇ *ein rückständiges Gebiet* a backward region ◇ *rückständige Methoden* antiquated methods ◇ *Du bist etwas rückständig.* You're a bit behind the times. **2** (*Zahlung*) overdue **Rückstau** (*Wasser*) backing up; (*Fahrzeuge*) tailback ◇ *Es kommt zu Rückstaus im Kanal.* Water backs up in the drain. **Rückstrahler** reflector

Rücktritt 1 (*Amt*) resignation ◇ *seinen Rücktritt einreichen* hand in your resignation ◇ *Er war von den Grünen zum Rücktritt aufgefordert worden.* The Greens had called for his resignation. ◇ *seinen Rücktritt erklären* resign **2 ~ von etw** (*Vertrag, Sport etc.*) withdrawal from sth **Rücktrittserklärung** (*schriftlich*) letter of resignation; (*mündlich*) resignation announcement **Rücktrittsforderung** demand for sb's resignation **Rücktrittsgesuch** resignation **Rückumschlag** self-addressed envelope ◇ *ein frankierter Rückumschlag* a stamped (self-) addressed envelope **Rückwand** back wall; (*Möbel*) back

rückwärtig rear [nur vor Nomen] ◇ *die rückwärtigen Passagiere* the rear passengers ◇ *der rückwärtige Teil des Gebäudes* the rear of the building ◇ *die rückwärtige Seite* the far side ◇ *die rückwärtige Reihe* the back row

rückwärts backwards ◇ *einen Schritt rückwärts* one step backwards ◇ *rückwärts einparken* reverse into a parking space ◇ *einen Salto rückwärts machen* do a back somersault **rückwärtsfahren** reverse **Rückwärtsgang** reverse (gear) ◇ *den Rückwärtsgang einlegen* put the car into reverse **rückwärtsgehen** walk backwards

Rück- Rückweg way back; (*nach Hause*) way home ◇ *Sie sind auf dem Rückweg.* They're on their way back. ◇ *Er war auf dem Rückweg von der Arbeit.* He was on his way home from work. **rückwirkend** retrospective (*Adv* retrospectively) ◇ *eine rückwirkende Änderung des Strafrechts* a retrospective change in the criminal law ◇ *Das Parlament hat das Gesetz rückwirkend beschlossen.* Parliament passed the Act with retrospective effect. ◇ *Die Gehälter sollen rückwirkend zum September erhöht werden.* The salary increase will be backdated to September. **Rückwirkung 1** (*negativ*) repercussion [meist Pl] ◇ *Rückwirkungen auf etwas haben* have repercussions on sth ◇ *Das schlechte Sommerwetter hat Rückwirkungen auf die Einzelhandelsumsätze.* The bad summer is hitting retail sales. **2 mit ~ von …** with effect from … **Rückzahlung** repayment **Rückzieher** backing out ◇ *einen Rückzieher machen* back out **Rückzug** withdrawal; (MIL) retreat ◇ *ein Rückzug aus den besetzten Gebieten* a withdrawal from the occupied areas. ◇ *Die Truppen sind auf dem Rückzug.* The troops are retreating. ◇ *Die Grippewelle befindet sich wieder auf dem Rückzug.* The flu epidemic is now on the wane.

Rucola rocket, (*AmE*) arugula

rüde 1 (*grob*) crude (*Adv* crudely); (*unhöflich*) rude (*Adv* rudely); (*Behandlung*) rough **2** (*Adv* roughly)

Rüde (male) dog

Rudel 1 (*Wölfe, Hunde etc.*) pack [mit Verb im Sing/Pl]; (*Hirsche*) herd; (*Löwen*) pride [mit Verb im Sing/Pl] **2** (*Menschen*) horde ◇ *Die Fans zogen in Rudeln durch die Stadt.* Hordes of fans descended on the town.

Ruder 1 oar **2** (*Steuer-*) rudder ◇ *das Ruder auswechseln* replace the rudder ◇ *am Ruder stehen* be at the helm **3** (*Macht*) power ◇ *welche Regierung auch immer am Ruder ist* whatever government is in power ◇ *wieder ans Ruder kommen* return to power ◇ *das Ruder übernehmen* take control IDM **aus dem Ruder laufen 1** (*Schiff*) go off course **2** (*Situation etc.*) get out of hand ◇ *Das Problem scheint aus dem Ruder zu laufen.* The problem seems to be getting out of hand. ◇ *Die Kosten waren erheblich aus dem Ruder gelaufen.* The costs were running out of control. **das Ruder**

herumreißen change all that ◇ *Es sah nach einer Niederlage aus, aber der Stürmer riss das Ruder noch herum.* It looked like a defeat, but the striker changed all that.
Ruderboot rowing boat, (*AmE*) rowboat

Ruderer, Ruderin rower

Ruderklub rowing club

rudern row ◇ *Wir sind/haben auf dem See gerudert.* We went rowing on the lake. ◇ *Sie rudert gern.* She's keen on rowing. ◇ *Er ruderte beim Gehen mit den Armen.* He swung his arms as he walked.

rudimentär rudimentary; (*Organe, Gliedmaße*) vestigial ◇ *Die Höhlenzeichnungen sind nur noch rudimentär vorhanden.* The cave drawings exist only in rudimentary form.

Ruf 1 (*Signal, Aufruf*) call; (*lauter*) shout ◇ *die Rufe der Vögel* the calls of the birds ◇ *der Ruf nach einem Volksentscheid* calls for a referendum ◇ *Durch laute Rufe lenkte sie die Aufmerksamkeit der Passanten auf sich.* She shouted loudly to attract the attention of passers-by. ◇ *Rufe der Zeitungsverkäufer* the cries of newspaper sellers ◇ *Er folgte dem Ruf seines Gewissens.* He followed his conscience. **2** (*Ansehen*) reputation ◇ *Sie machte ihrem Ruf alle Ehre.* She lived up to her reputation. ◇ *Er fürchtete um seinen guten Ruf.* He was worried about his reputation. **3** (*Berufung*) (offer of a) chair ◇ *Sie hat einen Ruf an die Universität Trier angenommen.* She accepted a chair at Trier.

rufen call; (*lauter*) shout; (*herbeirufen*) call *sb* over ◇ *einen Arzt rufen* call a doctor ◇ *Ich habe bereits nach der Kellnerin gerufen.* I've already called the waitress. ◇ *Er rief um Hilfe.* He shouted for help. ◇ *Der Chef rief ihn zu sich.* The boss sent for him. ◇ *Ein Millionengeschäft rief sie nach Italien.* A deal worth millions took her to Italy. IDM **jdm etw in Erinnerung/ins Gedächtnis rufen** remind sb of sth **(jdm) wie gerufen kommen** come at just the right time ◇ *Da ich pleite war, kam mir der Auftrag wie gerufen.* I was broke, so the job came at just the right time. ◇ *Vielen Dank für das Buch; es kommt mir wie gerufen.* Thank you for the book; it's just what I need. → *Siehe auch* LEBEN *und* PLAN

Rüffel ticking off (*umgs*), (*AmE*) lecture

Ruf- Rufmord character assassination **Rufname** ◇ *Ich heiße Maria Gabriele, aber mein Rufname ist Gabriele.* My name is Maria Gabriele, but I'm called Gabriele. ◇ *Rufname Sascha* known as Sascha **Rufnummer** telephone number ◇ *Zu erreichen sind wir unter der Rufnummer 589 3637.* We can be reached on 589 3637. **Rufnummernanzeige** caller ID **Rufweite** earshot ◇ *außer/in Rufweite* out of/ within earshot

Rugby rugby

Rüge reprimand; (*öffentlich*) censure [U] ◇ *eine Rüge erhalten* receive a reprimand ◇ *Dem Land wurde eine Rüge wegen Menschenrechtsverletzungen erteilt.* The country was censured for human rights violations.

rügen jdn (für etw/wegen einer Sache) ~ reprimand sb (for sth); (*öffentlich*) censure sb (for sth); **etw ~** criticize sth ◇ *Wissenschaftler rügten die Tatenlosigkeit der Regierung.* Scientists criticized the government's failure to act.

Ruhe 1 (*Stille*) quiet; (*vollkommene Stille*) silence ◇ *Ruhe, bitte!* Quiet, please! ◇ *Es herrschte vollkommene Ruhe.* There was complete silence. ◇ *Gib endlich Ruhe!* Just be quiet! **2** (*Erholung*) rest ◇ *Der Patient braucht Ruhe.* The patient needs rest. ◇ *Er gönnt sich keine Ruhe.* He never rests. ◇ *Mit den drei Kindern kommt sie nie zur Ruhe.* With the three children, she never stops. ◇ *Das lässt mir keine Ruhe.* I keep thinking about it. ◇ *sich zur Ruhe setzen* retire ◇ *Wir werden keine Ruhe geben, bis der Letzte von ihnen frei ist.* We won't rest until the last one is free. **3** (*Frieden*) peace ◇ *die Ruhe auf der Insel* the peace and quiet of the island ◇ *in Ruhe und Frieden leben* live in peace ◇ *für Ruhe sorgen* keep the peace ◇ *Ich will in aller Ruhe essen.* I want to have my meal in peace. ◇ *Ich will meine Ruhe haben.* I don't want to be disturbed. ◇ *Lass mich in Ruhe!* Leave me alone! ◇ *Lass mich in Ruhe mit deinen Sorgen.* Don't bother me with your problems. ◇ *Es herrscht wieder Ruhe und Ordnung.* Law and order has been restored. **4** (*Gelassenheit*) calm ◇ *die innere Ruhe* inner calm ◇ *Ruhe bewahren* keep calm ◇ *die Ruhe vor dem Sturm* the calm before the storm ◇ *Sie hörte mir in aller Ruhe zu.* She listened to me calmly. ◇ *Er lässt sich durch nichts aus der Ruhe bringen.* He doesn't let anything upset him. ◇ *Das muss ich mir in aller Ruhe überlegen.* I need time to think about it. ◇ *Immer mit der Ruhe!* Don't panic! ◇ *Sie hat wirklich die Ruhe weg.* You'd think she had all the time in the world. IDM **die Ruhe selbst sein** be perfectly calm

ruhelos restless (*Adv* restlessly) ◇ *ein ruheloser Mensch* a restless person ◇ *eine ruhelose Stadt* a hectic city ◇ *ein ruheloses Leben führen* lead an unsettled life

Ruhelosigkeit restlessness

ruhen 1 rest; **etw ~ lassen** let sth rest ◇ *Der Patient muss ruhen.* The patient must rest. ◇ *Wir wollen diese Angelegenheit erst mal ruhen lassen.* We're going to let the matter rest for a while. ◇ *Er lässt sein Amt erst einmal ruhen.* He is taking a break from office. **2** (*stillstehen*) stop ◇ *Die Arbeit ruht.* Work has stopped. ◇ *Wir werden nicht eher ruhen, bis ...* We won't stop until ... ◇ *Das Verfahren ruht.* The proceedings have been suspended. ◇ *Die Waffen ruhten.* There was a ceasefire. ◇ *Die Maschinen ruhen.* The machines are idle. ◇ *Der Verkehr ruht.* There's no traffic. ◇ *Das Virus kann jahrelang im Körper ruhen.* The virus can remain dormant in the body for years. ◇ *Die Gelder ruhen auf Konten im Ausland.* The money is sitting in foreign bank accounts. **3 an/auf etw ~** be supported by sth ◇ *Das Dach ruht auf vier Pfeilern.* The roof is supported by four columns. ◇ *Alle Hoffnung ruht auf den Abfahrtsläufern.* All hopes are pinned on the downhill racers. **4** (*begraben sein*) lie ◇ *Hier ruht Beethoven.* Here lies Beethoven. IDM → POL *und* SCHULTER

Ruhe- Ruhepause break ◇ *eine Ruhepause einlegen* take a break **Ruhestand** retirement ◇ *eine Beamtin im Ruhestand* a retired civil servant ◇ *in den Ruhestand gehen* retire **Ruhestätte** resting place **Ruhestörung** disturbing the peace; (RECHT) disturbance of the peace **Ruhetag** closing day ◇ *mittwochs Ruhetag haben* be closed on Wednesdays ◇ *Kein Ruhetag.* Open 7 days.

ruhig

- **als Adjektiv/Adverb 1** quiet (*Adv* quietly) ◇ *ein ruhiges Wohnviertel* a quiet residential area ◇ *Das Hotel ist ruhig gelegen.* The hotel is in a quiet position. ◇ *Sei endlich ruhig!* Be quiet, will you? **2** (*reglos, gelassen*) calm (*Adv* calmly); (*still*) quiet (*Adv* quietly); (*friedlich*) peaceful (*Adv* peacefully) ◇ *eine ruhige See* a calm sea ◇ *Bleiben Sie ruhig.* Keep calm. ◇ *Sie antwortete ganz ruhig.* She answered quite calmly. ◇ *ruhig schlafen* sleep peacefully ◇ *Er ist ruhiger geworden, seit er geheiratet hat.* He has calmed down since he got married. **3** (*stabil*) steady; (*reglos*) still ◇ *eine ruhige Hand* a steady hand ◇ *Du musst die Kamera ganz ruhig halten.* You must hold the camera steady. ◇ *Bei dieser Musik kann ich die Beine nicht ruhig halten.* When I hear that music I can't keep still. **4** (*Gewissen*) clear
- **als Partikel 5** (*ohne Bedenken*) ◇ *Sie können ruhig noch ein Stück Kuchen nehmen.* Have another piece

of cake. ◇ *Nennen Sie mich ruhig Jörg.* Please call me Jörg. ◇ *Schlaf ruhig weiter.* You can sleep a bit longer. ◇ *Sie können ruhig gehen, ich mache das schon fertig.* Don't worry, you can go. I'll finish it off. ◇ *Du kannst ruhig mit mir darüber sprechen.* You can talk to me about it if you want. **6** (*drückt Ungeduld, Ärger aus*) ◇ *Du hättest ruhig sagen können, dass du weggehst.* You might have told me that you were going out. ◇ *Du hättest ruhig etwas aufräumen können!* It wouldn't have hurt you to tidy up a bit! ◇ *Das kannst du mir ruhig glauben.* It's true. IDM **um jdn/etw ist es ruhig geworden** media interest in sb/sth has died down → *Siehe auch* BLUT, FAHRWASSER *und* KUGEL

ruhigstellen **1** (MED) **jdn ~** sedate sb **2 etw ~** immobilize sth

Ruhm (*Ansehen*) fame

rühmen **1** praise, extol (*gehoben*) ◇ *Dichter rühmen ihre Schönheit.* Poets extol her beauty. ◇ *Sie wurde in der Rezension rühmend erwähnt.* She received honourable mention in the review. **2 sich einer Sache ~** boast about sth ◇ *Er rühmt sich seiner guten Beziehungen zum Chef.* He boasts about his good relationship with the boss. ◇ *Die Firma rühmt sich eines beispielhaften Umweltbewusstseins.* The firm prides itself on its commitment to environmental awareness. ◇ *Sie kann sich rühmen, eine ausgezeichnete Köchin zu sein.* She can be proud of her cooking skills.

rühmlich glorious; (*Ausnahme*) notable ◇ *Er spielte in dieser Affäre keine rühmliche Rolle.* He played a less than glorious role in this affair. ◇ *Es ist nicht gerade rühmlich, wie unsere Gesellschaft damit umgeht.* The way our society deals with it is not something to be proud of. ◇ *kein rühmliches Ende nehmen* come to a bad end

ruhmreich glorious

Rührei scrambled egg [meist Pl]

rühren **1** (*Suppe, Kaffee etc.*) stir; (*Teig*) beat ◇ *Rühren Sie die Kräuter in die Soße.* Stir the herbs into the sauce. ◇ *Die Eier unter den Teig rühren.* Beat the eggs into the mixture. **2** **(sich) ~** (*bewegen*) move ◇ *Man konnte sich kaum rühren.* You could hardly move. ◇ *Der verletzte Radfahrer rührte sich nicht.* The injured cyclist lay there motionless. ◇ *Im Haus rührt sich nichts.* There's no sign of life in the house. ◇ *Du hättest dich ruhig mal rühren können!* You might have got in touch! **3 von etw ~** be the result of sth; **daher ~, dass ...** stem from the fact that ... ◇ *Die Verschuldung rührte von Fehlinvestitionen.* The debts were the result of bad investments. ◇ *Das Problem rührt daher, dass der Plan nicht richtig ausgeführt wurde.* The problem stems from the fact that the plan was not carried out properly. ◇ *Daher rührte also das Missverständnis!* So that's how the misunderstanding arose! ◇ *Kopfschmerzen rühren oft vom Wetter.* Headaches are often caused by the weather. **4 an etw ~** touch on sth ◇ *Viele würden lieber nicht an das Thema rühren.* Many people would prefer not to touch on the subject. ◇ *Daran will ich nicht rühren.* I don't want to go into that. **5** (*Gefühle hervorrufen*) move ◇ *zu Tränen gerührt sein* be moved to tears ◇ *Der Film rührte die Herzen.* The film was very moving. ◇ *Ich bin sehr gerührt über die mir entgegengebrachte Anerkennung.* I am very touched by the appreciation shown to me. IDM **rührt euch!** (MIL) at ease! → *Siehe auch* DONNER, FINGER *und* FLECK

rührend touching; (*liebenswürdig*) sweet

Rührlöffel wooden spoon

Rührung emotion [U] ◇ *ohne sichtliche Rührung* without showing any sign of emotion ◇ *Ihnen kamen Tränen der Rührung.* They were moved to tears.

Ruin ruin [U] ◇ *Die Stadt steht vor dem finanziellen Ruin.* The town is facing financial ruin. ◇ *an den Rand des Ruins gebracht werden* be brought to the brink of ruin ◇ *eine Firma in den Ruin treiben* bankrupt a company

Ruine ruin ◇ *römische Ruinen* Roman ruins

ruinieren ruin ◇ *Die Partei hat die Wirtschaft des Landes ruiniert.* The party ruined the country's economy. ◇ *Seine Frau hat ihn ruiniert.* His wife bankrupted him. ◇ *Diese Affäre hat ihren Ruf ruiniert.* The affair destroyed her reputation.

rülpsen belch, burp (*umgs*)

Rülpser belch, burp (*umgs*)

rum → HERUM

Rum rum

rumkriegen → HERUMKRIEGEN

Rummel **1** (*Aufheben*) fuss; (*Betriebsamkeit*) razzmatazz (*umgs*) ◇ *Um Berlin wird viel Rummel gemacht.* There's a lot of fuss being made about Berlin. ◇ *der vorweihnachtliche Rummel* the pre-Christmas razzmatazz ◇ *der Rummel um ihre Person* the media circus surrounding her **2** (*Jahrmarkt*) fair, (*BrE auch*) funfair, (*AmE auch*) carnival

Rummelplatz fairground

rumoren **1** bang about ◇ *Er rumorte in der Küche.* He was banging about in the kitchen. ◇ *Sie sagt, dass es im Keller rumort.* She says there are noises in the cellar. **2** (*Vulkan, Magen*) rumble ◇ *In meinem Magen rumort es.* My stomach is rumbling. ◇ *In der Baubranche rumort es.* There are rumblings in the building industry.

Rumpelkammer junk room

rumpeln rumble ◇ *Schwere Lastwagen rumpeln durch die Straßen.* Heavy lorries rumble through the streets. ◇ *Es begann zu rumpeln und zu vibrieren, als das Schiff auf Grund lief.* There was a lot of rumbling and juddering as the ship ran aground.

Rumpf trunk; (*Statue*) torso; (*Schiff*) hull; (*Flugzeug*) fuselage ◇ *ein Rumpf ohne Kopf* a headless trunk ◇ *Ihm wurde der Kopf vom Rumpf getrennt.* His head was severed from his body.

rümpfen **1 die Nase ~** wrinkle your nose **2 (über etw) die Nase ~** (*verächtlich*) turn up your nose (at sth) (*umgs*)

rumtreiben → HERUMTREIBEN

Run run ◇ *der Run auf die Aktien* the run on the shares

rund **1** round ◇ *ein rundes Gesicht* a round face ◇ *eine runde Summe/Zahl* a round figure ◇ *rund gerechnet* in round figures **2** (*Körper, Körperteil*) plump ◇ *Sie ist noch runder geworden!* She looks even plumper! ◇ *runde rote Backen* round red cheeks ◇ *ein runder Bauch* a fat stomach **3** (*ungefähr*) about ◇ *Rund 350 Gäste nahmen an der Tagung teil.* About 350 people attended the conference. **4 ~ um jdn/etw** around sb/sth, round sb/sth; (*als Thema*) all about sb/sth ◇ *rund um die Uhr* around the clock ◇ *Wir liefen rund um den See.* We ran right round the lake. ◇ *eine Sendung rund um die Weltausstellung* a programme all about the world fair IDM → TISCH

Rund- **Rundblick** panoramic view **Rundbrief** circular letter

Runde **1** circuit; (*Briefträger, Wachmann*) round ◇ *Im Park drehten Jogger ihre Runden.* Joggers were doing their circuits of the park. ◇ *Ich werde noch eine Runde drehen, damit der Motor warm wird.* I'll just have another drive round to warm up the engine. ◇ *Nach dem Essen machten wir eine Runde um den Platz.* After dinner we had a walk round the square. **2** (*bei Rennen*) lap **3** (*bei Wettkämpfen, Spielen, Verhandlungen*) round ◇ *eine Runde Skat* a round of skat ◇ *Sie verloren in der vierten Runde gegen die Italiener.* They lost to the Italians in the fourth round. ◇ *die nächste Runde der Frie-*

densgespräche the next round of peace talks **4** (*Gruppe*) group ◇ *Die Runde war sich darüber einig.* The group were agreed on it. ◇ *Sie saßen am Abend in gemütlicher Runde zusammen.* They spent a convivial evening together. ◇ *Er schaute in die Runde.* He looked around him. **5** (*Getränke*) round (of drinks) ◇ *eine Runde ausgeben* buy a round (of drinks) IDM **die Runde machen** be passed round; (*Nachricht, Gerücht*) go round **über die Runden kommen** get by

runden **1** round ◇ *ein Tisch mit gerundeten Kanten* a table with rounded edges ◇ *Runden Sie den Teig zu einem Laib.* Shape the dough into a round loaf. **2** **etw nach oben/unten ~** round sth up/down

runderneuern ◇ *runderneuerte Reifen* retreads

Rund- **Rundfahrt** tour; (*Ausflug*) excursion ◇ *Wir haben eine Rundfahrt durch Rajasthan gemacht.* We went on a tour of Rajasthan. ◇ *Sie können an diversen Rundfahrten teilnehmen.* You can go on various excursions. **Rundflug** (sightseeing) flight ◇ *ein Rundflug über London* a sightseeing flight over London **Rundfunk** radio ◇ *etw im Rundfunk übertragen* broadcast sth on the radio ◇ *Wie der algerische Rundfunk meldete, …* According to Algerian radio, … ◇ *eine beliebte Sendung im Rundfunk* a popular radio programme **Rundfunksender** (*Anlage*) transmitter; (*Institution*) radio station **Rundgang** tour; (*Spaziergang*) walk; (*regelmäßig*) round; (*Soldat, Wachmann*) patrol ◇ *ein Rundgang durch den alten Hafen* a tour of the old harbour ◇ *Wir machten einen Rundgang durch den Garten.* We had a walk round the garden. ◇ *Auf seinem Rundgang bemerkte er, dass ein Fenster offen stand.* On one of his patrols, he noticed an open window. ◇ *einen Rundgang durch das Museum machen* go round the museum

rundherum **1** all around; (*darum herum*) right round it ◇ *die Familien, die rundherum wohnen* the families who live all around ◇ *Rundherum wird eine Mauer gezogen.* A wall is being put up right round it. **2** (*völlig*) totally ◇ *Sie lehnten die Pläne rundherum ab.* They totally rejected the plans. ◇ *Es war ein rundherum gelungenes Fest.* The party was a complete success.

rundlich **1** (*füllig*) plump **2** (*fast rund*) rounded

Rund- **Rundreise** tour **Rundschreiben** circular letter

rundum totally ◇ *Mit dem Ergebnis sind wir rundum zufrieden.* We are totally satisfied with the result. ◇ *Sein Vorschlag fand rundum Zustimmung.* His suggestion met with universal approval.

Rundumschlag broadside ◇ *zum Rundumschlag gegen jdn/etw ausholen* launch a broadside against sb/sth

Rundung curve

Rune rune

runter → HERUNTER *und* HINUNTER

runterfallen → HERUNTERFALLEN

runterhauen **jdm eine/ein paar ~** give sb a clip round the ear (*umgs*)

runterholen **sich einen ~** jerk off; **jdm einen ~** jerk sb off (*Slang*)

runterkommen → HERUNTERKOMMEN

runterrutschen IDM → BUCKEL

Runzel wrinkle

runzelig wrinkled

runzeln **die Stirn ~** (*besorgt, verärgert*) frown; (*verwundert, missbilligend*) raise your eyebrows

Rüpel hoodlum, (*BrE*) lout

rüpelhaft loutish ◇ *Wenn er betrunken ist, benimmt er sich immer so rüpelhaft.* His behaviour becomes very loutish when he's drunk.

rupfen **1** (*Vogel*) pluck ◇ *gerupfte Hühner* plucked chickens ◇ *Du siehst ja aus wie ein gerupftes Huhn!* You look like a drowned rat! **2** (*reißen*) pull *sth* off; (*aus dem Boden*) pull *sth* up ◇ *Blätter vom Stiel rupfen* pull leaves off the stem **3** **jdn ~** (*viel Geld abnehmen*) fleece sb (*umgs*) ◇ *Die Touristen werden ordentlich gerupft.* They really fleece the tourists. ◇ *Bei der Scheidung hat sie ihn so richtig gerupft.* She really took him to the cleaner's in the divorce. IDM → HÜHNCHEN

ruppig rude (*Adv* rudely); (*grob*) rough (*Adv* roughly)

Rüsche frill ◇ *Die Bluse hat am Hals einen Besatz aus Rüschen.* The blouse has a frill at the neck. ◇ *Gardinen mit Rüschen* frilled net curtains

Ruß soot

Rüssel (*Elefanten-*) trunk; (*Insekten-*) proboscis

rüsten **1** arm ◇ *In Pakistan wird weiter gerüstet.* Pakistan continues to arm. **2** **(sich) (zu/für etw) ~** prepare for sth ◇ *sich für die Zukunft rüsten* prepare for the future ◇ *Die Stadt rüstet zum Jubiläum.* The town is preparing for the anniversary.

rüstig sprightly

rustikal (*Möbel, Haus, Stil*) rustic (*Adv* rustically); (*Essen*) simple ◇ *rustikal eingerichtet* furnished in a rustic style

Rüstung **1** (*Waffen*) arms [Pl] **2** (*Bewaffnung*) armament **3** (*Ritter-*) (suit of) armour ◇ *in voller Rüstung* in full armour

Rutsch slide IDM **(einen) guten Rutsch (ins neue Jahr)!** Happy New Year! **in einem/auf einen Rutsch** in one go

Rutschbahn, **Rutsche** slide

rutschen **1** (*gleiten*) slip ◇ *Das Tablett rutschte ihm aus der Hand.* The tray slipped out of his hand. ◇ *Die Brille rutschte ihr von der Nase.* Her glasses slipped off her nose. ◇ *Wenn du etwas trinkst, rutscht die Tablette besser.* If you have something to drink, the tablet will go down more easily. **2** (*schleudern*) skid **3** (*nervös oder unbeholfen*) shuffle **4** (*fallen*) drop ◇ *Eintracht ist auf Platz vier gerutscht.* Eintracht has dropped back to fourth place. **5** (*rücken*) move up/over ◇ *Wenn jeder ein Stückchen rutscht, ist noch Platz.* If everybody moves up a bit there will be room. **6** (*auf einer Rutsche*) go on the slide ◇ *Darf ich mal rutschen?* Can I go on the slide? IDM **ins Rutschen kommen/geraten** (*Fahrzeug*) go into a skid; (*Ladung etc.*) start to slip ◇ *Der Wagen kam auf der vereisten Fahrbahn ins Rutschen.* The car went into a skid on the icy road. → *Siehe auch* HERZ *und* KELLER

rutschig slippery

rütteln **1** **an etw ~** rattle sth ◇ *Sie rüttelten am Tor.* They rattled the gate. **2** **jdn/etw ~** shake sb/sth ◇ *Sie rüttelte mich am Arm.* She shook my arm. ◇ *Seine Mutter rüttelte ihn aus dem Schlaf.* His mother shook him awake. **3** (*sich ruckartig bewegen*) jolt **4** **an etw ~** undermine sth ◇ *An diesen Grundrechten sollte nicht gerüttelt werden.* These basic rights should not be undermined. IDM **an etw gibt es nichts/ist nicht zu rütteln** sth cannot be changed

S s

S, s S, s → *Beispiele bei* A

Saal hall; (*Ball-*) ballroom; (*Theater-*) auditorium ◇ *ein voll besetzter Saal* a packed hall ◇ *Die Komiker brachten den Saal zum Toben.* The comedians brought the house down.

Saat **1** (*Samen*) seed (*auch fig*) ◇ *die Saat der Gewalt* the seeds of violence **2** (*das Säen*) sowing

Sabbat sabbath ◇ *Heute ist Sabbat.* Today is the sabbath. ◇ *am Sabbat* on the sabbath ◇ *den Sabbat einhalten* keep the sabbath

sabbern slobber

Säbel sabre

säbeln hack

Sabotage sabotage

sabotieren sabotage; (*unterminieren*) undermine

Sach- **Sachbearbeiter(in)** **~ (für ...)** person responsible (for ...) ◇ *der zuständige Sachbearbeiter im Gartenbauamt* the person responsible in the parks department **Sachbeschädigung** criminal damage [U] **Sachbuch** non-fiction book

Sache 1 thing ◇ *Die Sache ist die: ...* The thing is ... ◇ *Von dir hört man ja nette Sachen!* I've heard all sorts of things about you! ◇ *Die Sache macht sich.* Things are coming along nicely. ◇ *Du machst dir die Sache sehr leicht.* You're making things very easy for yourself. ◇ *Was machst du denn für Sachen!* What are you up to? **2** **Sachen** things [Pl], stuff [U] ◇ *Finger weg, das sind meine Sachen!* Don't touch, those are my things! ◇ *Er hat früher gute Sachen geschrieben.* He used to write good stuff. **3** (*Angelegenheit*) matter, business ◇ *Das ist eine ernste Sache.* This is a serious matter. ◇ *Das ist alles eine Sache der Erziehung.* It's all a matter of upbringing. ◇ *Das ist eine schlimme Sache.* This is a bad business. ◇ *Ich sehe die Sache so: ...* The way I see it, ... ◇ *Ist das schon beschlossene Sache?* Is that already settled? **4** (*Vorfall*) business, affair; (*Aufgabe*) job ◇ *Ich mache mir Sorgen wegen dieser Sache mit Paul.* I'm worried about this business with Paul. ◇ *Das ist meine Sache.* That's my business. ◇ *Er hat seine Sache sehr gut gemacht.* He did a good job. ◇ *Diese Entscheidung ist Sache des Ministers.* This decision is up to the minister. ◇ *Die Sache ist schiefgegangen.* It didn't work. ◇ *mit Begeisterung bei der Sache sein* join in enthusiastically **5** (*Zweck*) cause ◇ *die Sache der Gewerkschaften vertreten* support the trade union cause ◇ *sich für eine gute Sache engagieren* work for a good cause ◇ *(mit jdm) gemeinsame Sache machen* make common cause (with sb) **6** (*Punkt*) point; (*Thema*) subject ◇ *Bleiben Sie doch bitte bei der Sache.* Please keep to the point. ◇ *zur Sache kommen* get to the point ◇ *Wir kommen der Sache langsam näher.* Now we're getting somewhere. ◇ *in Sachen Umweltschutz* on the subject of environmental protection **7** (RECHT) case ◇ *zu einer Sache vernommen werden* be questioned about a case IDM **das ist nicht jedermanns Sache** it's not everyone's cup of tea **das ist so eine Sache** it's a bit tricky **eine Sache für sich 1** (*etwas anderes*) another matter **2** (*etwas Schwieriges*) a tricky business **in eigener Sache** on your own behalf ◇ *Zuerst möchte ich etwas in eigener Sache sagen.* First, I'd like to say something on my own behalf. ◇ *ein Hinweis in eigener Sache* a word from the organizers/management/editors **nicht bei der Sache sein** (*unkonzentriert*) not be with it ◇ *Tut mir leid, ich bin heute nicht ganz bei der Sache.* Sorry, I'm not quite with it today. **Sachen gibt's(, die gibt's gar nicht)!** Would you believe it! **seine Sache verstehen** know what you're doing **(sich) seiner Sache sicher sein** be sure of your ground **etw tut nichts zur Sache** sth does not matter **was Sache ist** what's what ◇ *Dem sollte mal jemand sagen, was Sache ist.* Somebody ought to tell him what's what. → *Siehe auch* NATUR *und* SCHARF

Sach- **Sachgebiet** field ◇ *Welches Sachgebiet bearbeiten Sie?* What's your field? **sachgemäß, sachgerecht** proper (*Adv* properly); (*angemessen*) appropriate (*Adv* appropriately) ◇ *Sondermüll muss sachgerecht entsorgt werden.* Hazardous waste must be properly disposed of. ◇ *die sachgemäße Nutzung der Räumlichkeiten* appropriate use of the premises **Sachkenntnis** expertise [U] **Sachkompetenz** expert knowledge **sachkundig** knowledgeable; (*fachmännisch*) expert (*Adv* expertly) ◇ *Zehn sachkundige Bürger wurden in den Ausschuss gewählt.* Ten knowledgeable people were elected to the committee. ◇ *ein sachkundiger Führer* an expert guide ◇ *Ich muss mich erst mal sachkundig machen.* I'll have to find out about it first. **Sachlage** situation

sachlich 1 (*nüchtern*) objective (*Adv* objectively) ◇ *eine sachliche Berichterstattung* an objective report ◇ *ruhig und sachlich argumentieren* argue calmly and objectively ◇ *Ich habe nur ganz sachlich festgestellt, dass ...* I simply stated the fact that ... ◇ *Bleiben Sie doch bitte sachlich!* Please stick to the facts! **2** (*in der Sache begründet*) factual (*Adv* factually) ◇ *sachlich richtig/falsch* factually correct/incorrect ◇ *Dieser Beschluss ist sachlich nicht nachzuvollziehen.* There is no logic in this decision. ◇ *aus sachlichen Gründen* for practical reasons **3** (*funktional*) functional ◇ *ein sachlicher Stil* a functional style ◇ *Das Haus ist sehr sachlich eingerichtet.* The house is furnished in a very functional style.

sächlich (LING) neuter

Sachlichkeit 1 (*Sachlichsein*) objectivity **2** (*Funktionalität*) functionality

Sachschaden damage (to property) [U] ◇ *Zehn Menschen wurden verletzt und es entstand beträchtlicher Sachschaden.* Ten people were injured and there was serious damage to property.

sacht, sachte gentle (*Adv* gently); (*gleichmäßig*) smooth (*Adv* smoothly) ◇ *jdn sacht berühren* touch sb gently ◇ *jdm etw sachte beibringen* break sth to sb gently ◇ *ein sacht ansteigender Hügel* a gentle slope ◇ *Der Zug fuhr sacht an.* The train moved off smoothly. IDM **(immer) sachte!** gently does it!; (*nicht so eilig*) steady on!

Sach- **Sachverhalt** facts [Pl] ◇ *Der Sachverhalt ist sehr kompliziert.* The facts are very complicated. ◇ *Der genaue Sachverhalt ist noch unklar.* It is not yet clear exactly what happened. **Sachverstand** expertise **Sachverständige(r)** expert

Sack 1 sack ◇ *ein Sack Zement* a sack of cement ◇ *der Gelbe Sack* the recycling bag **2** (*Hoden-*) balls [Pl] (*vulg*) **3** (*Mensch*) sod (*vulg*), bastard (*vulg*) IDM **jdm auf den Sack fallen/gehen** get on sb's nerves **etw im Sack haben** have sth in the bag ◇ *Den Auftrag hätten wir im Sack!* The order's in the bag! **mit Sack und Pack** with all your belongings ◇ *Er stand mit Sack und Pack vor der Tür.* He appeared at my door with all his belongings. → *Siehe auch* KATZE

Sackbahnhof terminus **Sackgasse 1** (*Straße*) cul-de-sac **2** (*fig*) impasse ◇ *Die Verhandlungen sind in eine Sackgasse geraten.* The negotiations have reached an impasse.

Sadismus sadism

Sadist(in) sadist

sadistisch sadistic (*Adv* sadistically)

säen (*auch fig*) sow ◇ *Rasen säen* sow a lawn ◇ *Zwietracht säen* sow the seeds of discord IDM → DÜNN

Safari safari ◇ *auf Safari gehen* go on safari

Safe safe

Safran saffron

Saft 1 (*Frucht-, Pflanzen-*) juice **2** (*Braten-, Fleisch-*) juice [meist Pl]; (*Bratensoße*) gravy [U] ◇ *den Braten im eigenen Saft schmoren* braise a joint in its own juices **3** (*Husten-*) syrup **4** (*Elektrizität*) juice (*umgs*) IDM → SCHMOREN

saftig 1 (*Obst, Steak*) juicy; (*Wiese, Grün*) lush **2** (*Rechnung, Bußgeld*) hefty; (*Niederlage*) crushing

Saft- **Saftladen** dump (*umgs*) ◇ *Was ist denn das hier für ein Saftladen!* What a dump this is! **Saftsack** bastard (*vulg, abwert*)

Sage legend ◇ *der Sage nach* according to legend ◇ *Es geht die Sage, dass …* Legend has it that …

Säge saw
Sägemehl sawdust

sagen
• **behaupten, mitteilen** **1** say ◇ *Sie sagte kein Wort.* She didn't say a word. ◇ *Was hat er über mich gesagt?* What did he say about me? ◇ *Er hat gesagt, dass er nicht kommen würde.* He said he wasn't coming. ◇ *Was haben Sie dazu zu sagen?* What have you got to say about this? **2 jdm etw ~** tell sb sth ◇ *Könnten Sie mir bitte sagen, wie spät es ist?* Could you tell me the time, please? ◇ *Ich hab's dir doch gleich gesagt!* I told you so! ◇ *Das war das letzte Mal, das sag ich dir!* That was the last time, I can tell you! ◇ *Ich hab dir doch gesagt, dass du die Musik leiser machen sollst!* I told you to turn the music down! ◇ *Tu gefälligst, was ich dir sage.* Just do as you're told. ◇ *Was ich (Ihnen) noch sagen wollte: …* By the way: … ◇ *Von dir lasse ich mir so etwas nicht sagen!* I won't take that from you!
• **nennen** **3** call ◇ *Sag doch bitte nicht „Baby" zu mir.* Please don't call me 'baby'.
• **formulieren** **4** put ◇ *Das hast du gut gesagt.* You put that well. ◇ *So kann man es auch sagen.* You could put it like that.
• **meinen** **5** think ◇ *Was sagst du zu ihrem neuen Freund?* What do you think of her new boyfriend?
• **bedeuten** **6** mean ◇ *Sagt dir der Name etwas?* Does the name mean anything to you? ◇ *Das sagt noch nicht, dass …* That doesn't mean … ◇ *Ich will damit nicht sagen, dass …* I don't mean …
• **andere Ausdrücke** **7** ◇ *Champagner? Da sage ich nicht nein.* Champagne? I wouldn't say no. ◇ *Man sagt, dass …* They say … ◇ *Das kann man wohl sagen!* You can say that again! ◇ *Man kann sagen, was man will, aber …* You can say what you like, but … ◇ *Wie gesagt, …* As I said, … ◇ *Das sagt sich so einfach.* That's easily said. ◇ *Was sagst du jetzt?* Now what do you say? ◇ *Seine Noten sagen noch lange nichts über seine Fähigkeiten.* His marks say nothing at all about his abilities. ◇ *Von einer Gehaltserhöhung habe ich nichts gesagt.* I said nothing about a rise. ◇ *Wie sagt man doch gleich?* What's the word? ◇ *wie man (so schön) sagt* as they say ◇ *wenn ich so sagen darf* if I may say so
IDM **das ist nicht gesagt** that's not necessarily the case **das kann man wohl sagen!** (*auch* **das kannst du laut sagen!**) you can say that again! **du sagst es!/ Sie sagen es!** that's right! **es ist noch (lange) nicht gesagt, dass …** it's not yet certain that … **gesagt, getan!** no sooner said than done **sag bloß** don't say ◇ *Jetzt sag bloß, du hast es vergessen!* Now don't say you forgot! **sag mal** I say ◇ *Sag mal, weißt du, wer das ist?* I say, do you know who that is? **sage und schreibe** believe it or not ◇ *Es hat sage und schreibe fünf Stunden gedauert.* Believe it or not, it took five hours. **wem sagst du das?** you're telling me! **wer sagt's denn?** what did I tell you? ℹ Für andere Redewendungen mit **sagen** siehe die Einträge für die entsprechenden Nomina etc. **Jdm etw ins Gesicht sagen** z.B. steht unter **Gesicht**.

Sagen **das ~ haben** be in charge, call the shots (*umgs*)

sägen saw

sagen- **sagenhaft** **1** (*aus Sagen*) legendary **2** (*unglaublich*) incredible (*Adv* incredibly) ◇ *Sie hatte sagenhaftes Glück.* She was incredibly lucky. **sagenumwoben** legendary

Säge- **Sägespäne** wood shavings [Pl] **Sägewerk** sawmill

Sahne cream IDM **(aller)erste Sahne** top class

sahnig creamy

Saison season ◇ *zu Beginn der Saison 2008* at the beginning of the 2008 season ◇ *außerhalb der Saison* out of season

saisonal seasonal

Saison- **Saisonbeginn** start of the season ◇ *zu Saisonbeginn* at the start of the season ◇ *ein enttäuschender Saisonbeginn* a disappointing start to the season **Saisonende** end of the season **Saisoneröffnung** opening of the season

Saite (MUS, SPORT) string

Sakko (sports) jacket, (*AmE*) sport coat

sakral religious

Sakrament sacrament

Sakrileg sacrilege [U/Sing] ◇ *Das ist ein Sakrileg!* That's sacrilege!

säkular secular

Salamander salamander

Salami salami

Salär salary

Salat **1** (*Kopf-*) lettuce **2** (*Gericht, Beilage*) salad ◇ *ein gemischter Salat* a mixed salad IDM **Da haben wir den Salat!** Now we're in a right mess!

Salbe ointment

Salbei sage

Saldo balance

Salmonellen salmonella [U] ◇ *an Salmonellen erkranken* get salmonella poisoning

Salon **1** (*Friseur-, Kosmetik-*) salon **2** (*Ausstellungsraum*) showroom **3** (*Wohnzimmer*) drawing room

salopp (*locker*) casual (*Adv* casually); (*nachlässig*) careless (*Adv* carelessly) ◇ *saloppe Kleidung* casual clothes ◇ *salopp gesagt* to put it crudely

Salto somersault ◇ *einen Salto vorwärts/rückwärts machen* do a forwards/backwards somersault

Salz salt ◇ *eine Prise Salz* a pinch of salt IDM **Salz in die Wunde streuen** rub salt into the wound

salzen put salt in/on sth ◇ *Das ist zu stark gesalzen.* There's too much salt in this. ◇ *gesalzene Butter* salted butter

salzig salty

Salz- **Salzkartoffeln** boiled potatoes [Pl] **Salzsäure** hydrochloric acid **Salzstreuer** salt cellar, (*AmE*) salt shaker **Salzwasser** **1** (*Meerwasser*) salt water **2** (*zum Kochen*) salted water

Samba samba ◇ *Samba tanzen* dance the samba

Samen **1** seed **2** (*Sperma*) sperm
Samenspender sperm donor

Sammel- **Sammelaktion** fundraising campaign **Sammelband** anthology **Sammelbecken** **1** collecting tank **2** (*fig*) rallying point ◇ *Die Partei ist ein Sammelbecken für radikale Wähler.* The party is a rallying point for radical voters. **Sammelbehälter** recycling collection point; (*Altglas-*) bottle bank; (*Altpapier-*) paper bank **Sammellager** **1** reception centre (for asylum seekers) **2** (*AmE*) reception center; (*Durchgangslager*) transit camp

sammeln **1** collect ◇ *Sie sammelt Bierdeckel.* She collects beer mats. ◇ *Es wurden 650 Unterschriften gesammelt.* 650 signatures were collected. ◇ *für einen guten Zweck sammeln* collect (money) for a good cause ◇ *den Abfall getrennt sammeln* collect rubbish in separate containers **2** (*Material, Informationen, Kraft*) gather; (*Beeren, Pilze, Kräuter auch*) pick ◇ *Die Forscher haben Daten darüber gesammelt.* The researchers gathered data on the subject. ◇ *Während ihres Urlaubs konnte sie viele Eindrücke sammeln.* She saw lots of new things on holiday. ◇ *Er hat wäh-*

rend seines Praktikums viele Erfahrungen gesammelt. He learned a lot during his work experience. **3** (*Punkte*) score **4** (*Stimmen*) win **5 jdn (um sich) ~** gather sb (around you) **6 jdn (hinter sich) ~** get sb (behind you) **7 sich ~** (*Menschen, Tiere*) gather, assemble **8 sich ~** (*Flüssigkeit*) accumulate **9 sich ~** (*Ruhe suchen*) compose yourself

Sammelstelle **1** (*zum Recyceln*) collection point **2** (*für Menschen*) assembly point

Sammelsurium motley collection, assortment

Sammelunterkunft hostel

Sammler(in) collector

Sammlung **1** collection ◊ *Die Sammlung erbrachte eine vierstellige Summe.* The collection yielded a four-figure sum. ◊ *eine Sammlung von über 500 Gemälden* a collection of over 500 paintings ◊ *eine Sammlung von Essays* a collection of essays **2** composing yourself (*meist mit einem Verb übersetzt*) ◊ *Vor dem Auftritt brauchte er einen Moment innerer Sammlung.* He needed a moment to compose himself before he went on.

Samstag Saturday → *Beispiele bei* MONTAG

samstags on Saturdays → *Beispiele bei* MONTAGS

samt (together) with, along with, and ◊ *Das Schiff ging samt der Mannschaft unter.* The ship went down with all hands. IDM **samt und sonders** all ◊ *Seine Bücher handeln samt und sonders von Krieg und Gewalt.* His books all deal with war and violence.

Samt velvet

samtig velvety

sämtlich all ◊ *Die Opfer waren sämtlich ältere Frauen.* The victims were all older women. ◊ *Er hatte sämtliche Hoffnung verloren.* He had lost all hope.

Sanatorium sanatorium, (*AmE auch*) sanitarium

Sand sand IDM **im Sande verlaufen** (*erfolglos bleiben*) come to nothing; (*verschwinden*) peter out ◊ *Auch diese Initiative verlief im Sande.* This initiative also came to nothing. **etw in den Sand setzen** **1** (*keinen Erfolg haben*) make a mess of sth ◊ *Sie setzte ihre Fahrprüfung in den Sand.* She made a mess of her driving test. **2** (*verschwenden*) squander sth **Sand im Getriebe** a problem ◊ *Die schlechte Leistung der Mannschaft zeigte deutlich, dass irgendwo Sand im Getriebe war.* The team's poor performance showed that there was clearly a problem somewhere. **jdm Sand in die Augen streuen** con sb **Sand ins Getriebe streuen** put a spanner in the works **... wie Sand am Meer** loads of ...; thousands of ...

Sandale sandal

Sand- **Sandbahn** **1** (*für Speedway*) speedway racing track; (*für Pferderennen*) all-weather track **2** (*Sportart*) longtrack **Sandbank** sandbank

sandig sandy; (*mit Sand bedeckt*) covered in sand ◊ *sandiger Boden* sandy soil ◊ *Nach dem Picknick am Strand war alles sandig.* After the picnic on the beach, everything was covered in sand.

Sand- **Sandkasten** sandpit, (*AmE*) sandbox **Sandkuchen** Madeira cake **Sandsack** **1** sandbag **2** (SPORT) punchbag, (*AmE*) punching bag **Sandstein** sandstone ◊ *ein Haus aus Sandstein* a sandstone house **Sandstrand** sandy beach

sanft **1** gentle (*Adv* gently) ◊ *Ihre sanfte Art wird von allen geschätzt.* Everyone likes her gentle manner. ◊ *eine sanfte Stimme/ein sanftes Lächeln* a gentle voice/smile ◊ *sanfte Hügel* gentle hills ◊ *sanfte Methoden* gentle methods ◊ *sanfter Druck* gentle pressure ◊ *Sie schob ihn mit sanfter Gewalt zur Tür hinaus.* She pushed him gently but firmly out of the door. **2** (*Geräusch, Farbe, Musik, Licht*) soft (*Adv* softly) **3** (*Landung*) smooth **4** (*Medizin, Geburt*) natural; (*Tourismus*) green **5** (*ruhig*) peaceful (*Adv* peacefully) ◊ *ein sanfter Tod* a peaceful death ◊ *Das Baby schlief sanft.* The baby was sleeping peacefully. IDM **die sanfte Revolution** the Velvet Revolution

sang- IDM **sang- und klanglos** quietly; (*unbemerkt*) unnoticed [nicht vor Nomen]

Sänger(in) singer

sanieren **1** (*Gebäude*) (completely) renovate, modernize; (*Gebiet*) redevelop; (*Landschaft*) clean *sth* up **2** (WIRTSCH) rescue, return *sth* to profitability **3 sich ~** solve your financial problems; (*Wirtschaft*) recover

Sanierung **1** renovation, modernization; (*Gebiet*) redevelopment; (*Boden, Fluss etc.*) clean-up **2** (WIRTSCH) rescue, return to profitability ◊ *ein Plan zur Sanierung des Betriebs* a rescue plan for the company ◊ *Steuererhöhungen zur Sanierung des Haushalts* tax increases to balance the budget

Sanierungsarbeiten renovation work [U] **sanierungsbedürftig** **1** in need of renovation [nicht vor Nomen] ◊ *ein sanierungsbedürftiges Gebäude* a building in need of renovation **2** (*Firma etc.*) ailing **Sanierungskonzept** **1** redevelopment scheme **2** (WIRTSCH) rescue plan **Sanierungsmaßnahmen** **1** renovation work [U]; (*von Gebieten*) redevelopment [U] **2** (WIRTSCH) rescue package

sanitär sanitary [nur vor Nomen] ◊ *Die sanitären Verhältnisse sind verheerend.* The sanitary conditions are appalling.

Sanitäter(in) **1** paramedic **2** (*Soldat*) medical orderly

Sankt Saint

Sanktion sanction ◊ *Sanktionen gegen ein Land verhängen/aufheben* impose/lift sanctions against a country

sanktionieren sanction

Saphir sapphire

Sardelle anchovy

Sardine sardine

Sardinenbüchse sardine tin, (*AmE*) sardine can

Sarg coffin

Sarkasmus sarcasm

sarkastisch sarcastic (*Adv* sarcastically)

Satan Satan

satanisch **1** (*Sekte etc.*) satanic **2** (*fig*) fiendish, mischievous ◊ *Er hatte eine satanische Freude daran, andere zu schockieren.* He took mischievous delight in shocking people.

Satellit satellite ◊ *Das Endspiel wurde über Satellit übertragen.* The final was broadcast via satellite.

Satellitennavigation satellite navigation **Satellitenschüssel** satellite dish **Satellitensender** satellite channel **Satellitenstadt** satellite town

Satin satin ◊ *ein Kleid aus Satin* a satin dress

Satire satire; (*Artikel auch*) satirical article ◊ *Das Stück ist eine Satire auf unsere Gesellschaft.* The play is a satire on our society.

Satiriker(in) satirist

satirisch satirical (*Adv* satirically) ◊ *Es war satirisch übertrieben dargestellt.* It was presented with satirical exaggeration.

satt **1** full(up) (*umgs*) ◊ *Ich bin satt.* I'm full. ◊ *Bist du satt?* Have you had enough? ◊ *Machen Nudeln wirklich satt?* Is pasta really filling? ◊ *Im Krieg konnten sie sich nie richtig satt essen.* During the war they could never get enough to eat. ◊ *Die Kinder haben sich an Süßigkeiten satt gegessen.* The children have filled themselves up with sweets. ◊ *Wie sollen wir die vielen Leute satt bekommen?* How are we going to feed so many people? **2** (*selbstzufrieden*) smug **3** (*Farben*) rich, deep ◊ *ein sattes Grün* a rich green ◊ *Die*

Farben leuchten satt. The colours have a rich glow. **4** (*Wiese*) lush **5** (*Gewinne, Umsatz*) hefty; (*Mehrheit*) comfortable ◇ *Die Diäten der Abgeordneten wurden um satte 8% erhöht.* MPs' allowances were increased by a hefty 8%. ◇ *Bei diesem Geschäft hat er satt verdient.* He made a packet out of that deal. **6 ... satt** lots of ..., loads of ... (*umgs*) ◇ *Pilze satt* loads of mushrooms ◇ *Im Urlaub hatten wir Sonne satt.* On holiday we had lots of sunshine. IDM **jdn/etw satt bekommen** get fed up with sb/sth ◇ *Schließlich bekam er es satt und beschwerte sich.* In the end he got fed up with it and complained. **sich an jdm/etw nicht satt sehen können** not be able to take your eyes off sb/sth ◇ *Sie konnte sich an ihrem Baby nicht satt sehen.* She couldn't take her eyes off her baby. **sich an etw satt sehen** soon get tired of looking at sth ◇ *An dieser Farbe sieht man sich schnell satt.* You soon get tired of looking at this colour.

Sattel saddle ◇ *Er schwang sich in den Sattel und ritt davon.* He swung himself into the saddle and rode away. ◇ *Sie schwang sich auf den Sattel und fuhr zur Schule.* She jumped onto her bike and rode to school. ◇ *einem Pferd den Sattel auflegen/abnehmen* saddle up a horse/take the saddle off a horse ◇ *Das Pferd warf den Reiter aus dem Sattel.* The horse threw its rider. ◇ *ohne Sattel reiten* ride bareback IDM **fest im Sattel sitzen** be firmly in the saddle **jdm in den Sattel helfen** (*auch* **jdn in den Sattel heben**) help sb to power **sich im Sattel halten (können)** last ◇ *Der neue Chef wird sich nicht lange im Sattel halten.* The new boss won't last very long.

satteln saddle

Sattel- Sattelschlepper articulated lorry, (*AmE*) tractor-trailer **Satteltasche** (*Gepäcktasche*) saddlebag, pannier; (*Werkzeugtasche*) bicycle tool kit **Sattelzug** articulated lorry and trailer, (*AmE*) tractor-trailer

satthaben jdn/etw ~ be fed up with sb/sth; be sick of sb/sth ◇ *Ich habe es satt, mir das immer wieder anhören zu müssen!* I'm sick of hearing that over and over again! ◇ *Er hatte sie endgültig satt.* He was really fed up with her.

sättigen 1 jdn/sich ~ satisfy sb's/your hunger **2 etw ~** (*Ehrgeiz, Neugier etc.*) satisfy sth **3 etw ~** (NATURW, WIRTSCH) saturate ◇ *gesättigte Fettsäuren* saturated fats ◇ *Der PC-Markt ist noch nicht gesättigt.* The PC market has not reached saturation. **4** (*Speisen*) be filling ◇ *Diese Suppe sättigt nicht sehr.* This soup is not very filling.

sättigend filling

Saturn Saturn → *Beispiele bei* MERKUR

Satz 1 sentence ◇ *mitten im Satz abbrechen* break off in mid-sentence ◇ *Sie schilderte mit wenigen Sätzen die Situation.* She described the situation briefly. **2** (*Teil-*) clause ◇ *ein abhängiger/selbstständiger Satz* a subordinate/main clause **3** (RECHT) clause **4** (*Philosophie, Lehrsatz*) proposition **5** (*Mathe, Physik*) theorem ◇ *der Satz des Pythagoras* Pythagoras' theorem **6** (MUS) movement **7** (*Tennis, Volleyball*) set; (*Badminton, Tischtennis*) game **8** (*zusammengehörige Dinge*) set ◇ *ein Satz Briefmarken/Kochtöpfe* a set of stamps/pans **9** (*Tarif*) rate **10** (*Boden-*) sediment [U]; (*Kaffee-*) grounds [Pl] **11** (*Sprung*) leap, bound; (*Schritt*) stride ◇ *Sie sprang mit einem Satz über die Mauer.* She cleared the wall in a single bound. ◇ *Mit drei Sätzen war er an der Tür.* He reached the door in three strides. ◇ *Ich machte einen Satz über den Zaun.* I leapt over the fence.

Satzung statutes [Pl]

Satzzeichen punctuation mark

Sau 1 (*Schwein*) sow **2** (*Schimpfwort: schmutzig*) slob (*umgs*); (*gemein*) bastard (*vulg, Slang*) IDM **die Sau rauslassen** let your hair down **keine Sau** nobody at all **unter aller Sau** the pits (*umgs*) ◇ *Ihre englische Aussprache ist wirklich unter aller Sau.* Her English pronunciation really is the pits. **wie eine gesengte Sau 1** (*schnell*) like a bat out of hell **2** (*schlecht*) like a maniac ◇ *Er fährt wie eine gesengte Sau.* He drives like a maniac. **jdn zur Sau machen** bawl sb out; (*AmE*) chew sb out

sauber 1 clean ◇ *Sind deine Schuhe sauber?* Are your shoes clean? ◇ *die Wohnung sauber machen* clean the flat ◇ *Parkett ist leicht sauber zu halten.* A wooden floor is easy to keep clean. **2** (*Hund*) house-trained, (*AmE*) house-broken; (*Kind*) potty-trained **3** (*ordentlich*) neat (*Adv* neatly); (*genau*) accurate (*Adv* accurately); (*deutlich*) clear (*Adv* clearly) ◇ *Er hat eine sehr saubere Handschrift.* His writing is very neat. ◇ *eine saubere Lösung* a neat solution **4** (*redlich*) honest ◇ *ein sauberer Charakter* an honest character ◇ *Er/Die Sache ist sauber.* He/The thing is on the level. **5** (*beachtlich*) great; (*ironisch*) fine, nice (*Adv* nicely) ◇ *Das ist ja sauber!* That's great! ◇ *Saubere Freunde hast du!* Fine friends you've got! IDM → WESTE

Sauberkeit cleanliness

säuberlich (*sorgfältig*) careful (*Adv* carefully); (*ordentlich*) neat (*Adv* neatly) ◇ *Der Müll wird säuberlich getrennt.* The rubbish is carefully sorted. ◇ *ein säuberlich gefaltetes Taschentuch* a neatly folded handkerchief

säubern 1 clean; (*Gelände, Luft, Wasser*) clean *sth* up ◇ *einen Teppich säubern* clean a carpet ◇ *den Bach säubern* clean up the stream **2 A von B ~** (*sauber machen*) clean B off A; (*frei machen*) clear A of B ◇ *den Teppich von Flecken säubern* clean the stains off the carpet ◇ *ein Gebiet von Tretminen säubern* clear an area of landmines **3 etw (von jdm/etw) ~** (*befreien*) rid sth (of sb/sth); (*Partei, Organisation*) purge sth (of sb/sth) ◇ *das Internet von Pornografie säubern* rid the Internet of pornography ◇ *eine Partei (von Extremisten) säubern* purge a party (of extremists)

Säuberung 1 (*Reinigung*) cleaning [U]; (*Gelände, Luft, Wasser*) clean-up [U] (*oft mit einem Verb übersetzt*) ◇ *Die Säuberung des Strandes nach der Ölkatastrophe nahm Monate in Anspruch.* It took months to clean up the beach after the oil disaster. **2** (*fig*) purge ◇ *die stalinistischen Säuberungen* the Stalinist purges **3** ◇ *ethnische Säuberung* ethnic cleansing

saublöd damn silly (*umgs*) ◇ *Stell dich nicht so saublöd an!* Don't be so damn silly! ◇ *Ich muss mal was ganz Saublödes fragen.* I've got to ask a really silly question.

Sauce → SOSSE

saudumm damn stupid (*umgs*)

sauer 1 sour; (*Obst*) tart; (*Wein*) acid ◇ *saure Sahne* sour cream ◇ *Die Milch ist sauer.* The milk has turned sour. **2** (NATURW) acid; (*Boden*) acidic ◇ *saurer Regen* acid rain **3** (*in Essig eingelegt*) pickled ◇ *saure Gurken* pickled gherkins ◇ *etw sauer einlegen* pickle sth **4** (*verärgert*) annoyed ◇ *Bist du noch sauer auf mich?* Are you still annoyed with me? ◇ *Hat er sehr sauer reagiert?* Was he very annoyed? ◇ *Sie machte ein saures Gesicht.* She looked annoyed. → *Siehe auch* AUFSTOSSEN **5** ◇ *mein sauer verdientes Geld* my hard-earned money IDM → APFEL

Sauerei 1 (*Schmutz und Unordnung*) mess [Sing] ◇ *eine Sauerei machen* make a mess ◇ *Was ist denn das hier für eine Sauerei!* What's all this mess here? **2** (*Schande*) disgrace [Sing] ◇ *Das ist eine echte Sauerei!* It's an absolute disgrace! **3** (*moralisch Anstößiges*) filth [U]; (*Witz*) dirty joke

Sauer- Sauerkirsche sour cherry **Sauerkraut** sauerkraut

säuerlich **1** slightly sour; (*Obst, Wein*) slightly sharp ◊ *Die Milch riecht schon säuerlich.* The milk already smells sour. **2** (*verärgert*) slightly annoyed ◊ *etwas säuerlich dreinblicken* look a bit annoyed ◊ *ein säuerliches Gesicht machen* pull a sour face

Sauer- **Sauerstoff** oxygen **Sauerteig** sourdough

saufen drink; (*Auto*) guzzle ◊ *Er säuft wie ein Loch.* He drinks like a fish.

Säufer(in) drunkard

saugen **1** (*mit dem Mund*) suck ◊ *Gift aus einer Wunde saugen* suck poison from a wound ◊ *Die Pflanzen saugen Wasser aus der Erde.* The plants draw water from the soil. **2 an etw ~** suck at/on sth; (*Pfeife, Zigarette*) draw at/on sth **3** (*mit dem Staubsauger*) vacuum ◊ *das Wohnzimmer saugen* vacuum the lounge IDM → FINGER

säugen suckle

Säuger, **Säugetier** mammal

saugfähig absorbent

Säugling baby, infant (*Fachspr*)

saukalt freezing cold

Säule pillar (*auch fig*), column ◊ *eine Säule der Gesellschaft* a pillar of society ◊ *Säulen aus Marmor* marble columns

Säulendiagramm bar chart, (*AmE auch*) bar graph

Saum **1** hem; (*Naht*) seam **2** (*Rand*) edge

saumäßig **1** (*sehr, groß*) damned (*umgs*), hellish (*Adv* hellishly) (*umgs*) ◊ *Sie hatte saumäßiges Glück/Pech.* She was damned lucky/unlucky. ◊ *Es tut saumäßig weh.* It hurts like hell. **2** (*schlecht*) lousy (*umgs*), terrible (*Adv* terribly) (*umgs*) ◊ *Er ist ein saumäßiger Autofahrer.* He is a lousy driver. ◊ *In deinem Zimmer sieht es saumäßig aus.* Your room's a pigsty.

säumen line ◊ *Tausende säumten die Straßen.* The streets were lined with thousands of people. ◊ *Der Strand ist von Palmen gesäumt.* The beach is lined with palms.

Sauna sauna ◊ *Gestern waren wir in der Sauna.* Yesterday we went to the sauna.

Säure **1** (NATURW) acid **2** (*Beschaffenheit*) acidity

Saurier dinosaur

säuseln **1** (*rauschen*) rustle **2** (*sprechen*) whisper **3** (*singen*) croon

sausen **1** (*eilig gehen*) dash; (*vorbeifahren, -fliegen*) zoom, whizz; (*nach unten fallen*) plummet ◊ *Ich saus mal eben rüber zum Supermarkt.* I'm just dashing round to the supermarket. ◊ *Ein Auto kam um die Ecke gesaust.* A car came zooming round the corner. ◊ *Die Drachen sausen durch die Luft.* The kites are whizzing through the air. **2** (*Wind, Wasser*) roar; (*Blut*) pound ◊ *Mir sauste das Blut in den Ohren.* The blood was pounding in my ears. **3 durch etw ~** fail sth ◊ *Er ist durch die Prüfung gesaust.* He failed his exam. **4 etw ~ lassen** (*Gelegenheit*) pass sth up; (*Stelle, Studium*) give sth up; (*nicht hingehen*) give sth a miss ◊ *Er ließ die Oper sausen.* He gave the opera a miss. **5 jdn ~ lassen** dump sb IDM → LASSEN

Saxofon saxophone ◊ *Sie spielt Saxofon.* She plays the saxophone.

S-Bahn S-Bahn, city and suburban railway

scannen scan

Schabe **1** cockroach, (*AmE auch*) roach (*umgs*) **2** (*Motte*) moth

schaben **1** (*kratzen, schälen*) scrape ◊ *Du solltest die alte Farbe von der Tür schaben.* You should scrape the old paint off the door. ◊ *ein schabendes Geräusch* a scraping noise **2** (*raspeln*) grate; (*zerkleinern*) mince

schäbig **1** (*unansehnlich*) shabby (*Adv* shabbily) **2** (*geizig*) paltry ◊ *ein schäbiges Gehalt* paltry wages **3** (*verwerflich*) mean (*Adv* meanly), shabby (*Adv* shabbily) ◊ *Ich kam mir richtig schäbig vor.* I felt really mean. ◊ *Sie hat ihn schäbig behandelt.* She treated him shabbily. ◊ *Er ist ein schäbiger Kerl.* He's a nasty piece of work. ◊ *eine schäbige Ausrede* a flimsy excuse

Schablone **1** pattern; (*zum Zeichnen äußerer Umrisse*) template; (*zum Übertragen ausgestanzter Muster*) stencil **2** (*stereotype Denkweise*) stereotype; (*stereotype Redewendung*) cliché ◊ *Die Figuren in seinem Roman lassen sich nicht in eine Schablone pressen.* The characters in his novel don't conform to a stereotype.

Schach **1** (*Spiel*) chess ◊ *eine Partie Schach* a game of chess ◊ *Schach spielen* play chess **2** (*Zug*) check ◊ *jdm Schach bieten* put sb in check ◊ *Der König steht im Schach.* The king is in check. ◊ *Schach!* Check! IDM **jdn/etw in Schach halten** keep sb/sth in check

Schachbrett chessboard **Schachfigur** chess piece

schachmatt **~ sein** be checkmated; **jdn ~ setzen** checkmate sb

Schacht (*Bergwerk, Aufzug*) shaft; (*Brunnen*) well; (*Gully*) manhole; (*U-bahn*) tunnel ◊ *Die Bergleute fuhren in den Schacht ein.* The miners went down the pit.

Schachtel box; (*Zigaretten*) packet ◊ *eine Schachtel Pralinen/Streichhölzer* a box of chocolates/matches IDM **eine alte Schachtel** an old bag (*umgs, abwert*)

Schachzug move ◊ *ein geschickter Schachzug* a clever move

schade **1** shame, pity ◊ *Oh, wie schade!* Oh, what a shame! ◊ *Schade, dass es regnet!* What a shame it's raining! ◊ *Es ist schade, dass du nicht kommen kannst.* It's a pity you can't come. **2 ~ sein um etw** be a waste of sth ◊ *Mein neuer Pullover ist bereits ausgeleiert — schade um das Geld!* My new pullover has already gone baggy — what a waste of money! **3 um jdn/etw ist es nicht ~** sb/sth is no loss **4 zu ~ für jdn/etw** too good for sb/sth ◊ *Sie ist viel zu schade für ihn.* She's far too good for him. **5 sich (für jdn/etw) zu ~ sein** consider yourself above sb/sth ◊ *Für die Hausarbeit war er sich zu schade.* He considered himself above doing the housework. ◊ *Sie war sich nicht zu schade, das Auto anzuschieben.* She didn't mind pushing the car.

Schädel **1** skull **2** → KOPF IDM → EINSCHLAGEN

schaden **(jdm/etw) ~** (*Gesundheit*) damage sb/sth; (*Ansehen, Karriere etc.*) be damaging (to sth) ◊ *Rauchen schadet der Gesundheit.* Smoking damages your health. ◊ *Die Skandale schaden der Leichtathletik.* The scandals are damaging to athletics. IDM **das schadet ihm/ihr gar nichts!** it serves him/her right! **das schadet nichts** it doesn't matter **etw würde/kann (jdm) nicht schaden** sth wouldn't do (sb) any harm; sth wouldn't hurt (sb) ◊ *Ein bisschen frische Luft würde nicht schaden!* A bit of fresh air wouldn't hurt! → *Siehe auch* EIFER

Schaden **1** damage [U] ◊ *Der Sturm richtete einen Schaden in Höhe von einer Million Dollar an.* The storm caused a million dollars' worth of damage. ◊ *Der Schaden am Auto ist nicht der Rede wert.* The damage to the car is negligible. ◊ *Die Dächer wiesen Schäden auf.* The roofs showed signs of damage. ◊ *Die Vorwürfe fügten dem Ansehen der Polizei großen Schaden zu.* The accusations damaged the police's reputation. ◊ *Beim Umzug hat die Lampe Schaden genommen.* The lamp suffered a bit in the move. **2** (*Verletzung*) injury ◊ *Er zog sich bleibende Schäden zu.* He sustained permanent injuries. ◊ *Sie trug nur leichte Schäden davon.* She was only slightly injured. **3 zu ~ kommen** (*verletzt werden*) be hurt

Schadenersatz compensation ◊ *Schadenersatz fordern* demand compensation ◊ *jdn auf Schadenersatz verklagen* sue sb for compensation ◊ *Die Reiseveranstalter wurden zu Schadenersatz verurteilt.* The tour operators were ordered to pay compensation. **Scha-**

denfreude malicious pleasure, glee ◇ *Sie machte aus ihrer Schadenfreude keinen Hehl.* She could not hide her glee. **schadenfroh** gleeful (*Adv* gleefully) ◇ *Er rieb sich schadenfroh die Hände.* He rubbed his hands gleefully.

Schadens- **Schadensbegrenzung** damage limitation **Schadensersatz** → SCHADENERSATZ

schädigen damage

schädlich harmful ◇ *schädlich für die Umwelt* harmful to the environment

Schädling pest ◇ *Schädlinge bekämpfen* control pests **Schädlingsbekämpfung** pest control **Schädlingsbekämpfungsmittel** pesticide

Schadstoff harmful substance, pollutant (*offiz*) ◇ *Der Boden war mit Schadstoffen belastet.* The ground was polluted. **schadstoffarm** (*Motor, Auto*) low-emission; (*Baumaterialien, Lack, Teppich*) eco-friendly; (*Luft, Verbrennung*) clean **Schadstoffausstoß** (*auch* **Schadstoffemission**) emissions [Pl] **Schadstoffbelastung** pollution ◇ *eine hohe Schadstoffbelastung* a high level of pollution

Schaf **1** (*Tier*) sheep **2** (*dummer Mensch*) silly billy IDM **das schwarze Schaf** the black sheep (of the family)

Schäfer(in) shepherd(ess) **Schäferhund** Alsatian, (*AmE*) German shepherd

Schaffen work

schaffen¹ **1** (*eine Aufgabe bewältigen*) manage ◇ *Er schaffte die Arbeit alleine nicht mehr.* He couldn't manage the work on his own any longer. ◇ *Sie schaffte es, sein Autogramm zu bekommen.* She managed to get his autograph. ◇ *Sie haben den Durchbruch geschafft.* They have achieved a breakthrough. **2** (*eine Prüfung bestehen*) pass ◇ *Er hatte den Führerschein beim ersten Versuch geschafft.* He had passed his driving test first time. **3** (*ein Verkehrsmittel erreichen*) catch, make ◇ *Wenn wir uns beeilen, schaffen wir den Bus noch.* If we hurry, we can still make the bus. **4** (*arbeiten*) work **5 jdn ~** wear sb out ◇ *Nach dem Wettkampf war er völlig geschafft.* After the race he was completely worn out. **6** (*irgendwohin bringen*) take ◇ *Bitte schaffe den Abfall in die Tonne.* Can you take the rubbish to the bin, please.

schaffen² **1** (*Arbeitsplätze, Möglichkeiten, Bedingungen, Atmosphäre, Probleme, Kunstwerk*) create; (*Platz*) make; (*Frieden*) achieve ℹ Siehe auch die Einträge für **Ordnung, Klarheit** etc. **2 sich Freunde/Feinde ~** make friends/enemies IDM **mit jdm/etw nichts zu schaffen haben wollen** not want anything to do with sb/sth ◇ *Mit ihnen will ich nichts zu schaffen haben!* I don't want anything to do with them! **mit jdm/etw zu schaffen haben** have something to do with sb/sth ◇ *Was habe ich damit zu schaffen?* What have I got to do with it? **sich irgendwo zu schaffen machen** **1** (*an etw hantieren*) fiddle about with sth ◇ *Er machte sich am Auto zu schaffen.* He was fiddling about with the car. **2** (*etw tun, was verdächtig ist*) act suspiciously ◇ *Sie sah, wie sich jemand an der Haustür zu schaffen machte.* She saw somebody acting suspiciously at the front door. **jdm zu schaffen machen** **1** (*jdm Mühe bereiten*) bother sb ◇ *Mein Heuschnupfen macht mir heute wieder zu schaffen.* My hay fever's bothering me again today. **2** (*jdm viel Arbeit machen*) cause sb a lot of trouble **3** (*jdm Sorgen bereiten*) worry sb ◇ *Der Streit machte ihm noch tagelang zu schaffen.* The argument worried him for days afterwards.

Schaffner(in) conductor

Schafott scaffold

Schafspelz sheepskin IDM → WOLF

schal **1** (*ohne Kohlensäure*) flat ◇ *Die Cola ist schon ganz schal.* The coke's gone flat. **2** (*unangenehm*) nasty ◇ *Die Angelegenheit hinterlässt einen schalen Beigeschmack.* The affair has left a nasty aftertaste behind.

Schal scarf ◇ *sich einen Schal umlegen* put a scarf on

Schale **1** (*von Obst, Gemüse*) skin **2** (*von Nüssen, Eiern, Muscheln*) shell **3** (*Schüssel*) dish

schälen **1** (*Obst, Gemüse*) peel **2 sich ~** peel ◇ *Deine Nase schält sich.* Your nose is peeling.

Schalentier crustacean

Schall sound ◇ *Licht breitet sich schneller aus als Schall.* Light travels faster than sound. ◇ *ein Zimmer gegen Schall isolieren* soundproof a room IDM **Schall und Rauch sein** not mean anything **schalldicht** soundproof

schallen (*Stimme, Glocke, Beifall*) ring out; (*nachhallen*) echo ◇ *Ihre Stimme schalte durch den Raum.* Her voice rang out across the room. ◇ *in schallendes Gelächter ausbrechen* burst out laughing

Schall- **Schallmauer** sound barrier ◇ *die Schallmauer durchbrechen* break the sound barrier **Schallplatte** record **Schallschutz** soundproofing; (*an Autobahnen etc.*) noise barrier **Schallwelle** sound wave

Schalotte shallot

schalten **1** (*Auto etc.*) change gear, (*AmE*) shift gears ◇ *in den zweiten Gang/Leerlauf schalten* change into second gear/neutral **2** (*Ampel*) change ◇ *Die Ampel schaltete auf Grün.* The lights changed to green. **3** (*reagieren*) react ◇ *Bei diesem Spiel muss man schnell schalten.* You have to react quickly in this game. ◇ *Er hat sofort geschaltet und den Arzt gerufen.* He acted immediately and called the doctor. **4** (*einstellen*) turn ◇ *den Kühlschrank kälter schalten* turn the fridge to a colder setting ◇ *die Heizung niedriger schalten* turn the heating down ◇ *den Mixer auf die höchste Stufe schalten* switch the mixer to the highest setting IDM **schalten und walten** do as you please → *Siehe auch* DURCHZUG

Schalter **1** (*Hebel*) switch **2** (*Bank, Post*) counter; (*Bahnhof*) window, ticket office; (*Flughafen*) desk **Schalterbeamter, -beamtin** counter clerk; (*Bahnhof*) ticket clerk **Schalterhalle** main hall; (*Bahnhof*) ticket office; (*Flughafen*) check-in hall **Schalterstunden** opening hours [Pl]

Schalt- **Schalthebel** **1** switch (lever) **2** (*Auto etc.*) gear lever, (*AmE*) gear shift **Schaltjahr** leap year **Schaltkreis** (ELEK) (switching) circuit

Schaltung **1** (*Fahrrad, Auto etc.*) gears [Pl]; (*Getriebe*) gearbox **2** (ELEK) circuit

Scham shame ◇ *vor Scham erröten* blush with shame ◇ *Aus falscher Scham ging er nicht zum Arzt.* He was too embarrassed to go to the doctor. ◇ *Es erfüllt mich mit tiefer Scham.* It makes me feel ashamed.

schämen **1 sich ~** be ashamed (of yourself); (*aus Keuschheit*) be embarrassed ◇ *Du solltest dich schämen!* You should be ashamed of yourself! ◇ *Sie schämte sich, weil sie ihren Bruder gehauen hatte.* She was ashamed of herself for having hit her brother. ◇ *Schämst du dich etwa, mit mir gesehen zu werden?* Are you ashamed to be seen with me then? **2 sich wegen/für etw ~; sich einer Sache ~** be ashamed of sth IDM → GRUND

Scham- **Schamgefühl** (sense of) shame ◇ *Es verletzt ihr Schamgefühl.* They consider it indecent. **Schamhaar** pubic hair **schamhaft** **1** bashful (*Adv* bashfully) **2 etw ~ verschweigen** keep quiet about sth ◇ *Schamhaft verschwieg er, dass ihm gekündigt worden war.* He kept quiet about the fact that he had been sacked. **schamlos** **1** (*gewissenlos*) shameless (*Adv* shamelessly) **2** (*unverschämt*) blatant; (*Lüge, Frechheit*) barefaced [nur vor Nomen]

Schampus bubbly *(umgs)*

Schande shame [U], disgrace ◇ *Sie brachte Schande über die ganze Familie.* She brought shame on the whole family. ◇ *Sitzenbleiben ist doch keine Schande!* There's no shame in staying down a year. ◇ *„Das ist eine Schande!", beschwerte er sich.* 'It's a disgrace!', he grumbled. ◇ *Er ist eine Schande für die ganze Schule.* He is a disgrace to the whole school. ◇ *Zu meiner Schande muss ich zugeben, dass ...* I'm ashamed to say that ... IDM **es ist eine Schande, dass/wie ...** it is a disgrace that/the way ...

schänden **1** defile; *(Gräber etc.)* desecrate **2** *(Frauen)* rape; *(Kinder)* abuse

Schandfleck eyesore ◇ *ein Schandfleck in der Landschaft* a blot on the landscape

schändlich shameful *(Adv* shamefully), disgraceful *(Adv* disgracefully)

Schandtat outrage ◇ *die Schandtaten der Apartheid* the outrages of apartheid ◇ *Ihm traue ich jede Schandtat zu!* I believe him capable of anything! IDM **zu jeder Schandtat/allen Schandtaten bereit sein** be game for anything

Schändung **1** *(Gräber etc.)* desecration **2** *(Frauen)* rape; *(Kinder)* abuse

Schanze → SPRUNGSCHANZE

Schar **1** crowd [mit Verb im Sing/Pl]; *(Vögel)* flock [mit Verb im Sing/Pl] ◇ *eine Schar von Zuschauern* a crowd of onlookers ◇ *eine treue Schar von Anhängern* a loyal band of followers ◇ *eine kleine Schar von Helfern* a small group of helpers **2 Scharen** hordes [Pl] ◇ *Scharen von Touristen* hordes of tourists ◇ *Zu dem Konzert kamen Scharen von Zuhörern.* People flocked to the concert. **3 in (hellen) Scharen** in droves

scharen **1 sich um jdn/etw ~** cluster around sb/sth **2 jdn/etw um sich ~** gather sb/sth around yourself, surround yourself with sb/sth ◇ *Sie schart gerne junge Leute um sich.* She likes to surround herself with young people.

scharf **1** *(Messer etc.)* sharp **2** *(Essen)* hot; *(Käse)* strong ◇ *scharf gewürzt* spicy **3** *(ätzend)* strong, harsh ◇ *scharfe Putzmittel* harsh cleaning materials **4** *(Kälte, Wind)* biting; *(Frost)* sharp **5** *(Foto, Bild etc.)* clear, sharp ◇ *ein scharfes Bild* a clear picture ◇ *scharfe Konturen* sharp contours ◇ *das Fernglas scharf einstellen* focus the binoculars **6** *(genau)* acute ◇ *Sie hat eine scharfe Beobachtungsgabe.* She has acute powers of observation. ◇ *jdn scharf beobachten* watch sb closely ◇ *scharf rechnen können* be good at figures ◇ *scharf nachdenken* think hard **7** *(Kritik, Angriff, Auseinandersetzung, Konkurrenz)* fierce *(Adv* fiercely); *(Protest)* strong *(Adv* strongly); *(Bemerkung)* cutting ◇ *jdn scharf kritisieren* fiercely criticize sb ◇ *Er protestierte scharf gegen diese Ungerechtigkeit.* He protested strongly against this injustice. ◇ *scharf gegen etw vorgehen* take tough action against sth **8** *(Munition etc.)* live ◇ *Es wurde scharf geschossen.* Live ammunition was used. ◇ *Sie trugen scharfe Waffen.* Their guns were loaded. **9** *(Hund)* fierce **10** *(plötzlich)* sharp *(Adv* sharply); *(schnell)* fast ◇ *scharf rechts abbiegen* turn sharp right ◇ *scharf bremsen* brake sharply **11** *(toll)* cool, great, brilliant *(umgs)* ◇ *eine scharfe Frisur* a cool hairstyle IDM **das scharfe S** the letter ß; the letter sz **scharf auf jdn aufpassen** keep a careful eye on sb **scharf auf etw sein** be keen on sth ◇ *Auf diese Arbeit bin ich nicht scharf.* I'm not keen on this work. ◇ *Ich bin ganz scharf auf Lakritz.* I love liquorice. **scharf auf jdn sein** fancy sb **scharfe Sachen** spirits [Pl] → *Siehe auch* TON², WIND *und* ZUNGE

Scharfblick ◇ *eine Schriftstellerin mit besonderem Scharfblick* a very perceptive writer

Schärfe **1** sharpness *(auch fig)* ◇ *die Schärfe der Klinge/der Bilder* the sharpness of the blade/the pictures ◇ *die Schärfe seiner Stimme* the sharpness of his voice ◇ *Die Schärfe des Windes trieb sie nach Hause.* The biting wind drove them home. **2** *(schonungslose Härte)* severity ◇ *Gegen diese Leute muss mit aller Schärfe vorgegangen werden.* These people must be dealt with with the greatest severity. **3** *(Heftigkeit)* ferocity ◇ *die Schärfe des Angriffs* the ferocity of the attack ◇ *Die Debatte wurde mit zunehmender Schärfe geführt.* The debate became increasingly heated. ◇ *Er wies die Vorwürfe in aller Schärfe zurück.* He strongly rejected the accusations. → *Siehe auch* SCHARF

schärfen **1** sharpen ◇ *ein Messer schärfen* sharpen a knife ◇ *Die Museumsbesuche schärften sein Auge für Kunst.* The museum visits improved his appreciation of art. ◇ *Das Bewusstsein für Recht und Unrecht muss geschärft werden.* We need to foster a greater sense of right and wrong. **2 sich ~** improve ◇ *Ihr Sinn für Details hat sich geschärft.* Her eye for detail has improved.

scharf- **scharfkantig** with sharp edges ◇ *ein scharfkantiger Felsen* a sharp rock **scharfmachen jdn ~** turn sb on **Scharfschütze, -schützin** sniper; *(Polizei)* marksman, markswoman, *(AmE auch)* sharpshooter **Scharfsinn** astuteness ◇ *psychologischer Scharfsinn* psychological astuteness ◇ *Diese Aufgabe stellt Ihren Scharfsinn auf die Probe.* This puzzle requires quick thinking. **scharfsinnig** astute *(Adv* astutely) ◇ *eine scharfsinnige Bemerkung* an astute observation ◇ *ein scharfsinniger Detektiv* a clever detective

Scharlach scarlet fever

Scharlatan charlatan

Scharnier hinge

Schärpe sash

scharren scratch; *(Pferd etc.)* paw ◇ *Der Hund scharrte an der Tür.* The dog scratched at the door. ◇ *Das Pferd scharrte mit den Hufen.* The horse pawed (at) the ground.

Schaschlik (shish) kebab

Schatten **1** *(von der Sonne geschützt)* shade [U] ◇ *im Schatten sitzen* sit in the shade ◇ *sich im Schatten eines Baumes ausruhen* rest in the shade of a tree ◇ *Die Schirme spendeten etwas Schatten.* The parasols provided some shade. ◇ *dreißig Grad im Schatten* thirty in the shade **2** *(Umriss)* shadow ◇ *Abends werden die Schatten länger.* The shadows get longer in the evening. ◇ *einen großen Schatten werfen* cast a long shadow ◇ *Ein Schatten tauchte aus dem Nebel auf.* A shadowy figure appeared out of the mist. **3** *(etwas Negatives)* cloud ◇ *Ein Schatten fiel auf sein Glück.* A cloud was cast over his happiness. ◇ *ein langes Leben mit Licht und Schatten* a long life with good times and bad IDM **jdn/etw in den Schatten stellen** put sb/sth in the shade ◇ *Die Veranstaltung stellte alle Erwartungen in den Schatten.* The event exceeded all our expectations. **in jds Schatten stehen** be in sb's shadow **nur noch ein Schatten seiner selbst sein** be a shadow of your former self **(nicht) über seinen Schatten springen können** (not) be able to overcome your inhibitions ◇ *Sie musste über ihren Schatten springen, um sich auf die Bühne zu wagen.* She had to overcome her inhibitions and force herself to go on stage. **seine Schatten vorauswerfen** make itself felt ◇ *Der Klimawandel wirft auch in Deutschland erste Schatten voraus.* Climate change is already making itself felt in Germany, too.

Schattendasein ◇ *Diese Sportart führt schon seit Jahren ein Schattendasein.* The sport has long had the status of poor relation. ◇ *Er trat aus dem Schattenda-*

sein hervor. He was plucked from obscurity. ◇ *Er wollte das Theater aus seinem Schattendasein herausholen.* He wanted to rescue the theatre from obscurity. **Schattenmorelle** morello cherry **Schattenseite** **1** (*Straße etc.*) shady side **2** (*Nachteil*) drawback; (*Kehrseite*) dark side ◇ *Der Erfolg hatte auch seine Schattenseiten.* Success had its drawbacks. ◇ *die Schattenseiten des Lebens* the dark side of life ◇ *In dem Reiseführer werden auch die Schattenseiten beschrieben.* The guidebook also describes the negative aspects. **Schattenspiel** **1** shadow theatre **2** (*AmE*) shadow theater; (*Stück*) shadow show **Schattenwirtschaft** black economy

Schattierung shade ◇ *Blau in allen Schattierungen* all shades of blue ◇ *Politiker aller Schattierungen* politicians of all persuasions ◇ *Ich kann Bürokraten aller Schattierungen nicht ertragen.* I can't stand bureaucrats of any kind.

schattig shady

Schatz **1** treasure ◇ *einen Schatz vergraben* bury treasure **2 ein ~ an/von etw** a wealth of sth **3** (*Liebling*) darling; (*Engel*) angel ◇ *Du bist ein Schatz!* You're an angel!

schätzen **1** (*vermuten*) reckon, think; (*raten*) guess ◇ *Was schätzt du, wie alt ist er?* How old do you reckon he is? ◇ *Ich schätze ihn auf etwa zwanzig.* I would think he's about twenty. ◇ *„Glaubst du, dass er es schafft?" „Ich schätze schon."* 'Do you think he'll make it?' 'Yes, I would think so.' ◇ *„Wie gross bist du?" „Schätz mal!"* 'How tall are you?' 'Have a guess!' **2** (*veranschlagen*) estimate; (*als Experte*) value ◇ *Der Schaden wurde auf drei Millionen geschätzt.* The damage was estimated at three million. ◇ *grob geschätzt* at a rough estimate ◇ *Schmuck schätzen lassen* have jewellery valued **3 jdn ~** think highly of sb; **etw ~** appreciate sth **4** (*mögen*) like ◇ *Sie schätzt es gar nicht, wenn man sie bei der Arbeit stört.* She doesn't like being interrupted when she's working. **IDM** **sich glücklich schätzen, dass ...** think yourself lucky that ... **etw zu schätzen wissen** appreciate sth

Schatz- **Schatzkanzler(in)** (POL) Chancellor of the Exchequer, (*AmE*) Secretary to the Treasury **Schatzmeister(in)** treasurer

Schätzung **1** estimate ◇ *nach offiziellen Schätzungen* according to official estimates ◇ *Schätzungen zufolge hat sich die Zahl verdoppelt.* It is estimated that the number has doubled. **2** (*Wert*) valuation

schätzungsweise roughly

Schau show ◇ *Das ist doch alles nur Schau!* It's all show! ◇ *Da hat er wieder mal eine Schau abgezogen!* He was showing off again! ◇ *Sie macht immer nur auf Schau.* She only does it for show. **IDM** **etw zur Schau stellen** **1** (*ausstellen*) exhibit sth **2** (*protzen*) show sth off; (*deutlich zeigen*) show sth ◇ *Sie stellt ihre Gefühle ungern zur Schau.* She doesn't like showing her feelings. **etw zur Schau tragen** show sth; make a show of sth ◇ *Er trug seine Enttäuschung offen zur Schau.* He openly showed his disappointment. ◇ *die auf dem Parteitag zur Schau getragene Eintracht* the show of harmony displayed at the party conference

Schauder shiver ◇ *Mir lief ein Schauder den Rücken hinunter.* A shiver ran down my spine. ◇ *Beim Anblick des Massengrabs überlief ihn ein Schauder.* He shuddered at the sight of the mass grave.

schauderhaft **1** (*Schauder erregend*) ghastly **2** (*schlecht*) dreadful (*Adv* dreadfully) ◇ *Es war schauderhaft kalt.* It was dreadfully cold. ◇ *Der Gesang hört sich schauderhaft an.* The singing sounds awful.

schaudern shudder ◇ *Es schauderte sie/Sie schauderten beim Gedanken an die Prüfung.* They shuddered at the thought of the exam. ◇ *Der Gedanke macht mich schaudern.* I shudder to think of it.

schauen **1** look ◇ *Schau mal, wer da ist.* Look who's there. ◇ *Er schaute sehr interessiert.* He looked very interested. ◇ *Schau, es ist nun mal so.* Look, that's how it is. **2 (nach jdm/etw) ~** (*suchen*) look (for sb/sth) ◇ *Er hat überall nach ihr geschaut.* He looked everywhere for her. **3 nach jdm/etw ~** (*überprüfen*) check sb/sth; (*sich kümmern*) look after sb/sth ◇ *Schau doch mal nach den Kartoffeln.* Can you check the potatoes? ◇ *Wer schaut nach dem Hund?* Who looks after the dog? **4 auf etw ~** (*achten*) care about sth, be hot on sth (*umgs*) ◇ *Der Verbraucher schaut nicht auf Umweltverträglichkeit.* Consumers don't care about the effect on the environment. ◇ *Er schaut sehr auf gute Manieren.* He's very hot on good manners. **5 (darauf) ~, dass ...** see that ..., mind that ... ◇ *Schau, dass du dir nicht zu viel vornimmst.* Mind that you don't take too much on. **6 (darauf) ~, ob ...** see if/whether ... ◇ *Schau mal, ob du es einrichten kannst.* See if you can arrange it. ◇ *Schauen wir mal, ob es geht.* Let's see if it works. → *Siehe auch* SEHEN **IDM** **Da schau her!/Schau, schau!** Well I never!; How about that! ◇ *Schau, schau! Trifft man dich auch mal wieder?* Well I never! Fancy meeting you! **da schaust du (aber)!** how about that! → *Siehe auch* FINGER, GAUL *und* GLAS

Schauer **1** (*Regen*) shower ◇ *vereinzelte Schauer* scattered showers **2** (*Schauder*) shiver; (*stärker*) shudder ◇ *Ihm lief ein Schauer über den Rücken.* A shiver ran down his spine.

schauerlich **1** (*Geschichte*) spine-chilling; (*Tat, Verbrechen*) horrific **2** (*schrecklich*) terrible

Schaufel **1** shovel; (*für Mehl, Zucker etc.*) scoop; (*als Spielzeug*) spade; (*Kehricht-*) dustpan; (*Bagger-*) bucket ◇ *mit der Schaufel den Schnee wegräumen* clear the snow with a shovel ◇ *Eimer und Schaufel* bucket and spade ◇ *Schaufel und Besen* dustpan and brush **2** (*Menge*) shovelful ◇ *ein paar Schaufeln Erde* a few shovelfuls of soil

schaufeln **1** shovel ◇ *Sie schaufelte den Sand in den Eimer.* She shovelled the sand into the bucket. ◇ *Schnee schaufeln* clear the snow **2** (*graben*) dig ◇ *Er schaufelte ein Loch.* He dug a hole. **IDM** → GRAB

Schaufenster shop window ◇ *Ich habe einen tollen Pulli im Schaufenster gesehen.* I've seen a lovely jumper in a shop window. **Schaufensterbummel** window-shopping ◇ *einen Schaufensterbummel machen* go window-shopping

Schaukasten display case

Schaukel swing

schaukeln **1** (*auf einer Schaukel etc.*) swing; (*spielen*) go/play on the swings ◇ *Er schaukelte in der Hängematte.* He was swinging in the hammock. ◇ *Die Kinder schaukeln.* The children are playing on the swings. **2** (*auf einem Schaukelstuhl etc.*) rock; (*im Wind*) sway ◇ *Das Boot schaukelte sanft.* The boat rocked gently. ◇ *Auf der Überfahrt hat es ganz schön geschaukelt.* It was pretty rough on the crossing. **3 jdn/etw ~** rock sb/sth ◇ *Sie schaukelte das Kind in den Armen.* She rocked the child in her arms. **IDM** **wir werden das Kind/die Sache schon schaukeln** we'll manage somehow

Schaukel- **Schaukelpferd** rocking horse **Schaukelstuhl** rocking chair

Schaulustige(r) onlooker

Schaum foam; (*auf Bier*) froth; (*auf Flüssen, Suppe*) scum; (*Seifen-*) lather **IDM** **Schaum schlagen** be all talk ◇ *Sie schlagen doch nur Schaum.* They're all talk.

schäumen **1** foam, froth; (*Seife etc.*) lather ◇ *Das Bier schäumte aus dem Hahn.* The beer foamed out of the tap. ◇ *Das Shampoo schäumt zu stark.* The shampoo produces too much lather. **2** (*wütend sein*) fume ◇ *Er schäumte vor Wut.* He was fuming with rage.

Schaum- **Schaumfestiger** styling mousse **Schaumgummi** foam rubber

schaumig foamy, frothy; (*Seife etc.*) lathery ◇ *Das Eiweiß schaumig schlagen.* Beat the egg white until frothy. ◇ *Butter und Zucker schaumig schlagen.* Cream butter and sugar until fluffy.

Schaum- **Schaumschläger(in)** big mouth **Schaumstoff** foam **Schaumwein** sparkling wine

Schauplatz scene; (*für einen Film, eine Veranstaltung*) setting ◇ *Die Innenstadt wurde Schauplatz heftiger Ausschreitungen.* The city centre was the scene of violent disturbances. ◇ *Der Saal ist Schauplatz vieler Konzerte.* The hall is the setting for numerous concerts.

schaurig **1** (*Bericht, Geschichte*) gruesome; (*Lachen*) eerie **2** (*schlimm*) dreadful

Schauspiel **1** (*Theaterstück*) play **2** (*Anblick*) spectacle ◇ *ein unwürdiges Schauspiel* a shameful spectacle ◇ *Wir wollen den Leuten doch kein Schauspiel geben.* Let's not make a spectacle of ourselves. **3** (*Theater*) theatre, (*AmE*) theater

Schauspieler actor

Schauspielerin actress, actor

schauspielerisch acting [nur vor Nomen] ◇ *schauspielerisches Talent* acting talent ◇ *Er zeigte eine gute schauspielerische Leistung.* He acted well. ◇ *Sie ist schauspielerisch begabt.* She has a talent for acting. ◇ *Er ist schauspielerisch interessiert.* He is interested in acting.

Scheck cheque, (*AmE*) check ◇ *einen Scheck über 10 000 Dollar ausstellen* write a cheque for 10 000 dollars ◇ *Kann ich mit Scheck bezahlen?* Can I pay by cheque?

scheckig (*Pferd*) dappled IDM → HUND

scheckiglachen **sich ~** fall about laughing

Scheckkarte cheque guarantee card, (*AmE*) banker's card

Scheibe **1** disc, (*AmE*) disk **2** (*Fenster-*) window (pane) ◇ *Das Auto hatte getönte Scheiben.* The car had tinted windows. ◇ *eine Scheibe einschlagen* smash a window ◇ *Ein Ball flog durch die Scheibe.* A ball went through the window pane. **3** (*Brot- etc.*) slice ◇ *eine Scheibe Salami* a slice of salami **4** (*Schallplatte*) record **5** (*Töpfer-*) (potter's) wheel **6** (*Eishockey*) puck **7** (*Schieß-*) target IDM **sich von jdm eine Scheibe abschneiden können** take a leaf out of sb's book **sich von etw eine Scheibe abschneiden** emulate sth

Scheibenwischer windscreen wiper, (*AmE*) windshield wiper

Scheich sheikh

Scheide **1** (ANAT) vagina **2** (*für ein Schwert etc.*) sheath

scheiden **1** dissolve (*Fachspr*) ◇ *Die Ehe wurde 2005 geschieden.* The marriage was dissolved in 2005. ◇ *Wie viele Ehen werden wieder geschieden?* How many marriages end in divorce? **2 sich ~ lassen** get divorced ◇ *Ihre Eltern wollen sich scheiden lassen.* Her parents want to get divorced. **3 aus etw ~** (*ausscheiden*) retire (from sth) ◇ *Sie scheidet in diesem Jahr aus dem Dienst.* She's retiring this year. ◇ *Er schied vorzeitig aus dem Rennen.* He retired early from the race. **4 (von jdm/etw) ~** (*sich trennen*) part (from sb/sth) ◇ *Sie sind im Streit voneinander geschieden.* They parted after a row. **5 etw von etw ~** (*trennen*) separate sth from sth ◇ *die Spreu vom Weizen scheiden* separate the wheat from the chaff IDM → GEIST[2] *und* TOD

Scheidung (*Ehe-*) divorce ◇ *Sie reichte die Scheidung ein.* She filed for divorce. ◇ *Seine Eltern leben in Scheidung.* His parents are divorced.

Scheidungsgrund grounds for divorce [Pl] **Scheidungskind** child of divorced parents ◇ *Jedes fünfte Scheidungskind braucht therapeutische Hilfe.* One in five children of divorced parents needs therapy. ◇ *Er ist ein Scheidungskind.* His parents are divorced.

Scheidungsrate divorce rate

Schein **1** (*Licht*) light; (*Glanz, Schimmer*) glow ◇ *im Schein einer Taschenlampe* by the light of a torch **2** (*Eindruck*) impression; (*äußerer Anschein*) appearance [meist Pl] ◇ *Sie wollten den Schein einer intakten Familie aufrecht erhalten.* They wanted to give the impression of being a happy family. ◇ *Der Schein trügt.* Appearances are deceptive. ◇ *den Schein wahren* keep up appearances ◇ *Die häusliche Idylle ist mehr Schein als Sein.* The domestic idyll is just an illusion. **3** (*Bescheinigung*) certificate; (*beim Studium*) credit; (*Erlaubnis*) permit **4** (*Geld-*) note, (*AmE*) bill IDM **etw zum Schein tun** pretend to do sth ◇ *Sie ging zum Schein auf den Vorschlag ein.* She pretended to go along with the proposal.

scheinbar apparent (*Adv* apparently) ◇ *ein scheinbarer Widerspruch* an apparent contradiction ◇ *scheinbar mühelos* apparently effortless ◇ *Er hat scheinbar keine Angst.* He doesn't seem to be afraid.

scheinen **1** (*leuchten*) shine ◇ *Das Licht schien ihr in die Augen.* The light was shining in her eyes. **2** (*den Eindruck machen*) seem ◇ *Sie scheint sich zu langweilen.* She seems to be bored. ◇ *Es schien ihm, dass ...* It seemed to him that ... ◇ *Wie es scheint, hat er es vergessen.* It seems that he has forgotten.

scheinheilig **1** (*heuchlerisch*) hypocritical (*Adv* hypocritically) **2** (*unschuldig*) innocent (*Adv* innocently) ◇ *Tu nicht so scheinheilig!* Don't play the innocent!

Scheinheiligkeit hypocrisy

Scheinwerfer (*im Theater, Museum, Haus*) spotlight; (*Such-*) searchlight; (*Auto-*) headlight; (*im Stadion, zum Anstrahlen*) floodlight ◇ *grelle Scheinwerfer* glaring spotlights ◇ *Der Turm wird von Scheinwerfern angestrahlt.* The tower is floodlit.

Scheiß rubbish (*umgs*), shit (*vulg*) ◇ *Red keinen Scheiß!* Don't talk rubbish! ◇ *So ein Scheiß!* Oh shit! ◇ *Was soll der Scheiß?* What the hell do you think you're doing? ◇ *Mach keinen Scheiß!* Stop messing about!

Scheißdreck ◇ *Er kümmert sich einen Scheißdreck um sie.* He doesn't give a shit about her. ◇ *Das geht dich einen Scheißdreck an!* That's none of your sodding business!

Scheiße **1** (*Kot, Schimpfwort*) shit ◇ *So eine Scheiße!* Oh shit! **2** (*Blödsinn, Mist*) rubbish (*umgs*), shit (*vulg*) IDM **jdm steht die Scheiße bis zum Hals** sb is right in the shit → *Siehe auch* BAUEN

scheißegal ◇ *Es ist ihm scheißegal, ob sie kommt.* He doesn't give a shit whether she comes or not. ◇ *Scheißegal!* Who cares?

scheißen **1** shit (*vulg, Slang*), crap (*beleidigend, Slang*) **2 auf jdn/etw ~** not give a damn about sb/sth (*umgs*), not give a shit about sb/sth (*vulg*) ◇ *Ich scheiße auf ihn!* I don't give a shit about him! ◇ *Auf ihre Hilfe scheiße ich!* Sod their help! IDM **Scheiß drauf!** To hell with it! (*umgs*), (*BrE auch*) Sod that! (*vulg*) **jdm was scheißen** ◇ *Der scheiße ich was!* She can go to hell! → *Siehe auch* HOSE

scheiß- **scheißfreundlich** nice as pie **Scheißkerl** bastard

Scheitel **1** (*Linie*) parting, (*AmE*) part ◇ *Er trägt den Scheitel in der Mitte.* He has a centre parting. **2** (*Haare*) hair [U]; (*Kopf*) top of your head **3** (*höchster Punkt*) vertex IDM **vom Scheitel bis zur Sohle** from top to toe; every inch ◇ *Er ist ein Gentleman vom Scheitel bis zur Sohle.* He is every inch a gentleman.

Scheiterhaufen pyre; (*zur Hinrichtung*) stake ◇ *jdn auf dem Scheiterhaufen verbrennen* burn sb at the stake

scheitern 1 fail; (*Ehe, Gespräche auch*) break down ◇ *Er ist an der letzten Frage gescheitert.* He failed at the last question. ◇ *Sie sind bei dem Versuch gescheitert, den Rekord zu brechen.* They failed in their attempt to break the record. ◇ *Der Plan scheiterte an den hohen Kosten.* The plan failed because of the high costs. ◇ *Er scheiterte mit seinem Antrag.* His proposal was rejected. ◇ *Die Friedensverhandlungen sind gescheitert.* The peace talks have broken down. **2** (*verlieren*) lose ◇ *Er scheiterte im Endspiel an Nadal.* He lost in the final to Nadal.

Scheitern failure; (*von Ehen, Verhandlungen*) breakdown ◇ *das Scheitern der Gespräche* the breakdown of the talks ◇ *Sie versuchten, unser Vorhaben zum Scheitern zu bringen.* They tried to thwart our plans. IDM **zum Scheitern verurteilt sein** be doomed to failure

Schelle (*Glocke*) bell; (*Türklingel*) doorbell

schellen 1 ring ◇ *Er schellte bei uns an der Tür.* He rang our doorbell. ◇ *Das Telefon schellte.* The phone rang. **2 es hat geschellt** (*an der Tür*) that was the doorbell; (*in der Schule*) the bell has gone

Schellfisch haddock

schelmisch mischievous (*Adv* mischievously)

Schelte 1 telling-off (*umgs*), (*AmE*) lecture **2** (*Kritik*) criticism

Schema 1 (*Zeichnung*) diagram **2** (*Muster*) pattern, format; (*System*) system ◇ *Die Zeremonie verläuft immer nach dem gleichen Schema.* The ceremony always follows the same format. ◇ *Die Rennen werden nach diesem Schema gewertet.* This is the system of judging the races. ◇ *aus dem Schema ausbrechen* break the mould IDM **nach Schema F** in the same old way

schematisch 1 schematic (*Adv* schematically) ◇ *eine schematische Darstellung* a schematic diagram **2** (*mechanisch*) mechanical; (*nicht kreativ*) unoriginal

Schemel 1 (*Hocker*) stool **2** (*Fußbank*) footstool

schemenhaft shadowy ◇ *schemenhafte Formen* shadowy shapes ◇ *Die Küste war nur schemenhaft zu erkennen.* You could barely make out the coast.

Schenkel 1 thigh ◇ *Er schlug sich auf die Schenkel.* He slapped his thighs. **2** (MATH) side ◇ *die Schenkel des Dreiecks* the sides of the triangle

schenken 1 (*Geschenke machen*) give presents ◇ *Wir schenken nichts zu Weihnachten.* We don't give presents at Christmas. **2 jdm etw ~** give sb sth (as a present), give sth to sb (as a present) ◇ *Was hast du ihr zum Geburtstag geschenkt?* What did you give her for her birthday? ◇ *Sie bekam ein Kaninchen geschenkt.* She was given a rabbit (as a present). **3** (*Aufmerksamkeit, Kraft, Freiheit*) give; (*Beachtung*) pay → *Siehe auch* GEHÖR *und* GLAUBE **4 jdm etw ~** (*erlassen*) let sb off sth ◇ *Die letzte halbe Stunde des Trainings schenkte er ihnen.* He let them off the last half hour of training. **5 sich etw ~** give sth a miss; (*überspringen*) skip sth ◇ *Den Museumsbesuch schenken wir uns.* We can give the visit to the museum a miss. ◇ *Diese Aufgabe können wir uns schenken.* We can skip this exercise. ◇ *Deine dummen Sprüche kannst du dir schenken!* You can keep your stupid comments to yourself! ◇ *Die Einzelheiten kannst du dir schenken!* Spare us the details! IDM **das ist geschenkt** that's a bargain **sich nichts schenken 1** (*sich anstrengen*) make a great effort; spare no pains (*gehoben*) ◇ *Sie schenkten sich nichts und arbeiteten die ganze Nacht.* They made a great effort and worked all through the night. **2** (*Gegner*) give nothing away ◇ *Die beiden Mannschaften haben sich nichts geschenkt.* Neither team gave anything away. **jdm wird nichts geschenkt** sb does not have it easy → *Siehe auch* GAUL

Schenkung (RECHT) gift

scheppern (*Geräusch*) clank; (*Bewegung*) clatter ◇ *Der Eimer schepperte auf den Boden.* The bucket clattered to the floor. IDM **es scheppert 1** (*Autounfall*) there's a crash ◇ *An der Ecke hat's gescheppert.* There's been a crash at the corner. **2** (*Streit*) there's a row ◇ *Zwischen den beiden scheppert es oft.* Those two often have rows.

Scherbe fragment; (*Glas-*) piece of broken glass; (*Ton-*) piece of broken pottery ◇ *Er hat sich an einer Scherbe geschnitten.* He cut himself on a piece of broken glass/pottery. ◇ *Die Vase fiel herunter und ging in Scherben.* The vase fell and shattered.

Schere 1 scissors [Pl] ◇ *eine scharfe Schere* (a pair of) sharp scissors ◇ *ein Bild mit der Schere ausschneiden* cut out a picture with scissors **2** (*Krebs, Hummer*) claw

scheren 1 (*Fell, Hund, Hecke*) clip; (*Schaf*) shear; (*Kopf*) shave **2 sich um jdn/etw ~** care about sb/sth ◇ *Er schert sich nicht um die Vorschriften.* He doesn't care about the regulations. ◇ *Das schert mich wenig.* I couldn't care less. IDM → DRECK, KAMM *und* TEUFEL(IN)

Scherge henchman

Scherz joke ◇ *Das hat er nur zum Scherz gesagt.* He only said it as a joke. ◇ *einen Scherz über jdn/etw machen* make a joke about sb/sth ◇ *Sie treibt ihre Scherze mit mir.* She is playing with me. ◇ *Das ist kein Scherz.* I'm not kidding. IDM → BEISEITE

scherzen joke ◇ *Darüber sollte man nicht scherzen.* You shouldn't joke about things like that. ◇ *Er scherzt gern.* He enjoys having a joke. IDM **mit jdm/etw ist nicht zu scherzen** sb/sth is not to be trifled with

scherzhaft 1 *Adj* humorous ◇ *scherzhafte Bemerkungen* humorous comments ◇ *eine scherzhafte Drohung* a threat that isn't meant seriously **2** *Adv* jokingly ◇ *Er wird scherzhaft „Dickerchen" genannt.* He is jokingly called 'Fatty'. ◇ *Das war scherzhaft gemeint.* I was only joking.

scheu 1 (*Tier*) timid (*Adv* timidly) **2** (*Mensch, Blick*) shy (*Adv* shyly)

Scheu (*Schüchternheit*) shyness; (*Angst*) fear; (*Hemmung*) inhibition; (*Ehrfurcht*) awe ◇ *Er legte seine Scheu nur zögernd ab.* He gradually overcame his shyness. ◇ *Das Pferd kam ohne Scheu auf uns zu.* The horse came towards us without any fear. ◇ *Sie kennt keine Scheu vor heiklen Themen.* She has no inhibitions about discussing delicate subjects. ◇ *Kinder haben keine Scheu vor Computern.* Children are not in awe of computers.

scheuchen 1 shoo ◇ *den Vogel in den Käfig scheuchen* shoo the bird into the cage ◇ *Er scheuchte sie aus der Küche.* He shooed her out of the kitchen. **2** (*antreiben*) drive ◇ *Der Trainer hat uns ganz schön gescheucht.* The trainer drove us really hard. ◇ *Sie scheuchte ihn an die Arbeit.* She made him get on with his work.

scheuen 1 (*Risiko*) shrink from *sth*; (*Kosten, Mühe*) spare ◇ *Sie haben weder Kosten noch Mühen gescheut.* They spared neither expense nor effort. ◇ *Er braucht den Vergleich nicht zu scheuen.* He needn't be afraid of comparisons. **2** (*Pferd*) shy ◇ *Das Pferd scheute (vor der Hecke).* The horse shied (at the hedge). **3 sich (davor) ~, etw zu tun** be afraid to do sth ◇ *Scheuen Sie sich nicht zu fragen.* Don't be afraid to ask. **4 sich vor etw ~** avoid sth ◇ *Sie scheute sich* *vor dem Weg durch den Park.* She avoided the path through the park. IDM → KIND

scheuern **1** (*putzen*) scour; (*mit einer Bürste*) scrub **2** (*reiben*) chafe; (*Schuhe*) rub ◇ *Die Wanderschuhe haben mir die Füße wund gescheuert.* These walking boots have rubbed my feet raw. **3 sich etw (an etw) ~; etw (an etw) ~** rub sth (on sth) ◇ *Das Schaf scheuerte seine Flanke am Zaun.* The sheep rubbed its flank on the fence. ◇ *ihre wund gescheuerten Knie* her sore knees IDM **jdm eine scheuern** give sb a clout (round the ears)

Scheuklappen blinkers [Pl], (*AmE*) blinders [Pl]

Scheune barn

scheußlich (*Anblick, Verbrechen, Lärm, Wetter*) terrible (*Adv* terribly); (*Geruch*) awful; (*Geschmack auch*) horrible; (*Ort, Lärm, Strafe*) dreadful ◇ *Das schmeckt scheußlich!* This tastes horrible!

Schicht **1** layer; (*Öl-*) film ◇ *eine dünne Schicht Erde* a thin layer of earth **2** (*Bevölkerungs-*) section; (*Klasse*) class ◇ *breite Schichten der Bevölkerung* broad sections of the population ◇ *die untere/obere Schicht* the lower/upper class ◇ *Menschen aus allen Schichten* people from all walks of life **3** (NATURW) stratum **4** (*Arbeit*) shift ◇ *Mein Vater arbeitet Schicht.* My father works shifts.

Schichtarbeit shift work **Schichtarbeiter(in)** shift worker **Schichtdienst** shift work ◇ *Sie arbeitet im Schichtdienst.* She works shifts.

schichten layer; (*stapeln*) stack ◇ *Nudeln und Fleisch in die Auflaufform schichten.* Layer the pasta in the baking dish with the meat.

schick smart (*Adv* smartly); (*modisch*) fashionable (*Adv* fashionably) ◇ *Du siehst aber schick aus!* You're looking very smart! ◇ *schick angezogen* smartly dressed

schicken **1** send ◇ *jdm einen Brief/Blumen schicken* send sb a letter/flowers ◇ *Seine Eltern haben ihn ins Internat geschickt.* His parents sent him to boarding school. ◇ *Mutter hat uns einkaufen geschickt.* Mother sent us shopping. **2 nach jdm/etw ~** send for sb/sth **3 sich in etw ~** resign yourself to sth ◇ *Sie schickte sich in ihr Los.* She resigned herself to her fate. **4 etw schickt sich nicht** sth is not done IDM → APRIL

Schickeria smart set

Schickimicki trendy

Schicksal fate; (*Bestimmung auch*) destiny ◇ *Sie ist vom Schicksal geschlagen.* Fate has been unkind to her. ◇ *Welches Schicksal erwartet die Flüchtlinge?* What fate awaits the refugees? ◇ *Er hat sich in sein Schicksal ergeben.* He has resigned himself to his fate. ◇ *Er war ihr Schicksal.* He was her destiny. ◇ *Die nackten Zahlen stehen für menschliche Schicksale.* Behind the bald figures are human lives. IDM → HERAUSFORDERN, IRONIE *und* WINK

schicksalhaft **1** *Adj* fateful ◇ *eine schicksalhafte Begegnung* a fateful meeting **2** *Adv* by fate ◇ *Sie sind schicksalhaft miteinander verbunden.* They are bound together by fate.

Schicksalsschlag stroke of fate

Schiebedach sunroof

schieben **1** push ◇ *Sie musste das Fahrrad schieben.* She had to push her bicycle. ◇ *jdn beiseite schieben* push sb aside → *Siehe auch* WACHE **2** (*in den Backofen, in den Mund, in die Tasche*) put ◇ *das Brot in den Backofen schieben* put the bread in the oven ◇ *Sie schob ihm eine Praline in den Mund.* She put a chocolate in his mouth. **3 sich ~** move; **sich durch etw ~** push your way through sth ◇ *Wir schoben uns langsam durch die Menge.* We pushed our way slowly through the crowd. **4 etw auf jdn/etw ~** blame sth on sb/sth ◇ *Er versuchte, alles auf seinen Bruder zu schieben.* He tried to blame his brother for everything. **5** (*illegal handeln*) deal on the black market; (**mit**) **etw ~** traffic in sth ◇ *mit Waffen schieben* traffic in arms IDM **etw vor sich her schieben** put sth off ◇ *Sie schiebt den Besuch schon viel zu lange vor sich her.* She has been putting off the visit for too long already. **etw (weit) von sich schieben** (totally) reject sth ◇ *Er schob den Vorwurf weit von sich.* He totally rejected the accusation. → *Siehe auch* BANK[1], KUGEL, SCHUH *und* VORDERGRUND

Schieber trafficker

Schiebetür sliding door

Schiebung fix (*umgs*); (SPORT) match-fixing [U] ◇ *Das war doch eindeutig Schiebung.* It was clearly a fix.

Schiedsgericht **1** (RECHT) tribunal [mit Verb im Sing/Pl] **2** (SPORT) panel of judges

Schiedsrichter(in) (*Fußball, Volleyball, Boxen, Eishockey, Hockey*) referee; (*Tennis, Kricket*) umpire

schief **1** (*krumm*) crooked (*Adv* crookedly) ◇ *schiefe Zähne* crooked teeth ◇ *Du sitzt ja ganz schief.* You're not sitting up straight. ◇ *Das Bild hängt schief.* The picture isn't straight. **2** (*geneigt*) inclined (*Fachspr*) ◇ *eine schiefe Ebene* an inclined plane **3** (*verzerrt*) distorted (*Adv* distortedly); (*Vergleich*) false ◇ *ein ganz schiefes Bild von England* a thoroughly distorted impression of England ◇ *Das ist in dem Artikel ganz schief dargestellt.* That has been completely distorted in the article. IDM → ANSEHEN, BAHN *und* WICKELN

Schiefer slate

Schieferdach slate roof **Schiefertafel** slate

schiefgehen, **schieflaufen** go wrong ◇ *Heute geht aber auch alles schief!* Everything is going wrong today!

schiefliegen be wrong

schielen **1** have a squint ◇ *Sie schielt stark/leicht.* She has a pronounced/slight squint. ◇ *Er schielt auf dem rechten Auge.* He has a squint in his right eye. **2** (*schauen*) peep ◇ *durchs Schlüsselloch schielen* peep through the keyhole **3 nach jdm/etw ~; auf jdn/etw ~** (*begehrlich*) have your eye on sb/sth (*auch fig*) ◇ *Er schielt schon die ganze Zeit nach dir.* He's had his eye on you all the time. ◇ *Sie schielt nach seinem Job.* She's got her eye on his job.

Schienbein shin(bone) ◇ *jdm vor/gegen das Schienbein treten* kick sb on the shin

Schiene **1** (*Bahn*) rail ◇ *den Güterverkehr von der Straße auf die Schiene verlagern* switch freight from road to rail **2** (*Gleis*) rail, track ◇ *neue Schienen verlegen* lay new tracks ◇ *Der Zug ist aus den Schienen gesprungen.* The train was derailed. **3** (*Schublade*) runner; (*Gardinen*) track; (*Ofen*) shelf; (*Teppich-*) gripper strip **4** (MED) splint **5** (*Mittel*) means; (*Richtung*) line ◇ *Kann man auf der politischen Schiene noch etwas bewegen?* Can anything still be achieved by political means? ◇ *Sie setzten auf die umweltfreundliche Schiene.* They were taking an ecological line.

schienen put *sth* in a splint/splints

Schienen- **Schienennetz** rail network **Schienenverkehr** rail traffic

schier **1** (*fast*) almost, virtually ◇ *Die Schule platzt schier aus den Nähten.* The school is almost bursting at the seams. ◇ *Es war schier unmöglich.* It was virtually impossible. **2** (*pur*) sheer [nur vor Nomen] ◇ *die schiere Größe des Doms* the sheer size of the cathedral

Schieß- **Schießbefehl** order to fire **Schießbude** shooting gallery

schießen **1** shoot; **auf jdn/etw ~** fire at sb/sth, shoot at sb/sth; **mit etw ~** fire sth ◇ *Nicht schießen!* Don't shoot! ◇ *Er hat drei Hasen geschossen.* He shot three hares. ◇ *Sie schossen auf Passanten.* They shot at passers-by. ◇ *Er hat mit einem Luftgewehr auf sie* *geschossen.* He fired an air gun at them. ◇ *Er hat in die Luft geschossen.* He fired shots in the air. **2** (*Ball*) put ◇ *Sie schoss den Ball ins Tor/Aus/über das Netz.* She put the ball into the goal/out/over the net. **3** (*Rakete, Satelliten*) put, launch **4** (SPORT) shoot; (*ein Tor machen*) score ◇ *Nun schieß doch endlich!* Go on, shoot! ◇ *aufs Tor schießen* have a shot at goal ◇ *England schoss drei Tore.* England scored three goals. **5** (*Foto*) take **6** (*schnellen*) shoot, flash ◇ *Der Wagen kam um die Ecke geschossen.* The car shot round the corner. ◇ *Eine Idee schoss ihm durch den Kopf.* An idea flashed through his mind. IDM → BOCK[1], EIGENTOR, KRAUT, KUGEL *und* PISTOLE

Schießerei shoot-out ◇ *Er wurde bei einer Schießerei verletzt.* He was injured in a shoot-out.

Schieß- **Schießplatz** shooting range; (MIL) firing range **Schießsport** shooting **Schießstand** shooting range

Schiff **1** ship ◇ *mit dem Schiff fahren* go by ship **2** (ARCHIT) (*Mittel-*) nave; (*Seiten-*) aisle; (*Quer-*) transept

schiffbar navigable

Schiff- **Schiffbau** shipbuilding ◇ *Der Schiffbau ist die wichtigste Industrie hier.* Shipbuilding is the most important industry here. **Schiffbruch** shipwreck; **~ erleiden** be shipwrecked; (*fig*) fail ◇ *Die Segler erlitten Schiffbruch.* The sailors were shipwrecked. ◇ *Mit seinem Vorschlag wird er Schiffbruch erleiden.* His proposal is likely to fail. **Schiffbrüchige(r)** survivor (of a shipwreck) ◇ *Die Schiffbrüchigen wurden gerettet.* The survivors were rescued from the stricken ship. **Schifffahrt** **1** (*Verkehr*) shipping [U] ◇ *die Schifffahrt auf dem Rhein* shipping on the Rhine ◇ *Der Fluss ist für die Schifffahrt gesperrt.* The river is closed to shipping. **2** (*Reise*) boat trip ◇ *eine Schifffahrt auf dem Rhein machen* take a boat trip on the Rhine

Schikane **1** harassment; (*von Schülern/Kollegen*) bullying ◇ *Ständig diese Kontrollen — das ist doch reine Schikane!* All these checks — it's harassment! ◇ *Er litt unter den ständigen Schikanen seines Vorgesetzten.* He was constantly bullied by his boss. **2** (*Motorsport*) chicane IDM **mit allen Schikanen** with all the trimmings; (*Haus etc.*) with all mod cons ◇ *ein Segelboot mit allen Schikanen* a yacht with all the trimmings

schikanieren harass, bully ◇ *Sie hat uns mit ihren kleinlichen Vorschriften schikaniert.* She was constantly harassing us with her petty rules and regulations. ◇ *Er schikaniert seine Mitschüler.* He bullies the other children at school.

Schild[1] *das* **1** sign; (*Tafel*) plaque; (*Nummern-, Namens-*) plate ◇ *Auf dem Schild steht „Rauchen verboten".* It says 'No smoking' on the sign. **2** (*Etikett, Anhänger*) label ◇ *Der Preis steht auf dem Schild.* The price is on the label.

Schild[2] *der* **1** (*Schutz-*) shield **2** (*Mützen-*) peak, (*AmE*) bill, visor IDM **etw (gegen jdn) im Schilde führen** plot sth (against sb) **jdn auf den Schild heben** put sb forward; (*zum Anführer machen*) make sb your leader

Schildbürgerstreich stupid trick ◇ *Da haben sie sich aber einen richtigen Schildbürgerstreich geleistet!* That was a really stupid trick of theirs!

Schilddrüse thyroid gland

schildern (*beschreiben*) describe; (*darstellen*) depict, portray ◇ *Er schilderte uns seine Lage.* He described his situation to us. ◇ *Der Film schildert das Leben der 60er-Jahre.* The film depicts life in the sixties.

Schilderung (*Beschreibung*) description; (*eines Vorgangs*) account

Schildkröte (*Land-*) tortoise; (*Wasser-*) turtle

Schilf reeds [Pl] ◇ *Vögel, die im Schilf nisten* birds that nest in the reeds ◇ *ein mit Schilf gedecktes Dach* a thatched roof

schillern shimmer

schillernd **1** (*glänzend*) shimmering, iridescent (*gehoben*) ◇ *ein bunt schillernder Käfer* a bright shimmering beetle **2** (*auffallend*) glittering ◇ *ein schillernder Rockstar* a glittering rock star **3** (*undurchschaubar*) elusive ◇ *eine schillernde Figur* an elusive character ◇ *ein schillernder Begriff* an elusive concept

Schilling shilling

Schimmel **1** (*Pferd*) white horse, grey **2** (*Pilz*) mould, (*AmE*) mold **3** (*Mehltau*) mildew

schimmelig mouldy, (*AmE*) moldy

Schimmelkäse blue cheese

schimmeln go mouldy, (*AmE*) go moldy

Schimmer **1** shimmer; (*Kerzen-*) glow; (*Gold*) gleam; (*Seide*) sheen ◇ *der Schimmer des Mondlichts auf dem Wasser* the shimmer of moonlight on the water **2** (*Hauch*) glimmer ◇ *ein Schimmer Hoffnung* a glimmer of hope IDM → BLASS

schimmern (*Wasser, Mondlicht, Seide*) shimmer; (*Sterne*) twinkle; (*Kerzen*) glow; (*Metall*) gleam

schimmlig → SCHIMMELIG

Schimpanse chimpanzee

schimpfen **1** **(auf/über jdn/etw) ~** (*meckern*) grumble (about sb/sth) ◇ *Er schimpfte vor sich hin.* He grumbled to himself. ◇ *Sie schimpfte auf die schlechte Organisation.* She grumbled about the poor organization. **2** **(mit jdm) ~** (*zurechtweisen*) get mad (with sb), (*BrE auch*) tell sb off ◇ *Hat dein Vater sehr geschimpft?* Did your dad get really mad? ◇ *Sie schimpft immer mit den Kindern.* She's always telling the children off. **3** **sich etw ~** call yourself sth ◇ *Und so etwas schimpft sich nun Fachmann!* And he calls himself an expert!

Schimpfwort swear word

Schindel shingle

schinden **1** (*quälen*) ill-treat; (*beschädigen*) ravage ◇ *Die Pferde wurden zu Tode geschunden.* The horses were worked to death. ◇ *eine vom Krieg geschundene Stadt* a town ravaged by war **2** **sich ~** slave away IDM → EINDRUCK, MITLEID *und* ZEIT

Schinderei hard work [U], slog (*umgs*) ◇ *Die Schinderei hat sich ausgezahlt.* All the hard work paid off.

Schindluder IDM **mit jdm Schindluder treiben** abuse sb; (*betrügen*) deceive sb **mit etw Schindluder treiben** **1** (*vergeuden*) squander sth; (*entwenden*) misappropriate sth ◇ *Die Regierung trieb Schindluder mit den Nahrungsmittellieferungen.* The government was misappropriating food consignments. **2** (*Ängste, Sorgen*) play on sth; (*Gesundheit*) abuse sth

Schinken ham

Schippe shovel; (*Spielzeug*) spade; (*Müll-*) dustpan IDM **jdn auf die Schippe nehmen** pull sb's leg ◇ *Du willst mich wohl auf die Schippe nehmen!* Are you pulling my leg?

schippen shovel ◇ *die Kohlen in den Keller schippen* shovel the coal into the cellar ◇ *Schnee schippen* clear the snow away

Schirm **1** umbrella; (*Sonnen-*) parasol ◇ *einen Schirm aufspannen/zumachen* put an umbrella up/down **2** (*Lampen-*) (lamp)shade ◇ *eine Lampe mit einem beigen Schirm* a lamp with a beige shade **3** (*Mützen-*) peak, (*AmE*) bill, visor **4** (*Bild-*) screen ◇ *Die Bilder flackerten über den Schirm.* The pictures flickered over the screen. **5** (*Fall-*) parachute

Schirmherr(in) patron **Schirmherrschaft** patronage; (*einer Organisation*) auspices [Pl] ◇ *unter der Schirmherrschaft des Bürgermeisters* under the patronage of the mayor ◇ *Die Hilfsaktion steht unter der Schirmherrschaft der UNO.* The relief action is being carried out under the auspices of the UN. ◇ *die Schirmherrschaft über eine Veranstaltung übernehmen* become the patron of an event

Schiss **~ kriegen/haben** get/be scared ◇ *Er hatte Schiss vor der Klassenarbeit.* He was dead scared about the test.

schizophren **1** (MED) schizophrenic **2** (*absurd*) absurd ◇ *eine schizophrene Situation* an absurd situation

Schizophrenie **1** (MED) schizophrenia ◇ *an Schizophrenie leiden* suffer from schizophrenia **2** (*Absurdität*) absurdity

Schlacht battle ◇ *die Schlacht von Verdun* the Battle of Verdun ◇ *die Schlacht um den Vertrag* the battle for the contract ◇ *Die Demonstranten lieferten sich Schlachten mit der Polizei.* The demonstrators fought with the police.

schlachten slaughter

Schlachtenbummler away fan

Schlachter(in) (*auch* **Schlächter**, **-(in)**) **1** butcher **2** (*am Schlachthof*) slaughterer

Schlacht- **Schlachtfeld** battlefield **Schlachthof** slaughterhouse, abattoir (*BrE*) **Schlachtruf** battle cry **Schlachtschiff** battleship

Schlacke **1** (*Kohle, Koks*) clinker [U]; (*kleiner*) cinders [Pl] **2** (*Hochofen-*) slag [U]

Schlaf sleep [U] ◇ *Der Wecker riss ihn aus dem Schlaf.* The alarm woke him from his sleep. ◇ *im Schlaf sprechen* talk in your sleep ◇ *einen leichten/festen Schlaf haben* be a light/sound sleeper ◇ *Halb im Schlaf ging sie ans Telefon.* Half asleep, she went to the phone. IDM **etw im Schlaf können** be able to do sth in your sleep ◇ *Sie kann das Gedicht schon im Schlaf aufsagen.* She can already recite that poem in her sleep.
Schlafanzug pyjamas [Pl]

Schläfe temple ◇ *Er bekommt langsam graue Schläfen.* He's greying at the temples.

schlafen **1** sleep, be asleep ◇ *Hast du gut geschlafen?* Did you sleep well? ◇ *Er schläft immer noch.* He is still asleep. ◇ *Bei dem Tor hat die Abwehr geschlafen.* The defence must have been asleep to let that goal through. ◇ *Ich gehe jetzt schlafen.* I am going to bed now. ◇ *Sie legte sich schlafen.* She went to bed. ◇ *Er legte das Baby schlafen.* He put the baby to bed. ◇ *Morgen können wir lange schlafen.* We can have a lie-in tomorrow. **2** (*übernachten*) stay ◇ *Karin schläft heute Nacht bei ihrer Freundin.* Karin's staying at her friend's tonight. **3 mit jdm ~** sleep with sb IDM → HUND *und* MURMELTIER

schlaff **1** limp (*Adv* limply); (*locker*) loose (*Adv* loosely); (*nicht gespannt*) slack ◇ *ein schlaffer Händedruck* a limp handshake ◇ *Seine Arme hingen schlaff herunter.* His arms hung limply by his sides. ◇ *Das Seil ist zu schlaff.* The rope is too slack. **2** (*Bauch, Muskeln*) flabby; (*Brüste*) sagging **3** (*schwach*) lethargic (*Adv* lethargically) ◇ *Nach der Grippe fühlte ich mich furchtbar schlaff.* I felt terribly lethargic after the flu. ◇ *Er saß schlaff im Sessel.* He sat slumped in the armchair. **4** (*träge, temperamentlos*) wet; (*langweilig*) boring ◇ *ein schlaffer Typ* a wimp ◇ *Sei nicht so schlaff!* Pull yourself together!

schlaflos sleepless (*Adv* sleeplessly) ◇ *eine schlaflose Nacht* a sleepless night ◇ *Ich habe die ganze Nacht schlaflos im Bett gelegen.* All night I lay awake in bed.

Schlaflosigkeit insomnia

schläfrig sleepy (*Adv* sleepily); (*Mensch auch*) drowsy (*Adv* drowsily); (*Bewegungen, Stimme*) tired

Schlaf- **Schlafsack** sleeping bag **Schlaftablette** sleeping pill **Schlafwagen** sleeper **schlafwandeln** sleepwalk, walk in your sleep **Schlafzimmer** bedroom

Schlag **1** blow; (*Faust-*) punch ◇ *ein harter/leichter Schlag* a hard/soft blow ◇ *ein Schlag auf den Kopf* a blow to the head ◇ *Sie hat ihm einen Schlag in den Magen versetzt.* She punched him in the stomach. ◇ *Er hat sich mit einem Schlag auf die Schulter bei mir entschuldigt.* He slapped my shoulder by way of apology. **2** (*Knall*) bang; (*Aufprall*) thud ◇ *ein dumpfer Schlag* a dull thud **3 Schläge** beating [Sing] ◇ *Er hat von seinem Vater Schläge bekommen.* His father gave him a beating. ◇ *Er hat als Kind nie Schläge bekommen.* He was never beaten as a child. **4** (*Militär-*) strike **5** (*elektrisch*) electric shock ◇ *Sie hat an der Steckdose einen Schlag bekommen.* She got an electric shock from the socket. **6** (*Blitz-*) bolt; (*Donner-*) clap **7** (*Schicksals-, Niederlage*) blow ◇ *Der Polizei ist ein Schlag gegen die Mafia gelungen.* The police have dealt a blow to the mafia. **8** (*Klang*) sounding; (*einer Glocke*) ringing, clanging; (*einer Uhr*) striking; (*einer Trommel*) beat(ing) ◇ *Schlag neun Uhr* on the stroke of 9 o'clock **9** (*rhythmische Bewegung, Herz-, Puls- etc.*) beat; (*Ruder-*) stroke; (*Pendel-*) swing **10** (*Tennis, Golf*) stroke **11** (*Schlaganfall*) stroke ◇ *einen Schlag bekommen* have a stroke **12** (*Menschen-*) type ◇ *Sie sind ein ganz anderer Schlag als die Bayern.* They are quite a different type from the Bavarians. ◇ *ein Offizier vom alten Schlag* an officer of the old school **13** (*Portion*) helping ◇ *ein Schlag Suppe* a helping of soup **14** (*Schlagsahne*) whipped cream IDM **auf einen Schlag** at one go; at once **ein Schlag ins Wasser** a failure; (*Veranstaltung auch*) a washout **einen Schlag haben** be out of your mind ◇ *Du hast wohl einen Schlag!* You must be out of your mind! **keinen Schlag tun** not do a stroke (of work) ◇ *Er hat keinen Schlag getan und die Prüfung trotzdem bestanden.* He didn't do a stroke and still he passed the exam. **mit einem Schlag** all of a sudden ◇ *Mit einem Schlag war ihm alles klar.* All of a sudden it all became clear to him. **Schlag auf Schlag** in quick succession ◇ *Die Fragen kamen Schlag auf Schlag.* The questions came in quick succession. ◇ *Es ging alles Schlag auf Schlag.* Everything happened very quickly. **jdn trifft der Schlag** ◇ *Sie wollen heiraten — mich trifft der Schlag!* They're getting married — I don't believe it! ◇ *Meinen Vater trifft der Schlag, wenn er das hört.* My Dad will have a heart attack if he gets to hear that. **wie vom Schlag getroffen sein** be (as if) thunderstruck → *Siehe auch* GÜRTELLINIE
Schlaganfall stroke ◇ *einen Schlaganfall bekommen* have a stroke

schlagartig sudden (*Adv* suddenly); (*Änderung, Ende auch*) abrupt (*Adv* abruptly) ◇ *Nach einer Tasse Kaffee ging es ihm schlagartig besser.* After a cup of coffee he suddenly felt much better.

schlagen
• **Gewalt ausüben** **1** hit; (*brutaler*) beat; (*mit der Faust*) punch ◇ *jdm auf die Hand schlagen* hit sb on the hand ◇ *jdm die Zeitung auf den Kopf schlagen* hit sb over the head with a newspaper ◇ *Er schlug mit der Faust gegen die Tür.* He beat his fist against the door. ◇ *Der Dieb schlug der Frau die Faust ins Gesicht.* The thief punched the woman in the face. ◇ *jdn zu Boden schlagen* knock sb down ◇ *jdn k.o. schlagen* knock sb out ◇ *Er schlug mir auf die Schulter.* He slapped me on the shoulder. ◇ *Sie schlug mit der Faust auf den Tisch.* She banged the table with her fist ◇ *mit dem Kopf gegen die Wand schlagen* bang your head against the wall **2 sich ~** (*sich prügeln*) fight ◇ *Sie haben sich mit den Nachbarskindern geschlagen.* They fought the children from next door. ◇ *Die Kinder schlugen sich um den Ball.* The children fought over the ball. ◇ *Sie haben sich um die*

Konzertkarten geschlagen. They fought to get the concert tickets. ◇ *Ich schlage mich nicht um diese Arbeit.* I'm not too keen on this work.

• **brechen, schneiden 3** (*brechen*) break; (*zerstören*) smash ◇ *Sie hat zwei Eier in die Pfanne geschlagen.* She broke two eggs into the pan. ◇ *Er hat alles in Stücke geschlagen.* He smashed everything to pieces. **4** (*schneiden*) cut ◇ *Löcher ins Eis schlagen* cut holes in the ice ◇ *Stufen in die Felsen schlagen* cut steps in the rock ◇ *Sie hat ihm ein Loch in den Kopf geschlagen.* She cut his head open. **5** (*Baum*) fell; (*Holz*) cut

• **treiben, rühren 6** knock; (*mit einem Schläger*) hit ◇ *einen Nagel in die Wand schlagen* knock a nail into the wall ◇ *Sie hat mir die Tasse aus der Hand geschlagen.* She knocked the cup out of my hand. ◇ *den Ball ins Netz schlagen* hit the ball into the net **7** (*kräftig rühren*) beat; (*mit einem Schneebesen*) whisk; (*Sahne*) whip ◇ *Das Eiweiß steif schlagen.* Whisk the egg white until stiff. ◇ *Butter und Zucker schaumig schlagen.* Cream the butter and sugar.

• **bewegen 8 sich ~** (*gehen*) slip; (*in eine bestimmte Richtung*) turn ◇ *Er schlug sich in eine dunkle Gasse.* He slipped into a dark alley. ◇ *Sie schlugen sich nach links.* They turned left. **9** (*hervordringen*) come ◇ *Aus dem Fenster schlugen Flammen.* There were flames coming out of the window. **10** ◇ *ein Bein über das andere schlagen* cross your legs **11** ◇ *Der Vogel schlug mit den Flügeln.* The bird flapped its wings.

• **befestigen, einhüllen 12** (*befestigen*) put *sth* up, fix; (*mit Nägeln*) nail; (*mit Heftzwecken*) pin ◇ *Sie schlug den Zettel ans schwarze Brett.* She put the notice up on the board. **13** (*einhüllen*) wrap ◇ *den Fisch in Zeitungspapier schlagen* wrap the fish in newspaper

• **Geräusch machen 14** (*Herz, Puls*) beat; (*Glocke*) ring; (*Uhr*) strike; (*Tür, Fenster*) bang ◇ *Die Uhr schlägt zwölf.* The clock strikes twelve. **15** (*Trommel, Pauke*) beat, bang (*umgs*) ◇ *die Trommel schlagen* beat the drum ◇ *den Takt schlagen* beat time

• **besiegen 16** beat ◇ *England schlug Deutschland 2:0.* England beat Germany 2-0. ◇ *jdn um ein paar Sekunden schlagen* beat sb by a few seconds

• **andere Ausdrücke 17 gegen etw ~** beat against sth; (*Regen, Wellen auch*) pound against sth ◇ *Die Wellen schlugen gegen das Schiff.* The waves pounded against the side of the ship. **18 etw zu/auf etw ~** add sth (on) to sth ◇ *Die Liefergebühren werden auf den Preis geschlagen.* The delivery charges are added onto the price. **19 nach jdm ~** take after sb ◇ *Sie schlägt nach ihrer Großmutter.* She takes after her grandmother. **20 sich auf etw ~** affect sth ◇ *Die Grippe hat sich ihr auf die Nieren geschlagen.* The flu has affected her kidneys. **IDM** **sich geschlagen geben** admit defeat **jdn zu Brei/Matsch schlagen** beat sb to a pulp **um sich schlagen** lash out ℹ Für andere Redewendungen mit **schlagen** siehe die Einträge für die entsprechenden Nomina etc. **Krach schlagen** z.B. steht unter **Krach**.

schlagend (*Argument, Beispiel, Beweis*) convincing (*Adv* convincingly)

Schlager 1 (*Lied*) pop song; (*Hit*) hit **2** (*erfolgreiches Produkt*) hit; (*Ware*) bestseller

Schläger(in) thug, bruiser (*umgs*)

Schläger (*Tennis, Federball, Squash*) racket; (*Tischtennis, Kricket*) bat; (*Hockey, Eishockey*) stick; (*Golf*) club

Schlägerei fight, punch-up (*umgs*)

schlag- **schlagfertig** (*Mensch*) quick-witted; (*Antwort*) witty ◇ *schlagfertig antworten* come back with a witty riposte **Schlagfertigkeit** quickness of wit **Schlaghose** flared trousers [Pl], flares [Pl] **Schlaginstrument** percussion instrument **schlagkräftig** powerful **Schlagloch** pothole **Schlagsahne, Schlagobers** whipping cream; (*geschlagen*) whipped cream **Schlagstock** cudgel; (*von Polizisten*) truncheon **Schlagwort 1** slogan, catchphrase ◇ *das Schlagwort vom „positiven Denken"* the slogan 'Positive Thinking' **2** (*Klischee*) cliché (*abwert*) **3** (*Kategorie*) subject ◇ *ein nach Schlagwörtern geordneter Katalog* a catalogue arranged by subject **Schlagzeile** headline ◇ *Schlagzeilen machen* make headlines **Schlagzeug** drums [Pl]; (*im Orchester*) percussion ◇ *Sie spielt Schlagzeug in einer Band.* She plays drums in a band. **Schlagzeuger(in)** drummer; (*im Orchester*) percussionist ◇ *Er spielt als Schlagzeuger in einer Jazzband.* He plays drums in a jazz band.

schlaksig (*groß und dünn*) lanky; (*ungeschickt*) gangling

Schlamassel mess ◇ *Da haben wir den Schlamassel!* Now we're in a right mess!

Schlamm mud

schlammig muddy

Schlampe slut (*abwert*)

Schlamperei sloppiness, carelessness; (*Fehler*) careless mistake

schlampig, schlampert 1 (*ungepflegt*) scruffy (*Adv* scruffily); (*unordentlich*) untidy (*Adv* untidily) ◇ *schlampig angezogen* scruffily dressed **2** (*nachlässig*) sloppy (*Adv* sloppily), careless (*Adv* carelessly) ◇ *schlampiges Deutsch* sloppy German ◇ *Der Aufsatz war schlampig geschrieben.* The essay was carelessly written.

Schlange 1 (ZOOL) snake **2** (*Menschen-*) queue, (*AmE*) line ◇ *An den Grenzübergängen bildeten sich kilometerlange Schlangen.* Mile-long queues built up at the border crossings. **3** ◇ *Sie ist eine falsche Schlange.* She's so two-faced. **IDM** **Schlange stehen** queue; (*AmE*) stand in line

schlängeln 1 sich ~ (*Bach, Weg*) wind its way; (*Schlange*) wriggle ◇ *eine geschlängelte Linie* a wavy line **2 sich durch etw ~** (*Mensch*) weave your way through sth ◇ *Wir schlängelten uns durch die Menschenmenge.* We weaved our way through the crowd.

schlank 1 (*Mensch, Körperteil*) slim ◇ *eine schlanke Figur* a slim figure ◇ *Er ist sehr schlank geworden.* He has lost a lot of weight. **2** (WIRTSCH) lean ◇ *schlanke Produktion* lean production ◇ *das Unternehmen schlanker machen* slim down the company **IDM** → LINIE

Schlankheit slimness

Schlankheitskur diet ◇ *eine Schlankheitskur machen* go on a diet

schlapp 1 (*erschöpft*) worn out, tired out; (*kraftlos, energielos*) listless (*Adv* listlessly) **2** (*langweilig, schwunglos*) pathetic (*umgs*) ◇ *ein schlapper Typ* a wimp **3** (*schlaff hängend*) limp (*Adv* limply) ◇ *Die Fahne hing schlapp vor der Botschaft.* The flag hung limply in front of the embassy. **4** (*Geschäft, Nachfrage*) slack; (*Währung, Konjunktur, Regierung*) weak

Schlappe setback ◇ *eine Schlappe erleiden* suffer a setback

schlappmachen 1 (*müde werden*) flag, run out of steam; (*aufgeben*) give up ◇ *Er hat kurz vor dem Ziel schlappgemacht.* He ran out of steam just before the finish. ◇ *Sie macht so schnell nicht schlapp.* She doesn't give up that easily. **2** (*kaputtgehen*) break down ◇ *Der Bus machte schlapp.* The bus broke down.

schlau 1 (*klug*) clever (*Adv* cleverly) ◇ *Er ist ein schlauer Kopf.* He's a clever chap. ◇ *Das hat sie wirklich schlau gelöst.* She solved it very cleverly. ◇ *Hier heißt es schlau sein.* You need to be on the ball here. **2** (*listig*) wily ◇ *Sie ist ein schlauer Fuchs.* She's very wily. **IDM** **aus jdm/etw (nicht) schlau werden** (not) be able to make head or tail of sb/sth **genau so schlau sein wie vorher** be none the wiser

Schlauch **1** tube; (*Wasser-*) hose ◇ *mit dem Schlauch ernährt werden* be fed by tube **2** (*Reifen*) inner tube IDM **ein Schlauch sein** be a slog
Schlauchboot rubber dinghy

schlauchen wear *sb* out ◇ *Ich bin völlig geschlaucht.* I'm absolutely worn out.

Schlaufe loop; (*zum Festhalten*) strap

schlecht **1** bad (*Adv* badly); (*Qualität, Leistungen auch*) poor (*Adv* poorly) ◇ *schlechte Noten/Lehrer* bad marks/teachers ◇ *bei schlechtem Wetter* if the weather's bad ◇ *schlecht gelaunt sein* be in a bad mood ◇ *Er ist in Mathe noch schlechter als ich.* He is even worse at maths than I am. ◇ *Wir haben bisher nur Schlechtes über ihn gehört.* Up to now we have heard nothing but bad things about him. ◇ *Das Geschäft geht schlecht.* Business is bad. ◇ *bei einer Prüfung schlecht abschneiden* do badly in an exam ◇ *eine schlechte Qualität haben* be (of) poor quality ◇ *Sie spricht sehr schlecht Englisch.* Her English is very poor. ◇ *schlecht motiviert* poorly motivated ◇ *schlecht besucht sein* be poorly attended ◇ *schlecht geeignet* not suitable ◇ *Ihre Chancen stehen schlecht.* She doesn't stand much chance. ◇ *Die Tür schließt schlecht.* The door doesn't shut properly. ◇ *über jdn schlecht reden* speak ill of sb ◇ *sich schlecht mit jdm vertragen* not get on with sb **2** (*Augen etc.*) ◇ *Er hat schlechte Augen.* He's got poor eyesight. ◇ *Seine Augen werden schlechter.* His sight is getting worse. ◇ *Sie hört so schlecht.* She doesn't hear too well. **3** (*böse*) evil ◇ *Er ist ein schlechter Mensch.* He's an evil man. **4** (*Milch, Fleisch etc.*) off; (*Luft*) polluted ◇ *schlecht werden* go off ◇ *schlechte Luft einatmen* breathe polluted air ◇ *Die Luft im Raum war sehr schlecht.* It was very stuffy in the room. **5** (*übel*) sick ◇ *Mir ist schlecht.* I feel sick. ◇ *Es stank so, dass einem schlecht werden konnte.* The smell was enough to make you feel sick. ◇ *Du siehst schlecht aus.* You don't look well. ◇ *Es geht ihm immer noch schlecht.* He's still not well. ◇ *Dem Land geht es wirtschaftlich sehr schlecht.* The country's economy is in a very bad state. **6 nicht ~** (*sehr*) really ◇ *Sie waren nicht schlecht beeindruckt.* They were really impressed. **7** (*ungünstig*) not convenient ◇ *Heute Nachmittag passt es mir schlecht.* This afternoon is not convenient for me. **8** (*kaum*) hardly ◇ *Das kann ich ihm schlecht sagen.* I can hardly tell him that. ◇ *Ich kann im Moment schlecht weg.* I can't really get away at the moment. IDM **auf jdn schlecht zu sprechen sein** be annoyed with sb **das wäre nicht schlecht!** it wouldn't be a bad idea! **mehr schlecht als recht** just about ◇ *Er lebt mehr schlecht als recht von seiner Rente.* He just about manages on his pension. **jdn/etw schlecht machen** run sb/sth down **um jdn/mit etw steht es schlecht** sb/sth is in a bad way → *Siehe auch* BEDIENEN *und* FAHREN ⓘ Für andere Redewendungen mit **schlecht** siehe die Einträge für die entsprechenden Nomina etc. **Schlechte Karten haben** z.B. steht unter **Karte**.

schlecken **1** **(an) etw ~** (*lecken*) lick sth **2** (*essen*) eat; (*aufschlecken*) lap *sth* up **3** (*naschen*) eat sweets

Schlehe sloe

schleichen **1** creep ◇ *Sie schlich von hinten an ihn heran.* She crept up behind him. **2 sich in/aus etw ~** (*leise*) slip; (*unbemerkt*) sneak ◇ *Er schlich sich leise aus dem Haus.* He slipped quietly out of the house ◇ *Er schlich sich unbemerkt in die Wohnung.* He sneaked into the flat. ◇ *Er hat sich in ihr Vertrauen geschlichen.* He wormed his way into her confidence.

schleichend gradual; (*Inflation*) creeping ◇ *ein schleichender Verfall* a gradual decline

Schleier **1** veil ◇ *einen Schleier tragen* wear a veil ◇ *Ich sah alles wie durch einen Schleier.* Everything was a blur. **2** (*Dunst*) haze IDM **den Schleier des Vergessens über etw breiten** draw a veil over sth **den Schleier lüften** reveal the secret

schleierhaft **jdm ~ sein** be a mystery to sb

Schleife **1** bow; (*Kranz*) ribbon **2** (*Biegung*) loop ◇ *Der Fluss macht hier eine Schleife.* There's a loop in the river here. ◇ *eine Schleife fahren* make a detour ◇ *Das Flugzeug musste mehrere Schleifen über München ziehen.* The plane had to circle over Munich several times.

schleifen[1] (*Messer, Beil*) sharpen; (*Linse*) grind; (*Diamant, Glas*) cut

schleifen[2] **1 jdn/etw ~** (*ziehen, mitschleifen*) drag sb/sth (*auch fig*) **2** (*reiben*) rub against *sth* ◇ *Das Schutzblech schleift am Reifen.* The mudguard is rubbing against the tyre. ◇ *die Kupplung schleifen lassen* slip the clutch **3** (*niederreißen*) raze *sth* (to the ground) **4 etw ~ lassen** let sth slide ◇ *Die Behörden haben die Sache schleifen lassen.* The authorities let the matter slide. IDM → ZÜGEL

Schleim mucus; (*im Hals*) phlegm; (*Schnecke*) slime ◇ *Schleim absondern* secrete mucus

Schleimer(in) creep (*umgs, abwert*)

Schleimhaut mucous membrane

schleimig **1** slimy (*Adv* slimily) (*auch fig*) **2** (MED) mucous

schlemmen **(etw) ~** feast (on sth); (*sich vollstopfen*) gorge yourself (on sth)

schlendern stroll

Schlendrian slackness

Schlenker **1** swerve ◇ *Er machte einen plötzlichen Schlenker nach rechts.* He suddenly swerved to the right. **2** (*beiläufige Bemerkung*) aside

schleppen **1** (*tragen*) lug (*umgs*) ◇ *Ich schleppte den Koffer die Treppe hoch.* I lugged the suitcase up the stairs. **2** (*ziehen*) drag (*auch fig*); (*abschleppen*) tow ◇ *Sie schleppte die Kisten über den Hof.* She dragged the boxes across the yard. ◇ *Seine Freunde schleppten ihn ins Bett.* His friends dragged him off to bed. ◇ *Sie schleppte sich zum nächsten Notruftelefon.* She managed to drag herself to the nearest emergency telephone. ◇ *Sie wurde von einem Museum ins nächste geschleppt.* She was dragged round to one museum after another. ◇ *Der Wagen wurde in die Werkstatt geschleppt.* The car was towed to the garage. **3** (*schmuggeln*) smuggle IDM **jdn vor Gericht/den Richter schleppen** haul sb before a court/judge

schleppend **1** (*Schritte*) ◇ *Er hat einen schleppenden Gang.* He walks with a shuffle ◇ *Mit schleppenden Schritten verließ sie das Haus.* She shuffled out of the house. **2** (*langsam*) slow (*Adv* slowly); (*Nachfrage, Geschäft*) slack ◇ *Die Arbeit geht nur schleppend voran.* The work is progressing very slowly. ◇ *Sie beschwerte sich über die schleppende Bearbeitung.* She complained about the delay in dealing with the matter.

Schlepper(in) **1** (*Menschenschmuggler*) = person who smuggles people into a country **2** (*jd, der Kunden wirbt*) tout, (*AmE*) scalper

Schlepper **1** (*Schiff*) tug **2** (*Traktor*) tractor

Schleuder **1** sling; (*mit Gummiband*) catapult, (*AmE*) slingshot **2** (*Wäsche-*) spin dryer **3** (*Honig etc.*) separator

schleudern **1** hurl, throw ◇ *Er schleuderte den Hammer 100 Meter weit.* He hurled the hammer a distance of 100 metres. ◇ *Sie wurde zu Boden geschleudert.* She was thrown to the ground. **2** (*Wäsche*) spin **3** (*schlingern*) skid ◇ *Das Auto schleuderte gegen einen*

Baum. The car skidded into a tree. ◇ *ins Schleudern geraten* go into a skid IDM **jdm etw ins Gesicht/an den Kopf schleudern** hurl sth at sb **ins Schleudern geraten/kommen** be thrown

schleunigst at once ◇ *Sie sollte sich schleunigst anmelden.* She needs to register at once. ◇ *Verschwinde, aber schleunigst!* Get out now!

Schleuse 1 (*Kanal*) lock **2** (*zum Wasserablassen*) sluice (gate) **3** (*Raum*) sealed chamber; (*U-Boot, Raumschiff*) airlock

schleusen 1 (*Schiff*) ◇ *Das Schiff wurde durch den Kanal geschleust.* The ship was taken through the canal locks. **2 jdn durch etw ~** get sb through sth ◇ *Es dauerte lange, bis alle durch den Zoll geschleust waren.* It took a long time to get them all through customs. **3** (*schmuggeln*) smuggle

Schleuser(in) people smuggler

Schliche tricks [Pl] IDM **jdm auf die Schliche kommen** get wise to sb

schlicht simple (*Adv* simply) ◇ *die schlichte Wahrheit* the simple truth ◇ *schlicht möbliert* simply furnished IDM **schlicht und einfach** simply ◇ *Er war schlicht und einfach überfordert.* He was quite simply out of his depth. **schlicht und ergreifend** short and sweet; (*einfach*) simply ◇ *Der Text war schlicht und ergreifend.* The text was short and sweet. ◇ *Das ist schlicht und ergreifend falsch.* That's simply not true.

schlichten 1 settle ◇ *einen Streit schlichten* settle a dispute ◇ *außergerichtlich geschlichtet werden* be settled out of court **2 zwischen A und B ~** mediate between A and B

Schlichtheit simplicity

Schlichtung settlement; (*amtlich*) arbitration

schließen 1 close, shut ◇ *das Buch/die Türen/Augen schließen* close the book/doors/your eyes ◇ *ein geschlossenes Fenster* a closed window ◇ *Wir schließen gleich.* We're just closing. ◇ *Wann schließt die Bank?* When does the bank close? ◇ *Die Bücherei war vorübergehend für Besucher geschlossen.* The library was temporarily closed to the public. ◇ *Die Aktien schlossen etwas höher.* Shares closed slightly higher. ◇ *Die Tür schließt schlecht.* The door doesn't shut properly. **2 sich ~** close, shut ◇ *Die Tür schloss sich hinter ihr.* The door closed behind her. ◇ *Die Wunde hat sich noch nicht geschlossen.* The wound is still open. **3** (*einschließen*) lock ◇ *Sie schloss die Akten in den Tresor.* She locked the files in the safe. **4** (*Betrieb*) close (*sth*) down ◇ *Das Restaurant wurde geschlossen.* The restaurant was closed down. **5** (*beenden*) end; (*Sitzung*) close (*gehoben*) ◇ *Er schloss die Rede mit einem Zitat.* He ended the speech with a quotation. **6 etw (aus etw) ~** infer sth (from sth) **7 von jdm/etw auf jdn/etw ~** judge sb/sth by the standards of sb/sth ◇ *Du solltest nicht von dir auf andere schließen.* You shouldn't judge other people by your own standards. **8** (*mit bestimmten Nomina*) ◇ *eine Lücke schließen* fill the gap ◇ *ein Bündnis schließen* form an alliance ◇ *einen Vertrag schließen* sign a treaty ◇ *Freundschaft schließen* become friends ◇ *Frieden schließen* make peace ◇ *Kompromisse schließen* compromise IDM → BUND[1]

Schließfach 1 locker; (*für Gepäck*) left-luggage locker **2** (*Tresor*) safe deposit box

schließlich 1 (*endlich*) finally; (*letzten Endes*) in the end; (*nach langer Zeit*) eventually ◇ *als sie schließlich kam* when she finally arrived ◇ *Schließlich entschied er sich, es ihr zu sagen.* In the end, he decided to tell her. ◇ *Er ist schließlich an Altersschwäche gestorben.* He eventually died of old age. **2** (*immerhin*) after all ◇ *Schließlich ist sie deine Mutter.* After all, she is your mother. ◇ *Beeile dich, schließlich wollen wir nicht zu spät kommen.* Hurry up, we don't want to be late, do we?

Schließung (*Stilllegung*) closure; (*das Schließen*) closing (*oft mit einem Verb übersetzt*) ◇ *die drohende Schließung der Schule* the threatened closure of the school ◇ *wenige Minuten nach Schließung der Wahllokale* minutes after polling stations closed

schlimm 1 bad (*Adv* badly); (*schwerwiegend*) serious (*Adv* seriously) ◇ *eine schlimme Nachricht* bad news ◇ *schlimm betroffen* badly affected ◇ *Das Schlimmste war, dass ...* The worst thing was that ... ◇ *Es hätte noch schlimmer kommen können.* It could have been worse. ◇ *schlimme Folgen* serious consequences ◇ *Das ist eine schlimme Sache.* It's a terrible thing. ◇ *Nicht so schlimm!* Never mind. **2** (*verwerflich*) wicked; (*unartig*) naughty ◇ *ein schlimmes Verbrechen* a wicked crime ◇ *Es gibt Schlimmere als sie.* There are worse people than them.

schlimmstenfalls at (the) worst ◇ *Schlimmstenfalls muss er ein Bußgeld zahlen.* At worst he'll have to pay a fine. ◇ *Schlimmstenfalls wird es erst im Mai fertig.* It'll be finished by May at the latest.

Schlinge 1 noose; (*am Arm*) sling ◇ *die Schlinge zuziehen* tighten the noose ◇ *den Arm in einer Schlinge tragen* have your arm in a sling **2** (*Falle*) snare IDM → KOPF

schlingen 1 (*gierig essen*) bolt your food ◇ *Er schlang, ohne richtig zu kauen.* He bolted his food, without chewing it properly. **2** (*legen*) wrap; (*binden*) tie ◇ *Sie schlang ihre Arme um ihn.* She wrapped her arms around him. ◇ *Er schlang ihr das Seil um den Hals.* He tied the rope around her neck.

schlingern (*Anhänger etc.*) sway; (*Schiff*) roll ◇ *Der Anhänger geriet ins Schlingern.* The trailer started to sway.

Schlips tie, (*AmE auch*) necktie IDM **jdm auf den Schlips treten** put sb's nose out of joint **sich auf den Schlips getreten fühlen** feel offended

Schlitten 1 sledge, (*AmE*) sled; (*Rodel- auch*) toboggan; (*Pferde- auch*) sleigh ◇ *Schlitten fahren* go tobogganing **2** (*Auto*) (flash) car ◇ *Hast du ihren neuen Schlitten schon gesehen?* Have you seen her flash new car?

Schlittenhund husky

schlittern 1 (*rutschen*) slide; (*Fahrzeug*) skid ◇ *Kinder schlitterten auf dem Eis.* Children were sliding on the ice. ◇ *Der Lkw schlitterte in den Straßengraben.* The lorry skidded into the ditch. **2** (*fig*) **in etw ~** slide into sth; (*schneller*) plunge into sth ◇ *in eine Rezession schlittern* slide into recession ◇ *in die roten Zahlen schlittern* plunge into the red ◇ *in eine Krise schlittern* be plunged into crisis

Schlittschuh (ice) skate ◇ *Gehen wir Schlittschuh laufen.* Let's go ice-skating.

Schlitz slit; (*für Münzen etc.*) slot

schlitzen slit ◇ *hinten geschlitzt* with a slit at the back

schlohweiß snow-white

Schloss 1 (*Burg*) castle; (*Palast*) palace; (*Herrenhaus*) mansion, (*BrE auch*) stately home **2** (*an Türen etc.*) lock ◇ *Der Schlüssel steckt im Schloss.* The key is in the lock. IDM **hinter Schloss und Riegel** behind bars ◇ *jdn hinter Schloss und Riegel bringen* put sb behind bars

Schlosser(in) metalworker; (*Maschinen-*) fitter; (*Auto-*) mechanic; (*für Schlösser*) locksmith

Schlot chimney

schlottern 1 (*zittern*) shake ◇ *vor Angst/Kälte schlottern* shake with fear/cold ◇ *Ihm schlotterten die Knie.* His knees were shaking. **2** (*lose hängen*) flap ◇ *Die Hose schlotterte ihr um die Beine.* Her trousers were flapping round her legs. ◇ *ein schlotternder Anzug* a baggy suit

Schlucht ravine

schluchzen sob

Schluck **1** mouthful; (*klein*) sip; (*groß*) gulp ◇ *ein Schluck Kaffee* a mouthful of coffee ◇ *ein Schluck Wasser* a sip of water ◇ *mit einem Schluck* in one gulp ◇ *Er nahm einen kräftigen Schluck aus der Flasche.* He took a swig from the bottle. ◇ *Sie trank den Tee in kleinen Schlucken.* She sipped her tea. **2** (*Getränk*) drink ◇ *einen Schluck mit jdm trinken* have a drink with sb

Schluckauf hiccups [Pl] ◇ *(einen) Schluckauf bekommen* get (the) hiccups

schlucken **1** swallow (*auch fig*); (*einnehmen*) take ◇ *Der Geldautomat hat meine Karte geschluckt!* The cash machine swallowed my card. ◇ *Er musste ganz schön schlucken.* He had to swallow hard. **2** (*Lärm*) absorb ◇ *Die dicken Mauern schlucken den Lärm.* The thick walls absorb the noise. **3** (*Firma, Konzern etc.*) swallow *sth* up ◇ *Sie sind von einer größeren Firma geschluckt worden.* They were swallowed up by a larger company. **4** (*verbrauchen*) use ◇ *Das neue Auto schluckt weniger Sprit.* The new car uses less gas. **5** (*hinnehmen*) put up with *sth* ◇ *Sie muss lernen, nicht alles zu schlucken.* She needs to learn not to put up with it all. ◇ *Er muss vieles schlucken.* He has to take a lot of flak.

schludern be sloppy ◇ *Die Handwerker haben bei der Arbeit geschludert.* The workmen were sloppy.

schlummern **1** sleep, slumber (*gehoben*) **2** (*latent vorhanden sein*) lie dormant; (*verborgen liegen*) be hidden ◇ *In ihr schlummern viele Talente.* She has a lot of hidden talents.

Schlund **1** (*Rachen*) throat; (*Mund*) mouth **2** (*Abgrund*) maw (*gehoben*)

schlüpfen **1** slip ◇ *aus dem Zimmer schlüpfen* slip out of the room **2 in/aus etw ~** (*Schuhe, Kleidung*) slip sth on/off ◇ *in die Schuhe schlüpfen* slip your shoes on ◇ *aus dem Mantel schlüpfen* slip your coat off ◇ *in eine andere Rolle schlüpfen* take on a different role **3** (*aus dem Ei*) hatch; (*aus der Puppe, Larve*) emerge

Schlupfloch **1** (*Versteck*) hiding place, hideout **2** (*Loch*) hole; (*im Gesetz etc.*) loophole ◇ *legale Schlupflöcher* loopholes in the law

schlurfen shuffle

schlürfen **1** slurp **2** (*trinken*) drink; (*essen*) eat

Schluss **1** (*Ende*) end ◇ *vor Schluss gehen* leave before the end ◇ *Sie bildeten den Schluss.* They brought up the rear. ◇ *Schluss jetzt!* That's enough! ◇ *Damit ist jetzt Schluss.* It's over now. ◇ *Um 22 Uhr ist Schluss.* It finishes at ten. ◇ *Für heute machen wir Schluss.* Let's call it a day. ◇ *Schluss mit der Gewalt gegen Frauen!* Stop violence against women! **2 zum ~** (*am Ende*) at the end; (*abschließend*) finally ◇ *Zum Schluss waren alle todmüde.* At the end they were all exhausted. ◇ *Und zum Schluss möchte ich mich bedanken.* And finally, I should like to thank you all. **3** (*Film, Roman etc.*) ending; (*Aufsatz*) conclusion ◇ *ein überraschender Schluss* a surprise ending **4** (*Folgerung*) conclusion ◇ *zu dem Schluss kommen, dass ...* come to the conclusion that ... ◇ *Daraus kann man zwei Schlüsse ziehen.* From this we can draw two conclusions. **5 (mit jdm) ~ machen** break up (with sb) ◇ *Sie hat mit ihrem Freund Schluss gemacht.* She broke up with her boyfriend. ◇ *Sie hat Schluss gemacht.* She broke it off. **6 mit etw ~ machen** end sth; (*Alkohol etc.*) give sth up ◇ *Sie wollte mit dem Leben Schluss machen.* She wanted to end it all.

Schlüssel **1** key (*auch fig*) ◇ *den Schlüssel abziehen* remove the key ◇ *Der Schlüssel steckt.* The key is in the lock. ◇ *der Schlüssel zum Erfolg* the key to success **2** → SCHRAUBENSCHLÜSSEL **3** (*Verteiler-*) formula **Schlüsselbein** collarbone **Schlüsselbund** bunch of keys **Schlüsselfrage** key issue **Schlüsselloch** keyhole **Schlüssellochchirurgie** keyhole surgery

schlussfolgern conclude ◇ *Aus seinem Verhalten konnte sie schlussfolgern, dass ...* She concluded from his behaviour that ...

Schlussfolgerung conclusion ◇ *Schlussfolgerungen aus etw ziehen* draw conclusions from sth ◇ *zu der Schlussfolgerung gelangen, dass ...* come to the conclusion that ...

schlüssig **1** (*Beweis, Antwort, Begründung*) conclusive (*Adv* conclusively); (*Erklärung*) convincing (*Adv* convincingly); (*Argumentation, Konzept*) coherent (*Adv* coherently); (*Gedankengang*) logical (*Adv* logically) ◇ *ein in sich schlüssiges Konzept* a coherent concept **2 sich (über etw) ~ sein** have made up your mind (about sth), have decided (about sth) ◇ *Sie war sich nicht schlüssig, was sie tun sollte.* She hadn't made up her mind what to do. **3 sich (über etw) ~ werden** decide (on sth)

Schluss- **Schlusspfiff** final whistle **Schlusspunkt** end ◇ *Das Lied bildete den Schlusspunkt des Abends.* The song brought the evening to an end. ◇ *Sie setzte einen Schlusspunkt unter ihre Beziehung.* She ended the relationship. **Schlussstrich** **einen ~ unter etw ziehen** draw a line under sth **Schlussverkauf** sales [Pl]

schmächtig slightly built, weedy (*abwert*)

schmackhaft tasty ◇ *Kürbis schmackhaft zubereiten* make a tasty dish out of pumpkin **IDM** **jdm etw schmackhaft machen** promote the idea of sth to sb ◇ *Sie wollen den Mitarbeitern den Umstieg auf öffentliche Verkehrsmittel schmackhaft machen.* They want to promote to employees the idea of switching to public transport. ◇ *Durch die Spiele soll Kindern der Museumsbesuch schmackhaft gemacht werden.* The games are designed to help young visitors enjoy the museum.

schmal **1** narrow; (*Hände, Lippen, Handgelenk*) thin ◇ *ein schmaler Pfad* a narrow path ◇ *Er ist ganz schmal geworden.* He's much thinner now. ◇ *Ihre Augen wurden schmal.* Her eyes narrowed. ◇ *ein schmales Büchlein* a thin booklet ◇ *Die Hose ist schmal geschnitten.* The trousers are narrow. **2** (*nicht ausreichend*) limited ◇ *ein schmales Budget* a limited budget

schmälern **1** (*mindern*) diminish ◇ *den Wert schmälern* diminish the value ◇ *Das schlechte Wetter schmälerte das Vergnügen.* The bad weather detracted from our enjoyment. **2** (*herabsetzen*) belittle

Schmalz **1** (*Schweine-*) lard; (*Gänse-*) fat; (*Braten-*) dripping **2** (*Sentimentalität*) schmaltz

schmalzig sentimental

Schmarotzer (*Tier, Pflanze*) parasite

Schmarotzer(in) (*Mensch*) scrounger; (*Schnorrer*) freeloader

schmatzen **1** (*laut essen*) eat noisily ◇ *Schmatz nicht so!* Don't make such a noise while you're eating. ◇ *Er schmatzt so laut.* He's such a noisy eater. **2** (*Popcorn, Kekse etc.*) munch; (*Suppe etc.*) slurp

schmecken **1** (*wahrnehmen*) taste ◇ *Hast du den Knoblauch geschmeckt?* Could you taste the garlic? ◇ *Ich kann nichts schmecken.* I've lost my sense of taste. **2 (nach etw) ~** (*einen bestimmten Geschmack haben*) taste (of sth) ◇ *süß schmecken* taste sweet ◇ *scheußlich schmecken* taste horrible ◇ *Es schmeckt nach Zitrone.* It tastes of lemon. ◇ *nach nichts schmecken* be tasteless **3** (*gut schmecken*) be good, delicious, etc. ◇ *Die Suppe schmeckt sehr gut.* The soup is delicious. ◇ *Und, schmeckt's?* Is it nice? ◇ *Das schmeckt* *nicht!* It's horrible! ◊ *Das schmeckt mir nicht.* I don't like it. ◊ *Frisch schmeckt es am besten.* It tastes best when it's fresh. ◊ *Hat es geschmeckt?* Did you enjoy your meal? ◊ *Das Essen hat mir (gut) geschmeckt.* I really enjoyed the meal. ◊ *Sie ließen sich das Essen schmecken.* They tucked in. **4 jdm nicht ~** (*nicht gefallen*) not be to sb's liking ◊ *Die Entscheidung schmeckte ihm nicht.* The decision was not to his liking. IDM → MEHR

schmeichelhaft flattering (*Adv* flatteringly)

schmeicheln flatter ◊ *Es schmeichelte ihr sehr, dass…* She felt very flattered that… ◊ *Er fühlte sich dadurch geschmeichelt.* He felt flattered by it.

Schmeichler(in) flatterer

schmeißen 1 (*werfen*) throw, toss, (*BrE auch*) chuck (*umgs*); (*schleudern*) fling ◊ *etw in die Mülltonne schmeißen* chuck sth in the bin ◊ *etw auf den Boden schmeißen* fling sth down ◊ *die Tür ins Schloss schmeißen* slam the door ◊ *Das Publikum schmiss mit faulen Eiern nach ihm.* The audience pelted him with rotten eggs. **2** (*Studium, Lehre etc.*) pack *sth* in (*umgs*), (*BrE auch*) chuck *sth* in (*umgs*) ◊ *die Schule schmeißen* drop out of school **3** (*bewältigen*) run ◊ *den Haushalt schmeißen* run the house **4** (*Party etc.*) throw **5 eine Runde ~** buy a round (of drinks) **6 mit etw um sich ~** (*Geld*) throw sth around; (*Geschenke*) be very generous with sth **7 sich ~** fling yourself ◊ *sich wütend auf die Erde schmeißen* fling yourself down in a rage ◊ *Sie schmiss sich erschöpft aufs Bett.* She collapsed exhausted on the bed. **8 sich in etw ~** (*anziehen*) throw sth on IDM → LADEN

Schmeißfliege bluebottle

schmelzen melt; (*Eisen, Erz*) smelt ◊ *Käse schmelzen* melt cheese ◊ *Der Schnee ist schon geschmolzen.* The snow has already melted.

Schmelz- Schmelzkäse cheese spread **Schmelzofen** furnace **Schmelztiegel 1** (*für Metall*) crucible **2** (*fig*) melting pot ◊ *ein Schmelztiegel der Kulturen* a cultural melting pot **Schmelzwasser** melting snow and ice, meltwater (*Fachspr*)

Schmerz pain; (*dumpf*) ache ◊ *ein stechender/bohrender Schmerz* a stabbing/gnawing pain ◊ *große Schmerzen haben* be in great pain ◊ *vor Schmerzen schreien* scream with pain ◊ *unter starken Schmerzen leiden* be in severe pain ◊ *Er fühlte tiefen Schmerz nach der Trennung.* The separation caused him great pain. ◊ *Das Atmen bereitet mir Schmerzen.* It hurts to breathe. ◊ *Ich habe Schmerzen im Bein.* My leg hurts.

schmerzen 1 (*weh tun*) hurt (*auch fig*); (*dumpf*) ache ◊ *Nach dem Sturz schmerzte jeder Atemzug.* After the fall every breath hurt. ◊ *Nach der Wanderung schmerzten ihr die Beine.* Her legs were aching after the walk. **2** (*traurig machen*) upset ◊ *Es schmerzt mich sehr, dich so unglücklich zu sehen.* It upsets me to see you so unhappy. ◊ *Die Niederlage schmerzte ihn sehr.* The defeat was very painful for him.

schmerzend painful; (*dumpf*) aching ◊ *eine schmerzende Wunde* a painful wound ◊ *schmerzende Füsse* aching feet

Schmerzensgeld damages [Pl] ◊ *ein hohes Schmerzensgeld erhalten* be awarded substantial damages ◊ *jdn auf Schmerzensgeld verklagen* sue sb for damages

schmerzfrei free from pain [nicht vor Nomen]; (*spielen, sitzen etc.*) without pain

schmerzhaft painful

schmerzlich painful (*Adv* painfully) ◊ *eine schmerzliche Erfahrung* a painful experience ◊ *schmerzlich vermisst werden* be sorely missed

schmerzlos painless (*Adv* painlessly) IDM → KURZ

Schmerzmittel painkiller

Schmetterling 1 (*Insekt*) butterfly **2** (*Schwimmstil*) butterfly

schmettern 1 smash; (*schleudern*) hurl ◊ *Der Sturm schmetterte das Auto gegen eine Mauer.* The car was smashed against a wall in the gale. ◊ *Er schmetterte den Ball ins Netz.* He smashed the ball into the net. **2** (*Trompete etc.*) blare; (*Lied, Marsch*) belt *sth* out

Schmied(in) blacksmith

Schmiede forge

schmiedeeisern wrought-iron

schmieden 1 (*Eisen, Hufeisen*) forge **2** (*Pläne*) make; (*Komplott*) hatch ◊ *Sie schmiedeten ein Komplott gegen ihn.* They hatched a plot against him. IDM → EISEN

schmiegen sich an jdn/etw ~ snuggle up to sb/sth; **sich in etw ~** nestle in sth ◊ *Sie schmiegte sich an seine Schulter.* She snuggled her head into his shoulder. ◊ *Das Dorf schmiegt sich in ein Tal.* The village nestles in a valley.

Schmiere 1 (*Fett*) grease **2** (*Schmutz*) grime IDM **Schmiere stehen** keep a lookout

schmieren 1 lubricate; (*fetten auch*) grease; (*ölen auch*) oil **2** (*streichen*) spread ◊ *Marmelade aufs Brot schmieren* spread jam on the bread ◊ *jdm ein Brot schmieren* make sb a sandwich **3** (*Creme etc.*) smear ◊ *Das Baby schmierte Honig über den ganzen Tisch.* The baby smeared honey all over the table. ◊ *sich Sonnencreme ins Gesicht schmieren* put sun cream on your face **4** (*schreiben*) scribble; (*malen*) daub ◊ *Sie schmierte in ihr Heft.* She was scribbling in her exercise book. ◊ *Sie schmierten Parolen an die Wand.* They daubed slogans on the wall. ◊ *Da hast du aber wieder geschmiert.* You've made a mess again. **5** (*Kugelschreiber, Füller*) smudge **6** (*bestechen*) bribe ◊ *Sie lassen sich für alles schmieren.* They take bribes for everything. IDM **jdm eine schmieren** give sb a slap → *Siehe auch* HONIG

Schmiererei 1 (*Schrift*) scribble; (*Kleckse, Flecken*) smudges [Pl] **2** (*Gemälde*) daub

Schmiergeld bribe ◊ *2 000 € Schmiergeld* a €2 000 bribe ◊ *Schmiergeld kassieren* take bribes **Schmiergeldaffäre** bribery scandal

schmierig 1 (*fettig*) greasy; (*rutschig*) slippery ◊ *eine schmierige Rußschicht* a layer of greasy soot ◊ *Durch den Regen war der Lehmboden schmierig geworden.* The rain had made the clay slippery. **2** (*schmutzig*) dirty **3** (*aufdringlich freundlich*) smarmy ◊ *Das war aber ein schmieriger Kerl!* What a smarmy character! ◊ *schmierig grinsen* give a smarmy grin

Schmierpapier rough paper

Schminke make-up

schminken sich/jdn/etw ~ make yourself/sb/sth up ◊ *sich die Augen schminken* make up your eyes ◊ *sich die Lippen schminken* put lipstick on ◊ *sich leicht schminken* put on a little make-up ◊ *Sie war stark geschminkt.* She was wearing a lot of make-up. ◊ *Sie schminkt sich nicht.* She doesn't wear make-up. ◊ *Er wurde für die Rolle weiß geschminkt.* He wore white make-up for the role.

schmirgeln sandpaper

Schmirgelpapier sandpaper

Schmöker book

schmökern (in etw) ~ read (sth)

schmollen sulk

schmoren 1 braise ◊ *Sie schmorte einen Rinderbraten.* She did braised beef. ◊ *Der Braten schmorte im Backofen.* The meat was cooking in the oven. **2** (*in der Sauna*) sweat; (*in der Sonne*) swelter IDM **jdn (im eigenen Saft) schmoren lassen** let sb stew (in their own juice) **im eigenen Saft schmoren** be inward-looking

schmuck smart

Schmuck **1** jewellery, (*AmE*) jewelry ◇ *Sie besaß viel alten Schmuck.* She owned a lot of antique jewellery. **2** (*Verschönerung*) decoration ◇ *der einzige Schmuck* the only decoration ◇ *Zum Schmuck des Saales wurden Blumenkübel aufgestellt.* Tubs of flowers were put out to decorate the hall.

schmücken **1** (*verzieren*) decorate ◇ *Sie halfen, den Weihnachtsbaum zu schmücken.* They helped to decorate the Christmas tree. **2** (*als Schmuck dienen*) adorn ◇ *Statuen schmückten den Eingang.* Statues adorned the entrance.

schmucklos unadorned

Schmuckstück **1** piece of jewellery, (*AmE*) piece of jewelry **2** (*besonders schönes Stück*) crowning glory ◇ *Das Schmuckstück des Museums war ein Wikingerschiff.* The crowning glory of the museum was a Viking ship.

schmuddelig, **schmuddlig** grubby; (*Lokal*) dingy

Schmuggel smuggling ◇ *der Schmuggel von Uran* uranium smuggling

schmuggeln smuggle ◇ *Zigaretten schmuggeln* smuggle cigarettes ◇ *ins Gefängnis geschmuggeltes Rauschgift* drugs smuggled into the prison

Schmuggelware smuggled goods [Pl], contraband [U] (*offiz*)

Schmuggler(in) smuggler

schmunzeln smile (to yourself)

schmusen **(mit jdm) ~** (kiss and) cuddle (sb) ◇ *Sie schmusten verliebt.* They were kissing and cuddling. ◇ *Sie schmuste mit ihrem kleinen Bruder.* She was cuddling her little brother.

Schmutz dirt ◇ *Sie wischte den Schmutz vom Boden auf.* She wiped the dirt off the floor. ◇ *Haustiere machen so viel Schmutz!* Pets make so much mess! IDM **jdn/etw durch/in den Schmutz ziehen** drag sb/sth through the mud **jdn mit Schmutz bewerfen** sling mud at sb → *Siehe auch* FEUCHT

schmutzig dirty; (*stärker*) filthy ◇ *Mach dich nicht schmutzig!* Don't get dirty! ◇ *schmutzig grau* dirty grey ◇ *eine schmutzige Fantasie haben* have a dirty mind ◇ *schmutzig lachen* give a dirty laugh ◇ *Politik ist ein schmutziges Geschäft.* Politics is a dirty business. ◇ *Du hast ganz schmutzige Hände.* Your hands are filthy. IDM **sich (nicht) die Finger/Hände schmutzig machen** (not) get your hands dirty → *Siehe auch* WÄSCHE

Schnabel **1** beak **2** (*Mund*) mouth ◇ *den Schnabel aufmachen* open your mouth **3** (*bei Blasinstrumenten*) mouthpiece IDM **Halt den Schnabel!** Shut up! **reden, wie einem der Schnabel gewachsen ist** speak your mind; (*unaffektiert*) speak without affectation

Schnake **1** daddy-long-legs **2** → MÜCKE

Schnalle **1** buckle ◇ *eine Schnalle öffnen/schließen* undo/fasten a buckle **2** (*Türklinke*) door handle **3** (*Frau*) tart (*umgs*)

schnallen **1** ◇ *etw weiter/enger schnallen* loosen/tighten sth **2 etw auf etw ~** strap sth on(to) sth ◇ *Die Taucher schnallten sich die Sauerstoffflaschen auf den Rücken.* The divers strapped the air cylinders on their backs. **3** (*begreifen*) get (*umgs*) ◇ *Ich habe das nicht geschnallt!* I don't get it! ◇ *Du schnallst auch gar nichts!* You just don't get it, do you? IDM **den Riemen/Gürtel enger schnallen** tighten your belt ◇ *Sie mussten den Gürtel enger schnallen.* They had to tighten their belts.

schnalzen ◇ *mit der Zunge schnalzen* click your tongue ◇ *Er schnalzte mit der Peitsche.* He cracked his whip.

Schnäppchen bargain ◇ *ein Schnäppchen machen* get a bargain

schnappen **1 (sich) jdn/etw ~** grab sb/sth; (*wegreißen*) snatch sb/sth ◇ *Sie schnappte das Kind und hielt es unter die Dusche.* She grabbed the child and put her under the shower. ◇ *Er schnappte seine Schlüssel.* He grabbed his keys. ◇ *Der Dieb schnappte sich ihre Tasche.* The thief snatched her bag. ◇ *Der Hund schnappte den Ball.* The dog caught the ball in its mouth. **2 nach etw ~** snap at sth ◇ *Der Hund schnappte nach ihrer Hand.* The dog snapped at her hand. ◇ *Die Enten schnappten nach dem Brot.* The ducks fought for the bread. **3 nach Luft ~** gasp for air **4** (*festnehmen*) catch ◇ *Sie wurde von der Polizei geschnappt.* She was caught by the police. **5** ◇ *Die Tür schnappte ins Schloss.* The door clicked shut.

Schnappschuss snapshot

Schnaps schnapps; (*Spirituosen*) spirits [Pl] ◇ *zwei Schnäpse* two glasses of schnapps
Schnapsbrennerei distillery **Schnapsidee** crazy idea

schnarchen **1** snore ◇ *Er schnarcht immer so!* He snores so loudly! **2** (*schlafen*) be fast asleep ◇ *Sie schnarchen schon.* They're fast asleep.

Schnarcher(in) (*Mensch*) snorer

schnarren rasp

schnattern **1** (*Gans*) cackle; (*Ente*) quack **2** (*Mensch*) chatter (away) ◇ *Sie schnatterten ununterbrochen.* They chattered non-stop. **3** ◇ *Er schnatterte vor Kälte.* His teeth were chattering.

schnauben snort

schnaufen (puff and) pant; (*Dampflok*) puff ◇ *Er schnaufte vor Anstrengung.* He was panting with exertion.

Schnauzbart big moustache; (*geschwungen*) handlebar moustache ◇ *Er trug einen üppigen Schnauzbart.* He had a bushy moustache.

Schnauze **1** muzzle; (*Schweine-*) snout ◇ *eine breite Schnauze* a wide muzzle ◇ *die nasse Schnauze des Hundes* the dog's wet nose **2** (*Mund*) mouth, trap (*Slang*) ◇ *Halt die Schnauze!* Shut your mouth! ◇ *Ich hau dir eins auf die Schnauze!* I'll punch you in the face! IDM **auf die Schnauze fallen** come a cropper (*umgs*) **eine große Schnauze haben** have a big mouth **jdm eins vor die Schnauze geben** punch sb in the face **frei nach Schnauze** ◇ *Ich koche frei nach Schnauze!* I just improvise when I'm cooking! **(von etw) die Schnauze voll haben** have had enough (of sth)

schnäuzen **sich (die Nase) ~** blow your nose

Schnauzer **1** (*Hund*) schnauzer **2** (*Schnauzbart*) big moustache; (*geschwungen*) handlebar moustache

Schnecke **1** snail; (*Nackt-*) slug **2** (*Gebäck*) ≈ Danish, (*BrE auch*) ≈ Danish pastry **3** (*an Saiteninstrumenten*) scroll IDM **jdn zur Schnecke machen** tear sb off a strip

Schneckenhaus (snail) shell IDM **sich in sein Schneckenhaus zurückziehen** withdraw into your shell

Schneckentempo snail's pace ◇ *im Schneckentempo* at a snail's pace ◇ *Die Autoschlange bewegte sich im Schneckentempo.* The traffic was just crawling along.

Schnee **1** snow ◇ *Zwei Überlebende wurden aus dem Schnee geborgen.* Two survivors were dug out of the snow. ◇ *der frisch gefallene Schnee* the newly fallen snow ◇ *Schnee schaufeln* clear away the snow ◇ *Es liegt ein Meter Schnee.* The snow is a metre deep. ◇ *Heute Nacht soll Schnee fallen.* Apparently, it's going to snow tonight. **2** (*Ei-*) whisked egg white ◇ *Das Eiweiß zu Schnee schlagen.* Whisk the whites until stiff. IDM **Schnee von gestern sein** be water under the bridge; (*altmodisch*) be passé

Schneeball snowball **schneebedeckt** covered with snow [nicht vor Nomen], snow-covered; (*Gipfel*) snow-capped **Schneebesen** whisk **Schneefall** snowfall ◇ *heftige Schneefälle* heavy snowfalls ◇ *der erste Schneefall* the first fall of snow ◇ *in höheren Lagen Schneefall* snow on high ground **Schneeflocke** snowflake **Schneeglöckchen** snowdrop **Schneekette** snow chain **Schneemann** snowman **Schneeregen** sleet **Schneesturm** blizzard, snowstorm **Schneeverwehung**, **Schneewehe** snowdrift **schneeweiß** snow-white

Schneid guts [Pl] (*umgs*) ◇ *Dazu fehlt ihr der Schneid.* She hasn't got the guts. IDM **jdm den Schneid abkaufen** unnerve sb

Schneide (*Klinge*) blade; (*Kante*) cutting edge IDM → MESSER

schneiden 1 cut ◇ *einen Artikel aus der Zeitung schneiden* cut an article from the newspaper ◇ *Sie schnitt Löcher ins Papier.* She cut holes in the paper. ◇ *Ich lasse mir heute die Haare schneiden.* I'm having my hair cut today. ◇ *Das Messer schneidet schlecht.* The knife doesn't cut properly. ◇ *den Rasen schneiden* mow the lawn **2** (*zerteilen*) cut *sth* (up); (*in Scheiben*) slice *sth* (up) ◇ *etw in Streifen schneiden* cut sth (up) into strips ◇ *etw in zwei Hälften schneiden* cut sth in half ◇ *Sie schnitt den Kuchen in acht Stücke.* She cut the cake into eight pieces. ◇ *Sie schnitt Pilze in den Eintopf.* She sliced mushrooms into the stew. **3 sich (an etw) ~** cut yourself (on sth) ◇ *Ich habe mir/mich in den Finger geschnitten.* I've cut my finger. **4** (*Film, Tonband*) edit **5** (*beim Fahren*) cut in on *sb/sth*, cut *sb* up; (*Kurve*) cut ◇ *Ein Lkw hat sie beim Überholen geschnitten.* A lorry cut her up. **6** (*kreuzen*) cross; **sich ~** intersect (each other) ◇ *wo die Landstraße die Bundesstraße schneidet* where the B-road crosses the A-road ◇ *Die beiden Linien schneiden sich.* The two lines intersect. **7** (*Ball*) slice **8** ◇ *Grimassen schneiden* make faces ◇ *jdm eine Grimasse schneiden* pull a face at sb **9** (*Wind, Kälte*) sting ◇ *Der eisige Wind schnitt ihnen ins Gesicht.* The icy wind stung their faces. **10** ◇ *eng geschnitten* tight-fitting ◇ *elegant geschnitten* well cut ◇ *ihr fein geschnittenes Gesicht* her delicate features **11 jdn ~** (*ignorieren*) give sb the cold shoulder (*umgs*) ◇ *Er wurde von seinen Kollegen geschnitten.* His colleagues gave him the cold shoulder. ◇ *Warum schneidest du mich?* Why aren't you speaking to me? IDM **Die Luft/Atmosphäre ist zum Schneiden!** You could cut the air/atmosphere with a knife! → *Siehe auch* FLEISCH, GESICHT, LEIB *und* RIPPE

schneidend (*Kälte, Wind*) biting; (*Schmerz*) stabbing; (*Stimme*) piercing; (*Bemerkung*) cutting; (*Ironie*) bitter

Schneider (*Gerät*) slicer IDM **aus dem Schneider sein** be out of the woods

Schneider(in) (*Damen-*) dressmaker; (*Herren-*) tailor IDM **frieren wie ein Schneider** be frozen stiff

schneidern 1 (*Kleid, Kostüm*) make ◇ *Er ließ sich einen Anzug schneidern.* He had a suit made. ◇ *Sie hat das Kleid selbst geschneidert.* She made the dress herself. **2** (*als Beruf*) be a tailor/dressmaker; (*als Hobby*) do dressmaking

Schneidezahn incisor, front tooth (*umgs*)

schneien snow ◇ *Es fing an zu schneien.* It started snowing. ◇ *Draußen schneite es dicke Flocken.* Outside the snow was coming down in thick flakes. ◇ *Es schneit stark.* It's snowing heavily. ◇ *Es schneite leicht.* A light snow was falling. ◇ *Konfetti schneite auf das Brautpaar.* Confetti rained down on the newly-weds.

Schneise 1 (*Wald-*) strip of cleared woodland; (*Feuerschutz*) firebreak ◇ *eine Schneise in den Wald schlagen* clear a strip in the forest ◇ *Das Unwetter hinterließ eine Schneise der Verwüstung.* The storm cut a swathe of destruction. **2** (*Flug-*) (air) corridor

schnell 1 fast ◇ *eine schnelle Straße* a fast road ◇ *zu schnell fahren* drive too fast ◇ *Sie arbeitet schnell.* She's a fast worker. ◇ *Das geht mir viel zu schnell.* The pace is too fast for me. **2** (*Handeln, Vorgang*) quick (*Adv* quickly) ◇ *Schnelles Handeln war erforderlich.* Something had to be done quickly. ◇ *Darf ich mal schnell telefonieren?* May I make a quick telephone call? ◇ *schnell etwas trinken* have a quick drink ◇ *Sie begreift sehr schnell.* She's quick on the uptake. ◇ *Es ging alles ganz schnell.* It all happened very quickly. ◇ *Keine Angst, es geht ganz schnell.* Don't worry, it won't take a minute. ◇ *Ich muss noch schnell die Wäsche aufhängen.* I must just hang out the washing. **3** (*Veränderung etc.*) rapid ◇ *schnelles Wachstum* rapid growth **4** (*bald*) soon ◇ *Sie lebten sich schnell ein.* They soon settled in. ◇ *schneller als erwartet* sooner than expected **5** ◇ *Wie heißt sie noch schnell?* What's her name again?

Schnelldurchlauf ◇ *Die Jury hörte sich die Songs noch einmal im Schnelldurchlauf an.* The jury listened again to a quick run-through of the songs.

schnellen 1 (*springen*) leap **2 in die Höhe schnellen** (*Hund etc.*) leap into the air; (*Preise, Aktien, Kurse*) shoot up

Schnellhefter loose-leaf binder

Schnelligkeit speed ◇ *mit erstaunlicher Schnelligkeit fahren* drive at an amazing speed ◇ *Sie räumte mit erstaunlicher Schnelligkeit auf.* She tidied up amazingly quickly.

Schnell- Schnellimbiss snack bar **schnelllebig** (*Zeit*) fast-moving **Schnellreinigung** express dry cleaner's **Schnellstraße** dual carriageway, (*AmE*) divided highway **Schnellverfahren 1** high-speed process; **im ~** at high speed **2** (RECHT) summary proceedings [Pl] **3** (*in der Verwaltung etc.*) fast-track procedure **Schnellzug** fast train

Schnippchen jdm ein ~ schlagen put one over sb (*umgs*)

schnippen, schnipsen 1 (*Asche, Krümel etc.*) flick ◇ *Sie schnippte die Asche in den Aschenbecher.* She flicked the ash into the ashtray. **2 mit der Schere ~** snip (with the scissors); **mit den Fingern ~** click your fingers; (*gebieterisch*) snap your fingers

Schnipsel scrap, bit

Schnitt 1 cut; (MED) incision ◇ *Woher hast du denn den Schnitt im Finger?* How did you get that cut on your finger? **2** (*Haar-*) (hair)cut; (*Kleider-*) cut ◇ *ein guter Schnitt* a good cut ◇ *ein kurzer/neuer Schnitt* a short/new haircut **3** (*von Gras*) cut; (*von Bäume etc.*) pruning [U] **4** (*Film, Tonband*) editing [U] ◇ *beim Schnitt* during editing ◇ *Diese Szene ist dem Schnitt zum Opfer gefallen.* That scene was cut. **5** (*Schnittmuster*) (paper) pattern **6** (*Quer-*) (cross) section ◇ *etw im Schnitt darstellen* show something in (cross) section **7** (*Durch-*) average; **im ~** on average ◇ *einen Schnitt von 120 fahren* drive at an average speed of 120 ◇ *unter/über dem Schnitt liegen* be below/above average

Schnittblume cut flower

Schnitte 1 (*Scheibe*) slice **2** (*belegt*) open sandwich; (*zusammengeklappt*) sandwich ◇ *eine Schnitte mit Käse* a cheese sandwich ◇ *eine Schnitte mit Marmelade* a slice of bread and jam **3** (*Waffel*) wafer (biscuit)

Schnitt- Schnittlauch chives [Pl] **Schnittmenge** intersection **Schnittmuster** (paper) pattern **Schnittpunkt** (point of) intersection **Schnittstelle** (COMP) interface **Schnittwunde** cut

Schnitzel 1 escalope ◇ *Wiener Schnitzel* Wiener schnitzel **2** (*Schnipsel*) scrap, bit

schnitzen carve ◇ *Er schnitzte Tiere.* He carved animals. ◇ *Sie kann gut schnitzen.* She does good carvings.

Schnitzer (*Fehler*) blunder; (*im Benehmen*) faux pas ◇ *ein grober Schnitzer* a terrible blunder ◇ *Mit dieser Bemerkung leistete sie sich einen groben Schnitzer.* She really put her foot in it when she said that.

Schnitzer(in) woodcarver

Schnitzerei woodcarving

schnöde **1** (*nichtswürdig*) despicable (*Adv* despicably) ◇ *Er ließ sie schnöde im Stich.* It was despicable the way he left her in the lurch. ◇ *der schnöde Mammon* filthy lucre ◇ *schnöde Habgier* sheer greed **2** (*einfach*) mere [nur vor Nomen] ◇ *Mein Auto ist nicht nur ein schnöder fahrbarer Untersatz.* My car is more than a mere means of transport.

Schnorchel snorkel ◇ *mit Schnorchel tauchen* go snorkelling

schnorcheln snorkel, go snorkelling

Schnörkel scroll, flourish; **ohne ~** plain, unfussy

schnörkellos plain, simple (*Adv* simply); (*klar*) clear (*Adv* clearly)

schnorren **(etw) (bei/von jdm) ~** cadge (sth) (off sb) ◇ *Sie schnorrt häufig bei ihren Freunden Zigaretten.* She's always cadging cigarettes off her friends.

Schnorrer(in) freeloader

schnuckelig sweet, cute; (*gemütlich*) cosy ◇ *schnuckelige Kaninchen* sweet little rabbits

schnüffeln **1** sniff; **an etw ~** sniff (at) sth ◇ *Der Hund schnüffelte an dem Knochen.* The dog sniffed at the bone. ◇ *Klebstoff schnüffeln* sniff glue **2** **(in etw) ~** (*spionieren*) snoop around (in sth)

Schnüffler(in) **1** snooper, (*BrE auch*) Nosey Parker (*umgs*) **2** (*Klebstoff-*) (glue) sniffer

Schnuller dummy, (*AmE*) pacifier

Schnupfen cold ◇ *Er hat Schnupfen.* He's got a cold. ◇ *Ich habe mir einen Schnupfen geholt.* I caught a cold.

Schnupperkurs taster course

schnuppern **1** sniff; **an jdm/etw ~** sniff (at) sb/sth **2** (*kennenlernen*) get a taste of *sth* ◇ *Sie konnten in die Berufswelt schnuppern.* They were able to get a taste of the world of work. **3** **Landluft/Seeluft ~** get a breath of country air/sea air; **Zirkusluft ~** get a whiff of the circus

Schnur **1** (*Faden*) string; (*Stück*) piece of string ◇ *Ich brauche eine Schnur.* I need some string/a piece of string. **2** (*Zelt-*) guy **3** (*Kabel*) flex

Schnürchen IDM **wie am Schnürchen laufen/klappen** go like clockwork

schnüren **1** (*Paket*) tie *sth* up; (*Schuhe, Mieder*) lace up ◇ *Er hat die Zeitungen zu einem Paket geschnürt.* He tied the newspapers up in a bundle. ◇ *Sie schnürte sich die Stiefel.* She laced her boots up. **2** **etw auf etw ~** tie sth to sth ◇ *Sie schnürte das Packet auf ihr Fahrrad.* She tied the parcel on her bicycle.

schnurgerade dead straight ◇ *Die Autobahn verläuft schnurgerade in Richtung Stuttgart.* The motorway goes in a dead straight line towards Stuttgart.

schnurlos cordless

Schnurrbart moustache, (*AmE*) mustache

schnurren **1** (*Katze*) purr **2** (*Kühlschrank, Maschine*) hum; (*Kamera, Ventilator*) whirr, (*AmE*) whir

Schnür- **Schnürsenkel** shoelace ◇ *sich die Schnürsenkel zubinden* tie your shoelaces ◇ *Vorsicht, deine Schnürsenkel sind auf!* Careful, your shoelaces are undone! **Schnürstiefel** lace-up boot

schnurstracks straight ◇ *Wir gingen schnurstracks nach Hause.* We went straight home.

Schock shock ◇ *einen Schock bekommen* get a shock ◇ *Das war ein schwerer Schock für ihn.* It came as a great shock to him. ◇ *Das hat ihr einen großen Schock versetzt.* It was a terrible shock for her. ◇ *sich von dem Schock erholen* get over the shock ◇ *Er steht noch unter Schock.* He is still suffering from shock.

schocken shock ◇ *Der Bericht schockte die Öffentlichkeit.* The report shocked the public. ◇ *ihre geschockten Eltern* her shocked parents ◇ *die geschockten Überlebenden* the survivors, who were suffering from shock

schockieren shock ◇ *Es hat uns schockiert, wie arm sie waren.* We were shocked at how poor they were. ◇ *Ich war über die Entscheidung schockiert!* I was really shocked at the decision.

Schöffe, Schöffin ≈ magistrate ◇ *zum Schöffen berufen werden* be appointed as a magistrate
Schöffengericht ≈magistrates' court

Schokolade **1** chocolate ◇ *eine Tafel Schokolade* a bar of chocolate ◇ *ein Riegel Schokolade* a chocolate bar ◇ *ein Fisch aus Schokolade* a chocolate fish **2** (*Getränk*) hot chocolate
Schokoladenseite best side

Scholle **1** (*Fisch*) plaice **2** (*Eis-*) floe **3** (*Boden*) land

schon **1** (*bereits*) already; (*in Fragen*) yet (*oft nicht übersetzt*) ◇ *Ich habe schon gegessen.* I've already eaten. ◇ *Als wir kamen, war er schon weg.* When we arrived, he had already left. ◇ *Diese Straße ist schon heute überlastet, wie soll das erst in 20 Jahren werden?* There is already too much traffic on this road, what will it be like in 20 years' time? ◇ *Das neue Haus soll schon im Sommer fertig sein.* The new house is supposed to be ready by the summer. ◇ *Schläft sie schon?* Is she asleep yet? ◇ *Hast du schon das Neueste gehört?* Have you heard the latest? ◇ *Das weiß ich schon.* I know. **2** (*sogar*) even; (*allein*) just ◇ *schon als Kind* even as a child ◇ *Schon eine kleine Menge kann tödlich sein.* Even a small amount can be lethal. ◇ *Schon beim Gedanken daran wird mir schlecht.* Just thinking about it makes me feel sick. ◇ *schon von Anfang an* right from the start ◇ *Das war schon 1885 bekannt.* This was known as early as 1885. **3** **~ einmal** before; (*jemals*) ever ◇ *Das hab ich schon einmal versucht.* I've tried that before. ◇ *Warst du schon einmal in London?* Have you ever been to London? **4** (*zur Einschränkung*) of course; (*als Zustimmung*) yes ◇ *Das ist schon möglich, aber unwahrscheinlich.* It's possible of course, but unlikely. ◇ *Teuer ist es schon, aber es gefällt mir.* Yes, it is expensive, but I like it. **5** (*in rhetorischen Fragen*) ◇ *Zweitausend, was ist das schon?* What's two thousand anyway? ◇ *Was verstehst du schon davon?* What do you know about it? ◇ *„Wer hat das gemacht?" „Na wer schon!"* 'Who did that?' 'Who do you think?' **6** (*zur Verstärkung*) (*oft nicht übersetzt*) ◇ *Ich komme ja schon!* All right, I'm coming! ◇ *Schon wieder!* Not again! ◇ *Na wenn schon!* So what? ◇ *Jetzt ist das Fahrrad schon wieder kaputt!* The bike's broken again! ◇ *Es wäre schon gut, wenn sie käme.* It would be good if she came. ◇ *Wenn du dich so anstellst, bekommst du es schon gar nicht.* You certainly won't get it if you make such a fuss. ◇ *Wenn es doch schon vorbei wäre!* If only it were over! ◇ *So geht es schon gar nicht!* That's even worse! ◇ *Das könnte sich schon bald ändern.* That could soon change. ◇ *Er schaffte es schon beim ersten Mal.* He did it first time. ◇ *Das hättest du schon früher tun können.* You could have done that earlier. ◇ *Das habe ich ihn schon oft gefragt.* I've often asked him that. ◇ *Sie kommt schon morgen.* She's coming tomorrow. ◇ *Das war schon immer so.* It's always been like that. **7** (*zur Aufmunterung, Beruhigung*) (*oft nicht übersetzt*) ◇ *Das schaffst du schon!* Don't worry, you'll manage! ◇ *Schon gut!* It's all right! ◇ *Ich weiß schon.* I know, I know. **8** (*als Auf-*

forderung) then ◇ *Nun komm schon!* Come on then! ◇ *Mach schon!* Hurry up! IDM → MACHEN *und* WENN

schön **1** beautiful (*Adv* beautifully) ◇ *eine schöne Frau/Aussicht* a beautiful woman/view ◇ *Das sieht schön aus.* It looks beautiful. ◇ *schön eingerichtet* beautifully furnished ◇ *Sie hat sehr schön gesungen.* She sang beautifully. ◇ *ein schöner Mann* a handsome man ◇ *sich schön anziehen/machen* get dressed up **2** (*angenehm*) nice; (*stärker*) lovely ◇ *Ein schönes Wochenende!* Have a nice weekend! ◇ *Es wäre schön, wenn du länger bleiben könntest.* It would be nice if you could stay longer. ◇ *Hier ist es schön warm.* It's nice and warm in here. ◇ *Es war ein schöner Abend.* It was a lovely evening. ◇ *ein schöner, warmer Tag* a lovely warm day ◇ *ein schönes Erlebnis* a wonderful experience ◇ *Das war eine schöne Zeit.* They were good times. ◇ *War es schön bei Peter?* Did you have a good time at Peter's? ◇ *Am schönsten ist es, wenn ich mit dir allein bin.* It's best when we're alone together. ◇ *Das Schöne daran ist …* The good thing about it is … **3** (*ziemlich*) quite ◇ *Es hat ganz schön lange gedauert.* It took quite a while. ◇ *ganz schön teuer/schwer* pretty expensive/difficult **4** (*beträchtlich*) ◇ *Das war ein schönes Stück Arbeit.* It was a lot of work. ◇ *Du hast mir einen schönen Schrecken eingejagt!* You gave me a real fright! **5** (*ironisch*) fine ◇ *eine schöne Bescherung* a fine mess ◇ *Das sind ja schöne Aussichten!* That's a fine prospect! IDM **das ist alles schön und gut, aber …** that's as may be, but … **na schön** all right then ◇ *Na schön, du darfst zu der Party gehen.* All right then, you can go to the party. **wie man so schön sagt** (*auch* **wie es so schön heißt**) as they say **zu schön, um wahr zu sein** too good to be true

schonen **1** (*schützen*) protect; (*sparen*) save ◇ *die Umwelt schonen* protect the environment ◇ *die Trinkwasservorräte schonen* save water ◇ *die Bremsen schonen* go easy on the brakes ◇ *Ich muss meine Gesundheit schonen.* I need to rest. ◇ *die Nerven schonen* avoid stress ◇ *seine Kräfte schonen* conserve your energy ◇ *Du musst dein Knie schonen.* You need to rest your knee. **2 sich ~** ◇ *Du solltest dich mehr schonen.* You should take better care of yourself. ◇ *Sie muss sich noch schonen.* She still has to take things easy. ◇ *Sie schonen sich fürs Zeitfahren.* They're saving themselves for the time trial. **3 jdn ~** (*nicht kränken*) spare sb's feelings; (*nicht angreifen*) spare sb ◇ *Ich wollte dich schonen.* I wanted to spare your feelings. ◇ *die Frauen und Kinder schonen* spare the women and children

schonend gentle (*Adv* gently) ◇ *schonende Gymnastik* gentle exercises ◇ *Wir haben ihn schonend auf die Nachricht vorbereitet.* We broke the news to him gently. ◇ *die Möbel schonend behandeln* treat the furniture with care ◇ *eine schonende Bewirtschaftung des Landes* environmentally friendly agriculture ◇ *Wir müssen schonender mit der Natur umgehen.* We need to do more to protect the environment.

Schonfrist period of grace

Schönheit beauty ◇ *die Schönheit der Landschaft* the beauty of the landscape ◇ *eine richtige Schönheit* a real beauty ◇ *die Schönheiten der Natur* the beauties of nature ◇ *die verborgenen Schönheiten dieser Inseln* the mysterious charms of these islands

Schönheits- **Schönheitschirurg(in)** plastic surgeon **Schönheitschirurgie** cosmetic surgery **Schönheitsfehler** flaw ◇ *Geschirr mit kleinen Schönheitsfehlern* china with slight flaws ◇ *Der Plan hat mehrere Schönheitsfehler.* There are several flaws in the plan. **Schönheitsideal** ideal of beauty

Schonkost light diet ◇ *jdn auf Schonkost setzen* put sb on a light diet

Schonung **1** rest; (*Umwelt*) protection; (*Ressourcen*) saving ◇ *Der Patient braucht noch etwas Schonung.* The patient still needs rest. **2** (*Waldgebiet*) plantation

schonungslos merciless (*Adv* mercilessly); (*Kritik, Kritiker*) fierce (*Adv* fiercely); (*Anklage, Analyse*) scathing ◇ *ein schonungsloser Angriff* a merciless attack ◇ *mit schonungsloser Offenheit* with brutal frankness

Schonzeit **1** close season, (*AmE*) off season ◇ *Für Rehe ist jetzt Schonzeit.* It's the close season for deer. **2** (*fig*) honeymoon (period)

Schopf mop of hair ◇ *sein roter Schopf* his mop of red hair IDM → GELEGENHEIT

schöpfen **1** (*mit der Hand*) scoop; (*mit der Kelle*) ladle; (*aus dem Brunnen*) draw ◇ *Suppe auf den Teller schöpfen* ladle soup into the plate ◇ *Wasser aus einem Boot schöpfen* bale out a boat **2 aus etw ~** draw on sth ◇ *Wir können nur aus einem kleinen Etat schöpfen.* We have only a small budget to draw on. **3** (*mit bestimmten Nomina*) ◇ *Atem/Luft schöpfen* take a breath ◇ *frische Luft schöpfen* get a breath of fresh air ◇ *Mut schöpfen* summon up courage ◇ *aus etw Kraft schöpfen* draw strength from sth ◇ *Verdacht schöpfen* become suspicious IDM → VOLL

Schöpfer(in) creator; (*Gott*) Creator

schöpferisch creative ◇ *der schöpferische Prozess* the creative process ◇ *Menschen, die schöpferisch tätig sind* creative people

Schöpfung **1** (*Kunstwerk*) work (of art); (*Mode*) creation ◇ *Eine dieser Schöpfungen steht im Museum.* One of these works is in the museum. ◇ *Der Name war seine Schöpfung.* He thought up the name. **2** (*erschaffene Welt*) creation **3** (*Erschaffung der Welt*) Creation

Schoppen **1** (*Wein*) ≈a large glass of wine **2** (*Bier*) ≈a pint of beer

Schorf scab ◇ *Auf der Wunde bildete sich Schorf.* A scab formed on the wound.

Schorle **saure ~** spritzer; **süße ~** = mixture of wine and lemonade; (*Saft-*) = mixture of fruit juice and mineral water

Schornstein chimney; (*Schiff, Lokomotive*) funnel IDM **etw in den Schornstein schreiben** kiss goodbye to sth

Schornsteinfeger(in) chimney sweep

Schoß **1** lap ◇ *Sie hatte ihre Handarbeit auf dem Schoß.* She had her sewing on her lap. ◇ *Sie setzte sich auf seinen Schoß.* She sat on his knee. **2** (*Mutterleib*) womb **3** (*Schutz*) bosom ◇ *Er kehrte in den Schoß der Familie zurück.* He returned to the bosom of his family. IDM **etw fällt jdm in den Schoß** sth is handed to sb on a plate → *Siehe auch* HAND

Schote pod ◇ *Erbsen aus den Schoten lösen* shell peas → *Siehe auch* PAPRIKASCHOTE

Schotte, **Schottin** Scot ◇ *Sie ist Schottin.* She's a Scot/She's Scottish.

Schottenmuster tartan **Schottenrock** kilt

Schotter (*Straßenbelag, Eisenbahn*) (stone) chippings [Pl]; (*Straßenbau*) (road) metal

Schottin → SCHOTTE

schraffiert shaded; (*kreuzweise*) cross-hatched

schräg **1** *Adj* (*schief*) sloping ◇ *schräge Wände* sloping walls **2** *Adv* at an angle ◇ *Der Tisch steht schräg im Zimmer.* The table is at an angle (to the wall). ◇ *schräg parken* park at an angle to the road ◇ *mit schräg geneigtem Kopf* with your head on one side **3** *Adv* (*nicht gerade*) diagonally ◇ *Er saß mir schräg gegenüber.* He was sitting diagonally across from me. ◇ *Wir wohnen schräg gegenüber der Schule.* We live almost opposite the school. **4** *Adj* (*seltsam, skurril*) weird ◇ *sein schräger Humor* his weird sense of humour ◇ *ein schräger Vogel* an oddity **5** *Adv* ◇ *jdn schräg ansehen* look askance at sb

Schräge slope ◇ *eine Schräge von 45°* a slope of 45° ◇ *ein Dachzimmer mit Schrägen* an attic with sloping walls ◇ *eine leichte Schräge haben* slope slightly ◇ *Die Autos fahren über eine Schräge auf den Zug.* The cars drive up a ramp onto the train.

Schräg- **Schräglage** tilt; *(Schiff)* list *(meist mit einem Verb übersetzt)* ◇ *Die Ladung rutschte in eine Schräglage.* The load tilted. ◇ *Das Schiff hatte Schräglage.* The ship was listing. ◇ *Der Wagen raste um die Kurve und bekam so viel Schräglage, dass er sich überschlug.* The car took the bend at such an angle that it overturned. **Schrägstrich** **1** (forward) slash **2** **(umgekehrter) Schrägstrich** backslash

Schramme scratch; *(Haut)* graze

schrammen scrape; *(Haut)* graze ◇ *Das Auto schrammte an der Wand entlang.* The car scraped along the wall. ◇ *sich das Knie schrammen* graze your knee ◇ *Er hat mit seinem Fahrrad ein Auto geschrammt.* He scratched a car with his bike.

Schrank cupboard; *(Kleider-)* wardrobe, *(AmE)* closet; *(Bücher-)* bookcase; *(Wohnzimmer-)* wall unit; *(Einbau-)* fitted cupboard; *(für Kleider)* built-in wardrobe, *(AmE)* closet; *(Spind)* locker IDM → TASSE

Schranke **1** *(Absperrung)* barrier *(auch fig)* ◇ *soziale Schranken abbauen* break down social barriers **2** *(Grenze)* boundary ◇ *moralische Schranken* moral boundaries ◇ *Ihrer Fantasie sind keine Schranken gesetzt.* Their imagination is given free rein. IDM **jdn in die Schranken weisen** put sb in their place

schrankenlos **1** *(Freiheit, Recht)* absolute; *(Begeisterung)* boundless; *(Macht)* arbitrary *(gehoben)* **2** *(offen)* ◇ *der schrankenlose Binnenmarkt in Europa* the open European market

Schrankwand wall unit

Schraube **1** *(mit Spitze)* screw; *(ohne Spitze)* bolt ◇ *eine Schraube anziehen/lockern* tighten/loosen a screw **2** *(Propeller)* propeller **3** (SPORT) twist IDM **bei jdm ist eine Schraube locker** sb has a screw loose

schrauben **1** screw ◇ *ein Regal an die Wand schrauben* screw a shelf to the wall ◇ *den Deckel auf die Flasche schrauben* screw the lid back on to the bottle ◇ *den Deckel von der Flasche schrauben* unscrew the bottle top **2** **etw höher/niedriger ~** turn sth to raise/lower it **3** *(fig)* ◇ *seine Ansprüche in die Höhe schrauben* raise your sights ◇ *Die Anforderungen werden immer höher geschraubt.* The demands are getting greater all the time. ◇ *die Preise nach unten schrauben* bring prices down

Schrauben- **Schraubenschlüssel** wrench, *(BrE auch)* spanner **Schraubenzieher** screwdriver

Schraubverschluss screw top

Schrebergarten ≈allotment

Schreck *(Angst)* fright; *(unangenehme Überraschung)* shock ◇ *Du hast mir einen Schreck eingejagt!* You gave me a fright! ◇ *Vor Schreck ließ er das Glas fallen.* He dropped the glass in fright. ◇ *Von dem Schreck muss ich mich erst erholen!* I haven't got over the shock yet! ◇ *Der Schreck steckt ihr noch in den Gliedern.* She still hasn't recovered from the shock. ◇ *Er war vor Schreck wie gelähmt.* He froze with terror. IDM **Ach du Schreck!** Oh no!; Oh God!

schrecken **1** worry ◇ *Die Gefahr schreckte sie nicht.* The danger didn't worry her. **2** **aus dem Schlaf ~** wake with a start; **jdn aus dem Schlaf ~** startle sb from sleep

Schrecken **1** *(Schreck)* fright ◇ *jdm einen Schrecken einjagen* give sb a fright ◇ *Der Fahrer kam mit dem Schrecken davon.* The driver escaped without injury. ◇ *Mit Schrecken stellte er fest, dass das Geld weg war.* To his horror he found the money had disappeared. **2** *(Wirkung)* horror, terror ◇ *die Schrecken des Krieges* the horrors of the war ◇ *Die Krankheit hat ihren Schrecken verloren.* The disease has lost its terror. **3** *(Mensch etc.)* terror ◇ *Sie ist der Schrecken der ganzen Schule.* She is the terror of the school.
Schreckensherrschaft reign of terror

schreckhaft nervous *(Adv* nervously), jumpy ◇ *Das Tier war sehr schreckhaft.* The animal was very nervous. ◇ *Er zuckte schreckhaft zusammen.* He jumped.

schrecklich terrible *(Adv* terribly) ◇ *Das ist ja schrecklich!* But that's terrible! ◇ *Sie haben Schreckliches durchgemacht.* Terrible things have happened to them. ◇ *schrecklich kalt* terribly cold ◇ *Es tut mir schrecklich Leid.* I'm terribly sorry. ◇ *Ich habe schrecklichen Hunger.* I'm terribly hungry. ◇ *Sie hat sich schrecklich benommen.* She behaved very badly. ◇ *Er hat sich schrecklich geärgert.* He was extremely annoyed.

Schreck- **Schreckschusspistole** blank pistol **Schrecksekunde** ◇ *Nach einer kurzen Schrecksekunde sprang er zur Seite.* He froze for a moment and then jumped out of the way.

Schrei cry; *(hallend)* shout; *(spitz)* shriek; *(aus Angst)* scream ◇ *die Schreie der Möwen* the cries of the gulls ◇ *ein Schrei der Entrüstung* a cry of outrage ◇ *einen spitzen Schrei ausstoßen* give a shriek ◇ *ein erstickter Schrei* a stifled scream ◇ *die Schreie der Affen* the chatter of the monkeys IDM **der letzte/neueste Schrei** the latest thing

schreiben **1** write ◇ *schreiben lernen* learn to write ◇ *einen Aufsatz über Napoleon schreiben* write an essay on Napoleon ◇ *Dieser Füller schreibt gut.* This pen is nice to write with. ◇ *Ich habe nichts zum Schreiben dabei.* I haven't got anything to write with. ◇ *Sie schrieb mir, dass sie nicht kommt.* She wrote and told me she wasn't coming. ◇ *die Musik zu einem Fernsehspiel schreiben* write the music for a television play ◇ *Sie hat drei Stunden an dem Aufsatz geschrieben.* She spent three hours on the essay. ◇ *schön schreiben* have good handwriting ◇ *Sie schreibt unleserlich.* Her writing is illegible. ◇ *Was hast du zu Frage 2 geschrieben?* What did you put for Question 2? ◇ *eine Klassenarbeit schreiben* do a test → *Siehe auch* KRANKSCHREIBEN *und* GROSSSCHREIBEN **2** *(orthografisch richtig)* spell ◇ *Wie schreibt man Ihren Namen?* How do you spell your name? IDM → ENDE, KAMIN, REIN[1], SAGEN, SCHORNSTEIN *und* STERN

Schreiben letter ◇ *Ihr Schreiben vom 4.11.* your letter dated 4 November

schreib- **schreibfaul** bad about writing letters **schreibgeschützt** (COMP) write-protected **Schreibkraft** clerical assistant, typist ◇ *Schreibkräfte* clerical staff **Schreibmaschine** typewriter ◇ *Kannst du Schreibmaschine schreiben?* Can you type? **Schreibpapier** paper; *(Brief-)* writing paper **Schreibtisch** desk

Schreibung spelling

Schreib- **Schreibwaren** stationery [U] **Schreibwarenhandlung** stationer's **Schreibweise** spelling

schreien **1** *(rufen)* shout; *(heftiger)* scream; **nach jdm ~** cry for sb; **nach etw ~** clamour for sth ◇ *Wir mussten schreien, um uns verständlich zu machen.* We had to shout to make ourselves heard. ◇ *um Hilfe schreien* shout/scream for help ◇ *Das Kind schrie nach seiner Mutter.* The child was crying for its mother. ◇ *Sie schrien nach Gummibärchen.* They were clamouring for jelly babies. **2** *(weinen)* cry; *(Schreie ausstoßen)* scream; *(Papagei)* screech; *(Affen)* shriek; **vor etw ~**

scream with sth ◇ *sich heiser schreien* scream yourself hoarse ◇ *Sie schrie vor Schmerz.* She was screaming with pain. ◇ *Das Baby schrie vor Müdigkeit.* The baby was screaming because she was so tired. ◇ *Das Publikum schrie vor Lachen.* The audience screamed with laughter. **3 nach etw ~** (*fordern*) demand sth; (*dringend nötig haben*) be crying out for sth ◇ *Das Volk schrie nach Gerechtigkeit.* The people were demanding justice. ◇ *Die Fabriken schreien nach Arbeit.* The factories are crying out for work. ◇ *Das alte Bauernhaus schreit nach einer Renovierung.* The old farmhouse is in urgent need of restoration. **IDM** **zum Schreien sein** be hilarious → *Siehe auch* HIMMEL, KEHLE, LUNGE *und* SPIEß

schreiend 1 (*ins Auge fallend*) garish ◇ *schreiend blau* garish blue **2** (*skandalös*) glaring ◇ *eine schreiende Ungerechtigkeit* a glaring injustice

Schrein shrine; (*Reliquien-*) reliquary

Schreiner(in) → TISCHLER(IN)

schreiten 1 (*gehen*) walk; (*mit langen Schritten*) stride ◇ *Sie schritten hinter dem Sarg her.* They walked behind the coffin. ◇ *Sie schritt über den Laufsteg.* She strode down the catwalk. ◇ *Der Tiger schreitet durch seinen Käfig.* The tiger paces up and down in its cage. **2 zu etw ~** ◇ *zur Tat schreiten* act ◇ *zur Abstimmung schreiten* proceed to a vote ◇ *zum Angriff schreiten* go on the offensive

Schrift 1 (*System*) script ◇ *die japanische Schrift* Japanese script **2** (*Geschriebenes*) writing; (*Aufschrift*) lettering; (*auf Denkmälern etc.*) inscription ◇ *die Schrift an der Tafel* the writing on the blackboard ◇ *die rote Schrift auf dem Plakat* the red lettering on the poster ◇ *die verwitterte Schrift auf dem Grabstein* the worn inscription on the gravestone **3** (*Hand-*) (hand)writing ◇ *Sie hat eine ordentliche Schrift.* She has neat handwriting. ◇ *Seine Schrift ist unleserlich.* His writing is illegible. **4** (*Schriftart*) typeface ◇ *Was für eine Schrift ist das?* What typeface is it? ◇ *in kursiver Schrift* in italics **5** (*Veröffentlichung*) publication; (*Broschüre*) leaflet; (*Unterlage*) document ◇ *Diese Schrift erscheint monatlich.* This publication is issued monthly. ◇ *eine Schrift des Ministeriums* a ministry leaflet ◇ *philosophische Schriften* philosophical works **IDM** **die (Heilige) Schrift** (Holy) Scripture **Schriftführer(in)** Secretary ◇ *der Schriftführer des Vereins* the club secretary ◇ *bei einer Versammlung Schriftführer sein* take the minutes of a meeting

schriftlich 1 *Adj* written ◇ *eine schriftliche Prüfung* a written exam **2** *Adv* in writing ◇ *Hast du das schriftlich beantragt?* Have you applied in writing? ◇ *Diesen Teil bitte schriftlich bearbeiten.* Please give a written answer to this section.

Schrift- Schriftsprache written language ◇ *die heutige Schriftsprache* the written language of today ◇ *die englische Schriftsprache* written English **Schriftsteller(in)** writer **Schriftstück** document **Schriftzeichen** character **Schriftzug** (*Aufschrift*) lettering [U]; (*Logo*) logo ◇ *ein roter Schriftzug* red lettering ◇ *der Schriftzug der Firma* the company logo ◇ *der Schriftzug auf dem Schild* the words on the sign

schrill 1 (*Schrei, Ton*) shrill (*Adv* shrilly) **2** (*Farbe, Krawatte etc.*) loud

Schritt 1 step; (*groß*) stride ◇ *ein kleiner Schritt* a small step ◇ *einen Schritt nach vorne machen* take a step forward ◇ *Er ging schnellen Schrittes nach Hause.* He strode briskly home. ◇ *einen Schritt zur Seite gehen* step aside ◇ *Könntest du einen Schritt schneller gehen?* Could you walk a bit faster? ◇ *ein paar Schritte von ihr entfernt* a few feet away from her **2** (*Geräusch*) footstep ◇ *Er hörte Schritte.* He could hear footsteps. ◇ *Ich habe dich am Schritt erkannt.* I recognized the sound of your footsteps. **3** (*bei Pferden*) walk ◇ *im Schritt gehen* walk **4** (*bei Autos*) walking pace ◇ (*im*) *Schritt fahren* travel at walking pace **5** (*Handlung*) step ◇ *Was ist jetzt der nächste Schritt?* What's the next step? ◇ *einen Schritt weiterkommen* make progress ◇ *rechtliche Schritte einleiten* start legal action **IDM** **auf Schritt und Tritt** wherever you go **den zweiten Schritt vor dem ersten tun** put the cart before the horse **der erste Schritt** the first move ◇ *den ersten Schritt tun* make the first move **einen Schritt zu weit gehen** overstep the mark **(mit jdm/etw) Schritt halten** keep up (with sb/sth) ◇ *Sie kann kaum mit dir Schritt halten.* She can't keep up with you. ◇ *mit der Inflation Schritt halten* keep pace with inflation **Schritt für Schritt** step by step **Schrittmacher** (MED, SPORT) pacemaker **Schritttempo** walking pace ◇ *im Schritttempo fahren* drive at walking pace ◇ *Es ging nur im Schritttempo voran.* The traffic was crawling along.

schrittweise 1 *Adj* gradual ◇ *eine schrittweise Steigerung der Dosis* a gradual increase in the dose **2** *Adv* in stages ◇ *die Bahn schrittweise privatisieren* privatize the railways in stages ◇ *etw schrittweise einführen* phase sth in

schroff 1 (*barsch*) abrupt (*Adv* abruptly); (*kurz angebunden*) curt (*Adv* curtly) **2** (*plötzlich*) abrupt (*Adv* abruptly) ◇ *ein schroffes Ende* an abrupt end ◇ *schroffe Gegensätze* stark contrasts **3** (*steil*) steep (*Adv* steeply) ◇ *die schroffe Steilküste* the steep cliffs

schröpfen rip *sb* off (*umgs*) ◇ *Ich habe mich ganz schön schröpfen lassen.* I was really ripped off.

Schrott 1 scrap metal ◇ *mit Schrott handeln* deal in scrap metal ◇ *als Schrott verkauft werden* be sold for scrap **2** (*unnützes Zeug*) junk ◇ *Diesen Schrott solltest du endlich wegwerfen.* You ought to get rid of that junk! ◇ *Dieses Radio ist doch der letzte Schrott!* This radio is useless! **3** (*Unsinn*) rubbish ◇ *Der redet einen ganz schönen Schrott!* What a load of rubbish he talks! **IDM** **etw zu Schrott fahren** smash sth up **Schrottauto** wrecked vehicle; (*noch fahrbar*) old banger **Schrotthändler(in)** scrap dealer **Schrottplatz** scrap yard **schrottreif** fit for the scrapheap [nicht vor Nomen] ◇ *ein schrottreifes Fahrrad* a bicycle which is only fit for the scrapheap ◇ *ein Auto schrottreif fahren* smash up a car

schrubben scrub

Schrubber deck scrubber, long-handled scrubbing-brush

Schrulle 1 (*Angewohnheit*) quirk; (*Einfall*) funny idea ◇ *eine harmlose Schrulle* a harmless quirk ◇ *Sie hat nichts als Schrullen im Kopf.* She has some funny ideas. **2** (*Frau*) dotty old woman ◇ *Das ist vielleicht eine Schrulle!* She's a bit dotty.

schrullig 1 (*Mensch*) odd ◇ *ein schrulliger Kauz* an odd bird **2** (*Angewohnheit, Art*) peculiar ◇ *Sie hat so einige schrullige Angewohnheiten.* She's got some peculiar habits.

schrumpfen 1 (*sich zusammenziehen*) shrink; (*Obst*) shrivel up; (*Metall*) contract **2** (*sich vermindern*) dwindle ◇ *Die Schülerzahlen sind geschrumpft.* Pupil numbers have dwindled. ◇ *Die Regenwaldgebiete sind erheblich geschrumpft.* There has been a marked decline in the areas of rainforest.

Schub 1 (*Schubkraft*) thrust **2** (*Anstoß*) boost ◇ *Das hat ihm einen Schub gegeben.* It gave him a boost. **3** (*einer Krankheit*) stage ◇ *Die Krankheit tritt in Schüben auf.* The illness progresses in stages. ◇ *depressive Schübe* depressive episodes **4** (*Gruppe*) batch ◇ *Jetzt können wir den nächsten Schub reinlassen.* We can let the next batch in now.

Schubkarre wheelbarrow **Schubkraft** → SCHUB (1)
Schublade **1** drawer **2** (*Kategorie*) ◇ *Sie passt in keine Schublade.* She's difficult to pigeonhole. ◇ *jdn in eine Schublade stecken* pigeonhole sb

Schubs push; (*stärker*) shove

schubsen push; (*stärker*) shove ◇ *Er hat mich geschubst!* He pushed me! ◇ *Schubst euch nicht!* Don't push!

schüchtern **1** (*scheu*) shy (*Adv* shyly) ◇ *Er wirkt sehr schüchtern.* He seems very shy. **2** (*zaghaft*) tentative (*Adv* tentatively)

Schüchternheit shyness

schuften work (like a slave) ◇ *schwer schuften* work really hard ◇ *sich zu Tode schuften* work yourself to death ◇ *Sie hat ein Leben lang für ihre Familie geschuftet.* She slaved all her life for her family.

Schufterei hard work

Schuh shoe ◇ *ein Paar Schuhe* a pair of shoes IDM **jdn drückt der Schuh** something is bothering sb ◇ *Wo drückt (dich) der Schuh?* What's bothering you? **jdm etw in die Schuhe schieben** blame sb for sth **nicht in jds Schuhen stecken mögen** not want to be in sb's shoes ◇ *In ihren Schuhen möchte ich nicht gerade stecken!* I wouldn't like to be in her shoes! → *Siehe auch* PAAR
Schuhcreme shoe polish; (*weich*) shoe cream, (*AmE*) shoeshine **Schuhgeschäft** shoe shop **Schuhgröße** shoe size ◇ *Welche Schuhgröße haben Sie?* What size shoes do you take? ◇ *Ich habe Schuhgröße 39.* I take size 39 shoes. **Schuhlöffel** shoehorn **Schuhsohle** sole ◇ *meine Schuhsohlen* the soles of my shoes

Schul- **Schulabgänger(in)** school-leaver, (*AmE*) graduate **Schulabschluss** school qualifications [Pl] ◇ *Jugendliche ohne Schulabschluss* young people who leave school with no qualifications ◇ *Welchen Schulabschluss haben Sie?* What exams have you passed? ◇ *nach dem Schulabschluss* after leaving school **Schulamt** education authority **Schulanfang** **1** (*nach den Ferien*) beginning of term ◇ *Wann ist bei euch Schulanfang?* When does your term begin? ◇ *Ihm fällt der Schulanfang schwer.* He finds it hard going back to school. **2** (*für Erstklässler*) first day at school ◇ *Alles Gute zum Schulanfang.* Good luck for your first day at school. **Schulanfänger(in)** child who is starting school **Schularbeiten**, **Schulaufgaben** homework [U] ◇ *Mach deine Schularbeiten!* Do your homework! ◇ *Hast du Schulaufgaben auf?* Have you got any homework? ◇ *zu viele Schulaufgaben aufbekommen* get too much homework ◇ *Hat er euch Schulaufgaben aufgegeben?* Did he give you any homework? **Schulausflug** school trip ◇ *einen Schulausflug machen* go on a school trip **Schulbehörde** education authority **Schulbildung** education ◇ *Hat er eine gute Schulbildung?* Did he have a good education? ◇ *eine abgeschlossene Schulbildung haben* have school qualifications **Schulbuch** school book **Schulbus** school bus

schuld (**an etw**) **~ sein** be to blame (for sth) ◇ *Wer war schuld?* Who was to blame? ◇ *Du bist selbst schuld, wenn du durch die Prüfung fällst.* It'll be your own fault if you fail the exam. ◇ *Ich bin nicht daran schuld, dass es schiefgegangen ist.* It's not my fault it went wrong.

Schuld **1** (*Schuldigsein*) guilt ◇ *Er hat seine Schuld zugegeben.* He admitted his guilt. ◇ *Sie leugnet ihre Schuld.* She denies that she is guilty. ◇ *Die Schuld liegt bei Ihnen.* You are to blame. ◇ *Ich bin mir keiner Schuld bewusst.* I am not aware of having done anything wrong. ◇ *Er hat Schuld auf sich geladen, weil er nichts gesagt hat.* He is guilty because he kept quiet. ◇ *Seit ihrem Tod lastet auf uns allen eine schwere Schuld.* Since her death we are all burdened with a deep sense of guilt. **2** (*Verantwortung*) blame ◇ *Er hat die Schuld an dem Vorfall auf sich genommen.* He took the blame for what happened. ◇ *Er versucht ständig, die Schuld von sich abzuwälzen.* He always tries to put the blame onto other people. ◇ *Sie tragen die Schuld, wenn etwas passiert!* You'll be to blame if anything happens! ◇ *Dich trifft doch gar keine Schuld!* You are in no way to blame! ◇ *Sie gibt ihm die Schuld daran.* She blames him for it. ◇ *Such die Schuld nicht immer bei anderen!* Don't always try to blame other people! ◇ *Er hat Schuld an dem Unglück.* The accident was his fault. ◇ *Das ist deine eigene Schuld.* It's your own fault. ◇ *Das ist seine Schuld.* It's all his fault. → *Siehe auch* SCHULDEN IDM **tief in jds Schuld sein/stehen** be deeply indebted to sb
Schuldbekenntnis admission of guilt ◇ *Das kommt einem Schuldbekenntnis gleich.* It amounts to an admission of guilt. ◇ *ein Schuldbekenntnis ablegen* admit your guilt

schuldbewusst guilty (*Adv* guiltily) ◇ *Er klang schuldbewusst.* He sounded guilty. ◇ *Sie sah mich schuldbewusst an.* She looked at me guiltily. ◇ *Er war ziemlich schuldbewusst.* He felt rather guilty.

schulden **jdm etw ~** owe sb sth ◇ *Was schulde ich Ihnen?* How much do I owe you? ◇ *Du schuldest mir noch eine Erklärung!* You still owe me an explanation!

Schulden debts [Pl]; **~ haben** be in debt ◇ *Schulden machen* run up debts ◇ *Hast du deine Schulden schon abbezahlt?* Have you paid off your debts yet? ◇ *Er hat hohe Schulden.* He is deeply in debt. ◇ *Er hat sich in Schulden gestürzt.* He got into debt. ◇ *Ich habe noch Schulden bei dir.* I still owe you money.
Schuldenberg mountain of debt **schuldenfrei** out of debt ◇ *Endlich sind wir schuldenfrei.* At last we are out of debt. ◇ *Die Firma ist nicht schuldenfrei.* The firm is in the red.

Schuldgefühl feeling of guilt

Schuldienst teaching ◇ *aus dem Schuldienst ausscheiden* leave teaching ◇ *im Schuldienst sein* be a teacher

schuldig **1** guilty ◇ *Der Angeklagte war nicht schuldig.* The accused was not guilty. ◇ *sich schuldig bekennen* plead guilty ◇ *Er wurde des Mordes schuldig erklärt.* He was found guilty of murder. ◇ *Sie wurde wegen Raubes schuldig gesprochen.* She was convicted of theft. ◇ *sich schuldig fühlen* feel guilty ◇ *Er hat sich der Erpressung schuldig gemacht.* He committed blackmail. **2** **jdm etw ~ sein** owe sb sth, owe sth to sb ◇ *Sie ist mir noch 50 Dollar schuldig.* She still owes me 50 dollars. ◇ *Das bin ich meiner Familie schuldig.* I owe that to my family. ◇ *Du bist mir noch eine Antwort schuldig.* You still haven't given me an answer. **3** (*gebührend*) due ◇ *jdm den schuldigen Respekt entgegenbringen* show sb due respect IDM **jdm nichts schuldig bleiben** **1** (*mithalten können*) hold your own ◇ *Trotz einer Verletzung blieb sie ihrer Gegnerin nichts schuldig.* Despite her injury, she was able to hold her own against her opponent. **2** (*jds Erwartungen erfüllen*) live up to sth ◇ *Sie sind ihrem Ruf nichts schuldig geblieben.* They lived up to their reputation. **3** (*etw gerecht werden*) do sth justice ◇ *Die Musiker blieben dem Stück nichts schuldig.* The musicians did the piece justice.

Schuldige(r) person responsible, guilty party (*offiz*) ◇ *Die an dem Unfall Schuldigen wurden von der Polizei verhört.* The people responsible for the accident were questioned by the police. ◇ *Wer von euch ist der Schuldige?* Which of you is to blame?

Schuldigkeit duty ◇ *seine (Pflicht und) Schuldigkeit tun* do your duty

schuldlos blameless ◇ *Die Gewerkschaft war nicht ganz schuldlos.* The union was not totally blameless. ◇

Sie waren an der Krise völlig schuldlos. They were in no way to blame for the crisis.

Schuldner(in) debtor

Schuld- Schuldschein promissory note (*Fachspr*) **Schuldspruch** guilty verdict

Schule school ◇ *von der Schule abgehen* leave school ◇ *Er geht noch zur Schule.* He is still at school. ◇ *Sie ist Lehrerin an unserer Schule.* She's a teacher at our school. ◇ *vor/nach der Schule* before/after school ◇ *Wir haben morgen keine Schule.* There's no school tomorrow. ◇ *Sie ist sehr gut in der Schule.* She is doing very well at school. ◇ *Wir waren in einem Konzert in der Schule.* We went to a concert at the school. ◇ *die florentinische Schule* the Florentine school **IDM alter Schule** (*auch* **der alten Schule**) of the old school ◇ *ein Kavalier der alten Schule* a gentleman of the old school **aus der Schule plaudern** tell tales out of school **bei jdm in die Schule gegangen sein** be influenced by sb **Schule machen** be widely adopted; set a trend ◇ *Das Modell sollte Schule machen.* This is a model that should be widely adopted.

schulen train ◇ *ein geschultes Auge* a trained eye

Schüler(in) **1** pupil; (*ältere auch*) student; (*Schüler*) schoolboy; (*Schülerin*) schoolgirl ◇ *eine Klasse mit 30 Schülern* a class of 30 pupils ◇ *Als Schüler bekommt man Ermäßigung.* There are reductions for schoolchildren. ◇ *Er ist ein guter Schüler.* He gets good marks at school. ◇ *Ich bin noch Schülerin.* I'm still at school. **2** (*Kunst, Wissenschaft*) pupil

Schüleraustausch school exchange **Schülerlotse, -lotsin** ≈ school crossing patrol, ≈ lollipop man/lady (*umgs*) **Schülermitverwaltung, Schülerrat, Schülervertretung** school council **Schülerzeitung** school magazine

Schul- Schulfach (school) subject **Schulferien** school holidays [Pl], (*AmE*) school vacation **schulfrei** ◇ *Heute ist schulfrei.* There's no school today. ◇ *schulfreie Tage* days when there is no school **Schulfreund (in)** school friend **Schulgeld** school fees [Pl] **Schulhof** school yard

schulisch school ◇ *Ihre schulischen Leistungen sind gut.* Her school work is good.

Schul- Schuljahr **1** school year **2** (*Jahrgangsstufe*) year ◇ *Er ist jetzt im zweiten Schuljahr.* He is now in his second year at school. **Schulkamerad(in)** school friend **Schulkind** schoolchild **Schulklasse** class [mit Verb im Sing/Pl] **Schulküche** **1** school kitchen **2** (*Lehrküche*) cookery room **Schullandheim** = hostel in the country where school classes go to stay **Schulleiter (in)** head teacher **schulpflichtig** ◇ *ein Kind im schulpflichtigen Alter* a child of school age ◇ *In Deutschland sind die Kinder mit sechs schulpflichtig.* In Germany children have to attend school from the age of six. **Schulranzen** satchel **Schulsport** school sport **Schulsprecher(in)** student representative

Schulter shoulder ◇ *Er nahm das Kind auf die Schultern.* He lifted the child onto his shoulders. ◇ *Der Polizist packte den Dieb an den Schultern.* The police officer grabbed the thief by the shoulder. ◇ *mit den Schultern zucken* shrug your shoulders **IDM etw auf die leichte Schulter nehmen** take sth lightly **auf jds Schultern ruhen/lasten** rest on sb's shoulders **jdm die kalte Schulter zeigen** give sb the cold shoulder **Schulter an Schulter** shoulder to shoulder (*auch fig*) **jdm über die Schulter schauen** look over sb's shoulder

Schulterblatt shoulder blade **schulterfrei** off-the-shoulder ◇ *ein schulterfreies Kleid* an off-the-shoulder dress **Schultergelenk** shoulder joint **schulterlang** shoulder-length **Schulterschluss** solidarity [U]; (*Zusammenarbeit*) collaboration

Schultüte = conical carton of sweets given to children on their first day at school

Schulung **1** training [U] **2** (*Lehrgang*) (training) course ◇ *an einer Schulung für Sozialarbeiter teilnehmen* do a course in social work

Schul- Schulunterricht lessons [Pl] **Schuluniform** school uniform **Schulweg** way to school ◇ *Er ist auf dem Schulweg entführt worden.* He was abducted on the way to school. ◇ *Ich habe einen kurzen Schulweg.* I don't have far to go to school. **Schulzeit** **1** (*Schulbesuch*) schooldays [Pl] ◇ *Erinnerungen an die Schulzeit* memories of your schooldays **2** (*nicht Ferienzeit*) term time ◇ *Während der Schulzeit fahren die Busse häufiger.* During term time the buses are more frequent. **3** (*Schulpflicht*) years at school [Pl] ◇ *Die Schulzeit im Gymnasium ist von neun auf acht Jahre verkürzt worden.* The number of years spent at grammar school has been reduced from nine to eight.

schummeln **1** cheat ◇ *beim Kartenspielen schummeln* cheat at cards **2 jdn/etw in etw ~** smuggle sb/sth into sth ◇ *Briefe ins Gefängnis schummeln* smuggle letters into prison

schummerig, schummrig **1** dim ◇ *im schummrigen Licht* in the dim light **2** (*leicht schwindelig*) dizzy ◇ *Mir wurde schummrig vor den Augen.* I felt dizzy.

Schund junk, trash (*auch fig*) ◇ *Was liest du da für Schund?* What's that trash you're reading?

schunkeln link arms and sway ◇ *Sie saßen im Bierzelt, sangen und schunkelten.* They sat in the beer tent, arms linked, singing and swaying.

Schuppe **1** (*Fische, Reptilien*) scale **2 Schuppen** dandruff [U] **IDM jdm fällt es wie Schuppen von den Augen** the scales fall from sb's eyes

Schuppen **1** (*Garten- etc.*) shed **2** (*hässliches Gebäude*) eyesore

Schuppenflechte (MED) psoriasis

schuppig flaking; (*Kopfhaut*) dandruffy

schüren **1** (*Feuer etc.*) poke, rake **2** (*anstacheln*) stir *sth* up ◇ *Sein Ärger wurde dadurch noch zusätzlich geschürt.* That stirred up his anger even more.

schürfen **1** graze ◇ *sich die Haut/das Knie schürfen* graze your skin/knee **2** (*Kohle etc.*) mine **3 nach etw ~** prospect for sth ◇ *nach Gold schürfen* prospect for gold

Schürfwunde graze

Schurke, Schurkin rogue, villain ◇ *In dem Film spielte er den Schurken.* He played the villain in the film.

Schürze apron, pinafore ◇ *(sich) eine Schürze umbinden* put an apron on **IDM hinter jeder Schürze herlaufen** chase anything in a skirt

Schuss **1** shot ◇ *Es fielen Schüsse.* Shots were fired. ◇ *ein Schuss aus der Pistole* a shot from the pistol ◇ *einen Schuss auf jdn/etw abfeuern* fire a shot at sb/sth ◇ *ein Schuss aufs Tor* a shot at goal ◇ *einen Schuss abwehren/halten* clear/block a shot **2** (*Geschoss*) bullet; (*Menge Munition*) round ◇ *Er hat einen Schuss ins Herz abbekommen.* He got a bullet through the heart. ◇ *Sie hat zehn Schuss im Magazin.* She has ten rounds in the magazine. **3** (*Flüssigkeit*) dash; (*Alkohol auch*) shot; (*fig*) touch ◇ *Tee mit einem Schuss Rum* tea with a shot of rum ◇ *ein Schuss Ironie* a touch of irony ◇ *Ihre Abschiedsrede war mit einem Schuss Schwermut gewürzt.* Her farewell speech was tinged with sadness. **4** (SPORT) schuss ◇ *Sie fuhr die Piste im Schuss hinunter.* She schussed down the slope. **5** (*Drogen*) shot, fix ◇ *ein Schuss Heroin* a shot of heroin ◇ *Sie setzte sich einen Schuss.* She shot up. ◇ *Er setzte sich den goldenen Schuss.* He OD'd. **IDM der Schuss geht nach hinten los** it backfires ◇ *Dieser Schuss könnte leicht nach hinten losgehen.* This could easily backfire. **einen Schuss haben** be off your trolley ◇

Die hat wohl einen Schuss! She must be off her trolley! **ein Schuss in den Ofen** a total waste of time **ein Schuss ins Schwarze** a bull's-eye **in Schuss** in good shape ◇ *Das Auto ist gut in Schuss.* The car is in good shape. ◇ *Sie hält ihren Garten gut in Schuss.* She keeps her garden looking nice. ◇ *Er brachte sein Fahrrad wieder in Schuss.* He got his bike going again. **weit/weitab vom Schuss** (*abgelegen*) off the beaten track ◇ *Das Hotel liegt weitab vom Schuss.* The hotel is well off the beaten track.

Schüssel bowl ◇ *eine Schüssel (mit) Reis* a bowl of rice

Schussfeld **1** field of fire ◇ *ein freies Schussfeld haben* have a free field of fire **2** (*Ballsport*) ◇ *Er hatte freies Schussfeld* He had a clear shot at goal IDM **ins Schussfeld (der Kritik) geraten** come under fire

Schuss- **Schusslinie** **1** line of fire ◇ *aus der Schusslinie gehen* move out of the line of fire **2** (*fig*) firing line ◇ *Die Boulevardpresse ist in die Schusslinie geraten.* The popular press has found itself in the firing line. **schusssicher** bulletproof ◇ *schusssichere Westen* bulletproof vests **Schussverletzung** gunshot wound **Schusswaffe** firearm **Schusswechsel** exchange of fire **Schusswunde** gunshot wound

Schuster(in) cobbler ◇ *die Schuhe zum Schuster bringen* take your shoes to the cobbler's

Schutt rubble IDM **in Schutt und Asche** ◇ *eine Stadt in Schutt und Asche legen* reduce a town to rubble ◇ *Nach dem Krieg lagen die Städte in Schutt und Asche.* After the war the towns lay in ruins.

Schüttelfrost shivering fit

schütteln **1** shake ◇ *Sie schüttelte den Kopf.* She shook her head. ◇ *Er schüttelte mir die Hand.* He shook my hand. ◇ *Der Hund schüttelte sich.* The dog shook itself. ◇ *vom Fieber geschüttelt werden* be shaking with fever ◇ *von Husten/Weinkrämpfen geschüttelt werden* be racked with coughs/sobs **2 es schüttelt jdn vor Kälte** sb shivers (with cold); **es schüttelt jdn vor Ekel** sb shudders **3 sich vor etw ~** shake with sth ◇ *Wir schüttelten uns vor Lachen.* We were shaking with laughter.

schütten **1** pour; (*verschütten*) spill; (*kippen*) tip; (*Mehl, Reis*) put ◇ *Ich schüttete Wasser auf das Feuer.* I poured water on the fire. ◇ *Der Kellner schüttete mir Soße über die Bluse.* The waiter spilt sauce over my blouse. ◇ *Sie schütteten den Müll in die Grube.* They tipped the rubbish into the hole. ◇ *Sie schüttete Mehl in eine Rührschüssel.* She put flour into a mixing bowl. ◇ *Zu viele Fabriken schütten Gift in unsere Flüsse.* Too many factories are polluting our rivers. **2 es schüttet** it's pouring (with rain)

schütter sparse; (*Haar*) thinning

Schutz **1** protection ◇ *Bietet Sonnencreme einen wirksamen Schutz gegen Sonnenbrand?* Does sun cream give you effective protection against sunburn? ◇ *Diese Tiere stehen unter Schutz.* These animals are a protected species. ◇ *Dieser Wald sollte unter Schutz gestellt werden.* This forest should be protected. ◇ *internationale Maßnahmen zum Schutz der Menschenrechte* international action to protect human rights **2** (*Unterschlupf*) shelter; (*Zuflucht*) refuge ◇ *In einer Höhle fanden wir Schutz vor dem Unwetter.* We found shelter from the storm in a cave. ◇ *Viele suchten in der Schweiz Schutz.* Many sought refuge in Switzerland. **3 im ~ der Dunkelheit** under cover of darkness **4** (*Vorrichtung*) guard IDM **jdn (vor/gegen etw) in Schutz nehmen** defend sb (against sth) ◇ *Der Kanzler nahm seinen Minister gegen diese Vorwürfe in Schutz.* The Chancellor defended his minister against these allegations. **jdn vor jdm in Schutz nehmen** protect sb against sb

Schutzanzug protective clothing [U] **Schutzblech** mudguard, (*AmE*) fender **Schutzbrille** (protective) goggles [Pl]

Schütze **1** marksman; (*Bogen-*) archer; (*Attentäter*) gunman ◇ *Die Polizei hat den Schützen festgenommen.* The police arrested the gunman. ◇ *ein guter/schlechter Schütze* a good/poor shot **2** (*Tor-*) scorer **3** (*Sternzeichen*) Sagittarius; (*Mensch auch*) Sagittarian ◇ *Er ist (ein) Schütze.* He's a Sagittarius. **4** (*Mitglied eines Schützenvereins*) member of the rifle club **5** (MIL) private; (*in der Artillerie*) gunner

schützen **jdn/etw/sich (vor jdm/etw) ~** protect sb/sth/yourself (against/from sb/sth) ◇ *Sie trugen Atemmasken, um sich vor dem Rauch zu schützen.* They wore masks to protect themselves from the smoke. ◇ *urheberrechtlich geschützt* protected by copyright. ◇ *Mit einer Tetanusimpfung ist man vor Infektion geschützt.* A tetanus injection gives you protection from infection. ◇ *Topfblumen vor Kälte schützen.* Protect your house plants from the cold. ◇ *Vor Nässe schützen!* Keep dry. → *Siehe auch* GESCHÜTZT

schützend **1** *Adj* protective ◇ *eine schützende Hülle* a protective cover ◇ *Babys brauchen einen schützenden Hut gegen die Sonne.* Babies need a hat to protect them from the sun. **2** *Adv* (*oft mit einem Verb übersetzt*) ◇ *Er stellte sich schützend vor sie.* He stood in front of her to protect her. ◇ *Der Trainer stellte sich schützend vor die Mannschaft.* The coach defended the team. ◇ *Sie hielt sich schützend die Hände vors Gesicht.* She shielded her face with her hands.

Schützen- **Schützenfest** = village fete and shooting competition **Schützengraben** trench **Schützenhilfe** support, backing **Schützenkönig(in)** = winner of the shooting competition **Schützenverein** gun club

Schutz- **Schutzgeld** protection money ◇ *Schutzgeld erpressen* extort protection money **Schutzimpfung** vaccination ◇ *eine Schutzimpfung gegen Kinderlähmung* a polio vaccination

Schützin **1** riflewoman (*Bogen-*) archer ◇ *Eva Schmidt war die beste Schützin in dieser Klasse.* Eva Schmidt was the best riflewoman in this class. ◇ *Sie ist eine gute Schützin.* She's a good shot. **2** (*Tor-*) goal-scorer **3** (woman) member of a rifle club

Schützling protégé; (*weiblich*) protégée

schutzlos defenceless ◇ *Die Ausländer sind diesen Aggressionen schutzlos ausgeliefert.* Foreigners are defenceless against these attacks. ◇ *Wir waren dem Wetter schutzlos ausgeliefert.* We had no protection against the weather. ◇ *Die Mitarbeiter waren der Strahlung schutzlos ausgesetzt.* The staff were exposed to radiation without protection.

Schutz- **Schutzmarke** registered trademark **Schutzmaßnahme** precaution; (*vorbeugend*) preventive measure; (*schützend*) protective measure ◇ *Schutzmaßnahmen treffen* take precautions **Schutzpolizei** police [Pl] **Schutzzone** (*für Menschen*) safe haven; (*für Tiere, Pflanzen etc.*) protected area

schwach **1** weak ◇ *ein schwacher Mann/Charakter* a weak man/character ◇ *Nach der Grippe fühlte ich mich tagelang schwach.* I felt weak for days after I'd had flu. ◇ *Das Land ist wirtschaftlich schwach.* The country has a weak economy. ◇ *Er hat ein schwaches Herz/eine schwache Blase/eine schwache Lunge.* He has a weak heart/bladder/chest. ◇ *Sie hat einen schwachen Willen.* She is weak-willed. ◇ *Ich trinke meinen Kaffee schwach.* I drink my coffee weak. ◇ *mit schwacher Stimme* in a weak voice ◇ *Es trifft immer die Schwächsten der Gesellschaft.* The weakest members of society are always hardest hit. ◇ *Sie hat schwache Augen.* Her eyesight is poor. ◇ *schwache Nerven zeigen* lose your nerve ◇ *in einem schwa-*

chen Augenblick in a moment of weakness **2** (*älterer Mensch*) frail ◇ *ein alter, schwacher Mann* a frail old man **3** (*sozial*) disadvantaged ◇ *sozial schwache Familien* disadvantaged families ◇ *die finanziell Schwachen* people on low incomes **4** (*Leistung, Ergebnis*) poor, not very good ◇ *ein schwacher Start* a poor start ◇ *Er war immer schwach in der Schule.* He was never very good at school. ◇ *In Mathe bin ich ziemlich schwach.* I'm not very good at maths. ◇ *Das Ende fand ich ziemlich schwach.* I didn't think the end was very good. ◇ *Sie spielten schwach.* They didn't play very well. **5** (*nicht zahlreich*) low, poor (*Adv* poorly) ◇ *die schwache Wahlbeteiligung* the low turnout at the polls ◇ *Das Konzert war schwach besucht.* The concert was poorly attended. **6** (*nicht leistungsstark*) not powerful, not strong ◇ *Der Motor ist zu schwach.* The engine isn't powerful enough. ◇ *Das Licht ist zu schwach zum Lesen.* The light isn't strong enough to read by. **7** (*Duft, Licht, Lob, Erinnerung, etc.*) faint (*Adv* faintly); (*Wind, Strömung*) light ◇ *Es duftete schwach nach Rosen.* There was a faint smell of roses. ◇ *Das ist nur ein schwacher Trost.* That's not much comfort. ◇ *schwach radioaktiver Abfall* low-level radioactive waste **8** (*Nachfrage, Geschäft*) slack **9** (*Grammatik*) weak **10** (*gemein*) mean IDM **Mach mich nicht schwach!** Don't do that to me!; Don't say that! → *Siehe auch* PUNKT

Schwäche 1 weakness (*auch fig*) ◇ *die Schwäche der Regierung* the weakness of the government ◇ *meine Stärken und Schwächen* my strengths and weaknesses ◇ *Plötzlich überkam sie eine Schwäche.* She suddenly felt faint. ◇ *die konditionellen Schwächen der Mannschaft* the team's lack of fitness ◇ *Nur seine Schwäche in Mathe macht mir Sorgen.* I'm only worried about his poor performance in maths. **2 eine ~ (für etw)** have a weakness (for sth); **eine ~ (für jdn)** a soft spot (for sb)
Schwächeanfall sudden feeling of faintness ◇ *Sie hatte einen Schwächeanfall.* She suddenly felt faint.

schwächen weaken ◇ *Die Krankheit hatte seinen Körper geschwächt.* The illness had weakened his body.

Schwachkopf idiot (*umgs*)

schwächlich (*Gesundheitszustand*) poor; (*Kind*) sickly; (*vor Alter*) frail; (*fig*) ailing

Schwächling weakling

Schwach- Schwachsinn (*Quatsch*) nonsense, (*BrE*) rubbish (*umgs*), (*AmE*) garbage (*umgs*) ◇ *Du redest nur Schwachsinn!* You're talking a load of rubbish! **schwachsinnig** (*unsinnig*) idiotic **Schwachstelle, Schwachpunkt** weak point

Schwächung weakening ◇ *eine Schwächung des Immunsystems* a weakening of the immune system

schwachwerden weaken ◇ *Sie wurde schwach und aß eine Tafel Schokolade.* She weakened and ate a bar of chocolate.

Schwaden (*Rauch-*) cloud; (*Nebel-*) patch

Schwager brother-in-law

Schwägerin sister-in-law

Schwalbe 1 swallow **2** (*Fußball*) dive (in the penalty area)

Schwall torrent, flood (*auch fig*)

Schwamm 1 sponge **2** (*Pilz*) mushroom **3** (*Haus-*) dry rot IDM **Schwamm drüber!** Forget it!

Schwan swan

schwanen ◇ *Mir schwant nichts Gutes!* I have a feeling something nasty is going to happen!

schwanger pregnant ◇ *Sie ist im zweiten Monat schwanger.* She is two months pregnant. ◇ *schwanger werden* get pregnant

Schwangere pregnant woman

Schwangerschaft pregnancy ◇ *eine Schwangerschaft unterbrechen* terminate a pregnancy **Schwangerschaftsabbruch** termination (of pregnancy) (*Fachspr*), abortion ◇ *die gesetzlichen Bestimmungen über Schwangerschaftabbruch* the laws on abortion ◇ *einen Schwangerschaftsabbruch vornehmen* terminate a pregnancy **Schwangerschaftsberatung** counselling for pregnant women, (*AmE*) counseling for pregnant women **Schwangerschaftsgymnastik** antenatal exercises [Pl] **Schwangerschaftstest** pregnancy test ◇ *einen Schwangerschaftstest machen* do a pregnancy test **Schwangerschaftsurlaub** maternity leave

Schwank (THEAT) farce

schwanken 1 (*Äste*) sway; (*Boden, Boot*) rock **2** (*torkeln*) stagger **3** (*unterschiedlich sein*) vary ◇ *Der Preis schwankt je nach Qualität.* The price varies according to quality. ◇ *Die Temperaturen heute Nacht schwanken zwischen 6° und 9°.* Temperatures tonight will be between 6° and 9°. **4** (*unbeständig sein*) fluctuate; (*zwischen zwei Polen*) alternate ◇ *Im Mai schwankten die Ölpreise erheblich.* Oil prices fluctuated significantly during May. ◇ *Seine Gefühle schwankten zwischen Hass und Gleichgültigkeit.* His feelings alternated between hatred and indifference. **5** (*nicht entschlossen sein*) be undecided; **zwischen A und B ~** not be able to decide between A and B, waver between A and B ◇ *Ich schwanke immer noch, ob ich es tun soll.* I am still undecided as to whether I should do it. ◇ *Sie schwankten zwischen einem roten und einem grünen Auto.* They couldn't decide between a red and a green car.

Schwankung (*Auf- und Abbewegung*) fluctuation; (*Unterschiede*) variation ◇ *die starken Schwankungen der Wechselkurse* the marked fluctuations in the exchange rates ◇ *regionale Schwankungen* regional variations ◇ *Schwankungen der Stimmung* mood swings

Schwanz 1 tail ◇ *Der Hund wedelte mit dem Schwanz.* The dog wagged its tail. **2** (*Penis*) prick (*vulg, Slang*) IDM **den Schwanz einziehen** back down → *Siehe auch* PFERD

schwänzen 1 truant, (*BrE auch*) skive (*umgs*) ◇ *Er hat geschwänzt.* He was skiving. **2 etw ~** skip sth (*umgs*), (*BrE auch*) skive sth (*umgs*) ◇ *den Unterricht schwänzen* skip classes

schwappen slosh ◇ *Das Wasser ist auf den Boden geschwappt.* The water has sloshed onto the floor.

Schwarm 1 (*Insekten-*) swarm; (*Vogel-*) flock; (*Fisch-*) shoal **2** (*Menschen*) horde ◇ *ein Schwarm von Fotografen* a horde of photographers **3** (*angebeteter Mensch*) idol ◇ *Sie ist der Schwarm aller Jugendlichen.* She's every teenager's idol. ◇ *Der Biologielehrer war der Schwarm aller Mädchen in der Klasse.* All the girls had a crush on the biology teacher.

schwärmen 1 swarm ◇ *Tausende Mücken schwärmten um unser Zelt.* Thousands of mosquitoes swarmed around our tent. **2 für jdn ~** be mad about sb; **für etw ~** be mad on sth **3 von jdm/etw ~** rave about sb/sth (*umgs*) ◇ *Sie schwärmt von London.* She raves about London.

Schwärmer(in) dreamer

Schwarmfinanzierung crowdfunding

schwarz 1 black ◇ *schwarze Haare* black hair ◇ *schwarz wie die Nacht* black as night ◇ *schwarzer Kaffee* black coffee ◇ *schwarzer Tee* tea without milk ◇ *der schwarze Tod* the Black Death ◇ *schwarze Magie* black magic → *Beispiele bei* BLAU **2** (*schmutzig*) filthy **3** (*düster*) black, gloomy ◇ *Das war ein schwarzer Tag für uns.* That was a black day for us. ◇ *Wie kann ich diese schwarzen Gedanken vertreiben?*

How can I banish these gloomy thoughts? **4** (*umgs*) (POL) Conservative ◇ *schwarz wählen* vote Conservative **5** (*katholisch*) Catholic **6** (*illegal*) illegal (*Adv* illegally) ◇ *schwarz über die Grenze gehen* cross the border illegally ◇ *der schwarze Markt* the black market ◇ *Das Geld hat er sich schwarz verdient.* He earned the money by moonlighting. ◇ *Das meiste haben wir schwarz machen lassen.* We paid cash in hand for most of the work. IDM **das schwarze Brett** the noticeboard **jdm den schwarzen Peter zuschieben/zuspielen** pass the buck to sb (*umgs*) **schwarz auf weiß** in black and white ◇ *etw schwarz auf weiß haben* have sth in black and white **schwarz von ...** packed with ... ◇ *Das Stadion war schwarz von Menschen.* The stadium was packed with people. **jdm wird es schwarz vor den Augen** sb faints → *Siehe auch* AUGE, LISTE, SCHAF, WARTEN *und* ZAHL

Schwarz black → *Beispiele bei* BLAU

Schwarzarbeit work done on the side (*umgs*) (*besonders abends*) moonlighting (*umgs*) ◇ *sich nebenbei Geld mit Schwarzarbeit verdienen* earn a bit of extra money by doing work on the side **schwarzarbeiten** do work on the side **schwarzärgern** **sich ~** get extremely annoyed **Schwarzbrot** dark rye bread

Schwarze(r) **1** Black (man/woman) **2** (*schwarzhaariger Mensch*) dark-haired man/woman ◇ *Hast du die Schwarze oder die Blonde gefragt?* Did you ask the dark-haired one or the blonde one? **3** (POL) Conservative

Schwärze **1** blackness **2** (*Farbe*) black dye

schwärzen blacken

schwarz- **schwarzfahren** travel without a ticket **Schwarzfahrer(in)** fare dodger **schwarzhaarig** black-haired, with black hair [nicht vor Nomen] **schwarzmalen** **etw ~** paint a black picture of sth ◇ *Er hat die wirtschaftliche Lage sehr schwarzgemalt.* He painted a very black picture of the economic situation. **Schwarzmarkt** black market ◇ *etw auf dem Schwarzmarkt kaufen* buy sth on the black market **schwarzsehen** not be very hopeful, be pessimistic ◇ *Für mein Examen sehe ich schwarz.* I'm not very hopeful that I'll pass the exam. **schwarz-weiß** black and white ◇ *schwarz-weiß fotografieren* take black and white photographs **Schwarz-Weiß-Film** black and white film **Schwarz-Weiß-Foto** black and white photo **Schwarzwurzel** (black) salsify [U]

schwatzen, schwätzen **1** (*reden*) talk; (*plaudern*) chat ◇ *Unsinn schwatzen* talk rubbish ◇ *Er hat fröhlich mit den Fahrgästen geschwatzt.* He chatted happily to the passengers. **2** (*abwertend*) go on ◇ *Er schwätzt dauernd von Freiheit.* He's always going on about freedom. **3** (*während des Unterrichts*) talk in class, chatter **4** (*ausplaudern*) talk, blab (*umgs*)

Schwätzer(in) **1** (*jd, der viel redet*) chatterbox **2** (*jd, der Unsinn redet*) windbag (*umgs*) **3** (*jd, der klatscht*) gossip

Schwebe **1** **sich in der ~ halten** be balanced **2** (*fig*) **in der ~** in the balance; (*nicht entschieden*) not decided ◇ *Die Entscheidung ist noch in der Schwebe.* The decision is still in the balance.

Schwebebahn monorail

schweben **1** float; (*ohne Bewegung*) hover ◇ *Über dem Platz schwebten bunte Luftballons.* Coloured balloons floated above the square. ◇ *Die Texte schweben zwischen Horror und Fantasy.* The texts hover between horror and fantasy. ◇ *Er schwebte an einem Seil über dem Abgrund.* He was hanging from a rope above the abyss. **2** (*unentschieden sein*) be pending **3** (*gleiten*) glide IDM **in Lebensgefahr schweben** be in a critical condition → *Siehe auch* REGION *und* WOLKE

Schwefel sulphur, (*AmE*) sulfur

Schweif tail; (*eines Fuchses*) brush

schweifen wander (*auch fig*), roam (*auch fig*) ◇ *Seine Blicke schweiften ruhelos durch den Saal.* His gaze roamed restlessly round the room.

Schweige- **Schweigemarsch** silent march **Schweigeminute** minute's silence

schweigen **1** say nothing, keep silent (*gehoben*); (*stumm bleiben*) remain silent ◇ *Ich fragte ihn noch einmal, aber er schwieg.* I asked him again, but he said nothing. ◇ *Ihr Gewissen gebot ihr, nicht mehr länger zu schweigen.* Her conscience wouldn't allow her to keep silent any longer. ◇ *Der Angeklagte schweigt auf alle Fragen.* The accused is refusing to answer any questions. **2** (*nichts verraten*) keep quiet ◇ *Er hat darüber geschwiegen.* He kept quiet about it. **3** **~ können** be able to keep a secret **4** (*verstummen*) fall silent ◇ *Seit Mai schweigen die Waffen.* Since May, the guns have been silent. IDM **von etw/jdm ganz zu schweigen** to say nothing of sth/sb; not to mention sth/sb ◇ *Die Wohnungsnot wird immer ärger, von der Arbeitslosigkeit ganz zu schweigen.* The housing shortage is getting worse, to say nothing of unemployment.

Schweigen silence ◇ *ein eisiges Schweigen* a stony silence ◇ *Es herrschte ein tiefes Schweigen.* There was deep silence. IDM **sich in Schweigen hüllen** refuse to be drawn ◇ *Auf die Frage nach einer Steuersenkung hüllte sich die Ministerin in Schweigen.* The minister refused to be drawn on the question of tax cuts. **jdn zum Schweigen bringen** silence sb (*auch fig*) → *Siehe auch* MANTEL, REDEN *und* REST

Schweigepflicht duty of confidentiality ◇ *die ärztliche Schweigepflicht* a doctor's duty of confidentiality ◇ *Diese Auskunft unterliegt der Schweigepflicht.* This information is confidential.

schweigsam **1** *Adj* quiet; (*Charaktereigenschaft*) taciturn ◇ *Sie ist heute sehr schweigsam.* She is very quiet today. ◇ *ein schweigsamer Mann* a taciturn man ◇ *Er wurde immer schweigsamer.* He said less and less. **2** *Adv* silently, in silence ◇ *Er sah ihr schweigsam zu.* He watched her in silence.

Schwein **1** pig **2** (*Fleisch*) pork **3** (*Schimpfwort*) swine (*umgs*) **4** **wie ein ~/wie die Schweine** like a pig /like pigs ◇ *Ich schwitze wie ein Schwein.* I'm sweating like a pig. ◇ *besoffen/voll wie ein Schwein* drunk as a skunk IDM **ein armes Schwein** a poor devil; a poor sod (*vulg*) **kein Schwein** no one; nobody ◇ *Das kann kein Schwein verstehen.* No one can understand it. **(großes) Schwein haben** be (very) lucky

Schweinefleisch pork

Schweinerei **1** (*Unordnung*) mess **2** (*Schande*) disgrace **3** (*etwas Anstößiges*) obscenity; (*anstößige Handlung*) obscene behaviour, (*AmE*) obscene behavior

Schweinestall pigsty

schweinisch **1** (*unordentlich*) messy **2** (*moralisch anstößig*) obscene; (*Witz*) smutty

Schweiß sweat, perspiration (*gehoben*) ◇ *Mir brach vor Angst der kalte Schweiß aus.* Fear made me break out in a cold sweat. ◇ *Nach dem Tennisspiel war ich in Schweiß gebadet.* After the tennis match, I was drenched in sweat.

schweißen weld ◇ *Die Plastikteile sind geschweißt.* The plastic parts are welded together.

Schweißer(in) welder

schweißgebadet drenched in sweat [nicht vor Nomen]

Schwelbrand smouldering fire, (*AmE*) smoldering fire

schwelen smoulder, (*AmE*) smolder (*auch fig*)

schwelgen **1** indulge yourself **2** **in etw ~** wallow in sth (*oft abwert*) ◇ *im Luxus schwelgen* wallow in luxury ◇ *in alten Erinnerungen schwelgen* reminisce about the past

Schwelle **1** (door)step **2** (*fig*) threshold ◇ *an der Schwelle zum nächsten Jahrtausend* on the threshold of the next millennium ◇ *ein Leben an der Schwelle zur Kriminalität* a life on the edge of crime ◇ *Das Land steht an der Schwelle zur Atommacht.* The country is on the point of becoming a nuclear power.
Schwellenland emerging nation

Schwellung swelling

Schwemme (WIRTSCH) glut

schwemmen wash ◇ *an Land geschwemmt werden* be washed ashore

Schwenk **1** swerve ◇ *ein Schwenk nach rechts* a swerve to the right ◇ *Sie machte plötzlich einen Schwenk.* She suddenly swerved. ◇ *Die Kamera machte einen Schwenk nach rechts.* The camera panned to the right. **2** (*fig*) shift ◇ *der Schwenk der Partei in der Asylpolitik* the shift in the party's policy on asylum

schwenken **1** wave ◇ *Sie schwenkten Fähnchen.* They were waving flags. ◇ *die Arme schwenken* wave your arms about **2** (*sich bewegen*) swing; (*Kamera*) pan ◇ *Der Kran schwenkte nach links.* The crane swung to the left. ◇ *Die Kamera schwenkte ins Publikum.* The camera panned towards the audience. **3** (*Gemüse etc.*) toss ◇ *die Kartoffeln in Butter schwenken* toss the potatoes in butter

schwer **1** *Adj* heavy (*Adv* heavily) ◇ *ein schweres Essen* a heavy meal ◇ *schwer bewaffnet* heavily armed ◇ *Die Pizza lag mir schwer im Magen.* The pizza lay heavily on my stomach. ◇ *Du solltest nicht so schwer tragen.* You shouldn't be carrying such heavy weights. ◇ *Der Koffer ist 20 Kilo schwer.* The case weighs 20 kilos. ◇ *Wie schwer ist sie?* What does she weigh? ◇ *Für deine Größe bist du nicht zu schwer.* Your weight is normal for your height. **2** *Adj* (*schlimm*) severe (*Adv* severely); (*Krankheit, Fehler, Verbrechen etc.*) serious (*Adv* seriously) ◇ *ein schwerer Sturm* a severe storm ◇ *ein schwerer Schlag* a severe blow ◇ *Sie ist schwer verunglückt.* She was in a serious accident. ◇ *schwer krank* seriously ill ◇ *Er ist schwer verletzt.* He's seriously injured. ◇ *eine schwere Enttäuschung* a great disappointment ◇ *schwere Kämpfe/Regenfälle* heavy fighting/rainfall ◇ *Sie machte sich schwere Vorwürfe.* She felt very guilty. ◇ *Der Wagen wurde schwer beschädigt.* The car was badly damaged. ◇ *ein schweres Los* a terrible fate **3** *Adj* (*schwierig*) difficult, hard; **jdm/sich etw ~ machen** make sth difficult for sb/yourself; **es jdm ~ machen, etw zu tun** make it difficult for sb to do sth ◇ *Das ist schwer zu sagen.* It's difficult to say. ◇ *Ich bin oft schwer zu erreichen.* It's often difficult to get hold of me. ◇ *Es ist schwer für sie, so weit weg von zu Hause zu sein.* It is difficult for her being so far from home. ◇ *sich das Leben schwer machen* make life difficult for yourself ◇ *Sie hat es ihm sehr schwer gemacht, unabhängig zu werden.* She made it very difficult for him to become independent. ◇ *schwere Zeiten* hard times ◇ *Der Roman ist gut, aber ziemlich schwer.* The novel is good, but rather heavy going. **4** *Adj* (*anstrengend*) hard; **es ~ haben** have a hard time ◇ *Sie hat einen schweren Tag hinter sich.* She's had a hard day. ◇ *schwer arbeiten* work hard ◇ *Das hat sie sich schwer erarbeitet.* She worked hard for it. ◇ *Sie hört schwer.* She is hard of hearing. ◇ *Mit ihr wirst du es schwer haben.* You'll have a hard time with her. ◇ *Sie hat es immer schwer gehabt.* She's had a hard life. ◇ *Jungen haben es schon schwer.* It's hard for boys. ◇ *Er atmete schwer und sagte nichts.* He breathed heavily and said nothing. ◇ *Krankenschwester ist ein schwerer Beruf.* Being a nurse is a demanding job. ◇ *eine schwere Verantwortung* a heavy burden of responsibility **5** *Adv* with difficulty ◇ *Die Patientin atmete schwer.* The patient was breathing with difficulty. ◇ *Davon kann ich mich nur schwer trennen.* It is hard for me to part with it. **6** *Adj* (*anspruchsvoll*) serious ◇ *schwere Musik* serious music **7** *Adv* (*sehr*) really ◇ *Er hat sich schwer blamiert.* He really made a fool of himself. ◇ *Das machte ihr schwer zu schaffen.* It caused her a lot of trouble. ◇ *Der Skandal hat ihm schwer geschadet.* The scandal did him a lot of harm. ◇ *Sie ist schwer in Ordnung.* She's great. ◇ *Das will ich schwer hoffen!* I certainly hope so! **8** **etw ~ nehmen** take sth to heart; (*Schicksalsschlag*) take sth hard ◇ *Nimm es nicht so schwer!* Don't take it to heart so. ◇ *Sie hat die Trennung sehr schwer genommen.* She took it very hard when they separated. **9** **~ erziehbar** with behavioural difficulties, (*AmE*) with behavioral difficulties [nicht vor Nomen] **10** **~ löslich** insoluble **11** **~ verdaulich** indigestible **12** **~ verdient** hard-earned **13** **~ verständlich** incomprehensible; **nur ~ verständlich** hard to understand [nicht vor Nomen] **14** **~ zugänglich** inaccessible IDM → ANFANG, BEGRIFF, BROCKEN, GESCHÜTZ, HERZ, JUNGE[1], KOPF, STAND *und* TRAGEN

schwerbehindert disabled ◇ *Parkplätze für Schwerbehinderte* parking spaces for the disabled

Schwere **1** heaviness **2** (*Ausmaß, Heftigkeit*) seriousness; (*von Symptomen, Krankheit, Verletzungen, Schaden*) severity

schwerelos weightless (*Adv* weightlessly); (*tanzen etc.*) effortless (*Adv* effortlessly)

Schwerelosigkeit weightlessness ◇ *die Auswirkungen der Schwerelosigkeit* the effects of weightlessness

Schwererziehbare(r) child with behavioural difficulties, (*AmE*) child with behavioral difficulties

schwerfallen **etw fällt jdm ~** sb finds sth difficult; **es fällt jdm ~ etw zu tun** sb finds it difficult to do sth ◇ *Das lange Stillsitzen fällt ihm schwer.* He finds it difficult to sit still for long.

schwerfällig **1** slow (*Adv* slowly); (*träge, unbeholfen*) awkward (*Adv* awkwardly); (*Sprache, Stil*) ponderous **2** (*Adv* ponderously) (*Verwaltung, Bürokratie etc.*) cumbersome; (*Mensch, Gang*) lumbering

schwerhörig hard of hearing [nicht vor Nomen], deaf ◇ *Er ist schwerhörig.* He is hard of hearing. ◇ *für Schwerhörige* for the deaf and hard of hearing ◇ *etwas schwerhörig sein* be a bit deaf ◇ *eine Schule für schwerhörige Kinder* a school for children with hearing difficulties IDM **Bist du denn schwerhörig?** Are you deaf or something?

Schwerhörigkeit impaired hearing, deafness

Schwer- **Schwerindustrie** heavy industry **Schwerkraft** gravity ◇ *das Gesetz der Schwerkraft* the law(s) of gravity ◇ *die Schwerkraft überwinden* defy gravity **Schwermetall** heavy metal

schwermütig melancholy

Schwerpunkt **1** centre of gravity, (*AmE*) center of gravity **2** (*fig*) main focus ◇ *Der Schwerpunkt des Programms liegt bei Sprachkursen.* The main focus of the programme is on language courses. ◇ *Die Schule legt den Schwerpunkt auf Fremdsprachen.* The school lays special emphasis on foreign languages. ◇ *ein Kunststudium mit Schwerpunkt Plastik und Malerei* an art course with painting and sculpture as the main subjects ◇ *Schwerpunkte setzen* set priorities

schwerstbehindert severely disabled

Schwert **1** sword **2** (*bei Surfbrettern, Segelbooten etc.*) centreboard, (*AmE*) centerboard IDM **ein zweischneidiges Schwert** a double-edged sword

Schwertlilie iris

schwer- **schwertun** **sich (bei/mit etw) ~** have problems (with sth) ◇ *sich in der Schule schwer tun* have problems at school ◇ *Beim Kochen tut sie sich schwer.*

She finds cooking difficult. **Schwerverbrecher(in)** criminal, serious offender (*offiz*) **Schwerverletzte(r)** ◇ *zwei Tote und zehn Schwerverletzte* two dead and ten seriously injured ◇ *Der Unfall forderte zwei Schwerverletzte.* Two people were seriously injured in the accident.

schwerwiegend serious (*Adv* seriously) ◇ *ein schwerwiegendes Problem* a serious problem ◇ *in besonders schwerwiegenden Fällen* in very serious cases ◇ *Dieser Eingriff in die Natur wäre zu schwerwiegend.* This would be too great a disturbance of the ecological balance. ◇ *schwerwiegende Bedenken haben* have grave doubts ◇ *eine schwerwiegende Entscheidung* a momentous decision

Schwester **1** sister (*auch fig*) ◇ *meine jüngere Schwester* my younger sister ◇ *Solidarität mit unseren Schwestern in Afrika* solidarity with our sisters in Africa **2** (*Kranken-*) nurse ◇ *nach der Schwester rufen* call the nurse **3** (*Ordens-*) nun; (*Anrede*) Sister ◇ *von Schwestern geleitet* run by nuns ◇ *Schwester Franziska* Sister Franziska

Schwesternschüler(in) student nurse

Schwieger- **Schwiegereltern** parents-in-law [Pl] **Schwiegermutter** mother-in-law **Schwiegersohn** son-in-law **Schwiegertochter** daughter-in-law **Schwiegervater** father-in-law

Schwiele callus

schwierig difficult; (*heikel auch*) delicate ◇ *ein schwieriger Aufstieg* a difficult ascent ◇ *Das ist eine schwierige Sache.* It's difficult. ◇ *Ich fand die erste Aufgabe am schwierigsten.* I found the first exercise the most difficult. ◇ *Das Kind ist sehr schwierig.* He/she is a very difficult child. ◇ *Er ist ein schwieriger Mensch.* He's very difficult. ◇ *schwierige Pflanzen* plants that are difficult to look after ◇ *ein schwieriges Thema ansprechen* touch on a delicate subject ◇ *Kinder aus sozial schwierigen Verhältnissen* children from disturbed family backgrounds

Schwierigkeit **1** difficulty ◇ *die Schwierigkeit der Sprünge* the difficulty of the jumps ◇ *Das macht die Schwierigkeit der Situation deutlich.* This shows how difficult the situation is. **2 Schwierigkeiten** difficulties [Pl], trouble [U] ◇ *in Schwierigkeiten stecken* be in difficulties ◇ *in Schwierigkeiten geraten* get into difficulties ◇ *jdn in Schwierigkeiten bringen* make trouble for sb ◇ *Schwierigkeiten kriegen* run into trouble ◇ *Schwierigkeiten mit der Polizei haben* be in trouble with the police ◇ *Ich hatte Schwierigkeiten, es zu bekommen.* I had trouble getting hold of it. **3** (*Problem*) problem ◇ *Die größte Schwierigkeit liegt darin, dass …* The biggest problem is that … ◇ *Damit habe ich keine Schwierigkeiten.* That doesn't worry me. ◇ *ohne Schwierigkeiten* without any difficulty **IDM** **Schwierigkeiten machen** be difficult ◇ *Jetzt mach keine Schwierigkeiten!* Now don't be difficult! ◇ *Der Junge machte schon im Kindergarten Schwierigkeiten.* The boy was always a problem, even in kindergarten. **jdm Schwierigkeiten machen** ◇ *Der Grenzbeamte machte ihnen bei der Einreise Schwierigkeiten.* They had trouble with the customs when they entered the country. ◇ *Mach uns bloß keine Schwierigkeiten!* We don't want any trouble from you! ◇ *Mathe macht mir keine Schwierigkeiten.* I don't have any trouble with maths.

Schwierigkeitsgrad level of difficulty

Schwimmbad swimming pool ◇ *ins Schwimmbad gehen* go to the swimming pool

Schwimmbecken (swimming) pool

schwimmen **1** swim ◇ *Er ist ans Ufer geschwommen.* He swam to the shore. ◇ *schwimmen lernen* learn to swim ◇ *schwimmen gehen* go swimming **2** (*treiben*) float ◇ *Auf der Suppe schwammen Fettaugen.* Globules of fat were floating on the surface of the soup. ◇ *Die Kinder ließen ihre Boote im Wasser schwimmen.* The children were sailing their boats in the water. **3** (*nass sein*) ◇ *Der Fußboden schwimmt!* The floor is soaking wet! **IDM** **ins Schwimmen kommen/geraten** get out of your depth ◇ *Da kam ich ins Schwimmen.* I was out of my depth. → *Siehe auch* GELD *und* STROM

Schwimmer(in) **1** swimmer ◇ *Zum Glück war er ein guter Schwimmer.* Luckily he was a strong swimmer. **2** (*Vorrichtung*) float; (*in Toiletten, Tanks*) ballcock

Schwimm- **Schwimmflosse** flipper **Schwimmflügel** armband **Schwimmweste** life jacket ◇ *die Schwimmweste anlegen* put your life jacket on

Schwindel **1** (*-gefühl*) dizziness, vertigo (*Fachspr*) ◇ *Übelkeit und Schwindel* dizziness and nausea **2** (*Betrug*) swindle, fraud ◇ *Es stellte sich als großer Schwindel heraus.* It turned out to be a huge swindle. ◇ *Er hält die Statistiken für reinen Schwindel.* He regards the statistics as a complete fraud. ◇ *den Schwindel auffliegen lassen* expose the fraud ◇ *Alles Schwindel.* It's all lies. ◇ *Er fällt auf jeden Schwindel rein.* He's easily conned.

schwindelerregend (*Höhe*) dizzy ◇ *schwindelerregende Höhen* dizzy heights ◇ *eine schwindelerregende Summe* an astronomical sum **schwindelfrei** ◇ *schwindelfrei sein* have a good head for heights **Schwindelgefühl** dizziness [U], feeling of dizziness

schwindelig → SCHWINDLIG

schwindeln **1 jdm schwindelt es** sb feels dizzy ◇ *Mir schwindelt oft.* I often feel dizzy. ◇ *Ihr schwindelte der Kopf bei dem Gedanken.* The thought of it made her head spin. **2** ◇ *schwindelnde Höhen erreichen* reach dizzy heights ◇ *die Kosten in schwindelnde Höhe treiben* send the costs sky high **3** (*lügen*) fib (*umgs*) ◇ *„Ich weiß es nicht", schwindelte er.* 'I don't know,' he fibbed. ◇ *Das war geschwindelt.* It was a fib. **4 sich in/durch etw ~** con your way into/through sth (*umgs*) ◇ *sich durch die Prüfung schwindeln* con your way through the exam

schwinden dwindle ◇ *die schwindende Zahl der Bäume* the dwindling numbers of trees ◇ *Seine Kräfte schwanden.* His strength was failing. ◇ *Plötzlich schwand ihr der Mut.* Suddenly her courage deserted her. ◇ *das allmähliche Schwinden der Arbeiterklasse* the gradual disappearance of the working class

Schwindler(in) fraud; (*Lügner*) fibber (*umgs*)

schwindlig dizzy ◇ *Mir wird ganz schwindlig (im Kopf).* I feel quite dizzy.

schwingen **1** swing; (*Flagge, Stock*) wave ◇ *Er schwang die Beine so hoch er konnte.* He swung his legs as high as he could. **2** (*pendeln*) sway ◇ *Der Mast schwang bedrohlich hin und her.* The mast was swaying alarmingly. ◇ *Die Tür schwang auf und zu.* The door swung to and fro. **3** (*vibrieren*) vibrate; (*(Licht)wellen*) oscillate ◇ *Er brachte die Saiten der Gitarre zum Schwingen.* He made the strings of the guitar vibrate. **4 (sich) in, auf, hinter etc. etw ~** jump into, onto, behind, etc. sth ◇ *Er schwang sich aufs Fahrrad.* He jumped onto his bike. ◇ *Der Affe schwang sich von Ast zu Ast.* The monkey swung from branch to branch. **IDM** → REDE

Schwingung oscillation ◇ *mechanische Schwingungen* mechanical oscillations ◇ *ein Pendel in Schwingung versetzen* set a pendulum swinging

Schwips ◇ *einen Schwips haben* be tipsy

schwirren buzz ◇ *Eine Mücke schwirrte durch das Zimmer.* There was a mosquito buzzing round the room. ◇ *Der Pfeil schwirrte durch die Luft.* The arrow whizzed through the air. **IDM** → KOPF

Schwitze roux

schwitzen sweat, perspire (*gehoben*) ◇ *Er schwitzte vor Angst.* He was sweating with fear. ◇ *Sie schwitzt* *über ihren Hausaufgaben.* She is sweating over her homework. ◇ *„Sag es ihm doch!" „Nein, ich lass ihn noch etwas schwitzen."* 'Tell him!' 'No, I'm going to let him sweat for a bit.' ◇ *nass geschwitzt sein* be drenched with sweat ◇ *Sie hat das Bett nass geschwitzt.* The sheets were drenched with sweat. ◇ *Während des Rennens kam ich so richtig ins Schwitzen.* I worked up a good sweat during the race. ◇ *Bei dem Gedanken kam sie ins Schwitzen.* The thought of it brought her out in a sweat. IDM → BLUT

schwören **1** swear ◇ *Ich schwöre es.* I swear. ◇ *einen Eid schwören* swear an oath ◇ *Rache schwören* swear revenge ◇ *Ich könnte (darauf) schwören, ihn gestern gesehen zu haben.* I could have sworn I saw him yesterday. **2 auf etw ~** (*sehr überzeugt sein von*) swear by sth ◇ *Bei Erkältungen schwört er auf heiße Zitrone.* He swears by hot lemon for colds. **3** (*versprechen*) promise ◇ *Sie hat mir geschworen, mit dem Rauchen aufzuhören.* She promised me she would give up smoking. **4 sich ~, etw zu tun** vow to do sth ◇ *Ich habe mir geschworen, es diesmal gleich zu tun.* I've vowed to do it immediately this time.

schwul gay

schwül muggy ◇ *ein schwüler Tag* a muggy day

Schwüle muggy weather

Schwuler gay man

Schwund **1** decline ◇ *ein krasser Schwund an Arbeitsplätzen* a massive decline in the number of jobs ◇ *der Schwund der Ozonschicht* the depletion of the ozone layer ◇ *der Schwund des antarktischen Eisschildes* the thinning of the Antarctic ice cap **2** (MED) wasting ◇ *ein Schwund der Muskulatur* wasting of the muscles

Schwung **1** (*Wucht*) force ◇ *Er schoss den Ball mit viel Schwung ins Tor.* He kicked the ball into the goal with great force. **2** (*Dynamik*) impetus [U/Sing]; (*Elan*) drive; (*mitreißende Wirkung*) verve ◇ *der Onlinewirtschaft neuen Schwung verleihen* give new impetus to e-business ◇ *Ihm fehlt in letzter Zeit der Schwung.* He's got no drive lately. ◇ *Das Orchester spielte mit viel Schwung.* The orchestra played with great verve. ◇ *Der Aufführung fehlte es an Schwung.* The performance lacked sparkle. ◇ *mit frischem Schwung* with renewed enthusiasm ◇ *Ihr Lächeln gab ihm neuen Schwung.* Her smile gave him a boost. **3** (*Stimmung*) ◇ *Er brachte so richtig Schwung in die Party.* He really got the party going. ◇ *Die Schülerband sorgte für musikalischen Schwung.* The school band helped things go with a swing. **4** (*Bogen*) curve ◇ *der Schwung ihrer Lippen* the curve of her lips ◇ *Mit einem Schwung kam der Skifahrer zum Stehen.* The skier swept to a halt. **5** (*beim Golf etc.*) swing IDM **in Schwung bleiben** **1** (*Mensch*) keep active **2** (*Wirtschaft etc.*) remain buoyant **jdn in Schwung bringen** **1** (*in Stimmung*) get sb in the mood **2** (*fit machen*) make sb fit **etw in Schwung bringen** get sth going **in Schwung kommen** get going **in Schwung sein** **1** (*Fest etc.*) be in full swing **2** (*erfolgreich sein*) be doing well; (*Geschäft*) be booming ◇ *Der Einzelhandel ist zurzeit gut in Schwung.* Business is booming for retailers at the moment. **Schwung nehmen/holen** pick up momentum; (*mit dem Arm*) swing your arm back; (*Anlauf nehmen*) take a run at it

schwunghaft flourishing **schwungvoll** **1** (*kraftvoll*) powerful ◇ *Er holte schwungvoll aus und schlug den Ball übers Netz.* He took a powerful swing and hit the ball over the net. ◇ *Sie glitt schwungvoll über das Eis.* She swept across the ice. **2** (*lebendig*) lively ◇ *schwungvolle Musik* lively music ◇ *Das Spiel begann äußerst schwungvoll.* The game got off to a flying start. **3** (*Unterschrift, Pinselstrich*) bold

Schwur **1** oath ◇ *einen Schwur ablegen* swear an oath **2** (*Versprechen*) vow ◇ *einen Schwur leisten* make a vow

Schwurgericht ≈ trial by jury ◇ *Er muss sich vor einem Schwurgericht verantworten.* He faces trial by jury. ◇ *Der Fall kam vor das Schwurgericht.* The case was tried by a jury.

Science-Fiction science fiction

scrollen (COMP) scroll

sechs six ◇ *sechs Meter hoch* six metres high. ◇ *sechs Millionen Menschen* six million people ◇ *wir sechs* the six of us ◇ *Drei mal sechs ist achtzehn.* Three sixes are eighteen. ◇ *mit sechs (Jahren)* at (the age of) six ◇ *Er wird morgen sechs.* He'll be six tomorrow. ◇ *Kinder bis zu sechs Jahren* children under six ◇ *Sie hatten sich seit sechs Monaten nicht gesehen.* They hadn't seen each other for six months. ◇ *um sechs Uhr morgens* at six o'clock in the morning ◇ *um halb sechs* at half past five

Sechs **1** six ◇ *unter den besten Sechs sein* be one of the best six ◇ *unter den ersten Sechs* in the first six ◇ *Beim Wettlauf gewann die Sechs.* Number six won the race. ◇ *Fahr mit der Sechs zum Marktplatz.* Take a (number) six to the market square. **2** (*Note*) ≈F; (*in der Schweiz*) ≈ A ◇ *Er hat eine Sechs bekommen.* He got an F.

Sechseck hexagon

sechseckig hexagonal

sechseinhalb six and a half

sechsfach sixfold ◇ *eine sechsfache Steigerung* a sixfold increase ◇ *ums Sechsfache steigen* increase sixfold ◇ *Er ist sechsfacher Olympiasieger.* He has won gold in the Olympics six times. ◇ *die sechsfache Menge Wein* six times as much wine ◇ *die Journalistin und sechsfache Mutter* the journalist and mother of six

sechst **zu ~** six ◇ *Wir waren zu sechst.* There were six of us. ◇ *Sie gingen zu sechst hin.* Six of them went there.

sechstägig six-day

sechste(r,s) sixth ◇ *zum sechsten Mal* for the sixth time ◇ *am sechsten Dezember* on the sixth of December ◇ *Er belegte den sechsten Platz.* He came/finished sixth. ◇ *Heinrich der Sechste* Henry VI/the Sixth ◇ *Sie ist in der sechsten Klasse.* She's in Year 6. IDM → SINN

sechstel sixth ◇ *ein sechstel Gramm* a sixth of a gram

Sechstel sixth ◇ *Der Umsatz ist um ein Sechstel zurückgegangen.* Turnover has decreased by a sixth.

sechstens sixth(ly)

sechstgrößte(r,s) sixth-largest

sechzehn sixteen ◇ *Er hat mit sechzehn angefangen zu rauchen.* He started smoking when he was sixteen. ◇ *Das Zimmer hat sechzehn Quadratmeter.* The (area of the) room is sixteen square metres. ◇ *Er kam um sechzehn Uhr.* He arrived at 4 o'clock in the afternoon. ◇ *Der Zug fährt um 16.30 Uhr.* The train leaves at sixteen thirty.

sechzehnte(r,s) sixteenth → *Beispiele bei* SECHSTE(R,S)

sechzig sixty ◇ *Sie ist schon über sechzig.* She's over sixty. ◇ *Er ist Mitte sechzig.* He is in his mid sixties.

Sechziger(in) sixty-year-old

Sechzigerjahre sixties ◇ *Mitte der Sechzigerjahre* in the mid sixties

sechzigste(r,s) sixtieth → *Beispiele bei* SECHSTE(R,S)

See[1] *der* lake ◇ *am See* by the lake ◇ *Er durchschwamm den See.* He swam across the lake.

See[2] *die* sea ◇ *Die See war stürmisch.* The sea was rough. ◇ *Er war sechs Monate auf See.* He was at sea for six months. ◇ *an die See fahren* go to the seaside

IDM **auf hoher See** on the high seas **in See stechen** put (out) to sea **zur See fahren** go to sea
Seebad seaside resort **Seebeben** seaquake **Seefahrer(in)** seafarer **Seefahrt** **1** seafaring ◇ *die Geschichte der Seefahrt* the history of seafaring **2** (*Fahrt übers Meer*) voyage **Seegang** swell ◇ *bei hohem Seegang* in a heavy swell. **Seehund** seal **seekrank** seasick ◇ *Er wird leicht seekrank.* He gets seasick. **Seelachs** coley

Seele soul IDM **jdm aus der Seele sprechen** say exactly what sb feels **etw brennt jdm auf der Seele** sb feels strongly about sth **eine Seele von Mensch** a dear **jdm in der Seele wehtun** break sb's heart **seine Seele verkaufen** sell your soul **sich etw von der Seele reden** get sth off your chest → *Siehe auch* HERZ *und* LEIB
seelenruhig calmly

Seeleute seamen [Pl], sailors [Pl]; (*eines bestimmten Schiffes*) crew members [Pl]

seelisch (*psychologisch*) psychological (*Adv* psychologically); (*geistig*) mental (*Adv* mentally); (*emotional*) emotional (*Adv* emotionally) ◇ *Menschen mit seelischen Störungen* people who are psychologically disturbed ◇ *die seelische und körperliche Gesundheit* mental and physical well-being ◇ *seelische Grausamkeit* mental cruelty ◇ *die seelische Entwicklung* emotional development

Seelöwe sea lion

Seelsorge pastoral work

Seelsorger(in) minister; (*im Gefängnis, in der Armee etc.*) chaplain

seelsorgerisch pastoral ◇ *seelsorgerisch tätig sein* provide pastoral care ◇ *die Häftlinge seelsorgerisch betreuen* look after the spiritual welfare of the prisoners

See- Seemann Seaman, sailor **Seenot** distress ◇ *ein in Seenot geratenes Schiff* a ship in distress **Seepferdchen** seahorse **Seeräuber** pirate **Seesack** kitbag **Seeschifffahrt** maritime shipping **Seestern** starfish **Seestreitkräfte** naval forces [Pl] **seetüchtig** seaworthy **Seeweg** sea route ◇ *Wer entdeckte den Seeweg nach Indien?* Who discovered the sea route to India? ◇ *auf dem Seeweg* by sea **Seezunge** sole

Segel sail IDM **die Segel streichen** (*fig*) admit defeat → *Siehe auch* WIND
Segelboot sailing boat, (*AmE*) sailboat **Segelfliegen** gliding **Segelflugzeug** glider

segeln **1** (*auf dem Wasser*) sail ◇ *Wir gehen segeln.* We're going sailing. ◇ *um die Welt segeln* sail round the world **2** (*fliegen*) fly ◇ *am Himmel segeln* fly across the sky. ◇ *zu Boden segeln* float to the ground IDM **durch eine Prüfung segeln** fail an exam

Segen **1** blessing ◇ *den Segen sprechen* give the blessing ◇ *jdm Glück und Segen wünschen* wish sb all the best **2** (*Billigung*) consent ◇ *mit dem Segen der Regierung* with the consent of the government ◇ *Meinen Segen hat er!* Good luck to him! **3** (*Wohltat*) boon ◇ *Der Computer ist ein wahrer Segen.* The computer is a real boon. ◇ *Es ist ein Segen, dass du da bist!* It's a good thing you're here!

segensreich beneficial

Segment **1** (MATH) segment **2** (*Teil*) section **3** (*Sektor*) sector

segnen **1** bless **2 mit etw gesegnet sein** (*haben*) be blessed with sth

sehbehindert partially sighted ◇ *Er ist stark sehbehindert.* He has severely impaired vision.

sehen **1** see ◇ *Ich habe die rote Ampel nicht gesehen.* I didn't see the red light. ◇ *Wie ich sehe, geht es dir wieder besser.* I see you are better. ◇ *Siehst du meine Schlüssel irgendwo?* Have you seen my keys anywhere? ◇ *Wir sehen uns am Freitag!* See you on Friday. ◇ *etw von der komischen Seite sehen* see the funny side of sth ◇ *Sie sieht in ihm eine Vaterfigur.* She sees him as a father figure. ◇ *Ich weiß nicht, was er in ihr sieht.* I don't know what he sees in her. ◇ *Sie ist hier immer gern gesehen.* We're always pleased to see her. ◇ *auf einem Auge nichts sehen* be blind in one eye ◇ *Sie sieht schlecht.* Her eyesight is poor. ◇ *Den Fleck sieht man nicht.* The stain doesn't show. ◇ *Schon bald konnten wir sie nicht mehr sehen.* She had soon disappeared from view. ◇ *Hast du schon die Ausstellung gesehen?* Have you been to the exhibition yet? ◇ *Die Ausstellung ist bis Samstag zu sehen.* The exhibition is open until Saturday. ◇ *Da war nichts zu sehen.* There was nothing there. **2** (*hinsehen*) look ◇ *Sieh mal, wer da kommt!* Look who's coming! ◇ *aus dem Fenster sehen* look out of the window ◇ *Die Fenster sehen auf den Garten.* The windows look onto the garden. ◇ *jdm in die Augen sehen* look into sb's eyes ◇ *Lass mich auch mal sehen!* Let me have a look. ◇ *Alles sah auf ihn.* All eyes were on him. ◇ *Siehe Seite 8.* See page 8. **3** (*treffen*) meet ◇ *Können wir uns morgen sehen?* Can we meet tomorrow? **4** (*einschätzen*) ◇ *Siehst du jetzt, dass ich recht hatte?* See! I was right. ◇ *Wie siehst du das?* What do you think? ◇ *So gesehen hast du Recht.* If you look at it like that, you're right. ◇ *statistisch gesehen* according to statistics **5 nach jdm/etw ~** check sb/sth ◇ *Ich will nur schnell nach der Post sehen.* I'll just check if there's any post. ◇ *nach den Kindern sehen* keep an eye on the children **6 auf etw ~** set great store by sth ◇ *sehr auf Äußerlichkeiten sehen* set great store by appearances ◇ *Du siehst aber auch nur aufs Geld.* You only seem to care about money. **7 sich ... ~** ◇ *Er sah sich gezwungen, das Auto zu verkaufen.* He was forced to sell his car. ◇ *Ich sehe mich nicht in der Lage, das zu tun.* I don't feel in a position to do it. ◇ *Sie sah sich vor eine schwierige Wahl gestellt.* She was faced with a difficult choice. IDM **das muss man gesehen haben** **1** (*unglaublich*) it has to be seen to be believed **2** (*unbedingt*) it's a must **es nicht gern sehen, (wenn/dass ...)** ◇ *Seine Mutter sieht es nicht gern.* His mother doesn't like it. ◇ *Ich sehe es nicht gern, wenn du abends allein nach Hause gehst.* I don't like you going home alone at night. **etw kommen sehen** see sth coming ◇ *Das habe ich ja schon lange kommen sehen!* I could see that coming a long time ago! **mal sehen** we'll see **jdn/etw nicht mehr sehen können** be sick (of the sight) of sb/sth ◇ *Ich kann ihn langsam nicht mehr sehen!* I'm getting sick of the sight of him. **jdn (nur) vom Sehen kennen** (only) know sb by sight **sich (bei jdm) sehen lassen** ◇ *Lass dich mal wieder bei deiner Oma sehen!* Go and see your grandmother again some time. ◇ *Sie hat sich hier schon lange nicht mehr sehen lassen.* She hasn't been here for ages. ◇ *Lass dich hier nicht mehr sehen!* Don't dare show your face round here again! **sich (mit jdm/etw) sehen lassen können** ◇ *Mit dem Mantel kannst du dich nicht sehen lassen!* You can't go out in that coat! ◇ *Ihre neue Wohnung kann sich sehen lassen.* Her new flat is quite smart. ◇ *Sein Zeugnis kann sich durchaus sehen lassen.* He can be proud of his report. → *Siehe auch* KARTE ℹ Für andere Redewendungen mit **sehen** siehe die Einträge für die entsprechenden Nomina etc. **Klar sehen** z.B. steht unter **klar**.

sehenswert worth seeing [nicht vor Nomen] ◇ *ein sehenswerter Film* a film worth seeing ◇ *Das alte Schloss ist wirklich sehenswert.* The old castle is really worth a visit.

Sehenswürdigkeit sight ◇ *Er hat uns alle Sehenswürdigkeiten gezeigt.* He showed us all the sights. ◇ *Wir haben uns die Sehenswürdigkeiten angesehen.* We went sightseeing.

Sehne **1** (ANAT) tendon **2** *(Bogen-)* string ◇ *Er spannte die Sehne.* He tightened the string of his bow. **3** (MATH) chord

sehnen **sich nach jdm/etw ~** long for sb/sth, yearn for sb/sth; **sich danach ~, etw zu tun** long to do sth

sehnlich ◇ *Er wünscht sich nichts sehnlicher als ein eigenes Auto.* His one desire is to have his own car. ◇ *ihr sehnlichster Wunsch* her dearest wish ◇ *Sie hoffen sehnlichst auf ein Wunder.* They are desperately hoping for a miracle.

Sehnsucht longing ◇ *ihre Sehnsucht nach Frieden* their longing for peace ◇ *Sehnsucht nach jdm haben* be longing to see sb

sehnsüchtig longing *(Adv* longingly) ◇ *einen sehnsüchtigen Blick auf etw werfen* look longingly at sth ◇ *Er wartet schon sehnsüchtig auf dich.* He's longing to see you.

sehr **1** *(vor Adjektiven und Adverbien)* very ◇ *sehr klein* very small ◇ *Das kommt sehr oft vor.* That very often happens. ◇ *Alles lief sehr gut.* Everything went very well. ◇ *Sehr geehrter Herr Meier!* Dear Mr Meier, **2** *(mit Verben)* very much ◇ *Wir freuen uns sehr darauf.* We are looking forward to it very much. ◇ *Es hat so sehr geregnet, dass ...* It rained so much that ... ◇ *Danke sehr!* Thank you very much! ◇ *Er hat sehr gelacht.* He had a good laugh. ◇ *Das hat sehr wehgetan.* It hurt a lot. ◇ *Es hat nicht sehr wehgetan.* It didn't hurt much. ◇ *Ärgere dich nicht zu sehr darüber!* Don't be too cross about it. **3 ~ viel** a lot ◇ *Das Kind hat sehr viel geweint.* The child cried a lot. ◇ *Sie haben sehr viel Geld.* They've got a lot of money. ◇ *Das war schon sehr viel besser.* That was much better. ◇ *Ich habe nicht sehr viel Zeit.* I haven't got much time. ◇ *Er hat in letzter Zeit sehr viel gearbeitet.* He's been working very hard lately. **4 ~ wohl** perfectly well ◇ *Er weiß sehr wohl, dass ...* He knows perfectly well that ... ◇ *Man kann sehr wohl mit ihr reden.* She's perfectly easy to talk to. ◇ *Sie können sehr wohl etwas dafür!* It certainly is their fault!

seicht **1** *(flach)* shallow **2** *(oberflächlich)* superficial; *(auf niedrigem Niveau)* trivial

Seide silk ◇ *ein Schal aus Seide* a silk scarf

seiden **1** *(aus Seide)* silk **2** *(seidig)* silky IDM → FADEN

Seife soap ◇ *ein Stück Seife* a bar of soap ◇ *Wasser und Seife* soap and water

Seifenblase (soap) bubble ◇ *Seifenblasen machen* blow bubbles IDM **wie eine Seifenblase zerplatzen** be shattered ◇ *Der Traum zerplatzte wie eine Seifenblase.* The dream was shattered.

Seifen- **Seifenkiste** soapbox **Seifenkistenrennen** soapbox derby **Seifenoper** soap (opera)

Seil rope; *(Hoch-)* tightrope; *(für Seilbahn etc.)* cable; *(Abschlepp-)* tow rope ◇ *ein Stück Seil* a length of rope ◇ *Das Seil ist gerissen.* The cable broke. ◇ *auf dem Seil tanzen* walk the tightrope IDM **in den Seilen hängen** be exhausted

Seilbahn cable car ◇ *mit der Seilbahn fahren* go by cable car **Seilrutsche** zip wire **Seilrutschen** zip-lining **seilspringen** skip ◇ *fünf Minuten Seilspringen* skipping for five minutes **Seiltänzer(in)** tightrope walker

sein¹ *Verb* **1** be **2** *(als Hilfsverb im present perfect)* have ◇ *Er ist abgereist.* He has left. IDM **bist du, ist das etc. zu ...** ◇ *Bist du noch zu retten?* Are you out of your mind? ◇ *Ist das denn zu glauben?* I don't believe it! ◇ *Das ist nicht zu ertragen.* I can't bear it. **das kann sein** that's possible; maybe **das kann nicht sein** that can't be true **das wär's** that's it ◇ *Das wär's für heute.* That's it for today. **es sei denn, (dass) ...** unless ... ◇ *es sei denn, es regnet* unless it rains **jdm ist, als (ob) ...** sb has the feeling ... ◇ *Ihm war, als hätte er sie schon einmal gesehen.* He had the feeling he'd seen her before. ◇ *Mir ist, als ob jemand in der Wohnung ist.* I feel there's someone in the flat. **jdm ist nach etw** sb feels like sth ◇ *Mir ist heute nicht nach Kuchen/Feiern.* I don't feel like cake/celebrating today. ◇ *Mir ist nach Jazz.* I fancy listening to some jazz. **ist was?** is there a problem? **mit etw ist/wird es nichts** sth is off ◇ *Mit dem Urlaub ist es nichts.* The holiday is off. **Sei doch nicht so!** Don't be like that! **sei es, dass ... oder sei es, dass ...** whether ... or ... ◇ *Sei es, dass die Vorschriften es erfordern, oder sei es, dass ...* Whether the regulations require it or ... **sei es ... oder ...** whether it's ... or ... ◇ *Die Kinder brauchen Ansprechpartner, sei es nun zu Hause oder in der Schule.* The children need somebody to talk to, whether it's at home or at school. **was nicht ist, das kann noch werden** there's hope yet → *Siehe auch* LASSEN, WER *und* WIE

sein² *(Possessivpronomen)* **1** his; *(mit Bezug auf Gegenstand, Tier)* its; *(mit Bezug auf ein Mädchen)* her **2** *(mit Bezug auf „man")* one's, your IDM → SEINE(R,S)

Sein being; *(Dasein)* existence ◇ *Das Sein bestimmt das Bewusstsein.* Being determines consciousness. ◇ *das menschliche Sein* human existence IDM **Sein oder Nichtsein** to be or not to be ◇ *Sein oder Nichtsein, das ist hier die Frage.* To be or not to be, that is the question. ◇ *Die Atommächte entscheiden über Sein oder Nichtsein der Menschheit.* The nuclear powers have the power of life and death over us.

seine(r,s) his IDM **das Seine tun** do your bit *(umgs)* ◇ *wenn jeder das Seine tut* if everyone does their bit ◇ *Ich werde das Meine tun, um das Geld zusammenzukriegen.* I'll do my bit towards finding the money. **jedem das Seine** each to his own

seinerseits *(von ihm)* on his/its part; *(er selbst)* for his/its part, himself/itself ◇ *Das ist ein großzügiges Angebot seinerseits.* That's a generous offer on his part. ◇ *Er ist seinerseits nicht zu Kompromissen bereit.* He, for his part, isn't prepared to compromise. ◇ *Der Verein seinerseits sieht das anders.* The club itself has a different view.

seinerzeit in those days, at that time

seinesgleichen *(gleichrangig)* his equals [Pl]; *(gleichartig)* people like him [Pl] ◇ *Er behandelte sie wie seinesgleichen.* He treated them as his equals. ◇ *Ich habe keinerlei Verständnis für ihn und seinesgleichen.* I have no time for people like him. IDM → SUCHEN

seinetwegen **1** *(ihm zuliebe)* for his sake **2** *(wegen ihm)* because of him, on his account **3** *(von ihm aus)* as far as he's concerned → *Beispiele bei* MEINETWEGEN

seit¹ *Präp (Zeitpunkt)* since; *(Zeitspanne)* for ◇ *Sie ist schon seit Sonntag krank.* She has been ill since Sunday. ◇ *Seit wann bist du hier der Chef?* Since when have you given the orders here? ◇ *der beste Komiker seit Woody Allen* the best comedian since Woody Allen ◇ *Er hat sie seit einem Jahr nicht mehr gesehen.* He hasn't seen her for a year. ◇ *Seit wann hast du ein Auto?* How long have you had a car? IDM **seit (eh und) je** for ages; *(immer)* always ◇ *Wir kennen uns seit eh und je.* We've known each other for ages. ◇ *Das ist schon seit eh und je so.* It's always been like that.

seit² *Konj* since ◇ *Ich habe ihn, seit er zurück ist, nicht gesehen.* I haven't seen him since he came back. ◇ *Seit er sein Auto hat, ist er nur noch unterwegs.* Since he got his car, he's never at home. ◇ *Seit ich hier bin, sind keine Busse vorbeigefahren.* No buses have gone past since I've been here.

seitdem¹ *Adv* since then ◇ *Sie haben sich seitdem nicht mehr gesehen.* They haven't seen each other since then.

seitdem² *Konj* since ◇ *Seitdem sie ihren Führerschein hat, ...* Since she passed her driving test, ...

Seite **1** side ◇ *die Seiten eines Dreiecks* the sides of a triangle ◇ *auf der anderen Seite des Flusses* on the other side of the river ◇ *das Fenster von beiden Seiten putzen* clean both sides of the window ◇ *Sie ist auf der rechten Seite gelähmt.* She is paralyzed down her right side. ◇ *Ich stehe ganz auf deiner Seite!* I'm entirely on your side! ◇ *jdn auf seine Seite ziehen* get sb on your side ◇ *Sie legte das Buch zur Seite.* She put the book to one side. ◇ *Sieh das Ganze mal von der komischen Seite.* Try and see the funny side of it. ◇ *Von der Seite kannte ich sie nicht.* I hadn't seen this side of her before. ◇ *zur Seite gehen* step aside ◇ *die obere/untere/hintere/vordere Seite* the top/bottom/back/front ◇ *Sie hörte es von dritter Seite.* She heard it from a third party. ◇ *Ihm wurden von keiner Seite Vorwürfe gemacht.* Nobody blamed him. ◇ *Es wurde von offizieller Seite bestritten.* It was officially denied. ◇ *von kirchlicher Seite* by the Church ◇ *Er zeigt sich heute nicht gerade von seiner besten Seite.* He is not at his best today. ◇ *Pünktlichkeit ist nicht seine starke Seite.* Punctuality is not his strong point. **2** (*in einem Buch etc.*) page IDM **auf der einen Seite ... auf der anderen Seite** on the one hand ... on the other hand **etw auf die Seite legen** set sth aside ◇ *jeden Monat etwas Geld auf die Seite legen* set aside some money every month **etw auf die Seite schaffen** help yourself to sth **jdn auf die Seite schaffen** do away with sb (*umgs*) **jdm nicht von der Seite weichen/gehen** not leave sb's side; stay close to sb **Seite an Seite** side by side **jdm zur Seite stehen** ◇ *Sie steht dem Präsidenten als Beraterin zur Seite.* She provides advice and support to the president. ◇ *Er stand ihnen immer zur Seite.* He was always there when they needed him. → *Siehe auch* FREUDE *und* RAT

Seitenhieb dig (*umgs*) ◇ *Den Seitenhieb konnte ich mir nicht verkneifen.* I couldn't resist having a little dig.

seitens from ◇ *Seitens der Eltern gab es keine Einwände.* There were no objections from the parents.

Seiten- **Seitensprung** affair ◇ *einen Seitensprung machen* have an affair **Seitenstechen** stitch; **~ haben** have a stitch **Seitenstraße** side street ◇ *in einer Seitenstraße parken* park in a side street ◇ *eine Seitenstraße der Seestraße* a street off Seestraße

seither since (then) ◇ *Ich habe ihn seither nicht mehr gesehen.* I haven't seen him since.

seitlich[1] **1** *Adj* side ◇ *seitliche Fenster* side windows ◇ *ein seitlicher Wind* a crosswind **2** *Adv* sideways ◇ *Das Auto prallte seitlich gegen einen Baum.* The car crashed sideways into a tree. ◇ *seitlich montierte Ruder* oars fixed on each side

seitlich[2] *Präp* beside ◇ *das Feld seitlich der Straße* the field beside the road

Sekretär(in) Secretary

Sekretariat **1** office ◇ *das Sekretariat der Schule* the school office **2** (*Verwaltungsabteilung*) administrative offices [Pl]

Sekt sparkling wine ◇ *eine Flasche Sekt* a bottle of sparkling wine

Sekte sect ◇ *einer Sekte angehören* belong to a sect

Sektion (*Abteilung*) section

Sektor sector

sekundär **1** secondary ◇ *eine sekundäre Bedeutung haben* be of secondary importance ◇ *Das Ergebnis ist nur sekundär.* The result is only of secondary importance. ◇ *eine sekundäre Infektion* a secondary infection **2** (*nicht unmittelbar*) second-hand ◇ *sekundäre Erlebnisse* second-hand experiences
Sekundärliteratur secondary literature

Sekundarstufe secondary education, (*AmE*) high school; (*Sekundarstufe II*) sixth form, (*AmE*) senior high school

Sekunde second; (*Moment auch*) moment ◇ *Wir dürfen keine Sekunde verlieren.* We haven't a moment to lose. ◇ *Meine Uhr geht auf die Sekunde genau.* My watch keeps perfect time. ◇ *Es ist auf die Sekunde 12 Uhr.* It is 12 o'clock precisely.
Sekundenschlaf microsleep **sekundenschnell, in Sekundenschnelle** in a matter of seconds **Sekundenzeiger** second hand

selbe(r,s) **1** same ◇ *am selben Tag* on the same day → *Siehe auch* DERSELBE **2** → SELBST[1]

Selbermachen **zum ~** to make yourself ◇ *Marionetten zum Selbermachen* puppets to make yourself

selbst[1] *Pron* **1** ◇ *Ich selbst bin dagegen.* I myself don't agree. ◇ *Hast du das selbst gemacht?* Did you do that yourself? ◇ *Sie denkt nur an sich selbst.* She only thinks about herself. ◇ *Sie haben das Zimmer selbst tapeziert.* They wallpapered the room themselves. **2** **~ ernannt** self-appointed **3** **~ gebacken** home-made ◇ *ein selbst gebackener Kuchen* a home-made cake **4** **~ gebaut** ◇ *Sie wohnen in einem selbst gebauten Haus.* They live in a house they built themselves. **5** **~ gemacht** home-made **6** **~ gestrickt** ◇ *Sie trug einen selbst gestrickten Pulli.* She was wearing a jumper she had knitted herself. **7** **~ verdient** ◇ *mein erstes selbst verdientes Geld* the first money I earned myself IDM **nicht mehr man selbst sein** not be yourself (any more) ◇ *Seit dem Unfall ist er nicht mehr er selbst.* He's not been himself since the accident. **von selbst** **1** yourself, etc.; on your own; (*automatisch*) automatically ◇ *Die Sache hat sich von selbst erledigt.* It sorted itself out. ◇ *Da hätte man auch von selbst draufkommen können.* You could have thought of that yourself. ◇ *Die Wunde verheilt von selbst.* The wound will heal on its own. ◇ *Die Tür schließt von selbst.* The door shuts automatically. ◇ *Es geht ganz von selbst.* It's really easy. ◇ *Diese CD verkauft sich von selbst.* This CD sells like hot cakes. **2** (*unaufgefordert*) of your own accord ◇ *Er hat sich von selbst entschuldigt.* He apologized of his own accord. → *Siehe auch* RUHE, SCHATTEN, SPRECHEN, VERSTEHEN *und* WILLEN

selbst[2] *Adv* (*sogar*) even ◇ *Selbst wenn er wollte ...* Even if he wanted to ... ◇ *Da musste selbst ich lachen.* Even I couldn't help laughing at that.

Selbst self ◇ *Sie sucht ihr wahres Selbst in Indien.* She's looking for her true self in India.
Selbstachtung self-respect **Selbstauslöser** delayed shutter release, self-timer **Selbstbedienung** self-service ◇ *eine Gaststätte mit Selbstbedienung* a self-service restaurant **Selbstbefriedigung** masturbation **Selbstbeherrschung** self-control **Selbstbestätigung** (*meist mit einem Verb übersetzt*) ◇ *Es ist eine tolle Selbstbestätigung, auf der Bühne zu stehen.* It really boosts your ego, being on stage. **Selbstbeteiligung** contribution; (*bei Schäden*) excess ◇ *Selbstbeteiligung im Gesundheitswesen?* Should people make a contribution to their medical costs? **Selbstbetrug** self-deception **selbstbewusst** (self-)confident ◇ *Schon als junges Mädchen trat sie selbstbewusst auf.* Even as a young girl, she seemed very confident. **Selbstbewusstsein** (self-)confidence ◇ *sein mangelndes Selbstbewusstsein* his lack of confidence **Selbstbildnis** self-portrait **Selbstdarstellung** self-promotion ◇ *Die Messe gilt vor allem der Selbstdarstellung von Wirtschaftsunternehmen.* The trade fair is an opportunity for businesses to promote themselves. **Selbsteinschätzung** self-image ◇ *eine gesunde Selbsteinschätzung haben* have a healthy self-image ◇ *Er ist der Beste, aber nur in seiner Selbsteinschätzung.* He's the best, but only in his own judgement. ◇ *Nach einer realistischen Selbsteinschätzung hatten sie nicht mit dem ersten Platz gerechnet.* After asses-

sing their own capabilities realistically, they didn't expect to come first. **Selbsterhaltungstrieb** survival instinct, instinct for self-preservation **selbstgefällig** complacent (*Adv* complacently) **selbstgerecht** self-righteous (*Adv* self-righteously) **Selbstgespräch** **Selbstgespräche führen** talk to yourself **selbstherrlich** arrogant (*Adv* arrogantly); (*Entscheidung, Führungsstil*) autocratic (*Adv* autocratically) **Selbsthilfe** self-help ◇ *Armutsbekämpfung durch Selbsthilfe in Peru* combating poverty through self-help in Peru ◇ *Die Eltern griffen zur Selbsthilfe und organisierten Nachhilfe.* The parents took matters into their own hands and organized tuition. **selbstklebend** self-adhesive **Selbstjustiz** vigilantism; **zur ~ greifen** take the law into your own hands **Selbstkontrolle** **1** (*Beherrschung*) self-control **2** (*bei den Medien*) self-regulation ◇ *freiwillige Selbstkontrolle ausüben* exercise voluntary self-regulation **Selbstkostenpreis** cost price; **zum ~** at cost **Selbstkritik** self-criticism **selbstkritisch** self-critical **selbstlos** selfless (*Adv* selflessly) **Selbstmitleid** self-pity **Selbstmord** suicide ◇ *Selbstmord begehen* commit suicide ◇ *Das wäre Selbstmord.* That would be suicidal. **Selbstmordanschlag** (*auch* **Selbstmordattentat**) suicide attack **Selbstmordattentäter(in)** suicide attacker **Selbstmörder(in)** suicide **selbstmörderisch** suicidal **selbstmordgefährdet** suicidal **Selbstmordversuch** suicide attempt ◇ *Sie hat schon drei Selbstmordversuche gemacht.* She has already made three suicide attempts. **Selbstporträt** self-portrait **selbstsicher** confident (*Adv* confidently) **selbstständig** **1** independent (*Adv* independently) ◇ *ein selbstständiger Mensch/Staat* an independent person/state ◇ *jdn zum selbstständigen Denken erziehen* teach sb to think independently **2** (*beruflich*) self-employed ◇ *ein selbstständiger Maler* a self-employed painter ◇ *Der Schreiner hat sich selbstständig gemacht.* The carpenter has started his own business. **Selbstständige(r)** self-employed person **Selbstständigkeit** **1** independence ◇ *die Selbstständigkeit des Denkens/Handelns* independence of thought/action **2** (*beruflich*) self-employment **Selbstverpflegung** self-catering **selbstverschuldet** ◇ *Seine Probleme sind selbstverschuldet.* He has no one to blame but himself for these problems. ◇ *Bei selbstverschuldeten Unfällen verliert man seinen Schadensfreiheitsrabatt.* If you cause an accident, you lose your no-claims bonus. **selbstverständlich** **1** *Adv* of course ◇ *Selbstverständlich werde ich dabei sein.* Of course I'll be there. **2** *Adj* everyday [nur vor Nomen], normal ◇ *die selbstverständlichste Sache der Welt* the most normal thing in the world ◇ *Für uns ist es selbstverständlich, diesen Kindern zu helfen.* It goes without saying that we help these children. **3** *Adv* as a matter of course ◇ *Sie nahmen meinen Freund ganz selbstverständlich bei sich auf.* They welcomed my boyfriend as a matter of course. ◇ *Er setzte sich ganz selbstverständlich zu uns an den Tisch.* He sat down at our table as if it was the most natural thing in the world. **4** *Adj* **jdn/etw als ~ hinnehmen** take sb/sth for granted **5** *Adj* **das ist ~** that goes without saying; (*bitte*) don't mention it **Selbstverteidigung** self-defence **Selbstvertrauen** self-confidence ◇ *jds Selbstvertrauen stärken* boost sb's self-confidence **Selbstwertgefühl** (PSYCH) self-esteem ◇ *ein mangelndes Selbstwertgefühl haben* have low self-esteem **selbstzufrieden** self-satisfied, smug **Selbstzweck** end in itself ◇ *Noten sollten nicht zum Selbstzweck werden.* Marks should not be an end in themselves.

selektiv selective (*Adv* selectively) ◇ *selektive Wahrnehmung* selective perception ◇ *Die Presse informiert uns nur selektiv.* The newspapers don't give us the whole picture.

Selen selenium

Selfie selfie ◇ *Sie machte ein Selfie mit ihrem Lieblingsschauspieler.* She took a selfie with her favourite actor.

selig **1** (REL) blessed ◇ *die selige Irmengard* the blessed Irmengard ◇ *bis an mein seliges Ende* until my dying day **2** (*überglücklich*) delighted (*Adv* delightedly) **3** (*verstorben*) late [nur vor Nomen]

seligsprechen beatify

Sellerie (*Knollen-*) celeriac; (*Stangen-*) celery

selten **1** rare (*Adv* rarely) ◇ *seltene Pflanzen* rare plants ◇ *Das trifft nur in den seltensten Fällen zu.* That only applies in very rare cases. ◇ *Ich sehe ihn nur selten.* I rarely see him. **2** (*besonders*) exceptionally ◇ *ein selten schönes Stück* an exceptionally beautiful piece

Seltenheit rarity ◇ *Diese Pflanzen stehen wegen ihrer Seltenheit unter Naturschutz.* These plants are protected because of their rarity. ◇ *Dass er zu spät kommt, ist keine Seltenheit.* It is not uncommon for him to be late.

Seltenheitswert rarity value ◇ *eine Erstausgabe mit Seltenheitswert* a first edition with rarity value ◇ *Gute Architekten haben heutzutage Seltenheitswert.* Good architects are a rarity these days.

seltsam strange (*Adv* strangely), odd (*Adv* oddly) ◇ *Sie hat sich gestern sehr seltsam benommen.* She was behaving very strangely yesterday. ◇ *Seltsam, die Tür ist plötzlich aufgegangen.* That's odd, the door suddenly opened. ◇ *ein seltsames Gefühl haben* have a funny feeling **IDM** → BLÜTE

seltsamerweise strangely enough, oddly

Semester **1** semester **2** (*Student(in)*) ◇ *Die ersten Semester bekommen leicht Zimmer im Studentenheim.* It's easy for the first-year students to get a room in the hall of residence. ◇ *Er hat es sich von einem höheren Semester erklären lassen.* He got a student from a higher year to explain it to him. **3** **ein älteres ~** an older person

Semesterbeginn beginning of the semester **Semesterferien** vacation ◇ *Wann fangen die Semesterferien an?* When does the vacation start?

Semifinale (SPORT) semi-final

Semikolon semicolon

Seminar **1** (*Lehrveranstaltung*) seminar ◇ *ein Seminar leiten/abhalten* take/hold a seminar **2** (*Universitätsinstitut*) department ◇ *das juristische Seminar* the law department **3** (*Priester-*) seminary

Semit(in) Semite

semitisch Semitic

Semmel (bread) roll **IDM** **wie warme Semmeln weggehen** sell like hot cakes

Senat **1** senate **2** (RECHT) = panel of judges (in higher German courts)

Senator(in) senator

Sende- **Sendeanstalt** television/radio station **Sendegebiet** transmission area

senden **1** **etw (an jdn) ~; (jdm) etw ~** (*schicken*) send sth (to sb), send (sb) sth ◇ *Truppen in das Kriegsgebiet senden* send troops to the war zone **2** (TV, RADIO) broadcast **3** (*Signal*) send *sth* out

Sendeplatz slot ◇ *Freitags bleibt dieser Sendeplatz Spielfilmen vorbehalten.* On Fridays this slot is reserved for feature films.

Sender **1** television/radio station; (*Kanal*) channel ◇ *Mehrere ausländische Sender haben das Programm gekauft.* Several foreign TV stations have bought the programme. ◇ *auf einen anderen Sender umschalten* switch to another channel **2** (*Anlage*) transmitter

Sende- **Sendereihe** series **Sendeschluss** close-down **Sendezeit** **1** *(Zeitdauer)* airtime ◇ *Die Sendezeit der Nachrichten wurde halbiert.* The airtime for news has been cut by half. **2** *(Zeitpunkt)* slot ◇ *die Sendezeit der Nachrichten verlegen* move the slot for the news ◇ *zur besten Sendezeit* in prime time

Sendung **1** programme, *(AmE)* program ◇ *eine Sendung über Kunst* a programme about art ◇ *auf Sendung sein/gehen* be/go on (the) air **2** *(Post-)* item of mail; *(Paket)* parcel; *(Brief)* letter **3** *(Aufgabe)* mission

Senf **1** mustard **2** *(Pflanze)* mustard plant IDM **seinen Senf dazugeben** have your say **Senfkorn** mustard seed

sengend scorching

senil senile

Senilität senility

senior Senior ◇ *Bernd Schreiber senior* Bernd Schreiber Senior

Senior(in) **1** *(Rentner)* senior citizen **2** *(beim Sport)* senior ◇ *die Wettkämpfe der Senioren* the senior competitions ◇ *Er spielt bei den Senioren.* He plays for the seniors. **Seniorenheim** old people's home

Senke hollow

senken **1** lower; *(Kosten etc.)* reduce ◇ *die Arme senken* lower your arms ◇ *Er senkte seine Stimme.* He lowered his voice. ◇ *die Altersgrenze senken* lower the age limit ◇ *Sie senkte ihren Blick.* She lowered her eyes. ◇ *Blutdruck senkende Tabletten* tablets to lower blood pressure ◇ *Kosten um 16% senken* reduce costs by 16% **2 sich ~** fall; *(Boden etc.)* subside ◇ *Der Wasserstand senkte sich.* The water level fell. ◇ *Die Nacht senkte sich.* Night fell. ◇ *Das Fundament senkte sich.* The foundations subsided. ◇ *Die Schranke senkte sich.* The barrier came down.

senkrecht **1** vertical *(Adv* vertically) ◇ *ein senkrechter Strich* a vertical line ◇ *senkrecht aufsteigender Rauch* smoke rising vertically ◇ *Die Sonne stand fast senkrecht am Himmel.* The sun was almost directly overhead. **2** *(Kreuzworträtsel)* down

Senkung reduction; *(des Wasserspiegels)* fall; *(der Altersgrenze)* lowering ◇ *eine Senkung der Personalkosten* a reduction in staff costs ◇ *eine Senkung um 16%* a reduction of 16% ◇ *eine Senkung des Grundwasserspiegels* a fall in the groundwater levels ◇ *eine Senkung des Wahlalters* a lowering of the voting age

Sensation sensation

sensationell sensational *(Adv* sensationally); *(unglaublich)* incredible *(Adv* incredibly) ◇ *eine sensationelle Entdeckung* a sensational discovery ◇ *Sie siegten sensationell gegen die Favoriten.* They won sensationally against the favourites. ◇ *sensationell niedrige Mieten* incredibly low rents

Sensations- **Sensationslust** sensation-seeking **sensationslüstern** sensation-hungry **Sensationspresse** tabloid press

Sense scythe IDM **Sense sein** be enough ◇ *Jetzt ist aber Sense!* That's enough now! ◇ *Bei mir ist jetzt Sense!* I've had enough!

sensibel sensitive *(Adv* sensitively)

sensibilisieren sensitize ◇ *jdn für die Probleme alter Menschen sensibilisieren* sensitize sb to the problems of old people

Sensibilisierung ◇ *eine Sensibilisierung für Katzenhaare* sensitization to cat hair ◇ *Sie wollten eine Sensibilisierung für Umweltthemen erreichen.* They wanted to sensitize people to the importance of environmental problems.

Sensibilität sensitivity

Sensor **1** sensor **2** *(-taste)* touchpad

sentimental sentimental *(Adv* sentimentally)

Sentimentalität sentimentality [U]

separat separate *(Adv* separately); *(Wohnung, Zimmer)* self-contained ◇ *ein separater Hauseingang* a separate entrance ◇ *etw separat waschen* wash sth separately ◇ *eine separate Wohnung unterm Dach* a self-contained attic flat

Separatismus separatism

separatistisch separatist

September September → *Beispiele bei* JANUAR

Serie **1** series; *(von Erfolgen)* string ◇ *eine Serie von Anschlägen* a series of attacks ◇ *etw in Serie schalten* connect sth in series ◇ *eine Serie von Siegen* a string of victories ◇ *etw in Serie herstellen/bauen* mass-produce sth ◇ *in Serie gehen* go into production **2** *(Radio-, TV-)* series; *(Mehrteiler)* serial **serienmäßig** **1** *(Produktion)* ◇ *eine serienmäßige Produktion der Geräte* mass production of the machines ◇ *etw serienmäßig herstellen* mass-produce sth **2** *(Ausstattung)* ◇ *mit serienmäßiger Servolenkung* with power steering as standard ◇ *Vier Airbags sind serienmäßig.* Four air bags are standard. **Serienmörder(in)** serial killer **Seriennummer** serial number **Serientäter(in)** persistent offender

seriös *(Mensch)* respectable; *(Firma)* reputable; *(Angebot, Anzeige)* above board [nicht vor Nomen] ◇ *ein seriöser älterer Herr* a respectable old gentleman ◇ *Die Annonce klang nicht seriös.* The advertisement did not sound above board.

Seriosität respectability; *(Vertrauenswürdigkeit)* trustworthiness

Serum serum

Service[1] *das* *(Ess-)* dinner service; *(Kaffee-, Tee-)* tea service ◇ *ein Service für sechs Personen* a dinner service with six settings

Service[2] *der* **1** service ◇ *Wir bieten einen guten Service.* We offer good service. ◇ *Der Service ließ zu wünschen übrig.* The service left a lot to be desired. **2** *(beim Tennis etc.)* service, serve

servieren **1** serve; **jdm etw ~** serve sb (with) sth ◇ *den Gästen den Nachtisch servieren* serve the guests with the dessert **2** *(fig)* **jdm etw ~** confront sb with sth ◇ *dem Wähler die bittere Wahrheit servieren* confront the voter with the hard truth **3** *(beim Tennis etc.)* serve

Serviette serviette, *(BrE auch)* napkin

Servolenkung power steering [U]

servus hello; *(beim Abschied)* goodbye

Sesam sesame

Sessel armchair **Sessellift** chairlift ◇ *mit dem Sessellift fahren* go by chairlift

sesshaft ◇ *Er ist nun endlich sesshaft geworden.* He has finally settled down. ◇ *in Frankfurt sesshaft werden* settle in Frankfurt ◇ *Sie ist in Kiel sesshaft.* She lives in Kiel.

Set **1** set **2** *(Tisch-)* place mat

setzen **1** put ◇ *etw auf eine Liste setzen* put sth on a list ◇ *das Glas an den Mund setzen* put the glass to your mouth ◇ *einen Schritt vor den anderen setzen* put one foot in front of the other ◇ *ein Komma setzen* put a comma ◇ *etw in Klammern setzen* put sth in brackets **2 sich ~** sit (down) ◇ *Möchtest du dich setzen?* Would you like to sit down? ◇ *sich auf einen Stuhl setzen* sit down on a chair ◇ *Er setzte sich zu mir an den Tisch.* He came and sat at my table. ◇ *Darf ich mich zu Ihnen setzen?* May I join you? ◇ *Bitte setzen Sie sich.* Please take a seat. ◇ *Er setzte sich aufs Fahrrad.* He got on his bike. **3 jdn ~** sit sb (down) ◇ *Sie setzte das Kind auf einen Stuhl.* She sat the child on a chair. **4 sich ~** *(in Flüssigkeiten etc.)* settle ◇ *Der Kaffeesatz muss sich erst setzen.* The coffee grounds have to settle first. **5** *(pflanzen)* plant **6** **(etw) (auf etw)** ~ bet (sth) (on sth) ◇ *Auf welches Pferd hast du gesetzt?* Which horse did you bet on? ◇ *Sie setzte 50 € auf Nummer 15.* She put € 50 on number 15. ℹ Für andere Redewendungen mit **setzen** siehe die Einträge für die entsprechenden Nomina etc. **Sich etw in den Kopf setzen** z.B. steht unter **Kopf**.

Seuche **1** epidemic **2** *(Plage)* nuisance; *(stärker)* pain *(umgs)* ◇ *Die Lkws auf der Autobahn sind eine echte Seuche.* The lorries on the motorway are a real pain.
Seuchengefahr risk of an epidemic ◇ *Es bestand akute Seuchengefahr.* There was a high risk of an epidemic.

seufzen sigh ◇ *„Ich weiß", seufzte sie.* 'I know,' she sighed. ◇ *laut/tief seufzen* give a loud/deep sigh ◇ *erleichtert seufzen* heave a sigh of relief

Seufzer sigh

Sex sex

Sex- **Sextourismus** sex tourism **Sextourist(in)** sex tourist

Sexismus sexism

sexistisch sexist

Sextett sextet [mit Verb im Sing/Pl]

Sexualerziehung, Sexualkunde sex education

Sexualität sexuality

Sexual- **Sexualleben** sex life **Sexualmord** sex murder **Sexualobjekt** sex object **Sexualpraktik** sexual practice **Sexualstraftäter(in)** sex offender **Sexualverbrechen** sex crime

sexuell sexual *(Adv* sexually)

sexy sexy *(Adv* sexily)

Sezession secession
Sezessionskrieg American Civil War, *(AmE)* the Civil War, the War between the States

sezieren (BIOL) dissect

Shampoo shampoo

Sherry sherry

Shit shit *(Slang)*

Shop shop

Shopping shopping ◇ *Shopping machen* go shopping ◇ *zum Shopping nach London fliegen* fly to London to go shopping

Shorts shorts [Pl]

Show show
Showbusiness show business, showbiz *(umgs)* ◇ *Sie ist im Showbusiness.* She's in show business.

Show-down showdown

sich **1** *(mit Bezug auf männliche Person)* (to) himself **2** *(mit Bezug auf weibliche Person)* (to) herself **3** *(mit Bezug auf ein Ding oder ein Tier)* (to) itself **4** *(mit Bezug auf „man")* (to) oneself, (to) yourself **5** *(mit Bezug auf „sie", Plural)* (to) themselves **6** *(mit Bezug auf „Sie")* (to) yourself, (to) yourselves **7** *(einander)* (to) each other, (to) one another **8** ◇ *Hier lebt es sich gut.* This is a nice place to live. ◇ *Das lässt sich machen.* That can be done. ◇ *Dieses Brot lässt sich nicht gut schneiden.* This bread is difficult to cut. IDM **etw an sich** **1** *(selbst)* sth itself ◇ *Die Idee an sich ist gut.* The idea itself is good. **2** *(an und für sich)* sth in itself ◇ *Das wäre an sich kein Problem, denn …* That wouldn't be a problem in itself, because … **von sich aus** without being told to; (all) by yourself/yourselves ◇ *Die Kinder haben von sich aus aufgeräumt.* The children cleared up all by themselves. → *Siehe auch* AN, BEI *und* SACHE

Sichel **1** sickle **2** *(Mond-)* crescent ◇ *die Sichel des Mondes* a crescent moon

sicher **1** *Adj* certain, sure ◇ *Ein Sturz hätte den sicheren Tod bedeutet.* A fall would have meant certain death. ◇ *Sicher ist nur, dass …* One thing is certain … ◇ *Es ist noch nicht sicher, dass er teilnehmen wird.* It is not certain yet that he will take part. ◇ *Bist du sicher, dass er kommt?* Are you sure he's coming? **2** *Adv (ohne Zweifel)* for sure, for certain ◇ *Weißt du das auch sicher?* Do you know that for sure? ◇ *Niemand kann sicher vorhersagen, wann …* No one can say for certain when … **3** *Adv (bestimmt)* certainly, definitely ◇ *Das wäre sicher eine Möglichkeit.* That would certainly be a possibility. ◇ *„Hättest du anders reagiert?" „Ja, ganz sicher."* 'Would you have reacted differently?' 'Definitely.' ◇ *Er ruft sicher noch an.* I'm sure he'll ring. ◇ *Das ist sicher nicht leicht.* That can't be easy. **4** *Adj (nicht gefährlich)* safe *(Adv* safely) ◇ *sichere Straßen* safe streets ◇ *Hier fühlen sie sich sicher.* They feel safe here. ◇ *Bewahr das sicher auf.* Keep it safe. ◇ *Hier kann man sicher über die Straße gehen.* You can cross the road safely here. **5** *Adj (gesichert)* secure *(Adv* securely) ◇ *sichere Arbeitsplätze* secure jobs ◇ *sichere Grenzen* secure borders **6** *Adj (zuverlässig)* reliable ◇ *Das habe ich aus sicherer Quelle.* I got it from a reliable source. ◇ *ein sicherer Aufschlag* a reliable serve **7** *Adj (voller Selbstvertrauen)* confident *(Adv* confidently) ◇ *ihr sicheres Auftreten* her confident manner **8** *Adv (natürlich)* of course, sure *(umgs)* ◇ *„Kann ich dein Rad haben?" „Sicher."* 'Can I use your bike?' 'Sure.' IDM **sicher ist sicher** better safe than sorry → *Siehe auch* HAND, LANGSAM, NUMMER *und* SACHE

sichergehen **1** play safe **2** **~, dass …** make sure that … ◇ *Er wollte ganz sichergehen, dass alles klappte.* He wanted to make sure that everything went smoothly.

Sicherheit **1** *(Sichersein vor Gefahr)* safety ◇ *die Sicherheit der Radfahrer im Kreisverkehr* the safety of cyclists on roundabouts ◇ *Sie ist bei uns in Sicherheit.* She is safe with us. **2** *(Sichersein vor Gefährdungen)* security ◇ *finanzielle Sicherheit* financial security ◇ *die äußere Sicherheit des Landes* the external security of the country **3** **jdn/etw in ~ bringen** rescue sb/sth ◇ *Die Feuerwehr brachte die Kinder in Sicherheit.* The fire brigade rescued the children. ◇ *Wir haben alle Wertgegenstände noch rechtzeitig in Sicherheit gebracht.* We managed to rescue all the valuable items while there was still time. ◇ *Die Flüchtlinge wurden in Sicherheit gebracht.* The refugees were taken to a place of safety. ◇ *Die Sammlung wurde vor Kriegsausbruch in Sicherheit gebracht.* The collection was taken to a safe place before the outbreak of war. **4** **sich in ~ bringen** escape ◇ *Die Heimbewohner konnten sich unverletzt in Sicherheit bringen.* The residents of the home escaped unharmed. **5** **mit ~** definitely ◇ *Er wird mit Sicherheit nicht in Barcelona starten.* He definitely won't be competing in Barcelona. ◇ *Das wird mit Sicherheit zu einer Konfrontation führen.* This is bound to lead to a confrontation. ◇ *Mit Sicherheit wissen wir nur, dass …* The only thing we know for sure is that … ◇ *Das kann ich nicht mit Sicherheit sagen.* I'm not sure about that. **6** *(durch Übung erworbene Gewandtheit)* assurance ◇ *Die nötige Sicherheit am Klavier fehlt ihr immer noch.* Her piano playing still lacks assurance. **7** *(Selbstbewusstsein)* confidence **8** *(Bürgschaft)* security ◇ *Sicherheiten geben* provide security IDM **jdn in Sicherheit wiegen** lull sb into a false sense of security ◇ *Es gelang ihm, seine Anleger in Sicherheit zu wiegen.* He managed to lull his investors into a false sense of security. **mit an Sicherheit grenzender Wahrscheinlichkeit** almost certainly ◇ *Der Mörder kommt mit an Sicherheit grenzender Wahrscheinlichkeit aus dem Ortsgebiet.* The murderer almost certainly comes from the area. **sich in Sicherheit wiegen** think you are safe **zur Sicherheit** just to make sure ◇ *Ruf ihn doch zur Sicherheit noch mal an.* Ring him again just to make sure.
Sicherheitsabstand safe distance (between vehicles) ◇ *den Sicherheitsabstand einhalten* keep your dis-

tance from the vehicle in front **Sicherheitsbehörde** security service **Sicherheitsberater** security advisor **Sicherheitsbestimmung** safety regulation, security [U] ◇ *Bau- und Sicherheitsbestimmungen* building and safety regulations ◇ *die laschen Sicherheitsbestimmungen am Flughafen* the lax security at the airport **Sicherheitsbindung** safety binding **Sicherheitsgründe** safety reasons [Pl] **Sicherheitsgurt** seat belt, safety belt **sicherheitshalber** **1** (*aus Sicherheitsgründen*) for safety reasons, for safety's sake ◇ *Die Kabine lässt sich sicherheitshalber nicht von innen verriegeln.* For safety reasons, the cabin cannot be locked from the inside. **2** (*um sicherzugehen*) just in case ◇ *Sicherheitshalber gebe ich dir die Telefonnummer des Hotels.* I'll give you the phone number of the hotel just in case. **Sicherheitskette** safety chain ◇ *die Sicherheitskette vorlegen* put the safety chain on **Sicherheitskraft** security force [meist Pl] **Sicherheitsmaßnahme** security measure, safety measure ◇ *zusätzliche Sicherheitsmaßnahmen* extra security measures ◇ *billige Sicherheitsmaßnahmen wie zum Beispiel Funkgeräte* cheap safety measures such as radios ◇ *Die Sicherheitsmaßnahmen sind verschärft worden.* Security has been increased. **Sicherheitsnadel** safety pin **Sicherheitsorgan** security service **Sicherheitspolitik** security policy **Sicherheitsrat** Security Council **Sicherheitsrisiko** security risk **Sicherheitsschloss** safety lock **Sicherheitsvorkehrung** → SICHERHEITSMAẞNAHME **Sicherheitszone** security zone

sicherlich definitely, certainly ◇ *In England wäre das sicherlich teurer gewesen.* In England that would definitely have been dearer. ◇ *Die Preise werden sicherlich steigen.* Prices are bound to go up. ◇ *Sie hat sich sicherlich geirrt.* She must have made a mistake.

sichern **1** (*festmachen, gegen Diebstahl*) secure ◇ *Die Ladung war schlecht gesichert.* The load was not properly secured. ◇ *ein Haus gegen Einbruch sichern* secure a house against burglary **2** (*beim Bergsteigen*) belay **3** (*sicher machen*) make *sth* safe ◇ *Wie kann der Atomreaktor dauerhaft gesichert werden?* How can the nuclear reactor be made safe for the long term? **4** (*schützen*) protect ◇ *Die UN-Soldaten sollen den Hafen sichern.* The UN troops are to protect the harbour. **5** (*gewährleisten*) safeguard, guarantee ◇ *Wir wollen 500 Arbeitsplätze sichern.* We want to safeguard 500 jobs. ◇ *die Menschenrechte sichern* safeguard human rights ◇ *Die Renten sind derzeit gesichert.* For the time being, pensions are guaranteed. **6 jdm/sich etw ~** get sth; (*Titel, Sieg, Stimme etc.*) secure sth ◇ *Die meisten hatten sich im Vorverkauf Karten gesichert.* Most people had got tickets in advance. ◇ *Die Deutschen sicherten sich den zweiten Platz.* The Germans secured second place.

sicherstellen **1** seize; (*gestohlene Ware*) recover ◇ *Die Polizei hat Waffen und Munition sichergestellt.* The police have seized weapons and ammunition. ◇ *Der gestohlene Wagen wurde von der Polizei sichergestellt.* The stolen car was recovered by the police. **2** (*sicher sein, gewährleisten*) ensure ◇ *Wir wollen sicherstellen, dass neben Büros auch Wohnungen gebaut werden.* We want to ensure that homes are built as well as offices. ◇ *Die Soldaten sollen die Verteilung der Hilfsgüter sicherstellen.* The troops are to ensure that aid is distributed properly.

Sicherung **1** (*meist mit einem Verb übersetzt*) ◇ *Die Partei versprach die Sicherung der Arbeitsplätze.* The party promised to safeguard jobs. ◇ *eine Aktion zur Sicherung der Schulwege* a campaign to make children's routes to school safer ◇ *der Einsatz von UN-Truppen zur Sicherung des Friedens* the deployment of UN troops on peacekeeping operations ◇ *die notwendigen Maßnahmen zur Sicherung der Hilfstransporte* the measures needed to protect the aid convoys ◇ *Eine Sicherung der Ölversorgung gelang nicht.* They did not succeed in guaranteeing the oil supply. ◇ *das System der sozialen Sicherung* the social security system **2** (*Vorrichtung*) safety catch ◇ *Das Gewehr hat eine Sicherung.* The gun has a safety catch. **3** (ELEK) fuse ◇ *Die Sicherung ist durchgebrannt.* The fuse has gone.

Sicht **1** view ◇ *jdm die Sicht versperren* obstruct sb's view ◇ *Das Schiff kam langsam in Sicht.* The ship slowly came into view. ◇ *Land in Sicht!* Land ahoy! **2** (*Sichtverhältnisse*) visibility ◇ *Die Sicht war schlecht.* Visibility was poor. **3** (*Anschauungsweise*) (point of) view **IDM** **auf lange/kurze Sicht** in the long/short term ◇ *Auf kurze Sicht ist keine Besserung zu erwarten.* No improvement can be expected in the short term. ◇ *auf lange Sicht planen* plan for the long term **aus jds Sicht** from sb's point of view; as far as sb is concerned ◇ *Aus Sicht der Grünen geht der Antrag nicht weit genug.* As far as the Greens are concerned, the proposal doesn't go far enough. **in Sicht** in sight ◇ *Ein Ende der Kämpfe ist noch nicht in Sicht.* There is no end in sight to the fighting.

sichtbar visible (*Adv* visibly); (*deutlich*) clear (*Adv* clearly) ◇ *Im Röntgenbild war der Bruch gut sichtbar.* The fracture was clearly visible on the X-ray. ◇ *Die Folgen sind noch nicht sichtbar geworden.* The consequences are not yet clear. ◇ *Sie hat sich sichtbar gefreut.* She was clearly pleased. ◇ *Der Reaktorunfall hat sichtbar gemacht, welche Risiken diese Technik in sich birgt.* The accident at the reactor has shown the dangers of this technology.

sichten **1** (*Schiffe, Land, Beute, Tiere*) sight, see **2** (*durchsehen*) sift through *sth* ; (*prüfen*) examine ◇ *Nur ein Bruchteil des Materials ist bisher gesichtet worden.* Only a fraction of the material has so far been examined.

sichtlich **1** *Adj* obvious ◇ *mit sichtlichem Vergnügen* with obvious pleasure **2** *Adv* obviously; (*betroffen, bewegt, schockiert auch*) visibly; (*erleichtert, enttäuscht*) clearly ◇ *Sie freuten sich sichtlich über die Spende.* They were obviously delighted at the donation. ◇ *Er war sichtlich von dem Beifall gerührt.* He was visibly moved by the applause.

Sicht- **Sichtverhältnisse** visibility [U] ◇ *bei schlechten Sichtverhältnissen* in poor visibility **Sichtweise** (point of) view **Sichtweite** **1** visibility ◇ *Es herrschte Nebel mit einer Sichtweite von 100 Meter.* It was foggy with visibility down to 100 metres. **2 außer/in ~ sein** be out of/within sight ◇ *Die Tabellenspitze ist in Sichtweite.* They are within sight of the top of the table.

sickern seep ◇ *Chemikalien sickerten in den Boden.* Chemicals seeped into the ground.

sie **1** (*weibliche Person als Subjekt*) she; (*als Objekt*) her **2** (*Gegenstand, Tier*) it **3** (*mehrere Personen, Gegenstände etc. als Subjekt*) they; (*als Objekt*) them

Sie you

Sieb sieve; (*Tee-*) strainer; (*Gemüse-*) colander ◇ *etw durch ein Sieb schlagen* pass sth through a sieve **Siebdruck** (silk-)screen print; (*Verfahren*) (silk-)screen printing

sieben[1] *Verb* sieve; (*Mehl auch*) sift

sieben[2] *Zahl* seven → *Beispiele bei* SECHS **IDM** → BUCH

Siebenschläfer **1** (ZOOL) (edible) dormouse **2** = 27 June. It is said that if it rains on this day, it means that there will be seven weeks of rain.

siebte(r,s) seventh → *Beispiele bei* SECHSTE(R,S) **IDM** → HIMMEL

Siebtel, **Siebentel** seventh → *Beispiele bei* SECHSTEL

siebzehn seventeen → *Beispiele bei* SECHZEHN

siebzehnte(r,s) seventeenth → *Beispiele bei* SECHSTE(R,S)

siebzig seventy → *Beispiele bei* SECHZIG

Siebziger(in) seventy-year-old

siebzigste(r,s) seventieth → *Beispiele bei* SECHSTE(R,S)

siedeln settle

sieden boil ◇ *das Wasser zum Sieden bringen* bring the water to the boil ◇ *die siedend heiße Flüssigkeit* the boiling hot liquid

Siedepunkt boiling point (*auch fig*) ◇ *Die Stimmung war auf dem Siedepunkt.* The tension had reached boiling point.

Siedler(in) settler

Siedlung 1 (*Niederlassung*) settlement **2** (*Wohnhäuser*) estate
Siedlungsgebiet settlement **Siedlungspolitik** settlement policy

Sieg victory (*auch fig*); (*beim Sport auch*) win ◇ *ein leichter/knapper Sieg* an easy/a narrow victory ◇ *Diese Entscheidung ist ein Sieg für die Anwohner.* This decision is a victory for the residents. ◇ *der Sieg über Napoleon* the victory over Napoleon ◇ *ihr Sieg im Pokal* their win in the cup ◇ *Sie haben einen knappen Sieg errungen.* They have won by a narrow margin.

Siegel 1 seal **2** (*Stempelabdruck*) stamp IDM **unter dem Siegel der Verschwiegenheit** in strict confidence → *Siehe auch* BUCH
Siegellack sealing wax **Siegelring** signet ring

siegen 1 win; **vor jdm/gegen jdn ~** beat sb, defeat sb ◇ *Unsere Mannschaft hat mit 3:2 gesiegt.* Our team won 3-2. ◇ *im Kampf siegen* win a fight ◇ *nach Punkten siegen* win on points ◇ *Er siegte in 40 von 50 Bundesstaaten.* He won in 40 of 50 states. ◇ *Sie siegten vor den Norwegern in der Abfahrt.* They beat the Norwegians in the downhill. **2** (*fig*) **über jdn/etw ~** triumph over sb/sth ◇ *Gesunder Menschenverstand siegte über Idealismus.* Common sense triumphed over idealism.

Sieger(in) winner; (*einer Schlacht*) victor (*gehoben*) ◇ *Sieger wurde Uwe Baer.* Uwe Baer was the winner. ◇ *In dem Konflikt wird es keine Sieger geben.* There will be no winners in this conflict. ◇ *der zweite Sieger* the runner-up
Siegerehrung presentation ceremony **Siegermacht** victorious power

Sieges- **Siegesfeier** victory celebration [meist Pl] **siegessicher** confident (*Adv* confidently), confident of victory [nicht vor Nomen] **Siegeszug** triumphant march; (*Siegesserie*) successful run ◇ *1958 begann der Siegeszug der Einbauküche.* The triumphant march of the fitted kitchen began in 1958. ◇ *Die Mannschaft setzte ihren Siegeszug fort.* The team continued its successful run.

siegreich victorious; (*Mannschaft, Spieler, Kandidat*) winning [nur vor Nomen] ◇ *eine siegreiche Armee* a victorious army ◇ *die siegreiche Mannschaft* the winning team ◇ *Sie war erneut in Berlin siegreich.* She won again in Berlin. ◇ *ein Match siegreich beenden* win a match

Siesta siesta ◇ *eine Siesta halten* take a siesta

siezen 1 call *sb* 'Sie', use the polite form **2** ◇ *Er siezte sie.* He called her 'Sie'.

Signal 1 signal ◇ *Er gab seinem Komplizen ein Signal zur Flucht.* He gave a signal to his accomplice to run away. **2** (*fig*) sign ◇ *ein positives Signal* a positive sign IDM → ZEICHEN
Signalanlage signals [Pl]

signalisieren indicate ◇ *Das rote Licht signalisiert, dass ein Zug kommt.* The red light indicates that a train is coming. ◇ *Er hat seine Bereitschaft signalisiert teilzunehmen.* He has indicated his willingness to take part. ◇ *Sie signalisierte ihm zu schweigen.* She signalled to him to be quiet.

Signalwirkung ◇ *Sein Kirchenaustritt hatte Signalwirkung.* His leaving the church set a precedent. ◇ *die Vorwahlen, von denen traditionsgemäß eine große Signalwirkung ausgeht* the primaries, which are usually good indicators of future results

Signatur 1 (*Unterschrift*) signature **2** (*eines Leihbuchs*) shelf mark **3** (*auf Landkarten*) symbol

signieren sign

signifikant significant (*Adv* significantly)

Silbe syllable ◇ *ein Wort mit drei Silben* a word of three syllables
Silbenrätsel = word puzzle in which the answers to the clues are found using syllables from a list **Silbentrennung** hyphenation

Silber 1 silver ◇ *Die Kette war aus Silber.* The necklace was (made of) silver. **2** (*Medaille*) silver (medal) IDM → REDEN
silberfarben silver(-coloured), (*AmE*) silver(-colored) **Silberfischchen** silverfish **silbergrau** silver grey **Silberhochzeit** silver wedding, (*AmE*) silver anniversary **Silbermedaille** silver medal

silbern 1 silver **2** (*wie Silber, Töne*) silvery ◇ *das silberne Mondlicht* the silvery light of the moon ◇ *Der Stoff glänzte silbern.* The material had a silver sheen.

Silber- **Silberschmied** silversmith **Silberschmuck** silver jewellery

Silberstreif(en) IDM **ein Silberstreif(en) am Horizont** light at the end of the tunnel

silbrig silvery ◇ *ein silbriger Glanz* a silvery sheen

Silhouette silhouette; (*einer Stadt auch*) skyline; (*in der Mode*) shape ◇ *die Silhouette des Doms* the silhouette of the cathedral ◇ *Seine Gestalt hob sich als Silhouette gegen den Himmel ab.* His figure was silhouetted against the sky.

Silicium, **Silizium** silicon

Silikon silicone

Silo silo

Silvester New Year's Eve ◇ *an Silvester* on New Year's Eve
Silvesterabend New Year's Eve **Silvesternacht** night of New Year's Eve

SIM-Karte SIM card

simpel 1 simple ◇ *eine simple Erklärung* a simple explanation ◇ *ein simpel konstruiertes Gerät* a simple piece of equipment **2** (*nicht luxuriös*) ordinary **3** (*Mensch*) simple; (*beschränkt auch*) simple-minded (*abwert*)

Sims window sill; (*Kamin-*) mantelpiece

simsen **(jdm) ~** text (sb)

Simulant(in) malingerer

Simulation simulation

simulieren 1 sham, feign (*gehoben*) ◇ *Er simuliert nur.* He's just shamming. ◇ *Sie simulierte einen Ohnmachtsanfall.* She pretended to faint. **2** (TECH) simulate

simultan simultaneous (*Adv* simultaneously)

Sinfonie symphony
Sinfonieorchester symphony orchestra [mit Verb im Sing/Pl]

singen 1 sing ◇ *falsch singen* sing out of tune ◇ *Er sang das Baby in den Schlaf.* He sang the baby to sleep. ◇ *in einem singenden Tonfall* in a singsong voice ◇ *Sie* *singt Sopran.* She is a soprano. **2** (*gestehen*) squeal (*umgs*), talk IDM → BLATT *und* LIED

Single¹ *die* single

Single² *der* single person ◇ *eine Bar für Singles* a bar for single people ◇ *Sie ist (ein) Single.* She is single.

Singledasein life as a single person ◇ *die Schattenseiten des Singledaseins* the drawbacks of living alone

Single-Haushalt single-person household

Singular singular ◇ *Das Verb steht im Singular.* The verb is in the singular. ◇ *Das Wort steht selten im Singular.* The word is rarely used in the singular.

Singvogel songbird

sinken **1** sink ◇ *Das Schiff sank (auf den Meeresgrund).* The ship sank (to the bottom of the sea). ◇ *Sie sank zu Boden.* She sank to the ground. ◇ *Er sank in einen tiefen Schlaf.* He sank into a deep sleep. ◇ *Der Grundwasserspiegel sank.* The level of the water table sank. ◇ *So tief würde ich nie sinken.* I would never sink that low. ◇ *Sie ließ die Zeitung sinken.* She lowered the newspaper. **2** (*an Höhe verlieren*) descend; (*Sonne*) go down ◇ *Der Ballon begann zu sinken.* The balloon began to descend. **3** (*Zahl, Verbrauch, Preise etc.*) fall, go down ◇ *Die Temperaturen sind leicht gesunken.* Temperatures have fallen a little. ◇ *Der Frauenanteil ist um die Hälfte gesunken.* The proportion of women has fallen by fifty per cent. ◇ *Das Niveau ist gesunken.* The level has fallen. ◇ *Er ist in meiner Achtung gesunken.* He has gone down in my estimation.

Sinn **1** sense ◇ *die fünf Sinne* the five senses ◇ *Er hat Sinn für Humor.* He has a sense of humour. ◇ *Sie hat keinen Sinn für Kunst.* She doesn't appreciate art. **2** (*Bedeutung*) meaning, sense ◇ *der Sinn des Lebens* the meaning of life ◇ *Das ergibt keinen Sinn.* That doesn't make sense. ◇ *Erziehung im weitesten Sinne* education in the broadest sense ◇ *Das ist kein Computer im herkömmlichen Sinne.* It's not a computer in the conventional sense. ◇ *ein Wort im übertragenen Sinne verwenden* use a word figuratively **3** (*Zweck, Ziel*) point, sense ◇ *Sinn und Zweck der Sache ist, …* The whole point of the thing is … ◇ *Es hat keinen Sinn, noch weiterzugehen.* There is no point in continuing. ◇ *Er zweifelte am Sinn des Projekts.* He doubted the value of the project. **4 ~ ergeben/machen** make sense ◇ *Wörter, die keinen Sinn ergeben* words that don't make sense ◇ *Macht dieser Text Sinn?* Does this passage make sense? **5** (*Geist, Intention*) spirit ◇ *im Sinne des Gesetzes* in the spirit of the law ◇ *Er führt das Geschäft ganz in ihrem Sinne weiter.* He is running the business as she would have wanted. ◇ *Das ist sicherlich nicht im Sinne der Umweltschützer!* That is certainly not what the environmentalists would want! ◇ *die Natur im Sinne Kants* nature as Kant saw it IDM **einen sechsten Sinn (für etw) haben** have a sixth sense (about sth) **jd/etw geht jdm nicht mehr aus dem Sinn** sb can't stop thinking about sb/sth; sb can't get sb/sth out of his/her mind **etw im Sinn haben** have sth in mind ◇ *Was hast du im Sinn?* What have you got in mind? **im wahrsten Sinne des Wortes** ◇ *Der Zugspitzgipfel war im wahrsten Sinne des Wortes der Höhepunkt des Ausflugs.* The peak of the Zugspitze was literally the high point of the excursion. ◇ *eine Hauptstadt im wahrsten Sinne des Wortes* a real capital city **in diesem Sinne** **1** (*aus diesen Gründen etc.*) thus; so ◇ *In diesem Sinne ist es nur konsequent, wenn er zurücktritt.* Thus it is only right for him to resign. **2** (*im Gespräch*) on that note ◇ *In diesem Sinne, prost!* On that note, cheers! **etw kommt jdm in den Sinn** sth occurs to sb ◇ *Es wäre ihm nie in den Sinn gekommen, uns zu helfen.* It would never have occurred to him to help us. **mit jdm/etw nichts im Sinn haben** not be interested in sb/sth **nicht (ganz) bei Sinnen sein** be out of your mind (*umgs*) ◇ *Du bist wohl nicht mehr ganz bei Sinnen!* You must be out of your mind! **(wie) von Sinnen** beside yourself ◇ *Er war vor Wut wie von Sinnen.* He was beside himself with rage. → *Siehe auch* HERR *und* REDE

Sinnbild symbol

sinnen **1** (*nachdenken, grübeln*) think ◇ *Er kam ins Sinnen.* He started thinking. ◇ *Sie stand sinnend am Fenster.* She stood by the window, lost in thought. **2 auf etw ~** plot sth ◇ *Er sinnt auf Rache.* He's plotting his revenge. ◇ *Sie sinnt auf Abhilfe.* She's thinking about what to do about it.

Sinnes- **Sinnesorgan** sense organ, sensory organ **Sinnestäuschung** illusion **Sinneswandel** change of heart

sinngemäß ◇ *Sie hat sinngemäß gesagt, dass …* The gist of what she said was that … ◇ *Können Sie mir den Brief bitte sinngemäß übersetzen?* Could you please translate the gist of the letter?

sinnieren ponder; (*grübeln*) brood

sinnig clever; (*passend*) appropriate

Sinnkrise identity crisis

sinnlich **1** (*mit den Sinnen*) sensory ◇ *sinnliche Eindrücke* sensory impressions ◇ *etw sinnlich wahrnehmen* perceive sth through the senses **2** (*körperlich*) sensual ◇ *sinnliche Genüsse* sensual pleasures **3** (*erotisch, sexuell*) sensuous ◇ *eine sinnliche Frau* a sensuous woman ◇ *ihr sinnlicher Mund* her sensuous mouth

sinnlos **1** pointless ◇ *eine sinnlose Diskussion* a pointless discussion ◇ *Ich halte es für sinnlos, Müll zu trennen.* I can't see the point in sorting rubbish. **2** (*grundlos*) senseless (*Adv* senselessly) ◇ *sinnlose Zerstörung* senseless destruction **3** (*keinen Sinn ergebend*) meaningless ◇ *sinnloses Gerede* meaningless talk **4** (*maßlos*) blind ◇ *Er war sinnlos betrunken.* He was blind drunk.

sinnvoll **1** sensible (*Adv* sensibly); (*nützlich*) useful (*Adv* usefully) ◇ *eine sinnvolle Lösung* a sensible solution ◇ *eine sinnvolle Beschäftigung* a useful occupation ◇ *Menschen, die ihre Freizeit sinnvoll gestalten wollen* people who want to spend their free time productively ◇ *Ist es überhaupt sinnvoll, Menschen einzusperren?* Is there really any point in locking people up? **2** (*einen Sinn ergebend*) meaningful ◇ *Bilden Sie einen sinnvollen Satz.* Make a meaningful sentence.

Sintflut **1** (REL) Flood **2** (*fig*) deluge

sintflutartig torrential (*Adv* torrentially) ◇ *sintflutartige Regenfälle* torrential rain ◇ *sintflutartige Überschwemmungen* cataclysmic flooding

Sinus (MATH) sine

Sippe family [mit Verb im Sing/Pl]; (*scherzhaft*) clan [mit Verb im Sing/Pl]

Sirene siren ◇ *heulende Sirenen* wailing sirens

Sirup **1** (*Frucht-*) (fruit) syrup **2** (*Zuckerrohr-*) treacle, (*AmE*) molasses

Sisal sisal

Sitte **1** (*Brauch*) custom ◇ *die Sitten in anderen Ländern* the customs of other countries ◇ *Nach alter Sitte wurde eine Kerze angezündet.* Traditionally, a candle was lit. **2 es ist ~** it is customary ◇ *Es war Sitte, einmal in der Woche Brot zu backen.* It was customary to bake bread once a week. **3 Sitten** (*moralische Werte*) morals [Pl], moral standards [Pl] ◇ *Hier sind schlechte Sitten eingerissen.* Moral standards have gone downhill around here. **4 Sitten** (*Umgangsformen*) manners [Pl] ◇ *Was sind denn das für Sitten?* What sort of manners do you call that? IDM → LAND

sittenwidrig illegal

Sittich parakeet

sittlich moral (*Adv* morally)

Situation situation

Situationskomik situational comedy ◊ *ein Film voller Situationskomik* a film full of situational comedy

situiert 1 situated ◊ *die im Park situierte Schule* the school situated in the park **2 gut ~** well off; **schlecht ~** not well off ◊ *eine gut situierte Geschäftsfrau* a well-off businesswoman ◊ *Menschen, die schlechter situiert sind* people who are less well off ◊ *Sie stammt aus gut situierten Verhältnissen.* She comes from a wealthy background.

Sitz 1 seat ◊ *lederne Sitze* leather seats ◊ *Japan hat einen ständigen Sitz im Sicherheitsrat.* Japan has a permanent seat on the Security Council. **2** *(Zentrale)* headquarters [mit Verb im Sing/Pl] ◊ *Die UN hat ihren Sitz in New York.* The UN has its headquarters in New York. **3** *(Passform)* ◊ *Die Hose hatte einen schlechten Sitz.* The trousers didn't fit well. **IDM** → REISSEN

Sitzbank bench **Sitzblockade** sit-down protest

sitzen 1 sit ◊ *Sie saß neben mir.* She was sitting next to me. ◊ *Sitz!* Sit! ◊ *Er saß dem Künstler Modell.* He sat for the artist. ◊ *Bitte bleiben Sie doch sitzen.* Please don't get up. ◊ *Er sitzt ständig in der Kneipe.* He spends all his time in the pub. ◊ *Er hat den ganzen Tag über seinen Hausaufgaben gesessen.* He spent all day doing his homework. ◊ *Wir sitzen gerade beim Abendessen.* We're having our dinner at the moment. **2** *(sich befinden)* be ◊ *Der Schmerz sitzt im Hinterkopf.* The pain is at the back of the head. ◊ *Der Stachel saß tief unter der Haut.* The thorn was deep under the skin. ◊ *Er sitzt im Gefängnis.* He's in prison. ◊ *Sie sitzt in Untersuchungshaft.* She's being held in custody. ◊ *Deine Fliege sitzt schief.* Your bow tie isn't on straight. **3** *(Mitglied sein)* have a seat ◊ *Er sitzt im Stadtrat/Parlament.* He has a seat on the town council/in parliament. **4** *(seine Zentrale haben)* have its headquarters ◊ *Die Firma sitzt in Frankfurt.* The firm has its headquarters in Frankfurt. **5** *(passen)* fit ◊ *Die Hose sitzt ausgezeichnet.* The trousers fit beautifully. **6 etw sitzt (bei jdm)** sb has sth off pat, *(AmE)* sb has sth down pat ◊ *Sie übte das Stück so lange, bis es saß.* She practised the piece until she had it off pat. **7** *(wirken)* hit home ◊ *Das hat gesessen!* That hit home! ◊ *Der Schreck saß ihm noch in den Knochen.* He was still feeling the effects of the shock. **8 auf etw ~ bleiben** be left with sth ◊ *Er blieb auf seiner Ware sitzen.* He was left with the stock. **9 ~ bleiben** repeat a year (of school) **10 jdn ~ lassen** dump sb ◊ *Er ließ seine Verlobte sitzen.* He dumped his fiancée. **IDM einen sitzen haben** have had one too many **etw nicht auf sich sitzen lassen** not stand for sth → *Siehe auch* AST, GITTER, HEBEL, KNOCHEN, KOHLE, NACKEN, QUELLE, STRASSE, TINTE *und* TROCKEN

Sitz- Sitzgelegenheit seat ◊ *Sie suchten eine Sitzgelegenheit.* They were looking for a seat. ◊ *Weitere Sitzgelegenheiten befinden sich im ersten Stock.* There's more seating on the first floor. **Sitzordnung** seating arrangement; *(Tischordnung)* seating plan **Sitzplatz** seat **Sitzreihe** row of seats **Sitzstreik** sit-in

Sitzung 1 meeting; *(Gerichts-)* session; *(Parlaments-)* sitting ◊ *auf/bei/in einer Sitzung sein* be in a meeting ◊ *eine Sitzung beim Psychologen* a session with a psychologist **2 spiritistische ~** séance

Skala scale

Skalpell scalpel

skalpieren scalp

Skandal scandal

skandalös scandalous *(Adv* scandalously)

Skat skat ◊ *Skat spielen* play skat

Skateboard skateboard ◊ *Skateboard fahren* go skateboarding

Skateboardfahrer(in) skateboarder

skaten[1] *(Karten spielen)* play skat

skaten[2] *(mit dem Skateboard)* skateboard; *(Inline-)* Rollerblade

Skater(in) skater; *(Skateboardfahrer(in) auch)* skateboarder; *(Inline- auch)* Rollerblader

Skelett skeleton *(auch fig)* **IDM jd ist das reinste Skelett** sb is nothing but skin and bones

Skepsis scepticism ◊ *Der Plan stieß auf Skepsis.* The plan met with scepticism. ◊ *Sie stand dem Plan mit Skepsis gegenüber.* She was sceptical about the plan.

Skeptiker(in) sceptic

skeptisch sceptical *(Adv* sceptically) ◊ *Er ist skeptisch, ob er sein Abitur bestehen wird.* He is sceptical about whether he will pass his A levels.

Sketch sketch

Ski ski ◊ *Er schnallte die Skier ab.* He took off his skis. ◊ *Ski laufen/fahren* ski

Skianzug ski suit **Skibrille** ski goggles [Pl] **Skicross** ski cross **Skifahrer(in)** skier **Skigebiet** skiing area **Skigymnastik** skiing exercises [Pl] **Skihelm** ski helmet **Skihose** skiing trousers [Pl], *(bes AmE)* ski pants [Pl] **Skilanglauf** → LANGLAUF **Skilaufen** skiing **Skiläufer(in)** skier **Skilehrer(in)** ski instructor **Skilift** ski lift

Skinhead skinhead

Ski- Skipass ski pass **Skipiste** ski slope **Skispringen** ski jumping ◊ *Er siegte beim Skispringen.* He won the ski jumping. **Skispringer(in)** ski jumper **Skistiefel** ski boot

Skizze 1 sketch ◊ *Sie fertigte eine Skizze an.* She did a sketch. **2** *(Konzept, Kurzbeschreibung)* outline

skizzenhaft 1 *Adj* sketchy ◊ *eine skizzenhafte Beschreibung* a sketchy description **2** *Adv* roughly ◊ *Sie erläuterte ihm skizzenhaft ihre Idee.* She described her idea to him roughly. ◊ *ein Stillleben skizzenhaft darstellen* do a sketch of a still life

skizzieren 1 *(Idee, Plan)* outline **2** *(Zeichnung, Entwurf)* sketch

Sklave, Sklavin slave *(auch fig)* ◊ *Sie wurde zur Sklavin ihrer Angst.* She became a slave to her fear.

Sklavenhandel slave trade

Sklaverei slavery

Skorbut scurvy

Skorpion 1 (ZOOL) scorpion **2** *(Sternzeichen)* Scorpio ◊ *Sie ist (ein) Skorpion.* She's a Scorpio.

Skript 1 *(Drehbuch)* script ◊ *Er schrieb das Skript zu „Titanic".* He wrote the script for 'Titanic'. **2** *(Schriftstück)* manuscript **3** *(Mitschrift)* lecture notes [Pl]

Skrupel scruple ◊ *Sie kennt keine Skrupel.* She has no scruples. ◊ *Sie handeln ohne Skrupel.* They are completely unscrupulous.

skrupellos unscrupulous *(Adv* unscrupulously)

Skrupellosigkeit unscrupulousness

Skulptur (KUNST) sculpture

skurril bizarre; *(Mensch)* peculiar

Slalom 1 (SPORT) slalom ◊ *Beim Slalom gewann er Gold.* He won a gold medal in the slalom. **2** *(fig)* **(im) ~** (in a) zigzag *(oft mit einem Verb übersetzt)* ◊ *Der Wagen fuhr (im) Slalom.* The car zigzagged.

Slang 1 slang **2** *(Jargon)* jargon

Slawe(in) Slav

slawisch Slavic, Slavonic

Slawistik Slavonic studies [mit Verb im Sing/Pl] ◊ *Sie studiert Slawistik.* She's doing Slavonic studies.

Slip briefs [Pl]

Slipeinlage panty liner

Slipper *(Hausschuh)* mule; *(Halbschuh)* slip-on shoe

Slogan slogan

Slum slum

Smaragd emerald
smaragdgrün emerald green
Smartcard smart card
Smog smog
Smogalarm smog alert
Smoking dinner jacket, (*AmE*) tuxedo
Smoothie smoothie
SMS, SMS-Nachricht text (message)
Snob snob
snobistisch snobbish
Snowboard snowboard; **~ fahren** go snowboarding
snowboarden go snowboarding ◇ *Morgen gehen wir snowboarden.* We are going snowboarding tomorrow.

so 1 (*auf diese Weise*) like this/that ◇ *Mach es doch so.* Do it like this. ◇ *So habe ich es nicht gemeint.* I didn't mean it like that. ◇ *So kannst du nicht mit mir reden.* You can't talk to me like that. ◇ *Sei doch nicht so.* Don't be like that. ◇ *So gesehen ist das gar nicht so schlecht.* When you put it like that, it's not so bad. ◇ *Und du bist einfach so reingegangen?* And you went in just like that? ◇ *So ist es/er nun mal.* That's how it/he is. ◇ *So ist das Leben.* That's life. ◇ *„Brauchst du eine Leiter?" „Nein, es geht auch so."* 'Do you need a ladder?' 'No, I can manage without.' **2** (*dermaßen*) so ◇ *Es ist so kalt!* It's so cold. ◇ *Ich hatte mich so darauf gefreut.* I'd looked forward to it so much. ◇ *Sie tut mir ja so leid.* I feel so sorry for her. ◇ *Ich musste so lange warten.* I had to wait for such a long time. ◇ *So einfach ist das nicht.* It's not as simple as that. **3** (*solch*) such ◇ *Sie ist so eine gute Lehrerin.* She's such a good teacher. **4** (*wie diese(r,s)*) like that ◇ *So einen Pullover möchte ich auch.* I'd like a jumper like that. **5** (*etwa*) about ◇ *Ich bin so in einer halben Stunde bei dir.* I'll be with you in about half an hour. ◇ *Komm so um drei.* Come about three. **6** (*in Ausrufen*) what ◇ *So ein Trottel!* What an idiot! **7** (*in Konzessivsätzen*) however ◇ *Es klappte nicht, so oft er es auch versuchte.* It didn't work, however often he tried. **8** (*abschließend*) right ◇ *So, das war's.* Right, that's it. **9** (*fragend*) really ◇ *„Es geht ihr wieder besser." „So? Das ist ja schön."* 'She's feeling better.' 'Really? That's good.' **10** (*bei Zitaten*) according to ◇ *Sein Zustand, so der Arzt, sei kritisch.* His condition was critical, according to the doctor. **11** (*Füllwort, oft nicht übersetzt*) ◇ *Was machst du so?* What are you doing these days? ◇ *So mach schon endlich!* Come on! **12 so ... (wie)** as ... as ◇ *Er ist fast so groß wie ich.* He's almost as tall as me/as I am. ◇ *Lies das so schnell du kannst.* Read that as quickly as you can. → *Siehe auch* WIE **13 oder ~** ◇ *Es kommen zwanzig Leute oder so.* There are twenty or so people coming. ◇ *Nimm ein paar Blumen mit oder so.* Take a few flowers or something. **14 und ~** ◇ *In dem Café trifft man Studenten und so.* In the cafe you meet students and that sort of people. **15 ~ genannte(r,s)** as it, etc. is called; (*angeblich*) so-called ◇ *die so genannte Blackbox* the black box, as it is called ◇ *Das so genannte Haus entpuppte sich als Schuppen.* The so-called house turned out to be a shed. **IDM so oder so** either way ◇ *Das können wir so oder so nicht machen.* We can't do it either way. **(na/also) so was!** would you believe it!

sobald as soon as ◇ *Ich melde mich, sobald ich wieder da bin.* I'll get in touch as soon as I am back.
Socke sock ◇ *ein Paar Socken* a pair of socks **IDM sich auf die Socken machen** get going (*umgs*) **von den Socken sein** be gobsmacked (*umgs*)
Sockel base; (*von Denkmal, Statue*) pedestal
Soda soda; (*Getränk*) soda (water)

sodass so, with the result that ◇ *Er verpasste den Zug, sodass er zu spät kam.* He missed the train, with the result that he was late.
Sodbrennen heartburn
soeben just ◇ *Er kommt soeben zur Tür herein.* He's just coming in.
Sofa sofa
sofern as long as
sofort 1 immediately, at once; **~ nach** immediately after ◇ *Der Krankenwagen kam sofort.* The ambulance came immediately. ◇ *Gib das sofort zurück.* Give that back at once. ◇ *sofort nach dem Tod seiner Mutter* immediately after his mother's death ◇ *Es war sofort klar, dass er nichts verstand.* It was immediately obvious that he didn't understand. **2** (*sehr bald*) straight away, in a minute ◇ *Ich mache es sofort.* I'll do it straight away. ◇ *Er ist sofort fertig.* He'll be ready in a minute. ◇ *Ich komme sofort.* I'll be right with you. ◇ *Das Buch ist ab sofort erhältlich.* The book is available now. **3** (*auf der Stelle*) instantly ◇ *Er war sofort tot.* He died instantly.
Sofortbildkamera Polaroid™ camera, instant camera
Soforthilfe emergency relief, emergency aid
sofortige(r,s) immediate ◇ *mit sofortiger Wirkung* with immediate effect
Sofortmaßnahme immediate measure
Softie softy (*umgs*)
Software software
Softwareentwickler(in) software developer **Softwarepaket** software package
Sog (*Saugwirkung*) suction; (*Strömung*) current; (*bei Schiffen*) wake; (*beim Flugzeug, Fahrzeug*) slipstream ◇ *Er wurde vom Sog unter Wasser gezogen.* He was pulled under water by the current. ◇ *im Sog des japanischen Crash* in the wake of the Japanese crash
sogar 1 even ◇ *Sie haben uns sogar zum Essen eingeladen.* They have even invited us for a meal. ◇ *Es gibt dort sogar einen Golfplatz.* There is even a golf course there. ◇ *Das verstehst sogar du.* Even you can understand that. **2** (*mehr noch*) in fact ◇ *Ich mag ihn gern, sogar sehr gern.* I like him. In fact, I like him a lot.
sogenannt → so
Sohle sole **IDM auf leisen Sohlen** quietly → *Siehe auch* SCHEITEL
Sohn son ◇ *der jüngste Sohn* the youngest son ◇ *der Sohn Gottes* the Son of God ◇ *der verlorene Sohn* the Prodigal Son
Soja soya
Sojabohne soya bean, (*AmE*) soybean
solang, solange 1 (*vorausgesetzt*) as long as ◇ *Er kann mitmachen, solang er zu den Proben kommt.* He can take part as long as he comes to the rehearsals. **2** (*während*) while ◇ *Solang du bei mir wohnst, hältst du dich an meine Regeln.* While you're living here, you'll stick to my rules. **3** (*bis*) until ◇ *Du gehst nicht weg, solange du deine Sachen nicht weggeräumt hast.* You can't go out until you've tidied away your things. **IDM** → DENKEN *und* LUSTIG
solar solar [nur vor Nomen]
solarbetrieben solar-powered **Solarenergie** solar energy **Solarfarm** solar farm
Solarium solarium
Solar- Solarmobil solar-powered vehicle **Solarpark** solar farm **Solarzelle** solar cell
solch such ◇ *solch ein Spiel* such a game ◇ *Wer hätte auch mit solch schlechtem Wetter gerechnet?* Who would have expected such bad weather? ◇ *in einer solch gefährlichen Situation* in such a dangerous situation ◇ *Wie kann man nur ständig solch einen Hunger haben!* How can anyone be so hungry all the time!
solche(r,s) 1 like this/that (*dem Nomen nachgestellt*), this/that kind of ◇ *solche Leute* people like that ◇

Solcher Schnee ist ideal. This kind of snow is ideal. **2** (*so groß, so stark*) such ◇ *Ich hatte solche Kopfschmerzen.* I had such a headache. ◇ *Ich hab solche Blasen an den Füßen.* I've got such awful blisters. ◇ *Ich hatte solche Angst.* I was so frightened.

Soldat(in) soldier
Soldatenfriedhof military cemetery

Söldner(in) mercenary

solidarisch ◇ *sich mit jdm solidarisch erklären* declare your solidarity with sb ◇ *eine solidarische Geste* a gesture of solidarity ◇ *solidarisch sein* be united ◇ *Wir wollen ihm zeigen, dass wir mit ihm solidarisch sind.* We want to show him that we support him.

solidarisieren sich (mit jdm) ~ show solidarity (with sb); (*unterstützen*) support sb

Solidarität solidarity
Solidaritätszuschlag = extra tax imposed to help meet the costs of German reunification

solide 1 solid (*Adv* solidly) ◇ *eine solide Grundlage* a solid basis ◇ *die solide Abwehr von Bayern München* the solid defence of Bayern Munich ◇ *Das Haus ist solide gebaut.* The house is very solidly built. **2** (*seriös*) reputable ◇ *eine solide Firma* a reputable company **3** (*fundiert*) sound ◇ *solide Englischkenntnisse* a sound knowledge of English

Solist(in) soloist

Soll 1 (*Ziel*) quota, target **2** (*Schuldbetrag*) debit ◇ *Soll und Haben* debit and credit

sollen[1] *Modalvb* **1** (*Verpflichtung*) ◇ *Du solltest ihn anrufen.* You should phone him. ◇ *Kleine Kinder soll man nicht allein lassen.* You shouldn't leave small children alone. ◇ *Du solltest deine Mutter öfter besuchen.* You ought to visit your mother more often. ◇ *Sie sollte hier keine Privatgespräche führen.* She oughtn't to make private calls here. **2** (*Vorwurf*) ◇ *Du solltest dich schämen.* You ought to be ashamed of yourself. ◇ *Ich hätte helfen sollen.* I ought to have helped. ◇ *Du hättest früher weggehen sollen!* You should have left earlier! ◇ *Ich hätte nicht so spät ins Bett gehen sollen.* I shouldn't have gone to bed so late. **3** (*Aufforderung, Verweis auf die Zukunft*) ◇ *Sie sollen sich um 6 Uhr 15 am Empfang melden.* You are to report to reception at 6.15. ◇ *Er soll reinkommen.* Tell him to come in. ◇ *Das Museum soll im Mai eröffnet werden.* The museum is to open in May. ◇ *Es sollte alles ganz anders kommen.* Things were to turn out quite differently. **4** (*Vorschlag*) ◇ *Soll ich das Fenster aufmachen?* Shall I open the window? **5** (*Ratschlag, Empfehlung*) ◇ *Dieses Buch solltest du lesen.* You should read this book. ◇ *Sie sollte nicht so viel arbeiten.* She shouldn't work so hard. **6** (*Vermutung, Erwartung, Zweifel*) ◇ *Der Film soll gut sein.* The film is supposed to be good./They say it's a good film. ◇ *Das soll das Größte der Welt sein.* It's said to be the biggest in the world. ◇ *Wofür soll das gut sein?* What's this supposed to achieve? ◇ *Wie soll das funktionieren?* How is this supposed to work? ◇ *Und das soll ein Baum sein?* Is this supposed to be a tree? ◇ *Woher soll ich das wissen?* How am I supposed to know?/How should I know? ◇ *Soll ich vielleicht alles allein machen?* Am I supposed to do everything on my own? **7** (*Wahrscheinlichkeit, Annahme*) ◇ *Das hätte eigentlich genug sein sollen.* That ought to have been enough. **8** (*unerfüllbare Wünsche*) ◇ *Du hättest ihr Gesicht sehen sollen!* You should have seen her face! **9** (*Drohung, Herausforderung*) ◇ *Das soll er erst mal probieren!* Just let him try that! ◇ *Soll sie's doch selbst versuchen!* Let her do it herself! **10** (*für den Fall, dass*) ◇ *Sollte es regnen, verschieben wir es.* If it should rain, we'll postpone it. ◇ *Sollte sie dich anrufen, sag Bescheid.* If she should ring you, let me know. **IDM** → FEHLEN

sollen[2] (*Vollverb*) be supposed to do, go, etc. ◇ *Und was soll ich da?* And what am I supposed to do there? ◇ *Da sollen Kinder eigentlich nicht hin.* Children are not supposed to go there. **IDM** **was soll das?/was soll der Unsinn?** what are you, they, etc. playing at? **was soll's!** who cares! (*umgs*)

solo 1 solo ◇ *solo spielen* play solo ◇ *Er tritt nur noch solo auf.* He only does solo performances now. **2** (*ohne Partner*) on your own ◇ *Ich bin immer noch solo.* I am still on my own.

Solo solo
Soloauftritt solo performance **Solopart**, **Solopartie** solo part

somit consequently, thus ◇ *Kakteen können Wasser gut speichern und müssen somit nur selten gegossen werden.* Cacti are good at storing water and thus only need watering infrequently.

Sommer summer ◇ *Im Sommer fahren wir nach Rom.* We're going to Rome in the summer. ◇ *Im Sommer ist es hier immer sehr heiß.* It's always very hot here in summer. ◇ *im vergangenen/nächsten Sommer* last/next summer ◇ *den Sommer über* throughout the summer ◇ *diesen/jeden/letzten Sommer* this/every/last summer ◇ *vor/nach/seit dem Sommer* before/after/since the summer ◇ *mitten im Sommer* in the middle of summer ◇ *Es war im Sommer 1990.* It was in the summer of 1990. ◇ *Endlich ist es Sommer.* At last, summer's here. ◇ *ab Sommer 2009/nächsten Jahres* from summer 2009/from next summer ◇ *im Sommer letzten Jahres* last summer
Sommerabend summer('s) evening ◇ *an einem Sommerabend* on a summer's evening **Sommerferien** summer holidays [Pl], (*AmE*) summer vacation **Sommerhaus** summer house **Sommerkleid** summer dress

sommerlich *Adj* summery ◇ *sommerliches Wetter* summery weather ◇ *sommerliche Temperaturen* summer temperatures ◇ *sommerlich angezogen sein* be wearing summer clothes

Sommer- **Sommerloch** summer lull; (*Sauregurkenzeit*) silly season **Sommersemester** summer semester **Sommerspiele** Summer Olympics [Pl] **Sommersprosse** freckle [meist Pl] **Sommertag** summer('s) day **Sommerurlaub** summer holiday, (*AmE*) summer vacation ◇ *in den Sommerurlaub gehen/fahren* go on summer holiday **Sommerwetter** summer weather **Sommerzeit 1** (*Jahreszeit*) summertime ◇ *zur Sommerzeit* in summertime **2** (*Uhrzeit*) summer time, (*AmE*) daylight saving time ◇ *Heute beginnt die Sommerzeit.* Summer time starts today.

Sonate sonata

Sonde probe; (*in der Raumfahrt auch*) space probe

Sonder- special
Sonderabfall hazardous waste **Sonderangebot** special offer ◇ *Das ist ein Sonderangebot.* This is a special offer. ◇ *etw im Sonderangebot kaufen* buy sth on special offer

sonderbar strange (*Adv* strangely) ◇ *Er benahm sich ziemlich sonderbar.* He was acting rather strangely.

Sonder- **Sonderbeauftragte(r)** special envoy **Sonderbehandlung** special treatment **Sonderfall** special case **Sondergenehmigung** special permission [U]; (*Schriftstück*) special permit ◇ *Für den Bau eines Kinos benötigen wir eine Sondergenehmigung.* We need special permission to build a cinema. ◇ *Man darf hier nur mit Sondergenehmigung parken.* You can only park here with a special permit. **sondergleichen** unparalleled, unprecedented; (*Ungerechtigkeit*) gross ◇ *ein finanzieller Einbruch sondergleichen* an unprecedented financial disaster ◇ *eine Ungerechtig-*

keit sondergleichen a gross injustice ◇ *Das ist eine Frechheit sondergleichen!* What cheek! **Sonderkommando** special unit

sonderlich **1** particular (*Adv* particularly), special (*Adv* specially) ◇ *ohne sonderliche Begeisterung* without any particular enthusiasm ◇ *nicht sonderlich erfolgreich* not particularly successful ◇ *Der Tag schien für ihn keine sonderliche Bedeutung zu haben.* The day didn't seem to have any special significance for him. ◇ *ohne sonderliche Anstrengung* without any great effort **2** (*sonderbar*) peculiar ◇ *ein sonderlicher Mensch* a peculiar person

Sonderling odd person, eccentric; (*Außenseiter*) outsider ◇ *Er war schon als Kind ein Sonderling.* Even as a child he was odd.

Sondermüll hazardous waste
Sondermülldeponie hazardous waste depot

sondern[1] *Konj* but ◇ *nicht das erste, sondern das zweite Haus* not the first but the second house ◇ *Mein Geburtstag ist nicht heute, sondern erst morgen.* My birthday's not today, it's tomorrow. IDM **nicht nur ..., sondern auch ...** not only ..., but also ... ◇ *Er will nicht nur unterhalten, sondern auch informieren.* His aim is not only to amuse, but also to inform.

sondern[2] *Verb* separate IDM → SPREU

Sonder- **Sonderpädagogik** education for children with learning difficulties, special needs education ◇ *eine Fachlehrerin der Sonderpädagogik* a teacher of children with learning difficulties **Sonderpreis** **1** special prize **2** (*reduzierter Preis*) reduced price **Sonderprogramm** special programme, (*AmE*) special program **Sonderregelung** special arrangement

sonders IDM → SAMT

Sonder- **Sonderschule** special school **Sonderschullehrer(in)** teacher at a special school **Sondersitzung** special meeting **Sonderstatus** special status **Sonderstellung** special position ◇ *Das Werk nimmt eine Sonderstellung in der englischen Literatur ein.* The work has a special position in English literature. ◇ *Warum sollen Landwirte eine Sonderstellung einnehmen?* Why should farmers be treated differently? **Sonderwunsch** special wish **Sonderzug** special train

Sonett sonnet

Song song

Sonnabend Saturday → *Beispiele bei* MONTAG

Sonne sun ◇ *Wo geht die Sonne auf?* Where does the sun rise? ◇ *etw an der Sonne trocknen* dry sth in the sun ◇ *In unserem Garten ist den ganzen Vormittag über Sonne.* Our garden gets the sun all morning. ◇ *Gestern schien den ganzen Tag die Sonne.* Yesterday it was sunny all day. ◇ *sich in die Sonne legen* sunbathe

sonnen **1 sich ~** sunbathe **2 sich in etw ~** (*Ruhm, Erfolg, Glanz*) bask in sth

Sonnen- **Sonnenaufgang** sunrise **sonnenbaden** sunbathe **Sonnenbestrahlung** exposure to the sun **Sonnenblume** sunflower **Sonnenblumenkern** sunflower seed **Sonnenblumenöl** sunflower oil **Sonnenbrand** sunburn [U] ◇ *ein schwerer Sonnenbrand* a bad case of sunburn ◇ *einen Sonnenbrand haben/bekommen* be/get sunburnt **Sonnenbräune** tan **Sonnenbrille** sunglasses [Pl] **Sonnencreme** sun cream **Sonnenenergie** solar energy ◇ *die Nutzung der Sonnenenergie* the use of solar energy ◇ *Die Boote werden mit Sonnenenergie betrieben.* The boats are solar-powered. **Sonnenfinsternis** eclipse of the sun **sonnengebräunt** suntanned **Sonnenhut** sun hat **sonnenklar** perfectly clear **Sonnenkollektor** solar panel **Sonnenlicht** sunlight **Sonnenmilch** suntan lotion **Sonnenöl** suntan oil ◇ *sich mit Sonnenöl einreiben* put suntan oil on **Sonnenschein** sunshine ◇ *Wir fuhren bei strahlendem Sonnenschein los.* We set off in brilliant sunshine. **Sonnenschirm** sunshade; (*früher für Damen auch*) parasol; (*größer*) sun umbrella **Sonnenstich** sunstroke [U] ◇ *einen Sonnenstich haben/bekommen* have/get sunstroke **Sonnenstrahl** ray of sunshine **Sonnenstudio** solarium **Sonnensystem** solar system **Sonnenuhr** sundial **Sonnenuntergang** sunset ◇ *bei Sonnenuntergang* at sunset

sonnig sunny (*auch fig*) ◇ *ein sonniges Plätzchen* a sunny spot ◇ *ein sonniges Wesen* a sunny temperament

Sonntag Sunday → *Beispiele bei* MONTAG IDM → WEISS

sonst **1** else ◇ *Sonst noch etwas?* Will there be anything else? ◇ *War sonst noch jemand da?* Was anyone else there? ◇ *Sonst hat niemand angerufen.* Nobody else called. ◇ *Was hätte ich denn sonst machen können?* What else could I have done? ◇ *Haben Sie sonst noch Fragen?* Have you any other questions? **2** (*andernfalls*) or, or else, otherwise ◇ *Geh jetzt ins Bett, sonst bist du morgen früh müde.* Go to bed now, or you'll be tired tomorrow. ◇ *Ich muss den Aufsatz heute fertigschreiben, sonst verpasse ich den Termin.* I must finish my essay today, otherwise I'll miss the deadline. **3** (*normalerweise*) usually ◇ *Seit wann isst du Fleisch? Sonst lässt du es immer liegen!* Since when do you eat meat? You usually leave it! **4** (*abgesehen davon*) otherwise, apart from that ◇ *Ich arbeite viel, aber sonst geht's mir gut.* I'm working hard, but otherwise I'm fine. **5** ◇ *Es könnte ja sonst wer sein.* It could be anybody. ◇ *Er denkt er ist sonst wer.* I don't know who he thinks he is. ◇ *Der Chef ist sonst wo.* God knows where the boss is. ◇ *Ich dachte, es wäre sonst was passiert.* I thought something terrible has happened.

sonstige(r,s) other ◇ *Puppen, Bälle und sonstiges Spielzeug* dolls, balls and other toys ◇ *„Sonstiges"* 'miscellaneous'

sooft (*wann immer*) whenever; (*wie oft auch immer*) as often as ◇ *Sooft ich ihn treffe, hat er schlechte Laune.* Whenever I meet him he's in a bad temper. ◇ *Du kannst mich anrufen, sooft du willst.* You can ring me as often as you like.

Sopran **1** (*Sänger, Stimme*) soprano → *Beispiele bei* BASS **2** (*Partie*) soprano part **3 der Sopran** (*im Chor*) the sopranos [Pl]

Sopranist(in) soprano

Sorbet sorbet

Sorge **1 ~ (um jdn/etw)** worry (about sb/sth); (*Besorgnis*) concern (about sb/sth) ◇ *die Sorge um die Finanzierung des Projekts* worries about the funding of the project ◇ *Unsere größte Sorge ist die Sicherheit der Arbeitsplätze.* Our main concern is job security. ◇ *aus Sorge um ihre Freunde* because she was worried about her friends ◇ *Er hat finanzielle Sorgen.* He has money problems. ◇ *Sie hat nichts als Sorgen mit ihrem Sohn.* Her son is a great worry to her. **2 sich (um jdn/etw) Sorgen machen** worry (about sb/sth) ◇ *Mach dir keine Sorgen um mich!* Don't worry about me! ◇ *Du machst dir zu viele Sorgen.* You worry too much. **3 etw bereitet jdm Sorgen** sb is concerned about sth ◇ *Die steigende Ausländerfeindlichkeit bereitet uns Sorgen.* We are concerned about the increase in racism. **4** (*Fürsorge*) care (*oft mit einem Verb übersetzt*) ◇ *Unsere Hauptaufgabe ist die Sorge für die Einwanderer.* Our main task is caring for the immigrants. IDM **aus Sorge vor etw** for fear of sth **aus Sorge, etw zu tun** for fear of doing sth ◇ *aus Sorge, die nächste Wahl zu verlieren* for fear of losing the next election **dafür Sorge tragen, dass ...** see to it that ... **für etw Sorge tragen** take care of sth **keine Sorge!** don't worry!

sorgen **1 für jdn ~** look after sb, take care of sb ◇ *Der Vater sorgt allein für die Kinder.* The father looks after the children on his own. **2 für etw ~** arrange sth, see to sth ◇ *Ich sorge für die Getränke.* I'll see to the drinks. ◇ *Für das Mittagessen ist gesorgt.* Lunch is provided. **3 dafür ~, dass ...** (*sicherstellen*) see that ..., ensure that ... (*gehoben*) ◇ *Ich sorge dafür, dass er den Brief bekommt.* I'll see that he gets the letter. ◇ *Eigene Fahrspuren sollen dafür sorgen, dass die Busse schneller vorwärtskommen.* Special bus lanes will ensure that buses can get through more quickly. **4 für etw ~** (*hervorrufen*) cause sth **5 sich (um jdn/etw) ~** worry (about sb/sth), be worried (about sb/sth) ◇ *Ich sorge mich um sie.* I'm worried about her. IDM → VERHÄLTNIS

sorgen- sorgenfrei carefree ◇ *ein sorgenfreies Leben* a carefree life ◇ *Sie konnte sorgenfrei in die Zukunft blicken.* She was able to face the future without having to worry. **Sorgenkind** problem child; (*fig*) worry **sorgenvoll** worried (*Adv* worriedly)

Sorgerecht custody ◇ *Der Mutter wurde das Sorgerecht zugesprochen.* The mother was given custody.

Sorgfalt care ◇ *Du musst deine Arbeit mit mehr Sorgfalt erledigen.* You must take more care over your work.

sorgfältig careful (*Adv* carefully) ◇ *eine sorgfältige Analyse* careful analysis ◇ *etw sorgfältig vorbereiten* prepare sth carefully

sorglos 1 (*ohne Sorgen*) without worries, carefree ◇ *Dort können sie sorglos leben.* They can live there without any worries. ◇ *ein sorgloses Leben* a carefree life **2** (*unachtsam*) careless (*Adv* carelessly) ◇ *Wir dürfen mit dem Wasser nicht so sorglos umgehen.* We mustn't use water so carelessly.

Sorte 1 kind; (*Marke*) brand; (*Pflanzen-*) variety ◇ *elf Sorten Brot* eleven kinds of bread ◇ *eine Sorte Zigaretten* a brand of cigarettes ◇ *Sie trank nur Kaffee von der teuersten Sorte.* She only drank the most expensive brand of coffee. ◇ *5 000 Sorten Rosen* 5 000 varieties of roses **2** (*Typ*) type ◇ *die Sorte Mensch, die nur ihre Karriere im Kopf hat* the type of person who only thinks about their career

sortieren (*sondern*) sort; (*ordnen*) sort *sth* out ◇ *Briefe nach Postleitzahlen sortieren* sort letters by postcode ◇ *Er sortiert gerade seine Fotos.* He's just sorting his photos out.

Sortiment range ◇ *ein großes Sortiment an Gartenmöbeln* a wide range of garden furniture ◇ *das Sortiment in den Läden* the range of goods in the shops

SOS SOS ◇ *SOS funken* put out an SOS

sosehr however much

Soße sauce; (*Braten-*) gravy; (*Salat-*) dressing

Souffleur, Souffleuse prompter

soufflieren 1 prompt **2** (*zuflüstern*) whisper

Soul(musik) soul (music)

Sound sound

Soundkarte sound card

soundso 1 ◇ *Man muss soundso viel zahlen, um Mitglied zu werden.* You have to pay a certain amount to become a member. ◇ *Deine Freunde haben soundso gemacht — das interessiert mich nicht!* I don't care whether your friends have done this or that! **2** (*mit Namen, Nummern*) so-and-so ◇ *ein Herr Soundso* a Mr So-and-So → *Siehe auch* SOWIESO

Soundtrack soundtrack

Souterrain basement

Souvenir souvenir

souverän 1 sovereign ◇ *ein souveräner Staat* a sovereign state **2** (*ausgezeichnet*) brilliant (*Adv* brilliantly); (*überzeugend*) convincing (*Adv* convincingly) ◇ *eine souveräne Leistung* a brilliant achievement ◇ *Sie spielten souverän.* They played brilliantly. ◇ *souverän gewinnen* win convincingly **3** (*selbstsicher*) confident (*Adv* confidently)

Souveränität 1 sovereignty **2** (*Selbstsicherheit*) assurance

soviel as far as ◇ *Soviel ich weiß ...* As far as I know ...

soweit 1 as far as ◇ *Soweit ich weiß ...* As far as I know ... **2** (*in dem Maße*) in so far as; (*falls*) if ◇ *Die Sache interessiert ihn kaum, nur soweit es ihn persönlich betrifft.* He's only really interested in it in so far as it affects him personally.

sowie 1 and ◇ *zwei Männer sowie mehrere Kinder* two men and several children **2** (*sobald*) as soon as ◇ *Sowie ich das Ergebnis weiß, rufe ich dich an.* As soon as I know the result I'll call you.

sowieso anyway ◇ *Macht nichts — das muss sowieso in die Wäsche!* Don't worry — it's got to be washed anyway.

sowohl sowohl ..., als/wie (auch) ... both ... and ..., ... as well as ... ◇ *Sie genoss sowohl im Inland als auch im Ausland großes Ansehen.* She was highly respected both at home and abroad. ◇ *Er spielt sowohl Flöte als auch Klavier.* He plays the flute as well as the piano.

sozial 1 social (*Adv* socially); (*öffentlich*) public ◇ *der soziale Friede* social harmony ◇ *aus allen sozialen Schichten* from all social classes ◇ *das soziale Netz* the social safety net ◇ *soziale Einrichtungen* public amenities ◇ *sozialer Wohnungsbau* subsidized housing ◇ *soziale Randgruppen* groups on the fringes of society ◇ *soziale Not* poverty ◇ *sozial schwache Familien* low-income families ◇ *soziale Brennpunkte* deprived areas **2** (*dem Gemeinwohl dienend*) public-spirited, caring ◇ *eine soziale Einstellung* a public-spirited attitude ◇ *sozial und verantwortungsvoll handeln* act in a public-spirited and responsible way ◇ *die sozialen Berufe* the caring professions ◇ *soziales Engagement* work in the community ◇ *sich sozial engagieren* do voluntary work

Sozial- Sozialabbau cuts in social services [Pl] **Sozialabgaben** ≈ National Insurance contributions [Pl], (*AmE*) ≈ welfare contributions [Pl] **Sozialamt** ≈ social services [Pl], (*AmE*) ≈ welfare department **Sozialarbeit** social work **Sozialarbeiter(in)** social worker **Sozialdemokrat(in)** social democrat **Sozialdemokratie** social democracy **sozialdemokratisch** social democratic [nur vor Nomen] ◇ *eine sozialdemokratische Regierung* a social democratic government ◇ *sozialdemokratisch regierte Länder* states governed by the Social Democrats **Sozialeinrichtungen** public amenities [Pl] **Sozialfall** = person who depends on social security **Sozialhilfe** income support, (*AmE*) welfare ◇ *Sozialhilfe beziehen/beantragen* be on/apply for income support

Sozialisation socialization

Sozialismus socialism ◇ *im Sozialismus* under socialism

Sozialist(in) socialist ◇ *Sie ist Sozialistin.* She is a socialist.

sozialistisch socialist ◇ *ein sozialistisch regiertes Land* a country with a socialist government

Sozial- Sozialkritik social criticism **sozialkritisch** ◇ *ein sozialkritisches Gedicht* a poem of social criticism ◇ *der sozialkritische Künstler* the artist and social critic **Sozialkunde** social studies [mit Verb im Sing/Pl] **Sozialleistungen** social benefits [Pl], (*AmE*) welfare [U] **Sozialstaat** welfare state **sozialversichert** covered by National Insurance, (*AmE*) covered by Social Security **Sozialwohnung** council flat/house, (*AmE*) municipal housing unit

Soziologe, Soziologin sociologist

Soziologie sociology

Sozius **1** (WIRTSCH) partner **2** *(Beifahrersitz)* pillion (seat); *(Beifahrer)* pillion rider

sozusagen so to speak; *(mehr oder weniger)* more or less; *(mit anderen Worten)* in other words ◇ *Er ist sozusagen der Chef.* He is, so to speak, the boss.

Spachtel spatula; *(zum Abschaben, Abkratzen)* scraper

Spagat **1** splits [Pl] ◇ *(einen) Spagat machen* do the splits **2** *(fig)* balancing act ◇ *ein Spagat zwischen Umweltschutz und Sicherung der Arbeitsplätze machen* perform a balancing act between protecting the environment and saving jobs **3** *(Bindfaden)* (piece of) string

Spaghetti spaghetti [U]

spähen **1** peer; *(durch ein Loch, eine Ritze etc.)* peep **2** **nach jdm/etw ~** be on the lookout for sb/sth

Spalt crack ◇ *ein Spalt zwischen den Dielen* a crack between the floorboards ◇ *die Tür einen Spalt öffnen* open the door a crack ◇ *Die Tür stand einen Spalt offen.* The door was slightly ajar.

Spalte **1** crack; *(Fels-)* cleft; *(Gletscher-)* crevasse **2** *(Text-)* column ◇ *in der rechten Spalte* in the right-hand column **3** *(Apfel- etc.)* slice

spalten **(sich) ~** split ◇ *in zwei Teile gespalten* split in two ◇ *Meine Haare spalten sich.* I've got split ends. ◇ *Der Streit hat das Land in zwei Lager gespalten.* The argument has split the country down the middle. ◇ *Die Meinungen darüber sind sehr gespalten.* Opinion is sharply divided on the issue. IDM → HAAR

Spaltung **1** splitting ◇ *die Spaltung des Atoms* the splitting of the atom **2** *(fig)* split ◇ *Der Streit führte zur Spaltung der Partei.* The row led to a split in the party. ◇ *die soziale Spaltung der Gesellschaft* social divisions in society

Spam (COMP) spam

Spammer(in) (COMP) spammer

Span *(Hobel-)* shaving; *(Metall-)* filing

Spanferkel sucking pig

Spange **1** *(Haar-)* (hair)slide, *(AmE)* barrette **2** *(Arm-)* bangle **3** *(Schnalle)* buckle **4** *(Zahn-)* brace, *(AmE)* braces **5** *(Ordens-)* bar

spanisch IDM **jdm spanisch vorkommen** strike sb as odd; *(verdächtig)* seem suspicious to sb

Spanne **1** *(Zeit-)* time span **2** *(räumlich)* distance ◇ *die Spanne vom Boden bis zur Decke* the distance between the floor and ceiling **3** *(Längenmaß)* span **4** *(Spielraum, Bereich)* range ◇ *die Spanne der Angebote* the range on offer ◇ *Die Spanne der Pflichten reicht vom Kochen bis zum Holzhacken.* The tasks range from cooking to chopping wood. **5** *(Handels-)* (profit) margin

spannen **1** **(sich) ~** *(straffen, dehnen)* tighten; *(Muskeln)* tense ◇ *die Saiten der Geige spannen* tighten the strings of the violin ◇ *Das Seil spannte sich.* The rope tightened. ◇ *Er hat das Seil zu straff gespannt.* He pulled the rope too tight. **2** *(befestigen)* stretch; *(Wäscheleine)* put *sth* up ◇ *ein Netz zwischen zwei Pfosten spannen* stretch a net between two posts **3** *(festklemmen)* clamp ◇ *Er spannte das Brett in den Schraubstock.* He clamped the board into the vice. **4** *(unangenehm straff sein)* be tight ◇ *Die Hose spannt über den Hüften.* The trousers are tight around the hips. ◇ *Meine Haut spannt.* My skin feels tight. **5** *(Waffe)* cock **6** *(kapieren)* understand, get *(umgs)* **7** **sich über etw ~** *(wölben)* span sth ◇ *Die Brücke spannte sich über das Tal.* The bridge spanned the valley. **8** *(spionieren)* peep ◇ *Im Gebüsch stand jemand und spannte.* There was a Peeping Tom in the bushes. **9** **etw (vor etw) ~** harness sth (to sth) ◇ *ein Pferd vor den Pflug spannen* harness a horse to the plough → *Siehe auch* GESPANNT IDM **seine Erwartungen zu hoch spannen** raise your hopes too high → *Siehe auch* BOGEN, FOLTER, KARRE *und* NERV

spannend exciting; *(stärker)* thrilling ◇ *ein spannender Film* an exciting film ◇ *ein spannendes Rennen* a thrilling race ◇ *Er schreibt sehr spannend.* He keeps the reader in suspense. ◇ *Mach's nicht so spannend!* Don't keep us in suspense!

Spanner **1** *(Schuh-)* shoe tree; *(Hosen-)* hanger **2** *(Voyeur)* Peeping Tom

Spannung **1** tension ◇ *innere Spannung* inner tension ◇ *Spannung erzeugen* create tension ◇ *Es lag Spannung in der Luft.* There was tension in the air. ◇ *Spannungen im Norden des Landes* tensions in the north of the country **2** *(Gespanntheit, Dramatik)* suspense; *(Aufregung)* excitement ◇ *Mit Spannung wird das Ergebnis erwartet.* People are in suspense waiting for the results. **3** (ELEK) voltage ◇ *die Spannung messen* measure the voltage ◇ *Die Steckdose hat eine Spannung von 220 Volt.* It is a 220-volt socket. ◇ *Der Zaun steht unter Spannung.* The fence is live.

Spar- **Sparbuch** savings book; *(Konto)* savings account **Sparbüchse**, **Spardose** piggy bank

sparen **1** save; **auf/für etw ~** save (up) for sth ◇ *Sie spart seit Monaten.* She's been saving for months. ◇ *Sie hat etwas (Geld) gespart.* She has saved a bit (of money). ◇ *$100 im Monat sparen* save $100 a month ◇ *Zeit sparen* save time ◇ *ein Arbeitskräfte sparendes Verfahren* a labour-saving process ◇ *Sie spart auf ein Auto.* She is saving up for a car. **2** **(an etw) ~** economize (on sth) ◇ *Wir müssen sparen!* We need to economize! ◇ *am Essen sparen* economize on food ◇ *Sie sparte nicht an Lob.* She was unstinting in her praise. **3** **sich etw ~** ◇ *Diese Bemerkung hättest du dir sparen können.* You might have kept that remark to yourself. ◇ *Spar dir deine Worte!* You can save your breath! IDM **am falschen Ende/an der falschen Stelle sparen** ◇ *„Es ist ihm zu teuer, das reparieren zu lassen." „Dann spart er am falschen Ende."* 'He thinks it would cost too much to have it mended.' 'Well, it's a false economy.'

Spargel asparagus

Spar- **Sparkasse** savings bank **Sparkonto** savings account

spärlich *(Wuchs, Bevölkerung, Information)* sparse *(Adv* sparsely); *(Licht, Bezahlung, Ernte)* poor *(Adv* poorly) ◇ *ein spärlicher Haarwuchs* sparse hair ◇ *spärlich besucht* poorly attended ◇ *spärlich bekleidet* scantily dressed ◇ *Der Beifall war spärlich.* There was little applause.

sparsam **1** *(Mensch)* thrifty *(Adv* thriftily) ◇ *eine sparsame Hausfrau* a thrifty housewife ◇ *sparsam wirtschaften* be thrifty **2** *(wirtschaftlich)* economical; **mit etw ~ umgehen** use sth sparingly; **mit etw ~ sein** be sparing with sth ◇ *der sparsame Umgang mit Wasser* the economical use of water ◇ *Das Auto ist sehr sparsam (im Verbrauch).* The car is very economical (to run). ◇ *mit Waschpulver sparsam umgehen* use detergent sparingly ◇ *Mit Lob ist sie sehr sparsam.* She is very sparing with praise. ◇ *Geh mit deinen Kräften sparsamer um.* Try to conserve your energy. **3** *(spärlich)* sparing *(Adv* sparingly)

Sparsamkeit **1** thrift ◇ *Sie sind für ihre Sparsamkeit bekannt.* They are known for their thrift. ◇ *Er wurde zu größter Sparsamkeit erzogen.* He was brought up to be very careful with money. **2** *(Wirtschaftlichkeit)* economy ◇ *aus Gründen der Sparsamkeit* for reasons of economy

Sparschwein piggy bank ◇ *das Sparschwein schlachten* raid your piggy bank

spartanisch spartan ◇ *Sie lebt eher spartanisch.* She leads a rather spartan life. ◇ *Sein Büro ist sehr spartanisch eingerichtet.* His office is a very spartan room. ◇ *eine spartanische Ausbildung* a rigorous training

Sparte section; (*Wirtschaft*) sector **Spartensender** special-interest channel

Sparvertrag savings plan

Spaß **1** (*Freude, Vergnügen*) fun [U] ◇ *Viel Spaß!* Have fun! ◇ *Mir ist der Spaß vergangen.* It's no fun any more. ◇ *Tanzen macht Spaß.* Dancing is fun. ◇ *Den Spaß lasse ich mir nicht entgehen.* I don't want to miss the fun. ◇ *nur zum Spaß* just for fun ◇ *Das macht mir großen Spaß.* I really enjoy it. **2** (*Scherz*) joke ◇ *sich einen Spaß mit jdm erlauben* play a joke on sb ◇ *Er macht doch nur Spaß.* He is only joking. IDM **da hört (für mich) der Spaß auf!** it is (getting) beyond a joke! **ein teurer Spaß** an expensive business **keinen Spaß verstehen** **1** (*humorlos sein*) ◇ *Er versteht keinen Spaß.* He can't take a joke. **2** (*etw ernst nehmen*) not stand for any nonsense ◇ *Wenn es um Geld geht, verstehe ich keinen Spaß.* I don't stand for any nonsense as far as money is concerned. **etw nur zum Spaß sagen** say sth as a joke → *Siehe auch* BEISEITE

spaßen joke ◇ *Sie spaßten und lachten.* They were laughing and joking. ◇ *Sie spaßen wohl!* You must be joking! IDM **jd lässt nicht mit sich spaßen** sb doesn't stand any nonsense **mit etw darf man nicht spaßen** sth is a serious matter

spaßig funny

Spaß- **Spaßverderber(in)** spoilsport **Spaßvogel** joker

Spastiker(in) person suffering from cerebral palsy

spastisch spastic (*Fachspr*) **~ gelähmt sein** have cerebral palsy

spät late ◇ *Es war später Abend.* It was late evening. ◇ *am späten Vormittag* in the late morning ◇ *Gestern ist es (bei mir) spät geworden.* I was up late last night. ◇ *Es ist schon spät.* It's (getting) late. ◇ *Er kam zu spät in die Schule.* He was late for school. ◇ *bis spät in die Nacht arbeiten* work late into the night ◇ *Der Film kommt erst sehr spät.* The film isn't on till late. ◇ *Sie rief noch zu später Stunde an.* It was very late when she rang. ◇ *Es ist ein spätes Stück Schillers.* It's one of Schiller's later plays. ◇ *von früh bis spät* from morning till night ◇ *Es ist zu spät, um noch ins Kino zu gehen.* It's too late to go to the cinema now. IDM **besser spät als nie** better late than never **wie spät ist es?** what time is it? → *Siehe auch* DRAN

Spaten spade

später **1** later ◇ *ein paar Tage später* a few days later ◇ *früher oder später* sooner or later ◇ *etw für später aufheben* save sth for later ◇ *Er starb nur wenig später darauf.* He died shortly afterwards. **2** (*in der Zukunft*) one day ◇ *Sie soll später das Geschäft übernehmen.* She will take over the business one day. ◇ *Was möchtest du später einmal werden?* What do you want to be when you grow up? ◇ *Du solltest (auch) an später denken.* You need to think of the future. IDM **(also dann) bis später!** see you (later)!

spätestens at the latest ◇ *Wir sollen spätestens um acht da sein.* We have to be there by eight at the latest. ◇ *Der Aufsatz muss bis spätestens morgen fertig sein.* The essay has to be finished by tomorrow at the latest. ◇ *Die Bewerbungen müssen spätestens bis zum 31. Mai eingegangen sein.* The closing date for applications is 31st May.

Spätvorstellung late-night performance

Spatz **1** sparrow **2** (*Kosewort*) pet IDM **besser den Spatz in der Hand als die Taube auf dem Dach** a bird in the hand is worth two in the bush **das pfeifen die Spatzen von den Dächern** it's common knowledge

spazieren **1** stroll ◇ *durch den Park spazieren* stroll through the park ◇ *Am Abend waren wir spazieren.* In the evening we went for a stroll. **2 ~ gehen** go for a walk ◇ *Nach dem Essen gingen sie spazieren.* After the meal they went for a walk. ◇ *Er ging mit dem Hund spazieren.* He took the dog for a walk. **3 ~ fahren** go for a drive; (*mit dem Fahrrad*) go for a ride **4 jdn ~ fahren** take sb for a ride in the car; (*im Kinderwagen*) take sb out in the pram

Spazier- **Spaziergang** walk ◇ *einen Spaziergang machen* go for a walk **Spaziergänger(in)** person out for a walk **Spazierweg** footpath

Specht woodpecker

Speck **1** (*durchwachsen*) bacon; (*fett*) bacon fat **2** (*Körperfett*) fat, flab (*umgs, abwert*)

Spediteur haulier

Spedition haulage firm; (*Möbel-*) removal firm

Speed (*Rauschgift*) speed

Speedway speedway

Speer **1** (*Waffe*) spear **2** (SPORT) javelin **Speerwerfen, Speerwurf** javelin ◇ *Sie errang die Goldmedaille im Speerwurf.* She won the gold medal in the javelin. **Speerwerfer(in)** javelin thrower

Speiche spoke

Speichel saliva, spit **Speichellecker(in)** creep

Speicher **1** store; (*Lager*) warehouse **2** (*Dachboden*) loft, attic ◇ *auf dem Speicher* in the loft **3** (*Wasser-*) tank **4** (COMP) storage; (*Arbeits-*) memory **Speicherchip** memory chip **Speicherkapazität** **1** (COMP) storage capacity; (*Arbeits-*) memory capacity **2** (*Fassungsvermögen*) volume **Speicherkarte** memory card **Speichermedium** storage medium

speichern **1** store **2** (COMP) store; (*sichern*) save ◇ *In meinem Handy habe ich viele Telefonnummern gespeichert.* I've got lots of phone numbers stored on my mobile. ◇ *Der Computer hat die Dateien nicht gespeichert!* The computer didn't save the files!

Speicherstift USB stick, Memory Stick™

Speicherung storage ◇ *die Speicherung von Getreide* the storage of grain ◇ *die elektronische Speicherung von Daten* the electronic storage of information ◇ *Bei den Champignons ist eine hohe Speicherung von Kadmium zu beobachten.* High levels of cadmium are to be found in the mushrooms.

Speise **1** (*Gericht*) dish ◇ *Was für ein Wein passt am besten zu dieser Speise?* What sort of wine would go best with this dish? **2** (*Nahrung*) food [U] **Speisekarte** menu ◇ *auf der Speisekarte* on the menu

speisen **1** (*essen*) eat **2** (*versorgen*) feed; (*mit Strom*) power **3 sich aus etw ~** be fed by sth; (*inspiriert sein*) be inspired by sth; (*Ergebnis sein*) be the result of sth **4** (*Hungernde*) feed

Speisesaal dining room; (*in Schulen etc.*) dining hall

Spektakel¹ *das* show

Spektakel² *der* (*Lärm*) racket (*umgs*); (*Auseinandersetzung*) row

spektakulär **1** *Adj* spectacular; (*sensationell*) sensational ◇ *spektakulärer Erfolg* spectacular success ◇ *der spektakulärste Prozess des Jahres* the most sensational trial of the year **2** *Adv* dramatically, in spectacular fashion ◇ *Die Luftverschmutzung hat spektakulär abgenommen.* Air pollution has been dramatically reduced. ◇ *Die Meisterschaft begann spektakulär.* The championship began in spectacular fashion.

Spektrum spectrum; (*Palette*) range ◇ *ein breites Spektrum von Sportarten* a wide range of sports ◇ *Demonstranten aus dem linken politischen Spektrum* demonstrators from the left of the political spectrum

Spekulation speculation [U] ◇ *Das ist eine reine Spekulation!* That's pure speculation! ◇ *Die Zeitungen waren voll von Spekulationen über seine Motive.* The papers were full of speculation about his motives.

◇ *Spekulationen an der Börse* stock market speculation

Spekulatius = thin fancy-shaped spiced Christmas biscuit, (*AmE*) cookie

spekulieren **1** speculate ◇ *Über ihre Motive lässt sich nur spekulieren.* One can only speculate about her motives. ◇ *mit Wertpapieren an der Börse spekulieren* speculate in shares on the stock market **2** **auf etw ~** have hopes of sth, gamble on sth ◇ *Er spekulierte auf einen Dienstwagen.* He was gambling on getting a company car.

spendabel generous (*Adv* generously) ◇ *Er war heute spendabel aufgelegt.* He was feeling generous today. ◇ *Meine Tante zeigte sich spendabel und schenkte mir ein Auto.* My aunt generously gave me a car.

Spende donation ◇ *Sie bitten um Spenden für die neue Orgel.* They are asking for donations to the organ fund. ◇ *Einige Firmen beteiligten sich mit Spenden.* Several companies made donations.

spenden **1** donate, give ◇ *Die Kuchen waren von den Eltern gespendet worden.* The cakes had been donated by the parents. ◇ *ein Organ spenden* donate an organ ◇ *Geld für einen guten Zweck spenden* give money to charity ◇ *Blut spenden* give blood **2** **(für jdn/etw) ~** give a donation (to help sb/sth) ◇ *für die Opfer der Hungerkatastrophe spenden* give a donation to help the famine victims **3** (*Licht*) give; (*Schatten*) afford; (*Wärme*) give *sth* off; (*Wasser*) provide **4** ◇ *jdm Trost spenden* comfort sb ◇ *jdm Beifall spenden* applaud sb ◇ *jdm ein Lob spenden* praise sb ◇ *die Sakramente spenden* administer the sacraments ◇ *den Segen spenden* give the blessing

Spenden- **Spendenaktion** appeal ◇ *zu einer Spendenaktion für die Erdbebenopfer aufrufen* launch an appeal to raise money for the earthquake victims **Spendengeld** money from donations

Spender(in) donor **Spenderausweis** donor card

spendieren **etw ~** get sth; **jdm etw ~** get sb sth, treat sb to sth ◇ *Zur Feier des Tages spendiere ich eine Flasche Sekt.* As it's a special occasion, I'll get a bottle of champagne. ◇ *Sie hat uns ein Eis spendiert.* She treated us to an ice cream.

Spengler(in) → KLEMPNER(IN)

Sperling sparrow

Sperma sperm [U]

Sperre **1** (*Barriere*) barrier; (*Straßen-*) roadblock; (*Blockade*) blockade **2** (*Strafe*) suspension; (*länger*) ban ◇ *Die Sperre gegen die Athleten wurde wieder aufgehoben.* The athletes' suspension was lifted. ◇ *Gegen die Schwimmerin wurde eine zweimonatige Sperre verhängt.* The swimmer was suspended for two months. **3** (*Zahlungs-, Einstellungs- etc.*) freeze **4** (*psychisch*) mental block ◇ *Bei der Englischklausur hatte ich eine totale Sperre.* In the English exam I had a total mental block.

sperren **1** (*Straße etc.*) close; (*Stadtteil*) close *sth* off ◇ *Der Marktplatz ist für den Verkehr gesperrt.* The market square is closed to traffic. **2** (SPORT) suspend; (*länger*) ban **3** (*Zugang*) block; (*fig*) deny ◇ *Sie haben ihm den Zugang zu den Internet-Seiten gesperrt.* He has been denied access to the web pages. **4** (*Konto*) freeze; (*Scheck, Gehalt, Gelder*) stop; (*Telefon, Wasser, Strom*) cut *sth* off **5** **jdn/etw in etw ~** shut sb/sth in sth; (*abschließen*) lock sb/sth in sth **6** **sich gegen etw ~** baulk at (doing) sth, resist sth ◇ *Die Schüler sperrten sich gegen den Shakespeare-Text.* The pupils baulked at doing the Shakespeare. ◇ *sich gegen einen Vorschlag sperren* resist a proposal

Sperr- **Sperrgebiet** restricted/prohibited area ◇ *militärisches Sperrgebiet* a restricted military area **Sperrholz** plywood

sperrig bulky

Sperr- **Sperrmüll** **1** bulky waste ◇ *Zum Sperrmüll gehören Möbel, Matratzen, Teppiche etc.* Furniture, mattresses, carpets etc. are bulky waste. ◇ *Der alte Sessel landete auf dem Sperrmüll.* The old armchair was thrown out. **2** (*Sammlung*) bulky waste collection ◇ *Am Freitag ist Sperrmüll.* On Friday there is a special collection for bulky waste. **Sperrstunde** closing time

Sperrung **1** closing (off), closure **2** (SPORT) suspension, ban **3** (*von Konten*) freezing; (*von Schecks*) stopping

Spesen expenses [Pl] ◇ *Die Hotelrechnung geht auf Spesen.* The hotel bill goes on expenses. ◇ *Auf ihrer Dienstreise nach London machte sie hohe Spesen.* On her business trip to London she ran up a big expenses bill.

Spezial- **1** (*Fach-*) specialist ◇ *Spezialliteratur* specialist literature ◇ *Spezialwissen* specialist knowledge ◇ *eine Spezialfirma* a specialist firm **2** (*Sonder-*) special ◇ *eine Spezialbrille* special glasses ◇ *Der Rollstuhl ist eine Spezialanfertigung.* The wheelchair was specially made. **Spezialeffekt** special effect **Spezialeinheit** special unit **Spezialgebiet** specialist field, specialism

spezialisieren **sich (auf etw) ~** specialize (in sth)

spezialisiert specialized; (*Dienst, Buch, Restaurant*) specialist [nur vor Nomen] **auf etw ~ sein** specialize in sth ◇ *spezialisierte Milchviehhalter* specialized dairy farmers ◇ *eine spezialisierte Ausbildung* specialist training ◇ *eine auf Klimaanlagen spezialisierte Firma* a firm specializing in air conditioning ◇ *Seine Firma ist darauf spezialisiert, geeignete Führungskräfte für große Unternehmen zu rekrutieren.* His firm specializes in recruiting suitable managers for large organisations.

Spezialisierung specialization

Spezialist(in) **1** (*Experte*) expert, specialist ◇ *ein Spezialist für seltene Briefmarken* an expert on rare stamps ◇ *eine Spezialistin in Menschenrechtsfragen* a specialist in human rights questions. **2** (MED) specialist ◇ *eine Spezialistin für Magen-Darm-Erkrankungen* a specialist in gastrointestinal diseases

Spezialität speciality, (*bes AmE*) specialty ◇ *die Spezialität des Hauses* the speciality of the house

speziell **1** *Adj* (*besondere(r,s)*) special; (*individuell*) specific ◇ *Für die Arbeit muss sie spezielle Kleidung tragen.* She has to wear special clothes for work. ◇ *Sie ist meine ganz spezielle Freundin.* She's a special friend of mine. ◇ *in diesem speziellen Fall* in this specific case **2** *Adv* (*besonders*) especially ◇ *Sie liebt Sport, speziell Tennis.* She loves sport, especially tennis. **3** *Adv* (*extra*) specially ◇ *Den Kuchen habe ich speziell für dich gebacken.* I baked the cake specially for you. ◇ *Die Darbietung war speziell auf Kinder zugeschnitten.* The performance was specially designed for children. ◇ *speziell angefertigt* custom-made

Spezies species ◇ *die Spezies Mensch* the human species ◇ *eine aussterbende Spezies* an endangered species

spezifisch specific (*Adv* specifically); (*typisch*) characteristic (*Adv* characteristically) ◇ *ein spezifisch deutsches Problem* a specifically German problem ◇ *der spezifische Geruch von Dieselabgasen* the characteristic smell of diesel fumes

Sphäre sphere

Sphinx sphinx

spicken **1** (*in der Schule*) cheat **2** **mit etw gespickt sein** be full of sth **3** (*Fleisch*) lard ◇ *ein gespickter Braten* a piece of meat larded with fat

Spickzettel piece of paper with the answers on

Spiegel mirror ◇ *sich im Spiegel betrachten* look at yourself in the mirror ◇ *Frankfurt im Spiegel der Medien* the image of Frankfurt in the media IDM **jdm den Spiegel vorhalten** point out sb's faults to them **einer Sache den Spiegel vorhalten** hold a mirror up to sth

Spiegelbild 1 (*im Spiegel etc.*) reflection (*auch fig*) ◇ *Der Arbeitsmarkt ist ein Spiegelbild der wirtschaftlichen Lage.* The job market is a reflection of the economic situation. 2 (*seitenverkehrt*) mirror image **Spiegelei** fried egg **spiegelglatt** 1 (*rutschig*) very slippery; (*vereist*) icy 2 (*eben*) as smooth as glass

spiegeln 1 (*reflektieren*) reflect; **sich (in etw) ~** be reflected (in sth) ◇ *Die Berge spiegelten sich im See.* The mountains were reflected in the lake. ◇ *Im Strafrecht spiegelt sich der Zustand der Gesellschaft.* The criminal law reflects the state of society. 2 (*zeigen*) show ◇ *Ihre Geschichten spiegeln die Lebensbedingungen der Zeit.* Their stories show the living conditions of the time. ◇ *In seinem Gesicht spiegelte sich Entsetzen.* His horror showed on his face. 3 (*Glas etc.*) reflect the light

Spiegelreflexkamera single lens reflex camera (*Abk* SLR)

Spiegelung 1 (*Abbild*) (MATH) reflection 2 (MED) endoscopy; (*Kehlkopf-*) examination with a speculum

Spiel 1 game; (*Wettkampf auch*) match ◇ *ein Spiel spielen* play a game ◇ *ein Spiel für Kinder* a children's game ◇ *Machen wir noch ein Spiel?* Shall we have another game? ◇ *beim Spiel gegen die Türkei* in the match against Turkey ◇ *„Wie ist das Spiel ausgegangen?" „Unentschieden."* 'What was the score?' 'It was a draw.' 2 (*das Spielen*) play [U] (*oft mit einem Verb übersetzt*) ◇ *beim Spiel der Kinder zusehen* watch the children at play ◇ *das Spiel mit den Puppen* playing with dolls ◇ *Das Spiel der Mannschaft war ausgezeichnet.* The team played magnificently. ◇ *ein hervorragendes Spiel bieten* give an outstanding performance 3 (*um Geld*) gambling [U] ◇ *Er war dem Spiel verfallen.* He was addicted to gambling. IDM **auf dem Spiel stehen** be at stake **etw aufs Spiel setzen** risk sth; (*Leben, Existenz*) put sth on the line **jdn/etw aus dem Spiel lassen** leave sb/sth out of it **ein leichtes Spiel haben** ◇ *Dann hatten sie ein leichtes Spiel, den Safe zu knacken.* Then it was easy for them to open the safe. ◇ *Mit ihm wirst du kein leichtes Spiel haben!* He won't be a pushover! **ein Spiel mit dem Feuer** playing with fire **im Spiel sein** be involved **jdn/etw ins Spiel bringen** bring sb/sth into it → *Siehe auch* FINGER, HAND *und* MIENE

Spielautomat gambling machine **Spielball** 1 ball 2 (*beim Tennis*) game point; (*beim Volleyball*) match ball, (*AmE*) game ball 3 (*fig*) ◇ *Sie wollen kein Spielball politischer Parteien sein.* They refuse to be the plaything of any political party. ◇ *ein Spielball der Elemente sein* be at the mercy of the elements ◇ *Die Landwirte wurden zum Spielball der Innenpolitik.* The farmers were used as a political football. **Spieldauer** 1 ◇ *Sie haben die Spieldauer des Stücks auf zwei Stunden reduziert.* They cut the play to two hours. ◇ *Die Spieldauer beträgt 60 Minuten.* The game lasts 60 minutes. ◇ *die gesamte Spieldauer* the duration of the match 2 (*bei Videos*) running time

spielen 1 play ◇ *Verstecken spielen* play hide-and-seek ◇ *spielende Kinder* children playing ◇ *Klavier spielen* play the piano ◇ *um etw spielen* play for sth ◇ *Er spielt doch nur mit dir!* He's just playing games with you! ◇ *Auf Kunstrasen spielt es sich besser.* Artificial turf is better to play on. ◇ *Auf dieser Gitarre spielt es sich gut.* This guitar is lovely to play on. ◇ *Er hat ausdrucksvoll gespielt.* His playing was expressive. ◇ *Lotto spielen* do the lottery ◇ *Er spielt sehr gut Billard.* He's very good at billiards. ◇ *Spielen wir noch eine Runde?* Shall we have another game? 2 (*im Kasino etc.*) gamble 3 (*Theater etc.*) act; (*Rolle*) play ◇ *Er spielt am Stadttheater.* He's an actor at the municipal theatre. ◇ *den Unschuldigen spielen* play the innocent 4 (*aufführen*) perform ◇ *„Aschenputtel" spielen* perform 'Cinderella' ◇ *Was wird gespielt?* What's on? 5 (*sich zutragen*) be set ◇ *Seine Geschichten spielen in Irland.* His stories are set in Ireland. 6 (*Ball*) hit; (*mit dem Fuß*) kick ◇ *Er hat den Ball an den Pfosten gespielt.* He kicked the ball against the post. 7 (*ein Spiel abschließen*) ◇ *Sie haben unentschieden gespielt.* They drew. ◇ *Wir haben 2:0 gespielt!* We won 2-0! 8 (*an sein*) be on ◇ *Ihr Radio spielt den ganzen Tag.* She has her radio on all day 9 (*übergehen*) ◇ *ins Gelbliche spielend* yellowish IDM **etw spielen lassen** ◇ *Kannst du deine Beziehungen nicht spielen lassen?* Can't you pull a few strings? ◇ *Sie ließ ihren ganzen Charme spielen.* She turned on the charm. ◇ *seine Muskeln spielen lassen* flex your muscles ℹ Für andere Redewendungen mit **spielen** siehe die Einträge für die entsprechenden Nomina etc. **Mit dem Feuer spielen** z.B. steht unter **Feuer**.

spielend easily ◇ *eine Sprache spielend lernen* pick up a language easily ◇ *Sie wird mit den Schülern spielend fertig.* She has no trouble dealing with the class.

Spieler(in) 1 player 2 (*um Geld*) gambler

spielerisch 1 (*leichtherzig*) light-hearted (*Adv* light-heartedly) ◇ *ein spielerischer Umgang mit dem Thema* a light-hearted treatment of the subject 2 (*im Spiel*) ◇ *etw spielerisch lernen* learn sth through play ◇ *den Unterricht spielerisch gestalten* make lessons fun ◇ *mit spielerischer Leichtigkeit* with the greatest of ease 3 (*Spieltechnik*) playing ◇ *ihre spielerische Fähigkeiten* their playing ability ◇ *eine ausgezeichnete spielerische Leistung* an excellent performance ◇ *Sie waren spielerisch überlegen.* They were the better players.

Spielerwechsel 1 (*zu einem anderen Verein*) transfer 2 (*im Spiel*) substitution

Spiel- **Spielfeld** 1 field; (*Fußball-, Kricket-*) pitch; (*Tennis- etc.*) court ◇ *alle Spieler auf dem Spielfeld* all the players on the field ◇ *das Spielfeld verlassen* go off 2 (*beim Tippschein*) grid 3 (*bei Brettspielen*) board **Spielfilm** feature film **Spielfläche** 1 (*für Kinder*) play area 2 (*für Brettspiele*) board 3 (*im Theater etc.*) performance area **Spielhalle** amusement arcade **Spielhölle** gambling den **Spielkamerad(in)** playmate **Spielkarte** (playing) card **Spielkasino** casino **Spielkonsole** games console **Spielmannszug** marching band [mit Verb im Sing/Pl] **Spielplan** programme, (*AmE*) program ◇ *Auf dem Spielplan stehen auch zwei Mozartopern.* The programme includes two Mozart operas. **Spielplatz** playground **Spielraum** 1 (*Platz*) room to move; (*Zeit*) margin ◇ *ein Spielraum von fünf Minuten* a margin of five minutes 2 (*fig*) room for manoeuvre, (*AmE*) room for maneuver ◇ *keinen finanziellen Spielraum haben* have no room for manoeuvre financially 3 **~ für etw** scope for sth ◇ *Spielraum für Verhandlungen schaffen* provide scope for negotiation ◇ *Es gibt noch Spielraum für Verbesserungen.* There's still room for improvement. **Spielregel** rule (of the game) (*auch fig*) ◇ *in den Spielregeln nachsehen* check the rules ◇ *politische Spielregeln* the rules of the political game ◇ *sich an die Spielregeln halten* play by the rules **Spielschulden** gambling debts [Pl] **Spielstand** score **Spieltag** day (of play) **Spielverbot** ban ◇ *Spielverbot haben* be banned ◇ *jdm Spielverbot erteilen* ban sb from playing **Spielverderber(in)** spoilsport **Spielzeit** 1 (SPORT) playing time ◇ *50 Minuten reine Spielzeit* 50 minutes' actual playing time ◇ *nach einer Stunde Spielzeit* one hour into the game ◇ *Die*

Spielzeit beträgt ... The game lasts ... **2** (*Saison*) season ◇ *in der Spielzeit 2010/11* in the 2010/11 season **Spielzeug** toys [Pl]; (*einzelnes*) toy

Spieß **1** spit ◇ *etw am Spieß braten* roast sth on the spit ◇ *Schwein am Spieß* a pig roast **2** (*Schaschlik*) skewer; (*Appetithäppchen*) cocktail stick **3** (*Waffe*) spear **4** (*in der Armee*) sergeant IDM **den Spieß umdrehen** turn the tables **schreien/brüllen wie am Spieß** scream your head off

Spießbürger(in) petit bourgeois

spießbürgerlich petit bourgeois

Spießer(in) **1** ◇ *Die sind so richtige Spießer!* They're so narrow-minded! ◇ *Diese Spießer verstehen nichts von Kunst.* They're philistines. They don't know anything about art. **2** → SPIESSBÜRGER(IN)

spießig narrow-minded; (*altmodisch*) old-fashioned ◇ *Meine Eltern sind vielleicht spießig!* My parents are so old-fashioned!

Spikes **1** (*Schuhe*) spikes [Pl] **2** (*Nägel*) studs [Pl]

Spinat spinach

Spind locker

Spindel spindle

spindeldürr as thin as a rake; (*Arme, Beine*) skinny

Spinett spinet ◇ *Spinett spielen* play the spinet

Spinne spider

spinnen **1** (*Wolle, Garn, Spinnennetz*) spin ◇ *zu Garn gesponnen* spun into yarn ◇ *Intrigen spinnen* weave a web of intrigue ◇ *einen Gedanken zu Ende spinnen* develop a line of thought **2** (*verrückt sein*) be mad ◇ *Die Leute spinnen ja.* They must be mad. **3** (*Blödsinn erzählen*) talk rubbish

Spinnennetz spider's web

Spinner(in) idiot

Spinnerei **1** (*Betrieb*) spinning mill **2** (*Blödsinn*) nonsense [U]

Spinnwebe cobweb

Spion(in) spy

Spion (*Loch*) spyhole

Spionage spying, espionage (*gehoben*) ◇ *jdn wegen Spionage verurteilen* convict sb of espionage **Spionageabwehr** counter-intelligence; (*Abteilung*) counter-intelligence service **Spionagesatellit** spy satellite

spionieren **1** be a spy; **für jdn/etw ~** spy for sb/sth **2** (*herumschnüffeln*) snoop around

Spirale **1** (*Windung*) spiral ◇ *eine Spirale der Gewalt* a spiral of violence ◇ *Er flog in Spiralen abwärts.* He circled down. **2** (*spiralförmiger Gegenstand, auch zur Verhütung*) coil

spiritistisch spiritualist ◇ *eine spiritistische Sitzung abhalten* hold a (spiritualist) seance

spirituell spiritual (*Adv* spiritually)

Spirituose spirit [meist Pl], (*AmE meist*) liquor [U]

Spiritus spirit

Spital hospital

spitz **1** pointed ◇ *ein spitzer Kirchturm* a pointed spire ◇ *Das Feld läuft am südlichen Ende spitz zu.* The field tapers to a point at the southern end. ◇ *spitze Klammern* angle brackets **2** (*Messer, Bleistift etc.*) sharp **3** (*Winkel*) acute **4** (*Bemerkung*) cutting **5** (*Schrei*) shrill IDM → ZUNGE

spitze great

Spitze **1** (*scharfes Ende*) point **2** (*höchster Punkt*) top ◇ *auf der Spitze des Berges/Turms* on the top of the mountain/tower ◇ *an der Spitze der Liste* at the top of the list **3** (*Finger-, Blatt-, Schuh-*) tip; (*Haar-*) end **4** (*von einer Kolonne, einem Umzug*) front **5** (*führende Position im Rennen*) lead; (*die Führenden*) leaders [Pl] ◇ *sich an die Spitze setzen* take the lead ◇ *Italien liegt an der Spitze.* Italy is in the lead. **6** (*führende Position in Organisationen*) top position; (*führende Persönlichkeit*) leading figure ◇ *die Spitzen der Partei* the leading figures in the party **7** (*Geschwindigkeit*) top speed ◇ *Sein Motorrad fährt 140 Spitze.* His motor bike has a top speed of 140. **8** (*Seitenhieb*) dig **9** (*Gewebe, Stoff*) lace IDM **etw auf die Spitze treiben** take sth to extremes; (*zu weit gehen*) take sth too far **Das ist einsame/absolute Spitze!** That's absolutely fantastic! **die Spitze des Eisbergs** the tip of the iceberg

Spitzel informer

spitzen **1** (*Bleistift*) sharpen **2** (*Lippen*) purse IDM **die Ohren spitzen** prick up your ears

Spitzen- **1** top ◇ *Spitzenqualität* top quality **2** (*toll*) fantastic ◇ *ein Spitzenurlaub* a fantastic holiday **Spitzengeschwindigkeit** top speed **Spitzengruppe** leaders [Pl] **Spitzenkandidat(in)** leading candidate **Spitzenklasse** **1** ◇ *Ruderinnen der Spitzenklasse* top-class rowers ◇ *Der Verein zählt zur internationalen Spitzenklasse.* They are one of the world's leading clubs. **2** (*toll*) first-rate ◇ *Das Konzert war echt Spitzenklasse.* The concert was really first-rate. **Spitzenleistung** first-rate performance **Spitzenpolitiker(in)** leading politician **Spitzenposition** top position ◇ *die Spitzenposition in der Weltrangliste halten* be top in the world rankings **Spitzenreiter(in)** (*im Sport*) leader; (*in der Politik*) front runner ◇ *Spitzenreiter Leeds* league leaders Leeds **Spitzenspiel** big match **Spitzensport** world-class sport **Spitzensportler(in)** top-class sportsman/-woman **Spitzenwert** peak

Spitzer sharpener

spitzfindig **1** pedantic (*Adv* pedantically) **2** (*abwert*) (*haarspalterisch*) hair-splitting (*abwert*)

Spitzname nickname

spitzwinklig (*Dreieck*) acute-angled

Splitt loose chippings [Pl]; (*Streumittel*) grit

Splitter splinter **Splitterbombe** fragmentation bomb **Splittergruppe** splinter group

splittern (*Holz, Knochen*) splinter; (*Glas*) shatter

splitter- **splitternackt** stark naked **Splitterpartei** splinter party

Spoiler spoiler

sponsern sponsor

Sponsor(in) sponsor

Sponsoren- **Sponsorengeld** sponsorship [U] **Sponsorenvertrag** sponsorship deal

Sponsoring sponsoring

spontan spontaneous (*Adv* spontaneously) ◇ *jdm spontan seine Hilfe anbieten* spontaneously offer sb your help ◇ *sich spontan zu etw entschließen* decide to do sth on the spur of the moment

Spontaneität, **Spontanität** spontaneity

sporadisch **1** (*verstreut*) sporadic (*Adv* sporadically) ◇ *sporadische Gefechte* sporadic fighting **2** (*gelegentlich*) occasional (*Adv* occasionally)

Spore spore

Sport sport; (*Unterrichtsfach*) P.E. ◇ *Er macht/treibt viel Sport.* He does a lot of sport. **Sportabzeichen** sports badge **Sportanlage** sports complex **Sportart** sport **Sportfest** sports festival; (*in der Schule*) sports day, (*AmE*) field day **Sportfreund** sports fan **Sportgemeinschaft** sports club **Sporthalle** sports hall

sportiv (*sportlich wirkend*) athletic (*Adv* athletically); (*Kleidung*) casual (*Adv* casually)

Sportler(in) sportsman, sportswoman, (*bes AmE*) athlete

sportlich **1** sporting ◇ *eine beachtliche sportliche Leistung* a considerable sporting achievement ◇ *Du* *solltest dich sportlich betätigen.* You should get some exercise. ◇ *Ich bin sportlich aktiv.* I do sport regularly. **2** (*fair*) fair **3** (*Mensch*) sporty; (*Figur*) athletic **4** (*Frisur*) practical; (*Kleidung*) (smart but) casual ◇ *ein sportlicher Anzug* a casual suit

Sport- Sportmedizin sports medicine **Sportplatz** sports ground **Sportveranstaltung** sporting event **Sportverein** sports club **Sportwagen 1** sports car **2** (*Kinder-*) pushchair, (*AmE*) stroller

Spot 1 (*Werbe-*) commercial **2** (*Lampe*) spotlight

Spott mockery, ridicule; (*boshaft*) scorn ◇ *jdn dem Spott preisgeben* hold sb up to ridicule ◇ *jdn mit Hohn und Spott überschütten* pour scorn on sb **spottbillig** dirt cheap

spötteln über jdn/etw ~ poke fun at sb/sth

spotten über jdn/etw ~ ridicule sb/sth IDM → BESCHREIBUNG

Spötter(in) 1 mocker **2** (*Satirist*) satirist

spöttisch 1 mocking (*Adv* mockingly) ◇ *ein spöttischer Blick* a mocking glance **2** (*satirisch*) satirical

Spottpreis giveaway price

Sprach- Sprachbarriere language barrier **sprachbegabt** good at languages [nicht vor Nomen] ◇ *ein sprachbegabter Schüler* a pupil who is good at languages **sprachbehindert** with a speech defect [nicht vor Nomen] ◇ *ein sprachbehinderter Mensch* a person with a speech defect **Sprachcomputer 1** computer with voice synthesizer **2** (*Wörterbuch*) electronic dictionary

Sprache 1 language ◇ *Sie beherrscht mehrere afrikanische Sprachen.* She speaks several African languages. ◇ *die Sprache der Musik* the language of music ◇ *ein Buch in englischer Sprache* a book in English **2** (*das Sprechen*) (power of) speech ◇ *Durch einen Schlaganfall hatte er die Sprache verloren.* He had lost the power of speech after a stroke. **3** (*Akzent*) accent; (*Redeweise*) way of speaking ◇ *Der Sprache nach ist sie aus Wien.* Judging by her accent, she's Viennese. ◇ *Das Opfer hatte ihn an der Sprache wiedererkannt.* The victim had recognized him by the way he spoke. **4** (*Stil*) style ◇ *ihre schlichte Sprache* her plain style IDM **jdm bleibt die Sprache weg** sb is speechless **etw verschlägt jdm die Sprache** sth leaves sb speechless **die gleiche Sprache sprechen** speak the same language **die Sprache auf etw bringen/etw zur Sprache bringen** raise (a subject) ◇ *Auch das Thema Sicherheit wurde zur Sprache gebracht.* The subject of safety was also raised. **eine andere Sprache sprechen** tell a different story ◇ *Die Fakten sprechen eine andere Sprache.* The facts tell a different story. **eine deutliche Sprache sprechen** say it all ◇ *Die Statistik spricht eine deutliche Sprache.* The statistics say it all. **Heraus/Raus mit der Sprache!** Out with it! **mit der Sprache herausrücken** come out with it **nicht mit der Sprache herauswollen** not want to tell **zur Sprache kommen** come up ◇ *Beim Elternabend kam das Betriebspraktikum zur Sprache.* Work experience came up at the parents' evening.

Sprach- Sprachentwicklung language development **Sprachfehler** speech defect **Sprachgebrauch** usage ◇ *nach allgemeinem Sprachgebrauch* according to everyday usage **Sprachgefühl** feeling for language **Sprachkenntnis** knowledge of a/the language [U/Sing] ◇ *Wir suchen jemanden mit englischen Sprachkenntnissen.* We are looking for someone with a knowledge of English. ◇ *Zur Auffrischung ihrer Sprachkenntnisse verbrachte sie zwei Monate in Spanien.* She spent two months in Spain to brush up her Spanish. ◇ *Durch die mangelnden Sprachkenntnisse sind sie der Willkür der Arbeitgeber ausgeliefert.* Because they don't speak the language well, they are at the mercy of the employers. **Sprachkurs** language course ◇ *einen Sprachkurs machen* do a language course

sprachlich language; (*grammatikalisch*) grammatical (*Adv* grammatically) ◇ *sprachliche Barrieren* language barriers ◇ *sprachlich korrekt* grammatically correct ◇ *sprachliche Nuancen* nuances of the language ◇ *Sprachlich war der Aufsatz ausgezeichnet.* The language of the essay was excellent. ◇ *die Kinder, die sich sprachlich nicht so gut ausdrücken können* the children who are not able to express themselves well ◇ *sprachliche Verständigung* communication

sprachlos lost for words; **~ (vor etw)** speechless (with sth) ◇ *Nach seinem Geständnis war sie zunächst einmal sprachlos.* After his confession, she was at first lost for words. ◇ *Ich war sprachlos vor Wut.* I was speechless with rage.

Sprach- Sprachrohr voice; (*Sprecher*) spokesperson ◇ *Das Blatt ist das Sprachrohr der Regierung.* The paper is the voice of the government. ◇ *Er machte sich zum Sprachrohr der Kroaten.* He became a spokesman for Croatians. **Sprachschule** language school **Sprachunterricht** language lessons [Pl] **Sprachwissenschaft** linguistics [U]

Spray spray
Spraydose aerosol can

sprayen spray ◇ *gegen Unkraut sprayen* spray weedkiller

Sprayer(in) graffiti artist

Sprech- Sprechanlage intercom; (*an der Haustür*) Entryphone™ ◇ *Der Besucher meldete sich über die Sprechanlage.* The visitor gave his name on the Entryphone. **Sprechblase** speech bubble **Sprechchor 1** chorus ◇ *der Sprechchor in der griechischen Tragödie* the chorus in Greek tragedy **2** ◇ *Die Massen skandierten Sprechchöre.* The crowd chanted slogans. ◇ *Sie riefen im Sprechchor „Wir wollen rein!"* They chanted 'Let us in!'

sprechen 1 speak, talk ◇ *Sie sprach mit ausländischem Akzent.* She spoke with a foreign accent. ◇ *Er kann noch nicht sprechen.* He can't talk yet. ◇ *Sie spricht nicht mehr mit uns.* She isn't talking to us any more. ◇ *Sprich doch mehr mit ihnen.* Talk to them more. ◇ *Er sprach davon, sich ein Motorrad zu kaufen.* He was talking about buying a motor bike. ◇ *mit sich selbst sprechen* talk to yourself ◇ *im Schlaf sprechen* talk in your sleep ◇ *Da wir gerade davon sprechen ...* Talking of ... ◇ *Wer spricht bitte?* Who's calling, please? ◇ *Mit wem spreche ich?* Who's that? ◇ *Sprich nicht so laut!* Keep your voice down! ◇ *Für ihn bin ich nicht zu sprechen.* I'm not in if he calls. **2 jdn ~** speak to sb ◇ *Sie wollte den Geschäftsführer sprechen.* She wanted to speak to the manager. ◇ *Könnte ich Sie privat sprechen?* Could I have a word with you in private? **3 für jdn ~** speak for sb ◇ *Ich spreche für die Mehrheit, wenn ich sage ...* I speak for the majority when I say ... **4** (*zum Ausdruck kommen*) ◇ *Aus seinen Augen sprach blanker Hass.* You could see the sheer hatred in his eyes. ◇ *Aus seinen Worten sprach Besorgnis.* He sounded very concerned. **5** (*vortragen*) say; (*Gedicht*) recite IDM **alles/vieles/nichts spricht für etw** there is a lot/some/no evidence to suggest sth ◇ *Ist er der Täter? Vieles spricht dafür.* Was it him? There is a lot to suggest that it was. ◇ *Alles spricht dafür, dass er wieder gewählt wird.* All the indications are that he will be re-elected. **für jdn/etw sprechen** be a point in sb's/sth's favour; (*AmE*) be a point in sb's/sth's favor; say something about sb/sth ◇ *Es spricht für ihn, dass er sich entschuldigt hat.* It's a point in his favour that he apologized. ◇ *Die günstige Miete spricht für dieses Viertel.* The low rent is a point in favour of this area. ◇

Es spricht für die Moral der Mannschaft, dass ... It says something about the team's morale that ... **gegen jdn/etw sprechen** count against sb/sth ◇ *Es spricht gegen ihn, dass er keinerlei Reue zeigt.* The fact that he doesn't show any remorse counts against him. **etw spricht für sich selbst** sth speaks for itself ◇ *Der Erfolg der Schule spricht für sich selbst.* The success of the school speaks for itself. → *Siehe auch* KLARTEXT, MACHTWORT, RECHT, SCHLECHT, SEELE, SPRACHE, TAT *und* WORT

sprechend 1 (*Augen, Hände, Mimik*) expressive; (*Blick*) eloquent **2** (*deutlich*) clear ◇ *ein sprechender Beweis* clear evidence ◇ *ein sprechendes Beispiel* a graphic illustration

Sprecher(in) 1 spokesman/-woman, spokesperson ◇ *ein Sprecher der Polizei* a police spokesman **2** (*Erzähler*) narrator; (*Kommentator*) commentator; (*Ansager*) announcer; (*Nachrichten-*) newsreader

Sprech- Sprecherziehung elocution **Sprechfunk** radio-telephone ◇ *Der Polizist meldete sich über Sprechfunk, um Verstärkung anzufordern.* The policeman radioed for reinforcements. **Sprechfunkgerät** walkie-talkie **Sprechstunde** surgery; (*Zeiten*) surgery hours [Pl] ◇ *Wann hat Dr. Koch Sprechstunde?* When are Dr Koch's surgery hours? **Sprechzeit 1** (*in der Arztpraxis*) surgery hours [Pl] **2** ◇ *Drogenberatung, Sprechzeiten 14-17 Uhr.* Drugs counselling, 2 to 5 p.m. ◇ *öffentliche Sprechzeiten 9-11 Uhr* open to the public 9 to 11 **3** (*beim Telefonieren*) talk time **Sprechzimmer** consulting room

spreizen 1 spread; (*Finger*) splay ◇ *Der Vogel spreizte die Flügel.* The bird spread its wings ◇ *Er musste sich mit gespreizten Beinen an die Wand stellen.* He had to stand against the wall with his legs apart. **2 sich ~** (*sich zieren*) play hard to get **3 sich ~** (*sich aufblähen*) put on airs

sprengen 1 etw (in die Luft) ~ blow sth up ◇ *Sie wollten das Munitionslager in die Luft sprengen.* They wanted to blow up the ammunition store. **2** (*Felsen, Tunnel*) blast ◇ *einen Tunnel durch einen Berg sprengen* blast a tunnel through a mountain **3** (*aufsprengen*) force *sth* open, break *sth* open ◇ *eine Tür sprengen* force open a door ◇ *einen Safe sprengen* break open a safe **4** (*platzen lassen*) burst ◇ *Das Wasser war im Kühler gefroren und hatte ihn gesprengt.* The water in the radiator had frozen and burst it. **5** (*Fesseln, Ketten*) smash; (*Versammlung, Sitzung etc.*) break *sth* up; (*Spielbank*) break; (*Budget*) exceed **6** (*anfeuchten*) sprinkle *sth* with water **7** (*besprengen*) water (with a sprinkler) ◇ *den Rasen sprengen* water the lawn **IDM** → LUFT *und* RAHMEN

Spreng- Sprengkopf warhead **Sprengkörper** explosive device **Sprengkraft** explosive power (*auch fig*) ◇ *ein Thema mit massiver politischer Sprengkraft* a highly explosive subject **Sprengsatz** bomb, explosive device **Sprengstoff** explosive **Sprengstoffanschlag** bomb attack

Sprengung (*meist mit einem Verb übersetzt*) ◇ *Durch die Sprengung der Brücke wurde der Nachschub abgeschnitten.* When the bridge was blown up, the reinforcements were cut off.

Spreu chaff **IDM die Spreu vom Weizen sondern/trennen** separate the wheat from the chaff

sprich i.e., that is to say ◇ *Die Stadt, sprich der Steuerzahler, trägt die Kosten.* The city, that is to say, the taxpayer, bears the costs.

Sprichwort saying, proverb ◇ *Wie das alte Sprichwort schon sagt: Aller Anfang ist schwer.* As the old saying goes: the first step is always the hardest.

sprichwörtlich proverbial ◇ *Sie gingen wie die sprichwörtlichen warmen Semmeln weg.* They sold like the proverbial hot cakes. ◇ *eine sprichwörtliche Redensart* a saying ◇ *Der Geiz der Schotten ist sprichwörtlich.* The Scots have a reputation for being mean.

sprießen (*wachsen*) grow; (*austreiben*) sprout; (*fig*) spring up

Springbrunnen fountain

springen 1 jump ◇ *Die Katze sprang auf den Tisch.* The cat jumped onto the table. ◇ *Er sprang vor Freude in die Luft.* He jumped for joy. ◇ *Der Zug ist aus den Schienen gesprungen.* The train was derailed. **2** (*Stabhochsprung machen*) vault **3** (*Salto, Figur etc.*) do ◇ *einen Salto springen* do a somersault **4** (*sich in Sprüngen fortbewegen*) bound ◇ *Der Hund sprang aufgeregt durchs Zimmer.* The dog bounded excitedly around the room. **5** (*eilen*) pop ◇ *Ich springe noch eben zur Post, bevor sie zumacht!* I'm just popping to the post office before it closes. **6** (*Ball etc.*) bounce ◇ *Der Ball sprang über den Zaun.* The ball bounced over the fence. ◇ *Der Ball springt nicht gut.* This ball doesn't bounce very well. **7 auf etw ~** (*Zeiger*) move to sth; (*Ampel*) change to sth ◇ *Die Ampel sprang auf Grün.* The traffic light changed to green. **8** (*spritzen*) spurt ◇ *Blut sprang aus der Wunde.* Blood spurted out of the wound. **9** (*am Arbeitsplatz*) fill in **10** (*Sprünge bekommen*) crack; (*Saite*) break ◇ *Stell die Schüssel nicht auf die heiße Herdplatte, sonst springt sie!* Don't put the bowl on the hotplate or it'll crack! ◇ *gesprungene Lippen* cracked lips **IDM etw springen lassen** (*Geld*) spend sth; shell sth out (*umgs*) (*Runde*) buy sth ◇ *Für die Hochzeit hat er ganz schön was springen lassen.* He spent a lot of money on the wedding. → *Siehe auch* AUGE, HUPFEN, KLINGE, PUNKT *und* SCHATTEN

Springer(in) 1 (*Hoch-*) (high) jumper; (*Weit-*) (long) jumper; (*Stabhoch-*) pole vaulter **2** (*Fallschirm-*) parachutist; (*Kunst-*) diver; (*Turm-*) (high) diver; (*Ski-*) ski jumper **3** (*Ersatzkraft*) stand-in
Springerstiefel Dr Martens™

Springer (*Schachfigur*) knight

Spring- Springflut spring tide **Springreiten** showjumping **Springreiter(in)** showjumper **Springseil** skipping rope, (*AmE*) jump rope

Sprint 1 (SPORT) sprint **2** (*fig*) spurt ◇ *Wenn wir einen Sprint einlegen, kriegen wir den Zug vielleicht.* If we put on a spurt, we might catch the train.

sprinten sprint

Sprinter(in) sprinter

Sprit petrol, (*AmE*) gas

Spritze 1 (*Gerät*) syringe **2** (*Injektion*) injection, jab (*umgs*) ◇ *Sie hat eine Spritze (in den Arm) bekommen.* She had an injection (in the arm). **3** (*für Sahne, Teig etc.*) piping bag **4** (*für Flüssigkeiten*) spray **5** (*Löschgerät*) hose **IDM an der Spritze hängen** be an addict **von der Spritze loskommen** get off drugs

spritzen 1 spray ◇ *Bäume gegen Ungeziefer spritzen* spray trees against insects ◇ *einen Wagen neu spritzen lassen* have a car resprayed **2** (*Sahne etc.*) pipe **3** (*bespritzen, verspritzen*) splash ◇ *Er hat mir Wasser ins Gesicht gespritzt.* He splashed water in my face. ◇ *Er hat mich nass gespritzt.* He splashed me and got me wet. ◇ *Die Farbe ist auf den Boden gespritzt.* The paint splashed onto the floor. ◇ *Es spritzte, als er einen Bauchklatscher machte.* There was a splash when he did a bellyflop. **4** (*Fett*) spit **5** (*herausspritzen*) spurt ◇ *Das Blut spritzte nach allen Seiten.* Blood spurted in all directions. **6** (*Medikament, Drogen*) inject ◇ *ein Medikament spritzen* inject a drug ◇ *Diabetiker müssen sich täglich spritzen.* Diabetics have to give themselves injections every day. ◇ *Spritzen Sie dem Patienten sofort Insulin.* Give the patient an insulin injection at once. ◇ *Sie spritzt jetzt (Heroin).* She shoots up (heroin) now.

Spritzer **1** splash; (*mit Druck*) squirt ◇ *Meine Hose ist voller Spritzer.* My trousers are covered in splashes. ◇ *ein paar Spritzer Spülmittel ins Wasser geben* add a few squirts of washing-up liquid to the water **2** (*Zitronensaft, Parfum*) dash

spritzig **1** (*Aufführung, Unterhaltung*) sparkling, scintillating; (*Musik*) lively; (*Rede, Dialog*) witty (*Adv* wittily) **2** (*Mineralwasser*) sparkling; (*Wein*) crisp, slightly sparkling **3** (*Auto*) nippy (*umgs*)

Spritz- **Spritzpistole** spray gun **Spritztour** spin (*umgs*) ◇ *Wir haben eine Spritztour aufs Land gemacht.* We went for a spin in the country.

spröde **1** (*Material, Holz*) brittle **2** (*Haut*) dry, rough; (*Lippen*) chapped **3** (*Stimme*) husky **4** (*Mensch*) aloof, standoffish; (*Charme*) austere

Spross **1** shoot **2** (*Nachkomme*) scion (*gehoben*)

Sprosse (*Querholz*) rung

Sprossenwand wall bars [Pl]

Sprössling child

Sprotte sprat

Spruch **1** saying; (*Zitat*) quotation; (*Parole*) slogan **2** **Sprüche** (*Geschwätz*) talk [U] ◇ *Das sind alles nur Sprüche.* All that is just talk. ◇ *Er hat immer flotte Sprüche drauf.* He's always wisecracking. **3** (*Urteils-*) judgement IDM **(große) Sprüche machen/klopfen** shoot your mouth off (*umgs*)

Spruchband banner

spruchreif **~ sein** be definite ◇ *Die Sache ist noch nicht spruchreif.* Nothing's definite yet.

Sprudel sparkling mineral water; **süßer ~** lemonade

sprudeln **1** bubble; (*in einem Strahl*) gush ◇ *Im Topf sprudelt es, du kannst jetzt die Nudeln reintun.* The water in the pan is bubbling; — you can put the pasta in now. ◇ *vor guter Laune sprudeln* bubble (over) with enthusiasm ◇ *Das Öl sprudelte aus der Erde.* Oil gushed out of the ground. **2** (*schäumen*) be fizzy ◇ *Die Limonade sprudelt nicht genug.* The lemonade isn't fizzy enough. **3** (*Worte*) tumble out

sprudelnd **1** bubbling; (*Getränk*) fizzy **2** (*Temperament*) bubbly

Sprühdose spray (can)

sprühen **1** spray ◇ *Graffiti an eine Wand sprühen* spray graffiti on a wall ◇ *Pflanzenschutzmittel auf das Getreide sprühen* spray the corn with pesticide **2** (*Funken etc.*) fly **3** (*Augen*) flash, sparkle ◇ *Ihre Augen sprühten.* Her eyes flashed. ◇ *Ihre Augen sprühten vor Freude.* Her eyes sparkled with delight. **4** **vor etw ~** be full of sth ◇ *Ihre Vorstellung sprühte vor Einfallsreichtum.* Her performance was full of imagination.

Sprühregen drizzle

Sprung **1** jump; (*Kopf-*) dive; (*Stabhoch-*) vault ◇ *ein Sprung aus einem Meter Höhe* a jump from a height of a metre ◇ *Beim Sprung aus dem Fenster brach er sich das Genick.* He broke his neck jumping out of the window. **2** (*kurze Entfernung*) stone's throw ◇ *Es ist nur ein Sprung bis zum Bäcker.* It is only a stone's throw to the baker's. **3** (*Riss*) crack **4** (*fig*) leap; (*Fortschritt*) step ◇ *Sich selbstständig zu machen ist immer ein Sprung ins Ungewisse.* Setting up on your own is always a leap in the dark. ◇ *Dies stellt für Portugal einen bedeutenden Sprung nach vorn dar.* This is an important step forward for Portugal. ◇ *Wir wissen nicht, ob sie den Sprung ins Management schaffen wird.* We don't know whether she will make it into management. ◇ *Als sie das Baby sah, machte ihr Herz vor Freude einen Sprung.* When she saw the baby, her heart leapt with joy. IDM **auf dem Sprung sein** be in a rush **auf einen Sprung vorbeikommen** pop in **jdm auf die Sprünge helfen** **1** (*beistehen*) give sb a helping hand **2** (*einen Hinweis geben*) give sb a hint ◇ *Ich weiß die Antwort nicht. Kannst du mir auf die Sprünge helfen?* I don't know the answer. Can you give me a hint? **den Sprung wagen** take the plunge ◇ *Noch wage ich den Sprung nicht.* I daren't take the plunge yet. **keine großen Sprünge machen können** not be able to afford many luxuries

Sprungbrett diving board; (*fig*) springboard **Sprunggelenk** ankle joint

sprunghaft **1** erratic (*Adv* erratically); (*Charakter*) volatile ◇ *ein sprunghafter Gedankengang* an erratic train of thought **2** (*plötzlich*) sudden (*Adv* suddenly), sharp (*Adv* sharply) ◇ *Die Mitgliedschaft ist sprunghaft angestiegen.* Membership has risen sharply.

Sprung- **Sprungschanze** ski jump **Sprungtuch** jumping sheet **Sprungturm** diving platform

Spucke spit IDM **jdm bleibt die Spucke weg** sb is gobsmacked

spucken **1** spit ◇ *jdm ins Gesicht spucken* spit in sb's face ◇ *Blut/Schleim spucken* spit blood/phlegm **2** (*Vulkan*) spew IDM **auf etw spucken** not give a damn about sth (*umgs*) ◇ *Er spuckt auf ein gutes Zeugnis.* He doesn't give a damn about getting a good report. → *Siehe auch* GIFT *und* TON²

Spuk **1** ghostly goings-on [Pl] ◇ *nächtlicher Spuk im Kloster* ghostly goings-on in the monastery at night ◇ *Eine Gestalt erschien wie ein Spuk um Mitternacht.* A figure mysteriously appeared at midnight like an apparition. **2** (*fig*) strange goings-on [Pl]; (*Ereignisse*) episode ◇ *Nach einer halben Stunde war der Spuk am Rathaus beendet und es konnte mit dem Aufräumen begonnen werden.* Half an hour later, the episode at the town hall was over and they were able to start clearing up. ◇ *als der braune Spuk zu Ende war* when the horrors of the Nazi era were over **3** (*Aufheben*) fuss

spuken **1** **in/durch etw ~** haunt sth ◇ *Der Geist seiner Mutter spukte in seinem Zimmer.* His room was haunted by the ghost of his mother. ◇ *Die Ermordete spukt nachts durch das Haus.* The murdered woman haunts the house at night. **2** ◇ *In dem Haus spukt es.* The house is haunted. **3** **in jds Kopf ~** go round in sb's head, haunt sb ◇ *Die Idee spukt schon länger in seinem Kopf herum.* The idea has been going round in his head for some time. ◇ *ein Ereignis, das noch in vielen Köpfen spukt* an event that still haunts many people

Spuk- **Spukgeschichte** ghost story **Spukschloss** haunted castle

Spülbecken sink

Spule **1** reel ◇ *eine Spule Garn* a reel of cotton **2** (ELEK) coil

Spüle sink (unit)

spulen wind *sth* (onto a spool)

spülen **1** (*abwaschen*) wash (*sth*) up ◇ *Ich spüle nur noch schnell (die Gläser).* I'll just wash (the glasses) up quickly. **2** (*ausspülen*) rinse; (*Wunde*) bathe **3** (*Toilette*) flush **4** (*mitgerissen werden*) wash ◇ *Eine Leiche wurde an Land gespült.* A body was washed up on the shore. ◇ *Zwei Matrosen wurden über Bord gespült.* Two sailors were washed overboard.

Spül- **Spülkasten** cistern **Spülmaschine** dishwasher **Spülmittel** detergent, (*BrE auch*) washing-up liquid

Spülung **1** rinse; (*für Haare*) conditioner **2** (*Toiletten-*) flush **3** (*Darm-*) (colonic) irrigation

Spülwasser washing-up water; (*für Wäsche*) rinsing water; (*in der Spülmaschine*) rinse water

Spund bung

Spur **1** trail; (*Reifen-, Tier-*) track [meist Pl]; (*Fingerabdruck*) (finger)print ◇ *Die Spur der Kidnapper führte nach Brasilien.* The kidnappers' trail led to Brazil. ◇ *Die Einbrecher trugen Handschuhe, um keine Spuren zu hinterlassen.* The burglars wore gloves so as to leave no prints. ◇ *Die Polizei ist auf eine neue Spur gestoßen.* The police have discovered a new lead. **2** (*Anzeichen*) trace, mark ◇ *Von dem Dieb fehlt noch jede Spur.* There is no trace of the thief. ◇ *Im Wein fanden sich Spuren des Giftes.* There were traces of poison in the wine. ◇ *In Afrika wurden Spuren alter Kulturen gefunden.* Traces of ancient cultures were found in Africa. ◇ *Die Spuren des Kriegs waren in der Stadt überall zu sehen.* The war had left its marks all over the town. **3** (*winzige Menge*) touch, hint ◇ *eine Spur zu süß* a touch too sweet ◇ *Ich glaubte in seiner Antwort eine Spur von Bedauern zu hören.* I thought I could detect a hint of regret in his answer. **4** (*Fahr-*) lane ◇ *die Spur wechseln* change lanes **5** (ELEK) track IDM **auf der richtigen/falschen Spur sein** be on the right/wrong track **jdm/etw auf der Spur sein** be onto sb/sth **jdm/etw auf die Spur kommen** track sb/sth down **Keine Spur!** Not in the least!

spürbar noticeable (*Adv* noticeably), distinct (*Adv* distinctly)

spüren 1 feel ◇ *In diesem Mantel kann ich die Kälte nicht spüren.* I don't feel the cold in this coat. ◇ *Sie spürte einen leichten Schmerz im Arm.* She could feel a slight pain in her arm. ◇ *Ich spürte seine Hand auf meiner Schulter.* I felt his hand on my shoulder. **2** (*seelisch empfinden*) sense ◇ *Sie spürte seine Angst.* She sensed his fear. ◇ *Sie lässt mich deutlich spüren, dass sie meine Freunde nicht leiden kann.* She makes it plain to me that she cannot stand my friends. ◇ *Von Feindseligkeit ist nichts zu spüren.* There is no sign of animosity. **3** (*Beschwerden haben*) have a pain *in sth* ◇ *Ich spüre mein Kreuz.* I've got a pain in my back. IDM **etw zu spüren bekommen 1** (*mit etw konfrontiert werden*) encounter sth ◇ *Vorurteile habe ich nie zu spüren bekommen.* I have never encountered prejudice. ◇ *Sie war nur ein Adoptivkind — das bekam sie immer wieder zu spüren.* She was only an adopted child — she was constantly made to feel that. **2** (*betroffen sein*) be hit by sth ◇ *Das Personal bekam den Sparkurs schon zu spüren.* The staff have already been hit by the economy measures. → *Siehe auch* LEIB

Spuren- Spurenelement trace element **Spurensicherung** forensic investigations [Pl]; (*Abteilung der Polizei*) forensics [U] **Spurensuche** search for clues

Spürhund tracker dog

-spurig ◇ *zweispurig* two-lane ◇ *eine dreispurige Schnellstraße* a three-lane highway ◇ *eine schmalspurige Kleinbahn* a narrow-gauge railway

spurlos 1 without trace ◇ *Sie ist spurlos verschwunden.* She has disappeared without trace. **2 nicht ~ an jdm vorübergehen** leave its/their mark on sb ◇ *Der Krieg ist nicht spurlos an ihnen vorübergegangen.* The war has left its mark on them.

Spurrille rut

Spürsinn 1 (*Geruchssinn*) sense of smell **2** (*fig*) feeling; (*Intuition*) intuition ◇ *Er hat einen Spürsinn für neue Trends.* He has a feeling for new trends. ◇ *Dieser Historiker hat den Spürsinn eines Detektivs.* This historian has a detective's intuition.

Spurt spurt ◇ *einen Spurt einlegen* put on a spurt

spurten 1 dash **2** (SPORT) put on a spurt

sputen sich ~ hurry

Squash (SPORT) squash

Staat 1 state; (*Regierung*) government [mit Verb im Sing/Pl] ◇ *einen Staat anerkennen* recognize a state ◇ *beim Staat arbeiten* work for the government ◇ *Zum Wohl des Staates dankte der Minister ab.* The minister resigned in the interests of the nation. **2 die Staaten** the States IDM **mit etw Staat machen** impress with sth; make an impression with sth ◇ *Mit diesem Schiff kann die Reederei Staat machen.* This ship will give the shipping company the chance to impress. ◇ *Mit seinem alten VW kann er keinen Staat mehr machen.* His old VW's past it.

Staatenbund federation; (*EU*) European Union **Staatengemeinschaft** confederation; (*UN*) United Nations **staatenlos** stateless

staatlich 1 state [nur vor Nomen] ◇ *die staatlichen Interessen vertreten* represent state interests ◇ *staatliche Gelder* state funds **2** state-run; (*im Staatsbesitz*) state-owned ◇ *ein staatliches Museum* a state-run museum ◇ *ein staatlicher Betrieb* a state-owned factory **3 ~ anerkannt** state-approved **4 ~ geprüft** state-certified **5 ~ subventioniert** subsidized by the state [nicht vor Nomen] ◇ *ein staatlich subventioniertes Opernhaus* an opera house subsidized by the state

Staats- Staatsakt ceremony; (*Trauerfeier*) state funeral **Staatsangehörige(r)** national, citizen ◇ *ausländische Staatsangehörige* foreign nationals **Staatsangehörigkeit** nationality, citizenship ◇ *die britische Staatsangehörigkeit beantragen/erhalten* apply for/be granted British nationality ◇ *die Einführung einer doppelten Staatsangehörigkeit* the introduction of dual nationality ◇ *Sie hat die amerikanische Staatsangehörigkeit.* She's an American citizen. **Staatsanwalt, -anwältin** public prosecutor, (*AmE*) district attorney ◇ *der ermittelnde Staatsanwalt* the public prosecutor who is conducting the investigation **Staatsanwaltschaft** public prosecutor's office **Staatsbegräbnis** state funeral **Staatsbesuch** state visit ◇ *auf Staatsbesuch sein* be on a state visit ◇ *Sie reiste zu einem Staatsbesuch nach Israel.* She paid a state visit to Israel. **Staatsbürger(in)** → STAATSANGEHÖRIGE **Staatsbürgerschaft** → STAATSANGEHÖRIGKEIT **Staatschef(in)** → STAATSOBERHAUPT **Staatsdienst** civil service ◇ *in den Staatsdienst eintreten* go into the civil service ◇ *Sie ist im Staatsdienst.* She's a civil servant. **staatseigen** state-owned **Staatseigentum** state property ◇ *der Verkauf von Staatseigentum* the sale of state property ◇ *in Staatseigentum übergehen* go into public ownership **Staatseinnahmen** state revenue [U] **Staatsexamen** = degree qualification for teachers, lawyers etc. ◇ *Sie hat das erste Staatsexamen in Jura.* She's a law graduate. **Staatsfeind(in)** enemy of the state **Staatsform** system of government **Staatsgast** guest on a state visit **Staatsgebiet** (national) territory **Staatsgeheimnis** state secret **Staatsgewalt 1** (*Herrschaftsgewalt des Staates*) authority (of the state) ◇ *Alle Staatsgewalt geht vom Volke aus.* All authority comes from the people. **2** (*Exekutive*) executive power **3** (*Polizei*) police ◇ *Er wurde der Staatsgewalt überantwortet.* He was handed over to the police. ◇ *Widerstand gegen die Staatsgewalt* resisting arrest **Staatsgrenze** (national) border ◇ *an der italienischen Staatsgrenze* at the Italian border **Staatskanzlei** state chancellery **Staatskasse** treasury ◇ *Der Profit geht an die Staatskasse.* The profit goes to the treasury. ◇ *die Staatskasse plündern* plunder the public purse ◇ *die leeren Staatskassen* the government's empty coffers **Staatsmann** statesman **Staatsminister(in) 1** minister **2** (*einer Bundesbehörde*) Permanent Secretary, (*AmE*) undersecretary **3** (*Premierminister(in)*) prime minister **Staatsoberhaupt** head of state **Staatspräsident(in)** president **Staatsregierung** state government **Staatssekretär(in) 1** Permanent Secretary, (*AmE*) undersecretary **2 Parlamentarische(r) ~** Parliamentary Secretary **Staatssicherheit 1** national security ◇ *im Interesse der Staatssicherheit* in the interests of national security **2** (*der DDR*) state security ◇ *das Ministerium für Staatssicherheit* the ministry of state security **3** (*Sicherheitsdienst der DDR*) state security service, secret police [meist Pl] **Staatsstreich** coup ◇ *durch einen Staatsstreich an die Macht kom-*

men seize power in a coup **Staatstrauer** national mourning ◇ *Er rief eine dreitägige Staatstrauer aus.* He declared three days of national mourning. **Staatsverschuldung** national debt **Staatsvertrag** (international) treaty

Stab **1** stick; (*Gitter- etc.*) bar **2** (*für Staffellauf, Dirigenten-*) baton ◇ *der Stab des Dirigenten* the conductor's baton **3** (*Stabhochsprung-*) pole **4** (*Öl-*) dipstick **5** (*Amts-*) mace **6** (*Bischofs-*) crosier **7** (*Hirten-*) crook **8** (*Belegschaft, Offiziers-*) staff; (*Gruppe*) team ◇ *zum Stab gehören* be on the staff ◇ *ein Stab von Fachleuten* a team of experts

Stäbchen **1** (*kleiner Stab*) stick **2** (*chinesisch*) chopstick [meist Pl]

Stab- **Stabhochspringer(in)** pole-vaulter **Stabhochsprung** pole vault

stabil **1** strong, sturdy (*Adv* sturdily); (*Gebäude*) solid (*Adv* solidly); (*Gesundheit*) robust ◇ *stabiles Material* strong material ◇ *stabiles Schuhwerk* sturdy shoes **2** (*Preise, Wirtschaft, Regierung, Zustand*) stable; (*stetig*) steady ◇ *stabile Währungen* stable currencies ◇ *stabiles Wachstum* steady growth

stabilisieren **1** (*Lage, Währung*) stabilize; (*Gebäude etc.*) support **2 sich ~** become stable; (*Preise, Kurse*) stabilize ◇ *Die Lage hatte sich stabilisiert.* The situation had become stable.

Stabilisierung stabilization (*oft mit einem Verb übersetzt*) ◇ *Maßnahmen zur Stabilisierung der Konjunktur* measures aimed at stabilizing the economy

Stabilität stability

Stachel **1** (*an Kakteen, bei Igeln etc.*) spine, prickle; (*an Sträuchern*) thorn; (*an Stacheldraht*) barb **2** (*Gift-*) sting **3** (*Metallspitze*) spike **4** (*etwas Quälendes*) pang [meist Pl] ◇ *der Stachel der Eifersucht/Enttäuschung* the pangs of jealousy/disappointment **5** (*Antrieb*) ◇ *Sie wurde vom Stachel des Ehrgeizes/der Neugierde getrieben.* She was driven by ambition/curiosity. ◇ *Der Autor hat seinen kritischen Stachel verloren.* The author had lost his critical edge. IDM **einer Sache den Stachel nehmen** take the sting out of sth **ein Stachel im Fleisch** a thorn in the flesh
Stachelbeere gooseberry **Stacheldraht** barbed wire **Stacheldrahtzaun** barbed wire fence

stachelig, stachlig **1** (*Pflanze*) prickly **2** (*Haare*) bristly; (*Igellook*) spiky

Stachelschwein porcupine

Stadion stadium

Stadium stage ◇ *sich im Stadium der Planung befinden* be at the planning stage ◇ *im jetzigen Stadium* at this stage ◇ *im frühen Stadium der Krankheit* in the early stages of the disease ◇ *im fortgeschrittenen Stadium* at an advanced stage

Stadt **1** town; (*größer*) city ◇ *Sie würde lieber in der Stadt leben.* She'd rather live in town. ◇ *am Rande/im Zentrum der Stadt* on the outskirts/in the centre of town ◇ *in die Stadt gehen/fahren* go into town **2** (*Verwaltung*) town/city council ◇ *bei der Stadt arbeiten* work for the council IDM **in Stadt und Land** nationwide
Stadtautobahn urban motorway, (*AmE*) urban freeway **Stadtbevölkerung** population (of a/the town) ◇ *25 Prozent der Stadtbevölkerung* 25% of the population of the town ◇ *die Angst der Stadtbevölkerung* the fears of people in the town **Stadtbezirk** borough **Stadtbild** townscape, appearance of a/the town ◇ *das historische Stadtbild* the historic townscape ◇ *das Stadtbild verschönern* improve the appearance of the town ◇ *Die Parks prägen das Stadtbild von London.* The parks are an important feature of London as a city. ◇ *aus dem Stadtbild verschwinden* disappear from the scene ◇ *ins Stadtbild passen* fit in with the character of the town **Stadtbücherei** town/city library **Stadtbummel** stroll through the town ◇ *einen Stadtbummel machen* go for a stroll through the town

Städtebau town planning, (*bes AmE*) urban development

Städtepartnerschaft (town) twinning, twinning link ◇ *die Städtepartnerschaft zwischen Nürnberg und Glasgow* the twinning of Nuremberg and Glasgow ◇ *eine Städtepartnerschaft eingehen* set up a twinning link

Städter(in) town dweller; (*in der Großstadt*) city dweller

Stadt- **Stadtgebiet** town, city ◇ *Die Ozonwerte sollen im gesamten Stadtgebiet gemessen werden.* The ozone levels are to be measured all over town. ◇ *der ärztliche Notdienst für das Stadtgebiet Frankfurt* ambulance services for the city of Frankfurt

städtisch **1** urban ◇ *das städtische Wohnen* urban living **2** (*kommunal*) municipal ◇ *ein städtisches Schwimmbad* a municipal swimming pool ◇ *städtische Angestellte* city council staff

Stadt- **Stadtkern** (town) centre, (*AmE*) downtown area **Stadtmauer** city wall ◇ *vor der Stadtmauer gelegen* outside the city wall **Stadtmensch** townie **Stadtmitte** → STADTZENTRUM **Stadtplan** street map **Stadtrand** outskirts (of town) [Pl] ◇ *am Stadtrand wohnen/liegen* live/be on the outskirts of the town ◇ *an den Stadtrand verlegt werden* move to the outskirts of town **Stadtrat** (*Gremium*) town council [mit Verb im Sing/Pl]; (*einer Großstadt*) city council [mit Verb im Sing/Pl] **Stadtrat, -rätin** town councillor; (*einer Großstadt*) city councillor **Stadtrundfahrt** sightseeing tour of the town/city **Stadtstaat** city state ◇ *im Stadtstaat Hamburg* in the city state of Hamburg **Stadtteil** district; (*Gegend*) part of town/city **Stadttor** town/city gate **Stadtverwaltung** town/city council [mit Verb im Sing/Pl] **Stadtviertel** → STADTTEIL **Stadtwerke** (public) works department **Stadtzentrum** town/city centre, (*AmE*) downtown area

Staffel **1** (*Team*) relay team [mit Verb im Sing/Pl] **2** (*Wettkampf*) relay (race) ◇ *Er läuft nun doch Staffel.* He's running the relay after all. ◇ *die 4x100-m-Staffel* the 4x100m (four by one hundred metres) relay **3** (MIL) squadron [mit Verb im Sing/Pl] **4** (TV) series

Staffelei easel

Staffellauf relay race

staffeln **1** grade ◇ *Die Gehälter werden nach Leistung und Alter gestaffelt.* Salaries are graded according to performance and age. **2 sich ~** be graded ◇ *Die Portogebühren staffeln sich nach Größe und Gewicht.* Postal charges are graded by size and weight. **3** (*räumlich, zeitlich*) stagger

Staffelung **1** (*von Gebühren etc.*) grading **2** (*zeitlich versetzt*) ◇ *Für das Inkrafttreten des Gesetzes wurde eine zeitliche Staffelung beschlossen.* The law will come into force in stages. ◇ *Der Betrieb berät über eine Staffelung der Urlaubszeiten.* The company is considering staggering holidays.

Stagnation stagnation [U] ◇ *eine wirtschaftliche Stagnation* economic stagnation ◇ *eine Stagnation der Erzeugung* stagnation in production ◇ *Der Norden verzeichnete eine Stagnation.* The north experienced a period of stagnation.

stagnieren stagnate

Stahl steel ◇ *eine Brücke aus Stahl* a steel bridge
Stahlarbeiter(in) steelworker **Stahlbeton** reinforced concrete **stahlblau** steely blue

stählen **1** strengthen; (*Mut, Willen*) steel **2 sich ~** get fit, build up your strength

stählern **1** steel ◇ *eine stählerne Brücke* a steel bridge **2** (*Wille*) iron [nur vor Nomen]; (*Muskeln, Nerven*) of steel (*dem Nomen nachgestellt*) ◇ *stählerne Nerven* nerves of steel

stahl- **stahlgrau** steel-grey **stahlhart** (very) hard, as hard as steel [nicht vor Nomen] ◇ *ein stahlharter Profi* a hard professional ◇ *Sie ist stahlhart.* She's as hard as steel. **Stahlhelm** steel helmet **Stahlindustrie** steel industry

Stakkato staccato

staksig gawky; (*Beine*) spindly

Stalagmit stalagmite

Stalaktit stalactite

Stall, **Stallung** (*Kuh-*) cowshed; (*Pferde-*) stable; (*Schweine-*) pig shed; (*Hühner-*) chicken shed; (*kleiner*) chicken coop; (*Kaninchen-*) hutch

Stamm **1** (*Baum-*) trunk **2** (*Volks-*) tribe **3** (*Mitarbeiter- etc.*) core ◇ *ein fester Stamm von Mitarbeitern* a core of regular workers ◇ *Sie gehört zum Stamm der Mannschaft.* She's a regular member of the team. **4** (*Wort-*) root **5** (BIOL) phylum **6** (*Krankheitserreger*) strain **Stammaktie** ordinary share **Stammbaum** **1** family tree ◇ *Er kann seinen Stammbaum 400 Jahre zurückverfolgen.* He can trace his family (tree) back 400 years. **2** (*von Zuchttieren*) pedigree

stammeln stammer

stammen **1 von jdm ~** be by sb ◇ *Das Gemälde stammt von Monet.* The painting is by Monet. ◇ *Das Gerücht stammt nicht von mir.* I didn't start the rumour. ◇ *Die Kinder stammen von ihm.* The children are his. **2 aus etw ~** come from sth ◇ *Das Wort stammt aus dem Griechischen.* The word comes from the Greek. ◇ *Der Druck stammt aus der ersten Serie.* The print is from the first series. **3 aus/von etw ~** (*Zeit*) date back to sth ◇ *Die Vase stammt aus dem Mittelalter.* The vase dates back to the Middle Ages.

Stamm- **Stammform** (LING) base form **Stammgast** regular customer

stämmig sturdy; (*Baum*) stout

Stamm- **Stammkneipe**, **Stammlokal** local, (*AmE*) favorite bar ◇ *Meine Stammkneipe ist gleich um die Ecke.* My local is just round the corner. **Stammkunde, -kundin** regular (customer) **Stammplatz** usual seat; (*in einer Mannschaft*) regular place **Stammsitz** head office **Stammtisch** **1** table reserved for regulars **2** (*Treffen*) regular meeting (in a pub) **Stammzelle** stem cell ◇ *embryonale Stammzellen* embryonic stem cells

stampfen **1** stamp; (*laut gehen*) tramp ◇ *Er stampfte vor Wut mit dem Fuß.* He stamped his foot in rage. ◇ *Sie stampften mit ihren Gummistiefeln über den Küchenboden.* They tramped across the kitchen floor in their wellingtons. **2** (*Maschine*) pound; (*Schiff*) pitch **3** (*Kartoffeln etc.*) mash; (*im Mörser*) crush **IDM** → BODEN

Stand **1** (*kleiner Laden*) stall; (*Messe-, Informations-*) stand; (*Taxi-*) rank **2** (*Lage, Zustand*) ◇ *der derseitige Stand der Dinge* the way things stand at present ◇ *etw auf den neuesten Stand bringen* bring sth up to date ◇ *nach dem neuesten Stand der Forschung* according to the latest research ◇ *auf dem neuesten Stand der Technik sein* be state of the art **3** (*Stufe*) level ◇ *der Stand des Wassers* the water level **4** (*Spiel-*) score ◇ *Beim Stand von 13:13 wurde das Spiel abgebrochen.* The game was called off with the score at 13 all. **5** (*Gesellschaftsschicht*) class **IDM** **aus dem Stand** from a standing position **einen schweren Stand haben** have a hard time of it → *Siehe auch* AUSSER

Standard standard ◇ *Kinderbetreuung von hohem Standard* childcare of a high standard ◇ *Wir müssen den Standard in der ganzen Region anheben.* We must raise standards across the whole region. **Standardausrüstung** standard equipment **Standardbrief** standard letter

standardisieren standardize

Standardisierung standardization

standardmäßig standard ◇ *die standardmäßige Tastaturbelegung* the standard keyboard layout ◇ *Alle Daten sind standardmäßig verschlüsselt.* All data is encrypted as standard. ◇ *Dieses Feature ist standardmäßig aktiviert.* This feature is activated by default.

Standardwerk standard work

Standarte standard

Standbild **1** (*Statue*) statue **2** (*Film*) still

Ständchen tune; (*Lied*) song; (*als Liebeserklärung*) serenade ◇ *jdm ein Ständchen bringen* play sb a tune/sing sb a song

Ständer **1** stand **2** (*Erektion*) hard-on (*umgs*)

Ständerat, **-rätin** member of the upper chamber

Ständerat upper chamber

Standesamt registry office

standesamtlich **~ heiraten** get married in the registry office, have a civil wedding (*offiz*)

Standesbeamte, **-beamtin** registrar

standesgemäß ◇ *standesgemäß wohnen* live in a style befitting your status ◇ *standesgemäß heiraten* marry somebody of the same social class

standfest **1** (*standhaft*) firm ◇ *Die Gewerkschaft blieb standfest.* The union stood firm. ◇ *ein standfester Marxist* a staunch Marxist **2** (*stabil*) stable **3 nicht mehr ~ sein** not be steady on your feet

Standfestigkeit **1** (*fester Stand*) stability **2** (*Standhaftigkeit*) determination

standhaft steadfast (*Adv* steadfastly) ◇ *Er weigerte sich standhaft, das Geheimnis preiszugeben.* He steadfastly refused to give away the secret. ◇ *standhaft bleiben* stand firm

standhalten withstand ◇ *Die Dachbalken hatten dem Feuer standgehalten.* The beams had withstood the fire.

ständig **1** *Adj* (*dauernd*) constant; (*regelmäßig wiederkehrend*) continual; (*fest, permanent*) permanent ◇ *ihr ständiges Streiten* their constant quarrelling ◇ *Seine ständigen Telefonanrufe begannen sie zu ärgern.* His continual phone calls were beginning to annoy her. ◇ *ständige Mitarbeiter* permanent members of staff **2** *Adv* always, constantly (*gehoben*) ◇ *Ich bin ständig müde.* I'm always tired. ◇ *Die Qualität wird ständig überprüft.* The quality is constantly checked. ◇ *Der Stromverbrauch steigt ständig.* Electricity consumption keeps rising.

Standlicht sidelights [Pl]

Standort **1** location ◇ *ein zentraler Standort* a central location **2** (*fig*) position ◇ *Ihren politischen Standort beschreibt sie als liberal.* She describes her political position as being liberal. **Standortbestimmung** ◇ *eine Standortbestimmung der Partei* an assessment of where the party is at ◇ *Das Spiel ist für uns eine echte Standortbestimmung.* The game will enable us to assess our present form.

Stand- **Standpauke** lecture ◇ *jdm eine Standpauke halten* give sb a lecture **Standpunkt** point of view ◇ *Von meinem Standpunkt aus …* From my point of view … ◇ *jds Standpunkt teilen* share sb's point of view ◇ *vom technischen Standpunkt her* from a technical point of view ◇ *den Standpunkt vertreten, dass … / sich auf den Standpunkt stellen, dass …* take the view that … **standsicher** stable **Standspur** hard shoulder, (*AmE*) breakdown lane **Standuhr** grandfather clock

Stange **1** pole; (*Kleider-*) rail; (*aus Metall*) rod; (*Querstab*) bar; (*Vogel-*) perch **2** (*Zimt-, Vanille- etc.*) stick; (*Zigaretten*) carton IDM **bei der Stange bleiben** keep at it **jdn bei der Stange halten** (*behalten*) keep sb; (*zufrieden stellen*) keep sb sweet **jdm die Stange halten** stand up for sb **eine Stange Geld** a lot of money **von der Stange** off the peg ◇ *Er kaufte einen Anzug von der Stange.* He bought a suit off the peg.

Stängel stalk

Stangen- **Stangenbohne** runner bean **Stangenbrot** baguette

stänkern moan (*umgs*); (*Ärger machen*) stir (things up)

stanzen press; (*prägen*) stamp; (*Löcher etc.*) punch

Stapel pile IDM **vom Stapel laufen** be launched

stapeln **1** pile *sth* up **2 sich ~** pile up ◇ *Die Müllsäcke stapeln sich.* The rubbish bags are piling up.

stapelweise ◇ *Wir haben stapelweise Altpapier im Schuppen.* We have piles of waste paper in the shed.

stapfen tramp

Star **1** (*Vogel*) starling **2** (*Augenkrankheit*) **grüner ~** glaucoma [U] **grauer ~** cataract **3** (*Mensch*) star **Starallüren** airs and graces [Pl] **Stargast** star guest

stark

• **als Adjektiv** **1** strong (*Adv* strongly) ◇ *Du bist aber stark!* Aren't you strong! ◇ *starke Arme* strong arms ◇ *eine starke Mannschaft* a strong team ◇ *starke Verben* strong verbs ◇ *starker Kaffee* strong coffee ◇ *Ich brauche eine stärkere Brille.* I need stronger glasses. ◇ *Das erinnert mich stark an …* That reminds me strongly of … **2** (*Motor, Taschenlampe etc.*) powerful **3** (*dick*) thick; (*korpulent*) stout ◇ *eine starke Mauer* a thick wall ◇ *ein drei Zentimeter starkes Brett* a plank three centimetres thick **4** (*Verkehr, Raucher, Trinker, Regen, Frost, Schneefall*) heavy (*Adv* heavily) ◇ *ein starker Raucher* a heavy smoker ◇ *Es regnete stark.* It was raining heavily. **5** (*Schmerzen, Erkältung etc.*) bad ◇ *starke Kopfschmerzen* a bad headache ◇ *stark erkältet sein* have a bad cold **6** (*Beifall*) loud (*Adv* loudly) **7** (*Akzent*) broad **8** (*Anstieg, Fall*) sharp (*Adv* sharply) ◇ *stark fallen/steigen* fall/rise sharply **9** (*toll*) fantastic

• **als Adverb** **10** (*sehr*) very ◇ *stark geschwollen* very swollen ◇ *stark gewürzt* very spicy ◇ *stark behindert* severely disabled ◇ *stark gefährdet* seriously endangered ◇ *stark verschmutzt* heavily soiled ◇ *stark vergrößert* greatly enlarged ◇ *stark verschuldet* heavily in debt

IDM → HAND, MANN *und* STÜCK

Stärke **1** strength ◇ *die Stärke des Windes* the strength of the wind ◇ *die Stärke einer Brille* the strength of a pair of glasses ◇ *militärische Stärke* military strength ◇ *Sprachen sind ihre Stärke.* Languages are her strength. **2** (*von einem Motor*) power; (*von einer Glühbirne*) wattage **3** (*Dicke*) thickness ◇ *die Stärke der Mauer* the thickness of the wall **4** (*Ausmaß, Größe*) volume ◇ *die Stärke des Verkehrs* the volume of traffic **5** (*in Lebensmitteln oder für Wäsche*) starch

stärken **1** strengthen (*auch fig*) ◇ *die Muskeln stärken* strengthen the muscles ◇ *Das hat seine Position gestärkt.* It strengthened his position. **2** (*Selbstvertrauen*) boost **3 sich ~** ◇ *Ich muss mich erst stärken.* I need to have something to eat first. ◇ *In der Pause stärkten sie sich mit Brötchen und Kaffee.* During the break they had sandwiches and coffee. ◇ *Sie kehrten in eine Wirtschaft ein, um sich zu stärken.* They went into a pub for some refreshments. IDM → RÜCKEN

starkmachen **sich für jdn/etw ~** champion sb/sth

Starkstrom (ELEK) high-voltage current

Stärkung strengthening (*oft mit einem Verb übersetzt*) ◇ *eine Stärkung der Macht der Regierung* a strengthening of the power of the government ◇ *Übungen zur Stärkung der Bauchmuskulatur* exercises to strengthen the stomach muscles

starr **1** (*nicht beweglich*) stiff; (*vor Angst*) rigid ◇ *starre Finger* stiff fingers ◇ *starr vor Angst* rigid with fear **2** (*Blick, Lächeln etc.*) fixed (*Adv* fixedly) ◇ *ein starres Lächeln* a fixed smile **3** (*nicht flexibel*) inflexible; (*Regeln auch*) rigid ◇ *die starre Haltung der Regierung* the inflexible attitude of the government

Starre rigidity (*auch fig*)

starren **1** stare ◇ *Sie starrte auf den Bildschirm.* She stared at the screen. ◇ *Er saß da und starrte ins Leere.* He sat there staring into space. **2 vor/von etw ~** be covered in sth IDM → LOCH

Starrsinn stubbornness

starrsinnig stubborn (*Adv* stubbornly)

Start **1** start ◇ *einen guten/schlechten Start haben* get off to a good/bad start ◇ *Der Start ihrer Schauspielkarriere war vielversprechend.* She had a promising start to her acting career. ◇ *Beim Rennen gingen mehr als 100 Teilnehmer an den Start.* There were over 100 starters in the race. **2** (*eines Flugzeugs*) take-off; (*einer Rakete*) lift-off ◇ *den Start freigeben* clear for take-off **3** (*-linie*) starting line

Startbahn runway **startberechtigt** eligible **startbereit** ready to go [nicht vor Nomen]; (*Flugzeug*) ready for take-off [nicht vor Nomen] **Startblock** starting block

starten **1** start ◇ *den Motor starten* start the engine ◇ *ein Rennen starten* start a race ◇ *Mein Auto startet immer.* My car always starts. ◇ *Das Rennen startete verspätet.* The race started late. ◇ *eine Kampagne starten* start a campaign **2** (*Flugzeug*) take off; (*Rakete*) lift off **3** (*an Wettkampf teilnehmen*) ◇ *Sie startet auf Bahn 3.* She is running in lane 3. ◇ *Er startet für Italien.* He's skiing, running, etc. for Italy.

Starter(in) **1** (*Teilnehmer*) contestant **2** (*jd, der das Startzeichen gibt*) starter

Starter (*Anlasser*) starter motor

Start- **Starthilfe** **1** help (to get sth off the ground) ◇ *ein großzügiger Scheck als Starthilfe zum Bau des Theaters* a generous cheque to help get the building of the theatre off the ground ◇ *Das Arbeitsamt bietet Schulungen als Starthilfe an.* The jobcentre offers training to help people find work. **2** (*beim Auto*) ◇ *jdm Starthilfe geben* jump-start sb's car **Startkapital** starting capital **startklar** ready to go [nicht vor Nomen]; (*Flugzeug*) ready for take-off [nicht vor Nomen]

Startloch IDM **gut aus den Startlöchern kommen** get off to a good start **in den Startlöchern stehen** be ready to go

Start- **Startschuss** **1** (SPORT) starting signal ◇ *Der Startschuss fiel.* The starting gun was fired. **2** (*Eröffnung*) opening ◇ *Der Startschuss für das Fest fällt um 15 Uhr.* The fete will be opened at 3 p.m. **3** (*Anfang*) start ◇ *Der Startschuss für das Projekt ist gefallen.* The project has started. ◇ *Der Startschuss sollte schon im April fallen.* It should have started in April. **4** (*Erlaubnis*) go-ahead; **den ~ für etw geben** give sth the go-ahead **Startschwierigkeiten** teething problems [Pl] **Startsignal** starting signal

Stasi Stasi, State Security Service (of the former GDR)

Statement statement ◇ *ein Statement herausgeben* issue a statement

Statik **1** (TECH) statics [U] **2** (*von Gebäuden*) structural soundness

Statiker(in) structural engineer

Station **1** (*Bahnhof*) station; (*Haltestelle*) stop **2** (*Kranken-*) ward ◇ *auf Station 2* on ward 2 **3** (*Entwicklungs-*) stage ◇ *die wichtigsten Stationen ihrer Laufbahn* the most important stages of her career **4** (*Anlage, Sender*)

station ◇ *eine Station im All* a space station IDM **Station machen** stop off ◇ *Wir haben bei meinem Bruder Station gemacht.* We stopped off at my brother's.

stationär **1** (MED) in-patient ◇ *eine stationäre Behandlung* in-patient treatment ◇ *ein stationärer Patient* an in-patient ◇ *jdn stationär behandeln* treat sb in hospital **2** (*bleibend*) permanent

stationieren (*Truppen*) station; (*Raketen*) deploy

Stationierung (*Truppen-*) stationing; (*Raketen-*) deployment

Stations- **Stationsarzt, -ärztin** ward doctor **Stationsschwester** ward sister

statisch **1** (*stillstehend*) static **2** (*die Statik betreffend*) structural

Statist(in) **1** (*beim Film, Theater*) extra **2** (*fig*) bit-player

Statistik **1** (*Wissenschaft*) statistics [U] **2** (*Übersicht*) statistics [Pl] ◇ *eine Statistik erstellen* draw up a set of statistics ◇ *laut Statistik ...* according to the statistics ...

Statistiker(in) statistician

statistisch statistical (*Adv* statistically) ◇ *statistisch signifikant* statistically significant ◇ *etw ist statistisch erwiesen* there is statistical evidence of sth ◇ *Sie wurden nicht statistisch erfasst.* They did not appear in the statistics. ◇ *Statistisch gesehen ...* Statistically, ...

Stativ tripod

statt instead of ◇ *Statt sich zu entschuldigen, machte sie weiter.* Instead of apologizing, she kept on doing it. ◇ *Statt Blumen hat sie Obst mitgebracht.* She brought fruit instead of flowers. IDM → EID

stattdessen instead ◇ *Er hat sein Studium aufgegeben und macht stattdessen eine Lehre.* He's dropped out of university and is doing an apprenticeship instead.

Stätte place; (*heilig, historisch*) site; (*Schauplatz*) scene

stattfinden take place

stattgeben (*Antrag, Forderung*) grant; (*Beschwerde, Klage*) uphold; (*Vorschlag*) accept

statthaft permissible; (*von höherer Stelle erlaubt*) permitted

stattlich **1** (*Mensch*) well-built; (*Figur*) imposing ◇ *vier stattliche Burschen* four well-built lads ◇ *Er ist ein stattlicher Mann.* He is a fine figure of a man. **2** (*Sammlung*) magnificent **3** (*Summe, Einkommen, Menge, Größe*) considerable

Statue statue ◇ *eine Statue aus Marmor* a marble statue

statuieren IDM → EXEMPEL

Statur build ◇ *von zierlicher Statur* of a delicate build ◇ *von kräftiger Statur* well-built

Status status ◇ *sein gesellschaftlicher Status* his social status IDM **Status quo** status quo **Statussymbol** status symbol

Statut statute

Stau **1** (*Verkehrs-*) traffic jam ◇ *im Stau stehen* be stuck in a traffic jam **2** (*von Wasser, Blut*) build-up

Staub dust ◇ *mit Staub bedeckt* covered in dust ◇ *im Wohnzimmer Staub wischen* dust the living room IDM **sich aus dem Staub machen** clear off (*umgs*) **(viel) Staub aufwirbeln** cause (quite) a stir

stauben be dusty ◇ *Hier staubt es sehr.* It's very dusty here. ◇ *Die Katzenstreu staubt.* The cat litter produces dust.

staubig dusty

Staub- **Staubkorn** speck of dust **staubsaugen** vacuum **Staubsauger** vacuum cleaner **staubtrocken** **1** bone dry **2** (*Humor*) very dry **Staubtuch** duster **Staubwolke** cloud of dust

Staudamm dam

Staude **1** herbacious plant **2** (*Strauch*) shrub

stauen **1** (*Fluss*) dam *sth* up; (*Blut*) stop the flow of *sth* **2** **sich ~** (*Verkehr, Hitze*) build up; (*Wasser, Blut*) accumulate ◇ *Die Autos stauten sich an der Ampel.* Traffic was building up at the lights. **3** **sich (in jdm) ~** build up (in sb) ◇ *Der Ärger staute sich schon seit Jahren in ihm.* The anger had been building up in him for years.

staunen **(über jdn/etw) ~** be amazed (at sb/sth) ◇ *Er staunte, als er ihr Auto sah.* He was amazed when he saw her car. ◇ *Sie sahen staunend zu.* They watched in amazement.

Staunen amazement ◇ *zu meinem Staunen* to my amazement ◇ *jdn in Staunen versetzen* amaze sb ◇ *Wir kamen aus dem Staunen nicht heraus.* We were absolutely amazed.

Stausee reservoir

Steak steak

stechen **1** **(mit) etw in etw ~** stick sth into sth ◇ *mit einer Gabel ins Fleisch stechen* stick a fork into the meat **2** (*verletzen*) stab ◇ *Sie stach ihm mit dem Messer in die Brust.* She stabbed him in the chest with the knife. **3** **sich ~** prick yourself ◇ *Ich habe mir beim Nähen in den Finger gestochen.* I pricked my finger while I was sewing. **4** (*Dornen*) prick; (*Biene, Wespe*) sting; (*Mücke*) bite ◇ *Pass auf, die Dornen stechen.* Watch out, the thorns will prick you. ◇ *Als ich zuschlug, stach die Biene.* When I lashed out, the bee stung me. ◇ *Eine Hornisse hat ihn (in den Arm) gestochen.* A hornet stung him (in the arm). **5** (*beim Kartenspiel*) take; (*Spielfarbe*) be trumps ◇ *die Dame mit dem König stechen* take the queen with the king ◇ *Karo sticht.* Diamonds are trumps. ◇ *Welche Farbe sticht?* What is trumps? **6** (*Spargel, Torf*) cut **7** (*Schmerzen*) ◇ *Es sticht in der Brust.* I get a sharp pain in my chest. ◇ *Es sticht in der Seite.* I've got a stitch. **8** (*Sonne*) beat down IDM → AUGE *und* SEE[2]

Stechen **1** (SPORT) play-off; (*beim Reiten*) jump-off; (*beim Schießen*) shoot-off **2** (*Schmerz*) sharp pain

stechend (*Schmerz*) stabbing; (*Geruch*) pungent

Stech- **Stechkarte** time card **Stechmücke** mosquito **Stechpalme** holly **Stechuhr** time-clock

Steckbrief 'wanted' poster; (*fig*) personal details [Pl]

steckbrieflich **~ gesucht** wanted

Steckdose socket, (*AmE*) outlet, receptacle

stecken **1** put ◇ *den Brief in den Umschlag stecken* put the letter in the envelope ◇ *die Hände in die Tasche stecken* put your hands in your pockets ◇ *sich eine Blume ins Haar stecken* put a flower in your hair ◇ *die Kinder ins Bett stecken* put the children to bed ◇ *jdn ins Gefängnis stecken* put sb in prison ◇ *Sie haben viel Geld in das Geschäft gesteckt.* They have put a lot of money into the business. **2** (*sein*) be ◇ *Der Schlüssel steckt im Schloss.* The key is in the lock. ◇ *tief in Schulden stecken* be deeply in debt ◇ *Ich stecke noch mitten in der Arbeit.* I'm still in the middle of my work. ◇ *Der Brief steckt voller Fehler.* The letter is full of mistakes. ◇ *Wer steckt hinter dem Anschlag?* Who is behind the attack? ◇ *Wo steckt er?* Where has he got to? **3** (*befestigen*) pin ◇ *sich eine Brosche an den Mantel stecken* pin a brooch to your coat ◇ *einen Saum stecken* pin up a hem **4** **~ bleiben** get stuck ◇ *Ich bin im Verkehr stecken geblieben.* I got stuck in the traffic. ◇ *Der Aufzug ist stecken geblieben.* The lift got stuck. ◇ *Ihr blieb eine Gräte im Hals stecken.* She got a fishbone stuck in her throat. ◇ *Er ist während der Rede mehrmals stecken geblieben.* He faltered several times during his speech. ◇ *Die Planung blieb im Ansatz stecken.* The plans didn't get very far. **5 den Schlüssel ~ lassen** (*in der Tür*) leave the key in the door; (*im Auto*) leave the key in the ignition ℹ Für Redewendungen mit **stecken** siehe die Einträge für die entsprechenden Nomina etc. **Bis über den Kopf in etw stecken** z.B. steht unter **Kopf**.

Steckenpferd hobby horse (*auch fig*)

Stecker plug

Steck- Stecknadel pin **Steckrübe** swede

Steg 1 (*Brücke*) footbridge **2** (*Lande-*) landing stage **3** (*bei Brillen, Saitenintrumenten*) bridge

Steghose stirrup pants [Pl]

Stegreif IDM **aus dem Stegreif** off the top of your head; (*reden*) off the cuff ◇ *Das kann ich dir aus dem Stegreif nicht sagen.* I can't tell you off the top of my head. ◇ *aus dem Stegreif antworten* answer off the cuff ◇ *eine Rede aus dem Stegreif halten* give an impromptu speech

stehen 1 stand ◇ *Ich stehe schon seit einer Stunde hier und warte.* I've been standing waiting here for an hour. ◇ *Wir haben die ganze Fahrt über gestanden.* We had to stand the whole way. ◇ *auf einem Fuß stehen* stand on one foot ◇ *das einzige Gebäude, das noch steht* the only building left standing ◇ *im Stehen essen* eat standing up **2** (*sich befinden, sein*) be ◇ *Die Waschmaschine steht in der Küche.* The washing machine is in the kitchen. ◇ *Er steht unter der Dusche.* He's in the shower. ◇ *Du stehst mir im Licht.* You're in my light. ◇ *im Tor stehen* be in goal ◇ *Die Aussichten stehen gut.* The prospects are good. ◇ *Das Wasser stand zwei Meter hoch.* The water was two metres deep. ◇ *Wir haben drei alte Fernseher im Keller stehen.* We've got three old television sets in the cellar. ◇ *Sie stand mit 17 das erste Mal auf der Bühne.* She first appeared on stage at 17. ◇ *Ich möchte nicht zwischen euch stehen.* I don't want to come between you. ◇ *Mir steht das alles bis hier!* I've had it up to here! **3** (*geschrieben stehen*) say ◇ *In der Zeitung steht, dass ...* It says in the paper that ... ◇ *Was steht auf dem Schild?* What does the sign say? ◇ *Dort steht alles, was Sie wissen müssen.* It will tell you all you need to know. **4** (*anzeigen*) be at *sth*; (*Ampel*) be (on) *sth* ◇ *Das Thermometer steht auf 30 Grad.* The thermometer is at 30 degrees. **5** (*fertig sein*) be finished **6** (SPORT) ◇ *Wie steht es?* What's the score? ◇ *Es steht 3:2 für Bielefeld.* The score is 3-2 to Bielefeld. ◇ *Sie standen kurz vor dem Sieg.* They were close to victory. **7 jdm ~** suit sb ◇ *Blau steht dir gut.* Blue suits you. **8 vor etw ~** be faced with sth ◇ *Sie stand vor einer schwierigen Entscheidung.* She was faced with a difficult decision. ◇ *Die Firma steht vor dem Bankrott.* The firm is facing bankruptcy. **9 in etw ~** (*Schulfach*) ◇ *Wie stehst du in Mathe?* How are you doing in maths? **10 mit/um etw ~** ◇ *Wie steht es mit Ihren Englischkenntnissen?* And what about your English? **11 um jdn/jds Gesundheit ~** ◇ *Es steht nicht gut um sie.* She's in a bad way. ◇ *Wie steht es um seine Gesundheit?* How is he? **12 zu jdm/etw ~** stand by sb/sth ◇ *Ich stehe zu meiner Entscheidung.* I stand by my decision. ◇ *Er stand zu seinem Versprechen.* He kept his promise. **13 (voll und ganz) hinter jdm ~** be (right) behind sb **14 zu jdm ~** (*eine Beziehung haben*) ◇ *Wie stehen die beiden zueinander?* What is the relationship between them? **15 zu etw/jdm ~** (*eine Meinung haben*) feel about sth/sb ◇ *Wie stehen deine Eltern zu diesen Plänen?* What do your parents feel about these plans? ◇ *Wie stehst du zu dem Thema?* What is your opinion on the subject? **16 auf etw ~** (*Strafe*) ◇ *Darauf stehen höchstens 20 Jahre Gefängnis.* There is a maximum sentence of 20 years for that. ◇ *Dort steht auf Mord die Todesstrafe.* They have capital punishment for murder. **17 auf jdn/etw ~** (*mögen*) be keen on sb/sth ◇ *Er steht auf klassische Musik.* He's keen on classical music. ◇ *Sie steht total auf dich!* She's absolutely mad about you. ◇ *Sie steht auf lange Haare bei Männern.* She really likes long hair on men. **18 für etw ~** stand for sth ◇ *N steht für Stickstoff.* N stands for nitrogen. ◇ *Unser Name steht für neue Konzepte.* Our name stands for innovation. ◇ *Rot steht für belastete Gebiete.* Red represents polluted areas. **19 ~ bleiben** stop ◇ *Wir sind nicht ein Mal stehen geblieben.* We didn't stop once. ◇ *Meine Uhr ist stehen geblieben.* My watch has stopped. ◇ *Wo war ich stehen geblieben?* Where was I up to? ◇ *Hier scheint die Zeit stehen geblieben zu sein.* Time seems to have stood still here. ◇ *Die Mieten sind auf dem Stand von 2007 stehen geblieben.* Rents have remained at the 2007 level. **20 ~ bleiben** (*erhalten bleiben*) remain standing ◇ *In dem Unwetter sind nur wenige Bäume stehen geblieben.* Only a few trees remained standing after the storm. ◇ *Nur der Turm blieb stehen.* Only the tower remained. **21 ~ lassen** leave ◇ *Lass die Teller einfach stehen.* Just leave the dishes. ◇ *Kann ich mein Fahrrad bei dir stehen lassen?* Can I leave my bike at your place? ◇ *Lass deine Gäste nicht im Flur stehen.* Don't leave your guests standing in the hall. ℹ Für andere Ausdrücke mit **stehen** siehe die Einträge für die entsprechenden Nomina etc. **Auf der Kippe stehen** z.B. steht unter **Kippe**.

Steh- Stehlampe standard lamp, (*AmE*) floor lamp **Stehleiter** stepladder

stehlen 1 (jdm) (etw) ~ steal (sth) (from sb) ◇ *etw in/aus einem Geschäft stehlen* steal sth from a shop ◇ *Mir ist mein Fahrrad gestohlen worden.* I had my bike stolen. ◇ *gestohlene Kreditkarten* stolen credit cards **2 sich ~** steal, sneak ◇ *Sie stahl sich aus dem Raum.* She stole out of the room. ◇ *Er stahl sich ohne Eintrittskarte ins Theater.* He sneaked into the theatre without a ticket. IDM **jd/etw kann mir gestohlen bleiben** I have no time for sb/sth

Steh- Stehpaddeln stand-up paddleboarding **Stehplatz 1** (*im Theater etc.*) standing ticket ◇ *Es gibt für heute Abend nur noch Stehplätze.* There are only standing tickets left for this evening. **2** ◇ *In dem Bus gibt es 20 Sitzplätze und 10 Stehplätze.* The bus has 20 seats and standing room for 10.

steif 1 stiff (*Adv* stiffly) ◇ *Meine Finger sind ganz steif gefroren.* My hands are frozen stiff. ◇ *Die Sahne steif schlagen.* Whip the cream until (it is) stiff. ◇ *Es herrschte eine sehr steife Atmosphäre.* The atmosphere was very stiff and formal **2** (*Penis*) erect IDM **etw steif und fest behaupten** firmly maintain sth → *Siehe auch* OHR

Steig- Steigbügel stirrup **Steigeisen** (*beim Bergsteigen*) crampon

steigen 1 climb; (*Nebel, Rauch etc.*) rise; **auf etw ~** climb (up) sth ◇ *höher steigen* climb higher ◇ *aufs Dach steigen* climb up onto the roof ◇ *über den Zaun steigen* climb over the fence ◇ *Wir sind auf die Zugspitze gestiegen.* We climbed the Zugspitze. ◇ *Sie ließen ihre Drachen steigen.* They were flying their kites. **2 auf/in etw ~** get on sth; (*ins Auto*) get into sth; **von/aus etw ~** get off sth; (*aus dem Auto*) get out of sth ◇ *aufs Motorrad steigen* get on your motorbike ◇ *vom Rad steigen* get off your bike ◇ *in den Zug steigen* get on the train **3** (*größer oder intensiver werden*) increase, go up ◇ *Die Anforderungen sind gestiegen.* The demands have increased. ◇ *Die Benzinpreise steigen.* Petrol prices are going up. ◇ *Die Inflationsrate ist um drei Prozent gestiegen.* Inflation has gone up by three per cent. ◇ *Der Umsatz ist auf über zwei Milliarden gestiegen.* Turnover has increased to over two billion. ◇ *Die Spannung stieg.* Tension mounted. **4** (*Party etc.*) be on **5** (*sich aufbäumen*) rear up IDM → BETT *und* KOPF

steigend increasing; (*Preise, Kosten, Einkommen, Zinssätze, Temperaturen*) rising

steigern **1** **(sich) ~** increase ◇ *den Marktanteil von 20% auf 50% steigern* increase market share from 20% to 50% ◇ *Die Mannschaft hat ihre Leistung gesteigert.* The team have improved their performance. ◇ *Die Stimmung im Publikum steigerte sich zunehmend.* The audience became more and more excited. ◇ *Die Autorin baut eine sich langsam steigernde Spannung auf.* The author gradually builds up tension. **2** (*Adjektiv, Adverb*) form the comparative (and superlative) of *sth* **3** **sich ~** (*sich verbessern*) improve (your performance, time, etc.) ◇ *Der deutsche Läufer steigerte sich auf eine Bestzeit von 52,45 Sekunden.* The German runner improved his time to 52.45 seconds.

Steigerung **1** increase ◇ *eine Steigerung um 50%* an increase of 50% **2** (*von Adjektiven*) comparative form

Steigung **1** gradient, (*bes AmE*) grade ◇ *eine Steigung von fünf Prozent* a gradient of one in twenty/five per cent **2** (*Strecke*) hill ◇ *zwei starke Steigungen* two steep hills

steil steep (*Adv* steeply) ◇ *ein steiler Hang* a steep slope ◇ *Der Weg steigt dann steil an.* Then the path climbs steeply. ◇ *Es geht drei Kilometer steil bergauf.* It's a steep climb for three kilometres. ◇ *Sie machte eine steile Karriere.* She had a meteoric career. ◇ *Der Umsatz schnellte steil in die Höhe.* Turnover shot up. **Steilhang** steep slope **Steilküste** cliffs [Pl] **Steilwand** rock face

Stein **1** stone ◇ *flache Steine* flat stones ◇ *in Stein gehauen* carved in stone ◇ *Der Boden ist aus Stein.* It's a stone floor. ◇ *ein Haus aus Stein* a stone house **2** (*von Obst*) stone, (*AmE meist*) pit **3** (*Spiel-*) piece IDM **bei jdm einen Stein im Brett haben** be well in with sb **den Stein ins Rollen bringen** set the ball rolling ◇ *Die Ermordung eines Bandenmitglieds brachte den Stein ins Rollen für die heftigen Straßenkämpfe zwischen den beiden verfeindeten Gangs.* The murder of a member of the gang set the ball rolling for violent street battles between the two rival gangs. **der Stein der Weisen** the philosopher's stone **jdm fällt ein Stein vom Herzen** ◇ *Ihr fiel ein Stein vom Herzen.* It was a load off her mind. **jdm Steine in den Weg legen** put obstacles in sb's path → *Siehe auch* TROPFEN

Steinbock **1** (*Sternzeichen*) Capricorn ◇ *Ich bin (ein) Steinbock.* I'm a Capricorn. **2** (*Tier*) ibex **Steinbruch** quarry **steinhart** rock-hard

steinig **1** stony **2** (*fig*) difficult ◇ *der steinige Weg zum Frieden* the difficult road to peace

steinigen stone

Stein- **Steinkohle** hard coal **Steinmetz(in)** (stone) mason **Steinpilz** cep **steinreich** very rich, loaded [nicht vor Nomen] (*umgs*) **Steinschlag** rockfall **Steinzeit** Stone Age

Steißbein coccyx

Stelle **1** place; (*Punkt*) spot ◇ *Wir fanden keine geeignete Stelle zum Parken.* We couldn't find a suitable place to park. ◇ *An dieser Stelle wurde später das Denkmal errichtet.* A monument was later erected on the spot. ◇ *an dieser Stelle des Flusses* in this part of the river **2** (*zeitlich*) point ◇ *an dieser Stelle der Diskussion* at this point in the discussion **3** (*in einer Reihenfolge*) place ◇ *Er ist an zweiter Stelle.* He's in second place. ◇ *Sie stehen auf der Warteliste an erster Stelle.* You're at the top of the waiting list. ◇ *Das Verb steht an letzter Stelle.* The verb goes at the end of the sentence. **4** (*kleiner Fleck, Fläche*) patch ◇ *Mein Auto bekommt immer mehr rostige Stellen.* My car is getting more and more rust patches. **5** (*Posten*) job ◇ *eine halbe Stelle* a part-time job ◇ *die Stelle wechseln* change your job **6** (*Dienst-*) office ◇ *die Stelle für Öffentlichkeitsarbeit* the public relations office ◇ *Da sind sie bei mir an der falschen Stelle.* I'm afraid I can't help you there. **7** (*Abschnitt*) passage ◇ *Dies ist die Stelle in dem Buch, die mir am besten gefallen hat.* This is my favourite passage in the book. **8** **die erste, zweite etc. ~ hinter dem Komma** the first, second, etc. decimal place **9** **an jds ~** ◇ *An deiner Stelle würde ich den Job annehmen.* If I were you I'd take the job. ◇ *An ihrer Stelle möchte ich nicht sein.* I wouldn't like to be in her shoes. **10** **auf der ~** instantly ◇ *Er war auf der Stelle tot.* He died instantly. ◇ *Komm auf der Stelle her!* Come here at once! **11** **zur ~ sein** be there ◇ *Als sie kam, war die Polizei schon zur Stelle.* The police were already there when she arrived. **12** **sich nicht von der ~ rühren** not move an inch ◇ *Rühr dich nicht von der Stelle, bis ich wiederkomme.* Don't move an inch until I get back. IDM **jdn/etw an einer empfindlichen/seiner empfindlichsten Stelle treffen** touch a raw nerve in sb/sth ◇ *Dieses Thema trifft die Menschen an einer empfindlichen Stelle.* This theme touches a raw nerve in people. **auf der Stelle treten** mark time **nicht von der Stelle kommen** not get anywhere ◇ *Ich komme heute einfach nicht von der Stelle.* I'm just not getting anywhere today. → *Siehe auch* ORT *und* SPAREN

stellen **1** put ◇ *Stell die Vase doch auf den Tisch.* Put the vase on the table. ◇ *Ich stelle dir das Essen warm.* I'll keep your dinner warm. **2** (*Falle, Uhr*) set ◇ *Die Polizei hat den Einbrechern eine Falle gestellt.* The police set a trap for the burglars. ◇ *Ich habe den Wecker auf sieben gestellt.* I've set the alarm for seven. **3** (*Heizung, Fernseher*) turn ◇ *Soll ich die Heizung höher stellen?* Shall I turn up the heating? ◇ *Stellst du den Fernseher etwas lauter, bitte?* Can you turn up the television please? **4** (*zur Verfügung stellen*) provide ◇ *Die Computer werden gestellt.* Computers are provided. ◇ *Die Räume bekommen wir von der Gemeinde gestellt.* The rooms are provided by the local authority. **5** (*festnehmen*) apprehend ◇ *Die Polizei stellte den Taschendieb.* The police apprehended the pickpocket. **6** **sich (jdm) ~** give yourself up (to sb) ◇ *Du musst dich der Polizei stellen.* You must give yourself up to the police. **7** **sich ~** stand ◇ *Stell dich auf die Zehenspitzen.* Stand on tiptoe. ◇ *Eltern stellen sich meistens hinter ihre Kinder.* Parents usually stand by their children. **8** **sich taub, dumm etc. ~** pretend to be deaf, stupid, etc. ℹ Für andere Ausdrücke mit **stellen** siehe die Einträge für die entsprechenden Nomina etc. **Jdm eine Frage stellen** z.B. steht unter **Frage**.

Stellen- **Stellenangebot** job advertisement, job ad (*umgs*) ◇ *die Stellenangebote in der Zeitung* situations vacant in the paper **Stellenanzeige** job advertisement **Stellenmarkt** job market; (*in der Zeitung*) vacancies [Pl] **Stellensuche** ◇ *auf Stellensuche sein* be looking for a job ◇ *Ich brauche Unterstützung bei der Stellensuche.* I need help looking for a job.

stellenweise in places

Stellenwert standing ◇ *Welchen Stellenwert hat die Kirche heute?* What is the standing of the Church nowadays?

Stellung **1** position **2** **für jdn/etw ~ beziehen/nehmen** defend sb/sth **3** **gegen jdn/etw ~ beziehen/nehmen** speak out against sb/sth **4** **zu etw ~ beziehen/nehmen** express your opinions about sth

Stellungnahme statement ◇ *Die Bevölkerung erwartete eine klare Stellungnahme von der Regierung.* The public was waiting for a clear statement from the government. ◇ *Die Polizei wollte dazu keine Stellungnahme abgeben.* The police refused to comment.

stellvertretend deputy ◇ *der stellvertretende Vorsitzende* the deputy chairman ◇ *Er erschien stellver-*

tretend für den Direktor. He appeared on behalf of the director.

Stellvertreter(in) deputy; *(Arzt)* locum

Stellvertretung representative

stemmen 1 press ◇ *Er stemmte sich mit aller Kraft gegen die Tür.* He pressed his weight against the door. ◇ *die Arme in die Hüften stemmen* put your hands on your hips ◇ *Sie stemmte sich gegen den Sturm.* She braced herself against the wind. **2** *(heben)* lift ◇ *Gewichte stemmen* lift weights

Stempel 1 stamp; *(auf Briefen)* postmark **2** (BOT) pistil IDM **den Stempel von jdm/etw tragen** bear the stamp of sb/sth

Stempelkanne cafetière, *(AmE)* French press **Stempelkissen** stamp pad

stempeln 1 stamp **2 jdn zu etw ~** brand sb sth ◇ *Warum stempelst du ihn zum Versager?* Why do you brand him a failure? **3** *(zu Beginn des Arbeitstages)* clock in; *(am Ende des Arbeitstages)* clock off

Steno, Stenografie shorthand ◇ *Kannst du Steno?* Can you do shorthand?

Steppdecke quilt

Steppe steppe

steppen[1] backstitch ◇ *eine Naht steppen* backstitch a seam ◇ *einen Quilt steppen* stitch a quilt

steppen[2] *(tanzen)* tap dance

Stepptanz tap-dancing [U]

Stepptänzer(in) tap dancer

Sterbehilfe euthanasia ◇ *aktive/passive Sterbehilfe leisten* perform active/passive euthanasia

sterben 1 die ◇ *Er starb an einem Herzinfarkt.* He died of a heart attack. ◇ *Er starb an den Unfallfolgen.* He died as a result of his injuries. ◇ *Ich sterbe vor Hunger!* I'm starving! **2** *(fig)* ◇ *Das Projekt ist aus Geldmangel gestorben.* The project has been abandoned for lack of money. ◇ *Der Sportverein ist für mich gestorben.* I'm having no more to do with the sports club. IDM → FLIEGE, NATÜRLICH *und* TOD

Sterben death ◇ *das rätselhafte Sterben der Wale* the mysterious death of the whales ◇ *Er liegt im Sterben.* He's dying. IDM **zum Sterben** deadly ◇ *Der Film war zum Sterben langweilig.* The film was deadly boring. ◇ *Sie war zum Sterben müde.* She was dead tired.

sterbens- sterbenskrank terminally ill ◇ *ein sterbenskranker Mann* a terminally ill man ◇ *Diese Grippe! Ich fühle mich sterbenskrank.* This flu! I feel like death. **sterbenslangweilig** deadly boring **Sterbenswort, Sterbenswörtchen** ◇ *Ich werde kein Sterbenswörtchen sagen.* I won't breathe a word of it to anyone.

Sterberate death rate

sterblich mortal *(Adv* mortally) ◇ *seine sterblichen Überreste* his mortal remains

Sterbliche(r) mortal ◇ *gewöhnliche Sterbliche* ordinary mortals

Sterblichkeit mortality

Sterblichkeitsrate mortality rate

Stereo stereo

Stereoanlage stereo system

stereotyp stereotypical *(Adv* stereotypically)

Stereotyp stereotype

steril sterile *(auch fig)*

Sterilisation sterilization

sterilisieren sterilize; **sich ~ lassen** be sterilized

Stern 1 star **2** *(Sternchen)* asterisk IDM **ein neuer Stern geht auf** a new star is rising **nach den Sternen greifen** reach for the stars **etw steht in den Sternen (geschrieben)** sth is in the lap of the gods **Sterne sehen** see stars **unter einem ungünstigen Stern stehen** be ill-fated

Sternbild 1 (ASTRON) constellation ◇ *das Sternbild des Großen Bären* the constellation of the Great Bear **2** *(Sternzeichen)* sign ◇ *Sie wurde im Sternbild Jungfrau geboren.* She was born under the sign of Virgo.

Sternchen 1 little star; *(bei Wörtern)* asterisk **2** *(Film-)* starlet

Sternen- Sternenbanner the Stars and Stripes **Sternenhimmel** night sky

stern- sternförmig star-shaped ◇ *sternförmige Kerzen* star-shaped candles ◇ *Die Straßen gehen sternförmig von dem Platz ab.* The streets radiate from the square. **sternhagelvoll** roaring drunk [nicht vor Nomen] **Sternhaufen** cluster of stars **Sternkarte** star chart **sternklar** starry **Sternschnuppe** shooting star **Sternsinger** = children dressed as the Three Wise Men who go singing from door to door in January [Pl] **Sternstunde** finest hour **Sternsystem** galaxy **Sternwarte** observatory **Sternzeichen** star sign ◇ *Welches Sternzeichen bist du?* What star sign are you? ◇ *Sie ist im Sternzeichen des Löwen geboren.* Her star sign is Leo.

Stethoskop stethoscope

stetig steady *(Adv* steadily) ◇ *eine stetige Zunahme des Verkehrs* a steady increase in traffic ◇ *Die Kosten steigen stetig.* Costs are rising steadily. ◇ *stetiges Üben* constant practice ◇ *Die Zahl der Mitglieder wächst langsam aber stetig.* Membership is rising slowly but surely.

stets always ◇ *Er ist stets bei uns willkommen.* He is always welcome at our house.

Steuer[1] *das* (steering) wheel; *(eines Schiffes)* helm; *(eines Flugzeugs)* controls [Pl] ◇ *Er saß am/hinter dem Steuer.* He was at the wheel. ◇ *Sie setzte sich ans Steuer.* She got behind the steering wheel. ◇ *am Steuer einschlafen* fall asleep at the wheel → *Siehe auch* TRUNKENHEIT IDM **das Steuer fest in der Hand haben** be firmly in control **das Steuer herumreißen 1** wrench the wheel round **2** *(fig)* turn the tide

Steuer[2] *die* tax ◇ *Steuern zahlen* pay taxes ◇ *Steuer auf Diesel* tax on diesel ◇ *die Steuern erhöhen/senken* raise/reduce taxes ◇ *Das kann man von der Steuer absetzen.* That is tax deductible.

Steuer- Steuerbehörde tax authorities [Pl] **Steuerberater(in)** tax adviser **Steuerbetrug** tax evasion **Steuerbord** starboard **Steuereinnahmen** tax revenues [Pl] **Steuererhöhung** tax increase **Steuererklärung** tax return ◇ *Ich muss meine Steuererklärung machen.* I must fill in my tax return. **steuerfrei** tax-free ◇ *steuerfreie Gehälter* tax-free salaries ◇ *Man darf eine gewisse Summe steuerfrei verdienen.* You're allowed to earn a certain amount before you have to pay tax. **Steuerhinterziehung** tax evasion

steuerlich tax ◇ *aus steuerlichen Gründen* for tax purposes ◇ *Diese Spende kann man steuerlich absetzen.* This donation is tax deductible.

Steuer- Steuermann 1 (NAUT) helmsman **2** *(beim Rudern)* cox ◇ *ein Achter mit/ohne Steuermann* a coxed/coxless eight **Steuermittel** tax revenue ◇ *Milliarden an Steuermitteln* billions in tax revenue

steuern 1 steer *(auch fig)*; *(Auto)* drive; *(Flugzeug)* pilot ◇ *Der Kapitän steuerte das Schiff in Richtung Ufer.* The captain steered the ship for the shore. ◇ *Sie steuerte das Gespräch in eine andere Richtung.* She steered the conversation in a different direction. **2** *(Richtung einschlagen)* head ◇ *Das Schiff steuerte nach Westen.* The ship headed west. **3** *(regulieren)* control ◇ *über einen Computer gesteuert werden* be computer-controlled ◇ *Sollte der Staat die Einwanderung steuern?* Should the state control immigration?

Steuer- Steueroase tax haven **steuerpflichtig** (*Beiträge, Einkünfte*) taxable; (*Mensch*) liable to pay tax ◇ *steuerpflichtige Einkünfte* taxable income ◇ *In Deutschland sind knapp 31 Millionen Bürger steuerpflichtig.* In Germany, around 31 million citizens are liable to pay tax. ◇ *alle steuerpflichtigen Bürger* all taxpayers **Steuerpolitik** tax policy **Steuerreform** tax reform **Steuersenkung** tax cuts [Pl]

Steuerung **1** steering ◇ *Die Steuerung des Fahrzeugs war defekt.* The steering on the vehicle was defective. **2** (*Regulierung*) control ◇ *die Steuerung einer Ampelanlage durch einen Computer* the control of the traffic lights by computer ◇ *ein Gesetz zur Steuerung der Einwanderung* a law to control immigration

Steuerzahler(in) taxpayer

Steward, Stewardess steward, stewardess; (*im Flugzeug auch*) flight attendant

Stich **1** (*Messer-*) stab; (*-wunde*) stab wound; (*Dornen-, Nadel- etc.*) prick **2** (*Mücken-*) bite; (*Wespen-, Bienen-*) sting **3** (*Schmerz*) sharp pain, stabbing pain ◇ *Plötzlich verspürte er einen Stich in der Herzgegend.* Suddenly he felt a sharp pain near the heart. ◇ *Es gab mir einen Stich, ihn mit seiner neuen Freundin zu sehen.* It cut me to the quick to see him with his new girlfriend. **4** (*beim Nähen*) stitch **5** (*beim Kartenspiel*) trick **6** (*bei Farben*) hint, tinge ◇ *Grau mit einem Stich ins Blaue* grey with a hint of blue **7** (*Bild*) engraving IDM **einen Stich haben** **1** (*verrückt sein*) be round the bend (*umgs*) **2** (*verdorben sein*) be off ◇ *Die Milch hat einen leichten Stich.* The milk is slightly off. **etw im Stich lassen** abandon sth **jdn im Stich lassen** leave sb in the lurch; let sb down ◇ *Du kannst mich doch jetzt nicht im Stich lassen!* Surely you're not going to leave me in the lurch now! ◇ *Mein Gedächtnis hat mich im Stich gelassen.* My memory let me down.

Stichelei (*Bemerkung*) jibe, dig; (*ständig*) constant jibes [Pl]

sticheln **(gegen jdn) ~** make snide remarks (about sb), make digs (at sb)

Stich- Stichflamme jet of flame **Stichfrage** tie-breaker

stichhaltig valid; (*Beweise*) conclusive

Stich- Stichprobe (random) sample; (*Kontrolle*) spot check ◇ *Mehrere Stichproben ergaben Hinweise auf Asbestverseuchung.* Several random samples indicated asbestos contamination. **Stichpunkt** (key) point ◇ *sich Stichpunkte zu etw machen* jot down key points about sth **Stichtag** (*bestimmter Termin*) qualifying date; (*letztmöglicher Termin*) deadline; (*in Statistiken*) particular day **Stichwahl** run-off (ballot) **Stichwort** **1** keyword; (*Notiz*) note; (*Überschrift*) heading ◇ *Webseiten nach einem Stichwort durchsuchen* search web pages for a keyword ◇ *etw in Stichworten festhalten* record sth in note form ◇ *Unter welchem Stichwort ist die Korrespondenz mit dem Museum abgelegt?* What's the correspondence with the museum filed under? ◇ *Auf dem Umschlag ist das Stichwort „Hungerhilfe Afrika" anzugeben.* Please mark your envelope 'African Famine Aid'. **2** (*in Nachschlagewerken*) entry; (*im Wörterbuch auch*) headword **3** (THEAT) cue (*auch fig*) **Stichwunde** stab wound

Stick USB stick, memory stick

sticken embroider; (*als Hobby*) do embroidery

Sticker sticker

Stickerei embroidery [U]; (*Bild, Tuch etc.*) piece of embroidery ◇ *Kopfkissen mit Stickerei* embroidered pillows

stickig stuffy (*auch fig*); (*Luft auch*) stale

Stickstoff nitrogen

Stiefbruder stepbrother; (*Halbbruder*) half-brother

Stiefel **1** boot **2** (*Glas*) = boot shaped beer glass that holds 2 litres IDM **jdm die Stiefel lecken** lick sb's boots → *Siehe auch* PAAR

Stief- Stiefeltern step-parents [Pl] **Stiefkind** **1** stepchild **2** (*fig*) poor relation **Stiefmutter** stepmother **Stiefmütterchen** pansy

stiefmütterlich **jdn/etw behandeln ~** treat sb/sth shabbily, neglect sb/sth

Stief- Stiefschwester stepsister; (*Halbschwester*) half-sister **Stiefsohn** stepson **Stieftochter** stepdaughter **Stiefvater** stepfather

Stiel **1** handle; (*Besen-*) (broom-)stick **2** (*von Pflanzen, Früchten*) stalk **3** (*von Blumen, Gläsern*) stem **4** (*von Pfannen, Werkzeug*) handle **5** **Eis am ~** lolly, (*AmE*) Popsicle™

Stielaugen IDM **jd macht Stielaugen** sb's eyes nearly pop out of their head

Stier **1** bull **2** (*Sternzeichen*) Taurus; (*Mensch auch*) Taurean ◇ *Meine Mutter ist (ein) Stier.* My mother is a Taurus. IDM **den Stier bei den Hörnern packen** take the bull by the horns

stieren stare

Stier- Stierkampf **1** bullfight **2** (*als Sport*) bullfighting ◇ *eine Kampagne gegen den Stierkampf* a campaign against bullfighting **Stierkämpfer(in)** bullfighter **Stiernacken** bull neck

Stift[1] *der* **1** (*aus Holz*) peg; (*aus Metall*) pin **2** (*Bunt-, Blei-*) pencil; (*Mal-*) crayon; (*Schreib-*) pen; (*Kugelschreiber*) ballpoint pen, (*BrE auch*) Biro™

Stift[2] *das* (religious) foundation; (*Altenheim*) old people's home

stiften **1** (*Geld, Sachwerte*) donate ◇ *Sie stiftete der Schule zwölf Computer.* She donated twelve computers to the school. **2** (*Institution*) found, establish; (*Preis*) endow **3** (*bewirken*) cause; (*Unruhe*) stir *sth* up; (*Frieden*) bring *sth* about

Stiftung (*Organisation*) foundation

Stigma stigma

stigmatisieren stigmatize

Stigmatisierung stigmatization

Stil **1** style ◇ *im barocken Stil* in the Baroque style **2** **~ haben** be stylish, have class ◇ *Sie hat Stil.* She's very stylish. ◇ *Wie er den Oscar annahm, das hatte Stil!* The way he accepted the Oscar — that had class! IDM **im großen Stil** on a grand scale **jds Stil sein** (*Geschmack*) be sb's sort of thing; (*Art*) be sb's style ◇ *Das ist nicht mein Stil.* That's not my style.

Stilanalyse stylistic analysis **Stilart** style **Stilblüte** howler (*umgs*) **Stilbruch** inconsistency of style ◇ *Stilbrüche im Aufsatz* inconsistencies of style in the essay ◇ *Ist es ein Stilbruch, einen Picasso in ein Barockzimmer zu hängen?* Is it incongruous to hang a Picasso in a baroque room? **Stilebene** register, level of style **stilecht** **1** *Adj* authentic; (*Möbel auch*) period **2** *Adv* authentically, in authentic style, in the original style ◇ *Das spanische Fest wurde stilecht mit Flamenco und Paella gefeiert.* The Spanish festival was celebrated in authentic style with flamenco and paella. ◇ *Die Gebäude sollen stilecht renoviert werden.* The buldings are to be refurbished in the original style. **Stilelement** stylistic element **Stilfehler** stylistic error **Stilgefühl** sense of style

stilisiert stylized

stilistisch stylistic [nur vor Nomen] (*Adv* stylistically) ◇ *ein stilistisch brillanter Film* a stylistically brilliant film ◇ *Stilistisch gesehen ist der Aufsatz einwandfrei.* The essay is excellent from the point of view of style. ◇ *Stilistisch passt das Gebäude sehr gut zu der gotischen Kirche.* The style of the building goes very well with the Gothic church.

still **1** quiet (*Adv* quietly); (*geräuschlos*) silent (*Adv* silently) ◇ *Bitte seid still, solange ich arbeite.* Please be quiet while I'm working. ◇ *Mach dir darüber mal in einer stillen Stunde Gedanken.* Think about it when you have a quiet moment. ◇ *Als der Vorhang aufging, wurde es still im Publikum.* When the curtain went up, the audience fell silent. ◇ *Nach dem letzten Ton blieb es still.* After the last note there was silence. ◇ *Dann wurde es still um dieses Thema.* Then people stopped talking about this subject. ◇ *Um die Garbo war es still geworden.* Little was heard of Garbo. **2** (*reglos*) still; (*Wasser auch*) calm ◇ *Halt endlich still!* Keep still! ◇ *Halt die Tasse still, sonst verschüttest du den Tee.* Hold the cup steady or you'll spill the tea. **3** (*unausgesprochen*) silent; (*Einvernehmen*) tacit ◇ *ein stiller Vorwurf/Protest* a silent reproach/protest **4** (*heimlich*) secret ◇ *eine stille Hoffnung hegen* cherish a secret hope **5** (*Teilhaber*) sleeping, (*AmE*) silent IDM **im Stillen** in secret; secretly; (*unauffällig*) behind the scenes

Stille **1** quiet; (*Ruhe*) peace, calm; (*Geräuschlosigkeit*) silence ◇ *ein Ort für Menschen, die die Stille lieben* a place for people who like peace and quiet ◇ *Es herrschte absolute Stille.* There was absolute silence. **2** (*des Meeres*) calmness; (*der Luft*) stillness **3 in aller ~** quietly ◇ *Er wurde in aller Stille beerdigt.* He was quietly laid to rest. ◇ *Sie heirateten in aller Stille.* They had a quiet wedding. ◇ *Die Suche ging in aller Stille weiter.* The search went on away from the public eye.

stillen **1** (*Baby*) breastfeed **2** (*Hunger, Bedürfnisse, Neugier etc.*) satisfy; (*Durst*) quench **3** (*aufhalten*) stop; (*Blut*) staunch, (*AmE*) stanch; (*Schmerzen*) ease

Still- **Stillgestanden!** Halt! **Stillleben** still life **stilllegen** close *sth* (down); (*Maschine*) phase *sth* out ◇ *eine Fabrik stilllegen* close a factory ◇ *ein stillgelegter Bahnabschnitt* a disused railway line **Stilllegung** closure **stillliegen** **etw liegt still** sth has been closed down

stillos in poor taste [nicht vor Nomen] ◇ *Diese Bemerkung war völlig stillos.* This remark was in extremely poor taste.

Still- **Stillschweigen** silence **stillschweigend** tacit (*Adv* tacitly); (*heimlich*) quiet (*Adv* quietly) ◇ *eine stillschweigende Vereinbarung* a tacit agreement ◇ *Das wurde stillschweigend akzeptiert.* It was tacitly accepted. ◇ *Stillschweigend wurden die Zahlungen eingestellt.* The payments were quietly stopped. **stillsitzen** sit still **Stillstand** **1** standstill (*auch fig*); (*bei Verhandlungen*) deadlock; (*bei Entwicklungen*) stagnation ◇ *Die Demo brachte den Verkehr zum Stillstand.* The demonstration brought traffic to a standstill. ◇ *In den Friedensverhandlungen ist es zum absoluten Stillstand gekommen.* The peace negotiations have reached deadlock. ◇ *Blutungen zum Stillstand bringen* stop the bleeding **2** (*Herz-*) cardiac arrest **stillstehen** **1** (*Verkehr, Produktion*) be at a standstill; (*Fabrik, Maschine*) stand idle ◇ *Die Verhandlungen stehen zurzeit still.* The negotiations are at a standstill for the moment. ◇ *Seit einem Jahr steht das Fließband still.* The production line has stood idle for a year. ◇ *Das Telefon stand den ganzen Morgen nicht still.* The phone hasn't stopped ringing all morning. **2** (*bewegungslos stehen*) stand still (*auch fig*)

Stilmix mixture of styles; (*Musik*) fusion

stilvoll stylish (*Adv* stylishly)

Stimm- **Stimmbänder** vocal cords [Pl] **stimmberechtigt** entitled to vote [nicht vor Nomen] ◇ *die stimmberechtigten Mitglieder des Vereins* those members of the association entitled to vote **Stimmbruch** **jd kommt in den ~** sb's voice breaks ◇ *Er ist im Stimmbruch.* His voice is breaking.

Stimme **1** voice ◇ *mit lauter/leiser Stimme sprechen* speak in a loud/soft voice ◇ *Stimmen hören* hear voices **2** (*Partie*) part ◇ *die erste/zweite Stimme singen* sing the first/second part **3** (*bei Abstimmungen*) vote ◇ *50% der abgegebenen Stimmen* 50% of the votes cast ◇ *jdm seine Stimme geben* vote for sb ◇ *sich der Stimme enthalten* abstain **4** (*Meinung*) voice, opinion [U] ◇ *die Stimme des Volkes* the voice of the people ◇ *Die Stimmen der Presse waren durchweg kritisch.* Press opinion was without exception critical. ◇ *Es wurden immer mehr Stimmen laut, die dies guthießen.* More and more people were coming out in favour of it. IDM **seine Stimme (für/gegen jdn/etw) erheben** ◇ *Er erhob seine Stimme für Toleranz.* He made a plea for tolerance. ◇ *Sie erhoben ihre Stimme gegen den Rassismus.* They spoke out against racism. ◇ *Umweltschützer erhoben warnend die Stimme.* Environmental campaigners sounded a note of warning.

stimmen **1** (*wahr sein*) be true ◇ *„Stimmt es, dass du gelogen hast?" „Ja, das stimmt."* 'Is it true you lied?' 'Yes, it's true.' ◇ *Es stimmt tatsächlich, dass er durchs Abitur gefallen ist.* He really did fail his A levels. **2** (*in Ordnung sein*) be right ◇ *82 Dollar? Das kann nicht stimmen.* 82 dollars? That can't be right. ◇ *Da stimmt doch etwas nicht.* There is something not quite right here. ◇ *Die Anschrift stimmt nicht mehr.* This isn't the right address any more. ◇ *Stimmt die Richtung?* Is this the right direction? ◇ *Die Antwort stimmt.* That's the right answer. **3 mit jdm/etw stimmt etwas nicht** there's something wrong with sb/sth **4** (*passen*) go (*with sth*) ◇ *Diese Schuhe stimmen nicht.* These shoes don't go. **5** (*bei einer Wahl etc.*) vote ◇ *Sie stimmte für den neuen Kandidaten.* She voted for the new candidate. ◇ *Mit Ja stimmten 99, mit Nein nur 11 der Mitglieder.* There were 99 yes votes, with only 11 members voting no. **6** (*Musikinstrumente*) tune **7** (*in eine Stimmung versetzen*) make ◇ *Das stimmte ihn misstrauisch.* That made him suspicious. ◇ *Diese Aussage stimmt bedenklich.* This statement makes you think. IDM **stimmt!** right! **stimmt so/schon** keep the change → *Siehe auch* EICHTUNG

Stimmen- **Stimmengewirr** babble of voices **Stimmengleichheit** tie, tied vote

Stimm- **Stimmenthaltung** abstention **Stimmgabel** tuning fork

stimmhaft **1** voiced **2** ◇ *stimmhafte Laute* voiced sounds ◇ *Das Z wird stimmhaft ausgesprochen.* The z is voiced.

stimmig harmonious (*klar*) coherent ◇ *ein stimmiges Team* a harmonious team ◇ *ein stimmiges Konzept* a coherent plan

Stimmlage register; (*als Klassifizierung*) voice

stimmlos (LING) voiceless, unvoiced ◇ *stimmlose Laute* voiceless sounds ◇ *Das th wird in „think" stimmlos ausgesprochen.* The th in 'think' is not voiced.

Stimmrecht right to vote

Stimmung **1** mood ◇ *Sie ist heute in guter Stimmung.* She's in a good mood today. ◇ *jdn in gute/schlechte Stimmung versetzen* put sb in a good/bad mood ◇ *Ich bin jetzt nicht in der Stimmung fernzusehen.* I'm not in the mood for watching television. ◇ *Er lässt seine schlechte Stimmung immer an mir aus.* When he's in a bad mood he takes it out on me. ◇ *Ihr Anruf hat mir die Stimmung verdorben.* Her phone call has spoilt my day. ◇ *Sie war in gedrückter Stimmung.* She was a bit depressed. ◇ *von Stimmungen abhängig sein* be moody **2** (*Atmosphäre in einem Raum, an einem Ort etc.*) atmosphere; (*Atmosphäre unter Menschen*) mood ◇ *Der Raum strahlt Stimmung aus.* The room has a lot of atmosphere. ◇ *Zurzeit ist die Stimmung zu Hause ziemlich schlecht.* The atmosphere at home isn't very good at the moment. ◇ *Die Stimmung im Osten ist angespannt.* There is a tense atmosphere in the east. ◇ *Nach seiner Rede schlug die Stimmung im Saal plötzlich um.* After his speech the mood in the room suddenly changed. ◇ *die antiamerikanische Stimmung* anti-American sentiment ◇ *Das Gedicht ist voller Stimmung.* The poem is very evocative. **3** (*in einer Mannschaft, bei den Arbeitern, Truppen*) morale ◇ *Die Stimmung im Team ist prächtig.* The team's morale is high. IDM **für jdn/etw Stimmung machen** stir up enthusiasm for sb/sth **gegen jdn/etw Stimmung machen** stir up public opinion against sb/sth **jdn in Stimmung bringen** get sb in the mood **in Stimmung kommen** get in the mood **Stimmung machen** liven things up → *Siehe auch* BUDE

Stimmungsmache propaganda (*abwert*) **Stimmungsumschwung** change of mood **stimmungsvoll** (*Ort*) full of atmosphere [nicht vor Nomen]; (*Bild, Musik*) evocative; (*Beleuchtung*) atmospheric ◇ *ein stimmungsvolles Restaurant* a restaurant that's full of atmosphere **Stimmungswechsel** → STIMMUNGSUMSCHWUNG

Stimmzettel ballot paper

stimulieren stimulate; (*anspornen*) encourage ◇ *Fernsehen stimuliert die Fantasie der Kinder nur wenig.* Television does little to stimulate children's imagination. ◇ *Diese Maßnahmen sollen die Sparbereitschaft der Bevölkerung stimulieren.* These measures are intended to encourage people to save. ◇ *Das Medikament hat eine stimulierende Wirkung.* The drug acts as a stimulant.

stink- **stinkbesoffen** completely pissed (*vulg, Slang*) **Stinkbombe** stink bomb ◇ *eine Stinkbombe platzen lassen* let off a stink bomb

stinken **1** (**nach etw**) ~ stink (of sth) (*umgs*) ◇ *Der Käse stinkt.* This cheese stinks. ◇ *Er hat nach Bier gestunken.* He stank of beer. ◇ *Sie stinkt aus dem Mund.* Her breath smells. ◇ *Was stinkt hier?* What's that awful smell in here? ◇ *In ihrer Wohnung stinkt es.* There's a terrible smell in their flat. ◇ *Es stinkt nach Gas.* There's a smell of gas. ◇ *stinkende Abgase/Abwässer* foul-smelling fumes/sewage **2 vor etw** ~ ◇ *vor Geiz stinken* be extremely mean ◇ *vor Faulheit stinken* be bone idle **3** (*fig*) **nach etw** ~ smack of sth ◇ *Das stinkt nach Betrug.* This smacks of fraud. **4** (*verdächtig sein*) be fishy ◇ *Die ganze Sache stinkt.* The whole business is fishy. ◇ *An dem Vertrag stinkt etwas.* There's something fishy about the contract. **5 etw stinkt jdm** sb is fed up with sth (*umgs*), sb is pissed off with sth (*vulg, Slang*); **es stinkt jdm** sb is fed up (*umgs*), sb is pissed off (*vulg, Slang*); **es stinkt jdm, dass ...** it annoys sb that ..., it pisses sb off that ... (*vulg, Slang*) ◇ *Die Arbeit stinkt ihm.* He's fed up with the work. ◇ *Mir stinkt's.* I'm fed up. ◇ *Es stinkt mir, dass er nie abwäscht.* It really annoys me that he never washes up. IDM → EIGENLOB, HIMMEL *und* PEST

stinkfaul very lazy, bone idle (*umgs*) (*veraltet*)

stinkig **1** smelly (*umgs*) ◇ *stinkige Socken* smelly socks **2** (*schlecht gelaunt*) in a foul mood

stink- **stinklangweilig** deadly boring **stinkreich** stinking rich (*umgs, abwert*) **stinksauer** ~ (**auf jdn/etw**) mad (at sb/sth) (*umgs*) **Stinktier** skunk **Stinkwut eine ~ auf jdn haben** be really mad at sb (*umgs*)

Stipendium grant; (*Begabten-*) scholarship

Stippvisite short visit

Stirn **1** forehead, brow (*gehoben*) ◇ *Eine Locke fiel ihr in die Stirn.* A curl fell across her forehead. ◇ *Soll ich mir das Haar aus der Stirn kämmen?* Shall I comb my hair back from my forehead? → *Siehe auch* RUNZELN **2 die ~ haben, etw zu tun** have the nerve to do sth (*umgs*) ◇ *Sie hat die Stirn zu behaupten, dass ...* She has the nerve to suggest that ... IDM **jdm/etw die Stirn bieten** stand up to sb/sth; (*herausfordern*) take sb/sth on

Stirnband headband **Stirnhöhle** frontal sinus ◇ *eine Entzündung/Vereiterung der Stirnhöhle* sinusitis

stöbern in etw (nach etw) ~ rummage around in sth (for sth)

stochern poke around (*umgs*) ◇ *Er stocherte mit einem Stock im Schlamm.* He poked around in the mud with a stick. ◇ (*sich*) *in den Zähnen stochern* pick your teeth ◇ *Sie stocherte nur mit der Gabel im Essen.* She was just picking at her food with a fork.

Stock[1] (*Etage*) floor, storey, (*AmE meist*) story ◇ *Sie wohnen einen Stock tiefer.* They live on the floor below. ◇ *ein drei Stock hohes Haus* a three-storey building ◇ *Das Gebäude ist sechs Stock hoch.* The building is six storeys high.

Stock[2] **1** stick ◇ *Er hat den Hund mit einem Stock geschlagen.* He hit the dog with a stick. **2** (*Spazier-*) walking stick, (*BrE auch*) stick ◇ *Seit ihrem Unfall geht sie am Stock.* Since her accident she's had to use a walking stick. **3** (*Zeige-*) pointer **4** (*Dirigenten-*) baton **5** (*Ski-*) ski pole **6** (*Billard-*) cue

stockbesoffen completely plastered (*umgs*) **Stockbett** bunk beds [Pl]

Stöckelschuh stiletto, stiletto-heeled shoe

stocken **1** (*Verkehr, Produktion, Arbeiten*) come to a standstill; (*Geschäfte*) slacken off; (*Unterhaltung*) stop **2 ins Stocken geraten/kommen** (*Verhandlungen, Gespräche*) break down; (*Unterhaltung*) flag; (*Initiative, Prozess*) come to a standstill **3** (*innehalten*) falter ◇ *Sie stockte häufig und suchte nach Worten.* She often faltered and groped for words. **4** (*gerinnen*) curdle; (*Blut*) congeal IDM **jdm stockt das Blut in den Adern** sb's blood freezes in their veins **jdm stockt das Herz** sb's heart misses a beat **jdm stockt der Atem** sb catches their breath

Stock- **Stockente** mallard **stockfinster** pitch-dark, pitch-black **stockkonservativ** ultra-conservative **stocksauer** ~ (**auf jdn/etw**) mad (with sb/sth) (*umgs*) **stocktaub** stone deaf **Stockwerk** → STOCK[1] *und* OBEN **Stockzahn** → BACKENZAHN

Stoff **1** material; (*für Kleidung, Möbel, Vorhänge etc. auch*) fabric ◇ *Ich habe Stoff für eine Bluse gekauft.* I've bought some material to make a blouse. ◇ *ein Kleid aus knitterfreiem Stoff* a dress made from a crease-resistant fabric **2** (*Substanz*) substance ◇ *synthetische/radioaktive Stoffe* synthetic/radioactive substances **3** (*Grundlage für Bücher etc.*) material; (*einer Geschichte*) story; (*Thema*) subject matter; (*im Unterricht, Gespräch*) topic ◇ *Den Stoff für seine Geschichten findet er in der Zeitung.* He finds the material for his stories in the newspaper. ◇ *der Faust-Stoff in der Literatur* the Faust story in literature ◇ *Der Stoff für seinen Dokumentarfilm ist sehr interessant.* The subject matter of his documentary is very interesting. ◇ *Wir haben uns eine halbe Stunde unterhalten und dann ging uns der Stoff aus.* We talked for half an hour, and then we ran out of topics of conversation. ◇ *Der Stoff der Komödie folgt dem Gleichnis vom verlorenen Sohn.* The comedy is based on the parable of the prodigal son. **4** (*Rauschgift*) dope (*umgs*)

Stoffpuppe rag doll **Stoffwechsel** metabolism ◇ *den Stoffwechsel anregen* stimulate the metabolism ◇ *eine Störung des Stoffwechsels* a metabolic disorder

stöhnen **1** groan ◇ *Er stöhnte vor Schmerzen.* He groaned with pain. **2** (*klagen*) complain, moan (*umgs*) ◇ *Alle stöhnen über die Hitze.* Everybody's complaining about the heat. **3** (*leiden*) suffer ◇ *Alle stöhnten unter der Hitze.* Everyone was suffering in the heat. ◇ *Die Unternehmen stöhnen unter der Flut von Billigimporten aus Brasilien.* The firms have been hard hit by the flood of cheap imports from Brazil.

Stöhnen groan; (*wiederholt*) groaning

stoisch stoic (*Adv* stoically)

Stollen **1** (*Tunnel*) tunnel **2** (*bei Sportschuhen*) stud **3** (*Kuchen*) stollen (cake)

stolpern **1** stumble ◇ *Er stolperte betrunken ins Zimmer.* He stumbled drunkenly into the room. **2** (**über etw**) ~ trip (over sth) **3** (**über jdn/etw**) ~ (*scheitern*) come to grief (over sb/sth) (*umgs*)

Stolperstein (*etw, das jdn zu Fall bringt*) stumbling block; (*Hindernis*) obstacle ◇ *jdm Stolpersteine in den Weg legen* put obstacles in sb's way

stolz **1** ~ (**auf jdn/etw**) proud (of sb/sth) (*Adv* proudly) ◇ *Sie ist sehr stolz auf ihren Sohn.* She is very proud of her son. ◇ *Sie ist zu stolz, um Hilfe zu bitten.* She is too proud to ask for help. **2** (*beachtlich*) impressive ◇ *Er brachte es auf stolze 43 Punkte.* He gained an impressive 43 points. ◇ *Das war seinerzeit eine stolze Summe.* At that time that was a lot of money. ◇ *Die haben stolze Preise hier.* It's really expensive here.

Stolz pride ◇ *jds Stolz verletzen* wound sb's pride ◇ *Der Garten ist mein ganzer Stolz.* The garden is my pride and joy.

stopfen **1** (*flicken*) mend; (*Strümpfe*) darn; (*Leck*) plug **2** (*hineinstecken*) stuff (*umgs*) ◇ *Sachen in einen Koffer stopfen* stuff things into a case ◇ *Sie stopfte sich Watte in die Ohren.* She stuffed cotton wool into her ears. **3** (*füllen*) fill ◇ *ein Kissen mit Federn stopfen* fill a cushion with feathers ◇ *Er stopfte sich eine Pfeife.* He filled his pipe. ◇ *Die U-Bahn war gestopft voll.* The tube was jam-packed. **4** (*mästen*) fatten ◇ *Gänse stopfen* fatten geese ◇ *Er stopft die Kinder immer mit Schokolade.* He gives the children far too much chocolate. **5** (*die Verdauung hemmen*) cause constipation ◇ *Schokolade stopft.* Chocolate causes constipation. ◇ *ein stopfendes Mittel* a preparation to treat diarrhoea

Stopp **1** (*Pause*) stop ◇ *Wir sind ohne Stopp durchgefahren.* We drove all the way without a stop. **2** (*vorläufige Einstellung*) halt ◇ *Sie fordern einen Stopp aller Waffenexporte.* They are calling for a halt to all weapons exports. ◇ *Ein Stopp der Bauarbeiten kommt nicht infrage.* It would be out of the question to stop the building work.

Stoppball drop shot

Stoppel stubble [U]

Stoppelbart stubble

stoppelig stubbly

stoppen **1** stop ◇ *ein Auto stoppen* stop a car ◇ *Flüchtlinge an der Grenze stoppen* stop refugees at the border ◇ *eine Zahlung an jdn stoppen* stop a payment to sb ◇ *Der Bus stoppte an der Kreuzung.* The bus stopped at the crossroads. ◇ *Er ist nicht mehr zu stoppen.* There's no stopping him. **2** (*mit der Stoppuhr*) time ◇ *Kannst du mich stoppen?* Can you time me? ◇ *Er hat 13 Sekunden gestoppt.* His time was 13 seconds.

Stopp- **Stoppschild** stop sign **Stopptaste** stop button **Stoppuhr** stopwatch

Stöpsel plug; (*in Karaffen etc.*) stopper

Stör sturgeon

Storch stork

stören **1** disturb ◇ *Stör ihn nicht bei der Arbeit.* Don't disturb him when he's working. ◇ *Lass dich nicht stören!* Don't let me disturb you! ◇ *Die Autoknacker wurden beim Diebstahl gestört.* The car thieves were disturbed on the job. ◇ *Lass ihn mitgehen — hier stört er nur.* Let him go with you — he's only in the way here. ◇ *Entschuldigen Sie, wenn ich Sie störe.* I'm sorry to bother you. ◇ *Störe ich?* Am I disturbing you? **2** (*unterbrechen*) disrupt ◇ *den Unterricht stören* disrupt the lesson ◇ *die Stromversorgung stören* disrupt the power supply **3** (*Signal*) jam **4** (*aus dem Gleichgewicht bringen*) upset; (*gefährden*) jeopardize ◇ *das Gleichgewicht stören* upset the balance ◇ *Das könnte unsere Beziehungen zu den anderen EU-Ländern stören.* This could jeopardize our relationship with the other EU countries. **5** (*missfallen*) bother ◇ *Das Wetter stört mich nicht.* The weather doesn't bother me. ◇ *Es stört mich an ihr, dass sie so geizig ist.* What I don't like about her is that she's so mean. ◇ *Stört es Sie, wenn ich rauche?* Do you mind if I smoke? → *Siehe auch* GESTÖRT

störend (*ablenkend*) distracting; (*lästig*) annoying

Störenfried troublemaker

Stör- **Störfaktor** problem, nuisance; (*Mensch auch*) troublemaker **Störfall** fault, malfunction

stornieren cancel

Stornierung, **Storno** cancellation

Stornogebühr cancellation fee

störrisch stubborn (*Adv* stubbornly) ◇ *Sie hat störrisch geschwiegen.* She stubbornly refused to speak.

Störung **1** (*Unterbrechung*) disruption ◇ *Aufgrund der Schneefälle kam es auf dem Münchner Flughafen zu Störungen.* Snow caused disruption at Munich airport. ◇ *Entschuldigen Sie die Störung!* Sorry to disturb you! ◇ *Die Pressekonferenz verlief ohne Störung.* The press conference went smoothly. **2** (*der Ruhe, Ordnung, des Friedens, Gleichgewichts etc.*) disturbance ◇ *eine Störung des wirtschaftlichen Gleichgewichts* a disturbance of the economic balance ◇ *Störungen der öffentlichen Ordnung* disturbance of the peace ◇ *ohne Störungen und Krawalle* without disturbances and riots **3** (MED) disorder ◇ *neurologische Störungen* neurological disorders **4** (TECH) fault ◇ *technische Störungen* technical faults **5** (*schlechter Fernseh-/Radioempfang*) interference; (*vorsätzlich*) jamming ◇ *Der Sturm löste Störungen im Fernsehempfang aus.* The storm caused television interference. ◇ *Zu Störungen des Rundfunkempfangs kann es zwischen 8 und 10 Uhr kommen.* There may be radio reception problems between 8 and 10 o'clock. **6** (*Tiefdruckgebiet*) low

Story story

Stoß **1** (*Schubs*) push; (*mit dem Messer*) stab; (*Schlag*) blow (*auch fig*) ◇ *Sie warf ihn mit einem Stoß zu Boden.* With one push, she threw him to the ground. ◇ *Sie versetzte ihm einen kräftigen Stoß gegen die Brust.* She dealt him a hefty blow on the chest. ◇ *ein Stoß mit dem Messer* a stab with a knife ◇ *Jedes Vertrauen auf faire Behandlung hatte einen starken Stoß bekommen.* Any trust in fair play had been dealt a severe blow. ◇ *Er hat einen Stoß mit dem Ellenbogen abbekommen.* Somebody jabbed him in the ribs. **2** (*Anprall*) impact; (*leichter*) bump ◇ *Der Stoß warf ihn zu Boden.* The impact threw him to the ground. ◇ *Nach dem Stoß gegen den Baum überschlug sich der Wagen.* After hitting the tree, the car overturned. **3** (*Rudern, Schwimmen*) stroke; (*beim Kugelstoßen*) throw; (*beim Fechtsport*) thrust **4** (*Stapel*) pile IDM **einen Stoß vertragen können** be able to take a few knocks **jdm/etw den letzten Stoß geben/versetzen** deal sb/sth the final blow **seinem Herzen einen Stoß geben** pluck up courage

Stoßdämpfer shock absorber

stoßen **1** (*schubsen*) push ◇ *Sie stießen ihn die Treppe hinunter.* They pushed him down the stairs. ◇ *Sie stieß ihn von der Leiter.* She pushed him off the ladder. **2** (*schlagen*) ◇ *Sie stieß ihn mit dem Ellenbogen in die Seite.* She jabbed him in the ribs with her elbow. ◇ *Er stieß ihm die Faust ins Gesicht.* He punched him in the face. ◇ *Der Stier stieß mit den Hörnern nach dem Matador.* The bull tried to butt the matador. **3** (*hineintreiben*) plunge ◇ *Er stieß ihr das Messer in die Rippen.* He plunged the knife into her ribs. ◇ *Sie stößt ein Loch ins Eis.* She is knocking a hole in the ice. **4** (SPORT) (*mit* *dem Kopf*) head; (*beim Billiard*) pot; (*beim Kugelstoßen*) put ◇ *Er stieß den Ball mit dem Kopf ins Tor.* He headed the ball into the goal. ◇ *Er stieß die Kugel auf 10 Meter.* He put the shot 10 metres. **5 gegen etw ~; sich an etw ~** bump into/against sth ◇ *Ich bin gegen den Balken gestoßen.* I bumped into the beam. ◇ *Er hat sich den Kopf am Türpfosten gestoßen.* He bumped his head on the doorpost. **6 auf jdn ~** (*begegnen*) run into sb ◇ *Sie stieß in der Stadt auf ihre Freundin.* She ran into her friend in town. **7 auf etw ~** (*entdecken*) come across sth; (*Gold, Öl etc.*) strike sth ◇ *Beim Lesen bin ich auf eine interessante Theorie gestoßen.* While I was reading, I came across an interesting theory. **8 auf etw ~** (*Kritik, Widerstand etc. hervorrufen*) meet with sth ◇ *Sein Verhalten stieß auf heftige Ablehnung.* His behaviour met with strong opposition. **9 auf etw ~** (*auf etw zuführen*) lead onto/into sth ◇ *Nach 500 Metern stößt die Straße auf die Autobahn.* After 500 metres, the road leads onto the motorway. **10 zu jdm ~** (*sich anschließen*) join sb ◇ *Am Nachmittag stießen sie zu uns.* In the afternoon, they joined us. **11 an etw ~** (*angrenzen*) adjoin sth ◇ *Das Grundstück stößt an den Fluss.* The plot of land adjoins the river. **12 sich an etw ~** (*Anstoß nehmen*) take exception to sth ◇ *Sie stößt sich jedes Mal an seinem schlechten Benehmen.* She takes exception to his bad behaviour every time. IDM → BESCHEID, GRANIT, GRENZE, HORN, KOPF, NASE *und* OHR

Stoß- Stoßstange bumper **Stoßtrupp 1** (MIL) commando unit **2** (*von Extremisten*) group of militants ◇ *neofaschistische Stoßtrupps* group of neo-fascist militants **Stoßzahn** tusk **Stoßzeit 1** (*Hauptverkehrszeit*) rush hour ◇ *zu (den) Stoßzeiten* in the rush hour ◇ *außerhalb der Stoßzeiten* outside the rush hour **2** (*Hauptbetriebszeit*) peak period

stottern 1 (*Mensch*) stammer, stutter ◇ *Verlegen stotternd brachte er seine Ausrede vor.* He stammered his excuse in embarrassment. ◇ *Er stottert fürchterlich.* He has a terrible stutter. **2** (*Motor*) splutter

Straf- Strafaktion punitive measure ◇ *Die Regierung plant eine militärische Strafaktion gegen die Rebellen.* The government is planning punitive military action against the rebels. **Strafanstalt** prison, (*AmE auch*) penitentiary **Strafantrag 1** (*durch Kläger*) legal proceedings [Pl], action ◇ *Gegen die Firma wurde Strafantrag wegen Unterschlagung gestellt.* Legal proceedings were instituted against the firm for embezzlement. ◇ *Drei Studenten stellen Strafantrag gegen die Polizei.* Three students are bringing an action against the police. **2** (*durch Staatsanwalt*) petition for penalty **Strafanzeige** charge ◇ *eine Strafanzeige erstatten* bring a charge ◇ *Der Firma droht eine neue Strafanzeige.* The company is threatened with a new legal action. **Strafarbeit 1** (SCHULE) = extra (home) work as a punishment **2** (*in einem Arbeitslager*) hard labour, (*AmE*) hard labor ◇ *Er wurde zu 20 Jahren Strafarbeit verurteilt.* He was sentenced to twenty years' hard labour. **Strafaufschub** deferral of sentence **Strafbank** penalty bench

strafbar 1 criminal ◇ *eine strafbare Handlung* a criminal offence ◇ *Betteln ist nicht strafbar.* Begging is not a criminal offence. **2 sich ~ machen** make yourself liable to prosecution ◇ *Er hat sich wegen Betrugs strafbar gemacht.* He has made himself liable to prosecution for fraud. ◇ *Wer gestohlene Gegenstände kauft, macht sich strafbar.* Anyone who buys stolen goods is liable to prosecution.

Strafbefehl order of summary punishment

Strafe 1 punishment ◇ *Zur Strafe musste sie das Geschirr abwaschen.* She had to do the washing-up as a punishment. ◇ *Das ist die Strafe (dafür)!* Serves you right! ◇ *Diese Steuererklärung auszufüllen ist eine Strafe!* Filling in this tax return is a pain in the neck! ◇ *Das ist die Strafe für deine Faulheit.* That's what you get for your laziness. **2** (RECHT) penalty ◇ *Die Strafe für Mord ist lebenslängliche Haft.* The penalty for murder is life imprisonment. ◇ *bei Strafe verboten sein* be a criminal offence ◇ *unter Strafe stehen* be a criminal offence ◇ *etw unter Strafe stellen* make sth a criminal offence **3** (*Haftstrafe*) sentence ◇ *eine Strafe verbüßen* serve a sentence ◇ *Sie ist zu einer Strafe von zwei Jahren verurteilt worden.* She was sentenced to two years' imprisonment. **4** (*Geldbuße*) fine

strafen punish ◇ *Sie wurde hart gestraft.* She was severely punished. ◇ *Er strafte sie mit Verachtung.* As a punishment, he treated her with contempt. IDM **mit jdm/etw gestraft sein** ◇ *Mit diesem Kind bin ich wirklich gestraft!* This child is the bane of my life. → *Siehe auch* LÜGE *und* VERACHTUNG

strafend reproachful (*Adv* reproachfully) ◇ *Strafende Blicke trafen ihn.* He was met with reproachful looks.

Straf- Strafentlassene(r) ex-convict **Straferlass** remission of sentence

straff 1 taut (*Adv* tautly); (*fig*) tight (*Adv* tightly) ◇ *das Seil straff spannen* hold the rope taut ◇ *ein straffes Kostenmanagement* tight cost management **2** (*glatt*) smooth (*Adv* smoothly) **3** (*aufrecht*) erect (*Adv* erectly) ◇ *eine straffe Haltung* an erect posture **4** (*streng*) strict (*Adv* strictly) IDM → ZÜGEL

straffällig ~ werden commit a criminal offence ◇ *Er hilft straffällig gewordenen Asylbewerbern.* He helps asylum seekers who have committed a criminal offence. ◇ *straffällig gewordene Jugendliche* young offenders

Straffällige(r) offender

straffen 1 tighten (up) (*auch fig*) ◇ *Das Seil straffte sich.* The rope tightened. ◇ *Das Verfahren soll gestrafft werden.* The procedure is going to be tightened up. **2** (*glätten, festigen*) firm (up) ◇ *Diese Creme strafft die Haut.* This cream firms the skin. ◇ *Ihre Oberschenkel hatten sich gestrafft.* Her thighs had firmed up. **3 sich/seinen Körper ~** (*sich aufrichten*) straighten (yourself) up

straf- straffrei (*Mensch, Firma etc.*) unpunished; (*Delikt*) exempt from punishment ◇ *Die Verantwortlichen für den Betrug gingen straffrei aus.* Those responsible for the fraud went unpunished. ◇ *In manchen Ländern bleibt Beihilfe zum Selbstmord straffrei.* In certain countries assisted suicide is exempt from punishment. ◇ *Er hält sich seit einigen Jahren straffrei.* He hasn't committed any offences for several years. **Strafgefangene(r)** prisoner **Strafgesetzbuch** penal code

sträflich 1 (*unverzeihlich*) unforgivable (*Adv* unforgivably) **2** (*mit schlimmen Folgen*) criminal (*Adv* criminally) ◇ *sträfliche Nachlässigkeit* criminal neglect

Sträfling prisoner

straf- straflos → STRAFFREI **Strafmaß** sentence; (*Strafe*) penalty ◇ *Der Richter setzte das Strafmaß auf drei Jahre Haft fest.* The judge set a sentence of three years' imprisonment. ◇ *Der Verband schöpfte sein Strafmaß aus.* The club went for the maximum penalty within its power. **strafmildernd** mitigating [nur vor Nomen] ◇ *sich strafmildernd auswirken* have a mitigating effect **Strafmilderung** mitigation of the/a sentence **Strafminute** (SPORT) penalty minute **Strafpredigt** lecture, dressing down (*umgs*) ◇ *Sein Vater hielt ihm eine gehörige Strafpredigt.* His father gave him a stern lecture. **Strafpunkt** penalty point **Strafraum** (SPORT) penalty area **Strafrecht** criminal law **Strafstoß** (SPORT) penalty kick **Straftat** criminal offence (*Fachspr*), crime ◇ *eine Straftat begehen* commit a criminal offence ◇ *eine Straftat anzei-*

gen/aufklären report/solve a crime **Straftäter(in)** criminal **Strafverfahren** criminal proceedings [Pl] ◇ *Ein Strafverfahren wegen Diebstahls wurde gegen uns eingeleitet.* Criminal proceedings were instituted against us for theft. **Strafvollzug** (*Strafrecht*) penal system; (*Anstalt*) prison ◇ *der moderne Strafvollzug* the modern penal system ◇ *Er muss drei Jahre im Strafvollzug verbüßen.* He has to spend three years in prison. ◇ *im offenen Strafvollzug* on daytime release **Strafwurf** (SPORT) penalty throw ◇ *Sie verwandelte einen Strafwurf in ein 10:9.* She turned a penalty throw into a 10:9 lead. **Strafzeit 1** (SPORT) penalty time **2** (*Haftstrafe*) term of imprisonment **Strafzettel** (*für Schnellfahren*) (speeding) ticket; (*für Falschparken*) (parking) ticket

Strahl 1 ray; (*von Licht auch*) beam ◇ *radioaktive Strahlen* radioactive rays ◇ *im Strahl der Taschenlampe* in the beam of the torch **2** (*Wasser- etc.*) jet

strahlen 1 (*Licht, Augen*) shine ◇ *Die Sonne strahlte.* The sun was shining. **2** (*Farbe*) glow ◇ *Das Weiß der Fassade strahlte hell im Licht der Sonne.* The white facade glowed brightly in the sunlight. **3 (vor etw) ~** (*Mensch*) beam (with sth) ◇ *Er strahlte vor Freude.* He was beaming with delight. **4** (*radioaktives Material*) emit radioactivity

Strahlenbelastung (level of) radiation ◇ *eine geringe/hohe Strahlenbelastung* a low/high level of radiation

strahlend 1 bright (*auch fig*); (*Wetter, Sonnenschein auch*) glorious ◇ *eine strahlende Zukunft* a bright future ◇ *ein strahlend blauer Himmel* a bright blue sky **2** (*glänzend*) shining (*auch fig*) ◇ *strahlende Augen* shining eyes ◇ *ein strahlendes Beispiel* a shining example ◇ *strahlend weiße Zähne* sparkling white teeth ◇ *strahlend sauber* sparkling clean **3** (*Gesicht, Lächeln etc.*) beaming ◇ *Vor Freude strahlend erzählte sie ihm davon.* Beaming with pleasure, she told him all about it. **4** (*Atommüll etc.*) radioactive

Strahlen- Strahlenschutz radiation protection **Strahlentherapie** radiotherapy **strahlenverseucht** contaminated with radiation [nicht vor Nomen], radioactively contaminated ◇ *ein stark strahlenverseuchtes Gebiet* an area heavily contaminated with radiation

Strahler spotlight

Strahlung radiation [U] ◇ *Er war radioaktiven Strahlungen ausgesetzt.* He was exposed to radiation. ◇ *die Stärke der Strahlung* the level of radiation

Strähnchen ◇ *sich helle Strähnchen machen lassen* have highlights done

Strähne strand; (*gefärbt*) streak ◇ *Ihr fiel eine lange Strähne ins Gesicht.* A long strand of hair fell across her face. ◇ *schwarzes Haar mit blonden Strähnen* black hair with blond streaks

strähnig straggly

stramm 1 (*eng*) tight (*Adv* tightly); (*fest gespannt*) taut (*Adv* tautly) ◇ *Diese Hose sitzt stramm.* These trousers are tight. ◇ *Sie hielt die Leine möglichst stramm.* She held the line as taut as possible. **2** (*kräftig*) sturdy (*Adv* sturdily) ◇ *stramme Waden* sturdy calves **3** (*aufrecht*) upright ◇ *in strammer Haltung stehen* stand upright **4** (*energisch, streng*) strict (*Adv* strictly) ◇ *Die Bundesbank hält einen strammen finanzpolitischen Kurs ein.* The Federal Bank is keeping to a strict line on finance policy. **5** (*überzeugt*) staunch (*Adv* staunchly) ◇ *Ihr Vater vertrat stramm konservative Ideen.* Her father held staunchly Conservative views. **6** (*zügig*) brisk (*Adv* briskly)

strammstehen stand to attention

strampeln 1 kick ◇ *Hör auf zu strampeln!* Stop kicking! ◇ *Das Baby hat sich frei gestrampelt.* The baby has kicked its covers off. **2** (*Rad fahren*) cycle; (*mühevoll*) pedal ◇ *Er strampelte mit dem Fahrrad zur Schule.* He cycled to school. ◇ *Er musste noch 20 Minuten bergauf strampeln.* He had to pedal uphill for another 20 minutes.

Strand beach ◇ *am Strand* on the beach **Strandbad** bathing beach **Strandcafé** beach cafe

stranden (*Schiff*) run aground (*auch fig*); (*Wal*) get stranded (*auch fig*)

Strand- Strandgut flotsam (and jetsam) [U] (*auch fig*) **Strandpromenade** promenade **Strandsegeln** (SPORT) sand-yachting

Strang 1 (Tod) durch den ~ (death) by hanging **2** (*Bündel von Wolle, Garn*) skein; (*von Muskeln, Nerven*) cord; (*DNS-, Handlungs- etc.*) strand ◇ *An diesem Punkt laufen alle Stränge des Romans zusammen.* All the strands of the novel come together at this point. **IDM an einem Strang ziehen** pull together **über die Stränge schlagen** get carried away

Strapaze strain [U]; (*körperlich meist*) exertion

strapazieren 1 be a strain on *sb/sth* ◇ *Die Reise hat ihn sehr strapaziert.* The journey was a great strain on him. ◇ *Sonne und Salz strapazieren die Haare.* Sun and salt are bad for your hair. **2** (*Teppich, Möbel etc.*) give *sth* a lot of wear ◇ *Die Kinder strapazieren das Sofa arg.* The children are giving the sofa a lot of hard wear. ◇ *Der Teppich ist schon arg strapaziert.* The carpet has already had a lot of hard wear. **3** (*Nerven, Geduld etc.*) try; (*Wort, Spruch etc.*) overuse ◇ *jds Geduld über Gebühr strapazieren* try sb's patience to extremes ◇ *Das Wort „Qualität" wird sehr strapaziert.* 'Quality' is a very overused word. ◇ *ein strapazierter Witz* a hackneyed joke **4** (*nicht schonen*) push (to the limit) ◇ *Die Radfahrer strapazierten sich auf einer langen Fahrt bis ans Ziel.* The cyclists pushed themselves to the limit on a long ride to the finish. ◇ *Sie hat das Pferd bis aufs Äußerste strapaziert.* She pushed the horse to its limit.

strapazierfähig hard-wearing

strapaziös exhausting

Straße 1 road; (*in einer Stadt etc.*) street ◇ *An der Straße stand ein Kiosk.* There was a kiosk by the road. ◇ *Er fuhr den ganzen Nachmittag durch die Straßen.* He drove around the streets all afternoon. ◇ *Die Kinder spielten auf der Straße.* The children were playing in the street. **2** (*Meerenge*) straits [Pl] ◇ *die Straße von Gibraltar* the Straits of Gibraltar **IDM auf der Straße liegen** grow on trees ◇ *Auch hier liegt das Geld nicht auf der Straße.* Money doesn't grow on trees around here either. **auf der Straße sitzen 1** (*arbeitslos sein*) be out of work **2** (*obdachlos sein*) be on the streets **(für/gegen jdn/etw) auf die Straße gehen** take to the streets (for/against sb/sth) **jdn auf die Straße setzen 1** (*entlassen*) give sb the sack **2** (*Wohnung kündigen*) turn sb out onto the street **auf offener Straße** in the middle of the street **jdn von der Straße holen** get sb off the streets

Straßenarbeiten roadworks [Pl] **Straßenbahn** tram, (*AmE*) streetcar **Straßenbahnfahrer(in)** tram driver, (*AmE*) streetcar driver **Straßenbahnlinie 1** (*Strecke*) tram route, (*AmE*) streetcar line **2** (*Straßenbahn*) tram (service), (*AmE*) streetcar (service) ◇ *Sie fährt mit der Straßenbahnlinie 16.* She travels on the number 16 tram. ◇ *Welche Straßenbahnlinie fährt zum Zoo?* Which tram goes to the zoo? **Straßencafé** pavement cafe **Straßenecke** street corner **Straßenfest** street party ◇ *auf dem Straßenfest* at the street party **Straßengraben** ditch **Straßenkämpfe** street battles [Pl] ◇ *Studenten haben sich Straßenkämpfe mit der Polizei geliefert.* Students fought street battles with the police. ◇ *Straßenkämpfe brachen aus.* Street fighting broke out. **Straßenkarte** road map **Straßenkehrer(in)** road sweeper **Straßenlampe** street light

Straßenmusikant(in) busker (*umgs*) **Straßenrand** roadside, side of the road ◇ *am Straßenrand* at the roadside **Straßenraub** mugging ◇ *33 Fälle von Straßenraub* 33 muggings **Straßenräuber(in)** mugger **Straßenschild** street sign **Straßenschlacht** street battle **Straßenseite 1** side of the road ◇ *auf der anderen Straßenseite* on the other side of the road ◇ *die Straßenseite wechseln* cross the road **2** ◇ *Das Schlafzimmer ging zur Straßenseite.* The bedroom overlooked the street. **Straßensperre** roadblock **Straßenverhältnisse** road conditions [Pl]; (*Befahrbarkeit*) driving conditions [Pl] **Straßenverkehr** traffic ◇ *Verstöße im Straßenverkehr* road traffic offences ◇ *Sicherheit im Straßenverkehr* safety on the roads **Straßenverkehrsordnung** rules of the road [Pl], traffic regulations [Pl]; (*in GB*) ≈ Highway Code ◇ *laut Straßenverkehrsordnung* according to the Highway Code ◇ *gegen die Straßenverkehrsordnung verstoßen* commit a driving offence

Stratege, **Strategin** strategist

Strategie strategy ◇ *einer Strategie folgen* follow a strategy

strategisch strategic (*Adv* strategically) ◇ *von strategischer Bedeutung* of strategic importance

sträuben 1 sich ~ (*Haare*) stand on end ◇ *Ihm sträubten sich die Haare.* His hair stood on end. **2 sich (gegen etw) ~** resist (sth), fight (sth) ◇ *Sie sträubte sich lange gegen das Gefühl.* She resisted the feeling for a long time. ◇ *Hör auf, dich dagegen zu sträuben!* Stop fighting it! ◇ *Er sträubte sich dagegen, die Wahrheit zu akzeptieren.* He was reluctant to accept the truth. IDM **in jdm sträubt sich alles dagegen, etw zu tun** sb is most reluctant to do sth **in jdm sträubt sich alles gegen etw** sb feels a strong aversion to sth

Strauch shrub, bush

straucheln 1 stumble **2** (*scheitern*) fail **3** (*moralisch*) stray from the straight and narrow

Strauß¹ (*Blumen-*) bunch of flowers; (*zum Überreichen auch*) bouquet

Strauß² (ZOOL) ostrich → *Siehe auch* VOGEL

Streaming streaming

Streamingdienst streaming service

streben 1 nach etw ~ strive for sth ◇ *nach Vollkommenheit streben* strive for perfection ◇ *Sie strebten danach, sich ein gemeinsames Leben aufzubauen.* They strove to build a life together. ◇ *Der Dichter strebt danach, Form und Inhalt zu verschmelzen.* The writer strives to marry form and content. **2** (*sich bewegen*) head ◇ *Die Menge strebte zum Ausgang.* The crowd headed for the exit. ◇ *Pflanzen streben zum Licht.* Plants grow towards the light. **3** (*alles daransetzen*) aspire ◇ *in den Schuldienst streben* aspire to a career in teaching ◇ *Die Flüchtlinge strebten nach Amerika.* The refugees aspired to get to America. **4** (*büffeln*) swot (*umgs*), (*AmE*) cram (*umgs*)

Streber(in) (*Schüler(in)*) swot (*umgs*), (*AmE*) grind (*umgs*); (*im Beruf*) pushy person

strebsam hard-working and ambitious

Strecke 1 (*Route*) route ◇ *die Strecke London - New York fliegen* fly the London - New York route **2** (*Weg*) way ◇ *noch eine weite Strecke vor sich haben* still have a long way to go ◇ *auf halber Strecke aufgeben* give up half-way ◇ *Bis nach Hause ist es nur eine kurze Strecke.* We're not far from home now. **3** (*Entfernung*) distance ◇ *Das Rennen ging über eine Strecke von 1 000 Metern.* The race was over a distance of 1 000 metres. **4** (*Abschnitt*) section; (*einer Straße auch*) stretch ◇ *Ganze Strecken des Romans wiederholen sich.* Whole sections of the novel are repeated. ◇ *Auf dieser Strecke passieren viele Unfälle.* There are a lot of accidents on this stretch of road. ◇ *ein Stau auf der Strecke Richtung Köln* a tailback on the road going towards Cologne **5** (*Eisenbahnlinie*) (railway) line ◇ *eine Strecke ausbauen* extend a railway line ◇ *auf offener Strecke halten* stop between stations **6** (MATH) line IDM **auf der Strecke bleiben** fall by the wayside **ein Tier zur Strecke bringen** kill an animal **über weite Strecken** for much of the time ◇ *Die Handlung war über weite Strecken verwirrend.* The plot was confusing for much of the time. **jdn zur Strecke bringen** hunt sb down

strecken 1 (sich) ~ stretch ◇ *den Arm nach hinten strecken* stretch your arm back ◇ *Sie musste sich strecken, um das Buch zu erreichen.* She had to stretch to reach the book. ◇ *das Knie strecken* straighten your knee ◇ *den Hals strecken* crane your neck ◇ *Er streckte sich ausgiebig.* He had a good stretch. **2** (*mit Zielangabe*) stick (*umgs*) ◇ *den Kopf aus dem Fenster strecken* stick your head out of the window **3** (*verlängern*) make *sth* go further; (*verdünnen*) thin *sth* down; (*Rauschgift*) cut **4** (*hinziehen*) drag *sth* out **5 die Waffen ~** lay down your arms IDM → BODEN

Streckenabschnitt section (of a line/journey)

streckenweise (*räumlich*) in places; (*manchmal*) at times; (*teilweise*) in parts ◇ *Die Straße war streckenweise überflutet.* The road was flooded in places. ◇ *Der Film war streckenweise langweilig.* The film was boring at times.

Streetworker(in) outreach worker ◇ *Streetworker in der Drogenarbeit* outreach worker for drug-related problems

Streich 1 prank, trick ◇ *ein dummer Streich* a silly prank ◇ *ein gemeiner/übler Streich* a mean/nasty trick **2 jdm einen ~ spielen** play a trick on sb (*auch fig*); (*nicht funktionieren*) play up; (*einen Strich durch die Rechnung machen*) let sb down ◇ *Die Fantasie spielte mir einen Streich.* My imagination was playing tricks on me. ◇ *Die Technik hat wieder einen Streich gespielt.* The technology was playing up again. ◇ *Das Wetter hat uns einen Streich gespielt.* The weather let us down. **3** (*Schlag*) blow ◇ *jdm einen Streich versetzen* deal sb a blow IDM **auf einen Streich** all at once ◇ *Das wird sich jetzt alles auf einen Streich ändern.* Now it will all change at once.

Streicheleinheit 1 (*Liebkosung*) cuddle; (*Zuwendung*) affection [U/Sing] ◇ *Das Baby braucht Streicheleinheiten.* The baby needs a cuddle. ◇ *Der Hund will seine Streicheleinheiten.* The dog wants stroking. **2** (*Lob*) pat on the back; (*Ermunterung*) encouragement

streicheln stroke ◇ *Die Elefanten ließen sich von den Kindern streicheln.* The elephants let the children stroke them. ◇ *jdm über den Kopf streicheln* stroke sb's head

streichen 1 (*anmalen*) paint ◇ *frisch gestrichen sein* be freshly painted ◇ *etw blau streichen* paint sth blue ◇ *Frisch gestrichen!* Wet paint! **2** (*auftragen*) spread; (*Salbe etc.*) apply ◇ *Er strich Honig aufs Brot.* He spread honey on the bread. ◇ *Butter aufs Brötchen streichen* butter a roll **3** (*mit der Hand entfernen*) brush ◇ *sich/jdm die Haare aus dem Gesicht streichen* brush the hair out of your/sb's face ◇ *Krümel von der Tischdecke streichen* brush crumbs off the tablecloth **4** (*absagen*) cancel; (*Schulden auch*) write *sth* off; (*Stellen etc.*) cut ◇ *einen Auftrag streichen* cancel an order ◇ *Studienplätze streichen* cut university places ◇ *jdm das Taschengeld streichen* stop sb's pocket money **5** (*ausstreichen*) delete; (*im Text auch*) cross *sth* out; (*Szene etc.*) cut **6 etw aus etw ~** (*entfernen*) remove sth from sth ◇ *etw aus dem Stundenplan streichen* remove sth from the timetable **7** (*glätten*) smooth *sth* (out) ◇ *über das Bettlaken streichen* smooth out the sheet ◇ *jdm übers/durchs Haar streichen* stroke sb's hair **8 um etw ~** (*herumschleichen*) prowl round sth ◇ *um das Haus streichen* prowl around the house ◇ *Die Katze streicht mir um die Beine.* The cat rubs against my legs. **9 durch etw ~** (*umherlaufen*) roam through sth ◇ *durch die Wälder streichen* roam through the forests **10** (*Flagge, Segel*) lower IDM → NASE *und* SEGEL

Streicher(in) string player ◇ *Konzert für Klavier und Streicher* concerto for piano and strings

Streich- Streichholz match **Streichholzschachtel** matchbox **Streichinstrument** stringed instrument **Streichmusik** music for strings **Streichorchester** string orchestra [mit Verb im Sing/Pl] **Streichquartett** string quartet [mit Verb im Sing/Pl]

Streichung 1 cancellation; (*Abschaffung*) abolition ◇ *die Streichung der Messe* the cancellation of the trade fair ◇ *die Streichung der Rezeptgebühren* the abolition of prescription fees **2** (*Stellen, Mittel*) (*meist mit einem Verb übersetzt*) ◇ *die Streichung von Stellen im öffentlichen Dienst* cutting jobs in the public sector **3** (*Kürzung*) cut ◇ *Streichungen im Etat vornehmen* make cuts in the budget

Streife patrol ◇ *eine Streife alarmieren* alert a police patrol ◇ *auf Streife gehen/sein* go/be on patrol

streifen 1 brush; (*schrammen*) scrape; (*schürfen*) graze ◇ *jdn am Arm streifen* brush against sb's arm ◇ *Auf dem Parkplatz streifte ich ein anderes Auto.* I scraped another car in the car park. ◇ *Die Kugel hatte ihn nur gestreift.* The bullet had only grazed him. ◇ *jdn mit dem Ellbogen streifen* touch sb with your elbow **2** (*abstreifen*) ◇ *die Farbe vom Pinsel streifen* squeeze the paint off the brush ◇ *Ich streifte die Margarine vom Messer.* I scraped the margarine off the knife. ◇ *Er streifte die Asche von der Zigarette.* He tapped the ash off his cigarette. **3** (*an-, ausziehen*) slip ◇ *Sie streifte den Ring vom Finger.* She slipped the ring off her finger. ◇ *den Pulli über den Kopf streifen* slip the jumper over your head ◇ *sich seine Kapuze über den Kopf streifen* put your hood up ◇ *die Ärmel nach oben streifen* push your sleeves up **4 durch etw ~** roam sth ◇ *durch die Wiesen/die Stadt streifen* roam the meadows/ town **5** (*Blick*) fall on *sb/sth* **6** (*oberflächlich behandeln*) touch on *sth* ◇ *Wir können dieses Thema leider nur kurz streifen.* Unfortunately we can only touch on this topic.

Streifen 1 (*Farb-*) stripe ◇ *ein T-Shirt mit blauen Streifen* a T-shirt with blue stripes **2** (*Stück*) strip ◇ *etw in Streifen schneiden* cut sth into strips ◇ *ein schmaler Streifen Land* a narrow strip of land **3** (*Film*) film **4** (*Kondensstreifen*) vapour trail, (*AmE*) vapor trail

Streifen- Streifendienst patrol ◇ *im Streifendienst* on patrol **Streifenwagen** patrol car

Streifzug trip; (*Wanderung*) walk (*meist mit einem Verb übersetzt*) ◇ *Wir machten einen Streifzug durch die Stadt.* We explored the town. ◇ *„Ein Streifzug durch das Mittelalter"* 'Exploring the Middle Ages'

Streik strike ◇ *in den Streik treten* go on strike ◇ *zum Streik aufrufen* call a strike ◇ *Die Belegschaft wurde zum Streik aufgerufen.* The staff were called out on strike. ◇ *ein Streik für/gegen etw* a strike for/against sth

Streikaufruf strike call **Streikbrecher(in)** strikebreaker, scab (*umgs, abwert*)

streiken 1 strike, go on strike ◇ *für/gegen etw streiken* strike for/against sth **2** (*nicht mehr wollen, nicht funktionieren*) pack up ◇ *Ich hab die Schnauze voll — ich streike!* I've had enough — I'm packing up! ◇ *Der Computer streikt.* The computer has packed up.

Streikende(r) striker

Streikposten (*Mensch*) picket; (*Gruppe*) picket line ◇ *Streikposten beziehen* man the picket lines

Streit ~ (um/über etw) argument (about sth); (*weniger schwer*) quarrel (about sth); (*Disput*) dispute (over/ about sth) ◇ *Misch dich nicht in den Streit ein!* Keep out of the argument! ◇ *Streit suchen/bekommen* look for/get into an argument ◇ *ein Streit zwischen Eheleuten* a marital dispute IDM → ZAUN

streitbar cantankerous (*abwert*) (*kämpferisch*) combative

streiten (sich) (um/über etw) ~ argue (about sth); (*zanken*) quarrel (over sth), fight (over sth) ◇ *Sie hatten sich noch nie gestritten.* They had never argued before. ◇ *Sie stritten darüber, wer Schuld hatte.* They were arguing about whose fault it was. ◇ *Darüber lässt sich streiten.* That's a matter of opinion. IDM → GESCHMACK

Streit- Streitfrage issue **Streitgespräch** debate; (*Zank*) argument

streitig jdm etw ~ machen contest sb's (right to) sth ◇ *jdm das Erbe streitig machen* contest sb's right to the inheritance ◇ *jdm den Rang streitig machen* contest sb's position ◇ *Den Sieg konnte ihm niemand mehr streitig machen.* His victory was assured.

Streitigkeiten disputes [Pl]

Streit- Streitkraft force ◇ *Streitkräfte abziehen/stationieren* withdraw/station forces ◇ *die Streitkräfte in Alarmbereitschaft versetzen* put the troops on alert **Streitkultur** culture of debate **Streitpunkt** issue; (*Zankapfel*) bone of contention **streitsüchtig** quarrelsome

streng 1 strict ◇ *eine strenge Erziehung* a strict upbringing ◇ *sehr streng mit jdm sein* be very strict with sb ◇ *strenge Kontrollen* strict controls ◇ *eine strenge Diät* a strict diet ◇ *streng verboten* strictly forbidden ◇ *jdm strengste Diskretion zusichern* guarantee sb absolute discretion ◇ *streng bewacht* closely guarded **2** (*Miene, Ausdruck, Blick*) stern (*Adv* sternly) ◇ *strenge Züge* stern features ◇ *jdn streng ansehen* look at sb sternly **3** (*Richter, Strafe, Urteil, Winter*) harsh (*Adv* harshly) **4** (*Frost, Kälte, Strafe, Frisur*) severe (*Adv* severely) **5** (*Geruch, Geschmack*) strong ◇ *Der Käse schmeckte ziemlich streng.* The cheese was rather strong. **6 aufs Strengste** (*aufs Genauste*) strictly ◇ *etw aufs Strengste befolgen/einhalten* keep strictly to/follow sth **7 aufs Strengste** (*sehr hart*) severely ◇ *jdn aufs Strengste bestrafen* punish sb severely **8 ~ genommen** strictly speaking IDM → REGIMENT

Strenge 1 strictness ◇ *die Strenge, mit der diese Kriterien angewandt werden* the strictness with which these criteria are applied ◇ *Kinder mit übertriebener Strenge erziehen* bring children up too strictly ◇ *Strenge waltet beim Rauchverbot.* The non-smoking rule is strictly enforced. ◇ *mit äußerster Strenge (gegen etw) vorgehen* take extremely strong measures (against sth) ◇ *mit eiserner/unerbittlicher Strenge durchgreifen* take very firm action **2** (*der Miene, des Ausdrucks, Blicks*) sternness **3** (*eines Richters, Urteils, Winters, einer Strafe*) harshness, severity **4** (*des Stils*) austerity ◇ *die formale Strenge* the austerity of form

strengstens strictly ◇ *Rauchen strengstens verboten* Smoking is strictly forbidden. ◇ *strengstens überwacht sein* be closely monitored

Stress 1 stress ◇ *Stress haben/bewältigen* suffer from/cope with stress ◇ *unter Stress stehen* be under stress **2** (*Aufward*) hassle ◇ *Das ist mir zu viel Stress.* That's too much hassle. **3 im ~ sein** be stressed out (*umgs*), be under a lot of pressure; (*sehr beschäftigt*) be rushed off your feet

stressen 1 be stressful ◇ *Ich muss immer freundlich sein — das stresst.* I have to be polite all the time — that's stressful. ◇ *Die Arbeit stresst mich.* The work is getting to me. **2 jdn ~** get to sb, stress sb out ◇ *die gestressten Lehrer* the stressed-out teachers

stressfrei relaxed, stress-free ◇ *ein stressfreier Einstieg ins Wochenende* a relaxed start to the weekend ◇ *stressfrei einkaufen* go shopping in a stress-free environment

stressig stressful

Streu litter

streuen **1** scatter; (*Gewürze, Zucker etc.*) sprinkle ◇ *die Samenkörner in die Erde streuen* scatter the seeds onto the soil ◇ *Zucker auf den Kuchen streuen* sprinkle sugar on the cake **2** (*Mist etc.*) spread (*auch fig*) ◇ *Gerüchte unter die Leute streuen* spread rumours **3** (*Straßen, Gehwege*) grit ◇ *die Straßen streuen* grit the roads ◇ *Salz streuen* salt the roads IDM → SALZ *und* SAND

streunen roam ◇ *durch die Straßen streunen* roam the streets ◇ *streunende Hunde* stray dogs

Streusel crumble topping

Strich **1** line ◇ *einen Strich machen* draw a line **2** (*Pinsel-*) (brush) stroke **3** (*Markierung*) mark **4 gegen den ~** (*Haarrichtung*) the wrong way; (*Stoff*) against the grain; (*Teppich, Samt*) against the pile **5** (*Prostitution*) prostitution ◇ *auf den Strich gezwungen werden* be forced into prostitution ◇ *auf den Strich gehen* be on the game **6** (*Binde-*) hyphen; (*Gedanken-*) dash; (*Schräg-*) slash IDM **jdm einen Strich durch die Rechnung machen** spoil sb's plans **einen Strich unter etw ziehen** draw a line under sth **jdm gegen den Strich gehen** ◇ *Es geht mir gegen den Strich ihn anzulügen!* I hate having to lie to him! **keinen Strich tun** not do a stroke (of work) **unter dem Strich** at the end of the day **Strichcode** barcode **Strichjunge** male prostitute, (*BrE auch*) rent boy **Strichmännchen** matchstick man **Strichpunkt** semicolon

Strick cord; (*Seil*) rope ◇ *etw mit einem Strick an etw festbinden* tie sth to sth with (a piece of) rope IDM **wenn alle Stricke reißen** if the worst comes to the worst

stricken knit ◇ *vier rechts, vier links stricken* knit four, purl four ◇ *Sie strickt gern.* She likes knitting. ◇ *Hobbys wie Stricken und Nähen* hobbies like knitting and sewing

Strick- **Strickgarn** knitting wool **Strickjacke** cardigan **Strickleiter** rope ladder **Strickmuster** **1** (knitting) pattern **2** (*fig*) formula ◇ *nach bewährtem Strickmuster* according to a well-tried formula **Stricknadel** knitting needle **Strickzeug** knitting

striegeln groom

strikt **1** (*streng*) strict (*Adv* strictly) ◇ *Er braucht eine strikte Disziplin.* He needs strict discipline. ◇ *sich strikt an die Regeln halten* adhere strictly to the rules **2** (*völlig*) total (*Adv* totally) ◇ *ein striktes Verbot* a total ban ◇ *Ich bin strikt dagegen.* I am totally opposed to it. ◇ *Sie hat sich strikt geweigert, ihn anzurufen.* She flatly refused to ring him.

strippen do a striptease; (*Stripper(in) sein*) be a stripper

Stripper(in) stripper

Striptease striptease

strittig (*umstritten*) controversial, contentious (*gehoben*); (*noch nicht entschieden*) unresolved ◇ *das strittige Bauvorhaben* the controversial building project ◇ *Strittig ist allerdings noch, ob …* It still hasn't been decided whether … ◇ *Unter Experten ist strittig, ob …* It is a matter of dispute amongst experts whether …

Stroh straw ◇ *ein Ballen Stroh* a bale of straw ◇ *ein Dach mit Stroh decken* thatch a roof IDM **nur/nichts als Stroh im Kopf haben** be an airhead (*umgs, abwert*) **strohblond** flaxen **Strohdach** thatched roof **strohdumm** thick (*umgs*) **strohgedeckt** thatched **Strohhalm** (drinking) straw ◇ *mit einem Strohhalm trinken* drink through a straw **Strohhut** straw hat **Strohmann** frontman ◇ *als Strohmann fungieren* act as a frontman

Strom **1** (*Elektrizität*) electricity ◇ *Man hat ihm den Strom abgesperrt.* His electricity's been cut off. ◇ *Die halbe Stadt hatte keinen Strom.* Half the town was without electricity. ◇ *Wir heizen mit Strom.* We've got electric heating. ◇ *Das Auto der Zukunft fährt mit Strom.* The car of the future is electric. ◇ *Der Strom fiel aus.* There was a power failure. ◇ *ein schwacher Strom* a weak current ◇ *unter Strom stehen* be live **2** (*Fluss*) river; (*reißend*) torrent ◇ *an den Ufern des Stromes* on the banks of the river **3** (*große Menge*) stream ◇ *ein Strom von Flüchtlingen/Autos/Blut* a stream of refugees/cars/blood ◇ *Das Wasser läuft in Strömen über die Straße.* The water is pouring across the road. ◇ *Es gießt in Strömen.* It's absolutely pouring. ◇ *Die Tränen liefen ihr in Strömen übers Gesicht.* There were tears streaming down her face. ◇ *Der Champagner floss in Strömen.* The champagne was flowing like water. **4** (*Strömung*) current IDM **gegen den Strom schwimmen** swim against the tide **mit dem Strom schwimmen** follow the crowd **stromabwärts** downstream **stromaufwärts** upstream **Stromausfall** power failure ◇ *bei Stromausfall* in the event of a power failure

strömen **1** stream; (*Fluss*) flow; (*sich ergießen*) pour ◇ *Aus der Wunde strömte Blut.* Blood was streaming from the wound. ◇ *Tausende Liter Öl strömten ins Meer.* Thousands of litres of oil were pouring into the sea. ◇ *in/bei strömendem Regen* in the pouring rain **2** (*Menschen*) stream, pour ◇ *Die Fans strömten ins Stadion.* The fans were streaming into the stadium. ◇ *Die Besucher strömten aus dem Kino.* The audience came pouring out of the cinema. ◇ *Alle strömten in Richtung Ausgang.* They all rushed for the exit.

Strom- **Stromkabel** electric(ity) cable, power cable **Stromkreis** (electrical) circuit **Stromleitung** power line **stromlinienförmig** streamlined **Stromschlag** electric shock ◇ *einen Stromschlag bekommen* get an electric shock ◇ *durch einen Stromschlag getötet werden* be electrocuted **Stromschnellen** rapids [Pl] **stromsparend** energy-saving

Strömung **1** current **2** (*Bewegung*) movement; (*Gruppe*) group; (*in einer Partei*) faction

Stromverbrauch electricity consumption

Strophe verse

strotzen **vor etw ~** be full of sth; (*Gesundheit*) be glowing with sth

Strudel **1** whirlpool (*auch fig*) **2** (*Speise*) strudel

Struktur **1** structure ◇ *eine einfache Struktur* a simple structure **2** (*Oberflächenbeschaffenheit*) texture **Strukturanalyse** structural analysis **Strukturelement** structural element

strukturell structural (*Adv* structurally) ◇ *strukturelle Veränderungen* structural changes ◇ *strukturell unterversorgte Regionen* structurally backward regions

strukturieren structure ◇ *klar strukturiert sein* be clearly structured ◇ *hierarchisch strukturiert sein* have a hierarchical structure ◇ *etw neu strukturieren* restructure sth

Strumpf (*Knie-*) sock; (*Damen-*) stocking ◇ *ein Paar Strümpfe* a pair of socks/stockings **Strumpfhose** tights [Pl], (*bes AmE*) pantyhose [Pl] ◇ *eine warme Strumpfhose* thick tights

struppig (*Hund, Bart*) shaggy; (*Haare*) tousled

Stube (living) room **Stubenarrest ~ haben** be grounded; (*beim Militär*) be confined to barracks **stubenrein** house-trained, (*AmE*) house-broken

Stuck stucco ◇ *mit Stuck verziert* stuccoed

Stück **1** piece ◇ *ein Stück Käse/Papier/Land* a piece of cheese/paper/land ◇ *vier Stück Torte* four pieces of cake ◇ *Er hat ein paar schöne Stücke in seiner Sammlung.* He has some beautiful pieces in his collection. ◇ *etw in Stücke schneiden* cut sth into pieces ◇ *etw nach Stück verkaufen* sell sth by the piece ◇ *zwei Stück Gepäck* two pieces of luggage ◇ *ein Stück Zucker/Kohle* a lump of sugar/coal ◇ *12 Stück Vieh* 12 head of cattle ◇ *ein Stück Seife* a bar of soap ◇ *eine Auflage von 600 Stück* an edition of 600 copies ◇ *ein neues Stück Autobahn* a new stretch of motorway ◇ *Ich nehme fünf Stück.* I'll have five. **2 das ~/pro ~** each ◇ *Sie kosten zwei Euro das Stück.* They cost two euros each. **3** (*Theater-*) play; (*Musik-*) piece ◇ *ihr neuestes Stück* her latest play ◇ *Stücke von Mozart und Haydn* pieces by Mozart and Haydn **4** (*Abschnitt*) section ◇ *Sie kann ganze Stücke aus „Romeo und Julia" auswendig.* She knows whole sections of 'Romeo and Juliet' off by heart. ◇ *Er las ein Stück aus seinem neuen Werk.* He read from his new book. **5** (*Entfernung*) ◇ *Es ist nur noch ein kleines Stück.* It's only a bit further. ◇ *Bis zu mir ist es noch ein gutes Stück.* It's still quite a long way to my place. ◇ *Wir sind der Lösung ein Stück näher.* We're a bit nearer a solution. ◇ *Wir sind ein gutes Stück vorangekommen.* We've made good progress. ◇ *Ich gehe ein Stück mit dir.* I'll walk part of the way with you. ◇ *Ich nehme dich ein Stück mit.* I'll give you a lift part of the way. **6 in einem ~** (*auf einmal; mit einem Zug*) in one go **7 am/im ~** (*Wurst, Käse etc.*) in the piece **IDM** **etw aus freien Stücken tun** do sth of your own accord **ein hartes Stück Arbeit** hard work ◇ *Das war ein hartes Stück Arbeit.* It was hard work. **ein starkes Stück** a bit much (*umgs*) **große Stücke auf jdn halten** think very highly of sb **Stück für Stück** one by one

Stückchen bit ◇ *ein Stückchen vorankommen* make a bit of progress ◇ *ein Stückchen näher* a bit nearer

Student(in) student ◇ *Studenten der Medizin* medical students ◇ *ein Student im vierten Semester* a second-year student

Studentenausweis student card **Studentenbewegung** student movement **Studentenbude** student room **Studentenfutter** nuts and raisins [Pl] **Studentenwohnheim** hall of residence, (*AmE*) dormitory

Studie study ◇ *Aus der Studie geht hervor, dass …* The study shows that … ◇ *eine Studie über organisiertes Verbrechen* a study of organized crime

Studien- **Studienabbrecher(in)** (college) dropout **Studienabschluss** **1** degree ◇ *Sie hat einen Studienabschluss.* She's got a degree. **2** (*Ende des Studiums*) graduation ◇ *Nach seinem Studienabschluss ging er in die USA.* After graduation he went to the States. **Studienberatung** student advisory centre, (*AmE*) student advisory center **Studienfach** subject **Studienfahrt** study trip **Studiengang** course **Studiengebühren** tuition fees [Pl] **Studienplatz** place (at university) ◇ *einen Studienplatz bekommen* get a place at university ◇ *ein Studienplatz für Jura in München* a place at Munich to study law **Studienrat, -rätin** ≈secondary-school teacher **Studienreise** study tour

studieren **1** study ◇ *Er studiert Medizin.* He's studying medicine. ◇ *auf Lehramt studieren* study to be a teacher **2** (*eine Hochschule besuchen*) go to university ◇ *Sie will studieren.* She wants to go to university. ◇ *Wo hast du studiert?* Where did you go to university? ◇ *Was hast du studiert?* What did you do at university?

Studio **1** studio ◇ *etw im Studio aufnehmen/drehen* record/film sth in the studio **2** (*Wohnung*) studio, (*BrE auch*) studio flat, (*AmE auch*) studio apartment

Studium **1** (*Hochschul-*) course ◇ *ein Studium der Medizin* a course in medicine ◇ *Er hat sein Studium nicht abgeschlossen.* He didn't finish his course. ◇ *ein Studium aufnehmen* go to university ◇ *zum Studium zugelassen werden* get a place at university ◇ *während des Studiums* while at university ◇ *nach Abschluss seines Studiums* after graduating ◇ *Sie arbeitete, um sich das Studium zu finanzieren.* She worked her way through college. **2** (*genaues Beobachten, Lesen etc.*) study (*oft mit einem Verb übersetzt*) ◇ *das Studium tierischer Verhaltensweisen* the study of animal behaviour ◇ *nach gründlichem Studium der Sachlage* after studying the situation carefully

Stufe **1** (*Treppen-*) step; (*Leiter-*) rung (*auch fig*) ◇ *Vorsicht, Stufe!* Mind the step. ◇ *die oberste/unterste Stufe* the top/bottom step ◇ *auf der untersten Stufe der Karriereleiter* on the bottom rung of the ladder **2** (*Stadium, Phase*) stage; (*Niveau*) level ◇ *in mehreren Stufen* in several stages ◇ *Deutschkurse aller Stufen* German courses at all levels ◇ *ein Störfall der Stufe 2* a level 2 incident ◇ *Sie werden auf die gleiche Stufe mit Verbrechern gestellt.* They are put in the same category as criminals. ◇ *Sie stehen in der Hierarchie auf der untersten Stufe.* They are at the bottom of the hierarchy. **3** (*Raketen-*) stage **4** (*Gelände-*) terrace

Stufenbarren asymmetric bars [Pl] **stufenlos** (*ohne Stufen*) without steps/a step [nicht vor Nomen], step-free; (*gleitend*) smooth ◇ *stufenlose Zugänge zum Garten* step-free access to the garden ◇ *ein stufenloser Übergang* a smooth transition ◇ *stufenlos verstellbar* fully adjustable ◇ *stufenloses Getriebe* continuously variable transmission **stufenweise** in stages [nicht vor Nomen] ◇ *etw stufenweise einführen* introduce sth in stages ◇ *die stufenweise Anhebung des Mindestlohns* increasing the minimum wage in stages

stufig layered ◇ *ein stufiger Schnitt* a layered cut ◇ *sich die Haare stufig schneiden lassen* have your hair layered

Stuhl **1** chair ◇ *sich auf einen Stuhl setzen* sit (down) on a chair ◇ *der elektrische Stuhl* the electric chair **2 der Heilige ~** the Holy See **3** (*Kot*) stool **IDM** **zwischen zwei Stühlen sitzen** be (caught) in a cleft stick → *Siehe auch* REISSEN

Stuhlgang bowel movement; **~ haben** move your bowels

stumm **1** speech-impaired **2** (*sprachlos*) speechless ◇ *stumm vor Staunen* speechless with amazement **3** (*still*) silent (*Adv* silently) ◇ *stummer Protest* silent protest ◇ *Das „b" in „lamb" ist stumm.* The 'b' in 'lamb' is silent. ◇ *jdn stumm anklagen* silently accuse sb ◇ *sich stumm ansehen* look at each other without speaking ◇ *Sie ließen die Beschimpfungen stumm über sich ergehen.* They listened to the insults in silence.

Stumme(r) speech-impaired person

Stummel stump; (*Zigaretten-*) stub

Stummfilm silent film

Stümper(in) amateur

stumpf **1** (*Messer, Bleistift etc.*) blunt ◇ *eine stumpfe Schere* blunt scissors **2** (*glanzlos*) dull ◇ *stumpfe Farben* dull colours **3** (*teilnahmslos*) blank (*Adv* blankly) ◇ *stumpf vor sich hin starren* stare blankly into space **4** (*Winkel*) obtuse **5** (*Reim*) masculine

Stumpfsinn **1** (*Teilnahmslosigkeit*) apathy **2** (*Monotonie*) monotony ◇ *Dieser Job ist der reine Stumpfsinn!* The sheer monotony of this job! **stumpfsinnig** **1** apathetic (*Adv* apathetically); (*starren etc.*) impassive (*Adv* impassively) **2** (*monoton*) monotonous

Stunde **1** hour ◇ *eine halbe Stunde* half an hour ◇ *eine viertel Stunde* a quarter of an hour ◇ *zur vollen Stunde* on the hour ◇ *jede Stunde* hourly/every hour ◇ *zehn Dollar die Stunde* ten dollars an hour ◇ *50 km in der Stunde* 50 kilometres an hour **2** (*Unterricht*) lesson; (*Unterrichtseinheit auch*) period ◇ *jdm Stunden geben* give sb lessons ◇ *Stunden (in etw) nehmen* have lessons (in sth) ◇ *In den ersten beiden Stunden haben wir Englisch.* We've got English in the first two periods. **3** *(Zeit)* time; *(Augenblick)* moment ◇ *sich ein paar schöne Stunden (mit jdm) machen* have a nice time (with sb) ◇ *Sie trafen sich zur gewohnten Stunde.* They met at the usual time. ◇ *in Stunden der Not* in times of need ◇ *Die Stunde der Wahrheit rückte näher.* The moment of truth was approaching. ◇ *Dort schlug seine große Stunde.* His big moment came. ◇ *etw in einer stillen Stunde überdenken* think sth over in a quiet moment ◇ *Zur Stunde liegen uns noch keine näheren Informationen vor.* We have no further information at present. IDM **der ersten Stunde** ◇ *ein Mitglied der ersten Stunde* one of the first members ◇ *ein Mann/eine Frau der ersten Stunde* a pioneer **die Stunde null** a new beginning **jds letzte Stunde ist gekommen/hat geschlagen** sb's end has come → *Siehe auch* VORRÜCKEN

Stundenkilometer kilometres per hour, *(AmE)* kilometers per hour ◇ *bei 60 Stundenkilometern* at 60 kilometres an hour **stundenlang** for hours ◇ *Sie war stundenlang am Telefon.* She was on the phone for hours. ◇ *nach stundenlangem Warten* after waiting for hours ◇ *stundenlange Gespräche* hours of discussion **Stundenlohn** hourly rate ◇ *Er verlangt 20 Dollar Stundenlohn.* His hourly rate is 20 dollars. ◇ *Der durchschnittliche Stundenlohn liegt bei ...* Average pay is ... per hour. **Stundenplan** timetable **stundenweise** **1** for a few hours ◇ *Sie werden stundenweise betreut.* They are looked after for a few hours a day. **2** *(bezahlen, mieten etc.)* by the hour ◇ *Sie werden stundenweise bezahlt.* They are paid by the hour. ◇ *Sie arbeitet stundenweise als Putzfrau.* She works as a cleaner on an hourly basis. **Stundenzeiger** hour hand

-stündig -hour ◇ *ein zweistündiger Vortrag* a two-hour lecture

stündlich **1** *Adj* hourly [nur vor Nomen] ◇ *eine stündliche Kontrolle* an hourly check **2** *Adv* every hour ◇ *Die Busse verkehren stündlich.* The buses run every hour.

Stunk trouble [U] ◇ *Wenn es Stunk in der Familie gibt, ...* When there's trouble in the family ... ◇ *Er hat oft Stunk mit seinem Vater.* He often argues with his father.

Stunt- **Stuntman** stuntman **Stuntwoman** stuntwoman

Stupsnase snub nose

stur stubborn *(Adv* stubbornly) ◇ *stur wie ein Esel* as stubborn as a mule ◇ *stur auf etw bestehen* stubbornly insist on sth ◇ *Der Händler blieb stur.* The dealer wouldn't budge. ◇ *stur weitermachen* carry on doggedly ◇ *sich stur stellen* dig your heels in

Sturm **1** gale ◇ *Ein Sturm tobte.* A gale was blowing. ◇ *Der Sturm hat mehrere Bäume entwurzelt.* Several trees were uprooted in the gale. ◇ *orkanartige Stürme* hurricane-force winds **2** *(Angriff)* attack; *(Ansturm)* rush ◇ *der Sturm auf die Stadt* the attack on the town ◇ *der Sturm auf die Tickets* the rush for tickets **3** (SPORT) forward line ◇ *Er spielt im Sturm.* He's in the forward line. IDM **die Ruhe vor dem Sturm** the calm before the storm **ein Sturm im Wasserglas** a storm in a teacup; *(AmE)* a tempest in a teapot **etw im Sturm erobern** take sth by storm ◇ *Der Chor eroberte die Herzen der Zuhörer im Sturm.* The choir took the audience by storm. **Sturm (gegen etw) laufen** be up in arms (about sth) **Sturm läuten** keep your finger on the doorbell

stürmen **1** *(erobern)* storm; *(fig)* rush into, onto, etc. *sth* ◇ *Die Polizei stürmte das Gefängnis.* Police stormed the prison. ◇ *die Geschäfte stürmen* rush to the shops ◇ *die Bühne stürmen* rush onto the stage **2** *(rennen)* charge; *(wütend etc.)* storm ◇ *Die Kinder stürmten ins Zimmer.* The children charged into the room. ◇ *Sie stürmte beleidigt davon.* She stormed out in a huff. **3** (SPORT) attack **4** **es stürmt** it's blowing a gale

Stürmer(in) (SPORT) forward; *(beim Fußball etc.)* striker

Sturmflut storm surge (flood)

stürmisch **1** stormy *(auch fig)*; *(See, Überfahrt)* rough ◇ *bei stürmischem Wetter* in stormy weather ◇ *eine stürmische Debatte* a stormy debate ◇ *stürmischer Wind* gale-force wind ◇ *Die See war stürmisch.* The sea was rough. **2** *(begeistert)* rapturous *(Adv* rapturously); *(leidenschaftlich)* passionate *(Adv* passionately); *(aufregend)* turbulent ◇ *ein stürmischer Applaus* rapturous applause **3** *(schnell)* rapid ◇ *stürmisches Wachstum* rapid growth

Sturm- **Sturmschaden** storm damage [U] **Sturmwarnung** gale warning ◇ *Sturmwarnung geben* issue a gale warning

Sturz **1** fall ◇ *sich bei einem Sturz verletzen* be injured in a fall ◇ *Er hat einen Sturz aus 20 Metern Höhe überlebt.* He survived a fall from a height of 20 metres. ◇ *Beim Sturz vom Fahrrad hat sie sich verletzt.* She was injured when she fell off her bike. ◇ *ein Sturz beim Skifahren* a skiing accident **2** *(von Politikern)* downfall [Sing]; *(von Königen, Diktatoren, Regierungen)* fall [Sing] ◇ *Der Skandal führte zu seinem Sturz.* The scandal led to his downfall. **3** *(von Preisen, Kursen etc.)* fall; *(Temperaturen)* drop ◇ *der Sturz des Dollars* the fall in the value of the dollar

stürzen **1** *(umdrehen)* turn *sth* upside down; *(Kuchen, Pudding)* turn *sth* out **2** *(Regierung, Diktator etc.)* overthrow **3** *(stoßen, werfen)* hurl ◇ *Sie stürzten ihn von der Brücke.* They hurled him off the bridge. ◇ *Er hat sich von einer Brücke gestürzt.* He threw himself off a bridge. **4** **jdn/etw in etw ~** plunge sb/sth into sth ◇ *die Partei in eine Krise stürzen* plunge the party into crisis **5** *(fallen)* fall ◇ *vom Motorrad stürzen* fall off your motorbike ◇ *zu Boden stürzen* fall to the ground ◇ *Sie ist schwer gestürzt.* She had a bad fall. ◇ *Ich verlor das Gleichgewicht und stürzte.* I lost my balance and fell over. ◇ *Er ist zu Tode gestürzt.* He plunged to his death. ◇ *Die Temperatur stürzte auf 2°.* The temperature dropped to 2°. **6** **(sich) ~** *(schnell laufen)* rush ◇ *Sie stürzten aus dem Haus.* They rushed out of the house. **7** **sich in etw ~** throw yourself into sth ◇ *sich in die Arbeit stürzen* throw yourself into your work ◇ *sich in ein Abenteuer stürzen* rush into adventure ◇ *sich in Schulden stürzen* get into debt ◇ *sich in den Kampf stürzen* enter the fray **8** **sich auf jdn/etw ~** pounce on sb/sth ◇ *Die Wölfe stürzten sich auf ihn.* The wolves pounced on him. ◇ *sich auf den Nachtisch stürzen* fall upon the dessert IDM → UNGLÜCK *und* UNKOSTEN

Sturz- **Sturzflug** nosedive **Sturzhelm** crash helmet

Stute mare

Stütze **1** support *(auch fig)* ◇ *jdm eine Stütze sein* be a support to sb ◇ *Sie ist die wichtigste Stütze der Mannschaft.* She is the mainstay of the team. ◇ *An ihm habe ich keine Stütze.* He's no help to me. **2** *(Arbeitslosengeld)* dole *(umgs)*, *(bes AmE)* welfare ◇ *von der Stütze leben* be on the dole

stützen **1** *(Halt geben)* support; *(damit etw nicht fällt)* prop *sth* up *(auch fig)* ◇ *Er wurde von einem Pfleger gestützt.* He was supported by a nurse. ◇ *eine alte Mauer stützen* prop up an old wall ◇ *ein Regime stützen* prop up a regime ◇ *Sie ging auf einen Stock gestützt.* She was walking with the aid of a stick. **2** *(legen)* rest ◇ *Sie stützte die Arme auf den Tisch.* She rested her arms on the table. ◇ *Er saß da, den Kopf in die Hände gestützt.* He sat with his head in his hands. **3** **sich auf jdn/etw ~** *(lehnen)* lean on sb/sth ◇ *Er stützte sich auf den Arm seiner Frau.* He was leaning on his wife's arm. **4** **sich auf etw ~** *(als Grundlage haben)* be based on sth; (*als Unterstützung haben*) be supported by sth ◇ *Der Bericht stützt sich auf Vermutungen.* The report is based on supposition. ◇ *Der Autor stützt sich auf mehrere Quellen.* The author's findings are based on various sources. ◇ *Er stützt sich auf eine Mehrheit von 20.* He is supported by a majority of 20. **5 etw auf etw ~** (*Behauptung, Verdacht etc.*) base sth on sth ◇ *ein auf Indizien gestützter Prozess* a case based on circumstantial evidence

stutzen[1] (*Haare, Bart*) trim; (*Fell, Flügel*) clip; (*Strauch, Hecke etc.*) prune

stutzen[2] (*innehalten*) stop short; (*zögern*) hesitate ◇ *Er stutzte, als er mich sah.* He stopped short when he saw me. ◇ *Sie stutzte kurz.* She hesitated for a moment.

stutzig suspicious ◇ *Sein Schweigen machte mich stutzig.* His silence made me suspicious. ◇ *Es macht mich stutzig, dass …* It seems odd to me that …

Stützpunkt (MIL) base

stylen style ◇ *eine gestylte Frisur* styled hair ◇ *die schick gestylte Innendekoration* the designer look of the interior

Stylus stylus

Styropor® polystyrene, (*bes AmE*) Styrofoam™

Subjekt 1 (LING) subject **2** (*Mensch*) character, individual ◇ *ein verkommenes Subjekt* an unsavoury character

subjektiv subjective (*Adv* subjectively) ◇ *ein subjektiver Eindruck* a subjective impression ◇ *das subjektive Sicherheitsgefühl* the perceived sense of security

Subkontinent subcontinent

Substantiv (LING) noun

Substanz 1 (*Stoff*) substance ◇ *Anabolika und andere verbotene Substanzen* anabolic steroids and other banned substances **2** (*Inhalt*) substance [U] ◇ *die Substanz der Gespräche* the substance of the discussions **3** (*Bau-*) fabric **4** (*Vorrat, Vermögen*) resources [Pl] **IDM an die Substanz gehen** begin to hurt ◇ *Die geplanten Streichungen gehen an die Substanz des Vereins.* The planned cuts will begin to hurt the club's finances. **jdm an die Substanz gehen** (*auch* **an jds Substanz zehren**) take its toll on sb ◇ *Der Prüfungsstress ging an seine Substanz.* The stress of exams was taking its toll on him. **von der Substanz zehren** live on your reserves

substanziell substantial (*Adv* substantially); (*grundlegend*) fundamental (*Adv* fundamentally)

subtil subtle (*Adv* subtly)

subtrahieren subtract ◇ *15 von 100 subtrahieren* subtract 15 from 100

Subtraktion subtraction

subtropisch subtropical

Subvention (WIRTSCH) subsidy

subventionieren (WIRTSCH) subsidize

subversiv subversive (*Adv* subversively)

Such- Suchaktion search (operation) **Suchbegriff** search term

Suche ~ (nach jdm/etw) search (for sb/sth) ◇ *die Suche nach einer Lösung* the search for a solution ◇ *Sie ging auf die Suche nach ihren Eltern.* She went in search of her parents. ◇ *Ich machte mich auf die Suche nach einem Job.* I started the search for a job.

suchen 1 (jdn/etw) ~ look (for sb/sth); (*intensiver*) search (for sb/sth) ◇ *Was suchst du?* What are you looking for? ◇ *Ich habe schon überall gesucht.* I've searched everywhere. ◇ *Er irrte suchend durch die Flure.* He was wandering around the corridors, looking for it. **2 nach jdm/etw ~** search for sb/sth ◇ *Man sucht noch nach Überlebenden.* They are still searching for survivors. ◇ *Sie haben erfolgreich nach neuen Lösungen gesucht.* They were successful in their search for new solutions. **3 sich jdn/etw ~** find sb/sth, get yourself sb/sth (*umgs*) ◇ *Sie will sich eine neue Stelle suchen.* She wants to find a new job. ◇ *Er hat sich eine Wohnung gesucht.* He's got himself a flat. **4** (*versuchen zu bekommen, benötigen*) seek ◇ *Er suchte bei uns Schutz.* He sought our protection. ◇ *Die Lehrer sollten ein Gespräch mit den Eltern suchen.* The teachers should talk to the parents. ◇ *Freiwillige gesucht.* Volunteers required. ◇ *Informatiker werden zurzeit dringend gesucht.* IT specialists are in great demand at the moment. **5** (*versuchen*) try, seek (*gehoben*) **IDM ihresgleichen/seinesgleichen suchen** be unparalleled ◇ *ein Ereignis, das seinesgleichen sucht* an unparalleled event **nichts zu suchen haben** have no business ◇ *Du hast hier nichts zu suchen!* You have no business here! **Suchen spielen** play hide-and-seek **was suchst du denn hier?** what are you doing here? → *Siehe auch* LUPE *und* WEIT

Such- Suchmannschaft search party [mit Verb im Sing/Pl] **Suchmaschine** search engine

Sucht 1 addiction ◇ *Er kommt von seiner Sucht nicht los.* He can't overcome his addiction. ◇ *Bei ihr ist das Einkaufen eine Sucht geworden.* She's become addicted to shopping. **2** (*Manie*) obsession ◇ *Er hat eine krankhafte Sucht nach Vergnügen.* He has an unhealthy obsession with pleasure.

Suchtberatung drugs counselling, (*AmE*) drug counseling **Suchtgefahr** risk of addiction **suchtgefährdet** at risk from addictive disease [nicht vor Nomen] ◇ *suchtgefährdete Jugendliche* teenagers in danger of becoming addicts

süchtig 1 ~ (nach etw) addicted (to sth) ◇ *süchtig nach Medikamenten* addicted to prescription drugs ◇ *Rauchen macht süchtig.* Smoking is addictive. ◇ *süchtige junge Menschen* young addicts **2** (*Verhalten*) addictive **3 (nach etw) ~ sein** (*Anerkennung etc.*) crave sth ◇ *Er ist süchtig nach Erfolg.* He craves success.

Süchtige(r) addict

Süd south

Süd- southern, south ◇ *Süddeutschland* Southern Germany ◇ *die Südküste Englands* the south coast of England ◇ *Südengland* the South of England

Süden south; (*Gebiet auch*) South (*Abk* S) ◇ *Sie fuhren nach Süden.* They drove south. ◇ *Der Wind wehte aus Süden.* The wind was coming from the south. ◇ *Der Balkon geht nach Süden.* The balcony faces south. ◇ *im Süden des Landes* in the south of the country ◇ *Sie kommt aus dem Süden.* She comes from the south. ◇ *ein Urlaub im Süden* a holiday in the sun

Südfrüchte (*aus den Tropen*) exotic fruit [U]; (*Zitrus-*) citrus fruit [U]

südlich 1 (*Richtung, Wind*) southerly ◇ *Der Wind kommt aus südlicher Richtung.* The wind is coming from a southerly direction. **2** (*Gebiet*) southern ◇ *im südlichen Afrika* in southern Africa ◇ *am südlichen Ufer des Flusses* on the southern bank of the river ◇ *das südliche Eismeer* the Antarctic Ocean ◇ *der südliche Wendekreis* the Tropic of Capricorn **3 ~ (von)** south (of) ◇ *ein Stück weiter südlich* a bit further south ◇ *dreißig Kilometer südlich von London* thirty kilometres south of London **4** (*für den Süden typisch*) southern; (*mediterran*) Mediterranean

südlichste(r,s) southernmost

Südost south-east; (*Gebiet auch*) South-East ◇ *ein Wind aus Südost* a wind from the south-east

Südost- south-east, south-eastern (*Abk* SE) ◇ *Südostasien* south-east Asia

Südosten south-east; (*Gebiet auch*) South-East (*Abk* SE) ◇ *ein Wind aus Südosten* a wind from the south-east ◇ *Wir fahren zuerst nach Südosten.* First we travel south-east. ◇ *der Südosten Englands* the South-East of England

südöstlich **1** (*Richtung, Wind*) south-easterly ◊ *aus südöstlicher Richtung* from a south-easterly direction **2** (*Gebiet*) south-eastern ◊ *im südöstlichen Mittelmeer* in the south-eastern Mediterranean **3** ~ **(von)** south-east (of) ◊ *150 Kilometer südöstlich der Hauptstadt* 150 kilometres south-east of the capital

südostwärts south-eastwards

Südostwind south-easterly

Süd- **Südpol** South Pole **Südsee** South Seas [Pl], South Pacific **Südstaaten** southern States [Pl]

südwärts southwards

Südwest south-west; (*Gebiet auch*) South-West ◊ *ein Wind aus Südwest* a wind from the south-west

Südwest- south-west, south-western (*Abk* SW) ◊ *Südwestfrankreich* South-West France

Südwesten south-west; (*Gebiet auch*) South-West (*Abk* SW) ◊ *ein Wind aus Südwesten* a wind from the south-west ◊ *Wir fahren zuerst nach Südwesten.* First we travel south-west. ◊ *der Südwesten Englands* the South-West of England ◊ *im äußersten Südwesten Europas* in the extreme South-West of Europe

südwestlich **1** (*Richtung, Wind*) south-westerly ◊ *Sie fuhren in südwestliche Richtung.* They drove in a south-westerly direction. **2** (*Gebiet*) south-western ◊ *am südwestlichen Stadtrand* on the south-western outskirts of the town **3** ~ **(von)** south-west (of) ◊ *100 Kilometer südwestlich von hier* 100 kilometres south-west of here

südwestwärts south-westwards

Südwestwind south-westerly

Südwind southerly wind

süffisant smug (*Adv* smugly)

suggerieren suggest, give an impression ◊ *wie es der Name suggeriert* as the name suggests ◊ *Dem Leser wird suggeriert, dass das Medikament sofort wirkt.* The reader is given the impression that the medicine works immediately.

Suggestion **1** (PSYCH) suggestion ◊ *durch Suggestion* by the power of suggestion. **2** (*einwirkende Kraft*) suggestive power

suggestiv suggestive (*Adv* suggestively)

Sühne **1** (*Buße*) atonement [U] **2** (*Strafe*) punishment

sühnen **1** **(etw) ~** (*büßen*) atone (for sth) (*gehoben*) **2** (*bestrafen*) punish

Suite suite

sukzessiv(e) gradual (*Adv* gradually) ◊ *Das Netz soll sukzessive ausgebaut werden.* The network is to be extended gradually.

Sulfat sulphate

Sultan sultan

Sultanine sultana

Sülze diced meat/fish in aspic

Summe **1** (*Resultat einer Addition, Geld-*) sum ◊ *Die Summe aus 4 und 2 ist 6.* The sum of 4 and 2 is 6. ◊ *eine beträchtliche Summe* a considerable sum (of money) ◊ *Das Projekt hat eine mehrstellige Summe gekostet.* The amount the project has cost runs into several figures. **2** (*Gesamtzahl*) total (number)

summen **1** (*Mensch, Motor*) hum ◊ *Sie summte leise vor sich hin.* She hummed softly to herself. **2** (*Insekt*) buzz

summieren **1** add *sth* up **2** **sich (zu/auf etw) ~** mount up (to sth), add up (to sth) ◊ *Kleine Schulden können sich schnell summieren.* Small debts can rapidly mount up. ◊ *Die Kosten summierten sich auf einen Millionenbetrag.* The costs added up to millions.

Sumpf **1** (*feuchtes Gelände*) marsh; (*besonders in warmen Ländern*) swamp; (*Moor*) bog **2** (*Morast*) mud ◊ *Das Auto ist im Sumpf stecken geblieben.* The car got stuck in the mud. **3** (*fig*) mire ◊ *in einen Sumpf der Korruption geraten* sink into a mire of corruption

Sünde **1** sin ◊ *eine Sünde begehen* commit a sin ◊ *Es wäre eine Sünde, das Essen wegzuwerfen.* It would be a sin to throw away the food. **2** (*Fehler*) mistake; (*größer*) disaster ◊ *eine städtebauliche Sünde* a town planning disaster

Sündenbock scapegoat ◊ *jdn zum Sündenbock machen* make sb a scapegoat

Sünder(in) sinner (*gehoben*)

sündhaft **1** (*unmoralisch*) sinful (*Adv* sinfully) **2** (*überaus, sehr*) ridiculous (*Adv* ridiculously), outrageous (*Adv* outrageously) ◊ *sündhaft teuer* ridiculously expensive

sündig sinful

super **1** *Adj* super, fantastic ◊ *eine super Party* a fantastic party ◊ *Sie sieht heute super aus.* She looks fantastic today. **2** *Adv* really well ◊ *Die Band hat super gespielt.* The band played really well.

Super 4-star petrol, (*AmE*) premium gas

superbillig really cheap **supergut** excellent

Superlativ superlative ◊ *Was ist der Superlativ von „good"?* What's the superlative of 'good'? ◊ *eine Stadt der Superlative* a city of superlatives

superleicht **1** (*Gewicht*) ultralight **2** (*einfach*) really easy

Supermacht superpower

Supermarkt supermarket ◊ *im Supermarkt einkaufen* shop at the supermarket

super- **supermodern** ultra-modern **Supernova** supernova **superreich** super-rich **Superriesenslalom** super-giant slalom, super-G **superschnell** very fast **Superstar** superstar **Supertanker** supertanker **superteuer** extremely expensive

Suppe **1** soup ◊ *eine Suppe kochen* make some soup ◊ *ein Teller Suppe* a bowl of soup **2** (*Nebel*) pea-souper **IDM** **die Suppe auslöffeln** suffer the consequences **jdm/sich eine schöne/die Suppe eingebrockt haben** have got sb/yourself into a mess ◊ *Die Suppe hat er sich selbst eingebrockt.* He got himself into this mess. **jdm die Suppe versalzen** (*auch* **jdm in die Suppe spucken**) throw a spanner in the works for sb; (*AmE*) throw a (monkey) wrench in the works for sb

Surfbrett surfboard

surfen surf ◊ *Im Sommer surfen wir.* In the summer we go surfing. ◊ *im Internet surfen* surf the Net

Surfer(in) surfer

surreal surreal

Surrealismus surrealism

surrealistisch surrealist (*Adv* surrealistically)

surren **1** hum; (*Kamera, Propeller*) whirr, (*AmE*) whir ◊ *Im Computerraum surrte es.* There was a humming in the computer room. **2** (*Pfeil etc.*) whizz; (*Insekten*) buzz

suspendieren suspend ◊ *jdn vom Dienst suspendieren* suspend sb from duty

Suspendierung suspension

süß **1** (*Geschmack, Duft*) sweet (*Adv* sweetly) ◊ *Der Tee ist zu süß.* This tea is too sweet. ◊ *Die Himbeeren schmecken süß.* The raspberries taste sweet. ◊ *Isst du gern süße Sachen?* Have you got a sweet tooth? ◊ *Bring mir was Süßes mit.* Bring me some sweets/a cake/some chocolate. ◊ *der süße Duft der Rosen* the sweet scent of the roses ◊ *süß duften* smell sweet **2** (*entzückend*) sweet (*Adv* sweetly), (*bes AmE*) cute ◊ *ein süßes Kind* a sweet child ◊ *Er hat mich so süß gefragt.* He asked me so sweetly. ◊ *Sie hat ein süßes Gesicht.* She's got a cute face. ◊ *Ihr habt eine süße Wohnung.* What a lovely flat you have.

Süße *die* (*Geschmack, Duft*) sweetness

Süße(r) sweetheart, darling
süßen sweeten
Süßigkeiten sweets [Pl], (*AmE*) candy [U] ◇ *jdm Süßigkeiten mitbringen* take sb some sweets ◇ *Sie isst gern Süßigkeiten.* She has a sweet tooth.
süßlich 1 (*ziemlich süß*) sweetish; (*zu süß*) sickly sweet **2** (*unangenehm gefühlvoll*) sentimental (*Adv* sentimentally), mawkish (*Adv* mawkishly)
süß- süßsauer 1 sweet-and-sour **2** (*Miene*) wry **Süßstoff** sweetener **Süßwasser** fresh water **Süßwasserfisch** freshwater fish
Sweatshirt sweatshirt
Swimmingpool swimming pool
Symbol symbol ◇ *ein Symbol des Friedens* a symbol of peace
Symbolcharakter symbolic importance ◇ *Der Besuch hatte Symbolcharakter.* The visit was of symbolic importance. **Symbolfigur** symbol ◇ *Er gilt als Symbolfigur des Widerstands.* He is seen as the symbol of resistance.
symbolhaft symbolic (*Adv* symbolically) ◇ *eine symbolhafte Geste* a symbolic gesture ◇ *Berlin steht symbolhaft für die Geschichte Deutschlands.* Berlin is a symbol of the history of Germany.
Symbolik symbolism
symbolisch symbolic (*Adv* symbolically) ◇ *symbolische Bedeutung haben* have symbolic meaning ◇ *Der Baum steht symbolisch fürs Leben.* Symbolically, the tree represents life. ◇ *Kinder zahlen nur einen symbolischen Preis.* Children only pay a nominal fee.
symbolisieren symbolize
Symbolleiste (COMP) toolbar
Symmetrie symmetry
symmetrisch symmetrical (*Adv* symmetrically) ◇ *Der Park ist symmetrisch angelegt.* The park is laid out symmetrically.
Sympathie (*Mitgefühl, Verständnis, Wohlwollen*) sympathy ◇ *Sie warben im Ausland um Sympathie für ihr Anliegen.* They tried to win sympathy for their cause abroad. ◇ *Ihre mutigen Reden haben ihr viele Sympathien eingebracht.* Her courageous speeches earned her a great deal of sympathy. ◇ *Die Professoren zeigten Sympathie für den Protest.* The professors expressed sympathy for the protest
Sympathisant(in) sympathizer ◇ *ein Sympathisant der Linken* a left-wing sympathizer
sympathisch nice, pleasant; (*freundlich*) friendly ◇ *Er sieht sehr sympathisch aus.* He looks nice. ◇ *ein sympathischer Mensch* a nice person ◇ *eine sympathische Stimme* a friendly voice ◇ *Sie ist mir sehr sympathisch.* I like her very much. ◇ *Seine Verlegenheit macht ihn sehr sympathisch.* His shyness is very attractive.
sympathisieren support
Symptom symptom
symptomatisch symptomatic ◇ *Die Arbeitslosenzahlen sind symptomatisch für die schlechte Wirtschaftslage.* The high unemployment is symptomatic of the economic situation.
Synagoge synagogue, (*AmE*) temple
synchronisieren 1 (*Film*) dub **2** (*Uhren, Geräte*) synchronize
Syndrom syndrome
synonym synonymous (*Adv* synonymously)
Synonym synonym ◇ *Wer kennt ein Synonym für „angry"?* Who can give me a synonym for 'angry'? ◇ *Frankfurt war fast ein Synonym für Bücher.* Frankfurt was almost synonymous with books.
Syntax syntax
Synthese synthesis ◇ *eine Synthese aus Funk, Rock und Pop* a synthesis of funk, rock and pop
Synthetik man-made fibre, (*AmE*) man-made fiber ◇ *Der Pullover ist aus Synthetik.* The jumper is made of man-made fibre. ◇ *Kleidung ganz ohne Synthetik* clothes made of 100% natural fibres
synthetisch synthetic (*Adv* synthetically); (*Musik, Stimme etc.*) synthesized ◇ *ein synthetisches Material* a synthetic substance ◇ *synthetisch hergestellte Drogen* synthetically produced drugs
System system ◇ *das ökologische System* the ecological system ◇ *nach einem bestimmten System vorgehen* use a particular system
Systemabsturz (COMP) system crash **Systemanalytiker(in)** systems analyst
systematisch systematic (*Adv* systematically)
Szenario scenario
Szene 1 scene ◇ *1. Akt, 2. Szene* Act 1, Scene 2 ◇ *die politische Szene* the political scene ◇ *die linke Szene* the left-wing scene ◇ *Die Szene stellt ein Café dar.* The scene is a cafe. ◇ *Warum machst du denn jetzt so eine Szene?* Why are you making such a scene? ◇ *Er kennt sich in der Szene aus.* He knows the scene. ◇ *die kriminelle Szene* the criminal underworld **2** (*Bühne*) stage ◇ *Der Schauspieler verließ die Szene.* The actor left the stage. IDM **etw in Szene setzen** stage sth **sich in Szene setzen** draw attention to yourself
Szenenapplaus spontaneous applause ◇ *Es gab viel Szenenapplaus.* The audience frequently broke into spontaneous applause. **Szenenwechsel** change of scene
Szenerie (*Szene, Schauplatz*) scene; (*Bühnenbild*) set; (*Landschaft etc.*) scenery
szenisch dramatic; (*Lesung, Aufführung*) staged ◇ *szenische Spannung* dramatic tension ◇ *eine szenisch ausgefallene Inszenierung* a visually striking production

T t

T, t T, t → *Beispiele bei A*
Tabak tobacco
Tabakladen, Tabaktrafik tobacconist's **Tabakwaren** cigarettes and tobacco
Tabelle 1 table; (*Diagramm*) chart **2** (SPORT) (league) table ◇ *die Tabelle anführen* be at the top of the table
Tabellenführer(in) leader; (*Mannschaft*) league leaders [Pl] **~ sein** be at the top of the table **Tabellenkalkulation** (COMP) spreadsheet **Tabellenletzte(r)** team at the bottom of the table; **~ sein** be at the bottom of the table **Tabellenplatz** league position ◇ *auf dem letzten/ersten Tabellenplatz stehen* be at the bottom/top of the table ◇ *auf dem fünften Tabellenplatz stehen* be fifth in the table **Tabellenspitze** top of the table
Tablet (*auch* **Tablet-PC**) tablet
Tablett tray
Tablette pill, (*BrE auch*) tablet ◇ *eine Tablette einnehmen* take a pill
tablettensüchtig addicted to pills [nicht vor Nomen]
tabu taboo
Tabu taboo ◇ *ein Tabu brechen* break a taboo ◇ *mit einem Tabu belegt sein* be taboo
tabuisieren ◇ *Inzest ist tabuisiert.* There's a taboo on incest. ◇ *ein tabuisiertes Thema* a taboo subject ◇ *Die Kirche tabuisiert dieses Thema.* The church treats the subject as taboo.

Tacho(meter) speedometer
Tadel reprimand (*gehoben*) ◇ *ein offizieller Tadel* an official reprimand ◇ *jdm einen scharfen Tadel erteilen* severely reprimand sb ◇ *Lob und Tadel* praise and blame
tadellos perfect (*Adv* perfectly); (*einwandfrei*) impeccable (*Adv* impeccably) ◇ *sich tadellos verhalten* behave perfectly ◇ *Dein neues Kleid sitzt tadellos.* Your new dress fits perfectly. ◇ *tadelloses Benehmen* impeccable manners
tadeln reprimand (*gehoben*); (*kritisieren*) criticize ◇ *Die Zeitung wurde wegen der Veröffentlichung der Fotos vom Presserat getadelt.* The newspaper was reprimanded by the Press Council for publishing the photos.
Tafel **1** (*Schul-*) (black)board ◇ *etw an die Tafel schreiben* write sth on the board **2** (*Schiefer-*) slate **3** (*Tisch*) table **4** (*Schokolade*) bar **5** (*Bild-*) plate; (*Tabelle*) table **6** (*Hilfsorganisation*) food bank
täfeln panel
Tafelsilber silver ◇ *das Tafelsilber verkaufen* sell the family silver
Täfelung panelling, (*AmE*) paneling
taff → TOUGH
Taft taffeta
Tag **1** day ◇ *Was ist heute für ein Tag?* What day is it today? ◇ *jeden Tag* every day ◇ *den ganzen Tag* all day ◇ *eines Tages* one day ◇ *am Tag danach* the following day ◇ *Er verdient 10 Dollar am Tag.* He earns 10 dollars a day. ◇ *Dieses Auto hat bereits bessere Tage gesehen.* This car has seen better days. **2** (*Tageslicht*) daylight ◇ *bei Tage* in daylight ◇ *Eulen schlafen am Tag.* Owls sleep during the day. ◇ *Es ist schon Tag.* It's light already. **3 über Tage arbeiten** (*Bergleute*) work above ground; **unter Tage arbeiten** work underground **4 Tage** period ◇ *Ich habe meine Tage.* I've got my period. **IDM** **etw an den Tag bringen** bring sth to light **an den Tag kommen** come to light **etw an den Tag legen** display sth **guten Tag!** hello **in den Tag hinein leben** live for the day **Tag der offenen Tür** open day **Tag für Tag** day after day **jds Tage sind gezählt** sb's days are numbered **von einem Tag auf den anderen** from one day to the next → *Siehe auch* EWIG, FEIER, JÜNGSTE(R,S), NACHT *und* UNTERSCHIED
tagaus → TAGEIN
Tagebuch diary ◇ *Führst du eigentlich Tagebuch?* Do you keep a diary?
tagein ~, tagaus day in, day out
tagelang **1** *Adv* for days ◇ *Ich musste tagelang im Bett liegen.* I had to stay in bed for days. ◇ *Es regnete tagelang.* It rained for days on end. **2** *Adj* lasting several days (*dem Nomen nachgestellt*) ◇ *tagelange Streiks* strikes lasting several days ◇ *nach tagelangem Warten* after several days' wait ◇ *tagelange Regenfälle* days of rain
tagen meet; (*Gericht, Parlament*) sit
Tages- **Tagesablauf** daily routine **Tagesanbruch** daybreak ◇ *bei Tagesanbruch* at daybreak **Tagesausflug** day trip ◇ *einen Tagesausflug machen* go on a day trip **Tageskarte** **1** (*Speisekarte*) menu (of the day) **2** (*Fahrkarte, Eintrittskarte*) day ticket **Tageslicht** daylight ◇ *bei Tageslicht ganz anders aussehen* look quite different in daylight ◇ *ans Tageslicht kommen* come to light **Tagesmutter** childminder **Tagesordnung** agenda ◇ *auf der Tagesordnung stehen* be on the agenda ◇ *etw auf die Tagesordnung setzen* put sth on the agenda ◇ *Der erste Punkt auf unserer Tagesordnung ist …* The first item on the agenda today is … **Tagesschau** (television) (evening) news [U] ◇ *Ich bin zur Tagesschau wieder zu Hause.* I'll be home in time for the news. **Tagesstätte** **1** day care centre, (*AmE*) day care center, (*BrE auch*) day centre **2** → KINDERTAGESSTÄTTE **Tageszeit** time of day **Tageszeitung** daily, (daily) (news)paper
täglich **1** *Adv* every day ◇ *täglich außer Sonntags* every day except Sundays **2** *Adj* daily ◇ *im täglichen Leben* in daily life ◇ *bei der täglichen Arbeit* in your daily work
tags **1 ~ zuvor** the day before **2 ~ darauf** the next day, the following day ◇ *tags darauf um 10 Uhr* the next day at ten o'clock ◇ *Tags darauf hatte sie den Streit vergessen.* By the next day she had forgotten the argument. **3** (*tagsüber*) during the day
tagsüber during the day ◇ *Er schläft tagsüber.* He sleeps during the day. ◇ *Tagsüber bin ich unter dieser Nummer zu erreichen.* This is my daytime telephone number.
tagtäglich **1** *Adj* daily; (*ständig*) constant ◇ *das tagtägliche Leben* daily life ◇ *der tagtägliche Lärm der Flugzeuge* the constant noise of the planes **2** *Adv* day after day ◇ *Tagtäglich derselbe Trott!* The same old routine day after day!
Tagung conference ◇ *eine Tagung abhalten/veranstalten/organisieren* hold/arrange/organize a conference
Taifun typhoon
Taille waist ◇ *auf Taille gearbeitet* fitted (to the waist)
tailliert fitted
Takt **1** (*Rhythmus*) time ◇ *den Takt halten* keep time ◇ *den Takt (zu etw) schlagen* beat time (to sth) ◇ *im Takt klatschen* clap in time to the music ◇ *aus dem Takt kommen* get out of time **2** (*Abschnitt*) bar, (*AmE*) measure ◇ *ein paar Takte spielen* play a few bars **3** ◇ *Die Busse verkehren im 30-Minuten-Takt.* The buses run every half hour. ◇ *Wien im 2-Stunden-Takt* a two-hourly service to Vienna **4** (*auch* **Taktgefühl**) tact ◇ *Sie hat überhaupt keinen Takt.* She's got no tact.
Taktik tactics [Pl]; (*Strategie*) strategy ◇ *eine geänderte Taktik* a change of tactics ◇ *die Taktik der Mannschaft* the team's tactics ◇ *eine Taktik verfolgen* pursue a strategy
Taktiker(in) tactician
taktisch tactical (*Adv* tactically) ◇ *Das war taktisch unklug.* Tactically it was a mistake.
taktlos tactless (*Adv* tactlessly)
Taktlosigkeit tactlessness
Taktstock baton
taktvoll tactful (*Adv* tactfully) ◇ *Er ist ein äußerst taktvoller Mensch.* He is a very tactful person. ◇ *Bring es ihr möglichst taktvoll bei.* Tell her as tactfully as possible. ◇ *sich taktvoll verhalten* be tactful
Tal valley
Talar (*von Geistlichen*) cassock; (*von Richtern*) robe; (*an Hochschulen*) gown
Talent **1 ~ (für/zu etw)** talent (for sth) ◇ *Er bewies sein Talent als Organisator.* He demonstrated his talent for organization. ◇ *Sie hat ihr Talent verkümmern lassen.* She wasted her talents. ◇ *ein großes Talent haben* be very talented ◇ *Sie hat viel Talent für Sprachen.* She has a flair for languages. **2** (*Mensch*) talent [U] ◇ *vielversprechende junge Talente fördern* encourage promising young talent ◇ *ein großes Talent sein* be very talented
talentiert talented
Talfahrt **1** descent (to the valley); (*beim Ski-/Radfahren*) downhill run; (*beim Autofahren*) drive down (the mountain) **2** (NAUT) trip downstream **3** (*fig*) decline ◇ *die rasante Talfahrt des Dollar* the dramatic decline in the value of the dollar ◇ *Die Wirtschaft befindet sich auf Talfahrt.* The economy is in decline.

Talg **1** (*Tierfett*) tallow **2** (GASTRON) suet **3** (ANAT) sebum

Talk- **Talkmaster(in)** talk show host, (*BrE auch*) chat show host **Talkshow** talk show, (*BrE auch*) chat show

Tal- **Talsohle** **1** (GEOL) valley floor **2** (*fig*) rock bottom ◇ *die Talsohle erreichen* reach rock bottom ◇ *sich in einer konjunkturellen Talsohle befinden* be in a recessionary trough ◇ *aus einer Talsohle herauskommen* come out of the doldrums **Talsperre** dam **Talstation** base station

Tampon tampon

Tandem tandem

Tang seaweed

Tangente **1** (MATH) tangent **2** (*Straße*) ring road, (*AmE*) outer belt

tangieren **1** (MATH) **etw ~** be/lie tangent to sth **2** **jdn/etw ~** (*betreffen*) affect sb/sth

Tank tank

tanken **1** get petrol, (*AmE*) get gas; (*Flugzeug*) refuel ◇ *zum Tanken fahren* go and get petrol ◇ *Er tankte 20 Liter.* He put in 20 litres (of petrol). **2** (*aufnehmen*) ◇ *frische Luft tanken* get some fresh air ◇ *Energie tanken* build up reserves of energy **3** (*Alkohol*) have a lot to drink ◇ *Sie hatte reichlich getankt.* She'd had a lot to drink.

Tanker (oil) tanker

Tank- **Tanksäule** (petrol) pump, (*AmE*) (gas) pump **Tankstelle** petrol station, (*AmE*) gas station **Tankwart(in)** petrol pump attendant, (*AmE*) gas pump attendant

Tanne **1** fir (tree) **2** (*Holz*) fir; (*für Möbel meist*) pine **Tannenbaum** **1** fir tree **2** (*Weihnachtsbaum*) Christmas tree **Tannenzapfen** fir cone

Tante **1** aunt, auntie (*umgs*) **2** (*Mädchen, Frau*) woman **Tante-Emma-Laden** corner shop, (*AmE*) convenience store

Tantieme **1** (*an Autoren etc.*) royalty [meist Pl] **2** (WIRTSCH) share in the profits

Tanz **1** dance ◇ *Er forderte sie zum Tanz auf.* He asked her to dance/for a dance. ◇ *Später gab es Musik und Tanz.* Later there was music and dancing. **2** (*Zank*) fuss

tanzen **1** dance ◇ *Sie kann nicht tanzen.* She can't dance. ◇ *Möchten Sie tanzen?* Would you like to dance? ◇ *Blütenblätter tanzten durch die Luft.* Petals were dancing in the air. ◇ *Sie gingen tanzen.* They went dancing. ◇ *gut tanzen* be a good dancer ◇ *Abends wurde getanzt.* There was dancing in the evening. ◇ *auf dem Seil tanzen* walk the tightrope **2** (*fortbewegen*) skip ◇ *Er tanzte und hüpfte durch den Garten.* He hopped and skipped across the garden. ◇ *Der Kork tanzte auf den Wellen.* The cork was bobbing about on the water. ◇ *Die Punkte auf dem Bildschirm tanzten vor ihren Augen.* The dots on the screen swam before her eyes. **IDM** → HOCHZEIT², PFEIFE, PUPPE *und* REIHE

Tanzen dancing ◇ *Sie gingen zum Tanzen.* They went dancing. ◇ *Sie sahen den Kindern beim Tanzen zu.* They watched the children dancing. ◇ *Tanzen lernen* learn to dance ◇ *Die Musik verleitete zum Tanzen.* The music made you want to dance.

Tänzer(in) dancer; (*Ballett-*) ballet dancer

Tanz- **Tanzfläche** dance floor **Tanzkurs** dancing classes [Pl] ◇ *einen Tanzkurs machen* go to dancing classes **Tanzmusik** dance music **Tanzpartner(in)** dancing partner **Tanzschritt** (dance) step **Tanzschule** dancing school **Tanzstunde** dancing class; (*Unterrichtsstunde*) dancing lesson

Tapete wallpaper ◇ *Tapeten kleben* hang wallpaper **IDM** **die Tapeten wechseln** have a change of scene ◇ *Es wurde Zeit, die Tapeten zu wechseln.* It was time for a change of scene.

tapezieren **1** wallpaper ◇ *ein Zimmer tapezieren* wallpaper a room ◇ *Das Zimmer war frisch tapeziert.* The room had been repapered. **2** **etw mit etw ~** cover sth with sth ◇ *Die Wände waren mit Plakaten förmlich tapeziert.* The walls were covered with posters.

tapfer brave (*Adv* bravely) ◇ *Er lächelte tapfer.* He smiled bravely. ◇ *tapferen Widerstand leisten* resist bravely

Tapferkeit bravery, courage ◇ *eine Auszeichnung für Tapferkeit* a medal for bravery ◇ *die Tapferkeit der Patienten* the patients' courage

tappen fumble your way ◇ *Er tappte durch den dunklen Korridor.* He fumbled his way along the dark corridor. ◇ *Ahnungslos tappte sie in die Falle.* She just walked into the trap. **IDM** → DUNKEL

tapsig clumsy (*Adv* clumsily)

Tarif **1** rate; (*Fahrpreis*) fare; (*für Parken, Wasser*) charge ◇ *besondere Tarife für Studenten* special rates for students ◇ *Die Bahn hat ihre Tarife für Fahrten erster Klasse erhöht.* The rail service has increased its first-class fares. ◇ *ein Verzeichnis der Tarife* a list of charges **2** (*Verzeichnis*) scale of charges **3** (*Lohn, Gehalt*) rate (of pay); (*Skala*) pay scale ◇ *Die Gewerkschaft hat neue Tarife ausgehandelt.* The union has negotiated new rates (of pay). ◇ *Sie wird nicht nach Tarif bezahlt.* She is not getting the union rate.
Tarifstreit pay dispute **Tarifverhandlungen** pay negotiations [Pl]

tarnen **1** camouflage; (*verkleiden*) disguise ◇ *Die Radarfalle war gut getarnt.* The radar trap was well camouflaged. ◇ *Sie tarnte sich mit einer Sonnenbrille.* She wore sunglasses to disguise herself. **2** **etw als etw ~** ◇ *Die Geldfälscherei war als Druckerei getarnt.* The printing works was a cover for the forging of banknotes.

Tarnung **1** camouflage ◇ *Zur Tarnung legten wir Zweige darüber.* We camouflaged it with branches. **2** (*Deckmantel*) cover ◇ *Der allgemeine Aufruhr diente den Dieben als Tarnung.* The general pandemonium provided cover for the thieves. ◇ *Die Stelle als Verkäufer diente ihm nur zur Tarnung.* The salesman's job was just to provide him with cover. **3** (*Verkleidung*) disguise ◇ *Zur Tarnung trug sie eine Perücke.* She wore a wig as a disguise.

Tasche **1** bag ◇ *Er nahm ihr die Tasche ab.* He took her bag. ◇ *Sie setzte die Taschen ab.* She put her bags down. **2** (*in Kleidung*) pocket ◇ *Sie steckte die Hände in die Taschen.* She put her hands in her pockets. **IDM** **jdm auf der Tasche liegen** live off sb **jdm etw aus der Tasche ziehen** wheedle sth out of sb **etw aus eigener Tasche bezahlen** pay for sth out of your own pocket **jdn in die Tasche stecken** run rings round sb (*umgs*) **in die eigene Tasche wirtschaften** line your (own) pockets **etw (schon) in der Tasche haben** ◇ *Den Führerschein habe ich (so gut wie) in der Tasche.* My driving licence is in the bag . → *Siehe auch* FAUST, GELD *und* GREIFEN
Taschenbuch paperback ◇ *als Taschenbuch erhältlich* available in paperback **Taschendieb(in)** pickpocket **Taschengeld** pocket money ◇ *sein Taschengeld aufbessern* earn extra pocket money. **Taschenkalender** pocket diary **Taschenlampe** flashlight, (*BrE auch*) torch **Taschenmesser** penknife, (*bes AmE*) pocket knife **Taschenrechner** (pocket) calculator ◇ *den Taschenrechner benutzen* use a calculator ◇ *Sie rechnete die Summe mit dem Taschenrechner aus.* She used a calculator to add it up. **Taschentuch** handkerchief

Taskleiste (COMP) taskbar

Tasse cup; (*Inhalt auch*) cupful ◇ *eine Tasse Kaffee* a cup of coffee ◇ *aus einer Tasse trinken* drink from a cup ◇ *eine Tasse Wasser dazutun* add a cupful of water IDM **nicht alle Tassen im Schrank haben** not be right in the head

Tastatur keyboard

Taste (*am Klavier, Computer*) key; (*am Radio, Telefon*) button

tasten 1 (nach jdm/etw) ~ feel (for sb/sth) ◇ *Sie tastete im Dunkeln nach dem Lichtschalter.* She felt for the light switch in the dark. ◇ *Dem Gemälde gingen tastende Bleistiftzeichnungen voraus.* Tentative pencil drawings were done before the painting. **2 sich ~** feel your way ◇ *Langsam tastete sie sich zur Tür.* She slowly felt her way to the door. ◇ *Er tastete sich behutsam vor, um sie mit seinen Fragen nicht zu erschrecken.* He was feeling his way, not wanting to frighten her with his questions.

Tasten- Tastenfeld keypad **Tasteninstrument** (MUS) keyboard instrument

Tastsinn sense of touch

Tat 1 action; (*einzelne Handlung*) act ◇ *Er war sich der Folgen seiner Tat nicht bewusst.* He had no idea of the consequences of his action. ◇ *eine gütige Tat* a kind act ◇ *eine gute Tat* a good deed **2** (*Verbrechen*) crime ◇ *Der Mörder hat die Tat gestanden.* The murderer confessed to the crime. ◇ *Man konnte ihr die Tat nicht nachweisen.* It was impossible to prove that she had committed the crime. IDM **jdn auf frischer Tat ertappen** catch sb red-handed; catch sb in the act **ein Mann/eine Frau der Tat** a man/woman of action **in der Tat** indeed ◇ *„Er ist ein großartiger Redner." — „In der Tat."* 'He is an excellent speaker.' 'He is indeed.' **etw in die Tat umsetzen** put sth into action **Taten sprechen lassen** ◇ *Genug geredet! Lasst Taten sprechen!* That's enough talk. Actions speak louder than words! **zu seiner Tat stehen** admit what you have done (and accept the consequences) → *Siehe auch* RAT

tatenlos idle (*Adv* idly) ◇ *Die Bürger wollen die Wohnungsnot nicht länger tatenlos hinnehmen.* People are no longer prepared to stand idly by while nothing is done about the housing shortage.

Täter(in) culprit ◇ *Der Täter wurde gefasst.* The culprit was caught. ◇ *Die Täter erbeuteten Schmuck und Bargeld.* The thieves got away with cash and jewellery. ◇ *der mutmaßliche Täter* the suspect ◇ *unbekannte Täter* persons unknown

tätig 1 active ◇ *Der Vulkan ist seit langem nicht mehr tätig.* The volcano has not been active for a long time. ◇ *Sie ist eine überaus tätige Frau.* She's a very busy woman. ◇ *In diesem Fall ist die Staatsanwaltschaft tätig geworden.* The public prosecutor's office has become involved in the case. ◇ *ein international tätiger Verein* an organization that operates internationally **2 (als etw) ~ sein** work (as sth) ◇ *hauptberuflich tätig sein* work full-time ◇ *ehrenamtlich tätig sein* work in an honorary capacity ◇ *freischaffend tätig sein* work freelance ◇ *Er war als Steuerberater bei der Stadt tätig.* He worked as a tax consultant for the council.

Tätigkeit 1 (*Arbeit*) work [U] ◇ *Er nahm eine Tätigkeit als Feuerwehrmann auf.* He started work as a firefighter. ◇ *schwere körperliche Tätigkeiten* heavy work **2** (*Aktivitäten*) activity ◇ *illegale Tätigkeiten* illegal activities

Tat- Tatkraft drive; (*Energie*) energy; (*Entschlossenheit*) determination; (*Unternehmungsgeist*) enterprise **tatkräftig 1** (*Mensch*) energetic **2** (*Unterstützung, Hilfe* etc.) active (*Adv* actively) ◇ *Sie haben tatkräftig beim Wiederaufbau der Kirche mitgeholfen.* They played an active part in rebuilding the church.

tätlich physical (*Adv* physically) ◇ *jdn tätlich angreifen* attack sb physically ◇ *tätliche Auseinandersetzungen zwischen Polizei und Demonstranten* clashes between demonstrators and police ◇ *Der Spieler wurde gegen den Schiedsrichter tätlich.* The player attacked the referee.

tätowieren tattoo ◇ *Er hat sich eine Spinne auf den Arm tätowieren lassen.* He's had a spider tattooed on his arm. ◇ *sich tätowieren lassen* have a tattoo done

Tätowierung tattoo

Tatsache 1 fact ◇ *Tatsache ist/bleibt …* The fact is/remains … ◇ *Das tut der Tatsache keinen Abbruch, dass …* That doesn't alter the fact that … **2 Tatsache!** Indeed! ◇ *Tatsache! Da ist er!* Indeed! There he is! ◇ *„Anne hat sich die Haare abschneiden lassen!" „Tatsache!"* 'Anne's had her hair cut!' 'So she has!' **3 Tatsache?** Really? IDM **den Tatsachen ins Auge sehen** face (the) facts **jdn vor vollendete Tatsachen stellen** present sb with a fait accompli → *Siehe auch* BODEN

tatsächlich 1 *Adj* actual; (*echt*) real ◇ *Die tatsächlichen Baukosten waren um ein Dreifaches höher.* The actual building costs were three times higher. ◇ *Der tatsächliche Grund für seine Ablehnung kam nie ans Licht.* The real reason for his refusal never came to light. **2** *Adv* actually; (*wirklich*) really ◇ *Er hat es tatsächlich noch geschafft, pünktlich zu erscheinen.* He actually managed to arrive on time. ◇ *Tatsächlich? Das hätte ich nie gedacht!* Really? I'd never have thought it!

tätscheln pat ◇ *Er tätschelte dem Hund den Kopf.* He patted the dog on the head.

Tatwaffe weapon (used in the crime); (*bei einem Mord*) murder weapon

Tatze paw (*auch fig*)

Tatzeit time of the incident

Tau¹ *der* dew

Tau² *das* rope

taub 1 deaf ◇ *Er war von Geburt an taub.* He was born deaf. ◇ *gegenüber etw taub sein* be deaf to sth ◇ *Sie ist auf dem linken Ohr taub.* She's deaf in her left ear. ◇ *sich taub stellen* pretend not to hear **2** (*gefühllos*) numb ◇ *Meine Zehen waren ganz taub.* My toes went numb. IDM → OHR

Taube pigeon; (*weiße, Friedenssymbol etc.*) dove IDM → SPATZ

Taube(r) deaf person

Taubheit deafness

taubstumm deaf and dumb

Taubstumme(r) deaf mute

tauchen 1 dive ◇ *auf den Grund tauchen* dive to the bottom ◇ *nach Austern tauchen* dive for oysters **2 etw in etw ~** dip sth in sth ◇ *den Pinsel in die Farbe tauchen* dip the brush in the paint ◇ *die Abendsonne tauchte die Berge in Gold.* The evening sun bathed the mountains in golden light. **3 jdn (in etw) ~** duck sb (in sth) **4 in etw ~** (*verschwinden*) disappear into sth

Taucher(in) diver; (*mit Sauerstoffgerät*) skin-diver **Taucheranzug** diving suit **Taucherausrüstung** diving equipment [U] **Taucherbrille** diving goggles [Pl]

tauen thaw ◇ *Es hat schon getaut.* It has already thawed.

Taufe baptism; (*Namensgebung*) christening

taufen baptize; (*einen Namen geben*) christen ◇ *sich taufen lassen* be baptized ◇ *Sie wurde auf den Namen Ute getauft.* She was christened Ute.

Tauf- Taufpate godfather **Taufpatin** godmother **Taufstein** font

taugen 1 für etw/zu etw ~ be suitable for sth; **als etw ~** be suitable as sth ◇ *Die Kleidung taugt nicht für den Sportunterricht.* These clothes are not suitable for PE. ◇ *Die Halle taugt nicht als Ballsaal.* The hall isn't suitable as a dance hall. ◇ *Er taugt eher zum Beamten als zum Manager.* He would make a better civil servant than a manager. **2 wenig/nichts ~** be not much good/no good ◇ *Mein neuer Schläger taugt nichts.* My new racket is no good.

tauglich 1 (zu/für etw) ~ (*geeignet*) suitable (for sth) ◇ *ein für alle Firmen taugliches System* a system that is suitable for every company **2** (*gut*) good ◇ *ein ganz tauglicher Versuch* quite a good attempt **3** (*gesund*) fit ◇ *Er wurde für die Bundeswehr als tauglich eingestuft.* He was classed as fit for military service.

Taumel 1 (*Schwindel*) dizziness [U] ◇ *Ein Taumel überkam sie.* She was overcome by a feeling of dizziness. **2** (*rasend*) frenzy; (*euphorisch*) ecstasy ◇ *Die Fans wurden in einen Taumel versetzt.* The fans were in a frenzy. ◇ *ein Taumel der Sinne* a flood of sensations

taumeln 1 (*schwanken*) sway; (*torkeln*) stagger ◇ *Er taumelte, bevor er zu Boden ging.* He swayed and fell to the floor. ◇ *durchs Ziel taumeln* stagger across the finishing line **2** (*fallen*) tumble

Tausch exchange ◇ *Er bot Briefmarken zum Tausch an.* He was offering stamps for exchange. ◇ *Im Tausch gegen ein WM-Ticket bot er sein Auto an.* He offered his car in exchange for a World Cup ticket. **Tauschbörse** barter exchange; (COMP) exchange site

tauschen 1 (etw) (mit jdm) ~ exchange (sth) (with sb), swap (sth) (with sb) (*umgs*) ◇ *Sie tauschten Blicke.* They exchanged glances. ◇ *Wollen wir tauschen?* Shall we swap? ◇ *die Plätze tauschen* swap places **2 etw gegen etw ~** exchange sth for sth, swap sth for sth (*umgs*) ◇ *Er hat sein Radio gegen das Computerspiel getauscht.* He exchanged his radio for the computer game. IDM **ich möchte nicht mit ihm etc. tauschen** I wouldn't like to be in his, etc. shoes

täuschen 1 deceive; (*irreführen*) mislead ◇ *Die Wähler fühlten sich getäuscht.* The voters felt they had been deceived. ◇ *Er wurde über den wahren Wert der Uhr getäuscht.* He was misled about the real value of the watch. **2 etw täuscht** sth is deceptive ◇ *Der erste Eindruck täuscht manchmal.* First impressions are sometimes deceptive. **3 sich ~** be mistaken ◇ *Wenn du glaubst, ich komme mit, dann täuschst du dich aber gewaltig!* If you think I'm coming with you, then you are very much mistaken. ◇ *Ich habe mich im Tag getäuscht.* I was mistaken about the day. **4 sich in jdm ~** have the wrong impression of sb, be wrong about sb ◇ *Dass ich mich so in ihm getäuscht haben soll!* I still can't believe that I was so wrong about him! IDM **wenn mich nicht alles täuscht, ...** if I'm not completely mistaken ...

täuschend remarkable (*Adv* remarkably) ◇ *Sie sieht Katja täuschend ähnlich.* She looks remarkably like Katja. ◇ *täuschend echt aussehen* look almost like the real thing

Täuschung 1 (*Betrug*) act of deception **2** (*Selbst-*) delusion ◇ *Sie gab sich der Täuschung hin, er würde doch noch zurückkommen.* She was labouring under the delusion that he would still come back. **3** (*optisch*) illusion **Täuschungsmanöver** ploy

tausend 1 thousand ◇ *tausend Meter* a thousand metres **2** (*viele*) hundreds ◇ *tausend Gründe* hundreds of reasons ◇ *Ich muss noch tausend Sachen machen.* I've got hundreds of things to do. IDM → TOD

tausendmal a thousand times ◇ *Das hab ich dir nun schon tausendmal gesagt!* I've told you that a thousand times! ◇ *Ich bitte tausendmal um Entschuldigung.* I'm terribly sorry.

tausendste(r,s) thousandth → *Beispiele bei* SECHSTE(R,S) IDM → HUNDERTSTE(R,S)

Tausendstel thousandth → *Beispiele bei* SECHSTEL

Tautologie tautology

tautologisch tautologous

Taxi taxi ◇ *Nachts fährt er Taxi.* He drives a taxi at night.
Taxifahrer(in) taxi driver **Taxistand** taxi rank, (*bes AmE*) taxi stand

Tbc TB

Teakholz teak

Team team [mit Verb im Sing/Pl] ◇ *ein sechsköpfiges Team* a team of six
Teamarbeit teamwork ◇ *Das ist in Teamarbeit entstanden.* It was a result of teamwork. ◇ *Die Fähigkeit zur Teamarbeit ist unbedingt erforderlich.* The ability to work in a team is essential. **teamfähig** able to work in a team; **~ sein** be a team player ◇ *Wir suchen einen flexiblen und teamfähigen Mitarbeiter.* We are looking for a flexible team player. ◇ *Wie teamfähig sind Sie?* How good are you at working in a team? **Teamfähigkeit** ability to work in a team **Teamgeist** team spirit

Technik 1 (*Fach, Technologie, Ausrüstung*) technology ◇ *ein Wunder der Technik* a miracle of technology ◇ *ein Fortschritt der Technik* a technological advance **2** (*Funktionsweise*) ◇ *Ich komme mit der Technik hier nicht zurecht.* I don't understand how this works. ◇ *Bist du mit der Technik des Geräts vertraut?* Do you know how the equipment works? **3** (*Methode*) technique ◇ *die ausgefeilte Technik des Pianisten* the pianist's polished technique ◇ *die traditionelle Technik des Glasblasens* the traditional technique of glass-blowing
technikaffin techie, tech-savvy

Techniker(in) technician (*auch fig*), technical expert

Technikfreak techie

technisch 1 (*technologisch*) technological (*Adv* technologically) ◇ *technische Errungenschaften* technological advances **2** (*die Technik betreffend*) technical (*Adv* technically) ◇ *einen technischen Beruf erlernen* train for a technical job ◇ *technisch begabt* technically minded ◇ *Technisch hat er was drauf.* Technically, he's brilliant.

Techno techno

Technologie technology

technologisch technological (*Adv* technologically) ◇ *technologische Innovationen* technological innovations ◇ *technologisch bedingte Rationalisierung* rationalization as a result of the introduction of new technology

Teddy, Teddybär teddy, teddy bear
Teddystoff fur fabric

Tee tea ◇ *Tee kochen* make tea ◇ *den Tee ziehen lassen* let the tea brew ◇ *Tee mit Zitrone* lemon tea ◇ *Ich möchte einen Tee.* I'd like a cup of tea. ◇ *Sie trinken um 4 Uhr Tee.* They have a cup of tea at 4. ◇ *Er hat zwei Tassen Tee getrunken.* He had two cups of tea. ◇ *Zwei Tee, bitte!* Two teas, please. ◇ *Sie hat uns für Sonntag zum Tee eingeladen.* She has invited us to tea on Sunday. IDM → ABWARTEN
Teebeutel teabag **Teekanne** teapot **Teelöffel** teaspoon; (*Menge auch*) teaspoonful (*Abk* tsp) ◇ *ein gestrichener Teelöffel Salz* a level teaspoon of salt

Teen, Teenager teenager

Teer tar

teeren tar

Tee- Teestube ≈tea room **Teetasse** teacup

Teich pond IDM **der große Teich** the pond

Teig *(Hefe-)* dough; *(Kuchen-)* mixture; *(Mürbe-, Blätter-)* pastry; *(Pfannkuchen-)* batter

Teil[1] *der* **1** part; *(einer Zeitung)* section ◇ *der erste Teil des Romans* the first part of the novel ◇ *der größte Teil des Geldes* most of the money ◇ *der dritte, vierte, fünfte etc. Teil* a third, quarter, fifth, etc. **2 zum ~** partly ◇ *Es war zum Teil mein Fehler.* It was partly my fault. ◇ *Ich verstehe es nur zum Teil.* I don't fully understand it. ◇ *Es waren zum Teil Deutsche, zum Teil Franzosen.* Some of them were German, some French. **3 zum großen/größten ~** mainly, mostly ◇ *Es waren zum größten Teil Studenten.* They were mainly students. ◇ *Die Soße besteht zum großen Teil aus Sahne.* The sauce is mostly cream. **4** *(Anteil)* share ◇ *Wir sind zu gleichen Teilen am Geschäft beteiligt.* We have equal shares in the business. IDM **ich für mein(en) Teil ...** I, for my part, ... **sein(en) Teil tun** do your bit **sich sein(en) Teil denken** draw your own conclusions

Teil[2] *das* **1** (component) part; *(Ersatz-)* (spare) part ◇ *Du musst das defekte Teil ersetzen.* You need to replace the faulty part. ◇ *etw in seine Teile zerlegen* take sth apart/to pieces **2** *(Ding)* ◇ *ein heißes Teil* hot stuff ◇ *so ein billiges Teil* one of those cheap jobs → *Siehe auch* TEIL[1]

Teilchen **1** particle **2** *(Gebäck)* ≈Danish (pastry)

teilen **1** *(zerlegen, dividieren)* divide ◇ *etw in zwei Hälften teilen* divide sth in half ◇ *ein geteiltes Land* a divided country ◇ *Die Meinungen sind geteilt.* Opinions are divided. ◇ *hundert geteilt durch fünf* a hundred divided by five **2** *(aufteilen, teilhaben an)* share ◇ *Die Beute wurde geteilt.* The booty was shared. ◇ *Sein Optimismus wird nicht von allen geteilt.* Not everybody shares his optimism. **3 sich etw (mit jdm) ~** share sth (with sb) ◇ *Sie haben sich die Kosten geteilt.* They shared the cost. ◇ *Willst du dir mit mir eine Pizza teilen?* Do you want to share a pizza with me? ◇ *Sie teilen sich ein Zimmer.* They share a room. **4 sich ~** *(auseinandergehen)* divide; *(Straße, Weg auch)* fork ◇ *Der Fluss teilt sich hier.* The river divides here. ◇ *Der Vorhang teilte sich und das Stück begann.* The curtains parted and the play began.

Teilerfolg partial success

teilhaben an etw ~ share sth ◇ *an der Macht teilhaben* share power ◇ *die Gäste am Familienleben teilhaben lassen* let the guests share in the life of the family

Teilhaber(in) partner

Teilnahme **1 ~ (an etw)** participation (in sth); *(Anwesenheit)* attendance (at sth) ◇ *die Teilnahme an der Demonstration* participation in the demonstration ◇ *Die Teilnahme ist freiwillig.* Attendance is voluntary. ◇ *die aktive Teilnahme aller Mitglieder* the active involvement of all members **2** *(Mitgefühl)* sympathy

teilnahmslos impassive *(Adv* impassively); *(apathisch)* listless *(Adv* listlessly); *(gleichgültig)* indifferent *(Adv* indifferently)

teilnehmen (an etw) ~ take part (in sth), participate (in sth) *(gehoben)*; *(anwesend sein)* attend (sth); *(beitragen)* contribute (to sth) ◇ *an den Olympischen Spielen teilnehmen* take part in the Olympic Games ◇ *Hast du gestern an der Besprechung teilgenommen?* Did you attend the meeting yesterday? ◇ *Alle nahmen an der Diskussion teil.* They all contributed to the discussion. ◇ *an einem Lehrgang teilnehmen* do a course ◇ *an einem Preisausschreiben teilnehmen* enter a competition

Teilnehmer(in) participant; *(an einem Wettbewerb)* competitor ◇ *die Teilnehmer am Kurs* the course participants ◇ *die Teilnehmer an der Fahrt* those going on the trip ◇ *die Teilnehmer an der Feier* those taking part in the celebration
Teilnehmerzahl attendance ◇ *Die Teilnehmerzahlen sind gestiegen.* Attendances have risen. ◇ *Die Teilnehmerzahl ist begrenzt.* Places are limited.

teils partly ◇ *Es wird teils aus Spenden finanziert.* It's partly funded by donations. ◇ *Er besitzt viele Häuser in teils bester Lage.* He owns a lot of houses, some of them in very good locations. ◇ *teils heiter, teils wolkig* cloudy with sunny periods IDM **teils, teils** so-so ◇ *Wie war der Urlaub? Teils, teils.* How was the holiday? So-so.

Teilung **1** division ◇ *die Teilung der Stadt in vier Sektoren* the division of the city into four sectors **2** *(das Teilen)* sharing

teilweise **1** *Adv* partly; *(manchmal)* sometimes ◇ *Das stimmt nur teilweise.* That is only partly correct. ◇ *die teilweise heftigen Proteste* the protests, which were sometimes violent **2** *Adj* partial ◇ *die teilweise Sperrung der Autobahn* the partial closure of the motorway

Teilzeit **1** part-time working ◇ *eine Reduzierung von Überstunden und Teilzeit* a reduction in overtime and part-time working **2 (in) ~** part-time *(Abk* PT) ◇ *Sie arbeitet Teilzeit.* She works part-time.
Teilzeitarbeit, Teilzeitbeschäftigung part-time work [U]; *(Stelle)* part-time job **Teilzeitkraft** part-time worker **Teilzeitstelle** part-time job

Teint complexion ◇ *ein heller Teint* a fair complexion

Telearbeit teleworking

Telefon (tele)phone ◇ *Das Telefon klingelt!* The phone's ringing! ◇ *ans Telefon gehen* answer the phone ◇ *am Telefon sein* be on the phone ◇ *Sie haben kein Telefon.* They're not on the phone. ◇ *Sie wollte es mir am Telefon nicht sagen.* She wouldn't tell me over the phone.
Telefonberatung helpline **Telefonbuch** telephone directory, (tele)phone book ◇ *Steht er im Telefonbuch?* Is he in the phone book? **Telefongespräch, Telefonat** *(Anruf)* (phone) call; *(Unterhaltung)* (tele)phone conversation ◇ *ein Telefongespräch führen* make a phone call **Telefonhörer** receiver

Telefonie telephony

telefonieren *(am Telefon sein)* be on the phone; *(einen Anruf machen)* make a call ◇ *Er telefoniert.* He's on the phone. ◇ *Sie telefoniert schon eine Stunde mit ihrer Mutter.* She's been on the phone to her mother for an hour. ◇ *Ich muss telefonieren.* I need to make a phone call. ◇ *nach England telefonieren* make a call to England ◇ *Er telefoniert oft mit ihr.* He often talks to her on the phone. ◇ *Lass uns morgen mal telefonieren.* I'll phone you tomorrow.

telefonisch by phone ◇ *die Karten telefonisch bestellen* book the tickets by phone ◇ *Ich bin immer telefonisch erreichbar.* You can always contact me by phone. ◇ *etw telefonisch besprechen* discuss sth on the phone ◇ *Wir erteilen keine telefonische Auskunft.* We don't give information over the phone. ◇ *eine telefonische Beratung* a helpline

Telefonist(in) switchboard operator

Telefon- Telefonkarte phonecard **Telefonnummer** (tele)phone number **Telefonrechnung** (tele)phone bill **Telefonseelsorge** = crisis line run by the churches, similar to the Samaritans **Telefonzelle** phone box, *(AmE)* phone booth ◇ *von einer Telefonzelle aus anrufen* ring from a phone box **Telefonzentrale** switchboard

Telegramm telegram

Telekommunikation telecommunications [Pl] ◇ *in der Telekommunikation* in telecommunications

Telepathie telepathy

telepathisch telepathic

Teleskop telescope

Teller **1** plate ◇ *ein Teller mit Gemüse* a plate of vegetables ◇ *Bitte iss deinen Teller leer.* Now eat everything up. **2** (*am Skistock*) basket

Tempel temple

Temperament **1** (*Wesen*) temperament ◇ *sein stürmisches Temperament* his fiery temperament **2** (*cholerische Art*) temper ◇ *Mein Temperament geht häufig mit mir durch.* I often lose my temper. **3** (*lebhafte Art*) vivacity ◇ *das Temperament der Sängerin* the singer's vivacity ◇ *Ihre Kür sprühte vor Temperament.* It was a spirited performance.
temperamentvoll vivacious (*Adv* vivaciously), exuberant (*Adv* exuberantly)

Temperatur temperature ◇ *Sie hat erhöhte Temperatur.* She has a temperature.
Temperaturanstieg rise in temperature **Temperaturrückgang** drop in temperature

Tempo **1** (*Geschwindigkeit*) speed ◇ *mit diesem Tempo* at this speed ◇ *In dieser Straße gilt Tempo 30.* The speed limit in this street is 30 kph. **2** (*einer Handlung*) pace; (*einer Entwicklung*) rate ◇ *das Tempo der Reformen* the pace of reforms ◇ *Die Löhne steigen nicht im gleichen Tempo.* Salaries don't rise at the same rate. ◇ *Mach mal ein bisschen Tempo!* Get a move on! **3** (MUS) tempo ◇ *Wechsel im Tempo* changes of tempo **4 Tempo(tuch)**® (*Taschentuch*) tissue
Tempolimit speed limit

Tempomat cruise control

Tempus (LING) tense

Tendenz **1** (*Entwicklung*) trend ◇ *eine steigende/fallende Tendenz* an upward/a downward trend ◇ *Die Tendenz geht mehr und mehr zu kleineren Autos.* There is a growing trend towards smaller cars. ◇ *die Tendenz, dass Jugendliche mehr rauchen* the trend for teenagers to smoke more **2** (*Neigung*) tendency ◇ *Sie hat die Tendenz, alles negativ zu sehen.* She has a tendency to see everything in a negative light.

tendenziell **etw ~ tun** tend to do sth ◇ *Tendenziell beenden Engländer ihr Studium schneller.* English students tend to finish their studies earlier. ◇ *die tendenziell zunehmende Umweltverschmutzung* the upward trend in pollution levels ◇ *eine tendenzielle Neigung zur Depression* a tendency towards depression ◇ *Die Lage hat sich tendenziell verschlechtert.* On the whole, the situation has deteriorated.

tendieren **1 dazu ~, etw zu tun** tend to do sth; **zu etw ~** tend towards sth ◇ *Er tendiert zur Eifersucht.* He tends to be jealous. **2** (*Politik, Wirtschaft*) tend ◇ *Die Aktien tendieren derzeit schwächer.* Shares are tending to be weaker at the moment. ◇ *Diese Tageszeitung tendiert nach rechts.* This newspaper has right-wing leanings.

Tennis tennis ◇ *beim Tennis* in tennis
Tennisball tennis ball **Tennisplatz** tennis court **Tennisschläger** tennis racket **Tennisspieler(in)** tennis player

Tenor[1] **1** (*Sänger, Stimme*) tenor → *Beispiele bei* BASS **2** (*Partie*) tenor part **3 der Tenor** (*im Chor*) the tenors [Pl]

Tenor[2] (*Sinn, Einstellung*) tone ◇ *All seine Artikel haben den gleichen Tenor.* All his articles have the same tone. ◇ *Ihre Rede hatte einen unangemessen ironischen Tenor.* Her speech had an inappropriately ironic tone.

Teppich carpet; (*kleiner*) rug IDM **auf dem Teppich bleiben** be realistic **den roten Teppich ausrollen** roll out the red carpet **etw unter den Teppich kehren** sweep sth under the carpet
Teppichboden fitted carpet ◇ *Wir haben einen neuen Teppichboden verlegen lassen.* We've had a new carpet fitted.

Termin **1** (*beim Arzt etc.*) appointment ◇ *Geben Sie mir bitte einen Termin.* I'd like to make an appointment. ◇ *ein Termin beim Zahnarzt* a dental appointment **2** (*festgesetzte Zeit*) date; (*letzter Termin*) deadline ◇ *Ich muss das Referat bis zu dem festgesetzten Termin fertig bekommen.* I must have the paper finished by the deadline. **3** (*Gerichts-*) hearing

Terminal (*am Flughafen, Computer-*) terminal

terminieren schedule ◇ *Das Spiel ist auf den 24. Juni terminiert.* The match is scheduled for 24 June. ◇ *Der Prozess ist bis Dezember terminiert.* The trial is scheduled to last until December. ◇ *Der Baubeginn ist noch nicht terminiert.* A date has not yet been set for building to start.

Terminkalender diary, (*AmE*) datebook ◇ *Mein Terminkalender ist für diese Woche ausgebucht.* My diary is full this week. ◇ *Ich trage es in meinem Terminkalender ein.* I'll put it in my diary.

Terminologie terminology

Terminus term; **~ technicus** technical term

Termite termite

Terpentin turpentine, turps (*umgs*)

Terrain **1** (GEOGR) terrain ◇ *ein hügeliges Terrain* hilly terrain **2** (*Gelände*) (area of) land ◇ *das Terrain sondieren* spy out the land **3** (*fig*) ground; **unbekanntes ~** unknown territory ◇ *an Terrain verlieren* lose ground ◇ *auf neutralem Terrain* on neutral ground

Terrakotta terracotta

Terrarium terrarium

Terrasse terrace; (*kleine Terrasse am Haus*) patio

terrestrisch terrestrial ◇ *terrestrische Frequenzen* terrestrial frequencies ◇ *Die Sendung wurde terrestrisch ausgestrahlt.* The programme was broadcast on terrestrial television.

Terrier terrier

territorial territorial

Territorium territory

Terror **1** terror; (*Terrorismus*) terrorism; (*Gewalttaten*) acts of violence [Pl] ◇ *Maßnahmen gegen den rechten Terror* measures to combat right-wing terrorism ◇ *Terror gegen Zuwanderer* acts of violence against immigrants **2** (*etwas Schlimmes*) hell ◇ *Die Schmerzen sind der reinste Terror.* The pain is absolute hell. **3** (*Zank*) ◇ *Bei uns herrscht ständig Terror.* We're always quarrelling.
Terrorakt act of terrorism **Terroranschlag** terrorist attack ◇ *Sie sind bei einem Terroranschlag umgekommen.* They were killed in a terrorist attack. **Terrorbekämpfung** fight against terrorism

terrorisieren terrorize

Terrorismus terrorism ◇ *den Terrorismus bekämpfen* combat terrorism

Terrorist(in) terrorist

terroristisch terrorist [nur vor Nomen] ◇ *terroristische Organisationen* terrorist organizations

Terrororganisation terrorist organization

Terz (MUS) third ◇ *eine kleine/große Terz* a minor/major third

Terzett (MUS) trio [mit Verb im Sing/Pl]

Tesafilm® Sellotape™, (*AmE*) Scotch tape™

Test test ◇ *Wir schreiben morgen einen Test.* We've got a test tomorrow.

Testament **1** will; (*literarisches, politisches etc.*) testament **2** (*in der Bibel*) Testament

testen **1 jdn/etw (auf etw) ~** test sb/sth (for sth) ◇ *Die Autos wurden auf ihre Zuverlässigkeit getestet.* The cars were tested for their reliability. ◇ *Er wollte dich doch nur testen.* He was just testing you. ◇ *Sie* *wollte testen, wie ich reagiere.* She wanted to see how I would react. ◇ *sich auf Aids testen lassen* have an AIDS test **2** (*ausprobieren*) try *sth* out ◇ *Sie können den Service kostenlos testen.* You can try out the service for free.

Test- Testergebnis test result **Testkäufer(in)** mystery shopper

Testosteron testosterone

Test- Testperson subject **Teststopp** test ban

Tetanus tetanus

teuer 1 expensive ◇ *Das ist mir zu teuer.* That's too expensive for me. ◇ *ein teures Restaurant* an expensive restaurant ◇ *Wie teuer ist die Miete?* How much is the rent? ◇ *Das wird teuer.* That'll cost a lot. ◇ *Zigaretten werden immer teurer.* Cigarettes keep going up. ◇ *eine 500 Dollar teuere Kamera* a camera costing 500 dollars ◇ *etw teuer verkaufen* sell sth for a high price ◇ *etw teuer bezahlen* pay a high price for sth **2** (*hoch geschätzt*) dear ◇ *Er war ihr lieb und teuer.* He was very dear to her. IDM **jdn/jdm teuer zu stehen kommen** cost sb dear → *Siehe auch* SPASS *und* VERGNÜGEN

Teuerung rise in prices

Teuerungsrate rate of price increases

Teufel(in) devil; (*der Teufel*) the Devil IDM **auf Teufel komm raus 1** come hell or high water ◇ *Er wollte es auf Teufel komm raus fertig machen.* He wanted to get it finished come hell or high water. **2** (*wie verrückt*) like mad (*umgs*) ◇ *Sie hat die ganze Nacht auf Teufel komm raus gearbeitet.* She worked like mad all night. **beim/zum Teufel sein** have had it (*umgs*) ◇ *Das Auto ist zum Teufel.* The car has had it. **den Teufel an die Wand malen** think the worst; (*Unglück heraufbeschwören*) tempt fate/providence **der Teufel ist los** all hell breaks loose; there's hell/the devil to pay **der Teufel soll jdn/etw holen** to hell with sb/sth (*umgs*) ◇ *Der Teufel soll den ganzen Laden holen!* To hell with the lot of them! **der Teufel steckt im Detail** the devil is in the detail **Geh zum Teufel!/Scher dich zum Teufel!** Go to hell! (*umgs*) **wann/was/wer/wo zum Teufel** when/what/who/where the hell (*umgs*) ◇ *Wo zum Teufel bleibt sie?* Where the hell is she? **weiß der Teufel, wann/was/wo ...** God/Christ knows when/what/where ... (*umgs*) ◇ *Weiß der Teufel, wann sie kommt!* Christ knows when she'll arrive. **wenn man vom Teufel spricht** speak of the devil

Teufelskreis vicious circle

teuflisch 1 terrible (*Adv* terribly) ◇ *Ich habe einen teuflischen Durst.* I've got this terrible thirst. ◇ *Die Situation war teuflisch kompliziert.* The situation was terribly complicated. **2** (*diabolisch*) devilish (*Adv* devilishly) ◇ *ein teuflisches Lachen* a devilish laugh

Text 1 text **2** (*eines Lieds*) words [Pl]; (*eines Popsongs*) lyrics [Pl] **3** (*Bibelpassage*) passage (from the Bible) **4** (*zu einer Abbildung*) caption

Textanalyse (LIT) textual analysis **Textaufgabe** (MATH) problem

texten 1 write songs; **etw ~** write the lyrics to sth ◇ *Er hat viele Hits getextet.* He has written the lyrics to lots of hits. **2** (*Werbung etc.*) write copy; **etw ~** write the copy for sth **3 (mit) jdm ~** (*simsen*) text (sb)

Texter(in) (*von Liedern*) lyricist; (*von Werbung etc.*) copywriter

Textilien 1 (*Waren*) bed linen [U], clothing [U] **2** (*Material*) textiles [Pl]

Textilindustrie textile industry

Text- Textstelle passage **Textverarbeitung** word processing **Textverarbeitungsprogramm** word-processing program

Theater 1 theatre, (*AmE*) theater ◇ *Was gibt's im Theater?* What's on at the theatre? ◇ *Wir trafen uns im Theater.* We met at the theatre. ◇ *ins Theater gehen* go to the theatre ◇ *das griechische Theater* Greek theatre ◇ *Er arbeitet beim Theater.* He works in the theatre. ◇ *Das Theater ist ausverkauft.* The performance is sold out. **2** (*Ensemble*) theatre company, (*AmE*) theater company **3** (*Getue*) fuss; (*Szene*) scene; (*Aufwand*) performance ◇ *Mach nicht so'n Theater!* Don't make such a fuss! ◇ *Hör auf. Das gibt nur wieder Theater.* Stop it. There'll only be a scene. ◇ *So ein Theater!* What a performance! IDM **Theater spielen 1** (*auftreten*) act; (*Stücke aufführen*) put on plays **2** (*fig*) be putting it on ◇ *Sie hat sich nicht wehgetan, sie spielt nur Theater.* She hasn't hurt herself, she's just putting it on.

Theateraufführung performance **Theatergruppe** drama group **Theaterstück** (stage) play **Theaterwissenschaft** Drama ◇ *Er hat Theaterwissenschaft studiert.* He did Drama at university.

theatralisch theatrical (*Adv* theatrically)

Theke bar; (*Ladentisch*) counter ◇ *Er stand an der Theke.* He was standing at the bar.

Thema 1 subject; (*Kern-*) point ◇ *Das Thema der Vorlesung heißt ...* The subject of the lecture is ... ◇ *ein heikles Thema* a sensitive subject ◇ *das Thema wechseln* change the subject ◇ *Damit ist das Thema für mich erledigt.* The subject is closed as far as I am concerned. ◇ *zum Thema kommen* get to the point ◇ *beim Thema bleiben* stick to the point ◇ *Das ist für uns kein Thema.* That's out of the question as far as we're concerned. **2** (MUS) theme

Thematik subject matter [U] ◇ *eine schwierige Thematik* difficult subject matter

thematisch *Adj* thematic (*Adv* thematically)

thematisieren take *sth* as your subject, discuss; **etw in etw ~** make sth the subject of sth ◇ *Der Artikel thematisiert die Probleme von Drogensüchtigen.* The article discusses the problems of drug addicts. ◇ *In ihren Liedern thematisiert sie das Leben in der Großstadt.* She makes city life the subject of her songs.

Themenbereich, Themenkreis subject area

Theologe, Theologin theologian

Theologie theology

theologisch theological (*Adv* theologically)

Theoretiker(in) theoretician, theorist

theoretisch theoretical (*Adv* theoretically) ◇ *Das ist theoretisch möglich.* That's theoretically possible. ◇ *etw theoretisch begründen* give a theoretical reason for sth

Theorie theory ◇ *Es ist nicht einfach, die Theorie mit der Praxis zu verbinden.* It's not easy to combine theory with practice. ◇ *In der Theorie ist das vielleicht richtig.* It may be right in theory. ◇ *Das ist doch alles nur (reine/bloße/graue) Theorie.* That's all just theoretical.

Therapeut(in) therapist

therapeutisch therapeutic (*Adv* therapeutically)

Therapie 1 therapy; (*Behandlungsmethode*) treatment ◇ *Beratung und Therapie für gestörte Kinder* counselling and therapy for disturbed children ◇ *Ich war schon dreimal in Therapie.* I've been in therapy three times. ◇ *Prävention, Therapie und Rehabilitation* prevention, treatment and rehabilitation **2** (*fig*) remedy

Thermal- thermal [nur vor Nomen]

Thermalbad 1 thermal bath **2** (*Kurort*) spa

thermisch thermal [nur vor Nomen] ◇ *thermische Energie* thermal energy ◇ *Die toxischen Schadstoffe werden thermisch behandelt.* The toxic substances are heat treated.

Thermometer thermometer ◇ *Das Thermometer zeigte 5° unter Null.* The thermometer read 5° below zero. ◇ *Das Thermometer steigt/fällt.* The temperature is rising/falling.

Thermos®- Thermosflasche Thermos™, (*BrE auch*) Thermos flask, (*AmE auch*) Thermos bottle **Thermoskanne** Thermos jug

Thermostat thermostat ◇ *Der Thermostat ist auf 23° eingestellt.* The thermostat is set at 23°.

These thesis; (*Theorie*) theory

Thon → THUNFISCH

Thriller thriller

Thrombose thrombosis

Thron throne ◇ *den Thron besteigen* come to the throne

thronen sit in state

Thron- Thronfolge succession (to the throne) ◇ *ein Streit um die Thronfolge* a battle for succession **Thronfolger(in)** heir to the throne

Thunfisch tuna

Thymian thyme

Tic (nervous) tic

Tick 1 → TIC **2** (*Eigenheit*) quirk ◇ *Das ist so ein Tick von ihm.* It's one of his little quirks. ◇ *Die hat doch einen Tick.* She's crazy. **3 ein ~** (*Nuance*) a bit

ticken tick IDM **nicht (mehr) richtig ticken** be crazy

Ticket ticket

Tiebreak tiebreak, (*AmE*) tiebreaker

tief 1 deep ◇ *ein tiefes Loch/eine tiefe Wunde* a deep hole/wound ◇ *ein drei Meter tiefes Loch* a hole three metres deep ◇ *tiefer Schnee* deep snow ◇ *Das Dorf war tief verschneit.* The village was covered with deep snow. ◇ *tief liegende Augen* deep-set eyes ◇ *tief bohren* drill deep ◇ *Er blickte ihr tief in die Augen.* He looked deep into her eyes. ◇ *im tiefsten Urwald* in the depths of the jungle ◇ *bis tief in die Nacht* far into the night **2** (*intensiv*) deep (*Adv* deeply) ◇ *tiefe Trauer* deep sorrow ◇ *ein tiefes Rot* a deep red ◇ *tief bewegt* deeply moved ◇ *tief durchatmen* take deep breaths ◇ *tief verschuldet sein* be deep(ly) in debt ◇ *tief schlafen* be fast asleep **3** (*niedrig*) low; (*Stimme*) deep ◇ *tiefe Temperaturen* low temperatures ◇ *Die Sonne sank tiefer.* The sun sank lower. ◇ *tief hängende Wolken* low clouds ◇ *die tiefen Noten* the low notes ◇ *ein tief fliegendes Flugzeug* a low-flying aircraft ◇ *Er musste sich tief bücken.* He had to bend down low. ◇ *Die Schmerzen liegen etwas tiefer.* The pain is a bit lower down. ◇ *Die Inflation hat ihren tiefsten Stand erreicht.* Inflation has reached its lowest level. ◇ *ein tief ausgeschittenes Kleid* a low-cut dress ◇ *Sie ist tief gesunken.* She has sunk low. **4** ◇ *ein tiefer Teller* a soup plate **5 ~ gehend/greifend** far-reaching; (*grundlegend*) radical ◇ *tief greifende Folgen haben* have far-reaching consequences ◇ *tief greifende Veränderungen* radical changes IDM → GREIFEN, HERZ, KREIDE *und* SCHULD

Tief low IDM → HÖHE

Tiefbau civil engineering **Tiefbauarbeiten** civil engineering projects [Pl]

tiefblau deep blue

Tiefe 1 depth ◇ *die Tiefe des Wassers messen* measure the depth of the water ◇ *ein Fach mit einer Tiefe von 30 cm* a shelf with a depth of 30 cm ◇ *die Tiefen der Seele* the depths of the soul ◇ *Der Graben hat eine Tiefe von zwei Metern.* The ditch is two metres deep. ◇ *Gedanken von großer Tiefe* deep thoughts ◇ *In der Tiefe ihres Herzens liebte sie ihn noch.* She still loved him deep down. ◇ *die Höhen und Tiefen des Lebens* life's ups and downs **2 in die ~ stürzen/fallen** plunge (down) ◇ *Wir sahen, wie der Bus in die Tiefe stürzte.* We saw the bus plunge down. **3 auf ~ gehen** dive ◇ *Das U-Boot ging auf Tiefe.* The submarine dived.

Tiefebene lowland plain

Tiefenpsychologie psychoanalysis

Tief- Tiefflug low-level flight ◇ *Flugzeuge in Tiefflug* low-flying aircraft **Tiefgarage** underground car park, (*AmE*) underground parking lot **tiefgefroren, tiefgekühlt** frozen ◇ *tiefgekühltes Fleisch* frozen meat **tiefgründig** profound; (*gründlich*) in-depth [nur vor Nomen] ◇ *eine tiefgründige Frage* a profound question ◇ *eine tiefgründige Analyse* an in-depth analysis **Tiefkühlfach** freezer compartment **Tiefkühltruhe** (chest) freezer **Tieflader** low-loader, (*AmE*) flatbed (truck) **Tiefpunkt** low point **Tiefschnee** deep snow **Tiefstand** low (level) ◇ *auf einen Tiefstand sinken/fallen* sink to a low level ◇ *Der Aktienindex fiel auf einen neuen Tiefstand.* The share index fell to a new low.

Tier animal (*auch fig*) ◇ *Sie kann gut mit Tieren umgehen.* She's good with animals. ◇ *das Verhältnis zwischen Mensch und Tier* the relationship between humans and animals ◇ *Er ist ein Tier.* He's an animal. IDM **ein hohes/großes Tier (bei etw)** ◇ *Sie ist ein hohes Tier bei einer Versicherung.* She's something important in an insurance company. ◇ *Er ist ein hohes Tier.* He's quite high up.

Tierarzt, -ärztin vet, (*BrE auch*) veterinary surgeon (*gehoben*), (*AmE auch*) veterinarian **tierfrei** (*Essen, Kleidung, Kosmetik*) vegan; (*Haushalt, Hotel*) pet-free ◇ *tierfreier Nichtraucherhaushalt* pet-free non-smoking home ◇ *tierfreie Testmethoden* non-animal testing **Tierfreund** animal lover **Tierfutter** (animal) feed; (*für Haustiere*) pet food **Tiergarten** zoo **Tierheim** animal shelter

tierisch 1 animal [nur vor Nomen] ◇ *tierische Fette* animal fats ◇ *die Erforschung tierischen Verhaltens* research into animal behaviour **2** (*verstärkend*) terrible (*Adv* terribly) ◇ *Die Hitze war tierisch.* The heat was terrible. ◇ *Wir mussten tierisch schuften.* We had to work terribly hard. ◇ *So tierisch ernst geht's bei uns nicht zu.* We don't take things so terribly seriously here. IDM **tierischer Ernst** deadly seriousness

Tier- Tierkreis zodiac **Tierkreiszeichen** sign of the zodiac **Tierliebe** love of animals **Tiermedizin** veterinary medicine **Tiermehl** meat and bonemeal **Tierpark** zoo **Tierpfleger(in)** keeper **Tierrechte** animal rights [Pl] **Tierrechtler(in)** animal rights activist **Tierreich** animal kingdom **Tierquälerei** cruelty to animals **Tierschutz** animal welfare **Tierschützer(in)** animal welfare advocate **Tierschutzverein** society for the prevention of cruelty to animals **Tierversuch** animal experiment **Tierwelt** fauna; (*Tierreich*) animal kingdom ◇ *die Pflanzen- und Tierwelt Norwegens* the flora and fauna of Norway

Tiger tiger

Tigerin tigress

Tigerstaat tiger economy

Tilde tilde, swung dash

tilgen 1 pay *sth* off ◇ *Schulden tilgen* pay off debts **2 etw aus etw ~** erase sth from sth

Tilgung repayment ◇ *die Tilgung einer Hypothek* the repayment of a mortgage

Timing timing

Tinktur tincture

Tinte ink ◇ *Bitte mit Tinte schreiben.* Please write in ink. IDM **in der Tinte sitzen** be in a mess (*umgs*) **in die Tinte geraten** get into difficulty ◇ *Die Firma ist finanziell in die Tinte geraten.* The firm has got itself into financial difficulties.

Tintenfisch squid **Tintenstrahldrucker** inkjet printer

Tipp tip ◇ *Fachleute geben Tipps zur Ernährung.* Experts will give tips on nutrition.

tippen[1] **1** type; (*in den Computer*) key ◇ *beim Tippen Fehler machen* make typing errors **2 an/auf/gegen etw ~** (*kurz berühren*) tap (on/against) sth ◇ *an/gegen die Fensterscheibe tippen* tap (on) the window ◇ *Sie tippte ihm auf die Schulter.* She tapped him on the shoulder.

tippen[2] **1** (*im Lotto*) do the lottery; (*im Toto*) do the football pools ◇ *Wir tippen jede Woche im Lotto.* We do the lottery every week. ◇ *Er tippt immer die gleichen Zahlen.* He always picks the same numbers. **2 (auf etw/jdn) ~** bet (on sb/sth) ◇ *Ich tippe auf ein Unentschieden.* I bet it will be a draw. ◇ *Ich hatte richtig getippt.* I was right.

Tipp-Ex® Tipp-Ex™, (*AmE*) Wite-out™

Tippfehler typing mistake, typo (*umgs*)

tipptopp immaculate (*Adv* immaculately) ◇ *tipptopp aussehen* look immaculate ◇ *Ihre Wohnung ist immer tipptop aufgeräumt.* Her flat is always immaculately tidy. ◇ *tipptopp in Ordnung* in immaculate condition

Tisch 1 table ◇ *Das Essen ist auf dem Tisch.* The food is on the table. ◇ *Wir saßen am Tisch.* We were sitting at the table. ◇ *den Tisch decken* lay the table ◇ *Ich habe einen Tisch für vier Personen bestellt.* I've reserved a table for four. ◇ *Lies nicht bei Tisch.* Don't read at the table. ◇ *Kommt bitte zu Tisch.* Please come and eat. ◇ *Wir saßen zu Tisch.* We were having our meal. **2 vor/nach ~** before/after lunch/dinner IDM **am runden Tisch** ◇ *Der Verkauf wurde am runden Tisch verhandelt.* The sale was negotiated in round-table talks. ◇ *Er lud alle Beteiligten zu Gesprächen am runden Tisch ein.* He brought all the parties together for round-table talks. **auf den Tisch hauen/schlagen** put your foot down **etw auf den Tisch legen** put sth on the table **(mit etw) reinen Tisch machen** make a clean sweep (of sth) **sich (mit jdm) an einen Tisch setzen** sit round a table (with sb) **(etw) unter den Tisch fallen (lassen)** (let sth) go by the board **jdn unter den Tisch trinken** drink sb under the table **etw vom Tisch wischen/fegen** dismiss sth → *Siehe auch* FAUST *und* KARTE

Tischdecke tablecloth **Tischfußball** table football, (*AmE*) foosball **Tischgebet** grace ◇ *das Tischgebet sprechen* say grace

Tischler(in) carpenter; (*für Fenster und Türen*) joiner

Tischlerei 1 carpenter's workshop; (*für Fenster und Türen*) joiner's workshop **2** (*Handwerk*) carpentry/joinery; (*für Fenster und Türen*) joinery

Tisch- Tischplatte tabletop ◇ *ein Tisch mit einer Tischplatte aus Glas* a table with a glass top **Tischtennis** table tennis **Tischtennisplatte** table tennis table **Tischtennisschläger** table-tennis bat **Tischtuch** tablecloth

Titan[1] *der* **1** Titan **2** (*fig*) giant ◇ *die Titanen der Literatur* literary giants

Titan[2] *das* titanium

Titel 1 title ◇ *der Titel des Romans* the title of the novel ◇ *Das Buch hatte den Titel „Amerika".* The book was entitled 'America'. ◇ *den Titel verteidigen* defend the title **2** (*-seite*) front page

Titelanwärter(in) contender for the title **Titelblatt** (*eines Buchs*) title page; (*einer Zeitung*) front page **Titelheld(in)** eponymous hero/heroine **Titelseite** front page **Titelverteidiger(in)** title-holder

Titte tit (*vulg, Slang*)

Toast 1 (*Brot*) toast [U]; (*Scheibe*) piece of toast ◇ *Ich möchte einen Toast.* I want a piece of toast. **2** (*Trinkspruch*) toast ◇ *einen Toast auf jdn ausbringen* drink a toast to sb

toasten toast

Toaster toaster

toben 1 go wild; (*vor Wut etc. auch*) rage ◇ *Das Publikum tobte vor Begeisterung.* The audience went wild with enthusiasm. ◇ *vor Empörung toben* rage in indignation ◇ *Das Gewitter tobte.* The storm raged. **2** (*spielen*) tear around

Tochter 1 daughter **2** (*-firma*) subsidiary

Tochtergesellschaft subsidiary, subsidiary company **Tochterunternehmen** subsidiary

Tod death ◇ *eines natürlichen/gewaltsamen Todes sterben* die a natural/violent death ◇ *jdn zum Tode verurteilen* condemn sb to death IDM **jdn/etw auf den Tod nicht leiden/ausstehen können** ◇ *Ich kann Geiz auf den Tod nicht ausstehen.* I can't stand meanness. **bis dass der Tod euch scheidet** till death do you part **jdn in den Tod treiben** kill sb ◇ *Seine Alkoholabhängigkeit wird ihn noch in den Tod treiben.* Drink will kill him. **mit dem Tode ringen** be at death's door **sich den Tod holen** catch your death **tausend Tode sterben** die a thousand deaths **zu Tode** to death ◇ *sich zu Tode fürchten/langweilen/erschrecken* be scared/bored/frightened to death ◇ *sich zu Tode schämen* die of embarrassment **zu Tode kommen** die → *Siehe auch* WEIHEN

todernst deadly serious (*Adv* deadly seriously)

Todes- Todesangst Todesängste ausstehen be scared to death **Todesanzeige 1** (*Brief*) = card announcing sb's death **2** (*in der Zeitung*) = notice of sb's death **Todesfall** death; (*bei Verwandten auch*) bereavement **Todeskandidat(in)** condemned man/woman **todesmutig** fearless (*Adv* fearlessly) **Todesopfer** death ◇ *eine Senkung der Anzahl der Todesopfer im Straßenverkehr* a reduction in deaths from road accidents ◇ *Die Zahl der Todesopfer steigt weiter* The death toll continues to rise. **Todesstrafe** death penalty ◇ *die Todesstrafe verhängen/vollstrecken* impose/carry out the death penalty ◇ *zur Todesstrafe verurteilt sein* be sentenced to death **Todestag** anniversary of sb's death **Todesursache** cause of death **Todesurteil** death sentence ◇ *das Todesurteil über jdn verhängen* pronounce the death sentence on sb **Todeszelle** death cell

Tod- Todfeind(in) deadly enemy **todkrank** critically ill

tödlich 1 (*Unfall, Krankheit, Verletzung, Folgen, Schuss, Stich*) fatal (*Adv* fatally); (*Gift, Mischung, Dosis*) lethal (*Adv* lethally) ◇ *ein Unfall mit tödlichem Ausgang* a fatal accident ◇ *tödlich verletzt/getroffen* fatally injured/wounded ◇ *Der Ausflug nahm ein tödliches Ende.* The trip ended in death. ◇ *Sie sind tödlich verunglückt.* They died in an accident. **2** (*Gefahr*) mortal **3** (*Ernst*) deadly **4** *Adv* (*sehr*) ◇ *sich tödlich langweilen/erschrecken* be bored/frightened to death ◇ *Er war tödlich beleidigt.* He was mortally offended. IDM → ENDE

tod- todmüde dead tired **todsicher** definite (*Adv* definitely) ◇ *Sie kommt todsicher, glaube mir.* She's definitely coming, believe me. ◇ *ein todsicherer Tipp* a dead cert ◇ *ein todsicheres Erfolgsrezept* a sure-fire recipe for success **Todsünde** mortal sin

Tofu tofu

toi IDM **toi, toi, toi 1** (*viel Glück*) good luck **2** (*zum Glück*) touch wood ◇ *Bisher ist, toi, toi, toi, alles glatt gelaufen.* Everything's gone well so far, touch wood.

Toilette 1 (*Toilettenschüssel*) toilet **2** (*Raum*) toilet, (*AmE*) bathroom, restroom ◇ *Ich muss dringend zur Toilette.* I'm dying to go to the toilet.

Toilettenpapier toilet paper

tolerant tolerant (*Adv* tolerantly) ◇ *tolerant gegenüber anderen Kulturen* tolerant of other cultures

Toleranz tolerance ◇ *Toleranz gegenüber jdm/etw üben/zeigen* exercise/show tolerance towards sb/sth

tolerieren tolerate

toll great, brilliant (*Adv* brilliantly) ◇ *Das ist ein toller Vorschlag!* That's a great suggestion! ◇ *Sie hat toll gesungen.* She sang brilliantly. IDM **es zu toll treiben** go mad

Tollerei IDM → JUX

tollkühn bold; (*Mensch*) daredevil [nur vor Nomen]

Tollpatsch clumsy person

tollpatschig clumsy (*Adv* clumsily)

Tollwut rabies [U] ◇ *die Verbreitung der Tollwut* the spread of rabies

tollwütig rabid

Tölpel fool

tölpelhaft (*ungeschickt*) clumsy (*Adv* clumsily); (*dumm*) foolish (*Adv* foolishly)

Tomate tomato
Tomatenmark tomato purée

Tombola raffle

Ton¹ (*in der Töpferei*) clay ◇ *ein Gefäß aus Ton* a clay pot

Ton² **1** (*Geräusch*) sound ◇ *ein schriller Ton* a shrill sound ◇ *Mitten in der Sendung fiel der Ton aus.* In the middle of the programme the sound went. ◇ *Er hat keinen Ton gesagt.* He didn't say a word. **2** (MUS) note; (*Tonintervall*) tone, (*AmE*) whole step ◇ *die hohen Töne* the high notes ◇ *ein falscher Ton* a wrong note ◇ *ein halber Ton* a semitone **3** (*Redeweise, Tonfall*) tone (of voice) ◇ *Sprich nicht in diesem Ton mit mir.* Don't talk to me in that tone of voice. **4** (*Farbton*) shade IDM **den Ton angeben** call the tune **einen anderen/schärferen Ton anschlagen** introduce a stricter regime **große Töne spucken** talk big **jdn/etw in den höchsten Tönen loben** praise sb/sth to the skies **zum guten Ton gehören** be the done thing
tonangebend dominant; (*einflussreich*) influential
Tonart **1** (MUS) key ◇ *die Tonart A-Dur* the key of A major **2** (*Redeweise, Tonfall*) tone **Tonband** tape

tönen¹ (*färben*) tint

tönen² **1** (*Geräusch*) be heard ◇ *Wütende Stimmen tönten aus der Küche.* Angry voices could be heard from the kitchen. ◇ *Aus dem Radio tönte Popmusik.* Pop music was coming from the radio. ◇ *Es tönte laut „Zugabe".* There were loud calls of 'encore'. **2** (*angeben*) boast

Ton- **Tonfall** **1** (*Sprachmelodie*) intonation **2** (*Redeweise*) tone of voice ◇ *ein freundlicher Tonfall* a friendly tone of voice **Tonlage** pitch **Tonleiter** scale **tonlos** toneless (*Adv* tonelessly); (*Stimme auch*) flat

Tonne **1** (*Müll-*) bin; (*Öl-*) drum; (*Regen-*) butt **2** (*1 000 kg*) tonne ◇ *eine Tonne Kohlen* a tonne of coal

Ton- **Tonstudio** recording studio **Tontechniker(in)** sound engineer **Tonträger** = CD, tape, record, etc.

Tönung **1** (*Haar-*) hair colour, (*AmE*) hair color **2** (*Schattierung*) shade **3** ◇ *eine Brille mit Tönung* tinted glasses

Top top

Top- ◇ *ein(e) Topmanager(in)* a top manager ◇ *eine Topidee* a really great idea ◇ *Ich bin heute in Toplaune.* I'm in a really good mood today. ◇ *der Topfavorit* the hot favourite

Topas topaz

Topf **1** (*Kochgeschirr*) (sauce)pan ◇ *ein Topf Suppe* a pan of soup **2** (*Behälter*) pot ◇ *ein Topf mit Honig* a pot of honey **3** (*Blumen-*) (flower)pot **4** (*Toilette*) loo IDM **alles in einen Topf werfen** lump everything together
Topfblume potted plant

Topfen fromage frais, curd cheese

Töpfer(in) potter

Töpferei **1** (*Gegenstand, Hobby*) pottery [U] ◇ *Töpfereien aus Mittelamerika* pottery from Central America **2** (*Werkstatt*) potter's workshop

töpfern ◇ *Karl töpfert gern.* Karl likes doing pottery. ◇ *eine Tasse töpfern* make a pottery cup

topfit in top form

Topflappen pot holder

Topform top form

Topfpflanze potted plant

topografisch topographical (*Adv* topograhically)

Tor **1** gate; (*Garagen-, Scheunen-*) door **2** (*Einfahrt*) gateway **3** (SPORT) goal ◇ *ein Tor erzielen/schießen* score a goal
Torbogen archway **Torchance** chance (to score)

Torf peat ◇ *Torf stechen* cut peat

Torfrau goalkeeper

Torheit **1** stupidity ◇ *der Gipfel der Torheit* the height of stupidity **2** ◇ *eine Torheit begehen* do something foolish

Torhüter(in) → TORWART(IN)

töricht foolish (*Adv* foolishly)

torkeln stagger

Torlinie goal line

torlos goalless

Tormann goalkeeper

Tornado tornado

Tornister **1** (*Soldaten-*) knapsack **2** (*Schulranzen*) satchel

torpedieren torpedo (*auch fig*)

Torpedo torpedo

Tor- **Torpfosten** (goal)post ◇ *Er traf den Torpfosten.* He hit the post. **Torschlusspanik** last-minute panic ◇ *Kurz vor der Prüfung bekam er Torschlusspanik.* Just before the exam he got into a last-minute panic. ◇ *Sie heiratete ihn aus Torschlusspanik.* She married him for fear of being left on the shelf. **Torschütze** scorer

Torso torso

Törtchen tart

Torte gateau; (*Obst-*) flan
Tortenboden sponge base; (*für Obsttorten*) flan case; (*aus Mürbeteig*) pastry case **Tortendiagramm** pie chart **Tortenguss** glaze **Tortenheber** cake slice

Tortur ordeal ◇ *Bei solchen Temperaturen kann Feiern zur Tortur werden.* In this heat parties can be an ordeal.

Torwart(in) goalkeeper ◇ *Er ist Torwart bei Frankfurt.* He's the Frankfurt goalkeeper.

tosen (*Meer, Verkehr*) roar; (*Sturm, Wildbach*) rage ◇ *das Tosen des Meeres* the roar of the sea ◇ *tosender Beifall* thunderous applause

tot **1** dead ◇ *ein toter Ast* a dead branch ◇ *Das Telefon ist tot.* The phone is dead. ◇ *Sie war auf der Stelle tot.* She died instantly. ◇ *Das Baby kam tot auf die Welt.* The baby was stillborn. ◇ *Wenn ich dir das erzähle, fällst du tot um!* You'll die when I tell you! → *Siehe auch* WINKEL **2** (*menschenleer*) deserted **3** (*nicht genutzt*) disused ◇ *ein totes Gleis* a disused line ◇ *ein toter Flussarm* a backwater IDM → HOSE, PUNKT *und* RENNEN

total **1** *Adv* completely; (*verstärkend*) really ◇ *Ich habe seinen Geburtstag total vergessen.* I completely forgot his birthday. ◇ *Sie muss total verrückt geworden sein.* She must have gone completely mad. ◇ *Die Party war total gut.* The party was really good. ◇ *Alles lief total verkehrt.* Everything went horribly wrong. **2** *Adj* total; (*Erschöpfung, Bruch*) complete; (*Wahnsinn,*

Unsinn) absolute ◇ *eine totale Sonnenfinsternis* a total eclipse of the sun ◇ *ein totaler Flop* a total flop ◇ *Hier herrscht totales Chaos.* It's absolute chaos here.

Totale (*Film*) wide shot

totalitär totalitarian ◇ *Der Staat wird totalitär regiert.* The country is run as a totalitarian state.

Totalitarismus totalitarianism ◇ *der Kampf gegen den Totalitarismus* the struggle against totalitarianism

Totalschaden write-off ◇ *Sie hatte einen Totalschaden.* Her car was a write-off.

tot- **totarbeiten** **sich ~** work yourself to death **totärgern** **sich ~** be absolutely furious

Tote(r) dead man/woman; **die Toten** the dead [Pl] ◇ *Der Tote wurde heute beigesetzt.* The dead man was buried today. ◇ *Sie trauerten um die Toten.* They mourned the dead.

Totem totem

Totempfahl totem pole

töten kill IDM → BLICK

Toten- **Totengräber(in)** gravedigger **Totenkopf** skull **Totenschein** death certificate **Totensonntag** = Sunday before Advent, when the dead are commemorated **Totenstille** deathly silence ◇ *Es herrschte Totenstille.* There was a deathly silence.

tot- **tot geboren** stillborn **Totgeburt** stillbirth **totgesagt** written off [nicht vor Nomen] ◇ *eine schon häufig totgesagte Partei* a party that has often been written off **totlachen** **sich ~** kill yourself laughing ◇ *Ich habe mich totgelacht.* I was killing myself laughing. ◇ *Der Film ist zum Totlachen.* The film is hilarious.

Toto (football) pools [Pl] ◇ *Toto spielen* do the pools

tot- **totschießen** shoot *sb/sth* dead **Totschlag** manslaughter

totschlagen beat *sb/sth* to death IDM → ZEIT

Tot- **Totschläger** (*Waffe*) cudgel **totschweigen** not talk about *sth*; (*vertuschen*) hush *sth* up ◇ *In der Öffentlichkeit wird das Thema meist totgeschwiegen.* The subject is not talked about in public. **totstellen** **sich ~** play dead **tottrampeln** trample *sb/sth* to death

Tötung killing; (*Mord*) murder ◇ *die Tötung kranker Tiere* the killing of sick animals ◇ *versuchte/vorsätzliche Tötung* attempted/premeditated murder ◇ *fahrlässige Tötung* manslaughter by culpable negligence

Touch touch ◇ *Das verleiht dem Ganzen einen professionellen Touch.* This will add a professional touch. ◇ *Der Schmuck verleiht dem Kleid einen eleganten Touch.* The jewellery gives the dress a touch of elegance. ◇ *Dieses Blau hat einen Touch ins Grüne.* This blue has a hint of green in it. ◇ *etw hat einen leicht negativen Touch* sth is slightly negative ◇ *Sie hatte einen naiven Touch.* There was something naive about her.

Touchpad touchpad

tough, taff tough ◇ *ein tougher Kerl* a tough guy

Toupet toupee

Tour **1** trip; (*Rundreise, -gang*) tour ◇ *eine Tour durch Europa machen* go on a tour of Europe **2** (*bestimmte Strecke*) route ◇ *Seine Tour führt ihn täglich durch den Park.* His route takes him through the park every day. **3** (*Taktik*) trick ◇ *Diese Tour zieht bei mir nicht.* That trick won't get you anywhere with me. **4** (*Art und Weise*) way ◇ *Fitness auf die sanfte Tour* fitness the gentle way ◇ *Er versuchte es zunächst auf die sanfte Tour, aber das Kind gehorchte nicht.* He tried gentle persuasion first, but the child wouldn't do what she was told. ◇ *Sie macht heute auf die nette Tour.* She's being nice today. **5** (*illegales Unterfangen*) fiddle (*umgs*) **6** (*Umdrehung eines Motors*) revolution IDM **auf Tour gehen/sein** go/be on tour **auf Touren kommen** get going ◇ *Morgens komme ich nur sehr langsam auf Touren.* It takes me a long time to get going in the mornings. **auf vollen Touren laufen** **1** (*Motor etc.*) be running at full speed **2** (*fig*) be in full swing ◇ *Die Vorbereitungen laufen auf vollen Touren.* The preparations are in full swing.

Tourenrad touring bike **Tourenski** touring ski **Tourenwagen** touring car

Tourismus tourism ◇ *Sie sind auf den Tourismus angewiesen.* They rely on tourism.

Tourist(in) tourist

Touristen- **Touristenattraktion** tourist attraction **Touristeninformation** tourist information office **Touristenvisum** tourist visa

Touristik tourism; (*Branche*) tourist industry

touristisch **1** tourist [nur vor Nomen] ◇ *eine touristische Attraktion* a tourist attraction ◇ *Die touristische Erschließung der Region ging nur sehr langsam voran.* Tourism in the area has only developed very slowly. ◇ *das touristische Angebot der Stadt* what the town has to offer tourists ◇ *touristisch erschlossen* developed for tourists **2** (*von Touristen überlaufen*) touristy (*umgs, abwert*)

Tournee tour ◇ *auf Tournee* on tour

toxikologisch toxicological

toxisch toxic ◇ *toxische Stoffe* toxic substances

Trab trot ◇ *in leichtem/lockerem/scharfem Trab reiten* ride at a gentle/light/brisk trot IDM **jdn/etw auf Trab bringen** get sb/sth going **jdn auf Trab halten** keep sb on the go **immer auf Trab sein** be always on the go

Trabantenstadt satellite town

traben trot

Tracht **1** (*Kleidung*) traditional costume ◇ *in Tiroler Tracht* in traditional Tyrolean costume **2** **eine ~ Prügel** a thrashing

trachten **nach etw ~** strive for sth (*gehoben*); **danach ~, etw zu tun** strive to do sth (*gehoben*) ◇ *nach Ruhm trachten* strive for fame IDM → LEBEN

trächtig pregnant

Trackball trackball

Tradition tradition ◇ *Große Geburtstagsfeiern sind in unserer Familie Tradition.* Big birthday parties are a family tradition. ◇ *Nach alter Tradition werden hier noch Maibäume aufgestellt.* They still put up maypoles here, according to the old tradition.

traditionell traditional (*Adv* traditionally) ◇ *traditionell weibliche Berufe* traditionally female occupations ◇ *unser bereits traditionell gewordenes Sommerfest* our summer fete, which has already become a tradition

traditionsbewusst with a strong sense of tradition [nicht vor Nomen] ◇ *Er ist ein sehr traditionsbewusster Mensch.* He is a man with a strong sense of tradition.

Traditionsbewusstsein sense of tradition ◇ *ein ausgeprägtes Traditionsbewusstsein* a strong sense of tradition

Trafo → TRANSFORMATOR

tragbar **1** (*Gerät etc.*) portable **2** (*Kleidung*) wearable ◇ *Tragbare Mode für jeden Tag.* Wearable fashions for every day. ◇ *Designermode ist im Alltag häufig nicht tragbar.* Designer fashion is often not suitable for everyday wear. **3** (*finanziell*) viable ◇ *Seine Firma ist wirtschaftlich nicht mehr tragbar.* His firm is no longer economically viable. **4** (*tolerierbar*) acceptable ◇ *Die derzeitige Situation ist einfach nicht mehr tragbar.* The present situation is simply no longer acceptable. ◇ *politisch/pädagogisch tragbar* acceptable from a political/pedagogical point of view ◇ *Unser Geschäftsführer ist für die Firma nicht mehr tragbar.*

Our managing director has become a liability to the firm.

Trage stretcher

träge **1** lethargic (*Adv* lethargically); (*faul*) lazy (*Adv* lazily); (*Fluss, Konjunktur etc.*) sluggish (*Adv* sluggishly) ◇ *Er saß träge in einem Sessel.* He sat lethargically in an armchair. ◇ *Mensch, sei doch nicht so träge!* Come on, don't be so lazy! ◇ *ein träge dahinfließender Fluss* a sluggish river **2** (PHYSIK) inert

tragen **1** carry; (*hochheben*) lift ◇ *Kannst du mir mal tragen helfen?* Can you help me carry these things? ◇ *Er trug ihr den Koffer.* He carried her suitcase for her. ◇ *Die Tasche lässt sich schlecht tragen.* This bag isn't easy to carry. ◇ *sich von der Strömung tragen lassen* be carried away by the current ◇ *Ihre Stimme trägt nicht.* Her voice doesn't carry. ◇ *Er darf nicht schwer tragen.* He isn't allowed to lift anything heavy. ◇ *Die Möwen ließen sich vom Wind tragen.* The seagulls were drifting with the wind. ◇ *Er muss sechs Wochen Gips tragen.* He'll be in plaster for six weeks. ◇ *Der Wagen wurde aus der Kurve getragen.* The car came off the road on the bend. ◇ *Wird die Freundschaft mit Moskau so weit tragen?* Will the friendship with Moscow go this far? **2** (*Kleidung, Schmuck, Make-up etc.*) wear ◇ *eine Brille tragen* wear glasses ◇ *So was trägt man jetzt.* That's what people are wearing at the moment. ◇ *Der neue Pulli trägt sich gut.* The new pullover is nice to wear. ◇ *das Haar offen tragen* wear your hair loose ◇ *getragene Kinderkleidung* children's second-hand clothes **3 etw (bei sich/mit sich) tragen** have sth on you ◇ *seinen Führerschein bei sich tragen* have your driving licence on you ◇ *Der Einbrecher trug eine Waffe.* The burglar was armed. **4** (*Namen, Titel, Frisur, Bart etc.*) have ◇ *Die Kinder tragen ihren Namen.* The children have her name. ◇ *Sie trägt einen Doktortitel.* She has a doctorate. ◇ *Er trug den Arm in einer Schlinge.* He had his arm in a sling. ◇ *Er trägt einen Mittelscheitel.* He has a centre parting. ◇ *Das Buch trägt den Titel „Circle of Friends".* The book is entitled 'Circle of Friends'. ◇ *Der Brief trägt das Datum von gestern.* The letter is dated yesterday. **5** (*Gewicht*) take (the weight of) *sb/sth* ◇ *Die Brücke trägt bis zu 8 Tonnen.* The bridge will take up to 8 tons. ◇ *Hoffentlich trägt uns der Holzsteg.* I hope this wooden bridge will take our weight. **6** (*stützen*) support ◇ *Das Dach wird von dieser Wand getragen.* The roof is supported by this wall. → *Siehe auch* TRAGEND **7** (*Kosten, Verantwortung, Risiko, Früchte*) bear ◇ *Die Kosten trägt der Verein.* The club will bear the costs. ◇ *Er allein trug die Verantwortung für das, was geschehen war.* He bore sole responsibility for what happened. ◇ *Schließlich trug ihre Arbeit doch noch Früchte.* In the end her work bore fruit. ◇ *Im ersten Jahr tragen die Bäume noch nicht.* In the first year the trees don't bear fruit. ◇ *Die Investition wird mit Sicherheit Zinsen tragen.* This will certainly be a worthwhile investment. ◇ *Er musste den Schaden selbst tragen.* He had to pay for the damage himself. ◇ *Du trägst die Schuld an allem, was passiert ist.* You're to blame for everything that's happened! **8** (*akzeptieren*) take, accept ◇ *Sie trug die Kritik mit Gelassenheit.* She took the criticism very well. ◇ *Er trug das Urteil mit Fassung.* He calmly accepted the verdict. **9 sich selbst ~** (*finanziell*) pay your own way, be self-supporting **10 sich mit dem Gedanken an etw ~** consider sth; **sich mit dem Gedanken ~, etw zu tun** consider doing sth ◇ *Sie trägt sich mit dem Gedanken auszuwandern.* She's considering emigrating. IDM **(schwer) an etw zu tragen haben** (*Schicksal etc.*) find sth hard to bear **zum Tragen kommen** be used to good effect ◇ *In diesem Job kommen ihre Talente voll zum Tragen.* In this job her talents are being used to extremely good effect. → *Siehe auch* GRAB, HAND, RECHNUNG, SCHAU, SORGE *und* STEMPEL

tragend **1** supporting [nur vor Nomen]; (*Wand*) load-bearing ◇ *eine tragende Säule* a supporting pillar **2** (*wichtig*) fundamental, key [nur vor Nomen] ◇ *eine tragende Idee* a fundamental idea ◇ *eine tragende Rolle spielen* play a key role **3** (*Stimme*) powerful

Träger **1** (*Bau-*) girder, support **2** (*an einem Kleidungsstück*) (shoulder-)strap **3** → DACHGEPÄCKTRÄGER

Träger(in) **1** (*Gepäck-*) porter **2** (*von Kleidung*) ◇ *Träger des gelben Trikots war Zabel.* The man wearing the yellow jersey was Zabel. **3** (*eines Amts etc.*) holder; (*eines Preises etc.*) winner ◇ *Aung San Suu Kyi, Trägerin des Friedensnobelpreises* Nobel prizewinner Aung San Suu Kyi ◇ *die Träger des Namens Meier* people named Meier **4** (MED) carrier ◇ *Insekten sind oft Träger von Bakterien.* Insects are often carriers of bacteria. **5** (*Körperschaft*) ◇ *Der Träger der Privatschule hat Konkurs angemeldet.* The firm that financed the private school has gone bankrupt. ◇ *Die Kirche ist Trägerin des Kindergartens.* The church funds the nursery.

Tragetasche shopping bag; (*Plastiktüte*) carrier bag

tragfähig **1** strong enough to bear a load [nicht vor Nomen] ◇ *ein tragfähiges Gerüst* scaffolding that is strong enough to bear a load **2** (*fig*) workable; (*finanziell*) viable

Tragfläche (AERO) wing; (NAUT) foil

Trägheit **1** lethargy **2** (PHYSIK) inertia

Tragik tragedy ◇ *Die eigentliche Tragik liegt darin, dass …* The real tragedy about it is …

tragikomisch tragicomic ◇ *ein tragikomischer Held* a tragicomic hero

Tragikomödie tragicomedy

tragisch tragic (*Adv* tragically) ◇ *Die Sache nahm ein tragisches Ende.* It all came to a tragic end. ◇ *Ihre Eltern kamen auf tragische Weise ums Leben.* Her parents were killed tragically. ◇ *tragisch enden* end in tragedy IDM **das ist nicht so tragisch!** it's not the end of the world! **Das wäre nicht weiter tragisch, wenn …** It wouldn't have been so bad, if … **etw (nicht so) tragisch nehmen** (not) take sth (so much) to heart

Tragödie tragedy ◇ *in einer Tragödie enden* end in tragedy ◇ *Hier haben sich furchtbare Tragödien abgespielt.* This place has seen some terrible tragedies.

Tragweite **1** (*Auswirkungen*) (full) implications [Pl], consequences [Pl] ◇ *Ich war mir der Tragweite meines Entschlusses nicht bewusst.* I wasn't aware of the full implications of my decision. ◇ *ein Ereignis von historischer Tragweite* an event with far-reaching consequences **2** (*Reichweite*) scope

Trainer(in) coach; (*von Rennpferden*) trainer; (*im britischen Fußball*) manager

trainieren **1 (für etw) ~** train (for sth) ◇ *Trainiert wird jeden Mittwoch.* They train on Wednesdays. ◇ *eisern trainieren* go through a rigorous training programme **2 jdn (in etw) ~** (SPORT) coach sb (in sth) ◇ *Er trainiert sie im Langstreckenlauf.* He's coaching her in long-distance running. ◇ *Er wird von einem Profitrainer trainiert.* He has a professional coach. **3 jdn/etw (auf etw) ~** train sb/sth (to do sth) ◇ *das Gedächtnis trainieren* train the memory ◇ *ein gut trainierter Hund* a well-trained dog ◇ *Er ist darauf trainiert, keine Fragen zu stellen.* He's trained not to ask questions. ◇ *Sie hat einen gut trainierten Körper.* She keeps herself very fit. ◇ *wenig trainierte Büroangestellte* office workers who are not very fit ◇ *die Muskeln trainieren* exercise the muscles **4** (*einüben*) practise, (*AmE*) practice ◇ *Diese Technik will trainiert sein.* This technique is something you have to practise.

Training training; (*Übung*) practice, (*AmE*) practise ◇ *jahrelanges Training* years of training ◇ *Sie geht zweimal in der Woche zum Training.* She goes to training twice a week. ◇ *das Training abbrechen* stop training ◇ *Das ist ein gutes Training für dich/für dein Englisch!* It's good practice for you/for your English! IDM **nicht (mehr) im Training sein** be out of practice **Trainingsanzug** tracksuit, (*bes AmE*) jogging suit **Trainingshose** tracksuit bottoms [Pl], (*bes AmE*) jogging pants [Pl] **Trainingslager** training camp ◇ *ein Trainingslager absolvieren* attend training camp **Trainingsprogramm** training schedule **Trainingsschuh** trainer, (*AmE*) sneaker

Trakt wing

traktieren **1** give *sb/sth* a rough time, maltreat ◇ *Sie wurde von den Behörden jahrelang traktiert.* For years she was given a rough time by the authorities. ◇ *Sie traktierten die Tiere mit Stöcken.* They were beating the animals with sticks. ◇ *jdn mit Fäusten traktieren* punch sb ◇ *jdn mit Schlägen traktieren* beat sb up ◇ *jdn mit Tritten traktieren* kick sb **2 jdn mit etw ~** (*mit Fragen, Vorwürfen etc.*) bombard sb with sth ◇ *Er traktierte uns mit Unmengen von Hausaufgaben.* He bombarded us with homework.

Traktor tractor ◇ *Traktor fahren* drive a tractor

Tram tram, (*AmE*) streetcar ◇ *(mit der) Tram fahren* go by tram ◇ *die Tram nehmen* take the tram

Trampel clumsy oaf

trampeln **1** stamp (your feet) ◇ *Das Publikum trampelte vor Begeisterung.* The audience stamped their feet with enthusiasm. ◇ *Sie jubelten und trampelten mit den Füßen.* They cheered and stamped their feet. **2** (*Schmutz/Lärm machend*) tramp ◇ *Die Kinder trampelten die Treppe hinunter.* The children tramped downstairs. ◇ *Wer ist hier mit dreckigen Schuhen durch die Küche getrampelt?* Who's tramped through the kitchen in their dirty shoes? **3** (*platt treten*) trample ◇ *zu Tode getrampelt werden* be trampled to death ◇ *Da ist doch schon wieder jemand durch meine Blumen getrampelt!* Somebody's trampled all over my flowers again!

trampen hitchhike, hitch (*umgs*)

Tramper(in) hitchhiker

Trampolin trampoline ◇ *Los, lass uns Trampolin springen.* Come on, let's go trampolining.

Trance trance ◇ *Er fiel in Trance.* He fell into a trance. ◇ *jdn in Trance versetzen* put sb in a trance ◇ *wie in Trance* as if in a trance

Träne tear ◇ *Sie vergoss Tränen der Enttäuschung.* She shed tears of disappointment. ◇ *Er kämpfte mit den Tränen.* He fought back the tears. ◇ *Ihr kamen die Tränen.* Tears came to her eyes. ◇ *Er war den Tränen nah.* He was close to tears. ◇ *Ihr standen Tränen in den Augen.* There were tears in her eyes. ◇ *Unter Tränen gab er alles zu.* Weeping, he admitted it all. IDM **jdm/etw keine Träne nachweinen** not shed any tears over sb/sth **Tränen lachen** laugh till you cry

tränen water ◇ *Ihm tränten die Augen.* His eyes were watering.

tränen- **tränenerstickt** choked (with tears) ◇ *Er sprach mit tränenerstickter Stimme.* His voice was choked with tears. **Tränengas** tear gas **tränenüberströmt** in floods of tears [nicht vor Nomen]

Tränke watering place; (*Gefäß*) drinking trough; (*Vogel-*) bird bath

tränken **1** (*Tiere*) water **2** (*vollsaugen lassen*) soak

Transaktion transaction ◇ *eine Transaktion abwickeln/tätigen* complete a transaction

transatlantisch transatlantic [nur vor Nomen]

Transfer **1** transfer ◇ *der Transfer von Technologien* the transfer of technology ◇ *sein Transfer zu Schalke* his transfer to Schalke ◇ *Der Transfer zum Hotel ist im Preis inbegriffen.* The transfer to the hotel is included in the price. ◇ *Weitere hohe öffentliche Transfers in die neuen Bundesländer sind geplant.* Further large sums of government aid are to be sent to the states of former East Germany. **2** (*von Gütern*) transport

Transformator transformer

Transfusion transfusion

Transgender- transgender

Transistor transistor

Transit transit ◇ *ein Visum für den Transit beantragen* apply for a transit visa ◇ *Autos, die im Transit durch die Schweiz fahren* cars which pass through Switzerland

transitiv (LING) transitive (*Adv* transitively)

Transit- **Transitland** transit country **Transitverkehr** transit traffic; (*Handel*) transit trade

transparent transparent (*auch fig*)

Transparent banner

Transplantation transplant; (*Haut-*) graft ◇ *eine Transplantation vornehmen* carry out a transplant/graft

transplantieren transplant; (*Haut*) graft

Transport **1** transport [U] ◇ *der Transport von Gütern mit der Bahn* the transport of goods by rail ◇ *Die Computer sind beim Transport beschädigt worden.* The computers were damaged in transit. **2** (*Transportgut*) consignment ◇ *Transporte mit Lebensmitteln* consignments of food ◇ *humanitäre Transporte* aid consignments

Transporter (*Lieferwagen*) van; (*Auto-*) transporter; (*Flugzeug*) transport plane

transportieren **1** transport, carry ◇ *etw auf dem Seeweg transportieren* transport sth by sea ◇ *Der neue Zug kann mehr Passagiere transportieren.* The new train can carry more passengers. ◇ *Ein Hubschrauber transportierte sie ins Krankenhaus.* She was taken to hospital by helicopter. **2** (*Dias etc.*) advance; (*Film auch*) wind *sth* on

Transportmittel means of transport ◇ *ein modernes Transportmittel* a modern means of transport ◇ *mit öffentlichen Transportmitteln fahren* use public transport

transsexuell transsexual

Transsexuelle(r) transsexual

Transvestit transvestite

Trapez **1** (*in der Geometrie*) trapezium, (*AmE*) trapezoid **2** (*in der Artistik*) trapeze ◇ *am Trapez turnen* swing on the trapeze

Trasse route; (*Bahngleise*) track, line

Tratsch → KLATSCH

tratschen → KLATSCHEN

Traube **1** (*Wein-*) grape ◇ *blaue/grüne Trauben* black/white grapes **2** (*aus mehreren Trauben*) bunch (of grapes) ◇ *eine volle Traube* a full bunch of grapes **3** (*Blumen, Beeren, Menschen*) cluster ◇ *Trauben von Menschen* clusters of people ◇ *Die Passanten standen in einer Traube um das Opfer.* Passers-by clustered round the victim.

Traubenzucker glucose

trauen **1 jdm/etw ~** trust sb/sth ◇ *Ich traue ihm nicht.* I don't trust him. **2 sich ~ (etw zu tun)** dare (to do sth); **sich nicht ~ (etw zu tun)** dare not (do sth); (*Angst haben*) be afraid (to do sth) ◇ *Niemand traute sich, etwas zu sagen.* Nobody dared (to) speak. ◇ *Ich hätte mich das nie getraut.* I would never have dared. ◇ *Wir trauten uns nicht in das Zimmer.* We didn't dare go into the room. ◇ *Sie traut sich abends nicht mehr* *aus dem Haus.* She's afraid to go out at night now. **3** (*Eheschließung*) marry ◇ *Sie ließen sich nur standesamtlich trauen.* They were married in a registry office. ◇ *Sie sind kirchlich/katholisch getraut.* They were married in church/in a Catholic church. IDM **seinen Ohren/Augen nicht trauen** not be able to believe your ears/eyes ◇ *Sie wollte ihren Ohren nicht trauen.* She couldn't believe her ears. → *Siehe auch* WEG

Trauer **1** ~ **(um jdn)** grief (at the death/loss of sb); ~ **(über etw)** grief (over/at sth) ◇ *die Trauer um ihren Sohn* her grief at the death of her son ◇ *ihre Trauer über den Verlust der Heimat* their grief at the loss of their homeland ◇ *tiefe Trauer empfinden* feel deep sorrow **2** (*Trauerkleidung*) mourning ◇ *in Trauer gekleidete Frauen* women dressed in mourning **Trauerfeier** funeral (service); (*Gedenkfeier*) memorial service **Trauermarsch** funeral march

trauern **(um jdn)** ~ grieve (for sb), mourn (sb) ◇ *Er trauert immer noch um seine Frau.* He is still grieving for his wife. ◇ *Das Land trauert um die Opfer der Katastrophe.* The country is in mourning for the victims of the disaster.

Trauer- **Trauerspiel** **1** tragedy **2** (*fig*) disaster, sorry state of affairs ◇ *Das Ganze ist ein Trauerspiel.* The whole thing is a disaster. ◇ *Es ist ein Trauerspiel, dass sich niemand mehr um die ältere Generation kümmern will.* It is a sorry state of affairs when nobody wants to care for old people any more. **Trauerweide** weeping willow

Traufe IDM → REGEN

träufeln dribble; (*beim Kochen auch*) drizzle ◇ *Zitronensaft über den Fisch träufeln* drizzle lemon juice over the fish ◇ *Sie träufelte ihm Tropfen ins Ohr.* She put drops into his ear.

Traum dream ◇ *Ich sah sie im Traum.* I saw her in a dream. ◇ *ein böser Traum* a bad dream ◇ *der Traum vom eigenen Pferd* the dream of owning your own horse ◇ *Jetzt hat er endlich seinen Traum verwirklicht.* Now at last he has realized his dream. ◇ *Mein großer Traum ist es, nach Indien zu reisen.* The great dream of my life is to go to India. ◇ *Für ihn ging ein Traum in Erfüllung.* For him it was a dream come true. ◇ *Ich fühlte mich wie im Traum.* I felt as though I was dreaming. IDM **aus der Traum (von etw)** the dream (of sth) is over **der Traum (von etw) ist ausgeträumt** the dream (of sth) is shattered **ein Traum von ...** a dream of ... ◇ *Das ist ja ein Traum von einem Kleid!* It's a dream of a dress! **nicht im Traum** never in a million years **nicht im Traum daran denken, etw zu tun** not have the slightest intention of doing sth → *Siehe auch* EINFALLEN

Trauma trauma ◇ *mit einem Trauma fertigwerden* get over a trauma ◇ *So ein Erlebnis kann ein Trauma auslösen.* This experience can be very traumatic.

traumatisch traumatic

traumatisieren traumatize

Traumberuf ◇ *Krankenschwester war schon immer mein Traumberuf.* I've always wanted to be a nurse. ◇ *Was ist dein Traumberuf?* What job would you most like to do?

träumen **1** **(von jdm/etw)** ~ dream (about/of sb/sth) ◇ *Was hast du letzte Nacht geträumt?* What did you dream about last night? ◇ *Ich habe schlecht geträumt.* I had a bad dream. ◇ *Träum süß!* Sweet dreams! **2** **von etw** ~ dream of sth ◇ *Sie träumt davon, Schauspielerin zu werden.* She dreams of becoming an actor. IDM **du träumst wohl!** in your dreams! (*umgs*) **sich etw nicht/nie träumen lassen** ◇ *Wir hätten es uns nicht träumen lassen, dass die Aufführung so ein großer Erfolg wird.* We never dreamt the performance would be such a success. ◇ *Ich hätte es mir nie träumen lassen, in England zu leben.* It would never have occured to me to go and live in England.

Träumer(in) dreamer

träumerisch dreamy (*Adv* dreamily)

traum- **traumhaft** **1** fantastic (*umgs*) ◇ *Das ist eine traumhafte Chance.* It's a fantastic opportunity. ◇ *eine traumhaft schöne Aussicht* a fantastic view ◇ *Er hat ein traumhaftes Einkommen.* He has a huge income. **2** (*wie im Traum*) dreamlike **Traumjob** dream job

traurig **1** ~ **(über etw)** sad (about sth) (*Adv* sadly) **2** (*Zustand*) poor, sorry [nur vor Nomen]

traurigerweise sadly

Traurigkeit ~ **(über etw)** sadness at sth IDM → KIND

Trauschein marriage certificate, (*AmE*) marriage license ◇ *Sie leben ohne Trauschein zusammen.* They are living together.

Trauung wedding ceremony ◇ *Die Trauung findet im Dom statt.* The wedding ceremony will take place in the cathedral. ◇ *eine kirchliche/standesamtliche Trauung* a church/registry office wedding ◇ *Die standesamtliche Trauung findet am Vormittag statt.* The civil ceremony is in the morning.

Trauzeuge, -zeugin witness ◇ *Sie war meine Trauzeugin.* She was a witness at my wedding.

Treck convoy

Treff **1** get-together (*umgs*) ◇ *ein Treff für Alleinerziehende* a get-together for single parents ◇ *offener Treff 16 bis 18 Uhr* open house between four and six **2** (*Ort*) drop-in centre, (*AmE*) drop-in center ◇ *ein Treff für alleinerziehende Frauen* a drop-in centre for single mothers ◇ *ein Online-Single-Treff* a dating website **3** (*beim Kartenspiel*) club

treffen **1** hit; (*Blitz*) strike ◇ *Er wurde von einer Kugel in den Arm getroffen.* He was hit in the arm by a bullet. ◇ *Sie wurde von einem Stein am Kopf getroffen.* A stone hit her on the head. ◇ *Hat er getroffen?* Did he score a hit? ◇ *vom Blitz getroffen werden* be struck by lightning ◇ *jdn tödlich treffen* shoot sb dead **2** (*kränken*) hurt; (*betreffen*) hit ◇ *Er fühlte sich von der Kritik tief getroffen.* He was deeply hurt by the criticism. ◇ *Es trifft wieder einmal die Schwächsten!* Yet again it's the weakest that are the worst hit. ◇ *Der Verlust hat sie schwer getroffen.* The loss was a terrible blow to her. ◇ *Dich trifft keine Schuld.* You are not to blame. **3** (*finden*) find, hit upon sth; (*Ton*) hit ◇ *Es gelingt ihr immer, die richtigen Worte zu treffen.* She always manages to find the right words. ◇ *Sie hat genau das Richtige getroffen.* She has hit on just the right thing. → *Siehe auch* TREFFEND **4** **auf etw** ~ encounter sth ◇ *auf Widerstand treffen* encounter resistance ◇ *Sie traf mit ihrem Vorschlag auf Zustimmung.* Her proposal met with approval. **5** **jdn** ~ (*begegnen*) meet sb; **sich** ~ meet ◇ *Wo triffst du sie?* Where are you meeting her? ◇ *Wo treffen wir uns?* Where shall we meet? ◇ *Er hat sie zufällig in der Stadt getroffen.* He bumped into her in town. **6** **sich mit jdm** ~ meet up with sb ◇ *Sie traf sich mit ihren Freundinnen im Park.* She met up with her friends in the park. **7** **auf jdn** ~ (SPORT) meet sb **8** (*in Verbindung mit bestimmten Nomina*) ◇ *eine Entscheidung/eine Vereinbarung/eine Wahl/Vorbereitungen/Vorsorge für etw treffen* make a decision/an agreement/a choice/preparations/provision for sth ◇ *Maßnahmen/Vorkehrungen treffen* take measures/precautions IDM **es (mit jdm/etw) gut/schlecht treffen** be lucky/unlucky (with sb/sth) **es trifft sich gut, dass ...** it is lucky that ... ◇ *Oh, du bist auch da! Das trifft sich aber gut!* Oh, you're here too! That's lucky! **gut getroffen sein** ◇ *Auf dem Foto bist du nicht gut getroffen.* It isn't a good photo of you. → *Siehe auch* BLITZ, MARK², NAGEL, SCHLAG *und* STELLE

Treffen meeting ◇ *beim nächsten Treffen* at the next meeting

treffend apt (*Adv* aptly)

Treffer 1 hit; (*Boxen*) blow **2** (*Gewinnlos*) winner **3** (*Tor*) goal

Treffpunkt meeting place ◇ *einen Treffpunkt vereinbaren* arrange a meeting place ◇ *Treffpunkt ist um 15 Uhr am Rathaus.* We'll meet at 3 o'clock in front of the town hall.

treffsicher 1 accurate ◇ *ein treffsicherer Schütze* an accurate marksman **2** (*treffend*) apt **3** (*Beurteilung, Einschätzung etc.*) shrewd (*Adv* shrewdly)

treiben 1 drive (*auch fig*) ◇ *einen Pfahl in den Boden treiben* drive a post into the ground ◇ *Preise in die Höhe treiben* drive prices up ◇ *Viele Firmen wurden in den Konkurs getrieben.* A lot of firms were driven to bankruptcy. ◇ *Tausende wurden in die Flucht getrieben.* Thousands were forced to flee. ◇ *Die Menschen wurden in Waggons getrieben.* The people were herded into trucks. ◇ *jdn in die Flucht treiben* chase sb away ◇ *jdn in den Ruin treiben* ruin sb ◇ *Der Wind trieb mir Tränen in die Augen.* The wind was making my eyes water. ◇ *jdm den Schweiß auf die Stirn treiben* bring sb out in a sweat **2** (*Wind, Strömung*) sweep ◇ *Die Strömung trieb sie aufs Meer hinaus.* The current swept them out to sea. **3 jdn zu etw ~** drive sb to sth ◇ *Das hat ihn zum Selbstmord getrieben.* This drove him to suicide. ◇ *Du treibst mich noch zur Verzweiflung!* You'll drive me to despair! ◇ *Was hat ihn dazu getrieben?* What made him do it? **4 jdn (zu etw) ~** (*drängen*) push sb (into sth) ◇ *Er versuchte, sie zu einer Entscheidung zu treiben.* He tried to push her into making a decision. ◇ *jdn zur Eile treiben* tell sb to hurry up **5** (*im Wasser, in der Luft*) drift (*auch fig*) ◇ *Im Fluss trieb eine Leiche.* There was a corpse drifting in the river. ◇ *Das Boot trieb ans Ufer.* The boat drifted in to the shore. ◇ *Ich ließ mich von der Strömung treiben.* I drifted with the current. ◇ *Du kannst dich nicht einfach treiben lassen.* Don't just drift along. ◇ *ruderlos treiben* be adrift **6** (*machen*) do ◇ *Was treibst du heute Abend?* What are you doing this evening? ◇ *Wenn sie es weiter so treibt, …* If she carries on like this … **7** (*in Verbindung mit bestimmten Nomina*) ◇ *Spionage treiben* be a spy ◇ *Handel treiben* trade ◇ *Sport/Gymnastik treiben* do sport/gymnastics ◇ *Ackerbau und Viehzucht treiben* do arable and livestock farming ◇ *mit etw Missbrauch treiben* abuse sth **8** (*Metall*) beat **9** (*Pflanze*) come into leaf; **etw ~** come into sth ◇ *Knospen treiben* come into bud IDM **es (mit jdm) treiben** screw (sb) (*Slang*), (*BrE auch*) have it off (with sb) (*Slang*) **etw zu weit treiben** go too far with sth → *Siehe auch* BLÜTE, BUNT, ENGE, KRAFT, TOD *und* TOLL

Treiben 1 (*Getriebe*) activity ◇ *Auf dem Platz herrschte reges Treiben.* The square was bustling with activity. **2** (*Handlungen*) activities [Pl]

Treiber (COMP) driver

Treibhaus hothouse

Treibhauseffekt greenhouse effect **Treibhausgas** greenhouse gas

Treib- Treibjagd shoot; (*von Menschen*) manhunt **Treibstoff** fuel [U]

trekken go trekking

Trekker(in) trekker ◇ *Eine deutsche Trekkerin wird seit zwei Monaten in Nepal vermisst.* A German woman trekker has been missing in Nepal for two months.

Trekking trekking

Trend ~ (zu etw) trend (towards sth); (*Mode*) trend (for sth) ◇ *Der Trend geht deutlich in Richtung Arbeitszeitverkürzung.* There is a clear trend towards shorter working hours. ◇ *Der Trend zum Radfahren hält an.* The trend for cycling continues. IDM **(bei jdm) (voll) im Trend liegen** be (very) popular (with sb)

trendig trendy

Trendwende new trend

trennbar ◇ *ein trennbares Verb* a separable verb ◇ *Diese beiden Fragen sind nicht voneinander trennbar.* The two questions cannot be separated.

trennen 1 separate; (*aussortieren*) sort ◇ *Sie musste die streitenden Jungen trennen.* She had to separate the boys who were fighting. ◇ *Eiweiß und Eigelb trennen* separate the white from the yolk ◇ *Pass auf, dass du nicht von den anderen getrennt wirst.* Don't get separated from the others. ◇ *Sie werden nach Alter getrennt in Gruppen unterrichtet.* They are taught in separate groups according to their age. ◇ *den Müll trennen* sort the rubbish ◇ *Altglas nach Farben getrennt sammeln* collect glass sorted according to colour **2** (*auseinanderhalten*) keep *sth* separate ◇ *das Private vom Geschäftlichen trennen* keep work and private life separate ◇ *Diese beiden Probleme muss man strikt voneinander trennen.* These two problems have to be treated quite separately. **3** (*Wort*) divide ◇ *Wo kann man dieses Wort trennen?* Where can you divide this word? ◇ *Schreibt man das zusammen oder getrennt?* Do you write that as one word or two? **4 jdn/etw (von jdm/etw) ~** (*Abstand bilden*) ◇ *Die Zelte müssen 20 Meter voneinander getrennt sein.* The tents must be 20 metres apart. ◇ *Nur Sekunden trennten sie vom Sieg.* They were seconds away from victory. **5 sich ~** part ◇ *Am Flughafen trennten wir uns.* We parted at the airport. ◇ *Hier trennten sich ihre Wege.* Then they went their separate ways. **6 sich (von jdm) ~** split up (with sb); (*vom Ehepartner*) separate (from sb); (*vom Trainer, Manager*) part company (with sb) ◇ *Sie hat sich von ihrem Freund getrennt.* She has split up with her boyfriend. ◇ *Die beiden haben sich nach 20 Jahren Ehe getrennt.* They separated after 20 years of marriage. ◇ *sich freundschaftlich trennen* part amicably **7 sich von etw ~** part with sth → *Siehe auch* GETRENNT IDM → SPREU

Trennung 1 (*Getrenntwerden/-sein*) separation; (*Trennen*) separating ◇ *die strikte Trennung von Staat und Kirche* strict separation of church and state ◇ *die Trennung von Wertstoffen und Restmüll* separating reusable materials from waste **2** (*Abgrenzung*) dividing (off); (*fig*) distinction ◇ *die Trennung des Wohnbereichs vom Schlafbereich* dividing off the living area from the sleeping area ◇ *eine saubere Trennung der beiden Begriffe* a clear distinction between the two concepts **3 ~ (von jdm)** splitting up (with sb); (*vom Ehepartner*) separation (from sb); (*vom Trainer, Manager*) parting company (with sb) (*meist mit einem Verb übersetzt*) ◇ *Sie entschieden sich zu einer Trennung.* They decided to split up. ◇ *Seit der Trennung von seiner Frau lebt er allein.* Since he separated from his wife he has lived alone. ◇ *die Trennung von ihrem Coach* parting company with her coach **4 ~ von etw** parting with sth (*meist mit einem Verb übersetzt*) ◇ *Die Trennung von den alten Möbeln fiel ihr schwer.* She found it difficult to part with the old furniture. **5** (*Silbentrennung*) word division

Trennwand partition

treppauf IDM **treppauf, treppab** up and down the stairs

Treppe 1 staircase; (*Stufen*) stairs [Pl]; (*im Freien*) steps [Pl] ◇ *eine hölzerne Treppe* a wooden staircase ◇ *eine breite Treppe* a wide staircase ◇ *eine steile Treppe* steep stairs ◇ *Er saß auf der Treppe.* He was sitting on the stairs. ◇ *Er ging die Treppe hinauf.* He went up the stairs. ◇ *auf der Treppe vor dem Museum* on the steps in front of the museum ◇ *Sie kann keine Treppen mehr steigen.* She can't climb stairs any more. ◇ *zwei Treppen hoch gehen* go up two flights

of stairs **2 eine ~/zwei Treppen höher/tiefer** one floor /two floors up/down
Treppenabsatz landing **Treppengeländer** banister, (*BrE auch*) banisters [Pl] **Treppenhaus** stairwell; (*Treppe*) stairs [Pl] ◇ *das dunkle Treppenhaus* the gloomy stairwell ◇ *Ich traf ihn oft im Treppenhaus.* I often met him on the stairs.
Tresen counter; (*Theke*) bar
Tresor safe; (*-raum*) vault
Tret- Tretauto pedal car **Tretboot** pedal boat, (*BrE auch*) pedalo **Treteimer** pedal bin
treten 1 step, go; **in etw ~** enter sth ◇ *zur Seite treten* step aside ◇ *ans Fenster treten* go to the window ◇ *mit etw an die Öffentlichkeit treten* go public with sth ◇ *ins Zimmer treten* enter the room ◇ *vor die Presse treten* meet the press ◇ *in den Hintergrund treten* recede into the background ◇ *Aus dem defekten Tank trat Öl ins Wasser.* Oil leaked into the water from the tank. ◇ *Der Fluss trat über die Ufer.* The river overflowed its banks. **2** (*erscheinen*) appear ◇ *Der Schweiß trat ihm auf die Stirn.* Beads of sweat appeared on his forehead. ◇ *Ihm traten Tränen in die Augen.* His eyes filled with tears. **3 etw ~** tread sth ◇ *einen Pfad durch das Feld treten* tread a path across the field. ◇ *Wasser treten* tread water **4 auf/in etw ~** tread on/in sth ◇ *Du bist mir auf den Fuß getreten!* You've just trodden on my foot! ◇ *Er ist in eine Pfütze getreten.* He trod in a puddle. ◇ *etw flach treten* trample sth down ◇ *Sie hat sich einen Nagel in den Fuß getreten.* She got a nail in her foot. **5** (*einen Stoß versetzen*) kick ◇ *Er trat seinen Hund.* He kicked his dog. ◇ *jdm vors Schienbein treten* kick sb on the shin ◇ *Der Gefangene trat gegen die Tür.* The prisoner kicked the door. ◇ *Sie trat nach der Katze.* She aimed a kick at the cat. ◇ *den Elfmeter treten* take the penalty **6** (*drücken*) ◇ *die Kupplung treten* depress the clutch ◇ *auf die Bremse treten* brake **7 in etw ~** (*in Verbindung mit bestimmten Nomina*) ◇ *in Aktion treten* act ◇ *in Erscheinung treten* become evident ◇ *mit jdm in Kontakt/Verbindung treten* get in touch with sb ◇ *in den Hungerstreik treten* go on hunger strike ◇ *in einen unbefristeten Streik treten* begin an indefinite strike ◇ *in den Ruhestand treten* retire ◇ *in den Staatsdienst treten* join the civil service → *Siehe auch* KRAFT *und* KÜRZERTRETEN IDM → FETTNÄPFCHEN, HINTERN, NAH(E), PEDAL, PLAN, SCHLIPS, VORDERGRUND *und* ZEH
Tret- Tretmine anti-personnel mine **Tretmühle** treadmill (*auch fig*)
treu 1 faithful (*Adv* faithfully); (*Freund, Kunde etc.*) loyal (*Adv* loyally) ◇ *einander treu sein* be faithful to one another ◇ *jdm treue Dienste leisten* serve sb faithfully ◇ *treue Fans* loyal fans ◇ *treu zu etw/jdm stehen* stand by sth/sb ◇ *jdm treu ergeben sein* be utterly devoted to sb **2 sich selbst/etw ~ sein/bleiben** be/remain true to yourself/sth ◇ *seinen Prinzipien treu sein* be true to your principles ◇ *Dem Projekt blieb das Pech treu.* The project was dogged by bad luck. ◇ *Das Glück blieb mir treu.* Luck stayed with me. **3** → TREUHERZIG
Treue 1 loyalty ◇ *die Treue zum Königshaus* loyalty to the crown ◇ *in Treue zu jdm/etw stehen* remain loyal to sb/sth ◇ *Die Kunden haben der Bank die Treue gehalten.* The customers remained loyal to the bank. ◇ *die Treue brechen* break faith ◇ *seinem Glauben die Treue halten* be true to your faith ◇ *einem Herrscher die Treue schwören* swear allegiance to a ruler **2** (*sexuell*) fidelity ◇ *es mit der (ehelichen) Treue nicht so genau nehmen* not set great store by (marital) fidelity ◇ *seinem Lebensgefährten die Treue halten* remain faithful to your partner ◇ *Wir haben uns die ewige Treue geschworen.* We swore to be faithful to each other for ever.
Treueschwur oath of allegiance
Treuhand 1 trust [U] **2** → TREUHANDANSTALT
Treuhandanstalt = authority in charge of privatizing the state-owned companies of the former GDR in the early 1990s
Treuhänder(in) trustee ◇ *als Treuhänder fungieren* act as a trustee ◇ *etw als Treuhänder verwalten* administer sth as the trustee
treuherzig 1 (*arglos, naiv*) naive (*Adv* naively), innocent (*Adv* innocently); (*vertrauensvoll*) trusting **2** (*Adv* trustingly)
treulos 1 *Adj* (*unzuverlässig*) disloyal (*Adv* disloyally); (*untreu*) faithless; (*sexuell*) unfaithful **2** *Adv* in a disloyal way
Triangel triangle
Triathlon triathlon
Tribunal tribunal [mit Verb im Sing/Pl]
Tribüne 1 stand ◇ *auf der Tribüne sitzen* sit in the stand **2** (*Podium*) platform ◇ *auf der Tribüne stehen* stand on the platform ◇ *von der Tribüne aus sprechen* speak from the platform
Tribut tribute (*auch fig*) ◇ *Tribut erheben* raise tribute ◇ *Man sollte seinen Vorgängern Tribut zollen.* You should pay tribute to your predecessors. ◇ *Er musste seinem exzessiven Lebenstil Tribut zollen.* He had to pay the price of his extravagant lifestyle. ◇ *einen (hohen) Tribut/seinen Tribut (an etw) fordern* take a (heavy) toll/its toll (on sth)
Trichter 1 funnel **2** (*Krater*) crater **3** (*Schall-*) bell
trichterförmig funnel-shaped
Trick 1 trick ◇ *auf einen Trick hereinfallen* fall for a trick ◇ *einen einfachen Trick anwenden* use a simple trick ◇ *Alle Tricks sind zugelassen.* You can use any method you like. **2** (*Dreh*) knack ◇ *Ich habe jetzt den Trick heraus.* I've got the knack now.
Trickdieb(in) confidence trickster **Trickfilm** cartoon **Trickkiste** box of tricks, bag of tricks (*auch fig*) ◇ (*tief*) *in die/in seine Trickkiste greifen* use every trick in the book **trickreich** artful (*Adv* artfully)
tricksen fiddle
Trickskifahren freestyle skiing
Trieb 1 shoot ◇ *einen Trieb stutzen* cut back a shoot **2** (*Instinkt*) instinct; (*Verlangen*) desire ◇ *der sexuelle/soziale Trieb* the sexual/social instinct ◇ *den Trieb nach Zigaretten zügeln* curb your desire for cigarettes
Triebfeder driving force [U] ◇ *die Triebfeder für Innovationen* the driving force behind innovation
triebhaft compulsive ◇ *ein triebhaftes Verhalten* compulsive behaviour ◇ *Das ist bei ihm schon triebhaft!* It's a compulsion with him!
Trieb- Triebkraft 1 driving force [U] ◇ *Sein Glaube war die eigentliche Triebkraft seines Handelns.* His faith was the driving force behind his actions. ◇ *gesellschaftliche Triebkräfte* social forces **2** (TECH) motive power **Triebwagen** railcar, (*AmE*) motor car **Triebwerk** engine
triefen drip (*auch fig*); (*in einem Rinnsal*) trickle ◇ *Der Regen triefte (vom Dach).* The rain was dripping (from the roof). ◇ *triefend nass sein* be dripping wet ◇ *Ihr Vorschlag triefte vor Sarkasmus.* Her suggestion was dripping with sarcasm. ◇ *Das Blut triefte aus der Wunde.* Blood was trickling from the wound. ◇ *Mir trieft die Nase.* My nose is running.
triftig valid ◇ *aus triftigen Gründen* for valid reasons ◇ *etw triftig formulieren/darlegen* put/present sth convincingly
Trigger trigger
Triggerwarnung trigger warning
Trigonometrie trigonometry

Trikot (*Sporthemd*) shirt; (*ärmellos*) vest ◊ *Er trägt das Trikot der Bayern.* He's wearing a Bayern shirt. ◊ *das gelbe Trikot gewinnen/erobern* win the yellow jersey
trillern warble
Trillerpfeife (referee's) whistle, pea whistle (*Fachspr*)
Trilogie trilogy
Trimm-dich-Pfad keep-fit track
trimmen **1 sich ~** get into shape **2** (*trainieren*) train **3 etw/jdn auf etw ~** gear sb/sth (up) towards sth ◊ *Die Verkaufsabteilung sollte mehr auf Leistung getrimmt sein.* The sales department should be geared more towards results. ◊ *die Bahn auf Tempo trimmen* gear trains towards a faster service ◊ *einen Motor auf Leistung trimmen* tune an engine for performance ◊ *seine Wohnung auf den Stil der 60er-Jahre trimmen* do your flat up in the style of the sixties ◊ *etw auf antik trimmen* make sth look antique **4** (*scheren*) clip ◊ *ein getrimmter Pudel* a clipped poodle
trinkbar drinkable
trinken drink ◊ *aus der Flasche trinken* drink from the bottle ◊ *auf jds Wohl trinken* drink sb's health ◊ *auf jdn/etw trinken* drink to sb/sth ◊ *Sie hatte offensichtlich wieder getrunken.* She had obviously been drinking again. ◊ *Nach der Scheidung fing er an zu trinken.* After the divorce he took to drink. ◊ *Gehen wir etwas trinken?* Shall we go for a drink? ◊ *einen Kaffee trinken* have a cup of coffee ◊ *Sie trank die Tasse leer.* She drained her cup. **IDM** → ABWARTEN, DURST *und* TISCH
Trinker(in) drinker; (*Alkoholiker*) alcoholic ◊ *ein starker Trinker* a heavy drinker ◊ *zum Trinker werden* become an alcoholic
trink- **trinkfest** able to hold your drink [nicht vor Nomen] ◊ *Sie ist ziemlich trinkfest.* She's pretty well able to hold her drink. ◊ *trinkfeste Kneipengänger* hard-drinking pub-goers **Trinkflasche** (water) bottle; (*für Babys*) baby's bottle **Trinkgeld** tip ◊ *Er gab dem Portier ein Trinkgeld.* He gave the porter a tip. **Trinkspruch** toast ◊ *einen Trinkspruch auf jdn/etw ausbringen* propose a toast to sb/sth **Trinkwasser** drinking water ◊ *Kein Trinkwasser.* Not drinking water. **Trinkwasserversorgung** supply of drinking water
Trio trio [mit Verb im Sing/Pl]; (*von Freunden auch*) threesome
Trip trip (*auch fig*) ◊ *ein Trip nach Amerika* a trip to America ◊ *einen Trip machen* go on a trip **IDM** **auf dem … Trip sein** be into … ◊ *Sie sind auf dem ökologischen Trip.* They're very much into ecology.
trippeln trip; (*Kleinkind*) toddle ◊ *Sie überquerte die Straße mit trippelnden Schritten.* She tripped across the street. ◊ *Die Kleine trippelte durchs Haus.* The little girl was toddling round the house.
trist dreary, dismal
Tritt **1** kick ◊ *ein Tritt gegen das Schienbein* a kick on the shin **2** (*Schritt*) step; (*Gangart*) tread ◊ *Tritte (im Hausflur) hören* hear steps (in the hall) ◊ *mit festem Tritt* with a firm tread ◊ *Der Tritt auf die Bremse ist oft unvermeidlich.* You often cannot avoid stepping on the brake. **3** (*Gestell*) step stool **IDM** **jdm einen (kräftigen) Tritt in den Hintern geben** give sb a (big) kick up the backside (*umgs*) **Tritt fassen** find your feet again → *Siehe auch* SCHRITT
Trittbrett step; (*an einem Auto*) running board; (*an einer Nähmaschine*) treadle
Trittbrettfahrer(in) opportunist; (*bei Verbrechen*) copycat
Triumph triumph ◊ *der größte Triumph (in) seiner Karriere* the greatest triumph of his career ◊ *in der Stunde ihres Triumphes* in their hour of triumph ◊ *den Triumph besiegeln* seal victory ◊ *mit einem Triumph rechnen* count on victory ◊ *jdm den Triumph nicht gönnen* begrudge sb his/her success
Triumphbogen triumphal arch
triumphieren triumph ◊ *Am Ende triumphierte die Gerechtigkeit.* Justice triumphed in the end. ◊ *über seinen Gegner triumphieren* triumph over your opponent ◊ *Der Weltmeister triumphierte mit einer Leistung von …* The world champion triumphed, achieving a result of …
triumphierend triumphant (*Adv* triumphantly)
Triumphzug **1** triumphal procession **2** (*Erfolg*) (overwhelming) success
trivial **1** trivial **2** (*künstlerisch mittelmäßig*) lightweight
Trivialliteratur light fiction
trocken dry (*Adv* drily, dryly) (*auch fig*) ◊ *trockenes Laub* dry leaves ◊ *Ist die Wäsche trocken geworden?* Is the washing dry yet? ◊ *Das Hähnchen ist mir zu trocken.* The chicken is a bit dry. ◊ *trockene Haut haben* have dry skin ◊ *ein trockener Humor* a dry sense of humour ◊ *im Trockenen sitzen* sit in the dry ◊ *Er rasiert sich trocken.* He uses an electric razor. ◊ *sich ins Trockene retten* run for cover ◊ *Und du willst das Brötchen wirklich trocken essen?* Are you really going to eat that roll with nothing on it? **IDM** **auf dem Trockenen sitzen** **1** (*in Geldnot sein*) be broke **2** (*ohne Getränk sein*) not have any drink(s) **trocken sein** (*keinen Alkohol mehr trinken*) ◊ *Er ist nun schon seit 10 Jahren trocken.* He hasn't touched a drop for 10 years. ◊ *Er ist jetzt trocken.* He's given up drinking. → *Siehe auch* AUGE
Trocken- **Trockenfutter** dried feed **Trockenhaube** hairdryer **Trockenhefe** dried yeast
Trockenheit **1** dryness (*auch fig*) **2** (*Dürre*) drought
trockenlegen **1** (*entwässern*) drain **2** (*wickeln*) change ◊ *ein Baby trockenlegen* change a baby('s nappy)
Trockenshampoo dry shampoo
trocknen dry ◊ *sich die Haare trocknen* dry your hair ◊ *sich die Tränen trocknen* dry your tears ◊ *Nach dem Schwimmen ließ ich mich an der Sonne trocknen.* After swimming, I dried off in the sun. ◊ *die Wäsche im Freien trocknen (lassen)* dry the washing outside ◊ *Die Wäsche trocknet im Freien am besten.* The washing dries best outside. ◊ *sich den Schweiß trocknen* wipe away the sweat
Trockner drier
Trödel **1** junk (*umgs*) **2** → TRÖDELMARKT
Trödelmarkt flea market
trödeln dawdle ◊ *bei der Arbeit trödeln* dawdle over your work ◊ *Er trödelte nach Hause.* He was dawdling home.
Trog trough
Trojaner (COMP) Trojan horse
Trojaner(in) (GESCH) Trojan
Troll troll
trollen **1** (*im Internet*) troll **2** (**sich**) **~** push off (*umgs*) ◊ *Troll dich!* Push off! ◊ *Sie trollten nach Hause.* They pushed off home.
Trommel drum ◊ *die Trommel schlagen* beat the drum
Trommelfell eardrum ◊ *ein geplatztes Trommelfell* a burst eardrum ◊ *Bei dieser Lautstärke platzt einem das Trommelfell.* The volume is deafening.
trommeln **1** drum ◊ *Sie trommelte nervös mit den Fingern.* She drummed her fingers nervously. ◊ *Er trommelte einen Wirbel.* He played a roll on the drums. ◊ *Sie trommelt in einer Band.* She plays the drums in a band. ◊ *Der Regen trommelte aufs Dach.* The rain was beating down on the roof. **2** (**für etw**) **~** (*Propaganda machen*) drum up support (for sth), campaign (for sth) ◊ *Seit Jahren trommeln sie für den Bau*

eines Schwimmbads. They've been campaigning for a swimming pool for years.

Trommel- Trommelschlag drum beat **Trommelstock** drumstick **Trommelwirbel** drum roll

Trommler(in) drummer

Trompete trumpet ◇ *Er spielt Trompete.* He plays the trumpet. IDM → PAUKE

trompeten 1 play the trumpet **2 etw ~** play sth on the trumpet

Trompeter(in) trumpet player, trumpeter

Tropen tropics [Pl]

Tropenholz tropical wood **Tropenkrankheit** tropical disease **Tropenwald** tropical rainforest

Tropf (MED) drip ◇ *Sie hängt am Tropf.* She is on a drip.

tropfen drip ◇ *Blut tropfte aus seiner Nase.* Blood was dripping from his nose. ◇ *Es tropfte durch die Decke.* Water was dripping through the ceiling. ◇ *die Lösung dreimal täglich ins Ohr tropfen* put several drops of the solution into the ear three times a day

Tropfen drop ◇ *ein Tropfen Blut* a drop of blood ◇ *Seit Wochen ist kein Tropfen gefallen.* Not a drop of rain has fallen for weeks. IDM **ein Tropfen auf den heißen Stein sein** be a drop in the ocean

Tropfsteinhöhle cave with stalagmites and stalactites

Trophäe trophy

tropisch tropical ◇ *der tropische Regenwald* the tropical rainforest ◇ *Es war tropisch heiß.* The heat was tropical.

Trost 1 comfort ◇ *ein großer Trost sein* be a great comfort ◇ *Es war ihr ein kleiner Trost, dass ...* It was some comfort to her that ... ◇ *Das ist nur ein schwacher Trost.* That's not much comfort. **2 zum ~** as a consolation, to make up for it ◇ *Den Verlierern wurde zum Trost ein Gutschein überreicht.* The losers received a voucher as a consolation. ◇ *Zum Trost kaufe ich dir ein Eis.* I'll buy you an ice cream to make up for it. ◇ *Er sagte ein paar Worte zum Trost.* He added a few words of consolation. ◇ *Zu deinem Trost — ich bin auch pleite.* If it's any consolation — I'm broke, too. IDM **nicht (ganz/recht) bei Trost sein** have taken leave of your senses

trösten 1 comfort ◇ *Sie hat ihn damit getröstet, dass ...* She comforted him by (saying) ... ◇ *Sie war nicht zu trösten.* She was inconsolable. ◇ *Es tröstet mich, dass du hier bist.* It's a comfort that you're here. **2 sich (über etw) ~** get over sth ◇ *Sie hat sich schnell über den Verlust getröstet.* She quickly got over the loss. ◇ *Nachdem er sie verlassen hatte, tröstete sie sich schnell mit einem anderen Mann.* When he left her she soon found consolation with another man.

tröstlich comforting

trost- trostlos 1 (*deprimiert*) inconsolable **2** (*deprimierend*) depressing; (*Gegend auch*) desolate; (*Situation auch*) gloomy **Trostpflaster** consolation **Trostpreis** consolation prize

Trott 1 trot ◇ *Die Reiter legten die Strecke im Trott zurück.* The riders covered the ground at a trot. **2** (*eintönige Lebensweise*) routine ◇ *Es geht immer im gleichen Trott weiter.* It's always the same old routine.

Trottel idiot

trotz in spite of ◇ *Trotz des schlechten Wetters gingen sie spazieren.* In spite of the bad weather, they went for a walk. ◇ *Trotz allem liebt sie ihn noch.* In spite of everything, she still loves him.

Trotz 1 defiance; **(jdm) zum ~** in defiance (of sb) ◇ *Ihren Eltern zum Trotz hat sie nicht studiert.* In defiance of her parents she didn't go to university. **2 etw aus ~ tun** do sth just to be awkward ◇ *Er hat es nur aus Trotz getan.* He only did it to be awkward. **3 einer Sache zum ~** in spite of sth ◇ *Er hat es allen Warnungen zum Trotz getan.* He did it in spite of all the warnings.

trotzdem nevertheless; (*im gesprochenen Englisch auch*) anyway, still ◇ *Es wird schwierig werden. Trotzdem ist es wichtig, dass wir unser Bestes tun.* It will be difficult. Nevertheless, it is important that we do our best. ◇ *Die Karten waren teuer, aber ich habe sie trotzdem gekauft.* The tickets were expensive but I bought them anyway. ◇ *Es war nicht weit, aber ich wollte trotzdem nicht laufen.* It wasn't far but I still didn't want to walk.

trotzen 1 jdm/etw ~ defy sb/sth; (*schwierigen Umständen auch*) brave sb/sth; (*aushalten*) withstand sb/sth ◇ *Er trotzte den Wünschen seiner Eltern.* He defied his parents' wishes. ◇ *Sie trotzten der Kälte und gingen spazieren.* They braved the cold and went for a walk. ◇ *Diese Pflanzen trotzen jeder Witterung.* These plants withstand all weathers. ◇ *Bis jetzt trotzt die Krankheit jeder Behandlung.* So far the disease has proved resistant to treatment. **2** (*trotzig sein*) be defiant

trotzig defiant (*Adv* defiantly)

Trotzreaktion act of defiance

trüb, trübe 1 (*Flüssigkeit*) cloudy; (*schmutzig*) murky **2** (*nicht hell*) dull; (*Licht*) dim (*Adv* dimly) ◇ *trübes Wetter* dull weather **3** (*traurig, düster*) gloomy (*Adv* gloomily) **4** (*zwielichtig*) murky

Trubel 1 (hustle and) bustle; (*Wirrwarr*) confusion ◇ *der Trubel auf dem Markt* the hustle and bustle of the market ◇ *im Trubel der Ereignisse* in the confusion of events ◇ *Hier ist mir zu viel Trubel.* It's too busy for me here. ◇ *Sie stürzten sich in den Trubel.* They threw themselves into the fray. **2 ~ um jdn/etw** hype about sb/sth ◇ *der Trubel um seinen neuen Film* the hype about his new film

trüben 1 cloud (*auch fig*); (*Stimmung etc. auch*) spoil ◇ *Chemische Zusätze trüben das Wasser.* Chemical additives cloud the water. ◇ *Nichts konnte unser Glück trüben.* Nothing could spoil our happiness. **2 sich ~** (*trübe werden*) become cloudy; (*Linse etc.*) become clouded; (*Himmel, Augen*) cloud over **3 sich ~** (*Beziehung etc.*) be/become strained; (*Verstand etc.*) be/become dulled

trudeln spin ◇ *Das Flugzeug fing an zu trudeln.* The aeroplane went into a spin. ◇ *Der Ball trudelte ins Tor.* The ball went spinning into the net.

Trüffel truffle

trügen be deceptive ◇ *Der Anschein trügt.* Appearances are deceptive. ◇ *Wenn mich mein Gedächtnis nicht trügt, ...* If I remember rightly, ... ◇ *Wenn mich nicht alles trügt, ...* If I'm not very much mistaken, ...

trügerisch deceptive (*Adv* deceptively); (*Hoffnung, Gefühl*) false ◇ *Die Zahlen sind trügerisch.* The figures are deceptive. ◇ *ein trügerisches Gefühl der Sicherheit* a false sense of security ◇ *Das Eis war trügerisch.* The ice was treacherous.

Trugschluss misapprehension

Truhe chest

Trümmer 1 ruins [Pl]. (*Schutt*) rubble [U]; (*eines Fahrzeugs*) wreckage [U] ◇ *die Trümmer eines Hauses* the ruins of a house ◇ *Sie stand vor den Trümmern ihrer Ehe.* Her marriage was in ruins. ◇ *Das Dorf wurde in Trümmer gelegt.* The village was reduced to rubble. ◇ *Er wurde aus den Trümmern seines Autos geborgen.* He was pulled out from the wreckage of his car. **2 in ~ gehen** be ruined; (*Fahrzeug*) be wrecked; (*Fenster*) be shattered

Trümmerhaufen heap of rubble

Trumpf 1 (*Spielkartenfarbe*) trumps [mit Verb im Sing/Pl] ◇ *Herz ist Trumpf.* Hearts are trumps. ◇ *Was ist*

Trumpf? What's trumps? **2** (*Spielkarte*) trump ◇ *einen Trumpf ausspielen* play a trump **3** (*Vorteil*) trump card ◇ *Die Gegner haben alle Trümpfe in der Hand.* The opponents hold all the trump cards. IDM **Trumpf sein** be in; (*wichtig sein*) be the order of the day ◇ *Dieses Jahr ist Glatze Trumpf.* This year shaved heads are in. ◇ *Flexibilität ist Trumpf.* Flexibility is the order of the day.

Trunkenheit drunkenness; **~ am Steuer** drink driving, (*AmE*) drunk driving

Trupp group [mit Verb im Sing/Pl]; (*von Arbeitern, Gefangenen etc.*) gang [mit Verb im Sing/Pl] ◇ *ein Trupp Freiwilliger* a group of volunteers

Truppe **1 Truppen** troops [Pl] ◇ *die allierten Truppen* the allied troops **2** (*Einheit*) unit (of troops) ◇ *Eine UN-Truppe soll die US-Soldaten ablösen.* A UN unit is to relieve the US soldiers. **3** (*Gruppe*) group [mit Verb im Sing/Pl]; (*von Künstlern*) troupe [mit Verb im Sing/Pl]; (*von Sportlern*) team [mit Verb im Sing/Pl]

Truppenabbau reduction of forces **Truppeneinsatz** deployment of troops **Truppenstärke** military strength

Trust trust

Truthahn turkey

tschüs, tschüss bye

T-Shirt T-shirt

Tuba tuba ◇ *Tuba spielen* play the tuba

Tube tube ◇ *eine Tube Mayonnaise* a tube of mayonnaise IDM **auf die Tube drücken** step on it

Tuberkulose tuberculosis

Tuch **1** cloth **2** (*Kleidungsstück*) scarf; (*Schultertuch*) shawl ◇ *ein Tuch aus Seide* a silk scarf IDM **ein rotes Tuch für jdn sein** make sb see red

tüchtig **1** capable; (*fleißig*) hard-working **2** (*sehr viel, sehr groß*) ◇ *Dazu gehört eine tüchtige Portion Mut.* That takes a lot of courage. ◇ *Wir haben alle tüchtig gegessen.* We all had a lot to eat. ◇ *Ich wollte ihm mal tüchtig die Meinung sagen.* I wanted to give him a piece of my mind. ◇ *Wir haben tüchtig gefeiert.* We had a big party.

Tücke **1** (*Hinterlist*) cunning [U]; (*Hinterhältigkeit*) treachery [U] **2** (*Handlung*) trick ◇ *Er war ihren Tücken nicht gewachsen.* He was no match for her tricks. **3** (*Problem*) problem ◇ *Jeder Computer hat so seine Tücken.* Every computer has its little problems. IDM → LIST

tückisch (*Mensch, Lachen, Blick*) malicious; (*Plan*) cunning; (*Gelände, Gewässer, Kurve etc.*) treacherous; (*Krankheit*) insidious; (*Problem*) tricky; (*Kopfball, Schuss etc.*) sneaky

tüfteln **(an etw) ~** **1** fiddle (with sth) ◇ *Tüfteln und Basteln machen ihm Spaß.* He enjoys fiddling with things and making things. **2** (*nachdenken*) puzzle (over sth)

Tüftler(in) **1** = person who likes fiddling with things **2** = person who likes puzzling over tricky problems

Tugend virtue IDM → NOT

tugendhaft virtuous (*Adv* virtuously)

Tulpe tulip

tummeln **sich ~** romp about, frolic

Tumor tumour, (*AmE*) tumor ◇ *ein gutartiger/bösartiger Tumor* a benign/malignant tumour

Tümpel pond

Tumult **1** uproar **2** [U/Sing] (*Unruhen*) disturbances [Pl] ◇ *Seine Rede löste einen Tumult unter den Zuhörern aus.* His speech caused an uproar among the audience.

tumultartig ◇ *tumultartige Szenen* scenes of uproar

tun **1** do ◇ *Was ist noch zu tun?* What's still to be done? ◇ *Was tust du hier?* What are you doing here? ◇ *Dagegen kann man nichts tun.* You can't do anything about it. ◇ *Ich würde das nicht tun.* I wouldn't do that. ◇ *Du hast genau das Richtige getan.* You did exactly the right thing. ◇ *Sie hat ihr Bestes getan, um ihm zu helfen.* She did her best to help him. ◇ *Tu, was du willst.* Do what you want. ◇ *Tu, was du nicht lassen kannst.* Do what you have to. ◇ *Jetzt weiß er nicht, was er tun soll.* Now he doesn't know what to do. ◇ *Sie hatte nichts Besseres zu tun, als …* She had nothing better to do than … ◇ *Ich habe ihn daran erinnert, sich zu bedanken, was er auch tat.* I reminded him to say thank you, which he did. ◇ *Die Regierung sollte mehr für Arbeitslose tun.* The government should do more for the unemployed. **2 zu ~ haben** be busy ◇ *Er hat bis vier Uhr zu tun.* He is busy until four o'clock. ◇ *Ich habe in der Stadt zu tun.* I've got things to do in town. ◇ *Ich habe geschäftlich in Oxford zu tun.* I have got to go to Oxford on business. **3 mit jdm/etw zu ~ haben** have to do with sb/sth ◇ *Ich hatte damit nichts zu tun.* I had nothing to do with it. ◇ *Mit Musik hat das nichts zu tun.* You can't call that music. ◇ *Sie hat noch nie etwas mit der Polizei zu tun gehabt.* She's never been involved with the police. **4 es mit jdm zu ~ haben** deal with sb ◇ *Wir haben es mit einem Verbrecher zu tun.* We're dealing with a criminal. **5 jdm/sich etw ~** hurt sb/yourself ◇ *Bitte tu ihm nichts!* Please don't hurt him! ◇ *Has du dir etwas getan?* Did you hurt yourself? **6 so ~ (, als ob)** pretend ◇ *Er schläft nicht. Er tut nur so.* He's not asleep. He's just pretending. ◇ *Sie tat so, als würde sie ihn nicht kennen.* She pretended she didn't know him. **7 sich ~** happen ◇ *In den letzten Wochen hat sich viel getan.* A lot has happened in the last few weeks. **8** (*an einen Ort legen, stellen*) put ◇ *Er hat die Bücher in den Schrank getan.* He put the books in the bookcase. ◇ *Hast du Zucker in meinen Tee getan?* Did you put sugar in my tea? **9 es ~** do; **es nicht mehr ~** have had it ◇ *Die Skier müssen es noch einen Winter tun.* The skis will have to do another winter. ◇ *Olivenöl wäre besser, aber Margarine tut's auch.* Olive oil would be better but margarine will do. ◇ *Mein Fahrrad tut's nicht mehr.* My bike has had it. IDM **das tut man nicht** it's not done **das tut nichts** it doesn't matter **jd kann tun und lassen, was er, sie etc. will** sb can do as he, she, etc. pleases **mit etw ist es nicht getan** sth is not enough ◇ *Mit einem Blumenstrauß ist es nicht getan.* A bunch of flowers is not enough. **mit sich selbst zu tun haben** have problems of your own **(es) mit jdm zu tun bekommen** be in trouble with sb ◇ *Wenn er so weitermacht, bekommt er es mit dem Chef zu tun.* If he goes on like that, he'll be in trouble with the boss. **jd täte gut daran, …** sb ought to … ◇ *Er täte gut daran, sich nach einem neuen Job umzusehen.* He ought to be looking for another job. ℹ Für andere Ausdrücke mit **tun** siehe die Einträge für die entsprechenden Nomina etc. **Sein(en) Teil tun** z.B. steht unter **Teil**.

tünchen distemper; (*weiß*) whitewash ◇ *weiß getünchte Wände* whitewashed walls

Tunfisch → THUNFISCH

Tunnel tunnel

Tüpfelchen dot IDM **das Tüpfelchen auf dem i** the finishing touch

tupfen dab ◇ *Er tupfte sich den Schweiß von der Stirn.* He dabbed the sweat from his brow. ◇ *Sie tupfte vorsichtig etwas Salbe auf die Wunde.* She carefully dabbed some ointment on the wound.

Tupfen spot ◇ *ein rotes Kleid mit blauen und weißen Tupfen* a red dress with blue and white spots

Tür door ◇ *Die Tür geht nicht auf/zu.* The door won't open/close. ◇ *Wer ist an der Tür?* Who is at the door? ◇ *Kannst du bitte an die Tür gehen?* Can you answer the door, please? ◇ *Wir wohnen Tür an Tür.* We live next door to each other. ◇ *Sie wohnt eine Tür weiter.* She lives next door. ◇ *Sie steckte den Kopf zur Tür herein.* She popped her head round the door. ◇ *ein Auto mit vier Türen* a four-door car ◇ *in der Tür stehen* stand in the doorway ◇ *vor die Tür gehen* go outside IDM **jdm die Tür einlaufen/einrennen** ◇ *Bis vor Kurzem war sie völlig unbekannt, jetzt laufen ihr die Regisseure die Tür ein.* She was completely unknown until recently, but now directors are queuing up to offer her a part. **die Tür (für etw) offen halten** keep the door open (for sth) **jdm die Tür vor der Nase zuschlagen** shut the door in sb's face **hinter verschlossenen Türen** behind closed doors **offene Türen einrennen** preach to the converted **jdm stehen alle Türen offen** the world is sb's oyster **etw steht vor der Tür** sth is just around the corner **jdn vor die Tür setzen 1** throw sb out **2** *(kündigen)* get rid of sb **zwischen Tür und Angel** in a hurry → *Siehe auch* FUSS *und* TAG

Turban turban

Turbine turbine

Turbo turbo

Turbomotor turbo engine

turbulent turbulent ◇ *turbulente Szenen* turbulent scenes ◇ *Bei der Versammlung ging es sehr turbulent zu.* There was a lot of conflict at the meeting.

Turbulenzen 1 *(Luftströmung)* turbulence [U] **2** *(fig)* turmoil [U] ◇ *Turbulenzen an den Devisenmärkten* turmoil on the foreign exchange markets

Türfalle *(auch* **Türgriff***)* door handle

türkis turquoise → *Beispiele bei* BLAU

Türkis turquoise

Tür- Türklingel doorbell **Türklinke** door handle

Turm 1 tower **2** *(Schachfigur)* castle, rook **3** *(Sprung-)* diving tower

türmen 1 sich ~ be piled up, pile up ◇ *Auf dem Schreibtisch türmen sich die Rechnungen.* Bills are piling up on the desk. **2 etw auf etw ~** pile sth on sth ◇ *Er türmte die Kisten auf das Regal.* He piled the boxes on the shelf. **3** *(flüchten)* scarper *(umgs)*

Turmspitze spire

turnen do gymnastics ◇ *Er begann mit 5 Jahren zu turnen.* He started doing gymnastics at the age of 5. ◇ *am Reck turnen* do exercises on the horizontal bar

Turnen gymnastics [U]; *(in der Schule)* gym ◇ *die Meisterschaften im Turnen* the gymnastics championships

Turner(in) gymnast

Turn- Turnhalle gymnasium, gym **Turnhose** sports shorts [Pl]

Turnier tournament

Turniersieger(in) champion

Turnschuh trainer, *(AmE)* sneaker

Turnus rota ◇ *Sie kontrollieren in einem strengen Turnus die Toiletten.* They check the toilets according to a strict rota. ◇ *sich im Turnus abwechseln* take turns ◇ *Der Preis wird im zweijährigen Turnus verliehen.* The prize is awarded every two years.

turnusmäßig regular *(Adv* regularly) ◇ *die turnusmäßige Leerung der Mülltonnen* the regular emptying of the bins ◇ *Deutschland führt turnusmäßig den Vorsitz der EU.* It is Germany's turn to chair the EU. ◇ *Die drei Präsidenten wechseln sich turnusmäßig im Amt ab.* The three presidents rotate.

Turn- Turnverein gym club **Turnzeug** gym kit, sports kit

Türsteher(in) doorman; *(in Lokalen, Klubs, Diskotheken)* bouncer

Tusche 1 Indian ink, *(AmE)* India ink **2** *(Wimpern-)* mascara

tuscheln whisper; **(über jdn) ~** talk (about sb behind their back) ◇ *Hinter meinem Rücken wird getuschelt.* People are talking about me behind my back.

Tüte 1 bag ◇ *eine Tüte Bonbons* a bag of sweets ◇ *in die Tüte blasen* blow into the bag **2** *(Einkaufstasche)* carrier bag **3** *(Eis-)* cone

tuten hoot IDM **von Tuten und Blasen keine Ahnung haben** not have a clue *(umgs)*

Tutor(in) 1 tutor **2** *(in einem Studentenwohnheim)* = older student who looks after new students in a hall of residence

TÜV *(von Autos)* roadworthiness test; *(in GB)* ≈MOT ◇ *Wann ist der TÜV fällig?* When is the MOT due? ◇ *Das Auto muss zum TÜV.* The car needs an MOT. ◇ *Das Auto hat noch drei Monate TÜV.* The car's got 3 months' MOT. ◇ *Das Auto ist nicht durch den TÜV gekommen.* The car failed its MOT. ◇ *Das Auto ist durch den TÜV gekommen.* The car passed its MOT.

Tweet tweet

tweeten, twittern tweet

Typ 1 type (of person) ◇ *Er ist der Typ, für den die Arbeit das Leben ausmacht.* He's the type of person for whom work is everything. ◇ *Er und Surfen? Dazu ist er nun wirklich nicht der Typ.* Him go surfing? He's really not the type. **2** *(Körperbau, Aussehen)* ◇ *ein untersetzter Typ* a person of stocky build ◇ *Er ist ein südländischer Typ.* He's got Latin looks. **3** *(Mann)* bloke, *(bes AmE)* guy **4** *(Modell)* model ◇ *an einem neuen Typ arbeiten* work on a new model ◇ *der Jet vom Typ Boeing 727* the jet, a Boeing 727 IDM **ein kaputter Typ** a dropout

Typhus typhoid (fever)

typisch ~ (für jdn/etw) typical (of sb/sth) *(Adv* typically) ◇ *Es war typisch für sie, dass sie zu spät kam.* It was typical of her to be late. ◇ *ein typisch englischer Garten* a typically English garden ◇ *Typisch Mann!* Just like a man!

Tyrann(in) tyrant *(auch fig)*

Tyrannei tyranny

tyrannisch tyrannical *(Adv* tyrannically)

tyrannisieren tyrannize; *(schikanieren)* bully

U u

U, u *(Buchstabe)* U, u → *Beispiele bei* A

U-Bahn underground, *(AmE)* subway ◇ *(mit der) U-Bahn fahren* go by underground

U-Bahn-Station underground station; *(in London auch)* tube station, *(AmE)* subway station

übel 1 bad *(Adv* badly); *(Geruch, Geschmack)* nasty ◇ *übel gelaunt sein* be in a bad mood ◇ *Dein Vortrag war gar nicht so übel!* Your talk was not bad at all! ◇ *Sie wurde von der Bulldogge übel zugerichtet.* She was badly injured by the bulldog. ◇ *Er ist gar kein übler Kerl.* He's not such a bad bloke. ◇ *Er ist ein echt übler Kerl.* He's a nasty piece of work. ◇ *ein übler Beigeschmack* a nasty taste ◇ *üble Tricks* dirty tricks ◇ *üble Folgen* serious consequences ◇ *jdm übel gesonnen sein* be ill-disposed towards sb ◇ *jdn übel beschimpfen* call sb all the names you can think of → *Siehe auch* MITSPIELEN *und* NACHREDE **2 jdm ist/wird ~** sb feels sick, *(AmE meist)* sb feels sick to the stomach **3 jdm etw ~ nehmen** hold sth against sb IDM **übel dran sein** be in a bad way → *Siehe auch* WOHL

Übel 1 evil ◇ *ein notwendiges Übel* a necessary evil ◇ *Mülltrennung ist ein lästiges Übel.* Sorting rubbish is a nuisance. **2** *(Problem)* problem ◇ *Er machte sie für*

alles Übel verantwortlich. He blamed them for all the problems. **3** (*Krankheit*) illness, trouble ◇ *ein chronisches Übel* a chronic illness IDM **das kleinere/geringere Übel** the lesser evil **das kleinere/geringere von zwei Übeln** the lesser of two evils **zu allem Übel** to make matters worse

Übelkeit nausea [U] ◇ *starke Übelkeit verursachen* cause severe nausea ◇ *Er verspürte eine plötzliche Übelkeit.* He suddenly felt sick.

Übeltäter(in) wrongdoer; (*Verbrecher*) criminal; (*Verantwortlicher*) culprit

üben 1 practise, (*AmE*) practice ◇ *Autofahren üben* practise driving ◇ *Sie übt Klavier.* She's doing her piano practice. **2 sich darin ~, etw zu tun** learn to do sth ◇ *Du solltest dich darin üben, überlegter zu handeln.* You should learn to think before you act. ◇ *sich in Geduld/Zurückhaltung üben* be patient/restrained ℹ Für andere Ausdrücke mit **üben** siehe die Einträge für die entsprechenden Nomina etc. **Kritik üben** z.B. steht unter **Kritik**.

über

• **räumlich 1** over ◇ *Sie hüpfte über den Zaun.* She jumped over the fence. ◇ *Zieh eine Jacke über die Bluse.* Put a jacket on over your blouse. ◇ *Wir flogen über Griechenland.* We flew over Greece. **2** (*höher als*) above ◇ *die Wohnung direkt über uns* the flat directly above us ◇ *200 Meter über dem Meeresspiegel* 200 metres above sea level **3** (*quer über*) across ◇ *Sie liefen über den Schulhof.* They ran across the playground. ◇ *Ihm liefen Tränen übers Gesicht.* Tears ran down his face. **4** (*durch einen Ort*) via, through ◇ *Wir fahren über München.* We're going via Munich.

• **Wert/Menge/Ausmaß/Qualität 5** (*im Wert von*) for ◇ *eine Rechnung über 100 Dollar* a bill for $100 **6** (*mehr als*) over ◇ *Ich hatte über 40° Fieber.* I had a temperature of over 40. ◇ *über 100 Jahre alt* over 100 years old ◇ *über zwei Meter groß* over two metres tall ◇ *über einen Monat warten* wait over a month **7** (*besser*) above ◇ *Meine Note liegt über dem Durchschnitt.* My mark is above average. ◇ *In der Rangfolge stand sie über ihm.* She was above him in rank. **8 ~ etw (hinaus)** beyond sth ◇ *über Bayerns Grenzen hinaus* beyond the borders of Bavaria ◇ *Das geht über meinen Verstand.* That's beyond my comprehension. **9 … über …** … on …, … upon … (*gehoben*) ◇ *Er bekam Komplimente über Komplimente.* He received compliment upon compliment. ◇ *Schulden über Schulden machen* run up debts and more debts

• **zeitlich 10** (*während*) over ◇ *über Weihnachten* over Christmas ◇ *über Nacht* over night ◇ *Über seiner Arbeit schlief er ein.* He fell asleep over his work. **11** (*über einen Zeitpunkt hinaus*) past ◇ *über das Verfalldatum hinaus* past the sell-by date **12 den ganzen Tag etc. ~** throughout the day, etc. ◇ *Ich musste den ganzen Sommer über im Labor arbeiten.* I had to work in the lab throughout the summer.

• **kausal 13** (*aufgrund*) with ◇ *Über seiner Arbeit vergaß er, sich bei ihr zu melden.* With all his work, he forgot to contact her.

• **Inhalt 14** about; (*zum Thema auch*) on ◇ *sich über etw ärgern* be angry about sth ◇ *ein Essay über Irland* an essay on Ireland

• **Art und Weise 15** (*auf eine bestimmte Weise*) through ◇ *etw über einen Händler beziehen* get sth through a dealer ◇ *über eine Annonce in der Zeitung* through an advertisement in the newspaper ◇ *das Programm über Kabel/Satellit empfangen* receive the programme via cable/satellite

IDM **etw über haben** have sth left ◇ *Wir haben noch Nachtisch über.* We've got some pudding left. **über sein** be left ◇ *Wie viel Geld ist über?* How much money is left? **jdn/etw über haben/sein** be sick and tired of sb/sth ◇ *Anfangs mochte ich ihn ganz gern, doch inzwischen bin ich ihn über.* I quite liked him at first, but now I'm sick and tired of him. **über und über** all over ◇ *über und über dreckig* filthy all over ◇ *Der Himmel war über und über mit Wolken bedeckt.* The sky was completely covered with clouds. ℹ Für andere Ausdrücke mit **über** siehe die Einträge für die entsprechenden Nomina etc. **Über etw lachen** z. B. steht unter **lachen**.

überall 1 everywhere, (*AmE auch*) everyplace ◇ *Ich habe überall gesucht.* I've looked everywhere. ◇ *überall auf der Welt* all over the world ◇ *Überall, wo gefeiert wird, ist er dabei.* Wherever there's a party, he's always there. ◇ *überall seine Finger im Spiel haben* have a finger in every pie ◇ *überall auf Widerspruch/Widerstand stoßen* meet with contradiction/resistance at every turn **2** (*bei allen Leuten*) ◇ *Erzähl es nicht überall!* Don't tell everybody! ◇ *überall beliebt sein* be popular with everyone

überallher von ~ from all over **überallhin** anywhere

überaltert outdated ◇ *überalterte Technologie* outdated technology ◇ *Das Lehrpersonal hier ist überaltert.* The average age of the teachers here is very high. ◇ *überalterte Bäume* very old trees

Überangebot surplus ◇ *ein Überangebot an Führungskräften* a surplus of managers

überängstlich overanxious

überanstrengen 1 sich ~ overexert yourself, overtax yourself; (*arbeiten*) overwork **2 jdn ~** overtax sb; (*arbeiten lassen*) work sb too hard **3 etw ~** strain sth ◇ *seine Augen überanstrengen* strain your eyes

Überanstrengung (*Erschöpfung*) exhaustion; (*der Muskeln, Augen etc.*) strain; (*Überarbeitung*) overwork

überarbeiten 1 (*Artikel, Buch, Entwurf etc.*) revise ◇ *etw formal/sprachlich/stilistisch überarbeiten* revise the form/language/style of sth **2 sich ~** overwork, work too hard

Überarbeitung 1 (*von Artikeln, Büchern, Entwürfen etc.*) revision **2** (*Überanstrengung*) overwork

überaus extremely

überbacken brown *sth* in the oven; (*unter dem Grill*) grill; **etw mit etw ~** top sth with sth and brown it (in the oven) ◇ *Die Nudeln mit Käse überbacken.* Top the pasta with cheese and brown it. ◇ *ein überbackener Camembert* grilled Camembert ◇ *überbackene Champignons* mushrooms au gratin

überbelichten overexpose

überbevölkert 1 overpopulated **2** (*zu voll*) overcrowded

Überbevölkerung overpopulation ◇ *die Folgen der Überbevölkerung* the consequences of overpopulation

überbewerten overrate; (*zu große Bedeutung beimessen*) attach too much importance to *sth*

überbezahlt overpaid

überbieten 1 outbid ◇ *jdn bei einer Auktion überbieten* outbid sb at an auction ◇ *einen Vorschlag überbieten* make a better suggestion **2** (*übertreffen*) outdo; (*Rekord*) beat ◇ *Niemand kann sie an Großzügigkeit überbieten.* No one can outdo her for generosity. ◇ *Die Kandidaten überbieten einander mit Versprechungen.* The candidates are trying to outdo each other in their promises. ◇ *Sie überbot ihren persönlichen Rekord um 20 Sekunden.* She beat her personal record by 20 seconds. ◇ *an Frechheit nicht zu überbieten sein* be the height of insolence ◇ *an Geschmacklosigkeit nicht zu überbieten sein* be in the worst possible taste

Überbleibsel relic (*auch fig*); (*Spuren*) traces [Pl] ◇ *Überbleibsel aus der Römerzeit* relics from Roman times ◇ *Die Kirche ist das letzte Überbleibsel des Ortes.* The church is all that remains of the village.

Überblick **1** (*Aussicht*) view ◇ *Der Turm bietet einen herrlichen Überblick über das Tal.* From the tower you get a splendid view of the valley. **2** (*Zusammenfassung*) summary, survey; (*Eindruck*) idea, overall picture ◇ *Das Programm im Überblick: …* A summary of the programme: … ◇ *ein kurzer Überblick über die Landesgeschichte* a short survey of the region's history ◇ *Er will sich einen Überblick über die Lage verschaffen.* He wants to get an overall picture of the situation. ◇ *Ihm fehlt der Überblick.* He doesn't see the whole picture. **3 den ~ haben** keep track; **den ~ verlieren** lose track ◇ *Bei dem Chaos verliert man schnell den Überblick.* In this chaos it's easy to lose track.

überblicken **1** have a view of *sth* ◇ *Von der Burg kann man den See überblicken.* From the castle you have a view of the lake. **2** (*verstehen*) grasp ◇ *etw rechtlich überblicken* grasp the legal implications of sth

überbringen **(jdm) etw ~** deliver sth to sb; (*Grüße, Wünsche*) convey sth (to sb) ◇ *Sie hat den Brief persönlich überbracht.* She delivered the letter in person. ◇ *Ich wollte ihr mein Mitgefühl überbringen.* I wanted to convey my sympathy to her.

überbrücken **1** bridge ◇ *die Kluft zwischen dem Ideal und der Wirklichkeit überbrücken* bridge the gap between the ideal and reality ◇ *Eine Durststrecke kann man mit einem Kredit überbrücken.* You can take out a loan to tide you over a bad patch. ◇ *Sonderzüge werden eingesetzt, um in der Stoßzeit Engpässe zu überbrücken.* Special trains are being put on to ease the bottlenecks in the rush hour. **2 etw (mit etw) ~** (*Zeit*) fill the time (with sth) ◇ *Die Veranstalter überbrückten die Pause mit einem Kurzfilm.* The organizers filled the break with a short film.

überbuchen overbook

Überbuchung overbooking

überdacht with a roof (*dem Nomen nachgestellt*), covered ◇ *ein überdachter Balkon* a balcony with a roof ◇ *ein überdachtes Stadion* a covered stadium ◇ *Alle Plätze sind überdacht.* All seats are under cover.

überdauern survive

überdenken consider, think *sth* over; (*kritisch*) reconsider

überdimensional huge, enormous

Überdosis overdose ◇ *Er starb an einer Überdosis Heroin.* He died of a heroin overdose.

überdreht wired; (*aufgeregt*) overexcited; (*exzentrisch*) eccentric

Überdruss ◇ *Die Zuschauer zeigten erste Anzeichen von Überdruss.* The audience were beginning to show signs of wearying. ◇ *eine bis zum Überdruss verwendete Phrase* a phrase that is used ad nauseam ◇ *Zu allem Überdruss kursierten auch noch Korruptionsgerüchte.* To cap it all, there were also rumours of corruption going round.

überdrüssig **jds/einer Sache ~ sein/werden** be/get tired of sb/sth

überdurchschnittlich **1** *Adj* above average ◇ *eine überdurchschnittliche Prüfungsnote* an above-average exam mark **2** *Adv* more than the average; (*ungewöhnlich*) exceptionally ◇ *überdurchschnittlich gut verdienen* earn more than the average ◇ *überdurchschnittlich begabt sein* be exceptionally talented

übereifrig overenthusiastic (*Adv* overenthusiastically), overzealous (*Adv* overzealously) (*abwert*)

übereilt hasty (*Adv* hastily)

übereinander **1** on top of each other **2** (*gegenseitig über sich*) at/about each other ◇ *übereinander lachen/reden* laugh at/talk about each other **übereinanderschlagen** ◇ *Sie schlug die Beine übereinander.* She crossed her legs. **übereinandertürmen** **sich ~** be piled on top of each other

übereinkommen **(über etw) ~** agree (on sth)

Übereinkommen, Übereinkunft agreement ◇ *ein Übereinkommen über etw treffen* come to an agreement on sth

übereinstimmen **1 mit jdm (in etw) ~** agree with sb (on/about sth) **2** (*entsprechen*) correspond, agree, tally ◇ *Theorie und Praxis stimmen nicht überein.* Theory does not correspond to practice. ◇ *Die Aussagen der Zeugen stimmen nicht überein.* The witnesses' statements do not agree. ◇ *Ihre Unterschriften sollten mit den Namen auf der Liste übereinstimmen.* Their signatures should tally with the names on the list.

übereinstimmend **1** *Adj* identical ◇ *übereinstimmende Schätzungen* identical estimates **2** *Adv* unanimously ◇ *Sie stellten übereinstimmend fest, dass …* They declared unanimously that …

Übereinstimmung **1** agreement ◇ *In diesem Punkt sind sie zu einer Übereinstimmung gekommen.* They reached agreement on that point. **2** (*Einklang*) accordance (*gehoben*) **etw mit etw in ~ bringen** bring sth into line with sth

überempfindlich oversensitive; (*allergisch*) hypersensitive

Überempfindlichkeit oversensitivity [U]; (*Allergie*) hypersensitivity [U] **eine ~ gegen etw** an allergy to sth

überfahren **1** run over *sb/sth* ◇ *Er wurde von einem Laster/Zug überfahren.* He was run over by a lorry/hit by a train. ◇ *Unser Hund ist überfahren worden.* Our dog got run over. **2** (*Ampel etc.*) go through *sth* ◇ *Sie hat mehrere rote Ampeln überfahren.* She went through several red lights. **3** (*fig*) steamroller, (*AmE meist*) steamroll ◇ *Er fühlte sich überfahren.* He felt he was being steamrollered.

Überfahrt crossing

Überfall **1** attack; (*auf Banken, Tankstellen etc.*) raid; (*mit Diebstahl auf der Straße*) mugging **2** (*Invasion*) invasion

überfallen **1** attack; (*Bank etc.*) raid; (*mit Diebstahl auf der Straße*) mug **2** (*Land*) invade **3** (*besuchen*) descend on *sb*

überfällig overdue ◇ *Die Entscheidung war längst überfällig.* The decision was long overdue.

Überfischung overfishing

überfliegen **1** (*Stadt, Meer etc.*) fly over *sth* **2** (*Text, Brief etc.*) scan

Überflieger(in) high-flyer

Überfluss **1** abundance (*gehoben*) ◇ *im Überfluss vorhanden sein* be in abundance ◇ *ein Überfluss an Rohstoffen* an abundant supply of raw materials ◇ *ein Land des Überflusses* a land of plenty ◇ *Geld im Überfluss haben* have more than enough money **2** (*Wohlstand*) affluence IDM **zu allem Überfluss** on top of that ◇ *Der Zug hatte Verspätung und zu allem Überfluss war mein Handy kaputt.* The train was late and on top of that, my mobile wasn't working.

überflüssig superfluous; (*unnötig*) unnecessary; (*nicht mehr benötigt*) redundant ◇ *Die meisten Verpackungen sind völlig überflüssig.* Most packaging is totally superfluous. ◇ *Viele Arbeitsplätze sind überflüssig geworden.* Many jobs have become redundant. ◇ *überflüssige Pfunde loswerden* shed surplus pounds

überfluten flood (*auch fig*), inundate (*gehoben*) (*auch fig*) ◇ *den Markt mit billigen Waren überfluten* flood the market with cheap goods

Überflutung flooding [U]

überfordern **1** overburden, demand too much of *sb* ◇ *Man darf Kinder nicht überfordern.* We shouldn't demand too much of children. ◇ *Das hat ihn körperlich und seelisch überfordert.* It was too much for him, both physically and mentally. **2 sich ~** overstretch yourself

überfordert overstretched; (*unfähig*) out of your depth [nicht vor Nomen]

überfragt ◇ *Da bin ich überfragt.* You've got me there. ◇ *In diesen Dingen fühle ich mich überfragt.* I don't feel qualified to discuss these things.

überführen[1] (*transportieren*) transfer; (*Auto*) deliver

überführen[2] **jdn (einer Sache) ~** prove sb guilty (of sth) ◇ *Sie wurden des Mordes überführt.* They were proved guilty of murder. ◇ *ein überführter Mörder* a convicted murderer

Überführung **1** (*Transport*) transfer **2** (*Brücke*) bridge; (*Fußgänger-*) footbridge; (*Straße*) flyover, (*AmE*) overpass **3** (*von Verbrechern*) conviction ◇ *jeder Hinweis, der zur Überführung der Täter führt* any information leading to a conviction

überfüllt overcrowded; (*Theater, Saal etc.*) packed

Überfüllung overcrowding

Übergabe **1** handing over (*oft mit einem Verb übersetzt*) ◇ *Er wurde bei der Übergabe des Geldes festgenommen.* He was arrested as the money was being handed over. **2** (*der Macht*) handover; (*eines Preises etc.*) presentation **3** (*Auslieferung*) surrender **4** (*Eröffnung*) opening ◇ *die offizielle Übergabe der neuen Schule* the official opening of the new school

Übergang **1** crossing **2** (*Wechsel*) transition **Übergangsfrist** transition period **Übergangslösung** temporary/interim solution **Übergangsregierung** interim government **Übergangszeit** transitional period

übergeben **1 (jdm) jdn/etw ~; jdn/etw (an jdn) ~** hand sb/sth over (to sb) ◇ *Der Dieb wurde der Polizei übergeben.* The thief was handed over to the police. ◇ *Er hat den Fall seinem Anwalt übergeben.* He placed the matter in the hands of his lawyer. **2** (*eröffnen*) open ◇ *die neue Autobahn dem Verkehr übergeben* open the new motorway to traffic **3 sich ~** be sick, vomit ◇ *Sie musste sich heftig übergeben.* She was violently sick.

übergehen[1] **1** go over; (*fortschreiten*) move on ◇ *ins feindliche Lager übergehen* go over to the enemy ◇ *dazu übergehen, etw zu tun* go over to doing sth ◇ *zu einem anderen Thema übergehen* move on to another subject ◇ *wieder zur Normalität übergehen* return to normality **2 auf jdn ~** (*in jds Besitz kommen*) pass to sb; **in etw ~** be transferred into sth ◇ *Die Firma ist auf seine Tochter übergegangen.* Ownership of the firm passed to his daughter. **3 in etw ~** (*sich verändern*) turn (in)to sth ◇ *Der Regen ging in Schnee über.* The rain turned to snow. ◇ *Ihr Weinen ging in lautes Schluchzen über.* Her crying turned into loud sobbing. **4 ineinander ~** merge into one another ◇ *Der Himmel und das Meer gingen ineinander über.* The sky and sea merged into one another. ◇ *Arbeit und Freizeit gehen ineinander über.* There is no clear separation between work and leisure.

übergehen[2] **1** (*nicht beachten*) ignore ◇ *Sie hat ihn auf der Party einfach übergangen.* She just ignored him at the party. **2** (*nicht berücksichtigen*) leave *sb* out ◇ *Sie fühlen sich völlig übergangen.* They feel completely left out. ◇ *Er hat seinen Sohn in seinem Testament übergangen.* He left his son out of his will. **3** (*überspringen*) skip

übergeordnet (*wichtiger*) overriding [nur vor Nomen]; (*Stelle, Behörde, Werte etc.*) higher

übergeschnappt out of your mind [nicht vor Nomen] (*umgs*), crazy (*umgs*)

Übergewicht **1** excess weight [U] **~ haben;** (*Mensch, Paket etc.*) be overweight ◇ *Sie hat 5 Kilo Übergewicht.* She is 5 kilos overweight. **2** (*fig*) predominance; **ein/das ~ haben** be predominant

übergewichtig overweight

überglücklich overjoyed [nicht vor Nomen], delighted

übergreifen **(auf etw) ~** (*Feuer, Krankheit etc.*) spread (to sth)

Übergriff **1** (*Angriff*) attack **2** (*Einmischung*) interference [U] ◇ *staatliche Übergriffe* state interference

Übergröße large size

überhandnehmen get out of hand

überhäufen **jdn mit etw ~** inundate sb with sth; (*mit Lob, Geschenken etc.*) shower sb with sth ◇ *Sie wurde mit Angeboten überhäuft.* She was inundated with offers.

überhaupt **1** (*verstärkend*) at all ◇ *Das stimmt überhaupt nicht.* That's not true at all. ◇ *Das kommt sehr selten vor, wenn überhaupt.* It rarely happens, if at all. ◇ *Das kommt überhaupt nicht infrage.* It's completely out of the question. **2** (*wirklich*) really; (*eigentlich*) actually ◇ *Gibt es so was überhaupt?* Is there really such a thing? ◇ *Hat sie überhaupt EDV-Kenntnisse?* Has she actually got any IT knowledge? **3** (*außerdem, sowieso*) anyway ◇ *Und überhaupt, der Film soll schlecht sein.* Anyway, the film is supposed to be awful. ◇ *Das geht ihn nichts an, überhaupt soll er sich nicht immer einmischen.* It's none of his business and, anyway, he shouldn't keep interfering. **4** (*im Allgemeinen*) always ◇ *Es ist überhaupt schwierig, ihn zu erreichen.* It's always difficult to get hold of him. ◇ *Ich mag Sport überhaupt.* I like all sport.

überheblich arrogant (*Adv* arrogantly); (*eingebildet*) superior

Überheblichkeit arrogance, superiority

überhitzt overheated (*auch fig*)

Überhitzung overheating (*auch fig*)

überhöht excessive

überholen **1** overtake (*auch fig*), (*AmE meist*) pass **2** (*Maschine, Gerät*) overhaul

Überholspur overtaking lane, (*AmE*) passing lane

überholt **1** → ÜBERHOLEN **2** (*nicht zeitgemäß*) outdated

Überholverbot ban on overtaking

überhören not hear; (*absichtlich*) ignore ◇ *Seine Bemerkungen überhört sie einfach.* She just ignores his remarks. ◇ *Das möchte ich überhört haben!* I'll pretend I didn't hear that! ◇ *Die Signale sind nicht zu überhören.* The signals are unmistakable.

Über-Ich superego

überirdisch supernatural; (*Musik, Schönheit*) ethereal (*gehoben*)

überkandidelt eccentric

Überkapazität overcapacity

überkleben cover; **A mit B ~** stick B over A

überkochen boil over (*auch fig*); (*wütend sein auch*) hit the roof

überkommen[1] *Verb* **etw überkommt jdn** sb is overcome by/with sth, sth comes over sb ◇ *Plötzlich überkam sie die Wut.* Suddenly she was overcome with anger. ◇ *Bei dem Anblick überkam ihn das kalte Grausen.* He shuddered at the sight.

überkommen[2] *Adj* traditional ◇ *überkommene Rollenmuster* traditional roles ◇ *überkommene Traditionen* traditions that have been handed down

überkonfessionell interdenominational

überladen[1] *Verb* overload

überladen[2] *Adj* over-ornate; (*vollgestopft*) cluttered ◇ *die überladene Dekoration/Fassade* the over-ornate decoration/facade ◇ *mit Gemälden überladene Säle* rooms cluttered with paintings

überlagern **1** (GEOL) overlie **2 sich ~**; **überlagert werden** (*Bilder*) be superimposed **3** (*überdecken*) eclipse, obscure; (*Geräusch*) drown *sth* (out) ◇ *Der Wahlkampf überlagert die eigentlichen politischen Fragen.* The election campaign obscures the real political questions. ◇ *Die Geigen wurden von den Bläsern überlagert.* The violins were drowned by the wind instruments.

Überlandleitung (overhead) power line

überlassen **1 jdm etw ~** let sb have sth; (*zur Nutzung*) let sb use sth ◇ *jdm etw günstig überlassen* let sb have sth cheap ◇ *Wir überlassen unsere Berghütte gelegentlich Freunden.* We sometimes let friends use our mountain chalet. **2 jdm jdn/etw ~** (*in jds Obhut*) leave sb/sth with sb ◇ *Wenn er Urlaub macht, überlässt er seinen Hund der Nachbarin.* He leaves his dog with the neighbour in the holidays. **3 jdn sich selbst ~** leave sb to fend for himself/herself; (*ohne Aufsicht, Betreuung*) leave sb to his/her own devices **4 etw jdm/etw ~** leave sth (up) to sb/sth; **jdm/etw überlassen bleiben** be up to sb/sth ◇ *Die Wahl überlasse ich dir!* I'll leave the choice to you. ◇ *Das bleibt dir überlassen.* That's up to you. ◇ *Man darf nichts dem Zufall überlassen.* You can't leave anything to chance. **5 sich einer Sache ~** abandon yourself to sth **6 jdn einer Sache ~** leave sb to sth ◇ *Er überließ sie ihren Gedanken.* He left her to her own thoughts.

überlasten (*Fahrzeug, Computer, Netz, Leitungen*) overload; (*Dienste*) overstretch; (*Menschen*) put a great strain on *sb/sth* ◇ *Die Krankenhäuser sind überlastet.* The hospitals are overstretched. ◇ *Bei Übergewichtigen ist das Herz oft überlastet.* Being overweight often puts a great strain on the heart. ◇ *An Feiertagen sind die Autobahnen stark überlastet.* On bank holidays the motorways are congested. ◇ *Sie ist beruflich stark überlastet.* She is very overworked. ◇ *Ich bin völlig überlastet.* I can't cope.

Überlastung strain (*oft mit einem Verb übersetzt*) ◇ *die Überlastung der Hochschulen* the strain that universities are under ◇ *Sie hatte wegen Überlastung gekündigt.* She had handed in her notice because the work was too much for her. ◇ *Ein Problem ist die Überlastung der Justiz.* One problem is that the legal system is overstretched.

Überlauf overflow

überlaufen[1] *Verb* **1** overflow **2** (*die Seite wechseln*) defect; **zu jdm/etw ~** go over to sb/sth ◇ *Er ist zum Feind übergelaufen.* He went over to the enemy. IDM → FASS

überlaufen[2] *Verb* **1** (*vor Angst*) ◇ *Plötzlich überlief es sie eiskalt.* Suddenly a cold shiver ran down her spine. ◇ *Ein Schauder überlief ihn.* He shuddered. **2** (*überschwemmen*) swamp ◇ *Sie fürchten, dass sie von illegalen Einwanderern überlaufen werden.* They are afraid of being swamped by illegal immigrants.

überlaufen[3] *Adj* overcrowded; (*Studienfach*) oversubscribed ◇ *die völlig überlaufene Disko* the club, which was very overcrowded

Überläufer(in) defector; (*Soldat*) deserter

überleben **1** survive ◇ *Der Beifahrer überlebte den Unfall.* The passenger survived the accident. ◇ *Sie überlebte nur wenige Stunden.* She only lived for a few hours. ◇ *Das überlebe ich nicht!* It'll kill me! **2 jdn ~** outlive sb ◇ *Er überlebte seine Schwester um einige Jahre.* He outlived his sister by a few years.

Überleben survival ◇ *Es geht für ihn ums politische Überleben.* It's a question of his political survival. ◇ *Das Institut bangt um sein Überleben.* The institute fears for its future. ◇ *das Nötigste zum Überleben* the bare necessities of life

Überlebende(r) survivor

überlebensgroß larger than life ◇ *überlebensgroße Bilder* larger than life portraits

überlegen[1] *Verb* **1** think; **(sich) etw ~** think about sth, consider sth ◇ *Das muss ich mir noch überlegen!* I'll have to think about that! **2 es sich (anders) ~** change your mind ◇ *Du kannst es dir später immer noch anders überlegen!* You can always change your mind later! **3 hin und her ~** agonize ◇ *Er überlegte hin und her, ob er das Abi machen sollte oder nicht.* He agonized over whether to do A-levels or not.

überlegen[2] *Adj* **1 (jdm/etw) ~** superior (to sb/sth), better (than sb/sth) ◇ *Sie ist ihm intellektuell überlegen.* She is intellectually superior to him. ◇ *In Mathe war er mir weit überlegen.* He was far better than me at maths. ◇ *Wir waren ihnen zahlenmäßig überlegen.* We outnumbered them. **2** (*Gegner, Mannschaft etc.*) stronger ◇ *Der HSV war ein überlegener Gegner.* HSV were the stronger team. **3** (*Sieg, Spiel*) convincing (*Adv* convincingly) **4** (*herablassend*) supercilious (*Adv* superciliously)

Überlegenheit superiority

überlegt **1** *Adj* considered ◇ *wohl überlegte Entscheidungen* carefully considered decisions **2** *Adv* in a considered manner, carefully

Überlegung **1** consideration ◇ *nach kurzer Überlegung* after a moment's consideration ◇ *Die Sache ist eine Überlegung wert!* This is something worth considering! **2** (*Idee*) idea ◇ *Es werden Überlegungen in Richtung einer Schulhoferweiterung angestellt.* Ideas for extending the school yard are being considered.

überlesen **1** (*übersehen*) overlook **2** (*kurz durchsehen*) glance through *sth*

überliefern hand *sth* down ◇ *Die Märchen wurden mündlich überliefert.* The fairy tales were handed down through oral tradition. ◇ *Der Name des Autors ist nicht überliefert.* The name of the author is not known.

Überlieferung **1** (*das Überliefern*) handing down (*oft mit einem Verb übersetzt*) ◇ *die Überlieferung von alten Bräuchen* the handing down of old customs ◇ *Die Geschichten sind uns aus mündlicher Überlieferung bekannt.* The stories have come down to us through oral tradition. **2** (*Geschichte*) story; (*Legende*) legend ◇ *Die Überlieferung berichtet, dass …* The story goes that … ◇ *Eine andere Überlieferung gibt folgende Erklärung: …* Another version of the story gives the following explanation: . .

überlisten outwit

Übermacht superiority; (*körperlich, militärisch auch*) superior strength; (*zahlenmäßig*) superiority in numbers

übermächtig **1** stronger, superior (in strength); (*allmächtig*) all-powerful ◇ *ein übermächtiger Gegner* a stronger opponent ◇ *der übermächtige Staat* the all-powerful state **2** (*Gefühl, Drang*) overpowering

übermalen **etw ~** paint over sth; **A mit B ~** paint B over A

Übermaß excess ◇ *im Übermaß* in excess ◇ *ein Übermaß an Optimismus* excessive optimism ◇ *Alkoholgenuss im Übermaß* excessive alcohol consumption

übermäßig excessive (*Adv* excessively) ◇ *der übermäßige Gebrauch von Medikamenten* the excessive use of drugs ◇ *übermäßig viel Personal* an excessively high number of staff ◇ *übermäßig viel Verkehr* an excessive amount of traffic ◇ *Ihre Eltern waren nicht übermäßig erfreut.* Their parents were not overpleased.

Übermensch superman

übermitteln convey; (*Daten, Bilder*) send, transfer; (*Fernseh-, Radiosendungen*) broadcast

übermorgen the day after tomorrow ◇ *Übermorgen früh reisen wir ab.* We're setting off the day after tomorrow in the morning.

übermüdet overtired [nicht vor Nomen] ◇ *Nach all der Aufregung waren die Kinder völlig übermüdet.* After all the excitement, the children were overtired. ◇ *Der übermüdete Fahrer raste in den Graben.* The driver, who was suffering from fatigue, crashed into the ditch.

Übermut high spirits [Pl]; (*Leichtsinn*) recklessness

übermütig **1** excited (*Adv* excitedly), in high spirits **2** [nicht vor Nomen] (*sich selbst überschätzend*) overconfident; (*frech*) impudent (*Adv* impudently) ◇ *Übermütige Fans strömten singend durch die Straßen.* Fans in high spirits surged through the streets singing.

übernächste(r,s) next but one ◇ *Du bist die Übernächste.* You're the next but one. ◇ *in der übernächsten Stunde* the lesson after next

übernachten spend the night; (*im Hotel, bei jdm etc.*) stay the night ◇ *Auf der Wanderung übernachteten sie in einer Berghütte.* On the hike they spent the night in a mountain hut. ◇ *Er übernachtete bei seiner Tante.* He stayed the night at his aunt's.

Übernachtung overnight stay ◇ *eine Übernachtung im Hotel* an overnight stay in a hotel ◇ *zwei Übernachtungen mit Frühstück* two nights' bed and breakfast ◇ *Nach der Übernachtung bei seiner Schwester reiste er weiter.* After staying the night at his sister's he continued his journey.

Übernahme **1** (*einer Firma*) takeover ◇ *eine feindliche Übernahme* a hostile takeover **2** (*das Übernehmen*) (*meist mit einem Verb übersetzt*) ◇ *Diese Begriffe sind Übernahmen aus dem Englischen.* These terms have been taken over from English. ◇ *Er erklärte sich zur Übernahme der Kosten bereit.* He agreed to meet the costs.

Übernahmeversuch takeover bid

übernatürlich supernatural

übernehmen **1 etw (von jdm) ~** take sth over (from sb) ◇ *Er soll den Betrieb von seinen Eltern übernehmen.* He is to take over the firm from his parents. **2** (*Aufgabe, Amt, Verantwortung etc.*) take *sth* on; (*Macht*) assume; (*Kosten*) meet ◇ *Sie hat seine Verteidigung übernommen.* She took on his defence. ◇ *Der General übernahm das Kommando.* The general took charge. ◇ *Nach zwei Durchgängen hat sie die Führung übernommen.* After two runs she has gone into the lead. **3** ◇ *Lass mich die Kiste übernehmen, die ist zu schwer für dich.* Let me take the box. It's too heavy for you. ◇ *Kannst du das übernehmen?* Could you do that? ◇ *Er übernahm es, die anderen zu informieren.* He agreed to tell the others. **4** (*Text, Ideen etc.*) take, lift (*umgs*) ◇ *Er hatte ihre Ideen übernommen und als seine ausgegeben.* He had taken her ideas and passed them off as his own. ◇ *Sie hatte ganze Passagen aus dem Aufsatz übernommen.* She had lifted whole passages from the essay. **5 sich ~** take on too much; (*sich überanstrengen*) overdo it

überparteilich (*nicht an Parteien gebunden*) independent, non-party; (*aus allen Parteien*) cross-party [nur vor Nomen] ◇ *ein überparteiliches Komitee* a cross-party committee

Überproduktion overproduction

überprüfen **1 etw (auf etw) ~** (*kontrollieren*) check sth (for sth) **2** (*unter die Lupe nehmen*) investigate, check *sth* out ◇ *Alle Tatverdächtigen wurden überprüft.* All the suspects were investigated. **3** (*Frage, Entscheidung etc.*) reconsider

Überprüfung **1** examination **2** (*Nachforschungen*) investigation **3** (*einer Frage, Entscheidung etc.*) reconsideration

überqualifiziert overqualified

überqueren cross

überragen **1** be taller than *sb/sth* ◇ *jdn um Haupteslänge überragen* be a head taller than sb **2** (*übertreffen*) outshine ◇ *Sie überragte ihre Schwester an Intellekt.* She outshone her sister intellectually.

überragend outstanding (*Adv* outstandingly)

überraschen **1** surprise ◇ *Zu ihrem Hochzeitstag überraschte er seine Frau mit einem Rosenstrauß.* On their anniversary, he surprised his wife with a bouquet of roses. ◇ *Du überraschst mich. Das hätte ich nicht von dir erwartet.* You do surprise me. I wouldn't have thought that of you. **2** (*überrumpeln*) take *sb* by surprise, catch *sb* unawares ◇ *Der Mann war im Schlaf von Flammen überrascht worden.* The flames had caught the man unawares as he slept. **3** (*ertappen*) catch ◇ *Sie überraschte ihn, als er sich gerade eine Zigarette anstecken wollte.* She caught him about to light a cigarette. ◇ *Sie war beim Stehlen überrascht worden.* She had been caught stealing. IDM **sich überraschen lassen** ◇ *Lass dich überraschen!* Wait and see! ◇ *Ich lasse mich überraschen.* I'll just wait and see.

überraschend surprising (*Adv* surprisingly); (*unerwartet*) unexpected (*Adv* unexpectedly) ◇ *Das Gespräch verlief überraschend problemlos.* The conversation went off surprisingly well. ◇ *Sie haben überraschend abgesagt.* They cancelled unexpectedly. ◇ *Ihr Vordermann hatte völlig überraschend gebremst.* The car in front had braked without warning. ◇ *Das kam für uns sehr überraschend.* That came as a great surprise to us. ◇ *Er ist im Alter von 66 Jahren überraschend gestorben.* He died suddenly at 66.

überrascht surprised ◇ *Er blickte überrascht auf.* He looked up, surprised. ◇ *angenehm überrascht* pleasantly surprised ◇ *Wir waren unangenehm überrascht, als sie auftauchte.* We had a nasty surprise when she turned up.

Überraschung surprise ◇ *eine böse Überraschung erleben* get a nasty surprise ◇ *zu meiner Überraschung* to my surprise ◇ *Vor lauter Überraschung ließ er den Hörer fallen.* He was so surprised he dropped the phone.

Überraschungseffekt surprise ◇ *Der Trickbetrüger nutzte den Überraschungseffekt und entkam durch die Hintertür.* While everyone was recovering from the surprise, the confidence trickster escaped via the back door.

überreden **jdn ~ (etw zu tun)** persuade sb (to do sth); **jdn (zu etw) ~** persuade sb (into sth) ◇ *Er überredete sie, mit ins Kino zu kommen.* He persuaded her to go to the cinema with him. ◇ *Sie konnte ihn nicht (dazu) überreden.* She couldn't persuade him (into it). ◇ *Sie ließ sich zu einer Kurzhaarfrisur überreden.* She was persuaded into having her hair cut short. ◇ *Ich ließ mich überreden.* I was persuaded.

Überredungskunst persuasiveness [U], powers of persuasion [Pl]

überregional national (*Adv* nationally)

überreichen **(jdm) etw ~** present (sb with) sth ◇ *Der Direktor überreichte uns die Abiturzeugnisse.* The headmaster presented us with our exam certificates.

Überrest remains [Pl]
überrollen **1** run over ◇ *Sie wurde von einem Lkw überrollt.* She was run over by a lorry. **2** (*heimsuchen*) overrun ◇ *Die Stadt wird jeden Sommer von Touristen überrollt.* The town is overrun with tourists every summer. **3** (*überrumpeln*) steamroller, (*AmE meist*) steamroll
überrumpeln **jdn ~** take sb by surprise ◇ *Sie hatte ihn mit der Frage überrumpelt.* Her question took him by surprise. ◇ *Ich fühlte mich von ihm überrumpelt.* He took me by surprise.
überrunden **1** (SPORT) lap ◇ *Er überrundete die anderen Läufer.* He lapped the other runners. **2** (*übertreffen*) outstrip
übersät **~ mit/von etw** covered with/in sth ◇ *Sein Körper war mit blauen Flecken übersät.* His body was covered in bruises.
übersättigt saturated (*auch fig*)
Übersäuerung acidification
Überschall- **Überschallflugzeug** supersonic aircraft **Überschallgeschwindigkeit** supersonic speed
überschatten cast a shadow over *sth* (*auch fig*) ◇ *Die Präsidentenwahl wurde von Anschlägen überschattet.* Attacks cast a shadow over the presidential elections.
überschätzen overestimate
überschaubar **1** ◇ *Das Freibad ist für die Bademeister schlecht überschaubar.* It is difficult for the lifeguards to see the whole pool. **2** (*fig*) easy to grasp; (*Größe*) manageable; (*Zeitraum*) reasonable
überschäumen overflow (*auch fig*) ◇ *Dein Bier schäumt über!* Your beer's overflowing! ◇ *überschäumende Freude* overwhelming joy
überschlafen sleep on *sth* ◇ *Ich muss die Sache noch einmal überschlafen.* I'll have to sleep on it.
Überschlag **1** (SPORT) somersault ◇ *einen Überschlag machen* do a somersault **2** (*grobe Berechnung*) rough estimate
überschlagen[1] **1** make an estimate ◇ *Wir müssen die Kosten überschlagen.* We have to make an estimate of the costs. ◇ *Überschlage das mal eben im Kopf.* Make a quick mental estimate. **2 sich ~** (*Auto*) overturn ◇ *Das Auto überschlug sich mehrfach.* The car overturned several times. **3 sich ~** (*Ereignisse etc.*) come thick and fast ◇ *Die Ereignisse überschlugen sich.* Events came thick and fast. **4** (*Stimme*) crack **5** (*überblättern*) skip ◇ *Ich habe das erste Kapitel überschlagen.* I skipped the first chapter. IDM **sich vor ... überschlagen** be falling over yourself to do sth ◇ *Er überschlug sich geradezu vor Höflichkeit.* He was falling over himself to be polite.
überschlagen[2] **1** cross ◇ *Sie hat die Beine übergeschlagen.* She crossed her legs. **2 in etw ~** flip over into sth ◇ *Die Aufregung schlug in Aggression über.* The excitement flipped over into aggression.
überschnappen go round the bend ◇ *Bist du übergeschnappt?* Have you gone round the bend?
überschneiden **1** intersect ◇ *Die beiden Kreise überschneiden sich.* The two circles intersect. **2** (*fig*) overlap; (*störend*) clash ◇ *Unsere Interessen überschneiden sich.* Our interests overlap. ◇ *Der Film überschneidet sich mit dem Endspiel.* The film clashes with the final.
Überschneidung **1** intersection **2** (*fig*) overlap; (*störend*) clash ◇ *eine thematische Überschneidung* a thematic overlap ◇ *eine zeitliche Überschneidung* a clash of times
überschreiben **1 jdm etw ~** sign sth over to sb ◇ *Er überschrieb ihr das Haus.* He signed the house over to her. **2** (*mit einem Titel*) entitle ◇ *Die Ausstellung war mit „No Justice" überschrieben.* The exhibition was entitled 'No Justice'. **3** (*Daten*) overwrite; (*Text*) type over
überschreiten **1** cross ◇ *die Türschwelle überschreiten* cross the threshold **2** (*fig*) exceed; (*Alter*) pass ◇ *die Höchstgeschwindigkeit überschreiten* exceed the speed limit ◇ *wenn man ein gewisses Alter überschritten hat* when you've passed a certain age ◇ *Sie hat die sechzig bereits weit überschritten.* She's well past sixty. ◇ *Das Verfallsdatum war überschritten.* It was past its sell-by date.
Überschrift title; (*vor Zeitungsartikeln*) headline
Überschuss **1** surplus ◇ *ein Überschuss an Butter* a surplus of butter **2** (*Gewinn*) profit
überschüssig surplus
überschütten **1** cover ◇ *Er überschüttete die Leiche mit Benzin.* He covered the body in petrol. **2 jdn mit etw ~** (*überhäufen*) shower sb with sth; (*mit etw Negativem*) heap sth on sb
überschwänglich effusive (*Adv* effusively)
überschwemmen flood (*auch fig*) ◇ *Die Häuser wurden überschwemmt.* The houses were flooded.
Überschwemmung floods [Pl]; (*das Überschwemmen*) flooding [U] ◇ *die Überschwemmung letztes Jahr* last year's floods ◇ *Heftige Regenfälle verursachten Überschwemmungen.* Heavy rain caused flooding.
Übersee **aus/in/nach ~** overseas ◇ *Studenten aus Übersee* overseas students ◇ *in Übersee leben* live overseas ◇ *die Filiale in Übersee* the overseas branch ◇ *Der Chef schickte ihn nach Übersee.* The boss sent him overseas.
übersehen **1** overlook; (*Mensch auch*) miss; (*ignorieren*) ignore ◇ *Haben wir etwas übersehen?* Have we overlooked anything? ◇ *Mit seinen zwei Metern ist er nicht zu übersehen.* You can't miss him — he's over six feet tall! ◇ *Sie übersah ihn geflissentlich.* She studiously ignored him. **2** (*überblicken*) survey **3** (*erkennen, einschätzen*) assess
übersetzen[1] **1** cross over ◇ *Wir setzten mit der Fähre über.* We crossed over on the ferry. **2 jdn ~** ferry sb across ◇ *Mit einer Fähre wurden wir auf die andere Seite übergesetzt.* We were ferried across to the other shore.
übersetzen[2] translate ◇ *ein Buch vom Deutschen ins Griechische übersetzen* translate a book from German into Greek ◇ *etw frei übersetzen* give a free translation of sth
Übersetzer(in) translator
Übersetzung **1** translation ◇ *Ich lese Hemingway in deutscher Übersetzung.* I'm reading Hemingway in a German translation. **2** (*bei Motoren*) transmission **3** (COMP) conversion
Übersicht **1** overview ◇ *Er gab eine detaillierte Übersicht über die neuesten Publikationen.* He gave a detailed overview of the most recent publications. ◇ *Ich habe die Übersicht verloren.* I've lost track. **2** (*Tabelle*) table
übersichtlich **1** *Adj* clear; (*Gelände*) open **2** *Adv* in a clear form ◇ *etw übersichtlich darstellen* present sth in a clear form ◇ *Das Buch ist übersichtlich gegliedert.* The book is divided into clear sections.
übersiedeln move
Übersiedler(in) migrant
übersinnlich supernatural; (*Fähigkeiten*) psychic
überspielen **1** cover *sth* up ◇ *Er versuchte seine Unsicherheit zu überspielen.* He tried to cover up his uncertainty. **2** (*Musik, Film*) record **3** (COMP) transfer
überspitzt exaggerated ◇ *überspitzte Erwartungen* exaggerated expectations ◇ *Überspitzt gesagt ist das*

Erpressung. Not to put too fine a point on it, that's blackmail.

überspringen[1] jump ◇ *Ein Funke sprang auf den Benzinkanister über.* A spark jumped onto the petrol canister. IDM → FUNKE

überspringen[2] **1** clear ◇ *ein Hindernis überspringen* clear an obstacle **2** (*auslassen*) skip ◇ *Er darf die 5. Klasse überspringen.* He's allowed to skip the fifth year.

überstehen[1] get through *sth* ; (*überleben*) survive; (*Krankheit auch*) get over *sth* ◇ *Wie soll ich nur das Wochenende überstehen?* How on earth am I going to get through the weekend? ◇ *Die Pflanze hat den Winter gut überstanden.* The plant survived the winter well. ◇ *Sie hat die Geburt gut überstanden.* She came through the birth well.

überstehen[2] jut out ◇ *Das Brett steht 5 cm über.* The plank juts out 5 cm. ◇ *ein überstehendes Dach* a roof that juts out

übersteigen **1** climb over *sth* ◇ *einen Zaun übersteigen* climb over a fence **2** (*fig*) exceed ◇ *Das Angebot übersteigt die Nachfrage.* Supply exceeds demand. ◇ *Das übersteigt meine Kräfte.* That's too much for me.

überstimmen outvote (*meist passiv*),vote *sb/sth* down

überströmen ◇ *Ihr Gesicht war von Tränen überströmt.* Her face was streaming with tears. ◇ *Er war von Blut überströmt.* He was covered in blood.

Überstunde overtime [U] ◇ *Überstunden machen* do/work overtime ◇ *Ich habe diese Woche sechs Überstunden gemacht.* I've done six hours' overtime this week.

überstürzen **1 etw ~** rush sth **2 sich ~** rush; (*Ereignisse*) happen quickly

überstürzt (*Abreise, Flucht*) hurried (*Adv* hurriedly); (*Entscheidung*) rash (*Adv* rashly) ◇ *Sie reisten überstürzt ab.* They left hurriedly. ◇ *Die Räuber flüchteten überstürzt.* The thieves fled in a hurry.

übertragbar **1** (*Rechte etc.*) transferable **2** (*anwendbar*) applicable **3** (*ansteckend*) infectious; (*durch Hautkontakt*) contagious ◇ *Die Krankheit ist nicht übertragbar.* The disease is not infectious. ◇ *Ist Rinderwahnsinn auf Menschen übertragbar?* Can BSE be passed on to humans? ◇ *sexuell übertragbare Krankheiten* sexually transmitted diseases

übertragen[1] *Verb* **1** (TECH) transmit; (*Fernsehen*) broadcast, televise **2** (*Krankheit*) transmit; **etw auf jdn ~** pass sth on to sb, infect sb with sth (*auch fig*) ◇ *Blutegel können Hepatitis übertragen.* Leeches can transmit hepatitis. ◇ *eine Krankheit, die durch Geschlechtsverkehr übertragen wird* a sexually transmitted disease **3 sich auf jdn ~** be passed on to sb ◇ *Diese Krankheit kann sich auch auf den Menschen übertragen.* This disease can also be passed on to humans. ◇ *Ihre Begeisterung übertrug sich auf die ganze Klasse.* Her enthusiasm infected the whole class. **4 etw auf etw ~** (*anwenden*) apply sth to sth ◇ *Die Strukturen des Westens können nicht einfach auf die des Ostens übertragen werden.* You can't simply apply Western structures to Eastern ones. **5 jdm etw ~** (*Aufgabe etc.*) hand sth over to sb **6** (*übersetzen*) translate

übertragen[2] *Adj* figurative (*Adv* figuratively)

Überträger(in) (MED) carrier

Übertragung **1** (*Fernseh-, Rundfunk-*) broadcast ◇ *eine direkte Übertragung aus Paris* a live broadcast from Paris ◇ *Die Übertragung der Olympischen Spiele hat 75 Millionen gekostet.* Televising the Olympic Games cost 75 million. **2** (*Übergabe*) transfer **3** (TECH, MED) transmission; (*Transplantation*) transplant **4** (*Übersetzung*) translation
Übertragungsrate transmission rate

übertreffen **1** (*übersteigen*) exceed (*auch fig*); (*Rekord, Gegner*) beat ◇ *Das Ergebnis übertraf alle Erwartungen.* The result exceeded all (our/their) expectations. ◇ *Er wurde nur von Büchner übertroffen.* He was beaten only by Büchner. ◇ *Die Schmerzen übertrafen alles, was ich bisher kannte.* The pain was worse than anything I had experienced before. **2 jdn an Intelligenz, Talent etc. ~** be more intelligent, talented, etc. than sb; **etw an Größe, Höhe etc. ~** be bigger, higher, etc. than sth IDM **sich selbst übertreffen** excel yourself

übertreiben **1 (etw) ~** exaggerate (sth) ◇ *Du übertreibst wieder mal!* You're exaggerating again! **2 es ~** overdo it; **es mit etw ~** take sth too far ◇ *Du solltest es nicht übertreiben — irgendwann ist Schluss!* You shouldn't overdo it — enough's enough after all! ◇ *Sie übertreibt es mit ihrem Putzfimmel.* She takes her obsession with cleaning a bit too far.

Übertreibung exaggeration

übertreten[1] **1** (*Gesetz, Vorschriften, Verbot etc.*) break **2** (SPORT) overstep (the line)

übertreten[2] **1** (*Fluss*) burst its banks ◇ *Die Donau war wieder übergetreten.* The Danube had burst its banks again. **2 zu etw ~** (*Partei etc.*) go over to sth; (*Glauben*) convert to sth ◇ *zum Judentum übertreten* convert to Judaism

übertrieben **1** → ÜBERTREIBEN **2** exaggerated (*Adv* exaggeratedly); (*übermäßig*) excessive (*Adv* excessively); (*Erwartung, Hoffnung*) unrealistic ◇ *Er sprach übertrieben langsam.* He spoke in an exaggeratedly slow manner. ◇ *übertriebene Lohnforderungen* excessive wage demands ◇ *Von „Angst" zu reden wäre wohl übertrieben.* It would be an exaggeration to call it 'fear'.

übertrumpfen outdo

Übervölkerung overpopulation

überwachen **1 jdn/etw ~** watch sb/sth; (*polizeilich*) keep sb/sth under surveillance ◇ *Ich fühle mich ständig überwacht.* I feel as if I'm being watched all the time. **2** (*Prozess, Entwicklung, Ablauf etc.*) monitor ◇ *den Waffenstillstand überwachen* monitor the ceasefire

Überwachung **1** surveillance [U] (*gehoben*) ◇ *die Überwachung der Anlage* security surveillance of the plant **2** (*Kontrolle*) monitoring [U]; (*Beaufsichtigung*) supervision [U] ◇ *unter ärztlicher Überwachung* under medical supervision
Überwachungskamera security camera **Überwachungsstaat** surveillance state, Big Brother state (*umgs*)

überwältigen **1** overpower **2** (*fig*) overwhelm ◇ *Wir waren von der Atmosphäre überwältigt.* We were overwhelmed by the atmosphere.

überwältigend overwhelming (*Adv* overwhelmingly)

überwechseln **1 in/auf etw ~** (*Abteilung, Schule*) move to sth; (*Spur*) move into sth **2 zu etw ~** (*politische Partei etc.*) go over to sth

Überweidung overgrazing

überweisen **1** (*Geld*) transfer; **jdm etw ~/etw an jdn ~** pay sth into sb's account ◇ *Ich werde Ihnen den Betrag morgen überweisen.* I'll pay the money into your account tomorrow. **2** (*Patienten*) refer ◇ *jdn an einen Facharzt überweisen* refer sb to a specialist

Überweisung **1** transfer; (*Zahlung, Betrag*) payment ◇ *monatliche Überweisungen* monthly payments ◇ *Die Überweisung der Miete ist am Ersten fällig.* The rent has to be paid on the first of the month. **2** (*Formular*) payment order ◇ *eine Überweisung ausstellen* make out a payment order **3** (*zum Facharzt etc.*) referral

überwiegen **1** predominate; (*Ideen*) prevail ◇ *Im Süden überwiegt der Einfluss der Sozialisten.* The influence of the socialists predominates in the south. ◇

Schließlich überwog die Vernunft. In the end reason prevailed. ◇ *Wirtschaftliche Erwägungen überwogen bei der Entscheidung.* Economic considerations were a dominant factor in the decision. ◇ *In den technischen Fächern überwiegen die männlichen Studenten.* There are more male than female students in technical subjects. **2 etw ~** outweigh sth

überwiegend **1** *Adj* predominant ◇ *die überwiegende Meinung* the predominant view ◇ *die überwiegende Zahl* the majority ◇ *Die Jugend blickt zum überwiegenden Teil optimistisch in die Zukunft.* The majority of young people view the future with optimism. **2** *Adv* mainly, predominantly (*gehoben*)

überwinden **1** (*bewältigen*) overcome ◇ *die Müdigkeit überwinden* overcome your tiredness ◇ *Die Krise ist noch nicht überwunden.* The crisis is not yet over. **2** (*fertigwerden mit*) get over *sth* ◇ *Hat sie ihre Verletzung überwunden?* Has she got over her injury? **3** (*besiegen*) beat ◇ *Der Faschismus ist noch lange nicht überwunden.* Fascism is far from being beaten. **4 sich ~, etw zu tun** bring yourself to do sth; (*sich zwingen*) force yourself to do sth ◇ *Er konnte sich nicht dazu überwinden, zur Polizei zu gehen.* He couldn't bring himself to go to the police. ◇ *Sie musste sich wirklich überwinden, die Schnecken zu essen.* She really had to force herself to eat the snails.

Überwindung (*meist mit einem Verb übersetzt*) ◇ *ein Tipp für die Überwindung der Flugangst* a tip for overcoming (your) fear of flying ◇ *Ich konnte es nur mit großer Überwindung anfassen.* I had to force myself to touch it. ◇ *Der erste Schritt zur Versöhnung kostet viel Überwindung.* The first step towards reconciliation is very difficult.

überwintern **1** winter; (*Winterschlaf halten*) hibernate **2 etw ~** overwinter sth

Überzahl majority [mit Verb im Sing/Pl]

überzeugen **1** convince; (*umstimmen*) persuade ◇ *Ich bin überzeugt, dass es so besser ist.* I'm convinced that it's better this way. ◇ *Dieses Argument überzeugt mich am wenigsten.* I find this argument the least convincing. ◇ *Er ist noch skeptisch, aber ich denke, dass ich ihn überzeugen kann.* He's still sceptical, but I think I can persuade him. ◇ *Am Schwebebalken konnte die Russin nicht überzeugen.* The Russian girl gave an unconvincing performance on the beam. **2 sich von etw ~** see sth for yourself ◇ *Du kannst dich ja mit eigenen Augen davon überzeugen.* You can go and see for yourself.

überzeugend convincing (*Adv* convincingly); (*beredsam*) persuasive (*Adv* persuasively) ◇ *etw überzeugend begründen* give convincing reasons for sth

überzeugt **1** → ÜBERZEUGEN **2** convinced [nur vor Nomen] ◇ *ein überzeugter Marxist* a convinced Marxist **3 von sich (selbst) ~** sure of yourself

Überzeugung conviction ◇ *Ich habe es aus Überzeugung getan.* I did it out of conviction. ◇ *Dies wäre völlig gegen seine Überzeugung.* This would be going against his convictions. ◇ *Nach Überzeugung der Polizei handelt es sich um einen Racheakt.* The police are convinced that it is an act of revenge. IDM **der Überzeugung sein** believe ◇ *Viele Richter sind der Überzeugung, das Gesetz müsse revidiert werden.* Many judges believe that the law must be revised. **zu der Überzeugung kommen/gelangen, dass ...** come to the conclusion that ...

Überzeugungsarbeit ◇ *Es brauchte viel Überzeugungsarbeit, um sie umzustimmen.* It took a lot of persuasion to get her to change her mind. ◇ *Bei den Wählern muss noch reichlich Überzeugungsarbeit geleistet werden.* The voters still need a lot of convincing. **Überzeugungskraft** (*eines Menschen*) powers of persuasion [Pl]; (*eines Arguments*) persuasive power

überziehen[1] **(sich) etw ~** put sth on IDM **jdm eins/ein paar überziehen** give sb a clout

überziehen[2] **1** (*bedecken*) cover ◇ *Der Boden war von einer Ölschicht überzogen.* The ground was covered with a film of oil. ◇ *die Sessel neu überziehen lassen* have the chairs re-covered ◇ *das Bett überziehen* make the bed up ◇ *das Bett frisch überziehen* change the sheets ◇ *einen Kuchen mit Zuckerguss überziehen* ice a cake ◇ *das Land mit Terror überziehen* spread terror through the land **2** (*Konto*) overdraw ◇ *Er hat sein Konto um 500 Franken überzogen.* He is 500 francs overdrawn on his account. ◇ *Ich habe mein Konto (total) überzogen.* I'm (hugely) overdrawn. ◇ *Ich will mein Konto nicht überziehen.* I don't want to go into the red. ◇ *Die Mittel sind jetzt schon überzogen.* We have overspent already. **3** (*zeitlich*) overrun ◇ *die Sendezeit um zehn Minuten überziehen* overrun the broadcast time by ten minutes **4 sich ~** cloud over

Überziehungskredit overdraft

überzogen **1** → ÜBERZIEHEN[2] **2** excessive; (*übertrieben*) exaggerated; (*unrealistisch*) unrealistic ◇ *überzogene Forderungen* excessive demands ◇ *Diese Kritik ist völlig überzogen.* This criticism is much too harsh. ◇ *eine überzogene Reaktion* an extreme reaction ◇ *Sie haben einfach überzogen reagiert.* They simply overreacted.

üblich usual; (*Öffnungszeiten etc.*) normal; (*Ausstattung etc.*) standard ◇ *wie üblich* as usual ◇ *die übliche Praxis* standard practice

U-Boot submarine

übrig **1 der/die/das übrige ...; die übrigen ...** the rest of the ...; (*verbleibend*) the remaining ...; (*andere*) the other ... ◇ *Das übrige Geld kannst du behalten.* You can keep the rest of the money. ◇ *die übrigen acht Mannschaften* the remaining eight teams ◇ *Eine Geisel wurde verletzt, die übrigen erlitten Schocks.* One hostage was injured, and the others suffered shock. ◇ *Das Übrige können wir uns später überlegen.* We can think about the rest later. **2 ~ sein** be left (over); **~ bleiben** be left (over); (*erhalten bleiben*) remain ◇ *Es ist noch etwas Wein übrig.* There's a little wine left. ◇ *Von den 3 000 Nashörnern sind nur einige Hundert übrig geblieben.* Only a few hundred rhinoceros remain of the 3 000. **3 etw ~ lassen** leave sth ◇ *Bitte lasst mir etwas Kuchen übrig.* Leave some cake for me, please. **4 etw ~ haben** have sth left ◇ *Ich habe noch etwas Geld übrig.* I've still got some money left. IDM **jdm bleibt nichts anderes übrig als ...** sb has no choice but to ... ◇ *Ihm blieb nichts anderes übrig als zu kündigen.* He had no choice but to resign. **für etw nicht viel/wenig/nichts übrig haben** not like sth very much/at all ◇ *Ich hab nicht viel für Sport übrig.* I don't like sport very much. **für jdn viel/nicht viel/nichts übrig haben** have a lot of/not have a lot of/have no time for sb ◇ *Er hat nichts für sie übrig.* He doesn't have any time for her at all. **im Übrigen** moreover; besides ◇ *Es ist im Übrigen kein Zufall, dass ...* Besides, it is no coincidence that ... → *Siehe auch* WÜNSCHEN

übrigens by the way, incidentally

Übung **1** (*Aufgabe*) exercise ◇ *eine militärische Übung* a military exercise ◇ *Am Nachmittag haben wir praktische Übungen.* We've got practicals in the afternoon. **2** (*das Üben*) practice, (*AmE*) practise ◇ *mit etwas Übung* with a little practice ◇ *viel Übung erfordern* take a lot of practice ◇ *aus der Übung kommen/sein* get/be out of practice IDM **Übung macht den Meister** practice makes perfect → *Siehe auch* ZWECK

Ufer (river) bank; (*Meeres-, See-*) shore ◇ *Wir saßen am Ufer.* We sat on the river bank. ◇ *Der Fluss ist über die Ufer getreten.* The river has burst its banks. ◇ *Ich schwamm ans Ufer zurück.* I swam back to shore. ◇ *Das Restaurant liegt direkt am Ufer.* The restaurant is right by the river/lake.

Ufo UFO

U-Haft → UNTERSUCHUNGSHAFT

Uhr 1 clock; (*Armband-, Taschen-*) watch ◇ *Meine Uhr geht vor/nach.* My watch is fast/slow. ◇ *Ich habe eine innere Uhr.* I've got a good sense of time. ◇ *die Uhr lesen können* be able to tell the time **2** (*in Zeitangaben*) ◇ *Wie viel Uhr ist es?* What time is it?/What's the time? ◇ *Es ist 9 Uhr 30.* It's 9.30 (a.m.). ◇ *Es ist 21 Uhr 30.* It's 9.30 (p.m.). ◇ *Es ist 10 Uhr.* It's 10 o'clock (in the morning)/10 a.m. ◇ *Es ist 22 Uhr.* It's 10 o'clock (at night)/10 p.m. ◇ *Der Zug fährt um 16.08 Uhr.* The train leaves at 4.08 (p.m.). ◇ *um Punkt 4 Uhr* at 4 o'clock on the dot ◇ *gegen 4 Uhr* at about 4 o'clock ◇ *von 10 bis 18 Uhr* from 10 a.m. to 6 p.m. ◇ *Komm doch so um 7 Uhr.* Come at around 7 o'clock. IDM **rund um die Uhr** round the clock **jds Uhr ist abgelaufen** sb's time has run out

Uhrmacher(in) watchmaker ◇ *Ich muss meine Uhr zum Uhrmacher bringen.* I have to take my watch to the jeweller's to be mended.

Uhrzeigersinn im ~ in a clockwise direction; **gegen den ~** in an anticlockwise direction

Uhrzeit time ◇ *Er fragte mich nach der Uhrzeit.* He asked me the time.

Uhu eagle owl

UKW VHF

ulkig funny

Ulme elm

ultimativ 1 ◇ *eine ultimative Forderung* a demand made as an ultimatum ◇ *in ultimativer Form* in the form of an ultimatum **2** (*beste*) ultimate [nur vor Nomen] ◇ *die ultimative Rock-n-Roll-Show* the ultimate rock 'n' roll show

Ultimatum ultimatum ◇ *jdm ein Ultimatum stellen* issue an ultimatum to sb

Ultra extremist

ultra- ultra- ◇ *ultramodern* ultra-modern ◇ *ultrarechts/ultralinks* extreme right-/left-wing

ultrarot infrared

Ultraschall ultrasound ◇ *jdn/etw mit Ultraschall untersuchen* perform an ultrasound examination on sb/sth

Ultraschalluntersuchung ultrasound scan

ultraviolett ultraviolet

um

• **als Präposition 1 ~ (… herum)** round, around ◇ *Wir saßen um den Tisch.* We sat round the table. ◇ *gleich um die Ecke* just round the corner ◇ *Um das Haus herum wollen wir ein paar Bäume pflanzen.* We want to plant a few trees around the house. ◇ *in und um München* in and around Munich **2 ~ sich** around ◇ *Er blickte ängstlich um sich.* He looked around anxiously. ◇ *Er schlug wie wild um sich.* He was hitting out in all directions. ◇ *Der Brand griff schnell um sich.* The fire spread rapidly. **3** (*mit Zeitangaben*) at; **~ … herum** at about …, around … ◇ *um neun* at nine ◇ *Komm so um sieben herum.* Come at about seven. ◇ *um Ostern herum* around Easter ◇ *um die Mittagszeit* around lunchtime **4** (*Differenzbetrag*) by ◇ *um ein Prozent pro Jahr steigen* increase by one per cent a year ◇ *Der Ober hat sich um 2 Euro verrechnet.* The waiter was out by 2 euros. ◇ *Ihr Mann war um einige Jahre älter als sie.* Her husband was a few years older than her. ◇ *Der Abflug verzögerte sich um zwei Stunden.* The flight was delayed by two hours. **5** (*Kaufpreis*) for **6 Woche ~ Woche, Tag ~ Tag, Schritt ~ Schritt** week by week, day by day, step by step **7 ~ jds/etw willen** → WILLEN ℹ Für andere Ausdrücke mit **um** siehe die Einträge für die entsprechenden Nomina etc. **Sorge um jdn/etw** z.B. steht unter **Sorge**.

• **als Adverb 8 ~ (die)** (*ungefähr*) about ◇ *Es kostet um die $100.* It costs about $100. **9** (*zu Ende*) up ◇ *Die 10 Minuten sind um.* The 10 minutes are up.

• **als Konjunktion 10 ~ zu** (*mit der Absicht*) to, in order to (*gehoben*); **~ nicht zu** so as not to ◇ *Ich bin gekommen, um zu helfen.* I've come to help. ◇ *um Missverständnisse zu vermeiden* in order to avoid misunderstandings ◇ *Ich stellte den Wecker, um nicht zu verschlafen.* I set the alarm clock so as not to oversleep. **11 ~ zu** (*als dass*) to ◇ *Er ist zu alt, um so etwas zu tragen.* He's too old to wear something like that. → *Siehe auch* UMSO

umarmen jdn ~ give sb a hug, embrace sb (*gehoben*) **sich ~** hug each other, embrace (*gehoben*) ◇ *Sie umarmte ihn fest.* She gave him a big hug. ◇ *Die beiden Regierungschefs umarmten sich.* The two leaders embraced.

Umarmung hug, embrace (*gehoben*)

Umbau 1 alterations [Pl] ◇ *Der Umbau des Hauses war sehr teuer.* The alterations to the house were very expensive. ◇ *wegen Umbaus geschlossen* closed for renovation **2 ~ (zu etw)** conversion (into sth)

umbauen[1] (*verändern*) **(etw) ~** make alterations (to sth); **etw in/zu etw ~** convert sth into sth ◇ *Wir wollen das Haus umbauen.* We want to make some alterations to the house.

umbauen[2] (*umgeben*) surround *sth* (by buildings)

umbenennen etw (in etw) ~ rename sth (sth) ◇ *Sankt Petersburg wurde in Leningrad umbenannt.* Saint Petersburg was renamed Leningrad.

umbinden sich etw ~ put sth on; **jdm etw ~** put sth on sb

umblättern turn (over) the page, turn over ◇ *Er blätterte um.* He turned the page. ◇ *Du kannst jetzt umblättern.* You can turn over now.

umbringen kill (*auch fig*) ◇ *Er hat sich umgebracht.* He killed himself. ◇ *Die Hitze bringt mich noch um.* The heat is killing me. ◇ *Das ewige Bohren bringt mich noch um.* This endless drilling is driving me round the bend.

Umbruch radical change; (*Umwälzung*) upheaval ◇ *der Umbruch in den Schulen* the radical changes in schools ◇ *im Umbruch sein* be in a state of upheaval

umbuchen 1 (*Ticket etc.*) change **2** (FINANZ) transfer

umdenken rethink your approach

umdisponieren change your arrangements

umdrehen 1 (*drehen*) turn ◇ *den Schlüssel im Schloss umdrehen* turn the key in the lock **2** (*auf die andere Seite*) turn *sth* over; (*auf den Kopf stellen*) turn *sth* upside down; (*von innen nach außen*) turn *sth* inside out ◇ *die Tischdecke umdrehen* turn the tablecloth over ◇ *Wir drehten die Kiste um und setzten uns darauf.* We turned the box upside down and sat on it. **3 sich ~** (*im Bett etc.*) turn over **4 (sich) ~** (*um die Achse*) turn round/around; **etw ~** turn sth round/around ◇ *Wo kann man hier umdrehen?* Where can you turn round here? ◇ *Die Frage kann man auch umdrehen.* You can turn the question round. ◇ *In der letzten Minute konnten sie das Spiel umdrehen.* In the final minute they were able to turn the match around. ◇ *sich nach jdm umdrehen* turn to look at sb **5** (*umkehren*) turn back ◇ *Als es dunkel wurde, drehten wir um.* When it got dark, we turned back. IDM **jdm den Hals/Kragen umdrehen** wring sb's neck **jeden Euro/jeden Cent (zweimal) umdrehen** watch/count every penny; (*knauserig sein*) be mean → *Siehe auch* GRAB, MAGEN, SPIESS *und* WORT

Umdrehung **1** (TECH) revolution **2** (*der Erde etc.*) rotation

umfahren[1] (*zu Boden werfen*) knock *sb/sth* down ◇ *Sie wurde von einem Radfahrer umgefahren.* She was knocked down by a cyclist. ◇ *Er fuhr ein Schild um.* He knocked down a road sign.

umfahren[2] (*umkreisen*) go round *sth*, drive round *sth*; (*auf einer Umgehungsstraße*) bypass ◇ *Wer in die Finkelstraße will, muss jetzt den ganzen Bahnhof umfahren.* If you want to get into Finkelstraße, you have to drive right round the station. ◇ *Neustadt kann man jetzt umfahren.* You can bypass Neustadt now.

umfallen **1** fall over; (*Baum, Turm etc.*) fall down ◇ *Die Lampe ist umgefallen.* The lamp fell over. ◇ *Er fiel tot um.* He fell down dead. **2** (*zusammenbrechen*) collapse ◇ *Am Ziel fiel sie vor Erschöpfung um.* At the finishing line she collapsed with exhaustion. ◇ *Ich bin vor Schreck fast umgefallen.* I almost died of fright. ◇ *zum Umfallen müde sein* be dead on your feet **3** (*seinen Standpunkt ändern*) do a U-turn

Umfang **1** perimeter; (*eines Kreises*) circumference **2** (*Ausmaß*) scale ◇ *der Umfang der Katastrophe* the scale of the disaster ◇ *Wirtschaftshilfe im Umfang von fünf Millionen* aid worth five million ◇ *Das Darlehen muss in vollem Umfang zurückgezahlt werden.* The loan must be repaid in full. ◇ *Die Firma will in größerem Umfang als bisher Stellen einsparen.* The company intends to cut more jobs than it has up to now. **3** (*einer Untersuchung*) scope

umfangreich extensive; (*Ausstellung, Paket, Investitionen*) large; (*Brief, Buch, Dokument etc.*) long; (*Ermittlungen, Analysen etc.*) thorough; (*Gespräche, Informationsmaterial*) detailed; (*Reformen, Änderungen*) wide-ranging

umfassen **1** comprise ◇ *Die Flotte umfasst 280 Flugzeuge.* The fleet comprises 280 aircraft. ◇ *Der Bericht umfasst 500 Seiten.* The report is 500 pages long. ◇ *Das Fabrikgelände umfasst 1,4 Quadratkilometer.* The factory site has an area of 1.4 square kilometres. ◇ *Die Ausbildung umfasst fünf Jahre.* It's a five-year course. ◇ *Der Kurs umfasst 36 Unterrichtsstunden.* The course runs for 36 lessons. ◇ *Die Tagesordnung umfasst nur sechs Punkte.* There are only six items on the agenda. **2** (*festhalten*) grasp ◇ *Sie umfasste meine Hand.* She grasped my hand. ◇ *Er umfasste ihre Taille.* He put his arm round her waist. **3** (*einschließen*) enclose ◇ *einen Garten mit einer Mauer umfassen* enclose a garden with a wall

umfassend comprehensive (*Adv* comprehensively); (*Geständnis*) full (*Adv* fully)

Umfeld **1** environment ◇ *ein ideales Umfeld für den Lernenden* an ideal learning environment ◇ *das häusliche Umfeld* the domestic environment **2** (*Personenkreis*) people close to *sb*; (PSYCH) milieu (*gehoben*) ◇ *Wir versuchen auch das Umfeld des Süchtigen zu beraten.* We also try to counsel the people close to the addict. ◇ *das Elternhaus und das soziale Umfeld* the home and the social milieu **3** (*Umgebung*) surrounding area; (*Rahmen*) setting ◇ *das Hafenviertel und dessen Umfeld* the port and the surrounding area ◇ *das Umfeld des Spielplatzes* the area surrounding the playground ◇ *Die Stadt bietet ein ideales Umfeld für diese Art von Veranstaltung.* The town offers the perfect setting for this kind of event.

umformulieren rephrase

Umfrage survey; (*Meinungs-*) opinion poll ◇ *eine Umfrage (unter den Studenten) machen* conduct an opinion poll (among the students)

umfunktionieren **etw (zu etw) ~** turn sth (into sth); (*umbauen*) convert sth (into sth)

Umgang **1** (*meist mit einem Verb übersetzt*) ◇ *Er ist geschickt im Umgang mit den Kunden.* He's good at dealing with the customers. ◇ *Sie hat den Umgang mit Tieren/Werkzeugen von ihrem Vater gelernt.* She learnt from her father how to handle animals/tools. ◇ *der vernünftige Umgang mit Medikamenten* the sensible use of drugs ◇ *ein Kurs für Frauen, die sich im Umgang mit Computern schulen lassen wollen* a course for women who want to learn how to use computers **2** (*Kontakt*) contact; (*Gesellschaft*) company ◇ *Seine Mutter hat ihm den Umgang mit Katja verboten.* His mother forbade him to see Katja. ◇ *Die Oma meint, er ist kein Umgang für mich.* Gran thinks he's not suitable company for me.

umgänglich affable, easy to get on with [nicht vor Nomen]

Umgangs- **Umgangsformen** manners [Pl] **Umgangssprache** **1** colloquial language ◇ *Das Wort wird nur in der Umgangssprache benutzt.* The word is only used in colloquial language. **2** (*zwischen verschiedensprachigen Gruppen benutzte Sprache*) language of communication ◇ *Das Französische entwickelte sich zur vorherrschenden Umgangssprache.* French became the dominant language of communication. ◇ *In meinem Kurs sind so viele Ausländer, dass wir Englisch als Umgangssprache benutzen.* There are so many foreigners on my course that we use English to communicate. **umgangssprachlich** colloquial (*Adv* colloquially)

umgeben surround ◇ *Sie war von Reportern umgeben.* She was surrounded by reporters.

Umgebung **1** surroundings [Pl]; (*eines bestimmten Ortes*) surrounding area ◇ *Er braucht seine gewohnte Umgebung.* He needs to be in familiar surroundings. ◇ *Berlin und seine Umgebung* Berlin and the surrounding area ◇ *die Bewohner in der Umgebung des Flughafens* the residents in the area surrounding the airport ◇ *München hat eine schöne Umgebung.* The area around Munich is lovely. **2** (*Personenkreis*) people close to *sb* ◇ *Selbst die Menschen ihrer nächsten Umgebung haben ihr nichts gesagt.* Even the people closest to her didn't tell her anything.

umgehen[1] **1** get round *sb/sth*; (*Ort, Straße*) bypass ◇ *eine Vorschrift umgehen* get round a regulation **2** (*vermeiden*) avoid; (*aus dem Weg gehen*) evade ◇ *um eine Konfrontation mit der Gewerkschaft zu umgehen* to avoid a confrontation with the union ◇ *Sie umging die Antwort sehr geschickt.* She skilfully avoided answering the question. ◇ *Das Thema der Finanzierung hat er umgangen.* He evaded the subject of financing.

umgehen[2] **1 mit jdm ~** deal with sb ◇ *Sie kann gut mit Menschen umgehen.* She's good at dealing with people. **2 mit etw ~** handle sth ◇ *Die Kinder lernen, mit Werkzeugen umzugehen.* The children learn to handle tools. ◇ *Sie kann gut mit Geld umgehen.* She's good with money. ◇ *mit etw sparsam umgehen* be economical with sth **3** (*Geschichte, Gerücht, Krankheit*) go round **4 (in, auf etc. etw) ~** (*spuken*) haunt sth ◇ *Auf der Burg gehen Gespenster um.* Ghosts haunt the castle. **5 mit etw ~** (*Plan, Gedanken*) be thinking of sth ◇ *Er geht mit dem Gedanken um, ein Geschäft aufzumachen.* He's thinking of setting up a business.

umgehend immediate (*Adv* immediately)

Umgehungsstraße bypass

umgekehrt **1** → UMKEHREN **2** *Adj* reverse [nur vor Nomen], the other way round [nicht vor Nomen]; (*entgegengesetzt*) opposite [nur vor Nomen] ◇ *Im zweiten Durchgang starten die Läufer in umgekehrter Reihenfolge.* In the second run, the racers go in reverse order. ◇ *Vor zehn Jahren waren uns die Amerikaner überle-*

gen. *Heute ist es umgekehrt.* Ten years ago, the Americans were ahead of us. Now it's the other way round. ◇ *Flüge in umgekehrter Richtung sind verbilligt.* Flights in the opposite direction are reduced. **3** *Adv* **und/oder ~** and/or vice versa ◇ *Wir können mit dem Bus hinfahren und zu Fuß zurückkommen oder umgekehrt.* We can go on the bus and walk back, or vice versa. **4** *Adv* (*andererseits*) conversely

umgestalten redesign, remodel; **etw zu etw ~** convert sth into sth

Umgestaltung **1** redesigning; (*von Gebäuden*) remodelling **2** (*AmE*) remodeling; (*Umstrukturierung*) reorganization

umgraben dig *sth* over

Umhang cape

umhängen **1 jdm/sich etw ~** (*Medaille, Kette, Schal etc.*) put sth round sb's/your neck; (*Mantel, Jacke*) put sth round sb's/your shoulders; (*Tasche, Kamera*) put sth over sb's/your shoulder **2** (*Bilder*) rehang

Umhängetasche shoulder bag

umhauen **1 jdn ~** knock sb down; (*Alkohol, Hitze etc.*) knock sb out **2** (*fällen*) fell **3 etw haut jdn um** (*überrascht jdn*) sb is gobsmacked by sth (*umgs*) ◇ *Es hat mich fast umgehauen, als ich gehört habe, dass sie verheiratet sind.* I was gobsmacked when I heard that they were married. ◇ *Das haut einen um!* That's incredible!

umher around ◇ *Weit umher war nichts zu sehen.* There was nothing to see for miles around.

umherfliegen, **umherirren** (*auch* **umherziehen**) → HERUM

umhören **sich ~** ask around ◇ *Ich habe mich nach einem Job umgehört.* I've been asking around to find a job. ◇ *Hör dich mal um, ob noch Wohnungen zu vermieten sind.* Ask around to see if there are still flats to let.

umhüllen envelop ◇ *Nebel umhüllte das Dorf.* Fog enveloped the village.

umkämpft ◇ *Die Stadt ist heftig umkämpft.* Fierce battles are being fought over the city. ◇ *ein hart umkämpfter Ballwechsel* a hard-fought rally

Umkehr **1** (*meist mit einem Verb übersetzt*) ◇ *Das schlechte Wetter zwang uns zur Umkehr.* The bad weather forced us to turn back. ◇ *Von diesem Weg gibt es keine Umkehr.* There's no turning back from this path. **2** (*Umkehrung*) reversal ◇ *eine Umkehr der Politik* a reversal of policy

umkehren **1** turn back ◇ *Wir mussten umkehren, weil die Straße gesperrt war.* We had to turn back because the road was blocked. **2** (*ins Gegenteil verkehren*) reverse ◇ *Sie wollen den Trend der vergangenen Jahre umkehren.* They want to reverse the trend of previous years.

umkippen **1** fall over; (*Auto*) overturn; (*Boot*) capsize ◇ *Die Leiter/Flasche ist umgekippt.* The ladder/bottle fell over. **2** (*ins Gegenteil umschlagen*) turn ◇ *Die Stimmung in der Bevölkerung könnte plötzlich umkippen.* The mood among the people might suddenly turn. **3** (*biologisch absterben*) die ◇ *Es ist zu befürchten, dass der Weiher bald umkippen wird.* It is to be feared that the pond will soon die. **4** (*ohnmächtig werden*) keel over, faint **5 etw ~** knock sth over ◇ *Ich habe die Kanne aus Versehen umgekippt.* I accidentally knocked the jug over.

umklammern hold *sb/sth* tight; (*sich anklammern*) cling to *sb/sth* ◇ *Sie hielt die Pistole fest umklammert.* She held the pistol tight. ◇ *Der Kleine umklammerte meine Beine.* The little boy clung to my legs.

Umkleidekabine changing room

umknicken **1 etw ~** (*Blumen etc.*) bend sth; (*Schild, Tafel*) knock sth down; (*Baum*) blow sth down; (*Antenne*) snap sth (off) **2** (*Blumen etc.*) be bent; (*Baum*) be blown down; (*Antenne*) snap **3** (**mit dem Fuß**) **~** twist your ankle ◇ *Er ist beim Tennis umgeknickt.* He twisted his ankle playing tennis.

umkommen be killed, die (*auch fig*) ◇ *Seine Familie ist im Krieg umgekommen.* His family were killed in the war. ◇ *Ich komme vor Durst um.* I'm dying of thirst. ◇ *Ich komme vor Hitze um.* The heat is killing me. ◇ *Ich komme vor Langeweile um.* I'm bored to death.

Umkreis **1** (*Gebiet*) (surrounding) area; (*Nähe*) vicinity ◇ *zwei Männer aus dem Umkreis von Heidelberg* two men from the Heidelberg area ◇ *Im Umkreis des Palasts hatten sich 100 000 Demonstranten versammelt.* 100 000 demonstrators had gathered in the area around the palace. ◇ *Der Täter wurde im Umkreis des Heims gesehen.* The offender was seen in the vicinity of the home. ◇ *Sie sprach mit einem Mann aus dem Umkreis des Kanzlers.* She spoke to a man who is close to the chancellor. **2 im ~ von …** within a radius of … ◇ *Die Bewohner im Umkreis von 20 Kilometern wurden evakuiert.* People living within a radius of 20 kilometres were evacuated. ◇ *Die Detonation war in einem Umkreis von fünf Kilometern zu hören.* The explosion could be heard up to five kilometres away.

umkreisen circle; (*Planet*) revolve around *sth*; (*Raumschiff, Satellit*) orbit

umkrempeln **1** (*aufkrempeln*) roll *sth* up **2** (*umstülpen*) turn *sth* inside out **3** (*gründlich durchsuchen*) turn *sth* upside down **4** (*ändern*) change *sth* completely

Umland surrounding area ◇ *Frankfurt und das Umland* Frankfurt and the surrounding area ◇ *im Umland von Berlin* in the area around Berlin

Umlauf **1** (*das Kursieren*) circulation (*oft mit einem Verb übersetzt*) ◇ *etw in Umlauf bringen* put sth into circulation ◇ *Das Gerücht ist schon eine ganze Weile im Umlauf.* The rumour has been circulating for some time. **2** (*Umkreisung*) orbit ◇ *der Umlauf des Mondes um die Erde* the moon's orbit around the earth ◇ *eine Mondsonde im Umlauf* a moon probe in orbit **3** (*im Reitsport*) round

Umlaufbahn orbit

umlaufen[1] → UMRENNEN

umlaufen[2] orbit

Umlaufkapital, **Umlaufvermögen** current assets [Pl]

Umlaut (LING) mutated vowel

umlegen **1** (*umwerfen*) knock *sth* down; (*Getreide*) flatten; (*vom Wind verursacht*) blow *sth* down ◇ *Der Fahrer legte mehrere Zäune um.* The driver knocked down several fences. ◇ *Der Hurrikan hat ganze Häuser umgelegt.* The hurricane blew several houses down. **2** (*als Maßnahme*) take *sth* down ◇ *Sie legten den Mast um, bevor sie unter der Brücke durchfuhren.* They took down the mast before they went under the bridge. **3** (*Hebel*) push *sth* down; (*Sitzlehne*) fold *sth* down **4 etw (auf etw) ~** (*verlegen*) move sth (to sth) **5 sich/jdm etw ~** (*Mantel, Decke etc.*) put sth round your/sb's shoulders; (*Schal, Kette etc.*) put sth round your/sb's neck **6 etw (auf jdn) ~** (*Kosten, Gebühren etc.*) pass sth (on to sb); **etw (auf etw) ~** add sth on (to sth) ◇ *Die Kosten werden auf den Verbraucher umgelegt.* The costs are passed on to the consumer. ◇ *Die Renovierungskosten werden auf die Miete umgelegt.* The costs of the repair work will be added on to the rent. **7** (*erschießen*) bump *sb* off (*umgs*)

umleiten divert ◇ *Der Verkehr wird über die Poststraße umgeleitet.* The traffic is being diverted via Poststraße. ◇ *Der Zugverkehr musste weitläufig* *umgeleitet werden.* The trains had to make a long detour.

Umleitung 1 diversion, *(AmE)* detour ◇ *Wir mussten eine Umleitung fahren.* We had to make a diversion. **2** *(das Umleiten)* diversion ◇ *die Umleitung der Donau* the diversion of the Danube

umliegend surrounding [nur vor Nomen]

Umluft circulating air

Umluftherd fan-assisted oven

ummelden 1 sich/jdn ~ notify your/sb's change of address **2** *(Auto)* reregister

umnähen *(ändern)* alter; *(Saum)* stitch *sth* (up)

umrahmen 1 frame ◇ *ihr von blonden Locken umrahmtes Gesicht* her face framed with blond curls ◇ *der von Fachwerkhäusern umrahmte Marktplatz* the market square with its half-timbered houses **2** *(fig)* ◇ *Der Festakt wurde von einer Kapelle musikalisch umrahmt.* The ceremony was accompanied by music from a band.

umranden 1 border; *(mit einem Kreis)* circle ◇ *Der Acker war mit einem Wiesenstreifen umrandet.* The field was bordered by a strip of meadow. ◇ *Er umrandete das Wort in Rot.* He circled the word in red. **2** *(den Rand nachziehen)* outline

umranken 1 entwine ◇ *ein von Rosen umrankter Balkon* a balcony entwined with roses **2** *(fig)* surround ◇ *von Mythen umrankt* surrounded by myth

umräumen 1 rearrange (the furniture) ◇ *Du hast ja schon wieder umgeräumt.* You've rearranged the furniture again. ◇ *Ich habe mein Zimmer ganz umgeräumt.* I've completely rearranged my room. **2** *(an einen anderen Ort)* move ◇ *Bücher in ein neues Regal umräumen* move the books into a new bookcase

umrechnen etw (in etw) ~ convert sth (into sth)

umreißen[1] *(umwerfen)* knock *sb/sth* down; *(Wind)* blow *sth* down

umreißen[2] *(darstellen)* outline; *(definieren)* define ◇ *ein klar umrissener Begriff* a clearly defined concept

umrennen knock *sb/sth* over

umringen surround ◇ *dicht umringte Stände* stalls surrounded by crowds of people

Umriss outline ◇ *die Umrisse der Berge* the outlines of the mountains ◇ *Zeichnen Sie zuerst den Umriss.* First, draw it in outline.

umrühren stir

umrunden go round *sth*; *(im All)* orbit

Umsatz turnover ◇ *Wir machen einen Umsatz von 2 Milliarden im Jahr.* We have a turnover of 2 billion a year. ◇ *Diese Produkte sind nur mit 7% am Umsatz beteiligt.* These products account for only 7% of turnover. ◇ *Der Umsatz stieg um 5%.* Turnover rose 5%. **Umsatzrückgang** drop in turnover **Umsatzsteuer** turnover tax, *(AmE)* sales tax **Umsatzwachstum** growth in turnover

umschalten 1 switch (over) ◇ *zwischen Benzin- und Elektromotor umschalten* switch between the petrol and electric engine ◇ *auf Mehrwegflaschen umschalten* switch to reusable bottles **2** *(beim Fernsehen)* switch channels, *(BrE auch)* switch over; *(in Livesendungen)* go over to *sth* ◇ *Nun schalte doch endlich um, ich möchte den Spielfilm sehen!* Switch channels, will you. I want to see the film! ◇ *vom ersten aufs zweite Programm umschalten* switch over from Channel One to Channel Two ◇ *Nun schalten wir um in die Festhalle.* Now we're going over to the festival hall. **3** **(auf etw) ~** *(Ampel)* change (to sth)

Umschalttaste shift key

umschauen → UMSEHEN

Umschlag 1 *(Brief-)* envelope **2** *(eines Buchs)* dust jacket; *(einer Zeitschrift)* cover **3** *(Kompresse)* compress **4** *(Hosen-)* turn-up, *(AmE)* cuff; *(Ärmel-)* cuff **5** *(Waren-)* ◇ *Der Hafen hat einen jährlichen Umschlag von 2 Millionen Tonnen.* The port handles 2 million tons a year. ◇ *Der Umschlag des Hafens hat sich verdreifacht.* There has been a threefold increase in tonnage handled by the port.

umschlagen 1 *(Wetter, Stimmung etc.)* change; **etw schlägt in etw um** sth turns (in)to sth ◇ *Das Wetter schlug plötzlich um.* Suddenly the weather changed. ◇ *Die Hoffnung schlug in Verzweiflung um.* Hope turned to despair. ◇ *Die Euphorie ist längst in Ernüchterung umgeschlagen.* The euphoria has long since died down. ◇ *Früher oder später wird diese Entwicklung ins Gegenteil umschlagen.* Sooner or later this development will be reversed. **2** *(Hose)* turn *sth* up; *(Kragen)* turn *sth* down; *(Manschette)* turn *sth* back **3** *(Buchseite etc.)* turn *sth* (over) **4** *(Baum)* cut *sth* down **5** *(Güter, Waren etc.)* handle

umschließen 1 *(umgeben)* surround **2** *(mit der Hand)* clasp **3** *(umarmen)* embrace

umschlingen 1 put your arms round *sb/sth*, clasp *sb/sth* ◇ *Eng umschlungen saßen sie auf einer Bank.* They were sitting on a bench with their arms round each other. **2 etw mit etw ~** wind sth round sth; **etw umschlingt etw** sth winds (itself) round sth ◇ *ein von einer Schleife umschlungener Kranz* a wreath wound round with ribbon ◇ *Die Stadt ist von einem Fluss umschlungen.* A river winds round the town. ◇ *Die Ringelnatter umschlingt ihre Beute.* The grass snake winds itself round its prey. ◇ *von Efeu umschlungen* covered with ivy

umschnallen buckle *sth* on

umschreiben[1] 1 *(paraphrasieren)* paraphrase **2** *(darstellen)* describe; *(beschönigen)* describe *sth* euphemistically **3** *(festlegen, definieren)* define ◇ *klar umschriebene Ausnahmen* clearly defined exceptions ◇ *nicht näher umschriebene nationale Interessen* unspecified national interests

umschreiben[2] *(umarbeiten)* rewrite

Umschrift transliteration; *(phonetisch)* transcription ◇ *die deutsche Umschrift eines russischen Namens* the German transliteration of a Russian name ◇ *die Grundlagen der phonetischen Umschrift* the principles of phonetic transcription

umschulen (sich) ~ (lassen) retrain; **jdn ~** retrain sb

Umschüler(in) = person who retrains/has been retrained ◇ *Die meisten Umschüler fanden einen Arbeitsplatz.* The majority of people who retrained found jobs.

Umschulung retraining [U] ◇ *Nach der Umschulung hat sie bessere Berufschancen.* She'll have better job prospects after retraining. ◇ *Seine Umschulung zum Programmierer wird vom Arbeitsamt bezahlt.* The employment office are paying for him to retrain as a computer programmer.

umschwärmen 1 swarm round *sb/sth* *(auch fig)* **2** *(verehren)* adore ◇ *Er wird von den Damen umschwärmt.* Women adore him. ◇ *Sie ist sehr umschwärmt.* She has lots of admirers.

Umschweife ohne ~ 1 *(ohne zu zögern)* right away ◇ *Er gab es ohne lange Umschweife zu.* He admitted it right away. **2** *(geradeheraus)* straight out ◇ *Sie hat ihm ohne Umschweife ihre Meinung gesagt.* She told him straight out what she thought.

umschwenken do a U-turn; **auf etw ~** switch to sth ◇ *Die Partei schwenkt beim Asylrecht um.* The party is doing a U-turn on the right to asylum. ◇ *Das Land muss auf einen radikalen Sparkurs umschwenken.* The country needs to switch to a radical programme of spending cuts. ◇ *Schließlich schwenkte sie zur Opposition um.* In the end she went over to the Opposition.

Umschwung **1** change; (*Wetter-*) change in the weather **2** (POL) shift; (*dramatische Umwälzung*) upheaval ◇ *ein Umschwung des Wählerverhaltens* a shift in voters' attitudes ◇ *der Umschwung in Osteuropa* the upheaval in Eastern Europe **3** (WIRTSCH) (*negativ*) downturn; (*positiv*) upturn

umsehen **1 sich ~** look around/round; **sich in etw ~** have a look around/round sth ◇ *Ich will mich nur mal umsehen.* I'd just like to look round. ◇ *Sie sah sich nach allen Seiten um.* She looked all around her. ◇ *Morgen wollen wir uns mal in der Stadt umsehen.* Tomorrow we'll have a look round the town. ◇ *Vor dem Studium will ich mich erst einmal in der Welt umsehen.* Before I go to university, I want to see a bit of the world. **2 sich ~** (*sich umdrehen*) look behind you; **sich nach jdm/etw ~** look back at sb/sth **3 sich nach etw ~** (*suchen*) look around/round for sth; **sich nach jdm ~** look for sb ◇ *Ich muss mich nach einem neuen Job umsehen.* I need to look around for a new job. **IDM Du wirst dich noch umsehen!** You'll get a shock!

umseitig overleaf (*dem Nomen nachgestellt*) ◇ *die umseitige Tabelle* the table overleaf

umsetzen **1** (*Plan, Beschluss, Vorschlag etc.*) implement; **etw in die Praxis ~** put sth into practice; **etw in die Tat ~** put sth into effect **2** (*Waren, Geld*) turn *sth* over; **etw in etw ~** spend sth on sth ◇ *Die Firma setzt jährlich 50 Millionen um.* The firm turns over 50 million a year. ◇ *Er hat sein ganzes Geld in Computerspiele umgesetzt.* He spent all his money on computer games. **3 etw in etw ~** (*verwandeln*) convert sth into sth; (*ausdrücken*) express sth in sth ◇ *Mit dieser Anlage wird Sonnenenergie in Strom umgesetzt.* With this system solar energy is converted into electricity. ◇ *Er versuchte seine Gefühle in Musik umzusetzen.* He attempted to express his feelings in music. **4 (sich) ~** (*versetzen*) move; (*Pflanze auch*) transplant ◇ *Wir wurden umgesetzt, weil wir zu viel gestört haben.* We were moved because we were too disruptive. ◇ *Nach der Pause haben wir uns umgesetzt.* We changed seats after the interval.

Umsetzung **1** (*Verwirklichung*) realization; (*eines Plans, Programms*) implementation **2** (*Darstellung*) representation (*oft mit einem Verb übersetzt*); (*Interpretation*) interpretation ◇ *Malerei ist für ihn die Umsetzung individueller Befindlichkeiten.* Painting is for him the representation of the feelings of an individual. ◇ *Die grafische Umsetzung dieses Themas ist nicht leicht.* It isn't easy to represent this subject in visual terms.

umsichtig prudent (*Adv* prudently); (*vorsichtig*) careful (*Adv* carefully)

umsiedeln **1** move; (*Firma auch*) relocate, be relocated **2 jdn ~** resettle sb ◇ *Die Bewohner des Katastrophengebietes wurden umgesiedelt.* The inhabitants of the disaster area were resettled. ◇ *Die Slumbewohner wurden in Wohnsilos umgesiedelt.* The slum-dwellers were rehoused in tower blocks.

Umsiedler(in) = person who is resettled ◇ *Für die Umsiedler aus Lettland wurden Wohnungen gebaut.* Housing was built for the people resettled from Latvia.

umso **~ besser, größer, mehr etc.** all the better, greater, more, etc. ◇ *Jetzt ist es umso wichtiger, ihn nicht alleine zu lassen.* Now it is all the more important not to leave him on his own. ◇ *Dann verwundert es umso mehr, dass …* Then it's all the more surprising that … ◇ *Es fällt ihnen umso leichter, da …* It's all the easier for them since … → *Siehe auch* JE[1] **IDM umso besser!** so much the better!

umsonst **1** free (of charge) ◇ *Das Buch habe ich umsonst bekommen.* I got the book free. ◇ *umsonst telefonieren* telephone free of charge ◇ *Auf dieser Welt gibt es nichts umsonst.* In this world you don't get anything for nothing. **2** (*arbeiten*) for nothing ◇ *Es geht nicht an, dass sie umsonst arbeiten.* It's not acceptable that they should have to work for nothing. ◇ *Die Helfer arbeiten umsonst.* The helpers don't get paid. **3** (*vergeblich*) in vain ◇ *Ihr Tod war nicht umsonst.* She didn't die in vain. **4 nicht umsonst** (*nicht ohne Grund*) not without good reason ◇ *Sie warnen nicht umsonst vor einer Klimakatastrophe.* They are warning of a climatic disaster, and not without good reason. ◇ *Nicht umsonst ist sie als Femme fatale bekannt.* Not for nothing is she known as a femme fatale.

umsorgen look after *sb*

umspannen (*Zeitspanne*) span; (*Themen etc.*) cover; (*Bereich*) encompass

umspringen **1** change ◇ *Die Ampel sprang auf Gelb um.* The light changed to amber. **2 mit jdm/etw ~** treat sb/sth ◇ *So lasse ich nicht mit mir umspringen!* I won't be treated like that!

Umstand circumstance ◇ *Es geht ihr den Umständen entsprechend gut.* She is as well as can be expected in the circumstances. ◇ *Unter diesen Umständen bin ich nicht bereit zu helfen.* I'm not prepared to help under the circumstances. ◇ *Das sollte unter gar keinen Umständen geschehen.* That should under no circumstances be allowed to happen. **IDM in anderen Umständen** (*schwanger*) pregnant **mildernde Umstände** mitigating circumstances (*Fachspr oder gehoben*) ◇ *Das Gericht hat auf mildernde Umstände erkannt.* The court took account of the mitigating circumstances. **ohne Umstände** without (any) fuss ◇ *Er ging ohne Umstände an die Arbeit.* He set to work without any fuss. ◇ *Sportarten, die man ohne viel Umstände betreiben kann* types of sport you can do conveniently **sich Umstände machen** go to a lot of trouble ◇ *Bitte machen Sie sich meinetwegen keine Umstände!* Please don't go to a lot of trouble on my account! **jdm Umstände machen** put sb to a lot of trouble ◇ *Bleiben Sie doch! Es macht uns keine Umstände.* Why don't you stay? It's no trouble. **unter allen Umständen** at all costs **unter Umständen** (*eventuell*) ◇ *Das kann unter Umständen teuer werden.* It could get expensive. ◇ *Die Krankheit führt unter Umständen zum Tod.* The disease can be fatal.

umständlich **1** (*langsam*) slow (*Adv* slowly); (*mühevoll*) laborious (*Adv* laboriously) ◇ *Sie arbeitet sehr umständlich.* She works very slowly. ◇ *Umständlich packte er jedes einzelne Stück aus.* He laboriously unpacked each piece. ◇ *Sei doch nicht so umständlich!* Don't make everything so complicated! **2** (*Verfahren, Formulierung etc.*) (long and) complicated; (*Reise*) awkward ◇ *das umständliche Wahlverfahren* the complicated electoral procedure ◇ *Es ist umständlich für sie, mit dem Bus zu fahren.* It is awkward for her to go by bus. ◇ *Warum einfach, wenn's auch umständlich geht?* Why do it the easy way when you can make it complicated?

Umstandskleidung maternity wear

umstandslos without ceremony

Umstandswort adverb

umstehen stand round *sb/sth*; (*umgeben*) surround

umsteigen **1** change ◇ *Muss ich umsteigen?* Do I have to change (trains)? ◇ *Wir müssen in Köln in den Intercity umsteigen.* We have to change at Cologne onto an intercity train. ◇ *Wir müssen hier nach Heidelberg umsteigen.* We have to change here for Heidelberg **2 auf etw ~** (*überwechseln*) change over to sth

umstellen[1] **1** (*anders stellen*) rearrange **2** (*Uhr vor-/zurückstellen*) put *sth* forward/back **3 von etw auf etw ~** switch (over) from sth to sth **4 (sich) ~** adjust ◇ *Du musst dein Spiel umstellen.* You'll have to adjust your game.

umstellen² *(sich um etw stellen)* surround
Umstellung **1** adjustment; *(Veränderung)* change **2** **~ auf etw** switch to sth ◇ *die Umstellung auf den Euro* the switch to the euro
umstimmen **jdn ~** make sb change their mind ◇ *Sie war nicht umzustimmen.* Nothing would make her change her mind.
umstoßen **1** knock *sb/sth* over; (SPORT) bring *sb* down **2** *(zunichtemachen)* upset
umstritten **1** controversial ◇ *ein umstrittenes Thema* a controversial issue **2** *(strittig)* disputed
umstrukturieren restructure
Umsturz coup ◇ *ein bewaffneter Umsturz* an armed coup ◇ *der gewaltsame Umsturz der Regierung* the violent overthrow of the government
umstürzen **1** fall; *(durch starken Wind)* blow down ◇ *umgestürzte Bäume* fallen trees ◇ *Einige Bäume waren umgestürzt.* Some trees had blown down. **2** *(Fahrzeug)* overturn *(auch fig)* ◇ *Der Sturm hatte mehrere Lastwagen umgestürzt.* Several lorries had been overturned by the gales.
umtaufen **etw (in etw) ~** rename sth (sth)
Umtausch *(meist mit einem Verb übersetzt)* ◇ *Ein Umtausch der Karten ist nicht möglich.* The tickets cannot be exchanged.
umtauschen **1 etw (in etw) ~** change sth (into sth) ◇ *Yen in Dollar umtauschen* change yen into dollars **2 etw (gegen etw) ~** exchange sth (for sth)
umtopfen repot
Umtriebe activity [U] ◇ *regierungsfeindliche Umtriebe* anti-government activity
umtriebig dynamic; *(rastlos)* restless
Umtrunk drink
U-Musik → UNTERHALTUNGSMUSIK
umwälzen **1** *(Luft, Wasser)* circulate **2** *(fig)* change *sth* radically
umwälzend revolutionary
Umwälzung upheaval
umwandeln **etw in/zu etw ~** convert sth into sth; *(Strafe)* commute sth to sth ◇ *Wohnungen in Büros umwandeln* convert flats into offices ◇ *Bioabfall in Kompost umwandeln* turn organic waste into compost ◇ *Er war wie umgewandelt.* He was a changed person.
Umwandlung conversion
umwechseln change
Umweg detour ◇ *Sollen wir einen kleinen Umweg über Köln machen?* Shall we make a short detour via Cologne? ◇ *wenn es kein Umweg für Sie ist* if it's not out of your way ◇ *ohne Umwege* straight IDM **etw auf Umwegen erfahren** hear sth from a third party
Umwelt **1** environment ◇ *die Vergiftung der Umwelt* the pollution of the environment ◇ *Maßnahmen zum Schutz der Umwelt* measures to protect the environment ◇ *Probleme der Umwelt* environmental problems **2** *(Menschen in jds Umgebung)* those around you [Pl] ◇ *Er fühlt sich von seiner Umwelt missverstanden.* He feels misunderstood by those around him. **umweltbedingt** environmental ◇ *umweltbedingte Ursachen* environmental causes **umweltbelastend** → UMWELTSCHÄDLICH **Umweltbelastung** pollution **Umweltbewegung** environmental movement **umweltbewusst** green, concerned about the environment [nicht vor Nomen] ◇ *ein umweltbewusstes Unternehmen* a green company ◇ *umweltbewusster leben* adopt a greener lifestyle ◇ *der umweltbewusste Verbraucher* consumers who are concerned about the environment **Umweltbewusstsein** environmental awareness **Umweltfaktor** environmental factor **umweltfeindlich** → UMWELTSCHÄDLICH **umweltfreundlich** environmentally friendly; *(Landwirtschaft, Ressourcen)* sustainable **umweltgefährdend** → UMWELTSCHÄDLICH **Umweltkatastrophe** ecological disaster **Umweltminister(in)** Minister for the Environment **Umweltpolitik** environmental policy **umweltpolitisch** ecopolitical ◇ *umweltpolitische Ziele der Kfz-Steuer* the ecopolitical aims of road tax ◇ *umweltpolitisch sinnvolle Regelungen* regulations that make sense in terms of environmental policy **Umweltproblem** environmental problem **Umweltschäden** damage to the environment [U] **umweltschädlich** harmful to the environment [nicht vor Nomen] ◇ *weniger umweltschädliche Produkte* products that are less harmful to the environment ◇ *umweltschädliche Verkehrsarten* types of transport that damage the environment ◇ *umweltschädliche Abfälle* pollutants ◇ *umweltschädliche Abgase* polluting emissions **umweltschonend** environmentally friendly, green ◇ *umweltschonende Energiequellen* environmentally friendly energy sources ◇ *umweltschonende Produkte* green products ◇ *umweltschonende Waschmittel* biodegradable detergents **Umweltschutz** environmental protection ◇ *Aspekte des Umweltschutzes* aspects of environmental protection ◇ *Wir meinen es ernst mit dem Umweltschutz.* We are serious about protecting the environment. **Umweltschützer(in)** environmentalist; *(Naturschützer auch)* conservationist **Umweltsünder** polluter **Umwelttechnik** environmental technology **Umwelttourismus** ecotourism **Umweltverschmutzung** pollution **umweltverträglich** environmentally friendly, eco-friendly ◇ *umweltverträgliche Waschmittel* environmentally friendly detergents ◇ *Wie kann man Elektrogeräte umweltverträglich entsorgen?* How can you dispose of electrical appliances in an eco-friendly way? **Umweltzerstörung** destruction of the environment
umwerfen **1 etw/jdn ~** knock sth/sb over; *(Fahrzeug)* overturn sth; *(fig)* throw sb ◇ *Wer hat die Vase umgeworfen?* Who knocked the vase over? ◇ *Die Niederlage hat ihn nicht umgeworfen.* The defeat didn't throw him. ◇ *Dieser Schnaps wirft den stärksten Mann um.* This schnapps really knocks you out. **2 sich etw ~** throw sth over/round your shoulders **3** *(zunichtemachen)* upset
umwerfend stunning ◇ *ein umwerfendes Lächeln* a stunning smile ◇ *Die Besucherzahlen waren nicht umwerfend.* Visitor numbers were nothing special. ◇ *umwerfend komisch* hysterically funny
umwickeln **etw mit etw ~** wrap sth in sth; *(mit Schnur, Draht etc.)* tie sth with sth; *(mit Verband)* bandage sth
umziehen **1** move ◇ *Wir ziehen heute um.* We are moving today. ◇ *Sie ist nach Ulm umgezogen.* She has moved to Ulm. **2 sich ~** get changed ◇ *Wo kann ich mich umziehen?* Where can I get changed? **3 jdn ~** change sb's clothes
umzingeln surround
Umzug **1** move ◇ *der Umzug in die neue Wohnung* the move to the new flat ◇ *Es ist beim Umzug kaputt gegangen.* It got broken in the move. **2** *(Festzug)* procession
unabänderlich **1** unalterable ◇ *unabänderliche Regeln* unalterable rules ◇ *eine unabänderliche Tatsache* a fact of life **2** *(unabwendbar)* inevitable
unabdingbar essential
unabhängig **1 ~ (von jdm/etw)** independent (of sb/sth) *(Adv* independently*)* ◇ *unabhängig handeln* act independently ◇ *zwei voneinander unabhängige Aktionen* two quite separate operations **2 ~ davon, ob, was, wie etc.** *(ohne Rücksicht auf)* regardless of whether, what, how, etc.
Unabhängigkeit independence ◇ *Indien erlangte 1947 die Unabhängigkeit.* India gained its independence in 1947.

unablässig constant (*Adv* constantly)
unabsehbar unforeseeable; (*Kosten, Risiko*) incalculable (*gehoben*) ◇ *Das könnte unabsehbare Folgen haben.* This could have unforeseeable consequences. ◇ *Die ökologischen Folgen sind unabsehbar.* The ecological consequences are impossible to predict. ◇ *auf unabsehbare Zeit geschlossen* closed indefinitely
unabsichtlich (*ohne Absicht*) unintentional (*Adv* unintentionally); (*aus Versehen*) accidental (*Adv* accidentally) ◇ *Ich habe ihm unabsichtlich auf den Fuß getreten.* I accidentally trod on his toe. ◇ *Das war völlig unabsichtlich!* I didn't mean to!
unabwendbar inevitable
unanfechtbar (*Beschluss, Entscheidung*) final
unangebracht inappropriate; (*ungerechtfertigt*) unjustified
unangefochten unchallenged
unangemeldet **1** *Adj* (*Besuch, Gast*) unexpected; (*Kontrolle*) surprise **2** *Adv* unexpectedly; (*ohne Termin*) without an appointment
unangemessen inappropriate (*Adv* inappropriately); (*übertrieben*) excessive (*Adv* excessively)
unangenehm **1** unpleasant (*Adv* unpleasantly) ◇ *ein unangenehmer Geruch* an unpleasant smell ◇ *Er kann unangenehm werden.* He can turn nasty. ◇ *Er ist mir schon ein paar Mal unangenehm aufgefallen.* I've noticed him before and I don't like him. **2** (*unbequem*) awkward; (*peinlich*) embarrassing ◇ *eine unangenehme Frage* an awkward question ◇ *Ich bin in einer unangenehmen Lage.* I'm in an embarrassing position. **3 etw ist jdm ~** sb finds sth embarrassing ◇ *Die ganze Situation war mir höchst unangenehm.* I found the whole thing extremely embarrassing.
unangetastet intact ◇ *Das Recht auf Asyl würde unangetastet bleiben.* The right to asylum would remain intact. ◇ *Der Dieb ließ die Bilder unangetastet.* The thief didn't touch the pictures.
unannehmbar unacceptable
Unannehmlichkeit trouble [U] ◇ *Ich möchte Ihnen keine Unannehmlichkeiten bereiten.* I don't want to cause you any trouble.
unansehnlich unsightly
unanständig improper (*Adv* improperly); (*Witz etc.*) dirty
unantastbar inviolable
unappetitlich disgusting; (*Speise*) unappetizing
unauffällig inconspicuous (*Adv* inconspicuously); (*dezent*) discreet (*Adv* discreetly) ◇ *Sie ist meist recht unauffällig gekleidet.* She usually dresses very discreetly. ◇ *Es gelang mir, unauffällig zu verschwinden.* I managed to slip away unnoticed.
unaufhaltsam inexorable (*Adv* inexorably) (*gehoben*)
unaufhörlich constant (*Adv* constantly) ◇ *In der ganzen Stadt wird unaufhörlich geschossen.* There is constant shooting all over the town. ◇ *Es regnet unaufhörlich.* It never stops raining.
unaufrichtig dishonest
unausgeglichen unbalanced; (*Mensch*) moody; (*unbeständig*) inconsistent ◇ *ein unausgeglichener Haushalt* an unbalanced budget
unausgegoren not properly thought through [nicht vor Nomen], half-baked (*umgs*)
unausgesprochen unspoken (*gehoben*)
unauslöschlich indelible (*Adv* indelibly) ◇ *unauslöschliche Bilder* indelible images ◇ *unauslöschliche Erlebnisse* experiences that are indelibly imprinted in your memory ◇ *unauslöschliche Erinnerungen* memories that can never be erased
unausstehlich unbearable
unbändig **1** *Adj* intense; (*Sehnsucht, Freude*) overwhelming **2** *Adv* tremendously
unbarmherzig unfeeling (*Adv* unfeelingly); (*Hitze, Sonne*) merciless (*Adv* mercilessly)
unbeabsichtigt unintentional (*Adv* unintentionally)
unbeachtet ignored [nicht vor Nomen]; (*unbemerkt*) unnoticed [nicht vor Nomen] ◇ *ein vielfach unbeachtetes Problem* a problem that is often ignored ◇ *Sie verließ die Party völlig unbeachtet.* She left the party unnoticed.
unbeaufsichtigt unsupervised
unbebaut vacant; (*unbepflanzt*) uncultivated
unbedacht **1** unthinking (*Adv* unthinkingly); (*taktlos*) tactless (*Adv* tactlessly); (*vorschnell*) rash **2** (*Adv* rashly) ◇ *in einem unbedachten Augenblick* in a rash moment ◇ *unbedacht handeln* act without thinking
unbedarft inexperienced; (*naiv*) naive (*Adv* naively) ◇ *Literaturkritik verwirrt oft den unbedarften Leser.* Literary criticism is often confusing for the inexperienced reader. ◇ *Ich bin völlig unbedarft ins Geschäft eingestiegen.* I got into the business without knowing what I was doing.
unbedenklich safe
unbedeutend **1** insignificant ◇ *Ich kam mir ganz unbedeutend vor.* I felt quite insignificant. **2** (*klein*) minor; (*geringfügig*) negligible ◇ *eine unbedeutende Rolle spielen* play a minor role
unbedingt **1** *Adv* really ◇ *Ich muss die Prüfung unbedingt bestehen.* I really must pass the exam. **2** *Adv* **nicht ~** not necessarily ◇ *Er möchte ihr nicht unbedingt alles sagen.* He doesn't necessarily want to tell her everything. **3** *Adj* absolute ◇ *der unbedingte Wille zum Erfolg* the absolute determination to succeed
unbeeindruckt **1** unimpressed ◇ *Unser Klassenlehrer zeigte sich völlig unbeeindruckt.* Our class teacher was completely unimpressed. **2** (*unbeeinflusst*) undaunted ◇ *Unbeeindruckt vom Wetter gingen sie weiter.* Undaunted by the weather, they went on.
unbefangen **1** *Adj* natural (*Adv* naturally), unselfconscious (*Adv* unselfconsciously) **2** (*objektiv*) impartial (*Adv* impartially)
unbefriedigend unsatisfactory (*Adv* unsatisfactorily)
unbefriedigt **1** unsatisfied; (*frustriert*) frustrated **2 ~ (über etw)** dissatisfied (with sth) ◇ *Sie waren unbefriedigt über den Ausgang des Prozesses.* They were dissatisfied with the outcome of the trial.
unbefristet permanent (*Adv* permanently); (*Zeitraum*) indefinite (*Adv* indefinitely) ◇ *ein unbefristeter Vertrag* a permanent contract ◇ *in einen unbefristeten Streik treten* go on strike indefinitely ◇ *eine unbefristete Verlängerung* an extension for an indefinite period
unbefugt **1** *Adj* unauthorized **2** *Adv* without authorization
unbegleitet unaccompanied ◇ *unbegleitete Kinder* unaccompanied children ◇ *Der Chor singt unbegleitet.* The choir sings unaccompanied.
unbegreiflich incomprehensible; (*unvorstellbar*) inconceivable; (*entsetzlich*) unspeakable ◇ *eine unbegreifliche Entscheidung* an incomprehensible decision ◇ *Es ist unbegreiflich, dass das ohne ihr Wissen passieren konnte.* It is inconceivable that this happened without their knowledge.
unbegrenzt **1** *Adj* unlimited; (*Zeitraum, Streik, Ausgangssperre*) indefinite **2** *Adv* for an unlimited period, indefinitely ◇ *Brot ist nicht unbegrenzt haltbar.* You can't keep bread indefinitely. ◇ *Magnesium ist praktisch unbegrenzt erhältlich.* There is a virtually unlimited supply of magnesium. ◇ *Ich habe nicht unbegrenzt Zeit.* My time is limited.

unbegründet (*Verdacht, Angst*) groundless; (*Spekulation*) unfounded; (*Kündigung, Gewaltanwendung*) unwarranted ◇ *unbegründete Furcht* groundless fears ◇ *Die Frage ist nicht ganz unbegründet.* There is a reason for my question.

Unbehagen unease; (*körperlich*) discomfort ◇ *mit wachsendem Unbehagen* with growing unease ◇ *Die sozialen Spannungen bereiten den Politikern Unbehagen.* The social tensions are making politicians uneasy.

unbehaglich uncomfortable; (*beunruhigt*) uneasy ◇ *eine unbehagliche Situation* an uncomfortable situation ◇ *Ich fühlte mich ziemlich unbehaglich in seiner Gegenwart.* I felt rather uneasy in his presence.

unbehandelt untreated; (*Zitronen etc.*) unwaxed

unbehelligt **1** unchallenged **2** (*ungestört*) undisturbed; **jdn ~ lassen** leave sb alone ◇ *Die Stadt soll von Protesten unbehelligt bleiben.* The town is not likely to be disturbed by protests. ◇ *Die Demonstranten blieben von der Polizei unbehelligt.* The police left the demonstrators alone.

unbeholfen awkward (*Adv* awkwardly); (*hilflos*) helpless (*Adv* helplessly)

unbeirrt steadfast (*Adv* steadfastly)

unbekannt **1** unknown ◇ *Die Nebenwirkungen sind noch weitgehend unbekannt.* The side effects are still largely unknown. ◇ *Anzeige gegen unbekannt erstatten* report a crime ◇ *Sie sind unbekannt verzogen.* They have left without leaving a forwarding address. **2** **jd/etw ist jdm ~** sb has not heard of sb/sth; **etw ist jdm ~** (*nicht bewusst*) sb is unaware of sth; (*nicht vertraut*) sb is not familiar with sth ◇ *Diese Sängerin ist mir völlig unbekannt.* I've never heard of this singer. ◇ *Dieses Computerspiel ist mir noch unbekannt.* I'm not familiar with this computer game yet. ◇ *Die Wahrheit war mir bis vor Kurzem völlig unbekannt.* Only recently have I become aware of the truth.

Unbekannte (MATH) unknown

Unbekannte(r) stranger

unbekümmert **1** *Adj* carefree; (*leichtlebig*) easy-going ◇ *eine unbekümmerte Spontanität* an easy-going, spontaneous manner **2** *Adv* in a carefree way; (*ohne Bedenken*) without a second thought, without any worries ◇ *Sie stürzt sich unbekümmert in jedes Abenteuer.* She throws herself into any adventure without a second thought. ◇ *den Urlaub/das Leben unbekümmert genießen* enjoy your holiday/life without any worries

unbelebt **1** (*menschenleer*) quiet **2** (*anorganisch*) inorganic; (*Natur*) inanimate

unbeleuchtet unlit; (*Fahrzeug*) without lights [nicht vor Nomen]

unbeliebt **(bei jdm) ~** unpopular (with sb) ◇ *ein bei den Schülern unbeliebter Lehrer* a teacher who is unpopular with the pupils ◇ *Mit seiner Ungeduld machte er sich bei ihnen nur noch unbeliebter.* His impatience just made him more unpopular.

unbemannt unmanned

unbemerkt unnoticed [nicht vor Nomen]; (*Verbrechen, Krankheiten auch*) undetected ◇ *Die Bankräuber entkamen unbemerkt.* The bank robbers escaped undetected. ◇ *Es gelang ihm, unbemerkt in das Schloss einzudringen.* He managed to get into the castle without being noticed.

unbenutzt unused

unbeobachtet unobserved ◇ *sich unbeobachtet davonmachen* escape unobserved ◇ *In einem unbeobachteten Moment nahm er sie in den Arm.* He took her in his arms when nobody was looking.

unbequem **1** uncomfortable ◇ *in unbequemer Haltung* in an uncomfortable position ◇ *In der Kutsche reiste man unbequem.* Travelling in a coach was uncomfortable. ◇ *Ich sitze unbequem.* I'm not sitting very comfortably. **2** (*schwierig, störend*) awkward ◇ *unbequeme Fragen stellen* ask awkward questions ◇ *ein unbequemer Politiker* a politician who is not afraid to ask awkward questions ◇ *unbequeme Wahrheiten sagen* reveal the unpleasant truth ◇ *eine unbequeme Entscheidung treffen* make a difficult decision

unberechenbar **1** unpredictable (*Adv* unpredictably) **2** (*unbekannt*) unknown

unberechtigt **1** unjustified; (*Angst, Sorgen, Anschuldigungen, Zweifel, Verdacht*) groundless; (*unverdient*) undeserved ◇ *unberechtigte Kritik* unjustified criticism ◇ *Wie sich später herausstellte, war meine Angst nicht ganz unberechtigt.* My fears were not entirely groundless, as it turned out. ◇ *ein unberechtigt schlechter Ruf* an undeserved bad reputation ◇ *unberechtigte Erwartungen/Hoffnungen* unrealistic expectations/hopes **2** (*fälschlich*) wrong (*Adv* wrongly) ◇ *unberechtigt beschuldigt* wrongly accused **3** (*ohne Befugnis*) unauthorized; (*illegal*) illegal (*Adv* illegally) ◇ *unberechtigter Zugang zu fremden Rechnern* unauthorized access to other people's computers ◇ *Er soll unberechtigt Arbeitslosengeld kassiert haben.* He is accused of illegally claiming benefit. ◇ *unberechtigte Asylbewerber* bogus asylum seekers

unberücksichtigt **1** **etw ~ lassen** leave sth out (of consideration), ignore sth **2** **~ bleiben** be disregarded ◇ *Rechtschreibfehler blieben in der Bewertung weitgehend unberücksichtigt.* Spelling mistakes were largely disregarded in the marking.

unberührt **1** unspoilt ◇ *ein unberührtes Stück Natur* an unspoilt part of the countryside **2** (*nicht benutzt, getrunken etc.*) untouched ◇ *Das Frühstück stand unberührt auf dem Tisch.* The breakfast lay untouched on the table. ◇ *Das Bett war auch am Morgen noch unberührt.* The bed had not been slept in. **3** (*ungerührt*) unmoved

unbeschadet unscathed [nicht vor Nomen]

unbeschädigt undamaged, intact

unbescholten innocent; (RECHT) with no criminal record [nicht vor Nomen] ◇ *Die Angeklagte war bisher unbescholten.* The accused had no previous criminal record.

unbeschränkt unlimited ◇ *eine unbeschränkte Haftung/Vollmacht* unlimited liability/powers ◇ *Der Gutschein ist unbeschränkt gültig.* The voucher is valid indefinitely.

unbeschreiblich indescribable (*Adv* indescribably); (*bewundernd*) incredible (*Adv* incredibly) ◇ *In den Lagern herrschen unbeschreibliche Zustände.* Conditions in the camps are indescribable. ◇ *Er sah unbeschreiblich gut aus.* He was incredibly good-looking.

unbeschrieben blank IDM → BLATT

unbeschwert **1** (*unbekümmert*) carefree ◇ *Er genoss den Urlaub unbeschwert.* He enjoyed a carefree holiday. ◇ *Heute kann sie unbeschwert darüber lachen.* She can laugh about it now. **2** (*mit Leichtigkeit*) with ease

unbesetzt vacant

unbesorgt **1** *Adj* trouble-free ◇ *ein unbesorgtes Leben* a trouble-free existence **2** *Adj* **(über/um jdn/etw) ~ sein** not worry about sb/sth ◇ *Sei unbesorgt!* Don't worry! **3** *Adv* without worrying ◇ *unbesorgt durchs Leben gehen* go through life without worrying about anything

unbeständig changeable

unbestechlich **1** incorruptible **2** (*unvoreingenommen*) impartial ◇ *ein unbestechlicher Beobachter* an impartial observer ◇ *ein unbestechlicher Blick* an acute eye

unbestimmt **1** vague ◇ *ein unbestimmter Verdacht* a vague suspicion **2** (*noch unbekannt*) indefinite (*Adv* indefinitely); (*nicht angegeben*) unspecified ◇ *der unbestimmte Artikel* the indefinite article ◇ *etw auf unbestimmte Zeit verschieben* postpone sth indefinitely ◇ *eine unbestimmte Zahl von Soldaten* an unspecified number of soldiers

unbestritten undisputed ◇ *Er ist weiterhin unbestritten die Nummer eins.* He remains the undisputed champion.

unbeteiligt **1** *Adv* with indifference ◇ *Wir schauten dem Spektakel eher unbeteiligt zu.* We watched this spectacle with indifference. **2** *Adj* not involved [nicht vor Nomen]; (*unparteiisch*) independent ◇ *An dem Überfall war er nicht unbeteiligt.* He was involved in the robbery. ◇ *unbeteiligte Zivilisten/Passanten* innocent civilians/passers-by ◇ *unbeteiligte Beobachter* independent observers

unbetont unstressed

unbeträchtlich insignificant, inconsiderable

unbeugsam uncompromising ◇ *eine unbeugsame Haltung* an uncompromising attitude ◇ *Ihr unbeugsamer Wille wird sie weit bringen.* With her determination, she'll go a long way.

unbewaffnet unarmed

unbewohnt uninhabited; (*Gebäude*) empty

unbewusst **1** unconscious (*Adv* unconsciously); (*unterbewusst*) subconscious (*Adv* subconsciously); (*nicht wissentlich*) unknowing (*Adv* unknowingly) ◇ *Bewusst oder unbewusst fallen viele dem Aberglauben zum Opfer.* Consciously or unconsciously, many people are superstitious. ◇ *eine unbewusste Angst* a subconscious fear ◇ *die unbewusste Einnahme von Drogen* taking drugs unknowingly ◇ *Ich habe damals als Kind unbewusst allerhand vom Krieg mitbekommen.* As a child, I picked up a lot of what was going on in the war without realizing it. **2** (*unabsichtlich*) unintentional (*Adv* unintentionally) ◇ *jdn unbewusst kränken* offend sb unintentionally

unbezahlbar **1** prohibitive, prohibitively expensive ◇ *Die Miete ist unbezahlbar.* The rent is prohibitive. **2** (*fig*) priceless ◇ *Das Stück ist von unbezahlbarem Wert.* The item is priceless. ◇ *Gute Freunde sind unbezahlbar.* Good friends are something money can't buy.

unblutig **1** *Adj* bloodless ◇ *ein unblutiger Putsch* a bloodless coup **2** *Adv* without bloodshed ◇ *unblutig zu Ende gehen* end without bloodshed

unbrauchbar **1** useless; (*ohne jeden Wert*) worthless ◇ *Der Regen machte die Pappe unbrauchbar.* The rain rendered the cardboard useless. ◇ *ein unbrauchbares Gutachten* a worthless report **2** (*ungeeignet*) unsuitable ◇ *unbrauchbar für den alltäglichen Einsatz* unsuitable for everyday use ◇ *Er ist fürs Dolmetschen unbrauchbar — er ist zu langsam.* He's no good as an interpreter — he's too slow. ◇ *Diese Formel erwies sich als unbrauchbar für die Aufgabe.* This formula turned out not to work for the task.

unbürokratisch **1** *Adj* (*sofortig*) immediate; (*flexibel*) flexible ◇ *Sie versprachen unbürokratische Hilfe.* They promised immediate aid. ◇ *die unbürokratische Zusammenarbeit* flexible cooperation **2** *Adv* without a lot of red tape ◇ *Das Problem konnte unbürokratisch gelöst werden.* The problem was solved without a lot of red tape. ◇ *Wir wollen unbürokratisch handeln und schnell helfen.* We want to cut through the red tape and help quickly.

und **1** and ◇ *Er behauptete, der Vorfall hätte sich so und so abgespielt.* He maintained that the incident had happened in such and such a way. ◇ *Sie wollte in die und die Länder reisen.* She wanted to go to these particular countries. ◇ *Sei doch bitte so lieb und gib ihm diesen Brief.* Would you be so kind as to give him this letter? ◇ *Messer und Gabel* a knife and fork **2** (*ironisch*) ◇ *Er und die Technik beherrschen? Da treffen zwei Welten aufeinander.* Him good at technology? You must be joking! **IDM** **und so weiter** et cetera **und so weiter (und so fort)** and so on (and so forth) **und und und** etc. etc. ◇ *Er schenkte ihr alles Mögliche: Schmuck, Reisen, und und und …* He gave her all sorts of things: jewellery, holidays, etc. etc. → *Siehe auch* WIE

Undank ingratitude **IDM** → BELOHNEN

undankbar **1** ungrateful (*Adv* ungratefully) ◇ *Ich möchte ihm gegenüber nicht undankbar scheinen.* I wouldn't like him to think I was ungrateful. ◇ *Ich empfinde ihr Verhalten als undankbar.* I think she's behaving ungratefully. **2** (*nicht lohnend*) thankless

undefinierbar indefinable ◇ *Der Eintopf schmeckte undefinierbar.* The stew had an indefinable taste.

undemokratisch undemocratic (*Adv* undemocratically)

undenkbar unthinkable ◇ *Viele halten Leben auf anderen Planeten für völlig undenkbar.* For many people it is unthinkable that there could be life on another planet.

Underdog underdog

Understatement understatement ◇ *das Understatement pflegen* go in for understatement ◇ *etw mit Understatement sagen* understate sth

undeutlich **1** (*ungenau*) indistinct (*Adv* indistinctly); (*vage*) vague (*Adv* vaguely) ◇ *ein undeutlich umschriebener Begriff* a vaguely defined concept ◇ *ein undeutliches Foto* a blurred photo **2** (*schwer lesbar*) illegible (*Adv* illegibly) **3** (*schwer verständlich*) not clear (*Adv* not clearly) ◇ *eine undeutliche Aussprache haben* not pronounce things clearly ◇ *undeutlich reden* mumble

undicht leaky, leaking ◇ *ein undichter Hahn* a leaky tap ◇ *Das Dach ist undicht.* The roof leaks. ◇ *Er entdeckte eine undichte Stelle in der Leitung.* He found a leak in the pipe.

undifferenziert indiscriminate (*Adv* indiscriminately); (*allzu simpel*) simplistic (*Adv* simplistically)

Unding **ein ~ sein** be absurd

undiszipliniert **1** *Adj* undisciplined **2** *Adv* in an undisciplined way ◇ *sich undiszipliniert verhalten* behave in an undisciplined way ◇ *Die Mannschaft spielte heute sehr undiszipliniert.* The team showed no discipline on the field today.

undurchdringlich **1** (*dicht*) impenetrable (*Adv* impenetrably) **2** (*verschlossen*) inscrutable (*Adv* inscrutably)

undurchlässig impermeable

undurchsichtig **1** (*undurchschaubar*) obscure; (*zweifelhaft*) shady (*abwert*) ◇ *obskure Machtstrukturen* obscure power structures ◇ *undurchsichtige Geschäfte* shady deals **2** (*nicht transparent*) opaque ◇ *undurchsichtiges Glas* opaque glass

uneben uneven

Unebenheit unevenness [U] (*auch fig*); (*Stelle*) bump

unecht false; (*künstlich auch*) artificial

unehelich illegitimate ◇ *ein uneheliches Kind* an illegitimate child ◇ *Sie war unehelich geboren worden.* She was born out of wedlock.

unehrlich dishonest (*Adv* dishonestly)

uneigennützig selfless (*Adv* selflessly) ◇ *ein uneigennütziges Engagement für die Umwelt* a selfless devotion to environmental causes ◇ *Er setzte sich uneigennützig für sie ein.* He supported them without thinking of himself.

uneingeschränkt **1** *Adj* (*Erhalt, Beibehaltung, Recht, Zugang*) unrestricted; (*Vertrauen, Befürworter*) absolute; (*Zustimmung, Lob*) unqualified ◇ *Sie genoss das uneingeschränkte Vertrauen der Kinder.* The children had absolute confidence in her. **2** *Adv* without restriction; (*rückhaltlos*) unreservedly ◇ *Dieses Produkt darf uneingeschränkt vermarktet werden.* This product can be marketed without restriction. ◇ *Ich stehe uneingeschränkt hinter ihr.* I support her unreservedly. ◇ *Das Verbot gilt uneingeschränkt.* The ban is absolute.

uneinheitlich (*Rechtsprechung, Aussage, Bild etc.*) inconsistent; (*Wirtschaftssektor, Aktienmarkt*) volatile; (*Gesellschaft, Gruppe*) heterogeneous ◇ *Der Aktienmarkt eröffnete uneinheitlich.* The stock market was volatile when it opened today. ◇ *Das Werk des Künstlers ist uneinheitlich.* The artist's work is uneven.

uneinig divided ◇ *Die Wissenschaft ist sich uneinig, wie die Erde entstanden ist.* Science is divided on how the world came into being. ◇ *Sie waren sich über die Farbe für den neuen Teppich uneinig.* They didn't agree about the colour of the new carpet.

uneinnehmbar impregnable

uneins **(sich) ~ sein** be in disagreement

unempfindlich **1** immune (*auch fig*) **2** (*strapazierfähig*) hard-wearing

unendlich endless (*Adv* endlessly), infinite (*Adv* infinitely) ◇ *unendliches Leid* endless suffering ◇ *Er träumte von der unendlichen Weite des Meeres.* He dreamed of the endless expanse of the sea. ◇ *eine unendliche Zahl* an infinite number ◇ *eine unendliche Geschichte* a never-ending story ◇ *Diese Aufzählung ließe sich unendlich fortsetzen.* This list could be continued indefinitely.

Unendlichkeit infinity ◇ *die Unendlichkeit der Zeit* the infinity of time ◇ *die Unendlichkeit des Wassers* the endless expanse of water

unentbehrlich indispensable ◇ *Sie hat sich für uns unentbehrlich gemacht.* She has made herself indispensable to us. ◇ *Er ist für unsere Firma unentbehrlich.* Our firm couldn't do without him.

unentgeltlich free ◇ *unentgeltliche Dienstleistungen* free services ◇ *Die Belegschaft arbeitete für kurze Zeit unentgeltlich.* The staff worked for a short time without payment.

unentschieden **1** undecided **2** (*ohne Gewinner*) ◇ *Das Spiel stand unentschieden.* The score was equal. ◇ *Die Mannschaft spielte unentschieden.* The team managed a draw.

Unentschieden draw ◇ *Das Spiel endete mit einem Unentschieden.* The game ended in a draw.

unentschlossen **1** undecided **2** (*nicht entschlussfreudig*) indecisive

unentschuldigt ◇ *unentschuldigtes Fehlen* unauthorized absence ◇ *Er hat dreimal unentschuldigt im Training gefehlt.* He had failed to turn up to training three times.

unentwegt **1** (*unermüdlich*) tireless (*Adv* tirelessly) **2** (*ohne Pause*) ceaseless (*Adv* ceaselessly)

unerbittlich unrelenting (*Adv* unrelentingly); (*gnadenlos auch*) relentless (*Adv* relentlessly) ◇ *ein unerbittlicher Kritiker* an unrelenting critic ◇ *Die Sonne brannte unerbittlich.* The sun beat down relentlessly.

unerfahren inexperienced

Unerfahrenheit inexperience

unerfindlich **aus unerfindlichen Gründen** for some inexplicable reason

unerfreulich unpleasant (*Adv* unpleasantly) ◇ *unerfreuliche Ereignisse* unpleasant events ◇ *eine unerfreuliche Nachricht* bad news ◇ *Das Treffen verlief unerfreulich.* The meeting took an unpleasant course.

unerfüllt unfulfilled ◇ *sich unerfüllt fühlen* feel unfulfilled

unerheblich insignificant (*Adv* insignificantly); (*irrelevant*) irrelevant (*Adv* irrelevantly) ◇ *Diese Frage ist für die Diskussion unerheblich.* This question is irrelevant to the discussion. ◇ *Die Kosten sind nicht unerheblich.* The costs are significant. ◇ *Der Schaden war nur unerheblich.* There was only slight damage. ◇ *ein paar unerhebliche Kratzer* a few minor scratches

unerhört **1** outrageous (*Adv* outrageously) ◇ *Es ist unerhört, dass er so etwas von dir verlangt.* It's outrageous of him to demand that sort of thing from you. ◇ *die unerhörte Frechheit besitzen etw zu tun* have the barefaced cheek to do sth **2** (*ungeheuer*) incredible (*Adv* incredibly)

unerklärlich inexplicable (*Adv* inexplicably) ◇ *aus unerklärlichen Gründen* for some inexplicable reason ◇ *Es ist mir unerklärlich, wie das passieren konnte.* It's a mystery to me how that could happen.

unerlässlich essential

unerlaubt **1** *Adj* (*ohne Befugnis*) unauthorized; (*illegal*) illegal **2** *Adv* (*ohne Befugnis*) without authorization; (*ohne Erlaubnis*) without permission; (*illegal*) illegally ◇ *unerlaubt dem Unterricht fernbleiben* be absent from school without permission ◇ *unerlaubt ein Grundstück betreten* trespass

unermesslich immense (*Adv* immensely)

unermüdlich tireless (*Adv* tirelessly) ◇ *Sie setzt sich unermüdlich für den Tierschutz ein.* She works tirelessly for animal welfare. ◇ *Ich bewundere ihre Energie — sie ist unermüdlich.* I admire her energy — she never tires. ◇ *unermüdliches Engagement* unswerving commitment

unerreichbar unattainable ◇ *ein unerreichbares Ziel* an unattainable goal ◇ *in unerreichbarer Ferne sein* be out of reach ◇ *Mein Anwalt ist immer unerreichbar.* It's impossible to get hold of my solicitor.

unersättlich insatiable

unerschöpflich inexhaustible

unerschrocken intrepid, fearless

unerschütterlich unshakeable ◇ *unerschütterlicher Glaube* unshakeable faith ◇ *Sie hielt unerschütterlich an ihrer Überzeugung fest.* She clung fast to her conviction.

unersetzlich irreplaceable; (*unbedingt nötig*) vital

unerträglich **1** unbearable (*Adv* unbearably) **2** (*unausstehlich*) insufferable ◇ *Er hat sich unerträglich benommen.* His behaviour was insufferable.

unerwartet unexpected (*Adv* unexpectedly)

unerwünscht unwelcome

unfähig incapable; (*inkompetent*) incompetent ◇ *Sie sind unfähig, sich selbst zu verteidigen.* They are incapable of defending themselves.

Unfähigkeit **1** incompetence **2** **die ~, etw zu tun; die ~ zu etw** the inability to do sth ◇ *die Unfähigkeit vieler Menschen zur Kommunikation* the inability of many people to communicate

unfair unfair (*Adv* unfairly) ◇ *mit unfairen Mitteln* by unfair means ◇ *Einen unfairen Spieler kann dieses Team nicht gebrauchen.* There's no room for someone who doesn't play fair on this team.

Unfall accident ◇ *Sie kam bei einem Unfall ums Leben.* She was killed in an accident. ◇ *einen Unfall bauen* have an accident

unfallfrei ◇ *Ich fahre seit 12 Jahren unfallfrei.* I've driven for 12 years without having an accident. **Unfallgefahr** risk of accidents ◇ *Bei Glätte besteht erhöhte Unfallgefahr.* There is increased risk of accidents when the roads are icy. **Unfallopfer** casualty **Unfall-**

ursache cause of the accident **Unfallwagen 1** car that was involved in an/the accident **2** → RETTUNGSWAGEN

unfassbar 1 *(nicht zu begreifen)* incomprehensible **2** *(unglaublich)* incredible; *(schlimm)* terrible

unfehlbar 1 *Adj* infallible; *(untrüglich)* unerring ◇ *einen unfehlbaren Geschmack besitzen* have unerring taste **2** *Adv* without fail

Unfehlbarkeit infallibility

unfreiwillig 1 *(gezwungen)* involuntary *(Adv* involuntarily) **2** *(unbeabsichtigt)* unintentional *(Adv* unintentionally)

unfreundlich 1 unfriendly; *(unhöflich)* rude *(Adv* rudely) ◇ *Sie behandelten uns sehr unfreundlich.* They were very unfriendly towards us. **2** *(Klima, Gegend)* inhospitable; *(Wetter)* bad **3** *(Übernahme)* hostile

unfruchtbar 1 infertile; *(Boden, Landschaft)* barren **2** *(fruchtlos)* unproductive

Unfruchtbarkeit infertility, sterility

Unfug 1 nonsense; *(Streiche)* mischief ◇ *Er redet mal wieder Unfug!* He's talking nonsense again! ◇ *So ein Unfug!* What nonsense! ◇ *Unfug treiben* get up to mischief **2** *(lästig und gefährlich)* nuisance ◇ *grober Unfug* public nuisance

ungeachtet ~ einer Sache in spite of sth, despite sth

ungeahnt unsuspected; *(unverhofft)* undreamt-of

ungebeten uninvited

ungebildet uneducated

ungeboren unborn

ungebrochen 1 undiminished ◇ *ungebrochener Elan* undiminished zest ◇ *Die Nachfrage ist ungebrochen groß.* The demand is undiminished. **2** *(Linie)* unbroken; *(Licht)* unrefracted

Ungeduld impatience [U] ◇ *mit Ungeduld* impatiently

ungeduldig impatient *(Adv* impatiently)

ungeeignet unsuitable; **für/zu etw ~ sein** not be suitable for sth; *(für eine Arbeitsstelle etc.)* not be suited to/for sth

ungefähr 1 *Adv* roughly; *(bei Zeit-, Maß-, Zahlenangaben etc.)* about, approximately ◇ *Es kostet ungefähr das Doppelte.* It costs about twice as much. ◇ *in ungefähr zwei Stunden* in approximately two hours ◇ *Er sieht so ungefähr wie Marlon Brando aus.* He looks a bit like Marlon Brando. ◇ *Wo ungefähr war das?* Whereabouts was that? **2** *Adj* rough; *(bei Zeit-, Maß-, Zahlenangaben etc.)* approximate IDM **nicht von ungefähr (kommen)** not (happen) by chance **so ungefähr** more or less **(wie) von ungefähr** (as if) by chance

ungefährlich safe; *(Tier, Mensch, Krankheit)* harmless

ungeheuer tremendous *(Adv* tremendously); *(negativ auch)* terrible *(Adv* terribly) ◇ *Das war ungeheuer wichtig für uns.* That was tremendously important for us. ◇ *Sie hatte ungeheure Schmerzen.* She was in terrible pain. ◇ *Mir war das ungeheuer peinlich.* I found it terribly embarrassing.

Ungeheuer monster *(auch fig)*

ungeheuerlich outrageous

ungehindert unimpeded; *(unkontrolliert)* unchecked ◇ *Sie konnten ungehindert die Grenze passieren.* They crossed the border unimpeded. ◇ *ungehindertes Wachstum von Krebszellen* unchecked growth of cancer cells

ungehorsam disobedient

Ungehorsam disobedience

ungeklärt 1 *(Frage, Problem, Verbrechen)* unsolved; *(Ursache, Gründe)* unknown ◇ *Im Haus war aus ungeklärter Ursache ein Feuer ausgebrochen.* A fire had broken out in the house. The cause is not yet known. ◇ *Bislang ist ungeklärt, ob …* It still remains a mystery whether … ◇ *ungeklärte Eigentumsverhältnisse* lack of clarity about ownership of property **2** *(Abwässer)* untreated

ungekürzt *(Buch)* unabridged; *(Film)* uncut ◇ *die ungekürzte Version* the unabridged version ◇ *Der Leserbrief wurde ungekürzt veröffentlicht.* The reader's letter was published in full.

ungelegen inconvenient ◇ *Das kommt mir sehr ungelegen.* That's very inconvenient for me. ◇ *Komme ich ungelegen?* Have I come at an inconvenient time?

ungelegt IDM → EI

ungelenk clumsy *(Adv* clumsily)

ungelernt unskilled

ungeliebt 1 unloved **2** *(verhasst)* detested

ungelöst unsolved

ungemein tremendous *(Adv* tremendously) ◇ *Ich genoss es ungemein.* I enjoyed it tremendously. ◇ *Das erschwert die Sache ungemein.* That makes the matter considerably more difficult. ◇ *Es freut mich ungemein, dass …* I'm very pleased indeed that …

ungemütlich 1 uncomfortable; *(Stimmung)* uneasy **2** *(unangenehm)* unpleasant *(Adv* unpleasantly)

ungenau 1 inaccurate *(Adv* inaccurately); *(Formulierungen etc.)* imprecise *(Adv* imprecisely); *(Erinnerungen etc.)* vague **2** *(Adv* vaguely) ◇ *Er konnte sich nur noch ungenau daran erinnern.* He had only a vague recollection of it.

Ungenauigkeit inaccuracy

ungeniert 1 *Adj* unabashed **2** *Adv (ohne Hemmungen)* openly; *(ohne Scham)* unashamedly

ungenießbar 1 inedible; *(Getränke)* undrinkable **2** *(Mensch)* unbearable *(umgs)*

ungenügend 1 inadequate *(Adv* inadequately) **2** *(Note)* unsatisfactory

ungenutzt 1 unused; *(Ressourcen)* unexploited **2** ◇ *Das Auto steht ungenutzt auf dem Parkplatz.* The car remains unused in the car park. ◇ *Das Wasser versickert ungenutzt im Boden.* Water seeps unexploited into the ground. ◇ *etw ungenutzt verstreichen lassen* pass up the chance to do sth ◇ *eine Chance ungenutzt lassen* let an opportunity pass by

ungeordnet *(unordentlich)* untidy *(Adv* untidily); *(in der falschen Reihenfolge)* out of order; *(zeitlich)* out of sequence; *(ungehemmt)* uncontrolled

ungepflegt neglected; *(Mensch, Aussehen, Haare)* unkempt, scruffy *(umgs)* ◇ *Sie macht einen ungepflegten Eindruck.* She looks unkempt.

ungerade odd ◇ *ungerade Zahlen* odd numbers ◇ *ungerade Hausnummern* odd-numbered houses

ungerecht unjust; **~ (jdm gegenüber)** unfair (on/to sb) *(Adv* unfairly)

ungerechtfertigt unjustified

Ungerechtigkeit injustice

ungeregelt 1 *(nicht regelmäßig)* irregular **2** *(nicht geregelt)* unregulated

Ungereimtheit irregularity; *(Widerspruch)* contradiction; *(mangelnde Übereinstimmung)* inconsistency ◇ *finanzielle Ungereimtheiten* financial irregularities ◇ *die vielen Ungereimtheiten in der amtlichen Darstellung der Ereignisse* the many inconsistencies in the official version of events

ungern ◇ *etw ungern tun* be reluctant to do sth ◇ *Wir greifen nur ungern in die Natur ein.* We're reluctant to interfere with nature. ◇ *Daran erinnere ich mich nur ungern.* I'd rather not think back to that.

ungesättigt (CHEM) unsaturated ◇ *mehrfach ungesättigt* polyunsaturated

ungeschält unpeeled; *(rice)* unhusked
Ungeschicklichkeit clumsiness [U]
ungeschickt clumsy *(Adv* clumsily) ◇ *sich ungeschickt anstellen* be clumsy
ungeschlagen unbeaten
ungeschminkt **1** unmade-up, without make-up [nicht vor Nomen] ◇ *Er wollte sie ungeschminkt sehen.* He wanted to see her without make-up. **2** *(fig)* blunt *(Adv* bluntly); *(Wahrheit)* unvarnished [nicht vor Nomen]
ungeschoren **1** unshorn **2** **~ bleiben** be spared; **~ davonkommen** emerge unscathed; *(Täter)* get off (scot-free)
ungeschützt **1** unprotected ◇ *ungeschützter Geschlechtsverkehr* unprotected sex **2** *(vor Wetter, Strahlung, Hitze)* exposed ◇ *ungeschützt etw ausgesetzt sein* be exposed to sth without (any) protection
ungesetzlich illegal *(Adv* illegally)
ungesichert **1** unsecured; *(Fenster, Tür etc.)* not secured [nicht vor Nomen]; *(Steckdose)* uncovered; *(Terrain)* not fenced off [nicht vor Nomen] ◇ *ungesicherte Kredite* unsecured loans **2** *(Zukunft etc.)* uncertain
ungespritzt unsprayed; *(Zitronen etc.)* unwaxed
ungestört undisturbed ◇ *ungestört durchschlafen* sleep through the night undisturbed ◇ *In diesem Zimmer bist du ungestört.* You won't be disturbed in this room.
ungestraft unpunished
ungestüm impetuous *(Adv* impetuously)
ungesund unhealthy *(Adv* unhealthily) *(auch fig)* ◇ *Sie lebt sehr ungesund.* She lives a very unhealthy life. ◇ *Zu viel Alkohol ist ungesund.* Too much alcohol is bad for your health.
ungesüßt unsweetened
ungeteilt **1** *(Meinung etc.)* unanimous ◇ *Sein Vorschlag stieß auf ungeteilte Zustimmung.* His proposal met with unanimous approval. **2** *(Land, Erbe etc.)* undivided ◇ *Sie wollen in einem ungeteilten Land leben.* They want to live in an undivided country. ◇ *Der Besitz geht ungeteilt an den ältesten Sohn.* The property goes in its entirety to the eldest son.
ungetrübt unspoilt; *(Freude etc.)* perfect ◇ *eine heile, ungetrübte Welt* an ideal, unspoilt world ◇ *ungetrübte Ferientage* a perfect holiday
Ungetüm monstrosity; *(Tier)* monster
ungewiss **1** uncertain ◇ *Der Ausgang der Verhandlungen ist noch ungewiss.* The outcome of the talks remains uncertain. ◇ *eine Fahrt ins Ungewisse* a journey into the unknown **2** **sich (über etw) im Ungewissen sein** be undecided (about sth); **jdn (über etw) im Ungewissen lassen** leave sb in the dark (about sth)
Ungewissheit uncertainty
ungewöhnlich **1** unusual *(Adv* unusually) ◇ *Mir ist nichts Ungewöhnliches aufgefallen.* I didn't notice anything unusual. **2** *(sehr)* exceptional *(Adv* exceptionally)
ungewohnt unusual *(Adv* unusually); *(unvertraut)* unfamiliar ◇ *Es war ungewohnt still.* It was unusually quiet. ◇ *Die Situation war für sie ungewohnt.* The situation was unfamiliar to them. ◇ *Nach solch ungewohnter Anstrengung war sie völlig erschöpft.* After such unaccustomed exertion, she was completely exhausted.
ungewollt unintentional *(Adv* unintentionally); *(Publicity, Schwangerschaft)* unwanted ◇ *Er hat sie ungewollt gekränkt.* He upset her unintentionally. ◇ *ungewollt schwanger werden* get pregnant without wanting to
ungezählt **1** uncounted **2** *(unzählig)* countless
Ungeziefer vermin [Pl]; *(Schädlinge, die Pflanzen und Lebensmittel zerstören)* pests [Pl]
ungezügelt unbridled
ungezwungen informal *(Adv* informally) ◇ *Auf der Party ging es ungezwungen zu.* The party was quite an informal affair.
unglaubhaft implausible
ungläubig **1** disbelieving *(Adv* disbelievingly) ◇ *jdn ungläubig ansehen* look at sb disbelievingly ◇ *Sie schüttelte ungläubig den Kopf.* She shook her head in disbelief. **2** (REL) ◇ *ungläubig sein* be an unbeliever
Ungläubige(r) unbeliever
unglaublich incredible *(Adv* incredibly), unbelievable *(Adv* unbelievably)
unglaubwürdig **1** *(Geschichte, Erklärung, etc.)* implausible; *(Zeuge etc.)* unreliable **2** ◇ *eine unglaubwürdige Regierung* a government with no credibility ◇ *sich unglaubwürdig machen* lose your credibility
ungleich **1** *Adj* unequal *(Adv* unequally) **2** *Adj (im Aussehen, Charakter)* different *(Adv* differently), dissimilar ◇ *ein ungleiches Paar* a couple who are very different from one another **3** *Adv (verstärkend vor dem Komparativ)* far ◇ *ungleich schöner* far more beautiful ◇ *ungleich besser* far better ◇ *ungleich mehr verdienen* earn far more
Ungleichgewicht imbalance
Ungleichheit inequality
ungleichmäßig uneven *(Adv* unevenly); *(Größe)* unequal *(Adv* unequally) ◇ *In dieser Familie sind die Begabungen sehr ungleichmäßig verteilt.* The talent in this family is very unevenly distributed.
Unglück **1** *(Unfall)* accident; *(Zusammenstoß, Absturz auch)* crash ◇ *ein schweres Unglück* a serious accident ◇ *Sie kamen bei dem Unglück ums Leben.* They were killed in the accident. **2** *(Katastrophe)* disaster *(auch fig)* ◇ *Wenn wir es erst morgen abschicken, ist das auch kein Unglück.* It won't be a disaster if we don't send it off till tomorrow. ◇ *Hör sofort damit auf, sonst passiert ein Unglück!* Stop that this minute, or there'll be trouble! **3** *(Missgeschick)* mishap ◇ *Mir ist in der Küche ein Unglück passiert.* I've had a mishap in the kitchen. **4** *(Elend)* misery; *(Leid)* suffering ◇ *Sie machten ihn für ihr Unglück verantwortlich.* They blamed him for their misery. **5** *(Pech)* bad luck ◇ *Das bringt Unglück.* That'll bring bad luck. ◇ *ein vom Unglück verfolgter Mann* a man plagued by bad luck IDM **ein Unglück kommt selten allein** it never rains but it pours **in sein Unglück rennen/sich ins Unglück stürzen** rush headlong into disaster **jdn/etw ins Unglück stürzen** bring disaster to sb/sth **zu allem Unglück** to make matters worse → *Siehe auch* GLÜCK
unglücklich **1** *(traurig)* unhappy *(Adv* unhappily) ◇ *Sie machte ein unglückliches Gesicht.* She looked unhappy. **2** *(bedauernswert)* unfortunate ◇ *das unglückliche Opfer* the unfortunate victim **3** *(bedauerlich, unpassend)* unfortunate, bad *(Adv* badly) ◇ *ein unglücklicher Zufall* an unfortunate coincidence ◇ *Er kam zu einem sehr unglücklichen Zeitpunkt.* He came at a very bad time. ◇ *Die Sache ist unglücklich gelaufen.* The whole thing went badly. ◇ *Das war vielleicht etwas unglücklich formuliert.* Perhaps that was a rather unfortunate choice of words. **4** *(ungeschickt)* awkward *(Adv* awkwardly) ◇ *Sie stürzte unglücklich.* She fell awkwardly. **5** *(Liebe)* unrequited ◇ *Sie war unglücklich in ihn verliebt.* Her love for him was unrequited. ◇ *unglücklich Liebende* star-crossed lovers IDM **eine unglückliche Figur machen/abgeben** cut a sorry figure **Mach dich nicht unglücklich!** Don't be silly!
unglücklicherweise unfortunately

Unglücks- **Unglücksort**, **Unglücksstelle** scene of the/an accident **Unglücksursache** cause of the accident

Ungnade **(bei jdm) in ~ fallen** fall out of favour (with sb), *(AmE)* fall out of favor (with sb)

ungültig **1** *(abgelaufen)* expired [nicht vor Nomen], no longer valid [nicht vor Nomen] ◇ *ein ungültiger Pass* a passport that has expired **2** *(Tor, Punkt)* disallowed; *(Stimmzettel)* spoilt ◇ *100 Stimmen waren ungültig.* There were 100 spoilt ballot papers. **3** **etw für ~ erklären** declare sth null and void; *(Wahl)* declare sth invalid; *(Ehe)* annul sth

Ungunst **zu jds Ungunsten ausfallen** be to sb's disadvantage; *(Urteil)* go against sb ◇ *Die Gesetzesänderung fiel zu Ungunsten berufstätiger Mütter aus.* The change in the law was to the disadvantage of working mothers.

ungünstig **1** awkward *(Adv* awkwardly); *(Zeitpunkt, Lage auch)* inconvenient *(Adv* inconveniently) ◇ *eine ungünstige Form* an awkward shape ◇ *eine ungünstig gelegene Bushaltestelle* an inconveniently located bus stop **2** *(Bedingungen etc.)* unfavourable *(Adv* unfavourably), *(AmE)* unfavorable *(Adv* unfavorably) ◇ *eine ungünstige Witterung* unfavourable weather conditions ◇ *sich ungünstig auf etw auswirken* have an unfavourable effect on sth ◇ *im ungünstigsten Fall* if the worst comes to the worst IDM → STERN

ungut **1** *(schlecht)* bad; *(unangenehm)* unpleasant; *(unbehaglich)* uncomfortable; *(angespannt)* strained **2** *(Gefühl)* uneasy, funny *(umgs)* ◇ *Sie hatte ein ungutes Gefühl dabei, ihm das Auto zu leihen.* She felt uneasy about lending him the car. ◇ *Ich hatte gleich so ein ungutes Gefühl, als ich den Brief sah.* I had a funny feeling as soon as I saw the letter. IDM **nichts für ungut** no offence, *(AmE)* no offense *(umgs)*

unhaltbar **1** *(Lage, Verhältnisse)* intolerable **2** *(Anschuldigung, These)* untenable **3** *(Schuss)* unstoppable

unhandlich unwieldy

Unheil **1** *(Unglück)* disaster ◇ *Es droht uns Unheil.* Disaster is looming for us. ◇ *Dann brach das Unheil über sie herein.* Then disaster befell them. ◇ *eine Unheil bringende Entscheidung* a fateful decision **2** *(Schaden)* damage ◇ *Das Gewitter hat allerlei Unheil angerichtet.* The storm has caused all sorts of damage. ◇ *Solche Parolen stiften viel Unheil.* Slogans like that do a lot of damage.

unheilbar incurable *(Adv* incurably) ◇ *unheilbar Kranke* patients with incurable illnesses

unheilvoll *(katastrophal)* disastrous *(Adv* disastrously); *(bedrohlich)* ominous *(Adv* ominously)

unheimlich **1** *Adj (gespenstisch)* eerie, spooky *(umgs)*; *(unheilvoll)* sinister ◇ *Die Geschichte klingt ziemlich unheimlich.* That sounds a pretty spooky story. ◇ *Beim Gang durch das verwaiste Dorf war ihnen sehr unheimlich zumute.* Walking through the deserted village gave them a very eerie feeling. **2** *Adj* **jd/etw ist jdm ~** sb/sth gives sb the creeps *(umgs)* ◇ *Er ist mir unheimlich.* He gives me the creeps. **3** *Adj (sehr groß)* tremendous, terrific ◇ *Das war eine unheimliche Genugtuung für sie.* It gave her tremendous satisfaction. ◇ *einen unheimlichen Hunger haben* be terribly hungry ◇ *Ich habe unheimliche Lust auf ein Eis.* I'd really like an ice cream. **4** *Adv (sehr)* really; *(mit Adjektiven auch)* terribly ◇ *Sie freut sich unheimlich auf die Reise.* She's really looking forward to the trip. ◇ *Ich bin unheimlich müde.* I'm terribly tired. **5** *Adv (erstaunlich viel)* an amazing amount ◇ *Der kann ja unheimlich essen!* He can eat an amazing amount! ◇ *Das kostet unheimlich Geld.* That costs a fortune.

unhöflich rude *(Adv* rudely)

uni → EINFARBIG

Uni → UNIVERSITÄT

Uniform uniform ◇ *In diesem Beruf muss man Uniform tragen.* You have to wear a uniform in this job.

uniformiert uniformed

Unikat **ein ~ sein** be unique

Unikum **1** *(etwas Einmaliges)* one-off ◇ *Diese Schule stellt ein Unikum im Kreis dar.* The school is a one-off in the district. **2** *(Mensch)* real character

uninteressant **1** *(irrelevant)* irrelevant, of no interest [nicht vor Nomen] ◇ *Was du darüber denkst, ist völlig uninteressant.* What you think is quite irrelevant. ◇ *Der Fall ist nicht uninteressant.* The case is not without a certain interest. **2** *(unattraktiv)* not attractive ◇ *Das Angebot ist nicht uninteressant.* This offer is quite attractive. ◇ *Die Milchwirtschaft ist für Landwirte uninteressant geworden.* Dairy farming is no longer attractive for farmers.

uninteressiert **1** *Adj* uninterested, not interested ◇ *Tu nicht so uninteressiert.* Don't pretend you're not interested. **2** *Adj* **an etw ~ sein** have no interest in sth ◇ *Sie sind an Politik völlig uninteressiert.* They have no interest at all in politics. **3** *Adv* without interest ◇ *Sie schaute uninteressiert aus dem Fenster.* She looked without interest out of the window.

Union **1** union **2** **die ~** (POL) = the union of the German Christian Democratic and Christian Socialist parties

unisono **1** (MUS) in unison ◇ *etw unisono singen* sing sth in unison **2** *(einmütig)* unanimously

universal, **universell** universal *(Adv* universally)

Universität university, uni *(umgs)* ◇ *zur Universität gehen* go to university ◇ *als ich auf der Uni war* when I was at university → *Siehe auch* HOCHSCHULE

Universum universe

Unke toad

unkenntlich **1** unrecognizable **2** **sich/jdn/etw ~ machen** disguise yourself/sb/sth; *(maskieren)* mask yourself/sb/sth ◇ *Die Stimmen der Befragten wurden unkenntlich gemacht.* The voices of the interviewees were disguised. ◇ *Die Diebe hatten ihre Gesichter unkenntlich gemacht.* The thieves were masked.

Unkenntlichkeit **bis zur ~** beyond recognition ◇ *eine bis zur Unkenntlichkeit verstümmelte Leiche* a corpse mutilated beyond recognition

Unkenntnis ignorance ◇ *ihre Unkenntnis in Umweltfragen* their ignorance of environmental matters ◇ *aus Unkenntnis* out of ignorance ◇ *In Unkenntnis der Begleitumstände ...* Ignorant of the circumstances ...

unklar **1** *(ungewiss)* unclear *(Adv* unclearly) ◇ *Unklar bleibt, ...* It remains unclear ... ◇ *Die Rechtslage ist unklar.* The legal position is unclear. **2** **jdm ist etw ~** sb is unclear about sth ◇ *Ist Ihnen noch irgendetwas unklar?* Are you still unclear about anything? **3** *(ungenau)* vague *(Adv* vaguely) IDM **sich über etw im Unklaren sein** be unclear about sth; *(unentschlossen)* be unsure about sth ◇ *Über die Funktion des Gens ist man sich noch im Unklaren.* They are still unclear about the function of the gene. **jdn über etw im Unklaren lassen** leave sb in the dark about sth ◇ *Sie hat uns über ihre Pläne im Unklaren gelassen.* She left us in the dark about her plans.

Unklarheit **1** *(Ungewissheit)* uncertainty [U] ◇ *Es bestehen große Unklarheiten darüber, wie ...* There is still a great deal of uncertainty about how ... **2** *(Zweideutigkeit)* ambiguity **3** **Unklarheiten** *(offene Fragen)* outstanding points [Pl], queries [Pl] ◇ *Es müssen noch einige Unklarheiten beseitigt werden.* A few outstanding points still have to be resolved.

unklug unwise

unkompliziert **1** (*problemlos*) straightforward; (*einfach*) simple ◇ *Wäre es nicht unkomplizierter, wenn du heute hier schläfst?* Wouldn't it be simpler if you stayed here tonight? **2** (*Mensch, Art*) easy-going ◇ *Bei uns geht's unkompliziert zu.* It's very easy-going around here.

unkontrollierbar uncontrollable

unkontrolliert **1** *Adj* uncontrolled; (*nicht überwacht*) unsupervised ◇ *sein unkontrolliertes Verhalten* his uncontrolled behaviour ◇ *eine unkontrollierte Sportanlage* an unsupervised sports area **2** *Adv* (*ungehemmt*) in an uncontrolled way **3** *Adv* ◇ *unkontrolliert die Grenze passieren* cross the border without being stopped ◇ *Die Technologie wurde unkontrolliert exportiert.* The technology was exported without regulation.

unkonventionell **1** *Adj* unconventional **2** *Adv* in an unconventional way

unkonzentriert lacking in concentration [nicht vor Nomen] (*oft mit einem Verb übersetzt*) ◇ *Sie hat im Moment eine unkonzentrierte Phase.* She finds it hard to concentrate at the moment.

Unkosten expense [U], costs [Pl], expenses [Pl] ◇ *Ein Umzug ist mit großen Unkosten verbunden.* A move entails a great deal of expense. ◇ *Zur Deckung unserer Unkosten bitten wir Sie um eine kleine Spende.* We would ask for a small contribution to help us cover costs. ◇ *Die Versicherung übernimmt alle Unkosten.* The insurance will cover all the expenses. IDM **sich für jdn/etw in Unkosten stürzen** go to great expense for sb/sth

Unkostenbeitrag contribution towards expenses

Unkraut **1** weeds [Pl] ◇ *Sie wachsen wie Unkraut.* They grow like weeds. ◇ *Wir müssen Unkraut jäten.* We'll have to do some weeding. **2** (*einzelne Pflanze, Art*) weed ◇ *Ist das hier Unkraut?* Is this a weed?

unkritisch uncritical (*Adv* uncritically)

unkündbar ◇ *Bundesrichter sind unkündbar.* Federal judges cannot be dismissed. ◇ *Nach 37 Jahren im Betrieb bin ich quasi unkündbar.* I've been with the firm for 37 years, so they can hardly dismiss me.

unlängst recently

unlauter **1** (*unehrlich*) dishonest ◇ *Ihm werden unlautere Absichten vorgeworfen.* He is accused of having dishonest intentions. **2** (*unfair*) unfair ◇ *unlauterer Wettbewerb* unfair competition ◇ *mit unlauteren Mitteln* by unfair means

unleserlich illegible (*Adv* illegibly)

unliebsam **1** *Adj* (*Entwicklung, Erlebnis*) unpleasant **2** *Adj* (*Konkurrenz, Gast*) unwelcome **3** *Adj* (*Zeitgenosse, Kritiker, Mitarbeiter*) awkward **4** *Adv* **~ auffallen** make a bad impression

unlogisch illogical (*Adv* illogically)

unlösbar **1** *Adj* (*Aufgabe, Problem*) insoluble **2** *Adv* inextricably ◇ *unlösbar miteinander verknüpft/verbunden* inextricably bound up with each other

Unlust **1** (*Widerstreben*) reluctance **2** (*Überdruss*) apathy ◇ *die Unlust an der Politik* political apathy **3** (*Verdrießlichkeit*) listlessness

Unmenge, **Unmengen** loads [Pl]; (*Menge auch*) vast amount; (*Anzahl auch*) vast number ◇ *eine Unmenge von Geschenken* loads of presents ◇ *eine Unmenge Geld* a vast amount of money ◇ *eine Unmenge von Beschwerden* a vast number of complaints

unmenschlich **1** inhuman, cruel (*Adv* cruelly) ◇ *unmenschliche oder erniedrigende Bestrafung* inhuman or degrading punishment ◇ *Sie wurden unmenschlich behandelt.* They were treated cruelly. **2** (*groß*) terrible ◇ *bei unmenschlicher Hitze* in terrible heat

unmerklich imperceptible (*Adv* imperceptibly) ◇ *beinahe unmerkliche Veränderungen* almost imperceptible changes

unmissverständlich unequivocal (*Adv* unequivocally) ◇ *Sie hatte unmissverständlich erklärt, dass sie nicht zurücktreten würde.* She had stated unequivocally that she would not resign. ◇ *Er sagte ihm unmissverständlich die Meinung.* He told him what he thought in no uncertain terms. ◇ *Ich dachte, ich hätte mich unmissverständlich ausgedrückt.* I thought I had made myself clear.

unmittelbar **1** *Adj* immediate; (*Erfahrung, Verbindung*) direct ◇ *in unmittelbarer Nähe* in the immediate vicinity ◇ *in der unmittelbaren Nachkriegszeit* immediately after the war **2** *Adv* (*räumlich*) ◇ *unmittelbar hinter ihm* immediately behind him ◇ *unmittelbar neben der Kirche* right next to the church **3** *Adv* (*zeitlich*) ◇ *unmittelbar nach dem Unfall* straight after the accident ◇ *unmittelbar vor dem Rennen* just before the race ◇ *Weihnachten stand unmittelbar bevor.* It was just before Christmas. **4** *Adv* (*in erster Linie*) directly; (*unverzüglich*) straight ◇ *die unmittelbar Betroffenen* those directly affected ◇ *Das Gift gerät unmittelbar in die Blutbahn.* The poison goes straight into the bloodstream.

unmöglich **1** impossible (*Adv* impossibly) ◇ *eine unmögliche Aufgabe* an impossible task ◇ *Du machst es mir unmöglich, dir zu helfen.* You make it impossible for me to help you **2** (*auf keinen Fall*) not possibly ◇ *Das kann unmöglich ernst gemeint sein.* That can't possibly have been meant seriously. **3** (*äußerst unpassend*) awful; (*lächerlich*) ridiculous ◇ *Ich fand ihr Verhalten unmöglich.* I thought her behaviour was awful. ◇ *Mit dem Hut siehst du unmöglich aus!* You look ridiculous in that hat. ◇ *sich unmöglich machen* make yourself look ridiculous IDM **das Unmögliche möglich machen** do the impossible

Unmöglichkeit impossibility ◇ *die Unmöglichkeit, frisches Gemüse zu liefern* the impossibility of supplying fresh vegetables ◇ *Es ist beinahe eine Unmöglichkeit, einen Klempner zu finden.* It's virtually impossible to find a plumber. IDM → DING

unmoralisch immoral (*Adv* immorally)

unmotiviert **1** *Adj* (*lustlos*) lacking in motivation [nicht vor Nomen], unmotivated ◇ *Die Schüler wirkten unmotiviert.* The students seemed to lack motivation. **2** *Adj* (*grundlos*) for no reason ◇ *Durch sein unmotiviertes Bremsen hat er den Unfall verursacht.* He caused the accident by braking for no reason.

Unmut discontent ◇ *Er machte seinem Unmut Luft.* He expressed his discontent.

unnachahmlich inimitable (*Adv* inimitably)

unnachgiebig intransigent ◇ *seine unnachgiebige Haltung* his intransigent attitude ◇ *Sie blieben unnachgiebig.* They refused to give way.

unnatürlich unnatural (*Adv* unnaturally); (*Tod*) violent

unnötig unnecessary (*Adv* unnecessarily)

unnütz (*unnötig*) unnecessary (*Adv* unnecessarily); (*sinnlos*) pointless (*Adv* pointlessly); (*nutzlos*) useless ◇ *unnütze Verpackungen* unnecessary packaging ◇ *Es ist völlig unnütz, darüber zu streiten.* It's completely pointless to argue about it. ◇ *unnütze Daten* useless data

UNO UN, (*bes AmE*) U.N., United Nations

unordentlich untidy (*Adv* untidily), (*bes AmE*) messy (*Adv* messily)

Unordnung untidiness, mess; (*stärker*) chaos ◇ *die Unordnung in seinem Zimmer* the untidiness of his room ◇ *kreative Unordnung* creative chaos ◇ *In mei-*

ner Wohnung herrscht immer eine schreckliche Unordnung. My flat is always terribly untidy. ◊ *Unsere Pläne wurden in Unordnung gebracht.* Our plans were thrown into disarray.

unparteiisch impartial (*Adv* impartially) ◊ *eine unparteiische Haltung* an impartial approach ◊ *der Unparteiische* the referee

unpassend (*unangebracht*) inappropriate (*Adv* inappropriately); (*ungünstig*) inconvenient (*Adv* inconveniently)

unpersönlich impersonal

unpolitisch apolitical

unpraktisch not practical [nicht vor Nomen]

unproblematisch **1** *Adj* straightforward; (*einfach*) easy ◊ *Die Entscheidung ist nicht ganz unproblematisch.* The decision is not entirely straightforward. ◊ *unproblematische Pflanzen* plants that are easy to grow **2** *Adv* without problems, easily ◊ *Die Umstellung verlief unproblematisch.* The change was effected without problems.

unpünktlich late ◊ *eine unpünktliche Zahlung* a late payment ◊ *Er ist ein unpünktlicher Mensch.* He is never on time.

unqualifiziert **1** (*Kommentar, Polemik, Kritik*) ill-informed **2** (*Personal etc.*) not qualified; (*Arbeiter*) unskilled

Unrat rubbish, refuse (*gehoben*), (*AmE*) garbage

unrealistisch unrealistic (*Adv* unrealistically)

unrecht **1 jdm ~ tun** do sb an injustice **2** (*falsch, moralisch schlecht*) wrong ◊ *Ich habe nichts Unrechtes getan.* I have done nothing wrong.

Unrecht **1** wrong ◊ *seine Auffassung von Recht und Unrecht* his idea of right and wrong ◊ *altes Unrecht wiedergutmachen* right the wrongs of the past **2 im ~ sein**; **~ haben** be wrong ◊ *Da bist du völlig im Unrecht.* You are completely wrong there. **IDM zu Unrecht** wrongly ◊ *jdn zu Unrecht verdächtigen* wrongly suspect sb

unrechtmäßig illegal (*Adv* illegally), unlawful (*Adv* unlawfully) (*Fachspr*) ◊ *Niemand wirft ihm vor, sich unrechtmäßig verhalten zu haben.* Nobody is accusing him of acting illegally. ◊ *unrechtmäßige Mittel* unlawful means

unregelmäßig irregular (*Adv* irregularly)

Unregelmäßigkeit irregularity

unreif **1** (*Obst*) unripe **2** (*Mensch*) immature

unrein **1** impure; (*Luft, Wasser*) polluted; (*Haut*) bad **2** (REL) unclean

Unreinheit impurity

unrentabel unprofitable ◊ *ein unrentables Unternehmen* an unprofitable business ◊ *Die Anlage arbeitet unrentabel.* The plant isn't economic.

Unruhe **1 Unruhen** (*Kämpfe, Krawalle*) unrest [U], disturbances [Pl] ◊ *politische/religiöse Unruhen* political/religious unrest ◊ *blutige Unruhen* violent disturbances **2** (*Unmut, Unzufriedenheit*) unrest; (*Besorgnis*) concern ◊ *Es herrscht große Unruhe in der Belegschaft.* There is a lot of unrest among the workforce. ◊ *Es besteht kein Grund zur Unruhe.* There is no cause for concern. **3** (*Angst*) anxiety; (*Ruhelosigkeit*) restlessness ◊ *Die Patienten klagen über innere Unruhe.* The patients complain of feelings of anxiety. **4** (*Lärm*) noise

Unruheherd trouble spot **Unruhestifter(in)** troublemaker

unruhig **1** (*ängstlich, nervös*) anxious (*Adv* anxiously); (*besorgt*) worried (*Adv* worriedly) ◊ *Er wurde unruhig und depressiv.* He became anxious and depressed. ◊ *Als das Kind mit drei Jahren noch nicht sprach, wurden sie unruhig.* When the child hadn't started to talk by the age of three, they began to get worried. **2** (*ruhelos*) restless (*Adv* restlessly) ◊ *Er ging unruhig auf und ab.* He paced up and down restlessly. ◊ *Ich schlafe seit Tagen unruhig.* I haven't been sleeping very well for days. **3** (*laut*) noisy **4** (*Nacht*) disturbed **5** (*See*) rough **6** (*Muster*) busy **7** (*Zeit, Region etc.*) troubled

unrühmlich inglorious; (*Beispiel, Rolle*) shameful ◊ *Ihre Karriere nahm ein unrühmliches Ende.* Her career came to an inglorious end.

uns **1** (to) us **2** (to) ourselves; (*einander*) (to) each other

unsachgemäß incorrect (*Adv* incorrectly) ◊ *eine unsachgemäße Lagerung* incorrect storage ◊ *unsachgemäße Reparaturen* repairs that have not been carried out correctly

unsachlich not objective [nicht vor Nomen] (*Adv* not objectively); (*Kritik, Angriff etc.*) personal (*Adv* personally); (*Debatte etc.*) emotional (*Adv* emotionally)

unsagbar, **unsäglich** terrible (*Adv* terribly)

unsanft ◊ *ein unsanftes Erwachen* a rude awakening ◊ *Wir wurden unsanft aus dem Schlaf gerissen.* We were rudely awakened. ◊ *eine unsanfte Landung* a bumpy landing ◊ *Sie wurden unsanft auf den Boden der Tatsachen zurückgeholt.* They were brought back to earth with a bump.

unsauber **1** (*schmutzig*) dirty; (*unhygienisch*) unhygienic ◊ *unsaubere Kleidung* dirty clothes ◊ *unsauberes Küchenpersonal* unhygienic kitchen staff **2** (*unordentlich*) sloppy (*Adv* sloppily) ◊ *unsaubere Arbeit machen* do sloppy work **3** (*ungenau*) imprecise (*Adv* imprecisely) ◊ *eine unsaubere Definition* an imprecise definition **4** (*zwielichtig*) shady (*umgs*)

unschädlich **1** harmless; (*Medikament etc.*) safe ◊ *ein unschädliches Insekt* a harmless insect **2 etw ~ machen** make sth safe

unscharf **1** (*Foto*) blurred, fuzzy, out of focus [nicht vor Nomen] **2** (*ungenau*) vague (*Adv* vaguely) ◊ *eine unscharfe Formulierung* vague wording

unschätzbar incalculable; (*Erfahrung, Verdienste, Wissen*) invaluable ◊ *Kunstwerke von unschätzbarem Wert* works of art of incalculable value ◊ *Er hat sich unschätzbare Verdienste um den Sport erworben.* He has made an invaluable contribution to sport.

unscheinbar nondescript; (*nicht besonders schön*) unprepossessing (*gehoben*)

unschlagbar unbeatable

unschlüssig undecided ◊ *Ich bin mir noch unschlüssig.* I'm still undecided. ◊ *Sie blieb unschlüssig stehen.* She stopped, not sure what to do.

unschön ugly

Unschuld innocence ◊ *Er beteuerte seine Unschuld.* He protested his innocence.

unschuldig innocent ◊ *Die Angeklagte ist unschuldig.* The defendant is innocent. ◊ *ein unschuldiges Gesicht machen* put on an innocent expression ◊ *Tu nicht so unschuldig!* Don't act the innocent! ◊ *Ich war an dem Unfall unschuldig.* The accident wasn't my fault at all.

unschwer ◊ *Der Grund ist unschwer zu erraten.* The reason is easy to guess. ◊ *Das ist unschwer zu erkennen.* That's obvious.

unser our

unsere(r,s) ours

unseretwegen **1** (*wegen uns*) on our account ◊ *Unseretwegen brauchen Sie sich keine Sorgen zu machen.* You don't have to worry on our account. **2** (*von uns aus*) as far as we are concerned ◊ *Unseretwegen kannst du hier übernachten.* You can stay the night here, as far as we're concerned.

unseriös (*Mensch*) untrustworthy; (*Methode, Geschäfte etc.*) dubious

unsicher **1** (*ungewiss*) uncertain ◊ *eine unsichere Zukunft* an uncertain future **2** (*gefährlich*) dangerous ◊ *eine unsichere Gegend* a dangerous area **3** (*gefährdet*) insecure ◊ *Die Arbeitsplätze werden unsicherer.* Jobs are becoming more insecure. ◊ *Die Radfahrer fühlen sich unsicher.* Cyclists don't feel safe. **4** (*nicht selbstsicher*) unsure of yourself, insecure; (*schüchtern*) diffident (*Adv* diffidently) ◊ *Sie ist sehr unsicher.* She is very unsure of herself. ◊ *Viele Patienten sind ängstlich und unsicher.* A lot of patients feel anxious and insecure. ◊ *Er lächelte sie unsicher an.* He smiled at her diffidently. **5** (*ungeübt*) not confident; (*wackelig*) unsteady ◊ *Sie fährt noch ziemlich unsicher.* She's not a very confident driver yet. ◊ *Er ist noch unsicher auf dem neuen Fahrrad.* He's still a bit unsteady on the new bike. IDM **etw unsicher machen** terrorize sth ◊ *Gangsterbanden machen die Insel unsicher.* The island is terrorized by gangs. ◊ *Abends wollen wir die Stadt unsicher machen.* In the evening we're going out on the town.

Unsicherheit **1** insecurity; (*mangelndes Selbstbewusstsein*) lack of confidence **2** (*Ungewissheit*) uncertainty ◊ *Es besteht große Unsicherheit in der Bevölkerung.* There is a great feeling of uncertainty among the population. **3** (*Gefahr*) danger

unsichtbar invisible (*Adv* invisibly)

Unsinn nonsense, rubbish ◊ *Rede doch nicht so einen Unsinn!* Don't talk such rubbish! ◊ *Die Kinder machen heute nur Unsinn.* The children are being really silly today. ◊ *Es ist Unsinn, sie dafür zu bestrafen.* It doesn't make sense to punish her for it.

unsinnig stupid, silly, ridiculous; (*sinnlos*) pointless ◊ *eine unsinnige Entscheidung* a stupid decision ◊ *unsinniges Gerede* silly chatter ◊ *ein unsinniger Vorschlag* a ridiculous suggestion ◊ *Der Bau einer Schule außerhalb des Ortes ist unsinnig.* It's pointless building a school outside the village.

Unsitte nasty habit

unsozial antisocial; (*ungerecht*) unfair ◊ *unsoziales Verhalten* antisocial behaviour

unspektakulär unspectacular; (*ereignislos*) uneventful ◊ *Das Spiel war recht unspektakulär.* The game was pretty uneventful. ◊ *eine eher unspektakuläre Veranstaltung* a fairly low-key event

unsportlich **1** (*nicht sportlich begabt*) not sporty ◊ *Er ist total unsportlich.* He is not at all sporty. **2** (*unfair*) unsportsmanlike ◊ *unsportliches Verhalten* unsportsmanlike behaviour

unsterblich **1** immortal ◊ *die unsterbliche Seele* the immortal soul ◊ *Der Olympiasieg hat ihn unsterblich gemacht.* His Olympic win has secured him his place in history. **2** ◊ *unsterbliche Liebe* undying love ◊ *unsterblich verliebt* madly in love

Unsterblichkeit immortality

unstillbar insatiable

Unstimmigkeit **1** discrepancy **2** (*Meinungsverschiedenheit*) disagreement

unstrittig indisputable (*Adv* indisputably)

Unsumme vast amount (of money)

unsympathisch unpleasant ◊ *Er ist ein ausgesprochen unsympathischer Mensch.* He is an extremely unpleasant person. ◊ *Seine Freundin ist mir unsympathisch.* I don't like his girlfriend.

unsystematisch unsystematic (*Adv* unsystematically)

Untat atrocity

untätig **1** idle (*Adv* idly); (*passiv*) passive (*Adv* passively) ◊ *Wir waren nicht untätig.* We have not been idle. **2** (*Vulkan*) dormant

Untätigkeit inactivity; (*Passivität*) passivity

untauglich **1** useless ◊ *Er ist als Lehrer völlig untauglich.* He's completely useless as a teacher. **2** (MIL) unfit (for military service)

unteilbar indivisible

unten **1** down ◊ *Unten im Tal ist es schon wärmer.* It's warmer down in the valley. ◊ *Er wohnt unten am Fluss.* He lives down by the river. ◊ *Schau nicht nach unten.* Don't look down ◊ *Die Tendenz geht eindeutig nach unten.* The trend is definitely downwards. **2** (*an einer tieferen Stelle*) below ◊ *Ich beobachtete die Segelflieger von unten.* I watched the gliders from below. ◊ *Siehe unten.* See below. **3** (*am unteren Ende, Rand etc.*) at the bottom ◊ *Die Tasche ist unten kaputt.* The bag is broken at the bottom. ◊ *Das Buch steht unten im Regal.* The book is on the bottom shelf. ◊ *Die Seitenzahl steht unten links.* The page number is in the bottom left-hand corner. **4** (*in einem tieferen Stockwerk*) downstairs ◊ *Ich gehe mal eben nach unten.* I'm just going downstairs. ◊ *Er ist unten im Keller.* He's down in the cellar. **5** (*im Süden*) down in the south ◊ *Sie wohnen ganz unten im Süden.* They live right down in the south. IDM **bei jdm unten durch sein** ◊ *Er ist bei mir unten durch.* I'm through with him. → *Siehe auch* OBEN

untenherum down below

unter **1** under ◊ *unter dem Tisch* under the table ◊ *Kinder unter 12 Jahren* children under 12 ◊ *Maulwürfe leben unter der Erde.* Moles live underground. **2** (*unterhalb*) below ◊ *Temperaturen unter dem Gefrierpunkt* temperatures below freezing ◊ *unter dem Durchschnitt* below average **3** (*zwischen*) among ◊ *unter Freunden sein* be among friends ◊ *Wir teilen das Geld unter uns auf.* We'll share the money among ourselves. ◊ *Du kommst zu wenig unter Menschen.* You don't get out enough. **4** (*in Wendungen*) ◊ *Ich bin gerade unter der Dusche.* I'm in the shower. ◊ *Du kannst mich unter dieser Nummer erreichen.* You can reach me on this number. ◊ *unter der Voraussetzung/Bedingung, dass …* on condition that … ◊ *Das Haus steht unter Denkmalschutz.* The house is listed. ℹ Für andere Wendungen mit **unter** siehe die Einträge für die entsprechenden Nomina etc. **Unter Bezug** z.B. steht unter „Bezug". IDM **das bleibt unter uns** that has to stay between you and me **unter anderem** among other things **unter anderen** among others **unter der Woche** during the week **jdn/etw unter sich haben** (*Vorgesetzte(r) sein*) have sb/sth under you **unter sich sein/bleiben** be on your own; (*zusammenbleiben*) stay together ◊ *Wir waren die ganze Zeit unter uns.* We were on our own the whole time. ◊ *Sie blieben in Cliquen unter sich.* They stayed together in their cliques. **unter uns gesagt** between you and me

Unterarm forearm

unterbelegt (*Kurs*) undersubscribed; (*Hotel etc.*) not full

unterbelichten (FOTO) underexpose

Unterbelichtung (FOTO) underexposure

unterbeschäftigt underemployed

Unterbeschäftigung underemployment

unterbesetzt understaffed

unterbewerten underrate

unterbewusst subconscious (*Adv* subconsciously)

Unterbewusstsein subconscious ◊ *Diese Ideen müssen wohl in seinem Unterbewusstsein schlummern.* These ideas must be slumbering in his subconscious.

unterbezahlt underpaid

unterbieten **1** undercut **2** (SPORT) beat ◊ *Er unterbot den olympischen Rekord.* He beat the Olympic record. IDM **kaum noch zu unterbieten sein** ◊ *Diese*

Leistung ist wirklich kaum noch zu unterbieten. You can hardly do worse than that.

unterbinden prevent

unterbrechen interrupt ◊ *Er hat mich immer wieder unterbrochen.* He kept interrupting me. ◊ *Wir unterbrachen die Arbeit für eine halbe Stunde.* We took a half-hour break from work. ◊ *Der Schiedsrichter unterbrach das Spiel für 20 Minuten.* The referee stopped the game for 20 minutes. ◊ *Durch den Sturm wurde die Stromversorgung unterbrochen.* There was a power cut because of the storm.

Unterbrechung interruption; (*Pause*) break

unterbreiten (jdm) etw ~ submit sth (to sb)

unterbringen 1 (*einen Platz für jdn/etw finden*) ◊ *Kannst du meine Schuhe noch in deinem Koffer unterbringen?* Have you still got room for my shoes in your case? ◊ *Er hat seinen Sohn bei einer Computerfirma untergebracht.* He found a job for his son with a computer firm. ◊ *Die Bibliothek ist im ersten Stock untergebracht.* The library is on the first floor. **2 jdn ~** (*jdm eine Unterkunft geben*) house sb; (*vorübergehend*) put sb up

Unterbringung accommodation

unterdessen → INZWISCHEN

unterdrücken 1 suppress ◊ *ein Lachen unterdrücken* suppress a laugh ◊ *Sie konnte die Tränen nicht mehr unterdrücken.* She could no longer hold back her tears. ◊ *Er unterdrückte ein Gähnen.* He stifled a yawn. **2** (*Volk, Minderheit etc.*) oppress ◊ *eine unterdrückte Minderheit* an oppressed minority

Unterdrücker oppressor

Unterdrückung 1 suppression **2** (*von Völkern, Minderheiten etc.*) oppression

unterdurchschnittlich below average ◊ *unterdurchschnittliche Intelligenz* below average intelligence ◊ *unterdurchschnittlich verdienen* have a below average income

untere(r,s) lower ◊ *die untere Donau* the Lower Danube → *Siehe auch* UNTERSTE(R,S)

untereinander 1 (*räumlich*) below each other ◊ *Hänge doch die beiden Poster untereinander.* Put the two posters one below the other. **2** (*miteinander*) with one another ◊ *Sie haben wenig Kontakt untereinander.* They have little contact with one another. ◊ *Besprecht das untereinander.* Discuss it among yourselves.

unterentwickelt underdeveloped

unterernährt undernourished

Unterernährung malnutrition

Unterfangen undertaking

unterfordert not stretched ◊ *Das Kind ist in der Schule unterfordert.* The child is not stretched at school.

Unterführung subway

Untergang 1 (*der Sonne, des Mondes etc.*) setting **2** (*eines Schiffes etc.*) sinking **3** (*Zugrundegehen*) decline ◊ *vom Untergang bedrohte Kulturen* cultures threatened with decline ◊ *der Untergang der Welt* the end of the world **4** (*Ruin*) downfall IDM → WEIHEN
Untergangsstimmung feeling of doom

untergeben subordinate ◊ *jdm untergeben sein* be subordinate to sb ◊ *untergebene Mitarbeiter* subordinates

Untergebene(r) subordinate

untergehen 1 (*Sonne, Mond etc.*) go down, set **2** (*versinken*) sink; (*fig*) go under **3** (*zugrunde gehen*) be destroyed IDM → WELT

untergeordnet 1 → UNTERORDNEN **2** subordinate; (*Rolle, Bedeutung*) secondary

Untergeschoss basement

Untergewicht ◊ *Untergewicht haben* be underweight

untergliedern subdivide

untergraben undermine

Untergrund 1 subsoil **2** (*unterste Farbschicht*) undercoat **3** (*Hintergrund*) background **4** (*Illegalität*) underground ◊ *Viele gingen damals in den Untergrund.* Many went underground at that point.
Untergrundbahn → U-BAHN **Untergrundbewegung** underground movement **Untergrundkämpfer(in)** underground fighter

unterhaken ◊ *Hak dich (bei mir) unter.* Take my arm. ◊ *untergehakt spazieren gehen* walk arm in arm

unterhalb below

Unterhalt 1 keep ◊ *Sie muss in den Semesterferien arbeiten, um sich ihren Unterhalt zu verdienen.* She has to work during the vacation to earn her keep. **2** (*für Kinder, Exfrau etc.*) maintenance **3** (*eines Hauses, Autos etc.*) upkeep

unterhalten 1 sich (mit jdm) ~ talk (to sb), have a chat (with sb) (*umgs*) ◊ *Bei der lauten Musik kann man sich nicht unterhalten.* You can't talk with this loud music going on. ◊ *Ich habe mich mit Tom unterhalten.* I've been talking to Tom. ◊ *Unterhaltet ihr euch immer auf Englisch?* Do you always speak English together? **2** (*Gäste, Publikum etc.*) entertain **3 sich gut ~** (*amüsieren*) have a good time **4** (*betreiben, instand halten, pflegen*) maintain; (*Auto*) run **5** (*versorgen*) support

unterhaltsam 1 *Adj* entertaining **2** *Adv* in an entertaining way

Unterhalts- Unterhaltskosten running costs [Pl] **Unterhaltspflicht** obligation to pay maintenance **unterhaltspflichtig** obliged to pay maintenance **Unterhaltszahlung** maintenance payment

Unterhaltung 1 conversation ◊ *eine Unterhaltung führen* have a conversation **2** (*Zeitvertreib*) entertainment ◊ *Eine Band sorgt für Musik und Unterhaltung.* A band will provide music and entertainment. ◊ *Wir wünschen Ihnen gute Unterhaltung!* Enjoy the show! **3** (*Betreiben, Instandhalten, Pflege*) maintenance
Unterhaltungselektronik consumer electronics [U] **Unterhaltungsindustrie** entertainment industry **Unterhaltungsliteratur** popular fiction **Unterhaltungsmusik** light music **Unterhaltungswert** entertainment value ◊ *großen/hohen Unterhaltungswert haben* have great entertainment value

Unterhändler(in) negotiator

Unterhaus lower house (of Parliament) [mit Verb im Sing/Pl]; (*in GB*) House of Commons

Unterhemd vest, (*AmE*) undershirt

unterhöhlen undermine (*auch fig*)

Unterholz undergrowth, (*AmE*) underbrush

Unterhose (*für Männer*) (under)pants [Pl]; (*für Frauen*) knickers [Pl] ◊ *lange Unterhosen* long johns

unterirdisch underground ◊ *Die Züge fahren unterirdisch.* The trains run underground.

Unterkiefer lower jaw

unterkommen 1 bei jdm ~ stay with sb ◊ *Wir konnten bei Verwandten unterkommen.* We were able to stay with our relatives. **2** (*beruflich*) get a job ◊ *Versuche, bei einer größeren Firma unterzukommen.* Try to get a job with a bigger company. IDM **das ist mir, uns etc. noch nicht untergekommen** I, we, etc. have never come across anything like it

unterkriegen defeat ◊ *Wir lassen uns nicht unterkriegen.* We won't be defeated. ◊ *Die „alten Medien" sind nicht unterzukriegen.* The 'old media' are still going strong.

unterkühlt 1 suffering from hypothermia **2** (*Verhältnis*) cool; (*Atmosphäre*) chilly; (*Mensch*) aloof

Unterkühlung hypothermia ◇ *an Unterkühlung sterben* die of hypothermia

Unterkunft accommodation [U] ◇ *Ich suche eine Unterkunft in Paris.* I'm looking for accommodation in Paris. ◇ *Hier sollen neue Unterkünfte für Asylbewerber gebaut werden.* They're going to build some new accommodation for asylum-seekers here.

Unterlage **1** ◇ *Bringen Sie bitte eine Decke als Unterlage mit.* Bring a blanket with you to lie on. ◇ *Hol dir eine Unterlage, bevor du mit dem Malen beginnst.* Fetch something to put underneath before you start painting. **2** (*Dokument*) document

unterlassen **1** ◇ *Ich würde Ihnen raten, die Reise zu unterlassen.* I would advise you not to go on this journey. ◇ *Er wurde wegen unterlassener Hilfeleistung angeklagt.* He was charged with failing to give assistance. **2 es ~, etw zu tun** fail to do sth ◇ *Sie hat es unterlassen, die Polizei zu benachrichtigen.* She failed to notify the police.

Unterlauf lower reaches [Pl]

unterlaufen *Adj* **rot ~** bloodshot; **blau ~** bruised; (*vor Kälte*) blue

unterlegen[1] *Verb* **(sich/jdm) etw ~** put *sth* underneath (yourself/sb) ◇ *alte Zeitungen unterlegen* put some old newspapers underneath ◇ *Sie legte ihm ein Kissen unter.* She put a cushion underneath him.

unterlegen[2] *Verb* ◇ *Er unterlegte der Komposition neue Texte.* He put new words to the music. ◇ *mit Musik unterlegte Naturgeräusche* sounds of nature with music in the background ◇ *Die Anzeige war grün unterlegt.* The advert was on a green background.

unterlegen[3] *Adj* **1** → UNTERLIEGEN **2** inferior; (*zahlenmäßig*) outnumbered; (*in einem Wettbewerb*) behind

Unterleib lower abdomen (*gehoben*) ◇ *Schmerzen im Unterleib* pain in the lower abdomen. ◇ *Ein gezielter Tritt in den Unterleib und sie war ihn los.* A well-aimed kick between his legs and she was rid of him.

unterliegen **1 jdm ~** lose to sb, be beaten by sb ◇ *das unterlegene Team* the losing team **2 einer Sache ~** (*einer Pflicht, Kontrolle, Bestimmung etc.*) be subject to sth; (*einer Gebühr etc.*) be liable to sth ◇ *Das Gremium unterliegt keiner Kontrolle.* This body is not subject to any control. ◇ *Seine Leistungen unterliegen starken Schwankungen.* His performance varies considerably. ◇ *Sie unterlag der Täuschung, dass er sehr reich sei.* She wrongly thought that he was very rich. ◇ *Seine Glaubwürdigkeit unterlag keinem Zweifel.* His trustworthiness was not open to any doubt. ◇ *Da sind Sie einem Irrtum unterlegen.* You're mistaken there.

Unterlippe lower lip

untermalen accompany ◇ *eine mit Musik untermalte Diaschau* a slide show accompanied by music ◇ *Eine Jazzband untermalte das Fest musikalisch.* A jazz band played at the party.

untermauern **etw (mit etw) ~** support sth (with sth), substantiate sth (with sth) (*gehoben*)

Untermiete ◇ *Sie wohnt bei mir zur Untermiete.* She rents a room from me (as a subtenant).

Untermieter(in) subtenant ◇ *der Vertrag zwischen dem Hauptmieter und dem Untermieter* the contract between tenant and subtenant ◇ *Sie wohnt als Untermieterin bei einer alten Dame.* She rents a room from an old lady.

unterminieren undermine

untermischen mix *sth* in

unternehmen **1** do; **etw/nichts gegen jdn/etw ~** do sth/nothing about sb/sth ◇ *Sie wollen im Urlaub viel unternehmen.* They want to do a lot on holiday. ◇ *Was können wir dagegen unternehmen?* What can we do about it? **2** (*Reise, Versuch, Anstrengung*) make; (*Schritte*) take ◇ *Wir werden energische Schritte unternehmen, um den Konflikt zu beenden.* We will take firm measures to end the conflict. ◇ *einen neuen Versuch unternehmen* try again ◇ *Die Kinder unternahmen einen Fahrradausflug.* The children went on a bike ride.

Unternehmen **1** firm [mit Verb im Sing/Pl], business (enterprise) **2** (*Vorhaben*) undertaking

Unternehmensberater(in) management consultant **Unternehmensberatung** **1** management consulting **2** (*Firma*) management consultancy (firm) **Unternehmensleitung** management

Unternehmer(in) entrepreneur; (*Arbeitgeber*) employer

unternehmerisch entrepreneurial

unternehmungslustig active

Unteroffizier(in) non-commissioned officer

unterordnen **1 sich (jdm/etw) ~** take second place (to sb/sth), be subordinate (to sb/sth) ◇ *Alle Gesetze haben sich dem Grundgesetz unterzuordnen.* All laws must be subordinate to the German constitution. ◇ *Sie kann sich nicht unterordnen.* She cannot accept authority. **2 jdn/etw einer Sache ~** (*Prioritäten*) ◇ *Sie hat ihren Beruf der Familie untergeordnet.* She put her family before her career. **3 jdn/etw jdm/etw ~** (*in einer Hierarchie*) make sb/sth subordinate to sb/sth → *Siehe auch* UNTERGEORDNET

Unterredung discussion; (*besonders politisch*) talks [Pl] ◇ *ein weiteres Thema der Unterredungen* a further topic discussed during the talks ◇ *Sie bat ihren Chef um eine Unterredung.* She asked to speak to her manager.

Unterricht **1** teaching ◇ *theoretischer Unterricht und praktische Übungen* theoretical teaching and practical exercises ◇ *(jdm) Unterricht geben* teach (sb) **2** (*Stunden*) lessons [Pl], classes [Pl] **im ~** in class ◇ *Heute fällt der Unterricht aus.* There are no lessons today. ◇ *Der Unterricht findet montags statt.* Classes are held on Mondays. ◇ *Sie nimmt Unterricht im Tanzen.* She's taking dance classes.

unterrichten **1** teach **2 jdn (in etw) ~** teach sb (sth) ◇ *Er unterrichtet die 6. Klasse in Geschichte.* He teaches Year 6 history. **3 (jdn) (über/von etw) ~** (*informieren*) inform (sb) (about/of sth) ◇ *Sie sind schlecht unterrichtet.* You are not very well informed. ◇ *Aus gut unterrichteten Kreisen verlautet, dass ...* According to well-informed sources, ... ◇ *Die Broschüre will umfassend über AIDS unterrichten.* The pamphlet provides comprehensive information about Aids.

Unterrichts- **Unterrichtseinheit** teaching unit **unterrichtsfrei** free ◇ *unterrichtsfreie Zeit* free lessons ◇ *Der Samstag ist unterrichtsfrei.* There are no lessons on Saturdays. **Unterrichtsmaterial** teaching material **Unterrichtsraum** classroom **Unterrichtsstunde** lesson

Unterrock slip

untersagen prohibit (*gehoben*); **jdm etw ~** forbid sb sth; **jdm ~, etw zu tun** forbid sb to do sth ◇ *Hier ist das Rauchen untersagt.* Smoking is prohibited here. ◇ *Uns wurde der Kontakt mit Angehörigen untersagt.* We were forbidden all contact with relatives. ◇ *Sein Vater hat ihm ausdrücklich untersagt hinzugehen.* His father expressly forbade him to go. ◇ *Das Gericht untersagte die Abschiebung der Flüchtlinge.* The court ordered that the refugees were not to be deported.

Untersatz → UNTERSETZER → *Siehe auch* FAHRBAR

unterschätzen underestimate ◇ *Sie ist nicht zu unterschätzen.* You mustn't underestimate her.

unterscheiden **1 etw ~** (*auseinanderhalten*) tell sth apart; **A und B (voneinander) ~** tell the difference between A and B, distinguish between A and B; **A von B ~** tell A from B ◇ *Ich kann die Zwillinge nicht unterscheiden.* I can't tell the twins apart. ◇ *Sie sind in der Form kaum zu unterscheiden.* There is hardly any difference in shape between them. **2 etw ~** (*einen Unterschied machen*) differentiate between sth, make a distinction between sth; **nach etw ~** distinguish according to sth ◇ *Der Autor unterscheidet drei Ursachen.* The author differentiates between three causes. ◇ *Es werden zwei Verfahren unterschieden.* A distinction is made between two processes. ◇ *Der Fachmann unterscheidet nach Größe und Farbe.* An expert distinguishes according to size and colour. **3 A von B ~** (*den Unterschied ausmachen*) make A different from B, distinguish A from B ◇ *Was unterscheidet die Grünen von der SPD?* What makes the Greens different from the SPD? ◇ *Nichts unterscheidet ein Haus vom anderen.* There is nothing to distinguish one house from another. **4 sich (von jdm/etw) ~** be different (from sb/sth); **sich durch/in etw (von jdm/etw) ~** differ in sth (from sb/sth); **sich nicht/in nichts (voneinander) ~** be no different from each other ◇ *Sein Konzept unterscheidet sich deutlich von dem seines Vorgängers.* His concept is distinctly different from that of his predecessor. ◇ *Die Pflanzen unterscheiden sich in den Blättern.* The plants have different leaves.

Unterscheidung distinction ◇ *eine Unterscheidung zwischen A und B treffen* make a distinction between A and B ◇ *die Unterscheidung von Gut und Böse* the distinction between good and evil

Unterschenkel lower leg

Unterschicht (*Gesellschaftsschicht*) lower classes [U]

Unterschied 1 difference ◇ *Worin liegt der Unterschied zwischen den beiden Systemen?* What is the difference between the two systems? ◇ *Ich sehe keinen Unterschied zu den anderen.* I can't see any difference from the others. **2 einen ~ zwischen A und B machen** make a distinction between A and B **3 im ~ zu jdm/etw** (*anders als*) unlike sb/sth; (*im Gegensatz zu*) in contrast to sb/sth ◇ *Im Unterschied zu dir geht er lieber zu Fuß.* Unlike you, he prefers to walk. ◇ *Im Unterschied zu heute gab es früher nur wenige Scheidungen.* In contrast to today there used to be very few divorces. **4 ohne ~** (*ausnahmslos*) without exception ◇ *die Würde aller Menschen ohne Unterschied* the dignity of all people without exception ◇ *ohne Unterschied der Rasse* regardless of race IDM **(das ist) ein Unterschied wie Tag und Nacht** (there's) no comparison

unterschiedlich different (*Adv* differently); (*wechselnd, schwankend*) varying ◇ *Kinder unterschiedlichen Alters* children of different ages ◇ *Das Gedicht wurde unterschiedlich interpretiert.* The poem was interpreted in different ways. ◇ *mit unterschiedlichem Erfolg* with varying degrees of success ◇ *Die Antworten fielen unterschiedlich aus.* The answers varied. ◇ *Die Klassen sind unterschiedlich groß.* The classes vary in size.

unterschlagen 1 (*Gelder etc.*) misappropriate; (*eine bestimmte Summe auch*) embezzle; (*Brief etc.*) intercept **2** (*Informationen, Wahrheit etc.*) withhold; **jdm etw ~** keep sth from sb

Unterschlagung (*meist mit einem Verb übersetzt*) ◇ *Er stand wegen Unterschlagung öffentlicher Gelder vor Gericht.* He was on trial for embezzling public money.

Unterschlupf shelter [U]; (*Schutz*) refuge [U]; (*Versteck*) hide-out ◇ *jdm Unterschlupf gewähren* give sb shelter ◇ *einen Unterschlupf suchen* look for shelter

unterschreiben 1 sign ◇ *mit Vor- und Nachnamen unterschreiben* sign your full name **2** (*bestätigen*) subscribe to *sth* ◇ *Das kann ich nur unterschreiben.* I have to subscribe to that.

unterschreiten fall below *sth* ◇ *Die Temperaturen unterschreiten selten den Gefrierpunkt.* Temperatures rarely fall below zero. ◇ *Der Etat wurde sogar unterschritten.* Spending was even below budget. ◇ *Der Pilot hat die vorgegebene Flughöhe nicht unterschritten.* The pilot did not fly lower than the permitted altitude.

Unterschrift signature ◇ *seine Unterschrift unter etw setzen* put your signature to sth ◇ *Unterschriften für etw sammeln* collect signatures for sth ◇ *seine Unterschrift leisten* sign sth ◇ *Sie verweigerte die Unterschrift.* She refused to sign. **Unterschriftenaktion**, **Unterschriftensammlung** collection of signatures ◇ *mit einer Unterschriftenaktion gegen etw protestieren* protest against sth by collecting signatures **Unterschriftenliste** petition

unterschwellig underlying [nur vor Nomen]; (*unbewusst*) subconscious (*Adv* subconsciously) ◇ *Unterschwellig war ständig Ausländerfeindlichkeit zu spüren.* An underlying xenophobia could always be sensed.

Unterseeboot → U-BOOT

Untersetzer mat; (*für Gläser, Becher*) coaster; (*Untertasse*) saucer

untersetzt stocky

unterspülen undermine

Unterstand shelter

unterste(r,s) lowest; (*Schublade*) bottom ◇ *die untersten Äste* the lowest branches ◇ *in der untersten Schublade* in the bottom drawer → *Siehe auch* UNTERE(R,S)

unterstehen 1 jdm/etw ~ be under (the control of) sb/sth; (*in einer Hierarchie*) report to sb/sth ◇ *die ihm unterstehenden Beamten/Verbände* the officials/associations under his control ◇ *Diese Behörde untersteht dem Wirtschaftsminister.* This authority reports to the Economics Minister. **2 sich ~ (etw zu tun)** dare (to do sth) ◇ *Wie können Sie sich unterstehen, so mit mir zu sprechen!* How dare you speak to me like that! ◇ *Untersteh dich, das meinen Eltern zu erzählen!* Don't you dare tell my parents!

unterstellen[1] 1 put *sth* underneath ◇ *Schnell, stell einen Eimer unter!* Quick, put a bucket underneath it! **2** (*hinstellen*) put; (*Möbel*) put *sth* into storage ◇ *Wo kann ich mein Fahrrad unterstellen?* Where can I put my bicycle? **3** (*aufbewahren*) keep; (*Möbel*) store ◇ *Die Mülltonnen sind im Schuppen untergestellt.* The dustbins are kept in the shed. ◇ *Mein Pony ist bei einem Bauern untergestellt.* I keep my pony at a farmer's. **4 sich ~** (*zum Schutz vor Regen*) take shelter

unterstellen[2] 1 imply; **jdm etw ~** accuse sb of sth ◇ *Ich möchte ihm keine bösen Absichten unterstellen.* I don't wish to imply that his intentions were bad. ◇ *Man unterstellte ihr Habsucht und Geldgier.* They accused her of greed and avarice. **2** (*annehmen*) assume ◇ *Unterstellen wir, dass jeder 50 Franken spendet.* Let us assume that everyone gives 50 francs. **3 jdn/etw jdm/etw ~** put sb/sth under the control of sb/sth; (*in einer Hierarchie*) make sb/sth subordinate to sb/sth; **jdm/etw unterstellt sein** be under the control of sb/sth; (*in einer Hierarchie*) be subordinate to sb/sth ◇ *Truppen dem Nato-Befehl unterstellen* put troops under NATO control ◇ *Der Wald ist der Forstverwaltung unterstellt.* The forest is under the control of the forestry commission. ◇ *die ihm unterstellten Truppen* the troops under his control ◇ *Er ist dem Minister unterstellt.* He is subordinate to the Minister. ◇ *Dem Ministerium sind fünf verschiedene Bereiche unterstellt.* The ministry is in charge of five different areas.

Unterstellung insinuation; (*stärker*) accusation ◇ *eine Unterstellung zurückweisen* reject an accusation ◇ *Das ist eine Unterstellung!* That's completely unfounded!

unterstreichen underline; (*betonen auch*) emphasize

Unterstufe (SCHULE) lower school, (*AmE*) lower grade

unterstützen **1 jdn (bei etw) ~** (*helfen*) help sb (with sth); (*moralisch*) support sb (in sth) ◇ *Sie wird von einer Assistentin unterstützt.* She is helped by an assistant. ◇ *Meine Eltern haben mich immer unterstützt.* My parents have always supported me. ◇ *Die Zuschauer haben ihr Team lautstark unterstützt.* The spectators were loud in support of their team. **2** (*finanziell*) support *sb/sth* (financially), give *sb/sth* financial backing ◇ *Sie unterstützten die Flüchtlinge mit Spenden.* They supported the refugees with donations. ◇ *Das Projekt wird von der Stadt finanziell unterstützt.* The project has financial backing from the town council. ◇ *Das Projekt wird von der Stadt mit 3 Millionen unterstützt.* The project has 3 million in backing from the town council.

Unterstützung **1** help; (*moralisch*) support; (*finanziell*) backing ◇ *die Unterstützung der Kampagne durch die Öffentlichkeit* public support for the campaign **2** (*Sozialhilfe etc.*) (state) aid; (*Arbeitslosen-*) (unemployment) benefit, (*AmE*) (unemployment) compensation ◇ *Er hat Unterstützung beantragt.* He's applied for state aid.

untersuchen **1** examine ◇ *Experten untersuchten das Gemälde.* Experts examined the painting. ◇ *Die Ärztin untersuchte die Wunde.* The doctor examined the wound. ◇ *Sie ließ sich von einem Arzt untersuchen.* She had a medical check-up. **2 etw (auf etw) ~** (*auf Spuren, Hintergründe, Ursachen etc.*) investigate sth (for sth) ◇ *Es wird noch untersucht, ob ein Zusammenhang besteht.* The question of whether any connection exists is still being investigated. ◇ *Die Polizei untersuchte den Tatort auf Spuren.* The police investigated the scene of the crime for clues. ◇ *Die Unfallursache wird noch untersucht.* The cause of the accident is still under investigation. **3 etw (auf etw) ~** (*im Labor*) test sth (for sth) ◇ *Die Wasserproben werden auf Schadstoffe untersucht.* The water samples are tested for contaminants. **4 jdn (auf etw) ~** (*auf Waffen, Drogen etc.*) search sb (for sth)

Untersuchung **1** examination; (*Labor-*) test ◇ *eine ärztliche Untersuchung* a medical examination ◇ *Untersuchungen an Ratten* tests on rats ◇ *etw zur Untersuchung ins Labor schicken* send sth to the laboratory for testing **2** (*von Spuren, Hintergründen etc.*) investigation; (*polizeilich auch*) enquiries [Pl] ◇ *die Untersuchung der Unfallursache* the investigation into the cause of the accident ◇ *Die Untersuchungen der Polizei sind noch nicht abgeschlossen.* The police have not yet completed their enquiries.
Untersuchungsausschuss committee of inquiry **Untersuchungshaft** custody ◇ *Er sitzt in Untersuchungshaft.* He is being held in custody. ◇ *aus der Untersuchungshaft entlassen werden* be released from custody **Untersuchungskommission** fact-finding committee; (*nach einer Katastrophe etc.*) board of investigation ◇ *eine Untersuchungskommission der Vereinten Nationen* a UN fact-finding committee

Untertan(in) subject

Untertasse saucer IDM **eine fliegende Untertasse** a flying saucer

untertauchen **1** dive (under); (*U-Boot*) submerge **2** (*verschwinden*) disappear; (*auf der Flucht*) go underground **3 jdn ~** give sb a ducking

unterteilen **etw (in etw) ~** divide sth (up) (into sth) ◇ *Das Buch ist in sechs Kapitel unterteilt.* The book is divided into six chapters.

Unterteilung division ◇ *eine Unterteilung in vier Abschnitte* a division into four sections

Unterteller → UNTERTASSE

Untertitel subtitle

Unterton undertone ◇ *mit bitterem Unterton* with an undertone of bitterness

untertreiben play things down, understate the case ◇ *Ich finde, er untertreibt.* I think he's understating the case. ◇ *Das ist untertrieben.* That's an understatement.

Untertreibung understatement

untervermieten sublet

Unterverzeichnis (COMP) subdirectory

unterwandern infiltrate

Unterwäsche underwear

Unterwasser- underwater ◇ *eine Unterwasserkamera* an underwater camera ◇ *die Unterwasserwelt* the underwater world

unterwegs **1** out (and about); (*auf Reisen*) away ◇ *Er ist mit dem Fahrrad unterwegs.* He's out on his bike. ◇ *In den Alpen sind viele Touristen unterwegs.* There are a lot of tourists out and about in the Alps. ◇ *Sie ist geschäftlich viel unterwegs.* She's away a great deal on business. **2** (*auf dem Weg*) on the/your way ◇ *Wir hielten unterwegs zum Essen an.* We stopped for a meal on the way. ◇ *Sie ist gerade nach Frankfurt unterwegs.* She's on her way to Frankfurt. ◇ *Das Paket ist schon unterwegs.* The parcel is already on its way. **3 ein Baby ist (bei jdm) ~** sb is expecting a baby

unterweisen **jdn (in etw) ~** teach sb (sth); (*praktisch auch*) instruct sb (in sth) ◇ *Kinder im Lesen und Schreiben unterweisen* teach children to read and write

Unterweisung instruction [U] ◇ *eine Unterweisung in Erster Hilfe* first aid instruction

Unterwelt underworld (*auch fig*)

unterwerfen **1 jdn/etw ~** subjugate sb/sth **2 sich (jdm/etw) ~** surrender (to sb/sth) ◇ *sich dem Feind unterwerfen* surrender to the enemy **3 sich etw ~** (*Herrschaft, Willen etc.*) submit to sth ◇ *sich jds Befehl unterwerfen* submit to sb's orders ◇ *sich der Kolonialherrschaft unterwerfen* submit to colonial rule **4 einer Sache unterworfen sein** be subject to sth ◇ *großen Schwankungen unterworfen sein* be subject to major fluctuations

unterwürfig submissive (*Adv* submissively)

unterzeichnen sign

Unterzeichner(in) signatory

Unterzeichnung signing

unterziehen[1] **1 (sich) etw ~** put sth on underneath ◇ *sich einen Pulli unterziehen* put a jumper on underneath **2 etw (unter etw) ~** (GASTRON) fold sth in(to sth)

unterziehen[2] **1 sich etw ~** undergo sth; (*Test*) take sth; (*Operation*) have sth ◇ *sich einer Therapie unterziehen* undergo therapy ◇ *Er musste sich einer schweren Operation unterziehen.* He had to have a serious operation. **2 etw einer Prüfung etc. ~** subject sth to scrutiny, etc. ◇ *Die Anträge wurden einer ernsten Prüfung unterzogen.* The applications were subjected to careful scrutiny. **3 jdn einem Verhör ~** question sb

untragbar **1** intolerable ◇ *Ich halte es für untragbar, dass ...* I find it intolerable that ... ◇ *untragbare Zustände* intolerable conditions ◇ *Der Mann ist für die Firma untragbar.* The man has become a liability to the firm. **2** (*finanziell*) financially unviable; (*Kosten*) prohibitive

untrennbar inseparable (*Adv* inseparably)
untreu unfaithful ◊ *Sie war ihrem Ehemann untreu.* She was unfaithful to her husband. ◊ *Er wurde seinen Prinzipien untreu.* He betrayed his principles.
Untreue **1** infidelity **2** (RECHT) embezzlement ◊ *Ihm wird Betrug und Untreue vorgeworfen.* He is accused of fraud and embezzlement.
untröstlich inconsolable (*Adv* inconsolably); (*Mensch auch*) heartbroken
untypisch not typical, atypical (*Adv* atypically) (*Fachspr*) ◊ *Das ist völlig untypisch für ihn.* That's not at all typical of him. ◊ *ein untypisches Verhalten* atypical behaviour ◊ *ein untypisch kaltes Wetter* unusually cold weather
unüberhörbar **1** ◊ *unüberhörbare Sprechchöre* people chanting so that everyone could hear ◊ *Sie sagte mit leiser Stimme, jedoch unüberhörbar …* She said quietly, but clearly enough for people to hear … ◊ *Die Begeisterung des Publikums war unüberhörbar.* The audience's enthusiasm was obvious. **2** (*unverkennbar*) unmistakable (*Adv* unmistakably)
unüberlegt rash (*Adv* rashly)
unüberschaubar **1** (*groß*) vast, immense ◊ *ein unüberschaubares Gelände* a vast area ◊ *eine unüberschaubare Zahl von Kindern* a vast number of children **2** (*nicht einschätzbar*) incalculable
unübersehbar **1** obvious ◊ *Ihre Enttäuschung war unübersehbar.* Her disappointment was obvious. ◊ *Das Schild war unübersehbar.* You couldn't miss the sign. ◊ *Das Schild war unübersehbar angebracht.* The sign was in a place where you couldn't miss it. **2** → UNÜBERSCHAUBAR
unübersichtlich (*Kurve, Strecke*) blind; (*Situation, Umstände*) unclear, confusing ◊ *Diese Tabelle ist unübersichtlich.* This table is confusing. ◊ *unübersichtlich angeordnete Icons* icons that are arranged in a confusing way ◊ *Dieser Bahnhof ist sehr unübersichtlich.* This station is difficult to find your way around.
unübertrefflich superb (*Adv* superbly)
unübertroffen unsurpassed
unüberwindbar, unüberwindlich insurmountable; (*Angst*) overwhelming; (*Gegensätze*) irreconcilable
unüblich unusual (*Adv* unusually)
unumgänglich (*unabwendbar*) inevitable; (*unvermeidlich*) unavoidable; (*erforderlich*) essential
unumstritten (*Ergebnis, Tatsache etc.*) undisputed; (*Entscheidung, Maßnahme*) uncontroversial ◊ *ein unumstrittener Sieger* an undisputed champion ◊ *Solche Aktionen sind nicht unumstritten.* Such actions are not uncontroversial.
ununterbrochen continuous (*Adv* continuously); (*unaufhörlich*) incessant (*Adv* incessantly) ◊ *der ununterbrochene Flüchtlingsstrom* the continuous stream of refugees ◊ *Er war ununterbrochen im Einsatz.* He was on duty continuously. ◊ *Sie redeten ununterbrochen.* They talked incessantly.
unverändert **1** *Adj* unchanged **2** *Adv* consistently ◊ *eine unverändert hohe Nachfrage* consistently high demand
unverantwortlich irresponsible (*Adv* irresponsibly)
unverbesserlich incorrigible, hopeless (*umgs*) ◊ *Sie ist einfach unverbesserlich!* She's absolutely incorrigible! ◊ *ein unverbesserlicher Optimist* an eternal optimist
unverbindlich **1** (*Aussage etc.*) non-binding; (*Zusage etc.*) not binding [nicht vor Nomen] ◊ *eine unverbindliche Absichtserklärung* a non-binding statement of intent ◊ *ein unverbindliches Angebot* an offer that is not binding ◊ *unverbindliche Preisempfehlung* manufacturer's recommended price **2** (*bestellen, ausprobieren*) without obligation [nicht vor Nomen] ◊ *sich eine Wohnung unverbindlich ansehen* look round a flat without obligation **3** (*Antwort, Bemerkung etc.*) noncommittal (*Adv* non-committally); (*Mensch*) reserved
unverblümt blunt (*Adv* bluntly) ◊ *unverblümte Kritik* blunt criticism ◊ *Sie sagte ihm unverblümt die Wahrheit.* She bluntly told him the truth. ◊ *etw unverblümt fordern* demand sth in plain terms
unverbraucht fresh, new; (*noch vorhanden, übrig*) unused ◊ *unverbrauchte Talente* fresh talent ◊ *unverbrauchte Gesichter* new faces ◊ *unverbrauchte Brennstäbe* new fuel rods ◊ *unverbrauchte Mittel* unused resources
unverdient undeserved ◊ *ein unverdienter Sieg/Ruf* an undeserved victory/reputation ◊ *unverdient gewinnen* win an undeserved victory
unverdrossen (*unermüdlich*) unflagging; (*nicht zu entmutigen*) undeterred, undaunted ◊ *Trotz des Regens kämpften sie unverdrossen weiter.* They kept on fighting, undaunted by the rain.
unvereinbar incompatible; (*Meinungen etc.*) irreconcilable ◊ *Das ist unvereinbar mit den Prinzipien des Islams.* This is incompatible with the principles of Islam.
unverfänglich harmless
unverfroren brazen (*Adv* brazenly)
Unverfrorenheit brazenness; (*Frechheit*) cheek [U/Sing]
unvergänglich immortal; (*zeitlos*) timeless
unvergesslich unforgettable, memorable ◊ *ein unvergessliches Erlebnis* an unforgettable experience ◊ *Der Tag wird mir unvergesslich bleiben.* I will always remember that day.
unvergleichlich incomparable (*Adv* incomparably)
unverhältnismäßig disproportionate (*Adv* disproportionately); (*übermäßig*) excessive (*Adv* excessively) ◊ *Von den Kindern sind unverhältnismäßig viele krank.* A disproportionate number of the children are ill. ◊ *unverhältnismäßig teuer* disproportionately expensive ◊ *Die Strafe ist unverhältnismäßig hart.* The punishment is excessively harsh.
unverheiratet unmarried
unverhofft unexpected (*Adv* unexpectedly)
unverhohlen *Adj* unconcealed; (*Kritik*) open (*Adv* openly) ◊ *Sie kritisierte unverhohlen die Verantwortlichen.* She openly criticized those responsible. ◊ *jdm unverhohlen die Wahrheit sagen* tell sb the truth straight out
unverkäuflich **1** not for sale [nicht vor Nomen] **2** (*schwer abzusetzen*) unsaleable
unverkennbar (*nicht zu verwechseln*) unmistakable (*Adv* unmistakably); (*nicht zu übersehen*) obvious
unverletzt uninjured, unharmed ◊ *Er konnte unverletzt geborgen werden.* He was rescued unharmed.
unvermeidbar, unvermeidlich unavoidable; (*unabwendbar*) inevitable ◊ *eine unvermeidliche Konfrontation* an unavoidable confrontation ◊ *Entlassungen waren unvermeidlich.* Job losses were unavoidable. ◊ *eine unvermeidliche Folge* an inevitable consequence
unvermindert undiminished
unvermittelt sudden (*Adv* suddenly); (*abrupt*) abrupt (*Adv* abruptly) ◊ *eine unvermittelte Kehrtwendung* a sudden U-turn ◊ *Er brach unvermittelt ab.* He broke off abruptly.
unvernünftig **1** unwise (*Adv* unwisely), stupid (*Adv* stupidly); (*uneinsichtig*) unreasonable **2** (*Adv* unreasonably) ◊ *eine unvernünftige Entscheidung* an un-

wise decision ◇ *Es ist unvernünftig, bei diesem Wetter nach draußen zu gehen.* It is foolish to go out in this weather.

unveröffentlicht unpublished

unverschämt **1** *Adj* outrageous; *(unhöflich)* rude ◇ *eine unverschämte Forderung* an outrageous demand ◇ *Er war am Telefon richtig unverschämt.* He was really rude on the phone. **2** *Adv (sehr)* incredibly ◇ *Ich hatte unverschämt viel Glück.* I was incredibly lucky. ◇ *unverschämt hohe Preise* scandalously high prices

Unverschämtheit impertinence, *(BrE auch)* cheek [U/Sing] ◇ *Er besaß die Unverschämtheit, noch auf der Hochzeit aufzutauchen.* He had the cheek to turn up at the wedding. ◇ *Das ist eine Unverschämtheit!* What a cheek!

unverschuldet ◇ *ein unverschuldeter Autounfall* a car accident that is/was not your fault ◇ *Er hat unverschuldet seine Arbeit verloren.* He lost his job through no fault of his own. ◇ *unverschuldet in Not geratene Menschen* people who are in difficulties through no fault of their own

unversehrt undamaged, intact; *(Mensch)* unharmed [nicht vor Nomen]; *(nach einem Unfall etc.)* unhurt [nicht vor Nomen] ◇ *Das Fenster war unversehrt.* The window was undamaged. ◇ *Der Geiselnehmer ließ die Frau unversehrt frei.* The kidnapper released the woman unharmed. ◇ *Der Tempel überstand den Bombenangriff unversehrt.* The temple escaped damage in the air raid.

unversöhnlich irreconcilable *(Adv* irreconcilably)

unverständlich **1** indistinct *(Adv* indistinctly) ◇ *unverständliche Worte* indistinct words ◇ *unverständliches Geschrei* a clamour of voices **2** *(schwer zu begreifen)* incomprehensible ◇ *eine unverständliche Begründung* an incomprehensible explanation ◇ *unverständlich formuliert sein* be formulated in a way that is difficult to understand ◇ *Es ist mir völlig unverständlich, warum …* I just don't understand why …

Unverständnis incomprehension ◇ *Er reagierte zunächst mit Unverständnis.* His first reaction was incomprehension. ◇ *Sie äußerte ihr Unverständnis darüber.* She said she could not understand it.

unvertretbar unjustifiable *(Adv* unjustifiably), indefensible *(Adv* indefensibly); *(Position, Meinung)* untenable ◇ *ein unvertretbares Risiko* an unjustifiable risk ◇ *unvertretbar hohe Kosten* indefensibly high costs

unverwechselbar unmistakable *(Adv* unmistakably)

unverwüstlich **1** indestructible **2** *(Mensch, Optimismus, Humor)* indomitable, irrepressible; *(Gesundheit)* robust

unverzeihlich unforgivable

unverzichtbar indispensable; *(Maßnahme, Bedingung, Bestandteil)* essential ◇ *ein unverzichtbares Nachschlagewerk* an indispensable reference work ◇ *Sie ist unverzichtbar geworden.* She has become indispensable.

unverzinslich non-interest bearing; *(Darlehen etc.)* interest-free

unverzüglich prompt *(Adv* promptly); *(sofort)* immediate *(Adv* immediately) ◇ *eine unverzügliche Antwort* a prompt answer ◇ *die unverzügliche Freilassung der Häftlinge* the immediate release of the prisoners ◇ *die Polizei unverzüglich alarmieren* call the police immediately

unvollendet incomplete, unfinished ◇ *ein unvollendeter Roman Kafkas* an incomplete novel by Kafka ◇ *Schuberts „Unvollendete"* Schubert's Unfinished Symphony

unvollkommen imperfect *(Adv* imperfectly); *(nicht vollendet)* incomplete *(Adv* incompletely)

unvollständig incomplete ◇ *unvollständig ausgefüllte Anträge* incomplete application forms ◇ *Wir wurden nur unvollständig informiert.* We were not fully informed.

unvoreingenommen **1** *Adj (offen, aufgeschlossen)* open-minded; *(nicht befangen)* unbiased, impartial ◇ *ein unvoreingenommenes Publikum* an open-minded audience ◇ *ein unvoreingenommer Richter* an unbiased judge **2** *Adv* with an open mind; *(nicht befangen)* impartially ◇ *einen Vorschlag unvoreingenommen prüfen* consider a suggestion with an open mind

unvorhergesehen unforeseen, unexpected *(Adv* unexpectedly) ◇ *unvorhergesehene Schwierigkeiten* unforeseen difficulties ◇ *Es passierte etwas Unvorhergesehenes.* Something unexpected happened.

unvorhersehbar unforeseeable

unvorsichtig careless *(Adv* carelessly)

unvorstellbar **1** *Adj* unimaginable, inconceivable ◇ *unvorstellbare Schmerzen* unimaginable pain ◇ *Es ist für mich unvorstellbar, dass …* It is inconceivable to me that … **2** *Adv* incredibly ◇ *unvorstellbar schnell* incredibly fast ◇ *eine unvorstellbar grausame Tat* an incredibly cruel act

unwahr untrue; *(Geschichte, Behauptung auch)* false ◇ *Das ist schlicht und einfach unwahr.* That is just not true.

unwahrscheinlich **1** *(kaum möglich)* unlikely ◇ *Das halte ich für unwahrscheinlich.* I think it's unlikely. ◇ *Die Geschichte klingt unwahrscheinlich.* The story sounds improbable. **2** *(sehr groß, sehr)* incredible *(Adv* incredibly) ◇ *Du hast echt unwahrscheinliches Glück gehabt.* You really have been incredibly lucky. ◇ *Ich habe mich unwahrscheinlich darüber gefreut.* I was terribly pleased about it.

unwegsam wild

unweigerlich inevitable *(Adv* inevitably)

unweit **~ einer Sache/von etw** not far from sth

Unwesen **1** evil ◇ *das Unwesen des Terrorismus* the evil of terrorism **2 sein ~ treiben** be at work ◇ *In der Innenstadt treiben Taschendiebe ihr Unwesen.* Pickpockets are at work in the city centre.

unwesentlich **1** *Adj (unwichtig)* minor; *(nicht relevant)* irrelevant ◇ *ein paar unwesentliche Details* a few minor details ◇ *ein nicht unwesentlicher Teil* a considerable part **2** *Adv* slightly ◇ *Sie ist nur unwesentlich jünger als du.* She is only slightly younger than you.

Unwetter storm

unwichtig unimportant; *(nicht relevant)* irrelevant

unwiderlegbar incontrovertible *(Adv* incontrovertibly)

unwiderruflich final *(Adv* finally), irrevocable *(Adv* irrevocably) ◇ *unwiderruflich verloren* irrevocably lost

unwiderstehlich irresistible *(Adv* irresistibly) ◇ *Er hält sich für unwiderstehlich.* He thinks he is irresistible. ◇ *Sie fühlte sich von ihm unwiderstehlich angezogen.* She felt irresistibly drawn to him.

unwillig **1** *(verärgert)* annoyed *(Adv* with annoyance) ◇ *Sie reagierte unwillig.* She reacted with annoyance. **2** *(widerwillig)* reluctant *(Adv* reluctantly) **3 ~ sein, etw zu tun** be unwilling to do sth

unwillkürlich **1** *(Bewegung etc.)* involuntary *(Adv* involuntarily) ◇ *ein unwillkürliches Zittern* an involuntary shudder **2** *(automatisch)* automatic *(Adv* automatically) ◇ *Ich winkte unwillkürlich zurück.* I waved back automatically. ◇ *Sie musste unwillkürlich lachen.* She couldn't help laughing.

unwirklich unreal

unwirksam **1** (*wirkungslos*) ineffective ◇ *Die Methode war unwirksam.* The method was ineffective. ◇ *unwirksam bleiben* have no effect **2** (*ungültig*) invalid

unwirsch brusque (*Adv* brusquely); (*verärgert*) cross (*Adv* crossly)

unwirtlich **1** (*Klima*) harsh **2** (*Gegend, Ort etc.*) inhospitable

unwirtschaftlich **1** (*unökonomisch*) uneconomic ◇ *Die Bahnlinie ist längst unwirtschaftlich geworden.* The line has long been uneconomic. **2** (*unrationell*) inefficient (*Adv* inefficiently) ◇ *eine unwirtschaftliche Betriebsführung* inefficient management

unwissend ignorant

Unwissenheit ignorance

unwissenschaftlich unscholarly; (*Naturwissenschaften*) unscientific ◇ *Sein Essay ist geradezu unwissenschaftlich.* His essay is downright unscholarly. ◇ *ein unwissenschaftlicher Ansatz* an unscientific approach

unwohl **1** (*körperlich*) unwell **2** (*unbehaglich*) **sich ~ fühlen** be ill at ease; **jdm ist bei etw ~** sb doesn't feel happy about sth ◇ *Er fühlte sich sichtlich unwohl.* He was clearly ill at ease. ◇ *Mir ist ein bisschen unwohl dabei.* I don't feel very happy about it.

unwürdig **1** degrading ◇ *in unwürdigen Verhältnissen leben* live in degrading conditions **2** **jds/einer Sache ~ sein** be unworthy of sb/sth

Unzahl huge number ◇ *eine Unzahl von Anträgen* a huge number of applications

unzählig countless ◇ *unzählige Male* countless times ◇ *unzählig viele Menschen* countless people

unzerbrechlich unbreakable

unzertrennlich inseparable

unzufrieden dissatisfied; (*im Leben*) discontented ◇ *unzufriedene Kunden* dissatisfied customers ◇ *Sie sieht immer so unzufrieden aus.* She always looks so discontented. ◇ *Sie war mit dem Ergebnis unzufrieden.* She was not happy with the result.

Unzufriedenheit unhappiness; (*von Arbeitern, in der Bevölkerung*) discontent; **~ (mit etw/jdm)** dissatisfaction (with sth/sb)

unzugänglich inaccessible; (*Mensch*) aloof, withdrawn ◇ *für Rollstuhlfahrer unzugänglich* inaccessible to wheelchair users

unzulänglich inadequate (*Adv* inadequately)

unzulässig unacceptable, inadmissible (*offiz*) ◇ *für unzulässig erklärt werden* be ruled inadmissible

unzumutbar unacceptable

unzureichend inadequate (*Adv* inadequately)

unzuverlässig unreliable (*Adv* unreliably)

Update update

üppig **1** (*Vegetation etc.*) luxuriant (*Adv* luxuriantly) ◇ *üppig wachsen* grow luxuriantly **2** (*aufwendig, reichhaltig*) lavish (*Adv* lavishly) **3** (*füllig*) full; (*Figur, Busen auch*) ample; (*Frau*) buxom

Upvote upvote

upvoten upvote

Urabstimmung (strike) ballot

Urahn, Urahne ancestor, forebear

uralt ancient; (*Mensch*) very old

Uran uranium

Uranus Uranus → *Beispiele bei* MERKUR

Uraufführung première

urbar **etw ~ machen** cultivate sth

Urbevölkerung native population; (*ausgestorben*) original population

ureigen own personal; (*Interesse*) vested ◇ *ihr ureigener Stil* her own personal style

Ureinwohner(in) native inhabitant; (*ausgestorben*) early inhabitant

Urenkel great-grandson, great-grandchild

Urenkelin great-granddaughter, great-grandchild

Urgroßeltern great-grandparents [Pl]

Urgroßmutter great-grandmother

Urgroßvater great-grandfather

Urheber(in) **1** (*Initiator*) originator ◇ *der Urheber von etw sein* be behind sth **2** (*eines Kunstwerks*) creator **Urheberrecht** copyright **urheberrechtlich** copyright; **~ geschützt** protected by copyright, in copyright

urig (*urwüchsig*) authentic; (*malerisch*) quaint ◇ *ein uriger Laden* a quaint old shop ◇ *ein uriger Typ* a one-off

Urin urine

urinieren urinate

Urinprobe urine sample; (*Test*) urine test

Urknall Big Bang

Urkunde document; (*Diplom-, Geburts-, Heirats- etc.*) certificate ◇ *Für jeden Teilnehmer gab es eine Urkunde.* Every participant received a certificate. **Urkundenfälschung** falsification of a document

Urlaub **1** (*Ferien*) holiday, (*AmE*) vacation ◇ *in Urlaub fahren* go on holiday ◇ *Sie machen gerade Urlaub.* They're away on holiday. ◇ *Wann kommt sie aus dem Urlaub zurück?* When is she back from holiday? ◇ *Er macht dreimal im Jahr Urlaub.* He goes on holiday three times a year. ◇ *Sie machen bereits seit zwanzig Jahren hier Urlaub.* They have been coming here on holiday for twenty years. ◇ *im/auf Urlaub sein* be on holiday **2** (*arbeitsfreie Zeit*) leave, holiday, (*AmE*) vacation ◇ *unbezahlter Urlaub* unpaid leave ◇ *Er bekommt vier Wochen Urlaub im Jahr.* He gets four weeks holiday a year.

Urlauber(in) holidaymaker, (*AmE*) vacationer

Urlaubs- **Urlaubsgeld** holiday bonus, (*AmE*) vacation bonus **Urlaubskasse** holiday money, (*AmE*) vacation (spending) money ◇ *Habt ihr eine gemeinsame oder eine getrennte Urlaubskasse?* Have you pooled your spending money for the holiday or kept it separate? **Urlaubszeit** **1** (*Hauptreisezeit*) holiday period, holiday season **2** (*Ferien*) holidays [Pl] ◇ *wenn die Urlaubszeit vorbei ist* when the holidays are over

Urmensch primitive man

Urne **1** urn **2** (*Wahl-*) ballot box; **zur ~ gehen** go to the polls

Urologe, Urologin urologist

Urologie **1** urology **2** (*Krankenhausstation*) urology department

urplötzlich all of a sudden ◇ *Urplötzlich sprang er aus dem Gebüsch.* All of a sudden he leapt out of the bushes. ◇ *ein urplötzlich einsetzender Sturm* a sudden storm

Ursache (*Auslöser*) cause; (*Grund*) reason ◇ *die Ursache des Brandes* the cause of the fire ◇ *die Ursache der Wahlniederlage* the reason for the election defeat ◇ *aus ungeklärter Ursache* for no apparent reason IDM **Keine Ursache!** Don't mention it!

Ursprung origin ◇ *Dieses Wort ist lateinischen Ursprungs.* The word is of Latin origin. ◇ *Die Seen sind natürlichen Ursprungs.* They are natural lakes.

ursprünglich original (*Adv* originally)

Ursprungsland country of origin

Urteil **1** judgement, (*bes AmE*) judgment; (*Meinung*) opinion ◇ *ein Urteil fällen* pass judgement ◇ *sich ein Urteil bilden* form an opinion ◇ *ein Urteil über* *etw abgeben* give an opinion on sth ◇ *ein vernichtendes Urteil* a damning indictment ◇ *Sie gelangten zu dem Urteil, dass …* They came to the conclusion that … **2** (RECHT) judgment; (*Straf-*) sentence; (*Schuld-/Freispruch*) verdict ◇ *das Urteil des Europäischen Gerichtshofs* the judgment of the European Court of Justice ◇ *ein mildes/hartes Urteil* a lenient/severe sentence ◇ *ein Urteil verkünden* pass sentence

urteilen **1** judge; (*entscheiden*) decide; **über jdn ~** judge sb ◇ *den Umfragen nach zu urteilen* judging from the opinion polls ◇ *Die Preisrichter sollten darüber urteilen, wer der beste war.* The judges were to decide who was the best. ◇ *Er urteilte, dass die Straße nicht gebaut wird.* He decided that the road should not be built. ◇ *Urteile nicht zu hart über ihn!* Don't judge him too harshly. ◇ *vorschnell urteilen* jump to conclusions **2** (*sagen*) declare ◇ *„Das ist Unsinn!" urteilte der Chef.* 'That's nonsense!' the boss declared. **3** (RECHT) find (*gehoben*) ◇ *Das Gericht urteilte, dass …* The court found that … ◇ *Das Gericht urteilte zugunsten der Hausbesitzer.* The court found in favour of the landlords.

Urteils- **Urteilsbegründung** opinion **Urteilskraft** judgement, (*bes AmE*) judgment **Urteilsspruch** (*Schuld-/Freispruch*) verdict; (*Strafspruch*) sentence **Urteilsverkündung** (*oft mit einem Verb übersetzt*) (*bei Strafspruch*) pronouncing sentence; (*bei Schuld-/Freispruch*) pronouncing the verdict **Urteilsvermögen** (power of) judgement

Urtext original (version)

Urur- great-great- ◇ *meine Ururgroßmutter* my great-great-grandmother

Urwald jungle; (*Regenwald*) rainforest; (*urzeitlich*) primeval forest

Urzeit primeval times [Pl] IDM **seit Urzeiten** for ages ◇ *Ich habe ihn schon seit Urzeiten nicht mehr gesehen.* I haven't seen him for ages. ◇ *Das Hotel existiert schon seit Urzeiten.* The hotel has always been there.

USB-Stick USB stick, memory stick

usw. etc.

Utensil piece of equipment; (*Werkzeug*) tool; (*Küchen-*) utensil

Utopie utopia

utopisch utopian; (*unrealistisch*) unrealistic; (*Gehalt, Summe*) astronomical

UV-Strahlung ultraviolet radiation

V v

V, v V, v → *Beispiele bei* A

Vagabund(in) vagabond

vage vague (*Adv* vaguely)

Vagina vagina

Vakuum vacuum (*auch fig*)

vakuumverpackt vacuum-packed

Vakzine vaccine

Valentinstag St Valentine's Day

Valenz (CHEM, LING) valency, (*bes AmE*) valence

Vampir **1** vampire **2** (*Fledermaus*) vampire bat

Van MPV, people carrier, (*AmE*) minivan

Vandale vandal ◇ *von Vandalen zerstört* vandalized

Vandalismus vandalism ◇ *dem Vandalismus vorbeugen* prevent vandalism

Vanille vanilla

Vanillegeschmack **mit ~** vanilla(-flavoured), (*AmE*) vanilla(-flavored) ◇ *ein Dessert mit Vanillegeschmack* a vanilla-flavoured dessert **Vanillepudding** ≈white blancmange, (*AmE*) ≈vanilla pudding **Vanilleschote** vanilla pod **Vanillesoße** custard **Vanillezucker** vanilla sugar

variabel variable ◇ *ein variabler Zinssatz* a variable interest rate ◇ *variabel einstellbar* adjustable

Variable variable

Variante **1** variant; (*bei Pflanzen, Sprachen*) variety **2** (*Variation*) version ◇ *in verschiedenen Varianten erhältlich* available in different versions ◇ *eine interessante Variante zum alten Rezept* an interesting variation on the old recipe

Variation variation ◇ *Variationen eines Themas* variations on a theme

variieren vary ◇ *Die Schätzungen variieren stark.* The estimates vary widely.

Vase vase

Vater **1** father (*auch fig*); (REL) Father ◇ *Er ist Vater von Zwillingen.* He is the father of twins. ◇ *Er wurde Vater.* He became a father. ◇ *der geistige Vater der Software* the creator of the software **2** (*Vatertier*) sire

Vaterland country; (*besonders Deutschland auch*) fatherland (*veraltet*) ◇ *für das Vaterland sterben* die for your country/the fatherland

väterlich paternal ◇ *ein väterlicher Ratschlag* some paternal advice ◇ *Er legte ihr väterlich den Arm um die Schulter.* He put his arm around her shoulder in a fatherly way. ◇ *Sie übernahm den väterlichen Betrieb.* She took over her father's firm. ◇ *ein väterlicher Freund* a father figure

väterlicherseits **1** on your father's side **2** [nicht vor Nomen] (*Großeltern auch*) paternal ◇ *ein Onkel väterlicherseits* an uncle on my father's side

Vaterschaft paternity ◇ *die Vaterschaft feststellen* establish paternity

Vaterschaftsklage paternity suit **Vaterschaftstest** paternity test

Vater- **Vatertag** Father's Day ◇ *am Vatertag* on Father's Day **Vaterunser** Lord's Prayer; (*bei Katholiken auch*) Our Father ◇ *das Vaterunser beten* say the Lord's Prayer

Vati dad (*umgs*), daddy (*umgs, Kinderspr*)

V-Ausschnitt V-neck ◇ *ein Pulli mit V-Ausschnitt* a V-neck(ed) sweater

vegan vegan ◇ *Fast eine Million Deutsche ernähren sich vegan.* Almost a million Germans are vegan.

Veganer(in) vegan ◇ *Ich bin Veganer.* I'm a vegan.

Vegetarier(in) vegetarian ◇ *Ich bin Vegetarier.* I'm a vegetarian.

vegetarisch vegetarian ◇ *ein vegetarisches Gericht* a vegetarian dish ◇ *Er ernährt sich vegetarisch.* He's a vegetarian.

Vegetation vegetation [U] ◇ *eine üppige Vegetation* lush vegetation

vehement vehement (*Adv* vehemently) (*gehoben*) ◇ *Er war ein vehementer Gegner des Euros.* He was vehemently opposed to the euro.

Vehemenz vehemence (*gehoben*)

Vehikel vehicle (*auch fig*)

Veilchen **1** violet **2** (*blaues Auge*) black eye

Velo → FAHRRAD

Vene vein

Ventil **1** valve **2** (*fig*) outlet

Ventilator fan

Venus Venus → *Beispiele bei* MERKUR

verabreden **1 sich (mit jdm) ~** arrange to meet (sb) ◇ *Wir haben uns für Montag verabredet.* We've arranged to meet on Monday. ◇ *sich zum Schwimmen verabre-*

den arrange to go swimming together ◇ *Ich bin heute Abend bereits verabredet.* I'm not free this evening. **2 etw (mit jdm) ~** agree sth (with sb) ◇ *Sie verabredeten, dass das Geld gespendet würde.* They agreed to donate the money to charity. ◇ *am verabredeten Treffpunkt* at the agreed meeting place

Verabredung **1** engagement; (*Rendezvous*) date **2** (*Vereinbarung*) agreement

verabreichen **jdm etw ~** give sb sth, administer sth to sb (*gehoben*)

verabscheuen loathe

verabschieden **1 sich von jdm ~** say goodbye to sb; **jdn ~** say goodbye to sb **2 jdn in den Ruhestand ~** give a retirement celebration for sb **3** (*fig*) forget ◇ *Von diesen alten Vorstellungen müssen wir uns verabschieden.* We have to forget all those old ideas. **4** (*Gesetz*) pass; (*Programm*) approve

Verabschiedung **1** (*von einem Gesetz*) passing; (*vom Haushalt, von Richtlinien*) adoption **2** (*Abschied*) saying goodbye, saying farewell (*gehoben*) **3** (*aus dem Dienst/der Schule*) official farewell; (*mit Party*) leaving party

verachten scorn; (*verabscheuen*) despise; (*herabsehen auf*) look down on *sb/sth* IDM **nicht zu verachten sein** be not to be sniffed at

verächtlich **1** scornful (*Adv* scornfully); (*herablassend*) disdainful (*Adv* disdainfully) **2** (*verachtenswert*) contemptible (*gehoben*); (*stärker*) despicable (*gehoben*) ◇ *Es ist verächtlich, mit welchen Methoden hier vorgegangen wird.* The methods being used are despicable. ◇ *jdn verächtlich machen* damage sb's reputation

Verachtung contempt IDM **jdn/etw mit Verachtung strafen** treat sb/sth with contempt

veralbern **jdn ~** make sb look foolish; (*verspotten*) make fun of sb

verallgemeinern generalize ◇ *eine Beobachtung verallgemeinern* generalize from a single observation ◇ *Das kann man nicht verallgemeinern.* You can't generalize about it.

Verallgemeinerung **1** generalization **2** (*das Verallgemeinern*) generalizing

veraltet out of date; (*Gerät, Wort*) obsolete; (*Kleidung, Stil, Methoden*) old-fashioned ◇ *veraltete Landkarten* out-of-date maps ◇ *Computer sind sehr schnell veraltet.* Computers quickly become obsolete. ◇ *Deine Ansichten sind sehr veraltet.* You have very old-fashioned ideas.

Veranda veranda, (*AmE*) porch

veränderlich changeable; (*Wetter auch*) unsettled

verändern **1 (sich) ~** change; (*Zellen*) mutate ◇ *Die Stadt hat sich sehr verändert.* The town has changed a lot. ◇ *sich zu seinem Vorteil/Nachteil verändern* change for the better/worse ◇ *eine Droge, die das Bewusstsein verändert* a drug which brings about an altered state of consciousness ◇ *Die Krankheit hat ihn sehr verändert.* He hasn't been the same since his illness. **2 sich (beruflich) ~** change jobs/your job

Veränderung **1** change ◇ *Veränderungen am Programm* changes to the programme ◇ *Veränderungen lassen sich nicht aufhalten.* You can't halt the process of change. ◇ *Sobald eine Veränderung seines Zustandes eintritt, ...* As soon as there is a change in his condition, ... ◇ *In ihr ist eine Veränderung vorgegangen.* She's changed. ◇ *Der Arzt konnte keine krankhaften Veränderungen feststellen.* The doctor couldn't find anything abnormal. **2** (*beruflicher Wechsel*) change (of job) (*oft mit einem Verb übersetzt*) ◇ *Ich riet ihr zu einer Veränderung.* I advised her to change her job.

verängstigen frighten; (*stärker*) terrify

verankern **1** (*Schiff*) anchor **2** (*im Boden*) fix ◇ *einen Mast (im Boden) verankern* fix a pole (into the ground) ◇ *Das Zelt ist nicht richtig verankert.* The tent isn't properly pegged to the ground. **3** (*fig*) enshrine ◇ *ein Privileg in einer Satzung verankern* enshrine a privilege in statute law

veranlagt ◇ *sportlich veranlagt* sporty ◇ *musisch veranlagt* musically gifted ◇ *künstlerisch veranlagt* naturally artistic ◇ *Ich bin nicht sehr praktisch veranlagt.* I am not very practical. ◇ *depressiv veranlagt* prone to depression ◇ *Die meisten Menschen sind nicht radikal veranlagt.* Most people do not have radical tendencies. ◇ *So wie er veranlagt ist, wird er bestimmt gleich wütend.* The way he is, he's sure to lose his temper immediately.

Veranlagung **1** predisposition; (*Tendenz*) tendency ◇ *eine erbliche Veranlagung für hohen Blutdruck* a genetic predisposition to high blood pressure ◇ *eine Veranlagung zur Gewalt* a tendency to violence ◇ *eine technische Veranlagung haben* be technically minded ◇ *eine künstlerische Veranlagung haben* be artistic ◇ *Charakter und Veranlagung* character and disposition ◇ *die Debatte über Veranlagung und Erziehung* the debate about nature versus nurture **2** (*von Steuern*) assessment

veranlassen **1 jdn zu etw ~** make sb do sth; (*durch einen Beweggrund*) prompt sb to do sth ◇ *Die Industrie sollte dazu veranlasst werden, mehr in die Ausbildung zu investieren.* Industry should be made to invest more in training. ◇ *Was hat Sie zu diesem Schritt veranlasst?* What prompted you to take this step? ◇ *Ich sehe mich dazu veranlasst, hier einzugreifen.* I feel obliged to intervene. **2 etw ~** arrange for sth; (*anordnen*) order sth ◇ *Die Ärztin hat seine Einweisung in die Klinik veranlasst.* The doctor arranged for him to be admitted to hospital. ◇ *Der Minister hat eine Untersuchung veranlasst.* The minister has ordered an enquiry. ◇ *Er hat veranlasst, dass Blumen geschickt werden.* He arranged for flowers to be sent. ◇ *Könnten Sie wohl alles Weitere veranlassen?* Could you see to everything else? ◇ *das Nötige veranlassen* make the necessary arrangements

Veranlassung **1** reason ◇ *Es gibt keine Veranlassung zu dieser Befürchtung.* There is no reason to fear that. ◇ *Sie haben keine Veranlassung, sich zu beschweren.* They have no grounds for complaint. **2 auf ~ von jdm** at the instigation of sb

veranschaulichen illustrate ◇ *etw durch ein Beispiel veranschaulichen* illustrate sth with an example

veranschlagen **etw (mit etw) ~** estimate sth (at sth)

veranstalten **1** organize **2** (*machen*) make ◇ *Veranstaltet hier nicht so einen Lärm!* Don't make such a noise in here!

Veranstalter(in) organizer ◇ *Der Veranstalter behält sich das Recht auf Programmänderung vor.* The organizers reserve the right to alter the programme. ◇ *Veranstalter des Abends ist die Musikschule.* The evening is organized by the Music School. ◇ *der Veranstalter dieser Reise* the tour operator

Veranstaltung **1** (*das Veranstalten*) organization (*oft mit einem Verb übersetzt*) ◇ *die Veranstaltung von Konferenzen* the organization of conferences ◇ *Die Veranstaltung dieser Feier war sehr zeitaufwändig.* Organizing the party took up a lot of time. **2** (*Ereignis*) event; (*Feier, Empfang etc.*) function ◇ *eine geschlossene Veranstaltung* a private function

verantworten **1 etw ~** take/accept responsibility for sth ◇ *Diese Entscheidung kann ich nicht verantworten.* I can't accept responsibility for this decision. ◇ *Solche Kosten sind nicht zu verantworten.* That sort of expenditure is irresponsible. ◇ *Ist dieses Vorgehen noch zu verantworten?* Can this action be justified? ◇

Dieser Politiker hat viel zu verantworten. This politician has a lot to answer for. ◇ *Das muss er allein vor seinem Gewissen verantworten.* He'll have to square it with his conscience. **2 sich vor jdm/etw ~** be answerable to sb/sth ◇ *Ich brauche mich nicht vor dir zu verantworten!* I'm not answerable to you (for my actions)! ◇ *sich vor Gericht wegen einer Sache verantworten müssen* be taken to court for sth ◇ *Sie musste sich vor dem Ausschuss verantworten.* She had to appear before the committee. ◇ *Sie müssen sich wegen Mordes verantworten.* They are facing a murder charge.

verantwortlich 1 (*verantwortungsvoll*) responsible (*Adv* responsibly) **2** (*leitend*) in charge [nicht vor Nomen] ◇ *Wer ist hier verantwortlich?* Who's in charge here? ◇ *die verantwortlich tätige Ärztin* the doctor in charge **3 für jdn/etw ~ sein** be responsible for sb/sth ◇ *Wer ist für diesen Unfall verantwortlich?* Who was responsible for the accident? ◇ *Sie sind dafür verantwortlich, dass die Rechnungen stimmen.* You are responsible for ensuring that the invoices are correct. **4 jdn/etw für etw ~ machen** blame sb/sth for sth, blame sth on sb/sth; (*offizieller*) hold sb responsible ◇ *Der Fahrer machte die schlechte Beleuchtung für den Unfall verantwortlich.* The driver blamed the accident on the poor lighting. ◇ *Wenn das nicht gut geht, dann mach ich dich verantwortlich!* If it doesn't work, I'll blame you! ◇ *Man kann den Minister nicht dafür verantwortlich machen.* The minister can't be held responsible. ◇ *Die Polizei macht ihn für vier Überfälle verantwortlich.* The police are charging him with four assaults.

Verantwortung 1 responsibility ◇ *die Verantwortung für etw übernehmen* take responsibility for sth ◇ *Ich lehne jegliche Verantwortung ab.* I refuse to accept any responsibility. ◇ *Die Eltern haben die Verantwortung für ihre Kinder.* Parents are responsible for their children. **2 jdn zur ~ ziehen** call sb to account ◇ *Die Schuldigen sind nicht zur Verantwortung gezogen worden.* Those responsible have not been called to account. **3 auf eigene, meine, seine etc. ~** at your, my, his, etc. own risk ◇ *Wenn du das tust, machst du das auf eigene Verantwortung.* If you do that, you'll be doing it at your own risk. ◇ *Okay, aber auf deine Verantwortung!* All right, but on your head be it! **4 in eigener ~** yourself ◇ *Die Schüler machen die Zeitung in eigener Verantwortung.* The pupils produce the newspaper themselves. **5 etw in gemeinsamer ~ tun** be jointly responsible for sth ◇ *Sie planen das Projekt in gemeinsamer Verantwortung.* They are jointly responsible for the project. **6** → VERANTWORTUNGSBEWUSSTSEIN

Verantwortungsbewusstsein, Verantwortungsgefühl sense of responsibility ◇ *ein Mensch mit/ohne Verantwortungsbewusstsein* a person with a/with no sense of responsibility ◇ *viel Verantwortungsbewusstsein haben* have a strong sense of responsibility ◇ *ein soziales Verantwortungsbewusstsein* a sense of social responsibility **verantwortungslos** irresponsible (*Adv* irresponsibly) **verantwortungsvoll** responsible (*Adv* responsibly)

verarbeiten 1 use; (BIOL, TECH) process; (*verdauen*) digest ◇ *In seiner Musik verarbeitet er Volkslieder.* He uses folk songs in his music. ◇ *eine Anlage, die Müll verarbeitet* a waste processing plant **2 etw zu etw ~** make sth into sth ◇ *eine Geschichte zu einem Film verarbeiten* make a story into a film ◇ *die Zutaten zu einem Teig verarbeiten* combine the ingredients into a dough ◇ *Silber zu Schmuck verarbeiten* make jewellery out of silver ◇ *Sie hat ihre Erfahrungen zu einem Buch verarbeitet.* She has turned her experiences into a book. **3** (*emotional bewältigen*) come to terms with *sth*; (*Eindrücke*) take *sth* in; (*Probleme*) deal with *sth* ◇ *Die Opfer müssen das Geschehen erst einmal verarbeiten.* The victims have to come to terms with what happened. ◇ *Sie hat den Schock noch nicht verarbeitet.* She still hasn't taken it in. ◇ *Jeder verarbeitet Probleme auf eine andere Art.* Everybody deals with problems in their own way. **4** (*umsetzen, behandeln*) treat ◇ *ein Thema künstlerisch verarbeiten* treat a subject in art **5 sich gut, schwer etc. ~** be easy, difficult, etc. to work with ◇ *Seide verarbeitet sich nicht so leicht.* Silk isn't very easy to work with. **6 gut/schlecht verarbeitet sein** be well/badly made; **sauber verarbeitet sein** be well finished

Verarbeitung 1 processing; (*Verdauung*) digestion (*oft mit einem Verb übersetzt*) ◇ *eine Anlage zur Verarbeitung von Plutonium* a plutonium-processing plant ◇ *Bei der Verarbeitung der Nahrung im Körper entstehen Abfallprodukte.* When food is digested by the body, waste products are produced. ◇ *Werkzeuge zur Verarbeitung von Leder* tools for working with leather **2 die ~ von etw** (*Bewältigung*) coming to terms with sth; (*von Problemen*) dealing with sth (*meist mit einem Verb übersetzt*) **3** (*Behandlung*) treatment ◇ *die künstlerische Verarbeitung eines Themas* the treatment of a theme in art **4** (*Fertigungsstandard*) workmanship; (*äußerer Eindruck*) finish

verärgern annoy ◇ *Wir wollen nicht unsere Kunden durch lange Lieferzeiten verärgern.* We don't want to annoy customers with long delivery times. ◇ *Ich war über sein Schweigen sehr verärgert.* I was very annoyed that he didn't say anything. ◇ *Die durch die hohen Preise verärgerten Passagiere steigen auf die Billigfluglinien um.* Passengers, fed up with high prices, are turning to the cheap airlines.

Verärgerung 1 (*meist mit einem Verb übersetzt*) ◇ *Mit der Verärgerung der Mieter ist nichts gewonnen.* There is nothing to be gained by annoying the tenants. ◇ *Die Partei kann sich eine Verärgerung der Wähler nicht leisten.* The party cannot afford to annoy the voters. **2** (*das Verärgertsein*) annoyance ◇ *Er konnte seine Verärgerung nicht verbergen.* He couldn't conceal his annoyance. ◇ *Ein schlechter Service führt zur Verärgerung der Kunden.* Bad service annoys the customers. ◇ *Aus Verärgerung über die Vorwürfe trat er zurück.* He resigned in protest at the accusations. ◇ *leichte Verärgerung* mild irritation

verarmen become impoverished ◇ *geistig verarmt* intellectually impoverished ◇ *Durch Überfischen verarmen die Meere.* The seas are becoming depleted because of overfishing.

Verarmung 1 impoverishment ◇ *die Verarmung der Bevölkerung* the impoverishment of the population ◇ *Umweltschützer befürchten eine Verarmung der Meere.* Environmentalists fear that the oceans will become depleted. **2** (*Armut*) poverty

verarschen (jdn) ~ take the piss (out of sb) (*vulg, Slang*) ◇ *Du willst mich wohl verarschen?* Are you taking the piss?

verarzten see to *sb/sth* ◇ *Er ließ sich/seinen Fuß verarzten.* He was seen to/had his foot seen to.

Verb verb

verbal verbal (*Adv* verbally)

Verband 1 dressing; (*mit Binden*) bandage ◇ *einen Verband anlegen* apply a dressing **2** (*Vereinigung*) association **3** (MIL) division; (*Flugzeug-*) formation ◇ *im Verband fliegen* fly in formation

Verbandskasten first-aid box **Verbandzeug** first-aid kit

verbannen 1 banish (*auch fig*); (*ins Ausland*) exile ◇ *Der alte Fernseher wurde auf den Dachboden verbannt.* The old television was banished to the attic. ◇ *Er wurde nach Elba verbannt.* He was exiled to Elba. **2** (*verbieten*) ban

Verbannung **1** banishment; (*ins Ausland*) exiling; (*das Verbieten*) banning **2** (*Exil*) exile ◇ *aus der Verbannung zurückkehren* return from exile

verbarrikadieren barricade

verbauen **1** use *sth* for building ◇ *Holz verbauen* use wood for building ◇ *Die Stadt verbaut jedes Jahr Millionen.* The city spends millions on building every year. **2** (*verunstalten*) ◇ *Der alte Ortskern ist jetzt völlig verbaut.* The new buildings have completely spoilt the old town centre. ◇ *Wir wollen die Landschaft nicht verbauen.* We don't want to concrete over the countryside. **3** (*versperren*) obstruct ◇ *Die Aussicht ist durch diesen Turm verbaut worden.* The view has been obstructed by that tower. **4 jdm/sich etw ~** ruin your/sb's sth ◇ *Durch diesen Fehler hast du dir deine Chancen verbaut.* You've ruined your chances by making that mistake.

verbergen **1** (**sich**) ~ hide (*auch fig*) ◇ *Er verbarg sich im Keller.* He hid in the cellar. ◇ *Die Sonne verbarg sich hinter den Wolken.* The sun disappeared behind the clouds. ◇ *Flüchtlinge vor der Polizei verbergen* harbour refugees **2 etw ~** (*verheimlichen*) keep sth to yourself; **jdm etw ~**; **etw vor jdm ~** keep sth from sb ◇ *seine Meinung verbergen* keep your opinions to yourself ◇ *Er verbirgt etwas vor uns.* He's keeping something from us. ◇ *Er hat etwas zu verbergen.* He has something to hide. ◇ *Sie verbarg vor ihrer Familie, woher sie das Geld erhalten hatte.* She didn't tell her family where she had got the money from.

verbessern **1** (*korrigieren*) correct **2** (**sich**) ~ improve ◇ *Seine Leistungen haben sich verbessert.* His performance has improved. ◇ *Er konnte den Rekord um drei Sekunden verbessern.* He managed to improve on the previous record by three seconds. **3 sich ~** (*wirtschaftlich*) better yourself

Verbesserung **1** improvement ◇ *eine Verbesserung der Arbeitsbedingungen* an improvement in working conditions ◇ *Diese Zahlen stellen eine große Verbesserung im Vergleich zum vorigen Jahr dar.* These figures are a big improvement on last year. ◇ *Maßnahmen zur Verbesserung der Sicherheit* measures to improve safety **2** (*Berichtigung*) correcting (*oft mit einem Verb übersetzt*) ◇ *die Verbesserung des Diktats* correcting the dictation ◇ *Deine ständigen Verbesserungen gehen mir auf die Nerven.* It gets on my nerves when you correct me all the time.

Verbesserungsvorschlag suggestion for improvement

verbeugen **sich ~** bow ◇ *sich vor dem Publikum verbeugen* bow to the audience

Verbeugung bow

verbeulen dent ◇ *stark verbeult* badly dented

verbiegen (**sich**) ~ bend ◇ *Silber verbiegt (sich) leicht.* Silver bends easily. ◇ *Bei Hitze verbiegt sich das Metall.* The metal buckles in the heat.

verbieten **1** ban, prohibit (*gehoben*) ◇ *eine Demonstration verbieten* ban a demonstration ◇ *Es ist polizeilich verboten, hier zu parken.* Parking is prohibited here. ◇ *Schilder, die das Parken verbieten* no-parking signs ◇ *Rauchen/Eintritt verboten!* No smoking/entry! ◇ *Betreten des Rasens verboten!* Keep off the grass. → *Siehe auch* VERBOTEN **2 jdm etw ~**; **jdm ~, etw zu tun** forbid sb to do sth ◇ *Das verbiete ich dir.* I forbid you to do it. ◇ *Ihre Eltern verbieten ihr, mit ihm in die Ferien zu fahren.* Her parents won't let her go on holiday with him. ◇ *Ich lasse mir das nicht verbieten!* Nobody can stop me! ◇ *Ich habe dir das oft genug verboten!* I've told you enough times, you're not to do that! **3 sich ~** be out of the question **IDM** → MUND *und* WORT

verbilligen **1 etw ~** reduce the price of sth; (*Kosten, Preis*) reduce sth ◇ *Die Fluggesellschaften sollten ihre Preise verbilligen.* The airlines should reduce their fares. **2 sich ~** go down in price, get cheaper; (*Kosten, Preis*) go down ◇ *Bei größerer Teilnehmerzahl verbilligen sich die Kosten.* The cost goes down if more people take part.

verbinden **1** put a bandage on *sth* ◇ *den Finger verbinden* put a bandage on the finger **2 jdm die Augen ~** blindfold sb ◇ *Sie führten ihn mit verbundenen Augen in den Raum.* They led him blindfolded into the room. **3 etw (mit etw) ~** (*zusammenfügen*) connect sth (to sth) ◇ *Die Insel ist durch einen Damm mit dem Festland verbunden.* The island is connected to the mainland by a causeway. ◇ *zwei miteinander verbundene Drähte* two connecting wires ◇ *Der Zug verbindet die beiden Städte im Stundentakt.* There is an hourly rail link between the two towns. → *Siehe auch* VERBÜNDEN **4 jdn ~** (*telefonisch*) put sb through ◇ *Bitte verbinden Sie mich mit der Zentrale.* Please put me through to the main office. ◇ *Moment bitte, ich verbinde.* Just a moment, I'll put you through. ◇ *Mit wem bin ich verbunden?* Who am I speaking to please? **5 etw mit etw ~** (*kombinieren*) combine sth with sth; **sich (mit etw) ~** combine (with sth) ◇ *das Angenehme mit dem Nützlichen verbinden* combine business with pleasure **6 jdn/etw mit jdm/etw ~** associate sb/sth with sb/sth; **sich mit etw ~** be associated with sth ◇ *Was verbinden Sie mit „Schottland"?* What do you associate with 'Scotland'? ◇ *Ich verbinde damit Nebel und Schlösser.* It makes me think of mist and castles. **7 mit etw verbunden sein** (*bedingen*) involve sth ◇ *Die Reise ist für mich mit sehr viel Arbeit verbunden.* The trip involves a lot of work for me. **8 jdn (mit jdm) ~** (*eine Gemeinsamkeit/Beziehung herstellen*) ◇ *Uns verbinden viele gemeinsame Interessen.* We have a lot of interests in common. ◇ *Eine enge Freundschaft verband uns.* We were bound by close ties of friendship. ◇ *Schwere Zeiten verbinden.* Experiencing hard times draws people together. ◇ *Was verbindet dich mit diesem Land?* What keeps you in this country? **IDM** → FALSCH

verbindlich **1** friendly ◇ *ein verbindliches Lächeln* a friendly smile ◇ *Sie lächelte verbindlich.* She gave a friendly smile. **2** (*bindend*) binding ◇ *Diese Vorschrift ist für alle Mitarbeiter verbindlich.* This rule is binding for all staff. ◇ *eine verbindliche Zusage* a definite acceptance

Verbindlichkeit **1** binding nature ◇ *die Verbindlichkeit eines Abkommens* the binding nature of a treaty ◇ *Diese Zusage hat für mich keine Verbindlichkeit.* This acceptance is not binding for me. **2 Verbindlichkeiten** liabilities [Pl] ◇ *seine Verbindlichkeiten erfüllen* meet your liabilities

Verbindung **1** link, connection ◇ *Er hat enge Verbindungen zur Mafia.* He has close links with the Mafia. ◇ *Die Morde könnten in Verbindung stehen.* The murders may be linked. **2 jdn/etw mit jdm/etw in ~ bringen** associate sb/sth with sb/sth, link sb/sth to sb/sth; **mit etw in ~ stehen** be linked to sth ◇ *Er will nicht, dass man ihn mit den typischen schottischen Klischees in Verbindung bringt.* He doesn't want to be associated with the clichéd image of the Scot. ◇ *Beweismaterial, das ihn mit einer Terrororganisation in Verbindung bringt* evidence that links him to a terrorist organization **3** (*Kombination*) combination ◇ *eine gelungene Verbindung von Information und Unterhaltung* a successful combination of information and entertainment ◇ *Ist eine Verbindung von Kindern und Beruf möglich?* Is it possible to combine children and a career? **4 in ~ mit etw** (*eine Kombination von*) combined with sth; (*zusammen mit*) together with sth, in conjunction with sth (*gehoben*); (*im Zusammenhang mit*) in connection with sth **5** (*Kontakt*) touch; **mit jdm/etw in ~ stehen** be in contact with sb/sth; **sich**

mit jdm in ~ setzen contact sb ◇ *Er hat keine Verbindung mehr zu seinen alten Freunden.* He's no longer in touch with his old friends. ◇ *Wir haben die Verbindung nie abreißen lassen.* We've never lost touch. ◇ *Sie steht mit den Geiselnehmern in Verbindung.* She is in contact with the hostage-takers. ◇ *Er hat sich sofort mit der Polizei in Verbindung gesetzt.* He immediately contacted the police. ◇ *Ihre Mutter hat gute Verbindungen zum Schulleiter.* Her mother is on friendly terms with the headmaster. **6** (*Verkehrs-*) link ◇ *eine schiffbare Verbindung zwischen Main und Donau* a canal link between the Main and the Danube ◇ *eine der wichtigsten Verbindungen für Touristen in Richtung Süden* one of the main routes for tourists heading south ◇ *Es gibt alle 20 Minuten eine Verbindung in die Innenstadt.* Buses/Trains run every 20 minutes to the city centre. **7** (*Telefon-*) line ◇ *Es war eine schlechte Verbindung.* It was a bad line. ◇ *Ich konnte keine Verbindung bekommen.* I couldn't get through. **8** (CHEM) compound **9** (*studentisch*) students' society, (*AmE*) fraternity; (*für Studentinnen*) sorority

Verbindungsmann → V-MANN

verbissen **1** (*heftig*) fierce (*Adv* fiercely); (*hartnäckig*) dogged (*Adv* doggedly) **2** (*verkrampft*) grim (*Adv* grimly)

verbittert bitter (*Adv* bitterly) ◇ *eine verbittert geführte Auseinandersetzung* a bitterly fought battle ◇ *Er starb als verbitterter Mensch.* He died an embittered man.

Verbitterung bitterness

verblassen fade (*auch fig*)

Verbleib **1** whereabouts [mit Verb im Sing/Pl] ◇ *der Verbleib des Geldes* the whereabouts of the money **2** (*das Verbleiben*) (*meist mit einem Verb übersetzt*) ◇ *die Entscheidung über den Verbleib des Jugendzentrums in dem alten Gebäude* the decision about whether the youth centre is to remain in the old building

verbleiben remain ◇ *der Abzug der verbliebenen Soldaten* the withdrawal of the remaining soldiers ◇ *Nach Abzug der Steuern verblieb ihm immer noch eine ansehnliche Summe.* After deduction of tax, he was still left with a considerable sum.

verbleichen fade

verbleit leaded ◇ *verbleites Benzin* leaded petrol

verblüffen **1** amaze **2** (**von etw**) **verblüfft sein** be taken aback (by sth)

verblüffend amazing (*Adv* amazingly)

verblüfft **1** → VERBLÜFFEN **2** *Adj* astonished ◇ *die verblüfften Zuschauer* the astonished spectators **3** *Adv* in amazement ◇ *Wir sahen ihr verblüfft zu.* We watched her in amazement.

verblühen fade (*auch fig*), finish flowering

verbluten bleed to death

verborgen **1** → VERBERGEN **2** hidden ◇ *die verborgenen Schönheiten dieser Landschaft* the hidden beauties of this landscape **3 jdm ~ bleiben** escape sb's notice **4 im Verborgenen** in secret

Verbot ban (*oft mit einem Verb übersetzt*) ◇ *ein weltweites Verbot chemischer Waffen* a worldwide ban on chemical weapons ◇ *Ich bin gegen ein Verbot der Veranstaltung.* I don't think the event should be banned. ◇ *nach dem Verbot der KP* after the Communist Party was banned ◇ *Er hat gegen mein Verbot gehandelt.* He did it, although I had told him not to. ◇ *Die Regierung plant ein gesetzliches Verbot der Bettelei.* The government is planning to outlaw begging.

verboten **1** → VERBIETEN **2** (*Partei, Zeitung, Substanzen*) banned; (*Handel, Geschäfte*) illegal; (*Früchte, Liebe, Stadt, Thema*) forbidden; (*Gelände*) prohibited IDM → FRUCHT

Verbotsschild ◇ *Viele Leute parken trotz Verbotsschild hier.* Many people park here despite the no-parking sign. ◇ *ein Museum ohne Verbotsschilder* a museum where there are no 'Do not touch' signs

Verbrauch consumption ◇ *den Verbrauch an Wasser reduzieren* reduce water consumption ◇ *Das Auto ist sehr sparsam im Verbrauch.* The car is very economical to run.

verbrauchen use, consume (*gehoben*); (*Geld*) spend ◇ *zu viel Strom verbrauchen* use too much electricity ◇ *Milliarden werden im Straßenbau verbraucht.* Billions are spent on building roads.

Verbraucher(in) consumer

Verbraucherberatung **1** consumer advice **2** → VERBRAUCHERZENTRALE

verbraucherfreundlich **1** consumer-friendly **2** (*zugunsten des Verbrauchers*) in the interests of the consumer [nicht vor Nomen]

Verbraucherpreis consumer price

Verbraucherschutz consumer protection

Verbraucherzentrale consumer advice centre, (*AmE*) consumer information center

verbraucht **1** → VERBRAUCHEN **2** (*Luft*) stale; (*Brennstab*) spent ◇ *Die Luft war stickig und verbraucht.* The air in the classroom was stuffy and stale. ◇ *Das verbrauchte Wasser wird wieder aufbereitet.* The used water is recycled. **3** (*Mensch*) worn

verbrechen do *sth* (wrong) ◇ *Ich habe doch nichts verbrochen!* I haven't done anything wrong! ◇ *Was hat er denn jetzt wieder verbrochen?* What's he done now?

Verbrechen crime ◇ *Sie ist einem Verbrechen zum Opfer gefallen.* She was the victim of a crime. ◇ *ein Verbrechen begehen* commit a crime ◇ *Verbrechen an Frauen* crimes against women ◇ *Verbrechen gegen die Menschlichkeit* crimes against humanity ◇ *der Kampf gegen das organisierte Verbrechen* the fight against organized crime IDM **das ist doch kein Verbrechen!** it's not a crime!

Verbrechensbekämpfung fight against crime

Verbrecher(in) criminal

verbrecherisch criminal ◇ *verbrecherische Gewaltakte* acts of criminal violence

verbreiten **1** (**sich**) ~ spread ◇ *Gerüchte verbreiten* spread rumours ◇ *Die Nachricht verbreitete sich schnell.* The news spread quickly. **2** (*Drucksachen*) circulate **3** (*ausstrahlen*) radiate (*auch fig*) ◇ *Er verbreitet immer gute Laune.* He always radiates good humour.

verbreitern widen; (*Angebot, Sortiment*) extend

verbreitet **1** → VERBREITEN **2** common; (*Krankheit*) endemic; (*Meinung, Ansicht, Auffassung*) widely held

Verbreitung spread; (*von Schriften, Ideen*) dissemination (*oft mit einem Verb übersetzt*) ◇ *die Verbreitung von Aids* the spread of AIDS ◇ *Ein starker Wind sorgte für die rasche Verbreitung der Flammen.* The strong wind meant that the flames spread rapidly.

verbrennen **1** burn; *Abfälle auch*) incinerate; (*Kalorien*) burn *sth* up ◇ *Der Kuchen ist mir verbrannt.* I've burnt the cake. ◇ *Im Winter verbrennt der Körper mehr Kalorien.* The body burns up more calories in winter. ◇ *eine Politik der verbrannten Erde* a scorched earth policy **2 sich ~** burn yourself; **sich etw ~** burn sth ◇ *Ich habe mich am Herd verbrannt.* I burnt myself on the cooker. ◇ *Ich habe mir die Hand verbrannt.* I burnt my hand. **3** (*durch Feuer zerstört werden*) be destroyed in the fire/by fire; (*Gebäude*) burn down; (*Mensch*) burn to death ◇ *Alle Dokumente verbrannten.* All the documents were destroyed in the fire. **4 jdn ~** (*töten*) burn sb (at the stake); **sich ~** burn yourself to death ◇ *Im Mittelalter wurden Hexen verbrannt.* Witches were burned in the Middle Ages. **5** (*von der Sonne*) get sunburned ◇ *sein von der Sonne verbranntes Gesicht* his sunburned face **6 zu**

etw ~ be converted into sth ◇ *Kohlenhydrate verbrennen im Körper zu Kohlensäure und Wasser.* Carbohydrates are converted in the body into carbonic acid and water. **IDM** → MUND

Verbrennung **1** burning; (*von Müll*) incineration ◇ *Bei der Verbrennung von PVC entsteht Dioxin.* Burning PVC produces dioxin. **2** (*Brandwunde*) burn ◇ *Verbrennungen dritten Grades* third-degree burns ◇ *Er trug bei dem Unfall schwere Verbrennungen davon.* He was badly burned in the accident. **3** (*von Treibstoff*) combustion
Verbrennungsanlage incineration plant **Verbrennungsmotor** internal combustion engine

verbringen spend ◇ *Er hat den ganzen Tag mit Packen verbracht.* He spent the whole day packing.

Verbrüderung **1** fraternization **2** (*Bündnis*) alliance

verbrühen **1** scald **2** ◇ *Er hat sich die Hand verbrüht.* He scalded his hand.

verbuchen **1** enter ◇ *Die Spenden werden als Ausgaben verbucht.* The donations are entered (in the books) as expenses. **2** (*Punkte, Sieg, Gewinn, Verlust*) chalk *sth* up

verbummeln **1** laze *sth* away ◇ *Wir haben den ganzen Tag verbummelt.* We lazed the day away. **2** (*verlieren*) lose

Verbund **1** confederation ◇ *sich zu einem Verbund zusammenschließen* form a confederation **2 im ~ mit etw** together with sth **3 im ~ fahren** ◇ *Die Busse, Züge und Straßenbahnen fahren im Verbund.* There is an integrated transport system.

verbunden **1** → VERBINDEN **2** associated ◇ *das mit dem Rauchen verbundene Gesundheitsrisiko* the health risk associated with smoking ◇ *Der Umzug war mit viel Arbeit verbunden.* The move involved a great deal of work. ◇ *Diese Arbeit ist mit Lärm verbunden.* This work is very noisy. ◇ *Der Einsatz ist mit einem hohen Risiko verbunden.* The operation is very risky. ◇ *Lob verbunden mit Belohnungen* a combination of praise and reward

verbünden **sich (mit jdm/etw) ~** join forces (with sb/sth); (*ein Bündnis schließen*) form an alliance (with sb/sth) ◇ *Die verschiedenen Rebellengruppen haben sich verbündet.* The various rebel groups have joined forces. ◇ *die Demokraten und die mit ihnen verbündeten anderen Parteien* the Democrats and the other allied parties

Verbündete(r) ally (*auch fig*)

verbürgen **1 sich für jdn/etw ~** vouch for sb/sth ◇ *Ich verbürge mich für ihre Ehrlichkeit.* I can vouch for her honesty. **2 sich für etw ~** (*haften*) accept liability for sth **3 sich für jdn ~** (*die Bürgschaft übernehmen*) put up bail for sb **4** (*garantieren*) guarantee ◇ *im Grundgesetz verbürgt* guaranteed by the Constitution ◇ *der gesetzlich verbürgte Anspruch auf Urlaub* statutory holiday entitlement

verbüßen serve

verchromt chromium-plated

Verdacht **1** suspicion ◇ *Verdacht erregen* arouse suspicion ◇ *Mein Verdacht hat sich bestätigt.* My suspicions were confirmed. ◇ *Er wurde wegen Verdachts auf Betrug verhaftet.* He was arrested on suspicion of fraud. ◇ *in Verdacht geraten* come under suspicion ◇ *Sie steht unter dem Verdacht, ein Kind ermordet zu haben.* She is suspected of having murdered a child. ◇ *Ich habe den starken Verdacht, dass er lügt.* I have a strong suspicion that he is lying. ◇ *mit Verdacht auf Lungenentzündung* with suspected pneumonia **2 ~ schöpfen** become suspicious **3 jdn/etw in/im ~ haben** suspect sb/sth ◇ *Ich habe Betz im Verdacht, es gestohlen zu haben.* I suspect Betz of stealing it.

verdächtig **1** suspicious (*Adv* suspiciously) ◇ *Ich habe nichts Verdächtiges bemerkt.* I didn't see anything suspicious. ◇ *Das Haus war verdächtig ruhig.* The house was suspiciously quiet. ◇ *Wenn du wegrennst, machst du dich verdächtig.* If you run away, you'll only arouse suspicion. ◇ *Er ist mir schon immer verdächtig gewesen.* I've always had my suspicions about him. **2 (einer Sache) ~ sein** be under suspicion (of sth)

Verdächtige(r) suspect

verdächtigen suspect ◇ *Die Polizei verdächtigt ihn des Mordes.* The police suspect him of murder. ◇ *Das Medikament wird als Auslöser von Frühgeburten verdächtigt.* The drug is suspected of causing premature labour.

verdammen condemn

verdammt **1** → VERDAMMEN **2** *Adj* (*verflucht*) damn(ed) (*umgs*) ◇ *Das verdammte Auto springt wieder nicht an.* The damn car won't start again. ◇ *Verdammte Scheiße!* Oh shit! **3** *Adv* damn (*umgs*) ◇ *Er ist ein verdammt guter Koch!* He's a damn good cook! ◇ *Sie meint es verdammt ernst.* She damn well means it. ◇ *Es tut verdammt weh.* It hurts like hell. ◇ *Das kostet verdammt viel Geld.* It costs a hell of a lot. **IDM** **Verdammt (noch mal)!** (Oh) hell!

verdampfen **1** evaporate **2 etw ~** vaporize sth

verdanken **jdm/einer Sache etw ~** owe sth to sb/sth ◇ *Er verdankt seinen Erfolg seinem Trainer.* He owes his success to his coach. ◇ *Ich habe ihm viel zu verdanken.* I owe him a lot. ◇ *Er hat es seinem Vater zu verdanken, dass er den Job bekam.* It was thanks to his father he got the job. ◇ *Das haben wir nur dir zu verdanken!* It's all your fault!

verdauen **1** digest (*auch fig*) **2** (*Enttäuschung, Niederlage, Schock etc.*) get over *sth*

verdaulich digestible ◇ *leicht verdauliche Nahrung* easily digestible food ◇ *eine schwer verdauliche Mahlzeit* a heavy meal

Verdauung digestion
Verdauungsapparat digestive system **Verdauungsstörungen** digestive disorders [Pl]

Verdeck (*Auto-*) top; (*Kinderwagen-*) hood, (*AmE*) canopy ◇ *mit offenem Verdeck fahren* drive with the top down

verdecken **1** hide; (*Sicht*) block ◇ *Das Verkehrsschild war von Bäumen verdeckt.* The traffic sign was hidden by trees. **2** (*bedecken*) cover *sth* (up)

verdeckt **1** → VERDECKEN **2** concealed; (*heimlich*) covert (*Adv* covertly) ◇ *verdeckte Arbeitslosigkeit* concealed unemployment ◇ *eine verdeckte Aktion* a covert operation ◇ *verdeckte Ermittler* undercover investigators **IDM** → KARTE

verderben **1** go off, go bad ◇ *Der Fisch ist verdorben.* The fish has gone off. ◇ *verdorbene Lebensmittel* food that has gone bad **2 (jdm) etw ~** spoil sth (for sb); (*stärker*) ruin sth (for sb) ◇ *Das hat mir den ganzen Tag verdorben.* It spoilt the whole day for me. ◇ *jdm den Appetit verderben* ruin sb's appetite **3 jdn ~** corrupt sb **4 sich die Augen ~** ruin your eyes **5 sich den Magen ~** get an upset stomach ◇ *Ich habe mir gleich am ersten Urlaubstag den Magen verdorben.* I got an upset stomach the first day of the holiday. ◇ *Er hat sich mit dem Krabbencocktail den Magen verdorben.* The prawn cocktail upset his stomach. **6 es (sich) mit jdm ~** fall out with sb **IDM** → KOCH *und* KONZEPT

Verderben undoing ◇ *Der Alkohol war sein Verderben.* Drink was his undoing.

verdeutlichen **1** make *sth* clear; (*demonstrieren*) illustrate ◇ *Er hat versucht, ihr das Problem zu verdeutlichen.* He tried to make the problem clear to her. ◇ *Diese Zahlen verdeutlichen den Ernst der Situation.* These figures illustrate the seriousness of the situation. **2 sich etw ~** understand sth

verdichten **1** (PHYSIK) compress **2 sich ~** *(Nebel, Wolken)* become denser; *(Verdacht, Eindruck)* grow ◇ *Der Nebel verdichtete sich immer mehr.* The fog was getting denser all the time. ◇ *Inzwischen hat sich der Verdacht verdichtet, dass es Mord war.* Suspicion is growing that it was murder. **3** *(ausbauen)* extend ◇ *Das Straßennetz wird verdichtet.* The road network is being extended. ◇ *verdichtete Wohnsiedlungen* high-density housing areas

verdienen **1** earn; *(Profit machen)* make ◇ *Er ist Abteilungsleiter und verdient gut.* As head of department, he earns a good salary. ◇ *Sie verdient sich ihren Lebensunterhalt als Sängerin.* She earns her living as a singer. ◇ *Er verdient 50% an dem Verkauf.* He makes 50% on the sale. ◇ *Sie hat sich ihr Studium selbst verdient.* She financed her studies herself. **2** *(zu Recht bekommen)* deserve ◇ *Womit habe ich das verdient?* What have I done to deserve this?

Verdienst[1] *der* **1** income ◇ *Mit meinem Verdienst kann ich mir keinen Luxus leisten.* I can't afford any luxuries on my income. **2** *(Profit)* profit ◇ *Ich habe an dem Verkauf kaum Verdienst gehabt.* I made hardly any profit on the sale.

Verdienst[2] *das* **1** achievement; *(Beitrag)* contribution; *(Anerkennung)* credit ◇ *die Verdienste des Kanzlers* the achievements of the Chancellor ◇ *seine Verdienste um die Wissenschaft* his contributions to science ◇ *Das Verdienst gehört ihr ganz allein.* She can take all the credit. **2 jds ~ sein** be thanks to sb ◇ *Es war ganz allein sein Verdienst, dass das Kind überlebt hat.* It was entirely thanks to him that the child survived.

Verdienstorden ≈Order of Merit

verdient **1** → VERDIENEN **2** well-deserved ◇ *verdienter Applaus* well-deserved applause **3** *(Mensch)* ◇ *Die Stadt ehrte um die Wissenschaft verdiente Bürger.* The town honoured citizens who had made an outstanding contribution to science. ◇ *eine verdiente Künstlerin* an outstanding artist IDM **sich um etw verdient machen** render distinguished service to sth

verdonnern **jdn zu etw ~** give sb sth; *(Haft auch)* sentence sb to sth ◇ *Der Richter verdonnerte ihn zu zwei Jahren Gefängnis.* The judge sentenced him to two years' imprisonment. ◇ *Sie wurde zu einer hohen Geldstrafe verdonnert.* She was given a hefty fine. ◇ *Haben sie dich zum Abwaschen verdonnert?* Have they made you do the dishes?

verdoppeln **(sich) ~** double; *(Bemühungen etc.)* redouble ◇ *Die Anzahl der Nutzer hat sich verdoppelt.* The number of users has doubled. ◇ *Wir haben unseren Profit verdoppelt.* We have doubled our profits.

Verdoppelung doubling

verdorben **1** → VERDERBEN **2** ruined [nicht vor Nomen]; *(Lebensmittel)* off [nicht vor Nomen]; *(Magen)* upset ◇ *Jetzt ist mir der Tag verdorben.* The day is ruined for me now. ◇ *verdorbene Lebensmittel* food that is off ◇ *einen verdorbenen Magen haben* have an upset stomach **3** *(Mensch)* depraved

Verdorbenheit depravity

verdorren wither

verdrängen **1** drive *sb/sth* out; *(Randgruppe)* marginalize **2** *(ersetzen)* replace ◇ *Schreibmaschinen sind durch die Computer verdrängt worden.* Typewriters have been replaced by computers. **3** (PSYCH) repress

Verdrängung **1** *(meist mit einem Verb übersetzt)* ◇ *die Verdrängung von Dealern in die Vororte* driving the dealers out into the suburbs **2** *(das Ersetzen)* replacement ◇ *die Verdrängung der Arbeiter durch neue Technologie* the replacement of workers by new technology **3** (PSYCH) repression

verdreckt filthy

verdrehen **1** twist *(auch fig)* ◇ *jdm den Arm verdrehen* twist sb's arm ◇ *Er hat versucht, mir die Worte zu verdrehen.* He tried to twist my words. ◇ *die Augen verdrehen* roll your eyes **2** *(Film)* use *sth* up IDM → KOPF

verdreifachen **(sich) ~** triple, treble

verdrossen sullen *(Adv* sullenly)

verdrücken **1 sich ~** clear off *(umgs)*; *(heimlich)* slip away **2** *(aufessen)* polish *sth* off *(umgs)*

verduften **1** clear off *(umgs)* ◇ *Los, verdufte!* Clear off! **2** *(Duft verlieren)* lose its scent; *(Kaffee etc.)* lose its aroma

verdummen go soft in the head; **jdn ~** make sb go soft in the head ◇ *Das viele Fernsehen verdummt die Kinder.* Watching so much television makes children go soft in the head. ◇ *Uns können sie mit ihren Parolen nicht verdummen.* They can't fool us with their slogans.

verdunkeln **1** darken; *(völlig)* black *sth* out ◇ *Wolken verdunkelten den Himmel.* Clouds darkened the sky. ◇ *ein Fenster verdunkeln* black out a window **2** *(trüben)* cloud; *(überschatten)* overshadow ◇ *Die Krankheit verdunkelte ihr Glück.* The illness clouded her happiness. **3 sich ~** grow dark

verdünnen dilute; *(Farbe, Lack)* thin

verdunsten evaporate

verdursten die of thirst

verdutzt taken aback [nicht vor Nomen], nonplussed [nicht vor Nomen] ◇ *Sie sah ihn verdutzt an.* She looked at him nonplussed.

verehren **1** worship; *(bewundern)* admire **2 jdm etw ~** bequeath sb sth, bequeath sth to sb

Verehrer(in) admirer

verehrt **1** → VEREHREN **2** *(als Anrede)* ◇ *Verehrtes Publikum!* Ladies and Gentlemen! ◇ *Verehrte Gäste!* Honoured guests! IDM → DAME

vereidigen swear *sb* in

Verein **1** society; *(für Sport, Freizeit etc.)* club [mit Verb im Sing/Pl] ◇ *der Verein für Heimatkunde* the local history society **2** *(Leute)* lot *(umgs)* ◇ *Ihr seid ja ein komischer Verein!* You're a funny lot! **3 im ~ mit jdm/etw** in conjunction with sb/sth

vereinbar **(mit etw/miteinander) ~** compatible (with sth/each other)

vereinbaren **1 etw (mit jdm) ~** arrange sth (with sb); *(sich einigen)* agree sth (with sb) ◇ *Ich habe mit ihr vereinbart, sie nach der Arbeit abzuholen.* I've arranged to pick her up after work. ◇ *einen Treffpunkt vereinbaren* arrange where to meet ◇ *einen Preis vereinbaren* agree a price ◇ *Es wurde vereinbart, dass …* It was agreed that … **2 etw mit etw ~** reconcile sth with sth ◇ *etw mit seinem Gewissen vereinbaren* reconcile sth with your conscience

Vereinbarung arrangement; *(Einigung)* agreement ◇ *eine Vereinbarung treffen* make an arrangement ◇ *Es war zu keiner Vereinbarung gekommen.* No agreement was reached. ◇ *Preis nach Vereinbarung* price to be agreed

vereinen **1** unite ◇ *die zersplitterte Partei vereinen* unite the divided party ◇ *wieder vereint sein* be reunited **2 sich ~** *(Menschen)* unite; *(sich zusammenschließen auch)* join forces; *(Organisationen)* merge; *(Eigenschaften)* be combined ◇ *Sie vereinten sich im Protest gegen die neue Startbahn.* They joined forces to protest against the new runway. ◇ *In seinem Werk vereinen sich Theorie und Praxis.* Theory and practice are combined in his work. **3** *(versöhnen)* reconcile **4** *(zugleich haben)* combine ◇ *Sie vereint Geist und Anmut.* She combines intelligence and charm.

vereinfachen simplify

Vereinfachung simplification

vereinheitlichen standardize
Vereinheitlichung standardization
vereinigen **1** unite ◇ *Hindus, Moslems und Christen sind hier vereinigt.* Hindus, Muslims and Christians are united here. ◇ *Die Taufe hat die ganze Familie wieder vereinigt.* The christening reunited the family ◇ *die Vereinigten Staaten* the United States ◇ *die Mehrheit der Stimmen auf sich vereinigen* win the majority of the votes **2 sich (mit jdm/etw) ~** unite (with sb/sth); (*sich zusammenschließen auch*) join forces; (*Organisationen*) merge; (*Flüsse*) meet **3 etw (in sich) ~** combine sth; **sich (in etw) ~** be combined (in sth) ◇ *Die Kirche vereinigt in sich Neues und Altes.* The church combines old and new. ◇ *In seiner Musik vereinigen sich verschiedene Stilrichtungen.* Various styles are combined in his music.
Vereinigung **1** (*von Ländern etc.*) unification; (*von Organisationen*) merger; (*von Flüssen*) confluence **2** (*Organisation*) organization; (*Verein*) society ◇ *eine kriminelle Vereinigung* a criminal organization ◇ *eine Vereinigung für den Vogelschutz* a society for the protection of birds
vereinsamen become lonely; (*isoliert werden*) become isolated
Vereins- **Vereinsheim** clubhouse **Vereinskamerad(in)** fellow member (of a club) **Vereinskasse** club funds [Pl] **Vereinsmitglied** club member
vereint **1** → VEREINEN **2** united ◇ *Vereint sind wir stark.* United we are strong. ◇ *die Vereinten Nationen* the United Nations ◇ *Mit vereinten Kräften schaffen wir es.* We'll manage it if we all pull together.
vereinzelt occasional [nur vor Nomen] (*Adv* occasionally); (*Regenschauer auch*) scattered
vereist icy
vereiteln foil
vereitern go septic
vererbbar hereditary
vererben **1 (jdm) etw ~; etw (an jdn) ~** leave (sb) sth, leave sth (to sb), bequeath sb sth, bequeath sth to sb (*gehoben oder hum*) ◇ *Sie vererbte alles an ihre Tochter.* She left everything to her daughter. ◇ *Er hat mir sein altes Auto vererbt.* He has bequeathed me his old car. **2** (BIOL) **(jdm) etw ~; etw (an/auf jdn) ~** pass sth on (to sb) ◇ *Er hat die Krankheit auf seine Kinder vererbt.* He passed the disease on to his children. **3 sich ~** be passed on ◇ *Bestimmte Krankheiten vererben sich von einer Generation auf die nächste.* Certain diseases are passed on from one generation to the next.
vererbt **1** inherited **2** (*genetisch*) hereditary
Vererbung inheritance
verewigen **1** immortalize; (*Zustand, Problem etc.*) perpetuate ◇ *Er hat sie in seinem Gedicht verewigt.* He immortalized her in his poem. **2 sich ~** leave your mark
verfahren[1] *Verb* **1** proceed ◇ *Sie wollen anders verfahren.* They want to proceed differently. **2** (*umgehen*) deal ◇ *Er ist mit ihr schonend verfahren.* He dealt with her gently. **3 sich ~** (*falsch abbiegen*) take the wrong turning; (*völlig verfahren*) get lost ◇ *Ich habe mich auf dem Rückweg verfahren.* I got lost on the way back. **4** (*Treibstoff verbrauchen*) use
verfahren[2] *Adj* hopeless
Verfahren **1** (*Methode*) procedure ◇ *ein neues Verfahren für Asylsuchende* a new procedure for asylum seekers **2** (TECH) process ◇ *ein chemisches Verfahren* a chemical process **3** (RECHT) proceedings [Pl] ◇ *ein Verfahren gegen jdn einleiten* bring proceedings against sb
Verfahrensweise procedure

Verfall **1** decline; (*eines Gebäudes*) dilapidation ◇ *der moralische Verfall* moral decline ◇ *der Verfall der Ölpreise* the decline in oil prices ◇ *der Verfall von ländlichen Immobilien* the dilapidation of rural property ◇ *Das Haus war in Verfall geraten.* The house had fallen into disrepair. **2** (*eines Gutscheins*) expiry; (*eines Wechsels*) maturity
verfallen[1] *Verb* **1** fall into disrepair ◇ *ein Haus verfallen lassen* let a house fall into disrepair **2** (*sich auflösen, schwach werden*) decline ◇ *ins Chaos verfallen* decline into chaos **3** (*ungültig werden*) expire ◇ *Die Eintrittskarten sind verfallen.* The tickets have expired. **4 in etw ~** fall into sth ◇ *in Schweigen verfallen* fall into silence **5 auf etw ~** hit (up)on sth ◇ *Sie verfielen auf den Gedanken, ihr eigenes Geschäft aufzumachen.* They hit upon the idea of opening their own shop. **6 einer Sache ~** become addicted to sth ◇ *Sie war dem Heroin verfallen.* She had become addicted to heroin. ◇ *Er verfiel dem Alkohol.* He became an alcoholic. **7 jdm ~** fall under sb's spell ◇ *Sie ist diesem Mann verfallen.* She has fallen under the spell of this man.
verfallen[2] *Adj* **1** dilapidated, ruined [nur vor Nomen] ◇ *ein verfallenes Haus* a dilapidated house ◇ *ein verfallenes Schloss* a ruined castle **2** (*ungültig*) invalid, expired
Verfallsdatum expiry date, (*AmE*) expiration date; (*Haltbarkeitsdatum*) use-by date, (*AmE*) expiration date
verfälschen **1** (*Lebensmittel*) adulterate ◇ *Wein durch Zusätze verfälschen* adulterate wine with additives **2** (*falsch darstellen*) falsify; (*Tatsachen, Wahrheit*) distort
verfärben **1** discolour, (*AmE*) discolor ◇ *verfärbte Zähne* discoloured teeth ◇ *Der rote Strumpf hatte die Wäsche verfärbt.* The red sock had turned all the washing pink. **2 sich ~** change colour, (*AmE*) change color; (*unschön*) become discoloured, (*AmE*) become discolored; **sich rot, grün etc. ~** turn red, green, etc. ◇ *Die Blätter verfärben sich.* The leaves are changing colour. ◇ *Der Himmel verfärbte sich rot.* The sky turned red.
verfassen write; (*Programm, Gesetz*) draw *sth* up ◇ *einen Roman verfassen* write a novel ◇ *ein Parteiprogramm verfassen* draw up a manifesto ◇ *eine demokratisch verfasste Gesellschaft* a democratic society ◇ *die verfasste Kirche* the constitutionally established Church
Verfasser(in) author
Verfassung **1** (RECHT) constitution **2** (*Zustand*) state ◇ *jds psychische Verfassung* sb's mental state ◇ *jds gesundheitliche Verfassung* sb's state of health ◇ *in guter Verfassung* in good shape
Verfassungsänderung amendment to the constitution, constitutional amendment **Verfassungsbeschwerde** = complaint about an alleged unconstitutional act, constitutional complaint (*offiz*) **verfassungsfeindlich** anti-constitutional **Verfassungsgericht** constitutional court **Verfassungsklage** = case that is brought before the constitutional court **verfassungsmäßig** constitutional (*Adv* constitutionally) ◇ *verfassungsmäßige Rechte* constitutional rights ◇ *verfassungsmäßig garantierte Rechte* constitutionally guaranteed rights **verfassungsrechtlich** constitutional ◇ *verfassungsrechtliche Bedenken* constitutional doubts ◇ *verfassungsrechtlich zulässig sein* be acceptable under the constitution **Verfassungsrichter(in)** constitutional court judge **Verfassungsschutz** protection of the constitution; (*Amt, Behörde*) ≈security service **verfassungswidrig** unconstitutional
verfaulen rot; (*Zähne*) decay
verfault **1** → VERFAULEN **2** rotten (*auch fig*); (*Zähne*) decayed ◇ *verfaultes Obst* rotten fruit

verfechten defend
Verfechter(in) champion ◇ *ein Verfechter von Menschenrechten* a champion of human rights ◇ *Verfechter eines harten Kurses* hardliners
verfehlen **1** miss ◇ *Der Schuss verfehlte ihn.* The shot missed him. ◇ *Wir müssen uns wohl knapp verfehlt haben.* We must have just missed each other. ◇ *Der Brief hat seine Wirkung nicht verfehlt.* The letter had the desired effect. ◇ *Die Reform hat ihr Ziel verfehlt.* The reform did not achieve its aim. ◇ *Du hast den Beruf verfehlt.* You're in the wrong job. **2 das Thema ~** not answer the question
verfehlt **1** → VERFEHLEN **2** (*fehlgeschlagen, gescheitert*) failed [nur vor Nomen]; (*unangebracht*) inappropriate ◇ *eine verfehlte Politik* a failed policy ◇ *Der Vorwurf ist völlig verfehlt.* The accusation is completely inappropriate. ◇ *verfehlte Prognosen* inaccurate predictions
verfeindet ◇ *verfeindete Familien* feuding families ◇ *Die beiden sind seit langem miteinander verfeindet.* The two have been enemies for years.
verfeinern refine
verfilmen make a film of *sth* ◇ *ein Buch verfilmen* make a film of a book ◇ *Der Roman wurde von der BBC verfilmt.* The novel was filmed by the BBC.
Verfilmung (*das Filmen*) filming; (*Film*) film version
verfilzt matted
verfinstern **sich ~** darken
verfliegen **1 sich ~** lose your bearings **2** (*sich auflösen, vorübergehen*) vanish; (*Unmut, Begeisterung etc.*) subside; (*Zeit*) fly by
verfließen **1** become blurred; (*Farben*) run ◇ *Die Grenzen zwischen Philosophie und Religion verfließen.* The borders between philosophy and religion are becoming blurred. **2** (*Zeit*) pass ◇ *20 Jahre sind verflossen.* 20 years have passed. ◇ *verflossene Jahre* years gone by
verflixt **1** awkward ◇ *eine verflixte Situation* an awkward situation **2** (*verdammt*) flipping, (*AmE*) darn ◇ *Diese verflixten Computer!* These flipping computers! ◇ *Verflixt!* Bother!
verflochten (*fig*) connected
verfluchen curse
verflucht **1** → VERFLUCHEN **2** (*verdammt*) damn
verflüssigen **(sich) ~** liquefy
verfolgen **1** follow; (*Dieb, Tier etc.*) chase; (*Ziel, Taktik*) pursue ◇ *eine Spur verfolgen* follow a trail ◇ *Er verfolgt ihn auf Schritt und Tritt.* He follows him wherever he goes. ◇ *eine Diskussion verfolgen* follow a discussion ◇ *Der Verfolgte konnte entkommen.* The man they were chasing managed to escape. ◇ *eine bestimmte Strategie verfolgen* pursue a certain strategy ◇ *Ihre Beschwerde wurde nicht weiter verfolgt.* Their complaint was not taken any further. **2** (*religiös, politisch, ethnisch*) persecute ◇ *aus politischen Gründen verfolgt werden* be persecuted on political grounds ◇ *religiös Verfolgte* victims of religious persecution **3** (RECHT) ◇ *jdn gerichtlich/strafrechtlich verfolgen* prosecute sb ◇ *Der Fall wird polizeilich verfolgt.* The case is being investigated by the police. **4** (*Gedanke etc.*) haunt IDM → PECH
Verfolger(in) pursuer; (*politisch, religiös, ethnisch*) persecutor
Verfolgung **1** pursuit (*auch fig*) ◇ *Die Polizei nahm die Verfolgung auf.* The police took up the pursuit. ◇ *die Verfolgung seiner politischen Ziele* the pursuit of his political goals **2** (*politisch, religiös, ethnisch*) persecution ◇ *staatliche Verfolgung* state persecution **3** (*gerichtlich*) prosecution; (*polizeilich*) investigation
Verfolgungsjagd chase **Verfolgungswahn** persecution complex
verformen **1** distort **2 sich ~** become distorted
verfrachten transport, ship; (*Person*) bundle *sb* off (*umgs*)
verfremden distort ◇ *durch Computer verfremdete Stimmen* voices distorted by the computer
Verfremdung alienation
Verfremdungseffekt alienation effect
verfressen greedy
verfroren **~ sein** feel the cold; (*sehr frieren*) be frozen
verfrüht premature (*Adv* prematurely) ◇ *Es wäre verfrüht, jetzt schon über einen Nachfolger zu spekulieren.* It would be premature to speculate on a successor already.
verfügbar available
Verfügbarkeit availability
verfügen **1 über jdn/etw ~** (*bestimmen können*) ◇ *Sie können über das Geld frei verfügen.* The money can be used however you like. ◇ *Er kann über seine Zeit frei verfügen.* He can plan his time himself. ◇ *Du kannst nicht einfach so über mich verfügen!* You can't tell me what to do. **2 über etw ~** (*besitzen*) have sth ◇ *Sie verfügt über ein eigenes Einkommen.* She has her own income. ◇ *Das Land verfügt über Atomwaffen.* The country has nuclear weapons at its disposal. **3** (*anordnen*) order
Verfügung **1 etw zur ~ haben** have sth at your disposal **2 (jdm) etw zur ~ stellen** ◇ *Sie stellte ihm das Auto zur Verfügung.* She put the car at his disposal. ◇ *Die Firma stellte ihm eine Wohnung zur Verfügung.* The firm provided him with a flat. ◇ *Ich stellte ihr mein Bett zur Verfügung.* I let her have my bed. ◇ *Sie stellte der Presse die Unterlagen zur Verfügung.* She made the documents available to the press. **3 zur ~ stehen** be available ◇ *Es stand kein Einzelzimmer zur Verfügung.* There was no single room available. ◇ *Ich stehe Ihnen ab Anfang Mai zur Verfügung.* I'm available from the beginning of May. ◇ *Ich stehe Ihnen zur Verfügung.* I'm at your disposal. ◇ *Steht Ihnen ein Computer zur Verfügung?* Do you have access to a computer? **4** (*gerichtlich*) injunction; (*behördlich*) order
verführen **1** (*sexuell*) seduce **2** (*verleiten*) tempt ◇ *Die breite Straße verführt zum Rasen.* On this wide road people are tempted to drive too fast.
Verführer seducer
Verführerin seductress
verführerisch seductive (*Adv* seductively); (*reizvoll*) tempting
Verführung temptation; (*sexuell*) seduction
vergammeln **1** (*Lebensmittel*) go bad; (*Gebäude, Anlage etc.*) go to rack and ruin ◇ *Der Vermieter lässt das Haus vergammeln.* The landlord is letting the house go to rack and ruin. ◇ *ein vergammeltes T-Shirt* a scruffy T-shirt **2** (*vertrödeln*) waste
vergangen **1** → VERGEHEN **2** last ◇ *im vergangenen Jahr* last year ◇ *vergangene Zeiten* times gone by
Vergangenheit **1** past **2** (LING) past (tense) IDM → AUSFLUG
Vergangenheitsbewältigung process of coming to terms with the past **Vergangenheitsform** past (tense)
vergänglich transitory
Vergänglichkeit transience
vergasen gas
Vergaser carburettor, (*AmE*) carburetor
vergeben **1 jdm (etw) ~** forgive sb (sth) ◇ *jdm die Sünden vergeben* forgive sb their sins **2 etw ~** throw sth away ◇ *Er vergab seine Chance.* He threw away his chance. **3 etw (an jdn) ~** allocate (sb) sth; (*Auftrag, Preis*) award (sb) sth ◇ *Wie werden die Studienplätze vergeben?* How are places at university allo-

cated? ◇ *Sie haben den Auftrag an einen englischen Architekten vergeben.* They've awarded the commission to an English architect. ◇ *Wir haben 25 Freikarten zu vergeben.* We have 25 complimentary tickets to give away. **4 sich nichts ~** have nothing to lose IDM **bereits vergeben sein** (*Mensch*) be already spoken for

vergebens in vain

vergeblich 1 *Adj* in vain [nicht vor Nomen], futile ◇ *Alle Versuche waren vergeblich.* All the attempts were in vain. ◇ *vergebliche Bemühungen* futile efforts **2** *Adv* in vain ◇ *sich vergeblich um etw bemühen* try in vain to get sth

vergegenwärtigen sich (etw) ~ imagine (sth); (*berücksichtigen*) be aware (of sth)

vergehen 1 (*Zeit*) go by; (*Schmerzen etc.*) wear off ◇ *Es verging einige Zeit, bevor ...* Some time went by before ... ◇ *Kein Tag vergeht, ohne dass ich an ihn denke.* Not a day goes by without my thinking of him. ◇ *Die Schmerzen vergingen nicht.* The pain didn't wear off. **2 (vor etw) ~** be dying (of sth) ◇ *Er verging vor Hunger.* He was dying of hunger. ◇ *Diese Hitze! Ich vergehe fast!* The heat is killing me! ◇ *vor Sehnsucht vergehen* be pining away **3 jdm vergeht etw** sb loses sth ◇ *Ihr verging der Appetit.* She lost her appetite. ◇ *Mir ist die Lust inzwischen vergangen.* I don't feel like it any more. **4 sich an jdm ~** abuse sb IDM → FLUG *und* LACHEN

vergelten jdm etw ~ repay sb for sth; **etw mit etw ~** repay sth with sth, return sth with sth ◇ *Man darf nicht Gewalt mit Gewalt vergelten.* We must not return violence with violence.

Vergeltung retaliation ◇ *als Vergeltung für den Anschlag* in retaliation for the attack ◇ *Vergeltung üben* take revenge

Vergeltungsmaßnahme reprisal

vergessen 1 forget ◇ *Ich habe vergessen, wie man das macht.* I've forgotten how to do it. ◇ *ein vergessener Dichter* a forgotten poet **2** (*liegen lassen*) forget; (*mit Ortsangabe*) leave ◇ *Er hat seinen Pass vergessen.* He forgot his passport. ◇ *Er hat seinen Pass zu Hause vergessen.* He left his passport at home. **3 sich ~** forget yourself **4 jdm etw nicht/nie ~** (*nie verzeihen*) never forgive sb for sth; (*ewig dankbar sein*) be grateful to sb for sth ◇ *Das werde ich ihm nie vergessen.* I'll never forgive him for it. ◇ *Danke. Das werde ich dir nie vergessen.* Thanks. I'll be eternally grateful to you. IDM **das kannst du vergessen!** forget it! **den/die/das kannst du vergessen!** he's/she's/it's no use! **vergiss es!** forget it! → *Siehe auch* SCHLEIER

Vergessenheit oblivion; **in ~ geraten** be forgotten, sink into oblivion (*gehoben*)

vergesslich forgetful

Vergesslichkeit forgetfulness

vergeuden waste

vergewaltigen rape

Vergewaltiger rapist

Vergewaltigung rape

vergewissern sich ~ make sure ◇ *sich einer Sache vergewissern* make sure of sth ◇ *sich vergewissern, ob/dass ...* make sure whether/that ...

vergießen (*Wasser, Milch*) spill; (*Blut, Tränen*) shed

vergiften poison (*auch fig*); (*Boden, Meer, Luft etc.*) pollute, contaminate ◇ *Diese Streitereien vergiften das Klima in der Firma.* These arguments are poisoning the atmosphere in the company.

Vergiftung poisoning [U]; (*von Boden, Meer, Luft etc.*) pollution [U] ◇ *an einer Vergiftung sterben* die as a result of poisoning ◇ *Erste Hilfe bei Vergiftungen* first aid in cases of poisoning

vergilbt (*Papier, Zeitung*) yellowing; (*Foto*) faded

Vergleich 1 comparison ◇ *Sie zieht einen Vergleich zwischen den beiden Büchern.* She draws a comparison between the two books. ◇ *Das ist überhaupt kein Vergleich.* There's no comparison. ◇ *Zum Vergleich: Damals kostete ein Brötchen 4 Pfennig.* In comparison, a bread roll cost 4 pfennigs then. **2 im ~ mit/zu jdm/etw** in comparison with sb/sth, compared with sb/sth ◇ *im Vergleich zum Vorjahr* compared with last year ◇ *im europäischen Vergleich* compared with the rest of Europe **3** (LING) simile **4** (RECHT) settlement ◇ *ein außergerichtlicher Vergleich* an out-of-court settlement IDM **der Vergleich hinkt** the comparison is not valid

vergleichbar comparable (*Adv* comparably); (*ähnlich*) similar (*Adv* similarly) ◇ *Ihr Gehalt ist mit meinem vergleichbar.* Her salary is comparable to mine.

vergleichen 1 jdn/etw (mit jdm/etw) ~ compare sb/sth (with sb/sth) ◇ *Du kannst doch diesen Autor nicht mit Goethe vergleichen!* You can't compare this author with Goethe! ◇ *Er kann sich nicht mit dem Weltmeister vergleichen.* He isn't of the same calibre as the world champion **2 etw ist mit etw nicht zu ~** sth does not compare with sth; **jd ist nicht mit jdm zu ~** you can't compare sb with sb ◇ *Der neue Laden ist mit dem alten nicht zu vergleichen.* The new shop doesn't compare with the old one. ◇ *Er ist nicht mit seinem Bruder zu vergleichen.* You can't compare him with his brother. **3** (RECHT) **sich ~** reach a settlement

vergleichend comparative

Vergleichsgruppe control group

vergleichsweise comparatively ◇ *Mit 30 Jahren ist sie für diesen Job vergleichsweise jung.* At 30, she is comparatively young for this job. ◇ *eine vergleichsweise kleine Wohnung* a comparatively small flat

Vergleichs- Vergleichswert equivalent figure ◇ *Der Vergleichswert in Italien liegt bei 70%.* The equivalent figure in Italy is around 70%. ◇ *Das Einkommen eines polnischen Landarbeiters liegt erheblich unter dem deutschen Vergleichswert.* A Polish farm worker's income is considerably lower than what his German counterpart would earn. **Vergleichszeitraum** equivalent period

vergnügen sich ~ enjoy yourself, have a good time; (*Zeit vertreiben*) amuse yourself ◇ *Sie vergnügten sich auf dem Eis.* They were enjoying themselves on the ice. ◇ *Er vergnügte sich stundenlang damit, im Internet zu surfen.* He amused himself for hours, surfing the Net.

Vergnügen pleasure; (*Spaß*) fun [U] ◇ *jdm Vergnügen bereiten* give sb pleasure ◇ *Es war mir ein Vergnügen, Sie kennenzulernen!* It has been a pleasure meeting you! ◇ *Viel Vergnügen auf der Party!* Have fun at the party! ◇ *Sie fährt nur so zum Vergnügen Rad.* She cycles just for the fun of it. ◇ *Mit ihm zusammenzuarbeiten ist kein Vergnügen.* It's no fun working with him. ◇ *sehr zum Vergnügen der Zuschauer* much to the entertainment of the audience IDM **ein teures Vergnügen** an expensive business

vergnüglich (*Abend, Ausflug etc.*) enjoyable; (*Geschichte, Film etc.*) entertaining

vergnügt happy (*Adv* happily)

Vergnügungs- Vergnügungspark amusement park **Vergnügungsviertel** pleasure district

vergoldet (*Schmuck*) gold-plated; (*Statue etc.*) gilded

vergöttern idolize

vergraben bury ◇ *Sie hat sich völlig in ihrer Arbeit vergraben.* She has buried herself completely in her work.

vergraulen **1** frighten *sb* off **2 jdm etw ~** put sb off sth ◇ *Die Verkehrsplaner wollen uns die Fahrt in die Innenstadt vergraulen.* The traffic planners want to put us off driving into the town centre.

vergreifen **1 sich ~** make a mistake ◇ *Sie hat sich vergriffen und versehentlich das falsche Medikament genommen.* She made a mistake and took the wrong medicine. ◇ *Da hat er sich wohl im Ton vergriffen!* That was not the right tone! **2 sich an etw ~** steal sth ◇ *Sie hat sich an den Spendengeldern vergriffen.* She stole the donations. **3 sich an jdm ~** assault sb ◇ *Er hat sich an dem Kind vergriffen.* He indecently assaulted the child.

vergriffen **1** → VERGREIFEN **2** unavailable; (*ausverkauft*) sold out [nicht vor Nomen]; (*Buch*) out of print

vergrößern **1** enlarge; (*Gebäude, Gelände auch*) extend ◇ *Der Hafen wurde vergrößert.* The harbour was enlarged. **2** (*Firma*) expand ◇ *Er will die Firma vergrößern.* He wants to expand the company. **3** (*Anzahl, Vorsprung, Wahrscheinlichkeit*) increase ◇ *Der Chef will die Zahl der Angestellten auf 25 vergrößern.* The boss wants to increase the number of staff to 25. **4 sich ~** (*zunehmen*) increase; (*Zahl auch*) rise ◇ *Der Anteil der Frauen vergrößert sich stetig.* The proportion of women is increasing steadily. **5 sich ~** (*wachsen*) grow, get bigger ◇ *Die Geschwulst hat sich vergrößert.* The tumour has got bigger. **6** (FOTO, MED) enlarge **7** (*Mikroskop, Fernglas etc.*) magnify

Vergrößerung **1** (*eines Gebiets, Geländes*) extension; (*einer Firma*) expansion; (*eines Vorsprungs*) increase (*oft mit einem Verb übersetzt*) ◇ *die Vergrößerung der Gruppen auf 25* increasing the size of the groups to 25 **2** (FOTO, MED) enlargement **3** (*von Mikroskopen etc.*) magnification

Vergrößerungsglas magnifying glass

Vergünstigung **1** privilege ◇ *Mitglieder haben gewisse Vergünstigungen.* Members have certain privileges. ◇ *steuerliche Vergünstigungen* tax breaks **2** (*Ermäßigung*) reduction

vergüten **1 (jdm) etw ~** (*erstatten*) reimburse (sb for) sth **2** (*bezahlen*) pay ◇ *Die Arbeit wird mit 12 € pro Stunde vergütet.* The work is paid at a rate of €12 an hour.

Vergütung **1** (*eines Schadens*) compensation; (*von Unkosten*) reimbursement **2** (*Bezahlung*) pay [U]

verhaften arrest ◇ *Sie wurde unter dem Verdacht der Bestechung verhaftet.* She was arrested on suspicion of bribery.

Verhaftung arrest

verhallen (*Geräusche etc.*) die away

verhalten[1] *Verb* **sich ~ 1** (*benehmen*) behave; (*handeln*) act ◇ *sich aggressiv verhalten* behave aggressively ◇ *Er verhielt sich wie ein Elefant im Porzellanladen.* He acted like a bull in a china shop. ◇ *Wie verhalten Sie sich in solchen Fällen?* What do you do in cases like that? ◇ *sich still verhalten* keep quiet ◇ *Sie haben sich abwartend verhalten.* They decided to wait and see. **2** (*sein*) be ◇ *Die Sache verhält sich folgendermaßen …* This is the state of affairs … ◇ *Ähnlich verhält es sich mit …* It is similar in the case of … ◇ *Mit ihm verhielt sich das anders.* It was different in his case. ◇ *A verhält sich zu B wie X zu Y.* A is to b as x is to y.

verhalten[2] *Adj* (*Beifall, Protest, Kritik*) muted; (*Zorn, Lachen*) suppressed; (*Stimme*) subdued; (*Optimismus, Fahrweise*) cautious (*Adv* cautiously); (*Start*) hesitant (*Adv* hesitantly) ◇ *Das Publikum klatschte verhalten.* There was muted applause from the audience. ◇ *Sie kicherte verhalten.* She suppressed a giggle.

Verhalten behaviour, (*AmE*) behavior [U]; (*Handeln*) actions [Pl] ◇ *aggressives Verhalten* aggressive behaviour ◇ *das richtige Verhalten im Notfall* the right way to behave in an emergency ◇ *Er muss für sein Verhalten einstehen.* He has to be responsible for his actions.

verhaltensauffällig with behavioural problems, (*AmE*) with behavioral problems [nicht vor Nomen] **verhaltensgestört** behaviourally disturbed, (*AmE*) behaviorally disturbed with behavioural difficulties, (*AmE*) with behavioral difficulties [nicht vor Nomen] ◇ *verhaltensgestörte Kinder* children with behavioural difficulties **Verhaltenskodex** code of conduct **Verhaltensmuster** behaviour pattern, (*AmE*) behavior pattern **Verhaltensstörungen** behavioural difficulties [Pl], (*AmE*) behavioral difficulties [Pl] **Verhaltensweise** **1** type of behaviour **2** (*AmE*) type of behavior; (*in einer bestimmten Situation*) behaviour, (*AmE*) behavior [U] ◇ *Bestimmte Verhaltensweisen gelten als typisch männlich.* Certain types of behaviour are regarded as being typically masculine. ◇ *sexistische Einstellungen und Verhaltensweisen* sexist attitudes and behaviour

Verhältnis **1** (*Beziehung*) relationship ◇ *Sie hat ein gutes Verhältnis zu ihren Eltern.* She has a good relationship with her parents. ◇ *das Verhältnis zwischen Arzt und Patient* the doctor-patient relationship ◇ *Er hat ein gestörtes Verhältnis zur Arbeit.* He has the wrong attitude to work. ◇ *Sie hat kein Verhältnis zur klassischen Musik.* She can't relate to classical music. **2** (*Affäre*) affair ◇ *Er hat ein Verhältnis mit ihr.* He is having an affair with her. **3 Verhältnisse** (*Zustände*) conditions [Pl]; (*Umstände*) circumstances [Pl] ◇ *schlechte hygienische Verhältnisse* poor sanitary conditions ◇ *Sie ist ein Opfer der politischen Verhältnisse.* She is a victim of political circumstances. ◇ *Das Kind kommt aus schwierigen Verhältnissen.* The child comes from a difficult background. ◇ *Sie leben in bescheidenen Verhältnissen.* They live modestly. **4 Verhältnisse** (*Maßstäbe*) standards [Pl] ◇ *Für damalige Verhältnisse war er reich.* He was rich by the standards of the time. ◇ *Selbst für italienische Verhältnisse war es heiß.* Even by Italian standards, it was hot. **5** (*Relation*) proportion; (MATH) ratio ◇ *im Verhältnis vier zu eins* in the ratio of four to one **6 in keinem ~ zu etw stehen** be out of proportion to sth ◇ *Seine Ausgaben stehen in keinem Verhältnis zu seinen Einnahmen.* His expenditure is out of proportion to his income. **7 im ~ zu** in relation to; (*verglichen mit*) compared with ◇ *Das Gehirn ist im Verhältnis zum Körper klein.* The brain is small in relation to the body. ◇ *Im Verhältnis zu früher geht es uns heute gut.* Compared to before, we are well off now. IDM **für klare Verhältnisse sorgen** get things straight **über seine Verhältnisse leben** live beyond your means

verhältnismäßig relatively

Verhältnis- **Verhältniswahlrecht** proportional representation **Verhältniswort** preposition

verhandeln **1** negotiate ◇ *Sie verhandeln darüber, wer den Vorsitz haben soll.* They are negotiating about who should be chair. ◇ *Darüber lässt sich verhandeln.* That's open to negotiation. **2** (RECHT) try a case; (*zivilrechtlich*) hear a case; **gegen jdn ~** try sb; (*zivilrechtlich*) hear the case against sb

Verhandlung **1** negotiations [Pl], talks [Pl] ◇ *nach langen Verhandlungen* after lengthy negotiations ◇ *Verhandlungen führen* hold talks ◇ *Die Verhandlungen sind gescheitert.* The talks have broken down. ◇ *Sie stehen mit der Firma in Verhandlung.* They are negotiating with the firm. **2** (*Gerichtsverhandlung*) trial; (*zivilrechtlich*) hearing

Verhandlungspartner(in) side, negotiating party (*gehoben*); (*Mensch*) negotiator ◇ *Die beiden Verhandlungspartner einigten sich auf eine gemeinsame Erklärung.* The two sides agreed to a joint statement.

verhängen **1 etw über/gegen jdn/etw ~** (*Verbot, Strafe, Sanktionen etc.*) impose sth on sb/sth **2** (*verdecken*) cover

Verhängnis **1** (*Schicksal*) fate; (*Unheil*) disaster ◇ *Das Verhängnis nahm seinen Lauf.* Fate took its course. **2 jdm zum ~ werden** be sb's downfall

verhängnisvoll fateful (*Adv* fatefully); (*Fehler*) fatal (*Adv* fatally)

verharmlosen play *sth* down

verhärten **1 (sich) ~** (*hart werden*) become hard, harden ◇ *Durch die lange Trockenheit verhärtet der Boden.* The ground becomes hard in a long period of dry weather. ◇ *Das Gewebe des Patienten hat sich verhärtet.* The patient's tissue has hardened. **2** (*fig*) (*hart machen*) harden ◇ *Die Not hat ihr Herz verhärtet.* Hardship has hardened her heart. **3 sich ~** (*Position, Fronten, Haltung*) become entrenched

verhaspeln **sich ~** stumble over your words

verhasst hated; **jd/etw ist jdm ~** sb hates sb/sth ◇ *ein verhasstes Regime* a hated regime ◇ *der ihm verhasste Mann* the man he hated

verhauen **1** (*als Strafe*) beat; (*verprügeln*) beat *sb* up ◇ *Die Mutter hat das Kind verhauen.* The mother beat the child. ◇ *Sie haben ihn ziemlich verhauen.* They have beaten him up quite badly. **2** (*Prüfung*) mess *sth* up **3 sich ~** (*sich vertun*) miscalculate ◇ *Bei der Menge habe ich mich ziemlich verhauen.* I really miscalculated the amount.

verheddern **sich ~ 1** (*verfangen*) get tangled up ◇ *Die Wolle hat sich verheddert.* The wool got tangled up. **2** (*beim Sprechen*) stumble over your words

verheerend **1** devastating; (*Folgen, Auswirkungen auch*) disastrous ◇ *Die Dürre wirkt sich verheerend auf die Landwirtschaft aus.* The drought is having a disastrous effect on farming. **2** (*scheußlich*) terrible ◇ *In dem Kleid sieht sie verheerend aus.* She looks terrible in that dress.

verheimlichen keep *sth* secret; **jdm etw ~** keep sth from sb

verheiratet married ◇ *Sie ist mit Max verheiratet.* She is married to Max. ◇ *Sie sind seit vier Jahren verheiratet.* They have been married for four years.

verheißen promise; (*vorhersagen*) predict ◇ *Ihr Lehrer verhieß ihr eine große Zukunft.* Her teacher predicted a great future for her. ◇ *Der erste Satz des Briefes verheißt nichts Gutes.* The first sentence of the letter does not augur well.

verhelfen **jdm/etw zu etw ~** help sb/sth to get sth; (*etw zu erreichen*) help sb/sth to do sth ◇ *Sie will ihm zu einer Anstellung verhelfen.* She wants to help him to get a job. ◇ *Er verhalf uns zur Flucht.* He helped us to escape. ◇ *jdm zu einer Mehrheit verhelfen* help sb to achieve a majority

verherrlichen glorify

verhexen bewitch, (*AmE*) hex IDM **Das ist ja wie verhext!** It's really maddening! **Heute ist alles wie verhext!** Everything's going wrong today!

verhindern **1** prevent, stop ◇ *Wie hätte der Unfall verhindert werden können?* How could the accident have been prevented? ◇ *Sie wollte verhindern, dass ihre Eltern mitkamen.* She wanted to stop her parents coming. ◇ *Das ließ sich leider nicht verhindern.* There was nothing we could do about it. **2 verhindert sein** be unable to come ◇ *Ich bin morgen leider verhindert.* I'm afraid I can't come tomorrow. **3 ein(e) verhinderte(r) …** a … manqué (*gehoben oder hum*) ◇ *Er ist ein verhinderter Komponist.* He's a composer manqué.

Verhinderung prevention (*oft mit einem Verb übersetzt*) ◇ *die Verhinderung von Drogenmissbrauch* the prevention of drug abuse ◇ *die Verhinderung eines Tors* stopping a goal

verhöhnen deride (*gehoben*); (*stärker*) sneer at *sb/sth*

Verhör interrogation ◇ *beim Verhör* under interrogation ◇ *Sie wurde einem Verhör unterzogen.* She was interrogated.

verhören **1** interrogate; (*polizeilich auch*) question; (*gerichtlich*) examine **2 sich ~** mishear

verhüllen veil (*auch fig*) ◇ *verhüllte Kritik* veiled criticism ◇ *Christo hat den Reichstag verhüllt.* Christo wrapped the Reichstag.

verhüllend (*Ausdruck etc.*) euphemistic

verhungern starve (to death), die of starvation ◇ *Ihnen droht der Tod durch Verhungern.* They are in danger of starving to death. ◇ *Ich bin am Verhungern!* I'm starving!

verhüten **1** prevent ◇ *das Schlimmste verhüten* prevent the worst from happening **2** (*beim Sex*) use contraception

Verhütung **1** prevention **2** (*Empfängnis-*) contraception

Verhütungsmethode method of contraception **Verhütungsmittel** contraceptive

verinnerlichen internalize (*Fachspr oder gehoben*) ◇ *Werte/Regeln verinnerlichen* internalize values/rules ◇ *eine Ideologie verinnerlichen* adopt an ideology

verirren **sich ~** get lost ◇ *Sie haben sich im Wald verirrt.* They got lost in the wood. ◇ *Wir hatten uns total verirrt.* We were completely lost. ◇ *ein verirrter Golfball* a golf ball which had gone astray ◇ *Nur selten verirrt sich ein Tourist hierher.* It's not often that a tourist finds his way here.

verjagen **1** chase *sth* away (*auch fig*) **2** (*Volk etc.*) drive *sb* out

verjähren lapse; (*Fall, Verbrechen*) fall under a statute of limitations ◇ *Nach zwei Jahren verjähren die Ansprüche.* The period for making a claim lapses after two years. ◇ *Die Frist ist bereits verjährt.* The deadline has passed.

verjubeln squander

verkabeln **1** wire *sth* for cable ◇ *Man hat inzwischen auch die Dörfer verkabelt.* The villages have now been wired for cable TV. **2 verkabelt sein** have cable (TV)

verkalkt **1** furred up ◇ *verkalkte Rohre* pipes which are furred up **2** (*geistig*) senile **3** (*Arterien*) ◇ *durch verkalkte Arterien verursacht* caused by hardening of the arteries

verkalkulieren **1 sich (bei etw) ~** (*verrechnen*) miscalculate (sth) ◇ *Er hat sich bei den Kosten verkalkuliert.* He miscalculated the cost. **2 sich ~** (*irren, falsch einschätzen*) misjudge it; **sich bei etw ~** misjudge sth ◇ *Der Pilot hat sich verkalkuliert.* The pilot misjudged it. ◇ *Der Verlag hat sich beim erhofften Interesse verkalkuliert.* The publisher misjudged the market.

verkannt **1** → VERKENNEN **2** (*Genie, Meisterwerk etc.*) neglected

verkappt **1** hidden ◇ *eine verkappte Steuererhöhung* a hidden tax increase **2** (*Mensch*) closet [nur vor Nomen] ◇ *ein verkappter Sozialist* a closet socialist

Verkauf **1** sale; (*das Verkaufen*) selling ◇ *Das Haus steht zum Verkauf.* The house is up for sale. ◇ *ein Verkauf mit Verlust* selling at a loss **2** (*Abteilung*) sales [U], sales department ◇ *Sie arbeitet im Verkauf.* She works in sales.

verkaufen sell (*auch fig*) ◇ *Ich habe ihm meine Gitarre verkauft.* I sold my guitar to him. ◇ *Dieses Buch verkauft sich schlecht.* The book is not selling. ◇ *Er verkaufte den alten Vorschlag als neue Idee.* He tried to sell the old proposal as something new. ◇ *zu verkaufen* for sale IDM → DUMM

Verkäufer(in) **1** (sales) assistant, *(AmE)* sales clerk **2** (RECHT) vendor

verkäuflich **1** (available) for sale [nicht vor Nomen] ◇ *Dieses Exponat ist nicht verkäuflich.* This exhibit is not for sale. ◇ *Dieses Medikament ist frei verkäuflich.* This medicine is available over the counter. **2** *(absetzbar)* saleable ◇ *verkäufliche Güter* saleable goods ◇ *Das Produkt ist schwer verkäuflich.* The product doesn't sell.

Verkaufsleiter(in) sales manager

Verkehr **1** traffic ◇ *starker Verkehr* heavy traffic **2** *(Kontakt)* contact; *(diplomatisch)* relations [Pl] **3** *(Umlauf)* circulation ◇ *Banknoten aus dem Verkehr ziehen* withdraw banknotes from circulation **4** *(Geschlechts-)* intercourse

verkehren **1** run; *(Schiff)* sail; *(Flugzeug)* fly ◇ *Dieser Bus verkehrt nur bis acht Uhr.* This bus only runs until eight o'clock. **2** *(Kontakt haben)* communicate; *(treffen)* mix ◇ *Wir verkehren nur noch schriftlich miteinander.* We only communicate by letter now. ◇ *Sie verkehrt mit vielen Prominenten.* She mixes with famous people. ◇ *Er verkehrte mit Wieland.* He was friendly with Wieland. ◇ *Sie verkehrt in den besten Kreisen.* She moves in the best circles. **3** *(Gast sein)* frequent ◇ *In diesem Lokal verkehren viele Künstler.* Lots of artists frequent this pub. **4** *(ins Gegenteil verwandeln)* reverse ◇ *Damit wird der Sinn ins Gegenteil verkehrt.* The meaning is thus reversed. ◇ *Damit wird die Idee ins Gegenteil verkehrt.* The idea has been turned on its head. ◇ *Moralische Werte haben sich verkehrt.* Moral values have been turned upside down. **5** *(sexuell)* have (sexual) intercourse

Verkehrs- **Verkehrsanbindung** transport connections [Pl], *(AmE)* transportation connections [Pl] **verkehrsberuhigt** traffic-calmed **Verkehrsberuhigung** traffic calming **Verkehrserziehung** road safety education **Verkehrsführung** road layout **Verkehrsfunk** traffic information (broadcasting) **Verkehrsinsel** traffic island, *(AmE)* safety island **Verkehrskontrolle** road check ◇ *bei einer Verkehrskontrolle* during a road check ◇ *in eine Verkehrskontrolle geraten* be stopped by the police **Verkehrsmeldung** traffic information [U] **Verkehrsminister(in)** transport minister **Verkehrsmittel** means of transport, transport [U] ◇ *andere Verkehrsmittel benutzen* use other means of transport ◇ *öffentliche Verkehrsmittel benutzen* use public transport **Verkehrspolitik** transport policy **Verkehrsschild** road sign **Verkehrstote(r)** person killed in a road accident; *(im Plural)* road deaths **Verkehrsunfall** road accident ◇ *Sie kam bei einem Verkehrsunfall ums Leben.* She was killed in a road accident.

verkehrt **1** → VERKEHREN **2** *(falsch)* wrong ◇ *Ich habe alles verkehrt gemacht!* I did everything wrong! ◇ *Deine Uhr geht verkehrt.* Your watch is wrong. ◇ *Die Taktik ist gar nicht so verkehrt.* This strategy is not such a bad idea. ◇ *Wir leben in einer verkehrten Welt.* We live in a topsy-turvy world. **3 ~ (herum)** *(mit dem hinteren Teil nach vorne)* back to front; *(auf dem Kopf)* upside down, the wrong way up; *(auf links)* inside out

verkennen misunderstand; *(nicht schätzen)* not appreciate ◇ *Das Problem wird oft verkannt.* The problem is often misunderstood. ◇ *Sie fühlt sich von allen verkannt.* She feels that she is not appreciated. ◇ *Sie hatte verkannt, dass es sich um eine Satire handelte.* She hadn't realized that it was a satire. ◇ *Ihre Absicht war einfach nicht zu verkennen.* There was no mistaking her intention. → *Siehe auch* VERKANNT

verklagen sue ◇ *Sie verklagte die Firma wegen Vertragsbruchs.* She sued the firm for breach of contract. ◇ *jdn auf Schadensersatz verklagen* sue for damages

verkleiden **1 jdn ~** disguise sb; *(kostümieren)* dress sb up; **sich ~** disguise yourself; *(sich kostümieren)* dress up ◇ *Die Einbrecher waren als Maler verkleidet.* The burglars were disguised as decorators. ◇ *Er war als Cowboy verkleidet.* He was dressed up as a cowboy. ◇ *Gehst du verkleidet auf die Party?* Are you going to the party in fancy dress? **2** *(verhüllen)* cover; *(Außenwände)* face; *(Innenwände)* line; *(holzvertäfelt)* panel

Verkleidung **1** dressing up *(oft mit einem Verb übersetzt)* ◇ *Soll ich dir bei deiner Verkleidung helfen?* Shall I help you dress up? **2** *(Tarnung)* disguise; *(Kostüm)* costume **3** *(von Innenwänden)* lining; *(Vertäfelung)* panelling [U]; *(von Außenwänden)* facing, cladding; *(des Dachs)* covering

verkleinern **1** reduce ◇ *eine Kopie verkleinern* reduce a copy ◇ *Die Fußgängerzone soll verkleinert werden.* The pedestrian area is to be reduced in size. ◇ *ein Modell in verkleinertem Maßstab* a scaled-down model ◇ *Die Belegschaft der Firma wurde verkleinert.* The firm's workforce was cut. **2 sich ~** get smaller, become smaller *(gehoben)*

Verkleinerung reduction ◇ *eine Verkleinerung des Abstands* a reduction in the distance ◇ *eine Verkleinerung des Orchesters* a reduction in the size of the orchestra

verklemmt inhibited

verknacksen **sich etw ~** sprain sth ◇ *Er hat sich beim Joggen den Fuß verknackst.* He sprained his ankle jogging.

verknallen **sich ~** fall in love; **sich in jdn ~** fall for sb

verknallt **(in jdn) ~** madly in love (with sb) [nicht vor Nomen]

verknautschen crumple ◇ *Ich habe mir im Auto den Rock verknautscht.* My skirt got crumpled in the car.

verkneifen **sich etw ~** resist (doing) sth ◇ *Ich konnte mir die Frage nicht verkneifen.* I couldn't resist asking. ◇ *Sie konnten sich das Lachen kaum verkneifen.* They could hardly keep a straight face.

verkniffen *(Gesicht, Miene)* strained; *(Mund)* pinched

verknöchert **~ sein** be an old fuddy-duddy

verknoten **1** tie; *(zusammenbinden)* tie *sth* together; *(einen Knoten in etw machen)* tie a knot in *sth* ◇ *Er verknotete das Seil mit einem Bettlaken.* He tied the rope to a sheet. ◇ *Sie hat die Fäden verknotet.* She tied the threads together. ◇ *ein verknotetes Taschentuch* a knotted handkerchief **2 sich ~** become knotted

verknüpfen **1** *(verknoten)* tie *sth* (together) **2 etw (mit etw) ~** *(verbinden)* link sth (with sth); *(assoziieren)* associate sth (with sth) ◇ *Geld und Fußball sind untrennbar verknüpft.* Money and football are inextricably linked. ◇ *Sein Name ist mit der Schule eng verknüpft.* His name is closely associated with the school. **3 etw mit etw ~** *(gleichzeitig tun)* combine sth with sth; *(mischen auch)* blend sth and sth

verkohlen **1** *(Holz etc.)* char **2 jdn ~** *(anführen)* have sb on *(umgs)*, *(AmE)* put sb on *(umgs)* ◇ *Du willst mich wohl verkohlen!* Are you having me on?

verkohlt charred

verkommen[1] *Verb* **1** *(verwahrlosen, sich vernachlässigen)* let yourself go; *(moralisch)* go to the dogs **2** *(Gebäude, Viertel)* become run down; *(Garten etc.)* run wild **3 zu etw ~** degenerate into sth, turn into sth ◇ *Der Park ist zum Müllplatz verkommen.* The park has degenerated into a rubbish tip. **4** *(Lebensmittel)* go bad

verkommen[2] *Adj* *(Gebäude, Viertel etc.)* run-down; *(Garten etc.)* wild; *(Kind, Tier)* neglected; *(dekadent)* decadent

verkomplizieren complicate

verkorksen *(verderben)* spoil, screw *sb/sth* up *(umgs)* ◇ *Sie hat uns die Party verkorkst.* She spoiled the party for us. ◇ *Er hat sein Leben verkorkst.* He's screwed up his life. ◇ *Seine neue Freundin ist völlig verkorkst.* His new girlfriend is all screwed up. ◇ *Ich habe mir den Magen verkorkst.* I've got an upset stomach.

verkörpern 1 embody **2** *(im Theater, Film etc.)* play

verkrachen sich (mit jdm) ~ fall out (with sb) *(umgs)*

verkraften cope with *sth*; *(essen, trinken)* manage ◇ *Sie kann die viele Arbeit nicht verkraften.* She can't cope with all the work. ◇ *Noch ein Stück kann ich wirklich nicht mehr verkraften.* I really can't manage another piece.

verkrampfen sich ~ *(Muskeln, Körper etc.)* tense up; *(seelisch)* get tense

verkrampft tense *(Adv* tensely); *(Stil, Lächeln etc.)* forced ◇ *verkrampfte Muskulatur* tense muscles ◇ *Sie hatte einen verkrampften Ausdruck.* She was wearing a tense expression. ◇ *Er lächelte verkrampft.* He forced a smile.

verkriechen sich ~ 1 creep (away), crawl (away) ◇ *Sie verkrochen sich in ihre Schlafsäcke.* They crawled into their sleeping bags. **2** *(sich zurückziehen)* hide (yourself) (away) ◇ *Ich hätte mich am liebsten irgendwo verkrochen.* I just wanted to hide away.

verkrüppelt 1 *(Pflanze, Baum)* stunted **2** *(Körperteil)* deformed; *(Mensch)* crippled

verkümmern 1 waste (away) ◇ *verkümmerte Muskeln* wasted muscles ◇ *Die Fantasie der Kinder verkümmert.* The children's imagination is wasting away. **2** *(in der Entwicklung gehemmt werden)* become stunted ◇ *ein paar verkümmerte Sträucher* a few stunted bushes ◇ *Sie ist seelisch verkümmert.* She has become emotionally stunted.

verkünden 1 announce; *(Urteil)* give; *(Notstand)* declare **2** *(Evangelium etc.)* preach

verkürzen 1 shorten; *(Aufenthalt)* cut *sth* short ◇ *Die Abfahrtsstrecke wurde verkürzt.* The downhill course was shortened. ◇ *Dadurch wird die Fahrzeit um zehn Minuten verkürzt.* That shortens the journey by ten minutes. **2 sich ~** become shorter **3 sich/jdm die Zeit ~** make the time pass more quickly ◇ *Wir verkürzten uns die Zeit mit Spielen.* We played games to make the time pass more quickly. **4** *(den Rückstand verringern)* close the gap ◇ *Mit diesem Tor verkürzte Italien auf 2:3.* With this goal, Italy closed the gap to 2-3.

verkürzt shorter; *(Form)* short ◇ *Sam ist die verkürzte Form von Samuel.* Sam is the short form of Samuel.

Verlag publisher, publishing house ◇ *Er arbeitet bei einem Verlag.* He works for a publisher. ◇ *In welchem Verlag erscheint das Buch?* Who is publishing the book?

verlagern 1 (sich) ~ move; *(Kosten, Belastung)* transfer ◇ *den Güterverkehr auf die Schiene verlagern* transfer freight to the railways **2** *(Gewicht, Schwerpunkt)* shift

verlangen 1 ask for *sth*; *(fordern)* demand; *(erwarten)* expect ◇ *Wir verlangten die Rechnung.* We asked for the bill. ◇ *Ich verlange eine Antwort.* I demand a reply. ◇ *Seine Eltern verlangen zu viel von ihm.* His parents expect too much of him. ◇ *Das kann er nicht von den Studenten verlangen.* He can't expect the students to do that. ◇ *Das ist doch nicht zu viel verlangt!* That's not too much to expect! ◇ *Er verlangt Unmögliches.* He's asking the impossible. **2 jdn/etw ~** ask to see sb/sth; *(dringender)* demand to see sb/sth ◇ *Die Zollbeamtin verlangte unsere Pässe.* The customs officer asked to see our passports. ◇ *Sie verlangte den Geschäftsführer.* She was demanding to see the manager. ◇ *Du wirst am Telefon verlangt.* You're wanted on the phone. **3 etw (für etw) ~** *(Preis)* ask sth (for sth) ◇ *Wie viel verlangt er für das Rad?* What is he asking for the bike? **4** *(erfordern)* require ◇ *Diese Arbeit verlangt viel Geduld.* This work requires a lot of patience. **5 nach jdm/etw ~** *(wünschen)* ask for sb/sth; *(dringlicher)* clamour for sb/sth, *(AmE)* clamor (for sb/sth); *(sich sehnen)* long for sb/sth, yearn for sb/sth *(gehoben)*

Verlangen 1 desire; *(Sehnsucht)* longing; *(dringender)* craving ◇ *Sie hatte kein Verlangen ihn wiederzusehen.* She had no desire to see him again. ◇ *ihr Verlangen nach Glück* their longing for happiness ◇ *sein Verlangen nach der Droge* his craving for the drug **2** *(Forderung)* demand ◇ *ihr Verlangen nach Unabhängigkeit* their demand for independence ◇ *den Pass auf Verlangen vorzeigen* show your passport on demand

verlängern 1 extend; *(Rock, Hose etc.)* lengthen ◇ *Wir haben unseren Urlaub um eine Woche verlängert.* We extended our holiday by a week. ◇ *Das Spiel wurde um 2 x 15 Minuten verlängert.* They played 30 minutes of extra time. ◇ *ein verlängertes Wochenende* a long weekend **2** *(Ausweis, Vertrag etc.)* renew **3** *(mit einer Flüssigkeit strecken)* water *sth* down IDM → ARM

Verlängerung 1 extension; *(von Ausweisen, Verträgen etc.)* renewal *(oft mit einem Verb übersetzt)* ◇ *die Diskussion um die Verlängerung der Öffnungszeiten* the discussion about extended opening hours ◇ *Zur Verlängerung des Passes musste ich zur Botschaft.* I had to go to the embassy to get my passport renewed. **2** *(von Kabeln etc.)* extension **3** (SPORT) extra time, *(AmE)* overtime

Verlängerungsschnur extension lead, *(AmE)* extension cord

verlangsamen 1 slow *sb/sth* down ◇ *Der Verkehr wird durch die Schikanen verlangsamt.* The traffic is slowed down by the chicanes. ◇ *Er verlangsamte das Tempo.* He slowed down. **2 sich ~** slow (down) ◇ *Das Wachstum hat sich verlangsamt.* Growth has slowed down. ◇ *Seine Schritte verlangsamten sich.* His steps slowed.

Verlass auf jdn/etw ist (kein) ~ you can(not) rely on sb/sth ◇ *Auf die Fans ist stets Verlass.* You can always rely on the fans.

verlassen[1] *Verb* **1** leave ◇ *Sie hat ihren Mann verlassen.* She's left her husband. ◇ *Sie verließen fluchtartig den Saal.* They fled the hall. **2 etw verlässt jdn** sth deserts sb ◇ *Der Mut hatte sie verlassen.* Their courage had deserted them. **3 sich (auf jdn/etw) ~** rely (on sb/sth) ◇ *Man kann sich auf sie verlassen.* You can rely on her. ◇ *Du kannst dich darauf verlassen, dass er nichts sagt.* You can rely on him not to say anything. ◇ *Darauf kannst du dich verlassen.* You can be sure of that.

verlassen[2] *Adj* **1** deserted; *(Auto)* abandoned ◇ *ein verlassener Bauernhof* an abandoned farm **2** *(Mensch)* lonely; *(Gegend auch)* desolate IDM → GEIST[2]

verlässlich 1 *Adj* reliable ◇ *verlässliche Ergebnisse* reliable results **2** *Adv (korrekt)* properly; *(sicher)* for sure

Verlauf course ◇ *im Verlauf des Tages* in the course of the day ◇ *den Verlauf der Straße ändern* alter the course of the road ◇ *im weiteren Verlauf der Sitzung* as the meeting went on

verlaufen 1 run ◇ *Die Grenze verläuft parallel zur Autobahn.* The border runs parallel to the motorway. **2** *(ablaufen)* go (off) ◇ *Der Abend ist nach Plan verlaufen.* The evening went according to plan. ◇ *Die Fahndung der Polizei verlief ergebnislos.* The police search produced no result. **3 sich ~** lose your way, get lost ◇ *Sie hat sich im Wald verlaufen.* She got lost in the forest. **4 sich ~** *(sich auflösen)* disperse; *(Hochwasser)* subside ◇ *Nach dem Spiel hat sich die Menge schnell* *verlaufen.* After the match, the crowd quickly dispersed. **5 sich ~** (*verschwinden*) disappear, peter out (*auch fig*) ◇ *Die Spur verlief sich im Gras.* The trail disappeared in the grass. **6** (*Flüssigkeit*) run; (*schmelzen*) melt ◇ *Die Farbe ist verlaufen.* The paint has run. IDM → SAND *und* WUNSCH

Verlaufsform continuous tense, progressive tense

verlegen¹ *Verb* **1** move, transfer ◇ *Die Bushaltestelle wurde um 200 Meter verlegt.* The bus stop was moved 200 metres. ◇ *einen Patienten auf eine andere Station verlegen* transfer a patient to another ward **2 etw (auf etw) ~** (*aufschieben*) postpone sth (until sth); (*vorverlegen*) bring sth forward (to sth) ◇ *Die Tagung ist auf nächste Woche verlegt worden.* The conference has been postponed until next week. ◇ *Können wir die Besprechung auf heute verlegen?* Can we bring the meeting forward to today? **3** (*verlieren*) mislay ◇ *Ich habe meine Brille verlegt.* I've mislaid my glasses. **4** (*Rohr, Kabel, Teppich etc.*) lay **5** (*herausgeben*) publish **6** (*versperren*) block ◇ *Sie haben uns den Zugang verlegt.* They have blocked our access. **7 sich auf etw ~** take sth up; (*neue Taktik*) resort to sth ◇ *Er hat sich jetzt aufs Filmen verlegt.* He has taken up film-making now.

verlegen² *Adj* **1** embarrassed ◇ *Sie wurde ganz verlegen, als er sie ansprach.* She got quite embarrassed when he spoke to her. ◇ *verlegen lächeln* give an embarrassed smile **2 um etw ~ sein** be short of sth; (*Worte, Antwort*) be at a loss for sth ◇ *Sie sind immer um Geld verlegen.* They are always short of money. IDM → ANTWORT

Verlegenheit 1 (*Befangenheit*) embarrassment ◇ *Vor lauter Verlegenheit stotterte er.* He stuttered with embarrassment. ◇ *Er geriet in Verlegenheit.* He got embarrassed. ◇ *Seine Frage brachte sie in Verlegenheit.* His question embarrassed her. **2** (*peinliche Lage*) embarrassing situation, awkward situation; (*Geldnot*) financial difficulty ◇ *Kannst du mir vielleicht aus einer Verlegenheit helfen?* Could you help me out of an awkward situation? ◇ *Er ist noch nie in die Verlegenheit gekommen, mit dem Bus fahren zu müssen.* He's never had to catch a bus.

Verleger(in) publisher

verleiden jdm etw ~ spoil sth for sb; (*abschrecken*) put sb off sth ◇ *Der Zwischenfall hat ihr die ganzen Ferien verleidet.* The incident spoiled the whole holiday for her. ◇ *Die Staus verleiden den Leuten die Fahrt in die Innenstadt.* Traffic jams are putting people off driving into the town centre.

Verleih 1 (*das Verleihen*) hire ◇ *Zum Service gehört auch der Verleih von Fahrrädern.* Bicycle hire is part of the service. **2** (*Firma*) hire company

verleihen 1 (*ausleihen*) lend; (*vermieten*) hire *sth* out ◇ *Sie hat ihr Mofa an ihren Bruder verliehen.* She lent her moped to her brother. ◇ *Das Geschäft verleiht Mountainbikes.* The shop hires out mountain bikes. **2 jdm etw ~** (*Preis*) award sth to sb, award sb sth; (*Orden, Titel*) confer sth on sb (*gehoben*) ◇ *Ihr wurde ein Preis verliehen.* She was awarded a prize. **3 jdm/einer Sache etw ~** give sb/sth sth, give sth to sb/sth, lend sb/sth sth (*gehoben*), lend sth to sb/sth (*gehoben*) ◇ *Sie versuchen, der Bewegung neue Impulse zu verleihen.* They are trying to give fresh impetus to the movement. ◇ *Die Musik verlieh dem Fest ein südeuropäisches Flair.* The music lent the festival a Mediterranean air. ◇ *einer Sache Ausdruck verleihen* express sth

Verleihung 1 award; (*von Rechten*) granting **2** (*Übergabe*) award ceremony; (*von einem Preis*) presentation

verleiten induce, encourage ◇ *Gerade Straßen verleiten zum Rasen.* Straight roads induce people to drive too fast. ◇ *Die Werbung verleitet junge Leute zum Rauchen.* Advertising encourages young people to smoke. ◇ *Was hat ihn zu dieser Annahme verleitet?* What led him to believe that?

verlernen etw ~ forget how to do sth

verlesen¹ 1 (*vorlesen*) read *sth* out **2 sich ~** misread sth ◇ *Du hast dich verlesen.* You misread it.

verlesen² (*Gemüse, Früchte*) sort

verletzbar vulnerable

verletzen 1 injure; (*durch Schuss, Stich*) wound ◇ *Sie hat sich beim Hockey verletzt.* She was injured playing hockey. ◇ *Bei dem Unfall hat er sich am Bein verletzt.* He injured his leg in the accident. ◇ *schwer/leicht/lebensgefährlich verletzt* seriously/slightly/critically injured ◇ *am Arm verletzt werden* be wounded in the arm **2** (*kränken*) hurt ◇ *Sie hat seine Gefühle verletzt.* She hurt his feelings. ◇ *eine verletzende Äußerung* a hurtful remark **3** (*verstoßen gegen, eindringen in*) violate ◇ *das Waffenembargo verletzen* violate the arms embargo ◇ *seine Pflichten verletzen* fail in your duty

verletzlich vulnerable

Verletzte(r) injured person; (*durch einen Unfall*) casualty; **die Verletzten** the injured; (*im Krieg*) the wounded ◇ *Der Verletzte wurde ins Krankenhaus gebracht.* The injured man was taken to hospital. ◇ *Es gab keine Verletzten.* There were no casualties. ◇ *Der Unfall hat drei Verletzte gefordert.* Three people were injured in the accident.

Verletzung 1 injury; (*durch Schuss, Stich*) wound ◇ *Sie erlitt schwere Verletzungen am Kopf.* She suffered serious injuries to the head. ◇ *Er erlag seinen schweren Verletzungen.* He died from his injuries. ◇ *leichte Verletzungen* minor injuries **2** (*Verstoß*) violation ◇ *die Verletzung der Menschenrechte* the violation of human rights ◇ *Ihm wurde eine Verletzung der Unterhaltspflicht vorgeworfen.* He was accused of failing to pay maintenance.

verletzungsbedingt (SPORT) due to injury [nicht vor Nomen] **Verletzungsgefahr** danger of injury

verleugnen 1 deny; (*Freund, Verwandte*) disown ◇ *Es lässt sich nicht verleugnen, dass …* There is no denying the fact that … **2 sich ~ lassen** ◇ *Sie ließ sich verleugnen.* She gave instructions to say she wasn't in. **3 sich (selbst) ~** go against your principles

verleumden slander; (*schriftlich*) libel

verleumderisch slanderous; (*schriftlich*) libellous, (*AmE*) libelous

Verleumdung slander; (*schriftlich*) libel

Verleumdungskampagne smear campaign **Verleumdungsklage** action for slander; (*schriftliche Verleumdung*) libel action

verlieben sich (in jdn/etw) ~ fall in love (with sb/sth); **(in jdn/etw) verliebt sein** be in love (with sb/sth) ◇ *Er ist hoffnungslos in sie verliebt.* He is hopelessly in love with her. ◇ *Sie sah ihn verliebt an.* She looked at him lovingly. ◇ *ein verliebter junger Mann* a young man in love ◇ *das verliebte Paar* the lovers IDM → OHR

Verliebte(r) lover

verlieren 1 lose ◇ *Er hat seine Eltern durch einen Unfall verloren.* He lost his parents in an accident. ◇ *das Gleichgewicht verlieren* lose your balance ◇ *Sie haben sich in der Menge verloren.* They lost each other in the crowd. ◇ *gegen jdn verlieren* lose to sb ◇ *Wir dürfen keine Zeit verlieren.* We've no time to lose. ◇ *sich in Träumereien verlieren* get lost in daydreams ◇ *die Gültigkeit verlieren* become invalid ◇ *An ihr haben Sie nicht viel verloren.* She's no loss. ◇ *Ich habe die Freude am Tanzen verloren.* I don't enjoy dancing any more. **2 an etw ~** lose sth ◇ *an Höhe/Glaubwürdigkeit verlieren* lose height/credibility ◇ *Gold verlor an Bedeutung.* Gold became less important. **3**

(*schlechter werden*) deteriorate ◊ *Durch zu lange Lagerung verliert Riesling.* Riesling deteriorates if it's kept too long. ◊ *Durch den Umbau hat das Gebäude sehr verloren.* The building lost a lot of its appeal as a result of the conversion. **4 sich ~** (*allmählich verschwinden*) die down ◊ *Ihre Begeisterung wird sich rasch verlieren.* Their enthusiasm will soon die down. ◊ *Der Weg verliert sich am Horizont.* The path disappears into the distance. IDM **es ist noch nicht alles verloren** all is not lost **irgendwo nichts verloren haben** ◊ *Du hast hier nichts verloren!* You've no business here! **nichts zu verlieren haben** have nothing to lose → *Siehe auch* AUGE, BODEN, FADEN, GESICHT, HOPFEN, KOPF, NERV *und* VERSTAND

Verlierer(in) loser

Verlies dungeon

verlinken (COMP) link to *sth* , have a link to *sth* ◊ *Wie viele Webseiten verlinken deine Homepage?* How many websites have a link to your homepage?

verloben sich (mit jdm) ~ get engaged (to sb); **(mit jdm) verlobt sein** be engaged (to sb)

Verlobte fiancée

Verlobter fiancé; **die Verlobten** the engaged couple

Verlobung engagement

Verlobungsring engagement ring

verlocken tempt ◊ *Diese Aktie verlockte viele Anleger zum Kauf.* Many investors were tempted to buy the shares. ◊ *Die Musik verlockt zum Tanzen.* The music makes you want to dance.

verlockend tempting ◊ *eine verlockende Auswahl* a tempting selection ◊ *Das Wasser sah verlockend aus.* The water looked very inviting.

Verlockung temptation

verlogen deceitful; (*heuchlerisch*) hypocritical

Verlogenheit dishonesty; (*heuchlerisch*) hypocrisy

verloren 1 → VERLIEREN **2** (*hilflos*) lost ◊ *Ohne ihn wäre sie verloren.* She would be lost without him. ◊ *die Parabel vom verlorenen Sohn* the parable of the prodigal son **3 ~ gehen** be lost ◊ *Immer mehr Ackerland geht verloren.* More and more agricultural land is being lost. ◊ *Dadurch ist uns viel Zeit verloren gegangen.* We lost a lot of time because of it. ◊ *Mein Geldbeutel ist verloren gegangen.* I can't find my purse. ◊ *An ihr ist eine Ärztin verloren gegangen.* She'd have made a good doctor. **4 verlorene Eier** poached eggs [Pl] IDM → POSTEN

verlöschen go out

verlosen raffle

Verlosung raffle

Verlust ~ (an etw) loss (of sth) ◊ *etw mit Verlust verkaufen* sell sth at a loss

Verlustanzeige 1 (*in der Zeitung etc.*) lost and found ad **2** (*bei der Polizei etc.*) **eine ~ machen** report the loss of sth **Verlustgeschäft** loss-making business ◊ *Die Firma entpuppte sich als Verlustgeschäft.* The firm turned out to be a loss-making business. ◊ *Die Festspiele sind ein Verlustgeschäft.* The festival loses money. **verlustreich** with heavy losses [nicht vor Nomen]

vermachen jdm etw ~ leave sth to sb

Vermächtnis legacy (*auch fig*)

vermarkten 1 market ◊ *Das Produkt sollte besser vermarktet werden.* The product needs to be marketed better. **2** (*verkaufen, anbieten*) put *sth* on the market ◊ *die Produkte zu angemessenen Preisen vermarkten* put the products on the market at a reasonable price ◊ *Sie hat ihre Idee erfolgreich vermarktet.* She has successfully exploited her idea. **3** (*ausbeuten*) commercialize ◊ *Der Sport wird immer mehr vermarktet.* Sport is becoming increasingly commercialized.

Vermarktung 1 marketing **2** (*Ausbeutung*) commercialization

vermasseln 1 mess *sth* up, ruin **2** (*Prüfung etc.*) fail, (*bes AmE*) flunk (*umgs*)

vermehren 1 (sich) ~ increase ◊ *Sie vermehrten sich um 180%.* They increased by 180%. ◊ *vermehrte öffentliche Ausgaben* increased public spending ◊ *vermehrt auftreten* be on the increase ◊ *vermehrt aufgetretene Lebensmittelvergiftungen* an increase in the number of cases of food poisoning ◊ *Die Leute sind vermehrt auf Spaß aus.* People are increasingly intent on enjoying themselves. **2 sich ~** (*sich fortpflanzen*) breed, reproduce; (*Zellen, Bakterien etc.*) multiply

Vermehrung 1 increase (*oft mit einem Verb übersetzt*) ◊ *die Vermehrung von Unfällen* the increase in the number of accidents ◊ *Eine Vermehrung der Stellen genügt nicht.* Increasing the number of jobs isn't enough. **2** (*Fortpflanzung*) reproduction ◊ *ungeschlechtliche Vermehrung* asexual reproduction ◊ *Man versucht, die Vermehrung der Ratten zu unterbinden.* An attempt is being made to stop rats breeding.

vermeidbar avoidable

vermeiden (es) ~ (etw zu tun) avoid (doing sth) ◊ *Ich vermeide es, spät nach Hause zu kommen.* I avoid being out late. ◊ *Das lässt sich nicht vermeiden.* It can't be helped. ◊ *Vermeiden Sie fettes Essen.* Keep off fatty foods.

Vermeidung (*oft mit einem Verb übersetzt*) ◊ *Maßnahmen zur Vermeidung von Krisen* measures to prevent crises ◊ *Die Vermeidung körperlicher Anstrengungen wäre ratsam.* It would be wise to avoid physical activity. ◊ *die Vermeidung von Müll* waste reduction

vermeintlich supposed [nur vor Nomen] (*Adv* supposedly) ◊ *der vermeintliche Experte* the supposed expert ◊ *in einer vermeintlich freien Gesellschaft* in a supposedly free society ◊ *die vermeintlichen Drogenhändler* the alleged drug dealers ◊ *Er nutzte diese vermeintlich gute Gelegenheit.* He made the most of what seemed like a good opportunity.

Vermerk note ◊ *Sie schrieb einen Vermerk in die Akte.* She made a note in the file. ◊ *mit dem Vermerk ... versehen* marked ...

vermerken 1 make a note of *sth* (*offiz*), record **2** (*zur Kenntnis nehmen*) note

vermessen[1] *Verb* **1** measure; (*zur Bebauung, für Landkarten*) survey **2 sich ~** be out in your measurement(s) ◊ *Du hast dich um drei Zentimeter vermessen.* You were three centimetres out in your measurement.

vermessen[2] *Adj* presumptuous

vermiesen jdm etw ~ spoil sth for sb

vermieten (*Wohnung etc.*) rent *sth* out, let *sth* (out); (*Wagen, Skier, Fahrrad etc.*) hire *sth* out, (*AmE*) rent ◊ *Sie hat ihnen ihr Haus vermietet.* She let her house to them. ◊ *„Zu vermieten"* 'To let'

Vermieter landlord

Vermieterin landlady

Vermietung letting (out); (*von Wagen, Skiern, Fahrrädern etc.*) hiring (out)

vermindern reduce; **sich (um etw) ~** be reduced (by sth) ◊ *Der Betrag vermindert sich um 20%.* The amount is reduced by 20%. ◊ *verminderte Schuldfähigkeit* diminished responsibility ◊ *Das Flugzeug vermindert das Tempo.* The plane is decreasing speed.

Verminderung reduction

verminen mine

vermischen 1 mix **2 sich ~** mix; (*fig*) mingle; (*Rassen*) interbreed **3 Vermischtes** miscellaneous

vermissen 1 miss ◊ *Wir haben dich sehr vermisst.* We've missed you a lot. ◊ *Hat mich jemand vermisst?* Did anyone notice I wasn't there? **2** (*feststellen, dass etw* *fehlt*) not be able to find sth ◊ *Ich vermisse meine Schlüssel.* I can't find my keys. **3 etw ~ lassen** lack sth, be lacking in sth

vermisst 1 → VERMISSEN **2** missing; (*im Krieg*) missing in action [nicht vor Nomen] **~ werden** be/go missing (in action) ◊ *der vermisste Junge* the missing boy ◊ *zwei vermisste Soldaten* two soldiers missing in action ◊ *Seit Dienstag werden zwei Kinder vermisst.* Two children have been missing since Tuesday. ◊ *Sie werden seit Dienstag vermisst.* They went missing on Tuesday. **3 jdn als ~ melden** report sb missing; (*im Krieg*) report sb missing in action

Vermisste(r) missing person; (*im Krieg*) missing serviceman/servicewoman

vermitteln 1 (zwischen A und B) ~ mediate (between A and B) **2 jdm etw ~** find sth for sb, find sb sth ◊ *jdm eine Wohnung vermitteln* find a flat for sb ◊ *Er hat mir den Auftrag vermittelt.* I got the contract through him. **3 jdn ~** find a job for sb ◊ *Letzten Monat vermittelte das Arbeitsamt 250 Personen.* Last month the job centre found jobs for 250 people. **4 (jdm) etw ~** (*Bild, Einblick, Eindruck, Gefühl*) give (sb) sth ◊ *Dadurch wird der falsche Eindruck vermittelt.* That gives the wrong impression. **5 (jdm) etw ~** (*beibringen*) teach sb sth; (*verständlich machen*) get sth across to sb

Vermittler(in) (*Schlichter*) mediator; (*Unterhändler*) negotiator; (*Makler*) agent

Vermittlung 1 (*das Vermitteln*) (*meist mit einem Verb übersetzt*) ◊ *Die Vermittlung von Behinderten in feste Arbeitsplätze wird immer schwieriger.* It is becoming increasingly difficult to find permanent work for disabled people. **2** (*Amt, Stelle*) agency **3** (*Schlichtung*) mediation **4** (*Telefonzentrale*) telephone exchange; (*in einer Firma*) switchboard; (*Mensch*) operator
Vermittlungsgebühr commission

Vermögen 1 fortune; (*von Firmen etc.*) assets [Pl]; (*Geld*) money ◊ *Das muss ein Vermögen gekostet haben.* It must have cost a fortune. **2** (*Fähigkeit*) ability; (*Fertigkeit*) skill
Vermögensberater(in) investment consultant **Vermögenswerte** assets [Pl]

vermummt (*maskiert*) masked ◊ *vermummte Demonstranten* masked demonstrators

vermuten 1 (*glauben*) expect, (*AmE*) guess; (*annehmen*) assume; (*argwöhnen*) suspect ◊ *Ich vermute, er ist im Garten.* I expect he's in the garden. ◊ *Ich vermute, sie sind schon angekommen.* I assume they've arrived already. ◊ *Die Ärzte vermuten, dass es sich um einen Tumor handelt.* The doctors suspect that it is a tumour. **2 jdn irgendwo ~** believe sb to be somewhere ◊ *Er wird im Ausland vermutet.* He is believed to be abroad. ◊ *Was für eine Überraschung, ich habe dich nicht hier vermutet.* What a surprise. I didn't expect to see you here.

vermutlich probable (*Adv* probably); (*es ist anzunehmen*) presumably ◊ *Es kostet vermutlich über 100$.* It will probably cost more than $100. ◊ *Das ist vermutlich der Grund, warum …* That is presumably why …

Vermutung guess; (*Annahme*) assumption; (*Verdacht*) suspicion ◊ *Wir gehen von der Vermutung aus, dass …* We are working on the assumption that …

vernachlässigen 1 neglect **2** (*unberücksichtigt lassen*) ignore ◊ *Wir dürfen den wirtschaftlichen Aspekt nicht vernachlässigen.* We must not ignore the economic aspect.

Vernachlässigung 1 neglect **2** (*Nichtbeachten*) (*meist mit einem Verb übersetzt*) ◊ *Die Vernachlässigung dieser Probleme wird die Partei teuer zu stehen kommen.* Ignoring these problems will cost the party dear.

vernarbt scarred

vernarrt in jdn/etw ~ sein be crazy about sb/sth

vernehmen 1 (*Polizei, Ausschuss*) question; (*vor Gericht*) examine **2** (*hören*) hear; (*erfahren*) learn

Vernehmen dem ~ nach according to … sources ◊ *Dem Vernehmen nach soll im Oktober mit der Arbeit begonnen werden.* According to official sources, work is due to start in October. ◊ *Dem Vernehmen nach erwägt der Finanzminister eine Senkung der Benzinsteuer.* According to government sources, the Chancellor is considering lowering the tax on petrol.

Vernehmung (*durch die Polizei*) questioning [U]; (*vor Gericht*) examination ◊ *bei der Vernehmung* during questioning
vernehmungsfähig fit for questioning [nicht vor Nomen] **vernehmungsunfähig** not fit for questioning [nicht vor Nomen]

verneinen 1 answer *sth* in the negative **2** (*ableugnen*) deny **3** (LING) negate ◊ *den Satz verneinen* negate the sentence ◊ *die verneinte Form eines Verbs* the negative form of a verb

Verneinung (LING) negative ◊ *Wie bildet man die Verneinung?* How do you form the negative?

vernetzen 1 link *sth* (together); (*Verkehrsmittel auch*) integrate ◊ *Wir wollen die einzelnen Dienste vernetzen.* We want to link the various services together. **2** (*Computer*) link *sth* (by computer); (*in einem Netz*) network; (*an das Internet anschließen*) link *sth* to the Internet ◊ *Die beiden Firmen sind miteinander vernetzt.* The two firms are linked by computer. ◊ *Alle Computer im Büro sind vernetzt.* All the computers in the office are networked. ◊ *Unsere Schule wird vernetzt.* Our school is getting Internet access.

Vernetzung linking up; (*von Verkehrsmitteln auch*) integration; (COMP) networking; (*Anschluss an das Internet*) Internet access

vernichten destroy (*auch fig*); (*Menschen, Ungeziefer auch*) exterminate ◊ *Die Niederlage hat ihn vernichtet.* The defeat destroyed him.

vernichtend (*Niederlage*) crushing [nur vor Nomen]; (*Bemerkung, Blick, Urteil*) scathing; (*Schlag*) devastating ◊ *vernichtende Kritik* scathing criticism ◊ *Sie haben uns vernichtend geschlagen.* They thrashed us.

Vernichtung destruction; (*von Menschen, Ungeziefer*) extermination
Vernichtungskrieg war of extermination **Vernichtungslager** extermination camp **Vernichtungspolitik** policy of extermination **Vernichtungsschlag** devastating blow **Vernichtungswaffe** weapon of mass destruction

verniedlichen play *sth* down

Vernissage private view

Vernunft 1 reason; (*gesunder Menschenverstand*) common sense **2 mit ~** sensibly **3 politische, ökonomische etc. ~** political, economic, etc. sense ◊ *Das geht gegen die wirtschaftliche Vernunft.* It does not make economic sense. IDM **Vernunft annehmen** see sense ◊ *Wann wird er endlich Vernunft annehmen?* When will he finally see sense? ◊ *Nimm doch endlich Vernunft an und geh zum Arzt!* Just be sensible and go to the doctor. **jdm Vernunft beibringen** make sb see reason **zur Vernunft kommen** come to your senses

vernünftig 1 sensible (*Adv* sensibly); (*rational*) rational (*Adv* rationally) ◊ *ein vernünftiger Mensch* a sensible person ◊ *Sie haben sich sehr vernünftig verhalten.* They acted very sensibly. ◊ *eine vernünftige Erklärung* a rational explanation ◊ *Das wäre politisch vernünftiger.* That would make more political sense. ◊ *Kannst du mir einen vernünftigen Grund nennen?* Can you give me one good reason? **2** (*ordentlich*) proper [nur vor Nomen] (*Adv* properly); (*anständig*) decent; (*Preise*) reasonable ◊ *vernünftige Schuhe* proper shoes ◊ *Ich habe heute noch nichts Vernünftiges gegessen.* I haven't had a proper meal today yet. ◊

Sie hatten keine vernünftigen Bücher. They didn't have any decent books.

veröffentlichen publish; (*CDs etc.*) release

Veröffentlichung publication; (*von CDs etc.*) release ◇ *eine Liste mit allen Veröffentlichungen des letzten Monats* a list of all last month's publications

verordnen (*verschreiben*) prescribe; (*anordnen*) order

Verordnung **1** order; (*der EU*) directive ◇ *eine Verordnung über die Einschränkung des Wasserverbrauchs* a directive on restricting the use of water **2** (*von Medikamenten*) prescribing

verpachten lease

verpacken pack; (*attraktiv*) package (*auch fig*); (*einwickeln*) wrap

Verpackung **1** packaging [U] (*auch fig*) ◇ *die Verpackung entfernen* remove the packaging **2** (*das Verpacken*) packing

Verpackungsmüll waste packaging

verpassen **1** miss ◇ *Wir haben den Anschluss verpasst.* We missed our connection. **2 jdm etw ~** give sb sth ◇ *Er hat ihm einen Tritt verpasst.* He gave him a kick. IDM **jdm eins/eine verpassen** hit sb

verpennen ◇ *Sie hat den Vormittag verpennt.* She slept the morning away. ◇ *Ich habe den Termin verpennt.* I forgot all about the appointment.

verpesten pollute; (*mit Gestank erfüllen*) stink *sth* out ◇ *Abgase, die die Luft verpesten* fumes which pollute the air ◇ *Deine Zigarren verpesten die Wohnung.* Your cigars are stinking out the flat.

verpfänden pawn; (*Haus*) mortgage

verpfeifen **jdn (bei jdm) ~** grass on sb (to sb) (*umgs*)

verpflanzen transplant; (*Haut*) graft

Verpflanzung transplantation; (*von Haut*) graft

verpflegen feed; **sich ~** cook for yourself

Verpflegung **1** (*meist mit einem Verb übersetzt*) ◇ *Sie sorgt für die Verpflegung der Gäste.* She cooks for the guests. **2** (*Nahrung*) food ◇ *Die Verpflegung war miserabel.* The food was awful. ◇ *Kosten für Unterbringung und Verpflegung* costs for food and accommodation

verpflichten **1 sich (zu etw) ~** commit yourself (to sth) ◇ *Ich habe mich dazu verpflichtet, es zu kaufen.* I've committed myself to buying it. **2 jdn dazu ~, etw zu tun** oblige sb to do sth ◇ *Das Abkommen verpflichtete die Regierung, das Gesetz zu ändern.* The agreement obliged the government to change the law. **3 verpflichtet (etw zu tun)** obliged (to do sth) ◇ *Ich fühlte mich verpflichtet, ihnen zu helfen.* I felt obliged to help them. ◇ *Sie sind zu nichts verpflichtet.* You are under no obligation. **4 jdn ~** (*Sportler*) sign sb on; (*Soldat*) enlist sb; (*Künstler*) engage sb **5 sich ~** sign on; (*als Soldat auch*) enlist

Verpflichtung **1** commitment; (*moralische, finanzielle, gesetzliche*) obligation ◇ *dienstliche Verpflichtungen* work commitments **2** (*eines Sportlers*) signing; (*eines Soldaten*) enlistment; (*eines Künstlers*) engagement

verpfuschen mess *sth* up (*umgs*)

verpissen **sich ~** piss off (*vulg, Slang*)

verplanen **1** plan *sth* badly ◇ *Die neue Schule ist total verplant.* The new school is very badly planned. **2** (*erschließen*) develop **3** (*für bestimmte Zwecke vorsehen*) ◇ *Mein ganzes Wochenende ist bereits verplant.* I've got plans for the whole weekend. ◇ *Die Stadt hat Millionen für ein neues Krankenhaus verplant.* The town has set aside millions for a new hospital.

verplappern **sich ~** let the cat out of the bag

verplempern waste

verpönt frowned (up)on [nicht vor Nomen]

verprellen upset, antagonize (*gehoben*)

verprügeln beat *sb* up; (*als Strafe*) give *sb* a beating

verputzen **1** plaster; (*außen*) render **2** (*aufessen*) polish *sth* off (*umgs*)

verqualmt smoky; (*bei Brand*) smoke-filled

Verrat **~ (an jdm/etw)** betrayal (of sb/sth); (*politisch*) treason (against sb/sth) (*oft mit einem Verb übersetzt*) ◇ *der Verrat an einem Freund* the betrayal of a friend ◇ *Verrat an jdm üben* betray sb ◇ *Ihm wird der Verrat von Staatsgeheimnissen vorgeworfen.* He is accused of betraying state secrets.

verraten **1 jdm etw ~** tell sb sth ◇ *Mehr verrate ich dir nicht.* I'm not telling you any more than that. **2 etw ~** (*Geheimnis, Plan etc.*) give sth away ◇ *Sein Akzent verrät es: Er ist in Berlin geboren.* His accent gives it away: he was born in Berlin. ◇ *Er wollte die Zutaten nicht verraten.* He wouldn't say what the ingredients were. ◇ *In der Sendung wird verraten, wie der Zaubertrick funktioniert.* In the programme they tell you how the magic trick is done. **3** (*erkennen lassen*) show ◇ *Sein Blick verriet seine Verwirrung.* His expression showed his puzzlement. ◇ *Ihr Gesichtsausdruck verriet, dass sie sich ärgerte.* You could tell from her expression that she was annoyed. **4 jdn/etw (an jdn) ~** betray sb/sth (to sb) ◇ *Sie fühlen sich verraten.* They feel betrayed. **5 sich durch etw ~** give yourself away ◇ *Der Spion verriet sich durch einen dummen Fehler.* The spy gave himself away by making a silly mistake.

Verräter(in) traitor

verräterisch **1** telltale [nur vor Nomen] ◇ *ein verräterischer Versprecher* a telltale slip of the tongue ◇ *Sie machte ein verräterisch fröhliches Gesicht.* Her cheerful expression gave her away. **2** (*Plan, Tat*) treacherous

verrauchen (*Wut etc.*) evaporate ◇ *Seine Wut war schnell verraucht.* His anger soon evaporated.

verrechnen **1 sich ~** miscalculate, make a mistake in your calculations ◇ *Ich habe mich verrechnet.* I made a mistake in my calculations. ◇ *Die Bedienung hat sich um 10 Euro verrechnet.* The waiter got the bill wrong by 10 euros. **2 sich (mit etw) ~** make a mistake (in sth) ◇ *Der Einbrecher hatte sich (mit seinem Plan) gründlich verrechnet.* The burglar had made a serious mistake (in his plan). **3 etw mit etw ~** (*aufrechnen*) balance sth against sth; (*abziehen*) deduct sth from sth ◇ *die Verluste mit den Gewinnen verrechnen* balance the losses out against the profits ◇ *Krankheitstage sollen mit dem Urlaub verrechnet werden.* Sick leave is to be deducted from holiday.

Verrechnungsscheck crossed cheque, (*AmE*) voucher check

verregnet rainy, wet

verreiben rub *sth* in

verreisen go away ◇ *Familien, die nicht verreisen können* families who can't go away ◇ *Seine Eltern sind verreist.* His parents are away. ◇ *Sie verreist nächste Woche ins Elsass.* She's going to Alsace next week.

verreißen tear *sth* to shreds ◇ *Die Kritiker haben die Inszenierung verrissen.* The critics tore the production to shreds.

verrenken **1 sich ~** go through contortions ◇ *Sie musste sich verrenken, um etwas sehen zu können.* She had to go through contortions to be able to see. **2 sich etw ~** dislocate sth ◇ *Ich habe mir die Schulter verrenkt.* I've dislocated my shoulder. ◇ *Sie hatte sich den Fuß verrenkt.* She had twisted her ankle.

Verrenkung **1** contortion **2** (*Verletzung*) dislocation

verrichten carry *sth* out ◇ *Sie darf nur leichte Arbeiten verrichten.* She's only allowed to carry out light duties. ◇ *Sie dürfen ihr Gebet nur in der Moschee verrichten.* They are only allowed to pray in the mosque.

verriegeln 1 (*Tür etc.*) bolt **2** (*Computertastatur*) lock
verringern 1 reduce ◇ *die Straßenbreite um einen Meter verringern* reduce the width of the road by a metre ◇ *das Risiko verringern* reduce the risk **2 sich ~** be reduced ◇ *Die Zahl der Verletzten verringerte sich drastisch.* The number of people injured was dramatically reduced.
Verringerung reduction (*oft mit einem Verb übersetzt*) ◇ *eine Verringerung der Ausgaben* a reduction in expenditure ◇ *Maßnahmen zur Verringerung des Schadstoffausstoßes* measures to cut emissions
Verriss savage review
Verrohung brutalization
verrosten go rusty, rust
verrostet rusty
verrotten rot; (*Gebäude, Anlagen*) decay
verrücken move
verrückt 1 mad, crazy ◇ *Bist du verrückt geworden?* Have you gone mad? ◇ *Der Lärm macht mich noch verrückt.* The noise is driving me mad. ◇ *Sie arbeitet wie verrückt.* She works like mad. ◇ *Drei Stunden Wartezeit? Ich bin doch nicht verrückt!* A three-hour wait? I'd have to be crazy! **2 ~ nach jdm/etw sein** be mad about sb/sth IDM **Ich werd verrückt!** I don't believe it!
Verrückte(r) madwoman/madman (*beleidigend*) ◇ *Sie kreischte wie eine Verrückte.* She screeched like a madwoman. ◇ *Wir haben gearbeitet wie die Verrückten.* We worked like mad. ◇ *Alle haben wie die Verrückten Aktien gekauft.* They all went mad buying shares.
verrücktspielen go mad; (*Maschine, Gerät*) act up ◇ *Meine Mutter hat verrücktgespielt, als ich erst am nächsten Morgen nach Hause gekommen bin.* My mother went mad when I didn't come home until the next morning. ◇ *Die Fans spielten verrückt vor Begeisterung.* The fans went mad with excitement. ◇ *Das Radio spielt mal wieder verrückt.* The radio is acting up again. ◇ *Nun spiel nicht gleich verrückt, weil er nicht angerufen hat.* There's no need to go off the deep end just because he hasn't called. ◇ *Das Wetter hat total verrücktgespielt.* The weather was crazy.
Verruf disrepute [U] ◇ *in Verruf kommen* fall into disrepute
verrufen 1 disreputable **2 als jd/etw ~ sein** be branded as sb/sth
verrühren mix *sth* together; (*einrühren*) mix *sth* in; **A mit B ~** mix A and B together; **A und B zu etw ~** mix A and B to make sth ◇ *Die Milch mit dem Mehl verrühren.* Mix the milk and the flour together. ◇ *Essig und Öl zu einer Soße verrühren.* Mix the vinegar and oil to make a dressing.
verrutschen slip
Vers (*Strophe, Absatz*) verse; (*Zeile*) line; (*Reim*) rhyme
versagen 1 fail ◇ *Die Bremsen versagten.* The brakes failed. ◇ *Der Fahrstuhl versagte seinen Dienst.* The lift stopped working. **2 jdm etw ~** deny sb sth, deny sth to sb, refuse sb sth ◇ *Die literarische Anerkennung blieb ihm zeitlebens versagt.* He was denied recognition as a writer during his lifetime. ◇ *Er versagte ihr seine Unterstützung.* He refused to help her.
Versagen failure ◇ *das Versagen der Politik* the failure of politics ◇ *Man warf dem Direktor Versagen vor.* They accused the director of having failed. ◇ *menschliches Versagen* human error
Versager(in) failure
versalzen[1] *Verb* **1** put too much salt in/on *sth* **2 jdm etw ~** (*verderben*) ruin sth for sb IDM → SUPPE
versalzen[2] *Adj* too salty [nicht vor Nomen]
versammeln 1 gather (together) ◇ *Es ist schön, euch alle versammelt zu sehen.* It's nice to see you all gathered together here. ◇ *Der Trainer versammelte die Mannschaft um sich.* The coach gathered the team around him. **2 sich ~** gather, assemble (*gehoben*) ◇ *Sie erklärte vor der versammelten Presse ihren Rücktritt.* She announced her resignation to the assembled press. IDM → MANNSCHAFT
Versammlung 1 meeting; (*verfassunggebende*) Assembly ◇ *eine Versammlung einberufen* call a meeting ◇ *eine verfassunggebende Versammlung* a legislative assembly **2** (*Kundgebung*) rally
Versammlungsfreiheit right to gather, freedom of assembly
Versand 1 dispatch; (*von größeren Gütern*) shipment; (*Porto, Transport*) postage **2** (*Abteilung*) dispatch department **3** → VERSANDHAUS **4** → VERSANDHANDEL
Versandhandel mail order; (*Firma*) mail order firm ◇ *per Versandhandel* by mail order ◇ *Das gibt es im Versandhandel.* You can get that by mail order. **Versandhaus** mail order firm ◇ *Geschenke beim Versandhaus bestellen* order gifts from a mail order firm **Versandkosten** postage and packing [U], (*AmE*) shipping and handling [U]
versauen 1 ruin; (*Prüfung*) mess up ◇ *Ich habe mir die Hose am Fahrrad versaut.* I've ruined my trousers on the bike. ◇ *Die Klausur habe ich versaut.* I completely messed up the test. **2 jdm etw ~** (*verderben*) spoil sth for sb
versaufen drink *sth* away
versäumen 1 miss **2** (*Pflicht*) neglect; **es ~, etw zu tun** fail to do sth
Versäumnis omission; (*einer Pflicht*) negligence [U]
versaut 1 (*schmutzig*) filthy **2** (*unanständig*) disgusting
verschaffen 1 sich etw ~ get yourself sth; (*Respekt, Vorteile*) gain yourself sth ◇ *sich einen Überblick verschaffen* get yourself an overview ◇ *sich Gehör verschaffen* make yourself heard **2 jdm etw ~** get sb sth ◇ *Kannst du mir eine Stelle in deiner Firma verschaffen?* Can you get me a job in your firm? ◇ *jdm Gehör verschaffen* get sb a hearing ◇ *Das hat ihr Vorteile bei der Jobsuche verschafft.* That helped her a lot in her job search. **3 einer Sache etw ~** ◇ *einem Gesetz Geltung verschaffen* make a law operative ◇ *Sie versuchte ihrer Forderung mehr Aufmerksamkeit zu verschaffen.* She tried to draw more attention to her demand.
verschämt coy (*Adv* coyly); (*schüchtern*) shy (*Adv* shyly)
verschandeln spoil
verschanzen sich ~ 1 barricade yourself in **2** (*fig*) take cover, hide
verschärfen 1 (*Gesetz, Kontrolle, Maßnahme*) tighten (up) **2** (*Krise, Lage etc.*) aggravate; **sich ~** get worse
verschärft 1 → VERSCHÄRFEN **2** more intense (*Adv* more intensely); (*strenger*) stricter (*Adv* more strictly)
Verschärfung (*von Gesetzen, Kontrollen, Maßnahmen*) tightening; (*einer Krise, Situation etc.*) aggravation
verschätzen sich ~ make a miscalculation (*auch fig*) ◇ *Da hast du dich gründlich verschätzt.* That was a serious miscalculation. ◇ *Sie hatte sich um 16 Millionen verschätzt.* Her calculations were out by 16 million.
verschenken give *sth* away; (*Sieg, Talent etc.*) throw *sth* away
verscherzen 1 es sich mit jdm ~ blow it with sb **2 (sich) etw ~** lose sth; (*Glück, Möglichkeit auch*) forfeit sth
verscheuchen drive *sb/sth* away (*auch fig*); (*wegjagen*) chase *sb/sth* away ◇ *Der Hausmeister verscheuchte die Kinder vom Hof.* The caretaker chased the chil-

dren out of the yard. ◇ *Das Spray soll die Mücken verscheuchen.* The spray is supposed to keep mosquitoes away.

verschicken send out; (*Waren auch*) dispatch

verschieben **1** move ◇ *Sie verschob den Tisch um ein paar Zentimeter.* She moved the table a few centimetres. **2 sich ~** (*verrutschen*) slip **3** (*aufschieben*) postpone ◇ *Die Klassenfahrt ist auf September verschoben worden.* The school trip has been postponed until September. **4 sich ~** (*Termin etc.*) be postponed ◇ *Die Reise hat sich etwas verschoben.* The trip has been postponed for a while. **5** (*fig*) **sich ~** (*sich verlagern*) shift ◇ *Das Machtgefüge hat sich verschoben.* The balance of power has shifted. **6** (*illegal verkaufen*) traffic in *sth*; (*Müll*) dump ◇ *Waffen verschieben* traffic in arms ◇ *Er hat gestohlene Autos über die Grenze verschoben.* He sold stolen cars abroad.

verschieden **1** different ◇ *Sie sind charakterlich sehr verschieden.* They are very different in character. ◇ *Unsere Vorstellungen sind zu verschieden.* Our ideas differ too much. **2** (*mehrere*) various ◇ *Teilnehmer verschiedener Nationalitäten* participants from various countries **3 verschiedenste** all kinds of, a variety of (*gehoben*) ◇ *Spielsachen der verschiedensten Art* all kinds of toys ◇ *Er war als Wissenschaftler auf den verschiedensten Gebieten tätig.* He worked as a scientist in a variety of fields. IDM → GESCHMACK

verschiedenartig diverse

Verschiedenes various things [Pl]; (*Nachrichten*) other news; (*Tagesordnungspunkt*) any other business ◇ *Sie hatten an meinem Vorschlag Verschiedenes auszusetzen.* They found various things wrong with my proposal.

Verschiedenheit differences [Pl] ◇ *die Verschiedenheit von Religionen* the differences between religions

verschiffen (*Waren*) ship; (*Menschen*) transport

verschimmeln go mouldy; (*fig*) gather mould

verschlafen[1] *Verb* **1** oversleep **2 etw ~** (*schlafend verbringen*) spend sth asleep ◇ *Ich habe das halbe Wochenende verschlafen.* I spent half of the weekend asleep. **3 etw ~** (*verpassen*) miss sth ◇ *Wir haben die Anmeldefrist verschlafen.* We've missed the application deadline. ◇ *Fast hätte ich die Haltestelle verschlafen!* I almost missed my stop! **4 jd verschläft etw** (*Chance, Entwicklung etc.*) sth passes sb by ◇ *Sie haben den Trend völlig verschlafen.* The trend completely passed them by.

verschlafen[2] *Adj* half-asleep; (*Ort*) sleepy

verschlagen **1** (SPORT) mishit **2 es verschlägt jdn nach …** sb ends up in … (*umgs*) ◇ *Und dich hat es also nach England verschlagen.* So you ended up in England then. IDM → ATEM *und* SPRACHE

verschlanken slim *sth* down

Verschlankung downsizing

verschlechtern **1** make *sth* worse **2 sich ~** get worse, deteriorate; (*Zensuren*) go down ◇ *Das Wetter soll sich wieder verschlechtern.* The weather is going to get worse again. ◇ *Der Zustand des Patienten hat sich verschlechtert.* The patient's condition has deteriorated. ◇ *In Mathe hat er sich erheblich verschlechtert.* He has gone down considerably in maths.

Verschlechterung deterioration

verschleiern **1** veil ◇ *verschleierte Gesichter* veiled faces **2** (*fig*) cover up; (*verbergen*) conceal

Verschleiß **1** wear ◇ *Der Schaden ist durch Verschleiß entstanden.* The damage was due to wear. ◇ *normaler Verschleiß* normal wear and tear ◇ *Das Problem ist der schnelle Verschleiß des Materials.* The problem is that the material wears out very quickly. **2** (*Verbrauch*) (*meist mit einem Verb übersetzt*) ◇ *Wir haben einen großen Verschleiß an Papier.* We get through a lot of paper. **3** (*an Mitarbeitern, Ideen etc.*) turnover ◇ *ein enormer Verschleiß an Arbeitskräften* a rapid turnover of staff

verschleppen **1** abduct ◇ *Sie wurde aus Afrika nach Brasilien verschleppt.* She was abducted from Africa and taken to Brazil. ◇ *Stalin verschleppte sie nach Sibirien.* They were sent to Siberia under Stalin. ◇ *die unter der Diktatur verschleppten Kinder* the children who disappeared during the dictatorship **2** (*Erledigungen, Aufgaben*) deal with *sth* very slowly ◇ *Die Behörden haben die Bearbeitung der Anträge verschleppt.* The authorities have been very slow in dealing with the applications. ◇ *Es ist ein Skandal, dass die Sache so lange verschleppt wurde.* It's a scandal that the affair has been so long-drawn-out. **3** (*Krankheit*) leave *sth* untreated ◇ *eine verschleppte Bronchitis* bronchitis that was left untreated

verschleudern **1** (*Geld, Erbschaft*) squander (*abwert*) **2** (*verkaufen*) sell *sth* off

verschließen **1** (*zuschließen*) lock **2 jdm verschlossen sein** be closed to sb **3** (*versiegeln*) seal ◇ *ein verschlossener Umschlag* a sealed envelope ◇ *luftdicht verschlossen* sealed ◇ *Du musst die Flasche fest verschließen.* You've got to put the top firmly on the bottle. **4** (*wegschließen*) lock *sth* away **5 sich jdm/etw ~** ◇ *Er hat sich seinen Freunden völlig verschlossen.* He has completely shut himself off from his friends. ◇ *Sie verschließt sich meiner Hilfe.* She refuses to let me help her. ◇ *Solchen Forderungen wird sich niemand verschließen.* Nobody would turn down such demands. IDM → AUGE

verschlimmern **1** make *sth* worse **2 sich ~** get worse, deteriorate ◇ *Die Lage hat sich nicht mehr verschlimmert.* The situation hasn't got any worse.

verschlingen **1** wolf *sth* down (*umgs*) **2** (*Geld*) eat *sth* up **3** (*lesen*) devour IDM **jdn mit den Augen/Blicken verschlingen** devour sb with your eyes

verschlossen **1** → VERSCHLIESSEN **2** withdrawn; (*wortkarg*) taciturn

verschlucken **1** swallow **2 sich (an etw) ~** choke (on sth) IDM → ERDBODEN

Verschluss (*Flaschen-*) top; (*Korken*) cork; (*an einer Tasche, einem Schmuckstück*) clasp IDM **etw unter/hinter Verschluss halten** keep sth under lock and key

verschlüsseln encode, put *sth* into code; (COMP) encrypt

verschmelzen **1 (mit etw) (zu etw) ~** fuse (with sth) (to become sth) (*auch fig*) **2 etw (mit etw) (zu etw) ~** fuse sth (with sth) (to make sth) (*auch fig*); (*Metalle*) alloy sth (with sth) (to make sth)

verschmieren **1** make dirty marks on *sth*; **A mit B ~** smear A with B, smear B on/over A ◇ *Sie haben die Fensterscheiben verschmiert.* They've made dirty marks on the windows. ◇ *Sein Gesicht war mit Blut verschmiert.* His face was smeared with blood. ◇ *Sie haben die Wände mit Farbe verschmiert.* They smeared paint over the walls. ◇ *verschmierte Gläser* smeary glasses ◇ *Du hast dir das ganze Gesicht mit Soße verschmiert!* You've got gravy all over your face! **2** (*verwischen*) smudge ◇ *Vorsicht, du verschmierst die Schrift.* Careful, you'll smudge the writing. **3** (*gleichmäßig verteilen*) spread ◇ *Du hast die Sonnencreme nicht richtig verschmiert.* You haven't spread the sun cream evenly.

verschmitzt impish (*Adv* impishly)

verschmutzen **1** make *sth* dirty; (*mit Kot*) foul ◇ *verschmutzte Windeln* dirty nappies ◇ *Der Spielplatz wird immer wieder von Hunden verschmutzt.* Dogs constantly foul the playground. **2** (*Luft, Wasser, Umwelt*) pollute **3** (*schmutzig werden*) get dirty

Verschmutzung **1** (*mit Abfällen, Müll, Kot etc.*) (*meist mit einem Verb übersetzt*) ◇ *die zunehmende Verschmutzung der Containerplätze mit Müll* the increasing amount of rubbish left at bottle banks ◇ *die Verschmutzung der Rastplätze mit Abfällen* the problem of people leaving litter in lay-bys ◇ *die Verschmutzung der Bürgersteige durch Hunde* dogs fouling the pavements **2** (*Umwelt-*) pollution (*oft mit einem Verb übersetzt*) ◇ *die Verschmutzung der Umwelt* pollution of the environment ◇ *Es wurde eine hochgradige Verschmutzung des Trinkwassers festgestellt.* The drinking water was found to be heavily polluted. **3** (*Schmutz*) dirt [U] ◇ *Das Gerät beseitigt Verschmutzungen.* The machine removes dirt. ◇ *leichte Verschmutzungen des Gewebes* light soiling of the fabric

Verschnaufpause breather (*umgs*) ◇ *eine Verschnaufpause einlegen* take a breather

verschneit snow-covered ◇ *verschneite Hänge* snow-covered slopes ◇ *Die Wiesen waren tief verschneit.* The fields were under deep snow.

verschnörkelt ornate

verschnupft **1 ~ sein** have a cold ◇ *Die Sängerin war etwas verschnupft.* The singer had a bit of a cold. ◇ *Er klang stark verschnupft.* He sounded as if he had a bad cold. **2 (über etw) ~** (*beleidigt*) put out (about sth)

verschollen (reported) missing; (*Kunstwerk etc.*) lost ◇ *Man spricht von 20 Verschollenen.* There are 20 people missing. ◇ *Er ist im Krieg verschollen.* He was reported missing in action. ◇ *ein verschollenes Manuskript* a lost manuscript ◇ *Nach Jahren tauchte sein verschollener Bruder wieder auf.* Years later, his long-lost brother turned up.

verschonen **1** spare; **jdn mit etw ~** spare sb sth ◇ *Verschone mich mit deinen Belehrungen!* Spare me the lecture! **2 von etw verschont bleiben** escape sth

verschönern brighten *sth* up; (*Gesicht etc.*) beautify ◇ *den Balkon mit ein paar Blumen verschönern* brighten up the balcony with a few flowers

verschränken (*Hände*) clasp; (*Arme*) fold ◇ *Er stand am Eingang, die Hände hinter dem Rücken verschränkt.* He stood at the entrance, his hands clasped behind his back. ◇ *Sie hatte die Arme vor der Brust verschränkt.* She had her arms folded.

verschreiben **1 jdm etw ~** prescribe sb sth, prescribe sth for sb ◇ *Sie hat ihm ein Antibiotikum verschrieben.* She prescribed antibiotics for him. ◇ *Der Arzt verschrieb ihr absolute Ruhe.* The doctor advised complete rest. **2 sich ~** make a (spelling) mistake ◇ *Sie hatte sich an der Tafel verschrieben.* She had made a spelling mistake on the blackboard. ◇ *„Herr Eva Schmitt" — du hast dich wohl verschrieben?* 'Mr Eva Schmitt' — that's a slip of the pen surely? **3 sich einer Sache ~** devote yourself to sth

verschroben eccentric

verschrotten break *sth* up for scrap; (*Schiff auch*) salvage; (*Waffen*) dismantle; **etw ~ lassen** sell sth for scrap ◇ *Die Waggons wurden verschrottet.* The carriages were broken up for scrap. ◇ *ein Auto verschrotten lassen* sell a car for scrap ◇ *Diesen Computer sollten wir mal langsam verschrotten lassen.* We ought to scrap this computer.

verschulden **1 etw ~/zu ~ haben** be to blame for sth ◇ *Wer hat die Verzögerungen zu verschulden?* Who is to blame for the delays? ◇ *Sie hat ihre Entlassung selbst verschuldet.* She has only herself to blame for the fact that she lost her job. ◇ *einen Elfmeter verschulden* give away a penalty **2 (sich) ~** get into debt ◇ *Sie haben sich beim Hausbau stark verschuldet.* They got heavily into debt with building the house. ◇ *Sie sind mit über 70 000 € verschuldet.* They are in debt to the tune of over €70 000. ◇ *ein hoch verschuldetes Unternehmen* a company with huge debts

Verschuldung debt

verschütten **1** spill **2** (*von Erdmassen etc.*) bury ◇ *ein von einer Lawine verschütteter Bergsteiger* a climber buried in an avalanche

verschwägert related by marriage ◇ *Ich bin mit ihr verschwägert.* I'm related to her by marriage.

verschweigen **etw ~** keep quiet about sth; **(jdm) etw ~** (*Wahrheit, Tatsache*) hide sth (from sb), conceal sth (from sb) (*gehoben*); (*Informationen*) withhold sth (from sb) (*gehoben*) ◇ *Der Zeuge hatte verschwiegen, dass er mit dem Angeklagten verwandt war.* The witness kept quiet about the fact that he was related to the accused. ◇ *Sie hat wichtige Informationen verschwiegen.* She withheld important information. ◇ *Er hat mir verschwiegen, dass er verheiratet ist.* He never told me he was married.

verschwenden waste ◇ *Zeit für etw verschwenden* waste time on sth ◇ *Daran würde ich keinen Gedanken verschwenden.* I wouldn't waste time thinking about it.

verschwenderisch **1** wasteful; (*Lebensstil*) extravagant (*abwert*) ◇ *Sie gehen verschwenderisch mit Wasser um.* They are very wasteful with water. ◇ *Er geht verschwenderisch mit seinem Geld um.* He's very extravagant. **2** (*üppig*) lavish (*Adv* lavishly)

Verschwendung waste (*oft mit einem Verb übersetzt*) ◇ *Das ist reine Verschwendung!* It's a terrible waste! ◇ *Ihnen wurde Verschwendung von Steuergeldern vorgeworfen.* They were accused of wasting taxpayers' money.

verschwiegen **1** → VERSCHWEIGEN **2** (*Mensch*) discreet **3** (*Ort*) secluded **IDM** → GRAB

Verschwiegenheit confidentiality; (*Geheimhaltung*) secrecy **IDM** → SIEGEL

verschwimmen blur; (*fig*) become blurred

verschwinden **1** disappear; (*besonders auf unerklärliche Weise*) vanish ◇ *Sie verschwand in der Menge.* She disappeared into the crowd. ◇ *spurlos verschwinden* vanish without trace ◇ *Lass uns von hier verschwinden.* Let's get out of here. ◇ *Ich muss mal eben (zur Toilette) verschwinden.* Excuse me for a moment. (I'm just going to the loo.) ◇ *Er verschwand fast hinter dem riesigen Schreibtisch.* He was almost hidden behind the huge desk. **2 jdn ~ lassen** (*töten*) do away with sb (*umgs*), eliminate sb (*gehoben*) **3 etw ~ lassen** make sth disappear; (*verstecken*) hide; (*stehlen*) steal ◇ *Die Zauberin ließ das Kaninchen verschwinden.* The magician made the rabbit disappear. ◇ *Geschickt ließ er den Schlüssel in der Jacke verschwinden.* He slipped the key in his jacket pocket. **IDM verschwinde!** clear off! (*umgs*) → *Siehe auch* VERSENKUNG

verschwindend **1** *Adj* tiny **2** *Adv* **~ gering/klein** minimal; (*Minderheit*) tiny; (*Menge*) minute ◇ *Die Resonanz war verschwindend gering.* The response was minimal. ◇ *eine verschwindend kleine Minderheit* a tiny minority ◇ *Uran in verschwindend geringen Mengen* minute amounts of uranium

verschwitzt sweaty; (*erhitzt*) hot and sweaty; (*schweißüberströmt*) sweating

verschwommen **1** → VERSCHWIMMEN **2** vague (*Adv* vaguely), blurred ◇ *ein verschwommener Blick* a vague look ◇ *ein verschwommenes Bild* a blurred image ◇ *Im Wasser kann man nur verschwommen sehen.* Underwater your vision is blurred.

verschwören **1 sich ~** plot, conspire (*auch fig*) ◇ *Sie haben sich zu einem Anschlag verschworen.* They plotted an attack. ◇ *Heute hat sich auch alles gegen mich verschworen!* It seems everything is conspiring against me today. ◇ *Sie bilden eine verschworene*

Gemeinschaft. There is a bond between them. **2 sich etw ~** devote yourself to sth

Verschwörer(in) conspirator

Verschwörung conspiracy

versehen 1 etw mit etw ~ put sth on sth ◇ *einen Umschlag mit der Adresse versehen* put the address on an envelope ◇ *Sie versah den Titel mit einem Fragezeichen.* She put a question mark after the title. ◇ *Waren, die mit dem Grünen Punkt versehen sind* goods with the green dot (on them) ◇ *das Haus mit einem neuen Anstrich versehen* give the house a new coat of paint ◇ *etw mit einem Hinweis versehen* add a note to sth ◇ *etw mit einem Etikett versehen* label sth **2 jdn mit etw ~** give sb sth ◇ *jdn mit einem neuen Haarschnitt versehen* give sb a new hairstyle **3 sich mit etw ~** provide yourself with sth **4** (*Amt*) hold; (*Dienst*) provide ◇ *Er versieht das Amt des ...* He holds the office of ... ◇ *Sie versieht bei uns den Haushalt.* She keeps house for us. **5 sich ~** ◇ *Ehe er sich versah, ...* Before he realized what was happening ... **6 sich ~** (*sich irren*) make a mistake

Versehen 1 mistake ◇ *Das war ein Versehen des Hausmeisters.* It was a mistake on the part of the caretaker. ◇ *ein technisches Versehen* a technical error **2 aus ~** (*irrtümlich*) by mistake; (*unabsichtlich*) by accident

versehentlich (*irrtümlich*) by mistake; (*unabsichtlich*) by accident

verselbstständigen sich ~ break away; (*Firma etc.*) become a separate company, etc.; (*fig*) take on a life of its own

versenden send ◇ *eine SMS versenden* send a text (message) ◇ *etw als Fax versenden* fax sth

versengen scorch; (*Haar, Fell*) singe

versenken 1 sink ◇ *Sie wollten die Ölplattform in der Nordsee versenken.* They wanted to sink the oil platform in the North Sea. ◇ *Atommüll im Meer versenken* dump nuclear waste in the sea ◇ *den Golfball versenken* drop the golf ball into the hole **2** (*Hände, Nase*) ◇ *Er hatte die Hände in die Hosentasche versenkt.* His hands were deep in his trouser pockets. ◇ *die Nase tief ins Taschentuch versenkt* with a handkerchief over your nose **3** (*Schraube*) countersink **4 sich in etw ~** (*sich vertiefen*) immerse yourself in sth; (*in ein Buch auch*) bury yourself in sth

Versenkung 1 (*meist mit einem Verb übersetzt*) ◇ *die Versenkung der Bohrinsel im Meer* sinking the oil rig in the sea ◇ *die Versenkung des Schiffes* the sinking of the ship ◇ *die Versenkung von Atommüll im Meer* dumping nuclear waste in the sea **2** (*mystisch, meditativ etc.*) contemplation **3** (*im Bühnenboden*) trap(door) **IDM** **in der Versenkung verschwinden** sink into oblivion **(wieder) aus der Versenkung auftauchen** reappear on the scene

versessen auf etw/jdn ~ obsessed with sth/sb

versetzen 1 move ◇ *Der Zaun musste versetzt werden.* The fence had to be moved. **2** (*verpfänden*) pawn **3 A mit B ~** (*vermischen*) add B to A **4 jdn ~** (*beruflich*) transfer sb **5 jdn ~** (*in der Schule*) move sb up **6 jdn ~** (*nicht erscheinen*) stand sb up ◇ *Er hat mich versetzt.* He stood me up. **7 jdm/etw etw ~** (*Schlag, Tritt, Ohrfeige*) give sb/sth sth (*auch fig*) **8 jdn in etw ~** (*in einen Zustand*) put sb in a state of sth ◇ *jdn in Angst und Schrecken versetzen* put sb in a state of fear and alarm ◇ *Die Feuerwehr wurde in Alarmbereitschaft versetzt.* The fire brigade were put on alert. ◇ *Die Band versetzte das Publikum in Ekstase.* The band sent the audience into raptures. **9 jdn in die Lage ~, etw zu tun** enable sb to do sth **10 sich ~** (*umsetzen*) sit somewhere else **11 sich in einen Rausch ~** (*durch Alkohol*) get drunk; (*durch Drogen*) get high **12 sich in jdn/etw ~** (*hineinversetzen*) put yourself in sb's position **IDM** → STOSS

Versetzung (*oft mit einem Verb übersetzt*) **1** moving ◇ *wegen der Versetzung des Verkehrsschildes* because the road sign had been moved **2** (*beruflich*) transfer ◇ *seine Versetzung nach Berlin* his transfer to Berlin **3** (*in der Schule*) moving up ◇ *Ihre Versetzung ist gefährdet.* She might not move up. **4** (*Vermischung*) adding ◇ *die Versetzung des Wassers mit Chlor* adding chlorine to the water

verseuchen contaminate

Verseuchung contamination

Vers- Versfuß (metrical) foot **Versform** verse form

versichern 1 jdm ~, dass ... (*beteuernd*) assure sb (that) ...; (*beruhigend*) reassure sb (that) ... ◇ *Ich versichere Ihnen, dass ...* I assure you (that) ... **2 sich einer Sache ~** make sure of sth **3 sich/etw (gegen etw) ~** insure yourself/sth (against/for sth) ◇ *Das Auto ist gegen Diebstahl versichert.* The car is insured against theft. ◇ *Wir sind privat versichert.* We have private insurance.

Versichertenkarte = health insurance card

Versicherung 1 (*Beteuerung*) assurance **2** (*Police*) insurance [U] ◇ *eine Versicherung abschließen* take out insurance **3** (*Gesellschaft*) insurance (company) **Versicherungsbetrug** insurance fraud **Versicherungsgesellschaft** insurance company **Versicherungskarte** = health insurance card **Versicherungskauffrau, -kaufmann** ≈ insurance broker **Versicherungsvertreter(in)** insurance agent

versickern seep (away)

versiegeln seal

versiegen dry up (*auch fig*); (*Interesse*) evaporate

versiert proficient; (*erfahren*) experienced

versilbern ◇ *ein versilberter Becher* a silver-plated mug

versinken sink (*auch fig*) ◇ *Wir versanken immer tiefer im Schlamm.* We sank deeper and deeper into the mud. ◇ *in einen tiefen Schlaf versinken* fall into a deep sleep → *Siehe auch* VERSUNKEN **IDM** → ERDBODEN

Version version

versklaven enslave

Versklavung enslavement

Versmaß metre, (*AmE*) meter

versöhnen 1 sich (mit jdm) ~ be reconciled (with sb); (*Kinder, Freunde etc.*) make up (with sb); (*Feinde*) make peace (with sb) ◇ *Er hat sich mit seinem Vater versöhnt.* He was reconciled with his father. **2 jdn (mit jdm) ~** reconcile sb (with sb) **3 jdn (mit/durch etw) ~** (*versöhnlich stimmen*) placate sb (with sth)

versöhnlich 1 conciliatory **2 jdn ~ stimmen** placate sb

Versöhnung reconciliation

versorgen 1 jdn/etw mit etw ~ provide sb/sth with sth, supply sb/sth with sth ◇ *die Bevölkerung mit Hilfsgütern versorgen* provide aid to the population ◇ *jdn mit Drogen versorgen* supply sb with drugs ◇ *Die Stadt wurde aus der Luft versorgt.* Supplies were flown into the city. **2 sich (mit etw) ~** get sth ◇ *Abhängige versorgen sich hier mit Drogen.* Addicts get their drugs here. **3** (*sich kümmern*) look after *sb/sth*, see to *sb/sth* ◇ *Er versorgt den Hof.* He looks after the farm. ◇ *Das Vieh muss noch versorgt werden.* The animals still have to be seen to. **4** (*für den Unterhalt sorgen*) support **5** (*medizinisch*) tend (to) *sb/sth* ◇ *Der Sanitäter versorgte den Verletzten/die Wunde.* The paramedic tended to the injured/the wound.

Versorger(in) 1 (*Firma*) supplier **2** (*Ernährer*) provider

Versorgung (*oft mit einem Verb übersetzt*) **1** provision; (*das Versorgen*) providing; (*mit Wasser, Strom, Gütern etc.*)

supplying ◇ *Sie kümmerte sich um die Versorgung der Gäste.* She provided food and drink for the guests. ◇ *die Versorgung der Region mit Wasser* supplying the area with water **2** (*medizinisch*) care ◇ *ärztliche Versorgung* medical care ◇ *die Versorgung der Verletzten am Unfallort* treating the injured at the scene of the accident **3** (*Pflege, Sorge*) care ◇ *die Versorgung Behinderter* the care of the handicapped ◇ *die Versorgung der Kinder* looking after the children **4** (*Unterhalt*) support
Versorgungskette supply chain

verspannt tense

verspäten sich ~ be late ◇ *Wir hatten uns (um 30 Minuten) verspätet.* We were (half an hour) late. ◇ *Die Abfahrt des Zuges verspätet sich ein wenig.* The departure of the train will be slightly delayed.

verspätet 1 *Adj* delayed ◇ *eine verspätete Reaktion* a delayed reaction **2** *Adv* late ◇ *ein verspätet eingereichter Antrag* an application which arrived late

Verspätung delay; **mit ~** late ◇ *nach einer dreistündigen Verspätung* after a three-hour delay ◇ *Entschuldigen Sie meine Verspätung.* I'm sorry I'm late. ◇ *Der Zug hatte (15 Minuten) Verspätung.* The train was (15 minutes) late.

versperren block ◇ *Wachleute versperrten ihm den Weg.* Guards blocked his way.

verspielen 1 (*Geld etc.*) gamble *sth* away **2** (*fig*) lose; (*Chancen etc.*) throw *sth* away; (*Vertrauen, Rechte*) forfeit ◇ *Sie verspielte ihre Führung.* She lost the lead. **3 sich ~** (MUS) play *sth* wrong; (*falsche Note spielen*) play a wrong note

verspielt 1 → VERSPIELEN **2** (*spielerisch*) playful **3** (*Stil etc.*) fancy ◇ *eine verspielte Bluse* a fancy blouse

verspotten ridicule, mock

versprechen 1 (jdm) etw ~ promise (sb) sth ◇ *Ich verspreche dir, dass ich bis zehn zurück bin.* I promise I'll be back by ten. ◇ *Du hast es versprochen!* You promised! ◇ *Versprochen!* I promise! ◇ *Das Deo hält nicht, was es verspricht.* The deodorant doesn't live up to its promises. **2** (*erwarten lassen*) ◇ *Sein Blick verspricht nichts Gutes.* The look on his face doesn't bode well. ◇ *Die Wolken versprechen nichts Gutes.* The clouds look threatening. **3 sich etw von etw ~** expect (to gain) sth from sth ◇ *Er versprach sich nicht viel davon.* He didn't expect much from it. ◇ *Ich versprach mir davon einen Vorteil.* I thought it would be advantageous for me. **4 sich ~** (*falsch sagen*) ◇ *Er muss sich wohl versprochen haben.* It must have been a slip of the tongue. ◇ *Sie versprach sich andauernd.* She kept making mistakes. IDM → BLAUE

Versprechen promise

Versprecher slip of the tongue

Versprechung promise

versprühen 1 spray **2** (*fig*) exude ◇ *Charme versprühen* exude charm

verspüren feel ◇ *Ich verspürte keine Lust ins Theater zu gehen.* I didn't feel like going to the theatre. IDM → NEIGUNG

verstaatlichen nationalize

Verstaatlichung nationalization

Verstand mind; (*Denkfähigkeit*) reason; (*Vernunft*) common sense ◇ *Der Verstand kann das Unterbewusstsein nicht kontrollieren.* The mind cannot control the unconscious. ◇ *Mein Verstand sagt mir, dass …* Reason tells me that … ◇ *den Verstand gebrauchen* use your common sense IDM **den Verstand verlieren** lose your mind **nicht klar bei Verstand sein** be (mentally) confused; (*fig*) be out of your mind **jdn um den Verstand bringen** drive sb mad → *Siehe auch* GLÜCK

verständig 1 (*vernünftig*) sensible (*Adv* sensibly); (*verständnisvoll*) understanding (*Adv* understandingly); (*sachverständig*) knowledgeable **2** (*Adv* knowledgeably)

verständigen 1 jdn (über/von etw) ~ inform sb (about/of sth), notify sb (about/of sth) **2 sich (mit jdm) ~** communicate (with sb) ◇ *Sie können sich nur über ein Wörterbuch verständigen.* They can only communicate using a dictionary. ◇ *Als Tourist ist es hier oft schwierig, sich zu verständigen.* It's often difficult to make yourself understood as a tourist here. **3 sich mit jdm (über etw) ~** reach an agreement with sb (about/over sth); **sich ~, etw zu tun** agree to do sth

Verständigung 1 (*Benachrichtigung*) notification (*oft mit einem Verb übersetzt*) ◇ *Sie erhalten eine schriftliche Verständigung.* You will receive written notification. ◇ *Er hielt eine Verständigung der Polizei für nicht erforderlich.* He didn't think it would be necessary to notify the police. **2** (*Kommunikation*) communication (*oft mit einem Verb übersetzt*) ◇ *Die Verständigung war kein Problem.* Communication wasn't a problem. ◇ *Die Verständigung mit den Einheimischen war sehr schwierig.* It was very difficult to communicate with the locals. **3** (*friedliches Zusammenleben*) understanding **4** (*Einigung*) agreement
Verständigungsschwierigkeiten communication difficulties [Pl]

verständlich 1 audible ◇ *Er sprach so leise, dass seine Worte kaum verständlich waren.* He spoke so quietly that his words were scarcely audible. ◇ *Der Lautsprecher rauschte und die Ansage war kaum verständlich.* The loudspeaker crackled and you could hardly hear the announcement. **2** (*leicht zu verstehen*) easy to understand [nicht vor Nomen], comprehensible (*gehoben*) ◇ *Das Buch ist verständlich geschrieben.* The book is easy to understand. ◇ *Das erscheint auf den ersten Blick nur schwer verständlich.* At first glance it seems rather difficult to understand. ◇ *Sie mussten ein schwer verständliches Formular ausfüllen.* They had to fill in an incomprehensible form. ◇ *Habe ich mich verständlich ausgedrückt?* Have I made myself understood? **3** (*begreiflich*) understandable ◇ *Das ist eine durchaus verständliche Reaktion.* That is a completely understandable reaction. ◇ *Sein Verhalten ist mir nicht verständlich.* I don't understand his behaviour. **4 (jdm) etw ~ machen** make sth clear (to sb), get sth across (to sb) (*umgs*) **5 sich ~ machen** make yourself understood

verständlicherweise understandably

Verständnis understanding ◇ *Das Buch geht über das Verständnis der meisten Zehnjährigen hinaus.* The book is beyond the understanding of most ten-year-olds. ◇ *Ich möchte mich für Ihr Verständnis bedanken.* I should like to thank you for being so understanding. ◇ *Bitte haben Sie Verständnis dafür, dass wir keine Kreditkarten akzeptieren.* Please understand that we don't take credit cards. ◇ *Ich hatte großes Verständnis für ihn.* I felt great sympathy for him. ◇ *Für solche Dinge habe ich überhaupt kein Verständnis.* I have no time at all for such things. ◇ *Wir bitten um Verständnis für die Preiserhöhung.* We apologize for the price increase.

verständnislos uncomprehending (*Adv* uncomprehendingly); (*Blick auch*) blank (*Adv* blankly) ◇ *Sie schüttelte verständnislos den Kopf.* She shook her head uncomprehendingly. ◇ *Er sah mich nur verständnislos an.* He just looked at me blankly. ◇ *Er steht den Problemen der Jugend völlig verständnislos gegenüber.* He has absolutely no understanding of young people's problems.

verständnisvoll understanding (*Adv* understandingly)

verstärken **1** strengthen **2** (*zahlenmäßig erweitern, intensivieren*) increase; (*Truppen*) reinforce **3** (*Ton*) amplify

Verstärker amplifier

verstärkt **1** *Adj* increased **2** *Adv* increasingly ◇ *Diese Krankheit tritt in letzter Zeit verstärkt auf.* This disease has recently become increasingly common.

Verstärkung **1** (*meist mit einem Verb übersetzt*) ◇ *Er rechnet mit einer Verstärkung dieses Trends.* He expects this trend to get stronger. ◇ *Eine Verstärkung der Sicherheitsmaßnahmen wurde beschlossen.* They decided to reinforce security. ◇ *Er hatte zur Verstärkung einen Kollegen mitgebracht.* He had brought along a colleague for support. **2** (*Zunahme*) increase ◇ *Sie forderten eine Verstärkung der Polizeistreifen in der Stadt.* They called for an increase in the number of police patrols in the city. **3** (*Truppen*) reinforcements [Pl]

verstauben gather dust

verstaubt **1** dusty **2** (*fig*) out of date

verstauchen **sich etw ~** sprain sth ◇ *Er hat sich beim Joggen den Fuß verstaucht.* He sprained his ankle jogging.

verstauen stow *sth* away; (*aufräumen*) pack *sth* away; (*Beute*) stash *sth* away

Versteck **1** hiding place; (*eines Flüchtlings, Räubers*) hideout; (*von Waffen*) stash **2 ~ spielen** play hide-and-seek

verstecken hide ◇ *Er versteckte sich vor der Polizei.* He hid from the police. ◇ *Das Haus liegt im Wald versteckt.* The house is tucked away in the forest. IDM **sich (mit etw) (vor jdm) nicht zu verstecken brauchen** ◇ *Er braucht sich mit seinen Leistungen vor den anderen nicht zu verstecken.* He can feel proud of his achievements. ◇ *Wir brauchen uns vor der Konkurrenz nicht zu verstecken.* We don't need to fear competition.

Verstecken IDM **Verstecken spielen** play hide-and-seek

Versteckspiel (game of) hide-and-seek; (*fig*) pretence

versteckt **1** → VERSTECKEN **2** hidden; (*Drohung, Andeutung*) veiled

verstehen **1** understand ◇ *Ich verstehe deine Reaktion sehr gut.* I understand your reaction very well. ◇ *Und was verstehst du unter einem Kompromiss?* And what do you understand by a compromise? ◇ *Er hat mich falsch verstanden.* He misunderstood me. ◇ *Verstehst du, was ich meine?* Do you see what I mean? ◇ *Wie soll ich das verstehen?* How am I supposed to take that? ◇ *Das ist natürlich als Spaß zu verstehen.* Of course it's meant as a joke. ◇ *Das ist nicht wörtlich zu verstehen.* It's not meant to be taken literally. ◇ *Verstehen Sie mich nicht falsch!* Don't get me wrong! **2** (*gut hören können*) hear **3 etwas/viel etc. von etw ~** know something/a lot, etc. about sth **4 sich (mit jdm) ~** get on (with sb) **5 sich als etw ~** see yourself as sth ◇ *Er versteht sich als Vermittler.* He sees himself as a mediator. ◇ *Die Vorlesung versteht sich als Einführung in die Linguistik.* The lecture is meant as an introduction to linguistics. **6 sich auf etw ~** be an expert at sth **7** ◇ *Der Preis versteht sich für eine Person.* The price is per person. IDM **das versteht sich von selbst** it goes without saying **jdm etw zu verstehen geben** intimate to sb that …; (*deutlich*) tell sb in no uncertain terms that … → *Siehe auch* SACHE, SPASS *und* WELT

versteifen **1** reinforce **2** (*Körperteil*) go stiff, stiffen up **3 sich auf etw ~** be/become set on sth

versteigern auction; (*versteigern lassen*) put sth up for auction ◇ *Er will das Haus versteigern lassen.* He wants to put the house up for auction. ◇ *Die nicht abgeholten Fundsachen werden einmal im Jahr versteigert.* Any lost property that has not been claimed is auctioned off once a year. ◇ *Die Skulptur wurde für über 100 000 Dollar versteigert.* The sculpture was sold at auction for over 100 000 dollars.

Versteigerung auction ◇ *Die Versteigerung des Gemäldes brachte zwei Millionen ein.* The painting fetched two million at auction. ◇ *Die Bilder stehen zur Versteigerung an.* The pictures are up for auction.

versteinert **1** petrified ◇ *versteinerte Bäume* petrified trees ◇ *Sie saß wie versteinert da.* She sat there as if petrified. ◇ *Sie lauschte mit versteinertem Gesicht.* She listened stony-faced. **2** (*in Stein*) fossilized ◇ *ein versteinerter Fisch* a fossilized fish

Versteinerung **1** (*Fossil*) fossil **2** (*das Versteinern*) fossilization; (*von Bäumen etc.*) petrification

verstellbar adjustable ◇ *Die Sitze haben eine verstellbare Rückenlehne.* The seats have adjustable backs. ◇ *Dieser Hocker ist in der Höhe stufenlos verstellbar.* You can adjust this stool to any height you like.

verstellen **1** move *sth* (around) ◇ *Seit du alle meine Sachen verstellt hast, finde ich nichts mehr.* I haven't been able to find a thing since you moved all my stuff around. ◇ *Meine DVDs sind alphabetisch geordnet, verstell sie mir nicht.* My DVDs are in alphabetical order. Don't mix them up. **2** (*anders einstellen*) adjust **3** (*falsch einstellen*) fiddle with *sth* **4** (*versperren*) block, obstruct (*gehoben*) **5 sich ~** pretend **6** (*verändern, um zu täuschen*) disguise; (*Unterschrift*) forge ◇ *Sie sprach mit verstellter Stimme.* She disguised her voice.

Verstellung **1** (*meist mit einem Verb übersetzt*) ◇ *Eine stufenlose Verstellung der Kopfstütze ist möglich.* You can adjust the headrest to whatever height you wish. **2** (*Täuschung*) pretence, (*AmE*) pretense

versteuern pay tax *on sth* ◇ *Muss man diese Einnahmen versteuern?* Do you have to pay tax on this income? ◇ *zu versteuernde Zinserträge* taxable interest

verstimmen **1** (*Instrument*) put *sth* out of tune **2** (*verärgern*) annoy **3 sich den Magen ~** eat something that upsets your stomach

verstimmt **1** (*Instrument*) out of tune [nicht vor Nomen] **2** (*verärgert*) annoyed; (*Magen*) upset

Verstimmung (bad) mood; (*Verärgerung*) bad feeling

verstohlen furtive (*Adv* furtively)

verstopfen block

verstopft **1** blocked **2** (*Verdauung*) constipated

Verstopfung **1** blockage; (*Verkehrsstauung*) (traffic) congestion **2** (*Verdauungsstörung*) constipation

verstorben late [nur vor Nomen]

Verstorbene(r) deceased (*gehoben*)

verstört **1** *Adj* distressed **2** *Adv* in a distressed way

Verstoß infringement; (*gegen das Gesetz auch*) breach; (*gegen Menschenrechte*) violation ◇ *ein Verstoß gegen das Datenschutzgesetz* an infringement of the Data Protection Act ◇ *Ein Verstoß gegen das Tempolimit kann teuer werden.* Breaking the speed limit can be an expensive business.

verstoßen **1 gegen etw ~** contravene sth (*gehoben*); (*gegen das Gesetz auch*) break sth ◇ *Beide Seiten haben gegen das Abkommen verstoßen.* Both sides have contravened the agreement. ◇ *Sie haben gegen ein Tabu verstoßen.* They broke a taboo. **2** (*ausstoßen*) disown

verstrahlen contaminate with radiation

verstrahlt contaminated with radiation [nicht vor Nomen]

Verstrahlung radiation; (*Verseuchung*) radioactive contamination

verstreichen **1** pass ◇ *Der Termin ist verstrichen.* The deadline has passed. ◇ *Diese Gelegenheit darf man nicht ungenutzt verstreichen lassen.* This opportunity mustn't be allowed to slip by. **2** (*auftragen*) apply; (*Butter etc.*) spread

verstreuen scatter; (*versehentlich*) spill ◇ *Du hast ja das Salz über den ganzen Tisch verstreut!* You've spilt salt all over the table.

verstricken **1** involve **2 sich in etw ~** get yourself caught up in sth

Verstrickung involvement

verstümmeln mutilate (*auch fig*)

Verstümmelung mutilation (*auch fig*)

verstummen **1** fall silent; (*zum Verstummen gebracht werden*) be silenced **2** (*aufhören*) stop

Versuch **1** try, go, attempt (*gehoben*) ◇ *Mach noch einen Versuch!* Have another go. ◇ *Du solltest es zumindest auf einen Versuch ankommen lassen.* You should at least give it a go. ◇ *Es klappte erst beim zweiten Versuch.* It only worked at the second attempt. ◇ *Er ist mit seinem Versuch sich das Rauchen abzugewöhnen gescheitert.* He failed in his attempt to give up smoking. **2** (*Experiment*) experiment

versuchen **1** try, attempt (*gehoben*) ◇ *Ich versuchte mich zu verteidigen.* I tried to defend myself. ◇ *Er versuchte es in mehreren Läden, aber keiner hatte das Buch.* He tried several shops but none of them had the book. ◇ *Versuch mal diesen Käse.* Try this cheese. ◇ *Er stand wegen versuchten Totschlags vor Gericht.* He was on trial for attempted manslaughter. ◇ *Versuch es doch mal!* Go on, have a go! **2 es mit etw ~** try sth **3 es mit jdm ~** give sb a go (*umgs*) **4 sich in/an etw ~** try your hand at sth IDM **versucht sein etw zu tun** be tempted to do sth → *Siehe auch* GLÜCK

Versuchs- **Versuchskaninchen** guinea pig **Versuchsperson** (experimental) subject **Versuchsreihe** series of tests **Versuchstier** laboratory animal **versuchsweise** **1** *Adj* trial ◇ *Dies ist nur ein erster, versuchsweiser Schritt.* This is just a trial measure. ◇ *das versuchsweise Erproben einer neuen Methode* the trial of a new method **2** *Adv* on a trial basis **Versuchszweck** **zu Versuchszwecken** for experimental purposes

Versuchung temptation ◇ *Er konnte der Versuchung nicht widerstehen.* He couldn't resist the temptation. ◇ *Manchmal kommt man in Versuchung aufzugeben.* Sometimes you are tempted to give up.

versumpfen **1** (*zu Sumpf werden*) become marshy **2** (*verkümmern*) vegetate, moulder

versunken **1** → VERSINKEN **2 in etw ~** absorbed in sth ◇ *Die Kinder waren ins Spiel versunken.* The children were absorbed in their game. ◇ *Er schien in Gedanken versunken.* He seemed to be lost in thought.

versüßen **etw (mit etw) ~** sweeten sth (with sth); **jdm/sich etw ~** make sth more pleasant for sb/yourself

vertagen **1** postpone; (*nach Abbruch*) adjourn ◇ *etw auf unbestimmte Zeit vertagen* postpone sth indefinitely ◇ *Das Gericht vertagte die Verhandlung auf den 8. Mai.* The court adjourned the hearing until 8 May. **2 sich ~** adjourn ◇ *Das Gericht vertagte sich um eine Woche.* The court adjourned for a week.

vertauschen **1 etw (mit etw) ~** (*verwechseln*) mix sth up (with sth) ◇ *Sie haben unsere Namen vertauscht.* You've got our names mixed up. **2** (*umkehren*) reverse ◇ *eine Beziehung mit vertauschten Rollen* a relationship in which the roles are reversed **3** (*absichtlich vertauschen*) switch ◇ *Ich habe mich verlaufen. Die Schilder sind vertauscht.* I got lost. Somebody had switched the signs. **4 etw mit etw ~** exchange sth for sth ◇ *Sie hatte den Bademantel mit einem Kleid vertauscht.* She had exchanged her dressing gown for a dress.

verteidigen defend ◇ *Er konnte seinen Titel erfolgreich gegen den Polen verteidigen.* He successfully defended his title against the Pole. ◇ *Sie lernen sich zu verteidigen.* They learn to defend themselves.

Verteidiger(in) **1** defender **2** (RECHT) defence counsel, (*AmE*) defense attorney

Verteidigung defence, (*AmE*) defense ◇ *Was haben Sie zu Ihrer Verteidigung zu sagen?* What have you got to say in your defence? ◇ *Für die Verteidigung wird viel Geld ausgegeben.* A lot of money is spent on defence. ◇ *Der Angriff ist die beste Verteidigung.* Attack is the best form of defence. ◇ *in der Verteidigung spielen* play in defence ◇ *Niemand wollte die Verteidigung des Verdächtigen übernehmen.* Nobody wanted to take on the defence of the suspect.

Verteidigungsetat defence budget, (*AmE*) defense budget **Verteidigungsminister(in)** Minister of Defence, (*AmE*) Defense Secretary **Verteidigungsministerium** Ministry of Defence, (*AmE*) Defense Department

verteilen **1** (*austeilen*) distribute; (*per Hand auch*) hand *sth* out; (*aufteilen*) share *sth* out **2 etw/jdn auf etw ~** divide sth/sb between/among sth; **sich auf etw ~** be divided between/among sth ◇ *Die Kinder wurden auf drei Klassen verteilt.* The children were divided among three classes. **3** (*über eine Fläche*) spread; (*Gewicht*) distribute **4 sich ~** spread (out) ◇ *Bitte verteilt euch im Zimmer.* Please spread out around the room.

Verteiler **1** (*Gerät*) distributor **2** (*Adressatenliste*) distribution list

Verteiler(in) distributor

Verteilung distribution ◇ *die Verteilung der Hilfsgüter an die Bevölkerung* the distribution of aid to the population ◇ *die Verteilung der Asylbewerber auf die Bundesländer* the dispersal of asylum seekers among the federal states

vertelefonieren spend *sth* on phone calls/on a phone call

verteuern **1** increase (the cost of) *sth* ◇ *Die Grünen sind dafür, das Autofahren zu verteuern.* The Greens are in favour of increasing the cost of motoring. ◇ *Sie wollen den Preis um 20 Cent verteuern.* They want to increase the price by 20 cents. **2 sich ~** go up (in price)

verteufeln demonize

vertiefen **1** make *sth* deeper **2** (*Kenntnisse, Wissen etc.*) deepen **3 sich in etw ~** get engrossed in sth; **in etw vertieft sein** be engrossed in sth ◇ *Sie war in ihre Arbeit vertieft.* She was engrossed in her work. ◇ *Ich war in Gedanken vertieft.* I was wrapped up in my own thoughts. ◇ *Die beiden waren ins Gespräch vertieft.* The two of them were deep in conversation.

Vertiefung **1** depression; (*Mulde*) hollow **2** (*das Vertiefen*) deepening ◇ *die Vertiefung der Fahrrinne* the deepening of the shipping channel ◇ *Ein Auslandsaufenthalt trägt zur Vertiefung der Sprachkenntnisse bei.* A stay in a foreign country helps to deepen your knowledge of a language.

vertikal vertical (*Adv* vertically)

vertilgen **1** (*essen*) devour **2** (*vernichten*) destroy

vertippen **sich ~** make a typing error

vertonen **1** (*in Musik setzen*) set *sth* to music ◇ *ein Gedicht vertonen* set a poem to music **2** (*Film etc.*) ◇ *Er vertonte „Star Wars".* He composed the soundtrack for 'Star Wars'. ◇ *eine vertonte Diavorführung* a slide show with a soundtrack added

Vertonung **1** (MUS) setting **2** (*von Filmen etc.*) ◇ *die Vertonung von einem Trickfilm* adding a soundtrack to a cartoon

vertrackt complicated

Vertrag **1** contract; **jdn unter ~nehmen** sign sb; **(bei jdm) unter ~sein/stehen** be under contract (to sb) **2** (POL) treaty

vertragen **1** (*aushalten*) take ◇ *Er verträgt keine Kritik.* He can't take criticism. ◇ *Ich vertrage nur Baumwolle auf der Haut.* I can only wear cotton next to my skin. ◇ *Kaffee verträgt sie nicht.* Coffee doesn't agree with her. ◇ *Ich könnte eine Tasse Tee vertragen.* I could do with a cup of tea. **2 sich ~** get on (with each other); **sich mit jdm ~** get on with sb ◇ *Die Schwestern vertragen sich nicht.* The sisters don't get on. **3 sich wieder (mit jdm) ~** make (it) up (with sb) ◇ *Hast du dich mit deiner Mutter wieder vertragen?* Have you made it up with your mother? **4 sich (mit etw) ~** (*miteinander vereinbar sein*) be compatible (with sth); (*gut passen*) go together ◇ *Wie verträgt sich der Tourismus mit dem Naturschutz?* How compatible is tourism with nature conservation? ◇ *Die beiden Farben vertragen sich nicht.* The two colours don't go together. **IDM** → STOSS

vertraglich **1** *Adv* by contract ◇ *Wir sind vertraglich dazu verpflichtet.* We are obliged by contract to do it. ◇ *die vertraglich vereinbarten Arbeitszeiten* the working hours agreed in the contract **2** *Adj* contractual ◇ *vertragliche Vereinbarungen* contractual agreements

verträglich **1** (*Nahrung*) easy to digest [nicht vor Nomen]; (*Medikamente*) well tolerated [nicht vor Nomen] **2** (*annehmbar*) acceptable ◇ *eine sozial verträgliche Entwicklung* a socially acceptable development **3** (*umgänglich*) easy-going

Verträglichkeit **1** ◇ *Der Arzt hat die Verträglichkeit von Medikamenten zu überwachen.* A doctor must monitor how well medicines are tolerated. **2** (*Annehmbarkeit*) ◇ *Sie bezweifelten die ökologische Verträglichkeit der Müllverbrennungsanlage.* They doubted that the waste incineration plant was ecologically acceptable.

Vertrags- **Vertragsabschluss** (*meist mit einem Verb übersetzt*) ◇ *Die Broschüre informiert darüber, was bei Vertragsabschlüssen zu beachten ist.* The brochure provides information on what you must look out for when signing a contract. **Vertragsbruch** breach of contract **Vertragsdauer** length of a/the contract **vertragsgemäß** **1** *Adv* ◇ *eine Arbeit vertragsgemäß ausführen* carry out a job as specified in the contract ◇ *Das steht uns vertragsgemäß zu.* We are entitled to that according to the contract. **2** *Adj* ◇ *vertragsgemäße Sicherheitsbestimmungen* safety regulations that are specified in the contract **Vertragspartei** party to a contract **Vertragspartner(in)** (*Unterzeichnender*) party; (*Handelspartner*) partner **Vertragsunterzeichnung** signing of a/the contract; (POL) signing of a/the treaty

vertrauen **1 jdm ~** trust sb; **auf jdn/etw ~** trust (in) sb/sth ◇ *Er vertraute ihr vollkommen.* He trusted her implicitly. ◇ *Du musst nur deinen eigenen Fähigkeiten vertrauen.* You must trust in your own ability. **2 darauf ~, dass jd/etw etw tut** (*darauf bauen*) rely on sb/sth doing sth ◇ *Ich habe darauf vertraut, dass das Wetter schön bleibt.* I relied on the weather staying fine. ◇ *Du kannst nicht einfach darauf vertrauen, dass dein Vater dir einen Job besorgt.* You can't just rely on your father finding you a job.

Vertrauen **~ (zu jdm/in jdn/etw)** confidence (in sb/sth), trust (in sb/sth) ◇ *Sie hat volles Vertrauen zu ihrer Ärztin.* She has complete confidence in her doctor. ◇ *Sie hat schnell das Vertrauen der Kinder gewonnen.* She quickly gained the children's trust. ◇ *jdm Vertrauen schenken* trust sb ◇ *Haben Sie kein Vertrauen zu uns?* Don't you trust us? ◇ *Das Kind hat zu ihr Vertrauen gefasst.* The child has come to trust her. **IDM** **jdm das Vertrauen aussprechen** give sb your support; (*durch ein Votum*) give sb a vote of confidence **im Vertrauen** in confidence **jdn ins Vertrauen ziehen** take sb into your confidence **Vertrauen ist gut, Kontrolle ist besser** better safe than sorry

vertrauenerweckend ◇ *Sie machten keinen vertrauenerweckenden Eindruck.* They didn't inspire confidence. **Vertrauensabstimmung** vote of confidence **Vertrauensbeweis** mark of confidence **vertrauensbildend** confidence-building ◇ *vertrauensbildende Maßnahmen* confidence-building measures **Vertrauensbildung** confidence building **Vertrauensbruch** breach of confidence **Vertrauensfrage** vote of confidence ◇ *Er stellte die Vertrauensfrage.* He asked for a vote of confidence. **Vertrauenslehrer(in)** ≈teacher in charge of pastoral care **Vertrauensmann, -frau** spokesman, spokeswoman; (*Gewerkschaft*) union representative **Vertrauensperson** ◇ *Viele Jugendliche haben keine Vertrauensperson, mit der sie reden können.* Many young people have no one to confide in. **Vertrauensverhältnis** relationship of mutual trust **Vertrauensverlust** loss of confidence **vertrauensvoll** **1** based on trust [nicht vor Nomen] ◇ *eine vertrauensvolle Beziehung* a relationship based on trust ◇ *Sie wandte sich vertrauensvoll an ihren Lehrer.* She turned to her teacher for help. **2** (*zuversichtlich*) confident (*Adv* confidently) **vertrauenswürdig** trustworthy

vertraulich **1** (*geheim*) confidential (*Adv* confidentially) **2** (*vertraut*) friendly; (*Umgangsform*) familiar

Vertraulichkeit **1** confidentiality **2** (*Intimität*) familiarity

verträumt **1** (*gedanklich woanders*) dreamy (*Adv* dreamily) ◇ *ein verträumtes Lächeln* a dreamy smile ◇ *ein verträumter Mensch* a daydreamer **2** (*ruhig*) sleepy ◇ *eine verträumte Winterlandschaft* a sleepy winter landscape ◇ *Das Dorf wirkte verträumt.* The village seemed to be asleep.

vertraut **1** → VERTRAUEN **2** (*eng*) close ◇ *Er ist ein vertrauter Freund des Präsidenten.* He is a close friend of the president. ◇ *Sie ist mit ihrer Nachbarin sehr vertraut.* She is very close friends with her neighbour. **3 (jdm) ~** (*nicht fremd*) familiar (to sb); **mit etw ~ sein** be familiar with sth ◇ *eine vertraute Umgebung* familiar surroundings ◇ *Er ist mit der Gegend vertraut.* He is familiar with the area. **4 jdn/sich mit etw ~ machen** familiarize sb/yourself with sth ◇ *Ich muss mich mit der neuen Software vertraut machen.* I have to familiarize myself with the new software. ◇ *Er musste sich erst mit dem Gedanken vertraut machen.* He still had to get used to the idea.

Vertraute(r) close friend; (*Berater*) confidant; (*Beraterin*) confidante

Vertrautheit familiarity

vertreiben **1** drive *sb/sth* away; (*von einem Ort*) drive *sb/sth* out ◇ *Der Geruch vertreibt die Mücken.* The smell drives away mosquitoes. ◇ *Sie wurden aus ihrer Heimat vertrieben.* They were driven out of their home. ◇ *Der Wind vertrieb den Nebel.* The wind dispelled the mist. **2** (*verkaufen*) sell ◇ *Die Firma vertreibt Software.* The firm sells software. **3 sich/jdm etw ~** ◇ *Sie vertrieb sich die Zeit, indem sie alte Fotos ansah.* She whiled away the time looking at old photos. ◇ *Er hat sich ein paar Stunden mit Lesen vertrieben.* He whiled away a few hours reading. ◇ *Wir vertrieben uns die Langeweile mit einem Video.* We kept ourselves amused with a video.

Vertreibung expulsion

vertretbar justifiable (*Adv* justifiably); (*haltbar*) tenable

vertreten **1** represent ◇ *Er vertritt die Interessen der Bewohner.* He represents the residents' interests.

2 (*einspringen*) deputize for *sb* ◇ *Sie wird von einer Kollegin vertreten.* A colleague is deputizing for her. 3 (*Auffassung, Meinung etc.*) hold ◇ *Er vertritt die Ansicht, dass …* He holds the view that … 4 (WIRTSCH) be a sales representative for *sth* ◇ *Er vertritt eine Kosmetikfirma.* He is a sales representative for a cosmetics company. **5 sich den Fuß ~** twist your ankle IDM → BEIN

Vertreter(in) 1 representative 2 (WIRTSCH) sales representative, sales rep (*umgs*); (*Versicherungs-*) (insurance) agent ◇ *Er ist Vertreter einer Teppichfirma.* He is a sales rep for a carpet firm. 3 (*Stell-*) deputy; (*Arzt*) locum

Vertretung 1 (*meist mit einem Verb übersetzt*) ◇ *Er fährt in Urlaub, aber wer übernimmt seine Vertretung?* He's going away on holiday, but who is covering for him? 2 (*Mensch*) deputy; (*Vertretungslehrer*) cover teacher 3 (*Interessens-, vor Gericht*) representation ◇ *die Vertretung der Bundesländer im Bundesrat* the representation of the federal states in the Upper Chamber ◇ *Wer übernimmt ihre Vertretung vor Gericht?* Who is going to represent her in court? 4 (*Botschaft*) embassy; (*Delegation*) delegation 5 (*Niederlassung*) agency

Vertretungsstunde = lesson when a teacher covers for another who is absent

Vertrieb 1 sales [U]; (*das Verkaufen*) sale ◇ *Er ist zuständig für Marketing und Vertrieb.* He is responsible for sales and marketing. ◇ *der Vertrieb der neuen Produkte* the sale of the new products 2 (*Abteilung*) sales department

Vertriebene(r) (*allgemein*) displaced person; (*auf Deutschland bezogen*) = person of German nationality who was expelled from the areas east of the Oder/Neiße line after 1945

Vertriebs- **Vertriebsabteilung** sales department **Vertriebsleiter(in)** sales manager **Vertriebsnetz** distribution network

vertrocknen dry up; (*Blumen*) wither

vertrödeln fritter *sth* away

vertrösten put *sb* off ◇ *Ich habe sie auf morgen vertröstet.* I put them off until tomorrow. ◇ *Sie lassen sich nicht länger vertrösten.* They won't be put off any longer.

vertun 1 waste **2 sich ~** make a mistake

vertuschen cover *sth* up

verübeln **jdm etw ~** be annoyed with sb for sth ◇ *Sie verübelten der Stadt, dass sie Millionen dafür verschwendete.* They were annoyed with the city council for wasting millions on it. ◇ *Dass er nach dem Skandal kündigte, konnte man ihm nicht verübeln.* You could hardly blame him for resigning after the scandal.

verüben carry *sth* out; (*Verbrechen, Selbstmord*) commit

verunglimpfen denigrate, make disparaging remarks about *sb/sth*

verunglücken 1 be involved in an accident; (*Mensch auch*) have an accident; (*tödlich*) die in an accident ◇ *Der Reisebus ist verunglückt.* The coach was involved in an accident. ◇ *Sie ist mit dem Auto verunglückt.* She was involved in a car accident. ◇ *Ein Radfahrer ist tödlich verunglückt.* A cyclist died in an accident. ◇ *Das Flugzeug ist verunglückt.* The plane crashed. 2 (*misslingen*) go wrong, be a disaster ◇ *Das Soufflé ist ziemlich verunglückt.* The soufflé went a bit wrong.

verunreinigen (*Luft, Boden, Wasser*) pollute; (*mit Schadstoffen*) contaminate ◇ *Der See ist verunreinigt.* The lake is polluted. ◇ *Das Abwasser verunreinigt den Fluss.* The waste water is contaminating the river. ◇ *verunreinigtes Heroin* impure heroin

Verunreinigung 1 (*das Verunreinigen*) pollution; (*mit Schadstoffen*) contamination 2 (*Stoff, Substanz*) pollutant, contaminant

verunsichern (*beunruhigen*) unsettle, worry; (*verwirren*) confuse ◇ *Mit dieser Taktik wollen sie die Gegner verunsichern.* This tactic is designed to unsettle the opponents. ◇ *Sie hat die verunsicherten Eltern beruhigt.* She reassured the worried parents. ◇ *Die widersprüchlichen Informationen haben die Verbraucher verunsichert.* The conflicting information has confused consumers.

Verunsicherung (*Unsicherheit*) (feeling of) uncertainty; (*Verwirrung*) confusion

verunstalten disfigure; (*mit Schmierereien*) deface

veruntreuen embezzle, misappropriate (*gehoben*)

Veruntreuung embezzlement [U], misappropriation (of funds) [U] (*gehoben*) ◇ *Veruntreuung von Staatsgeldern* embezzlement of public money ◇ *Sie merkten von den Veruntreuungen nichts.* They did not notice that somebody had been embezzling money.

verursachen cause; (*Lärm*) make ◇ *Der Sturm verursachte großen Schaden.* The gale caused a lot of damage.

Verursacher(in) person responsible; (*Ding*) cause ◇ *Der Verursacher des Unfalls fuhr einfach weiter.* The person responsible for the accident just drove off. ◇ *mögliche Verursacher von Leukämie* possible causes of leukaemia

verurteilen 1 (RECHT) **jdn (zu etw) ~** sentence sb (to sth); (*zu einer schweren Strafe auch*) condemn sb (to sth); **jdn (wegen einer Sache) ~** convict sb (of sth) ◇ *Das Gericht verurteilte ihn zu zwei Jahren Gefängnis.* The court sentenced him to two years in prison. ◇ *Sie wurde zum Tode verurteilt.* She was condemned to death. ◇ *Er wurde wegen Drogenhandels verurteilt.* He was convicted of drug dealing. ◇ *Sie wurde zu einer Geldstrafe verurteilt.* She was fined. ◇ *Wegen ihrer Verletzung war sie zum Zuschauen verurteilt.* Because of her injury she was forced to be a spectator. 2 (*scharf kritisieren*) condemn ◇ *Bush verurteilte den Anschlag.* Bush condemned the attack. IDM → SCHEITERN

Verurteilte(r) convicted man/woman

Verurteilung 1 (RECHT) (*oft mit einem Verb übersetzt*) ◇ *Mit seiner Verurteilung ist sicher zu rechnen.* He is expected to be convicted. ◇ *Die Beweise reichen für seine Verurteilung nicht aus.* There is too little evidence for the court to convict him. 2 (*scharfe Kritik*) condemnation

vervielfachen multiply

vervielfältigen copy

vervollkommnen perfect

vervollständigen complete

verwackelt blurred

verwählen **sich ~** dial the wrong number ◇ *Entschuldigung, ich habe mich verwählt.* Sorry, I've dialled the wrong number.

verwahren 1 (*aufbewahren*) keep **2 sich gegen etw ~** protest against sth

verwahrlosen become neglected; (*Gebäude*) fall into disrepair; (*Kinder, Pflanzen*) run wild ◇ *Die Spielplätze verwahrlosen.* The playgrounds are becoming neglected. ◇ *Die Kinder verwahrlosen auf der Straße.* The children are left to run wild on the street.

verwahrlost neglected; (*Gebäude*) dilapidated; (*Aussehen*) unkempt

verwaist 1 (*Kind*) orphaned 2 (*leer*) empty; (*verlassen*) deserted

verwalten administer; (*verantwortlich sein*) be in charge of *sth*; (*Gebäude etc.*) manage; (*Provinz etc.*) govern ◇ *Wer verwaltet die Kasse?* Who's in charge of the money?

Verwalter(in) administrator; *(Haus- etc.)* manager; *(Nachlass- etc.)* trustee

Verwaltung **1** *(das Verwalten)* administration; *(von Gebäuden etc.)* management ◇ *die öffentliche Verwaltung* public administration ◇ *Er übergab ihm das Gut zur Verwaltung.* He placed the estate under his management. **2** *(Apparat, Stelle)* administration; *(Büro)* office ◇ *In der Verwaltung werden neue Stellen geschaffen.* New jobs are being created in administration. ◇ *Die Broschüre kann bei der Verwaltung abgeholt werden.* The leaflet can be obtained from the office. ◇ *Sie arbeitet in der städtischen Verwaltung.* She works in the city council offices.

Verwaltungsangestellte(r) administrative assistant **Verwaltungsapparat** administrative apparatus, bureaucracy *(abwert)* **Verwaltungsaufwand** (amount of) administration **Verwaltungsgericht** administrative court **Verwaltungskosten** administrative expenses [Pl]

verwandeln **1** change ◇ *Die Erlebnisse haben ihn völlig verwandelt.* The events have changed him completely. **2 jdn/etw in jdn/etw ~** turn sb/sth into sth, transform sb/sth into sth ◇ *Der Zauberer verwandelte das Kaninchen in eine Taube.* The magician turned the rabbit into a dove. ◇ *Wir verwandelten die Turnhalle in einen Festsaal.* We transformed the gym into a ballroom. **3 sich in etw ~** turn into sth, be transformed into sth ◇ *Die Pfütze hat sich in einen See verwandelt.* The puddle has turned into a lake. **4** *(Elfmeter)* convert; *(Ecke, Freistoß)* score from *sth*

Verwandlung transformation; *(Metamorphose)* metamorphosis ◇ *Mit ihr ist eine Verwandlung vorgegangen.* She has gone through a transformation.

Verwandlungskünstler(in) quick-change artist

verwandt **1 (mit jdm/etw) ~** related (to sb/sth) ◇ *Wir sind nicht miteinander verwandt.* We're not related. ◇ *Er ist entfernt mit mir verwandt.* He is distantly related to me. **2** *(ähnlich)* similar

Verwandte(r) relative, relation ◇ *ein naher/entfernter Verwandter von ihr* a close/distant relative of hers

Verwandtschaft **1** *(Verwandte)* relatives [Pl], relations [Pl] ◇ *die ganze Verwandtschaft* all the relatives **2** *(das Verwandtsein)* relationship **3** *(Ähnlichkeit)* similarity, affinity

verwarnen give *sb* a warning; *(polizeilich auch)* caution; *(mit Strafzettel)* fine

Verwarnung warning; *(polizeilich auch)* caution; *(mit Strafzettel)* fine

verwaschen **1** *(Kleidungsstück)* washed out; *(Farbe)* faded **2** *(Inschrift etc.)* washed away [nicht vor Nomen] **3** *(ungenau)* imprecise; *(Formulierung auch)* woolly

verwässern water *sth* down *(auch fig)*; *(Kritik)* tone *sth* down

verwechseln confuse; **jdn/etw (mit jdm/etw) ~** get sb/sth mixed up (with sb/sth), mistake sb/sth for sb/sth ◇ *Sie verwechseln manchmal „dir" und „dich".* They sometimes confuse 'dir' and 'dich'. ◇ *Die einfache Erkältung ist nicht mit einer Grippe zu verwechseln.* The common cold is not to be confused with the flu. ◇ *Sie haben ihre Schirme verwechselt.* They got their umbrellas mixed up. ◇ *Er hat sie mit seiner Kollegin verwechselt.* He mistook her for his colleague. ◇ *Die Zwillinge sehen einander zum Verwechseln ähnlich.* You can hardly tell the twins apart.

Verwechslung mix-up, mistake ◇ *Hier muss es sich um eine Verwechslung handeln!* There must have been some kind of mix-up! ◇ *Er ist einer Verwechslung zum Opfer gefallen.* He was the victim of mistaken identity.

verwegen daring

verwehren **jdm etw ~** deny sb sth; **jdm ~, etw zu tun** stop sb (from) doing sth ◇ *Ihm wurde das Recht auf Arbeit verwehrt.* He was denied the right to work. ◇ *Die Wachmänner verwehrten ihr die Zufahrt.* The security men stopped her entering.

verweichlicht soft

Verweigerer *(Wehrdienst-)* (conscientious) objector

verweigern **1 etw ~** refuse to do sth; **jdm etw ~** deny sb sth ◇ *den Gehorsam/die Nahrung/die Aussage verweigern* refuse to obey/eat/make a statement ◇ *Sie verweigerte ihre Zustimmung.* She refused to give her consent. ◇ *Ihm wurde die Ausreise verweigert.* He was denied permission to leave the country. **2** *(Pferd)* refuse at a jump ◇ *Das Pferd verweigerte vor dem Wassergraben.* The horse refused at the water jump. **3 den Wehrdienst ~** refuse to do military service, be a conscientious objector **4 sich ~** refuse to cooperate; **sich etw ~** refuse to take part in sth

Verweigerung refusal ◇ *die Verweigerung der Kooperation* the refusal to cooperate ◇ *die Verweigerung der Aussage* the refusal to make a statement

verweilen stay; *(zögerlich, weil man bleiben möchte)* linger ◇ *Sie verweilten drei Tage in diesem Hotel.* They stayed in this hotel for three days. ◇ *Sie verweilten eine Zeit lang vor dem Grabstein.* They lingered a while at the grave.

verweint tear-stained ◇ *ihr verweintes Gesicht* her tear-stained face ◇ *Er hatte ganz verweinte Augen.* His eyes were red (and swollen) with crying. ◇ *Sie sah verweint aus.* You could see that she had been crying.

Verweis **1** *(Tadel)* reprimand ◇ *jdm (wegen einer Sache) einen Verweis erteilen* reprimand sb (for sth) **2 ~ (auf etw)** reference (to sth)

verweisen **1** refer ◇ *den Leser auf Seite 100 verweisen* refer the reader to page 100 ◇ *Ich bin von der Verkäuferin an den Geschäftsführer verwiesen worden.* The saleswoman referred me to the manager. **2** *(ausschließen)* expel ◇ *jdn des Landes verweisen* expel sb (from the country) ◇ *von der Schule verwiesen werden* be expelled (from school) ◇ *Der Spieler wurde des Feldes verwiesen.* The player was sent off.

verwelken **1** *(Blume, Blüte)* wilt **2** *(fig)* fade

verwendbar usable ◇ *die noch verwendbaren Teile* the parts that are still usable ◇ *nicht verwendbar* unusable ◇ *vielseitig verwendbar* versatile ◇ *Sie sind als Wohnungen verwendbar.* They can be used as housing.

verwenden **1** use; *(verwerten)* make use of *sth* ◇ *Er verwendet zu viele Fremdwörter.* He uses too many foreign words. ◇ *Er konnte seine Sprachkenntnisse gut verwenden.* He was able to make good use of his (knowledge of) languages. ◇ *Sie hat viel Mühe auf das Projekt verwendet.* She put a lot of effort into the project. **2 sich für jdn/etw ~** *(einsetzen)* use your influence on behalf of sb/sth

Verwendung use; **~ finden** be used ◇ *Die Regierung hat die Verwendung von Asbest verboten.* The government has banned the use of asbestos. ◇ *Dafür haben wir keine Verwendung mehr.* We have no further use for it.

Verwendungszweck use

verwerfen **1** reject ◇ *Das Konzept wurde verworfen.* The idea was rejected. **2** (RECHT) dismiss

verwerflich reprehensible *(gehoben)*

verwertbar **1** usable **2** *(Sperrmüll etc.)* reusable; *(Abfall, Material etc.)* recyclable

verwerten **1** use; *(wieder-)* recycle ◇ *Seine Aussage durfte vor Gericht nicht verwertet werden.* His statement could not be used in court. ◇ *Batterien werden getrennt vom Hausmüll gesammelt und verwertet.* Batteries are collected separately from household waste and recycled. ◇ *Ist das noch irgendwie zu ver-*

werten? Is it any use for anything? **2** (BIOL) (*Vitamine, Mineralien etc.*) absorb

Verwertung use; (*Wieder-*) reuse; (*Recycling*) recycling ◇ *eine Verwertung der Daten* use of the data

verwesen decompose

Verwesung decomposition [U] ◇ *Die Kälte verlangsamt die Verwesung.* The cold slows down decomposition. ◇ *in Verwesung übergehen* begin to decompose

verwickeln 1 sich (in etw) ~ get tangled up (in sth) ◇ *Die Wolle hat sich verwickelt.* The wool got tangled up. **2** (*hineinziehen*) involve ◇ *Sie war nicht in den Skandal verwickelt.* She was not involved in the scandal. ◇ *jdn in ein Gespräch verwickeln* engage sb in conversation ◇ *jdn in Widersprüche verwickeln* catch sb out **3** ◇ *sich in Widersprüche verwickeln* contradict yourself

verwickelt complicated

Verwicklung 1 involvement [U] ◇ *seine Verwicklung in den Skandal* his involvement in the scandal **2 Verwicklungen** complications [Pl]; (*in einer Handlung*) twists [Pl]; (*Schwierigkeiten*) difficulties [Pl]

verwildern 1 (*Garten etc.*) become overgrown **2** (*Tier*) go/become feral ◇ *verwilderte Katzen* feral cats **3** (*Kind*) run wild

verwinkelt crooked; (*Gasse etc.*) winding; (*idyllisch*) quaint

verwirklichen 1 put *sth* into effect; (*Ziel, Ambition*) realize; (*Traum etc.*) fulfil **2 sich ~** (*Wunsch*) be fulfilled; (*Traum, Prognose*) come true **3 sich (selbst) ~** fulfil yourself

Verwirklichung realization; (*eines Traums etc.*) fulfilment

verwirren confuse

verwirrend confusing (*Adv* confusingly); (*stärker*) bewildering (*Adv* bewilderingly) ◇ *Ihre Äußerungen waren verwirrend.* Their statements were confusing. ◇ *verwirrend ähnlich* confusingly similar ◇ *verwirrend viele Kabel* a bewildering number of wires

verwirrt confused; (*verständnislos*) bewildered ◇ *geistig verwirrt* mentally confused ◇ *Sie sah mich verwirrt an.* She looked at me in confusion.

Verwirrung 1 confusion [U] **2 in ~ geraten** become confused; **jdn in ~ bringen** confuse sb ◇ *Es herrschte große Verwirrung.* There was great confusion.

verwischen 1 (*Tinte, Farbe etc.*) smudge **2** (*Spur*) cover *sth* up **3** (*fig*) blur; **sich ~** become blurred

verwittern weather

Verwitterung weathering

verwitwet widowed

verwöhnen spoil ◇ *Sie haben ihre Kinder verwöhnt.* They've spoilt their children. ◇ *Sie haben uns mit Kaffee und Kuchen verwöhnt.* They treated us to coffee and cakes. ◇ *Unsere Mannschaft ist nicht gerade von Erfolg verwöhnt.* Our team hasn't had much success.

verwöhnt 1 spoilt **2** (*anspruchsvoll*) discerning

verworren 1 → VERWIRREN **2** confused; (*Fall*) complicated

verwundbar vulnerable

verwunden wound (*auch fig*) ◇ *Er wurde im Krieg schwer verwundet.* He was badly wounded in the war. ◇ *am Arm verwundet* wounded in the arm

verwunderlich surprising; (*stärker*) amazing

verwundern surprise; (*stärker*) amaze ◇ *Das verwundert mich nicht.* That doesn't surprise me. ◇ *Es hat mich verwundert, dass …* I was surprised that …

verwundert surprised; (*stärker*) amazed ◇ *verwunderte Blicke* surprised looks ◇ *Sie hörten verwundert zu.* They listened in amazement.

Verwunderung surprise; (*stärker*) amazement ◇ *Sie stellte mit Verwunderung fest, dass …* She discovered to her surprise that … ◇ *Zu meiner Verwunderung hat er uns zum Essen eingeladen.* To my amazement, he invited us to dinner.

Verwundete(r) wounded person; **die Verwundeten** the wounded [Pl]

verwunschen enchanted ◇ *ein verwunschenes Schloss* an enchanted castle ◇ *Der Frosch ist ein verwunschener Prinz.* The frog is a prince who is under a spell.

verwünschen 1 (*verfluchen*) curse **2** (*verzaubern*) cast/put a spell on *sb/sth*

verwurzelt 1 rooted **2** (*fig*) ◇ *ein tief verwurzeltes Problem* a deep-rooted problem ◇ *Wir sind hier verwurzelt.* We've put down roots here. ◇ *Er ist im Folk verwurzelt.* His roots are in folk music. ◇ *Sie ist mit dem Verein fest verwurzelt.* She is a long-standing member of the club.

verwüsten destroy; (*durch Zerstörungswut*) vandalize; (*im Krieg*) lay waste to *sth*

verzagen despair

verzagt despondent (*Adv* despondently)

verzählen sich ~ miscount

verzaubern 1 cast/put a spell on *sb/sth* ◇ *Sie verzauberte den Prinzen (in einen Frosch).* She cast a spell on the prince (and turned him into a frog). **2** (*fig*) enchant ◇ *Er hat uns mit seiner Musik verzaubert.* He enchanted us with his playing.

Verzehr consumption [U] ◇ *zum baldigen Verzehr bestimmt* for immediate consumption ◇ *Schwangere werden vor dem Verzehr von Leber gewarnt.* Pregnant women are warned against eating liver.

verzehren 1 eat, consume (*gehoben*) (*auch fig*) **2 sich nach jdm ~** pine for sb

verzeichnen record; (*in einer Liste*) list ◇ *Es wurden nur 39 Sonnenstunden verzeichnet.* Only 39 hours of sunshine were recorded. ◇ *alphabetisch verzeichnet* listed alphabetically ◇ *Die Geschäftsbücher verzeichnen ein Minus.* The accounts show a loss. ◇ *Es wurde ein leichter Anstieg verzeichnet.* There has been a slight increase.

Verzeichnis 1 list; (*Inhalts-*) index **2** (COMP) directory

verzeihen 1 jdm (etw) ~ forgive sb (for sth) ◇ *Sie wird mir nie verzeihen, dass ich sie belogen habe.* She will never forgive me for lying to her. ◇ *Das kann ich mir nie verzeihen.* I can never forgive myself. ◇ *Sie verzeiht ihren Kindern einfach alles.* She lets her children get away with anything. **2** (*entschuldigen*) excuse ◇ *Verzeihen Sie bitte, …* Excuse me, … ◇ *Das ist nicht zu verzeihen.* That is inexcusable.

Verzeihung 1 forgiveness [U] ◇ *jds Verzeihung erbitten* ask sb's forgiveness **2 (jdn) um ~ bitten** apologize (to sb) ◇ *Er bat um Verzeihung.* He apologized. **3 Verzeihung!** sorry!; (*um jds Aufmerksamkeit auf sich zu lenken*) excuse me!

verzerren 1 (*Gesicht*) contort **2 sich (vor etw) ~** become contorted (with sth) **3** (*verfälschen, entstellen*) distort ◇ *verzerrte Klänge* distorted sounds ◇ *ein verzerrtes Bild der Lage* a distorted picture of the situation

verzetteln sich ~ get bogged down ◇ *sich im Detail verzetteln* get bogged down in detail

Verzicht renunciation (*oft mit einem Verb übersetzt*) [U] ◇ *der Verzicht auf Atomwaffen* renunciation of nuclear weapons ◇ *Der Verzicht auf sein Auto fällt ihm schwer.* He finds it hard to do without the car.

verzichten 1 auf jdn/etw ~ do without (sb/sth) ◇ *Wir können auf ihre Hilfe nicht verzichten.* We can't do without her help. ◇ *Auf sein Handy kann er nicht verzichten.* He can't manage without his mobile. **2 auf**

etw ~ give sth up ◇ *auf einen Anspruch verzichten* give up a claim ◇ *Er verzichtete auf den Thron.* He renounced his right to the throne. ◇ *Danke, ich verzichte darauf!* Not for me, thanks! ◇ *auf Förmlichkeiten verzichten* dispense with formalities

verziehen 1 ◇ *sein Gesicht verziehen* pull a face ◇ *Sie verzog ihr Gesicht zu einem Grinsen.* Her face broke into a grin. **2 sich (zu etw) ~** twist (into sth) ◇ *Sein Mund verzog sich zu einem gemeinen Grinsen.* His mouth twisted into an unpleasant grin. **3 sich ~** (*Holz*) warp; (*Metall*) become distorted; (*Kleidungsstück*) go out of shape **4** (*verwöhnen*) spoil **5** (*umziehen*) move; (*wegziehen*) move away ◇ *Sie sind in eine andere Stadt verzogen.* They have moved to another town. ◇ *„Empfänger unbekannt verzogen"* 'Not known at this address' **6 sich ~** (*weiterziehen*) clear; (*verschwinden*) clear off (*umgs*) ◇ *Das Gewitter verzog sich.* The storm cleared. ◇ *Verzieh dich!* Clear off! IDM → MIENE

verzieren decorate

Verzierung 1 (*das Verzieren*) decoration **2** (*Ornament, Schmuck*) decoration, ornamentation [U] ◇ *reiche Verzierungen* elaborate decorations ◇ *ohne Verzierungen* without ornamentation

verzinsen pay interest on *sth* ◇ *Spargeld mit 5% verzinsen* pay 5% interest on savings ◇ *das Geld verzinst zurückzahlen* repay the money with interest

verzögern 1 delay, hold *sth* up ◇ *Eine Bürgerinitiative verzögerte den Baubeginn.* A public campaign delayed the start of building. **2** (*verlangsamen*) slow *sth* down **3 sich ~** be delayed ◇ *Die Fertigstellung der Klinik wird sich voraussichtlich um sechs Monate verzögern.* The completion of the hospital is likely to be delayed by six months.

Verzögerung 1 delay **2** (*Verlangsamung*) slowing-down

Verzögerungstaktik delaying tactics [Pl]

verzollen pay duty on *sth* ◇ *Sie brauchen die Ware nicht zu verzollen.* You don't have to pay duty on the goods. ◇ *Haben Sie etwas zu verzollen?* Have you anything to declare?

verzückt (*Blick, Lauschen*) enraptured; (*Tanz, Schrei etc.*) ecstatic (*Adv* ecstatically) ◇ *Er starrte sie verzückt an.* He gazed at her, enraptured.

Verzug 1 delay ◇ *Die Gehälter der Angestellten wurden mit Verzug überwiesen.* There was a delay in paying the employees' salaries. **2 (mit etw) in ~ geraten/kommen** fall/get behind (with sth); (*mit Zahlungen auch*) fall/get in arrears (with sth) (*offiz*) ◇ *Die Bauarbeiten sind in Verzug geraten.* The building work has fallen behind. **3 mit etw im ~ sein** be behind with sth; (*mit Zahlungen auch*) be in arrears with sth (*offiz*)

verzweifeln (an jdm/etw) ~ despair (of sb/sth) ◇ *Nach dem Tod ihres Sohnes verzweifelte sie am Leben.* She despaired of life after the death of her son. IDM **das ist kein Grund zum Verzweifeln** that's no reason to despair **es ist zum Verzweifeln mit jdm/etw** sb/sth is enough to drive anyone to despair → *Siehe auch* VERZWEIFLUNG

verzweifelt desperate (*Adv* desperately); (*ohne Hoffnung*) despairing (*Adv* despairingly) ◇ *Die verzweifelten Bemühungen der Rettungsmannschaft waren umsonst.* The desperate efforts of the rescue team were in vain. ◇ *Verzweifelt blickte sie auf das Durcheinander in der Küche.* She looked despairingly at the mess in the kitchen.

Verzweiflung desperation; (*Hoffnungslosigkeit*) despair [U] ◇ *In ihrer Verzweiflung rief sie eine Therapeutin an.* In her desperation, she rang a therapist. ◇ *„Er ist nicht mehr zu retten", sagte sie voller Verzweiflung.* 'Nothing can save him now,' she said in despair. ◇ *Sie hat sich aus Verzweiflung das Leben genommen.* In despair she took her own life. IDM **jdn zur Verzweiflung/zum Verzweifeln bringen/treiben** drive sb to despair

Verzweiflungstat act of desperation

verzweigt extensive; (*Gänge etc.*) labyrinthine; (*Baum*) with many branches [nicht vor Nomen]

verzwickt tricky

Veteran(in) veteran

Veterinär(in) → TIERARZT **Veterinärmedizin** → TIERMEDIZIN

Veto veto ◇ *Die Regierung machte von ihrem Veto Gebrauch, um das Projekt zu blockieren.* The government used its veto to block the project. ◇ *ein Veto gegen eine Entscheidung einlegen* veto a decision

Vetorecht right of veto

Vetter (male) cousin

Vetternwirtschaft nepotism

Viadukt viaduct

Vibration vibration

Vibrator vibrator

vibrieren 1 vibrate **2** (*zittern*) tremble **3** (*fig*) buzz ◇ *Die ganze Stadt vibrierte vor Aufregung.* The whole town was buzzing with excitement.

Video video ◇ *etw auf Video aufnehmen* record sth on video ◇ *sich ein Video anschauen/ein Video einlegen* watch a video/put a video on ◇ *ein Video ausleihen* get a video out

Videoaufnahme video recording **Videoclip** video clip **Videogerät** video recorder **Videokamera** video camera **Videokassette** video cassette **Videokonferenz** video conference **Videorekorder** video recorder **Videospiel** video game

Videothek video (hire) shop

Videoüberwachung closed-circuit television (*Abk* CCTV)

Vieh 1 livestock [U] ◇ *20 Stück Vieh* 20 head of livestock **2** (*Rinder*) cattle [Pl] ◇ *20 Stück Vieh* 20 head of cattle **3** (*Tier*) creature, animal ◇ *Das arme Vieh zittert ja vor Kälte!* The poor creature is shivering with cold! ◇ *Die Flüchtlinge wurden wie Vieh behandelt.* The refugees were treated like animals. **4** (*brutaler Mensch*) brute, swine ◇ *So ein Vieh!* What a swine!

Viehzucht livestock farming; (*von Rindern*) cattle breeding ◇ *die Verwendung von Hormonen in der Viehzucht* the use of hormones in livestock farming

viel

• **als Adverb, Pronomen 1** a lot, a great deal; (*besonders in Fragen und verneinten Sätzen*) much ◇ *Er redet viel.* He talks a lot. ◇ *Er ist viel krank.* He's ill a lot. ◇ *Vierzig Zigaretten pro Tag sind viel!* Forty cigarettes a day is a lot! ◇ *Sie haben schon viel geleistet.* They have already achieved a good deal. ◇ *Gehst du viel ins Kino?* Do you go to the cinema much? ◇ *Er ist viel klüger als ich.* He is much cleverer than me. ◇ *Das kostet nicht viel mehr.* That doesn't cost much more. ◇ *Das kostet viel zu viel.* That costs much too much. **2** (*mit Partizipien*) ◇ *ein viel beschäftigter Mann* a busy man ◇ *ein viel diskutiertes Thema* a much debated subject ◇ *ein viel gelesenes Buch* a widely read book **3 viele** (*viele Menschen*) a lot of people; (*besonders in Fragen und verneinten Sätzen*) many people ◇ *Viele wissen das nicht.* A lot of people don't know that. ◇ *Das wissen nicht viele.* Not many people know that. **4 vieles** a lot of things [Pl], many things [Pl] (*gehoben*) ◇ *In vielem hast du recht.* You are right about a lot of things. ◇ *Vieles von dem, was er sagte, konnte ich nicht verstehen.* I couldn't understand a lot of the things he said.

• **Mengenangabe 5** (*bei Unzählbarem*) a lot of, a great deal of (*gehoben*); (*besonders in Fragen und verneinten

Sätzen) much ◇ *viel Geld* a lot of money ◇ *Ich habe so viel Arbeit!* I've got such a lot of work! ◇ *Ich habe nicht viel Zeit.* I haven't got much time. ◇ *Hast du viel Arbeit?* Have you got much work? ◇ *doppelt so viel Geld* twice as much money ◇ *Es gibt nicht viel Neues.* There is not much news. ◇ *Viel Glück!* Good luck! ◇ *Viel Spaß/Vergnügen!* Have fun/Enjoy yourself/-selves! **6 wie ~?** how much? ◇ *Wie viel hast du dafür bezahlt?* How much did you pay for it? **7 der/die/das viele ...** all this/that ... ◇ *Der viele Regen macht mich krank.* All this rain is making me ill. ◇ *Jetzt nützt ihm das viele Geld auch nichts.* All that money is no use to him now. **8** (*bei Mehrzahl*) many ◇ *Sie haben doppelt so viel Mitarbeiter.* They have twice as many staff. **9 viele** a lot of; (*besonders in Fragen und verneinten Sätzen*) many ◇ *Viele Leute protestierten gegen den Besuch.* A lot of people protested against the visit. ◇ *Ziemlich viele Leute gingen früher weg.* Quite a few people left early. ◇ *Viele hundert Menschen kamen zu dem Begräbnis.* Many hundreds of people came to the funeral. ◇ *Wir haben gleich viele Urlaubstage.* We have the same number of days' holiday. **10 wie viele?** how many? ◇ *Wie viele Videospiele hast du?* How many video games do you have? **11 die vielen ...** all these/those ..., so many ...; **meine, deine etc. vielen ...** all my, your, etc.... ◇ *Die vielen Menschen!* All these people! ◇ *Ich habe genug von seinen vielen Ausreden.* I've had enough of all his excuses.
IDM so viel zu ... so much for ... ◇ *So viel zum Thema Politik.* So much for politics.

vieldeutig (*Bedeutung, Begriff*) ambiguous (*Adv* ambiguously); (*Ausdruck, Lächeln*) equivocal (*Adv* equivocally)

vielfach 1 *Adj* ◇ *ein vielfacher Millionär* a multimillionaire ◇ *ein vielfacher Weltmeister* a world champion several times over ◇ *in vielfacher Hinsicht* in many respects ◇ *auf vielfachen Wunsch* by popular request **2** *Adv* (*viele Male*) many times, often, frequently ◇ *Die Sendung wurde vielfach wiederholt.* The programme was repeated many times. ◇ *ein vielfach bewährtes System* a system which has proved its worth many times ◇ *eine vielfach geäußerte Meinung* a frequently expressed view **3** *Adv* (*auf vielerlei Weise*) in many ways

Vielfache(s) 1 (MATH) multiple **2 um ein Vielfaches** many times over; **um ein Vielfaches höher, größer etc.** many times higher, greater, etc. ◇ *Der Wert dieser Anlage ist um ein Vielfaches gestiegen.* The value of this investment has increased many times over.

Vielfalt diversity; (*Auswahl, Anzahl*) variety ◇ *die biologische Vielfalt der Region* the biological diversity of the region ◇ *eine Vielfalt an Möglichkeiten* a variety of possibilities

vielfältig 1 *Adj* (*vielseitig*) varied ◇ *ein vielfältiges Programm* a varied programme ◇ *ein vielfältiges Angebot an Speisen* a wide variety of food on offer **2** *Adj* (*viele verschiedene*) many different ◇ *Sein Werk ist von den vielfältigen kulturellen Einflüssen seiner Heimatstadt geprägt.* His work is characterized by the many different cultural influences of his home town. ◇ *auf vielfältige Weise* in many ways **3** *Adv* in many different ways; (*oft*) often ◇ *Das ist vielfältig interpretierbar.* That can be interpreted in many different ways. ◇ *Das Buch ist vielfältig illustriert.* The book has many illustrations.

Vielflieger(in) frequent flyer

vielleicht 1 perhaps, maybe ◇ *Vielleicht hast du recht.* Perhaps you are right. ◇ *Vielleicht hat er nichts davon gewusst.* Maybe he didn't know anything about it. ◇ *Es sind vielleicht hundert Meter bis zum Strand.* It is about a hundred metres to the beach. ◇ *Hast du vielleicht die Tür nicht richtig zugemacht?* Are you sure you shut the door properly? ◇ *Wissen Sie vielleicht, wann er zurückkommt?* Do you happen to know when he will be coming back? **2** (*in Höflichkeitsformeln*) possibly ◇ *Können Sie mir vielleicht helfen?* Could you possibly give me a hand? **3** (*wirklich*) really ◇ *Glaubst du vielleicht, das weiß ich nicht?* Do you really think I don't know that? ◇ *Du bist vielleicht ein Idiot!* You really are an idiot!

vielmals a lot ◇ *Danke vielmals!* Thanks a lot! ◇ *Ich bitte vielmals um Entschuldigung.* I really do apologize.

vielmehr rather; (*am Satzanfang*) on the contrary ◇ *Die Aussage war nicht falsch, vielmehr ungenau.* The statement was inaccurate rather than wrong. ◇ *Das sollte man nicht als Problem, sondern vielmehr als Möglichkeit sehen.* This should not be seen as a problem, but rather as an opportunity. ◇ *Kinder lernen unter Druck nicht besser. Vielmehr sollte man ihnen eine entspannte Atmosphäre ermöglichen.* Children do not learn better under pressure. On the contrary, a relaxed atmosphere should be created.

vielsagend meaningful (*Adv* meaningfully) ◇ *ein vielsagender Blick* a meaningful look

vielschichtig complex

vielseitig 1 varied; (*Ausbildung, Talent*) all-round [nur vor Nomen] ◇ *eine vielseitige Arbeit* varied work ◇ *Er ist vielseitig interessiert.* He has many different interests. ◇ *Das Gerät ist vielseitig verwendbar.* This appliance has many uses. **2** (*Mensch, Maschine*) versatile ◇ *Sie ist vielseitig begabt.* She is very versatile. **3 auf vielseitigen Wunsch** by popular request

vielversprechend promising ◇ *ein vielversprechender Beginn* a promising start

Vielzahl large number

vier four → *Beispiele bei* SECHS **IDM auf allen vieren** on all fours → *Siehe auch* AUGE

Vierbeiner four-legged friend

vierblättrig four-leaved, four-leaf [nur vor Nomen]

Viereck quadrilateral

viereckig quadrilateral; (*quadratisch auch*) square; (*rechteckig auch*) rectangular

Vierer 1 (*Ruderboot, Mannschaft*) four [mit Verb im Sing/Pl]; (*beim Golf*) foursome [mit Verb im Sing/Pl] **2** (*im Lotto*) four correct numbers [Pl]
Viererbob four-man bob

vierfach fourfold → *Beispiele bei* SECHSFACH

Vierling quadruplet, quad

vier- viermotorig four-engined **vierspurig 1** with four lanes **2** [nicht vor Nomen] four-lane [nur vor Nomen] ◇ *Die neue Straße wird vierspurig sein.* The new road will have four lanes. **vierstellig** four-figure [nur vor Nomen] ◇ *eine vierstellige Zahl* a four-figure number

viert zu ~ → DRITT

vierte(r,s) fourth → *Beispiele bei* SECHSTE(R,S)

viertel quarter → *Beispiele bei* SECHSTEL

Viertel 1 quarter ◇ *Drei Viertel der Schüler bestanden den Test.* Three quarters of the pupils passed the test. ◇ *Es ist Viertel vor zwei.* It's (a) quarter to two. ◇ *um Viertel nach zehn* at (a) quarter past ten **2** (*Stadt-*) area, part of town, quarter ◇ *eines der schönsten Viertel Moskaus* one of the nicest areas of Moscow **3** (*Viertelliter*) quarter of a litre, (*AmE*) quarter of a liter
Viertelfinale quarter-final **Vierteljahr** three months [Pl], quarter (*Fachspr*) ◇ *Die Straße ist bereits seit mehr als einem Vierteljahr gesperrt.* The road has now been closed for over three months. **vierteljährlich** quarterly

vierteln divide *sth* into quarters; (*schneiden*) cut *sth* into quarters

Viertel- **Viertelnote** crotchet, (*AmE*) quarter note **Viertelstunde** quarter of an hour

viertens fourthly

vierzehn fourteen; **~ Tage** two weeks, a fortnight → *Beispiele bei* SECHZEHN

vierzehntägig two-week; (*alle zwei Wochen*) fortnightly ◇ *eine vierzehntägige Reise* a two-week trip ◇ *die vierzehntägige Mülltonnenleerung* the fortnightly refuse collection ◇ *Der Kurs findet vierzehntägig statt.* The course takes place every two weeks.

vierzehnte(r,s) fourteenth → *Beispiele bei* SECHSTE(R,S)

vierzig forty → *Beispiele bei* SECHZIG

vierzigste(r,s) fortieth → *Beispiele bei* SECHSTE(R,S)

Vignette motorway vignette; (*Gebühr*) motorway tax

Vikar(in) **1** (*in der evangelischen Kirche*) curate **2** (*Lehrer*) supply teacher, (*AmE*) substitute teacher

Villa villa

violett purple; (*im Farbspektrum*) violet → *Beispiele bei* BLAU

Violine violin ◇ *Sie spielt Violine.* She plays the violin.

Violinschlüssel treble clef

VIP VIP

Virenschutz anti-virus protection

virtuell virtual [nur vor Nomen] ◇ *die virtuelle Realität* virtual reality ◇ *virtuell den Mount Everest besteigen* climb Mount Everest in the virtual sense

virtuos virtuoso [nur vor Nomen], brilliant ◇ *eine virtuose Flötistin* a virtuoso flautist ◇ *Er spielte sehr virtuos.* He gave a truly virtuoso performance.

Virtuose, Virtuosin virtuoso

Virus virus

Virusgrippe feverish cold **Virusinfektion** viral infection

Visier **1** (*Gesichtsschutz*) visor **2** (*Zielvorrichtung*) sight [meist Pl] (*auch fig*) ◇ *Er hatte den Hirsch im Visier.* He had the stag in his sights.

Vision vision

visionär visionary ◇ *eine visionäre Idee* a visionary idea ◇ *Pläne, die sie bislang nur visionär entwickelt haben* projects that they have so far only developed in their mind's eye

Visite **1** (*Arzt-*) (doctor's) round ◇ *Die Visite ist um 9 Uhr.* The doctor does his round at 9 o'clock. **2** (*Besuch*) visit

Visitenkarte **1** (visiting) card, (*AmE*) calling card (*auch fig*) **2** (*Aushängeschild*) advertisement ◇ *Der neue Flughafen ist keine gute Visitenkarte für die Stadt.* The new airport is not a very good advertisement for the town.

visuell visual (*Adv* visually); (*Gedächtnis*) photographic; (*Typ*) visually oriented

Visum visa ◇ *jdm ein Visum erteilen/verweigern* issue/refuse sb a visa

Visumspflicht, **Visumzwang** visa requirement

vital **1** energetic **2** (*lebenswichtig*) vital ◇ *Wir haben ein vitales Interesse daran, den Plan durchzusetzen.* It is of vital interest to us to implement this plan.

Vitalität vitality

Vitamin vitamin ◇ *reich an Vitamin C* rich in vitamin C

Vitaminmangel vitamin deficiency

Vitrine **1** (*Glasschrank*) glass cabinet **2** (*Schaukasten*) display case

Vize **1** (*Stellvertreter*) deputy ◇ *der Vize des Bürgermeisters* the mayor's deputy **2** (SPORT) → VIZEMEISTER

Vizekanzler(in) vice-chancellor **Vizemeister(in)** runner-up **Vizepräsident(in)** vice-president **Vizeweltmeister(in)** runner-up in the world championship

V-Mann informer

Vogel **1** bird **2** (*Mensch*) character (*umgs*) ◇ *Er ist ein komischer Vogel.* He's a strange character. IDM **(mit etw) den Vogel abschießen** outdo everyone (with sth) **einen Vogel haben** have a screw loose (*umgs*) **jdm den/einen Vogel zeigen** tap your forehead at sb

Vogelbeere **1** rowanberry **2** (*Baum*) rowan (tree), mountain ash **vogelfrei** outlawed ◇ *Er wurde für vogelfrei erklärt.* He was outlawed. **Vogelfutter** bird food **Vogelgrippe** bird flu, avian flu (*Fachspr*) **Vogelhäuschen** bird table **Vogelkäfig** birdcage

vögeln **(mit jdm) ~** screw (sb) (*vulg*)

Vogel- **Vogelnest** bird's nest **Vogelperspektive** bird's-eye view ◇ *die Stadt aus der Vogelperspektive betrachten* get a bird's-eye view of the town **Vogelscheuche** scarecrow **Vogel-Strauß-Haltung** burying your head in the sand **Vogelwarte** ornithological institute

Vogerlsalat lamb's lettuce

voipen use VoIP

Vokabel word; **Vokabeln** vocabulary [U] ◇ *jdn Vokabeln abfragen* test sb on his/her vocabulary

Vokabelheft vocabulary book

Vokabular vocabulary

Vokal vowel

Volk **1** (*Volksstamm*) people [mit Verb im Sing/Pl] ◇ *die Völker Europas* the peoples of Europe **2 das Volk** the people [Pl]; (*als politische Einheit*) the nation; (*die Massen*) the masses [Pl] ◇ *Das Volk ist bereit, Risiken auf sich zu nehmen.* The people are ready to take on risks. ◇ *das einfache Volk* ordinary people ◇ *Er sieht sich als Mann aus dem Volk.* He sees himself as a man of the people. ◇ *eine Rede an das Volk* a speech to the nation ◇ *das Volk aufwiegeln* stir up the masses **3** (*Menschenmenge*) crowd ◇ *Auf dem Platz drängte sich das Volk.* The crowd thronged the square. IDM **etw unters Volk bringen** make sth public

Völker- **Völkerball** = ball game in which two teams try to get the other side's players out by throwing a ball at them and hitting them **Völkergemeinschaft** community of nations **Völkerkunde** ethnology **Völkermord** genocide ◇ *der Völkermord an den Juden* the genocide of the Jews **Völkerrecht** international law [U] **völkerrechtlich** (*Fragen, Normen, Status etc.*) international; (*Anerkennung, Vertrag, Verpflichtung etc.*) under international law ◇ *völkerrechtliche Probleme* international issues ◇ *Bosnien wurde von der Bundesrepublik völkerrechtlich anerkannt.* Bosnia has been recognized under international law by the Federal Republic. ◇ *völkerrechtlich bindende Übereinkünfte* agreements applicable under international law **Völkerverständigung** international understanding [U] **Völkerwanderung** (mass) exodus (*auch fig*); (*der germanischen Stämme*) migration of the Germanic peoples

Volks- **Volksabstimmung** plebiscite ◇ *etw in einer Volksabstimmung entscheiden* decide sth by plebiscite **Volksbefragung** referendum ◇ *eine Volksbefragung zum Maastricht-Abkommen* a referendum on the Maastricht agreement **Volksbegehren** petition for a referendum **volkseigen** publicly owned **Volksentscheid** referendum **Volksfest** fair ◇ *ein Volksfest veranstalten* hold a fair **Volksgruppe** ethnic group ◇ *die verschiedenen Volksgruppen des ehemaligen Jugoslawiens* the various ethnic groups in the former Yugoslavia ◇ *die türkische Volksgruppe im Norden Zyperns* the Turkish population in the north of Cyprus **Volksheld(in)** popular hero/heroine **Volkshochschule** adult education centre, (*AmE*) continuing education center ◇ *einen Kurs an der Volkshochschule machen* do an adult education class **Volkskunde** folklore

Volkskunst folk art **Volkslied** folk song **Volksmund** ◇ *das Museum für moderne Kunst, im Volksmund auch „Tortenstück" genannt* the Museum of Modern Art, popularly known as the 'slice of cake' ◇ *Lachen sei gesund, sagt der Volksmund.* A laugh a day keeps the doctor away, as the saying goes. **Volksmusik** folk music **Volkspartei** **1** major party **2** (*in Namen*) People's Party **Volksschule** ≈ elementary school **Volksstamm** tribe **Volkstanz** folk dance **volkstümlich** **1** popular ◇ *ein volkstümliches Lustspiel* a popular comedy ◇ *ein volkstümlicher Politiker* a people's politician **2** (*traditionell*) traditional ◇ *volkstümliche Tänze* traditional folk dances **Volkswirtschaft** **1** (national) economy ◇ *die deutsche Volkswirtschaft* the German economy **2** → VOLKSWIRTSCHAFTSLEHRE **volkswirtschaftlich** economic ◇ *die volkswirtschaftliche Gesamtleistung eines Staates* the total economic output of a country ◇ *volkswirtschaftlich gesehen* from an economic point of view **Volkswirtschaftslehre** economics [U] **Volkszählung** census

voll **1 ~ (mit/von etw)** full (of sth) ◇ *ein volles Glas* a full glass ◇ *ein Korb voll Äpfel* a basket full of apples ◇ *mit vollem Mund* with your mouth full ◇ *Der Brief war voller Fehler.* The letter was full of mistakes. **2** (*Ort*) crowded ◇ *Hier ist es mir zu voll.* It's too crowded for me here. ◇ *Der Saal war gerammelt voll.* The room was jam packed. **3** (*ganz*) whole ◇ *Ich habe eine volle Stunde gewartet!* I waited a whole hour! ◇ *die volle Wahrheit* the whole truth **4** (*total*) complete (*Adv* completely), total (*Adv* totally), full (*Adv* fully) ◇ *Das Projekt war ein voller Erfolg.* The project was a complete success. ◇ *Dafür habe ich vollstes Verständnis.* I understand totally. ◇ *Sie haben meine volle Unterstützung.* You have my full support. ◇ *die volle Verantwortung (für etw) übernehmen* take full responsibility (for sth) ◇ *Die Party war in vollem Gange.* The party was in full swing. ◇ *einer Sache voll zustimmen* be in full agreement with sth ◇ *Der Schlag traf ihn voll ins Gesicht.* The blow hit him full in the face. ◇ *Sie war sich ihrer Lage voll bewusst.* She was fully aware of her situation. ◇ *bei vollem Bewusstsein* fully conscious ◇ *voll akzeptiert/integriert sein* be fully accepted/integrated ◇ *etw voll ausnutzen* exploit sth to the full ◇ *in vollem Ernst* in all seriousness **5** (*Figur*) rounded; (*Lippen, Busen*) full; (*Wangen*) chubby; (*Gesicht*) round; (*Haar*) thick **6** (*Klang, Geschmack, Farbton*) rich **7** (*betrunken*) drunk IDM **aus dem Vollen schöpfen** draw on plentiful resources ◇ *Das Museum kann finanziell aus dem Vollen schöpfen.* The museum has plentiful financial resources on which to draw. **jdn (nicht) für voll nehmen** (not) take sb seriously **voll da sein** be with it ◇ *Du bist schon den ganzen Abend nicht voll da!* You haven't been quite with it all evening! ℹ Für andere Redewendungen mit **voll** siehe die Einträge für die entsprechenden Nomina etc. **Aus vollem Hals** z.B. steht unter **Hals**.

vollauf completely, fully ◇ *vollauf zufrieden* fully satisfied ◇ *Wir waren vollauf beschäftigt.* We were fully occupied.

voll- **vollautomatisch** fully automatic ◇ *Die Anlage kann vollautomatisch betrieben werden.* The running of the plant is fully automatic. **Vollbart** (full) beard **vollbärtig** bearded **Vollbeschäftigung** full employment **Vollbremsung** emergency stop ◇ *eine Vollbremsung machen* do an emergency stop

vollbringen achieve; (*Meisterstück, Kunststück*) produce; (*Wunder*) work ◇ *Unmögliches vollbringen* achieve the impossible ◇ *Ich hab's vollbracht.* I've done it. ◇ *Es ist vollbracht.* It is finished.

vollbusig buxom

Volldampf **mit ~** at full steam ◇ *Sie fuhr mit Volldampf vorbei.* She drove past at full steam. ◇ *Mit Volldampf voraus!* Full steam ahead! ◇ *mit Volldampf arbeiten* work flat out

vollenden finish, complete (*gehoben*) ◇ *Der Bau ist fast vollendet.* The building is almost finished. ◇ *Jugendliche bis zum vollendeten 20. Lebensjahr* young people under the age of 20 IDM → TATSACHE

vollendet **1** → VOLLENDEN **2** (*vollkommen*) perfect (*Adv* perfectly) ◇ *ein vollendeter Gastgeber* a perfect host

vollends completely

Vollendung **1** completion ◇ *Das Hotel steht kurz vor der Vollendung.* The hotel is near completion. ◇ *kurz nach Vollendung ihres 65. Lebensjahres* shortly after she reached the age of 65 **2** (*Vollkommenheit*) perfection ◇ *ein Klavierkonzert in höchster Vollendung* a piano concerto played to absolute perfection ◇ *Sie zeigte Eiskunstlauf in Vollendung.* Her performance was ice-skating at its best.

Volley volley

Volleyball volleyball

voll- **vollführen** perform **vollfüllen** fill **Vollgas** ◇ *mit Vollgas fahren* drive at full speed ◇ *Vollgas geben* put your foot down **vollgießen** **etw ~** fill sth to the top, fill sth right up ◇ *Er goss die Gläser bis zum Rand voll.* He filled the glasses right up. **Vollidiot(in)** (complete) idiot

völlig total (*Adv* totally), complete (*Adv* completely) ◇ *Es erfordert völlige Konzentration.* It requires total concentration. ◇ *Er ist völlig pleite.* He is completely broke. ◇ *Du hast völlig recht!* You're absolutely right! ◇ *Es ist mir völlig egal.* I don't care one bit. ◇ *Ich finde das völlig in Ordnung.* It's perfectly all right.

volljährig ◇ *volljährig werden/sein* come/be of age ◇ *noch nicht volljährig* under age

Voll- **Vollkaskoversicherung** comprehensive insurance [U] **vollklimatisiert** air-conditioned

vollkommen **1** perfect ◇ *Niemand ist vollkommen.* Nobody is perfect. ◇ *Sie beherrscht ihr Instrument vollkommen.* She displays a perfect mastery of the instrument. **2** (*völlig*) total (*Adv* totally), complete (*Adv* completely); (*betont*) utter [nur vor Nomen] (*Adv* utterly)

Vollkommenheit perfection

Vollkornbrot wholemeal bread

volllaufen **1 etw (mit etw) ~ lassen** fill sth (with sth) ◇ *die Wanne volllaufen lassen* fill the bath with water **2 sich ~ lassen** get completely drunk

Vollmacht **1** (RECHT) power of attorney ◇ *Seine Mutter erteilte ihm eine Vollmacht.* His mother gave him power of attorney. **2** (*Ermächtigung*) authority

Voll- **Vollmilch** full-cream milk **Vollmilchschokolade** milk chocolate **Vollmond** full moon ◇ *Am Wochenende haben wir Vollmond.* There'll be a full moon at the weekend. **Vollnarkose** general anaesthetic, (*AmE*) general anesthetic **Vollpension** full board

vollschlagen IDM → BAUCH

vollständig complete (*Adv* completely); (*Adresse, Bericht*) full ◇ *Die Unterlagen waren vollständig.* The documentation was complete. ◇ *Der Verein finanziert sich vollständig über Spenden.* The association is funded entirely by donations.

Vollständigkeit completeness ◇ *der Vollständigkeit halber* for the sake of completeness ◇ *Sie prüfte die Dokumente auf Vollständigkeit.* She checked that the documentation was complete.

vollstopfen **etw (mit etw) ~** stuff sth full (of sth) ◇ *einen Schrank mit Kleidern vollstopfen* stuff a cupboard full of clothes

vollstrecken (*Todesstrafe, Haftbefehl, Urteil*) carry sth out; (*Testament, Zwangsräumung, Pfändung*) execute

Vollstrecker(in) (*von Testament*) executor

voll- **volltanken** (**etw**) ~ fill (sth) up (with petrol) ◇ *Volltanken, bitte!* Fill it up, please. ◇ *den Mietwagen vollgetankt abliefern* deliver the hire car with a full tank of petrol **Volltreffer 1** (*auf Zielscheibe*) ◇ *ein Volltreffer sein* hit the bull's eye **2** (*fig*) (big) hit ◇ *Das Weinfest erwies sich als Volltreffer.* The wine festival was a big hit. ◇ *Diese Investition war ein Volltreffer.* That investment was a winner. **volltrunken** completely drunk [nicht vor Nomen], drunken [nur vor Nomen] **Vollverb** full verb **Vollverpflegung** full board **Vollversammlung** full meeting; (*UNO*) General Assembly **Vollwaschmittel** detergent **Vollwerternährung** wholefood diet

vollwertig 1 full; (*Ersatz*) adequate **2** (*Ernährung*) ◇ *eine vollwertige Ernährung* eating wholefoods ◇ *sich vollwertig ernähren* eat a wholefood diet

Vollwertkost wholefoods [Pl]

vollzählig ◇ *Die Mitglieder waren vollzählig versammelt.* All the members attended the meeting. ◇ *Sie sind vollzählig erschienen.* They all turned up. ◇ *Sind wir schon vollzählig?* Are we all here?

Vollzeit full time ◇ *in Vollzeit arbeiten* work full time ◇ *Sie ist Vollzeit-Mama.* She is a full-time mother.
Vollzeitkraft full-time worker **Vollzeitstelle** full-time job

vollziehen 1 carry *sth* out; (*Änderungen auch*) implement; (*Anpassung, Wende, Bruch*) make; (*Ehe*) consummate; (*Trauung*) perform **2 sich ~** take place

Vollzug 1 (*das Vollziehen*) carrying out (*oft mit einem Verb übersetzt*) ◇ *Der sofortige Vollzug des Todesurteils wurde angeordnet.* It was ordered that the death sentence should be carried out immediately. ◇ *der Vollzug der deutschen Wiedervereinigung* bringing about German reunification **2** (*Straf-*) penal system; (*Gefängnisse*) prisons [Pl] ◇ *Er wird seine Strafe im offenen Vollzug absitzen.* He will serve his sentence in an open prison.
Vollzugsanstalt penal institution

Volontär(in) intern

Volontariat internship

Volt volt (*Abk* V)

Volumen 1 (*Rauminhalt*) volume; (*eines Behälters*) capacity **2** (*Umfang*) size

voluminös voluminous

von 1 of ◇ *eine Freundin von mir* a friend of mine ◇ *Das war nett von ihm.* That was nice of him. ◇ *von großer Bedeutung* of great importance ◇ *im Alter von 12* at the age of twelve ◇ *dieser Idiot von Friseur* that idiot of a hairdresser ◇ *von den angebotenen Kleidern* out of all the dresses on offer ◇ *eine Tochter im Alter von 6 Monaten* a six-month-old daughter ◇ *ein Urlaub von drei Wochen* a three-week holiday ◇ *nördlich von London* north of London ◇ *in sechs von zehn Fällen* in six out of ten cases **2** (*Ausgangspunkt*) from ◇ *von Rom bis Paris* from Rome to Paris ◇ *Das Auto kam von rechts.* The car came from the right. ◇ *ein Geschenk von euch* a present from you ◇ *Es tropft von der Decke.* There's water dripping from the ceiling. ◇ *von hier aus* from here ◇ *Wann kommt sie von der Arbeit?* When does she get home from work? ◇ *Vom Bahnhof nehme ich ein Taxi.* I'll get a taxi from the station. ◇ *Sie kennt ihn noch von früher.* She knew him previously. ◇ *von Zeit zu Zeit* from time to time ◇ *von Norden* from the north ◇ *vom Deutschen ins Englische übersetzen* translate from German into English ◇ *Von wem hast du das gekauft?* Who did you buy it from? ◇ *in der Nacht von Mittwoch auf Donnerstag* during Wednesday night **3** (*Loslösung*) off ◇ *She stieg vom Fahrrad.* She got off her bike. **4** (*Urheber, Ursache, mit Ausdrücken im Passiv*) by ◇ *Von wem ist das Stück?* Who is the play by? ◇ *Er wurde von einem Motorrad überfahren.* He was run over by a motorbike. ◇ *Sie ist Ärztin von Beruf.* She's a doctor by profession. ◇ *von Natur aus* by nature ◇ *Von wem ist das Kind?* Whose child is it? **5** (*Genitiv*) of (*oft mit „'s" übersetzt*) ◇ *das Haus von meinen Vorfahren* the house of my ancestors ◇ *das Auto von meinem Vater* my father's car **6** (*aufgrund*) from ◇ *wund von etw sein* be sore from sth ◇ *Er war müde von der Reise.* He was tired after/from the journey. ◇ *Sie wachte vom Lärm auf.* The noise woke her up. **7 ~ … an** from … (on) ◇ *von nun an* from now on ◇ *von diesem Tag an* from that day on ◇ *von Anfang an* right from the start ◇ *Er wollte von Kindheit an Schauspieler werden.* He always wanted to be an actor. ◇ *vom ersten an gültig* effective as from the first of the month **8 von … her** from …; (*von … aus gesehen*) in … terms ◇ *vom Fluss her* from the river ◇ *Sie kennen sich von der Schule her.* They know each other from school. ◇ *vom politischen Aspekt her* in political terms IDM **von mir etc. aus** as far as I, etc. am concerned ℹ Für andere Ausdrücke mit **von** siehe die Einträge für die entsprechenden Nomina etc. **Fern von** z.B. steht unter **fern**.

voneinander from each other ◇ *Wir wohnen einen Kilometer voneinander entfernt.* We live a kilometre away from each other. ◇ *Wir haben nicht viel voneinander gehabt.* We didn't see much of each other. ◇ *Ich kann sie nicht voneinander unterscheiden.* I can't tell them apart. ◇ *Sie leben voneinander getrennt.* They live apart. → *Siehe auch* VON

vor 1 in front of ◇ *vor allen Leuten* in front of everybody ◇ *Vor dem Haus ist ein kleiner Garten.* There's a small garden at the front of the house. ◇ *Er trat vor 600 Zuschauern auf.* He appeared before an audience of 600 people. ◇ *unmittelbar vor der Küste* just off the coast **2** (*außerhalb von*) outside ◇ *die Stiefel vor der Tür lassen* leave your boots outside the door ◇ *Der Bus hält direkt vor unserem Haus.* The bus stops right outside our house. **3** (*zeitlich, in Reihenfolgen*) before ◇ *kurz vor Ladenschluss* just before closing time ◇ *vor der Ampel links abbiegen* turn left before the traffic lights ◇ *„P" kommt vor „Q".* 'P' comes before 'Q'. **4** (*vor dem jetzigen Zeitpunkt*) ago ◇ *vor wenigen Minuten* a few minutes ago ◇ *Vor einem Jahr waren wir in Spanien.* A year ago, we were in Spain. ◇ *vor langer Zeit* a long time ago **5** (*mit Uhrzeit*) to ◇ *zwei Minuten/Viertel vor drei* two minutes/a quarter to three. **6 ~ jdm/etw** ahead (of sb/sth) ◇ *zehn Meter vor uns* ten metres ahead of us ◇ *Er hat vor ihr das Haus betreten.* He went into the house ahead of her. ◇ *der Weg vor uns* the path ahead ◇ *Wir haben noch 50 Kilometer vor uns.* We've still got 50 kilometres to go. **7** (*aufgrund von*) with ◇ *Sie schreit vor Wut.* She's screaming with rage. ◇ *vor lauter Langeweile* out of sheer boredom ◇ *vor Angst sterben* die of fright **8** (*vorwärts*) forwards ◇ *Sie konnten weder vor noch zurück.* They could go neither forwards or backwards. **9 ~ sich hin** to yourself ◇ *Er sang leise vor sich hin.* He was singing quietly to himself. **10 etw (noch) ~ sich haben** have sth ahead of you ◇ *Sie hat ihr ganzes Leben noch vor sich.* She has her whole life ahead of her. ◇ *Das Schlimmste habe ich noch vor mir!* The worst is still to come! ℹ Für andere Ausdrücke mit **vor** siehe die Einträge für die entsprechenden Nomina etc. **Horror vor etw** z.B. steht unter **Horror**. IDM → ALLES *und* DING

Vorabend evening before, eve (*gehoben*) ◇ *am Vorabend seines Geburtstages* on the evening before his birthday ◇ *am Vorabend der Verhandlungen* on the eve of the negotiations
Vorabendprogramm ◇ *im Vorabendprogramm* on early evening television

Vorahnung premonition ◇ *Sie hatte eine böse Vorahnung.* She had a premonition of something terrible.
voran 1 in front ◇ *der Zug, voran die Blaskapelle* the procession, with the brass band in front ◇ *mit dem Kopf voran* head first **2 allem ~** especially **3** (*vorwärts*) ◇ *Immer langsam voran!* Slowly does it!
voranbringen make progress with *sth* ; (*beschleunigen*) speed *sth* up
vorangehen 1 (jdm/etw) ~ go on ahead (of sb/sth) ◇ *Geh du voran!* You go on ahead. **2** (*Fortschritte machen*) progress ◇ *Wie geht die Arbeit voran?* How is the work progressing? ◇ *Der Bau des Hauses geht gut voran.* The work on the house is coming along well. **3 jdm/etw ~** (*vorausgehen*) precede sb/sth ◇ *Der Feier gingen lange Vorbereitungen voran.* The party was preceded by lengthy preparations. ◇ *Dem vorangegangen war Haydns Violinkonzert.* The preceding piece was the Haydn violin concerto. ◇ *Genehmigung des Protokolls der vorangegangen Sitzung* Approval of the minutes of the previous meeting **IDM** → BEISPIEL
vorankommen 1 make progress ◇ *Sie kam trotz des Staus gut voran.* She made good progress despite the traffic jam. ◇ *Die Verhandlungen kommen nur schleppend voran.* The talks are making slow progress. ◇ *Abends kommen die Busse schneller voran.* The buses travel faster at night. **2** (*im Leben, Beruf*) get on
Voranmeldung appointment ◇ *nur nach Voranmeldung* by appointment only ◇ *Um telefonische Voranmeldung wird gebeten.* Please telephone for an appointment.
vorantreiben push ahead with *sth*
Vorarbeit groundwork [U]
vorarbeiten 1 ◇ *Er hat drei Tage vorgearbeitet.* He's accumulated three days' flexileave. ◇ *Sie hat vier Stunden vorgearbeitet.* She worked four hours in advance. **2 sich ~** work your way through **3 sich ~** (SPORT) work your way up ◇ *Er hat sich auf Platz 16 vorgearbeitet.* He worked his way up to 16th position. **4** (*Vorarbeit leisten*) do the groundwork
Vorarbeiter(in) supervisor; (*Mann auch*) foreman
voraus (jdm/etw) ~ ahead (of sb/sth) ◇ *Sie war ihrer Zeit weit voraus.* She was years ahead of her time. ◇ *Volle Kraft voraus!* Full speed ahead!
Voraus im ~ in advance
vorausfahren 1 go in front; (*Fahrer*) drive in front **2** (*zeitlich*) go on ahead
vorausgehen 1 (jdm) ~ go on ahead (of sb) **2 einer Sache ~** (*zeitlich*) precede sth ◇ *Der Trennung war ein heftiger Streit vorausgegangen.* The split was preceded by a violent argument.
vorausgesetzt 1 → VORAUSSETZEN **2 ~, (dass) ...** provided (that) ...
Voraussage prediction; (*Wetter-*) forecast ◇ *Ich mache nie Voraussagen.* I never make predictions.
voraussagen predict; (*Wetter*) forecast ◇ *Es ist unmöglich vorauszusagen, wer gewinnen wird.* It's impossible to predict who will win. ◇ *Es wurde Schnee vorausgesagt.* Snow was forecast. ◇ *jdm die Zukunft voraussagen* tell sb's fortune
vorausschauen look ahead
vorausschauend 1 *Adj* far-sighted **2** *Adv* with (great) foresight
vorausschicken 1 send *sth* on ahead **2** (*vorher erklären*) ◇ *„Ich bin Expertin auf diesem Gebiet", schickte sie voraus.* She began by saying, 'I'm an expert in this field.' ◇ *Dem muss vorausgeschickt werden, dass ...* It needs to be made clear first that ...
voraussehbar predictable ◇ *ein voraussehbares Resultat* a predictable result ◇ *Es war voraussehbar, dass er das nicht schaffen würde.* Anyone could have foreseen that he wouldn't succeed.
voraussehen foresee ◇ *Es war nicht vorauszusehen.* No one could have foreseen it. ◇ *Das war vorauszusehen.* You could see it coming.
voraussetzen 1 (*annehmen*) assume; **etw stillschweigend ~** take sth for granted **2** (*verlangen*) require ◇ *Dieser Job setzt Teamgeist und Engagement voraus.* This job requires team spirit and commitment. → *Siehe auch* VORAUSGESETZT
Voraussetzung 1 assumption ◇ *Er ging von der Voraussetzungen aus, dass ...* He was working on the assumption that ... ◇ *Du bist von falschen Voraussetzungen ausgegangen.* You made a false assumption **2** (*Bedingung*) condition ◇ *Ich tue dies nur unter der Voraussetzung, dass du mir hilfst.* I'll only do it on condition you help me. ◇ *eine wesentliche Voraussetzung* an essential requirement ◇ *Ich finde, du erfüllst alle Voraussetzungen für den Lehrberuf.* In my opinion, you have all the qualities to make a good teacher.
Voraussicht 1 foresight ◇ *in weiser Voraussicht* with great foresight **2 aller ~ nach** in all probability
voraussichtlich probable (*Adv* probably) ◇ *eine voraussichtliche Entwicklung* a probable development ◇ *Das Flugzeug hat voraussichtlich eine Stunde Verspätung.* It looks as if the plane will be an hour late.
vorauswissen know *sth* in advance
Vorauszahlung payment in advance
Vorbehalt reservation ◇ *Ich habe ernsthafte Vorbehalte gegen ihn.* I have serious reservations about him. ◇ *Sie stimmte unter Vorbehalt zu.* She agreed, with reservations. ◇ *Er entschuldigte sich ohne Vorbehalt.* He apologized unreservedly.
vorbehalten 1 sich etw ~ reserve the right to do sth ◇ *Wir behalten uns Änderungen im Programm vor.* We reserve the right to make changes to the programme. **2 jdm vorbehalten sein/bleiben** be sb's decision **IDM** → RECHT
vorbehaltlos unconditional (*Adv* unconditionally)
vorbei 1 (*räumlich*) past ◇ *Sind wir schon an Bonn vorbei?* Have we gone past Bonn? ◇ *Lass mich bitte vorbei.* Can I get past please? **2** (*zeitlich*) over ◇ *Bis ich kam, war alles schon vorbei.* By the time I arrived it was all over. ◇ *Schließlich war es mit seiner Geduld vorbei.* He finally lost patience. ◇ *Damit ist es jetzt aus und vorbei!* That's it now!
vorbeifahren 1 (an jdm/etw) ~ drive/ride/go past (sb/sth) **2 bei jdm/etw ~** call in at sb's/sth; **jdn bei jdm/etw ~** drop sb (off) at sb's/sth ◇ *Sollen wir kurz bei Peter vorbeifahren?* Shall we call in at Peter's?
vorbeigehen 1 (an jdm/etw) ~ go/walk past (sb/sth) ◇ *Sie ist einfach an uns vorbeigegangen.* She just walked past us. ◇ *Der Schuss ist am Tor vorbeigegangen.* The shot went past the goal. ◇ *Er hat im Vorbeigehen gewinkt.* He waved as he went past. ◇ *Warum sind wir an dem Geschäft vorbeigegangen?* Why didn't we stop at the shop? **2 bei jdm ~** drop in on sb; **bei etw ~** drop into sth ◇ *Ich gehe eben kurz beim Bäcker vorbei.* I am just going to drop into the baker's. **3 an jdm ~** pass sb by ◇ *Er war so müde, dass das gesamte Gespräch total an ihm vorbeiging.* He was so tired that the whole discussion passed him by. **4** (*zu Ende gehen*) pass ◇ *Glaub mir, auch das geht vorbei.* Believe me, it'll pass.
vorbeikommen 1 (an jdm/etw) ~ pass (sb/sth) ◇ *Wir sind an mehreren Tankstellen vorbeigekommen.* We passed several petrol stations. **2 (an jdm/etw) ~** (*an einem Hindernis*) get past (sb/sth) ◇ *Ich komme an dem Wagen nicht vorbei.* I can't get past that car. **3 nicht an etw ~** (*nicht vermeiden können*) not get out of doing sth ◇ *Du wirst nicht daran vorbeikommen, deine Hausaufgaben zu machen.* You can't get out of

doing your homework. **4 (bei jdm) ~** drop in (to see sb) ◇ *Ich komme heute Abend kurz (bei dir) vorbei.* I'll drop in (to see you) this evening. IDM → SPRUNG

vorbeireden 1 an etw ~ not deal with sth ◇ *Er hat vollkommen am Thema vorbeigeredet.* He didn't deal with the subject at all. **2 aneinander ~** talk at cross purposes ◇ *Sie haben ständig aneinander vorbeigeredet.* They kept talking at cross purposes.

vorbeischauen (bei jdm) ~ drop in (on sb)

vorbeischießen (an etw) ~ miss (sth) ◇ *am Ziel vorbeischießen* miss the target

Vorbemerkung preliminary remarks [Pl]; (*in einem Buch etc.*) foreword

vorbereiten 1 prepare ◇ *eine Mahlzeit/Schulstunde vorbereiten* prepare a meal/lesson ◇ *eine Party/Reise vorbereiten* make preparations for a party/journey **2 jdn auf etw ~** prepare sb for sth; **sich auf etw ~** prepare for sth ◇ *Ich bereite mich auf eine Prüfung vor.* I'm preparing for an exam. ◇ *Auf diese Frage war ich nicht vorbereitet.* I wasn't prepared for that question.

vorbereitend preparatory ◇ *vorbereitende Gespräche* preparatory talks → *Siehe auch* VORBEREITEN

Vorbereitung preparation ◇ *Sie treffen Vorbereitungen für die Hochzeit.* They are making preparations for the wedding. ◇ *Hast du alle Vorbereitungen getroffen?* Have you got everything ready? ◇ *Der Film ist gerade in Vorbereitung.* The film is currently being made.
Vorbereitungskurs preparatory course **Vorbereitungsphase** preliminary stage **Vorbereitungszeit** preparation time

Vorbesprechung preliminary discussion

vorbestellen reserve

Vorbestellung reservation, advance booking

vorbestraft ◇ *Ich bin vorbestraft.* I've got a criminal record. ◇ *Die Angeklagte ist mehrfach vorbestraft.* The accused has a number of previous convictions. ◇ *Er ist wegen Betrugs vorbestraft.* He has a previous conviction for fraud.

vorbeugen 1 sich ~ bend/lean forward; **etw ~** bend sth forward **2 einer Sache ~** (*verhindern*) prevent sth ◇ *Diesem Umstand muss vorgebeugt werden.* This must be prevented from happening. ◇ *Vorbeugen ist besser als Heilen.* Prevention is better than cure. ◇ *vorbeugende Maßnahmen treffen* take preventive action

Vorbild example ◇ *Sie ist ein Vorbild für uns alle.* She is an example to us all. ◇ *Nimm dir deine Schwester zum Vorbild.* You should follow your sister's example. ◇ *Sie ist ein schlechtes Vorbild für junge Mädchen.* She's not a good role model for young girls. ◇ *Er wird von seinen Kollegen als Vorbild gesehen.* His colleagues look up to him. ◇ *Sie eifern seinem Vorbild nach.* They model themselves on him.
Vorbildfunktion ◇ *Fußballer haben eine Vorbildfunktion für junge Menschen.* Footballers serve as role models for young people. ◇ *Lehrern kommt eine Vorbildfunktion zu.* Teachers have to set an example.

vorbildlich 1 *Adj* exemplary ◇ *vorbildliches Benehmen* exemplary behaviour ◇ *Sie leistet vorbildliche Arbeit.* Her work is excellent. **2** *Adv* extremely well ◇ *Die Bücherei wird vorbildlich verwaltet.* The library is extremely well run. ◇ *Das Straßennetz ist vorbildlich ausgebaut.* There is an excellent road network.

Vorbote, Vorbotin herald; (*von etwas Negativem*) harbinger (*gehoben*)

vorbringen put *sth* forward; (*Einwände, Anliegen, Kritik*) voice ◇ *Wir möchten einen Vorschlag vorbringen.* We'd like to put forward a suggestion. ◇ *Möchte jemand etwas vorbringen?* Are there any points anyone wants to raise?

Vordenker(in) pioneering thinker, thought leader

Vorderbein foreleg

vordere(r,s) front [nur vor Nomen] ◇ *die vorderen Reihen* the front rows ◇ *Sie belegte einen der vorderen Plätze.* She was one of the best. ◇ *Das Feuer brach im vorderen Teil des Schiffs aus.* The fire started in the forward section of the ship. → *Siehe auch* VORDERSTE(R,S)

Vordereingang front entrance

Vordergrund foreground IDM **im Vordergrund stehen** be the centre of attention; (*AmE*) be the center of attention **etw in den Vordergrund stellen/rücken** give prominence to sth **in den Vordergrund treten** be/come to the fore; (*AmE*) be at the fore **sich/jdn in den Vordergrund drängen/spielen/stellen/schieben** push yourself/sb to the fore

vordergründig 1 *Adj* apparent ◇ *die vordergründigen Ursachen* the apparent causes **2** *Adv* on the face of it ◇ *Das ist nur vordergründig betrachtet so.* It only appears so on the face of it. ◇ *Sie ist nur vordergründig arbeitsam.* She only appears to be hard-working.

Vordermann, Vorderfrau person in front ◇ *Mein Vordermann war so groß, dass ich nichts sehen konnte.* The person in front of me was so tall I couldn't see a thing. ◇ *Er fuhr zu schnell und prallte auf seinen Vordermann auf.* He was driving too fast and hit the car in front. IDM **jdn/etw auf Vordermann bringen** get/knock/lick sb/sth into shape

Vorder- Vorderrad front wheel **Vorderseite** front; (*einer Medaille, Münze*) obverse (*Fachspr*) ◇ *an der Vorderseite des Hauses* on the front of the house **Vordersitz** front (seat) ◇ *auf dem Vordersitz sitzen* sit in the front

vorderste(r,s) front [nur vor Nomen] ◇ *die vorderste Reihe* the front row ◇ *Nur die Vordersten konnten etwas sehen.* Only those right at the front could see anything. → *Siehe auch* VORDERE(R,S)

Vorderteil front

vordrängeln, vordrängen 1 sich ~ push to the front; (*in einer Schlange*) jump the queue, (*AmE*) jump the line **2 sich ~** (*sich in den Mittelpunkt setzen*) push yourself to the fore; (*fig*) come to the fore

vordringen 1 in etw ~ get into sth ◇ *England drang ins Halbfinale vor.* England got into the semi-final. ◇ *Sie drangen in den Urwald vor.* They penetrated the jungle. **2 bis zu jdm/etw ~** get as far as sb/sth ◇ *Sie ist mit ihrer Beschwerde bis zum Generaldirektor vorgedrungen.* She got as far as the managing director with her complaint. ◇ *Die laute Musik von der Straße drang bis in unser Schlafzimmer vor.* We could hear the music in the street from our bedroom.

vordringlich ◇ *Ich halte das nicht für vordringlich.* I don't regard it as a priority. ◇ *Das ist vordringlich in Angriff zu nehmen.* It needs to be tackled as a priority. ◇ *Die Natur zu schützen ist eine vordringliche Aufgabe.* The protection of the natural environment is a matter of priority.

voreilig hasty ◇ *eine voreilige Entscheidung* a hasty decision ◇ *Er warnte davor, voreilige Schlüsse zu ziehen.* He warned against jumping to conclusions. ◇ *Er wehrte die voreiligen Glückwünsche ab.* He brushed aside the premature congratulations. ◇ *Sie stimmte dem Vorschlag voreilig zu.* She agreed to the suggestion without giving it enough thought.

voreinander 1 one in front of the other **2** (*wechselseitig*) from, for, of, etc. each other ◇ *Sie haben Angst voreinander.* They're afraid of each other. → *Siehe auch* VOR

voreingenommen biased; (*Vorurteile habend*) prejudiced ◇ *Der Richter wurde beschuldigt, voreingenommen zu sein.* The judge was accused of being biased. ◇

Sie ist voreingenommen gegen Ärzte. She's prejudiced against doctors.

voreinstellen (COMP) preset; **auf etw voreingestellt sein** default to sth

Voreinstellung (COMP) default

vorenthalten **jdm etw ~** keep sth from sb, withhold sth from sb (*gehoben*) ◇ *Diese Informationen wurden uns vorenthalten.* They withheld the information from us.

Vorentscheidung **1** preliminary decision ◇ *eine Vorentscheidung treffen* make a preliminary decision **2** (*Zwischenergebnis, das auf das Resultat hinweist*) deciding factor ◇ *Das frühe Tor war so etwas wie eine Vorentscheidung.* The early goal was the deciding factor. ◇ *Mit diesem Ergebnis ist die Vorentscheidung gefallen.* This result decided the outcome. **3** (*Vorentscheidungskampf*) preliminary round

vorerst for the time being

Vorfahr(in) ancestor

vorfahren **1** drive up ◇ *Sie fuhr mit einem BMW vor.* She drove up in a BMW. **2 etw ~** drive sth round **3** (*nach vorne fahren*) drive forward **4** (*vorausfahren*) go/drive on ahead

Vorfahrt right of way ◇ *Rechts hat Vorfahrt.* Traffic coming from the right has right of way. ◇ *jdm die Vorfahrt nehmen* not give way to sb ◇ *die Vorfahrt beachten/verletzen* observe/ignore the right of way

Vorfahrtsschild give way sign, (*AmE*) yield sign **Vorfahrtsstraße** major road

Vorfall incident

vorfallen **1** happen, occur (*gehoben*) **2** (*nach vorn fallen*) fall forward

Vorfeld **im ~ (von etw)** in the run-up (to sth)

vorfinden find

Vorfreude **die ~ (auf etw)** the excitement (about sth) ◇ *Die Vorfreude auf den Urlaub war groß.* They were looking forward to the holiday with great excitement. ◇ *Alle waren voller Vorfreude.* They were full of excited anticipation.

vorführen **1 (jdm) etw ~** (*Film etc.*) show sth (to sb); (*Kunst-, Theaterstück etc.*) perform sth (for sb); (*Kollektion*) present sth (to sb) **2 (jdm) etw ~** (*vormachen*) demonstrate sth (to sb) **3 (jdm) jdn ~** (*dem Richter*) bring sb before sb

Vorführung **1** presentation; (THEAT) performance; (FILM) screening **2** (*von Geräten etc.*) demonstration **3** (*beim Richter*) appearance

Vorgabe **1** (*Richtlinie*) guideline **2** (SPORT) handicap; (*Vorsprung*) (head) start

Vorgang **1** event **2** (*Prozess*) process ◇ *Der Vorgang wird zweimal wiederholt, dann ist die Luft sauber.* The process is repeated twice, then the air is clean. **3** (*Akte*) file; (*Fall*) case

Vorgänger(in) predecessor

Vorgängermodell previous model

Vorgarten front garden

vorgeben **1** pretend; (*behaupten*) claim **2** (*vorschreiben*) prescribe, set ◇ *innerhalb einer vorgegebenen Zeit* within a prescribed period ◇ *Als Thema wurde vorgegeben: …* The set topic was: … ◇ *den Rhythmus vorgeben* set the rhythm **3 etw ~** (*nach vorn geben*) pass sth to the front

vorgefasst preconceived [nur vor Nomen]

vorgefertigt prefabricated; (*Formular*) pre-printed

vorgehen **1** (*Uhr*) gain; (*nur momentan*) be fast ◇ *Pro Tag geht die Uhr zehn Minuten vor.* The watch gains 10 minutes a day. ◇ *Meine Uhr geht ein paar Minuten vor.* My watch is a few minutes fast. **2** (*geschehen*) go on, happen ◇ *Wer weiß, was in ihm manchmal so vorgeht.* Who knows what's going on in his mind. **3** (*verfahren*) proceed ◇ *Wir müssen vorsichtig vorgehen.* We must proceed carefully. **4 gegen jdn/etw ~** take action against sb/sth; **mit etw gegen jdn/etw ~** use sth against sb/sth **5** (*Priorität haben*) take priority, come first ◇ *Die Familie geht vor.* Your family comes first. **6** (*nach vorn gehen*) go up (to the front) **7** (*vorausgehen*) go on ahead; (*als Erster gehen*) lead the way ◇ *Sie sind schon vorgegangen.* They've gone on ahead. ◇ *Soll ich vorgehen?* Shall I lead the way? ◇ *Bitte gehen Sie vor.* After you.

Vorgehen action

Vorgeschichte **1** history ◇ *die Vorgeschichte eines Konflikts* the history of a conflict ◇ *Er hat eine lange Vorgeschichte von Straftaten.* He has a string of previous convictions. **2** (*Zeitalter*) prehistory, prehistoric times [Pl] ◇ *Funde aus der Vorgeschichte* prehistoric finds

Vorgeschmack foretaste ◇ *ein Vorgeschmack auf den Sommer* a foretaste of summer

Vorgesetzte(r) superior

vorgestern the day before yesterday IDM **von vorgestern** from the past; (*Mensch*) behind the times

vorgreifen **1** pre-empt ◇ *Er will dem Gutachten nicht vorgreifen.* He doesn't want to pre-empt the report. ◇ *Sie wollte ihrem Chef nicht vorgreifen.* She didn't want to pre-empt what her boss was going to say. **2** (*beim Erzählen*) jump ahead

vorhaben plan; (*beabsichtigen*) intend ◇ *Was hast du vor?* What are you planning to do? ◇ *Was haben sie mit den Geiseln vor?* What do they intend to do with the hostages?

Vorhaben plan; (*Projekt*) project

vorhalten **1 jdm etw ~** (*Vorwürfe machen*) reproach sb with/for sth (*gehoben*) **2 jdm jdn als Beispiel ~** hold sb up as a model to sb **3 sich etw ~** (*vor den Körper*) hold *sth* up in front of you; (*vor den Mund*) put *sth* in front of your mouth ◇ *Sie hielt sich das Kleid vor.* She held the dress up in front of her. ◇ *jdn mit vorgehaltener Pistole bedrohen* threaten sb with a gun **4** (*reichen*) last ◇ *Die Batterien halten nicht lange vor.* The batteries don't last long. ◇ *Müsli hält vor bis zum Mittag.* Muesli keeps you going till lunchtime. IDM → HAND *und* SPIEGEL

Vorhaltung **jdm (wegen einer Sache) Vorhaltungen machen** reproach sb (for sth)

Vorhand forehand ◇ *einen Ball mit der Vorhand spielen* hit a ball on the forehand ◇ *Sie hat eine sehr gute Vorhand.* She has a very good forehand.

vorhanden present; (*existierend*) existing [nur vor Nomen]; (*erhältlich*) available; (*übrig*) remaining ◇ *die in den Lebensmitteln vorhandenen Bakterien* the bacteria present in the food ◇ *Die Hälfte aller vorhandenen Leitungen muss saniert werden.* Half of all the existing pipes need repairing. ◇ *Genügend Parkplätze sind vorhanden.* Ample parking is available. ◇ *Von den noch vorhandenen Karten hat sie zwei gekauft.* She bought two of the remaining tickets. ◇ *Industrie ist kaum vorhanden.* There is almost no industry.

Vorhang **1** curtain, *AmE*) drape ◇ *die Vorhänge zuziehen/aufziehen* draw the curtains **2** (THEAT) curtain; (*beim Schlussapplaus*) curtain call

Vorhängeschloss padlock

Vorhaut foreskin

vorheizen preheat

vorher before; (*vor dem Ereignis*) beforehand; (*zuerst*) first ◇ *am Abend vorher* on the evening before ◇ *Kurz vorher hatte ich mit ihm telefoniert.* I had spoken to him on the phone just before. ◇ *Wenn ich das vorher gewusst hätte, wäre ich nicht hingegangen.* If I'd known beforehand, I wouldn't have gone. ◇ *Ich muss* *vorher eben noch die Katze füttern.* I've just got to feed the cat first. IDM → KLUG

vorherbestimmt predetermined

vorherige(r,s) previous; (*Warnung, Absprache, Vereinbarung etc.*) prior

Vorherrschaft supremacy ◇ *um die militärische Vorherrschaft kämpfen* fight for military supremacy

vorherrschen be widespread ◇ *In dem Slums herrschten Typhus und Tuberkulose vor.* Typhoid and tuberculosis were widespread in the slums. ◇ *Es herrscht leider eine Ansicht vor, …* There is, alas, a widely held opinion that …

vorherrschend widespread, common; (*Meinung*) widely held; (*Farbe*) predominant ◇ *ein vorherrschendes Problem* a common problem ◇ *ein vorherrschendes Thema* a topical subject ◇ *vorherrschend bewölkt* mainly cloudy

Vorhersage prediction; (*Wetter-*) forecast

vorhersagen predict; (*Wetter meist*) forecast

vorhersehbar predictable

vorhersehen foresee

vorhin just now

vorige(r,s) last; (*früher*) previous ◇ *vorige Woche* last week ◇ *im vorigen Jahrhundert/August* last century/August ◇ *im Juli vorigen Jahres* in July of last year ◇ *seine vorige Freundin* his previous girlfriend

Vorjahr previous year; (*letztes Jahr*) last year

Vorkämpfer(in) early champion, pioneer

Vorkasse advance payment ◇ *Zahlung per Vorkasse* payment in advance

vorkauen **jdm etw ~** **1** (*zuerst kauen*) chew sth for sb **2** (*gründlich erklären*) spell sth out to sb; (*vordenken*) spoon-feed sb ◇ *In der Schule ist alles vorgekaut — man lernt nicht selbstständig zu denken.* Everything is spoon-fed to you in school — you don't learn to think independently.

Vorkehrung precaution ◇ *Vorkehrungen gegen das Hochwasser treffen* take precautions against the floods

Vorkenntnis previous knowledge [U/Sing] ◇ *Anfänger ohne Vorkenntnisse/mit Vorkenntnissen* beginners with no/some previous knowledge ◇ *Für diesen Spanischkurs sind gute Vorkenntnisse vorausgesetzt.* A good knowledge of Spanish is required for this course.

vorknöpfen **1 sich jdn ~** have a word with sb **2 sich etw ~** get down to sth

vorkommen **1** (*auftreten*) be found; (*Name, Mensch, Szene*) appear **2** (*geschehen*) happen ◇ *So etwas ist mir noch nie vorgekommen!* Nothing like that has ever happened to me before! ◇ *Das kann schon mal vorkommen.* It can happen. ◇ *„Entschuldigen Sie, dass ich zu spät komme." „Das kommt vor."* 'Sorry I'm late.' 'These things happen.' ◇ *Es wird nicht wieder vorkommen.* It won't happen again. **3 jdm … ~** (*erscheinen*) strike sb as …, seem … (to sb) ◇ *Es kam mir seltsam vor, dass …* It struck me as odd that … ◇ *Sie kommt mir bekannt vor.* She seems familiar. ◇ *Es kam mir vor, als hätte er das mit Absicht getan.* It seemed to me that he had done it deliberately. ◇ *Ich bin nicht betrunken, das kommt dir nur so vor.* I'm not drunk. It just looks that way to you. **4 sich … ~** ◇ *sich dumm vorkommen* feel silly ◇ *Er kommt sich überaus clever vor.* He thinks he's so clever. **5** (*nach vorne kommen*) go/come to the front ◇ *Ich musste in Mathe an die Tafel vorkommen.* In maths I had to go up to the blackboard. **6 hinter etw ~** come out from behind sth ◇ *Komm hinter der Tür vor!* Come out from behind the door! IDM → SPANISCH

Vorkommen **1** occurrence; (*von Verbrechen, Krankheiten*) incidence ◇ *Angaben zum Vorkommen von Pflanzenarten* information on the occurrence of plant species ◇ *häufiges Vorkommen von Brustkrebs* a high incidence of breast cancer ◇ *große Vorkommen an Thunfischen* large numbers of tuna **2** (GEOL) deposit ◇ *große Vorkommen an Silber* large deposits of silver

Vorkommnis incident ◇ *ohne besondere Vorkommnisse* without incident

Vorkriegs- pre-war ◇ *die Vorkriegszeit* the pre-war period

vorladen summon; (*Zeugen auch*) subpoena

Vorladung **1** (*Schriftstück*) summons; (*als Zeuge auch*) subpoena **2** (*das Vorladen*) (*meist mit einem Verb übersetzt*) ◇ *Drei Minister müssen mit einer Vorladung des Staatsanwalts rechnen.* Three ministers can expect to be summoned by the Public Prosecutor.

Vorlage **1** (*das Vorlegen*) presentation (*oft mit einem Verb übersetzt*) ◇ *Gegen Vorlage des Gutscheins erhalten Sie einen Preisnachlass.* You will receive a reduction on presentation of this voucher. ◇ *Ohne Vorlage der Geburtsurkunde bekommen Sie keinen Pass.* You can't get a passport without producing your birth certificate. **2** (*Entwurf*) draft; (*Gesetzes-*) bill **3** (*Muster*) pattern ◇ *etw nach Vorlage stricken* knit sth from a pattern ◇ *sich streng an die Vorlage halten* stick strictly to the pattern ◇ *etw nach Vorlage zeichnen* copy sth ◇ *Die „Kameliendame" diente Verdi als Vorlage für „La Traviata".* Verdi based 'La Traviata' on 'La Dame aux Camélias'. **4 jdm eine ~ geben** (*beim Fußball*) lay the ball on for sb

vorlassen **1** let *sb* go in front ◇ *Sie ließ mich an der Kasse vor.* She let me go in front of her at the checkout. **2** (*Auto, Fahrer*) let *sth/sb* in **3** (*vorbeigehen lassen*) let *sb* pass **4** (*empfangen*) allow *sb* in, receive ◇ *Sie wurde mit ihrem Anliegen zum Bürgermeister vorgelassen.* The mayor received her to hear her request.

Vorlauf **1** (*bei Kassetten*) fast forward **2** (SPORT) heat

vorlaufen **1** (*nach vorn laufen*) run forward **2** (*vorauslaufen*) run on ahead ◇ *Lauf schon vor, ich komm gleich nach.* You run on ahead. I'm just coming.

Vorläufer precursor, forerunner

vorläufig **1** *Adj* temporary; (*provisorisch*) provisional ◇ *ein vorläufiger Zustand* a temporary state of affairs ◇ *eine vorläufige Bleibe finden* find temporary accommodation ◇ *das vorläufige Ergebnis* the provisional result **2** *Adv* for the time being, temporarily ◇ *die Arbeit vorläufig einstellen* stop work temporarily ◇ *An meinem Stundenplan wird sich vorläufig nichts ändern.* My timetable is not going to change for the time being. ◇ *jdn vorläufig festnehmen* take sb into temporary custody

vorlaut cheeky (*Adv* cheekily), impertinent (*Adv* impertinently)

vorlegen **1 (jdm) etw ~** present sb with sth, present sth to sb; (*Beweis, Zeugnisse etc.*) produce sth (for sb) ◇ *jdm einen Brief zur Unterschrift vorlegen* present sb with a letter for signature ◇ *seinen Ausweis vorlegen* produce your ID ◇ *Der Verlag hat mehrere neue Brechtausgaben vorgelegt.* The publisher has produced several new editions of Brecht. **2** (*Kette etc.*) put *sth* across **3** (*Ball*) lay *sth* on

Vorleistung **1** (*Vorarbeit*) preliminary work ◇ *eine Vorleistung erbringen* do some preliminary work **2** (FINANZ) advance payment

vorlesen **etw ~** read sth out; **jdm etw ~** read sth to sb, read sb sth ◇ *Kannst du vorlesen, was da auf dem Schild steht?* Can you read out what it says on that sign? ◇ *Lies den Kindern eine Geschichte vor.* Read the children a story.

Vorlesung lecture ◇ *eine Vorlesung über Pinter halten/besuchen* give/attend a lecture on Pinter ◇ *Gehst du in die Vorlesung?* Are you going to the lecture?

vorletzte(r,s) **1** last but one, penultimate (*gehoben*) ◇ *die vorletzte Seite eines Buchs* the last page but one of a book **2** (*zeitlich*) ◇ *vorletzte Woche* the week before last ◇ *im vorletzten Jahr* the year before last ◇ *vorletzten Sonntag* the Sunday before last ◇ *vorletztes Mal* the time before last **3 der/die Vorletzte** ◇ *Er kam als Vorletzter am Ziel an.* He came next to last. ◇ *Steigt der Vorletzte der Tabelle ab?* Does the team that's second from bottom go down?

Vorliebe particular liking, preference; **eine ~ für etw haben** be particularly fond of sth ◇ *die kulinarischen Vorlieben der Soldaten* the soldiers' culinary preferences ◇ *Er hat eine Vorliebe für weiße Schokolade.* He is particularly fond of white chocolate. ◇ *Kafka schrieb mit Vorliebe nachts.* Kafka preferred to write at night.

vorliebnehmen **mit jdm/etw ~** make do with sb/sth ◇ *Er kann nicht kommen — du musst also mit mir vorliebnehmen.* He can't come, so you'll have to make do with me.

vorliegen **1 etw liegt jdm vor** (*Beschwerde, Antrag*) sb has received sth; (*Informationen, Ergebnisse*) sb has sth ◇ *Die Ergebnisse liegen uns noch nicht vor.* We haven't had the results yet. **2** (*bestehen, sich um etw handeln*) be ◇ *Hier muss ein Irrtum vorliegen.* There must be some mistake here. ◇ *Hier liegt eine Straftat vor.* A crime has been committed here. ◇ *Es liegt kein Verdacht gegen sie vor.* They are not suspected of anything. ◇ *Gegen sie liegt ein Haftbefehl vor.* An order has been issued for her arrest. **3** (*Buch*) come out ◇ *Der Roman liegt jetzt als Taschenbuch vor.* The novel has now come out in paperback.

vorliegend (*Unterlagen*) on hand; (*Ergebnis, Zahlen*) available ◇ *das vorliegende Dokument* the document that we have on hand ◇ *Im vorliegenden Fall handelt es sich um …* In the present case we are dealing with …

vorlügen **jdm etw ~** lie to sb

vormachen **1 jdm etw ~** show sb (how to do) sth **2 jdm etw ~** (*täuschen*) fool sb; **sich etw ~** kid yourself (*umgs*)

Vormachtstellung supremacy

vormalig former [nur vor Nomen]

vormals formerly

Vormarsch (MIL) advance IDM **auf dem/im Vormarsch sein** gain ground (*auch fig*)

vormerken **1 sich etw ~** make a note of sth ◇ *Ich habe mir den 3. Mai vorgemerkt.* I've made a note of the third of May. **2 jdn (für etw) ~** put sb's name down (for sth) ◇ *Ich habe mich für den Kurs vormerken lassen.* I've had my name put down for the course.

Vormittag morning → *Beispiele bei* MORGEN

vormittags in the morning; (*jeden Vormittag*) in the mornings ◇ *11 Uhr vormittags* 11 in the morning ◇ *Vormittags bin ich nie zu Hause.* I'm never at home in the mornings.

Vormund guardian

Vormundschaft guardianship

vorn, vorne **1** (*vor jdm*) in front; (*im/am vorderen Teil von etw*) in/at the front ◇ *Da vorne geht sie.* There she is in front. ◇ *Siehst du das Auto da vorn?* Can you see that car in front? ◇ *ganz vorn im Bild* right in the front of the picture ◇ *Kann ich im Bus vorn sitzen?* Can I sit at the front of the bus? ◇ *Das Auto ist vorn beschädigt.* The front of the car is damaged. **2 nach ~** to the front; (*vorwärts*) forwards ◇ *Geh mal nach vorn und sieh nach.* Go to the front and have a look. ◇ *ein Schritt nach vorne* a step forwards ◇ *leicht nach vorn gebeugt* bent slightly forwards **3 von ~** (*Frontalansicht*) ◇ *Ich konnte ihn nicht von vorn sehen.* I couldn't get a front view of him. **4 von ~** (*von neuem*) from scratch ◇ *ganz von vorn beginnen* start again from scratch **5 ~ liegen** be in front IDM **von vorn bis hinten** from start to finish → *Siehe auch* HINTEN

Vorname first name, Christian name ◇ *jdn mit Vornamen anreden* call sb by their first name ◇ *Wie heißt er mit Vornamen?* What's his first name?

vornehm exclusive, posh (*umgs*); (*adlig*) aristocratic; (*Benehmen*) refined ◇ *eine vornehme Wohngegend* an exclusive residential area ◇ *ein vornehmer Mensch* a refined person ◇ *eine vornehme Tat* a noble deed

vornehmen **1** carry sth out; **etw ~ lassen** have sth done ◇ *eine Untersuchung vornehmen* carry out an examination ◇ *Reparaturen vornehmen lassen* have some repairs done **2 sich etw ~** (*den Vorsatz fassen*) resolve to do sth ◇ *Er hatte sich fest vorgenommen, ruhig zu bleiben.* He had resolved to keep calm. **3 sich etw ~** (*planen*) plan sth ◇ *Nimm dir bitte für morgen nichts vor.* Don't plan anything for tomorrow. ◇ *Sie hatte sich wieder zu viel vorgenommen.* She had taken on too much again. **4 sich etw ~** (*vorknöpfen*) tackle sth ◇ *Zuerst werde ich mir die Küche vornehmen.* I'm going to tackle the kitchen first. **5 sich jdn ~** (*vorknöpfen*) have a word with sb

vornherein **von ~** from the start

Vorort suburb

Vorprogramm (*im Kino*) trailers [Pl]; (*im Konzert*) support act ◇ *Im Vorprogramm spielten die Standard Lamps.* The Standard Lamps were the support act.

vorprogrammiert (*fig*) inevitable

Vorrang **1** priority ◇ *den Vorrang vor jdm/etw haben* take priority over sb/sth ◇ *etw den Vorrang einräumen* give sth priority **2** (*Vorfahrt*) right of way, priority (*gehoben*) ◇ *Der Gegenverkehr hat Vorrang.* Oncoming traffic has right of way.

vorrangig chief [nur vor Nomen], priority ◇ *das vorrangige Ziel der Begegnungen* the chief aim of the meetings ◇ *Der Bau der Halle ist vorrangig.* The building of the hall is a (top) priority.

Vorrat stock (*auch fig*); (*Lebensmittel- auch*) supply ◇ *solange der Vorrat reicht* for as long as stocks last ◇ *Die Vorräte gehen zu Ende.* Supplies are running out. ◇ *ein Vorrat an Äpfeln* a supply of apples

vorrätig in stock ◇ *Diesen Artikel haben wir nicht vorrätig.* We don't have this article in stock.

Vorratskammer larder

Vorraum ante-room; (*Garderobe*) hall

Vorrecht privilege ◇ *Sie genießt gewisse Vorrechte.* She has certain privileges.

Vorrede (*einleitende Worte*) introduction

Vorreiter(in) forerunner

Vorrichtung device ◇ *eine Vorrichtung zur Entleerung des Behälters* a device for emptying the container

vorrücken **1** move sth forward ◇ *Wir rückten das Regal vor.* We moved the bookcase forward. **2** (*sich nach vorn bewegen*) move forward; (MIL) advance; (*auf einer Liste*) move up ◇ *Sie durfte drei Felder vorrücken.* She was allowed to move forward three squares. ◇ *Er ist auf der Warteliste vorgerückt.* He has moved up the waiting list. IDM **in vorgerücktem Alter** elderly **zu vorgerückter Stunde** at a very late hour

Vorruhestand early retirement ◇ *Er ging mit 58 in den Vorruhestand.* He took early retirement at 58.

Vorrunde preliminary round

Vorrundenspiel preliminary round match

vorsagen **1 jdm etw ~** say sth for sb ◇ *Die Lehrerin sagte uns die Sätze vor.* The teacher said the sentences for us. **2 jdm etw ~** (*Antwort*) tell sb sth ◇ *Sein Banknachbar sagte ihm alles vor.* His neighbour told him all the answers. **3 sich etw ~** say sth to yourself

Vorsaison early part of the season

Vorsatz intention ◇ *gute Vorsätze* good intentions ◇ *Ich fasste den Vorsatz, sie öfter zu besuchen.* I resolved to visit her more often.

vorsätzlich deliberate (*Adv* deliberately) ◇ *vorsätzliche Brandstiftung* deliberate arson ◇ *vorsätzlicher Mord* premeditated murder ◇ *Sie hat vorsätzlich gelogen.* She lied on purpose.

Vorschau preview; (*Film-*) trailer

Vorschein IDM **etw zum Vorschein bringen** reveal sth **zum Vorschein kommen** come to light ◇ *Es kamen Mängel zum Vorschein.* Some faults came to light. ◇ *Die Sonne kam wieder zum Vorschein.* The sun appeared again.

vorschicken → VORAUSSCHICKEN

vorschieben 1 push *sth* forward ◇ *Wir schoben das Klavier ein Stück vor.* We pushed the piano forward a bit. ◇ *die Unterlippe vorschieben* stick out your lower lip **2** (*etw vor etw schieben*) put *sth* across ◇ *den Riegel vorschieben* put the bolt across **3** (*als Vorwand*) give *sth* as an excuse ◇ *Er schob Kopfschmerzen vor.* He gave a headache as an excuse. ◇ *vorgeschobene Gründe* excuses **4 jdn ~** put sb forward IDM → RIEGEL

Vorschlag suggestion; (*offizieller auch*) proposal ◇ *Darf ich Ihnen einen Vorschlag machen?* May I make a suggestion? ◇ *auf Vorschlag des Ministeriums* at the suggestion of the ministry ◇ *Vorschläge zur Reform des Gesetzes* proposals for a reform of the law

vorschlagen 1 suggest ◇ *Ich schlug ihm einen Kompromiss vor.* I suggested a compromise to him. ◇ *Ich schlage vor, wir gehen ins Kino.* I suggest we go to the cinema. **2 jdn (als/für etw) ~** nominate sb (as/for sth)

Vorschlaghammer sledgehammer

vorschnell rash, hasty ◇ *eine vorschnelle Entscheidung* a rash decision ◇ *vorschnell urteilen* make a hasty judgement

vorschreiben 1 require, stipulate (*offiz*) ◇ *Das Gesetz schreibt vor, dass …* The law stipulates that … ◇ *Ich lasse mir von ihm nichts vorschreiben!* I won't let him tell me what to do! **2** (*an der Tafel etc.*) write *sth* out

Vorschrift rule; (*offiziell, gesetzlich*) regulation ◇ *sich an die Vorschriften halten* follow the rules ◇ *Einen Schutzhelm zu tragen ist Vorschrift.* It's compulsory to wear a hard hat. IDM **jdm Vorschriften machen** tell sb what to do ◇ *Ich lasse mir von dir keine Vorschriften machen!* I won't be told what to do by you! → *Siehe auch* DIENST

vorschriftsgemäß, vorschriftsmäßig 1 *Adj* correct **2** *Adv* according to the regulations ◇ *Die Behälter wurden vorschriftsgemäß versiegelt.* The containers were sealed according to the regulations. ◇ *Sie haben vorschriftsgemäß gehandelt.* They followed the rules.

Vorschub IDM **jdm/einer Sache Vorschub leisten** encourage sb/sth

Vorschulalter preschool age ◇ *Seine Kinder sind im Vorschulalter.* His children are of preschool age.

Vorschule nursery school

Vorschuss advance ◇ *ein Vorschuss von 1000 €* an advance of €1000 ◇ *sich einen Vorschuss geben lassen* get an advance

vorschwärmen jdm von jdm/etw ~ rave to sb about sb/sth

vorschweben jdm schwebt etw vor sb has sth in mind

vorsehen 1 plan ◇ *Hier ist eine neue Halle vorgesehen.* A new hall is planned here. ◇ *Dafür sind drei Monate vorgesehen.* It's scheduled to take three months. **2** (*bestimmen*) intend ◇ *Das Geld ist für einen neuen Wagen vorgesehen.* The money is intended for a new car. ◇ *Für die Renovierung hat die Stadt 50 000 $ vorgesehen.* The town has set aside $50 000 for the renovations. **3 sich (vor jdm/etw) ~** beware (of sb/sth) (*nur im Infinitiv und in der Befehlsform*) ◇ *Sieh dich vor!* Be careful! **4** (*vorschauen*) peep out

Vorsehung Providence ◇ *die göttliche Vorsehung* divine Providence

vorsetzen 1 put *sth* forward ◇ *einen Fuß vorsetzen* put one foot forward **2 sich ~** (*sich nach vorne setzen*) move forward ◇ *Wenn er schlecht sieht, sollte er sich lieber vorsetzen.* If he can't see, he should move forward. **3 jdm etw ~** put sth in front of sb ◇ *Wir bekamen eine Suppe vorgesetzt.* A soup was put in front of us. ◇ *Den Journalisten wurden nur Lügen vorgesetzt.* The journalists were served up nothing but lies.

Vorsicht 1 care, caution (*gehoben*) ◇ *Sie mahnte zur Vorsicht.* She advised caution. ◇ *Vorsicht ist beim Verzehr von Pilzen geboten.* Caution is advised when eating mushrooms. ◇ *Er wählte seine Worte mit Vorsicht.* He chose his words carefully. **2 ~!** Be careful! ◇ *Vorsicht, dass du dich nicht ansteckst!* Be careful you don't catch anything! ◇ *Vorsicht, Stufe!* Mind the step! ◇ *Vorsicht, bissiger Hund!* Beware of the dog! ◇ *Vorsicht, zerbrechlich!* Fragile! ◇ *Vorsicht bei Einfahrt des Zuges!* Stand clear! IDM **etw ist mit Vorsicht zu genießen** sth should be treated with caution **jd ist mit Vorsicht zu genießen** you have to be very careful with sb

vorsichtig careful (*Adv* carefully); (*zurückhaltend, zögerlich*) cautious (*Adv* cautiously) ◇ *ein vorsichtiger Fahrer* a careful driver ◇ *eine vorsichtige Frage* a cautious question

vorsichtshalber as a precaution, to be on the safe side ◇ *Nimm vorsichtshalber zwei Tabletten.* To be on the safe side, take two tablets.

Vorsichtsmaßnahme precaution ◇ *Vorsichtsmaßnahmen treffen* take precautions

Vorsilbe prefix

vorsingen 1 jdm (etw) ~ sing (sth) to sb, sing sb (sth) **2** (*als Test*) have an audition ◇ *Morgen singt sie in der Oper vor.* She has an audition at the opera tomorrow.

Vorsitz chairmanship; (*von Versammlungen, Konferenzen*) chair ◇ *der Vorsitz der Partei* the chairmanship of the party ◇ *Sie übernahm den Vorsitz.* She took the chair. ◇ *Die Verhandlungen fanden unter dem Vorsitz des Außenministers statt.* The talks were chaired by the Foreign Secretary. ◇ *das Gericht unter Vorsitz von Richter Neumayer* the court, presided over by Judge Neumayer

Vorsitzende(r) chair(person); (*Mann auch*) chairman; (*Frau auch*) chairwoman ◇ *der zweite Vorsitzende* the vice-chairman ◇ *die stellvertretende Vorsitzende des Aufsichtsrats* the deputy chairperson of the board

Vorsorge 1 provision; (*Vorsichtsmaßnahme*) precautions [Pl] ◇ *Vorsorge für die Zukunft treffen* make provision for the future ◇ *Vorsorge gegen Salmonellen* precautions against salmonella ◇ *Gesunde Ernährung ist die beste Vorsorge gegen Krebs.* The best way to prevent cancer is to have a healthy diet. **2** (MED) check-up ◇ *regelmäßig zur Vorsorge gehen* go for regular check-ups

vorsorgen make provision

vorsorglich 1 *Adj* precautionary **2** *Adv* as a precaution ◇ *Sie sind vorsorglich evakuiert worden.* They were evacuated as a precaution.

Vorspann (*bei Filmen etc.*) opening credits [Pl]; (*bei Texten*) opening lines [Pl]; (*bei Musik*) prelude

Vorspeise starter ◇ *Was gibt es als Vorspeise?* What's the starter?

Vorspiel **1** (MUS) prelude (*auch fig*) **2** (THEAT) prologue **3** (*beim Sex*) foreplay [U] **4** (SPORT) preliminary match **5** (*das Vorspielen*) audition; (*Prüfung*) exam

vorspielen **1 jdm etw ~** play sb sth, play sth to sb ◇ *Spiel uns doch etwas auf dem Klavier vor!* Go on, play us something on the piano! **2** (THEAT) **(jdm) etw ~** perform sth (for sb) **3** (*vortäuschen*) pretend ◇ *Spiel mir doch nichts vor!* Don't pretend to me! **4** (*für eine Rolle, einen Orchesterplatz*) audition ◇ *Morgen spielt sie beim Stadtorchester vor.* She is auditioning for the city orchestra tomorrow. **5** (*bei einer Musikprüfung*) have an exam

vorsprechen **1 (jdm) etw ~** say sth (for sb) ◇ *Der Lehrer sprach uns die Sätze vor.* The teacher said the sentences for us. **2** (*beim Theater etc.*) audition ◇ *Morgen spricht sie beim Stadttheater vor.* She is auditioning for the municipal theatre tomorrow. **3** (*Gedicht etc.*) recite **4 (bei jdm) ~** (*Behörde etc.*) call (on sb)

Vorsprechen (*im Theater*) audition

Vorsprung **1** lead (*auch fig*); **jdm einen ~ geben** give sb a start ◇ *Er hat drei Längen Vorsprung vor dem Schweizer.* He's got a lead of three lengths over the Swiss. ◇ *Ich gebe dir zwei Meter Vorsprung.* I'll give you two metres' start. **2 einen ~ gegenüber jdm haben** be ahead of sb ◇ *Gegenüber ihm hat sie einen immensen Vorsprung an Wissen.* She's way ahead of him as far as knowledge goes. **3** (*am Haus, Felsen etc.*) ledge

vorspulen fast-forward

Vorstadt suburb

Vorstand **1** (*einer Firma*) board (of directors); (*eines Vereins*) committee; (*einer Partei*) executive ◇ *im Vorstand sitzen* be on the board/committee/executive **2** (*Einzelperson*) chairman, chairwoman **Vorstandsmitglied** member of the board; (*einer Partei*) member of the executive **Vorstandssitzung** board meeting; (*einer Partei*) executive meeting **Vorstandsvorsitzende(r)** chairman/chairwoman of the board

vorstehen **1** jut out; (*Zähne*) protrude ◇ *vorstehende Kanten* edges that jut out **2 einer Sache ~** be the head of sth; (*einem Verein*) be the chairman/chairwoman of sth

Vorsteher(in) head

vorstellen **1 jdn ~** introduce sb; **sich (jdm) ~** introduce yourself (to sb) ◇ *Darf ich Ihnen Frau Berger vorstellen?* May I introduce Mrs Berger to you? ◇ *Er stellte mich als seine Kollegin vor.* He introduced me as his colleague. **2 (jdm) etw ~** introduce sth (to sb); (*Ergebnisse, Konzept etc.*) present sth (to sb) **3 sich bei jdm ~** have an interview with sb ◇ *Morgen stelle ich mich beim Personalchef vor.* I've got an interview with the HR manager tomorrow. **4 sich jdn/etw ~** imagine sb/sth ◇ *Stell dir das mal vor!* Just imagine! ◇ *Seine Freundin hatte ich mir ganz anders vorgestellt.* I imagined his girlfriend to be quite different. ◇ *Das Sofa ist genau das, was ich mir vorgestellt habe.* The sofa is exactly what I had in mind. ◇ *Wie stellen Sie sich unsere weitere Zusammenarbeit vor?* How do you see our future cooperation? **5 sich etw unter etw ~** ◇ *Unter „Netzwerkintegrator" kann ich mir nichts vorstellen.* The term 'network integrator' doesn't mean anything to me. **6** (*Stuhl etc.*) move *sth* forward; (*Bein*) put *sth* out **7 die Uhr ~** put the clocks forward ◇ *Morgen musst du die Uhren eine Stunde vorstellen.* You will have to put the clocks forward an hour tomorrow.

Vorstellung **1** idea ◇ *Sie macht sich keine Vorstellung davon, wie schwer das ist.* She has no idea how difficult it is. ◇ *Das Haus entspricht nicht ganz meinen Vorstellungen.* The house is not quite what I am looking for. **2** (*Einbildung*) imagination [U] ◇ *Das existiert nur in deiner Vorstellung!* It's all in your imagination! **3** (*im Theater, beim Sport*) performance ◇ *Sie lieferte die beste Vorstellung ihres Lebens.* She gave the best performance of her life. **4** (*bei Bewerbung*) interview **5** (*das Bekanntmachen*) introduction **6** (*Präsentation*) presentation **Vorstellungsgespräch** interview ◇ *Ich habe ein Vorstellungsgespräch bei Siemens.* I have an interview with Siemens. **Vorstellungskraft** imagination

Vorstoß **1** (MIL) advance ◇ *einen feindlichen Vorstoß abwehren* fight off an enemy advance **2** (*fig*) attempt ◇ *einen Vorstoß unternehmen* make an attempt

vorstoßen advance (*auch fig*) ◇ *in neue Dimensionen vorstoßen* advance into new dimensions

Vorstrafe previous conviction

vorstrecken **1** stretch *sth* forward; (*Arme, Hände*) stretch *sth* out **2 jdm etw ~** (*Geld*) advance sb sth

Vorstufe preliminary; (*historisch*) early form ◇ *Das Währungssystem ist eine Vorstufe der Währungsunion.* The currency system is a preliminary to monetary union. ◇ *Das Urgermanische ist die Vorstufe des Deutschen.* Proto-Germanic is an early form of modern German.

Vortag day before, eve (*gehoben*) ◇ *das Resultat vom Vortag* the result of the day before ◇ *am Vortag der Sitzung* on the eve of the meeting

vortäuschen (*Orgasmus, Verbrechen, Unfall, Verletzung*) fake; **jdm ~, etw zu tun** pretend (to sb) to do sth ◇ *ein vorgetäuschter Einbruch* a faked break-in ◇ *Ich täuschte ihm vor, außer Atem zu sein.* I pretended to be out of breath. ◇ *Sie täuschte Kopfschmerzen vor.* She pretended that she had a headache.

Vorteil advantage ◇ *Ein Vorteil dieser Lösung ist, dass sie billig ist.* This solution has the advantage of being cheap. ◇ *Das kann für dich von Vorteil sein.* That could be to your advantage. ◇ *Sie können daraus einen Vorteil ziehen.* They can use this to their advantage. ◇ *„Vorteil Kerber"* 'advantage Kerber' ◇ *Er denkt nur an seinen eigenen Vorteil.* He thinks only about his own interests. ◇ *Sie hat sich sehr zu ihrem Vorteil verändert.* She has definitely changed for the better. ◇ *die Vor- und Nachteile abwägen* weigh up the pros and cons

vorteilhaft advantageous; (*Foto, Kleidung*) flattering ◇ *Es kann vorteilhaft sein, dort zu investieren.* It might be advantageous to invest your money in that. ◇ *ein vorteilhaftes Angebot* a lucrative offer ◇ *sich auf etw vorteilhaft auswirken* have a beneficial effect on sth

Vorteilsaktion promotion

Vortrag **1** (*Rede*) talk (*Vorlesung*) lecture ◇ *einen Vortrag über Schiller halten* give a lecture on Schiller **2** (*Darbietung einer Rede*) delivery; (*eines Musikstücks*) performance; (*eines Gedichts*) reading

vortragen **1** (*singen, spielen*) perform; (*sprechen*) recite **2** (*darlegen*) voice ◇ *seine Beschwerden vortragen* voice your complaints **3** (*nach vorn tragen*) carry *sth* to the front. IDM → REDE

Vortragsreihe series of lectures

vortrefflich excellent (*Adv* excellently), splendid (*Adv* splendidly)

vortreten step forward ◇ *Wir mussten einzeln vortreten.* We had to step forward one at a time. ◇ *einen Schritt vortreten* take a step forwards

Vortritt **1** ◇ *Er ließ ihr den Vortritt.* He let her go first. ◇ *Kinder hatten den Vortritt.* Children had priority. **2** (*Vorfahrt*) right of way

vorüber → VORBEI

vorübergehen → VORBEIGEHEN

vorübergehend **1** *Adj* temporary **2** *Adv* temporarily, for a while
Vorurteil prejudice ◇ *Vorurteile gegen Frauen* prejudices against women ◇ *Vorurteile haben* be prejudiced
vorurteilsfrei, **vorurteilslos** **1** *Adj* unprejudiced **2** *Adv* without prejudice
Vorväter forefathers [Pl]
Vorverkauf advance booking ◇ *Der Vorverkauf hat gestern begonnen.* Advance booking began yesterday. ◇ *Karten im Vorverkauf besorgen* buy tickets in advance
Vorverkaufsstelle advance booking office
vorverlegen **1** (*zeitlich*) bring *sth* forward ◇ *etw um eine Woche vorverlegen* bring sth forward a week ◇ *Das Spiel wurde auf Samstag vorverlegt.* The match was brought forward to Saturday. **2** (*räumlich*) move *sth* forward
vorvorgestern three days ago
vorvorletzte(r,s) third from the end ◇ *auf der vorvorletzten Seite* on the third page from the end ◇ *vorvorletztes Jahr* three years ago
Vorwahl **1** (POL) preliminary election, (*AmE*) primary **2** (*Telefon-*) (dialling) code, (*AmE*) (area) code ◇ *die Vorwahl von Stuttgart* the code for Stuttgart
vorwählen (*beim Telefonieren*) dial *sth* first
Vorwand pretext ◇ *Er kam unter einem Vorwand in ihr Zimmer.* He came into her room on a pretext. ◇ *Sie brauchte einen Vorwand, um ihn nicht treffen zu müssen.* She needed an excuse not to have to meet him.
vorwarnen warn
Vorwarnung (prior) warning ◇ *Er schoss ohne Vorwarnung.* He fired without prior warning.
vorwärts forwards ◇ *ein Salto vorwärts* a forward somersault ◇ *Vorwärts!* Forward march! ◇ *vorwärts einparken* park nose first
vorwärtsfahren drive forwards **vorwärtskommen** make progress ◇ *Wir kamen nur langsam vorwärts.* We made slow progress.
Vorwäsche pre-wash
vorweg **1** (*voraus*) in front, ahead **2** (*vorher, zuerst*) (right) at the outset ◇ *Um es vorweg zu sagen, ...* To make it clear right at the outset, ...
vorwegnehmen anticipate ◇ *Diese Bilder nehmen bereits den Expressionismus vorweg.* These pictures anticipate Expressionism. ◇ *Ich will das Ergebnis gleich vorwegnehmen.* I'd like to come straight to the result. ◇ *Um das Wichtigste vorwegzunehmen: ...* To deal with the most important point first: ...
vorweihnachtlich pre-Christmas; (*Stimmung etc.*) Christmassy (*umgs*)
Vorweihnachtszeit pre-Christmas period
vorweisen show ◇ *Ich konnte keine Ergebnisse vorweisen.* I had no results to show. ◇ *Kandidaten müssen einen Berufsabschluss vorweisen.* Candidates must have a vocational qualification. ◇ *Sie hat schon einige Erfolge vorzuweisen.* She can already boast of some success.
vorwerfen **1 jdm etw ~** accuse sb of sth ◇ *jdm Betrug vorwerfen* accuse sb of deception ◇ *Ihm wird vorgeworfen, als Spion gearbeitet zu haben.* He is accused of having worked as a spy. ◇ *Du hast dir nichts vorzuwerfen.* You have nothing to reproach yourself for. **2** (*etw hinwerfen*) throw
vorwiegend **1** *Adj* predominant **2** *Adv* predominantly ◇ *die vorwiegend deutschsprachige Bevölkerung* the predominantly German-speaking population ◇ *Am Kurs nehmen vorwiegend Frauen teil.* It is predominantly women who attend this course.
Vorwort preface
Vorwurf reproach; (*Anklage*) accusation ◇ *Diese Vorwürfe sind nicht gerechtfertigt.* These reproaches are not justified. ◇ *Er wies den Vorwurf der Korruption zurück.* He rejected the accusation of corruption. ◇ *Sie macht ihm zum Vorwurf, dass ...* She reproaches him for ...
vorwurfsvoll reproachful (*Adv* reproachfully)
Vorzeichen **1** sign **2** (MUS) (*höher*) sharp sign; (*tiefer*) flat sign
vorzeichnen **1** sketch **2 jdm etw ~** draw sth out for sb **3** (*fig*) map *sth* out ◇ *Seine Karriere war vorgezeichnet.* His career was all mapped out.
vorzeigbar presentable; (*Ergebnis, Leistung*) notable
vorzeigen show ◇ *Sie musste ihre Flugkarte vorzeigen.* She had to show her airline ticket. ◇ *Mit Stolz zeigte sie ihr Zeugnis vor.* She proudly produced her certificate. ◇ *Barcelona hat einige prächtige Bauwerke vorzuzeigen.* Barcelona boasts some magnificent buildings.
Vorzeigeprojekt showcase project
Vorzeit prehistoric times [U] ◇ *seit der Vorzeit* since prehistoric times ◇ *Tiere der Vorzeit* prehistoric animals IDM **in grauer Vorzeit** in the dim and distant past
vorzeitig early; (*zu früh*) premature (*Adv* prematurely) ◇ *die vorzeitige Entlassung des Häftlings* the prisoner's early release ◇ *Er wurde in den vorzeitigen Ruhestand verabschiedet.* He was retired early. ◇ *vorzeitiges Altern* premature ageing ◇ *Der Sprengsatz explodierte vorzeitig.* The device went off prematurely. ◇ *Sie hat bei dem Wettkampf vorzeitig aufgegeben.* She gave up before the end of the competition.
vorziehen **1** pull *sth* out ◇ *Sie zog das Sofa vor, um dahinter putzen zu können.* She pulled the sofa out in order to clean behind it. **2** (*Gardinen*) draw **3** (*früher stattfinden lassen*) bring *sth* forward ◇ *Das Treffen wurde um einen Monat vorgezogen.* The meeting was brought forward by a month. **4** (*bevorzugt behandeln*) give *sb* priority ◇ *Sie wurde bei der Flugabfertigung vorgezogen.* She was given priority at check-in. ◇ *Sie zieht ihren Enkel immer den beiden Enkelinnen vor.* She always favours her grandson at the expense of her two granddaughters. **5** (*lieber mögen*) prefer ◇ *Ziehst du Honig oder Marmelade vor?* Do you prefer honey or jam? ◇ *Müllvermeidung ist dem Recycling vorzuziehen.* Avoiding waste is preferable to recycling it.
Vorzimmer outer office
Vorzug **1 jdm/etw den ~ geben** prefer sb/sth ◇ *Ich gebe dem Buch den Vorzug gegenüber dem Film.* I prefer the book to the film. **2 jdn mit ~ behandeln** give sb preferential treatment **3** (*Vorteil*) advantage ◇ *die Vorzüge der Bahn gegenüber dem Auto* the advantages of rail travel over the car ◇ *Ihre Lösung hat den Vorzug, dass sie billiger ist.* Her solution has the advantage of being cheaper. ◇ *die Vorzüge der vegetarischen Ernährung* the benefits of a vegetarian diet **4** (*gute Eigenschaft*) quality
vorzüglich **1** *Adj* excellent **2** *Adv* extremely well ◇ *Alles klappte vorzüglich.* Everything went extremely well. ◇ *Die Organisation klappte vorzüglich.* The organization was superb. ◇ *vorzüglich geeignet* eminently suitable
Vorzugsaktie preference share
vorzugsweise mainly
Votum **1** (*Stimme*) vote ◇ *Die Umfrage war ein Votum gegen den Bau der Autobahn.* The result of the poll was a vote against construction of the motorway. ◇ *Er gab*

sein Votum für das Projekt ab. He voted in favour of the project. **2** (*Urteil*) verdict ◇ *Wie lautet dein Votum?* What's your verdict?

vulgär vulgar ◇ *Musst du dich immer so vulgär ausdrücken?* Why do you have to use such vulgar expressions?

Vulkan volcano
Vulkanausbruch volcanic eruption

vulkanisch volcanic

W w

W, w W, w → *Beispiele bei* A

Waage 1 scales [Pl], (*AmE auch*) scale ◇ *Ist die Waage genau?* Are the scales accurate? ◇ *Sie bringt 90 Kilo auf die Waage.* She tips the scales at 90 kilos. **2** (*Sternzeichen*) Libra ◇ *Er ist (eine) Waage.* He's (a) Libra. **3 sich die ~ halten** (*ungefähr gleich sein*) be level; **einander die ~ halten** (*sich ausbalancieren*) balance each other out

waagerecht, waagrecht horizontal (*Adv* horizontally) ◇ *Die Risse verlaufen waagerecht in der Mauer.* The cracks run horizontally through the wall. ◇ *die Bilder waagerecht hinlegen* lay the pictures flat

Waagschale scale (pan) IDM **etw in die Waagschale werfen** ◇ *Der Bewerber konnte seine langjährige Erfahrung in die Waagschale werfen.* The applicant hoped his years of experience would tip the scales in his favour.

wabbelig wobbly; (*Bauch etc.*) flabby

Wabe honeycomb
wabenförmig 1 (*sechseckig*) hexagonal **2** (*löchrig*) honeycombed

wach 1 awake [nicht vor Nomen] ◇ *Sie ist schon seit Stunden wach.* She has been awake for hours. ◇ *Das Baby wurde wach.* The baby woke up. ◇ *Der Film ließ alte Erinnerungen wach werden.* The film awakened old memories. **2** (*geistig rege*) lively ◇ *Er hat einen wachen Verstand.* He has a lively mind. ◇ *Ihrem wachen Blick entging nichts.* Nothing escaped her watchful eyes. ◇ *ein wacher Beobachter* an astute observer ◇ *Sie verfolgt das Zeitgeschehen wach.* She follows current affairs with great interest.

Wachablösung changing of the guard

Wache 1 guard [mit Verb im Sing/Pl] **2** (*Dienst*) guard (duty) [U]; **~ halten/schieben** be on guard duty; (*als Soldat auch*) be on sentry duty ◇ *Er schiebt vor dem Palast Wache.* He is on sentry duty outside the Palace. ◇ *Sie hielt am Bett des Patienten Wache.* She kept watch at the patient's bedside. **3** (*Raum*) guardroom; (*Polizei-*) (police) station

wachen 1 keep watch ◇ *Sie wachte am Bett des Kranken.* She kept watch by the patient's bedside. ◇ *Er wachte bei dem kranken Kind.* He sat by the sick child's bedside. **2 über etw/jdn ~** keep an eye on sth/sb, watch over sth/sb (*gehoben*) ◇ *Er wacht peinlich genau über das Training der Mannschaft.* He keeps a very close eye on the team's training.

wach- wachhalten etw ~ (*Erinnerung*) keep sth alive ◇ *Durch das Mahnmal soll die Erinnerung wach gehalten werden.* The memorial is intended to keep the memory alive. **Wachhund** guard dog **Wachkoma** vegetative state ◇ *in einem Wachkoma liegen* be in a vegetative state **Wachmann** security guard

Wacholder juniper (bush)

wachrufen awaken

wachrütteln (*wecken*) shake *sb* awake; (*Gewissen*) stir ◇ *Sie rüttelte ihn wach.* She shook him awake. ◇ *Sie wollen das Gewissen der Bürger wachrütteln.* They want to stir people's consciences. ◇ *Mit seiner Rede wollte er wachrütteln.* His speech was aimed at shaking people out of their complacency.

Wachs wax

wachsam watchful ◇ *Die Polizei hat ein wachsames Auge auf sie.* The police are keeping a watchful eye on them. ◇ *Er blickte sich wachsam um.* He looked around, keeping on the alert. ◇ *Die Polizei forderte dazu auf, wachsam zu sein.* Police warned people to be vigilant.

Wachsamkeit alertness, vigilance

wachsen[1] 1 grow; (*an Stärke gewinnen auch*) increase ◇ *Er lässt sich einen Bart wachsen.* He is growing a beard. ◇ *Die Rose wächst an der Hauswand in die Höhe.* The rose is growing up the wall of the house. ◇ *die wachsende Arbeitslosigkeit* growing unemployment **2 jdm gewachsen sein** be a match for sb, be sb's match ◇ *Er war seinem Gegner nicht gewachsen.* He was no match for his opponent. **3 einer Sache gewachsen sein** be up to sth, be equal to sth (*gehoben*) ◇ *Ich wusste nicht, ob er dieser Aufgabe gewachsen war.* I didn't know whether he was up to the job. IDM → GRAS, HAAR, KOPF *und* MIST

wachsen[2] (*mit Wachs einreiben*) wax

Wachs- Wachsfigur waxwork (figure) **Wachsfigurenkabinett** waxworks, (*AmE auch*) wax museum **Wachsmalkreide** wax crayon

Wachstum growth ◇ *das Wachstum fördern* promote growth ◇ *Sie befindet sich im Wachstum.* She is growing.
Wachstumsbranche growth industry **Wachstumsrate** growth rate

Wachtel quail

Wächter(in) 1 (security) guard; (*Museum*) attendant **2** (*fig*) custodian ◇ *Er spielt sich als Wächter der öffentlichen Moral auf.* He's a self-appointed custodian of public morals.

Wacht- Wachtmeister (police) constable (*Abk* PC), (*AmE*) patrolman **Wachtmeisterin** (woman police) constable (*Abk* WPC), (*AmE*) patrolwoman

wackelig 1 wobbly ◇ *Das Fohlen ist etwas wackelig auf den Beinen.* The foal's legs are still a bit wobbly. ◇ *Ich konnte nur wackelig gehen.* My legs felt wobbly. ◇ *Der Patient war noch sehr wackelig auf den Beinen.* The patient was still very unsteady on his feet. **2** (*nicht sicher*) shaky, insecure ◇ *wacklige Demokratien* shaky democracies ◇ *Wir stehen finanziell auf wackeligen Beinen.* Our financial position is rather shaky. ◇ *Die Mannschaft war wackelig in der Abwehr.* The team's defence was a bit shaky. ◇ *wackelige Arbeitsplätze* insecure jobs

Wackelkontakt loose connection

wackeln 1 wobble; (*Zahn*) be loose; (*Haus, Wände*) shake **2** ((*sich*) *hin und her bewegen*) wiggle (*umgs*), waggle (*umgs*) ◇ *Sie wackelt beim Gehen mit dem Hinterteil.* Her bottom wiggles when she walks. ◇ *Sie kann mit den Ohren wackeln* She can waggle her ears.

wacklig → WACKELIG

Wade calf
Wadenkrampf cramp in your calf

Waffe 1 weapon (*auch fig*) ◇ *Er verwendete einen Baseballschläger als Waffe.* He used a baseball bat as a weapon. ◇ *eine politische Waffe* a political weapon ◇ *eine stumpfe Waffe* a blunt instrument **2** (*Schuss-*) gun ◇ *Er zog seine Waffe.* He drew his gun. ◇

die Waffen niederlegen lay down your arms IDM **jdn mit seinen eigenen Waffen schlagen** beat sb at their own game

Waffel **1** (*Eis- etc.*) wafer **2** (*Gebäck*) waffle

Waffen- **Waffenbesitz** possession of a firearm **Waffenembargo** arms embargo **Waffenexport** export of arms [U] **Waffengewalt** use of armed force ◇ *Die Geiseln wurden mit Waffengewalt befreit.* The hostages were freed using armed force. **Waffenhandel** **1** arms deal **2** (*gesamter Handel*) arms trade [U] ◇ *der internationale Waffenhandel* the international arms trade **Waffenhändler** arms dealer **Waffenruhe** ceasefire **Waffenschein** firearms certificate, (*AmE*) gun license **Waffenstillstand** **1** ceasefire; (*um einen Krieg zu beenden*) armistice [Sing] **2** (*fig*) truce ◇ *Sie haben Waffenstillstand geschlossen.* They've called a truce. **Waffenstillstandsabkommen** ceasefire agreement; (*am Ende eines Krieges*) armistice (agreement)

wagemutig daring (*Adv* daringly)

wagen **1** (*meist in negativen Sätzen*) dare ◇ *Ich wage es nicht, sie zu fragen.* I daren't ask her. ◇ *Keiner wagte es, ihm zu widersprechen.* Nobody dared to contradict him. **2** (*Risiko eingehen*) risk ◇ *Bei dieser Expedition wagte sie ihr Leben.* She risked her life on that expedition. ◇ *Sie wagte ein gefährliches Überholmanöver.* She took a big risk and overtook. ◇ *Das wage ich zu bezweifeln.* I venture to doubt that. **3 sich** ~venture (*gehoben*); **sich an etw ~** tackle sth ◇ *Sie wagte sich aufs Eis.* She ventured onto the ice. ◇ *Er wagte sich an Beethovens Klavierkonzerte.* He tackled Beethoven's piano concertos. ◇ *Sie wagt sich nachts nicht vor die Tür.* She's afraid to go out at night. IDM → SPRUNG

Wagen **1** (*Pferde-*) carriage; (*schwerer*) wagon; (*Karren, Hand-*) cart → *Siehe auch* KINDERWAGEN *und* EINKAUFSWAGEN **2** (EISENB) carriage, (*AmE*) car **3** (*Auto*) car **4 der Große ~** (*Sternbild*) the Plough, (*AmE*) the Big Dipper; **der Kleine ~** the Little Dipper IDM → RAD

Wagenheber jack

Waggon **1** carriage **2** (*AmE*) car; (*Güter-*) wagon, (*AmE*) freight car

waghalsig **1** daring (*Adv* daringly); (*tollkühn*) reckless (*Adv* recklessly) ◇ *ein waghalsiges Kamerateam* a daring camera crew ◇ *Sie fährt äußerst waghalsig.* She drives extremely recklessly. **2** (*gefährlich*) dangerous

Wagnis risk

Wagon → WAGGON

Wahl **1** choice ◇ *Er hat die falsche Wahl getroffen.* He made the wrong choice. ◇ *Ihr blieb keine Wahl.* She had no choice. ◇ *Die Stelle wurde mit dem Kanditaten ihrer Wahl besetzt.* Her first choice (candidate) got the job. ◇ *Die Kandidatin kam in die engere Wahl.* The candidate was shortlisted. ◇ *Es stehen drei Autos zur Wahl.* There are three cars to choose from. **2** (*Abstimmung*) election ◇ *freie Wahlen durchführen* hold free elections ◇ *eine Wahl anfechten* challenge the result of an election ◇ *Er steht nicht zur Wahl.* He is not standing for (re)election. ◇ *70% der Wahlberechtigten gingen zur Wahl.* 70% of the electorate turned out to vote. **3 erste/zweite/dritte ~** (*Qualität*) top/second/third class ◇ *Seit er arbeitslos ist, fühlt er sich als zweite Wahl.* Since losing his job he feels like a second-class citizen. ◇ *Waren zweiter Wahl* seconds IDM → QUAL

Wahlalter voting age **Wahlausgang** election result (s), outcome of the election ◇ *den Wahlausgang beeinflussen* influence the outcome of the election

wählbar **1** eligible for election [nicht vor Nomen] **2** (*zur Auswahl stehend*) of your choice [nicht vor Nomen] ◇ *an einem selbst wählbaren Tag* on a day of your choice ◇ *Die Kurse sind alternativ wählbar.* You have to choose one of the courses.

Wahl- **Wahlbeobachter(in)** observer monitoring the election process **wahlberechtigt** entitled to vote [nicht vor Nomen] ◇ *In Deutschland ist man mit 18 Jahren wahlberechtigt.* In Germany, you are entitled to vote at 18. ◇ *wahlberechtigte Jugendliche* young people old enough to vote **Wahlbeteiligung** (voter) turnout ◇ *Die Wahlbeteiligung war sehr gering.* There was a very low turnout. ◇ *Die Wahlbeteiligung lag bei 70%.* There was a 70% turnout. **Wahlbetrug** electoral fraud

wählen **1** choose ◇ *den richtigen Zeitpunkt wählen* choose the right moment ◇ *Der Kellner fragte, ob er schon gewählt hätte.* The waiter asked if he was ready to order. **2** (*durch eine Wahl*) elect ◇ *Er wurde zum Präsidenten gewählt.* He was elected president. ◇ *Sie wurde ins Parlament gewählt.* She was elected to parliament. **3** (*bei einer Wahl*) vote ◇ *grün wählen* vote Green ◇ *Am Donnerstag wird gewählt.* The elections are on Thursday. **4** (*beim Telefonieren*) dial

Wähler(in) voter

Wahl- **Wahlerfolg** election success **Wahlergebnis** election result

wählerisch discriminating (*gehoben*), choosy (*umgs*) ◇ *Sie ist bei der Auswahl ihrer Freunde äußerst wählerisch.* She is extremely choosy about her friends.

Wählerschaft electorate

Wahl- **Wahlfach** option, (*AmE*) elective **Wahlfrau** delegate **Wahlfreiheit** freedom of choice; (POL) electoral freedom **Wahlgeheimnis** secrecy of the ballot [U] **Wahlkampf** election campaign **Wahlkampfthema** campaign issue **Wahlkreis** constituency **wahllos** indiscriminate (*Adv* indiscriminately) **Wahlmann** delegate **Wahlmodus** way of voting **Wahlmöglichkeit** option **Wahlniederlage** election defeat **Wahlperiode** period of office **Wahlpflichtfach** compulsory optional subject **Wahlprogramm** election manifesto **Wahlrecht** **1** right to vote **2 aktives ~** right to vote; **passives ~** right to stand as a candidate in an election **3** (*Gesetz*) electoral law **Wahlsieger(in)** election winner **Wahlspruch** motto; (*einer Partei*) campaign slogan **Wahlurne** ballot box **Wahlveranstaltung** hustings [Pl] **Wahlverlierer(in)** loser in an/the election **wahlweise** ◇ *Die Zimmer werden wahlweise mit oder ohne Frühstück vermietet.* Rooms are available with or without breakfast. ◇ *Das Modell wird wahlweise mit Elektromotor ausgestattet.* This model is also available with an electric engine. **Wahlzettel** ballot paper

Wahn delusion ◇ *Er lebte in dem Wahn, dass man ihn töten wolle.* He was labouring under the delusion that somebody wanted to kill him.

Wahnsinn madness ◇ *Das ist heller Wahnsinn.* It's sheer madness. ◇ *Sie verfiel dem Wahnsinn.* She went mad. ◇ *Der Lärm treibt mich noch zum Wahnsinn.* The noise is driving me mad. ◇ *Der Verkehr ist Wahnsinn.* The traffic is mad. ◇ *Das ist ja Wahnsinn — ich habe gewonnen!* I don't believe it — I've won!

wahnsinnig **1** mad ◇ *Bist du wahnsinning geworden?* Have you gone mad? ◇ *Das macht mich wahnsinnig!* It's driving me mad! **2** (*riesig, sehr*) terrible (*Adv* terribly) ◇ *Das ist ja ein wahnsinniger Lärm hier!* The noise is terrible! ◇ *Die Schuhe waren wahnsinnig teuer.* These shoes cost a fortune.

Wahnsinnige madwoman

Wahnsinniger madman

Wahnsinns- Wahnsinnsarbeit a hell of a lot of work (*umgs*) **Wahnsinnshitze** ◇ *Wir haben zurzeit eine Wahnsinnshitze.* It's incredibly hot at the moment. **Wahnsinnsidee** crazy idea **Wahnsinnspreis** ridiculous price **Wahnsinnstat** act of madness

wahr true; (*wirklich auch*) real ◇ *Ist das wahr?* Is it true? ◇ *Was sind die wahren Gründe?* What are the real reasons? ◇ *Der wahre Held blieb unbekannt.* The real hero remained anonymous. ◇ *Es ist kein wahres Wort daran.* There's not a word of truth in it. ◇ *Glaubst du, dass er seine Drohung wahr macht?* Do you think he'll carry out his threat? IDM **das kann/darf (doch) nicht wahr sein!** I don't believe it! → *Siehe auch* EINZIG, GOTT, SCHÖN *und* WUNDER

wahren preserve; (*Abstand, Geheimnis*) keep; (*Schein*) keep up; (*Chancen*) safeguard; (*Rechte*) defend ◇ *Traditionen müssen gewahrt werden.* Traditions must be preserved. ◇ *die Form wahren* observe the proprieties IDM → DISTANZ *und* GESICHT

während 1 *Konj* while ◇ *Während er telefonierte, schlich sie sich aus dem Zimmer.* She slipped out of the room while he was on the phone. **2** *Präp* during ◇ *Während des Abendessens hat das Telefon geklingelt.* The phone rang during dinner. ◇ *Während seiner Studienzeit lebte er in England.* He lived in England when he was a student.

währenddessen in the meantime ◇ *Ich muss noch abwaschen, du kannst währenddessen staubsaugen.* I've got to wash up. In the meantime you can do the vacuuming.

wahrhaben etw nicht ~ wollen not want to accept sth ◇ *Sie will nicht wahrhaben, dass er sie betrügt.* She doesn't want to accept that he's cheating on her.

wahrhaftig 1 *Adj* truthful **2** *Adj* (*echt*) true, real **3** *Adv* really

Wahrheit truth ◇ *Er sagt nie die Wahrheit.* He never tells the truth. ◇ *Ich muss dir jetzt einmal ein paar Wahrheiten sagen.* It's time I told you a few home truths. IDM **(jdm) die Wahrheit sagen** tell (sb) the truth **in Wahrheit** in reality ◇ *In Wahrheit ist die Sache ganz anders.* In reality, it's quite a different matter.

wahrheitsgemäß truthful (*Adv* truthfully)

wahrnehmbar visible; (*Geräusch*) audible ◇ *Das Insekt ist für das Auge nur als kleines schwarzes Pünktchen wahrnehmbar.* The insect is only visible to the human eye as a small black dot. ◇ *ein kaum wahrnehmbarer Ton* a scarcely audible sound ◇ *mit bloßem Auge nicht wahrnehmbar* invisible to the naked eye

wahrnehmen 1 (*aufnehmen*) take *sth* in, perceive (*gehoben*) **2** (*bemerken*) notice, discern (*gehoben*) ◇ *Er nahm die ersten Zeichen von Arthritis an sich wahr.* He noticed the first signs of arthritis. ◇ *Sie nahm in der Ferne eine dunkle Gestalt wahr.* She discerned a dark figure in the distance. **3** (*nutzen*) take advantage of *sth* ◇ *Sie nahmen die Gelegenheit wahr, dem Politiker Fragen zu stellen.* They took advantage of the opportunity to ask the politician some questions. **4** ◇ *einen Termin wahrnehmen* keep an appointment ◇ *eine Frist wahrnehmen* observe a deadline ◇ *seine Aufgaben wahrnehmen* carry out your duties ◇ *jds Interessen wahrnehmen* look after sb's interests

Wahrnehmung 1 perception [U] (*oft mit einem Verb übersetzt*) ◇ *die bewusste Wahrnehmung von Farben* conscious perception of colours ◇ *Zur Wahrnehmung eines Dufts benötigt der Mensch etwa eine Zwanzigstelsekunde.* It takes human beings about a twentieth of a second to smell a fragrance. **2** (*Nutzung*) (*meist mit einem Verb übersetzt*) ◇ *Durch die Wahrnehmung ihres Wahlrechts können Sie politisch Einfluss nehmen.* You can influence politics by taking advantage of your right to vote. **3** (*Erfüllung, Vertretung*) (*meist mit einem Verb übersetzt*) ◇ *Ich habe einen Rechtsanwalt mit der Wahrnehmung meiner Angelegenheiten betraut.* I've entrusted a lawyer to look after my affairs. ◇ *Die Wahrnehmung dieses Termins ist von äußerster Wichtigkeit.* It's extremely important to keep this appointment.

wahrsagen 1 tell the future ◇ *Sie kann mit Karten wahrsagen.* She tells the future with the cards. **2 etw ~** predict sth ◇ *Ihr wurde wahrgesagt, dass sie von einer Schlange gebissen würde.* A fortune teller predicted that she'd be bitten by a snake. **3 sich ~ lassen** have your fortune told

Wahrsager(in) fortune teller

wahrscheinlich 1 *Adj* likely, probable **2** *Adv* probably ◇ *Du hast wahrscheinlich recht.* You're probably right.

Wahrscheinlichkeit likelihood, probability ◇ *Die Wahrscheinlichkeit im Lotto zu gewinnen ist gering.* The likelihood of winning the lottery is small. ◇ *Aller Wahrscheinlichkeit nach steigen sie in der nächsten Saison auf.* In all probability, they'll be promoted next season. ◇ *Es besteht die Wahrscheinlichkeit, dass sich der Mörder hier in der Gegend aufhält.* It's likely that the murderer is hiding in the area. ◇ *Mit größter Wahrscheinlichkeit bekommt sie die Stellung.* She'll most likely get the job. IDM → SICHERHEIT

Währung currency

Währungseinheit 1 unit of currency **2** (*Währungsunion*) monetary union **Währungsreform** monetary reform **Währungssystem** monetary system **Währungsumstellung** monetary reform, currency reform **Währungsunion** monetary union

Wahrzeichen symbol

Waise orphan ◇ *Sie nahmen eine Waise bei sich auf.* They took in an orphan. ◇ *Im Alter von drei Jahren wurde sie Waise.* She was orphaned at the age of three.

Waisenhaus orphanage

Wal whale

Wald wood(s); (*größer*) forest IDM **den Wald vor (lauter) Bäumen nicht sehen** not be able to see the wood for the trees

Waldbrand forest fire **Waldhorn** French horn **Waldmeister** sweet woodruff

Waldorfschule Rudolf Steiner School

Wald- Waldsterben destruction of forests by pollution ◇ *die Ursachen für das Waldsterben* the reasons why our forests are dying **Waldweg** forest path

Walfang whaling [U] ◇ *Das Land will den kommerziellen Walfang wieder aufnehmen.* The country wants to start commercial whaling again.

Walking Nordic walking

Wall embankment

Wallfahrt pilgrimage ◇ *auf Wallfahrt gehen* go on a pilgrimage

Wallfahrtskirche pilgrimage church **Wallfahrtsort** place of pilgrimage

Walnuss walnut

Walross walrus

Walze 1 cylinder **2** (*Straßen-*) roller

wälzen 1 roll ◇ *Sie wälzten einen Felsbrocken vor den Ausgang.* They rolled a boulder in front of the entrance. ◇ *Ich wälze dieses Problem schon seit Wochen.* I've been turning this problem over in my mind for weeks. ◇ *Er hat die Schuld auf mich gewälzt.* He shifted the blame onto me. **2 sich ~** roll (about); (*vor*

Schmerzen) writhe; (*schlaflos*) toss and turn ◇ *Die Kinder wälzten sich im Gras.* The children rolled about in the grass. ◇ *Er wälzte sich vor Schmerzen.* He writhed in pain. ◇ *Sie hat sich die ganze Nacht schlaflos im Bett gewälzt.* She tossed and turned all night. ◇ *Als er zu singen anfing, haben sich alle vor Lachen gewälzt.* When he began to sing, everyone fell about laughing. **3 etw in etw ~** coat sth in sth ◇ *Schnitzel in Paniermehl wälzen.* Coat the escalopes in breadcrumbs. **4** (*Bücher etc.*) pore over *sth* **5 sich ~** (*sich fortbewegen*) surge ◇ *Tausende von Menschen wälzten sich in das Fußballstadion.* Thousands of people surged into the football stadium.

Walzer waltz ◇ *Sie tanzten Walzer.* They were dancing the waltz. ◇ *Sie tanzten einen langsamen Walzer.* They were dancing a slow waltz.

Wälzer tome ◇ *ein dicker Wälzer* a weighty tome

Wand 1 wall ◇ *Sie hängte ein Bild an die Wand.* She hung a picture on the wall. ◇ *Sie wohnten Wand an Wand.* They lived right next door to each other. **2** (*Felswand*) rock face IDM **jdn an die Wand reden** not let sb get a word in edgeways **jdn an die Wand spielen** outclass sb; upstage sb **die Wände hochgehen** go up the wall **jdn die Wände hochgehen lassen** drive sb up the wall **gegen eine Wand reden** ◇ *Kannst du mir endlich mal zuhören? Es ist als ob man gegen eine Wand redet.* Will you listen to me for once? It's like talking to a brick wall. → *Siehe auch* RÜCKEN, TEUFEL(IN) *und* WEISS

Wandale → VANDALE

Wandalismus → VANDALISMUS

Wandel change ◇ *Die Gesellschaft ist einem ständigen Wandel unterworfen.* Society is subject to constant change. IDM **im Wandel der Zeit/Zeiten** throughout the ages

wandeln 1 jdn/etw ~ change sb/sth ◇ *Sie ist von Grund auf gewandelt.* She is a changed person. **2 sich ~** change ◇ *Die Mode wandelt sich ununterbrochen.* Fashions change all the time. **3** (*gehen*) walk IDM → LEICHE

Wanderer, Wanderin hiker, (*bes BrE*) walker, rambler

wandern 1 hike, (*bes BrE*) walk; **~ gehen** go walking, go rambling, (*bes AmE*) go hiking ◇ *Wir gehen am Wochenende wandern.* We're going walking at the weekend. **2** (*sich bewegen*) wander; (*enden*) end up; (*herumgereicht werden*) be passed round ◇ *Er wanderte auf und ab.* He wandered up and down. ◇ *Ihre Gedanken wanderten immer wieder zu ihrem Kind.* Her thoughts kept wandering to her child. ◇ *Er is wegen Steuerhinterziehung hinter Gitter gewandert.* He ended up in prison for tax evasion. ◇ *Die Flasche wanderte von Hand zu Hand.* The bottle was passed round from hand to hand. **3** (*Völker, Tiere*) migrate

Wander- Wanderpokal challenge cup **Wanderschuh** walking shoe **Wanderstiefel** walking boot **Wandertag** organized walk; (*Schule*) = day out from school, usually involving a walk in the country, school trip

Wanderung 1 walk; (*länger*) hike ◇ *Morgen machen wir eine Wanderung.* We're going on a walk tomorrow. ◇ *eine achtstündige Wanderung* an eight-hour hike **2** (*Tiere, Völker*) migration; (*ziellos*) wanderings [Pl]

Wanderweg footpath

Wandlung 1 change **2** (REL) (*Lehre*) transubstantiation; (*Akt*) consecration

Wandschrank built-in cupboard

Wange cheek

wanken 1 sway; (*Boden, Gebäude*) shake ◇ *Schweiß trat auf seine Stirn, und er begann zu wanken.* He broke out in a sweat and began to sway. ◇ *Das Erdbeben brachte Häuser ins Wanken.* The earthquake made houses start to shake. **2** (*unsicher gehen*) stagger ◇ *Ein Betrunkener wankte über die Straße.* A drunk staggered across the road. **3** (*unsicher werden, Glaube, Vertrauen*) waver; (*Position, Macht*) totter ◇ *Mein Vertrauen zu ihr begann zu wanken.* My faith in her started to waver. ◇ *Die Regierung wankte.* The regime was tottering.

wann 1 when ◇ *Wann gibt es Mittagessen?* When's lunch? ◇ *Bis wann muss das fertig sein?* When does it have to be ready by? ◇ *Frage sie doch mal, wann sie Zeit hat.* Why don't you ask her when she has time? **2** (*wann immer*) whenever ◇ *Du kannst kommen, wann du willst.* You can come whenever you like. **3 seit ~** since when ◇ *Seit wann ist das Leben gerecht?* Since when has life been fair? ◇ *Seit wann weißt du das?* How long have you known? IDM → DANN

Wanne 1 bath, (*AmE*) tub ◇ *Ich gehe eben kurz in die Wanne.* I'll have a quick bath. ◇ *Sie sitzt in der Wanne.* She's in the bath. **2** (*Gefäß*) container

Wanze bug (*auch fig*)

Wappen 1 coat of arms **2** (*auf Münzen*) heads [U] ◇ *Wappen oder Zahl?* Heads or tails?

wappnen 1 jdn/sich (für etw) ~ prepare sb/yourself (for sth) ◇ *Wir sind für alle Eventualitäten gewappnet.* We are prepared for all eventualities. **2 jdn/sich (gegen etw) ~** protect sb/yourself (against sth) ◇ *Das Geschäft wird sich stärker gegen Ladendiebstahl wappnen müssen.* The shop will have to protect itself better against shoplifting. **3 mit etw gewappnet** armed with sth ◇ *Mit einem Schirm gewappnet ging sie hinaus in den Regen.* Armed with an umbrella she went out into the rain.

Ware goods [Pl]; (*einzelne Ware*) product ◇ *Die Ware muss fehlerfrei sein.* The goods must be perfect. ◇ *eine neue Ware* a new product

Warenangebot range of goods **Warenhaus** department store **Warenkorb** basket, (*AmE*) cart **Warenlager** warehouse **Warenzeichen** trademark

warm 1 warm (*Adv* warmly); (*Wetter, Essen, Getränk, Wasser*) hot ◇ *ein warmer Mantel* a warm coat ◇ *warme Farben* warm colours ◇ *ein warmes Lächeln* a warm smile ◇ *Dieser Pullover hält schön warm.* This pullover is nice and warm. ◇ *Langsam wird die Wohnung warm.* The flat's gradually getting warm. ◇ *Sie war warm eingemummelt.* She was wrapped up warmly. ◇ *Zieh dich warm an.* Wrap up warm. ◇ *Ich will zurück ins Warme.* I want to go back into the warm. ◇ *Es gibt kein warmes Wasser mehr.* There's no more hot water. ◇ *warme und kalte Küche zu jeder Tageszeit* hot and cold food throughout the day ◇ *Wir essen abends warm.* We have a hot meal in the evening. ◇ *Als Erstes möchte ich warm duschen.* The first thing I want is a hot shower. ◇ *Die Wohnung wird warm vermietet.* The rent for the flat includes heating. ◇ *Ich mache das Essen warm.* I'll heat up the food. ◇ *Sie hat uns das Hotel wärmstens empfohlen.* She recommended the hotel highly to us. **2 jdm ist ~** sb is warm; (*unangenehm*) sb is hot ◇ *Mir ist zu warm.* I'm too hot. ◇ *Beim Radfahren wird man ganz schön warm.* You get very hot riding a bike. **3 sich ~ laufen/machen** warm up ◇ *Du musst dich erst warm laufen.* You've got to warm up first. IDM → NEST *und* SEMMEL

Wärme warmth; (*Wetter, Physik*) heat ◇ *die Wärme seines Körpers* the warmth of his body ◇ *die Wärme ihrer Persönlichkeit* the warmth of her personality ◇ *Wärme speichern* store heat

wärmen **1 jdn/etw/sich ~** warm (sb/sth/yourself) (up) ◇ *She wärmte Milch für das Baby.* She warmed (up) some milk for the baby. ◇ *Sie wärmte sich die Hände.* She warmed her hands. ◇ *Er wärmte sich am Feuer.* He warmed himself at the fire. **2** (*Ofen, Feuer etc.*) provide heat ◇ *Der Ofen wärmt gut.* The stove provides a lot of heat. ◇ *Glühwein wärmt schön.* Mulled wine warms you up nicely.

Wärmflasche hot-water bottle

warm- **warmhalten** **1** keep *sth* warm **2 sich jdn ~** keep in with sb **Warmwasser** hot water ◇ *fließend Warmwasser* hot running water **warmwerden** **1 mit jdm/etw ~** warm to sb/sth ◇ *Ich werde mit meinem Chef einfach nicht warm.* I just can't warm to my boss. **2** (*sich wohlfühlen*) thaw out ◇ *Die Kinder wurden langsam warm und freundeten sich an.* The children gradually thawed out and started to make friends.

Warn- **Warnblinklicht** flashing light; (*an Fahrzeugen*) hazard light **Warndreieck** warning triangle

warnen **1 (jdn) (vor etw) ~** warn (sb) (of sth/about sth); **(jdn) (vor jdm) ~** warn (sb) (about sb) ◇ *Ich warne dich. Finger weg!* I'm warning you. Hands off! ◇ *Die Polizei warnt vor Staus am Wochenende.* The police are warning people of traffic jams this weekend. ◇ *Er warnte, dass das schwierig werden könnte.* He warned that it could be difficult. ◇ *Ihre Mutter hatte sie vor ihm gewarnt.* Her mother had warned her about him. **2 (jdn) (vor etw) ~** (*raten, abraten*) warn (sb) (against sth); **jdn davor ~, etw zu tun** warn sb not to do sth ◇ *Ich warnte ihn vor der Ehe.* I warned him against marriage. ◇ *Sie warnten davor, in das Land zu reisen.* They warned against travelling to the country. ◇ *Der Arzt hat mich davor gewarnt Sport zu treiben.* The doctor warned me not to do any sport.

Warn- **Warnschild** warning sign **Warnschuss** warning shot ◇ *Er gab einen Warnschuss ab.* He fired a warning shot. **Warnsignal** warning signal **Warnsystem** warning system

Warnung **1 ~ (an jdn) (vor etw)** warning (to sb) (of/about sth); **~ (an jdn) (vor jdm)** warning (to sb) (about sb) ◇ *Das war uns allen eine Warnung.* It was a warning to us all. ◇ *eine Warnung vor Eisglätte* a warning of black ice ◇ *eine Warnung vor Taschendieben* a warning about pickpockets **2 ~ (an jdn) (vor etw)** (*Raten, Abraten*) warning (against sth) ◇ *eine Warnung davor, E-Mails unbekannter Herkunft zu öffnen* a warning against opening emails from unknown sources

Warnzeichen warning sign; (*akustisch*) warning signal

Warte- **Wartehalle** waiting room; (*am Flughafen*) departure lounge **Warteliste** waiting list ◇ *auf der Warteliste stehen* be on the waiting list

warten **1 (auf jdn/etw) ~** wait (for sb/sth) ◇ *Ich warte auf den Bus.* I'm waiting for the bus. ◇ *Das soll warten.* That can wait. ◇ *Sie wartete darauf, dass er anrief.* She was waiting for him to phone. ◇ *Worauf wartest du?* What are you waiting for? ◇ *Sie wollen mit der Heirat noch ein paar Jahre warten.* They want to wait a few years before they get married. ◇ *Es wartet eine Menge Hausarbeit auf mich.* I've got a lot of housework waiting for me. ◇ *Warte mal!* Wait a minute! ◇ *Na warte!* Just you wait! ◇ *das lange Warten auf die Verfilmung des Buchs* the long wait for the film of the book **2** (*überprüfen*) service IDM **bitte warten** please hold the line **da kannst du/kann man lange warten** you will wait forever **darauf habe ich etc. gerade noch gewartet** that's all I, etc. need **lange auf sich warten lassen** be a long time coming **warten können, bis man schwarz wird** wait for ever ◇ *Auf eine Entschuldigung kannst du warten, bis du schwarz wirst.* You'll wait for ever for an apology.

Wärter(in) attendant; (*Zoo-, Leuchtturm-*) keeper; (*Gefängnis*) prison officer

Warte- **Warteraum**, **Wartesaal** waiting room **Warteschlange** queue, (*AmE*) line **Wartezeit** waiting time **Wartezimmer** waiting room

Wartung servicing

warum why ◇ *Warum magst du sie eigentlich nicht?* Why don't you like her? ◇ *Ich würde gerne wissen, warum sie das gemacht hat.* I'd like to know why she did that.

Warze wart

was **1** what ◇ *Was gibt's?* What's up? ◇ *Was heißt das auf Englisch?* What's that in English? ◇ *Was ist los?* What's the matter? ◇ *Was ist schon dabei?* What's wrong with that? ◇ *Was kostet das?* How much is that? ◇ *Was ist, gehen wir ins Kino?* How about going to the cinema? ◇ *Was bist du gewachsen!* How you have grown! ◇ *Was nun?* And now? ◇ *Ist was?* Is something wrong? ◇ *Was kann er dafür?* It's not his fault. ◇ *Was mich betrifft, so habe ich nichts dagegen.* I've got nothing against it. **2 ~ für ... ?** what sort of ... ?, what kind of ... ? ◇ *Was für einen Wagen fährt er?* What sort of car does he drive? ◇ *Was für eine Pflanze ist das?* What kind of plant is it? **3 ~ für ... !** what (a) ... ! ◇ *Was für ein schöner Tag!* What a beautiful day! ◇ *Was für ein Unsinn!* What nonsense! **4** (*warum*) why, what ... for ◇ *Was rennst du denn so?* Why are you in such a hurry? ◇ *Was regst du dich so auf?* What are you getting so worked up for? **5** (*nicht wahr?*) (*mit einem Frageanhängsel übersetzt*) ◇ *Ganz schön müde, was?* You're really tired, aren't you? **6** (*in Relativsätzen*) that; (*in Relativsätzen, die sich auf einen Satz beziehen*) which ◇ *das Schlimmste, was passieren kann* the worst that can happen ◇ *Sie will nichts mehr mit ihm zu tun haben, was ich gut verstehen kann.* She doesn't want anything more to do with him, which I can thoroughly understand. **7 (das,) ~ ...** what ... ◇ *Das, was er sagt, ist richtig.* What he says is right. **8 alles/nichts, was ~ ...** everything/nothing (that) ... ◇ *Alles, was er gesagt hat, stimmt.* Everything (that) he said is true. IDM **Ach was!** Get away! (*umgs*)

Wasabi wasabi

Wasch- **Waschanlage** car wash ◇ *den Wagen in die Waschanlage fahren* take the car to the car wash **Waschanleitung** washing instructions [Pl] **waschbar** washable **Waschbär** raccoon **Waschbecken** washbasin

Waschbrett washboard

Waschbrettbauch washboard stomach, six-pack (*umgs*)

Wäsche **1** (*Schmutzwäsche*) washing ◇ *die Wäsche waschen* do the washing **2** (*Unterwäsche*) underwear **3** (*Bett- und Tischwäsche*) linen **4** (*das Waschen*) wash ◇ *Deine Hemden sind alle in der Wäsche.* Your shirts are all in the wash. ◇ *Dieses Shampoo kann auch bei häufiger Wäsche benutzt werden.* This shampoo is also for frequent use. IDM **seine schmutzige Wäsche (in der Öffentlichkeit) waschen** wash your dirty linen (in public)

waschecht **1** colour fast, (*AmE*) color fast **2** (*echt*) real ◇ *Das ist ein waschechter Skandal.* It's a real scandal.

Wäsche- **Wäscheklammer** clothes peg, (*AmE*) clothespin **Wäschekorb** laundry basket **Wäscheleine** washing line, clothes line

waschen **1** wash; (*die Wäsche waschen*) do the washing ◇ *Den Teddy kann man kalt waschen.* You can wash the teddy bear in cold water. ◇ *Dieser Pullover muss* *mit der Hand gewaschen werden.* This jumper has to be washed by hand. ◇ *Sie wusch sich die Haare.* She washed her hair. ◇ *Sie wusch dem Jungen die Hände.* She washed the boy's hands. ◇ *Früher wusch man die Wäsche im Fluss.* People used to do their washing in the river. **2 sich ~** wash, have a wash ◇ *Wann hast du dich das letzte Mal gewaschen?* When did you last have a wash? **3 Gold ~** pan for gold; **Geld ~** launder money IDM → KOPF *und* WÄSCHE

Wäsche- Wäscheständer clothes horse **Wäschetrockner** tumble dryer

Wasch- Waschgelegenheit washing facilities [Pl] **Waschlappen** flannel, facecloth, (*AmE*) washcloth **Waschmaschine** washing machine **Waschmittel** detergent **Waschpulver** washing powder **Waschraum** washroom **Waschsalon** launderette, (*AmE*) laundromat **Waschstraße** car wash **Waschzeug** toiletries [Pl]

Wasser 1 water ◇ *ein Eimer Wasser* a bucket of water ◇ *Wasser zum Waschen* water for washing ◇ *Das Haus steht direkt am Wasser.* The house stands right by the water. ◇ *das Wasser aufdrehen/zudrehen* turn the tap on/off **2** (*Tränen*) tears [Pl]; (*Schweiß*) sweat; (*Urin*) urine; (*in den Beinen*) fluid ◇ *Wasser lassen* urinate IDM **ins Wasser fallen** be called off; (*Pläne*) fall through **jdm läuft das Wasser im Mund zusammen** sb's mouth waters **unter Wasser stehen** be under water → *Siehe auch* BLUT *und* SCHLAG **wasserabweisend** water-resistant **Wasseraufbereitung** water treatment **Wasserball 1** beach ball **2** (SPORT) water polo **Wasserdampf** steam **wasserdicht** watertight; (*Kleider, Uhr*) waterproof **Wasserfall** waterfall **Wasserfarbe** watercolour, (*AmE*) water color **wasserfest** waterproof ◇ *Die Kamera wurde wasserfest verpackt.* The camera was put in waterproof packaging. **Wasserfläche** (area of) water **Wasserhahn** tap, (*AmE*) faucet **Wasserkocher** kettle **Wasserkraft** water power **Wasserkraftwerk** hydroelectric power station **Wasserleitung** water pipe; (*in der Straße*) water mains [Pl] **Wassermangel** water shortage **Wassermann** (*Sternzeichen*) Aquarius; (*Mensch auch*) Aquarian ◇ *Bist du (ein) Wassermann?* Are you an Aquarius? **Wassermelone** watermelon

wässern 1 water **2** (*einweichen*) soak

Wasser- Wassernotstand water crisis **Wasseroberfläche** surface of the water **Wasserpflanze** aquatic plant **Wasserprobe** water sample; (*Analyse*) water analysis **Wasserschaden** water damage **wasserscheu** scared of water [nicht vor Nomen] ◇ *ein wasserscheues Kind* a child who is scared of water **Wasserski 1** (SPORT) waterskiing ◇ *Am Wochenende fahren wir Wasserski.* We're going waterskiing at the weekend. ◇ *Ich fahre gern Wasserski.* I like waterskiing. **2** (*Gerät*) waterski **Wasserspeier** gargoyle **Wasserspiegel** surface of the water; (*Stand*) water level **Wassersport** water sport ◇ *Welcher Wassersport ist für mich der richtige?* Which water sport is the right one for me? ◇ *Wassersport ist sehr beliebt.* Water sports are very popular. **Wasserstand** water level ◇ *niedriger Wasserstand* low water level ◇ *Die Donau erreichte den höchsten Wasserstand seit Monaten.* The Danube reached its highest level for months. **Wasserstoff** hydrogen **Wasserstrahl** jet of water **Wasserstraße** waterway **Wassertiefe** ◇ *Die Wassertiefe beträgt hier 2 Meter.* The water is 2 metres deep here. ◇ *Tiere, die in 300 Metern Wassertiefe leben* creatures who live at depths of 300 metres **Wasserversorgung** water supply **Wasservogel** waterfowl ◇ *Der Haubentaucher ist ein Wasservogel.* The great crested grebe is a kind of waterfowl. ◇ *Hier gibt es viele Wasservögel.* There are lots of waterfowl here. **Wasserwaage** spirit level **Wasserwerfer** water cannon **Wasserwerk** waterworks [Pl] **Wasserzeichen** watermark

wässrig watery IDM → MUND

waten wade

watscheln waddle

Watt¹ (*an der Küste*) mudflat [meist Pl] ◇ *Sie wurden im Watt von der Flut überrascht.* They were caught by the tide on the mudflats.

Watt² (PHYSIK) watt ◇ *eine Glühbirne mit 100 Watt* a 100-watt light bulb

Watte cotton wool, (*AmE*) cotton **Wattestäbchen** cotton bud

WC WC, toilet, (*AmE*) bathroom

Web Web **Web-Design** web design **Webkamera** webcam

weben weave; (*Spinne*) spin

Web- Webseite, Web-Page web page **Website** website **Web-Suche** web search

Wechsel 1 change; (*von zwei Dingen*) alternation ◇ *der Wechsel der Jahreszeiten* the change of seasons ◇ *ein Wechsel an der Spitze der Partei* a change in the party leadership ◇ *der Wechsel von Tag und Nacht* the alternation of day and night ◇ *Die beiden Bands spielen im Wechsel.* The two bands are taking turns to play. ◇ *der Wechsel der Gezeiten* the movement of the tides ◇ *Der Wechsel von der Schule ins Berufsleben ist nicht einfach.* The transition from school to work isn't an easy one. ◇ *Bei dieser Firma ist der Wechsel auf einen Teilzeitjob unmöglich.* In this firm it is not possible to change over to part-time work. **2** (*zu neuem Klub, Arbeitgeber*) transfer, move **3** (*das Auswechseln eines Spielers*) substitution **4** (*Halbzeit*) ◇ *Nach dem Wechsel spielte die Mannschaft besser.* The team played better in the second half. **5** (*beim Staffellauf*) baton change **6** (FINANZ) bill of exchange **Wechselbad 1** alternating hot and cold baths [Pl] ◇ *Wechselbäder stärken das Immunsystem.* Alternating hot and cold baths strengthen the immune system. **2** (*fig*) ◇ *Er stürzte sie in ein Wechselbad der Gefühle.* He plunged her into emotional turmoil. ◇ *ein Wechselbad aus Angst und Hoffnung* alternating fear and hope **Wechselbeziehung** interrelation ◇ *die Wechselbeziehungen zwischen dem Menschen und seiner Umwelt* the interrelations between human beings and their environment ◇ *Körper und Seele stehen in enger Wechselbeziehung zueinander.* Body and soul are closely interrelated. **Wechselgeld** change

wechselhaft variable; (*Wetter*) changeable ◇ *Die Geschichten in diesem Buch sind von wechselhafter Qualität.* The stories in this book are of variable quality. ◇ *wechselhafte Witterung* changeable weather ◇ *Die Mannschaft zeigt wechselhafte Leistungen.* The team's performance varies. ◇ *Der Aktienmarkt ist wechselhaft.* The stock market is volatile. ◇ *die wechselhafte Geschichte seiner Heimatstadt* his home town's eventful history ◇ *ein wechselhafter Mensch* a moody person

Wechsel- Wechseljahre menopause [U] **Wechselkurs** exchange rate **Wechselkursmechanismus** (European) exchange rate mechanism, ERM

wechseln 1 change ◇ *Er wechselt dauernd das Thema.* He's constantly changing the subject. ◇ *Kannst du mir einen Fünfzigdollarschein wechseln?* Can you change a 50-dollar note for me? ◇ *Ich kann leider nicht wechseln.* I'm sorry, I haven't got any change. ◇ *Die Mitarbeiter wechseln häufig hier.* There's a high turnover of staff here. **2** (*austauschen*) exchange ◇ *Wir haben nur ein paar Worte gewechselt.* We have only exchanged a few words. IDM → TAPETE

wechselnd **1** *Adj* changing ◇ *ein Stück mit wechselnder Besetzung* a play with a changing cast ◇ *eine Tageskarte mit wechselnden Gerichten* a menu with different dishes every day ◇ *mit wechselndem Erfolg* with varying degrees of success **2** *Adv* alternately ◇ *Er lebt wechselnd in Sydney und Rom.* He lives alternately in Sydney and Rome. ◇ *jährlich/wöchentlich wechselnd* in alternate years/weeks

wechsel- **wechselseitig** mutual (*Adv* mutually) **Wechselspiel** interplay **Wechselstrom** alternating current **Wechselstube** bureau de change **wechselvoll** varied ◇ *ein wechselvolles Leben* a varied life ◇ *die wechselvolle Geschichte der Stadt* the town's eventful history **Wechselwirkung** interaction ◇ *die Wechselwirkung zwischen Farbe und Form* the interaction of colour and form ◇ *A und B stehen in Wechselwirkung zueinander/miteinander.* A and B interact with one another.

Weckdienst wake-up call service

wecken **1 jdn ~** wake sb (up) ◇ *Kannst du mich um acht Uhr wecken?* Can you wake me up at 8 o'clock? ◇ *Ich wurde durch den Lärm geweckt.* I was woken by the noise. **2 etw bei/in jdm ~** arouse sth in sb ◇ *jds Interesse wecken* arouse sb's interest ◇ *Das Foto weckte unangenehme Erinnerungen in mir.* The photo brought back unpleasant memories for me. ◇ *Das weckte falsche Hoffnungen.* That raised false hopes. IDM → HUND

Wecker alarm clock IDM **jdm auf den Wecker gehen** get on sb's nerves

wedeln **1 (mit) etw ~** wave sth; (*mit dem Schwanz*) wag sth ◇ *Er wedelte mit einem Brief* He waved a letter. ◇ *Der Hund wedelte mit dem Schwanz.* The dog wagged its tail. **2** (*Skisport*) make short turns, wedel (*Fachspr*)

weder ~ … noch … neither … nor … ◇ *Er rief sie weder an, noch schickte er eine Karte.* He neither phoned her nor sent a card. ◇ *Ich konnte weder mit ihm noch mit seiner Sekretärin sprechen.* I wasn't able to speak to either him or his secretary. ◇ *„Geht er heim oder ins Kino?" „Weder noch."* 'Is he going home or going to the cinema?' 'Neither.' IDM → FISCH

weg **1 ~ müssen** have to go; **~ sein** have/be gone ◇ *Sie ist schon seit Mittag weg.* She has been gone since midday. ◇ *Das Essen war schnell weg.* The food was soon gone. **2 weit ~** far (away) **3** (*in Befehlen, Aufforderungen*) ◇ *Weg mit dir!* Get out of here! IDM **(ganz/völlig etc.) weg sein** be (completely) bowled over ◇ *Ich war ganz weg von seiner neuen Freundin.* I was completely bowled over by his new girlfriend. → *Siehe auch* FENSTER, FINGER, FLECK *und* NICHTS

Weg **1** (*Pfad, Fußweg*) path ◇ *ein schmaler Weg* a narrow path ◇ *Wir bahnten uns einen Weg durch das Gestrüpp.* We cleared a path for ourselves through the scrub. ◇ *Er versperrte mir den Weg.* He blocked my path. ◇ *jdm den Weg abschneiden* head sb off **2** (*Strecke*) way; (*Route*) route ◇ *jdn nach dem Weg fragen* ask sb the way ◇ *jdm den Weg zum Dom beschreiben* tell sb the way to the cathedral ◇ *Wir hatten denselben Weg.* We were going the same way. ◇ *Die Bank liegt auf dem/meinem Weg.* The bank is on the/my way. ◇ *auf halbem Weg zwischen Hof und Ulm* halfway between Hof and Ulm ◇ *Dieser Weg führt am Strand entlang.* This route goes along the shore. **3** (*Art und Weise*) way ◇ *Wir werden schon einen Weg finden.* We'll find a way. ◇ *Das ist eindeutig der falsche Weg.* That is obviously not the way. ◇ *sich auf friedlichem Weg einigen* reach a peaceful agreement **4** (*fig*) ◇ *der Weg zum Erfolg* the road to success ◇ *auf dem Weg der Besserung sein* be on the road to recovery IDM **auf dem besten Weg sein, etw zu tun** be well on the way to doing sth **auf dem falschen Weg sein** be on the wrong track **jdm auf halbem Weg entgegenkommen** meet sb halfway **jdm/etw aus dem Weg gehen** steer clear of sb/sth **etw aus dem Weg räumen** (*Ängste, Bedenken*) allay sth; (*Missverständnis*) clear sth up; (*Hindernis, Schwierigkeiten*) remove sth **jdn aus dem Weg räumen** get rid of sb **den Weg des geringsten Widerstandes gehen** take the line of least resistance **einer Sache den Weg ebnen** smooth the way for sth **jdm den Weg ebnen** make things easier for sb **eigene Wege gehen** go your own way **es führt kein Weg daran vorbei** there's no getting round it **jdm/etw im Weg stehen** be in sb's/sth's way; (*fig*) stand in the way of sb/sth **etw in die Wege leiten** set sth up **jdm etw mit auf den Weg geben** send sb on their way with sth ◇ *Sie gab uns gute Ratschläge mit auf den Weg.* She sent us on our way with some good advice. **etw nicht über den Weg trauen** have no faith in sth **jdm nicht über den Weg trauen** not trust sb an inch **jdm/etw nichts in den Weg legen** not try to stop sb/sth **seinen Weg gehen** do it your way **seinen Weg machen** go far **sich auf den Weg machen** set off **etw steht nichts im Weg** nothing stands in the way of sth ◇ *Einer Versöhnung steht jetzt nichts mehr im Weg.* Nothing further stands in the way of a reconciliation. **jdm über den Weg laufen** bump into sb → *Siehe auch* MITTEL *und* STEIN

Wegbereiter(in) forerunner ◇ *Er gilt als wichtigster Wegbereiter des Free Jazz.* He's considered to be the leading forerunner of Free Jazz. ◇ *Das war ein Wegbereiter für die wirtschaftliche Ausbeutung.* It paved the way for economic exploitation. **Wegbeschreibung** directions [Pl]

wegbleiben stay away; (*nicht mehr kommen*) stop coming ◇ *Sie blieb immer öfter über Nacht weg.* She stayed away overnight more and more often. ◇ *Nach dem Vorfall blieben viele Gäste weg.* After the incident many patrons stopped coming. IDM → LUFT, SPRACHE *und* SPUCKE

wegen **1** because of ◇ *wegen des schlechten Wetters* because of bad weather ◇ *Wegen dir ist alles schiefgelaufen!* Everything's gone wrong because of you! ◇ *Das Lokal ist wegen Umbaus geschlossen.* The pub is closed for renovation. ◇ *Er wurde wegen Betrugs verhaftet.* He was arrested for fraud. ◇ *Sie wurde wegen Atembeschwerden ins Krankenhaus eingeliefert.* She was admitted to hospital with breathing difficulties. ◇ *Wegen mir brauchst du dir keine Sorgen machen.* You don't need to worry on my account. → *Siehe auch* MEINETWEGEN **2** (*bezüglich*) about ◇ *Du musst wegen dieser Sache zum Chef gehen!* You must see the boss about this! **3 jds/einer Sache ~** for the sake of sb/sth, for sb's/sth's sake ◇ *Das mache ich alles nur der Kinder wegen.* I only do all that for the children's sake. IDM **von wegen** you must be joking! ◇ *Schüchtern? Von wegen!* Shy? You must be joking! ◇ *Ich dachte, er ruft zurück, aber von wegen!* I thought he'd ring back, but not a chance! → *Siehe auch* RECHT

Wegesrand wayside

wegfahren **1** leave; (*Fahrzeug, Fahrer*) drive away/off; (*verreisen*) go away ◇ *Sie ist vor zehn Minuten weggefahren.* She left ten minutes ago. ◇ *Fährst du in den Ferien weg?* Are you going away in the holidays? **2 etw/jdn ~** take sth/sb away; (*Auto umstellen*) move sth ◇ *Wir fuhren den Schutt weg.* We took the rubbish away. ◇ *Kannst du dein Auto wegfahren?* Can you move your car, please? IDM → NASE

Wegfahrsperre immobilizer

wegfallen **1** no longer apply; (*Währung*) be no longer valid; (*Arbeitsplatz*) be lost ◇ *Die Gründe für das Embargo sind jetzt weggefallen.* The grounds for the embargo no longer apply. ◇ *Immer mehr Wiesen fallen als Anbauflächen weg.* More and more meadows are being lost as cultivable areas. ◇ *Das Kindergeld wird nächstes Jahr wegfallen.* Child allowance is being abolished next year. **2** (*ausgelassen werden*) be omitted ◇ *Dieses Kapitel kann bei der Neuauflage wegfallen.* This chapter can be omitted in the new edition.

weggeben give *sth* away

weggehen **1** go away, leave ◇ *Geh weg!* Go away! ◇ *Die Schmerzen gingen von selbst weg.* The pain went away by itself. ◇ *Er ist gerade weggegangen.* He has just left. **2** (*Fleck*) come out IDM → SEMMEL

wegkommen **1** **(von etw/jdm) ~** get away (from sth/sb) ◇ *Vor acht komme ich nicht vom Büro weg.* I won't get away from the office before eight. **2** **von etw ~** (*etw aufgeben*) give sth up ◇ *vom Alkohol wegkommen* give up alcohol **3** **bei etw gut/schlecht ~** come off well/badly in sth **4** **über etw (nicht) ~** (not) be able to get over sth ◇ *Ich komme nicht darüber weg.* I can't get over it. IDM **Mach, dass du wegkommst!** Get lost!

weglassen **1** **etw ~** leave sth out ◇ *Diesen Absatz kannst du weglassen.* You can leave this paragraph out. ◇ *Der Clown ließ die weiße Schminke diesmal weg.* This time the clown left off his white make-up. **2** **jdn ~** let sb go out ◇ *Meine Eltern haben mich gestern Abend nicht weggelassen.* My parents didn't let me go out last night.

weglaufen run away ◇ *Er ist von zu Hause weggelaufen.* He has run away from home.

weglegen put *sth* down

wegnehmen **1** take *sth* (away) ◇ *Er nahm dem Kind die Schere weg.* He took the scissors away from the child. **2** (*Platz*) take up *sth* ◇ *Der Tisch nimmt zu viel Platz weg.* The table takes up too much room. **3** (*Licht*) block *sth* out ◇ *Der Baum nimmt zu viel Licht weg.* The tree blocks out too much light. **4** **(das) Gas ~** slow down

wegrationalisieren cut (owing to rationalization)

wegräumen clear *sth* away; (*an seinen Platz räumen*) put *sth* away ◇ *den Schutt wegräumen* clear away the rubbish ◇ *Räum deine Bücher weg.* Put your books away.

wegschauen → WEGSEHEN

wegschicken **1** **jdn ~** send sb away **2** **etw ~** send sth (off)

wegschmeißen chuck *sth* away (*umgs*)

wegschnappen **jdm jdn/etw ~** pinch sb/sth from sb (*umgs*) ◇ *Sie hat mir den Freund weggeschnappt.* She pinched my boyfriend. IDM → NASE

wegsehen look away

wegstecken **1** put *sth* away ◇ *Ich steckte die Geldbörse weg.* I put the purse away. **2** (*fig*) put *sth* behind you; (*Kritik*) take ◇ *Er hat die Niederlage schnell weggesteckt.* He soon put the defeat behind him. ◇ *Du musst auch Kritik wegstecken können.* You have to be able to take criticism, too.

wegstellen put *sth* away

wegweisend ground-breaking ◇ *eine wegweisende Theorie* a groundbreaking theory ◇ *Das Urteil gilt als wegweisend für die zukünftige Entwicklung.* The verdict breaks new ground for future development.

Wegweiser signpost

Wegwerf- disposable ◇ *Wegwerfwindeln* disposable nappies **Wegwerfgesellschaft** throwaway society

wegwerfen throw *sth* away

wegwischen **1** wipe *sth* up ◇ *Kannst du mal den Saft wegwischen?* Please can you wipe up the juice? **2** (*fig*) dismiss *sth* ◇ *Er hat alle Zweifel weggewischt.* He dismissed any doubt.

wegziehen **1** pull *sth* away ◇ *Sie hat ihm den Stuhl weggezogen.* She pulled his chair away from him. **2** (*fortziehen, umziehen*) move away

wehe don't you dare ◇ *Wehe (dir), wenn du das anfasst!* Don't you dare touch that!

Wehe contraction; **die Wehen** labour [U], (*AmE*) labor [U] ◇ *Die Wehen wurden stärker.* The contractions became stronger. ◇ *Wehen haben* be in labour ◇ *Die Wehen haben eingesetzt.* She has gone into labour.

wehen blow; (*Fahne*) fly IDM → WIND

wehleidig **1** (*schmerzempfindlich*) ◇ *Er ist schrecklich wehleidig.* He makes a terrible fuss about the slightest pain. **2** (*selbstmitleidig*) self-pitying; (*Stimme*) whining

Wehmut melancholy ◇ *Beim Anblick der Fotos erfasste mich eine tiefe Wehmut.* As I looked at the photos, a deep feeling of melancholy came over me. ◇ *eine Melodie voll Wehmut* a melancholy tune ◇ *Ich dachte voll Wehmut an meine Kindheit.* I thought wistfully of my childhood.

wehmütig **1** melancholy, sad (*Adv* sadly) **2** (*der Vergangenheit nachtrauernd*) wistful (*Adv* wistfully) ◇ *„Das war eine schöne Zeit", sagte er wehmütig.* 'That was a lovely time,' he said wistfully.

Wehr[1] *das* (*Stauanlage*) weir

Wehr[2] *die* IDM **sich (gegen etw/jdn) zur Wehr setzen** defend yourself (against sth/sb)

Wehrdienst military service ◇ *Wehrdienst leisten* do your military service **Wehrdienstverweigerer** conscientious objector **Wehrdienstverweigerung** conscientious objection

wehren **1** **sich (gegen etw/jdn) ~** (*sich verteidigen*) defend yourself (against sth/sb) **2** **sich (gegen etw) ~** (*nicht hinnehmen*) put up a fight (against sth) ◇ *Die Studenten wehren sich gegen die neuen Bestimmungen.* The students are putting up a fight against the new regulations. ◇ *Ich wehrte mich dagegen, seine Schulden zu bezahlen.* I refused to pay his debts. IDM → HAND

wehrlos **1** defenceless **2** (*AmE*) defenseless; (*hilflos*) helpless (*Adv* helplessly) ◇ *ein wehrloses Opfer* a defenceless victim ◇ *Sie mussten wehrlos zusehen, wie ihr Haus abbrannte.* They had to look on helplessly as their house burned down. ◇ *Er nahm die Schläge wehrlos hin.* He did not defend himself against the blows. ◇ *Sie war ihm wehrlos ausgeliefert.* She was completely at his mercy.

Wehr- **Wehrlosigkeit** defencelessness, (*AmE*) defenselessness; (*Hilflosigkeit*) helplessness **Wehrmacht** (*historisch in Deutschland*) Wehrmacht **Wehrpflicht** conscription, compulsory military service **wehrpflichtig** liable for military service [nicht vor Nomen] ◇ *wehrpflichtige Männer* men who are liable for military service **Wehrpflichtige(r)** person who is liable for military service, conscript

wehtun hurt (*auch fig*) ◇ *Es tut mir weh.* It hurts. ◇ *Du tust mir weh.* You're hurting me. ◇ *Hast du dir wehgetan?* Have you hurt yourself? ◇ *Mir tut der Fuß weh.* My foot hurts. ◇ *Mein Kopf tut weh.* I've got a headache. IDM → SEELE

Weib woman

Weibchen **1** (*Tier*) female **2** (*Frau*) little woman (*abwert*)

weiblich **1** female ◇ *das weibliche Geschlecht* the female sex ◇ *ein weiblicher Vorname* a girl's name **2** (*feminin*) feminine ◇ *Sie ist eine sehr weibliche Frau.* She is very feminine. ◇ *Sie ist immer sehr weiblich angezogen.* She always dresses in a very feminine way. ◇ *die weibliche Endung* the feminine ending
Weiblichkeit (*Femininität*) femininity

weich soft; (*Bewegung*) smooth ◇ *ein weiches Bett* a soft bed ◇ *ein weich gepolsterter Sessel* a soft chair ◇ *Hier sitzt man weich.* This is soft to sit on. ◇ *Er landete weich und überlebte den Sturz.* He had a soft landing and survived the fall. ◇ *ein weiches Ei* a soft-boiled egg ◇ *Zwiebel in Butter weich dünsten.* Fry the onions in butter until they are soft. IDM **jdn weich machen** soften sb up **weich werden** weaken

Weiche points [Pl], (*AmE*) switch IDM **die Weichen (für etw) stellen** set the course (for sth)

weichen **1 (vor) etw/jdm ~** give way to sth/sb, yield to sth/sb (*gehoben*) ◇ *Die Euphorie ist einer Ernüchterung gewichen.* Euphoria has given way to disillusion. **2 nicht von etw ~** not leave sth; **nicht von jdm ~** not leave sb's side ◇ *Er wich mir nicht von der Seite.* He didn't leave my side. **3** (*verschwinden*) disappear

Weichheit softness

Weichspüler fabric softener

Weide[1] (*Baum*) willow

Weide[2] (*Stück Land*) pasture ◇ *Die Kühe werden täglich auf die Weide getrieben.* The cows are driven out to pasture every day.
Weideland pasture

weiden **1** graze **2 sich an etw ~** revel in sth ◇ *Er weidete sich an ihrem Unglück.* He revelled in her unhappiness. ◇ *Mein Blick weidete sich an der herrlichen Aussicht.* I feasted my eyes on the glorious view.

Weidenkätzchen catkin

weigern sich ~ (etw zu tun) refuse (to do sth)

Weigerung refusal

Weihe **1** (*von Kirchen, etc.*) consecration **2** (*von Priestern*) ordination

weihen **1** consecrate **2 jdm etw ~** dedicate sth to sb **3 jdn (zu etw) ~** (*zum Bischof*) consecrate sb (sth); (*zum Priester*) ordain sb (sth) **4 sich jdm/etw ~** dedicate yourself to sb/sth ◇ *Sie weiht sich ganz ihrer Familie.* She dedicates herself completely to her family. IDM **dem Tod/Untergang geweiht sein** be doomed

Weiher pond

Weihnachten Christmas ◇ *Frohe Weihnachten!* Happy Christmas! ◇ *Was wünschst du dir zu Weihnachten?* What do you want for Christmas? ◇ *Ich habe sie Weihnachten gesehen.* I saw them at Christmas.

weihnachtlich festive, Christmassy (*umgs*) ◇ *weihnachtliche Musik* festive music ◇ *Mir ist richtig weihnachtlich zumute.* I feel all Christmassy. ◇ *weihnachtlich geschmückte Geschäfte* shops decorated for Christmas

Weihnachts- **Weihnachtsabend** → HEILIGABEND **Weihnachtsbaum** Christmas tree **Weihnachtsfeier** Christmas party **Weihnachtsfeiertag** → WEIHNACHTSTAG **Weihnachtsferien** Christmas holidays [Pl], (*AmE*) Christmas vacation **Weihnachtsfest** Christmas ◇ *Wir feierten das Weihnachtsfest mit meinen Eltern.* We celebrated Christmas with my parents. **Weihnachtsgebäck** Christmas biscuits [Pl], (*AmE*) Christmas cookies [Pl] **Weihnachtsgeld** Christmas bonus **Weihnachtsgeschichte** Christmas story **Weihnachtskarte** Christmas card **Weihnachtslied** (Christmas) carol **Weihnachtsmann** Father Christmas, (*bes AmE*) Santa Claus ◇ *an den Weihnachtsmann glauben* believe in Father Christmas **Weihnachtsmarkt** Christmas market **Weihnachtsschmuck** Christmas decorations [Pl] **Weihnachtstag** (*erster*) Christmas Day; (*zweiter*) Boxing Day, (*AmE*) day after Christmas ◇ *am ersten Weihnachtstag* on Christmas Day ◇ *Die Weihnachtstage verbringe ich bei meiner Mutter.* I'm spending Christmas with my mother. **Weihnachtszeit** Christmas (time)

Weih- **Weihrauch** incense **Weihwasser** holy water

weil because

Weilchen a (little) while

Weile while ◇ *Es dauerte eine ganze Weile, bis er zurückkam.* It was quite a while before he came back. ◇ *Kann ich eine Weile bei dir wohnen?* Can I stay with you for a while?

Weiler hamlet

Wein **1** wine ◇ *eine Flasche Wein* a bottle of wine **2** (*Weinstock*) vine ◇ *Der Hügel ist mit Wein bebaut.* The hillside is planted with vines. ◇ *In dieser Gegend wird viel Wein angebaut.* There's a lot of wine growing in this area. IDM **jdm reinen/klaren Wein einschenken** tell sb the truth
Weinbau wine growing **Weinbauer, -bäuerin** wine grower **Weinberg** vineyard

weinen cry ◇ *Sie fing zu weinen an.* She started crying. ◇ *Ich habe mich in den Schlaf geweint.* I cried myself to sleep. ◇ *Sie weinte um ihr totes Kind.* She was crying for her dead child. ◇ *Er weinte vor Wut.* He was crying with rage. ◇ *Sie weinte heftig.* She was crying her eyes out. ◇ *Sie weinten nach ihrer Mutter.* They were crying for their mother. ◇ *Ich war dem Weinen nahe.* I was close to tears. IDM **etw ist zum Weinen** sth is enough to make you weep ◇ *Es war zum Weinen.* It was enough to make you weep. ◇ *Es ist wirklich zum Weinen mit dir!* You drive me to distraction. ◇ *Dein Zeugnis ist zum Weinen.* Your report is appalling.

weinerlich weepy ◇ *ein weinerliches Kind* a weepy child ◇ *Sie machte ein weinerliches Gesicht.* She looked weepy.

Wein- **Weinkarte** wine list **Weinkeller** wine cellar **Weinkelter** wine press **Weinlese** grape harvest **Weinprobe** wine tasting **Weinstube** wine bar **Weintraube** grape

weise wise (*Adv* wisely)

Weise(r) wise man/woman ◇ *die drei Weisen aus dem Morgenland* the Three Wise Men from the East IDM → STEIN

Weise **1** way ◇ *Die Art und Weise, wie er mit den Angestellten umgeht, gefällt mir nicht.* I don't like the way he treats his employees. ◇ *Auf diese Weise geht es schneller.* It's quicker this way. ◇ *Ich mache das lieber auf meine Weise.* I'd rather do it my own way. ◇ *In gewisser Weise hat sie recht.* She is right in a way. ◇ *Ich wollte ihn in keiner Weise beleidigen.* I didn't want to offend him in any way. ◇ *auf geheimnisvolle Weise* in a mysterious way ◇ *Die Maßnahmen treffen alle in gleicher Weise.* The measures affect everyone the same way. ◇ *Die Frau wurde auf brutale Weise ermordet.* The woman was brutally murdered. ◇ *Sie ist nicht auf natürliche Weise gestorben.* She didn't die of natural causes. **2** (*Melodie*) tune

weisen **1 jdm etw ~** show sb sth ◇ *Sie wies ihm den Weg zum Bahnhof.* She showed him the way to the station. **2** (*mit der Hand, dem Finger*) point ◇ *Er wies (mit der Hand) zum Fenster.* He pointed to the window. ◇ *nach Süden weisen* point south **3 jdm aus/von etw ~** (*Land, Schule*) expel sb from sth; (*Raum*) send sb out of sth; (*Spielfeld*) send sb off sth **4 etw (weit) von sich ~**

(flatly) reject sth ◇ *Er wies diese Anschuldigung weit von sich.* He flatly rejected the accusation. IDM → SCHRANKE

Weisheit **1** wisdom **2** (*Erkenntnis*) piece of wisdom; (*Spruch*) saying IDM **mit seiner Weisheit am Ende sein** be at your wits' end
Weisheitszahn wisdom tooth

weismachen **jdm etw ~ (wollen)** (try to) make sb believe sth ◇ *Er wollte uns weismachen, dass seine Frau an allem schuld sei.* He tried to make us believe that it was all his wife's fault. ◇ *Das kannst du mir nicht weismachen!* You can't expect me to believe that.

weiß white ◇ *das Weiße Haus* the White House ◇ *Sein Haar war weiß geworden.* His hair had gone white. ◇ *weiße Bohnen* haricot beans → *Beispiele bei* BLAU IDM **weiß wie die Wand/wie Kreide** white as a sheet **Weißer Sonntag** Low Sunday → *Siehe auch* FLECK, SCHWARZ *und* WESTE

weissagen foretell (*gehoben*)

Weissager(in) prophet, prophetess

Weissagung prophecy

Weiß- **Weißbier** wheat beer **Weißblech** tinplate **Weißbrot** white bread; (*Laib*) white loaf

Weiße *das* (*im Auge, im Ei*) white

Weiße(r) white man/woman, white person; **die Weißen** whites [Pl], white people [Pl] ◇ *der einzige Weiße in der Gruppe* the only white person in the group ◇ *eine Schule für Weiße* a school for whites

weiß- **weißhaarig** white-haired, with white hair [nicht vor Nomen] **Weißkohl**, **Weißkraut** white cabbage **Weißwandtafel** whiteboard **Weißwein** white wine

Weisung instructions [Pl]; (*von einer Behörde*) directive; (*vom Herrscher, Papst etc.*) decree; (*von einem Gericht*) court order ◇ *eine Weisung erteilen* issue instructions ◇ *Auf Weisung des Präsidenten wurde die Konferenz abgesagt.* The conference was cancelled on the President's instructions.

weit **1** (*Entfernung*) far, a long way ◇ *Ist es weit zur Schule?* Is it far to the school? ◇ *Das Museum ist nicht weit.* The museum isn't far. ◇ *Wir sind weit gelaufen.* We walked a long way. ◇ *So weit, so gut.* So far so good. ◇ *Der Ball flog 25 Meter weit.* The ball flew 25 metres. ◇ *Bonn ist 20 Kilometer weit weg von hier.* Bonn is 20 kilometres away from here. ◇ *Er hat es weit gebracht.* He's been very successful. **2** (*lang*) long ◇ *eine weite Reise* a long journey ◇ *Von hier in die Innenstadt ist es ein weiter Weg.* It's a long way from here to the town centre. **3** (*Kleidung*) loose (*Adv* loosely); (*zu weit*) big ◇ *Weite Hosen sind bequem.* Loose trousers are comfortable. ◇ *Das Kleid ist zu weit für sie.* The dress is too big for her. **4** (*Ausdehnung*) wide (*Adv* widely); (*Teil*) large; (*Thema*) big ◇ *Trümmer lagen über ein weites Gebiet verstreut.* Debris was spread over a wide area. ◇ *eine weit gereiste Frau* a widely-travelled woman ◇ *Die Tür war weit offen.* The door was wide open. ◇ *eine weite Landschaft* open country ◇ *das weite Meer* the vast ocean ◇ *Weite Teile des Landes wurden überschwemmt.* Large areas of the country were flooded. ◇ *weite Teile der Bevölkerung* large sections of the population ◇ *Das ist ein weites Thema.* That's a big subject. ◇ *Ihre Ansichten gingen weit auseinander.* Their views were very different. **5** (*zeitlich*) a long time; (*bis*) well ◇ *Das liegt weit zurück.* It happened a long time ago. ◇ *Es blieb bis weit in den Mai hinein kalt.* It remained cold until well into May. ◇ *Sie war weit über 80.* She was well over 80. **6** (*intensivierend*) far, much ◇ *Sie blieben weit länger als geplant.* They stayed far longer than planned. → *Siehe auch* WEITBLICKEND, WEITREICHEND *und* WEITVERBREITET IDM **bei weitem** by far ◇ *der bei weitem beste Koch* by far the best cook **bei weitem nicht** not nearly ◇ *Das reicht bei weitem nicht.* That's not nearly enough. **das Weite suchen** make off (*umgs*) **es weit bringen** go far **in wie weit** how far; to what extent **so weit sein** be ready ◇ *Bist du so weit?* Are you ready? ◇ *Es ist schon so weit. Wir müssen gehen.* It's time to go. ◇ *Sei leise! Es ist gleich so weit.* Quiet! It's about to start. **weit und breit** for miles around; (*überall*) all around ◇ *Hier ist weit und breit nichts zu sehen.* There's nothing to see for miles around. ◇ *Ich habe weit und breit danach gesucht.* I've looked all around for it. **zu weit führen** take sb too far ◇ *Es würde zu weit führen, auf diese Frage einzugehen.* It would take us too far to go into this question. → *Siehe auch* ENTFERNT, FEHLEN, FELD, FERNE, HERHOLEN, SCHRITT, SCHUSS, STRECKE *und* TREIBEN

weitab a long way, far (away) (*gehoben*); (*im Meer*) far out IDM → SCHUSS

weitaus far; (*vor Superlativen*) by far ◇ *Sie sind der Konkurrenz weitaus überlegen.* They are far superior to the competition. ◇ *Sie sind in einer weitaus besseren Situation als wir.* You are in a far better situation than we are. ◇ *Es ist das weitaus einfachste Verfahren.* It is by far the simplest method.

Weitblick vision ◇ *ein Mann mit Weitblick* a man of vision

weitblickend far-sighted ◇ *eine weitblickende Entscheidung* a far-sighted decision ◇ *Sie haben das Projekt weitblickend geplant.* They planned the project in a far-sighted way.

Weite **1** expanse ◇ *die endlose Weite des Ozeans* the endless expanse of the ocean **2** (*Entfernung*) distance ◇ *Sie blickte in die Weite.* She gazed into the distance. **3** (*Größe*) size ◇ *Der Kragen hatte nicht die richtige Weite.* The collar was not the right size.

weiten **1** widen; (*Kleider*) let *sth* out; (*Pupillen*) dilate **2** **sich ~** widen; (*Pupillen*) dilate ◇ *An dieser Stelle weitet sich der Tunnel.* The tunnel widens here. ◇ *Durch seinen Auslandsaufenthalt hat sich sein Blick enorm geweitet.* His stay abroad has broadened his mind enormously.

weiter **1** (*Entfernung*) further, farther ◇ *Ich bin weiter gesprungen als du.* I jumped further/farther than you did. → *Siehe auch* WEIT **2** (*zusätzlich*) further ◇ *Welche weiteren Maßnahmen sind geplant?* What further measures are planned? ◇ *Ich habe nichts Weiteres zu sagen.* I have nothing further to say. ◇ *Des Weiteren finden sich Angaben im Anhang.* Further information is to be found in the appendix. ◇ *Das kümmert mich nicht weiter.* That doesn't really bother me. ◇ *Alles Weitere erfahren Sie später.* You will be told everything else later. **3** (*sonst*) else ◇ *Was gibt es weiter zu berichten?* What else is there to report? ◇ *Sie sagte nichts weiter.* She didn't say anything else. **4** **etw ~ tun** continue (doing/to do sth) ◇ *Wenn wir weiter so viel Geld ausgeben, sind wir bald pleite.* If we continue to spend money like this, we'll be bankrupt soon. **5** (*weiterhin*) for the future ◇ *Ich wünsche dir weiter alles Gute.* I wish you all the best for the future. IDM **bis auf weiteres** for the time being; until further notice **nichts weiter als** nothing more than; just ◇ *Es war nichts weiter als ein Versehen.* It was just a mistake. **weiter so!** keep up the good work! → *Siehe auch* OHNE *und* UND

weiterarbeiten continue working/to work, carry on working

weiterbefördern send *sth* on; (*Person*) take *sb* on

weiterbehandeln **1** carry on with *sth* ◇ *Wir werden das Thema in der nächsten Stunde weiterbehandeln.* We'll carry on with the topic in the next lesson. **2** (*einen Kranken, eine Krankheit*) continue treating/to treat *sb/sth*
weiterbilden **1** give *sb* further training **2 sich ~** continue your education; (*im Beruf*) do further training
Weiterbildung continuing education; (*Ausbildung des Personals*) staff training/development
Weiterbildungskurs professional development course
weiterbringen help ◇ *Das hat uns ein großes Stück weitergebracht.* That really helped us. ◇ *Die Erklärung hat mich nicht viel weitergebracht.* The explanation was not much help to me. ◇ *Die Diskussion hat uns keinen Schritt weitergebracht.* The discussion did not get us anywhere.
weiterempfehlen recommend
weiterentwickeln **1** develop *sth* (further) **2 sich ~** (continue to) develop
weitererzählen **(jdm) etw ~** pass sth on (to sb); (*Geheimnis*) tell sb sth, repeat sth (to sb) ◇ *Kannst du das bitte den anderen weitererzählen?* Can you pass it on to the others please? ◇ *Das darfst du niemandem weitererzählen.* You mustn't tell anyone.
weiterfahren keep driving; (*Reise fortsetzen*) continue your journey
Weiterfahrt rest of the journey; (*offiziell*) onward journey ◇ *Wir sind bis Kiel mit dem Auto gefahren. Für die Weiterfahrt haben wir den Zug genommen.* We drove to Kiel. We did the rest of the journey by train. ◇ *Die Weiterfahrt zum Hotel dauert 20 Minuten.* The onward journey to the hotel takes 20 minutes. ◇ *Er wurde an der Weiterfahrt gehindert.* He was prevented from continuing his journey.
weiterfliegen fly on
weiterführen continue; (*Thema, Gedanke etc.*) pursue IDM **(jdn) nicht weiterführen** not get sb anywhere ◇ *Hör auf zu meckern. Das führt jetzt nicht weiter.* Stop moaning. That won't get us anywhere.
weiterführend **1** (*auf die Grundschule folgend*) secondary [nur vor Nomen]; (*auf die Realschule folgend*) sixth form, (*AmE*) senior high ◇ *die Wahl der weiterführenden Schule nach der Grundschule* the choice of secondary school after primary school **2** (*Kurs etc.*) advanced
weitergeben **etw (an jdn) ~ (jdm) etw ~** pass sth on (to sb); (*Sport*) pass sth (to sb)
weitergehen go on ◇ *Hier müssen wir zu Fuß weitergehen.* Here we have to go on on foot. ◇ *Bitte weitergehen.* Please move along. ◇ *Die Vorführung geht in zehn Minuten weiter.* The performance will resume in ten minutes.
weiterhelfen help, be a help to *sb* ◇ *Hier könnte uns ein Wörterbuch weiterhelfen.* A dictionary would help us here. ◇ *Ich glaube, das würde ihr nicht weiterhelfen.* I don't think that would be any help to her. ◇ *Vielen Dank. Sie haben mir wirklich weitergeholfen.* Thanks. You've been a great help.
weiterhin **1** (*immer noch*) ◇ *Mauritius ist weiterhin ein exklusives Reiseziel.* Mauritius continues to be an exclusive travel destination. ◇ *Weiterhin viel Glück!* Lots of luck for the future. **2** (*außerdem*) in addition, furthermore
weiterkommen **1** go on ◇ *Von hier aus kommt man nur zu Fuß weiter.* From here you can only go on on foot. **2** (*Fortschritte machen*) make progress ◇ *Wir sind ein erhebliches Stück weitergekommen.* We've made very good progress. ◇ *In dieser Firma komme ich nicht weiter.* I'm not getting anywhere in this firm. ◇ *Ich komme mit dieser Aufgabe nicht weiter.* I'm stuck. **3** (*in einem Wettbewerb etc.*) get through ◇ *Die Mannschaft ist eine Runde weitergekommen.* The football team has got through to the next round.
weiterlaufen **1** (*gehen, ohne Unterbrechung*) keep on walking; (*nach einer Pause*) carry on walking; (*rennen*) keep on running/carry on running ◇ *Sie lief immer weiter.* She just kept walking. ◇ *Nach einer kurzen Pause lief er weiter.* After a short break he carried on walking. **2** (*in Betrieb bleiben*) keep running; (*weiterlaufen lassen*) keep *sth* running **3** (*weiter vonstattengehen*) continue ◇ *Das Konto läuft auf meinen Namen weiter.* The account will continue in my name. ◇ *Wir wollen alles so weiterlaufen lassen wie bisher.* We want to keep everything as it is. ◇ *Wir warten ab, wie die Dinge weiterlaufen.* We'll wait and see how things develop.
weiterleben **1** continue to live/continue living, go on living ◇ *Nach dem Verlust des Partners ist es schwer weiterzuleben.* It is difficult to go on living after losing a partner. **2** (*fortleben*) live on, survive ◇ *Die Tradition lebt bis heute weiter.* The tradition has survived until today.
weiterleiten pass *sth* on
weitermachen **(mit etw) ~** continue (with sth); (*nach Unterbrechung*) carry on (with sth) ◇ *Die Regierung will wie bisher weitermachen.* The government wants to continue as before. ◇ *Ich muss jetzt mit den Hausaufgaben weitermachen.* I've got to carry on with my homework now.
weiterreichen pass *sth* on
weiterreisen go on
weitersagen **(jdm) etw ~** tell sb sth ◇ *Sag bitte weiter, dass wir uns um vier Uhr treffen.* Tell the others that we're meeting at four o'clock. ◇ *Das darfst du aber nicht weitersagen!* But don't tell anyone!
weiterschicken forward, send *sth* on
weitersprechen carry on (speaking/talking) ◇ *Sprich weiter!* Carry on!
weiterverarbeiten **etw (zu etw) ~** process sth (into sth)
weiterverbreiten **(sich) ~** spread
weiterverfolgen **1** pursue *sth* further **2** (*Straße etc.*) continue along *sth*
weiterverkaufen sell *sth* on
weiterwissen **nicht mehr) ~** not know what to do; (*stecken bleiben*) be stuck; (*verzweifelt sein*) be at your wits' end
weitgehend **1** *Adj* (*umfassend*) far-reaching ◇ *Er sprach sich für weitgehende Änderungen aus.* He pleaded for far-reaching changes. **2** *Adv* (*größtenteils*) largely; (*weitestgehend*) for the most part ◇ *Es war weitgehend ihr Verdienst dass …* It was largely thanks to her that … ◇ *Seine Pläne stießen weitestgehend auf Unverständnis.* His plans met with incomprehension for the most part.
weithin **1** (*Entfernung*) for miles around; (*weit umher*) far and wide; (*bei vielen Leuten*) widely ◇ *Der Turm war weithin zu sehen.* The tower could be seen for miles around. ◇ *Die Flugzeugteile waren weithin verstreut.* The parts of the aircraft were scattered far and wide. ◇ *weithin bekannt* widely known **2** (*größtenteils*) largely ◇ *weithin unbekannt* largely unknown
weitläufig **1** extensive; (*geräumig*) spacious ◇ *ein weitläufiges Gelände* an extensive area of land ◇ *ein weitläufig angelegter Park* an extensive park ◇ *weitläufige Bauten* spacious buildings **2** (*ausführlich*) lengthy ◇ *eine weitläufige Beschreibung* a lengthy description ◇ *Er hat uns die Sache weitläufig erzählt.*

He told us about it at great length. **3** *(bei Verwandtschaftsgrad)* distant *(Adv* distantly)

weiträumig **1** *Adj* extensive **2** *Adv* ◇ *Die Unfallstelle wurde weiträumig abgesperrt.* A wide area was cordoned off around the scene of the accident. ◇ *Bitte umfahren Sie diesen Bereich weiträumig.* Please make a wide detour around this area.

weitreichend far-reaching

weitsichtig **1** far-sighted **2** *(Augen)* long-sighted, *(AmE)* far-sighted

Weit- **Weitspringer(in)** long jumper **Weitsprung** long jump **Weitwinkelobjektiv** wide-angle lens

weitverbreitet widespread; *(Pflanze, Tier)* common; *(Meinung)* widely-held

Weizen wheat IDM → SPREU

Weizenbier wheat beer **Weizenbrot** bread made from wheat **Weizenmehl** (wheat) flour

welch what (a) ◇ *Welch Wunder!* What a miracle! ◇ *Welch ein Glück!* What luck!

welche(r,s) **1** which; *(welch auch immer)* whichever; *(Pronomen)* which one(s) ◇ *Welches Fahrrad gehört dir?* Which bike belongs to you? ◇ *Welchen Beruf auch immer du dir aussuchst, wichtig ist, dass er dir Spaß macht.* Whichever job you choose, the important thing is that you enjoy it. ◇ *Hier sind zwei Pullover. Welchen willst du?* Here are two pullovers. Which one do you want? **2** *(Relativpronomen)* which; *(Person(en))* who(m) **3** *(Indefinitivpronomen)* some ◇ *Ich backe Kekse. Magst du welche?* I'm baking some biscuits. Would you like some?

welk *(Blumen, Salat etc.)* wilted; *(Laub)* dead; *(Haut)* wrinkled

welken wilt; *(fig)* fade

Wellblech corrugated iron

Welle **1** wave ◇ *hohe Wellen* high waves ◇ *Sie hat von Natur aus eine Welle im Haar.* Her hair's naturally wavy. **2** *(Wellenlänge)* wavelength IDM **(hohe) Wellen schlagen** cause a stir

wellen **sich ~** *(Papier)* curl up; *(Landschaft)* undulate → *Siehe auch* GEWELLT

Wellen- **Wellenbad** swimming pool with wave machine, wave pool **Wellengang** swell; *(starker Wellengang)* heavy seas [Pl] ◇ *Heute ist hoher Wellengang.* There's quite a swell today. ◇ *Das Boot sank bei starkem Wellengang.* The boat sank in heavy seas. **Wellenlänge** wavelength *(auch fig)* ◇ *Die beiden liegen auf einer Wellenlänge.* The two of them are on the same wavelength. **Wellensittich** budgerigar, budgie *(umgs)*

wellig wavy; *(Fahrbahn, Oberfläche)* uneven

Wellness health and wellbeing ◇ *etwas für die Wellness tun* improve your health and wellbeing ◇ *ein Wellness-Wochenende* a relaxing spa weekend

Welpe *(Hund)* pup, puppy; *(Wolf, Fuchs)* cub

Welt **1** world [Sing] ◇ *der größte See der Welt* the largest lake in the world ◇ *nirgendwo auf der Welt* nowhere in the world ◇ *überall auf der Welt/in der ganzen Welt* all over the world ◇ *Er ist viel in der Welt herumgekommen.* He has travelled all over the world. ◇ *die beste aller Welten* the best of all possible worlds ◇ *die Alte/Neue Welt* the Old/New World ◇ *Sein Motorrad ist seine ganze Welt.* His motorbike is everything to him. **2** *(Universum)* universe ◇ *die Erschaffung der Welt* the creation of the universe IDM **alle Welt** everyone ◇ *Alle Welt weiß das.* Everyone knows that. **auf der Welt sein** *(geboren sein)* be born ◇ *Da warst du noch gar nicht auf der Welt.* You weren't even born then. **auf die Welt kommen** be born ◇ *Er ist um Mitternacht auf die Welt gekommen.* He was born at midnight. **aus aller Welt** from all over the world **etw aus der Welt schaffen** eliminate sth; *(Problem)* resolve sth; *(Bedenken, Lügen, Zweifel)* dispel sth **davon/deswegen geht die Welt nicht unter** it's not the end of the world **die Dritte Welt** the developing countries [Pl]; the Third World *(manchmal beleidigend)* **die Welt ist klein** it's a small world **die Welt nicht mehr verstehen** not understand anything any more **ein Kind auf die/zur Welt bringen** have a child **ein Mann/eine Dame/eine Frau von Welt** a man/woman of the world **für jdn bricht die Welt zusammen** sb's world falls apart; the bottom falls out of sb's world ◇ *Bei der Trennung ihrer Eltern brach eine Welt für sie zusammen.* When her parents split up, her world fell apart. **in alle/aller Welt** all over the world **etw in die Welt setzen** spread sth; *(Gerücht auch)* start sth **jdn in die Welt setzen** have sb ◇ *Meine Großeltern haben sieben Kinder in die Welt gesetzt.* My grandparents had seven children. **mit sich und der Welt zufrieden sein** be content with your lot **nicht die Welt kosten** not cost the earth **nicht um alles in der Welt/um nichts in der Welt/um keinen Preis der Welt** not for anything in the world ◇ *Ich würde um nichts in der Welt von hier wegziehen.* I wouldn't move away from here for anything in the world. **uns/sie trennen Welten** *(auch* **zwischen uns/ihnen liegen Welten)** we/they are worlds apart **vor aller Welt** publicly **was/warum/wie/wo in aller Welt?** what/why/how/where on earth? ◇ *Wo in aller Welt bist du gewesen?* Where on earth were you? → *Siehe auch* ARSCH, ENDE, GOTT, LICHT *und* NABEL

Weltall universe **Weltanschauung** view of the world, philosophy **Weltausstellung** world fair **Weltbank** World Bank **weltbekannt**, **weltberühmt** world-famous ◇ *ein weltberühmter Geiger* a world-famous violinist ◇ *Aspirin ist als Allheilmittel weltbekannt geworden.* Aspirin has become known all over the world as a universal remedy. **weltbeste(r)** world's best; **der/die/das weltbeste (…)** the best (…) in the world ◇ *die derzeit weltbeste Tennisspielerin* the best woman tennis player in the world today **Weltbestzeit** world-record time ◇ *Sie ist Weltbestzeit geschwommen.* She swam a world-record time. **Weltbevölkerung** world population **weltbewegend** earth-shattering *(Adv* earth-shatteringly) **Weltbild** view of the world **Welterfolg** worldwide success

Weltergewicht welterweight

welt- **weltfremd** unworldly **Weltfrieden** world peace **Weltgemeinschaft** international community **Weltgeschichte** world history, history of the world ◇ *eine neue Epoche der Weltgeschichte* a new era of world history ◇ *die schrecklichste Schlacht der Weltgeschichte* the most terrible battle in the history of the world ◇ *das größte Meerestier der Weltgeschichte* the biggest marine creature ever to have existed **Welthandel** world trade **Weltherrschaft** world domination ◇ *die Weltherrschaft anstreben* seek world domination **Weltkarte** map of the world **Weltklasse** world class ◇ *Sie gehört schon seit Jahren zur Weltklasse der Leichtathletik.* She has been a world-class athlete for some years. ◇ *Er ist ein Läufer der Weltklasse.* He's a world-class runner. **Weltkrieg** world war ◇ *der Erste/Zweite Weltkrieg* the First/Second World War **Weltlage** international situation

weltlich **1** worldly **2** *(nicht kirchlich)* secular ◇ *weltliche Musik/Kunst* secular music/art ◇ *eine weltlich orientierte Hilfsorganisation* a non-religious charity

Welt- **Weltliteratur** world literature **Weltmacht** world power **Weltmarkt** world market **Weltmarktpreis** world market price **Weltmeer** ocean **Welt-**

meister(in) world champion ◇ *der Weltmeister im Hochsprung* the world high jump champion ◇ *der dreifache Weltmeister Italien* Italy, the three times world champions **Weltmeisterschaft** world championship(s); (*im Fußball*) World Cup ◇ *bei der Weltmeisterschaft eine Medaille gewinnen* win a medal in the world championships **Weltmeistertitel** world championship ◇ *Er ist der Favorit auf den Weltmeistertitel.* He's the favourite to win the world championship. ◇ *Dies ist bereits sein fünfter Weltmeistertitel.* This is the fifth time he's won a world championship title. **weltoffen** (*Stadt, Atmosphäre*) cosmopolitan; (*Politik, Einstellung*) outward-looking; (*liberal*) liberal **Weltöffentlichkeit** world ◇ *in den Augen der Weltöffentlichkeit* in the eyes of the world ◇ *Die Stadt steht im Blickpunkt der Weltöffentlichkeit.* The city is the focus of world attention. ◇ *Der Vorfall wurde von der Weltöffentlichkeit ignoriert.* The incident was ignored by the outside world. ◇ *Das Rote Kreuz wandte sich mit einem Appell an die Weltöffentlichkeit.* The Red Cross launched an international appeal. **Weltpolitik** world politics [U] ◇ *eine wichtige Rolle in der Weltpolitik* an important role in world politics **weltpolitisch** ◇ *wichtige weltpolitische Fragen* important matters of world politics ◇ *die weltpolitische Lage* the international political situation ◇ *Weltpolitisch gesehen ist die Entwicklung Besorgnis erregend.* From the point of view of world politics, it is a worrying development.

Weltrang international standing

Weltrangliste world rankings [Pl] ◇ *der auf Platz 15 der Weltrangliste geführte Australier* the Australian, placed 15th in the world rankings ◇ *Er liegt in der Weltrangliste auf Platz drei.* He is ranked third in the world. **Weltranglistenerste(r)** the world number one

Weltraum space ◇ *im Weltraum* in space

Weltraumbehörde space agency **Weltraumforschung** space research **Weltraumspaziergang** space walk **Weltraumstation** space station **Weltraumteleskop** space telescope

Welt- **Weltreich** empire **Weltreise** world tour, trip round the world **Weltrekord** world record ◇ *der Weltrekord über 3000 m* the world record for the 3000 metres ◇ *Er stellte einen neuen Weltrekord im Eisschnelllauf auf.* He set a new world record in speed skating. **Weltrekordler(in)** world record holder **Weltruf** international reputation ◇ *ein Dirigent von Weltruf* a conductor with an international reputation **Weltruhm** international fame **Weltsicherheitsrat** World Security Council **Weltsprache** world language, global language ◇ *die Weltsprache Englisch* English, the world language **Weltstadt** cosmopolitan city, metropolis ◇ *die Weltstadt London* the metropolis of London **Weltstar** international star **Weltuntergang** end of the world (*auch fig*) ◇ *Das ist doch kein Weltuntergang!* It's not the end of the world! **weltweit** worldwide ◇ *Das hat weltweite Bedeutung.* This is of worldwide importance. ◇ *weltweit bekannt* well-known all over the world ◇ *ein weltweit anerkannter Wissenschaftler* an internationally recognized scientist ◇ *ein weltweit verbreiteter Schädling* a pest that is common all over the world ◇ *ein weltweit einmaliges Biotop* a biotope that is the only one of its kind in the world

Weltwirtschaft world economy [U]

weltwirtschaftlich world economic

Weltwirtschaft- **Weltwirtschaftsgipfel** world economic summit **Weltwirtschaftskrise** world economic crisis

Weltwunder ◇ *die sieben Weltwunder* the seven wonders of the world

wem to whom, who ... to IDM → SAGEN

wen whom, who

Wende **1** change; (*Wendepunkt*) turning point; (*um 180°*) U-turn ◇ *eine Wende zum Guten* a change for the better ◇ *Die entscheidende Wende kam in der 34. Minute.* The crucial turning point came in the 34th minute. ◇ *In der Außenpolitik der Regierung ist eine Wende eingetreten.* The government has done a U-turn on foreign policy. ◇ *Sein Leben nahm eine dramatsche Wende.* His life took a dramatic turn. **2 die ~** (*1989*) the collapse of the Communist regime **3** (*zwischen zwei Zeitabschnitten*) turn ◇ *an der Wende vom 20. zum 21. Jahrhundert* at the turn of the 21st century **4** (*Turnen*) front vault; (*Schwimmen, Segeln*) turn

Wendekreis **1** tropic ◇ *der nördliche/südliche Wendekreis* the Tropic of Cancer/Capricorn **2** (TECH) turning circle

Wendeltreppe spiral staircase

wenden **1** turn; (*um 180°*) turn *sth* over; (*Innenseite nach außen*) turn *sth* inside out; (*auf die Außenseite drehen*) turn *sth* right side out ◇ *Sie wandte den Kopf und sah ihn an.* She turned her head to look at him. ◇ *Ich wandte den Blick zur Tür.* I turned to look at the door. ◇ *die Matratze wenden* turn the mattress ◇ *das Auto wenden* turn the car around ◇ *Sie wandte ihrem Arbeitgeber den Rücken und machte sich selbstständig.* She turned her back on her employer and set up on her own. ◇ *ein Blatt Papier wenden* turn over a sheet of paper ◇ *bitte wenden* please turn over ◇ *Die Teile zusammennähen, wenden und bügeln.* Sew the pieces together, turn right side out and press. ◇ *Kann man diese Jacke wenden?* Is this jacket reversible? **2** (*umkehren*) turn (around) ◇ *Die Straße ist zu schmal zum Wenden.* The street is too narrow to turn in. **3 sich ~** turn ◇ *Sie wandte sich zu mir.* She turned to me. ◇ *Wir wandten uns nach rechts.* We turned to the right. ◇ *Paula wandte sich zum Gehen.* Paula turned to go. ◇ *Er wandte sich zum Ausgang.* He turned towards the exit. ◇ *Alles hat sich zum Besten gewendet.* Everything turned out well in the end. **4 sich (an jdn) ~** turn to sb, come/go to sb; (*sich in Verbindung setzen*) contact sb ◇ *Ich wusste nicht, wohin ich mich wenden sollte.* I didn't know where to turn. ◇ *Mit Problemen wendet er sich immer an mich.* He always comes to me with his problems. ◇ *Ihr könnt euch jederzeit an euren Lehrer wenden.* You can go to your teacher at any time. ◇ *Wenden Sie sich an das Sozialamt.* Contact social services. **5 sich an jdn ~** (*für jdn bestimmt sein*) be directed at sb ◇ *Der Artikel wendet sich in erster Linie an Jugendliche.* The article is directed primarily at young people. **6 sich gegen etw/jdn ~** oppose sth/sb ◇ *Er wandte sich gegen unsere Pläne.* He opposed our plans. IDM **sich zum Guten/Besten wenden** turn out well/turn out for the best → *Siehe auch* BLATT *und* DREHEN

Wendepunkt **1** turning point **2** (MATH) point of inflection

wendig **1** (*körperlich/geistig beweglich*) agile; (*gewieft*) astute ◇ *Sie ist ein wendiger Kopf.* She has an agile mind. ◇ *ein wendiger Geschäftsmann* an astute businessman **2** (*leicht zu lenken*) manoeuvrable, (*AmE*) maneuverable

Wendung **1** turn ◇ *Die Verhandlungen nahmen eine überraschende Wendung.* The negotiations took a surprising turn. ◇ *Die Straße macht hier eine Wendung.* The road turns here. ◇ *Eine Wendung zum Besseren ist nicht in Sicht.* There is no sign of a change for the better. ◇ *Der Autor hat der bekannten Geschichte eine neue Wendung gegeben.* The author gave the familiar story a new twist. **2** (*Rede-*) expression ◇ *im Alltag übliche Wendungen* everyday expressions ◇ *Metaphern und rhetorische Wendungen* metaphors and figures of speech

wenig **1** not much, little (*gehoben*) ◇ *Dafür habe ich wenig Verständnis.* I don't have much time for that sort of thing. ◇ *Das ist aber wenig.* That's not very much. ◇ *Er hat wenig Geld.* He has little money. ◇ *Er will mit möglichst wenig Anstrengung reich werden.* He wants to get rich with as little effort as possible. ◇ *Wir haben zu wenig Zeit.* We have too little time. ◇ *Er verdient ziemlich wenig.* He earns relatively little. ◇ *Über ihn ist wenig bekannt.* Little is known about him. **2 der/die/das wenige ...** the little ...; **die wenigen ...** the few ... ◇ *Wir teilten das wenige Geld, das wir hatten.* We shared the little money we had. ◇ *Die wenigen Besucher ließen sich die Laune durch den Regen nicht verderben.* The few visitors who came were not put off by the rain. **3** (*auch* **wenige**) not many, few; (*ein paar*) a few ◇ *Es waren nur wenig Leute da.* There were not many people there. ◇ *mit wenigen Ausnahmen* with few exceptions ◇ *Es gibt zu wenig Bewerber für den Posten.* There are too few applicants for the post. ◇ *vor wenigen Tagen* only a few days ago **4 ein ~** a little ◇ *Nimm dir doch ein wenig mehr.* Have a little more. ◇ *Setz dich ein wenig hin.* Sit down for a little while. ◇ *Es ist ein wenig heiß hier.* It's rather hot here. **5 nicht ~** (*viel*) quite a lot; (*viele*) quite a few ◇ *Er verdient nicht wenig.* He earns quite a lot. ◇ *Nicht wenige gingen vor der Pause.* Quite a few people left before the interval. **IDM** → MEHR

weniger **1** less; (*im Plural*) fewer ◇ *Du solltest weniger rauchen.* You should smoke less. ◇ *Weniger Leute rauchen jetzt.* Fewer people smoke now. **2** (*minus*) minus ◇ *Zwölf weniger zehn ist gleich zwei.* Twelve minus ten is two.

wenigste **1 der/die/das ~** the least ◇ *Diese Gruppe verbringt die wenigste Zeit online.* This group spends the least time online. ◇ *das wenigste, was man erwarten kann* the least you can expect **2 die wenigsten** (*Superlativ von „wenig"*) the fewest; (*sehr wenige*) very few ◇ *Sie hat die wenigsten Punkte.* She has the fewest points. ◇ *Die wenigsten können sich das leisten.* Very few people can afford that. **3 am wenigsten** (the) least ◇ *Er hat am wenigsten Geld.* He has (the) least money. ◇ *Ich habe am wenigsten verloren.* I lost (the) least. ◇ *die am wenigsten entwickelten Länder* the least developed countries

wenigstens at least ◇ *Du könntest dich wenigstens bedanken.* You could at least say thank you.

wenn **1** (*falls*) if ◇ *Wenn ich Zeit habe, komme ich.* If I have time, I'll come. ◇ *Ich komme, wenn ich Zeit habe.* I'll come if I have time. **2** (*sobald*) when ◇ *Wenn ich mehr weiß, rufe ich dich an.* When I know more, I'll ring you. **3 auch/selbst ~** even if ◇ *Das kann ich nicht, selbst wenn ich es wollte.* I can't, even if I wanted to. **4 ~ auch** even though; (*vor Adjektiven und Adverbien*) albeit ◇ *Wenn es auch die ganze Zeit geregnet hat, hat es uns doch gefallen.* We enjoyed it even though it rained the whole time. ◇ *Sie reden nur von einem, wenn auch wichtigem Aspekt.* They are only talking about one, albeit important aspect. ◇ *Sie macht Fortschritte, wenn auch langsam.* She is making progress, albeit slowly. **5 ~ bloß/doch/nur** if only ◇ *Wenn sie doch endlich anriefe!* If only she would ring! **6 immer/jedes Mal ~** whenever ◇ *Immer wenn ich in Paris bin, besuche ich sie.* I visit her whenever I'm in Paris. ◇ *Immer wenn ich in London bin, regnet es.* Whenever I'm in London, it rains. **7 außer ~** unless ◇ *Er geht jeden Tag spazieren, außer wenn es regnet.* He goes for a walk every day unless it's raining. **8 ~ erst** once ◇ *Wenn wir erst umgezogen sind, wird alles besser werden.* Once we have moved, things will get better. **9 als/wie ~** as if ◇ *Sie sah mich an, als wenn ich ein Marsmensch wäre.* She looked at me as if I were from another planet. **IDM** **und wenn schon** so what ◇ *„Darüber wird sie sich ärgern!" „Und wenn schon!"* 'She'll be annoyed about that!' 'So what!' **wenn dem so ist** if that's the case **wenn schon ..., (dann)** ◇ *Wenn wir schon ein Auto kaufen, dann kaufen wir ein schnelles.* If we buy a car, then it has to be a fast one. ◇ *Wenn du schon mal hier bist, kannst du auch mit anpacken.* Since you're here, you can give me a hand. **wenn schon, denn schon** if we're going to do it, we might as well do it properly

Wenn **IDM** **Wenn und Aber** argument ◇ *Du machst, was ich sage. Da gibt es kein Wenn und Aber.* Do what I say. I won't have any argument. ◇ *Sie unterstützen den Vorschlag ohne Wenn und Aber.* They support the idea unconditionally.

wer **1** who ◇ *Wer war das?* Who was that? ◇ *Wer von euch hat das geschrieben?* Which of you wrote that? **2** (*jeder*) anyone who; (*derjenige*) the one who ◇ *Wer will, kann weggehen.* If anyone wants to leave, they can. ◇ *Wer nicht erschien, war Peter.* The one who didn't turn up was Peter. **3** (*jemand in Fragen*) anybody ◇ *Ist da wer?* Is there anybody there? **IDM** **wer sein** be someone ◇ *Jetzt ist er endlich wer.* Now he really is someone at last.

Werbe- **Werbeabteilung** publicity department **Werbeagentur** advertising agency **Werbeaktion** advertising campaign, publicity campaign ◇ *eine Werbeaktion für etw starten* launch an advertising campaign for sth **Werbebanner** (COMP) banner ad **Werbeblocker** ad blocker **Werbebranche** advertising ◇ *in der Werbebranche arbeiten/tätig sein* work in advertising **Werbefachmann, -frau** advertising executive **Werbefernsehen** television advertising **Werbefilm** publicity film **Werbegag** publicity stunt **Werbegeschenk** (promotional) free gift, freebie (*umgs*) **Werbekampagne** → WERBEAKTION

werben **1 (für etw) ~** promote (sth); (*kommerziell auch*) advertise (sth) ◇ *für ökologisches Bewusstsein werben* promote ecological awareness ◇ *für ein Waschmittel werben* advertise a detergent **2 (für jdn/etw) ~** (POL) campaign (for sb/sth) ◇ *für eine Partei/einen Kandidaten werben* campaign for a party/candidate **3 jdn (für etw) ~** (*Mitarbeiter, Mitglied etc.*) recruit sb (for sth); (*Kunden etc.*) attract sb (to sth) ◇ *Sie versuchen, neue Abonnenten für ihre Zeitschrift zu werben* They're trying to attract more subscribers to their magazine. **4 um etw/jdn ~** try to win sth/sb ◇ *um Unterstützung für etw werben* try to win support for sth ◇ *um Wähler werben* try to attract voters ◇ *Sie werben um Verständnis für die Lage der Obdachlosen.* They are trying to promote understanding of the position of the homeless.

Werbe- **Werbeplakat** advertising poster **Werbeprospekt** publicity leaflet, (publicity) brochure **Werbeslogan** advertising slogan **Werbespot** commercial ◇ *Er macht Werbespots fürs Fernsehen.* He makes television commercials. **Werbeträger** advertising medium **Werbeträger(in)** brand ambassador ◇ *Es gelang ihnen, ihn als Werbeträger zu gewinnen.* They managed to recruit him as their brand ambassador. ◇ *Als Tennisweltmeisterin ist sie eine wertvolle Werbeträgerin.* As the world champion in tennis, she is worth a lot to her sponsors. **Werbetrommel die ~ (für etw/jdn) rühren/schlagen** promote (sth/sb) ◇ *Für den neuen Freizeitpark wird kräftig die Werbetrommel geschlagen.* The new theme park is being heavily promoted. **Werbeverbot** advertising ban **werbewirksam** effective; (*Slogan, Titel etc. auch*) snappy ◇ *ein werbewirksames Plakat* an effective poster

Werbung **1** advertising [U], publicity [U] ◇ *Er arbeitet in der Werbung.* He works in advertising. ◇ *Auch ohne große Werbung ist das Musical seit Wochen ausverkauft.* Despite getting very little publicity, the musical has been sold out for weeks. ◇ *Werbung für ein Produkt machen* advertise a product **2** (*Anzeige, Spot etc.*) advertisement ◇ *Die Broschüre ist eine gute Werbung für die Stadt.* The brochure is a good advertisement for the town. ◇ *Ich bin gegen zu viel Werbung.* I'm against too many advertisements. **3** (*von Mitarbeitern*) recruitment; (*von Kunden etc.*) attracting (*oft mit einem Verb übersetzt*) ◇ *Unsere wichtigste Aufgabe ist die Werbung neuer Sponsoren.* Our most important task is to attract new sponsors.

Werdegang history; (*Biografie*) life story; (*beruflich*) career; (*auf einem Lebenslauf*) education and experience; (*Entwicklung*) evolution ◇ *ein Artikel über den Werdegang des Museums* an article about the history of the museum ◇ *sein sportlicher Werdegang* his sporting career ◇ *Der Artikel beschreibt seinen Werdegang zum Mörder.* The article describes how he turned into a murderer.

werden **1** (*mit Adjektiven*) become, get, go ◇ *Es wird immer schwieriger.* It is becoming more and more difficult ◇ *Sie wird leicht müde.* She soon gets tired. ◇ *Er wurde rot.* He went red. ◇ *Jetzt wird alles anders werden.* Everything will be different from now on. ◇ *Die Fotos sind nichts geworden.* The photos didn't come out. **2** (*mit Nomina*) become ◇ *Wann wurde er Premierminister?* When did he become prime minister? ◇ *Sie wurden Freunde.* They became friends. ◇ *Sie will Pilotin werden.* She wants to be a pilot. ◇ *Was willst du später mal werden?* What do you want to be when you're older? ◇ *Er wird Vater.* He's going to be a father. ◇ *Die Show wurde ein großer Erfolg.* The show was a great success. ◇ *werdende Mütter* mothers-to-be ◇ *Kurz wird wieder Mode.* Short skirts are coming back into fashion. **3 Erste(r), Zweite(r) etc. ~** come first, second, etc. ◇ *Sie wurde Zweite.* She came second. **4** (*mit Altersangaben*) be ◇ *Ich werde nächstes Jahr 18.* I'll be 18 next year. ◇ *Er ist im Juli elf geworden.* He was eleven in July. **5** (*mit Zeitangaben*) ◇ *Es wird Winter.* Winter is coming. ◇ *Es wird gleich elf.* It's nearly eleven. ◇ *Es wird langsam Zeit, dass er anruft.* It's time he called. ◇ *Als es Tag wurde, brachen wir auf.* We set off at dawn. **6 jdm wird schlecht, heiß etc.** ◇ *Beim Gehen wird dir schon warm werden.* You'll get warm as you walk. ◇ *Leg dich hin, vielleicht wird dir dann besser.* Lie down — maybe you'll feel better then. ◇ *Mir wird schlecht, wenn ich hinten sitze.* I feel sick when I sit in the back. ◇ *Ich aß drei Stück Kuchen und dann wurde mir schlecht.* I ate three pieces of cake and then I felt sick. **7 aus jdm/etw wird etw** ◇ *Was ist aus ihr geworden?* Whatever happened to her? ◇ *Daraus wird nichts.* Nothing will come of that. ◇ *Aus Zuneigung wurde Liebe.* Affection turned to love. **8 zu etw werden** become sth ◇ *Er ist zu einem Sicherheitsrisiko geworden.* He has become a liability. ◇ *Die Tuberkulose ist wieder zu einem Problem geworden.* TB has become a problem again. **9** (*zur Umschreibung des Konjunktivs*) would ◇ *Ich würde es nicht tun.* I wouldn't do it. **10** (*Vermutung*) ◇ *Er wird schon kommen.* I'm sure he'll come. ◇ *Du wirst schon recht haben.* You're probably right. ◇ *Sie wird ihm doch nichts gesagt haben?* She won't have told him, will she? **11** (*zur Bildung des Futurs*) ◇ *Ich werde Michael heute Abend anrufen.* I'm going to phone Michael tonight. ◇ *Morgen wird es kälter sein.* It will be colder tomorrow. **12** (*zur Bildung des Passivs*) ◇ *Alle Geräte werden von Fachleuten gestestet.* All the equipment is tested by experts. ◇ *Er wusste nicht, dass das Haus verkauft worden war.* He didn't know that the house had been sold. **13** (*Bitte*) ◇ *Würden Sie sich bitte hinsetzen?* Will you sit down, please? ◇ *Würden Sie mir einen Gefallen tun?* Would you do me a favour? IDM **das kann/wird was werden!** What a terrible thought! **das wird schon wieder** it'll be all right ◇ *Keine Angst — das wird schon wieder.* Don't worry — it will be all right. ℹ Für andere Redewendungen mit **werden** siehe die Einträge für die entsprechenden Nomina etc. **Weich werden** z.B. steht unter **weich**.

werfen **1** throw ◇ *den Ball ins Netz werfen* throw the ball into the net ◇ *Er warf die Tasche in die Ecke.* He threw the bag down in the corner. ◇ *Sie warf den Ball in die Höhe.* She threw the ball up in the air. ◇ *Sie warfen mit Steinen nach uns.* They threw stones at us. ◇ *mit Geld um sich werfen* throw money around ◇ *Er warf ihn aus dem Zimmer.* He threw him out of the room. ◇ *Sie warf sich vor einen Zug.* She threw herself under a train. ◇ *Lass mich auch mal werfen!* Let me have a throw! ◇ *einen Brief in den Briefkasten werfen* post a letter ◇ *die Tür ins Schloss werfen* slam the door ◇ *eine Münze werfen* toss a coin **2 jdn aus etw ~** (*Wettkampf etc.*) knock sb out of sth ◇ *Sie wurden in der ersten Runde aus dem Turnier geworfen.* They were knocked out of the tournament in the first round. **3** (*Junge kriegen*) have, produce ◇ *Die Katze hat fünf Junge geworfen.* The cat has had five kittens. ℹ Für Redewendungen mit **werfen** siehe die Einträge für die entsprechenden Nomina etc. **Das Handtuch werfen** z. B. steht unter **Handtuch**.

Werft shipyard

Werk **1** work ◇ *Mozarts letztes Werk* Mozart's last work ◇ *Brechts gesammelte Werke* the collected works of Brecht ◇ *die Rechte am Werk von Carl Orff* the rights to Carl Orff's music **2** (*Handlung, Tat*) deed, act ◇ *ein gutes Werk tun* do a good deed ◇ *ein Werk der Nächstenliebe* an act of charity ◇ *Der Einbruch war das Werk von Profis.* The break-in was a professional job. **3** (*Fabrik*) works [mit Verb im Sing/Pl] ◇ *Das Werk wird nächstes Jahr geschlossen.* The works is to be closed down next year. IDM **am Werk sein** ◇ *Da waren offenbar Amateure am Werk.* This was obviously an amateur job. ◇ *Die Polizei vermutet, dass wieder Brandstifter am Werk waren.* The police assume that this was once again the work of arsonists. **sich ans Werk machen** set to work

werken work

Werken → WERKUNTERRICHT

Werk- **Werkraum** handicrafts room **Werksgelände** (factory) site **Werksleiter(in)** factory manager, works manager **Werkstatt** workshop; (*Auto-*) garage **Werkstoff** material **Werktag** weekday ◇ *Wir haben an Werktagen zwischen 9 und 17 Uhr geöffnet.* We are open weekdays from 9 a.m. to 5 p.m. **werktags** on weekdays ◇ *Dieser Zug verkehrt nur werktags.* This train only runs on weekdays. **Werktätige** workers [Pl] **Werkunterricht** design and technology **Werkzeug** **1** tool (*auch fig*) ◇ *Er benutzte einen Stein als Werkzeug.* He used a stone as a tool. **2** (*Gesamtheit von Werkzeugen*) tools [Pl] ◇ *Das Werkzeug gehört Monika.* These are Monika's tools. **Werkzeugkasten** toolbox **Werkzeugmaschine** machine tool

Wermut **1** vermouth **2** (*Pflanze*) wormwood **Wermutstropfen** fly in the ointment ◇ *Der einzige Wermutstropfen war die Verletzung von Schulz.* The only fly in the ointment was Schulz's injury.

wert **1** worth ◇ *Was ist das Haus wert?* How much is the house worth? ◇ *Das Haus ist viel wert.* The house is worth a lot of money. ◇ *Es ist einen Versuch wert.* It's worth a try. ◇ *London ist immer eine Reise wert.* London is always worth a visit. ◇ *Die Konzertkarten sind mir das Geld wert.* These concert tickets are worth every penny as far as I'm concerned. ◇ *Dieser Ring ist nichts wert.* This ring isn't worth anything. ◇ *Dieses Gutachten ist nichts wert.* This report is worthless. **2 es ~ sein** deserve ◇ *Er ist es nicht wert, dass man ihm hilft.* He doesn't deserve any help. **3 etw ist (jdm) viel ~** sth means a lot to sb IDM → GOLD *und* REDE

Wert **1** value ◇ *im Wert steigen/fallen* go up/down in value ◇ *Neuwagen verlieren im ersten Jahr sehr an Wert.* New cars depreciate considerably in value during the first year. ◇ *eine Rückkehr zu traditionellen Werten* a return to traditional values ◇ *Die Studie hat wenig praktischen Wert.* The study is of little practical value. ◇ *Schmuck im Wert von mehreren Millionen* jewellery worth millions ◇ *Diese Münze hat einen Wert von 2 000 Dollar.* This coin is worth 2 000 dollars. **2** (*Messung*) reading; (*Ergebnis*) result ◇ *Die heute gemessenen Werte waren über dem Durchschnitt.* The readings taken today were above the average. ◇ *die Werte der Blutuntersuchung* the results of the blood test ◇ *hohe Werte an giftigen Stoffen* high levels of toxins IDM **Das hat doch keinen Wert!** There's no point! ◇ *Spar dir die Mühe! Das hat doch keinen Wert!* Save yourself the effort! There's no point! **Wert auf etw legen** attach importance to sth; think (that) sth is very important ◇ *Sie legt großen Wert auf Kleidung.* She attaches great importance to clothes. ◇ *Die Kunden legen Wert auf Qualität.* The customers think that quality is very important.

Wertarbeit craftsmanship, quality workmanship

Wertbrief registered letter

werten **1 etw als etw ~** judge sth to be sth, regard sth as sth ◇ *Das Fest wurde von den Veranstaltern als Erfolg gewertet.* The festival was judged to have been a success by the organizers. ◇ *Ich werte seine Aussage als glaubwürdig.* I regard his statement as reliable. **2** (*benoten*) give marks (for *sth*), give *sth* a score; (*zählen*) count ◇ *Die Runden werden getrennt gewertet.* The rounds are given separate scores.

Wert- **Wertesystem** system of values **Wertewandel** change in values **wertfrei** neutral (*Adv* neutrally) ◇ *eine wertfreie Beschreibung* a neutral description ◇ *eine wertfreie Bildungspolitik* an education policy that is not ideologically motivated **Wertgegenstände** valuables [Pl]

Wertigkeit **1** value **2** (CHEM) valency, (*AmE*) valence

wertlos **1** worthless **2** (*nutzlos*) useless ◇ *wertlose Informationen* useless information

Wert- **Wertmaßstab** (*Maßstab*) moral standard; (*Wert*) value ◇ *der Verfall der Wertmaßstäbe* a decline in moral standards ◇ *christliche Wertmaßstäbe* Christian values **Wertpapier** security; (*Aktie*) share **Wertpapierbestand** portfolio **Wertsachen** → WERTGEGENSTÄNDE

Wertstoff recyclable material

Wertstoffhof recycling point **Wertstoffsammlung** recycling collection **Wertstofftonne** recycling bin

Wertung **1** (*Punktezahl*) score ◇ *Wer erzielte die beste Wertung?* Who achieved the highest score? **2** (*Wettbewerb*) competition ◇ *Baum ist nicht mehr in der Wertung.* Baum is out of the competition. **3** (*Werturteil*) value judgement

wertvoll valuable; (*Ressourcen, Trinkwasser etc. auch*) precious ◇ *wertvolle Diamanten* valuable diamonds ◇ *wertvolle Ratschläge* valuable advice ◇ *historisch wertvolle Gebäude* buildings of historic value

Wertvorstellungen values [Pl]

Wesen **1** (*Lebe-*) being; (*Geschöpf*) creature ◇ *menschliche Wesen* human beings ◇ *ein überirdisches Wesen* a supernatural being ◇ *außerirdische Wesen* extraterrestrial beings ◇ *ein käferähnliches Wesen* a beetle-like creature **2** (*Beschaffenheit*) nature; (*Wesenskern*) essence ◇ *Das Buch gibt einen Einblick in das Wesen islamischen Denkens.* The book gives an insight into the nature of Islamic thought. ◇ *Diese Sonate verkörpert das Wesen seiner Musik.* This sonata captures the essence of his music. **3** (*Charakter*) character, nature ◇ *Das hat ihr eigentliches Wesen gezeigt.* That showed her true character. ◇ *Pia hat ein sehr freundliches Wesen.* Pia has a very friendly nature.

Wesenszug characteristic, (character) trait

wesentlich **1** *Adj* (*von entscheidender Bedeutung*) essential, main [nur vor Nomen]; (*wichtig*) important ◇ *ein wesentlicher Bestandteil* an essential component ◇ *der wesentliche Grund dafür* the main reason for it ◇ *ein wesentlicher Faktor* an important factor **2** *Adj* (*grundlegend*) fundamental, basic [nur vor Nomen] ◇ *Wir verlangen wesentliche Änderungen.* We are demanding fundamental changes. ◇ *Der wesentliche Unterschied ist, dass ...* The basic difference is that ... **3** *Adj* (*erheblich*) substantial, major ◇ *eine wesentliche Erhöhung der Zuschüsse* a substantial increase in subsidies ◇ *ein wesentliches Hindernis* a major obstacle **4** *Adv* (*weit*) much; (*erheblich*) considerably ◇ *Das ist wesentlich dringender.* This is much more urgent. ◇ *Das wäre wesentlich einfacher.* That would be considerably easier. ◇ *Er hat wesentlich zu unserem Erfolg beigetragen.* He has played a considerable part in our success. IDM **im Wesentlichen** basically; (*im Großen und Ganzen*) by and large ◇ *Der Kompromiss sieht im Wesentlichen vor, dass ...* The compromise basically ensures that ... ◇ *Die Untersuchung hat unsere Vermutungen im Wesentlichen bestätigt.* The study has by and large confirmed our suppositions. **um ein Wesentliches** considerably

weshalb why → *Beispiele bei* WARUM

Wespe wasp

Wespennest wasp's nest IDM **sich in ein Wespennest setzen** stir up a hornet's nest

Wespen- **Wespenstich** wasp sting **Wespentaille** wasp waist

wessen whose ◇ *Wessen Fahrrad ist das?* Whose bicycle is this? ◇ *Ich weiß nicht, in wessen Zuständigkeitsbereich der Vorgang fällt.* I don't know whose area of responsibility this is.

West west, West

West- west, western (*Abk* W) ◇ *ein Westwind* a west wind ◇ *die Westküste Irlands* the west coast of Ireland ◇ *Westeuropa* Western Europe

Weste **1** waistcoat, (*AmE*) vest; (*Strickjacke*) cardigan ◇ *Zieh dir eine Weste an.* Put a cardigan on. ◇ *Er trug einen Anzug mit Weste.* He wore a three-piece suit. **2 eine kugelsichere/schusssichere ~** a bulletproof vest IDM **eine weiße/reine/saubere Weste haben** have an unblemished record ◇ *ein Politiker mit sauberer Weste* a politician with an unblemished record

Westen **1** west; (*Gebiet auch*) West (*Abk* W) ◇ *Sie fuhren nach Westen.* They travelled west. ◇ *Von Westen her bläst ein kalter Wind.* There's a cold wind blowing from the west. ◇ *Das Wohnzimmer liegt nach Westen.* The living room faces west. ◇ *im Westen des Landes* in the west of the country ◇ *Sie kommt aus dem Wes-*

ten. She comes from the west. ◇ *Der Westen hat zu dem Coup noch nicht Stellung genommen.* The West has not yet made any statement on the coup. **2 der Wilde ~** the Wild West

Westentasche waistcoat pocket, (*AmE*) vest pocket **IDM** **etw wie seine Westentasche kennen** know sth like the back of your hand

Western western

westindisch West Indian

westlich **1** (*Richtung, Wind*) westerly ◇ *Der Wind kommt aus westlicher Richtung.* The wind is coming from a westerly direction. **2** (*Gebiet*) western ◇ *im westlichen Europa* in western Europe ◇ *die westliche Welt* the western world **3 ~ (von)** west (of), to the west (of) ◇ *Ich wusste nicht, das es so weit westlich liegt.* I didn't know it was so far west. ◇ *westlich der Grenze* to the west of the border

westlichste(r,s) westernmost

Westmächte Western powers [Pl]

westwärts westward(s)

Westwind west wind ◇ *Bei Westwind gibt es oft Regen.* It often rains when there's a west wind.

weswegen why; (*deshalb*) which is why

Wettbewerb competition ◇ *Die Fluggesellschaften stehen im Wettbewerb miteinander.* The airlines are in competition with each other. ◇ *Er liegt in dem Wettbewerb vorne.* He's first in the competition. ◇ *Unter den Herstellern herrscht ein harter Wettbewerb.* There's keen competition between the manufacturers.

Wettbewerber(in) competitor

Wettbewerbs- **Wettbewerbsbedingungen** terms of the competition [Pl] **wettbewerbsfähig** **1** *Adj* competitive **2** *Adv* on a competitive basis **Wettbewerbsfähigkeit** competitiveness **Wettbewerbsteilnehmer(in)** competitor

Wette **1** bet ◇ *Sie gingen eine Wette ein.* They made a bet. ◇ *Die Wette ging um ein Bier.* The bet was a beer. ◇ *Sie hat mit ihrem Bruder eine Wette um eine Tafel Schokolade abgeschlossen.* She bet her brother a bar of chocolate. ◇ *Ich gehe jede Wette ein, dass er verschlafen hat.* I'll bet you anything that he has overslept. ◇ *Die Wette gilt!* It's a bet then! **2 etw um die ~ tun** ◇ *Sie liefen um die Wette.* They raced each other. ◇ *Sie tranken Schnaps um die Wette.* They had a schnapps-drinking competition. ◇ *Die beiden schnarchten um die Wette.* One was snoring as loud as the other.

wetteifern compete ◇ *Sie wetteiferte mit ihrer Kollegin um die Gunst des Chefs.* She competed with her colleague for the boss's favour. ◇ *Die Geschwister haben schon immer gewetteifert.* The brothers and sisters have always competed with each other.

wetten bet ◇ *(Wollen wir) wetten?* Do you want to bet? ◇ *Worum sollen wir wetten?* What shall we bet? ◇ *Ich wette auf einen Sieg der Holländer.* I bet the Dutch will win. ◇ *Ich wette mit dir um eine Flasche Wein.* I'll bet you a bottle of wine. ◇ *So haben wir nicht gewettet.* That wasn't part of the deal. **IDM** **wetten (dass)?** how much do you want to bet?

Wetter **1** weather ◇ *Wir hatten tolles Wetter.* The weather was great. ◇ *Wie ist das Wetter?* What's the weather like? ◇ *Bei schönem Wetter gehen wir täglich spazieren.* We go for a walk every day when the weather is nice. ◇ *Bei diesem Wetter gehe ich nicht vor die Tür.* I don't go out in weather like this. ◇ *Wenn das Wetter mitspielt, machen wir ein Picknick.* Weather permitting, we'll have a picnic. **2** (*Unwetter*) storm **IDM** → WIND

Wetteramt meteorological office **Wetteraussichten** outlook [Sing] ◇ *Die Wetteraussichten sind gut.* The outlook is good. **Wetterbericht** weather forecast ◇ *Im Wetterbericht wurde Schnee angesagt.* The weather forecast said there'd be snow. **wetterfest** weatherproof **Wetterhahn** weathervane **Wetterlage** weather situation

wettern rant ◇ *„Das ist ein Skandal!", wetterte er.* 'It's an outrage!' he ranted. ◇ *Er wettert ständig gegen seinen Vorgesetzten.* He's always ranting and raving about his boss.

Wettervorhersage weather forecast

Wett- **Wettkampf** competition ◇ *Sie beendete den Wettkampf auf dem dritten Rang.* She came third in the competition. **Wettkämpfer(in)** competitor

Wettlauf race ◇ *einen Wettlauf machen* run a race **IDM** **ein Wettlauf mit der Zeit** a race against time

wettmachen **etw ~** make up for sth ◇ *Er machte seinen Fehler wieder wett.* He made up for his mistake. ◇ *Es gelang ihr den Rückstand wettzumachen.* She managed to close the gap. **IDM** → BODEN

Wett- **Wettrennen** race ◇ *ein Wettrennen machen* have a race **Wettrüsten** arms race **Wettstreit** competition; **mit jdm im ~ (um etw) liegen** compete with sb (for sth) ◇ *Sie liegen mit den Schweden im Wettstreit um den Titel.* They're competing with Sweden for the title.

wetzen **1** sharpen **2** (*rennen*) dash (*umgs*)

Whirlpool® Jacuzzi™

Whisky whisky ◇ *Sie trank einen Whisky Soda.* She had a whisky and soda ◇ *Er bestellte zwei Whisky.* He ordered two whiskies.

Whiteboard whiteboard

wichsen **1** polish **2 jdm eine ~** deck sb one **3** (*masturbieren*) wank (*vulg, Slang*), (*AmE*) jerk off (*vulg, Slang*)

Wichser wanker (*vulg, Slang*)

wichtig **1** important ◇ *Das Wichtigste ist, dass sie glücklich sind.* The most important thing is that they are happy. ◇ *was noch wichtiger ist:...* more importantly, ... **2** → WICHTIGTUERISCH **IDM** **etw/sich (sehr/zu) wichtig nehmen** take sth/yourself (very/too) seriously **nichts Wichtigeres zu tun haben, als ...** not have anything better to do than ... **sich wichtig vorkommen** be full of yourself **wichtig tun** be pompous

Wichtigkeit importance

wichtigmachen **sich (mit etw) ~** show off (about sth)

wichtigtuerisch pompous (*Adv* pompously)

wickeln **1** wind ◇ *Sie wickelte die Wolle zu einem Knäuel.* She wound the wool into a ball. **2** (*herumwickeln*) wrap ◇ *ein Geschenk in Seidenpapier wickeln* wrap a present up in tissue paper ◇ *Er wickelte den Kaugummi aus dem Papier.* He took the chewing gum out of its wrapper. **3** (*verbinden*) bandage ◇ *Die Krankenschwester wickelte ihm den Arm.* The nurse bandaged his arm. **4** (*windeln*) change ◇ *Ich habe das Baby frisch gewickelt.* I've changed the baby. **IDM** **schief/falsch gewickelt sein** be very much mistaken → *Siehe auch* FINGER

Widder **1** ram **2** (*Sternzeichen*) Aries; (*Sternbild*) the Ram ◇ *Mein Bruder ist (ein) Widder.* My brother's an Aries.

wider against ◇ *wider die Ordnung handeln* go against the rules ◇ *Es geschah wider meinen Willen.* It happened against my will. ◇ *wider alle Vernunft* contrary to reason **IDM** → FÜR, NATUR *und* WILLE

widerborstig **1** *Adj* recalcitrant **2** *Adv* obstinately

widerfahren **jdm widerfährt etw** sb suffers sth; (*Recht, Unrecht*) sth is done to sb ◇ *In ihrem Leben ist* *ihr viel Unglück widerfahren.* She has suffered many misfortunes in her life. ◇ *Man hat ihm bis heute nicht Gerechtigkeit widerfahren lassen.* Justice still hasn't been done to him.

Wider- **Widerhaken** barb **Widerhall** echo (*auch fig*) **widerhallen** **1** echo ◇ *Seine Schritte hallten in der Kirche wider.* His footsteps echoed around the church. **2 von etw ~** resound with sth

widerlegen **etw ~** disprove sth; **jdn ~** prove sb wrong

widerlich **1** *Adj* disgusting **2** *Adv* horribly ◇ *Das schmerzt widerlich.* It hurts horribly. ◇ *Er lachte widerlich.* He laughed nastily.

wider- **widerrechtlich** unlawful (*Adv* unlawfully); (*verboten*) illegal (*Adv* illegally) ◇ *Er wurde widerrechtlich inhaftiert.* He was unlawfully arrested. ◇ *widerrechtliche Abfallbeseitigung* illegal dumping ◇ *sich etw widerrechtlich aneignen* misappropriate sth **Widerruf** revocation; (*im Geschäftsleben*) cancellation; (*Aussage*) retraction (*oft mit einem Verb übersetzt*) ◇ *Er wurde zum Widerruf seiner Lehre gezwungen.* He was forced to revoke his teachings. ◇ *ein Recht auf Widerruf haben* have the right to cancel ◇ *Der Widerruf soll in der Zeitung abgedruckt werden.* The retraction is to be printed in the paper. ◇ *bis auf Widerruf* until further notice **widerrufen** revoke; (*Aussage*) retract ◇ *Sie widerriefen das Abkommen.* They revoked the agreement.

Wider- **Widersacher(in)** adversary **widersetzen** **sich jdm/etw ~** oppose sb/sth; (*physisch*) resist sb/sth ◇ *Sie widersetzte sich unseren Plänen.* She opposed our plans. ◇ *Er widersetzte sich seiner Festnahme mit Gewalt.* He violently resisted arrest. **widersinnig** absurd **widerspenstig** awkward ◇ *Manchmal zeigt sich der Computer widerspenstig.* The computer is sometimes awkward. ◇ *Meine Haare sind heute furchtbar widerspenstig.* My hair is completely unmanageable today. **widerspiegeln** **1** reflect ◇ *Das Wasser spiegelte das Haus wider.* The water reflected the house. ◇ *Der Artikel spiegelt das Leben auf dem Land wider.* The article is a reflection of life in the country. **2 sich in etw ~** be reflected in sth ◇ *Die Sterne spiegelten sich im Meer wider.* The stars were reflected in the sea. **widersprechen** contradict ◇ *Sie widerspricht ihrem Vater ständig.* She's always contradicting her father. ◇ *Er widersprach dem Vorwurf seines Vorgesetzten.* He denied his boss's accusation. ◇ *Das widerspricht meiner Überzeugung.* That goes against my conviction. ◇ *Sein Anwalt hat dem Urteil widersprochen.* His lawyer protested against the sentence. **Widerspruch** **1** contradiction ◇ *jdn zum Widerspruch reizen* invite contradiction from sb ◇ *Das ist ein Widerspruch in sich selbst.* That's a contradiction in terms. ◇ *Er hat sich in seiner Rede in Widersprüche verwickelt.* He kept contradicting himself in his speech. ◇ *Sie verträgt/duldet keinen Widerspruch.* What she says goes. **2** (RECHT) **~ einlegen** appeal **3** (*Gegensatz*) conflict ◇ *in Widerspruch zu etw geraten* come into conflict with sth ◇ *Seine Ansichten stehen im Widerspruch zu der Mehrheit der Wähler.* His views conflict with those of the majority of voters. **widerspruchslos** **1** *Adj* unquestioning **2** *Adv* without contradiction; (*ohne Protest*) without protest **widersprüchlich** contradictory (*Adv* contradictorily); (*Verhalten, Handlung*) inconsistent (*Adv* inconsistently)

Widerstand **1** resistance; (*Ablehnung*) opposition ◇ *bewaffneter Widerstand* armed resistance ◇ *Sie haben ihren Widerstand gegen die Reform aufgegeben.* They have given up their opposition to the reform. ◇ *Er ließ sich ohne Widerstand festnehmen.* He did not resist arrest. ◇ *zum bewaffneten Widerstand aufrufen* call people to arms **2** (**jdm/etw**) **~ leisten** offer resistance (to sb/sth) **3** (*Hindernis*) obstacle ◇ *Er gibt schon beim geringsten Widerstand auf.* He gives up at the slightest obstacle. **4** (ELEK) resistor IDM → WEG **Widerstandsbewegung** resistance movement **widerstandsfähig** resistant; (*Pflanze*) hardy **Widerstandsfähigkeit** resistance; (*Pflanze*) hardiness **Widerstandskämpfer(in)** resistance fighter **Widerstandskraft** resistance **widerstandslos** without resistance ◇ *Unser Vorschlag wurde widerstandslos angenommen.* Our suggestion was accepted without resistance. ◇ *Sie ließ sich widerstandslos festnehmen.* She did not resist arrest. ◇ *Wir werden nicht widerstandslos aufgeben.* We won't give up without a fight.

widerstehen **jdm/etw ~** resist sb/sth ◇ *Er konnte der Versuchung nicht widerstehen.* He couldn't resist temptation.

widerstreben **1 etw widerstrebt jdm** sb cannot abide sth ◇ *Unlogik widerstrebt mir zutiefst.* I really cannot abide illogicality. **2 es widerstrebt jdm, etw zu tun** sb is reluctant to do sth

Widerstreben reluctance ◇ *nach anfänglichem Widerstreben* after some initial reluctance

widerstrebend **1** reluctant (*Adv* reluctantly) **2** (*Interessen*) conflicting

widerstreitend (**einander**) **~** conflicting ◇ (*einander*) *widerstreitende Meinungen* conflicting opinions

widerwärtig repulsive; (*Geschmack, Geruch*) disgusting; (*Benehmen*) offensive

Widerwille **1 ~ (gegen etw/jdn)** (*Ekel*) disgust (at sth/sb) ◇ *mit sichtlichem Widerwillen* with visible disgust ◇ *Solche Bilder erzeugen unwillkürlich einen Widerwillen.* Pictures like these arouse involuntary feelings of disgust. **2 ~ (gegen etw/jdn)** (*Abneigung*) aversion (to(wards) sth/sb) (*gehoben*) ◇ *ein Widerwille gegen alles Neue* an aversion to anything new **3** (*Zurückhaltung*) reluctance ◇ *Sie stimmte nur mit Widerwillen zu.* She agreed only with reluctance.

widerwillig reluctant (*Adv* reluctantly)

Widerworte **~ geben** answer back; **keine ~!** don't argue!

widmen **1 etw jdm/etw ~** devote sth to sb/sth; **sich jdm/etw ~** devote yourself to sb/sth **2 jdm etw ~** (*Gedicht, Werk etc.*) dedicate sth to sb

Widmung dedication ◇ *Er schrieb ihr eine persönliche Widmung in das Buch.* He wrote a personal dedication to her in the book.

wie

- **in direkten und indirekten Fragesätzen** **1** (*auf welche Art und Weise, mit welchen Mitteln, in welchem Grad*) how ◇ *Wie schreibt man das?* How do you spell that? ◇ *Wie gefällt dir die neue Schule?* How do you like your new school? ◇ *Wie kommt es, dass so wenig Leute hier sind?* How is it that there are so few people here? ◇ *Wie groß ist euer Garten?* How big is your garden? ◇ *Wie lange wohnst du schon hier?* How long have you been living here? ◇ *Ich weiß nicht, wie lange er bleiben kann.* I don't know how long he can stay. ◇ *Wie schrecklich!* How terrible! **2** (*durch welche Merkmale gekennzeichnet*) what ... like ◇ *Wie war das Wetter?* What was the weather like? ◇ *Wie ist der neue Trainer?* What's the new coach like? **3** (*was*) what ◇ *Wie heißt du?* What's your name? ◇ *Wie spät/wie viel Uhr ist es?* What time is it? ◇ *Ich frage mich, wie sie darüber denkt.* I'm wondering what she thinks about it. ◇ *Wie schade!* What a pity! **4** (*als Frageanhängsel*) ◇ *Da staunst du, wie?* That surprises you, doesn't it? ◇ *Wohl verrückt geworden, wie?* Are you mad, or what?

• **in Vergleichen** **5** as; **(genau) (so) … ~** (as) … as ◇ *wie gewöhnlich* as usual ◇ *Er ist (genau) so alt wie ich.* He is as old as I am. ◇ *(so) schwarz wie Kohle* (as) black as pitch ◇ *Komm so schnell wie möglich.* Come as fast as you can. ◇ *Klug, wie er ist, schaffte er den Test trotzdem.* Being the clever person he is, he got through the test after all. ◇ *wie stark du auch sein magst…* however strong you are… **6** *(nach Nomen und Verben)* like ◇ *Er schrie wie verrückt.* He was shrieking like a madman. ◇ *Er weinte wie ein Kind.* He cried like a child. ◇ *eine Frau wie sie* a woman like her **7 genau (so) ~ jd/etw** the same way (as) sb/sth, like sb/sth ◇ *Mir geht es genau wie dir.* I feel the same way you do. ◇ *Sie hat blaue Augen, so wie ich.* She has blue eyes like me. **8** *(als ob)* as if ◇ *Sie fühlte sich wie vor den Kopf geschlagen.* She felt as if she'd been hit on the head. ◇ *wie zufällig* as if by accident **9 (auf) die Art, ~ …; (so), ~ …** the way (in which)… ◇ *Ich finde die Art, wie du mit ihr redest, unmöglich.* I find the way you speak to her outrageous. ◇ *Er macht alles so, wie er es zu Hause gelernt hat.* He does everything the way he learned it at home. ◇ *Er sah, wie sie den Raum verließ.* He saw her leave the room. ◇ *Es kam alles so, wie ich gehofft hatte.* Everything happened just as I had hoped.

• **in Aufzählungen (von Beispielen) etc.** **10 ~ (zum Beispiel)** like… (, for example,) ◇ *Einige Mannschaften, wie (zum Beispiel) die Australier,…* Some teams, like the Australians(, for example,)… ◇ *„L" wie „Ludwig".* 'L' for 'Ludwig' **11 ~ (auch)** as well as ◇ *Jungen wie auch Mädchen nahmen an dem Kurs teil.* Boys as well as girls attended the course. → *Siehe auch* BITTE

IDM **aber/und wie!** and how! ◇ *Den haben wir verdroschen, aber wie!* We thrashed him, and how! ◇ *„Hat es dir geschmeckt?" „Und wie!"* 'Did you enjoy that?' 'And how!' **wie bitte?** (I beg your) pardon?, sorry? *(umgs)* **wie dem auch sei** still **wie denn?** and how…? ◇ *„Sprich mit ihm!" „Wie denn? Er ist doch nie da."* 'Speak to him!' 'And how am I supposed to do that? He's never there.' **wie wäre es (mit)…?** how about…? ◇ *Wie wär's mit einem Kaffee?* How about a coffee? ◇ *Wie wäre es, wenn du mitkommst?* How about coming too? → *Siehe auch* NICHTS

wieder **1** again; **schon/mal ~** yet again ◇ *Ich will dich nie wieder sehen!* I never want to see you again! ◇ *Er hat schon wieder angerufen.* He has rung yet again. ◇ *Wir sollten sie wieder mal besuchen.* We ought to visit her again some time. ◇ *immer wieder* again and again ◇ *Geht es dir wieder besser?* Are you feeling better? ◇ *Ich bin gleich wieder da.* I'll be back in a moment. ◇ *Er ist verschwunden und nicht wieder aufgetaucht.* He disappeared and didn't come back. **2** *(noch)* yet ◇ *Das ist wieder eine andere Geschichte.* That's yet another story. **3** *(zur Betonung)* just ◇ *Wie du wieder aussiehst!* Just look at you! ◇ *Das ist wieder typisch!* Isn't that just typical! ◇ *Das sieht dir wieder ähnlich!* That's just like you! ◇ *Wo hast du wieder gesteckt?* (Just) where have you been hiding? **4 auch ~ (nicht)** ◇ *Da hast du auch wieder recht.* You're right there. ◇ *Ganz so dramatisch sehe ich das auch wieder nicht.* I don't take quite such a melodramatic view of it. ◇ *So klug war er auch wieder nicht.* He wasn't that clever after all.

IDM → HIN

Wiederaufbau reconstruction [U] *(auch fig)*; *(auch fig) (von Gebäuden etc.)* rebuilding [U] ◇ *der Wiederaufbau des Landes nach dem Krieg* the country's post-war reconstruction

Wiederaufbereitung recycling [U] ◇ *eine Anlage für die Wiederaufbereitung von Atommüll* a nuclear waste recycling plant

Wiederaufbereitungsanlage recycling plant

Wiederaufnahme **1** resumption [U]; *(von Beziehungen)* re-establishment [U] **2** *(in einen Verein, eine Partei etc.)* readmittance [U] *(meist mit einem Verb übersetzt)*; *(ins Krankenhaus)* readmission ◇ *Seiner Wiederaufnahme in die Partei steht nichts mehr im Wege.* There is nothing to stop him being readmitted into the party.

Wiederaufrüstung rearmament [U]

wiederbekommen → ZURÜCKBEKOMMEN

Wiederbelebung revival; *(eines Menschen auch)* resuscitation [U]

Wiederbelebungsversuch resuscitation attempt; *(fig)* attempt at revival

wiederbringen → ZURÜCKBRINGEN

Wiedereinführung reintroduction

Wiedereingliederung reintegration [U]; *(in die Gesellschaft)* rehabilitation

wiedererkennen recognize ◇ *Ich habe ihn nicht wiedererkannt.* I didn't recognise him.

Wiedereröffnung reopening

Wiedergabe **1** account; *(Schilderung)* description ◇ *eine ziemlich genaue Wiedergabe der Ereignisse* a fairly accurate account of events ◇ *eine stimmungsvolle Wiedergabe des Geschehenen* an atmospheric description of what happened **2** *(Zitieren)* quotation ◇ *die wörtliche Wiedergabe einer Rede* the word-for-word quotation of a speech **3** *(Übersetzung)* translation *(oft mit einem Verb übersetzt)* ◇ *Die Wiedergabe dieses Wortspiels im Deutschen ist unmöglich.* It is impossible to translate this pun into German. **4** *(künstlerische Darstellung)* portrayal *(oft mit einem Verb übersetzt)* ◇ *Ihm geht es nicht um die naturalistische Wiedergabe der Landschaft.* He is not concerned with portraying the landscape in a naturalistic way. **5** (MUS) *(Darbietung)* interpretation **6** *(mit technischen Hilfsmitteln)* reproduction [U] ◇ *die Wiedergabe der Farben* the reproduction of the colours ◇ *modernste Technik für die Aufnahme und Wiedergabe von Musik* state-of-the-art technology for recording and playing back music **7** → RÜCKGABE

wiedergeben **1** → ZURÜCKGEBEN **2** *(darstellen)* give (an account of) *sth*; *(schildern)* describe; *(zitieren)* quote ◇ *etw gekürzt wiedergeben* give a shortened account/version of sth ◇ *die Art, wie die Ereignisse wiedergegeben wurden* the way events were described ◇ *Seine Worte wurden nicht korrekt wiedergegeben.* What he said was not quoted correctly. ◇ *etw im Wortlaut wiedergeben* quote sth verbatim **3** *(Gefühle, Eindrücke)* express **4** *(übersetzen)* translate ◇ *Dieses Wortspiel kann man auf Deutsch nicht wiedergeben.* You cannot translate this pun into German. ◇ *Sie gab seine Worte auf Französisch wieder.* She translated his words into French. **5** *(künstlerisch darstellen)* portray; *(Stimmung, Atmosphäre)* convey **6** *(mit technischen Hilfsmitteln)* reproduce

Wiedergeburt **1** (REL) reincarnation **2** *(Erneuerung)* rebirth ◇ *die politische Wiedergeburt des Landes* the country's political rebirth

wiedergewinnen → ZURÜCKGEWINNEN

Wiedergutmachung **1** *(meist mit einem Verb übersetzt)* ◇ *Die Wiedergutmachung des Schadens wird Millionen kosten.* Repairing the damage will cost millions. ◇ *Sie verlangten die Wiedergutmachung des Unrechts.* They demanded that this wrong be put right. ◇ *als Wiedergutmachung für meine Unhöflichkeit* to make up for my rudeness **2** *(Geldsumme)* compensation [U]

wiederhaben **etw ~** have sth back; **etw ~ wollen** want sth back

wiederherstellen restore; *(Beziehungen etc.)* re-establish; **jdn ~** restore sb to health

Wiederherstellung restoration [U]; *(von Beziehungen, eines Rechts etc.)* re-establishment [U]

wiederholen[1] → ZURÜCKHOLEN

wiederholen[2] **1** repeat; *(Prüfung)* resit; *(Lernstoff)* revise, *(AmE)* review **2** *(Spiel)* replay; *(Elfmeter)* retake **3 sich ~** *(noch einmal sagen)* repeat yourself **4 sich ~** *(Muster etc.)* be repeated; *(ein weiteres Mal geschehen)* happen again

wiederholt repeated [nur vor Nomen] *(Adv* repeatedly) ◇ *wegen wiederholten Foulspiels* for repeated foul play ◇ *Sie ist zum wiederholten Mal(e) betrunken am Steuer ertappt worden.* She's been caught drink-driving again.

Wiederholung **1** repetition *(oft mit einem Verb übersetzt)* ◇ *Die Wiederholung des Experiments brachte ein anderes Ergebnis.* The repetition of the experiment produced a different result. ◇ *Auf die Wiederholung meiner Frage antwortete er immer noch nicht.* He still didn't answer even when I repeated my question. **2** *(einer Prüfung)* resit; *(eines Lernstoffs)* revision, *(AmE)* review ◇ *ein paar Übungen zur Wiederholung* a few revision exercises ◇ *eine Wiederholung des Stoffs der letzten Unterrichtsstunde* revision of material from the previous lesson **3** *(Wiederholungssendung)* repeat **4** *(Spiel)* replay; *(Elfmeter)* retake
Wiederholungsspiel (SPORT) replay **Wiederholungstäter(in)** *(zum zweiten Mal)* second offender; *(zum wiederholten Mal)* habitual offender

Wiederhören **(auf) ~** goodbye

wiederkäuen **1** ruminate *(gehoben)*, chew the cud **2** *(fig)* regurgitate

Wiederkäuer ruminant

wiederkehren **1** return **2** *(sich wiederholen)* recur ◇ *ein immer wiederkehrender Traum* a recurring dream

wiederkommen **1** come back; *(wieder ankommen)* be back ◇ *Kannst du morgen wiederkommen?* Can you come back tomorrow? ◇ *Mach dir keine Sorgen, ich komme wieder!* Don't worry, I'll be back! ◇ *Wann kommst du wieder?* When will you be back? **2** *(sich wiederholen)* ◇ *Diese Chance kommt so bald nicht wieder.* It'll be a while before you get such a chance again.

Wiedersehen **1** ◇ *Freust du dich auf das Wiedersehen mit deinen alten Freunden?* Are you looking forward to seeing your old friends? ◇ *Sie feierten ihr Wiedersehen.* They were celebrating seeing each other again. ◇ *Auf ein baldiges Wiedersehen!* Hope to see you again soon! **2 (auf) ~** goodbye ◇ *Sag ihnen auf Wiedersehen.* Say goodbye to them.

wiederum **1** again ◇ *Hier haben wir wiederum zwei Möglichkeiten.* We have two options again here. ◇ *Gestern wurden sie wiederum Opfer eines Einbruchs.* They were the victims of another burglary yesterday. **2** *(andererseits)* on the other hand, however ◇ *Viele bewundern ihn, andere wiederum …* Many admire him, on the other hand others … ◇ *Das wiederum könnte Vorteile bringen.* That, however, could have advantages.

Wiedervereinigung reunification; *(einer Familie etc.)* reunion

wiederverwerten reuse; *(recyceln)* recycle ◇ *Abfälle werden getrennt gesammelt und wiederverwertet.* Waste is collected separately and recycled.

Wiederverwertung recycling [U] ◇ *die Wiederverwertung von Papier* paper recycling ◇ *Müll der Wiederverwertung zuführen* send rubbish to be recycled

Wiederwahl re-election ◇ *Er hat sich zur Wiederwahl gestellt.* He stood for re-election.

wiederwählen re-elect

Wiege cradle *(auch fig)* IDM **jdm ist etw in die Wiege gelegt worden** sb is born with sth ◇ *Das Talent zur Musik war ihm schon in die Wiege gelegt worden.* He was born with a gift for music.

wiegen[1] **1** weigh ◇ *Der Koffer wiegt 16 Kilo.* The suitcase weighs 16 kilos. **2 schwer ~** ◇ *Seine Entscheidung wog schwer.* His decision was a weighty one. ◇ *Selbst geringfügig geminderte Erträge wiegen schwer.* Even minimally reduced yields are a serious matter.

wiegen[2] **1** *(schaukeln)* rock ◇ *Er wiegte das Kind in den Armen.* He rocked the child in his arms. **2 sich ~** sway ◇ *sich im Takt der Musik wiegen* sway in time to the music ◇ *sich in den Hüften wiegen* sway your hips ◇ *Sie hat einen wiegenden Gang.* She sways her hips when she walks. IDM → SICHERHEIT

wiehern whinny; *(vor Lachen)* bray ◇ *Er wieherte vor Lachen.* He brayed with laughter. ◇ *Es war zum Wiehern!* It was hilarious!

Wiese meadow ◇ *auf der Wiese* in the meadow IDM **auf der grünen Wiese** *(vor der Stadt)* in the open country

Wiesel weasel

wieso why, how come *(umgs)* ◇ *Wieso hast du mir nichts davon gesagt?* Why didn't you mention it to me? ◇ *Wieso weißt du das?* How come you know that?

wievielte(r,s) ◇ *Zum wievielten Mal hast du jetzt angerufen?* How many times have you rung now? ◇ *Das wievielte Bier ist das?* How many beers is that now? ◇ *Den Wievielten haben wir heute?* What date is it today?

wieweit to what extent ◇ *Die Frage ist, wieweit er dazu überhaupt in der Lage ist.* The question is: to what extent is he actually able to do that.

wild **1** wild; *(Landschaft etc.)* rugged; *(Kind etc.)* unruly; *(nicht zivilisiert)* savage ◇ *wild lebende Tiere* wild animals ◇ *Die Kinder rannten wild im Garten herum.* The children were running wild in the garden. ◇ *wilde Löwen* lions in the wild ◇ *ein Mann mit wildem Bart* a man with an unruly beard ◇ *eine wilde Verfolgungsjagd* a fast and furious chase ◇ *Er ist wild entschlossen, den Flugschein zu machen.* He is utterly determined to get his pilot's licence. **2** *(nicht offiziell gestattet)* unauthorized; *(illegal)* illegal ◇ *Der Giftmüll wurde zu einer wilden Mülldeponie gebracht.* The toxic waste was taken to an unauthorized waste disposal site. ◇ *wilde Bebauung* illegal development ◇ *ein wilder Streik* a wildcat strike **3** *(heftig und laut)* mad *(Adv* madly); *(Sturm, Kampf etc.)* fierce *(Adv* fiercely) ◇ *Die Enten schnatterten wild.* The ducks were quacking madly. ◇ *Ein wilder Sturm tobte.* A fierce storm was raging. **4** *(wütend)* furious ◇ *Wenn du ihm das erzählst, wird er wild.* If you tell him that he'll be furious. ◇ *ein wilder/wild gewordener Bulle* an enraged bull **5** *(ungeordnet)* chaotic *(Adv* chaotically) ◇ *Die Dokumente lagen wild verstreut auf seinem Bürotisch.* The documents were strewn chaotically all over his desk. IDM **wild sein auf jdn/etw** be crazy about sb/sth **wie wild** like mad; *(laut, heftig)* wildly ◇ *Er arbeitete wie wild.* He worked like mad. ◇ *Sie schlug wie wild um sich.* She was lashing out wildly in all directions. ◇ *Er gebärdete sich wie wild.* He was behaving like a madman.

Wild game [U] ◇ *Sie schossen 50 Stück Wild.* They shot 50 head of game.
Wildbahn **in freier ~** in the wild

Wilde(r) savage IDM **wie ein Wilder/wie die Wilden** like a madman/like madmen

Wilderer poacher

wildern **1** (*Mensch*) poach (*auch fig*) **2** (*Tier*) ◇ *Diese Katze wildert.* This cat is a hunter. ◇ *ein wildernder Hund* a dog that is killing wildlife

Wildleder suede ◇ *Schuhe aus Wildleder* suede shoes

Wildnis **1** wilderness ◇ *Die Antarktis ist eine einzigartige Wildnis.* Antarctica is a unique wilderness. **2** (*freie Wildbahn*) wild ◇ *Dieser Elefant ist in der Wildnis geboren.* This elephant was born in the wild.

Wild- **Wildpark** game park **Wildschwein** wild boar **Wildwasserfahren** white-water rafting

Wille will ◇ *Er hat sich aus freiem Willen dafür entschieden.* He decided to do it of his own free will. ◇ *An gutem Willen fehlt es bei ihm nicht.* He has plenty of good will. ◇ *Es war ein Versehen, kein böser Wille.* It was a mistake, no harm was meant. ◇ *Sie muss immer ihren Willen durchsetzen.* She always has to have her way. ◇ *Es muss nicht immer nach deinem Willen gehen.* You can't always have your way. ◇ *Er hat seinen/keinen eigenen Willen.* He has a mind of his own/ no mind of his own. ◇ *Sie hat den festen Willen, ihr Ziel zu erreichen.* She is determined to reach her goal. IDM **beim besten Willen** with the best will in the world **der letzte Wille** the will **wider Willen** against sb's will ◇ *Die Mieter mussten wider Willen die Wohnung aufgeben.* Against their will, the tenants had to give up the flat. ◇ *ein Star wider Willen* a reluctant star

willen IDM **um jds/einer Sache (selbst) willen** for sb's/sth's (own) sake ◇ *Sie sollte es um ihrer selbst willen tun.* She ought to do it for her own sake. ◇ *Sie hat es nur um des Geldes willen getan.* She only did it for the money. → *Siehe auch* GOTT *und* HIMMEL

willenlos weak-willed ◇ *ein willenloser Mensch* a weak-willed person ◇ *Sie ist völlig willenlos.* She has absolutely no will of her own. ◇ *Er ergab sich willenlos in sein Schicksal.* He gave himself up to his fate without a murmur.

Willens- **Willensbildung** formation of an opinion ◇ *die politische Willensbildung* the formation of a political opinion **Willenskraft** will power

willig willing (*Adv* willingly)

willkommen **1** welcome ◇ *ein willkommener Anlass* a welcome occasion ◇ *Herzlich willkommen!* Welcome! ◇ *Ihr seid uns jederzeit willkommen.* We're always pleased to see you. **2 jdn ~ heißen** welcome sb

Willkür **1** arbitrariness ◇ *Diese Menschen sind der Willkür dieses Systems ausgesetzt.* These people are at the mercy of the arbitrariness of this system. ◇ *Das war reine Willkür.* That was purely arbitrary. ◇ *Er ist der Willkür seines Chefs ausgesetzt.* He is at the mercy of his boss's whims. **2** (*politisch*) despotism ◇ *Ihm wird Willkür und Ungerechtigkeit vorgeworfen.* He is accused of despotism and injustice.

willkürlich **1** (*Mensch*) autocratic; (*Wahl, Entscheidung*) arbitrary (*Adv* arbitrarily) ◇ *willkürliches Handeln* arbitrary behaviour ◇ *eine willkürlich getroffene Entscheidung* an arbitrary decision ◇ *Er wählt seine Lottozahlen völlig willkürlich.* He chooses his lottery numbers completely at random. **2** (*Muskelbewegung, etc.*) voluntary (*Adv* voluntarily)

wimmeln **(von jdm/etw) ~** teem (with sb/sth) ◇ *Der Teich wimmelt von Fischen.* The pond is teeming with fish. ◇ *Der Aufsatz wimmelt von Fehlern.* The essay is full of mistakes.

wimmern whimper

Wimpel pennant; (*viele an einer Schnur*) bunting [U]

Wimper eyelash ◇ *Sie hat lange Wimpern.* She has long eyelashes. ◇ *sich die Wimpern tuschen* put on mascara IDM **mit den Wimpern klimpern** flutter your eyelashes **ohne mit der Wimper zu zucken** without batting an eyelid

Wimperntusche mascara

Wind wind IDM **bei/in Wind und Wetter** in all weathers **Daher weht/bläst der Wind!** So that's the way the wind is blowing! **jdm den Wind aus den Segeln nehmen** take the wind out of sb's sails **frischen Wind in etw bringen** shake things up **hier weht ein anderer/schärferer Wind** things are different here **in alle Winde zerstreut** scattered to the four winds **etw in den Wind schlagen** turn a deaf ear to sth **viel Wind um etw machen** make a big fuss about sth **Wind von etw bekommen** get wind of sth → *Siehe auch* FAHNE

Winde **1** winch **2** (*Kletterpflanze*) bindweed

Windel nappy, (*AmE*) diaper

windeln put a nappy on *sb*, (*AmE*) put a diaper on *sb* ◇ *ein Baby windeln* put a baby's nappy on ◇ *Das Baby muss gewindelt werden.* The baby needs to have a nappy put on.

winden **1** bind, wind ◇ *Sie wanden Blumen zu einem Kranz.* They bound flowers into a wreath. ◇ *Sie wand den Schal wie einen Turban um den Kopf.* She wound the scarf around her head like a turban. ◇ *Sie wanden Girlanden für das Fest.* They made garlands for the party. **2 sich ~** wind; (*schlängeln*) wriggle ◇ *Der Efeu windet sich um den Baum.* The ivy winds around the tree. ◇ *Der Fluss windet sich durch das Tal.* The river winds its way through the valley. ◇ *Ich wand mich durch die Menschenmenge.* I wriggled my way through the crowd. **3 sich ~** (*ausweichen*) avoid ◇ *Er windet sich um eine konkrete Aussage.* He's avoiding making a concrete statement. ◇ *Er distanzierte sich mit gewundenen Worten von der Angelegenheit.* He made a tortuous statement to distance himself from the affair. **4 sich (vor etw) ~** (*Schmerz*) writhe (with/ in sth); (*Verlegenheit*) squirm (with/in sth) **5 jdm etw aus der Hand ~** wrest sth from sb's hand (*gehoben*) ◇ *Er wand ihr das Messer aus der Hand.* He wrested the knife from her hand. IDM → AAL

Wind- **Windenergie** wind energy **Windeseile** **in aller ~** in no time **Windgeschwindigkeit** wind speed **Windhund** **1** greyhound; (*afghanischer*) Afghan (hound) **2** (*Mensch*) fly-by-night

windig **1** windy **2** (*dubios*) dodgy (*umgs*)

Wind- **Windjacke** windcheater, (*AmE*) windbreaker **Windkraftanlage** wind energy generator, wind turbine **Windmühle** windmill **Windpark** wind farm **Windpocken** chickenpox [U] ◇ *Hast du schon die Windpocken gehabt?* Have you had chickenpox? **Windrad** **1** wind turbine **2** (*Spielzeug*) windmill **Windrichtung** wind direction **Windsack** windsock **Windschatten** lee; (*eines Autos etc.*) slipstream (*auch fig*) **Windschutzscheibe** windscreen, (*AmE*) windshield **Windstärke** wind strength ◇ *die Windstärke messen* measure wind strength ◇ *Es herrscht Windstärke 3.* There is a force 3 wind. ◇ *Das Boot kenterte bei hoher Windstärke.* The boat capsized in the high wind. ◇ *Die Windstärke hat zugenommen.* The wind has got stronger. **windstill** still; (*geschützt*) sheltered ◇ *ein windstiller Morgen* a still morning ◇ *eine windstille Bucht* a sheltered bay ◇ *Es blieb windstill.* There was no wind. **Windstille** ◇ *Es herrschte völlige Windstille.* There was no wind at all. ◇ *bei (völliger) Windstille* in the absence of any wind (at all) **Windstoß** gust of wind

windsurfen go windsurfing ◇ *Ich windsurfe gern.* I like (going) windsurfing.

Windsurfer(in) windsurfer
Windsurfing windsurfing
Windturbine wind turbine
Wink **1** sign **2** (*Äußerung*) hint; (*Hinweis*) tip IDM **ein Wink des Schicksals/Himmels** a sign (from heaven) **ein Wink mit dem Zaunpfahl** a broad hint
Winkel **1** angle ◇ *im Winkel von 45°* at an angle of 45° ◇ *ein rechter Winkel* a right angle **2** (*Ecke*) corner **3** (*abgelegener Ort*) spot ◇ *Im Schwarzwald gibt es viele schöne Winkel.* There are many beautiful spots in the Black Forest. ◇ *Sie wohnen in einem entlegenen Winkel Bayerns.* They live in a remote part of Bavaria. **4** (*geometrisches Instrument*) set square, (*AmE*) triangle **5** **ein toter ~** a blind spot
winkelig → WINKLIG
Winkel- **Winkelmesser** (MATH) protractor **Winkelzug** trick
winken **1** wave ◇ *Sie winkte zum Abschied.* She waved goodbye. ◇ *Das Kind winkte mit beiden Händen.* The child was waving both hands. **2** (*ein Zeichen geben*) signal ◇ *Sie winkte ihm, ihr zu folgen.* She signalled him to follow her. ◇ *Sie verließ das Büro und winkte einem Taxi.* She left the office and hailed a cab. ◇ *Er winkte uns zu sich.* He beckoned us over to him. **3** **etw winkt** sth is being offered ◇ *Als Gewinn winkt ein Motorrad.* A motorbike is being offered as prize. ◇ *Dem Finder winkt eine Belohnung.* The finder will be offered a reward.
winklig winding
winseln whine ◇ *ein winselnder Hund* a whining dog ◇ *Sie winselte um Erbarmen.* She whined for mercy.
Winter winter ◇ *Es wird langsam Winter.* Winter's drawing in. ◇ *im tiefsten Winter* in the depths of winter → *Beispiele bei* SOMMER
Winterdepression seasonal affective disorder, SAD ◇ *Die Winterdepression ist eine ernst zu nehmende Erkrankung.* SAD is an illness to be taken seriously. **Wintereinbruch** onset of winter **winterfest** winter; (*Pflanzen*) hardy ◇ *winterfeste Bergschuhe* winter climbing boots ◇ *Der Gartenteich muss winterfest gemacht werden.* The garden pond must be got ready for winter. ◇ *winterfeste Gartenmöbel* garden furniture that can be left out over winter **Wintergarten** conservatory
winterlich **1** wintry ◇ *winterliche Straßenverhältnisse* wintry road conditions ◇ *Es herrscht winterliche Kälte.* It's as cold as winter. **2** (*dem Winter angebracht*) winter ◇ *der neue winterliche Modetrend* new winter fashions ◇ *winterlich vermummt* wrapped up warmly against the cold
Winter- **Wintermantel** winter coat **Winterolympiade** Winter Olympics [Pl] **Winterpause** winter break **Winterreifen** winter tyre, (*AmE*) winter tire **Winterschlaf** hibernation; **~ halten** hibernate **Winterschlussverkauf** winter sales [Pl] **Wintersemester** winter semester **Winterspiele** Winter Olympics [Pl] **Wintersport** winter sports [Pl] ◇ *Wintersport treiben* do winter sports **Winterzeit** winter time ◇ *Nächsten Sonntag beginnt die Winterzeit.* Winter time begins next Sunday.
Winzer(in) winegrower
winzig tiny ◇ *winzig kleine Schritte* tiny little steps
Winzling tiny little thing
Wipfel treetop
Wippe seesaw
wippen **1** bob up and down ◇ *Sie wippte zur Musik.* She bobbed up and down in time to the music. ◇ *ein wippender Pferdeschwanz* a bouncing ponytail ◇ *Er wippte ungeduldig mit dem Fuß.* He jiggled his foot up and down impatiently. **2** (*auf einer Wippe*) seesaw ◇ *Wollen wir wippen?* Shall we have a go on the seesaw?
wir we
Wirbel **1** (*im Wasser*) whirlpool; (*in der Luft*) whirlwind **2** (*Aufsehen*) commotion, fuss (*umgs*) ◇ *Dieser Fall hat für Wirbel gesorgt.* The case caused a commotion. **3** (ANAT) vertebra ◇ *Er hat sich einen Wirbel gebrochen.* He broke a vertebra. **4** (*Trommel-*) drum roll **5** (*Haar-*) crown **6** (*an Gitarre etc.*) tuning peg
wirbelig **1** lively ◇ *ein wirbeliges Kind* a lively child **2** (*schwindlig*) dizzy
wirbellos invertebrate ◇ *wirbellose Tiere* invertebrates
wirbeln whirl ◇ *Staub wirbelte durch die Luft.* Dust whirled through the air. ◇ *Allerlei Gedanken wirbelten ihr durch den Kopf.* All sorts of thoughts whirled through her head. ◇ *Mir wirbelt der Kopf.* My head is spinning.
Wirbel- **Wirbelsäule** spinal column **Wirbelsturm** **1** tornado **2** (*fig*) whirlwind **Wirbeltier** vertebrate **Wirbelwind** whirlwind (*auch fig*)
wirken **1** work; (*eine bestimmte Wirkung haben*) have an effect ◇ *Diese Tabletten wirken sehr schnell.* These tablets work very quickly. ◇ *Drohungen wirken bei ihr nicht.* Threats won't work with her. ◇ *Die Musik wirkte einschläfernd.* The music had a soporific effect. ◇ *das tödlich wirkende Kohlenmonoxid* deadly carbon monoxide ◇ *Sein Lachen wirkte ansteckend.* His laughter was contagious. ◇ *Das Beispiel wirkt abschreckend.* It's a cautionary example. ◇ *als Filter wirken* act as a filter **2** **etw auf sich ~ lassen** take sth in ◇ *Lass das Bild kurz auf dich wirken!* Just take the picture in for a moment! **3** (*erscheinen*) seem ◇ *Sie wirkt sehr schüchtern auf mich.* She seems very shy to me. ◇ *Er wirkt blass.* He looks pale. **4** (*zur Geltung kommen*) be effective ◇ *Dieses Bild wirkt aus der Entfernung besser.* This picture is more effective when viewed from a distance. ◇ *Diese Möbel wirken nur in großen Zimmern.* This furniture only looks good in large rooms. **5** (*tätig sein*) work ◇ *Er hat 30 Jahre lang als Arzt gewirkt.* He worked as a doctor for 30 years. IDM → WUNDER
wirklich real (*Adv* really) ◇ *Was war die wirkliche Ursache?* What was the real cause? ◇ *Wirklich?* Really? ◇ *Es tut mir wirklich leid.* I'm really sorry.
Wirklichkeit reality [U] ◇ *In Wirklichkeit war es ganz anders.* In reality it was quite different. ◇ *In Wirklichkeit heißt er Udo.* His real name is Udo. ◇ *Ihr Traum wurde Wirklichkeit.* Her dream came true. **wirklichkeitsfremd** unrealistic; (*Mensch*) out of touch with reality [nicht vor Nomen] **wirklichkeitsgetreu**, **wirklichkeitsnah** realistic (*Adv* realistically)
wirksam effective (*Adv* effectively) ◇ *ein wirksames Medikament* an effective drug ◇ *Das Gesetz soll mit dem 1. Mai wirksam werden.* The law is to take effect on May 1.
Wirksamkeit effectiveness [U] (*oft mit einem Verb übersetzt*) ◇ *die Wirksamkeit des Medikaments* the effectiveness of the drug ◇ *Die Wirksamkeit der Akupunktur ist anerkannt.* Acupuncture is known to be effective.
Wirkstoff agent
Wirkung effect ◇ *Ursache und Wirkung* cause and effect ◇ *eine belebende Wirkung* a stimulating effect ◇ *mit Wirkung vom 1. Mai* with effect from 1 May ◇ *Die Therapie zeigte keine Wirkung.* The therapy didn't work.
wirkungslos ineffective **wirkungsvoll** effective (*Adv* effectively)

wirr muddled, confused; (*Haare*) tousled ◇ *ein wirrer Satz* a muddled sentence ◇ *wirre Gedanken* confused thoughts ◇ *Alles lag wirr durcheinander.* Everything was in a complete muddle. ◇ *wirr von der Decke hängende Kabel* a jumble of cables hanging from the ceiling

Wirren turmoil [U]

Wirrwarr chaos; (*Durcheinander*) confusion; (*von Kabeln etc.*) tangle; (*von Stimmen*) hubbub

Wirsing savoy cabbage

Wirt 1 landlord **2** (BIOL) host

Wirtin landlady

Wirtschaft 1 economy; (*Industrie*) industry ◇ *die freie Wirtschaft* the free-market economy ◇ *die Wirtschaft ankurbeln* stimulate the economy ◇ *Experten aus Wirtschaft und Politik* experts from industry and politics ◇ *Er hat ein Angebot aus der Wirtschaft bekommen.* He's had an offer from industry. **2** (*Gasthaus*) inn, (*BrE auch*) pub

wirtschaften 1 budget ◇ *Er versteht zu wirtschaften.* He's good at budgeting. ◇ *profitabel wirtschaften* make a profit ◇ *sparsamer wirtschaften* economize **2** (*beschäftigt sein*) potter about, (*AmE*) putter about ◇ *Er wirtschaftet noch in der Garage.* He's still pottering about in the garage. IDM → TASCHE

wirtschaftlich 1 economic (*Adv* economically) ◇ *ein wirtschaftlicher Aufschwung* an economic upturn **2** (*finanziell*) financial (*Adv* financially) ◇ *wirtschaftlich auf jdn angewiesen sein* be financially dependent on sb **3** (*sparsam, ökonomisch*) economical (*Adv* economically) ◇ *ein wirtschaftliches Auto* an economical car ◇ *mit etw wirtschaftlich umgehen* be economical with sth

Wirtschaftlichkeit economic efficiency

Wirtschafts- Wirtschaftsaufschwung economic upturn **Wirtschaftsflüchtling** economic refugee **Wirtschaftsgymnasium** = college placing emphasis on economic studies, business studies and law **Wirtschaftskraft** economic power **Wirtschaftskrise** economic crisis **Wirtschaftslage** economic situation **Wirtschaftsminister(in)** Secretary of State for Trade and Industry **Wirtschaftsministerium** Department of Trade and Industry **Wirtschaftspolitik** economic policy **wirtschaftspolitisch 1** *Adj* relating to economic policy [nicht vor Nomen] **2** *Adv* from the point of view of economic policy **Wirtschaftsprüfer(in)** auditor **Wirtschaftssanktion** economic sanction **Wirtschaftsstandort** business location **Wirtschaftssystem** economic system **Wirtschaftswachstum** economic growth **Wirtschaftswissenschaften** economics [U] **Wirtschaftswissenschaftler(in)** economist **Wirtschaftswunder** economic miracle **Wirtschaftszweig** sector of industry

Wirtshaus inn

Wisch piece of paper

wischen 1 wipe ◇ *Sie wischte die Krümel von ihrem Buch.* She wiped the crumbs off her book. ◇ *Er wischte sich den Schweiß von der Stirn.* He wiped the sweat from his brow. ◇ *den Boden (nass) wischen* mop the floor ◇ *Staub wischen* dust **2** (*am Handy etc.*) swipe ◇ *nach rechts wischen* swipe right IDM **jdm eine wischen** land sb one (*umgs*) → *Siehe auch* TISCH

Wischer → SCHEIBENWISCHER

Wischerblatt wiper blade

Wischmopp mop

Wisent bison

wispern whisper

Wissbegierde thirst for knowledge

wissbegierig keen to learn [nicht vor Nomen]

wissen 1 know ◇ *Ich weiß es nicht.* I don't know. ◇ *Wenn ich das gewusst hätte!* If I'd known that! ◇ *Man weiß ja nie!* You never know! ◇ *alles besser wissen* always know best ◇ *jdn in Sicherheit wissen* know sb to be safe **2** (*sich erinnern*) remember ◇ *Ich weiß die Telefonnummer nicht mehr.* I can't remember the phone number. ◇ *Weißt du noch, wie das Hotel hieß?* Can you remember the name of the hotel? **3 jdn etw ~ lassen** let sb know sth **4 von jdm nichts (mehr) ~ wollen** not want (to have) anything (more) to do with sb **5 von etw nichts (mehr) ~ wollen** not be interested in sth (any more) **6** ◇ *Sie wusste seine Hilfe zu schätzen.* She appreciated his help. ◇ *Er wird das zu verhindern wissen.* He'll prevent that. ◇ *Sie weiß sich zu wehren.* She can defend herself. IDM **gewusst, wie!** brilliant! → *Siehe auch* GOTT, HASE, HINTEN, KOPF, KUCKUCK, NICHT, OBEN, RAT, SCHÄTZEN *und* TEUFEL(IN)

Wissen 1 knowledge [U] **2 meines/unseres Wissens** as far as I/we know **3 ohne jds ~** without sb's knowledge

wissend knowing (*Adv* knowingly)

Wissenschaft science IDM **eine Wissenschaft für sich sein** be an art in itself

Wissenschaftler(in) scientist

wissenschaftlich scientific (*Adv* scientifically) ◇ *wissenschaftliche Erkenntnisse* scientific knowledge ◇ *wissenschaftlich erwiesen sein* be scientifically proven ◇ *eine wissenschaftliche Zeitschrift* an academic journal ◇ *wissenschaftliche Hilfskräfte* research assistants

Wissens- Wissensdurst thirst for knowledge **Wissensgebiet** area of knowledge, field of knowledge **Wissenslücke** gap in your knowledge **Wissensstand** state of knowledge ◇ *der medizinische Wissensstand* the state of medical knowledge ◇ *nach heutigem Wissensstand* according to what we know today **wissenswert** valuable, worth knowing ◇ *Gibt es sonst noch irgendetwas Wissenswertes?* Is there anything else (that's) worth knowing? ◇ *wissenswerte Informationen* valuable information ◇ *Das Lexikon enthält viel Wissenswertes.* There's a lot of valuable information in that encyclopaedia.

wissentlich 1 *Adj* deliberate, intentional **2** *Adv* knowingly; (*absichtlich*) deliberately

wittern 1 sniff the air **2 jdn/etw ~** scent sb/sth ◇ *Der Hund witterte einen Fuchs.* The dog scented a fox. **3** (*fig*) sense ◇ *Er hat eine Chance gewittert.* He sensed an opportunity.

Witterung 1 (*Wetter*) weather **2** (*eines Tieres*) sense of smell ◇ *Hunde haben eine scharfe Witterung.* Dogs have a very keen sense of smell. **3** (*Spur, Geruch*) scent ◇ *Der Hund nahm die Witterung auf.* The dog picked up the scent. ◇ *die Witterung verlieren* lose the scent

witterungsbedingt because of the weather (*dem Nomen nachgestellt*) **Witterungsverhältnisse** weather conditions [Pl]

Witwe widow ◇ *Sie war Witwe.* She was a widow. ◇ *Sie wurde früh Witwe.* She was widowed at an early age.

Witwenrente widow's pension

Witwer widower ◇ *Witwer sein* be a widower

Witz 1 joke ◇ *Sie kann über diesen Witz nicht lachen.* She doesn't find this joke funny. ◇ *Sie machte einen Witz auf seine Kosten.* She had a joke at his expense. ◇ *Mach keine Witze!* You must be joking! **2** (*Geist, Humor*) wit **3** (*das Wesentliche*) whole point ◇ *Das ist ja gerade der Witz.* That's the whole point.

witzeln joke

witzig witty; (*komisch*) funny ◇ *eine witzige Antwort* a witty reply ◇ *Er kann sehr witzig erzählen.* He's good at telling funny stories.

witzlos (*sinnlos*) pointless

WLAN Wi-fi™, wireless LAN (*gehoben*) ◇ *Gibt es hier im Zimmer WLAN?* Is there Wi-fi in the room?

wo 1 where ◇ *Wo ist meine Brille?* Where are my glasses? ◇ *Bleiben Sie, wo Sie sind!* Stay where you are! ◇ *Wo anders hätte er sein sollen?* Where else could he have been? ◇ *Überall, wo er auftaucht, gibt es Ärger.* He causes trouble wherever he goes. ◇ *Beugen Sie Verletzungen wo irgend möglich vor.* Try to prevent injury wherever possible. **2** (*zu welcher Zeit, zumal da*) ◇ *Jetzt ist der Zeitpunkt, wo du dich entscheiden musst.* The time has come for you to make a decision. ◇ *Jetzt, wo du es sagst, erinnere ich mich.* Now you say it, I remember. ◇ *Warum beschwerst du dich, wo du doch viel mehr Geld hast als ich.* Why are you complaining, when you've got much more money than I have?

wo- ◇ *Wofür brauchst du ein Auto?* What do you need a car for? ◇ *Worauf bezieht sich deine Frage?* What does your question refer to? ◇ *Sie schrieb einen Brief, worin sie ihre Meinung deutlich zum Ausdruck brachte.* She wrote a letter in which she clearly stated her opinion. ◇ *Er hat alles erreicht, wofür er sein ganzes Leben lang gekämpft hat.* He has achieved everything (that) he has spent his whole life fighting for.

woanders somewhere else, elsewhere (*gehoben*)

woandershin somewhere else

wobei 1 → *Siehe auch* BEI **2** (*aber*) but ◇ *Mir gefällt die ganze Stadt sehr gut, wobei ich den Marktplatz besonders schön finde.* I like the whole town, but I think the market square is particularly nice.

Woche week ◇ *kommende/vergangene Woche* next/last week ◇ *einmal in der Woche* once a week ◇ *Er arbeitet 35 Stunden pro Woche.* He works 35 hours a week. ◇ *In einer Woche wird das Festival eröffnet.* The festival will start in a week's time. ◇ *Das Stück ist auf Wochen hinaus ausverkauft.* The play is sold out for weeks. ◇ *heute in einer Woche* a week today ◇ *in der Woche vom 22. bis 28. Mai* in the week starting 22nd May **IDM** → UNTER

Wochenarbeitszeit working week, (*AmE*) workweek

Wochenbeginn beginning of the week

Wochenende weekend ◇ *Schönes Wochenende!* Have a nice weekend! ◇ *am vergangenen Wochenende* last weekend ◇ *Die Feier findet am zweiten Wochenende im Juni statt.* The party is the second weekend in June. ◇ *Bis zum Wochenende will sie fertig sein.* She wants to have finished it by the weekend. ◇ *am Wochenende* at the weekend

Wochenendhaus weekend cottage

Wochen- Wochenkarte weekly season ticket **wochenlang** for weeks ◇ *Die Kunden mussten wochenlange Wartezeiten in Kauf nehmen.* The customers had to be prepared to wait for weeks. **Wochenmarkt** weekly market **Wochenstunde 1** period a week ◇ *Englisch steht mit vier Wochenstunden auf dem Stundenplan.* There are four periods of English a week. **2** (*Arbeitsstunde*) hour a week ◇ *Wir suchen eine Mitarbeiterin für zwanzig Wochenstunden.* We're looking for somebody for twenty hours a week. **Wochentag 1** day (of the week) ◇ *Welchen Wochentag haben wir heute?* What day is it today? **2** (*Werktag*) weekday ◇ *An Wochentagen fährt der Bus alle halbe Stunde.* The bus goes every half hour on weekdays. ◇ *Wir haben an allen Wochentagen geöffnet.* We're open Monday to Friday. **wochentags** weekdays

wöchentlich weekly; **einmal etc. ~** once, etc. a week

Wochenzeitung weekly (newspaper)

Wodka vodka

wodurch ◇ *Wodurch wurde die Krankheit ausgelöst?* What caused the disease? → *Siehe auch* DURCH

wofür 1 (*warum*) why ◇ *Wofür so früh aufstehen?* Why get up so early? **2** ◇ *Wofür hast du das Geld ausgegeben?* What did you spend the money on? ◇ *Wofür hältst du dich eigentlich?* Who exactly do you think you are? ◇ *Wofür das alles?* What's the point of all that? → *Siehe auch* FÜR

Woge wave (*auch fig*) **IDM** **die Wogen glätten** pour oil on troubled waters **die Wogen glätten sich** things are calming down

wogegen 1 → *Siehe auch* GEGEN **2** (*wohingegen*) whereas ◇ *Jan ist eine Sportskanone, wogegen sein Bruder völlig unsportlich ist.* Jan is really good at sport, whereas his brother is not sporty at all.

woher where ... from? ◇ *Woher stammt dieser Brief?* Where did this letter come from? ◇ *Woher weißt du das?* How do you know that?

wohin where ◇ *Wohin fährt der Zug?* Where is the train going? ◇ *Sie kann gehen, wohin sie möchte.* She can go wherever she likes. ◇ *Die Leute wissen nicht mehr, wohin mit ihrem Müll.* People don't know what to do with their rubbish any more.

wohingegen whereas

wohl 1 well ◇ *Ihr ist nicht wohl.* She is not well. ◇ *Er ist sich der Gefahr wohl bewusst.* He's well aware of the danger. ◇ *Ihr ist bei der Angelegenheit nicht ganz wohl.* She's not altogether happy about the matter. **2** (*etwa*) about **3** (*vermutlich*) probably ◇ *Sie wird wohl noch kommen.* She'll probably still come. **4** (*verstärkend*) ◇ *Wirst du wohl den Mund halten!* Will you shut up! ◇ *Man wird ja wohl noch fragen dürfen!* There's no harm in asking, is there! ◇ *Wirst du wohl aufhören, dauernd gegen mein Schienbein zu treten?* Do you think you could stop kicking me in the shins? **5 ~ aber** but ◇ *Sie hat in Dortmund keine Freunde, wohl aber in München.* She hasn't got any friends in Dortmund, but she has got some in Munich. **IDM** **wohl oder übel** whether you, he, she, we, etc. like(s) it or not ◇ *Du wirst wohl oder übel dein Zimmer aufräumen müssen.* You'll have to tidy up your room, whether you like it or not. → *Siehe auch* HAUT *und* SAGEN

Wohl welfare; (*persönliches*) well-being ◇ *Er hat stets das öffentliche Wohl im Auge.* He is always interested in public welfare. ◇ *Sie ist sehr um sein Wohl besorgt.* She is very concerned about his well-being. ◇ *Die Spenden werden zum Wohl von Waisenkindern verwendet.* The donations are for the benefit of orphans. ◇ *Wir stießen auf ihr Wohl an.* We toasted her. **IDM** **zum Wohl!** cheers!

Wohlbefinden well-being **wohlbekannt** well known; (*vertraut*) familiar ◇ *ein wohlbekanntes Phänomen* a well-known phenomenon **wohlbehalten** safe and sound; (*unverletzt*) unscathed; (*nicht kaputt*) intact **Wohlergehen** welfare **wohlerzogen** well-behaved ◇ *Der Hund ist wohlerzogen.* The dog is well-behaved. ◇ *Er sagte wohlerzogen „Auf Wiedersehen!"* 'Goodbye!' he said politely. **Wohlfahrt** welfare **Wohlfahrtsorganisation** charity **Wohlfahrtsstaat** welfare state **wohlgemerkt** mind you ◇ *Für ihn gilt diese Regelung nicht, wohlgemerkt.* This regulation doesn't apply to him, mind you. **wohlhabend** wealthy **wohlklingend 1** melodious; (*fig*) attractive **2** (*angesehen*) prestigious

Wohlstand prosperity ◇ *Sie haben es zu bescheidenem Wohlstand gebracht.* They have acquired a modest level of prosperity.
Wohlstandsgefälle gap in living standards **Wohlstandsgesellschaft** affluent society

Wohltat 1 good deed; **jdm eine ~ erweisen** do sb a good turn **2** (*etw, das gut tut*) relief ◇ *Nach der lauten Musik war die Ruhe eine Wohltat.* The quiet was a relief after the loud music. ◇ *Er empfand die kühle Brise als Wohltat.* He found the cool breeze refreshing.

wohltätig charitable ◇ *Sie spendete für eine wohltätige Einrichtung.* She gave money to a charitable organization. ◇ *Der Erlös kommt wohltätigen Zwecken zugute.* The proceeds will go to various charities.

Wohltätigkeits- charity ◇ *ein Wohltätigkeitskonzert* a charity concert ◇ *Wohltätigkeitsveranstaltungen* charity events

wohltuend soothing ◇ *Sie freute sich auf ein wohltuendes Bad.* She was looking forward to a soothing bath. ◇ *Trotz ihres Erfolgs ist sie wohltuend normal geblieben.* She has remained refreshingly normal despite her success.

wohltun jdm ~ do sb good ◇ *Der heiße Tee tut dir wohl.* The hot tea will do you good.

wohlverdient well-earned ◇ *Sie genießen wohlverdient ihr Rentnerdasein.* They're enjoying a well-earned retirement.

wohlweislich 1 wisely ◇ *Er hat dieses Thema wohlweislich nicht zur Sprache gebracht.* He wisely avoided the subject. **2** (*mit Absicht*) purposely

Wohlwollen goodwill ◇ *Er ist von ihrem Wohlwollen abhängig.* He is dependent on her goodwill. ◇ *Selbst mit größtem Wohlwollen kann ich das nicht unterstützen.* Even with the best will in the world, I can't support it. ◇ *Sie blickte ihn mit Wohlwollen an.* She looked at him benevolently.

wohlwollend 1 favourable (*Adv* favourably), (*AmE*) favorable (*Adv* favorably); (*wohltätig*) benevolent **2** (*Adv* benevolently)

Wohn- Wohnanhänger caravan, (*AmE*) trailer **Wohnanlage** residential complex **Wohnblock** block of flats, (*AmE*) apartment building

wohnen live; (*vorübergehend*) stay ◇ *Wir wohnen in Rom.* We live in Rome. ◇ *Zurzeit wohnt er bei Freunden.* He's staying with friends at the moment. ◇ *Wir wohnen hier zur Miete.* We rent this property.

Wohn- Wohngebiet residential area **Wohngemeinschaft 1** shared flat/house, (*AmE*) shared apartment; (*Menschen*) group of sharers ◇ *Sie lebt in einer Wohngemeinschaft.* She lives in a shared flat. ◇ *eine fünfköpfige Wohngemeinschaft* a flat with five sharers **2 eine betreute ~** supervised housing

wohnhaft resident (*offiz*) ◇ *Der Angeklagte ist in Wien wohnhaft.* The accused is resident in Vienna.

Wohn- Wohnhaus house, residential property (*offiz*) **Wohnheim 1** hostel; (*Studenten-*) hall of residence **2** (*AmE*) dormitory; (*Altersheim*) (old people's) home **Wohnküche** combined living room and kitchen

wohnlich 1 *Adj* cosy **2** *Adv* in a cosy way

Wohn- Wohnmobil camper (van), (*AmE*) recreational vehicle **Wohnort** ◇ *Er arbeitet in der Nähe seines Wohnorts.* He works close to where he lives. ◇ *Sie verlegte ihren Wohnort von Köln nach Bonn.* She moved from Cologne to Bonn. **Wohnraum 1** living room ◇ *Die Wohnräume sind mit Teppich ausgelegt.* The living rooms are carpeted. ◇ *Die Wohnräume des Fürsten sind prunkvoll eingerichtet.* The prince's living quarters are magnificently furnished. **2** (*Platz zum Wohnen*) living space ◇ *Die Familie benötigt mehr Wohnraum.* The family needs more living space. ◇ *Mit dem Bau der Siedlung entstand viel neuer Wohnraum.* Building the estate provided a lot of new housing. **Wohnsiedlung** housing estate **Wohnsitz** address ◇ *Sein erster Wohnsitz ist in Spanien.* His main address is in Spain. ◇ *Er hat keinen festen Wohnsitz.* He is of no fixed address. ◇ *Sie haben ihren Wohnsitz in Kiel.* They live in Kiel. **Wohnsitzlose(r)** homeless person

Wohnung flat, (*AmE*) apartment
Wohnungsbau (building of) housing [U] ◇ *Sie sprachen über Wohnungsbau und Umweltpolitik.* They talked about housing and the environment. ◇ *Geld für den sozialen Wohnungsbau* money for the building of council housing **Wohnungsmarkt** housing market **Wohnungsnot** housing crisis **Wohnungssuche** flat-hunting [U], (*AmE*) apartment-hunting [U] ◇ *Viel Glück bei der Wohnungssuche.* Good luck with your flat-hunting. ◇ *Sie halfen uns bei der Wohnungssuche.* They helped us to find a flat. ◇ *Sie ist auf Wohnungssuche.* She's looking for a flat. **Wohnungssuchende(r)** person looking for a flat, (*AmE*) person looking for an apartment **Wohnungstür** flat door, (*AmE*) apartment door

Wohn- Wohnviertel (residential) area **Wohnwagen** caravan, (*AmE*) trailer ◇ *Wir fahren mit dem Wohnwagen nach Norwegen.* We are taking the caravan to Norway. **Wohnzimmer** living room

Wok wok ◇ *Kochen mit dem Wok* cooking with a wok

wölben (sich) ~ arch; (*Himmel*) form a dome; (*Bauch*) bulge ◇ *eine gewölbte Decke* an arched ceiling ◇ *Ein Glasdach wölbt sich über den Innenhof.* A glass roof forms an arch over the courtyard.

Wölbung arch

Wolf 1 wolf **2** → FLEISCHWOLF **IDM ein Wolf im Schafspelz** a wolf in sheep's clothing **mit den Wölfen heulen** run with the pack → *Siehe auch* HUNGER

Wölfin she-wolf ◇ *die Wölfin, das Symbol von Rom* the she-wolf, the symbol of Rome ◇ *Die Wölfin schützte ihre Welpen.* The wolf was protecting her cubs.

Wolke cloud **IDM in/über den Wolken schweben** have got your head in the clouds **aus allen Wolken fallen** be flabbergasted (*umgs*)
Wolkenbruch downpour **Wolkenkratzer** skyscraper

wolkenlos cloudless

wolkig cloudy

Wolldecke (woollen) blanket

Wolle wool ◇ *ein Pullover aus reiner Wolle* a pure wool jumper **IDM sich mit jdm in die Wolle kriegen** argue with sb **sich in der Wolle haben/liegen** be at each other's throats ◇ *Die beiden haben sich ständig in der Wolle.* They're constantly at each other's throats.

wollen[1] *Adj* woollen, (*AmE*) woolen, woolly (*umgs*) ◇ *wollene Socken* woollen socks

wollen[2] *Verb* **1** want ◇ *Sie will Tischlerin werden.* She wants to be a carpenter. ◇ *Er will reiten gehen.* He wants to go riding. ◇ *Willst du einen Kaffee?* Do you want a coffee? ◇ *Das Buch will Mut machen, etwas Neues zu wagen.* The book is intended to encourage people to try something new. ◇ *Ohne es zu wollen, hatte er die Geschwindigkeitsbegrenzung überschritten.* He had unintentionally exceeded the speed limit. ◇ *Wollen wir heute essen gehen?* Shall we go out for a meal today? ◇ *Wenn Sie bitte einen Moment warten wollen?* If you'd like to wait a moment. ◇ *„Ich räume hinterher wieder auf." „Das will ich hoffen!"* 'I'll clear up afterwards.' 'I sincerely hope so!' ◇

Die Tür wollte nicht zugehen. The door wouldn't shut. ◇ *Die Fahrt wollte kein Ende nehmen.* The journey seemed endless. **2** *(irgendwo hinfahren/-gehen wollen)* want to go ◇ *Sie wollen diesen Sommer nach Amerika.* They want to go to America this summer. ◇ *Wir wollen nachher noch in die Stadt.* We want to go into town later. **3 etw getan haben ~** *(Behauptung)* claim to have done sth ◇ *Er will der erste Deutsche in Nepal gewesen sein.* He claims to have been the first German to visit Nepal. **4** *(irrealer Wunsch)* wish ◇ *Ich wollte, er wäre hier.* I wish he were here. **IDM** **da ist nichts mehr zu wollen** there's nothing I, you, he, she, etc. can do about it ◇ *Der Zug ist weg, da ist nichts mehr zu wollen.* The train has gone. There's nothing we can do about it. **jdm etw wollen** do sth to harm sb ◇ *Was kann der mir schon wollen?* What can he do to harm me? → *Siehe auch* HEISSEN

Woll- **Wollknäuel** ball of wool **Wollmütze** woollen hat, *(AmE)* woolen hat, woolly hat *(umgs)*

womit ◇ *Womit habe ich das verdient?* What did I do to deserve that? → *Siehe auch* MIT

womöglich possibly ◇ *Womöglich wird die Schule geschlossen.* Possibly the school will close. ◇ *Sie kommt womöglich erst nächste Woche.* It may well be that she will arrive only next week.

wonach → NACH

Wonne delight ◇ *Es war eine wahre Wonne.* It was a real delight. ◇ *Mit Wonne machte er sich über den Nachtisch her.* He gleefully tucked into the pudding.

woran ◇ *Woran hast du gemerkt, dass ich neu bin?* What made you realize that I am new? ◇ *Woran liegt das?* Why is that? → *Siehe auch* AN

worauf → AUF

woraufhin whereupon

woraus → AUS

worin → IN[1]

Work- **Workshop** workshop **Workstation** work station

World Wide Web World Wide Web

Wort word ◇ *Er hat fast alle Wörter falsch geschrieben.* He spelt nearly every word wrong. ◇ *Ich habe kein Wort herausgebracht.* I couldn't say a word. ◇ *Darüber ist kein Wort gefallen.* Not a word has been said about it. ◇ *Ich nehme dich beim Wort.* I'll take you at your word. ◇ *Ist das dein letztes Wort?* Is that your last word on the subject? ◇ *Mit einem Wort: Nein.* In a word: no. ◇ *etw in anderen Worten sagen* put sth another way ◇ *Man konnte sein eigenes Wort nicht verstehen.* You couldn't hear yourself speak. **IDM** **(jdm) aufs Wort gehorchen** obey (sb's) every word **jdm das Wort abschneiden** cut sb short ◇ *Er schnitt ihr mitten im Satz das Wort ab.* He cut her short in mid-sentence. **jdm das Wort aus dem Mund nehmen** take the words out of sb's mouth **jdm das Wort entziehen** cut sb off **das Wort ergreifen** have your say **jdm das Wort erteilen** give sb the floor **jdm das Wort im Mund(e) umdrehen** twist sb's words **jdm das Wort verbieten** stop sb from having their say **dein Wort in Gottes Ohr!** let's hope so! **ein ernstes Wort mit jdm reden/sprechen** have a serious talk with sb **ein gutes Wort für jdn einlegen** put in a good word for sb **ein offenes Wort mit jdm reden/sprechen** speak frankly with sb **jdm fehlen die Worte** sb is lost for words **jd hat das Wort** sb has the floor **immer das letzte Wort haben müssen** always have to have the last word **jdm ins Wort fallen** interrupt sb **jedes Wort auf die Goldwaage legen** **1** take everything (sb says) literally ◇ *Das habe ich nicht so gemeint. Leg doch nicht jedes Wort auf die Goldwaage.* I didn't mean it that way. Don't take everything I say so literally. **2** *(jedes Wort sorgfältig wählen)* be very careful about what you say **mit anderen Worten** in other words **jdn (nicht) zu Wort kommen lassen** (not) let sb get a word in (edgeways) **sich zu Wort melden** ask to speak; *(sprechen)* speak up → *Siehe auch* GEFLÜGELT *und* SINN

Wortart part of speech **Wortbruch** ◇ *Damit hat sie einen Wortbruch begangen.* She broke her word by doing that.

Wörterbuch dictionary ◇ *etw im Wörterbuch nachschlagen* look sth up in the dictionary

Wort- **Wortführer(in)** spokesman/-woman **Wortgefecht** battle of words **wortgetreu** verbatim; *(Übersetzung)* word for word **wortgewandt** articulate *(Adv* articulately); eloquent *(Adv* eloquently) ◇ *ein wortgewandter Diplomat* an articulate diplomat ◇ *eine wortgewandte Rede* an eloquent speech ◇ *wortgewandt vorgetragen* eloquently presented **wortgewaltig** eloquent *(Adv* eloquently) **wortkarg** laconic *(Adv* laconically) **Wortlaut** **1** wording **2 im ~** verbatim

wörtlich **1** word for word, verbatim ◇ *etw wörtlich abschreiben* copy sth word for word ◇ *ein wörtliches Zitat* a word-for-word quotation ◇ *etw wörtlich zitieren* quote sth verbatim ◇ *In dem Artikel heißt es wörtlich: ...* This is what the article actually says: ... **2** *(nicht bildlich)* literal *(Adv* literally) ◇ *im wörtlichen Sinne* in the literal sense ◇ *Du darfst nicht alles so wörtlich nehmen.* You shouldn't take everything literally. ◇ *„Karaoke" heißt wörtlich übersetzt „leeres Orchester".* 'Karaoke' means literally 'empty orchestra'.

wortlos **1** *Adj* silent **2** *Adv* without saying a word ◇ *Er ging wortlos.* He left without saying a word.

Wort- **Wortmeldung** request to speak; *(Äußerung)* comment (from a member of the audience) **wortreich** *(Entschuldigung, Danksagung)* profuse *(Adv* profusely); *(Widerspruch, Protest)* voluble *(Adv* volubly) *(gehoben)* **Wortschatz** vocabulary ◇ *der englische Wortschatz* English vocabulary **Wortschöpfung** neologism *(gehoben)* **Wortschwall** torrent of words **Wortspiel** pun, play on words **Wortstellung** word order **Wortwahl** choice of words **Wortwechsel** exchange (of words) ◇ *Zwischen uns kam es zu einem heftigen Wortwechsel.* We had a heated exchange. **wortwörtlich** **1** word for word ◇ *Er hat den Aufsatz wortwörtlich abgekupfert.* He copied the essay word for word. ◇ *Hat er das wortwörtlich gesagt?* Were those his actual words? ◇ *Die beiden Texte stimmen wortwörtlich überein.* The two texts are identical. **2** *(nicht bildlich)* literal *(Adv* literally)

worüber → ÜBER

worum → UM

worunter → UNTER

wovon → VON

wovor → VOR

wozu → ZU[1]

Wrack wreck *(auch fig)*

Wucher profiteering *(abwert)* ◇ *Er ist wegen Wucher verurteilt worden.* He was convicted of profiteering. ◇ *Das ist der reinste Wucher!* It's extortionate!

wuchern proliferate *(auch fig)*; *(Unkraut)* be rampant

Wucherpreis extortionate price

Wucherung **1** proliferation ◇ *die Wucherung von Zellen* cell proliferation **2** *(Geschwulst)* growth

Wuchs **1** growth **2** *(Mensch)* stature ◇ *Er ist eher von kleinem Wuchs.* He is small of stature.

Wucht **1** force **2 mit aller ~** with all your might **3 mit voller ~** ◇ *Der Schlag traf ihn mit voller Wucht.* He took the full impact of the blow. ◇ *Das Auto fuhr mit*

voller Wucht gegen die Leitplanke. The car crashed right into the barrier. IDM **eine Wucht sein** be fantastic

wuchten heave

wuchtig **1** powerful **2** (*Möbel, Gebäude etc.*) massive

wühlen **1** root (about/around); **nach etw ~** root (about/around) for sth **2** (*Loch, Gänge*) dig **3** **sich durch etw ~** (*durcharbeiten*) work your way through sth

Wühl- **Wühlmaus** vole **Wühltisch** bargain counter

wulstig bulging; (*Lippen*) thick

wund sore; (*offen*) raw ◇ *wunde Füße haben* have sore feet ◇ *sich wund liegen* get bedsores ◇ *sich wund kratzen* scratch your skin till it bleeds ◇ *etw wund scheuern* chafe sth IDM **sich die Füße wund laufen** **1** get blistered feet **2** (*fig*) go everywhere ◇ *Ich habe mir die Füße nach dem Buch wund gelaufen.* I've been everywhere trying to find the book. → *Siehe auch* PUNKT

Wundbrand gangrene

Wunde wound; (*Schnitt-*) cut IDM → SALZ

Wunder miracle ◇ *Wunder vollbringen* perform miracles ◇ *Wie durch ein Wunder überlebte sie.* It was a miracle that she survived. ◇ *Dieses Gerät ist ein Wunder an Vielseitigkeit.* This machine is amazingly versatile. ◇ *die Wunder der Natur* the wonders of nature IDM **ein Wunder, dass ...** It's a wonder that ... ◇ *Ist es ein Wunder, dass sie ihn verlassen hat?* Is it any wonder she left him? **kein Wunder** no wonder (*umgs*) **sein blaues Wunder erleben** get a nasty shock **(wahre) Wunder wirken** work wonders **Wunder was/wer/wie ...** ◇ *Ich dachte Wunder was passiert ist!* I imagined all sorts of things! ◇ *Sie denkt, sie sei Wunder wie schön.* She thinks she's really beautiful. ◇ *Er glaubt, Wunder wer er ist.* He thinks he's the bee's knees.

wunderbar **1** wonderful (*Adv* wonderfully) **2** (*wie (durch) ein Wunder*) miraculous ◇ *Ihm werden wunderbare Fähigkeiten nachgesagt.* He is said to have miraculous powers. ◇ *auf wunderbare Weise* miraculously ◇ *die wunderbare Brotvermehrung* the miracle of the loaves and fishes

wunder- **wunderhübsch** beautiful (*Adv* beautifully) **Wunderkerze** sparkler **Wunderkind** child/infant prodigy

wunderlich strange (*Adv* strangely)

Wundermittel **ein ~ (gegen etw)** a miracle cure (for sth)

wundern **etw wundert jdn** sth surprises sb; **sich (über etw/jdn) ~** be surprised (at sth/sb) ◇ *Es wundert mich, dass er hier ist.* I'm surprised he's here. ◇ *Du darfst dich nicht wundern, wenn ...* You shouldn't be surprised if ...

wunder- **wunderschön** (very) beautiful (*Adv* beautifully); (*wundervoll*) wonderful **Wundertüte** = bag of surprises (with sweets and toys) **wundervoll** *Adj* wonderful, beautiful (*Adv* beautifully)

Wund- **Wundsalbe** ointment **Wundstarrkrampf** tetanus

Wunsch **1** wish ◇ *einen Wunsch äußern* express a wish ◇ *Die besten Wünsche zur Hochzeit.* Best wishes for your wedding. ◇ *Das Haus entspricht nicht ganz meinen Wünschen.* The house isn't quite what I wanted. **2** **~ (nach etw)** (*Verlangen*) desire (for sth) ◇ *der Wunsch nach einer friedlichen Lösung* the desire for a peaceful solution **3** (*Bitte*) request ◇ *auf ausdrücklichen Wunsch des Patienten* at the explicit request of the patient ◇ *auf vielfachen Wunsch* by popular demand ◇ *Haben Sie sonst noch einen Wunsch?* Is there anything else? IDM **auf Wunsch** ◇ *Lieferung auf Wunsch* delivery available ◇ *Sondergrößen auf Wunsch* special sizes available ◇ *Auf Wunsch auch mit Airbag lieferbar.* Airbag available as an optional extra. **ein frommer Wunsch** wishful thinking **nach Wunsch** ◇ *Wir gestalten ihre Webseite nach Wunsch.* We'll design your web page as you want. ◇ *Einfamilienhäuser nach Wunsch* houses designed according to your wishes **nach Wunsch verlaufen** go according to plan → *Siehe auch* ALLGEMEIN

Wunschbild ideal **Wunschdenken** wishful thinking

Wünschelrute divining rod

wünschen **1** **sich etw ~** want sth ◇ *Was wünschst du dir zum Geburtstag?* What would you like for your birthday? ◇ *Es war nicht leicht, ein Zimmer für die gewünschte Zeit zu buchen.* It wasn't easy to book a room for the time we wanted to go. ◇ *Du darfst dir was wünschen.* You can make a wish. **2** **jdm etw ~** wish sb sth ◇ *Ich wünschte ihm viel Glück.* I wished him good luck. ◇ *Das würde ich meinem ärgsten Feind nicht wünschen.* I wouldn't wish it on my worst enemy. ◇ *Ich wünsche ihm, dass er die Stelle bekommt.* I hope he gets the job. **3** (*verlangen*) like ◇ *Ganz, wie Sie wünschen.* Just as you like. ◇ *Wen wünschen Sie zu sprechen?* Who would you like to speak to? **4** (*ersehnen, wollen*) wish ◇ *Ich wünschte, du wärest hier.* I wish you were here. ◇ *Er ist so, wie man sich einen Ehemann wünscht.* He is everything you could wish for in a husband. IDM **nichts zu wünschen übrig lassen** be perfect **zu wünschen übrig lassen** leave a lot to be desired

wünschenswert desirable; (*Wirkung, Ergebnis*) desired

wunschgemäß **1** *Adj* desired **2** *Adv* smoothly; (*wie gefordert*) as requested ◇ *Alles hat wunschgemäß geklappt.* Everything went smoothly. ◇ *Ich habe alles wunschgemäß erledigt.* I have done everything as requested.

Wunschkind longed-for baby; (*geplant*) wanted child **Wunschliste** wish list (*umgs*)

wunschlos perfect (*Adv* perfectly)

Wunsch- **Wunschtraum** dream; (*illusorisch*) pie in the sky (*umgs*) **Wunschzettel** = list of presents you would like; (*an Weihnachten*) ≈ letter to Santa Claus

Würde dignity [U] ◇ *die Würde des Menschen* the dignity of man ◇ *Das ist unter ihrer Würde.* It's beneath her dignity.

Würdenträger(in) dignitary

würdevoll **1** *Adj* dignified **2** *Adv* with dignity

würdig **1** worthy ◇ *ein würdiger Nachfolger* a worthy successor ◇ *Sie ist deiner Liebe nicht würdig.* She is not worthy of your love. ◇ *Sie hat den Verein würdig vertreten.* She was a worthy representative of the club. **2** → WÜRDEVOLL

würdigen **1** (*schätzen*) appreciate; (*in einer Ansprache etc.*) pay tribute to *sb/sth* ◇ *Ich weiß sein Opfer zu würdigen.* I appreciate the sacrifice he has made. ◇ *Sie würdigte den verstorbenen Präsidenten.* She paid tribute to the late president. ◇ *Seine Verdienste wurden mit einer Auszeichnung gewürdigt.* He received an award in recognition of his services. **2** (*für wert erachten*) ◇ *Sie würdigte mich keines Blickes.* She didn't deign to look at me.

Würdigung recognition [U]; (*in einer Rede etc.*) tribute

Wurf **1** throw; (*beim Würfeln auch*) go; (*beim Kegeln*) bowl; (*beim Hand-, Basketball*) shot; (*beim Baseball*) pitch **2** (*das Werfen*) throwing **3** (*Erfolg*) success **4** (ZOOL) litter

Würfel **1** cube **2** (*für Glücksspiele*) dice, (*bes AmE*) die **IDM** **die Würfel sind gefallen** the die is cast
Würfelbecher dice shaker

würfeln **1** throw ◇ *eine Sechs würfeln* throw a six **2** (*mit Würfeln spielen*) play dice **3** (*zerschneiden*) dice, cut *sth* into cubes

Würfel- **Würfelspiel** **1** dice game **2** (*das Spielen*) playing dice **Würfelzucker** cube sugar

Wurf- **Wurfgeschoss** missile **Wurfsendung** circular; **Wurfsendungen** junk mail [U] (*abwert*)

Würgegriff stranglehold (*auch fig*)

würgen **1** retch ◇ *Sie musste immer wieder würgen.* She kept retching. ◇ *Der Vogel würgte die Knochen wieder aus.* The bird regurgitated the bones. **2** **an etw ~** (*mühsam schlucken*) force sth down (your throat) ◇ *Die Gäste würgten an dem Steak.* The guests forced the steak down. **3** **jdn ~** try to strangle sb ◇ *Er würgte die Frau.* He tried to strangle the woman. ◇ *Angst würgte ihn.* Fear gripped his throat.

Wurm **1** worm; (*Made*) maggot **2** (COMP) worm

wurmen rankle with *sb* ◇ *Der Fehler wurmt mich.* That mistake still rankles with me.

wurmig full of worms [nicht vor Nomen]; (*mit Maden*) full of maggots [nicht vor Nomen]

wurmstichig full of woodworm [nicht vor Nomen]; (*Obst*) full of worms [nicht vor Nomen]

Wurst sausage; (*Salami*) salami **IDM** **es geht (jetzt) um die Wurst** it's crunch time; this is the moment of truth **jdm Wurst sein** ◇ *Das ist mir völlig Wurst!* I couldn't care less! ◇ *Es kann dir doch Wurst sein, ob ...* It needn't bother you whether ...
Wurstbrot = sausage/salami/paté sandwich

Würstchen **1** sausage **2** (*Mensch*) poor soul; (*unbedeutend*) nobody (*abwert*)
Würstchenbude sausage stand

wursteln muddle along ◇ *Jeder wurstelt allein vor sich hin.* Everyone just muddles along on their own.

Würze **1** (*Geschmack*) flavour, (*AmE*) flavor ◇ *Das Gericht erhält dadurch eine pikante Würze.* That's what gives the dish its spicy flavour. **2** (*fig*) spice ◇ *Das verleiht dem Leben die Würze.* It adds spice to life. ◇ *dem Wahlkampf neue Würze geben* spice up the election campaign **IDM** → KÜRZE

Wurzel **1** root ◇ *etw mit der Wurzel ausreißen* pull sth out by the roots ◇ *Diese Musik hat ihre Wurzeln in der Folklore.* This music has its roots in folklore. ◇ *das Übel an der Wurzel packen* strike at the root of the problem **2** (MATH) square root; (*Wurzelzeichen*) radical sign ◇ *Die Wurzel aus 16 ist 4.* The square root of 16 is 4. ◇ *die Wurzel aus einer Zahl ziehen* find the square root of a number **3** (*Hand-*) wrist; (*Fuß-*) ankle **IDM** **Wurzeln schlagen** **1** take root **2** (*fig*) put down roots
Wurzelbehandlung root treatment **Wurzelgemüse** root vegetable **wurzellos** without roots [nicht vor Nomen] (*auch fig*)

wurzeln be rooted (*auch fig*) ◇ *Der Baum wurzelt tief im Boden.* The tree is deeply rooted in the soil. ◇ *Der Konflikt wurzelt in der Ölkrise.* The conflict has its roots in the oil crisis.

Wurzelzeichen (MATH) radical sign

würzen season (*auch fig*) ◇ *etw zu scharf würzen* season sth too highly

würzig **1** spicy; (*Käse*) full-flavoured **2** (*AmE*) full-flavored; (*Wein*) full-bodied; (*Zigarren, Duft*) aromatic

wuschelig thick and curly

wüst **1** (*öde*) desolate ◇ *eine wüste Landschaft* a desolate landscape **2** (*unordentlich*) chaotic; (*Haare*) wild ◇ *Seine Frisur sah recht wüst aus.* His hair looked really wild. ◇ *In der Küche sieht es aber wüst aus!* It looks like a bomb hit the kitchen! **3** (*schlimm*) terrible ◇ *wüste Drohungen* terrible threats ◇ *jdn wüst beschimpfen* swear at sb

Wüste desert (*auch fig*) ◇ *die Wüste von Nevada* the Nevada desert ◇ *Kulturell ist die Stadt eine Wüste.* The town is a cultural desert. **IDM** **jdn in die Wüste schicken** give sb the boot; (*in einer Beziehung*) give sb the push
Wüstenbildung desertification **Wüstenklima** desert conditions [Pl]

Wüstling rake

Wut rage, fury ◇ *Gefühle der Wut* feelings of rage ◇ *in Wut geraten* get angry ◇ *Aus Wut auf seinen Vater lief er davon.* He was so furious with his father that he ran away. ◇ *Ich habe vielleicht eine Wut auf dich!* I could strangle you! **IDM** **(eine) Wut im Bauch haben** be furious → *Siehe auch* KOCHEN
Wutanfall fit of rage; (*bei Kindern*) tantrum **Wutausbruch** angry outburst

wüten **1** (*sehr wütend sein*) go into a fit of rage **2** (*randalieren*) wreak havoc ◇ *Die Einbrecher wüteten in der Wohnung.* The burglars wreaked havoc in the flat. **3** (*Sturm, Brand, Krieg etc.*) rage

wütend angry (*Adv* angrily); (*stärker*) furious (*Adv* furiously) ◇ *Ich wurde wütend.* I got angry. ◇ *Ich bin wütend auf ihn.* I'm furious with him.

WWW WWW

X x

x, X X, x → *Beispiele bei* A

x-Achse (MATH) x-axis

X-Beine knock knees ◇ *Sie hat X-Beine.* She's knock-kneed.

x-beinig knock-kneed

x-beliebig **1** *Adj* any old (*umgs*) ◇ *eine x-beliebige Person* any old person **2** *Adv* as you please ◇ *Die Reihe kann man x-beliebig fortsetzen.* You can continue the list as you please. ◇ *Die Kirche kann nicht x-beliebig vermietet werden.* The church can't be rented out to just anyone.

Xenon xenon

xenophob xenophobic

Xenophobie xenophobia

x-fach **1** *Adj* ◇ *eine x-fache Wiederholung der Sendung* the umpteenth repeat of the programme ◇ *die x-fache Lichtgeschwindigkeit* n times the speed of light ◇ *Er ist x-facher Olympiasieger.* He's won at the Olympics any number of times. **2** *Adv* umpteen times (*umgs*), any number of times ◇ *Ich habe den Artikel schon x-fach gelesen.* I've read the article umpteen times.

x-mal umpteen times (*umgs*), any number of times ◇ *Der Antrag wurde schon x-mal abgelehnt.* Our application has been rejected any number of times.

x-te(r,s) nth (*umgs*), umpteenth (*umgs*) ◇ *die x-te Potenz von ...* ... to the nth power ◇ *Zum x-ten Mal sauge ich jetzt hier!* This is the umpteenth time I've vacuumed this room!

Xylofon xylophone ◇ *Xylofon spielen* play the xylophone

Y y

Y, y Y, y → *Beispiele bei* A
Yacht → JACHT
Yak yak
Yen yen
Yeti yeti
Yoga yoga ◇ *Yoga machen* do yoga
Ypsilon y
Yuppie yuppie

Z z

Z, z Z, z → *Beispiele bei* A IDM → A
zack ◇ *Die Rechnung, aber zack zack!* The bill please, and make it snappy!
Zack IDM **auf Zack sein** be on the ball
Zacke point; (*Kamm, Säge*) tooth; (*Gabel*) prong; (*Berg-*) peak
zaghaft timid (*Adv* timidly)
Zaghaftigkeit timidity
zäh 1 (*Fleisch, Mensch etc.*) tough ◇ *zähes Fleisch* tough meat ◇ *Er ist ein ziemlich zäher Mensch.* He's fairly tough. **2** (*ausdauernd*) dogged (*Adv* doggedly) ◇ *ein zäher Kampf* a dogged fight ◇ *Das ist nur durch zähe Arbeit zu erreichen.* You can only achieve that by working very hard. **3** (*schleppend*) slow (*Adv* slowly); (*Verkehr*) slow-moving ◇ *ein zäher Marsch* a slow march ◇ *ein zäher Vortrag* a long-winded lecture **4** (*dickflüssig*) viscous ◇ *eine zähe Flüssigkeit* a viscous liquid ◇ *zäh fließen* flow slowly
zähflüssig 1 viscous ◇ *zähflüssige Lava* viscous lava **2** (*fig*) slow (*Adv* slowly); (*Verkehr*) slow-moving ◇ *Die Verhandlungen verlaufen zähflüssig.* Negotiations are slow.
Zähigkeit 1 toughness **2** (*Ausdauer*) doggedness **3** (*Flüssigkeiten*) viscosity
Zahl number; (*Ziffer*) numeral; (*Betrag, Geldmenge*) figure ◇ *eine gerade/ungerade Zahl* an even/odd number ◇ *eine dreistellige Zahl* a three-figure number ◇ *arabische/römische Zahlen* Arabic/Roman numerals ◇ *die steigende Zahl der Studenten* the increasing number of students ◇ *Zahlen wollte er keine nennen.* He didn't want to give any figures. ◇ *Er kann gut mit Zahlen umgehen.* He's good with figures. ◇ *insgesamt sechs an der Zahl* six altogether IDM **rote/schwarze Zahlen** the red/the black ◇ *in die roten Zahlen kommen* get into the red ◇ *schwarze Zahlen schreiben* be in the black → *Siehe auch* KOPF
zahlbar payable [nicht vor Nomen] ◇ *zahlbar innerhalb eines Monats* payable within one month ◇ *Die Waren sind zahlbar bei Lieferung.* The goods are to be paid for on delivery.
zählbar countable; (*Erfolg*) tangible
zählebig 1 hardy, resilient **2** (*fig*) persistent
zahlen pay ◇ *Zahlen Sie bar oder mit Scheck?* Are you paying by cash or cheque? ◇ *Diese Firma zahlt gut.* This company pays well. ◇ *Sie zahlte ihm die Zugfahrt.* She paid for his train ticket. ◇ *Zahlen, bitte!* Can I have the bill please? ◇ *Was hast du ihm für das Auto gezahlt?* What did you give him for the car?
zählen 1 count ◇ *bis 20 zählen* count (up) to 20 ◇ *Ich zähle wohl gar nicht?* I suppose I don't count? ◇ *Ein Bube zählt zwei Punkte.* A jack counts for two points. ◇ *Der Verein zählt 300 Mitglieder.* The club has 300 members. ◇ *Was zählt mehr — Geld oder Gesundheit?* What's more important — money or health? **2 auf jdn ~** count on sb ◇ *Auf ihn kann ich zählen.* I can count on him. **3 zu etw ~** (*unter etw sein*) be among sth; (*dazugehören*) belong to sth ◇ *Dieses Land zählt zu den ärmsten der Erde.* This country is among the poorest in the world. ◇ *Baumwolle zählt zu den Malvengewächsen.* Cotton belongs to the mallow family. **4 jdn/etw zu jdm/etw ~** rank sb/sth among sb/sth ◇ *Man zählt sie zu den reichsten Frauen Europas.* She is ranked among the richest women in Europe. IDM **nicht bis (auf) drei zählen können** be as thick as two short planks → *Siehe auch* EISEN *und* TAG
Zahlen- Zahlenangabe figures [Pl] **Zahlengedächtnis** memory for numbers
zahlenmäßig numerical (*Adv* numerically) ◇ *Der zahlenmäßige Unterschied war nicht sehr groß.* The numerical difference was not very great. ◇ *Sie waren uns zahlenmäßig überlegen.* They were superior to us in number.
Zahlen- Zahlenmaterial figures [Pl] **Zahlenschloss** combination lock
Zahler(in) payer
Zähler 1 meter ◇ *den Zähler ablesen* read the meter **2** (MATH) numerator
Zählerstand meter reading
zahllos countless
zahlreich numerous ◇ *zahlreiche Unfälle* numerous accidents ◇ *Ich freue mich, dass Sie so zahlreich erschienen sind.* I am pleased that so many of you have come. ◇ *Die Presse war zahlreich vertreten.* A lot of newspaper people were there.
Zahltag pay day
Zahlung 1 payment ◇ *gegen Zahlung von Lösegeld* on payment of a ransom **2 etw in ~ geben/nehmen** give/take sth in part exchange
Zählung count [meist Sing]; (*Verkehrs-*) traffic count [meist Sing]; (*Volks-*) census
Zahlungs- Zahlungsart method of payment **Zahlungsaufforderung** demand for payment **Zahlungsbedingungen** terms of payment [Pl] **Zahlungsfähigkeit** ability to pay [U]; (*von Land, Firma*) solvency [U] **zahlungskräftig** with money to spend [nicht vor Nomen] **Zahlungsmittel** means of payment; (*Währung*) currency **Zahlungsrückstand** arrears [Pl] ◇ *Sie war in Zahlungsrückstand geraten.* She had fallen into arrears with her payments. **Zahlungsschwierigkeiten** financial difficulties [Pl] **Zahlungssystem** system of payment **zahlungsunfähig** unable to pay [nicht vor Nomen]; (*Land, Firma*) insolvent **Zahlungsunfähigkeit** inability to pay [U]; (*von einem Land, einer Firma*) insolvency [U] **zahlungsunwillig** unwilling to pay [nicht vor Nomen] **Zahlungsverpflichtung** financial obligation
Zahlwort numeral
zahm tame
zähmen 1 tame **2** (*kontrollieren*) control
Zähmung taming [U]
Zahn tooth ◇ *die zweiten Zähne* adult teeth ◇ *die dritten Zähne* false teeth ◇ *Sie putzte sich die Zähne.* She cleaned her teeth. IDM **jdm auf den Zahn fühlen** sound sb out **bis an die Zähne bewaffnet sein** be armed to the teeth **der Zahn der Zeit** the ravages of time [Pl] ◇ *An diesem Gebäude hat der Zahn*

der Zeit genagt. This building has fallen prey to the ravages of time. **die Zähne zusammenbeißen** grit your teeth **einen Zahn zulegen** get a move on **sich an etw die Zähne ausbeißen** find sth an impossible nut to crack **sich an jdm die Zähne ausbeißen** not get anywhere with sb → *Siehe auch* AUGE *und* EINSCHLAGEN

Zahnarzt, **-ärztin** dentist ◇ *Wann warst du zum letzten Mal beim Zahnarzt?* When did you last go to the dentist's?
Zahnarzthelfer(in) dental assistant

zahnärztlich dental [nur vor Nomen] ◇ *eine zahnärztliche Praxis* a dental practice ◇ *Er ließ sich zahnärztlich behandeln.* He had dental treatment.

Zahn- **Zahnbehandlung** dental treatment **Zahnbelag** plaque **Zahnbürste** toothbrush **Zahncreme** toothpaste

zähneklappernd with chattering teeth

zähneknirschend with gritted teeth ◇ *Sie hat zähneknirschend zugestimmt.* She agreed with gritted teeth.

zahnen be teething

Zahnersatz denture

Zahnfleisch gum [meist Pl] ◇ *Mein Zahnfleisch ist entzündet.* My gums are inflamed. IDM **auf dem Zahnfleisch gehen/kriechen/daherkommen** be on your last legs
Zahnfleischbluten bleeding gums [mit Verb im Sing/Pl]

zahn- **zahnlos** toothless

Zahn- **Zahnlücke** gap in your teeth ◇ *Sie hatte eine Zahnlücke.* She had a gap in her teeth. **Zahnmedizin** dentistry **Zahnpasta** toothpaste **Zahnrad** cog **Zahnschmelz** tooth enamel **Zahnschmerzen** toothache [U] ◇ *Sie hatte starke Zahnschmerzen.* She had bad toothache. **Zahnseide** dental floss **Zahnspange** brace, (*AmE*) braces [Pl] **Zahnstein** tartar **Zahnstocher** toothpick **Zahntechniker(in)** dental technician **Zahnweh** toothache

Zander pikeperch, zander

Zange **1** pliers [Pl]; (*Greif-*) tongs [Pl]; (*Geburts-*) forceps [Pl] **2** (*vom Krebs etc.*) pincers [Pl] IDM **jdn in die Zange nehmen** put the screws on sb

Zank quarrelling [U]; (*einzelner Streit*) quarrel
Zankapfel bone of contention

zanken **(sich) (um/über etw) ~** quarrel (over/about sth) ◇ *Sie zanken immer über Geld.* They are always quarrelling about money.

zänkisch quarrelsome; (*nörglerisch*) nagging [nur vor Nomen]

Zäpfchen (*Medikament*) suppository

zapfen (*Bier*) draw; (*Benzin*) pump

Zapfen **1** cone **2** (*Pfropfen*) bung
Zapfenstreich ◇ *In der Kaserne ist um Mitternacht Zapfenstreich.* You have to be back in barracks by midnight. ◇ *Der Trainer hat Zapfenstreich um Mitternacht angeordnet.* The coach has said it's lights out by midnight.

Zapf- **Zapfhahn** tap **Zapfsäule** petrol pump, (*AmE*) gas(oline) pump

zappelig fidgety

zappeln **1** wriggle; (*kribbelig sein*) fidget ◇ *An der Angel zappelte ein Fisch.* A fish was wriggling on the line. ◇ *Er zappelte auf dem Sessel hin und her.* He fidgeted in his chair. **2 jdn ~ lassen** keep sb hanging on ◇ *Lass ihn noch etwas zappeln!* Keep him hanging on a bit!

zappen zap (*umgs*)

Zar tsar

Zarin tsarina

zart **1** (*fein, empfindlich, leicht, hell*) delicate (*Adv* delicately) ◇ *zarte Hände* delicate hands ◇ *ein zarter Duft* a delicate perfume ◇ *ein zartes Rosa* a delicate pink ◇ *Sie ist sehr zart gebaut.* She's very delicately built. ◇ *zarte Spitze* fine lace **2** (*Fleisch, Gemüse*) tender **3** (*weich, leise, gedämpft*) soft ◇ *zarte Haut* soft skin ◇ *zarte Klänge* soft sounds **4** (*sanft*) gentle; (*zärtlich*) tender ◇ *eine zarte Berührung* a gentle touch ◇ *ein zarter Kuss* a tender kiss
Zartbitterschokolade plain chocolate

zärtlich tender (*Adv* tenderly)

Zärtlichkeit **1** tenderness; (*Zuneigung*) affection [U] ◇ *ein Bedürfnis nach Zärtlichkeit* a need for affection **2 Zärtlichkeiten** (*Liebkosungen*) caresses [Pl]; (*Worte*) loving words [Pl]

Zäsur **1** (MUS, LIT) caesura **2** (*fig*) break; (*Wendepunkt*) turning point

Zauber magic; (*Zauberbann*) (magic) spell IDM **fauler Zauber** humbug

Zauberei **1** magic [U] ◇ *Die Zauberei ist sein Hobby.* He does magic as a hobby. ◇ *Das ist ja die reinste Zauberei.* It's nothing short of magic. **2** (*Kunststück*) magic trick

Zauberer, **Zauberin** magician

Zauberformel **1** magic spell **2** (*Patentlösung*) magic formula

zauberhaft **1** *Adj* enchanting **2** *Adv* delightfully ◇ *Sie spielt zauberhaft Klavier.* She plays the piano delightfully.

Zauber- **Zauberkunst** magic [U] **Zauberkünstler(in)** magician **Zaubermittel** magic cure; (*Trank*) magic potion

zaubern **1** do magic ◇ *Die Hexe konnte zaubern.* The witch could do magic. **2** (*Tricks vorführen*) do magic tricks **3 etw (aus etw) ~** produce sth (out of sth) ◇ *Sie zauberte ein Kaninchen aus dem Hut.* She produced a rabbit out of the hat. ◇ *Aus ein paar Zutaten zauberte sie ein Büfett.* Using only a few ingredients, she produced a whole buffet.

Zauber- **Zauberschloss** enchanted castle **Zauberspruch** (magic) spell **Zaubertrank** magic potion **Zaubertrick** magic trick

Zaum bridle IDM **jdn/sich/etw im Zaum halten** control sb/yourself/sth ◇ *seine Emotionen im Zaum halten* control your emotions → *Siehe auch* ZUNGE

zäumen bridle

Zaun fence IDM **einen Streit vom Zaun brechen** pick a quarrel

Zaunpfahl IDM → WINK

Zebra zebra
Zebrastreifen zebra crossing, (*AmE*) crosswalk

Zeche **1** (*Rechnung*) bill ◇ *Sie haben die Zeche geprellt.* They left without paying the bill. **2** (*Bergwerk*) pit

Zecher(in) boozer (*umgs*)

Zecke tick

Zeder cedar

Zeh, **Zehe** **1** toe **2** (*Knoblauch-*) clove IDM **jdm auf die Zehen treten** tread on sb's toes
Zehennagel toenail **Zehenspitze** tip of the/your toe ◇ *Du musst die Zehenspitze leicht anheben!* You have to slightly lift the tip of your toe! ◇ *sich auf die Zehenspitzen stellen* stand on tiptoe ◇ *auf Zehenspitzen gehen* tiptoe ◇ *Sie kam auf Zehenspitzen ins Zimmer.* She tiptoed into the room.

zehn ten → *Beispiele bei* SECHS

Zehner **1** (MATH) ten **2** (*Geldschein*) tenner (*umgs*)

Zehnkampf decathlon

zehntausend ten thousand IDM **die oberen Zehntausend** high society [U]

zehnte(r,s) tenth → *Beispiele bei* SECHSTE(R,S)

Zehntel tenth

zehren **1 von etw ~** live on sth, be sustained by sth (*gehoben*) (*auch fig*) ◇ *Wir zehren von unseren Ersparnissen.* We're living on our savings. ◇ *Sie zehrte von ihrem Erfolg.* Her success sustained her. **2 (an jdm/etw) ~** wear sb/sth out; (*Gesundheit etc.*) take its toll on sth ◇ *Nachtarbeit zehrt an der Gesundheit.* Working nights takes its toll on your health. IDM → SUBSTANZ

Zeichen **1** mark ◇ *ein v-förmiges Zeichen* a V-shaped mark **2** (*Hinweis*) sign, indication; (*Beweis*) token, mark ◇ *Das ist ein alarmierendes Zeichen.* This is an alarming sign. ◇ *zum Zeichen unserer Dankbarkeit* as a token of our gratitude ◇ *Sie nickte zum Zeichen, dass sie ihn verstanden hatte.* She nodded to show that she had understood him. ◇ *Wenn nicht alle Zeichen trügen, wird die Opposition die Wahl gewinnen.* Unless we are very much mistaken, the opposition will win the election. **3** (*Signal*) signal ◇ *Das war das Zeichen zum Angriff.* That was the signal to attack. ◇ *Die Polizei gab ihm ein Zeichen zum Anhalten.* The police signalled him to stop. **4** (*Symbol*) symbol ◇ *O ist das chemische Zeichen für Sauerstoff.* O is the (chemical) symbol for oxygen. **5** (*Stern-*) sign (of the zodiac), star sign ◇ *Sie ist im Zeichen des Steinbocks geboren.* She was born under the sign of Capricorn. ◇ *Die Sonne steht im Zeichen des Löwen.* The sun is in Leo. **6** (*Satzzeichen*) punctuation mark ◇ *Du musst lernen, die Zeichen richtig zu setzen.* You must learn to punctuate properly. **7** (*Schrift-*) character **8** (*Marken-*) trademark **9** (*in Geschäftsbriefen*) reference; (*Initialen*) initials [Pl] ◇ *Unser Zeichen: …* Our reference: … **10** (*am Telefon*) tone IDM **die Zeichen der Zeit** the signs of the times **ein Zeichen/Signal setzen** point the way forward ◇ *Die Regierung will mit der Gesetzesänderung ein Zeichen setzen.* The government wants to point the way forward with this change in the law. ◇ *Der Lichterzug sollte ein Zeichen gegen Ausländerhass setzen.* The candlelit procession aimed to take a stand against racism. ◇ *Mit der Unterschriftensammlung haben die Bürger ein deutliches Zeichen für mehr Toleranz gesetzt.* The people's petition was to show the world that they supported more tolerance. **unter dem/im Zeichen von etw stehen/leben** be devoted to sth ◇ *Der Sonntag stand im Zeichen des Sports.* Sunday was devoted to sport. ◇ *Die Begegnung stand im Zeichen von Freundschaft und Toleranz.* The event was held in a spirit of friendship and tolerance.

Zeichenblock sketch pad **Zeichenerklärung** key; (*auf Landkarten*) legend **Zeichensatz** (COMP) character set **Zeichensetzung** punctuation **Zeichensprache** sign language **Zeichentrickfilm** cartoon

zeichnen **1** draw ◇ *etw mit Bleistift zeichnen* draw sth in pencil **2** (*schildern*) portray, depict; (*Bild*) paint ◇ *Der Artikel zeichnet ein trauriges Bild der Demokratie.* The article paints a sorry picture of democracy. ◇ *Die Nebenfiguren sind überzogen gezeichnet.* The minor characters are portrayed in an exaggerated way. **3** (*markieren*) mark ◇ *Bitte zeichnen Sie alle Kleidungsstücke mit Namen.* Please mark all garments with your name. ◇ *Unsere Katze ist wunderschön gezeichnet.* Our cat has beautiful markings. **4 jd ist gezeichnet von etw** sth has left its mark on sb ◇ *Sie war gezeichnet von langer Krankheit.* The long illness had left its mark on her.

Zeichner(in) draughtsman/-woman, (*AmE*) draftsman/-woman

zeichnerisch ◇ *Für diesen Beruf sind zeichnerische Fähigkeiten eine wichtige Voraussetzung.* In this job it's important to be good at drawing. ◇ *Er ist zeichnerisch begabt.* He's very good at drawing. ◇ *ihr zeichnerisches Talent* her talent for drawing ◇ *das zeichnerische Werk Tomi Ungerers* the drawings of Tomi Ungerer

Zeichnung **1** drawing ◇ *Er fertigte eine maßstabsgetreue Zeichnung an.* He made a scale drawing. **2** (*Schilderung*) portrayal ◇ *Die Zeichnung der Hauptfigur ist idealisiert.* The portrayal of the main character is idealized. **3** (*bei Tieren*) markings [Pl] **4** (FINANZ) subscription ◇ *eine Aktie zur Zeichnung auflegen* invite subscriptions for shares

Zeigefinger forefinger, index finger, first finger IDM **der erhobene Zeigefinger** the moralizing tone

zeigen **1** show ◇ *Soll ich dir zeigen, wo das ist?* Shall I show you where it is? ◇ *Zeig mal!* Show me! ◇ *Soll ich euch das Schloss zeigen?* Shall I show you round the castle? ◇ *Ihre Augen zeigten ihre Begeisterung.* You could see the enthusiasm in her eyes. ◇ *Sie zeigte sich verärgert über seine Bemerkungen.* She was clearly annoyed at his remarks. ◇ *Er hat sich mal wieder als ein Mensch gezeigt, auf den Verlass ist.* He once again proved himself to be someone you can rely on. ◇ *Er zeigte seine Enttäuschung offen.* He did not hide his disappointment. **2 (auf jdn/etw) ~** point (at sb/sth) ◇ *Sie zeigte auf den Ladendieb.* She pointed at the shoplifter. ◇ *Er zeigte in die Richtung des Bahnhofs.* He pointed in the direction of the station. **3 sich ~** (*sich herausstellen*) turn out ◇ *Es hat sich gezeigt, dass sie damit falsch lagen.* It turned out that they were wrong about that. ◇ *Es muss sich erst noch zeigen, ob du recht hattest.* We'll see whether you were right. **4** (*anzeigen*) ◇ *Welche Geschwindigkeit zeigt der Tacho?* What's the speed on the speedometer? ◇ *Das Thermometer zeigt 20°.* It's 20° on the thermometer. **5 sich ~** (*erscheinen*) appear ◇ *Die Königsfamilie zeigte sich auf dem Balkon.* The royal family appeared on the balcony. IDM **es jdm zeigen** show sb ◇ *Dir werde ich es schon zeigen!* Just you wait, I'll show you! → *Siehe auch* FINGER, FLAGGE, GESICHT, KRALLE, NERV, SCHULTER *und* VOGEL

Zeiger **1** (*an Uhren*) hand ◇ *Der große/kleine Zeiger steht auf sechs.* The big/little hand is on six. **2** (*von Messgeräten*) pointer

Zeile **1** line **2 Zeilen** (*Brief etc.*) note ◇ *Ich will ihm ein paar Zeilen schreiben.* I'll write him a note. **3** (*Reihe*) row IDM **zwischen den Zeilen** between the lines ◇ *Man muss zwischen den Zeilen lesen.* You have to read between the lines. ◇ *Zwischen den Zeilen wurde deutlich, dass er sehr enttäuscht war.* Reading between the lines, you could tell he was disappointed.

Zeit **1** time ◇ *Wie die Zeit vergeht!* How time flies! ◇ *Es dauerte seine Zeit, bis ich mich daran gewöhnt hatte.* It was some time before I got used to it. ◇ *Er ist schon längere Zeit arbeitslos.* He's been out of work for some time. ◇ *Du kannst zu jeder Zeit bei mir anrufen.* You can ring me any time. ◇ *Alles zu seiner Zeit.* All in good time. ◇ *Hast du die genaue Zeit?* Have you got the right time? ◇ *Zu welcher Zeit hat sie bei dir angerufen?* What time did she ring you? ◇ *jdn nach der Zeit fragen* ask sb the time ◇ *Die Zeiten ändern sich.* Times change. ◇ *ein für alle Zeiten gültiges Ideal* an ideal that is valid for all time ◇ *Er ist vor der Zeit alt geworden.* He has grown old before his time. ◇ *Das hat noch Zeit.* There's still time for that. ◇ *der beste Film aller Zeiten* the best film of all time ◇ *Wie immer läuft mir die Zeit davon.* As usual, I'm running out of time. ◇ *Die Hilfe kam zur rechten Zeit.* Help arrived at the right moment. ◇ *Hast du mal einen Augenblick Zeit?* Have you got a moment? ◇ *Ich gebe dir zehn Minuten Zeit.* I'll give you ten minutes. ◇ *Er stoppte die Zeit der roten Ampelphase.* He timed the red traffic light. ◇ *Die Sitzung wurde auf unbestimmte Zeit vertagt.* The meeting was postponed indefinitely. **2** (*Weile*) while [Sing] ◇ *Ich möchte mich erst eine Zeit ausruhen.* I want to rest a while. ◇ *Er kam nach kurzer Zeit wieder.* He came back after a little while. **3** (*Zeitalter*) day, period, age ◇ *die Zeiten, als es noch kein Fernsehen gab* the days before television ◇ *Zu meiner Zeit hätte es das nicht gegeben.* That wouldn't have happened in my day. ◇ *zur Zeit Shakespeares* in Shakespeare's day ◇ *Das waren noch Zeiten!* Those were the days! ◇ *zur Zeit der Romantik* in the Romantic period ◇ *die Zeit vor dem Mauerfall* the period before the wall came down ◇ *zur Zeit der Industrialisierung* in the age of industrialization ◇ *Bilder aus früheren Zeiten* pictures from a bygone age ◇ *Das entspricht dem Geschmack der Zeit.* This suits modern tastes. ◇ *Lasst uns auf alte Zeiten trinken.* Let's drink to old times. **4** (LING) tense ◇ *In welcher Zeit steht dieser Satz?* What tense is this sentence in? **IDM** **Ach du liebe Zeit!** Goodness gracious! **auf Zeit** temporary ◇ *ein Bündnis auf Zeit* a temporary alliance **auf Zeit spielen** play for time **die gute alte Zeit** the good old days **die Zeit totschlagen** kill time **es ist an der Zeit** it is time ◇ *Es ist an der Zeit, sich zu verabschieden.* It's time to say goodbye. **es ist höchste/allerhöchste Zeit** it's high time **es ist/wird Zeit** it's time/it's nearly time ◇ *Es ist Zeit, dass du dich fertig machst.* It's time you got ready. ◇ *Jetzt wird es aber Zeit, dass wir gehen!* We really must go now. ◇ *Es wurde aber auch Zeit!* About time, too! **etw hat Zeit/mit etw hat es Zeit** there's no rush (for sth) ◇ *Du kannst das auch noch morgen erledigen. Das hat Zeit.* You can see to that tomorrow. There's no rush. **in letzter Zeit** recently ◇ *In letzter Zeit habe ich viel gelesen.* I've been reading a lot recently. **mit der Zeit** (*allmählich*) in time **mit der Zeit gehen** move with the times **seit ewigen Zeiten** for donkey's years; for ages **jdm/sich (mit etw) die Zeit vertreiben** pass the time (doing something) **jdm Zeit lassen** give sb time ◇ *Mein Lehrer hat mir mit dem Referat noch ein wenig mehr Zeit gelassen.* My teacher gave me a bit more time to prepare my presentation. **sich Zeit lassen** take your time ◇ *Lass dir ruhig Zeit! Wir sind nicht in Eile.* Just take your time! There's no rush. **sich für jdn Zeit nehmen** spend time with sb **von Zeit zu Zeit** from time to time **Zeit gewinnen** gain time **Zeit schinden** play for time **zu gegebener Zeit** in due course → *Siehe auch* HÖCHSTE(R,S), HÖHE, WANDEL, WETTLAUF, ZAHN, ZEICHEN *und* ZUG

Zeitalter age, times [Pl] ◇ *das Zeitalter der Aufklärung* the age of Enlightenment ◇ *das Zeitalter Goethes* Goethe's times **Zeitarbeit** temporary work ◇ *jdn in Zeitarbeit beschäftigen* employ sb as a temporary worker **Zeitarbeiter(in)** temporary worker, temp (*umgs*) **Zeitarbeitsfirma** temping agency **Zeitaufwand** time (needed for sth) ◇ *Diese Arbeit ist mit erheblichem Zeitaufwand verbunden.* This work takes up a considerable amount of time. ◇ *Sie hatten den Zeitaufwand unterschätzt.* They had underestimated how long it would take. ◇ *ohne viel Zeitaufwand* quickly **zeitaufwendig** time-consuming **Zeitbombe** time bomb (*auch fig*) **Zeitdruck** pressure of time ◇ *Wir arbeiten hier unter großem Zeitdruck.* We're working under considerable pressure of time here. ◇ *Lass uns das jetzt erledigen, damit wir später nicht in Zeitdruck kommen.* Let's get it done now, so we don't end up pressed for time later. **Zeitfahren** time trial **Zeitfenster** window (of time) **Zeitform** tense **Zeitgeist** spirit of the times, zeitgeist **zeitgemäß** contemporary, up-to-date ◇ *Das Museum soll attraktiv und zeitgemäß gestaltet werden.* The museum is to have an attractive and up-to-date design. ◇ *Dieses Produkt ist nicht mehr zeitgemäß.* This product is dated. **Zeitgenosse, -genossin 1** contemporary **2** (*Mitmensch*) character, type ◇ *Er ist ein rücksichtsloser Zeitgenosse.* He is a ruthless character.

zeitgenössisch contemporary

Zeit- **Zeitgeschichte** recent history; (*Fachgebiet*) contemporary history ◇ *eines der grausamsten Kapitel der Zeitgeschichte* one of the most dreadful chapters in recent history ◇ *das Institut für Zeitgeschichte* the Institute for Contemporary History ◇ *Die Berliner Mauer ist ein Stück Zeitgeschichte.* The Berlin Wall is a piece of history. **Zeitgewinn** ◇ *Wie groß ist der Zeitgewinn?* How much time do you save? ◇ *Der Zeitgewinn ist 20 Minuten pro 100 Kilometer.* You gain 20 minutes per 100 kilometres. **zeitgleich 1** *Adj* happening at the same time (*dem Nomen nachgestellt*) ◇ *zeitgleiche Veranstaltungen* events happening at the same time **2** *Adv* at the same time ◇ *Die Staatsoberhäupter trafen zeitgleich ein.* The heads of state arrived at the same time. **3** *Adj, Adv* (SPORT) ◇ *Die deutsche Läuferin belegte zeitgleich den zehnten Platz.* The German runner tied for tenth place. **Zeitgründe** **aus Zeitgründen** for lack of time ◇ *Leider ist es mir aus Zeitgründen nicht möglich zu kommen.* Unfortunately, I haven't got time to come.

zeitig early

Zeitleiste timeline

zeitlich ◇ *Das Angebot ist zeitlich begrenzt.* There is a time limit on the offer. ◇ *Ihr Aufenthalt ist zeitlich begrenzt.* The length of your stay is limited. ◇ *ein zeitlicher Rahmen* a time frame ◇ *Das Projekt musste aus zeitlichen Gründen verschoben werden.* The project had to be postponed because there was not enough time. ◇ *Die weltweite Rezession trifft uns mit zeitlicher Verzögerung.* The worldwide recession is hitting us later than elsewhere. ◇ *in zeitlichem Ablauf* in chronological order ◇ *ein zeitlich befristetes Arbeitsverhältnis* a fixed-term contract of employment

zeitlos timeless ◇ *zeitlose Schönheit* timeless beauty ◇ *Dieses Theaterstück ist zeitlos aktuell.* This play has lost none of its relevance.

Zeit- **Zeitlupe** slow motion ◇ *Das Tor wurde in Zeitlupe wiederholt.* The goal was replayed in slow motion. ◇ *Er bewegte sich in Zeitlupe.* He was moving extremely slowly. **Zeitlupentempo** **im ~** at a snail's pace **Zeitmangel** lack of time ◇ *Aus Zeitmangel legte er sein Ehrenamt nieder.* He gave up his honorary post because of lack of time. ◇ *Alle klagen über Zeitmangel.* Everyone complains that they haven't got time. **Zeitmaschine** time machine **Zeitnot** ◇ *Die Regierung kommt mit ihrem neuen Haushaltsentwurf in Zeitnot.* The government is running out of time with its new budget proposals. ◇ *Er benutzte Zeitnot als Ausrede.* His excuse was that he didn't have time. **Zeitplan** schedule, timetable ◇ *einen Zeitplan für ein Projekt machen* draw up a schedule for a project **Zeitpunkt** moment, time ◇ *Jetzt ist nicht der richtige Zeitpunkt dafür.* Now is not the right moment. ◇ *Der genaue Zeitpunkt des Einbruchs steht nicht fest.* The exact time of the break-in is not known. **Zeitraffer** fast motion, time-lapse photography ◇ *Die Menschen rennen im Zeitraffer wie Ameisen.* In fast motion, people seem to be running around like ants. ◇ *Der Film zeigt das Verwelken einer Rose im Zeitraffer.* The film shows the wilting of a rose speeded up. ◇ *1000 Jahre*

Mode im Zeitraffer. A trip through a thousand years of fashion. **zeitraubend** time-consuming **Zeitraum** period (of time) ◇ *Die Arbeit muss in einem Zeitraum von drei Monaten angefertigt werden.* The work must be completed within a period of three months. ◇ *im gleichen Zeitraum des Vorjahres* during the same period last year ◇ *Die Renovierungsarbeiten umfassten einen Zeitraum von mehreren Wochen.* The renovations took several weeks. **Zeitrechnung** calendar ◇ *Nach früherer Zeitrechnung war am 13. Dezember die längste Nacht des Jahres.* According to the old calendar, December 13 was the longest night of the year. ◇ *im Jahre 400 vor unserer Zeitrechnung* in the year 400 BC ◇ *im Jahre 840 unserer Zeitrechnung* in the year 840 AD **Zeitschaltuhr** timer **Zeitschrift** magazine; (*wissenschaftlich*) journal **Zeitsoldat(in)** = regular soldier on a fixed-term contract **Zeitspanne** period of time **zeitsparend** time-saving ◇ *ein zeitsparender Tipp* a time-saving tip ◇ *eine zeitsparende Methode* a method that saves time ◇ *Probleme zeitsparend lösen!* Solve your problems quickly! **Zeitumstellung** time change ◇ *Die Zeitumstellung soll beim Energiesparen helfen.* The time change is supposed to help save energy. ◇ *Schadet die Zeitumstellung der inneren Uhr?* Does crossing time zones harm the body clock? ◇ *Die Zeitumstellung erfolgt immer zwischen 2 und 3 Uhr.* The clocks always go forward/back between 2 and 3 a.m.

Zeitung newspaper, paper (*umgs*) ◇ *Liest du täglich Zeitung?* Do you read the paper every day? **Zeitungsannonce**, **Zeitungsanzeige** newspaper advertisement ◇ *eine Zeitungsanzeige aufgeben* put an advertisement in the paper ◇ *Sie suchte über eine Zeitungsanzeige eine Wohnung.* She put a want ad in the paper for a flat. ◇ *Sie suchen über eine Zeitungsanzeige neue Mitarbeiter.* They are advertising for staff. **Zeitungsartikel** newspaper article **Zeitungsausschnitt** newspaper cutting, (*AmE*) newspaper clipping **Zeitungsausträger(in)** newspaper deliverer; (*Junge/Mädchen*) paper boy/girl **Zeitungsbericht** newspaper report **Zeitungsmeldung** newspaper report **Zeitungspapier** newspaper

Zeit- **Zeitunterschied** time difference **Zeitverlust** ◇ *Er konnte den durch den Boxenstopp entstandenen Zeitverlust nicht mehr aufholen.* He wasn't able to make up the time lost during the pit stop. ◇ *Der Zeitverlust betrug eine Stunde.* An hour was lost. ◇ *ohne Zeitverlust* without delay **Zeitverschiebung** time difference **Zeitverschwendung** waste of time **Zeitvertrag** temporary contract **Zeitvertreib** **1** way of passing the time; (*Hobby*) pastime, hobby **2 etw zum ~ tun** do sth to pass the time ◇ *Ich gucke oft nur zum Zeitvertreib Fernsehen.* I often only watch television to pass the time. **Zeitverzögerung** delay

zeitweilig **1** temporary (*Adv* temporarily) **2** (*gelegentlich*) occasional [nur vor Nomen] (*Adv* occasionally)

zeitweise **1** from time to time **2** (*vorübergehend*) temporary (*Adv* temporarily)

Zeit- **Zeitwort** verb **Zeitzeuge, -zeugin** ◇ *Die Schüler diskutierten mit Zeitzeugen des Dritten Reiches.* The schoolchildren talked to people who had lived through the Third Reich. ◇ *ein fossilisierter Zeitzeuge aus dem Jura* a fossil dating from the Jurassic period ◇ *Schriftsteller als Zeitzeugen* writers as witnesses of their age **Zeitzone** time zone **Zeitzünder** time fuse

zelebrieren celebrate

Zelle **1** cell **2** → TELEFONZELLE IDM **die (kleinen) grauen Zellen** the brain; the grey matter (*umgs*) **Zellkern** cell nucleus

Zellophan Cellophane™

Zellstoff **1** cellulose **2** (*für Wunden*) cellulose wadding

Zellteilung cell division

Zellulitis cellulite

Zellulose cellulose

Zelt tent; (*für Veranstaltungen*) marquee; (*Indianer-*) tepee IDM **die/seine Zelte abbrechen** leave; pack up and go

zelten camp ◇ *Wir fahren im Mai zelten.* We're going camping in May. ◇ *auf einem Feld zelten* camp in a field

Zelt- **Zeltlager** camp ◇ *Wir fahren mit den Pfadfindern ins Zeltlager.* We're going to camp with the scouts. **Zeltplane** tarpaulin **Zeltplatz** campsite, (*AmE*) campground **Zeltstange** tent pole

Zement cement

zementieren **1** concrete *sth* (over) ◇ *Die Feldwege wurden zementiert.* The paths were concreted over. ◇ *ein zementierter Boden* a cement floor **2** (*verstärken*) reinforce

Zenit **1** zenith ◇ *Der Mond steht im Zenit.* The moon is at its zenith. **2** (*fig*) peak, zenith ◇ *im Zenit ihrer Karriere* at the peak of her career

zensieren **1** (SCHULE) mark, (*AmE*) grade ◇ *Die Abiturarbeiten werden von den Lehrern zensiert.* The Abitur papers are marked by the teachers. ◇ *Unser Lehrer zensiert nicht gerecht.* Our teacher isn't fair in his marking. ◇ *Seine Klausur wurde mit einer Zwei zensiert.* He got a two in his test. **2** (*der Zensur unterwerfen*) censor

Zensor(in) censor

Zensur **1** (*Schulnote*) mark, (*AmE*) grade **2** (*Kontrolle*) censorship ◇ *Die Presse unterliegt in diesem Land einer strengen Zensur.* The press is subject to strict censorship in that country.

zensurieren → ZENSIEREN

Zentiliter centilitre, (*AmE*) centiliter (*Abk* cl)

Zentimeter centimetre, (*AmE*) centimeter (*Abk* cm) **Zentimetermaß** tape measure

Zentner **1** (metric) hundredweight, 50 kilograms **2** (*in Österreich und der Schweiz*) 100 kilograms **zentnerschwer** **1** weighing (at least) a hundredweight [nicht vor Nomen] **2** (*fig*) heavy (*Adv* heavily) ◇ *Diese Angelegenheit lastete ihm zentnerschwer auf der Seele.* This business was weighing heavily on his mind. ◇ *Mir ist eine zentnerschwere Last vom Herzen gefallen.* That's a great weight off my mind. **zentnerweise** ◇ *Sie verarbeiten zentnerweise Kartoffeln.* They process tons of potatoes. ◇ *Zu diesem Thema gibt es zentnerweise Literatur.* There's loads of literature on this topic.

zentral **1** central (*Adv* centrally) ◇ *Die Wohnung liegt zentral.* The flat is centrally situated. ◇ *Wir wohnen ziemlich zentral.* We live near the centre of town. **2** (*wichtig*) key [nur vor Nomen] ◇ *Umweltschutz spielt eine zentrale Rolle in der Agrarpolitik.* Conservation plays a key role in agricultural policy.

Zentral- central ◇ *Zentralamerika* Central America ◇ *die Europäische Zentralbank* the European Central Bank **Zentralabitur** = centrally set school-leaving exam

Zentrale **1** head office [mit Verb im Sing/Pl]; (*einer Organisation, Partei*) headquarters [mit Verb im Sing/Pl] ◇ *Die Zentrale hat beschlossen, drei Filialen zu schließen.* Head office has decided to close three branches. **2** (*Telefon-*) (telephone) exchange; (*eines Hotels, einer*

Firma) switchboard; *(Taxi-)* taxi office; *(Notdienst-)* control centre, *(AmE)* control center

Zentral- **Zentralfigur** central character **Zentralheizung** central heating [U]

zentralisieren centralize

Zentralisierung centralization

Zentralismus centralism

zentralistisch centralist ◇ *ein zentralistisches Europa* a centralist Europe ◇ *ein zentralistisch organisierter Staat* a state with a centralist system

Zentral- **Zentralkomitee** Central Committee [mit Verb im Sing/Pl] **Zentralnervensystem** central nervous system **Zentralrat** central council **Zentralrechner** mainframe **Zentralstelle** national office **Zentralverband** national association **Zentralverriegelung** central locking [U]

zentrieren **etw (um etw) ~** centre sth (on sth), *(AmE)* center sth on sth; **sich (um etw) ~** be centred (around sth) *(AmE)* be centered (around sth) ◇ *Ihr ganzes Leben ist um die Kinder zentriert.* Her whole life is centred around the children.

Zentrum centre, *(AmE)* center ◇ *ein kulturelles Zentrum* a cultural centre ◇ *das Zentrum eines Erdbebens/Gewitters* the epicentre of an earthquake/eye of a storm ◇ *Im Zentrum der Diskussion stand der Euro.* The discussion focused on the euro. ◇ *Drei Schriftsteller stehen im Zentrum des Interesses.* Interest is focused on three writers.

Zeppelin Zeppelin

Zepter sceptre, *(AmE)* scepter

zerbeult battered; *(Auto)* dented

zerbomben destroy *sth* by bombing, bomb *sth* to pieces *(umgs)*

zerbrechen **1** shatter, smash ◇ *Die Vase fiel auf den Boden und zerbrach.* The vase fell to the ground and shattered. **2** *(entzweibrechen)* snap *(sth)* in two; *(Ehe, Freundschaft, Koalition)* break up ◇ *Voller Wut zerbrach er den Bleistift.* He snapped the pencil in two in his anger. **3** **(an etw) ~** be broken (by sth) ◇ *Der Konsens zwischen den Parteien war unwiederbringlich zerbrochen.* The consensus between the parties was irrevocably broken. ◇ *Sie ist an der Trennung von ihren Kindern zerbrochen.* Being separated from her children broke her. ◇ *Familienbande zerbrechen oft an der Sucht.* Families are often wrecked by addiction. **IDM** → KOPF

zerbrechlich fragile, delicate; *(gebrechlich)* frail ◇ *Vorsicht — zerbrechlich!* Fragile — Handle with care!

zerbröckeln crumble

zerdrücken **1** crush; *(Gemüse, Obst)* mash **2** *(zerstören)* squash ◇ *Er zerdrückte die Mücke zwischen den Fingern.* He squashed the mosquito between his fingers. **3** *(zerknittern)* crease

Zerealie cereal

Zeremonie ceremony

Zerfall **1** disintegration; *(eines Landes auch)* break-up ◇ *Die Gesellschaft ist vom Zerfall bedroht.* Society is threatened with disintegration. ◇ *der Zerfall Jugoslawiens* the break-up of Yugoslavia **2** *(von Atomkernen, Gebäuden, Gewebe etc.)* decay; *(einer Kultur)* decline ◇ *Die Häuser sind vom Zerfall bedroht.* The houses are falling into decay. ◇ *der Zerfall der Moral* the decline in morals

zerfallen **1** disintegrate, crumble; *(Gebäude)* fall into ruin ◇ *Die Befehlsstrukturen zerfallen.* The command structures are disintegrating. ◇ *eine zerfallende Mauer* a crumbling wall ◇ *Das Haus ist völlig zerfallen.* The house has fallen into complete ruin. ◇ *zu Staub zerfallen* crumble to dust ◇ *ein zerfallenes Haus* a dilapidated house **2** (PHYSIK, BIOL) decay **3** **in etw ~** *(sich gliedern)* fall into sth; *(sich teilen)* split up into sth ◇ *Das Verfahren zerfällt in drei Phasen.* The procedure falls into three phases. ◇ *Die Partei zerfiel in Splittergruppen.* The party split up into splinter groups.

zerfetzen tear *sth* to shreds *(auch fig)*

zerfetzt torn; *(Kleidung auch)* tattered; *(Gliedmaßen etc. auch)* lacerated *(gehoben)*; *(Reifen)* slashed

zerfleddert tattered, *(BrE)* tatty

zerfleischen **1** tear *sb/sth* to pieces **2** *(quälen)* tear *sb/sth* apart ◇ *Der Hass zerfleischte ihn.* He was torn apart by hatred. **3** **sich ~** torment yourself

zerfließen **1** *(flüssig werden)* melt (away) ◇ *Die Butter ist in der Sonne zerflossen.* The butter has completely melted in the sun. ◇ *Das ganze Geld ist uns unter den Händen zerflossen.* The money has completely run through our fingers. **2** *(Tinte etc.)* run ◇ *Die Farben sind zerflossen.* The colours have run. **3** **vor/in etw ~** be overcome by sth ◇ *Er zerfloss vor Selbstmitleid.* He was overcome with self-pity. ◇ *Sie zerfloss in Tränen.* She dissolved in tears.

zerfransen fray

zerfressen **1** eat *sth* (away), eat holes in *sth*; *(korrodieren auch)* corrode ◇ *vom sauren Regen zerfressene Gebäude* buildings that have been eaten away by acid rain ◇ *Der Teppich ist ganz von Motten zerfressen.* Moths have eaten holes in the carpet. ◇ *Die Säure hat das Metall zerfressen.* The acid has corroded the metal. **2** *(Hass, Eifersucht etc.)* eat *sb* up ◇ *von Neid zerfressen* eaten up by envy

zergehen melt; *(sich auflösen)* dissolve ◇ *Fett in der Pfanne zergehen lassen.* Melt the fat in the frying pan. ◇ *Es zergeht einem auf der Zunge.* It melts in the mouth.

zerhacken chop *sth* up

zerkleinern *(Obst/Gemüse/Fleisch)* cut *sth* up; *(Holz)* chop *sth* up; *(Stein)* break; *(Abfälle)* shred

zerklüftet rugged, fissured *(Fachspr)*

zerknirscht full of remorse [nicht vor Nomen], mortified; *(deprimiert)* dejected *(Adv* dejectedly) ◇ *Sie machte ein zerknirschtes Gesicht.* She looked mortified.

zerknittern crumple, crease ◇ *Sein Anzug war ganz zerknittert.* His suit was all crumpled.

zerknüllen crumple *sth* into a ball

zerkratzen scratch ◇ *Sie zerkratzte ihm das Gesicht.* She scratched his face.

zerkrümeln crumble

zerlassen melt

zerlegen **1** take *sth* apart, take *sth* to pieces ◇ *eine Uhr zerlegen* take a clock to pieces **2** cut *sth* up; (GASTRON) carve; (NATURW) dissect

zerlumpt **1** *(Kleidung etc.)* tattered **2** *(Menschen)* ragged

zermahlen grind ◇ *das Getreide zu Mehl zermahlen* grind the grain into flour

zermalmen crush

zermartern **IDM** **sich den Kopf/das Hirn zermartern** rack your brains

zermürben wear *sb/sth* down

zerpflücken pull *sth* apart *(auch fig)*

zerplatzen burst; *(fig)* explode ◇ *Der Luftballon zerplatzte.* The balloon burst. ◇ *Ich zerplatzte fast vor Wut.* I almost exploded with anger. **IDM** → SEIFENBLASE

zerquetschen **1** crush; (*Gemüse, Obst*) mash **2** (*zerstören*) squash
Zerrbild distorted picture; (*Karikatur*) caricature
zerreden discuss *sth* ad nauseam
zerreiben **1** crush; (*zu Pulver*) grind **2** (*fig*) wear *sb* down ◇ *Sie lässt sich von der Arbeit völlig zerreiben.* She gets completely worn down by work. ◇ *Wir werden in einem Interessenkonflikt zerrieben.* We are caught up in a conflict of interests.
zerreißen **1** tear *sb/sth* (to pieces), tear *sth* up; (*Land, Familie etc.*) tear *sb/sth* apart ◇ *Ich habe mir die Hose zerrissen.* I've torn my trousers. ◇ *ein zerrissenes Hemd* a torn shirt ◇ *Das Tier zerreißt seine Beute.* The animal tears its prey to pieces. ◇ *Die Mine zerriss ihm das Bein.* The mine shattered his leg. ◇ *Er wurde von einer Mine zerrissen.* He was blown apart by a mine. **2** (*auseinandergehen*) tear; (*Seil, Faden, Herz*) break ◇ *Dieser Stoff zerreißt leicht.* This material will tear easily. ◇ *Das Seil zerriss.* The rope broke. ◇ *Ihre Nerven waren zum Zerreißen gespannt.* Her nerves were stretched to breaking point. **3 sich (für jdn/etw) ~** go to a lot of trouble (for sb/sth) IDM **ich kann mich doch nicht zerreißen!** I can't be in two places at once! → *Siehe auch* MAUL
Zerreißprobe acid test
zerren **1** drag ◇ *jdn aus dem Bett/in ein Gebüsch/ans Fenster zerren* drag sb out of bed/into the bushes/to the window ◇ *Die intimsten Einzelheiten ihrer Beziehung wurden an die Öffentlichkeit gezerrt.* The most intimate details of their relationship were dragged out in public. **2 an etw/jdm ~** tug at sth/sb ◇ *Sie zerrte an meinem Arm.* She was tugging at my arm. **3 sich etw ~** pull sth ◇ *Ich habe mir ein Band gezerrt.* I've pulled a ligament. ◇ *ein gezerrter Muskel* a pulled muscle
zerrinnen melt; (*fig*) evaporate ◇ *Die Butter ist zerronnen.* The butter has melted. ◇ *Alle meine Hoffnungen waren zerronnen.* All my hopes had evaporated. ◇ *Sein ganzes Geld ist ihm zwischen den Fingern zerronnen.* He has let all his money slip through his fingers.
Zerrissenheit inner conflict; (*einer Partei etc.*) disunity
Zerrung (*Muskel-*) pulled muscle; (*Sehnen-*) pulled tendon; (*Bänder-*) pulled ligament ◇ *Er zog sich eine Zerrung im Oberschenkel zu.* He pulled a muscle in his thigh.
zerrütten **1** destroy, wreck; (*finanziell*) ruin ◇ *ein von Bürgerkrieg zerrüttetes Land* a country destroyed by civil war ◇ *eine zerrüttete Ehe/zerrüttete Familienverhältnisse* a broken marriage/home **2** (*seelisch*) shatter ◇ *Sie ist nervlich völlig zerrüttet.* Her nerves are completely shattered.
zersägen saw *sth* up
zerschellen break up ◇ *Der Tanker zerschellte vor der spanischen Küste.* The tanker broke up off the Spanish coast. ◇ *Das Flugzeug zerschellte an einer Felswand.* The plane crashed into a rock face and broke up. ◇ *Sein zerschellter Körper wurde einige Tage später gefunden.* His shattered body was found several days later.
zerschlagen[1] *Verb* **1** smash; (*Opposition etc.*) crush ◇ *Sie zerschlug vor Wut die Flasche.* She smashed the bottle in her rage. ◇ *einen Spionagering zerschlagen* smash a spy ring ◇ *die Gewerkschaften zerschlagen* crush the trades unions ◇ *Der Hagel hat das Getreide zerschlagen.* The hail has flattened the crops. **2 sich ~** fall through ◇ *Das Geschäft hat sich leider zerschlagen.* The deal has unfortunately fallen through. ◇ *Alle meine Hoffnungen haben sich zerschlagen.* All my hopes have been dashed.
zerschlagen[2] *Adj* (*erschöpft*) exhausted, shattered (*umgs*)
zerschmettern smash *sth* (to pieces), shatter
zerschneiden **1** cut *sth* (up) ◇ *Die Hauptstraße zerschneidet die Stadt in zwei Teile.* The main road cuts the town in two. **2 sich etw (an etw) ~** cut sth (on sth)
zersetzen **1** decompose; (*korrodieren*) corrode **2** (*untergraben*) undermine ◇ *Der Hunger hatte die Moral der Truppe zersetzt.* Hunger had undermined the troops' morale. ◇ *zersetzende Schriften* subversive writings **3 sich ~** decompose
zersplittern **1** splinter; (*Glas*) shatter **2** (*fig*) fragment ◇ *Das Land war in viele kleine Fürstentümer zersplittert.* The country was fragmented into numerous small principalities.
zerspringen shatter
zerstampfen **1** crush; (*Kartoffeln*) mash ◇ *Gewürze im Mörser zerstampfen* crush spices in a mortar **2** (*mit den Füßen*) trample
zerstäuben spray
Zerstäuber atomizer
zerstechen (*Reifen*) slash; (*Luftballon*) burst
zerstören destroy; (*Auto, Ehe*) wreck; (*Traum*) shatter ◇ *Durch die Explosion wurde das Gebäude völlig zerstört.* The building was completely destroyed in the explosion. ◇ *Die Landschaft wird durch den Steinbruch zerstört.* The landscape is being destroyed by the quarry. IDM → BODEN
Zerstörer destroyer
zerstörerisch destructive
Zerstörung destruction
Zerstörungswut (*Wandalismus*) vandalism; (*Aggression*) aggression
zerstoßen pound; (*Knoblauch*) crush
zerstreiten **sich (mit jdm) ~** fall out (with sb) ◇ *Sie haben sich zerstritten.* They have fallen out. ◇ *Die Opposition ist heillos zerstritten.* The Opposition is hopelessly divided.
zerstreuen **1 (sich) ~** scatter ◇ *Überall lagen Papiere zerstreut.* Papers were scattered all over. ◇ *Zerstreute Scherben lagen auf dem Boden.* Broken fragments lay scattered on the ground. ◇ *zerstreute Gehöfte* scattered farms **2 (sich) ~** (*auseinandertreiben, -gehen*) disperse ◇ *Die Polizei zerstreute die Menge.* Police dispersed the crowd. ◇ *Kurz danach zerstreute sich die Menge.* Soon afterwards, the crowd dispersed. **3** (*Bedenken, Zweifel etc.*) dispel IDM → WIND
zerstreut (*vergesslich*) absent-minded (*Adv* absent-mindedly); (*abgelenkt*) distracted (*Adv* distractedly) ◇ *ein zerstreuter Professor* an absent-minded professor
Zerstreuung **1** (*Unterhaltung*) entertainment; (*Ablenkung*) distraction **2** (*Auseinandertreiben*) dispersal
zerstückeln cut *sth* up into pieces; (*Leiche*) dismember; (*Land etc.*) divide *sth* up
zerteilen **etw (in etw) ~** divide sth up (into sth), split sth up (into sth); (*schneiden*) cut sth up (into sth) ◇ *Die Gleise zerteilen die Stadt.* The town is divided by the railway line. ◇ *eine Pizza zerteilen* cut a pizza up ◇ *ein Huhn zerteilen* carve a chicken
Zertifikat certificate
zertrampeln, **zertreten** trample (on) *sth*; (*Insekt*) stamp on *sth* ◇ *Die Kinder haben das ganze Blumenbeet zertrampelt.* The children have trampled all over the flower bed. ◇ *zertretene Pflanzen* trampled plants
zertrümmern smash ◇ *eine Fensterscheibe zertrümmern* smash a pane of glass ◇ *Der Fahrer wurde aus dem zertrümmerten Wagen geborgen.* The driver was rescued from the wreckage of the car.
Zerwürfnis rift

zerzaust tousled, dishevelled

Zettel piece of paper; (*Nachricht*) note; (*Handzettel*) leaflet; (*Bekanntmachung*) notice ◇ *Ich brauche einen Zettel, um mir die Nummer aufzuschreiben.* I need a piece of paper to write down the number. ◇ *Sie hat mir einen Zettel hingelegt, dass sie um acht zurück ist.* She left me a note to say she would be back at eight.

Zeug 1 stuff; (*Ausrüstung*) gear ◇ *Nimm nicht so viel Zeug mit.* Don't take too much stuff with you. ◇ *Horrorfilme und so'n Zeug schaue ich mir nicht an.* I don't watch horror films and that sort of stuff. ◇ *Zeug zum Wandern* hiking gear ◇ *Auf dem Hof lag überall altes Zeug rum.* There was junk lying all over the yard. **2 dummes ~** rubbish, nonsense ◇ *Red nicht so dummes Zeug.* Don't talk such rubbish. ◇ *Die Kinder haben nur dummes Zeug im Kopf.* The children are always up to mischief. IDM **(nicht) das Zeug zu etw haben** (not) have what it takes for sth ◇ *Sie hat nicht das Zeug zur Lehrerin.* She doesn't have what it takes to be a teacher. **sich (für jdn/etw) ins Zeug legen** go all out (for sb/sth); (*arbeiten*) work flat out (for sb/sth) ◇ *Sie müssen sich mächtig ins Zeug legen, wenn sie am Samstag gewinnen wollen.* They will really have to go all out if they want to win on Saturday. **was das Zeug hält** like mad; for all you are worth ◇ *Er ruderte, was das Zeug hielt.* He was rowing for all he was worth.

Zeuge, Zeugin witness ◇ *Er sagte als Zeuge vor Gericht aus.* He appeared in court as a witness. ◇ *Zeugen des Unfalls* witnesses to the accident ◇ *Ich wurde Zeuge eines historischen Moments.* I witnessed a historic moment.

zeugen[1] (*Mann, Vatertier*) father; (*Paar*) conceive

zeugen[2] von etw ~ be evidence of sth ◇ *Dieses Verhalten zeugt von einer gewissen Labilität.* This behaviour is evidence of a certain instability.

Zeugen- Zeugenaussage (witness) statement **Zeugenstand** witness box, (*AmE*) witness stand ◇ *in den Zeugenstand treten* enter the witness box

Zeugnis 1 (*Schul-*) report ◇ *gute Noten im Zeugnis bekommen* get good marks on your report **2** (*Bescheinigung*) certificate **3** (*vom Arbeitgeber*) reference ◇ *Der Chef hat ihm ein gutes Zeugnis ausgestellt.* The boss gave him a good reference. **4** (*Beweis*) evidence [U]; (REL) testimony [U/Sing] ◇ *Die Tontafeln gelten als älteste Zeugnisse geschriebener Sprache.* The clay tablets are thought to be the oldest evidence of written language. ◇ *ein Zeugnis der Vergangenheit* a historical monument IDM **jdm/etw ein gutes Zeugnis ausstellen** praise sb/sth ◇ *Sie stellten ihrem Arzt ein gutes Zeugnis aus.* They praised their doctor. **jdm/etw ein schlechtes Zeugnis ausstellen** criticize sb/sth ◇ *Die Verbraucherzeitung stellte 55 Betrieben ein schlechtes Zeugnis aus.* The consumer magazine criticized 55 firms. **Zeugnis von etw ablegen** bear witness to sth

Zeugung fathering [U]; (*Empfängnis*) conception ◇ *Beginnt das neue Leben bereits bei der Zeugung?* Does new life begin at the moment of conception?

Zicke (*Frau*) silly cow (*Slang, abwert*)

zickig difficult

Zicklein (*junge Ziege*) kid

Zickzack zigzag ◇ *das Zickzack des Reifenprofils* the zigzag of the tyre tread ◇ *Es ist einfacher, im Zickzack den Berg hinunter zu gehen.* It is easier to zigzag your way downhill.

Ziege 1 goat **2** (*Frau*) cow (*Slang, abwert*)

Ziegel 1 brick **2** (*Dach-*) tile ◇ *ein mit Ziegeln gedecktes Dach* a tiled roof

Ziegelei 1 brickworks **2** (*für Dachziegel*) tile company

Ziegelstein brick

Ziegen- Ziegenbock billy goat **Ziegenkäse** goat's cheese **Ziegenmilch** goat's milk

ziehen

• **Bewegung 1** pull ◇ *Zwei Pferde zogen den Wagen.* Two horses were pulling the carriage. ◇ *Er zog sie an sich.* He pulled her to him. ◇ *jdn an den Haaren ziehen* pull sb's hair ◇ *Zieh bitte die Tür ins Schloss.* Can you pull the door to, please. ◇ *Zieh nicht so ein Gesicht.* You needn't pull such a face. **2** (*herausziehen*) take *sth* out ◇ *Wann werden die Fäden gezogen?* When will the stitches be taken out? ◇ *Schnell zog sie ihren Ausweis aus der Tasche.* She quickly took her ID out of her pocket. ◇ *einen Zahn ziehen* take a tooth out ◇ *sich einen Zahn ziehen lassen* have a tooth out **3** (*in eine bestimmte Richtung ziehen, anziehen*) draw ◇ *Er zog den Revolver.* He drew his revolver. ◇ *ein Los ziehen* draw a raffle ticket ◇ *Es zieht mich immer wieder nach Indien.* I keep being drawn back to India. ◇ *eine gerade Linie ziehen* draw a straight line ◇ *etw ins Lächerliche ziehen* make a joke of sth **4** (*umziehen*) move ◇ *Nach dem Krieg waren sie nach Berlin gezogen.* They had moved to Berlin after the war. ◇ *Sie zog zu ihrem Freund.* She moved in with her boyfriend. **5** (*Rauch, Geruch*) drift ◇ *Schwaden von Weihrauch zogen durch die Kirche.* Clouds of incense drifted through the church. **6** (*gehen*) go; (*reisen*) travel; (*sich bewegen*) move; (*Tiere*) migrate ◇ *in den Krieg ziehen* go to war ◇ *Sie zogen durchs Land.* They travelled around the country. ◇ *Die Prozession zog durch die Straßen.* The procession moved through the streets. ◇ *Die Touristen ziehen durch die Straßen.* Tourists wander through the streets.

• **andere Ausdrücke 7** (*Erfolg haben*) work ◇ *Dieser Trick zieht bei mir nicht!* That trick won't work on me! ◇ *Sonderangebote ziehen immer.* Special offers always go down well. ◇ *Das zieht heute beim Publikum nicht mehr.* The public doesn't go for this sort of thing any more. **8** (MATH) extract ◇ *die Wurzel aus einer Zahl ziehen* extract the square root of a number **9 es zieht** there's a draught, (*AmE*) there's a draft; **es zieht jdm** sb is in a draught, (*AmE*) sb is in a draft **10 sich ~** (*sich erstrecken*) stretch; (*lange dauern*) go on, drag on ◇ *Die Felder zogen sich bis zum Deich.* The fields stretched as far as the dyke. ◇ *Der letzte Akt zog sich ganz schön in die Länge.* The last act really dragged on and on. **11 sich ~** (*Thema, Motiv*) run ◇ *Das Motiv zog sich durch sein ganzes Werk.* The theme ran through his entire work. **12 etw nach sich ~** result in sth ◇ *Dies könnte einen Rückgang der Arbeitsstellen nach sich ziehen.* This could result in a reduction in the number of jobs. **13 etw ~ lassen** leave sth to stand; (*Tee*) leave sth to brew; (*in Marinade*) leave sth to marinate ℹ Für andere Ausdrücke mit **ziehen** siehe die Einträge für die entsprechenden Nomina etc. **Den Kürzeren ziehen** z.B. steht unter **kurz**.

Ziehung draw ◇ *die Ziehung der Lottozahlen* the lottery draw

Ziel 1 (*Reise-, Fahrt- etc.*) destination ◇ *Wir kamen endlich am Ziel an.* We finally arrived at our destination. **2** (*bei Rennen*) finish, finishing line, (*AmE*) finish line **3** (*eines Pfeils, Schusses etc.*) target ◇ *das Ziel treffen/verfehlen* hit/miss the target **4** (*Absicht*) aim, goal ◇ *Ziel ist es, die Lage zu stabilisieren.* The aim is to stabilize the situation. ◇ *Sie hat sich ein Ziel gesetzt.* She has set herself a goal. ◇ *sein Ziel erreichen* achieve your goal ◇ *Damit war sie am Ziel ihrer Wünsche angekommen.* This was the fulfilment of her ambitions. IDM **über das Ziel hinausschießen** go over the top

zielen **1** take aim ◇ *Erst musst du die Waffe anlegen und dann zielen.* First you have to shoulder the weapon, then take aim. **2** **(auf jdn/etw) ~** aim (at sb/ sth) ◇ *Er zog seine Waffe und zielte auf die beiden.* He drew his gun and aimed at the two of them. → *Siehe auch* GEZIELT **3** *(gerichtet werden)* be aimed *(auch fig)*, be directed *(auch fig)* ◇ *Die Schüsse zielten genau ins Herz.* The shots were aimed directly at the heart. ◇ *Die Bemerkung zielte auf dich.* The remark was directed at you. ◇ *Er hatte gemerkt, worauf die Frage zielte.* He had seen what the question was getting at. **4** **auf etw ~** *(erreichen wollen)* aim to do sth ◇ *Diese Aktion zielt auf die Verringerung der Müllmengen.* This campaign aims to reduce the amount of rubbish.

Ziel- **Zielgebiet** *(militärisch)* target area; *(touristisch)* destination **Zielgerade** home straight **Zielgruppe** target group **Ziellinie** finishing line, *(AmE)* finish line

ziellos aimless *(Adv* aimlessly)

Ziel- **Zielort** destination **Zielscheibe** target *(auch fig)* **Zielsetzung** aims [Pl] ◇ *Ihnen fehlt eine glaubwürdige Politik mit einer klaren Zielsetzung.* They lack a credible policy and clear aims. **zielstrebig** determined *(Adv* determinedly) ◇ *ein zielstrebiger junger Student* a determined young student ◇ *zielstrebig auf etw zusteuern* make a beeline for sth

ziemlich **1** quite, fairly, pretty, rather ◇ *ziemlich viele Leute* quite a lot of people ◇ *Es dauerte ziemlich lange.* It took quite a long time. ◇ *Ich kenne ihn ziemlich gut.* I know him fairly well. ◇ *Sie ist eine ziemlich gute Köchin.* She is a pretty good cook. ◇ *Dieses Zimmer ist ziemlich unordentlich.* This room is rather untidy. ◇ *Dieser Kuchen schmeckt ziemlich gut. Das wundert mich—er sah so trocken aus.* This cake is rather nice. I'm surprised—it looked so dry. ◇ *Wir hatten ziemlich viel gegessen.* We had eaten rather a lot. **2** **ein(e) ziemliche(r,s) …** quite a … ◇ *Ihr Besuch war eine ziemliche Überraschung.* Her visit was quite a surprise. ◇ *Man kann mit ziemlicher Sicherheit sagen, dass …* We can be fairly sure that … **3** **(so) ~** just about, pretty well/much ◇ *Ich habe so ziemlich alles versucht.* I've tried just about everything.

Zierde decoration ◇ *Die Rosen dienen nur zur Zierde.* The roses are only for decoration. ◇ *Die Bäume vereinen Zierde und Nutzen.* The trees are decorative as well as useful. ◇ *Zierde des Hauses sind zwei Zwiebeltürme.* The house is adorned with two onion domes.

zieren **1** adorn *(gehoben)*; *(Raum etc.)* decorate ◇ *Armreifen zierten ihr Handgelenk.* Bracelets adorned her wrist. ◇ *Poster zierten die Wände.* The walls were decorated with posters. ◇ *Eine Kirsche zierte den Kuchen.* The cake was decorated with a cherry. ◇ *Sein Foto zierte das Wahlplakat.* His photo graced the election poster. **2** **sich ~** be coy

Zierfisch ornamental fish

zierlich delicate *(Adv* delicately)

Zierpflanze ornamental plant

Ziffer **1** *(Zeichen)* numeral; *(Zahl)* number ◇ *römische Ziffern* roman numerals ◇ *vierstellige Ziffern* four-figure numbers **2** *(im Gesetzestext)* clause **Zifferblatt** face

zig umpteen *(umgs)* ◇ *seit zig Jahren* for umpteen years

Zigarette cigarette ◇ *eine Schachtel Zigaretten* a packet of cigarettes ◇ *selbst gedrehte Zigaretten* roll-ups **Zigarettenautomat** cigarette machine **Zigarettenkippe, Zigarettenstummel** cigarette end, (cigarette) butt, dog-end *(abwert)* **Zigarettenpause** cigarette break **Zigarettenrauch** cigarette smoke **Zigarettenschachtel** cigarette packet

Zigarre cigar

Zigeuner(in) gypsy

zigfach, zigmal umpteen times *(umgs)* ◇ *eine zigfach kopierte Idee* an idea that's been copied umpteen times ◇ *Er ist zigfacher Weltmeister.* He won the world championship umpteen times.

Zimmer room ◇ *Er ist auf sein Zimmer gegangen.* He has gone to his room. ◇ *„Zimmer frei"* 'Vacancies' **Zimmermädchen** chambermaid **Zimmermann** carpenter

zimmern **1** do carpentry/woodwork ◇ *Er zimmert gern.* He likes to do woodwork. **2** **etw ~** make sth out of wood; *(fig)* carve sth ◇ *eine Bank zimmern* make a bench out of wood ◇ *Sie zimmern gerade an einer Reform.* They're carving away at a reform.

Zimmer- **Zimmerpflanze** houseplant **Zimmerservice** room service **Zimmersuche** ◇ *auf Zimmersuche sein/gehen* be looking for a room **Zimmertemperatur** room temperature ◇ *etw bei Zimmertemperatur aufbewahren* keep sth at room temperature

zimperlich **1** *(empfindlich)* oversensitive; *(leicht angeekelt)* squeamish **2** *(rücksichtsvoll)* ◇ *Die Polizei ging nicht gerade zimperlich vor.* The police were rather rough with him.

Zimt cinnamon **Zimtstange** cinnamon stick

Zink zinc

Zinke *(einer Gabel)* prong; *(eines Kamms, Rechens)* tooth

zinken *(Karten)* mark ◇ *gezinkte Karten* marked cards

Zinken hooter *(umgs)*

Zinn **1** (CHEM) tin **2** *(Gegenstände)* pewter(ware) **Zinnsoldat** tin soldier

Zinsen interest [U] ◇ *hohe Zinsen* high interest ◇ *Das bringt 3% Zinsen.* It earns 3% interest. ◇ *Die Zinsen steigen.* Interest rates are going up. **Zinserhöhung** increase in the rate of interest **Zinseszins** compound interest

zins- **zinsgünstig** **1** *Adj (Kredit)* low-interest; *(Wertpapiere etc.)* high-interest **2** *Adv* at a favourable rate of interest ◇ *Geld zinsgünstig anlegen* invest money at a favourable rate of interest **zinslos** **1** *Adj* interest-free ◇ *zinslose Darlehen* interest-free loans **2** *Adv* free of interest ◇ *Geld zinslos zurückzahlen* pay money back free of interest **Zinssatz** interest rate **Zinssenkung** lowering of the interest rate

Zionismus Zionism

Zionist(in) Zionist

zionistisch Zionist

Zipfel *(von Stoff, Tuch)* corner; *(Wurst-)* end; *(eines Landes etc.)* tip **Zipfelmütze** pointed cap

zirka about, approximately *(gehoben)* ◇ *Sie ist zirka 25 Jahre alt.* She's about 25 years old.

Zirkel **1** compass, pair of compasses **2** *(Personenkreis)* circle

Zirkulation circulation

zirkulieren circulate

Zirkus **1** circus ◇ *Wir gingen in den Zirkus.* We went to the circus. **2** *(Aufheben)* fuss *(abwert)* **Zirkuszelt** big top

zirpen chirp

zischeln hiss

zischen **1** hiss *(auch fig)*; *(Fett)* sizzle **2** *(sich zischend bewegen)* whizz ◇ *Die Raketen zischten in den Himmel.* The rockets whizzed up into the sky.

Zisterne (underground) cistern

Zitat quotation, quote (*umgs*) ◇ *ein Zitat aus „Hamlet"* a quotation from 'Hamlet' ◇ *ein Zitat des Papstes* a quotation from the Pope

Zither zither ◇ *Sie spielt Zither.* She plays the zither.

zitieren 1 quote ◇ *eine Stelle aus einem Gedicht zitieren* quote a line from a poem ◇ *jdn/etw falsch zitieren* misquote sb/sth **2** (*rufen, holen, vorladen*) summon ◇ *jdn zum Direktor zitieren* summon sb to the headmaster

Zitronat lemon peel

Zitrone lemon; (*Baum*) lemon tree
Zitronenfalter brimstone butterfly **zitronengelb** lemon yellow **Zitronengras** lemon grass **Zitronenlimonade** lemonade **Zitronenpresse, Zitruspresse** lemon-squeezer **Zitronensäure** citric acid **Zitronenscheibe** slice of lemon

Zitrusfrucht citrus fruit

zitterig shaky (*Adv* shakily)

zittern 1 shake, tremble; (*vor Kälte*) shiver ◇ *am ganzen Körper zittern* shake all over ◇ *Meine Stimme zitterte.* My voice shook. ◇ *Er zitterte vor Wut.* He trembled with rage. ◇ *Sie zitterte vor Kälte.* She shivered with cold. **2** (*Angst haben*) be terrified, be scared stiff (*umgs*) ◇ *Alle zitterten vor dem Chef.* Everyone was terrified of the boss. ◇ *Er zittert vor der nächsten Prüfung.* He's scared stiff about the next exam. **3 um jdn/etw ~** be worried about sb/sth ◇ *Er zitterte um sein Geld.* He was worried about his money. ◇ *Sie mussten um den Sieg zittern.* They were afraid that they weren't going to win.

Zittern 1 trembling (*oft mit einem Verb übersetzt*) ◇ *das Zittern in ihrer Stimme* the trembling in her voice ◇ *Ein Zittern ging durch ihren ganzen Körper.* Her whole body was trembling. **2** (*Angsthaben*) (*oft mit einem Verb übersetzt*) ◇ *Das Zittern vor einem Vulkanausbruch hält an.* People are still afraid that there will be a volcanic eruption. ◇ *Das große Zittern um die Jobs hat begonnen.* Everyone has started to fear for their job.

Zitterpartie cliffhanger, nail-biter ◇ *Die Wahl entwickelte sich zur Zitterpartie.* The election turned into a cliffhanger. ◇ *Es war eine Zitterpartie für die deutsche Mannschaft.* It was a nail-biter for the German team.

zittrig → ZITTERIG

Zitze teat

Zivi → ZIVILDIENSTLEISTENDER

zivil 1 civilian ◇ *die zivile Bevölkerung* the civilian population ◇ *die zivile Luftfahrt* civil aviation **2** (*Polizei*) plain-clothes ◇ *die zivile Polizei* plain-clothes police officers ◇ *eine zivile Polizeistreife* an unmarked police car **3** (*Preise*) reasonable

Zivil civilian clothes [Pl], civvies [Pl] (*umgs*); (*Polizei*) plain clothes [Pl] ◇ *Polizisten in Zivil* plain-clothes police officers
Zivilbeamte, -beamtin plain-clothes police officer **Zivilbevölkerung** civilian population **Zivilcourage** courage of your (own) convictions **Zivildienst** = community service as an alternative to military service **Zivildienstleistender, Zivi** = person doing community service as an alternative to military service **Zivilgericht** civil court **Zivilgesellschaft** civil society

Zivilisation civilization
Zivilisationskrankheit disease of modern society

zivilisiert 1 *Adj* civilized **2** *Adv* in a civilized way

Zivilist(in) civilian

Zivil- Zivilkleidung → ZIVIL **Zivilprozess** civil action **Zivilrecht** civil law **zivilrechtlich** civil [nur vor Nomen] ◇ *ein zivilrechtlicher Prozess* a civil case ◇ *zivilrechtlich gegen jdn vorgehen* take civil proceedings against sb

Zobel sable

zocken gamble

Zofe lady's maid; (*am Hof*) lady-in-waiting

Zoff trouble (*umgs*) ◇ *Es gab Zoff.* There was trouble. ◇ *Er hat Zoff mit seinem Vater.* He's had a row with with his dad.

zögerlich hesitant (*Adv* hesitantly)

zögern hesitate ◇ *Sie zögerte einen Augenblick.* She hesitated for a moment. ◇ *Ohne zu zögern sprang er in den Teich.* He jumped into the pond without hesitating. ◇ *Einige klatschten zögernd.* Some people clapped hesitantly.

Zögling 1 (*Schüler*) pupil; (*im Internat*) boarder; (*Kind*) child **2** (*fig*) protégé

Zölibat celibacy; (*Gelübde*) vow of celibacy ◇ *das Zölibat ablegen* take a vow of celibacy

Zoll¹ (*Maßeinheit*) inch

Zoll² 1 (customs) duty ◇ *für etw Zoll zahlen* pay customs duty on sth ◇ *auf etw Zoll erheben* levy customs duty on sth **2** (*Behörde*) customs [Pl], the Customs [Pl] ◇ *etw durch den Zoll schmuggeln* smuggle sth through customs ◇ *der deutsche Zoll* German Customs
Zollamt customs office **Zollbeamte, -beamtin** customs officer **Zollerklärung** (*Formular*) customs declaration form **Zollfahnder** customs investigator **zollfrei** duty-free ◇ *zollfreie Waren* duty-free goods ◇ *etw zollfrei importieren* import sth free of duty **Zollkontrolle** customs check

Zollstock folding rule

Zone zone; (*Besatzungs- auch*) occupation zone ◇ *die gemäßigte Zone* the temperate zone ◇ *eine atomwaffenfreie Zone* a nuclear-free zone

Zoo zoo ◇ *in den Zoo gehen* go to the zoo

Zoologe, Zoologin zoologist

Zoologie zoology ◇ *Sie ist Professorin für Zoologie.* She is a professor of zoology.

zoologisch zoological

Zoom, Zoomobjektiv zoom (lens)

Zopf 1 braid, (*BrE auch*) plait, pigtail ◇ *Sie trägt gerne Zöpfe.* She likes to wear her hair in braids. ◇ *ein chinesischer Zopf* a pigtail ◇ *Kannst du mir einen Zopf flechten?* Can you plait my hair? **2** (*Brot*) plait (loaf)

Zorn anger; (*stärker*) rage, wrath (*gehoben*) ◇ *Ihn packte der Zorn.* He was filled with anger. ◇ *in Zorn geraten* fly into a rage ◇ *der Zorn Gottes* the wrath of God
Zornausbruch fit of anger; (*stärker*) (fit of) rage ◇ *Sie neigt zu Zornausbrüchen.* She tends to fly into a rage. ◇ *Er hatte einen Zornausbruch.* He lost his temper.

zornig angry (*Adv* angrily) ◇ *zornig auf jdn/über etw sein* be angry with sb/about sth ◇ *zornig reagieren* react angrily ◇ *Werde doch nicht gleich immer so zornig!* There's no need to lose your temper! ◇ *Er warf ihr zornige Blicke zu.* He glared at her.

zottelig shaggy

zu¹ *Präp*
• **örtlich 1** (*wohin*) to ◇ *Er brachte sie zum Flughafen.* He drove her to the airport. ◇ *zur Post/Bank gehen* go to the post office/bank ◇ *zur Schule/Arbeit gehen* go to school/work ◇ *Kommst du morgen zu mir?* Are you coming to see me tomorrow? **2** (*wo*) ◇ *zu beiden Seiten des Hauses* on either side of the house ◇ *zu Hause* at home

• **zusammen mit** **3** with ◇ *Zu dem Essen gab es einen spanischen Wein.* We drank a Spanish wine with the meal. ◇ *zu etw passen* go with sth

• **Zeit** **4** (*Zeitpunkt*) at ◇ *zu Ostern* at Easter ◇ *zu dieser Zeit* at this time ◇ *zu gegebener Zeit* at the appointed time ◇ *zu bestimmten Jahreszeiten* at certain times of the year ◇ *zu Anfang* at first ◇ *Das Gesetz tritt zum 1. Januar in Kraft.* The law comes into force on January 1. **5** (*Zeitspanne*) in ◇ *zu ihren Lebzeiten* in their lifetime ◇ *zu Lebzeiten Goethes* in Goethe's day **6** (*Anlass*) for ◇ *Das bekam ich zu Weihnachten.* I got it for Christmas. ◇ *Ich wünsche mir Schlittschuhe zum Geburtstag.* I want a pair of ice skates for my birthday. ◇ *Alles Gute zum Muttertag!* Happy Mother's Day!

• **Zahl** **7** (*mit Zahlenangaben*) ◇ *ein Fass zu zehn Litern* a ten-litre barrel ◇ *Sie sind zu dritt.* There are three of them. ◇ *eine Übung zu vieren machen* do an exercise in fours ◇ *Wir fahren zu sechst in den Urlaub.* Six of us are going on holiday together. ◇ *Die beiden verbringen viel Zeit zu zweit.* The two of them spend a lot of time together. ◇ *Das Publikum bestand zum Großteil aus Kindern.* Most of the audience were children. **8** (*Zahlenverhältnis*) to ◇ *Die Aktien wurden im Verhältnis drei zu eins gesplittet.* The shares were split three to one. ◇ *Das Spiel ging vier zu zwei aus.* The final score was four-two. ◇ *eins zu null* one-nil **9** (*Preise*) at ◇ *zu stark reduzierten Preisen* at greatly reduced prices ◇ *zu zwanzig Dollar* at twenty dollars ◇ *zwei Karten zu fünfzig Dollar* two tickets at fifty dollars/two fifty-dollar tickets

• **Zweck, Ergebnis** **10** (*Zweck*) for ◇ *Er musste zu einer Nachuntersuchung in die Klinik.* He had to go to the clinic for a check-up. **11** (*Ergebnis*) to ◇ *Das Wasser war zu Eis geworden.* The water had turned to ice. ◇ *das Eiweiß zu Schnee schlagen* whisk the egg whites until stiff ℹ Für andere Ausdrücke mit **zu** siehe die Einträge für die entsprechenden Nomina etc. **Zu Fuß** z.B. steht unter **Fuß**.

zu² *Adv* **1** too ◇ *Der Schrank ist zu groß.* The cupboard is too big. ◇ *Du kommst leider zu spät.* Sorry, you're too late. ◇ *zu viel Salz* too much salt **2** (*geschlossen*) shut [nicht vor Nomen]; (*Hahn*) off; (*Nase*) blocked ◇ *Der Laden hat schon zu.* The shop is shut. ◇ *Tür zu!* Shut the door! ◇ *Augen zu!* Shut your eyes! ◇ *Die Tür ist zu.* The door is shut. ◇ *Meine Nase ist ganz zu.* I've got a blocked nose. ◇ *Die Flasche stand noch zu auf dem Tisch.* The bottle stood unopened on the table. **3** (*betrunken*) drunk; (*Drogen*) stoned **4** (*Richtung*) towards ◇ *Ich ging auf das Haus zu.* I walked towards the house. ◇ *Zur Grenze zu vermehrten sich die Verkehrskontrollen.* As we approached the border there were more road checks. ◇ *Der Kaffee geht dem Ende zu.* We're almost out of coffee. **5 nur ~** (*verärgert*) suit yourself; (*einladend*) help yourself, go ahead IDM → AB

zu³ *Konj* (*vor Infinitiv oder Partizip Präsens*) to ◇ *Ich habe eine Menge zu tun.* I've got loads to do. ◇ *Das war zu erwarten.* It was to be expected. ◇ *die zu gewinnenden Preise* the prizes to be won ◇ *die zu erledigende Post* the post (that has) to be dealt with → *Siehe auch* OHNE *und* UM

zuallererst **1** first of all **2** (*vor allem*) above all

zuallerletzt **1** last (of all) **2** (*am wenigsten*) least of all ◇ *Die Katastrophe hatte niemand erwartet, zuallerletzt die Opfer.* Nobody had expected the disaster, least of all the victims.

zuarbeiten **jdm ~** play into sb's hands (*abwert*); (*Vorarbeit*) do the groundwork for sb

zubauen **etw ~** build on sth ◇ *Man hat die letzte Baulücke zugebaut.* The last bit of land has been built on. ◇ *zugebaut werden* disappear under bricks and mortar

Zubehör accessories [Pl]; (*Aufsätze auch*) attachments [Pl] ◇ *das Zubehör eines Autos* car accessories ◇ *ein Bohrer mit Zubehör* a drill with attachments ◇ *eine Küche mit allem Zubehör* a well-equipped kitchen

zubeißen bite sb ◇ *Der Hund biss zu, als ich ihn streicheln wollte.* The dog bit me when I tried to stroke it.

zubereiten **1** prepare **2** (*AmE*) fix; (*Essen auch*) make ◇ *mit Liebe zubereitet* lovingly prepared ◇ *das Frühstück zubereiten* make breakfast ◇ *Weißt du, wie man Karpfen zubereitet?* Do you know how to cook carp?

Zubereitung **1** preparation (*oft mit einem Verb übersetzt*) ◇ *die Zubereitung von Sushi* the preparation of sushi ◇ *Die Zubereitung des Abendessens dauerte Stunden.* It took hours to make supper. ◇ *Sie erkundigte sich nach der Zubereitung.* She asked how it was made. **2** (*Gericht*) dish ◇ *regionale Zubereitungen vom Fisch* regional fish dishes

zubetonieren **1** concrete *sth* (over) ◇ *die Straße zubetonieren* concrete the road **2** (*überbauen*) concrete *sth* over ◇ *Die Landschaft wird zubetoniert.* The countryside is being concreted over.

zubilligen **jdm etw ~** grant sb sth ◇ *jdm eine Entschädigung zubilligen* grant sb compensation ◇ *jdm mildernde Umstände zubilligen* accept sb's plea of mitigating circumstances

zubinden tie *sth* up ◇ *einen Sack zubinden* tie up a bag ◇ *die Schnürsenkel zubinden* tie your shoelaces ◇ *die Schuhe zubinden* do up your shoes

zubleiben stay shut

zublinzeln **jdm ~** wink at sb

Zubringer **1** shuttle service **2** (*Bus*) shuttle bus ◇ *Vom Stadtzentrum verkehrt ein Zubringer zum Flughafen.* There's a shuttle bus from the city centre to the airport. **3** (*Straße*) link road; (*Zufahrt*) access road ◇ *ein Zubringer zur Autobahn* a link road to the motorway ◇ *der Zubringer zum Stadion* the access road to the stadium

Zubringerbus → ZUBRINGER (2) **Zubringerdienst** → ZUBRINGER (1) **Zubringerstraße** → ZUBRINGER (3)

Zucchini courgette, (*AmE*) zucchini

Zucht **1** breeding; (*Pflanzen*) growing ◇ *die Zucht von Hunden* dog breeding ◇ *die Zucht von Rosen* rose growing ◇ *die Zucht von Hühnern* raising chickens **2** (*Betrieb für Pferdezucht*) stud; (*für Hundezucht*) kennels [mit Verb im Sing/Pl] **3** (*Rasse*) breed; (*Pflanze*) variety ◇ *Pferde aus verschiedenen Zuchten* various breeds of horses ◇ *eine Zucht Orchideen* a variety of orchid **4** (*Disziplin*) discipline ◇ *an Zucht und Ordnung gewöhnt* used to firm discipline ◇ *Er ist in strenger Zucht aufgewachsen.* He had a very strict upbringing. ◇ *jdn in Zucht halten* keep sb on a tight rein

züchten (*Pflanzen*) grow; (*neue Pflanzenarten, Tiere*) breed; (*Bakterien*) cultivate ◇ *Tulpen züchten* grow tulips ◇ *Pferde züchten* breed horses ◇ *Geflügel züchten* raise poultry

Züchter(in) breeder; (*Pflanzen auch*) grower

Zuchthaus **1** prison ◇ *ins Zuchthaus kommen/im Zuchthaus sein* go to/be in prison **2** (*Strafe*) imprisonment

zuckeln trundle; (*Mensch*) trudge

zucken **1** twitch ◇ *Seine Hände zuckten vor Nervosität.* His fingers twitched nervously. ◇ *Er lag da ohne zu zucken.* He lay motionless. ◇ *Sie zuckte, als sie den Donner hörte.* She gave a start when she heard the thunder. **2** (*Blitz*) flash; (*Flamme*) flicker IDM **mit den Schultern/Achseln zucken** shrug your shoulders ◇ *Er konnte nur mit den Achseln zucken.* He just shrugged his shoulders. → *Siehe auch* WIMPER

Zucken twitch ◇ *ein Zucken des Augenlids* a twitch in the eyelid ◇ *Ein Zucken ging durch ihren Körper.* Her body twitched.

zücken 1 (*Waffe*) draw ◇ *ein Messer zücken* draw a knife ◇ *Er kam mit gezückter Waffe auf uns zu.* He came towards us with a gun. **2** (*Geldbörse, Notizblock, Kamera etc.*) whip *sth* out

Zucker 1 sugar ◇ *feiner Zucker* caster sugar ◇ *grober Zucker* granulated sugar ◇ *ein Stück Zucker* a lump of sugar ◇ *zwei Löffel Zucker* two spoonfuls of sugar ◇ *Nimmst du Zucker in den Kaffee?* Do you take sugar in your coffee? ◇ *Die Himbeeren sind süß wie Zucker.* The raspberries are really sweet. **2** (*Krankheit*) diabetes ◇ *an Zucker erkrankt sein* have diabetes ◇ *Er hat Zucker.* He is diabetic. **3** (*Blutzuckerspiegel*) blood sugar level

Zuckerbrot IDM **Zuckerbrot und Peitsche** carrot and stick ◇ *eine Politik von Zuckerbrot und Peitsche betreiben* use the carrot and stick approach

Zucker- Zuckerdose sugar bowl **Zuckererbse** mangetout, (*AmE*) snow pea **Zuckerguss** icing [U], (*AmE*) frosting [U] **zuckerkrank** diabetic **Zuckerkranke(r)** diabetic **Zuckerkrankheit** diabetes ◇ *an Zuckerkrankheit leiden* suffer from diabetes

Zuckerl 1 sweet, (*AmE*) candy **2** (*Genuss*) treat ◇ *ein echtes Zuckerl* a real treat

zuckern sugar ◇ *gezuckerte Erdbeeren* sugared strawberries ◇ *Tee zuckern* put sugar in tea

Zucker- Zuckerrohr sugar cane **Zuckerrübe** sugar beet [U]

Zuckerschlecken IDM **kein Zuckerschlecken sein** be no picnic

zucker- zuckersüß 1 very sweet **2** (*fig*) sugary (*abwert*), saccharine (*abwert*) **Zuckerwatte** candy floss, (*AmE*) cotton candy

Zuckung 1 twitch ◇ *nervöse Zuckungen haben* have a nervous twitch ◇ *krampfartige Zuckungen haben* have convulsions **2 die letzten Zuckungen** death throes [Pl] (*auch fig*) ◇ *die letzten Zuckungen der Revolution* the death throes of the revolution

zudecken 1 jdn/sich ~ cover sb/yourself (up) ◇ *gut zugedeckt sein* be well covered up ◇ *das Baby mit einer Decke zudecken* cover the baby with a blanket ◇ *sich bis zum Hals zudecken* pull the covers up to your neck **2 etw ~** cover sth ◇ *Soll ich den Käfig zudecken?* Shall I cover the cage? ◇ *den Topf mit einem Deckel zudecken* put a lid on the saucepan

zudem as well, moreover (*gehoben*) ◇ *Es war bitterkalt, und zudem regnete es auch noch.* It was bitterly cold, and it was raining as well.

zudrehen 1 (*Hahn etc.*) turn *sth* off **2 jdm den Rücken ~** turn your back on sb; **jdm das Gesicht ~** turn to face sb; **jdm den Kopf ~** turn your head towards sb **3 sich jdm ~** turn towards sb

zudringlich 1 pushy (*umgs, abwert*) ◇ *ein zudringlicher Verkäufer* a pushy salesman ◇ *Sie ist eine zudringliche Besucherin.* She's always turning up uninvited. **2 ~ werden** (*sexuell*) make advances

zudrücken ◇ *die Tür zudrücken* push the door shut ◇ *einen Verschluss zudrücken* press a fastener shut ◇ *jdm die Kehle zudrücken* throttle sb ◇ *Er drückte dem Toten die Augen zu.* He closed the dead man's eyes. ◇ *Sie drückt sehr fest zu, wenn sie einem die Hand gibt.* She has a very firm handshake. IDM → AUGE

zueinander to each other ◇ *Seid mal nett zueinander!* Be nice to each other!
zueinanderfinden get together ◇ *Sie haben auf einer Party zueinandergefunden.* They got together at a party. **zueinanderhalten** stick together ◇ *Wir haben durch dick und dünn zueinandergehalten.* We've stuck together through thick and thin. **zueinanderpassen** go together ◇ *Die Farben passen hervorragend zueinander.* The colours go very well together.

zuerst 1 first ◇ *Ich war zuerst da!* I was here first! ◇ *Spring du zuerst !* You jump first! ◇ *Diese Technik wurde zuerst in Indien benutzt.* This technique was first used in India. **2** (*anfangs*) at first ◇ *Zuerst war er sehr schüchtern.* At first he was very shy.

Zufahrt access [U]; (*Zufahrtsstraße*) access road; (*Einfahrt*) entrance; (*zu einem Haus*) drive

Zufall chance [U]; (*Zusammentreffen*) coincidence; (*Versehen*) accident; (*Glück*) luck [U] ◇ *etw dem Zufall überlassen* leave sth to chance ◇ *durch/per Zufall* by chance ◇ *Was für ein Zufall! Da trifft man die Nachbarn auf Mallorca.* What a coincidence! You meet your neighbours in Majorca. ◇ *Sein Erfolg ist kein Zufall.* His success is not down to luck. ◇ *ein glücklicher Zufall* a stroke of luck ◇ *Es ist kein Zufall, dass die meisten Führungspositionen von Männern besetzt sind.* It's no accident that most of the top jobs are held by men. IDM **wie der Zufall es wollte** as luck would have it

zufallen 1 close, shut ◇ *Mit lautem Knall fiel die Tür zu.* The door closed with a bang. ◇ *Mir fallen die Augen zu.* I can't keep my eyes open. **2 jdm ~** (*Rolle, Aufgabe*) fall to sb ◇ *Ihr fiel es zu, die Eltern zu informieren.* It fell to her to inform the parents. **3 jdm ~** (*Besitz, Gewinn*) go to sb **4 jdm ~** (*ohne Anstrengung*) fall into sb's lap ◇ *Ihr fallen die guten Noten nur so zu.* Good marks just fall into her lap.

zufällig 1 *Adj* chance [nur vor Nomen] ◇ *ein zufälliges Zusammentreffen* a chance meeting ◇ *Jede Ähnlichkeit mit noch lebenden Personen ist rein zufällig.* Any similarity with living persons is purely coincidental. **2** *Adv* by chance; (*ungewollt, unbeabsichtigt*) by accident; (*durch ein unerwartetes Zusammentreffen*) by coincidence ◇ *Ich traf sie zufällig am Flughafen.* I met her by chance at the airport. ◇ *Wie zufällig berührte er ihre Hand.* As if by accident he touched her hand. ◇ *Er wohnte zufällig im gleichen Dorf.* By coincidence he lived in the same village. ◇ *Nicht zufällig hat sich hier die Hightechindustrie angesiedelt.* It is no accident that high-tech industry has located here. ◇ *Sie war zufällig dabei.* She happened to be there. **3** *Adv* (*in Fragen*) by any chance ◇ *Hast du zufällig ihre Nummer?* Do you have her number by any chance?

Zufalls- Zufallsbekanntschaft chance acquaintance **Zufallsprinzip nach dem ~** at random, randomly **Zufallstreffer** fluke

zufliegen 1 auf jdn/etw ~ fly towards sb/sth; **direkt auf jdn/etw ~** fly straight at sb/sth ◇ *Der Ball kam auf ihn zugeflogen.* The ball came flying towards him. ◇ *Die Taube flog direkt auf das Fenster zu.* The pigeon flew straight at the window. **2 jdm ~** (*Vogel*) ◇ *Uns ist ein Wellensittich zugeflogen.* We found a budgie in our house. **3** (*Tür etc.*) slam shut **4 jdm ~** (*Ideen, Erfolg*) fall into sb's lap, come to sb ◇ *Dir fliegt alles einfach zu.* Everything just falls into your lap. ◇ *Die guten Ideen fliegen ihr nur so zu.* Good ideas just seem to come to her. ◇ *Ihm flogen die Herzen der Mädchen zu.* He won all the girls' hearts.

zufließen 1 flow into ◇ *Der Bach fließt dem Rhein zu.* The stream flows into the Rhine. ◇ *Sie ließ noch heißes*

Wasser zufließen. She put some more hot water in. **2 jdm/etw ~** (*Geld*) go to sb/sth ◇ *Das Geld soll einem guten Zweck zufließen.* The money is to go to charity.

Zuflucht ~ (vor jdm/etw) refuge (from sb/sth) (*auch fig*); (*besonders vor Unwetter etc.*) shelter (from sth) ◇ *Zuflucht vor jdm/etw suchen* seek refuge from sb/sth ◇ *jdm Zuflucht gewähren* offer refuge to sb ◇ *Er nahm Zuflucht zum Alkohol.* He took refuge in alcohol. ◇ *In einem Hauseingang fanden sie Zuflucht vor dem Regen.* They found shelter from the rain in a doorway. ◇ *Sie fand Zuflucht bei ihren Eltern.* Her parents took her in.

Zufluchtsort, Zufluchtsstätte place of refuge

Zufluss inflow (*auch fig*); (*Nebenfluss*) tributary

zuflüstern jdm etw ~ whisper sth to sb

zufolge jdm/etw ~ according to sb/sth ◇ *eine Theorie, der zufolge das Universum durch einen Urknall entstanden ist* a theory according to which the universe was created in a Big Bang

zufrieden 1 contented (*Adv* contentedly) **2 (mit jdm/etw) ~** satisfied (with sb/sth); (*stärker*) pleased (with sb/sth) [nicht vor Nomen] ◇ *Am Schluss waren alle mit dem Ergebnis zufrieden.* In the end everybody was satisfied with the result. ◇ *ein zufriedener Kunde* a satisfied customer ◇ *Nach der Sitzung machte sie ein ausgesprochen zufriedenes Gesicht.* She looked very pleased after the meeting. ◇ *Sie sind mit nichts zufrieden.* There's no pleasing them. ◇ *„Wie läuft es so?" „Danke, ich bin zufrieden."* 'How are things?' 'Oh, I can't complain.' ◇ *müde, aber zufrieden* tired but happy **3 ~ stellen** → ZUFRIEDENSTELLEN

zufriedengeben sich mit etw ~ settle for sth; **sich mit etw nicht ~** not be prepared to accept sth

Zufriedenheit contentment; **~ (mit/über etw)** satisfaction (with/at sth) ◇ *ein Gefühl der Zufriedenheit* a feeling of contentment ◇ *Der Auftrag ist zu unserer Zufriedenheit ausgeführt worden.* The job was carried out to our satisfaction. ◇ *Sie zeigte Zufriedenheit über das Erreichte.* She showed her satisfaction at what had been achieved.

zufriedenlassen jdn ~ leave sb alone, leave sb in peace ◇ *Lass deine Schwester zufrieden!* Leave your sister alone! ◇ *Lass mich damit zufrieden.* Don't start on about it.

zufriedenstellen satisfy; (*stärker*) please ◇ *Die Antwort hat ihn nicht zufriedengestellt.* The answer didn't satisfy him. ◇ *Sie ist nicht leicht zufriedenzustellen.* She isn't easy to please. ◇ *ein zufriedenstellendes Resultat* a satisfactory result ◇ *Das Problem wurde zufriedenstellend gelöst.* The problem was solved satisfactorily.

zufrieren freeze over ◇ *Der Teich ist zugefroren.* The pond is frozen over. ◇ *der zugefrorene See* the frozen lake

zufügen 1 (jdm/etw) etw ~ (*Schaden, Schmerz etc.*) inflict sth (on sb/sth) **2 einer Sache etw ~** (*hinzufügen*) add sth to sth

Zufuhr supply; (*Aufnahme*) intake

zuführen 1 jdm/etw etw ~ send sth to sb/sth; **jdm/etw zugeführt werden** go to sb/sth ◇ *Die Firma führt den Abfall der Wiederverwertung zu.* The firm sends the waste to be recycled. ◇ *Das Geld soll karitativen Zwecken zugeführt werden.* The money is to go to charity. ◇ *Man sollte sie ihrer gerechten Strafe zuführen.* They should give them the punishment they deserve. **2 jdm/etw etw ~** (*Ressourcen etc.*) supply sb/sth with sth ◇ *dem Teich Sauerstoff zuführen* supply the pond with oxygen ◇ *Die Anzeige hat der Firma neue Kunden zugeführt.* The advertisement brought in new customers to the firm. **3 auf etw ~** (*Richtung*) lead to sth ◇ *Die Straße führt auf den Bahnhof zu.* The road leads to the station.

Zug 1 train ◇ *mit dem Zug fahren* go by train/go on the train ◇ *im Zug* on the train ◇ *Wann geht der nächste Zug nach Hull?* When's the next train to Hull? ◇ *Er holte sie vom Zug ab.* He met her off the train. ◇ *Sie brachte ihn zum Zug.* She took him to the station. **2** (*Kolonne*) procession **3** (*von Vögeln*) migration **4** (*Schach- etc.*) move (*auch fig*) ◇ *Du bist am Zug.* It's your move. ◇ *Das war kein schöner Zug von ihr.* That wasn't very nice of her. **5** (*Schluck*) gulp; (*kräftiger*) swig (*umgs*) ◇ *Er trank das Glas in einem Zug aus.* He emptied his glass in one gulp. ◇ *Sie nahm einen kräftigen Zug aus der Flasche.* She took a swig from the bottle. **6** (*Rauch*) puff ◇ *Sie rauchte ein paar Züge.* She took a few puffs. **7** (*Atemzug*) breath ◇ *etw in tiefen Zügen einatmen* take deep breaths of sth **8** (*Gesichts-*) feature ◇ *Sie hat sehr feine Züge.* She has very delicate features. ◇ *Er hat einen verbitterten Zug um den Mund.* There's a hint of bitterness around his mouth. **9** (*Merkmal*) element; (*Charakter-*) trait ◇ *Das Stück trägt autobiografische Züge.* The play has autobiographical elements. ◇ *Die Situation nahm groteske Züge an.* The situation was becoming grotesque. ◇ *Diesen Zug mag ich nicht an ihm.* That's one of the things I don't like about him. **10** (*Luft-*) draught, (*AmE*) draft ◇ *Ich sitze hier im Zug.* I'm sitting in a draught here. **11** (*Zugkraft*) pull ◇ *Das Gewicht übt Zug auf die Feder aus.* The weight exerts a pull on the spring. **12** (*Posaunen-*) slide **13** (*Schwimm-*) stroke **14** (MIL) platoon **IDM der Zug der Zeit** a sign of the times ◇ *Es ist der Zug der Zeit, dass …* It's a sign of the times that … ◇ *Ohne Geld läuft nichts. Das ist der Zug der Zeit.* You need money for everything. That's just how it is today. **in den letzten Zügen liegen** be on your last legs **in einem Zug** in one go **im gleichen Zug** at the same time **in groben Zügen** in broad terms **etw in vollen Zügen genießen** enjoy sth to the full **Zug um Zug** step by step; (*eins nach dem anderen*) one after the other ◇ *Die Zimmer werden Zug um Zug renoviert.* The rooms are being renovated one after the other. **zum Zug kommen** get a chance; get a look-in (*umgs*)

Zugabe 1 encore ◇ *Das Publikum forderte eine Zugabe.* The audience demanded an encore. **2** (*das Hinzufügen*) addition **3** (*Werbegeschenk*) free gift

Zugabteil (train) compartment

Zugang 1 (*Eingang*) entrance **2** (*Zutritt, Zugriff*) access ◇ *sich Zugang zu etw verschaffen* gain access to sth **3** (*Verständnis*) ◇ *Ich habe keinen Zugang zur klassischen Musik.* Classical music doesn't mean anything to me. ◇ *Die Ausstellung soll den Besuchern den Zugang zu seinem Werk erleichtern.* The exhibition is designed to help visitors appreciate his work. ◇ *Es fällt ihm schwer, einen Zugang zu dem Stück zu finden.* He's finding it difficult to understand what the play's about. **4** (*das Hinzukommen*) acquisition; (*von Schülern, Patienten*) admission; (*von Soldaten etc.*) recruitment **5** (*Neuzugang*) ◇ *eine Ausstellung der neuesten Zugänge des Museums* an exhibition of the museum's most recent acquisitions ◇ *Die Station hatte in der Nacht fünf Zugänge.* The ward had five admissions overnight. ◇ *Der Verein hatte in dieser Saison mehrere Zugänge.* The club had several new players this season.

zugänglich 1 accessible; **schwer ~** inaccessible **2** (*verfügbar*) available ◇ *Die Informationen sind jedem zugänglich.* The information is available to everybody. ◇ *Das Archiv soll der Öffentlichkeit zugänglich gemacht werden.* The archive is to be opened to the public. **3** (*Mensch*) approachable; **für etw ~ sein;**

einer Sache ~ sein be receptive to sth ◇ *Sie ist ein sehr zugänglicher Mensch.* She's very approachable. ◇ *neuen Ideen zugänglich sein* be receptive to new ideas ◇ *Er war keinen Argumenten mehr zugänglich.* He wasn't willing to listen to any more arguments.

Zugangscode access code

Zugbrücke drawbridge

zugeben 1 admit (to) *sth* ◇ *Sie weigerte sich, das Verbrechen zuzugeben.* She refused to admit (to) the crime. ◇ *Er gab zu, die Kamera genommen zu haben.* He admitted (to) having taken the camera. ◇ *Gib doch endlich zu, dass ...* Come on, admit that ... **2** (*hinzufügen*) add

zugegeben admittedly

zugehen 1 auf jdn/etw ~ go up to sb/sth; (*fig*) reach out to sb ◇ *Er ging auf die Tür zu.* He went up to the door. ◇ *Wir müssen auf die Jugend zugehen.* We must reach out to young people. **2 auf etw ~** (*Alter, Zeit*) be getting on for sth ◇ *Sie geht auf die vierzig zu.* She's getting on for forty. ◇ *Es ging auf Mitternacht zu.* It was getting on for midnight. ◇ *Die Party ging dem Ende zu.* The party was drawing to a close. **3 etw geht jdm zu** (*Schriftstück etc.*) sb receives sth; **jdm etw ~ lassen** have sth sent to sb ◇ *Die Unterlagen werden Ihnen in den nächsten Tagen zugehen.* You will receive the documents in the next few days. ◇ *Ich lasse Ihnen die Dokumente zugehen.* I'll have the documents sent to you. **4** (*Verlauf*) ◇ *Im Büro ging es heute ziemlich hektisch zu.* It was quite hectic in the office today. ◇ *Auf der Party ging es lustig zu.* The party was a lot of fun. **5** (*sich schließen (lassen)*) shut ◇ *Der Koffer ging nicht zu.* The suitcase wouldn't shut. ◇ *Der Reißverschluss geht nicht zu.* The zip won't do up. **IDM** → DING

zugehörig ◇ *sich einer Gruppe zugehörig fühlen* feel you belong to a group ◇ *das Haus samt zugehörigem Garten* the house and the garden that goes with it

Zugehörigkeit 1 membership **2** (*Gefühl*) feeling of belonging

Zügel rein [meist Pl] ◇ *ein Pferd am Zügel führen* lead a horse by the reins **IDM die Zügel (fest) in der Hand haben/halten** have things (firmly) under control; (*Verantwortung tragen*) be in charge **die Zügel in die Hand nehmen** take (up) the reins **die Zügel lockern** loosen the reins **die Zügel schleifen lassen** let things slip **die Zügel straffer (an)ziehen** tighten the reins

zügeln 1 rein *sb/sth* in (*auch fig*); (*Hunger*) curb **2 sich ~** restrain yourself, exercise restraint

Zugeständnis concession ◇ *ein Zugeständnis an jdn machen* make a concession to sb

zugestehen jdm etw ~ allow sb sth, grant sb sth (*gehoben*)

Zugewinn gain, increase

zugig 1 draughty, (*AmE*) drafty **2** (*draußen*) windy

zügig 1 *Adj* speedy **2** *Adv* quickly

Zugkraft 1 (TECH) tractive force **2** (*fig*) pulling power, (*AmE*) drawing power

zugleich 1 both ◇ *Er ist Schriftsteller und Bildhauer zugleich.* He is both a writer and a sculptor. **2** (*zur gleichen Zeit*) at the same time ◇ *Ich kann nicht zugleich schreiben und dir zuhören.* I can't write and listen to you at the same time.

Zug- Zugluft draught, (*AmE*) draft **Zugpferd 1** draught horse, (*AmE*) draft horse **2** (*fig*) crowd-puller

zugreifen 1 make a grab ◇ *Der Dieb griff zu und ihr Portmonee war weg.* The thief made a grab and her purse was gone. **2** (*bei Tisch*) help yourself ◇ *Greift zu! Es ist genug da.* Help yourselves! There's enough there. ◇ *Ich hab ordentlich zugegriffen.* I piled up my plate. ◇ *Das Büfett verlockt zum Zugreifen.* The buffet looks very appetizing. **3** (*Angebot etc.*) ◇ *Als sie ihm den Job anboten, griff er sofort zu.* When they offered him the job, he jumped at it. ◇ *Bei so einem Preis sollte man schnell zugreifen.* You should take it straight away at that price. **4 auf etw ~** access sth ◇ *Er konnte im Internet auf die wichtigsten Daten zugreifen.* He could access the most important information on the Internet.

Zugriff 1 ~ (auf etw) access (to sth) ◇ *elektronischer Zugriff auf Daten* electronic access to data ◇ *unbefugter Zugriff* unauthorized access ◇ *Bei jedem Zugriff auf die Daten muss ein Passwort eingegeben werden.* You have to enter a password each time you access the data. **2** (*Nachforschungen, Verfolgung*) clutches [Pl] ◇ *Sie wollten den Gewinn vor dem Zugriff des Fiskus schützen.* They wanted to keep the profit safe from the clutches of the taxman.

Zugriffszeit (COMP) access time

zugrunde 1 (an etw) ~ gehen be destroyed by sth **2 etw ~ legen** take sth as a basis; **etw einer Sache ~ legen** base sth on sth ◇ *Legt man diese Faktoren zugrunde, ...* Taking these factors as a basis, ... ◇ *Sie legt ihren Überlegungen eine einfache Voraussetzung zugrunde.* She bases her ideas on a simple assumption. **3 einer Sache ~ liegen** form the basis for sth ◇ *Der Analyse liegen die Daten der letzten Umfrage zugrunde.* The data from the previous survey form the basis of the analysis. **4 ~ liegend** underlying [nur vor Nomen] ◇ *die zugrunde liegende genetische Information* the underlying genetic information ◇ *die dem Konflikt zugrunde liegenden Probleme* the problems that underlie the conflict **5 jdn/etw ~ richten** ruin sb/sth

Zugtier draught animal, (*AmE*) draft animal

zugucken → ZUSEHEN

Zugunglück (train) crash

zugunsten in favour of, (*AmE*) in favor of; (*Spende etc.*) for the benefit of ◇ *zugunsten des Angeklagten* in favour of the accused ◇ *Die Spende ging zugunsten der Krebshilfe.* The donation was for the benefit of cancer sufferers.

zugutehalten jdm/etw ~ make allowances for sth ◇ *Ihm wurde zugutegehalten, dass er aus Notwehr gehandelt hatte.* Allowances were made for the fact that he had acted in self-defence.

zugutekommen 1 jdm/etw ~ be good for sb/sth; **etw jdm/etw ~ lassen** donate sth to sb/sth **2 jdm/etw ~** (*Spenden etc.*) be donated to sb/sth

Zug- Zugverbindung (rail) connection **Zugverkehr** rail services [Pl] **Zugvogel** migratory bird; (*fig*) bird of passage **Zugzwang** pressure to take action ◇ *Das Referendum bringt die Politiker in Zugzwang.* The referendum puts pressure on the politicians to act.

zuhaben 1 etw ~ have sth shut ◇ *Er hat die Augen zu.* He's got his eyes shut. ◇ *Bei dem Wind habe ich die Jacke lieber zu.* I prefer to keep my jacket done up in this wind. **2 etw hat zu** (*Geschäft etc.*) sth is shut

zuhalten 1 etw ~ hold sth shut **2 jdm/sich etw ~** ◇ *Er hielt ihr den Mund zu.* He covered her mouth. ◇ *Ich musste mir die Ohren zuhalten.* I had to put my hands over my ears. **3 auf jdn/etw ~** (*Richtung*) head (straight) for sb/sth

Zuhälter pimp

zuhause → HAUS

Zuhause home ◇ *Dort fand er endlich ein Zuhause.* He finally found a home there. ◇ *Sie hat kein Zuhause.* She's homeless.

zuhören **(jdm/etw) ~** listen (to sb/sth) ◇ *Jetzt hör mir mal gut zu!* Now just you listen (to me)! ◇ *Sie kann gut zuhören.* She's a good listener.

Zuhörer(in) listener

zujubeln **jdm ~** cheer sb

zukehren **jdm/etw den Rücken ~** turn your back on sb/sth

zuklappen snap (*sth*) shut; (*lauter*) slam (*sth*) shut

zukleben **1** (*versiegeln*) seal **2 etw mit etw ~** (*überkleben*) stick sth over with sth ◇ *Die Fenster waren mit Zeitungspapier zugeklebt.* The windows were stuck over with newspaper.

zuknallen **1** slam shut ◇ *Die Tür knallte zu.* The door slammed shut. **2 etw ~** slam sth ◇ *Wütend knallte sie die Tür zu.* She slammed the door in anger. **3 sich mit etw ~** (*Drogen*) pump yourself full of sth (*umgs*)

zukneifen close *sth* tightly; (*Mund*) shut *sth* tightly

zuknöpfen button *sth* up

zukommen **1 auf jdn ~** come up to sb, approach sb (*auch fig*) ◇ *Strahlend kam sie auf mich zu.* She came up to me beaming. ◇ *Sie sind auf mich zugekommen und haben mir die Stelle angeboten.* They approached me and offered me the job. **2 etw kommt auf jdn zu** (*Gefahren, Kosten etc.*) sth is in store for sb; (*Aufgabe, Problem etc. auch*) sth is ahead of sb **3 etw auf sich ~ lassen** take sth as it comes ◇ *Lass die Sache mal ruhig auf dich zukommen.* Just take things as they come. **4 jdm etw ~ lassen** (*schenken, spenden*) give sth to sb **5** → ZUSTEHEN

Zukunft future ◇ *in naher/ferner Zukunft* in the near/distant future ◇ *In Zukunft muss das anders werden.* That'll have to change in future. ◇ *Man muss an die Zukunft denken.* You've got to think of the future. ◇ *Vor ihr liegt eine große Zukunft.* She has a great future ahead of her. ◇ *Das liegt noch in weiter Zukunft.* That's still a long way off.

zukünftig **1** *Adj* future ◇ *ihr zukünftiger Mann* her future husband **2** *Adv* in future ◇ *Das muss zukünftig anders werden.* That'll have to change in future.

Zukunfts- **Zukunftsangst** fear of the future [U]; (*vor bestimmten Problemen*) fears about the future [Pl] **Zukunftsaussichten** → ZUKUNFTSPERSPEKTIVE **Zukunftsbranche** industry with a future **Zukunftsmusik** ◇ *Bisher ist das Wählen online noch Zukunftsmusik.* Online voting is still a long way off. **zukunftsorientiert** **1** *Adj* forward-looking **2** *Adv* in a forward-looking way **Zukunftsperspektive** (future) prospects [Pl] ◇ *Dieser Job bietet keine Zukunftsperspektive.* There are no prospects in this job. ◇ *die Zukunftsperspektiven des Landes* the country's future prospects **Zukunftspläne** plans for the future [Pl] **zukunftssicher** future-proof **zukunftsweisend** progressive, ground-breaking ◇ *zukunftsweisende Geschäftsmodelle* progressive business models

Zulage extra pay [U], bonus

zulassen **1** allow, permit (*gehoben*) ◇ *Ich lasse nicht zu, dass du so über ihn redest!* I won't allow you to speak about him like that! ◇ *Das lassen die Regeln nicht zu.* The rules don't permit it. ◇ *Der Text lässt verschiedene Interpretationen zu.* The text can be interpreted in a number of ways. **2 jdn/etw (zu etw) ~** admit sb/sth (to sth) ◇ *Bei der Theatervorstellung ist die Presse nicht zugelassen.* The press are not admitted to the performance. ◇ *Er ist zum Medizinstudium nicht zugelassen worden.* He was not given a place to study medicine. **3** (*Auto etc.*) register

zulässig allowed ◇ *Das ist rechtlich nicht zulässig.* That's not allowed by law. ◇ *die zulässige Höchstgeschwindigkeit* the maximum legal speed

Zulassung **1** authorization (*oft mit einem Verb übersetzt*) ◇ *Die Zulassung von Müllverbrennungsanlagen soll erleichtert werden.* It's going to become easier to authorize waste incineration plants. **2** (*von Rundfunkprogrammen, Medikamenten etc.*) licensing **3** (*Lizenz*) licence, (*AmE*) license; (*Kraftfahrzeugschein*) registration document ◇ *Sie war ohne Führerschein und Zulassung unterwegs* She was driving without a licence or registration document. ◇ *einem Medikament die Zulassung erteilen* license a drug ◇ *Sie hat ihre Zulassung als Ärztin verloren.* She was struck off. ◇ *Er hat die Zulassung als Rechtsanwalt bekommen.* He was called to the bar. **4** (*Zutritt*) admission ◇ *die Zulassung von Frauen zum Priesteramt* the admission of women into the clergy ◇ *Die Zulassung zum Studium sollte begrenzt werden.* The number of university places should be limited. **Zulassungsstelle** registration office

zulasten **~ einer Sache (gehen)** (be) at the expense of sth; **~ einer Person (gehen)** (be) at sb's expense ◇ *zulasten der Kunden* at the customer's expense

Zulauf **~ haben** be popular ◇ *Das neue Musical hat großen Zulauf.* The new musical is very popular. ◇ *Den Vereinen fehlt es an Zulauf.* The clubs are short of members.

zulaufen **1 auf jdn/etw ~** run towards sb/sth **2 jdm ~** (*in Scharen*) flock to sb **3 jdm ~** (*ein Tier*) adopt sb ◇ *Die Katze ist mir zugelaufen.* This cat has adopted me. ◇ *Kätzchen zugelaufen.* Found: kitten. **4 etw ~ lassen** (*Wasser*) add sth **5** (*Form*) taper ◇ *Das Dach läuft oben spitz zu.* The roof tapers to a point.

zulegen **1 sich etw ~** (*kaufen*) get yourself sth ◇ *Ich habe mir einen neuen Computer zugelegt.* I've got myself a new computer. **2** (*an Tempo*) get your finger out; (*mit einem Fahrzeug*) put your foot down **3** (*zugewinnen*) gain; (*Aktien etc.*) go up ◇ *Die Partei hat rund 100 Mandate zugelegt.* The party has gained about 100 seats. ◇ *Die Aktien haben um drei Prozent zugelegt.* The shares have gone up by three percent. ◇ *Die Branche hat in diesem Jahr wieder kräftig zugelegt.* The industry has made a big profit again this year. **4** (*Gewicht*) put *sth* on ◇ *Ich habe im Urlaub zwei Kilo zugelegt.* I put on two kilos when I was on holiday. ◇ *an Gewicht zulegen* put on weight **IDM** → ZAHN

zuleide **jdm/einem Tier etw ~ tun** harm sb/an animal **IDM** → FLIEGE

zuletzt **1** last ◇ *Wann warst du zuletzt beim Frisör?* When did you last go to the hairdresser's? ◇ *Ich habe ihn zuletzt vor drei Wochen gesehen.* I last saw him three weeks ago. ◇ *Sie kommt immer zuletzt in den Unterricht.* She's always the last to arrive in class. **2** (*am Ende*) at the end ◇ *Zuletzt war sie die Vorsitzende des Vereins.* At the end she became the club's chairwoman. **3** (*letztendlich*) in the end ◇ *Wir haben uns zuletzt doch anders entschieden.* In the end we changed our minds after all. **4 bis ~** to the very end ◇ *Er hat bis zuletzt gegen die Krankheit gekämpft.* He fought against the illness to the very end. **IDM** **nicht zuletzt** not least ◇ *Ich freue mich auf den Urlaub, nicht zuletzt, weil ich dann meine Familie mal wiedersehe.* I'm looking forward to the holiday, not least because I'll be seeing my family again. → *Siehe auch* LACHEN

zuliebe **jdm/etw ~** for the sake of sb/sth ◇ *dir zuliebe* for your sake

Zulieferer supplier

zuliefern supply

zumachen close ◇ *Kannst du bitte das Fenster zumachen?* Would you mind closing the window? ◇ *Über Mittag macht der Laden zu.* The shop is closed in the lunch hour. IDM → AUGE
zumal particularly as
zumindest at least
zumutbar reasonable ◇ *Die Nutzung öffentlicher Verkehrsmittel ist durchaus zumutbar.* It's perfectly reasonable to expect people to use public transport.
zumute **jdm ist (nach etw) ~** sb feels (like sth) ◇ *Wie ist dir zumute?* How do you feel? ◇ *Mir ist nicht nach Scherzen zumute.* I don't feel like joking.
zumuten **1 jdm etw ~** ask sth of sb, expect sth of sb; **jdm ~, etw zu tun** expect sb to do sth ◇ *Ich finde, er mutet dir eine ganze Menge zu.* I think he's asking a lot of you. **2 sich etw ~** take sth on ◇ *Ich glaube, ich habe mir ein bisschen zu viel zugemutet.* I think I've taken on a bit too much.
Zumutung ◇ *Es ist eine Zumutung für die Nachbarn, wenn jemand abends Schlagzeug übt.* The neighbours can't be expected to put up with somebody practising the drums in the evening. ◇ *Der Müllgestank ist eine Zumutung.* The smell of rubbish is a bit much. ◇ *Die Sendung war eine Zumutung!* The programme was outrageous!
zunächst **1** (*als Erstes*) first of all ◇ *Zunächst (einmal) möchte ich Sie alle herzlich begrüßen!* First of all, I would like to welcome you all. **2** (*am Anfang*) at first ◇ *Sie studierte zunächst Mathematik, wechselte dann aber zur Physik.* At first she studied maths, but then she changed to physics. **3** (*vorerst*) for the time being ◇ *Wir lassen das Haus zunächst, wie es ist.* We're going to leave the house as it is for the time being.
Zunahme increase; (*Gewichts-*) gain ◇ *die Zunahme der Arbeitslosigkeit* the increase in unemployment
Zuname surname
zündeln play with matches; (*Brandstiftung*) commit arson
zünden **1 etw ~** (*Gasofen*) light sth, ignite sth (*gehoben*); (*Bombe, Sprengsatz*) detonate sth; (*Feuerwerk*) let sth off; (*Rakete*) fire sth **2** (*Motor*) fire; (*Bombe, Sprengsatz, Feuerwerkskörper*) go off; (*Rakete*) fire; (*Gas*) light ◇ *Die Gasflamme zündete nicht.* The gas wouldn't light. **3** (*fig*) ◇ *Die Idee zündete nicht.* The idea didn't get off the ground. ◇ *eine zündende Idee* a brilliant idea ◇ *eine zündende Rede* a rousing speech
Zünder **1** fuse, (*AmE auch*) fuze **2** (*Streichholz*) match
Zünd- **Zündflamme** pilot light **Zündholz** match **Zündholzschachtel** matchbox **Zündkerze** (spark) plug **Zündschloss** ignition **Zündschlüssel** ignition key **Zündschnur** fuse, (*AmE*) fuze **Zündstoff** ◇ *Dieses Thema birgt viel Zündstoff.* It is a very explosive issue. ◇ *Seine Bemerkungen lieferten neuen Zündstoff.* His remarks added more fuel to the debate.
Zündung **1** (*das Zünden*) lighting, igniting (*gehoben*); (*Feuerwerk*) letting off; (*Bombe, Sprengkörper*) detonation; (*Rakete*) firing (*oft mit einem Verb übersetzt*) ◇ *nach der Zündung des Sprengsatzes* after the bomb was detonated **2** (*an einer Bombe etc.*) detonator **3** (*beim Auto etc.*) ignition; (*im Motor*) timing (*Fachspr*) ◇ *die Zündung anschalten* turn the ignition on ◇ *die Zündung neu einstellen* adjust the timing
zunehmen **1** increase ◇ *Die Zahl hat stark zugenommen.* The number has greatly increased. **2** (*Mensch*) put on weight ◇ *Er hat stark zugenommen.* He's put on a lot of weight. **3 etw ~** put sth on ◇ *Ich habe drei Kilo zugenommen.* I've put on three kilos. **4** (*Mond*) wax
zunehmend **1** *Adj* increasing, growing; (*Mond*) waxing ◇ *der zunehmende Druck im Büro* increasing pressure at work ◇ *in zunehmendem Maße* increasingly ◇ *die zunehmende Nachfrage* rising demand ◇ *der ständig zunehmende Verkehr* the continuing growth in traffic ◇ *mit zunehmendem Alter* as he/she/it, etc. gets older **2** *Adv* increasingly ◇ *Die Arbeit fällt mir zunehmend schwerer.* I am finding the work increasingly difficult. ◇ *Inzwischen werden zunehmend Frauen nominiert.* Increasingly, women are being nominated. ◇ *Die Leute wurden zunehmend gereizt.* People were getting more and more angry. ◇ *Die Tage werden zunehmend wärmer.* The days are getting warmer.
zuneigen **1** tend towards *sth* ◇ *Ich neige eher Peters Ansicht zu.* I tend more towards Peter's point of view. ◇ *Er neigt eher dieser Erklärung zu.* He tends to favour this explanation. **2 jdm/etw zugeneigt sein** be fond of sb/sth ◇ *Sie war ihm sehr zugeneigt.* She was very fond of him. **3 etw jdm ~** incline sth towards sb; **sich jdm ~** lean towards sb ◇ *Sie neigte mir den Kopf zu.* She inclined her head towards me. **4 sich dem Ende ~** draw to a close; (*Vorräte etc.*) get low
Zuneigung **~ (zu jdm)** affection (for sb) ◇ *Sie empfand eine starke Zuneigung zu ihm.* She had a deep affection for him.
Zunft guild [mit Verb im Sing/Pl]
zünftig traditional (*Adv* traditionally); (*wie es sein soll*) proper (*Adv* properly); (*Fest*) real (*Adv* really); (*Essen*) hearty
Zunge **1** tongue ◇ *Sie streckte ihm die Zunge heraus.* She stuck her tongue out at him. ◇ *Das zergeht auf der Zunge.* It melts in your mouth. **2** (*eines Blasinstruments*) reed; (*einer Orgel*) tongue **3** (*einer Waage*) needle IDM **jdm auf der Zunge liegen** be on the tip of sb's tongue **böse Zungen** malicious tongues **etw brennt jdm auf der Zunge** sb is dying to say sth **eine spitze/scharfe Zunge haben** have a sharp tongue **seine Zunge hüten/im Zaum halten** guard your tongue **sich an/bei etw die Zunge abbrechen** not be able to get your tongue (a)round sth ◇ *Bei dem Namen bricht man sich ja die Zunge ab.* It's difficult to get your tongue round the name. **sich auf die Zunge beißen** bite your tongue **sich eher die Zunge abbeißen, als ...** would rather die than ...
Zungenbrecher tongue-twister **Zungenkuss** French kiss
zunichtemachen ruin; (*Pläne auch*) wreck; (*Hoffnungen auch*) dash
zunichtewerden come to nothing ◇ *Alle ihre Hoffnungen wurden zunichte.* All her hopes came to nothing.
zunicken **jdm ~** nod to sb
zunutzemachen **sich etw ~** exploit sth ◇ *Firmen, die sich das Internet zunutzemachen* firms which exploit the potential of the Internet ◇ *sich den Heimvorteil zunutzemachen* capitalize on the advantage of playing at home
zuordnen **1 jdn/etw jdm/etw ~** assign sb/sth to sb/sth ◇ *Jedem Abteilungsleiter ist eine Sekretärin zugeordnet.* A secretary is assigned to each head of department. ◇ *T.S. Eliot wird der Moderne zugeordnet.* T.S. Eliot is classed as a modernist. ◇ *Die Funde wurden der Bronzezeit zugeordnet.* The finds were thought to be from the Bronze Age. ◇ *Sein Werk lässt sich keinem Stil zuordnen.* It's difficult to categorize his work stylistically. **2 etw jdm/etw ~** attribute sth to sb/sth; (*passend*) match sth to sth ◇ *Attribute, die er ihr zuordnen würde* qualities which he would attribute to her ◇ *Die Fotos müssen den entsprechenden Überschriften*

zugeordnet werden. The photos have to be matched with the corresponding captions.

Zuordnung (*Zuteilung*) assignment; (*Einordnung*) classification

zupacken 1 grab sth/sb ◇ *Er packte mit beiden Händen zu und zog sie heraus.* He grabbed her with both hands and pulled her out. **2** (*energisch ans Werk gehen, arbeiten*) knuckle down to it ◇ *Beim Umzug zeigte er, dass er auch zupacken konnte.* During the move he showed he could knuckle down to it. ◇ *Sie musste überall mit zupacken.* She had to help out everywhere.

zuparken block ◇ *Er hat die Einfahrt zugeparkt.* His car was blocking the entrance. ◇ *zugeparkte Radwege* cycle paths with cars parked on them

zupfen 1 an etw ~ tug (at) sth ◇ *Sie zupfte mich am Ärmel.* She tugged at my sleeve. ◇ *Sie zupfte nervös an ihrem Kragen.* She was fiddling with her collar. **2 etw (aus/von etw) ~** pull sth (out of/from sth); (*Unkraut*) pull sth up ◇ *Er zupfte sich ein graues Haar aus dem Bart.* He pulled a grey hair out of his beard. ◇ *sich die Augenbrauen zupfen* pluck your eyebrows ◇ *Sie zupfte sich die Fussel von der Bluse.* She picked a bit of fluff off her blouse. **3** (MUS) **etw ~** pluck (at) sth, (*AmE auch*) pick sth

zuprosten (jdm) ~ raise your glass (to sb)

zurande mit etw ~ kommen cope with sb/sth; **mit jdm ~ kommen** get on with sb ◇ *Sie kam mit der Arbeit nicht zurande.* She couldn't cope with the work. ◇ *Ich komme mit der Gebrauchsanweisung nicht zurande.* I can't understand the instructions.

zurate jdn/etw ~ ziehen consult sb/sth

zuraten advise ◇ *Er hat mir zugeraten.* He advised me to do it. ◇ *Zu der Wohnung kann ich dir nur zuraten.* My advice is to take the flat. ◇ *auf ihr Zuraten hin* on her advice

zurechnen jdn/etw einer Sache ~ class sb/sth as sth

zurechnungsfähig responsible for your actions [nicht vor Nomen]

Zurechnungsfähigkeit responsibility for your actions

zurechtbiegen 1 twist *sth* into shape **2** (*fig*) twist ◇ *Er hat die Wahrheit ein wenig zurechtgebogen.* He twisted the facts a bit.

zurechtfinden sich ~ 1 (*orientieren*) find your way (a)round ◇ *sich in der Innenstadt zurechtfinden* find your way round the city centre ◇ *Ich finde mich auf dieser Website nur schwer zurecht.* I have trouble finding my way round this website. **2** (*einleben*) find your bearings

zurechtkommen 1 (mit etw) ~ manage (sth); (*mit Geld*) manage on sth ◇ *Ich komme auch ohne dich zurecht.* I can manage all right without you. ◇ *Kommst du allein zurecht?* Can you manage on your own? ◇ *Sie kommt mit der Arbeit nicht zurecht.* She can't manage the work. ◇ *Kommst du mit dem Computer zurecht?* Are you getting on all right with the computer? **2 (mit jdm) ~** get on (with sb)

zurechtlegen 1 (sich) etw ~ put sth out ready; **jdm etw ~** put sth out for sb ◇ *Er hatte sich seine Unterlagen zurechtgelegt.* He had put his papers out ready. **2** (*fig*) **sich etw ~** have sth ready ◇ *Sie hatte sich eine gute Ausrede zurechtgelegt.* She had a good excuse ready.

zurechtmachen 1 make ◇ *das Abendessen zurechtmachen* make the supper ◇ *jdm ein Bett zurechtmachen* make up a bed for sb **2 jdn ~** help sb get ready; (*mit Make-up*) make sb up ◇ *Ich machte sie für den Ball zurecht.* I helped her get ready for the ball. ◇ *Der Friseur machte sie zurecht.* The hairdresser did her hair. **3 sich ~** get ready; (*schminken*) put your make-up on

zurechtrücken 1 adjust; (*Krawatte etc.*) straighten ◇ *Er rückte seine Brille zurecht.* He adjusted his glasses. ◇ *Sie rückte die Kissen zurecht.* She straightened the cushions. **2** (*in Ordnung bringen*) sort *sth* out **3** (*korrigieren*) correct

zurechtweisen jdn (wegen einer Sache) ~ reprimand sb (for sth) (*gehoben*)

zureden jdm ~ (try to) persuade sb; (*beruhigend*) reassure sb ◇ *Auf mein Zureden hin hat sie sich beworben.* I persuaded her to apply. ◇ *Er redete dem Verletzen gut zu.* He tried to reassure the injured man. ◇ *Alles gute Zureden hat nichts geholfen — er weigerte sich, zur Polizei zu gehen.* He wouldn't listen — he refused to go to the police.

zurichten (*beschädigen*) damage; (*verletzen*) injure; (*zusammenschlagen*) beat *sb* up

zurück 1 back ◇ *Ist er schon wieder aus dem Urlaub zurück?* Is he back from his holiday yet? ◇ *Zurück brauche ich meistens länger.* Coming back usually takes longer. **2** (*nach hinten*) back(wards) ◇ *ein Schritt zurück* a step backwards **3 (hin und) ~** (*beim Fahrkartenkauf*) return, (*AmE*) round trip ◇ *Einmal Jena und zurück.* A return (ticket) to Jena. **4** (*im Rückstand*) behind ◇ *Sie ist für ihr Alter etwas zurück.* She is a bit behind for her age.

Zurück going back, turning back ◇ *Jetzt gibt es kein Zurück mehr.* There's no going back now.

zurückbehalten 1 keep *sth* (for yourself) ◇ *Er hat die besten Stücke zurückbehalten.* He kept the best pieces for himself. ◇ *das zurückbehaltene Geld* money that had been kept back **2** (*Schäden etc.*) be left with *sth* ◇ *Wird sie Narben zurückbehalten?* Will she be left with permanent scars? ◇ *Er hat von einem Unfall ein steifes Knie zurückbehalten.* The accident left him with a stiff knee.

zurückbekommen get *sth* back ◇ *Sie wird ihr Geld zurückbekommen.* She'll get her money back. ◇ *Habt ihr die Klausur schon zurückbekommen?* Have you had the test back yet? ◇ *Er bekam 50 Cent zurück.* He got 50 cents' change.

zurückbilden sich ~ (*Muskeln, Organe etc.*) atrophy (*Fachspr*); (*Geschwür, Zyste etc.*) shrink; (*Schwellung, Entzündung*) go down; (*Zahnfleisch*) recede

zurückbleiben 1 stay behind ◇ *Er blieb an der Unfallstelle zurück.* He stayed behind at the scene of the accident. ◇ *Alle gingen und ich blieb allein zurück.* Everybody went away and I was the only one left. **2** (*bei Einfahrt des Zuges etc.*) stand back **3** (*als Rest, Rückstand*) ◇ *Vom Regen blieben feuchte Stellen zurück.* The rain had left damp patches. ◇ *eine kleine Menge Asbest, die zurückbleibt* a small amount of asbestos that remains ◇ *Ihm blieb eine Narbe im Gesicht zurück.* He was left with a scar on his face. **4** (*nicht Schritt halten, nicht aufholen*) lag behind ◇ *Er blieb weit hinter den anderen Läufern zurück.* He was lagging far behind the other runners. ◇ *Ihre Leistungen blieben hinter den Erwartungen zurück.* Her results were below expectations. ◇ *Die Verkaufszahlen sind weit hinter denen des Vorjahres zurückgeblieben.* The sales figures were well down on last year's.

zurückblicken 1 (auf etw/zu jdm) ~ look back (at sth/sb) **2 (auf etw) ~** (*auf Vergangenes*) look back (on sth) ◇ *auf seine Kindheit zurückblicken* look back on your childhood ◇ *auf das vergangene Jahr zurückblicken* look back over the last year IDM **auf etw zurückblicken können** have sth behind you ◇ *Er kann auf* *eine erfolgreiche Karriere zurückblicken.* He has a successful career behind him. ◇ *Dieses Dorf kann auf eine lange Geschichte zurückblicken.* The history of this village goes back a long way.

zurückbringen bring *sb/sth* back, take *sb/sth* back, return ◇ *Ich bringe dir dein Fahrrad morgen zurück.* I'll bring back your bike tomorrow. ◇ *Das brachte die Erinnerung an damals zurück.* It brought back memories of that time. ◇ *Ich bringe das Buch morgen in die Bücherei zurück.* I'll take the book back to the library tomorrow.

zurückdatieren backdate

zurückdenken (an etw) ~ think back (to sth) ◇ *Ich denke gern an diese Zeit zurück.* I often think back to those days. ◇ *solange ich zurückdenken kann* for as long as I can remember

zurückdrängen 1 drive *sb* back **2** (*einschränken*) reduce ◇ *die Kriminalität zurückdrängen* reduce crime

zurückdrehen 1 (*Prozess, Entwicklung*) turn *sth* back ◇ *Könnte ich nur die Zeit zurückdrehen!* If only I could turn the clock back! **2** (*Hitze etc.*) turn *sth* down

zurückerinnern sich ~ think back; **sich an etw/jdn ~** remember sth/sb

zurückerobern win *sth* back

zurückerstatten refund ◇ *Wir werden Ihnen das Geld zurückerstatten.* We'll refund you the money. ◇ *Die Gebühren wurden ihm zurückerstattet.* He got the fees refunded.

zurückfahren 1 go back; (*als Autofahrer auch*) drive back; (*mit dem Fahrrad/Motorrad auch*) ride back; **jdn/etw ~** drive sb/sth back ◇ *Wann fährst du zurück?* When are you going back? ◇ *Ich fuhr mit der Bahn zurück.* I went back by train. ◇ *Willst du mit uns zurückfahren?* Can we give you a lift back? **2** (*nach hinten fahren*) reverse, go back **3** (*zurückschrecken*) recoil **4** (*reduzieren*) cut *sth* back ◇ *Die Stahlproduktion wurde auf vier Millionen Tonnen zurückgefahren.* Steel production was cut back to four million tonnes.

zurückfallen 1 fall back **2 sich in etw ~ lassen** sink back into sth; (*hinlegen*) lie back on sth **3 (hinter jdn/etw) ~** fall behind (sb/sth); **sich (hinter jdn/etw) ~ lassen** drop back (behind sb/sth) ◇ *Am Berg fiel seine Mannschaft stark zurück.* On the mountain his team fell a long way behind. ◇ *Sie sind auf den dritten Platz zurückgefallen.* They dropped back into third place. ◇ *Sie ist in ihren Leistungen stark zurückgefallen.* Her work has deteriorated considerably. **4 in etw ~** (*schlechte Gewohnheiten etc.*) revert to sth (*gehoben*) **5 an jdn/etw ~** (*Eigentum, Anspruch*) revert to sb/sth **6 auf jdn ~** (*ein schlechtes Licht werfen*) reflect badly on sb; (*sich negativ auswirken*) return to haunt sb ◇ *Dieser Satz sollte noch auf ihn zurückfallen.* This statement would return to haunt him.

zurückfinden find your way back; (*zu jdm, zu Verhandlungen, einem Zustand etc.*) get back ◇ *Findest du allein den Weg zurück?* Can you find your own way back? ◇ *ins Arbeitsleben zurückfinden* get back into work ◇ *Sie haben wieder zueinander zurückgefunden.* They've got back together again. ◇ *Ich muss erst mal zu mir selbst zurückfinden.* I need time to get myself back together again. ◇ *Sie hat zu ihrer alten Form zurückgefunden.* She's back on form.

zurückfliegen fly (*sth*) back

zurückfließen 1 flow back **2** (*Geld*) go/come back

zurückfordern demand *sth* back

zurückführen 1 go back ◇ *Dann führt der Weg zurück zum Ausgangspunkt.* Then the path goes back to where it started. ◇ *Die Würfel sind gefallen — es führt kein Weg zurück.* The die is cast. There's no going back now. ◇ *Die Chronik führt zurück bis ins Mittelalter.* The chronicle goes right back to the Middle Ages. **2 jdn ~** take sb back; (*vorangehen*) lead sb back ◇ *Sie führte mich in meine Klasse zurück.* She took me back to my classroom. ◇ *Er führte sie ins Tal zurück.* He led them back down to the valley. ◇ *Arbeitslose in den Beruf zurückführen* help the unemployed back into work **3 etw auf etw ~** attribute sth to sth, put sth down to sth ◇ *Wir führen die Probleme darauf zurück, dass …* We put the problems down to the fact that …

zurückgeben 1 (jdm) etw ~; etw (an jdn) ~ return sth (to sb), give (sb) sth back, give sth back (to sb) ◇ *Kannst du mir bitte meine Bücher zurückgeben?* Can you give me my books back please? ◇ *Sie gaben dem Vogel die Freiheit zurück.* They released the bird. **2** (*Amt, Mandat*) give *sth* up **3 etw (an jdn) ~** (*Ball*) pass sth back (to sb) **4** (*antworten*) reply

zurückgehen 1 go back; (*an den Ausgangspunkt auch*) return ◇ *Er würde gerne zur Bundeswehr zurückgehen.* He would like to go back into the army. ◇ *Wir sind den gleichen Weg zurückgegangen.* We went back the same way. ◇ *Die Fälle gehen bis ins Jahr 1982 zurück.* There are cases going back to 1982. ◇ *Er ging zwei Schritte zurück.* He took two steps backwards. **2** (*Bus, Zug etc.*) leave ◇ *Wann geht der letzte Bus zurück?* When does the last bus leave? ◇ *Heute geht die Fahrt zurück.* We're leaving today. **3** (*sinken, abnehmen*) go down; (*Zahl, Temperatur auch*) drop; (*Meeresflut*) go out **4** (*Post, Ware etc.*) be returned; **etw ~ lassen** send sth back, return sth **5 auf jdn/etw ~** come from sb/sth ◇ *Das Sprichwort geht auf Goethe zurück.* The saying comes from Goethe.

zurückgewinnen 1 regain; (*beim Glücksspiel*) win *sth* back **2** (*Wasser, Energie, Ressourcen*) recycle

zurückgezogen 1 → ZURÜCKZIEHEN **2** *Adj* (*Mensch*) withdrawn; (*Ort*) secluded; (*Leben*) quiet **3** *Adv* quietly ◇ *Sie lebt sehr zurückgezogen.* She lives very quietly.

zurückgreifen 1 auf jdn/etw ~ fall back on sb/sth; (*Ressourcen, Reserven, etc.*) draw on sth ◇ *Da der Torhüter verletzt war, musste man auf den Ersatztorwart zurückgreifen.* As the goalkeeper was injured they had to fall back on the substitute goalie. **2** (*auf Vergangenes*) go back ◇ *An dieser Stelle muss ich ein wenig zurückgreifen.* At this point I need to go back a bit.

zurückhaben have *sth* back ◇ *Kann ich sie zurückhaben?* Can I have them back?

zurückhalten 1 hold *sb/sth* back; (*Informationen, Dokumente, Zustimmung auch*) withhold ◇ *Er hielt sie am Arm zurück.* He held her back by the arm. ◇ *Sie konnte die Tränen nicht zurückhalten.* She couldn't hold back her tears. **2** (*festhalten*) detain ◇ *Sie wurde an der Grenze zurückgehalten.* She was detained at the border. **3 sich ~** (*still sein*) be quiet; (*nicht auffallen*) keep a low profile **4 (sich) mit etw ~** (*Meinung, Ratschlägen etc.*) keep sth to yourself ◇ *Sie hält mit ihrer Meinung nicht zurück.* She is not one to keep her opinions to herself. ◇ *Gerade du solltest dich mit Kritik zurückhalten.* You're not in a position to criticize anybody. ◇ *Er hielt sich mit Details zurück.* He didn't give any details. **5 sich ~** (*sich zügeln*) restrain yourself; **sich mit etw ~** (*Essen*) go easy on sth (*umgs*) ◇ *Ich konnte mich nur schwer zurückhalten.* I found it hard to restrain myself. ◇ *Du solltest dich mit den Süßigkeiten etwas zurückhalten.* You should go easy on sweet things. **6** (*Gefühle etc.*) suppress ◇ *Sie konnten ihr Kichern kaum zurückhalten.* They found it hard to suppress their giggles. **7 jdn (von etw) ~** stop sb (doing sth) ◇ *Er konnte sie gerade noch davon* *zurückhalten, alles auszuplaudern.* He just managed to stop her giving the whole thing away.

zurückhaltend **1** reserved ◇ *ein zurückhaltendes Wesen haben* be reserved ◇ *Sie verhielt sich in dieser Sache sehr zurückhaltend.* She kept a low profile in the affair. **2** (*Einschätzung, Politik, Prognose*) conservative; (*Äußerung*) guarded; (*Applaus, Reaktion*) muted; (*Optimismus*) cautious; (*Kritik*) mild ◇ *Er reagierte sehr zurückhaltend.* He gave a muted response. **3 ~ mit etw** sparing with sth

Zurückhaltung **1** (*Selbstbeherrschung*) restraint **2** (*Vorsicht*) reserve (*gehoben*) (*schweigsame Haltung*) reticence (*gehoben*) ◇ *Der Vorschlag stieß auf Zurückhaltung.* The proposal was treated with reserve. ◇ *alle Zurückhaltung aufgeben* pull out all the stops

zurückholen bring *sb/sth* back; **sich etw ~** get sb/sth back ◇ *jdn wieder ins Leben zurückholen* bring sb back to life ◇ *jdn in die raue Wirklichkeit zurückholen* bring sb back down to earth ◇ *Wir holen uns das Geld von der Krankenkasse zurück.* We get the money back from the health insurance.

zurückkaufen buy *sth* back

zurückkehren **1 (von/aus etw) ~** return (from sth), come back (from sth); (*ankommen*) get back (from sth); **~ nach …** return to …; **nach Hause ~** return home ◇ *ins Berufsleben zurückkehren* return to work ◇ *Langsam kehrte sein Bewusstsein zurück.* He slowly returned to consciousness. ◇ *Langsam kehrte ihre Erinnerung zurück.* Slowly her memory came back. ◇ *Wir sind gerade zurückgekehrt.* We've just got back. **2 zu etw ~** go back to sth, return to sth; (*ankommen*) get back to sth ◇ *Lassen Sie uns noch einmal zu Punkt drei zurückkehren.* Let's go back to point three again. ◇ *zu den Grundlagen zurückkehren* go back to first principles ◇ *Um zum Thema zurückzukehren …* To return to the subject …

zurückkommen **1 (aus etw) ~** come/get back (from sth), return (from sth) ◇ *„Wie kommst du zurück?“ „Mit dem Bus.“* 'How are you getting back?' 'By bus.' ◇ *aus den Ferien zurückkommen* get back from holiday ◇ *Die Schmerzen kamen zurück.* The pain returned. ◇ *Kommt das Fahrrad zurück in die Garage?* Does the bike go back in the garage? **2 auf etw ~** (*Thema etc.*) go back to sth, return to sth ◇ *Ich würde gern noch einmal auf etwas zurückkommen, was vorhin gesagt wurde.* I'd like to go back to something that was said earlier. **3 auf etw ~** (*Angebot, Einladung etc.*) take sb up on sth ◇ *Du kannst auf mein Angebot jederzeit zurückkommen.* You can take me up on my offer any time. **4 auf jdn ~** get back to sb ◇ *Danke für das Angebot. Ich komme auf dich zurück.* Thanks for the offer. I'll get back to you.

zurücklassen **1** leave *sb/sth* (behind) ◇ *Sie ließ das Kind im Auto zurück.* She left the child in the car. ◇ *Sie lässt einen Mann und vier Kinder zurück.* She leaves a husband and four children. ◇ *Die Flüchtlinge mussten alles zurücklassen.* The refugees had to leave everything behind. ◇ *Sie hat ihre Verfolger weit hinter sich zurückgelassen.* She left her pursuers far behind her. **2** (*zurückgehen/-fahren lassen*) let sb go back

zurücklaufen **1** run back; (*gehen*) walk back **2 etw ~ lassen** (*Tonband, Video etc.*) rewind sth

zurücklegen **1** put *sth* back ◇ *Leg das sofort zurück!* Put it back straight away! **2 sich/den Körper ~** lean back; **etw ~** lean sth back ◇ *Sie legte sich im Sessel zurück.* She leaned back in the armchair for a nap. ◇ *Sie legte den Kopf auf das Kissen zurück.* She leant her head back against the pillows. **3 (jdm) etw ~** (*Ware*) keep sth (for sb); (*Kleidung, Schuhe auch*) put sth aside (for sb); (*Karten*) reserve sth (for sb) **4** (*Geld*) put *sth* aside, (*bes BrE*) put *sth* by **5** (*Wegstrecke*) do ◇ *Sie haben den Weg in drei Stunden zurückgelegt.* They did the journey in three hours.

zurücklehnen **sich ~** lean back; **etw ~** lean sth back

zurückliegen **1** ◇ *Das liegt doch schon so lange zurück.* It's already so long ago. ◇ *Der Zwischenfall liegt noch nicht lange zurück.* The incident took place not long ago. ◇ *Ihre Hochzeit liegt zwei Jahre zurück.* It's two years since their wedding. ◇ *der drei Jahre zurückliegende Besuch* the visit, which took place three years ago **2** (SPORT) be down; **hinter jdm ~** be behind sb ◇ *Sie liegen mit 2:0 zurück.* They are 2-0 down. ◇ *Hamburg liegt um drei Punkte hinter Dortmund zurück.* Hamburg is three points behind Dortmund.

zurückliegend past, last; (*vorangegangen*) preceding ◇ *Er zieht seine Bedenken aus zurückliegenden Erfahrungen.* His doubts are based on past experience. ◇ *Im zurückliegenden Jahr hatte ich zweimal eine Lungenentzündung.* I've had pneumonia twice in the last year. ◇ *In den zurückliegenden drei Jahren hatten sie viel Geld angespart.* They had saved a lot of money in the preceding three years.

zurückmelden **sich ~** **1** reply; (*telefonisch*) call back **2** (*zum Dienst etc.*) report back ◇ *sich zur Arbeit zurückmelden* report back for work **3** (*bei einer Behörde etc.*) (re)register

zurückmüssen have to go back, have to get back ◇ *Musst du schon zurück?* Do you really have to go back so soon? ◇ *Das muss in den Schrank zurück.* That has to go back in the cupboard. ◇ *Ich muss jetzt wirklich zurück nach Hause.* I really must get back home.

zurücknehmen **1** take *sth* back **2** (*Aussage, Kritik*) retract (*gehoben*) (*Angebot, Antrag, Klage*) withdraw; (*Entscheidung, Versprecher*) go back on *sth* **3** (*Körperteil*) move *sth* back; (*Schultern*) pull *sth* back

zurückrufen **1** call *sb/sth* back, summon *sb/sth* back (*gehoben*); (*angreifenden Hund*) call *sth* off ◇ *Der Kandidat wurde ins Zimmer zurückgerufen.* The candidate was called back into the room. ◇ *Er konnte ins Leben zurückgerufen werden.* He was brought back to life. **2** (*zurückbeordern*) recall **3** (*telefonisch*) call (*sb*) back; (*BrE auch*) ring (*sb*) back, phone (*sb*) back ◇ *Sabine hat angerufen — kannst du bitte zurückrufen?* Sabine rang — can you call her back? ◇ *Kann ich Sie zurückrufen?* Can I call you back? ◇ *Ich sollte Sie zurückrufen.* I'm returning your call. **4** (*rufend antworten*) call back, shout back **IDM** **sich etw ins Gedächtnis/Bewusstsein zurückrufen** (*aktiv*) remind yourself of sth; (*sich erinnern können*) recall sth → *Siehe auch* RUFEN

zurückschauen → ZURÜCKBLICKEN

zurückscheuen **vor etw ~** shy away from sth; **vor nichts ~** stop at nothing

zurückschicken send *sb/sth* back; (*Post auch*) return

zurückschieben **1** push *sb/sth* back **2** (*Gardinen etc.*) open; (*Riegel*) slide back

zurückschlagen **1** hit (*sb*) back, retaliate **2** (*Ball*) hit *sth* back; (*Tennis*) return **3** (*Feind, Angriff*) beat *sb/sth* off, repel (*gehoben*) **4** (*Pendel*) swing back

zurückschneiden cut *sth* back

zurückschrauben reduce; (*Ansprüche, Erwartungen*) lower

zurückschrecken **1** shrink back, recoil (*gehoben*) **2 vor etw ~** shrink from sth (*gehoben*), recoil from (the idea of) sth (*gehoben*) **vor nichts ~** stop at nothing

zurücksetzen **1 jdn/etw ~** put sb/sth back; **sich ~** sit down again **2 jdn/etw ~** (*nach hinten*) move sb/sth back; **sich ~** move back ◇ *Er setzte den Zaun ein Stück zurück.* He moved the fence back a bit. ◇ *Wir* *setzten uns ein paar Reihen zurück.* We moved back a few rows. ◇ *der mittlere, etwas zurückgesetzte Teil der Fassade* the middle section of the facade, which is set back a bit **3 (etw) ~** (*mit einem Fahrzeug*) reverse (sth) ◇ *Könntest du ein Stück zurücksetzen?* Could you reverse a bit? ◇ *Sie setzte ihr Auto einen Meter zurück.* She reversed the car one metre. **4** (*benachteiligen*) discriminate against *sb*; (*vernachlässigen*) neglect

zurückspielen pass *sth* back

zurückspringen **1** jump back **2** (*zurückfedern*) spring back; (*Ball*) bounce back **3** (*zurückgesetzt sein*) be set back

zurückspulen wind *sth* back, rewind

zurückstecken **1** put *sth* back **2** (*sich mit weniger zufriedengeben*) lower your sights; (*weniger ausgeben*) cut back **3** (*nachgeben*) fit in

zurückstehen **1** be set back **2 hinter jdm/etw ~** be left behind sb/sth; (SPORT) lag behind sb/sth ◇ *Wir dürfen nicht hinter der Konkurrenz zurückstehen.* We can't afford to be left behind by our competitors. ◇ *Er will nicht hinter seinen Freunden zurückstehen.* He wants to keep up with his friends. **3** (*weniger wichtig sein*) take second place ◇ *Bei dieser Arbeit muss das Familienleben zurückstehen.* In this job, family life has to take second place.

zurückstellen **1** (*an seinen Platz*) put *sth* back **2** (*weiter nach hinten*) move *sth* back **3** (*niedriger einstellen*) turn *sth* down; (*Uhr*) put *sth* back ◇ *Kannst du das Gebläse etwas zurückstellen?* Can you turn the fan down a bit? ◇ *Hast du deine Uhr schon zurückgestellt?* Have you put your watch back yet? ◇ *Heute Nacht werden die Uhren zurückgestellt.* The clocks go back tonight. **4 jdm etw ~; etw für jdn ~** (*Ware*) keep sth for sb **5** (*aufschieben*) postpone; (*Projekt*) shelve **6** (*Hobbys, Privatleben etc.*) let sth take second place ◇ *Sie muss die Familie hinter der Arbeit zurückstellen.* Her family has to take second place to her work. **7** ◇ *vom Wehrdienst zurückgestellt werden/sich vom Wehrdienst zurückstellen lassen* have your military service deferred

zurückstoßen **1** push *sb/sth* back **2** (*abweisen*) rebuff (*gehoben*) **3** (*Fahrzeug*) back, reverse

zurückströmen flow, pour back; (*Menschen auch*) stream back

zurücktreten **1** kick back ◇ *Sie trat ihn ans Schienbein, und er trat zurück.* She kicked him on the shin and he kicked back. **2** (*nach hinten*) stand back; (*Platz machen*) make way ◇ *Er trat ein paar Schritte zurück.* He stood back a bit. ◇ *Zurücktreten, bitte! Wir müssen hier durch.* Make way, please! We need to get through. ◇ *Bitte zurücktreten. Die Türen schließen!* Stand clear of the doors! **3 (von etw) ~** (*Amt, Posten*) resign (from sth) **4 (von etw) ~** (*Vertrag etc.*) withdraw (from sth) **5 (hinter etw) ~** take second place (to sth)

zurückverfolgen trace *sth* back

zurückverlangen demand *sth* back

zurückversetzen **1** move *sb* back **2** (*in die Vergangenheit*) take *sb* back ◇ *Das Lied versetzte ihn um Jahre zurück.* The song took him back to years ago. **3 sich in etw ~** (*vergangene Zeit*) think yourself back to (the time of) sth **4 etw in seinen ursprünglichen Zustand ~** restore sth to its original condition

zurückweichen **1 (vor jdm/etw) ~** back away (from sb/sth) **2** (*von einem Vorhaben*) back off; (*nachgeben*) back down **3 vor etw ~** (*Verantwortung, Herausforderung, Idee*) shy away from sth; (*Auseinandersetzung*) shrink from sth (*gehoben*) **4** (MIL) retreat

zurückweisen **1** turn *sb* away; (*an der Grenze*) turn *sb* back **2** (*Bitte, Forderung, Antrag etc.*) turn *sth* down, refuse; (*Klage, Kritik etc.*) reject; (*Bericht, Vorwurf*) deny; (*Verdacht*) dismiss

zurückwerfen **1 (jdm) etw ~** throw sth back (to sb) ◇ *Wirf mir den Ball zurück!* Throw the ball back to me. ◇ *einen kurzen Blick zurückwerfen* glance back **2** (*Schall, Licht*) reflect **3** (*in Rückstand bringen*) set *sb/sth* back

zurückwollen **1** want to go back **2** (*Gegenstand*) want *sth* back

zurückzahlen **1** pay *sth* back, repay **2 jdm etw ~** (*heimzahlen*) pay sb back for sth

zurückziehen **1** pull *sb/sth* back **2** (*Vorhänge, Riegel*) draw *sth* back **3** (*Wohnungswechsel*) move back; **zu jdm ~** move back in with sb; (*zum Lebensgefährten*) go back to sb **4 jdn ~** draw sb back ◇ *Es zog ihn immer wieder nach Hause zurück.* He was drawn back home again and again. ◇ *Dahin zieht mich nichts zurück.* I don't feel tempted to go back. **5** (*Truppen, Mannschaft, Vorschlag, Anzeige, Bewerbung, Kandidatur, Ware etc.*) withdraw (*gehoben*); (*Angebot, Geständnis*) retract (*gehoben*) **6 sich ~** withdraw ◇ *Die Schnecke zog sich in ihr Haus zurück.* The snail withdrew into its shell. ◇ *Die Rebellen zogen sich in einen Unterschlupf zurück.* The rebels withdrew to a hideout. ◇ *Der Hund zog sich unter das Bett zurück.* The dog retreated under the bed. ◇ *Er hat sich auf sein Zimmer zurückgezogen.* He retired to his room. ◇ *Der Vorstand hat sich zu einer Klausurtagung zurückgezogen.* The board have gone into private session. **7 sich aus/von etw ~** (*Amt etc.*) retire from sth

Zuruf shout; (*Zwischenrufe*) heckling [U] ◇ *aufmunternde Zurufe aus dem Publikum* encouraging shouts from the audience ◇ *Seine Rede wurde durch lautstarke Zurufe unterbrochen.* His speech was interrupted by loud heckling.

zurufen **jdm etw ~** shout sth at sb, call sth to sb ◇ *Er rief mir zu, ich solle aufhören.* He called to me to stop.

zurzeit at the moment

Zusage **1** (*meist mit einem Verb übersetzt*) ◇ *Hast du von ihm eine Zusage für den Wettkampf bekommen?* Has he accepted the invitation to the competition? **2** (*Versprechen*) promise ◇ *Ich kann Ihnen keine festen Zusagen machen.* I can't make you any firm promises. **3** (*Erlaubnis*) consent **4** (*Stellenangebot*) (job) offer

zusagen **1** accept ◇ *Hat er zugesagt?* Has he accepted? ◇ *Sie hat ihre Teilnahme an dem Turnier bereits zugesagt.* She has already confirmed that she will take part in the tournament. **2** (*versprechen*) promise ◇ *Sie haben die finanziellen Mittel für das Projekt zugesagt.* They have promised financial help for the project. **3 jdm ~** (*gefallen*) appeal to sb ◇ *Die Arbeit sagt mir zu.* The work appeals to me.

zusammen **1** together ◇ *Sie gingen zusammen weg.* They left together. **2** (*insgesamt*) altogether ◇ *Was macht das zusammen?* How much is that altogether? ◇ *Er weiß mehr als wir alle zusammen.* He knows more than all of us put together.

Zusammenarbeit cooperation; (*Kollaboration*) collaboration ◇ *eine enge Zusammenarbeit* close cooperation ◇ *Das Fest wird in Zusammenarbeit mit der Kirche veranstaltet.* The festival is being organized in cooperation with the church. ◇ *Man wirft ihm Zusammenarbeit mit der Geheimpolizei vor.* He is accused of collaboration with the secret police.

zusammenarbeiten **(mit jdm) ~** cooperate (with sb), work together with sb; (*kollaborieren*) collaborate with sb ◇ *Die Institute wollen in Zukunft enger zusammenarbeiten.* The institutes want to work together more closely in future. ◇ *Wir haben eng mit den engli-*

schen Behörden zusammengearbeitet. We worked in close cooperation with the English authorities. ◇ *Er wurde beschuldigt, mit der Geheimpolizei zusammengearbeitet zu haben.* He was accused of having collaborated with the secret police.

zusammenballen **1** screw *sth* up (into a ball); (*Schnee*) make a ball *out of sth*; (*Faust*) clench ◇ *Er ballte den Brief zornig zusammen.* He angrily screwed up the letter. ◇ *Er ballte die Faust zusammen.* He clenched his fist. **2 sich ~** gather; (*sich konzentrieren*) be concentrated ◇ *Schwarze Wolken ballten sich am Horizont zusammen.* Black clouds gathered on the horizon.

Zusammenbau assembly

zusammenbauen assemble, put *sth* together

zusammenbeißen **die Zähne ~** clench your teeth; (*fig*) grit your teeth ◇ *die Zähne vor Schmerz zusammenbeißen* clench your teeth in pain

zusammenbekommen get *sth* together

zusammenbinden tie *sth* (together) ◇ *sich die Haare zu einem Pferdeschwanz zusammenbinden* tie your hair into a ponytail

zusammenbleiben stay together

zusammenbrauen **1** concoct **2 sich ~** be brewing

zusammenbrechen **1** break down; (*Verkehr*) come to a standstill; (*Versorgung*) fail; (*Börse*) crash ◇ *Die Verhandlungen sind zusammengebrochen.* The talks have broken down. ◇ *Die Trinkwasserversorgung ist zusammengebrochen.* The water supply has failed. **2** (*kollabieren*) collapse; (*psychisch*) break down ◇ *Die Brücke brach zusammen.* The bridge collapsed. ◇ *Nach einem Grippeanfall brach er plötzlich zusammen.* He suddenly collapsed following a bout of the flu. ◇ *Als sie von dem Unfall erfuhr, brach sie zusammen.* When she heard about the accident, she broke down. IDM → WELT

zusammenbringen **1** (*schaffen*) manage **2** (*beschaffen*) get *sth* together ◇ *Kannst du das Geld bis morgen zusammenbringen?* Can you get the money together by tomorrow? **3** (*zusammenstellen*) put *sth* together ◇ *Ich brachte vor Aufregung keinen ganzen Satz zusammen.* I was so excited I couldn't put a single sentence together. ◇ *Die Gruppe bringt Rock und Klassik mit Erfolg zusammen.* The group successfully combines rock and classical music. **4 jdn (mit jdm) ~** bring sb together (with sb); (*vorstellen*) introduce sb (to sb) ◇ *Wir haben Menschen zusammengebracht, die jahrelang gegeneinander gekämpft haben.* We brought people together who had been fighting each other for years. ◇ *Ein Freund hat mich mit dem Künstler zusammengebracht.* A friend introduced me to the artist. **5** (*erinnern*) recall ◇ *Den genauen Wortlaut bringe ich nicht mehr zusammen.* I don't recall the exact wording.

Zusammenbruch collapse; (*von sozialen Beziehungen, der Verständigung, der Psyche*) breakdown; (*der Versorgung*) failure; (*der Börse, eines Computers*) crash ◇ *Ihr psychischer Zusammenbruch kam für uns ganz unerwartet.* Her mental breakdown came as a complete surprise to us. ◇ *Der Unfall führte zum Zusammenbruch des Verkehrs.* The accident brought traffic to a standstill.

zusammendrängen **1** (*Menschen, Tiere*) herd *sb/sth* together ◇ *Die Polizei drängte die Menge auf einen kleinen Platz zusammen.* The police herded the crowd together in a small square. **2 sich ~** crowd together **3** (*Schilderung, Darstellung etc.*) condense ◇ *eine zusammengedrängte Schilderung der Ereignisse* a condensed version of events

zusammendrücken **1** press *sth* together **2** (*kleiner machen*) compress; (*knautschen*) crush

zusammenfahren **1 (mit etw/jdm) ~** collide (with sth/sb) ◇ *Er ist mit einem Lkw zusammengefahren.* He collided with a lorry. **2 etw ~** wreck sth; **jdn ~** run sb over **3** (*zusammenzucken*) jump ◇ *Als er ins Zimmer trat, fuhr sie vor Schreck zusammen.* She jumped when he came in.

zusammenfallen **1 (in sich) ~** collapse (*auch fig*); (*Kuchen*) sink **2 (mit etw) ~** coincide (with sth) ◇ *Die Veranstaltung fiel leider mit der Übertragung des Endspiels zusammen.* The event unfortunately coincided with the broadcast of the final.

zusammenfalten fold *sth* up

zusammenfassen **1** sum (*sth*) up; (*Text etc.*) summarize ◇ *Wenn ich kurz zusammenfassen darf …* If I may just briefly sum up … ◇ *Das Ergebnis lässt sich etwa so zusammenfassen …* The result can be summarized as follows … ◇ *Zusammenfassend möchte ich sagen …* I would like to say in summary … **2 etw ~** bring sth together; **etw (in/zu etw) ~** combine sth (into sth); (*zur Veröffentlichung*) collect sth together (in sth) ◇ *Die Zimmervermittlung und Touristenberatung sollen zuammengefasst werden.* Hotel reservations and tourist information are to be brought together under one roof. ◇ *Die kleinen Gruppen wurden zu einer großen zusammengefasst.* The small groups were combined into one large one. ◇ *Die besten Geschichten sind zu einem Buch zusammengefasst worden.* The best stories have been collected together in a book.

Zusammenfassung **1** summary **2** (*Integrierung*) merging

zusammenfinden **sich (zu etw) ~** get together (for sth); (*sich treffen auch*) meet (up) (for sth); (*Menschenmenge*) congregate (for sth)

zusammenflicken **1** patch *sb/sth* up (*auch fig*) **2** (*schnell produzieren*) cobble *sth* together

zusammenfließen come together; (*Flüsse*) meet; (*Farben*) run into each other; (*Klänge*) mingle

Zusammenfluss confluence

zusammenfügen **1 etw (zu etw) ~** put sth together (to make sth); (*zusammenbauen*) assemble sth **2 sich (zu etw) ~** combine (to make sth)

zusammenführen bring *sb/sth* together; (*nach einer Trennung*) reunite; **jdn mit jdm ~** provide the opportunity for sb to meet sb ◇ *Bei Sport und Diskos führten die Veranstalter die Kursteilnehmer mit Einheimischen zusammen.* The organizers provided the opportunity for the students to meet local people at sports events and discos.

Zusammenführung merging; (*von Familien*) reuniting (*oft mit einem Verb übersetzt*) ◇ *die Zusammenführung der drei Rundfunkanstalten* the merging of the three radio stations ◇ *Die Organisation hilft bei der Zusammenführung von Familien.* The organization helps to reunite families.

zusammengedrängt crowded together [nicht vor Nomen]

zusammengehen **1** merge, join forces ◇ *Die beiden Firmen werden im Herbst zusammengehen.* The two firms will merge in the autumn. **2** (*schrumpfen*) shrink

zusammengehören belong together

Zusammengehörigkeit unity; (*Zusammenhalten*) solidarity

Zusammengehörigkeitsgefühl sense of unity, feeling of belonging; (*einer Mannschaft*) team spirit

zusammengepfercht crammed together [nicht vor Nomen]

zusammengesetzt 1 aus jdm/etw ~ composed of sb/sth, made up of sb/sth ◇ *Die Kommission ist aus Politikern aller Parteien zusammengesetzt.* The commission is composed of politicians from all parties. **2** ◇ *ein zusammengesetztes Wort* a compound ◇ *ein international zusammengesetztes Publikum* an international audience

zusammengewürfelt (bunt) ~ (oddly) assorted ◇ *ein bunt zusammengewürfeltes Programm* an oddly assorted programme ◇ *ein bunt zusammengewürfelter Haufen* a motley crowd

zusammenhaben have got *sth* together ◇ *Es dauerte lange, bis wir das richtige Team zusammenhatten.* It took a long time before we had got the right team together.

Zusammenhalt 1 cohesion ◇ *der gesellschaftliche Zusammenhalt* social cohesion **2** (*Solidarität*) solidarity

zusammenhalten 1 hold *sth* together ◇ *Der Karton war mit einer Schnur zusammengehalten.* The box was held together with string. **2** (*sich gegenseitig unterstützen*) stick together **3 sein Geld ~** hold onto your money

Zusammenhang 1 context ◇ *Aus dem Zusammenhang gerissen ergibt dieser Satz keinen Sinn.* This sentence means nothing taken out of context. ◇ *Man muss diese Ergebnisse im Zusammenhang interpretieren.* These results must be evaluated in context. **2** (*Verbindung*) connection, link ◇ *Ich kann keinen Zusammenhang zwischen den beiden Unfällen sehen.* I can't see a connection between the two accidents. ◇ *Im Zusammenhang mit dem Staatsbesuch werden Demonstrationen erwartet.* Demonstrations are expected in connection with the state visit. ◇ *Sein Rücktritt steht in keinem Zusammenhang mit den finanziellen Schwierigkeiten der Firma.* His resignation is not linked in any way with the firm's financial difficulties. **3 jdn/etw mit etw in ~ bringen** link sb/sth with sth ◇ *Der Brandanschlag wird mit den anonymen Drohungen in Zusammenhang gebracht.* The arson attack is being linked to the anonymous threats.

zusammenhängen 1 (mit etw) ~ be connected (with sth), be linked (to sth) ◇ *Die beiden Ereignisse hängen miteinander zusammen.* The two events are connected. ◇ *Gesundheit und Ernährung hängen eng zusammen.* There is a close link between good health and nutrition. ◇ *Das hängt damit zusammen, dass …* It has to do with the fact that … **2** (*verbunden sein*) be joined

zusammenhängend coherent (*Adv* coherently)

zusammenhanglos unconnected; (*wirr*) incoherent (*Adv* incoherently)

zusammenhauen 1 etw ~ smash sth up **2 jdn ~** beat sb up

zusammenheften staple *sth* together; (*nähen*) tack *sth* together

zusammenkauern sich ~ cower

Zusammenklang (*Harmonie*) harmony ◇ *der Zusammenklang der verschiedenen Stimmen/Instrumente* the harmony of the different voices/instruments ◇ *der Zusammenklang der Töne im Akkord* the combination of the notes in the chord

zusammenklappbar folding

zusammenklappen 1 fold *sth* (up) ◇ *die Campingstühle zusammenklappen* fold up the camping stools ◇ *Er klappte das Taschenmesser zusammen.* He folded his knife. **2** (*zusammenbrechen*) collapse

zusammenkleben 1 stick together (*auch fig*) **2 etw ~** stick sth together; (*mit Kleber*) glue sth together

zusammenkneifen press *sth* together; (*Augen*) screw *sth* up

zusammenknoten knot *sth* together

zusammenknüllen crumple *sth* up, screw *sth* up

zusammenkommen 1 meet (up) ◇ *In meinem Beruf komme ich mit vielen Leuten zusammen.* I get to meet a lot of people in my job. **2** (*sich gleichzeitig ereignen*) happen at once ◇ *Es kommt aber auch immer alles zusammen!* Things always all happen at once. ◇ *Die Insekten werden zur Plage, wenn mehrere Faktoren zusammenkommen.* The insects can become a nuisance if several factors coincide. **3** (*gesammelt werden*) be collected; (*sich anhäufen*) accumulate

zusammenkrachen 1 collapse (*auch fig*) ◇ *Der Stuhl krachte unter ihm zusammen.* The chair collapsed under him. **2 (mit etw/jdm) ~** crash (into sth/sb)

zusammenkratzen scrape *sth* together

Zusammenkunft meeting; (*informell*) get-together

zusammenläppern sich ~ mount up

zusammenlaufen 1 (*Menschen*) gather ◇ *Viele Menschen waren auf dem Platz zusammengelaufen.* A lot of people had gathered in the square. **2** (*Flüsse*) meet, flow into each other; (*Farben*) run together **3** (*sich vereinigen*) converge; (*sich kreuzen*) intersect **4** (*schrumpfen*) shrink IDM → WASSER

zusammenleben live together

Zusammenleben 1 (*von Ländern, Kulturen etc.*) coexistence [U] **2** (*mit anderen Menschen*) (*meist mit einem Verb übersetzt*) ◇ *Kinder müssen das Zusammenleben mit anderen Menschen frühzeitig lernen.* Children must learn at an early age to live alongside other people.

zusammenlegen 1 (*falten*) fold *sth* (up) ◇ *Sie legte die Handtücher zusammen.* She folded the towels. **2** (*zusammentragen*) put *sth* together ◇ *Ich legte alles, was ich brauchte, auf dem Bett zusammen.* I put everything I needed together on the bed. **3** (*Klassen, Abteilungen*) amalgamate; (*Veranstaltungen*) combine **4** (*unterbringen*) put *sb/sth* together ◇ *Auf der Station wurden Alt und Jung zusammengelegt.* Old and young people were put together in the ward. **5** (*Geld aufbringen*) club together ◇ *Wir legten alle für ein Abschiedsgeschenk zusammen.* We all clubbed together to get a leaving present.

zusammennähen sew *sth* together

zusammennehmen 1 (*Kraft, Mut*) summon *sth* up, muster **2 sich ~** pull yourself together **3 zusammengenommen** altogether; (*alles in allem*) all in all ◇ *Das Bett war teurer als alle anderen Sachen zusammengenommen.* The bed was more expensive than all the other things put together. ◇ *Alles zusammengenommen war der Abend ein Erfolg.* All in all, the evening was a success.

zusammenpacken pack (*sth*) up

zusammenpassen (*Menschen*) be suited to each other; (*Farben, Kleidung etc.*) go together

Zusammenprall collision, crash

zusammenprallen (mit etw/jdm) ~ collide (with sth/sb)

zusammenpressen 1 press *sth* together **2** (*komprimieren*) compress; (*Erdreich*) compact

zusammenquetschen crush

zusammenraffen 1 bundle *sth* up, bundle *sth* together **2** (*Geld etc.*) amass ◇ *Er hat im Krieg ein Vermögen zusammengerafft.* He amassed a fortune during the war. **3 sich ~** pull yourself together

zusammenraufen **sich ~** learn to get on, learn to live with each other

zusammenrechnen add *sth* up ◇ *Alles zusammengerechnet ergibt sich eine stattliche Summe.* If you add it all up, it comes to a considerable sum.

zusammenreimen **sich etw ~** work sth out ◇ *Wie reimt sich das zusammen?* How do you work that out?

zusammenreißen **sich ~** get a grip on yourself

zusammenrollen **1** roll *sth* up **2 sich ~** curl up; (*Schlange*) coil (up)

zusammenrücken move (*sth*) closer together

zusammenrufen call *sb* together

zusammensacken **(in sich) ~** collapse

zusammenscheißen give *sb* a bollocking (*vulg*)

zusammenschlagen **1** (*zertrümmern*) smash *sth* up **2** (*Hacken*) click *sth* (together); (*Hände*) clap *sth* together **3 jdn ~** beat sb up **4 über jdm ~** engulf sb **IDM** → HAND

zusammenschließen **sich (zu etw) ~** join together (to form sth); (*Firmen, Vereine auch*) merge (to form sth) ◇ *Die Einwohner haben sich zu einer Bürgerinitiative zusammengeschlossen.* The residents have joined together to form an action group. ◇ *In der Organisation sind elf Umweltgruppen zusammengeschlossen.* The organisation is an amalgamation of eleven environmental groups.

Zusammenschluss **1** (*das Zusammenschließen*) amalgamation; (*von Firmen*) merger **2** (*Gruppe*) association

zusammenschneiden cut

zusammenschnüren tie *sth* together ◇ *Wir schnürten die Kleider zu Bündeln zusammen.* We tied the clothes into bundles.

zusammenschrecken jump, start

zusammenschreiben **1** write *sth* as one word ◇ *„Sodass" kann man getrennt schreiben oder zusammenschreiben.* You can write 'sodass' either as one word or two. **2** (*aufschreiben*) scribble

zusammenschrumpfen dwindle ◇ *Unsere Klasse ist auf fünfzehn Schüler zusammengeschrumpft.* Our class has dwindled to fifteen pupils.

zusammenschustern cobble *sth* together, throw *sth* together

zusammenschweißen weld *sth* together

Zusammensein **1** (*meist mit einem Verb übersetzt*) ◇ *Ich genoss das Zusammensein mit den Kindern.* I enjoyed being with the children. **2** (*Treffen*) get-together

zusammensetzen **1** (*zusammenbauen*) put *sth* together ◇ *Hast du die Uhr wieder zusammengesetzt?* Have you put the clock back together again? **2 sich aus etw/jdm ~** be made up of sth/sb, be composed of sth/sb **3 sich (mit jdm) ~** meet (sb), get together (with sb) ◇ *Nach dem Spiel setzten wir uns noch auf ein Bier zusammen.* After the match, we got together over a beer. ◇ *Können wir uns nicht zusammensetzen und vernünftig darüber reden?* Can't we sit down and discuss things in a reasonable manner?

Zusammensetzung **1** composition, make-up; (*Mischung*) combination ◇ *Die Zusammensetzung der Kommission wurde von der Presse kritisiert.* The make-up of the commission was criticized by the press. **2** (LING) compound

zusammensinken **1** slump to the ground ◇ *Er sank auf einmal ohnmächtig zusammen.* He suddenly slumped to the ground unconscious. **2 (in sich) ~** collapse

zusammensitzen sit together

Zusammenspiel **1** combination; (*Wechselwirkung*) interaction **2** (*Zusammenarbeit*) cooperation ◇ *gutes Zusammenspiel zwischen den Anwohnern und der Polizei* good cooperation between residents and the police ◇ *das Zusammenspiel zwischen der Mafia und den Politikern* the collaboration between the Mafia and the politicians **3** (SPORT) teamwork; (MUS) ensemble playing

zusammenspielen **1** play together **2 bei etw ~** (*zusammenwirken*) contribute to sth, combine to play a role in sth ◇ *Viele Faktoren spielten bei der Katastrophe zusammen.* Many factors contributed to the disaster.

zusammenstauchen haul *sb* over the coals, (*AmE*) rake *sb* over the coals

zusammenstecken **1** put *sth* together; (*Modell auch*) assemble; (*mit Stecknadeln*) pin *sth* together **2 (mit jdm) ~** hang around (with sb) ◇ *In der Pause stecken sie immer zusammen.* They always hang around together during break.

zusammenstellen put *sth* together (*auch fig*) ◇ *die Tische zusammenstellen* put the tables together ◇ *ein Menü/Team zusammenstellen* put together a menu/a team ◇ *eine Liste zusammenstellen* draw up a list ◇ *Daten zusammenstellen* compile data

Zusammenstoß collision; (*fig*) run-in

zusammenstoßen **1 (mit etw/jdm) ~** collide (with sth/sb) ◇ *Zwei Lastwagen sind frontal zusammengestoßen.* Two lorries collided head-on. ◇ *Ein Radfahrer ist mit einem Auto zusammengestoßen.* A cyclist collided with a car. **2** (*eine gemeinsame Grenze haben*) adjoin

zusammenstückeln put *sth* together; (*fig*) piece *sth* together

zusammenstürzen collapse ◇ *Mehrere Gebäude stürzten bei dem Erdbeben zusammen.* Several buildings collapsed in the earthquake.

zusammensuchen get *sth* together

zusammentragen collect

zusammentreten **1** (*sich versammeln*) meet **2 jdn ~** kick sb to the ground, trample sb

zusammentrommeln round *sb* up ◇ *Er trommelte schnell ein paar Reporter zu einer Pressekonferenz zusammen.* He quickly rounded up a couple of reporters for a press conference.

zusammentun **sich (mit jdm) ~** join forces (with sb)

zusammenwachsen grow together; (*Knochen*) knit together ◇ *Innerhalb von 10 Jahren sind die zwei Stadtteile zusammengewachsen.* In the last ten years the two parts of the town have grown together. ◇ *Unsere Klasse ist zu einer echten Gemeinschaft zusammengewachsen.* Our class has developed a real sense of community. ◇ *zwei zusammengewachsene Zehen* two toes which are fused together

zusammenwerfen **1** throw *sth* (together) ◇ *Sie warf ihre Kleider auf einen Haufen zusammen.* She threw her clothes into a pile. **2** (*vermengen*) mix *sth* up; (*verwechseln auch*) lump *sth* together ◇ *Musikstile zusammenwerfen* mix up musical styles ◇ *Viele Leute werfen diese Droge mit den wirklich gefährlichen harten Drogen zusammen.* A lot of people lump this drug together with the really dangerous hard drugs. **3** (*miteinander teilen*) pool ◇ *Die Musiker warfen ihre Talente zusammen, um etwas Neues zu kreieren.* The musicians pooled their talent to create something new.

zusammenwirken **1** work together **2 bei etw ~** (*sich auswirken*) combine to play a role in sth ◇ *Mehrere Faktoren haben bei der Katastrophe zusammengewirkt.* Several factors combined to play a role in the disaster.

zusammenzählen add *sth* up

zusammenziehen **1** pull *sth* together; (*zuziehen*) close *sth* up; (*festziehen*) tighten ◇ *eine Schlinge zusammenziehen* tighten a noose ◇ *die Augenbrauen zusammenziehen* knit your brows **2** (*Wörter*) contract **3 jdn ~** mass sb ◇ *Die Truppen wurden an der Grenze zusammengezogen.* The troops were massed along the border. **4 sich ~** (*schrumpfen*) contract **5 sich ~** (*zusammenbrauen*) gather ◇ *Über uns zog sich ein Gewitter zusammen.* A storm gathered overhead. ◇ *Ein Unheil zog sich über uns zusammen.* Disaster was brewing. **6 (mit jdm) ~** move in (with sb) ◇ *Sie will mit ihrem Freund zusammenziehen.* She wants to move in with her boyfriend.

zusammenzimmern → ZUSAMMENSCHUSTERN

zusammenzucken jump, start; (*vor Schmerz*) flinch ◇ *Bei seinem Eintritt zuckte sie vor Schreck zusammen.* She started in fright when he came in.

Zusatz **1** addition ◇ *durch Zusatz von Zucker* with the addition of sugar **2** (*Substanz*) additive ◇ *Der Saft enthält chemische Zusätze.* The juice contains chemical additives. **3** (*bei einem Gesetz, Vertrag*) additional clause; (*bei einer Bemerkung*) additional comment

Zusatzausbildung additional training [U] ◇ *Dafür brauchst du eine Zusatzausbildung.* You need additional training for that. ◇ *eine Zusatzausbildung absolvieren* do an additional course **Zusatzfrage** supplementary question **Zusatzfunktion** additional function, additional functionality ◇ *eine Uhr mit Zusatzfunktionen* a watch with additional functions ◇ *Die App bietet Zusatzfunktionen.* The app offers additional functionality. **Zusatzgerät** **1** attachment **2** (COMP) peripheral

zusätzlich **1** *Adj* additional ◇ *zusätzliche Gelder beantragen* apply for additional funds **2** *Adv* in addition ◇ *Zusätzlich zum Büfett gibt es noch Kuchen.* In addition to the buffet there will be cake. ◇ *Wir brauchen 10 Stühle zusätzlich.* We need an extra 10 chairs.

Zusatz- Zusatzstoff additive **Zusatzzahl** bonus ball

zuschalten **1** switch *sth* on, add ◇ *Englische und spanische Untertitel lassen sich zuschalten.* English and Spanish subtitles can be switched on. ◇ *Man kann verschiedene Effekte zuschalten.* You can add various effects. **2** (*per Satellit*) ◇ *Sie wurde per Satellit zugeschaltet.* She joined the programme by satellite link-up. ◇ *Wir schalten jetzt Professor Maier zu.* We are now joined by satellite by Professor Maier.

zuschauen → ZUSEHEN

Zuschauer(in) **1** (*Sport*) spectator; (*Theater, Kino*) member of the audience; (*Fernsehen*) viewer ◇ *Millionen von Zuschauern* an audience of millions ◇ *Beim Tor sprangen die Zuschauer von den Sitzen.* The goal brought the crowd to their feet. **2** (*unbeteiligter Beobachter*) onlooker

Zuschauerraum auditorium **Zuschauerzahl** attendance figure; (*TV-Einschaltquote*) viewing figure

zuschicken send ◇ *Ich bekomme das Programm zugeschickt.* I get the programme sent to me.

zuschieben **1** (*schließen*) ◇ *eine Schublade zuschieben* push a drawer shut **2 jdm etw ~** push sth over to sb; (*heimlich*) slip sb sth ◇ *Wortlos schob sie ihm den Brief zu.* She pushed the letter over to him without a word. ◇ *Er schob ihm 20 Dollar zu.* He slipped him $20. **3 jdm etw ~** (*Schuld, Verantwortung*) put sth on sb ◇ *Sie schob ihm die Schuld zu.* She put the blame on him. IDM → SCHWARZ

zuschießen **1** (*Ball etc.*) pass **2** (*Geld*) contribute ◇ *Die Firma schießt die Hälfte zu.* The company will contribute half the amount. ◇ *Opa will mir 2 000 € fürs Auto zuschießen.* Grandpa is going to give me €2000 towards the car. **3 auf jdn/etw ~** rush up to sb/sth

Zuschlag **1** supplement **2** (*bei Auktionen*) ◇ *Der Herr im dunklen Anzug erhält den Zuschlag!* Sold to the gentleman in the dark suit! **3** (*für einen Auftrag etc.*) ◇ *Unsere Firma hat den Zuschlag erhalten.* Our firm has been awarded the contract. ◇ *Tokio hat den Zuschlag für die Olympiade 2020 bekommen.* Tokyo has been awarded the 2020 Olympics. ◇ *Von den fünf Bewerbern erhielt Martin Rindler den Zuschlag.* Out of five applicants, Martin Rindler was given the job.

zuschlagen **1** slam (shut); **etw ~** slam sth (shut); (*Buch*) shut **2** (*mit der Faust etc.*) hit out ◇ *Als er provoziert wurde, schlug er zu.* When he was provoked he hit out. **3** (*aktiv werden, Schicksal*) strike ◇ *Der Dieb hat wieder zugeschlagen.* The thief has struck again. **4** (*ein Angebot nutzen*) ◇ *Bei dem Preis musste ich einfach zuschlagen.* At that price I just couldn't resist. ◇ *Schlag zu, wenn sich die Chance ergibt!* If you get the chance, go for it! **5** (*beim Essen*) ◇ *Ich habe beim Mittagessen ziemlich zugeschlagen.* I ate quite a lot at lunch. IDM → TÜR

zuschlagpflichtig subject to a supplement [nicht vor Nomen] ◇ *zuschlagpflichtige Züge* trains which are subject to a supplement ◇ *Der ICE ist zuschlagpflichtig.* You have to pay a supplement on the Intercity.

zuschließen lock; (*Geschäft etc.*) lock (*sth*) up ◇ *Nach Geschäftsschluss muss ich noch zuschließen.* I have to lock up when we close.

zuschnappen **1** snap shut **2** (*Tier*) snap ◇ *Der Hund schnappte zu.* The dog snapped.

zuschneiden **1** (*Stoff etc.*) cut *sth* out; (*Bretter etc.*) cut *sth* to size **2 auf jdn/etw zugeschnitten sein** be geared towards sb/sth ◇ *Die Sendung ist auf kleine Kinder zugeschnitten.* The programme is geared towards small children.

zuschneien cover *sth* with snow

zuschnüren tie *sth* up, do *sth* up IDM → KEHLE

zuschrauben ◇ *ein Honigglas zuschrauben* screw the lid on a jar of honey ◇ *Sie schraubte die Flasche fest zu.* She screwed the top of the bottle on tightly.

zuschreiben **1 jdm etw ~** attribute sth to sb ◇ *Dieses Gedicht wird Kleist zugeschrieben.* This poem is attributed to Kleist. ◇ *Das musst du dir selbst zuschreiben.* You have only yourself to blame for that. ◇ *Sie schrieb ihm die Schuld zu.* She blamed him. **2 jdm/einer Sache etw ~** (*Wirkung*) ascribe sth to sb/sth ◇ *Dem Öl wird eine heilende Wirkung zugeschrieben.* Healing powers are ascribed to the oil.

Zuschrift letter; (*auf eine Annonce*) reply

zuschulden **sich etw ~ kommen lassen** do sth wrong ◇ *Er hat sich nie etwas zuschulden kommen lassen.* He never did anything wrong. ◇ *sich ein Verbrechen zuschulden kommen lassen* be guilty of a crime

Zuschuss **1** grant **2** (*von Eltern etc.*) ◇ *Ich gebe dir einen kleinen Zuschuss zum Taschengeld.* I'll give you some extra pocket money. ◇ *Oma gab mir einen Zuschuss zum neuen Fahrrad.* Grandma gave me some money towards my new bike.

zuschütten fill *sth* in; (*fig*) cover *sth* up

zusehen **1** watch; **(jdm) (bei etw) ~** watch (sb) (do/doing) (sth) ◇ *Die Zuschauer sahen vom Beckenrand zu.* The spectators watched from the edge of the pool. ◇ *Sie sah ihrem Bruder beim Handballspielen zu.* She watched her brother playing handball. ◇ *Beim Zusehen kann man viel lernen.* You can learn a lot by watching. **2** (*untätig verfolgen*) stand by (and watch) ◇ *Ich* *kann nicht länger tatenlos zusehen.* I can't just stand by and do nothing. **3** (*dafür sorgen*) make sure ◇ *Sieh zu, dass du pünktlich bist!* Make sure you're on time. IDM → BLEIBEN

zusehends visibly

zusenden send

zusetzen **1** add ◇ *Der Säure wurde ein Pulver zugesetzt.* A powder was added to the acid. **2 jdm ~** (*Druck ausüben*) give sb a hard time ◇ *Meine Mutter setzt mir ganz schön zu!* My mother is giving me a hard time. **3** (*strapazieren, schädigen*) affect ◇ *Schadstoffe, die den Bäumen zusetzen* harmful substances which affect the trees ◇ *Sein Tod hat mir schwer zugesetzt.* His death affected me badly. ◇ *Die Krankheit setzt ihm arg zu.* The illness really takes it out of him. ◇ *Mir setzt die Hitze ziemlich zu.* I can't take the heat.

zusichern promise; (*vertraglich etc.*) guarantee ◇ *Der Präsident hat seine Unterstützung zugesichert.* The president has promised his support. ◇ *vertraglich zugesicherte Rechte* rights guaranteed in the contract

Zusicherung assurance

zusperren → ZUSCHLIESSEN

zuspielen **1 jdm (den Ball etc.) ~** pass (the ball, etc.) to sb ◇ *Er spielte Owen den Ball zu.* He passed the ball to Owen. **2 jdm etw ~** (*Informationen*) pass sth (on) to sb IDM → SCHWARZ

zuspitzen **1** sharpen **2 sich ~** come to a head

zusprechen **1** (*Mut etc.*) ◇ *jdm Mut zusprechen* encourage sb ◇ *jdm Trost zusprechen* comfort sb **2 jdm etw ~** (*gerichtlich*) award sb sth, award sth to sb ◇ *Er bekam 3 000 € zugesprochen.* He was awarded €3 000. ◇ *Die Kinder wurden der Mutter zugesprochen.* The mother was awarded custody of the children. **3 etw jdm/etw ~** (*zuschreiben*) ascribe sth to sb/sth

Zuspruch **1** (*Aufmunterung*) words of encouragement [Pl]; (*Trost*) words of comfort [Pl] **2 ~ finden** be popular ◇ *Die Bar findet viel Zuspruch bei den Gästen.* The bar is very popular with the guests.

Zustand **1** (*Auto, Gebäude, Waren*) condition; (*kurzzeitig*) state ◇ *Das Auto ist in einem einwandfreien Zustand.* The car is in immaculate condition. ◇ *Er hinterließ das Zimmer in einem furchtbaren Zustand.* He left the room in a terrible state. **2** (PHYSIK) state ◇ *Gas im flüssigen Zustand* gas in a liquid state **3** (*Mensch*) condition; (*psychische Verfassung*) state ◇ *Die Ärzte sind besorgt über seinen Zustand.* The doctors are concerned about his condition. ◇ *sein geistiger Zustand* his mental state ◇ *in alkoholisiertem Zustand fahren* drive while under the influence of alcohol **4 Zustände** conditions [Pl] ◇ *menschenunwürdige Zustände* inhumane conditions ◇ *Hier herrschen chaotische Zustände.* Things are chaotic here. ◇ *die politischen Zustände* the political situation IDM **Zustände bekommen** have a fit (*umgs*) **das ist doch kein Zustand!** it can't go on like this!

zustande **1 ~ kommen** (*Abkommen etc.*) be reached; (*Geschäft etc.*) come off; (*Treffen*) take place ◇ *Es kam keine Einigung zustande.* No agreement was reached. ◇ *Das Projekt kommt nicht zustande.* The project will not go ahead. ◇ *Der Kontakt ist über Bekannte zustande gekommen.* The contact came about through friends. **2 etw ~ bringen** bring sth about ◇ *eine Änderung zustande bringen* bring about a change ◇ *Sie brachten zwei Tore zustande.* They managed to score two goals. ◇ *eine Mehrheit zustande bringen* manage to achieve a majority

zuständig responsible [nicht vor Nomen] ◇ *Dafür ist mein Kollege zuständig.* My colleague is responsible for that. ◇ *der für das Archiv zuständige Angestellte* the member of staff who is responsible for the archive ◇ *Bitte wenden Sie sich an die zuständige Behörde.* Please apply to the relevant authority. ◇ *Für Steuerfragen bin ich nicht zuständig.* I don't deal with tax questions.

Zuständigkeit **1** responsibility; (RECHT) jurisdiction ◇ *die Zuständigkeit für Fremdenverkehr* the responsibility for tourism ◇ *Die Zuständigkeit für die Räumung der Unfallstelle hat die Polizei.* The police are responsible for clearing the scene of the accident. ◇ *Der Präsident hat seine Zuständigkeit überschritten.* The president has exceeded his jurisdiction. **2** (*Zuständigkeitsbereich*) area of responsibility ◇ *Müllbeseitigung fällt in die Zuständigkeit der Stadt.* Waste disposal falls within the town council's area of responsibility.

Zuständigkeitsbereich area of responsibility

zustechen stab sb ◇ *Er warf ihn zu Boden und stach mehrmals zu.* He threw him to the ground and stabbed him repeatedly.

zustecken **jdm etw ~** slip sb sth

zustehen **1 etw steht jdm zu** sb is entitled to sth ◇ *Mir steht die Hälfte der Gewinne zu.* I'm entitled to half the profits. **2 es steht jdm nicht zu, etw zu tun** sb has no right to do sth ◇ *Es steht dir nicht zu, darüber zu entscheiden.* You have no right to decide this.

zusteigen get on ◇ *Er ist in Köln zugestiegen.* He got on in Cologne.

zustellen **1** deliver ◇ *Pakete per Post zustellen* deliver parcels by post **2** (*versperren*) block

Zustellung delivery

zusteuern **1 auf jdn/etw ~** head for sb/sth ◇ *Das Auto steuerte direkt auf die Mauer zu.* The car was heading straight for the wall. ◇ *Das Land steuert auf eine Katastrophe zu.* The country is heading for a catastrophe. ◇ *Er steuerte zielstrebig auf sie zu.* He made a beeline for her. **2 etw auf jdn/etw ~** steer sth towards sb/sth ◇ *Sie steuerte das Boot aufs Ufer zu.* She steered the boat towards the bank. **3** (*Geld*) → ZUSCHIESSEN

zustimmen **1 (jdm) ~** agree (with sb) ◇ *Er stimmte ihr zu.* He agreed with her. **2 etw ~** agree to sth ◇ *Sie stimmten dem Vorschlag zu.* They agreed to the proposal. ◇ *Ich kann dem nur zustimmen.* I quite agree.

zustimmend **1** *Adj* approving **2** *Adv* in approval, approvingly ◇ *zustimmend nicken* nod in approval ◇ *sich zustimmend äußern* express your approval

Zustimmung (*Einverständnis, Erlaubnis*) consent; (*Billigung, Beifall*) approval ◇ *Sein Vorschlag stieß auf Zustimmung.* His proposal met with approval.

zustopfen block *sth* up

zustöpseln put a stopper in *sth*

zustoßen **1** attack ◇ *Der Bussard stieß zu.* The buzzard attacked. **2** (*schließen*) push *sth* shut **3** (*widerfahren*) happen ◇ *Hoffentlich ist ihr nichts zugestoßen!* I hope nothing has happened to her. ◇ *Sollte mir etwas zustoßen …* If anything should happen to me … ◇ *Dir könnte ein Unglück zustoßen.* You could have an accident.

Zustrom influx (*auch fig*); (*Wind*) inflow ◇ *ein Zustrom von politischen Flüchtlingen* an influx of political refugees ◇ *ein Zustrom von Besuchern* a steady stream of visitors

zuströmen **1 einer Sache ~** (*Wasser*) flow towards sth ◇ *Der Fluss strömt dem Schwarzen Meer zu.* The river flows towards the Black Sea. **2 auf etw ~; einer Sache ~** (*Menschen*) stream towards sth ◇ *Die Fans strömten auf das Stadion zu.* The fans streamed towards the stadium.

zustürzen auf jdn/etw ~ rush up to sb/sth ◇ *Er kam mit Blumen auf sie zugestürzt.* He came rushing up to her with a bunch of flowers.

zutage 1 ~ treten/kommen come to light (*auch fig*) **2 etw ~ bringen/fördern** bring sth to light (*auch fig*) **3 offen ~ liegen** be obvious

Zutat ingredient

zuteilen jdm etw ~ allocate sth to sb

zuteilwerden be given; **jdm etw ~ lassen** give sb sth ◇ *Ihm wurde die Ehre zuteil, den Pokal entgegenzunehmen.* He was given the honour of accepting the trophy.

zutiefst deeply ◇ *zutiefst beunruhigt sein* be deeply disturbed ◇ *Ich bedauere zutiefst, dass …* I deeply regret that … ◇ *Er verabscheute sie zutiefst.* He really hated her.

zutragen 1 bring ◇ *Sie trug ihr jeden Tag den Klatsch zu.* She brought her the gossip every day. **2 sich ~** happen

zutrauen sich etw ~ believe you can do sth; **jdm etw ~** believe sb capable of (doing) sth ◇ *Das traue ich ihr nicht zu.* I don't believe she's capable of it. ◇ *Er traut sich einfach nichts zu.* He has no self-confidence. ◇ *Das ist ihr durchaus zuzutrauen.* I wouldn't put it past her.

Zutrauen trust; (*weniger emotional*) confidence ◇ *Die Schwindler nutzten das Zutrauen der Rentnerin aus.* The conmen abused the pensioner's trust. ◇ *das Zutrauen der Menschen zur Politik* people's confidence in politics ◇ *Der Junge fasste bald Zutrauen zu mir.* The boy soon began to trust me.

zutraulich trusting (*Adv* trustingly); (*Tiere*) tame ◇ *Die Kleine lächelte uns zutraulich an.* The little girl smiled at us trustingly.

Zutraulichkeit trusting nature

zutreffen 1 (*stimmen*) be true ◇ *Die Behauptung, dass er Geld dafür genommen habe, trifft nicht zu.* It is not true to say that he accepted money for it. **2 auf jdn/etw ~** apply to sb/sth ◇ *Die neue Regelung trifft auf Bücher zu.* The new regulation applies to books. ◇ *Ihre Beschreibung traf auf den gesuchten Mörder zu.* Her description fitted the murderer they were looking for.

zutreffend accurate ◇ *eine zutreffende Beschreibung* an accurate description ◇ *Der Vorwurf der Korruption erwies sich als zutreffend.* The charge of corruption turned out to be justified. ◇ *Zutreffendes bitte ankreuzen!* Please mark where applicable.

zutrinken jdm ~ drink to sb

Zutritt 1 entry; (*Einlass*) admittance ◇ *Zutritt verboten.* No entry. ◇ *Die Diebe verschafften sich durch eine Hintertür Zutritt.* The thieves gained entry via a rear door. ◇ *Zutritt erst ab 13 Jahren.* No admittance to those under 13. **2 ~ zu etw haben** have access to sth

Zutun ◇ *ohne menschliches Zutun* without human intervention ◇ *Praktische Lösungen für den Umweltschutz sind ohne Zutun der Industrie unmöglich.* Finding practical solutions for the environment is impossible without the help of industry. ◇ *Er ist ohne eigenes Zutun reich geworden.* He grew rich without having to do anything. ◇ *Sie gerieten ohne eigenes Zutun in einen Rechtsstreit.* Through no fault of their own, they got caught up in a lawsuit. ◇ *Dieses Unglück geschah ohne mein Zutun.* I had nothing to do with the accident.

zuungunsten to the disadvantage of ◇ *Der Kostenvergleich fiel zuungunsten der deutschen Firma aus.* The cost comparison turned out to the disadvantage of the German firm. ◇ *Das Gericht entschied zuungunsten der Firma.* The court decided against the firm.

zuunterst right at the bottom ◇ *Das Buch lag ganz zuunterst im Koffer.* The book was right at the bottom of the case.

zuverlässig reliable (*Adv* reliably); (*Mensch auch*) dependable ◇ *Sie hat immer zuverlässig gearbeitet.* She has always been a reliable worker. ◇ *Das weiß ich zuverlässig.* I have it on good authority.

Zuverlässigkeit reliability

Zuversicht confidence ◇ *Wir gehen mit viel Zuversicht in die neue Saison.* We are going into the new season full of confidence. ◇ *„Wir können gewinnen", sagte er voller Zuversicht.* 'We can win,' he said confidently.

zuversichtlich confident (*Adv* confidently)

Zuversichtlichkeit confidence

Zuviel ein ~ an etw too much/many sth, an excess of sth (*gehoben*) ◇ *Ein Zuviel an Sonne ist schädlich.* Too much sun is harmful.

zuvor before; (*zuerst*) first; (*davor*) beforehand ◇ *Ich habe ihn nie zuvor so fröhlich gesehen.* I've never seen him so jolly before. ◇ *am Tag zuvor* the day before ◇ *Jetzt weiß ich genau so wenig wie zuvor.* I'm none the wiser. ◇ *Ich muss zuvor mit ihm sprechen.* I have to speak to him beforehand. IDM → KLUG

zuvorkommen 1 jdm ~ get ahead of sb, beat sb to it **2 etw ~** pre-empt sth

zuvorkommend helpful, obliging

Zuwachs increase; (*Wachstum*) growth ◇ *ein Zuwachs an Macht und Einfluss* an increase in power and influence ◇ *der erwartete Zuwachs des Straßenverkehrs* the expected increase in road traffic ◇ *ein kräftiger Zuwachs an Mitgliedern* a healthy growth in membership ◇ *ein Zuwachs an Wohnungen/Arbeitsplätzen* an increase in the number of houses/jobs → *Siehe auch* NACHWUCHS

Zuwachsrate growth rate

zuwachsen 1 (*verheilen*) heal up **2** (*überwuchert werden*) become overgrown ◇ *Der Weg ist völlig zugewachsen.* The path is completely overgrown.

Zuwanderer, Zuwanderin immigrant

zuwandern settle; (*einwandern*) come as an immigrant ◇ *Viele Arbeiter sind aus den umliegenden Dörfern zugewandert.* Many workers have settled here from the neighbouring villages. ◇ *Viele Leute hier sind aus Polen und Russland zugewandert.* Many people here came as immigrants from Poland and Russia.

Zuwanderung immigration

zuwege etw ~ bringen manage sth ◇ *Wie hast du das zuwege gebracht?* How did you manage that? ◇ *Wie hast du es zuwege gebracht, dass sie sich entschuldigt hat?* How did you manage to get her to apologize?

zuweilen at times

zuweisen jdm etw ~ allocate sth to sb

zuwenden 1 sich jdm/etw ~ turn towards sb/sth; **etw jdm/etw ~** turn sth towards sb/sth ◇ *Sie wandte sich mir zu.* She turned towards me. ◇ *Er wandte mir den Rücken zu.* He turned his back on me. ◇ *Alle Blicke wandten sich mir zu.* All eyes were on me. **2 sich jdm/etw ~** (*widmen*) devote yourself to sb/sth **3 etw jdm/etw ~** give sth to sb, give sb/sth sth

Zuwendung 1 allocation; (*Schenkung*) donation **2** (*Aufmerksamkeit*) attention; (*Zuneigung*) affection

zuwerfen 1 (*Tür*) slam **2 jdm etw ~** throw sth to sb, throw sb sth ◇ *Ich warf ihm den Schlüssel zu.* I threw him the key. ◇ *Er warf mir einen wütenden Blick zu.*

He gave me a furious look. ◇ *Sie warf mir eine Kusshand zu.* She blew me a kiss.

zuwider **1 jdm ~ sein** be repugnant to sb ◇ *Der Gedanke an eine Rückkehr war ihm zuwider.* The thought of going back was repugnant to him. **2 etw ~** contrary to sth, against sth ◇ *Allen Voraussagungen zuwider gewannen sie doch.* Contrary to predictions, they won. ◇ *Dem Abkommen zuwider lieferten sie die Waffen nicht ab.* They flouted the agreement and failed to hand in the weapons.

zuwiderhandeln **etw ~** go against sth; (*einem Gesetz etc.*) contravene sth (*gehoben*)

Zuwiderhandlung violation, non-compliance [U] ◇ *Zuwiderhandlung gegen die Vorschriften* non-compliance with the regulations

zuwiderlaufen **etw ~** go against sth, run counter to sth

zuwinken **jdm ~** wave to sb; (*herwinken*) beckon to sb ◇ *Sie winkte mir zu herüberzukommen.* She beckoned to me to come over.

zuzahlen pay extra ◇ *Muss man für den Eurocity zuzahlen?* Do you have to pay extra for the Eurocity? ◇ *Ich musste 10 Euro zuzahlen.* I had to pay an extra 10 euros.

zuzählen **1 etw einer Sache ~** (*klassifizieren*) classify sth as sth ◇ *Dieses Werk ist der Renaissance zuzuzählen.* This work can be classified as Renaissance. **2 etw (zu etw) ~** (*dazurechnen*) add sth (to sth)

zuziehen **1** (*Gardinen etc.*) draw; (*Rucksack, Tür*) close; (*Schlinge, Knoten*) tighten **2 jdn ~** call sb in ◇ *Wir sollten einen Spezialisten zuziehen.* We ought to call in a specialist. **3** (*an einen Ort ziehen*) move ◇ *Sie sind erst kürzlich aus Bayern hier zugezogen.* They only moved here recently from Bavaria. **4 sich etw ~** (*Verletzung*) sustain sth (*gehoben*); (*Krankheit*) catch sth, contract sth (*gehoben*); (*Zorn etc.*) incur sth **5 sich ~** become overcast, cloud over ◇ *Der Himmel hatte sich ganz zugezogen.* The sky had become quite overcast.

Zuzug influx

zuzüglich plus ◇ *zuzüglich Porto* plus postage ◇ *Die Miete zuzüglich der Nebenkosten beträgt 1 500 Franken.* The rent is 1 500 francs plus bills.

zuzwinkern **jdm ~** wink at sb, give sb a wink

ZVS ≈UCAS, (*AmE*) ≈SAT center

Zwang **1** (*Gewalt*) force; (*Druck*) pressure, duress (*Fachspr*) ◇ *Dürfen Polizeibeamten körperlichen Zwang anwenden?* Are police officers allowed to use physical force? ◇ *der Zwang der Gesetze* the force of the law ◇ *auf jdn Zwang ausüben etw zu tun* exert pressure on sb to do sth ◇ *ein Geständnis unter Zwang ablegen* make a confession under duress **2** (*Einengung*) constraint; (*Verpflichtung*) obligation ◇ *gesellschaftliche Zwänge* social constraints ◇ *technische/wirtschaftliche Zwänge* technical/economic constraints ◇ *Es besteht kein Zwang, etwas zu kaufen.* There's no obligation to buy anything. ◇ *der Zwang der Mode* the dictates of fashion ◇ *der Zwang der Konvention* the straitjacket of convention **3** (*Drang*) compulsion ◇ *Sie sagte, sie sei einem inneren Zwang gefolgt.* She said she had followed an inner compulsion. **IDM** **ohne Zwang** ◇ *Sie will ihre Kinder ohne Zwang erziehen.* She wants to bring up her children without using force. ◇ *Dort kann man sich ohne Zwang neue Fertigkeiten aneignen.* You can learn new skills there without feeling pressured. ◇ *Er ging ohne Zwang in die Kirche.* He went to church of his own free will. **sich keinen Zwang antun** ◇ *„Stört es Sie, wenn ich mein Jackett ausziehe?" „Tun Sie sich keinen Zwang an!"* 'Do you mind if I take my jacket off?' 'Feel free!' ◇ *Er tat sich keinen Zwang an und bediente sich selbst.* He made himself at home and helped himself.

zwängen squeeze ◇ *Ich zwängte alles in den Koffer.* I squeezed everything into the case. ◇ *Sie zwängte sich in die enge Hose.* She squeezed herself into the tight trousers. ◇ *Ich zwängte mich in den überfüllten Zug.* I squeezed into the overcrowded train.

zwanghaft compulsive (*Adv* compulsively)

zwanglos casual (*Adv* casually); (*locker auch*) relaxed; (*ohne Förmlichkeit*) informal (*Adv* informally) ◇ *zwanglose Kleidung* casual dress ◇ *Ich unterhielt mich ganz zwanglos mit ihr.* I chatted casually to her. ◇ *Seine zwanglose und unkomplizierte Art gefällt mir.* I like his relaxed and easy manner. ◇ *Bei dem Vorstellungsgespräch ging es ziemlich zwanglos zu.* The interview was fairly informal.

Zwanglosigkeit informality

Zwangs- **Zwangsanleihe** compulsory loan **Zwangsarbeit** **1** forced labour, (*AmE*) forced labor ◇ *die Abschaffung der Zwangsarbeit* the abolition of forced labour ◇ *Die Kriegsgefangenen mussten Zwangsarbeit leisten.* The prisoners of war were forced to work. **2** (RECHT) hard labour ◇ *Er wurde zu zwanzig Jahren Zwangsarbeit verurteilt.* He was sentenced to twenty years' hard labour. **Zwangsarbeiter(in)** forced labourer **zwangsernähren** force-feed **Zwangsernährung** force-feeding [U] **Zwangsjacke** straitjacket (*auch fig*) **Zwangslage** predicament, dilemma **zwangsläufig** inevitable (*Adv* inevitably) ◇ *zwangsläufige Folgen* inevitable consequences ◇ *Das muss nicht zwangsläufig so sein.* It doesn't have to be like that. **Zwangsmaßnahme** **1** (POL) sanction **2** ◇ *Eine Zwangsmaßnahme soll Einwanderer dazu bringen Deutsch zu lernen.* It is to be compulsory for immigrants to learn German. **Zwangsmittel** means of coercion; (*Sanktion*) sanction **Zwangspause** enforced break ◇ *eine Zwangspause einlegen* take an enforced break **Zwangsräumung** eviction **Zwangssterilisation** compulsory sterilization ◇ *Die Zwangssterilisation ist keine akzeptable Verhütungsmaßnahme.* Compulsory sterilization is not an acceptable method of contraception. **Zwangsversteigerung** compulsory auction **Zwangsvollstreckung** enforcement proceedings [Pl]

zwanzig twenty → *Beispiele bei* SECHZIG

zwanzigste(r,s) twentieth → *Beispiele bei* SECHSTE(R,S)

zwar **1** (*zugegeben*) admittedly (*oft nicht übersetzt*) ◇ *Es gibt zwar Probleme, aber nichts Schwerwiegendes.* Admittedly there are problems, but nothing serious. ◇ *Das ist zwar verboten, doch wir tun es alle.* It isn't allowed, but we all do it. **2 und ~** in fact, actually ◇ *Ich habe das schon erledigt, und zwar gestern.* I've already done it—I did it yesterday, in fact. ◇ *Räum deine Sachen weg, und zwar sofort!* Clear your things away, and do it now! ◇ *Die Politiker, und zwar in erster Linie die Kommunalpolitiker, sind an dem Fiasko schuld.* The politicians, and local politicians in particular, are to blame for the fiasco. **3 und ~** (*nämlich*) namely, (and) that is (*oft nicht übersetzt*) ◇ *Es gibt ein großes Problem, und zwar Geld.* There's one big problem, namely money. ◇ *Wir treffen uns zweimal wöchentlich, und zwar Dienstag und Donnerstag.* We meet twice a week, Tuesdays and Thursdays.

Zweck **1** purpose; (*Ziel*) aim ◇ *Die Strafe hat ihren Zweck erfüllt.* The punishment has served its purpose. ◇ *für medizinische/militärische Zwecke* for medicinal/military purposes ◇ *Die Opfer brauchten schnell Hilfe. Zu diesem Zweck wurde eine Spendensammlung gemacht.* The victims needed help quickly. To this end donations were collected. ◇ *Die Spenden die-*

nen einem gemeinnützigen Zweck. The donations are for a charitable cause. **2** (*Sinn*) point ◇ *Was hat denn das für einen Zweck?* What's the point of that, then? ◇ *Das hat doch alles keinen Zweck.* There's no point. ◇ *Es hat doch keinen Zweck, nochmals darüber zu reden.* There's no point talking about it any more. ◇ *Es hat wenig Zweck, noch länger zu warten.* There's not much point waiting any longer. IDM **der Zweck der Übung** the object of the exercise **der Zweck heiligt die Mittel** the end justifies the means → *Siehe auch* MITTEL

zweckentfremden use sth for another purpose; (*Gelder, Information*) misuse, misappropriate ◇ *Die Wohnung wurde zweckentfremdet.* The flat was used for other purposes. ◇ *Bäume wurden als Zäune zweckentfremdet.* Trees were used as fences. ◇ *Daten aus dem Wählerverzeichnis wurden zweckentfremdet.* Data from the electoral roll was misused.

Zweckentfremdung misuse

zweckfremd improper ◇ *Die Daten dürfen nicht zweckfremd genutzt werden.* The information may not be put to improper use. ◇ *Wird die Ökosteuer zweckfremd verwendet?* Is the green tax being used for other purposes? ◇ *die zweckfremde Verwendung von Geldern* the misuse of funds

zweckgebunden earmarked ◇ *Die Summe ist zweckgebunden für die Krebsforschung.* The sum is earmarked for cancer research.

zwecklos pointless

zweckmäßig **1** (*funktionell*) functional, suitable (*Adv* suitably); (*praktisch*) practical ◇ *Für eine Bergwanderung braucht man zweckmäßige Kleidung.* You need suitable clothing for a mountain hike. ◇ *Die Einrichtung der neuen Schule ist modern und zweckmäßig.* The new school has a modern, functional design. **2** (*sinnvoll*) sensible (*Adv* sensibly) ◇ *Das Geld könnte zweckmäßiger verwendet werden.* The money could be used more sensibly. ◇ *Ein Streik wäre in dieser Situation wenig zweckmäßig.* A strike would serve little purpose in this situation.

Zweckmäßigkeit effectiveness; (*Nützlichkeit*) usefulness; (TECH, ARCHIT) functionalism ◇ *Die Zweckmäßigkeit dieser Geräte ist zweifelhaft.* There's doubt about the effectiveness of these devices. ◇ *Ich bezweifle die Zweckmäßigkeit des Vorgehens.* I have doubts about how useful the action will be.

zwecks for ◇ *Die Proben wurden zwecks Untersuchung an ein Labor geschickt.* The samples were sent to a laboratory for analysis. ◇ *Die Bäume wurden zwecks besserer Übersicht gefällt.* The trees were cut down to improve visibility. ◇ *zwecks Heirat* with a view to marriage

zwei two → *Beispiele bei* SECHSTE(R,S) IDM → HAND, HOCHZEIT² *und* PAAR

Zweibettzimmer twin room **zweideutig** **1** ambiguous (*Adv* ambiguously) ◇ *ein zweideutiger Satz* an ambiguous sentence ◇ *Die Stellungnahme des Ministers ist zweideutig.* The minister's attitude is ambiguous. **2** (*anzüglich*) suggestive **Zweideutigkeit** **1** ambiguity **2** (*Äußerung*) suggestive remark, double entendre **zweidimensional** two-dimensional (*auch fig*) **zweieiig** (*Zwillinge*) non-identical

Zweier (*Rudern*) pair

Zweierbeziehung relationship (between two people) **Zweierbob** two-man bob **Zweierkajak** **1** (*Boot*) double kayak **2** (*Disziplin*) kayak pairs

zweierlei **1** two different; (*zwei Sorten*) two kinds of ◇ *Man kann das auf zweierlei Art machen.* You can do that in two different ways. ◇ *Es gab nur zweierlei Käse.* There were only two kinds of cheese. **2** *Pron* two different things ◇ *Das kann zweierlei bedeuten.* That can mean two different things. ◇ *Es ist zweierlei, ob ich so etwas sage oder er.* There's a difference between my saying something like that and him saying it. IDM → MASS¹

zweifach twice, double ◇ *die zweifache Menge* twice the amount ◇ *etw zweifach vergrößern/verkleinern* enlarge sth to twice its size/reduce sth to half-size ◇ *Das kostet das Zweifache.* It costs double. ◇ *in zweifacher Ausfertigung* in duplicate ◇ *Das ist in zweifacher Hinsicht wichtig.* That is important in two respects. ◇ *Sie ist zweifache Weltmeisterin.* She is the two-time world champion. ◇ *Er ist zweifacher Vater.* He's a father of two. ◇ *Das Buch ist zweifach vorhanden.* There are two copies of the book.

Zweifamilienhaus = house with two flats, (*AmE*) = house with two apartments

Zweifel **~ (an etw)** doubt (about sth) ◇ *Die Zweifel am Sinn des Projekts wachsen.* Doubts are growing about the usefulness of the project. ◇ *ohne Zweifel* without a doubt ◇ *Ein leiser Zweifel stieg in mir auf.* A slight doubt began to stir inside me. IDM **außer Zweifel stehen** be beyond doubt **etw in Zweifel ziehen** cast doubt on sth; call sth into question **keinen Zweifel an etw lassen** make sth quite plain ◇ *Sie ließ keinen Zweifel daran, dass sie mich verachtete.* She made it quite plain that she despised me. **jdn über etw im Zweifel lassen** leave sb wondering about sth **sich über etw im Zweifel sein** be in two minds about sth ◇ *Ich bin mir noch darüber im Zweifel, ob ich die Stelle annehmen soll oder nicht.* I'm still in two minds about whether to take the job or not.

zweifelhaft **1** (*fraglich*) doubtful ◇ *Ob sie ihr Ziel erreichen, ist allerdings mehr als zweifelhaft.* It's extremely doubtful whether they will achieve their goal. **2** (*dubios*) dubious; (*Geschäft, Firma*) dodgy ◇ *Ich hatte das zweifelhafte Vergnügen ihn kennenzulernen.* I had the dubious pleasure of meeting him. ◇ *Die Firma hat einen eher zweifelhaften Ruf.* The company has a rather dubious reputation.

zweifellos undoubtedly; (*besonders in verneinten Sätzen*) certainly ◇ *Du hast zweifellos recht.* You are undoubtedly right. ◇ *Er war zweifellos nicht am Anschlag beteiligt.* He was certainly not involved in the attack.

zweifeln **an jdm/etw ~** doubt sb/sth, have doubts about sb/sth ◇ *Es hat niemand ernsthaft daran gezweifelt, dass er gewinnen würde.* Nobody seriously doubted that he would win. ◇ *Ich zweifele nicht im Geringsten an seinen Fähigkeiten.* I have no doubts at all about his abilities. ◇ *Daran ist nicht zu zweifeln.* There's no doubt about it.

Zweifelsfall **im ~** if in doubt ◇ *Im Zweifelsfall sollte man im Lexikon nachschlagen.* If in doubt, look it up in the dictionary. ◇ *Im Zweifelsfall für den Angeklagten.* A person is innocent until proved guilty.

zweifelsfrei **1** *Adv* definitely; (*identifizieren*) positively; (*beweisen*) beyond doubt ◇ *Sie sind von einem Zeugen zweifelsfrei erkannt worden.* They were positively identified by a witness. ◇ *Die Untersuchungen haben zweifelsfrei bewiesen, dass …* The studies have proved beyond doubt that … ◇ *Das steht zweifelsfrei fest.* That is absolutely certain. **2** *Adj* unequivocal

zweifelsohne undoubtedly, without a doubt

Zweifler(in) doubter

Zweig **1** branch; (*kleiner*) twig **2** (*Bereich*) branch ◇ *ein Zweig der Informationstechnologie* a branch of IT **3** (*Schul-*) = part of a school specializing in particular subjects, e.g. languages, sciences or maths

IDM auf keinen grünen Zweig kommen not get anywhere ◇ *Sie kommt einfach auf keinen grünen Zweig in der neuen Firma.* She just isn't getting anywhere in the new firm. ◇ *Die Mannschaft kommt einfach auf keinen grünen Zweig.* The club just can't get on track. ◇ *Viele Landwirte kommen auf keinen grünen Zweig mehr.* Many farmers are struggling to make a living.

zweigleisig double-track ◇ *eine zweigleisige Bahnstrecke* a double-track stretch of railway ◇ *eine Strecke zweigleisig ausbauen* convert a railway line from single to double track **IDM zweigleisig fahren** keep your options open

Zweigstelle branch

Zwei- Zweikampf single combat; (*Duell*) duel (*auch fig*) **Zweiklassengesellschaft** two-tier society **Zweiklassenmedizin** two-tier health system

zweimal twice ◇ *Ich war schon zweimal in London.* I've been to London twice. **IDM** → UMDREHEN

Zweisamkeit partnership, harmony ◇ *Die beiden leben in trauter Zweisamkeit.* The couple live in perfect harmony.

zwei- zweischneidig double-edged (*auch fig*) ◇ *ein zweischneidiges Schwert* a double-edged sword **zweisprachig** bilingual ◇ *Sie ist zweisprachig aufgewachsen.* She grew up bilingual. ◇ *ein zweisprachiges Wörterbuch* a bilingual dictionary ◇ *Kanada ist ein zweisprachiges Land.* Canada has two official languages. ◇ *In Belgien sind Straßenschilder meist zweisprachig.* In Belgium, the road signs are usually in two languages. **zweispurig** (*Bahn*) double-track; (*Straße*) dual carriageway, (*AmE*) divided highway ◇ *eine zweispurig ausgebaute Straße* a dual carriageway ◇ *Die Umgehungsstraße ist wieder zweispurig für den Verkehr freigegeben.* Both lanes of the bypass are open again. **zweistellig** double-digit ◇ *zweistellige Wachstumsraten* double-digit growth ◇ *Kosten in zweistelliger Millionenhöhe* costs in the tens of millions **zweistimmig 1** *Adj* two-part [nur vor Nomen] ◇ *ein zweistimmiges Volkslied* a two-part folk song **2** *Adv* in two parts ◇ *Sie sangen zweistimmig.* They sang in two parts. **zweistöckig** two-storey [nur vor Nomen] ◇ *ein zweistöckiges Haus* a two-storey house ◇ *Das Gebäude ist zweistöckig.* The building has two storeys.

zweit zu ~ together ◇ *Wart ihr zu zweit in Italien?* Did the two of you go to Italy together? ◇ *Zu zweit geht's schneller.* It's quicker with two people. ◇ *Wir übernachteten zu zweit in einem Zimmer.* The two of us shared a room. ◇ *ein romantisches Essen zu zweit* a romantic dinner for two ◇ *Warum gehen Frauen immer zu zweit auf die Toilette?* Why do women always go to the toilet in twos?

Zweitaktmotor two-stroke engine

zweitbeste(r,s) second-best ◇ *die zweitbeste Lösung* the second-best solution

zweite(r,s) second ◇ *Die Mannschaft steht an zweiter Stelle der Tabelle.* The team is second in the table. ◇ *Aus ihm wird ein zweiter Boris Becker.* He's going to be another Boris Becker. **IDM** → HAND, NATUR *und* SCHRITT

Zweite(r,s) second ◇ *Er kam als Zweiter ins Ziel.* He came in second. ◇ *Sie wurde Zweite in dem Turnier.* She came second in the competition. ◇ *der Zweite von hinten* the second from last

zweiteilig two-part; (*Kostüm etc.*) two-piece

zweitens secondly

zweit- zweitgrößte(r,s) second largest; (*Körpergröße*) second tallest ◇ *Kanada ist das zweitgrößte Land der Welt.* Canada is the second largest country in the world. **Zweitjob** second job ◇ *Er arbeitet im Zweitjob als Sporttrainer.* He has a second job as a sports coach. **zweitklassig** second-rate ◇ *ein zweitklassiger Gegner* a second-rate opponent **zweitrangig 1** secondary, of secondary importance [nicht vor Nomen] ◇ *Dieses Problem ist zweitrangig.* That problem is of secondary importance. **2** (*zweitklassig*) second-rate **Zweitschlüssel** spare key **Zweitstudium** second course of study **Zweitwagen** second car **Zweitwohnsitz** second place of residence (*offiz*) (*Ferienhaus*) holiday home

Zweizimmerwohnung one-bedroom flat, (*AmE*) one-bedroom apartment

Zwerchfell diaphragm

Zwerg(in) dwarf; (*Garten-*) gnome

Zwetsche, Zwetschge, Zwetschke plum

Zwickel gusset

zwicken 1 pinch ◇ *Sie zwickte ihn in den Arm.* She pinched his arm. **2** (*zu eng sein*) be too tight **3 etw zwickt (jdn)** (*tut weh*) sb has a twinge in sth ◇ *Der Nerv zwickt sie.* She's feeling a twinge in the nerve. **4 es zwickt jdn** sb has a twinge ◇ *Es zwickt ihn seit Tagen im Oberschenkel.* He has had twinges in the thigh for days. **5** (*plagen*) torment ◇ *Sein schlechtes Gewissen zwickte ihn.* He was tormented by his conscience.

Zwickmühle in einer ~ sein/sitzen/stecken be in a double bind

Zwieback rusk

Zwiebel 1 onion **2** (*Blumen-*) bulb

Zwie- Zwiegespräch dialogue; (*persönlich*) conversation **Zwielicht 1** twilight **2 ins ~ geraten** come under suspicion ◇ *Die Sportlerin geriet schon häufiger ins Zwielicht.* The athlete has often come under suspicion before. **zwielichtig** dubious; (*Gestalt*) shady (*umgs*), dodgy (*umgs*) **Zwiespalt** conflict ◇ *Es herrscht Zwiespalt innerhalb der Koalition.* There is conflict within the coalition. ◇ *Er befand sich im Zwiespalt der Gefühle.* He felt torn by conflicting emotions. **zwiespältig** (*ambivalent*) ambivalent; (*Gefühle, Reaktionen*) mixed ◇ *Er hatte ein zwiespältiges Verhältnis zu Richard Wagner.* He had an ambivalent attitude to Richard Wagner. ◇ *Ich sehe die Veränderungen mit zwiespältigen Gefühlen.* I have mixed feelings about the changes.

Zwilling 1 twin ◇ *eineiige Zwillinge* identical twins ◇ *Sie sind zweieiige Zwillinge.* They're not identical twins. **2** (*Sternzeichen*) Gemini ◇ *Er ist (ein) Zwilling.* He's a Gemini.

Zwillingsbruder twin brother **Zwillingspaar** pair of twins **Zwillingsschwester** twin sister

zwingen jdn (zu etw) ~ force sb (to do sth) ◇ *Ich musste mich zum Essen zwingen.* I had to force myself to eat. ◇ *Sie wurde zum Rücktritt gezwungen.* She was forced to resign. **IDM** → GLÜCK *und* KNIE

zwingend compulsory; (*Argument, Beweis etc.*) compelling ◇ *Das gilt zwingend für alle.* It's compulsory for everyone. ◇ *ein zwingend vorgeschriebener Kurs* a compulsory course ◇ *zwingende Gründe* compelling reasons ◇ *Eine Reform ist nun zwingend.* A reform is now imperative.

Zwinger 1 (*Hunde-*) compound **2** (*Zucht-*) kennels [Pl]

zwinkern blink; (*vielsagend*) wink ◇ *mit den Augen zwinkern* blink

Zwirn thread

zwischen 1 between ◇ *Sie sitzt zwischen Niels und Kurt.* She's sitting between Niels and Kurt. ◇ *zwischen sieben und acht Uhr* between seven and eight o'clock **2** (*inmitten, unter*) among ◇ *Zwischen den Papieren lag sein Führerschein.* His driving licence was among his papers. ◇ *Er saß zwischen all seinen Schwestern.* He sat among all his sisters. IDM → STUHL

Zwischen- Zwischenbemerkung interjection **Zwischenbericht** interim report **Zwischenbilanz** provisional calculations [Pl]; (*fig*) outcome so far ◇ *eine Zwischenbilanz aufstellen* make some provisional calculations ◇ *Der Minister zog eine positive Zwischenbilanz.* The minister said that the outcome so far was good. **Zwischenblutung** irregular bleeding [U] **Zwischending** ◇ *Das ist ein Zwischending zwischen BA und Magisterstudium.* It's something in between a BA and a German MA.

zwischendurch 1 (*von Zeit zu Zeit*) ◇ *Er musste zwischendurch immer wieder innehalten.* He had to keep stopping. ◇ *Zwischendurch schaute sie immer wieder nach dem Braten.* She kept checking on the roast. **2** (*zwischenzeitlich*) in the meantime **3** (*dazwischen*) in between ◇ *„Fünf Stunden Theater?" „Ja, aber es gibt zwischendurch eine Pause."* 'Five hours of theatre?' 'Yes, but there's an interval in between.' **4** (*vereinzelt*) here and there ◇ *Zwischendurch standen Statuen.* There were statues here and there. **5** (*mittendurch*) through the middle ◇ *Die Autobahn verläuft zwischendurch.* The motorway runs through the middle.

Zwischen- Zwischenfall incident ◇ *ein blutiger Zwischenfall* a violent incident ◇ *Die Nacht verlief ohne Zwischenfälle.* The night passed peacefully. **Zwischenhändler(in)** middleman/woman **Zwischenlager** temporary store **zwischenlagern** temporarily store **Zwischenlagerung** temporary storage **zwischenlanden** make a stopover **Zwischenlandung** stopover ◇ *Wir legten eine Zwischenlandung in Bangkok ein.* We made a stopover in Bangkok. **Zwischenlösung** temporary solution **Zwischenmahlzeit** snack ◇ *eine Zwischenmahlzeit einnehmen* have a snack (between meals) **zwischenmenschlich** interpersonal **Zwischenprüfung** ≈preliminary examination **Zwischenruf** interjection; (*Plural*) heckling [U] ◇ *Es gab viele Zwischenrufe.* There was a lot of heckling. **Zwischenrunde** intermediate round ◇ *Das Team siegte in der Zwischenrunde.* The team won the intermediate round. **Zwischenspeicher** (COMP) cache memory **zwischenspeichern** (COMP) save *sth* in the cache memory **Zwischenspiel** interlude (*auch fig*) **zwischenstaatlich** between the states [nicht vor Nomen] ◇ *ein zwischenstaatliches Abkommen* an agreement between the states **Zwischenstation** stopover **Zwischenstopp** stop; (*beim Flug*) stopover ◇ *Auf dem Weg nach Südfrankreich machten wir einen Zwischenstopp in Paris.* We had a stop in Paris on the way to the South of France. **Zwischenton** shade; (*fig*) nuance **Zwischenzeit 1** meantime, intervening period (*gehoben*) ◇ *In der Zwischenzeit passierte nichts.* Nothing happened in the meantime. ◇ *Für die Zwischenzeit sind andere Gesetze vorgesehen.* Other laws will be imposed for the intervening period. **2** (SPORT) intermediate time **zwischenzeitlich 1** *Adj* interim ◇ *zwischenzeitliche Preiserhöhungen* interim price increases **2** *Adv* in the meantime; (*für eine kurze Zeit*) for a while **Zwischenzeugnis 1** half-year report, (*AmE*) report card **2** (*im Beruf*) report on your performance

Zwist feud

zwitschern chirp, twitter

Zwitter hermaphrodite

zwölf twelve → *Beispiele bei* SECHS IDM **es ist fünf vor zwölf!** it's high time!

Zwölffingerdarm duodenum **Zwölfkampf** = men's combined exercises in gymnastics

zwölfte(r,s) twelfth → *Beispiele bei* SECHSTE(R,S)

Zwölftel twelfth ◇ *drei Zwölftel* three twelfths

Zwölftonmusik twelve-tone music

Zyanid cyanide

Zyankali (potassium) cyanide

zyklisch cyclical ◇ *eine zyklische Entwicklung* a cyclical development ◇ *ein zyklisch auftretendes Phänomen* a cyclical phenomenon

Zyklus cycle

Zylinder 1 cylinder **2** (*Hut*) top hat

Zyniker(in) cynic

zynisch cynical (*Adv* cynically)

Zynismus cynicism; (*Bemerkung*) cynical comment

Zypresse cypress

Zyste cyst

Anhang

1591–3 Unregelmäßige Verben
1594–5 Aussprache
1595 Im Wörterbuch verwendete Abkürzungen
1597 Oxford Klausur-Wörterbuch App

Umschlag hinten Schlüssel zu den Einträgen Deutsch-Englisch

Unregelmäßige Verben

Diese Liste gibt die Formen aller im Wörterbuch enthaltenen Verben an, deren Vergangenheitsformen nicht mit **-ed** gebildet werden, mit Ausnahme der Modalverben und mit Bindestrich zusammengesetzter Verben.

Unregelmäßige Formen die nur in bestimmten Bedeutungen gebraucht werden (z.B. ***abode**), sind mit Sternchen versehen. Aussprache und Hinweise zum Gebrauch der Verben sowie alle Formen von **be**, **do** und **have** stehen in den jeweiligen Einträgen.

Infinitive	Past tense	Past participle
abide	abided, *abode	abided, *abode
arise	arose	arisen
awake	awoke	awoken
baa	baaed, baa'd	baaed, baa'd
babysit	babysat	babysat
bear	bore	borne
beat	beat	beaten
become	became	become
befall	befell	befallen
beget	begot, *begat	begot, *begotten
begin	began	begun
behold	beheld	beheld
bend	bent	bent
beseech	beseeched, besought	beseeched, besought
beset	beset	beset
bet	bet	bet
bid[2]	bid	bid
bid[3]	bade, bid	bidden, bid
bind	bound	bound
bite	bit	bitten
bleed	bled	bled
bless	blessed	blessed
blow	blew	blown, *blowed
break	broke	broken
breastfeed	breastfed	breastfed
breed	bred	bred
bring	brought	brought
broadcast	broadcast	broadcast
browbeat	browbeat	browbeaten
build	built	built
burn	burnt, burned	burnt, burned
burst	burst	burst
bust	bust, busted	bust, busted
buy	bought	bought
cast	cast	cast
catch	caught	caught
choose	chose	chosen
cleave	cleaved, *cleft, *clove	cleaved, *cleft
cling	clung	clung
come	came	come
cost	cost, *costed	cost, *costed
creep	crept	crept
cut	cut	cut
deal	dealt	dealt
dig	dug	dug
dive	dived; (*AmE auch* dove)	dived

Infinitive	Past tense	Past participle
draw	drew	drawn
dream	dreamt, dreamed	dreamt, dreamed
drink	drank	drunk
drive	drove	driven
dwell	dwelt, dwelled	dwelt, dwelled
eat	ate	eaten
fall	fell	fallen
feed	fed	fed
feel	felt	felt
fight	fought	fought
find	found	found
fit	fitted; (*AmE meist* fit)	fitted; (*AmE meist* fit)
flee	fled	fled
fling	flung	flung
floodlight	floodlit	floodlit
fly	flew, *flied	flown, *flied
forbear	forbore	forborne
forbid	forbade	forbidden
forecast	forecast, forecasted	forecast, forecasted
foresee	foresaw	foreseen
foretell	foretold	foretold
forget	forgot	forgotten
forgive	forgave	forgiven
forgo	forwent	forgone
forsake	forsook	forsaken
forswear	forswore	forsworn
freeze	froze	frozen
gainsay	gainsaid	gainsaid
get	got	got; (*AmE, umgs*) gotten
ghostwrite	ghostwrote	ghostwritten
give	gave	given
go	went	gone, *been
grind	ground	ground
grow	grew	grown
hamstring	hamstrung	hamstrung
hang	hung, *hanged	hung, *hanged
hear	heard	heard
heave	heaved, *hove	heaved, *hove
hew	hewed	hewed, hewn
hide	hid	hidden
hit	hit	hit
hold	held	held
hurt	hurt	hurt
inlay	inlaid	inlaid
input	input, inputted	input, inputted
inset	inset	inset

Infinitive	Past tense	Past participle
interweave	interwove	interwoven
keep	kept	kept
kneel	knelt; (*AmE auch* kneeled)	knelt; (*AmE auch* kneeled)
knit	knitted, *knit	knitted, *knit
know	knew	known
lay	laid	laid
lead	led	led
lean	leaned; (*BrE auch* leant)	leaned; (*BrE auch* leant)
leap	leapt, leaped	leapt, leaped
learn	learnt, learned	learnt, learned
leave	left	left
lend	lent	lent
let	let	let
lie[1]	lay	lain
light	lit, *lighted	lit, *lighted
lose	lost	lost
make	made	made
mean	meant	meant
meet	met	met
miscast	miscast	miscast
mishear	misheard	misheard
mishit	mishit	mishit
mislay	mislaid	mislaid
mislead /ˌmɪsˈliːd/	misled /ˌmɪsˈled/	misled /ˌmɪsˈled/
misread /ˌmɪsˈriːd/	misread /ˌmɪsˈred/	misread /ˌmɪsˈred/
misspell	misspelled, misspelt	misspelled, misspelt
misspend	misspent	misspent
mistake	mistook	mistaken
misunderstand	misunderstood	misunderstood
mow	mowed	mown, mowed
offset	offset	offset
outbid	outbid	outbid
outdo	outdid	outdone
outgrow	outgrew	outgrown
output	output	output
outrun	outran	outrun
outsell	outsold	outsold
outshine	outshone	outshone
overcome	overcame	overcome
overdo	overdid	overdone
overdraw	overdrew	overdrawn
overeat	overate	overeaten
overfly	overflew	overflown
overhang	overhung	overhung
overhear	overheard	overheard
overlay	overlaid	overlaid
overlie	overlay	overlain
overpay	overpaid	overpaid
override	overrode	overridden
overrun	overran	overrun
oversee	oversaw	overseen

Infinitive	Past tense	Past participle
oversell	oversold	oversold
overshoot	overshot	overshot
oversleep	overslept	overslept
overspend	overspent	overspent
overtake	overtook	overtaken
overthrow	overthrew	overthrown
overwrite	overwrote	overwritten
partake	partook	partaken
pay	paid	paid
plead	pleaded; (*AmE auch* pled)	pleaded; (*AmE auch* pled)
preset	preset	preset
prove	proved	proved; (*bes AmE auch* proven)
put	put	put
quit	quit; (*BrE auch* quitted)	quit; (*BrE auch* quitted)
read /riːd/	read /red/	read /red/
rebuild	rebuilt	rebuilt
recast	recast	recast
redo	redid	redone
remake	remade	remade
rend	rent	rent
rerun	reran	rerun
resell	resold	resold
reset	reset	reset
resit	resat	resat
retake	retook	retaken
retell	retold	retold
rethink	rethought	rethought
rewind	rewound	rewound
rewrite	rewrote	rewritten
rid	rid	rid
ride	rode	ridden
ring[2]	rang	rung
rise	rose	risen
run	ran	run
saw	sawed	sawn; (*AmE auch* sawed)
say	said	said
see	saw	seen
seek	sought	sought
sell	sold	sold
send	sent	sent
set	set	set
sew	sewed	sewn, sewed
shake	shook	shaken
shear	sheared	shorn, sheared
shed	shed	shed
shine	shone, *shined	shone, *shined
shit	shit, shat; (*BrE auch* shitted)	shit, shat; (*BrE auch* shitted)
shoe	shod	shod

Infinitive	Past tense	Past participle
shoot	shot	shot
show	showed	shown, *showed
shrink	shrank, shrunk	shrunk
shut	shut	shut
simulcast	simulcast	simulcast
sing	sang	sung
sink	sank, *sunk	sunk
sit	sat	sat
slay	slew	slain
sleep	slept	slept
slide	slid	slid
sling	slung	slung
slink	slunk	slunk
slit	slit	slit
smell	smelled; (*BrE auch* smelt)	smelled; (*BrE auch* smelt)
smite	smote	smitten
sow	sowed	sown, sowed
speak	spoke	spoken
speed	speeded, *sped	speeded, *sped
spell	spelt, spelled	spelt, spelled
spend	spent	spent
spill	spilled; (*BrE auch* spilt)	spilled; (*BrE auch* spilt)
spin	spun	spun
spit	spat; (*bes AmE auch* spit)	spat; (*bes AmE auch* spit)
split	split	split
spoil	spoiled; (*BrE auch* spoilt)	spoiled; (*BrE auch* spoilt)
spotlight	spotlit, *spotlighted	spotlit, *spotlighted
spread	spread	spread
spring	sprang; (*AmE auch* sprung)	sprung
stand	stood	stood
stave	staved, *stove	staved, *stove
steal	stole	stolen
stick	stuck	stuck
sting	stung	stung
stink	stank, stunk	stunk
strew	strewed	strewed, strewn
sweep	swept	swept
swell	swelled	swollen, swelled
swim	swam	swum
swing	swung	swung
take	took	taken
teach	taught	taught
tear	tore	torn
telecast	telecast	telecast
tell	told	told
think	thought	thought
throw	threw	thrown
thrust	thrust	thrust
tread	trod	trodden, trod
typecast	typecast	typecast
typeset	typeset	typeset
unbend	unbent	unbent
underbid	underbid	underbid
undercut	undercut	undercut
undergo	underwent	undergone
underlie	underlay	underlain
underpay	underpaid	underpaid
undersell	undersold	undersold
understand	understood	understood
undertake	undertook	undertaken
underwrite	underwrote	underwritten
undo	undid	undone
unfreeze	unfroze	unfrozen
unwind	unwound	unwound
uphold	upheld	upheld
upset	upset	upset
wake	woke	woken
waylay	waylaid	waylaid
wear	wore	worn
weave	wove, *weaved	woven, *weaved
wed	wedded, wed	wedded, wed
weep	wept	wept
wet	wet, wetted	wet, wetted
win	won	won
wind[3] /waɪnd/	wound /waʊnd/	wound /waʊnd/
withdraw	withdrew	withdrawn
withhold	withheld	withheld
withstand	withstood	withstood
wring	wrung	wrung
write	wrote	written

Aussprache

Konsonanten

p	pen	/pen/	s	see	/siː/
b	bad	/bæd/	z	zoo	/zuː/
t	tea	/tiː/	ʃ	shoe	/ʃuː/
d	did	/dɪd/	ʒ	vision	/ˈvɪʒn/
k	cat	/kæt/	h	hat	/hæt/
g	get	/get/	m	man	/mæn/
tʃ	chain	/tʃeɪn/	n	now	/naʊ/
dʒ	jam	/dʒæm/	ŋ	sing	/sɪŋ/
f	fall	/fɔːl/	l	leg	/leg/
v	van	/væn/	r	red	/red/
θ	thin	/θɪn/	j	yes	/jes/
ð	this	/ðɪs/	w	wet	/wet/

Das Zeichen (r) bedeutet, dass im britischen Englisch das /r/ nur ausgesprochen wird, wenn das folgende Wort am Anfang mit einem Vokal gesprochen wird, wie z.B. bei **far away**; ansonsten wird das /r/ nicht gesprochen. Im amerikanischen Englisch wird das /r/ immer ausgesprochen.

/x/ ist ein Reibelaut, der ungefähr dem deutschen ch (wie in „Loch") entspricht.

Vokale und Diphthonge

iː	see	/siː/	
i	happy	/ˈhæpi/	
ɪ	sit	/sɪt/	
e	ten	/ten/	
æ	cat	/kæt/	
ɑː	father	/ˈfɑːðə(r)/	
ɒ	got	/gɒt/	(*BrE*)
ɔː	saw	/sɔː/	
ʊ	put	/pʊt/	
u	actual	/ˈæktʃuəl/	
uː	too	/tuː/	
ʌ	cup	/kʌp/	
ɜː	fur	/fɜː(r)/	
ə	about	/əˈbaʊt/	
eɪ	say	/seɪ/	
əʊ	go	/gəʊ/	(*BrE*)
oʊ	go	/goʊ/	(*AmE*)
aɪ	my	/maɪ/	
ɔɪ	boy	/bɔɪ/	
aʊ	now	/naʊ/	
ɪə	near	/nɪə(r)/	(*BrE*)
eə	hair	/heə(r)/	(*BrE*)
ʊə	pure	/pjʊə(r)/	(*BrE*)

Nasalvokale sind mit /˜/ gekennzeichnet und kommen in bestimmten aus dem Französischen stammenden Wörtern vor, z.B. **penchant** /ˈpɒ̃ʃɒ̃/, **coq au vin** /ˌkɒk əʊ ˈvæ̃/.

Silbische Konsonanten

Die Laute /l/ and /n/ können oft silbisch sein — das heißt, sie bilden allein ohne einen Vokal eine Silbe. Die normale Aussprache von **middle** /ˈmɪdl/ enthält ein silbisches /l/, die von **sudden** /ˈsʌdn/ ein silbisches /n/.

Aussprachevarianten

Wenn für ein Wort zwei verschiedene Aussprachen möglich sind, wird die gebräuchlichere Form zuerst angeführt. Wenn es einen Unterschied zwischen der britischen und der amerikanischen Aussprache gibt, wird die britische zuerst angegeben und die amerikanische mit *AmE* markiert.

/-/ Ein Bindestrich wird bei Aussprachevarianten verwendet, wenn nur ein Teil des Wortes anders ausgesprochen wird. Der unveränderte Teil des Wortes wird durch den Bindestrich ersetzt: **accent** /ˈæksent; -sənt/.

Adverbien

Um Adverbien auszusprechen, die mit **-ly** gebildet werden, sagt man einfach die Silbe /li/ nach dem Wort: **slow** /sləʊ/; **slowly** /ˈsləʊli/.

Wenn es Zweifel daran geben könnte, wie man ein abgeleitetes Adverb ausspricht, wird der Teil gezeigt, der anders ausgesprochen wird: **tactful** /ˈtæktfl/; **tactfully** /-fəli/.

Schwache und betonte Formen

Einige sehr häufige Wörter, z.B. **at**, **and**, **for**, **can**, haben zwei Aussprachen. Die beim Sprechen üblichere (schwache) Aussprache wird im Wörterbuch zuerst angegeben. Die zweite Aussprache wird nur dann verwendet, wenn das Wort besonders betont werden soll oder am Satzende steht. Beispiel: **at** /ət; *betont* æt/:

- *She's at* /ət/ *home.* (schwache Aussprache)
- *What are you looking at* /æt/*?* (betonte Aussprache)

Betonung

Das Zeichen /ˈ/ (= Hauptbetonung) weist darauf hin, dass die folgende Silbe stärker betont wird als die anderen. Beispiele: Bei **able** /ˈeɪbl/ liegt die Hauptbetonung auf der ersten Silbe, bei **ability** /əˈbɪləti/ liegt sie auf der zweiten Silbe.

Das Zeichen /ˌ/ (= Nebenbetonung) weist darauf hin, dass die folgende Silbe betont wird, aber nicht so stark wie die Silbe, die mit /ˈ/ gekennzeichnet ist. Beispiele: **abbreviation** /əˌbriːviˈeɪʃn/, **agricultural** /ˌægrɪˈkʌltʃərəl/.

Bei zusammengesetzten Ausdrücken wird die Betonung am Stichwort gezeigt: **ˌpublic reˈlations.**

Betonung in *phrasal verbs*

Die Betonung von *phrasal verbs* wird im Wörterbuch immer angegeben, außer wenn mehrere Betonungen möglich sind oder die Betonung vom Kontext abhängt.

Bei einer Art von *phrasal verbs* liegt die Betonung auf dem ersten Wort. Beispiele: ˈ**come to sth**, ˈ**go for sb**, ˈ**look at sth**. Diese Betonung bleibt in allen Situationen unverändert, das zweite Wort wird nie betont. Wenn das zweite Wort normalerweise mit der schwachen Aussprache verwendet wird, ist zu beachten, dass am Satzende die betonte Form verwendet werden muss:

- *ˈlook at /ət/ sth*
- *What are you ˈlooking at /æt/?*

Bei einer anderen Art von *phrasal verbs* wird eine Haupt- und eine Nebenbetonung gezeigt. Beispiele: ˌ**come** ˈ**back**, ˌ**make sth** ˈ**up**. Dieses Betonungsmuster wird verwendet, wenn das Verb allein steht oder der letzte wichtige Bestandteil eines Satzes ist:

- *What time are you ˌcoming ˈback?*
- *He ˌmade it ˈup.*
- *ˌFill them ˈin.*

Wenn aber im Satz nach dem *phrasal verb* noch ein anderes wichtiges Wort folgt, wird das betont. Die Betonung des zweiten Teils des *phrasal verb* fällt dann weg, besonders wenn es direkt neben dem stark betonten Wort steht. Dies ist unabhängig davon, ob das wichtige betonte Wort zwischen den beiden Bestandteilen des *phrasal verb* oder nach dem *phrasal verb* steht.

- *We ˌcame back ˈearly.*
- *I ˌfilled in a ˈform.*
- *ˌFill this ˈform in.*

Betonung bei Redewendungen

Wenn für Redewendungen eine Betonung angegeben wird, darf sie nicht verändert werden, sonst könnte die besondere Bedeutung der Redewendung verloren gehen.

Im Wörterbuch verwendete Abkürzungen

Abk	Abkürzung	IDM	Idiom(s), Redewendung(en)	PHR V	Phrasal verb(s)
abwert	abwertend			Pl	Plural
Adj	Adjektiv	*IrE*	irisches Englisch	*Präp*	Präposition
Adv	Adverb	*iron*	ironisch	*Pron*	Pronomen
AmE	amerikanisches Englisch	jd	jemand	®	Warenzeichen
AusE	australisches Englisch	jdm	jemandem	sb, sb's	somebody, somebody's
bes	besonders	jdn	jemanden	*SchotE*	schottisches Englisch
BrE	britisches Englisch	jds	jemandes	Sing	Singular
Fachspr	Fachsprache	*Kinderspr*	Kindersprache	sth	something
fem	feminine Form	*Konj*	Konjunktion	™	Warenzeichen
fig	figurativ, übertragen	*Modalvb*	Modalverb	U	nicht zählbar (uncountable)
Hilfsvb	Hilfsverb	*NeusE*	neuseeländisches Englisch	*umgs*	umgangssprachlich
hum	humorvoll, scherzhaft	*offiz*	offizieller Sprachgebrauchbrauch	*verhüll*	verhüllend
				vulg	vulgär

Fachgebiete

AERO	Aeronautik, Luftfahrt	GASTRON	Gastronomie	NATURW	Naturwissenschaften
ANAT	Anatomie	GEOGR	Geografie	NAUT	Nautik, Schifffahrt
ARCHIT	Architektur	GEOL	Geologie	PHILOS	Philosophie
ASTRON	Astronomie	GESCH	Geschichte	POL	Politik
BIOL	Biologie	LANDW	Landwirtschaft	PSYCH	Psychologie
BOT	Botanik	LING	Linguistik, Sprachwissenschaft	REL	Religion
CHEM	Chemie	LIT	Literaturwissenschaft	TECH	Technik
COMP	Computer	MATH	Mathematik	THEAT	Theater
EISENB	Eisenbahn	MED	Medizin	WIRTSCH	Wirtschaft
ELEK	Elektrotechnik	MIL	Militär	ZOOL	Zoologie
FINANZ	Finanzwesen	MUS	Musik		
FOTO	Fotografie				

Oxford Klausur-Wörterbuch

App für iOS oder Android™: kostenloser Zugang für 2 Jahre!

DIESE APP BIETET:

- eine vollständige **Wörterbuchsuche** auf Englisch und Deutsch
- alle englischen Wörter von **authentischen** britischen und amerikanischen Stimmen vertont
- **Aussprachetraining** dank der Aufnahme- und Playbackfunktion
- individuell erstellbare **Wortlisten** mit Speichermöglichkeit in Ordnern

UND SO EINFACH GEHT'S:

1. **https://oxfordlearning.slovoed.com** auf iOS oder Android Gerät aufrufen
2. **Registrieren** wählen, um ein Konto einzurichten oder **Login**, wenn Sie bereits eins haben
3. Zugangscode freilegen und eingeben
4. Kostenlose App installieren
5. Bei der App einloggen, um das vollständige Wörterbuch herunterzuladen

Ihr kostenloser Zugang zum vollständigen Wörterbuch ist zwei Jahre nach Freischaltung gültig. Überall nutzbar – on- oder offline.

Der Code muss vor dem 31. Dezember 2023 aktiviert werden.

[redacted]

Schlüssel zu den Einträgen Deutsch – Englisch

Stichwort in Blau hervorgehoben

Anwendungsbeispiele

Redewendungen

Hilfen bei der Auswahl der richtigen Übersetzung

Zusammensetzungen

Amerikanische Variante der Übersetzung

Straße 1 road; (*in einer Stadt etc.*) street ◇ *An der Straße stand ein Kiosk.* There was a kiosk by the road. ◇ *Er fuhr den ganzen Nachmittag durch die Straßen.* He drove around the streets all afternoon. ◇ *Die Kinder spielten auf der Straße.* The children were playing in the street. **2** (*Meerenge*) straits [Pl] ◇ *die Straße von Gibraltar* the Straits of Gibraltar IDM **auf der Straße liegen** grow on trees ◇ *Auch hier liegt das Geld nicht auf der Straße.* Money doesn't grow on trees around here either. **auf der Straße sitzen 1** (*arbeitslos sein*) be out of work **2** (*obdachlos sein*) be on the streets (**für/gegen jdn/etw**) **auf die Straße gehen** take to the streets (for/against sb/sth) **jdn auf die Straße setzen 1** (*entlassen*) give sb the sack **2** (*Wohnung kündigen*) turn sb out onto the street **auf offener Straße** in the middle of the street **jdn von der Straße holen** get sb off the streets

Straßenarbeiten road works [Pl] **Straßenbahn** tram, (*AmE*) streetcar **Straßenbahnfahrer(in)** tram driver, (*AmE*) streetcar driver **Straßenbahnlinie 1** (*Strecke*) tram route, (*AmE*) streetcar line **2** (*Straßenbahn*)

Homonyme

Gehalt[1] *der* content ◇ *der hohe Gehalt an Eiweiß* the high protein content

Gehalt[2] *das* salary

Nummerierte Bedeutungsgruppen

Übertragener Sinn

zucker- **zuckersüß 1** very sweet **2** (*fig*) sugary (*abwert*), saccharine (*abwert*) **Zuckerwatte** candy floss, (*AmE*) cotton candy

Angabe zur Stilebene

Strukturformeln, die zeigen, in welchen Konstruktionen das Stichwort verwendet wird

Zuordnung zu Fachgebieten

reagieren 1 (**auf jdn/etw**) ~ react (to sb/sth); (*antworten*) respond (to sb/sth) ◇ *Sie reagierte enttäuscht auf diese Nachricht.* She reacted with disappointment to the news. ◇ *Er reagierte auf die Vorwürfe mit einem Achselzucken.* He responded to the accusations with a shrug of the shoulders. **2** (NATURW) react (together); **mit etw ~** react with sth ◇ *Die zwei Chemikalien reagierten.* The two chemicals reacted together. ◇ *Das Gas reagiert mit dem Luftsauerstoff zu Ozon.* The gas reacts with the oxygen in the air to form ozone. ◇ *sauer reagieren* become an acid